가슴 뛰는 행복

행복한 뉴스를 전합니다!

"주가가 연일 폭등하고 있습니다. 수출이 최고치를 기록했습니다. 물가와 실업률이 떨어졌습니다."

문화일보가 꿈꾸는 기분 좋은 소식입니다.
날마다 이런 기사로 채워진다면 서민들의 근심도 말끔히 사라질 것입니다.
유쾌한 상상을 현실로 만들려면 힘들고 어려워도 함께 이겨내야 합니다.

독자 여러분의 꿈이 이루어지도록 문화일보가 작은 힘이 되겠습니다.

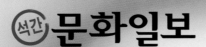 석간 문화일보

서울특별시 중구 새문안로 22 / Tel_02 3701 5114 / www.munhwa.com
구독문의_02 3701 5555 / 광고문의_02 3701 5566

metroseoul.co.kr

메트로 이코노미 **속** 또 다른 정보
메트로 라이프

www.kwnews.co.kr

매일매일
색다른 신문 **강원일보**

江原日報社
강원도 춘천시 중앙로 23
T. (033)258-1000, 258-1234

대한민국 지역언론 선도
강원도민일보
끊임없이 비상합니다!

도내 유일 지역신문발전위원회 우선 지원대상 11년 연속 선정
2015년 한국신문상 뉴스취재보도 부문 수상
전국 10개 지역일간지 중 유가부수 발행부수 8위
발행부수 중 유가지 비율 78%로 전국 1위
강원도민일보 제안, 지역신문특별법 시한 6년 연장 국회 본회의 통과

 강원도민일보

강원도 춘천시 후석로462번길 22
대표전화 (033)260-9000
www.kado.net

바람이 분다
희망바람이 분다

바람이 불어 옵니다.
희망바람이 불어옵니다.
늘 바람을 거스르며 살아가지만
바람이 없으면 바람개비일 수 없습니다.
거센 바람과 정면으로 맞설때 동력이 생기듯
글로벌 정보화시대를 살아가는 오늘날,
세상 곳곳을 남다른 열정과 시각으로 한 발 앞서가는
경기일보가 여러분의 희망바람이 되겠습니다.
희망이 불어야 지역경제가 살아나고
국가 성장동력도 힘차게 돌아갑니다.
이제, 그 바람들을 모아
지역경제의 원동력이 되겠습니다.

독자의 희망바람~
경기일보가 늘 함께 합니다.

경기일보
경기 TV

www.kyeonggi.com 구독문의 ☎ 031-250-3370~1

※경기일보 사이트에서 생생경기일보를 신청하시면 생생한 뉴스를 무료로 받아보실 수 있습니다.

본　　사 : 16303 경기도 수원시 장안구 경수대로 973번길 6 (송죽동) Tel_031-250-3333(대) Fax_031-250-3306
인천본사 : 21436 인천광역시 부평구 경인로 707 일진빌딩 201호(십정동) Tel_032-439-2020 Fax_032-439-2024

대중일보에서 경인일보까지

종이 신문에서 디지털 뉴스까지

71년의 역사를 이어온 경인일보

세월은 흘러도 정론의 철학은 바뀌지 않습니다

언제나 독자와 함께 하겠습니다

종합미디어그룹
경인일보사

알찬 정보

기호일보가 당신의
아침을 활기차게 열어드립니다.

대중과 함께 호흡하고 독자의 눈과 귀가 되어 올바른 진실을 전해주며,
유익함을 더해주는 좋은신문을 만드는데 노력하겠습니다.

기호일보와 함께하는 문화예술행사

미래도시 그리기대회

송년제야의밤 문화축제

어린이날 행사

코리아오픈 국제 탁구대회

인천-중국의날 문화축제

광교호수공원걷기대회

전국바둑대회

3.1절 마라톤대회

생명사랑밤길걷기대회

자선골프대회

언제나
좋은생각
언제나
대전일보

언제나 좋은생각, 그것은 대전일보의 힘 입니다.
좋은 생각은 사람에 대한 사랑, 일에 대한 사랑,
세상에 대한 사랑에서 나옵니다.
좋은 생각 대전일보, 생활이 달라집니다.

www.dynews.co.kr

생각 깊은 사람은
동양일보를 봅니다.

정의가 필요한 곳에 동양일보는 항상 깨어있습니다.
용기가 필요할 때 동양일보는 항상 앞장섭니다.
눈물이 필요할 때도 동양일보는 항상 함께 있습니다.
동양일보는 우리 지역 언론의 희망입니다.

• 평범한 사람들의 빛남을 위하여 —
동양일보

• 대표전화 (043) **218-7117**
• 기획실 218-7117 FAX 218-3553
• 편집국 218-7227 FAX 218-7447
• 광고국 218-3443 FAX 218-2662
• 독자관리 218-2552 FAX 218-2662
• 문화기획단 211-0001 FAX 218-2662

작은 물줄기가 모여모여 큰 폭포를 이루듯
작은 말과 소리에 귀를 기울여
지역민을 위한 큰 힘이 되어온

매일신문 창간70년

세상을 바로 보는 귀와 눈이 되고,
시대를 앞서가는 언론이 되기위해
지역민과 함께 힘쓴 매일신문!
독자 여러분 앞에 당당히 서기에 부끄러움 없는
신문이 되도록 한층 더 노력하겠습니다.
독자 여러분이 펼쳐 든 신문 한 부 속에
매일신문 전직원의 땀과 노력,
그리고 정성이 담겨있음을 기억해 주십시오.
지역의 희망찬 미래!
저희 매일신문이 함께 만들어 갑니다

땀과사랑으로 겨레의 빛이 되리
每日新聞社
www.imaeil.com

· 본   사 : 대구광역시 중구 서성로 20 (계산동2가 71) (우)41933
· 경북본사 : 경상북도 안동시 경동로 568 (우)36674
· 서울지사 : 서울특별시 중구 세종대로 124 한국언론진흥재단 18층
· 대표전화 : (053)255-5001 / (02)733-0755
· 광고문의 : 080-711-2001
· 구독배달문의 : 080-711-2002

지역에, 독자에 더 가까이

부산일보사

울산소식, 보이지 않는 곳 까지 보여드리겠습니다!

http://www.ujeil.c

상쾌한 아침 | 기분좋은 신문

상쾌한 아침을 여는 기분좋은 신문 저희 울산제일일보는 망원경 같은 눈으로
울산 시민 곁에서 보이지 않는 곳의 기쁨과 슬픔까지도 함께 하겠습니다.

울산광역시 남구 돋질로 87 중앙빌딩 5층
■ **구독신청** : 052)260-8617 ■ 광고문의 : 052)260-8800

 울산제일일보

인천일보
www.incheonilbo.com

인천·경기지역 언론을 이끌어 온 내고장 정론지 인천일보!
인천일보는 지역의 정치, 경제, 사회, 문화, 스포츠 등
각종 필요한 정보를 제공해 드리고 있습니다.

지역을 넘어 세계로 발돋움하고 있는 인천일보!
인천일보가 여러분을 보다 큰 세상으로 안내하겠습니다.

신문을 살려야 지역이 발전하고, 지역이 살아야 우리나라가 더 발전할 수 있습니다

상쾌한 아침을 여는 신문 !
독자에게 새롭고 정확한 뉴스 !!
소신과 대안이 있는 정보 !!!
따뜻하고 아름다운 이야기로 여론을 선도하며, 소통과 화합을 통해
지역신문 발전에 큰 힘이 되겠습니다.

01/ 5.18민주화운동 5·18마라톤대회
02/ 故김대중 정신계승 글짓기 대회
03/ 한·중·일·대만 국제대학생 바둑대회
04/ 신안천일염 전국 대학생 바둑대회
05/ 광주·전남 시니어골프대회
06/ 신안천일염 학생바둑대회
07/ 한·일친선 골프대회

🌀 진남매일   광주광역시 북구 제봉로 322
062) 720-1000 / www.jndn.com

정직한 신문,
공정한 신문,
독자에게 헌신하는
신문이 되도록 노력하겠습니다.

YONHAP NEWS AGENCY

주요 인사를 총 망라한 국내 최고 인물사전

한국인물사전
YONHAPNEWS

2017

상권

수록인물 (ㄱ~ㅅ)

연합뉴스

일러두기

- 연합뉴스가 발간하는 '한국인물사전'은 국내 정·관계를 비롯해 법조계, 경제계, 학계, 언론계, 문화예술계, 체육계, 종교계 등 전 분야 주요 인사 2만5천여 명의 인물정보를 사진과 함께 수록한 국내 최고의 인물사전입니다.

- 이번 호에는 특히 지난 4·13 총선에서 당선된 제20대 국회의원 전원의 명단을 상권 책머리에 정당별 가나다순으로 정리해 한눈에 살펴볼 수 있도록 편집했습니다.

- 연합뉴스는 수록 인사들과 전화, 이메일, 우편 등의 방법으로 접촉해 정보의 정확도를 한층 높였으며, 관련 문헌과 뉴스, 인터넷 정보 등도 꼼꼼히 참조했습니다.

- 수집한 정보 중에서 자택주소, 전화, 개인 이메일 등은 개인정보보호 차원에서 공개하지 않았습니다.

- 수록된 인물정보에 대해 향후 당사자가 이메일이나 전화 등으로 구체적인 수정 의견을 제시할 경우, 연합뉴스 인물DB 온라인서비스에는 즉시, '한국인물사전'에는 이듬해 판에 반영됩니다.

- 전년도 등재 인물 중에서 기본 자료가 부실하거나 연락이 되지 않은 인사는 편집자의 판단에 따라 이번 호에서 제외했습니다. 향후 본인이 등재 의사를 밝히고 보완자료를 제출하는 경우에는 내부 검토를 거쳐 이듬해 판에 등재될 수 있음을 알려드립니다.

■ **수록 순서** 가나다·생년월일 순
■ **수록 인물정보** 2016년 11월 4일 기준
■ **약 어**

ⓢ 생년월일 ⓑ 본관 ⓒ 출생지
ⓙ 주소(연락처) ⓗ 학력 ⓖ 경력 (현) 현직
ⓢ 상훈 ⓩ 저서 ⓔ 역서
ⓩ 작품 ⓩ 종교

■ 수록 내용 가운데 정정·추가사항이 있는 분은 연락바랍니다.

■ **연합뉴스 정보사업국 DB부**

전화) 02-398-3609~10
이메일) idb@yna.co.kr

한국인물사전

2017

YONHAPNEWS

제20대 국회의원 명단

제20대 국회의원

2016년 11월 4일 현재

새누리당 (129명)

강길부(姜吉夫) ☞ 상권 16페이지	김종태(金鍾泰) ☞ 상권 583페이지	오신환(吳晨煥) ☞ 하권 107페이지
강석진(姜錫振) ☞ 상권 33페이지	김진태(金鎭台) ☞ 상권 618페이지	원유철(元裕哲) ☞ 하권 148페이지
강석호(姜碩鎬) ☞ 상권 33페이지	김태흠(金泰欽) ☞ 상권 661페이지	유기준(俞奇濬) ☞ 하권 159페이지
강효상(姜孝祥) ☞ 상권 71페이지	김학용(金學容) ☞ 상권 670페이지	유민봉(庾敏鳳) ☞ 하권 163페이지
경대수(慶大秀) ☞ 상권 74페이지	김한표(金漢杓) ☞ 상권 676페이지	유승민(劉承旼) ☞ 하권 173페이지
곽대훈(郭大勳) ☞ 상권 106페이지	김현아(金炫我) ☞ 상권 686페이지	유의동(俞義東) ☞ 하권 183페이지
곽상도(郭尙道) ☞ 상권 108페이지	나경원(羅卿瑗) ☞ 상권 733페이지	유재중(柳在仲) ☞ 하권 188페이지
권석창(權錫昌) ☞ 상권 145페이지	문진국(文鎭國) ☞ 상권 841페이지	윤상직(尹相直) ☞ 하권 227페이지
권성동(權性東) ☞ 상권 146페이지	민경욱(閔庚旭) ☞ 상권 850페이지	윤상현(尹相現) ☞ 하권 227페이지
김광림(金光琳) ☞ 상권 208페이지	박대출(朴大出) ☞ 상권 892페이지	윤영석(尹永碩) ☞ 하권 243페이지
김규환(金奎煥) ☞ 상권 224페이지	박덕흠(朴德欽) ☞ 상권 892페이지	윤재옥(尹在玉) ☞ 하권 253페이지
김기선(金起善) ☞ 상권 231페이지	박맹우(朴孟雨) ☞ 상권 900페이지	윤종필(尹鍾畢) ☞ 하권 260페이지
김도읍(金度邑) ☞ 상권 261페이지	박명재(朴明在) ☞ 상권 902페이지	윤한홍(尹漢洪) ☞ 하권 270페이지
김명연(金明淵) ☞ 상권 291페이지	박성중(朴成重) ☞ 상권 934페이지	이군현(李君賢) ☞ 하권 314페이지
김무성(金武星) ☞ 상권 297페이지	박순자(朴順子) ☞ 상권 946페이지	이만희(李晩熙) ☞ 하권 364페이지
김상훈(金相勳) ☞ 상권 348페이지	박완수(朴完洙) ☞ 상권 969페이지	이명수(李明洙) ☞ 하권 367페이지
김석기(金碩基) ☞ 상권 351페이지	박인숙(朴仁淑) ☞ 상권 991페이지	이양수(李亮壽) ☞ 하권 484페이지
김선동(金善東) ☞ 상권 358페이지	박찬우(朴贊佑) ☞ 상권 1039페이지	이완영(李完永) ☞ 하권 509페이지
김성원(金成願) ☞ 상권 378페이지	배덕광(裵德光) ☞ 상권 1087페이지	이우현(李愚鉉) ☞ 하권 528페이지
김성찬(金盛贊) ☞ 상권 384페이지	백승주(白承周) ☞ 상권 1114페이지	이은권(李殷權) ☞ 하권 544페이지
김성태(金成泰) ☞ 상권 385페이지	서청원(徐淸源) ☞ 상권 1178페이지	이은재(李恩宰) ☞ 하권 546페이지
김성태(金聖泰) ☞ 상권 386페이지	성일종(成一鍾) ☞ 상권 1204페이지	이장우(李莊雨) ☞ 하권 564페이지
김세연(金世淵) ☞ 상권 392페이지	송석준(宋錫俊) ☞ 상권 1251페이지	이정현(李貞鉉) ☞ 하권 598페이지
김순례(金順禮) ☞ 상권 404페이지	송희경(宋喜卿) ☞ 상권 1277페이지	이종구(李鍾九) ☞ 하권 605페이지
김승희(金承禧) ☞ 상권 414페이지	신보라(申普羅) ☞ 상권 1295페이지	이종명(李鍾明) ☞ 하권 608페이지
김영우(金榮宇) ☞ 상권 444페이지	신상진(申相珍) ☞ 상권 1297페이지	이종배(李鍾培) ☞ 하권 609페이지
김용태(金容兌) ☞ 상권 485페이지	심재철(沈在哲) ☞ 상권 1352페이지	이주영(李柱榮) ☞ 하권 624페이지
김재경(金在庚) ☞ 상권 532페이지	안상수(安相洙) ☞ 하권 16페이지	이진복(李珍福) ☞ 하권 639페이지
김정재(金汀才) ☞ 상권 560페이지	엄용수(嚴龍洙) ☞ 하권 74페이지	이채익(李埰益) ☞ 하권 654페이지
김정훈(金正薰) ☞ 상권 565페이지	여상규(余尙奎) ☞ 하권 77페이지	이철규(李喆圭) ☞ 하권 656페이지
김종석(金鍾奭) ☞ 상권 575페이지	염동열(廉東烈) ☞ 하권 83페이지	이철우(李喆雨) ☞ 하권 658페이지

더불어민주당 (121명)

국민의당 (38명)

▶ 정의당 (6명) ◀

▶ 무소속 (6명) ◀

제20대 국회의원 변동사항

4 · 13 총선 이후 / 입 · 탈당, 사퇴, 승계, 제명, 창당 등 당적변경

* **정세균** : 국회의장 피선으로 더불어민주당 당적이탈 → 무소속(2016.6.9)

* **강길부** : 무소속 → 새누리당 입당(2016.6.16)

* **안상수** : 무소속 → 새누리당 입당(2016.6.16)

* **유승민** : 무소속 → 새누리당 입당(2016.6.16)

* **윤상현** : 무소속 → 새누리당 입당(2016.6.16)

* **이철규** : 무소속 → 새누리당 입당(2016.6.23)

* **장제원** : 무소속 → 새누리당 입당(2016.6.23)

* **주호영** : 무소속 → 새누리당 입당(2016.6.23)

* **서영교** : 더불어민주당 탈당 → 무소속(2016.7.11)

* **이해찬** : 무소속 → 더불어민주당 입당(2016.9.30)

* **이찬열** : 더불어민주당 탈당 → 무소속(2016.10.21)

한국인물사전

2017

YONHAPNEWS

ㄱ

ㄱ

수록 순서 가나다 · 생년월일순

약 호 [생] 생년월일 [본] 본관 [출] 출생지
[주] 주소(연락처) [학] 학력 [경] 경력 (현) 현직
[상] 상훈 [저] 저서 [역] 역서
[작] 작품 [종] 종교

가갑손(賈甲孫) KAH, KAP-SON

[생]1938 · 1 · 8 [본]소주(蘇州) [출]충남 홍성 [주]경기 평택시 중앙로86 (주)메트로패밀리(031-652-6644) [학]1957년 홍성고졸 1962년 성균관대 법률학과졸 1974년 同대학원 법학과졸 1992년 법학박사(명지대) [경]1965~1976년 한국화약 근무 1976년 서울프라자호텔 이사 1980년 성균관대 법대 강사 1981년 한국프라스틱 이사 1982년 (주)빙그레 상무이사 1982년 삼진알미늄(주) 사장 1983년 골든벨상사(주) 상무이사 1986년 태평양건설 상무이사 1987년 한양유통(주) 상무이사 1987년 (주)진로유통 전무이사 1987~1990년 同부사장 · 청주진로백화점 사장 1990년 한국터미널 사장 1991년 한양유통(주) 대표이사 사장 1995년 한화유통 대표이사 사장 1996년 아시아소매업체연합(ARAN) 회장 1996년 한화유통 부회장 1996년 한국하이퍼마트 사장 1996년 청주백화점 회장 2002년 (주)메트로패밀리 대표이사(현) 2002년 성균관대 법대 겸임교수 2004년 충청대 명예교수(현) 2010년 성균관대 법학전문대학원 초빙교수 [상]법무부장관표창, 한국물류학회 물류대상, 한국마케팅대상, 충북도지사상, 경기도지방경찰청장 감사장, 대한민국 안전대상(2002), 남녀고용평등대상(2003), 노동부 선정 노사문화우수기업(2005), 전국품질분임조경진대회 대통령상금상(2005), 국가품질경영대회 대통령상 서비스부문(2005), 국무총리실 선정 공정부문 공정의달인(2011), 자랑스러운 성균인 기업인부문(2011) [저]'최저임금법 연구' '최저임금제 고찰' '주식 대량취득의 기업 합병 · 매수에 대한 법적규제 연구' '한화유통 사무혁신 고객만족사례집' '변화와 고객은 기업의 생존 조건'(2006) '좋은글 모음집'(2006) [종]천주교

가삼현(賈三鉉) Sam H. KA

[생]1956 · 5 · 18 [본]소주(蘇州) [출]충남 태안 [주]서울 종로구 율곡로75 현대건설빌딩11층 현대중공업(주) 임원실(02-746-5600) [학]1975년 인천고졸 1982년 연세대 경제학과졸 [경]1982년 현대중공업(주) 입사 1993년 대한축구협회 파견 · 국제부장 1997년 아시아축구연맹 경기감독관 1998년 同법사위원 2002년 부산아시안게임 경기감독관 2002년 대한축구협회 대외협력국장 2002년 아시아축구연맹 경기분과위원회 부위원장 2002년 국제축구연맹 대륙간컵 조직위원 2002년 2002월드컵조직위원회 경기운영본부장 2002~2007년 AFC(아시아축구연맹) 경기분과위원회 부위원장 2003~2007년 현대중공업(주) 이사 2005년 대한축구협회 이사 2005~2009년 同사무총장 2005~2010년 동아시아축구연맹(EAFF) 수석부회장 2007년 현대중공업(주) 선박영업부 상무 2010년 同선박영업부 전무 2013년 同조선사업본부 영업총괄 부사장 2016년 同선박해양영업 대표(사장)(현) [상]체육훈장 기린장(1997), 체육훈장 거상장(2002), 동탑산업훈장(2015)

가재산(賈在山) KA Jae San

[생]1954 · 9 · 27 [본]소주(蘇州) [출]충남 태안 [주]서울 서초구 강남대로43길15 석정빌딩 피플스그룹(02-587-0241) [학]1972년 태안고졸 1976년 서강대 경영학과졸 1995년 고려대 경영대학원 최고금융자과정 수료 2000년 서강대 경영대학원 수료(MBA) 2003년 한국과학기술원(KAIST) 최고경영자과정 수료 [경]1978년 삼성물산(주) 관리본부 근무(경리 및 자금담당) 1983년 삼성 일본본사 근무 1990년 同비서실 인사팀 근무 1993년 삼성생명보험 인력개발부장 1995년 同융자기획부장 1996~1997년 삼성물산(주) 자동차영업교육팀장 1997년 삼성자동차(주) 영업부문 영업지원팀장(이사) 1998년 同경영지원팀장 1999년 同인사팀장 겸 관리팀장 2001년 삼성생명보험 융자팀담당 이사 2002~2003년 A&D신용정보 대표이사 2004~2013년 (주)조인스HR 대표이사, 한국산업인력공단 BEST HRD 심사위원, 행정자치부 지방혁신컨설팅 전문위원, 한샘 사외이사, 이브자리 사외이사(현) 2013년 서울과학종합대학원대학교 겸임교수(현) 2014년 피플스그룹 이사장(현) [상]지식경제부장관표창(2010) [저]'한국형 팀제'(1995) '한국형 팀제를 넘어서'(1998) '굿모닝 전략' '간부진화론' '모닝테크' '飛정규직' '삼성인재경영의 비밀' '10년 후, 무엇을 먹고살것인가?' '성공에너지 어닝파워' '중소기업인재가 희망이다' '어떻게 최고의 인재들로 회사를 채울 것인가?'(2011, 쌤앤파커스) '삼성이 강한 진짜 이유'(2014, 한울) '직원이 행복한 회사'(2015, 행복에너지)

가종현(賈鐘鉉) KAH Jong Hyun

[생]1967 · 12 · 13 [본]소주(蘇州) [출]광주 [주]서울 마포구 마포대로119 효성빌딩 (주)효성 전략본부 미래전략실(02-707-7000) [학]1986년 경기고졸 1991년 연세대 경영학과졸 1994년 미국 시카고대 경영대학원졸 1996년 경영학박사(미국 뉴욕대) [경]1992년 삼성휴렛패커드 근무 1996년 미국 Skadden & Arps 법률사무소 'M&A 및 기업재무전문' 변호사 2000년 미래산업 라이코스코리아 경영지원팀장 2000~2002년 라이코스코리아 대표이사 사장 2002년 SK커뮤니케이션즈 사업1본부장 2002~2003년 同부사장 2003년 SK텔레콤(주) 포털사업본부 수석팀장(상무) 2004년 同글로벌사업본부장(상무) 2007년 同신규사업부문 신규사업개발3그룹장(상무) 2008년 同미주사업부문 사업개발그룹장(상무), SK플래닛 해외사업본부장(상무), 同일본지사장 2015년 효성(주) 전략본부 미래전략실장 겸 창조경제지원단 부단장(전무)(현)

갈원모(葛元模) GAL Won Mo

[생]1961 · 4 · 1 [본]남양(南陽) [출]서울 [주]경기 성남시 수정구 산성대로553 을지대학교 보건산업대학 보건환경안전학과(031-740-7158) [학]1984년 아주대 산업공학과졸 1986년 同대학원 산업공학과졸 1998년 공학박사(아주대) [경]1990~2006년 서울보건대 안전보건과 교수 1994년 한국산업안전학회 이사 2000년 同감사 2007년 을지대 보건환경안전학과 교수(현) 2007년 대한안전경영과학회 이사 2012년 대한설비관리학회 회장(현), 고용노동부 산업안전보건정책 자문위원, 한국산업인력공단 안전관리직무분야 전문위원(현), (사)경기안전생활실천시민연합 사무총장(현) [상]대한안전경영과학회 학술상(2002), 대통령표창(2010) [저]'생활과 안전' '현대통계학' '인간공학' '산업안전관리론'(2000, 지구문화사) '안전관리시스템'(2011, 현문사) '안전심리학'(2012, 노드미디어) '인간공학'(2014, 형설출판사) '안전보건관리실무'(2014, 노드미디어) [역]'현대통계학' [종]기독교

감경철(甘炅徹) KAM Kyung Chul

[생]1943 · 2 · 26 [출]경남 함안 [주]서울 동작구 노량진로100 CTS기독교TV 10층 회장실(02-6333-1010) [학]1961년 동북고졸 1970년 국제대 법경학부 경제학과졸 1978년 고려대 경영대학원 국제관리과정 수료 1987년 연세대 행정대학원 고위정책과정 수료 1989년 서울대 경영대학원 최고경영자과정 수료 1992년 숭실대 중소기업대학원 개발학과졸(경영학석사) 1992년 서강대 경영전문대학원 최고경영자과정 수료 1993년 고려대 언론대학원 최고위언론과정 수료 1996년 연세대 언론홍보대학원 최고위과정 수료 1997년 고려대 정보통신대학원 최고위과정 수료 2007년 서울대 인문학 최고지도자과정 수료 2008년 명예 선교학박사(고신대) 2012년 명예 인류학박사(미국 애주사퍼시픽대) [경]1975년 동일광고 대표이사 1976년 한국광고제작업협회 부회장 1977년 한국청년회의소 이사 1978년 고려대 경영대학원 총원우회 28대 회장 1980년 (주)익산 대표이사 회장 1989년 옥산레저(주) 떼제베C.C 회장 1989년 대한아이스하키협회 부회장 1992~1999년 한국광고사업협회 회장 1992년 한국광고단체연합회 이사 1993년 중부매일신문 감사 2000~2010년 CTS기독교TV 사장 2003년 (사)대한민국국가조찬기도회 이사(현) 2003년 한국케이블TV협회 PP협의회 이사(현) 2003년 (사)세계스포츠선교회 이사(현) 2004년 (재)아가페 자문위원 2006~2012년 (사)기아대책기구 이사 2006~2008년 세계한인기독교방송협회(WCBA) 회장 2008년 크리스채너티 투데이 한국판 자문위원 2008~2014년 (사)세진회 이사 2008~2011년 뉴욕기독교TV방송 이사 2008~2014년 (사)한국직장인선교연합회 후원회장 2009년 한국케이블TV방송협회 이사(현) 2009~2016년 (사)한코리아 이사장 2009~2010년 SAM(Students Arise Movement International) 이사장 2010년 CTS기독교TV 회장(현) 2010년 세계한인방송협회(WAKB) 회장(현) 2010년 (사)아프리카미래재단 고문 2011년 크리스천CEO 고문 2011~2012년 (사)대한민국국가조찬기도회 부회장 2011년 KAIST 개교40주년기념사업 자문위원 2011년 한중국제교류재단 자문위원 2013~2014년 (사)대한민국국가조찬기도회 수석부회장 2015년 同회장 [상]국민훈장 목련장(1996), 연세대언론홍보대학원최고위과정동창회 '동문을 빛낸 올해의 인물 사회부문'(2002), 세계복음중앙협의회 기독교선교대상 기독실업인부문대상(2008), 한국기독교복음단체총연합 한국교회연합과일치상(2010), 한국기독교자랑스런지도자상 언론인TV부문(2012), 대한민국 대한국인 방송인부문 대상(2014) [종]기독교

감상규(甘相奎) Sang Kyu KAM

[생]1957·10·2 [주]제주특별자치도 제주시 제주대학로102 제주대학교 해양과학대학 환경공학과(064-754-3444) [학]1981년 부산대 약대 제약학과졸 1983년 同대학원 제약학과졸 1989년 약학박사(부산대) [경]1990~1992년 제주대 해양과학대학 환경공학과 전임강사 1992~1994년 同환경연구소 수질연구부장 1992~2001년 同해양과학대학 환경공학과 조교수·부교수 1992~1994년 同해양연구소 운영위원 1994~1995·2001년 영국 런던대 토목환경공학과 객원교수 1996~1998년 제주대 환경공학과장 1997~1998년 同환경공학과 주임교수 1997~2001·2002~2003년 同해양연구소 해양환경과학부장 2001년 同해양과학대학 환경공학과 교수(현) 2001년 同해양연구소장 2001~2003년 제주도 보건환경연구원 자문위원 2004~2006·2007~2009년 제주대 산업대학원 주임교수 2007~2008년 한국환경과학회 이사 2008년 제주대 대학원 환경공학과 주임교수(현) 2009년 同환경공학과장 2009년 제주도 환경기초시설·주변지역지원 심의위원 2015년 제주대 그린캠퍼스사업단장(현) 2016년 同해양과학대학장(현) [저]'환경화학물질과 연안생태계'(1992) '환경독성학개론'(1997) '환경과공해'(1998) [역]'환경독성학'(2000)

감종훈(甘鐘勳) KAM Jong Hoon

[생]1959·9·25 [출]부산 [주]서울 영등포구 국제금융로6길38 한국화재보험협회 임원실(02-3780-0223) [학]대구 대륜고졸, 영남대 건축공학과졸 [경]기술고시 합격(21회), 행정자치부 정부청사관리소 청사기획관실 근무, 행복중심복합도시건설청 청사이전지원단장, 행정안전부 정부청사관리소 기획과장 2008년 同정부청사관리소 청사기획관 2011년 同정부청사관리소장 2013년 안전행정부 지방행정연수원 기획부장 2014년 同소청심사위원회 상임위원 2014~2016년 인사혁신처 소청심사위원회 상임위원 2016년 한국화재보험협회 부이사장(현)

강감창(姜玪昌) Kang Kam Chang

[생]1962·3·5 [본]진주(晋州) [출]경북 안동 [주]서울 중구 덕수궁길15 서울특별시의회(02-3702-1376) [학]1980년 안동공고졸 1984년 인하대 공대 건축학과졸 1986년 同대학원 건축공학과졸 [경]1987년 육군 학사장교 9기 임관(동기회장) 1991~1992년 체육청소년부 차관비서관, 서울시 송파구청장 비서 1997~2006년 건동대 건축학과 겸임교수, 강건축사사무소 소장 2006년 건설교통부 NGO정책자문위원 2007년 한나라당 서울시홍보위원회 부위원장 2007년 제7대 서울시의회 의원(한나라당) 2010년 제8대 서울시의회 의원(한나라당·새누리당) 2010~2012년 同건설위원장 2012년 同교통위원회 위원 2013년 同2018평창동계올림픽지원 및 스포츠활성화를위한특별위원회 위원 2014년 同동남권역집중개발특별위원회 위원 2014년 서울시의회 의원(새누리당)(현) 2014~2016년 同부의장 2014·2016년 同교통위원회 위원 2015년 同조례정비특별위원회 위원 2016년 서울 송파구 영남향우회 회장(현) 2016년 서울시의회 새누리당 원내대표(현) 2016년 同기획경제위원회 위원(현) [상]동춘상(1987), 매니페스토약속대상 광역지방의원부문 최우수상(2010·2015) [저]'사나이 죽이기'(1995) [종]불교

강갑수(姜甲秀) Kang Kab Soo

[생]1962·7·30 [본]진주(晋州) [출]전북 정읍 [주]서울 중구 새문안로26 청양빌딩 아주경제 편집국(02-767-1500) [학]1981년 전주고졸 1989년 고려대 신문방송학과졸 [경]1990~2010년 세계일보 정치부·경제부·사회부·국제부 기자 2010년 아주경제 편집국 경제부·금융부·부동산부장(부국장) 2013년 同금융·증권에디터 겸 온라인에디터 2014년 同편집국 산업부장(부국장) 2015년 同편집국장(현)

강건기(康建基) KANG Kun Ki

[생]1969·3·7 [본]곡산(谷山) [출]충남 연기 [주]충남 공주시 공주대학로56 공주대학교 사무국(041-850-8009) [학]충남 성남고졸 1992년 충남대 전기공학과졸 2005년 영국 스트래스클라이드대 대학원 전기전자공학과졸(석사) [경]1992년 기술고시 합격(28회) 2003년 과학기술부 연구개발국 기계전자기술과 서기관 2004년 同과학기술협력국 구주기술협력과 서기관, 국외훈련(서기관) 2006년 과학기술부 연구개발조정관실 서기관 2006년 同원자력통제팀장 2008년 교육과학기술부 잠재인력정책과장 2009년 同학술연구정책실 학연산지원과장 2010년 한국과학기술연구원(KIST) 유럽연구소 파견 2012년 교육과학기술부 감사관실 민원조사담당관 2013년 미래창조과학부 미래선도연구실 원자력기술과장 2013년 同원자력진흥정책과장 2014년 同연구개발정책실 연구공동체지원과장 2015년 同연구개발정책실 연구성과혁신기획과장(부이사관) 2016년 공주대 사무국장(현) [상]국무총리표창

강건용(姜建用) KANG Kern Yong

[생]1960·3·15 [본]진주(晋州) [출]경기 고양 [주]세종특별자치시 시청대로370 국가과학기술연구회 경영본부(044-287-7400) [학]1978년 영등포공고졸 1984년 경희대 기계공학과졸 1986년 한국과학기술원 기계과졸(석사) 1995년 기계공학박사(포항공대) [경]1986년 한국기계연구원 책임연구원 1990~1991년 첨단유체공학센터 파견연구원 1998~1999년 미국 위스콘신대 연구교수 1999~2004년 한국기계연구원 가스자동차개발사업단장 2005년 同에너지기계연구본부 친환경엔진연구센터장 2007~2008년 同환경기계연구본부장, 과학기술연합대학원대 겸임교수(현) 2011년 한국기계연구원 전략기획본부장 2011년 同선임연구본부장 2012년 한국자동차공학회 총무이사 겸 부회장 2012년 대전시 녹색성장위원회 위원 2012년 한국기계연구원 환경에너지기계연구본부장 2014년 同전략기획본부장 2014년 同경영부원장 겸 경영기획본부장 2014년 同환경·에너지기계연구본부 그린동력연구실 책임연구원(현) 2014년 국가과학기술연구회 경영본부장(현) [상]경향신문 선정 '한국의 얼굴 55인'(2001), 감사원 모범공직자상(2002), 한국기계연구원 최우수연구상(2004), 국무총리표창(2006), 한국자동차공학회 기술상(2008), 녹색성장위원회 녹색기술표창(2010), 한국액체미립화학회 학술상(2011), 과학기술포장(2013), 올해의 과학기자상 과학행정인상(2015)

강건욱(姜建旭) KANG Keon Wook

[생]1966·12·5 [본]진주(晋州) [출]대구 [주]서울 종로구 대학로101 서울대병원 핵의학과(02-2072-2803) [학]1991년 서울대 의대졸 1996년 同대학원 의학석사 2001년 핵의학박사(서울대) [경]1991~1992년 서울대병원 인턴 1992~1996년 同내과 레지던트 1997~1998년 과학기술부 정책과제 '국가방사선 비상진료체계 구축방안' 연구원 1998~1999년 청원군보건소 및 국립암센터 설립준비단 공중보건의 1999~2000년 서울대병원 핵의학과 전임의 2000~2001년 서울대 방사선의학연구소 선임연구원 2000~2006년 국립암센터 부속병원 핵의학과장 2000~2002년 同기획조정실 정보전산팀장 2001~2007년 同연구소 핵의학연구과장 2002~2006년 同연구소 암역학관리연구부 암정보연구과장 2003~2004년 미국 스탠퍼드대 의대 분자영상프로그램 방문과학자 2005~2006년 국가암관리사업지원평가연구단 암등록역학연구부 암정보연구과장 2007년 서울대 의대 핵의학교실 부교수·교수(현) 2014년 서울대병원 방사선안전관리센터장(현) 2014년 서울대 의대 핵의학과장(현) 2015년 同의대 핵의학교실 주임교수(현) [상]일본 핵의학회 아시아오세아니아 젊은연구자상(1995), 대한핵의학회 최우수포스터상(1999), 국제뇌지도연구회 Travel Award(2000), 보건복지부장관표창(2001), 한국과학기술단체총연합회 과학기술우수논문상(2002) [저]'방사능 무섭니?(共)'(2016)

강경구(姜京求) KANG Kyeong Ku

[생]1966·10·1 [출]대전 [주]서울 서초구 서초중앙로157 서울고등법원 판사실(02-530-1186) [학]1984년 충남고졸 1988년 서울대 사법학과졸 1993년 同대학원 법학과졸 [경]1992년 사법시험 합격(34회) 1995년 사법연수원 수료(24기) 1995년 청주지법 판사 2000년 수원지법 광주군법원 판사 2002년 서울행정법원 판사 2004년 서울남부지법 판사 2006년 서울고법 판사 2008년 대법원 재판연구관 2010년 전주지법 부장판사 2011년 수원지법 안산지원 부장판사 2012년 서울고법 판사(현)

강경국(姜炅局) KANG Kyong Kook

[생]1969·10·2 [출]부산 [주]서울 종로구 창덕궁1길13 원서빌딩4층 법무법인 양헌(02-3782-5517) [학]1988년 경남고졸 1997년 서울대 법대졸 2002년 同법과대학원 수료 2006년 미국 Georgetown Univ. Law Center LL.M [경]1997년 사법시험 합격(39회) 2000년 사법연수원 수료(29기) 2000년 변호사 개업 2000~2006년 법무법인 케이씨엘 변호사 2003년 국가전문행정연수원 국제특허연수부 변리업무실습과정 강사 2006년 미국 Holland & Knight 근무(Foreign Lawyer) 2007년 법무법인 은율 변호사 2007년 법무법인 지성 파트너변호사 2008년 법무법인 지평지성 파트너변호사 2013년 법무법인 양헌 파트너변호사(현)

강경규(姜景圭) KANG Kyung Kyu (景齊)

[생]1953 · 4 · 19 [출]경북 김천 [주]서울 서대문구 거북골로34 명지대학교 경영학과(02-300-0742) [학]1971년 김천고졸 1978년 고려대 경영학과졸 1983년 서울대 대학원 경영학과졸 1987년 경영학박사(고려대) [경]1978년 공인회계사시험 합격 1978~1984년 산경회계법인 근무 1983~1990년 목원대 강사 1984년 명지대 경영학과 교수(현) 1991~1995년 학교법인 명지학원 기획조정실장 1996년 명지대 기획관리실장 1997~1998년 미국 캘리포니아주립대(Sacramento) 교환교수 2001년 명지대 전략기획실장 겸 마케팅처장 2004년 同유통대학원장 2004~2006 · 2013년 同경영대학장(현) 2005~2008년 同부동산유통경영대학원장 2013년 同부동산대학원장(현) [저]'기업회계기준해설'(共) '회계학핸드북'(共) '한국형 관리회계모델' '증권분석사 上 · 下' '회계원론'(共) '현대회계원론'(共) '재무회계기초'(共) [종]기독교

강경근(姜京根) KANG, Kyung-Keun

[생]1956 · 1 · 4 [본]진주(晉州) [출]인천 [주]서울 동작구 상도로369 숭실대학교 법학과(02-820-0476) [학]인천 제물포고졸 1977년 고려대 법학과졸 1980년 同대학원졸 1984년 법학박사(고려대) [경]1983~1989년 고려대 법학연구소 연구원 1983~1985년 同법대 강사 1985년 호서대 법학과 조교수 1985~1994년 숭실대 법학과 조교수 · 부교수 1987~2009년 사법시험 · 행정고시 · 입법고시 · 외무고시 시험위원 1989~1993년 법무연수원 강사 1990~1992년 숭실대 법학연구소장 1994~2009 · 2012년 同법학과 교수(현) 1994~1997년 법률신문 논설위원 1996~1997년 내무부 행정연수원 강사 1996년 정보통신부 자문위원 1997년 행정자치부 자문위원 1998~2000년 경제정의실천시민연합 시민입법위원장 1998~2001년 숭실대 법학연구소장 2000년 아시아태평양공법학회 부회장 2001년 숭실대 법과대학장 2002~2004년 한국헌법학회 부회장 2003~2009년 국무총리행정심판위원회 비상임위원 2003~2004년 대통령직속 의문사진상규명위원회 위원 2004~2009년 국회 정보공개위원회 위원 2004~2009년 국방부 정보공개위원회 위원 2004~2009년 헌법포럼 공동대표 2005~2006년 한국공법학회 부회장 2005년 한국부패학회 회장 2006년 친북반국가행위진상규명위원회 위원 2006~2007년 한국언론법학회 부회장 2006~2009년 한반도선진화재단 감사 2008~2009년 법제처 정부입법자문위원회 부위원장 2009년 한국비교공법학회 부회장 2009년 경찰청 인권위원회 위원 2009~2012년 중앙선거관리위원회 상임위원 [상]한국공법학회 학술장려상(1988), 국무총리 유공표창(1999), 한국헌법학회 학술상(2003) [저]'국민투표'(1991) '열린사회와 정보공개'(1993) '헌법학 강론'(1993) '헌법학'(1997) '부정부패의 사회학'(1997) '헌법학강평'(1997) '자유주의와 한국사회 논평(共)'(2001) '객관식 헌법학(共 · 編)'(2001) '헌법'(2002) '現代の韓國法, その理論と動態(共 · 編)'(2004) [역]'현대 헌법재판론'(1984)

강경량(姜景椋) KANG Kyung Yang

[생]1963 · 8 · 23 [출]전남 장흥 [주]서울 마포구 마포대로78 경찰공제회 이사장실(02-2084-0521) [학]1985년 경찰대 법학과졸 2004년 한양대 대학원졸 [경]1985년 경찰 임용 1995년 인천 동부경찰서 형사과장 2000년 인천지방경찰청 수사과장(총경) 2000년 경기지방경찰청 수사과장 2001년 경기 평택경찰서장 2002년 대통령비서실 치안비서관실 파견 2003년 경기 김포경찰서장 2004년 경찰청 혁신기획단 업무혁신팀장 2005년 경찰대 경찰학과장 2005년 서울 청량리경찰서장 2007년 서울 강북경찰서장 2008년 광주지방경찰청 차장(경무관) 2009년 국방대학교 교육파견 2010년 서울지방경찰청 생활안전부장 2010년 전북지방경찰청장(치안감) 2011년 경찰대학장(치안정감) 2012~2013년 경기지방경찰청장 2015년 경찰공제회 이사장(현) [상]대통령표창(2002), 근정포장(2008)

강경선(康景宣) KANG Kyung Sun

[생]1963 · 1 · 1 [본]진주(晉州) [출]서울 [주]서울 관악구 관악로1 서울대학교 수의과대학(02-880-1246) [학]1982년 경동고졸 1989년 서울대 수의학과졸 1991년 同대학원졸 1993년 수의공중보건학박사(서울대) [경]1994년 미국 미시간주립대 의대 박사 후 연구원 1996~1997년 同의대 조교수 1997~1998년 일본 국립의약품식품위생연구소 유동연구원 1998년 일본 의약품피해구제기구 파견 1999년 한국수의공중보건학회 부회장 1999년 The Korean Society of Veterinary Science 영문편집위원(현) 1999년 충북대 강사 1999~2001년 국립환경연구원 유해화학물질전문연구협의회 전문위원 1999년 서울대 수의과대학 조교수 · 부교수 · 교수(현) 1999년 성균관대 생명공학부 강사 1999년 환경호르몬연구회 운영위원장 2001년 한국식품위생안전성학회 총무이사 2001년 한국독성학회 학술간사 2001년 식품의약품안전청 유전자재조합식품평가자료 심사위원 2002년 同세포치료제전문가협의회 자문위원 2002~2004년 보건복지부 식품위생심의위원 2002 · 2004년 식품의약품안전청 정부업무평가위원 2002~2004년 국립수의과학검역원 위해축산물회수심의위원 2003~2004년 한국식품위생안전성학회 학술지편집위원장 2003~2005년 한국독성학회 총무간사 2003년 캐나다 브리티시컬럼비아대 의대 방문교수 2003년 국립수의과학검역원 자문교수 2004~2011년 한국식품위생안전성학회지 편집위원장 2004년 서울대 연구공원창업보육센터장 2005~2008년 인간신경줄기세포 '프로테옴 프로젝트(HNSCPP)' 공동책임자 2005~2011년 제대혈줄기세포응용사업단 단장 2010~2012년 한국연구재단 생명공학단 전문위원 2011~2013년 국가과학기술위원회 생명복지전문위원 2011년 국제SCI GERONTOLOGY 편집위원(현) 2014년 대한수의학회 총무위원장(현) [상]일본 STA award(1997), 한국과학기술단체총연합회 과학기술우수논문상(2003), 서울대 SCI 우수교수(2003), 한국과학재단 우수연구성과 30선(2004) [저]'암을 이기는 한국인의 음식 54가지(共)'(2007, 연합뉴스) [종]기독교

강경수(姜京秀)

[생]1963 · 4 [주]서울 중구 통일로10 연세세브란스빌딩14층 (주)동양매직(1577-7784) [학]1982년 숭일고졸 1989년 서울대 경영학과졸 [경]1990년 (주)동양매직 입사, 同경영기획팀장 2012년 同이사대우, 同전무 2014년 同대표이사 전무 2014년 同대표이사 사장(현)

강경식(姜慶植) KANG Kyong Shik

[생]1936 · 5 · 10 [본]진주(晉州) [출]경북 영주 [주]서울 영등포구 여의나루로53의1 대오빌딩 국가경영전략연구원(02-786-7799) [학]1955년 부산고졸 1961년 서울대 법과대학졸 1963년 미국 시라큐스대 맥스웰행정대학원졸 1994년 명예 경제학박사(세종대) [경]1960년 고등고시 행정과 합격(12회) 1961년 재무부 국고국 재경사무관 1964년 경제기획원 사무관 1969년 재무부 예산총괄과장 1973~1977년 同물가정책국 · 예산국 · 기획국 · 경제국장 1977~1981년 同기획차관보 1981~1982년 同차관보 1982년 同차관 1982~1983년 同장관 1982년 서울올림픽조직위원회 집행위원 1983~1985년 대통령 비서실장 1985~1988년 제12대 국회의원(전국구, 민주정의당) 1986년 민주정의당(민정당) 정책조정실장 겸 정책위원회 수석부의장 1987년 同지역균형발전중앙기획단장 · 부산동래甲지구당 위원장 1987년 同당정정부조직개편연구단장 · 중앙집행위원 1987년 (사)부산발전시스템연구소 이사장 1989~1990년 한국산업은행 이사장 1991년 국가경영전략연구원(NSI) 이사장(현) 1993~1996년 제14대 국회의원(부산 동래甲 보궐선거, 민자당 · 신한국당) 1996~2000년 제15대 국회의원(부산 동래乙, 신한국당 · 무소속) 1997년 부총리 겸 재정경제원 장관 2000년 제16대 국회의원선거 출마(부산 동래, 무소속) 2000년 동부그룹 금융 · 보험부문 회장 2003~2016년 同상임고문 2003년 예우회 초대회장 2004년 JA코리아 이사장(현) 2010~2014년 한국도자문화협회 회장 2015년 (주)농심 사외이사 겸 감사위원(현) [상]청조근정훈장, 홍조근정훈장 [저]'경제안정을 넘어서' '가난구제는 나라가 한다' '새 정부가 해야 할 국정개혁 24' '국산품 애용식으론 나라 망한다' '대전환 21세기 미래와의 대화'(1997) '새로운 정치모델과 전자민주주의(共)'(1997) '강경식의 환란일기'(1999) '80년대 경제개혁과 김재익 수석-20주기 추모기념집(共)'(2003) '국가가 해야 할 일, 하지 말아야 할 일'(2010) [종]불교

강경식(姜景植) KANG Kyeong Sik

[생]1966 · 10 · 9 [본]진주(晉州) [출]제주 서귀포시 [주]제주특별자치도 제주시 문연로13 제주특별자치도의회(064-741-1973) [학]제주 오현고졸, 제주대 경상대학 경제학과졸 1998년 同경영대학원 경영학과졸(석사), 同대학원 관광경영학 박사과정 수료 [경]1988년 제주대 경상대학 학생회장, 하이트맥주 제주지점 근무(3년), 대한전문건설협회 제주도지회 기획관리팀장(8년), 제주민주청년회 부회장, 제주주민자치연대 사무처장, 同집행위원장, 同참여자치위원장, 민주평통 자문위원, 민주노동당 제주도당 무상의료운동본부장, 곶자왈사람들 이사, 참교육제주학부모회 정책위원장, 친환경우리농산물학교급식 제주연대 사무처장 · 공동대표, 남광초교 운영위원 겸 급식소위원장 2008~2010년 민주노동당 제주도당 위원장, 제주제일중 운영위원장 2010년 제주특별자치도의회 의원(민주노동당 · 통합진보당 · 무소속) 2013년 (사)곶자왈사람들 공동대표 2013년 제주영지학교 운영위원(현) 2014년 제주특별자치도의회 의원(무소속)(현) 2014~2015년 同예산결산특별위원회 위원 2014년 同교육위원회 위원 2014년 同인사청문특별위원회 위원 2016년 同행정자치위원회 위원(현) 2016년 同제주특별법제도개선및토지정책특별위원회 위원(현) 2016년 同문화관광포럼 대표(현) [상]대한민국 위민의정대상 개인부문 우수상(2014) [종]불교

강경인(姜敬仁) Kang, Kyung-In

ⓢ1956 · 7 · 22 ⓞ경남 ⓙ서울 성북구 안암로145 고려대학교 공과대학 건축사회환경공학부(02-3290-4956) ⓗ1983년 고려대 건축공학과졸 1988년 일본 도쿄공업대 대학원 건축시공학졸 1992년 건축시공학박사(일본 도쿄공업대) ⓔ1984~1985년 일본 닛켄설계 한국무역센터 설계경기참여 1985년 同중국북경무역센터 설계참여 1987~1990년 일본 도쿄공업대 공학부 교무보좌원 1988~1992년 일본 국비장학생 1993년 고려대 공대 건축사회환경공학부 건축공학과 교수(현) 1994년 대한주택공사 비상임연구원 1996년 한국건자재시험연구원 자문위원 1996년 조달청 건축시공분야 기술고문 1997년 한국종합기술금융 기술평가전문위원 1997년 한국건설사업관리협회 정책개발분과위원회 위원 1998년 정보통신부 조달사무소 건설자문위원 2000년 미국 ASCE 정회원 2000~2001년 미국 스탠퍼드대 교환교수 2001~2004년 대한주택공사 주택자문위원 2002~2003년 중앙건설기술심의위원회 위원 2002 · 2004~2008년 서울시 건설기술심의위원회 위원 2002년 금융감독원 청사 설계평가위원 2002년 건설교통부 건설신기술 심사위원 2002~2004년 서울시 건설안전관리본부 건축분야 설계자문위원 2002~2003년 대한건축학회 건축표준화분과위원장 2002~2004년 한국전력공사 설계자문위원 2003~2004년 공학교육연구센터 ABEEK인증준비위원회 위원 2003년 건축사예비시험 출제위원 2004~2005년 대한건축학회 시공위원회 시공기술분과위원장 2004년 조달청 설계 및 시공관리 기술고문 2004~2006년 한국전력공사 설계자문 · 심의위원회 위원 2005~2006년 한국건축시공학회 논문등재추진위원장 겸 감사 2005~2007년 고려대 건축방재연구소장 2005년 서울 성북구 신청사건립 설계자문위원 2006년 대한건축학회 시공위원장 2006~2008년 건축시공학회 감사 2006년 경기도 지방공무원임용시험 시험위원 2006년 고려대 공학대학원 부원장 2007~2009년 同건축방재연구소장 2007년 중앙건설기술심의위원회 위원 2007~2009년 서울지방조달청 설계 및 시공관리 기술고문 2007~2008년 태권도진흥재단 설계자문위원회 위원 2009~2010년 한국건축시공학회 초고층부회장 2009~2010년 대한건축학회 이사 2009~2012년 서울시 건축분쟁조정위원회 위원 2009~2011년 한국시설안전공단 정밀점검 및 정밀안전진단평가위원회 위원 2010~2012년 고려대 관리처장 2010~2012년 한국산업단지공단 비상임이사 2010~2013년 소방방재청 인적재난안전기술개발사업단장 2011~2012년 한국건축시공학회 부회장 2012~2013년 한국도로공사 설계자문위원 2012년 조달청 설계자문위원회 설계심의분과 위원 2012~2014년 한국공항공사 공항건설 자문위원 2013~2015년 인천국제공항공사 건설사업 자문위원 2014년 포스코 석좌교수(현) 2015년 한국건축시공학회 회장(현) ⓢ대한주택공사 미래주택2000아이디어 공모상(1993), 한국건설관리학회 우수논문상(2007), 한국건축시공학회 우수논문상(2007), 한국건설관리학회 우수논문상(2008), ICCEM · ICCPM Poster Award(2009), 한국건축시공학회 우수학술상(2009 · 2011), 한국건축시공학회 우수논문상(2009 · 2010), 한국건설관리학회 우수논문상(2009), 대한건축학회 석사부분 우수상(2010), 한국과학기술단체총연합회 과학기술우수논문상(2010), 일본로봇공업회 우수논문상(2010), 한국건축시공학회 최우수상(2010) ⓙ'건축재료학(共)'(1995) '건축시공학(共)'(1998) '건축적산학'(1998) '건축일반구조학(共)'(2003) '건축적산 및 응용(共)'(2003) '시공프로세스(共)'(2004) '이론과 현장실무 중심의 건축시공 I(共)'(2004) '이제는 집도 웰빙이다(共)'(2004) '이론과 현장실무 중심의 건축시공 II(共)'(2004, 도서출판 대가) '이론과 현장실무 중심의 건축시공학(共)'(2005, 도서출판 대가) '건축일반구조학(共)'(2007, 문운당) ⓢ기독교

강경종(姜景鍾) KANG Kyeong Jong

ⓢ1964 · 9 · 16 ⓑ진주(晉州) ⓞ제주 남제주 ⓙ세종특별자치시 시청대로370 한국직업능력개발원 고용 · 능력평가연구본부 일학습병행제성과관리지원센터(044-415-5115) ⓗ1987년 서울대 농업교육학과졸 1989년 同대학원 교육학과졸 1995년 교육학박사(서울대) ⓔ1987~1989년 서울대 조교 1989~1991년 울진종합고 교사 1991년 서벽중 교사 1991~1994년 육군 정훈장교(중위 전역) 1995~1996년 LG그룹 인화원 · HR연구소 과장 1995~1996년 서울대 강사 1997년 LG그룹 회장실 · 인사팀 과장 1997년 한국직업능력개발원 책임연구원 2001~2005년 同부연구위원 2002~2005년 국무총리실 정책평가위원회 교육인적자원부 평가전문위원 2002~2005년 국민의정부 5년평가 전문위원 2003년 한국직업능력개발원 기획조정팀장 2004년 대통령자문 교육혁신위원회 전문위원 2004년 제2차 국가인적자원개발기본계획(2006~2010)수립위원회 위원 2004년 인적자원개발기본계획 및 시행계획평가단 평가위원 2005년 한국직업능력개발원 인적자원개발지원센터 연구위원 2005년 同HRD정보통계센터 동향정보팀장, 同인적자원연구본부 연구위원 2009년 同신성장인재연구실장 2010~2011년 同기획조정실장 2012년 同노동연계연구실 선임연구위원 2013년 同고용 · 능력평가연구본부 일 · 학습듀얼평가센터장(선임연구위원) 2016년 同고용 · 능력평가연구본부 일학습병행제성과관리지원센터장(현) ⓢ국무총리표창(2005) ⓙ'직업교육훈련 대사전' '전문대학 주문식교육 발전 방안' '한 · 호주 직업교육훈련기관과 산업체와의 연계 비교 연구' '1999년도, 2000년도 실업계 고등학교 1종도서 편찬사업 II' '실업계 고등학교의 수준별 교육과정 적용 방안 및 교수 · 학습방법의 연구' '2005 수능 직업탐구영역 교과목별 성취기준 및 평가기준 개발' '총체적 학습사회와 e-Learning'(共) ⓢ불교

강경태(姜京兌) KANG Kyeong Tae

ⓢ1968 · 4 · 8 ⓞ경남 합천 ⓙ서울 종로구 사직로8길 39 김앤장법률사무소(02-3703-4705) ⓗ1986년 용산고졸 1991년 고려대 법대졸 ⓔ1991년 사법시험 합격(33회) 1994년 사법연수원 수료(23기) 1994년 軍법무관 1997년 서울지법 판사 1999년 同남부지원 판사 2001년 춘천지법 원주지원 판사 2004년 서울중앙지법 판사 2005년 서울고법 판사 2006년 특허법원 판사 2009년 부산지법 부장판사 2011~2014년 서울고법 판사 2014년 김앤장법률사무소 변호사(현) ⓢ법학논문상(2010)

강경호(姜庚鎬)

ⓢ1963 · 3 · 1 ⓙ대전 서구 청사로189 특허심판원 심판11부(042-481-5813) ⓗ1980년 경북고졸 1990년 영남대 행정학과졸 ⓔ1995년 특허청 발명진흥과 사무관 2004년 同심사1국 의장심사담당관 2005년 同상표디자인심사본부 디자인1심사팀장 2007년 同국제지식재산연수원 기획총괄팀장 2008년 국제지식재산연수원 교육기획과장 2009년 특허심판원 심판3부 심판관 2010~2011년 특허청 산업재산정책국 산업재산보호팀장 2010년 인터넷주소분쟁조정위원회 위원(현) 2011년 특허청 상표디자인심사국 디자인심사정책과장 2012년 同상표심사정책과장 2014년 同운영지원과장 2016년 특허심판원 심판11부 심판장(현) ⓢ근정포장(2013)

강경호(姜景皓) Kang Kyung-Ho

ⓢ1963 · 4 · 16 ⓞ광주 ⓙ부산 강서구 체육공원로6번길67의17 부산전파관리소(051-974-5101) ⓗ1982년 광주동신고졸 1989년 전남대 불어불문학과졸 1999년 중앙대 대학원 신문방송학과졸 ⓔ1990년 전남매일신문 근무 1992년 교보생명 근무 1999년 종합유선방송위원회 근무 2000년 방송위원회 총무부 차장 2002년 同행정2부 차장 2002년 비상기획위원회 파견 2002년 방송위원회 정책실 정책2부 차장 2003년 同평가심의국 심의2부 파견 2003년 同방송진흥국 진흥정책부 차장 2004년 同기금운영부장 직대 2005년 同기금관리부장 직대 2007년 同비서실장 직대 2008년 同비서실장 2008년 방송통신위원회 방송통신융합정책실 방송운영과 사무관 2009년 同이용자보호국 시장조사과 서기관 2010년 同이용자보호국 시청자권익증진과 서기관 2011년 광주전파관리소장 2014년 부산전파관리소장(현)

강경호(姜敬鎬)

ⓢ1974 · 10 · 27 ⓞ충남 홍성 ⓙ경북 영덕군 영덕읍 경동로8337 대구지방법원 영덕지원(054-730-3000) ⓗ1993년 공주고졸 1997년 서울대 법학과졸 ⓔ1996년 사법시험 합격(38회) 1999년 사법연수원 수료(28기) 1999년 육군 법무관 2002년 대구지법 판사 2005년 대전지법 판사 2008년 同공주지원 판사 2009년 대전고법 판사 2010년 대구고법 판사 2011년 대구지법 · 대구가정법원 포항지원 판사 2014년 울산지법 부장판사 2016년 대구지법 · 대구가정법원 영덕지원장(현)

강경화(康京和 · 女) KANG Kyong Hwa

ⓢ1955 · 4 · 7 ⓗ1973년 이화여고졸 1977년 연세대 정치외교학과졸 1980년 미국 매사추세츠대 대학원 커뮤니케이션학과졸 1984년 언론학박사(미국 매사추세츠대) ⓔ1977년 KBS 영어방송 PD 겸 아나운서 1983년 미국 클리브랜드대 커뮤니케이션학과 조교수 1984년 연세대 · 한국외국어대 강사 1984년 국회의장 국제비서관 1985년 KBS 국제국 시사토론 프로그램 진행 1988년 국회의장 국제비서관(3급) 1994~1998년 세종대 영어영문학과 조교수 1998년 외교안보연구원 미주연구관 1999년 외교통상부 장관보좌관 2000년 同외교정책실 국제기구심의관 2001년 駐유엔대표부 공사참사관 2003년 UN 여성지위위원회 의장 2005년 외교통상부 국제기구정책관 2006년 유엔 인권고등판무관실(OHCHR) 副판무관(Deputy High Commissioner) 2011년 同인권최고대표사무소 부대표 2013년 同인도주의업무조정국(OCHA) 사무차장보 겸 부조정관 2016년 同차기(2017년) 사무총장 인수팀장(현) ⓢ한국YMCA연합회 제11회 한국여성지도자상 특별상(2013)

강경환(姜敬煥) KANG Kyung Hwan

❸1967·10·18 ❷진주(晉州) ❸대구 ㈜전북 전주시 완산구 서학로95 국립무형유산원 원장실(063-280-1602) ❸1986년 대구 청구고졸 1990년 고려대 행정학과졸 1995년 서울대 행정대학원 수료 2005년 미국 조지아주립대 대학원 문화재보존학과졸 ❸행정고시 합격(35회) 1998년 문화재관리국 근무 1999년 문화재청 근무 2003년 同문화재기획국 문화재기획과 서기관 2005년 同문화재정책국 문화재교류과장 2006년 同문화재정책국 문화재활용과장 2008년 同문화재활용팀장 2008년 同사적명승국 사적과장(서기관) 2008년 同사적명승국 사적과장(부이사관) 2009년 同보존정책과장 2011년 同문화재정책국 정책총괄과장 2011년 同문화재정책국장(고위공무원) 2013년 同문화재보존국장 2013년 同숭례문복구단장 2015년 국무총리실산하 건축도시공간연구소 초빙연구위원 2016년 문화재청 국립무형유산원 원장(현)

강경훈(姜景薰) KANG Kyung Hun

❸1963·8·9 ㈜서울 서초구 서초대로74길11 삼성전자㈜ 미래전략실 인사지원팀(02-2255-4141) ❸창원고졸, 경찰대 법학과졸 ❸삼성전자㈜ 전략기획실 인사지원팀 상무보 2007년 同인사팀 상무 2010년 同경영전략팀 전무 2012년 同경영전략팀 부사장 2012년 同미래전략실 인사지원팀 부사장(현)

강경훈(姜京勳) KANG Gyeong Hoon

❸1964·1·3 ❸경남 마산 ㈜서울 종로구 대학로101 서울대병원 병리과(02-2072-3312) ❸1982년 마산중앙고졸 1988년 서울대 의대졸 1991년 同대학원 의학석사 1998년 의학박사(서울대) ❸1989년 서울대병원 병리과 전공의 1989년 대한병리학회 회원(현) 1992~1995년 서울지구병원 병리과 군의관 1995~1996년 서울대병원 병리과 전임의 1996~1997년 서울중앙병원 진단병리과 전임강사대우 1997~2000년 울산대 의대 병리학교실 전임강사·조교수 1998년 대한생화학분자생물학회 회원 1998년 대한간암연구회 회원 1998년 미국병리학회 회원(현) 2000~2003년 서울대 의대 기금조교수 2003~2004년 미국 남캘리포니아대 방문연구원 2003년 서울대 의대 기금부교수 2003년 한국과학기술한림원 의약학부 준회원 2003년 American Society of Investigative Pathology 회원(현) 2005년 서울대 의대 병리학과교실 부교수 2009년 同교수(현) 2012년 미국암학회 회원(현) 2016년 서울대병원 병리과 과장(현) ❸서울대 의대 우수학위논문상(1998), 대한병리학회 학술대상(1998), 대한의학회 분쉬의학상(2002) ❷'염증성 장질환'(1999) '후성유전학 : DNA메틸화에 대한 이해'(2007) ❸기독교

강경훈(姜炅勳) Kang Gyung Hun

❸1968·9·10 ❷진주(晉州) ❸대구 ㈜인천 중구 아암대로90 인천지방조달청 청장실(070-4056-7703) ❸1987년 울산 학성고졸 1992년 영남대 경영학과졸 ❸2005년 조달청 국제물자본부 원자재비축사업팀장 2006년 부산지방조달청 경영지원팀장 2007년 조달청 전자조달본부 정보기획팀장 2007년 同정보홍보본부 전략기획팀장 2008년 同기획조정관실 창의혁신담당관 2009년 경남지방조달청장 2009년 조달청 행정관리담당관 2010년 同구매사업국 자재장비과장 2011년 同구매사업국 자재장비과장(부이사관) 2011년 국외 훈련(부이사관) 2013년 조달청 구매사업국 쇼핑몰기획과장 2014년 同기획조정관실 기획재정담당관 2014년 同운영지원과장 2015년 인천지방조달청장(고위공무원)(현)

강경희(姜敬姬·女)

❸1959·9·30 ㈜서울 동작구 여의대방로54길18 서울시여성가족재단(02-810-5010) ❸수도여자사범대학 응용미술학과졸, 이화여대 대학원 사회복지학과졸 ❸2000~2002년 사회복지공동모금회 부장 2002~2011년 (재)한국여성재단 사무총장 2004~2011년 (사)미래포럼 사무총장 2005~2016년 (사)막달레나공동체 이사 2011~2013년 (사)아시아여민브릿지 두런두런 상임이사 2011~2012년 (재)다솜이재단 상임이사 2012~2016년 (사)한국여성민우회 감사 2012~2013년 (사)미혼모지원네트워크 대표 2016년 서울시여성가족재단 대표이사(현)

강경희(姜京希·女) KANG KYUNG HEE

❸1965·12·19 ❸부산 ㈜서울 중구 세종대로21길52 조선일보(02-724-5114) ❸1983년 부산 이사벨여고졸 1988년 서울대 외교학과졸 1990년 同대학원 외교학과졸 ❸1991년 조선일보 입사 1996년 LG상남언론재단 초청 해외연수 2002년 미국 하와이대 Eastwest Center 제퍼슨펠로우쉽 연수 2004~2008년 조선일보 프랑스특파원 2012년 프랑스 소르본대 연수 2013년 조선일보 사회정책부장 2013~2016년 한국양성평등교육진흥원 비상임이사 2014~2016년 한국여기자협회 회장 2015년 조선일보 경제부장 2016년 同논설위원(현) 2016년 同윤리위원회 위원(현) ❸제32회 최은희 여기자상(2015), 한국언론인연합회 경제부문 한국참언론인대상(2016)

강관욱(姜寬旭) KANG Kwan Wook

❸1945·10·21 ❷진주(晉州) ❸전북 군산 ㈜전북 진안군 정천면 용정길60의36(070-4255-7749) ❸1975년 홍익대 조소과졸 1987년 同대학원졸 ❸1980년 국전 추천작가 1982~1991년 전남대 미술학과 교수 1982~1985년 한국미술협회전(국립현대미술관) 1982년 현대미술초대전(국립현대미술관), 한국구상조각회 회원(현) 1983년 한·불미술회회전(동덕미술관) 1985년 프랑스 그랑팔레 한국미술초대전 1986년 한·독미술가협회 독일전(프랑크푸르트) 1986년 한국현대미술의 어제와 오늘(국립현대미술관) 1991년 일본 동경 ART EXPO 1991~1994년 MBC 한국구상조각대전 1994년 민중미술15년(국립현대미술관) 1995년 통일염원조각전(예술의 전당) 1996년 개인전 '자생조각전', 중앙미술대전·미술대전·MBC 한국구상조각대전 심사위원 2008년 이중섭미술상 20년의 발자취-역대 수상작가 20인展 2009년 경남도립미술관 한국현대조각의 흐름과 양상Ⅱ展 2009~2010년 서울시립미술관 남서울분관 조각읽는 즐거움展 2012년 제30회 화랑미술제 ❸국전 국무총리상(1976), 국전 특선(1977~1979), 이중섭 미술상(2000) ❷작품집 '강관욱 自生彫刻'(1996) ❷'素服'·'貨物'·'救援' 연작 ❸기독교

강교자(康喬子·女) KANG Kyo Cha

❸1942·6·14 ❸전북 전주 ㈜서울 중구 명동길73 한국YWCA연합회(02-774-9702) ❸1960년 이화여고졸 1964년 연세대 문과대학 교육학과졸 1966년 미국 노스웨스트신학대 신학과졸 1969년 미국 시애틀 퍼시픽대 대학원졸(성서문학·상담) 1997년 명예박사(미국 시애틀퍼시픽대) 2014년 명예 교육학박사(전주대) ❸1969~1972년 전주대 교직과 교수 1972~1975년 전주 영생여고 교장 1975~1985년 전주대 여학생처장·교무처장 1975년 전주YWCA 이사·부회장 1980~1982년 미국 워싱턴주립대 교환교수 1986~1989년 영남신학교·아세아연합신학대 강사 1994년 YWCA세계대회 한국준비위원회 사무국장 1995~2001년 대한YWCA연합회 사무총장 2000년 한국신문윤리위원회 위원 2001년 문화관광부 21세기문화정책위원 2001년 정보통신윤리위원회 위원 2003~2008년 대한YWCA연합회 부회장 2004~2006년 대통령자문 동북아시대위원회 민간위원 2004년 전국교역자부인연합회 사모Cross Home 상담소장 2008년 대한YWCA연합회 회장 2009~2013년 (사)한국여성인력개발센터연합 회장 2009~2011년 한국YWCA연합회 회장 2014~2016년 YWCA 복지사업단 이사장 2016년 한국YWCA연합회후원회 이사장(현) ❸국민훈장 목련장(2010) ❸기독교

강구덕(姜九德) Kang Goo Deok

❸1959·1·7 ❸전남 장성 ㈜서울 중구 덕수궁길15 서울특별시의회(02-3783-1931) ❸장성농고졸, 한국방송통신대 농학과졸, 중앙대 행정대학원 행정학과졸, 동국대 대학원 행정학 박사과정 수료 ❸안경산책 대표, 한나라당 중앙위원회 부위원장, 同서울금천당원협의회 자문위원, 바르게살기운동 금천구협의회 부회장·회장, 금천구탁구연합회 회장, 중앙대 행정대학원총동문회 수석부회장 2006·2010년 서울 금천구의회 의원(한나라당·새누리당) 2006년 同행정복지위원회 부위원장 2010~2012년 同행정재경위원장 2012년 同복지건설위원회 부위원장, 서울남부지검 범죄예방위원회 금천지회 부회장 2012년 새누리당 서울금천당원협의회 운영위원, 同서울시당 부위원장(현) 2014년 서울시의회 의원(새누리당)(현) 2014년 同도시계획관리위원회 부위원장 2014년 同예산결산특별위원회 위원 2015년 同인권특별위원회 부위원장 2015년 同항공기소음특별위원회 위원(현) 2016년 同교육위원회 위원(현) ❸기독교

강구영(姜求永) Kang, Goo Young

(생)1959 · 3 · 8 (출)경남 창녕 (학)1978년 영남고졸 1982년 공군사관학교졸(30기) 2000년 연세대 대학원 행정학과졸(석사) 2014년 서울대 대학원 국가정책과정 수료 (경)공군 제5전술공수비행단 256전술공수비행대대장, 공군 작전사령부 작전계획부장 2008년 공군본부 전력기획참모부 전력기획처장(준장) 2009년 同전력기획참모부 차장(준장) 2010년 제5전술공수비행단장(준장) 2011년 제30방공관제단장(소장) 2012년 공군본부 정보작전지원참모부장(소장) 2013년 합동참모본부 작전본부 연습훈련부장(소장) 2014년 공군 남부전투사령관(소장) 2014년 공군작전사령관(소장) 2015년 공군 참모차장(중장) 2015~2016년 합동참모본부 군사지원본부장 (상)국무총리표창(2001), 대통령표창(2004), 보국훈장 천수장(2010)

강구욱(姜求旭) KANG Koo Wook

(생)1965 · 2 · 28 (출)경남 의령 (주)서울 동대문구 이문로107 한국외국어대학교 법학전문대학원(02-2173-2394) (학)1983년 마산 중앙고졸 1987년 서울대 법학과졸 (경)1986년 사법시험 합격(28회) 1989년 사법연수원 수료(18기) 1992년 창원지법 판사 1995년 同진주지원 판사 1996년 同남해 · 산청군법원 판사 1997년 창원지법 판사 1999년 부산고법 판사 2001년 창원지법 판사 2004년 同진주지원 부장판사 2006년 창원지법 부장판사 2011년 부산지법 부장판사 2011년 한국외국어대 법학전문대학원 교수(현)

강구철(姜求鐵) KANG Gu Cheul (碧亭)

(생)1959 · 7 · 30 (본)진주(晉州) (출)충남 금산 (주)대전 대덕구 한남로70 한남대학교 미술대학 회화과(042-629-7371) (학)1977년 남대전고졸 1983년 한남대 미술학과졸 1990년 대만 중국문화대 대학원 동양미술학과졸 (경)1993~2005년 한남대 조형예술학부 조교수 · 부교수 · 교수 2002년 대한민국미술대전 심사위원 2003년 대덕문화원 이사 2005년 한남대 미술대학 회화과 교수(현) 2005~2007년 同회화과장 2009년 同예술문화학과장 2014년 同조형예술대학장 2016년 同교양융복합대학장(현) (상)MBC미술대전 특선(1993) (역)'돈황의 예술' '중국미술사' (종)기독교

강국창(姜國昌) KANG Kook Chang

(생)1943 · 6 · 11 (본)진주(晉州) (출)강원 태백 (주)인천 남동구 능허대로559번길91 가나안전자정밀(주)(032-818-0217) (학)태백공고졸, 연세대 전기공학과졸 (경)ROTC(3기) 부회장, (주)동국개발 회장(현), 성신하이텍(주) 회장, 동국전자(주) 회장, 가나안전자정밀(주) 회장(현), 동국성신(주) 회장(현) (상)연세대 총동문회 공로상(2011), 철탑산업훈장(2015) (종)기독교

강국현(姜國鉉) KANG Kook Hyun

(생)1963 · 9 · 8 (출)경남 진주 (주)서울 종로구 종로3길33 (주)KT 광화문빌딩 East 마케팅부문(02-3495-4770) (학)고려대 경제학과졸, 한국과학기술원(KAIST) 경영과학과졸(석사) (경)한국통신 입사, 한국통신엔닷컴(주) 영업기획팀 · 마케팅기획팀 · 경영기획1팀 팀장 2000년 同마케팅전략실장 2001년 (주)KTF 마케팅부문 상품기획팀장 2001년 同마케팅전략실 마케팅기획팀장 2003년 同마케팅부문 마케팅전략팀장 겸 N-TF팀장 2004년 同마케팅부문 마케팅전략실장(상무보) 2005년 同마케팅부문 부산마케팅본부장 2007년 (주)KT 휴대인터넷사업본부 휴대인터넷마케팅담당 상무 2010년 同개인고객전략본부 개인마케팅전략담당 상무 2011년 同개인프로덕트&마케팅본부장 2012년 同텔레콤&컨버전스(T&C)부문 마케팅본부장(상무) 2013년 同텔레콤&컨버전스(T&C)부문 디바이스본부장(상무) 2014년 同마케팅부문 마케팅전략본부장(상무) 2015년 同마케팅부문 마케팅전략본부장(전무) 2015년 同마케팅부문장(전무)(현) (상)정보통신부장관표창(1994)

강규태(姜圭泰)

(생)1971 · 11 · 26 (출)전남 해남 (주)광주 동구 준법로7의12 광주지방법원(062-239-1114) (학)1990년 전남고졸 1998년 서강대 법학과졸 (경)1998년 사법시험 합격(40회) 2001년 사법연수원 수료(30기) 2001년 대전지법 판사 2004년 인천지법 부천지원 판사 2007년 서울중앙지법 판사 2009년 서울가정법원 판사 2011년 서울중앙지법 판사 2014년 대법원 재판연구관 2016년 광주지법 부장판사(현)

강규형(姜圭炯) KAHNG Gyoo Hyoung

(생)1964 · 2 · 1 (본)진주(晉州) (출)서울 (주)서울 서대문구 거북골로34 명지대학교 방목기초교육대학(02-300-0855) (학)1982년 숭문고졸 1986년 연세대 사학과졸 1989년 미국 인디애나주립대 대학원 역사학과졸(석사) 1998년 역사학박사(미국 오하이오대) (경)1990~1998년 미국 오하이오대 현대사연구소 연구원 2000~2002년 연세대 통일연구원 연구위원 2002~2010년 명지대 조교수 · 교수 2005년 KBS교향악단 운영위원 2010년 중앙일보 '중앙시평' 고정필진 2011~2016년 명지대 기록정보과학전문대학원 교수 2011~2013년 방송통신위원회 시청자권익보호위원회 위원 2011년 동아일보 객원논설위원 2011년 同'동아광장' 고정필진 2012~2013년 조선일보 '아침논단' 고정필진 2013년 대한민국역사박물관 운영자문위원(현) 2015년 한국방송공사(KBS) 이사(현) 2016년 명지대 방목기초교육대학 교수(현) 2016년 한국자유총연맹 국가정체성분과 정책연구위원(현) (상)미국 오하이오대 Full Fellowship for Coursework(1990~1992), 맥아더재단 Fellowship(1990~1992), PHI ALPHA THETA Award(1991), 미국 오하이오대 현대사연구소 Fund for Russian Archival Research Trip(1994), 연세대 우수강사표창(2001), 연세대 최우수강사표창(2002), 수필춘추 신인상(2009), 대통령표창(2010), 전국경제인연합회 시장경제대상 기고문부문 대상(2013) (저)'21세기에서 문화와 예술을 바라보다'(2011, 한국학술정보) '대한민국 가까운 오늘의 기록'(2013, 이담북스) 등 다수 (역)'역사의 풍경: 역사가는 어떻게 과거를 그리는가?'(2003, 에코리브르) '냉전의 역사(共)'(2010, 에코리브르) 등 다수

강금식(姜金植) KANG Kum Sik (靑壤)

(생)1941 · 5 · 29 (본)진주(晉州) (출)전북 옥구 (주)서울 영등포구 의사당대로1 대한민국헌정회(02-757-6612) (학)1960년 군산고졸 1967년 서울대 경제학과졸 1972년 미국 네브래스카대 링컨교 대학원 경제학과졸 1980년 경영학박사(미국 네브래스카대 링컨교) (경)1967~1970년 산업은행 조사부 근무 1980~1983년 아주대 경영학과 부교수 1982년 언론중재위원회 위원 1983~1988년 성균관대 경영학과 교수 1985년 한국경영학회 이사 1987년 민주화를위한전국교수협의회 총무 1987년 평화민주당(평민당) 창당발기인 1988년 同당무위원 1988년 제13대 국회의원(성동甲, 평민당 · 신민당 · 민주당) 1991년 민주당 정책위원회 부의장 1992~2006년 성균관대 경영학부 교수 1997~1999년 국민회의 중앙위원 2001년 재정경제부 공적자금관리위원회 민간위원 2002년 同민간위원장 2003년 증권예탁원 사외이사 2015년 대한민국헌정회 정책연구위원회 정책실장(현) (저)'생산 · 운영관리' '경영 · 경제 통계학' 'Excel 활용 현대 통계학' '운영관리' (종)기독교

강금실(康錦實 · 女) Kum Sil Kang

(생)1957 · 2 · 12 (본)곡산(谷山) (출)제주 (주)서울 서초구 강남대로343 법무법인(유) 원(02-3019-3940) (학)1975년 경기여고졸 1979년 서울대 법대졸 2013년 가톨릭대 생명대학원 생명문화학과졸 (경)1981년 사법시험 합격(23회) 1983년 사법연수원 수료(13기) 1983년 서울지법 남부지원 판사 1985년 서울가정법원 판사 1987년 서울민사지법 판사 1988년 부산지법 판사 1990년 서울지법 북부지원 판사 1992년 서울민사지법 판사 1994년 서울고법 판사 1996~2000년 강금실법률사무소 개업 2000년 지평법률사무소 대표변호사 2001년 국무총리 행정심판위원 2001~2003 · 2004~2006년 법무법인 지평 대표변호사 2001년 중앙환경분쟁조정위원회 위원 2001년 언론중재위원회 위원 2001년 전자상거래분쟁조정위원회 위원 2001년 한국인권재단 이사 2001년 한국여성의전화연합 이사 2001년 한국신문협회 신문공정경쟁위원회 위원 2001년 민주사회를위한변호사모임 부회장 2001년 대통령자문 정책기획위원 2002년 부패방지위원회 비상임위원 2002년 세계경제포럼(WEF) '아시아의 미래를 짊어질 차세대 한국인 리더' 선정 2003~2004년 제55대 법무부 장관 2003년 비즈니스위크誌 '아시아의 스타 25인' 선정 2005~2006 · 2006~2007년 외교통상부 여성인권대사 2006년 열린우리당 서울시장 후보 2006년 아시아재단우호협회 이사 2006~2008년 법무법인 우일아이비씨 고문변호사 2007년 대통합민주신당 제17대 대통령중앙선거대책위원회 공동선거대책위원장 2008년 통합민주당 최고위원 2008년 법무법인(유) 원 고문변호사(현) 2009년 한국인권재단 후원회 부회장, 더좋은민주주의연구소 고문(현) (저)산문집 '서른의 당신에게'(2007, 웅진지식하우스) 성지순례기 '오래된 영혼'(2011, 웅진지식하우스) '생명의 정치-변화의 시대에 여성을 다시 묻다'(2012, 로도스) (종)천주교

ㄱ

강금지(姜金技 · 女) KANG Keum Ji

[생]1953 · 6 · 20 [주]서울 도봉구 삼양로144길33 덕성여자대학교 자연과학대학 식품영양학과(02-901-8363) [학]1975년 덕성여대 영양학과졸 1987년 미국 퀸스대 대학원 영양교육학과졸 1990년 미국 컬럼비아대 대학원 영양교육학과졸 2000년 영양학박사(경희대) [경]1976년 국립의료원 영양사 수련과정 수료 1982~1984년 덕성여대 식품영양학과 강사 1987~1993년 미국 뉴욕 성빈센트병원 영양사 수련과정 · 영양사 1993년 덕성여대 자연과학대학 식품영양학과 전임강사 · 조교수 · 부교수 · 교수(현) 1993년 대한영양사협회 회원(현) 1995년 한국조리과학회 회원(현) 2002년 한국식품영양학회 회원(현) 2009년 덕성여대 중앙실험관리실장 2011~2013년 同평생교육원장 2015년 同자연과학대학장(현)

강기련(姜基連 · 女) Kang, Kee-ryeon

[생]1962 [주]경남 진주시 진주대로816번길15 경상대학교 의학전문대학원(055-772-8050) [학]1987년 경상대 의대졸 1989년 同대학원 의학석사 1993년 의학박사(경상대) [경]1994~1995년 미국 국립보건연구소(NIH) 방문연구교수 1995년 경상대 의학전문대학원 생화학교실 전임강사 · 조교수 · 부교수 · 교수(현), 경남도의사회 부회장, 한국여자의사회 부회장 2015년 경상대 의학전문대학원장(현) 2015년 경상대병원 비상임이사(현)

강기룡 KANG, GILYONG

[생]1970 · 2 · 4 [본]진주(晉州) [출]제주 [주]세종특별자치시 갈매로477 기획재정부 서비스경제과(044-215-4610) [학]1988년 제주제일고졸 1992년 서울대 경영학과졸 1995년 同행정대학원 수료 2004년 한국개발연구원(KDI) 국제정책대학원 정책학과졸 2005년 미국 듀크대 대학원 국제개발정책학과졸 [경]1992~1993년 한국은행 종합직렬행원 1997~2001년 중소기업청 자금지원과 · 벤처진흥과 행정사무관 2001~2007년 재정경제부 경제정책국 · 경제협력국 행정사무관 2007~2008년 同혁신팀장 2008~2009년 대통령 인사비서관실 행정관 2009~2012년 미주개발은행(IDB) 선임기금운용역 2012~2015년 기획재정부 국제통화제도과장 · 사회정책과장 · 복지경제과장 2015년 同미래경제전략국 인력정책과장 2016년 同정책조정국 서비스경제과장(현) [상]기획경제부장관표창(2013), 대통령표창(2015)

강기서(姜基瑞) KANG Ki Ser

[생]1950 · 3 · 17 [출]충남 [주]서울 중구 후암로110 서울시티타워빌딩20층 한국의료분쟁조정중재원 감정부(02-6210-0132) [학]1974년 서울대 의대졸 1977년 同대학원졸 1984년 의학박사(서울대) [경]1974~1979년 서울대병원 수련의 · 전공의 1979~1982년 군의관 1983년 중앙대 의대 정형외과학교실 조교수 · 부교수 · 교수 2007년 대한정형외과학회 이사장 2008년 대한정형외과학회 이사장 2015년 한국의료분쟁조정중재원 감정부 상임감정위원(현) [저]'정형외과학'(1993, 대한정형외과학회)

강기성(姜基成) KANG Ki Sung (淸友)

[생]1942 · 2 · 15 [본]진주(晉州) [출]경남 하동 [주]부산 북구 시랑로132번길88 부산과학기술대학교 총장실(051-330-7004) [학]1986년 동아대 경영대학원 최고경영자과정 수료 1987년 부산대 경영대학원 최고경영자과정 수료 2003년 명예 경영학박사(동의대) [경]1966년 중앙전파사 대표 1972년 부산라이온스클럽 고문 1972년 금성판매센터 대표 1984년 부산문화회 회장 1984년 (주)왕신 대표이사 1986년 부산전문대학 인수 · 학교법인 중앙학원 이사장 1994년 대학유도연맹 부회장 1999년 팔각회 고문 2000년 부산 북부경찰서 경찰행정발전위원장 2001~2008년 부산정보대학 학장 2001년 부산시체육회 이사 2001~2005년 (사)청소년교육문화재단 이사 2004년 사립학교교직원연금관리공단 비상임이사 2004년 (재)청우청소년육성재단 이사장 2004년 부산대총동문회 부회장 2005년 YMCA 그린닥터스 자문위원 2013년 부산과학기술대 총장(현) [상]대통령표창(2007)

강기성(康琦聖) KANG Ki Sung

[생]1960 · 11 · 22 [출]제주 [주]서울 중구 정동길3 경향신문 모바일팀(02-3701-1462) [학]1987년 동국대 무역학과졸 2000년 同언론대학원 신문방송학과졸 [경]1991년 경향신문 편집국 기자 2001년 同편집국 편집1부 차장대우 2002년 한국편집기자협회 부회장 2002년 경향신문 편집국 차장대우 2003년 同편집국 편집1부 차장 2003년 同편집국 섹션편집팀장(차장) 2006년 同편집국 섹션편집부장 2008년 同편집국 종합편집장 2009년 同편집국 편집부장 2009년 同뉴미디어사업단 부장 2009~2010년 경향닷컴 대표이사 사장 2010년 경향신문 편집에디터(부국장대우) 2011년 同편집부장 2013년 同전산제작국장 2014년 同편집에디터 2016년 同모바일팀 선임기자(현)

강기윤(姜起潤) KANG Gi Yun

[생]1960 · 6 · 4 [출]경남 창원 [주]경남 창원시 의창구 원이대로275 새누리당 경남도당(055-288-2111) [학]1979년 마산공업고졸 2003년 창원대 행정학과졸 2005년 중앙대 행정대학원 지방행정학과졸, 행정학박사(창원대) [경]일신금속공업 대표이사, 한국청년지도자연합회 부회장, 同경남도지부 회장, 창원시생활체육협의회 이사, 민주평통 자문위원 2000년 한나라당 창원乙지구당 부위원장 2002 · 2006년 경남도의회 의원(한나라당) 2004년 同기획행정위원장 2008년 제18대 국회의원선거 출마(창원乙, 한나라당) 2009~2012년 한나라당 창원乙당원협의회 운영위원장 2010년 同중앙교육원 부원장 2012년 새누리당 창원시성산구당원협의회 운영위원장(현) 2012~2016년 제19대 국회의원(창원 성산구, 새누리당) 2013~2015년 국회 안전행정위원회 위원 2013년 국회 진주의료원공공의료국정조사특별위원회 위원 2013년 국회 방송공정성특별위원회 위원 2014~2015년 창원대총동창회 회장 2014년 새누리당 세월호사고대책특별위원회 위원 2014~2015년 국회 운영위원회 위원 2014~2015년 새누리당 원내부대표 2015년 同경남도당 위원장 2015년 국회 안전행정위원회 여당 간사 2016년 제20대 국회의원선거 출마(창원시 성산구, 새누리당) 2016년 새누리당 경남도당 민생위원장(현) [상]법률소비자연맹 선정 국회의원 헌정대상(2013 · 2015), 대한민국 의정대상(2015), 자랑스런 창원대인상(2015), 대한민국을 빛낸 대한인물대상 정치공로부문(2015), 국정감사 우수의원대상(2015), 세계언론평화대상 국회의정활동부문 대상(2015), 법률소비자연맹 선정 국회 통합헌정대상(2016)

강기정(姜琪正) KANG Gi Jung

[생]1964 · 12 · 3 [본]진주(晉州) [출]전남 고흥 [학]1982년 광주 대동고졸 1991년 전남대 공대 전기공학과졸 2002년 同행정대학원졸 [경]1985년 전남대 삼민투위 위원장 1989~1992년 빛고을새날청년회 회장 1989년 장기양심수후원회 사무국장 1992년 민주주의민족통일전국연합 중앙위원 1993년 광주민주청년회 회장 1995년 광주전남청년단체협의회 의장 1997년 한국민주청년단체협의회 부의장 1997년 한국청년연맹 광주전남본부 의장 1997년 북한동포돕기범시민운동본부 사무처장 1999년 21세기정치연구소 소장 2003년 열린우리당 광주北甲 창당추진위원장 2003년 보건복지부 지정 광주북구 희망자활후견기관장 2003년 대통령직속 국가균형발전위원회 자문위원 2004년 제17대 국회의원(광주北甲, 열린우리당 · 대통합민주신당 · 통합민주당) 2004 · 2007년 열린우리당 원내부대표 2008년 제18대 국회의원(광주北甲, 통합민주당 · 민주당 · 민주통합당) 2008~2010년 민주당 대표비서실장 2008~2010년 국회 행정안전위원회 간사 2011년 국회 예산결산특별위원회 간사 2011년 국회 연금제도개선특별위원회 간사 2012년 제19대 국회의원(광주 북구甲, 민주통합당 · 민주당 · 새정치민주연합 · 더불어민주당) 2012 · 2014년 국회 정무위원회 위원 2012년 민주통합당 최고위원 2012년 同제18대 대통령중앙선거대책위원회 '민주캠프' 산하 동행2본부장 2013년 국회 헌법재판소장인사청문위원회 위원장 2013년 민주당 5 · 18역사왜곡대책위원회 위원장 2013~2014년 同당무위원 2014년 새정치민주연합 관피아방지특별위원장 2014년 同공적연금발전TF 위원장 2015년 국회 공무원연금개혁특별위원회 국민대타협기구 공동위원장 2015년 새정치민주연합 정책위원회 의장 2015년 국회 공적연금강화와노후빈곤해소를위한특별위원회 위원장 [상]광주 · 전남기자협회선정 인권상(2010) [저]'새천년을 위하여'(1999, 희망의 미래를 열어가는 21세기 새정치 연구소) '전남대 50년사-목메인 그 함성소리' '그 도끼날로 나를 찍어라'(2002, 이바지) '바다에서 만납시다'(2003, 한출판) '강기정의 목욕탕 이야기 1'(2008, 심미안) '법 만드는 재미'(2008, 심미안) '지구생각'(2011, 인디비주얼발전소) '강기정의 목욕탕 이야기 2'(2011, 인디비주얼발전소) '노래를 위하여-강기정이 전하는 임을 위한 행진곡 이야기'(2014, 미도기획) [종]천주교

강기준(姜杞俊) KANG Ki Joon

[생]1948 · 9 · 27 [본]진주(晉州) [출]경남 진주 [주]경남 산청군 단성면 호암로631 다물민족연구소(055-973-1754) [학]1968년 진주고졸 1972년 중앙대 신문방송학과졸 1993년 동국대 대학원졸 [경]1989년 (사)다물민족연구소 소장(현) 1989년 월간 '북소리' 誌 발행인(현) 1994년 명지대 객원교수 1997~2001년 민주평통 자문위원 2002년 (사)다물민족연구소 부설 평생교육원장(현) 2003년 한국북방학회 수석부회장 2003년 진주국제대 명예교수 2012년 충남대 평화안보대학원 초빙교수 [상]대통령표창(2회) [저]'다물 그 역사와의 약속'(1997)

강기중(姜奇重) KANG KI JOONG

[생]1964·5·18 [주]서울 서초구 서초대로74길11 삼성전자(주) IP법무팀(02-2255-0114) [학]1983년 경성고졸 1987년 서울대 법학과졸 [경]1986년 사법시험 합격(28회) 1989년 사법연수원 수료(18기) 1989년 대전지법 판사 1992년 同공주지원 판사 1994년 인천지법 판사 1997년 서울지법 판사 2000년 특허법원 판사 2002~2006년 대법원 재판연구관 2006년 변호사 개업, 삼성전자(주) 법무실 전무대우 2012년 同IP법무팀 부사장(현)

강기찬(姜棋燦) Kang, Ki Chan

[생]1960·8·3 [주]서울 종로구 세종대로209 통일부 교류협력국 인도지원과(02-2100-5804) [학]충남고졸, 충남대 독어독문학과졸, 국방대 대학원 국제관계학과졸 [경]2006년 통일부 사회문화교류국 사회문화총괄팀 서기관 2007년 同북한이탈주민정착지원사무소 관리후생팀장 2010년 同납북피해자지원단 파견 2011년 同남북출입사무소 경의선운영과장, 경기도 파견 2013년 통일부 남북회담본부 회담지원과장 2014년 교육 파견(과장급) 2015년 통일교육원 개발협력부 지원관리과장 2015년 통일부 교류협력국 인도지원과장(현)

강기춘(姜起春) GI-CHOON, KANG

[생]1960·5·2 [출]경남 남해 [주]제주특별자치도 제주시 아연로253 제주발전연구원(064-726-5976) [학]1979년 부산 금성고졸 1983년 고려대 경제학과졸 1992년 경제학박사(미국 Iowa State Univ.) [경]1983~1986년 금성투자금융(現 하나은행) 사원 1992년 동양경제연구소(現 동양증권) 책임연구원 1993년 제주대 경제학과 교수(현) 2001~2003년 同경제학과장·대학원 주임교수 2004년 한국은행 금융경제연구원 객원연구원 2005년 제주대 대학원 부원장 2005~2008년 감사원 감사연구원 사회행정평가연구팀장 2009~2011년 제주대 제주물산업인재양성센터 부센터장 2011~2013년 同경영대학원 주임교수 2012~2014년 同관광과경영경제연구소장 2014년 제주발전연구원 원장(현) [상]제주도지사표창(2001), 제주상공회의소회장 감사패(2010), 제주대총장표창(2012), 제주대총장 공로패(2013), 제주특별자치도지사표창(2013)

강기택(姜奇宅)

[생]1968·3·23 [출]부산 [주]경북 군위군 군위읍 중앙길 74 군위경찰서(054-380-0321) [학]1987년 부산 성도고졸 1991년 경찰대 법학과졸(7기) 2001년 미국 펜실베이니아주립대 대학원 법학과졸 [경]1991년 경위 임관 1998년 경감 승진, 경남 마산동부경찰서 방순대장, 국외훈련(미국), 경찰대 교수부 경찰학과 교수, 경북 청송경찰서 생활안전교통과장 2006년 경정 승진, 駐뭄바이대사관 주재관, 경찰청 정보국 정보2과 근무 2015년 同정보국 치안정보정상화TF팀장 2015년 치안정책과정 교육파견 2015년 서울지방경찰청 치안지도관 2016년 울산지방경찰청 생활안전과장(총경) 2016년 경북 군위경찰서 서장(현)

강기후(姜基厚) KANG Ki-Hoo

[생]1957·1·12 [주]서울 강남구 테헤란로124 한국희귀의약품센터 원장실(02-508-7316) [학]1976년 전주고졸 1980년 육군사관학교졸 [경]1987~1988년 장애자올림픽 기획단 근무 1989~1990년 국립소록도병원 근무 1992년 보건사회부 약정국 약품안전과 근무 1994년 同약무정책과 근무, 同사회복지정책본부 민간복지협력팀장 2007년 식품의약품안전청 정책홍보관리본부 정책홍보팀장 2009년 同대변인(부이사관) 2009년 同기획조정관실 규제개혁법무담당관, 同오송기획단장 2011년 대구지방식품의약품안전청장 2012년 중앙공무원교육원 교육파견(부이사관) 2013년 서울지방식품의약품안전청장 2014~2015년 대전지방식품의약품안전청장 2015년 한국희귀의약품센터 원장(현) [상]홍조근정훈장(2015)

강길부(姜吉夫) KANG Ghil Boo

[생]1942·6·5 [본]진주(晉州) [출]울산 울주 [주]서울 영등포구 의사당대로1 국회 의원회관606호(02-788-2708) [학]1960년 언양농고졸 1969년 성균관대 행정학과졸 1978년 서울대 환경대학원 환경계획학과졸 1991년 국방대학원 안보과정 수료 1996년 도시공학박사(경원대) 1997년 연세대 최고경영자과정 수료 1998년 숭실대 최고경영자과정 수료 1999년 고려대 최고위과정 수료 [경]1971년 행정고시 합격(10회) 1971년 건설부 수자원국 사무관 1973년 토지평가사 1975년 공인감정사 1978년 駐요르단 건설관 1981~1989년 건설부 국토계획과장·법무담당관·토지정책과·국토계획과·수도권정비계획과·도시정비계획과·국립지리원 조사과 근무 1985~1987년 대한국토계획학회 이사 1989년 청와대 지역균형발전기획단 근무 1991년 건설부 해외협력관 1992년 대전지방국토관리청장 1993~1994년 한양대 환경과학대학원 강사 1993~1994년 건설부 도시국장·주택국장 1994년 同해외협력관 1995~1996년 건설교통부 건설경제국장 1996년 중앙토지수용위원회 상임위원(1급) 1997년 대통령 건설교통비서관 1998~1999년 성균관대 경영대학원 재무·부동산학과 강사·겸임교수 1998~2000년 한국감정원 원장 1998년 한국부동산컨설팅업협회 회장 1999~2000년 숭실대 최고경영자과정 강사 1999년 한국프로젝트관리기술회 감사 2000년 한국부동산분석학회 부회장·자문위원 2000년 한국감정평가학회 자문위원 2000~2001년 건설교통부 차관 2001년 성균관대 행정대학원 겸임교수 2002년 한나라당 국책자문위원 2002~2004년 경기대 정치전문대학원 교수 2003년 국제부동산정책학회 회장 2004년 제17대 국회의원(울산시 울주군, 열린우리당·대통합민주신당·한나라당·무소속) 2005년 열린우리당 울산시당 중앙위원 2005년 同정책위 부의장 2008년 제18대 국회의원(울산시 울주군, 무소속·한나라당·새누리당) 2008~2010년 서울대 환경대학원 총동창회장 2008년 국회 기획재정위원회 위원 2010년 한나라당 전당대회선거관리위원회 부위원장 2010년 同울산시당 위원장 2010년 국회 기획재정위원회 간사 2010년 국회 예산결산특별위원회 위원 2010년 한나라당 조직강화특별위원회 위원 2010년 통일정책태스크포스(TF) 부위원장 2011~2012년 한나라당 직능특별위원회 지역특별위원장(울산) 2012년 제19대 국회의원(울산시 울주군, 새누리당·무소속) 2012~2014년 국회 기획재정위원회 위원장 2014~2016년 새누리당 울산시울주군당원협의회 운영위원장 2014·2015년 국회 미래창조과학방송통신위원회 위원 2014년 국회 정보위원회 위원 2015년 국회 교육문화체육관광위원회 위원 2016년 제20대 국회의원(울산시 울주군, 무소속·새누리당)(현) 2016년 국회 교육문화체육관광위원회 위원(현) 2016년 새누리당 울산시울주군당원협의회 조직위원장(현) [상]홍조근정훈장(1993), 옥조근정훈장, 국무총리표창, 서울대총동창회 공로패(2011), 선플운동본부 '국회의원 아름다운 말 선플대상'(2014), 성균관대총동창회 공직자부문 '2014 자랑스런 성균인상'(2015) [저]'땅이름 국토사랑' '울주지명유래'(1982) '향토와 지명'(1984) '땅이름 울산사랑'(1997) '울산 땅이름 이야기'(2007) '열정과 논리로 살기좋은 울산을'(2007) [종]불교

강길선(姜吉善) Khang, Gilson

[생]1960·7·5 [출]충남 홍성 [주]전북 전주시 덕진구 백제대로567 전북대학교 공과대학 고분자·나노공학과(063-270-2336) [학]1977년 여의도고졸 1981년 인하대 고분자공학과졸 1985년 同대학원 고분자공학과졸 1995년 생체의용공학박사(미국 아이오와대) [경]1985~1987년 인하대 고분자공학과 전임조교 1987년 한국화학연구소 생체의료고분자팀 선임연구원 1997년 한국생체재료학회 편집이사·조직공학부문위원장 1998~2001년 한국화학연구소 생체의료고분자팀 책임연구원 1998년 전북대 공과대학 고분자·나노공학과 교수(현) 2005년 한국식품의약품안전청 의료기기안전정책의료기기임상시험전문가협의체 위원 2005년 국제표준화기구(ISO) 한국대표위원 2006년 교육인적자원부 BK-21고분자BIN융합연구사업팀장 2009년 미래기획위원회 지방경제활성화TF팀 위원 2012년 세계조직공학재생의학회 특별회원(Fellow) 2015년 同아시아·태평양지부 회장(현) 2016년 同차기(2019년) 회장(현) [저]'재생의학용 지능성 지지체 핸드북'(2012)

강길성(姜吉成) Kang, Gil Seong

[생]1971·3·6 [본]진주(晉州) [출]서울 [주]세종특별자치시 갈매로477 기획재정부 행정예산과(044-215-7411) [학]1990년 서울 광신고졸 1995년 서울대 심리학과졸 2001년 同대학원 경영학과 수료 2005년 미국 밴더빌트대 대학원 경제학과졸 2015년 경제학박사(서울시립대) [경]1996년 행정고시 합격(40회) 1997~1998년 총무처·재정경제원 금융정책실 수습사무관 1998~2001년 해군 복무 2001년 재정경제부 경제정책국 산업경제과·종합정책과 사무관 2004~2005년 미국 밴더빌트대 교육파견 2005년 재정경제부 국고국 국고과 사무관 2007년 同국고국 국고과 서기관 2007~2010년 아프리카개발은행(AfDB) Principal Research Economist 2010년 대통령직속 국가경쟁력강화위원회 파견 2012년 대통령 경제금융비서관실 행정관 2013년 국민경제자문회의지원단 파견 2014년 기획재정부 대외경제국 국제경제과장 2015년 同예산실 총사업비관리과장 2016년 同예산실 행정예산과장(현)

강길순(康吉順) Kang, Gil Soon

[생]1959·9·8 [주]울산 울주군 온산읍 온산로134 대한유화(주) 임원실(052-231-1201) [학]1978년 남주고졸 1985년 한양대 법학과졸 [경]1985년 LG그룹 입사 1987~2005년 LG산전 입사·인사노경팀 부장 2005년 대한유화(주) 경영지원부장 2007년 同경영지원담당 상무 2011년 同생산부문장(전무이사) 2015년 同생산부문장(부사장)(현)

강길원(姜吉源) Kang Khil Won

[생]1939·3·8 [본]진주(晉州) [출]전남 장흥 [학]1958년 광주사범학교졸 1962년 조선대 문리대학 미술과졸 1965년 홍익대 미술대학원졸 [경]1962년 동덕여중·고 교사 1967~1974년 국전 추천작가 1968년 경희대 사범대학 전임강사 1975~1981년 국전 초대작가 1977~1982년 제주대 전임강사·조교수 1982년 국립현대미술관 초대작가 1983년 대한민국미술대전 심사위원 1983~2004년 공주대 사범대학 미술교육과 조교수·부교수·교수 1985년 대한민국미술대전 심사위원 1992년 한국수채화협회 부회장 1994년 (사)木友會 부이사장, 同자문위원(현) 1994년 三元미술협회 부회장, 同회장 1996~1999년 강남미술협회 회장 2000년 미국 브리지포트대 교환교수(1년) [상]대한민국미술대전 특선(1961·1962·1963·1965·1966·1967, 총 6회), 아시아미술상(1980), 스페인 국제미술페스티벌 특별상(1981), 우호예술대상(1985), 옥조근정훈장(2004), 미술인의날 본상(2012) [저]'강길원 화집'(2004) [작]'閑' '제주 유채꽃 축제' '買肖城戰鬪圖' '한라산 철쭉축제' '재건' '만능' '기사의 일기' '추억' '철쭉도' '무궁화' [종]기독교

강길주(姜吉柱) Kang Gll Ju

[생]1965·5·19 [본]진주(晉州) [출]전남 신안 [주]대전 서구 둔산중로78번길15 대전고등검찰청(042-470-3000) [학]1983년 조선대부속고졸 1987년 고려대 법학과졸 [경]1988년 사법시험 합격(30회) 1991년 사법연수원 수료(20기) 1991년 軍법무관 1994년 수원지검 검사 1996년 전주지검 군산지청 검사 1997년 서울지검 남부지청 검사 1999년 전주지검 검사 1999년 법제처 파견 2001년 대검찰청 중앙수사부 공적자금비리 합동단속반 파견 2003년 전주지검 부부장검사 2004년 대전지검 천안지청 부장검사 2005년 인천지검 부천지청 부장검사 2006년 광주지검 마약·조직범죄수사부장 2007년 의정부지검 형사3부장 2008년 울산지검 형사2부장 2009년 同형사1부장 2009년 법무연수원 연구위원 2010년 대전고검 검사 2012년 서울고검 형사부 검사 2014년 광주고검 검사 2016년 대전고검 검사(현)

강길중(姜吉仲) KANG Kil Jung

[생]1956·8·13 [주]경남 진주시 진주대로501 경상대학교 사학과(055-772-1084) [학]1982년 경희대 사학과졸 1984년 同대학원 사학과졸 1989년 문학박사(대만 중국문화대) [경]1989년 경상대 사학과 조교수·부교수·교수(현) 1995년 미국 버클리대 방문교수 2008~2010년 경상대 인문대학장 2016년 同교무처장(현) 2016년 同교학부총장 겸임(현) [저]'우아함의 탄생'(2009, 민음사) '중국역사의 이해'(2009, 경상대 출판부) '宋代 官學敎育과 科擧'(2010, 경상대 출판부) [역]'중국문화와 과거제도'(1995)

강낙규(姜洛圭)

[생]1960 [주]부산 남구 문현금융로33 기술보증기금 임원실(051-606-7506) [학]1979년 부산 배정고졸 1983년 부산대 행정학과졸 [경]1989년 기술신용보증기금 입사 2005년 同포항영업점장 2006년 기술보증기금 포항지점장 2007년 同화성기술평가센터개설준비위원회 위원장 2007년 同화성기술평가센터 지점장 2009년 同남동기술평가센터 지점장 2010년 同천안기술평가센터 지점장 2012년 同창업지원부장 2012년 同중앙기술평가원장 2015년 同상임이사 2016년 同전무이사(현)

강남일(姜南一) KANG Nam Il

[생]1969·3·17 [출]경남 사천 [주]서울 영등포구 의사당대로1 국회사무처 법제사법위원회(02-788-2511) [학]1987년 진주 대아고졸 1991년 서울대 법학과졸 1993년 同대학원 수료 2005년 미국 New York Univ. School of Law졸(LLM) [경]1991년 사법시험 합격(33회) 1994년 사법연수원 수료(23기) 1994년 軍법무관 1997년 서울지검 남부지청 검사 1999년 수원지검 여주지청 검사 2000년 부산지검 검사 2002년 법무부 검찰3과 검사 2004년 서울중앙지검 검사 2006년 대검찰청 연구관 2008년 서울동부지검 부부장검사 2008~2011년 駐제네바대표부 참사관 2011년 인천지검 부장검사 2011년 대검찰청 정책기획과장 2012년 서울중앙지검 금융조세조사2부장 2013년 同금융조세조사1부장 2014년 서울고검 검사 2014년 국회사무처 법제사법위원회 전문위원(현)

강남준(姜南俊) KANG Nam Jun

[생]1952·6·3 [출]경기 이천 [주]서울 관악구 관악로1 서울대학교 언론정보학부(02-880-9005) [학]1970년 제물포고졸 1978년 서울대 교육학과졸 1982년 미국 시라큐스대 대학원 언론학과졸 1990년 언론학박사(미국 시라큐스대) [경]1979~1980년 동양방송(TBC) PD 1983년 미국 시라큐스대 커뮤니케이션연구소 책임연구원 1991~1993년 서울대·서강대·한양대 강사 1992년 KBS 정책연구실 객원연구위원 1993~1998년 충남대 신문학과 조교수 1998~2003년 한양대 신문방송학과 부교수 1999~2000년 한국방송학회 연구이사 2000~2001년 한국언론학회 연구이사 2003년 한양대 방송국 주간 2003년 서울대 언론정보학부 교수(현) 2009~2011년 同차세대융합기술대학원 디지털정보융합학과장 2010~2011년 연합뉴스 수용자권익위원회 위원장 2011년 서울대 융합과학기술대학원 부원장 2012~2014년 同융합과학기술대학원장 2014년 학교법인 한국폴리텍 비상임이사 [상]미국언론학회 논문상(Nafziger-White Disst. Award)(1991), 한국언론학회 희관번역상(1997), 한국조사연구학회 갤럽 조사연구대상(2004) [저]'회귀분석 : 기초와 응용'(2000, 나남) '디지털 시대의 사회적 소통, 매체 그리고 문화적 실천(共)'(2005, 언론정보연구소) '컨버전스와 다중 미디어 이용(共)'(2011, 커뮤니케이션북스) [역]'커뮤니케이션 혁명과 뉴미디어' '영화와 TV제작의 포스트프로덕션'(2002, 커뮤니케이션북스) [종]기독교

강남훈(姜南焄) KANG Nam Hoon

[생]1955·6·3 [본]진주(晉州) [출]전북 정읍 [주]서울 마포구 월드컵북로402 KGIT상암센터13층 홈&쇼핑 임원실(02-6364-1962) [학]경동고졸 1985년 한양대 경영학과졸, 서강대 대학원 경제학과졸 [경]2007년 중소기업협동조합중앙회 조합지원본부장 2007년 同정책조사본부장 2008년 同대외협력본부장 2011년 (주)홈&쇼핑 전무이사 2012년 同대표이사 사장(현) 2016년 한국TV홈쇼핑협회 제6대 회장(현) [상]산업자원부장관표창 [역]'중소기업 공제기금 중장기 수요전망' [종]천주교

강남훈(姜南薰) KANG Nam Hoon

[생]1958·4·4 [출]경남 고성 [주]경남 창원시 의창구 중앙대로300 경남도청 공보특별보좌관실(055-211-2114) [학]1977년 고성농고졸 1981년 서울대 농업교육학과졸 [경]1988년 국제신문 입사 1997년 同서울지사 정치부 차장 1999~2001년 同서울지사 정치부장 2001~2004년 부산시 홍보정책보좌관 2008~2011년 재외동포재단 사업이사 2016년 경남도 공보특별보좌관(현) [상]한국기자상(1992) [종]천주교

강남훈(姜南薰) KANG Nam Hoon

[생]1961·6·16 [출]대구 [주]경기 용인시 수지구 포은대로388 한국에너지공단(031-260-4001) [학]1979년 대구 계성고졸 1983년 서울대 경제학과졸 1987년 同행정대학원 행정학과졸 1995년 경제학박사(미국 미시간대) [경]1982년 행정고시 재경직 합격(26회) 1983년 동력자원부·통상산업부 산업정책과 행정사무관 1985년 상공부 전력정책과 사무관 1987년 同에너지정책과 사무관 1989년 同에너지관리과 사무관 1990~1995년 미국 유학 1995년 통상산업부 산업정책과 사무관 1996년 同공보관실 서기관 1997년 同산업정책관실 서기관 1999년 駐OECD 파견(고위 산업정책관) 2002년 산업자원부 산업혁신과장 2003년 同지역산업진흥담당관 2005년 同산업정책과장(서기관) 2006년 同산업정책과장(부이사관) 2006년 同산업정책팀장 2007년 동북아시대위원회 파견 2007~2008년 교육훈련 파견(부이사관) 2008년 지식경제부 대변인 2009년 同자원개발원자력정책관 2010년 同기후변화에너지정책관 2011~2013년 대통령 지식경제비서관 2013~2016년 한국산업단지공단 이사장 2016년 한국에너지공단 이사장(현) [상]근정포장(2006), 홍조근정훈장(2010) [종]기독교

강남희(姜南熙)

[생]1962·6·23 [주]서울 중구 을지로79 IBK기업은행 임원실(1566-2566) [학]1980년 이리상고졸 [경]1979년 IBK기업은행 입행 2008년 同인천원당지점장 2010년 同직원만족부장 2013년 同검사부장(본부장) 2015년 同경수지역본부장 2016년 同기업고객그룹 부행장(현)

강달호(姜達鎬) KANG Dal Ho

[생]1958·8·20 [주]충남 서산시 대산읍 평신2로182 현대오일뱅크 안전생산본부(041-660-5114) [학]영훈고졸, 연세대 화학공학과졸, 동국대 대학원졸 [경]현대오일뱅크(주) 생산본부 혁신추진팀장(상무) 2008년 同생산본부 생산부문장(상무A) 2012년 同생산본부 생산부문장(전무) 2014년 同생산본부 생산부문장(부사장) 2015년 同안전생산본부장(부사장)(현)

강대길(姜大吉) Kang Dae Gil

[생]1966·2·6 [본]진주(晉州) [출]울산 울주 [주]울산 남구 중앙로201 울산광역시의회(052-229-5025) [학]1985년 학성고졸 1993년 울산대 국어국문학과졸 [경]2006년 법무부 울산지역협의회 범죄예방위원 2007년 울산시학원연합회 사무국장 2007년 울산시교육청 교육정책품질관리 모니터링위원 2008~2010년 울산시학원연합회 부회장 2008년 울산시교육청 체감학원비 모니터링위원 2009년 명덕여중 운영위원장 2011년 남목고 운영위원장 2012년 동부초등학교운영위원회 부위원장 2012년 하나플러스입시학원 원장 2012년 울산시의회 의원(보궐선거 당선, 새누리당) 2012~2014년 새누리당 울산시 동구 교육사회위원장 2012~2014년 同울산시당 환경위원장 2012년 동부초등학교운영위원회 위원장 2014년 울산시의회 의원(새누리당)(현) 2014년 同교육위원회 위원장 2016년 同행정자치위원회 위원(현) [상]한국학원총연합회장표창(2006), 울산시교육감표창(2007), 국회의원 정갑윤 표창(2007), 명덕여중 감사패(2009), 울산시장표창(2009), 국회의원 안효대 표창(2011), 울산시의회 의장표창(2011)

강대석(姜大錫) KANG Dae Suk

[생]1949·3·27 [출]전북 전주 [주]서울 서초구 서초중앙로125 로이어즈타워13층 법무법인 서울(02-536-3838) [학]1967년 전주고졸 1971년 서울대 법대졸 1977년 한양대 산업대학원 수료 1981년 경희대 대학원 수료 [경]1979년 사법시험 합격(21회) 1981년 사법연수원 수료(11기) 1981년 대전지검 검사 1983년 同천안지청 검사 1985년 수원지검 검사 1987년 서울지검 북부지청 검사 1990년 인천지검 검사 1992년 부산지검 고등검찰관 1993년 전주지검 남원지청장 1994년 전주지검 부장검사 1995년 법무연수원 기획과장 1996년 수원지검 강력부 부장검사 1998년 법무부 법무과장 1999년 서울지검 공판부장 2000년 同형사3부장 2000년 춘천지검 강릉지청장 2001년 同차장검사 2002년 전주지검 차장검사 2003년 서울고검 검사 2005년 광주고검 검사 2005~2007년 변호사 개업 2007년 법무법인 서울 공동대표변호사 2008년 同대표변호사(현) 2009년 예금보험공사 비상임이사 2014년 조선대 감사(현) [종]천주교

강대석(姜大錫) KANG Dae Suk

[생]1958·6·26 [본]진주(晉州) [출]충남 천안 [주]서울 영등포구 여의대로70 신한금융투자(주) 사장실(02-3772-1111) [학]1976년 성남고졸 1980년 서울대 경영학과졸 1991년 한국과학기술원 최고경영자과정 수료 [경]1980년 한국외환은행 입행·대리 1988년 신한증권 입사·동두천지점장 1993년 同의정부지점장 1994년 同상도동지점장·인력개발팀장 1997년 同인력개발부장 1998년 同압구정지점장 1999년 同지점영업2본부담당 이사대우·상무이사 2002년 굿모닝신한증권 기획본부장(상무) 2003년 同리테일본부장(부사장) 2004~2005년 同캐피탈마켓IB사업본부장(부사장) 2005년 블루코드테크놀로지 대표이사 2010년 신성투자자문 대표이사 2012년 신한금융투자(주) 대표이사 사장(현) [상]제23회 다산금융상 증권부문 금상(2014) [종]기독교

강대식(姜大植) Kang Dae Shik

[생]1959·9·5 [본]진주(晉州) [출]부산 [주]경기 용인시 수지구 죽전로152 단국대학교 음악대학(031-8005-3880) [학]1980년 미국 커티스음악대 바이올린과졸 1981년 영국 길드홀음악대 대학원 바이올린과졸 1986년 명예 바이올린학석사(영국 왕립음악원) [경]1982~1984년 프랑스 캐피톨국립교향악단 차석악장 1989~1990년 미국 캘리포니아주립대 롱비치교 음대 교수 1992~1997년 영국 님버스 아티스트 2000~2009년 단국대 음악대학 조교수·부교수 2009년 同교수(현) 2009~2014년 同음악대학장 2014년 同대외부총장(현)

강대식(姜大植) Kang Dae Sik

[생]1959·11·2 [주]대구 동구 아양로207 동구청 구청장실(053-662-2000) [학]경북사대부고졸, 영남대 경영대학원 경영학박사과정 수료 [경]국민생활체육회 대구시 동구협의회 이사, 한국자유총연맹 대구시 동구지부 운영위원, 한나라당 대구東乙지구당 운영위원, 괴전지구국민임대주택반대특별위원회 위원장 2006·2010~2014년 대구시 동구의회 의원(한나라당·새누리당) 2008~2010년 同운영행정위원장 2012~2014년 同의장 2012년 새누리당 제18대 대통령중앙선거대책위원회 부산동구乙선거대책위원회 부위원장 2014년 대구시 동구청장(새누리당)(현) [상]제2회 매니페스토약속대상 기초지방의원부문(2010)

강대인(姜大仁) KANG Dae In

[생]1942·2·4 [본]진주(晉州) [출]함북 청진 [주]서울 성북구 종암로29 백양빌딩3층 (사)미디어시민모임(02-929-7734) [학]1960년 이천고졸 1963년 감리교신학대 신학과졸 1972년 서울대 신문대학원졸 1982년 同대학원 신문학 박사과정 수료 1993년 언론학박사(고려대) [경]1969~1972년 극동방송 PD·기획조사실 차장 1973~1980년 기독교방송 편성부장·기획심의실장·논설위원 1980~1985년 서울대 신문연구소 특별연구원 1981~1982년 호서대 전임강사 1982~2000년 계명대 신문방송학과 조교수·부교수·교수 1990년 同사회과학대학장 1994년 한국방송학회 회장 1995년 한국방송대상 심사위원장 1998~1999년 대통령자문 방송개혁위원회 부위원장 겸 실행위원장 2000~2002년 방송위원회 부위원장 2002~2003년 同위원장 2003년 건국대 언론홍보대학원 교수 2003~2005년 同언론홍보대학원장 2004년 케이블TV윤리위원회 위원장 2007년 티브로드 상임고문, 미디어미래연구소 고문(현) 2010년 태광그룹 종편설립법인 대표이사 2011~2012년 同미디어부문 상임고문 2011~2015년 MBC꿈나무축구재단 이사장 2012년 (사)미디어시민모임 이사장(현) 2014년 연합뉴스TV(뉴스Y) 시청자위원회 위원장(현) [상]국무총리표창(1980), 문화포장(1997), 청조근정훈장(2003) [저]'방송제작론(共)'(1987) 'Information Infrastructure and Public Interests' '방송편성론'(共) '언론의4이론'(1991) '문화제국주의'(1994) '한국방송의 정체성연구'(2003) [역]'언론의 4이론' '문화제국주의' '글로벌미디어와 자본주의' [종]기독교

강대일(姜大一) KANG DAE-IL

[생]1964 [주]서울 서대문구 통일로113 서대문경찰서 서장실(02-335-8321) [학]1983년 경문고졸 1987년 경찰대 법학과졸(3기) [경]1987년 경위 임관 2010년 총경 승진 2010년 제주 서귀포경찰서장 2011년 경찰청 경무국 교육과장 2011~2015년 駐상파울루총영사관 영사 2015년 경찰대 학생과장 2016년 서울 서대문경찰서장(현)

강대임(姜大任) KANG Dae Im

[생]1958·3·17 [본]진주(晉州) [출]제주 [주]대구 달성군 현풍면 테크노중앙대로333 대구경북과학기술원 융합연구원(053-785-4000) [학]1980년 고려대 기계공학과졸 1982년 同대학원 기계공학과졸 1994년 공학박사(한국과학기술원) [경]1982년 한국표준과학연구원 연구원·책임연구원 1985년 일본 국립계측학연구소 방문연구원 1990년 국제측정연합(IMEKO) 국제프로그램위원·학술회의 좌장 1992년 독일 연방물리청(PTB) 방문연구원 1995년 이탈리아 국가표준기관(IMGC) 방문연구원 2001년 한국표준과학연구원 물리표준부장 2003년 국제측정연합(IMEKO) 힘·질량·토크기술위원회 의장 2005년 한국표준과학연구원 표준보급센터장(부장대우) 2006년 同선임부장 겸 지식자원경영부장 2007년 同선임부장 2008년 同선임본부장 2008~2011년 同기반표준본부 역학센터 책임연구원 2009~2012년 국제측정연합(IMEKO) 회장 2009~2011년 교육과학기술부지정 휴먼인지환경사업본부장 2011~2014년 한국표준과학연구원 원장 2011년 한국계량측정협회 회장 2012~2014년 과학기술출연기관장협의회 회장 2013·2014년 국제도량형위원회(ICPM) 위원(현) 2014년 한국과학기술기획평가원 비상임이사 2014~2016년 한국표준과학연구원 연구위원 2014년 국가과학기술자문회의 자문위원(현) 2016년 대구경북과학기술원(DGIST) 융합연구원장(부총장)(현), 아시아태평양 질량힘국제심포지엄 국제프로그램위원장(현) [상]과학기술부장관표창(1989), 중소기업청장표창(1996), 과학기술부 추천연구원 선정(1997), 대전광역시 우수발명인표창(1999), 대한기계학회 유담학술상(2001), 한국과학재단 이달의 과학기술자상(2002), 과학기술훈장 진보장(2007), KAIST 자랑스러운 동문상(2012), 한국과학기자협회 올해의 과학행정인상(2013), 아시아·태평양측정표준협력기구(APMP) 어워드(2015) [종]가톨릭

강대진(姜大榛) KANG Dai Jin (瑞岩)

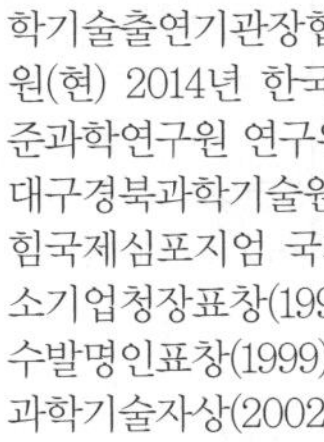

[생]1932·9·22 [본]진주(晉州) [출]광주 [주]서울 서초구 동광로32길4 서암빌리지 (주)삼영필림(02-928-1108) [학]광주서중졸(6년제) 1954년 서울대 법대 수료(3년) [경]1956년 '영화세계' 발행인 1962년 유한영화 사장 1969년 영화금고 이사장 1969년 (주)삼영필림 사장 1970·1977·2001년 영화제작자협회 회장 1971년 藝倫·아세아영화제연합(FPA) 이사 1974년 (주)삼영필림 회장 1978년 삼영문화사 회장 1981년 (주)삼영필림 회장(현) 1987년 영화제작협동조합 이사(현) 1989년 전국극장연합회 회장(현) 2000~2009년 (주)엠엠시네마(MMC) 대표이사 2009년 (유)만경관 대표이사(현) [상]문화공보부장관 예술대상, 한국영화인협회 대종상(1971·1978·1980·1981), 제19회 춘사영화상 공로상(2014) [종]천주교

강대집(姜大執) KANG Dae Jib

[생]1958·6·5 [출]전남 광주 [주]경기 안산시 단원구 선부광장1로158 안산세관(031-8085-3880) [학]광주고졸, 전남대 무역학과졸 [경]1982년 관세청 임용 합격 1989년 서울세관 총무과 근무 1990년 김포세관 수입1과 근무 1992년 재무부 관세국 산업관세과 근무 2000년 同행정사무관 승진 2002년 서울세관 심사관 2003년 관세청 감사관실 근무 2007년 同서기관 승진 2008년 군산세관장 2010년 관세청 국제조사팀장 2011년 부산본부세관 조사국장 2012년 관세청 감찰팀장(부이사관) 2013년 인천공항세관 수출입통관국장 2014년 인천세관 조사국장 2016년 안산세관장(현) [상]국무총리표창(1996), 대통령표창(2006)

강대춘(姜大春)

[생]1960·2·24 [출]경남 진주 [주]강원 춘천시 칠전동길 28 강원지방조달청(070-4056-7373) [학]진주고졸 [경]1991년 공무원 임용 1991년 조달청 내자국 가격2과 주사보 1998~2006년 同구매국 외자1과·조달기획국 기획과·감사담당관실 주사 2006~2013년 강원지방조달청 물자구매팀장(사무관)·서울지방조달청 자재구매과 사무관·조달청 구매사업국 우수제품과 사무관 2013년 同국제물자국 외자장비과 서기관 2014년 同시설사업국 토목환경과장 2016년 강원지방조달청장(현)

강대형(姜大衡) Daehyung Kang

[생]1952·2·23 [본]진주(晉州) [출]전남 장성 [주]서울 종로구 종로5길58 석탄회관빌딩 11층 법무법인 KCL(02-721-4216) [학]1970년 광주고졸 1974년 연세대 경제학과졸 1983년 미국 시카고대 대학원 경제학과졸 1990년 경제학박사(미국 시카고대) [경]1973년 행정고시 합격(13회) 1974년 국세청 사무관 1977~1985년 경제기획원 경제기획국·기획관리실 근무 1985년 한국개발연구원 파견 1991년 대전세계박람회조직위원회 파견 1992년 경제기획원 북방경제1과장 1994년 공정거래위원회 국제업무1과장 1994년 同총괄정책과장 1996년 미국 워싱턴대 Visiting Scholar 1997년 대외경제정책연구원 파견 1998년 공정거래위원회 소비자보호국장 1999년 同독점국장 2001년 중앙공무원교육원 교육 파견 2002년 공정거래위원회 경쟁국장 2002년 同정책국장 2003년 同사무처장 2003년 OECD 경쟁위원회 부의장 2005~2006년 공정거래위원회 부위원장(차관급) 2006년 법무법인 케이씨엘 상임고문(현) 2006년 연세대 경제대학원 겸임교수(현) 2013년 롯데제과(주) 사외이사 겸 감사위원(현) 2014년 (주)CJ 사외이사 겸 감사위원(현) [상]경제기획원장관표창(1984), 대통령표창(1984), 홍조근정훈장(2002), 황조근정훈장(2007) [종]기독교

강대훈(姜大薰) Kang, D.H.

[생]1968·3·28 [본]진주(晉州) [출]충남 아산 [주]부산 북구 효열로256 부산소방학교(051-760-5901) [학]1986년 아산고졸 1994년 한국외국어대 영어학과졸 2002년 공주대 경영행정대학원 정책학과졸 [경]1995년 소방위 임용(소방간부후보생 8기) 1995년 충북제천·충남공주소방서 119구조대장 2002~2007년 소방정 2007년 중앙소방학교 교육기획과 기획계장·소방방재청 법무감사담당관실 감사계장·구조구급과 구급계장(소방령) 2013년 서천소방서장(소방정) 2015년 국민안전처 중앙119구조본부 특수구조훈련과장 2015년 부산소방학교 교장(현) [상]국무총리표창(2006)

강대희(姜大熙) Daehee Kang

[생]1962·12·20 [본]진주(晉州) [출]서울 [주]서울 종로구 대학로103 서울대학교 의과대학 예방의학교실(02-740-8001) [학]1981년 서울 상문고졸 1987년 서울대 의대졸 1990년 同대학원졸 1994년 이학박사(미국 존스홉킨스대) [경]1989~1990년 同부속병원 수련의·전공의 1990~1994년 미국 존스홉킨스대 보건대학원 연구조교 1991~1994년 Laboratory of Human Genotoxicity Johns Hopkins School of Hygiene and Public Health Baltimore Maryland, USA EIS Officer 1992~1993년 미국 국립癌연구소 객원연구원 1994~1996년 Centers for Disease Control and Prevention Atlanta, USA 1996년 서울대 의대 예방의학교실 교수(현) 2004~2006년 National Cancer Institute USA Senior Fellow 2006~2007년 국립암센터 자문위원 2006년 서울대 암연구소 교육부장 2007년 세계보건기구 IARC 위해도평가위원회 실행위원 2007년 서울대 의대 비전2017전략실행위원회 위원장 2008~2010년 同연구처 부처장 2008년 同의대 연구부학장, 同의학연구원 부원장 2009년 한국과학기술한림원 정회원(현) 2010~2011년 서울대병원 대외협력실장 2010년 대통령직속 미래기획위원회 위원 2010~2011년 국가과학기술위원회 기초과학연구진흥협의회 위원 2011~2013년 同위원 2012·2014·2016년 서울대 의과대학장 겸 의학대학원장(현) 2012~2015년 기초기술연구회 이사 2012~2016년 (사)한국의과대학·의학전문대학원협의회 이사장 2014년 분당서울대병원 발전후원회 이사(현) [상]The Korean Honor Scholarship Award(1992, 駐美한국대사관), 노동부 산업보건전문인력양성장학금(1992, 노동부), Cornelius W. Kruse Award(1994, 미국 존스홉킨스대), EIS Fellowship Award(1994, 미국 질병관리본부), Phi Beta Kappa(1995, 미국 PBK Society), Roche Korea Oncology Award(2001), 신진역학자상(2002), 한국과학기술단체총연합회 과학기술우수논문상(2002·2004), 한국유방암학회 동아학술상(2004), 서울대병원 젊은연구자상(2004), SCI IF상 최우수상(2006), BK21사업단 우수상(2006), 의료경영고위과정(AHP) 연구과제상 1위 금상·공로상(2007), Astra Zeneca GOLDEN(2007), 서울의대연구부문 우수연구상(2008) 서울대병원 심호섭 의학상(2008·2010·2011), 일간보사·의학신문 평론가추천위원회 제38회 올해의 의사평론가상(2015) [저]'건강과 생명(환경호르몬)'(2003) '예방의학(編)'(2004, 계축문화사) '역학의 원리와 응용(共)'(2005, 서울대 출판부) '유방학(編)'(2005, 일조각) 'Toxicogenomics(編)'(2008, WILEY) '순환기학(編)'(2010, 일조각) '임상예방의료(編)'(2011, 계축문화사) '오래 살고 싶으신가요(編)'(2012, 연합뉴스) '유방학(編)'(2013, 계축문화사) '역학의 원리와 응용(編)'(2013, 서울대 출판부) '의학연구방법론(編)'(2014, 서울대 출판부) [종]기독교

강덕식(姜德植) KANG Duk Sik

[생]1947·9·15 [본]진주(晉州) [출]경북 선산 [주]대구 달서구 월배로102 보강병원(053-641-9200) [학]1965년 경북사대부고졸 1971년 경북대 의대졸 1987년 영남대 대학원졸 1994년 의학박사(전북대) [경]1976년 미국 Little Co. of Mary Hosp. Evergreen Park 수련의 1977~1983년 미국 Radiology Cook County Hosp. 전공의 1983~1993년 경북대 의대 영상의학교실 조교수·부교수 1994~2012년 同의대 영상의학교실 교수 1994년 캐나다 McMaster의대 객원교수 1997년 독일 Ludwig Maximillians 의대 객원교수 1997년 미국 Harvard대 객원교수 1998~2000년 대한의용생체공학회 영남지부장 1999~2000년 대한방사선의학회 흉부방사선연구회장 1999~2001년 경북대 교수협의회장 2000~2001년 전국국공립대학교수협의회 회장 2012년 보강병원 병원장(현) [상]근정포장(2012) [종]가톨릭

강덕영(姜德永) KANG Duk Young

[생]1947·5·18 [출]서울 [주]서울 강남구 논현로121길22 한국유나이티드제약(주) 비서실(02-516-6101) [학]1965년 중동고졸 1969년 한국외국어대 무역학과졸 1974년 同대학원졸 2003년 경영학박사(경희대) [경]1971년 예편(중위) 1971~1982년 동화약품 근무 1982년 연합메디칼상사 설립 1987년 한국유나이티드제약(주) 설립·대표이사 사장(현) 1995~2007년 한국외국어대총동문회 부회장 2001~2007년 한국외국어대 경영대학원동문회 회장 2003년 경희대 겸임교수 2006년 한·미FTA 자문위원 2007년 한국외국어대총동문회 회장 2007~2009년 성균관대 겸임교수 2008~2011년 학교법인 대한신학대학원대 이사장 2010~2012년 한국제약협회 기획·정책위원장 2011~2012년 베트남 민간대사 2012·2016년 전남대 약학대학 객원교수(현) 2013·2014년 미국 세계인명사전 'Marquis Who's Who in the World'에 등재 2014년 영국 국제인명센터(IBC) '21세기 뛰어난 지식인 2000인(2000 Outstanding intellectuals of the 21st Century)'에 등재 [상]보건복지부장관표창(1996), 중소기업대상 우수상(1997), 벤처기업대상(1998), 5백만불 수출탑(1999), 1천만불 수출탑(2001), 산업포장(2001), 중소기업분야 신지식인 선정(2002), 홈타운 세계일류상품 선정(2002), 신노사문화 우수기업 선정(2003), 한국을 빛낸 사람들 선정(2003), 모범성실납세자 선정(2004), 기업윤리대상(2005), 석탑산업훈장(2006), 세종시 특별공로상(2013), 한국크리스천문학가협회 신인작품상(2015), 철탑산업훈장(2015) [저]칼럼집 '사랑하지 않으면 떠나라'(2002) '1%의 가능성에 도전하라'(2006) '그럼에도 불구하고 할수있다'(2010) '좋은 교인 좋은 크리스천'(2014) [종]기독교

강덕출(姜德出) KANG DUG CHOOL

[생]1962·3·13 [본]진양(晋陽) [출]부산 [주]부산 강서구 녹산산단232로38의26 부산진해경제자유구역청(055-320-5200) [학]1980년 동래고졸 1987년 부산수산대졸 2006년 경남대 대학원졸 2012년 경제학박사(창원대) [경]1992년 기술고시 합격(27회) 1993~1995년 창원군·마산시 수산과장 1996~2001년 경남도 어업생산과·농수산물유통과 근무 2002~2008년 同해양수산과장·항만수산과장 2009년 국방대 안보과정정책 연수(부이사관) 2010~2013년 부산·진해경제자유구역청 투자유치본부장 2013~2014년 경남도 해양수산국장 2014년 경남 거제시 부시장 2015년 경남발전연구원 도정연구관 2016년 부산진해경제자유구역청 경남본부장(현) [상]홍조근정훈장(2013)

강도묵(姜道默) KANG DO MOOK (기산)

[생]1959 [본]진주(晋州) [출]충남 공주 [주]대전 서구 월평로48 (주)기산엔지니어링 회장실(042-480-9511) [학]충남대 농공학과졸, 배재대 국제통상대학원 무역학과졸, 경영학박사(배재대) [경]1988년 경동기술공사 창업, 同대표이사 1999년 (주)경림엔지니어링 회장(현), 평송장학회 회장, 국제라이온스협회 대전지구 총재, 대전교통방송 시청자위원장, 대전경제정의실천시민연합 상임대표, 대전국제합창페스티벌조직위원회 위원장, 대전시 서구축제위원회 위원장, 대전고법 민사 및 가사조정위원회 운영위원, 한밭대 경영회계학과 겸임교수, 배재대 경영학과 겸임교수, 대전고검 항고심사위원회 위원, 대전견우직녀축제위원회 위원장 2011년 (주)기산엔지니어링 대표이사 회장(현) 2012년 대전·충남경영자총협회 회장(현) 2015년 충남대 총동창회장(현) 2016년 대전시개발위원회 위원장(현) [상]국무총리표창(2003), 대통령표창(2006), 국민훈장 석류장(2010) [종]불교

강도용(姜道鎔) KANG Do Young (도명)

[생]1941·5·20 [본]진주(晋州) [출]경남 하동 [주]부산 동래구 우장춘로68번길22 한일자원종합개발(주) 회장실(051-507-7541) [학]1958년 진주농림고졸 1962년 진주농대졸 1985년 동아대 경영대학원졸 [경]1964년 경남 하동군 건설과 근무 1972년 대한교육보험 서대문지점장·부산경남총국장 1988년 부산생명보험 영업본부 이사 1989년 경남생명보험 상무이사 1991년 국가경영전략연구소 발기인(위원) 1993년 (사)민족혼헌창회 이사 1994년 (주)대한원적외선 대표이사 2002년 일본 AKNIGHT CAPITAL Co. Ltd. 취체역 2002년 한일자원종합개발(주) 회장(현) 2005년 산지니 도서출판 회장(현), 세계평화초종교초국가연합 평화대사(현), 진주강씨은열공부산시종 회장, 진주강씨대종회 상임고문(현) 2005~2011년 비엔케이건설(주) 회장 2007~2013년 세계일보 조사위원회 회장 2009~2015년 (사)한국성씨연합회 감사 2013년 세계일보 조사위원회 고문(현) 2015년 (사)한국성씨연합회 부총재(현) [상]생명보험협회장표창(1976), 보험인 전진대회 의장단대표표창(1978) [저]'지나온 길 과거의 거울'

강도원(姜桃遠) Kang Do-won

[생]1950·3·23 [본]진주(晋州) [출]강원 영월 [주]강원 영월군 영월읍 사지막길160 (주)동강시스타(033-905-2001) [학]1964년 영월공고졸 2002년 명지대졸, 동국대 대학원 북한학과 수료 [경]강원도청 근무, 국회 입법보좌관, 수필가, 한국문인협회 회원, (재)코리아하나재단 이사장, 통일아카데미 원장, (사)한국레포츠연맹 부총재, 남북강원도교류협력기획단 기획위원, 통일정책연구협의회 공동의장, (주)조선여행사 대표이사, 경동대 교양학부 외래교수, 민주평통 상임위원 겸 교육위원회 간사, 통일부 통일교육위원, 국회 외교통상통일위원회 정책자문위원, 계간 '통일과 문학' 발행인, 서울시시설관리공단 사외이사, (사)강원도민회중앙회 부회장(현), (주)동강시스타 대표이사(현) [상]대통령표창

강도태(姜都泰) KANG Do Tae

[생]1968·11·4 [출]경남 진주 [주]세종특별자치시 도움4로13 보건복지부 건강보험정책국(044-202-2700) [학]1986년 면목고졸 1990년 고려대 무역학과졸 [경]1991년 행정고시 합격(35회) 1992~1993년 보건복지부·총무처·국립보건원 근무 1997년 보건복지부 공보관실 근무 1998년 同재활지원과 근무 1999년 同보건산업정책과 근무 2001년 同보건정책국 보건산업정책과 서기관 2001년 대통령비서실(삶의질향상기획단) 파견 2002년 보건복지부 의료급여전담반장 2002년 同의료급여과장 2003년 同사회복지정책실 생활보장과장 2003년 국외훈련 2005년 보건복지부 정책홍보관리실 행정법무담당관 2005년 同저출산고령사회정책본부 인구여성정책팀장 2008년 보건복지가족부 사회정책과장 2009년 同사회정책과장(부이사관) 2009년 同사회복지정책실 복지정책과장 2010년 국방대 교육파견 2011년 보건복지부 사회복지정책실 행복e음전담사업단장 2011년 同사회정책선진화기획관 2012년 同사회복지정책실 복지행정지원관 2014년 중앙공무원교육원 고위정책과정 파견(국장급) 2015년 보건복지부 건강보험정책국장(현) [상]근정포장(2013)

강도현(姜度賢)

[생]1969·11·30 [주]경기 과천시 관문로47 미래창조과학부 정보통신정책실 정책총괄과(02-2110-2820) [학]1988년 심인고졸 1995년 서울대 외교학과졸 [경]2002년 정보통신부 정보화기획실 기획총괄과 사무관 2003년 同정보화기획실 기획총괄과 서기관 2007년 同미래정보전략본부 유비쿼터스정책팀장 2009년 방송통신위원회 전파연구소 지원과장 2009년 同융합정책과장 2011년 서울대 교육파견 2013년 미래창조과학부 방송통신융합실 방송통신기반과장 2013년 同정보통신방송정책실 정보통신방송기반과장 2015년 同정보통신정책실 소프트웨어정책과장 2016년 同정보통신정책실 정책총괄과장(부이사관)(현) [상]대통령표창(2002)

강도호(姜度好) Kang Do-ho

[생]1961·11·27 [주]서울 종로구 사직로8길60 외교부 인사운영팀(02-2100-7136) [학]1985년 서울대 외교학과졸 [경]1986년 외무고시 합격(20회) 1986년 외무부 입부 1993년 駐중국 2등서기관 1996년 駐이란 1등서기관 2003년 駐토론토 영사 2005년 외교통상부 중동과장 2007년 駐중국 공사참사관 2011년 대통령 의전비서관실 파견 2013년 駐미국 공사 2016년 駐오만 대사(현)

강도희(姜道熙)

[생]1963·2·1 [출]경기 성남 [주]경기 광주시 포돌이로135 광주경찰서 서장실(031-790-7210) [학]1986년 경찰대 행정학과졸 [경]2008년 경기지방경찰청 경비과 작전전경계장 2010년 同경비과 경비계장 2012년 제주지방경찰청 경비교통과장 2013년 강원 영월경찰서장(총경) 2014년 인천지방경찰청 제2부 생활안전과장 2015년 경기 광주경찰서장(현)

강동기(姜東沂) KANG Dong Ki

[생]1957·4·1 [본]진주(晋州) [출]강원 춘천 [주]세종특별자치시 다솜로261 국무총리 정무운영비서관실(044-200-2677) [학]강원 성수고졸, 한국방송통신대졸, 한양대 지방자치대학원졸 [경]1976년 춘천 신북읍 공무원 1988년 내무부 전입, 국무총리국무조정실 자치행정심의관실 행정사무관, 同심사평가2심의관실 사무관 2006년 同조사심의관실 서기관 2007년 同특정평가심의관실 서기관 2007년 同특정평가심의관실 특정시책과장 2008년 국무총리실 정책분석평가실 정책분석관실 정책분석제도과장(서기관) 2010년 통일교육원 교육훈련 2011년 용산공원조성추진기획단 파견(서기관) 2012년 국무총리실 정책분석2과장 2013년 국무조정실 경제규제관리관실 경제규제심사2과장 2013년 同안전관리과장 2014년 국무총리 정무운영비서관실 행정관(현) [상]국무총리표창 [종]가톨릭

강동명(姜東明) Kang Dong Myung

[생]1964·1·29 [본]진주(晋州) [출]대구 [주]부산 연제구 법원로31 부산고등법원(051-590-1114) [학]1982년 경북사대부고졸 1986년 서울대 법대 사법학과졸 1988년 同대학원 법학과 수료 [경]1989년 사법시험 합격(31회) 1992년 사법연수원 수료(21기) 1992년 대구지법 판사 1995년 同김천지원 판사 1998년 대구지법 판사 2002년 同가정지원 판사 2003년 대구고법 판사 2005년 대구지법 판사 2007년 同김천지원장 2009년 同부장판사 2014년 대구지법·대구가정법원 포항지원장 2015년 부산고법 부장판사(현) [종]천주교

강동범(姜東氾) KANG Dong Beom

[생]1957·11·3 [주]서울 서대문구 이화여대길26 이화여자대학교 법과대학 법학과(02-3277-4480) [학]서울대 법학과졸, 同대학원 법학과졸, 법학박사(서울대) [경]1987년 대법원 판례심사위원회 조사위원 1988년 서경대 법학과 교수 1995년 서울시립대 법학과 교수 2004년 이화여대 법과대학 법학과 교수(현) 2011년 同법학전문대학원 교무부원장 2016년 同법학전문대학원장 겸 법과대학장(현)

강동석(姜東錫) KANG Dong Suk

[생]1954·4·28 [출]서울 [주]서울 서대문구 연세로50 연세대학교 음악대학 관현악과(02-2123-3069) [학]미국 줄리어드음악대졸, 미국 커티스음악대학 대학원졸 [경]1966년 동아콩쿨 대상 1967년 갈라미언교수에게 사사 1971년 미국 샌프란시스코 심포니재단 콩쿨 1위·워싱턴 메리웨더 포스트 콩쿨 1위 1976년 벨기에 브뤼셀 퀸 엘리자베스콩쿨 3위 1981년 프랑스 롱 티보 국제콩쿨 최연소 심사위원 1992년 경희대 음대 객원교수 1993년 프랑스 백과사전 '키드' 한국의 5대음악가 선정 1995년 광복50주년 축전음악회 '세계를 빛낸 한국음악인 대향연' 1997년 서울국제음악제 '한국을 빛낸 7인의 남자들' 1999년 수원국제음악제 1999년 '7인의 음악인들' 2000년 연세대 음대 관현악과 교수(현) 2000년 대한간학회 간염퇴치 명예홍보대사 2006~2016

년 서울스프링실내악축제(SSF) 예술감독 [상]영국 칼플레시콩쿨 최우수상, 캐나다 몬트리올콩쿨 최우수상, 동아음악콩쿨대상, 보관문화훈장, 대원음악상 대상(2009), 프랑스 문화예술공로훈장 슈발리에(2012) [작]음반 '시실리엔'(1998)

강동석(姜東晳) Kang, Dong-Seok

[생]1963 · 10 · 24 [본]진주(晉州) [출]대구 [주]대구 동구 첨단로53 한국정보화진흥원 총무인사팀(053-230-1131) [학]1982년 대구 계성고졸 1986년 경북대 전자공학과졸 1988년 同대학원 전자공학과졸 1998년 미국 뉴욕주립대 정보기술 및 정책연구과정 연수 2009년 공학박사(성균관대) [경]1988~1993년 대우통신 종합연구소 근무 1994~2006년 한국전산원 기획조정부장 · 총무부장 · 전자정부지원부장 2006년 한국정보처리학회 협동이사(현) 2006~2009년 한국정보사회진흥원 전자정부지원단장 · IT성과관리단장 2008년 국가기록관리위원회 위원 2009년 한국정보화진흥원 경영기획실장 2010년 同국가정보화사업단장 2011년 同국가정보화지원단장 2012년 同경영기획실장 2013년 同공공데이터활용지원센터장, 同정부3.0지원본부장 2016년 국방대 교육파견(현) 2016년 국회 정보화추진위원회 위원(현) [상]정보통신부장관표창(1995), 국무총리표창(2000), 대통령표창(2003), 과학기술부장관표창(2003), 과학기술훈장(2007)

강동세(姜東世) KANG Dong Se

[생]1958 · 11 · 10 [출]경남 합천 [주]서울 강남구 테헤란로14길16 라인빌딩8층 명문법률사무소(02-3288-3350) [학]1977년 대륜고졸 1981년 서울대 법대졸 1984년 同대학원졸 1998년 同공과대학 최고산업전략과정 수료(AIP 20기) [경]1984년 사법시험 합격(26회) 1987년 사법연수원 수료(16기) 1987년 서울민사지법 판사 1989년 同남부지원 판사 1991년 춘천지법 원주지원 판사 1993년 서울지법 북부지원 판사 1995년 서울지법 판사 1997년 同동부지원 판사 1999~2000년 특허법원 판사 2000~2002년 대법원 재판연구관(지적재산권 전담) 2002~2003년 인천지법 부장판사(지적재산권 전담부) 2003년 변호사 개업 2003년 사법연수원 강사(특허법) · 법무연수원 강사(지적재산권) · 서울대 법대 강사(BM특허) · 고려대 강사(의료법) 2003년 인천시 남구 선거관리위원회 위원장 2004년 특허법인 명문 대표변호사 겸 변리사 2005년 법무법인 율촌 변호사 2005년 중앙대 법대 지적재산권법전공 교수 2005년 사법시험(2차) 출제위원(현) 2005년 변리사시험(2차) 출제위원(현) 2008년 명문법률사무소 대표변호사 겸 변리사(현) 2011년 변호사시험(로스쿨) 출제위원(현) [저]'지적재산권의 형사적 이해'(2003)

강동수(姜東秀) KANG Dong Soo

[생]1956 · 9 · 8 [본]진양(晋陽) [주]경기 파주시 문발로77 (주)북센(031-955-6777) [학]마산고졸 1983년 영남대 섬유공학과졸 [경]1984년 제일합섬(주) 방적과 입사 1996년 同단섬유생산팀장 1997년 (주)새한 단섬유생산팀장 2004년 PT. SAEHAN Textiles(인도네이사현지법인) 대표이사 2007년 (주)새한 Textile사업부장(상무) 2008년 웅진케미칼(주) Textile사업부장(상무) 2009년 同Textile사업부장(전무) 2009년 웅진로지스틱스(주) 대표이사 2012년 (주)북센 대표이사 전무 2016년 同대표이사 부사장(현) [종]불교

강동엽(姜東燁) KANG Dong Yup

[생]1969 · 3 · 1 [출]서울 [주]서울 강남구 봉은사로327 궁도빌딩13층 대원화성(주) 비서실(031-372-3992) [학]1988년 홍익대사대부고졸 1994년 연세대 사학과졸 1996년 미국 일리노이대 경영대학원졸 [경]1997~1998년 (주)삼성 근무 1999~2002년 대원화성(주) 부사장 2002년 同대표이사 사장(현) [상]경기도지사 산업평화상 기업체부문 은상(1999)

강동완(姜東完) KANG Dong Wan

[생]1954 · 11 · 15 [본]진주(晉州) [출]전남 순천 [주]광주 동구 필문대로309 조선대학교 총장실(062-230-6006) [학]1980년 조선대 치의학과졸 1983년 同대학원졸 1989년 치의학박사(조선대) [경]1980~1983년 조선대 부속치과병원 전공의 1983~1986년 공군 제3252부대 의무실 치무실장 1986년 조선대 치대 치과보철학교실 교수, 同치의학전문대학원 교수(현) 1989~1998년 공군 제3252부대 의무자문관 1990~1991년 이탈리아 토리노치대 악안면병리생리연구소 박사 후 연구원 1992~1995년 조선대부속치과병원 교육부장 1994~1999년 同보철과장 1996~1999년 同병원장 2000~2001년 미국 알라바마 치대 방문교수 2000~2002년 대한턱관절기능교합학회 교합연구소장 2003~2005년 조선대 치과대학장 2003~2004년 대한치과턱관절기능교합학회 부회장 2003~2005년 대한스포츠치의학회 부회장 2004~2009년 조선대 치의공인력사업단장 2005~2007년 대한치과턱관절기능교합학회 회장 2011년 대한스포츠치의학회 회장 2012~2013년 조선대 부총장 2016년 同총장(현) [상]한국지역발전대상 사회부문(2015) [저]'강동완, 아시아 르네상스를 말한다'(2011)

강동우(姜東雨) Kang Dong Woo

[생]1959 [주]제주특별자치도 제주시 문연로6 제주도청 국제통상국 평화협력과(064-710-6250) [학]제주제일고졸, 한국방송통신대졸 [경]1989년 공무원 임용 2013년 제주도 국제자유도시과 시설관리담당 지방행정사무관 2014년 同스마트그리드과 스마트그리드담당 지방행정사무관 2014년 同총무과 총무담당 지방행정사무관 2015년 경제통상진흥원 파견 2016년 제주도 국제통상국 평화협력과장(지방행정서기관)(현)

강동욱(姜東旭) KANG, Dong-Wook

[생]1960 · 9 · 12 [출]경북 [주]서울 중구 필동로1길30 동국대학교 법과대학 법학과(02-2260-3124) [학]1982년 한양대 법학과졸 1991년 일본 메이지대(明治大) 대학원 수학 1992년 법학박사(한양대) [경]1987년 한양대 · 관동대 강사 1992년 관동대 법학과 교수 1994년 한국가정법률상담소 강릉시지부 이사 1996년 강릉성폭력상담소 부소장 2006~2007년 미국 Univ. of California at Irvine 연구 2007년 동국대 법과대학 법학과 교수(현) 2009년 한국법정책학회 부회장 2009년 한양법학회 부회장(현) 2010년 (사)한국아동학대예방협회 이사(현) 2011년 안양교도소 교정자문위원(현) 2011년 서울북부범죄피해자지원센터 운영위원 겸 청년위원회 지도교수(현) 2011년 국가인권위원회 차별시정전문위원(현) 2011년 직장내성희롱예방교육 전문강사(현) 2013년 (사)한국법정책학회 회장 2013년 한국피해자학회 연구이사(현) 2014년 한국법정책학회 고문(현) 2014년 한국아동보호학회 고문(현) 2015년 한국피해자학회 국제조직위원장(현) [상]동국대 동국학술대상(2011), 동국대 동국연구우수자상(2016) [저]'인권보장과 적법절차에 따른 불심검문' '기초 형법강의 Ⅰ' '소년법' '아동학대' '형사절차와 헌법소송' '형사소송법강의' '생활법률' 등 [종]불교

강동원(姜東遠) KANG Dong Won (一國 · 愚山)

[생]1953 · 1 · 20 [본]진주(晉州) [출]전북 남원 [학]1971년 전주상고졸, 경기대 경영학부졸, 同정치전문대학원 북한학과졸, 정치학박사(경기대) [경]1981년 국회의원 보좌관 1985년 민주화추진협의회 김대중공동의장 비서 1987~1991년 평민당 김대중총재 비서 · 재정국장 1991~1994년 제4대 전북도의원 1997년 민주당 김대중 대통령후보 유세위 부위원장 1998년 국민회의 중앙당 후원회 사무총장 1999년 국민정치연구회 이사 1999년 남원지방자치연구소장 2001~2002년 자치경영연구원 이사 2001~2002년 민주당 노무현 대통령후보 조직특보 · 중앙선대위 조직본부 부본부장 2003년 전북정치개혁포럼 이사장 2003년 개혁당 전북 상임대표 2004~2007년 농수산물유통공사 감사 2008년 러시아 우수리스크 '아로-프리모리에' 사장 2011년 상지대 북방농업연구소 책임연구원 2012~2016년 제19대 국회의원(남원 · 순창, 새정치민주연합 · 더불어민주당 · 무소속) 2012~2013년 국회 문화체육관광방송통신위원회 위원 2012년 국회 쇄신특별위원회 위원 2012년 진보정의당 원내대표 2012년 홍사단 고문 2013년 한 · 니카라과의원친선협회 회장 2013년 한 · 이스라엘의원친선협회 부회장 2013년 국회 미래창조과학방송통신위원회 위원 2014년 새정치민주연합 원내부대표 2014년 국회 운영위원회 위원 2014년 국회 국토교통위원회 위원 2014~2015년 국회 예산결산특별위원회 위원 2014년 새정치민주연합 남원 · 순창지역위원회 위원장 2015년 同전북도당 운영위원회 수석부위원장 2015년 同원내부대표(당무담당) 2015년 국회 운영위원회 위원 2015년 더불어민주당 전북도당 운영위원회 수석부위원장 2016년 제20대 국회의원선거 출마(전북 남원시 · 임실군 · 순창군, 무소속) [상]대한민국 국회의원 의정대상(2012), 대한민국 우수국회의원 대상(2013), 과학기술 우수의정상(2014), 제6회 공동선 의정활동상(2014), 건설경제신문사 국정감사 우수의원상(2014), 국회의원 아름다운 선플상(2014), 국정감사 친환경 베스트의원상(2014), 한국언론사협회 국정감사 우수의원상(2014), 제17회 대한민국을 빛낸 한국인상(2014), 한국을 빛낸사람들 대상(2015) [저]'평양, 묘향산 기행문'(2005) '제가 바로 무능한 낙하산입니다'(2007) '통일농업 해법찾기(共)'(2008) '공기업 판도라의 상자'(2009) '철밥통 공기업'(2012) '연해주 농업진출의 전략적 접근'(2015) '지리산 달궁 비트- 빨치산대장 최정범 일대기'(2016, 한울출판) [종]기독교

강동원(康東元) KANG Dong Won

[생]1962·10·13 [출]제주 [주]서울 서초구 법원로10 정곡빌딩남관508호 강동원법률사무소(02-533-9600) [학]1981년 제주제일고졸 1986년 한양대 법대졸 [경]1984년 사법시험 합격(26회) 1988년 사법연수원 수료(17기) 1988년 육군 법무관 1990년 변호사 개업 1991년 대전지검 검사 1993년 창원지검 진주지청 검사 1994년 인천지검 검사 1996년 창원지검 검사 1998년 서울지검 검사 2000년 수원지검 부부장검사 2001년 서울고검 검사 2002년 제주지검 부장검사 2003년 사법연수원 교수 2006년 창원지검 형사1부장 2007~2011년 서울고검 부장검사 2008년 국민권익위원회 파견 2011년 변호사 개업(현) 2013~2015년 한국승강기안전관리원 비상임이사

강동윤(姜東潤) Kang Dongyoon

[생]1989·1·23 [주]서울 성동구 마장로210 한국기원 홍보팀(02-3407-3870) [경]권갑용 6단 문하생, 세계청소년바둑대회 주니어부 우승, 이창호배·오리온배·삼신생명배 우승 2002년 입단 2003년 2단 승단 2004년 3단 승단 2004년 한국바둑리그 한게임팀 단체전 우승 2005년 제5기 오스람코리아배 우승 2005년 4단 승단 2005년 SK가스배 우승 2007년 전자랜드배 왕중왕전·오스람배 우승 2007년 천원전 준우승 2008년 8단 승단 2008년 세계마인드스포츠게임 남자개인전 금메달 획득 2008년 제36기 하이원배 명인전 준우승 2008년 9단 승단(현) 2009년 천원전·후지쯔배 우승 2010년 제11기 KBS바둑왕전·olleh KT배 준우승 2010년 광저우아시안게임 남자단체전 금메달 2011년 KB국민은행 한국바둑리그 우승 2012년 원익배 십단전 준우승 2013년 원익배 십단전 우승·제1회 주강배 세계바둑단체전 우승 2014년 국수산맥 한중단체바둑대항전 준우승 2014년 렛츠런파크배 준우승 2015년 제20회 LG배 조선일보 기왕전 본선 2016년 LG배 기왕전 우승

강동헌(姜東憲) KANG Dong Hun

[생]1957·7·5 [본]진주(晋州) [출]경남 진양 [주]부산 사하구 장평로73 (주)코메론(051-290-3100) [학]1976년 영남상고졸 1988년 경상대 경영학과졸 [경]1976년 한국도량기공업사(현 코메론) 입사, (주)코메론 상무이사 1992년 同대표이사 사장(현) 2009년 시몬스아이케이(주) 대표이사 [상]국무총리표창(1999), 부산벤처기업인 대상(2001), 대한민국브랜드경영 최우수상(2002), 부산산업기술대상(2003), 재정경제부장관표창(2005), 부산중소기업인대상(2007)

강동현(姜東見) Kang Dong Hyeon

[생]1965·6·19 [본]진주(晋州) [출]경남 진주 [주]경남 진주시 남강로1065 경남일보 편집국(055-751-1056) [학]1983년 대아고졸 1991년 부산대 사회학과졸 [경]1992년 경남일보 입사, 同편집부장, 同문화특집부장, 同취재부장, 同지역부장 2016년 同편집국장(현)

강동형(姜東亨) KANG Dong Hyoung (춘파·우원)

[생]1960·11·14 [본]진주(晋州) [주]서울 중구 세종대로124 서울신문 논설위원실(02-2000-9051) [학]1979년 부산 대동고졸 1986년 부산대 사회학과졸 [경]1999년 대한매일 편집국 정치팀 기자 2002년 同공공정책팀 차장 2003년 同경제부 차장 2005년 서울신문 지방자치뉴스부 차장 2005년 同지방자치부 차장(부장급) 겸 시청팀장 2006년 同지방자치뉴스부 지방자치부장 2007년 同공공정책부장 2007년 同사업국 부국장 겸 사업기획팀장 2009년 同사업국 부국장 겸 프로젝트사업부장 2009년 同신성장사업국 부국장 2010년 同기획사업국장 2011년 同독자서비스국장 겸 문화홍보국장 2011~2014년 서울신문애드컴 대표이사 겸임 2012년 서울신문 미디어전략실장 직대 겸 콘텐츠평가팀장(국장급) 2012년 同사업단 수석전문위원 2013년 同독자서비스국장 2015년 同논설위원(현) [종]기독교

강동호(康東鎬) KANG Dong Ho

[생]1944·2·12 [본]신천(信川) [출]경북 봉화 [주]서울 영등포구 국회대로74길12 새누리당 서울시당(02-704-2100) [학]1962년 안동고졸 1966년 경희대 행정학과졸 1969년 同대학원 정치학과졸 [경]1964년 경희대 총학생회장 1988년 민정당 인권옹호분과 위원장 1994년 민자당 인권옹호분과 위원장 1996년 한국언론피해구제협회 회장 1996년 제15대 국회의원선거 출마(경북 울진·영양·봉화, 무소속) 1996년 (주)석천레미콘 대표이사·(주)석천아스콘 대표이사 1998년 한국언론피해구제협회 회장·경주미래청소년지도자훈련원 교장 2000년 한나라당 서울중랑乙지구당 위원장 2000년 제16대 국회의원선거 출마(서울중랑乙, 한나라당) 2003년 서울외국어대학원대 총장 2012년 새누리당 서울중랑구乙당원협의회 운영위원장(현) 2012년 제19대 국회의원선거 출마(서울중랑乙, 새누리당) 2016년 제20대 국회의원선거 출마(서울중랑乙, 새누리당) 2016년 새누리당 서울시당 위원장(현)

강동훈(姜東勳) KANG Dong Hun (영규)

[생]1962·10·9 [본]진주(晋州) [출]전남 여수 [주]서울 마포구 마포대로20 불교방송 보도국(02-705-5114) [학]1981년 여수공고졸 1989년 광주대 신문방송학과졸 2001년 동국대 언론정보대학원졸 [경]1988년 월간 대원 기자 1990년 불교방송 보도국·문화부·사회부 기자 1995년 同정치부 기자 2002년 同정치경제팀 차장 2005년 同경제산업팀장 2006년 同정치외교팀장 2008년 同보도국장 직대 2008년 同신문국 취재팀장 2009년 同신문제작팀장 2010년 同보도제작부장 2010년 同보도국 경제산업부장 2012년 同경제산업부 근무 2013년 同보도국 세종청사특별취재팀장 2014년 同보도국 경제산업부장 2014년 同창사25주년T/F팀장 겸임 2014년 국토교통부 항공안전조사위원 2014년 청와대언론인회 회장 2014년 세종청사기자단간사협의회 간사장 2015년 불교방송 경영기획국장 겸 포교문화국장 2015년 同경영기획실장 2016년 同보도국장(현) [상]한국방송기자클럽 보도제작상(1993), 특종상(1993·1995), 한국기자협회 공로상(1994), 한국불교종단협회 부처님오신날 표창(2000), 청와대불자회 공로상(2000), 청와대불자회표창(2001), 17대국회의장 표창패(2007), 제18대 국회의장 감사패(2010), 대통령표창(2013), 대한지적공사 감사패(2013), 한국감정평가협회 감사패(2014) [종]불교

강두례(姜斗禮·女)

[생]1968·8·15 [출]부산 [주]전북 전주시 덕진구 사평로25 전주지방법원(063-259-5400) [학]1986년 여수여고졸 1991년 서울대 영어교육과졸 1997년 성균관대 법학과졸 [경]1998년 사법시험 합격(40회) 1999년 사법연수원 수료(30기) 2003년 대전지법 판사 2006년 同공주지원 판사 2008년 대전지법 판사 2011년 대전고법 청주재판부 판사 2013년 대전지법·대전가정법원 천안지원 판사 2016년 전주지법 부장판사(현)

강득구(姜得求) KANG Duck Gu

[생]1963·5·27 [주]경기 수원시 팔달구 효원로1 경기도청 연정부지사실(031-8008-2021) [학]안양 신성고졸 1994년 성균관대 한국철학과졸 2008년 연세대 행정대학원졸(행정학석사) [경]한국청년회의소 정책전문위원, 안양·군포·의왕환경운동연합 집행위원, 경기도체육회 이사, 안양시지역사회교육협의회 이사 1998·2002년 경기도의회 의원(국민회의·새천년민주당) 2004년 새천년민주당 안양만안지구당 위원장, 꿈나무어린이도서관 운영위원장 2006년 경기도의원선거 출마(열린우리당), 이종걸 국회의원 보좌관 2010년 경기도의회 의원(민주당·민주통합당·민주당·새정치민주연합) 2010~2012년 同기획위원장 2012년 同운영위원장 2014~2016년 경기도의회 의원(새정치민주연합·더불어민주당) 2014~2016년 同의장 2015년 새정치민주연합 시·도당광역의원협의회 대표 2015년 경기도 DMZ2·0음악과대화조직위원회 위원 2015~2016년 더불어민주당 시·도당광역의원협의회 대표 2016년 경기도 연정부지사(현) [저]'강득구의 희망더하기'(2014) '우산이 필요한 당신에게'(2015) [종]기독교

강래구(姜來求) KANG Rae Gu

[생]1965·1·29 [출]대전 [주]대전 중구 동서대로1337 서현빌딩8층 더불어민주당 대전시당(042-254-6936) [학]1983년 대전 대신고졸 1991년 충남대 사회학과졸 1997년 한국외국어대 정책과학대학원졸 2000년 건국대 행정대학원졸, 서울시립대 대학원 행정학박사과정 수료 [경]1999~2004년 도우산업개발 이사 2001~2003년 민주평통 자문위원 2001년 새천년민주당 서울서초甲지구당 사무국장 2003년 버추얼미디어(주) 이사 2003년 반포우성아파트 재건축조합장 2004년 6·5재보선 서울시의원선거 출마(열린우리당) 2008년 통합민주당 조직국장·청년국장 2008~2009년 민주당 부대변인 2011년 민주통합당 대전동구지역위원회 위원장 2012년 제19대 국회의원선거 출마(대전 동구, 민주통합당) 2013년 민주당 대전동구지역위원회 위원장 2014년 새정치민주연합 대전동구지역위원회 위원장 2014~2015년 同조직담당 사무부총장 2015년 同대전시당 수석부위원장 2015년 더불어민주당 대전동구지역위원회 위원장(현) 2016년 제20대 국회의원선거 출마(대전 동구, 더불어민주당) [종]천주교

강만길(姜萬吉) KANG Man Gil (黎史)

[생]1933 · 10 · 25 [본]진주(晉州) [출]경남 마산 [주]서울 성북구 안암로145 고려대학교 문과대학 한국사학과(02-3290-2030) [학]1952년 마산고졸 1959년 고려대 역사학과졸 1961년 同대학원 한국사학과졸 1975년 문학박사(고려대) [경]1959~1966년 국사편찬위원회 편사연구관 1963~1980년 고려대 문과대 강사 · 조교수 · 부교수 · 교수 1975년 한국사연구회 대표간사 1979년 고려대 박물관장 1980년 同문과대 교수 해직 1984~1999년 同한국사학과 교수 1987년 同중앙도서관장 1991년 월간 '사회평론' 발행인 1996년 동아시아 평화 · 인권국제회의 한국위원회 대표 1996~2000년 경제정의실천시민연합 통일협회 이사장 1998~2003년 대통령자문 통일고문회의 고문 1998년 희망의행진98추진본부 공동본부장 1998~2000년 민족화해협력범국민협의회 상임의장 1999~2001년 계간 '통일시론' 편집인 겸 발행인 1999년 고려대 명예교수(현) 2000~2001년 한겨레신문 비상근이사 2000년 제주4 · 3사건진상규명 및 희생자명예회복위원회 위원 2000년 청명문화재단 이사장 2000년 계간 '내일을 여는 역사' 발행인 2001~2005년 상지대 총장 2002년 청암언론문화재단 초대이사장 2003년 (사)남북학술교류협회 이사장 2004년 국가기록물관리위원회 위원장 2004년 친일반민족행위진상규명시민연대 상임공동대표 2005년 광복60주년기념사업추진위원회 공동위원장 2005~2007년 친일반민족행위진상규명위원회 위원장 2006년 대통령자문 통일고문회의 고문 [상]중앙문화대상 학술대상(1992), 심산학술상(1998), 국민포장(1999), 단재상(1999), 한겨레통일문화상(2000), 만해상(2002 · 2010), 후광 김대중 학술상(2011) [저]'조선후기 상업자본의 발달' '조선시대 상공업사연구' '분단시대의 역사인식' '한국근대사' '한국현대사' '한국민족운동사론' '일제시대 빈민생활사 연구' '역사를 위하여' '역사의 언덕에서' '회상의 열차를 타고' '고쳐쓴 한국현대사' '통일운동시대의 역사인식' '조선민족혁명당과 통일전선' '역사는 이상의 현실화 과정이다' '우리, 통일 어떻게 할까요' '20세기 우리 역사'(1999) '역사가의 시간'(2010, 창비) '20세기형 인간에서 벗어나 새로운 시대 열어라(共)'(2012, 알마) '분단고통과 통일전망의 역사'(2013, 선인)

강만생(姜萬生) KANG Man Saeng

[생]1952 · 5 · 27 [출]제주 [주]제주특별자치도 제주시 서사로154 한라일보(064-750-2114) [학]1970년 제주 오현고졸 1980년 연세대 신문방송학과졸 1986년 同대학원졸 [경]1980년 조선일보 기자 1984년 연세대 연세춘추 상임편집위원 1987년 한국외국어대 사학과 강사 1988년 제주대 사학과 강사 1991년 한라일보 논설위원 1994년 同총무국장 2000년 제주대 언론홍보학과 강사 2001년 한라일보 편집국장 2003년 同대표이사 사장 2005년 제주도 혁신도시건설추진위원 2006년 (사)제주역사문화진흥원 이사장(현) 2008년 거문오름 국제트레킹위원회 위원장(현) 2009년 사려니숲길위원회 위원장(현) 2010~2012년 제주세계지질공원추진위원회 홍보협력분과위원장 2010년 전국지방신문협의회 부회장 2011~2013년 同회장 2011년 제주세계자연유산위원회 부위원장 2012년 환경부 지질공원위원회 위원 2013~2014년 한라일보 대표이사 사장, 제주사정립추진위원회 운영위원, 제주한살림생활협동조합 이사장, 아름다운가게 제주운영위원 2014년 제주유네스코유산위원회 위원장(현) 2014년 한라일보 부회장(현) 2014년 제주4.3평화재단 이사 2016년 제주학대회추진위원회 위원장(현) [상]언론인 향토언론상(2010), 국민훈장 동백장(2015)

강만석(姜晩錫) KANG Man Seok

[생]1960 · 10 · 31 [주]전남 나주시 교육길35 한국콘텐츠진흥원 부원장실(061-900-6301) [학]1979년 인창고졸 1984년 성균관대 신문방송학과졸 1986년 同대학원 신문방송학과졸 1994년 신문방송학박사(성균관대) [경]1988~1990년 조선일보 기획국 근무 1991~1992년 한국언론학회 연구간사 1991~1998년 성균관대 · 전북대 · 동국대 강사 1995~1998년 한국방송개발원 연수기획팀장 · 연구2팀장 · 연구3팀장 1999년 同방송영상연구실 수석팀장 겸 제도정책팀장 2001년 한국방송진흥원 연구정보자료팀장 2001년 한국방송영상산업진흥원 연구자료정보팀장, 한국콘텐츠진흥원 중국사무소장 2015년 同글로벌사업본부장 2015~2016년 同산업정책 부원장 2015년 국립아시아문화전당 아시아문화원 설립이사회 비상임이사 2016년 한국콘텐츠진흥원 산업융합부원장(현)

강만수(姜萬洙) KANG Man Soo (聽雪)

[생]1945 · 6 · 30 [본]진주(晉州) [출]경남 합천 [학]1965년 경남고졸 1969년 서울대 법대졸 1987년 미국 뉴욕대 대학원 경제학과졸 [경]1970년 행정고시 합격(8회) 1970~1976년 국세청 · 재무부 사무관 1976~1985년 재무부 국제조세과장 · 간접세과장 · 직접세과장 · 보험2과장 · 이재3과장 · 이재1과장 · 총무과장 1985년 駐미국대사관 재무관 1988~1993년 재무부 보험국장 · 이재국장 · 국제금융국장 · 공보관 1993년 국회 재무위원회 전문위원 1994년 재무부 세제실장 1995년 관세청장 1996~1997년 통상산업부 차관 1997~1998년 재정경제원 차관 1999~2000년 한국무역협회 부회장 2000년 디지털경제연구소 이사장 2003년 한나라당 제17대 총선 공천심사위원 2005년 공적자금관리위원회 위원 2005~2007년 서울시정개발연구원 원장 2007년 한나라당 제17대 대통령중앙선거대책위원회 정책조정실장 2007년 제17대 대통령직인수위원회 경제1분과위원회 간사 2008~2009년 기획재정부 장관 2008~2009년 대통령소속 지방분권촉진위원회 위원 2009~2011년 대통령자문 국가경쟁력강화위원회 위원장 2009~2011년 대통령 경제특별보좌관 2011~2013년 산은금융그룹(KDB금융그룹) 회장 겸 산업은행장 [상]홍조근정훈장(1991), 올해의 자랑스런 뉴욕대 동문인상(2009), 국민훈장 무궁화장(2013), 한국의 영향력있는 CEO 혁신경영부문(2013), 2013 한국을 빛낸 창조경영대상(2013) [저]'부가가치세의 이론과 실제' 회고록 '현장에서 본 한국경제 30년'(2005, 삼성경제연구소) '현장에서 본 경제위기 대응실록'(2015, 삼성경제연구소) [종]기독교

강면욱(姜勉旭) KANG Myoun Wook

[생]1959 · 12 · 24 [출]경북 [주]서울 강남구 도산대로128 국민연금공단 임원실(02-3014-1803) [학]1978년 대구계성고졸 1982년 성균관대 통계학과졸 1991년 同대학원 경영학과졸 [경]1985년 국민투자신탁 입사 1995~1998년 同국제영업팀장 · 국제운용팀장 1998~2000년 현대투자신탁 런던사무소장 2001~2003년 슈로더자산운용 마케팅본부장(CMO · 이사) 2003~2005년 신한BNP파리바자산운용 마케팅본부장(CMO · 상무) 2005~2008년 ABN암로자산운용 서울사무소 대표 2008년 메리츠자산운용(주) 대표이사 사장 2013~2014년 同고문 2016년 국민연금공단 기금운용본부장(기금이사 · CIO)(현)

강명득(姜命得) KANG Myoung Deuk

[생]1951 · 9 · 1 [출]경남 통영 [주]서울 중구 후암로110 서울시티타워18층 한국의료분쟁조정중재원 조정부(02-6210-0316) [학]1970년 경남고졸 1975년 서울대 사범대학졸 1984년 단국대 대학원 법학과 수료, 미국 노스웨스턴대 로스쿨 LL.M [경]1975년 삼현여고 교사 1977년 강서여중 교사 1983년 사법시험 합격(25회) 1985년 사법연수원 수료(15기) 1986년 변호사 개업(현) 2002년 국가인권위원회 인권침해조사국장 2003~2005년 同인권정책국장 2004년 同사무총장 직대 겸임 2005년 법무부 출입국관리국장 2012~2015년 국가인권위원회 비상임위원 2013년 한국의료분쟁조정중재원 조정부 상임조정위원(현) [상]정부혁신브랜드 최우수상, UN 공공행정상

강명삼

[생]1960 [주]제주특별자치도 제주시 문연로6 제주도청 민군복합형관광미항갈등해소지원단(064-710-6820) [학]제주 성산수산고졸, 한국방송통신대졸 [경]1981년 공무원 임용 2013년 제주도 감사위원회 사무국 감사과장(지방서기관) 2014년 同의회협력담당관 2015년 同안전총괄기획관 2015년 同안전관리실 안전총괄과장 2016년 同의회사무처 총무담당관 2016년 同민군복합형관광미항갈등해소지원단장 직대(현)

강명석(姜明錫) KANG Myoung Seok

[생]1960 · 4 · 20 [본]진주(晉州) [출]경남 진주 [주]서울 동작구 노들로688 수협노량진수산(주)(02-814-5814) [학]1979년 진주 대아고졸 1986년 부산수산대 수산경영학과졸 2006년 한양대 경영대학원 경영학과졸 2009년 서울대 경영대학 최고경영자과정 수료 2011년 동국대 문화예술최고위과정 수료 [경]1986년 수산업협동조합중앙회 입회 1996년 同진주지점장 1998년 同수신지원부 점포지원실장 1998년 同상호금융부 부부장 1999년 同마포지점장 2002년 同영업지원부장 2003년 同신용기획부장 2005년 同해양투자금융부장 2005년 울산신항컨테이너터미널(주) 비상임이사 2006~2009년 수산업협동조합중앙회 신용상임이사 2007년 금융결제원 비상임이사 2008~2009년 울산아이포트(주) 비상임이사 2010~2013년 한국자산관리공사 금융구조조정본부장(상임이사) 2011년 공적자금상환기금운용심의회 위원 2015년 수협노량진수산(주) 대표이사(현) [상]동탑산업훈장(2009)

강명섭(姜明涉)

[생]1957 · 8 · 15 [주]충남 서산시 대산읍 평신2로182 현대케미칼 대산공장 [학]부산대 화학공학과졸 [경]극동정유 입사 2006년 현대오일뱅크 S&T본부 U-Tech팀장(상무) 2007년 同공정부문장(상무B) 2010년 同증설사업본부 공정부문장(상무A) 2013년 同HOU생산부문장 2014년 同신사업건설본부장(전무) 2014년 현대케미칼 대표이사(현) 2015년 현대오일뱅크 부사장

강명순(康明順) KANG Myung Soon (曉石)

[생]1921 · 11 · 15 [본]진주(晉州) [출]평남 평양 [주]서울 서초구 반포대로37길59 대한민국학술원(02-3400-5220) [학]1940년 평양제2중졸 1943년 경성제대 예과 이과갑류 수료 1946년 경성대 이공학부 기계공학과졸 1950년 미국 던우디공과대 기계공학과 수료 1970년 공학박사(한양대) [경]1946~1947년 서울고 교사 1948년 서울대 공대 전임강사 1948~1955년 한국기계공업(주) 공작부장 1955~1960년 인하대 공대 기계과 조교수 · 부교수 · 교수 1961~1986년 한양대 공대 기계과 교수 1967~1979년 국제기능올림픽대회 한국위원회 기술대표 1968~1996년 일본 기계학회 정회원 1969~1971년 (재)대한기계학회 회장 1981~1985년 한양대 산업대학원장 1981년 대한민국학술원 자연제3분과 회원(기계공학 · 현) 1985~1997년 기술사검정 심의위원 1985~2001년 한국공업표준심의위원회 위원 1985~1987년 한양대 안산캠퍼스 부총장 1987년 同명예교수(현) 1988~1996년 한국공업표준심의위원회 위원장 1988~1997년 한국산업인력관리공단 · 한국기술교육대학 비상근이사 1989~1991년 기술자격제도 심의위원 1990~1992년 수원대 대학원장 1993~1997년 수원전문대학 학장 1997년 중국 북경 중국과학원 산하연구소 · 南開大 · 북경대 방문교수 [상]석탑산업훈장(1967), 국민훈장 동백장(1972), 총무처 과학기술상(1973), 동탑산업훈장(1977), 은탑산업훈장(1978), 5 · 16민족상 산업부문(1986), 皐雲문화상(1991), 仁村賞(2001) [저]'최신 기계공작법'(1964) '실용기계설계(II) 공작기계-선반편'(1974) '공작기계 기본설계'(1976) '機械工學實驗'(1977) '治工具'(1980) '기계공학 개론'(1983) '最新 工作機械'(1985) '공업계 고등학교 기계일반 교사용 지도서'(1991) '機構學'(1993) '프레스 板金加工'(1994) [역]'塑性工學(Engineering Plasticity)'(1983) 'Manufacturing Processes and System(9th Ed.)'(1999) [종]기독교

강명순(姜命順 · 女) KANG Myung Soon

[생]1952 · 3 · 29 [본]진주(晉州) [출]서울 [주]서울 용산구 청파로46 한통빌딩10층1002호 세계빈곤퇴치회(02-535-2847) [학]1970년 경남여고졸 1974년 이화여대 사범대학 시청각교육학과졸 1987년 미국 감리교회 세계선교부 초청 빈민선교 연수 1996년 감리교신학대 신학대학원졸(신학석사) 2000년 강남대 사회복지전문대학원졸(사회복지학석사) 2007년 사회복지학박사(일본 기비국제대) [경]1976~1979년 사당3동 빈민지역 희망유치원 원장 1980~1983년 부평공단지역 광야선교원 원장 1986~2001년 부스러기선교회 창립 · 회장 · 총무 1996년 빈민여성교육선교원 원장 1996년 예은여성학교 교장 1999~2008년 예은신나는집 원장, 먹거리나누기운동협의회 공동대표 1999년 민들레쉼터 시설장 2000년 로뎀나무쉼터 시설장 2000~2007년 신나는조합 창립 · 조합장 · 이사 2001~2005년 (사)부스러기사랑나눔회 상임이사 2004~2008년 (사)한국아동단체협의회 이사 2005년 '2020년까지빈곤아동결식아동이한명도없는나라만들기운동' 대표 디딤돌 2006~2008년 (사)부스러기사랑나눔회 대표 2008년 (사)한국마이크로크레딧 신나는조합 이사 2008~2012년 제18대 국회의원(비례대표 1번, 한나라당 · 새누리당) 2008년 국회 보건복지위원회 위원 2009년 한나라당 빈곤없는나라만드는특별위원회 위원장 2009년 빈곤퇴치연구포럼 공동대표 2009년 한나라당 대표특보 2009년 同서민행복추진본부 부본부장 2010~2011년 국회 예산결산특별위원회 위원 2010년 국회 아동성학대대책특별위원회 위원 2010년 '2010 UN 세계평화의 날' 한국조직위원회 공동대표 2010년 국회 UNMDGs(유엔새천년개발목표)포럼 간사 2011년 국회 민생대책특별위원회 위원 2011년 노숙인폐결핵집중관리시설 운영위원 2012년 (사)세계빈곤퇴치회 이사장(현) 2015년 새누리당 나눔경제특별위원회 위원 [상]제1회 평등부부상(1995), 국민훈장 목련장(2001), 제2회 클라란스코리아 The Most Dynamic Woman Award(2005), 이화여대 자랑스러운 이화인상(2007), 2008 올해의 정책보고서 BEST REPORT 우수상(2009), 본회의 참여 우수 국회의원 표창(2009), 공동선 의정활동상(2010), 동료들이 뽑은 베스트 국감의원(2010), 우수 의정활동상(2010), 국정감사 보건복지위원회 우수의원상(2010), 대한민국헌정상 우수상(2010), 제36회 김만덕상(2015) [저]'빈민여성 빈민아동'(1980) '긴 사연 짧은 얘기'(1992) '가난한 어린이를 위한 공동육아 활동자료집'(1993) '호박넝쿨의 기적'(1998) '하룻밤만 재워주세요'(2000) '부스러기가 꽃이 되다'(2005) '한국의 빈곤아동과 지역아동센터 법제화에 관한 이론과 실천'(2007) '빈곤아동 · 가족과 함께 찾아가는 사례관리'(2008) '부스러기사랑'(2008) '빈마음으로'(2011) '민생 · 국회'(2011) '민들레처럼'(2011) '어린나귀'(2011) '찾아가는 복지2'(2011)

강명신(姜明伸 · 女)

[생]1968 · 4 · 20 [주]서울 마포구 상암산로66 CJ E&M Center 문화창조융합센터(02-371-5700) [학]1992년 한국외국어대 신문방송학과졸 1996년 同대학원 신문방송학과졸 2002년 신문방송학박사(한국외국어대) [경]1992~1993년 한국주택은행 고객관리팀 근무 1997~2002년 한국외국어대 · 단국대 시간강사 1998~1999년 한국외국어대 언론정보연구원 근무 2002~2013년 SK TCC DMC 컨설팅 2004~2011년 CJ헬로비전 미디어사업팀 근무 2011년 同커뮤니티사업본부장 2013년 同부산본부장 2015년 문화창조융합센터 센터장(현) 2015년 아시아문화원 비상임이사(현) 2015년 대통령소속 문화융성위원회 위원(현) 2016년 기획재정부 재정정책자문회의 위원(현) 2016년 재단법인 미르 이사

강명옥(姜命玉 · 女) Kang Myoung-Ok (琴軒)

[생]1959 · 3 · 9 [본]진주(晉州) [출]서울 [주]서울 종로구 새문안로92 광화문오피시아빌딩1329호 (사)한국국제개발연구소 이사장실(02-734-3011) [학]1978년 성신여고졸 1982년 이화여대 영문학과졸 1992년 경희대 평화복지대학원 국제경영학과졸 2006년 정치학박사(연세대) [경]1982~1989년 현대중공업 근무 1991~1998년 한국국제협력단(KOICA) 팀장(동남아과장 · 봉사사업과장 등) 1999~2007년 군산대 · 한성대 강사 2001년 유네스코 아시아 · 태평양국제이해교육원 기획행정실장 2002~2003년 국가인권위원회 국제협력과장 2006~2007년 2011대구세계육상선수권대회 유치위원회 국제협력담당관 2006년 한국국제협력단 해외봉사단 면접위원 · ODA전문가 2007~2009 도서출판 피스북 대표 2007~2009 (주)한국국제개발컨설팅 대표 2007년 (사)한국국제개발연구소 이사장(현) 2009~2011년 대한적십자사 미래전략실장 2010~2012년 서울여성가족재단 국제자문위원 2010년 국민대 정치대학원 외래교수 2010~2014년 통일부 통일교육위원, 통일교육위원중앙협의회 운영위원, 同감사 2010~2011년 평화통일국민포럼 자문위원 2010~2011년 새코리아청년네트워크 자문위원 2011~2012년 GCS INTERNATIONAL 국제협력위원 2011년 한국여성정책연구원 객원연구원 2011~2013년 행정안전부 자원봉사진흥실무위원회 위원 2011년 서울과학기술대 겸임교수(현) 2012~2014년 서울시 주민참여예산위원회 위원장 · 운영위원장 2012년 정보통신산업진흥원(NIPA) 퇴직전문가해외파견 면접위원(현) 2013년 문화체육관광부 자문위원 2013~2014년 서울시립대 도시과학대학원 강사 2013년 국제개발협력학회 감사(현) 2013~2014년 서울시도시외교협의체 자문위원 2013~2014년 서울시서울형전자정부해외진출협의체 자문위원 2013년 APPA(UN ECOSOC MEMBER NGO) 유엔 대표(현) 2016년 행정자치부 정책자문위원(현) [상]문교부장관표창(1970), 대한교육연합회장표창(1971), 문교부장관표창(1971), 서울시교육감표창(1975), 한국국제협력단 총재표창(1995), 대한적십자사 총재표창(2010), 서울시장표창(2014) [저]'글로벌 시대의 이해와 국제매너'(2007 · 2013) '대한민국 국격을 생각한다(共)'(2010) [종]기독교

강명욱(康明郁) KAHNG Myung Wook

[생]1958 · 10 · 15 [본]신천(信川) [출]서울 [주]서울 용산구 청파로47길100 숙명여자대학교 이과대학 통계학과(02-710-9435) [학]1985년 미국 미네소타대 통계학과졸, 同대학원 통계학과졸 1990년 통계학박사(미국 미네소타대) [경]1990~1991년 대우경제연구소 계량분석실장 1991~1992년 한국국방연구원 선임연구원 1992년 숙명여대 이과대학 통계학과 조교수 · 부교수 · 교수(현) 2000~2001년 미국 미네소타대 통계학과 방문교수, 한국통계학회 회원, 한국품질경영학회 회원, 미국통계학회 회원 2011~2012년 숙명여대 연구처장 2011~2012년 同산학협력단장

강명재(姜明材) KANG Myoung Jae

[생]1958 · 10 · 21 [본]진주(晉州) [출]전북 [주]전북 전주시 덕진구 건지로20 전북대학교병원 원장실(063-250-1110) [학]전북대 의대졸, 同대학원 의학석사 1994년 의학박사(전남대) [경]1985년 전북대병원 수련의 1986년 同해부병리과 전공의 1989년 공군항공의학 적성훈련원 병리과장 1992년 청주리라병원 해부병리과장 1992년 전북대 의과대학 병리학교실 교수(현) 1997년 캐나다 토론토대 의대 연구원 1992년 대한세포병리학회 정회원 1993년 진단전자현미경학회 정회원 1998년 대한병리학회 평의원 2000년 同인증위원회 위원 2001년 同신장병리연구회 학술위원 2004년 전북대 의과대학 부학장 2006년 전북대병원 홍보실장 2007년 대한병리학회 호남지회장 2012년 전북대병원 기획조정실장 2015년 同병원장(현) 2015년 미국 세계인명사전 'Marquis Who's Who in the World 2016년판'에 등재 2015년 전북도병원회 회장 2015년 전북애향운동본부 이사 2015년 법무부 법사랑위원 2015년 전북대동창회 부회장 [상]전북지방경찰청장 감사장(1993), 전병득상 [저]'일반병리학(共)'(2011, 고문사) [종]기독교

강명채(康明采) KANG Myoung Chae

[생]1948 · 11 · 23 [본]신천(信川) [출]전북 고창 [주]서울 강동구 천호대로1489 아리샘빌딩5층 도서출판 아리샘(02-3442-7093) [학]1971년 중앙대 약학과졸 1984년 고려대 경영대학원졸 [경]1981년 삼성당 대표 1984년 대한출판문화협회 이사 1986년 서대문청년회의소 회장 1993년 도서출판 삼성당 대표이사, 同회장 1994년 대한출판문화협회 이사 1998년 강남경찰서 경찰행

정자문위원 2007년 도서출판 아리샘 회장(현) [상]한국일보 한국출판문화상(1976·1981·1982·1983), 국세청장표창(1993), 문화체육부장관표창(1994) [종]기독교

강명헌(姜明憲) KANG Myung Hun

[생]1954·4·22 [본]진주(晋州) [출]서울 [주]경기 용인시 수지구 죽전로152 단국대학교 상경대학 경제학과(031-8005-3381) [학]1972년 경기고졸 1980년 서울대 경제학과졸 1983년 미국 뉴욕주립대 올바니교 대학원 경제학과졸 1984년 경제학박사(미국 뉴욕주립대 올바니교) [경]1979~1980년 한국개발연구원 연구원 1984~2008년 단국대 경제학과 조교수·부교수·교수 1991~1992년 미국 하와이대 East-West센터 책임연구원 1997~1998년 미국 캘리포니아대 버클리교 객원교수 1998~1999년 한국개발연구원 초빙연구원 2004~2007년 LG텔레콤 사외이사 2004~2007년 공정거래위원회 경쟁정책자문위원장 2005년 한국산업조직학회 부회장 2005~2006년 同회장 2005~2008년 단국대 상경대학장 2007년 제17대 대통령직인수위원회 경제1분과위원회 자문위원 2008~2012년 한국은행 금융통화위원회 위원 2012년 단국대 상경대학 경제학과 교수(현) 2013년 한국금융투자협회 자율규제위원(현) 2015년 금융위원회 공적자금관리위원회 민간위원(현) [상]공정거래위원장표창(2002), 근정포장(2005) [저]'우리나라 전자산업의 현황 및 육성방안-부품산업을 중심으로'(1986) '현행경제법의 문제점 및 개선방향'(1986) '경제력집중과 한국경제'(1991) '환율예측과 자본자유화'(1995) 'The Korean Business Conglomerate-Chaebol Then and Now'(1996) '재벌과 한국경제'(1996) '비교경제체제론'(1997) '한국 소액주주권'(1999) '김대중 정부의 4대 개혁-평가와 과제'(2001) '기업구조조정의 현재와 미래'(2003) [종]기독교

강무길(姜茂吉) Kang Mu-gil

[생]1964·12·25 [주]부산 연제구 중앙대로1001 부산광역시의회 의원회관210호(051-888-8193) [학]부산 브니엘고졸, 부경대 건축공학과졸, 同대학원 건축공학과졸 2009년 공학박사(부경대) [경](주)경부건축사사무소 대표이사(현), 부산시 반여1동 방위협의회장, 부경대 건축공학과 외래교수, 同건축학과 겸임교수, 동명대 건축학과 겸임교수, 새누리당 부산시 해운대구 대외협력위원장, 부산시 해운대구참사랑봉사회 이사(현), 부산시 건축심의위원회 위원, 부산건축문화제 집행위원 2006~2010년 부산시 해운대구의회 의원 2006~2008년 同관광환경도시위원장 2010년 부산시 해운대구의원선거 출마(한나라당) 2014년 부산시의회 의원(새누리당)(현) 2014년 同운영위원회 위원 2014년 同도시안전위원회 부위원장 2014년 同예산결산특별위원회 위원 2014~2015년 同공기업특별위원회 위원 2016년 同도시안전위원회 위원(현) [종]기독교

강무섭(姜武燮) KANG Moo Sub

[생]1948·7·21 [본]진주(晋州) [출]경북 울진 [주]경기 용인시 기흥구 강남로40 강남대학교 미래인재개발대학 신산업융합학부(031-280-3954) [학]1968년 후포고졸 1973년 고려대 교육학과졸 1976년 同대학원졸 1982년 철학박사(미국 오하이오주립대) 2001년 서울대 행정대학원 국가정책과정 수료 [경]1975~1976년 문교부 인구교육중앙본부 연구원 1977~1998년 한국교육개발원 책임연구원·선임연구위원 1982~1998년 同연구본부장·기획실장 1985~1987년 대통령직속 교육개혁심의회 상임전문위원 1993~1996년 교육개혁위원회 전문위원 1996~2000년 한국교육정치학회 회장 1998~2002년 아주대 교육대학원 겸임교수 1999년 한국직업능력개발원 기획실장·수석연구위원 2000~2003년 同원장 2001년 대통령자문 교육인적자원정책위원회 위원 2002년 고려대 교육대학원 겸임교수 2003년 한국교육행정학회 회장 2004~2013년 강남대 교수 2004~2013년 同평생교육원장 2004~2007년 同어학교육원장 2004년 한국평생교육강사연합회 회장 2006~2008년 교육과학기술부 공공부문 Best HRD 심의위원장 2007~2012년 강남대 보육교사교육원장 2007~2008년 한국교육학회 상임이사 2011년 한국보육교사교육연합회 회장 2011~2012년 강남대 교육대학원장 2012년 (주)글로벌교육컨설팅 대표이사 2014년 강남대 미래인재개발대학 신산업융합학부 특임교수(현) 2014년 외국대학한국사무소연합 회장 [상]교육부장관표창(1984), 대통령표창(1987), 국민훈장 석류장(1996) [저]'교육행정의 이론과 실제'(共) '평생교육과 학교교육'(共) '2000년을 향한 국가 장기발전 구상-교육부문'(共) '한국고등교육정책'(編) '지역교육계획의 이론과 실제'(共) '미래사회와 교육행정가'(共) '한국교육의 나아갈 길'(共) '한국교육정책평가'(共) '대학발전계획수립: 이론과 실제' 등 [역]'교육과 사회발전'(共) '원칙있는 삶'(2010) '스마트패어랜팅'(2010) [종]기독교

강무일(姜武一) KANG Moo Il

[생]1956·10·8 [주]서울 서초구 반포대로222 가톨릭중앙의료원 비서실(02-2258-7932) [학]1975년 보성고졸 1982년 가톨릭대 의대졸 1989년 同대학원졸, 의학박사(가톨릭대) [경]1982~1983년 가톨릭대 성모병원 수련의 1983~1986년 해군 군의관 1986~1989년 가톨릭대 성모병원 내과 전공의 1989~1991년 同의대 내분비내과 임상강사 1993~2002년 同의대 내과학교실 조교수·부교수 1995~1997년 미국 메사추세츠대 메디컬센터 내분비내과 연수 2002년 가톨릭대 의대 내과학교실 내분비내과 교수(현) 2002년 同성모병원 내분비내과 분과장 2007년 同의대 교육부학장 2011년 同서울성모병원 내과 과장 2013년 同가톨릭중앙의료원장(현) 2013년 가톨릭대 의무부총장 겸임(현) 2013~2014년 대한내분비학회 이사장 2016년 대한병원협회 부회장(현) [상]JW중외박애상(2016) [종]천주교

강문경(姜文景)

[생]1969·7·29 [출]울산 [주]서울 서초구 서초중앙로157 서울고등법원(02-530-1114) [학]1988년 부산 중앙고졸 1993년 서울대 법학과졸 1995년 서울시립대 대학원 법학과 석사과정 수료 [경]1996년 사법시험 합격(38회) 1999년 사법연수원 수료(28기) 1999년 軍법무관 2002년 서울지법 북부지원 판사 2004년 창원지법 판사 2009년 부산고법 판사 2010년 수원지법 안산지원 판사 2011년 서울고법 판사 2012년 대법원 재판연구관 2014년 서울중앙지법 판사 2015년 대전지법 부장판사 2015년 대전 중구 공직자윤리위원회 위원장 2016년 서울고법 판사(현)

강문석(姜雯錫) KANG Moon Seok

[생]1957·6·25 [출]대전 [주]서울 용산구 한강대로32 (주)LG유플러스 BS본부(070-4080-0015) [학]1976년 경기고졸 1983년 연세대 경제학과졸 1986년 서울대 행정대학원졸 1991년 미국 하버드대 케네디스쿨 과학기술정책학과졸 2000년 미국 스탠퍼드대 경영대학원 수료 [경]1985년 정보통신부 근무 1997년 同통신위성과장 1999년 대통령 경제수석비서실 행정관 1999년 정보통신부 정보통신정책과장 1999년 同지식정보산업과장(서기관) 2000년 삼보컴퓨터 사장 2000년 TG아시아벤처 사장 2003년 LG텔레콤 부사장 2004년 同법인사업본부장(부사장) 2006년 同단말데이터사업본부장(부사장) 2008년 同사업지원부문장(부사장) 2010년 (주)LG유플러스 경영지원실장(부사장) 2012년 同전략조정실장(부사장) 2014년 同비즈니스솔루션(BS)본부장(부사장)(현) [상]근정포장, 체신부장관표창 [종]기독교

강문일(姜文日) KANG Mun Il

[생]1957·2·11 [본]진주(晋州) [출]광주 [주]광주 북구 용봉로77 전남대학교 수의병리학교실(062-530-2844) [학]1975년 광주사레지오고졸 1980년 전남대 수의학과졸 1982년 同대학원 수의학과졸 1987년 수의학박사(서울대) 1987년 호주 제임스쿡대 열대수의농학대학원 수의역학과정 수료 [경]1982~1991년 농림부 국립수의과학검역원 연구사 및 연구관 1985년 FAO주최 긴급성가축질병방역워크샵 한국대표 1991년 영국 런던대 왕립수의과대 수의병리학과 분자병리학 박사후과정 1991~2003년 전남대 수의과대학 수의병리학교실 전임강사·조교수·부교수·교수 1994년 미국 워싱턴주립대 수의미생물병리과 객원교수 1994~1996년 농촌진흥청 수의과학연구소 겸임연구관 1994·1997·1998·2000년 농림부 수의사국가고시 출제위원 1996년 호주 머독대 임상병리학교실 객원교수 1999년 독일 기슨대 수의대 수의병리학연구소 객원교수 2000~2003년 농림부 국립수의과학검역원 병리진단과 겸임연구관 2001~2003년 전남대 수의대학장 겸 동물의학연구소장·동물병원장 2003년 전남대 수의대 수의병리학교실 교수(현) 2003~2007년 농림부 가축방역협의회 위원 2005~2008년 농림수산식품부 국립수의과학검역원장 2005~2008년 대한수의학회 등기이사 2006~2008년 한국독성병리학회 국제간사 2007년 칠레 아우스트랄대 수의과대 특별교수(현) 2007~2008년 HACCP기준원 이사 2007~2008년 한국수의병리학회 회장 2010~2014년 한국동물복지학회 회장 2012년 헝가리 젠트이스트반대 수의대수의병리학연구소 객원교수 2013~2015년 식품의약품안전처 축산물위생심의위원회 위원장 2013~2015년 축산물안전관리인증원 비상임이사 2013년 식품안전관리인증원 이사(현) [상]대한수의학회 학술상(1998), 한국과학기술단체총연합회 논문우수상(2002) [저]'수의병리학총론(共)'(1991) '어류질병학(共)'(1993) '조류질병학(共)'(1997) '생물학명강의(共)'(2012) [역]'마우스와 랫트의 감염병(共)'(1996) '어류질병학(共)'(2006) '수의병리학 각론(共)'(2006) '임상병리수의학(共)'(2010) [종]기독교

ㄱ

강미은(姜美恩 · 女) KANG Mee Eun

[생]1965 · 12 · 15 [주]서울 용산구 청파로47길100 숙명여자대학교 미디어학부(02-710-9925) [학]신명여고졸 1988년 연세대 영어영문학과졸 1993년 미국 오하이오주립대 대학원졸 1998년 언론학박사(미국 미시간대) [경]1988년 경향신문 기자 1992년 미국 미시간대 신문방송학과 강사 1996년 同사회과학연구소 연구조교 1998년 同사회조사연구소 연구원 1998~1999년 미국 클리블랜드주립대 커뮤니케이션학과 조교수, EBS '미디어바로보기' 진행, SBS '열린TV' 진행 1999~2011년 숙명여대 언론정보학부 정보방송학과 조교수 · 부교수 · 교수 2001~2002년 동아일보 칼럼리스트 · 객원논설위원 2003년 조선일보 · 한국일보 · 국민일보 · 경향신문 · 세계일보 칼럼리스트 2007년 중앙선거관리위원회 인터넷선거보도심의위원회 위원, 외교통상부 정책자문위원, 서울시 홍보자문위원, 중앙선거관리위원회 TV토론자문위원, 편집기자협회 자문교수 2008~2010년 조선일보 독자권익보호위원회 위원 2011년 숙명여대 미디어학부 교수(현) 2012~2015년 한국문화예술교육진흥원 비상임이사 2013년 공공데이터제공분쟁조정위원회 위원 [저]'여론조사 뒤집기'(1997) '인터넷 저널리즘과 여론'(2001) '통하고 싶은가?'(2004) '인터넷 속의 정치'(2005) '매력적인 말하기'(2004) '글쓰기의 기술'(2005) '커뮤니케이션 불변의 법칙'(2007) '대중을 매혹하다'(2009) '그곳에 가면 누구나 행복해 진다'(2010, 오래) [역]'매스커뮤니케이션 이론(共)'(2002) '불의 화법'(2006)

강민구(姜玟求) KANG Min Koo

[생]1958 · 11 · 11 [본]진주(晋州) [출]경북 구미 [주]부산 연제구 법원로31 부산지방법원(051-590-1201) [학]1976년 용산고졸 1981년 서울대 법과대학졸 1986년 同대학원 법학과졸 2003년 同공과대학 최고산업전략과정 수료 [경]1982년 사법시험 합격(24회) 1984년 사법연수원 수료(14기) 1985년 육군사관학교 법학과 교수 1988년 서울지법 의정부지원 판사 1990년 同동부지원 판사 1992년 창원지법 진주지원 판사 1995년 서울지법 판사 1996년 서울고법 판사 1997~1998년 법원도서관 조사심의관 겸임 1998년 한국정보법학회 이사 1999년 서울고법 판사 1999년 서울지법 판사 1999~2000년 미국 국립주법원 행정센터(NCSC) 법원정보화과정 연수 2000년 대구지법 부장판사 2002년 수원지법 성남지원 부장판사 2004년 서울중앙지법 부장판사 2007년 대전고법 부장판사 2008년 서울고법 부장판사 2009~2011년 사학분쟁조정위원회 위원 2011~2014년 한국정보법학회 공동회장 2014년 창원지법원장 2015년 부산지법원장(현) [저]'함께 하는 법정(부제: 21세기 사법정보화와 열린 법정)'(2003, 박영사) '손해배상소송실무(교통 · 산재)(9인 공저 저자대표)'(2005, 한국사법행정학회) '정보법 판례법선 1(한국정보법학회 40인 공저 편집간사)'(2006, 박영사) '인터넷, 그 길을 묻다(한국정보법학회 40인 공저 총괄기획 대표)'(2012, 중앙북스)

강민국(姜旻局) Kang Min-Kuk

[생]1971 · 3 · 3 [본]진양(晋陽) [출]경남 진주 [주]경남 창원시 의창구 상남로290 경상남도의회(055-211-7314) [학]1990년 진주 동명고졸 1998년 경남대 법학과졸 2000년 同대학원 법학과졸 2011년 서울대 행정대학원 국가정책과정 수료 2012년 법학박사(경남대) [경]1998~2004년 한국국제대 행정학부 조교수 1998~2000년 법무부 교정위원 2005~2012년 법무법인 DSL 비상근 법률고문 2010~2012년 한나라당 부대변인 · 상임전국위원 2011년 한국청년미래포럼 대표(현) 2012년 새누리당 부대변인 · 상임전국위원 2013년 경남도지사 비서실장 2013년 경남도지사 정무보좌역 2014년 경남도의회 의원(새누리당)(현) 2014년 同기획행정위원회 위원 2015~2016년 同예산결산특별위원회 위원장 2016년 同남부내륙철도조기건설을위한특별위원회 위원 2016년 同경제환경위원회 위원(현) 2016년 同운영위원회 부위원장(현) 2016년 同남부내륙철도조기건설특별위원회 부위원장(현)

강민선(康珉善) KANG MIN SUN

[생]1964 · 1 · 18 [주]서울 영등포구 여의대로70 신한금융투자 법인영업본부(02-3772-1561) [학]공주대사대부고졸, 서울대 경영학과졸 [경]대우증권 투자분석부 근무 2000년 일은증권 법인영업부 차장 2005년 굿모닝신한증권 법인영업부장 2008년 同법인영업1부장 2009년 신한금융투자 법인영업본부장(현)

강민수(姜珉秀) Min-Su Kang

[생]1951 · 10 · 15 [출]전북 고창 [주]서울 종로구 송월길147 동아아파트 주상복합305호 (사)한국음식관광협회(02-737-2210) [학]2000년 서울대 보건대학원 최고경영자과정 수료 2009년 한성디지털대 호텔외식경영학과졸 2012년 공주대 산업과학대학원졸(식품영양학석사) 2016년 식품공학박사(공주대) [경]1995~1998년 (사)한국조리사회중앙회 부회장 1996년 한조식품 대표이사 1999~2007년 (사)한국조리사회중앙회 회장 1999~2007년 한국조리과학고 운영위원회 위원장 2000~2001년 서울국제요리축제 대회장 2002년 쌀소비확대운동본부 운영위원 2002~2010년 서울세계음식박람회 대회장 2003년 (사)한국음식관광협회 회장(현) 2003~2008년 (사)조리기능장려협회 초대회장 2003년 (사)바다먹거리사랑협회 공동대표 2004년 세계조리사연맹 아시아지역포럼 대회장 2005~2010년 서울세계관광음식박람회 대회장 2006년 러시아요리경연대회 한국참가선수팀 단장 및 심사위원장 2006년 한국음식관광협회 명인제도 신설 및 명인 선정 2006~2007년 미국인대상한국음식만들기경연대회 대회장 2007년 제17대 대통령선거 중앙선거대책위원회 직능정책위원 2007~2011년 민주평통 종로1지회장 겸 자문위원 2009~2011년 同문화체육담당 중앙위원 2010년 한국음식관광협회 민간자격증 실시 2011~2012년 한국음식관광박람회 대회장 2012년 새누리당 제18대 대통령선거 박근혜후보 상임특보(직능분야) 2013년 민주평통 상임위원 겸 문화체육관광위원 2013년 2014인천아시아경기대회 조직위원회 전문위원 2013년 2014한 · 아세안 특별정상회의 준비위원회 자문위원 2014~2016년 한식재단 이사장 [상]보건복지부장관표창(2000), 서울시장표창(2000), 월드컵기장(2002), 대통령표창(2002), 농림부장관표창(2005), 세크라멘토 · 캘리포니아경찰청장 문화기능예술상(2007), LA시장 공로상(2007), 라스베가스시장 감사장(2007), 제17대 대통령당선인 감사장(2008), 중국 청도호텔주점관리기술학교 감사장(2010), 서울시 문화상(2011), 국민훈장 목련장(2011), 미국 A.I 요리학교 감사패(2012), 혜전대 총장 감사패(2012) [저]자서전 '길위의 풀' 'FHA 제13회 요리경연대회 작품집' 'SIFE2002 · 2003 · 2004 · 2005 서울세계관광음식박람회 작품집' '세계를 향한 자랑스런 한국음식300선'(2007) '세계를 향한 자랑스런 한국음식 300선-2판'(2010) '한식을 디자인하다'(2010) '한식메뉴개발사 외 민간자격증 실시'(2010) '시니어건강 식생활 관리'(2012) '음식문화와 평론 출판'(2012)

강민수(姜旼秀) Kang Minsoo

[생]1966 · 2 · 10 [주]서울 마포구 백범로192 에쓰오일(주) 경영전략본부(02-3772-5221) [학]1988년 연세대 경영학과졸 1990년 同대학원 경영학과졸 1997년 미국 퍼듀대 대학원졸(MBA) [경]1991년 에쓰오일(주) 입사 2012년 同경영기획부문장(상무) 2016년 同경영전략본부장(전무)(현)

강민수(姜旼秀) Kang, Minsoo

[생]1968 · 10 · 22 [출]경남 창원 [주]서울 종로구 종로5길 86 서울지방국세청 조사3국(02-2114-2200) [학]동래고졸, 서울대 경영학과졸, 同행정대학원졸, 영국 버밍엄대 대학원 경영학과졸 [경]행정고시 합격(37회), 제주세무서 총무과장, 안양세무서 소득세과장, 국세청 국제조세관리관실 근무, 고용 휴직(OECD 사무국) 2010년 경기 용인세무서장 2010년 국세청 기획재정담당관 2012년 同운영지원과장 2014년 부산지방국세청 조사1국장 2015년 국무조정실 조세심판원 상임심판관 2015년 서울지방국세청 조사3국장(현)

강민호(姜珉鎬) KANG MIN HO

[생]1985 · 8 · 18 [주]부산 동래구 사직로45 롯데자이언츠(051-505-7422) [학]포항제철공고졸 [경]2004년 프로야구 롯데 자이언츠 입단(포수)(현) 2006년 제15회 도하아시안게임 국가대표 2007년 프로야구 올스타전 동군대표 2008년 제29회 베이징올림픽 금메달 2010년 부산롯데호텔 홍보대사 2010년 광저우아시안게임 금메달 2013년 제3회 월드베이스볼클래식(WBC) 국가대표 2013년 프로야구 롯데 자이언츠와 FA 계약(4년간 총액 75억원 : 계약금 35억원 · 연봉 10억원으로 FA 역대 최고대우) 2014년 인천아시안게임 국가대표(금메달) 2015년 국내프로야구 정규시즌 성적(타율 0.311 · 홈런 35 · 타점 86 · 안타 118개) 2015년 세계야구소프트볼연맹(WBSC) 주관 '2015 프리미어 12' 국가대표 · 우승 [상]일구상 모범선수상(2007), 프로야구 올스타전 우수타자상(2007), 프로야구 골든글러브 포수부문(2008 · 2011 · 2012 · 2013), 골든포토상(2008), 제주특별자치도체육회 창립60주년 기념행사 영예경기상(2011), 구단선정 우수선수상(2011), 스포츠토토 올해의 상 선행상(2011), 콜핑 5월 월간 MVP(2015), 2015 KBO리그 올스타전 MVP(2015), 플레이어스 초이스 어워드 모범상(2015), 사랑의 골든글러브상(2015)

ㄱ

강방천(姜芳千) Kang Bang Chun

[생]1960 · 9 · 23 [출]전남 신안 [주]경기 성남시 분당구 판교역로192번길14 리치투게더센터 에셋플러스자산운용 회장실(02-501-7707) [학]1979년 목포고졸 1987년 한국외국어대 경영정보학과졸 [경]1987년 동방증권 근무 1989년 쌍용투자증권 주식부 펀드매니저 1994년 동부증권 주식부 펀드매니저 1995년 (주)이강파이낸셜서비스 전무이사 1999년 에셋플러스투자자문(주) 전무이사 2000년 기획예산처 기금운용평가단 평가위원 2005년 에셋플러스투자자문(주) 회장 2008년 에셋플러스자산운용(주) 회장(현) [저]'강방천과 함께하는 가치 투자'(2006)

강백영(康伯榮) KANG Paik Young

[생]1936 · 9 · 12 [출]서울 [주]서울 강남구 테헤란로86길14 윤천빌딩9층 태원물산(주) 회장실(02-555-4301) [학]서울고졸 1961년 서울대 상과대학졸 [경]1961~1965년 상업은행 근무 1965~1970년 대한생명보험 부장 1970~1972년 금익제철 사장 1972년 태원물산(주) 사장 1999년 同회장(현) [종]불교

강범구(姜範九) KANG Bum Gou

[생]1957 · 10 · 3 [본]진주(晋州) [출]경북 의성 [주]서울 강남구 역삼로155 (주)케이엘넷 비서실(02-538-7227) [학]1976년 경북사대부고졸 1980년 서울대 농공학과졸 1982년 同대학원 농공학과졸 1989년 프랑스 국립중앙대(Ecole Centrale de Paris) 지반공학과 DEA 졸업 & 박사과정 수료 [경]1980년 기술고시 합격 1996년 해양수산부 항만건설국 신항만기술과 서기관 1997년 부산지방해양수산청 조사시험과장 1997년 同시설과장 2000년 인천지방해양수산청 계획조사과장 2001년 해양수산부 항만개발과장 2003년 同항만국 항만정책과장 2004년 同항만국 항만정책과장(부이사관) 2004년 국제항만협회(IAPH) 집행위원 2006년 통일교육원 교육파견 2007년 해양수산부 항만재개발기획단 부단장 2007년 同항만재개발기획관 2007년 부산지방해양수산청 부산항건설사무소장(고위공무원) 2008년 국토해양부 부산항건설사무소장 2010년 同항만정책관 2012~2013년 同물류항만실장(고위공무원) 2015년 (주)케이엘넷 각자대표이사 사장(현) [상]녹조근정훈장(2002) [종]기독교

강범석(姜汎錫) Gang Beomseok

[생]1966 · 2 · 15 [주]인천 서구 서곶로307 인천광역시 서구청 구청장실(032-562-5301) [학]1984년 문일고졸 1990년 고려대 불어불문학과졸 2007년 인천대 동북아물류대학원 물류학과졸 2010년 물류학박사(인천대) [경]인천시장 비서실장, 가천대 행정대학원 객원교수, 인천국제공항공사 비상임이사, 특임장관실 제1조정관, 국무총리비서실 조정관, 한국환경산업기술원 감사 2008년 6.4재보선 인천시 서구청장선거 출마(한나라당) 2010년 한나라당 부대변인 2010년 인천시 서구청장선거 출마(한나라당) 2014년 인천시 서구청장(새누리당)(현) 2016년 인천서구체육회 초대 회장(현)

강병구(姜棅求) KANG Byoung Koo

[생]1958 · 9 · 13 [주]충북 음성군 맹동면 이수로93 국가기술표준원 표준정책국(043-870-5304) [학]고려대 경영학과졸, 미국 조지아대 대학원졸, 경영학박사(미국 조지아대) [경]1990~2015년 고려대 경상대학 경영학과 교수 1997 · 2001년 외무고등고시 2차시험 출제위원(31회) 1998~2007년 아시아 · 유럽정상회의 SAC 정부대표단 1999년 행정고등고시 2차시험 출제위원(43회) 2002~2008년 아시아태평양경제협력체 SCSC 정부대표단 2002년 산업통상자원부 산업표준심의회 위원 2002년 同적합성평가전문위원회 위원 2004~2007년 세계무역기구 무역기술장벽(TBT) 정부대표단 2005년 산업통상자원부 산업발전심의회 위원 2006년 한 · 미 FTA 무역기술장벽(TBT) 분야 자문위원 2007년 한 · EU FTA 무역기술장벽(TBT)분야 자문위원 2008년 국가표준인증종합정보센터 인증심사원심의위원회 위원 2008년 한국인정원(KAB) 인정심의위원회 위원장 2013년 고려대 경상대학장 겸 경영정보대학원장 2015년 산업통상자원부 국가기술표준원 표준정책국장(민간스카우트 1호 공무원)(현) [상]홍조근정훈장(2012)

강병구(姜炳求) KANG Byung Koo

[생]1962 · 12 · 18 [본]진주(晋州) [출]서울 [주]서울 강서구 금낭화로154 국립국어원 기획연수부(02-2669-9730) [학]연세대 독어독문학과졸 [경]2002년 국정홍보처 해외홍보원 지원과장 2003년 駐UN대표부 홍보관 2006년 국정홍보처 해외홍보원 전략기획팀장 2008년 문화체육관광부 홍보콘텐츠개발과장 2008년 해외문화홍보원 외신홍보과장 2009년 문화체육관광부 문화예술국 국제문화과장 2010년 駐독일 문화원장(고위공무원) 2012년 대한민국예술원 사무국장 2014년 국방대 교육파견(고위공무원) 2015년 국립국어원 기획연수부장(현)

강병국(姜炳國) KANG Byung Kuk

[생]1958 · 6 · 10 [본]진양(晋陽) [출]경남 마산 [주]서울 서초구 서초중앙로125 로이어즈타워903호 율원법률사무소(02-521-7796) [학]1976년 중앙고졸 1982년 서울대 영어영문학과졸 [경]1982~1993년 경향신문 기자 1992~1993년 同노조위원장 1998년 사법시험 합격(40회) 2001년 사법연수원 수료(30기) 2001년 변호사 개업 2001년 전국언론노조 고문 2001~2010년 경향신문 비상근감사 2004년 포럼 언론광장 감사(현) 2005년 문화관광부 지역신문발전위원회 전문위원 2005년 한국안전인증원 감사(현) 2005~2008년 신문발전위원회 위원 2008년 법무법인 경원 변호사 2010~2013년 경향신문 법률고문 2010년 한민종합법률사무소 변호사 2011년 법무법인 한민 대표변호사 2013~2014년 미디어협동조합(국민TV) 비상임감사 2014년 대한언론인회 기획조정위원회 법제분과 간사(현) 2014년 同이사(현) 2014년 율원법률사무소 변호사(현)

강병권(姜秉權) KANG BYOUNG KUEN

[생]1959 · 12 · 9 [본]진주(晋州) [출]대전 [주]부산 남구 문현금융로40 주택도시보증공사 관리본부(051-955-5700) [학]1978년 서울 영동고졸 1985년 명지대 경영학과졸 [경]1984~1993년 민정당 중앙사무처 근무(공채 6기) 1993년 대한주택보증(주) 입사 2005년 同부산지사장 2007년 同보증이행처장 2009~2011년 同경영관리실장 2011년 同전략기획실장 2011년 同감사실장 2014년 同금융사업본부장(상임이사) 2015년 주택도시보증공사 금융사업본부장 2015년 同자산관리본부장 2016년 同관리본부장(현)

강병규(姜秉圭) KANG Byung Kyu

[생]1954 · 11 · 16 [본]진주(晋州) [출]경북 의성 [주]강원 춘천시 중앙로5 강원발전연구원(033-250-1340) [학]1973년 경기고졸 1977년 고려대 법학과졸 1979년 서울대 행정대학원 수료 1985년 미국 캔자스대 대학원 정책학과졸 2000년 성균관대 대학원 행정학박사과정 수료 [경]1978년 행정고시 합격(21회) 1981년 대통령비서실장 보좌관 1986년 부산시 전산담당관 · 이재과장 1988~1991년 국무총리 의전비서관 1991년 내무부 행정관리담당관 · 장관비서관 · 공기업과장 · 사회진흥과장 1994년 미국 조지타운대 객원연구원 1995년 경산시 부시장 1998년 대통령 정무행정비서실 행정관 2000년 국가전문행정연수원 기획지원부장 2002년 행정자치부 감사관 2003년 同자치행정국장 2004년 同소청심사위원 2004년 중앙인사위원회 소청심사위원 2005년 대구시 행정부시장 2006년 행정자치부 정책홍보관리실장 2007년 同지방행정본부장 2008년 행정안전부 소청심사위원장(차관급) 2009~2010년 同제2차관 2011~2014년 한국지방세연구원 원장 2013년 대통령직속 지역발전위원회 위원 2014년 안전행정부 장관 2015년 강원발전연구원 행정 · 재정부문 자문위원(현) [상]대통령표창(1984), 국무총리표창(1992), 홍조근정훈장(2002) [종]천주교

강병도(姜秉道) Byeongdo Kang

[생]1959 · 5 · 28 [출]충북 보은 [주]서울 중구 청계천로100 시그니처타워 서관 (주)아모레퍼시픽 임원실(02-709-5114) [학]1976년 동국대 공업경영학과졸 1997년 고려대 대학원 국제경영학과졸 [경]1983년 (주)태평양 입사, 同생산지원실 사업부장, 同수원공장 상무, (주)아모레퍼시픽 SCM지원실 상무, 同SCM부문 상무 2010년 (주)퍼시픽패키지 대표이사 전무 2014년 (주)아모레퍼시픽 SCM UNIT부문장(전무) 2015년 同SCM UNIT부문장(부사장)(현)

강병섭(姜秉燮) KANG Byung Sup

[생]1949·7·23 [본]진주(晋州) [출]충남 금산 [주]서울 강남구 테헤란로92길7 법무법인 바른(02-3479-7568) [학]1968년 서울고졸 1972년 서울대 법학과졸 1977년 同대학원 법학과졸 1984년 미국 캘리포니아대 버클리교 법학전문대학원 수료(LL.M.) [경]1970년 사법시험 합격(12회) 1973년 사법연수원 수료(2기) 1973년 육군 법무관 1975년 부산지법 판사 1978년 서울지법 인천지원 판사 1980년 同남부지원 판사 1982년 서울민사지법 판사 1984년 서울고법 판사 1985년 대법원 재판연구관 1986년 춘천지법 강릉지원장(부장판사) 1989년 수원지법 부장판사 1990년 서울지법 북부지원 부장판사 1992년 서울민사지법 부장판사 1993년 광주고법 부장판사 1996년 수원지법 수석부장판사 1997년 서울고법 부장판사 1998년 법원행정처 인사관리실장 겸임 2000년 서울지법 민사수석부장판사 2001년 서울고법 수석부장판사 2002년 창원지법원장 2002년 경남도선거관리위원장 겸임 2003년 부산지법원장 2003년 부산시선거관리위원장 겸임 2004년 서울중앙지법원장 2004년 서울시선거관리위원회 위원장 2004~2006년 변호사 개업 2006년 법무법인 바른 변호사(현) 2011년 동양생명보험 사외이사 2012~2014년 同감사위원 [저]'강제집행법'(共)

강병세(姜秉世) Kang Byung Se

[생]1961·5·19 [본]진주(晋州) [출]충남 [주]서울 종로구 김상옥로29 SGI서울보증(주) 임원실(02-3671-7005) [학]1979년 선린상고졸 1989년 홍익대 경영학과졸 [경]1999년 서울보증보험 부천지점장 2001년 同신사동지점장 2003년 同소비자신용부장 2005년 同인사부장 2008년 同구로디지털지점장 2010년 同신용평가부장 2010년 同중부지역본부장 2011년 同경인지역본부장 2013년 SGI서울보증(주) 심사부문 담당 2013년 同심사부문 상무대우 2014년 同총무부문 상무대우 2014년 同영업지원총괄 전무이사(현) [상]부총리 겸 교육인적자원부장관표창(2004)

강병수(姜秉洙) KANG Byung Su

[생]1955·9·20 [주]대전 유성구 대학로99 충남대학교 자치행정학과(042-821-5864) [학]1979년 경북대 사회학과졸 1984년 서울대 대학원졸 1991년 도시 및 지역계획학박사(미국 미시간주립대) [경]1984~1985년 국토개발연구원 연구원 1985~1986년 서울대 환경대학원 환경계획연구소 상임연구원 1987~1989년 미국 미시간주립대 도시 및 지역계획학과 조교 & Newsletter Editor 1989~1991년 同사회과학연구소·도시행정연구소 연구원 1991~1992년 중소기업진흥공단 창업보육센터설립팀장 1992년 서울시립대 강사 1992~1999년 중소기업진흥공단 자문위원 1992년 충남대 자치행정학과 조교수·부교수·교수(현) 1993년 행정·지방행정·입법고시 출제위원 1994~1999년 대전충남발전연구원 편집위원 1994~1999년 대전·시애틀친선협의회 사무총장 1995~1997년 산림청 임업연구원 겸임연구관 1997년 세계과학도시연합(WTA) 운영위원 1997~1999년 대전시 건축위원 1999~2000년 미국 텍사스대(오스틴) 초빙교수 2001년 경기개발연구원 연구자문위원 2001년 대전시의회 인사위원·도시계획위원 2002년 충남대 자치행정학과장 2002~2004년 同국제교류위원회 부위원장·국제교류부장 2003년 행정자치부 정부혁신분과위원회 위원 2003년 대전일보 제30회 대일비호대상 심사위원 2004년 충남대 국제교류원장 2009년 한국도시행정학회 회장, 충남대 사회과학대학장 2012년 同행정대학원장 2012~2014년 에너지관리공단 비상임이사 2013~2014년 충남대 기획처장 [상]미국 미시간주립대 우수박사논문경연대회 입상(1991), 충남대 우수교수(1996~1999·2001·2003), 학술진흥재단 해외연구교수 선정(1999), LG연암해외연구교수 선정(1999), 통일부장관표창(2013), 한국도시행정학회 우수논문상(2014), 국토교통부장관표창(2014) [저]'The Role of Local Amenities in The Birth and Development of High Technology Regions' '지역경제론' '도시개발의 방식과 실제'

강병연(姜秉連) GANG Byoung Yeon (看松)

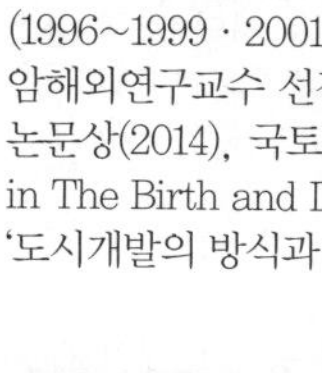

[생]1956·5·21 [본]진주(晋州) [출]전남 영암 [주]광주 북구 대천로86 (사)한국청소년인권센터(062-224-5525) [학]1994년 광주대 사회복지학과졸 1997년 同언론대학원졸, 사회복지학박사(원광대) [경]1978년 전남도4H연합회 회장 1992~1996년 영암청소년수련원장 1993년 (사)무등(無等)청소년회 이사장 1996~2000년 목포청소년수련관장 1997년 광주시 청소년위원 1998년 同관광진흥위원 1999~2001년 문화관광부 국립중앙청소년수련원건립자문위원회 자문위원 2000~2010년 한국청소년수련시설협회 부회장 2001년 광주시 북구 청소년수련관장(현) 2001~2006년 광주대 사회복지학부 겸임교수 2004년 문화관광부 청소년육성정책자문위원 2005년 (사)한국청소년인권센터 이사장(현) 2006~2007년 금강대 사회복지학전공 겸임교수 2009년 광주 북구 지역사회복지협의체 공동위원장(현) 2009~2011년 전국청소년수련협의회 회장 [상]대통령표창(1986), 국민포장(1999), 국민훈장 목련장(2008) [저]'청소년 수련시설 비전'(1998) '청소년 활동프로그램집-푸른나라 놀이마을'(2002) '청소년관계법론'(2003) '청소년수련활동' '사회복지학의 이해(共)'(2005) '청소년정책의 이해' '청소년행정과 관계법의 이해' '청소년육성제도론' '청소년행정의 이론과 실제' [종]불교

강병원(姜炳遠) KANG BYUNGWON

[생]1971·7·9 [출]전북 고창 [주]서울 영등포구 의사당대로1 국회 의원회관610호(02-784-1422) [학]1989년 서울 대성고졸 1995년 서울대 농업생명과학대학 농경제학과졸 [경]1994년 서울대 총학생회장 1998년 대우 무역부문 근무 2002년 새천년민주당 제16대 노무현 대통령후보 수행비서 2003~2007년 대통령비서실 행정관 2003년 제16대 대통령직인수위원회 행정관 2011년 노무현재단 기획위원(현) 2011년 글로원씨앤티 대표이사 2011년 민주당 전략기획위원회 부위원장 2012년 민주통합당 제18대 대통령선거대책위원회 직능특보실 부실장 2015년 새정치민주연합 부대변인 2015~2016년 더불어민주당 부대변인 2016년 同서울은평구乙지역위원회 위원장(현) 2016년 제20대 국회의원(서울 은평구乙, 더불어민주당)(현) 2016년 더불어민주당 원내부대표(현) 2016년 국회 운영위원회 위원(현) 2016년 국회 환경노동위원회 위원(현) 2016년 국회 정치발전특별위원회 위원(현) [저]'어머니의 눈물'(2012, 화암)

강병윤 Kang Byoung Yun

[생]1962·2·11 [출]전북 [주]전남 담양군 대전면 대치7길 80 한솔페이퍼텍(주) 임원실(061-380-0380) [학]1980년 순창고졸 1987년 전북대 사회학과졸 [경]1986년 전주제지 입사 2010~2011년 한솔제지 인쇄용지영업담당 상무 2011년 한솔아트원제지 국내영업담당 상무 2012~2013년 한솔PNS(주) 영업본부 전무 2014~2015년 同대표이사 2015년 한솔페이퍼텍(주) 대표이사(현) [상]한솔그룹 한솔금상(2000), 한솔그룹 한솔종합3등(2004)

강병일(姜炳逸) Byong-Il Kang

[생]1959·6·6 [출]경남 마산 [주]서울 영등포구 국제금융로6길42 (주)삼천리 임원실(02-368-3300) [학]1978년 마산고졸 1984년 서울대 경제학과졸 [경](주)삼천리 기계 생산지원담당 이사, (주)삼천리 기획조정실 이사·경영지원본부 지원담당 상무 2002년 同전무이사, 同남부지역본부장(전무), 同경영기획부문 총괄임원(전무) 2006~2007년 한국도시가스협회 운영위원장 2007년 (주)삼천리 도시가스부문 총괄전무 2008~2009년 同도시가스부문 총괄부사장 2009년 소형열병합발전협의회 초대회장 2010년 (주)삼천리 경영지원본부장(부사장) 2011년 (주)삼천리ENG 대표이사 2012년 (주)삼천리 도시가스부문 대표이사 부사장 2012~2014년 경기도테니스협회 회장 2012년 자가열병합발전협의회 회장 2013년 (주)삼천리 전략본부장(부사장) 2014년 同발전부문본부장(부사장) 2015년 同사업본부 대표이사(현)

강병재(姜秉載)

[생]1960·10·13 [출]전남 고흥 [주]전북 전주시 덕진구 기린대로1025 한국수자원공사 전북지역본부(063-260-4200) [학]전남대 토목공학과졸, 충북대 대학원 도시환경공학과졸, 세종연구소 국정과제연수과정(16기), 대진대 대학원 CEO과정 수료, 영남대 대학원 최고위정책과정 수료 [경]1987년 한국수자원공사 입사 2010년 同대산산업용수건설단장 2011년 同임진강건설단장 2013년 同구미권관리단장 2014년 同제3기 설계심의위원 2014년 同연구원 연구기획처장 2015년 同전북지역본부장(현) [상]대통령표창(2003)

강병중(姜閑中) KANG Byung Joong (月石)

[생]1939·7·25 [본]진양(晋陽) [출]경남 진주 [주]경남 양산시 충렬로355 넥센타이어(주) 비서실(051-513-6731) [학]1958년 마산고졸 1966년 동아대 법학과졸 1971년 부산대 경영대학원 수료 1995년 명예 경영학박사(부산대) 2002년 명예 법학박사(동아대) [경]1972년 통일주체국민회의 초대·2대 의원 1972년 부산시 중·고육상경기연맹 회장 1977~2002년 흥아타이어공업(주) 대표이사 회장 1981·1991년 민주평통 자문위원 1988년 부산상공회의소 부회장 1988년 한국자유총연맹 부산시지회장 1988년 월석장학회 이사장 1994~2003년 부산상공회의소 회장, 同명예회장 1994년 대한상공회의소 수석부회장 1999년 넥센타이어(주) 회장(현) 2002년 KNN 회장(현) 2012년 (주)넥센 회장(현) 2013

년 부산대병원 발전위원회장(현) [상]대통령표창, 국민훈장 석류장, 체육훈장 맹호장, 무역진흥대상, 대한상사중재원 국가신용거래대상, 제46회 무역의날 금탑산업훈장(2009), 한국경영인협회 가장 존경받는 기업인상(2011), 한국경제신문 다산경영상(2012), 진주시민상(2012), 21세기대상 올해의 21세기경영인(2014), 제22회 인간상록수(2015), 자랑스러운 동아인상(2016) [종]불교

강병진(姜丙珍) KANG Byung Jin

[생]1947·1·27 [출]전북 김제 [주]전북 전주시 완산구 효자로225 전라북도의회(063-280-4520) [학]만경고졸 [경]한국농촌공사 노조위원장, 최규성 국회의원 사무소장, 김제라이온스 회장 2010년 전북도의회 의원(민주당·민주통합당·민주당·새정치민주연합) 2010년 同산업경제위원회 위원 2010년 同간행물편집위원회 위원 2010년 同윤리특별위원회 위원, 同예산결산특별위원회 위원 2012년 同운영위원회 위원 2014년 전북도의회 의원(새정치민주연합·더불어민주당)(현) 2014년 同산업경제위원회 위원장 2016년 同교육위원회 위원(현) 2016년 同윤리특별위원회 위원(현)

강병찬(姜秉贊) Kang Byoung Chan

[생]1953·11·20 [본]진주(晋州) [출]대구 [주]서울 서초구 논현로167 해산빌딩 타워피엠씨(주) 비서실(02-2057-4759) [학]한국외국어대 무역학과졸, 관광경영학박사(경희대) [경]1977년 삼성물산(주) 입사 1996년 同주택개발1사업부장(이사) 2000년 同주택개발1사업부장 겸 인터넷담당 상무이사 2000년 (주)CVNET 사장 2002년 타워피엠씨(주) 대표이사 사장, 同회장(현) [상]대통령표창(2001) [종]기독교

강병태(姜秉兌) KANG Byung Tae

[생]1951·10·1 [출]충남 금산 [주]서울 중구 마른내로140 대한인쇄정보산업협동조합연합회(02-335-6161) [학]1974년 서울대 경영학과졸 [경]1974년 행정고시 합격(14회) 1982년 조달청 강릉출장소장 1986년 同부산지청 업무과장 1988년 同정수관리과장·물자관리과장 1992년 同가격3과장 1993년 同내자2과장 1995년 同기획예산담당관 1995년 同계약과장 1996년 同구매총괄과장 1997년 同외자1과장 1998년 駐뉴욕총영사관 구매관 2000년 조달청 기획관리관 2001년 同시설국장 2003년 국방대 파견 2004~2006년 인천지방조달청장 2013년 대한인쇄정보산업협동조합연합회 전무(현) [상]근정포장

강병태(姜秉泰) Kang Byung-Tae

[생]1960·4·21 [본]진주(晋州) [출]충북 [주]서울 종로구 종로14 한국무역보험공사 리스크채권본부(02-399-6905) [학]1979년 서울 우신고졸 1986년 동국대 경제학과졸 1993년 서강대 경영대학원졸 [경]2002년 한국수출보험공사 전략경영팀장 2003년 同기획예산팀장 2004년 同호치민사무소 개설준비위원장 2004년 同호치민사무소장 2007년 同개발협력부장 2007년 同환변동관리부장 2010년 한국무역보험공사 서울지사장 2011년 同리스크총괄부장 2012년 同선박사업부장 2014년 同총무부장 2014년 同중소중견기업남부지역본부장 2015년 同리스크채권본부장(부사장·상임이사)(현) [상]산업자원부장관표창(1998), 국무총리표창(2008)

강병호(姜炳好) KANG Byeong Ho

[생]1954·2·16 [본]진주(晋州) [출]경남 고성 [주]서울 중구 소공로94 OCI빌딩13층 (주)유니온 사장실(02-757-3801) [학]1977년 부산대 고분자공학과졸 [경]1996년 동양화학공업(주) 경영기획담당 이사, 同경영기획담당 상무 2000년 제철화학 경영본부장, 동양제철화학 경영기획담당 상무, 同전략기획담당 상무 2005년 同전략기획담당 전무 2005년 同경영관리본부장(전무) 2005년 (주)유니온 비상근감사 2007년 同대표이사 사장(현)

강병호(姜炳豪) KANG Byoung Ho

[생]1962·4·1 [본]진주(晋州) [출]서울 [주]대전 서구 배재로155의40 배재대학교 미디어콘텐츠학과(042-520-5304) [학]1985년 중앙대 경영학과졸 1990년 同경영전문대학원졸(MBA) 1993년 미국 조지아대 대학원 인공지능학과졸 2001년 이학박사(영국 더비대) [경]1989년 한국전자통신연구원(ETRI) 디지털콘텐츠연구단 연구원 2004년 삼성그룹 수석전문연구원 2007~2011년 대전문화산업진흥원 원장 2011~2013년 한국콘텐츠진흥원 비상임이사 2011년 (재)한중일비교문화연구소 연구위원(현) 2011~2014년 한국콘텐츠진흥원 비상임이사 2012년 배재대 주시경대학 문화예술콘텐츠학과 교수 2012년 同한류문화산업대학원장(현) 2013년 同미디어콘텐츠학과 교수(현) 2013년 국회 한류연구회 자문위원(현)

강병훈(姜柄勳) KANG Byeong Hun

[생]1967·2·14 [출]경남 통영 [주]서울 서초구 서초중앙로157 서울중앙지방법원(02-530-1114) [학]1985년 통영고졸 1989년 서울대 사법학과졸 1993년 同대학원 법학과졸 [경]1993년 사법시험 합격(35회) 1996년 사법연수원 수료(25기) 1996년 軍법무관 1999년 인천지법 판사 2001년 서울지법 남부지원 판사 2003년 창원지법 통영지원 판사 2005년 부산지법 판사 2006년 인천지법 판사 2007년 서울고법 판사 2008년 대법원 재판연구관 2010년 서울중앙지법 판사 2011년 춘천지법 속초지원장 2013년 인천지법 부장판사 2015년 서울중앙지법 부장판사(현)

강보영(姜普英) KANG Bo Young

[생]1943·7·3 [출]경북 안동 [주]경북 안동시 앙실로11 안동병원 부속실(054-840-0200) [학]1962년 경북고졸 1972년 계명대 경영학과졸 1997년 서울대 보건대학원 제1기 보건의료정책과정 수료 1999년 한국과학기술원(KAIST) 제2기 최고지식경영관리자과정(CKO) 수료 1999년 서울대 제48기 최고경영자과정(AMP) 수료 2000년 한국과학기술원(KAIST) 제12기 최고정보경영자과정(AIM) 수료 2001년 연세대 제52기 최고정보경영자과정(AIM) 수료 2005년 서울대 공대 최고산업전략과정(AIP) 수료 2008년 한양대 국제관광대학원 최고엔터테인먼트과정(EEP) 수료 2010년 한국과학기술원(KAIST) 정보미디어최고경영자과정 수료 2016년 명예 경영학박사(안동대) [경]1982년 의료법인 안동의료재단 안동병원 대표이사(현) 1999년 (사)한국보건정책연구원 제5대 원장 2002~2003년 사단법인 한국JC특우회 회장 2003~2005년 국립의료원 심의운영위원회 위원 2007년 한국과학기술원(KAIST) 총장 자문위원 2007~2008년 한국보건정보정책연구원 제5대 원장 2008~2012년 한국의료재단연합회 회장 2011~2012년 (재)한국병원경영연구원 이사장 2012~2013년 서울대 최고산업전략과정총동창회 회장 2013년 대한적십자사 경북지사 회장(현) 2016년 대한병원협회 상임고문(현) [상]대통령표창(1995), 자랑스런 경북도민상(1997), 제1회 매경-부즈앨런 지식경영대상(1999), 경북도 산업평화대상(2004), 제1회 KAIST 경영자대상(2008), 미국 휴스턴 명예시민 및 친선대사(2009), 서울대 AMP대상(2010), 한미중소병원상 봉사상(2011), 서울대 AIP 봉사대상(2016)

강보현(康寶鉉) KANG Bo Hyun

[생]1949·3·23 [출]서울 [주]서울 강남구 영동대로412 아셈타워22층 법무법인 화우(02-6003-7142) [학]1968년 대광고졸 1972년 서울대 법과대학 법학과졸 [경]1975년 사법시험 합격(17회) 1977년 사법연수원 수료(7기) 1977년 군법무관 1980년 부산지법 판사 1982년 마산지법 판사 1984년 수원지법 판사 1986년 서울지법 북부지원 판사 1987년 서울고법 판사 1990년 변호사 개업 1993년 법무법인 화백 설립 1996~1998년 서울지방변호사회 중소기업고문변호사단 위원장 1996년 대한상사중재원 중재인(현) 1997~2001년 사법연수원 초빙교수 1998년 한일철강(주) 사외이사 1999~2000년 소비자분쟁조정위원회 전문위원 1999~2005년 공영토건 파산관재인 1999~2014년 SK케미칼(주) 사외이사 2000~2002년 한국국제협력단(KOICA) 자문위원 2000년 영산대 법무대학원 겸임교수(현) 2000~2009년 신화건설 파산관재인 2003~2004년 SK투자신탁운용 비상임이사 2003~2004년 법무법인 화우 변호사 2005~2013년 同대표변호사 2005~2011년 현대상선 사외이사 2006년 (재)목천김정식문화재단 이사(현) 2007~2013년 대한중재인협회 부회장 2008~2014년 중앙선거관리위원회 위원 2013년 법무법인 화우 고문변호사(현) [종]기독교

강복규(姜富圭) Kang, Bok-Gyoo

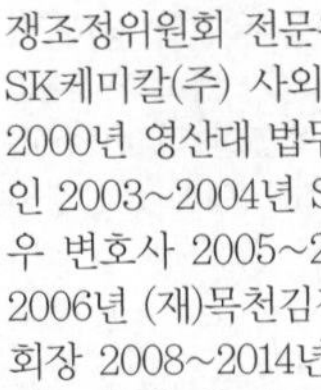

[생]1960·8·18 [본]진주(晋州) [출]대전 [주]세종특별자치시 도움6로11 환경부 물환경정책국 수생태보전과(044-201-7040) [학]1980년 대전고졸 1986년 충남대 해양학과졸 1992년 연세대 공학대학원 환경공학과졸 [경]1994~2004년 환경부 상수원관리과·국무총리실 수질개선기획단·환경부 수질정책과 근무 2004~2012년 同수질총량제도과·유역제도과·수생태보전과 근무 2012~2014년 同수생태보전과·국토해양부·환경부 폐자원에너지과 근무 2014년 대구지방환경청 기획과장 2015년 환경부 물환경정책국 수생태보전과장(현)

강복순(康福順 · 女)

[출]제주 [주]충남 공주시 백제문화로2148의15 공주경찰서(041-850-7221) [학]제주 신성여고졸, 숙명여대 불어불문학과졸, 한세대 대학원 경찰학과졸 [경]2005년 서울 관악경찰서 생활안전과장 2007년 서울 동작경찰서 교통과장 2009년 서울 마포경찰서 보안과장 2010년 서울 서초경찰서 교통과장 2012년 서울 동작경찰서 교통과장 2013년 서울 강남경찰서 교통과장 2015년 대전지방경찰청 경비교통과장(총경) 2016년 치안정책과정 입교 2016년 충남 공주경찰서장(현)

강봉구(姜鳳求) KANG Bong Koo

[생]1955 · 7 · 20 [본]진주(晉州) [출]경북 문경 [주]경북 포항시 남구 청암로77 포항공과대학교 전자전기공학과(054-279-2226) [학]1976년 경북대 전자공학과졸 1984년 미국 캘리포니아대 버클리교 대학원졸 1986년 전자공학박사(미국 캘리포니아대 버클리교) [경]1976년 국방과학연구원 연구원 1981년 경북대 강사 1981년 미국 버클리대 연구원 1986년 한국전자통신연구소 선임연구원 1989년 포항공과대 전자전기공학과 교수(현) 2002년 同디스플레이기술연구센터 소장(현) [상]대통령표창(1994), LG연구개발상(1999 · 2005)

강봉균(康奉均) KANG Bong Kyun

[생]1943 · 8 · 13 [본]곡산(谷山) [출]전북 군산 [주]서울 영등포구 여의나루로27 사학연금회관17층 대한석유협회(02-3775-0525) [학]1961년 군산사범학교졸 1968년 서울대 상과대학 상학과졸 1972년 미국 윌리엄스대 대학원 경제학과졸 1989년 경제학박사(한양대) [경]1968년 고등고시 행정과 합격(6회) 1969년 경제기획원 사무관 1975~1980년 同자금계획과장 · 상공예산과장 · 문교예산과장 1980년 同예산정책과장 1982년 同예산실 심의관 1985년 同경제기획국장 1989년 한국개발연구원(KDI) 파견 1990년 경제기획원 경제기획국장 1990년 同차관보 1993년 同대외경제조정실장 1993년 노동부 차관 1994년 경제기획원 차관 1994~1996년 국무총리 행정조정실장 1996년 정보통신부 장관 1998년 대통령 정책기획수석비서관 1998년 대통령 경제수석비서관 1999~2000년 재정경제부 장관 2000년 새천년민주당 성남분당甲지구당 위원장 2000년 同당무위원 2000년 핸디소프트 고문 2001~2002년 한국개발연구원(KDI) 원장 2002년 제16대 국회의원(군산 보궐선거당선, 새천년민주당 · 열린우리당) 2003년 열린우리당 재정위원장 2003~2015년 군산대총동문회 회장 2004년 제17대 국회의원(군산, 열린우리당 · 중도통합민주당 · 대통합민주신당 · 통합민주당) 2005년 국회 예산결산특별위원장 2005년 열린우리당 전북도당 중앙위원 2005년 同정책위원회 수석부의장 2006~2007년 同정책위원회 의장 2007년 중도개혁통합신당 통합추진위원회 공동위원장 2007년 중도통합민주당 원내대표 2008~2012년 제18대 국회의원(군산, 통합민주당 · 민주당 · 민주통합당) 2008~2010년 민주당 전북도당 위원장 2008~2010년 同당무위원 2008년 국회 서민경제와국가경영연구회 대표의원 2008~2009년 국회 2012여수엑스포지원특위 위원장 2010년 국회 농림수산식품위원회 위원 2012~2014년 군산대 회계학과 석좌교수 2012년 건전재정포럼 대표(현) 2013년 한국금융연구원 초빙연구위원 2013년 청호컴넷(주) 상임경영고문 2013~2014년 전북은행 고문 2016년 새누리당 제20대 총선 중앙선거대책위원회 공동위원장 2016년 대한석유협회 회장(현) [상]대통령표창, 녹조 · 홍조 · 청조근정훈장, 전문직여성클럽 한국연맹(BPW) 골드어워드상 황금상 [저]'80년대 한국의 재정정책' '열린 세상 유연한 경제' 회고록 '초등학교 교사에서 재경부 장관까지'(2000) '구조조정과 정보화시대의 한국경제 발전전략'(2001) '2011 비전과 과제 열린 세상 유연한 경제'(2001) '재경부 장관이 된 구암동 꼬마소년 강봉균, 그는 누구인가?' '이제 군산경제를 살리러 왔습니다'(2002) [종]기독교

강봉균(姜奉均) Bong-Kiun Kaang

[생]1961 · 11 · 21 [출]제주 [주]서울 관악구 관악로1 서울대학교 자연과학대학 생명과학부(02-880-7525) [학]1984년 서울대 미생물학과졸 1986년 同대학원졸 1992년 신경생물학박사(미국 컬럼비아대) [경]1985~1988년 태평양기술연구소 연구원 1989년 한국과학기술원 연구원 1992~1994년 미국 컬럼비아대 신경생물학연구소 연구원 1994~2003년 서울대 자연과학대학 생명과학부 조교수 · 부교수 2004년 同자연과학대학 생명과학부(신경생물학) 교수(현) 2006~2007년 同자연과학대학 연구부학장 2006~2007년 同기초과학연구원 부원장 2006~2008년 同산학협력재단 기술평가위원 2006~2008년 한국뇌신경학회 이사 2007~2009년 한국생물올림피아드위원회 부위원장 2007~2009년 서울대 자연과학대학 기초과학연구위원 2008년 Molecular Brain 편집장(현) 2010년 한국과학기술한림원 정회원(현) 2012년 교육과학기술부 및 한국연구재단 선정 '국가과학자' 2015년 국가과학기술심의회 기초 · 기반전문위원회 위원(현) [상]대한민국 국비유학생(1989), 서울대 자연과학대학 제9회 연구대상(2007), 과학기술부 '우수과학자' 선정(2007), 한국분자세포생물학회 우수연구상(2008), 서울대 우수연구상(2011), 경암학술상(2012), 대한민국학술원 학술원상 자연과학기초분야(2016) [저]'뇌는 어떻게 생각하는가'(1997, 서평문화) '면역계와 신경계의 유사성과 상호작용(共)'(1997) '인지과학(共)'(2001, 태학사) '기억(共)'(2001, 하나의학사) '생명:생물의 과학(共)'(2003, 교보문고) '월경하는 지식의 모험자들(共)'(2003, 한길사) [역]'생명:생물의 과학(共)'(2003, 교보문고) '시냅스와 자아'(2005, 소소) '신경과학'(2009, 바이오메디북) '인지, 뇌, 의식'(2010, 교보문고) '신경과학의 원리'(2014, 범문에듀케이션)

강봉룡(姜鳳龍) KANG Bong Ryong

[생]1961 · 2 · 27 [출]전북 김제 [주]전남 무안군 청계면 영산로1666 목포대학교 인문대학 사학과(061-450-2139) [학]1984년 서울대 역사교육과졸 1986년 同대학원 국사학과졸 1994년 문학박사(서울대) [경]1987~1988년 경기기계공고 교사 1989~1990년 한국방송통신대 조교 1991~1994년 서울시립대 조교 1995년 목포대 사학과 전임강사 · 조교수 · 부교수 · 교수(현) 2009~2015년 문화재위원회 사적분과 전문위원 2010~2011년 역사문화학회 회장 2010년 목포대 도서문화연구원장(현) 2013년 장보고해양경영사연구회 회장(현) 2013~2015년 동아시아도서해양문화포럼 초대회장 2015년 목포시 도시재생지원사업추진단장 겸 총괄코디네이터(현) [상]장보고대상 대통령표창(2010) [저]'뿌리깊은 한국사 샘이깊은 이야기(共)'(2002) '장보고'(2004) '바다에 새겨진 한국사'(2005) '해로와 포구(共)'(2010) '섬과 바다의 문화읽기(共)'(2012) '바닷길로 찾아가는 한국고대사'(2016)

강봉한(姜奉翰) KANG Bong Han

[생]1958 · 1 · 16 [출]부산 [주]충북 청원군 오송읍 오송생명2로187 식품의약품안전처 의료기기안전국(043-230-0401) [학]1977년 브니엘고졸, 대구대 사회복지학과졸 [경]1987년 국립보건원 5급 공채 2001년 식품의약품안전청 기획예산담당관실 행정사무관 2008년 同식품안전국 식품관리과장 2008년 同창의혁신담당관 2009년 同대변인 2010년 同운영지원과장 2012년 同운영지원과장(부이사관) 2013년 식품의약품안전처 운영지원과장 2013년 同식품안전정책국장 2015년 同의료기기안전국장(현) [상]홍조근정훈장(2014)

강부신(姜富信)

[생]1958 · 6 · 5 [출]경남 합천 [주]경남 양산시 상북면 상북중앙로23 양산세관(055-783-7300) [학]한국방송통신대 법학과졸 [경]1976년 9급 공무원 임용 2007년 관세청 익산세관장 2008년 同부산세관 휴대품과장 2009년 同감사담당관실 근무 2011년 同감찰팀 근무 2013년 同부산세관 감시국장 2015년 同양산세관장(현)

강사욱(姜思旭) Kang, Sa-Ouk

[생]1952 · 2 · 10 [본]진주(晉州) [출]서울 [주]서울 관악구 관악로1 서울대학교 자연과학대학 생명과학부(02-880-6703) [학]1974년 서울대 미생물학과졸 1976년 同대학원 미생물학과졸 1983년 이학박사(독일 Giessen Justus-Liebig대) [경]1976~1979년 육군사관학교 · 육군 제3사관학교 교관 1979~1983년 독일 기센대 생물물리학연구소 연구원 1983~1984년 미국 시카고대 연구원 1984~1993년 서울대 자연과학대학 미생물학과 조교수 · 부교수 1991~1993년 同미생물학과장 1993년 同생명과학부 교수(현) 1993~1995년 同자연과학대학 부학장 1999~2003년 同분자미생물학연구센터소장 · 미생물연구소장 2000~2003년 同생명과학부 부학부장 2000~2002년 한국생물물리학회 회장 2000~2004년 한국미생물학회 법인이사 · 부회장 2001년 UNESCO 동남아지역 미생물학네트워크 한국대표 2000~2014년 아시아생물물리학연합 한국대표 2001~2010년 아시아태평양전자상자성공명학회 한국대표 2002년 미국 생물물리학회 정회원(현) 2004년 한국과학기술한림원 정회원(현) 2004년 한국미생물학회 회장 2005~2009년 서울대 생명과학부장 2006~2009년 BK21 서울대 생명과학고급인력양성사업단장 2008~2013년 아시아태평양전자상자성공명학회 부회장 2010년 아시아태평양전자상자성공명학술대회 조직위원장 2010~2013년 서울대 미생물연구소장 2010~2012년 同평의원 [상]한국과학기술단체총연합회 과학기술우수논문상(1994), 서울대 자연과학대학 연구상(2001), 하은생물학상(2011)

ㄱ

강삼재(姜三載) KANG Sam Jae (鶴山)

생1952·7·1 본진주(晉州) 출경남 함안 학1971년 마산고졸 1981년 경희대 신문방송학과졸 1983년 同대학원 수료 1987년 경남대 경영대학원 수료, 고려대 정책과학대학원 수료 2009년 명예 경영학박사(금오공과대) 경1974년 대학방송연합회 회장 1974년 유네스코 학생회장 1975년 경희대 총학생회장(긴급조치위반으로 제적) 1976~1980년 경남신문 사회부·정치경제부 기자 1984년 신한민주당(신민당) 창당발기인 1985년 同당기위원회 부위원장 1985년 제12대 국회의원(마산, 신민당, 최연소의원) 1985년 민주화추진협의회 상임운영위원 1985년 신민당 부대변인 1987년 통일민주당(민주당) 창당발기인 1987년 민주당 중앙청년위원회 부위원장 1988년 제13대 국회의원(마산乙, 민주당) 1988년 민주당 원내부총무 1988년 한국신문윤리위원회 위원 1988년 유네스코 한국위원 1989년 민주당 대변인 1990년 민주자유당(민자당) 정세분석위원장 1992년 제14대 국회의원(마산 회원, 민자당) 1993년 민자당 제2정책조정실장 1994년 同기획조정실장 1995년 同사무총장 1995년 여의도연구소 이사장 1996년 제15대 국회의원(마산 회원, 신한국당) 1996년 한·영의원친선협회 회장 1996~1997년 신한국당 사무총장 2000년 제16대 국회의원(마산 회원, 한나라당) 2000~2002년 한나라당 부총재 2005~2006년 경남대 행정대학원 석좌교수 2007년 무소속 이회창 대통령후보 전략기획팀장 2008년 자유선진당 창당준비위원장 2008년 同최고위원 2008년 학산장학회 이사장(현) 2008년 대경대 부학장 2009~2011년 同총장 2012년 제19대 국회의원선거 출마(의령·함안·합천, 무소속) 전'세대교체와 비전의 정치' 칼럼집 '바니타스 바니타툼' '새벽의 설레임으로'

강상구(姜相求) KANG Sang Gu

생1953·3·8 출경북 의성 주경기 성남시 분당구 판교로308 유라R&D센터 유라코퍼레이션 임원실(070-7878-1000) 학1972년 경주공고졸 1993년 울산대 경영대학원 산업관리공학과졸 경1978년 현대자동차 근무 1993년 삼협산업 공장장 1997년 (주)유진전장 근무 2002년 (주)세원ECS 전무이사 2007년 유라코퍼레이션 전무이사 2008년 同부사장(현) 상산업포장(2010)

강상덕(姜相德) Kang Sang Duk

생1969·9·25 출전북 김제 주서울 강남구 테헤란로92길7 법무법인 바른(02-3479-2635) 학1988년 전주상산고졸 1993년 한양대 법학과졸 2000년 同대학원 법학과 수료 2009년 고려대 법무대학원 공정거래법연구과정 수료 2010년 숙명여대 공정거래연수과정 수료 경1994년 사법시험 합격(36회) 1997년 사법연수원 수료(26기) 1997년 軍법무관 2000년 전주지법 판사 2002년 同정읍지원 판사 2003년 同정읍지원 부안군·고창군법원 판사 2004년 수원지법 판사 2007년 서울중앙지법 판사 2009년 서울고법 판사 2011년 서울동부지법 판사 2012년 전주지법 부장판사 2014~2015년 수원지법 부장판사 2015년 국토교통부 하자심사·분쟁조정위원회 부위원장(현) 2015년 대한상사중재원 중재인(현) 2015년 법제처 법령해석심의위원회 위원(현) 2015년 한양대 법학전문대학원 겸임교수(현) 2015년 서울지방국세청 조세 법률고문(현) 2015년 법무법인 바른 변호사(현) 2016년 방송통신위원회 방송분쟁조정위원회 위원(현) 2016년 국토교통부 법률고문(현)

강상식(姜相湜) Kang Sangsik

생1977·8·27 출경북 안동 주서울 종로구 종로5길86 서울지방국세청 개인납세1과(02-2114-2804) 학부산 충렬고졸, 고려대 경제학과졸 경1999년 행정고시 합격(43회), 반포세무서 징세과장 2008년 서울지방국세청 국제거래조사국 국제조사2과 행정사무관 2009년 국세청 조사국 조사2과 행정사무관 2012년 駐인도대사관 주재관 2015년 국세청 서울성북세무서장 2016년 서울지방국세청 개인납세1과장(현)

강상우(姜尙佑) Kang Sang Woo

생1969·2·27 본진주(晉州) 출부산 주부산 연제구 거제시장로14번길43 영남매일신문(051-867-3909) 학1987년 부산 사직고졸 1993년 대구대 생물학과졸 1995년 미국 델라웨어대 국제경영학과 수료 2002년 부산대 대학원 경영학과졸 경1999~2015년 동성종합건설(주) 대표이사 2000~2002년 (주)한국우사회 대표이사 2000년 부산시배구협회 부회장 2009년 금조개발(주) 대표이사(현) 2013년 영남매일신문 대표이사(현) 종불교

강상욱(姜相旭) KANG Sang Wook

생1968·11·5 출부산 주서울 서초구 서초중앙로157 서울고등법원 판사실(02-530-1114) 학1987년 신일고졸 1992년 서울대 법학과졸 경1992년 사법시험 합격(34회) 1995년 사법연수원 수료(24기) 1998년 청주지법 판사 2002년 수원지법 판사 2006년 서울고법 판사 2008년 대법원 재판연구관 2010년 제주지법 부장판사 2011년 의정부지법 부장판사 2012년 서울고법 판사(현)

강상진(姜相鎭) Kang, Sang-Jin

생1954·3·16 출경기 의정부 주서울 서대문구 연세로50 연세대학교 교육과학대학(02-2123-3181) 학1980년 연세대 교육학과졸 1984년 同교육대학원졸 1991년 교육학박사(미국 미시간주립대) 경1989년 미국 연방국제개발원(USAID) 통계분석 상담역 1991~1992년 미국 미시간주립대 연구교수 1992~1995년 미국 캘리포니아대 산타바바라교 교육학과 조교수 1995년 한국교육평가학회 종신회원(현) 1995년 연세대 교육과학대학 교육학과 조교수·부교수·교수(현) 1996~1999년 同교육학과장 겸 대학원 주임교수 1996~2011년 한국교육평가학회 이사·워크숍분과위원장·학술대회분과위원장 1999년 연세대 교육연구소장 1999년 同대학원 주임교수 2001~2002년 미국 캘리포니아대 버클리교 객원부교수 2005~2007년 학술지 '미래교육' 편집위원장 2007~2008년 교육인적자원부 정책자문위원 2007~2008년 연세대 대학원 부원장 2008~2010년 同교육연구소장 2008~2010년 同대학원 교학부원장 2008~2010년 교육과학기술부 교육정보공시위원회 제1·2대 위원장 2009~2010년 한국교육학회 기획조직분과 위원장 2014~2016년 연세대 교육과학대학장 2016년 한국교육과정평가원 대학수학능력시험 채점위원장(현) 상미국 미시간주립대 외국인대학원생상(1989), 국제비교교육학회 Best Article Award(1992), 미국 교육학회 Grant Fellow(1992), 미국 교육학회 최우수박사학위논문상(1993), 연세대 우수업적교수상(2004), 인문사회연구회 우수연구상(2004) 전'21세기를 향한 교육개혁'(1999) '사회과학 연구를 위한 통계방법'(2000) '한국교육평가의 쟁점과 대안'(2000) '회귀분석의 이해'(2002) 'Effects of academic departments onsecondary school management'(2004) '사회과학의 고급 계량분석 : 원리와 실제'(2005) '고교평준화 정책효과의 실증분석연구'(2005) '고교평준화 정책 효과 실증검토'(2010) '사회과학연구를 위한 실험설계와 분산분석'(2014) '다층모형'(2016) 종천주교

강상현(姜尙炫) KANG Sang Hyun

생1956·7·25 본진주(晉州) 출경남 진주 주서울 서대문구 연세로50 연세대학교 커뮤니케이션대학원(02-2123-2980) 학1979년 연세대 신문방송학과졸 1985년 同대학원졸 1988년 신문방송학박사(연세대) 경1978년 연세춘추 편집국장 1983~1985년 월간 '경영과 컴퓨터' 기자·기획팀장·기획편집자문위원 1989년 계간 '연세 진리자유' 초대편집장 1990~1997년 동아대 신문방송학과 조교수·부교수 1992~1994년 한국사회언론연구회 뉴미디어분과장 1993년 계간 학술지 '언론과 사회' 편집위원 1994~1996년 한국사회언론연구회 회장 1994~1996년 부산민주언론운동협의회 공동대표 1994년 방송위원회 방송편성정책연구위원 1996~1997년 동아대 언론홍보대학원 교학과장 1997~2000년 연세대 신문방송학과 부교수 1997~2001년 한국간행물윤리위원회 심의위원 1997~2002년 한국언론정보학회 이사 1998~1999년 방송개혁위원회 실행위원 1999~2005 방송위원회 디지털방송추진위원회 소위 위원장 1999~2001년 연세대 언론홍보대학원 교학부장 2000년 문화방송 시청자평가원 2000년 연세대 언론홍보영상학부 교수(현) 2000년 ICA 회원 2000년 한국방송학회 방송법제연구회장 2001년 방송위원회 디지털방송추진위원회 데이터방송·케이블방송·라디오방송소위원회 위원장 2001년 연세대 신문방송학과장 2002년 同사회과학대학 교학부장 2003년 디지털타임스 객원논설위원 2005년 한국방송학회 부회장 2005~2006년 한국언론학회 이사 및 언론과사회연구회 회장 2005~2008년 방송위원회 방송분쟁조정위원회 위원 2006년 KBS 경영평가위원회 위원 2006년 디지털방송활성화위원회 위원 겸 실무위원장 2007년 한국언론정보학회 회장 2007~2008년 MBC 경영평가위원회 위원 2007~2008년 방송영상산업미래비전위원회 위원장 2008년 한국방송협회 미래방송연구위원회 위원장 2008년 방송통신위원회 디지털전환정책연구회 위원장 2008년 미디어공공성포럼 운영위원장 2008~2009년 연세대 커뮤니케이션연구소장 2009년 미디어발전국민위원회 위원장 2010년 미디어공공성포럼 공동대표(현) 2012~2013년 한국방송학회 회장 2012~2014년 연세대 커뮤니케이션대학원장 겸 언론홍보대학원장 2012년 케이블TV선거방송자문위원회 위원장 2012~2013년 방송기자연합회 '이달의 방송기자상' 심사위원장, 연세대 커뮤니케이션대학원 교수(현) 전'정보통신 혁명과 한국사회'(1996) '시민의 힘으로 언론을 바꾼다'(1999) '우리 시대의 윤리'(2000) '대중매체의 이해와 활용(共)'(2002) '디지털 방송론'(2002)

'모바일미디어(共)'(2006) '디지털방송법제론(共)'(2008) '한국사회의 디지털 미디어와 문화(共)'(2011) '공영방송의 미래(共)'(2012) 외 다수 (역)'지배권력과 제도언론' '제3세계 커뮤니케이션론' (종)가톨릭

강상호(姜相昊) KANG Sang Ho (旦海)

(생)1955·3·12 (본)진주(晉州) (출)전남 나주 (주)경기 성남시 분당구 성남대로2번길6 LG트윈하우스201호 한국정치발전연구소(031-718-1692) (학)1974년 중동고졸 1982년 고려대 문과대학 중문학과졸 1999년 同경영대학원 국제경영학과졸(MBA) 2007년 정치학박사(경희대) (경)1980~1981년 고려대 총학생회장 1987년 한강실업 대표(현) 1987~1999년 독일 DEMAG GmbH 사출부문 한국대표 1989~2009년 미국 GAIN TECHNOLOGIES 한국대표 1992~2002년 독일 SIMAR GmbH 한국대표 1994년 이정의료법인 이사(현) 2002~2008년 고려대경제인회 이사 2002년 한국정치발전연구소 대표(현) 2002~2007년 (사)21세기분당포럼 기획위원장 2003~2007년 전국포럼연합 대변인 2005년 민주평통 자문위원 2006년 행정자치부 중앙자문위원 2007년 독도수호국제연대 자문위원(현) 2007년 독도아카데미 지도교수(현) 2007~2014년 (주)GE환경 고문 2009~2011년 경희대 정치외교학과 객원교수 2009~2011년 시민정치학회 감사 2010~2011년 고려대 중국학연구소 연구교수 2013년 도서출판 단해 대표(현) 2015년 (사)21세기분당포럼 정치분과 위원장(현) 2016년 국민대 정치대학원 겸임교수(현) (저)한국정치와 권력구조의 선택(2009, 한국학술정보) '허상과 실상(共)'(2009, 한국학술정보) '21세기 한국의 정치(共)'(2010, 한국학술정보) '살려야 하나, 죽여야 하냐'(2013, 도서출판 단해)

강상훈(姜尙勳) KANG Sang Hoon (覺天)

(생)1964·9·21 (본)진주(晉州) (출)경남 (주)경북 영천시 금호읍 금창로165 동양종합식품(주) 비서실(054-331-9171) (학)1983년 협성고졸 1987년 대구대졸 1993년 영남대 경영대학원졸 (경)1989년 중위 예편(ROTC 25기) 1989~2005년 동양종합식품(주) 입사·전무이사 2003년 (주)세미 대표이사 2004년 동양종합상사 대표이사 2005년 동양종합식품(주) 대표이사 회장(현) 2005년 한국육가공협동조합 이사장(현) 2007년 중소기업중앙회 이사 2008~2015년 한국가업승계기업협의회 회장 (상)통상산업부장관표창, 중소기업협동조합중앙회장표창, 중소기업경영대상(2006), 중소기업중앙회 우수가업승계기업인(2007), 자랑스러운 대구대인(2010) (종)불교

강석규(姜石奎) KANG Seok Gyu

(생)1962·10·30 (출)경남 밀양 (주)서울 서초구 강남대로193 서울행정법원(02-2055-8114) (학)1981년 마산고졸 1985년 서울대 무역학과졸 1988년 同경영대학원졸 (경)1984년 공인회계사 합격 1987년 공인회계사 등록 1990년 세무사 등록 1993년 사법시험 합격(35회) 1996년 사법연수원 수료(25기) 1996년 부산지법 판사 1999년 同동부지원 판사 2000년 창원지법 판사 2003년 부산지법 판사 2006년 부산고법 판사 2008년 대법원 연구법관 2009년 同재판연구관 2013년 부산지법 부장판사 2014년 인천지법 부장판사 2016년 서울행정법원 부장판사(현)

강석기(姜碩基) KANG Seok Ki

(생)1952·4·27 (본)진주(晉州) (출)부산 (주)대구 중구 명덕로85 대성에너지(주) 사장실(053-606-1000) (학)1971년 경기고졸 1979년 서울대 물리학과졸 2006년 同자연과학대학 과학기술혁신 최고전략과정 수료 (경)1979~1984년 삼성물산 전산실 입사·대리 1984년 American Express Card Korea DP Manager 1985~1999년 (주)현영씨스템즈 입사·상무이사 1999년 12K테크놀로지 설립·대표 컨설턴트 2001~2002년 단암데이타시스템(주) 전문위원 2004~2007년 대성그룹 근무 2007년 코리아닷컴커뮤니케이션즈 대표이사 2007년 서울상공회의소 상공의원 2009~2011년 대구도시가스(주) 정보통신사업부문장(부사장) 2011년 대성에너지(주) 부사장 2013년 同대표이사 사장(현)

강석대(姜錫大) KANG Seok Dae

(생)1949·7·20 (주)서울 서초구 바우뫼로126 동연빌딩4층 우양기건(주) 비서실(02-577-0750) (학)단국대 공과대학 기계공학과졸 (경)우양기건(주) 대표이사(현), (주)한국이엔씨 대표이사(현), 대한설비건설협회 수석부회장, 同서울시회 회장 2008년 同회장, 同명예회장 2015년 서울마주협회 회장(현) (상)은탑산업훈장(2004), 금탑산업훈장(2010)

강석원(姜錫元) Kang sukwon (希之)

(생)1938·10·19 (본)진주(晉州) (출)서울 (주)서울 성북구 대사관로32 그룹가건축도시연구소 (학)1957년 서울공고졸 1961년 홍익대졸 1976년 프랑스국립대 대학원 건축과졸 (경)1977년 프랑스 베이룻트대 건축과 강사 1981년 국제건축가연맹총회 한국대표 1981~1998년 홍익대 건축과 강사 1985년 그룹가건축도시연구소 대표(현) 1987년 대한민국건축전 심사위원 1992년 한국건축가협회 부회장 1994년 베니스비엔날레 커미셔너 1996~1998년 한국건축가협회 회장, 同국제위원회 자문위원 1998년 韓·佛문화협회 회장 1998년 홍익대 건축과 겸임교수 2000~2013년 고려대 공대 건축학과 겸임교수 2010년 인제대 자문교수 2016년 국제건축가연맹(UIA) 2017서울세계건축대회조직위원회 명예위원(현) (상)대한민국미술전 대통령표창, 서울시 건축상, 김수근 문화상, 프랑스 국가공로 기사단장훈장, 예총 예술문화상대상, 옥관문화훈장, 건축가협회상 외 30여개 건축상 (작)'리비아 국제박람회 한국관' '프랑스 파리국제박람회 한국관' '세네갈·프랑스 한국대사관' '대구가톨릭대' '부산가톨릭대' '필리핀 종교건물' '육군사관학교 화랑대 성당' '인천가톨릭대' 등 국내외 50여개 작품 (종)가톨릭

강석원(姜錫沅) KANG Seog Weon

(생)1966·7·3 (출)서울 (주)세종특별자치시 갈매로388 문화체육관광부 관광정책관실 관광산업과(044-203-2831) (학)1984년 건국대사대부고졸 1988년 서울대 전자공학과졸 1996년 공학박사(한국과학기술원) 2002년 미국 퍼듀대 대학원 MBA (경)기술고시 합격(29회) 1999년 정보통신부 국제협력관실 국제기구담당관실 사무관 2002년 同정보통신정책국 산업기술과 사무관 2003년 同정보통신정책국 산업기술과 서기관 2006년 同소프트웨어진흥단 전략소프트웨어팀장 2008년 문화체육관광부 문화콘텐츠산업실 전략소프트웨어과장 2008년 同디지털콘텐츠산업과장 2010년 同저작권산업과장 2011년 국무총리실 지식재산전략기획단 파견 2012년 문화체육관광부 미디어정책국 방송영상광고과장 2014년 同문화콘텐츠산업실 게임콘텐츠산업과장 2015년 同관광정책관실 관광산업과장 2016년 同관광정책관실 관광산업과장(부이사관)(현) (상)대통령표창(2003)

강석인(姜錫寅) KANG Suk In(Sean) (海岩·如山)

(생)1946·5·7 (본)진주(晉州) (출)경북 안동 (주)서울 영등포구 여의공원로111 태영빌딩 EY한영 부회장실(02-3787-9147) (학)1965년 숭문고졸 1973년 연세대 행정학과졸 1979년 미국 하버드대 케네디스쿨 대학원졸 1989년 행정학박사(국민대) 2002년 서울대 경영대학 최고경영자과정 수료 (경)1973년 행정고시 합격(14회) 1975~1981년 경제기획원 사무관 1981년 재무부 사무관 1987년 국세심판소 조사관 1989년 대통령비서실 서기관 1990년 재무부 관세협력과장 1992년 同투자진흥과장 1994년 재정경제원 경제협력과장 1995~1997년 同대외경제총괄과장 1997년 통계청 통계정보국장 1998년 同경제통계국장 1999년 재정경제부 국세심판소 상임심판관 2000년 同국세심판원 상임심판관 2000년 중앙공무원교육원 파견 2001년 한국산업은행 감사 2002~2006년 한국신용정보 대표이사 사장 2006년 언스트앤영 한영회계법인 부회장 2014년 EY한영 부회장(현) (상)서울시장표창(1984), 녹조근정훈장(1986), 황조근정훈장(1996), 대통령표창(2001) (저)'외자도입과 한국의 경제발전'(1995) '만리장성에서 아우슈비츠까지'(1996, 고려원) (종)기독교

강석중(姜錫重) Kang, Suk-Joong

(생)1950·9·9 (출)경북 문경 (주)경남 진주시 소호로101 한국세라믹기술원(055-792-2400) (학)1973년 서울대 금속공학과졸 1975년 한국과학기술원(KAIST) 재료공학과졸(석사) 1980년 공학박사(프랑스 Ecole Centrale des Arts et Manufactures) 1985년 재료공학 국가박사(프랑스 Univ. de Paris VI) (경)1980~1989년 한국과학기술원(KAIST) 조교수·부교수 1982~1983년 독일 Max-Planck-Institut Fur Metallforschung 방문교수 1985년 프랑스 Institut Superieun Der Materiaux Et De La Constrction Mecang 방문교수 1986년 일본 National Institute for Research in Inorganic Materials 방문교수 1989~2010년 한국과학기술원(KAIST) 신소재공학과 교수 1991~1992년 일본 Tokyo Institute of Technology 방문교수 1993년 삼성전기 방문교수 1995년 일본 게이오대 방문교수 2001~2002년 호주 뉴사우스웨일즈대 방문교수 2004~2005년 한국과학기술원(KAIST) 나노과학기술연구소장 2005~2009년 한국학술진흥재단 지정 나노계면연구센터 소장 2006년 한국분말야금학회 회장 2010~2015년 한국과학기술원(KAIST) 신소재공학과 특훈교수 2015년 한국세라믹기술원 원장(현) (상)한국과학기술원 학술

상(1995), 대한금속학회 학술상(1998), 한국과학기술단체총연합회 논문상(1999), 국민포장(2001), 대한재료·금속학회 우수논문상(2001), 인촌상 자연과학부문(2007), 제9회 한국공학상 기계·금속·재료분야(2010), 미국 세라믹학회 소스먼어워드 수상(2011), 유럽 세라믹학회 리차드부룩어워드 수상(2015)

강석진(姜錫珍) KANG Suk Jean

[생]1939·5·25 [출]경북 상주 [주]서울 중구 세종대로124 한국프레스센터9층 CEO컨설팅그룹(02-722-4913) [학]1958년 상주고졸 1964년 중앙대 경제학과졸 1978년 연세대 대학원 공업경영학과졸 1987년 미국 하버드대 경영대학원(ISMP) 수료, 미국 프린스턴대 국제경영과정 수료 1999년 서울대 국제대학원 글로벌리더십과정 수료 [경]1968년 미국 다트하우스 일렉트로닉스 부사장 1974년 미국 제너럴일렉트릭(GE) 극동구매사무소장 1978년 한국제너럴일렉트릭(GE Korea) 전략계획담당 상무 1981~2002년 同대표이사 사장·회장 1998년 정부경영진단위원회 경제·행정분과위원장 2000년 서울대 경영대학원 초청교수 2000~2005년 교육인적자원부 정책자문위원·BK21 추진위원 2001~2003년 (사)한국CEO포럼 공동대표 2002년 CEO컨설팅그룹 설립·회장(현) 2002~2009년 LG전자 사외이사 2004~2005년 우리금융지주 사외이사 2004년 한국경영자총협회 고문 2005년 벤처기업협회 벤처윤리위원장 2005년 서강대 경영대학원 겸임교수 2005년 이화여대 경영대학원 겸임교수(현) 2005~2008년 국무조정실 정부혁신자문위원 2006~2012년 한미파스스 사외이사 2006년 세계미술문화진흥협회 이사장(현) 2008년 한국전문경영인학회 이사장(현) 2013~2016년 샘표식품(주) 사외이사 2016년 도산아카데미 이사장(현), 세계문인협회 부이사장(현) [상]한국전문경영인학회 대한민국경영자대상(2004), 글로벌경영자대상(2006), 세계문인협회 제9회 세계문학상 시부문대상(2014) [역]'당신의 운명을 지배하라' 'GE 신화의 비밀' '잭 웰치와 GE방식' 'GE Work Out' [작]시화집 '우리가 어느 별에서 다시 만날 수 있을까'(2016, 문학세계)

강석진(姜錫振) KANG Seok Jin

[생]1959·12·7 [본]진주(晉州) [출]경남 거창 [주]서울 영등포구 의사당대로1 국회 의원회관542호실(02-784-1460) [학]1977년 영남고졸 1983년 연세대 정치외교학과졸 1992년 同행정대학원 행정학과졸 [경]1986년 삼성데이타시스템(SDS) 근무 1987년 대통령직인수위원회 정무담당관, 신한국당 사무총장 보좌역, 정무장관 보좌역, 국회 정책연구위원, 한나라당 대통령후보 보좌역, 同부대변인, 同사무총장 보좌역, 同건설교통위원회 정책자문위원, 한국정책포럼 연구위원 2004·2006~2007년 경남 거창군수(한나라당) 2008~2010년 대통령 정무수석비서관실 선임행정관 2013년 새누리당 원내대표 비서실장 2014년 기술보증기금 상임이사 2015년 同전무이사 2016년 새누리당 경남산청군·함양군·거창군·합천군당원협의회 운영위원장(현) 2016년 제20대 국회의원(경남 산청군·함양군·거창군·합천군, 새누리당)(현) 2016년 새누리당 원내부대표(현) 2016년 국회 운영위원회 위원(현) 2016년 국회 보건복지위원회 위원(현) 2016년 국회 예산결산특별위원회 위원(현) 2016년 한국아동인구환경의원연맹(CPE) 회원(현) 2016년 국회 내륙철도포럼 회원(현)

강석태(姜錫泰) KANG Suk Tai

[생]1946·3·18 [본]진주(晉州) [출]서울 [주]서울 서대문구 연세로50 연세대학교 물리학과(02-2123-2605) [학]1965년 동성고졸 1969년 연세대 물리학과졸 1974년 同대학원졸 1978년 공학박사(일본 오사카대) [경]1971년 연세대 조교 1974년 일본 오사카대 연구원 1978~1982년 한국표준과학연구원 연구실장 1982~1988년 연세대 물리학과 조교수·부교수 1988~2011년 同물리학과 교수 1989년 일본 오사카대 객원교수 1991년 연세대 문리대학 교학과장 1992~1996년 同원주캠퍼스 총무처장 1994년 제38회 행정고등고시 시험위원 1995~1996년 지방고등고시 출제위원 1997~1999년 과학기술처 원자력연구개발사업 총괄조정위원 2002~2004년 연세대 문리대학장 2005년 연세대ROTC동문회 회장, 한국과학기술정보연구원(KISTI) 강원과학기술정보협의회 회장 2011년 연세대 물리학과 명예교수(현) 2012년 한국과학기술정보연구원(KISTI) 전문연구위원 [상]공업진흥청장표창(1981), 한국과학기술정보연구원장표창(2011) [저]'표면과학의 기초와 응용'(1991) [역]'대학물리'(1983) '일반역학'(1991) '表面科學の基礎と應用'(1991) '알기쉬운 현대물리이야기'(1993) '우연과 카오스'(1994) '사진으로 보는 양자의 세계'(1996) '그림으로 배우는 양자역학'(1996) '당신을 위협하는 전자파'(1997) '카오스와 복잡계의 과학'(2002) '일반역학(5판)'(2011) [종]기독교

강석현(姜錫顯) Kang Seok Hyun

[생]1960·9·22 [출]서울 [주]서울 송파구 올림픽로35길 125 삼성SDS SL사업부 사업전략팀(02-6155-3114) [학]1979년 경동고졸 1983년 고려대 공대 산업공학과졸 1985년 同대학원 산업공학과졸 1989년 同대학원 산업공학 박사과정 수료 [경]1986~1988년 대전산업대 전자계산학과·수원대 산업공학과 강사 1989~1993년 한국생산성본부 경영컨설팅사업부 전문위원 1993~1995년 한국정보시스템기술(주) 경영혁신사업부 전문위원 1995~2000년 (주)인텔로그물류컨설팅 이사 1997년 중소기업청 중소유통업경영진단 지도위원 1999년 교통개발연구원 국가물류정책협의회 기업물류분과위원 2000~2001년 (주)아이비젠 물류사업부 이사 2001~2007년 한국EXE컨설팅(주) 대표이사 2007년 이엑스이씨엔티(주) 대표이사 2012년 삼성SDS(주) GL컨설팅팀장(상무) 2014년 同SL사업부 사업전략팀장(상무) 2014년 同SL사업부 사업전략팀장(전무)(현)

강석호(姜錫浩) KANG Seok Ho (松河)

[생]1937·12·29 [출]경남 하동 [주]서울 종로구 삼일대로 457 수운회관1308호 월간 수필문학(02-737-7081) [학]1957년 진주사범학교졸 1965년 마산대 국어국문학과졸 [경]1974년 '현대문학'에 수필가로 등단 1980년 도서출판 교음사 대표(현) 1988년 월간 '수필문학' 발행인 겸 주간(현) 1989년 '월간문학'에 평론가로 등단 1997년 한국문인협회 수필분과 회장 1998년 한국문학평론가협회 이사 2003~2008년 한국문학비평가협회 부회장 2003년 한국수필문학가협회 회장(현) 2004년 한국문인협회 부이사장 [상]월간문학 신인상 평론부문, 한국잡지문화대상, 한국수필문학상, 한국비평문학상, 월산문학상(2015) [저]'새로운 문학 수필 창작기법'(1999, 교음사) '수필쓰기의 포인트' [작]수필집 '이 후회의 계절에' '새벽을 적시는 내 가슴은' '평촌일기' '은행나무와의 사연' '고마운 착각' '세월이 흐르는 소리' 평론집 '현대 수필문학의 새로운 향방' 소설 '피안의 여백' '항변시대' '수필문학 등단작가선 평집' [종]기독교

강석호(姜碩鎬) KANG Seok Ho

[생]1955·12·3 [본]진주(晉州) [출]경북 포항 [주]서울 영등포구 의사당대로1 국회 의원회관707호(02-784-2376) [학]1974년 중동고졸 1981년 한국외국어대 스페인어과졸 [경]1988년 (주)삼일스톨베르그 대표이사 1991~1995년 포항시의회 의원 1993년 同부의장 1994~2007년 (주)삼일그룹 부회장 1994년 포항시태권도협회 회장 1994년 해병대전우회 경북연합회장 1995~1998년 경북도의회 의원 1997~2001년 경북도태권도협회 회장 1997~2002년 해병전우회 경북연합회장 1998~2007년 법무부 범죄예방위원회 포항지역협의회 감사 1998~2001년 자민련 포항南·울릉지구당 위원장 1999년 벽산학원(포항 영신중·고) 이사장 1999년 스톨베르그&삼일(주) 대표이사 2001년 자민련 부대변인 2003년 (사)대한산악연맹 경북도연맹 회장 2004~2008년 한나라당 경북도당 상임부위원장 2004년 同제17대 국회의원선거 경북도선거대책본부장 2005년 대한사이클연맹 부회장 2006년 포항향토청년회 지도회장 2006년 한나라당 경북도당 5.31지방선거 공천심사위원 및 선거대책본부장 2007년 同제17대 대통령선거 경북도당 총괄부본부장 2007~2008년 포항시축구협회 및 연합회장 2007년 삼일그룹 상임고문 2007~2010년 벽산장학회 이사장 2008년 제18대 국회의원(경북 영양군·영덕군·봉화군·울진군, 한나라당·새누리당) 2008~2012년 국회 농림수산식품위원회 위원 2008~2012년 한나라당 지방자치위원회 부위원장 2009~2010년 同원내부대표 2009년 (사)대한산악구조협회 회장(현) 2009~2015년 (사)대한산악연맹 부회장 2010년 세계유교문화축전 고문 2010년 국회 농림수산식품위원회 여당 간사 2011~2012년 한나라당 직능특별위원회 지역특별위원장(경북) 2012년 제19대 국회의원(경북 영양군·영덕군·봉화군·울진군, 새누리당) 2012~2013년 새누리당 경북도당 위원장 2013~2015년 독도사랑운동본부 총재 2013~2014년 국회 국토교통위원회 여당 간사 2013~2014년 새누리당 제4정책조정위원장 2014년 국회 국토교통위원회 위원 2014년 한·독의원친선협회 회장 2014~2015년 새누리당 제1사무부총장 2014~2015년 同조직강화특별위원회 위원 2014년 국회 국민안전혁신특별위원회 위원 2016년 제20대 국회의원(경북 영양군·영덕군·봉화군·울진군, 새누리당)(현) 2016년 국회 안전행정위원회 위원(현) 2016년 새누리당 최고위원 2016년 同영양군·영덕군·봉화군·울진군당원협의회 운영위원장(현) [상]노동부장관표창(1983), 국무총리표창(1990), 통상산업부장관표창(1997), 국세청장표창(1998), 부총리 겸 재정경제부장관표창(2000), 법무부장관표창(2006), 자랑스러운 국회의원상(2011), 법률소비자연맹 선정 국회 헌정대상(2013·2016), 유권자시민행동 대한민국유권자대상(2015), 在京울진군민회 감사패(2015), 제19대 국회 결산베스트의정활동 우수국회의원대상 의정활동대상(2016), 대한민국의정대상(2016) [종]불교

강석호(姜錫浩) Kang Sukho

(생)1964 (출)서울 (주)서울 영등포구 여의대로66 KTB빌딩 3층 토러스투자증권 비서실(02-709-2802) (학)1983년 영등포고졸 1989년 고려대 통계학과졸 (경)1988~1999년 삼성생명보험 주식·채권운용담당 1999~2004년 리딩투자증권 창립멤버·채권 및 리서치총괄 상무 2004~2005년 한국투자증권 채권운용팀장(이사) 2006년 동부증권 채권팀 이사 2008년 同채권팀 상무보 2009년 同채권영업본부장 2010년 同트레이딩사업부장(상무) 2011년 同트레이딩사업부장(부사장) 2012년 同FICC사업부장(부사장) 2016년 토러스투자증권 대표이사 사장(현)

강석훈(姜錫勳) Seoghoon Kang

(생)1964·8·15 (출)경북 봉화 (주)서울 종로구 청와대로1 대통령 경제수석비서관실(02-770-0011) (학)1982년 서라벌고졸 1986년 서울대 경제학과졸, 미국 위스콘신대 메디슨교 대학원 경제학과졸 1991년 경제박사(미국 위스콘신대 메디슨교) (경)대우경제연구소 금융팀장·패널팀장, 성신여대 경제학과 교수 1994년 동아일보 객원편집위원 1998~1999년 PECC HRD분과위원 1999년 한국은행 객원연구원 2002년 기획예산처 공기업평가위원 2002년 정보통신부 산하기관 경영평가위원 2002년 통계청 통계품질심의위원 2003년 보건복지부 자활정책기획팀 위원 2003년 한국재정공공경제학회 총무이사 2003~2006년 한국재정학회 이사 2003년 기획예산처 기금평가위원 2005~2006년 성신여대 입학홍보처장 2008년 산은자산운용 사외이사 2010년 조선일보 DMZ취재팀 관광·경제부문 자문위원 2012년 제19대 국회의원(서울 서초구乙, 새누리당) 2012년 새누리당 제18대 대통령선거대책위원회 국민행복추진위원회 실무추진단 부단장 2013년 제18대 대통령직인수위원회 국정기획조정분과 인수위원 2014~2015년 국회 창조경제활성화특별위원회 위원 2014년 새누리당 정책위원회 부의장 2014~2016년 국회 기획재정위원회 여당 간사 2014년 새누리당 '새누리당을 바꾸는 혁신위원회' 위원 2014년 同경제혁신특별위원회 규제개혁분과 위원 2014~2015년 同보수혁신특별위원회 위원 2014년 同공무원연금제도개혁TF 위원 2015년 국회 서민주거복지특별위원회 위원 2015년 새누리당 정책위원회 기획재정정책조정위원장 2015년 同정책위원회 민생정책혁신위원회 부위원장 2015년 국회 공적연금강화와노후빈곤해소를위한특별위원회 여당 간사 2015년 새누리당 나눔경제특별위원회 간사 2015년 同경제상황점검TF 단장 2016년 同총선기획단 위원 2016년 대통령 경제수석비서관(현)

강석훈(姜錫勳) Kang Seok Hoon

(생)1966·8·15 (본)진주(晉州) (출)경남 함안 (주)서울 영등포구 여의공원로13 한국방송공사 제작본부(02-781-1000) (학)1983년 부산 동아고졸 1991년 서울대 농경제학과졸 (경)1991년 KBS 입사 2000년 同보도국 경제부 기자 2002년 同보도국 사회2부 기자 2003년 同보도국 정치부 기자 2006년 同보도국 사회부 법조데스크 2008년 同상하이특파원 2009년 同보도국 국제팀 베이징지국장(부장급) 2012년 同보도국 사회2부장 2013년 同보도국 과학·재난부장 2014년 同비서실장 2015년 同정책기획본부 방송문화연구소 공영성연구부 근무(부장급) 2015년 同보도본부 보도국 국제주간 2016년 同보도본부 통합뉴스룸 국제주간 2016년 同제작본부 TV프로덕션2부담당(현)

강석희(姜碩熙) KANG Sukhi (茶羅)

(생)1934·10·22 (본)진주(晉州) (출)서울 (주)서울 관악구 관악로1 서울대학교 음악대학 작곡과(02-880-7904) (학)1960년 서울대 음대 작곡과졸 1971년 독일 하노버 음대 작곡과 수료 1975년 독일 베를린공과대 통신공학과 수료 1975년 독일 베를린국립음대 작곡과 수학 (경)1960~1966년 정신여고 교사 1966년 한국 최초의 전자음악 '원색의 향연' 발표 1969년 '범음악제' 전신 '현대음악 비엔날레' 주관 1969~1991년 '범음악제(Pan Music Festival)' 음악총감독 1970년 일본 '오사카 Expo70' 한국관 음악담당 1970~1971년 독일 하노버음대 수료·윤이상에게 사사 1972년 국제현대음악협회(ISCM) 한국지부장 1982~1996년 서울대 음대 작곡과 조교수·부교수 1985~1990년 국제현대음악협회(ISCM) 부회장 1988년 서울올림픽폐회식 음악총괄담당 1988~1993년 서울대 작곡과장 1988년 일본 알반베르크협회 상위고문(현) 1991년 국제현대음악협회(ISCM) 세계음악제 국제심사위원 1996~1999년 서울대 작곡과 교수 1997년 97현대음악제 집행위원장 1997년 오페라 '초월' 초연 1998년 파리 라디오프랑스 피아노콘체르토 세계 초연 1998년 미국 뉴욕대 객원교수 1999년 서울대 작곡과 명예교수(현) 2000~2001년 문화관광부 '2000년 새로운 예술의 해' 추진위원장 2000~2013년 계명대 음악공연예술대 작곡과 특임교수 2003년 국제현대음악협회(ISCM) 명예회원

(현) 2006년 일본 쇼오비학원대학 음악대학 객원교수 2010년 대한민국예술원 회원(음악·현) (상)파리 작곡가제전 입상(1976), 한국연극영화예술상 기술상(1979), 대종상 음악상(1979), 대한민국 작곡상(1979), 대통령표창(1979), 대한민국 문화예술상(1990), 보관문화훈장(1998), 우경문화예술상(2000), 대원문화재단 작곡상(2006) (저)'세계음악의 현장을 찾아서'(1979, 고려원) '현대음악 분석집'(1990, 서울대 출판사) '나는 설계하는 작곡가'(1999, 삶과 꿈) '일곱악기를 위한 Myth'(2008) 'Marimba를 위한 관현악 협주곡'(2009) (작)관현악곡 '생성 69'(1969) '환시(Mosaicum Visio)'(2002) 'O Tell Me'(2002) '평창의 사계'(2006) 'Marimba Concerto'(2008) 국악관현악곡 '취타향'(1987) 서울올림픽 성화음악 '프로메테우스 오다'(1988) 오페라 '초월'(1997) 앨범 '부루'(1987) '디알로그'(1989) '피아노트리오'(2006) 협주곡 '피아노협주곡'(1996·1997) '첼로협주곡 베를린'(2003) '피아노트리오'(2006) 음악극 '보리스를 위한 파티'(2003) '지구에서 금성천으로'(2007) (종)기독교

강석희(姜碩禧) KANG Seok Hee

(생)1956·3·17 (출)제주 (주)서울 중구 동호로330 CJ제일제당센터 CJ헬스케어 임원실(02-6740-2119) (학)제주제일고졸, 제주대 중식학과졸, 성균관대 대학원 경영학과졸 (경)CJ(주) 제약사업본부 마케팅팀장, 同상무, CJ미디어 영업본부장(상무) 2005년 同대표이사 2007년 同대표이사 부사장 2009년 CJ CGV(주) 대표이사 부사장 2010년 CJ제일제당(주) 제약사업부문 대표이사 부사장 2013~2015년 CJ E&M 대표이사 2013~2015년 CJ(주) 경영지원총괄 부사장 2015년 CJ헬스케어 공동대표이사(현) (상)중앙언론문화상 방송영상부문(2008)

강선대(姜善代) Sun dae-Kang (水涯·多律)

(생)1944·1·1 (본)진주(晉州) (출)서울 (주)서울 중구 동호로24길27의9 4층 (재)월드뮤직센터(02-2252-4027) (학)1962년 경기고졸 1966년 연세대 경제학과졸 1972년 同대학원 경제학과졸 1991년 경제학박사(중앙대) (경)1966~1968년 육군 중위 복무(ROTC 4기) 1968~1975년 한일은행 조사부 근무(종합업무기획·경제조사·산업조사) 1975~1984년 대우증권 조사부장·지점장 1984~1991년 한신증권(주) 상무이사 1991~1992년 교보생명보험 자산운용본부장(전무이사) 겸 초대 경제연구소장 1995~1997년 오리엔트투자신탁운용(주) 대표이사 1995년 SBS·KBS·BBS·EBS·국악방송·ARTE 등에서 세계 민족·민속음악관련 방송 활동(현) 2001~2003년 월간 '그라모폰 코리아'에 월드뮤직 특집연재 2001년 제이스테판앤컴퍼니(J. Stephen & Company) 회장 2003~2009년 명지대 겸임교수 2009년 비영리단체 월드뮤직센터 설립·이사장 2012년 (재)월드뮤직센터 설립·이사장(현) (종)천주교

강선명(姜宣明) KANG Sun Myoung

(생)1963·12·20 (출)제주 (주)서울 서초구 서초대로74길14 삼성물산 경영지원실(02-2145-5256) (학)1983년 제주 오현고졸 1990년 고려대 법학과졸 (경)1990년 사법시험 합격(32회) 1993년 사법연수원 수료(22기) 1993년 서울민사지법 판사 1995년 서울지법 북부지원 판사 1997년 제주지법 판사 2000~2001년 서울중앙지법 파산부 판사 2002~2003년 미국 듀크대 로스쿨 방문연구·미국 노스캐롤라이나주 동부파산법원 연수 2002~2004년 서울북부지법 판사 2004년 변호사 개업, 법무법인 아주 기업법무팀 변호사, 법무부 통합도산법개정위원회 실무위원 2006년 삼성그룹 사장단협의회 법무실 상무 2009~2011년 同사장단협의회 법무실 전무 2011년 삼성물산 경영지원실 법무팀장(전무) 2015년 同경영지원실 법무팀장 겸 Compliance팀장(부사장)(현) (저)'회사정리실무'(共) '파산사건실무'(共) '주석 회사정리법'(共)

강선모(姜宣模) KANG Sun Mo

(생)1956·8·17 (출)서울 (주)대전 유성구 엑스포로131 TJB대전방송 비서실(042-281-1101) (학)1972년 휘문고졸 1982년 성균관대 신문방송학과졸 2001년 동국대 대학원 신문방송학과졸 (경)1984년 KBS 라디오국 PD 1986년 同TV교양국 PD 1991년 同기획제작국 PD 1996년 SBS 시사교양국 차장 1998년 同교양국 2CP 1998년 同제작본부 부장대우 1999년 해외 연수 2000년 SBS 제작본부 교양3CP(부장급) 2001년 同교양2CP 2004년 同제작본부 부장 2004년 同편성본부 외주제작팀 부장 2008년 同편성본부 외주제작팀장(부국장급) 2008년 同교양총괄 2012~2014년 SBS아트텍 대표이사 사장 2014년 SBS A&T 대표이사 사장 2014년 同상근상담역 2015년 TJB대전방송 대표이사 사장(현)

강선보(姜善甫) KANG Sun Bo

⽣1954·2·19 ⦿경남 함양 ⦿서울 성북구 안암로145 고려대학교 교육학과(02-3290-2298) ⦿1978년 고려대 교육학과졸 1982년 同대학원 교육철학과졸 1989년 교육학박사(고려대) ⦿1979년 한국교육개발원 연구원 1982~1996년 강릉대 전임강사·조교수·부교수 1988년 同학생생활연구소장 1990년 고려대 강사 1994년 미국 위스콘신대 연구교수 1996년 고려대 교육학과 교수(현) 1997년 同교직과장 1999~2003년 同교학부장 2001년 同교육학과장 겸 주임교수 2003년 同대학원 부원장 2004년 同교육문제연구소장 2007년 同학생처장 2008년 同교육대학원장 겸 사범대학장 2009년 전국교육대학원장협의회 회장 2009년 전국사립사범대학협의회 회장 2011~2013년 고려대 교무부총장 2012~2013년 전국대학교부총장협의회 회장 2014년 한국교육학회 선임부회장(현) 2014년 同차기(2017년 1월) 회장(현) ⦿자랑스러운 고대교육인상(2013) ⦿'민족교육의 사상사적 조망(共)'(1994) '유아의 심리(共)'(1995) '교육의 잠식-사회화와 학교(共)'(1996) '북한사회의 이해(共)'(1996) '교육의 역사와 철학(共)'(1999) 외 13편 ⦿'놀이와 교육' '전인교육의 이론과 실제'(共)

강선희(姜善姬·女) KANG Sun Hee

⽣1965·5·24 ⦿서울 ⦿서울 종로구 종로26 SK이노베이션(주) 지속경영본부(02-2121-0065) ⦿1984년 정신여고졸 1988년 서울대 법학과졸 2000년 同법학대학원졸 2008년 이화여대 경영대학원졸 ⦿1988년 사법시험 합격(30회) 1991년 사법연수원 수료(20기) 1991년 서울민사지법 판사 1993년 서울지법 남부지원 판사 1995년 대구지법 판사 1999년 서울지법 판사 1999~2002년 법무법인 춘추 변호사 2002년 대통령 법무비서관실 행정관 2004년 SK(주) CR전략실 법률자문역(상무) 2005년 同법무2담당 상무 2008년 SK에너지(주) 윤리경영본부장 2011년 同경영지원본부장 겸 SK이노베이션 이사회 사무국장 2012년 同CR본부장 2012년 SK이노베이션 지속경영본부장 겸 이사회 사무국장(전무급) 2013년 同지속경영본부장 겸 이사회 사무국장(부사장급)(현) 2013년 한국양성평등교육진흥원 비상임이사(현)

강 성(姜 成) KANG Sung

⽣1969·11·25 ⦿전북 전주 ⦿경기 성남시 분당구 판교역로235 (주)카카오(070-7492-1300) ⦿1986년 전주 해성고졸 1991년 서울대 사법학과졸 1999년 동국대 정보산업대학원 수료 2003년 일본 Kyushu Univ. 법과대학원 국제거래법학과졸 ⦿1990년 사법시험 합격(32회) 1993년 사법연수원 수료(22기) 1995~2000년 김앤장법률사무소 변호사 1997~1998년 정보윤리위원회 비음성정보 심의위원 1998년 컴퓨터프로그램보호법개정 심의위원 1999년 전자서명법 제정위원 2000~2003년 I&S법률사무소 대표변호사 2003~2008년 법무법인 지성 대표변호사 2004년 니트젠테크놀러지(주) 사외이사 2005년 (주)기린 사외이사 2008~2013년 법무법인 지평지성 대표변호사 2013년 법무법인 세한 대표변호사, (주)카카오 법무총괄 부사장(현) ⦿천주교

강성국(姜聲國) KANG Sung Kook

⽣1966·9·9 ⦿진주(晉州) ⦿전남 목포 ⦿서울 서대문구 충정로60 KT&G서대문타워10층 법무법인 지평(02-6200-1837) ⦿1984년 목포고졸 1988년 고려대 법과대학졸 1991년 同법과대학원졸, 同법과대학원 박사과정 수료 ⦿1988년 사법시험 합격(30회) 1991년 사법연수원 수료(20기) 1994년 광주지법 판사 1996년 同순천지원 판사 1998년 서울지법 의정부지원 연천군·동두천시법원 판사 1999년 同의정부지원 판사 2001년 서울지법 판사 2002년 서울고법 판사 2004년 대법원 재판연구관 2006년 미국 워싱턴주립대 로스쿨 방문연수 2006년 광주지법 부장판사 2007년 사법연수원 교수 2009년 의정부지법 부장판사 2010년 서울중앙지법 부장판사 2013~2015년 서울북부지법 부장판사 2015년 법무법인 지평 파트너변호사(현)

강성균(姜性均)

⽣1952·2·23 ⦿제주특별자치도 제주시 문연로13 제주특별자치도의회 교육위원회(064-741-1972) ⦿애월상고졸, 제주대 국어교육과졸, 同교육대학원 국어교육과졸 ⦿서귀포고 교장, 제주과학고 교장, 제주중등교장협의회 회장, 탐라교육원 원장, 애월고총동장회 회장, 제주특별자치도교육청 평생교육체육과장, 同장학관, 해병대전우회 제주시지회 부회장(현) 2014년 제주특별자치도의회 교육의원(현) 2014·2016년 同교육위원회 위원장(현) 2014·2016년 同의회운영위원회 위원(현) 2016년 同윤리특별위원회 위원(현) ⦿유권자시민행동 선정 '대한민국 유권자대상 광역자치단체의회 의원부문'(2016)

강성근(姜聖根) KANG Sung Keun

⽣1959·1·14 ⦿진주(晉州) ⦿제주 서귀포 ⦿제주특별자치도 서귀포시 중산간서로212 제주도농업기술원(064-760-7101) ⦿1977년 제주 오현고졸 1984년 제주대 원예학과졸 1989년 同대학원 원예학과졸 2001년 농학박사(제주대) ⦿1993~1994년 일본 사가현 과수시험장 연수(지방농업연구사) 1993~1998년 농촌진흥원 채소계장·과수계장 1998~2003년 농업기술원 감귤지도담당·감귤연구담당 2003~2006년 제주도 농수축산국 감귤과 과수지원담당(지방농업연구관) 2006년 제주특별자치도농업기술원 감귤원예과 감귤지원담당 2006년 同경영정보담당 2007년 同감귤원예과장 2008년 同원예연구팀장 2011년 同연구개발국장 2013년 同지방농업연구관 2015년 同원장(현) ⦿농림수산부장관표창(1990), 농촌진흥청장표창(1996), 농촌진흥청장 농업기술연구상(1997), 국무총리 모범공무원표창(1999), 농림부장관 농업농촌발전유공표창(2005)

강성길(康誠吉) KANG Sung Ghil

⽣1961·2·8 ⦿신천(信川) ⦿제주 ⦿강원 원주시 세계로10 한국관광공사 기획조정실(033-738-3033) ⦿1979년 제주 표선상고졸 1987년 경기대 관광경영학과졸 ⦿2005년 한국관광공사 기획조정실 예산팀장 2006년 同방콕지사장 2009년 同지방이전기획단장 2009년 同관광브랜드상품실장 2010년 同국내마케팅실장 2011년 同MICE뷰로실장 2013년 同하노이지사장 2016년 同마케팅지원실장 2016년 同기획조정실장(현)

강성락(康聖樂) Kang Sung Nak

⽣1957·12·21 ⦿경기 동두천 ⦿경기 안산시 단원구 신안산대로135 신안산대학교 총장실(031-490-6004) ⦿1998년 기계공학박사(미국 데이턴대) ⦿크라이슬러자동차회사 제품개발 선임연구원, 안흥교회 장로 1999년 안산공과대학 학장 2006년 학교법인 순효학원 이사(현) 2009년 신안산대 총장(현) ⦿기독교

강성모(姜城模) Sung-Mo Steve Kang

⽣1945·2·25 ⦿대전 유성구 대학로291 한국과학기술원 총장실(042-350-2101) ⦿1963년 경신고졸 1970년 미국 페어레이디킨슨대 전기전자공학과졸 1972년 미국 뉴욕주립대 대학원 전자공학과졸 1975년 전자공학박사(미국 캘리포니아대 버클리교) 2014년 명예 과학박사(미국 페어리디킨슨대) ⦿1975~1977년 미국 럿거스대 전기전자공학과 교수 1982~1985년 미국 AT&T Bell Laboratories 선임연구원 1985~2000년 미국 Univ. of Illinois(Urbana-Champaign) 공대 전자공학과 교수 1989년 스위스 Federal Institute of Technology (로잔) 객원교수 1995~2000년 미국 Univ. of Illinois(Urbana-Champaign) 전자공학과장 1997년 독일 Univ. of Karlsruhe 객원교수 1998년 BK21프로그램 국제자문위원회 위원 1998년 독일 Technical Univ. of Munich 객원교수 2000년 Silicon Valley Engineering Council 회장 2001~2007년 미국 Univ. of California(샌타크루즈) 공대 교수 2001년 同공과대학장 2002~2003년 실리콘밸리공학회 회장 2002~2004년 한국과학기술원(KAIST) 전기및전자공학과 초빙석좌교수 2006년 스위스 국립기술원 과학자문위원 2006년 서울대 공대 기술자문위원 2007~2011년 미국 머세드 캘리포니아대(UC Merced) 총장 2011년 미국 UC Santa Cruz 공대 특훈석좌교수 2013년 한국과학기술원(KAIST) 총장(현) 2013~2014년 국가과학기술자문회의 창조경제분과 의장 2014년 싱가포르 국제학술자문위원회(IAAP) 위원(현) 2014~2016년 모스크바물리기술원(MIPT) 국제자문위원 2014~2016년 세계경제포럼 Global Agenda Conucil(GAC) 미래전자기술분과 위원장 2014년 한국공학한림원 대상 종합심의위원회 위원장(현) 2014년 헌법재판소 자문위원(현) ⦿제6회 KBS 해외동포상 산업기술부문(1998), 아시안 퍼시픽 펀드(APF) 교육지도자상(2007), 올해의 자랑스러운 한국인상(2008), 덕명한림공학상(2010), 미국 페어레이디킨슨대 올해의 동문상(2013), 미국 일리노이대총동문회 공로상(2014), IEEE-ISCAS 2015 존촤마(John Choma)교육상(2015), 在美한인과학기술자협회(KSEA) 최고공헌상(2015), 장영실 국제과학문화상 본상(2016)

강성범(康星範) SUNG-BUM, KANG

⽣1960·12·9 ⦿서울 종로구 종로5길68 11층 코리안리재보험(주) 임원실(02-3702-6034) ⦿1986년 한양대 토목공학과졸 ⦿1986년 코리안리재보험(주) 입사 1998년 同홍콩주재사무소장 2000년 同화재보험부 재물1과 차장 2003년 同생명보험부 생명과 차장 2007년 同생명보험부장 2012년 同생명보험부·상품수리부담당 상무대우 2013년 同총무부·생명보험부 겸 상품수리부담당 상무 2015년 同생명보험부·리스크관리팀·상품수리부총괄 전무(현)

강성복(姜聲福)

[생]1959 [출]전남 보성 [주]충남 아산시 무궁화로111 경찰교육원 원장실(041-536-2015) [학]1975년 조선대부고졸 1984년 동국대 경찰행정학과졸 2010년 同행정대학원 경찰학과졸 [경]1985년 경위 임용(경찰간부후보 33기) 2004년 전남 곡성경찰서장(총경) 2006년 경찰청 경비국 대테러센터장 2007년 서울 성북경찰서장 2009년 경찰청 경무기획국 장비과장 2011년 전남지방경찰청 차장(경무관) 2012년 경기지방경찰청 제1부장 2014년 경찰청 사이버안전국장 2014년 경기지방경찰청 제1차장(치안감) 2015년 경찰교육원 원장(치안감)(현)

강성수(姜城洙)

[생]1970·7·22 [출]서울 [주]경기 고양시 일산동구 호수로550 사법정책연구원(031-920-3550) [학]1989년 성남고졸 1993년 서울대 법학과졸 1995년 同대학원졸 [경]1995년 사법시험 합격(37회) 1998년 사법연수원 수료(27기) 1999년 軍법무관 2001년 서울지법 서부지원 판사 2003년 서울지법 판사 2004년 서울중앙지법 판사 2005년 부산지법 판사 2008년 의정부지법 고양지원 판사 2010년 서울고법 판사 2011년 대법원 재판연구관 2013년 춘천지법 부장판사 2015년 의정부지법 부장판사 2015년 사법정책연구원 선임연구위원(현)

강성애(康聖愛·女) KANG Seong Ae

[생]1956·2·29 [출]경기 동두천 [주]경북 김천시 대학로214 김천대학교 총장실(054-420-4004) [학]1979년 상명여대 사범대학 국어교육과졸 1994년 미국 McCormic Theological Seminary 대학원 신학과졸 2000년 미국 Northern Baptist Theological Seminary 목회학 박사과정 수료 2007년 명예 교육학박사(필리핀 Southwestern Univ.) [경]1991년 미국 맴피스한인교회 청소년상담 및 교육목회자 1993년 미국 하나한인교회 청소년상담 및 교육목회자 1994년 미국 퍼스트뱁티스트교회 선교목사 1996년 김천대 교양과정부 외래강사 1996년 同지역사회개발연구소장 2000년 同기획조정국장 2003~2008년 同학장 2009년 同총장(현) [종]기독교

강성언(姜成彦) KANG Seong Eon

[생]1953·2·7 [주]서울 중구 덕수궁길15 서울특별시의회(02-3783-1521) [학]1983년 건국대 공과대학 건축공학과졸 [경]서울시 강동교육청 시설과장(건축사무관), 강성언건축사사무소 대표(현), 한나라당 제주도당 중앙위원회 부위원장 2010년 서울시의원선거 출마(한나라당), 민주당 서울강북乙지역위원회 부위원장 2014년 서울시의회 의원(새정치민주연합·더불어민주당)(현) 2014~2016년 同교육위원회 부위원장 2014~2015년 同예산결산특별위원회 위원 2015년 同하나고등학교특혜의혹진상규명을위한행정사무조사특별위원회 위원(현) 2015년 同지역균형발전지원특별위원회 위원(현) 2016년 同교육위원회 위원(현) [종]천주교

강성용(姜聲龍) KANG SUNG-YONG (碧匡)

[생]1951·3·2 [본]진주(晉州) [출]경북 안동 [주]서울 강남구 봉은사로628 엘슨빌딩4층 KM그린(주)(02-2051-4290) [학]1969년 안동농림고졸 1973년 명지대 행정학과졸 1985년 경희대 행정대학원 행정학과졸 1997년 정책학박사(경희대) [경]1978년 중앙정보부 사무관 1980년 감사원 비상계획담당관(4급) 1984년 조달청 비서관 1986년 환경청 감사담당관 1988년 同총무과장 1990년 환경처 총무과장 1991년 국립환경연구원 훈련부장(3급) 1992년 대구지방환경청장 1994년 환경청 본부 근무 1994년 중앙공무원교육원 파견(이사관) 1995년 환경부 공보관 1997년 同자연보전국장 1998년 한강환경관리청장 1999년 낙동강환경관리청장(1급) 2000년 자민련 경북안동지구당 위원장 2000년 同통일안보특별위원회 위원 2000년 同정세분석위원장 2000년 한국환경생명연구원 원장 2001년 경희대 행정학과 겸임교수 2001년 유네스코 한국위원회 MAB위원장 2001년 (사)한국청소년보호육성회 총재 2001년 KM그린(주) 회장(현) 2002년 한국미래연합 창당준비위원회 위원 2002년 同서울송파甲지구당 위원장 2007년 (주)신니개발(로얄포레C.C) 회장(현) 2007년 한나라당 재정분과위원회 재정위원 2012~2013년 새누리당 재정분과위원회 재정위원 2012년 同박근혜 대통령후보 대외협력상임특보 2012년 同제18대 대통령중앙선거대책위원회 직능총괄본부 환경본부 친환경산업대책위원장 2012년 육군3사관학교총동문회 회장(현) [상]보국포장(1976), 감사원장표창(1984) [저]'환경영향평가론'(1998, 태백) '연어의 꿈'(1999, 태백) [종]불교

강성욱(姜聲郁) KANG Sung Wook

[생]1961·8·25 [출]서울 [주]서울 강남구 학동로343 POBA강남타워10층 GE코리아 비서실(02-6201-3001) [학]1980년 고려고졸 1984년 서울대 경제학과졸 1990년 미국 매사추세츠공대 경영대학원 수료 [경]1984~1988년 한국아이비엠(주) 공공기관영업담당 과장 1990년 탠덤컴퓨터 동아시아본부 대표이사 1994년 同홍콩·대만 사장 1997년 同한국사장 1997년 한국컴팩컴퓨터 대표이사 2000년 컴팩코리아(주) 대표이사 2002년 한국HP·컴팩코리아 엔터프라이즈그룹 총괄 2002년 미국 시스코시스템스 아시아태평양지역본부 부사장 2005년 同북아시아 총괄 부사장 2008년 同아시아·태평양지역 총괄 사장 2012년 GE코리아 총괄대표(현)

강성웅(姜聖雄) KANG Seong Woong

[출]부산 [주]서울 강남구 언주로211 강남세브란스병원 재활의학과(02-2019-3490) [학]1985년 연세대 의대졸 1991년 同대학원졸 1996년 의학박사(연세대) [경]1986~1992년 연세대 영동세브란스병원 전공의 1992년 同연구강사 1994년 同의과대학 재활의학교실 전임강사·조교수·부교수·교수(현) 1994년 同근육병재활연구소 상임연구원 1998~2000년 미국 뉴저지 Medical School 연수 2002~2003년 대한재활의학회 수련교육위원회·고시위원회 위원 2004~2009년 영동세브란스병원 재활의학과장 2008~2009년 同홍보실장 2009~2011년 강남세브란스병원 재활의학과장 2009~2011년 同홍보실장 2010~2012년 대한재활의학회 이사장 2011년 강남세브란스병원 척추전문병원 척추재활의학과장(현) 2012년 同호흡재활센터 소장(현) 2012~2014년 同재활의학과장 2012년 연세대 의대 희귀난치성신경근육병재활연구소장(현) 2014년 대한노인재활의학회 이사장 2014~2016년 강남세브란스병원 부원장 2014~2016년 同임상연구관리실장 2016년 同호흡재활센터 소장 2016년 同척추병원장(현) [상]대한재활의학회 학술상(1997)

강성원(姜成遠) KANG Sung Won (弘牛)

[생]1948·1·19 [본]진주(晉州) [출]대구 달성 [주]서울 종로구 청계천로11 청계11빌딩 생명보험사회공헌재단(02-2261-2291) [학]1966년 대구상고졸 1970년 서울대 상대졸 1990년 고려대 대학원 회계학과졸 1995년 회계학박사(단국대) [경]1971년 행정고시 합격(10회) 1981년 중부지방국세청 소득세과장 1982년 속초세무서장 1983년 마산세무서장 1985년 영도세무서장 1986년 안건회계법인 입사 1995년 同대표 1995~2002년 서울지법 조정위원 1997~2000년 광운대 감사 1997~1998년 새마을운동중앙협의회 감사 1998~2000년 쌍용양회공업 사외이사 1998~2000년 국세청 법령심사위원회 의원 1999~2001년 조흥은행 사외이사 2000~2002년 해강장학회 감사 2000~2006년 기획예산처 기금정책심의회 위원 2000~2007년 삼정회계법인 대표이사 2005년 대한상사중재원 중재인 2006~2008년 한국공인회계사회 조세부회장 2006~2008년 재정경제부 세제발전심의위원회 위원 2006~2008년 同조세감면평가위원회 위원 2006~2008년 同조세개혁특별위원회 위원 2007년 (사)한국감사협회 고문(현) 2007년 삼정회계법인 부회장 2007년 생명보험사회공헌재단 감사(현) 2012년 계간지 「시와 시학」 '제1호 명예시인'으로 추대 2012~2016년 한국공인회계사회 회장 2012년 한국XBRL본부 이사장(현) 2012년 국세청 국세행정위원회 위원 2012년 기획재정부 조세법령개혁추진위원회 위원 2012년 同세제발전심의위원회 위원 2013~2016년 국세청 국세행정개혁위원회 위원 2013~2015년 중소기업사랑나눔재단 감사 [상]근정포장(1981), 재정경제부장관표창(2002), 대통령표창(2004)

강성익(姜聲益) KANG Sung Ik

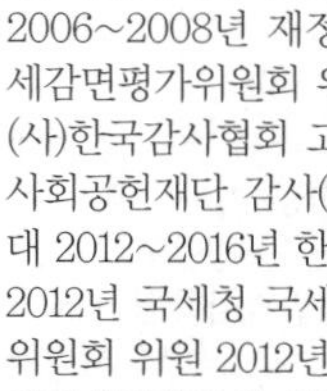

[생]1950·6·2 [출]전남 장성 [주]서울 강남구 논현로650의1 (주)한라종합건축사사무소(02-543-9708) [학]1968년 조선대부고졸 1972년 한양대 건축학과졸 1984년 홍익대 환경대학원 환경설계학과졸 1996년 중앙대 국제경영대학원 최고경영자과정 수료 [경]1974~1979년 그랜드건축연구소 근무 1980년 강성익건축연구소 개설, (주)한라종합건축사사무소 대표이사(현) 1994년 영천종합건설(주) 대표이사 1996년 대한민국건축대전 초대작가 1998~2000년 서울시건축사회 홍보·운영위원장, (사)국제문화친선협회 이사 2002년 새천년민주당 서울강남甲지구당 상임부위원장 2002~2004년 서울시 강남구건축사회 회장 2004~2006년 대한건축사협회 이사 2006~2007년 서울시건축사회 회장 2011~2013년 대한건축사협회 회장 [상]대한민국건축대전 입선, 동양미술제 입선, 상형전 입선, 동탑산업훈장(2013)

ㄱ

강성조(康盛照) KANG Sung Jo (경탁)

[생]1965·1·16 [본]신천(信川) [출]경북 예천 [주]서울 종로구 세종대로209 행정자치부 기획조정실(02-2100-3399) [학]1984년 부산 금성고졸 1989년 한양대 법학과졸 [경]1990년 행정고시 합격(34회) 2000년 행정자치부 지방재정세제국 교부세과 사무관 2001년 同지방재정세제국 교부세과 서기관 2004년 주한미군대책추진기획단 파견 2006년 지방분권지원단 파견 2006년 행정자치부 전자정부제도팀장 2007년 同교부세팀장 2007년 친일반민족행위자재산조사위원회 파견 2008년 행정안전부 교부세과장 2008년 同인력개발관실 교육훈련과장(서기관) 2009년 同인력개발관실 교육훈련과장(부이사관) 2009년 해외파견(부이사관) 2010년 국가기록원 대통령기록관 기획수집과장 2011년 행정안전부 주소전환추진단장 2012년 충북도 기획관리실장(고위공무원) 2014~2015년 대통령소속 국민대통합위원회 기획정책국장 2015년 행정자치부 정보공유정책관 2015년 同개인정보보호정책관 2016년 해외 파견(현)

강성주(姜聲珠) KANG Seong Ju

[생]1965·7·29 [본]진주(晋州) [출]경북 의성 [주]서울 영등포구 국회대로70길18 한양빌딩 새누리당(02-788-2999) [학]1983년 대구 능인고졸 1987년 경북대 행정학과졸 2000년 미국 시라큐스대 대학원 행정학과졸 2002년 미국 펜실베이니아주립대 대학원 행정학 박사과정 수료 [경]1986년 행정고시 합격(30회) 1988년 체신부 한국통신민영화반 사무관 1992~1995년 同정보통신기술과·정보통신과 사무관 1995년 정보통신부 정보정책과 사무관 1997년 同정보화지원과 서기관 1998년 해외 연수(미국) 2002년 안동우체국장 2003년 정보통신부 기획관리실 행정관리담당관 2004년 정부혁신지방분권위원회 파견 2005년 정보통신부 정보통신전략기획관실 동향분석담당관 2006년 同정보화기획실 기획총괄과장 2006년 同미래정보전략본부 기획총괄팀장 2007년 대통령비서실 과학기술행정관(부이사관) 2008년 중앙공무원교육원 총무과장 2008년 同교육총괄과장 2009년 행정안전부 재난총괄과장 2009년 同재난안전실 재난안전정책과장 2009년 同정보화전략실 정보기반정책관(일반직고위공무원) 2011년 駐OECD대표부 파견(고위공무원) 2013년 미래창조과학부 융합정책관 2013년 同정보통신방송정책실 정보통신융합정책관 2014년 同정보화전략국장 2015년 同정보통신방송정책실 정보통신융합정책관 2015년 同정보통신정책실 인터넷융합정책관 2016년 同연구개발정책실 연구성과혁신정책관 2016년 새누리당 정책위원회 수석전문위원(현) [상]홍조근정훈장(2014)

강성천(姜聲千) Kang, Sung Chun

[생]1964·7·20 [본]진주(晋州) [주]세종특별자치시 한누리대로402 산업통상자원부 산업정책실(044-203-5401) [학]대광고졸 1988년 서울대 경제학과졸 2004년 경제학박사(미국 인디애나대) [경]1988년 행정고시 합격(32회) 1989~2000년 상공부·통상산업부·산업자원부 등 사무관 및 서기관 2004~2010년 산업자원부 산업기술개발과장·駐OECD대표부 참사관·지식경제부 부품소재총괄과장 2010년 대통령 경제수석비서관실 행정관 2011년 지식경제부 장관비서실장 2012년 同무역투자실 투자정책관 2012년 同에너지자원실 원전산업정책관 2013년 산업통상자원부 에너지자원실 원전산업정책관 2014년 同산업정책실 산업정책관 2016년 同무역위원회 상임위원 2016년 同산업정책실장(현)

강성천(姜聲天) Kang Seong Cheon

[생]1966·11·10 [본]진주(晋州) [출]전남 [주]대전 서구 청사로189 국가기록원 수집기획과(042-481-1782) [학]1985년 전주 상산고졸 1989년 서울대 국사학과졸 1994년 同대학원 국사학과졸 1998년 同대학원 국사학박사과정 수료 [경]행정자치부 국가기록원 보존복원팀장 2007년 同국가기록원 기록관리부 보존복원센터장 2008년 행정안전부 국가기록원 기록관리부 보존복원연구과 서기관 2009년 同국가기록원 기록관리부 사회기록관리과 서기관 2011년 同국가기록원 기록편찬문화과장 2013~2014년 안전행정부 국가기록원 기록편찬문화과장 2014년 행정자치부 국가기록원 기록편찬문화과장 2015년 同국가기록원 대전기록관장 2016년 同국가기록원 수집기획과장(현)

강성철(姜成哲) KANG Sung Chul

[생]1953·10·16 [본]진주(晋州) [출]경남 고성 [주]부산 부산진구 중앙대로955 부산발전연구원(051-860-8602) [학]1972년 동래고졸 1977년 부산대 행정학과졸 1979년 同대학원 행정학과졸 1988년 행정학박사(부산대) [경]1980~1983년 창원대 행정학과 전임강사·조교수 1983~1993년 부산대 사회과학대학 행정학과 전임강사·조교수·부교수 1993~2010년 同교수 1993년 미국 인디애나대 객원교수 2000~2004년 부산환경운동연합 정책위원장 2003~2005년 한국인사행정학회 회장 2003~2007년 (사)환경과자치연구소 소장 2003~2005년 대통령자문 정부혁신지방분권위원회 전문위원 2005~2006년 한국지방정부학회 회장 2005~2007년 부산대 행정대학원장 2005~2010년 부산시 인사위원회 위원 2008년 한국행정학회 부회장 2008~2009년 KBS 이사 2009~2012년 EBS 이사 2010~2014년 부산대 경제통상대학 공공정책학부 교수 2010~2012년 同경제통상대학 공공정책학부장 겸 학과장 2014년 부산발전연구원 원장(현) [저]'지식기반경제와 지역발전전략(共)'(2004, 부산대 출판부) '참여정부 인사개혁의 현황과 과제(共)'(2005, 나남) '지방정부간 갈등과 협력-연구사례집(共)'(2006, 한국행정DB센터) '지방정부간 갈등과 협력- 이론과 실제(共)'(2006, 한국행정DB센터) '창조적 발상과 지역경쟁력(共)'(2008, 한울) '새 인사행정론(개정8판)(共)'(2014, 대영문화사) [종]가톨릭

강성철(姜聖哲) KANG Sung Chul

[생]1967·8·4 [출]서울 [주]서울 성북구 화랑로14길5 한국과학기술연구원 로봇미디어연구소(02-958-5114) [학]1985년 휘문고졸 1989년 서울대 공대 기계설계학과졸 1991년 同대학원 기계설계학과졸 1998년 기계설계학박사(서울대) [경]1991년 한국과학기술연구원(KIST) 연구원 1999~2005년 同선임연구원 1999~2000년 일본 기계기술연구소 연구원 2005~2009년 한국과학기술연구원 지능시스템연구본부 인지로봇연구단 책임연구원 2007년 미국 스탠포드대 방문연구원 2009년 한국과학기술연구원 로봇·시스템본부 인지로봇센터 책임연구원 2010년 과학기술연합대학원대학교 HCI및로봇응용공학 교수(현) 2011~2013년 한국과학기술연구원 바이오닉스연구단장 2014년 同바이오닉스연구단 책임연구원 2015년 同로봇미디어연구소 책임연구원(현) [상]IROS 99 학술상(2003), ROBOCUP World Championship 구조로봇부분 2위(2005), 이달의 과학기술자상(2005), ROBOCUP US-Open 구조로봇부분 우승(2005) [종]천주교

강성태(姜成泰) KANG Seong Tae

[생]1954·4·15 [출]대구 [주]서울 서초구 바우뫼로37길56 한국주류산업협회(02-780-6661) [학]대구 대건고졸, 경북대 법정대학 행정학과졸, 서울대 행정대학원 석사과정 수료, 미국 서던캘리포니아대 행정대학원졸(행정학석사) 2011년 세무학박사(서울시립대) [경]1978년 행정고시 합격(21회), 재정경제원 조세정책과 사무관 1988년 同소비세제과·재산세제과 사무관 1993년 의성세무서장 1993년 김천세무서장 1994년 포항세무서장, 국세청 국제조세국 업무지원팀과장 1999년 광명세무서장 1999년 중부지방국세청 개인납세1과장 2000년 국세청 민원제도과장, 同청장 비서관 2002년 同국제협력담당관 2005년 미국 국세청 국장 파견(부이사관) 2006년 중부지방국세청 세원관리국장 2006년 국세청 국세공무원교육원장 2007년 대구지방국세청장 2007~2009년 국세청 국제조세관리관, 서울시립대 세무전문대학원 초빙교수, 그리스도대 경영학부 세무회계학전공 교수 2012년 LIG손해보험(주) 사외이사 겸 감사위원(현) 2015년 KC대 경영학부 세무회계학전공 교수(현) 2016년 한국주류산업협회 회장(현) [상]대통령표창(1992), KC대 우수교수상(2014·2015) [저]'국제거래 소득과 이전가격 과세제도(transfer pricing taxation on cross-border income)'(2014, 삼일인포마인) '국제거래소득 과세이론(Theories and Rules on International Taxation)'(2015, 삼일인포마인) [종]기독교

강성태(姜成泰) Kang Sung Tae

[생]1960·12·25 [출]부산 [주]부산 연제구 중앙대로1001 부산광역시의회(051-888-8020) [학]부산고졸, 부산산업대 행정학과졸, 한양대 행정대학원 계획행정학과졸 [경]부산산업대 총학생회장, 조경목 국회의원 비서관, 유흥수 국회의원 비서관, 부산시 초대민선 수영구청장 비서실장, 호암초 운영위원장, 21세기부산발전연구소 소장, 이웃사촌쌀집 대표, 박형준 국회의원 사무국장, 경성대 총동창회 부회장(현) 2006·2010·2014년 부산시의회 의원(한나라당·무소속·새누리당)(현) 2010년 同행정문화위원회 위원 2012·2014년 同원전안전특별위원회 위원장 2013년 同예산결산특별위원회 위원 2014년 同경제문화위원회 위원 2016년 同복지환경위원회 위원(현) 2016년 同부의장(현)

강성호(姜晟鎬) KANG, SUNG-HO

[생]1962·8·22 [주]인천 연수구 송도미래로26 극지연구소 극지해양환경연구부(032-760-5332) [학]1981년 중앙대사대부고졸 1985년 인하대 해양학과졸 1989년 미국 텍사스A&M대 대학원 해양학과졸 1992년 해양학박사(미국 텍사스A&M대) [경]1993~1995년 한국해양연구원 극지연구본부 박사 후 연구원 1995~2002년 同극지연구본부 선임연구원 1995~1997년 同남극세종과학

기지 9차월동연구대 월동연구원 1999년 국내최초 북극탐사대 연구원(팀장) 2000~2009년 남극과학위원회(SCAR) 생명과학분과위원회 한국대표 2000년 한·러시아북극해공동연구 연구원(팀장) 2001년 한·칠레공동해양연구원 팀장 2001~2005년 충남대 해양학과 겸임부교수·겸임교수 2002년 한국해양연구원 극지연구소 책임연구원(현) 2002~2010년 북극해양과학위원회(AOSB) 한국대표 2004년 과학기술연합대학원대 극지과학 겸임부교수·교수(현) 2005~2009년 인하대 해양학과 겸임교수 2006~2008년 북극해양과학위원회(AOSB) 부의장 2006년 한국해양연구원 극지연구소 극지응용연구부장 2007년 同극지연구소 극지생물해양연구부장 2008년 한국해양학회 학회지 편집위원(현) 2009~2010년 한국해양연구원 극지연구소 남극세종과학기지 23차월동연구대장 2011~2012년 同극지연구소 극지기후연구부장 2011년 국제북극과학위원회(IASC) 북극해양분과위 및 태평양북극연구회 한국대표(현) 2011년 한국해양학회 이사 2013년 극지연구소 극지해양환경연구부장(현) 2014년 국제태평양북극연구회 의장(현) [상]한국해양연구소장표창(1997·1999), 극지연구소장표창(2005·2007·2011·2011·2016), 과학기술부장관표창(2007) [저]'해양과학기술의 현재와 미래(共)'(2012, 한국해양과학기술원) '북극해를 말하다'(2012, KMI KOPRI) '극지와 인간(共)'(2013, 한국해양과학기술원) '극지과학자가 들려주는 결빙방지단백질 이야기'(2014, 지식노마드) [역]'환경변화와 인간의 미래 : 지구시스템과학 입문서'(1998, 동아일보)

강성호(姜成昊) KANG Sung Ho

[생]1963·4·13 [출]서울 [주]서울 서대문구 연세로50 연세대학교 전기전자공학과(02-2123-2775) [학]1986년 서울대 제어계측공학과졸 1988년 미국 텍사스 오스틴대 대학원 컴퓨터공학과졸 1992년 컴퓨터공학박사(미국 텍사스 오스틴대) [경]1987~1988년 미국 텍사스 오스틴대 연구원·조교 1989~1992년 미국 Schlumberger Inc. 연구원 1992~1994년 미국 Motorola Inc. 선임연구원 1992년 미국 텍사스 오스틴대 Post-Doc. 1994년 연세대 공대 전기전자공학과 교수(현), 同컴퓨터시스템 및 고신뢰성SOC연구실 지도교수(현) 1996년 대한전자공학회 학회지 편집위원회 간사 2000년 한국통신학회 논문지 편집위원 2001~2007년 SIPAC 운영위원 2002년 IDEC 전문위원, 참여교수(현) 2002년 산업자원부 차세대신기술개발사업 '네트워크기반 적응 생존형 바이오프로세서 및 응용기술 개발' 총괄연구책임자 2004년 반도체 Society 이사 2004년 연세대 아식설계공동연구소장 2008~2010년 한국반도체테스트학회 회장 2014년 한국반도체테스트학회 회장(현) [상]대한전자공학회 공로상(1997), 해동논문상(2001), 한국테스트학술대회 우수논문상(2002), 한국SOC학술대회 우수논문상(2002), 연세대 전기전자공학과 우수연구교수상(2002), 한국테스트협회 공로상(2003), 한국테스트학술대회 우수논문상(2003), 한국테스트학술대회 최우수논문상(2004), International SoC Design Conference Best Paper Award(2004), 대한전자공학회 SoC 설계연구회 공로상(2006), 연세대 우수업적교수표창(2006), 이달의 과학기술자상(2011) [저]'컴퓨터입문'(1996) 'Hello Computer Hello C언어'(1997) '컴퓨터 시스템 : 하드웨어구조와 소프트웨어운영'(1997) '실험테스팅 및 테스팅을 고려한 설계'(1998) '디지탈시스템설계 및 VHDL'(1999) '메모리테스트'(2001) '전기전자기초실험(共)'(2006) [종]기독교

강성휘(姜誠輝) KANG Seong Hyi

[생]1967·11·20 [본]진주(晉州) [출]전남 영광 [주]전남 무안군 삼향읍 오룡길1 전라남도의회(061-278-3957) [학]1985년 숭일고졸 2003년 전남대 정치외교학과졸, 목포대 경영행정대학원 행정학 석사과정 수료 [경]목포참세상청년회 준비위원장, 목포민주청년회 회장 1998·2002·2006년 전남 목포시의회 의원 2005년 목포민주시민운동협의회 중앙위원, 목포KYC지방자치센터 소장 2004년 전남 목포시의회 기획총무위원장 2008~2010년 同부의장 2010년 전남도의회 의원(민주당·민주통합당·민주당·새정치민주연합) 2010~2012년 同친환경무상급식추진특별위원회 위원 2012년 同기획사회위원회 부위원장 2012년 同운영위원회 위원 2012년 同여성정책특별위원회 위원 2013년 同지방분권특별위원회 위원장 2014년 전남도의회 의원(새정치민주연합·더불어민주당)(현) 2014년 同기획사회위원회 위원장 2016년 同윤리특별위원회 위원(현) 2016년 同경제관광문화위원회 위원(현) [상]매니페스토약속대상 광역의원부문 대상(2010·2013), 매니페스토약속대상 광역의원부문 최우수상(2011) [종]천주교

강성희(姜盛熙) KANG Seung Hee

[생]1955·1·19 [본]진주(晉州) [출]서울 [주]서울 영등포구 선유로146 이앤씨드림타워1101호 (주)오텍 회장실(02-2628-0660) [학]1973년 동국대사대부고졸 1981년 한양대 사학과졸 1982년 고려대 경영대학원 수료 [경]1981년 한미약품 입사 1982~1997년 서울차체공업(주) 영업실장(이사) 1997~1999년 포드자동차 한국딜러사업부장 2000년 (주)오텍 창업·대표이사 회장(현) 2007년 한국터치스크린 회장(현) 2008~2011년 (사)한국자동차제작자협회 회장 2010~2013년 정부조달우수제품협회 부회장 2011~2015년 서울시장애인보치아연맹 회장 2011년 오텍캐리어 대표이사 회장(현) 2011년 캐리어에어컨 인수 2011년 캐리어냉장 인수 2013~2014년 (사)표준학회 부회장 2015년 대한장애인보치아연맹 회장(현) 2016년 한국자동차안전학회 자문위원(현) [상]Venture Korea 2003 벤처기업대상 산업자원부장관표창(2003), 300만불 수출의 탑(2004), 조달청장표창(2005), 1천만불 수출의 탑(2005), 산업자원부 신기술실용화유공자부문 대통령표창(2005), 산업자원부 신기술실용화 및 촉진대회 은탑산업훈장(2008), 중앙일보 선정 한국을 빛낸 창조경영인 사회책임경영부문(2009), 모범납세자상(2009), 중앙일보 선정 한국을 빛낸 창조경영인 R&D부문(2010), 올해의 자랑스러운 한국인 대상 기술혁신부문(2010), 한국참언론인대상 공로상(2011), 매일경제 선정 기술혁신분야 창조경영부문 '대한민국 글로벌 리더'(2013), 매경미디어그룹 2013 대한민국 창조경제리더 사회책임부문(2013), 매일경제 선정 '대한민국 글로벌 리더'(2014·2015), 보건복지부장관표창(2014), TV조선 선정 '한국의 영향력 있는 CEO'(2015) [종]가톨릭

강성희(姜聲熙)

[생]1957·4·25 [출]전남 무안 [주]전남 진도군 진도읍 남산2길33 진도경찰서(061-540-0346) [학]2006년 세한대(舊 대불공과대) 경찰행정학과졸 [경]2005년 경정 임용 2006년 전남 완도해양경찰서 해상안전과장 2011년 해양경찰청 해상안전과장(총경) 2011년 목포해양경찰서장 2012년 제주지방해양경찰청 정보수사과장 2014년 전남지방경찰청 수사2과장 2016년 전남 진도경찰서장(현)

강세민(姜世玟) KANG Se Min

[생]1949·1·19 [출]경남 통영 [주]경남 진주시 남강로698 경원여객자동차(주) 회장실(055-745-2128) [학]1973년 성균관대 경영학과졸 [경]경원여객자동차(주) 회장(현) 1978년 경원여객(주) 대표이사 1981년 경남조정 회장 1990년 창원지검 진주지청 법사랑위원회 고문(현) 2000~2006년 진주상공회의소 회장 2000년 同상공의원 2014년 경상대 박물관 운영위원(현) 2014~2015년 진주세무서 세정협의회 위원장 2015년 창원지법 진주지원 조정위원회 회장(현) [상]노동부장관표창, 대통령표창(2011·2016)

강세웅(姜世雄) KANG Se Woong

[생]1961·10·28 [출]전북 [주]서울 강남구 일원로81 삼성서울병원 안과(02-3410-3562) [학]1980년 경기고졸 1986년 서울대 의대졸 1995년 同대학원 의학석사 2001년 의학박사(서울대) [경]1986~1987년 서울대병원 수련의 1987~1990년 同안과 전공의 1990~1993년 공군사관학교 병원 안과장(군복무) 1993~2000년 충북대 의대 안과학교실 전임강사·조교수·부교수(세부전공 : 망막·포도막) 1997~1998년 미국 플로리다주 Bascom Palmer 안연구소 망막분야 Research Fellow 1999~2000년 충북대 의대 안과학교실 주임교수 1999~2000년 同병원 안과 과장 2000~2001년 삼성서울병원 안과 촉탁의 2001~2007년 성균관대 의대 안과학교실 부교수 2002년 한국망막학회 이사 2006년 대한안과학회 총무이사 2007년 성균관대 의과대학 안과학교실 교수(현) 2008년 대한안과학회 역학조사위원 2011~2015년 삼성서울병원 안과 과장 [상]한국망막학회 학술상(2006) [저]'망막질환과 형광안저촬영(共)'(2000) '망막(共)'(2001) '민욱기 망막질환과 형광안저혈관조영(共)'(2004) '망막(共)'(2004) '안과검사'(共)

강세창(姜世昌) KANG Se Chang

[생]1961·1·3 [출]경기 의정부 [주]경기 수원시 장안구 정조로944 새누리당 경기도당(031-248-1011) [학]의정부공고졸, 한국교육개발원졸 2009년 서울산업대 산업대학원 공학과졸, 협성대 대학원 사회복지학 박사과정 재학 중 [경]건축특급기술자, (주)신우공영 기술이사, 한국어린이재단 의정부지역후원회장, 경기도지체장애인협회 의정부시후원회 부회장, 북부신문 논설위원, 한나라당 의정부시당원협의회 운영위원, 同중앙위원 2006·2010~2014년 경기 의정부시의회 의원(한나라당·새누리당) 2008~2010년 同도시·건설위원장 2011년 同공유재산관리실태조사특별위원장, 교외선전철화추진시민협의회 공동대표 2014년 의정부시장선거 출마(새누리당) 2016년 새누리당 의정부시甲당원협의회 운영위원장(현) 2016년 제20대 국회의원선거 출마(의정부시甲, 새누리당) [상]2012 경기도시군의원 의정연구발전분야 우수상(2013) [저]'소신은 권력도 뛰어넘는다'(2014) [종]기독교

강수림(姜秀淋) KANG Soo Lim

[생]1947·4·13 [본]진주(晉州) [출]강원 삼척 [주]서울 광진구 아차산로397 덕운빌딩2층 성심종합법무법인(02-446-0010) [학]1964년 동양공고졸 1970년 국민대 법학과졸 [경]1972년 사법시험 합격(14회) 1974년 사법연수원 수료(4기) 1975년 육군 법무관 1977년 서울지검 동부지청 검사 1980년 광주지검 검사 1982년 변호사 개업(현) 1984년 한국실업테니스연맹 회장 1990년 천주교 정의구현전국연합회 인권위원장 1990년 민주당 창당준비위원회 감사 1990년 同인권위원회 부위원장 1992년 同인권위원장 1992년 제14대 국회의원(서울 성동丙, 민주당) 1992년 민주당 당무위원 1996년 同서울광진甲지구당 위원장 2002년 성심종합법무법인 대표변호사(현) 2002년 국민대 겸임교수 2003~2010년 서울동부지방변호사협의회 회장 [저]'통합선거법 해설' [종]천주교

강수산나(姜壽山那·女)

[생]1968·8·14 [출]서울 [주]경기 평택시 평남로1040 수원지방검찰청 평택지청(031-8053-4200) [학]1987년 동명여고졸 1991년 한국외국어대 영어과졸 [경]1998년 사법시험 합격(40회) 1999년 사법연수원 수료(30기) 2001년 서울지검 의정부지청 검사 2003년 대전지검 서산지청 검사 2004년 대구지검 검사 2006년 서울중앙지검 검사 2011년 의정부지검 고양지청 검사 2012~2013년 駐시드니총영사관 파견 2014년 부산지검 검사 2015년 수원지검 부부장검사 2016년 同평택지청 부장검사(현)

강수상(姜壽相) KANG Su Sang

[생]1971·10·3 [본]진주(晉州) [출]경남 진주 [주]세종특별자치시 갈매로388 문화체육관광부 문화콘텐츠산업실 콘텐츠정책관실 문화산업정책과(044-203-2411) [학]1990년 대아고졸 1998년 서울대 정치학과졸 2002년 同행정대학원 정책학과졸 [경]1998년 행정고시 합격(42회) 2005년 국정홍보처 협력총괄팀 서기관 2006년 同국정과제홍보팀장 2007년 同협력총괄팀장 2007년 제17대 대통령직인수위원회 법무행정분과위원회 실무위원 2008년 문화체육관광부 홍보지원국 국정과제홍보과장 2011년 同기획조정실 정책기획관실 규제개혁법무담당관 2012년 同체육국 체육진흥과장 2014년 同문화콘텐츠산업실 콘텐츠정책관실 대중문화산업과장 2015년 同문화콘텐츠산업실 콘텐츠정책관실 문화산업정책과장(현)

강수연(姜受延·女) KANG Su Yeon

[생]1966·8·18 [출]서울 [주]서울 종로구 율곡로84 가든타워1601호 부산국제영화제조직위원회(02-3675-5097) [학]1985년 동명여고졸, 고려대 언론대학원 수료 [경]영화배우(현) 1971년 아역탤런트 1976년 영화「핏줄」로 데뷔 1991년 홍콩영화계 진출 한국 여배우 1호 1991년 모스크바영화제 심사위원 1997년 부천국제판타스틱영화제 '페스티벌 레이디'로 선정 1998년 부산국제영화제 집행위원 1999년 부천판타스틱영화제 심사위원 2000년 스크린쿼터수호천사단 부단장 2000년 부산국제영화제 심사위원 2005년 제10회 부산국제영화제 해외협력대사 2007년 몬트리올국제영화제 심사위원 2010년 부산국제단편영화제 심사위원장 2011년 아시아나국제단편영화제 경쟁부문 본심 심사위원 2012년 지구촌공생회 홍보대사 2012년 아시아나국제단편영화제 심사위원 2013년 시드니국제영화제 심사위원 2015년 (사)부산국제영화제조직위원회 공동집행위원장(현) [상]베니스영화제 여우주연상(1987), 대종상 여우주연상(1987·1989·1990), 낭트영화제 여우주연상(1988), 모스크바영화제 여우주연상(1989), 백상예술대상 연기상(1991), 청룡영화상 여우주연상(1992), 청룡영화상 인기상(1993), 백상예술대상 인기상(1993), 대종상영화제 최고인기상(1993·1994), 대종상영화제 인기상(1995), 백상예술대상 여자최우수상(1999·2001), SBS 연기대상 대상(2001), 제48회 영화의날 자랑스런 영화인상(2010), 올해의 여성영화인상(2015) [작]출연영화 '핏줄'(1976) '나는 고백한다'(1976) '내 마음 나도 몰라'(1976) '별 3형제'(1977) '비둘기의 합창'(1978) '슬픔은 이제 그만'(1978) '어딘가에 엄마가'(1978) '하늘 나라에서 온 편지'(1979) '마지막 밀애'(1980) '깨소금과 옥떨매'(1982) '약속한 여자'(1983) '더블유(W)의 비극'(1985) '고래사냥 2'(1985) '씨받이'(1986) '미미와 철수의 청춘스케치'(1987) '연산군'(1987) '감자'(1987) '됴화'(1987) '업'(1988) '우리는 지금 제네바로 간다'(1988) '미리 마리 우리 두리'(1988) '그 후로 오랫동안'(1989) '아제아제 바라아제'(1989) '추락하는 것은 날개가 있다'(1990) '낙산풍'(1991) '베를린리포트'(1991) '경마장 가는길'(1991) '그대안의 블루'(1992) '그여자 그남자'(1993) '웨스턴 애비뉴'(1993) '장미의 나날'(1994) '무소의 뿔처럼 혼자서 가라'(1995) '지독한 사랑'(1996) '블랙잭'(1997) '깊은 슬픔'(1997) '처녀들의 저녁식사'(1998) '송어'(1998) '써클'(2003) '한반도'(2006) '검은땅의 소녀와'(2007) '달빛 길어올리기'(2011) '써니'(2011) '영화판'(2012) '주리'(2013) TV드라마 '고교생일기'(1985) 'SBS 여인천하'(2001) 'MBC 문희'(2007) [종]기독교

강수진(姜秀珍·女) KANG Sue Jin

[생]1967·4·24 [출]서울 [주]서울 서초구 남부순환로2406 예술의전당 서예관4층 국립발레단(02-587-6181) [학]1982년 선화예술고 재학 중(1년) 모나코 유학 1985년 모나코 왕립발레학교졸 2016년 명예 무용학박사(숙명여대) [경]리틀엔젤스무용단 활동 1986년 독일 슈투트가르트발레단 최연소 입단 1987년 '잠자는 숲속의 공주' 요정역으로 데뷔 1993년 '로미오와 줄리엣' 주역 1993년 '마술피리' 주역 1993년 '마타하리' 주역 1994년 독일 슈투트가르트발레단 솔리스트 1995년 '잠자는 숲속의 공주' 주역 1996년 '오네긴' 주역 1996년 '지젤' 주역 1997~2016년 독일 슈투트가르트발레단 수석발레리나 1997년 '노틀담의 꼽추' 주역 1998년 '오네긴' '로미오와 줄리엣'으로 미국 뉴욕 데뷔 1999년 '99 한국을 빛낸 발레스타 공연' 상훈 2002년 월드컵기념 슈투트가르트발레단 내한공연 2004년 '오네긴' 내한공연(세종문화회관) 2006년 스위스 로잔 콩쿠르 심사위원 2007년 독일 캄머 탠처린(궁중무용가) 선정 2010년 강수진 갈라 '더 발레(The ballet)' 공연 2010년 한국을빛낸해외무용스타 서울·울산·포항 공연 2012년 제40회 로잔 국제발레콩쿠르 심사위원 2012년 강수진&슈투트가르트발레단 까멜리아 레이디 공연 2013년 2018평창동계올림픽대회 및 장애인올림픽대회 홍보대사(현) 2014년 국립발레단 예술감독(현) [상]스위스 로잔 국제발레콩쿠르 동양인 최초 1위(1985·1998), 문화관광부 오늘의 젊은 예술가상 무용부문(1998), 브누아 드 라 당스(Benois de la Danse) 최우수 여성무용수상(1999), 보관문화훈장(1999), 호암상예술상(2001), 독일 바덴뷔르템베르크 주정부 '카머텐처린(Kammertanzerin·무용장인)'에 선정(2007), 존 크랑코상(2007), 독일 바덴뷔르템베르크(Baden-Wurttemberg)주 공로훈장(2014), 고운문화재단 고운문예인상(2014), 세종문화상 예술부문(2015), 한국언론인연합회 자랑스런한국인대상 문화예술부문(2015), 제10회 파라다이스상 특별공로상(2016), 한독협회 이미륵상(2016) [저]'나는 내일을 기다리지 않는다'(2013) [작]'로미오와 줄리엣'(1993) '지젤'(1996) '노틀담의 꼽추'(1997) '오네긴'(1998) '페라가모 모델'(1999)

강순도(姜淳道) KANG Soon Do

[생]1953·2·11 [본]진양(晋陽) [출]경남 진주 [주]서울 용산구 청파로40 삼구빌딩1401호 (주)유진비에스 비서실(070-8950-7412) [학]1972년 부산남고졸 1995년 한국방송통신대 행정학과졸 2012년 광운대 정보콘텐츠대학원 3D콘텐츠학과졸 2014년 同대학원 홀로그래피박사과정 재학中 [경]1995년 한국교육방송공사(EBS) 제작기술부 차장대우 1996년 同기술관리부 차장대우 1998년 同기술관리팀 차장 2002년 同기술관리국 기술운영팀장 2003년 同기술관리국 방송기기정비팀장 2004년 同기술본부 송출팀장 2007년 同기술본부 라디오기술팀장 2009년 同기술본부장 2010년 同디지털기술본부장 2010~2011년 同기술위원 2011년 EBS사우회 부회장(현) 2012년 3차원방송영상학회 회장(현) 2012년 (주)유진비에스 대표(현) [상]EBS사장표창(1991·1998), 교육부장관표창(2000), 방송의날 뉴미디어대상(2010), 대통령표창(2011) [종]불교

강순범(姜淳範) KANG Soon Beom

[생]1947·7·25 [출]서울 [주]서울 광진구 능동로120의1 건국대병원 여성·부인종양센터(02-2030-7499) [학]1966년 경기고졸 1973년 서울대 의대졸 1976년 同대학원졸 1983년 의학박사(서울대) [경]1973~1974년 서울대병원 수련의 1974~1978년 同산부인과 전공의 1975년 제주도립병원 산부인과장 1978~1979년 육군 제101야전병원 산부인과장 1979~1981년 국군 서울지구병원 산부인과장 1982~1994년 서울대 의대 산부인과학교실 전임강사·조교수·부교수 1985~1986년 미국 캘리포니아대 어바인교 의과대학 교환교수 1987~1989년 대한산부인과학회 사무총장 1988~1989년 일본 도쿄대 객원부교수 1988~1993년 대한불임학회 사무총장·이사 1988년 대한부인종양콜포스코피학회 심사위원·위원장·회장 1990년 미국 국립암센터 객원연구원 1991~2006년 대한산부인과학회 심사위원·고시위원·편집위원 1994~1999년 대한폐경학회 재정위원·재무위원 1994~2012년 서울대 의대 산부인과학교실 교수 1995년 미국 캘리포니아대 어바인교 의과대학 객원교수 1996년 대한암예방학회 평의원 1998년 대한비뇨부인과학회 이사(현) 2000년 제9차 국제부인암학회(IGCS) 기획위원장 2000년 대한산부인과내시경학회 이사 2003년 대한부인종양연구회(KGOG) 회장 2004년 미국부인종양연구회(GOG) 연구책임자 2004~2008년 서울대병원 산부인과장 2004~2008년 서울대 의대 산부인과학교실 주임교수 2006~2010년 국제부인종양학회(IGCS) 상임이사 2007~2009년 대한심신산부인과학회 회장 2007~2009년 대한산부인과학회 이사장 2008~2013년 아시아부인종양학회 회장 2010~2012년 대한암학회 이사 2010년 대한산부인과학회 명예이사장(현) 2012년 건국대병원 산부인과 의사(현) 2012년 同여성·부인종양센터장(현) 2012~2014년 국제부인암학회(IGCS) 부회장 2015년 일본부인종양학회 명예회원(현) [상]대한부인종양·콜포스코피학회 학술상(1996), 대한암학회 학술상(1999), 근정포장(2012) [저]'전문가가 본 암의 모든것(共)'

(1988) '임상진단학(共)'(1990) '증상별 임상검사(共)'(1991) '산과학, 부인과학'(1991) '종양의학(共)'(1992) '가정의학(共)'(1994) '인간과 유전병(共)'(1995) '부인종양학(共)'(1996) '응급의학'(1996) '부인과학(共)'(1997) '노인의학(共)'(1997) '종양학'(1998) '산부인과학(共)'(1999) '암을 알고 이기는 길(共)'(1999) '임상진단학'(2001) '부인과 내시경학(共)'(2003) 'Textbook in Gynaecologic Oncology, ESGO & ENYGO Endorsed'(共) (영)'여성심신의학'(2009)

강승구(姜承求) KANG Seung-Koo

(생)1961 · 1 · 2 (주)서울 종로구 대학로86 한국방송통신대학교 미디어영상학과(02-3668-4712) (학)1979년 양정고졸 1983년 연세대 신문방송학과졸 1986년 同대학원 신문방송학과졸 1993년 미국 미주리주립대 저널리즘대학원 광고학과졸 1995년 광고학박사(미국 미주리주립대) (경)1985~1989년 언론중재위원회 조사연구실 근무 1992~1995년 미국 미주리주립대 저널리즘대학원 연구조교 1996~1997년 연세대 · 한국외국어대 강사 1996~1998년 서울대 강사 1997~1998년 건국대 언론홍보대학원 강사 1997년 한국PR학회 이사 1997년 한국방송통신대 미디어영상학과 교수(현) 1999~2001년 同교육매체개발연구소장 2016년 同사회과학대학장(현) (저)'현대 광고의 이해(共)'(1998) '성공적인 기업이미지 마케팅'(1998) '모던 애드버타이징'(1998) '광고카피론(共)'(1999) '광고기획 · 제작(共)'(1999) '미디어비평과 미디어윤리(共)'(1999) '매스컴 원서강독(共)'(1999) '카피라이팅(共)'(2000) '홍보론(共)'(2001) '미디어비평(共)'(2001)

강승구(姜承求) KANG Seung Gu

(생)1963 · 7 · 14 (출)전북 (주)전북 전주시 완산구 효자로225 전라북도청 농축수산식품국(063-280-2600) (학)1986년 고려대 농학과졸 2002년 미국 뉴저지주립대 대학원 도시학과졸 (경)기술고시 합격(20회) 1985년 공무원 임용 1994년 전북도 농산유통과장 1996년 同농산과장 1996년 同농산지원과장 1996년 同의회사무처 전문위원 1998년 同농산유통과장 2003년 同농업기술원 농민교육원장 2005년 진안군 부군수 2006년 전북도 국책사업기획단장 2006년 同농림수산국장(서기관) 2007년 同농림수산국장(부이사관) 2008년 지방혁신인력개발원 파견 2009년 전북도 농수산식품국장 2011년 군산시 부시장 2014년 전북도 대외소통국장 2014년 同의회사무처장 2014년 同농수산국장 2014년 同농축수산식품국장(현)

강승규(姜升圭) KANG Seung Kyoo (德山)

(생)1963 · 9 · 20 (본)진주(晉州) (출)충남 예산 (주)서울 강서구 공항대로396 귀뚜라미그룹 기획조정본부(02-2600-9117) (학)1983년 천안북일고졸 1989년 고려대 정치외교학과졸 2003년 서울시립대 도시행정대학원 도시행정학과졸 2006년 광고홍보학박사(서강대) (경)1989년 한국일보 기자 1990~1998년 경향신문 기자 1998년 서울시정개발연구원 초빙연구위원 1999~2000년 서울산업진흥재단 미디어시티서울 사무국장 2001년 (주)디자인커넥션 부사장 2002년 이명박 서울시장후보 기획홍보팀장 2002년 이명박 서울시장당선자 인수위원회 대변인 2002년 서울시 공보관 2003~2006년 同홍보기획관 2004~2006년 서울컨벤션뷰로 이사 2006년 윤봉길장학회 이사 2007년 한나라당 이명박 대통령경선후보 미디어홍보단장 2007년 同제17대 대통령중앙선거대책위원회 커뮤니케이션팀장 2007년 제17대 대통령직인수위원회 부대변인 2008~2012년 제18대 국회의원(서울마포甲, 한나라당 · 새누리당) 2008~2010년 한나라당 홍보기획본부 부본부장 2009~2013년 대한야구협회 회장 2009~2013년 아시아야구연맹(BFA) 회장 2012년 새누리당 홍보기획본부 부본부장 2013~2015년 고려대 산학협력단 특임교수 2015년 새누리당 서울마포甲당원협의회 운영위원장, (사)융합커뮤니케이션연구원 이사장(현) 2016년 제20대 국회의원선거 출마(서울 마포구甲, 무소속) 2016년 귀뚜라미그룹 기획조정본부장(사장급)(현) (상)한국기자협회 이달의 기자상(1995), 근정포장(2005) (저)'주식회사 서울을 팔아라'(2006, 랜덤하우스코리아) '대통령을 만든 마케팅 비밀 일곱가지'(2007, 중앙북스) '미래의 키워드 Convergence'(2009, 중앙일보시사미디어) '맞춤(Customizing),스마트하게 서비스하라'(2010, 중앙일보시사미디어) '대한민국 4.0 Creative'(2011, 예스위캔) '꿈은 날개를 돋게 한다'(2011, 예스위캔) (종)천주교

강승백(康丞伯) KANG Seung Baik

(생)1959 · 5 · 28 (본)곡산(谷山) (출)서울 (주)서울 동작구 보라매로5길20 서울시립 보라매병원 관절척추센터(02-870-2313) (학)1986년 서울대 의대졸 1996년 同대학원졸, 의학박사(서울대) (경)1986~1989년 공중보건의사(아시아경기대회조직위원회 약물검사담당관 · 서울올림픽경기대회조직위원회 성검사실장) 1994~1995년 서울대병원 정형외과 전임의 1995~1996년 충북대 의대 전임강사

1996~1997년 한국과학기술연구원 의과학센터 연구원 1997~2001년 同위촉연구원 1997년 서울대 의과대학 정형외과학교실 조교수 · 부교수 · 교수(현) 1999~2001년 서울시립 보라매병원 관절척추관절센터 병동장 2001~2002년 미국 샌디에고 Scripps Clinic 방문교수 2004~2009년 서울시립보라매병원 정형외과장 2010~2011년 同진료부원장 2012년 同정형외과장 2012년 同관절척추전문센터장 2016년 同감염병전문센터 건립추진단장(현) (종)기독교

강승수(姜昇秀) KANG Seung Soo

(생)1966 · 6 · 14 (주)서울 서초구 방배로285 (주)한샘(02-6908-3213) (학)1988년 서울대 공법학과졸 (경)대한항공 법무실 근무 1995년 (주)한샘 입사 2005년 同인테리어사업본부장 2007년 同상무 2008년 同전무 2009년 同기획실장(부사장) 2014년 同기획실장 겸 INT상품기획실장(사장) 2015년 同부회장(현)

강승오

(생)1963 · 9 · 21 (주)서울 영등포구 여의대로70 신한금융투자 WM추진본부(1588-0365) (학)1982년 신일고졸 1989년 고려대 사회학과졸 (경)1989년 신한금융투자 입사 1990년 同인수공모부 주임 1996년 同잠실지점 대리 1998년 同법인영업부 과장 2004년 同산본지점장 2005년 同리테일영업기획부 팀장 2006년 同태평로지점장 2009년 同인사부장 2011년 同영업부 지점장 2015년 同WM추진본부장(상무)(현)

강승완(姜承完 · 女) KANG SEUNG WAN

(생)1961 (출)서울 (주)경기 과천시 광명로313 국립현대미술관 학예연구1실(02-2188-6040) (학)1985년 홍익대 미술대학 서양화과졸 1991년 同대학원 미술사학과졸 1999년 미국 보스턴대 대학원 미술사학과졸(석사) 2004년 홍익대 대학원 미술사학박사과정 수료 (경)1997년 국립현대미술관 학예연구관 2010~2015년 同서울관건립운영팀장 · 덕수궁미술관장 등 2015년 국립현대미술관 학예연구1실장(현) (상)국무총리표창(2002), 한국박물관협회 '자랑스런 박물관인상'(2008) (저)'한국현대미술 새로보기(共)'(2007, 미진사)

강승준(姜升晙) KANG Sung Jun

(생)1965 · 4 · 15 (본)진주(晉州) (출)서울 (주)세종특별자치시 갈매로477 기획재정부 인사과(044-215-2251) (학)1983년 신일고졸 1987년 서울대 경제학과졸 1990년 同대학원 경제학과졸 1999년 경제학박사(미국 미주리주립대) (경)1991년 행정고시 합격(35회) 1992년 건설교통부 기획관리실 · 수송정책실 · 장관실 사무관 1999년 기획예산처 정부개혁실 사무관 2001년 同공공1팀 서기관 2002년 同예산제도과 서기관 2004년 국가균형발전기획단 파견 2005년 기획예산처 국제협력 · 교육과장 2006년 同업무성과관리팀장 2008년 기획재정부 공공정책국 제도기획과장 2009년 同공공정책국 평가분석과장 2009년 대통령실 파견(부이사관) 2011년 기획재정부 국토해양예산과장 2012년 同예산정책과장 2013년 同예산총괄과장 2014년 駐상하이총영사관 재경관(고위공무원)(현) (종)기독교

강승준(康承埈) KANG Seung Jun

(생)1966 · 11 · 21 (출)서울 (주)경기 고양시 일산동구 호수로550 사법연수원(031-920-3110) (학)1985년 용산고졸 1989년 서울대 법대 사법학과졸 (경)1988년 사법시험 합격(30회) 1991년 사법연수원 수료(20기) 1991년 軍법무관 1994년 서울민사지법 판사 1996년 서울지법 남부지원 판사 1998년 대전지법 판사 2000년 수원지법 판사 2002년 서울고법 판사 2002년 법원행정처 인사제3담당관 2003년 同인사1담당관 겸임 2006년 대구지법 부장판사 2007년 대법원 재판연구관 2009년 수원지법 부장판사 2011년 서울중앙지법 부장판사 2013년 대구고법 부장판사 2015년 서울고법 부장판사 2016년 사법연수원 수석교수(현)

강승필(姜承弼) KANG Seung Pil

(생)1956 · 8 · 7 (본)진주(晉州) (출)서울 (주)서울 관악구 관악로1 서울대학교 건설환경공학부(02-882-2144) (학)1975년 경기고졸 1979년 서울대 사범대학 사회교육과졸 1982년 미국 남캘리포니아대 경제학석사 1985년 경제학박사(미국 사우스캐롤라이나대) (경)1986년 미국 시카고대 경제연구센터 객원연구위원 1987년 교통개발연구원 책임연구원 1988년 同정보자료실장 1989년 同정책

경제연구실장 1991년 同기획조정실장 1991년 세계은행 자문역 1993년 KBS 1TV '경제를 압시다' 진행 1993년 교통개발연구원 선임연구원 1994년 同교통계획실장 1995년 건설부 장관 자문관 1996년 아시아개발은행(ADB) 경제조사역 1997년 건설교통부 장관 자문관 1999년 미국 일리노이대 객원교수 2000년 (재)녹색교통운동 이사(현) 2000년 서울대 건설환경공학부 교수(현) 2000년 同BK21사업단 안전하고지속가능한사회기반건설사업단 교수 2001년 교통방송 '강승필의 교통시대' 진행 2003년 시민을위한정책연구원 운영위원 2005~2014년 대중교통포럼 회장 2005년 유비쿼터스LBS학회 부회장 2008년 대통령자문 국가지속가능발전위원회 위원 2010년 한국LBS학회 회장 2011~2015년 경기관광공사 이사장 2012년 (사)서울교통환경포럼 회장(현) 2014년 대중교통포럼 명예회장(현) 2015년 한국민간투자학회 수석부회장(현) [상]근정포장(2015) [저]'21세기 교통디자인: 아시아·태평양시대의 교통정책' '교통투자정책론' '21세기 동북아시대 한반도의 교통'

강승하(姜勝夏)

[주]서울 중구 통일로2길16 롯데멤버스(주) 대표이사실(02-2030-9603) [학]1984년 서울 인창고졸 1992년 서강대 독어독문학과졸 [경]1992년 롯데그룹 입사 2003년 롯데카드 인사팀장 2009년 同회원영업팀장 2011년 同제휴영업부문장 2012년 同CRM본부장 2014년 同멤버스사업부장 2015년 롯데멤버스(주) 대표이사 상무보A 2016년 同대표이사 상무(현)

강승훈(姜勝勳) KANG Seung Hoon (海岩)

[생]1935·5·23 [본]진주(晉州) [출]제주 서귀포 [주]서울 중구 서소문로138 대한일보빌딩901호 서울언론인클럽(02-757-5608) [학]국민대 법학과졸, 고려대 대학원 수료, 한국성서신학대 대학원졸, 철학박사(미국 뉴웨스턴대) [경]1959년 평화신문 사회부 기자 1967~1973년 대한일보 사회부 차장·편집위원·편집부국장·편집기획실장 겸 판매국장 1968년 한국기자협회 5대 부회장 1976~1980년 새마을신문 부사장 1982~1987년 제주도관광협회 회장 1992~1995년 민주당 제주도지부 위원장 2000~2002년 (사)대한언론인회 이사, 태평로프레스클럽 회장, 대한언론문화연구원 이사장(현), 서울언론인클럽 회장(현) 2006~2007년 대한언론인회 부회장, 한국홍보연구소 상임고문(현) [상]내무부장관표창(1965), 서울언론인클럽 언론단체상(2003) [저]'新聞街道' '漢拏의 메아리'(1977, 목훈문화사) '서울 제주100년사'(2002, 제주도민회 편찬주간) '신문은 가도 기자는 살아있다(태평로프레스클럽)'(2004, 다락원) '일본 그 가면의 실체, 우남 이승만박사(共)'(대한언론인회 30주년기념출판) '地球村 濟州人(共)'(2005, 재외제주총연합회 편찬위원장) '탐라50년지(共)'(서울제주도민회) '영원한 사회부장 오소백'(2009, 서울언론인클럽 편찬위원회) '우리 시대의 言官史官 巨人 천관우'(2011, 일조각 천관우선생 추모문집간행위원회주관) [종]가톨릭

강시백(康始伯)

[생]1950·10·18 [주]제주특별자치도 제주시 문연로13 제주특별자치도의회(064-741-1955) [학]제주 남주고졸, 제주교육대졸, 영남대 교육대학원 교육학과졸 [경]서귀포교육지원청 보건체육장학사, 서호초등학교 교장, 유니세프한국위원회 서귀포시후원회 위원(현), 하논분화구복원추진범국민위원회 이사(현) 2014년 제주특별자치도의회 교육의원(현) 2014~2015년 同의회운영위원회 위원 2014년 同교육위원회 위원 2014~2015년 同예산결산특별위원회 위원 2014~2015년 同윤리특별위원회 위원 2016년 同교육위원회 부위원장(현) [상]사랑의 사도상(2012)

강시우(康時雨) KANG Si Woo

[생]1957·12·24 [출]경북 선산 [주]대전 서구 한밭대로 797 창업진흥원 원장실(042-480-4311) [학]1976년 경북고졸 1980년 육군사관학교졸(36기) 1995년 프랑스 파리제10대 대학원 박사 수료 [경]1996년 중소기업청 기획관리관실 조사평가담당관실 근무 1998년 同정책총괄과 서기관 1998년 경기지방중소기업청 조사관리과장 1999년 중소기업청 동향분석과장 1999년 同공보담당관 2000년 同기획예산담당관 2004년 同판로지원과장 2006년 同소상공인지원과장 2007년 同성장지원본부 금융지원팀장 2007년 同정책홍보관리본부장 2007년 駐중국 산동성 중소기업협력관 2010년 중소기업청 경영지원국장 2012년 同소상공인정책국장 2013~2014년 경기지방중소기업청장 2014년 창업진흥원 원장(현) [상]대통령표창(2005), 홍조근정훈장(2014) [저]'중소벤처기업 백과사전'(共)

강신걸(姜信杰)

[생]1960·1·3 [출]경북 안동 [주]서울 마포구 마포대로183 마포경찰서 서장실(02-3149-6662) [학]1987년 동국대 경찰행정학과졸 [경]1988년 경위 임관(경찰간부후보 36기) 2013년 경북 군위경찰서장 2014년 경찰청 디지털포렌식센터장 2016년 서울 마포경찰서장(현) [상]대통령표창(2007), 국민포장(2016)

강신구(姜信求) KANG Shin Koo

[생]1955·1·18 [주]서울 강남구 학동로429 대한기계설비건설협회 상임부회장실(02-6240-1101) [학]1975년 조선대병설공업고등전문학교졸 1984년 성균관대 기계설계학과졸 1986년 연세대 산업대학원 기계공학과졸 [경]2004년 건설교통부 철도정책국 고속철도과 공업서기관 2006년 同철도안전팀장 2007년 同서기관 2009년 국토해양부 낙동강홍수통제소장 2011~2012년 同영산강홍수통제소장 2012년 대한설비건설협회 상임부회장 2015년 대한기계설비건설협회 상임부회장(현)

강신기(姜信基)

[생]1958·9·15 [출]광주 [주]광주 서구 내방로111 광주광역시의회 사무처(062-613-5030) [학]전남대 정치외교학과졸, 同행정대학원졸 [경]행정고시 합격(34회) 2002년 광주시 경제통상국 경제정책과장 2004년 同총무과장 2005년 同투자협력관 2006~2007년 지방혁신인력개발원 파견 2008년 광주시 경제산업국장(부이사관) 2009년 중앙공무원교육원 교육총괄과장 2010년 행정안전부 정보기반정책관실 개인정보보호과장 2011년 여수세계박람회조직위원회 파견(고위공무원) 2012년 행정안전부 정부통합전산센터 운영기획관 2013년 안전행정부 정부통합전산센터 운영기획관 2014년 광주시 기획조정실장 2015년 同의회 사무처장(현)

강신도(姜信度) KANG Shin Do

[생]1958·1·18 [출]경북 봉화 [주]부산 사하구 다대로627 성창기업지주(주) 임원실(051-260-3333) [학]1976년 경희고졸 1983년 고려대 무역학과졸 2006년 서울대 경영대학 최고경영자과정 수료 [경](주)코오롱 회장 비서실 근무 1987~2003년 동화기업(주) 기업기획과장·경영기획실장(상무)·전무·건장재사업본부장(부사장) 2003~2005년 同대표이사 부사장 2004년 대성목재공업(주) 대표이사 부사장 2006년 동화홀딩스(주) 대표이사 사장 2007년 同말레이시아 현지법인 대표 2008년 성창기업(주) 대표이사 2009년 성창기업지주(주) 대표이사 2014년 同부회장(현)

강신명(姜信明) Kang Sin Myeong

[생]1964·5·20 [출]경남 합천 [학]1982년 대구 청구고졸 1986년 경찰대졸(2기) 2009년 연세대 행정대학원졸 [경]2003년 울산지방경찰청 정보과장(총경) 2004년 경북 의성경찰서장 2005년 경찰청 혁신기획단 팀장 2006년 경기 구리경찰서장 2007년 경찰청 정보2과장 2008년 서울 송파경찰서장 2009년 대통령 치안비서관실 근무 2010년 행정안전부 치안정책관(경무관) 2010년 서울지방경찰청 경무부장 2011년 경찰청 수사국장(치안감) 2012년 同정보국장 2012년 경북지방경찰청장 2013년 대통령 정무수석비서관실 사회안전비서관 2013년 서울지방경찰청장(치안정감) 2014~2016년 경찰청장(치안총감) [상]홍조근정훈장(2013)

강신몽(姜信夢) KANG Shin Mong

[생]1953·6·26 [출]서울 [주]서울 서초구 반포대로222 가톨릭대학교 의과대학 법의학교실(02-2258-7390) [학]1971년 경기고졸 1978년 고려대 의대졸 1987년 同대학원졸 [경]1978~1981년 군의관 1982년 고려대 의과대학 법의학교실 조교 1989년 국립과학수사연구소 근무 1991년 同법의학부장 1998년 同소장(의무이사관) 1999년 가톨릭대 의과대학 법의학교실 교수(현) 2014~2015년 대한의사협회 의료감정조사위원회 위원장 2015년 대검찰청 법의학자문위원회 위원(현) [상]경찰청 과학수사대상 법의학분야(2008)

강신봉(姜信夆) Kang Shin Bong

[생]1968·6·11 [본]진주(晋州) [출]대구 [주]서울 용산구 한강대로23길55 현대산업개발(주) 법무팀(02-2008-9160) [학]1987년 대구 영남고졸 1991년 고려대 법학과졸 1999년 同대학원 법학과졸 [경]사법시험 합격(40회), 사법연수원 수료(30기) 2001년 현대산업개발(주) 법무팀 근무 2007년 同법무팀장 2015년 同법무팀장(상무보)(현)

강신섭(姜信燮) KANG Sin Seob

[생]1957·1·11 [출]전북 김제 [주]서울 중구 퇴계로100 스테이트타워남산8층 법무법인 세종(02-316-4046) [학]1974년 익산 남성고졸 1979년 서울대 법학과졸 1981년 同대학원 법학과졸 1991년 프랑스 국립사법관학교 수료 [경]1981년 사법시험 합격(23회) 1983년 사법연수원 수료(13기) 1983~1986년 공군 법무관 1986년 서울지법 의정부지원 판사 1988년 서울민사지법 판사 1992년 전주지법 판사 1993년 광주고법 판사 1995년 서울고법 판사 1997년 대법원 재판연구관 1998년 변호사 개업(열린 합동법률사무소) 2001년 법무법인 세종 변호사(현) 2001~2002년 사법연수원 민사법 외래교수 2003~2004년 법무부 정책위원회 위원 2003~2007년 교보증권(주) 사외이사 2005년 한국상장회사협의회 자문위원(현) 2006~2010년 금융감독원 금융분쟁조정위원회 위원 2006~2012년 코람코자산신탁(주) 사외이사 2008~2014년 서울시장학재단 이사 2008~2015년 대한변호사협회 법률구조재단 이사 2008~2015년 同사법평가위원회 위원 2009~2011년 국무총리소속 행정심판위원회 비상임위원 2013년 법무법인 세종 경영전담 대표변호사(현) [상]Asian Legal Business '올해 최고의 경영전담 변호사(Managing Partner of the Year)'(2014) [저]'타인의 명의를 이용한 법률행위의 효력' '프랑스 법률 구조제도'(1992) '단독판사 관할사건이 항소심 계속중 합의부 관할사건으로 변경된 경우의 관할법원'(1999)

강신성일(姜申星一) KANG Shin Sung Yil

[생]1937·5·8 [본]진주(晋州) [출]대구 [학]1956년 경북고졸 1966년 건국대 국어국문학과졸 1993년 고려대 언론대학원 최고위언론과정 수료 1997년 동국대 문화예술대학원 수료 2000년 경희대 대학원 사회학과 수료 [경]1960년 영화 '로맨스 빠빠'로 데뷔·영화배우(현) 1971년 '연애교실' 제작·감독으로 영화감독 입문 1979년 한국영화배우협회 회장 1989~1996년 (주)성일시네마트 대표이사 1994년 한국영화제작업협동조합 부이사장 1997년 대구과학대학 방송연예과 겸임교수 2000년 독립기념관 이사 2000년 제16대 국회의원(대구 東, 한나라당·무소속) 2002년 한국영화배우협회 이사장 2002년 춘사나운규기념사업회 회장 2008년 제46회 경북도민체육대회 홍보대사 2008~2013년 (사)대구국제뮤지컬페스티벌(DIMF) 이사장 2009년 계명대 연극예술과 특임교수 2012년 경북사회복지공동모금회 홍보대사 2013년 (사)대구국제뮤지컬페스티벌 명예조직위원장(현) 2014년 KPOP서울국제영화대상 이사장 [상]제10회 대종상영화제 남우주연상(1968), 제25회 아시아영화제 남우조연상(1980), 제28회 대종상영화제 남우주연상(1990), MBC 명예의전당 영화배우부문(2001), 제41회 대종상영화제 영화발전공로상(2004), 제13회 춘사나운규영화예술제 공로상(2005), 제17회 부일영화상 영화발전 공로상(2008), 제28회 한국예술평론가협의회 특별공로예술가상(2008), 제47회 백상예술대상 영화부문 공로상(2011) [저]인터뷰집 '배우 신성일, 시대를 위로하다'(2009) 자서전 '청춘은 맨발이다'(2011, 문학세계) [작]'맨발의 청춘' '아낌없이 주련다' '배신' '흑맥' '안개' '만추' '춘향전' '별들의 고향' '겨울여자' '길소뜸' '어미' '달빛사냥꾼' '레테의 연가'외 506편 주인공 출연, 제작·감독작품 '어느 사랑의 이야기' '그 건너' '봄 여름 가을 겨울' 창립작품 원작 '코리아 커넥션' '남자시장' '물 위를 걷는 여자' '열아홉에 부르는 마지막 노래' '산산히 부서지는 이름이여' '안개 속에 2분 더' 총 7편 제작 드라마 'MBC 나는 별일 없이 산다'(2010) '야관문: 욕망의 꽃'(2013) [종]불교

강신숙(姜信淑·女)

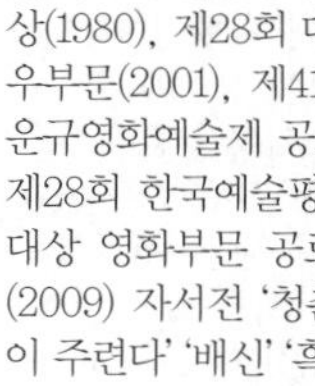

[생]1961·4·7 [출]전북 순창 [주]서울 송파구 오금로62 수산업협동조합중앙회 임원실(02-2240-2114) [학]2011년 연세대 행정대학원 행정학과졸 [경]1979년 수산업협동조합중앙회 입회 2000년 제2의건국범국민추진위원회 주최 '신지식 금융인' 선정 2001년 수산업협동조합중앙회 오금동지점장 2003년 同서초동지점장 2008년 同심사부장 2009년 同중부기업금융센터장 2011년 同강북지역금융본부장 2012년 同강남지역금융본부장 2012년 한국범죄방지사협회 부회장(현) 2013년 수산업협동조합중앙회 신용사업부문 사업본부장(부행장) 2016년 同지도경제사업부문 상임이사(현) [상]바다의날 대통령표창(2008), 연합신보·한국예술문화단체총연합회 선정 2013 대한민국을 빛낸 인물대상(2013)

강신업(姜新業) Kang Sin Eop

[생]1964·12·28 [출]충북 청주 [주]서울 서초구 서초대로277 기영빌딩 법무법인 하나(02-587-4800) [학]1982년 충북고졸 1991년 고려대 독어독문학과졸 1993년 同대학원졸 1998년 同대학원 박사과정 수료 [경]2004년 사법시험 합격(46회) 2006년 사법연수원 수료(36기) 2007년 변호사 개업 2008년 (주)엑스로드 고문변호사 2009년 법무법인 하나 변호사(현) 2013년 서울고법 조정위원(현) 2015년 대한변호사협회 공보이사(현) 2015년 언론중재위원회 선거기사심의위원회 위원(현) 2015~2016년 한국방송공사(KBS) 시청자위원회 위원 2015년 네이버·카카오 뉴스제휴평가위원회 위원(현) 2016년 중앙선거방송토론위원회 위원(현)

강신엽(姜信燁) KANG Shin Yup

[생]1960·12·12 [출]경북 안동 [주]서울 서초구 반포대로158 서울고등검찰청(02-530-3114) [학]1978년 안동고졸 1984년 서강대 정치외교학과졸 1990년 한양대 법대졸 2000년 스페인 마드리드 콤플루텐스대 연수 [경]1989년 사법시험 합격(31회) 1992년 사법연수원 수료(21기) 1992년 청주지검 검사 1994년 창원지검 진주지청 검사 1995년 전주지검 검사 1997년 서울지검 검사 1999년 대전지검 검사 2000년 스페인 마드리드 콤플루텐스대 장기연수 2002년 수원지검 안산지청 검사 2004년 同안산지청 부부장검사 2005년 창원지검 통영지청 부장검사 2006년 대구지검 형사5부장 2007년 인천지검 공판송무부장 2008년 대구지검 영덕지청장 2009년 의정부지검 형사4부장 2009년 서울남부지검 형사4부장 2010년 광주지검 형사2부장 2011년 서울고검 검사 2013년 인천지검 형사2부장 2014년 대구고검 검사 2016년 서울고검 검사(현) [상]검찰총장표창, 법무부장관표창

강신영(姜信榮) KAANG Shinyoung

[생]1949·6·18 [본]진주(晋州) [출]전남 장성 [주]광주 북구 첨단과기로235 국립광주과학관 관장실(062-960-6110) [학]1976년 전남대 화학공학과졸 1985년 미국 아크론대 대학원 고분자과학과졸 1988년 이학박사(미국 아크론대) [경]1976~1989년 (주)금호 근무 1989~2014년 전남대 응용화학공학부 조교수·부교수·교수 1993~1994년 미국 Univ. of Washington Visiting Professor 1997~1998년 영국 Univ. of Leeds Visiting Professor 1998~2001년 (사)한국고무학회 '엘라스토머' 학술지 편집위원장 1998~1999년 전남대 입학관리위원장 1999~2001년 同평의원회 부의장 2000년 同제16대 총장후보선거관리위원회 위원장 2000~2013년 한국접착 및 계면학회 '접착과 계면' 학술지 편집위원 2001~2013년 지식경제부 기술표준원 산업표준심의회 위원 겸 ISO/TC45 국제표준화회의 한국대표 2002~2009년 IRCO(국제고무회의기구) 한국대표 2004년 광주시 광주지역산업정책연구회 위원장 2005~2009년 (사)바른과학기술사회실현을위한국민연합 공동대표 2006~2008년 전남대 공과대학장 2006~2008년 同산업대학원장 2006~2008년 전국공과대학장협의회 부회장 2006~2007년 국공립대산업대학원장협의회 회장 2008~2009년 (사)한국고무학회 회장 2008~2009년 대통령직속 국가교육과학기술자문회의 자문위원 2010년 영국 Elsevier 'Polymer Testing' 저널 편집위원 2010년 미국 세계인명사전 'Marquis Who's Who in the World 2009년판'에 등재 2010년 영국 국제인명센터(IBC) '2000 Outstanding Intellectuals of the 21st Centry-2010' & 'Top 100 Engineers-2010'에 등재 2011년 한국대학교육협의회 한국교양기초교육원 운영위원(현) 2012~2013년 (사)바른과학기술사회실현을위한국민연합 상임대표 2013년 전남대총동창회 부회장 2014년 (사)바른과학기술사회실현을위한국민연합 명예대표(현) 2014년 한국과학기술단체총연합회 부회장(현) 2014년 전남대 응용화학공학부 명예교수(현) 2015년 국립광주과학관 관장(현) [상]한국고무학회 공로상(1999), 한국화학공학회 산학협동상(2000), 한국고무학회 우수논문상(2002·2004), 근정포장(2009), 전남대 교육우수상(2011·2014), ISO/TC45 'Long Service Award'(2012), 바른과학기술사회실현을위한국민연합 '공로패'(2014) [역]'고무과학과 기술(共)'(2001) '미래공학도를 위한 재료과학(共)'(2001) '고분자 과학(共)'(2004) '엘라스토머 입문(共)'(2005)

강신영(姜信英) KANG Sin Young

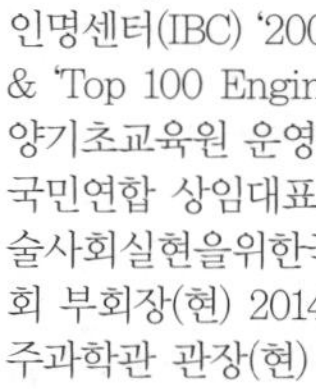

[생]1958·4·17 [주]경기 부천시 오정구 산업로7번길55 (주)홍아기연 비서실(032-675-1511) [학]한양대 공과대학졸 [경]1992년 (주)홍아기연 전무 1995년 홍아아메리카 이사 1998년 홍아기연부설연구소 소장 2002년 (주)홍아기연 대표이사 사장(현) [상]철탑산업훈장(2004), 금탑산업훈장(2014)

강신옥(姜信玉) KANG Sin Ok (恒傘)

[생]1936 · 11 · 28 [본]진주(晉州) [출]경북 영주 [주]서울 서초구 서초대로326 법무법인 일원송헌(02-595-3600) [학]1956년 경북고졸 1960년 서울대 법대졸 1966년 미국 예일대 법과대학원 수학 1967년 미국 조지워싱턴대 대학원졸 [경]1958년 고등고시 행정과 합격(10회) 1959년 고등고시 사법과 합격(11회) 1962년 서울지법 판사 1967년 변호사 개업 1974년 민청학련사건 변론건으로 투옥 1986년 민족문제연구소 소장 1986년 중앙선거관리위원회 위원 1988년 통일민주당(민주당) 인권위원장 1988년 제13대 국회의원(서울 마포乙, 민주당 · 민자당) 1990년 민자당 정책위원회 부의장 1992년 제14대 국회의원(전국구, 민자당 · 무소속) 2001년 현대중공업 사외이사 2002년 국민통합21 창당기획단장 2002년 同서울마포乙지구당 위원장, 법무법인 일원송헌 대표변호사(현) [종]기독교

강신우(姜信祐) KANG Shin Woo

[생]1960 · 12 · 25 [출]인천 부평 [주]서울 중구 퇴계로100 스테이트타워남산17층 한국투자공사 투자운용본부(02-2179-1000) [학]1979년 인천 부평고졸 1983년 서울대 법학과졸 1986년 同대학원 법학과 수료 [경]1988년 한국투자신탁(주) 입사 1991년 同주식운용부 주식형펀드매니저 1994년 Asian Wall Street Journal 선정 '최우수 펀드매니저' 1996년 동방페레그린투자신탁운용(주) 주식운용부장 1998년 현대투자신탁운용(주) 주식운용팀 수석펀드매니저 2000년 Templeton투자신탁운용(주) 상무이사 2001년 굿모닝투자신탁운용(주) 상무이사 2002년 同전무이사 2002년 PCA투자신탁운용(주) 전무이사 2005~2011년 한국투자신탁운용(주) CIO(부사장) 2010년 한국투자공사 운영위원 2011~2016년 한화자산운용 대표이사 2016년 한국투자공사 투자운용본부장(CIO)(현) [상]자산운용협회 수익률우수펀드상(1997), 투신협회 선정 수익률우수펀드(1999), 우수펀드매니저에 선정(1999) [종]천주교

강신욱(姜信旭) KANG Shin Wook

[생]1944 · 4 · 1 [본]진양(晋陽) [출]경북 영주 [주]서울 서초구 서초중앙로125 로이어즈타워1206호 강신욱법률사무소 [학]1963년 경북고졸 1967년 서울대 법대졸 1970년 同사법대학원졸 [경]1968년 사법시험 합격(9회) 1970년 육군 군법무관 1973~1982년 서울지검 영등포지청 · 춘천지검 강릉지청 · 서울지검 · 법무부 검사 1982년 청주지검 제천지청장 1983년 대검찰청 형사2과장 1986년 同중앙수사부 4과장 1987년 同중앙수사부 2과장 1988년 서울지검 특수3부장 1989년 同특수2부장 1990년 同강력부장 1991년 同형사1부장 1992년 同서부지청 차장검사 1993년 同제2차장검사 1993년 대구고검 차장검사 1994년 사법연수원 부원장 1995년 청주지검장 1997년 전주지검장 · 법무부 법무실장 1997년 국무총리 행정심판위원회 위원 1998년 대구지검장 1999년 인천지검장 1999년 서울고검장 2000~2006년 대법원 대법관 2006년 변호사 개업(현) 2007년 한국신문윤리위원회 위원장 2007년 한나라당 박근혜 대선 예비후보 법률특보단장 [상]홍조근정훈장, 황조근정훈장, 청조근정훈장(2006)

강신욱(姜信旭) KANG Shin Wook

[생]1949 · 10 · 26 [출]서울 [주]서울 용산구 이촌로166 한석빌딩6층 한국석유공업(주) 감사실(02-799-3114) [학]1967년 선린상고졸 1971년 중앙대 사범대학졸 1999년 홍익대 경영대학원졸 [경]한국석유공업(주) 경리과장 · 총무부장 · 관리이사, 同관리총괄본부장(상무이사) 2005년 同관리총괄본부장(전무이사) 2009년 한국바스프(주) 부사장 2015년 한국석유공업(주) 상근감사(현)

강신욱(姜信郁) KANG, Sin Wook

[생]1954 · 8 · 16 [출]경기 안산 [주]서울 송파구 백제고분로509 한국원심력콘크리트공업협동조합(02-422-1551) [학]1992년 한국방송통신대 경영학과졸 1995년 연세대 행정대학원졸 [경]1974년 체신부 근무(9급) 1980년 부산지방조달청 근무 2003년 조달청 시설국 계약과 사무관 2004년 同시설국 계약과 서기관 2005년 同청장 비서관 2007년 同감사담당관 2008년 同운영지원과장 2009년 대전지방조달청장(부이사관) 2011~2012년 조달청 품질관리단장(고위공무원) 2012년 한국원심력콘크리트공업협동조합 전무(현) [상]녹조근정훈장(2002)

강신욱(姜信旭) KANG Shin Wook

[생]1955 · 12 · 9 [본]진주(晉州) [출]서울 [주]충남 천안시 동남구 단대로119 단국대학교 스포츠과학대학 국제스포츠학과(041-550-3814) [학]배재고졸 1979년 서울대 체육교육학과졸 1986년 同대학원졸 1992년 교육학박사(서울대) [경]1981년 전농여중 교사 1985년 용산고 교사 1987년 서울대 조교 1988년 서울교대 시간강사 1989~2006년 단국대 스포츠과학부 생활체육학전공 교수 1992년 서울대 강사 1992 · 1993년 교육평가원 학력고사출제위원 1993년 상명여대 대학원 시간강사 1995~1999년 단국대 체육학과장 1995~1996년 同학사제도개편위원 · 학사제도준비위원 1996~1998년 同스포츠과학부장 1997~1998년 同교과과정연구위원 1997 · 1999년 한국교육개발원 임용고사출제위원 1997~1999년 교육부 교육과정심의위원 2000~2002년 同중등2종도서 검정위원 2000~2003년 同체육계열 도서심의위원 2001~2003년 同고등2종도서 검정위원 2005~2014년 체육시민연대 공동대표 2005~2008년 한국스포츠사회학회 부회장 2006년 한국스포츠중재위원회 위원 2006~2013년 단국대 체육대학 생활체육학과 교수 2006~2009년 同학생지원처장 2007~2010년 체육인재육성재단 자문위원 2007년 국민체육진흥공단 기금운용심의회 위원 2008~2009년 국민생활체육협의회 감사 2009~2010년 한국스포츠사회학회 회장 2009~2012년 국가인권위원회 스포츠인권정책포럼 공동대표 2009~2011년 국민생활체육회 감사 2012년 한국대학스포츠총장협의회 집행위원장(현) 2013년 단국대 스포츠과학대학 국제스포츠학과 교수(현) [상]서울시교육위원회 표창(1984), 한국과학기술단체총연합회 우수논문상(2003) [저]'스트레칭의 과학적 원리' '사회체육개론' '특수학교(지체부자유) 중학부 교사용 지도서' '특수학교(지체부자유) 고등부 교사용 지도서' '운동장 없는 학교'

강신욱(姜信旭) Shin-Wook Kang

[생]1961 · 7 · 19 [주]서울 서대문구 연세로50의1 세브란스병원 신장내과(02-2228-1959) [학]1986년 연세대 의과대학졸 1989년 同대학원졸 1995년 의학박사(연세대) [경]1993~1997년 연세대 의과대학 연구강사 · 전임강사 1997~2007년 同의과대학 조교수 · 부교수 1998~2000년 미국 Harbor-UCLA Medical Center Post-Doc. 2007년 연세대 의과대학 내과학교실 신장내과 교수(현) 2011년 세브란스병원 응급진료센터소장 2013년 同신장내과장(현) 2013~2015년 同신장병센터소장 2015년 대한민국의학한림원 정회원(현)

강신욱(姜信旭) Kang, Sinook

[생]1972 · 12 · 12 [출]서울 [주]서울 중구 퇴계로100 스테이트타워남산8층 법무법인 세종(02-316-4059) [학]1991년 서울 청량고졸 2000년 서울대 사범대학 역사교육과졸 2012년 미국 Georgetown Law Center LLM과정졸(석사) [경]2001년 사법시험 합격(43회) 2004년 사법연수원 수료(33기) 2004년 (주)케이티 사내변호사 2006년 정보통신부 개인정보보호정책관실 인터넷윤리팀 행정사무관 2008~2012년 방송통신위원회 위원장실 근무 2012년 同이용자보호국 조사기획총괄과 근무 2013년 미래창조과학부 방송정보통신융합실 융합정책관실 정책총괄과 근무 2014년 同정보통신융합실 인터넷융합정책관실 정책총괄과 서기관 2016년 同방송산업진흥국 방송채널(PP)사업정책팀장 2016년 법무법인 세종(SHIN&KIM) 방송정보통신팀장(현)

강신익(姜信益) Simon KANG

[생]1954 · 5 · 10 [출]경북 봉화 [주]경북 포항시 북구 흥해읍 한동로558 한동대학교 ICT창업학부(054-260-1877) [학]경동고졸 1977년 연세대 경영학과졸 [경]1976년 효성그룹 입사 1986년 LG전자(주) 독일법인 입사 1990년 同국제금융부 근무 1992년 LG그룹 회장실 V-추진본부 근무 1995년 LG전자(주) Zenith지원팀 근무 1996년 同캐나다법인장 1998년 同미국법인 Zenith재무담당 상무 2001년 同미국법인 LG EUS DA Brand담당 상무 2005년 同한국마케팅부문장(부사장) 2007~2008년 同디지털디스플레이사업본부장(부사장) 2008년 LG디스플레이(주) 이사 2009년 LG전자(주) 홈엔터테인먼트사업본부장(사장) 2010년 同글로벌마케팅담당 사장 2011년 同고문 2013~2016년 한동대 글로벌에디슨아카데미학부 교수 2016년 同ICT창업학부 교수(현) 2016년 同행정부총장(현) [상]대통령표창(2003) [종]기독교

강신일(姜信逸) KANG Shin Il

[생]1955·1·7 [본]진주(晉州) [출]경북 안동 [주]서울 성북구 삼선교로16길116 한성대학교 경제학과(02-760-4067) [학]1973년 서울고졸 1980년 한국외국어대 영어과졸 1986년 경제학박사(미국 오하이오주립대) [경]1986~1989년 한국개발연구원(KDI) 부연구위원 1988년 아시아개발은행(ADB) 자문위원 1989~1993년 한국경제연구원 연구위원·연구조정실장 1993년 한성대 경제학과 교수(현) 1998~2003년 한국과학원·환경부 자문위원 1999년 국무총리 경제사회연구회 정부출연연구소 평가교수 2003~2007년 국무총리산하 과학기술이사회 평가교수 2003년 호주국립대 경제학과 교환교수 2004~2007년 한성대 사회과학대학장, (주)케이피에스 사외이사 2007~2009·2012년 한성대 교무처장 2007~2009·2010년 KBS 객원해설위원 2013~2015년 한성대 총장 [상]한성대 Best Teacher Award(2005·2007·2008), 제5회 대한민국참교육대상 글로벌산학협력부문대상(2014) [저]'공기업민영화에 관한 연구'(1988) '한국의 기업가정신과 기업성장'(1997) '21세기 경쟁정책방향'(1999) '정부기능의 효율화 방안' 'Reforming stateowned enterprises' '철도산업 경쟁력 강화를 위한 방안' '전자산업의 대중소기업 협력방안'(2005) 등

강신일(姜信一) KANG Shinill

[생]1962·8·28 [본]진주(晉州) [출]경남 [주]서울 서대문구 연세로50 연세대학교 기계공학부(02-2123-2829) [학]1986년 고려대 기계공학과졸 1990년 미국 미네소타대 대학원 기계공학과졸 1994년 공학박사(미국 코넬대) [경]1988~1990년 미국 미네소타대 Research Assistant 1990~1994년 미국 코넬대 Research Assistant 1994~1995년 同Post-Doc. 1994년 American Society Mechanical Engineers Member 1995년 연세대 공대 기계공학부 교수(현) 1995년 과학기술부 및 산업자원부 자문위원·평가위원 1997년 OSA(Optical Society of America) Member 1997년 SPIE(International Society for Optical Engineering) Member 1997년 연세대 정보저장기기연구센터(CISD) 일반공동연구원(현) 2002년 21C프런티어사업 Nano-Scale Mechatronics and Manufacturing 세부과제 책임자 2004~2008년 국가지정연구실사업 연구책임자 2008~2012년 21C프런티어사업 Nano성형공정기술개발사업 세부주관 연구책임자 2012~2013년 연세대 공과대학 부학장 [상]21C 프런티어 나노메카트로닉스 기술개발사업단 최우수연구팀상(2003·2005), 연세대 연구업적 우수교수(2003·2004·2005·2006·2008·2009·2010), 연세대 우수강의 교수상(2009·2010), 교육과학기술부 기초연구우수성과(2010), 산학협동재단 제33회 산학협동상 대상(2011) [저]'21세기를 위한 기계공작법'(2001, 문운당) '최신 광정보 저장기술법'(2002, 문운당) 'Nanostructures in Electronics and Photonics(Chap.14 Continuous Roll Nano-imprinting)'(2008, Pan Standford Publishing Pte.Ltd) 'Micro/Nano Replication : Processes and Applications'(2012, John Wiley & Sons)

강신재(姜信再) KANG Shin Jae

[생]1960·3·25 [출]전북 익산 [주]전북 전주시 덕진구 백제대로567 전북대학교 기계설계공학부(063-270-2387) [학]1985년 전북대 정밀공학과졸 1988년 同대학원 기계공학과졸 1991년 공학박사(전북대) [경]1988~2002년 전북대 조교·전임강사·조교수·부교수 1996~1997년 미국 미네소타대 방문교수 2002년 (재)전주기계산업리서치센터 센터장 2002년 전북대 기계설계공학부 교수(현) 2003년 전주시 투자유치위원회 위원(현) 2005년 전북도 과학기술위원회 위원 2005년 전북전략산업기획단 단장 2008년 (재)전주기계탄소기술원 원장 2013년 한국탄소융합기술원 원장(현) [상]산업자원부장관표창(2005), 한국탄소학회 공로상(2008), 전주시민의 장 산업상(2012) [작]특허등록 '휴대용 살충바이오 분무기' '휴대용 살충분무기의 약제 분무화장치' '연무기용 혼합관' 특허출원 '노통식 연관 보일러 열정산 프로그램 개발' '나노섬유 제조를 위한 전기방사장치' 실용신안 출원 '보일러 버너구조' 소프트웨어 등록 '보일러 열설계프로그램' 'C Boiler 2000' 'WT Boiler 2000' [종]기독교

강신중(姜信仲) KANG Shin Joong

[생]1961·12·23 [본]진주(晉州) [출]전남 나주 [주]광주 동구 준법로6, 2층 법무법인 강율(062-229-6600) [학]1980년 금호고졸 1985년 서울대 법학과졸 [경]1986년 사법시험 합격(28회) 1989년 사법연수원 수료(18기) 1992년 광주지법 순천지원 판사 1994년 광주지법 판사 1997년 同나주시법원 판사 2001년 광주고법 판사 2003년 광주지법 판사 2004년 同목포지원 부장판사 2006년 광주지법 부장판사 2010년 同가정지원장 2012년 광주가정법원 선임부장판사 2013~2014년 同법원장 2014년 변호사 개업 2014년 (재)광주비엔날레 이사(현) 2016년 법무법인 강율 대표변호사(현)

강신철(姜伸喆) KANG Shin Chul

[생]1972·1·31 [출]서울 [주]서울 강남구 논현로67길66 기초전력연구원빌딩4층 (사)한국인터넷디지털엔터테인먼트협회(02-3454-1086) [학]1995년 서울대 컴퓨터공학과졸 [경]1996년 (주)쌍용정보통신 개발팀 근무 1998년 (주)넥슨 입사, 同기술지원본부장 2001년 (주)엠플레이 대표이사 2006년 (주)넥슨 공동대표이사 2010년 (주)네오플 대표이사 2014~2015년 同고문 2015년 (사)한국인터넷디지털엔터테인먼트협회(K-IDEA) 회장(현) [작]게임 '큐플레이' '크레이지아케이드 비엔비' 개발

강신택(姜信澤) KANG Sin Taek

[생]1933·5·7 [본]진주(晉州) [출]충남 아산 [주]서울 관악구 관악로1 서울대학교 행정대학원 행정학과(02-880-5603) [학]1952년 경기고졸 1959년 서울대 문리과대학 정치학과졸 1961년 同대학원 행정학과졸 1963년 필리핀대 대학원 행정학과졸 1969년 정치학박사(미국 펜실베이니아대) [경]1963~1979년 서울대 조교·조교수·부교수 1977년 同교무부처장 1979~1998년 同행정대학원 교수 1982~1985년 同교무처장 1984년 한국행정학회 회장 1988년 서울대 행정대학원장 1990년 한국행정학회 고문(현) 1998년 서울대 행정대학원 명예교수(현) 1998~2000년 (사)한국행정문제연구소 이사장 1999년 대한민국학술원 회원(행정학·현) [상]국민훈장 석류장(1998), 학술공로상(2006) [저]'행정학 입문'(共) '재무행정론Ⅰ·Ⅱ'(共) '정책학 개론'(共) '사회과학연구의 논리' '재무행정론' '한국정치행정의 체계' '사회이론'(共) '공기업론'(共) '한국행정론'(共) '행정학의 논리' 외 10여편 [역]'행정학의 언어'

강신택(姜信宅) KANG Shin Taek

[생]1941·7·20 [출]경남 [주]부산 동구 조방로27 우신빌딩13층 우신종합건설(주) 비서실(051-631-2484) [학]성균관대 상경대학졸, 중앙대 건설대학원 최고경영자과정 수료 [경]1970년 서울 남한강개발(주) 대표이사 1980년 우신전기설비공업사 대표 1984년 우신종합건설(주) 대표이사(현), 길정종합건설 공동대표이사 사장

강신한(姜信馯) KANG Sin Han (淸松)

[생]1953·12·5 [본]진주(晉州) [출]충남 논산 [주]경기 수원시 권선구 경수대로319 승일빌딩6층 수도권일보(031-248-8700) [학]1995년 경희대 산업정보대학원 최고경영자과정 수료 2003년 경복고부설 방송통신고졸 2007년 대불대 법학과졸 2009년 同대학원 행정학과졸 [경]1989년 고려일보 설립·대표이사 회장(현) 1989년 시사미디어출판사 사장(현) 1995년 주간 '시사뉴스' 창간·발행인(현), (주)KE에너지 회장 2005년 수도권일보 대표이사 회장 겸 발행인(현), 충청향우회중앙회 부총재(현), 한국청소년보호연맹 부총재(현) [저]'흐르는 물소리'

강신혁(姜信赫) KANG Sin Hyuk

[생]1975·2·28 [주]대구 중구 공평로88 대구광역시의회(053-803-5096) [학]1993년 영신고졸, 영남이공대 경영과 제적 [경]한나라당 대구시동구甲당원협의회 사이버대책위원장, 同대구시동구甲당원협의회 청년위원장, 동대구초 운영위원회 부위원장, 同BTL성과평가위원회 주민대표, 대구장애인문화협회 대구시 동구지부 사무국장, 한강포럼 대구·경북연합 대구동구 사무국장 2014년 대구시의회 의원(새누리당)(현) 2014~2016년 同건설환경위원회 위원 2014년 同예산결산특별위원회 위원 2016년 同문화복지위원회 부위원장(현) 2016년 同운영위원회 위원(현)

강신혁(姜信赫) KANG Shin Hyuk

[출]경남 거창 [주]부산 사하구 다대로145 강동병원(051-209-1245) [학]1965년 동아고졸 1970년 부산대 의과대학졸 1976년 고려대 대학원 의학석사 1980년 의학박사(고려대) [경]1970~1971년 부산대병원 인턴 1971~1974년 해군 군의관(대위 예편) 1974~1978년 경희대 의대 정형외과 레지던트 1978~1983년 同의과대학 정형외과학교실 조교수, 미국 U.C Sendiago대학병원 미세수술연구소 연수, 미국 그랜드레피드데이비드병원 연수, 독일 함부르크대학병원 인공관절센터 연수, 부산대·인제대·동아대·경희대·경상대 의대 외래교수, 부산시미술협회 고문, 부산대총동창회 부회장 1983~1993년 세일병원 부원장 1993년 강동병원 병원장(현), 세계 미세수술학회 정회원, 성균관대·경상대·부산대·인제대·경희대·고신대 의과대학 외래교수, 부산

시 미술협회 고문, 부산대총동창회 부회장, 인제대기성회 회장, 대한정형외과학회 장애평가위원, 同보험위원, 부산대 의과대학 연구회 회장, 부산동아고 총동창회 회장, 부산지법 조정위원회 운영위원 2003년 학교법인 박영학원 이사(현), 부산국제아트페스티벌위원회 이사(현), 부산지검 법사랑위원회 의료담당 부회장(현), 신라대재단 이사(현), 세계닥터스 자문위원(현), 한국몽골우회협회 고문(현), 100만평문화공원조성 범시민협의회 고문(현), 2008 세계사회체육대회 조직위원회 의료분과위원장 2008년 대한중소병원협회 부산·울산·경남지회 회장(현) [상]대한정형외과학회 학술상(1980), 부총리겸 재정경제부장관표창(1998) [저]'미세수술의 정형외과적 이용'

강신호(姜信浩) KANG Shin Ho (水石)

[생]1927·2·19 [본]진주(晉州) [출]경북 상주 [주]서울 동대문구 천호대로14길18 동아쏘시오홀딩스 회장실(02-920-8000) [학]1952년 서울대 의대졸 1954년 同대학원졸 1958년 의학박사(독일 프라이부르크대) [경]1963년 한국방송윤리위원회 위원 1966~1967년 한국청년회의소 중앙회 회장 1971~1989년 전국경제인연합회 상임이사 1975~1980년 동아제약(주) 대표이사 사장 1975년 라미화장품 사장 1977년 상주고재단 이사장(현) 1978년 한국과학기술단체총연합회 부회장 1979년 소련 국제사회보장협회 한국대표 1980년 동아식품 회장 1981년 동아제약(주) 대표이사 1981년 동아쏘시오홀딩스 회장(현) 1983년 한국경영자총협회 부회장, 同고문(현) 1983년 한국마케팅연구원 회장 1984년 세계제약단체연합회(IFPMA) 이사 1984년 산업기술진흥협회 부회장 1987년 한국제약협회 회장 1987년 (재)수석장학회 이사장 1987년 대한약품공업협회 회장 1988년 서울상공회의소 부회장 1989~2004년 전국경제인연합회 부회장 1991년 라미화장품(주) 대표이사 회장 1992년 (재)수석문화재단 이사장 1992~2003년 한국산업기술진흥협회 회장 1997년 (사)한국유엔협회 부회장, 同고문(현) 2003년 한국산업기술진흥협회 명예회장(현) 2003년 전국경제인연합회 회장 대행 2004~2007년 同회장 2004년 과학기술부 사이언스코리아 공동의장 2005년 수석무역(주) 이사 2005년 지식재산포럼 공동대표 2007년 한국광고주협회 고문(현) 2008년 교육과학기술부 사이언스코리아 공동의장 2009년 한일축제한마당 한국측 실행위원장 2010년 한국제약협회 특별자문위원(현) [상]대통령표창(1975), 발명장려대상(1981), 은탑산업훈장(1984), 한국의 경영자상(1990), 국민훈장 모란장(1994), 과학기술훈장 창조장(2002), 함춘대상, 독일 1등십자공로훈장, 일본 최고훈장 욱일대수장(2007), 바둑대상 공로상(2010), 독일 바덴비르템베르크주정부 슈타우퍼훈장(2014) [저]'회의 진행법' '水石 육십년' '더 취하기 전에'

강신호(姜信豪) KANG Shin Ho

[생]1961·8·3 [주]서울 중구 동호로330 CJ제일제당 식품사업부문(02-6740-1114) [학]포항고졸, 고려대 경영학과졸, 한국과학기술원(KAIST) 경영학과졸 [경]CJ(주) DNS추진팀 부장, 同경영기획팀 부장, 同전략1팀장 2005년 同운영1팀장(상무) 2009년 同인사팀장(부사장대우) 2010년 CJ제일제당(주) 경영지원실장(부사장대우) 2011년 대한통운 PI추진실 부사장대우 2012년 CJ(주) 사업1팀장(부사장대우) 2013년 同사업1팀장(부사장) 2013년 CJ프레시웨이 대표이사 부사장 2016년 CJ제일제당 식품사업부문장(부사장)(현)

강신홍(姜信洪) KANG Sin Hong

[생]1959·3·7 [출]경남 진주 [주]경남 창원시 의창구 상남로289 경남지방경찰청 정보화장비과(055-233-2141) [학]1978년 진주 대아고졸 1986년 경상대 회계학과졸 2003년 창원대 행정대학원 행정학과졸 [경]1989년 경위 임관(경찰간부 후보 37기) 2009년 제주지방경찰청 청문감사담당관 2010년 경남 함양경찰서장(총경) 2011년 경남지방경찰청 생활안전과장 2012년 경남 진주경찰서장 2014년 경남지방경찰청 보안과장 2015년 경남 창녕경찰서장 2016년 경남지방경찰청 정보화장비과장(현)

강양수(姜陽守) Kang Yang Su

[생]1957·11·1 [주]경남 진주시 대신로570 경남도농업기술원(055-254-1114) [학]1977년 진주농림고등전문학교졸 1986년 한국방송통신대 농학과졸 1990년 경상대 대학원 축산학과졸 [경]1977~1992년 경남 창원군·함안군농촌지도소 근무 1992~2010년 경남도농업기술원 축산계장·기술기획담당 농촌지도관 1998~2012년 경남과학기술대 국제축산개발학과 시간강사 2010~2014년 경남도농업기술원 기술지원국 기술지원과장·기술지원국장(농촌지도관) 2014년 同원장 직대 2015년 同원장(현) [상]농림수산부장관표창(1985), 국무총리표창(1997), 농촌진흥청장표창(2001) 외 농민단체, 유관기관 공로패·감사패 17건

강여찬(姜呂贊) KANG Yeo Chan

[생]1964·6·5 [출]제주 [주]광주 동구 준법로7의12 광주고등검찰청(062-231-3114) [학]1983년 한성고졸 1987년 고려대 법학과졸 [경]1988년 사법시험 합격(30회) 1991년 사법연수원 수료(20기) 1991년 軍법무관 1994년 서울지검 의정부지청 검사 1995년 전주지검 군산지청 검사 1997년 인천지검 검사 1999년 울산지검 검사 2001년 서울지검 검사 2003년 인천지검 부부장검사 2004년 청주지검 충주지청 부장검사 2005년 청주지검 부장검사 2006년 인천지검 공판송무부장 2007년 친일재산조사위원회 파견 2008년 의정부지검 형사3부장 2009년 대구지검 형사2부장 2009년 부산지검 형사1부장 2010년 광주고검 검사 2012년 서울고검 형사부 검사 2014년 광주고검 검사(현)

강연수(姜然琇) KANG Youn Soo

[생]1959·2·19 [본]금천(衿川) [출]서울 [주]세종특별자치시 시청대로370 한국교통연구원 도로교통본부(044-211-3184) [학]1987년 미국 로저윌리엄스대 Computer Science & Mathematics졸 1990년 미국 코네티컷대 대학원 응용수학과졸 1993년 미국 버지니아공대 대학원 통계학과졸 2000년 공학박사(미국 버지니아공대) [경]2000~2002년 동덕여대·한국항공대 강사 2000년 교통개발연구원 교통정보센터 책임연구원 2001년 同ITS연구센터 책임연구원 2002년 同국가교통핵심기술센터장 2003년 同국가교통핵심기술센터 책임연구원 2003년 同ITS연구 및 국가교통핵심기술센터장 2004년 同첨단교통기술연구센터장 2004년 국가교통실무조정위원회 위원 2005년 한국교통연구원 첨단교통기술연구센터장 2006년 同첨단교통기술연구실장 2008~2010년 同연구위원 2008년 同첨단교통연구실장 2010년 同신성장동력·R&D연구센터장 2010년 同선임연구위원 2010년 同ITS연구센터장 2012~2013년 同미래예측·전략기획실장 2015년 同도로교통본부 선임연구위원(현)

강연재(姜年宰) KANG Yun Jae (牛溪)

[생]1957·8·20 [본]진주(晉州) [출]전남 해남 [주]서울 강남구 테헤란로69길16 파빌리온인베스트먼트 부회장실(02-2184-7423) [학]1975년 인창고졸 1979년 서울대 경영학과졸 1981년 한국과학기술원 산업공학과졸(석사), 同최고정보경영자과정 수료(19기), 서울대 최고경영자과정 수료(61기), 同최고감사인과정 수료(12기) [경]1979년 현대그룹 입사 1983년 同종합기획실 근무 1994년 同종합기획실 부장 1997년 同종합기획실 이사대우 1999년 同현대경영전략팀 이사 2000년 同현대경영전략팀 상무이사 2000년 현대투자신탁 상무이사 2001년 현대증권(주) 상무이사 2002년 同경영관리부문장(전무) 2005년 同경영관리본부장(전무) 2005년 同영업총괄 전무 2006년 同영업총괄 부사장 2007년 同경영기획총괄 부사장 2008년 同경영관리총괄 부사장 2009~2011년 현대자산운용 대표이사 2012~2014년 국민연금공단 감사 2012년 중앙대 투자론·금융상품론 겸임교수(현) 2013~2014년 (사)귀농귀촌진흥회 부위원장 2013~2014년 (사)지역경제진흥회 청년일자리대책위원회 부위원장 2015~2016년 법무법인(유한) 바른 고문 2016년 파빌리온인베스트먼트 부회장(현)

강연재(姜沇材·女) kang yeon jae

[생]1975·9·14 [출]대구 [주]서울 강동구 천호대로1097 천호현대아이파크5층 506호 강연재법률사무소(02-477-8766) [학]1994년 대구 신명여고졸 2005년 서울시립대 세무학과졸, 고려대 정책대학원 경제정책학 석사과정 휴학 중 [경]2002년 사법시험 합격(44회) 2005년 사법연수원 수료(34기), 서울중앙지법 상설조정위원회 조정위원, 법무법인 아주 변호사, SBS '솔로몬의 선택' 패널변호사 2010~2012년 대한변호사협회 사무차장, 국회방송 '새법률산책' MC 2010~2012년 대한변호사협회 법제위원, 同인권위원, 同청년변호사특별위원회 부위원장 2011년 사회복지공동모금회 모금분과 위원(현) 2011~2015년 국회 제5기 입법지원단 위원 2012년 사랑의장기기증운동본부 변호사홍보대사 2012년 제19대 국회의원선거 방송심의위원회 위원, 청년당 대변인 2012년 제19대 국회의원선거 출마(비례대표 1번, 청년당), 법무법인 참진 대표변호사 2013년 MBC 생방송 오늘아침·MBN 동치미·아궁이 패널 2014년 한국여성변호사회 대변인 2014년 새정치민주연합 서울시당 6.4지방선거 공천관리위원 2014년 同7.30재보궐선거 공천관리위원 2014년 同상근부대변인 2014년 변호사 개업(현) 2015년 전자문서전자거래분쟁조정위원회 위원(현) 2016년 제20대 국회의원선거 출마(서울 강동구乙, 국민의당) 2016년 국민의당 서울강동구乙지역위원회 위원장(현) 2016년 同부대변인(현) 2016년 同당헌당규제·개정위원회 제4소위원회 간사(현) [상]대한변호사협회장표창(2012)

강연호(康然浩)

생1955·2·1 본곡산(谷山) 출제주 서귀포 주제주특별자치도 제주시 문연로13 제주특별자치도의회(064-741-1926) 학표선상고졸 경서귀포시 표선면장, 同주민생활지원과장, 同총무과장, 同녹색환경과장, 표선초등학교 총동문회 회장 2014년 제주특별자치도의회 의원(새누리당)(현) 2014~2015년 同의회운영위원회 위원 2014년 同농수축경제위원회 위원 2014~2015년 同예산결산특별위원회 위원 2014~2015·2016년 同윤리특별위원회 위원(현) 2014~2015·2016년 同새누리당 원내대표(현) 2014·2016년 同FTA대응특별위원회 위원(현) 2015년 同제주특별법제도개선및토지정책특별위원회 위원(현) 2016년 同의회운영위원회 부위원장(현) 2016년 同환경도시위원회 위원(현) 상청백봉사상(2002), 대통령표창(2005), 근정포장(2013), 녹조근정훈장(2014), 대한민국 환경창조경영대상 '지방자치의정대상'(2016)

강영구(姜暎求) Kang Young Goo

생1956·9·24 출경북 상주 주서울 강남구 강남대로382 메리츠타워 메리츠화재해상보험(주) 임원실(1566-7711) 학1976년 휘문고졸 1983년 국민대 정치외교학과졸 1987년 성균관대 대학원 경영학과졸 2001년 미국 밴더빌트대 대학원 경제학과졸 경1982년 보험감독원 입사 1999년 금융감독원 검사총괄실 검사제도팀 근무 2002년 同기획조정국 팀장 2003년 同보험검사국 팀장 2004년 同보험감독국 부국장 2006년 同보험검사2국장 2008년 同보험업서비스본부장(부원장보) 2010~2013년 보험개발원 원장 2014년 법무법인 태평양 고문 2014~2015년 롯데손해보험(주) 사외이사 겸 감사위원 2015년 메리츠화재해상보험(주) 윤리경영실장(사장)(현) 종기독교

강영국

생1960·1 주서울 종로구 종로1길36 대림산업(주) 임원실(02-2011-7114) 학1978년 여수고졸 1985년 전남대 화학공학과졸 경1989년 대림산업(주) 입사 2010년 同플랜트사업본부 상무 2013년 同플랜트사업본부 전무 2016년 同대표이사 부사장(현)

강영규(姜永圭) Khang Young Kyu

생1948·1·24 본진주(晉州) 출경남 합천 주서울 금천구 두산로5길11 서강직업전문학교(02-2637-6004) 학거창고졸 1977년 동국대 경찰행정학과졸, 연세대 대학원 자원관리학과졸, 경찰학박사(동국대), 경희대 법무대학원수료, 고려대 언론대학원수료 경1996~1998년 영월경찰서장·평창경찰서장 1998년 경찰청 예산담당관 2000년 서울 남대문경찰서장 2001년 경찰청 경비2과장 2002년 同경비1과장 2002년 서울지방경찰청 기동단장 2004년 同101경비단장 2004년 경찰청 경비국장 2005~2006년 경찰대학 학장 2008년 대한민국재향경우회 부회장(현) 2015년 동국대총동창회 감사(현) 2015년 서강직업전문학교 총장(현) 상대통령표창, 내무부장관표창

강영근(康永根) KANG Young Keun

생1954·8·27 본신천(信川) 출충북 괴산 주충북 진천군 문백면 농다리로536의43 충북학생외국어교육원(043-530-6401) 학1973년 청주교육대졸 1995년 청주대 행정대학원졸 경1973~1999년 운곡·청안·혜원·미원·옥동·봉명초등학교 교사 1999~2002년 금구초등학교 교감 2003년 보은교육청 장학사 2005년 충청북도교육청 초등교육과 장학사 2006~2008년 동광초등학교 교장 2008~2012년 청주 사천초등학교 교장 2012~2014년 청주 산남초등학교 교장 2014년 증평 도안초등학교 교장 2015년 충북학생외국어교육원장(현) 상모범공무원상 종천주교

강영기(姜榮起) KANG Young Kee

생1953·7·24 출서울 주충북 청주시 서원구 충대로1 충북대학교 자연과학대학 화학과(043-261-2285) 학1977년 연세대 화학과졸 1980년 한국과학기술원(KAIST) 화학과졸(석사) 1983년 이학박사(한국과학기술원) 경1983~1992년 충북대 화학과 조교수·부교수 1985~1987년 미국 코넬대 화학과 박사 후 연구원 1990~1991년 미국 코넬대 화학과 방문연구원 1992년 충북대 화학과 교수(현) 1993~1994년 일본 분자과학연구소 방문연구원 1994~2001년 미국 코넬대 방문교수 2005~2006년 한국생물물리학회 회장

2006~2007년 한국펩타이드학회 운영위원장 2013~2015년 아시아태평양생물물리학연합학회 회장 2014년 아시아태평양단백질연합학회 회장(현)

강영석(姜永錫) KANG Young Seok

생1966·3·11 주경북 안동시 풍천면 도청대로455 경상북도의회(054-880-5461) 학경신고졸 1992년 영남대 사회학과졸 2000년 국민대 정치대학원졸 경제일생명보험(주) 근무, 민주평통 자문위원 2000~2005년 국회의원 비서관 2006년 경북 상주시장선거 출마(무소속) 2008~2010년 성윤환 국회의원 보좌관 2010년 경북도의회 의원(한나라당·새누리당) 2010년 同농수산위원회 위원 2011년 同예산결산특별위원회 위원, 同운영위원회 위원 2014년 경북도의회 의원(새누리당)(현) 2014년 同교육위원회 위원 2014·2016년 同윤리특별위원회 위원(현) 2014~2016년 새누리당 경북도의회 원내대표단 부대표 2015년 경북도의회 예산결산특별위원회 위원(현) 2016년 同교육위원회 위원장(현) 종불교

강영수(姜永洙) KANG Young Su (태성)

생1951·12·26 본진주(晉州) 출전북 전주 주전북 전주시 완산구 효자로225 전라북도의회(063-280-3062) 학전주공고졸, 전주공업대 사회체육학과졸, 전주대 체육학과졸 경대한태권도협회 이사, 열린우리당 전북도당 체육특별위원회 위원장, 민주당 전북도당 부위원장 2002년 전주비전대 객원교수(현) 2006~2010년 전북 전주시의회 의원 2008년 전주시스쿼시연합회 회장(현) 2011년 전주지검 형사조정위원 2012년 전라북도의회 의원(보궐선거, 민주통합당·민주당·새정치민주연합) 2012년 同환경복지위원회 위원 2012년 同예산결산특별위원회 위원 2012년 同윤리특별위원회 위원 2013년 同윤리특별위원회 위원장 2014년 전북도의회 의원(새정치민주연합·더불어민주당)(현) 2014년 同환경복지위원회 위원장 2016년 同제2부의장(현) 2016년 同문화건설안전위원회 위원(현) 상전북장애인자활지원협회 감사패(2016) 종천주교

강영수(姜英守) KANG Young Soo

생1961·3·15 본진양(晉陽) 출경남 사천 주서울 서초구 헌릉로13 대한무역투자진흥공사 감사실(02-3460-7010) 학1979년 진주고졸 1986년 경상대 경제학과졸 2004년 미국 노스웨스턴대 Kellogg School of Management MBA 경1986년 대한무역투자진흥공사(KOTRA) 사업개발부 입사 1987년 同해외조사부 구주지역 담당 1990년 同카사블랑카무역관 근무 1993년 同지역조사부 중동지역 담당 1996년 同텔아비브무역관 근무 1999년 同중동지역 담당 2002년 同텔아비브무역관 부관장 2004년 同텔아비브무역관장 2006년 同아카데미 연수운영팀장 2008년 同요하네스버그무역관장 2010년 同자원건설플랜트팀장 2011년 同산업자원협력처장 겸 프로젝트총괄팀장 2012년 同산업자원협력실장 2013년 同시카고무역관장 2016년 同감사실장(현) 저'세계비즈니스기행(共)'(1995, 사계절) 역'유대인 오천년사'(1999, 청년정신출판사) 종가톨릭

강영수(姜永壽) KANG Young Soo

생1966·8·19 출경남 하동 주서울 서초구 서초중앙로157 서울고등법원(02-530-1246) 학1984년 중동고졸 1988년 서울대 법대 사법학과졸 1993년 同대학원졸 경1987년 사법시험 합격(29회) 1990년 사법연수원 수료(19기) 1990년 軍법무관 1993년 서울형사지법 판사 1995년 서울지법 판사 1996년 同북부지원 판사 1997년 청주지법 판사 1997년 미국 펜실베이니아대 연수 1998년 광주지법 판사 2000년 인천지법 판사 겸 법원행정처 인사제3담당관 2001년 서울고법 판사 2001년 법원행정처 인사제3담당관 2002년 同인사제1담당관 겸임 2005년 청주지법 충주지원장 2006년 대법원장 비서실 판사 2007년 사법연수원 교수 2009~2012년 서울중앙지법 부장판사 2010년 언론중재위원회 서울제3중재부장 2012년 부산고법 부장판사 2014년 서울고법 부장판사(현)

강영식(姜永植) KANG Young Sik

생1939·9·3 본진주(晉州) 출부산 주서울 강동구 양재대로1410 남북전기(주)(02-463-0211) 학1958년 부산공고졸 1965년 연세대 전기공학과졸 경1965년 대한조선공사 입사 1967~1970년 성신양회공업(주) 근무 1970~1973년 포항종합제철 근무 1974년 남북전기(주) 설립·대표이사 사장(현) 1990년 한국조명공업협동조합 이사장(현) 2007년 중소기업중앙회 비상근부회장 상국

무총리표창, 상공부장관표창, 기술장려상, 산업포장, 무역의 날 2천만불 수출탑(2013) ⑧불교

강영식(姜榮植) KANG Young Sik

⑧1949·7·6 ⑧서울 ㈜서울 강서구 하늘길260 OC빌딩B동3층 ㈜대한항공 기술부문 총괄부사장실(02-2656-7110) ⑩1967년 서울사대부고졸 1972년 서울대 항공공학과졸 ⑳1972~1996년 ㈜대한항공 원동기정비공장장(이사) 2000년 同김해정비공장장(상무) 2004년 同김포정비공장장 겸 부본부장(상무) 2005년 同정비본부장(전무) 2007년 同정비본부장(부사장) 2014년 同기술부문 총괄부사장(현) ⑳동탑산업훈장(2008)

강영실(姜英實·女)

⑧1959·6·3 ⑧부산 ㈜부산 해운대구 센텀중앙로79 한국수산자원관리공단 이사장실(051-740-2502) ⑩1978년 부산 경남여고졸 1982년 부경대 양식학과졸 1992년 해양생물학 이학박사(부경대) ⑳1982년 국립수산과학원 연구사 1982년 한국해양학회 회원(현)·한국수산과학회 회원(현) 1989년 국립수산과학원 해양환경부 유해생물과장 1996년 미국 스크립스해양연구소 박사후 과정 수료 2004~2006년 세계해양과학위원회(SCOR) WG125 국가대표 전문가 2005~2010년 황해광역생태계(YSLME) 국가대표 전문가 2005~2012년 북태평양해양과학기구(PICES) 국가대표 전문가 2005년 국립수산과학원 서해수산연구소 자원환경팀장 2007년 북태평양해양과학기술위원회(PICES) 기후변화대응 연구위원 2010년 국립수산과학원 동해수산연구소장(고위공무원) 2010~2011년 미국 스크립스 해양연구소 파견 2012년 국립수산과학원 서해수산연구소장 2013년 同연구기획부장 2014년 한국수산자원관리공단 이사장(현) 2014년 한국수산과학회 부회장 2016년 同회장(현) 2016년 (사)바다녹화운동본부 이사장(현) ⑳농림수산부장관표창(1992), 해양수산부장관표창(2003), 대통령표창(2003)

강영안(姜榮安) KANG Young Ahn

⑧1952·11·25 ⑧부산 ㈜부산 서구 감천로262 학교법인 고려학원 부속실(051-248-7208) ⑩1979년 한국외국어대 네덜란드어과졸 1981년 벨기에 루뱅대 대학원 철학과졸 1985년 철학박사(네덜란드 암스테르담대) ⑳1985년 네덜란드 국립레이든대 철학부 전임강사 1986~1990년 계명대 조교수 1986~2015년 서강대 국제인문학부 철학전공 교수 1995년 벨기에 루뱅대 철학대학원 초빙교수 1999년 서강대 학생문화처장 겸 취업정보처장 1999년 同인문과학연구소장 2003년 미국 칼빈대 방문교수 2004년 한국현상학회 이사 2006~2007년 서강대 교양학부장 2009~2010년 한국연구재단 역사철학단장 2011년 서강대 문학부학장 2012년 同국제지역문화원장 2013년 同국제인문학부 학장 2013~2014년 한국철학회 회장 2015년 한국연구재단 인문학대중화운영위원회 위원장(현) 2015년 서강대 명예교수(현) 2015년 학교법인 고려학원(고신대) 이사장(현) ⑳'주체는 죽었는가-현대철학의 포스트모던 경향' '자연과 자유 사이' '도덕은 무엇으로부터 오는가-칸트의 도덕철학' '강교수의 철학 이야기-데카르트에서 칸트까지' '우리에게 철학은 무엇인가-근대·이성·주체를 중심으로 살펴본 현대 한국 철학사' '인간의 얼굴을 가진 지식' '타인의 얼굴-레비나스의 철학'(2005) ⑳'몸 영혼 정신-철학적 인간학 입문' '급변하는 흐름 속의 문화' '시간과 타자'

강영은(姜鈴恩·女) KANG Young Eun

⑧1963·10·22 ⑧진주(晉州) ⑧서울 ㈜서울 마포구 성암로267 문화방송 미디어사업본부 문화사업제작센터(02-789-1330) ⑩1982년 성정여고졸 1986년 한국외국어대 불어학과졸 2002년 서강대 언론대학원 방송과졸 ⑳1985년 MBC 입사 1986년 同편성국 아나운서팀 근무 1990년 同라디오 '음악이 흐르는 밤에' DJ 1996년 同라디오 '깨어있는 당신을 위하여' DJ, 同아나운서국 아나운서1부 차장대우 2002년 同아나운서국 아나운서2부 차장 2003년 同라디오 '라디오책세상' MC 2004~2009년 同TV '늘 푸른 인생' MC 2005년 同아나운서국 우리말담당 차장 2005년 同TV '건강한 아침 강영은입니다' 진행 2006년 同아나운서국 아나운서2부장 2007년 同아나운서국 부장 2007년 한국어문교열기자협회 부회장 2007~2013년 한국외국어대 겸임교수 2007~2008년 방송위원회 방송언어특별심의위원회 위원 2008년 MBC 라디오 '아침을 달린다 강영은입니다' 진행 2011년 MBC아카데미 본부장(파견) 2012년 MBC 문화콘텐츠사업센터 코이카협력부장 2012년 同글로벌사업국 기획사업부장 2013년 同문화사업국 부국장 2014년 同콘텐츠사업국 기획사업부 부국장 2015년 同미디어사업본부 문화사업제작센터 부국장급(현) ⑳한국아나운서클럽

대상(1996), 대한볼링협회 공로상(1998), 대한체조협회 공로상(2004), 한국어문상 특별상(2005), 한국어문교열기자협회 제20회 한국어문상 공로부문(2008) ⑳'쓰면서도 잘 모르는 생활 속 우리말 나들이(共)'(2005) ⑧기독교

강영일(姜英一) KANG Yeong Il

⑧1956·6·4 ⑧진주(晉州) ⑧전북 익산 ㈜대전 동구 중앙로242 한국철도시설공단(042-607-3071) ⑩1975년 용산고졸 1979년 한국외국어대 무역학과졸 1986년 서울대 행정대학원졸 ⑳1979년 행정고시 합격(23회) 1991년 교통부 안전지도과장 1995~1997년 건설교통부 화물운송과장·지역교통과장 1997년 대통령비서실 건설교통행정관 1999년 건설교통부 육상교통기획과장 2001년 同항공정책과장 2002년 同국제항공협력관 2002년 同항공정책심의관 2003년 同육상교통국장 2004년 同도로국장 2006년 同생활교통본부장 2007년 同물류혁신본부장 2008~2009년 국토해양부 교통정책실장 2009년 한국부동산연구원 원장 2012년 새서울철도㈜ 대표이사 2014년 한국철도시설공단 이사장(현) 2016년 한국철도협회 회장(현) ⑳홍조근정훈장, 대통령표창 ⑧기독교

강영재(康榮宰) KANG Young Jae

⑧1959·9·10 ㈜서울 영등포구 국회대로559 삼성생명서비스㈜ 대표이사실(1588-3114) ⑩서라벌고졸, 고려대 경제학과졸 ⑳삼성생명보험㈜ 중앙브랜치 매니저, 同마케팅기획파트장, 同채널기획파트장 2005년 同채널기획팀장(상무보), 同마케팅전략팀장(상무보) 2010년 同상품개발그룹장(상무) 2010년 同상품개발그룹장(전무) 2012년 同강북지역사업부장(전무) 2013년 同고객지원실장(전무) 2014년 삼성생명서비스㈜ 대표이사(현)

강영종(康永宗) KANG Young Jong

⑧1960·8·16 ⑧신천(信川) ⑧서울 ㈜경기 고양시 일산서구 고양대로315 한국시설안전공단 이사장실(031-910-4000) ⑩1979년 중앙대사대부고졸 1983년 고려대 토목공학과졸 1985년 同대학원 구조공학과졸 1992년 구조공학박사(미국 어번대) ⑳1987~1997년 한국전력기술㈜ 기술원보 1993년 공주대 토목공학과 전임강사 1994년 고려대 공과대학 토목환경공학과 부교수 2004년 同공과대학 건축사회환경시스템공학부 교수 2005년 한국강구조학회 부회장·이사 2006년 고려대 사회환경시스템공학과장 2006년 同BK21건설산업 글로벌리더양성사업단장 2009~2016년 同공과대학 건축사회환경공학부 교수 2010년 한국구조물진단유지관리공학회 부회장 2011년 한국복합신소재구조학회 부회장 2012~2016년 고려대 초대형구조기술연구소장 2014년 한국복합신소재구조학회 회장(현) 2014~2016년 한국강구조학회 부회장 2015~2016년 고려대 대학평의원회 평의원 2016년 한국시설안전공단 이사장(현) 2016년 한국강구조학회 이사(현) ⑳대한토목학회 장표창(2000), 한국강구조학회 논문상(2000), 대한토목학회 논문상(2003), 대한토목학회 문호상(2004), 한국방재학회 논문상(2004), 한국강구조학회 학술상(2006), 한국방재학회 학술상(2007), 한국방재학회 우수논문상(2008), 한국철도학회 논문우수발표상(2009), 대한토목학회 우수논문발표상(2009), 한국철도학회 우수논문발표상(2009·2010), 한국구조물진단유지관리공학회 학술상(2010), 한국구조물진단유지관리공학회 학술상(2010), 한국과학기술단체총연합회 논문상(2011), 한국과학기술단체총연합회 과학기술우수논문상(2011), 한국철도학회 우수논문발표상(2012·2회), 대한토목학회 학술상(2012·2015), 한국복합신소재구조학회 학술상(2012), 한국강구조학회 우수학술발표상(2014), 대한토목학회 우수논문상(2014) ⑭'구조역학'(1999·2000) 'Structural analysis'(2004) '구조해석 7판'(2009) ㉾'교각 회전 장치 및 이를 이용한 티형 교각 가설 공법(共)'(특허 2003년 10-0382877-00-00) '강관을 삽입한 중공단면 철근콘크리트 기둥(共)'(특허 2004년 20-0366502)

강영중(姜榮中) KANG Young Joong

⑧1949·7·27 ⑧경남 진주 ㈜서울 관악구 보라매로3길23 대교그룹 비서실(02-829-0032) ⑩1968년 서라벌고졸 1972년 건국대 농화학과졸 1987년 연세대 교육대학원 교육행정학과졸 1988년 고려대 정책과학대학원 수료 1990년 서울대 최고경영자과정 수료 1994년 연세대 특허법무대학원 수료 1995년 한국과학기술원 최고정보경영자과정 수료 2000년 명예 경영학박사(건국대) 2004년 명예 체육학박사(한국체육대) ⑳1975년 종암교실 개설 1976년 한국공문수학연구회 설립 1986년 ㈜대교 대표이사 사장 1991년 同미국 LA 현지법인 설립 1992~2014년 대교문화재단 이사장 1997년 ㈜대교 홍콩유한공사 설립 1997년 同캐나다 밴쿠버현지법인 설립 1997년 대교그룹 회장

(현) 2003~2009년 대한배드민턴협회 회장 2003~2005년 아시아배드민턴연맹(ABF) 회장 2004년 이화여대 겸임교수 2005년 대한올림픽위원회 부위원장 2005~2013년 세계배드민턴연맹(BWF) 회장 2006~2008년 한국지적재산권법제연구원 이사장 2008~2012년 한국스카우트연맹 총재 2009년 명예 제주도민(현) 2010년 대교홀딩스 대표이사(현) 2014년 세계배드민턴연맹(BWF) 종신 명예부회장(현) 2015~2016년 국민생활체육회 회장 2015년 스포츠안전재단 이사장(현) 2016년 대한체육회 공동회장 [상]대통령표창(1995), 옥관문화훈장(2004), 21세기 스포츠포럼 올해의 인물(2008), 상허대상 교육부문(2009), 올해의 21세기 경영인(2010), 일본보이스카우트연맹 키지장(2012), 세계스카우트 공로상(2012), 한국조각가협회 공로패(2015) [저]'배움을 경영하라'(2010) [종]기독교

강영철(姜榮喆) KANG Young Chul

[생]1955·2·16 [본]진주(晉州) [출]충남 홍성 [주]인천 부평구 백범로577번길48 린나이코리아(주) 비서실(032-570-8903) [학]1976년 환일고졸, 성균관대 금속공학과졸 [경]1994년 린나이코리아(주) 제1공장장 1996년 同기술연구소 부소장 2001년 同R&D본부장 2004년 同생산본부장 2009년 정석항공과학고 운영위원장(현) 2011년 인천상공회의소 부회장(현) 2013년 린나이코리아(주) 대표이사 사장(현) 2013년 전국경제인연합회 이사(현) 2014년 인천경영자총협회 이사(현) 2014년 한국중견기업연합회 이사(현) 2014년 한국에너지기기산업진흥회 회장(현) [상]산업자원부장관표창(1999), 발명의날 대한상공회의소회장표창(1999), 제22회 인천시산업평화대상 개인부문(2012), 일자리창출지원 유공 동탑산업훈장(2013), 제33회 인천상공회의소 상공대상(2015) [종]천주교

강영철(姜榮哲) KANG Young Chul

[생]1956·9·16 [본]진주(晉州) [출]서울 [주]세종특별자치시 다솜로261 국무조정실 규제조정실(044-200-2390) [학]1975년 경복고졸 1980년 서울대 경제학과졸 1991년 미국 피츠버그대 경영대학원졸 1995년 경영학박사(미국 피츠버그대) 2003년 미국 스탠퍼드대 성장기업최고위과정 수료 2013년 미국 하버드대 AMP 수료 [경]1982년 한국수출입은행 근무 1983년 매일경제신문 경제부·국제부·금융부 기자 1996년 同경제부 차장 1997년 同경제부장 1997년 同지식부장 1999년 同편집위원 2000년 同산업·지식부장 2001년 대통령자문 교육인적자원정책위원회 위원 2001년 매일경제신문 산업부장 겸 세계지식포럼 사무국장 2002년 同부국장대우 경제부장 2002년 同논설위원 겸 세계지식포럼 사무국장 2003년 풀무원 부사장 2005년 同BHC지원부문장(사장) 2006년 同전략기획팀 글로벌사업담당 사장 2008~2014년 풀무원홀딩스 Wildwood 미국현지법인 사장 2013~2014년 同전략경영원장(사장) 겸임 2014년 국무조정실 규제조정실장(현) [상]매일경제신문 올해의 매경인상(1997), 매일경제신문 올해의 매경인상 특별상(2001) [저]'지식혁명 보고서' '학습혁명 보고서' [역]'1999년 대공황' '경제체제론 입문'

강영호(姜永虎) KANG Young Ho

[생]1957·10·11 [출]대전 대덕 [주]서울 서초구 서초중앙로157 서울고등법원(02-530-1114) [학]1976년 중앙고졸 1980년 성균관대 법학과졸 1982년 경희대 대학원졸 2007년 서울대 자연과학대학 과학기술혁신최고전략과정 수료 [경]1980년 사법시험 합격(22회) 1982년 사법연수원 수료(12기) 1982년 軍법무관 1985년 서울가정법원 판사 1987년 서울형사지법 판사 1989년 서울민사지법 판사 1990년 춘천지법 강릉지원 판사 1992년 서울지법 동부지원 판사 1993년 서울고법 판사 1995~1999년 대법원 재판연구관 1999년 서울지법 의정부지원 부장판사 2000년 同북부지원 부장판사 2001년 도산법커뮤니티 회원 2002년 서울행정법원 부장판사 2004년 同수석부장판사 2005년 대전고법 부장판사 2006~2012년 서울고법 부장판사 2010~2012년 법원도서관장 2012년 서울서부지법원장 2014년 특허법원장 2015년 IP(Intellectual Property) 허브 코트(Hub Court) 추진위원회 공동위원장 2016년 서울고법 부장판사(현) [상]내일신문 올해의 법관(2004), 환경재단 대한민국을 밝게 빛낸 100인(2005), 서울중앙고 교우회 올해를 빛낸 중앙인(2007) [저]'민법총칙' '민법연구' '회사정리와 파산의 모든 것' [종]기독교

강영환(姜永奐) KANG Yeong Hwan (눈산)

[생]1951·11·20 [본]진주(晉州) [출]경남 산청 [주]부산 중구 동광길11 책펴냄열린시(051-464-8716) [학]1970년 부산공고졸 1975년 동아대 경영학과졸 [경]1974년 동아대 동아문학상 가작 1977년 의령여고·해운대여상·선화여상 교사 1977년 동아일보 신춘문예 시 당선 1979년 현대문학 추천 완료(신동집 시인) 1979~2012년 부산컴퓨터과학고 교사 1980년 동아일보 신춘문예 시조 당선 1980년 '열린시' 동인 1984년 '지평' 동인 1986년 5.7문학협의회 초대사무국장 1989년 선화평교사협의회 초대의장 1990년 부산경남젊은시인회의 초대의장 1990~1998년 부산일보 여성문예 심사위원 1991년 출판사 '책펴냄열린시' 설립 1991년 '나무아래' 동인 1993년 부산시인협회 이사 1995~1998년 월간 '열린시' 창간·편집주간 1998년 '열린시조' 편집위원 1999년 부산디지털시인회 초대회장 2000년 민족작가회의 이사 2000년 부산민족작가회의 부회장 2001년 부산민족예술인총연합 창립준비위원장·회장 2002년 출판사 '책펴냄열린시' 주간(현) 2002년 (사)한국민족예술인총연합 상임이사 2002년 (사)부산민주항쟁기념사업회 이사 2002년 희망연대 공동대표 2004년 부산국제영화제 조직위원 2004년 금정산생명문화축전 조직위원장 2004년 시청자주권협의회 공동대표 2007년 '얼토시' 동인(현) 2010년 '남부시' 편집위원 [상]교육부장관표창(1999), 한국연극협회 부산지회 청소년연극지도공로상(2000), 제26회 이주홍문학상 일반문학부문(2006), 부산작가상(2008), 하동소재작품상(2012), 부산시문화상 문학부문(2013) [저]시집 '칼잠'(1983) '집산 푸른 잿빛'(2014) 시조집 '북창을 열고'(1987) '불순한 일기 속에서 개나리가 피었다'(1988) '이웃 속으로'(1991) '황인종의 시내버스'(1993) '길 안의 사랑'(1994) '쓸쓸한 책상'(1995) '눔-철들 무렵'(1997) '블랙커피'(1998) '눈물'(1999) '남해'(2001) '뒷강물'(2002) '푸른 짝사랑에 들다'(2003) '불무장등'(2005) '집을 버리다'(2005) '벽소령'(2007) '그리운 치밭목'(2008) '산복도로'(2009) '울 밖 낮은 기침소리'(2010) '모자아래'(2011) '불일폭포 가는길'(2012) '물금나루'(2013) '공중의 꽃'(2013) '집산 푸른 잿빛'(2014) '그림나무시'(2014) '비탈 그리고 제비꽃'(2015) '목련이웃'(2015) '아라가야 연꽃'(2015) '블랙 커피'(2015) '안경을 닦다'(2015) '두리기둥'(2016) '들판을 걷다'(2016) '아직 길은 손바닥에 있다'(2016) '부활절 아침'(2016) '출렁이는 상처'(2016) [종]불교

강영훈(姜永勳) Kang Young-hoon

[생]1961·4·2 [주]서울 종로구 사직로8길60 외교부 인사운영팀(02-2100-7136) [학]1988년 서울대 독어독문학과졸 [경]1989년 외무고시 합격(23회) 1989년 외무부 입부 1995년 駐일본 2등서기관 1998년 駐블라디보스톡 영사 2003년 駐몬트리올 영사 겸 駐ICAO 1등서기관 2006년 駐일본 참사관 2009년 대통령실 외교비서관실 파견 2010년 외교부 일본과장 2011년 駐호주 공사참사관 2013년 대통령 의전비서관실 파견 2014년 국방대 고위안보과정 파견 2015년 외교부 남아시아태평양국장 2016년 駐호놀룰루 총영사(현)

강영훈(姜永薰)

[생]1970·1·7 [출]경남 사천 [주]광주 동구 준법로7의12 광주지방법원(062-239-1114) [학]1989년 명신고졸 1997년 서울대 법학과졸 [경]1998년 사법시험 합격(40회) 2001년 사법연수원 수료(30기) 2001년 춘천지법 판사 2004년 수원지법 판사 2007년 서울중앙지법 판사 2009년 서울북부지법 판사 2013년 서울동부지법 판사 2014년 서울고법 판사 2016년 광주지법 부장판사(현)

강옥희(姜玉姬·女) KANG Oki

[생]1963·1·17 [본]진주(晉州) [출]서울 [주]강원 원주시 세계로10 한국관광공사 국제관광진흥본부(033-738-3000) [학]1985년 연세대 문과대학 독어독문학과졸 [경]1985년 한국관광공사 입사 1988년 同해외진흥팀 과장 1993년 同동남아부 과장 1996년 同런던지사 차장 1999년 同국내마케팅지원실 과장 2000년 同제작부장 2004년 同토론토지사장 2007년 同관광투자유치센터장 2010년 同홍보실장 2012년 同로스앤젤레스지사장 2014년 同관광산업본부장 2014년 한식재단 비상임이사(현) 2016년 한국관광공사 국제관광진흥본부장(상임이사)(현) [상]월드컵공로 대통령표창(2002)

강완구(姜完求) KANG Wan Koo

[생]1945·9·4 [출]전북 김제 [주]서울 강남구 테헤란로87길36 도심공항타워14층 법무법인 로고스(02-2188-1030) [학]1964년 경복고졸 1969년 서울대 법대졸 [경]1970년 사법시험 합격(11회) 1972년 사법연수원 수료(1기) 1972년 광주지법 판사 1973년 同순천지원 판사 1974년 서울지법 인천지원 판사 1977년 서울가정법원 판사 1978년 서울형사지법 판사 1980년 서울민사지법 판사 1982년 서울고법 판사 1985년 대법원 재판연구관 1986년 광주지법 부장판사 1988년 사법연수원 교수 1990년 서울형사지법 부장판사 1993년 대전고법 부장판사 1995년 서울고법 부장판사 1998년 서울행정법원 수석부장판사 직대 2000년 서울고법 부장판사 2000년 전주지법원장 2001년 대구지법원장 2002년 서울가정법원장 2003년 대구고법원장 2004년 서울고법원장 2005년 중앙선거관리위원회 위원 2005년 법무법인 로고스 고문변호사(현)

강요식(姜堯植) KANG Yo Sik (근우)

[생]1961·7·23 [본]진주(晉州) [출]전북 정읍 [주]서울 영등포구 국회대로74길12 남중빌딩3층 새누리당 서울시당(02-704-2100) [학]1980년 전주 해성고졸 1985년 육군사관학교졸(41기) 1992년 부산대 경영대학원 경영학과졸 2010년 정치학박사(경남대) [경]1985년 육군사관학교졸(41기) 2000~2002년 국회의원 보좌관·비서관 2002~2007년 청소년신문 사장 2004년 '포스트 모던'에 시 등단 2006년 '좋은문학'에 수필 등단, 한국문인협회 회원(현), 국제펜클럽 한국본부 회원(현) 2006~2007년 구로구재향군인회 회장 2007~2008년 국방부장관 정책보좌관 2008~2010년 한나라당 부대변인 2010~2012년 단국대 교양학부 겸임교수 2010~2012년 시사타임즈 사장 2010~2013년 한국소셜경영연구원 원장 2011~2012년 CBS라디오 '강요식의 소셜트렌드' 진행 2012년 새누리당 서울구로乙당원협의회 운영위원장 2012년 同서울시당 디지털정당위원장 2012년 제19대 국회의원선거 출마(서울 구로乙, 새누리당) 2012년 새누리당 제18대 대통령중앙선거대책위원회 SNS소통자문위원장 2012년 동국대 겸임교수 2014~2016년 한국동서발전(주) 상임감사위원 2015년 대한미식축구협회 회장(현) 2016년 새누리당 서울구로구乙당원협의회 운영위원장(현) 2016년 제20대 국회의원선거 출마(서울 구로구乙, 새누리당) [상]국무총리표창(1994), 전쟁문학상 수필부문 본상(2009), 대한민국신문기자협회 건전한 SNS 소통문화 공로부문 '위대한 한국인 대상'(2013), 대한민국출판문화예술대상 문화나눔 대상(2014), 자랑스런 감사인상 금상·내부감사혁신상(2015), 대한민국 공정사회발전 대상 공직자부문(2015) [저]'신마저 버린 땅-소말리아'(2003) '구로동 겨울나무'(2004) '이기는 습관을 지닌 인생을 살아라'(2005) '소셜 리더십'(2011) '박근혜 한국 최초 여성대통령'(2012) '공직자 노트 3.0'(2014) '뿌리깊은 구로나무'(2015) 시집 '구로산'(2013) '강가에 자란 나무는 아름답다'(2014) '구로산에 윤중로가 보인다'(2015)

강 용(姜 龍) KANG Yong

[생]1954·3·23 [출]서울 [주]대전 유성구 대학로99 충남대학교 공과대학 화학공학과(042-821-5683) [학]1978년 서울대 화학공학과졸 1981년 한국과학기술원(KAIST) 화학공학과졸 1985년 화학공학박사(한국과학기술원) [경]1981년 충남대 공대 화학공학과 교수(현) 1987년 일본 나고야대 방문연구원 1989년 독일 브라운슈바이크대 GBF 방문연구원 1989~1990년 미국 캔자스주립대 박사 후 연구원 1992~1999년 상공부·공업기술원·중소기업청 기술지도사 1996년 호주 모나쉬대 초빙교수 1996년 국제심포지움(Int'l Symposium on Chem. Eng.) 사무총장·위원장(현) 1998년 ASCON-IEEChE 국제조직위원(현) 1998년 同위원장 1998년 충남대 국책사업실장 1999년 同공과대학 부학장 2002년 同기획위원회 위원 2002~2015년 한국화공학회 평의원 2002년 同학술이사 2003년 충남대 국책산업단장 2004년 同나노신소재공학원장 2004년 同신소재연구소장 2004년 同연구지원본부장 겸 산학협력단장 2004년 전국거점국립대산학협력단장회 회장 2004년 한국화공학회 유동층부문위원회 위원장·운영위원·고문(현) 2005년 'Advanced Powder Technol.' Editorial Board(현) 2006년 'Int'l Science & Technol' Editorial Board(현) 2007년 충남대 공과대학장 2007년 同산업대학원장 2007년 학술지 'Korean Chemical Engineering Research' 편집장(현) 2008년 중부지역 26개공과대학장협의회 회장 2008년 전국공과대학장협의회 부회장 2008년 일본화공학회지 객원편집위원장 2008년 '2002 ISCRE/APCRE' 국제조직위원(현) 2010년 'Int'l Conference on GLS' 위원·위원장 2010년 충남대 에너지과학기술대학원 겸무교수(현) 2012년 同산학연구지원본부장 겸 산학협력단장 2013~2015년 同대학원장 2013~2014년 한국화공학회 대전·충남지부장 2016년 충남대 교학부총장(현) [상]한국화공학회 범석논문상(1990), 한국화공학회 학술상(1996), 우수연구상(1999), 우수강의상(2002), 국무총리표창(2003), 한국공업화학회 우수논문상(2005), 한국과학기술단체총연합회 과학기술우수논문상(19회)(2009), Excellent Reviewer Award(2010), 화공학회 형당교육상(2011), Advanced Powder Technon.(Elsevier) 공로상(2014) [저]'다상흐름공정실험'(1999) '혼합흐름의 수력학'(1999) '입자응용과학'(2003)

강용구(姜龍求) Kang Yong-gu

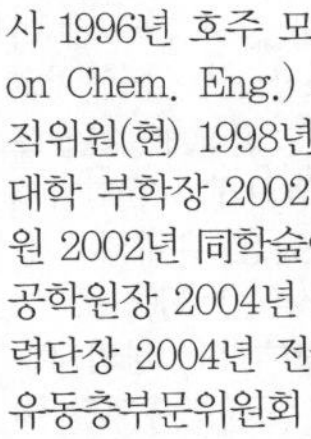

[생]1975·2·23 [본]진주(晉州) [주]전북 전주시 완산구 효자로225 전라북도의회(063-280-4510) [학]성원고졸 1997년 서남대 행정학과졸 [경]남원시학교운영협의회 사무국장, 남원시자원봉사센터 사무국장, 민주당 남원·순창지역위원회 사회복지발전위원장, 남원교육지원청 학교환경정화위원(현), 남원시 교육복지우선지원사업운영협의회 위원(현), 서남대총동문회 부회장 2014년 전북도의회 의원(새정치민주연합·더불어민주당)(현) 2014·2016년 同운영위원회 위원(현) 2014년 同행정자치위원회 위원 2014년 同윤리특별위원회 부위원장 2015~2016년 同예산결산특별위원회 부위원장 2016년 同산업경제위원회 부위원장(현) [종]기독교

강용범(姜龍範) Kang Young Bum

[생]1958·5·4 [본]진주(晉州) [출]경남 마산 [주]경남 창원시 의창구 상남로290 경상남도의회(055-211-7352) [학]1976년 창신고졸 1990년 창원전문대 산업디자인과 수료 1994년 경남대 경영대학원 수료 2002년 창신대 행정정보학과졸 2004년 경남대 법행정학과졸 2007년 同행정대학원 행정학과졸 [경]민정당 마산회원구 청년위원장, (사)한국청년회의소 南마산청년회의소 회장, 同경남지구 부회장, 한나라당 중앙위원회 정보과학분과 부위원장 1998·2002~2006년 경남 마산시의회 의원 2002~2004년 同운영위원장 2004~2006년 同부의장 2005~2006년 대한검도회 마산지회장 2006년 경남 마산시의원선거 출마 2007~2010년 경남 마산시의회 의원 2007년 同보사상하수위원회 위원 2010~2014년 경남 창원시의회 의원(한나라당·새누리당) 2014년 경남도의회 의원(새누리당)(현) 2014~2016년 同운영위원회 위원 2014~2016년 同농해양수산위원회 부위원장 2016년 同교육청소관 예산결산특별위원회 부위원장 2016년 同건설소방위원회 위원(현) [상]21세기한국인상 지방자치공로부문 [저]'저도의 푸른 날개' [종]불교

강용삼(姜龍三) Kang Yong Sam

[생]1961·3·17 [본]진주(晉州) [출]광주 [주]충북 충주시 동량면 충원대로1332 충주국토관리사무소(043-850-2500) [학]1977년 광주 광주고졸 1990년 부경대 전기공학과졸 2002년 고려대 대학원 전기공학과졸 2014년 전기공학박사(서울과학기술대) [경]2004년 건설교통부 철도건설팀 근무 2007년 건설교통부 고속철도과 근무 2008년 국토해양부 고속철도과 근무 2010년 同항공철도사고조사위원회 근무 2011년 同건설인력기재과 근무 2013년 국토교통부 건설인력기재과 사무관 2014년 同건설인력기재과 서기관 2015년 同철도안전정책과 서기관 2016년 대전지방국토관리청 충주국토관리사무소장(현)

강용석(姜龍錫) KANG Yong Seok

[생]1966·12·15 [주]서울 종로구 청와대로1 대통령 해양수산비서관실(02-770-0011) [학]한양대 사학과졸 [경]1993년 행정고시 합격(37회) 1995년 부산지방해운항만청 선원과 근무 1997년 해양수산부 항무국 항만유통과 근무 1998년 同항만정책국 항만운영개선과 근무 1999년 同해운물류국 항만운영개선과 근무 1999년 국외훈련(미국 뉴욕·뉴저지 항만청) 2000년 해양수산부 해운물류국 해운정책과 근무 2001년 同해양정책국 연안계획과 근무 2001~2003년 '2010년 세계박람회' 유치지원단 파견 2003년 해양수산부 해양정책국 연안계획과 근무 2003년 同기획예산담당관실 근무 2003년 同장관비서관 2004년 同해운물류국 연안해운과장 2005년 해외 파견 2007년 해양수산부 해운물류본부 항만운영팀장 2008년 국토해양부 감찰팀장 2009년 同서기관(고용휴직) 2012년 同해양신성장개발과장 2013년 해양수산부 해양정책실 해양개발과장 2013년 同해양정책실 해양영토과장 2014년 同해양정책실 국제협력총괄과장(부이사관) 2014년 대통령 해양수산비서관실 행정관(부이사관), 同선임행정관(고위공무원)(현)

강용식(康容植) KANG Yong Sik

[생]1939·5·8 [본]신천(信川) [출]서울 [주]서울 강남구 강남대로84길23 한라클래식오피스텔1305호 (사)21세기방송통신연구소(02-556-4731) [학]1958년 서울고졸 1963년 서울대 행정학과졸 [경]1964~1974년 중앙일보·동양방송 보도국 기자 1974년 同정경부장 1975~1979년 同일본특파원 1979년 同보도국장 1980년 한국방송공사 보도국장 1981년 同보도본부장 1985년 민주정의당 당무발전위원장 1985년 제12대 국회의원(전국구, 민정당) 1985년 민정당 대표위원보좌역 1987년 同총재보좌역 1988년 문화공보부 차관 1990년 공보처 차관 1990년 국무총리 비서실장 1992년 제14대 국회의원(전국구, 민자당·신한국당) 1992년 민자당 제1정책조정실장 1992년 21세기방송통신연구소 이사장(현) 1994년 민자당 정세분석위원장 1995년 同대표 비서실장 1996년 신한국당 총선기획단장 1996년 同기획조정위원장 1996년 제15대 국회의원(전국구, 신한국당·한나라당) 2002~2004년 국회 사무총장 2009년 서울마주협회 회장 2010년 경마산업선진화포럼 대표 [상]국민훈장 목련장, 체육훈장 맹호장, 황조근정훈장, 중앙언론문화상(2010) [저]'당신의 미래는 방송에 있다' '인생은 짧지만 남기고 싶은 이야기는 많다'

강용옥(姜龍玉) KANG Yong Ok

[생]1953·10·1 [출]충남 논산 [주]강원 춘천시 강원대학길 1 강원대학교 사범대학 일반사회교육과(033-250-6715) [학]1977년 서울대 사회교육과졸 1983년 同대학원 사회교육과졸 1993년 교육학박사(한양대) [경]1988년 강원대 사회교육학부 교수, 同사범대학 일반사회교육과 교수(현) 1988~1995년 한국사회과교육학회 이사 1998~2000년 강원대 학생기숙사 사감장 2004~2006년 同중등교육

연수원장 2007년 인도 델리대 방문교수 2008~2010년 강원대 교수학습개발원장 2009년 교육과학기술부 교육과정심의위원 2012년 강원대 교무처장 2015~2016년 同춘천캠퍼스 교육연구부총장 2015~2016년 同총장 직대

강용일(姜龍一)

[생]1953·7·22 [주]충남 예산군 삽교읍 도청대로600 충청남도의회(041-834-2536) [학]부여고졸, 한발대 토목공학과 휴학中 [경]한국자유총연맹 부여군지부장, 민주평통 자문위원 2002~2006년 충남 부여군의회 의원, 부여군재향군인회 회장 2010년 충남도의원선거 출마(한나라당), 부여군의용소방대연합회 회장 2014년 충남도의회 의원(새누리당)(현) 2014년 同운영위원회 위원 2014년 同농업경제환경위원회 부위원장 2016년 同농업경제환경위원회 위원장(현) [상]대한민국 산업글로벌 대상 우수의원활동부문(2016)

강용한(姜龍漢) KANG Yong Han

[생]1955·10·25 [주]경기 안산시 상록구 한양대학로55 한양대학교 과학기술대학(031-400-5495) [학]1978년 한양대 화학과졸 1981년 同대학원 화학과졸 1986년 이학박사(독일 콘스탄츠대) [경]1981~1982년 경북대 조교 1987~1989년 미국 Nucleic Acid Research Institute 연구원 1989년 한양대 이과대학 화학과 조교수·부교수, 同과학기술대학 응용화학전공 교수(현) 1991년 독일 콘스탄쯔대 화학과 단기방문교수 1993~1994년 한국과학기술원 객원선임연구원 1999년 기술표준원 산업표준심의회(ISO/TC 81) 전문위원 2005~2014년 경기도 '경기과학멘토사업' 담당교수 2008~2010년 한양대 창의인재원장 2015년 同ERICA캠퍼스 과학기술대학장(현)

강용현(姜溶鉉) KANG Yong Hyeon

[생]1950·9·11 [본]진양(晋陽) [출]경남 밀양 [주]서울 강남구 테헤란로133 법무법인 태평양(02-3404-0184) [학]1970년 경기고졸 1978년 서울대 법대졸 1999년 미국 하버드대 로스쿨 연수 [경]1978년 사법시험 합격(20회) 1980년 사법연수원 수료(10기) 1980년 서울민사지법 판사 1982년 서울형사지법 판사 1984년 전주지법 판사 1986년 서울지법 동부지원 판사 1989년 서울형사지법 판사 1990년 서울고법 판사 겸 법원행정처 조사심의관 1993년 대법원 재판연구관 1994년 청주지법 부장판사 1995년 대법원 재판연구관 1997년 수원지법 부장판사 1998년 서울지법 동부지원 부장판사 1999~2001년 서울지법 부장판사 1999년 미국 연수 2001년 법무법인 태평양 변호사(현) 2003년 (재)한국미래연구원 이사(현) 2003년 삼미재단 감사(현) 2004~2007년 방송위원회 법률자문위원 2005~2007년 사법연수원 외래교수 2005년 한국민사집행법학회 이사·감사 2008년 同부회장, 한국형사판례연구회 회장 2008년 교육과학기술부 정책자문위원회 법학전문대학원특별위원 2009년 민사실무연구회 부회장 2009년 (재)동천 이사(현) 2010~2014년 게임문화재단 이사 2012~2013년 한국형사판례연구회 회장 2012~2014년 한국민사집행법학회 회장 2012~2016년 국립대학법인 서울대 재경위원 2012년 아름다운재단 이사(현) 2013~2015년 한국민사소송법학회 부회장 2016년 同회장(현) [저]'주해민법3(共)'(1993) '주석민법 채권각칙3(共)'(1999) '주석민사소송법(共)'(2004)

강용호(姜容浩) KHANG Yong Ho

[생]1956·5·11 [본]진주(晋州) [출]경북 영주 [주]경북 경산시 대학로280 영남대학교 생명공학부(053-810-3051) [학]1982년 한양대 화학공학과졸 1986년 미국 텍사스공과대 대학원졸 1988년 공학박사(미국 텍사스공과대) [경]1981년 럭키중앙연구소 연구원 1984년 미국 텍사스공과대 연구조교 1988년 미국 휴스턴대 암연구소 연구원 1990년 미국 일리노이대 세포공학연구실 연구원 1992년 영남대 전임강사·조교수·부교수 1995년 미국 오크리지국립연구소 객원교수 1997년 이탈리아 밀라노대 방문교수 1998년 인도 미생물공학연구소 방문연구원 2001년 호주 그리피스대·미국 텍사스공과대 방문교수 2003년 영남대 자연자원대학 응용미생물학과 교수, 同생명공학부 교수(현) 2009~2013년 同생명공학부장 2016년 同생명응용과학대학장(현)

강우석(康佑碩) KANG Woo Seok

[생]1960·11·10 [출]경북 경주 [학]1982년 성균관대 영어영문학과 수료 [경]1988년 「달콤한 신부」로 영화감독 데뷔·영화감독(현) 1993년 강우석프로덕션 설립 1995~2005년 (주)시네마서비스 대표 2002년 세계경제포럼(WEF) 「아시아의 미래를 짊어질 차세대 한국인 리더」에 선정 2005년 K&J엔터테인먼트 설립 [상]영화평론가협회 신인감독상, 백상예술대상 감독상, 청룡영화제 최다흥행 감독상, 문화체육부 선정 오늘의 젊은 예술가상, 황금촬영상 제작공로상, 한국예술문화단체총연합회 예술문화상 대상, 백상예술대상 대상, 대종상 심사위원 특별상, 청룡영화상 감독상, 제14회 춘사대상영화제 올해의 감독상, 제44회 영화의날 공로상(2006), 제45회 백상예술대상 영화대상(2009), 제18회 춘사대상영화제 감독상(2010), 제47회 대종상영화제 감독상(2010), 제31회 청룡영화상 감독상(2010), 제20회 부일영화상 유현목영화예술상(2011) [작]'행복은 성적순이 아니잖아요' '누가 용의 발톱을 보았는가' '열아홉 절망 끝에 부르는 하나의 사랑노래' '스무살까지만 살고 싶어요' '미스터 맘마' '투캅스' '마누라 죽이기' '맥주가 애인보다 좋은 일곱가지 이유' '생과부 위자료 청구소송' '신라의 달밤' '공공의 적' '실미도' '혈의 누' '귀신이 산다' '사랑니' '공공의 적2' '오로라 공주' '한반도' '거룩한 계보' '강철중 : 공공의 적 1-1' '뜨거운 것이 좋아' '싸움' '궁녀' '권순분 여사 납치사건' '황진이' '지금 사랑하는 사람과 살고 있습니까?' '아들' '신기전' '모던보이' '김씨표류기' '백야행- 하얀 어둠 속을 걷다' '용서는 없다' '주유소 습격사건2' '이끼' '퀴즈왕' '글러브' '로맨틱 헤븐' '전설의 주먹' '깡철이' '공공의 적 2013' '두포졸' '고산자, 대동여지도'

강우정(康宇淨) KANG Uoo Chung

[생]1940·7·23 [출]광주 [주]서울 노원구 동일로214길 32 한국성서대학교 총장실(02-950-5436) [학]1957년 서울사대부고졸 1961년 고려대 법학과졸 1971년 미국 캘리포니아주립대 대학원 국제관계학과졸 1997년 명예 인문학박사(미국 워싱턴침례신학대) [경]1963년 학교법인 한국복음주의학원 이사(현) 1965~1967년 조선일보 기자 1972~1974년 한국일보 샌프란시스코주재 기자 1974~2000년 '한국일보 샌프란시스코' 발행인 1997~2000년 학교법인 한국복음주의학원 이사장 2000년 한국성서대 총장(현) 2002~2014년 한국대학교육협의회 감사 2003~2005년 한국복음주의신학대학협의회 서기 총장 2010년 한국사립대학총장협의회 부회장 2010년 한국신학대총장협의회 부회장 2014~2016년 한국대학교육협의회 감사 [종]기독교

강우현(康禹鉉) KANG Woo Hyon

[생]1953·10·24 [본]신천(信川) [출]충북 단양 [주]제주특별자치도 제주시 한림읍 한창로897 제주남이섬(064-772-2878) [학]1980년 홍익대 미술대학 응용미술학과졸 1982년 同산업미술대학원졸(광고디자인) 1983년 경희대 경영대학원 노사인력관리학과 중퇴 [경]1982년 홍익대·건국대·동덕여대·경희대·숙명여대 강사 1989년 아시아문화교류연구소(CCCA) 설립·소장 1993년 알씨콘텐츠(주) 설립·대표이사 1994~1998년 한국출판미술협회 회장 1998년 프랑스 제50회 칸영화제 포스터 지명작가 1998년 강우현 멀티캐릭터 디자인 개인전 2001~2009년 국제아동도서협의회(IBBY) 한국위원장, 유니세프 한국위원회 이사(현), 환경운동연합 부설 환경교육센터 이사(현) 2001~2014년 (주)남이섬 대표이사 2007~2012년 한양대 국제관광대학원 겸임교수 2008년 국제아동도서협의회(IBBY) 위원 2009~2013년 도자진흥재단 이사장 2009~2013년 한국도자재단 이사장 2011년 세계도자비엔날레 상상감독 2012년 (주)상상그룹 대표이사 2012년 (사)상상나라연합 사무총장 2012년 서울동화축제추진위원회 위원장 2014년 경기도 혁신위원회 위원 2015년 (재)광주비엔날레 자문위원 2015년 (주)남이섬 부회장(현) 2015년 제주남이섬(주) 대표이사(현) [상]노마국제그림책일러스트콩쿠르 그랑프리(1987), BIB-89 국제그림책원화전 금패상(1989), 올해의 디자이너상(1989), 환경문화예술상(1992), 한국어린이도서상(1998), 한국디자이너대상 국무총리상(2000), 대통령 산업포장(2014) [저]'컴퓨터그래픽 디자인 테크닉스' '멀티캐릭터 디자인' '클릭, 내머리 속의 아이디어 터치' '콩심은데 콩난다' '샘물과 바가지' '가우디의 바다 기획' '시민을 위한 환경교실'(共) '남이섬-미완의 상상' 'Who am I?' '남이잡상' '남이상자(南怡象字)' '나는 남이섬에서 산다' '남이섬CEO 강우현의 상상망치'(2009) '남이섬에 가고 싶다'(2012) [역]'가우디의 바다'

강운식(康運植) KANG Un Sik

[생]1958·9·27 [본]신천(信川) [출]강원 원주 [주]서울 용산구 효창원로6의4 금홍2빌딩 (주)테크데이타 사장실(02-3272-7200) [학]1977년 배문고졸 1985년 서울대 전자공학과졸 1998년 핀란드 헬싱키대 경영대학원졸 [경]삼성데이터시스템 CIM개발팀 부장, 삼성SDS(주) IT아웃소싱사업부장(이사), 同아웃소싱사업부장(이사), 同벤처디비전장(이사), 同솔루션사업본부장(상무), 同금융사업부장(상무) 2006년 CJ(주) CIO 겸 CPO(상무) 2008~2009년 CJ시스템즈 대표이사 상무 2010~2012년 DB정보통신(주) 대표이사 2012년 (주)테크데이타 대표이사(현)

ㄱ

강원구(姜源求) KANG Won Goo

[생]1962 · 10 · 2 [주]울산 북구 염포로260의10 (주)경동도시가스(052-289-5300) [학]대아고졸, 동아대 경영학과졸, 부산대 대학원 경영학과졸 [경](주)경동도시가스 경영기획팀장, 同기획관리부문장(이사대우) 2009년 同기획관리부문장(상무보) 2012년 同기획관리부문장(상무) 2013년 同기획관리부문장(전무)(현) [상]울산시장표창(2005), 경찰청장 감사장(2010) [종]불교

강원기(姜院基) KANG Weon Kee

[생]1958 · 3 · 19 [출]부산 [주]서울 용산구 백범로90다길 13 (주)오리온 임원실(02-710-6251) [학]대동고졸, 한국외국어대 아랍어과졸 1986년 고려대 경영대학원졸 [경]1986년 동양제과 기획부 입사, (주)오리온 마케팅부장, 同마케팅담당 상무보, 同해외마케팅담당 상무이사, 同해외사업본부장(상무) 2010년 同대표이사 부사장 2011년 同대표이사 사장 2015년 同베트남법인 총괄사장(현)

강원석(姜元錫) KANG Won Seok

[생]1969 · 12 · 6 [본]진주(晋州) [출]경남 함안 [주]서울 서초구 반포대로138 양진빌딩2층 법무법인 비전인터내셔널(02-581-9500) [학]1988년 창원고졸 1998년 국민대 정치대학원 정치학과졸 2004년 연세대 행정대학원 행정학과졸 2005년 경남대 경영대학원 수료 2007년 同대학원 법학 박사과정 수료 2013년 법학박사(경남대) 2014년 서울대 행정대학원 고위정책과정 수료 [경]1992~2008년 국회의원 보좌관 2001~2006년 마산대 겸임교수 2002년 제주대 평화연구소 특별연구원 2002년 일본 수도대 객원강사 2002년 한나라당 미래연대 부산 · 경남 공동대표 2005~2006년 창신대학 외래교수 2007~2009년 경남대 극동문화연구소 객원연구원 2007~2008년 대통령직인수위원회 상임정책연구위원 2008~2009년 대통령실 정무수석비서관실 행정관(국장급) 2009년 대통령직속 사회통합위원회 전문위원실장 2010년 행정안전부 장관정책보좌관 2010~2013년 同장관비서실장 2013~2015년 한국지방행정연구원 석좌연구위원 2013년 동국대 법무대학원 겸임교수 2015년 법무법인 비전인터내셔널 고문(현) [상]육군 특전사령관표창(1990), 경남대 대학원장표창(2005), 국기원장표창(2005), 국회의장표창(2008), 경찰청장표창(2011), 행정안전부장관표창(2012), 홍조근정훈장(2012) [저]'아름다운 세상보기'(2002) '발전을 위한 비판'(2003)

강원식(姜元植) KANG Weon Sik

[생]1959 · 8 · 2 [주]강원 강릉시 범일로579번길24 가톨릭관동대학교 관광스포츠대학 중국문화관광학과(033-649-7345) [학]1982년 한양대 정치외교학과졸 1991년 정치학박사(한양대) 1999년 정치학박사(러시아 모스크바국립대) [경]1985~1991년 외무부 외교안보연구원 책임연구원 1991~1992년 민족통일연구원 책임연구원 1992~1998년 同연구위원 1996~1997년 러시아과학원 극동연구소 객원연구원(Stazher) 1998~2006년 관동대 북한학과 조교수 · 부교수 2004~2011년 북한연구학회 이사 2006~2010년 관동대 정치외교학과 부교수 · 교수 2008년 제17대 대통령직인수위원회 외교통일안보분과 자문위원 2008~2009년 기획재정부 기금정책심의회 민간위원 2009~2011년 同재정정책자문회의 민간위원 2009~2011년 민주평통 상임위원 2009~2011년 (사)4월회 학술연구위원장 2010~2011년 대통령실 국가위기관리센터 정책자문위원 2010~2011 · 2013~2014년 관동대 중국학과 교수 2010년 한국정치정보학회 부회장 2011~2013년 駐벨라루스 대사 2014~2016년 가톨릭관동대 인문경영대학 글로벌어문학부 중국학전공 교수 2016년 同관광스포츠대학 중국문화관광학과 교수(현)

강원일(姜原一) KANG Won Il

[생]1942 · 12 · 28 [본]진주(晋州) [출]경북 의성 [주]서울 강남구 테헤란로133 한국타이어빌딩 법무법인 태평양(02-3404-0112) [학]1959년 대륜고졸 1963년 서울대 법대졸 1964년 同사법대학원 수료 1986년 同행정대학원졸 [경]1962년 고등고시 사법과 합격(15회) 1964~1967년 육군 법무관 1968년 대구지검 검사 1969년 同안동지청 검사 1971년 서울지검 인천지청 검사 1974년 서울지검 검사 1977년 부산지검 검사 1979년 법무부 검찰 제4과장 1980년 대구지검 특별수사부 부장검사 1981년 서울지검 동부지청 부장검사 1983년 서울지검 제2차장검사 1985년 사법연수원 부원장 1986년 춘천지검장 1987년 대검찰청 형사제2부장 1988~1991년 인천지검장 1991년 변호사 개업 1994년 법무법인 태평양 변호사(현) 1995년 국민고충처리위원회 위원 1997~1998년 同위원장 1999년 한국조폐공사 파업유도사건담당 특별검사 2001년 한국중견기업연합회 자문위원 2002년 중앙일보 법률자문위원장 2004년 (주)신세계 사외이사, 법무법인 태평양 고문(현) [상]홍조근정훈장, 국민훈장 모란장 [종]천주교

강원택(康元澤) KANG Won Taek

[생]1961 · 6 · 6 [본]신천(信川) [출]서울 [주]서울 관악구 관악로1 서울대학교 정치외교학부(02-880-6335) [학]1985년 서울대 지리학과졸 1990년 同대학원 정치학과졸 1997년 정치학박사(영국 런던정경대) [경]1990년 대륙연구소 연구원 1992년 현대경제연구소 주임연구원 1997~2001년 경남대 극동문제연구소 객원연구원 2001~2010년 숭실대 사회과학대학 정치외교학과 교수 2002년 한국공공선택학회 총무이사 2003년 한국정당학회 연구이사 2003년 한국선거학회 상임이사 2004년 한국유럽학회 · 한국정치정보학회 이사 2004년 한국정치학회 연구이사 2008년 한국정당학회 부회장 2008년 미국 듀크대 방문학자 2010년 한국정당학회 회장 2010~2012년 대통령직속 미래기획위원회 위원 2010년 서울대 정치외교학부 교수(현) 2010~2012년 국회 의정활동강화자문위원회 위원 2012~2014년 서울대 한국정치연구소장 2013년 국회 정치쇄신자문위원회 위원 2014년 국회의장직속 헌법개정자문위원회 위원 2014~2015년 국회의장직속 남북화해 · 협력자문위원회 위원 2015년 대법원 국선변호정책심의위원회 위원(현) 2016년 한국정치학회 회장(현) [저]'뉴질랜드' '서구 정치연구의 현황과 과제'(共) '세계화와 복지국가'(共) '유권자의 정치이념과 16대 총선: 지역균열과 이념균열의 중첩?' '노무현 정부의 성격'(編) '현대정당 정치의 이해'(編) 'Britan and European Intergration: Some Implications for East Asian Countries'(共) '한국 대통령제의 문제점과 제도적 대안에 대한 검토 : 통치력 회복과 정치적 책임성 제고를 위한 방안'(共) '남남갈등의 이념적 특성에 대한 경험적 분석' '한국의 선거정치: 이념, 지역, 세대와 미디어'(2003) '한국의 정치개혁과 민주주의'(2005) '한국 정치 웹2.0에 접속하다'(2008) '보수정치는 어떻게 살아남았나: 영국 보수당의 역사'(2008) 등 [역]'사회적 자본과 민주주의'

강월구(姜月求 · 女) KANG Wol Goo

[생]1966 · 3 · 11 [본]진주(晋州) [출]강원 춘천 [주]서울 중구 서소문로50 한국여성인권진흥원(02-3210-1060) [학]강원 유봉여고졸 1985년 고려대 신문방송학과졸 2005년 서강대 대학원 경제학과졸 [경]민자당 사무처 공채1기, 한나라당 예산결산위원회 전문위원, 국회 정책연구위원(2급), 민주평통 고양시협의회 자문위원, 이명박 서울시장후보 홍보팀장, 이명박 대통령후보 여성조직팀장, 한나라당 중앙당 여성국장 2008년 同제18대 국회의원 후보(비례대표) 2009년 同예산결산위원회 수석전문위원 2011~2013년 여성가족부 권익증진국장 2013년 한국여성인권진흥원 원장(현) [종]기독교

강유경(姜侑京 · 女) KANG Yu Kyung

[생]1972 · 12 · 26 [주]대전 서구 청사로189 통계청 경제통계국 경제통계기획과(042-481-2156) [학]미국 오리건주립대 대학원 통계학과졸 [경]1999년 기술고시 합격(34회) 1999년 통계청 전산사무관 2000년 同정보처리과 전산사무관 2003년 同전산사무관(해외훈련) 2005~2008년 同통계정보국 정보서비스과 전산사무관 2008년 同OECD세계포럼준비기획단 대외협력과장(서기관), 同해외파견(서기관) 2012년 同통계정보국 통계포털운영과장, 同통계서비스정책관실 통계서비스기획과장 2015년 同통계데이터허브국 행정통계과장 2016년 同경제통계국 경제통계기획과장(현)

강유민(姜有珉) Kang, Eumene

[생]1968 · 2 · 3 [출]서울 [주]서울 종로구 청와대로1 대통령 행정자치비서관실(02-770-0011) [학]1990년 연세대 법학과졸 2002년 미국 뉴욕대 행정대학원 행정학과졸 [경]1994년 행정고시 합격(38회) 1995~1996년 총무처 수습사무관 1996~1998년 국방부 예산1과 사무관 2005~2006년 대통령 혁신관리수석비서관실 행정관 2009년 행정안전부 고위공무원정책과장 2010년 同유비쿼터스기획과장 2011년 同조직진단과장 2012년 외교통상부 채용평가팀장 2013~2015년 駐뉴욕총영사관 영사 2015년 행정자치부 정부조직혁신단 근무(과장급) 2016년 대통령 행정자치비서관실 행정관(현)

강유식(姜庾植) KANG Yu Sig

[생]1948 · 11 · 3 [출]충북 청주 [주]경기 이천시 마장면 지산로167의72 LG경영개발원 임원실(031-630-6101) [학]1967년 청주고졸 1971년 서울대 경영학과졸 [경]1972년 LG화학 입사 1987년 LG전자 이사 1992년 LG반도체 상무이사 1995년 同전무이사 1996년 同부사장 1997년 LG그룹 회장실 부사장 1998년 同구조조정본부 부사장 1999년 同구조조정본부장(사장) 2002년 同구조조정본

부장(부회장) 2003~2012년 (주)LG 대표이사 부회장 2011년 (주)LG디스플레이 이사 2012년 LG경영개발원 부회장(현) [상]석탑산업훈장, 조선일보광고대상 최우수광고상(2010)

강윤구(姜允求) KANG Yoon Goo

[생]1950·10·5 [출]전남 영광 [주]서울 성북구 안암로145 고려대학교 법학전문대학원 법학연구원 보건의료법정책연구센터(02-3290-1630) [학]1967년 광주고졸 1973년 고려대 철학과졸 1990년 중앙대 대학원 사회복지학과졸 2001년 행정학박사(경희대) [경]1975년 행정고시 합격(16회) 1978~1987년 경제기획원 기획관리실·물가정책국·경제기획국 행정사무관 1987~1997년 보건복지부 과장 1997~1999년 同장애인복지심의관 1998년 同공보관 1999년 同연금보험국장 1999년 국민회의 전문위원 2000~2001년 새천년민주당 전문위원·정책연구실장 2001년 보건복지부 기획관리실장 2002년 同사회복지정책실장 2003~2004년 同차관 2005년 경희대 행정대학원 겸임교수 2006~2008년 순천향대 보건행정경영학과 교수 2007~2008년 同의료과학대학장 2008년 한국병원경영연구원 원장 2008~2009년 대통령 사회정책수석비서관 2010~2014년 건강보험심사평가원 원장 2014년 동국대 약학대학 석좌교수 2014년 한국건강증진개발원 이사장(현) 2015년 고려대 법학전문대학원 법학연구원 보건의료법정책연구센터 특임교수(현) 2015년 同보건의료법정책연구센터 초대 소장(현) [상]포브스 최고경영자대상 정도경영부문대상(2011)

강윤구(姜允求) KANG Yoon Koo

[생]1957·3·18 [본]진주(晋州) [출]경북 상주 [주]서울 송파구 올림픽로43길88 서울아산병원 종양내과(02-3010-3230) [학]1985년 서울대 의대졸 1989년 同대학원졸 1992년 의학박사(서울대) [경]1981~1982년 서울대병원 인턴 1982~1985년 육군 제7851부대 軍의관 1985~1989년 서울대병원 전공의·전임의 1989~1999년 원자력병원 과장 1992~1993년 미국 국립암연구소 연구원 1995년 원자력병원 실험치료연구실장 2002년 울산대 의과대학 종양내과학교실 교수(현) 2002년 서울아산병원 종양내과 전문의(현) 2003~2006년 同IRB 위원장 2003~2008년 同종양내과 분과장 2006~2007년 울산대 임상연구센터 소장 2006년 전이성위장관기저종양(GIST) 글로벌임상관련학술추진위원회 멤버 2007년 대한위장관기질종양연구회 회장(현) 2012~2016년 대한항암요법연구회 회장 [상]보령암학술상(2014) [저]'환자를 위한 위장관 기질종양 치료지침서(共)'(2011, 범문에듀케이션)

강윤구(姜潤求) KANG Yoon Koo

[생]1963·4·15 [출]경북 봉화 [주]대구 수성구 동대구로351 법무빌딩301호 법무법인 중원(053-751-6300) [학]1981년 영남고졸 1988년 경희대 법학과졸 1993년 경북대 대학원졸 [경]1989년 사법시험 합격(31회) 1992년 사법연수원 수료(21기) 1992년 대구지법 판사 1996년 同영덕지원 판사 1997년 同울진군·영양군법원 판사 1997년 同영덕지원 판사 1998년 同영천시법원 판사 2000년 대구지법 판사 2004년 대구고법 판사 2005년 대법원 재판연구관 2007~2008년 대구지법 부장판사 2008년 변호사 개업 2012년 법무법인 중원 변호사(현), 경북대 법학전문대학원 겸임교수(현)

강윤종(姜潤宗) KANG Yun Jong

[생]1955·5·16 [출]제주 [주]서울 서초구 논현로87 삼호물산B동10층 다존기술(주)(02-589-1118) [학]1974년 제주 오현고졸 1978년 한양대 전자공학과졸 1980년 同대학원 전자공학과졸 [경]1983년 삼성전자(주) 소프트웨어개발부 근무 1985년 삼성데이타시스템(주) 이사 1996년 다존기술(주) 설립·대표이사(현)

강윤종(康允鍾) KANG Yoon Jong

[생]1958·12·15 [본]곡산(谷山) [출]강원 춘천 [주]강원 영월군 영월읍 영월로1863 영월소방서(033-371-7100) [학]춘천공고졸 [경]춘천소방서 예방계장, 同후평파출소장, 강원도 소방본부 소방행정과 근무, 춘천소방서 예방담당, 同소방행정담당, 同화재조사담당 2006년 정선소방서 방호구조과장(소방령) 2008년 홍천소방서 방호구조과장 2009년 춘천소방서 소방행정과장 2013년 同예방안전과장 2014년 강원도 소방본부 특수구조단장(지방소방정) 2015년 강원 속초소방서장 2016년 강원 영월소방서장(현) [상]행정자치부장관표창, 강원도지사표창, 내무부장관표창, 국무총리표창 [종]기독교

강윤진(康潤振·女) KANG Yun Jin

[생]1970·12·17 [본]신천(信川) [출]충남 부여 [주]대전 서구 한밭대로713 대전지방보훈청(042-280-1102) [학]1989년 창덕여고졸 1994년 명지대 식품영양학과졸 2003년 서울대 대학원 행정학과졸 2010년 미국 일리노이주립대 대학원 행정학과졸 [경]1999년 행정고시 합격(42회), 국가보훈처 춘천지청 관리과장, 同법무담당관 2008년 同복지증진국 복지운영과장 2011년 同나라사랑교육과장(서기관) 2012년 同나라사랑교육과장(부이사관) 2012년 同제대군인국 제대군인정책과장 2016년 대전지방보훈청장(현) [상]국가보훈처장표창(2000), 국무총리표창(2004) [종]기독교

강은봉(姜恩峯) Kang, Eun Bong

[생]1959·6·10 [본]진주(晋州) [출]서울 [주]세종특별자치시 시청대로370 경제인문사회연구회 사무총장실(044-211-1004) [학]1978년 경기고졸 1983년 서울대 영어영문학과졸 1987년 同행정대학원 정책학과졸 1993년 미국 버클리대 공공정책대학원졸 2012년 법학박사(동아대) [경]1983년 총무처 근무 1984~1989년 조달청 내자국·외자국 행정사무관 1990~1996년 정무1장관실 정당담당관·정무담당관·시민단체담당관(서기관) 1996~1999년 대통령 공보수석비서관실·국정상황실 행정관 1999~2000년 국정홍보처 국민홍보과장·해외홍보원 지원과장 2000~2003년 대통령 공보수석비서관실·연설비서관실 선임행정관(부이사관) 2003~2007년 국무총리 시민사회비서관·민정2비서관·민정1비서관(이사관) 2008년 국무총리 의전관 2009년 국무총리실 제주특별자치도지원위원회 사무처장 2010년 同규제개혁실장 2012년 同정책분석평가실장 2013~2014년 국무조정실 규제조정실장 2014년 경제인문사회연구회 사무총장(현) 2014년 同국책연구전략센터 소장(현) [상]대통령표창(2000), 홍조근정훈장(2006) [종]기독교

강은희(姜琨姬·女) Kang Eun Hee

[생]1964·10·23 [출]대구 달성 [주]서울 종로구 세종대로209 여성가족부 장관실(02-2100-6005) [학]1983년 효성여고졸 1987년 경북대 사범대학 물리교육과졸 2005년 계명대 산업기술대학원 컴퓨터공학과졸 [경]1987~1992년 원화여고·봉화 소천중등교 교사 1995~1998년 경북대 전자계산소 전산교육센터 교육팀장 1997~2012년 (주)위니텍 대표이사 2008~2010년 대통령직속 국민경제자문회의 위원 2009~2012년 (사)한국IT여성기업인협회 회장 2011~2012년 대통령직속 국가경쟁력강화위원회 위원 2011~2012년 대통령직속 국가정보화전략위원회 위원 2012~2015년 제19대 국회의원(비례대표, 새누리당) 2012년 국회 교육과학기술위원회 위원 2012~2013년 국회 여성가족위원회 위원 2012년 국회 쇄신특별위원회 위원 2012년 국회 아동여성성폭력대책특별위원회 위원 2013~2015년 국회 교육문화체육관광위원회 위원 2013~2014년 새누리당 원내대변인 2013·2015년 국회 운영위원회 위원 2014~2015년 국회 여성가족위원회 위원 2014년 새누리당 경제혁신특별위원회 공적연금개혁분과 위원 2014~2015년 同조직강화특별위원회 위원 2015년 同정책위원회 교육문화체육관광정책조정위원회 부위원장 2015년 同원내부대표 2015년 同국가간호간병제도특별위원회 위원 2015년 同역사교과서개선특별위원회 간사 2016년 여성가족부 장관(현) [상]대구시장표창(2002), 대구은행 벤처기업특별상(2002), 대구·경북지방중소기업청 모범벤처기업상 벤처창업부문(2002), 벤처기업대상 국무총리표창(2005), 전남도지사표창(2006), 광주시장표창(2006), 산업자원부장관표창(2007), 부산시 소방의날기념표창(2007), 산업포장(2008), 법률소비자연맹 선정 국회헌정대상(2013)

강을환(姜乙煥) KANG Eul Hwan

[생]1965·5·12 [출]충남 논산 [주]서울 중구 남대문로63 한진빌딩 법무법인 광장(02-6386-6240) [학]1983년 대성고졸 1990년 서울대 법학과졸 [경]1989년 사법시험 합격(31회) 1992년 사법연수원 수료(21기) 1992년 서울지법 북부지원판사 1994년 서울민사지법 판사 1995년 서울지법 판사 1996년 대전지법 강경지원 판사 1997년 同부여군법원 판사 1998년 同논산지원 판사 1999년 서울지법 판사 2001년 同남부지원 판사 2001년 미국 캘리포니아대 데이비스교 법학대학 Visiting Scholars 2003년 서울고법 판사 2004년 헌법재판소 파견 2007년 전주지법 부장판사 2007~2008년 전북 완주군 선거관리위원장 2008년 인천지법 부천지원 부장판사 2008~2010년 부천시 소사구 선거관리위원장 2010년 서울북부지법 부장판사 2012~2015년 서울중앙지법 부장판사 2015년 법무법인 광장 변호사(현)

강의구(姜義求) KANG Eui Ku (笑民)

[생]1946 · 3 · 23 [본]진주(晉州) [출]경남 합천 [주]부산 중구 해관로65 반도빌딩5층 캄보디아국제선박등록청(051-469-8689) [학]1963년 부산공고졸 1973년 미국 어시너스대학졸 1975년 미국 Univ. California at Los Angeles(U.C.L.A) MBA과정 수료 2005년 명예 경영학박사(부경대) [경]1983~2010년 코스모스쉽핑(주) 대표이사 회장 1991~1996년 駐부산 온두라스공화국 국립선박안전검사국 아시아 · 유럽대표 겸 명예영사 1991년 코스모스마리타임 대표이사 회장(현) 1995년 영국 연방 벨리즈 정부선박등록관(현) 1995년 코스모스마린뷰류(주) 대표이사 회장(현) 1995년 온두라스공화국 선급 아시아유럽본부장(현) 1997년 駐부산 포르투갈 명예영사(현) 1997~2006년 駐부산 파나마 명예영사 2000년 駐아시아 볼리비아공화국 정부선박등록관(현) 2003년 캄보디아 국제선박등록청장(현) 2003년 캄보디아 경제자문위원 겸 관방부총리 특보(현) 2005년 부산해양연맹 부회장 2008년 부산시 국제자매도시위원장(현) 2009년 在韓유엔기념공원 홍보위원장(현) 2009~2013년 부산문화방송 시청자위원장 2010년 남해지방해양경찰청 치안자문위원장 2012년 공군 정책발전자문위원(현) 2012년 부산지법 조정위원회 위원(현) 2013년 부산영사단 단장(현) 2013년 부산창조재단 이사 [상]온두라스 친선수교훈장1등급(1994), 제5회 자랑스러운 부경인상(2005), 포르투갈 친선수교훈장1등급(2006), 캄보디아 친선수교훈장 금장(2006), 부산문화방송 부산문화대상 해양수산부문(2007), 동명대상 봉사부문상(2013)

강이규(姜二奎)

[생]1959 · 7 · 9 [주]부산 중구 중구로120 중구청 부구청장실(051-600-4100) [학]부산대 행정대학원졸 [경]1978년 부산 중구 남포동 근무 1988년 부산시 기획관리실 기획담당관실 근무 1990년 同내무국 총무과 근무 1997년 同감사실 감사담당관실 근무 2002년 同기획관리실 기획관실 근무 2006년 同기획관리실 혁신평가담당관실 사이버시정담당(사무관) 2006년 同행정자치국 총무과 고시담당 2009년 同기획재정관실 예산담당관실 국비전략담당 2010년 同행정자치국 총무과 총무담당 2013년 同교통국 교통정책과 공항정책담당관(서기관) 2014년 同기획관리실 예산담당관 2016년 부산 중구 부구청장(현)

강이원(姜二元) KANG Lee Won

[생]1949 · 9 · 14 [출]전남 함평 [주]광주 남구 금화로441번길 21 (주)협진 비서실(062-363-9250) [학]1969년 학다리고졸 2010년 광주대 경영학과졸 [경]1972년 광주 서광중 근무 1978년 한국전기공사협회 근무 1983년 협진개발 전기담당 상무이사 1986년 同전무이사 1987년 (주)협진 대표이사(현) 1987년 한국전기공사협회 인사위원 1990년 同전남지부 윤리위원장 1995년 큐택스 대표이사 1996년 전기공사공제조합 이사 1998년 한국전기공사협회 전남지회장(3회) 1998년 광주시 서구 선거관리위원회 위원 1999년 민주평통 자문위원 2002년 한국전기공사협회 이사 2007~2010년 전기공사공제조합 이사장, 전남전업인장학회 이사 [상]동력자원부장관표창(1993), 광주지방국세청장표창(2002), 석탑산업훈장(2003)

강익자(康益子 · 女) Kang Ikja

[생]1956 · 10 · 1 [출]제주 서귀포 [주]제주특별자치도 제주시 문연로13 제주특별자치도의회(064-741-1921) [학]제주여상고졸, 제주관광대학 사회복지과졸 [경]제주도적십자봉사협의회 부회장, 이어도라이온스클럽 총무, 제주도제2건국추진위원회 위원, 서귀포시여성단체협의회 총무, 월드컵여성축구회 단장, 서귀포시체육회 이사, 서귀중앙초등학교 어머니회 회장, 서귀고 어머니회 회장, 서귀포시자원봉사센터 운영위원회 위원, 서귀포시자연보호협의회 회장, 제주여자상업고 총동창회 회장 2006년 제주도의원선거 출마(민주당), 제주도장애인지원협의회 부회장, 민주당 서귀포시지역위원회 여성위원장 2014년 제주특별자치도의회 의원(비례대표, 새정치민주연합 · 더불어민주당)(현) 2014 · 2016년 同보건복지안전위원회 위원(현) 2015년 同새정치민주연합 부대표 2015년 同제주복지공동체포럼 대표 [상]행정자치부장관표창, 대한적십자사총재표창

강익재(姜益在) Kang, Ik Jae

[생]1957 · 2 · 28 [출]충남 당진 [주]충남 홍성군 홍북면 상하천로58 충청남도개발공사 사장실(041-630-7801) [학]1976년 공주사대부고졸 1993년 한국방송통신대 영어영문학과졸 1995년 한남대 대학원 개발행정학과졸 [경]2008년 충남도 복지환경국 복지정책과 근무(지방행정사무관) 2009년 同경제산업국 산업입지과장(지방서기관) 2011년 同자치행정국 세정과장 2012년 同기획관리실 예산담당관 2013년 同해양수산국장(지방부이사관) 2014~2015년 충남 아산시 부시장 2015년 충남도개발공사 사장(현) [종]불교

강인구(姜寅求) KANG In Goo

[생]1940 · 5 · 31 [본]진주(晉州) [출]충남 홍성 [주]서울 서초구 강남대로12길23의4 동방빌딩 (주)대영EEC 비서실(02-3462-6092) [학]1963년 서울대 농과대학졸 1971년 同보건대학원졸 1984년 스웨덴 WHO 환경관리 연수 1987년 이학박사(동국대) [경]1967~1977년 보건사회부 위생국 위생계장 1977~1980년 同국립충무검역소장 1980~1989년 환경청 환경생태과장 · 대기제도과장 1988년 서울대 수의대 외래교수 1989~1999년 국립환경연구원 대기연구부장 · 환경보건부장 1992년 한국대기보전학회 부회장 1996년 한국환경영향평가학회 부회장 1997년 한국환경위생학회 부회장 1998~1999년 한국수의공중보건학회 회장 2000~2002년 한국환경폐기물공제조합 부이사장 2000~2006년 고려대 보건대학 환경보건과 교수 2003년 (주)대영EEC 회장(현) 2005~2009년 서울대보건대학원동창회 회장 2007년 민주평통 운영위원 2007년 同강남구협의회 고문 2007년 통일부 교육위원 2008~2009년 환경부 환경보건위원회 위원 2009년 (재)대한보건협회 감사 · 자문위원(현) 2009년 진주강씨중앙종회 감사 · 부회장 · 고문(현) 2010년 서울대총동창회 부회장(현) 2011년 서울대 수의대학 겸임교수(현) [상]대통령표창, 포장, 새마을훈장, 서울대 자랑스러운 수의대인상, 서울대 보건대학원 자랑스러운 동문상, 대한보건협회 보건대상(2013) [저]'환경보건과건강' '환경위생학' '대기화학' '보건학과 나' [역]'일본 환경조사법' '호수환경조사법' [종]천주교

강인구(姜仁求) KANG In Ku

[생]1954 · 11 · 10 [출]충남 금산 [주]경기 안양시 동안구 부림로182 8층 코리아오일터미널(주) 사장실(031-426-8324) [학]1973년 서울고졸 1977년 서울대 화학공학과졸 2003년 同대학원 최고경영자과정 수료 [경]1977년 대우엔지니어링 입사 1995년 (주)대우 이사대우 2000년 이수화학(주) 상무이사 2002년 同전무이사 2005~2013년 同대표이사 사장 2013년 同이사 2013년 한국공학한림원 정회원 2014년 코리아오일터미널(주) 초대 대표이사 사장(현) [상]석탑산업훈장(2010) [종]기독교

강인규(姜仁圭) KANG In Kyu

[생]1955 · 4 · 10 [주]전남 나주시 시청길22 나주시청 시장실(061-339-8201) [학]목포 제일정보고졸, 초당대 경찰행정학과졸 [경]반남농업협동조합 조합장, 새천년민주당 반남면협의회장, 同중앙당 대의원, 同나주시지구당 대의원 · 상무위원, 민주당 전남도당 사무부처장 2002 · 2006~2010년 전남 나주시의회 의원 2006년 同운영위원장 2007~2008년 同의장, 민주당 나주시지역위원회 상임부위원장 2014년 전남 나주시장(새정치민주연합 · 더불어민주당)(현) 2014년 전국혁신도시협의회 부회장(현) [상]농림부장관표창, 농협중앙회장표창, 전국지역신문협의회 의정대상, 광주 · 전남유권자연합회 우수의원, 국제언론인클럽 글로벌자랑스런 한국인대상 지방자치발전공헌부문(2015), 대한민국 글로벌리더대상(2016), 대한민국대표브랜드대상 지방행정부문(2016), 농협중앙회 지역농업발전선도인상(2016) [종]기독교

강인덕(康仁德) KANG In Duk

[생]1932 · 11 · 10 [본]곡산(谷山) [출]평남 평양 [주]서울 종로구 북촌로15길2 북한대학원대학교(02-3700-0800) [학]1950년 평양제1고졸 1958년 한국외국어대졸 1968년 同대학원 아주지역학과졸 1977년 정치학박사(경희대) [경]1971~1978년 중앙정보부 해외정보국장 · 북한정보국장 · 심리전국장 · 남북대화협의회 사무국장 · 북한국장 1979~1998년 극동문제연구소 소장 겸 이사장 1981~1993년 민주평통 이념제도분과 위원장 1993~1998년 (주)극동문화 대표 1998~1999년 통일부 장관 1999년 일본 성학원대학종합연구소 객원교수 2000년 극동문제연구소 소장 2005년 북한대학원대 초빙교수(현) 2011년 북한민주화위원회 상임고문(현) 2013년 국가안보자문단 통일 및 북한분야 자문위원(현) [상]홍조근정훈장, 보국훈장 천수장, 5 · 16민족상, 청조근정훈장 [저]'공산주의와 통일전선' '공산주의 비판' '북한 전서' '언어 · 정치 · Ideology' 등 [역]'Perestroika' '개혁과 개방' [종]기독교

강인병(姜芢秉) KANG In Byeong

[생]1963 · 5 · 11 [주]경기 파주시 월롱면 엘지로245 LG디스플레이(주) 임원실(031-933-5100) [학]충주고졸, 한양대 전자공학과졸, 同대학원 전자공학과졸, 전자공학박사(호주 사우스오스트레일리아대) [경]2001년 LG필립스LCD Panel설계팀장 2006년 同Panel개발담당 상무 2007년 LG디스플레이(주) 연구소장(상무) 2009년 同TV사업부 TV개발담당 상무 2010년 同TV개발센터장(상무) 2012년 同연구소장(상무) 2012년 同연구소장(전무) 2014년 同CTO(전무)(현) 2015년 대통령소속 국가지식재산위원회 민간위원(3기)(현) 2016년 국제정보디스플레이학회(Society for Information Display) 석학회원(Fellow)(현)

강인석(姜仁錫) Leen-Seok Kang

[생]1960·12·2 [본]진양(晋陽) [출]경남 하동 [주]경남 진주시 진주대로501 경상대학교 토목공학과(055-772-1795) [학]1979년 중앙대부속고졸 1984년 중앙대 토목공학과졸 1986년 同대학원 토목공학과졸 1990년 공학박사(중앙대) [경]1991년 대한주택공사 주택연구소 책임연구원 1991년 경상대 토목공학과 전임강사·조교수·부교수·교수(현) 1996년 미국 스탠퍼드대 방문연구원 1999년 영국 샐퍼드대 교환교수 2000년 핀랜드 VTT연구소 초청연구원 2013~2015년 한국건설관리학회 회장 2014년 한국BIM학회 부회장(현) 2014~2016년 국토교통부 중앙건설기술심의위원 2014년 同건설사고조사위원단 위원 2014년 한국과학기술단체총연합회 학술진흥위원(현) 2014년 해양수산부 설계자문위원 2014년 미래창조과학부 국가과학기술심의회 전문위원 [상]한국과학기술단체총연합회 우수논문상, 대한토목학회 학술상·논문상, 한국건설관리학회 논문사상, 건설부장관표창 [저]'토목시공학' '토목용어사전' '토목공사 표준일반시방서' '토목시 공기술해설집' '건설관리(TM) 및 건설CALS' '건설공정관리학'(共)

강인선(姜仁仙·女) KANG IN SUN

[생]1964·9·21 [출]서울 [주]서울 중구 세종대로21길33 조선일보 논설위원실(02-724-5114) [학]1983년 서울여고졸 1988년 서울대 국제정치학과졸 1990년 同대학원 국제정치학과졸 [경]2001년 조선일보 입사 2001년 미국 하버드대 케네디스쿨 연수 2001년 조선일보 워싱턴특파원 2006~2008년 同논설위원 2011 同국제부장 2014~2015년 同주말뉴스부장 2014년 여성가족부 사이버멘토링 대표멘토 2015년 조선일보 논설위원(현)

강인수(姜寅秀) KANG IN SOO (佑松)

[생]1939·8·27 [본]진주(晋州) [출]경남 합천 [주]서울 종로구 창경궁로16길42 진주강씨중앙종회(02-745-9436) [학]1960년 삼가고졸 1967년 건국대 영어영문학과졸 1984년 고려대 교육대학원 교육학과졸 [경]1968~1975년 중·고등학교 교사 1975~1981년 駐일본 대한민국대사관 교육재단 사무국장 1981~1989년 문교부 장학관 1989~1994년 駐영국 대한민국대사관 장학관 겸 교육원장 1994~1996년 국제교육진흥원 유학상담실장 1996~2000년 교육부 장학관 2000~2001년 서울시 중등학교장 2001~2005년 국무총리 청소년보호위원회 정책자문위원 2002~2004년 건국대 겸임교수 2005년 (재)진주강씨중앙장학회 상임이사·이사(현) 2005년 (재)진주강씨중앙종회 부회장(현) 2005년 서울북부지법 소액조정위원회 회장, 同민사조정위원회 고문(현) 2008~2011년 (사)한국교육삼락회총연합회 이사 겸 교육협력위원장 2011~2013년 서울북부지검 검찰시민위원회 위원장 [상]국민포장(1987), 올림픽기장(1988), 근정훈장(2001)

강인수(姜仁壽) KANG In Soo

[생]1944·7·15 [본]진주(晋州) [출]경북 경주 [주]경기 화성시 봉담읍 와우안길17 수원대학교 교육대학원(031-220-2352) [학]1964년 경북 감포고졸 1968년 경희대 법학과졸 1981년 고려대 대학원 교육행정과졸 1987년 교육학박사(고려대) [경]1968년 감포고·경주여중 교사 1981년 한국교육개발원 교육정책연구원 1983~2011년 수원대 전임강사·조교수·부교수·교수 1990~2006년 한국교육신문 논설위원 1991년 민주평통 위원 1994년 대통령자문 교육개혁위원회 전문위원 1994년 대한교육법학회 회장 1999년 교육부 사립학교법연구위원회 위원 2002~2002년 전국교육대학원장협의회 회장 2003년 경기도교육청 교육정책자문위원회 위원장 2004년 한국교육행정학회 회장 2007년 경기교육포럼 의장 2009년 교육과학기술부 학부모정책자문위원회 위원장 2011~2015년 수원대 부총장 겸 교육대학원장 2015년 同교육대학원 석좌교수(현) [상]부총리 겸 교육인적자원부장관표창(2002) [저]'교육법연구'(1989) '교육과 법'(2000) '교원과 법률'(2000) '대학경영의 원리와 진단'(2005) '대학교육관계법'(2009) [종]불교

강인수(姜仁洙) KANG In Soo

[생]1961·12·20 [주]서울 종로구 율곡로194 현대그룹빌딩 서관3층 현대경제연구원(02-2072-6230) [학]1985년 서울대 경제학과졸 1987년 미국 UCLA 대학원졸 1991년 경제학박사(미국 UCLA) [경]1991~1993년 대외경제정책연구원 책임연구원 1993년 숙명여대 조교수·부교수 2000~2001년 싱가폴 난양공대 선임연구원·아시아 개발은행 방문연구원 2002년 숙명여대 경상대학 경제학부 교수(현) 2015년 현대경제연구원 대표이사 원장(현) [저]'국제통상론(共)'(1998, 도서출판 박영사) '국제경제학원론(共)'(2002, 도서출판 박영사)

강인숙(姜仁淑·女) In Sook KANG (小汀)

[생]1933·5·16 [본]진주(晋州) [출]함남 갑산 [주]서울 종로구 평창30길81 영인문학관(02-379-3182) [학]1952년 경기여고졸 1956년 서울대 국어국문학과졸 1964년 숙명여대 대학원졸 1985년 문학박사(숙명여대) [경]1964년 현대문학에 「춘원과 동인의 거리 1·2」로 평론가 등단, '신상新像' 동인 1979~1999년 건국대 국어국문학과 교수 1999년 同명예교수(현) 2001년 영인문학관 관장(현) [상]국민훈장 석류장(1999) [저]평론집 '한국현대작가론'(1971) '자연주의 문학론(Ⅰ·Ⅱ)'(1991) '김동인의 문학과 생애'(1994) '박완서 소설에 나타난 도시와 모성'(1997) '한국근대소설 정착과정 연구(編)'(1999) '일본 모더니즘 소설 연구'(2006) 수필집 '언어로 그린 연륜'(1975) '생과 만나는 저녁과 아침'(1978) '겨울의 해시계'(1991) '네자매의 스페인 여행'(2002) '아버지와의 만남'(2004) '어느 고양이의 꿈'(2008) '편지로 읽는 슬픔과 기쁨'(2011) '내 안의 이집트'(2013) '셋째딸 이야기'(2014) '佛·日·韓 3국의 자연주의 비교연구 1·2'(2015) '서울, 해방공간의 풍물지'(2016) '민아 이야기'(2016, 노아의방주) [역]'25時'(1971) '키라레싸의 학살'(1975) '가면의 生'(1977)

강인순(姜仁順·女) KANG In Soon

[생]1954·10·31 [주]경남 창원시 마산합포구 경남대학로7 경남대학교 사회학과(055-249-2168) [학]이화여대 사회학과졸, 同대학원졸 2003년 사회학박사(독일 도르트문트대) [경]경남대 사회학과 교수(현), 한국여성학회 이사, 한국사회학회 이사, 한국비판사회학회 회장, 한국학술진흥재단 학술연구과제심사위원, (사)한국가정문화원 이사, 민주화운동관련자명예회복 및 보상심의위원회 위원, 여성가족부 여성정책조정위원회 위원, 노동부 고용정책심의회 위원 2009년 경남도 여성인권특별위원회 부위원장 2014~2016년 경남대 문과대학장 2016년 同교학부총장(현) [저]'한국 여성노동자운동사2' '여성시민권과 사회정책'

강인철(姜仁哲) KANG In Cheol

[생]1960·7·17 [본]진주(晋州) [출]전북 전주 [주]광주 광산구 용아로112 광주지방경찰청(062-609-2431) [학]1978년 전주고졸 1982년 서강대 경제학과졸 [경]1992년 사법시험 합격(34회) 1995년 사법연수원 수료(24기) 1995년 경찰대 치안연구소 근무 1996년 인천 남부경찰서 형사과장 1997년 서울지방경찰청 근무 2001년 서울 마포경찰서 형사과장 2003년 서울 서대문경찰서 수사과장(경정) 2005년 同수사과장(총경) 2005년 경찰청 수사국 총경 2006년 전남 무안경찰서장 2007년 경찰청 경무기획국 법무과장 2008년 전북 정읍경찰서장 2009년 경찰청 규제개혁법무과장 2010년 同경무과 총경(교육파견) 2011년 서울 종암경찰서장 2011년 경찰청 장비과장 2011년 同장비과장(경무관) 2012년 전남지방경찰청 차장 2014년 서울지방경찰청 보안부장 2014년 경찰청 정보화장비정책관 2015년 광주지방경찰청장(치안감)(현)

강인철(姜仁喆) KANG In Chul

[생]1966·1·19 [출]경남 하동 [주]서울 서초구 서초대로250 스타갤러리브릿지1102호 법률사무소 담박(淡泊)(02-548-4301) [학]1983년 홍익사대부고졸 1987년 고려대 법학과졸 1996년 미국 스탠퍼드대 로스쿨 이수 [경]1986년 사법시험 합격(28회) 1989년 사법연수원 수료(18기) 1992년 대구지검 검사 1994년 춘천지검 원주지청 검사 1995년 서울지검 북부지청 검사 1996년 미국 스탠포드대 연수 1998년 법무부 국제법무과 검사 2000년 서울지검 검사 2001년 부산지검 부부장검사 2002년 대구지검 포항지청 부장검사 2003년 부산지검 외사부장 2004년 대전지검 부부장검사(금융정보분석원 파견) 2006년 법무부 법무과장 2007년 서울중앙지검 공판1부장 2008년 대전고검 검사 2008~2009년 형사사법통합정보체계추진단 파견 2009년 광주고검 검사 2009년 대전지검 천안지청장 2010년 광주지검 순천지청장 2011년 서울고검 검사 2012년 법무법인 에이원 대표변호사 2012년 무소속 안철수 대통령후보 법률지원단장 2015년 법률사무소 담박(淡泊) 변호사(현)

강인철(姜仁喆) KANG In Cheol

[생]1967·10·3 [출]충남 논산 [주]경기 의정부시 서부로675 대경빌딩401호 강인철법률사무소(031-875-1231) [학]1986년 남강고졸 1990년 서울대 경제학과졸 2002년 미국 코넬대 법과대학원졸 [경]1989년 사법시험 합격(31회) 1992년 사법연수원 수료(21기) 1992년 軍법무관 1995년 대구지검 검사 1997년 대전지검 천안지청 검사 1999년 부산지법 판사 2000년 서울지검 검사 2002년 부산고법 판사 2004년 의정부지법 판사 2005년 서울고법 판사 2007년 대

전지법 부장판사 2008년 의정부지법 부장판사 2010년 서울남부지법 부장판사 2012년 서울중앙지법 부장판사 2015~2016년 서울북부지법 부장판사 2016년 변호사 개업(현)

강일구(姜一求) KANG Il Ku

[생]1944 · 12 · 22 [출]충남 논산 [주]서울 마포구 신촌로 길12 신촌성결교회(02-3142-6080) [학]1963년 서울사대부고졸 1971년 한양대 전자공학과졸 1974년 서울신학대 신학과졸 1976년 同대학원졸 1978년 미국 뉴욕 Union Theological Seminary졸 1988년 미국 Drew Univ. 대학원졸 1992년 역사신학박사(미국 Drew대) [경]1974년 구파발성결교회 전도사 1977년 목사안수 1981년 미국 뉴욕 서울성결교회 개척시무 1981년 미국 워싱턴 한인성결교회 담임목사 1983년 미국 워싱턴지역교회협의회 부회장 1987년 미국 뉴저지 영생성결교회 협동목사 1987~1992년 미국 Theological Seminary of New York 조직신학 교수 1992년 호서대 신학과 교수 1993년 신촌성결교회 협동목사(현) 2000~2004년 전국신학대학협의회 부회장 2001년 호서대 부총장 2002~2004년 교회사학회 회장 2004~2016년 호서대 총장 2009~2011년 충남녹색성장포럼 공동대표 2013년 안전문화운동추진충남도협의회 공동위원장(현) [상]제5회 대한민국참교육대상 벤처특성화교육부문 대상(2014) [저]'신앙과 지성' '사도신경' [종]기독교

강일모(姜一模) KANG Il Mo

[생]1952 · 10 · 15 [출]서울 [주]서울 강남구 도산대로30길 47 국제예술대학 총장실(02-543-8196) [학]대광고졸 1971년 연세대 공과대학 금속공학과 입학 1982년 서울대 음악대학 성악과졸 1984년 연세대 경영대학원 경영학과졸 1989년 경영학박사(중앙대) 1995년 서울대 대학원 음악학과졸 2005년 한국방송통신대 법학과졸 [경]1991년 문화일보 문화부 기자 1993년 同문화부 차장대우 1996년 同산업과학부 차장 1997~1999년 (사)한국과학기자협회 총무이사 1999년 문화일보 문화부 차장 2000~2001년 同문화부장 2000~2003년 한국예술종합학교 예술경영학과 강사 2001년 (주)렉스바이오사이언스 부사장 2003~2011년 한양대 국제대학원 강사 2006~2011년 서울문화포럼 창립발기인 2008년 한국서비스경영학회 이사 2010~2013년 예술의전당 이사 2014년 국제예술대학 총장(현) [저]'나라119.net'(1999, 을유문화사) '서울 살아야 할 이유, 옮겨야 할 이유'(2002, 지평선)

강일우(康一宇) KANG Il Woo

[생]1952 [주]서울 강남구 도산대로26길16 강앤드강국제특허법률사무소(02-512-4272) [학]경북고졸 1975년 서울대 공과대학 섬유공학과졸 [경]1977~1979년 (주)대우 근무 1979년 강동수 특허법률사무소 근무 1982년 강앤드강국제특허법률사무소 대표변리사(현) 1986년 국제지적재산보호협회(AIPPI) 한국협회 섭외이사 1988년 대한변리사회 국제이사 1990년 同기획이사, 국제지적재산보호협회(AIPPI) 한국협회 공보이사 1994년 아시아변리사회(APAA) 한국협회 사무국장 1996년 대한변리사회 부회장 1997년 아시아변리사회(APAA) 한국협회 부회장 1998년 대한변리사회 감사, LES-KOREA 이사 1999년 국제지적재산보호협회(AIPPI) 한국협회 부회장 2003년 同본부이사 2006~2009년 同한국협회장 2016년 대한변리사회 회장 [상]특허청장표창(1997) [역]'아미노 마꼬도 박사 저 "상표" 한국어 판'(1990, 대광서림)

강일원(姜日源) KANG Il Won

[생]1959 · 12 · 26 [본]진주(晉州) [출]서울 [주]서울 종로구 북촌로15 헌법재판소 재판관실(02-708-3456) [학]1978년 용산고졸 1982년 서울대 법대졸 1993년 미국 미시간대 대학원졸 [경]1981년 사법시험 합격(23회) 1984년 사법연수원 수료(14기) 1985년 서울형사지법 판사 1987년 서울민사지법 판사 1989년 마산지법 진주지원 판사 1991년 서울지법 동부지원 판사 1994년 서울민사지법 판사 1994년 법원행정처 사법정책연구심의관 1997년 서울고법 판사 1999년 서울지법 판사 1999년 청주지법 부장판사 1999년 법원행정처 사법정책연구심의관 겸임 2001년 대법원 재판연구관 2003년 서울지법 서부지원 부장판사 2004년 법원행정처 법정국장 2006년 同윤리감사관 2006년 대전고법 부장판사 2007년 서울고법 부장판사 2007년 법원행정처 사법정책실장 2007~2009년 교육인적자원부 법학교육위원회 위원 2008년 법원행정처 비서실장 겸임 2009~2011년 同기획조정실장 2011~2012년 서울고법 부장판사 2012년 헌법재판소 재판관(현) 2013년 유럽평의회 산하 헌법자문기구 '법을 통한 민주주의 유럽위원회(베니스위원회)' 정위원(현) 2014년 同헌법재판공동위원회 위원장 2015년 同집행위원(현) [상]아르메니아 헌법재판소 공로메달(2015) [종]천주교

강일휴(姜日休) KANG Il Hyu

[생]1956 · 1 · 24 [출]제주 [주]경기 화성시 봉담읍 와우안길 17 수원대학교 사학과(031-220-2347) [학]1981년 고려대 사학과졸 1983년 同대학원졸 1992년 문학박사(고려대) [경]수원대 사학과 교수(현) 1994~1995년 서양사학회 이사 1996~2014년 서양중세사학회 이사 2003~2007년 프랑스사학회 편집위원, 수원대 박물관장 2014~2015년 同인문대학장 [저]'세계문화사'(1995) '중세 유럽의 도시 천년: 그 세기말의 징후'(1997) '서양중세사강의'(2002) '서양문화사'(2004) '중세 프랑스의 귀족과 기사도'(2005) '중세의 기술과 사회변화'(2005)

강재섭(姜在涉) KANG Jae Sup

[생]1948 · 3 · 28 [본]진주(晉州) [출]대구 [주]서울 영등포구 국회대로70길18 한양빌딩 새누리당(02-3786-3000) [학]1967년 경북고졸 1974년 서울대 법학과졸 2005년 공학박사(금오공과대) [경]1970년 사법고시 합격(12회) 1973년 육군 법무관 1975~1983년 광주 · 부산 · 대구 · 서울지검 검사 1980~1985년 대통령 정무비서관 · 법무비서관 1983년 법무부 검찰국 고등검찰관 1987년 서울고검 검사 1988년 제13대 국회의원(전국구, 민정당 · 민자당) 1988년 민정당 청년특위 부위원장 1988년 청년자원봉사단 총단장 1990년 민자당 기획조정실장 1992년 제14대 국회의원(대구西乙, 민자당 · 신한국당) 1992년 민자당 정책위원회 부위원장 1993년 同대변인 1993년 同총재비서실장 1996년 신한국당 대구시지부장 1996년 제15대 국회의원(대구西乙, 신한국당 · 한나라당) 1996년 국회 법사위원장 1997년 신한국당 원내총무 1997년 同대표 정치특보 1998년 한나라당 대구시지부 위원장 2000년 제16대 국회의원(대구西, 한나라당) 2000~2002년 한나라당 부총재 2002년 국회 정치개혁특별위원장 2002년 한나라당 최고위원 2002년 同대통령선거대책위원회 부위원장 2003년 同지도위원 2004~2008년 제17대 국회의원(대구西, 한나라당) 2005년 한나라당 원내대표 2006~2008년 同대표 최고위원 2007년 同제17대 대통령선거 중앙선거대책위원회 상임위원장 2011년 4.27재보선 국회의원선거 출마(경기 분당乙, 한나라당) 2012년 새누리당 상임고문(현) [상]한국여성유권자연맹 남녀평등정치인상, 백봉 라용균 신사상

강재영(姜載榮) KANG Jay Young

[생]1961 · 10 · 13 [본]진양(晉陽) [출]충남 아산 [주]서울 구로구 디지털로32길29 키콕스벤처센터12층 동반성장위원회 운영국(02-368-8420) [학]1980년 천안고졸 1985년 경희대 법률학과졸 1997년 同대학원 법학과졸, 미국 워싱턴주립대 로스쿨졸 [경]1992년 행정고시 합격(35회) 2002년 공정거래위원회 조사국 조사기획과 사무관 2002년 서기관 승진 2003년 공정거래위원회 조사국 조사기획과 서기관 2004년 同기획관리실 혁신인사담당관실 서기관 2005년 同하도급1과장 2007년 同경쟁정책본부 제도법무팀장 2008년 미국 워싱턴주 검찰청 파견 2009년 공정거래위원회 경쟁심판담당관 2011~2013년 OECD 대한민국정책센터 파견(부이사관) 2013년 명예 퇴직(일반직고위공무원), 딜로이트 안진회계법인 근무, 법무법인 호산 전무 2016년 동반성장위원회 운영국장(현)

강재철(姜載喆) KANG, Jae-Chul

[생]1958 · 2 · 17 [본]진주(晉州) [출]서울 [주]경기 수원시 영통구 월드컵로120 수원지방법원(031-210-1114) [학]1976년 신일고졸 1980년 서울대 법학과졸 [경]1981년 사법시험 합격(23회) 1983년 사법연수원 수료(13기) 1984년 軍법무관 1986년 마산지법 판사 1992년 수원지법 판사 1995년 서울지법 북부지원 판사 1996년 서울고법 판사 1998년 서울지법 판사 1999년 창원지법 부장판사 2000년 서울지법 의정부지원 부장판사 2003년 서울중앙지법 부장판사 2006년 서울서부지법 부장판사 2007년 同수석부장판사 2008년 의정부지법 고양지원장 2011년 인천지법 부장판사 2014년 수원지법 부장판사(현)

강재헌(姜載憲) KANG Jae Heon

[생]1965 · 1 · 10 [본]진주(晉州) [출]서울 [주]서울 중구 마른내로9 서울백병원 가정의학과(02-2270-0249) [학]1989년 서울대 의과대학졸 1994년 同보건대학원 보건학과졸 1999년 예방의학박사(서울대) [경]1989~1992년 서울대병원 가정의학과 전공의 1992~1995년 육군 의무사령부 군의관 1993년 미국 의사자격(ECFMG) 취득 1995년 삼성의료원 가정의학과 전임의 1996~2003년 인제대 상계백병원 전임강사 · 조교수 1996년 同서울백병원 · 상계백병원 비만센터 소장 2001년 호주 시드니대부속 RPA병원 비만센터 교환교수 2002년 대한가정의학회 기획이사 2002년 대한비만학회 간행이사 2003년 인제대 상계백병원 부교수 2003년 同서울백병원 가정의학과 부교수 · 교수(현) 2003년 대한임

상건강증진학회 상임이사, 同전문이사(현) 2005년 인제대 서울백병원 기획실장 2006년 대한지역사회영양학회 상임이사 2007년 대한비만학회 총무이사·간행이사·보험법제이사·홍보이사(현) 2008년 인제대 백중앙의료원 홍보실장 겸 서울백병원 홍보실장 2009년 同서울백병원 기획실장 2009년 대한가정의학회 이사 2010년 인제대 서울백병원 건강증진센터소장 겸 비만센터소장 2011년 同서울백병원 기획실장 겸 홍보실장 2011년 同임상영양연구소장 2012년 同의료원 기획실장 2012~2014년 同서울백병원 건강증진센터 소장 2012년 同서울백병원 비만센터 소장(현) 2013년 同의료원 홍보실장 겸 기획실장(현) 《상》대한가정의학회 MSD학술상(1996), 식품의약품안전청장표창(2006), 국무총리표창(2011), 부총리 겸 교육부장관표창(2015) 《저》'만성질환의 운동처방' '가정의학(총론편)' '한국인의 건강증진' '8주 웰빙 다이어트' '12주로 끝내는 마지막 다이어트'(2011, 비타북스)

강재현(姜在炫) KANG Jae Hyun

《생》1960·7·26 《출》경남 마산 《주》경남 창원시 성산구 창이대로689번길12 현승빌딩402호 강재현법률사무소(055-267-5700) 《학》1979년 마산고졸 1984년 서울대 법학과졸 1985년 同대학원 법학과 수료 《경》1984년 사법시험 합격(26회) 1987년 사법연수원 수료(16기) 1987년 한미합동법률사무소 변호사 1993년 변호사 개업(현) 1996년 경남도태권도협회 부회장 2002년 경남지방노동위원회 공익심판위원 2003년 창원지방변호사회 부회장 2005~2007년 同회장 2006년 경상대 법과대학 겸임교수 2009년 S&T모터스 사외이사 2010~2012년 경남민주도정협의회 위원 2013년 KBS 창원방송총국 법률고문변호사 2014년 부산고법 조정위원 《저》'북방지역 진출에 대한 법률문제' 《종》불교

강정기(姜正基) KANG Jeong Ki

《생》1960·4·20 《본》진주(晉州) 《출》전남 강진 《주》광주 서구 운천로287 한국방송공사(KBS) 광주방송총국(062-610-7202) 《학》1978년 광주숭일고졸 1985년 전남대 영어과졸 《경》1986년 한국방송공사(KBS) 입사(공채 13기) 1997년 同광주방송총국 취재부장 1998년 同광주방송총국 편집부장 2003년 同전국부 차장 2005년 同보도본부 2TV 뉴스타임팀장 2006년 同광주방송총국 보도국장 2010년 同보도본부 뉴스기획팀장 2011~2013년 同순천방송국장 2014년 同보도본부 편집위원 2015년 同홍보실장 2015년 同광주방송총국장(현)

강정묵(姜政默)

《생》1970·12·5 《주》경남 창원시 마산회원구 팔용로262 창신대학교 총장실(055-250-3001) 《학》부산외국어대 영어과졸 1996년 미국 Univ. of Illinois at Urbana-Champaign 대학원 영어교육학과졸 2005년 영어학박사(창원대) 《경》1997년 창신대학 실무영어과 전임강사 2000~2007년 同관광영어과 조교수 2004년 현대영미어문학회 이사 2005~2006년 민주평통 마산시지회 부회장 2007년 창신대학 어린이영어지도과 부교수 2010년 창신중·고 이사장 2011년 창신대 부총장 2016년 同총장(현)

강정석(姜晶錫) KANG Jeong Seok

《생》1964·3·23 《출》경남 김해 《주》서울 은평구 진흥로235 한국행정연구원 기획조정본부(02-2007-0520) 《학》1982년 영훈고졸 1989년 연세대 행정학과졸 1991년 同대학원 행정학과졸 1997년 행정학박사(연세대) 《경》1994년 한국행정연구원 주임연구원 1998~2011년 同수석연구위원 2000년 同경영진단센터 소장 2003년 제16대 대통령직인수위원회 정무분과 상근자문위원 2004년 한국행정연구원 정책평가센터 소장 2004년 同혁신변화관리센터 소장 2007년 同기획조정본부장 2011년 同연구위원 2012년 同규제평가연구부장 2012~2014년 同미래전략연구본부장 2015년 同사회조사센터장(현) 2016년 同기획조정본부장 겸임(현) 《저》'행정절차와 부패'(2000) '중앙행정부처 민원서비스 만족도 평가' '광역도시계획제도에 대한 평가'(2001) '성과계약제도와 행정서비스'(2002) 《종》불교

강정석(姜廷錫) KANG Jeong Seok

《생》1964·10·30 《주》서울 동대문구 천호대로64 동아쏘시오홀딩스 비서실(02-920-8777) 《학》1988년 중앙대 철학과졸 1994년 미국 매사추세츠대 경영학과졸 2009년 성균관대 대학원 약학과졸 《경》1989년 동아제약(주) 입사 1996년 同관리본부 경영관리팀장(부장) 1997년 同의료기기사업부 이사대우 1999년 同메디컬사업본부장(상무) 2005년 同영업본부장(전무이사) 2006~2010년 동아오츠카(주) 대표이사 사장 2007~2013년 동아제약(주) 대표이사 부사장 2013년 동아쏘시오홀딩스 대표이사 사장 2015년 同대표이사 부회장(현)

강정석(姜正錫)

《생》1974·3·7 《출》경북 칠곡 《주》서울 양천구 신월로390 서울남부지방검찰청 형사6부(02-3219-4314) 《학》1993년 칠곡 순심고졸 1999년 고려대 법학과졸 《경》1998년 사법시험 합격(40회) 2001년 사법연수원 수료(30기) 2001년 공익법무관 2004년 부산지검 동부지청 검사 2006년 대구지검 검사 2008년 부산지검 검사 2010년 서울중앙지검 검사 2014년 대검찰청 검찰연구관 2016년 서울남부지검 형사6부장(현)

강정식(康禎植) Kang Jeong-sik

《생》1962·2·28 《주》서울 종로구 사직로8길60 외교부 인사운영팀(02-2100-7863) 《학》1986년 서울대 외교학과졸 1991년 영국 케임브리지대 대학원 국제정치학과졸 《경》1987년 외무고시 합격(21회) 1987년 외무부 입부 1992년 駐시카고 영사 1994년 駐인도네시아 2등서기관 2000년 駐국제연합 1등서기관 2003년 대통령비서실 파견 2004년 외무부 문화협력과장 2004년 同안보정책과장 2006년 駐밴쿠버 영사 2009년 駐인도대사관 참사관 2011년 외교통상부 국제기구협력관 2013년 외교부 국제법률국장 2014년 駐토론토 총영사(현) 《상》근정포장(2012)

강정애(姜貞愛·女) Kang Jung Ai

《생》1957·5·5 《출》서울 《주》서울 용산구 청파로47길100 숙명여자대학교 총장실(02-710-9603) 《학》숙명여대 경영학과졸, 인적자원경제학박사(프랑스 파리대) 《경》1998년 숙명여대 경상대학 경영학부 교수(현) 2006~2009년 노동부 최저임금위원회 위원 2008·2010년 대통령직속 규제개혁위원회 위원 2011년 대통령직속 국민경제자문회의 위원 2011년 한국인사관리학회 회장(제29대) 2014년 별정우체국연금관리단 비상임이사(현), 제니엘푸른꿈일자리재단 비상임이사(현) 2015년 인사혁신처 자체평가위원회 위원장(현), 국가보훈처 보훈기금운용심의회 위원(현), 한국경영학회 부회장(현) 2016년 숙명여대 총장(현) 《상》제8회 매경비트학술상 우수상(2010), 대통령표창(2011), 인사혁신처장표창(2015) 《저》'조직행동론(共)'(2008) '리더십론(共)'(2010) 《역》'현대조직의 리더십 이론(共)'(2009) '팔로워십론(共)'(2014)

강정완(姜正浣) KANG Jeong Wan

《생》1933·11·12 《본》진주(晉州) 《출》경남 산청 《주》서울 종로구 대학로10길24 스타리움빌딩5층 (사)한국미술협회(02-744-8053) 《학》1954년 진주사범학교졸 1980년 프랑스 파리국립미술학교졸 《경》1965년 국전 특선 5회(국회의장상, 대통령상) 입선 1968년 일본 국제현대미술전 1969~1975년 한국미술협회 초대전 1976년 프랑스 파리 유학 1976~1979년 국전추천작가 초대전 1977년 한국미술대상전·한국서양화현대작가전 초대 1977·1978년 파리 살롱 드 메전 초대 1979·1981·1985·1986·1987·1989·1991·1993년 파리 소시에떼 나쇼날 데 보자르 초대전 1980·1981년 국전 초대작가전 1980년 프랑스작가협회 회화분과 위원(현) 1981년 몬테카를로 국제현대미술대상전 1981·1983·1985·1987·1989·1999년 파리 시떼 엥 떼르 나쇼날 데자르 초대전 1983·1996년 파리 아르비방 살롱 초대전 1988년 국전 역대대통령상 수상작가 초대전 1989년 선미술특집작가 초대전 1995년 파리 살롱 드 메전 초대전 2005년 성남아트센터 개관기념 성남 미술인 초대전 'Platform' 자문 2006년 미술세계상 수상기념 초대- 강정완 화업 50년展 2007년 구상작가회 고문(현) 2008년 세계미술연맹 상임고문 2008년 (사)한국미술협회 상임고문(현) 2009년 중국 상해국제아트베스트빌 한국현대미술전 운영위원장 2012년 국전작가회 고문(현) 《상》대한민국 국민미술대전 공보부장관표창(1965), 한국미술대상전 특상(1970), 국전 국회의장상(1973), 국전 대통령표창(1975), 그랑프리 위마니테르 드 프랑스 대상전 은상(1977), 몬테카를로 국제현대미술대상전 대상(모나코 국왕상)(1978), 제5회 미술세계상(2006), 성남시 문화상(2007), 옥관문화훈장(2010), 대한민국 미술인상 특별공로상(2010), 스포츠서울선정 특별계획이노베이션 대상(2010) 《저》'강정완 작품집'(1993)

강정원(姜正元) KANG Chung Won

《생》1950·12·19 《출》서울 《주》서울 종로구 사직로8길39 세양빌딩 김앤장법률사무소(02-3703-1114) 《학》1969년 홍콩 Int'l School졸 1976년 미국 다트머스대(Dartmouth Coll.) 경제학과졸 1978년 미국 플렛처대 대학원 국제법·외교학과졸 《경》1979~1983년 씨티은행 뉴욕본사·한국지점 근무 1983년 뱅크스트러스트그룹 근무 1996~1999년 同한국대표 1999년 국제금융센

터 자문위원 1999년 도이체방크 한국대표 1999년 외국은행협회 집행위원 2000~2004년 금융발전심의회 국제금융분과위원 2000~2002년 서울은행장 2002~2004 · 2013년 김앤장법률사무소 고문(현) 2003년 IMF 초빙연구원 2003년 세계은행 고문 2003년 LG투자증권(주) 사외이사 2004~2010년 국민은행장 2008년 KB금융지주 은행BU장(부회장) 2009~2010년 同대표이사 부회장 겸 회장 직대 2010년 미국 터프츠대 플레처스쿨 방문연구원 [상]제3회 한국CEO그랑프리대상(2007), 한국능률협회 한국의경영자상(2009) [종]기독교

강정일(姜正一) KANG Jung Il

[생]1945 · 2 · 14 [본]진주(晋州) [출]경남 합천 [주]서울 서초구 명달로9길6 제중빌딩302호 (사)환경농업연구원(02-3472-8830) [학]1963년 경남고졸 1968년 서울대 농대 농업경제학과졸 1973년 同대학원졸 1976년 미국 웨스트버지니아대 대학원졸 1982년 농업경제학박사(미국 캔터키대) [경]1971~1978년 국립농업경제연구소 연구사 1982년 한국농촌경제연구원 연구위원 1988~1999년 同수석연구위원 1994년 同부원장 1994~1996년 한국농업경제학회 상임이사 · 편집위원장 1994년 농림부 양곡유통위원 1998년 한국농촌경제연구원 생산경제연구부장 1998년 同농림기술관리센터 소장 1999~2002년 同원장 1999년 제2의건국범국민추진위원회 위원 1999년 통일문제연구협의회 공동의장 2001년 한국농업경제학회 회장 2002년 대통령자문 국민경제자문회의 위원 2002년 (사)친환경농업연구원 원장 2002~2011년 북한 북고성군 농업협력단장 2003년 경상대 석좌교수 2004년 한국농기계공업협동조합 이사장 2007년 동부하이텍 감사위원회 위원 2009~2016년 (재)한사랑농촌문화재단 이사장 2010~2014년 (사)환경농업연구원 원장 2011년 남북환경농업협력단 단장 2014년 (사)환경농업연구원 이사장(현) [상]산업포장(1987) [저]'농림기술개발사업의 당면과제와 정책방향'

강정일(姜正一) KANG Jung Il

[생]1963 · 10 · 3 [주]전남 무안군 삼향읍 오룡길1 전라남도의회(061-761-4452) [학]순천고졸, 조선대 기계공학과졸 [경]동광양JC 회장, 광양시체육회 이사, 광양평생교육원 운영위원(현), 광양시사랑나눔복지재단 이사, 민주당 전남도당 정책실장 2006~2010년 광양시의회 의원 2010년 광양시의원선거 출마(민주당), 우윤근 국회의원 특별보좌관, 법무부 범죄예방위원회 위원(현), 바르게살기운동 광양시협의회 부회장, 광양YMCA 이사(현) 2014년 전남도의회 의원(새정치민주연합 · 더불어민주당)(현) 2014년 同예산결산특별위원회 부위원장 2014년 同교육위원회 위원 2016년 同윤리특별위원회 위원(현) 2016년 同안전건설소방위원회 위원(현) [종]기독교

강정호 Jung Ho Kang

[생]1987 · 4 · 5 [학]광주제일고졸 [경]2006년 프로야구 현대 유니콘스 입단 2008~2010년 프로야구 히어로즈 소속 2010~2014년 프로야구 넥센 히어로즈 소속(유격수) 2010년 광저우아시안게임 국가대표(금메달) 2010년 넥센타이어 명예 서울지사장 2012년 대한적십자사 헌혈홍보사절 2013년 제3회 월드베이스볼클래식(WBC) 국가대표 2014년 인천아시안게임 국가대표(금메달) 2014년 프로야구 정규리그 장타율 1위(0.739) 2015년 미국 메이저리그(MLB) 피츠버그 파이어리츠 입단(총 계약기간 4+1년에 최대 1650만달러)(현) 2015년 9월18일(한국시간) 시카고 컵스전 부상으로 시즌 아웃(2015시즌 MLB 성적-126경기 출전 · 타율 0.287 · 출루율 0.355 · 장타율 0.461 · OPS 0.816 · 홈런 15 · 타점 58) 2016년 시즌 MLB 성적(103경기 출전 · 타율 0.255 · 21홈런 · 62타점- 아시아 내야수 한 시즌 최다홈런) [상]황금사자기 우수투수상 · 타점상(2005), 프로야구 유격수부문 골든글러브상(2010 · 2012 · 2013 · 2014), 월X10어워드 홈런상(2012), 프로야구 올스타전 선구회 미기상(2012), 일구회 넷마블마구마구일구상 특별공로상(2015)

강정훈(姜廷勳) KANG Jung Hoon

[생]1956 · 7 · 1 [본]진주(晋州) [출]서울 [주]서울 종로구 새문안로50 씨티뱅크센터 한국씨티은행(02-2004-1450) [학]1976년 서울고졸 1982년 서울대 무역학과졸 [경]1985년 한미은행 입행 1997년 同인력개발팀장 1998년 同불광동지점장 1999년 同전략혁신팀장 2000년 同계산동지점장 2001년 同재무기획부장 2004년 한국씨티은행 재무회계부장 2005년 同인사본부장 2009년 同인사본부부행장 2014년 同경영지원그룹장(부행장)(현) 2014년 同금융소비자보호 총괄책임자(현) 2016년 同업무전산그룹장(부행장) 겸임(현) [종]기독교

강정희(姜正姬 · 女)

[생]1963 · 4 · 13 [주]전남 무안군 삼향읍 오룡길1 전라남도의회(061-286-8102) [학]고려대 인문정보대학원 사회복지학과졸 [경]광주가정법원 순천지원 가사조정위원(현), 同위탁보호위원(현), 광주지검 순천지청 형사조정위원(현), 同순천지청 검찰시민위원회 위원(현), 여수교육지원청 특수교육지원센터 자문위원(현), 여성가족부 성폭력예방교육 전문강사(현), 同성매매예방교육 전문강사(현), 여수시 청소년성문화센터 운영위원(현), 여수성폭력상담소 소장 2014년 전남도의회 의원(비례대표, 새정치민주연합 · 더불어민주당)(현) 2014년 同기획사회위원회 위원 2014년 同예산결산특별위원회 위원 2016년 同여수세계박람회장사후활용특별위원회 위원(현) 2016년 同전라남도동부권산업단지안전 · 환경지원특별위원회 위원(현) 2016년 同FTA대책특별위원회 위원(현) 2016년 同여성정책특별위원회 위원(현) 2016년 同운영위원회 위원(현) 2016년 同보건복지환경위원회 위원(현) 2016년 同예산결산특별위원회 위원(현)

강종구(姜鍾求) KANG Jong Koo

[생]1955 · 12 · 14 [주]충북 청주시 서원구 충대로1 충북대학교 수의과대학 수의학과(043-261-2607) [학]1983년 서울대 수의학과졸 1985년 同수의학과졸 1990년 수의학박사(일본 동경대) [경]1983~1985년 서울대 수의과대학 조교 1985~1987년 일본 하이폭스 안전성연구소 독성부 연구원 1988~1990년 일본 방사선의학연구소 객원연구원 1990년 충북대 수의학과 전임강사 · 조교수 · 부교수 · 교수(현) 1990년 식품의약품안전청 자문위원 및 KGLP 소분과위원(현) 1994년 미국 콜로라도주립대 수의과대학 초빙교환교수 1998년 식품의약품안전청 자문위원 1999년 KGLP 소분과위원 2000년 (주)바이오톡스텍 대표이사(현) 2004~2006년 충북대 수의과대학장 2014년 대한수의학회 이사장(현) [상]과학기술훈장 도약장(2014)

강종구(姜宗求) KANG Jong Ku

[생]1965 · 3 · 18 [본]진양(晋陽) [출]경남 진주 [주]서울 중구 남대문로39 한국은행 경제연구원 미시제도연구실(02-759-5546) [학]1987년 서울대 경제학과졸 1999년 영국 Essex대 대학원 경제학과졸 2004년 경제학박사(영국 Essex대) [경]1988년 한국은행 입행 2004년 同금융경제연구원 금융연구실 차장 2005~2007년 同금융경제연구원 금융연구실장 2008년 학술 연수 2009년 한국은행 금융경제연구원 금융연구실 차장 2010년 同금융경제연구원 경제사회연구실장 2012년 同거시건전성분석국 거시건전성연구부장 2014년 同경제연구원 금융통화연구실장(2급) 2016년 同미시제도연구실장(현) [저]'통화정책과 은행대출의 관계분석'(共) '금융기관의 모럴해저드 사례 분석'(2004, 한국은행 금융경제총서)

강종렬(姜宗烈) Kang Jong Ryeol

[생]1964 · 10 · 10 [본]진주(晋州) [출]경남 고성 [주]서울 중구 을지로65 SK텔레콤빌딩 SK텔레콤(주)(02-6100-2909) [학]서울대 전자공학과졸 [경]SK텔레콤(주) 네트워크기획팀 상무 2005년 同대구네트워크본부장(상무) 2006년 同동부네트워크본부장(상무) 2007년 同네트워크엔지니어링본부장(상무) 2008년 同Access Network본부장(상무) 2009년 SK아카데미 GLDP교육 파견(상무) 2010년 SK텔레콤(주) WBB-TF상무 2011년 同기반기술연구원장(상무) 2012년 同네트워크기술원장(상무) 2013년 同네트워크전략본부장(상무) 2014년 SK브로드밴드 Network부문장(전무) 2015년 SK텔레콤(주) 기업문화부문장(전무)(현)

강종명(姜鍾鳴) KANG Chong Myung

[생]1947 · 12 · 19 [본]진주(晋州) [출]서울 [주]서울 성동구 왕십리로222 한양대학교 서울병원 신장내과(02-2290-8317) [학]1966년 서울고졸 1972년 서울대 의대졸 1975년 同대학원졸 1979년 의학박사(서울대) [경]1973~1977년 서울대병원 내과 레지던트 1978~2013년 한양대 의과대학 신장내과학교실 전임강사 · 조교수 · 부교수 · 교수 1985~1989년 한양대병원 임상교수연구실장 1988~1998 · 2001~2007년 同인공신장센터 소장 1989~1999년 同신장내과장 1992~1995년 同교육연구부장 2001~2003년 한양대 의대 내과학교실 주임교수 2001~2003년 한양대병원 내과 과장, 대한신장학회 총무 · 학술수련이사 · 감사, 대한내과학회 재무이사 · 간행이사 · 감사, 대한이식학회 간행이사 · 감사 · 부회장 · 회장, 대한민국의학한림원 정회원(현) 2006~2013년 대한의사협회 의학용어실무위원장 2007년 미국 세계인명사전 'Marquis Who's Who in Medicine & Healthcare 2006 · 2007년판'에 등재 2008년 미국 세계인명사전 'Marquis Who's Who in the World 2008년판'에 등재 2010~2013년 대한

민국의학한림원 의학용어표준화위원장 2013년 한양대 서울병원 신장내과 진료석좌교수 2015년 同서울병원 신장내과 진료명예교수(현) @상문교부장관표창(1972), 한양대 국제과학학술지논문상(1994), 대한감리회서울남연회감독표창(1997) 보건복지부장관표창(2000), 지석영의학상(2002), 한양대 우수임상교수상(2004·2005·2006), 옥조근정훈장(2013) @'가정의학'(共) '고혈압'(共) '만성신부전증의 치료'(共) @'Harrison내과학 16·17·18판'(共) @기독교

강종백(姜鍾栢) KANG Jong Back

@1961·5·23 @경기 성남시 수정구 성남대로1342 가천대학교 나노화학과(031-750-5409) @1983년 부산대 화학과졸 1985년 同대학원졸 1992년 이학박사(미국 텍사스공과대) @1989~1992년 미국 텍사스공과대 화학과 연구조교·실험조교 1992~1993년 미국 캘리포니아대 데이비스교 유전학과 연구원 1993년 경원대 화학과 교수 1997년 미국 조지아 Institute of Technology 방문교수 1999년 미국 오레곤 Health Science대 방문교수 2003~2004년 同교환교수 2012년 가천대 나노화학과 교수(현) 2016년 同바이오나노대학장(현) @'유전자 클로닝 입문'(1998, 월드사이언스) '일반화학'(1999, 광림사) '유전자 클로닝 입문(개정판)'(2004, 월드사이언스) '추론 화학'(2008, 사이플러스) @'온도 기울기 장치'(2001, 특허0327907)

강종석(姜鍾奭)

@1967 @서울 종로구 세종대로209 정부서울청사 602호 통일부 교류협력국(02-2100-5802) @서울대 공법학과졸, 한국개발연구원(KDI) 정책학 석사, 미국 캘리포니아웨스턴대 대학원 법학석사 @행정고시 합격(37회) 2006년 통일부 정책홍보실 공보지원팀장 2007년 同개성공단사업지원단 운영지원팀장 2008년 同개성공단사업지원단 법제지원팀장 2009년 同개성공단사업지원단 법제운영팀장 2011년 同통일정책실 정착지원과장 2012년 同남북협력지구지원단 관리총괄과장 2013년 제18대 대통령직인수위원회 외교·국방·통일분과 실무위원, 대통령 통일비서관실 행정관 2015년 통일부 개성공단남북공동위원회 사무처장(고위공무원단 나급) 2016년 同교류협력국장(현)

강종석(康鍾錫) KANG Chong Suk

@1969·5·18 @전북 군산 @세종특별자치시 갈매로477 기획재정부 정책조정총괄과(044-215-4510) @1987년 군산동고졸 1995년 고려대 경영학과졸 2007년 미국 오리건대 대학원졸(MBA) @행정고시 합격(38회) 2004년 재정경제부 기획예산담당관실 서기관 2005년 미국 오리건대 유학 2007년 재정경제부 정책홍보관리실 경제교육홍보팀장 2008년 기획재정부 정책조정국 기업환경과장 2009년 駐뉴욕총영사관 영사 2012년 기획재정부 정책조정국 서비스경제과장 2015년 同산업경제과장 2016년 同정책조정국 정책조정총괄과장(부이사관)(현)

강종열(姜鍾烈) KANG Jong Yeol

@1956·8·11 @경남 @울산 남구 장생포고래로271 울산항마린센터 울산항만공사 비서실(052-228-5305) @부산고졸 1979년 서울대 경영학과졸 1985년 同대학원졸 1994년 경영학박사(서울대) @해군 조함실 중위 1985년 울산대 대우전임강사·전임강사·조교수·부교수 1994~1995년 미국 MIT IMVP(국제자동차산업프로그램) 연구교수 1998~2014년 울산대 경영대학 경영학부 경영학전공 교수 2001~2011년 현대백화점 울산점 사외이사 2005~2011년 同경영대학원장 2011~2014년 울산항만공사 비상임감사 2014~2015년 울산항포럼 회장 2015년 울산항만공사 사장(현) @'經營統計學'(1988) '기업세계화의 단계 및 정도의 측정'(1998) '울산의자동차부품산업'(2005, 울산대 출판부) '최고경영자를 위한 오퍼레이션 관리'(2005, 울산대 출판부) '최고경영자를위한 경영학입문'(2005, 울산대 출판부) '울산의산업(3) 자동차·조선산업'(2005, 울산대 출판부) '울산의산업(4) 정유, 석유화학 및 비철금속산업'(2005, 울산대 출판부) '울산산업구조의 변천과 미래성장동력(共)'(2005, 울산대 출판부) @'생산운영관리의기초'(2004, 시그마프레스) '생산운영관리'(2007·2009)

강종철(姜鍾哲)

@1957·7·10 @경남 @인천 서구 환경로42 종합환경연구단지 한국환경공단 물환경본부(032-590-3700) @1976년 가야고졸 1984년 명지대 전기공학과졸 1986년 인하대 대학원 물리교육과졸 2011년 공학박사(호서대) @2009년 한국환경공단 민간투자관리처 민자사업관리2팀장 2010년 同재무관리처 민자관리팀장 2011년 同일산에너지사업소 소장 2012년 同상하수도시설처장 2013년 同물환경본부장(상임이사)(현) @국무총리표창(2012)

강종헌(姜鍾憲)

@1965·2·21 @경기 수원시 영통구 월드컵로120 수원지방검찰청 강력부(031-210-4320) @1983년 제주제일고졸 1991년 중앙대 법학과졸 @1997년 사법시험 합격(39회) 2000년 사법연수원 수료(29기) 2000년 창원지검 검사 2002년 대구지검 안동지청 검사 2003년 대전지검 검사 2005년 부산지검 검사 2007년 서울중앙지검 검사 2010년 인천지검 검사 2012년 대구지검 검사 2013년 同부부장검사 2013년 전주지검 부부장검사 2014년 수원지검 공판송무부장 2015년 대구지검 강력부장 2016년 수원지검 강력부장(현)

강종훈(姜鍾薰) Kang, Jonghoon

@1976·2·28 @부산 @대전 중구 보문로331 대전세무서(042-229-8200) @1994년 부산남산고졸 1999년 서울대 컴퓨터학과졸 2012년 미국 듀크대 대학원졸 @1999년 공무원 임용(기술고시 34회) 2004년 국세청 전산운영담당관실 근무 2005년 同정보개발2담당관실 근무 2007년 同전산기획담당관실 근무 2012년 서울지방국세청 전산관리과장 2014년 국세청 차세대국세행정시스템추진단 근무 2014년 同정보개발1담당관 2016년 대전세무서장(현)

강주엽(姜周燁)

@1970·3·19 @세종특별자치시 도움6로11 국토교통부 기획담당관실(044-201-3591) @1989년 명석고졸 1993년 서울대 토목공학과졸 @1996년 기술고시 합격(32회) 2011년 국토해양부 하천운영과장 2013년 국토교통부 수자원개발과장 2014년 同재정담당관 2015년 同수자원정책과장 2016년 同기획담당관(현)

강준규(姜俊圭) KANG Jun Kyu

@1961·9·29 @진주(晉州) @부산 @부산 부산진구 엄광로176 동의대학교 경제학과(051-890-1417) @1980년 부산진고졸 1984년 고려대 농경제학과졸 1988년 미국 미주리대 대학원 경제학과졸 1994년 경제학박사(미국 미주리대) @1996~2007년 동의대 경제학과 전임강사·조교수·부교수 2001년 同상경대학 교학부장 2007년 同경제학과 교수(현) 2008년 同종합인력개발원장 2009년 同평생교육원장 2015년 同상경대학장 겸 경영대학원장(현)

강준길(康俊吉) KANG June Gill

@1945·2·15 @신천(信川) @평남 용강 @서울 노원구 광운로20 광운대학교 전자공학과(02-940-5105) @1963년 경북 순심고졸 1967년 광운대 전자공학과졸 1969년 연세대 대학원 전기과졸 1979년 전자공학박사(연세대) @1972~1985년 광운대 전자공학과 전임강사·조교수·부교수 1974년 KAIST 응용광학연구실 위촉연구원 1980년 미국 MIT 전자연구소 객원연구원 1982~1993년 국제기능올림픽 공업전자심사관 1985~2010년 광운대 전자공학과 교수 1985~1994년 同전자기술연구소장 1992년 同공과대학장 1993년 한국통신학회 감사 1994~1997년 광운대 총장 2011년 同전자공학과 석좌교수, 同전자공학과 명예교수(현) @산업포장, 문교부장관표창, 청조근정훈장(2010) @'전자기학' 'Fortran77' '터보C'(1990) '마이크로파 공학' '터보파스칼' '데이타통신 컴퓨터 네트워크 및 OSI' @'Engineering Electromagnetics'(1985, 희중당) @천주교

강준만(康俊晩) Kang, Joon-Mann

@1956·1·5 @전남 목포 @전북 전주시 덕진구 백제대로567 전북대학교 신문방송학과(063-270-2954) @1980년 성균관대 경영학과졸 1984년 미국 조지아대 대학원 신문방송학과졸 1988년 신문방송학박사(미국 위스콘신대) @1981년 문화방송 PD 1989~2000년 전북대 신문방송학과 전임강사·조교수·부교수 2002년 同신문방송학과 교수(현) @'정보제국주의' '대통령과 여론조작' '한국방송 민주화운동사' '권력은 TV에서 나온다' '김대중 죽이기' '김영삼 이데올로기' '서울대의 나라' '노무현 죽이기' '노무현 살리기' '어머니 수난사'(2009, 인물과사상사) '전화의 역사'(2009, 인물과사상사) '미국사산책'(2010, 인물과사상사) '영혼이라도 팔아 취직하고 싶다'(2010, 개마고원) '룸살롱 공화국'(2011, 인물과사상사) '강남 좌파'(2011, 인물과사상사) '매매춘, 한국을 벗기다'(2012, 인물과사상사) '안철수의 힘'(2012, 인물과사상사) '감정 독재: 세상을 꿰뚫는 50가지 이론'(2013) '우리는 왜 이렇게 사는걸까'(2014, 인물과사상사) '세상을 꿰뚫는 50가지 이론 2'(2014) '생각의 문법:

ㄱ

세상을 꿰뚫는 50가지 이론 3'(2015) '독선사회'(2015) '지방 식민지 독립선언'(2015, 개마고원) '청년이여, 정당으로 쳐들어가라!'(2015, 인물과사상사) '재미있는 영어 인문학 이야기 2·3'(2015, 인물과사상사) '흥행의 천재 바넘'(2016, 인물과사상사) '정치를 종교로 만든 사람들'(2016, 인물과사상사) '미디어 법과 윤리'(2016, 인물과사상사) '전쟁이 만든 나라, 미국'(2016, 인물과사상사) '빠순이는 무엇을 갈망하는가?'(2016, 인물과사상사) '도널드 트럼프'(2016, 인물과사상사)

강준모(姜俊模) KANG Jun Mo

(생)1958·10·28 (본)진주(晉州) (출)서울 (주)서울 마포구 와우산길85 홍익대학교 공과대학 건설도시공학부(02-320-1603) (학)1982년 홍익대 도시공학과졸 1988년 미국 오하이오주립대 대학원 도시계획학과졸 1990년 도시계획학박사(미국 오하이오주립대) (경)1982년 홍익대 환경개발연구원 연구원 1985~1990년 미국 오하이오주립대 도시계획과 조교 1990~1991년 홍익대 환경개발연구원 연구위원 1990~1991년 경원대 대학원 강사 1991년 홍익대 공과대학 도시공학과 조교수·부교수·교수, 同건설도시공학부 도시공학전공 교수(현) 2005년 대한국토도시계획학회 상임이사 2005~2007년 홍익대 국제교류센터 소장 겸 학생부처장 2009~2011년 한국도시설계학회 제도공과위원장 2010년 제주도 도시계획위원 2011년 서울시 도시계획위원 2011년 同도시건축공동위원회 위원 2011년 대통령직속 국가건축정책위원회 국토환경디자인분과 위원장 2012년 한국도시설계학회 부회장 2013년 홍익대 건축도시대학원장(현) 2014~2016년 한국도시설계학회 회장 (저)'세계의 도시 디자인'(2010)

강준석(姜俊錫) KANG Joon Suk

(생)1962·6·16 (본)진주(晉州) (출)경남 함양 (주)부산 기장군 기장읍 기장해안로216 국립수산과학원 원장실(051-720-2000) (학)함양고졸 1987년 부산수산대졸 1995년 영국 헐(Hull)대 대학원 수산정책학과졸 2001년 자원경제학박사(영국 Hull대) (경)1987년 기술고시 합격(22회) 1987~1998년 해양수산부 원양어업담당관실·국제협력과 사무관 1999~2002년 駐OECD 사무국 및 駐프랑스대사관 1등서기관 2003년 해양수산부 자원관리과장 2004년 同원양어업담당관 2005년 同어업자원국 양식개발과장 2007년 同어업자원국 어업정책과장 2007~2009년 미국 국립해양대기청(NOAA) 파견(고위공무원) 2009년 농림수산식품부 어업자원관 2010년 同수산정책관 2011년 외교안보연구원 파견(고위공무원) 2012년 농림수산식품부 수산정책실 원양협력관 2013년 해양수산부 해양정책실 국제원양정책관 2013~2014년 同수산정책실장 2015년 국립수산과학원장(현) (상)근정포장(2004), 홍조근정훈장(2015) (저)'An International Regime for Fisheries in East Asia'(2003)

강중구(姜重求) Kang Joong Koo

(생)1953·9·26 (본)진주(晉州) (출)광주 (주)서울 중구 서소문로38 디오센터빌딩3층 (주)뉴스포스트(02-780-7778) (학)1972년 양정고졸 1981년 건국대 축산경영학과졸 (경)1981~1987년 중앙일보 근무 1988~1990년 서울경제신문 근무 1992~1997년 일요신문 국장 1997~1999년 일요시사 이사 1999~2004년 일요서울 이사 2004~2010년 민주신문 대표 2010년 뉴스포스트 대표이사 겸 발행인(현)

강중구(姜重求) KANG JUNG GU

(생)1958·4·11 (출)경북 김천 (주)경기 고양시 일산동구 일산로100 일산병원 원장실(031-900-0009) (학)1978년 김천고졸 1984년 연세대 의대졸 1987년 同대학원 의학석사 1995년 의학박사(연세대) 1999년 연세대 보건대학원 의료고위자과정 수료(4기) 2001년 同보건대학원 의료와법고위자과정 수료(8기) 2012년 同상남경영원 MBA 수료 (경)1995~1996년 미국 Cleveland Clinic, Ohio and Mininal Invasive Surgery Center 연수 1997~2000년 국민건강보험공단 일산병원건립추진본부 개원준비팀장 2003~2006년 同일산병원 적정진료실장 2004~2010년 보건복지부 치료재료전문평가위원회 위원 2005년 일본 동경암센터 연수 2006~2009년 국민건강보험공단 일산병원 교육연구부장 2008년 신포괄지불제도시범사업추진단 단장(현) 2009~2015년 국민건강보험공단 일산병원 진료부원장 2009~2016년 대한대장항문학회 건강보험공단 2013년 보건복지부 질병군 전문평가위원회 위원장(현) 2013년 대한외과감염학회 회장(현) 2014년 대한외과학회 건강보험위원장(현) 2015년 국민건강보험공단 일산병원장(현) 2016년 대한대장항문학회 제1부회장(현) 2016년 대한병원협회 정책이사(현)

강중석(康重石) KANG Joong Seok

(생)1957·8·4 (출)제주 (주)부산 부산진구 가야대로772 부산롯데호텔5층 그랜드코리아레저(주) 부산본부(051-665-6000) (학)1985년 전남대 일어일문학과졸 2010년 아주대 경영대학원 경영학과졸(마케팅MBA) (경)한국관광공사 오사카지사 과장 2001년 同일본부장 2003년 同후쿠오카지사장 2004년 同도쿄지사장 2007~2008년 同영남권협력단장, 부산시 관광정책자문위원, 부산관광컨벤션뷰로 이사, 2007경주세계문화엑스포조직위원회 위원, 2009고성공룡세계엑스포 자문위원, 안동국제탈춤페스티벌조직위원회 이사 2008년 한국관광공사 면세사업단장, 2009월드코아어챔피언십 한국조직위원회 집행위원, 2011대구세계육상선수권대회 홍보위원, 한국면세점협회 이사 2010년 한국관광공사 기획조정실장 2012년 同도쿄지사장 2015년 同일본지역본부장 2016년 그랜드코리아레저(주) 부산본부장(현) (상)일본 국토교통성대신표창(2007)

강지성(姜知聲)

(생)1971·10·17 (출)전남 영광 (주)서울 서초구 반포대로157 대검찰청 형사2과(02-3480-2272) (학)1990년 광주 석산고졸 1997년 한양대 법학과졸 (경)1998년 사법시험 합격(40회) 2001년 사법연수원 수료(30기) 2001년 수원지검 검사 2003년 광주지검 목포지청 검사 2004년 광주지검 검사 2006년 서울중앙지검 검사 2010년 법무부 기획검사실 검사 2012년 대전지검 검사 2015년 서울중앙지검 부부장검사 2016년 대검찰청 형사2과장(현)

강지성(姜至省) Kang Jisung

(생)1981·12·18 (주)서울 성동구 마장로210 한국기원 홍보팀(02-3407-3800) (경)허장회 8단 문하생 1996년 입단 1997년 2단 승단 1999년 3단승단 2000년 4단 승단 2000년 5단 승단 2001년 신예프로10걸전 우승 2004년 6단 승단 2005년 7단 승단 2009년 8단 승단 2012년 9단 승단(현)

강지식(姜智植) KANG Ji Sik

(생)1966·9·6 (본)진주(晉州) (출)전북 군산 (주)서울 서초구 반포대로158 서울중앙지방검찰청 외사부(02-530-4939) (학)1985년 군산고졸 1993년 고려대 법학과졸 1996년 서울대 대학원 법학과 수료 (경)1995년 사법시험 합격(37회) 1998년 사법연수원 수료(27기) 1998년 인천지검 검사 2000년 청주지검 충주지청 검사 2001년 광주지검 검사 2003년 서울지검 고양지청 검사 2005년 법무부 법무심의관실 검사 2007년 서울중앙지검 검사 2010년 부산지검 부부장검사 2010년 미국 버클리대 Visiting Scholar 2011년 춘천지검 원주지청 부장검사 2012년 대전지검 특수부장 2013년 대검찰청 형사2과장 2014년 서울북부지검 부부장검사(법무연수원 교수 파견) 2015년 법무부 인권구조과장 2016년 서울중앙지검 외사부장(현)

강지용(姜志勇) KANG Ji Yong

(생)1952·8·27 (주)제주특별자치도 제주시 제주대학로102 제주대학교 생명자원과학대학 산업응용경제학과(064-754-3352) (학)1972년 제주 오현고졸 1976년 제주대 농학과졸 1980년 고려대 대학원 농업경제학과졸 1991년 농업경제학박사(고려대) (경)1985년 제주대 생명자원과학대학 산업응용경제학과 교수(현) 1986~1989년 同신문사 주간 1988년 제주도 농촌진흥원 겸직연구관 1989~1990년 고려대 농업경제학과 교환교수 1993~1994년 일본 동경대 농업경제학과 객원연구원 1995년 제주대 농대 최고농어민경영자과정 주임교수 2000년 농림부 축산정책심의회 위원 2001년 교육인적자원부 정책심의회 대학분과 위원 2001년 제주대 산업대학원장 겸 농업생명과학대학장 2003~2004년 同학생처장 2004년 FAO(UN세계식량기구) 한국지부 이사, 한국벤처농업대학 제주캠퍼스 부학장, 대통령자문 동북아시대위원회 제주특별위원회 위원, 세계농정포럼 이사 2010년 제주하이테크산업진흥원 원장 2011년 한나라당 서귀포시당원협의회 운영위원장 2012년 제19대 국회의원선거 출마(서귀포, 새누리당) 2013년 제18대 대통령취임준비위원회 위원 2013~2014년 새누리당 제주도당 위원장 2016년 제20대 국회의원선거 출마(서귀포시, 새누리당) 2016년 새누리당 서귀포시당협의회 조직위원장(현) 2016년 同제주도당 위원장 (상)홍조근정훈장(2014) (저)'성장농업의 경영관리'(1994, 제주시농촌지도소)

강지원(姜智遠) KANG Ji Won

[생]1949·3·17 [본]진주(晉州) [출]전남 완도 [주]서울 종로구 자하문로95 신교빌딩3층 푸르메재단(02-720-7002) [학]1967년 경기고졸 1972년 서울대 문리과대학 정치학과졸 1999년 경남대 대학원 정치학 박사과정 수료 [경]1972년 행정고시 합격(12회) 1972~1976년 재무부·관세청 사무관 1976년 사법고시 합격(18회) 1978년 사법연수원 수료(8기) 1978년 전주지검 검사 1980년 서울지검 검사 1985년 법무부 검찰국 검사 1987년 서울지검 검사 1989년 서울보호관찰소장 1989년 서울지검 고등검찰관 1991년 법무연수원 교수 1993년 법무부 관찰과장 1995년 사법연수원 교수 1997~2002년 서울고검 검사 1997~2000년 청소년보호위원회 위원장 1998년 한국법심리학회 회장 2001년 어린이청소년포럼 대표(현) 2002~2004년 법률사무소 청지 대표변호사 2003년 KBS 제1라디오 아침시사프로그램 '안녕하십니까 강지원입니다' 진행 2003년 국제마약학회 회장 2003년 세계효문화본부 부총재 2005~2007년 정보통신윤리위원회 위원장 2005년 푸르메재단 공동대표(현) 2006~2012년 한국매니페스토실천본부 상임대표 2008년 EBS '강지원의 특별한 만남' 진행 2008~2012년 자살예방대책추진위원회 위원장 2009년 (사)나눔플러스 총재(현) 2010년 YTN '강지원의 출발 새아침' 진행 2010~2011년 대통령직속 사회통합위원회 지역분과위원장 2011년 변호사 폐업 2011~2012년 국민추천포상심사위원회 위원장 2011년 타고난적성찾기국민실천본부 상임대표(현) 2012년 제18대 대통령선거 출마(무소속) 2014년 한국인성교육진흥원 상임대표(현) 2015년 한국노르딕워킹인터내셔널코리아 총재(현) 2016년 푸르메재단 이사장(현) [상]홍조근정훈장, 인제인성대상, 대통령표창, 율곡상, 국민훈장 모란장(2007) [저]'부모와 자녀' '건전가정 30훈' '나쁜 아이는 없다' '욱하다 깨달은 성자' '세상에서 가장 소중한 부모이야기'(共) '강지원생각, 큰바위얼굴 어디 없나' '강지원의 꿈멘토링, 세상 어딘가엔 내가 미칠 일이 있다'(2012, 고려원북스)

강진모(姜溱模) Jinmo Kang

[생]1968·9·18 [출]경북 상주 [주]서울 서초구 반포대로13 (주)아이티센(02-3497-8300) [학]1986년 선정고졸 1994년 아주대 물리학과졸 2011년 연세대 공학대학원 공학경영학과졸 2013년 同공학대학원 공학경영학 박사과정 재학 중 [경]1993~1997년 (주)다우기술 근무 1998~2002년 (주)열림기술 이사 2005~2013년 (주)아이티센시스템즈 대표이사 2006년 한국정보처리학회 상임이사 2009년 IT서비스이노베이션포럼 위원 2012년 (주)비티씨정보통신 대표이사 2014년 (주)아이티센 대표이사(현) 2016년 한국IT서비스산업협회 회장(현) [상]교육과학기술부장관표창(2008), 조사모범납세자상(2011), IT이노베이션대상 지식경제부장관표창(2012), 한국인터넷정보학회 대한민국인터넷기술상(2012)

강진섭(姜晋燮) KANG Jin Seop

[생]1957·11·3 [주]서울 마포구 마포대로163 서울신용보증재단(1577-6119) [학]1975년 후포고졸 1986년 국민대 무역학과졸 1996년 연세대 경영대학원 경영학과졸 1998년 미국 일리노이대 경영대학원 경영학과졸 [경]1986년 KB국민은행 입행 2004년 대통령자문 사람입국신경쟁력특별위원회 위원 2005년 KB국민은행 부장 2006년 同구로벤처센터지점장 2010년 同서소문지점장 2010년 同신금융사업본부장 2013~2014년 同HR본부장 2014년 서울신용보증재단 이사장(현)

강진순(姜振淳) KANG Jin Soon

[생]1961·10·8 [출]경남 [주]서울 영등포구 국제금융로24 유진투자증권 기획관리본부(02-368-6218) [학]1981년 경남 세종고졸 1989년 부산대 경영학과졸 [경]2005년 유진투자증권 경영관리본부장(상무) 2009년 同리스크관리본부장(전무) 2012년 同기획관리본부장(전무) 2015년 同기획관리본부장(부사장)(현) [상]금융감독원장표창(1995)

강진원(姜珍遠) Gang Jinwon

[생]1959·10·20 [출]전남 강진 [주]전남 강진군 강진읍 탐진로111 강진군청 군수실(061-430-3201) [학]동국대사대부고졸 1986년 건국대 행정학과졸 2001년 미국 시라큐스대 대학원 인문학과졸 [경]1987년 행정고시 합격(31회) 1988년 내무부 행정사무관 1993년 전남도 확인평가계장 1994년 同지방공무원교육원 교관 1995년 同문화체육과 문화계장 1996년 同기획관리실 기획계장 1998년 同법무담당관(4급) 2001년 同의회사무처 전문위원 2002년 同사회복지과장 2002년 전남 장흥군 부군수 2005년 전남도 정책기획관 2006년 同혁신도시건설지원단장 2006년 同기업도시기획단장(3급) 2008년 해외 연수(미국 미주리대 아시아연구센터) 2009년 전남도 F1대회지원보좌관 2011년 민주통합당 전남도당 민생경제대책위원장 2012년 전남 강진군수(보궐선거 당선, 민주통합당·민주당·새정치민주연합) 2014년 전남 강진군수(새정치민주연합·더불어민주당)(현) [상]한국산학협동연구원 산학협동대상 유관기관부문 대상(2015) [저]'진짜 실력은 사랑입니다'(2010)

강진원 Kang Gin-Won

[생]1961·8·19 [출]서울 [주]서울 서대문구 충정로8 종근당빌딩7층 한국쉘석유(주) 비서실(02-3149-5500) [학]1984년 스위스 취리히연방공과대학 기계공학과졸 1988년 스위스 취리히대 대학원 경영학과졸 1993년 경영학박사(스위스 취리히대) [경]1988년 스위스 Oerlikon-Buhrle社 그룹기획실 입사 1994~1999년 스위스 힐티 본사제품 총괄매니저 1999~2006년 힐티코리아 대표이사 2007~2013년 피셔코리아 대표이사 2013년 한국쉘석유(주) 부사장 2013년 同대표이사 사장(현)

강진한(康鎭漢) KANG Jin Han

[생]1952·11·17 [출]서울 [주]서울 서초구 반포대로222 서울성모병원 소아과(032-510-5687) [학]1977년 가톨릭대 의대졸 1985년 同대학원졸 1989년 의학박사(가톨릭대) [경]1977~1982년 가톨릭대 성모병원 수련의·전공의 1985~2008년 同성모자애병원 소아과 전문의·교수 1990~1991년 미국 오클라호마대 연수 1997~2001년 성모자애병원 진료부장·의무조정실장, 대한소아과학회 정회원, 대한소아감염학회 감염이사, 대한감염학회 총무부장 2008년 가톨릭대 의과대학 소아과학교실 교수(현) 2009년 同성의교정 산학협력실장 2011년 同성의교정 연구처장 2012~2013년 가톨릭중앙의료원 의생명산업연구원장 2015년 대한소아과학회 회장(현) [상]대한감염학회 학술상(2000) [저]'시중유통 백신 안전성, 유효성 효율적평가방안연구'(2006, 광문출판사) '백식Q&A'(2006, 광문출판사) '성인예방접종'(2007, 대한감염학회) '감염학'(2007, 군자출판사) 'B형간염 검사에 대한 현황 및 타당성 조사연구'(2007, 질병관리본부) 'BCG백신의 유용성 평가'(2007, 식품의약품안전청) '항생제의 길잡이'(2008, 대한감염학회) '감염학'(2009, 인제대 대학원)

강진형(姜振炯) KANG Jin Hyoung (청천)

[생]1960·9·14 [본]진주(晉州) [출]서울 [주]서울 서초구 반포대로222 서울성모병원 종양내과(02-590-2711) [학]1978년 영동고졸 1984년 가톨릭대 의대졸 1988년 同대학원 의학석사 1995년 의학박사(가톨릭대) [경]1984~1988년 가톨릭대 성모병원 수련의·전공의 1988~1991년 육군 대위·공중보건의(금산한국병원 내과 과장·천안의료원 제2내과장) 1991~1995년 가톨릭대 의과대학 강남성모병원 혈액종양내과 임상강사·전임강사 1995~1999년 同수원성빈센트병원 조교수 1996~1998년 미국 코넬대 혈액종양내과 연구원 1999년 가톨릭대 의과대학 내과학교실 부교수 2004년 同교수(현) 2006년 同의과대학 내과학교실 종양내과장(현) 2007년 대한폐암학회 학술위원장 2009년 同기획위원장 2011~2015년 가톨릭대 서울성모병원 종양내과 과장 2016년 대한항암요법연구회 회장(현) [상]사노피아벤티스 학술상(2012) [종]불교

강찬석(姜讚錫) Chan suk, KANG

[생]1961·6·7 [주]서울 강동구 올림픽로70길34 (주)현대홈쇼핑 비서실(02-2143-2832) [학]1979년 이천고졸 1983년 경희대 경영학과졸 [경](주)현대백화점 무역센터점 ASEM준비팀 근무, 호텔현대 VBC지배인 2006년 (주)현대백화점 사업개발팀장(이사대우) 2008년 同사업개발팀 상무乙 2009년 同기획조정본부 기획담당 상무甲 2011년 (주)현대홈쇼핑 영업본부장(전무) 2013년 同공동대표이사 부사장 2015년 同대표이사 부사장(현)

강찬우(姜燦佑) KANG Chan Woo

[생]1963·11·12 [출]경남 하동 [주]서울 서초구 반포대로30길81 웅진타워9층 강찬우법률사무소(02-582-8500) [학]1981년 진주고졸 1985년 서울대 공법학과졸 1987년 同대학원 법학과 수료 [경]1986년 사법시험 합격(28회) 1989년 사법연수원 수료(18기) 1989년 육군 제36사단 검찰관 1992년 서울지검 검사 1994년 춘천지검 속초지청 검사 1995년 수원지검 성남지청 검사 1997년 부산지검 울산지청 검사 1998년 울산지검 검사 1998년 서울지검 검사 2001년 수원지

검 부부장검사 2001년 대구지검 의성지청장 2002년 서울지검 서부지청 부부장검사 2003년 서울지검 특수2부 부부장검사 2004년 대검찰청 중수3과장 2005년 同홍보담당관 2007년 서울중앙지검 금융조세조사1부장 2008년 삼성특검 파견 2008년 서울고검 검사(대검찰청 미래기획단장 파견) 2008년 대검찰청 범죄정보기획관 2009년 수원지검 제1차장검사 2010년 광주고검 검사(대검찰청 선임연구관 파견) 2010년 '그랜저검사 의혹' 특임검사 2011년 광주지검 차장검사 2011년 미국 UC Irvine대 방문학자 2012년 법무연수원 기획부장 2013년 법무부 법무실장 2013년 대검찰청 반부패부장(검사장급) 2014년 인천지검장 직대 2015년 수원지검장 2016년 변호사 개업(현)

강창규(姜昌奎) KANG Chang Kyu

[생]1955·1·16 [본]진주(晋州) [출]충남 공주 [주]인천 서구 사렴로21번길2 대신철강(주) 회장실(032-561-3311) [학]1996년 인하대 경영대학원 수료 1998년 인천대 행정대학원 수료 2001년 연세대 행정대학원 수료 2001년 대입검정고시 합격, 인천전문대학 경영과졸 2011년 인천대 행정대학원 사회복지학과졸 [경]1988년 대신철강(주) 대표이사 회장(현) 2001년 한나라당 인천시지부 청년위원장 2001~2009년 민주평통 자문위원 2002년 인천서부산업단지관리공단 이사 2002·2006~2010년 인천시의회 의원(한나라당) 2002~2006년 국제라이온스협회 354-F지구 시력보존 및 맹인사업위원장 2004~2011년 한국자유총연맹 인천시지구 회장 2008~2014년 인천서부산업단지관리공단 이사장 2010년 인천시의회 의장 2010년 인천시의원선거 출마(한나라당) 2011년 민주평통 인천지부 부의장 2012년 선진통일당 인천시당 위원장 2012년 同사무총장 2012년 새누리당 제18대 대통령중앙선거대책위원회 인천시선거대책위원회 공동선거대책본부장 2016년 同인천부평乙당원협의회 운영위원장(현) 2016년 제20대 국회의원선거 출마(인천 부평구乙, 새누리당) [상]대통령표창(2000), 경인봉사대상(2000), 인천광역시민상(2001), 법무부장관표창, 행정자치부장관표창, 국민훈장 동백장(2008), 산업포장(2013) [종]불교

강창균(姜蒼均) Kang Changgyun

[생]1960·6·1 [출]충남 서산 [주]충남 당진시 석문면 대호만로1221의32 현대EP(주) 비서실(041-350-0500) [학]1979년 용문고졸 1989년 재료공학박사(고려대) [경]1988년 제일모직 입사 1996년 현대산업개발(주) 근무 2001년 현대EP(주) 상무 2006년 同부사장 2014년 同대표이사 부사장 2015년 同대표이사 사장(현)

강창석(姜昌錫) KANG Chang Suk

[생]1952·10·23 [주]서울 영등포구 63로10 여의도성모병원 병리과(02-3779-1312) [학]1978년 가톨릭대 의대졸 1982년 同대학원 의학석사 1989년 의학박사(가톨릭대) [경]1978~1983년 가톨릭대 의대 성모병원 수련의·전공의 1983~1986년 군의관 1986~1998년 가톨릭대 의대 임상병리학교실 전임강사·조교수·부교수 1990~1992년 미국 아이오와대 혈액병리학과 교환교수 1996~2002년 가톨릭대 성모병원 임상병리과장 1998년 同의대 병리학교실 교수(현) 2006년 대한병리학회 이사장 2008년 대한세포병리학회 회장, 한국유전자검사평가원 이사장 2009~2013년 가톨릭중앙의료원 가톨릭연구조직검체은행장 2015년 대한병리학회 회장 [상]보건복지가족부장관표창(2008)

강창석(姜昌錫) KANG Chang Seok

[생]1966·2·10 [주]서울 마포구 효창목길6 한겨레신문 경영지원실(02-710-0114) [학]1990년 한양대 대학원 경제학과졸 [경]1994년 한겨레신문 경영기획실 근무 2005년 同경영기획부 차장·경영기획부장 2006년 同마케팅기획부 전략개발팀장 2008년 同전략기획실 전략기획부장 2011년 同경영기획실 경영기획부장 2011년 同콘텐츠비즈니스협력위원회 상임위원 2012년 同연구기획조정실 기획관리팀장 2014년 同경영지원실장(현)

강창성(姜昌成) Kang Chang-Sung

[생]1959·1·29 [본]진주(晋州) [출]인천 [주]경기 화성시 병점중앙로283의33 경기도농업기술원 환경농업연구과(031-229-5820) [학]1977년 제물포고졸 1981년 건국대 농화학과졸 1983년 同대학원 농화학과졸 [경]1982~1983년 건국대 농화학과 조교 1986~1995년 경기도농촌진흥원 시험국 식물환경과 농업연구사 1995~2000년 경기도농업기술원 연구개발부 환경농업연구과 농산물이용계장 2000~2004년 同연구개발부 환경농업연구과 토양비료담당 2004~2011년 同연구개발부 환경농업연구과 농업환경팀장(지방농업연구관) 2011~2012년 同연구개발부 작물개발과 연구협력팀장 2012년 同소득자원연구소장 2016년 同환경농업연구과장(현) [상]식량증산유공 경기도지사표창(1989), 쌀생산종합시책공로 농림부장관표창(1996), 공무원정보화대회 최우수 경기도지사표창(2011) [역]'토양 바이오테크놀로지'(2009, 월드사이언스) [종]불교

강창수(姜昌洙) KANG Chang Soo

[생]1948·12·24 [본]진양(晋陽) [출]경남 남해 [주]부산 서구 구덕로301번길4 대경F&B(주) 임원실(051-255-7211) [학]1968년 경남고졸 1972년 성균관대 사학과졸 1975년 연세대 행정대학원 수료 [경]1975~1998년 대경실업(주) 대표이사 사장 1980~1988년 부산시수산업협동조합 감사 1984~1999년 (주)대경마린 대표이사 사장 1985년 부산시청년회의소 회장 1985~1987년 한국원양어업협회 이사 1986~1987년 부산공동어시장 감사 1986~1987년 부산시유도협회 부회장 1990~1991년 민자당 부산시지부 부위원장 1990~1992년 새정신실천운동추진본부 회장 1991~1998년 경남고총동창회 부회장 1991~1993년 (사)목요학술회 회장 1993~1997년 한국해양소년단 부산연맹장 1993~1998년 공동체의식개혁국민운동 부산협의회 공동의장 1995~1996년 KBS부산방송총국 시청자위원회 위원 1995~2003년 상주학원 이사 1995~1998년 부산시냉동창고협회 부회장 1995~1998년 부산시청소년자원봉사센터 운영위원장 1996~1998년 부산상공회의소 제16대 의원 1998년 대경F&B(주) 회장(현) 2003년 상주학원 이사장(현) 2006년 디케이개발(주) 회장(현) 2007년 (재)청암장학회 명예이사장(현) 2011~2013년 경남중·고등학교총동창회 기획담당 부회장 2012~2014년 한나라당 중앙위원회 직능국 자문위원단 위원 2015년 성균관대 부산지역총동문회 회장(현) [상]국무총리표창(1987) [종]천주교

강창순(姜昌淳) KANG Chang Sun

[생]1943·4·13 [본]진주(晋州) [출]경북 청송 [주]서울 관악구 관악로1 서울대학교 공과대학 원자핵공학과(02-880-7201) [학]1961년 경기고졸 1965년 서울대 원자력공학과졸 1972년 공학박사(미국 메사추세츠공대) [경]1965~1967년 육군통신학교 교관(소위) 1967~1971년 미국 MIT 핵공학과 조교 1971~1977년 미국 UE&C 책임연구원 1977~1980년 (주)대우엔지니어링 상무이사·설계본부장 1980년 서울대 공대 원자핵공학과 부교수 1986~2008년 同교수 1992~1994년 同공대 최고산업전략과정 주임교수 1993~1995년 기초전력공학공동연구소 원자력안전센터장·한국원자력학회 부회장 1995~1997년 서울대발전기금재단 상임이사 1995~1997년 국가과학기술자문회의 자문위원 1999~2001년 한국원자력학회 회장 2003~2005년 국제원자력기구(IAEA) 산하 국제원자력안전위원회(INSAG) 위원 2006~2010년 태평양원자력기구 부회장·회장 2008년 서울대 공대 명예교수(현) 2008년 세계동위원소기구(WCI) 회장 2009년 한국원자력안전기술원(KINS) 이사회 의장 2010년 UAE-ENEC 원자력안전검토보드(NSRB) 부회장 2011년 UAE-Khalifa대학 원자력자문단(NPAP) 자문위원 2011~2013년 대통령직속 원자력안전위원회 위원장(장관급) 2012년 방사성폐기물안전협약(JC) 의장 [상]근정포장(2008), 세계원자력협회(WNA) 공로상(2009) [저]'핵공학 개론'(1989) '현대산업사회와 에너지'(1991) 'Radiation Technology: Introduction to Industrial and Environmental Applications'(2006)

강창열(康昌烈) KANG Chang Yol

[생]1955·1·3 [출]서울 [주]서울 강남구 영동대로106길42 성도벤처타워 (주)성도이엔지 사장실(02-6244-5200) [학]1973년 동성고졸 1977년 연세대 기계공학과졸 [경]1979년 삼성엔지니어링(주) 입사, 同설비팀장, 同기계설비팀장, 同산업설비담당 상무보 2004년 同환경기술사업본부장(상무) 2008~2009년 同환경기술사업본부장(전무) 2009~2010년 同인프라사업본부장(전무) 2011년 (주)성도이엔지 대표이사 사장(현) 2012년 (주)에스티아이 비상근감사(현)

강창옥(姜昌沃) KANG Chang Ok

[생]1956·6·17 [본]진양(晋陽) [출]경남 고성 [주]부산 연제구 법원로34 정림빌딩 법무법인 로앤케이(051-963-0001) [학]1975년 서울고졸 1979년 서울대 법대졸 1981년 同대학원 법학과 수료 [경]1981년 사법시험 합격(23회) 1983년 사법연수원 수료(13기) 1983년 사단 보통군법회의 검찰관 1986~1990년 부산지법 판사 1990~1993년 同동부지원 판사 1993~1994년 부산지법 판사 1994~1996년 창원지법 거창지원장 1996~1999년 부산고법 판사 1999~2000년 창원지법 부장판사 2000~2002년 부산지법 부장판사 2002년 변호사 개업 2008년 법무법인 로앤로 구성원변호사 2008년 법무법인 로앤로 대표변호사 2012년 법무법인 로앤케이 공동대표변호사(현)

강창원(姜昌遠) Kang Changwon

[생]1951·12·14 [본]진주(晉州) [출]광주 [주]대전 유성구 대학로291 한국과학기술원 생명과학과(042-350-2628) [학]1970년 경기고졸 1974년 서울대 화학과졸 1977년 미국 컬럼비아대 대학원 화학과졸 1983년 이학박사(미국 컬럼비아대) [경]1983~1986년 미국 뉴욕주립대(Stony Brook) 의대 Post-Doc. 1986년 한국과학기술원(KAIST) 생명과학과 조교수·부교수·교수·석좌교수(현) 1994·1999~2003년 同생명과학과장 1999~2006년 두뇌한국21(BK21) 과학기술원 생물사업단장 2004~2006년 한국과학기술원(KAIST) 교무처장 2008년 한국유전체학회 회장 2008년 한국분자세포생물학회 부회장 2010년 생화학분자생물학회 회장 2012년 한국과학기술한림원 정회원(현) 2015년 同학술위원회 부위원장 [상]한국과학기술단체총연합회 최우수논문상(1993·1994), 한국분자생물학회 목암생명과학상(1995), KAIST 우수강의상(2001·2007), KAIST 창의강의대상(2010), 대전MBC·한화 한빛대상(2011), 생화학분자생물학회 디아이학술상(2012), KAIST 국제협력대상(2014), 대한화학회 박인원학술상(2015), 한국연구재단 이사장표창(2015) [저]'Digest of Molecular Biology'(2016) [역]'분자생물학'(2014)

강창율(姜昌律) Kang, Chang-Yuil

[생]1954·11·28 [본]진주(晉州) [출]부산 [주]서울 관악구 관악로1 서울대학교 약학대학 제약학과(02-880-7860) [학]1977년 서울대 제약학과졸 1981년 同약학대학원졸 1987년 면역학박사(미국 뉴욕주립대) [경]1981~1982년 서울대 제약학과 조교 1983~1987년 미국 로스웰파크암연구소 연구원·박사연구원 1987~1994년 미국 아이덱제약연구소(IDEC Pharmaceutical) 선임연구원·책임연구원·수석연구원 1994년 서울대 제약학과 조교수·부교수·교수(현) 1994~2004년 대한면역학회 이사·재무위원·부회장·회장 1995~1997년 서울대 유전공학연구소 응용연구부장 1996년 식품의약품안전본부 자문위원·평가위원 1996~1998년 국제백신연구소 자문위원 1996년 보건복지부 중앙약사심의위원 1999~2002년 특허청 자문위원 1999~2003년 (주)팬제노믹스 이사 2001~2002년 서울대 제약학과장 2003년 산업자원부 차세대성장동력산업(바이오신약·장기)분야 기획단장 2005년 국제사이토카인학회 학술대회 사무총장 2007~2008년 대한면역학회 편집위원장 2008년 보건복지가족부 중앙약사심의위원 2009년 대통령직속 미래기획위원회 바이오메디컬분야 민간부문팀장 2009~2010년 대한약학회 부회장 [상]한국과학기술단체총연합회 과학기술우수논문상, 제5회 생명의신비상 생명과학분야 본상(2010), 제44회 한독학술대상(2013), 제3회 주중광 Lectureship상(2014) [저]'면역조절물질 탐색 실험의 실험적 접근' '종합 미생물학' '생물의약산업의 발전전략' '新약품 미생물학' '약품미생물학'(2011, 라이프사이언스)

강창익(姜昌翼) Kang Chang Ick

[생]1963·4·9 [본]진주(晉州) [출]전북 김제 [주]대전 서구 청사로189 통계청 조사관리국(042-481-3700) [학]1981년 군산고졸 1985년 원광대 영어교육학과졸 2000년 서울대 대학원 행정학과졸 2002년 미국 오하이오주립대 대학원 공공정책학과졸 [경]1996~2002년 국방부 획득개발국 기술협력과·정책기획국 미주정책과 근무 2002~2005년 통계청 통계기획국 기획과·혁신인사과 근무 2005년 同정책홍보관리실 혁신기획관실 서기관 2006년 同정책홍보관리실 혁신기획관 2010년 同조사관리국 인구총조사과장 2011년 同조사관리국 인구총조사과장(부이사관) 2011년 同조사관리국 행정통계과장 2012년 同조사관리국장(현) [종]기독교

강창일(姜昌一) Kang, Chang-Il

[생]1952·1·28 [본]진주(晉州) [출]제주 북제주 [주]서울 영등포구 의사당대로1 국회 의원회관806호(02-784-6084) [학]1970년 제주 오현고졸 1980년 서울대 국사학과졸 1987년 일본 도쿄대 대학원 동양사학과졸 1994년 문학박사(도쿄대) [경]1991~2004년 배재대 세계지역학부 교수 1995년 제주4·3연구소 소장 1997년 일본 東京大 객원교수 1998년 동아시아평화·인권한국위원회 사무국장 겸 운영위원장 1999년 광주5·18기념재단 이사 2003년 배재대 연구교육처장 2003년 열린우리당 제주도지부결성준비위원장 2004~2007년 同제주도당 위원장 2004년 제17대 국회의원(제주시·북제주甲, 열린우리당·대통합민주신당·통합민주당) 2007년 서울대사학과총동문회 부회장 2007년 열린우리당 정책위 부의장 2007년 국회 행정자치위원회 열린우리당 간사 2007년 대통합민주신당 정책위원회 부의장 2008년 제18대 국회의원(제주甲, 통합민주당·민주당·민주통합당) 2010~2011년 민주당 제주도당 위원장 2010년 국회 독도영토수호대책특별위원장 2010년 국회 지식경제위원회 위원 2010~2011년 민주당 비상대책위원회 위원 2012년 제19대 국회의원(제주시甲, 민주통합당·민주당·새정치민주연합·더불어민주당) 2012~2013년 국회 지식경제위원회 위원장 2012년 국회 신재생에너지정책연구포럼 대표의원 2012년 한·일의원연맹 부회장·간사장 2013~2014년 국회 산업통상자원위원회 위원장 2013년 민주당 윤리특별위원회 위원장 2014년 새정치민주연합 지방선거관련검·경수사진상조사특별위원회 위원장 2014년 국회의원불자모임 '정각회' 회장(현) 2014년 새정치민주연합 7.30재보궐선거중앙당선거관리위원회 위원장 2014년 국회 안전행정위원회 위원 2014~2015년 새정치민주연합 조직강화특별위원회 위원 2014·2015년 국회 예산결산특별위원회 위원 2014~2015년 국회 예산결산특별위원회 예산안조정소위원회 위원 2014년 국회 동북아역사왜곡대책특별위원회 위원 2015년 서울대 사학과 총동문회 회장(현) 2015년 새정치민주연합 제주도당 위원장 2015년 同전국시·도당위원장협의회 초대회장 2015년 同윤리심판원장 2015~2016년 더불어민주당 제주도당 위원장 2015년 同전국시·도당위원장협의회 초대회장 2015년 同윤리심판원장(현) 2016년 제20대 국회의원(제주시甲, 더불어민주당)(현) 2016년 더불어민주당 오직민생특별위원회 사교육대책TF 위원(현) 2016년 국회 외교통일위원회 위원(현) 2016년 남북관계정상화를위한여야중진모임 공동대표(현) 2016년 더불어민주당 제주시甲지역위원회 위원장(현) 2016년 국회 동북아평화·협력의원외교단 단원(현) [상]전국소상공인단체연합회 초정대상(2013), 자랑스러운 서울대 사학인(2013), 법률소비자연맹 선정 국회 종합헌정대상(2013·2016), 자랑스러운 동경대인상(2016), 자랑스런 대불련인상(2016) [저]'친일파99인 3권(共)'(1993) '빼앗긴 조국, 끌려간 사람들(共)'(1995) '한일협정을 다시 본다(共)'(1995) '일본의 본질을 다시묻는다(共)'(1996) '한일간의 미청산과제(共)'(1997) '일본사 101장면'(1998) '20세기 한국의 야만(共)'(2001) '근대일본의 조선침략과 대아시아주의-우익낭인의 행동과 사상'(2002) '굴곡의 역사를 헤치며'(2004) '기억투쟁과 문화운동의 전개(共)'(2004) [역]'이등박문'(2000) [종]불교

강창일(姜昌日) Kang Chang-il

[생]1958·8·21 [본]진주(晉州) [출]경북 포항 [주]경기 안산시 단원구 화랑로312 (재)안산문화재단(031-481-4001) [학]1977년 서울 명지고졸 1985년 단국대 독어독문학과졸 1992년 同경영대학원 예술경영학 석사과정 수료 2016년 경기대 관광전문대학원 축제문화정책최고위과정 이수 [경]1986~1995년 국립중앙극장 공연운영과 담당 1995~2004년 A&C코오롱·문화예술TV 편성제작국 문화사업팀 제작PD·부국장 2004~2008년 (재)고양문화재단 문예감독·아람누리 준비단장·어울림누리 본부장 2008~2012년 (사)한국공연예술경영인협회 사무국 부회장 겸 상임이사 2012~2015년 (재)오산문화재단 상임이사(대표) 2015년 (사)한국공연예술경영인협회 부회장(현) 2015년 (사)한국축제포럼 기획사업이사(현) 2016년 (재)안산문화재단 대표이사(현) [상]국립중앙극장장표창(1987·1992), 문화부장관표창(1995) [종]기독교

강창환(姜昌煥) KANG Chang Hwan

[생]1949·6·20 [출]전남 강진 [주]경기 화성시 양감면 제약단지로176의19 자연건강그신비를캐는사람들(031-8059-2733) [학]1968년 남성고졸 1990년 고려대 경영대학원 최고경영자과정 수료 [경]1980~1988년 (주)웅진출판 부사장 1989~1997년 (주)웅진월드 대표 1999년 (주)자연건강그신비를캐는사람들 대표이사 사장(현) [상]국무총리표창(2005) [종]가톨릭

강창희(姜昌熙) KANG Chang Hee

[생]1946·8·3 [본]진주(晉州) [출]대전 [주]대전 대덕구 한남로70 한남대학교(042-629-7114) [학]1965년 대전고졸 1969년 육군사관학교졸(25기) 1980년 경남대 경영대학원 경영학과졸 1986년 서울대 행정대학원 수료 2004년 명예 정치학박사(경남대) 2014년 명예 법학박사(충남대) 2016년 명예 과학기술학박사(한국과학기술원) [경]1969년 육군 소위 임관 1979년 육군대 교수 1980년 예편(육군 중령) 1980년 민주정의당(민정당) 창당발기인 1983년 제11대 국회의원(전국구, 민정당) 1983년 국무총리 비서실장 1985년 제12대 국회의원(대전中, 민정당) 1989년 대전·충남장애인재활협회 회장 1992년 제14대 국회의원(대전中, 무소속·자민련) 1996년 제15대 국회의원(대전中, 자민련) 1996년 국회 통신과학기술위원장 1997년 자민련 사무총장 1997년 한국휠체어농구연맹 회장 1998~1999년 과학기술부 장관 1999년 자민련 원내총무 2000~2001년 제16대 국회의원(대전中, 자민련·무소속) 2000년 자민련 사무총장·부총재 2001~2004년 제16대 국회의원(대전中, 한나라당) 2001년 한나라당 부총재 2002~2003년 同최고위원 2002년 同대통령선거대책위원회 부위원장 2006~2007년 同최고위원 2007~2008년 同인재영입위원장 2008년 同제18대 총선 공천심사위원 2011~2012년 同대전시당 위원장

2012~2016년 제19대 국회의원(대전 중구, 새누리당·무소속·새누리당) 2012~2014년 국회 의장 2012년 한·일의원연맹 고문 2014년 국회 외교통일위원회 위원 2014~2015년 새누리당 통일경제교실 회장 2015년 율곡연구원 율곡학진흥원 건립추진위원회 특별고문 2016년 한남대 제1호 석좌교수(현) [상]무궁화사자대상 동장, 한국여성유권자연맹의 남녀평등정치인상, 자랑스러운 경남대인(2013), 페루 대십자훈장(2013), 대한민국법률대상 입법부문 대상(2016), 자랑스러운 충청인 특별대상 정치부문(2016) [저]'한반도의 국제환경'(編) 정치에세이집 '열정의 시대'(2009) [종]기독교

강천석(姜天錫) KANG Chun Suk

[생]1948·7·26 [본]진주(晉州) [출]광주 [주]서울 중구 세종대로135 조선일보(02-724-5007) [학]1967년 광주제일고졸 1974년 서울대 사회학과졸 [경]1974년 조선일보 사회부 기자 1979년 同정치부 기자 1988년 同도쿄특파원 1991년 同행정부장 1992년 同사회부장 1993년 同정치부장 1995년 同국제부장 1997년 同취재국제담당 부국장 1998년 同편집국 부국장 1999년 同편집국장 2001년 同이사대우 논설위원 2002년 同이사대우 논설위원실장 2003년 同이사대우 논설주간 2003년 同이사 겸 논설주간 2006년 同이사 겸 논설주간(주필) 2010년 同주필·편집인(전무이사) 2014년 同논설고문(현) [상]국무총리표창(2000), 삼성언론상(2006), 배설선생기념사업회 배설언론상(2009), 위암 장지연상 언론부문(2010), 제10회 관악언론인회 서울대언론인대상(2013) [저]'세계가 뛰고 있다'(1994) '지방경영시대'(1995) '한국인이 뛰고 있다'

강철구(姜喆求) Chul-Goo Kang

[생]1959·1·15 [본]진주(晉州) [출]경북 구미 [주]서울 광진구 아차산로263 건국대학교 공과대학 기계공학과(02-447-2142) [학]1981년 서울대 기계설계학과졸 1985년 同대학원졸 1989년 기계공학박사(미국 캘리포니아 버클리대) [경]1990년 건국대 공과대학 기계공학과 조교수·부교수·교수(현) 1995~1998년 국비유학 2006~2007년 한국학술단체총연합회 학술전문용어정비 및 표준화사업 기술위원장, 한국형고속전철개발 전문위원 2009년 제어로봇시스템학회 이사 2010·2011~2013년 건국대 공학교육혁신사업단장 2011년 국제학술대회 URAI2011 대회장 2012년 국제학술대회 ICCAS2012 조직위원장 2012년 한국로봇학회 부회장 2014년 대한기계학회 교육부문 회장 2014년 한국로봇학회 수석부회장 2015년 同회장 2016년 同명예회장(현) [상]서울대동창회장표창(1981), 건국대 Best Teacher Award(2004), 한국공학교육학회 우수강의록상(2007), 대한기계학회 우수논문상(2008), 건국대 공학학술상(2009), 제어로봇시스템학회 고명상학술상(2009), 한국로봇학회 우수논문상(2009), 한국발명진흥회 대한민국발명특허대전 동상(2009), 제어로봇시스템학회 Fumio Harashima 메카트로닉스상(2011), 대한기계학회 교육부문 춘계학술대회 우수논문상(2013), 과총 대학창의발명대회 지도교수상(2013), 한국도시철도학회 학술상(2015), 제어로봇시스템학회 학술상(2016) [저]'미래로봇사회의 전망과 대책'(2007) [역]'유공압공학'(2009) '현대제어공학'(2010) '메카트로닉스와 계측시스템'(2012)

강철규(姜哲圭) KANG Chul Kyu (月巖)

[생]1945·12·25 [본]진주(晉州) [출]충남 공주 [주]서울 동대문구 서울시립대로163 서울시립대학교 경제학부(02-6490-2051) [학]1964년 대전고졸 1968년 서울대 상과대학졸 1982년 미국 노스웨스턴대 대학원 경제학과졸 1984년 경제학박사(미국 노스웨스턴대) [경]1970~1976년 한국은행 근무 1977년 산업연구원 근무 1987년 同산업정책실장 1987년 同산업부장 1989~2011년 서울시립대 경제학부 교수 1990~1991년 경제정의실천시민연합 초대 경제정의연구소장 1994년 서울시립대 산업경영연구소장 1995년 同교무처장 1995년 경제정의실천시민연합 상임집행위원장 1998년 금융발전심의위원회 위원 1999년 대통령자문 반부패특별위원회 위원 1999년 아·태경제학회 회장 2000~2002년 규제개혁위원회 공동위원장 2001~2002년 서울시립대 반부패행정시스템연구소장 2001년 한국경제발전학회 회장 2002~2003년 대통령직속 부패방지위원회 초대 위원장 2003~2006년 공정거래위원회 위원장 2008~2012년 경제정의실천시민연합 공동대표 2011~2013년 우석대 총장 2011년 서울시립대 경제학부 명예교수(현) 2012년 민주통합당 공천심사위원회 위원장 2012년 한국사립대학총장협의회 부회장 2012년 同호남지역 분과협의회장 겸임 2012년 민주통합당 제18대 대통령중앙선거대책위원회 고문 2013~2016년 (주)환경정의 이사장 2015년 새정치민주연합 국정자문회의 자문위원 2015년 同유능한경제정당위원회 공동위원장 2015~2016년 더불어민주당 유능한경제정당위원회 공동위원장 [상]청조근정훈장(2006) [저]'한국경제의 이해(共)'(1987) '가공무역과 산업조직'(1987) '산업조정의 이론과 실제'(1990) '90년대 한국 산업구조조정 방향'(1991) '재벌 성장의 주역인가 탐욕의 화신인가'(1991) '우리경제를 살리는 20가지 방법'(1992) '증진한국의 비교우위산업'(1992) '현대경제학(共)'(1993) '지력사회·지력기업'(1994) '재벌개혁의 경제학-선단경영에서 독립경영으로'(1999) '투명경영 공정경쟁'(2003) '소셜테크노믹스'(2011, 엘도라도) '강한 나라는 어떻게 만들어지는가'(2016, 사회평론) [역]'21세기 자본주의'(1993) [종]기독교

강철희(姜哲熙) KANG Chul Hee

[생]1947·1·1 [본]진주(晉州) [출]제주 제주시 [주]서울 양천구 목동중앙로13나길3 한국전파진흥협회(02-317-6000) [학]1964년 동래고졸 1971년 한양대 전자공학과 수료(2년) 1975년 일본 와세다(早稻田)대 전자통신공학과졸 1977년 同대학원 전자통신공학과졸 1980년 공학박사(일본 와세다대) [경]1980년 일본 Fujitsu(주) 위탁연구원 1980~1994년 한국전자통신연구소 실장·부장·본부장·통신시스템연구단장·선임연구위원 1980~1983년 한국과학기술원(KAIST) 전기전자과 대우교수 1991~1994년 충남대 전자공학과 겸임교수 1994년 미국 워싱턴대 방문교수 1995~2012년 고려대 전기전자전파공학부 교수 1998년 同정보통신공동연구소장 2000년 한국통신학회 수석부회장 2000~2002년 아시아·태평양연구용초고속인터넷망협의회(APAN) 한국위원회 의장 2000년 정보통신연구진흥원 이사 2003년 한국통신학회 회장 2003년 同명예회장(현) 2008년 한국디지털미디어산업협회 부회장 2011년 연합뉴스TV 사외이사(현) 2012년 고려대 명예교수(현) 2014년 한국전파진흥협회 상근부회장(현) 2014년 국가과학기술연구회 비상임감사(현) [저]'텔리마틱서비스를 위한 터미날기술' '혼합형 터미날의 설계 개념' [역]'표준LAN'

강철희(姜澈熙) Chul Hee Kang

[생]1960·2·11 [출]서울 [주]서울 종로구 종로33 그랑서울 GS건설(주) 전력부문(02-2154-1114) [학]1983년 서울대 공과대학 기계설계학과졸 [경]2013년 GS건설(주) 전력사업본부 운영담당 전무 2014년 同전력부문 대표(전무)(현)

강청룡(姜淸龍) KANG Cheong Ryoung

[생]1960·9·6 [본]진주(晉州) [출]강원 춘천 [주]강원 춘천시 중앙로1 강원도의회(033-249-5289) [학]1979년 춘성고졸, 한림정보산업대 지방행정학과졸, 한림대 정치외교학과졸, 강원대 정보과학대학원 언론정보학과 재학 중 [경]두리여행사 근무, 민주헌법쟁취국민운동본부 춘천지부 발기인, 춘천시甲선거관리위원회 위원, 춘천혁신도시유치범시민대책위원회 위원, 민주평통 자문위원, 민주화추진협의회 운영위원 1993년 제14대 국회의원 보궐선거 출마 1998·2002년 강원 춘천시의회 의원(5대·6대), 同운영위원회 위원장, 열린우리당 강원도당 상무위원, 춘천시생활체육협의회 이사, 열린우리당 춘천지역위원회 위원장 2006년 강원도의원선거 출마(열린우리당) 2010~2014년 강원 춘천시의회 의원(민주당·민주통합당·민주당·새정치민주연합) 2010년 同부의장 2010년 미군부대헬기소음손해배상원고인대책위원회 위원장 2014년 강원도의회 의원(새정치민주연합·더불어민주당)(현) 2014년 同농림수산위원회 위원 2016년 同교육위원회 위원(현)

강춘근(姜春根) KANG Chun Keun

[생]1947·9·5 [본]진양(晋陽) [출]부산 [주]경기 안양시 동안구 경수대로619 (주)오리엔트텔레콤 비서실(031-452-4500) [학]1965년 동성고졸 1970년 연세대 법학과졸 1975년 미국 템플대 상대졸 [경]1975년 오리엔트시계공업(주) 입사 1979년 同상무 1983년 한서시계 대표이사 1986년 (주)오리엔트 전무 1988년 同사장 2003년 同회장 2003년 (주)오리엔트텔레콤 대표이사(현) [종]불교

강춘식(姜春植) KANG Choon Sig (水岩)

[생]1953·8·1 [본]진주(晉州) [출]충남 아산 [주]경기 시흥시 엠티브이25로58번길48 피엠시에스지(031-432-0433) [학]1972년 경신고졸 1979년 인하대 전기공학과졸 2006년 서강대 대학원 사회복지학 명예 석사학위 취득 [경]1978~1984년 현대중전기(주) 입사 1984년 同민수영업부 차장 1992년 同차단기영업부 부서장 1993년 (주)광명전기 영업부 이사 1995년 同생산본부장 1999년 금성제어기(주) 전무이사 2000년 피엠시하이테크 대표이사(현) 2008년 피엠시에스지 대표이사(현) 2013년 한국전기공업협동조합 이사 [상]중소기업청장표창(2014) [종]천주교

강춘화(姜春華·女) KANG Chun Hwa (秋實)

⬢1955·4·8 ⬢전남 장흥 ⬢서울 도봉구 삼양로144길33 덕성여자대학교 인문과학대학 중어중문학과(02-901-8233) ⬢1982년 중국 북경중앙민족대 철학과졸 1994년 고려대 대학원 동양철학과졸 2000년 동양철학박사(고려대) 2005년 중국어학박사(중국 상해사범대) ⬢1987~1992년 중국 북경정법대 철학과 조교수 1993년 삼성인력개발원외국어연수원 중국어과정 전임강사 1995년 호남대 중국어과 조교수 1996년 덕성여대 인문과학대학 중어중문학과 교수(현), 同중어중문학과장 ⬢'당대중국어입문'(1998) '報刊 시사중국어'(2001) '朝鮮儒學의 槪念들'(2002) '中韓 新造語辭典'(2002) '중국신조어 최전선'(2003) '2004報刊시사중국어'(2004) '틀리기 쉬운 중국어법201'(2007) '최신 중한신조어 사전'(2009) 'NEW報刊시사중국어'(2010) '실용중국어쓰기'(2010) '한국인을 위한 퍼펙트 실용문 쓰기-新실용 중국어'(2013) ⬢'HSK 듣기시험 핵심관용어'(2009) 'HSK듣기시험 핵심단어'(2009)

강충석(姜忠錫) KANG, Chung Seock

⬢1962·4·22 ⬢진주(晉州) ⬢경북 구미 ⬢경기 과천시 코오롱로11 코오롱타워빌딩 코오롱인더스트리(02-3677-3114) ⬢대일고졸, 중앙대 화학과졸, 고려대 대학원 화학과졸, 이학박사(고려대) ⬢1992년 독일 막스프랑크(Max-Planck)연구소 근무 1995년 (주)코오롱 중앙연구소장, 同화학연구소장, 同전자재료연구소장(상무보) 2011년 코오롱인더스트리(주) 사업2본부 상무이사 2013년 同사업4본부 상무이사 2014년 코오롱중앙기술원 신소재연구소장 2015년 同부원장 2016년 코오롱인더스트리 CPI사업담당(상무)(현) ⬢지식경제부장관표창(2006·2007), 올해의 소재인상 대통령표창(2007), IR-52 장영실상(2008·2009), 미국 항공우주국(NASA) Withcomb and Holloway 기술이전상(2009), 산업통상자원부장관표창(2014)

강충식(姜忠植) KANG CHOONGSIK

⬢1953·12·15 ⬢진주(晉州) ⬢전남 영암 ⬢서울 서초구 서초중앙로215 7층 법무법인 민주(02-591-8400) ⬢1972년 광주제일고졸 1977년 서울대 법과졸 1988년 미국 코넬대 법과대학원졸 ⬢1977년 사법시험 합격(19회) 1979년 사법연수원 수료(9기) 1980년 육군 법무관 1982~1986년 서울지검·제주지검 검사 1986년 서울지검 동부지청 검사 1988년 법무부 검사 1990년 서울지검 북부지청 고등검찰관 1991년 전주지검 정읍지청장 1992년 광주고검 검사 1993년 광주지검 특수부장 1993년 법무연수원 기획과장 1994년 법무부 조사과장 1995년 광주지검 형사1부장 1996년 법무부 국제법무심의관 1998년 서울지검 외사부장 1999년 광주지검 순천지청장 2000년 서울지검 남부지청 차장검사 2001년 수원지검 성남지청장 2002년 서울지검 서부지청장 2003년 전주지검장 2004년 대검찰청 공안부장 2005년 대전지검장 2006년 서울북부지검장 2007~2008년 대검찰청 마약·조직범죄부장 2009년 법무법인 두우 구성원변호사 2016년 법무법인 민주 변호사(현) ⬢홍조근정훈장(2002) ⬢가톨릭

강칠원(姜七遠)

⬢1959 ⬢광주 ⬢광주 광산구 용아로112 광주지방경찰청 홍보담당관실(062-609-2413) ⬢1987년 조선대 법학과졸 2006년 同법학대학원졸 ⬢1990년 경위 임용(경찰간부후보 38기) 1996년 전남지방경찰청 기동대 제9중대장(경감), 광주 북부경찰서 형사과 형사계장 2001년 경남 창원중부경찰서 방범과장(경정), 광주 서부경찰서 경비교통과장, 전남지방경찰청 수사과 광역수사대장 2010년 제주지방경찰청 생활안전과장 2011년 전남 담양경찰서장(총경) 2012년 전남지방경찰청 보안과장 2013년 전남 함평경찰서장 2014년 전남지방경찰청 생활안전과장 2015년 전남 영암경찰서장 2016년 광주지방경찰청 홍보담당관(현)

강태구(姜太求) KANG Tae Koo

⬢1952·8·14 ⬢광주 북구 용봉로77 전남대학교 경영학부(062-530-1453) ⬢1978년 전남대 무역학과졸 1982년 同대학원 무역학과졸 1983년 경제학박사(전북대) ⬢1983년 전남대 경영학부 교수(현) 1991년 미국 위스콘신대 객원교수 1998년 미국 캘리포니아대 객원교수 1998~2004년 한국국제경영학회 부회장 2002년 한국국제통상학회 부회장 2003년 국제e비즈니스학회 부회장 2004년 한국국제경영학회 회장 2013년 전남대 교무처장 2014~2015년 同부총장 2015년 한국국제경영학회 고문(현) ⬢'국제경영학'(1989) '다국적기업 경영론'(1994) '다국적기업론'(1995) '다국적기업의 장래'(1995) '무역학개

론'(1995) '국내기업의 국제사업활동'(1998) '글로벌기업 경영론'(2000) '광주지역의 투자환경'(2000) '사이버 수출마케팅'(2001) '국제경영'(2002)

강태룡(姜泰龍) KANG Tae Ryong

⬢1946·11·15 ⬢경남 창원시 성산구 공단로551 (주)센트랄(055-278-0212) ⬢부산상고졸, 한양대 경영학과졸 ⬢(주)센트랄 부사장, 同사장, 同대표이사 회장(현), 경남문화원 이사장, 민주평통 상임위원회 경제분과위원장 2015년 경남경영자총협회 회장(현) ⬢동탑산업훈장, 최고경영자상, 은탑산업훈장, 금탑산업훈장(2014) ⬢불교

강태범(姜泰範) KANG Tae Bum

⬢1950·6·29 ⬢경북 경주 ⬢서울 종로구 홍지문2길20 상명대학교 자연과학부 화학과(02-2287-5146) ⬢1976년 경희대 화학공학과졸 1978년 同대학원졸 1981년 이학박사(경희대) ⬢1979년 경희대·숭실대 강사 1983~1996년 상명여대 화학과 조교수·부교수·교수 1990년 캐나다 Alberta Univ. 교환교수 1992년 한국막(膜)학회 부회장 1994년 상명여대 기획조정실장 1995년 同전산정보대학원장 1996~2015년 상명대 자연과학부 화학과 교수 1997~1999·2002~2003년 同자연과학대학장 2003년 同기획처장 2003년 同기획부총장 2006년 同서울캠퍼스 부총장 2007년 한국막(膜)학회 회장, 同고문 2011~2013년 상명대 총장 2015년 同화학과 명예교수(현) ⬢우리은행 감사패(2011) ⬢'일반화학실험'(2003) '환경화학'(2004) '열역학'(2005) ⬢'화학의 원리'(1988) '일반화학'(1995) ⬢기독교

강태석(姜泰錫) KANG Tae Seok

⬢1957·7·30 ⬢부산 남구 신선로356번길65 부산지방식품의약품안전청 시험분석센터(051-602-6100) ⬢1992년 농학박사(영남대) ⬢1988년 국립보건안전연구원 실험동물관리실 근무 1992년 同연구기획과 근무 1996년 식품의약품안전본부 기획조정과 근무 2001년 국립독성연구소 실험동물자원실 연구관, 국립독성연구원 독성연구부 내분비장애물질팀장 2006년 同독성연구부 일반독성팀장 2008년 同독성연구부 일반독성과장 2008년 同내분비장애평가과장 2009년 식품의약품안전평가원 식품위해성평가부 위해영향연구팀장 2010년 同독성평가연구부 독성연구과장 2012년 同영양기능연구팀장 2015년 同식품위해평가부 첨가물포장과장 2016년 부산지방식품의약품안전청 시험분석센터장(현)

강태석(姜泰碩) Kang Taeseok

⬢1957·11·21 ⬢경남 거창 ⬢경기 수원시 권선구 동수원로286 경기도 재난안전본부(031-230-2821) ⬢1976년 거창고졸 1989년 부산대 사회복지학과졸 1998년 同행정대학원 행정학과졸 ⬢1994년 소방령 특채 1994~2000년 대구소방안전본부 상황실장·소방행정담당 2000~2005년 同구조구급과장 2002~2004년 미국 Davenport Univ. 교육파견 2005년 대구 달성소방서장 2006~2011년 소방방재청 소방제도과장·소방상황실장·구조구급과장 2011년 경북도 소방본부장 2012~2013년 소방방재청 정보화담당관·119구조구급국장 2013~2014년 국방대 교육파견 2014년 인천시 소방안전본부장 2014년 국민안전처 중앙재난안전상황실장 2015년 同중앙소방본부 119구조구급국장 2015년 경기도 재난안전본부장(소방정감)(현) ⬢근정포장(2008), 홍조근정훈장(2014)

강태선(姜太善) KANG Tae Sun

⬢1949·4·25 ⬢진주(晉州) ⬢제주 서귀포 ⬢서울 서초구 바우뫼로201 (주)블랙야크 비서실(02-2286-9000) ⬢1968년 제주 오현고졸, 탐라대졸, 고려대 경영대학원 BMP 수료, 동국대 경영대학원 수료 2009년 同경영전문대학원 MBA 2013년 명예 경영학박사(제주대) ⬢1973년 (주)동진레저 및 (주)블랙야크 회장(현) 1994~2009년 (사)대한산악연맹 부회장 1999~2009년 서울시산악연맹 회장 2007~2014년 한국스카우트연맹 서울남부연맹장 2011년 (재)기후변화센터 이사(현) 2011년 제주대 겸임교수(현) 2013년 블랙야크강태선나눔장학재단 이사장(현) 2014년 한국스카우트연맹 부총재(현) 2014년 同장학위원회 위원장(현) ⬢부산시산악연맹 금정제 산악대상(2001), 한국스카우트연맹 무궁화금장(2002), 체육훈장 백마장(2004), 서귀포시 시민상(2004), 대한민국체육상(2006), 서울시 문화상(2007), 환경부장관표창(2008), 대한민국스포츠산업대상(2010), 문화체육관광부장관표창(2010), 일본보이스카우트연맹 이누와시장(2011), 한국마케팅학회 올해의 CEO대상(2012), 제주도 문화상(2012), 국민훈장 모란장(2012), 매경미디어그룹 대한민국 창조경제리더 브랜드부문(2013), 한국의 최고경영인상 브랜드경영부문(2013), 매일경제 선정 '대한민국 글로벌 리더'(2014·2015),

아름다운 대한국인상(2015), 세종대왕 나눔봉사 대상(2015), 서울시장표창(2015) [저]'정상은 내가슴에'(2009) [종]불교

강태수(姜太秀) TAE SOO KANG

[생]1958·7·18 [주]서울 종로구 세종대로178 KT빌딩 국민경제자문회의 지원단(02-731-2400) [학]1982년 성균관대 경영학과졸 1993년 경제학박사(미국 Univ. of Missouri) [경]1982년 한국은행 입행 1993년 同조사제1부 해외조사과·통화금융과 조사역 1997년 同조사제1부 통화금융과 조사역(3급) 1998년 World Bank 파견 2001년 한국은행 정책기획국 정책총괄팀 조사역(3급) 2001년 同정책기획국 정책조사팀·정책분석팀·정책조사팀장(선임조사역·차장) 2005년 한국금융연수원 파견(2급) 2006년 한국은행 정책기획국 부국장(2급) 2007년 同금융시장국 채권시장팀장·통화금융팀장(2급) 2009년 同금융안정분석국 금융안정시스템실장(2급) 2010년 同금융안정분석국 금융안정시스템실장(1급) 2011년 同금융안정분석국장 2012~2014년 同부총재보 2014년 한국개발연구원(KDI) 겸임연구위원 2014년 대외경제정책연구원(KIEP) 국제거시금융실 국제금융팀 선임연구위원 2015년 미국 존스홉킨스대 국제정치대학원 초빙교수(파견) 2016년 대통령직속 국민경제자문회의 지원단장(1급)(현) [상]국무총리표창(2011) [저]'New Basel Accord and Requirements for ECAI Recognition from Asian Developing Countries Perspective(共)'(2006) 'Recent episodes of credit card distress in Asia(共)'(2007) 'Foreign Ownership and the Credibility of National Rating Agencies: Evidence from Korea(共)'(2009) 'Credit card lending distress in Korea in 2003(共)'(2009) 'Macroprudential Policy Framework: The Case of Korea'(2012) 'Property Markets and Financial Stability'(2012) 'Macroprudential Policy Framework: The Case of Korea'(2013) 'Unintended Consequences of Macroprudential Policy Instruments(共)'(2014, 한국은행) 'Guidelines for Setting the Countercyclical Capital Buffer in EMSEs(共)'(2014)

강태식(姜泰植) KANG Taesik

[생]1962·5·18 [주]경남 창원시 성산구 공단로52 (주)대림바스 비서실(055-280-8400) [학]동국대 회계학과졸 [경]대림요업(주) 부장, 대림이낙스(주) 부장, (주)대림바스 영업본부장(전무이사) 2008년 同대표이사 전무 2012년 同대표이사 부사장 2014년 同대표이사 사장(현) [상]문화체육관광부장관표창(2009)

강태억(姜泰億) GANG Tae Eok

[생]1955·7·22 [출]충북 청주 [주]충북 청주시 흥덕구 무심서로715 충북일보(043-277-2114) [학]운호고졸, 강동대 사회복지·비서·행정학과졸, 충북대 법무대학원 최고자과정 수료 [경]충북지방경찰청 정보과 근무, 同수사과 근무, 同외사과 근무, 同경무과 근무, 청주출입국관리소 위원, (사)미래도시연구원 기획위원(현), (주)충북일보 대표이사 사장(현) [상]국무총리표창(1986), 근정포장(2001), 대통령표창(2011), 녹조근정훈장(2015)

강태원(姜泰遠) KANG Tae Won

[생]1949·1·16 [출]서울 [주]서울 중구 필동로1길30 동국대학교 이과대학 물리학과(02-2260-3205) [학]1973년 동국대 물리학과졸 1976년 同대학원졸 1982년 이학박사(동국대) [경]1974~2014년 동국대 이과대학 물리학과 조교·시간강사·조교수·부교수· 교수 1977~1985년 광운대 공대 시간강사 1978~1981년 동국대 재료과학연구소 연구원 1999년 同양자기능반도체연구센터장, 同물리학과 석좌교수(현) 2011년 同연구경쟁력강화위원장(부총장급) 2011년 同나노정보과학기술원 부원장 2013년 同WCU-BK21후속사업준비위원장(부총장급) 2014년 同나노정보과학기술원장(현) 2014년 同물리학과 명예교수(현) [상]옥조근정훈장(2014) [역]'물리학(Physics)'(1983, 광림사) '대학물리학'(1985, 광림사)

강태원(姜太遠) KANG TAE WEON

[생]1966·1·20 [본]진주(晋州) [출]경북 안동 [주]대전 유성구 가정로267 한국표준과학연구원 기반표준본부 전자파센터(042-868-5175) [학]1984년 대구 덕원고졸 1988년 경북대 전자공학과졸 1990년 포항공대 대학원 전자전기공학과졸(석사) 2001년 전자전기공학박사(포항공대) [경]1990년 한국표준과학연구원 책임연구원(현) 2000~2011년 국제전기기술위원회(IEC) 전자파적합성소위원회(SC77) 국내전문위원 2002~2003년 영국 노팅엄대 조지그린전자파연구실 방문연구원 2005년 국제전기통신연합 전기통신표준화(ITU-T)전자파환경 및 안전분야 SG-5 국내전문위원(현) 2008년 한국표준과학연구원 기반표준본부 전자기센터장 2009년 同전자파센터장 2010년 同전자기센터장 2011년 同기반표준본부 전자파센터장 2013년 국제전기기술위원회(IEC) 전자파적합성위원회(TC77) 국내전문위원(현) [상]대통령표창(1988·2012) [역]'전자파적합성의 원리와 기법(共)'(2006, 진한엠앤비) [종]기독교

강태중(姜泰重) GAHNG Tae Joong

[생]1956·2·3 [주]서울 동작구 흑석로84 중앙대학교 사범대학 교육학과(02-820-5363) [학]서울대 교육학과졸 1993년 교육학박사(미국 위스콘신대 메디슨교) [경]1979~1981년 한국행동과학연구소 인턴 1984~1990년 한국교육개발원 연구원 1993~1999년 同연구위원 1996~1998년 대통령자문 교육개혁위원회 전문위원 2002년 경제정의실천시민연합 교육위원장 2003~2004년 국무총리자문 교육정보화위원회 위원 2003년 교육현장안정화대책위원회 위원 2004년 대입제도개혁특별위원회 위원, 중앙대 사범대학 교육학과 교수(현) 2005~2007년 同입학처장 2007년 同교육대학원장 겸 사범대학장 2010년 국가미래연구원 교육·노동분야 발기인 2016년 중앙대 교학부총장(현) [상]국민포장(1988) [저]'대안교육 기관에 대한 국가지정제 도입 및 학력인정 방안 연구'(2004) '교육복지 투자우선지역 학교와 타 지역 학교의 교육격차 분석 연구'(2004) '대안학교 활성화를 위한 컨설턴트 운영 결과 보고서'(2004) '가톨릭 학교 교육의 현실과 발전 모색'(2005) '교육 불평등 완화방안 탐색 정책 연구' '대안교육기관에 대한 국가지정제 도입 및 학력인정 방안 연구'

강태진(姜泰晋) KANG Tae Jin

[생]1952·2·4 [본]진주(晋州) [출]충남 논산 [주]서울 관악구 관악로1 서울대학교 재료공학부(02-880-7193) [학]1970년 경기고졸 1975년 서울대 공과대학 섬유공학과졸 1978년 同대학원 섬유공학과졸 1983년 공학박사(미국 노스캐롤라이나주립대) [경]1983~1984년 미국 Macfield Inc., Processing Engineer 1984년 서울대 재료공학부 조교수·부교수·교수(현) 2000~2005년 同최고산업전략과정 주임교수 2003~2008년 산업자원부지정 패션신소재연구센터(FTC) 소장 2003년 (사)한국의류시험연구원 이사(현) 2003~2007년 산업자원부 정책평가위원 2004~2008년 학교법인 이화예술학원 이사 2005~2008년 (사)한국섬유산업연합회 이사 2005~2008년 (사)한국섬유개발연구원 이사 2005년 과학기술부-과학재단지정 우수연구센터 지능형텍스타일시스템연구센터(ITRC) 소장(현) 2006~2008년 한국섬유공학회 회장 2006년 Textile Research Journal(USA) Member of Editorial Board(현) 2006년 Journal of the Textile Institute(UK) Member of Editorial Board(현) 2006~2011년 미국 Cornell Univ. Visiting/Adjunct Professor 2007~2011년 한국공과대학장협의회 회장 2007~2011년 서울대 공과대학장 2007~2009년 교육과학기술부 공학교육혁신위원회 위원장 2007~2009년 Federation of Asian Professional Textile Association Member of InternationalAdvisory Committee 2007~2011년 교육과학기술부 여학생공학교육선도대학지원사업위원회 위원장 2008년 매일경제신문 객원논설위원(현) 2008~2011년 교육과학기술부 기초연구사업추진위원회 위원 2008~2011년 한국과학기술단체총연합회 이사 2008년 한국복합재료학회 회장 2008~2012년 지식경제부 자체평가위원 2008~2009년 한국연구재단(NRF) 설립위원회 위원장 2008~2011년 교육과학기술부 연구개발사업심의위원회 위원 2008~2012년 지식경제부 성장동력확충분과 위원장 2008~2009년 교육과학기술부 글로벌프론티어R&D사업 기획자문위원 2009~2010년 한국공학교육학회 자문위원 2009년 교육과학기술부 의치의학제도개선위원회 위원 2009~2010년 우수연구센터소장협의회 회장 2010~2011년 국가과학기술위원회 위원 2010~2011년 지식경제부 World Premier Materials 위원회 위원 2010~2012년 同신기술융합추진위원회 위원장 2010~2011년 同과학기술국제화사업추진위원회 위원 2010년 약학대학설립심의위원회 위원 2011~2014년 국토해양미래기술위원회 위원 2011~2012년 교육과학기술부 국제과학비즈니스벨트위원회 위원 2011~2012년 한국경제신문 스트롱코리아 위원 2011~2012년 한국환경공단 사업장폐기물감량 평가심의위원 2012~2014년 육군 군수정책 자문위원 2013년 섬유기계(ISO/TC72)전문위원회 위원장(현) [상]미국 노스캐롤라이나주립대 Phi Kappa Phi(1983), 미국 노스캐롤라이나주립대 Most Outstanding Graduate Award(1983), 한국섬유공학회 학술상(1993), 한국과학기술단체총연합회 과학기술우수논문상(1997·2001), 서울대 공대 최우수강의교수상(2004), 한국섬유공학회장표창(2006), 한국섬유공학회 공로상(2008), 한국복합재료학회 공로상(2009), 정헌섬유기술상(2009), 독일 아헨대 카를만펠로십(2015) [종]천주교

강태진(康太辰) KANG TAE JIN

ⓢ1964·6·6 ⓑ신천(信川) ⓞ서울 ⓐ서울 중구 세종대로124 프레스센터17층 한국방송광고진흥공사(코바코) 상임감사실(02-734-7991) ⓗ1983년 서울 대신고졸 1989년 동국대 불교학과졸 2015년 서울대 경영대학원 최고감사인과정 수료 2016년 고려대 정책대학원 최고위과정 수료 ⓔ1989~1998년 불교신문 기자 2002~2004년 만불신문 부장 2006~2007년 불교TV 보도부장 2008년 국회 공무원 2009~2012년 한국광해관리공단 고문 2013~2014년 불교TV 보도국장 2015년 한국방송광고진흥공사(코바코) 상임감사(현) ⓡ불교

강태헌(姜兌憲) KANG TAI HEON

ⓢ1956·12·14 ⓑ진주(晉州) ⓞ전북 군산 ⓐ서울 강남구 테헤란로16길15 이담타워 이너비트(주) 대표이사실(02-556-9095) ⓗ군산고졸 1983년 아주대 전자공학과졸 ⓔ1988년 한국컴퓨터통신(주) 대표이사 1991년 한국소프트웨어협회 감사 1995년 同이사 겸 소프트웨어하도급분쟁조정협회 위원 1996년 한국데이터베이스학회 이사 1997년 공정거래위원회 하도급자문위원회 위원 2004년 케이컴스(주) 대표이사 2006년 큐브리드 대표이사 2007년 한국GS인증협회 감사 2007년 한국데이터베이스진흥센터 이사 2007년 한일IT경영협의회(KJIT) 회장 2007년 이너비트(주) 대표이사(현) ⓢ국무총리표창(1999), 동탑산업훈장(2001), 캄보디아 공로훈장(2004) ⓡ천주교

강태훈(姜泰勳) KANG Tae Hoon

ⓢ1956·11·2 ⓑ진주(晉州) ⓞ강원 홍천 ⓐ서울 양천구 신월로386 서울남부지방법원(02-2192-1114) ⓗ1976년 경기고졸 1990년 고려대 법학과졸 1998년 同대학원졸 ⓔ1990년 사법시험 합격(32회) 1993년 사법연수원 수료(22기) 1993년 변호사 개업 1998년 대구지법 판사 2003년 수원지법 안산지원 판사 2005년 서울고법 판사 2007년 서울중앙지법 판사 2008년 대전지법 부장판사 2009년 의정부지법 부장판사 2011년 서울북부지법 부장판사 2013년 서울중앙지법 부장판사 2016년 서울남부지법 부장판사(현)

강학서(姜學瑞) KANG Hak Seo

ⓢ1955·2·28 ⓑ진주(晉州) ⓞ경북 김천 ⓐ서울 서초구 헌릉로12 현대기아차사옥 서관 현대제철(주) 임원실(02-3464-6008) ⓗ1975년 성의상고졸 1983년 영남대 경영학과졸 1987년 연세대 경영대학원졸 2005년 서울대 최고경영자과정 수료 ⓔ1982년 현대강관 입사 2002~2005년 INI스틸(주) 이사대우·재경본부장(상무) 2005년 同재경본부장(전무) 2005년 同부사장 2006년 현대제철(주) 경영관리부문 재경본부장(부사장) 2007년 (주)로템 부사장 2007년 현대로템(주) 재경본부장(부사장) 2008년 同대표이사 부사장 2009년 현대제철(주) 경영관리본부장(부사장) 2012년 同재경본부장(부사장) 2014년 同각자대표이사 사장(현) ⓡ기독교

강학희(姜鶴熙) KANG Hak Hee (素滿)

ⓢ1955·12·12 ⓑ진주(晉州) ⓞ경남 함양 ⓐ서울 서초구 사임당로18 한국콜마(주) 임원실(02-3485-0313) ⓗ1982년 한양대 화학공학과졸 1988년 한국과학기술원(KAIST) 화학공학과졸 2004년 화학공학박사(한양대) ⓔ1981년 (주)태평양 입사 1990~1994년 同프랑스법인공장장 1998년 同화장품연구1팀 기술연구원 2000년 同화장품연구소장(이사대우) 2006년 (주)아모레퍼시픽 화장품연구소장(상무) 2008년 同기술연구원 부원장(상무) 2009년 同기술연구원장(전무) 2010~2013년 同기술연구원장(부사장) 2011년 경기도산업혁신클러스터협의회(IICC)연합회 부회장 2013년 한국화장품학회 수석부회장 2014년 (주)아모레퍼시픽 고문 2015년 한국콜마(주) 기술원장 2015년 同대표이사(현) ⓢ산업자원부장관표창(1998), 장영실상(2001), 대통령표창(2002·2012), 한국산업기술진흥협회 '기술경영인상' 최고기술책임자부문(2016) ⓡ기독교

강한석(姜漢錫) KANG Han Seok

ⓢ1960·5·4 ⓞ전남 강진 ⓐ충남 천안시 서북구 봉정로238 천안세관(041-640-2362) ⓗ1983년 세무대 관세학과졸, 한국방송통신대 경영학과졸 ⓔ기획재정부 공보관실 근무, 관세청 관세정책관실 근무, 금융정보분석원(FIU) 근무, 관세청 서울세관 통관지원과장 2013년 제주세관장 2015년 여수세관장 2016년 천안세관장(현) ⓢ기획재정부장관표창(2008)

강한승(姜翰承) KANG Han Seung

ⓢ1968·11·17 ⓑ진주(晉州) ⓞ서울 ⓐ서울 종로구 사직로8길39 세양빌딩 김앤장법률사무소(02-3703-4604) ⓗ1987년 경성고졸 1992년 고려대 법대졸 ⓔ1991년 사법시험 합격(33회) 1994년 사법연수원 수료(23기) 1994~1997년 軍법무관 1997~1999년 서울지법 판사 1999~2001년 同서부지원 판사 2001~2005년 청주지법 판사 2003년 미국 컬럼비아대 Law School Visiting scholar 2005년 법원행정처 기획조정심의관 2006년 서울고법 판사 2006~2008년 국회 법제사법위원회 파견 2008~2010년 駐미국대사관 사법협력관 2009~2011년 울산지법 부장판사 2009년 UN 국제상거래법위원회 정부대표 2011년 헤이그 국제사법회의 정부대표 2011년 서울고법 판사 2011~2013년 대통령 법무비서관 2013년 김앤장법률사무소 변호사(현) ⓢ근정포장(2012) ⓩ'미국 법원을 말하다'(2011, 도서출판 오레) ⓡ기독교

강항원(姜恒遠) Kang Hang Won

ⓢ1960·8·16 ⓑ진주(晉州) ⓞ경북 포항 ⓐ경남 밀양시 점필재로20 국립식량과학원 남부작물부 생산기술개발과(055-350-1250) ⓗ1979년 대구고졸 1986년 경북대 농화학과졸 1995년 同대학원 농화학과졸(석사) 2000년 농학박사(경북대) ⓔ1986년 경주시·선산군 농촌지도소 농촌지도사 1990년 농촌진흥청 영남농업연구소 식물환경과 농업연구사 2002년 同영남농업연구소 식물환경과 연구실장(농업연구관) 2004년 同평가조정담당관실 성과관리팀장 2007년 同정책홍보관리관실 평가조정담당관 2008년 同영남농업연구소 식물환경과장 2008년 同국립식량과학원 신소재개발과장 2012년 同국립식량과학원 작물환경과장 2013년 同국립식량과학원 작물환경과장(개방직) 2015년 同국립식량과학원 남부작물부 생산기술개발과장(현) ⓢ중앙공무원교육원 교육훈련 및 실무교육 우수상(1987·2000), 농림부장관표창(2001), 국무총리표창(2003), 행정안전부장관표창(2011) ⓩ'농촌진흥청 통합 성과 지표 개발' '농촌진흥청 RDA 성과관리 이해서 및 성과관리 용어집'(2006) 직무성과계약제 매뉴얼 '직무성과관리 이렇게 합시다'(2005) '기후변화에 따른 벼 기상재해 대책기술' ⓡ천주교

강해룡(姜海龍)

ⓢ1956·11·29 ⓞ경남 하동 ⓐ경남 거제시 계룡로125 거제시청 부시장실(055-639-3200) ⓗ한국방송통신대 법학과졸 ⓔ1986년 공직입문(7급 공채) 1997년 경남 의령군 지역경제과장(사무관) 2003년 경남도 IT산업팀장 2008년 同람사르총회준비기획단 사무관 2009년 同농업기술교육센터(서기관) 2009년 경남도의회 사무처 전문위원 2010년 통일교육원 교육파견(서기관) 2011년 경남도 혁신도시추진단장 2012년 경남도의회 사무처 총무담당관 2013년 경남 창녕군 부군수 2014년 경남도 회계과장 2014년 同농정국장 직무대리 2015년 경남 거제시 부시장(부이사관)(현)

강해수(姜海洙)

ⓢ1968·10·8 ⓞ경남 창원시 의창구 창이대로532번길50 경남지방중소기업청 창업성장지원과(055-268-2510) ⓗ진주고졸, 경상대졸 ⓔ1994년 공업진흥청 공무원 임용(7급 공채) 1996~2006년 중소기업청 기획관리관실·산업1국·경영지원국·벤처기업국·감사담당관실 주무관 2006~2015년 同중소기업정책국·기획조정관실·부산울산지방청·기술혁신국·중견기업정책국 사무관 2015년 경남지방중소기업청 창업성장지원과장(서기관)(현)

강해운(姜蟹暈)

ⓢ1966·8·12 ⓞ경북 청도 ⓐ서울 마포구 마포대로174 서울서부지방검찰청 형사1부(02-3270-4308) ⓗ1984년 대구 경신고졸 1990년 한양대 법학과졸 ⓔ1994년 사법시험 합격(36회) 1997년 사법연수원 수료(26기) 1997년 부산지검 검사 1999년 광주지검 장흥지청 검사 2000년 수원지검 검사 2002년 서울지검 북부지청 검사 2004년 서울북부지검 검사 2005년 법무부 법무심의관실 검사 2008년 청주지검 검사(금융위원회 파견) 2009년 同부부장검사(금융위원회 파견) 2010년 수원지검 평택지청 부장검사 2011년 同강력부장 2012년 대검찰청 공판송무부 공판송무과장 2013년 서울북부지검 부부장검사 2014년 서울중앙지검 강력부장 2015년 청주지검 부장검사 2016년 서울서부지검 형사1부장(현)

강행옥(姜幸玉) KANG Haeng Ok

[생]1961·9·7 [출]전남 영광 [주]광주 동구 지산로78번길 3 강행옥법률사무소(062-226-8880) [학]1980년 금호고졸 1984년 전남대 법대졸 1987년 同대학원졸 1996년 법학박사(전남대) [경]1984년 사법시험 합격(26회) 1987년 사법연수원 수료(16기) 1987년 군법무관 1989년 제27사단 법무참모 1991년 변호사 개업(현) 1994년 광주YMCA 이사 1997년 광주지방변호사회 섭외이사 2011~2013년 同회장 [저]'사예의 항변에 대한 고찰'

강혁성(姜赫聲)

[생]1970·3·22 [출]서울 [주]인천 남구 경원대로881 인천가정법원(032-860-1006) [학]1988년 동북고졸 1994년 서울대 법학과졸 [경]1996년 사법시험 합격(38회) 1999년 사법연수원 수료(28기) 1999년 법률구조공단 법무부 근무 2002년 부산지법 판사 2005년 수원지법 판사 2007년 서울북부지법 판사 2009년 서울중앙지법 판사 2011년 서울고법 판사 2013년 서울동부지법 판사 2014년 대전지법 부장판사 2016년 인천가정법원 부장판사(현)

강 현(姜 炫) Kang Hyen

[생]1964·9·13 [출]부산 [주]서울 강남구 테헤란로133 한국타이어빌딩 법무법인 태평양(02-3404-0147) [학]1983년 부산 해동고졸 1990년 고려대 법학과졸 2000년 미국 펜실베이니아대 법과전문대학원졸(LL.M.) [경]1990년 사법시험 합격(32회) 1993년 사법연수원 수료(22기) 1994년 법무법인 태평양 변호사(현) 2005년 사법연수원 강사 2006년 변호사연수원 강사 2007~2010년 건설공제조합 운영위원 2007~2010년 지식경제부 전기위원회 위원 2008~2012년 World's Leading Real Estate Lawyer 2010년 대한상사중재원 중재인(현) 2011~2012년 학교법인 덕성학원 이사 2011년 대한변호사협회 사무총장 2012년 국민연금관리공단 대체투자위원회 위원(현) 2013~2014년 대한변호사협회 부회장 2013~2015년 법제처 법령해석심의위원회 위원 2014~2015년 채권금융기관조정위원회 위원 2014년 법무부 외국법자문사징계위원회 위원 2014년 한국자산관리공사 규제심의위원회 위원(현) 2014년 대한주택보증 임대주택리츠기금투자심의위원회 위원(현)

강현구(姜炫求) KANG Hyeon Gu

[생]1960·2·9 [출]경남 함안 [주]서울 영등포구 양평로21길10 롯데홈쇼핑 임원실(02-2168-5252) [학]1978년 마산고졸 1986년 서울대 철학과졸 1998년 고려대 경영대학원 석사과정 수료 [경]1986년 롯데그룹 대홍기획 입사 1996년 대홍기획 인터랙티브팀장 2000년 (주)롯데닷컴 총괄담당 겸 경영전략담당 이사 2003년 同총괄담당 겸 경영전략담당 상무 2006년 同대표이사 상무 2007년 同대표이사 전무 2010~2014년 同대표이사 부사장 2012년 롯데홈쇼핑 대표이사 사장(현) 2015년 동반성장위원회 위원(현) [저]'한국사람들(共)'(1996)

강현구(姜絃求) KANG Hyun Ku

[생]1961·2·8 [주]서울 마포구 월드컵북로58길10 더팬빌딩10층 (주)미디어로그 비서실(070-4633-7010) [학]신일고졸 1984년 고려대 경영학과졸 2000년 미국 워싱턴대 경영대학원 MBA졸 [경]LG전자(주) PC사업개발담당 2005년 同PC해외마케팅담당(상무) 2006년 (주)데이콤 경영기획담당 상무 2006년 (주)LG데이콤 경영기획담당 상무 2008년 同e-비즈사업부장(상무) 2009년 (주)LG유플러스 경영지원담당(상무) 2011년 同구매담당 2012년 同스마트홈사업부장 2013년 同SC본부 컨버지드홈사업부장 2013년 (주)미디어로그 대표이사(현) [종]기독교

강현도

[생]1967·3·15 [주]경기 수원시 팔달구 효원로1 경기도청 교육정책과(031-8008-4561) [학]1990년 한국외국어대 영어영문학과졸 2007년 영국 본머스대 대학원 관광경영학과졸 [경]1998년 공무원 임용 2009년 경기도 관광과 관광마케팅팀장(지방행정사무관) 2009년 행정안전부 파견(지방서기관) 2010년 외교통상부 문화교류협력과 근무 2010년 LA총영사관 근무 2013년 경기도 관광과장 2014년 同투자진흥과장 2015년 민간근무 휴직 2016년 경기도 교육정책과장(현)

강현배(康炫培) Hyeonbae Kang

[생]1960·2·14 [주]인천 남구 소성로71 인하대학교 자연과학대학 수학과(032-860-7620) [학]1982년 서울대 수학과졸 1984년 同대학원졸 1989년 이학박사(미국 위스콘신대 메디슨교) [경]1984~1989년 미국 위스콘신대 메디슨교 연구 및 교육조교 1989~1991년 미국 미네소타대 객원조교수 1991~1994년 숭실대 수학과 조교수 1994~1997년 고려대 수학과 조교수·부교수 1997~2008년 서울대 수학과 조교수·부교수·교수 2001년 미국 수리과학연구소(MSRI) 연구원 2001~2002년 미국 워싱턴대 객원교수 2008년 인하대 자연과학대학 수학과 정석석좌교수(현) [상]대한수학회 논문상(2000), 한국과학상 수학부문(2010), 인촌상 자연과학부문(2011), 자랑스런 위스콘신 동문상(2014), 경암교육문화재단 경암학술상(2015) [저]'웨이블릿 이론과 응용'(2001) 'Reconstruction of small inhomogeneities from boundary measurements(共)'(2004) 'Polarization and Moment Tensors with Applications to Inverse Problems and Effective Medium Theory(共)'(2007, Springer) [역]'상황 속의 미적분학'(2004)

강현삼(姜顯三) Kang Hyeon Sam

[생]1958·12·15 [본]진주(晉州) [출]충북 제천 [주]충북 청주시 상당구 상당로82 충청북도의회(043-220-5135) [학]제천고졸 1980년 울산과학대학 화학공업과졸 [경]제천시배드민턴연합회 회장, 제천여고학교운영위원회 부위원장, 남천초교 운영위원장, 남천·동현동주민자치위원회 위원, 한나라당 충북도당 정책개발위원, 뉴제천라이온스클럽 제1부회장, 제천지속가능발전협의회 공동회장 2006~2010년 충북 제천시의회 의원 2006년 同자치행정위원회 간사 2006년 同운영위원회 위원 2008~2010년 同의장 2011년 충북도의회 의원(재보선 당선, 한나라당·새누리당) 2011년 同정책복지위원회 위원 2012년 同건설소방위원회 위원 2011년 새누리당 충북도당 부위원장 2014년 충북도의회 의원(새누리당)(현) 2014년 同예산결산특별위원회 위원 2014·2016년 同건설소방위원회 위원(현) 2015년 同윤리특별위원회 위원 [종]천주교

강현송(姜顯松) KANG Hyun Song (丹霞)

[생]1945·10·7 [본]진주(晉州) [출]강원 홍천 [주]서울 강서구 공항대로433 아이기스화진그룹 회장실(02-3450-8803) [학]2000년 서강대 경영대학원 최고경영자과정 수료 2000년 고려대 경영대학원 최고경영자과정 수료 2002년 서울대 경영대학원 최고경영자과정 수료 2003년 명예 경영학박사(강원대) [경]1982년 화진화장품 설립 1996년 아이기스화진그룹 대표이사 회장(현) 2000년 (사)한국여성정치연맹 후원회 회장 2002년 (사)강원도민회 이사 2002년 (사)안중근의사숭모회 이사(현) 2002년 한국화장품공업협동조합 이사장(현) 2002년 강원대 단하학술장학재단 설립 2003년 서강대 경영대학원(STEP) 총교우회 수석부회장 2003~2010년 서울상공회의소 강남구상공회 부회장 2003~2007년 고려대 경영대학원 최고경영자과정(AMP) 총교우회 회장 2003~2006년 (주)화진케이디케이 대표이사 회장 2003년 서울대 경영대학원 최고경영자과정(AMP) 총교우회 부회장 2003년 민주평통 자문위원 2004년 국정자문위원회 중소기업분과위원 2004년 강원대 초빙교수 2005년 (사)강원도민회 부회장 겸 경제분과위원장(현) 2006~2010년 在京홍천군민회 회장 2006년 단하대교육원 이사장 2006년 한국미용자원봉사회 회장 2006년 평생교육시설 단하대 디지털교육원 이사장 2006년 (사)국민일복운동본부 총재(현) 2006년 아시아기자협회 이사 2007년 (사)평생강사연합회 고문 2007년 중소기업중앙회 금융분과위원장 2008년 단하대학 초대학장 2008년 중소기업중앙회 선거관리위원회 위원 2008년 국민생활체육서울시태권도연합회 고문 2009년 강원대 발전후원회 고문(현) 2009년 중소기업무역활성화특별위원회 위원 2010~2014년 한국중견기업연합회 CEO 초빙교수 2011~2012년 해병대 정책자문위원 2011년 중소기업중앙회 TV홈쇼핑상품추진위원회 위원 2012년 오송화장품뷰티세계박람회조직위원회 위원 [상]제23회 고려경영포럼 대상(2001), 제7회 여성주간 유공자포상 대통령표창(2002), 제3회 대한민국환경대상 그린대상 최고상(2005), 미국 대통령표창 사회봉사부문(2006) [저]'머슴이 될래 주인이 될래'(1998) '국민의식과 생활개혁의 실천을 위한 일복운동'(2005) [종]불교

강현수(康賢秀) KANG Hyun Soo

[생]1964·2·23 [본]신천(信川) [출]강원 강릉 [주]충남 공주시 연수원길73의26 충남발전연구원 원장실(041-840-1101) [학]1982년 강릉고졸 1986년 서울대 환경공학과졸 1989년 同환경대학원졸 1995년 행정학박사(서울대) [경]1989년 한국지방행정연구원 근무 1992~2013년 중부대 사회과학대학 도시행정학과 교수 1993년 대한국토도시계획학회 이사 2000년 국토연구원 위촉연구위원

2000년 영국 옥스포드대 방문교수 2001년 대통령직속 지속가능위원회 수도권분과위원 2002년 한국공간환경학회 편집위원 2003년 대통령직인수위원회 정무분과 자문위원 2013년 충남발전연구원 원장(현) [저]'현대도시문제의 이해'(共)

강현신(姜鉉信) KANG Hyun Shin

[생]1957 · 12 · 12 [출]전북 부안 [주]전북 부안군 행안면 염소로33 부안경찰서(063-580-0220) [학]1976년 홍익사대부고졸 1981년 동국대 경찰행정학과졸 [경]1986년 경위 임관(경찰간부후보 34기) 1991년 강원 철원경찰서 방범과장 · 서울지방경찰청 120경비대 중대장(경감) 1997년 인천 부평경찰서 형사과장 · 계양경찰서 형사과장 · 서울지방경찰청 202경비대장(경정) 2006년 전북지방경찰청 정보통신담당관(총경) 2007년 전북 정읍경찰서장 2008년 경찰종합학교 총무과장 2008년 서울지방경찰청 제5기동대장 2009년 경기 화성서부경찰서장 2011년 경찰대 운영지원과장 2013년 서울 중랑경찰서장 2014년 전북지방경찰청 청문감사담당관 2016년 전북 부안경찰서장(현) [상]국무총리표창(2004) [종]가톨릭

강현안(姜賢安) KANG Hyun An

[생]1955 · 12 · 4 [출]경남 통영 [주]부산 연제구 법원로28 부산법조타운1208호 법무법인 정인(051-911-6161) [학]1974년 경남고졸 1978년 서울대 법학과졸 [경]1980년 사법시험 합격(22회) 1982년 사법연수원 수료(12기) 1982년 광주지법 판사 1984년 부산지법 판사 1989년 同울산지원 판사 1991년 부산지법 판사 1993년 부산고법 판사 1996년 부산지법 판사 1998년 울산지법 부장판사 2000년 부산지법 동부지원 부장판사 2002년 부산지법 부장판사 2003년 법무법인 정인(正人) 변호사, 同대표변호사(현) 2004~2010년 부산시 행정심판위원, 同청소년상담지원센터 운영위원, 同민원조정위원회 위원

강현욱(姜賢旭) KANG Hyon Wook

[생]1938 · 3 · 27 [본]진주(晉州) [출]전북 군산 [주]서울 서초구 사평대로106 서건빌딩201호 (사)새만금코리아(02-532-4735) [학]1956년 군산고졸 1961년 서울대 외교학과졸 1997년 명예 경제학박사(전북대) [경]1968년 경제기획원 예산국 사무관 1974~1980년 同자금계획과장 · 방위예산담당관 · 예산총괄과장 1980년 駐사우디아라비아 경제협력관 1982년 재무부 이재국장 1985년 대통령 경제비서관 1987년 경제기획원 예산실장 1988년 전북도지사 1990년 동력자원부 차관 1991년 경제기획원 차관 1992~1993년 농림수산부 장관 1996년 제15대 국회의원(군산乙, 신한국당 · 한나라당 · 새천년민주당) 1996~1997년 환경부 장관 1997년 한나라당 전북도지부장 1998년 同제2정책조정실장 1998년 同정책위원회 의장 2000~2002년 제16대 국회의원(군산, 새천년민주당) 2001년 새천년민주당 정책위원회 의장 2002~2006년 전북도지사(새천년민주당 · 열린우리당) 2007~2012년 호원대 석좌교수 2007~2008년 제17대 대통령직인수위원회 국가경쟁력강화특별위원회 새만금TF팀장 2008년 제18대 국회의원선거 출마(군산, 무소속) 2008년 (사)새만금코리아 이사장(현) 2009~2011년 국무총리 새만금위원회 공동위원장 2010~2016년 학교법인 조선대 이사장 2011~2013년 지방행정체제개편추진위원회 위원장 2011년 (사)새만금위원회 명예자문관 [상]국무총리표창, 홍조근정훈장, 청조근정훈장, 국민훈장 무궁화장(2013) [종]천주교

강현중(姜玹中) KANG Hyun Joong

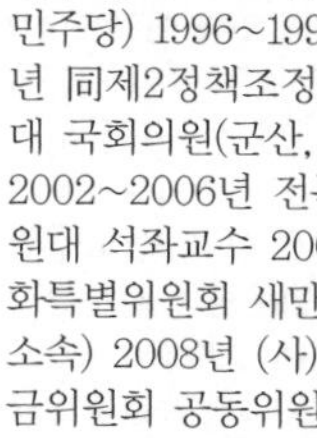

[생]1943 · 9 · 20 [본]진주(晉州) [출]전북 익산 [주]서울 강남구 강남대로382 법무법인 에이펙스(02-2018-0945) [학]1961년 경기상고졸 1966년 서울대 법대졸 1968년 同사법대학원 수료 1984년 미국 컬럼비아대 대학원 파커스쿨 수료 [경]1966년 사법시험 합격(6회) 1968~1971년 해군 법무관 1971년 부산지법 판사 1973년 同진주지원 판사 1974년 부산지법 판사 1975년 서울민형사지법 수원지원 판사 1977년 서울지법 성북지원 판사 1978년 서울형사지법 판사 1980년 서울고법 판사 1982년 광주지법 부장판사 1984년 수원지법 부장판사 1986년 서울지법 북부지원 부장판사 1988년 서울민사지법 부장판사 1991년 변호사 개업 1993년 대한상사중재원 중재위원 1994년 서울대총동창회 이사 1995~2009년 국민대 법학부 교수 1997~1999년 서울지방변호사회 감사 1999년 감사원 자문 부정방지대책위원장 2000년 한국민사소송법학회 회장 2005~2007년 국민대 법과대학장 2008년 법무법인 렉스 고문변호사 2009년 국민대 법학부 명예교수(현) 2009년 법무법인 에이펙스 고문변호사(현) [저]'민사소송법' [종]기독교

강현철(姜顯喆) KANG Hyun Chul

[생]1963 · 10 · 15 [출]부산 [주]부산 금정구 공단서로12 부산지방노동위원회(051-559-3704) [학]1986년 서울대 사회학과졸 1992년 同행정대학원 수료 1999년 미국 일리노이대 노사관계대학원졸 [경]1993년 행정고시 합격(36회), 노동부 고용보험과 · 차관비서관실 · 안전정책과 행정사무관 2001년 同산업안전국 안전정책과 서기관 2002년 경남지방노동위원회 사무국장 2003년 노동부 공보관실 서기관 2003년 외국인투자지원센터 파견 2005년 양산지방노동사무소장 2006년 駐중국대사관 노무관 2010년 노동부 청년고용대책과장 2010년 고용노동부 청년고용대책과장 2011년 同노동정책실 서비스산재예방팀장 2012년 부산지방고용노동청 부산고용센터소장(부이사관) 2013년 서울지방고용노동청 서울고용센터소장 2014년 고용노동부 부산지방노동위원장(현)

강현출(姜鉉出) Kang Hyun Chul

[생]1960 · 3 · 5 [출]경남 고성 [주]경남 진주시 월아산로 2026 경상남도청 한방항노화산업과(055-211-6160) [학]1978년 부산 중앙고졸 1991년 경남과기대 산업경제학과졸 1995년 창원대 대학원 행정학과졸 2011년 행정학박사(인제대) [경]2013년 경남도농업기술원 미래농업교육과장 2014년 지방행정연수원 교육파견 2015년 경남도 한방항노화산업과장(현)

강현호(姜賢鎬) KANG Hyun Ho (문산 · 남로)

[생]1943 · 11 · 3 [본]진주(晉州) [출]경남 진주 [주]부산 남구 용소로78 부산예술회관3층 부산문인협회(051-632-5888) [학]1962년 진주사범학교졸 1984년 한국방송통신대 초등교육과졸 1987년 동아대 교육대학원졸 [경]아동문학가(현) 1979년 아동문예 동시 천료 1982년 조선일보 신춘문에에 동화 당선 1989~1991년 부산아동문인협회 회장, 부산시문인협회 아동문학분과 위원장 2001년 한국아동문인협회 이사(현) 2005년 한국독서문화재단 이사(현) 2012년 부산시문인협회 감사, 同회원(현), 한국동시문학회 이사(현) [상]해강아동문학상, 현대아동문학상, 부산아동문학상, 한국아동문예작가상, 한국교육자대상, 세종문화상, 황조근정훈장, 부산문학상(2011), 방정환문학상(2013) [저]'산마을 아이들' '사과밭과 가을 굴렁쇠' '나이테' '메아리를 부르는 아이' '닮았어요' '바람의 보물찾기' '새끼줄 기차'(共) '국어과 학습지도서'(共) '동심을 켜는 등불' 등

강형기(姜瑩基) KANG Hyoung Kee

[생]1954 · 12 · 19 [출]경북 안동 [주]충북 청주시 서원구 충대로1 충북대학교 행정학과(043-261-2199) [학]1978년 건국대 행정학과졸 1980년 同대학원 행정학과졸 1984년 행정학박사(건국대) [경]충북대 행정학과 교수(현) 1993~1994년 일본 국립이바라키대 조교수 1996~1998년 대통령자문 행정쇄신위원 1996년 한국지방자치경영연구소 소장(현) 1998년 제2의건국범국민추진위원회 위원 2001~2003년 충북대 행정대학원장 겸 사회과학대학장 2003~2005년 한국지방자치학회 회장 · 명예회장, 일본 동지사대 정책대학원 객원교수 2003~2005년 대통령자문 중앙권한지방이양위원회 위원 2005~2006년 대통령자문 정부혁신지방분권위원회 위원 2007년 한국지방자치경영연구소 부설 향부숙(鄕富塾) 숙장(현) 2011년 지방행정체제개편추진위원회 위원 2011~2015년 (재)충북문화재단 대표이사 2013 · 2015년 대통령소속 지방자치발전위원회 위원(현), 전국시장 · 군수 · 구청장협의회 자문교수(현) 2014~2016년 국무총리소속 지방재정부담심의위원회 위원 [상]대통령표창(1998), 홍조근정훈장(2012) [저]'지방자치 가슴으로 해야 한다'(1996) '혁신과 진단'(1997) '관의 논리 민의 논리'(1998) '향부론'(2001) '논어의 자치학'(2006) '지방자치학(共)'(2010) '지방자치의 이해(共)'(2010) '지역창생학'(2014) '공자'(2014, 북경대 출판사) [역]'행정학의 이론과 역사'(1987) '공익과 사익'(1986) '전자정부'(2002)

강형민(姜亨旻 · 女)

[생]1968 · 9 · 23 [출]경남 마산 [주]경기 수원시 영통구 월드컵로120 수원지방검찰청 공판송무부(031-210-4722) [학]1987년 성지여고졸 1991년 서울대 법학과졸 [경]1996년 사법시험 합격(38회) 2000년 사법연수원 수료(28기) 2000년 인천지검 검사 2003년 대전지검 공안부 검사 2005년 수원지검 성남지청 검사 2007년 서울동부지검 검사 2012년 대검찰청 연구관 2014년 서울중앙지검 부부장검사 2015년 부산지검 형사5부장 2016년 수원지검 공판송무부장(현)

강형신(姜馨信) KANG Hyung Shin

⊛1959·7·10 ⊗진양(晋陽) ⊜경북 성주 ㈜인천 서구 환경로42 한국환경공단 감사실(032-590-3050) ⊗1977년 경북고졸 1982년 단국대 행정학과졸 1988년 서울대 행정대학원 행정학과졸 1993년 일본 筑波大대학원 환경과학과졸 2001년 행정학박사(단국대) ⊗1981년 행정고시 합격(25회) 1982년 행정사무관 임용 1982~1990년 환경청 감사담당관실·종합계획과·폐기물제도과 사무관 1990~1993년 일본 쓰쿠바대 파견(국외훈련) 1993~1994년 환경부 대기제도과·정책과 사무관 1994~1996년 환경부 정책총괄과·법무담당관실 서기관 1996~1998년 일본 환경청 파견 1998~2001년 환경부 환경교육과·민간협력과·감사과장 2001~2005년 同산업폐수과장·평가과장·정책총괄과장(부이사관) 2005년 대구지방환경청장 2006년 국방대학교 안보과정 파견 2007년 환경부 감사관 2009년 한나라당 정책위원회 수석전문위원 2010년 환경부 물환경정책국장 2011년 同중앙환경분쟁조정위원회 위원장 2014년 한국환경공단 상임감사(현) ⊗대통령표창(2002)

강형주(姜炯周) KANG Hyong Joo

⊛1959·12·23 ⊜전남 함평 ㈜서울 서초구 서초중앙로157 서울중앙지방법원 법원장실(02-530-1114) ⊗1977년 광주제일고졸 1981년 서울대 법과대학졸 ⊗1981년 사법시험 합격(23회) 1983년 사법연수원 수료(13기) 1985년 서울지법 남부지원 판사 1987년 서울민사지법 판사 1989년 광주지법 목포지원 판사 1991년 서울형사지법 판사 1993년 서울지법 서부지원 판사 1995년 법원행정처 법무담당관 겸임 1996년 서울고법 판사 1999년 대구지법 경주지원 부장판사 2000년 인천지법 부장판사 2003년 서울중앙지법 부장판사(영장전담·형사항소부·형사합의부 재판장) 2006년 광주지법 수석부장판사 2006년 광주고법 부장판사 2007년 서울고법 부장판사(형사부 재판장) 2013년 서울중앙지법 민사수석부장판사 2013년 同법원장 직대 2014년 인천지법원장 2014년 인천시 선거관리위원장 2014년 법원행정처 차장 2015년 서울중앙지법원장(현)

강형철(姜亨澈) KANG Hyung Cheol

⊛1962 ⊗진주(晋州) ⊜서울 ㈜서울 용산구 청파로47길100 숙명여자대학교 수련교수회관706호(02-710-9765) ⊗1981년 인창고졸 1985년 고려대 신문방송학과졸 1987년 同대학원 신문방송학과졸, 同대학원 신문방송학 박사과정 수료 2003년 정치학박사(영국 뉴캐슬대) ⊗1992~1994년 연합통신 편집국 기자 1994~1997년 YTN 보도국 기자 1997~2011년 숙명여대 언론정보학부 교수 1997~2000년 同정보방송학과장 1999~2000년 同언론정보학부장 2002년 同리더십센터장 2008~2010년 보편적시청권보장위원회 위원 2008~2012년 청소년보호위원회 위원 2008~2010년 숙명여대 기획처장 2010년 선거방송심의위원회 부위원장 2011년 숙명여대 미디어학부 교수(현) 2011년 同미디어학부장, 한국방송공사(KBS) 시청자위원, 영국 리즈대 커뮤니케이션연구소 객원교수 ⊗YTN 우수프로그램상(1995), 방송문화진흥회 우수논문상(1997), 숙명여대 교수업적평가우수상(2005·2006·2007) ⊗'현대방송의 이해(共)'(1998) '21세기에 대비한 방송·통신정책'(1999) '공영방송론'(2004) '방송의 이해(共)'(2004) '세상을 바꾸는 부드러운 힘(共)'(2004) '한국신문에 나타난 공영방송 개념'(2004, 한국방송학보) '텔레비전 축구중계해설이 시청자의 판단에 미치는 영향(共)'(2005, 한국방송학보) '여성정치인 이미지연구─리더십 이미지와 여성정치인(共)'(2005, 한국방송학보) '여성리더십의 재발견(共)'(2005) '21세기 여성리더십 모델(共)'(2006) '취재보도론(共)'(2006) '사이버커뮤니케이션의 공익성'(2006, 사이버커뮤니케이션학보) '국제무역협상과 방송의 공적가치'(2006) '한국탐사보도 프로그램의 내용 다양성에 관한 연구'(2007, 한국방송학보) ⊗'현대 매스커뮤니케이션 개론(共)'(1999) '디지털시대 공영방송의 책무성 평가'(2005)

강혜련(姜惠蓮·女) KANG Hye Ryun

⊛1957·7·27 ⊜서울 ㈜서울 서대문구 이화여대길52 이화여자대학교 경영대학 경영학과(02-3277-2273) ⊗1976년 이화여고졸 1980년 이화여대 경영학과졸 1983년 미국 아이오와주립대 대학원 석사(경영학) 1988년 同대학원 박사(산업 및 조직심리학전공) ⊗1993년 삼성보험금융연구소 선임연구원 1995년 이화여대 경영대학 경영학과 교수(현) 1999년 재정경제부 금융발전심의회 위원 2002년 이화여대 입학처장 2004년 同경력개발센터 원장 2005년 한국경영교육인증원 이사 겸 교류협력단장 2006년 同기획처장 2006년 한국인사조직학회 부회장 2008년 노사정 일가정양립 및 여성고용촉진위원회 위원장 2008년 보건복지가족부 가족친화인증위원회 부위원장 2008년 국가경쟁력강화위원회 민간위원 2008년 한국정보화진흥원 비상임이사 2010년 교육과학기술부 자체평가위원회 위원 2010년 (주)제일모직 사외이사 2010년 한국과학기술기획평가원 비

상임이사 2010년 대구경북과학기술원 비상임이사 2011년 가족친화포럼 공동대표(현) 2011~2014년 한국과학창의재단 이사장 2013~2015년 경제사회발전노사정위원회 일가정양립위한일자리위원회 위원장 2013년 한국양성평등교육진흥원 비상임이사(현) 2014년 한국인사조직학회 회장 2015년 롯데쇼핑(주) 사외이사(현) 2015년 국무총리실 인사혁신추진위원회 위원(현) ⊗International Award for Exellence & Leadership(1984, Faculty Women's Club of Iowa State Univ.), 이화여고 이화를 빛낸상 학술부문(1999), 국민훈장 동백장(2012) ⊗'여성과 리더십'(1992) '여성과 조직리더십'(2005) 'Women in Asian Management'(2006) '지속가능한 혁신공동체를 향한 실천전략'(2016) ⊗기독교

강혜숙(姜惠淑·女) KANG Hye Sook

⊛1954·1·16 ⊜서울 ㈜서울 광진구 동일로68길8 (주)한영강가루 대표이사실(02-466-6342) ⊗1972년 진명여고졸 1976년 이화여대 화학과졸 ⊗1976~1982년 서울예고 교사 1983년 (주)한영강가루 대표이사(현) 1994년 한국여성경제인연합회 이사 1999년 한국여성경제인협회 이사 ⊗한국경영사학회 전문경영자 대상(2002), 100만달러 수출탑(2002), 국세청 모범여성기업인상(2006)

강혜영(康惠英·女) Kang Hyeyoung

⊛1978·12·26 ⊗신천(信川) ⊜제주 ㈜세종특별자치시 다솜2로94 농림축산식품부 농촌복지여성과(044-201-1571) ⊗1997년 제주대사대부고졸 2002년 중앙대 행정학과졸 ⊗2003년 행정고시 합격(47회) 2004~2012년 농림부 경영인력과·농림수산식품부 인사과·수산정책과 행정사무관 2012~2014년 농림축산식품부 농업통상과·농업금융정책과 서기관 2014년 농림축산검역본부 연구기획과장 2014년 농림축산식품부 수출진흥과장 2016년 同일자리창출TFT 과장 2016년 同농촌복지여성과장(현)

강호갑(姜鎬甲) Kang Ho-gap

⊛1954·8·15 ⊜경남 진주 ㈜경북 영천시 본촌공단길39 (주)신영 회장실(054-335-3000) ⊗1973년 진주고졸 1978년 고려대 경영학과졸 1988년 미국 조지아주립대 회계학과졸 ⊗1989년 부영사 부사장 1998년 미래엔지니어링 대표 1999년 신영금속 대표, (주)신영 회장(현) 2008년 ABAC(아시아·태평양경제협력체(APEC) 기업인자문기구) 자문위원 2011년 현대기아협력회 부회장 2011년 중소기업중앙회 해외민간대사 2012년 외교통상부 통상교섭본부 자문위원 2012년 글로벌전문기업포럼 회장 2013년 (사)한국중견기업연합회 회장(현) ⊗납세자의날 모범납세자상(2011), 한국경영학회 중견기업 최고경영자대상(2014), 고려대 경영대 교우회 '올해의 교우상' 전문경영인부문(2015)

강호권(姜鎬權) KANG Ho Gwon

⊛1957·2·22 ㈜서울 중구 소파로145 대한적십자사 사무총장실(02-3705-3705) ⊗1975년 경기공업전문학교 수료 1987년 한국방송통신대 농학과졸 1991년 경기대 대학원 행정학과졸(석사) 2015년 수원대 대학원 행정학박사과정 수료 ⊗1981~1986년 대한적십자사 경기지사 근무 1987~1992년 同경기혈액원 사업과장·운영과장 1992~1999년 同경기지사 청소년과장·동부봉사관장 1999년 同서울지사 사회봉사팀장 2002년 同서울지사 총무팀장 2003~2006년 同서울서부혈액원 총무팀장·서울병원 총무팀장 2006년 同병원경영위원회 위원 및 병원경영팀장 2008년 서울적십자병원 관리부원장 2010~2013년 대한적십자사 경기지사 사무처장 2012~2015년 OBS경인방송 시청자위원회 위원 2013년 대한적십자사 인도주의사업본부장 2014년 同사무총장(현) 2014년 전국재해구호협회 이사(현) 2014년 남북하나재단 이사(현) 2015년 학교법인 중앙대 이사(현) 2015년 국민안전처 중앙민관협력위원회 위원(현) 2015년 행정자치부 기부심사위원회 위원(현) 2015년 이산가족상봉 인선위원장 2016년 보건복지부 대한민국나눔국민대상추진위원회 위원(현) ⊗보건복지부장관표창(2003), 대한적십자사훈장(회원유공장)(2013)

강호규(姜虎圭) KANG Ho Kyu

⊛1961·9·29 ⊜서울 ㈜경기 화성시 삼성전자로1 삼성전자(주) 임원실(031-209-7114) ⊗1979년 양정고졸 1983년 한양대 금속공학과졸 1993년 재료공학박사(미국 스탠퍼드대) ⊗삼성전자(주) 시스템LSI사업부 기술개발실 수석연구원 2003년 同시스템LSI사업부 기술개발실 상무보 2006년 同시스템LSI사업부 차세대개발팀장(상무) 2009년 同시스템LSI사업부 LSI PA팀장(상무) 2011년 同반도체연구소 공정개발팀장(전무) 2014년 同반도체연구소 공정개발실장(전무) 2015년 同부사장(현)

강호덕(姜鎬德) Kang, Ho-Duck
[생]1964·2·25 [주]서울 중구 필동로1길30 동국대학교 바이오시스템대학 바이오환경과학과(02-2260-3316) [학]1981년 서울 양정고졸 1987년 동국대 산림자원학과졸 1988년 미국 노스캐롤라이나주립대 수료 1991년 미국 아이오와주립대 대학원졸 1994년 산림자원학박사(미국 아이오와주립대) [경]1995~1996년 동국대·국민대·공주대 산림자원조경학과 강사 1995~1996년 임업연구원 분자생물연구실 연구원 1996~1997년 한국임학회 유전공학부문 편집위원 1997~1998년 산림청 산림환경과 산림환경담당 사무관 1997년 세계임업총회(WFC) 아태지역 대표 1998~2001년 산림청 국제협력과 국제협력담당 사무관 1998년 생물다양성협약(CBD) 정부대표 1999년 정부간산림포럼(IFF) 정부대표 1999년 사막화방지협약(UNCCD) 정부대표 2001년 KOICA 개도국공무원교육 산림경영과정 Consultant 2001년 유엔산림포럼(UNFF) 산림부문 자문위원 2001년 동국대 바이오시스템대학 바이오환경과학과 교수(현) 2001년 한국자원식물학회 영문편집위원 2001년 한국임학회 유전공학부문 편집위원 2002년 식물생명공학회 유전자형질전환부문 편집위원 2003년 同황사·사막화방지 전문위원 2006년 국무조정실 황사방지대책반 자문위원 2007년 동국대 황사·사막화방지연구소장(현) 2008년 한국임학회 이사 2009년 한국자원식물학회 상임이사 2015년 동국대 바이오시스템대학장(현) 2015년 同학술림관리소장(현) [저]'산림생명공학의 연구동향'(2005)

강호동(姜鎬東) KANG Ho Dong
[생]1958·10·5 [출]충북 청주 [주]충북 청주시 흥덕구 풍산로50 충청북도지방기업진흥원 원장실(043-230-9700) [학]1976년 청주고졸 1980년 육군사관학교졸(36기) 1993년 충북대 행정대학원졸 [경]1998~1999년 충북도공무원교육원 교육과장 1999년 충북도 법무통계담당관 1999년 同정책연구담당관 2001년 同경제과장 2003년 국가전문행정연수원 고급관리자과정 파견 2004~2006년 옥천군 부군수 2006년 국방대학교 파견 2006년 충북도의회 의사담당관 2007년 충북도 자치행정국 총무과장 2009년 同정책기획관 2010년 지방행정연수원 교육파견(부이사관) 2011년 충북도 균형건설국장 2011년 同정책관리실 정책기획관 2011년 충주세계조정선수권대회 조직위원회 파견(부이사관) 2012년 충북도 안전행정국장 2014~2015년 충북도의회 사무처장 직대(부이사관) 2015년 충북도 재난안전실장 2015년 괴산세계유기농산업엑스포조직위원회 상임부위원장 2016년 충청북도지방기업진흥원 원장(현) [상]근정포장(2001)

강호문(康皓文) KANG Ho Moon
[생]1950·2·12 [본]진주(晋州) [출]경기 부천 [주]서울 강남구 테헤란로403 삼성전자(주) 임원실(02-2255-0114) [학]1968년 서울고졸 1972년 서울대 전기공학과졸 [경]1975년 삼성전자(주) 입사 1992년 同반도체MICRO수출담당 이사 1994~1996년 同마이크로사업부장 1996년 同반도체총괄 MICRO본부장 1997년 同컴퓨터사업부장 1998년 同정보통신총괄 네트워크사업부장 겸 기업N/W사업팀장 1999년 同네트워크사업부 부사장 2002~2009년 삼성전기(주) 대표이사 사장 2009년 삼성모바일디스플레이 대표이사 사장 2010~2011년 同중국본사 부회장 2011~2014년 삼성전자(주) 부회장 2012년 한일경제협회 부회장 2012년 전국경제인연합회 경제정책위원회 부위원장 2012~2014년 서울상공회의소 부회장 2012년 동반성장위원회 위원 2012년 한국지속가능발전기업협의회 부회장, 同고문 2013~2015년 경기도경제단체연합회 회장 2014년 삼성전자(주) 고문(현) [상]은탑산업훈장(2002), 금탑산업훈장(2008), 서울대 '올해의 자랑스러운 공대동문'(2015)

강호상(姜鎬相) KANG Ho Sang
[생]1952·10·17 [본]진양(晋陽) [출]경남 삼천포 [주]서울 마포구 백범로35 서강대학교 경영학부(02-705-8522) [학]1971년 경기고졸 1975년 서강대 화학과졸 1984년 국제경영학박사(미국 컬럼비아대) [경]1983~1986년 미국 텍사스주립대 조교수 1986~1996년 서강대 경영학과 조교수·부교수·교수 1989년 국제무역경영연구원 연구위원 1994년 금융산업발전심의위원회 위원 1994년 기업세계화지원기획단 위원 1996년 서강대 경영학부 교수(현) 1998년 SK케미칼 사외이사 2002년 한국국제경영학회 회장 2003년 서강대 경영학연구원장 2003년 同교무처장 2005년 同기획처장 [상]정진기 언론문화상(1990), 대한경영학회 우수논문상(2009) [저]'국제금융시장론'(1990) '국제기업재무론'(1995) '최신무역개론'(1996) '외환론'(1997) '글로벌 금융시장'(2000) '글로벌 재무관리'(2000) '글로벌경영'(2011) '글로벌기업'(2013) [종]천주교

강호성(姜鎬成)
[생]1963·6·10 [출]충북 청주 [주]광주 서구 화정로175 광주보호관찰소(062-370-6610) [학]1982년 청주 운호고졸 1986년 성균관대 행정학과졸 2010년 사회복지학박사(숭실대) [경]1993년 행정고시 보호관찰직 합격(36회) 1999년 법무연수원 일반연수과 교수 2002년 법무부 보호국 관찰과 기획·인사담당 서기관 2005년 서울남부보호관찰소장 2007년 서울동부보호관찰소장 2008년 안양소년원장 2010년 법무부 보호관찰과장(부이사관) 2013년 대전보호관찰소장 2016년 광주보호관찰소장(현)

강호성(姜淏盛) KANG Ho Sung
[생]1964·10·12 [출]대구 [주]서울 중구 소월로2길12 CJ그룹 법무실(02-726-8114) [학]1983년 영남고졸 1987년 서울대 법학과졸 1989년 단국대 법학대학원졸 [경]1989년 사법시험 합격(31회) 1993년 사법연수원 수료(21기) 1993년 서울지검 검사 1995년 대전지검 천안지청 검사 1997년 수원지검 성남지청 검사 1998년 변호사 개업, 법무법인 두우 변호사 2009년 법무법인 두우&이우 변호사 2012년 법무법인 광장 변호사 2013년 CJ E&M 전략추진실 부사장 2013년 CJ그룹 법무실장(부사장)(현)

강호영(姜鎬泳) KANG Ho Young
[생]1964·3·20 [본]진주(晋州) [출]서울 [주]서울 마포구 잔다리로7안길23 우전빌딩302호 오토타임즈(02-3143-6511) [학]1983년 진주고졸 1990년 성균관대 유학과졸 [경]1991년 (주)자동차생활 편집부 차장 1995년 한국경제신문 자동차신문국 근무 1998년 한경자동차신문 취재팀 부장(편집장) 2002년 오토타임즈 대표(편집장)(현) 2003년 (주)네바퀴의꿈 대표(현) [상]특종상(3회) [저]'알뜰한 車테크 안전한 車테크 119'(共) [종]천주교

강호원(姜浩遠) Kang Ho-won
[생]1962·10·1 [출]경북 안동 [주]서울 종로구 경희궁길26 세계일보 논설위원실(02-2000-1234) [학]1988년 경희대 사학과졸 [경]1999년 세계일보 편집국 경제부 기자 2000년 同경제부 차장대우 2003년 同북경특파원(차장) 2006년 同북경특파원(부장대우) 2007년 同국제부 부장대우 2007년 同편집국 경제팀장 2008년 同편집국 경제부장 2008년 同편집국 국제부 선임기자 2009년 同논설위원 2011년 同편집국장 2013년 同논설위원실장 2015년 同논설위원(현) [상]자랑스러운 경희언론인상(2011), 한국언론인연합회 한국참언론인대상(2012) [저]'중국에서 대박난 한국상인들'(2007) '베이징특파원 중국경제를 말하다(共)'(2010)

강호익(姜鎬益) KANG Ho Ik
[생]1939·7·13 [본]진주(晋州) [출]경북 [주]서울 강남구 선릉로612 한일빌딩3층 한창산업(주) 비서실(02-3448-4267) [학]1958년 경기고졸 1964년 서울대 토목공학과졸 [경]1964~1971년 한국건설 기술단 입사·근무 1971~1973년 건설부 항만조사단 근무 1973~1991년 현대건설(주) 근무 1983년 同상무 1987년 同전무 1992년 한창산업(주) 대표이사(현) [상]10월의 자랑스러운 중소기업인상(2008)

강호인(姜鎬人) KANG Ho In
[생]1957·12·3 [본]진주(晋州) [출]경남 함양 [주]세종특별자치시 도움6로11 국토교통부 장관실(044-201-3000) [학]1977년 대구 대륜고졸 1981년 연세대 경영학과졸 1991년 영국 케임브리지대 대학원 경제학과졸 [경]행정고시 합격(24회) 1985년 경제기획원 경제기획국 동향분석과·종합기획과 근무 1987년 同장관실 비서관 1991년 同예산실 예산정책과·예산총괄과 사무관 1995년 서기관 승진 1997년 EBRD(유럽부흥개발은행) 파견 2000년 재정경제부 경제정책국 조정2과장 2001년 同경제정책국 경제분석과장 2004년 同경제정책국 종합정책과장(부이사관) 2005년 국방대 파견 2006년 재정경제부 국고국 재정정책심의관 2006년 기획예산처 전략기획관 2007년 同재정정책기획관 2007년 재정경제부 정책기획관 2008년 기획재정부 공공혁신기획관 2009년 同공공정책국장 2010~2012년 同차관보 2012~2013년 조달청장 2015년 국토교통부 장관(현) [상]자랑스러운 연세상경인상 사회·봉사부문(2015)

강호찬(姜鎬讚) KANG Ho Chan

(생)1971 · 10 · 30 (출)부산 (주)서울 서초구 방배로36길12 넥센타이어(주)(02-3480-0347) (학)1990년 부산고졸 1999년 연세대 경영학과졸, 서울대 경영대학원졸 (경)2003년 넥센타이어(주) 영업담당 상무이사, (주)넥센 부사장, (주)넥센테크 부사장 2006~2008년 넥센타이어(주) 영업본부장(부사장) 2008년 (주)넥센 총괄부사장 겸임 2009년 넥센타이어(주) 영업본부 사장 2010년 同전략담당 사장 2015년 同영업부문 사장 2016년 同대표이사 사장(현) (상)무역의날 1억불 수출탑(2013)

강홍빈(康泓彬) KANG Hong Bin

(생)1945 · 1 · 15 (출)서울 (주)서울 서초구 남부순환로340길57 서울연구원(02-2149-1000) (학)1963년 경기고졸 1967년 서울대 건축공학과졸 1969년 同행정대학원 수료 1971년 미국 하버드대 설계대학원졸 1980년 공학박사(미국 MIT) (경)1966년 건설부 주택 · 도시 및 지역계획연구실 근무 1972년 미국 하버드대 기획연구관 1975~1978년 미국 MIT 도시환경계획실 근무 1978~1981년 한국과학기술원(KAIST) 지역개발연구소 주택도시부장 · 연구부장 1981~1985년 서울대 환경대학원부설 환경계획연구소 환경계획부장 1985~1990년 대한주택공사 주택연구소장 1990년 서울시 시정연구관 1993년 同정책기획관 1996~2009년 서울시립대 도시공학과 교수 1998년 서울시정개발연구원 원장 1999~2002년 서울시 행정1부시장 2005년 동아일보 객원논설위원 2009~2016년 서울역사박물관 관장 2010년 중국 상하이엑스포 수상작선정 심사위원 2016년 서울연구원 이사장(현) (상)산업포장(1986), 올림픽기장(1988), 홍조근정훈장(2002), 이탈리아공화국 공로훈장(2015) (저)'사람의 도시' '서울에세이, 근대화의 도시풍경' '건축과 함께한 나의 삶'(共) (종)천주교

강화석(姜和錫) KANG Hwa Seok

(생)1972 · 1 · 5 (출)전북 김제 (주)경기 성남시 수정구 산성대로451 수원지방법원 성남지원(031-737-1558) (학)1990년 해성고졸 1995년 서울대 법학과졸 (경)1995년 사법시험 합격(37회) 1998년 사법연수원 수료(27기) 1998년 軍법무관 2001년 서울지법 판사 2003년 同남부지원 판사 2005년 대전지법 천안지원 판사 2008년 광주고법 전주부 판사 2010년 서울고법 판사 2011년 대법원 재판연구관 2013~2015년 광주지법 순천지원 부장판사 2013~2015년 광주가정법원 순천지원 부장판사 겸임 2015년 수원지법 성남지원 부장판사(현)

강화자(姜華子 · 女) KANG Wha Ja

(생)1945 · 5 · 26 (출)충남 공주 (주)서울 서초구 서초대로27길33 예전빌딩3층 강화자베세토오페라단(02-3476-6224) (학)1968년 숙명여대 성악과졸 1973년 미국 보스톤 탱글우드 훼스티발 수료 1976년 미국 맨해튼음대 대학원 성악과졸 1994년 고려대 언론대학원 최고위자과정 수료, 한양대 최고엔터테인먼트과정 수료 (경)1975년 골도부스커 오페라단 단원 1981년 국립오페라단 단원 1981~2000년 연세대 음대 교수 1986년 강Plus음악연구회 회장(현) 1991년 김자경오페라단 단장 1996년 강화자베세토오페라단 설립 · 이사장 겸 단장(현) 1997년 운현로타리 회장 1997년 서울예술단 이사 1998년 민간오페라총연합회 부회장 2008년 대한민국오페라협회 이사장, 대한민국오페라단연합회 이사장, 同명예이사장(현) 2011~2014년 아시아태평양오페라발전협의회 상임대표 2013년 민주평통 자문위원 (상)올해의음악가상 성악부문(1997), 한국음악협회 한국음악인상 수상(1997), 한국음악비평가협회 음악대상(2003), 우크라이나 문화훈장(2003), 체코정부 문화공로메달수상(2006), 대한민국오페라대상 공로상(2010), 세종나눔봉사대상 국가인권위원장표창(2011), 제4회 대한민국오페라 대상(2011), 지식경영인상(2012), 이탈리아 토레델라고푸치니페스티발 공로상(2014) (장)오페라주역 출연 'Carmen' 'Samson과 Dallila' 'Aida' 'DonCarlo' 'La Favorita' '백범 김구와 상해임시정부' '춘향전' 연출작품 '박쥐'(한국초연) '흥행사'(한국초연) '노처녀와 도둑' '수녀 안젤리카' '카르멘' '춘향전' '황진이' '라 트라비아타' '토스카' '아이다' '리골레토' '투란도트' '삼손과 데릴라' '한 여름밤의 여행콘서트' '그대 음성에 내 마음 열리고' 'GRAND OPERA GALA CONCERT' (종)기독교

강환구(姜煥龜) KANG Hwan Goo

(생)1955 · 1 · 23 (출)충남 아산 (주)울산 동구 방어진순환도로1000 현대중공업 사장실(052-202-2114) (학)1974년 서울고졸 1979년 서울대 조선학과졸 (경)1979년 현대중공업(주) 입사 2003년 同조선사업본부 이사대우 2004년 同조선사업본부 선박설계담당 이사 2006년 同조선사업본부 상무이사 2009년 同조선사업본부 전무이사 2013년 同조선사업본부장(부사장) 2014년 현대미포조선 대표이사 사장 2016년 현대중공업 대표이사 사장(현)

강효상(姜孝祥) Khang Hyo Shang

(생)1961 · 3 · 1 (출)경북 안동 (주)서울 영등포구 의사당대로1 국회 의원회관418호(02-784-6195) (학)1979년 대구 대건고졸 1985년 서울대 법대 법학과졸, 한양대 대학원졸 1992년 미국 콜로라도대병설 이코노믹스 인스티튜트 연수 2001년 미국 아메리칸대 대학원 국제법학과졸 (경)1986년 조선일보 입사, 同편집국 기자 1997년 同워싱턴특파원(차장대우) 2001년 同경제과학부 차장대우 2003년 同경제부장 직대(차장) 2004년 同경제부장 2004년 同산업부장 2006년 同경제 · 산업담당 에디터 2006년 同사회부장 2008년 同경영기획실장 2008년 한국신문협회 기조협의회 부회장 2009~2010년 同기조협의회장 2010년 조선일보 경제온라인담당 부국장 2011년 관훈클럽 운영위원(서기) 2011년 CSTV 보도본부장 2011년 TV조선 보도본부장 2013~2015년 조선일보 편집국장 2015년 同미래전략실장 겸 논설위원 2016년 제20대 국회의원(비례대표, 새누리당)(현) 2016년 국회 미래창조과학방송통신위원회 위원(현) 2016년 한국아동인구환경의원연맹(CPE) 회원(현) 2016년 새누리당 미래특별위원회 부위원장(현)

강효섭(康孝燮) KANG Hyo Seop

(생)1942 · 4 · 20 (본)신천(信川) (출)충남 공주 (주)대전 중구 계백로1712 기독교봉사회관306호 대전닥스항공여행사(주) 비서실(042-221-0220) (학)1960년 공주고졸 1964년 충남대 농업토목학과졸 (경)1968년 대전문화방송 보도국 기자 1979년 同취재부 차장 1980년 同취재부장 1987년 同보도국 부국장 1988년 同총무국장 1990년 同보도국장 1993년 대전시 교육위원 1994년 대전문화방송 상무이사 2000년 온누리여행사 회장 2001년 대전지법 가사조정위원(현) 2001년 대전닥스항공여행사(주) 회장(현) 2005~2006년 대전시티즌 사장 2010~2014년 同이사 2011년 민주평통 자문위원(현) 2010~2015년 대전시티즌 이사 2016년 새누리당 대전시당 위즈덤위원회 고문(현) (상)대전시 문화화상(1990)

강후원(姜厚遠) KANG Hu Won

(생)1961 · 4 · 2 (본)진주(晉州) (출)경북 영천 (주)경남 진주시 진양호로309의6 진주법조타운3층 강후원법률사무소(055-794-2757) (학)1979년 부산상고졸 1982년 서울대 경영학과 중퇴 (경)1988년 사법시험 합격(30회) 1991년 사법연수원 수료(20기) 1991년 창원지법 판사 1994년 同밀양지원 판사 1996년 창원지법 판사 1998년 同진해시법원 판사 1999년 창원지법 판사 2001년 부산고법 판사 2004년 부산지법 판사 2006년 울산지법 부장판사 2008년 부산지법 부장판사 2012년 창원지법 진주지원장 2014~2015년 부산지법 부장판사 2016년 변호사 개업(현)

강 훈(姜 薰) KANG Hoon

(생)1954 · 7 · 4 (출)서울 (주)서울 강남구 테헤란로92길7 법무법인 바른(02-3479-7842) (학)1972년 서울고졸 1976년 서울대 법학과졸 1978년 同대학원 법학과 수료 (경)1982년 사법시험 합격(24회) 1984년 사법연수원 수료(14기) 1985년 제주지법 판사 1986년 마산지법 판사 1989년 수원지법 판사 1993년 서울지법 북부지원 판사 1995년 서울지법 판사 1996년 서울고법 판사 1998년 법무법인 바른 구성원 변호사(현) 2005~2008년 시민과함께하는변호사들 공동대표 2006년 대한상사중재원 건설분야 중재인 2006년 서울중앙지법 조정위원 2008~2009년 대통령 법무비서관 2010년 서울대 법과대학 · 법학전문대학원 겸임교수 2011년 대학구조개혁위원회 위원 2015년 대한변호사협회 부회장 (상)산업자원부장관표창(2007) (종)천주교

강 훈(姜 勳) Kang Hoon

(생)1957 · 12 · 9 (출)전북 이리 (주)서울 성동구 마장로210 한국기원 홍보팀(02-3407-3800) (경)1974년 입단 1976년 2단 승단 1977년 3단 승단 1979년 4단 승단 1980 · 1981 · 1984년 패왕전 준우승 1983년 5단 승단 1984년 패왕전 준우승 1985년 6단 승단 1986년 박카스배 우승 1986년 신왕전 준우승 1987년 7단 승단 1987 · 1988년 국기전 준우승 1993년 8단 승단 1996년 9단 승단(현) 2003년 제3기 돌씨앗배 준우승 2009년 한국바둑리그 서울하이트진로 감독 2011년 KB국민은행 한국바둑리그 준우승 2012년 제6기 지지옥션배 본선 진출 (상)기도문화상 신예기사상(1979), 기도문화상 감투상(1982)

강훈식(姜勳植) KANG HOONSIK

[생]1973·10·24 [본]진주(晋州) [출]충남 온양 [주]서울 영등포구 의사당대로1 국회 의원회관640호(02-784-1045) [학]건국대 경영정보학과졸, 同행정대학원 행정학과 휴학 [경]1998년 건국대 총학생회장 2000년 총선시민연대 대학생유권자운동본부 집행위원장 2002~2004년 신훈패션 대표이사 2003~2004년 정치컨설팅그룹 '민기획' 전략기획팀장 2004~2006년 경기도지사(손학규) 보좌관 2006년 손학규 100일민심대장정 기획 및 총괄 2007년 손학규 대통령예비후보 선거대책위원회 전략기획실장 2007년 대통합민주신당 아산시선거대책위원회 위원장 2008년 제18대 국회의원선거 출마(아산시, 통합민주당) 2008년 민주당 충남아산지역위원회 위원장 2010년 同부대변인 2010년 同정책위원회 부의장 2010~2011년 同손학규 대표최고위원 정무특보 2015~2016년 동국대 언론정보대학원 신문방송학과 겸임교수 2015년 새정치민주연합 전략홍보본부 부본부장 2016년 더불어민주당 충남아산시乙지역위원회 위원장(현) 2016년 제20대 국회의원(아산시乙, 더불어민주당)(현) 2016년 더불어민주당 오직민생특별위원회 사교육대책TF 위원(현) 2016년 국회 국토교통위원회 위원(현) [저]'길 위에서 민심을 만나다'(2006) '동업이 우리를 위대하게 합니다'(2008)

강흠정(姜欽晶) Heum Jeng, Kang

[생]1968·11·22 [출]충북 괴산 [주]대전 서구 청사로189 특허청 특허심사기획국 특허심사제도과(042-481-8321) [학]1987년 청주고졸 1992년 청주대 전자공학과졸 2001년 충남대 법학대학원졸 2006년 미국 매사추세츠공대 SPURS과정 수료 2007년 미국 캘리포니아대 버클리교 법학대학원졸(LLM) [경]2000년 특허청 심사2국 심사조정과 서기관 2002년 同심사4국 전자심사담당관실 서기관 2004년 同전기전자심사국 전자심사담당관실 정보통신서기관 2007년 同정보통신심사본부 영상기기심사팀 기술서기관 2008년 특허심판원 제10부 심판관 2009년 특허청 전기전자심사국 반도체설계재산팀장 2010년 특허법원 파견(부이사관) 2012년 특허청 정보통신심사국 컴퓨터심사과장 2012년 유럽 공동체상표청(OHIM) 파견(서기관) 2016년 특허청 특허심사기획국 특허심사제도과장 2016년 同특허심사기획국 특허심사제도과장(부이사관)(현)

강흥식(姜興植) KANG Heung Sik

[생]1952·10·15 [본]진주(晋州) [출]충남 [주]경기 성남시 분당구 구미로173번길82 분당서울대학교병원 영상의학과(031-787-7619) [학]1971년 서울고졸 1977년 서울대 의대졸 1980년 同대학원졸 1985년 의학박사(서울대) [경]1977~1982년 서울대병원 인턴·레지던트 1982~1983년 국군 일동병원 방사선과장 1983~1985년 국군 논산병원 방사선과장 1985~1997년 서울대 의대 진단방사선과학교실 전임강사·조교수·부교수 1990~2003년 대한의용생체공학회 재무이사·간행이사·전무이사·학술이사 1993~2002년 대한방사선의학회 편집위원·재무이사·정보이사 1995~2003년 대한 PACS학회 재무이사·정보이사 1997~2007년 서울대 의대 진단방사선과학교실 교수 2001년 분당서울대병원 개원준비단 부단장 2003~2004년 同부원장 2003년 아시아근골격의학회(AMS) 회장 2004~2008년 분당서울대병원 원장 2004년 대한민국의학한림원 정회원(현) 2006~2008년 대한병원협회 병원정보관리이사 2007년 서울대 의과대학 영상의학교실 교수(현) [상]대한방사선의학회 학술상(1992), 동아의료문화상(1992), 메디슨의공상(1999) [저]'근골격계 자기공명 영상'(共) [종]기독교

강흥식(姜興植) KANG Heung Sik

[생]1958·7·13 [본]진주(晋州) [출]충남 [주]부산 해운대구 센텀중앙로105 극동방송 부산지사(051-759-6000) [학]1979년 수원 유신고졸 1986년 경희대 체육학과졸 [경]경희대 체육과학대학 사이클부 지도자, 기독교사회 한국지부 총무부장 2001년 극동방송 영동지사 총무부장 2002년 同영동지사장 2006~2008년 同포항지사장 2009년 同재단 사무국장, 同정책기획실장, 同대회협력처장 2010년 同대구지사장 2015년 同부산지사장(현) [상]강원도지사 감사패, 강릉시장 감사패 외 다수 [종]기독교

강흥식(姜興植) Kang Heung Sik

[생]1961·2·5 [본]진주(晋州) [출]강원 춘천 [주]서울 마포구 상암산로76 YTN 보도국(02-398-8000) [학]춘천고졸, 한국외국어대 인도어과졸 [경]1990년 한국방송공사(KBS) 입사(공채) 1994년 YTN 기자 2000년 同뉴스편집부 기자 2002년 同보도국 사회2부 기자 2004년 同경제부 차장대우 2004년 同방송심의부장 직대 2005년 同기획조정실 홍보팀장 겸 방송심의팀장·경영관리국 총무부장 2006년 同경영기획실 인사팀장 2008년 同스포츠부장 2008년 同보도국 문화과학부장(부장대우) 2009년 同보도국 뉴스1팀장 2009년 同보도국 뉴스1팀장(부장급) 2009년 同보도국 뉴스2팀장(부장급) 2009년 同보도국 편집1부장 2010년 同보도국 해외방송팀장 2011년 同보도국 사회2부 강릉지국장 2013년 同총무국 타워운영팀장(부국장급) 2014년 同보도국 편집부국장 2016년 同보도국장(현) [상]대통령표창(2002)

강희근(姜熙根) KANG Hee Keun

[생]1943·3·1 [출]경남 산청 [주]서울 양천구 목동서로 225 대한민국예술인센터1017호 한국문인협회(02-744-8046) [학]1966년 동국대 국어국문학과졸 1974년 동아대 대학원 국문학과졸 1989년 문학박사(동아대) [경]1965년 서울신문 신춘문예에 '산에 가서'로 시인 등단 1976~1990년 경상대 국어국문학과 강사·전임강사·조교수·부교수, 신춘시 동인, 진단시 동인, 진주시문인협회 회장, 문예정신 주간 1990~2008년 경상대 국어국문학과 교수 1993년 경남도문인협회 회장 1995년 전국국공립대교수협의회 부회장 2001년 경남도펜클럽 회장 2008년 경상대 국어국문학과 명예교수(현) 2009~2013년 국제펜클럽 한국본부 부이사장 2015년 한국문인협회 부이사장(현) 2015년 同문학표절문제연구소장(현) [상]공보부 신인예술상, 경남도 문화상, 서울신문 신춘문예상, 펜문학상 시부문(2005), 녹조근정훈장(2008), 산청함양인권문학상(2012), 제9회 김삿갓문학상(2013) [저]평론집 '현대시비평' '우리 시문학연구' '한국카톨릭시 연구' '시 짓는 법' [작]시집 '연기 및 일기' '풍경보' '산에 가서' '사랑제' '사랑제 이후' '새벽 통영'(2010, 도서출판 경남)

강희근(姜熙根) KANG Hee Keun

[생]1954·3·7 [출]경북 김천 [주]서울 종로구 성균관로 25의2 재단법인 성균관대학교 부속실(02-760-1010) [학]1972년 김천고졸 1980년 성균관대 경영학과졸 [경]1986년 삼성전기(주) 관리과장 1990년 同포르투갈주재원 1994년 同경영기획팀장 2000년 (재)성균관대 사무국장(이사보·상무보·상무) 2009~2016년 同상임이사 2009년 삼성전기(주) 전무 겸임(현) 2016년 (재)성균관대 상임고문(현) [종]기독교

강희만 KANG, Hee Man

[생]1959·9 [출]충남 홍성 [주]서울 중구 세종대로92 한화금융센터 한화토탈(주) 임원실(02-3415-9234) [학]1977년 천안고졸 1985년 고려대 화학공학과졸 [경]1989년 삼성종합화학 입사 2005년 삼성토탈 사업기획팀장 2011년 同에너지사업부장(상무) 2015년 한화토탈(주) 에너지사업부장(상무) 2016년 同에너지영업담당 전무(현)

강희설(姜熙契) kang, hee seol

[생]1962·10·3 [본]진주(晋州) [출]충남 연기 [주]충남 천안시 서북구 성환읍 신방1길114 국립축산과학원 GSP종축사업단(041-580-6851) [학]1981년 청주농업고졸 1985년 충북대 축산학과졸 1994년 건국대 대학원 축산자원생산학과졸 2008년 농학박사(충북대) [경]1985년 전북농촌진흥원 정읍군농촌지도소 농촌지도사 1987년 충북농촌진흥원 보은군농촌지도소 농촌지도사 1992년 농촌진흥청 축산시험장 육우과 축산연구사 1995년 同축산연구소 축산환경과 축산연구사 2004년 同축산연구소 가금과 축산연구관 2006년 同연구정책국 연구개발과 축산팀장 2009년 국립축산과학원 축산환경과장 2011년 농촌진흥청장 비서관 2012년 통일교육원 통일미래지도자과정 파견 2013년 국립축산과학원 한우시험장장 2014년 同한우연구소장 2015년 同낙농과장 2016년 同GSP종축사업단장(현) [종]기독교

강희성(姜熙成) Kang Hee Sung

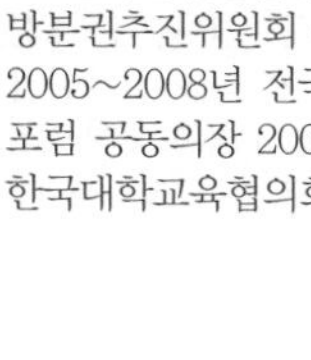

[생]1956·7·27 [본]진주(晋州) [출]전북 군산 [주]전북 군산시 임피면 호원대3길64 호원대학교 총장실(063-450-7003) [학]1975년 대광고졸 1979년 한양대 경제학과졸 1986년 미국 NewYork Pace Univ. 대학원 MBA 1996년 경제학박사(한양대) [경]1988~1999년 전북산업대 사무처장·기획실장 1998년 호원대 경제학부 교수 1999년 同부총장 2001년 同총장(현) 2001년 군산 한·미친선협의회 위원(현) 2001~2010년 민주평통 정책자문위원회 전국상임위원 2002~2004년 전국사립산업대학교총장협의회 회장 2003~2008년 국가균형발전과지방분권추진위원회 위원 2005~2007년 군산세계물류박람회조직위원회 고문 2005~2008년 전국대학사회봉사협의회 부회장 2007~2008년 전북자동차포럼 공동의장 2007~2008년 전북지역대학총장협의회 회장 2007~2008년 한국대학교육협의회 이사 2007~2015년 공군학사장교회 수석부회장 2007

년 한국대학교육협의회 대학자율화추진위원회 위원 2008년 同대학평가대책위원회 위원장(현) 2008~2015년 한국대학사회봉사협의회 회장 2009~2011년 재외동포재단 자문위원 2010~2014년 한국사립대학총장협의회 감사 2010년 전북도 자원봉사발전위원(현) 2011년 한국자원봉사협의회 공동대표 2012년 (사)전북새만금산학융합본부 이사(현) 2012년 공군 정책발전자문위원(현) 2013~2015년 전북자동차포럼 공동의장 2014년 한국GM범시민대책위원회 위원(현) 2014년 한국사립대학총장협의회 부회장(현) 2015~2016년 전북지역대학총장협의회 회장 2015년 공군학사장교회 회장(현) [종]기독교

강희업(姜熙業) KANG Hee Up

[생]1967·8·20 [본]진주(晉州) [출]전북 군산 [주]세종특별자치시 도움6로11 국토교통부 도로국 도로정책과(044-201-3875) [학]1991년 고려대 토목공학과졸 2007년 영국 리즈대 대학원 교통계획학과졸 [경]1995년 공무원시험 합격(5급 공채) 1996년 건설교통부 택지개발과·도로건설과 사무관 2000년 익산지방국토관리청 광주국도유지건설사무소 사무관 2001년 건설교통부 도시관리과 사무관 2004년 同도로건설과 서기관 2006년 서울지방국토관리청 건설관리실장 2006년 건설교통부 서기관(국외훈련) 2008년 국토해양부 서기관(국외훈련) 2008년 2012여수세계박람회조직위원회 파견(서기관) 2010년 국토해양부 교통정책실 광역도시도로과장 2011년 同교통정책실 도시광역교통과장 2012년 同녹색도시과장 2013년 국토교통부 재정담당관 2014년 同도로국 도로정책과장(부이사관)(현) [상]대통령표창(2002·2004) [종]기독교

강희윤(姜熙潤) Kang Hee-yoon

[생]1956·2·28 [출]경기 부천 [주]서울 종로구 사직로8길 60 외교부 인사운영팀(02-2100-7136) [학]1974년 경기고졸 1979년 한국외국어대 포르투갈어과졸 1984년 서울대 행정대학원졸 [경]1979년 행정고시 합격(22회) 1992년 경제기획원 기획예산담당관실 서기관 1994년 공정거래위원회 광고경품과장 1997년 대통령비서실 파견 1998년 외교통상부 투자전문진흥팀장 1999년 同통상투자진흥과장 2001년 同통상법률지원팀장 2002년 駐캐나다 참사관 2004년 駐뉴질랜드 공사 2007년 駐밀라노 총영사 2011년 駐인도 공사 겸 총영사 2013~2016년 駐모잠비크 대사 2016년 외교부 본부 근무(현) [상]경제기획원장관표창(1988), 대통령표창(1991) [종]불교

강희은(姜熙恩) Kang, Hee-Eun

[생]1968·3·31 [본]진주(晉州) [출]전북 군산 [주]서울 중구 세종대로110 서울특별시청 감사담당관실(02-2133-3010) [학]1986년 군산제일고졸 1990년 고려대 법학과졸 1994년 同대학원 법학 석사과정 수료 [경]1994년 행정고시 합격(38회) 1995년 총무처 수습사무관 1996~2001년 국가보훈처 행정사무관 2001~2006년 공정거래위원회 사무관·서기관 2006~2012년 국가청렴위원회·국민권익위원회 과장 2009~2011년 미국 아이오와주 옴부즈만 직무연수 2012년 서울시 경제진흥실 소상공인지원과장 2013년 同기후대기과장 2014년 同기후환경본부 친환경교통과장 2015년 同기후환경본부 대기관리과장 2015년 同문화본부 역사문화재과장 2016년 同감사담당관(현) [상]공정거래위원장표창 [저]'옴부즈만, 국민의 친구입니다'(2012, 탑북스) [종]개신교

강희일(姜熙一) KANG Hee Il

[생]1945·2·6 [출]경북 김천 [주]서울 마포구 대흥로6길8 다산빌딩402호 다산출판사(02-717-3661) [학]1967년 덕수상고졸 2002년 서경대졸 2005년 중앙대 신문방송대학원졸 [경]1979년 다산출판사 대표(현) 1985년 국제라이온스클럽 309A지구 축우라이온스클럽 회장 1990~2001년 한국출판협동조합 이사 1992년 대한출판문화협회 이사 1995년 한국학술도서출판협의회 명예회장 1999년 한국출판연구소 감사 2002년 한국복사전송권관리센터 부이사장 2005년 한국출판문화협회 부회장 2007~2011년 한국복사전송권관리협회 부이사장 2008년 한국학술출판협회 명예회장(현), 서경대 국어국문학과 외래교수 [상]문화부장관표창, 국무총리표창, 중앙언론문화상, 옥관문화훈장(2010)

강희일(姜熙日) KANG Heui Il

[생]1953·12·16 [본]진주(晉州) [출]경북 봉화 [주]서울 서대문구 충정로8 종근당바이오 임원실(031-489-1173) [학]1971년 경동고졸 1976년 서울대 미생물학과졸 1978년 同대학원졸 1989년 이학박사(서울대) [경]1982년 (주)유한양행 입사 1987년 영국 Newcastle Univ. 방문연구원 2000년 (주)유한양행 이사대우, 同중앙연구소 바이오텍연구센터장(이사) 2003년 同중앙연구소장(상무) 2006~2008년 (재)바이오21센터 센터장 2009년 종근당바이오 중앙연구소장 2011년 同대표이사 부사장(현) [종]대한성공회

강희철(姜喜哲) KANG, Hee-Chul

[생]1958·10·5 [출]경남 진해 [주]서울 강남구 테헤란로518 섬유센터빌딩12층 법무법인(유) 율촌(02-528-5203) [학]1975년 경남고졸 1979년 서울대 법학과졸 1990년 미국 하버드대 법학대학원졸(LLM) [경]1979년 사법시험 합격(21회) 1981년 사법연수원 수료(11기) 1981~1984년 육군 법무관 1984~1996년 김앤장법률사무소 변호사 1990~1991년 미국 제너럴일렉트릭사 아시아태평양지역본부(홍콩) 사내변호사 1997년 법무법인 율촌 변호사(현) 1998~2005년 국방부 조달본부 군수조달자문위원 2000~2002년 서울지방변호사회 섭외위원장 2002~2007년 현대미포조선 사외이사 2003~2006년 금융감독원 감리위원회 위원 2004년 대한상사중재원 중재인(현) 2004~2006년 재정경제부 금융발전심의회 위원 2005년 상장회사협의회 자문위원(현) 2005~2009년 증권선물거래소 유가증권시장공시위원회 위원 2005년 서울중앙지법 조정위원(현) 2006~2009년 한국투자자교육재단 감사 2008년 법무부 경영권방어법제개선위원회 위원 2008~2010년 금융위원회산하 자본시장조사심의위원회 위원 2009년 한국증권법학회 부회장(현) 2011~2013년 대한변호사협회 부회장 2012~2016년 IPBA(Inter-Pacific Bar Association) Legal Practice Committee 위원장 2011~2013년 대법원 법관인사위원회 위원 2014년 한국세계자연기금 감사(현) 2016년 (주)포스코대우 사외이사(현)

강희태(姜熙泰) Kang Hee Tae

[생]1940·7·13 [본]진주(晉州) [출]전북 전주 [주]서울 구로구 공원로 26 (사)한국석탄산업발전연구원 원장실(02-761-7610) [학]1958년 전주고졸 1964년 서울대 자원공학과졸 [경]1964년 대한석탄공사 입사 1985년 同기술연구소 가공기술부장·책임연구원 1987년 同나전광업소장 1989년 同생산부장 1992년 同장성광업소장 1993년 同생산부장 1995~1998년 同자원개발본부장 1998~2013년 자원산업연구원 이사 1999~2001년 대한석탄공사 비상임이사 2012년 (사)한국석탄산업발전연구원 원장(현) [상]보국포장 [종]기독교

강희태(姜熙泰) KANG Hee Tae

[생]1959·4·23 [출]서울 [주]서울 중구 남대문로81 롯데쇼핑(주) 임원실(02-771-2500) [학]1987년 경희대 영어영문학과졸 [경]2004년 롯데쇼핑(주) 여성복팀장(이사대우) 2004년 同상품본부 잡화숙녀매입부문장(이사대우) 2005년 同상품본부 잡화숙녀매입부문장(이사), 同백화점사업본부 상품본부1부문장(이사) 2008년 同백화점사업본부 본점장(상무) 2010년 同영남지역장(상무) 2011년 同영남지역장(전무) 2011년 同상품본부장(전무) 2014년 同백화점 차이나사업부문장(부사장)(현)

견종철(堅種哲) Kyun Jong Chul

[생]1968·3·23 [본]해주(海州) [출]부산 [주]광주 동구 준법로7의12 광주고등법원(062-239-1114) [학]1987년 부산 사직고졸 1991년 서울대 사법학과졸 1993년 同대학원졸 [경]1993년 사법시험 합격(35회) 1996년 사법연수원 수료(25기) 1997년 軍법무관 1999년 부산지법 판사 2003년 인천지법 판사 2006년 서울서부지법 판사 2007년 서울고법 판사 2009년 대법원 재판연구관 2011년 서울고법 판사 2016년 광주고법 판사(현)

견종호(堅種晧) Kyun Jongho

[생]1970·10·24 [본]해주(海州) [출]부산 [주]서울 종로구 사직로8길60 외교부 인사운영팀(02-2100-7143) [학]1989년 충렬고졸 1996년 서울대 불어불문학과졸 2000년 미국 컬럼비아대 국제대학원졸(석사) [경]1996년 외무고시 합격(30회) 1996년 외교부 입부 2003~2006년 駐EU대표부 1등서기관 2006~2008년 駐스리랑카대사관 1등서기관 겸 영사 2009~2010년 G20 셰르파 보좌관 2010~2012년 駐미국대사관 1등서기관 2012~2013년 외교부 G20경제기구과장 2014년 同양자경제외교총괄과장 2016년 駐필리핀대사관 참사관(현) [상]국무총리표창(2011) [저]'외교관이 본 국제경제(共)'(2003) 'EU정책브리핑(共)'(2005)

경계현(慶桂顯) Kyung Kye Hyun
[생]1963·3·5 [주]경기 수원시 영통구 삼성로129 삼성전자(주) 메모리사업부 Flash개발실(02-2255-0114) [학]1986년 서울대 제어계측공학과졸 1988년 同대학원 제어계측공학과졸 1994년 제어계측공학박사(서울대) [경]2001년 삼성전자(주) 메모리사업부 DRAM개발실 근무 2009년 同메모리사업부 Flash개발실 담당임원(상무) 2011년 同메모리사업부 Flash설계팀장(상무) 2013년 同메모리사업부 Flash설계팀장(전무) 2015년 同메모리사업부 Flash개발실장(부사장)(현) [상]자랑스런 삼성인상 기술상(2014)

경대수(慶大秀) KYEONG Dae Soo
[생]1958·3·18 [본]청주(淸州) [출]충북 괴산 [주]서울 영등포구 의사당대로1 국회 의원회관941호(02-784-3977) [학]1975년 경동고졸 1979년 서울대 법학과졸 1981년 同대학원 법학석사과정 수료 [경]1979년 사법시험 합격(21회) 1981년 사법연수원 수료(11기) 1981년 육군 법무관 1984년 서울지검 남부지청 검사 1987년 춘천지검 영월지청 검사 1988년 서울지검 북부지청 검사 1990년 부산지검 검사 1992년 인천지검 검사 1993년 대전지검 공주지청장 1993년 전주지검 군산지청 부장검사 1994년 청주지검 부장검사 1996년 서울지검 의정부지청 부장검사 1997년 대구지검 형사2부장 1997년 同형사1부장 1998년 법무부 보호과장 1999년 서울지검 조사부장 2000년 대구지검 김천지청장 2001년 대전지검 차장검사 2002년 서울고검 검사 2003년 광주지검 차장검사 2004년 서울중앙지검 2차장검사 2005년 同1차장검사 2005년 제주지검장 2006년 대검찰청 마약·조직범죄부장 2006년 변호사 개업(현) 2009년 10·28재보선 국회의원선거 출마(충북 증평군·진천군·괴산군·음성군, 한나라당) 2011년 한나라당 충북도당 위원장 2012년 새누리당 충북도당 위원장 2012년 제19대 국회의원(충북 증평군·진천군·괴산군·음성군, 새누리당) 2012~2015년 새누리당 중앙윤리위원회 위원장 2012년 同법률지원단 부단장 2012년 국회 윤리특별위원회 위원 2013년 국회 공직자윤리위원회 위원 2013~2014년 국회 농림축산식품해양수산위원회 간사 2014년 대한민국귀농귀촌한마당·전원생활박람회 조직위원장 2014년 새누리당 세월호사고대책특별위원회 위원 2014년 국회 농림축산식품해양수산위원회 위원 2014~2015년 국회 예산결산특별위원회 위원 2015년 국회 정치개혁특별위원회 공직선거법심사소위원회 위원 2015년 새누리당 충북도당 위원장 2016년 제20대 국회의원(충북 증평군·진천군·음성군, 새누리당)(현) 2016년 국회 국방위원회 간사(현) 2016년 국회 정치발전특별위원회 위원(현) 2016년 새누리당 인권위원장(현) 2016년 국회 대한민국미래혁신포럼 회원(현) [상]검찰총장표창, 대한민국우수국회의원대상(2013), 대한민국창조경영대상(2014), 국정감사 우수국회의원대상(2014·2015), 국회의장선정 입법 및 정책개발 우수국회의원(2014), 국회의원 헌정대상(2015), 대한민국최고국민대상 의정부문 농축산복지발전공로대상(2015), 한국을 빛낸 자랑스런 한국인대상 의정부문 지역발전공로대상(2015)

경만호(慶晩浩) KYUNG Man Ho
[생]1952·6·9 [출]서울 [주]서울 서초구 바우뫼로6길57 대한결핵협회 회장실(02-2633-9461) [학]1970년 용산고졸 1978년 가톨릭대졸 1982년 同대학원졸 1989년 의학박사(가톨릭대) 2003년 포천중문의대 대학원 대체의학과졸 [경]1984~2005년 경만호정형외과의원 원장 1988~2002년 동대문구의사회 법제이사 1989~1998년 대한정형외과개원의협의회 총무 1995~1998년 서울시의사회 자보대책위원장 1997년 대한의사협회 정책이사 1997년 同자보대책위원장 1998~2006년 자동차보험진료수가분쟁심의회 위원 2000~2006년 동대문구의사회 회장 2005년 건강보험심사평가원 치료재료위원 2006~2007년 서울시의사회 회장 2006~2007년 의사신문 사장 2006~2007년 대한의사협회 부회장 2006~2007년 서울시의사회 의료봉사단 대표이사 2006~2007년 서울시구급대책협의회 위원장 2007~2009년 대한결핵협회 부회장 2009~2010년 대한적십자사 부총재 2009~2012년 대한의사협회 회장 2010~2012년 의료기관평가인증원 이사 2016년 대한결핵협회 회장(현) [상]자랑스런 용산인(2009)

경민현(慶旻顯) KYOUNG Min Hyun
[생]1958·6·25 [본]청주(淸州) [출]강원 춘천 [주]강원 춘천시 후석로462번길22 강원도민일보 전략본부(033-260-9000) [학]1984년 성균관대 대학원 신문방송학과졸 [경]1992년 일간건설 신문경제부 차장 1995년 강원도민일보 서울본부 정치부 차장 1997년 同정치부장 직대 1999년 同서울본부 정치부장 2002년 同서울본부 정치부장(부국장) 2002년 同편집부국장 겸 서울본부 정치부장 2004년 同편집국 정치부장 겸 취재담당 부국장 2005년 同편집국장 2008년 同편집국장(이사대우) 2009년 同편집국장(이사) 2011년 同미디어본부장 겸 편집국장(이사) 2012년 同미디어본부장·전략사업국장·강원사회조사연구소장(이사) 겸임 2016년 同전략본부장 겸 미디어본부장·전략기획국장 겸임(상무이사)(현) [상]대통령표창(2011)

경상호(慶尙浩) KYUNG Sang Ho
[생]1950·5·3 [출]서울 [주]경기 안양시 동안구 흥안대로439번길20의2 한농화성 임원실(031-388-0141) [학]1969년 중동고졸 1976년 고려대 화학공학과졸 [경](주)야긴엔지니어링 이사, (주)한정화학 이사, (주)한농화성 공장장(전무이사), 同공장장(부사장) 2014년 同각자대표이사 사장(현)

경성호(慶晟浩)
[생]1960·4·25 [출]경남 거창 [주]경북 영덕군 영덕읍 남산1길14 영덕경찰서 서장실(054-730-5210) [학]경남 거창고졸, 경남대 행정학과졸 [경]1988년 경위 임용(경찰간부후보 36기) 1999년 경북 영주경찰서 수사과장(경감) 2006년 경북 경산경찰서 경비교통과장(경정) 2007년 경북 포항북부경찰서 정보보안과장 2008년 경북 경산경찰서 정보보안과장 2009년 경북 구미경찰서 정보보안과장 2010년 경북지방경찰청 경비교통과 작전전경계장 2013년 同경무과 경무계장 2015년 同112종합상황실장(총경) 2015년 同제1부 경무과 치안지도관 2016년 경북 영덕경찰서장(현)

경수근(景洙謹) KYOUNG Soo Keun
[생]1955·4·2 [출]전북 부안 [주]서울 서초구 법원로3길20의3 법무법인 인앤인(02-596-3701) [학]1974년 백산고졸 1983년 서울대 법학과졸 [경]1982년 사법시험 합격(24회) 1984년 사법연수원 수료(14기) 1985~1992년 김·송합동법률사무소 근무 1988년 일본 게이오대 연수 1993~2005년 한국방송공사 고문 1999~2008년 법무법인 소명 대표변호사 1999~2005년 대한가정법률복지상담원 감사 2003~2008년 애드보켓코리아 이사, 同사무총장 2004~2005년 청소년위원회정책자문위원회 위원 2005년 법무부 수출중소기업·벤처기업 법률지원자문변호사(현) 2005~2007년 서울시 여성위원회 위원 2006년 대한가정법률복지상담원 이사 2006년 한국기독교총연합회 법률고문 2007~2011년 한일변호사회 회장 2008년 국토해양부 운영심의위원회 위원 2008년 법무법인 인앤인 대표변호사(현) 2010년 안전생활실천시민연합회 감사 2010년 서울메트로 적극행정면책심의위원회 위원 2011년 애드보켓코리아 총재대행 2012년 손해보험협회 구상금분쟁심의위원(현) 2014년 (재)한국우편사업진흥원 비상임이사(현) [상]서울지방변호사회 공로상(2006) [종]기독교

경 암(鏡 岩) Kyung Am (性悟)
[생]1943·9·26 [본]경주(慶州) [출]강원 영월 [주]충북 제천시 의림대로30안길4 대한불교불입종 총무원(043-653-4800) [학]1972년 호남불교전문강원 대교과졸 1992년 명예 철학박사(미얀마 양곤불교대) [경]1967년 비구계 수지 1972년 「시조문학」誌로 시조시인 등단 1973년 대한불교불입종 역경부장 1973년 송화사 창건·주지(현) 1981년 대만개최 세계불교승가대회 한국대표 1984년 대한불교불입종 교육원장 1988년 법화유치원 설립·이사장(현) 1988년 대한불교불입종 총무원장(현) [상]충북도지사표창 [저]시집 '낙뇌목의 여진' '인연' '산승문답' '불타의 여로' '시조시장경' 산문집 '마음떠난 자리에' 선시집 '無門이 門임을 안다면' [작]'가을편지' '부앙저회' [종]불교

경 우(耕 牛)
[생]1963 [주]전북 고창군 아산면 선운사로250 대한불교조계종 선운사(063-561-1422) [학]1993년 법주사 승가대졸 [경]1985년 범어사에서 사미계 수지(계사 지성스님) 1989년 범어사에서 구족계 수지(계사 자운스님) 1990~1994년 상이암 주지 서리 1998~2000년 만일사 주지 2000년 대한불교조계종 총무원 호법부 상임감찰 2000년 同총무원 사서 2002년 同총무원 사서실장 직대 2002년 만일사 주지 2003년 대한불교조계종 총무원 사서국장 2005~2006년 同총무원 호법국장 2006년 同총무원 감사국장 2008년 同호법부 호법국장 2009~2011년 同총무원 사서실장 2011~2015년 장경사 주지 2011년 대한불교조계종 중앙종회 사무처장 2015년 선운사 주지(현)

경윤호(慶倫昊) Gyung, Younho

[생]1965·1·15 [본]청주(淸州) [출]부산 [주]경기 수원시 영통구 광교로107 경기신용보증재단 감사실(031-259-7774) [학]1983년 부산 혜광고졸 1987년 부산대 독어독문학과졸 1991년 同대학원 한국근현대사학과졸 2005년 연세대 언론홍보대학원졸 [경]1989년 부산대 대학원신문 편집장 1995~2000년 박종웅 국회의원 보좌관 2000~2006년 남경필 국회의원 보좌관·이회창 대통령후보 보좌역·미래를위한청년연대 운영위원 2004년 한나라당 보좌진협의회 부회장 2006년 김문수 경기도지사후보 부대변인 2006년 경기도지사 직인수위원회 대변인 2006~2007년 경기도 공보관 2007년 한나라당 제17대 대통령중앙선거대책위원회 조직기획팀장 2007~2008년 제17대 대통령직인수위원회 경제2분과위원회 자문위원 2007~2008년 부산대 산학협력단 초빙교수 2008~2010년 여론조사기관 모빌리쿠스 대표이사 2008~2009년 경희대 언론정보대학원 객원교수 2009~2013년 특임장관 자문위원 2013~2014년 대한한의사협회 사무총장 2014년 경기신용보증재단 상근감사(현) [상]범시민사회단체연합 선정 '좋은사회지도자상'(2015)

경재용(慶在勇) KYUNG Jae Yong

[생]1952·4·3 [출]서울 [주]서울 영등포구 의사당대로1길 25 동문건설(주) 비서실(02-2239-1000) [학]1978년 홍익대 전기공학과졸 1997년 중앙대 건설대학원 최고경영자과정 수료 [경]1978~1980년 한국외환은행 근무 1980년 상신전기건설공사 설립·경영 1981년 석우주택 경영 1984년 동문건설(주) 대표이사 회장(현) 1988년 서울양천구체육회 감사 1990년 서울강서청년회의소 내무부회장 1991년 서울지구청년회의소 이사 1997년 서울지검 남부지청 범죄예방위원협의회 부회장 1998년 대한주택건설협회 고문 겸 경기도지회 이사 2001년 강서장학회 이사 2002년 서울강서청년회의소 특우회 회장 2002년 홍익대총동문회 부회장 2002년 홍익대장학재단 이사 2005년 한국주택협회 이사 2007년 同부회장 2008년 서울남부지방검찰청 소년장학재단 이사장 2016년 同회장 직무대행 [상]경기도지사표창, 재정경제부장관표창, 국가보훈처장표창(2000), 동탑산업훈장(2002), 모범중소기업 경영인상(2002), 조선일보 선정 최우수광고주상, 은탑산업훈장(2008)

경종민(慶宗旻) KYUNG Chong Min

[생]1953·6·21 [본]청주(淸州) [출]서울 [주]대전 유성구 대학로291 한국과학기술원 전기및전자공학부(042-350-5423) [학]1975년 서울대 전자공학과졸 1977년 한국과학기술원 전기전자공학과졸 1981년 공학박사(한국과학기술원) [경]1981년 미국 AT&T벨연구소 근무 1983~1990년 한국과학기술원 조교수·부교수 1985년 일본 도쿄대 객원교수 1989년 독일 칼스루헤공대 훔볼트재단 지원방문교수 1990년 한국과학기술원 전기및전자공학부 교수(현) 1994년 同고성능집적시스템연구센터 소장 1995년 독일 뮌헨공대 객원교수 1995~2011년 한국과학기술원 반도체설계교육센터 소장 2006~2007년 同IT연구소장 2011년 (재)스마트IT융합시스템연구단 단장(현) [상]국제설계자동화학회(DAC) 최우수논문상, 국제신호처리응용기술학회(ICSPAT) 최우수논문상, 국제컴퓨터설계학술대회(ICCD) 최우수논문상, 국민훈장 석류장 [저]'CAD Algorithms for VLSI begign' 'VLSI Architectures for digital Signal Processing' '큰나무가 자라는땅' '고성능 마이크로프로세서 구조및 설계방법' '이공계가 살아야 나라가 산다'(2004) [종]기독교

경희문(景熙文) KYUNG Hee Moon

[생]1957·1·27 [본]태인(泰仁) [출]경북 선산 [주]대구 중구 달구벌대로2175 경북대학교 치과병원 치과교정과(053-600-7372) [학]1973년 계성고졸 1980년 경북대 치의학과졸 1983년 同대학원졸 1989년 경희대 대학원졸 [경]1986~1998년 경북대 치대 교정학교실 전임강사·조교수·부교수 1991~1992년 일본 오사카대 치학부 객원교수 1996~1997년 캐나다 UBC대 치학부 객원교수 1998년 경북대 치의학전문대학원 치과교정학교실 교수(현) 2000~2003년 同치과대학장 2010년 앵글소사이어티 정회원(현) 2012년 대한치과교정학회 부회장 2016년 同회장(현) [저]'한국인 정상교합자의 두개안면 성장에 관한 누년적자료'(2001, 정원사) 'Microimplants in Orthodontics'(2006, Needham Press) 'Lingual Orthodontic Treatment-Mushroom Archwire Technique and the Lingual Bracket'(2009, Dentos Inc.) [역]'혼합치열기의 교정 및 정형적 치료'(1997, 정원사) '설측교정학'(2003, 명문출판사) '치과 교정학 및 치과 안면 정형학'(2004, 신흥인터내셔널) '임상의를 위한 마이크로임프란트 교정입문-브라켓 없이도 가능한 Minor Tooth Movement'(2007, 덴토스) 'Introduction of Innovative orthodontic Concepts Using Microimplant Anchorage_ Adjunctive Prerestorative Tooth Movement without Bracket Appliances'(2007, 덴토스) [종]천주교

계승교(桂勝敎) Gye Seung Gyo

[생]1963·12·7 [주]경기 수원시 영통구 삼성로129 삼성전자 무선사업부(02-2255-0114) [학]미국 존F케네디고졸, 미국 코넬대 컴퓨터과학과졸, 미국 존스홉킨스대 대학원 컴퓨터과학과졸 [경]미국 IBM Rational Brand Services Western Region Manager 2005년 삼성SDS(주) 입사 2011년 同MC본부장(전무) 2012년 同스마트컨버전스본부장(전무) 2013년 同스마트컨버전스사업부장(전무) 2014년 同SC사업부장(전무) 2014년 同미주법인장(전무) 2015년 同미주법인장(부사장) 2016년 삼성전자(주) 무선사업부 B2B솔루션사업담당 부사장(현)

계용욱(桂用旭) KYE Yong Uk

[생]1964·1·16 [주]서울 영등포구 여의대로128 LG트윈타워 동관12층 LG상사(주) 임원실(02-3773-1114) [학]인천고졸, 서울대 자원공학과졸 1988년 同대학원 자원공학과졸 [경]1989년 LG상사(주) 입사 1997년 (주)LG 회장실 과장, 同차장 2001년 LG상사(주) 인재개발팀 근무 2004년 同플랜트팀 부장 2007년 同중동지역본부장 2008년 同두바이지사장(상무) 2009년 同프로젝트TFT 상무 2013년 同프로젝트사업부장(전무) 2014년 同산업재2부문장(전무) 2016년 同인프라부문장(전무)(현)

계용준(桂鏞駿) KYE Yong Joon

[생]1956·4·30 [출]인천 강화 [주]충북 청주시 상당구 상당로195 충북개발공사 비서실(043-210-9100) [학]1973년 선린상고졸 1980년 중앙대 법학과졸 2001년 고려대 정책대학원 도시행정학과졸 2013년 행정학박사(중앙대) [경]1980년 한국토지공사 입사 2001년 同관리처장 2002년 同재무관리처장 2003년 同충북지사장 2005년 同기획조정실장 2005년 同행정중심복합도시건설본부장 2006년 同행정중심복합도시건설본부장(상임이사) 2006년 同경영지원이사 2007년 同단지사업이사 2007년 同경제협력사업이사 2008~2009년 同부사장 겸 기획이사 2009~2011년 알파돔자산(주) 대표이사 2014년 코오롱글로벌(주) 사외이사 2014년 충북개발공사 사장(현) [상]건설교통부장관표창(1995), 철탑산업훈장(2008)

계재철(桂在哲) GYE Jae Cheol

[생]1959·5·23 [본]수안(遂安) [출]강원 철원 [주]강원 춘천시 중앙로1 강원도청 농정국 유통원예과(033-249-2620) [학]신철원고졸, 강원대 낙농학과졸 [경]육군 보병부대 소대장, 화천군청 산업과 근무, 강원도 농민교육원 근무, 同농정산림국 축산과 사료담당(사무관), 同농정산림국 축산유통담당(사무관), 同농정산림국 축산경영담당(사무관), 同농정산림국 축산담당(사무관) 2008년 同농정산림국 축산과장, 同농축산식품국 축산진흥과장 2015년 同농정국 축산과장 2016년 同농정국 유통원예과장(현) [상]강원도지사표창(1991), 내무부장관표창(1995), 농림부장관표창(2004), 행정안전부장관표창(2007), 국무총리표창(2008), 근정포장(2011)

계 환(戒 環·女)

[생]1953·7·25 [주]서울 중구 필동로1길30 동국대학교 불교대학 불교학부(02-2260-3093) [학]1979년 운문사 비구니불교전문강원 대교과졸 1984년 일본 하나조노(花園)대 불교학과졸 1986년 일본 교토붓교대 대학원졸 1992년 문학박사(일본 교토붓교대) [경]1972년 청룡사에서 일타스님을 계사로 사미니계 수지 1979년 범어사에서 고암스님을 계사로 비구니계 수지 1980년 석남사에서 동안거 성만 1990년 동국대 불교대학 불교학과 강사 1992~1994년 同불교문화연구원 상임연구원 1994~1995년 불교방송(BBS) '자비의 전화' 진행자 1995~2010년 동국대 불교학과 교수 1995년 불교방송(BBS) 포교위원회 포교위원 1997년 비구니수행원 혜광사 주지 겸 사감 1997년 대한불교조계종 교육원 교재편찬위원회 위원 1998년 한국불교학회 이사 1999년 BK21 불교문화사상사 교육연구단 제2팀장 1999년 대한불교조계종 교육원 역경편찬위원회 역경위원 2000년 옥수사회종합복지관 자문위원 2000년 대한불교조계종 원교사 주지(현) 2001년 한국공예기능협회 이사 2002년 국제불교사상사학회 이사(현) 2003년 일본학연구소 운영위원 2004년 세계여성불자대회 국제분과위원장 2004~2013년 한국선학회 이사 2007년 일본인도학불교학회 평의원(현) 2008~2011년 대한불교조계종 전국비구니회 기획실장 2009년 보조사상연구회 편집위원 2010년 동국대 불교대학 불교학부 교수(현) 2010년 대한불교조계종 중앙종회 의원(현) 2010년 한국불교학회 법인이사 겸 부회장(현) 2010~2013년 동국대 불교대학장 겸 불교대학원장 2011년 불교신문 논설위원 2013~2015년 동국대 중앙도서관장 2014~2016년 전

국비구니회 운영위원장 2016년 국가인권위원회 비상임위원(현) [저]'중국화엄사상사연구'(1996) '백팔고개 넘어 부처되기'(1997) '불교와 인간(共)'(1998) '똑똑똑 불교를 두드려 보자(共)'(1998) '경전산책'(2000) '불교의 이해와 신행(共)'(2004) '대승불교의 세계'(2005) '고려대장경(共)'(2006) '상식으로 만나는 불교'(2007) '현수법장 연구'(2011) [역]'홍명집'(2008) '화엄사상사'(1988) '중국불교사'(1996) '일본불교사'(2008) [종]불교

고 강(高 剛)

[생]1956 [출]인천 [주]서울 영등포구 여의대로24 전경련회관13층 (주)한화건설(02-2055-5795) [학]1974년 제물포고졸 1981년 인하대 건축공학과졸 1999년 미국 보스턴대 대학원 경영학과졸 [경]대우건설 해외개발사업부서 근무, 모건스탠리증권 자산관리부서 근무, 同개발투자부서 근무, (주)한화건설 해외사업실장 2012년 同해외영업 및 BNCP(비스마야 신도시건설) 프로젝트담당 상무 2013년 同해외영업본부장(전무) 2016년 同해외부문장(전무)(현)

고 건(高 建) GOH Kun (又民)

[생]1938·1·2 [본]제주(濟州) [출]서울 [주]서울 종로구 율곡로190 여전도회관10층(02-765-1994) [학]1956년 경기고졸 1960년 서울대 문리대학 정치학과졸 1971년 同환경대학원 도시계획학과졸 1992년 명예 법학박사(원광대) 2001년 명예 법학박사(미국 시라큐스대) 2007년 명예 정치학박사(불가리아 소피아대) [경]1959년 서울대 총학생회장 1961년 고시행정과 합격(13회) 1962년 내무부 수습사무관 1968~1971년 전북도 식산국장·내무국장 1971년 내무부 새마을담당관 1972년 同지방행정담당관 1973년 강원도 부지사·내무부 지방국장 1975년 전남도지사 1979년 대통령 정무제2수석비서관·대통령 정무수석비서관 1980년 국토개발연구원 고문 1981년 교통부 장관 1981~1982년 농수산부 장관 1983년 미국 하버드대 및 MIT 객원연구원 1985년 제12대 국회의원(군산·옥구, 민정당) 1985년 민주정의당(민정당) 지방자치제특별위원장 1987년 同전북도지부장 1987년 내무부 장관 1988년 민정당 군산지구당 위원장 1988년 同전북도지부장 1988~1990년 서울특별시장 1994~1997년 명지대 총장 1995년 한국그린크로스 공동의장 1996년 환경운동연합 공동대표 1997~1998년 국무총리 1998년 명지대 지방자치대학원 석좌교수 1998~2002년 서울특별시장(국민회의·새천년민주당) 2001년 (사)한국상하수도협회 초대회장 2002년 명지대 석좌교수 2002년 반부패국민연대 회장 2003~2004년 국무총리 2004년 대통령 권한대행 2004년 국제투명성기구 자문위원(현) 2004년 미국 시라큐스대 종신이사(현) 2004~2005년 에코포럼 공동대표 2004년 다산연구소 고문(현) 2006년 '미래와 경제' 창립 발기인 2006년 희망한국국민연대 공동대표 2008~2010년 기후변화센터 이사장 2009~2010년 대통령자문 사회통합위원회 위원장 2010년 기후변화센터 명예이사장(현) 2012년 북한대학원대 석좌교수(현) 2014년 대통령직속 통일준비위원회 사회문화분과위원회 민간위원(현) 2014년 아시아녹화기구 운영위원장(현) 2015~2016년 한국국제협력단 지구촌새마을운동 자문위원 [상]홍조근정훈장(1972), 청조근정훈장(1982), 국제투명성기구(TI) 올해의 세계청렴인상(2001), 몽골 북극성훈장(2002), 駐韓미국상공회의소 암참어워드(AMCHAM Award)(2005) [저]회고록 '행정도 예술이다'(2002) '국정은 소통이더라'(2013, 동방의빛) [종]기독교

고 건(高 健) KOH Kern

[생]1948·9·6 [출]서울 [주]서울 서대문구 이화여대길 52 이화여자대학교 엘텍공과대학 소프트웨어학부 컴퓨터공학과(02-3277-2305) [학]1967년 경기고졸 1974년 서울대 공대 응용물리학과졸 1979년 미국 버지니아대 대학원 전자계산학과졸 1981년 전산학박사(미국 버지니아대) [경]1974~1976년 한국과학기술연구소 연구원 1976~1980년 미국 버지니아대 전산과 조교 1981년 미국 Bell연구소 연구원 1983~1993년 서울대 컴퓨터공학부 교수 1994~1998년 同전자계산소 부소장 1988~1991년 한국정보과학회 이사 1988~1989년 미국 IBM T.J Watson연구소 객원교수 1989~1993년 서울대 중앙교육전산원 부원장·원장 1993~2000년 同통계전산과학과 교수 1995년 同통계전산과학과장 1996년 국가정보화추진위원회 자문위원 1997년 한국정보과학회 부회장 2000~2011년 서울대 컴퓨터공학부 교수 2000년 同컴퓨터공학부장 2001년 同학술정보원장 2003년 同차세대행정정보시스템기획단장 2003~2005년 삼성전자(주) 자문교수 2007~2011년 한국공개소프트웨어(SW)활성화포럼 의장 2011~2013년 전주대 총장 2014년 이화여대 엘텍공과대학 소프트웨어학부 컴퓨터공학과 초빙석좌교수(현) 2014년 미래창조과학부 민관합동소프트웨어TF 민간위원장(현) [상]근정포장(2002), 서울대 공대 우수강의교수상(2006), 한국정보과학회 학술상(2006), 동북아공개SW활성화포럼 공헌상(2011), 청조근정훈장(2014) [저]'구조적 컴퓨터 조직론(共)'(1985) 'FORTRAN(共)'(1985) '전산학개론'(1993) 'UNIX개념과 실습'(1995) [역]'운영체제론(共)'(1997) [종]기독교

고경모(高京模) KOH Kyeong Mo

[생]1966·9·16 [출]제주 제주시 [주]경기 과천시 관문로 47 미래창조과학부 창조경제조정관실(02-2110-1710) [학]1982년 제주제일고졸 1989년 서울대 경영학과졸 [경]행정고시 합격(32회) 1989년 총무처 수습사무관 1998년 재정경제원 금융정책실 금융제도담당관실 사무관 2000년 재정경제부 금융정책국 금융정책과 서기관 2006년 同금융정보분석원 기획협력팀장 2007년 대통령비서실 파견 2008년 기획재정부 정책조정국 정책조정총괄과장 2009년 同정책조정국 정책조정총괄과장(부이사관) 2010년 교육과학기술부 예산담당관 2010년 同정책기획관(일반직고위공무원) 2012년 同기획조정실장 2013년 경기도교육청 제1부교육감 2014년 미래창조과학부 창조경제기획국장 2015년 同창조경제조정관(현) [상]근정포장(1999)

고경석(高景錫) KO Kyung Suk

[생]1955·6·25 [본]제주(濟州) [출]전북 고창 [주]경북 경산시 화랑로94 한약진흥재단(053-810-0202) [학]1976년 경성고졸 1981년 연세대 행정학과졸 1987년 서울대 대학원 행정학과졸 1996년 국방대학원 국방관리학과졸 2009년 중앙대 대학원 박사과정 수료 [경]1980년 행정고시 합격(24회) 1981년 서울시 근무 1984년 경제기획원 근무 1989년 보건복지부 연금·가족복지·기획·법무담당관 1999~2001년 캐나다 연방정부 파견 2002년 보건복지부 연금정책과장 2003년 同보험정책과장 2004년 대통령직속 고령화 및 미래사회위원회 파견(노인·보건국장) 2005년 보건복지부 장애인복지심의관 2005년 同사회복지정책본부 장애인정책관 2006년 同본부 근무 2007년 同기초노령연금TF팀 단장 2007년 同한방정책관 2008년 보건복지가족부 한의약정책관 2009년 同장애인정책국장 2010년 보건복지부 장애인정책국장 2010년 同보건의료정책실 건강보험정책관(고위공무원) 2011년 同사회복지정책실장 2011~2012년 同보건의료정책실장 2012~2014년 대한적십자사 사무총장 2015년 한서대 건강관리학과 교수 2015년 한약진흥재단 초대 이사장(현) [상]국무총리표창(1993), 근정포장(2003) [종]기독교

고경석(高坰錫) Goh Kyeong-Seok

[생]1962·11·17 [출]전남 목포 [주]전남 무안군 삼향읍 오룡길1 전라남도의회(061-279-0900) [학]문태고졸, 아주대 경영학과졸, 대불대 사회복지대학원졸 [경]극동방송 운영위원(현), 용호초 운영위원장(현), 민주평통 자문위원(현), 동목포청년회의소(JC) 특우회장(현), 목포대불라이온스클럽 지대위원장, 문태중·문태고 총동문회 부회장(현), 목포대총동문회 부회장(현), 민주당 목포지역위원회 대외협력부장, 목포시체육회 이사 2006·2010~2014년 전남 목포시의회 의원(민주당·민주통합당·민주당·새정치민주연합) 2010~2012년 同관광경제환경위원장 2012년 同운영위원회 위원 2012년 同도시건설위원회 위원 2014년 전남도의회 의원(새정치민주연합·더불어민주당)(현) 2014년 同경제관광문화위원회 부위원장 2014년 同운영위원회 위원 2014·2016년 同여성정책특별위원회 위원(현) 2015년 同예산결산특별위원회 위원 2016년 同윤리특별위원회 위원(현) 2016년 同기획행정위원회 위원(현) [상]전국시·도의회의장협의회 우수의정 대상(2016)

고경수(高京秀) Kyung Soo KO

[생]1960·7·6 [주]서울 노원구 동일로1342 상계백병원 부원장실(02-950-1965) [학]1985년 서울대 의대졸 1994년 同대학원졸 1996년 의학박사(서울대) [경]1992~2007년 인제대 의대(상계백병원) 내분비내과학교실 전임강사·조교수·부교수 1996~1997년 대한당뇨병학회 부총무 2007년 인제대 의대(상계백병원) 내분비내과학교실 교수(현) 2009년 同상계백병원 홍보실장 2009~2013년 대한당뇨병학회 당뇨병성신경병증연구회장 2009년 인제대 상계백병원 당뇨병센터 소장(현) 2014~2016년 同상계백병원 기획실장 2014년 보건복지부 신의료기술평가위원회 전문평가위원(현) 2015년 인제대 상계백병원 연구부원장(현) 2016년 同상계백병원 진료부원장 겸임(현) [상]대한당뇨병학회 학술상, 보건사회부장관표창, 서울시장표창

고경순(高敬順·女) GOH Kyeong Soon

[생]1972·2·18 [출]서울 [주]경기 과천시 관문로47 법무부 인권국 여성아동인권과(02-2110-3139) [학]1990년 명일여고졸 1994년 한양대 법학과졸 [경]1996년 사법시험 합격(38회) 1999년 사법연수원 수료(28기) 1999년 인천지검 검사 2001년 수원지검 성남지청 검사 2003년 창원지검 검사 2005년 서울중앙지검 검사 2008년 의정부지검 검사 2010년 부산지검 검사 2011년 서울북부지검

부부장검사 2013년 서울고검 검사 2014년 서울중앙지검 부부장검사 2014년 춘천지검 부장검사 2015년 서울중앙지검 공판3부장 2016년 법무부 인권국 여성아동인권과장(현)

고경실(高京實) KO Kyung Sil

(생)1956·9·24 (본)제주(濟州) (출)제주 제주시 (주)제주특별자치도 제주시 광양9길10 제주시청 시장실(064-728-2005) (학)1973년 제주상고졸 1984년 제주대 행정학과졸 2002년 同행정대학원졸, 同경영대학 관광개발학 박사과정 이수中 (경)1975년 북제주군 한림읍사무소 지방행정서기보 1979년 용담동사무소 지방행정서기 1982년 同지방행정주사보 1987년 제주시 세무조사계장·기획계장·시정계장(지방행정주사) 1995년 同일도2동장·공보담당관·관상상품개발계장·기획담당관·문화예술과장(지방행정사무관) 2000년 同자치행정국장·제주도 자치행정과장·제주시 문화관광국장(지방서기관) 2006년 지방혁신인력개발원 파견(지방부이사관) 2007년 제주시 부시장 2007년 제주특별자치도 문화관광스포츠국장 2008년 同문화관광교통국장 2010년 기획재정부 파견(부이사관) 2013년 국회사무처 파견(부이사관) 2014년 제주특별자치도 국제자유도시본부장 2014년 同의회 사무처장(지방이사관) 2015년 제주발전연구원 연구관(지방이사관·파견) 2016년 제주시장(현) (상)청백봉사상(1991), 홍조근정훈장(2009) (종)불교

고경우(高敬雨) KO Kyeong Woo

(생)1962·5·22 (출)경북 경주 (주)부산 연제구 법원로34 정림빌딩 법무법인 로앤케이(051-942-6020) (학)1979년 부산 동래고졸 1984년 서울대 법학과졸 (경)1988년 사법시험 합격(30회) 1991년 사법연수원 수료(20기) 1991년 부산지법 동부지원 판사 1993년 同판사 2001년 부산고법 판사 2004년 부산지법 판사 2006년 창원지법 부장판사 2008~2009년 부산지법 부장판사 2009~2011년 법무법인 로앤로 공동대표변호사 2011년 법무법인 로앤케이 공동대표변호사(현)

고경주(高京柱) KO Kyung Ju

(생)1957·3·20 (출)광주 (주)광주 동구 금남로186 송원빌딩9층 (주)금광기업 비서실(062-714-3123) (학)1976년 광주제일고졸 1980년 한양대 금속공학과졸 1985년 미국 유나이티드스테이츠인터내셔널대 경영대학원졸 1989년 경영학박사(미국 유나이티드스테이츠인터내셔널대) (경)1990~2003년 금광기업(주) 부사장 1991~1994년 광주매일 부사장 1991년 (주)여천탱크터미널 감사 1993~1997년 (주)송원 사장 1994년 광주상공회의소 상공의원 1994~2001년 광주매일 대표이사 사장 1995년 광주비엔날레 감사 1996년 누리문화재단 이사 1997년 광주시육상연맹 회장 1997~2013년 현대백화점 광주점 대표이사 2003년 금광기업(주) 사장 2012년 同부회장(현)

고경태 Koh, Kyoung Tae

(생)1967·2·19 (출)강원 원주 (주)서울 마포구 효창목길 6 한겨레신문 편집국(02-710-0114) (학)숭실대 영문학과졸 (경)1991년 한국농어민신문 근무 1994년 한겨레신문 편집국 기자 1999년 同출판사업본부 한겨레21사업부 기자 2005년 同출판사업본부 한겨레21사업부장 2006년 同미디어사업단 한겨레21사업부장 2006년 同주말판 준비팀장 2007년 同편집국 매거진팀장 2008년 씨네21 편집장 2010년 한겨레신문 편집국 문화부문 부편집장 2011년 同편집국 문화스포츠면 에디터 2012년 同편집국 토요판 에디터 2016년 同편집국 신문부문장(현) (저)'유혹하는 에디터'(2009, 한겨레출판)

고경희(高京熙) KO Kyung Hee

(생)1966·11·14 (본)제주(濟州) (출)제주 (주)서울 송파구 올림픽로424 올림픽회관 국민체육진흥공단(02-410-1114) (학)1985년 제주제일고졸 1989년 중앙대 법학과졸 (경)1991년 사법시험 합격(33회) 1994년 사법연수원 수료(23기) 1994~1997년 변호사 개업 1997년 전주지검 검사 1998년 춘천지검 원주지청 검사 2000년 인천지검 검사 2002년 서울지검 검사 2004년 서울중앙지검 검사 2005년 제주지검 검사 2006년 同부부장검사 2006년 한국형사정책연구원 파견 2008년 법무법인 선우 변호사 2011년 중앙대 로스쿨 겸임교수(현) 2011~2015년 법무법인 서정 구성원변호사 2012년 서울교대 고문변호사 2015년 국민체육진흥공단 상임감사(현)

고계현(高桂鉉) Ko, Kye Hyun

(생)1965·2·11 (출)전남 신안 (주)서울 종로구 동숭3길26 의9 경제정의실천시민연합 사무총장실(02-766-5626) (학)1984년 목포 마리아회고졸 1991년 국민대 정치외교학과졸 1995년 同대학원 정치학과졸 (경)1995년 경제정의실천시민연합 시민입법위원회 간사 1997년 同정책연구부장 1997년 돈정치추방시민사회단체연대회의 간사 1998년 경제정의실천시민연합 시민입법국장 2000년 국정감사모니터시민연대 공동사무국장 2001~2004년 경제정의실천시민연합 정책실장 2003년 정치개혁국민행동 정책실장 2004~2005년 경제정의실천시민연합 커뮤니케이션국장 2006년 영국 케임브리지대 울프슨칼리지 방문연구원 2006년 경제정의실천시민연합 사무처장 2008년 同정책실장 2010년 同사무총장(현) 2011년 지구촌빈곤퇴치시민네트워크(GCAP) 운영위원장 2011년 중앙선거관리위원회 선거자문위원회 위원 2013년 국회 정치쇄신자문위원회 위원 2014년 감사원 감사혁신위원회 위원 2015년 포털뉴스제휴평가위원회 위원(현) 2016년 서울중앙지법 명예법관

고광곤(高光坤) KOH, Kwang Kon

(생)1956·9·5 (출)인천 남동구 남동대로774번길21 길병원 심장내과(032-460-3683) (학)1982년 서울대 의대졸 1988년 同대학원졸 1999년 의학박사(서울대) (경)1982~1985년 군의관 1985~1989년 서울대병원 수련의·내과 전공의 1989~1990년 同내과 전임의 1990~1991년 부천세종병원 과장 1991~1995년 인하대병원 내과 조교수 1995~1998년 미국 국립보건원 심장내과 Visiting Scientist & Cardiology Consultant 1998년 가천의과대학 길병원 심장센터 교수 2003년 미국 하버드의대 Brigham and Women's Hospital 심장내과 초청교환교수 2006~2012년 가천의과대학 길병원 심장내과 전문의 2012년 가천대 메디컬캠퍼스 의학전문대학원 심장내과학교실 교수(현) 2012년 同길병원 심장내과 전문의(현) (상)함춘의학상 연구업적부문(1999), 함춘내과 학술상(2002), 가천의대 연구논문상(2003·2010), 대한의사협회 에밀폰베링 의학대상(2008), 대한내과학회 학술상(2011), 가천대 학술상(2012·2015), 대한심장학회 ASTRAZENECA 학술상(2014), 가천대 우수논문상(2015)

고광수(高光秀) KEVIN K. KOH

(생)1966·2·5 (주)서울 강남구 언주로727 (주)디디비코리아 임원실(02-3415-3800) (학)여의도고졸, 연세대졸, 캐나다 사이몬프레이저대졸 (경)Ernst&Young Canada 근무, 안진회계법인 근무, (주)디디비코리아 경영본부장(상무이사), 同최고운영책임자(COO·상무이사) 2009년 同부사장 2012년 同사장(현) (상)캠페인 크리에이티브에이전시 은상(2012·2014), 캠페인 크리에이티브에이전시 금상(2013)

고광일(高光一) Kwangill Koh

(생)1957·8·28 (출)충북 청주 (주)서울 금천구 가산디지털2로53 한라시그마밸리1510호 (주)고영테크놀로지 비서실(02-6343-6857) (학)1976년 서울고졸 1980년 서울대 전기공학과졸 1982년 同대학원졸 1989년 공학박사(미국 피츠버그대) (경)1981~1982년 한국전기통신연구소 연구원 1983~1985년 금성사 중앙연구소 로봇팀장 1986~1989년 미국 Univ. of Pittsburgh 연구원 1989~1997년 LG산전 연구소 연구실장·수석부장 1997년 미래산업(주) 연구센터 소장(상무이사) 1997년 同SMT사업본부장 2001년 同전무이사 2002년 (주)고영테크놀러지 대표이사(현) 2015년 코스닥협회 이사(현) (상)LG그룹 신제품개발경진대회 은상(1992), 장영실상(1995), 지식경영대상 개인부문 최고 CKO(2000), 벤처기업대상 국무총리표창(2007), 벤처기업대상 석탑산업훈장(2010), 한국을 빛낸 창조경영인(2011·2012), 대통령표창(2016) (저)로봇 개발 'Low Cost고속 SCARA로봇' 'SMD마운터' '원전 증기발생기 유지보수로봇' '지능형 Arc용접로봇' (종)천주교

고광철(高光哲) Koh, Kwang-Cheol

(생)1960·1·18 (주)서울 강남구 일원로81 삼성서울병원 소화기내과분과(1599-3114) (학)1985년 서울대 의대졸 1995년 同대학원 의학석사 1999년 의학박사(서울대) (경)1986~1989년 서울대병원 레지던트 1989~1992년 軍의관 1992~1994년 서울대병원 전임의 1997년 성균관대 의과대학 내과학교실 조교수·부교수·교수(현) 2000~2001년 미국 예일대 Liver Center 연수 2007~2009년 대한간학회 학술위원회 위원장 2008~2010년 삼성서울병원 적정진료운영실 QA담당 차장 2010~2012년 同적정진료운영실장 2012년 同기획실장 2016년 同기획총괄(현)

고광철(高光澈) GO Gwang Chul

[생]1961 · 10 · 8 [출]전북 정읍 [주]서울 중구 청파로463 한국경제신문빌딩15층 한경BP 임원실(02-360-4550) [학]1979년 전주고졸 1984년 서울대 무역학과졸 [경]한국경제신문 경제부 차장대우 2000년 同경제부장 직대 2001년 同워싱턴특파원 2004년 同경제부 부장대우 2005년 同국제부장 2006년 同기획취재부장 2008년 同편집국 부국장 겸 경제부장 2010년 同논설위원 2010년 지식경제부 전기위원회 위원 2011년 한국경제신문 경제교육연구소장 2011년 한경에듀 대표 겸임 2011년 한국경제신문 편집국장 2013년 同편집국장(이사대우) 2014년 同수석논설위원 2014년 한경BP 대표이사 사장(현) 2014년 한경에듀 대표이사 사장 [상]제9회 한국참언론인대상 경제부문(2013) [종]기독교

고광필(高光弼) KO KWANG PIL

[생]1961 · 3 · 15 [주]경북 문경시 모전로200 중부광산보안사무소(054-553-5774) [학]1978년 유한공고졸 1984년 한양대 공과대학 재료공학과졸 1986년 同대학원 재료공학과졸 [경]1989년 공무원 임용(7급 특채) 1989~1994년 상공부 기초공업국 금속과 근무 1994~1998년 통산산업부 석유가스국 가스관리과 근무 1998년 산업자원부 수송기계산업과 근무 2001년 同기초소재산업과 근무 2003년 사무관 승진 2008년 지식경제부 가스산업과 사무관 2009년 同철강화학과 사무관 2012년 同산업기술개발과 사무관 2013년 기술서기관 승진 2014~2015년 대통령직속 지역발전위원회 운영지원과장(파견) 2015년 산업통상자원부 중부광산보안사무소장(현)

고광헌(高光憲) KO Kwang Heon

[생]1955 · 5 · 2 [출]전북 정읍 [주]서울 마포구 월드컵로12길7 창비4층 한국인권재단(02-363-0002) [학]1973년 홍익사대부고졸 1977년 경희대 체육학과졸 1983년 同교육대학원 국어국문학과졸 [경]1979년 선일여고 교사 1982년 광주일보 신춘문예 '흔들리는 창밖의 연가'로 시인 등단 1985년 민주교육실천협의회 사무국장 1987년 민주쟁취국민운동본부 집행위원 1988년 한겨레신문 기자 1992년 同체육부 차장 1993년 同민권사회2부 차장 1995년 同민권사회1부 차장 1997년 同민권사회2부장 1998년 同체육부장 1999년 同문화부장 2000년 同민권사회1부장 2001년 同편집국 부국장 2003년 同광고국장 2004년 同편집국 부국장 2005년 同사장실장(이사) 2006년 同판매담당이사 겸임 2006년 同총괄상무 겸 판매담당 이사 2007년 同광고담당 상무 2007년 同전무 2008~2011년 同대표이사 사장 2009~2011년 한국신문윤리위원회 이사 2009년 한국디지털뉴스협회 회장 2009~2011년 헌법재판소 자문위원 2009년 한국신문협회 부회장 2011년 CJ오쇼핑 사외이사 겸 감사 2011년 한겨레신문 고문 2012~2015년 한국인권재단 이사장 2014년 '손잡고(손배가압류를 잡자, 손에 손을 잡고)' 공동대표(현) 2016년 한국인권재단 고문(현) [상]만해대상 특별상(2014) [저]'신중산층 교실에서'(1985) '민중교육(共)'(1985) '스포츠와 정치'(1988) '시간은 무겁다'(2011) [작]광주일보 신춘문예 시 당선작 '흔들리는 창 밖의 연가'(1982) [종]기독교

고광호(高光浩) Kwang Ho Ko

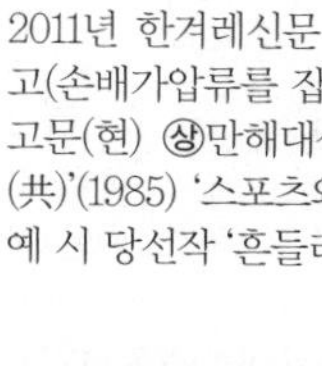

[생]1947 · 1 · 10 [출]부산 [주]경기 포천시 해룡로120 차의과학대학교 약학대학(031-850-9314) [학]1969년 서울대 약학과졸 1971년 同대학원졸 1981년 약학박사(미국 루이지애나대) [경]1977~1981년 미국 루이지아나주립대 의대 연구원 1982~1993년 서울대 약학과 조교수 1982~1985년 미국 루이지아나주립대 연구교수 1988년 미국 일리노이주립대 연구교수 1991~1993년 서울대 유전공학연구소 기초연구부장 1992~1998년 한국신경생물학회 부회장 1993~2011년 서울대 약학과 교수 1995~2003년 한국응용약물학회 부회장 1995~1997년 서울대 약학대학 종합약학연구소장 1996년 감사원 명예감사원 1998년 한국뇌학회 부회장 2000년 한국뇌신경과학회 이사장 2001년 미국 메릴랜드대 연구교수 2003년 Who's Who in Science and Engineering에 등재 2003년 한국뇌학회 부회장 2003년 한국과학기술한림원 정회원(현) 2004년 한국응용약물학회 회장 2004~2006년 한국뇌학회 회장 2004년 식품의약품안전청 자체규정심의위원 2005년 보건복지부 의약품안전정책심의위원(현) 2011~2016년 차의과학대 약학대학장 2012년 서울대 명예교수(현) 2013~2016년 한국과학기술한림원 포상위원회 위원장 2013~2016년 식품의약품안전처 자체규제심사위원 2016년 차의과학대 약학대학 석좌교수(현) [상]대통령표창(1993), 한국의약사 평론가상, 한국응용약물학회 학술본상(1999), 과학기술우수논문상(2002), 대한약학회 학술본상(2005), 근정포장(2011), 대한약학회 약학교육상(2012) [저]'약물학(共)'(2005, 신일상사)

고광효(高光孝) KO Kwang Hyo

[생]1966 · 5 · 5 [본]장흥(長興) [출]전남 장성 [주]세종특별자치시 다솜로261 국무조정실 조세심판원(044-200-1801) [학]대동고졸, 서울대 경제학과졸, 同행정대학원 행정학과졸, 미국 워싱턴주립대 대학원 경영학과졸 [경]1993년 총무처 5급 공채 1994년 대구지방국세청 동대구세무서 총무과장 1995년 안동세무서 법인세과장 1996년 영국 바스대 행정대학원 연수 1996년 국세청 세무공무원교육원 서무과 사무관 1997년 同세무공무원교육원 고시계장 1999 서울지방국세청 조사1국 사무관 2000년 국세청 조사국 조사3과 사무관 2003년 재정경제부 세제실 조세지출예산과 서기관 2005년 미국 워싱턴대 유학(서기관) 2007년 재정경제부 부동산실무기획단 조세반장 2008년 기획재정부 세제실 조세분석과장 2009년 同세제실 국제조세협력과장 2011년 대통령 경제금융비서관실 행정관 2012년 기획재정부 재산소비세정책관실 재산세제과장 2014년 同법인세제과장 2014년 同예산실 조세정책과장 2015년 국립외교원 파견(고위공무원) 2016년 국무조정실 조세심판원 상임심판관(현) [종]기독교

고광희(高光熙) Ko, Kwanghee

[생]1970 · 10 · 20 [본]장흥(長興) [출]광주 [주]세종특별자치시 갈매로477 기획재정부 경제정책국 자금시장과(044-215-2750) [학]1989년 광주 대동고졸 1998년 연세대 경영학과졸 2010년 영국 버밍엄대 경영전문대학원 경영학과졸 [경]1997년 행정고시 합격(41회) 1999~2002년 재정경제부 경제정책국 종합정책과 · 조정2과 · 경제분석과 근무 2002~2006년 同금융정책국 은행제도과 · 금융정책과 근무 2006~2007년 同금융정보분석원 기획행정실 근무 2007~2008년 同혁신인사기획실 인사팀장 2008~2010년 유학(영국 버밍엄대) 2011~2012년 대통령 경제금융비서관실 파견 2012~2015년 駐벨기에유럽연합대사관 재경관 2015년 기획재정부 정책조정국 신성장정책과장 2016년 同정책조정국 지역경제정책과장 2016년 同경제정책국 자금시장과장(현) [상]재정경제부장관표창(2002), 대통령표창(2005)

고규영(高圭榮) Koh Kyu Young

[생]1959 · 3 · 3 [출]충북 청주 [주]서울 중구 소공로48 프라임타워21층 KG그룹 전략실(02-3772-0094) [학]1978년 청주고졸 1986년 고려대 법학과졸 [경]1988~2010년 BC카드 입사 · 상무 · 본부장 2010~2011년 에이치엔씨네트워크 대표이사 2012년 KG이니시스 대표이사 사장 2015년 同공동대표이사 부회장 2015년 KG그룹 전략실장(부회장)(현) [종]천주교

고규정(高圭貞) KO Kyu Jung

[생]1958 · 1 · 15 [출]경남 산청 [주]경남 창원시 성산구 창이대로695번길7 하나빌딩4층 법무법인 금강(055-282-0905) [학]1978년 산청고졸 1986년 동아대 법학과졸 1989년 同대학원 법학과 수료 [경]1986년 사법시험 합격(28회) 1989년 사법연수원 수료(18기) 1989년 부산지법 판사 1993년 同울산지원 판사 1995년 同동부지원 판사 1997년 부산지법 판사 1998년 부산고법 판사 2001년 부산지법 동부지원 판사 2003년 부산지법 판사 2004년 울산지법 부장판사 2006년 부산지법 동부지원 부장판사 2008년 부산지법 부장판사 2009년 창원지법 통영지원장 2011년 부산지법 부장판사 2012~2014년 창원지법 수석부장판사 2014년 법무법인 금강 대표변호사(현)

고규창(高圭倉) KO Kyu Chang

[생]1964 · 9 · 15 [출]충북 청주 [주]충북 청주시 상당구 상당로82 충청북도청 행정부지사실(043-220-2010) [학]1983년 청주고졸 1988년 서울대 사회복지학과졸 1995년 同대학원 정책학과졸 [경]1989년 행정고시 합격(33회) 2000년 충북도 문화예술과장 2003년 同건설교통국 지역개발과장 2003년 행정자치부 서기관(국가균형발전위원회 파견) 2005년 同자치인력개발원 기획협력과장 2006년 대통령비서실 의전행정관 2007년 행정자치부 지방혁신관리팀장 2008년 행정안전부 지방성과관리과장 2008년 同제도정책관실 제도총괄과장 2009년 지식경제부 지식경제공무원교육원장 2010~2012년 충북도 정책관리실장 2012년 미국 파견(고위공무원) 2013년 지방행정체제개편추진위원회 개편기획국장 2013년 대통령소속 국민대통합위원회 기획정책국장 2014년 안전행정부 지방행정실 자치제도정책관 2014년 행정자치부 지방행정실 자치제도정책관 2016년 同지방행정실 지방행정정책관 2016년 충북도 행정부지사(현)

ㄱ

고규환(高奎煥) KO Kyu Hwan

[생]1942·11·4 [본]개성(開城) [출]경북 문경 [주]서울 강남구 논현로430 아세아타워 아세아(주)(02-527-6524) [학]1961년 문경고졸 1968년 한양대 건축공학과졸, 충남대 대학원 건축공학과졸, 대전대 경영행정·사회복지대학원졸 2006년 同산업정보대학원 건설환경학과졸 2010년 경영학박사(대전대) [경]삼주개발(주) 현장소장 1995년 아세아시멘트공업(주) 전무이사 1996~2009년 아세아산업개발(주) 대표이사 사장 2002~2006년 아세아시멘트(주) 부사장 2009~2013년 同대표이사 사장 2010년 한국양회공업협회 회장 2013년 아세아시멘트(주) 상임고문 2014년 아세아(주) 대표이사(현) [상]전국경영인연합회 국제경영원 경영인대상 [저]'레미콘핸드북'(共) '콘트리트의 배합설계'(共) '레미콘의 품질향상 및 내구성 향상 방안'(共) [종]불교

고근태(高根台) KO Geun Tae

[생]1987·3·30 [주]서울 성동구 마장로210 한국기원 홍보팀(02-3407-3800) [학]한국외국어대 중국어과졸(2006년 학번) [경]안관욱 8단 문하생 2000년 아마국수전 우승 2002년 입단 2004년 2단 승단 2002년 오스람코리아배 신예연승최강전 준우승 2005년 3단 승단 2005년 SK가스배 신예프로10걸전 준우승 2005년 박카스배 천원전 우승 2005년 4단 승단 2006년 5단 승단 2007년 6단 승단 2009년 7단 승단 2011년 8단 승단 2015년 9단 승단(현)

고기동(高綺童) KO Ki Dong

[생]1971·1·8 [출]대구 [주]서울 종로구 청와대로1 대통령비서실(02-770-0011) [학]1989년 수원고졸 1994년 연세대 행정학과졸 2000년 미국 위스콘신대 메디슨교 대학원졸(석사) 2015년 행정학박사(연세대) [경]1994년 행정고시 합격(38회), 국외 훈련(미국 위스콘신대) 2003년 대통령 업무혁신비서관실 행정관 2005년 중앙인사위원회 정책홍보협력담당관 2006년 同혁신인사기획관 2006년 대통령 혁신관리비서관실 행정관 2007년 중앙인사위원회 고위공무원정책과장 2008년 행정안전부 역량심사과장 2008년 同지방행정국 지방공무원과장 2009년 同기획조정실 규제개혁법무담당관 2010년 同장관비서관 2013년 교육파견(고위공무원) 2014년 안전행정부 기획재정담당관 2014년 행정자치부 기획조정실 기획재정담당관 2015년 同장관비서실장 2016년 同본부 근무(고위공무원) 2016년 세종특별자치시 기획조정실장 2016년 대통령비서실 선임행정관(현)

고기석(高基錫) Ko Ki-Seok

[생]1958·5·10 [출]경북 성주 [주]서울 영등포구 의사당대로1 국회예산정책처 사업평가국(02-788-3779) [학]경북고졸, 서울대 법학과졸, 同대학원 행정학과졸, 미국 하버드대 대학원 정책학과졸, 同대학원 정책학 박사과정 수료 [경]서울대 행정대학원 공공문제연구소 연구원, 국방부 공보관실 조사분석장교, 미국 하버드대 국제개발연구소(HIID) 책임강사 1996~2005년 DeMarco&DeMarco Law Offices 시니어컨설턴트 2005년 외교통상부 외신대변인 겸 정책홍보팀장, UN 사무총장 선거대책홍보반장 2007년 국무조정실 특정평가국장 2008년 국무총리실 정책분석국장 2009년 대통령실장실 선임행정관 2010년 한국과학기술원(KAIST) 감사 2011~2015년 대통령소속 국가지식재산위원회 지식재산전략기획단장, IP(Intellectual Property) 허브 코트(Hub Court) 추진위원회 위원 2015년 한국과학기술기획평가원(KISTEP) 위촉연구위원 2016년 국회예산정책처 사업평가국장(현) [종]천주교

고기석(高琦錫) KO KI SUK

[생]1963·6·8 [본]장흥(長興) [출]광주 [주]충남 부여군 규암면 백제문로367 한국전통문화대학교 전통문화교육원 교육운영과(041-830-7810) [학]1981년 광주 송원고졸 1988년 전남대 일어일문학과졸 [경]2012~2014년 한국전통문화대 학생과장 2014~2015년 문화재청 운영지원과장 2015년 국립무형유산원 전승지원과장 2016년 한국전통문화대학교 전통문화교육원 교육운영과장(현) [종]천주교

고기영(高基暎) KO Ki Yung

[생]1954·9·3 [본]제주(濟州) [출]경기 용인 [학]철원고졸, 명지대 법학과졸, 연세대 행정대학원 지방자치 및 도시행정학 석사과정 중 [경]현대건설(주) 인사부장, 同감사실 상무보 2007년 同주택영업본부 상무 2009~2011년 同주택사업본부 상무 2011년 알파로스복합개발(주) 은평뉴타운복합시설 전무, 同대표이사 2011년 대한민국ROTC중앙회 15기총동기회 회장 2011년 대한민국ROTC건설인연합회 수석부회장, 同회장, (사)통일미래연구원 이사(현), 在京철원군민회 회장, 새누리당 이북도민분과위원회 부위원장 2014년 DMZ세계평화공원철원유치위원회 위원장(현) [상]외무부장관표창(1989), 건설교통부장관표창(2002) [종]기독교

고기영(高基榮) KOH Kee Young

[생]1965·4·21 [본]제주(濟州) [출]광주 [주]대전 서구 둔산중로78번길15 대전지방검찰청 차장검사실(042-470-4302) [학]1983년 광주인성고졸 1988년 서울대 사법학과졸 1990년 同대학원졸 2003년 미국 버클리 법학전문대학원 연수(Visiting Scholar 과정) [경]1991년 사법시험 합격(33회) 1994년 사법연수원 수료(23기) 1994년 軍법무관 1997년 서울지검 검사 1999년 대전지검 천안지청 검사 2000년 법무부 검찰2과 검사 2002년 서울지검 남부지청 검사 2004년 서울남부지검 검사 2005년 부산지검 검사 2006년 대검찰청 연구관 2008년 전주지검 남원지청장 2009년 서울고검 검사 2009년 대검찰청 공안3과장 2010년 서울중앙지검 공판2부장 2011년 同형사5부장 2012년 울산지검 형사1부장 2013년 수원지검 부장검사 2013년 법무연수원 대외협력단장 겸임 2014년 제주지검 차장검사 2015년 전주지검 군산지청장 2016년 대전지검 차장검사(현)

고기영(高基瑛) KO Ki Young

[생]1971·5·6 [본]장흥(長興) [출]서울 [주]서울 송파구 도곡로464 (주)금비 임원실(02-2240-7207) [학]1990년 현대고졸 1996년 한국외국어대 경제학과졸 1999년 미국 UCLA 경영대학원 수료 [경]1997년 (주)금비 입사 2000년 (주)금비화장품 마케팅부 영업기획팀장 2001~2003년 (주)금비 마케팅부 영업기획팀 이사 2001년 (주)가네보&금비화장품 대표이사 부사장 2003년 (주)금비 대표이사 전무 2006년 同대표이사 부사장 2008년 同대표이사 사장(현) 2008년 (주)금비화장품 대표이사 사장(현), (주)삼화왕관 대표이사(현) [종]기독교

고기화(高基華) KO Ki Hwa

[생]1962·10·2 [본]제주(濟州) [출]경기 부천 [주]부산 연제구 중앙대로1217 국제신문 임원실(051-500-5114) [학]1981년 울산 학성고졸 1985년 연세대 정치외교학과졸 [경]1988년 국제신문 입사 1998년 同문화부 차장 1999년 同경제부 차장 2001년 同독자여론팀장 2002년 同해양수산팀장 2002년 同서울지사 정치부장 직대 2003년 同서울지사 정치부장 2004년 同경제부장 2005년 同문화부장 2006년 同부울경정치팀장 2007년 同정치부장 2008년 同편집국 부국장 2010년 同논설위원 2012년 同독자서비스국장 2013년 同편집국장 2015년 同문화사업국장 2016년 同편집이사 겸 영업총괄이사(현)

고길수(高吉洙)

[생]1958·1·2 [출]충북 영동 [주]대구 수성구 동대구로364 대구지방법원 사무국(053-757-6460) [학]1987년 영남대 법학과졸 [경]1988년 법원공무원 임용(조사주사보) 1996년 대구지법 민사합의과 법원사무관 2005년 同민사합의과장(법원서기관) 2009년 同총무과장 2011년 대구고법 총무과장 2012년 춘천지법 사무국장(법원부이사관) 2013년 대구지법 서부지원 사무국장 2015년 대구지법 사무국장(현)

고길호(高吉鎬) GO Gil-ho

[생]1945·5·6 [출]전남 신안 [주]전남 신안군 압해읍 천사로1004 신안군청 군수실(061-271-1004) [학]1964년 목포고졸 1966년 동국대 경상대학 경영학과 제적(1년) 1990년 목포대 행정대학원 수료 2005년 목포과학대학 관광경영정보학과졸 [경]한국자유총연맹 신안군지부장, 민주연합청년동지회 신안군지구 회장, 아·태평화재단 중앙위원, 평민당 신안지구당 조직부장, 민주당 신안지구당 사무국장, 국회의원 특별보좌관, (주)영화건설 대표이사 1998~2002년 전남도의회 의원(국민회의·새천년민주당) 2002~2006년 전남 신안군수(새천년민주당·민주당) 2007년 민주당 전남지부 자문위원 2014년 전남 신안군수(무소속·새정치민주연합·더불어민주당·국민의당)(현) [상]TV조선 환경부문 경영대상(2016), 한국자유총연맹 국제자유장(2016) [종]기독교

고대석(高大錫) KO Dae Suk

[생]1956·1·2 [출]대구 [주]서울 양천구 목동동로233 방송회관 방송통신심의위원회(02-3219-5114) [학]1974년 대륜고졸 1982년 고려대 노어노문학과졸 2003년 한양대 언론정보대학원 언론학과졸 [경]1981년 MBC 입사 1982년 同사회부 기자 1984년 同보도특집부 기자 1986년 同문화과학부 기자 1988년 同경제부 기자 1989년 同스포츠제작부 기자 1991년 同국제부 기자 1992년 同모

스크바특파원 1996년 同ND편집부 차창 1998년 同문화과학 차장 1999년 同뉴스편집1부 차장 2000년 同카메라출동팀장 2002년 同해설위원 2003년 同국제부장 2005년 同홍보심의국 부국장 2006년 同기획조정실 신사옥추진팀장 2006년 同논설위원 2010~2012년 대전MBC 사장 2014년 방송통신심의위원회 비상임위원(현)

고대영(高大榮) KO Dae Young

생1955 · 9 · 28 출서울 주서울 영등포구 여의공원로13 한국방송공사(KBS) 사장실(02-781-2001) 학1974년 경동고졸 1985년 한국외국어대 영어과졸 경1985년 한국방송공사(KBS) 입사(공채 11기) 1987년 同정치부 기자 1995년 同파리총국 모스크바지국 근무 1997년 同모스크바특파원(차장급) 1998년 同보도국 전국부 차장 1998년 同보도국 정치부 차장 2001년 同시시청자센터 부주간 2003년 同보도국 전문기자 2005년 同보도본부 해설팀 기자 2008년 同보도본부 보도총괄팀장 2009년 同보도국장 2010년 同해설위원실장 2011~2013년 관훈클럽 신영연구기금 감사 2011~2012년 KBS 보도본부장 2011~2012년 한국신문방송편집인협회 부회장 2012~2014년 KBS미디어 감사 2012년 방송통신심의위원회 제18대 대통령선거방송심의위원, 숙명여대 미디어학부 겸임교수 2014년 방송통신심의위원회 선거방송심의위원회 위원 2014년 KBS비즈니스 대표이사 사장 2015년 한국방송공사(KBS) 대표이사 사장(현) 2015년 한국지상파디지털방송추진협회(DTV코리아) 회장 2016년 한국방송협회 회장(현) 2016년 지상파유에이치디방송추진협회(UHD KOREA) 회장(현) 2016년 아시아태평양방송연맹(ABU) 회장(현) 상한국외국어대 언론인회 외대언론인상(2009), 한국참언론인대상(2011), 자랑스러운 외대인상(2016)

고대용(高大用) KO Dae Young

생1967 · 10 · 6 출제주 주제주특별자치도 제주시 서사로154 한라일보 편집국(064-720-2200) 학1971년 제주대 경제학과졸 경1990년 한라일보 입사 1998년 同편집부 차장대우 2000년 同정치부 차장 2002년 同사회부 차장 2008~2009년 한국기자협회 부회장 2008년 한라일보 교육문화체육부장 2014년 同뉴미디어국장 2016년 同편집국장(현) 상제1회 제주도기자상

고도원(高道源) KOH Do Won

생1952 · 4 · 29 본제주(濟州) 출전북 부안 주충북 충주시 우성1길201의61 아침편지문화재단(043-723-2033) 학1971년 전주고졸 1980년 연세대 종교학과졸 1991년 미국 미주리주립대 신문대학원 연수 1997년 연세대 대학원 정치학과 수료 경1973년 연세춘추 편집국장 1978년 '뿌리깊은나무' 기자 1983년 중앙일보 사회부 기자 1986년 同정치부 기자 1993년 중앙경제신문 정경부 차장 1994년 同정치부 차장 1999~2003년 대통령 연설담당비서관 2001년 아침편지문화재단 이사장(현) 2012~2013년 2013순천만국제정원박람회 홍보대사 상황조근정훈장 저'고도원의 아침편지1-아름다움도 자란다'(2002, 청아출판사) '못생긴 나무가 산을 지킨다1 · 2'(2003, 청아출판사) '어린이에게 띄우는 고도원의 아침편지'(2003, 아이들판) '나무는 자신을 위해 그늘을 만들지 않는다'(2004, 꿈엔들) '고도원의 아침편지2-작은 씨앗 하나가 모든 것의 시작이다'(2004, 청아출판사) '고도원의 아침편지3-크게 생각하면 크게 이룬다'(2005, 청아출판사) '부모님이 살아계실때 꼭 해드려야 할 45가지'(2005, 나무생각) '꿈 너머 꿈'(2007, 나무생각) '어린이를 위한 꿈 너머 꿈'(2008, 나무생각) '잠깐 멈춤'(2010, 해냄출판사) '사랑합니다 감사합니다'(2011, 홍익출판사) '꿈이 그대를 춤추게 하라'(2012, 해냄출판사) '고도원의 꿈꾸는 링컨학교-위대한 시작'(2013, 꿈꾸는책방) '혼이 담긴 시선으로'(2015, 꿈꾸는책방) '당신의 사막에도 별이 뜨기를'(2016, 큰나무) '더 사랑하고 싶어서'(2016, 해냄출판사) 종기독교

고동수(高東秀) KOH Dong Soo

생1956 · 11 · 30 출서울 주세종특별자치시 시청대로370 산업연구원 산업경제연구실(044-287-3288) 학1975년 경기고졸 1982년 고려대 경영학과졸 1992년 경제학박사(미국 플로리다대) 경1992~1995년 일정실업(주) 기획이사 1992~1997년 고려대 · 덕성여대 강사 1995년 산업연구원 산업경제연구실 선임연구위원(현) 1998~2004년 성안합섬(주) 사외이사 1998~1999년 규제개혁위원회 전문위원 1998~2005년 공정거래위원회 정책평가민간위원 1998년 법무부 파산관련법개정 실무위원 1999~2001년 공정거래위원회 경쟁정책자문위원 2000년 산업자원부 기업활동규제실무위원 2002년 국무조정실 정책평가위원 2004~2005년 한국규제학회 상임 · 총무이사 2005~2011년 한국산업조직학회 상임이사 2005년 산업자원부 자체정책평가위원회 위원 2005~2009년 서울시 규제개혁위원회 위원 2006~2007년 감사원 재정금융자문위원회 위원 2006년 공정거래위원회 규제심의

위원회 위원 2008~2014년 전기위원회 위원 2009~2011년 공정거래위원회 경쟁정책자문위원회 위원 2011년 지식경제부 기후변화정책협력단 위원 2015년 공정거래위원회 비상임위원(현) 상대통령표창(2000) 저'그라운드와 한국경제(共)'(1994) '중국경제와 환경문제(共)'(1994) 종원불교

고동수(高東秀) Koh Dong Su

생1962 · 12 · 16 출제주 주제주특별자치도 제주시 태성로3길4 제주신보 편집국(064-740-6114) 학1988년 제주대 영어영문학과졸 경1990년 제주일보 기자 1997년 同경제부 차장대우 1998년 同경제부 차장 1999년 同편집1부 차장 2001년 同제1사회부 차장 2002년 同사회1부 부장대우 2002년 同교육체육부 부장대우 2004년 同정치부 부장대우 2004년 同정치부장 2005년 同편집국 사회부장 2009년 同편집국 교육부장(부국장대우) 2011년 同서귀포지사장 2012년 同서귀포지사장(국장급) 2015년 제주신보 편집국장(현)

고동진(高東眞) KOH Dong Jin

생1961 · 3 · 26 주경기 수원시 영통구 삼성로129 삼성전자(주) IM부문 무선사업부(031-301-2122) 학경성고졸 1984년 성균관대 산업공학과졸 1993년 영국 서섹스대 대학원 기술정책학과졸 경2002년 삼성전자(주) 유럽연구소장(상무보) 2005년 同정보통신총괄 유럽연구소장(상무) 2006년 同해외상품기획실 무선개발관리팀장 2008년 同무선사업부 개발관리팀장 2010년 同무선사업부 개발관리팀장(전무) 2011년 同무선사업부 기술전략팀장(부사장) 2012년 同IM부문 무선사업부 기술전략팀장(부사장) 2015년 同무선사업부 개발실장(부사장) 2015년 同IM부문 무선사업부장(사장)(현)

고동현(高東賢) KOH Dong Hyun

생1961 · 6 · 19 출서울 주경기 안산시 단원구 산성로21 일정실업(주) 임원실(031-493-0031) 학1980년 서라벌고졸, 인하대 산업공학과졸 1991년 미국 Univ. of California at Berkeley 계산통계학과졸 경일정실업(주) 개발부장, 同이사, 同전무이사, 同부사장 2000년 同사장 2015년 同공동대표이사 사장(현) 종원불교

고동환(高東煥) KO Dong Hwan

생1948 · 3 · 25 출경남 마산 주경남 창원시 성산구 공단로535 동환산업(주) 비서실(055-282-9111) 학1968년 부산공업전문학교졸 1978년 경남대 경영대학원 수료 경1979년 삼성라디에터공업(주) 공장장 1980년 동환산업(주) 대표이사 사장 · 회장(현) 1995~2001년 한국자유총연합회 경남지회장 1999년 경남도 제2의건국범도민추진위원회 위원 2000년 한국갱생보호공단 창원지부 명예지부장 2000년 경남선도장학재단 이사장 상새마을훈장 근면장, 대통령표창, 이달의 최고경영자상(2005)

고동환(高東煥) KO Dong Hwan

생1958 · 10 · 19 본제주(濟州) 출제주 주대전 유성구 대학로291 한국과학기술원 인문사회융합과학대학 인문사회과학부(042-350-4619) 학1977년 제주 오현고졸 1981년 서울대 인문대학 국사학과졸 1984년 同대학원 국사학과졸 1993년 문학박사(서울대) 경1985~1995년 서울대 강사 1987~1996년 한국외국어대 · 덕성여대 · 한신대 강사 1992~1993년 서울대 한국문화연구소 특별연구원 1995년 서울시립대 서울학연구소 수석연구원 1995~2000년 한국과학기술원 인문사회과학부 조교수 1997~2000년 同신문사 주간 2000~2005년 同인문사회과학부 부교수 2001~2002년 영국 케임브리지대 방문교수 2005년 연세대 국학연구원 동방학지 편집위원 2005년 한국과학기술원 인문사회융합과학대학 인문사회과학부 교수(현) 2005년 서울학연구 편집위원(현) 2005~2014년 경제사학회 '경제사학' 편집위원 2009~2011년 문화재청 문화재사적분과 전문위원 2011~2014년 충남도 문화재위원 2012년 한국역사연구회 회장 상백상출판문화상 저작상(1999) 저'조선후기 서울상업발달사 연구'(1998) '역사와 도시'(2000) '서울상업사'(2000, 태학사) '조선시대 서울도시사'(2008, 태학사)

고명석(高明錫) Ko, Myung Suk

생1966 · 2 · 19 본장흥(長興) 출충북 보은 주전남 목포시 남악로162번길25 서해해양경비안전본부(061-288-2001) 학1985년 청주고졸 1993년 서울시립대 행정학과졸 1998년 한국방송통신대 법학과졸 2004년 미국 인디애나대 로스쿨졸(LL.M.) 2014년 행정학박사(인하대) 경1995~1998년 특허청 조사과 상표4과 근무(사무관) 1998~2001년 해양경찰청 보안계장 · 법무계장(경

정) 2001년 동해해양경찰서 정보수사과장 2003년 국가재난관리시스템기획단 파견 2003년 미국 인디애나대 파견(국외훈련) 2005년 해양경찰청 혁신단 조직발전팀장 2006년 同혁신단장(총경) 2007~2008년 속초해양경찰서장 2008~2009년 대통령 치안비서관실 행정관 2009~2010·2011~2012년 해양경찰청 기획담당관 2010~2011년 캐나다 코스트가드 파견(직무훈련) 2012년 해양경찰청 미래기획관 2013년 同장비기술국장(경무관) 2014년 세월호여객선침몰사고범정부대책본부 공동대변인 2014년 국민안전처 대변인 2015년 同서해해양경비안전본부장(치안감)(현) ❸홍조근정훈장(2013) ❹'한권으로 끝내는 만화 나홀로 민사소송(共)'(2012, 영상노트)

고명호(高明浩) KOH Myung Ho (達波)

❸1952·2·12 ❹제주(濟州) ❺대구 ㉠서울 영등포구 선유로146 이앤써드림타워14층 (주)상보 임원실(02-3270-6300) ❿1970년 경북고졸 1976년 단국대 특수교육과졸 1980년 성균관대 대학원 무역학과졸 ❷삼성전자(주) 인사부장, 삼성 생활문화센터장 1995년 한솔제지(주) 인사홍보팀장(전무) 2001~2006년 서울지방노동위원회 위원 2002년 한솔그룹 경영기획실 인사홍보팀장(상무) 2006~2009년 한솔개발(주) 영업·경영지원총괄 부사장 2008~2011년 중앙노동위원회 사용자위원 2009~2015년 한솔홈데코 대표이사 사장 2012~2015년 (사)한국합판보드협회 회장 2012년 단국대재단 이사(현) 2012~2014년 목재산업총연합회 회장 2016년 (주)상보 사장(현) ❸산업포장(2012) ❹'직장인의 기본과 응용' ❷단편소설 '불연속선' ❷불교

고민석(高敏碩) KOH Min Seok

❸1969·5·2 ❺대구 ㉠서울 양천구 신월로390 서울남부지방검찰청 형사2부(02-3219-4200) ❿1987년 대륜고졸 1991년 서울대 공법학과졸 ❷1993년 사법시험 합격(35회) 1996년 사법연수원 수료(25기) 1999~2002년 변호사 개업 2002년 청주지검 검사 2004년 대구지검 검사 2006년 서울중앙지검 검사 2009년 수원지검 부부장검사 2009년 대구지검 김천지청 부장검사 2010년 부산지검 동부지청 형사3부장 2011년 서울남부지검 공판부장 2012년 울산지검 형사2부장 2013년 대구지검 형사3부장 2014년 인천지검 형사3부장 2015년 서울남부지검 형사2부장 2016년 서울고검 검사 2016년 서울남부지검 형사2부장(현)

고범석(高範碩) Koh Bum Suk

❸1964·11·28 ❺제주 ㉠서울 광진구 아차산로375 201호 고범석법률사무소(02-456-2221) ❿1983년 제주 오현고졸 1987년 서울대 법대졸 1989년 同대학원 법학과졸 ❷1989년 사법시험 합격(31회) 1992년 사법연수원 수료(21기) 1992년 軍법무관 1995년 변호사 개업 1996년 부산지검 울산지청 검사 1998년 서울지검 검사 2000년 대구지검 김천지청 검사 2002년 서울지검 의정부지청 검사 2004년 의정부지검 부부장검사 2005년 부산고검 검사 2006년 부산지검 공판부장 2007년 사법연수원 교수 2009년 의정부지검 고양지청 부장검사 2010년 수원지검 안양지청 부장검사 2011년 서울동부지검 형사1부장 2012년 서울고검 검사 2013년 대구지검 포항지청장 2014년 서울고검 검사 2014년 변호사 개업(현)

고범석(高範錫)

❸1970 ❺전남 목포 ㉠인천 남동구 예술로152번길9 인천지방경찰청 정보화장비과(032-455-2330) ❿1992년 경찰대 행정학과졸(8기) ❷1992년 경위 임용 1999년 경감 승진 2003년 경찰청 감사관실 감찰담당관실 근무 2006년 경남 김천경찰서 경무과장(경정) 2007년 국민고충처리위원회 파견 2008년 경찰청 생활안전국 생활질서과 근무 2009년 同감사관실 감찰담당관실 근무 2010년 同감사관실 감사담당관실 근무 2013년 대통령 사회안전비서관실 파견 2014년 서울지방경찰청 경무부 경무과 치안지도관 2014년 전남지방경찰청 홍보담당관 2015년 전남 해남경찰서장 2016년 인천지방경찰청 정보화장비과장(현)

고범석(高範碩)

❸1971·9·18 ❺전북 전주 ㉠부산 연제구 법원로31 부산지방법원(051-590-1114) ❿1990년 전주 상산고졸 1995년 서울대 법학과졸 ❷1997년 사법시험 합격(39회) 2000년 사법연수원 수료(29기) 2000년 공군 법무관 2003년 인천지법 판사 2005년 서울중앙지법 판사 2007년 전주지법 정읍지원 판사 2010년 수원지법 안양지원 판사 2011년 법원행정처 정보화심의관 2014년 서울서부지법 판사 2015년 부산지법 부장판사(현)

고병민(高秉民) KO Byung Min

❸1964·12·17 ❺경남 진주 ㉠대전 서구 둔산중로78번길15 대전고등검찰청(042-470-3000) ❿1983년 진주 대아고졸 1987년 고려대 법학과졸 ❷1991년 사법시험 합격(33회) 1994년 사법연수원 수료(23기) 1994년 서울지검 남부지청 검사 1996년 창원지검 진주지청 검사 1998년 인천지검 검사 2000년 창원지검 검사 2002년 서울지검 의정부지청 검사 2004년 서울중앙지검 검사 2006년 부산지검 동부지청 부부장검사 2007년 서울동부지검 부부장검사 2008년 대구지검 포항지청 부장검사 2009년 제주지검 부장검사 2009년 서울북부지검 공판송무부장 2010년 울산지검 형사2부장 2011년 창원지검 형사1부장 2012년 수원지검 안양지청 부장검사 2013년 서울고검 공판부 검사 2015년 대구지검 형사2부장 2016년 대전고검 검사(현)

고병우(高炳佑) KOH B. W. (隱岩)

❸1933·11·2 ❹제주(濟州) ❺전북 옥구 ㉠서울 영등포구 국제금융로6길33 맨하탄빌딩9층 한국경영인협회 회장실(02-782-0066) ❿1952년 군산고졸 1956년 서울대 상과대학 경제학과졸 1957년 同대학원 수료 1997년 명예 경제학박사(전북대) ❷1958년 한양대·단국대 조교수 1963년 경제과학심의위원회 제1조사분석실 상공담당관 1967~1969년 농림부 조사통계·농업경제·농업개발과장 1969~1973년 同농업개발국장 1973년 대통령 경제비서관 1975년 재무부 재정차관보 1981년 쌍용중공업 사장 1983년 쌍용투자증권 사장 1990년 증권거래소 이사장 1993년 건설부 장관 1994~1997년 '97무주·전주동계유니버시아드대회 조직위원장 1996년 동원투자신탁 회장 1998~2000년 (주)동아건설산업 회장 1998년 재경 전북도민회 회장 1999년 (사)한국경영인협회 회장(현), 박정희대통령기념사업회 이사·건설위원장(현) ❸청조근정훈장, 체육훈장 청룡장 ❹'산업구조론' '商業大要' '증권자본주의론' '한국경제의 어제와 오늘' '자본 자유화와 기업의 대응' 자서전 '혼(魂)이 있는 공무원'(2008)

고병헌(高炳憲) KO Byung Heun (草軒)

❸1946·5·27 ❹장흥(長興) ❺부산 ㉠서울 송파구 도곡로464 (주)금비 회장실(02-2240-7208) ❿1964년 경남고졸 1968년 연세대 경영학과졸 1990년 서강대 최고경영자과정 수료 ❷1968년 현대건설 비서과장 1974년 현대조선 중공업자재관리부장 1980~1992년 (주)쥬리아 대표이사 사장 1982년 (주)진로 부사장 1984~1988년 (주)서광 대표이사 사장 1986년 민정당 재정금융위원회 수석부위원장 1987년 화장품공업협회 부회장 1987~2006년 서울시아이스하키협회 회장 1992년 (주)금비 대표이사 사장, (주)금비화장품 대표이사 사장 1994년 (주)금비 회장(현) 1994년 (주)금비화장품 회장(현) 2010년 삼화왕관(주) 대표이사 회장(현) ❸상공부장관표창(1974), 자랑스런 연세상경인상 산업·경영부문(2000), 한국의 경영자상(2008), 연세를 빛낸 동문상(2008), 자랑스런 연세상경인상 특별공로상(2014) ❷기독교

고병호(高秉浩) KO Byung Ho

❸1949·7·16 ❺부산 ㉠서울 송파구 도곡로464 금비빌딩 삼화왕관(주) 임원실(02-510-4435) ❿1968년 경남고졸 1973년 한국외국어대 행정학과졸 1976년 서울대 대학원졸 1987년 행정학박사(서울대) ❷1979년 서울시립대 강사 1980년 청주대 지역개발학과 부교수 1986~1992년 同새마을연구소장 1993~1994년 同출판부장 1994년 同사회과학대학장 1996~1997년 한국지역개발학회 회장 1996~2014년 청주대 도시계획학과 교수 1998년 (주)금비 비상근감사 1998~1999년 한국지역개발학회 명예회장 2000~2003년 한국도시행정학회 회장 2004~2006년 同명예회장 2006~2007년 청주대 특수대학원장 2014년 同도시계획학과 명예교수(현) 2015년 삼화왕관(주) 상근감사(현) ❸녹조근정훈장(2014) ❹'지역개발론' '지역개발학원론' ❷기독교

고병희(高秉希) KO Byung Hee

❸1965·8·22 ㉠세종특별자치시 다솜3로95 공정거래위원회 기획재정담당관실(044-200-4246) ❿1984년 제주제일고졸 1992년 연세대 정치외교학과졸 ❷2000년 공정거래위원회 사무처 독점국 독점관리과 사무관 2002년 同기업집단과 사무관 2003년 同기업집단과 서기관 2006년 미국 위스콘신주 법무부 연수 2007년 공정거래위원회 기획홍보본부 정책홍보팀장 2008년 同제조업경쟁과장 2009~2010년 同기업집단과장 2010년 同서비스업감시과장 2011년 同소비자정책국 특수거래과장 2012년 同서울사무소 경쟁과장 2014년 국립외교원 교육파견(과장급) 2015년 공정거래위원회 기획조정관실 기획재정담당관(서기관) 2015년 同기획조정관실 기획재정담당관 과장(부이사관)(현)

고봉식(高奉植) KO Bong Sik

ⓢ1958 · 5 · 6 ⓑ제주(濟州) ⓞ경남 진해 ⓟ서울 구로구 경인로662 디큐브시티16층 대성쎌틱에너시스(주)(02-732-3450) ⓗ1975년 경상고졸 1985년 영남대 기계설계학과졸 ⓒ1988년 대성산업(주) 기계산업부 입사 1989년 대성타코(주) 근무 1993년 대성나찌유압(주) 영업개발부 과장 · 차장 · 부장 2002년 대성쎌틱(주) 공장장 2005년 同대표이사(현) 2005년 대성산업(주) 에너지시스템사업부 상무이사 겸임 2010년 대성히트펌프(주) 대표이사(현) 2013년 대성계전(주) 대표이사(현) 2013년 대성산업(주) 에너지시스템사업부 전무 겸임(현) ⓢ우수자본재개발유공자 ⓡ기독교

고봉찬(高奉贊) KHO, BONGCHAN

ⓢ1962 · 10 · 4 ⓞ경기 ⓟ서울 관악구 관악로1 서울대학교 경영대학(02-880-8798) ⓗ1985년 서울대 경영학과졸 1989년 同대학원 경영학과졸 1994년 재무박사(미국 오하이오주립대) ⓒ1985년 미국 보스톤은행 서울지점 심사부 근무 1989년 한국개발연구원 금융경제실 연구원 1990~1994년 미국 오하이오주립대 대학원 경영학과(재무) TA/RA 1994~1995년 同대학원 경영학과(재무) Research Fellow 1995~1997년 서울시립대 조교수 1997년 한국재무관리학회 감사 1997~2008년 서울대 경영대학 부교수 2000년 PACAP/FMA 진행위원 2005년 한국증권학회 이사 2005년 한국경영학회 편집위원 2005~2007년 한국재무관리학회 이사 2005~2007년 서울대 경영학도서관장 2005~2007년 American Finance Association 선출위원 · 진행위원 2007~2008년 서울대 경영대학 박사과정 주임교수 2008년 同경영대학 재무 · 금융전공 교수(현) 2008년 同경영전문대학원 SNU MBA 주임교수 2008년 同경영전문대학원 경영학과장 2009~2013년 同경영대학 고급금융과정(ABP) 주임교수 2012년 (주)신도리코 사외이사(현) 2012년 (주)에스에프에이 사외이사 겸 감사위원(현) 2013년 신라교역(주) 석학교수 2013~2015년 서울대 경영대학 증권금융연구소장 ⓢ서울시립대 우수연구자상(1996), 영국 ANBAR Highest Quality Rating논문상(1998), 한국증권학회 최우수논문상(2003 · 2007 · 2010), 미국 오하이오주립대 Dice Center Research Fellow(2003), 매경 이코노미스트상(2006), 제4회 남곡학술우수상(2006), 아시아 · 태평양재무국제회의 우수논문상(2006), 서울대 경영대학 우수강의상(2008), 서울대 경영대학 우수연구상(2010) ⓩ'사이버 금융위험관리'(2003)

고 산(杲 山) (慧元)

ⓢ1934 · 1 · 27 ⓑ해주(海州) ⓞ울산 울주 ⓟ경남 하동군 화개면 쌍계사길59 쌍계사(055-883-1901) ⓗ1952년 울산고졸 1961년 직지사 강원대교과졸 1974년 동국대 행정대학원 수료 ⓒ1945년 범어사에서 득도 1948년 사미계 수지 1956년 비구계 수지 1961~1969년 청암사 · 범어사 강사 1969~1975년 법륜사 · 조계사 · 은해사 · 쌍계사 주지 1975년 대한불교조계종 총무원 총무부장 1975~2013년 대한불교조계종 쌍계사 조실 1976년 부산 혜원정사 · 부천 석왕사 창건 1978년 대한불교조계종 중앙종회 의원 1979년 경남도 자문위원 1984~1998년 대한불교조계종 제13교구본사 쌍계사 주지 1994년 同호계위원회 재심위원장 1998년 통영 연화사 창건 1998~1999년 대한불교조계종 총무원장 1998년 한국불교종단협의회 회장 1999년 중앙승가대 이사장 1999년 한국종교인평화회의(KCRP) 회장 1999년 2002월드컵조직위원회 위원 2005년 대한불교조계종 원로회의 의원(현) 2008~2014년 同전계대화상 2009년 同법계위원장 2013년 同쌍계총림 쌍계사 방장(현) ⓢ대한불교조계종 종정표창(1974 · 1993), 포교대상(2002) ⓩ'조사의 선화' '기신론 강의' '불자수지독송경' '반야심경 강의' '선ㅡ깨달음의 길' '현대인이 만난 부처의 마음' '법화경 강의' '사람이 사람에게 가는 길' '지옥에서 극락세계로 가는 길' '머무는 곳 없이 나무가지가 바람을 따르듯이' '다도의범' 회고록 '지리산의 무쇠소' ⓔ'천수경(千手經)'(1972) '관음례문(觀音禮文)'(1974) ⓩ다수의 서예작품 ⓡ불교

고삼석(高三錫) Ko Sam Seog

ⓢ1967 · 8 · 28 ⓞ전남 해남 ⓟ경기 과천시 관문로47 방송통신위원회 상임위원실(02-2110-1240) ⓗ1986년 광주 동신고졸 1993년 조선대 정치외교학과졸 1996년 서강대 대학원졸 2005년 서울대 행정대학원 정보통신방송정책과정 수료 2010년 언론학박사(중앙대) ⓒ1996년 국회의원 비서관 1997년 제15대 대통령직인수위원회 공보팀원 2000년 국회의원 보좌관 2003년 대통령 국내언론비서관실 행정관 2003년 대통령 홍보기획비서관실 행정관 2006년 대통령비서실 혁신담당관 2006년 국무총리소속 방송통신융합추진위원회 전문위원 2008년 미디어미래연구소 선임연구위원 2008년 중앙대 신문방송대학원 외래교수 2011년 충남도 정책자문위원회 홍보분과위원장 2012년 행정안전부 국가정보포럼 위원 2012년 중앙대 신문방송대학원 겸임교수 2013

년 서울시 정보화전략위원회 위원 2013년 국회 방송공정성특별위원회 자문위원 2013년 미디어미래연구소 미디어역량증진센터 원장 2014년 국회 정책연구위원 2014년 방송통신위원회 상임위원(차관급)(현) 2014년 同지역방송발전위원회 부위원장 2014년 同보편적시청권보장위원회 위원장(현) 2016년 同시청자권익보호위원회 위원장 겸임(현) ⓢ부총리 겸 통일원장관표창(1991), 대통령비서실장표창(2007) ⓩ'디지털 미디어 디바이드 : 참여와 통합의 디지털 미디어 정책'(2011, 나남) '스마트 모바일 환경에서의 참여격차와 정책적 대응방안(共)'(2012, 정보통신정책연구원) '스마트 미디어의 이해(共)'(2014, 미래인)

고상규(高尙奎) ko sang kyu

ⓢ1961 · 7 · 19 ⓑ개성(開城) ⓞ경북 문경 ⓟ대구 중구 서성로20 매일신문 광고국(053-251-1300) ⓗ1979년 영남고졸 1985년 경북대 불어불문학졸 ⓒ1987년 매일신문 광고국 근무 2004년 同독자서비스국 전단사업본부 부장대우 2007년 同독자서비스국 영업1부장 직대 2008년 同독자서비스국 전단사업본부장 2011년 同판매부국장 2012년 同독자서비스국장 2014년 한국신문협회 판매협의회 부회장 2016년 매일신문 광고국장(현)

고상근(高相根) KO Sang Geun (健銘)

ⓢ1970 · 2 · 6 ⓑ제주(濟州) ⓞ인천 강화 ⓟ서울 영등포구 의사당대로1 국회사무처 국토교통위원회(02-788-2633) ⓗ1988년 강화고졸 1994년 연세대 행정학과졸 2004년 미국 콜로라도대 대학원 행정학과졸 2010년 성균관대 대학원 행정학 박사과정 수료 ⓒ1994년 입법고시 합격(12회) 2000년 국회사무처 정무위원회 입법조사관(서기관) 2004년 同기획조정실 행정법무담당관 2007년 同건설교통위원회 입법조사관 2008년 국회입법조사처 총무팀장(부이사관) 2009년 同기획협력팀장 2010년 국회사무처 정무위원회 입법조사관 2013년 同의정종합지원센터장 2013년 同법제실 경제법제심의관 2014년 세종연구소 파견(부이사관) 2015년 국회예산정책처 기획관리관(이사관) 2016년 국회사무처 국토교통위원회 전문위원(현) ⓢ국회의장표창(2007)

고상룡(高翔龍) KOH Sang Ryong (雲露)

ⓢ1939 · 4 · 22 ⓞ제주 ⓟ서울 서초구 반포대로37길59 대한민국학술원(02-3400-5220) ⓗ1959년 제주 오현고졸 1964년 성균관대 법학과졸 1967년 同대학원졸 1971년 일본 도쿄대 대학원 민법학과졸 1977년 민법학박사(일본 도쿄대) ⓒ1977~1978년 서울시립대 조교수 1978~2004년 성균관대 법학과 조교수 · 부교수 · 교수 1978~1981년 同법과대학장 1979년 한일법학회 이사 1981~1983년 법무부 민 · 상법 개정특별심의위원회위원 1983~2000년 대한상사중재원 중재위원 1983년 일본사법학회 회원 1986~1987년 일본 도쿄대 법학부 객원연구원 1988년 성균관대 홍보실장 1990~1992년 同법과대학장 1992~1995년 同교무처장 1993~1994년 전국대학교교무처장협의회 회장 1996~2003년 (사)한국법학교수회 부회장 1996년 한국민사법학회 부회장 1996~1997년 일본 도쿄대 법학부 객원교수 1998~2000년 한국비교사법학회 회장 1998년 고문 2002년 대한매일신문 명예논설위원 2003년 한국산업인력공단 전문자문위원 2003년 (사)한국법학교수회 원로자문위원 2003년 대한민국학술원 회원(민법 · 현) 2004년 성균관대 명예교수(현) ⓢ국무총리표창 ⓩ'민법총칙'(1990, 법문사) '민법학 특강'(1995, 법문사) '현대 한국법 입문' '민법판례 해설(Ⅰ · Ⅱ)' '물권법'(2001, 법문사) 등 ⓡ기독교

고상미(高尙美 · 女) KOH Sang Mi

ⓢ1973 · 12 · 31 ⓟ세종특별자치시 한누리대로402 산업통상자원부 통상교섭실 자유무역협정무역규범과(044-203-5631) ⓗ서울대 노어노문학과졸 ⓒ2003년 산업자원부 미주협력과 사무관 2004년 同자본재산업국 기초소재산업과 사무관 2008년 지식경제부 산업경제실 기업협력과 사무관 2009년 同에너지자원실 유전개발과 사무관 2012년 同신산업정책관실 로봇산업과 사무관 2013년 산업통상자원부 시스템산업정책관실 기계로봇과 사무관 2013년 同통상정책국 세계무역기구과 서기관 2016년 同통상교섭실 자유무역협정무역규범과장(현)

고상원(高祥源) KO Sang Won

ⓢ1964 · 8 · 13 ⓑ제주(濟州) ⓞ서울 ⓟ충북 진천군 덕산면 정통로18 정보통신정책연구원 기획조정실(043-531-4130) ⓗ1987년 연세대 경제학과졸 1992년 경제학박사(미국 코넬대) ⓒ1988~1992년 미국 코넬대 경제학과 Teaching Assistant 1993~2001년 과학기술정책연구원 부연구위원 · 기술인력팀장 1994~1998년 OECD 과학기술정책위원회 과학기술체계반(GSS) 한국

대표 1996~1998년 연세대 국제학대학원 경제학과 강사 1997~1998년 노사관계개혁위원회 전문위원 1998~2002년 한양대 아태지역학대학원 강사 2000~2001년 OECD 과학기술정책위원회 Ad Hoc Working Group On 'Steering and Funding of Research Institutions' 한국대표 2001~2008년 정보통신정책연구원 연구위원 2003년 국가연구개발사업 평가·사전조정위원 2004년 국가연구개발사업 평가·사전조정중점검토소위원회 위원 2005~2006년 정보통신정책연구원 신성장산업연구실장 2006년 同정보통신산업연구실장 2006년 경제협력개발기구(OECD) 정보경제분과위원회 부의장 2008년 대통령 과학비서관실 행정관 2008년 정보통신정책연구원 미래융합전략연구실장 2010~2011년 방송통신위원회 규제개혁및법제선진화특별위원회 위원 2010년 정보통신정책연구원(KISDI) 미래융합연구실장 2011년 同국제협력연구실장 2013년 同선임연구위원 2014년 同국제협력연구실 연구책임자 2015년 同기획조정실장(현)

고상호(高相好)

생1959 종제주특별자치도 제주시 문연로6 제주도청 특별자치제도추진단(064-710-4870) 학대정고졸, 제주대 경영대학원졸(석사) 경1981년 공무원 임용 2012년 제주도 특별자치행정국 자치행정담당 지방행정사무관 2013년 同수자원본부 수자원경영부장 직대 2014년 同수자원본부 수자원경영부장(지방서기관) 2014년 同세계환경수도추진본부 환경수도정책관 2014년 同경제산업국 경제정책과장 2016년 同특별자치제도추진단장 직대(현)

고서곤(高西坤) KO SEO-GON

생1966·9·12 본제주(濟州) 종경기 과천시 관문로47 대통령소속 국가지식재산위원회 지식재산전략기획단(02-2110-2173) 학1985년 부천고졸 1991년 서울대 사회교육과졸 경2003년 과학기술부 기획관리실 기획예산담당관실 사무관 2003년 同기획관리실 기획예산담당관실 서기관 2005년 국가균형발전위원회 파견(과장) 2006년 과학기술부 정책홍보관리실 기획법무팀장 2008년 교육과학기술부 양자협력과장 2008~2011년 駐영국 교육과학관(참사관) 2011년 교육과학기술부 양자협력과장 2011년 同우주기술과장 2013년 미래창조과학부 미래선도연구실 우주정책과장 2013년 同연구개발정책실 우주정책과장 2014년 同연구개발정책실 연구개발정책과장 2016년 대통령소속 국가지식재산위원회 지식재산전략기획단 지식재산정책관(국장급)(현) 상홍조근정훈장(2013)

고 석(高 奭) KO SEOK

생1960·3·16 출서울 종서울 중구 퇴계로100 스테이트타워남산8층 법무법인 세종(02-316-4072) 학1979년 학다리고졸 1983년 육군사관학교 독일어과졸(39기) 1988년 서울대 법과대학 사법학과졸 1991년 同법과대학원졸 2006년 同법과대학원 박사과정 수료, 고려대 행정대학원 최고관리과정 수료(15기), 서울대 경영대학원 최고경영자과정 수료(71기), 한국체육대 최고경영자과정 수료(28기), 한국상사중재원 중재최고위과정 수료(9기), 고려대 법학전문대학원 최고위과정 수료(2기), 성균관대 IWAMP 수료(13기) 2013년 서울대 공과대학 최고경영자과정(AIP) 수료 2014년 同인문대학 최고경영자과정(AFP) 수료 경1983년 보병 30사단 소대장 1988년 육군사관학교 교수부 법학과 강사 1991년 同교수부 법학과 전임강사 1991년 사법시험 합격(33회) 1994년 사법연수원 수료(23기) 1994년 육군본부 법무감실 보통검찰관 1995년 수도군단 법무부 법무참모 1996~1998년 국방부 법무관리관실 국제법과장 1998년 同법무운영단 검찰부장 대리 1999~2001년 3군사령부 법무참모(대령) 2001~2003년 국방부 법무담당관 2003~2007년 합동참모본부 법무실장 2007년 미국 조지타운대 연수 2008년 방위사업청 계약관리본부 법무지원팀장 2008년 육군본부 법무실장 2009년 육군 준장 진급 2011~2012년 국방부 고등군사법원장(준장) 2011~2012년 한국형사소송법학회 부회장 2012년 International Society for Military Law & Law of War(유엔자문기구) 이사(현) 2012년 미래국방포럼 법무이사(현) 2013년 한국방위산업학회 이사 2013년 (주)우성엠에프 자문변호사 2013~2015년 駐韓미군기지이전사업단 자문변호사 2013년 FURSYS 사외이사(현) 2013년 대한상사중재원 중재인(현) 2013~2015년 법무법인(유)화우 파트너변호사 2014년 국가보훈처 보훈심사위원회 비상임정부위원(현) 2014년 군인공제회 자문변호사 2014~2016년 한국건설기술관리협회 윤리위원 2014~2016년 국방부 정보공개심의회 위원 2015년 (사)한민족연구소 감사(현) 2015년 국방부 지뢰피해심의위원회 심의위원(현) 2015년 법무법인 세종 파트너변호사(현) 상보국훈장 천수장(2009) 저'군법개론(共)'(육군사관학교) 종기독교

고석규(高錫珪) KO Seok Kyu

생1956·9·5 종전남 무안군 청계면 영산로1666 목포대학교 사학과(061-450-2138) 학1975년 경기고졸 1979년 서울대졸 1984년 同대학원졸 1991년 문학박사(서울대) 경1993~1995년 서울시립대 서울학연구소 초빙연구원 1995년 목포대 사학과 교수(현) 2000~2002년 미국 U. C. Berkeley Visiting Scholar · President of the Korean Visiting Scholar Association 2003~2005년 목포대 도서문화연구소장 · 인문과학연구원장 2004~2006년 광주전남지역혁신협의회 인적자원개발분과 간사 2004~2008년 목포대 다도해문화콘텐츠사업단장 2004년 목포시 지식산업클러스터협의회 위원 2005년 무안군지역혁신협의회 위원 2005~2009년 문화재청 문화재위원회 전문위원 2005년 대한민국학술원 기초학문분야 우수학술도서 선정 2006년 한국학술진흥재단 인문학단분과 전문위원 2006~2007년 '목포대 개교 60주년 기념사업' 추진위원장 2006~2008년 호남지역SO협의회 시청자위원 2007~2008년 (사)목포포럼 공동대표 2007~2008년 호심학원(광주대) 이사 2008~2009년 역사문화학회 부회장 겸 편집이사 2008~2011년 (재)전남문화산업진흥원 이사 2008~2009년 목포대 기획협력처장 2008~2010년 전남도 문화재위원 2009~2011년 인문콘텐츠학회 부회장 2009~2011년 KBS 목포방송국 시청자위원 2009~2010년 교육과학기술부 인문사회학술연구사업추진위원회 위원 2009~2011년 민주평통 자문위원 2010~2014년 목포대 총장 2010년 (재)전남테크노파크 이사 2011~2012년 광주·전남지역대학교총장협의회 회장 2011년 사회통합위원회 전남도지역협의회 위원 2012~2013년 지역중심국·공립대학교총장협의회 회장 2012~2014년 (사)전남대불산학융합본부 초대 이사장 2013~2014년 도시사학회 회장 2013~2014년 전국국공립대총장협의회 회장 2014년 김대중노벨평화상기념관 운영자문위원회 위원장(현) 2016년 호남사학회 회장(현) 상서울대사학과총동문회 '자랑스런 사학인'(2014) 저'역사 속의 역사 읽기1·2·3(共)'(1996, 풀빛) '19세기 조선의 향촌사회연구'(1998, 서울대 출판부) '다도해사람들-역사와 공간(共)'(2003, 경인문화사) '21세기 한국학, 어떻게 할 것인가(共)'(2005, 한림대 한국학연구소 푸른역사) '근대도시 목포의 역사·공간·문화'(2004, 서울대 출판부) '섬과 바다-역사와 자연 그리고 관광(共)'(2005, 경인문화사) '새로운 한국사 길잡이(共)'(2008, 지식산업사) '지방사연구입문(共)'(2008, 역사문화학회 민속원) '한국사 속의 한국사(共)'(2016, 느낌이있는책)

고석진(高錫振)

생1960·7·3 종서울 영등포구 여의대로70 신한BNP파리바자산운용 임원실(02-767-9134) 학1978년 영산포상고졸 1982년 서울대 경영학과졸 경1988년 신한은행 국제부 입행 1989년 同국제부 대리 1991년 同런던사무소 대리 1991년 同런던지점 대리 1995년 同국제부 대리 1996년 同국제부 외화자금팀장 2001년 同자금시장부장 2002년 同뉴욕지점장 2007년 同글로벌사업부장 2007년 同여의도중앙대기업금융센터장 2010년 신한BNP파리바자산운용 부사장, 同고문(현)

고석찬(高碩燦) KOH Seok Chan

생1958·5·25 종경기 용인시 수지구 죽전로152 단국대학교 사회과학대학 도시계획·부동산학부(031-8005-3324) 학1983년 연세대 행정학과졸 1985년 同대학원졸 1989년 미국 텍사스주립대 도시 및 지역계획학과졸 1993년 도시 및 지역계획학박사(미국 노스캐롤라이나대) 경1993~1995년 단국대 도시행정학과 전임강사 1993~1993년 연세대 행정학과 강사 1993~1997년 同행정대학원 강사 1994~1997년 同국제학대학원 강사 1995~2001년 단국대 도시행정학과 조교수 2002년 同사회과학대학 도시계획·부동산학부 도시지역계획전공 부교수·교수(현) 2015년 同부동산·건설대학원장 겸 사회과학대학장(현) 저'지역경제론'(2005) '도시계획론 5정판'(2008)

고석태(高錫泰) KOH Suk Tai

생1954·3·31 본제주(濟州) 출서울 종서울 강남구 테헤란로103길5 (주)케이씨텍 임원실(02-2103-3505) 학1972년 서울고졸 1980년 성균관대 화학공학과졸 경1980~1986년 대성산소(주) 근무 1987년 (주)케이씨텍 대표이사 사장 1996년 ISO-9001인증(KSA) 1997년 ISO-14001인증, (주)케이씨텍 대표이사 회장(현) 2005~2007년 한국디스플레이장비재료산업협회 회장 2016년 한국공학한림원 정회원(화학생명공학분과·현) 상산업포장, 과학기술처장관표창, 경기중소기업대상, 국세청장표창, 대통령표창, 석탑산업훈장, 은탑산업훈장(2008) 종천주교

고석홍(高錫洪) KO Seok Hong

🔴1964·4·5 🔵서울 🟠서울 서초구 반포대로158 서울고등검찰청(02-530-3114) 🎓1982년 장충고졸 1986년 서울대 법학과졸 1988년 同대학원 법학과 수료 1995년 미국 조지아대 법학대학원졸(LL.M.) 💼1987년 사법시험 합격(29회) 1990년 사법연수원 수료(19기) 1993년 軍법무관 1996년 부산지검 동부지청 검사 1997년 춘천지청 원주지청 검사 1998년 법무부 관찰과 검사 2000년 서울지검 검사 2003년 제주지검 부부장검사 2004년 인천지검 부천지청 부장검사 2005년 서울서부지검 부부장검사 2006년 법제처 파견 2007년 서울남부지검 형사4부장 2008년 부산지검 형사2부장 2009년 법무연수원 연구위원 2010년 서울중앙지검 부장검사 2011년 서울고검 검사 2011~2012년 인천시 법률자문검사(파견) 2013년 광주고검 검사 2015년 광주지검 목포지청장 2016년 서울고검 검사(현) 📖'영화 속 형법이야기'(2011)

고석화(高錫化) Steven KOH

🔴1945·7·8 🎓1968년 연세대 경영학과졸 2006년 명예 경영학박사(연세대) 💼1975년 Pacific Steel Co. 회장(현) 1975년 Koss International Co. 회장(현), 미국 LA 한인무역회 초대회장, 미국 남가주 한국학원 이사장 1986~2016년 미국 윌셔은행 회장 2000~2008년 세계해외한인무역협회(World-OKTA) 남가주 고문이사 2004년 고선자선재단 설립·이사장(현) 2005년 미주한인재단 이사장 2006년 세계해외한인무역협회(World-OKTA) 이사장 2008~2010년 同회장 2009년 제8차 세계한상대회장 2010년 세계해외한인무역협회(World-OKTA) 명예회장(현) 2010년 同상임집행위원회 위원, 미국 웨스트 LA 시더스 사이나이(Ceders Sinai) 병원 이사(현) 2016년 뱅크오브호프(Bank of Hope) 이사장(현) 🏅대통령표창, 미국 LA시의회 경제활성화 공로패, 미국 연방공화당위원회 올해의 기업인상, 미국 LA지역 사회봉사상, 미국 캘리포니아주지사 공로상, 미국 LA시의회 공로상, 미국연방의회 훈장, 자랑스러운 연세상경인상 사회봉사부문(2006), 엘리스아일랜드훈장(2007), 국민훈장 동백장(2007)

고석희(高碩禧) KO Seok Hee

🔴1956·7·24 🔵제주(濟州) 🔵부산 🟠경남 창원시 성산구 두산볼보로22 두산중공업(주) 임원실(055-278-4748) 🎓1975년 동아고졸 1979년 부산대 금속공학과졸 💼1981년 두산중공업(주) 입사 1993~1999년 同동경법인 근무 2001년 同주조공장장(부장) 2004년 同주단생산기술담당 상무 2006년 同주단BG 주단영업담당 상무 2008년 同주단BG 주단기획담당 상무 2010년 同주단BG장(전무) 2012년 同주단BG장(부사장)(현)

고선건(高善健) KOH SEON GEON

🔴1966·6·4 🟠인천 중구 공항로272 인천국제공항3층 호텔신라 면세인천공항점(1688-1110) 🎓서울 광성고졸 1992년 아주대 수학과졸 💼1997년 삼성물산 입사 2008년 호텔신라 면세서울점장 2010년 同국내마케팅팀장 2015년 同면세인천공항점장 2015년 同TR부문 Korea사업부 면세인천공항점장(상무)(현)

고성건(高聖健) KOH Sung Kun (育偁)

🔴1937·3·2 🔵평남 평양 🟠서울 성북구 인촌로73 고려대학교 의과대학(02-2286-1139) 🎓1955년 대광고졸 1961년 고려대 의과대학졸 1964년 同대학원졸 1969년 의학박사(고려대) 💼1962년 軍의관 1965년 고려대병원 비뇨기과 전공의 1969~1981년 고려대 의과대학 전임강사·조교수·부교수 1974년 독일 자루부뤽켄대 의과대학병원 연수 1974년 보건사회부 중앙약사심의위원 1978년 독일 마인츠대학병원 연구원 1980년 고려대 의대 교학감 1981~2002년 同의과대학 교수 1983년 同병원 비뇨기과장 1986~1989년 同혜화병원장 1990년 대한비뇨기과학회 이사장 1994년 고려대 의과대학장 1995년 태평양국제의학회 부회장 1998년 한국홈볼트회 회장 2000년 한국기독의사회 회장 2002년 고려대 의과대학 명예교수(현) 🏅녹조근정훈장(2002), 대한비뇨기과학회 공헌상(2011) 📖'비뇨기과학'(共) 📗비뇨기과학(1981) ⛪기독교

고성균(高成均) KO Sung Kyun

🔴1951·10·19 🔵제주(濟州) 🔵경남 진해 🟠서울 중구 소파로145 대한적십자사 총재특보실(02-3705-3754) 🎓1970년 양정고졸 1974년 연세대 국어국문학과졸 2008년 중앙대 신문방송대학원졸(PR전공) 💼1973년 한국방송공사 입사(1기) 1974~1976년 예편(육군 중위) 1976~1978년 한국방송공사 원주방송국 근무 1978년 同라디오국 근무 1981년 同라디오국 PD(차장) 1991년 同라디오제작2국 차장 同라디오제작국 차장 1995~1998년 同제주방송총국 편성제작국장 1998~2001년 同라디오2국 제작1 라디오 부주간 2001~2003년 同원주방송국장 2003년 원주시 명예시민 2003~2004년 한국방송공사 라디오3국 전문PD 2004년 同라디오제작본부 3라디오팀 PD(부장급) 2008~2010년 同라디오제작본부장 2010년 천안함재단 감사 2011년 대한적십자사 홍보분야 총재특별보좌역(현) 2012~2014년 동아방송예술대학교 외래교수 2015년 방송통신심의위원회 통신특별심의위원(현) 🏅교통부장관표창(1990), 방송위원회 이달의 좋은 프로그램(펑펑 장서방 무일 먹고사나-음향다큐멘터리)(1994), 한국방송대상 라디오어린이부문(1995), 방송위원회 이달의 좋은 프로그램(바람아 바람아 하늬바람으로 불어라-음악다큐멘터리)(1996), 한국방송대상 라디오지역문화부문(1997), 국회 대중문화&미디어대상 라디오부문(2004), 행정자치부장관표창 자원봉사홍보부문(2007) ⛪불교

고성삼(高聖三) KOH Sung Sam (봉암)

🔴1945·1·14 🔵제주(濟州) 🔵서울 🟠서울 영등포구 국회대로76길18 오성빌딩503호 중앙세무회계사무소(02-785-3121) 🎓1964년 선린상고졸 1972년 중앙대 경영학과졸 1974년 서울대 경영대학원졸 1985년 경영학박사(미국 호놀룰루대) 2000년 경영학박사(인하대) 💼1974년 공인회계사 겸 세무사 1978~2010년 중앙대 경영대학 전임강사·조교수·부교수·교수 1980년 미국 일리노이주립대 객원교수 1981~1994년 공인회계사 시험위원 1988~2001년 중앙대 경영대학 회계학과 교수 1990년 증권감독원 회계제도자문위원 1994~1995년 미국 조지워싱턴대 객원교수 1998~2008년 한국회계학회 및 한국세무학회 부회장 1999년 중앙대 산업교육원장 2001년 한국중소기업협회 부회장·감사·이사 2002년 한국회계정보학회 부회장 2002년 기독교TV 감사 2002~2010년 중앙대 경영대학 경영학부 교수 2002년 한국회계학회 부회장 2002년 대한경영학회 부회장 2003년 중앙대 교수협의회장 2003년 한국회계정보학회 회장·고문(현) 2004~2008년 한국원가관리협회 감사 2005~2010년 중앙대 회계연구소장 2008년 대한경영학회 회장·고문(현) 2010년 중앙대 경영대학 명예교수(현) 2010년 (사)한국경영지도연구원 이사장(현) 2010년 중앙세무회계사무소 대표공인회계사(현) 2010년 (사)한국건설경영연구원 회장(현) 2012~2014년 서울신학대 감사 2012년 (사)한국기독교총연합회 감사(현) 2013년 (사)대한예수교장로회연합회 감사(현) 2013~2015년 학교법인 용인송담대 감사 2014~2016년 한국감사인포럼 공동대표 2015년 (사)한국기독교화해중재원 감사(현) 2016년 한국감사인연합회 공동대표(현) 🏅부총리 겸 교육인적자원부장관표창(2000), 홍조근정훈장(2007), 부총리 겸 기획재정부장관표창(2014) 📖'현대 부기회계'(1978) '회계감사론'(1980) '회계학 원론'(1985) '국세 기본법'(1993) '회계용어사전'(1998) '왕초보자를 위한 알기쉬운 회계'(1999) '세무용어사전'(1999) '벤처 법대로 만들기'(2000) '꼭 알아두어야 할 세법'(2004) '세법의 이해'(2007) '회계의 이해'(2007·2008) ⛪기독교

고성수(高聖洙) KOH Sung Soo

🔴1950·7·22 🔵제주(濟州) 🔵인천 강화 🟠서울 강남구 테헤란로309 삼성제일빌딩1401호 (주)인터캐피탈(02-527-3431) 🎓1974년 연세대 경제학과졸 1983년 미국 피츠버그대 경영대학원졸 1990년 경영학박사(영국 시티대) 💼1979~1992년 동서증권 조사부 과장·런던사무소장·동서경제연구소 수석연구위원 1993~1997년 한화증권 국제부문·투자분석·인수담당 상무이사 1993년 연세대 강사 1994~1996년 同경영대학원 강사(재무정책) 1996~2000년 충남방적 사외이사 1997년 (주)인터캐피탈 대표이사(현) 1999~2013년 한미약품 사외이사 2000년 교보투신운용 사외이사 2010년 크리스탈지노믹스 사외이사(현) 📖'The Capital Markets in Korea and the Far East'(1989) '벤처캐피탈의 이해'(1990) '2000년대를 향한 성장주 성장기업'(1992) ⛪기독교

고성욱(高聲郁) KO Seong Ook

🔴1949·7·14 🔵경북 문경 🟠경기 김포시 고촌읍 아라육로22 (주)코콤 대표이사실(02-6675-2121) 🎓1969년 문경고졸 1986년 일본 국제대 전자공학과졸 1989년 숭실대 경영대학원 최고경영자과정 수료 💼1980년 한국통신 근무 1994년 (주)한국전기통신공사 대표이사 2001년 한국통신(Kocom) 대표이사 2002년 (주)코콤 대표이사(현) 🏅내무부장관표창, 500만불 수출탑, 중소기

업대상 유망중소기업부문 우수상, 벤처기업상 우수상, 상공부장관표창, 국무총리표창, 산업포장, 한국산업디자인상 [종]불교

고성욱(高聖郁) Ko, Sung-Wook

[생]1954·9·1 [본]제주(濟州) [출]서울 [주]서울 강남구 개포로513 서울양전초등학교 교장실(02-3411-8982) [학]1973년 성동고졸 1975년 서울교대졸 1993년 중앙대 교육대학원졸 [경]2006년 서울교대부설초 교감 2010년 서울윤중초 교장 2014년 서울양전초 교장(현) [저]동화 '내 사랑 도토리'(소담주니어) 외 다수

고성제(高聖濟) KO Sung Jea

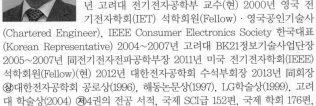

[생]1958·2·10 [출]서울 [주]서울 성북구 안암로145 고려대학교 전기전자전파공학부(02-3290-3228) [학]1980년 고려대 전자공학과졸 1986년 미국 뉴욕주립대 대학원 전기 및 컴퓨터공학과졸 1988년 공학박사(미국 뉴욕주립대) [경]1988~1992년 미국 미시간대 조교수 1993년 고려대 전기전자공학부 교수(현) 2000년 영국 전기전자학회(IET) 석학회원(Fellow)·영국공인기술사(Chartered Engineer), IEEE Consumer Electronics Society 한국대표(Korean Representative) 2004~2007년 고려대 BK21정보기술사업단장 2005~2007년 同전기전자전파공학부장 2011년 미국 전기전자학회(IEEE) 석학회원(Fellow)(현) 2012년 대한전자공학회 수석부회장 2013년 同회장 [상]대한전자공학회 공로상(1996), 해동논문상(1997), LG학술상(1999), 고려대 학술상(2004) [저]4권의 전공 서적, 국제 SCI급 152편, 국제 학회 176편, 국내 저널 53편, 국내 학회 156편 [종]천주교

고성천(高成天) Ko Seong Cheon

[생]1958 [출]전북 군산 [주]서울 용산구 한강대로92 LS용산타워4층 삼일회계법인(02-3781-3131) [학]1986년 서울대 경영학과졸 2010년 同대학원 경영학과졸 [경]1985년 삼일회계법인 입사, 同오사카지부 근무 2005년 同전무 2008년 同부대표, 삼일세무자문그룹 조세1본부장, 서울지방국세청 과세적부 및 이의신청심사위원회 위원, 한국세무학회 부회장, 기획재정부 세제발전심의위원회 위원(현), 대한상공회의소 조세위원회 위원(현), 한국조세연구포럼 부회장 2014년 삼일회계법인 대표(현) [상]국세청장표창(2006·2011), 기획재정부장관표창(2012)

고성철(高聖哲) KO Sung Chul

[생]1952·1·2 [본]제주(濟州) [출]부산 [주]대전 유성구 유성대로1646 한남대학교 생명시스템과학과(042-629-8752) [학]1970년 휘문고졸 1978년 고려대 생물학과졸 1980년 同대학원졸 1984년 이학박사(고려대) [경]1982~1995년 한남대 생물학과 전임강사·조교수·부교수 1991년 미국 워싱턴대 생물학과 객원교수 1991·1997~2000년 한국식물분류학회 부회장 겸 편집위원장 1995~2012년 한남대 생명과학과 교수 1995년 同중앙도서관장 2000년 同교학처장 2000년 산학연전국협의회 부회장 2001년 한국식물분류학회 회장 2001년 한남대 교무연구처장 2003년 산학연전국협의회 회장 2004~2005년 대통령비서실 인사자문위원 2008년 한남대 자연사박물관장 2010년 同생명나노과학대학장 2012년 同생명시스템과학과 교수(현) 2012~2014년 同학사부총장 2013년 同산업단지캠퍼스조성사업단장(현) 2014년 同자연사박물관장(현) [상]한남대총장표창(1999), 환경부장관표창(2000), 국무총리표창(2000), 대전경제과학대상(2002), 근정포장(2005) [저]'백두산의 꽃'(1997) '한국 관속식물 종속지(Ⅰ)' [역]'생물학개론'(1996) '현대생물학개론' [종]기독교

고성학(高誠學) Koh, Sung Hak

[생]1959·12·15 [본]개성(開城) [출]경북 문경 [주]경기 성남시 분당구 판교로242 판교디지털센터(PDC) C동5층 한국정보인증 임원실(02-360-3031) [학]대광고졸, 서강대 정치외교학과졸, 국민대 정치대학원졸, 정치학박사(숭실대) [경]1988~1992년 국회 입법보좌관 1992~2008년 김형오 국회의원 보좌관 2001~2008년 국회 과학기술정보통신위원장 보좌관 2007년 대통령직인수위원회 부위원장 보좌역 겸 자문위원 2008~2010년 국회의장 정무수석비서관(1급상당·차관보급) 2010~2015년 한국정보인증(주) 대표이사 2010~2016년 한국정보통신진흥협회(KAIT) 비상임감사 2010~2016년 한국보안산업협회(KISA) 부회장 2010년 한국PKI포럼 부회장 2013~2016년 한국인증산업발전협의회 회장 2015년 한국정보인증(주) 부회장(현) [상]국회의장표창(2005), 미래창조과학부장관표창(2013), 생생코스닥 최우수서비스상(2014)

고성효(高誠孝) KO Sung Hyo

[생]1963·7·20 [출]제주 [주]제주 제주시 남광북5길2 영산빌딩3층 법무법인 탐라(064-726-6111) [학]1982년 제주제일고졸 1986년 한양대 법과대학 법학과졸 [경]1987년 사법시험 합격(29회) 1990년 사법연수원 수료(19기) 1993년 대구지법 경주지원 판사 1996년 대구지법 판사 1997년 인천지법 판사 1998년 변호사 개업 1999~2016년 법무법인 해오름 대표변호사 2015년 제주지방변호사회 회장(현) 2016년 법무법인 탐라 대표변호사(현)

고세진(高世振) KOH Se Jin

[생]1953·4·28 [본]제주(濟州) [주]서울 영등포구 여의공원로13 (재)KBS교향악단(02-6099-7415) [학]서울신학대 신학과졸, 同대학원졸(조직신학석사), 미국 웨슬리 비블리칼 세미나리 수학, 이스라엘 예루살렘대 대학원졸(히브리어석사), 미국 시카고대 대학원졸(근동고고학 석사 및 박사), 중앙대 문예창작과 전문가반 수료 [경]이스라엘 예루살렘대 교수, 同교무처장, 同고고학연구소장, 同총장, 아세아연합신학대 교수, 同산학협력단장 2006~2010년 同총장, 예루살렘대 힌놈골짜기탐사단장, 요르단 마하나임 고고학조사단장, 미국 시카고대 이스라엘 텔 야쿠시 발굴단 감독, 이스라엘 히브리대 고고학발굴단 감독(텔 벹샨, 텔 레호브, 텔 도르), 에티오피아 악숨 시바의 여왕 땅 발굴단장, 미국 근동고고학회 이사, 대한성서고고학회 회장, (재)KBS교향악단 운영위원장, 同이사 2015년 同사장(상임이사)(현) [상]해병훈련소 우등상(1980), 이스라엘 예루살렘대 공로상(1996), 교육자상(2015) [저]'유소유'(2011, 순정아이북스) [역]'팔레스타인 그리스도인들의 삶과 고난'(2002, 이레서원) '고대 이스라엘 각 지방의 역사지리학'(2014, 요단출판사) [종]개신교

고세현(高世鉉) KO Se Hyun

[생]1955·5·18 [본]제주(濟州) [출]전북 군산 [주]경기 파주시 회동길184 (주)창비 임원실(031-955-3369) [학]1975년 경기고졸 1980년 서울대 국사학과졸 [경]1981년 창작과비평사 편집부 입사 1994~1999년 同편집국장·상무이사·전무이사 1999년 同대표이사 사장 2003~2011년 (주)창비 대표이사 사장 2008년 동아시아출판인회의 사무총장 2012년 (주)창비 상임고문(현) [역]'역사로서의 사회주의'

고수곤(高需坤)

[생]1950·4·2 [주]서울 중구 마른내로140 대한인쇄정보산업협동조합연합회(02-335-6161) [학]1968년 명지고졸 1998년 동국대 정보산업대학원 수료 [경]1990년 전광인쇄정보(주) 대표이사 회장(현) 1991년 서울시인쇄정보산업협동조합 책자부 간사장 1992년 서울 용산구자연보호협의회 부회장 1996년 서울특별시립남산도서관 운영위원장 1998년 서울시인쇄정보산업협동조합 이사장 1999년 한국전자출판협회 부회장 2000년 동국대 언론정보대학원 총동창회장 2006년 대한인쇄연구소 이사장 2010년 민주평통 상임위원, 중소기업중앙회 부회장(현) 2012·2016년 대한인쇄정보산업협동조합연합회 회장(현) [상]청원군수 감사패(1991), 서울특별시장표창(1993), 대통령표창(2002)

고수웅(高秀雄) KO Soo Woong

[생]1945·9·17 [본]제주(濟州) [출]전북 무주 [주]서울 영등포구 63로40 라이프오피스810호 한국지역민영방송협회(02-785-2655) [학]1965년 경희고졸 1969년 경희대 신문방송학과졸 2003년 同언론정보대학원졸 [경]1973~1980년 TBC 보도국 기자 1981~1988년 KBS 뉴스센터·TV편집1부 차장 1989년 해외 연수 1990년 KBS 외신부 차장 1990년 同TV제작2부장 1993년 同과학부장 1994년 同파리특파원 1997년 同문화부장 1998년 同TV편집부 주간 1999년 同해설위원 2000년 同보도본부 해설주간 2001년 同대전방송총국장 2002~2003년 同보도위원 2004~2008년 한국농구연맹(KBL) 사업본부장 2008년 한국지역민영방송협회 상근부회장(현) 2016년 한국프로골프협회(KPGA) 대외협력위원회 위원(현) [상]대통령표창(1982), 석탑산업훈장(1983) [종]기독교

고숙희(高淑熙·女) KO Sook Hee

[생]1957·12·8 [본]개성(開城) [출]경북 문경 [주]충북 제천시 세명로65 세명대학교 행정학과(043-649-1237) [학]1976년 문경여고졸 1985년 성균관대 행정학과졸 1987년 同대학원 행정학과졸 1992년 행정학박사(성균관대) [경]1989~1991년 성균관대 강사 1997년 세명대 행정학과 교수(현) 2005~2013년 국방부 평가위원 2008년 공정거래위원회 자체평가위원 2009년 세명대 경찰행정학부

장 2010년 한국인사행정학회 부회장 2012~2014년 한국장애인고용공단 비상임이사 2013~2014년 한국미래행정학회 회장 2013년 세명대 학생생활연구소장 2013년 안전행정부 정책자문위원 2014년 세명대 산학협력단장(현) [상]국무총리표창(2003), 중앙선거관리위원장표창(2008), 대통령표창(2009) [저]'한국이익집단의 행태결정요인 분석' '인사행정론(共)'(2013) [역]'미래의 국정관리'(1998, 법문사) [종]불교

고순동(高淳東) KOH Alfred S

[생]1958 · 8 · 27 [본]제주(濟州) [출]서울 [주]서울 종로구 종로1길50 더케이트윈타워 A동 한국마이크로소프트(1577-9700) [학]1977년 서울 한영고졸 1981년 연세대 경영학과졸 1983년 미국 워싱턴대 세인트루이스교 경영대학원 경영학과졸(MBA) [경]1983년 한국IBM SI매니저(부장) 1992년 IBM 아태지역 헤드쿼터 매니저 1995년 Technology Service Solution 마케팅디렉터 1996년 미국 IBM 이사(마케팅프로그램디렉터) 2003년 삼성SDS 전략마케팅담당 임원(CMO · 상무) 2004년 同전략마케팅팀장 2007~2009년 同전자본부장(전무) 2009년 同하이테크본부장(전무) 2009년 同공공SIE본부장(부사장) 2010~2013년 同대표이사 사장 2013년 同고문 2016년 한국마이크로소프트(한국MS) CEO(현) [종]천주교

고승관(高承觀) KOH Seung Kwan (以谷)

[생]1943 · 4 · 29 [본]제주(濟州) [출]서울 [주]충북 괴산군 청천면 후평도원로715 도원성미술관(043-832-8485) [학]숭문고졸, 홍익대 공예학과졸, 경희대 교육대학원졸 [경]1972~1977년 경희여중 교사, 홍익전문대 · 단국대 · 상명여대 · 강원대 · 성균관대 · 청주대 예술대학원 강사 1976~1991년 홍익공업전문대학 교수 1977~1988년 홍익대 · 강원대 · 단국대 · 상명여대 · 성균관대 강사 1980년 홍익금속공예가회 회장 · 고문 1982년 한국칠보공예가회 회장 · 고문(현) 1989년 대한민국미술대전 작가(현) 1990년 충북도미술대전 작가(현) 1991년 서울미술대전 작가(현) 1991~2001년 청주대 예술대학원 강사 1991~2006년 홍익대 조형대학 교수 1991년 청주국제공예비엔날레조직위원회 운영위원장 1991년 충북도미술대전 심사위원 1993년 한국산업디자인대상전 운영위원장 1995년 대한민국미술대전 심사위원 1995년 同공예분과위원장 1995년 한국디자인대상전 운영위원장 1995년 근로복지공단 문화예술제 심사위원장 1995년 도원성미술관 관장(현) 1996년 대한민국미술대전 운영위원 1997년 충북도미술대전 운영위원 1997년 충남도문화상 심사위원 1999년 청주국제공예비엔날레조직위원회 기획위원장 2000년 한국Glass페스티벌 심사위원장 2001~2003년 홍익대 조형대학장 2001년 한국토지공사 조형물 심사위원 2003년 한국문화재기능협회 운영위원회 부위원장 2003년~2007년 문화재청 문화재위원 2004년 청주문화상품대전 심사위원장 2005년 한국주택공사 조형물 심사위원장 2005년 청주국제공예비엔날레 조직위원 2005년 한국미술협회 증진원로 · 작가 · 자문위원 · 고문(현) 2007년~2012년 청주시한국공예관 운영위원 · 운영위원장 2007년 단재신채호선생기념사업회 이사(현) [상]대한민국전람회 입선, 한국미술대상 입선, 한국미술협회전 대상(1982), 88서울올림픽 M.V.P백상크라운 당선(IOC)(1988), 향토문화대상 본상(1996), 국민훈장 목련장(2000), 한국미술협회 올해의 미술상(2009), 한국예술문화 명인(2013) [작]'한국표준협회 연수원 개관기념 모뉴먼트'(1984) '대한상공회의소 창립 100주년 기념회관 준공기념 대한상공인의 상징물(도공과 보부상)'(1986) '88서울올림픽 MVP 백상크라운'(1988) '진로유통센터 개관기념 조형물 작품'(1988) '천주교 방배동성당 종제작'(1988) '벽산빌딩 개관기념 모뉴먼트'(1988) '충남 초강마을 기념 모뉴먼트'(1995) '충북 괴산군 군민 헌장탑 모뉴먼트'(1995) '조흥은행 100주년 기념표석 모뉴먼트'(1996) '홍범식 · 홍명희 · 임꺽정 기념비'(1998) '세계문자의 거리 조형물'(2000) '한국 환경지키미공원 타임캡슐 12호'(2002) '충북 증평군 기념 타임캡슐 13호'(2003) [종]불교

고승근(高勝根) KOH Seung Geun (금산)

[생]1959 · 2 · 20 [본]제주(濟州) [주]전북 익산시 익산대로460 원광대학교 미술대학 귀금속보석공예과(063-850-6355) [학]1982년 원광대 금속공예학과졸 1984년 同대학원 응용미술과졸 2006년 보석공학박사(동신대) [경]1991~1993년 원광대 금속공예학과 전임강사 1993년 同공예디자인학부 조교수 · 부교수 2002년 同미술대학 귀금속보석공예과 교수(현) 2004~2008년 지방대학혁신역량강화사업(NURi) 사업단장 2006년 원광대 디자인학부장 2006~2009년 중국 로신미술대학 시각디자인과 객좌교수 2013~2014년 미국 미시간주립대학 교환교수 2014년 원광대 대학특성화사업(CK-1) Jewelry Creator사업단장(현) 2014~2016년 同미술대학장 겸 미술관장 [저]'다이아몬드 감정론'(1993) '보석감별론'(1994) '장신구실무 캐드'(2005) '금속조형실기'(2006) '장신구 실무 랜더링'(2007) '장신구 공예론'(2008) '유색보석감별론'(2009)

고승기(高勝基) KOH Seung Kee

[생]1958 · 3 · 26 [본]제주(濟州) [출]전북 전주 [주]전북 군산시 대학로558 군산대학교 공과대학 기계자동차공학부(063-469-4717) [학]1980년 서울대 기계설계학과졸 1982년 同대학원졸 1989년 기계공학박사(미국 아이오와대) [경]1982~1983년 한국전력기술(주) 기술원 1985~1989년 미국 아이오와대 기계공학부 연구원 1986~1989년 미국 자동차학회 피로손상평가위원회 위원 1988~2001년 Soc. of Automotive Engineers Associate Member(USA) 1990~1991년 한국전력공사 선임연구원 1991년 군산대 기계공학부 교수, 同기계자동차공학부 교수(현) 1997~1998년 캐나다 알버타대 방문연구교수 1999~2001년 군산대 자동차새시부품기술혁신센터 소장 2004~2006년 同공학연구소장 겸 중소기업기술개발지원센터장 2006~2009년 同기계자동차누리사업팀장 2009~2010년 同산학협력단장 2010~2012년 同교무처장 2013년 同산학융합지구사업단장(현) 2015년 同새만금캠퍼스본부장(현) [상]대한기계학회 우수논문상(2005) [역]'재료역학(共)'(2004, 인터비젼) '정역학'(2014, 한국맥그로힐) [종]기독교

고승덕(高承德) Seungduk Koh

[생]1957 · 11 · 12 [본]제주(濟州) [출]광주 [주]서울 서초구 서초중앙로154 화평빌딩902호 로드법률사무소(02-595-3195) [학]1976년 경기고졸 1980년 서울대 법대졸 1982년 同대학원졸 1983년 미국 예일대 Law School졸(LL.M) 1987년 미국 하버드대 Law School졸(LL.M) 1989년 법학박사(미국 컬럼비아대) 2012년 중앙대 대학원 청소년학박사과정 재학中 [경]1978년 사법시험 최연소합격(20회) 1979년 외무고시 차석합격(13회) 1979년 행정고시 수석합격(23회) 1982년 사법연수원 수료(12기) 1984년 수원지법 판사 1989년 미국 뉴욕 B&M법률사무소 변호사 1990년 미국 뉴욕 · 뉴저지 · 일리노이 · 워싱턴 D.C. 변호사자격 취득 1992년 변호사 개업, 로드법률사무소 대표변호사(현) 1992년 조달청 법률고문 1993~2003년 서울시 공무원교육원 강사 1995~2003년 서울시 지방세심의위원회 위원 1995년 경찰청 법률자문위원 1996년 대한상사중재원 중재인 1996년 공무원연금관리공단 법률고문 1996년 서울변호사협회 지도변호사 2001~2005년 탐라대 경찰행정학과 대우교수 2002년 SBS TV '솔로몬의 선택' 법률단 출연 2003년 일반운용전문인력(펀드매니저)시험 합격 2003~2004년 KBS2-TV '성공예감 경제특종' MC 2004년 사법연수원 강사 2005년 '마켓데일리' 대표편집인 2005년 이화여대 법대 겸임교수 2007년 선플달기국민운동본부 공동대표 2007년 한나라당 제17대 대통령중앙선거대책위원회 클린정치위원회 전략기획팀장 2008~2012년 제18대 국회의원(서울 서초乙, 한나라당 · 새누리당) 2009년 한나라당 대표특보 2010년 同국제위원장 2010년 (사)드림파머스 대표(현) 2011년 국회 공직자윤리위원회 위원 2011년 국제민주연맹(IDU) 부의장 2012년 다애다문화학교 교사 2013년 한국청소년쉼터협의회 이사장(현) 2014년 서울사이버대 청소년복지전공 석좌교수(현) 2014년 서울특별시 교육감선거 출마 [저]'고변호사의 주식강의'(2002) '포기하지 않으면 불가능은 없다'(2003) '주식실전포인트'(2005) '고승덕의 ABCD성공법'(2011, 개미들출판사) '꿈으로 돌파하라 : 청소년을 위한 고승덕의 ABCD 성공법'(2013) '꿈! 포기하지 않으면 불가능은 없다'(2014, 개미들출판사) [역]'아빠는 너희를 응원한단다'(2011) [종]기독교

고승범(高承範) KOH Seung Beom

[생]1962 · 11 · 9 [출]서울 [주]서울 중구 남대문로39 한국은행 금융통화위원회(02-759-4114) [학]1981년 경복고졸 1985년 서울대 경제학과졸 1988년 同행정대학원 행정학과졸 1995년 경제학박사(미국 아메리칸대) [경]행정고시 합격(28회) 1985년 총무처 수습사무관 1986년 재무부 국제금융국 국제기구과 사무관 1989년 同국제금융국 국제금융과 사무관 1991~1995년 해외유학(미국 아메리칸대) 1995년 재정경제원 경제정책국 지역경제과 사무관 1996년 同경제정책국 종합정책과 사무관 1996년 同경제정책국 종합정책과 서기관 1998년 재정경제부 경제정책국 종합정책과 서기관 1998년 아시아개발은행(ADB) 파견 2001년 금융감독위원회 감독정책1국 시장조사과장 2002년 대통령비서실 파견 2003년 금융감독위원회 감독정책2국 비은행감독과장 2004년 同감독정책1국 은행감독과장 2004년 同감독정책1국 감독정책과장(부이사관) 2006년 법무법인 세종 파견 2007년 금융감독위원회 기획행정실 혁신행정과장 2007년 同기획행정실장(일반직고위공무원) 2008년 국제부흥개발은행(IBRD) 파견 2010년 금융위원회 금융서비스국장(고위공무원) 2012년 同금융정책국장 2013년 同사무처장 2015년 同상임위원 2016년 한국은행 금융통화위원회 위원(현)

고승영(高承永) KHO, Seung-Young

(생)1957·8·12 (본)제주(濟州) (출)서울 (주)서울 관악구 관악로1 서울대학교 공과대학 건설환경공학부(02-880-1447) (학)1980년 서울대 토목공학과졸 1982년 同대학원 공학과졸 1989년 공학박사(미국 U.C.버클리대) (경)1989년 국무총리실 수도권대책실무기획단 자문위원 1989년 교통개발연구원 교통계획연구실장 1990년 서울시 교통영향심의위원회 심의위원 1991년 명지대 공대 교통공학과 조교수·부교수·교수 1994년 건설교통부 교통영향심의위원회 심의위원 2003~2007년 서울대 지구환경시스템공학부 교수 2003년 대한교통학회 편집위원장 2006년 同기획위원장 2007년 서울대 공과대학 건설환경공학부 교수(현) 2011~2013년 대한교통학회 회장 2012~2014년 서울대 건설환경공학부장 2015년 고려개발(주) 사외이사(현) (상)국토해양부장관표창, 대통령표창(2016) (저)'교통공학개론'

고승우(高昇羽) KO Seung Woo

(생)1948·4·21 (본)제주(濟州) (출)전북 옥구 (주)서울 마포구 마포대로14가길10 동아빌딩 4층 (사)민주언론시민연합(02-392-0181) (학)1976년 고려대 축산학과졸 1981년 同대학원 사회학과졸 2002년 사회학박사(고려대) (경)1973년 포항제철 근무 1975년 합동통신 기자 1983년 대우 근무 1987년 민주언론운동협의회 근무 1989년 한겨레신문 생활환경부 편집위원 1990년 同사회부장 1992년 同특수자료실장 1993년 同여론매체부 편집위원 1994년 同체육부 편집위원 1994년 同출판부장 1995년 同출판국 기획위원 1995년 同편집국 기획위원 1996년 同심의위원 1998년 同마케팅국 부국장 1999년 同통일문화연구소 연구위원 2000~2004년 국정홍보처 분석국장 2004년 한성대 겸임교수 2004년 '80년해직언론인협의회' 공동대표 2005년 언론중재위원회 위원 2005년 6.15공동선언실천남측위원회 언론본부 정책위원장 2005년 미디어오늘 논설위원 2005년 통일언론포럼 대표 2006~2011년 미디어오늘 논설실장 2007년 방송위원회 제17대 대통령선거 방송심의위원 2007년 同제18대 총선 선거방송심의위원 2010년 (주)주권방송(6·15TV) 이사 2011년 방송독립포럼 공동대표 2014년 (사)민주언론시민연합 이사장(현) (저)'5·6공 언론비판서' '기자 똑바로 해야지' '언론유감' '한반도 통일여행' 'TV와 인터넷에서 우리아이 구하기'

고승일(高承一) Koh Seung Il

(생)1963·12·18 (본)제주(濟州) (출)서울 (주)서울 종로구 율곡로2길25 연합뉴스TV 보도국(02-398-7840) (학)1982년 영등포고졸 1988년 건국대 영어영문학과졸 (경)2001~2004년 연합뉴스 도쿄특파원 2005~2008년 同정치부 국회반장 2008~2011년 同워싱턴특파원 2011년 연합뉴스TV 보도국 정치팀장 2011년 同보도국 정치부장 2012년 연합뉴스 논설위원 2013년 同정치부장 2013년 관훈클럽 편집위원 2014년 연합뉴스 정치부장(부국장대우) 2015년 연합뉴스TV 보도국 부국장(현) (저)'워싱턴 시사 영단어'(2011) (종)기독교

고승철(高承徹) KO Song Cheer

(생)1954·12·12 (본)제주(濟州) (출)부산 (주)경기 파주시 회동길193 나남출판(031-955-4611) (학)1975년 마산고졸 1980년 서울대 경영학과졸 1986년 연세대 대학원 경영학과졸, 고려대 대학원 경영학 박사과정 수료 (경)1981~1998년 경향신문 기자·파리특파원·경제정책팀장 1998년 (주)효성 이사 1999년 한국경제신문 산업2부장 2000년 同벤처중기부장 2000년 동아일보 경제부장 2003년 同편집국 부국장 2006년 同광고국 부국장 2007년 同출판국장 2008~2009년 同출판국 전문기자(국장급), 소설가(현) 2011년 나남출판 주필 겸 부사장 2013년 同주필 겸 사장(현) (상)제1회 디지털작가상(2006) (저)'학자와 부총리'(1989) '유럽의 푸른 신호등'(1994) '최고경영자의 책읽기'(1996) '21세기 성장엔진을 찾아라(共)'(2000) '한국대기업의 리더들'(共) '밥과 글'(2008, 커뮤니케이션북스) '서재필 광야에 서다'(2008, 문이당) 'CEO 인문학'(2009, 책만드는집) 'CEO 책읽기'(2009, 책만드는집) '은빛까마귀'(2010, 나남) '개마고원'(2013, 나남) '김재익 평전(共)'(2013, 미래를소유한사람들) '소설 서재필'(2014, 나남)

고신옥(高信玉·女) KOH Shin Ok

(생)1949·4·18 (본)제주 (주)서울 동작구 흑석로102 중앙대병원 마취통증의학과(02-6299-1114) (학)1968년 숙명여고졸 1975년 연세대 의대졸 1979년 同대학원 의학석사 1982년 의학박사(연세대) (경)1981~1983년 연세대 의대 마취과학교실 연구원 1983~1991년 同의대 마취통증의학교실 전임강사·조교수 1987~1989년 미국 UCSF 마취과학교실 및 심혈관 연구소 연구원 1991~2014년

연세대 의대 마취통증의학교실 부교수·교수 1995~1996년 서울지검 서부지청 검찰의료자문위원 1995년 대한마취과학회 논문심사위원 1995~1999년 대한중환자의학회 총무이사 1997~2014년 연세대 세브란스병원 중환자실장 1999~2001년 대한중환자의학회 이사장 2006~2010년 아시아태평양중환자의학회 회장 2006~2009년 연세대 의대 마취통증의학교실 주임교수 2007~2010년 同의대 마취통증의학연구소장 2014년 중앙대 의과대학 마취통증의학교실 임상석좌교수(현) 2014년 중앙대병원 중환자진료센터장(현) (상)근정포장(2014) (종)기독교

고애란(高愛蘭·女) KOH Ae Ran

(생)1958·10·1 (출)서울 (주)서울 서대문구 연세로50 연세대학교 생활과학대학 의류환경학과(02-2123-3106) (학)1981년 연세대 의생활과졸 1983년 同대학원 의생활학과졸 1990년 의생활학박사(연세대) (경)1992~2002년 연세대 의류환경학과 조교수·부교수 1998~1999년 同의류환경학과장 2002년 同생활과학대학 의류환경학과 교수(현) 2002년 한국유통학회 이사 2002년 연세대 의류환경학과장 2003년 한국의류학회 재무이사 2003년 연세대 생활과학대학 교학부장 2005~2007년 대한가정학회 이사 2006년 아시아가정학회 이사 2007년 연세대 생활환경대학원 부원장 2008년 同생활환경대학원 패션산업정보전공 주임교수 2013년 同생활환경대학원장 겸 생활과학대학장(현) 2014~2015년 한국소비자학회 공동회장 (저)'International Apparel Consumer Behavior'(1998, Iowa State University Press) '서양의 복식문화와 역사'(2008, 교문사)

고연금(高蓮錦·女) GO Yeon Keum

(생)1968·11·23 (출)광주 (주)서울 서초구 서초중앙로157 서울중앙지방법원(02-530-1114) (학)1987년 송원여고졸 1991년 서울대 법학과졸 1999년 미국 캘리포니아대 버클리교 Law School졸 (경)1991년 사법시험 합격(33회) 1994년 사법연수원 수료(23기) 1994~2001년 법무법인 화우 변호사 2000년 미국 뉴욕주 변호사자격 취득 2001년 인천지법 판사 2003년 서울가정법원 판사 2006년 대전고법 판사 2007년 청주지법 충주지원 판사 2008년 대전고법 판사 2009년 서울중앙지법 판사 2011년 광주지법 부장판사 2012년 수원지법 부장판사 2015년 서울중앙지법 부장판사(현) 2016년 언론중재위원회 서울 제6중재부 중재부장(현)

고연호(高蓮浩·女) KO Yeon Ho

(생)1963·5·23 (본)장흥(長興) (출)전남 광산 (주)서울 마포구 마포대로38 국민의당(02-715-2000) (학)1981년 경기여고졸 1986년 이화여대 경제학과졸 1999년 고려대 경영대학원 국제경영학과졸 (경)1987~2009년 우진무역개발 사장 2002년 여성정치세력민주연대 이사 2003년 민주평통 자문위원 2003년 한국여성경제인협회 부위원장 2003년 대통령직속 동북아시대위원회 자문위원 2004~2010년 한국여성택견연맹 초대회장 2004년 열린우리당 민생경제특별본부 부본부장 2004년 同서울시당 윤리위원 2004년 同리더십센터 자문위원 2006년 서울 은평구청장선거 출마(열린우리당) 2007~2008년 대한광업진흥공사 비상임이사 2008~2010년 민주당 서울은평구乙지역위원회 위원장 2008~2009년 한국광물자원공사 비상임이사 2010년 민주당 서울시당 대변인 2011년 민주통합당 서울시당 대변인 2012년 同서울은평구乙지역위원회 위원장 2013년 민주당 서울은평구乙지역위원회 위원장 2013년 同당무위원 2014~2015년 새정치민주연합 서울은평구乙지역위원회 위원장 2015년 同조직본부 부본부장 2016년 국민의당 창당발기인 2016년 제20대 국회의원선거 출마(서울 은평구乙, 국민의당) 2016년 국민의당 대변인(현) 2016년 同서울은평구乙지역위원회 위원장(현) (상)'맑은 정치 여성네트워크 102인'에 선정

고영관(高永寬) KO Young Gwan

(생)1951·9·25 (본)장흥(長興) (출)전남 장흥 (주)서울 동대문구 경희대로23 경희대학교병원 응급의학과(02-958-8749) (학)1971년 경기고졸 1987년 경희대 대학원졸 1991년 의학박사(경희대) (경)1992년 경희대 외과학교실 조교수 1993년 미국 버지니아의대병원 교환교수 1994년 미국 듀크메디칼센터 교환교수 1996년 경희대 의대 응급의학과 부교수 2001년 同의대 응급의학과 교수(현) 2003년 同의료원 외과중환자실장 2006~2009년 대한응급의학회 부회장·회장 2011년 경희대병원 응급의료센터장(현) 2013년 대한민국의학한림원 정회원(현) (상)보건복지부장관표창(2006·2009) (저)'의료윤리'(1999) '최신응급의학'(2000) '외상학'(2005) '응급의학'(2011) (역)'응급영상진단의 ABC'(2010)

고영구(高泳耉) KO Young Koo (又然)

[생]1937·10·18 [본]제주(濟州) [출]강원 정선 [주]경기 안양시 동안구 시민대로181 법무법인 시민(031-386-0100) [학]1956년 국립체신고졸 1964년 건국대 정치법학과졸 [경]1960년 고등고시 사법과 합격(12회) 1961년 육군 법무관 1964년 서울민사지법 판사 1967년 서울형사지법 판사 1968년 서울민사지법 판사 1969~1971년 변호사 개업(서울) 1971년 대전지법 판사 1972년 同공주지원장 1974년 서울고법 판사 1974년 대법원 재판연구관 1975년 청주지법 수석부장판사 1977년 서울지법 영등포지원 부장판사 1979년 서울민사지법 부장판사 1980~2003년 변호사 개업 1981년 제11대 국회의원(강원 영월·평창·정선, 민주한국당) 1986년 민주헌법쟁취국민운동본부 공동대표 1988년 한겨레당 창당발기인·정책위원장 1990년 민주연합추진위원회 공동대표 1991년 민주당 부총재 1992~2003년 법무법인 시민종합법률사무소 대표변호사 1994년 한국인권단체협의회 상임대표 1994~1996년 민주사회를위한변호사모임 회장 2003~2005년 국가정보원 원장 2005년 시민종합법률사무소 변호사 2005년 법무법인 시민 변호사(현) 2006~2008년 건국대 법학과 석좌교수 [종]불교

고영구(高榮九) KOH Young Koo

[생]1958·4·13 [출]제주 [주]경기 고양시 일산동구 장백로209 의정부지방법원 고양지원(031-920-6114) [학]1977년 금오공고졸 1987년 성균관대 법학과졸 [경]1988년 사법시험 합격(30회) 1991년 사법연수원 수료(20기) 1991년 수원지법 성남지원 판사 1993년 서울가정법원 판사 1995년 광주지법 목포지원 판사 1998년 서울지법 판사 2000년 同북부지원 판사 2002년 서울고법 판사 2004년 대법원 재판연구관 2006년 춘천지법 원주지원장 2008년 의정부지법 부장판사 2009년 서울동부지법 부장판사 2011년 서울중앙지법 부장판사 2014년 서울동부지법 부장판사 2015년 의정부지법 고양지원장(현) [저]'구수증서(口授證書)에 의한 유언'

고영구(高燁龜) KO Young Koo

[생]1962·12·20 [본]청주(淸州) [출]충북 음성 [주]충북 음성군 감곡면 대학길76의32 극동대학교 도시환경계획학과(043-879-3718) [학]1981년 청주상고졸 1985년 청주대 도시지역개발학과졸 1991년 同대학원 지역개발학과졸 1997년 경제학박사(중앙대) [경]1992~2002년 대전대·중앙대·청주대·충주대·충북대 강사 1996~1998년 한국지역개발학회 사무국장·지역균형발전위원장 1999~2000년 충북경제포럼 사무국장 2000년 행정자치부 NGIS 자문위원·시도연구원협의회 운영위원, 한국도시행정학회 이사, 환경부 환경영향평가위원, 21세기국토포럼 운영위원, 지방분권국민운동 충북본부 공동집행위원장, 한국지역학회 이사, 충북참여자치시민연대 집행위원 2000년 충북개발연구원 연구실장, 同연구기획팀장 2005~2013년 극동대 경영학부 도시부동산학과 교수 2012~2014년 충북 음성군의회 정책자문위원회 부위원장 2013년 극동대 도시환경계획학과 교수(현) 2013년 同도시환경계획학과장(현) [저]'한국의 지역경제론' '21세기 지역산업정책의 방향과 전략' '산업단지 개발사업의 추진실태 평가연구' '21세기 충북개발의 방향과 과제' '충북 CHANGE21' '남북교류협력에 따른 지역차원의 대응방안' '신행정수도건설 추진전략과 과제' '신행정수도 입지선정 및 평가기준 연구'

고영근(高永根) KO Yong Kun (金山)

[생]1936·9·6 [본]장흥(長興) [출]경남 진양 [주]서울 관악구 관악로1 서울대학교 명예교수동150호(02-880-1364) [학]1956년 진주고졸 1961년 서울대 문리대 국어국문학과졸 1965년 同대학원 국어국문학과졸 1981년 문학박사(서울대) [경]1961~1967년 한성고 교사 1967년 보성고 교사 1968~1981년 서울대 전임강사·조교수·부교수 1976~1977·1984·1994·2004·2009·2014년 독일 막스플랑크·독일어연구원·콘스탄츠·보쿰·함부르크·뷔르츠부르크대 훔볼트재단 초빙교수 1981~2002년 서울대 국어국문학과 교수 1986년 同국어국문학과장 1986년 한국언어학회 부회장 1987년 주시경연구소 간사장 1992년 한국텍스트언어학회 회장 1997~1999년 구결학회 회장 1999~2008년 어학전문학술지 '형태론' 편집대표 2002년 서울대 국어국문학과 명예교수(현) 2009년 어학전문학술지 '형태론' 편집고문(현) 2011년 이극로박사기념사업회 회장(현) [상]세종문화상(1996), 황조근정훈장(2002), 일석국어학상(2004), 제50회 3·1문화상 학술상 인문사회과학부문(2009) [저]'중세국어의 시상과 서법'(1981) '국어문법의 연구'(1983) '표준국어 문법론(共)'(1985·1993) '표준중세국어 문법론'(1987·1998) '북한의 말과 글(編)'(1989) '국어형태론'(1989·1999) '우리말의 총체서술과 문법체계'(1993) '통일시대의 어문문제'(1995) '최현배의 학문과 사상'(1995) '단어·문장·텍스트'(1995·2005) '한국어문운동과 근대화'(1998) '텍스트이론'(1999) '북한의 언어문화'(1999) '한국텍스트과학의 제과제(共)'(2001) '한국의 언어연구'(2001) '문법과 텍스트(共)'(2002) '월인천강지곡의 텍스트분석(共)'(2003) '한국어의 시제 서법 동작상'(2004) '우리말 문법론(共)'(2008) '북한의 문법연구와 문법지식의 응용화'(2008) '민족어의 수호와 발전'(2008) '역대한국문법대계(제2판)'(2008) '민족 어학의 건설과 발전'(2010) '표준중세국어문법론(제3판)'(2010) '중세국어의 시상과 서법(제4판)'(2011, 집문당) '민족어학총서 제1편 총론'(2016, 타임비) 등 40여권 [종]불교

고영란(高英蘭·女) KO Young Lan

[생]1953·9·10 [본]제주(濟州) [출]서울 [주]서울 성북구 삼선교로16길116 한성대학교 예술대학(02-760-4159) [학]1977년 서울대 미대 응용미술학과졸 1980년 同철학과졸 1984년 미국 럿거스대 대학원 미술사학과졸 1990년 미국 코넬대 대학원 디자인 및 환경분석학과졸 [경]1989~1990년 미국 코넬대 대학원 조교 1991~1993년 울산대 강사 1994년 한성대 예술대학 미디어디자인컨텐츠학부 교수, 同예술대학 인테리어디자인전공 교수 1998년 이화여대 강사 2000년 한국디자인학회 이사 2001년 대한민국디자인경영대상 심사위원 2002년 영국 브라이튼대 방문교수 2003년 한성대 미디어디자인컨텐츠학부장 2004년 한국디자인학회 디자인연구전문위원장 2004년 한국산업디자이너협회 감사 2004년 한성대 예술대학원장 2006년 한국산업디자이너협회 부회장 2009~2010년 한성대 입학홍보처장 2012~2013년 한국디자인학회 회장 2014~2015년 여성디자이너리더쉽네트워크 회장 2015년 한성대 예술대학 인테리어디자인학과 교수(현) [저]'찰스와 레이 임즈' '삶을 비추는 디자인'(共) [역]'아르누보'(1998) '디자인담론(共)'(2002)

고영란(高英蘭·女) KOH Young Ran

[생]1959·3·3 [주]경기 화성시 봉담읍 와우안길17 수원대학교 영어영문학과(031-220-2161) [학]서울대 영어영문학과졸, 同대학원 영문학과졸, 문학박사(충남대) [경]1993~1997년 수원대 전임강사 1995~1996년 미국 예일(Yale)대 영문과 객원교수 1998~2000년 수원대 전임강사 2000~2004년 同조교수 2004년 同영어영문학과 부교수·교수(현) 2009~2013년 同영어영문학과장 2009~2013년 同대학원(일반·교육·초등교육) 주임교수 2010~2011년 한국로렌스학회 회장 2012~2013년 근대영미소설학회 부회장 겸 편집위원장 2013년 서울대 인문학연구원 [저]'현대영미어문연구(共)'(1995, 지학사) '영미어문교육연구(共)'(1996, 교학사) '영문학의 현대적 접근(共)'(1999, 문원출판사) '호손의 「주홍글자」 연구(共)'(2000, 한신문화사) '영미모더니즘 문학의 전개(共)'(2000, 서울대 출판부) '페미니즘 시각에서 영미소설 읽기(共)'(2002, 서울대 출판부) '영국소설 명장면 모음집(共)'(2004, 신아사) '영미소설 해설총서 : 에밀리 브론테의 폭풍의 언덕'(2004, 신아사) '영미소설의 서술방법과 구조'(2007, L.I.E. 서울) '영미소설 해설총서 : 토마스 하디의 무명의 주드'(2010, 신아사) '영화로 읽는 영미소설 : 사랑이야기(共)'(2010, 신아사) '영국소설과 서술기법'(2010, 신아사) '영화로 읽는 영미소설 : 세상이야기(共)'(2011, 신아사) '하디와 로렌스 다시읽기'(2011, 동인) '미국소설과 서술기법'(2014, 신아사) [역]'영국소설사(共)'(2000, 신아사) '미국소설사(共)'(2001, 신아사)

고영률(高永律) KOH Young Yull

[생]1952·11·28 [출]전남 [주]서울 종로구 대학로101 서울대학교병원 소아청소년과(02-2072-3631) [학]1977년 서울대 의대졸 1980년 同대학원 의학석사 1988년 의학박사(서울대) [경]1977~1982년 서울대병원 인턴·소아과 전공의 1982~1985년 군의관(대위 예편) 1985년 서울대병원 소아과 전임의 1985~1999년 서울대 의대 소아과학교실 전임강사·조교수·부교수 1988~1989년 미국 Stanford 소아병원 임상Fellow 1989~1990년 미국 Jefferson 의과대학 연구Fellow 1999년 서울대 의과대학 소아청소년과 교수(현) 2004년 한국과학기술한림원 정회원(의약학부·현) 2009~2011년 대한소아알레르기호흡기학회 이사장 [상]제4회 과학기술 우수논문상(1994), 제11회 동신-스미스클라인 학술상(1995), 대한소아과학회 제6회 석천우수논문상(2001), 대한천식 및 알레르기학회 제1회 Allergopharma 학술상(2003), 한국과학기술단체총연합회 제13회 과학기술우수논문상(2003), 제19회 서울시의사회의학상 저술상(2014) [저]'중환자 진료학'(1996) '어린이 알레르기를 이겨내는 101가지 지혜'(1999) '감기를 달고사는 아이들'(1999) '한국의 알레르기 식물'(2001) '가정의학'(2001) '천식과 알레르기 질환'(2002)' '기관지 천식의 체계적 이해'(2013, 서울대 출판문화원)

고영만(高永滿) KO Young Man

[생]1959·12·3 [본]장흥(長興) [출]광주 [주]서울 종로구 성균관로25의2 성균관대학교 문헌정보학과(02-760-0329) [학]1975년 중앙고졸 1983년 성균관대 문헌정보학과졸 1989년 독일 베를린자유대 대학원 정보학과졸 1992년 정보학박사(독일 베를린자유대) [경]1989~1990년 일본 東京大 사회과학연구소 외국인연구원 1991~1992년 독일 Kassel Univ. Post-Doc. 1992년 성균관대 문헌정보학과 조교수·부교수·교수(현) 1993년 한국데이터베이스진흥센터 연구위원 1994년 한국정보관리학회 감사 1997년 한국문헌정보학회 연구이사 2000년 한국정보관리학회 연구이사 2000~2006년 성균관대 정보관리연구소장 2001년 同한국사서교육원장 2003~2004년 한국문헌정보학회 감사 2006년 한국정보관리학회 부회장 2006년 한국학술진흥재단 지식정보센터장 2007~2009년 同CIO(총괄 최고책임자) 2009~2010년 한국문헌정보학회 회장 2009~2012년 성균관대 사서교육원장 2011~2014년 한국영상자료원 언론·기록물분야 이사 2013~2014년 성균관대 학술정보관장 2016년 同한국사서교육원장(현)

고영무(高永茂) KO Yeong Mu (晩聖)

[생]1961·3·3 [본]장흥(長興) [출]전남 무안 [주]광주 동구 필문대로309 조선대학교 치과대학 치과재료학교실(062-230-6876) [학]1979년 목포고졸 1991년 조선대 치의학과졸 1994년 同대학원졸 1997년 치의학박사(연세대) [경]1995년 조선대 치대 전임강사 1998년 同치대 치과재료학교실 조교수·부교수·교수(현) 1998년 대한치과기재학회 연구이사 2001~2002년 미국 미네소타주립대 치과대학 방문교수 2002~2006년 대한치과기재학회 총무이사 2005년 조선대 치과대학 부학장 2005년 산업자원부 기술표준원 ISO TC 106 SC6 위원장 2007~2009년 조선대 학생처 부처장 2008~2009년 同장애학생지원센터장 2008년 지식경제부 기술표준원 ISO TC 106 SC6 위원장 2009년 대한치과기재학회 부회장 2009~2010년 조선대 학생처장 2011~2013년 식품의약품안전청 의료기기위원회 전문위원 2012년 노인구강질환제어연구센터(MRC) 소장(현) 2012~2014년 한국연구재단 의약학단 전문위원 2013~2015년 대한치과재료학회 회장 [저]'치과재료학'(1997) '최신치과재료학'(2005) [역]'치과재료학'(1998) [종]기독교

고영봉(高永奉) KO Young Bong

[생]1962·4·11 [주]전남 무안군 삼향읍 오룡길1 전라남도청 도민소통실(061-286-2315) [학]1988년 전남대 경영학과졸 [경]1991년 전남일보 기자 1995년 광주매일 기자 1999년 호남신문 정치팀장(차장) 2000년 同논설위원 2000년 同정치부 차장 2001년 同정치부장 직대 2002년 同경제부장 직대 2003년 同정치팀 부장대우 2004년 광남일보 정치팀 부장대우 2004년 同경제부장 2005년 同논설위원(부장대우) 2005년 同편집국장 직대 2008년 同논설실장 겸 온라인총괄국장(부국장) 2009년 同논설실장 겸 온라인총괄국장(국장대우) 2016년 전남도 도민소통실장(현)

고영선(高永善) Ko, Young Sun

[생]1962·8·7 [출]강원 춘천 [주]강원 춘천시 중앙로1 강원도의회 사무처(033-249-5276) [학]성수고졸 [경]2005년 평창동계올림픽유치위원회 평가팀장(행정사무관) 2006년 강원도 도지사실 비서관 2012년 同동계올림픽본부 총괄기획담당 2014년 同환동해본부 해운항만과장(지방서기관) 2014년 同동계올림픽본부 총괄기획과장 2016년 同의회사무처 홍보담당관(현)

고영선(高英先) KOH Young Sun

[생]1962·11·25 [본]제주(濟州) [출]서울 [주]세종특별자치시 한누리대로422 고용노동부 차관실(044-202-7011) [학]1981년 대신고졸 1985년 서울대 경제학과졸 1993년 경제학박사(미국 스탠퍼드대) [경]1986년 한국산업경제연구원 연구원 1993년 한국개발연구원(KDI) 초빙연구원 1994년 同전문연구원 1995년 同부연구위원 1999년 同연구위원 2003년 同재정·사회개발연구부 선임연구위원 2006년 同거시·금융경제연구부장 2007년 同재정·사회개발연구부장 2011~2013년 同연구본부장(선임연구위원) 2013년 제18대 대통령직인수위원회 국정기획조정분과 전문위원 2013년 국무조정실 국무2차장(차관급) 2014년 고용노동부 차관(현) [상]한국개발연구원 업무유공표창(1997·1999), 기획예산처 업무유공표창(2000), 한국개발연구원 업무유공개인포상(2001) [저]'재정융자제도의 개선방안'(2000) '우리나라의 재정통계'(2002) '중기재정관리체계의 도입과 정착'(2004) '공공부문의 성과관리'(2004) '중장기 정책우선순위와 재정운영방향'(2005) '경제위기 10년 : 평가와 과제'(2007) '우리경제의 선진화를 위한 정부역할의 재정립'(2007) [종]기독교

고영섭(高永燮) KO Young Sub

[생]1959·8·28 [본]제주(濟州) [출]서울 [주]서울 강남구 언주로726 두산빌딩7층 (주)오리콤 비서실(02-510-4001) [학]1978년 영등포고졸 1982년 한국외국어대 신문방송학과졸 1996년 미국 피츠버그대 MPE과정 수료 [경]1982~1984년 제일합섬 홍보실 근무 1984~1987년 LG애드 근무 1987~1999년 (주)오리콤 전략본부장 1999년 (주)만보사 대표이사 사장 2002년 (주)오리콤 총괄부사장 2004년 同대표이사 사장(현) 2015년 (주)한컴 대표이사 사장 겸임(현) [상]대한민국광고대상 대상(LG텔레콤)(2000), 대한민국광고대상 금상(유한킴벌리)(2002), 조선일보광고대상 금상(웅진코웨이)(2003), 대한민국광고대상 금상(웅진닷컴)(2004), 대한민국광고대상 금상(유한킴벌리)(2005), 대한민국광고대상 금상(웅진씽크빅)(2006), TVCF AWARD 최우수상(KB국민은행)(2007), 대한민국광고대상 우수상 라디오·신문부문(유한킴벌리)(2008), 소비자가뽑은좋은광고상 대상(두산중공업)(2010), 조선일보 外 중앙광고대상 최우수상(두산그룹·두산중공업)(2011), 소비자가뽑은좋은광고상 문화체육부장관상(두산그룹)(2011), 미국 머큐리어워즈 광고 대상(두산중공업)(2012), 대한민국광고대상 라디오부문 금상(유한킴벌리)(2013), 소비자가뽑은좋은광고상 대상(두산중공업)(2013), HPA AWARDS 'Outstading Color Grading'(두산중공업)(2014), 서울영상광고제 TVCF어워즈 동상(동화약품)(2015) [종]기독교

고영섭(高榮燮) KO Young Seop (시당·환정·만산)

[생]1963·6·14 [본]횡성(橫城) [출]경북 상주 [주]서울 중구 필동로1길30 동국대학교 불교학과(02-2260-3583) [학]1982년 보성고졸 1991년 동국대 불교학과졸 1993년 同대학원 불교학과졸 1998년 철학박사(동국대), 고려대 대학원 철학박사과정 수료 [경]1997년 동국대 불교학과 강사 1997년 한림대 철학과 강사 1999년 시인 등단 1999년 강원대 철학과 강사 1999년 서울시립대 철학과 강사 2002년 서울대 종교학과 강사 2002년 대발해동양학한국학연구원 개원 2005년 서울대 대학원 종교학과 강사 2005년 동국대 불교학과 교수(현) 2005년 한국불교사연구소 소장 2005년 인문학계간지 '문학 사학 철학' 발행인 겸 공동편집주간 2006·2012년 일본 용곡대 한국불교사 교환강사 2010~2011년 미국 하버드대 아시아센터 한국학연구소 연구학자 [상]신인문학상(1999), 동국대 인문학술상(2008) [저]'불교경전의 수사학적 표현'(1996, 경서원) '원효, 한국사상의 새벽'(1997, 한길사) '한국 불학사'(2002, 연기사) '문아(원측)대사'(1999, 불교춘추사) '몸이라는 화두'(2000, 연기사) '새천년에 부르는 석굴암 관세음'(2000, 연기사) '원효탐색'(2001, 연기사) '연기와 자비의 생태학'(2001, 연기사) '흐르는 물의 선정'(2006, 연기사) '고전으로 가는길'(2007, 아카넷) '불교 근대화의 전개와 성격'(2007, 조계종 출판사) '불교와 생명'(2008, 불교춘추사) '불교생태학'(2008, 불교춘추사) '황금똥에 대한 삼매'(2008, 연기사) '붓다이야기'(2010, 도서출판 학고방) '한 젊은 문학자의 초상'(2010, 학고방) '한영불교사전'(2010, 신아사) '불교적 인간'(2010, 신아사) '인문적 인간'(2010, 신아사) '거사와 부인이 함께 읽는 불경이야기'(2010, 신아사) '한국불교사연구'(2012, 한국학술정보) '한국불교사상'(2012, 한국학술정보) '동아시아불교사'(2012, 한국학술정보) 등 30여권 시집 '몸이라는 화두' '흐르는 물의 선정' '바람과 달빛 아래 흘러간 시 : 시로 쓰는 삼국유사' '사랑의 지도 : 시로 쓰는 삼대목'(編) '한국의 사상가 10인: 원효'(編) 등 10여권 [종]불교

고영수(高永秀) KOh Young Soo

[생]1950·3·14 [출]서울 [주]서울 강남구 도산대로38길 11 청림출판(주)(02-546-4341) [학]1976년 서강대 이공대학졸 1988년 중앙대 신문방송대학원졸 1992년 서강대 경영대학원 최고경영자과정 수료 [경]1976년 駐韓미국대사관 근무, 판례월보사(現 'Jurist') 대표이사 1978년 청림출판(주) 대표이사(현) 1991년 (주)무한정보통신 대표이사, 한국DB산업진흥회 감사 1996년 서울중앙지법 저작권분쟁 및 민사조정위원 1999년 청림인터렉티브(주) 대표이사 2003~2004년 대한출판문화협회 부회장 2005~2014년 同이사 2014년 同회장(현) [상]한국법률문화상, 국무총리표창, 문화체육부장관표창, 공보처장관표창, 대통령표창(2002), 자랑스러운 출판인상(2008) [종]기독교

고영수(高榮秀) KO Young Soo

[생]1956·10·15 [주]서울 종로구 종로33길31 삼양패키징(02-740-7114) [학]휘문고졸 1978년 서울대 기계설계학과졸 1985년 미국 위스콘신대 대학원 기계공학과졸 1990년 공학박사(미국 위스콘신대) [경](주)대우엔지니어링 근무, 삼성종합화학 공정개발팀 수석연구원, 同복합사업팀 부장 2004년 삼성아토피나(주) 복합수지 중국T/F팀장·상무보 2005년 삼성토탈(주) 상무보 2007~2011년 同기획담당 상무, 아셉시스글로벌 대표이사 2015년 삼양패키징 대표이사 부사장(현)

고영윤(高永允) Ko Young Yoon
[생]1956·12·9 [본]장흥(長興) [출]전남 장흥 [주]전남 강진군 성전면 송계로650의94 전라남도 환경산업진흥원(061-430-8310) [학]1975년 전남 장흥고졸 1988년 한국방송통신대 행정학과졸 2004년 전남대 행정대학원 행정관리학과졸 [경]1977년 전남도 지방직공무원 임용 1977~1997년 전남도 농업정책과·자치행정과·장흥군 지역경제과 근무 1998~2008년 同목포시 충무동장·향토문화관장·목포시 교통행정과장·지방공무원교육원 교수·과학산업과 기반지식담당·과학산업과 산업정책담당·혁신분권과 균형발전담당·행복마을과 행복마을담당(지방행정사무관) 2008~2010년 同투자정책국 기업유치과장(지방서기관) 2010년 지방행정연수원 교육파견 2011년 전남도 기획조정실 여수박람회지원관 2012년 同경제산업국 국제협력과장 2013년 전남 영암군 부군수 2015년 전남도 환경산업진흥원 사무국장(현) [상]전남도지사표창(1984), 산업자원부장관표창(2004), 녹조근정훈장(2013)

고영일
[생]1970 [출]경기 평택 [주]경기 수원시 장안구 경수대로 1110의17 중부지방국세청 법인납세과(031-888-4833) [학]1988년 평택고졸 1992년 세무대학졸 [경]1992년 국세공무원 임용 2008년 북전주세무서 부가·소득세과장(행정사무관) 2009년 구미세무서 운영지원과장 2011년 국세청 창조정책담당관실 행정사무관 2013년 同창조정책담당관실 서기관 2015년 북대전세무서장 2016년 중부지방국세청 법인납세과장(현)

고영주(高永宙) KOH Young Ju
[생]1949·2·21 [본]장흥(長興) [출]충남 보령 [주]서울 영등포구 국제금융로20 율촌빌딩 방송문화진흥회(02-780-2491) [학]1967년 경기고졸 1971년 서울대 화학공학과졸 [경]1976년 사법시험 합격(18회) 1978년 사법연수원 수료(8기) 1978년 청주지검 검사 1980년 부산지검 검사 1983년 서울지검 검사 1986년 대검찰청 검찰연구관 1990년 청주지검 제천지청장 1991년 부산지검 울산지청 부장검사 1992년 창원지검 특수부장 1993년 대전지검 형사1부장 1993년 법무부 검찰3과장 1995년 대검찰청 공안기획관 1998년 서울지검 형사2부장 1998년 同형사1부장 1999년 창원지검 차장검사 2000년 서울지검 1차장검사 2001년 同서부지청장 2002년 同동부지청장 2002년 광주고검 차장검사 2003년 대구고검 차장검사 2003년 청주지검장 2004년 대검찰청 감찰부장 2005~2006년 서울남부지검장 2006~2007년 법무법인 케이씨엘 고문변호사 2007~2009년 사학분쟁조정위원회 위원 2008~2015년 법무법인 케이씨엘 대표변호사 2008~2015년 국가정상화추진위원회 제1대 위원장 2010년 미래한국국민연합 공동대표(현) 2012~2015년 방송문화진흥회 감사 2014년 4·16세월호참사특별조사위원회 비상임위원(현) 2015년 방송문화진흥회 이사장(현) 2015년 국가정상화추진위원회 명예위원장(현) [상]홍조근정훈장, 황조근정훈장, 우남 이승만 애국상(2014) [저]'북한법연구'

고영진(高永珍) KOh Youngjin
[생]1955·12·17 [출]서울 [주]서울 강남구 강남대로286 부영빌딩9층 부영산업(02-3462-2992) [학]홍익대 수학과졸, 성균관대 무역대학원졸 [경]대우·일진 상무이사 1992년 부영산업 설립·대표이사(현), 한국생활용품수출조합 감사, 한국타포린수출업체협의회 회장 [상]1천만불 수출탑, 수출유공자포상, 모범납세자상(2004), 3천만불 수출탑

고영진(高英眞) KO Young Jin
[생]1957·12·23 [출]서울 [주]서울 서초구 반포대로222 서울성모병원 재활의학과(02-2258-1730) [학]1976년 성남고졸 1983년 가톨릭대 의대졸 1989년 同대학원졸 1993년 의학박사(가톨릭대) [경]1987~1990년 가톨릭대 의대 성모병원 레지던트 1990년 同의대 재활의학교실 교수(현) 1990년 同대전성모병원 재활의학과장 1996년 미국 뉴욕 알버트아인슈타인의대 교환교수 2003~2009년 가톨릭중앙의료원 강남성모병원 재활의학과장 2006~2008년 대한재활의학회 이사장 2008년 미국 세계인명사전 'Marquis Who's Who 2009년판'에 등재 2009~2011년 가톨릭대 서울성모병원 재활의학과장 2009년 국민건강보험심사평가원 상근심사위원(현) 2011~2013년 대한근전도·전기진단의학회 이사장 2013~2015년 대한발의학회 회장 [저]'연부조직의 통증 및 장애의 기전과 치료'(2001) '재활의학'(2002)

고영진(高永鎭) KO Young Jin
[생]1959·10·25 [본]광녕(廣寧) [출]강원 춘천 [주]세종특별자치시 도움6로11 국토교통부 주택토지실 공간정보제도과(044-201-3478) [학]1977년 강원고졸 1986년 강원대 토지행정학과졸 2003년 건국대 대학원 부동산학과졸 [경]1992~2007년 내무부·행정자치부 사무관 2007년 행정자치부 부동산정보관리센터 서기관 2008년 국토해양부 서기관 2010년 국토지리정보원 지리정보과장 2010년 同공간영상과장 2011년 국토해양부 주택토지실 국가공간정보센터장 2012년 국토지리정보원 측지과장 2013년 국토교통부 주택토지실 공간정보기획과장 2015년 同주택토지실 공간정보제도과장(현) [상]대통령표창(1996)

고영철(高榮哲) Ko young churl
[생]1953·10·30 [출]제주 [주]제주특별자치도 제주시 제주대학로102 제주대학교 언론홍보학과(064-754-2942) [학]1980년 제주대 관광학과졸 1986년 중앙대 대학원 신문학과졸 1993년 정치학박사(중앙대) [경]1988년 중앙대·한라대·제주대 등 강사 1998년 제주대 사회과학대학 언론홍보학과 교수(현) 1998년 동서언론연구원 연구위원 2000년 KBS 제주방송총국 시청자위원 2000년 한라일보 '한라칼럼' 집필위원 2001~2008년 출판문화학회 이사 2002년 한국언론학회 이사 2002년 제주도선거관리위원회 자문위원 2003년 제민일보 논설위원 및 독자위원 2003년 지역언론개혁연대 정책위원 겸 대의원 2004년 제주문화방송 시청자위원 2007년 미국 Washington State Univ. 연구교수 2007년 언론개혁제주시민포럼 공동대표(현) 2008년 미디어공공성포럼 공동대표(현) 2009년 제주도 선거방송토론위원회 위원(현) 2009년 제주대대학신문사동우회 회장 2009년 제주대 사회과학연구소장 2010~2011년 同법정대학장 2010~2011년 同행정대학원장 2011~2012년 한국PR학회 학술위원장 2011~2012년 한국방송학회 이사 2013~2016년 제주도 인사위원회 위원 2014~2015년 (사)제주지역언론학회 회장 [저]'2004 한국의 지역신문(共)'(2004, 한국언론재단) '지역신문정책과 지원효과(共)'(2006, 한국언론재단) '미디어 공공성(共)'(2009, 커뮤니케이션북스) '물산업에 대한 제주도민 인식(共)'(2011, 도서출판 신우) '구라(口羅)'(2013, 도서출판 신우) '언론이 변해야 지역이 산다 : 지역언론의 정체성과 과제'(2013, 한국학술정보) [역]'브랜드홍보론(共)'(2012, 도서출판 GS인터비전) '먼저 변하라 그래야 기회가 온다(編)'(2012, 제주대 행정대학원)

고영한(高永銲) KO Young Han
[생]1955·2·7 [출]광주 [주]서울 서초구 서초대로219 법원행정처(02-3480-1100) [학]광주제일고졸 1978년 서울대 법대졸 1980년 국민대 대학원졸 [경]1979년 사법시험 합격(21회) 1981년 사법연수원 수료(11기) 1981년 공군 법무관 1984년 대전지법 판사 1988년 프랑스 국립사법관학교 연수 1990년 대전지법 천안지원 판사 1991년 서울지법 의정부지원 판사 1991년 서울고법 판사 1994년 대법원 재판연구관 1998년 서울지법 의정부지원 부장판사 2000년 서울지법 부장판사 2000년 법원행정처 건설국장 2003년 서울지법 부장판사 2004년 광주고법 부장판사 2005년 서울고법 부장판사 2008년 서울중앙지법 파산수석부장판사 2010년 서울고법 부장판사 2010년 전주지방법원장 2011년 법원행정처 차장 2012년 한국도산법학회 회장 2012년 대법원 대법관(현) 2016년 법원행정처장 겸임(현) [저]'민법주해'(共) '법인회생실무'(共)

고영환(高永煥) Kho Young Whan
[생]1955·2·19 [본]장택(長澤) [출]전남 여수 [주]경남 김해시 생림대로38 부산김해경전철운영(주)(055-310-9700) [학]1990년 한국방송통신대 컴퓨터과학과졸 2009년 서울과학기술대 철도전문대학원 철도전기신호공학과졸(석사) [경]1980~1983년 한국전자기술연구원 근무 1983년 서울시지하철공사 입사 2006년 서울메트로 신호처장 2012년 同궤도신호처장 2013~2014년 同신사업추진단장 2014년 부산김해경전철운영(주) 대표이사(현) [상]국무총리표창(2016) [종]천주교

고영회(高永會) Koh Young Hoe
[생]1958·12·10 [본]장흥(長興) [출]경남 진주 [주]서울 서초구 반포대로110 성창특허법률사무소(02-584-7777) [학]1977년 진주고졸 1981년 서울대 건축학과졸 1998년 同대학원 건축학과졸 2003년 同대학원 건축학 박사과정 수료 [경]1990년 건축시공기술사 1991년 건축기계설비기술사 1995년 변리사 합격(32회) 1997년 성창특허법률사무소 대표변리사(현) 2000년 조달청 우수제

품 심사위원 2000년 건설교통기술평가원 건설신기술심의위원 2002년 대한기술사회 회장 2003년 행정개혁시민연합 과학기술위원장 2003년 대한상사중재원 중재인(현) 2004년 건설교통부 중앙건설기술심의위원 2004년 세종대 건축공학부 겸임교수 2004년 대한변리사회 공보이사 2004년 특허청 변리사자격심의위원 2004~2013년 서울중앙지법 민사조정위원 2007년 서울중앙지검 형사조정위원(현) 2014~2016년 대한변리사회 회장 2016년 바른과학기술사회실현을위한국민연합 공동대표(현) [상]특허청장표창(2001 · 2002 · 2006)

고영훈(高暎勳) ko young hoon

[생]1959 · 3 · 26 [본]제주(濟州) [출]제주 제주시 [주]서울 중구 장충단로84 민주평화통일자문회의사무처 통일정책자문국 교육연수과(02-2250-2286) [학]1978년 오현고졸 1990년 광주대 법학과졸 2012년 동국대 일반대학원 북한학과 재학中 [경]2008년 민주평통 사무처 중부지역과 서기관 2009년 同기획재정담당관 2011년 同대변인 2012년 同사업총괄과장 2012~2015년 同운영지원담당관 2015년 同위원활동지원국 남부지역과장 2016년 同통일정책자문국 교육연수과장(현) [상]체신부장관표창(1990), 부총리 겸 통일원장관표창(1994), 국무총리표창(2000), 녹조근정훈장(2009) [종]불교

고오환(高五煥) KOH Oh Hwan

[생]1954 · 1 · 20 [본]안동(安東) [출]경북 군위 [주]경기 수원시 팔달구 효원로1 경기도의회(031-8008-7000) [학]1974년 대구 영신고졸 2004년 한국방송통신대 행정학과졸 2006년 연세대 행정대학원 정리행정리더십 석사 [경]1982년 (주)영일 대표이사 1996년 고양시재향군인회 이사 1998~2002년 경기 고양시의회 의원 2000년 고양시생활체육야구협의회 회장, 고양시축구회 부회장, 고양시지역사회교육협의회 이사 2001년 한나라당 고양일산甲지구당 수석부위원장 2002~2006년 경기도의회 의원(한나라당), 민주평통 자문위원 2006년 경기도의원선거 출마(무소속) 2010년 경기도의원선거 출마(미래연합) 2011년 미래연합 고양일산동구당원협의회 위원장, 한나라당 고양일산甲당원협의회 수석부위원장 2014년 경기도의회 의원(새누리당)(현) 2014 · 2016년 同경제과학기술위원회 간사(현) 2016년 同윤리특별위원회 위원장(현) [상]시민일보 행정 · 의정대상, 자랑스런 영신인상, 전국시 · 도의회의장협의회 우수의정대상(2016)

고 용(高 鎔) KO Yong

[생]1956 · 8 · 24 [주]서울 성동구 왕십리로222의1 한양대학교병원 신경외과(02-2290-8114) [학]1981년 한양대 의대졸 1987년 同대학원졸 1990년 의학박사(한양대) [경]1984~1989년 한양대병원 전공의 1989~1992년 인천중앙길병원 과장 1992~2003년 한양대 의과대학 신경외과학교실 조교수 · 부교수 1994~1996년 미국 피츠버그대 병원 방문조교수 2003년 한양대 의과대학 신경외과학교실 교수(현) 2007~2013년 한양대의료원 교육연구부장 2011년 (재)한국장기기증원 비상임이사(현) 2013~2015년 한양대 국제병원장 [상]고용노동부장관표창(2014) [저]'학생과 전공의를 위한 교과서-신경외과학(共)'(2005) '통증의 중재적 및 수술적 치료(共)'(2005) '세포분자면역학(共)'(2008) '맥브라이드 장해평가방법 가이드(共)'(2008) '장애평가기준(共)'(2011) [역]'스포츠의학(共)'(2016) [종]기독교

고용진(高榕禛) KOH Yong Jin

[생]1964 · 8 · 6 [출]서울 [주]서울 영등포구 의사당대로1 국회 의원회관1005호(02-784-4840) [학]1983년 대광고졸 1987년 서울대 신문학과졸 1989년 同대학원 언론정보학과졸 [경]1990년 국회부의장 비서관 1992년 민주당 원내총무실 전문위원 1995 · 1998년 서울시의회 의원(국민회의 · 새천년민주당) 2002년 서울시 노원구청장선거 출마(새천년민주당) 2003~2004년 대통령 정무수석비서관실 행정관 2004년 열린우리당 국정자문위원 2004년 한국자원재생공사 기획관리이사 2004~2007년 한국환경자원공사 기획관리이사 2006년 同사장 직대 2013년 민주당 서울노원구甲지역위원회 위원장 2014년 새정치민주연합 서울노원구甲지역위원회 위원장 2015년 더불어민주당 서울노원구甲지역위원회 위원장(현) 2016년 제20대 국회의원(서울 노원구甲, 더불어민주당)(현) 2016년 더불어민주당 오직민생특별위원회 사교육대책TF 위원(현) 2016년 국회 미래창조과학방송통신위원회 위원(현) 2016년 국회 평창동계올림픽 및 국제경기대회지원특별위원회 위원(현) 2016년 한국아동인구환경의원연맹(CPE) 회원(현)

고용호(高龍昊)

[생]1967 · 2 · 3 [주]제주특별자치도 제주시 문연로13 제주특별자치도의회(064-741-1880) [학]한림공고졸, 제주대 해양과학대학 어로학과졸 [경]동부새마을금고 감사, 매일유통영어조합법인 대표, 국제라이온스협회 동제주라이온스클럽 회장, 성산읍발전협의회 회장(현), 민주평통 자문위원(현), 성산포청년회의소 회장 2014년 제주특별자치도의회 의원(새정치민주연합 · 더불어민주당)(현) 2014년 同문화관광스포츠위원회 위원 2014~2016년 同FTA대응특별위원회 위원 2014~2015년 同예산결산특별위원회 위원 2016년 同농수축경제위원회 위원(현) 2016년 同제주특별법제도개선및토지정책특별위원회 위원(현)

고우신(高祐新) KOH Woo Shin

[생]1963 · 1 · 2 [출]부산 [주]부산 부산진구 양정로52의57 동의대학교 한의과대학(051-850-8645) [학]1988년 원광대 한의학과졸 1992년 同대학원졸 1995년 한의학박사(원광대) 2004년 생화학 및 분자생물학박사(부산대) [경]1990년 원광대 한의대부속 한방병원 진료한의사 1992~2005년 동의대 한의학과 강사 · 조교수 · 부교수 1994년 同부속한방병원 서면분원 진료과장 2001년 同부속한방병원 교육연구부장 2002년 同부속한방병원 진료부장 2004년 同한의학임상연구센터장 2005년 同한의학과 교수(현), 대한한방이비인후피부과학회 회장 2006~2012년 동의대부속 울산한방병원장 2010년 영국 국제인명센터(IBC) 인명사전 '올해의 의학자 2010년'에 등재 2011년 미국인명정보기관(ABI) '21세기 위대한 지성'에 등재 2011년 영국 국제인명센터(IBC) 인명사전 '21세기의 우수지식인 2000인'에 등재 2012년 동의대부속 한방병원 한방안과장 · 이비인후과장 · 피부과장 겸임 2016년 同한방병원장 겸 보건진료소장(현)

고우현(高宇炫) KO Woo Hyun

[생]1950 · 1 · 11 [출]경북 문경 [주]경북 안동시 풍천면 도청대로455 경상북도의회(054-880-5307) [학]문경공고졸 1971년 육군제3사관학교졸 [경]대성탄좌(주) 문경광업소 중대장, 향토예비군 점촌기동대장, 세계유교문화재단 집행위원, 민주평통 자문위원, 새마을운동 문경시지회 사무국장, 점촌중총동창회 회장(현) 2006 · 2010년 경북도의회 의원(한나라당 · 새누리당) 2010~2012년 同건설소방위원장 2012년 同행정보건복지위원회 위원 2012년 同예산결산특별위원회 위원 2012년 同윤리특별위원회 위원, 同남부권신공항특별위원회 위원장, 대구지법 상주지원 조정위원 2014년 경북도의회 의원(새누리당)(현) 2014 · 2016년 同예산결산특별위원회 위원(현) 2014~2016년 同기획경제위원회 위원 2016년 同제1부의장(현) 2016년 同교육위원회 위원(현) 2016년 同윤리특별위원회 위원(현)

고욱성(高旭成) KO UK SUNG

[생]1959 · 12 · 18 [본]장택(長澤) [출]경남 통영 [주]서울 용산구 서빙고로137 국립중앙박물관 기획운영단(02-2077-9030) [학]1978년 부산진고졸 1986년 동아대 행정학과졸 1994년 연세대 행정대학원 사법공안과졸 [경]1987~1997년 문화부 종무실 · 문화체육부 국제경기과 근무 1997년 문화관광부 세종대왕유적관리소 근무 1999~2005년 同방송광고행정과 · 문화정책과 · 차관실 · 국제관광과 근무 2005년 同재정기획관실 근무 2006~2007년 同한국예술종합학교 기획처 대외협력과장 2008~2009년 문화체육관광부 도서관정보정책기획단 제도개선팀장 · 문화정책국 지역문화과장 2009~2010년 외교안보연구원 국내훈련 2010년 문화체육관광부 대한민국역사박물관건립추진단 기획과장 · 국립중앙박물관 기획총괄과장 2012년 同감사담당관 2013년 同장관비서관 2014년 同박물관정책과장 2015년 同인문정신문화과장 2016년 同정책기획관실 재정담당관 2016년 국립중앙박물관 기획운영단장(현) [상]문화체육부장관표창(1993 · 1997), 국무총리표창(1996), 대통령표창(2008) [종]천주교

고운봉

[생]1959 [주]제주특별자치도 제주시 문연로6 제주도청 도시건설국(064-710-3880) [학]제주상고졸, 제주전문대 토목과졸 [경]1984년 공무원 임용 2013년 제주도 전국체전기획단 전국체전총괄과장 직대(지방시설사무관) 2014년 국회사무처 파견(지방기술서기관) 2014년 제주시 도시건설교통국장 2015년 제주도 수자원본부 상수도부장 2016년 同국제자유도시건설교통국 국제자유도시계획과장 2016년 同도시건설국장 직대(현)

고운영(高雲英 · 女) Unyeong Go

[생]1965 · 3 · 15 [주]충북 청주시 흥덕구 오송읍 오송생명2로187 질병관리본부 질병예방센터(043-719-7300) [학]1984년 성심여고졸 1993년 한양대 의학과졸 1997년 서울대 보건대학원 보건학과졸 2002년 의학박사(한양대) [경]1995년 서울대 보건대학원 예방의학전공의 1997년 국립보건원 면역결핍연구실 보건연구관 1999년 同역학조사과 보건연구관 2004년 질병관리본부 에이즈 · 결핵관리과 보건연구관 2005년 同예방접종관리과장 2010~2012년 세계보건기구(WHO) 근무 2013년 질병관리본부 에이즈 · 결핵관리과장 2016년 同질병예방센터장(현) 2016년 同장기이식관리센터장(현) [상]보건복지부장관표창(2000), 국무총리표창(2004), 대통령표창(2009)

고 원(高 源) KOH Won

[생]1951 · 9 · 20 [본]제주(濟州) [출]전북 전주 [주]서울 관악구 관악로1 서울대학교 독어독문학과(02-880-6138) [학]1973년 서울대 독어독문학과졸 1975년 同대학원졸 1991년 문학박사(독일 사뷔르크헨대) [경]1973~1976년 배화여고 강사 · 교사 1976~1979년 해군사관학교 교관 1992~1996년 서울대 · 숭실대 · 경원대 · 홍익대 강사 1994년 카프카학회 연구이사 1996년 서울대 인문대학 독어독문학과 교수(현) 1999~2001년 同대학원 협동과정 비교문학전공 주임교수 2000년 현대정신분석학회 기획이사 2004년 문화예술전문지 '제3의 텍스트' 창간 [저]'프로이트의 문학예술 이론(共)'(1997) '제3의텍스트-영화와 소설 또는 정신분석학적 글쓰기'(2002) '이름이 다른 세 사람의 작가(共)'(2005) '디지로그 스토리텔링(共)'(2007) '자본주의 사회와 인간욕망-서구 리얼리즘 문학의 현재성(共)'(2007) '제3의 텍스트(編)'(2008) 창작소설 '문맥'(2016) [역]'장미와 이카루스의 비밀'(1998) '특성없는 남자1'(2010) [작]'문자예술과 조형예술 11인전'(2002) '아르코미술관 주제기획전'(2007) 'Typography & Calligraphy & Text'(2008), 구체시워크룸 '한글1446'(2013 · 2014)

고원근(高源根)

[생]1960 · 1 · 7 [출]경북 안동 [주]경남 창원시 의창구 중앙대로210번길13 한국전력공사 경남지역본부 본부장실(055-717-2300) [학]1977년 경북사대부고졸 1984년 영남대 무역학과졸 [경]1984년 한국전력공사 입사 2010년 同대구경북본부 상주지점장 2012년 同회계실장 2014년 同재무처장 2015년 同경남지역본부장(현)

고원종(高源宗) KOH Won Jong

[생]1958 · 9 · 8 [출]울산 [주]서울 영등포구 국제금융로8길 32 (주)동부증권 임원실(02-369-3263) [학]1977년 성동고졸 1982년 연세대 경제학과졸 1984년 同대학원 경영학과졸 1988년 경영학박사(미국 루이지애나공과대) [경]노무라증권 근무, ABN암로증권 근무, 소시에테제너럴증권 한국대표, 동부증권 부사장 2005년 한국신용정보 평가사업본부장(전무) 2006년 同평가자문위원 2009년 (주)동부증권 Wholesale사업부장(부사장) 2010년 同대표이사 사장(현)

고유환(高有煥) KOH Yu Hwan

[생]1957 · 4 · 25 [본]개성(開城) [출]경북 문경 [주]서울 중구 필동로1길30 동국대학교 북한학과(02-2260-3715) [학]1976년 대구 영남고졸 1983년 동국대 정치외교학과졸 1985년 同대학원 정치학과졸 1991년 정치학박사(동국대) [경]1987년 동국대 시간강사 1994년 同북한학과 전임강사 · 조교수 · 부교수 · 교수(현) 1997년 북한연구학회 이사 1998년 민주평통 상임위원 1998~2003년 통일부 정책자문위원 2003년 국가안전보장회의 정책자문위원 2003~2004년 대통령자문 정책기획위원(통일외교안보팀장) 2003년 경실련 통일협회 이사 2004년 통일부 통일정책평가위원 2004년 민주평통 운영위원 2007~2010년 동국대 입학처장 2009~2012년 대통령직속 사회통합위원회 이념분과 위원 2009년 경실련 통일협회 정책위원 겸 이사(현) 2009~2013년 통일부 정책자문위원 2009년 북한연구학회 부회장 2010년 동국대 북한학연구소장(현) 2010~2011년 미국 스탠포드대 아 · 태연구소 방문학자 2012년 북한연구학회 회장 2014년 민주평통 정책자문회의 운영위원 2014년 대통령직속 통일준비위원회 정치 · 법제도분과위원회 민간위원(현) [상]국민훈장 석류장(2004) [저]'북한의 정치와 사상(共)'(1994) '한반도 평화체제의 모색(共)'(1997) '김정일 연구(共)'(1999) '21세기의 남북한 정치(共)'(2000) '북한학 입문(共)'(2001) '북한 핵문제의 해법과 한반도 평화체제 구축'(2003) '북핵문제와 동북아 안보협력(共)'(2003) '북핵문제와 동북아 안보협력(共)'(2003) '로동신문을 통해 본 북한변화(共)'(2006)

고윤석(高允錫) KOH Yoon Suk (譜山)

[생]1927 · 1 · 13 [본]장흥(長興) [출]전남 담양 [주]서울 서초구 반포대로37길59 대한민국학술원 자연제1분과(02-3400-5220) [학]1947년 경성대 예과졸 1954년 서울대 문리대 물리학과졸 1959년 미국 네브래스카대 대학원 물리학과졸 1963년 물리학박사(미국 네브래스카대) [경]1954~1957년 전남대 조교 · 전임강사 1963~1964년 미국 네브래스카대 · 노스다코타주립대 조교수 1964~1975년 서울대 문리대 조교수 · 부교수 · 교수 1969~1971년 同문리과대 교무과장 1975~1992년 同자연과학대 물리학과 교수 1979년 同자연과학대학장 1981~1983년 한국표준연구소 이사 1981~1989년 한국과학기술연구원 이사 1981~1989년 한국에너지연구소 부이사장 1983년 서울대 자연과학종합연구소장 1983~1985년 同부총장 1987년 한국물리학회 회장 1989년 기초과학연구활성화사업추진본부 본부장 1989년 서울대 평의회 의장 1992년 同명예교수(현) 1992년 미국 리하이대 방문교수 1993~1997년 원광대 초빙교수 1993~2000년 원광장애인복지관 관장 1998년 대한민국학술원 회원(물리학 · 현) 2002년 미국 Won Institute of Graduate Studies 총장 [상]대한민국 과학상, 국민훈장 목련장, 성곡학술문화상 [저]'현대 물리학' '일반 물리학' '서울대 물리학과의 발자취'(編) [역]'전파 과학사' '아이작 뉴튼' '근대과학의 발자취' [종]원불교

고윤석(高允錫) KOH Youn Suck

[생]1956 · 2 · 11 [본]제주(濟州) [출]대구 [주]서울 송파구 올림픽로43길88 서울아산병원 호흡기내과(02-3010-3134) [학]1975년 경북고졸 1982년 한양대 의대졸 1988년 同대학원 의학석사 1992년 의학박사(한양대) [경]1985~1989년 한양대병원 인턴 전공의 1989~1990년 서울아산병원 전임의 1990~1992년 울산대 의과대학 내과학교실 전임강사 1993년 同의과대학 내과학교실 호흡기내과 전임강사 · 조교수 · 부교수 · 교수(현) 1994~1995년 미국 Colorado Health Science Center Webb-Waring Institute 방문조교수, 서울아산병원 호흡기내과 전문의(현), 同중환자실장, 同호흡기내과장 2007~2013년 The Asia Ventilation Forum Chairman 2008~2010년 대한중환자의학회 회장 2009~2010년 한국의료윤리학회 회장 2009~2013년 The World Federation of Societies of Intensive & Critical Care Medicine Council 2009년 The 12th World Federation of Societies of Intensive & Critical Care Medicine Congress Organizing Committee Chairman 2011~2013년 The Medical Ethic School Chairman 2013년 The Asia Critical Care Clinical Trial Group Chairman(현) [상]녹조근정훈장(2011), 바이엘임상의학상(2015) [종]불교

고윤석(高允錫) Koh Yunseok

[생]1962 · 10 · 26 [주]경기 수원시 팔달구 효원로1 경기도의회(031-8008-7000) [학]목포상고졸, 호남대 경제학과졸 [경]베스트비 대표, 안산시 로보캅순찰대장, 안산시 상록구 월피동 바르게살기위원회 위원장, 안산시호남향우회 사무총장 2011~2013년 안산시장애인체육회 부회장 2014년 성포고 운영위원회 위원장 2014년 새정치민주연합 경기도당 중소기업특별위원회 위원장 2014년 同경기도당 안전도시만들기특별위원회 위원장 2014년 경기도의회 의원(새정치민주연합 · 더불어민주당)(현) 2014 · 2016년 同안전행정위원회 위원(현) 2014년 同윤리특별위원회 위원 2015년 더불어민주당 경기도당 안전도시만들기특별위원회 위원장 2015년 경기도의회 평택항발전추진특별위원회 간사(현) 2015년 同안전사회건설특별위원회 위원(현) 2016년 同예산결산특별위원회 위원(현) [상]대한적십자사 안산지부 유공자표창(2016), 대한민국 가치경영대상(2016)

고윤화(高允和) KO Yun Hwa

[생]1954 · 1 · 15 [출]충남 예산 [주]서울 동작구 여의대방로16길61 기상청 청장실(02-2181-0201) [학]1975년 경기공고졸 1981년 한양대 기계공학과졸 1984년 영국 리즈대 대학원 환경공학과졸 1995년 환경공학박사(영국 리즈대) [경]1979년 기술고시 합격(15회) 1980~1990년 환경청 근무(기계기좌) 1990~1992년 환경처 산업폐기물과장 · 특정폐기물과장 1992년 同소음진동과장 1996년 환경부 폐기물시설과장 1998년 同대기정책과장 1999년 연세대 보건대학원 외래부교수 2000년 대통령비서실 행정관 2001~2004년 환경부 대기보전국장 2001년 한국냄새환경학회 부회장 2004년 세계은행 파견 2006년 환경부 자연보전국장 2007~2008년 同대기보전국장 2008~2009년 국립환경과학원 원장 2009~2012년 대한LPG협회 회장 2011년 기후변화학회 회원(현) 2011~2012년 한국기후변화학회 회장 2012~2013년 싱크나우 대표 2013년 기상청장(현) 2014 · 2015년 세계기상기구(WMO) 집행이사(현) [상]환경청장

표창(1985), 대통령표창(1991), 국제노동환경연구원 푸른지구상, 홍조근정훈장(2002) [저]'인간환경론'(共)

고윤환(高潤煥) KO Yun Hwan

[생]1957·5·20 [본]개성(開城) [출]경북 예천 [주]경북 문경시 당교로225 문경시청 시장실(054-552-3210) [학]1976년 문경종합고졸 1981년 영남대 지역개발학과졸 1986년 서울대 행정대학원졸 2005년 행정학박사(인하대) [경]1980년 행정고시 합격(24회) 1992~1994년 인천시 공공사업지원단장·기획담당관 1995년 국무총리실 과장 1997년 대통령비서실 행정관 1999년 인천시 교통국장 2001년 同경제통상국장 2003년 同남동구 부구청장 2003년 국가전문행정연수원 총무과장 2004년 행정자치부 주민과장 2004년 同제주4·3사건처리지원단장 2006년 진실화해를위한과거사정리위원회 파견(국장급) 2007년 국외 직무훈련(미국 필라델피아시청) 2008년 행정안전부 재난안전실 비상대비기획관 2008년 同지역발전정책국장 2009년 同지방행정국장 2010년 同공직선진화추진위원회 위원 2010~2012년 부산시 행정부시장 2012년 경북 문경시장(보궐선거 당선, 새누리당) 2013년 대통령직속 지역발전위원회 위원 2014년 경북 문경시장(새누리당)(현) [상]대통령표창(1993), 녹조근정훈장(1998), 한국경제신문 대한민국 공공경영대상 혁신경영부문(2013), 범시민사회단체연합 좋은자치단체장상(2014·2015), TV조선 선정 '한국의 영향력 있는 CEO'(2015), 매일경제 선정 '대한민국 글로벌리더'(2015), 국제군인스포츠위원회(CISM) 대장교장(2015), 한국신지식인협회 선정 '대한민국 신지식인상 공무원부문'(2015), 한국의 영향력 있는 CEO 선정 경영혁신부문 대상(2016), 한국을 빛낸 창조경영대상 글로벌경영부문(2016), 한국지역신문협회 지구촌희망펜상 자치대상(2016) [저]'용문의 꿈 흥덕의 길'(2011, 일진사)

고 은(高 銀) KO Un (一超·波翁)

[생]1933·6·10 [본]제주(濟州) [출]전북 군산 [주]경기 안성시 공도읍 전원길52(031-618-1783) [학]군산고 중퇴 2010년 명예 문학박사(단국대) 2011년 명예 문학박사(전북대) [경]1952년 불교 승려 1958년 불교신문 초대주필 1958년 문학활동(현) 1974년 자유실천문인협의회 대표간사·민주회복국민회의 문인대표 1978년 한국인권운동협의회 부회장 1979년 민주주의와민족통일국민연합 중앙상임위원회 부위원장 1980년 실천문학 창간 1987년 민주쟁취국민운동본부 상임공동대표 1987년 민족문학작가회 부회장 1987~1991년 한국민족예술인총연합 초대의장 1990년 민족문학작가회의 회장 1994~1999년 경기대 대학원 교수 1999년 미국 하버드대 옌칭연구소 연구교수 1999년 미국 버클리대 초빙교수 2001년 세계한민족작가연합 초대회장 2001년 세계詩아카데미 회원 2004년 제4회 베를린문학페스티벌 자문위원 2004년 상록수문화사랑회 명예이사장 2005년 세계평화시인대회 대회장 2005년 남북작가대회 대회장 2006년 민족문학인협회 남측회장 2006년 대통령자문 통일고문회의 고문 2007~2010년 서울대 기초교육원 초빙교수 2008년 단국대 석좌교수(현) 2013년 이탈리아 카포스카리대학 명예교수(현) 2014년 유네스코 한국위원회 평화친선대사(현) 2016년 코리아문화수도조직위원회(KCOC) 선정위원(현) [상]한국문학작가상(1회·12회), 만해문학상, 중앙문화대상, 대산문학상, 은관문화훈장, 단재상, 늦봄통일상(2005), 노르웨이 비욘슨훈장(2005), 스웨덴 시카다상(2006), 영랑 시문학상(2007), 캐나다 그리핀 시인상 평생공로상(2007), 대한민국예술원상(2008), 아메리카 어워드(2011), 한국상록회 인간상록수 문화부분(2012), 스트루가 황금화환상(2014), 서울신문 공초문학상(2014), 이탈리아 페스카라브루조재단 노르슈드국제문학상(2014), 심훈문학대상(2015) [저]시집 '만인보' '황토의 아들' '백두산' '전원시편' '아침이슬' '허공'(2008) '초혼'(2016, 창비) 평론집 '문학과 민족' '두고온 시' 시선집 '어느 바람' '고은시전집' '고은전집' '마치 잔칫날처럼'(2012) 연작시집 '만인보(全 30권)'(2010) 에세이집 '오늘도 걷는다'(2009) '개념의 숲'(2009) 산문집 '나는 격류였다'(2010, 서울대 출판문화원) 외 총 153권 [역]'당시' '李白詩選' [종]불교

고은미(高恩美·女) KOH Eun Mi

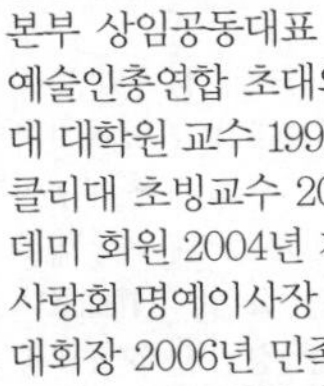

[생]1959·6·10 [주]서울 강남구 일원로81 삼성서울병원 내과(02-3410-2114) [학]1984년 서울대 의대졸 1992년 同대학원 의학석사 1998년 의학박사(서울대) [경]1984~1988년 서울대병원 인턴·레지던트 1988~1989년 同핵의학과 전임의 1989~1991년 경희대 내과 임상연구원 1991~1992년 同내과 임상강사 1993~1994년 미국 워싱턴대병원 Division of Rheumatology Seattle Senior Fellow 1995년 삼성서울병원 내과 전문의(현) 1997~2007년 성균관대 의대 내과학교실 조교수·부교수 2004~2010년 삼성서울병원 류마티스내과장 2007년 성균관대 의과대학 내과학교실 교수(현) 2014~2016년 대한류마티스학회 이사장

고은석(高誾碩)

[생]1968·7·24 [출]전남 담양 [주]서울 마포구 마포대로 174 서울서부지방검찰청 형사3부(02-3270-4313) [학]1987년 서울 경신고졸 1995년 한양대 법대졸 [경]1996년 사법시험 합격(38회) 1999년 사법연수원 수료(28기) 1999년 서울지검 검사 2001년 대전지검 천안지청 검사 2003년 대전지검 검사 2005년 전주지검 군산지청 검사 2007년 서울남부지검 검사 2008년 친일재산환수단 파견 2011년 서울남부지검 부부장검사 2012년 서울중앙지검 부부장검사 2013년 창원지검 진주지청 부장검사 2014년 서울북부지검 공판부장 2015년 전주지검 군산지청 부장검사 2016년 서울서부지검 형사3부장(현)

고의영(高毅永) KO Yue Young

[생]1958·7·10 [출]서울 [주]서울 서초구 서초중앙로 157 서울고등법원 제13민사부(02-530-1206) [학]1977년 이화여대사대부고졸 1981년 서울대 법대졸 [경]1981년 사법시험 합격(23회) 1983년 사법연수원 수료(13기) 1983년 軍법무관 1986년 서울민사지법 판사 1989년 서울형사지법 판사 1990년 제주지법 판사 1992년 서울지법 서부지원 판사 1993년 법원행정처 사법정책연구심의관 겸 행정조사심의관 1995년 서울고법 판사 1997년 서울지법 판사 1998년 대전지법 부장판사 2000년 서울가정법원 부장판사·수석부장판사 2003년 서울지법 부장판사 2004년 수원지법 안산지원장 2005년 서울중앙지법 부장판사 2006년 부산고법 부장판사 2007년 서울고법 부장판사(현) [종]천주교

고익수(高益壽) KOH Ik Soo

[생]1960·10·20 [본]장흥(長興) [출]전남 목포 [주]전남 목포시 영산로334 목포문화방송 보도제작국(061-270-9520) [학]1979년 목포고졸 1987년 한국외국어대 중국어과졸 [경]1988년 목포MBC 입사 1998년 同보도부 차장대우 2000년 同보도부 차장 2001년 同보도부장 2008년 同광고사업부장 2011년 同보도제작국장 2012년 同경영국장 2014년 同보도제작국장(현) [상]면려상(1992·1995) [종]천주교

고인배(高寅培)

[생]1958·4·24 [주]서울 서초구 서초대로41길19 에이스빌딩5층 한국특수판매공제조합(02-2058-0831) [학]1977년 인창고졸 1982년 서울대 법학과졸 1985년 同대학원졸 [경]1986년 사법시험 합격(28회) 1991년 사법연수원 수료(18기) 1991년 변호사 개업 2002~2008년 예금보험공사 특별조사기획부 변호사 2009~2015년 동아대 법학전문대학원 교수 2012년 한국특수판매공제조합 감사 2015년 同이사장(현)

고인수(高仁洙) KO In Soo

[생]1953·7·10 [본]제주(濟州) [출]부산 [주]경북 포항시 남구 청암로77 포항공과대학교 물리학과(054-279-2076) [학]1975년 서울대 응용물리학과졸 1977년 同대학원 물리학과졸 1987년 물리학박사(미국 Univ. of California Los Angeles) [경]1977~1980년 해군사관학교 전임강사 1981~1983년 강원대 자연과학대학 전임강사 1987~1988년 한국전자통신연구원 선임연구원 1988년 포항공과대 물리학과 교수(현) 1988년 미국 LBL연구소 Visiting Scientist 1996년 포항가속기연구소 가속기부장 2003년 同부소장 2004~2007년 同소장 2008~2010년 아시아미래가속기위원회(ACFA) 위원장 2011년 4세대 방사광가속기구축추진단 단장(현) [상]대통령표창 [저]'대학일반 기초물리학연습' '빛을 만들어낸 이야기'

고일광(高一光) KO Il Kwang

[생]1970·1·3 [출]경남 마산 [주]경기 수원시 영통구 월드컵로120 수원지방법원(031-210-1114) [학]1988년 창신고졸 1993년 서울대 법학과졸 1996년 同대학원졸 [경]1993년 사법시험 합격(35회) 1996년 사법연수원 수료(25기) 1998년 춘천지법 예비판사 2000년 同판사 2003년 수원지원 판사 2007년 서울중앙지법 판사 2010년 서울고법 판사(헌법재판소 파견) 2013년 춘천지법 영월지원장 2015년 수원지법 부장판사(현)

고재강(高在康) KO JAE KANG

[생]1965·10·13 [본]장흥(長興) [출]전남 담양 [주]세종자치시 한누리대로402 산업통상자원부 무역위원회 덤핑조사과(044-203-5870) [학]1984년 창평고졸 1992년 전남대 무역학과졸 2003년 중국 북경과학기술대 대학원 경영학과졸 [경]1993~1999년 상공부(상공자원부·통상산업부) 북방통상협력과·북방통상협력과·WTO담당과·전자기기과 등 근무(주사보) 1999~2001년 상공자원부 생활전자과·법무담당과 등 근무 2001~2003년 중국 북경과학기술대 파견 2003~2006년 산업자원부 투자정책과·재정기획과·중국협력과 행정주사 2006~2012년 지식경제부 중국협력과·산업기술개발과 사무관 2012~2015년 駐알제리 상무관(서기관) 2015년 산업통상자원부 원전사업관리과 서기관 2016년 同무역위원회 덤핑조사과장(현)

고재경(高在炅) KOH Jai Kyung

[생]1931·12·3 [출]광주 [주]광주 동구 금남로195의1 대창운수 회장실(062-234-0711) [학]1950년 광주서공립중졸 1956년 전남대 의대졸 1959년 의학박사(전남대) 1967년 의학박사(미국 Nebraska대) [경]1956년 전남대 의대 조교 1959년 육군 의무시험소 생화학과장 1961년 제18육군병원 임상병리과장 1963년 전남대 의대 전임강사 1964년 미국 Nebraska대 의대 책임연구원 1967년 미국 Maryland대 의대 연구조교수 1970년 한양대 의대 부교수 1974~1997년 同의대 교수 1976년 대한생화학회 부회장 1977~1978년 同회장 1987년 대한의학협회 감사 1989년 한양대 의대학장 1989년 우봉장학회 이사장(현) 1995년 대창운수 회장(현) 1995년 광주화물자동차터미널 회장(현) 1995~2005년 대창석유 회장 1997년 한양대 명예교수(현) 1997~1999년 국제키비탄 한국본부 총재 2005년 대창E&T 회장(현) [상]백남학술상, 금호문화상, 국민훈장 석류장

고재기(高在起) KOH Jae Ki

[생]1952·1·5 [출]전북 [주]전북 전주시 덕진구 건지로20 전북대병원 심장내과(063-250-1392) [학]1971년 전주고졸 1977년 전북대 의대졸 1981년 同대학원 의학석사 1988년 의학박사(전남대) [경]1977~1982년 전북대병원 전공의 1982년 육군 제28사단 의무근무대 치료반장 1983년 국군광주병원 위장내과 과장·순환기내과 과장 1985~1997년 전북대 의대 순환기내과학교실 전임강사·조교수 1987~1989년 미국 Thomas Jefferon 의대 연수 1987~1990년 미국 Mayo Clinic 연수 1997년 전북대 의대 내과학교실 교수(현) 2002년 대한순환기학회 이사 2002년 대한고혈압학회 이사 2000~2003년 전북대병원 원장 2014년 대한심장학회 회장(현)

고재남(高在南) KO Jae Nam

[생]1954·5·15 [본]장흥(長興) [출]전남 화순 [주]서울 서초구 남부순환로2572 국립외교원 유럽·아프리카연구부(02-3497-7649) [학]1974년 광주고졸 1980년 한양대 정치외교학과졸 1982년 同대학원 정치학과졸 1990년 정치학박사(미국 미주리대) [경]1990~2013년 한양대 국제학대학원 강사 1991년 한국외국어대 대학원 강사 1992년 외교안보연구원 교수 1998~1999년 선문대 겸임교수 1999~2000년 교육부 국제대학원 평가위원 2000년 외교안보연구원 구주·아프리카연구부장 2007~2012년 同유럽·아프리카연구부장 2012년 국립외교원 유럽·아프리카연구부 교수(연구부장)(현) [저]'구소련지역 민족분쟁의 해부'

고재석(高宰錫) KOH Jae Seok (원통)

[생]1956·5·23 [출]서울 [주]서울 중구 필동로1길30 동국대학교 사범대학 국어교육과(02-2260-3390) [학]1979년 동국대 국어국문학과졸 1982년 同대학원졸 1990년 문학박사(동국대) [경]1978~1984년 양정중·고 교사 1984~1996년 동국대·건국대 강사·한국문학연구소 상임연구원 1996년 동국대 사범대학 국어교육과 교수(현) 2013년 同인간과미래연구소장(현) 2015년 同전략홍보실장 2015~2016년 同홍보처장 [저]'한국근대문학지성사'(1991, 깊은샘출판사) '일본문학사상명저사전'(1993, 깊은샘출판사) '좋은 글을 쓰는 34가지 기술'(1995, 풍경출판사) '사상사의 방법과 대상'(1997, 소화출판사) '숨어 있는 황금의 꽃'(2001, 동국대 출판부) '한용운과 그의 시대'(2011, 도서출판 역락) [역]'근대 일본인의 발상형식'(1996, 소화출판사) '일본현대문학사'(1998, 문학과 지성사) '일본 쇼와·다이쇼·메이지 문학사'(2001, 동국대 출판부) [종]불교

고재승(高在丞) KO Jea Seung

[생]1942·1·23 [본]장흥(長興) [출]광주 [주]경기 성남시 분당구 대왕판교로700 코리아바이오파크A동9층 (주)오스코텍(031-628-7662) [학]1960년 마산고졸 1967년 서울대 치의학과졸 1969년 同대학원졸 1974년 의학박사(서울대) [경]1975~2007년 서울대 치대 전임강사·조교수·부교수·교수 1979년 미국 UCLA 치대 객원교수 1984년 미국 미시간대 객원교수 1988년 미국 하버드대 객원과학자 1989~1991년 서울대 치대 학생학장보 1991~1993년 同교무학장보 1994년 미국 UCLA 객원교수 1994~1999년 대한구강해부학회장 1995~1998년 서울대 치과대학 구강해부학교실 주임교수 1996~2003년 한국악안면골연구회장 1997~1999년 서울대 치학연구소장 1998~2000년 同치과대학장 1999년 한국치과대학장협의회장 2001~2003년 대한기초치의학협의회장 2001~2003년 국제치과연구학회 한국지부 회장 2007년 서울대 치대 명예교수(현) 2007년 대한민국학술원 회원(치의학·현) 2007년 (주)오스코텍 과학기술고문(현) [상]서울대총장표창(치과대학 수석졸업, 1967), 삐에르포샤르학회 한국회 학술상(1998), 서울대 30년 근속표창(2001), 녹조근정훈장(2007), 대한치과의사협회 학술대상(2007) [저]'치과 임프란트학 교과서(共)'(2007, 지성출판사) [역]'인체발생학(共)'(1992, 범문사) '구강조직학(共)'(1996, 과학서적센터) '인체발생학(共)'(1996, 정문각) '구강조직학(共)'(2005, 대한나래출판사)

고재영(高在英) KOH Jae Young

[생]1956·4·28 [출]인천 [주]서울 송파구 올림픽로43길88 서울아산병원 신경과(02-3010-4127) [학]1981년 서울대 의대졸 1989년 의학박사(미국 스탠퍼드대) [경]1995~1996년 미국 워싱턴대 조교수 1996년 울산대 의과대학 신경과학교실 교수(현) 1997년 창의적연구진흥사업 '중추신경계 시냅스 아연 연구단'으로 지정 2002년 대한의사협회 선정 '노벨의학상에 근접한 한국인 의사 20인' 2004년 세계적권위의학저널 '신경생물질환' 편집위원 2005년 아산생명과학연구소 부소장 2006년 '국가석학지원사업대상자'(생물학분야)로 선정 2008~2012년 서울아산병원 신경과장 [상]Rand Interior Award(1991), 한국화이자의학상 본상(2000), 한국과학기술단체총연합회 생명공학우수연구자상(2001), 대한의사협회 Outstanding Medical Researcher(2002), 아산의학상(2009) [저]'Glutamate neurotoxicity, calcium, and zinc'(1989) 'Zinc in the central nervous system'(1998) 'Mechanism of zinc-induced neuronal death'(2002)

고재윤(高在允) KO Jae Youn

[생]1955·3·22 [본]제주(濟州) [출]경북 문경 [주]서울 동대문구 경희대로26 경희대학교 호텔관광대학 외식경영학과(02-961-9389) [학]1977년 경희호텔전문대학 호텔경영학과졸 1982년 한국방송통신대 경영학과졸 1987년 세종대 대학원 호텔관광경영학과졸 1998년 스위스 HIM호텔학교 식음료경영PG과정 수료 2000년 경영학박사(세종대) [경]1981~1982년 서울리버사이드호텔 식음료부 접객조장 1982~1998년 쉐라톤워커힐호텔 식음료부 컨벤션코디네이터·사장실 대리·식음료부 식음료관리과장·연회예약과장 1989~1995년 한림전문대 전통조리학과 강사 1995~1997년 경희호텔전문대 호텔경영학과 겸임교수 1997~1999년 쉐라톤워커힐호텔 연회부장·식음료부장 1998~1999년 경희대 호텔경영학과 겸임교수 2000~2001년 쉐라톤워커힐호텔 인사총무팀장·외식사업본부장 2000~2001년 경희대 외식산업학과 겸임교수 2001~2003년 同호텔관광대학 컨벤션산업학과 조교수 2001년 한국컨벤션학회 부회장 2001~2014년 한국산업인력공단 레스토랑서비스부문 국가대표 심사위원장 2002~2005년 한국호텔리조트산학회 회장 2003~2005년 경희대 호텔관광대학 외식산업학과 학장보 2005~2008년 한국소믈리에학회 회장 2006~2010년 경희대 호텔관광대학 외식산업학과 교수 2006년 同관광대학원 와인소믈리에과정 주임교수(현) 2007년 한국외식경영학회 부회장 2008~2012년 同회장 2008~2013년 농림수산식품부 식품진흥심의위원회 위원 2008~2014년 한국농수산식품유통공사 한식세계화자문위원 2008년 한국국제소믈리에협회 사무국장·고문·회장(현) 2010년 경희대 호텔관광대학 외식경영학과 교수(현) 2011년 오스트리아 화이트와인 심사위원 2011년 독일 모제와인협회 홍보대사 2012년 아시아·오세아니아소믈리에경기대회 및 ASI총회 준비위원장 2012년 독일 베를린 와인트로피 심사위원 2012년 아시아 와인트로피 심사위원 2012년 아시아·오세아니아소믈리에경기대회 심사위원 2013~2014년 농림축산식품부 식품진흥심의위원회 위원 2014년 포르투갈 와인트로피 심사위원장 [상]문화체육부장관표창(2001), 부총리 겸 교육인적자원부장관표창(2002), 2008글로벌 한국명장 선정(2008), 대한민국혁신경영인 대상(2008), 프랑스 쥐라드 드 생떼밀리옹 와인 기사(2010), 프랑스 부르고뉴 슈발리에 따스 드 뱅 와인 기사(2012), 포르투갈 형제애 와인 기사(2014) [저]'와인, 소믈리에 경영실무'(2001) '식음료 사업경영'(2001) '신호텔경영론'(2003) '호텔식음료'(2004) '와인학개론'(2005) '호텔레스토랑 경영학원론'(2005) '와인커뮤니케이션'(2010, 세경) '사케소믈리에(共)'(2012, 한올) [역]'세계 명품레드와인'(2007) '세계 명품화이트와인'(2008) '차(Tea)'(2008) '한잔의 예술 커피'(2012, 세경) [종]천주교

고재일(高在一) KOH Jae Il

[생]1939·4·17 [주]충남 천안시 서북구 두정로106 (주)동일토건 비서실(041-558-0300) [학]1965년 국민대 경제학과졸 1980년 고려대 경영대학원 수료 1995년 同정책대학원 최고경영자과정 수료 1995년 중앙대 건설대학원 최고경영자과정 수료 1996년 고려대 국제대학원 최고경영자과정 수료 1997년 연세대 언론홍보대학원 최고위과정 수료 1998년 서울대 환경대학원 도시·환경고위정책과정 수료 [경]1968년 공인회계사자격 취득 1969~1995년 공인회계사 개업 1973년 성림화학(주) 전무이사 1974년 한진합동회계사사무소 공인회계사 1982년 대원·동서회계법인 책임회계사 1986년 삼경합동회계사사무소 대표회계사 1990년 同심리회계사 1990년 동일주택 대표이사 1990년 (주)동일토건 대주주 겸 사장 2004년 同대표이사 2005년 同회장(현) 2009~2011년 국민대총동문회 회장 [상]자랑스런 국민인상(2004), 대통령표창(2006)

고재찬(高在澯) Jae Chan GO

[생]1956·12·4 [본]제주(濟州) [출]전북 [주]전북 전주시 덕진구 중동로63 전북개발공사(063-280-7500) [학]1975년 전주공고졸 1986년 한국방송통신대 행정학과졸 1988년 전북대 환경대학원 환경계획학과졸 1997년 同대학원 건축공학 박사과정 수료 [경]1975년 공무원 임용 2008~2011년 전북도 녹색교통물류과장 2011~2012년 同도로공항과장 2012~2014년 同건설교통국 지역개발과장(3급) 2014~2015년 同건설교통국장 2016년 전북개발공사 사장(현) [상]대통령표창(2000), 녹조근정훈장(2009), 홍조근정훈장(2016)

고재학(高在鶴)

[생]1963·4·2 [출]서울 [주]서울 중구 세종대로17 와이즈빌딩 한국일보 논설위원실(02-724-2114) [학]1989년 서울대 동양사학과졸 2011년 건국대 언론홍보대학원졸 [경]1989년 한국일보 편집국 기자 1999년 同생활과학부 기자 2001년 同문화과학부 기자 2002년 同경제부 기자 2003년 同경제부 차장대우 2004년 同사회1부 차장대우 2004년 同경제과학부 차장대우 2006년 同기획팀장 2007년 同사회부 차장대우 2007년 同편집국 경제산업부 차장 2009년 同논설위원 2011년 同편집국 경제부장 2012년 同편집국 경제부장(부국장대우) 2013년 同논설위원 2013년 同편집국 부국장 겸 전략기획실 제1실장 2013년 同경영전략실장 2014년 同편집국장 2016년 同논설위원(현) [상]대한의사협회 제정 녹십자언론문화상 [저]'내 아이를 지키려면 TV를 꺼라'(2005, 예담) '휴대폰에 빠진 내 아이 구하기'(2007, 예담프렌드) '부모라면 유대인처럼'(2010) '2013 한국경제를 읽다'(2012, 결) '절벽사회'(2013, 21세기북스)

고점권(高點權) Jeom-Kwon Koh

[생]1962 [출]경남 남해 [주]서울 종로구 종로5길86 서울지방국세청 성실납세지원국 개인납세2과(02-2114-2861) [학]남해 창선고졸 1984년 세무대학졸(2기) 2001년 성균관대 대학원 세무학과졸 [경]1984년 세무공무원 임용(8급 특채) 1984년 남부세무서 근무 1998년 서울지방국세청 조사4국 근무 2002년 국세청 조사국 근무 2003년 강남세무서 근무 2004년 국세청 감사관실 근무 2008년 성남세무서 근무 2008년 同소득지원과장(사무관) 2009년 국세청 법무과 사무관 2014년 同법무과 서기관 2014년 서울지방국세청 조사1국 조사1과 조사1팀장 2015년 경북 영덕세무서장 2016년 서울지방국세청 성실납세지원국 개인납세2과장(현) [상]대통령표창(2014)

고정균(高正均) KOH Jung Kwen (해우)

[생]1969·5·24 [본]제주(濟州) [출]강원 정선 [주]서울 동대문구 장한로139 동광빌딩3층 문화예술나눔터 아이원(02-2246-0071) [학]서울디지털대 법학과·경영학과졸, 고려대 정책대학원 국제관계학과 수료, 경희대 경영대학원 의료경영학과 수료 [경]1987~1989년 한겨레민주당 당보편집위원회 홍보국 책임간사 1992년 한국사회문화연구소 소장 1992년 통합민주당 서울동대문甲지구당 사무국장, 同기획위원장 1992~1993년 동부지역사회연구소 상임연구원 1993~2006년 광리방 대표 1996~2004년 한나라당 장광근 국회의원 보좌관 2004년 아테네올림픽 대한민국문화사절단장 2005년 김포다도박물관 관장 2005년 한나라당 서울동대문甲당원협의회 정책위원장 2005년 (사)한국전통문화예술원 이사장(현) 2006년 (사)한국생활체육문화진흥원 이사장 2006~2010년 서울시의회 의원(한나라당) 2006~2008년 한나라당 서울시의회 부대변인 2007년 同서울시당 선거대책위원회 홍보위원장 2007~2008년 서울시의회 예산결산특별위원회 부위원장 2007년 同문화예술관광지원특별위원회 위원장 2008년 호주·뉴질랜드이민50주년기념 서울시문화사절단 단장 2009년 북유럽3개국(노르웨이·덴마크·스웨덴) 수교50주년기념 서울시문화사절단 단장 2009~2013년 서울시탁구협회 회장 2009년 서울드림페스티벌2009추진위원회 위원장 2010년 서울시의원선거 출마(무소속) 2010~2012년 (주)스틸엠 사장 2010~2011년 디자인그룹투엔 회장 2012년 문화예술나눔터 아이원 이사장(현) [상]헤럴드경제신문 선정 혁신경영인 대상(2006), 한국관광평가연구원 선정 혁신전통문화진흥대상(2006) [저]'변화를 이끄는 힘! 고정균'(2010) '우리들의 희망! 미래에 길을 묻다'(2012)

고정민(高精敏) KO Jeong Min

[생]1959·10·23 [출]전북 군산 [주]서울 마포구 와우산로94 홍익대학교 경영대학원(02-2058-0262) [학]1982년 연세대 경영학과졸 1984년 同경영학대학원졸 2006년 경영학박사(성균관대) [경]1985~1986년 한국산업경제연구원 경영연구실 근무 1986~1995년 삼성경제연구소 기술산업실 근무 1996~1998년 삼성영상사업단 기획실 차장 1999~2002년 삼성경제연구소 경영연구본부 기술산업실 수석연구원 2002년 同경영연구본부 기술산업실 소프트팀장(수석연구원) 2010년 홍익대 경영대학원 문화예술경영전공 교수(현) 2010년 한국창조산업연구소 소장(현) 2011~2013년 영화진흥위원회 부위원장 2012년 한국문화관광연구원 이사(현)

고정석(高晶錫) KOH Jung Suk

[생]1957·5·22 [출]서울 [주]서울 영등포구 은행로11 일신빌딩11층 일신창업투자(주) 비서실(02-767-6411) [학]1976년 서울중앙고졸 1980년 서울대 경영학과졸 1982년 한국과학원 경영과학과졸(석사) 1989년 경영학박사(미국 MIT) [경]1982~1983년 일신방직 기획실 근무 1983~1989년 미국 MIT 경영대학원 Teaching Assistant·Research Assistant·Teaching Instructor 1989~1991년 McKinsey & Co. Consultant(Los Angeles Office 근무) 1991년 일신창업투자(주) 대표이사(현) 1993년 (주)일신방직 비상임이사(현) 1999~2000년 인텍크텔레콤 공동대표이사 사장 2000년 벤처리더스클럽 공동발기인 2005~2008년 한국벤처캐피탈협회 회장, 대덕연구개발특구지원본부 이사회 이사, 한국모태조합운용위원회 위원, MIT Management Club 회원(현), McKinsey Alumni Association 회원(현), (주)지오다노·(주)BSK 비상임이사 2008~2011년 KT 사외이사 2008~2010년 대통령직속 미래기획위원회 미래경제·산업분과 위원 [상]대법원장표창(1980), 대통령표창(1999), 산업포장(2001) [종]기독교

고정석(高正錫) KOH JUNG SUK

[생]1962·3·26 [출]서울 [주]서울 송파구 올림픽로35길123 삼성물산(주) 기획팀(02-2145-2114) [학]서울 용문고졸, 연세대 화학공학과졸, 한국과학기술원(KAIST) 경영학과졸(석사) [경]삼성물산(주) 유기화학팀장, 同기능화학사업부장(상무), 同일본본사총괄(상무), 同화학소재사업부장(전무) 2015년 同상사부문 부사장 2016년 同기획팀장(부사장)

고정식(高正植) KO Jung Sik

[생]1958·9·19 [출]제주 [주]제주특별자치도 제주시 문연로13 제주특별자치도의회(064-741-1951) [학]제주농고졸, 제주실업전문대학 축산과졸 [경]롯데우유(주) 제주점 대표, (주)푸르밀우유 제주도 총판대표(현), 한동초총동문회 회장, 제민신협 감사, 제주제일라이온스클럽 회장, 민주평통 자문위원, 국민생활체육 제주시배드민턴연합회 회장 2002년 제주시의회 의원 2004년 同자치교통위원장, 제주도시·군의회의원협의회 수석총무위원 2006년 제주도의원선거 출마(무소속) 2010년 제주특별자치도의원선거 출마(한나라당), 제주교도소 교정위원(현) 2012년 제주특별자치도의회 의원(보궐선거 당선, 새누리당) 2012년 同복지안전위원회 위원 2013년 同예산결산특별위원회 위원장 2014년 제주특별자치도의회 의원(새누리당)(현) 2014년 同운영위원회 위원 2014년 同행정자치위원회 위원장 2014년 同윤리특별위원회 위원 2016년 同환경도시위원회 위원(현) 2016년 同예산결산특별위원회 위원(현) 2016년 同제주특별법제도개선및토지정책특별위원회 위원(현)

고정완(高禎完) KO Jung Wan

[생]1963·4·10 [출]서울 [주]서울 서초구 강남대로577 (주)한국야쿠르트 임원실(02-3449-6301) [학]1991년 아주대 경영학과졸 [경]1991년 (주)한국야쿠르트 입사 2005년 同경영지원팀장 2008년 同홍보부문장 2009~2014년 同경영지원부문장(이사·상무·전무) 2014년 同최고운영책임자(COO) 2015년 同대표이사 사장(현)

고정일(高正一) KO Jung Il (高山)

[생]1940 · 12 · 16 [본]제주(濟州) [출]서울 [주]서울 중구 다산로12길6 권주빌딩4층 동서문화사(주)(02-546-0336) [학]1960년 용문고졸, 성균관대 국어국문학과졸 2004년 同대학원 비교문화학과졸 [경]1956년 동서문화사(주) 창업 · 발행인 · 대표이사(현) 1968년 한국서적협회 사무총장 1973년 대한출판문화협회 전형위원 · 감사 · 이사 1975~1985년 동인문학상운영위원회 집행위원장 [상]문교부 우량도서상, 한국독서대상, 한국출판문화상(5회), 경향출판문화상, 조선일보 광고대상, 중앙일보 광고대상, 한국세계대백과사전 최우수상, 자유문학 신인상, 한국출판학술상(2007) [저]'한국인을 찾아서' '애국작법'(2007) '고산 대삼국지(총10권)'(2008) '장진호 혹한 17일-불과 얼음'(2010) '세계를 사로잡은 최승희-매혹된 혼(총3권)'(2011, 동서문화사) '한국출판100년을 찾아서'(2012) '불굴혼 박정희(총6권)'(2012) '불굴혼 박정희(총10권)'(2014) '우리 어디서 무엇이 되어 다시 만나랴-이중섭'(2014) [역]'자성록 언행록 성학십도'(2008, 동서문화사) '성학집요/ 격몽요결'(2008, 동서문화사) '열하일기'(2010, 동서문화사)

고제철(高濟哲) KHO Jae Chul (松源)

[생]1930 · 1 · 1 [본]장흥(長興) [출]광주 [주]광주 남구 송암로73 송원학원(062-360-5731) [학]1949년 광주농업학교졸 1974년 전남대 행정대학원 수료 1983년 명예 교육학박사(미국 알티시아크리스찬대) 1991년 미국 조지워싱턴대 대학원 수료 1996년 명예 경제학박사(조선대) 2001년 명예 철학박사(우즈베키스탄 국립사마르칸트외국어대) [경]1964~2010년 금광기업(주) 회장 1977년 광주지법 가정법원 조정위원 1978년 송원학원 이사장(현) 1978~1991년 광주상공회의소 부회장 1983년 광주관광개발 대표이사 1985~1994년 광주지방국세청 국세체납정리위원 1985~1996년 청소년선도위원회 위원 1989년 송원물류 회장 1991년 광주상공회의소 회장 1991~1994년 대한상공회의소 부회장 1991~1994년 북방권교류협의회 광주 · 전남지회장 1991~2001년 광주매일 사장 · 회장 1991년 (주)여천탱크터미널 회장 1992년 광주시체육회 부회장 1994년 (주)송원백화점 회장 1995년 광주 · 전남산경회 회장 1996년 송원그룹 회장 1996년 법무부 범죄예방자원봉사위원광주지역협의회 기획운영위원장 2002년 광주사회복지공동모금회 회장 2008년 광주시교육청 결식아동후원재단 이사장, 어등산리조트 회장(현), (주)광주관광개발 대표이사 회장(현) [상]국민훈장 목련장, 대통령표창, 석탑산업훈장, 우즈베크 문화포상, 재무부장관표창, 석탑산업훈장, 국민훈장 모란장(2002) [저]'세월흘러 60 어두움에 빛되어 30' '청솔밭의 해돋이' [종]불교

고조흥(高照興) KHO Jo Heung

[생]1952 · 11 · 23 [본]제주(濟州) [출]경기 여주 [주]경기 의정부시 녹양로34번길64 솔로몬빌딩3층 고조흥법률사무소(031-873-3400) [학]1972년 대광고졸 1976년 경희대 법률학과졸 1978년 同대학원졸 1996년 同경영대학원졸 1999년 同국제법무대학원 법학과졸 1999년 同언론대학원졸 2002년 법학박사(경희대) [경]1978년 사법시험 합격(20회) 1980년 사법연수원 수료(10기) 1980년 육군 법무관 1983년 부산지검 검사 1986년 전주지검 군산지청 검사 1987년 수원지검 검사 1990년 대전지검 검사 1991년 수원지검 성남지청 고등검찰관 1992년 광주고검 검사 1993년 광주지검 순천지청 부장검사 1994년 광주지검 형사2부장 1995년 대구지검 형사2부장 1996년 인천지검 형사3부장 1997년 同형사1부장 1997년 서울지검 북부지청 형사4부장 1998년 서울고검 검사 1999년 서울지검 북부지청 형사2부장 1999년 同북부지청 형사1부장 2000년 한나라당 연천 · 포천지구당 위원장 2000년 변호사 개업(현) 2000년 한나라당 인권위원회 법제사법위원장 2003년 同당대표 특별보좌역 2004년 同경기도당 법률지원단장 2005~2008년 제17대 국회의원(포천 · 연천 보선, 한나라당 · 무소속) 2007년 한나라당 여의도연구소 부소장 [상]국무총리표창(1999) [종]기독교

고종영(高鐘瑛) GOH Jong Young

[생]1968 · 2 · 7 [출]서울 [주]경기 성남시 수정구 산성대로451 수원지방법원 성남지원(031-737-1410) [학]1986년 숭실고졸 1993년 서울대 법학과졸 [경]1994년 사법시험 합격(36회) 1997년 사법연수원 수료(26기) 1997년 대전지법 판사 2000년 同천안지원 판사 2001년 수원지법 성남지원 판사 2004년 서울중앙지법 판사 2008년 서울고법 판사 2010년 대법원 재판연구관 2012년 전주지법 부장판사 2013년 대법원 재판연구관 2015년 수원지법 성남지원 부장판사(현)

고준성(高俊誠) Koh, Joon-Sung

[생]1958 · 6 · 28 [본]장흥(長興) [출]서울 [주]세종특별자치시 시청대로370 산업연구원 국제산업협력실(044-287-3052) [학]1991년 법학박사(고려대) [경]1987~1996년 법무부 전문위원(국제법무담당) 1996년 산업연구원 연구위원, 同산업경제연구실 산업세계화팀장 1998~2013년 외교통상부 통상교섭자문위원 2001년 대한국제법학회 편집위원 · 이사 2003년 한국국제경제법학회 이사 2003~2004년 건국대 상경대학 겸임교수(국제통상법) 2004~2005년 미국 Univ. of Illinois College of Law Visiting Scholar 2009년 한국안보통상학회 이사 2009년 국제원산지정보원 자문위원 2010년 산업연구원 감사실장(현) 2011년 법무부 국제투자분쟁법률자문단 연구위원 2013년 한국공정무역법학회 이사 2013년 산업통상자원부 갈등관리심의위원회 위원 2013년 同통상교섭민간자문위원 2014년 산업연구원 국제산업협력실장 2014년 同국제산업협력실 선임연구위원(현) [저]'WTO체제하에서의 미국 및 EU 반덤핑법제의 분석'(1998) '법무서비스 개방문제 연구(共)'(2000) 'GATS해설서(共)'(2000) 'DDA 서비스협상의 주요 쟁점 및 정책 대응방향(共)'(2002) '자유무역협정의 법적 고찰'(2003) 'FTA의 조문별 유형분석 : 한국의 FTA 상품무역 규정 협상 가이드라인 모색'(2003) 'FTA의 서비스무역규정 조문별 유형분석 : 한국의 협상 가이드라인의 모색'(2008) 'WTO체제 이후 한국산업피해구제제도 및 운영 평가'(2009) [종]기독교

고준일(高準一)

[생]1980 · 6 · 22 [본]제주(濟州) [주]세종특별자치시 조치원읍 군청로87의16 세종특별자치시의회(044-300-7002) [학]2007년 충북대 정치외교학과졸, 고려대 인문정보대학원 사회복지학과 재학 중 [경](사)인간성회복운동추진협의회 교육지원팀장, 행정도시사수연기군대책위원회, 학교를사랑하는학부모모임 대외협력팀장 2010년 충남 연기군의원선거 출마(민주당), 민주당 충남도당 총무국장 2011~2012년 충남 연기군의회 의원(재보선 당선, 민주당 · 민주통합당) 2012년 세종특별자치시의회 의원(민주통합당 · 민주당 · 새정치민주연합) 2012년 同산업건설위원회 위원 2012년 同교육위원회 위원 2012년 민주통합당 중앙당 민원실 부실장 2014년 세종특별자치시의회 의원(새정치민주연합 · 더불어민주당)(현) 2014년 同산업건설위원회 위원장 2016년 同의장(현) [상]대한민국지역사회공헌대상(2014), 전국시 · 도의회의장협의회 우수의정 대상(2016)

고준호(高準浩) Ko Joon Ho

[생]1957 · 3 · 20 [출]전남 목포 [주]경기 용인시 기흥구 덕영대로1751 삼성노블카운티(031-208-8100) [학]1975년 목포고졸 1984년 숭실대 경제학과졸 [경]1983년 삼성그룹 입사, 삼성생명보험(주) 강남리젤영업소장 1998년 同홍보파트장 2005년 同홍보팀장(상무보) 2008년 同홍보팀장(상무) 2011년 同홍보팀장(전무) 2014년 同스포츠단장(전무) 2015년 삼성노블카운티 대표(현), 한국PR협회 인증이사 [상]서강대 OLC대상(2010)

고준호(高晙豪) KOH Joon Ho

[생]1965 · 7 · 6 [출]서울 [주]대전 서구 청사로189 특허심판원 심판8부(042-481-5844) [학]1984년 서울 광성고졸 1989년 한양대 전기공학과졸 2001년 同대학원 전기공학과졸 2005년 미국 Univ. of Illinois at Urbana-Champaign 대학원 경영학과졸 [경]기술고시 합격(24회) 2000년 특허심판원 심판관(과장) 2002년 특허청 심사4국 반도체심사과장 2007년 특허법원 기술심리관 2009년 특허심판원 수석심판관(부이사관) 2009년 특허청 정보통신심사국 통신심사과장 2010년 同심사품질담당관 2011년 특허심판원 심판장(고위공무원) 2012년 同심판9부 수석심판장 2013년 특허청 특허심사3국장 2014년 특허심판원 심판장 2015년 해외 직무파견 2016년 특허심판원 심판8부 심판장(현) [상]대통령표창(2008)

고중환(高重煥) Koh Junghwan

[생]1954 · 2 · 9 [출]경북 구미 [주]경기 양주시 어하고개로109의14 (주)금성침대 대표이사실(1566-2003) [학]오상중졸 [경]1982년 금성공업 설립, (주)금성침대 대표이사(현), 경기북부상공회의소 상임의원(현), 한국제품안전협회 이사(현) 2012~2015년 한국침대협회 회장 2016년 (사)한국가구산업협회 회장(현) [상]조달청장표창(2008), 지식경제부장관표창(2009), 서울지방중소기업청장표창(2010), 의정부세무서장표창(2011), 경기도지사표창(2012), 세계표준의 날 KS인증대상(2013), 고용노동부장관표창(2014), 산업통상자원부장관표창(2015), 중부지방국세청장표창(2016)

고 진(高 晋) Koh Jean

[생]1961·10·11 [본]제주(濟州) [출]서울 [주]서울 강남구 광평로281 수서오피스빌딩15층 갤럭시아커뮤니케이션즈(주)(02-6005-1699) [학]1980년 서라벌고졸 1984년 서울대 전자공학과졸 1985년 同대학원 석사과정 수료 1986년 미국 시라큐스대 대학원 컴퓨터공학과졸 1994년 컴퓨터공학박사(미국 시라큐스대) [경]1994~2009년 바로비젼(주) 대표이사 2004~2011년 한국무선인터넷솔루션협회(KWISA) 부회장 2005~2006년 한국학술진흥재단 학술혁신평가위원회 위원 2008년 대한전자공학회 협동이사 2009~2014년 갤럭시아커뮤니케이션즈(주) 뉴미디어사업부문 사장(CTO) 2009~2011년 (사)한국무선인터넷산업연합회(MOIBA) 부회장 2011년 同회장(현) 2013~2015년 국가과학기술심의회 첨단융합전문위원회 위원 2014년 갤럭시아커뮤니케이션즈(주) 대표이사(현) 2014년 정보통신활성화추진위원회 실무위원회 위원(현) 2014년 국가과학기술연구회 융합연구위원회 위원(현) 2015년 국가과학기술심의회 ICT·융합전문위원회 위원(현) [상]신소프트웨어상품 대상(1998), 소프트엑스포 상품상(1999), 벤처기업협회장상(2005), 멀티미디어기술대상 한국정보통신협회장상(2007), 멀티미디어기술대상 방송통신위원장표창(2010), 정보통신의날 정보방송통신부문 국무총리표창(2015)

고진갑(高鎭甲) Ko jin gab

[생]1961·3·26 [출]강원 영월 [주]서울 중구 마른내로140 서울인쇄정보빌딩4층 뉴스웍스(02-2279-8700) [학]1980년 장충고졸 1987년 한양대 무역학과졸 1989년 同대학원 무역학과졸 [경]2002년 서울경제신문 편집국 산업부 차장대우 2003년 同국제부 베이징특파원(차장대우) 2006년 同금융부 차장 2007년 同증권부 차장 2008년 同정보산업부장 2009년 同금융부장 2010년 同산업부장 2011년 同편집국장 2013~2014년 同편집국장(사내이사) 2015년 한국일보 광고국장 2015년 뉴스웍스 대표이사(발행인 겸 편집인)(현) [상]한양언론인회 한양언론인상(2012) [저]'베이징특파원 중국경제를 말하다'(2010) '장강의 뒷물결'(2012) [종]기독교

고진석(高進碩) KOH Jin Seok

[생]1957·4·3 [출]경북 [주]광주 동구 필문대로309 조선대학교 공과대학 에너지자원공학과(062-230-7110) [학]조선대 자원공학과졸, 同대학원졸, 공학박사(한양대) [경]1979~2010년 조선대 공과대학 자원공학과 전임강사 조교수·부교수·교수 1995~1997년 미국 Indiana Univ. Blomington 객원교수 1999~2001년 조선대 공과대학 자원공학과장, 同대학원 주임교수 2001년 광주시소방학교 외래강사 2001~2003년 조선대 환경보건대학원 부원장 2003년 광주시 지방건설심의위원회 심의위원 2003년 영산강환경관리청 먹는물샘물관리법 심의위원 2003~2004년 조선대 교무부처장 2004~2006년 同에너지자원신기술연구소장 2005~2007·2014년 同취업지원본부장 2006년 전남도 지방건설심의위원회 심의위원 2008년 (사)대한화약발파공학회 학술이사 2009~2011년 조선대 자원공학과장, 同자원개발특성화대학사업팀장, 同자원공학프로그램 PD 2010년 同공과대학 에너지자원공학과 교수(현) 2010~2011년 한국지구시스템공학회 이사 2015년 조선대 LINC(산학협력선도대학육성)사업단장(현)

고진태(高鎭泰)

[생]1959·5·25 [출]충남 연기 [주]서울 서초구 방배천로54 방배경찰서(02-525-3553) [학]경남대졸 [경]1987년 경사 임관(대공경사 특채), 경북 김천경찰서 생활안전과장, 중앙경찰학교 총무계장 2007년 경찰청 공직윤리계장 2010년 同감사계장 2012년 충북지방경찰청 청문감사담당관(총경) 2012년 同경무과 치안지도관 2013년 충북 보은경찰서장 2014년 강원지방경찰청 보안과장 2015년 경기 하남경찰서장 2016년 서울지방경찰청 정보화장비과장 2016년 서울 방배경찰서장(현)

고창남(高昌男) KO Chang Nam

[생]1961·3·15 [본]장흥(長興) [출]전남 고흥 [주]서울 강동구 동남로892 강동경희대학교한방병원(02-440-7114) [학]1991년 경희대 한의대학졸 1993년 同대학원 한의학과졸 1998년 한의학박사(경희대) [경]1995~2000년 경희대 부속 한방병원 심계내과 임상강사·임상조교수 1997년 국제교류협력단지원 중국 산동성중의약대학 파견 2000년 경희대 한의학연구소 연구원 2000~2002년 대한한방내과학회 이사 2000년 대한한의학회 이사 2000년 경희대 한의과대학 한방내과 조교수 2002~2003년 대한중풍학회 감사 2003년 삼천당제약(주) 자문교수 2004년 경희대 한의과대학 부교수·교수(현) 2005년 한국보건산업진흥원 BK21기획위원 2006~2008년 경희대 동서신의학병원 한의과대학병원 진료부장 2009년 同동서신의학병원 한의과대학병원 한방내과장 겸 중풍뇌질환센터장 2010년 강동경희대병원 한방내과 과장 겸 중풍뇌질환센터장 2011년 同한방병원 QI부장 겸 IRB위원장 2012년 경희대 한의과대학 한방순환신경내과 주임교수 2012~2014년 법무부 여성정책심의위원회 위원 2012년 대한중풍·순환신경학회 이사장(현) 2012년 한국보건산업진흥원 BK21 기획위원 2013년 강동경희대교한방병원장(현) 2013~2016년 同한방암센터장 [저]'동의 심계내과학'(1999·2006) '우리집 건강보감'(2003) '오늘의 중풍치료학'(2004) '양한방 병용처방 매뉴얼'(2008) '약손'(2009)

고창덕

[생]1959 [주]제주특별자치도 제주시 문연로6 제주도청 특별자치행정국(064-710-6400) [학]제주상고졸, 한국방송통신대졸 [경]1978년 공무원 임용 2013년 국방대 파견 2014년 제주도 문화관광스포츠국 문화정책과장 2014년 同환경보전국 생활환경관리과장 2015년 同의회협력담당관 2016년 同기획조정실 협치정책기획관 2016년 同특별자치행정국장(현)

고창수(高暢洙) KO Chang Soo

[생]1962·1·29 [본]제주(濟州) [출]서울 [주]서울 성북구 삼선교로16길116 한성대학교 인문대학 한국어문학부(02-760-4010) [학]1984년 고려대 영어영문학과졸 1986년 同대학원 국어국문학과졸 1992년 문학박사(고려대) [경]1986년 고려대 민족문화연구소 연구원보 1990년 同민족문화연구소 연구원 1990년 同강사 1993년 광운대 강사 1994~2000년 한성대 국어국문학과 전임강사·조교수·부교수 1997년 한국어학회 한국어공학연구소 연구실장 2000년 同홍보이사 2000년 이중언어학회 출판이사 2000년 한성대 인문대학 한국어문학부 교수(현) 2005~2007년 同학생처장 2005년 국제촘스키학회 연구이사 2012년 한성대 한국어문학부장 2013년 同언어교육원장 2016년 同한국어문학부장(현) [상]일석 국어학장려상(1995) [저]'장벽 이후의 생성문법'(共·編) '외국인의 한글연구'(共·編) '한국어와 인공지능' '한국어의 탐구와 이해'(共) '자질연산문법 이론' '한국어와 정보화'(共) '대중매체와 언어'(共) '어떻게 쓸까?'(共) '한국어의 접사체계' '신라향가의 표기원리' '한국어의 역사와 문화'(개정판) '소통을 위한 한국어 문법'(共) '인공지능 대화시스템 연구'(共) '꼭 알아야 하는 한국어문법'(共)

고창운(高昌運) KO Chang Un

[생]1958·4·6 [본]장흥(長興) [출]광주 [주]서울 광진구 능동로120 건국대학교 국어국문학과(02-450-3330) [학]1977년 중앙고졸 1985년 건국대 국문학과졸 1987년 同대학원 국어학과졸 1995년 문학박사(건국대) [경]1987년 서울교대 조교 1990~1995년 건국대·안양대·서울교대 강사 1995년 건국대 국어국문학과 교수(현) 2015년 (사)유라시아문화연대 유라시아언어연구소 초대소장(현) [저]'서술씨끝의 문법과 의미'(1995)

고창후(高昌厚) ko chang hu

[생]1964·5·29 [출]제주 서귀포 [주]제주특별자치도 서귀포시 일주동로8672 고창후법률사무소(064-732-2701) [학]1983년 제주 남주고졸 1988년 제주대 법학과졸 [경]1993년 사법시험 합격(35회) 1996년 사법연수원 수료(25기) 1996~1998년 인천지법 판사 1999년 서울지법 남부지원 판사 1999년 변호사 개업, 법무법인 해오름 변호사 2010~2011년 제주 서귀포시장 2011년 변호사 개업(현) [저]자서전 '모두 함께 꿈을 꾸면 현실이 된다'(2012, 도서출판 온누리)

고철환(高哲煥) KOH Chul Hwan

[생]1946·9·19 [본]제주(濟州) [출]제주 남제주 [주]서울 관악구 관악로1 서울대학교 자연과학대학 지구환경과학부(02-880-6727) [학]1965년 제물포고졸 1969년 서울대 식물학과졸 1974년 同대학원 식물학과졸 1979년 이학박사(독일 킬대) [경]1974~1975년 독일 브레머하벤해양연구소 객원연구원 1979년 독일 킬대 해양연구소 객원연구원 1981~2012년 서울대 자연과학대학 지구환경과학부 조교수·부교수·교수 1989~1991년 한국해양학회 총무 1991~1993년 同학회지 편집장 1992~1996년 서울대 대학신문 자문위원 1992~1994년 同해양학과장 1992~1994년 한국수중과학회 초대회장 1993~1995년 환경운동연합 시민환경연구소장 1993년 환경처 자연생태계조사단장 1994~1995년 민주화를위한전국교수협의회 공동의장 1998~2001년 갯벌보전연구회 회장 1998~2000년 유네스코 MAB(인간과생물권계획) 한국위

원 1999~2004년 해양수산부 정책자문위원 2000~2001년 일본 동북대 객원교수 2001~2003년 새만금생명학회 회장 2002년 일본 사가대 객원교수 2003~2006년 대통령자문 지속가능발전위원회 위원장 2004~2005년 교수신문 논설위원 2004~2008년 일본 Ecological Research 편집위원 2010년 인간과생물권계획(MAB) 한국위원회 위원 2011년 동아시아해양환경관리협력기구(PEMSEA) 집행위원회 전문분과 부의장 2012년 서울대 자연과학대 지구환경과학부 명예교수(현) 2013~2016년 동아시아해양환경관리협력기구(PEMSEA) 기술위원회 의장 [상]국민훈장 석류장(1999), 한국해양학회 특별학술상(2001), 해양수산부장관표창(2002) [저]'환경의 이해'(1993) '해양생물학'(1997) '수리분류학'(1998) '한국의 갯벌'(2001) [종]기독교

고춘석(高椿錫) Choon-Seok Koh

[생]1955 [주]서울 강남구 논현로508, GS타워층 GS EPS(주)(02-2005-8529) [학]1975년 대광고졸 1982년 연세대 화학공학과졸 1990년 미국 노스웨스턴대 대학원 화학공학과졸(석사) 1992년 화학공학박사(미국 노스웨스턴대) [경]1978년 대한민국 해병대 근무 1982~1987년 쌍용정유 근무 1992년 호남정유 기술연구팀 입사 2005년 LG칼텍스정유 석유화학생산부문장(상무) 2008년 GS칼텍스(주) 생산1·2공장장(전무) 2014년 (주)해양도시가스 대표이사 사장 2015년 GS EPS(주) 대표이사 2015년 한국화학공학회 산업계 부회장 2016년 GS EPS(주) COO(현) [상]한국화학공학회 기술상(2007)

고충석(高忠錫) Ko Choong Suk

[생]1950·6·22 [본]제주(濟州) [출]제주 [주]제주특별자치도 제주시 516로2870 제주국제대학교 총장실(064-754-0202) [학]1969년 제주 오현고졸 1974년 연세대 행정학과졸 1977년 同대학원 행정학과졸 1987년 행정학박사(연세대) [경]1979~1982년 제주대 전임강사 1982~2013년 同행정학과 조교수·부교수·교수 1984~1986년 同행정학과장 1987~1989년 同지역사회발전연구소장 1991~1993년 同법정대학 교무과장 1992~2001년 제주경제정의실천시민연합 공동대표 1996~1998년 제주대 법정대학장 겸 행정대학원장 2001~2004년 제주발전연구원 원장 2001~2009년 열린대학교육협의회 회장 2005~2007년 한국국정관리학회 부회장 2005~2009년 제주대 총장 2005~2008년 제주도지역혁신협의회 전체협의회 위원장 2005~2009년 대통령자문 동북아시대위원회 민간위원 및 제주특위 위원장 2006~2009년 국제평화재단(제주평화연구원) 이사 2006~2009년 국무총리직속 제주특별자치도지원위원회 위원 2007년 거점국립대학교총장협의회 회장 2007년 한국과학문화재단 비상임이사 2007년 (사)이어도연구회 이사장(현) 2008~2010년 한국과학창의재단 비상임이사 2009년 이어도포럼 공동대표(현) 2011~2012년 세계자연보전총회(WCC) 제주도지원위원회 공동대표 2014년 제주국제대 총장(현) [상]서울행정학회 학술상(2000), 청조근정훈장(2014) [저]'유고슬라비아 노동자 자치관리제도와 조직권력-인간적 사회주의를 위한 하나의 시도'(1991) '도서지역으로서의 제주도의 국제화·세계화에 대한 기초연구'(1995) 등 [종]천주교

고충홍(高忠弘) KO Choong Hong

[생]1948·2·13 [본]제주(濟州) [출]제주 제주시 [주]제주특별자치도 제주시 문연로13 제주특별자치도의회(064-741-1830) [학]동북고졸, 중앙대 경상대학 경영학과졸 [경]1979년 제주지구청년회의소(JC) 회장 1982년 보이스카우트 제주연맹 위원장 1982년 학교법인 귀일학원(귀일중) 이사장 1993년 한라자동차운전전문학원 원장 1998년 학교법인 제주여자학원(제주여중·고) 이사 2004~2009년 한나라당 중앙위원회 제주도연합회장 2005년 제주경찰서 보안지도협의회 회장 2005년 제주도산악연맹 회장 2006·2010년 제주특별자치도의회 의원(한나라당·새누리당) 2006~2008년 同부의장 2008~2010년 同한나라당 원내대표 2010~2012년 同복지안전위원장, 신제주초등학교 운영위원장, 同운영위원(현), 연동 연합청년회 자문위원(현), 在제주시애월읍향우회 고문(현) 2011~2016년 제민일보 자문위원 2014년 제주특별자치도의회 의원(새누리당)(현) 2014년 同문화관광스포츠위원회 위원 2016년 同의회운영위원회 위원(현) 2016년 同행정자치위원회 위원장(현) 2016년 同윤리특별위원회 위원(현) 2016년 제민일보 고문(현)

고태국(高太國) KO Tae Kuk

[생]1955·7·4 [주]서울 서대문구 연세로50 연세대학교 전기전자공학과(02-2123-2772) [학]1981년 연세대 전기공학과졸 1983년 미국 케이스웨스턴리저브대 대학원 전기공학 및 응용물리학과졸 1986년 공학박사(미국 케이스웨스턴리저브대) [경]1984년 미국 케이스웨스턴리저브대 전기공학·응용물리학과 연구조교 1986년 미국 오하이오주립대 전기공학과 조교수 1988~1998년 연세대 전기공학과 조교수·부교수 1991~1998년 기초전력공학공동연구소 전문위원 1994~1998년 연세대 전기공학과장 1996년 대한전기학회 평의원 1996~2009년 기술표준원 생활가전부문 KS규격심의위원 1997~2009년 초전도국제표준화(IEC/TC90) 전문위원 1998년 연세대 전기전자공학과 교수(현) 2002~2006년 同전기공학전공 주임교수 2003~2008년 한국초전도·저온공학회 부회장 2004~2010년 IEEE Magnet Technology-19 IOC Member 한국측 대표 2009년 한국초전도·저온공학회 명예회장 2013~2016년 연세대 언더우드특훈교수 [상]한국초전도·저온공학회 학술상(2003), 과학기술훈장 도약장(2008) [종]기독교

고태만(高泰萬) KOH Tae Man

[생]1941·11·16 [본]제주(濟州) [출]제주 [주]제주특별자치도 제주시 서광로193 한국병원(064-750-0775) [학]1959년 광주제일고졸 1965년 전남대 의대졸 1985년 同대학원 의학석사 [경]1965년 육군 군의관 1974년 제주도립병원 일반외과 과장 1976년 외과의 개원 1980년 한일의원 원장 1981년 한일병원 원장 1983년 한국병원 원장 1987년 同운영위원장 1988년 대한의사협회 제주도의사회 법의학자문위원회 회장 1991년 제주도의사회 회장 1991년 KBS 제주방송총국 시청자위원회 부위원장 1992~2003년 MBC 시청자위원장 1996년 국제라이온스협회 309-O지구 총재 1997~1999년 대한병원협회 제주도병원회장 2003년 의료법인 한국병원 원장(현) 2003년 혜인의료재단 이사장(현) [상]대한적십자사 은장, 보건사회부장관표창, 재정경제부장관표창 [종]기독교

고태민(高泰敏) KO Tae Min

[생]1956·11·13 [주]제주특별자치도 제주시 문연로13 제주특별자치도의회(064-741-1953) [학]애월상고졸, 한국방송통신대 행정학과졸, 아주대 경영대학원 경영학과졸(MBA) [경]2000년 북제주군 문화공보실장 2002년 同문화공보과장 2003년 同총무과장 2008년 제주시 애월읍장 2010년 同친환경농수축산국장, 제주특별자치도 투자유치과장 2014년 제주특별자치도의회 의원(새누리당)(현) 2014~2016년 同FTA대응특별위원회 위원 2014~2015년 同예산결산특별위원회 부위원장 2014년 同환경도시위원회 위원 2015년 同새누리당 원내대표(현) 2016년 同농수축경제위원회 부위원장(현) 2016년 同제주특별법제도개선및토지정책특별위원회 위원(현)

고태순(高泰順·女) GO Tae Sun

[생]1956·11·12 [주]제주특별자치도 제주시 문연로13 제주특별자치도의회(064-741-1941) [학]제주여상고졸, 제주산업정보대학 관광호텔경영과졸 [경]민주당 제주특별자치도당 제주시을지역여성위원장, 민주평통 자문위원(현), 민주동우회 회장(현), 이도2동장애인지원협의회 부회장(현), 더불어민주당 제주도당 여성위원장(현), 同제주도당 윤리위원(현) 2014년 제주특별자치도의회 의원(비례대표, 새정치민주연합·더불어민주당)(현) 2014년 同보건복지안전위원회 위원(현) 2014~2016년 同FTA대응특별위원회 위원 2014년 同예산결산특별위원회 위원(현)

고태영(高泰英)

[생]1962·5·18 [주]서울 서초구 양재대로246 송암빌딩 이테크건설 플랜트사업본부(02-489-8935) [학]한양대 기계공학과졸 [경]동양화학공업(OCI) 기술부담당, (주)이테크건설 엔지니어링센터 상무 2016년 同엔지니어링센터장(전무) 2016년 同플랜트사업본부장(전무)(현)

고평기(高平基) Ko Pyeong-gi

[생]1969·4·14 [본]제주(濟州) [출]제주 [주]제주특별자치도 제주시 문연로18 제주지방경찰청 정보과(064-798-3181) [학]제주사대부고졸 1993년 경찰대 행정학과졸(9기) [경]1993년 경위 임관 1993년 서울 마포경찰서 수사과 근무(경위) 2002년 경찰청 감사관실 기획감찰담당관실 근무(경감) 2006년 제주지방경찰청 청문감사담당관실 감찰계장(경정) 2009년 서울지방경찰청 생활안전과 여성청소년계장 2014년 제주지방경찰청 여성청소년과장(총경) 2015년 제주서부경찰서장 2016년 제주지방경찰청 정보과장(현) [상]근정포장(2004), 대통령표창(2015)

고학찬(高鶴燦) KO, HAK-CHAN

[생]1947·8·18 [출]제주 [주]서울 서초구 남부순환로 2406 예술의전당 사장실(02-580-1001) [학]1966년 대광고졸 1970년 한양대 연극영화과졸 [경]1970~1977년 TBC PD 1973년 극단 '신협' 활동 1977~1980년 방송작가 활동 1982~1994년 미국 뉴욕 KABS-TV 편성제작국장 1994~1997년 (주)제일기획 Q채널 국장 1994~2006년 서울예술대학 극작과 겸임교수 1997년 삼성영상사업단 방송본부 총괄국장 2000~2001년 추계예술대 문예창작과 겸임교수 2004~2008년 제주영상위원회 이사·외자유치위원 2006~2008년 세명대 방송연예학과 겸임교수 2008년 제3회 세계델픽대회 조직위원·이사 2008~2010년 상명대 방송예술대학원 영상컨텐츠전공 겸임교수 2009~2013년 윤당아트홀 관장 2010~2013년 국가미래연구원 발기인·문화예술체육분과위원회 간사 2011~2012년 한세대 방송공연예술과 겸임교수 2012년 새누리당 대선캠프 국민행복추진위원회 자문위원 2013년 예술의전당 사장(현) 2013년 한국문화예술회관연합회 회장(현) 2014~2015년 민주평통 문화분과위원장 2015년 제주특별자치도 문화예술위원회 위원(현) 2015년 同지원위원회 위원(현) 2016년 제주국제대 실용예술학부 대중음악과 영화연극전공 석좌교수(현) [상]지속가능과학회 지속가능발전대상(2015)

고한석(高漢錫) KO Han Seok

[생]1960·8·10 [주]서울 성북구 안암로145 고려대학교 전기전자공학부(02-3290-3239) [학]1982년 미국 Carnegie Mellon Univ. 전자공학과졸 1986년 미국 Univ. of Maryland at College Park 대학원 시스템공학과졸 1988년 미국 Johns Hopkins Univ. 대학원 전자공학과졸 1992년 공학박사(미국 Catholic Thoelogical Union) [경]1995~2014년 고려대 전기전자전파공학부 교수 2004~2006년 同정보전산처장 2014년 同전기전자공학부 교수(현) 2016년 同빅데이터센터장(현) 2016년 同KU-MAGIC연구원 빅데이터 및 AI연구단장(현)

고한승 Ko Han Sung

[생]1963·4·20 [주]인천 연수구 첨단대로107 삼성바이오에피스 사장실(032-455-6114) [학]1982년 미국 캘리포니아 프로스펙트 하이스쿨졸 1986년 미국 캘리포니아대 버클리교 생화학과졸 1992년 유전공학박사(미국 노스웨스턴대) [경]1996~1997년 Amersham Pharmacia Biotech사 근무 1997~1998년 Hyseq사 Associate Director 1998~1999년 Target Quest사 최고경영자(CEO) 1999~2000년 Dyax사 부사장 2000년 삼성종합기술원 바이오연구기술자문 2004년 同Bio & Health Lab장 2007년 삼성 전략기획실 신사업추진단 전무 2008년 삼성전자(주) 신사업팀 담당 2011년 同바이오사업팀담당임원 2012년 삼성바이오에피스 부사장 2015년 同대표이사 사장(현)

고현곤(高鉉坤) Koh HyunKohn

[생]1963·10·15 [본]제주(濟州) [출]서울 [주]서울 중구 서소문로100 중앙일보(02-751-9114) [학]1981년 경동고졸 1985년 고려대 경영학과졸 1987년 미국 뉴욕주립대(SUNY-Buffalo) 대학원 MBA 2007년 고려대 일민미래국가전략최고위과정 수료 [경]1995~1998년 중앙일보 경제부 기자 1999년 同산업부 기자 2000년 同기획취재팀 기자 2001년 同전략기획실 차장대우 2001~2004년 同경제부 차장 2005년 미국 노스캐롤라이나대(UNC-Chapel Hill) 언론대학원 연구원 2006년 중앙일보 경제연구소 부장대우 2006년 同논설위원 2009년 同경제정책데스크 2010년 同산업데스크 2011년 同경제산업에디터 2011년 同지원총괄 기획조정담당 2012년 同편집국 경제에디터(부장급) 2013년 同편집제작부문 경제에디터(부국장대우) 2014년 同편집·디지털국장 직대 2014년 同경제연구소장 2015년 同신문제작담당 부국장(현) [종]기독교

고현욱(高鉉旭) KOH Hyun Wook

[생]1949·7·28 [본]제주(濟州) [출]대전 [주]서울 양천구 목동동로233 방송회관 방송통신심의위원회(02-3219-5114) [학]대전고졸 1972년 서울대 상대 경제학과졸 1975년 同대학원 경제학과졸 1985년 경제학박사(미국 코네티컷대) [경]1973~1978년 경남대 극동문제연구원 연구위원 1976~1978년 경상대 전임강사 1983~1984년 미국 코네티컷대 강사 1985년 경남대 극동문제연구소 선임연구위원 1985년 同부교수 1986년 同극동문제연구소 연구기획실장 1987년 同총장 비서실장 1988년 同기획실장 1990~2012년 同경상대학 경제금융학과 교수 1992년 同국제학술교류위원장 1993년 미국 캘리포니아대 교환교수 1996~1998년 경남대 경상대학장 2000년 同대학원장 2003~2006년 同학사부총장 2008년 KBS 시청자위원회 위원장 2010년 KBS 시청자네트워크 서울대표 2011~2012년 북한대학원대 총장 2012~2014년 국회 입법조사처장(차관급) 2014년 경남대 경상대학 경제금융학과 명예교수(현) 2014년 방송통신심의위원회 방송분과 보도교양방송특별위원장(현) [상]대통령표창(2009), 황조근정훈장(2014) [저]'A Quantitative Analysis of Entrepreneurship' '북한사회의 구조와 변화'(共) '사회과학의 계량분석기초' '북한연구의 성찰(共)'(2005, 한울) [역]'새로운 사회주의의 미래(共)'(1996, 한울) '경제계획론'(1998, 경남대 출판부) '세계정치경제론(共)'(2004, 인간사랑)

고현욱(高賢煜)

[생]1959·9·9 [출]대전 [주]대구 북구 원대로110 한국전력공사 대구경북지역본부 본부장실(053-350-2338) [학]1978년 대전고졸 1982년 아주대 전자공학과졸 1984년 충남대 대학원 전기공학과졸 2003년 미국 펜실베이니아대 와튼스쿨 수료 2014년 서울대 행정대학원 수료 [경]1984년 한국전력공사 입사 2005년 同대구경북지역본부 배전운영부장 2006년 同배전운영처 전력계량팀장 2010년 同부산본부 김해지사장 2012년 同전력수급실장 2012년 同인천지역본부 남인천지사장 2014년 同대구경북지역본부 동대구지사장 2015년 同대구경북지역본부장(현) [상]산업포장(2007)

고현윤(高鉉潤) Ko Hyun Yoon (화암)

[생]1958·10·13 [본]제주(濟州) [출]경북 포항 [주]경남 양산시 물금읍 금오로20 영남권역재활병원 재활의학과(055-360-4000) [학]1983년 부산대 의대졸 1988년 한양대 대학원졸 1991년 의학박사(한양대) [경]1987~1993년 고신대 의학부 재활의학교실 주임교수·고신의료원 재활의학과장 1993년 부산대 의대 재활의학교실 교수 1993년 양산부산대병원 재활의학과장 1993~1996년 대한재활의학회 감사 1996년 미국 토마스제퍼슨의대 연구교수 1997년 미국 Medical College of Pennsylvania 연구교수 1997년 부산대 의학전문대학원 재활의학교실 교수(현) 2010~2012년 대한척수손상학회 회장 2011~2015년 영남권역재활병원 원장 2014~2016년 대한노인재활의학회 회장 2016년 同평의원(현) [저]'재활의학(共)'(서울대 출판부) '재활의학(共)'(연세대 출판부) '물리의학과 재활(共)'(가톨릭대 의대 출판부) '스포츠의학'(共)

고현종(高懸鍾) Ko Hyun Jong

[생]1957·8·15 [본]장흥(長興) [출]광주 [주]광주 서구 내방로111 광주광역시청 생태수질과(062-613-4250) [학]1975년 광주공업고졸 1994년 광주대 토목공학과졸 [경]2011년 광주시 종합건설본부 품질시험과장 2013년 同생태수질과 하수계획계장 2015년 同지하철건설본부 기술담당관 2015년 同생태수질과장(현) [상]대통령표창(2010)

고현철(高鉉哲) KOH Hyun Chul

[생]1947·2·18 [출]대전 [주]서울 강남구 테헤란로133 법무법인 태평양(02-3404-0528) [학]1965년 대전고졸 1969년 서울대 법대졸 1971년 同사법대학원 수료 [경]1969년 사법시험 합격(10회) 1971~1974년 軍법무관 1974년 부산지법 진주지원 판사 1974년 서울형사지법 판사 1977년 서울민사지법 판사 1978년 부산지법 판사 1980년 서울지법 영등포지원 판사 1982년 서울고법 판사 1983~1985년 대법원 재판연구관 1985년 대전지법 부장판사 1987년 인천지법 부장판사 1989년 서울지법 북부지원 부장판사 1991년 서울민사지법 부장판사 1991년 언론중재위원회 중재부장 1992년 수원지법 수석부장판사 1993년 부산고법 부장판사 1994년 서울고법 부장판사 1995~1998년 법원행정처 인사관리실장 겸임 2000년 창원지법원장 2000년 서울행정법원장 2001년 서울지법원장 2003~2009년 대법원 대법관 2006~2009년 중앙선거관리위원회 위원장 2009년 법무법인 태평양 고문변호사(현) 2009~2011년 헌법재판소 자문위원 2011~2013년 한국신문윤리위원회 위원장 2011~2013년 대법원 법관인사제도개선위원회 위원장 [상]청조근정훈장(2009)

고형권(高炯權) Koh Hyeonggwon

[생]1964·12·27 [출]전남 해남 [주]세종특별자치시 갈매로477 기획재정부 기획조정실(044-215-2009) [학]전남대 사대부고졸, 서울대 경제학과졸 [경]행정고시 합격(30회) 1999년 기획예산위원회 재정기획국 재정기획과 서기관 1999년 기획예산처 재정기획국 기획총괄과 서기관 2000년 경수로사업지원기획단 파견(과장급) 2000년 삶의질향상기획단 파견(과장급) 2002년 기획예산처 행정3팀장 2003년 同산업정보예산과장 2004년 同장관 비서관 2005년 同정책기

획팀장(부이사관) 2007년 同재정총괄과장 2008년 대통령 지역발전비서관실 파견(고위공무원) 2010년 몽골 재무장관 자문관 파견(고위공무원) 2012년 기획재정부 재정관리국 성과관리심의관 2013년 同정책조정국장 2015년 민관합동창조경제추진단 단장 2016년 기획재정부 기획조정실장(현)

고형진(高亨鎭) KO Hyung Jin

[생]1959·2·26 [출]서울 [주]서울 성북구 안암로145 고려대학교 사범대학 국어교육과(02-3290-2349) [학]고려대 국어교육과, 同대학원 국문학과졸, 문학박사(고려대) [경]1988년 현대시학에 '구체적 삶의 세목과 서정적 슬픔-이용악시 중심으로'로 평론가 등단 1992년 상명대 국어국문학과 교수, 고려대 사범대학 국어교육과 교수(현) 2015년 同사범대학장 겸 교육대학원장(현) 2016년 전국사립사범대학장협의회 회장(현) [저]평론집 '시인의 샘' '한국 현대시의 서사지향 연구' 시어 사전 '백석 시의 물명고(物名攷)'(2015, 고려대 출판부)

고호곤(高浩坤) KO Ho Kon

[생]1951·3·5 [출]경남 마산 [주]경남 창원시 성산구 연덕로176 삼성공조(주) 회장실(055-280-2706) [학]1976년 동국대 법정대학 정치외교학과졸, 同경영대학원졸 2005년 서울대 경영대학 최고경영자과정 수료 [경]1979년 삼성라디에터공업(주) 이사 1984년 同전무이사 1987년 同부사장 1989~2000년 同대표이사 사장 1994년 삼성오토파트 대표이사 사장 1994년 고려산업(주) 대표이사 사장 1998~2001년 스리스타(주) 부사장·사장 2000년 삼성공조(주) 대표이사 사장 2003년 同회장(현) [상]산업포장, 1천만불 수출탑, IR52 장영실상, 철탑산업훈장, 행정자치부장관표창, 국무총리표창(2014) [종]불교

고호근(高浩根) KOH Ho Geun

[생]1962·2·12 [출]울산 [주]울산 남구 중앙로201 울산광역시의회(052-229-5022) [학]울산고졸, 울산대 행정학과졸, 동국대 최고경영자 과정 수료 [경]남외초 운영위원장, (주)광명 대표이사, SK에너지(주) 노동조합 회계감사 2010~2014년 울산시 중구의회 의원(한나라당·새누리당) 2012~2014년 同복지건설위원장 2013년 울산고총동창회 부회장(현) 2014년 울산시의회 의원(새누리당)(현) 2014년 同운영위원회 부위원장 2014년 同환경복지위원회 부위원장 2016년 同행정자치위원장(현) 2016년 同예산결산특별위원회 위원(현) [상]대통령표창

고호문(高皓文) Koh Homun

[생]1958 [출]전남 광양 [주]전남 순천시 연향번영길64 순천세무서 서장실(061-720-0200) [학]1977년 광주 살레시오고졸 [경]1977년 공무원 임용(공채9급) 2007년 광주지방국세청 총무과 행정주무 2008년 전남 순천세무서 소득세과장(사무관) 2010년 전남 여수세무서 재산법인세과장 2011년 광주지방국세청 조사2국 조사1과장 2012년 同조사1국 관리과장 2013년 同감사관(서기관) 2014년 광주세무서장 2015년 전남 순천세무서장(현)

고홍석 Koh Hongseok

[생]1961·4·19 [주]서울 중구 덕수궁길15 서울특별시청 문화본부(02-2133-2500) [학]1985년 서울대 정치학과졸 2004년 미국 오레곤대 대학원 행정학과졸 [경]1987년 행정고시 합격(31회) 2001년 서울시 기획예산실 법무담당관 2004년 同산업국 DMC담당관 2005년 同교통국 교통개선총괄반장 2006년 同교통국 버스정책과장 2006년 同교통정책담당관 2011년 同경제진흥본부 투자마케팅기획관 2011~2014년 서대문구 부구청장 2014년 서울시 경제진흥실 산업경제정책관 2015년 同한강사업본부장(지방이사관) 2015년 同문화본부장(현)

고홍식(高洪植) KO Hong Sik

[생]1947·7·8 [출]전남 고흥 [주]서울 성동구 왕십리로222 한양대학교 기술경영전문대학원(02-3415-9200) [학]1965년 광주제일고졸 1970년 한양대 기계공학과졸 1991년 연세대 경영대학원 최고경영자과정 수료 [경]1972년 삼성그룹 입사 1978년 제일합섬 해외사업부장 1982년 同업무부장 1988년 同해외사업부장 겸 사업담당 이사 1992년 同경영기획실장(상무) 1992년 삼성그룹 비서실 경영팀장(상무) 1993년 同신경영실천위원회 팀장(상무) 1995년 삼성화학소그룹 전략기획실장(전무) 1997년 삼성석유화학 대표이사 2000년 삼성엔지니어링(주) 대표이사 2001년 삼성종합화학(주) 대표이사 사장 2002~2013년 한국화학공학회 평의원 2003년 한국석유화학공업협회 부회장 2003년 삼성아토피나(주) 대표이사 사장 2004~2009년 삼성토탈 대표이사 사장 2008년 한국공학한림원 정회원(현) 2008~2009년 삼성 투자조정위원회 위원 2008년 국제순수화학연맹(IUPAC) 펠로우 2009~2014년 삼성토탈 상임고문 2009~2012년 한국환경산업기술원 비상임이사 2010~2012년 한양대 공대 응용화공생명공학부 특임교수 2012년 한양대 기술경영전문대학원 특훈교수(현) [상]금탑산업훈장(2001), 한국능률협회 경영대상(2003), 헤럴드경제 선정 신지식·신한국인(2003), 프랑스 국가최고훈장 레지옹 도뇌르(2005), 납세자의날 대통령표창(2007), 한국공학한림원 대상(2010) [종]기독교

고 흥(高 興) KOH Heung

[생]1970·11·12 [본]제주(濟州) [출]경기 수원 [주]서울 서초구 반포대로157 대검찰청 공안기획관실(02-3480-2310) [학]1989년 수원고졸 1993년 서울대 법학과졸, 同법과대학원졸 [경]1992년 사법시험 합격(34회) 1995년 사법연수원 수료(24기) 1998년 부산지검 검사 2000년 춘천지검 원주지청 검사 2001년 서울지검 북부지청 검사 2003년 법무부 기획관리실 검사 2006년 의정부지검 검사(국가정보원 파견) 2007년 의정부지검 부부장검사 2008년 대통령실 법무비서관실 선임행정관 2009년 서울서부지검 부부장검사 2010년 춘천지검 속초지청장 2011년 법무부 공안기획과장 2012년 서울중앙지검 형사2부장 2013년 수원지검 부장검사 2013~2015년 법무부 정책기획단장 2014년 광주고검 검사 2014년 서울고검 검사 2015년 대검찰청 범죄정보기획관 2016년 同공안기획관(현) [저]'외국환관리법상 공범에 대한 추징방법' [종]기독교

고흥곤(高興坤) GO Heung Gon

[생]1951·1·26 [본]제주(濟州) [출]전북 전주 [주]서울 서초구 남부순환로347길37 고흥곤국악기연구원(02-763-3508) [학]1970년 故김광주 선생께 사사 [경]1971년 청소년 홍보영화 촬영(국립영화제작소) 1982년 풍류 가야금 민속발물관 영구 전시 1984년 가야금·거문고 로마 바티칸궁 전시 1985년 세계문화홍보영화 촬영(국립영화제작소) 1986년 벨지움 국립악기박물관 전시 1986년 서울아시안게임 현악기 문화홍보관 전시 1987년 현악기 17종 서울대박물관 전시 1990년 중요무형문화재 제42호 악기장 후보 지정 1993년 국제전통공예대전 중화민국 대북박물관 전시 1997년 중요무형문화재 제42호 악기장(현악기제작) 기능보유자 지정(현) 2006년 전승공예대전 심사위원 2007년 (사)금암가야금산조보존회 이사 2007년 (재)한국공예문화진흥원 남북공예교류 전시회 2008년 전수회관 전시회·시연연주회 [상]국무총리표창(1985), KBS 국악대상(1986), 문화부장관표창(1990), 자랑스런 서울시민상(1995) [작]'청주국제공예비엔날레 전시'(1981·1984) '광주비엔날레 공예전 전시'(1982) '대만 대북박물관 국제전통공예대전 전시'(1986) '엑스포 공예관 전시'(1986) '청와대 춘추관 영구전시'(1987) '광릉수목원 영구전시'(1990) '벨지움 국립악기박물관 영구전시'(1990) '서울대박물관 영구전시'(1993) '로마 바티칸교황청 영구전시'(1999) '국립민속박물관 전시'(2001) '한국의 집 전시'(2001) '제1회 국악기 전시'(2008)

고흥길(高興吉) KO Heung Kil (靑陽)

[생]1944·8·13 [본]제주(濟州) [출]서울 [주]경기 성남시 수정구 성남대로1342 가천대학교 행정학과(031-750-5078) [학]1962년 동성고졸 1966년 서울대 정치학과졸 1972년 성균관대 경제개발대학원 수료 1984년 미국 미주리대 신문대학원 수학 2002년 고려대 언론대학원 최고위과정 수료 2003년 경남대 북한대학원졸 [경]1968~1980년 중앙일보 외신부·경제부·정치부 기자 1980년 同정치부 차장 1988년 同정치부장 1989년 同외신부장 겸 북한부장 1990년 同사회부장 1991년 同편집국 부국장 1994년 同사장실장 1995년 同이사대우 편집국장 1997년 同이사대우 논설위원 1997년 신한국당 대표 언론담당 수석특보 1997년 한나라당 이회창 대통령후보 대외협력특보 1998년 同총재 섭외특보 2000년 제16대 국회의원(성남 분당甲, 한나라당) 2000년 국회 언론발전연구회장 2001~2006년 학교법인 경원학원 이사 2001년 한나라당 문화관광위원장 2002~2012년 한국혈액암협회 회장 2004년 한나라당 제1사무부총장 2004년 제17대 국회의원(성남 분당甲, 한나라당) 2004년 한나라당 미디어대책위원장·홍보위원장 2005~2013년 대한속기협회 회장 2006~2008년 在韓미주리대총동창회 회장 2008년 제18대 국회의원(성남 분당甲, 한나라당·새누리당) 2008~2010년 국회 문화체육관광방송통신위원장 2010년 한나라당 정책위 의장 2010년 同비상대책위원회 부위원장 2012~2013년 특임장관 2013년 가천대 행정학과 석좌교수(현) 2013년 대한민국헌정회 대변인 2015년 同이사(현) 2016년 (사)스페셜올림픽코리아(SOK) 회장(현) [저]'의회와 입법과정'(共) [종]천주교

고희범(高喜範) KOH Hee Bum

[생]1953·1·21 [본]제주(濟州) [출]제주 [학]1972년 한국외국어대 이태리어과졸 1986년 한신대 신학대학원 신학과졸 [경]1975년 CBS 사회부 기자 1979년 同정치부 기자 1981년 同편성국 기자 1988년 한겨레신문 사회교육부 차장 1988년 同노조위원장 1992년 同민권사회부장 1995년 同정치부장 1995년 同부국장대우 민권사회1부장 1996년 同출판국장 1997년 同편집국 부국장 1997년 同광고국장 2001년 同이사대우 광고국장 2002년 同논설위원 2003~2005년 同대표이사 사장 2006~2009년 한국에너지재단 사무총장 2010년 제주특별자치도지사선거 출마(민주당) 2010~2016년 제주포럼C 상임공동대표 2013~2014년 민주당 제주도당 위원장 [상]가톨릭언론상(1988), 자랑스런 외대인상(2005) [저]'이것이 제주다'(2013, 단비)

고희석(高熙錫) KOH Hie Seok (鑑山)

[생]1929·12·14 [출]서울 [주]경기 안산시 단원구 산성로21 일정실업(주)(031-493-0031) [학]1949년 보성고졸 1953년 고려대 상경대학 상학과졸 2003년 명예 경영학박사(원광대) [경]1962년 한국전력(주) 입사 1968년 同외자부장 1970~1977년 창일섬유(주) 대표이사 1977년 일정실업(주) 대표이사 사장 1997~2015년 同대표이사 회장 1997년 현대내장(주) 대표이사 회장 1998년 감산장학회 이사장(현) 2015년 일정실업(주) 공동대표이사 회장(현) [상]상공부·상공자원부·재무부·재정경제부장관표창, 대통령표창, 동탑산업훈장 [종]원불교

공광훈(孔光勳) Kwang-Hoon Kong (靑佑)

[생]1959·11·9 [본]곡부(曲阜) [출]인천 [주]서울 동작구 흑석로84 중앙대학교 자연과학대학 화학과(02-820-5205) [학]1986년 중앙대 화학과졸 1989년 同대학원졸 1993년 이학박사(일본 도쿄대) [경]한국전지(주) 신제품설계 연구원, 중앙대 자연과학대학 화학과 교수(현), 同자연과학부장, 同화학과 학과장, 일본 東京大 교환교수 2002년 국립과학수사연구원 자문위원(현) 2005년 중앙대 기초과학센터 소장 2011~2013년 同기초과학연구소장 2011·2014년 미국 세계인명사전 'Marquis Who's Who in the World Science & Engineerng'에 등재 2011·2013·2014년 영국 국제인명센터(IBC) '2000 Outstanding Intellectuals of The 21st Century'에 등재 2012년 미국 세계인명사전 'Marquis Who's Who in Asia Second Edition'에 등재 2012년 미국 인명정보기관(ABI) 'International Dictionary of Professionals'에 등재 2012년 영국 국제인명센터(IBC) 'Centre-International Biographical Association Life Fellowship'에 등재 2012·2014·2015년 영국 국제인명센터(IBC) 'The IBC TOP 100 Scientists'에 등재 2016년 중앙대 자연과학대학장(현) [상]일본 문부성 국비장학생(1989), 일본 요네야마 장학금파견교수(2000), 한국법과학회 우수포스터상(2005), 중앙대 공로패(2006), 중앙대학교 화학과동창회 감사패(2007), 한국분석과학회 우수포스터상(2008) [저]'일반화학실험(共)'(2006, 사이플러스) [역]'슈퍼파워 효소의 경이'(1994, 전파과학사) 'Moore 일반화학(共)'(2004·2005, 자유아카데미) '재판화학'(2005) '일반화학'(2006) 'The World of Chemistry'(2008)

공 구(孔 九) KONG Ku

[생]1964·2·1 [출]서울 [주]서울 성동구 왕십리로222 한양대학교 의과대학 병리학교실(02-2220-0365) [학]1988년 한양대 의대졸 1992년 同대학원졸 1999년 병리학박사(한양대) [경]1992년 제일병원 조직병리과장 1996년 한양대 의대 병리학교실 전임강사·조교수·부교수·교수(현) 1997년 환경부 환경연구원 자문위원 2000~2002년 미국 Bayler 의대 조교수 2003~2006년 한양대 분자생체지표연구단장 2003~2005년 한국실험동물학회 이사 2005년 식품의약품안정청 국립독성연구원 자문위원 2012년 민주통합당 제18대 대통령중앙선거대책위원회 사람과생명포럼 운영위원장 2015년 국가과학기술심의회 생명의료전문위원회 위원(현) 2015년 (주)녹십자 2016 화순국제백신포럼 추진위원

공기영(孔冀榮)

[생]1962·12·12 [주]울산 동구 방어진순환도로1000 현대중공업(주) 임원실(052-202-0099) [학]1981년 마산고졸 1985년 부산대 경영학과졸 [경]1987년 현대중공업 건설장비사업본부 입사 1992~1996년 同시카고법인 주재원 2011~2012년 同건설장비해외영업담당 상무 2012~2014년 同인도건설장비현지법인장(상무) 2014년 同건설장비산업차량부문장(전무) 2015년 同건설장비사업본부 부본부장(전무) 2015년 同생산·구매부문장(전무) 2016년 同건설장비사업 대표(부사장)(현)

공노성(孔魯成) Kong Noseong

[생]1956·10·19 [주]서울 송파구 오금로62 수산업협동조합중앙회(02-2240-2114) [학]1975년 배정고졸 1982년 부산수산대 양식학과졸 2007년 부경대 대학원 해양산업경영학과졸 2012년 同대학원 해양산업경영학 박사과정 수료 [경]1982년 수산업협동조합중앙회 입회 2004년 同특판사업부장 2007년 同노량진시장현대화사업단장 2008년 同유통사업부장 2010년 同경제기획부장 2010년 同유통기획부장 2011년 同기획부장 2012년 同지도경제사업부문 상임이사 2016년 同지도경제사업부문 대표이사(현)

공덕수(孔德壽) KONG Deok Soo

[생]1947·1·5 [본]곡부(曲阜) [출]경북 영일 [주]서울 구로구 새말로102 신도림포스빌320호(010-3786-7221) [학]1971년 연세대 정치외교학과졸 1973년 同대학원 정치학과졸 1993년 미국 메릴랜드대 경영기술대학원 수학 1999년 국방대 대학원 안보과정졸 2000년 정치학박사(동국대) 2003년 서울대 경영대학원 최고경영자과정 수료(55기) [경]1979년 駐이란대사관 노무관 1981년 駐아랍에미리트대사관 노무관 1989년 노동부 임금복지과장 1990년 駐미국대사관 노무관 1994년 노동부 장관 비서관 1995년 同훈련정책과장 1996년 同대외노동정책담당관 1997년 한국노동교육원 노사협력센터소장 000년 대구지방노동청장 2000년 대구대 사회과학대학 겸임교수 2001년 숭실대 노사관계대학원 외래교수 2001년 노동부 공보관 2001~2002년 同국제협력관(국장) 2002~2009년 한성대 경영학부 노사관계론 외래교수 2002~2005년 한국산업안전공단 기획관리이사 2006~2009년 한국기술교육대 산업경영학부 객원교수(한국과학재단 지원) 2007~2010년 서울지방노동위원회 공익위원 2009~2012년 산업재해보상보험재심사위원회 위원 2010~2014년 아프가니스탄 한국PRT 한국직업훈련원장 2015년 중앙노동법률사무소 고문(공인노무사)(현) 2015년 서울국제노동연구소 소장(현) [상]보건사회부장관표창(1978), 대통령표창(1986), 국무총리표창(1987·2002), 외교통상부장관표창(2011), 아프가니스탄 노동사회부장관 감사장(2012), 아프가니스탄 대통령 감사장(2014) [저]'한국의 노동조합과 노동정치'(2000) '글로벌시대의 노사관계'(2015) [종]기독교

공로명(孔魯明) Gong Ro Myung

[생]1932·2·25 [본]곡부(曲阜) [출]함북 명천 [주]부산 사상구 주례로47 동서대학교 교양관3층 국제관계학부(051-320-1630) [학]1951년 경기고졸 1961년 서울대 법대졸 1961년 영국 런던대 정경대학 연수 [경]1953~1958년 육군 장교(대위 예편) 1958년 외무부 입부 1963년 駐미국대사관 3등서기관 1966년 駐일본대사관 2등서기관 1969~1972년 외무부 교민과장·동북아과장 1972년 駐호주 참사관 1974년 외무부 아주국 심의관 1977년 同아주국장 1979년 駐카이로 총영사 1981년 외무부 정무차관보 1983년 駐브라질 대사 1986년 駐뉴욕 총영사 1990년 駐모스크바 영사처장 1990년 駐러시아 대사 1992년 외교안보연구원 원장 1992년 남북고위급회담 대변인 1993년 駐일본 대사 1994~1996년 외무부 장관 1997년 통일고문 1997년 동국대 석좌교수 2002년 2010평창동계올림픽유치위원회 위원장 2003년 한일포럼 회장 2003~2007년 일본 아사히신문부설 아시아네트워크(AAN) 회장 2004~2007년 한림대 한림국제대학원대 외교정책전공 특임교수 겸 일본학연구소장 2004년 함경북도 행정자문위원 2005년 동아시아재단 '글로벌 아시아' 발행인 겸 이사장(현) 2007년 동서대 국제관계학부 석좌교수(현) 2008~2011년 (재)세종재단 이사장 2010~2012년 국가보훈처 안중근의사유해발굴추진단 자문위원장 2013년 한일포럼 고문(현) 2013년 국립외교원 석좌교수 [상]황조근정훈장(1981·1992), 브라질 남십자성 대훈장(1986), 일본 욱일대수장 훈장(1994), 아르헨티나 산마르틴 대십자훈장(1995), 엘솔텔 페루훈장(1995), 칠레 알메리토 대십자훈장(1995), 에쿠아도르 알메리토 대십자훈장(1995), 청조근정훈장(1997), 제24회 자랑스러운 서울법대인(2016) [저]'나의 외교노트'(2014, 도서출판 기파랑) [종]기독교

공명재(孔明宰) KONG Myung Jae

[생]1959·4·1 [주]서울 영등포구 은행로38 한국수출입은행 감사실(02-3779-6004) [학]1978년 배문고졸 1984년 서강대 경제학과졸 1990년 미국 뉴욕대 대학원졸 1991년 경제학박사(미국 뉴욕대) [경]1995~2014년 계명대 경영학과 교수 1998년 금융발전심의회 위원 2004년 미국 UC Berkeley 교환교수, C.V. Starr 응용경제학연구소 연구위원 2010년 한국기업경영학회 부회장 2012년 새누리당 대선캠프 국민행복추진위원회 힘찬경제추진위원 2013년 한국수자원공사 비상임이사 2013년 한국은행 대구경북본부 자문교수 2014년 코스닥시장상장위원회 위원 2014년 한국거래소 자체평가위원 2014년 한국수출입은행 감사(현) [저]'시장구조와 토빈의 Q'(1999, 한국경제연구원)

공미혜(孔美惠 · 女) KONG Mee Hae

[생]1956 · 1 · 22 [본]곡부(曲阜) [출]강원 원주 [주]부산 사상구 백양대로700번길140 신라대학교 보건복지대학 사회복지학부(051-999-5340) [학]1974년 경남여고졸 1979년 동아대 가정학과졸 1984년 미국 미시시피주립대 대학원 사회학과졸 1990년 사회학박사(미국 오하이오주립대) [경]1994년 신라대 보건복지대학 사회복지학부 가족노인복지학과 교수(현) 1997~2008년 한국여성학회 편집위원 2006~2007년 신라대 여성문제연구소장 2006~2007년 국무조정실 청년실업대책위원 2006~2007년 해양수산부 자문위원 2006~2007년 부산시 저출산고령화 대책위원 2006~2007년 부산시여성센터 운영위원 2007~2008년 한국가족학회 편집위원장 2007년 한국여성학회 이사(현) 2007~2014년 한국가족학회 이사 2007~2008년 아시아여성학회 운영위원 2013년 복지법인 새길공동체 이사장(현) 2015년 한국여성학회 회장 [상]정수장학생, 미국 오하이오주립대 WID장학생, 국책사업유치 공로상(2003), 문화체육관광부 우수학술도서(2008), 대외활동 학술상(2010), 부산여성사회교육원 공로상(2016) [저]'장애여성의 삶과 복지'(2007) '가족과 젠더'(2009) '결혼의 기술'(2009) '여성청소년의 성적 권리와 복지'(2009) '여성복지론'(2010) '여성학'(2011) 'Contemporary South Korean Society: A critical perspective'(2012) '무자녀 여성으로 사는 의미'(2013) '여성학'(2014) '여성복지론'(2015) [역]'여성해방론과 인간본성' '가정폭력 가해자 교육프로그램' [종]가톨릭

공병건(孔炳健) Kong Byeonggeon

[생]1966 · 5 · 13 [주]인천 남동구 정각로29 인천광역시의회(032-440-6020) [학]인천전문대 전자과졸, 인하대 경영대학원졸 [경]월드통신 대표(현), 연선초 운영위원장, 인천시 연수구발전협의회 부회장, 새누리당 인천시당 연수구홍보위원회 위원장, 대한인천뇌성마비협회 후원회장(현), 바르게살기 연수구지회 수석부회장(현) 2014년 인천시의회 의원(새누리당)(현) 2014년 同문화복지위원회 위원 2014년 同윤리특별위원회 부위원장 2016년 同운영위원회 위원장(현) 2016년 同문화복지위원회 위원(현)

공병영(孔炳永) Gong Byeong-Yeong

[생]1958 · 10 · 14 [본]곡부(曲阜) [출]부산 [주]세종특별자치시 갈매로408 교육부 교육안전정보국(044-203-6310) [학]1977년 브니엘고졸 1982년 동아대 경제학과졸 2002년 서울대 행정대학원졸 2006년 同행정대학원 박사과정 수료 2011년 同행정대학원 국가정책과정 수료 2012년 행정학박사(서울대 행정대학원) [경]1989년 행정고시 합격(33회) 2000~2001년 대통령 교육문화수석실 행정관 2001~2002년 서울대 연구지원과장 2003~2004년 미국 텍사스 오스틴대 객원연구원 2006년 교육인적자원부 인적자원총괄국 평가지원과장(서기관) 2006년 同정책상황팀장 2007년 同지방교육혁신과장(서기관) 2007년 同지방교육혁신과장(부이사관) 2008년 부산시교육청 기획관리국장 2008년 교육과학기술부 장관 비서실장 2010년 충남대 사무국장(일반직고위공무원) 2011~2015년 서울대 시설관리국장 2013년 同사무국장 2015년 同대학행정교육원장 겸임 2016년 교육부 교육안전정보국장(현) [상]녹조근정훈장(2006)

공병호(孔柄淏) GONG Byeong Ho

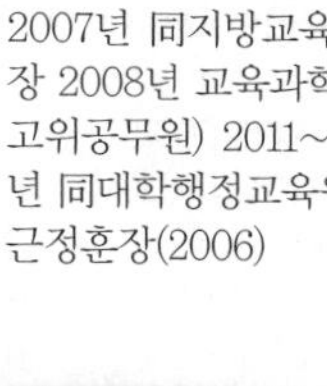

[생]1960 · 5 · 10 [본]곡부(曲阜) [출]경남 통영 [주]경기 고양시 덕양구 충장로614의29 공병호경영연구소(02-3664-3457) [학]1979년 혜광고졸 1983년 고려대 경제학과졸 1987년 경제학박사(미국 라이스대) [경]1988~1990년 국토개발연구원 책임연구원 1990~1997년 한국경제연구원 산업연구실장(연구위원) 1992~1993년 일본 나고야대 경제구조연구센터 객원연구원 1997~1999년 (재)자유기업센터 초대소장, 금융발전심의회 은행분과위원, 중앙일보 밀레니엄위원회 실행위원 2000년 자유기업원 창립 및 원장 2000~2001년 (주)인티즌 대표이사, 고려대 벤처클럽 부회장 2001년 (주)코아정보시스템 대표이사 사장 2001년 공병호경영연구소 소장(현) 2002년 (주)벅스이사 2006~2011년 교보생명(주) 사외이사 2008~2010년 (주)S&TC 사외이사 2012년 포니정재단 이사(현) 2015~2016년 대검찰청 검찰미래발전위원회 위원 [상]자유경제출판문화상, 문화체육관광부 교양도서 선정(2009 · 2010 · 2011) [저]'재벌, 비난받아야 하는가'(1992) '한국기업에 맞는 리스터럭처링'(1994) '한국경제의 권력이동'(1995) '시장경제란 무엇인가'(1996) '공병호의 소울메이트'(2009) '공병호의 내공: 뿌리 깊은 나무처럼'(2009) '공병호 대한민국의 성장통'(2010, 해냄) '공병호의 인생강독'(2010, 21세기북스) '나는 탁월함에 미쳤다'(2011, 21세기북스) '공병호의 일취월장'(2011, 해냄) '진화심리학을 통해 본 5년 후 대한민국'(2013, 21세기북스) '군대 간 아들에게'(2013, 흐름출판) '공병호의 인생사전'(2013, 해냄) '공병호의 성경공부'(2014, 21세기북스) '공병호가 만난 하나님'(2014, 21세기북스) '공병호가 만난 예수님'(2014, 21세기북스) '리더의 나침판은 사람을 향한다'(2015, 해냄) [종]기독교

공봉석(孔逢錫) KONG Bong-Suk

[생]1960 · 9 · 26 [출]충남 아산 [주]세종특별자치시 갈매로 388 문화체육관광부 정보화담당관실(044-203-2261) [학]1979년 천안북일고졸 1984년 계명대 전자계산학과졸 1999년 고려대 교육대학원졸 2007년 호서대 벤처대학원졸(기술경영학박사) [경]1987~1990년 국립현대미술관 근무 1990~1994년 문화부 근무 1994~1996년 국립중앙박물관 건립기획단 근무 1996~2000년 국립중앙도서관 근무 2000~2006년 문화관광부 사무관 · 기술서기관 2006~2008년 한국문화정보센터 소장 2008년 문화체육관광부 정책기획관실 정보화담당관(서기관)(현) 2009년 한국문화정보원 비상임이사(현) [상]문화관광부장관표창(1991 · 2004), 국무총리표창(2002), 대통령표창(2014)

공상훈(孔相勳) KONG Sang Hun

[생]1959 · 9 · 24 [출]대구 [주]서울 마포구 마포대로174 서울서부지방검찰청 검사장실(02-3270-4301) [학]1978년 대구고졸 1983년 서울대 법대졸 [경]1987년 사법시험 합격(29회) 1990년 사법연수원 수료(19기) 1990년 부산지검 검사 1992년 대구지검 영덕지청 검사 1993년 서울지검 검사 1996년 대구지검 검사 1999년 법무부 특수법령과 검사 2001년 서울지검 동부지청 검사 2002년 同동부지청 부부장검사 2002년 대구지검 영덕지청장 2004년 울산지검 공안부장 2005년 법무부 특수법령과장 2007년 서울동부지검 형사2부장 2008년 서울중앙지검 공안1부장 2009년 서울고검 검사(국가정보원 파견) 2010년 서울중앙지검 제2차장검사 2011년 수원지검 성남지청장 2012년 대전지검 차장검사 2013년 부산고검 차장검사 2013년 춘천지검장 2015년 창원지검장 2015년 서울서부지검장(현)

공석구(孔錫龜) KONG Seok Koo

[생]1956 · 6 · 5 [본]곡부(曲阜) [출]충북 진천 [주]대전 유성구 동서대로125 한밭대학교 인문교양학부(042-821-1373) [학]1976년 청주고졸 1981년 충남대 사학과졸 1983년 同대학원 사학과졸 1991년 문학박사(충남대) [경]1991년 대전공업대학 교양과정부 전임강사 1993년 대전산업대 교양과정부 조교수 1997년 한밭대 교양학부 부교수 · 교수, 同인문교양학부 교수(현) 2002~2004년 同교양학부장 1999~2003년 호서고고학회 감사 2000년 백산학회 편집위원(현) 2000년 고구려연구회 학술자문위원 및 편집위원 · 이사 2001~2005년 한국고대사학회 평의원 · 호서지역이사 · 편집위원 2001년 호서고고학회 학술이사 2003년 중국의고구려사왜곡공동대책위원회 위원 2004년 고구려연구재단 설립추진위원, 同연구위원 2005년 고려사학회 연구이사 및 편집위원 2005~2006년 한밭대 평생교육원장 겸 중등교육연수원장 2008년 고구려발해학회 부회장 2013년 한국고대사학회 이사 겸 편집위원(현) 2013년 (재)백제문화재연구원 감사(현) 2014년 고구려발해학회 회장(현) 2015년 계룡산국립공원문화유산보존위원회 공동위원장(현) 2016년 한밭대 인문사회대학장(현) [상]한밭대 학술대상(2006) [저]'고구려 영역확장사 연구' '우리문화 우리역사' '고구려 남진경영사의 연구(共)' '다시 보는 고구려사(共)'(2004) '한국사의 어제와 오늘'(2009) '고구려유적의 어제와 오늘(共)'(2010)

공성호(孔聖昊) KONG Sung Ho

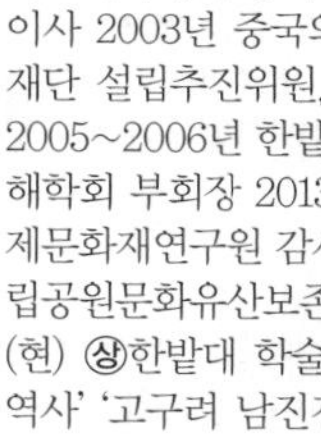

[생]1962 · 1 · 4 [본]곡부(曲阜) [주]서울 성동구 왕십리로 222 한양대학교 공과대학 화학공학과(02-2220-0489) [학]1984년 한양대 화학공학과졸 1988년 미국 워싱턴주립대 대학원 화학공학과졸 1992년 환경공학박사(미국 워싱턴주립대) [경]1990~1994년 미국 Parametrix Inc.(환경자문회사) 자문위원 1992~1994년 미국 워싱턴주립대 Post-Doc. 1994~2005년 한양대 화학공학과 전임강사 · 조교수 · 부교수 1996~2001년 생산기술연구원 청정생산기술단 운영위원 2005년 한양대 공과대학 화학공학과 교수(현) 2005년 同산학협력실장 2006~2011년 同비서실장 2007~2011년 同경영감사실장 겸임 2012년 (주)아이나환경코리아 기술고문 [상]대한환경공학회 춘계학술연구발표회 논문상(2006), (사)한국지하수토양환경학회 다수논문상(2008) [저]'의료폐기물의 처리에 관한 연구(共)'(1995, 에너지환경기술연구소) '건설 폐기물의 처리와 재활용 및 처리사업의 타당성에 관한 연구(共)'(1995, 에너지환경기술연구소) '과산화수소수를 이용한 폐수처리 기술개발(共)'(1995, 에너지환경기술연구소) [종]기독교

공순진(孔淳鎭) KONG Soon Jin

[생]1956·4·7 [본]곡부(曲阜) [출]경남 산청 [주]부산 부산진구 엄광로176 동의대학교 총장실(051-890-1002) [학]1972년 동래고졸 1979년 부산대 법학과졸 1981년 同대학원졸 1991년 법학박사(부산대) [경]1985년 부산대 강사 1986년 동의대 법정대학 법학과 교수(현) 1986년 한국재산법학회 이사 겸 감사 1989년 동의대 2부대학 교학과장 1993년 同학생처장 1995년 同법정대학 교학부장 1996년 부산지방해운항만청 행정심판위원 1997년 행정고시 2차시험위원 1997년 동의대 2부대학장 1999년 대한상사중재원 중재인 2000년 외무고시 2차시험위원 2001년 동의대 학생복지처장 2001년 한국부패학회 이사 2004년 사법고시 1차시험 출제위원 2004년 한국토지법학회 부회장 2006~2009년 동의대 교무처장 2007년 한국민사법학회 부회장 2009년 부산시 지방토지수용위원회 위원 2010년 민사법의이론과실무학회 회장 2011~2013년 동의대 법정대학장 겸 행정대학원장 2012년 한국재산법학회 회장 2014년 동의대 총장(현) 2015년 한국토지법학회 회장 [상]한국토지법학회 우수논문상(2011) [저]'현대사회와 법'(2004)

공영애(孔英愛·女)

[생]1963 [주]경기 수원시 팔달구 효원로1 경기도의회(031-8008-7000) [학]덕성여대 약학과졸, 연세대 행정대학원 사회복지학과 재학 중 [경]덕성여대 약학대학 총동문회 부회장, 수원여고총동문회 이사, 여의도연구소 정책자문위원, 화성시약사회 회장, 대한약사회 정책단장, 경기도약사회 대외협력단장 2016년 경기도의회 의원(비례대표 승계, 새누리당)(현) 2016년 同보건복지위원회 위원(현) 2016년 同윤리특별위원회 위원(현) 2016년 同수도권상생협력특별위원회 위원(현)

공영운(孔泳云) KONG YOUNG WOON

[생]1964·8·20 [출]경남 [주]서울 서초구 헌릉로12 현대자동차(주) 홍보실(02-3464-0163) [학]진주 동명고졸, 서울대 경영학과졸 [경]1990~2005년 문화일보 기자, 미국 존스홉킨스대 국제대학원(SAIS) 방문연구원 2005년 현대자동차 입사(이사대우), 同전략개발팀장(이사), 同해외정책팀장(상무), 현대자동차그룹 홍보1실장(상무) 2012~2014년 同홍보실장(전무) 2013년 한국광고주협회 대외협력위원회 위원장 2014년 同홍보위원회 위원장(현) 2015년 현대자동차(주) 홍보실장(부사장)(현) [상]어린이안전사고예방 안전행정부장관표창(2013), 안전문화대상 국무총리표창(2014), 국토교통부장관표창(2015)

공영일(孔英一) KONG Yong Il

[생]1931·9·13 [출]경남 충무 [주]서울 동대문구 경희대로26 학교법인 경희학원 이사장실(02-961-0101) [학]1951년 통영중졸 1954년 해군사관학교졸 1961년 서울대 문리과대학 영문학과졸 1965년 미국 하와이대 대학원 영문학과졸 1981년 문학박사(경희대) [경]1961~1968년 해군사관학교 전임강사·조교수·부교수 1969년 국방부 군특명검열단 연구관 1972년 경희대 사범대학 부교수 1977~1996년 同교수 1982년 同시청각교육원장 1983년 同외국어대학장 1984~1986년 한국영어교육학회 회장 1988년 경희대 부총장 1988년 同국제교류위원장 1989년 同기획위원장 1993~1996년 同총장 1997년 同명예교수(현) 1997~2006년 同인류사회재건연구원장 2007~2009년 同의무부총장 2010~2011년 同미래문명원장 겸 평화복지대학원장 2014년 同미원조영식박사기념사업회 위원장(현) 2015년 학교법인 경희학원 이사장(현) [상]국방부장관표창, 국민훈장 무궁화장 [저]'교육총론' '언어와 언어학' '언어연구'

공영흔(孔泳昕) KONG Young Hun (단곡)

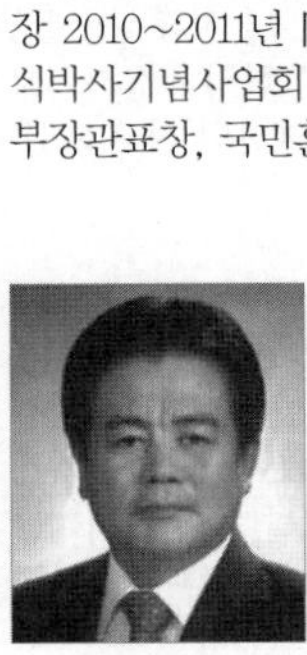

[생]1953·5·30 [본]곡부(曲阜) [출]경남 창녕 [주]울산 울주군 온산읍 산암로381 태영GLS(주) 비서실(052-240-1900) [학]1972년 영남상고졸 1994년 울산대 산업경영대학원 수료 2002년 부산대 경영대학원 수료 2007년 서울대 해양정책과정 수료 [경]1996년 대한통운(주) 울산지사 부지사장 1999년 同울산지사장(이사) 1999~2005년 울산시 화물자동차운송사업협회 이사 2001~2005년 울산시 남구문화원 이사 2003~2005년 울산항만물류협회 회장 2003~2005년 울산상공회의소 상공의원 2003~2005년 울산남부경찰서 행정발전위원 2005년 대한통운(주) 서울지사장(상무) 2007년 同포항지사장(상무) 2008년 同부산지사장(상무) 2008~2009년 同부산지사장(전무) 2009년 대한통운부산컨테이너터미널(주) 대표이사 전무, 울산시불교신도회 부회장 2012~2014년 울산항만공사 운영본부장 2014년 새누리당 울산시당 물류항만위원장(현) 2016년 태영GLS(주) 대표이사(현) [상]농림부장관표창(2000), 해양수산부장관표창(2002), 건설교통부장관표창(2003), 보건복지부장관표창(2003), 문화관광부장관표창(2003), 산업포장(2005) [종]불교

공원식(孔元植) Won-Sik Kong

[생]1961·2·5 [본]곡부(曲阜) [출]서울 [주]충북 음성군 소이면 비산로92 국립원예특작과학원 버섯과(043-871-5700) [학]1979년 동성고졸 1987년 건국대 농학과졸 1989년 同대학원 농학과졸 1997년 농학박사(건국대) [경]1993~2007년 농업과학기술원 응용미생물과 농업연구사 1999~2000년 네델란드 흐로닝언대 박사후 연구원 2007년 국립원예특작과학원 기획조정과·버섯과 농업연구관 2014년 同버섯과장(현) [상]국무총리표창(2010) [저]'농업기술길잡이 9(개정판) 식용버섯'(2013, 농촌진흥청) '고등학교 생명 공학 기술'(2014, 대구시교육청) '알기쉬운 양송이재배'(2015, 자연과사람) '버섯학 각론'(2015, 교학사) [종]불교

공재광(孔在光) KONG Jae Kwang

[생]1963·3·20 [출]경기 평택 [주]경기 평택시 경기대로245 평택시청 시장실(031-8024-5000) [학]경기 안중고졸, 한국방송통신대 행정학과졸, 고려대 정책대학원 행정학과졸 [경]평택군 청북면사무소 근무, 경기도 자치행정과 근무, 행정안전부 장관 비서, 同자치행정과 행정팀장(서기관), 국무총리실 근무(과장급), 대통령 공직기강비서관실 행정관(부이사관), 새누리당 중앙위원회 정보과학분과위원회 부위원장 2014년 경기 평택시장(새누리당)(현) [상]내무부장관표창, 경기도지사표창, 근정포장, 대통령표창, 국무총리표창, 서울신문 서울석세스대상 기초단체장대상(2014), 포브스코리아 대한민국 경제를 빛낸 포브스 최고경영자 가치창조부문대상(2015), 한국전문인대상 행정부문대상(2015), 농협중앙회 지역농업발전선도인상(2015) [저]'9급 면서기에서 청와대 행정관까지'(2014)

공재국(孔在國) KONG Jea Kug

[생]1960·6·12 [출]충남 온양 [주]서울 영등포구 의사당대로1길25 하남빌딩8층 동문건설(주) 비서실(02-782-6411) [학]안양공업전문대학 토목공학과졸 [경]1986년 동문건설(주) 입사 1992년 同주택사업부 근무 1997년 同이사대우 2002년 同개발기획부 이사 2005년 同개발기획부 상무 2006년 同기획조정실장(전무) 2008년 同대표이사 부사장 2009년 同대표이사 사장(현)

공정식(孔正植) KONG Jung Sik (海耕)

[생]1925·9·3 [본]곡부(曲阜) [출]경남 밀양 [주]서울 용산구 이태원로180 해경상사 회장실(02-798-5688) [학]1943년 마산공립상고졸 1947년 해군사관학교졸(1기) 1953년 미국 해병 초급지휘참모반 수료 1958년 미국 해병지휘참모대학 수료 1961년 국방대학원 수료 [경]1947년 해군 사관학교 및 해양대학 교관 1948년 해군 통영함(302) 함장 1952년 연합참모본부 작전부 차장 1955년 해병대 제3전투단장 1956년 해병대사령부 참모부장 1959년 해병대 보급정비단장 1961년 同제1여단장 1962년 同제1상륙사단장 1964년 同사령관(6대) 1966년 예편(해병 중장) 1967~1971년 제7대 국회의원(밀양, 민주공화당) 1975년 서해구락부 총재 1978년 부산무역진흥상사 회장 1978년 한성로타리클럽 회장 1980년 국방부 군사정책자문위원 1986년 해경상사 회장(현) 1986년 대한민국재향군인회 고문 1987년 해병전우회중앙회 부총재 1993년 해외참전해병전우회 명예회장 1994년 성우회 부회장 2014년 한국자유총연맹 고문(현) [상]충무무공훈장(1951), 을지무공훈장(1951), 미국 동성훈장(1952), 금성을지무공훈장(1952), 금성충무무공훈장(1956), 3등 근무공로훈장(1962) 미국 지휘관 공로훈장(1965), 중화민국 운마훈장(1965), 태국백상훈장(1965), 월남킴칸훈장(1965), 미국 금성훈장(1966), 대한민국 상이기장(1966) [종]기독교

공정오(孔正五) KONG Jung Oh

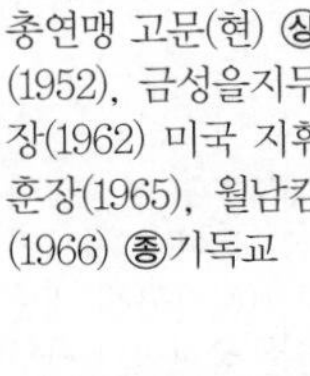

[생]1941·10·8 [출]서울 [주]서울 마포구 와우산로29가길76 씨엔에스빌딩2층 (주)한국씨엔에스팜 비서실(02-3143-0027) [학]1960년 양정고졸 1964년 성균관대 약학대학졸 [경]1964~1967년 국립보건원 근무 1970~1984년 (주)삼진제약 대표이사(상무) 1984~2002년 (주)일진제약 대표이사 2002년 (주)한국씨엔에스팜 대표이사 사장(현) [상]보건복지가족부장관표창(2009)

공정자(孔貞子·女) KONG Chung Ja

[생]1940·8·27 [출]전북 남원 [주]충남 천안시 서북구 성환읍 대학로91 남서울대학교 총장실(041-580-2025) [학]1963년 세종대 가정학과졸 1994년 강남기독교신학원 신학과졸 1998년 고려대 교육대학원 수료 2001년 명예 철학박사(미국 베다니신학교) [경]1960년 장수중 교사 1961년 남원여중 교사 1962년 용안중 교사 1964년 정읍여중 교사 1973년 서울수도학원 강사 1994년 남서울대 기획조정관리실장 1997년 同부총장 2002년 중국 北京의과대 객원교수, 한국대학사회봉사협의회 부회장(현) 2002년 남서울대 총장(현) [상]유엔 산하 세계교육자연합(IAEWP) 세계평화교육자상(2005), 국무총리표창, 충남도지사표창, 의암주 논개상(2009) [종]기독교

공지영(孔枝泳·女) KONG Jee Young

[생]1963·1·31 [출]서울 [주]서울 용산구 소월로109 남산도서관 (사)한국소설가협회(02-703-9837) [학]1981년 중앙여고졸 1985년 연세대 영어영문학과졸 [경]1988년 계간 「창작과비평」에 '동트는 새벽'으로 소설가 등단 1998년 동아일보에 '봉순이 언니' 연재 2002년 민족문학작가회의 이사, 한국소설가협회 회원(현) 2006년 CBS 라디오 '공지영의 아주 특별한 인터뷰' 진행 2006~2015년 법무부 교정본부 교정위원 2012~2013년 한국작가회의 부이사장 [상]21세기문학상(2001), 한국소설문학상(2001), 오영수문학상(2004), 국제앰네스티언론상 특별상(2006), 가톨릭문학상(2007), 이상문학상 대상(2011), 한국가톨릭매스컴상 출판부문(2015) [저]'동트는 새벽'(1990) '더이상 아름다운 방황은 없다'(1991) '그리고 그들의 아름다운 시작'(1991) '무소의 뿔처럼 혼자서 가라'(1993) '인간에 대한 예의'(1994) '미미의 일기'(1994) '고등어'(1994) '광기의 역사'(1995) 산문집 '상처없는 영혼'(1996) '착한 여자'(1997) '봉순이 언니'(1998) '존재는 눈물을 흘린다'(1999) '우리는 누구이며 어디서 와서 어디로 가는가'(2001) '상처 없는 영혼'(2006) '빗방울처럼 나는 혼자였다'(2006) '즐거운 나의 집'(2007) '네가 어떤 삶을 살든 나는 너를 응원할 것이다'(2007) 연재소설 '도가니'(2009) 기행문집 '공지영의 수도원 기행'(2001) '별들의 들판'(2004) '우리들의 행복한 시간'(2005) '사랑 후에 오는 것들'(2005) '내 인생의 영화'(2005) 에세이 '아주 가벼운 깃털 하나'(2009) '공지영의 지리산 행복학교'(2010, 오픈하우스) '의자놀이'(2012, 휴머니스트) '사랑은 상처를 허락하는 것이다'(2012, 폴라북스) '높고 푸른 사다리'(2013, 한겨레출판) '공지영의 수도원 기행2'(2014, 분도출판사) '아시아 한국 대표 소설 110 세트. 3'(共)(2015, 아시아) '딸에게 주는 레시피'(2015, 한겨레출판) '민중을 기록하라(共)'(2015, 실천문학사) '공지영의 수도원 기행 1'(2016, 분도출판사) [종]가톨릭

공창석(孔昌錫) KONG Chang Seuk

[생]1950·3·31 [본]곡부(曲阜) [출]경남 산청 [주]서울 중구 세종대로9길42 부영주택 임원실(02-3774-5500) [학]1969년 동아고졸 1978년 동아대 경제학과졸 1980년 同대학원 경제학과졸 2001년 경제학박사(동아대) [경]1979년 행정고시 합격(22회) 1980년 경남도 축정계장 1983~1985년 경기도 주택과장·관광과장 1985~1991년 내무부 재정국·행정국 사무관 1991년 대통령 민정비서실 행정관 1993년 경남 함안군수 1993년 경남도 보사환경국장 1994년 同경제통상국장 1997년 김해시 부시장 1998년 경남도 공무원교육원장 1999년 마산시 부시장 2001년 경남도 자치행정국장 2002년 同의회 사무처장 2004년 소방방재청 예방기획국장 2005년 同재난예방본부장 2006~2008년 경남도 행정부지사 2010년 경남불교신도회 회장 2012~2015년 한국승강기안전관리원 원장 2015년 매경안전환경연구원 원장(현) 2016년 부영주택 영업본부 총괄 대표이사(현) [상]대통령표창(1987), 근정포장(1994), 중앙공무원교육원장표창, 경남도지사표창 [종]불교

공한수(孔漢壽) Kong Han-Su

[생]1959·9·23 [주]부산 연제구 중앙대로1001 부산광역시의회(051-888-8185) [학]부산상고졸, 동아대 정치외교학과졸, 同대학원 정치학과졸 [경]제17대 박근혜 대통령 경선후보 부산시 서구본부장, 유기준 국회의원 사무국장·보좌관, 부산시 건축위원회 위원 2010년 부산시의회 의원(한나라당·새누리당) 2010년 同창조도시교통위원회 위원 2012년 同운영위원회 위원 2012년 同예산결산특별위원회 위원 2012년 同창조도시교통위원회 부위원장, 민주평통 부산시 서구협의회 자문위원 2014년 부산시의회 의원(새누리당)(현) 2014년 同창조도시교통위원회 부위원장 2015년 同해양교통위원회 위원장 2016년 同해양교통위원회 위원(현)

공현동(孔炫東) Kong Hyundong

[생]1958·10·22 [출]전북 김제 [주]대전 유성구 갑동로25길28의17 국립해양측위정보원(042-820-5999) [학]1983년 인하대 해양학과졸 1985년 同대학원 해양학과졸 2007년 운영시스템공학박사(한국해양대) 2015년 서울대 해양정책최고과정 수료 [경]1987년 교통부 수로국 근무 1997년 해양수산부 표지과 근무 1999년 울산지방해양항만청 표지과장 2002년 국립등대박물관장 2007년 해양수산부 위성항법사무소장 2011년 부산지방해양항만청 해양교통시설과장 2013년 인천지방해양항만청 해사안전시설과장 2016년 해양수산부 국립해양측위정보원장(현) [상]건설교통부장관표창(1995), 해양수산부장관표창(2001)

공현무(孔賢茂) KONG Hyun Moo

[생]1961·9·3 [본]곡부(曲阜) [출]부산 [주]서울 영등포구 여의대로70 KB투자증권 부사장실(02-3777-8001) [학]1980년 동아고졸 1985년 고려대 경영학과졸 1987년 同경영대학원졸 2005년 서울대 경영대학 AMP과정 수료 [경]모간스탠리증권 이사 2000년 현대증권 법인영업본부장(상무보) 2003년 同법인영업본부장(상무) 2008년 同IB본부장(상무) 2009년 현대자산운용 전무 2010~2011년 현대증권 wholesale영업총괄 전무 2012년 KB투자증권 부사장(현) [상]현대그룹 우수경영자상(2007) [종]불교

공형식(孔炯植) Kong Hyungsik

[본]곡부(曲阜) [출]서울 [주]세종특별자치시 갈매로388 문화체육관광부 창조행정담당관실(044-203-2211) [학]1987년 서울 강서고졸 1995년 성균관대 영문학과졸 2002년 미국 위스콘신대 메디슨교 대학원 신문방송학과졸(MA) [경]1994년 행정고시 합격(38회) 1995~2004년 공보처 해외공보관 외보부·문화관광부 해외홍보원 매체홍보과·문화홍보과·국정홍보처 홍보조사과·문화관광부 해외홍보원 외신과 근무 2004~2006년 대통령 해외언론비서관실 행정관 2006~2009년 駐UN대표부 홍보관 2009~2010년 문화체육관광부 문화콘텐츠산업실 통상협력팀장·해외문화홍보원 문화홍보사업과장·해외문화홍보원 국제문화과장 2010~2014년 駐일본대사관 문화홍보관 2014년 문화체육관광부 문화예술정책실 국어정책과장 2015년 同국민소통실 홍보정책과장 2016년 同기획조정실 정책기획관실 창조행정담당관(현) [상]문화체육관광부장관표창(2012), 대통령표창(2015)

공호근(孔好根) kong ho-keun (태곤)

[생]1955·11·14 [본]곡부(曲阜) [출]경남 밀양 [주]서울 성북구 삼선교로16길116 한성대학교 연구관828호(02-760-5949) [학]1975년 세종고졸 1979년 부산대 법대 사회복지학과졸 1981년 同대학원 법학과 수료 1997년 서강대 대학원 경영학과졸(경영학석사) 2001년 경영학박사(러시아 Moscow State University of Service대학원) [경]1984~1999년 현대그룹·삼환그룹·대성그룹 기획조정실 인사연수팀장 2000~2010년 극동대 경영학부 겸임교수 2003~2008년 여주대 비즈니스경영과 겸임교수 2004~2012년 이녹스컨실팅 원장 2005~2006년 강남대 경영학부 강사 2006~2012년 공공 및 민간부문 인적자원개발우수기관 인증심사위원 2008~2009년 한국체육대 교양과 강사 2009~2010년 (재)서울테크노파크 컨택센터 기업경영지원 전문위원 2010~2011년 서경대 교양과 전임대우교수 2011~2013년 경인여대 교양과 조교수 2011~2013년 同HRD연구소장 2012년 서울시 학술용역심의회 심의위원(현) 2012년 한국취업진로학회 부회장(현) 2014년 한국소공인학회 부회장(현) 2014년 한성대 융복합교양교육 교수(현) [저]'취업능력개발론'(2010, 삼영사) '기획력개발의 실제'(2011, 명경사) '역량기반 취업방법론'(2014, 한성대 출판부)

공호성(孔鎬成) KONG Ho Sung

[생]1956·10·22 [본]곡부(曲阜) [출]경기 포천 [주]서울 성북구 화랑로14길5 한국과학기술연구원 기술사업단 중소기업지원센터(02-958-5655) [학]1980년 연세대 기계공학과졸 1982년 同대학원 기계공학과졸 1991년 기계공학박사(영국 케임브리지대) [경]1988년 한국과학기술원(KAIST) 연구원 1992년 한국과학기술연구원(KIST) 선임연구원 1993년 한양대 객원교수 1995년 연세대 객원교수 1996년 한국과학기술연구원(KIST) 책임연구원 1998년 한국윤활학회 학술사업이사 1999년 International Journal of COMADEM Editorial Committe Member, 한국과학기술연구원(KIST) 시스템연구부 트라이볼로지연구센터장 2005~2013년 과학기술연합대학원대 나노메카트로닉스학과 교수 2005년 미국 세계인명사전 'Marquis Who's who in Science and Engineering'에 등재 2008년 한국과학기술연구원(KIST) 지능시스템연구본부 에너지메카닉스연

구센터 책임연구원 2009년 同기술기획사업본부장 2010년 同국가기반기술연구본부 에너지메카닉스연구단 책임연구원 2013~2014년 同도시에너지시스템연구단 책임연구원 2013년 과학기술연합대학원대 에너지환경융합공학과 교수(현) 2013년 한국설비진단인증원 사무총장 2015년 한국과학기술연구원(KIST) 기술사업단 중소기업지원센터 책임연구원(현) [상]과학기술신지식인 선정(1999), 다산기술상(2003), 대통령표창(2006), 방위사업청장표창(2011)

공효식(孔孝植) Kong Hyo Sik

[생]1955·11·4 [본]곡부(曲阜) [출]경남 진주 [주]서울 마포구 마포대로136, 7층 지방공기업평가원(02-3274-3336) [학]2002년 연세대 행정대학원졸 [경]1974~1986년 경남도 지방과·기획담당관실 근무 1986~1994년 내무부 지방기획과·행정과 근무 1994년 부산시 지방공무원교육원 교학과장 1995년 내무부 공기업과 근무 1998년 행정자치부 공기업과 근무 2003년 同공기업과 공기업제도팀장 2005년 문화관광부 관광레저도시추진기획단 파견(대외협력팀장) 2007년 행정자치부 지방혁신인력개발원 인력개발1팀장 2008년 행정안전부 지방행정연수원 인력개발1과장 2010년 행정안전부 복무담당관 2012년 同지방행정연수원 인력개발1과장 2012년 同지방행정연수원 인력개발1과장(부이사관) 2013년 안전행정부 지방행정연수원 교육1과장 2013년 지방공기업평가원 상임이사(현) [상]국무총리 모범공무원표창(1987·1994), 녹조근정훈장(2003), 홍조근정훈장(2013) [저]'지방자치와 의회의 기능' '지방자치법 연혁집' '자치입법 실무요람'

공훈의(孔薰義) KONG Huney

[생]1960·3·13 [본]곡부(曲阜) [출]광주 [주]서울 중구 정동길35 두비빌딩2층 (주)소셜뉴스(02-3789-8900) [학]1983년 서울대 외교학과졸 1985년 同대학원 외교학과졸 1988년 同대학원 외교학 박사과정 수학 1994년 러시아 모스크바국립대 언론대학원 수학 2000년 미국 UC Berkeley 정보관리시스템대학원졸 [경]1984~1988년 광주은행 기획부 조사역 1988년 광주일보 입사 1988~1994년 同월간국 취재부 기자·생활과학부 기자·정치부 차장대우 1995년 同국제부 차장(워싱턴특파원) 1998년 同정치1부 부장대우 2000~2002년 머니투데이 정보기획이사(CIO) 2004~2007년 넥서스투자(주) 대표이사 2007~2009년 콜럼버스홀딩그룹 서울사무소 대표 2009년 (주)소셜뉴스 대표이사 사장(현) 2009년 위키트리 발행·편집인(현) [저]'디지털뉴스 핸드북'(2001, LG상남언론재단) '소셜미디어 시대, 보고 듣고 뉴스하라-스마트 리더가 만드는 소셜 네트워크 혁명'(2010, 한스미디어) '소셜로 정치하라'(2012, 한스미디어) 'SNS는 스토리를 좋아해'(2014, 메디치미디어)

곽결호(郭決鎬) KWAK Kyul Ho

[생]1946·3·15 [본]현풍(玄風) [출]대구 달성 [주]경기 성남시 분당구 서현로184 경화엔지니어링 회장실(031-789-6200) [학]1968년 부산공고졸 1974년 영남대 공대 토목공학과졸 1976년 네덜란드 Delft대 공대 위생공학과정 수료 1980년 서울대 환경대학원 환경계획학과졸 1998년 미국 컬럼비아대 대학원 박사과정 수료, 서울대 환경대학원 도시환경고위정책과정 수료 2002년 환경공학박사(한양대) [경]1973년 기술고시 합격(9회) 1974년 건설부 사무관 1985~1993년 同하수도과장·상수도과장 1993년 同한강홍수통제소장 1993년 同상하수도국장 1994년 환경부 상하수도국장 1996년 駐UN 한국대표부 참사관 1998년 환경부 수질보전국장 2000년 同환경정책국장 2001년 同기획관리실장 2003년 同차관 2004~2005년 同장관 2005~2008년 한국수자원공사 사장 2005년 서울대 환경대학원 초빙교수 2005년 한국대댐회 회장 2006~2007년 학교법인 영남학원 이사 2006년 지속가능발전기업협의회(KBCSD) 감사 2007년 대한토목학회 회장 2009~2012년 한양대 공대 건설환경시스템공학과 석좌교수 2009~2012년 한조엔지리어링 회장 2010년 (주)삼천리 사외이사(현) 2013년 경화엔지니어링 회장(현) 2015년 안양대 석좌교수(현) 2015년 대구시 물산업클러스터 자문대사(현) 2016년 (주)삼천리 감사위원(현) [상]녹조근정훈장(1981), 대통령표창(1987·2006), 황조근정훈장(2001), 환경운동연합 2001 환경인상(2001), 청조근정훈장(2005) [저]'지속가능한 국토와 환경'(2011, 법문사)

곽경직(郭京直) Kwak Kyung Jik

[생]1958·9·26 [출]제주 [주]서울 강남구 논현로513 예지빌딩 4층 법무법인 케이앤씨(02-2112-5300) [학]1976년 제주제일고졸 1981년 서울대 법대졸 1990년 同대학원 법학과졸 1991년 미국 컬럼비아대 법과대학원 LL.M. [경]1980년 사법시험 합격(22회) 1983년 사법연수원 수료(13기) 1983~1986년 공군 법무관 1984년 상지대 법학과 강사 1986년 서울지법 동부지원 판사 1988년 서울민사지법 판사 1992년 부산지법 판사 1993년 부산고법 판사 1995~1998년 서울고법 판사 1995~1997년 헌법재판소 헌법연구관 파견 1997년 서울고법 판사 1998년 창원지법 부장판사 1999년 미국 예일대 Visiting Fulbright Scholar 2000년 인천지법 부장판사 2001~2008년 법무법인 태평양 변호사 2002년 대한상사중재원 중재인 2003년 International Arbitration Forum 중재인 2003년 사법연수원 강사, 대한상공회의소 국제위원회 자문위원 2006년 제주국제자유도시개발센터 투자심의위원 2009년 법무법인 케이앤씨 대표변호사(현) [상]한국법학원 법학논문상(1999)

곽경호(郭京鎬) KWAK Kyung Ho

[생]1954·12·10 [주]경북 안동시 풍천면 도청대로455 경상북도의회(054-975-2121) [학]검정고시 합격, 영남이공대학 토목과졸, 경운대 한방자원학과졸 [경]왜관읍체육회 실무부회장, 칠곡경찰서 자율방범기동대연합회 회장, 왜관로타리클럽 회장, 경북도 명예감사관, 한국자유총연맹 칠곡군지부장, 민주평통 자문위원, 국제로타리3700지구 총재보좌역, 칠곡경찰서 행정발전위원회 위원, 칠곡군발전협의회 운영위원, 새마을운동 칠곡군지회 이사, 왜관청년협의회 회장, 경북헬스뱅크 대표 2006·2010~2014년 경북 칠곡군의회 의원(한나라당·새누리당) 2010~2012년 同의장 2014년 경북도의회 의원(새누리당)(현) 2014년 同예산결산특별위원회 위원 2014·2016년 同독도수호특별위원회 위원(현) 2014·2016년 同교육위원회 위원(현) 2015년 同조례정비특별위원회 위원장(현)

곽국연(郭國淵) KWAK Kook Yeon

[생]1956·10·17 [주]서울 서초구 양재대로11길19 LG전자(주) 서초R&D캠퍼스 CTO부문 차세대표준연구소(02-6912-6114) [학]충남고졸, 서울대 전자공학과졸, 한국과학기술원 전자공학과졸, 전자공학박사(미국 폴리테크닉대) [경]1979년 금성사 입사 2000년 LG전자(주) 디지털TV연구소 DCI팀장(연구위원 겸 상무보) 2002년 同디지털TV연구소 연구위원(상무) 2002~2008년 同디지털TV연구소 CNC그룹장(연구위원 겸 상무) 2009년 同디지털TV연구소 CNC그룹장(수석연구위원 겸 전무) 2010년 同컨버전스연구소 수석연구위원(전무) 2012년 同컨버전스연구소 ATS팀장(수석연구위원 겸 부사장) 2014년 同이노베이션센터 부사장 2015년 同CTO부문 차세대표준연구소장(수석연구위원 겸 부사장)(현) [상]대통령표창(2004), 과학기술훈장 웅비장(2009)

곽규택(郭圭澤)

[생]1971·4·12 [출]부산 [주]부산 동구 중앙대로258 석초원빌딩4층 곽규택법률사무소(051-507-1400) [학]1990년 혜광고졸 1994년 서울대 법과대학 사법학과졸 1998년 同행정대학원졸 2003년 미국 워싱턴대 연수 [경]1993년 사법시험 합격(35회) 1996년 사법연수원 수료(25기) 1996년 軍법무관 1999년 서울지검 검사 2001년 대전지검 천안지청 검사 2003년 대검찰청 검찰연구관 2006년 서울서부지검 검사 2007년 법무부 국제형사과 검사 2009년 부산지검 부부장검사 2009년 同동부지청 형사3부장 2010년 서울중앙지검 부부장검사 2011년 춘천지검 속초지청장 2012년 대검찰청 범죄정보1담당관 2013년 서울중앙지검 형사6부장 2014년 전주지검 부장검사 2014년 변호사 개업(현) [저]자서전 '검찰의 락(樂)'(2014)

곽규홍(郭圭洪) KWAK Kyu Hong

[생]1959·9·9 [본]현풍(玄風) [출]충남 [주]서울 서초구 반포대로158 서울고등검찰청(02-530-3114) [학]1978년 여의도고졸 1982년 고려대 법학과졸 [경]1987년 사법시험 합격(29회) 1990년 사법연수원 수료(19기) 1990년 대구지검 검사 1992년 춘천지검 강릉지청 검사 1993년 서울지검 동부지청 검사 1996년 광주지검 검사 1998년 인천지검 검사 2000년 대검찰청 검찰연구관 2002년 대구지검 부부장검사 2003년 춘천지검 원주지청 부장검사 2004년 법무연수원 교수 2006년 서울서부지검 형사5부장 2007년 同형사2부장 2008년 서울동부지검 형사1부장 2009년 대전지검 홍성지청장 2009년 대구지검 제2차장검사 2010년 창원지검 차장검사 2011년 서울고검 검사 2011~2012년 경기도 파견 2013년 대전고검 검사 2014년 서울고검 검사(현) 2014년 서울중앙지검 중요경제범죄조사팀 파견 2015년 同중요경제범죄조사단 파견(현) [저]'가족과 함께한 행복한 독서여행'(2013, 휴먼필드)

곽근호(郭根鎬) KWAK Kun Ho

[생]1956·10·22 [출]대구 [주]서울 강남구 삼성로518 현대스위스타워14층 (주)에이플러스에셋 회장실(02-587-7006) [학]1976년 영남고졸 1980년 영남대 공업화학과졸 2015년 명예 경영학박사(영남대) [경]1982년 삼성그룹 입사, 삼성생명보험 기획팀장, 同법인2사업부장 2003~2007년 同법인영업본부 담당임원(상무) 2007년 (주)에이플러스에셋 대표이사, 同회장(현) [저]'부자 마케팅으로 승부하라'(2009)

곽기수(郭基洙) Kwag ki su

[생]1958·10·19 [본]현풍(玄風) [출]경남 밀양 [주]울산 남구 중앙로201 울산광역시청 기획조정실 U시티정보담당관(052-229-2330) [학]1977년 세종고졸 2005년 울산대 행정학과졸 [경]2010년 울산시 경제통상실 경제정책과 근무 2013년 同시민안전실 안전정책과 근무 2016년 同기획조정실 U시티정보담당관(서기관)(현) [상]행정자치부장관표창(2002), 국무총리표창(2012), 국민안전처장관표창(2015)

곽남신(郭南信) KWAK Nam Sin

[생]1953·5·15 [본]청주(淸州) [출]전북 군산 [주]서울 성북구 화랑로32길146의37 한국예술종합학교 미술원 조형예술과(02-746-9651) [학]1979년 홍익대 미대 서양화과졸 1982년 同대학원 서양화과졸 1986년 회화박사(프랑스 파리국립장식미술학교) [경]개인전 18회, Korean Drawing Now(브루클린미술관), 한국현대미술-70년대후반의 양상(도쿄시립미술관), International Print Trienniale(크라코무), 류블리 아나 국제비엔날레, 홍익대 미대 조교수, 서울미술대전 추진위원, 국립현대미술관 기획전시자문위원, 대한민국미술대전·단원미술제 심사위원, 박수근미술관 자문위원 1997년 한국예술종합학교 미술원 조형예술과 부교수·교수(현) 2008~2012년 同미술원장 2014년 개인전 '껍데기' 개최

곽노권(郭魯權) KWAK Nho Kwon (素山)

[생]1938·11·20 [본]청주(淸州) [출]인천 [주]인천 서구 가좌로30번길14 한미반도체(주) 비서실(032-571-9100) [학]인천기계공고졸 [경]1967~1979년 모토로라코리아(주) 근무 1980년 (주)한미금형 설립·대표이사 1991~1994년 한국반도체산업협회 부회장 2002년 한미반도체(주) 회장(현) 2003년 한미모터스(주) 대표이사, (사)모토로라Retirees클럽 회장 2007년 신호모터스(주) 회장(현) [상]석탑산업훈장(1991), 동탑산업훈장(1997), 모범납세자표창(2000), 금형공업협동조합 선정 '올해의 금형인'(2003), 과학기술부장관표창 장영실상(2005), 은탑산업훈장(2006), 기업은행 선정 '올해 중소기업인 명예의 전당'(2007년), 1억불 수출의탑(2010), 올해의 기계인(2015)

곽노상(郭魯相)

[생]1959·1·17 [주]서울 용산구 한강대로30길25 코레일네트웍스(주) 비서실(02-707-5451) [학]천안고졸, 한양대 건축공학과졸, 서울대 대학원 도시계획학과졸 [경]2001년 철도청 총무과 근무 2005년 한국철도공사(코레일) 사옥건립추진단장 2006년 同기술본부 시설기술단장 2006년 同수도권남부지사장 2009년 同수도권서부지사장 2009년 同수도권서부본부장 2013년 同사업개발본부장(상임이사) 2016년 코레일네트웍스(주) 대표이사(현)

곽노성(郭魯成) KWAK Ro Sung

[생]1955·8·31 [본]청주(淸州) [출]충북 청주 [주]서울 중구 필동로1길30 동국대학교 사회과학대학 경제통상학부(02-2260-3710) [학]1974년 용산고졸 1978년 서울대졸 1985년 同대학원 경제학과졸 1991년 경제학박사(미국 텍사스대) [경]1979년 총무처 행정사무관(시보) 1983~1992년 농림수산부 서기관대우 1992~1995년 한국금융연구원 연구위원 1995년 동국대 사회과학대학 국제통상학과 전임강사·조교수·부교수·교수, 同경제통상학부 국제통상학전공 교수(현) 2000~2010년 서울지법 민사조정위원 2001~2002년 한국협상학회 회장 2002년 同고문(현) 2007년 동국대 사업개발본부장 2009년 대통령직속 국가경쟁력강화위원회 부담금개혁자문단장 2010년 한국공정무역학회 초대 회장 2011년 한국국제통상학회 회장 [저]'國內 先物去來所 設立·運營에 관한 硏究'(1992, 대외경제정책연구원) '글로벌 경쟁시대의 국제협상론'(1998, 경문사) '한국의 금융.외환위기와 IMF'(1998, 경문사) '글로벌시대의 국제금융론 제2판'(1999, 경문사)

곽노성(郭魯聖) KWAK NO SEONG

[생]1969·10·7 [본]청주(淸州) [출]서울 [주]서울 종로구 창경궁로136 보령빌딩5층 식품안전정보원(02-744-8203) [학]1988년 휘문고졸 1992년 연세대 식품공학과졸 1996년 同대학원 식품생물공학과졸 2000년 식품규제정책박사(영국 레딩대) [경]2001~2013년 보건사회연구원 부연구위원 2002년 국무총리 청소년보호위원회 정책자문위원 2003~2006년 국무조정실 전문위원 2007~2008년 한국식품과학회 교과과정심의위원회 심의위원 2007~2011년 서울시 식품진흥기금심의위원회 위원 2008~2012년 식품의약품안전청 자체규제심사위원회 위원 2009~2014년 국회 입법조사처 조사분석자문위원회 위원 2009년 식품의약품안전청 축산물위생심의위원회 위원 2013년 식품의약품안전처 축산물위생심의위원회 위원(현) 2013년 同산하기관경영평가단 간사위원 2013년 미래창조과학부 창조경제자문위원회 위원(현) 2013~2014년 서원대 바이오융합학부 교수 2014년 국가과학기술자문회의 자문위원(현) 2014년 식품안전정보원 원장(현) 2014년 식품의약품안전처 어린이식생활안전관리위원회 위원(현) 2014년 국가과학기술연구회 기획평가위원(현) [상]식품의약품안전청장표창(2010) [저]'식품안전, 소비자의 마음에 답이 있다'(2008, 에세이)

곽달원 KWAK Dal Won

[생]1960·5·13 [주]서울 중구 동호로330 CJ제일제당센터11층 CJ헬스케어(주)(02-6740-2101) [학]1979년 경복고졸 1987년 성균관대 경영학과졸 2004년 同경영대학원졸 [경]1986년 삼성그룹 입사 1987년 제일제당 제약사업부 근무 1993년 同제약특판과장 1995년 同부산지점장 1997년 同제약영업지원팀장 2000년 同제약영남사업부장 2003년 한일약품 영업본부장(상무대우) 2010년 CJ제일제당 제약사업본부 의정사업총괄(상무) 2011년 同제약영업담당 상무 2013년 同제약사업부문장(부사장대우) 2014년 CJ헬스케어 대표이사 2015년 同영업대표 겸 공동대표이사(현)

곽대훈(郭大勳) KWAK Dae Hoon

[생]1955·6·5 [출]대구 달성 [주]서울 영등포구 의사당대로1 국회 의원회관530호실(02-788-2430) [학]1973년 경북고졸 1978년 고려대 행정학과졸 1982년 서울대 행정대학원 수료 [경]1978년 행정고시 합격(22회) 1985년 서울올림픽대회조직위원회 파견 1988년 대구시 내무국 총무과 근무 1989년 同지역행정국 양정계장 1991년 同환경녹지국 환경보호과장 1992년 同내무국 국민운동지원과장·지역경제국 지역경제과장 1993년 同내무국 시정과장 1995년 同동구 사회산업국장 1995년 同의회사무처 의정담당관 1999년 同내무국장 직대 1999년 同행정관리국장 2000년 同서구 부구청장 2003~2006년 同달서구 부구청장 2005~2006년 同달서구청장 권한대행 2006·2010년 대구시 달서구청장(한나라당·새누리당) 2014~2015년 대구시 달서구청장(새누리당) 2016년 새누리당 대구시달서구甲당원협의회 운영위원장(현) 2016년 제20대 국회의원(대구시 달서구甲, 새누리당)(현) 2016년 국회 산업통상자원위원회 위원(현) 2016년 국회 지방재정·분권특별위원회 위원(현) 2016년 국회 지방살리기포럼 연구책임위원(현) 2016년 새누리당 대구시당 수석부위원장(현) 2016년 同민생혁신특별위원회 위원(현) [상]체육부장관표창(1986), 근정포장(1989), 한국일보 존경받는 대한민국CEO대상 시민중심경영부문(2008), 국가생산성 정보화부문 대상(2010), 대통령표창(2011)

곽덕훈(郭德薰) KWAK Duok Hoon

[생]1949·3·1 [본]현풍(玄風) [출]전북 [주]경기 성남시 분당구 판교역로225의20 시공미디어 임원실(02-3440-2488) [학]1976년 서울대 자원공학과졸 1981년 연세대 산업대학원 전산학과졸(석사) 1990년 이학박사(고려대) [경]1976년 제일은행 전산실 근무 1978년 단국대 전산교육원 차장 1983~1999년 한국방송통신대 전산학과 조교수·부교수 1983~1990년 同전자계산소장 1991년 同교육매체개발연구소장 1991년 同출판부장 1994년 미국 인디애나대 교환교수 1995년 한국방송통신대 교육매체개발연구소장 1998년 同컴퓨터과학과장 1999~2013년 同컴퓨터과학과 교수 1999년 정보통신부 정보통신사이버대학협의회장 2000년 교육인적자원부 원격대학설치심사위원회장 2001년 사이버교육학회 부회장 2002년 한국방송통신대 교무처장 2002년 同평생대학원 정보과학과장 2002~2004년 同정보화추진위원회 위원장 2002년 산업자원부 e-Learning콘텐츠표준화포럼 회장 2002년 기술표준원 교육정보기술표준화위원회(ISO/IEC JTC1 SC36-Korea) 위원장(현) 2002~2004년 독학학위위원회 위원장 2003년 한국가상캠퍼스운영위원회 위원장 2005~2007년 교육인적자원부 대학정보화정책자문단 e-러닝분과위원장 2005~2009년 ASP인증위원회 위원장 2005~2007년 한국방송통신대 인천지역대학장 2008~2009년 한국교육학술정보원(KERIS) 원장, 도산아카데미 유비쿼터스사회연구회장 2009년 이러닝학회 회장(현) 2009~2012년 한국교육방송공사(EBS) 사장 2010년 대한민국소프트웨어공모대전 자문위원(현) 2010년 한국방송협회 부회장 2011년 스마트러닝포럼 의장(현) 2011년 부산콘텐츠마켓 조직위원 2011년 (사)스마트엔젤스운동본부 공동의장 2012년 同이사(현) 2012년 교육과학기술부 미래인재포럼 위원 2012년 고려대 정보통신대학 자문위원(현) 2012년 국가평생교육진흥원 학점인정심의위원회 위원(현) 2013년 정보통신산업진흥원 이러닝산업표준위원장(현) 2013년 YTN 사이언스TV 경영성과평가단장(현) 2013년 시공미디어 부회장(현) [상]대통령표창(1997·2005), 정보통신부장관표창(2000), 노동부장관표창(2004), 제21회 소충·사선문화상 대상(2012), 은탑산업훈장(2013), 근정포장(2013) [종]기독교

곽동걸(郭東傑) KWAK Dong Geul

생1959 · 7 · 5 출경북 김천 주서울 강남구 테헤란로78길12 MSA빌딩10층 스틱인베스트먼트(주) 임원실(02-3404-7800) 학1982년 영남대 경영학과졸 1986년 서울대 경영대학원졸 경동서증권(주) 팀장, 삼성증권 펀드매니저 1999년 스틱투자자문(주) 대표이사 사장 2003년 스틱인베스트먼트(주) 전무 2004년 同부사장 2010년 同각자대표이사(CIO)(현)

곽동국(郭東國) Kwak Dongguk

생1959 출대구 달성 주서울 용산구 서빙고로24길15 용산세무서(02-748-8201) 학영남고졸, 영남대 경제학과졸, 서울대 행정대학원졸 경공무원 임용(7급 공채) 2011년 대통령실 파견 2011년 서기관 승진 2012년 대구지방국세청 세원분석국 서기관 2013년 중부지방국세청 징세법무국 서기관 2014년 김천세무서장 2014년 중부지방국세청 조사2국 2과장 2015년 용산세무서장(현)

곽동근(郭東根) KWAK Dong Keun

생1946 · 9 · 4 본선산(善山) 출충북 옥천 주경기 성남시 분당구 황새울로258번길25 서영빌딩12층 (주)서영엔지니어링 임원실(02-6915-7024) 학1965년 대전고졸 1969년 연세대 토목공학과졸 1982년 한국외국어대 영어과정 수료 1985년 미국 오하이오주립대 대학원 토목공학과졸(교통공학석사) 경1971~1977년 건설부 태백산국토건설국 · 중부국토건설국 토목주사 1977년 同도로국 토목주사 1985년 국립지리원 측지과 토목사무관 1986년 건설부 도로계획과 토목사무관 1990~1995년 건설공무원교육원 · 건설부 도로정책과 토목사무관 1995년 건설교통부 신공항건설기획단 개발과 토목사무관 1996년 同고속철도건설기획단 서기관 1997년 한국고속철도건설공단 홍보팀장 1998년 건설교통부 도로구조물과장 1999~2000년 同도로관리과장 2001년 대전지방국토관리청 도로시설국장 2002년 (주)서영엔지니어링 부사장(현) 2006~2009년 한국시설안전공단 비상임이사 2010~2013년 필리핀 국도4차로확장사업(The Widening of Gapan-Sanfernando-Olongapo Road, PhaseⅡ Project) 실시설계 · 감리단장 상건설부장관표창(1975), 근정포장(1993), 도로인상(1994), 대한토목학회장표창(2000), 홍조근정훈장(2002) 저'통합첫해의 성과(共)'(1995) '신공항고속도로 민자유치추진백서(共)'(1996) '도로안전시설 설치 및 관리사례집(共)'(2000)

곽동원(郭東元) KWAK Dong Won

생1952 · 9 · 15 출경남 고성 주부산 부산진구 신천대로156 부산도시공사 사장실(051-810-1201) 학1971년 경남고졸 1979년 성균관대 통계학과졸 경1978년 현대산업개발(주) 입사, 同사업개발3담당 상무, 同사업개발4담당 상무 2003년 同영업기획담당 상무 2005년 아이앤콘스(주) 대표이사 사장 2006년 현대산업개발(주) 영업본부장(부사장) 2009년 아이앤콘스(주) 대표이사 사장 2014년 同상임고문 2014년 부산도시공사 사장(현) 상한국의 영향력있는 CEO 가치경영부문(2016)

곽동철(郭東哲) KWACK Dong Chul

생1955 · 8 · 7 본현풍(玄風) 출경남 김해 주충북 청주시 청원구 대성로298 청주대학교 인문대학 문헌정보학과(043-229-8407) 학1975년 서울 중앙고졸 1983년 연세대 도서관학과졸 1986년 同대학원 문헌정보학과졸 1996년 문학박사(연세대) 경1987~1992년 한국원자력연구소 기술정보실 근무 1992년 한국과학기술연구원 한 · 러/한 · 중과학기술협력센터 정보관리실 근무 1995년 청주대 문헌정보학과 교수(현) 2004년 청주시립도서관 및 청주기적의도서관 운영위원 2006년 '책읽는 청주' 추진위원장 2007년 청주대 교수학습개발실장 2007년 교육인적자원부 도서관정책자문위원장 2008년 청주대 e-러닝지원센터 부센터장 2008년 한국대학도서관연합회 회장 2009년 한국도서관협회 부회장 2010~2012년 청주대 중앙도서관장 2010년 한국교육학술정보원 비상임이사 2011 · 2016년 대통령소속 도서관정보정책위원회 위원(현) 2011년 한국문헌정보학회 회장 2012년 청주대 인문대학 문헌정보학과장(현) 2013년 민주평통 자문위원 2015년 한국도서관협회 회장(현) 2016년 청주대 교무처장 겸 e-러닝지원센터장(현) 상문교부장관표창(1971), 한국도서관협회 한국도서관상(2009), 청주시 문화상(2009), 한국교육학술정보원 표창(2010), 한국도서관정보학회 학술상(2010), 청석학술상(2011) 저'정보관리전략론' '정보검색' '지식정보사회와 정보관리' '학술정보의 탐색 및 활용' 역'도서관자료론' 종불교

곽동한 GWAK Donghan

생1992 · 4 · 20 주서울 강남구 테헤란로152 강남파이낸스센터 28층 하이원스포츠단(02-2112-4255) 학2011년 포항 동지고졸 2015년 용인대 유도경기지도학과졸 경2010년 제91회 전국체육대회 남자고등부 90kg 이하급 금메달 2012년 제93회 전국체육대회 남자대학부 90kg 이하급 금메달 2013년 여명컵전국유도대회 남자 90kg 우승 2013년 제27회 러시아 카잔 하계유니버시아드대회 남자 90kg급 금메달 2014년 제17회 인천아시안게임 남자 90kg급 동메달 · 단체전 금메달 2015년 하이원스포츠단 소속(현) 2015년 제28회 광주 하계유니버시아드대회 남자 90kg급 금메달 · 남자단체전 은메달 2015년 국제유도연맹(IJF) 세계선수권대회 남자 90kg급 금메달 2015년 제주그랑프리국제유도대회 남자 90kg급 금메달 2016년 제31회 리우데자네이루올림픽 남자 90kg급 동메달

곽동효(郭東曉) KWAK Dong Hyo

생1946 · 12 · 17 출경남 마산 주서울 서초구 효령로304 국제전자센터10층 법무법인 우면(02-3465-2200) 학1965년 서울고졸 1969년 서울대 법대졸 경1971년 사법시험 합격(13회) 1973년 사법연수원 수료(3기) 1974년 대구지법 판사 1978년 同상주지원 판사 1980년 同판사 1980년 인천지법 판사 1982년 서울형사지법 판사 1984년 서울고법 판사 1986년 대법원 재판연구관 1988년 대구지법 부장판사 1990년 사법연수원 교수 1992년 서울형사지법 부장판사 1994년 대구고법 부장판사 1997년 서울고법 부장판사 2002년 서울지법 북부지원장 2004년 의정부지법원장 2005~2006년 특허법원장 2006년 법무법인 · 특허법인 다래 대표변호사(대표변리사 겸임) 2007년 법무법인 한승 고문변호사 2009~2010년 법무법인 충정 고문변호사 2009~2010년 대법원 사법정책자문위원회 위원 2011년 법무법인 우면 고문변호사(현)

곽명섭(郭明燮) Kwak Myeongseop

생1970 · 7 · 5 출경남 함양 주세종특별자치시 도움4로13 보건복지부 장관비서관실(044-202-2270) 학1989년 대전고졸 1999년 성균관대 법학과졸 경2000년 사법시험 합격(42회) 2003년 사법연수원 수료(32기) 2003년 국회 법제실 연구관 2011년 식품의약품안전청 규제개혁법무담당관 2012년 同식품안전국 식품관리과장 2013년 보건복지부 보건의료정책실 국민행복의료보장추진본부 팀장 2013년 同기획조정실 규제개혁법무담당관 2015년 同장관 비서관(현)

곽미숙(郭美淑 · 女) Kwak Misook

생1969 · 7 · 25 주경기 수원시 팔달구 효원로1 경기도의회(031-8008-7000) 학장안대학 사회복지과졸, 한국방송통신대 법학과 재학 중 경한나라당 경기도당 차세대여성위원장, 同경기도당 학원단체위원장 2010년 경기도당 부대변인, 同원선거 출마(한나라당), 새누리당 경기도당 부대변인, 同덕양乙 차세대여성위원장, 고양시도담봉사회 회장, 농업기술자협회 부회장 2014년 경기도의회 의원(새누리당) (현) 2014 · 2016년 同문화체육관광위원회 위원(현) 2015년 同항공기소음피해대책특별위원회 위원(현) 2016년 同개발제한구역특별위원회 위원(현)

곽범수(郭汜洙) Kwak Bum-soo

생1961 · 11 · 14 주서울 종로구 사직로8길60 외교부 인사운영팀(02-2100-7136) 학1985년 연세대 경제학과졸 1993년 同대학원 경영학과졸 1995년 미국 미시간대 대학원 경제학과졸 경1991년 외무고시 합격(25회) 1991년 외무부 입부 1997년 駐스웨덴 2등서기관 2000년 駐타이뻬이 대표보 2004년 외교통상부 외국어교육과장 2006년 駐독일 참사관 2008년 駐터키 참사관 2009년 2012여수세계박람회조직위원회 파견 2013년 駐캄보디아 공사참사관 겸 총영사 2016년 駐파푸아뉴기니 대사(현)

곽배희(郭培姬 · 女) KWAK Bae Hee

생1946 · 1 · 20 출전북 남원 주서울 영등포구 국회대로76가길14 한국가정법률상담소(02-782-3427) 학1969년 이화여대 법학과졸 1994년 同대학원 사회학과졸 2002년 사회학박사(이화여대) 경1970년 기독교방송 제작국 프로듀서 1973년 한국가정법률상담소 상담위원 1985~1987년 시청료거부범시민운동여성연합 공동대표 1995~2000년 한국가정법률상담소 부소장 1995~1997년 공연윤리위원회 위원 1996년 연세대 · 그리스도신학대 강사 1996년 한국가족학회 이사 1997년 한국고용서비스협회 공익이사 1998~2007년 이화여대 강사 1999년 서울가정법원 조정위원(현) 2000년 한국가정법률상담소 소장(현) 2000년 한국

방송공사 이사 2001~2004년 대통령자문 정책기획위원회 위원 2001~2005년 청소년보호위원회 위원 2002년 통일부 통일정책평가위원 2003년 사법개혁위원회 위원 2005년 국가인권위원회 정책자문위원 2006~2009년 한국전력공사 비상임이사 2006년 법무부 여성정책자문위원회 위원장 2006년 여성가족부 가족정책위원회 위원 2006~2008년 법무부 정책자문위원회 위원 2006년 서울여성가족재단 이사 2008년 이화여대 법학전문대학원 겸임교수(현) 2008년 여성가족부 정책자문위원회 위원 2008~2010년 법무부 사면심사위원회 위원 2009년 대법원 사법등기제도개선위원회 위원 2010~2014년 성균관대 법학전문대학원 초빙교수 2011·2012년 법무부 변호사징계위원회 위원 2012~2014년 국가인권위원회 정책자문위원 2013~2014년 대법원 사법정책자문위원회 위원 2013년 서울가정법원 50주년기념사업조직위원회 위원 [상]대통령표창(1993), 여성을 돕는 여성상(1999), 영산법률문화상(2006, 상담소), 자랑스러운 이화인(2016) [저]'남편은 적인가 동지인가' '위기에 선 가족' '결혼에 갇힌 여자들'

곽범국(郭範國) GWAK Bum Gook

[생]1960·9·13 [본]현풍(玄風) [출]충북 보은 [주]서울 중구 청계천로30 예금보험공사 사장실(02-758-0030) [학]1979년 청주고졸 1984년 한양대 경제학과졸 1986년 同경영대학원 경영학과졸 1995년 미국 오리건대 대학원 경제학과졸 2010년 경제학박사(한양대) [경]1985년 행정고시 합격(28회) 1986년 국세청 행정사무관 1989년 재무부 경제협력국 사무관 1995년 재정경제원 금융정책실 사무관 1996년 同금융정책실 서기관 1998년 재정경제부 금융정책국 서기관 1999년 한국과학기술원 파견 2000년 아프리카개발은행(AFDB) 자문관 2004년 재정경제부 공적자금관리위원회 서기관 2005년 同국고국 재정정보관리과장 2007년 대통령비서실 행정관 2008년 기획재정부 자유무역협정국내대책본부 지원대책단장 2009년 중앙공무원교육원 교육파견 2010년 농림수산식품부 식품유통정책관 2011년 同식품산업정책관 2012년 기획재정부 국고국 국유재산심의관 2013년 同국고국장 2014년 새누리당 기획재정위원회 수석전문위원 2015년 예금보험공사 사장(현) 2015년 국제예금보험기구협회(IADI) 집행위원(현) [상]근정포장(2011)

곽병만(郭柄晩) KWAK Byung Man

[생]1945·2·14 [본]현풍(玄風) [출]대구 [주]대전 유성구 대학로291 한국과학기술원 기계공학과(042-350-3003) [학]1967년 서울대 기계공학과졸 1971년 同대학원 기계공학과졸 1974년 공학박사(미국 아이오와주립대) [경]1976~1977년 미국 아이오와주립대 조교수 1977~2010년 한국과학기술원(KAIST) 기계공학과 조교수·부교수·교수 1981년 미국 Mayo Clinic 특별초빙연구원 1983~1988년 한국과학기술연구원(KIST) 기계시스템연구실장 1990년 同기계연구소장 1991년 同기계공학부장 1994년 미국 기계학회 펠로우(최고명예회원)(현) 1996년 한국과학기술원(KAIST) 동시공학설계연구센터 소장 1997년 同삼성석좌교수 1997년 한국과학기술한림원 종신회원(현) 1998년 한국공학한림원 정회원(현) 2000년 대한기계학회 회장 2000~2001년 한국과학기술원(KAIST) 공학부장 2009년 同모바일하버사업단장 2011년 同기계공학과 명예교수(삼성석좌교수)(현) 2013~2015년 同모바일하버연구센터장 [상]대한기계학회 논문상(1980), 한국과학기술원 연구개발상(1989), 과학기술처 연구개발상(1991), 국민훈장 석류장(1992), 한국과학기술원 연구개발상(1997), 밀알회 자랑스런 밀알인상(2001), 기계재료분야 한국공학상(2004), 한국과학기술한림원상 학술부문(2011) [저]'정형외과를 위한 생체역학' '유한요소법 입문' [종]기독교

곽병선(郭柄善) KWAK Byong Sun

[생]1942·1·25 [본]현풍(玄風) [출]만주 목단강 [주]서울 서초구 바우뫼로1길35 한국교육개발원(02-3460-0114) [학]1962년 청주사범학교졸 1970년 서울대 사범대학 교육학과졸 1973년 同대학원 교육학과졸 1980년 철학박사(미국 마케트대) [경]1970~1973년 휘경중 교사 1973년 한국교육개발원 연구원 1980년 同책임연구원 1984~1986년 同수석연구원 1984년 同교육과정연구부장 1985년 교육개혁심의회 전문위원 1987~1996년 한국교육개발원 연구위원 1990년 同기획처장·수석연구위원 1992년 同교육과정연구본부장 1993년 同컴퓨터교육연구센터 본부장 1994~1996년 대통령자문 교육개혁위원회 위원 1995년 한국교육개발원 교육공학연구본부장 1996년 同교육과정연구본부장 1996년 同부원장 1999~2002년 同원장 2000년 대통령자문 교육인적자원 정책위원 2000~2002년 유네스코 한국위원회 교육분과 부위원장 2002년 홍익대 겸임교수 2003~2005년 Pacific Circle Consortium(환태평양교육협의체-OECD 협력기구) 의장 2003~2013년 (사)한국학교교육연구원 원장 2004년 교육부 교과용도서발행심의위원회 위원장 2004~2006년 同교육과정심의위원회 운영위원 2005~2009년 경인여대 총장 2007년 민주평통 자문위원(현) 2008~2009년 교육과학기술부 교과용도서발행심의위원회 위원장 2009년 同교육과정심의위원회 운영위원 2009~2010년 한국교육학회 회장 2010~2013년 한국교육개발원 객원연구위원 2012년 새누리당 대선캠프 국민행복추진위원회 행복교육추진단장 2013년 제18대 대통령직인수위원회 교육과학분과 간사 2013~2016년 한국장학재단 이사장 2013~2014년 교육부 교육과정정책자문위원 2014~2015년 한·이스라엘친선협회 회장 2016년 국제정신올림피아드재단 동아시아지역 의장(현) 2016년 한국교육개발원 객원연구위원(현) 2016년 한국장학재단 명예이사장(현) [상]국민포장(1986), 국민훈장 목련장(2003), 미국 마퀘트(Marquette)대 우수동문상(2005), 환태평양협의회(Pacific Circle Consortium) 피터브라이스 교육상(2012), 청주교대 자랑스러운 교대인상(2013) [저]'교육과정'(1983) '교과교육원리(共)'(1988) 'Education and Culture in Industrializing Asia(共)'(1992) '민주시민교육'(1994) '교육이 변해야 미래가 보인다'(1998) 'Civic Education for Civil Society(共)'(1998) '21세기 동아시아협력'(1999) 'Internet and Textbook'(2006, co editors) '우리시대의 주인찾기 : 도산처럼(共)'(2015) '대한민국 미래보고서(共)'(2015) 등 [종]기독교

곽병술(郭炳述) Kwak Byung Sool

[생]1958·3·4 [주]충남 보령시 보령북로160 한국중부발전(주) 기술안전본부(070-7511-1316) [학]1976년 대건고졸 1980 경북대 기계공학과졸 [경]1979년 한국전력공사 입사 1991년 同삼천포화력연수원 교수 1995~2001년 同발전처 운영부 근무 2001년 한국중부발전(주) 전력거래팀장 2004년 同관리처 총무팀장 2007년 同보령화력본부 공사관리팀장 2010년 同발전처 발전운영팀장 2011년 同발전처장 2011년 同기획처장 2012년 同보령화력본부장 2014년 同서울화력본부장 2016년 同기술안전본부장(부사장)(현) [상]산업자원부장관표창(2005), 지식경제부장관표창(2010), 대통령표창(2011)

곽병주(郭秉周) GWAG Byoung Joo

[생]1959·1·13 [본]청주(淸州) [출]서울 [주]경기 용인시 기흥구 용구대로1855번길23 (주)지엔티파마 사장실(031-8005-9910) [학]1985년 연세대 생화학과졸 1993년 신경과학박사(미국 Drexel Univ. School of Medicine) [경]1993~1995년 미국 Washington Univ. Medical School 신경과 Post-Doc. Fellow 1995~2011년 아주대 의대 약리학교실 교수 1999~2004년 과학기술부 국가지정연구실 소장 2003년 (주)지엔티파마 대표이사 사장(현) 2004~2008년 아주대 의대 신경과학기술연구소장, 한국생화학회 학술간사, 한국뇌신경과학회 기획이사, 대한생화학분자생물학회 편집위원, 한국뇌학회 홍보이사, 한국분자세포생물학회 학술위원 2006년 (주)이오리스 각자 대표이사 사장 2006~2008년 보건복지부 대형국가연구개발 뇌질환치매치료제 AAD-2004 실용화사업단장

곽병진(郭柄辰) KWAK Byung Jin

[생]1949·6·25 [출]대구 달성 [주]대구 달서구 이곡동로39 401호 우리경영컨설팅(주) 비서실(053-592-6699) [학]경북산업대 산업공학과졸, 경북대 경영대학원졸 2015년 컨설팅학 박사(금오공대) [경]1967년 서울은행 근무 1979년 한국주택은행 근무 1989년 대동은행 지점장·부장 1995년 동국전문대 경영학과 강사 1996년 우리주택할부금융 상무이사, 우리캐피탈 상무이사 2002~2005년 同부사장, 영진전문대 경영학과 외래교수(현) 2005년 우리경영컨설팅(주) 대표이사(현) 2009~2011년 한국산업단지공단 감사 2013~2016년 대구도시공사 감사 [저]'금융자율화와 은행경영혁신'

곽병훈(郭炳勳) KWAK Byung Hoon

[생]1969·7·20 [본]현풍(玄風) [출]대구 [주]서울 종로구 새문안로92 광화문오피시아1723호 곽병훈법률사무소(02-723-3731) [학]1987년 대구고졸 1991년 서울대 법과대학졸 2001년 미국 콜럼비아대 대학원 LL.M과정졸 [경]1990년 사법시험 합격(32회) 1993년 사법연수원 수료(22기) 1993년 육군 법무관 1996년 수원지법 판사 1998년 서울지법 판사 2000년 전주지법 판사 2004년 법원행정처 법무담당관 2005년 同기획1담당관 2006년 서울고법 판사 2008년 울산지법 부장판사 2009~2011년 대법원 재판연구관 2011~2015년 김앤장법률사무소 변호사 2015~2016년 대통령 민정수석비서관실 법무비서관 2016년 변호사 개업(현)

곽상도(郭尙道) KWAK Sang Do

[생]1959·12·23 [출]대구 달성 [주]서울 영등포구 의사당대로1 국회 의원회관1014호실(02-788-2421) [학]1978년 대구 대건고졸 1983년 성균관대 법학과졸 1985년 同대학원 법학과졸 [경]1983년 사법시험 합격(25회) 1985년 사법연수원 수료(15기) 1986년 육군 법무관 1987년 군단 검찰관 1989년 서울지검 검사 1991년 대구지검 경주지청 검사 1993년 인천지검 검사 1995년 서울지검 남부지청 검사 1997년 대구지검 부부장검사 1998년 同의성지청장 1999년 대검찰

청 검찰연구관 2000년 대구지검 공안부장 2002년 수원지검 특수부장 2003년 서울지검 특수3부장 2004년 인천지검 형사1부장 2005년 부산지검 형사1부장 2006년 서울고검 검사 2007년 대구지검 서부지청장 2008년 서울고검 검사 2009~2013년 변호사 개업 2010년 국가미래연구원 법·정치분야 발기인 2013년 제18대 대통령직인수위원회 정무분과 전문위원 2013년 대통령 민정수석비서관 2015년 대한법률구조공단 이사장 2016년 새누리당 대구시중구·남구당원협의회 운영위원장(현) 2016년 제20대 국회의원(대구시 중구·남구, 새누리당)(현) 2016년 국회 교육문화체육관광위원회 위원(현) 2016년 국회 윤리특별위원회 위원(현) [상]홍조근정훈장(2007) [저]'대구서부지청 개청지'(2007)

곽상수(郭尙洙) KWAK Sang Soo

[생]1958·8·16 [본]현풍(玄風) [출]대구 달성 [주]대전 유성구 과학로125 한국생명공학연구원 식물시스템공학연구센터(042-860-4432) [학]1980년 경북대 농학과졸 1984년 同대학원 농학과졸 1988년 농학박사(일본 도쿄대) [경]1988~1990년 일본 이화학연구소(RIKEN) 연구원 1990년 한국생명공학연구원 선임연구원·책임연구원 1995~1999년 同식물생화학 Research Unit장 1995~1999년 충남농업기술원 원예과 겸임연구관 1996~2000년 충남대 생물학과 겸임교수 2000~2002년 한국생명공학연구원 식물세포공학연구실장 2002년 한국식물생명공학회 편집이사 2004~2010년 경상대 환경생명과학국가핵심연구센터 겸임교수 2005~2008년 한국식물생명공학회 부회장 2006~2008년 한국생명공학연구원 환경바이오연구센터장 2007년 과학기술연합대학원대 교수 2008년 중국 중국과학원 물토양보존연구소 객좌교수 2009년 대전녹색성장포럼 녹색교육분과위원장 2009년 한국생명공학연구원 환경바이오연구센터 책임연구원 2009년 교육과학기술부 지정 한중사막화방지생명공학공동연구센터장 2013년 한국생명공학연구원 식물시스템공학연구센터장(현) 2015년 한국식물생명공학회 회장(현) [상]농림부장관표창(2002), 국무총리표창(2005) [종]불교

곽상욱(郭相煜) KWAK Sang Wook

[생]1959·3·1 [본]현풍(玄風) [출]서울 [주]서울 강남구 테헤란로8길8 법무법인 인(02-532-9354) [학]1977년 환일고졸 1981년 고려대 법학과졸 1983년 同대학원 법학과 수료 1993년 미국 워싱턴주립대 법대 연수 [경]1982년 사법시험 합격(24회) 1984년 사법연수원 수료(14기) 1985년 서울지검 동부지청 검사 1987년 춘천지검 강릉지청 검사 1988년 대구지검 검사 1990년 광주지검 검사 1992년 부산지검 검사 1995년 서울지검 검사 1997년 대전고검 검사 1998년 부산지검 동부지청 형사3부장 1999년 同동부지청 형사1부장 2000년 사법연수원 교수 2002년 대검찰청 감찰2과장 2003년 서울지검 형사3부장 2004년 수원지검 여주지청장 2005년 창원지검 차장검사 2006년 서울북부지검 차장검사 2007년 의정부지검 고양지청장 2008년 서울고검 검사 2008년 법무부 감찰관 2009년 서울서부지검장 2010년 부산지검장 2011년 대검찰청 형사부장 2012~2016년 감사원 감사위원 2016년 법무법인 인(仁) 고문변호사(현) [상]황조근정훈장(2012)

곽상욱(郭相旭) KWAK Sang Wook

[생]1964·6·22 [출]대전 [주]경기 오산시 성호대로141 오산시청 시장실(031-8036-8036) [학]1982년 오산고졸 1986년 단국대 영어영문과졸 2006同대학원 행정학졸 2010년 행정학박사(단국대) [경]1987년 (주)선구 해외영업부 입사 1992년 同미국 뉴욕·보스턴 무역담당 이사 1995년 윤선생영어교실 오산대표, 오산청년회의소(JC) 회장, 한국청년회의소 국제이사, 경기지구청년회의소 부회장, 자치분권경기연대 공동대표, 오산자치시민연대 운영위원장 2001~2010년 (주)현대영어스쿨 대표이사, 오산시 청소년상담실장, 경기비전21 공동대표, 열린우리당 오산시 상무위원, 同경기도당 교육특별위원회 부위원장 2006년 경기 오산시장선거 출마(열린우리당) 2010년 경기 오산시장(민주당·민주통합당·민주당·새정치민주연합) 2014년 경기 오산시장(새정치민주연합·더불어민주당)(현) [상]의정행정대상 기초단체장부문(2010), 대한적십자사 유공상(2013), 한국창조경영브랜드대상 지방자치단체부문(2013), 대한민국 소통경영대상(2015), 대한민국 혁신경영대상 리더십부문(2016) [저]'시민이 힘이다'(2014) [종]기독교

곽상인(郭相忍) KHWARG Sang In

[생]1962·5·5 [출]대전 [주]서울 종로구 대학로101 서울대학교병원 안과(02-2072-2879) [학]1980년 대전고졸 1986년 서울대 의대졸 1992년 同대학원 의학석사 1996년 의학박사(서울대) [경]1988년 서울대병원 안과 전공의 1991년 同소아안과 전임의 1993년 한국소아안과연구회 회원 1993년 서울을지병원 안과 부과장 1994~2002년 서울대 의과대학 안과학교실 전임강사·조교수 1996년 미국 위스콘신대 안성형분야 연수(전임의) 1998년 대한안성형학회 정회원(현) 1999~2002년 대한안과학회 소식지 편집위원 2002년 서울대 의과대학 안과학교실 부교수·교수(현) 2002년 대한안성형학회 총무이사 2004년 Korean Journal of Ophthalmology 편집위원·편집장(현) 2006년 서울대병원 소아안과분과장 2012년 서울대 의과대학 안과학교실 주임교수 2012·2014년 서울대병원 안과 진료과장 [저]'안성형학(共)'(2004, 도서출판 내외학술) '눈개줄성형술(共)'(2009, 도서출판 내외학술)

곽상현(郭相鉉) GWACK Sang Hyun

[생]1963·3·29 [출]경북 청도 [주]서울 강남구 테헤란로518 섬유센터12층 법무법인 율촌(02-528-5200) [학]1980년 성광고졸 1984년 경희대 법대졸 1990년 同대학원 법학과 수료 [경]1989년 사법시험 합격(31회) 1992년 사법연수원 수료(21기) 1992년 서울지법 남부지원 판사 1994년 서울민사지법 판사 1996년 대구지법 김천지원 판사 1999년 서울지법 판사 2001년 서울동부지법 판사 2003년 서울고법 판사 2006년 서울중앙지법 판사 2007~2009년 춘천지법 영월지원장 2009년 사법연수원 교수 2012년 서울행정법원 부장판사 2013년 법무법인 율촌 변호사(현) 2015년 국회 입법지원위원(현) [저]'기업결합규제법'(2013, 법문사)

곽생근(郭生根)

[생]1959·9·13 [주]경기 화성시 남양읍 남양로570 화성서부경찰서 서장실(031-379-9321) [학]중앙대 행정대학원졸 [경]1982년 순경 임용(일반공채) 2011년 제주지방경찰청 경비교통과장(총경) 2012년 울산 울주경찰서장 2014년 서울지방경찰청 기동본부 2기동단장 2014년 同경무부 경무과 치안지도관 2014년 경북 경주경찰서장 2015년 경기지방경찰청 생활안전과장 2016년 경기 화성서부경찰서장(현)

곽선기(郭璇基) KWAK Sun Ki

[생]1949·3·18 [본]청주(淸州) [출]인천 [주]서울 강남구 강남대로502 (주)서희건설(02-3416-6774) [학]1973년 한양대 건축공학과졸 [경]공영토건(주) 근무, (주)신일건업 건축담당 이사, 同상무 2005년 (주)서희건설 건설사업부문 각자대표이사 사장 2008년 同건설사업기술 총괄사장 2012년 同대표이사(현)

곽선우(郭善友)

[생]1973·11·22 [출]경기 안양 [주]경기 안양시 만안구 안양로122 서울유나이티드FC(031-465-1331) [학]1992년 안양신성고졸 1996년 건국대 중문학과졸 2007년 同법학과졸 [경]2004년 사법시험 합격(46회) 2007년 사법연수원 수료(36기) 2010~2011년 (주)다르마스포츠& LAW 대표이사 2011~2014년 (주)스포츠인텔리전스그룹 이사 2011년 클린스포츠연대 대표 2012년 축구전문잡지 '포포투' 게스트에디터 2012년 변호사 개업 2012~2016년 법무법인 인본 구성원변호사 2013년 안양FC시민연대 대표 2013년 (사)일구회 자문변호사 2014년 안양시 FC안양살리기TF팀장 2015년 성남시민프로축구단(성남FC) 대표이사 2016년 국민의당 스포츠미래위원회 위원장(현) 2016년 제20대 국회의원선거 출마(안양시 만안구, 국민의당) 2016년 국민의당 경기안양시만안구지역위원회 위원장(현) 2016년 同부대변인(현) 2016년 서울유나이티드FC 대표(현)

곽성문(郭成文) KOAK Sung Moon (小憂)

[생]1952·11·24 [출]대구 [주]서울 중구 세종대로124 프레스센터 한국방송광고진흥공사 사장실(02-731-7191) [학]1970년 경북고졸 1976년 서울대 국사학과졸 1984년 미국 조지워싱턴대 국제정치대학원 수료 [경]1976년 문화방송 보도국 기자 1980~1984년 미국의소리(VOA) 방송요원 1984~1993년 문화방송 정치부 기자·워싱턴특파원·제2사회부 차장·편집부 차장·라디오뉴스부장 직대 1994년 同TV편집2부장 직대 1995년 同국제팀 부장 1996년 同해설위원 1997년 同뉴스데스크편집부장 1998년 同해설위원 1999년 同보도국 부국장 1999년 同스포츠국장 직대 2001~2004년 MBC스포츠·MBC플러스·MBC드라마넷·MBC게임 사장 겸임 2004~2008년 제17대 국회의원(대구中·南, 한나라당·무소속·자유선진당) 2004~2005년 한나라당 홍보위원장 2008년 자유선진당 사무총장 2008년 同총선기획단장 2008년 同대구시당위원장 2009~2010년 대진대 신문방송학과 객원교수 2014년 한국방송광고진흥공사(KOBACO) 사장(현) [상]대통령표창(1996·2015), 대한민국서예전람회 행초서부문 대상(2002), 서울AP클럽 특별공로상(2015) [종]천주교

곽세붕(郭世鵬) KWAG Se Boong

[생]1961·3·3 [출]전남 진도 [주]세종특별자치시 다솜3로95 공정거래위원회 경쟁정책국(044-200-4010) [학]전주고졸, 연세대 정치외교학과졸 [경]행정고시 합격(32회), 공정거래위원회 심판관리관실 행정법무담당관 2004년 同심판관리3담당관 2005년 同심판관리2담당관실 과장 2008년 同기획조정관실 규제개혁법무담당관 2008년 同시장분석과장 2009년 同소비자정책과장 2010년 同경쟁정책과장 2011년 同대변인(고위공무원) 2012년 同소비자정책국장 2014년 중앙공무원교육원 교육파견 2015년 공정거래위원회 경쟁정책국장(현)

곽수근(郭守根) KWAK Su Keun (德松)

[생]1953·8·16 [본]현풍(玄風) [출]경기 이천 [주]서울 관악구 관악로1 서울대학교 경영학과(02-880-6949) [학]1972년 보성고졸 1977년 서울대 경영학과졸 1982년 同대학원 중퇴 1987년 경영학박사(미국 노스캐롤라이나대) [경]1978~1980년 현대정공(주) 근무 1987년 국민대 경상대학 조교수 1988~1998년 서울대 경영학과 조교수·부교수 1994년 캐나다 브리티쉬컬럼비아대 방문교수 1998년 서울대 경영학과 교수(현) 1999~2001년 同호암교수회관 관장 2001년 (재)서울대발전기금 상임이사 2004~2007년 증권선물위원회 비상임위원 2007~2009년 서울대 경영대학장 겸 경영전문대학원장, 희망중소기업포럼 운영위원장 2008년 (주)LS 사외이사(현) 2009~2010년 한국중소기업학회 회장 2010년 SC제일은행 사외이사 2011~2012년 한국경영학회 회장 2012~2014년 금융감독자문위원회 회장 2012~2013년 한국학술단체총연합회 회장 2012년 금융정보분석원 자금세탁방지정책자문위원회 위원장(현) 2014년 롯데쇼핑 사외이사(현) [상]제20회 자랑스러운 보성인상(2013) [저]'사회회계' '회계학원리' '회계원리'(2001) '회계학원론'(2003) '글로벌 시대의 M&A사례집'(2004) [역]'사회경제회계'(1991) [종]천주교

곽수일(郭秀一) KWAK Soo Il (玄愚)

[생]1941·6·30 [본]현풍(玄風) [출]서울 [주]서울 관악구 관악로1 서울대학교 경영학과(02-880-5114) [학]1959년 경기고졸 1963년 서울대 상대졸, 미국 컬럼비아대 대학원졸(MBA) 1974년 경영학박사(미국 워싱턴대) [경]미국 스탠퍼드대 경영대학원(ICAME) Fellow, 1963~1965년 제일은행 근무 1966~2006년 서울대 경영학과 교수 1984~1992년 한국경영연구원 원장 1986년 경제기획원 물가안정위원 1988년 한국통신공사 이사 1989~1993·1999년 서울대 경영정보연구소장 1992~2001년 한국경영연구원 이사장, 同명예이사장(현) 1993년 한국중소기업학회 회장 1993년 한국경영정보학회 회장 1993년 KBS 이사 1995~1999년 한국전산원 이사장 1996년 노사관계개혁위원회 위원 1997년 서울대 경영대학장 1997년 정보통신부 정보통신정책심의위원장 2000~2009년 아시아나항공(주) 사외이사 2001년 대한민국학술원 회원(경영학·현), 同인문사회과학부 제6분과회 회장, KBS 객원해설위원, 매일경제신문 비상임논설위원 2006년 서울대 명예교수(현) 2006년 현우문화재단 이사장(현) 2014년 강남복지재단 이사장(현) [상]자유경제출판문화상(1992), 국민훈장 동백장(1998), 황조근정훈장, 상남경영학자상(2010) [저]'생산관리'(1978) '경영정책론'(1982) '현대생산관리'(1983) '경영통계학'(1983) '경영정보론'(1986) '생산관리론'(1986) '현대품질관리'(1986) '품질관리'(1989) '경영계획입문'(1989) '우리경제 어디로 가고 있나' '생활경제 이야기' '현대 기업경영 원론' '새로운 시대가 열리고 있다' '미래가 지금이다'

곽숙영(郭淑榮·女) KWAK Sook Young

[생]1965·9·21 [본]현풍(玄風) [출]경기 파주 [주]충북 청주시 흥덕구 오송읍 오송생명2로187 질병관리본부 감염병관리센터(043-719-7200) [학]1989년 고려대 법학과졸 1999년 서울대 행정대학원 행정학과졸 2005년 미국 콜로라도대 행정대학원 행정학과졸 2009년 보건학박사(고려대) [경]1992년 행정고등고시 합격(36회) 1993~2002년 보건복지부 질병관리과·연금제도과·의약분업추진본부·노인복지과 사무관 2002~2009년 同보험정책과·사회복지정책과 서기관, 同가족정책과장, 同생명윤리안전과장, 同복지자원과장, 同장애인정책과장, 同아동복지과장 2009년 同부이사관 2010~2011년 OECD대한민국정책센터 사회정책본부장(파견) 2010년 행정고등고시 면접위원 2011년 보건복지부 보건의료정책실 한의약정책과장 2012년 同보건의료정책실 한의약정책관 2014년 同사회복지정책실 복지행정지원관 2015년 미국 존스홉킨스대 교육 훈련(고위공무원) 2016년 보건복지부 질병관리본부 감염병관리센터장(현) [상]근정포장(2014) [역]'지속가능한 의료시스템을 찾아서'(2011, OECD 대한민국정책센터) [종]기독교

곽 승(郭 昇) Sung Kwak

[생]1941·12·11 [출]경남 마산 [주]대구 달서구 달구벌대로 1095 계명대학교 성서캠퍼스 음악공연예술대학 관현악전공(053-580-6553) [학]1964년 경희대 음악대학 중퇴(4년) 1970년 미국 매네스음대 지휘과 수석졸업 1975년 오스트리아 빈 국립음악대학 한스 스바로프스키 지휘매스터코스 수료 2016년 명예 음악박사(계명대) [경]1957년 서울시향과 트럼펫 협연 1958~1961년 서울시향 단원 1962~1963년 예그린악단 단원 1964년 KBS교향악단 단원 1968년 미국 아메리칸발레단 부지휘자 1970~1977년 미국 뉴욕시티센터 조프리발레단 지휘자 1972~1977년 미국 매네스음대 오케스트라 지휘자 겸 지휘교수 1972년 미국 퀸즈칼리지 오케스트라 지휘교수 1972년 미국 링컨센터 첾버뮤직소사이어티 지휘자 1975~1977년 미국 뉴욕 에글레브스키발레단 지휘자 1977~1980년 미국 애틀란타심포니 액슨·예술기금 지휘자 1978년 세종문화회관개관기념연주회 지휘 1980~1983년 미국 클리블랜드오케스트라 부지휘자 1982~1996년 미국 텍사스주수도 오스틴심포니 음악감독 겸 지휘자 1983~1993년 미국 오리건 썬리버뮤직페스티벌 예술감독 1983년 미국 텍사스대 지휘과 교수 1987년 서울올림픽주경기장개장기념연주회 지휘 1990년 범한국통일연주회(평양) 지휘 1992년 베네주엘라 엘씨스테마 지휘·프로그램감독 1996년 부산시립교향악단 음악감독 겸 상임지휘자 1996년 미국 애틀란타 올림픽기념 평화와화합을위한음악회 지휘 1996년 KBS 위성방송개시축하공연 지휘 1996~2003년 부산시립교향악단 수석지휘자 2000년 남북한교향악단 합동연주회 남한 대표지휘자 2000년 한중수교10주년기념연주회 지휘 2002~2003년 서울시립교향악단 음악고문·음악감독 겸 상임지휘자 2004~2006년 KBS교향악단 수석객원지휘자 2008~2014년 대구시립교향악단 예술감독 겸 상임지휘자, 경희대 음대 석좌교수, 계명대 음대 특임교수(현) 2014년 KBS교향악단 수석객원지휘자 [종]기독교

곽승기(郭承基)

[생]1962·2·15 [출]전북 임실 [주]전북 전주시 덕진구 권삼득로400 전북도립국악원(063-290-6440) [학]전주상고졸, 전주대 법학과졸 [경]전북도 임실군 지사면장, 同임실군 주민복지과장, 同임실군 재난안전관리과장, 전북도 기획관리실 혁신분권과 분권균형담당 2007년 同재원조정담당 2010년 同예산담당, 同투자유치사무소장 2013년 同예산과장 2014년 전북 순창군 부군수 2016년 전북도립국악원 원장(현)

곽승준(郭承俊) KWAK Seung Jun

[생]1960·10·10 [본]현풍(玄風) [출]대구 [주]서울 성북구 안암로145 고려대학교 경제학과(02-540-5443) [학]1984년 고려대 경제학과졸 1986년 미국 밴더빌트대 대학원 경제학과졸 1991년 경제학박사(미국 밴더빌트대) [경]1994년 국토개발연구원 책임연구원 1995년 고려대 경제학과 교수(현) 1996년 환경정의시민연대 환경경제분과위원장 2002년 고려대 신문사 주간 겸 편집인 2003년 환경운동연합 정책위원 2004년 서울시 도시계획위원 2004년 건설교통부 기업도시실무지원위원 2006년 동아일보 객원논설위원 2007년 한나라당 제17대 대통령선거 중앙선거대책위원회 정책기획팀장 2007년 제17대 대통령직인수위원회 기획조정분과위원회 위원 2008년 대통령 국정기획수석비서관 2009~2013년 대통령직속 미래기획위원회 위원장(장관급) 2009년 말레이시아 총리실 국제자문위원 2010년 한러대화KRD포럼 조정위원(현) 2013~2014년 한겨레신문 객원논설위원 2014년 고려대 경제연구소장(현) [상]청조근정훈장(2013) [저]'환경의 경제적 가치'(1995) '오염배출권 거래제'(1998) '세계석학들이 본 21세기'(2000) '전환기의 북한경제'(2000) '스마트 자본주의 5.0'(2011) '곽승준 강원택의 미래토크'(2012)

곽신환(郭信煥) KWAK Shin Hwan

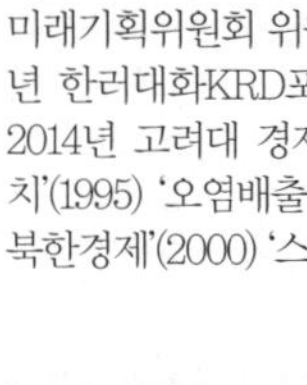

[생]1954·7·18 [출]충북 옥천 [주]서울 동작구 상도로369 숭실대학교 인문대학 철학과(02-820-0373) [학]1972년 대전고졸 1977년 숭실대 철학과졸 1979년 성균관대 대학원 동양철학과졸 1987년 철학박사(성균관대) [경]1982년 숭실대 인문대학 철학과 교수(현) 1984년 한국정신문화연구원 철학종교연구실 연구교수 1990년 숭실대 인문대 교학부장 1994년 同학생처장 2001년 한중철학회 부회장·회장 2002년 한국동양철학회 학술이사 2002년 숭실대 교육대학원장 2003~2005년 同교무처장 2005년 同기독교사회연구소장 2005년 同한국기독교문화연구소장 2009~2012년 (사)율곡학회 회장 2013~2015년 숭실대 대학원장 [상]현송문화재단 주자학술상(2004), 열암박종홍선생기념사업회 열암학술상(2007), 율곡연구원 제15회 율곡대상 학술상(2013) [저]'고교철학'(1996, 대한교과서) 'Song siyol(Uam) : The Philosophy of Righteousness in the Age of Resistance'(1996) '진유와 실학-조선조 유학자의 지향과 갈등'(2005, 철학과현실사) [역]'직하철학'(1995, 철학과현실사) '주자언론동이고'(2002, 소명출판사) '태극해의'(2009, 소명출판사)

곽영균(郭泳均) KWAK Young Kyoon

[생]1951·1·10 [출]서울 [주]서울 강남구 테헤란로98길8 KT&G복지재단 이사장실(02-584-1617) [학]1969년 경기고졸 1977년 서울대 무역학과졸 [경]1976년 (주)삼미 입사 1979년 同칠레지사 과장대리 1982년 同뒤셀도르프지사 과장 1986년 同마카오지사 차장 1988년 同마카오지사 부장 직대 1990년 同자원수입부장 1993년 同이사 1996년 同상무 1998년 한국담배인삼공사 경영관리본부장(상임이사) 2003년 (주)KT&G 마케팅본부장(전무) 2004~2010년 同대표이사 사장 2008~2012년 KT&G장학재단 이사장 2012년 KT&G복지재단 이사장(현) [상]한국CFO우수상(2002)

곽영길(郭永吉) KWAK Young Kil

[생]1954·3·18 [본]현풍(玄風) [출]전남 순천 [주]서울 중구 새문안로26 청양빌딩 아주경제 임원실(02-767-1500) [학]1973년 전주고졸 1981년 고려대 영어영문학과졸 1984년 연세대 행정대학원 수료, 고려대 국제대학원 동북아포커스과정 수료, 중국 칭화대 e-비지니스대학원 수료, 일민재단(동아일보·고려대) 미래국가전략최고위과정 수료, 고려대-남양주 최고경영자과정 수료 2012년 전북대 대학원 행정학과 박사과정 재학中 [경]1985년 한국경제신문 경제해설부·사회부 기자 1988년 서울경제신문 정경부 기자 1991년 문화일보 경제부 차장 1993년 同경제부장 직대 1996년 同사회2부 차장 1997년 同경제부 차장 1998년 同경제부장 2000년 디지털타임스 영업국 부국장 2000년 문화일보 부국장 2000년 파이낸셜뉴스 편집국장 2001~2002년 同대표이사 겸임 2003년 성원건설 경영기획담당 사장 2004년 아시아미디어&컨설팅(주) 대표이사 2005년 인터넷경제신문 '아시아경제' 대표이사 겸 편집국장 2006년 제일경제신문 대표이사 사장 2007년 아시아경제신문 대표이사 2007년 아주일보 대표이사 2008년 아주경제 대표이사(현) 2009년 전북대 산학협력단 겸임교수(현) 2010년 한국인터넷신문협회 CEO정책포럼 위원장(현), 세계중국어신문협회 경영인회원(현) 2015년 한국외국어신문협회 이사(현) [상]한국신문인협회상(1989) [저]'한반도 전략국가'(2001) [종]기독교

곽영승(郭永承) GUACK Young Seung

[생]1957·10·20 [출]강원 평창 [주]강원 춘천시 중앙로1 강원도의회(033-256-8035) [학]한성고졸, 성균관대 행정학과졸, 강원대 경영행정대학원졸 2002년 행정학박사(강원대) [경]1986년 한국일보 입사 1999년 同사회부 차장대우 2000년 同대전취재본부 차장 2004년 同사회2부 대전취재본부 부장대우 2006년 同사회2부 춘천주재 부장 2009년 同대전취재본부 부국장대우 2010년 同편집국 심의위원 2010년 강원도의회 의원(한나라당·새누리당) 2010년 同기획행정위원회 위원 2010년 한나라당 강원도당 대변인 2011년 새누리당 강원도당 대변인 2012년 강원도의회 기획행정위원장 2014년 강원도의회 의원(새누리당)(현) 2014년 同사회문화위원회 위원 2016년 同교육위원회 위원(현)

곽영의(郭英義) KWAK Young Eui

[생]1943·5·5 [출]경북 선산 [주]충북 충주시 목행산단2로59 써니전자(주) 비서실(043-853-1760) [학]1962년 대륜고졸 1969년 한양대 공대졸 1978년 연세대 경영대학원 수료, 성균관대 행정대학원 수료 [경]1978~1980년 한국금석(주) 근무 1983~1999년 써니전자공업(주) 대표이사 사장 1990~2001년 한국수정진동자연구조합 이사장 1992년 한국전자공업협동조합 이사 1993~2000년 한국정밀(주) 대표이사 사장 1994년 대한상공회의소 전기전자산업위원회 부위원장 1999년 써니전자(주) 대표이사 사장 2000~2003년 코리아텍(주) 회장 2002년 써니전자(주) 대표이사 회장 2012년 同회장(현) [상]동탑산업훈장 [종]기독교

곽영진(郭濚鎭) KWAK Young Jin (如慶)

[생]1957·8·9 [본]현풍(玄風) [출]경북 청도 [주]서울 용산구 한강대로366 트윈시티 남산3층 (재)피파20세월드컵조직위원회(02-2017-7320) [학]1977년 경북사대부고졸 1981년 한국외국어대 경제학과졸 1996년 미국 뉴욕주립대 대학원 경제학과졸(경제학석사) 2009년 행정학박사(연세대) [경]1981년 행정고시 합격(25회) 1982~1992년 문화공보부·문화부·국립현대미술관 행정사무관 1992~1999년 문화체육부(문화관광부) 국제교류·저작권영상·음반과장 1999년 문화관광부 문화산업정책과장 2001년 同문화정책과장 2002년 홍익대 미술대학원 겸임교수 2002년 국립중앙도서관 지원연수부장 2003년 국방대학교 파견 2004년 문화관광부 예술국장 2004년 同문화산업국장 2005년 국립중앙박물관 교육문화교류단장 2006년 국무조정실 사회문화조정관실 교육문화심의관 2007년 예술원 사무국장 2008년 문화체육관광부 종무실장 2008~2011년 同기획조정실장 2011년 대통령 문화체육비서관 2011~2013년 문화체육관광부 제1차관, 한국방문의해위원회 위원, T-20관광장관회의·APEC관광장관회의·ASEAN+3관광장관회의 한국대표 2013년 대한축구협회 부회장 겸 윤리분과위원장(현) 2013년 유네스코 국제문해상 심사위원 2013년 한양대 국제관광대학원 석좌(특훈)교수(현) 2013년 예술의전당 비상임이사(현) 2014~2015년 2018평창동계올림픽대회조직위원회 기획부위원장 겸 사무총장 2016년 2017국제축구연맹(FIFA)20세이하(U-20)월드컵조직위원회 상임부위원장(현) 2016년 (재)한국문화산업교류재단 이사장(현) [상]대통령표창(1991), 홍조근정훈장(2009) [저]'예술경제란 무엇인가(共·編)'(1993, 신구미디어) '저작권보호에 관한 국제협약'(1997) '문화서비스의 성과관리에 관한 연구'(2009, 한국학술정보) [종]불교

곽영진(郭泳進) Kwak Young Jin

[생]1961·11·13 [본]현풍(玄風) [출]경기 가평 [주]경기 의정부시 금오로23번길22의49 경기북부지방경찰청 경비교통과(031-961-2151) [학]1979년 대입 검정고시 합격 1991년 동국대 경찰행정학과졸 [경]2003년 서울 종로경찰서 형사계장 2005년 서울지방경찰청 202경비대 부대장 2006년 경기 부천경찰서 생활안전과장 2008년 경기 시흥경찰서 정보과장 2009년 경기지방경찰청 제2청 감찰계장 2010년 同제2청 정보2계장 2011년 경찰청 감사관실 특별조사계장 2013년 同감찰기획계장 2014년 제주지방경찰청 제주해안경비단장 2015년 전남 보성경찰서장 2016년 경기북부지방경찰청 경비교통과장(현) [상]근정포장(2010), 대통령표창(2012)

곽영철(郭永哲) KWAK Young Chul

[생]1949·3·20 [출]경남 남해 [주]서울 중구 세종대로9길20 신한은행빌딩 법무법인 충정(02-750-9009) [학]1967년 부산 동래고졸 1971년 서울대 법대졸 [경]1973년 사법시험 합격(15회) 1975년 사법연수원 수료(5기) 1976년 軍법무관 1978년 서울지검 동부지청 검사 1981년 춘천지검 검사 1982년 법무부 조사과 검사 1985년 서울지검 검사 1987년 서울고검 검사 1988년 대구지검 안동지청장 1989년 법무부 조사과장 1991년 인천지검 공안부장 1993년 서울지검 남부지청 특수부장 1993년 서울지검 특수2부장 1995년 수원지검 성남지청 차장검사 1996년 창원지검 차장검사 1997년 대구지검 경주지청장 1998년 서울지검 북부지청 차장검사 1999년 대구고검 차장검사 2000년 서울고검 차장검사 2001년 울산지검장 2002년 대검찰청 마약부장 2003년 同강력부장 2003년 同마약부장 2004년 법무연수원 기획부장 2004년 법무법인 한승 대표변호사 2008년 한국프로축구연맹 상벌위원장 2009년 법무법인 충정 고문변호사(현) 2011년 한국프로축구연맹 사외이사 [상]경찰업무유공표창 [저]'검사가 관여하는 각종 행정업무'

곽영철

[생]1962 [주]부산 남구 문현금융로33 기술보증기금 임원실(051-606-7506) [학]1981년 경북사대부고졸 1988년 경북대 회계학과졸 [경]2008년 기술보증기금 창원기술평가센터소속 추심반장(2급) 2009년 同기술보증부 수석팀장 2010년 同대구서기술평가센터 RM지점장 2010년 同대구기술평가센터 RM지점장 2012년 同대구지점장 2013년 同보증운용부장 2014년 同기술보증부장(1급) 2015년 同대구영업본부장 2016년 同상임이사(현)

곽영체(郭永棣) Gwak Yeong-Che

[생]1947·12·25 [출]전남 강진 [주]전남 무안군 삼향읍 오룡길1 전라남도의회(061-432-1004) [학]1968년 강진농고졸, 한국방송통신대졸 1999년 전남대 교육대학원 교육행정학과졸 [경]1969년 강진 군동초교 근무 1983년 신안교육청 교육방송국 장학사 1992년 전남도과학교육원 연구사 1999년 진도초교 교장 2004년 전남도교육청 교육정보화과장(장학관) 2006~2008년 전남 강진교육청 교육장, 한벽당문학사상연구소 소장(현) 2008년 전남 완도교육청 교육장 2010년 전남도의회 의원(무소속·민주통합당·민주당·새정치민주연합) 2010년 同교육위원회 위원, 同예산결산특별위원회 위원, 유네스코 광주·전남협회 이사(현), 전국어린이재단 전라남도지회 후원회장 2012년 전남도의회 행정환경위원회 위원, 민주평통 자문위원(현), 강진중앙초 운영위원(현), 강진교육미래위원회 위원장(현) 2014년 전남도의회 의원(새정치민주연합·더불어민주당)(현) 2014~2015년 同행정환경위원회 위원 2014~2015년 同윤리특별위원회 위원장 2015년 同안전행정환경위원회 위원 2015년 同예산결산특별위원회 위원 2016년 同교육위원회 위원장(현) [상]전국과학전람회 대통령표창(1982)

곽영태(郭榮泰) KWAK Young Tae

생1955 · 8 · 15 주서울 강동구 동남로892 강동경희대학교병원 흉부외과(02-440-6157) 학1980년 경희대 의대졸 1985년 同대학원졸 1993년 의학박사(경희대), 독일 베를린심장센터 Surgical Fellow 연수 경1981년 경희대 의료원 흉부외과 레지던트 1985년 215 MASH 흉부외과 과장 1986년 국군수도통합병원 흉부외과 군의관 1988년 대전을지병원 흉부외과 과장 1990~2001년 인제대백병원 흉부외과 조교수 · 책임교수 · 흉부외과 과장 1993~2001년 대한흉부외과학회 전산위원 1994~2001년 同간행위원 1999~2000 · 2002~2003년 연세대 심혈관센터 임상강사 2003년 을지의과대 흉부외과 과장 및 교수 2004년 고려대 안암병원 흉부외과 임상교수 2005~2006년 同안산병원 흉부외과 임상교수, 경희대 의과대학 흉부외과학교실 교수(현), 同동서신의학병원 흉부외과 과장 2008년 同동서신의학병원 교육연구부장 2009년 同동서신의학병원 질관리본부장 2010년 강동경희대병원 질관리본부장 2011년 同QI실장 2014~2015년 同병원장

곽영필(郭永馝)

생1938 · 2 · 20 주서울 강남구 테헤란로504 도화타워 도화엔지니어링 비서실(02-6323-3009) 학1960년 서울대 토목공학과졸 1967년 네덜란드 DELF 공대 수료 1989년 연세대 행정대학원 고위정책과정 수료 경1962~1978년 건설부 토목기정 겸 외무서기관 1973~1982년 과학기술부 기술사시험 전형위원 1991~1993년 (사)한국토목학회 부회장 1993년 (사)한국수도협회 회장 1993년 민주평통 자문위원 1995년 환경부 중앙환경보존 자문위원 1979년 (주)도화종합기술공사 회장, 한국수도협회 회장, 도화엔지니어링 회장(현) 2011년 한국환경한림원 이사장(현) 상서울대총동창회 관악대상 참여부문(2012), 금탑산업훈장(2016)

곽영훈(郭英薰) KWAAK Young Hoon (宇公)

생1943 · 12 · 28 본현풍(玄風) 출충남 홍성 주서울 중구 동호로240 사람과환경 비서실(02-2256-4300) 학1962년 경기고졸 1967년 미국 매사추세츠공과대 건축학과졸 1969년 同대학원 건축학과졸 1973년 미국 하버드대 대학원 교육정책학과졸 1995년 교육학박사(동국대) 경1971~1973년 미국 보스턴건축대 강사 1973~1975년 미국 보스턴 SDDA 종합환경설계사무소 근무 1976~1977년 한국종합조경공사 상임고문 1976~1981년 서울대 환경대학원 강사 1976~1981년 서울시 도시계획위원 1977~1980년 한국문화예술진흥원 건축자문위원 1977~1980년 홍익대 도시계획학과 교수 1977~1980년 환경개발연구원 부원장 1978~1981년 서울시 도시건축미관심의위원회 위원 1979~1982년 한국토지개발공사 자문위원 1980년 (주)사람과환경 회장(현) 1981~1983년 건설교통부 정책자문위원 1982~1986년 서울시 한강종합개발사업평가위원 1983~1986년 서울시 서울올림픽주경기장 및 올림픽공원자문위원 1983~1993년 총무처 청사분과위원회 정책자문위원 1984~1986년 대한민국 건축대전 초대작가 1987년 WCO세계시민기구 총재(현) 1987~1989년 서울올림픽평화위원회 부위원장 1989~1990년 경제정의실천시민연합 상임집행위원 1990~1993년 93대전엑스포 자문위원 · 교육위원 · 전문위원 · 조정위원 1990~1994년 국토건설종합계획심의회 위원 1992~1994년 UNDP 두만강개발계획프로그램 수석건축가 겸 계획가 1993~1997년 고려대 자연자원대학원 초빙교수 1994~1999년 환경운동연합 지도위원 1994~1995년 서울시 도시계획심의위원회 위원 1996년 민주당 국가경영기획단장 1996~1997년 UNDP 고위자문관 1997~1998년 교육부 전문대학원설립심사위원회 위원 1997년 한나라당 대통령선거대책위원회 공동기획위원장 1998~2000년 서울시 건설기술심의위원회 위원 1999~2000년 미국 하버드대 공적가치연구센터 상임연구교수 1999년 UN 부처님탄생지조사위원단장 2000년 아름다운학교운동본부 상임대표 2002년 미국 MIT 한국총동창회장 2002년 2012여수세계박람회유치위원회 유치위원 2003년 새중구발전포럼 이사장 2004년 제17대 국회의원선거 출마(서울중랑甲, 한나라당) 2004~2006년 여의도연구소 이사 2005년 2012여수세계박람회EXPO 여수시유치위원장 2006년 오세훈 서울시장직무인수위원회 도시주택건설분과위원장 2006년 한나라당 국제위원회 부위원장 2007년 同국제위원회 위원 2007년 同박근혜 경선후보 정책특보 겸 21세기국토환경정책단장 2009년 SRGA실크로드세계연맹 대표(현) 2010년 제주대 석좌교수 2011년 Senior International Advisor, LDT, Lumbini Development Trust, Nepal 2011년 한국국제협력단(KOICA) 자문위원 2011년 (사)4월회 부회장 2015년 제1회 2016충무로뮤지컬영화제 자문위원(현) 2015년 실크로드경제벨트포럼 의장(현) 2016년 대한적십자사 RCY총동문회 회장(현) 상미국 건축가협회 학술상(1969), 체육부 서울올림픽기장(1988), 대전EXPO 동탑산업훈장(1994), 대한민국 국립중앙박물관 현상설계 입상(1995) 저'우리땅의 내일을 위하여'(1987) '서울을 위한 참 좋은 생각'(1988) '우리땅의 젊은이를 위하여'(1995) '곽영훈에세이, 말. 글. 일. 삶. 얼

(2004) 전서울 및 수도권 '88 서울올림픽공원 마스터플랜' '올림픽공원 내 영원한 평화의 불 틀 조각물 설계 및 제작' '한강종합개발계획및 88올림픽대로 기본구상' '서울 지하철 2 · 3 · 9호선 기본구상' '서울 대학로 및 마로니에공원 설계' '영종도 신공항 입지타당성 검토-영종도 주변지역개발계획 및 세계시 구상' '고양시 일산지구 전체 도시설계 및 실시설계' '남한산성 도립공원 종합개발계획' '성남시 도시기본계획' '춘천시 도시기본계획' 대전 및 중부권 '93대전EXPO 마스터플랜 · 사후활용계획' '신행정수도 마스터플랜(77 · 78 · 79년, 박정희대통령)' '신행정수도 상황대비계획(80년대, 620사업, 김재익 경제수석)' '수안보 도시장기종합개발계획' '대전시 도시기본계획' '대전시 보문산 도시자연공원 조성계획' '대전시 유성 진잠지구 · 대덕연구단지 도시설계' '공주시 장기발전 기본계획' '예산군 장기발전계획' 여수 및 남해권 '여수EXPO 준비를 위한 한옥여수시청사 건축설계' '여천신도시 도시설계' '여수반도 관광종합개발 기본계획' '여수신도심 여서 · 문수지구 개발계획 및 설계' '광양 컨테이너항 및 배후도시 기본계획' '광주시 장기종합발전계획' '광주시 무등산 도립공원 종합계획' '목포신도시 하당지구 개발기본계획' '울산 태화강연안 정비기본계획' '제주도 종합개발계획 및 관광종합계획' 북한권 '두만강 개발계획 경신지구계획 UN City · D.R.T(District of Respect and Trust)' 'UNDP 백두산 환경친화적 관광종합계획' 'DMZ Unipeace City · D.H.R(District of Harmony and Reconciliation) 개발 기본구상' '국제 프로젝트 미국 보스턴 East Harbor 재개발계획' '미국 매사추세츠주 Fall River City 도시재개발계획' '미국 하버드대 교육대학원 Larson Hall 건축변경설계' '미국 캘리포니아주 Napa City 도심 도시설계' '오스트리아 남비엔나 South Vienna 도시설계' '일본 쿠시마 Kushima 해안 종합개발계획' '홍콩 리펄스만 Repulse Bay 유원지계획' '네팔 부처님탄생지 네팔 룸비니 Lumbini 평화시구상(UNDP)' '필리핀 수빅만 Subic Bay Econopolis 설계' '나이지리아 Abuja 신수도 마스터플랜' '이집트 시나이반도 과학문명도시 STV(Sinai Technology Valley) 마스터플랜' '알제리 시디압델라 Sidi Abdellah 신도시 마스터플랜' '가나 Ahanta West District 신도시설계' 종기독교

곽용수(郭龍洙) KWAK, YONGSU (寵宙)

생1952 · 12 · 25 본현풍(玄風) 출충북 청원 주대전 대덕구 한남로70 한남대학교 산업경영공학과(042-629-7989) 학1976년 한양대 공업경영학과졸 1979년 同대학원졸 1989년 공학박사(미국 아이오와주립대) 경1978년 국방과학연구소 연구관리단 체계분석실 근무 1979년 同국방관리연구소 체계분석연구팀 근무 1993년 한국국방연구원 연구협력실장 1999~2003년 국방부 심사분석평가위원 · 국방정책전문위원 1999년 한국국방연구원 인력관리연구부장 2000년 同인력개발연구센터장 2003년 同기획조정부장 2005~2006년 同부원장 2006년 同인력개발연구센터 책임연구위원 2007~2009년 민주평통 자문위원 2008~2009년 한국국방경영분석학회 회장 2009년 同명예회장(현) 2009~2014년 한국국방연구원 국방운영연구센터 책임연구위원 2009년 해군 발전자문위원(현) 2014년 한남대 산업경영공학과 예우교수(현) 2014년 한국국방연구원 명예연구위원(현) 상보국포장, 국방부장관표창 저'군인연금 운영30년' '세계국방인력편람' '공적연금제도의 국제적 비교분석' '대만의 국방운영과 군 개혁정책'(2012) 종기독교

곽용환(郭龍煥) KWAK Yong Hwan

생1958 · 12 · 20 출경북 고령 주경북 고령군 고령읍 왕릉로55 고령군청 군수실(054-954-1921) 학고령농고졸, 대구미래대학 행정법률정보과졸, 가야대 경영학과졸, 영남대 행정대학원 자치행정학과졸 경고령군 쌍림면장, 同운수면장, 同다산면장, 한나라당 고령 · 성주 · 칠곡당원협의회 부위원장 2010년 경북 고령군수(한나라당 · 새누리당) 2010년 가야문화권지역발전시장군수협의회 의장 2013년 해군 고령함 명예함장 2014년 경북 고령군수(새누리당)(현) 상기초자치단체장 매니페스토 우수사례 경진대회 우수상(2015), 농협중앙회 지역농업발전선도인상(2015), 한국지방자치경영대상 복지보건부문 대상(2016)

곽우철(郭禹哲) KWOCK Woo Chul (芳木)

생1947 · 7 · 10 본청주(淸州) 출서울 주서울 중구 명동3길6 개양빌딩1404호 에버그린투자자문(주) 비서실(02-318-0333) 학1966년 중동고졸 1971년 성균관대 경제학과졸, 미국 오하이오주립대 대학원 경제학과 수료, 서강대 대학원 경제학과 중퇴, 同경영대학원 수료 2012년 성균관대 유학대학원졸(석사) 2015년 철학박사(성균관대) 경한국외환은행 조사부 조사역, HSBC 부산지점 부장, 소시에테제너럴 서울지점 부지점장, 알타캡 부사장, SEI Investments 서울사무소 대표, 제일투자신탁운용(주) 사외이사, 인피니티(주) 대표이사, 템피스투자자문 부회장 2013년 인피니티(주) 대표이사 2014년 에버그린투자자문(주) 대표이사(현) 역'뮤추얼펀드'(1999) '한민족은 몰락하고 있는가?'(2005) 역'하나님과 씨름한 사람들'(1992) 종기독교

곽원렬(郭源烈) KWAG Won Yul

⊛1953 · 5 · 3 ⊜현풍(玄風) ⊜경남 의령 ㊤서울 강남구 테헤란로432 동부금융센터21층 (주)동부메탈 임원실(02-3484-1800) ⊜1972년 경북고졸 1976년 성균관대 경제학과졸 ⊜1977년 삼성중공업(주) 입사 1988년 同부장 1991년 同기획실장 1995년 同이사대우 1997년 同경영기획팀장(이사) 2000~2001년 同상무이사 2002년 (주)신세계 이마트부문 지원본부장(상무) 2003년 同이마트부문 지원본부장(부사장) 2006년 同이마트부문 판매본부장(부사장) 2007~2008년 (주)신세계마트 대표이사 부사장 2010년 (주)동부메탈 최고재무책임자(CFO · 부사장) 2014년 同대표이사(CEO · 사장)(현) ⊜천주교

곽윤직(郭潤直) KWACK Yoon Chick (厚巖)

⊛1925 · 12 · 16 ⊜청주(淸州) ⊜충남 연기 ㊤서울 관악구 관악로1 서울대학교 법과대학(02-880-7537) ⊜1944년 성남중졸(5년제) 1951년 서울대 법학과졸, 同대학원졸 1968년 법학박사(서울대) ⊜1953~1958년 동국대 · 서울대 · 이화여대 강사 1956년 고등고시 행정과 제3부(외교) 합격(7회) 1956~1958년 법령정리위원회 전문위원, 서울대 법대 전임강사 1959년 미국 버지니아대 교환교수 1960년 서울대 법대 조교수 · 부교수 1965년 서독 함부르크대 교환교수 1967~1991년 서울대 법대 교수 1971년 일본 아시아경제연구소 연구교수 1976년 민사판례연구회 회장 1991년 서울대 법과대학 명예교수(현) ⊛금성화랑무공훈장(1954), 국민훈장 모란장(1986), 한국법률문화상(1987), 국민훈장 무궁화장(1995) ⊗'민법강의 I 민법총칙'(1963) '민법강의 II 물권법'(1963) '부동산물권변동의 연구'(1968) '韓國의 契約法-日本はとの比較'(1971, 日本 東京 アジア法律研究所) '민법강의 III 채권총론'(1976) '민법강의 IV 채권각론'(1977) '부동산등기법' '민법개설' '夏虔民法倫理'(1991) '민법강의 IV 상속법'(1997) 'Credit and Security in Korea-The Legal Problems of Development Finance'(Univ. of Queensland Press)

곽의영(郭義榮) KWAK Eui Young

⊛1956 · 7 · 25 ㊤서울 강남구 강남대로330 우덕빌딩16층 한일시멘트(주) 임원실(02-531-7185) ⊜영등포고졸, 숭실대 영어영문학과졸 ⊜1983년 한일시멘트(주) 입사, 同부장, 同단양공장 부공장장(상무보) 2008년 同상무 2010년 同전무 2012년 同관리부문 총괄부사장 2015년 同대표이사 사장(현) ⊛대통령표창(2003) ⊜기독교

곽인섭(郭仁燮) KWAK In Sub

⊛1956 · 8 · 14 ⊜현풍(玄風) ⊜경남 창녕 ㊤서울 서대문구 통일로81 임광빌딩16층 (주)한중훼리 대표이사실(02-360-6900) ⊜1976년 부산고졸 1982년 부산대 무역학과졸 1989년 미국 오하이오주립대 대학원 경제학과졸 2005년 부경대 대학원 박사과정(수산경영) 수료 ⊜1981년 행정고시 합격(25회) 1983~1987년 경제기획원 예산실 보사예산담당관실 사무관 1990~1993년 국무총리행정조정실 제2행정조정관실 경제심의관실 사무관 1993~1995년 대통령 행정쇄신위원회 제도개선과장 1995~1997년 미국 상무성산하 해양대기청 연수 1997년 국무총리 국무조정실 · 경제행정조정관실 · 재경금융심의관실 과장 1999년 해양수산부 해양정책과장(부이사관) 2001년 同총무과장 2003년 同감사관 2004년 국방대 파견 2005년 국립해양조사원장 2005년 해양수산부 정책홍보관리실 재정기획관 2007년 부산지방해양수산청장 2007년 제17대 대통령직 인수위원회 경제2분과 전문위원 2008년 국토해양부 물류정책관(고위공무원) 2009년 2012여수세계박람회조직위원회 사무차장 2010~2011년 국토해양부 물류항만실장 2011~2015년 해양환경관리공단 이사장 2015년 (주)한중훼리 대표이사 사장(현) ⊛노동부장관표창(1986), 대통령표창(1992), 근정포장(1995), 홍조근정훈장(2010), 한국의 최고경영인상 가치경영부문(2013) ⊜기독교

곽인찬(郭仁贊) KWAK In Chan

⊛1961 · 1 · 3 ⊜인천 ㊤서울 영등포구 여의나루로81 파이낸셜뉴스 논설위원실(02-2003-7121) ⊜1979년 제물포고졸 1986년 고려대 정치외교학과졸 ⊜1986년 코리아헤럴드 외신부 기자 1988년 매일경제신문 외신부 기자 1988년 중앙경제신문 유통경제부 기자 1994년 중앙일보 편집부 기자 1999년 뉴스위크 한국판 취재부 기자 2000년 파이낸셜뉴스 국제부 차장 2001년 同국제부 부장대우 2001년 同국제부장 직대 2002년 同정치경제부장 2003년 同인터넷부장 2004년 同편집국 인터넷 부국장대우 겸 국제부장 2006년 同논설위원 겸 경제연구소장(부국장대우) 2009년 同논설위원실장 2013년 同논설실장(국장급) 2015년 同논설실장(이사대우)(현)

곽임근(郭任根) KWAK Im Geun

⊛1956 · 9 · 28 ⊜경기 이천 ㊤서울 마포구 마포대로136 한국지방재정공제회 이사장실(02-3274-2005) ⊜서울 보성고졸 1980년 건국대 법학과졸 1994년 미국 시라큐스대 대학원 행정학과졸 ⊜1976년 9급 공채 2001년 행정자치부 상훈담당관실 서기관 2001년 同인사담당 계장 2003년 同정부전산정보관리소 정보화교육과장 2005년 同전자정부아카데미 연구기획팀장 2006년 국외 훈련(미국 워싱턴주 시연합회) 2007년 행정자치부 의정관실 상훈팀장 2008년 대통령비서실 총무팀 행정관(부이사관) 2008년 충북도 자치행정국장 2009년 同문화관광환경국장 2009년 행정안전부 과천청사관리소장(고위공무원) 2009년 同공무원노사협력관 2010년 同윤리복무관 2011년 청주시 부시장 2013~2014년 안전행정부 의정관 2014~2015년 행정자치부 의정관 2015년 한국지방재정공제회 이사장(현) ⊜기독교

곽재석(郭載碩) KWAK Jai Seok

⊛1961 · 6 · 27 ⊜현풍(玄風) ⊜대구 ㊤서울 영등포구 도림로176 (사)한국이주동포개발연구원(02-703-5433) ⊜1984년 인하대졸 1986년 한국학중앙연구원 한국학대학원 정치학과졸 1996년 정책분석학박사(미국 일리노이주립대) ⊜2001~2002년 대통령비서실 행정관 2003~2006년 한국교육개발원 연구위원 · 국제협력실장 2005~2006년 세종대 겸임교수 2006년 법무부 외국적동포과장 2008~2009년 同외국적동포팀장 2009년 이주동포정책연구소 소장 2009년 이주동포종합전문저널 '미드리' 편집인(현) 2011년 (사)재외동포기술연수지원단 이사(현) 2013년 (사)한국이주동포개발연구원 원장(현) 2013~2015년 법무부 이민정책자문위원회 위원 2012년 서울지방경찰청 외사협력자문위원회 위원 2015년 한중사랑학교 교장(현) ⊗'세계화와 중등교육의 새로운 아젠다'(2005) '다문화사회 미국의 이민자통합정책'(2009) ⊜기독교

곽재선(郭載善) KWAK Jea Sun

⊛1959 · 1 · 15 ⊜대전 ㊤서울 중구 소공로48 프라임타워21층 KG그룹 회장실(02-3772-0094) ⊜1984년 성균관대 경영대학원졸 2013년 명예 경영학박사(세종대) ⊜KG그룹(KG케미칼 · KG엘로우캡 · KG ETS · KG제로인 · KG이니시스 · KG모빌리언스 · 이데일리 · 이데일리TV · KG패스원) 대표이사 회장(현), 한국무역협회 재정운영위원회 위원(현), 중앙공무원교육원 교육정책자문위원, 한국중견기업연합회 부회장, (재)선현 이사장, 한국걸스카우트연맹 부총재 ⊛석탑산업훈장(2005), 한국경제신문 친환경경영대상(2006), 경기도지사 우수기업인상(2008), 경기도 성실납세자상(2010), 서울대 AIP 산업대상(2016), 철탑산업훈장(2016) ⊗'간절함이 열정을 이긴다'(2013, 미래의창) ⊜기독교

곽재수(郭載洙) KWAK Jae Su

⊛1971 · 10 · 21 ⊜부산 ㊤경기 고양시 덕양구 항공대학로76 한국항공대학교 항공우주및기계공학부(02-300-0103) ⊜1990년 충북고졸 1996년 고려대 공과대학 기계공학과졸 1998년 同대학원 기계공학과졸 2002년 공학박사(미국 텍사스A&M대) ⊜2002년 미국 텍사스A&M대 박사후연구원 2003년 한국항공우주연구원 항공추진그룹 선임연구원 2004년 과학기술연합대학원대 조교수 2005년 한국항공대 항공우주및기계공학부 조교수 · 부교수 · 교수(현) 2006 · 2007년 미국 세계인명사전 'Marquis Who's Who in Science and Engineering'에 등재 2007년 미국 세계인명사전 'Marquis Who's Who in Asia'에 등재 2007 · 2008 · 2009년 미국 세계인명사전 'Marquis Who's Who in the World'에 등재 ⊛국방부장관표창(2005) ⊗'열유체시스템설계(共)'(2015, 동화기술)

곽재원(郭在源) KWAK Jae Won

⊛1954 · 6 · 7 ⊜서울 ㊤경기 수원 영통구 광교로147 (재)경기과학기술진흥원 원장실(031-888-6004) ⊜1972년 서울사대부고졸 1977년 서울대 공업교육과졸 1983년 同공과대학원 금속주조공학과 졸 2000년 공학박사(일본 도쿄대) ⊜1983~1988년 한국경제신문 기자 1988년 중앙일보 과학기술부 기자 1995년 同일본특파원(차장) 1995년 同정보통신팀 차장 1996년 同국제부 차장 1998년 同경제2부 차장 1998년 同기획취재팀 차장 1999년 同산업부 차장 1999년 同정보과학부장 2001년 同산업부장 2003년 同경제담당 부국장 2004년 同경제연구소 부소장 2005~2007년 同전략기획실장 2006년 한국신문협회 기조협의회장 2007~2008년 중앙일보 통일문화연구소장

2007년 同경제연구소장 2009년 同경제연구원장 2009년 同중앙종합연구원장 겸임 2009~2012년 기초기술연구회 이사 2010~2011년 중앙일보 과학기술대기자 2011년 한국공학한림원 기술경영정책분과 정회원 2011년 대통령소속 원자력안전위원회 위원 2012~2014년 한국과학기술원(KAIST) 이사 2012~2014년 한양대 기술경영전문대학원 기술경영학과 석좌교수 2013년 국무총리직속 원자력안전위원회 위원 2014년 (재)경기과학기술진흥원 원장(현) [상]대통령표창(1991), 과학기술포장(2002), 한국공학한림원 해동상(2008), 과학기술훈장 웅비장(2012) [저]'21세기를 향한 일본의 과학기술정책'(1997) '과학기술이 미래다'(共) '10년 후의 세상(共)'(2012) 'KTX경제권 발전전략(共)'(2012)

곽재환(郭在煥) KWAK Jay Whan

[생]1952·1·2 [본]현풍(玄風) [출]대전 [주]서울 서초구 반포대로39길56의14 와이즈빌딩3층 칸(間)종합건축사사무소(02-536-4743) [학]1974년 영남대 건축공학과졸 [경]1980~1987년 (주)김중업종합건축사사무소 이사 1987년 건축그룹 칸(間)(舊 맥건축)종합건축사사무소 대표이사(현) 1992년 대한민국건축대전 초대작가 1992~1994년 경기대 건축공학과 설계스튜디오 튜터 2003~2007년 서울시립대 건축도시조경학부 겸임교수 2004~2011년 한국건축가협회 이사 2004~2005년 (주)맥포럼 대표이사 겸 도서문화계간지 '시티몽키' 발행인 2007~2008년 대한민국건축문화제 위원장 2007~2009년 영남대 건축디자인전문대학원 겸임교수 2009년 파주문화특구 헤이리예술마을 지명건축가(현) 2009~2012년 건축문화학교 교장 2009년 삼육대 건축학과 겸임교수(현) 2010~2011년 서울건축문화제 집행위원장 겸 총감독 2011~2014년 (사)동북아평화연대 상임대표 [상]올림픽기장(1988), 한국건축문화대상(2000), 한국건축가협회상(2001), 은평건축상 금상(2001·2002), 은평구공로패(2001), 한국건축문화대상 본상(2001), 서울시건축상 은상(2002), 한국건축가협회 공로장(2006·2008·2010), 대한민국공간문화대상 대통령표창(2007), 건축대전 문화관광부장관표창(2007), 예총예술문화상(2009), 건축의날 국토해양부장관표창(2011) [저]'4.3GROUP작품집(共)'(1992, 안그라픽스) '4.3·ECHOES OF AN ERA(共)'(1994, 4.3그룹) '시베리안랩소디'(2012, 도서출판 류가헌) [작]'서울올림픽기념상징조형물(평화의 문)'(1985) '비전힐스 골프클럽하우스'(1995) '은평구립도서관'(1997) '제일영광교회'(1998) '흑빛청소년문화센터'(2005) '에이블아트센터'(2007) '자혜학교 직업전환교육센터'(2008)

곽점홍(郭占洪)

[생]1960·3·28 [주]세종특별자치시 한누리대로2130 세종특별자치시청 경제산업국(044-300-4000) [학]청주대졸 [경]1979년 공무원 임용(9급 공채), 국무조정실 세종시지원단 행정활설화팀장 2013년 세종특별자치시 인사조직담당관실 서기관 2014년 同녹색환경과장 2014년 同농업유통과장 2015년 同경제산업국 일자리정책과장 2016년 同경제산업국장(현) [상]내무부장관표창, 모범공무원 국무총리표창, 대통령표창

곽정경(郭貞京·女) Jane Kwak

[생]1962·12·4 [주]서울 영등포구 63로50 63한화생명빌딩 한국신용평가(주) 임원실(02-787-2200) [학]1980년 정신여고졸 1984년 덕성여대 영어영문학과졸 1994년 미국 George Washington 대학원 MBA [경]1991~1996년 세계은행 컨설턴트 1996~1998년 왓슨와이어트 서울지점·홍콩지점 수석컨설턴트 1998~2001년 스탠다드차타드은행 서울지점 재무담당임원(CFO) 2001~2009년 메릴린치증권 서울지점 재무담당임원(상무·CFO) 겸 관리총괄임원(CAO) 2010~2015년 한국스탠다드캐피탈(주) 재무담당최고임원(상무·CFO) 2015년 한국신용평가(주) 경영지원총괄 상무(CFO)(현) 2015년 同대표이사

곽정기(郭正基)

[생]1973·11·8 [본]청주(淸州) [출]충남 아산 [주]서울 서대문구 통일로97 경찰청 특수수사과(02-3150-1032) [학]아산고 중퇴 2002년 한양대 법학과졸 [경]2001년 사법시험 합격(43회) 2004년 사법연수원 수료(33기) 2004년 경찰청 고시특채(경정 임관), 서울 용산경찰서 형사과장 2008년 서울 영등포경찰서 형사과장 2009년 서울 강남경찰서 형사과장 2011년 서울 서초경찰서 형사과장 2011년 서울지방경찰청 경무과 치안지도관 2012년 경북지방경찰청 홍보담당관(총경) 2013년 경기지방경찰청 수사과장 2014년 경기 평택경찰서장 2015년 경찰청 외사수사과장 2016년 同특수수사과장(현)

곽정소(郭正昭) KWAK JUNG SO

[생]1955·6·20 [본]현풍(玄風) [주]서울 서초구 마방로10길5 태석빌딩4층 KEC그룹 비서실(02-3497-5542) [학]1978년 일본 무사시공과대학졸 [경]1978년 일본 SHINKO TRADING CO. LTD., 취체역(取締役) 1982년 (주)KEC 상무이사 1982년 同전무이사 1984년 신한전자(주) 대표이사 사장 1985년 일본 SHINKO TRADING CO. LTD., 취체역(取締役) 부회장 1986년 (주)KEC 부사장 1987년 同대표이사 사장 1995년 전자부품기술연구소 운영위원 1995년 신한은행 경영자문위원회 위원 1998년 한국전자정보통신산업진흥회 부회장 1999년 在日한국인본국투자협회 회장 2000년 신한은행 사외이사 2001년 KEC그룹 회장(현) 2001년 KEC과학교육재단 이사장(현) 2002년 전국경제인연합회 이사(현) 2006년 在日한국인본국투자협회 이사(현) 2006년 (주)한국전자홀딩스 대표이사 회장 2012년 한국전자정보통신산업진흥회 부회장(현) [상]금탑산업훈장(1992), 모범납세자상

곽정완(郭正完) GWAK Jeong Wan

[생]1955·9·22 [본]현풍(玄風) [출]전남 영암 [주]경기 고양시 일산동구 일산로142 유니테크빌 삼아항업(주) 비서실(031-925-9236) [학]1993년 광주대 행정학과졸 1996년 同대학원 행정학과졸 2010년 지적학박사(목포대) [경]1979년 대한지적공사 입사 1990년 同업무부 기술지도과장 1993년 同광주·전남지사 영암군출장소장 1995년 同광주·전남지사 업무부장 1998년 同업무기술지도부장 1999년 同광주·전남지사 순천시출장소장 2000년 同광주·전남지사 나주시출장소장 2000년 同감사실 부장 2002년 同관리처장 2003년 同감사실장 2003년 同경영전략실장 2004년 同경영기획실장 2005년 同경기도본부장 2007년 同사업이사 2008년 同부사장 2012년 삼아항업(주) 부회장(현) [상]행정자치부장관표창(2000), 국민훈장 석류장(2004) [종]불교

곽정용(郭正龍) KAWK Jung Yong

[생]1959·8·16 [주]서울 강남구 테헤란로203 ING타워 현대모비스(주) 임원실(02-2018-5442) [학]성남고졸, 숭실대 기계공학과졸 [경]현대모비스(주) 모듈부품개발부·해외부품개발부·수출부품개발팀 이사대우 2007년 同수출부품개발팀 이사, 同모듈개발실장(이사) 2008년 同모듈개발실·부품개발실장(상무) 2010년 同중국 강소모비스 총경리(상무) 2011년 同중국 강소·상해·무석모비스 총경리(상무) 2013년 同중국 강소모비스 총경리(상무) 2013년 同중국 강소모비스 총경리(전무) 2015년 同베이징법인장 겸 MBJ담당 전무(현)

곽정현(郭定鉉) KWAK Jung Hyun (珉齊)

[생]1933·2·6 [본]청주(淸州) [출]충남 예산 [주]서울 중구 삼일대로363 장교빌딩1201호 충청향우회중앙회(02-755-4754) [학]1953년 덕수상고졸 1963년 국민대졸 1982년 서울대 행정대학원 수료 1988년 연세대 행정대학원 수료 [경]1959년 지역사회개발 충남 대표지도원 1962년 농협중앙회 참사 1972년 새마을지도자연수원 부원장 1978년 상공부 새마을연수원장 1980년 새마을운동중앙본부 창립준비위원회 간사장·초대이사 1981년 제11대 국회의원(전국구, 민주정의당) 1981년 민주정의당(민정당) 국민운동중앙본부장 1983년 同중앙위원회 노동분과 위원장 1985~1991년 한국기계산업진흥회 회장 1991년 세일중공업(주) 대표이사 1992년 삼현전자(주) 회장 1998년 대한민국헌정회 이사, 同고문(현) 2000년 한국아동복지재단 이사장 2008년 자유선진당 공천심사위원 2008~2010년 同상임고문 2010~2014년 충청향우회중앙회 총재 2013~2015년 (사)유관순열사기념사업회 회장 2014년 대한노인회중앙회 고문(현) 2014년 충청향우회중앙회 명예총재(현) 2015년 (사)유관순열사기념사업회 명예회장(현) [상]새마을훈장 협동장, 보국훈장 삼일장 [저]'간추린 불교상식' [종]불교

곽정환(郭錠煥) KWAK Chung Hwan

[생]1936·1·22 [본]현풍(玄風) [출]대구 달성 [주]서울 영등포구 선유동1로50 국제피스스포츠연맹 [학]1955년 경북고졸 1957년 경북대 법대 수료 1974년 상지대 법학과졸 1976년 건국대 대학원 철학과졸 1983년 명예 인류학박사(필리핀 바기오대) 2002년 명예 신학박사(미국 통일신학대학원) [경]1979~2011년 국제문화재단(ICF) 회장 1982~2011년 국제구호친선재단(IRFF) 회장 1988년 세계일보 사장 겸 발행인 1988~2007년 세계문화체육대전(WCSF) 조직위원장 1988~2010년 프로축구 성남일화천마 구단주 1996~2009년 선문학원 이사장 1997~1999년 세계일보 부회장 1998~2007년 미국 워싱턴타임즈 회장 1999~2009년 세계평화초종교초국가연합(IIFWP) 세계회장 2000~2009

년 미국 Univ. of Bridgeport 학원재단 이사장 2000~2010년 세계NGO연합회(WANGO) 회장 2002년 UPI통신사(United Press International) 회장(현) 2002~2009년 피스컵조직위원회 위원장 2004~2006년 유지재단 이사장 겸 통일그룹 한국회장 2004~2008년 세계평화통일가정연합(FFWPU) 세계회장 2005 · 2007 · 2009~2011년 한국프로축구연맹 회장 2005~2009년 천주평화연합(UPF) 세계회장 2007~2012년 국제축구연맹(FIFA) 전략위원회 위원 2008~2010년 평화통일재단 이사장 2008~2012년 아시아축구연맹(AFC) 장애인축구 및 사회공헌위원회 위원장 2008년 국제피스스포츠연맹 이사장(현) 2009~2010년 프로스포츠단체협의회 회장 2011~2015년 아시아축구연맹(AFC) 사회공헌위원회 위원 겸 상임고문 2011년 (사)한국프로축구연맹 명예회장 [상]바이비르싱(Bai Vir Singh) 세계평화상 [저]'Outline of the Divine Principle' 'The Tradition' 곽정환 특별강연문집 '세계평화의 비전'(2007, 성화출판사) '나비작전 : 공산세계를 개척한 지하 선교사들의 이야기'(2008, 성화출판사) [종]통일교

곽제동(郭濟東) KWACK Je Dong

[생]1946 · 7 · 20 [본]현풍(玄風) [출]강원 동해 [주]서울 강남구 테헤란로432 동부금융센터 (주)동부 비서실(02-3011-3017) [학]1965년 북평고졸 1973년 고려대 경제학과졸 [경]1973~1978년 한국은행 외환관리부 · 국제금융부 근무 1978~1983년 미륭건설 종합조정실 근무 1983~1989년 한국자동차보험 부장 1989~1990년 동부창업투자 이사 1990년 한국자동차보험 상무이사 1993~1995년 同상임감사 1995년 동부생명보험 관리 · 재무담당 상무이사 1997~1998년 同전무이사 1997~1998년 한국보험학회 이사 1998~2001년 동부생명보험 감사 2001년 동부화재해상보험 경영지원실장 2003~2004년 同부사장 2004~2007년 (주)동부 부사장 2004년 동부증권 비상근감사 2007~2010년 (주)동부 금융분야 CFO(사장) 2010년 동부정밀화학 대표이사 사장 2010년 동부CNI(주) 대표이사 사장 2015년 同대표이사 부회장 2015년 (주)동부 대표이사 부회장(현) [상]산업포장(2016) [종]기독교

곽종욱(郭鍾旭) Kwak, Jong Wook

[생]1975 · 10 · 24 [본]현풍(玄風) [출]대구 [주]경북 경산시 대학로280 영남대학교 공과대학 컴퓨터공학과(053-810-3533) [학]1993년 대구 달성고졸 1997년 경북대 컴퓨터공학과졸 2001년 서울대 대학원 컴퓨터공학과졸 2006년 공학박사(서울대) [경]1999~2000년 (주)Mobile Tech 연구원 2003년 이화여대 전자공학과 강사 2005년 수원대 IT대학 컴퓨터공학과 강사 2006~2007년 삼성전자 반도체총괄System LSI사업부 SOC연구소 책임연구원 2007년 영남대 컴퓨터공학과 전임강사 2009~2013년 同컴퓨터공학과 조교수 2009~2013년 지식경제부 R&D사업평가지식경제기술혁신평가단 위원 2011년 대구시교육과학연구원 사이버과학관고도화사업추진위원회 위원 2011년 조달청 기술평가위원(현) 2011년 서울대 컴퓨터신기술공동연구소 객원연구원 2012~2013년 미국 조지아공대(Georgia Institute of Technology) 방문교수 2012년 한국과학기술정보연구원(KISTI) 과학기술정보협의회 ACE(ASTI Core Expert) 전문가(현) 2012년 한국컴퓨터정보학회 이사 겸 편집위원 2012~2014년 미국 'Marquis Who's Who in the World'에 등재 2012년 영국 IBC(International Biographical Centre) 'Top 100 Engineers'에 등재 2013년 산업통상자원부 R&D사업평가지식경제기술혁신평가단 위원(현) 2013년 한국정보화진흥원 정보화사업평가위원(현) 2013년 미국 ABI(American Biographical Institute) 'Great Minds of the 21st Century'에 등재 2013년 영남대 공과대학 컴퓨터공학과 부교수(현) 2014년 同DREAM소프트웨어인재양성사업단장(현) [상]한국정보과학회 우수발표논문상(2004), 한국정보과학회 최우수논문상(2011), 한국정보처리학회 최우수논문상(2011), 영남대 최우수교수상(2011), 영남대 강의우수교수상(2012) [저]'HDL을 활용한 디지털 시스템 설계'(2008, 영남대 출판부) 'UNIX 기반 운영체제 입문'(2011, 도서출판 한산) [역]'디지털 논리회로 설계-Verilog 기초'(2009, 도서출판 한산) 'Verilog 합성, 최적의 합성을 위한 설계 가이드'(2010, 홍릉과학출판사) [종]기독교

곽종훈(郭宗勳) KWAK Jong Hun

[생]1951 · 8 · 7 [출]전북 남원 [주]서울 서초구 서초중앙로158, 302호 법률사무소 이경(02-6497-5500) [학]1970년 전주고졸 1975년 서울대 법과대학졸 [경]1981년 사법시험 합격(23회) 1983년 사법연수원 수료(13기) 1983년 전주지법 판사 1986년 同정읍지원 판사 1988년 전주지법 판사 1990년 수원지법 판사 1994년 서울고법 판사 1996년 서울지법 판사 1997년 대법원 재판연구관 1999년 전주지법 부장판사 2000년 인천지법 부장판사 2002년 서울지법 부장판사 2004년 서울중앙지법 부장판사 2005년 서울북부지법 부장판사 2006년 광주고법 부장판사 2006년 서울고법 부장판사(의료사건전담 재판장) 2010년 同행정7부 부장판사 2012년 同수석부장판사 2012년 의정부지법원장 2014~2016년 서울고법 부장판사 2016년 법률사무소 이경 대표변호사(현) [종]기독교

곽중철(郭重哲) KWAK Joong Chol

[생]1953 · 4 · 2 [본]현풍(玄風) [출]대구 [주]서울 동대문구 이문로107 한국외국어대학교 통번역대학원(02-2173-3059) [학]1972년 경북고졸 1976년 한국외국어대 영어과졸 1983년 프랑스 파리제3대 통역대학원졸 1996년 연세대 언론홍보대학원졸 2003년 언어학박사(경희대) [경]1984년 서울올림픽조직위원회 통역과장 1989년 국제민간경제협의회(IPECK) 홍보실장 1990~1993년 대통령 공보비서관 1993년 종합유선방송위원회 관리국장 1994년 YTN 월드뉴스부장 1998년 同국제부장 겸 위성통역팀장 1999년 同자문위원 1999년 다락원 '방송영어' 감수위원 1999년 한국외국어대 통번역대학원 교수(현) 2000~2001년 同통역번역연구소장 2001년 공정거래위원회 경쟁정책자문위원회 자문위원 2006~2007년 한국외국어대 통번역대학원장 2006~2007년 同통번역원장 2012년 (사)한국통번역사협회 회장(현) 2014년 한국외국어대 외국어연수평가원장 2016년 同통번역센터장(현) [상]체육훈장 백마장(1984), 홍조근정훈장(1992), 영화진흥위원회 우수영화도서선정(2005), 외교통상부장관표창(2012) [저]'통역이야기-남의 말을 내말처럼'(1992) 'CNN 리스닝 다락원'(1998) '통역 101'(2000) '곽중철의 통역사 만들기'(2001) '영어리스닝 CNN 직청직해로 끝낸다'(2003) '곽중철의 통역강의록'(2012) '회의통역해설'(2012) '병원에서 통하는 영어'(2015) [역]'저작권법에 대한 101가지 질문'(2002) 'TV와 영화 산업의 계약- 대본부터 배급까지(共)'(2005) '의료통역입문'(2009) '법률통번역입문'(2010) '웹 현지화와 번역'(2015) [종]기독교

곽지영(郭知鈴 · 女) Ji Young Kwak

[본]현풍(玄風) [출]서울 [주]서울 서초구 효령로321 메가스터디교육(주) 엠베스트(1544-2300) [학]2006년 연세대 경영학과졸 [경]2005~2007년 G1230 강사 2007년 정상어학원 대표강사(현) 2013년 메가스터디교육(주) 엠베스트 강사(현) 2014년 메가잉글리시 TEPS 대표강사(현) 2014년 G.I출판사 대표이사(현) 2016년 에듀윌(주) FIRST 모닝영어 교수(현) [상]LG Global Challenger(2003), 로레알 브랜드스톰(2014) [저]'The Grammar Map'(2013, 에이리스트) '상위권을 디자인하는 Syntax'(2013, 메가스터디) '남들 몰래 내신 다지기 중1-1'(2013, 메가스터디) '남들 몰래 내신 다지기 중2-1'(2013, 메가스터디) '남들 몰래 내신 다지기 중3-1'(2013, 메가스터디) '미니 하프 테스트1'(2016, 더채움)

곽 진(郭 鎭) KWAK Jin

[생]1958 · 2 · 27 [주]전북 덕진구 기린대로1055 전북현대모터스(063-273-1763) [학]중앙고졸, 관동대 관광경영학과졸 [경]현대자동차(주) 성남동부지점장, 同서부지역본부장, 同판매추진실장(이사대우), 同판매사업부 이사, 同판매사업부장(상무) 2012년 同판매사업부장(전무) 2013년 同국내영업본부장(부사장) 2016년 전북현대모터스FC 대표이사(현) 2016년 현대자동차그룹 고문(현)

곽진영(郭眞英 · 女) Jin-Young Kwak

[생]1965 · 4 · 6 [출]서울 [주]서울 광진구 능동로120 건국대학교 정치외교학과(02-450-3572) [학]금란여고졸, 이화여대 영어영문학과졸, 同대학원 정치외교학과졸, 정치학박사(미국 노스웨스턴대) [경]2002~2013년 건국대 정치외교학과 교수 2002년 이화여대 사회대학 BK21 연구원 2002년 한국NGO학회 상임이사 2003년 한국정치학회 감사 2005년 경제정의실천시민연합 정치개혁위원회 위원 2006년 한국메니페스토실천본부 정책자문위원 2008년 국회운영제도개선위원회 위원 2010년 한국국제정치학회 감사 2010년 건국대 서울캠퍼스 기획조정부처장 2013년 한국청년유권자연맹 운영위원 2013~2016년 국민권익위원회 부패방지담당 부위원장(차관급) 2016년 건국대 정치외교학과 교수(현)

곽진오(郭珍午)

[생]1962 · 2 [주]충남 아산시 탕정면 삼성로181 삼성디스플레이 임원실(041-535-1114) [학]서울대 대학원 물리학과졸(박사) [경]1987년 삼성SDI 연구소 입사 1998년 삼성전자(주) LCD개발팀 근무 2009년 同SMD제품개발팀장(상무) 2012년 삼성디스플레이(주) SDC개발실장(전무) 2012년 同OLED개발실장(전무) 2015년 同OLED개발실장(부사장)(현) [상]산업포장(2013)

곽진환(郭珍煥) KWAK Jin Hwan

[생]1961·2·6 [본]현풍(玄風) [출]대구 [주]경북 포항시 북구 흥해읍 한동로558 한동대학교 생명과학부(054-260-1353) [학]1979년 계성고졸 1983년 서울대 약학과졸 1985년 同대학원졸 1990년 약학박사(서울대) [경]1989년 서울대 약학대학 조교수 1990년 미국 위스콘신대 의과대학 연구원 1992~1996년 LG화학 바이오텍연구소 팀장 1996년 한동대 생명식품과학부 교수 2001년 同생명식품과학부장 2001년 同생명공학연구소장, 同생명과학부 교수(현) 2010년 同생명과학부장, 同생명과학연구소장 2016년 同생명과학부장 겸 생명과학연구소장 2016년 同교무처장 겸 창의융합교육원장(현) 2016년 同ACE사업단장(현) [상]대한약학회 학술장려상(1997), 특허기술상(1998) [저]'항생물질학' '신물질탐색' [종]기독교

곽진희(郭珍姬·女) KWAK, Jin-Hee

[생]1967·3·14 [본]현풍(玄風) [출]대구 [주]경기 과천시 관문로47 방송통신위원회 방송정책국 방송정책기획과(02-2110-1411) [학]1985년 효성여고졸 1989년 경북대 신문방송학과졸 1991년 同대학원 신문방송학과졸 2001년 신문방송학박사(성균관대) [경]1991년 방송위원회 입사, 同정책연구실·정책부·연구조사부 근무 1998~1999년 방송개혁위원회 전문위원 2003년 방송위원회 방송정책실 정책1부장 2006년 同국제교류부장 직대 2008년 방송통신위원회 기획조정실 의안조정팀장(서기관) 2009년 외국 파견(서기관) 2011년 방송통신위원회 정책관리담당관 2012년 同편성평가정책과장 2015년 同방송정책국 방송정책기획과장 2016년 同방송정책국 방송정책기획과장(부이사관)(현) [상]방송통신위원장표창(2012), 대통령표창(2013) [저]'디지털시대 미디어폭력연구'(2004, 한울)

곽창신(郭昌信) KWAK Chang Shin

[생]1952·9·4 [출]충북 괴산 [주]서울 광진구 능동로209 세종대학교 대외부총장실(02-3408-3001) [학]1970년 서울 중동고졸 1976년 서울대 영어과졸 1983년 同행정대학원졸 1994년 철학박사(미국 아이오와대) [경]1979년 행정고시 합격(22회) 1979~1992년 충북도·총무처·경북대·안동대·중앙교육평가원 행정사무관·교육부 정화담당관실·교육협력과·대학학무과 행정사무관 1992~1997년 창원대 근무·교육부 재외동포과·대학지원총괄과장 1997년 교육부 대학지원과장(부이사관) 1998년 충북도교육청 부교육감 2000년 국가전문행정연수원 교육행정연수부장 2000년 유네스코본부(파리) 파견 2003년 전남대 사무국장(이사관) 2004년 재정경제부 경제정책심의관 2005년 교육인적자원부 대학혁신추진단장 2007년 同평생직업교육지원국장 2008년 서울대 시설관리국장 2009년 한나라당 수석전문위원 2010년 同학술연구정책실장 2011년 同교원소청심사위원회 위원장 2012~2015년 단국대 교육대학원 교수 2012년 서울 송파구선거관리위원회 위원 2015년 세종대 교육대학원 교수(현) 2015년 同대외부총장 겸 교육대학원장(현) [상]총무처장관표창, 대통령표창(1985), 홍조근정훈장(2010) [저]'현대사회와 직업윤리'(共) [역]'일본인의 직업윤리' '학교행정의 윤리와 쟁점'(共)

곽창욱(郭倉旭) KWAG Chang Uk (靑公)

[생]1939·10·2 [본]현풍(玄風) [출]전남 진도 [주]서울 강남구 테헤란로327 빅토리아빌딩1408호 세일법률사무소(02-527-2789) [학]1958년 목포고졸 1962년 서울대 법학과졸 1965년 同대학원졸 1983년 同행정대학원 국가정책과정 수료 1984년 미국 조지워싱턴대 행정경영대학원 수료 1985년 서울대 경영대학 최고경영자과정 수료 1988년 미국 보스턴대 아시아경영연구소 연수 1989년 서울대 공과대학 최고산업전략과정 수료 [경]1964년 사법시험 합격(2회) 1966~1969년 육군 법무관 1969년 변호사 개업 1970년 서울시 법률고문 1980년 환경청 중앙환경분쟁조정위원 1984년 법무부 갱생보호위원 1985년 환경부 행정심판위원 1986년 서울시지하철공사 법률고문 1988년 대한상사중재원 중재인 1988년 국제로타리 3650지구 남한성로타리클럽 회장 1989년 서울시 토지수용위원장 직대 1990년 同행정심판위원 1990~2011년 중앙노동위원회 심판담당 공익위원 1991년 노동부 법률고문 1994년 한국환경민간단체진흥회 이사·이사장(현) 1995년 노동부 행정심판위원 1995년 민주평통 자문위원 1997년 대한변호사협회 이사 1997년 서울시 제1인사위원회 부위원장 1997~2014년 공증인가 세일법률사무소 변호사 1998년 국립환경연구원 G7·행정위원회 위원장 1999년 농림부 법률고문 2000년 교육부 법률고문 2000년 서울시 송파구·강남구 공직자윤리위원장 2001년 노사정 서울모델협의회 공익위원 2001년 서울시 지방세심의위원장 2002~2009년 한국환경기술진흥원 행정위원장 2002년 대통령자문 지속가능발전위원회 위원 2005~2014년 예금보험공사 자문변호사 2005~2010년 대한적십자사 법률고문 2009년 한국환경산업기술원 행정위원장 2012년 서울 중구청·광진구청 법률고문 2014년 중구시설관리공단 법률고문(현) 2015년 세일법률사무소 변호사(현) [상]국민훈장 동백장(1994) [저]'독점규제 및 공정거래에 관한 법률소고' '컴퓨터프로그램보호법 소고' '피의사실공표죄에 관한 소고' [종]기독교

곽창호(郭昌昊)

[생]1958·4·30 [주]서울 강남구 봉은사로514 포스리빌딩 (주)포스코경영연구원(02-3457-8314) [학]1976년 경복고졸 1984년 한국외국어대졸 1991년 경제학박사(미국 텍사스대) [경]1983~1985년 한국수출입은행 행원 1991~1994년 투자금융경제연구소 연구조정위원 1998~2000년 자민련 총재 자문위원 2000년 국무총리 자문관 2000~2003년 공정거래위원회 정책평가위원 2005~2009년 (주)포스코경영연구소 델리사무소장 2010~2011년 同연구조정실장 2011~2013년 同경영컨설팅센터장(상무) 2012년 한국인도사회연구학회 회장, 同고문(현) 2013년 (주)포스코경영연구소 미래창조연구실장(전무) 2014년 同대표이사 소장 2015년 (주)포스코경영연구원 대표이사 원장(현) 2015년 (주)포스코 비상경영쇄신위원회 책임경영분과 위원장(현)

곽철승(郭澈勝) Kwark Cheol Seung

[생]1959·3·10 [주]서울 중구 을지로55 하나금융지주 임원실(02-2002-1110) [학]1978년 경기고졸 1987년 서울대 경제학과졸 1990년 同대학원 행정학과졸 [경]1988년 외환은행 입행 2004년 同KPI팀장 2005년 同인사운용부 팀장 2006년 同캐나다법인 벤쿠버지점장 2010년 同해외사업본부 국제금융조사역 2010년 同재무기획부 팀장 2011년 同재무기획부장 2012년 同기획관리그룹장 2013년 同강동영업본부장 2014년 同IB본부장 2014년 하나금융지주 재무전략실 상무 2015년 同최고재무책임자(CFO·상무)(현)

곽태철(郭泰哲) KWAK Tae Chul

[생]1955·6·2 [출]부산 [주]서울 강남구 테헤란로133 법무법인 태평양(02-3404-0170) [학]1973년 부산고졸 1977년 서울대 법학과졸 1989년 독일 Bonn대 연수 1997년 서울대 법학대학원졸 [경]1978년 軍법무관시험 합격(3회) 1978년 공군 법무관 1981년 사법시험 합격(23회) 1983년 사법연수원 수료 1986년 서울지법 의정부지원 판사 1987년 同동부지원 판사 1990년 서울형사지법 판사 1992년 부산지법 판사 1994년 헌법재판소 헌법연구관 1995년 서울고법판사 1997년 대법원 재판연구관 1998년 대전지법 천안지원 부장판사 1999년 법무법인 태평양 변호사 2000년 법원행정처 행정심판위원회 위원 2000~2009년 국무총리 행정심판위원회 위원 2004년 한국상장회사협의회 주식업무자문위원(현) 2004~2007년 건설교통부 건설공제조합운영위원회 위원 2004~2007년 교육인적자원부 사학분쟁조정위원회 위원 2005년 재정경제부 국세예규심사위원회 민간위원 2006~2008년 대한변호사협회 조사위원 2008~2009년 기획재정부 고문변호사 2008~2009년 서울지방국세청 과세전적부심사위원회 위원 2009~2011년 국세청 고문변호사 2012년 기획재정부 공공기관운영위원회 위원(현) 2012~2014년 대한변호사협회 세제위원회 위원 2012~2014년 (사)한국세법학회 부회장 2014년 同고문(현) 2014년 조달청 고문변호사(현) 2014년 법무법인(유) 태평양 대표변호사(현) 2016년 대한상사중재원 중재인(현) [상]대통령표창(2005), 2009 청조인상 동창회 기여부문(2010), 헌법재판소장표창(2015) [종]천주교

곽태헌(郭太憲) Kwak Tae Hun

[생]1962·8·21 [본]현풍(玄風) [출]서울 [주]서울 중구 세종대로124 서울신문 임원실(02-2000-9003) [학]1981년 중대부고졸 1986년 고려대 영어영문학과졸 1988년 서울대 행정대학원졸(행정학석사) 2005년 미국 듀크대 객원연구원 2006년 서강대 OLP과정 수료 [경]2001년 서울신문 논설위원 2002년 同정치부 차장 2004년 同경제부 차장 2005년 同국제부장 2006년 同산업부장 2008년 同정치부장(부국장급) 2010년 同논설위원 2012년 同편집국 정치·경제에디터 2013년 同편집국장 2014년 同논설실장 2015년 同이사(현) [상]제9회 한국참언론인대상 정치부문(2013)

곽한병(郭漢昞)

[생]1958·4·15 [출]충북 청주 [주]경기 수원시 영통구 광교산로154의42 경기대학교 체육대학 레저스포츠학과(031-249-9973) [학]1982년 경기대 체육학과졸 1986년 同대학원 체육학과졸 1989년 미국 버몬트대 대학원졸 1997년 이학박사(경기대) [경]1996~2002년 한국안전교육학회 이사 1997~2004년 한국체육과학회 이사 1998년 경기대 체육대학 레저스포츠학과 교수(현)

2001~2009년 경기도스쿼시연맹 부회장 2002~2004년 전국대학신문주간교수협의회 회장 2005~2009년 경기도조정협회 이사 2006~2009년 서울시윈드서핑연합회 부회장 2007~2009년 한국노인체육복지학회 이사 2009~2012년 경기대 평생교육원장 2011~2012년 한국보육교사연합회 회장 2012년 경기대 사회교육원장 2015년 여가복지문화연구소 소장(현) 2016년 경기대 부총장(현)

곽현준(郭賢竣·女)

[생]1972 [주]서울 영등포구 의사당로1 국회사무처 안전행정위원회(02-788-2156) [학]서울대 불어불문학과졸, 同대학원 행정학과졸 [경]1996년 입법고시 합격(14회) 1996년 국회사무처 공보국 여성계장 2003년 同보건복지위원회 입법조사관(서기관) 2006년 同정보위원회 입법조사관 2007년 同공보관실 홍보담당관 2009년 駐프랑스주재관 2016년 국회사무처 안전행정위원회 입법조사관(부이사관)(현)

곽형근(郭亨根) KWAK Hyung Keun

[생]1949·7·14 [본]현풍(玄風) [출]서울 [주]경기 성남시 분당구 황새울로319번길8의6 수의과학회관301호 한국동물약품협회(031-707-2470) [학]1968년 중앙고졸 1973년 서울시립대 수의학과졸 2008년 건국대 대학원 수의학과졸 [경]1976~1992년 농림부 축산국 축산물위생담당 1994년 국립동물검역소 국제검역담당사무관 1995년 농림부 축산국 사무관 1998년 同축산물위생담당 서기관 1999년 국립수의과학검역원 위생관리과장 2006년 同축산물안전검사부장 직대(부이사관) 2006~2009년 (사)축산물HACCP기준원 원장 2009년 건국대·제주대 수의대학 겸임교수 2010~2014년 한국동물약품기술연구원장 2011년 (사)한국동물약품협회 상근부회장 2014년 한국식품안전관리인증원 이사(현) 2015년 축산물안전관리인증원 이사(현) 2015년 식품의약품안전처 축산물위생심의위원회 위원(현) 2016년 (사)한국동물약품협회 회장(현) [상]근정포장(2006)

곽형석(郭亨碩)

[생]1964·10·11 [출]경기 안양 [주]세종특별자치시 도움5로20 국민권익위원회 부패방지국(044-200-7601) [학]1984년 양명고졸 1990년 고려대 국어교육학과졸 1997년 충남대 행정대학원 행정학과졸 [경]행정고시 합격(36회), 부패방지위원회 정책기획실 제도2담당관 2003년 同비서관 2005년 국가청렴위원회 정책기획실 제도2담당관 2008년 국민권익위원회 부패방지부 법령제도개선단 법령분석기획과장 2008년 同부패방지부 법령제도개선단 법령분석기획과장(부이사관) 2009년 同부패방지국 부패영향분석과장 2010년 同부패방지국 청렴총괄과장 2011년 同행정심판총괄과장 2011년 同신고심사심의관 2013년 同행정심판국 행정심판심의관 2014년 중앙공무원교육원 교육파견(국장급) 2015년 국민권익위원회 부패방지국장(현)

곽호영(郭豪榮) KWAK Ho Young (곽조)

[생]1946·7·8 [본]청주(淸州) [출]충남 천안 [주]서울 동작구 흑석로84 중앙대학교 기계공학부(02-820-5278) [학]1971년 서울대 물리학과졸 1977년 미국 텍사스대 대학원 물리학과졸 1981년 공학박사(미국 텍사스대) [경]1981년 미국 텍사스대 기계공학과 연구원 1981~2011년 중앙대 기계공학부 조교수·부교수·교수 1986년 미국 Cornell대 기계공학과 객원교수 1988년 한국동력자원연구소 위촉연구원 1994~1997년 중앙대 연구지원처 사무국장 1996~1997년 대한기계학회 편집이사 1996년 한국학술진흥재단 학술연구운영위원회 분과위원 1997~1999년 중앙대 공과대학장 1997~2006년 인도 Far East Journal of Applied Mathematics 편집이사 2000년 대한기계학회 열공학부문위원장 2002~2008년 세계인명사전 'MARQUIS Who's Who in Science and Engineering'에 등재 2003~2004년 미국기계학회 한국지부 의장 2003~2004년 한국학술진흥재단 공학부문 위원장 2004년 International Journal of Exergy 편집위원(현) 2006년 BK21기능보강형 소재응용기술팀장 2006년 Advances and Applications in Fluid Mechanics 편집위원 2007년 세계인명사전 'MARQUIS Who's Who in Asia'에 등재 2008년 대한기계학회 감사 2009년 세계인명사전 'MARQUIS Who's Who in America'에 등재 2010년 한국과학기술한림원 정회원(현) 2011년 중앙대 기계공학부 명예교수(현) 2011년 同CAU Fellow 2012년 블루이코노미전략연구원 부원장(현) [상]남헌학술상(2005), 대한기계학회 열공학학술상(2010), 근정포장(2011) [저]'기포동역학'(2002) '소노루미네쓴스 현상과 의과학에 있어서 충격파 집속 효과'(2003) '열역학'(2003) 'Encyclopedia of Surface and Colloid Science(Bubbles: Homogeneous Nucleation)'(2006) '열병합 발전 시스템의 엑서지 및 열경제학 해석과 최적 설계'(2008) '기포동역학'(2014, 개정판) [종]유교

곽희상(郭熙相) KWAK, Hi-Sang (鳳山)

[생]1937·12·28 [본]선산(善山) [출]충북 청주 [주]서울 서대문구 연희로39길31의14 화이트빌201호 해양환경국민운동연합(02-391-0751) [학]1958년 청주고졸 1965년 서울대 동물학과졸 1976년 건국대 대학원 생물학과졸 1985년 이학박사(서울대) [경]1965년 원자력연구소 근무 1968년 한국과학기술연구소 수산자원연구실 연구원 1972년 同해양개발연구소 선임연구원 1976년 한국선박해양연구소 선임연구원 1980년 한국과학기술연구소 해양개발연구소 책임연구원 1981년 한국과학기술원 책임연구원 1981~1989년 同해양연구소 해양정보실장·해양생물연구실장·연구부장 1986~1999년 기술자격제도심의위원회 전문위원(해양분야) 1989년 한국과학기술연구원 책임연구원·해양생물연구실장 1990년 한국해양연구소 해양생물연구부 책임연구원 1992년 同선임연구부장 1992~1996년 충남대 겸임교수 1992년 한국수산학회 부회장 1993년 한국해양연구소 소장 직대 1993~1995년 同이사 1993년 한국해양학회 부회장 1994~2001년 한국자연보전협회 이사 1994~1996년 환경부 자연환경보전 명예지도관 1994년 케냐 해양수산연구소 해양오염전문가 1994~2000년 한국환경보전협회 전문위원 1995~1999년 서울대 해양연구소 특별연구원 1996년 고려대 강사 1997~2007년 한양대 및 대학원 강사 1999년 세계자연보전연맹 한국위원회 종신회원(현) 2000년 동국대 대학원 강사 2000년 한양대 겸임교수 2000년 상명대 생명과학부 강사 2000년 해양환경국민운동연합 중앙본부 상임부회장(현) 2001년 한국해양연구원 연구위원, 同책임연구위원 2003~2005년 건설교통부 정책자문단 자문위원 2004~2014년 한국과학기술정보연구원(KISTI) 전문연구위원 2004년 한나라당 지도위원 2012년 새누리당 중앙위원회 화랑봉사대 고문(현), 농산물품질관리연구원 회원(현), 농협 회원(현) [상]국민포장(1993) [종]기독교

구경헌(具京憲) KOO Kyung Heon

[생]1959·7·17 [본]창원(昌原) [출]서울 [주]인천 연수구 아카데미로119 인천대학교 공과대학 전자공학과(032-835-8446) [학]1981년 서울대 공과대학 전자공학과졸 1983년 同대학원 전자공학과졸 1991년 공학박사(서울대) [경]1984년 나우정밀(주) 연구원 1986년 한국통신기술(주) 연구원 1987년 인천대 공과대학 전자공학과 전임강사·조교수·부교수·교수(현) 1987년 同공과대학 전자공학과장 1989~1990년 공업진흥청 기술지도위원, 인천대 영자신문 주간, 同공대 교학과장, 同멀티미디어연구센터 소장, 대한전자공학회 기획이사 1994년 산업표준심의회 전문위원 2003년 대한전자공학회 재무이사, 통신소사이어티 학술이사 2004년 한국전자파학회 총무이사, 한국항행학회 학술이사 2005년 同논문지 편집이사 2013년 한국전자파학회 수석부회장 2015년 同회장 2016년 인천대 연구산학처장 겸 산학협력단장(현)

구경회(具暻會) KOO Kyung Hoi

[생]1957·5·5 [주]경기 성남시 분당구 구미로173번길82 분당서울대병원 정형외과(031-787-7194) [학]1976년 경기고졸 1982년 서울대 의대졸 1986년 同대학원졸 1990년 의학박사(서울대) [경]1982~1983년 서울대병원 수련의 1983~1986년 同방사선과 전공의 1986~1988년 춘천의료원 방사선과장 1988~1992년 서울대병원 정형외과 전공의 1992~2003년 경상대 의대 정형외과학교실 전임강사·조교수·부교수 1996년 미국 버지니아의과대학 방문교수 2003년 서울대 의과대학 정형외과학교실 부교수·교수(현) 2005~2014년 분당서울대병원 정형외과장, 同관절센터장 2012~2014년 국제골순환학회(ARCO; Association Research Circulation Osseous) 회장 2015년 영국 골관절외과학회지 'The Bone and Joint Journal(The Journal of Bone and Joint Surgery British)' 편집위원(현) [상]대한고관절학회 학술상(1994), 대한정형외과학회 학술본상(1995), 함춘의학상(1994), 대한정형외과학회 학술장려상(1000), 대한정형외과학회 만례재단 해외발표 학술상(2000), 대한정형외과연구학회 학술상(2004), 대한정형외과학회 기초과학부분 학술상(2007), 대한고관절학회 해외학술상(2008)

구관영(丘琯煐) KOO Gwan Young

[생]1947·3·15 [본]평해(平海) [출]충남 서천 [주]인천 남동구 남동서로237 (주)에이스테크놀로지(032-818-5500) [학]1967년 경동고졸 1975년 광운대 공학대학 응용전자학과졸 1996년 서강대 경영대학원 최고경영자과정 수료 2004년 명예 경영학박사(광운대) [경]1974~1980년 록켄자무역공사 해외영업부장 1980년 (주)에이스테크놀로지(舊 명성무역상사) 설립·대표이사(현) 1998~2001년 한국정보통신대학원대 이사 1999~2000년 정보통신중소기업협회(PICCA) 회장 2000년 (사)벤처기업협회 고문(현) 2002~2004년 한국중견기업연합회 부회장 2013년 한국전파진흥협회(RAPA) 이사(현) 2015년 대통령 미국순방 경제사절단 참가 [상]정보통신부 정보통신분야 유공자표창(1995), 과학기술처 IR52장영실상(1996), 석탑산업훈장(1997), 중소기업청 선정 중소기업분야 신 지식인(1999),

2천만달러 수출의 탑(2000), 국무총리표창(2001), 3천만달러 수출의 탑(2002), 철탑산업훈장(2003), 7천만달러 수출의 탑(2004), 한국중재학회 국제거래신용대상(2005), 전파진흥협회 전파기술상(2006), 국무총리표창(2010), 대한민국기술대상 동상(2010), World Class 300 기업 선정(2011), 제29회 상공대상 지식재산경영부문(2011), SKT 파트너스데이 우수상(2012), LG전자 협력사 인증서(2013), 현대기아자동차 SQ인증(2014), KT COMMERCE 2014년 전략그룹 선정(2014), 전파신기술상 대통령표창(2014), 1억불 수출의 탑(2014), LG전자 협력업체 우수상(2014), SKT 파트너스어워드 최우수상(2014), KT partner's fair 우수공적협력사(2015), 우수벤처기업 일자리부문 우수벤처&글로벌 진출부문 우수벤처 선정(2016) 종불교

구광모(具光謨)

생1978·1·23 본능성(綾城) 주서울 영등포구 여의대로128 (주)LG 시너지팀(02-3773-5114) 학미국 로체스터공과대졸 2009년 미국 스탠퍼드대 대학원 경영학과졸 경2006년 LG전자 입사 2006년 同재경부 금융팀 대리 2007년 同재경부 금융팀 과장 2009~2012년 同미국법인 근무 2013년 同홈엔터테인먼트(HE)사업본부 선행상품기획팀 차장 2014년 同홈어플라이언스(HA)사업본부 창원사업장 기획관리부장 2015년 (주)LG 시너지팀 상무(현)

구광현(具廣炫)

생1972·6·4 출서울 주경남 창원시 성산구 창이대로681 창원지방법원(055-266-2200) 학1990년 성보고졸 1996년 서울대 법학과졸 경1997년 사법시험 합격(39회) 2000년 사법연수원 수료(29기) 2000년 공익 법무관 2003년 광주지법 판사 2005년 同순천지원 판사 2007년 수원지법 안산지원 판사 2011년 서울서부지법 판사 2012~2014년 헌법재판소 파견 2014년 서울고법 판사 2015년 창원지법 부장판사(현)

구교형(具敎亨) GOO Kyo Hyeong

생1956·6·25 주서울 강남구 테헤란로432 동부금융센터 (주)동부하이텍 기획관리실(02-3484-2888) 학1974년 경기고졸 1978년 서울대 무역학과졸 경2000년 삼성물산(주) 상사부문 기획팀장(이사보) 2001년 同상사부문 기획팀 기획담당(상무보), 동부제강(주) 전략기획실장(상무) 2008~2009년 동부제철(주) 경영전략기획팀장(부사장) 2010년 (주)동부하이텍 기획관리실장(부사장)(현), 동부철구(주) 대표이사(현), 동부인베스트먼트(주) 사내이사(현), (주)동부월드 사내이사(현), 동부대우전자(주) 기타비상무이사(현)

구금서(具金書) KOO Keum Seo

생1959·1·17 출충북 보은 주서울 동작구 상도로7 부광약품(주) 임원실(02-828-8114) 학1978년 충북고졸 1987년 인하대 생물학과졸 경부광약품(주) 영업팀장, 同의약품영역 이사대우 2006년 同이사 2008년 同마케팅·디자인총괄 상무 2009년 同영업총괄본부장(상무) 2013년 同영업총괄본부장(전무) 2016년 同홍보총괄본부장(전무)(현)

구기성(丘冀盛) Koo, Ki-sung

생1956·9·30 본평해(平海) 출충남 서천 학중동고졸 1985년 한국외국어대 인도어과졸 1995년 서울대 행정대학원 행정학과졸(석사) 2011년 미국 오리건주립대 직무훈련 경1988년 입법고등고시 합격(9회) 1998년 국회사무처 의사국 의사과장 2002년 同교육위원회 입법조사관 2004년 同예산결산특별위원회 입법심의관 2006년 同교육위원회 전문위원 2007년 同의사국장 2009년 同정보위원회 수석전문위원 2010년 同정무위원회 수석전문위원 2014년 同국회운영위원회 수석전문위원(차관보급) 2015~2016년 同입법차장(차관급) 상한국외국어대총동문회 자랑스러운 외대인상(2015) 종기독교

구기헌(丘冀憲) GOO Kee Heon

생1960·3·1 본평해(平海) 출충남 서천 주서울 종로구 홍지문2길20 상명대학교 총장실(02-2287-7081) 학1979년 대전고졸 1983년 서울대 불어불문학과졸 1985년 同대학원졸 1992년 문학박사(서울대) 경1988~1999년 상명대 불어불문학과 전임강사·조교수·부교수 1997년 同어문대학장 1998년 同교무처장 1999년 同불어불문학과 교수 1999년 同어문대학장 2000~2002년 同교무처장 2003년 同프랑스어문학과 교수(현) 2004년 同천안캠퍼스 부총장 2010~2011년 同기획부총장 2011~2013년 同상명수련원장 2013년 同총장(현) 상제9회 대한민국사회공헌대상 사회봉사부문 문화나눔대상(2014) 종기독교

구길본(具吉本) KOO Gil Bon

생1956·8·28 본능주(綾州) 출경남 진주 주충남 태안군 소원면 천리포1길187 천리포수목원(041-672-9982) 학대아고졸, 경상대 임학과졸 1989년 서울대 환경대학원 환경조경학과졸 1999년 영국 런던대 환경대학원 박사과정 수료 2011년 농학박사(경상대) 경1982년 기술고시 합격(16회) 1997년 산림청 국제협력과장 1999년 同산림보호과장 2000년 同산불방지과장, 同산림유통국장 2004년 同산림보호국장 2006년 同산림자원국장 2006년 同산림이용본부장 2008년 同북부지방산림청장 2011~2013년 국립산림과학원 원장 2013~2014년 한국산지보전협회 부회장 2014년 同회장 2015년 천리포수목원 원장(현) 2015년 경상대 객원교수(현) 2015년 한국녹색복지재단 이사 2015년 한국숲해설가협회 공동대표(현) 상홍조근정훈장(2003), 고운문화상 봉사부문(2005) 저'숲에서 나눈 작은 이야기(송하우담)'(2012) '길에게 길을 묻다'(2013)

구남수(具南秀) KOO Nam Soo

생1961·7·7 본창원(昌原) 출부산 주부산 연제구 법원로31 부산고등법원 부장판사실(051-590-1114) 학1980년 부산 동성고졸 1985년 서울대 법학과졸 1987년 同대학원졸 경1985년 사법시험 합격(27회) 1989년 사법연수원 수료(17기) 1989년 軍법무관 1992년 부산지법 판사 1994년 同동부지원 판사 1996년 부산지법 판사 1999년 부산고법 판사 2002년 대법원 재판연구관 2004년 부산지법 부장판사 2007년 창원지법 부장판사 2009년 부산지법 부장판사 2011년 부산고법 형사합의5부 부장판사 2012년 부산지법 민사14부 수석부장판사 2014년 부산고법 부장판사(현)

구남신(丘南信) KOO Name Sine

생1959·4·16 본평해(平海) 출충남 서천 주서울 도봉구 도봉로150나길6 서울북부보훈지청 지청장실(02-944-9220) 학서천고졸, 국제대졸 경강릉보훈지청 보훈과장, 同기념사업과장, 同제대군인취업과장 2009년 국가보훈처 보상정책국 단체협력과 서기관 2012년 同복지증진국 생활안정과장 2014년 同보상정책국 등록관리과장 2016년 同보상정책국 등록관리과장(부이사관) 2016년 同서울북부보훈지청장(현)

구대영(具大永) KOO Dae Young

생1947·1·25 본능주(綾州) 출경남 하동 주부산 동래구 안연로109번길27 동래봉생병원 원장실(051-520-5502) 학1976년 부산대 의대졸 경1986년 동래봉생병원 내과 과장·진료부장 1990년 同진료부장 1998~2000년 同내과 과장 겸 의무원장 2000년 同원장(현) 2015년 (사)봉생문화재단 이사장(현) 종기독교

구동본(具東本) KOO DONG BON

생1964·6·28 본능성(綾城) 출전남 곡성 주서울 서초구 반포대로201 국립중앙도서관 본관7층 세종학당재단(02-3276-0704) 학1983년 광주 금호고졸 1989년 경희대 신문방송학과졸 2015년 경희대 언론정보대학원 전략커뮤니케이션학과졸 경1997년 서울경제신문 산업부(재계팀) 기자 1999년 同생활건강부 기자 2000년 同정경부 기자(재정경제부 출입) 2002~2005년 同정치부기자 2004년 同청와대 출입기자 2005년 同부동산부 기자 2006년 同부동산부 차장대우 2007년 同정치부 차장대우(외교통상부 출입·국회반장) 2010년 同편집국 정치부장 2011년 同편집국 부동산부장 2011~2013년 同백상경제연구원 연구위원 2012년 한국수자원공사 홍보자문 2013년 세종학당재단 기획총괄부장 2014년 同교류협력부장 2016년 同대외협력관(현) 저'따뜻한 정치 똑똑한 재테크'(2015, 리더북스) 종천주교

구동회(具東會) KOO Dong Hoe

생1961·11·1 본능성(綾城) 출충북 보은 주경기 의왕시 철도박물관로176 한국철도기술연구원 철도안전인증연구소(031-460-5651) 학1981년 대전고졸 1985년 아주대 기계공학과졸 1987년 同대학원 기계공학과졸 2002년 공학박사(아주대) 경1987~1992년 대우중공업(주) 철도차량본부 주임연구원 1992~1997년 한국고속철도건설공단 연구개발본부 연구총괄부장(수석연구원) 1998년 한국철도기술연구원 차량연구부 연구원 2002년 同기존철도기술개발사업단 2005년 同첨단교통기술개발사업단 2007년 同대차연구팀장 2008~2009년 同철도시스템연구센터 차륜계도연구실 책임연구원 2009년

同시험인증안정센터 시험인증단 책임연구원, 同시험인증안정센터 시스템안전연구단 책임연구원 2014년 同철도안전인증센터장(책임연구원) 2015년 同철도안전인증연구소장(수석연구원)(현) [상]국민안전처장관표창(2014) [역]'철도차량과 설계기술'(1996) [종]천주교

구만복(丘萬馥) GU Man Bock

[생]1965·5·20 [본]평해(平海) [출]충남 서천 [주]서울 성북구 안암로145 고려대학교 생명과학대학 생명과학부(02-3290-3417) [학]1984년 서울대 화학공학과졸 1986년 한국과학기술원졸(석사) 1994년 공학박사(미국 콜로라도대) 2004년 미국 'Applied Biochemistry and Biotechnology' 편집위원 [경]1986~1990년 목암생명공학연구소 주임연구원 1994년 미국 델라웨어대 연구원 1995년 미국 콜로라도대 연구원 1996~2004년 광주과학기술원 환경공학과 조교수·부교수 2001년 독일 홈볼트재단 연구교수 2004년 광주과학기술원 환경공학과 교수 2005년 고려대 생명과학대학 교수 2008~2014년 미국 'Applied Biochemistry and Biotechnology' 부편집장(Associate Editor) 2010년 고려대 생명과학대학 생명과학부 교수(현) 2012년 네덜란드 Elsevier社 'Biosensor and Bioelectronics' Editor(현) 2012년 Springer社 'Advances in Biochemical Engineering/Biotechnology Book Series' Editorial Board Memeber(현) 2012·2014·2016년 'The world congress on biosensors' Organizing Committee Member(현) 2012년 Biocensors2012 초청 기조강연자 2014년 (사)한국바이오칩학회 회장 2015년 한국과학기술한림원 정회원(공학부·현) [상]독일 홈볼트재단 알렉산더홀보트리서치펠로우쉽(2001), 미국 인명사전 Marquis Who's Who에 등재(2002), 국무총리표창(2003), 한국생물공학회 신인학술상(2003), 광주과학기술원 교육상(2004), 한국생물공학회 담연학술상(2005), 한국생물공학회 공로상(2006), 과학기술부 우수연구성과 50선(2006), 한국과학기술단체총연합회 과학기술우수논문상(2012), 고려대 석탑강의상(2013·2014), 한국바이오칩학회 학술대상(2015) [저]'미래를 들려주는 생물공학 이야기'(2006, 한국공학한림원 및 생각의 나무) '생명과학과 생명공학'(2007, 라이프 사이언스)

구미경(具美慶·女) GU Mi Kyung

[생]1964·3·1 [주]대전 서구 둔산로100 대전광역시의회(042-270-5084) [학]대전여고졸, 충남대 약학과졸, 배재대 대학원 행정학 석사과정 재학中 [경]구인약국 약사(현), 충남대총동문회 부회장(현), 충남대 약학과 총동문회 부회장(현), (사)한국여성장애인연합 대전지부 대전여성장애인연대 대표·고문(현), 대전시장애인총연합회 이사(현), 한국여성벤처협회 이사(현), 대전전통식품진흥회 이사(현), 대전음식문화연구원 이사(현) 2014년 대전시의회 의원(비례대표, 새정치민주연합·더불어민주당)(현) 2014년 同교육위원회 위원 2015년 (재)사랑의장기기증운동본부 홍보대사 2016년 대전시의회 예산결산특별위원회 위원장(현) 2016년 同운영위원회 위원(현) 2016년 同교육위원회 부위원장(현) 2016년 同대전의료원설립추진특별위원회 위원(현) 2016년 同대전예지중·고등학교정상화추진특별위원회 위원(현)

구미옥(具美玉·女) KOO Mi Ok

[생]1956·11·10 [출]충남 [주]경남 진주시 진주대로816번길15 경상대학교 간호대학 간호학과(055-772-8220) [학]서울대 간호학과졸, 同대학원졸, 간호학박사(서울대) [경]1987~1997년 경상대 의과대학 간호학과 조교수·부교수 1997년 同간호대학 간호학과 교수(현) 1998~1999년 미국 Univ of Iowa, College of Nursing 객원교수 2016년 경상대 간호대학장(현) [저]'기본간호학' '노인건강증진프로그램-더 젊고 활기차게-'

구범환(丘範煥) KOO Bum Hwan

[생]1943·4·10 [출]충남 서천 [주]서울 강남구 봉은사로213 담소유병원(02-542-2222) [학]1960년 서천고졸 1966년 수도의대졸 1970년 고려대 대학원 외과학과졸 1975년 외과학박사(고려대) [경]1979년 고려대 의과대학 강사 1982~1984년 지방공사 강남병원 외과 과장 1984~2008년 고려대 의과대학 일반외과학교실 조교수·부교수·교수 1988~1998년 대한외과학회 평의원·편집위원장·홍보위원장·학술위원장 1989년 고려대 구로병원 외과 과장 1994년 의료보험연합회 진료비심사위원 1994년 고려대 구로병원 진료부원장 1996년 대한암학회 상임이사·감사·부회장 1996~1998년 고려대 구로병원장 1998년 대한외과학회 이사장 1999~2004년 일본 구르메대 의학부 객원교수 2000~2004년 강원대의료원 이사 2001~2003년 고려대 의료원장 겸 의무부총장 2003년 대한병원협회 부회장 2003~2004년 민주평통 자문위원 2008~2009년 대한외과학회 회장 2008년 고려대 의과대학 명예교수(현) 2010~2016년 (사)대한암협회 회장 2016년 담소유병원 이사장 겸 전문의(현) [상]근정포장(2008) [저]'유방질환과 상식'(1992) '유방질환(共)'(1996·1997) '유방학(共)'(1999·2000) [종]천주교

구병삭(丘秉朔) KOO Byung Sak (房山)

[생]1926·6·29 [본]평해(平海) [출]충남 서천 [주]서울 성북구 안암로145 고려대학교 법과대학(02-3290-1291) [학]1944년 장항농업학교졸 1950년 서울대 문리대 정치학과졸 1951년 고려대 법대 법학과졸 1953년 서울대 대학원 정치학과졸 1968년 법학박사(고려대) [경]1953년 서울여자의대·수도의대 예과 전임강사·조교수·부교수·교수 1967년 우석대 법학과 주임교수 1967~1968년 同법경대학장 1968~1972년 서울대 대학원 강사 1971~1991년 고려대 법대 교수 1971·1977·1986년 일본 東京大 법학부 객원연구원(객원교수) 1979~1993년 한·일법학회 회장·명예회장 1981~1991년 법제처 정책자문위원회 위원 1986년 한국공법학회 부회장 1987년 同회장·고문(현) 1988년 일본 一橋대 법학부 강사 1989년 아·태공법학회 회장·명예회장 1990~1997년 헌법재판소 자문위원 1991년 고려대 명예교수(현) 1991년 아세아공법연구소 이사장 1991~2014년 구병삭세무회계사무소 세무사 1999년 한국헌법학회 고문(현) 2000년 한·중친선교류협회 이사 2002년 同회장 2004년 同명예회장 [상]국민훈장 모란장(1991), 대한민국 법률대상 학술부문(2013) [저]'新법학통론'(1966) '한국법제사 특수연구'(1968) '새헌법강의'(1969) '법학통론'(1981) '헌법학(Ⅰ)총론 : 인권'(1981) '객관식 헌법학'(1982) '주관식 헌법학'(1982) '헌법학(Ⅱ)통치구조'(1983) '객관식행정법'(1983) '신헌법원론'(1984) '한국고대법사'(1984) '한국헌법론'(1985) '新헌법원론'(1985) '新헌법입문'(1985) '新한국헌법론'(1987) '新헌법개론'(1987) '新행정법'(1989) '新헌법'(1989) '註釋지방자치법'(1991) '국민투표제도'(1991) '공법이론의 현대적과제(정년논문집)'(1991) 등 [역]'일본의 근대화와 제도'(1977) '현대 일본국 헌법론'(1983) '현대헌법재판론(共)'(1989) '현대일본의 법사상'(1997) [종]천주교

구병삼(具炳杉) Koo, Byoung Sam

[생]1969·9·7 [본]능성(綾城) [출]부산 [주]서울 종로구 세종대로209 통일부 운영지원과(02-1577-1365) [학]성도고졸, 연세대 행정학과졸, 미국 콜로라도대 대학원 행정학과졸 [경]통일부 통일정책실 이산가족과 근무, 同6.25납북자법준비기획팀장, 同6.25납북피해사무국 파견, 同통일교육원 교육협력과장 2013년 同통일정책실 정착지원과장(서기관) 2014년 駐미국대사관 통일안보관(1등서기관)(현), 미국 워싱턴 한인교회 비타민속회 회장(현)

구본걸(具本杰) KOO Bon Keul

[생]1957·8·2 [출]서울 [주]서울 강남구 언주로870 (주)LF 비서실(02-3441-8000) [학]연세대 경영학과졸, 미국 펜실베이니아주립대 대학원졸(MBA) [경]LG증권(주) 부장·이사 1996년 LG그룹 회장실 상무이사 2003년 LG산전 관리본부장 2004년 LG상사 패션&어패럴부문 부사장 2006년 (주)LG패션 대표이사 사장 2011~2014년 同대표이사 회장 2014년 (주)LF 대표이사 회장(현)

구본규(具本奎) Koo, Bongyu

[생]1971·11·14 [본]능성(綾城) [출]경북 칠곡 [주]세종특별자치시 도움5로20 법제처 법제정책총괄담당관실(044-200-6561) [학]1996년 영남대 행정학과졸 2003년 한국방송통신대 법학과졸 2012년 일본 히토쓰바시대 대학원 법학과졸 [경]1998년 행정고시 합격(42회) 2006년 법제처 정책홍보관리실 재정기획관실 근무 2013년 同경제법제국 근무 2014년 同행정법제국 법제관 2015년 同기획조정관실 법령정비담당관 2015년 同기획조정관실 법제정책총괄담당관(현)

구본근(具本根) Koo Bongeun

[생]1963·9·13 [출]경남 거창 [주]경남 창원시 의창구 중앙대로300 경상남도 소방본부 소방행정과(055-211-5310) [학]1981년 거창상고졸 2010년 한국방송통신대 재학 중 [경]1993~1995년 소방위(인천중부소방서 전동파출소장·인천중부소방서 구조대장·인천남부소방서 구조대장) 1995~2004년 중앙119구조대 긴급기동팀·행정지원팀·기술지원팀 근무 2004년 공주소방서 방호예방과장 2006년 논산소방서 소방행정과장 2008년 중앙소방학교 교육훈련팀 근무 2010년 同행정지원과 근무 2012년 소방방재청 119구조과 훈련·테러계장 2013년 경남 거창소방서장 2015년 경남 하동소방서장 2016년 경남도 소방본부 소방행정과장(현)

구본근(具本根) Koo, Bon Keun

[생]1967·4·4 [주]대구 중구 공평로88 대구광역시청 기획조정실(053-803-2070) [학]1986년 영남고졸 1990년 고려대 행정학과졸 2013년 미국 미주리대 컬럼비아교 대학원 행정학과졸 2014년 한국개발연구원(KDI) 국제정책대학원 정책학과졸 [경]1995년 행정고시 합격(38회) 1996년 대구시 내무국 총무과 지방행정사무관 1996년 同경제국 국제협력과 지방행정사무관 1999년 同문화체육국 체육진흥과 지방행정사무관 2002년 同기획관리실 세정담당관실 지방행정사무관 2003년 同기획관리실 기획관실 지방행정사무관 2005년 同경제산업국 경제정책과장(지방서기관) 2005년 행정자치부 홍보관리본부 공직윤리팀 지방서기관 2006년 同혁신기획관실 부내혁신전략팀장 2007년 同균형발전지원본부 지역경제팀장 2008년 미래기획위원회 파견 2009년 행정안전부 지방재정세제국 회계공기업과장 2011년 同지방재정세제국 공기업과장 2012년 부이사관 승진 2014년 대구시 정책기획관 2015년 행정자치부 지방재정세제실 재정협력과장 2016년 대구시 기획조정실장(일반직고위공무원)(현)

구본기 Koo Bon Ki

[생]1957·2·18 [주]경기 안양시 동안구 부림로169길30 한국의약품안전관리원(02-2172-6700) [학]1980년 영남대 약대졸 1997년 同약학대학원졸 [경]1994~1999년 서울적십자병원 약제부장 1999년 인제대 일산백병원 약제부장 2002년 한국병원약사회 편집이사 2006년 同부회장 2010년 同학술 및 편집당당, 병원약학교육연구원 원장 2014년 대한약물역학위해관리학회 회장 2015년 한국의약품안전관리원 원장(현) [상]대한약사회상 공직(병원)부문(2010)

구본능(具本綾) KOO Bon Neung

[생]1949·3·26 [출]경남 진양 [주]서울 중구 남대문로9길39 부림빌딩9층 희성그룹 비서실(02-779-2896) [학]1967년 경남고졸 1976년 고려대 경영학과졸 [경]1980년 럭키금성상사 수출부 과장 1982년 同수출부본부장 1986년 금성통신 수출본부장 1987년 금성통신·금성알프스 이사 1988년 희성금속공업 감사 1992년 희성금속·한국엥겔하드 이사 1992년 同부회장 1996년 희성그룹 회장(현) 2011년 한국야구위원회(KBO) 총재(현) [상]대한야구협회 공로상(2005), 제11회 일구대상(2006), 우수자본재개발 금탑산업훈장(2006), 고려대 경영대학 올해의 교우상(2009) [저]'사진으로 본 한국야구 100년'(2005)

구본무(具本茂) KOO Bon Moo

[생]1945·2·10 [본]능성(綾城) [출]경남 진주 [주]서울 영등포구 여의대로128 LG트윈타워 동관30층 (주)LG 회장실(02-3773-2000) [학]삼선고졸 1964년 연세대 상학과 1년 수료 1972년 미국 애슐랜드대(Ashland Univ.) 경영학과졸 1974년 미국 클리블랜드주립대(Cleveland State Univ.) 대학원 경영학과졸 [경]1975년 럭키 입사 1979년 同본부장 1980년 금성사 본부장 1981년 同이사 1984년 同상무이사 1985년 럭키금성그룹 기획조정실 전무이사 1986년 同기획조정실 부사장 1989~1995년 同부회장 1989년 전국경제인연합회 부회장 1990년 럭키금성 프로야구단 구단주 1991년 럭키금성 프로축구단 구단주 1995~1998년 LG그룹 회장 1995년 LG프로야구구단 구단주 1997년 연암상록재단 이사장 1998년 LG화학 대표이사 회장 1998년 LG전자 대표이사 회장 1998년 LG상록재단 이사장(현) 1999년 전국경제인연합회 조세재정위원장 2001년 同환경위원장 2003년 (주)LG 대표이사 회장 겸 이사회 의장(현) 2012년 LG경영개발원 대표이사 겸 이사회 의장(현) 2015년 LG연암문화재단 이사장(현) 2015년 LG복지재단 대표이사(현) 2016년 LG연암학원 이사장(현) [상]금탑산업훈장(1993), 산학협동상 특별상(1996), 매일경제·전국경제인연합회 '20세기 한국을 빛낸 30대 기업인'(1999), 미국 비지니스위크선정 '아시아의 스타 50인'(2000) [저]'한국의 새'

구본민(具本敏) KOO Bon Min

[생]1958·5·18 [본]능성(綾城) [출]전남 담양 [주]경북 김천시 혁신2로 산학연유치지원센터(054-911-8650) [학]1976년 광주제일고졸 1981년 서울대 법학과졸 1984년 청주대 대학원 공법학과졸 [경]1983년 사법시험 합격(25회) 1986년 사법연수원 수료(15기) 1986~1989년 軍법무관 1989년 광주지검 검사 1991년 부산지검 울산지청 검사 1992년 서울지검 동부지청 검사 1992년 중국 사회과학원 법학연구소 방문학자 1994년 법무부 특수법령과 검사 1997년 서울지검 검사 1997년 駐중국 한국대사관 초대 법무협력관 2000년 국가정보원 법률보좌관 2001년 수원지검 형사5부장 2002년 同형사4부장 2002년 법무부 특수법령과장 2003년 서울지검 동부지청 형사3부장 2004년 서울중앙지검 공안1부장 2005년 의정부지검 고양지청 차장검사 2006년 대전지검 차장검사 2007년 서울서부지검 차장검사 2008년 수원지검 안산지청장 2009년 변호사 개업 2009~2013년 법무법인 정률 변호사 2013년 법무법인 산경 안산사무소 대표변호사 2013년 수원지검 안산지청 형사조정위원장 2013년 북경중국한국상회 법률고문 2013년 안산상공회의소 법률고문 2013~2015년 법무법인(유) 강남 대표변호사 2015년 한국법무보호복지공단 이사장(현) [상]홍조근정훈장 [저]'중국진출, 이것만은 알고하자'(2004)

구본선(具本善) KOO Bon Sun (이격)

[생]1968·7·26 [출]인천 [주]광주 동구 준법로7의12 광주지방검찰청 차장검사실(062-224-0070) [학]1986년 인하대사대부고졸 1990년 서울대 교육학과졸 2006년 미국 스탠퍼드대 후버연구소 연수 [경]1991년 사법시험 합격(33회) 1994년 사법연수원 수료(23기) 1994년 軍법무관 1997년 서울지검 북부지청 검사 1998년 대검찰청 총무부 검찰연구관 직대 1999년 대구지검 경주지청 검사(대검찰청 총무부 검찰연구관 직대) 1999년 대전지검 천안지청 검사 2001년 서울지검 의정부지청 검사 2003년 대검찰청 검찰연구관 2005년 서울중앙지검 검사 2006년 울산지검 부부장검사(대검찰청 중앙수사부 검찰연구관 직대) 2007년 서울서부지검 부부장검사(대검찰청 중앙수사부 검찰연구관 직대) 2008년 대전지검 공주지청장 2009년 사법연수원 교수 2010년 대검찰청 정책기획과장 2011년 서울동부지검 형사4부장 2012년 서울남부지검 형사2부장 2012년 대검찰청 대변인 2015~2016년 대구지검 서부지청장 2015년 대검찰청 '성완종 리스트' 특별수사팀 부팀장 2016년 광주지검 차장검사(현) [상]검찰총장표창, 대통령표창

구본성(具本聖)

[생]1957 [주]서울 강남구 강남대로382 메리츠타워 (주)아워홈 임원실(02-6966-9030) [학]미국 노스웨스턴대 경제학과졸 [경]헬렌 커티스(Helene Curtis) 시카고본사 근무, LG전자 뉴욕 미주법인 근무, 체이스맨해튼은행(Chase Manhattan Bank) 뉴욕본사 및 홍콩법인 근무, 삼성물산 국제금융팀장·임원, 삼성카드 전략기획실 임원, 동경 법정대 객원연구원, 삼성경제연구소 임원 2016년 (주)아워홈 대표이사 부회장(현)

구본숙(具本淑·女) Koo bon suk

[생]1958·7·1 [출]충남 당진 [주]충북 청주시 청원구 2순환로168 충북지방경찰청 정보화장비담당관실(043-240-2041) [학]당진여고졸, 한국방송통신대 행정학과졸 [경]1977년 순경 임용, 경찰청 감사담당관실 근무, 경기 고양경찰서 경무과장 2011년 서울 마포경찰서 경무과장 2013년 서울 양천경찰서 경무과장 2015년 서울 마포경찰서 112종합상황실장 2015년 충북 단양경찰서장 2016년 충북지방경찰청 정보화장비담당관(현)

구본식(具本式) KOO Bon Sik

[생]1957·6·28 [출]부산 [주]서울 중구 남대문로9길39 부림빌딩9층 희성그룹 비서실(02-756-9631) [학]1976년 신일고졸 1980년 고려대 금속공학과졸 1985년 미국 미시간대 대학원 재료공학과졸 [경]희성Engelhard(주) 이사, 희성전선(주) 상무이사, 희성정밀 부사장, 희성전자 사장, 삼보E&C(주) 부회장, 희성그룹 부회장(현)

구본영(具本榮) KU Bon Young

[생]1952·7·5 [본]능성(綾城) [출]충남 천안 [주]충남 천안시 서북구 번영로156 천안시청 시장실(041-521-2001) [학]1970년 천안고졸 1974년 육군사관학교졸 1984년 서울시립대 도시과학대학원 경영학과졸 [경]1980년 마포구청 사회과장 1989년 국무총리행정조정실 제1행정조정관실 사무관 1990년 同제5행정조정관실 서기관 1991년 同제4행정조정관실 서기관 1996년 同제4행정조정관실 부이사관 1998년 국무총리국무조정실 규제개혁3심의관 1999년 同수질개선기획단 기획총괄부장 2001년 同농수산건설심의관 2002년 同일반행정심의관 2002년 同조사심의관 2004년 同수질개선기획단 부단장, (주)동양이엔피 사외이사 2006년 충남 천안시장선거 출마(열린우리당) 2009년 자유선진당 천안시甲당원협의회 위원장 2010년 충남 천안시장선거 출마(자유선진당) 2014년 충남 천안시장(새정치민주연합·더불어민주당)(현) 2014년 대한적십자사 천안지구 명예회장 2016년 유관순함 명예함장(현) [상]녹조근정훈장, 농협중앙회 지역농업발전선도인상(2016) [종]불교

구본준(具本俊) Koo Bon Joon

ⓢ1951 · 12 · 24 ⓑ능성(綾城) ⓞ부산 ⓟ서울 영등포구 여의대로128 LG트윈타워 (주)LG 임원실(02-3777-1114) ⓗ1970년 경복고졸 1978년 서울대 계산통계학과 졸 1982년 미국 시카고대 대학원 경영학석사 ⓖ1986년 금성반도체 입사 1989년 금성사 해외기획실 이사대우 1991년 同전략기획담당 이사 1994~1995년 (주)금성사 모니터OBU장(상무) 1995~1996년 (주)LG전자 상무 1996~1997년 (주)LG화학 전무 1997~1998년 LG반도체 전무 1998~1999년 同대표이사 1999~2006년 LG필립스LCD 대표이사 2007~2010년 LG상사(주) 대표이사 부회장 2008년 LG스포츠 기타비상무이사 겸 구단주(현) 2010~2015년 (주)LG전자 대표이사 부회장, 한국경영자총협회 부회장(현) 2011년 (주)LG전자 사내이사(현) 2016년 (주)LG 신성장사업추진단장(부회장)(현) 2016년 (주)LG전자 이사회 의장(현) 2016년 LG화학 기타비상무이사(현) ⓢ은탑산업훈장(2000), 금탑산업훈장(2006), 지식경제부장관표창(2010)

구본진(具本鎭) KOO Bon Jin

ⓢ1957 · 9 · 10 ⓞ서울 ⓟ서울 영등포구 국제금융로10 One IFC28층 트루벤인베스트먼트(02-6137-9600) ⓗ1976년 경기고졸 1981년 서울대 법학과졸 1983년 同행정대학원졸 1986년 한국과학기술원(KAIST) 경영학과졸 1997년 미국 밴더빌트대 대학원 경제학과졸 ⓖ1980년 행정고시 합격(24회) 1981년 경제기획원 기획예산담당관실 · 예산실 · 경제기획국 사무관 1994년 同서기관 1997년 세무대학 파견 1998년 대통령직인수위원회 정무분과 서기관 1998년 기획예산위원회 정부개혁실 서기관 1999년 기획예산처 정부개혁실 서기관 2000년 同장관실 서기관 2002년 同농림해양예산과장 2003년 同산업재정1과장 2004년 정부혁신지방분권위원회 파견 2005년 한반도에너지개발기구(KEDO) 파견 2006년 기획예산처 부이사관 2007년 국무조정실 복지여성심의관 2008년 기획재정부 행정예산심의관 2008년 同정책조정국장 2010~2012년 同재정업무관리관(차관보) 2012년 트루벤인베스트먼트 대표이사(현) ⓢ근정포장(1992)

구본진(具本辰) KOO Bon Jin

ⓢ1964 · 11 · 8 ⓑ능성(綾城) ⓞ서울 ⓟ서울 강남구 삼성로727 보담빌딩 (주)엘에프푸드 비서실(02-6959-5107) ⓗ1983년 경복고졸 1988년 미국 세인트존피셔대 회계학과졸 1991년 미국 카네기멜론대 경영대학원졸 ⓖ1992~1994년 일본 미쓰비시상사 근무 1997~1998년 LG그룹 미주지역본부 근무 1999~2006년 (주)LG화학 근무 2006년 (주)LG상사 경영기획팀 부장 · 중국지역본부 부장 · 무역부문 상하이지사 상무 2007년 (주)LG패션 액세서리사업부장(상무) 2008년 同기획1사업부장(상무) 2009~2014년 同부사장 2014년 (주)LF 부사장 2015년 (주)엘에프푸드 대표이사(현) ⓢ한국광고대회 국무총리표창(2010)

구본진(具本鎭) Koo Bonjin

ⓢ1965 · 11 · 19 ⓑ능성(綾城) ⓞ서울 ⓟ서울 강남구 도산대로171 법무법인로플렉스(02-511-5297) ⓗ1984년 서울 세종고졸 1989년 서울대 사법학과졸 2010년 법학박사(서울대) ⓖ1988년 사법시험 합격(30회) 1991년 사법연수원 수료(20기) 1994년 서울지검 검사 1996년 광주지검 목포지청 검사 1998년 대구지검 검사 2000년 서울지검 동부지청 검사 2003년 대구지검 부부장검사 2003년 대검찰청 검찰연구관 2004년 同감찰부 검사 2005년 창원지검 거창지청장 2006년 대검찰청 공판송무과장 2007년 同정보통신과장 2008년 서울중앙지검 첨단범죄수사부장 2009년 법무연수원 교수 2009년 창원지검 진주지청장 2010년 수원지검 안산지청 차장검사 2011년 울산지검 차장검사 2012년 서울남부지검 차장검사 2013년 수원지검 성남지청장 2014~2015년 법무연수원 연구위원 2015년 법무법인 케이씨엘 변호사 2016년 법무법인 로플렉스 대표변호사(현) ⓩ'저작권법주해(共)'(2007, 박영사) '필적은 말한다 : 글씨로 본 항일과 친일'(2009, 중앙북스) '미술가의 저작인격권'(2010, 경인문화사) '특허법주해(共)'(2010, 박영사) '어린아이 한국인'(2015, 김영사) ⓨ'미국연방형사소송절차 DVD'(2006, 대검찰청) '배심재판을 위한 연극기법과 전략'(2007, 박영사) ⓩ불교

구본찬 KU Bonchan

ⓢ1993 · 1 · 31 ⓞ경북 경주 ⓟ인천 동구 샛골로230의21 현대제철 양궁단(032-760-2114) ⓗ2012년 경북체고졸 2016년 안동대 체육학과졸 ⓖ2012년 안동대 양궁부 소속 2013년 아시아양궁선수권대회 리커브 남자단체전 금메달 2014년 세계양궁연맹(WA) 월드컵2차 리커브 남자단체전 금메달 2014년 제17회 인천아시안게임 리커브 남자단체전 동메달 2015년 세계양궁연맹(WA) 월드

컵1차 리커브 남자개인전 금메달 2015년 세계양궁연맹(WA) 터키 안탈리아 월드컵2차 리커브 남자단체전 은메달 2015년 광주 하계유니버시아드 양궁 리커브 남자개인전 은메달 · 남자단체전 금메달 2015년 세계양궁연맹(WA) 세계선수권대회 리커브 혼성팀전 금메달 · 남자단체전 금메달 2015년 브라질 리우데자네이루올림픽 양궁테스트이벤트(프레올림픽) 리커브 남자개인전 동메달 2016년 현대제철 소속(현) 2016년 콜롬비아 메데인 세계양궁연맹(WA) 월드컵2차대회 리커브 남자개인전 동메달 · 단체전 금메달 2016년 터키 안탈리아 현대 양궁월드컵 3차대회 리커브 남자단체전 · 혼성팀전 금메달 2016년 제31회 리우데자네이루올림픽 남자양궁 단체전 금메달 · 개인전 금메달(2관왕)

구본천(具本天) Brian Bonchun Koo

ⓢ1964 · 5 · 11 ⓑ능성(綾城) ⓞ부산 ⓟ서울 강남구 테헤란로512 신안빌딩13층 LB인베스트먼트(주) 사장실(02-3467-0505) ⓗ서울대 경제학과졸, 경제학박사(미국 코넬대) ⓖ한국개발연구원 부연구위원, McKinsey & Company 컨설턴트 2001년 LB인베스트먼트(주) 상무 2003년 同대표이사 사장(현), 한국벤처캐피탈협회 부회장, (주)다음커뮤니케이션 사외이사

구본충(具本忠) KOO Bohn Choong

ⓢ1956 · 10 · 10 ⓞ충남 당진 ⓟ충남 청양군 청양읍 학사길55 충남도립청양대학교 총장실(041-940-6701) ⓗ1975년 인천고졸 1980년 서울시립대 행정학과졸 1994년 미국 시라큐스대 대학원 행정학과졸 2014년 행정학박사(서울시립대) ⓖ1980년 행정고시 합격(23회) 1980년 총무처 행정사무관 1994년 중앙공무원교육원 교육1 · 2담당관 · 교육총괄과장 1996년 총무처 행정관리담당관 1998년 행정자치부 실업대책과장 · 지방세심사과장 · 공기업과장 2002년 한국지방자치단체국제화재단 교류협력국장 2003년 대통령 국민참여수석비서관실 참여기획비서관실 국장(부이사관) 2007년 친일반민족행위진상규명위원회 사무처 파견(고위공무원) 2007년 행정자치부 윤리복지정책관 2008년 행정안전부 윤리복지관 2009년 중앙공무원교육원 교수 2010~2013년 충남도 행정부지사 2013~2015년 충남도립청양대학 총장 2015년 충남도립대 총장(현)

구본학(具本學) KOO Bon Hak

ⓢ1969 · 10 · 17 ⓞ서울 ⓟ경남 양산시 유산공단2길14 쿠쿠전자(주) 사장실(055-380-0871) ⓗ1992년 고려대 경영학과졸 1994년 미국 일리노이대 대학원 회계학과졸 ⓖ1994~1996년 미국 회계법인 쿠퍼스&라이브랜드 회계사 1996년 쿠쿠홈시스(주) 입사 1998년 同마케팅부문 이사 2000년 同서울사무소장(상무) 2004년 同부사장 2006~2012년 同대표이사 사장 2012년 쿠쿠전자(주) 대표이사 사장(현) ⓢ제9회 EY 최우수기업가상 소비재부문(2015)

구본혁(具本赫) Brandon Koo

ⓢ1977 · 7 · 10 ⓟ서울 강남구 영동대로517 무역센터 아셈타워20층 LS니꼬동제련(주) 경영지원본부(02-2189-9988) ⓗ2010년 미국 캘리포니아대 로스앤젤레스교 대학원 경영학과졸(MBA) ⓖ2003~2005년 LS전선(주) 해외영업부문 근무 2006~2009년 (주)LS글로벌 LA지사장 2009~2011년 LS그룹 사업전략팀 부장 2012년 LS-Nikko동제련(주) 중국사업담당 상무 겸 상해대표처 수석대표 2014년 同전략기획부문장(상무) 2015년 同경영지원본부장(전무)(현)

구본홍(具本弘) GU Bon Hong (香山)

ⓢ1948 · 6 · 5 ⓑ능성(綾城) ⓞ대구 ⓟ서울 영등포구 의사당대로1길34 아시아투데이(02-769-5000) ⓗ1966년 경남고졸 1975년 고려대 정치외교학과졸 1987년 미국 미시간대 대학원 Journalism과정 수료, 연세대 언론대학원 최고위과정 수료, 고려대 언론대학원 최고위과정 수료, 세계경영연구원(SIGMP) 최고경영자과정 수료, 세계미식연구원 CEO음식평론과정 수료 ⓖ1974~1987년 문화방송 사회부 · 국제부 · 정치부 기자 1985~1997년 한국기자협회 부회장 1987년 문화방송 정치부 차장 1990년 同보도제작국 차장 1992년 同북한부장 1992~2002년 민주평통 자문위원 1993년 문화방송 정치부장 1995~1999년 同라디오뉴스 앵커 1996년 同보도국 취재 · 편집부 부국장 1996~2004년 한국방송기자클럽 운영이사 1997~1999년 언론인금고 융자심사위원장 1998~2007년 신영연구기금 이사 1998~2000년 중소기업협동조합중앙회 정책자문위원 1998년 문화방송 뉴스데스크 앵커 1999년 同보도제작국장

1999~2001년 同해설주간 2000년 관훈클럽 총무 2001~2002년 한국신문방송편집인협회 이사 2001년 문화방송 경영본부장(이사) 2003~2005년 同보도본부장(이사) 2004~2006년 상남언론재단 이사 2006~2007년 CTS 기독교TV 부사장 2006~2007년 고려대 언론대학원 석좌교수 2007년 아시아기자협회(AJA) 부이사장 2008~2009년 YTN 대표이사 사장 2010년 고려대 언론대학원 초빙교수 2010~2013년 CTS 기독교TV 사장 2015년 아시아투데이 상근부회장(현), (사)한국피해자지원협회 고문(현) 宗기독교

구본환(具本煥) KOO Bon Hwan

生1960·12·10 出충남 논산 宙세종특별자치시 도움6로11 국토교통부 철도국 철도안전정책관실(044-201-4599) 學1979년 전주고졸 1983년 서울대 언어학과졸 1991년 同행정대학원 행정학과졸 1997년 영국 버밍엄대 대학원졸 2013년 교통공학박사(한양대) 經2000년 건설교통부 수송정책실 철도정책과 서기관 2001년 同철도산업구조개혁팀장 2002년 同철도산업구조개혁기획단 철도산업구조개혁과장 2003년 同수송정책실 국제항공과장 2004년 국가균형발전위원회 과장 2005년 건설교통부 도시국 도시관리과장 2005년 同도시환경팀장 2007년 同종합교통기획팀장 2008년 국토해양부 교통정책실 종합교통정책과장 2010년 同자동차정책기획단장(고위공무원) 2011년 서울지방항공청장 2011년 국토해양부 철도정책관 2013년 국토교통부 공공기관지방이전추진단 기획국장 2013년 해외 파견(고위공무원) 2014년 국토교통부 용산공원조성추진기획단장 2015년 同철도국 철도안전정책관(현)

구사회(具仕會) GU Sa Whae

生1957·9·9 出능성(綾城) 出전북 전주 宙충남 아산시 탕정면 선문로221번길70 선문대학교 국어국문학과(041-530-2433) 學1975년 전주 신흥고졸 1982년 동국대 국어국문학과졸 1987년 同대학원 국어국문학과졸 1992년 문학박사(동국대) 經1990~1996년 우석대·대전대·동국대 강사 1996년 선문대 국어국문학과 조교수·부교수·교수(현) 2007~2009년 국제어문학회 회장 2008~2011년 선문대 교양대학장 2013년 한국어문학연구학회 회장(현) 2014~2016년 한국시조학회 부회장 2014~2015년 동악어문학회 회장 2014년 국어국문학회 이사(현) 2016년 선문대 BK21플러스사업팀장(현) 著'한국리얼리즘 한시의 이해(共)'(1998, 새문사) '한국고전문학의 사회적탐구'(1999, 이회문화사) '근대계몽기 석정 이정직의 문예이론 연구'(2013, 태학사) '송만재의 관우희 연구(共)'(2013, 보고사) '한국 고전문학의 자료 발굴과 탐색'(2013, 보고사) '한국 고전시가의 작품 발굴과 새로 읽기'(2014, 보고사) 외 다수 譯'두보시의 이해' 宗불교

구삼조(具三祚) Gu, Sam-Jo

生1961·1·13 出경남 창원 宙경남 창원시 마산회원구3.15대로642 경남은행 경영기획본부(055-290-8000) 學1981년 마산 용마고졸 1989년 경남대 경영학과졸 經1981년 경남은행 입행 2000년 同융·자부 심사역 2004년 同상평동지점장 2004년 同기업영업추진부 팀장 2006년 同창원영업부장 2007년 同장유지점장 2010년 同종합금융부장 2010년 同투자금융부장 2014년 同여신지원본부장 2015년 同영업지원본부 부행장보 2016년 同경영기획본부장(부행장)(현) 2016년 경남신문 비상근감사(현) 賞한국은행총재표창(2002)

구상엽(丘尙燁)

生1974·3·20 出서울 宙경기 과천시 관문로47 법무부 법무실 국제법무과(02-2110-3670) 學1993년 휘문고졸 1998년 서울대 법학과졸 經1997년 사법시험 합격(39회) 2000년 사법연수원 수료(30기) 2001년 공익법무관, 부산지검 검사 2006년 대구지검 김천지청 검사 2010년 법무부 법무심의관실 검사 2012년 서울중앙지검 검사 2015년 同부부장검사 2016년 법무부 국제법무과장(현)

구상욱(具尙郁) Sang-Wuk Ku (甲山)

生1969·7·11 出창원(昌原) 出서울 宙대전 서구 배재로155의40 배재대학교 우남관230호(042-520-5903) 學1987년 서울 영동고졸 1992년 성균관대 건축공학과졸 1996년 미국 워싱턴대 대학원 건설관리학과졸 1997년 미국 미시간대 경영대학원졸(MBA) 2009년 서울대 경영대학원졸(경영학박사) 經1992~1994년 (주)대우건설 근무 1997~1999년 미국 Arthur Andersen 근무 1999~2000년 미국 Arthur D. Little 근무 2000~2001년 미국 A.T.Kearney 근무 2002~2003년 삼성그룹 오픈타이드 이사 2003~2006년 국

회예산정책처 경제사업평가관 2006~2007년 행정자치부 중앙진단팀장 2007~2011년 FMI Corporation 한국법인 대표 2011년 배재대 융복합교육부 벤처창업학전공 주임교수(현) 2011~2013년 同아펜젤러국제학부 교수 2014년 미국 세계인명사전 'Marquis Who's Who in the World 2015년 32판'에 등재 2015년 영국 케임브리지 세계인명사전 'International Biographical Centre 2015년판'에 등재 2015년 배재대 산학협력단 창업교육센터장(현) 2016년 同산학협력단 부단장(현) 賞배재대 연구우수교원(2015) 宗기독교

구상찬(具相燦) GU Sang Chan

生1957·7·7 出창원(昌原) 出부산 宙서울 영등포구 국회대로74길12 새누리당 서울시당(02-704-2100) 學1977년 경남고졸 1981년 동국대 사범대학졸 1983년 同대학원 체육교육학과졸 經1985년 국회 운영위원장 보좌관 1986년 이세기 체육부장관 비서관 1988~1994년 성동소식 편집국장 1998년 한나라당 이회창총재 보좌관 2000~2002년 同이회창 대통령후보 공보특보 2003년 同부대변인 2004~2007년 동국대 인문과학대학 겸임교수 2005~2007년 박근혜 前대표 공보특보 2006~2008년 한나라당 강서甲당원협의회 운영위원장 2008년 이명박 대통령 중국 특사단 2008~2012년 제18대 국회의원(서울 강서甲, 한나라당·새누리당) 2008년 한나라당 미디어산업발전특별위원회 위원 2008년 同서울시당 정책개발위원회 수석부위원장 2008년 同서울시당 당원자격심사위원회 위원 2008년 同제2정책조정위원회 부위원장 2008년 국회 한중문화연구회 회장 2008년 국회 외교통상통일위원회 위원 2009년 국회 빈곤없는나라만드는특별위원회 위원 2009~2012년 한나라당 정치선진화특별위원회 위원 2010년 同전당대회준비위원회 위원 2010년 국회 독도영토수호대책특별위원회 위원 2010년 국회 예산결산특별위원회 위원 2010년 한나라당 통일위원장 2012년 제19대 국회의원선거 출마(서울 강서甲, 새누리당) 2012년 새누리당 서울시강서구甲당원협의회 위원장 2012년 同조직강화특별위원회 위원 2013~2015년 駐상하이 총영사 2015년 동아대 국제전문대학원 겸임교수(현) 2016년 새누리당 서울강서구甲당원협의회 운영위원장(현) 2016년 제20대 국회의원선거 출마(서울 강서구甲, 새누리당) 賞국정감사평가회 우수의원상(2010) 宗기독교

구상훈(具相勳) KOO Sang Hoon

生1960·3·29 宙서울 강남구 논현로508 GS강남빌딩8층 에릭슨LG 임원실(1544-3777) 學1979년 한영고졸 1983년 성균관대 경영학과졸 經2005년 LG전자 LGESE법인장 2006년 同금융팀장(상무) 2009~2010년 同세무통상팀장(상무) 2010~2011년 同CIS Region CFO 2012년 에릭슨LG 공동대표이사 겸 최고재무책임자(CFO)(현)

구성림(具成林) Seong-Rim Koo (東齋)

生1943·7·30 出능성(綾城) 出경북 성주 宙경기 부천시 소사구 송내대로27번길19의6 (주)누리엔터프라이즈(032-611-9552) 學영남대 화학공학과졸 經대림엔지니어링 이사, 종우교역 전무, 진우교역 사장, 한국물산(주) 감사 2000년 새로운전자(주) 부사장 2004년 同상임고문 2014년 (주)누리엔터프라이즈 대표이사 사장(현)

구성애(具聖愛·女) KOO Sung Ae

生1956·2·20 出서울 宙서울 마포구 토정로211 (사)푸른아우성(02-332-9978) 學1979년 연세대 간호학과졸 經1980년 부산 일신기독병원 조산원자격 획득 1980~1986년 가톨릭여성농민회·부산여성회 간사 1987년 교원연수원·교육청·기업체·대학·중고교·사회단체·종교단체등 3천여회 성교육 강연 1993년 내일신문 창간멤버 1998~2000년 청소년을위한내일여성센터 전국부회장 겸 부산내일여성센터소장 1998년 내일여성센터 성상담소장 1998년 MBC 10시 임성훈입니다 '구성애의 아우성' 출연 1998년 교육부 성교육자문위원 2000년 아우성센터 소장 2003년 (사)푸른아우성 대표(현) 2003년 MBC 아주 특별한 아침 '새시대의 아우성' 출연 2003~2004년 SBS FM '하하·몽의 영스트리트' 고정출연 2004년 KBS '주부, 세상을 말하자' 출연 2005년 MBC '김성주의 굿모닝FM' 출연 2005년 SBS FM '아름다운 이 아침 김창완입니다' 출연 2006년 SBS FM '하하의 텐텐클럽' 고정출연 2006년 SBS FM '이숙영의 파워FM' 고정출연 2008년 스토리온TV '박철쇼' 고정출연 著'구성애의 성교육'(1995) '유아 성교육'(1995) '니 잘못이 아니야'(2003) '구성애의 빨간책'(2003) '구성애 아줌마의 초딩 아우성'(2004) '내성은 건강해(共)'(2004) '구성애 아줌마의 10대 아우성'(2008) '구성애 아줌마의 뉴 초딩 아우성'(2011) '내 성은 건강해'(2012) '놀이터에 도깨비가 있대'(2012) '네가 태어났을 때'(2012) '말랑말랑 쪼글쪼글 내 배꼽'(2012) '호야는 동침쟁이'(2012) '말하길 잘했어!'(2012) '말괄량이 백설공주와 뽐쟁이 왕자'(2013) '오목이 볼록이'(2013) '응답하라 아우성'(2015) 宗기독교

구성욱(丘盛旭) KUH Sung Uk

⊛1968·2·9 ⊛평해(平海) ⊛서울 ⊛서울 강남구 언주로211 강남세브란스병원 신경외과(02-2019-3404) ⊛1992년 연세대 의대졸 1999년 인하대 대학원졸 2004년 의학박사(연세대) ⊛1992년 세브란스병원 인턴 1993~1997년 同전공의 2000~2003년 영동세브란스병원 신경외과 연구강사 2003년 강남세브란스병원 신경외과 척추분야 조교수·부교수·교수(현) 2005~2006년 미국 에모리대 Spine Center 연수 2008년 연세대 의대 교학부장 2014~2016년 연세대의료원 연구진흥2부처장 2016년 강남세브란스병원 홍보실장(현) ⊛대한신경손상학회 학술상(2006), 강남세브란스병원 우수임상교수상(2008)

구성지(具誠祉) KOO Sung Ji

⊛1947·3·25 ⊛능성(綾城) ⊛제주 ⊛제주특별자치도 제주시 문연로13 제주특별자치도의회(064-741-1924) ⊛1965년 대정고졸 ⊛1972년 공무원시험 합격, 남제주군 경리계장·기획예산계장·행정계장, 同대정읍 부읍장, 同새마을과장·재무과장·내무과장, 제주시 문화관광국장·사회경제국장·기획실장, 제주도星 교통과장, 同공보관, 同도지사 비서실장 2006~2010년 제주특별자치도의회 의원(한나라당·새누리당) 2008~2010년 同부의장, 제주도해병전우회 부회장 2014년 제주특별자치도의회 의원(새누리당)(현) 2014~2016년 同의장 2015년 전국시·도의회의장협의회 수석부회장 2016년 새누리당 제주도당 부위원장(현) 2016년 제주특별자치도의회 교육위원회 위원(현) 2016년 同예산결산특별위원회 위원(현) ⊛우수의정활동사례공모 의정활동 모범상(2010), 대한민국의정대상 최고의장상(2015) ⊛불교

구성훈(具聖勛) KOO SUNG HOON

⊛1961·6·7 ⊛능성(綾城) ⊛경기 연천 ⊛서울 중구 세종대로55 삼성자산운용(주)(02-3774-7600) ⊛대신고졸 1984년 고려대 경제학과졸 1986년 同대학원 경제학과졸 1998년 경제학박사(고려대) ⊛1987년 삼성그룹 입사, 삼성생명보험(주) PF운용Unit장 2003년 同특별계정사업부장 2005년 同투자사업부장(상무보) 2009년 同재무심사팀장(상무) 2011년 同투자사업부장(전무) 2013년 同자산운용본부장(전무) 2013년 同자산운용본부장(부사장) 2015년 삼성자산운용(주) 대표이사(현) 2015년 한국금융투자협회 비상근부회장(현) ⊛천주교

구수경(具수경·女) Koo, Soo Kyung

⊛1969 ⊛충북 청주시 흥덕구 오송읍 오송생명2로187 질병관리본부 국립보건연구원 난치성질환과(043-249-2510) ⊛1991년 한국과학기술원 생물공학과졸 1993년 同대학원 생물공학과졸 1996년 이학박사(한국과학기술원) ⊛1997~2002년 보건복지부 국립보건원 보건연구사 2002~2011년 同질병관리본부 국립보건연구원 보건연구관 2005~2007년 미국 DHHS NIH NIDCD Research Fellow 2011년 보건복지부 질병관리본부 국립보건연구원 난치성질환과장(현)

구숙경(具琡瓊·女) KOO Sook Kyoung

⊛1963·8·20 ⊛능주(綾州) ⊛부산 ⊛서울 강남구 영동대로86길11 승원빌딩5층 지안법무사합동사무소(02-501-9488) ⊛1982년 울산여고졸 1989년 이화여대 정치외교학과졸 ⊛1992년 법무사시험 합격(1회) 1992년 법무사 개업 1994~1997년 서울법무사합동사무소 구성원법무사 1998~2000년 지안법무사합동사무소 대표법무사 2003년 同대표법무사(현) 2007년 서울중앙지방법무사회 홍보위원장 2007년 대한법무사협회 대의원 2008~2012년 전국여성법무사회 회장 ⊛서울중앙법무사회장표창(2003), 서울중앙지법원장표창(2004), 법조협회 법조봉사대상 봉사상(2013)

구승엽(丘承燁) KU Seung-Yup

⊛1967·2·10 ⊛평해(平海) ⊛서울 ⊛서울 종로구 대학로101 서울대학교병원 산부인과(02-2072-1971) ⊛1991년 서울대 의대졸 1995년 同대학원 의학석사 2001년 의학박사(서울대) ⊛1992년 서울대병원 산부인과 전공의 1996년 경기 이천의료원 산부인과장(공중보건의) 1999년 서울대병원 산부인과 전임의 2000년 서울대 의대 산부인과학교실 선임연구원 2001년 서울특별시립 보라매병원 전담의 2001년 제주대 의대 임상전임강사 2002년 보라매병원 QA위원회 위원 2002년 서울대 의대 산부인과학교실 조교수·부교수·교수(현) 2005년 同의학연구원 인구의학연구소 운영위원 2008년 미국 Society for Gynecologic Investigation 정회원·Reviewer·Judge 2008년 한국발생생물

학회 이사 2008~2009년 서울시정개발연구원 서울시산학연협력사업평가위원 2008~2009년 대한병원협회 레지던트필기시험문항개발위원 2008년 대한산부인과내분비학회 총무이사 2008~2010년 대한생식의학회 총무이사 2008년 대한의사협회 전문의자격시험 출제위원 2009~2011년 서울대 의대 홍보위원 2010년 同병원 의생명연구원 전임상실험부 실험실장 2010년 질병관리본부 학술용역사업 평가위원 2011년 대한보조생식학회 총무이사 2011년 대한골다공증학회 정보위원장 2011년 대한노화방지의학회 학술위원 2011년 서울대 의학연구원 인구의학연구소 기획위원 2012년 同병원 의생명연구원 전임상실험부 의료기기평가실장 2012년 대통령소속 국가생명윤리위원회 배아연구전문위원 2012년 국가생명윤리정책연구원 이사 2013년 한국조직공학재생의학회 편집이사 2014년 同회원관리이사(현) 2014년 TERMIS-AP(아태조직공학재생의학회) 조직위원 2014년 대한산부인과학회 지도전문의교육TFT 위원(현) 2014년 同수련위원(현) ⊛서울대병원장표창(1992), 대한산부인과학회 추계학술대회 포스터상(1999), 아시아·오세아니아산부인과연맹 젊은연구자상(2004), 한국과학기술단체총연합회 과학기술대상(2010), 대한생식의학회 학술상(2010) ⊛'사춘기 내분비학 in 생식내분비학'(2002) '노화방지의학 : 기초적 개관 및 임상진료(共)'(2003) '체중조절을 위한 생활양식 상담방법'(2004) 'Protocols of work-up and anti-aging treatment for women'(2004, American academy of anti-aging medicine) '임신과 불임 in 인간생명과학개론(共)'(2006) '무월경 in 부인과학'(2007) '줄기세포 in 산부인과내분비학'(2012) ⊛기독교

구 영(具 英) KU Young

⊛1960·7·29 ⊛대구 ⊛서울 종로구 대학로101 서울대학교치과병원 치주과(02-2072-2641) ⊛1986년 서울대 치의학과졸 1993년 同대학원 치의학과졸 1997년 치의학박사(서울대) ⊛1994년 미국 치주학회 국제회원 1996년 서울대 치과대학 치주과학교실 전임강사·조교수·부교수·교수(현) 1997년 한국생체재료학회 편집위원·이사·부회장(현) 2001년 대한치주과학회 공보이사 2002년 同편집이사 2002년 대한구강악안면임프란트학회 학술이사 2003년 국제치과연구학회 한국지부 재무이사 2005년 서울대 치과대학 학생부학장 2008년 同학생처 부처장 2009년 서울대치과병원 치주과장 2014~2015년 국제치과연구학회 한국지부 회장 2016년 대한구강악안면임프란트학회(KAOMI) 차기(2018년) 회장(현) 2016년 同우수회원제도위원회 위원장(현)

구영민(具永敏) Goo Youngmin

⊛1970·11·11 ⊛창원(昌原) ⊛부산 ⊛대전 서구 청사로189 특허청 운영지원과(042-481-5111) ⊛1989년 부천고졸 1991년 서울대 독어독문학과졸 2012년 미국 콜로라도대 행정대학원졸 ⊛1998년 행정고시 합격(제41회) 1998년 특허청 사무관 2006년 同서기관 2008년 同산업재산보호과장 2012년 同산업재산진흥과장 2014년 同상표디자인심사국 상표심사1과장 2015년 유럽공동체상표청(OHIM) 파견(현)

구영섭(丘榮燮) KOO, YOUNG-SUB

⊛1975·2·20 ⊛충남 예산 ⊛세종특별자치시 도움5로19 우정사업본부 예금위험관리과(044-200-8440) ⊛1993년 예산고졸 2001년 고려대 전기공학과졸 ⊛2000년 기술고시 합격(36회) 2002~2003년 우정사업본부 예금과 사무관 2003년 정보통신부 정보화기획실 정보보호산업과 사무관 2005년 同정보화기획실 인터넷정책과 사무관 2006~2008년 同전파방송기획단 전파방송정책팀 사무관 2008~2010년 방송통신위원회 방송운영관리실 방송운영과·디지털전환과 사무관 2010~2012년 同방송정책국 방송정책기획과 서기관 2013~2014년 미래창조과학부 국립전파연구원 정보운영팀장 2015년 同우정사업본부 서울지방우정청 금융사업국장 2016년 同우정사업본부 예금위험관리과장(현)

구영소(具永昭) GU YOUNGSO (백양)

⊛1954·8·19 ⊛창원(昌原) ⊛경남 창원 ⊛부산 기장군 일광면 차양길26 아시아드컨트리클럽(CC)(051-720-6000) ⊛1974년 경남고졸 1980년 서강대졸 ⊛1980~1993년 현대오일뱅크(주)(舊극동정유) 근무 1994~2013년 백양주유소 설립 대표 2003~2012년 (사)한국주유소협회중앙회 부회장 겸 부산시지회장 2008~2012년 在부산 서강대동문회 회장 2010~2012년 서강대총동문회 부회장 2010~2012년 기획재정부 주관 불법석유유통근절범정부TF팀 민간위원 2011~2013년 한국에너지포럼중앙회 회장 2012년 새누리당 제18대 대통령선거 박근혜후보 중앙선거대책위원회 에너지특보 2015년 아시아드컨트리클럽(CC) 대표이사 사장(현) ⊛동력자원부장관표창(1989), 산업자원부장관표창(2005), 부산광역시장표창(2009), 지식경제부장관표창(2010) ⊛가톨릭

구영우(具榮友) KU Young Woo

[생]1965·10·2 [본]능성(綾城) [출]경북 의성 [주]서울 강남구 강남대로484 (주)HK저축은행(02-3485-2501) [학]1984년 대구 대륜고졸 1989년 연세대 경영학과졸 [경]1988~1990년 한일리스 근무 1990~1999년 한미캐피탈 영업팀장·자금팀장·경영기획팀장 1999~2003년 한국금융신문 편집국장(상무이사) 2003년 한미캐피탈 심사·전략기획부장 2006년 同리스영업본부장(상무) 2007년 同통합·혁신본부장(상무) 2007년 우리파이낸셜 통합·혁신본부장(상무) 2007년 同리스금융본부장(상무) 2009년 HK저축은행 리스크관리본부장(상무) 2010년 同리스크관리본부장(전무) 2011년 同부행장 2012년 同부대표 2016년 同대표이사(현) [상]금융위원장표창(2010) [종]불교

구욱서(具旭書) KOO Uk Seo

[생]1955·1·21 [출]경북 의성 [주]서울 종로구 효자로15 코오롱빌딩3층 국무총리소속 부마민주항쟁진상규명및관련자명예회복심의위원회(02-6744-3111) [학]1972년 대구상고졸 1976년 경북대 법정대학졸 1978년 同법정대학원졸 [경]1976년 사법시험 합격(18회) 1978년 사법연수원 수료(8기) 1978년 육군 법무관 1981년 부산지법 판사 1982년 同울산지원 판사 1985년 서울지법 의정부지원 판사 1986년 同남부지원 판사 1989년 서울고법 판사 1991년 대법원 재판연구관 1992년 대구지법 안동지원장 1995년 사법연수원 교수 1998년 서울행정법원 부장판사 2000년 특허법원 부장판사 2001년 同수석부장판사 2001년 서울고법 부장판사 2006년 서울남부지법원장 2009년 대전고법원장 2009년 중앙선거관리위원회 위원 2010~2011년 서울고법원장 2011년 법무법인 다래 고문변호사(현) 2012~2015년 한국의료분쟁조정중재원 의료분쟁조정위원장 2014년 국무총리소속 부마민주항쟁진상규명 및 관련자명예회복심의위원회 위원장(현) 2015년 대구은행 사외이사(현) [상]황조근정훈장 [저]'사법과 세법'(2010) [종]천주교

구원모(具元謨) Koo Won Mo

[생]1962·7·17 [출]경기 안양 [주]서울 영등포구 버드나루로12가길51 전자신문(02-2168-9200) [학]1987년 한국외국어대 포르투갈어과졸 2012년 중앙대 신문방송대학원졸 [경]1987년 전자신문 편집국 기자 1995년 同정보통신부 차장 1996년 同뉴미디어국 데이터베이스부장 1997년 同정보생활부장 1999년 同인터넷부장 2000년 디지털타임스 컴퓨팅부장 2000년 同부국장대우 인터넷부장 2002년 同뉴미디어국장 직대 2002~2003년 同부국장 겸 컴퓨팅부장 2003년 전자신문인터넷 대표이사 2006년 한국디지털경영인협회 회장 2008년 한국온라인신문협회 부회장 2008년 전자신문 상무 2009년 同전략기획실 상무이사 2010년 同객원논설위원 겸임 2010년 同고객부문총괄 대표(상무이사) 2011년 同대표이사(현) 2011년 전자신문인터넷 대표이사 2013년 국제로타리 3650지구 서울ICT로타리클럽 회장 2016년 한국정보처리학회 회장(현) [종]기독교

구원회(具沅會) KU Won Hwoi

[생]1968·4·1 [주]경기 성남시 분당구 판교역로241번길20 부동산114(주) 비서실(031-789-1114) [학]1987년 광주과학고졸 1991년 한국과학기술원(KAIST) 물리학과졸 [경]미래에셋자산운용 자문운용본부 팀장 2005년 同리스크관리본부장 2005년 미래에셋증권(주) 리스크관리본부장 2008년 同리스크관리본부장(상무보) 2009년 同전략기획본부장 2010년 同전략기획본부장(상무) 2012년 同스마트Biz센터장(상무) 2014년 同스마트Biz부문 대표 2015년 同스마트Biz부문 대표(전무) 2016년 부동산114(주) 대표이사(현) 2016년 미래BI(주) 대표이사 겸임(현)

구월환(丘月煥) KOO Wol Hwan

[생]1942·3·25 [본]평해(平海) [출]충남 서천 [주]충남 아산시 순천향로22 순천향대학교 향설나눔대학(041-530-1023) [학]1960년 공주사대부고졸 1967년 서울대 문리과대학 사회학과졸 [경]1967년 합동통신 사회부·정치부 기자 1974~1975년 한국기자협회 부회장 1979년 합동통신 정치부 차장 1981년 연합통신 정치부 차장 1984년 同정치부장 1986년 同편집위원 1987년 同영국특파원 1990년 同논설위원 1992~1993년 관훈클럽 총무 1993년 연합통신 지방국장 직대 1994년 同지방국장 1994~1996년 종합유선방송위원회 고충처리위원 1995년 연합통신 기사심의실장 1996년 同출판국장 1997~1998년 同총무·출판담당 상무이사 2000년 세계일보 편집국장 2002년 同논설위원실장 2002년 관훈클럽 신영연구기금 이사 2003년 한국신문방송편집인협회 이사 2003~2004년 세계일보 주필 2005년 순천향대 향설나눔대학 초빙교수·대우교수(현) 2006~2009년 방송문화진흥회 이사 [종]천주교

구윤철(具潤哲)

[생]1965 [주]세종특별자치시 갈매로477 기획재정부 예산총괄심의관실(044-215-2114) [학]대구 영신고졸, 서울대 경제학과졸, 同대학원 행정학과졸, 미국 위스콘신대 대학원 공공정책학과졸 [경]1988년 행정고시 합격(32회), 재정경제원 건설교통예산담당관실 근무 1999년 기획예산처 재정정책과 서기관 2001년 경수로사업지원기획단 파견 2003년 대통령직인수위원회 기획조정분과위원회 행정관, 대통령 인사관리비서관실 행정관 2006~2008년 대통령 인사제도비서관 2007~2008년 대통령 국정상황실장 겸임, 외교안보연구원 글로벌리더십과정 파견 2013년 기획재정부 성과관리심의관 2015년 同재정관리국 재정성과심의관 2015년 同예산실 사회예산심의관 2015년 同예산실 예산총괄심의관(현)

구윤회(具潤會) GU Yun Hyea

[생]1949·11·19 [출]경남 진주 [주]경남 김해시 주촌면 소망길1의12 에이스브이(주) 비서실(055-310-8000) [학]1967년 진주고졸 1974년 부산대 조선공학과졸 2009년 同대학원 조선해양공학과졸 2012년 조선해양공학박사(부산대) [경]1973년 현대중공업(주) 입사 1995년 同이사대우 1996~2000년 同해양사업부 기술고문·기술자문 2000년 에이스브이(주) 대표이사(현) [상]자랑스런 부산대인(2014)

구자갑(具滋甲) KOO Ja Kap

[생]1960·10·28 [본]능성(綾城) [출]전북 전주 [주]서울 강남구 테헤란로422 롯데렌탈(주) 임원실(02-3404-9801) [학]서울대 법학과졸, 미국 뉴욕대 경영전문대학원(MBA)졸 [경]1983~2000년 조흥은행 입행·전략기획팀장 2000~2002년 KTB Network CRC사업본부 이사 2002~2008년 (주)코난테크놀로지 대표이사 2008년 골든브릿지자산운용 대표이사 2012년 골든브릿지투자증권 이사, 골든브릿지금융그룹 부회장, 한국금융연수원 겸임교수, 금융위원회 금융발전심의회 글로벌분과·자본시장분과 위원 2014~2015년 KT렌탈 경영기획부문장(부사장) 2015년 롯데렌탈(주) 경영관리본부장(전무)(현)

구자겸(具滋謙) Koo Ja Kyum

[생]1959·1·26 [본]능주(綾州) [출]서울 [주]경북 경주시 외동읍 문산공단안길44 엔브이에이치코리아(주) 임원실(054-779-1822) [학]1977년 동북고졸 1981년 한양대 기계공학과졸 1982년 同대학원 기계공학과졸 1991년 기계공학박사(미국 아이오와대) [경]1983년 현대자동차(주) 근무 1991년 GM CPC센터 근무 1992년 쌍용자동차(주) 근무 1996년 태성S&E(주) 근무 1999년 엔브이에이치코리아(주) 대표이사 회장(현) 2012년 대한기계학회 동력학 및 제어부문 부회장(현) 2012년 한국자동차공학회 감사 겸 종신회원(현) 2013년 한국공학한림원 회원(현) [상]은탑산업훈장(2008) [종]기독교

구자경(具滋暻) KOO Cha Kyung

[생]1925·4·24 [본]능성(綾城) [출]경남 진양 [주]서울 영등포구 여의대로128 LG트윈타워 동관32층 LG 비서실(02-3773-2032) [학]1945년 진주사범학교졸 1986년 명예 경제학박사(고려대) 1999년 명예 경영학박사(연세대) [경]1950년 낙희화학 이사 1959년 금성사 이사 1962년 낙희화학 전무이사 1968년 금성사 부사장 1970~1995년 럭키금성그룹 회장 1970~2014년 LG연암문화재단 이사장 1970년 한국경영자총협회 부회장 1973~1987년 전국경제인연합회 부회장 1973~2016년 학교법인 연암학원 이사장 1973~1985년 국제기능올림픽 한국위원회 부회장 1979~1988년 한국발명특허협회 회장 1981~1987년 평통 지역협력분과위원장·경제통상분과위원장 1983년 한·일문화교류기금 회장 1983년 한국산악회 회장 1983~2000년 동아일보 이사 1986년 대한적십자사 중앙위원 1987~1989년 전국경제인연합회 회장 1988년 한국경영자총협회 고문 1989년 전국경제인연합회 명예회장(현) 1991~2015년 LG복지재단 이사장 1994년 보람은행 이사회장 1995년 LG그룹 명예회장(현) 1998~2002년 한국청소년연맹 이사 [상]금탑산업훈장, 서독 유공대십자훈장, 한국의 경영자상, 기능올림픽 공로표창, 5·16민족상(산업부문), 국민훈장 동백장 [저]'오직 이 길밖에 없다' '민간주도형 경제하에서의 정부의 역할' '아산정주영과 나 백인문집'(共)

구자관(具滋寬) KOO Ja Kwan

[생]1944·8·14 [본]능성(綾城) [출]경기 남양주 [주]서울 동작구 여의대방로24길92 삼구아이앤씨 비서실(02-828-3900) [학]1963년 용문고졸 1993년 동국대 행정대학원 최고관리자과정 수료(49기) 1995년 한국노동연구원 노사관계고위지도자과정 수료(6기) 1996년 전경련 국제경영원 수료(34기) 1998년 연세대 언론홍보대학원 수료(6기) 2002년 서강대 경영대학원 가톨릭경영자과정 수료(5기) 2003년 同경제대학원 OLP과정 수료(3기) 2005년 중국 칭화대 최고경영자과정 수료(3기) 2007년 국제경영원 The 2nd Leader's Best Life Academy 수료(2기) 2008년 용인대 경찰행정학과졸 2008년 한국최고경영자회의 CIMA CEO 수료(4기) 2008년 데일 카네기 최고경영자과정 수료(48기) 2009년 전경련 CLIG제왕학역사CEO과정 수료(1기) 2010년 同CIA미래창조혁신최고위과정 수료(1기) 2011년 서강대 경제대학원졸 2011년 한양대 문화예술CEO과정(CAF) 수료(2기) 2011년 한국능률협회 클래식아트경영 최고경영자과정 수료(1기) 2012년 서울대 법과대학 최고경영자과정(ALP) 수료(15기) 2012년 IGM 세계경영연구원 최고경영자과정 수료(11기) 2012년 서강대 경제대학원 최고위의회전문가프로그램(TCSP) 과정 수료(2기) 2012년 한국능률협회(KMA) WHARTON 최고위과정 수료(10기) 2012년 IGM 세계경영연구원 창조오딧세이아 수료(1기) 2012년 한국능률협회 상우재 수료(8기) 2013년 법무부 교정위원전문화기본교육과정 수료(2기) 2013년 감동력커뮤니케이션CEO과정 수료(1기) 2013년 세계경영연구원(IGMK) 최고경영자과정 수료(1기) 2014년 고려대 미래성장연구소 미래성장최고지도자과정(FELP) 수료(1기) 2014년 중앙대 부동산자산관리 최고경영자과정 수료(11기) [경]1969년 극동CT산업 대표이사 1976~2010년 (주)삼구개발 대표이사 사장 1998~2007년 (사)한국건축위생관리협회 이사 2001~2011년 한국청소년육성회 부총재, 전경련 국제경영원총동문회 사무총장 2003~2005년 (사)한국경비협회 회장 2003년 국제로타리클럽 3640지구 서울아리랑로타리클럽 회장 2003년 (사)한국건축물유지관리협회 이사(현), 한국노동연구원 노사관계고위지도자과정총동문회 사무총장·감사, 한나라당 중앙위원회 문화체육분과위원회 부위원장, 국제라이온스354A지구 제2지역 1지대위원장 2005~2011년 대한스포츠찬바라협회 회장 2007년 한나라당 제17대 대통령중앙선거대책위원회 직능정책본부 직능경제특별위원회 부위원장, 한국직능경제인연합회 수석부회장 2009~2012년 데일카네기최고경영자과정총동문회 제3대 회장 2010년 삼구아이앤씨 대표이사 회장(현) 2012년 민주평통 상임위원 2013년 한국노동연구원 노사관계고위지도자과정총동문회 회장 2013년 서울 한양도성 시민순성관 2013년 서강대 Opinion Leaders Club 수석부회장 2014년 (사)한국HR(인적자원)서비스산업협회 회장(현) 2014년 인천아시안게임 국민대통합성공기원축제준비위원회 공동대표 2014년 (사)인간개발연구원 운영이사 [상]도봉세무서장표창(1979), 서울지방경찰청장 감사장(1990·1991) 경찰청장 감사장(1992·2006), 용산구청장 감사장(1996), 한국위생관리협회상(1998), 서울도시철도공사 감사장(1998), 보건복지부장관표창(2000), 필리핀 대통령표창(2003), 전경련 국제경영원 최우수경영인상(2003), 건설교통부장관표창(2006), 국민훈장 동백장(2007), 도산 경영상(2007), 전경련 국제경영원(IMI) 사회공헌부문 경영대상(2008), 전경련 국제경영원 YLC위원회 인재후견제도 최우수상(2010), 한국노동연구원 노사발전대상(2010), 대한민국경제리더 대상(2010), 한국경비협회 감사패(2010), 중앙일보 대한민국경제리더대상(2010), 서울시장표창(2011·2014), 민주평통 마포구협의회상(2011), 한국지식인협회 신지식인대상(2011), 서강대 경제대학원 우수논문상(2011), DALE CARNEGIE TRAINING LEADERSHIP AWARD(2011), 전경련 국제경영원 경영인대상(2011), 서울지방중소기업청장표창(2011), 전경련 국제경영원 우수지식기업인상(2011), 한국기업경영학회 기업경영대상(2012), 지식경제부장관표창(2012), 법무부장관표창(2012), 한국재능기부협회 대한민국한국재능나눔대상(2013), 직능경제인단체총연합회장표창(2013), 마포구청장표창(2013), 제1야전군사령관 감사장(2013), 해군참모총장 감사장(2013), 미래지식경영원 창조경영인상(2013), 한국국제연합봉사단 세종대왕나눔봉사대상(2013), 서울시 봉사상(2013), 서울상공회의소회장표창(2014), 한국건축물관리연합회장표창(2014), 한국재능기부협회 대한민국한국재능나눔대상(2014), 한국능률협회(KMA) 선정 '제 47회 한국의 경영자'(2015), HDI인간경영대상 종합대상(2015) [종]가톨릭

구자균(具滋均) KOO Ja Kyun

[생]1957·10·8 [본]능성(綾城) [출]서울 [주]경기 안양시 동안구 엘에스로127 LS산전(02-2034-4002) [학]1976년 중앙고졸 1982년 고려대 법학과졸 1985년 미국 텍사스주립대 대학원 국제경영학과졸 1990년 경영학박사(미국 텍사스주립대) [경]1993년 국민대 경영학과 교수 1995년 서울시수중협회 회장(현) 1997~2004년 고려대 국제대학원 교수 2005년 LS산전(주) 관리본부장(부사장) 2007년 同대표이사 사장(사업본부장 겸임) 2008년 同대표이사 사장(CEO) 2008년 한국표준협회 이사(현) 2009~2014년 지능형전력망협회 회장 2009년 국가표준심의회 민간위원(현) 2010년 LS산전(주) 부회장 2010년 국제스마트그리드연합회(GSGF) 부회장 2013~2016년 한국발명진흥회 비상임이사 2013년 (주)LS 산전사업부문(LS산전·LS메탈·대성전기) 대표이사 부회장 2014년 (사)대한전기학회 부회장 2014년 한국스마트그리드협회 회장(현) 2015년 (주)LS 산전사업부문(LS산전·LS메탈·대성전기) 회장(현) 2015년 LS산전 대표이사 CEO 겸임(현) 2016년 국회 신·재생에너지포럼 운영위원장(현) [상]미국 텍사스주립대 한국동문회 선정 '자랑스러운 UT 동문상'(2012), 매경미디어그룹 미래부문 2013 대한민국 창조경제리더 (2013), 매일경제 선정 '대한민국 글로벌 리더'(2014), 금탑산업훈장(2014), 한국신뢰성대상 제조업부문(2014), APIGBA어워드 퍼포먼스부문 금상(2016)

구자극(具滋克) KOO Cha Keuk

[생]1946·2·7 [출]경남 진주 [주]서울 구로구 디지털로 288 (주)엑사이엔씨 임원실(02-3289-5100) [학]1964년 서울고졸 1973년 미국 힐즈데일대 전자공학과졸 [경]1979년 럭키금성상사(주) 부장 1986년 同상무이사 1994년 同부사장 1999년 LG상사 미주지역본부장, 同회장, (주)엑사이엔씨 각자대표이사 회장 2010~2011·2014년 同대표이사 회장(현)

구자동(具滋東) KOO Ja Dong

[생]1944·4·17 [본]능성(綾城) [출]충남 당진 [주]충남 당진시 송악읍 안틀모시길11 기지시줄다리기보존회(041-357-8118) [학]1961년 송악중졸 1991년 한남대 지역개발대학원 지도자과정 수료 [경]1969년 기지시줄다리기추진위원회 간사 1984년 국제라이온스협회 309-E지구 상록클럽 회장 1985년 송악의용소방대장·기지초등학교 체육진흥관리위원장 1987년 당진군의료보험조합 설립위원 1987년 중요무형문화재 제75호 기지시줄다리기 이수자 지정·전수교육 조교지정 1989년 국제라이온스협회 309-E지구 제15지역 제1지대위원장 1990년 송악지서 선진질서추진위원장 1991년 당진군개발위원회 위원·당진군선거관리위원회 송악면관리위원장 1991년 국립민속박물관 대보름맞이행사 연출지도 1992년 기지시줄다리기번영회 회장 1994년 송악면재향군인회 회장 1995년 당진경찰서 보안지도위원 1997년 국제라이온스협회 355-D지구 제19지역 부총재 1997년 (주)동부종합가스 대표이사 2000년 남북통일기원 설문화축제·신성대축제·서해대교 사장교 개통기념행사 연출지도 2001년 중요무형문화재 제75호 기지시줄다리기 예능보유자 지정(현) 2001년 온양문화재 줄제작지도 및 연출지도 2002년 충남무형문화재연합회 부회장·능성구씨당진군종회 회장 2003년 일본 가리와노줄다리기 제1차교류 방일·산신도봉안제 및 소형줄고사 연출 2004년 일본 가리와노줄다리기 제2차교류·오키나와 3대줄다리기 1차교류 방일 2005년 일본 예화야줄다리기 3차교류 방일 2005~2006년 민주평통 자문위원 2006년 하이서울페스티벌 1000만시민화합줄다리기 해설 2006~2013년 기지시줄다리기보존회 회장 [상]내무부장관표창(1988), 대한체육회장 공로패(2001), 자랑스런 당진인상(2003) [종]불교

구자두(具滋斗) KOO Cha Too (儀岩)

[생]1932·1·15 [본]능성(綾城) [출]경남 진양 [주]서울 강남구 테헤란로512 신안빌딩13층 LB인베스트먼트(주) 회장실(02-3467-0518) [학]1953년 경기고졸 1955년 연세대 상대 중퇴 1957년 미국 워시본대(Washburn Univ.) 상학과졸 1959년 미국 뉴욕시립대 대학원졸 1986년 명예 상학박사(미국 워시본대) [경]1959년 럭키화학 관리과장 1960년 금성사·럭키유지 관리과장 1963년 금성사 이사·공장장 1965년 同상무이사 1970년 금성전선 전무이사 1971년 금성통신 사장 1974년 반도상사 사장 1976년 피혁제품수출조합 이사장 1980년 신영전기 사장 1980년 대한상사중재원 중재인 1984년 금성반도체 사장 1987년 금성사 정보·통신부문 사장 1987년 정보통신진흥협회 회장 1988년 희성산업 부회장 1989년 駐韓엘살바도르 명예영사(현) 1991~1998년 LG유통 부회장 1995년 駐한국명예영사단 부단장 1996년 同단장 1996년 국제로타리 3650지구 총재 1998년 LG유통 상임고문 1999년 로타리클럽 청소년인터렉트재단 이사장 2000년 LG벤처투자(주) 회장 2008년 LB인베스트먼트(주) 회장(현) [상]금탑산업훈장, 대통령표창, 한국경영개척대상, 국무총리표창

구자명(具滋明) KOO Ja Myeong

[생]1956·5·1 [출]충남 보령 [주]서울 동작구 보라매로5길15 전문건설회관빌딩 대한전문건설협회(02-3284-1010) [학]1975년 대천고졸 1979년 한국방송통신대 행정학과졸 1994년 인하대 경영대학원 교통경제학과졸 [경]1975년 공무원 임용 2005년 건설교통부 철도국 남북교통과장 2005년 同남북교통팀장 2006년 同물류산업팀장 2007년 同교통복지기획팀장 2008년 국토해양부 물류시설정보과장 2010년 同교통안전복지과장(부이사관) 2011년 同교통정책실 대중교통과장 2011년 同자동차기획단장 2012~2013년 익산지방국토관리청장(고위공무원) 2013년 대한전문건설협회(KOSCA) 상임부회장(현) [상]홍조근정훈장(2010)

구자섭(具滋燮) KOO Ja Sup

[생]1950·8·31 [출]부산 [주]경기 파주시 월롱면 엘씨디로 294 파주LCD지방산업단지 한국SMT(주) 임원실(031-934-3023) [학]1969년 경남고졸 1973년 고려대 산업공학과졸 [경]1974년 LG화학 입사 1988년 同이사 1993년 同상무이사 1996년 同전무이사 1997년 LGMMA(주) 대표이사 전무, 同대표이사 부사장 2004~2005년 同대표이사 사장 2005년 한국SMT(주) 대표이사, 同회장(현) [상]금탑산업훈장

구자신(具滋信) KOO Ja Shin

[생]1941·2·6 [출]경남 [주]경남 양산시 유산공단2길 14 쿠쿠그룹 비서실(055-380-0700) [학]1965년 고려대 경제학과졸 [경]1974년 (주)성광통상 창립·전무이사 1977년 삼신정밀공업(주) 대표이사 1978년 성광전자(주) 창립·대표이사 1987년 성광화학(주) 대표이사 1999~2006년 쿠쿠전자(주) 대표이사 회장 2000~2006년 양산상공회의소 회장 2006년 쿠쿠그룹(쿠쿠홈시스·쿠쿠전자·쿠쿠산업·쿠쿠기전·중국 복고전자) 회장(현), 쿠쿠복지재단 이사장(현) [상]국세청장표창, 재무부장관표창, 새마을포장, 생산성 대상, 제3회 중소기업인 명예의전당 헌정(2006) [종]불교

구자억(具滋億) Gu, Ja Oek (東才)

[생]1955·2·5 [본]능성(綾城) [출]충남 천안 [주]서울 성북구 서경로124 서경대학교 교양과정부(02-940-7201) [학]1983년 영남대 교육학과졸 1991년 고려대 교육대학원 교육학석사 1996년 교육학박사(중국 북경사범대) [경]1983년 한국교육개발원 연구위원·선임연구위원·석좌연구위원 1997~1998년 한국비교교육학회 이사 1999년 한국교육사학회 편집위원 2000~2013년 한국교육포럼 회장 2001년 한국교육신문 자문위원, 홍익대 교육경영관리대학원 겸임교수 2004년 한국교육개발원 기획처장 2004~2013년 (사)목재문화포럼 이사 겸 학교교육위원장 2005~2011년 교육혁신박람회 사무국장·방과후학교페스티벌 사무국장·교육과정엑스포 사무국장 2007년 한국교육개발원 교육연구국제협력센터 본부장 2009년 同교육기관평가연구센터 소장 2010년 한국중국교육학회 회장 2011년 한국비교교육학회 부회장 2011~2012년 경제인문사회연구회 중국연구자문위원 2011~2015년 교육과학기술부 외국인유학생정책추진위원 2011~2013년 同외국유학생유치대학인증위원 2011~2014년 경북도 교육정책자문위원 2012년 한국교육개발원 교육통계평가연구본부장 2012년 (사)한·중교육교류협회 회장(현) 2013~2015년 한국교육개발원 기관평가연구실장 2013년 교육부 외국유학생유치대학인증위원 2013년 대구시교육청 행복교육정책자문위원 2013~2015년 교육부 교육정책자문위원 2013년 교원양성기관 평가위원 2013년 국민행복교육포럼 공동대표(현) 2013년 한국교육기관컨설팅학회 회장(현) 2014년 한·중유학교우총연합회 초대회장(현) 2015년 서경대 교양과정부 교수(현) 2015년 同대외협력실장 2015년 同전략기획실장 2015년 同한국학교컨설팅연구소장 겸임(현) 2015년 서울시 서초구교육발전위원회 위원(현) 2016년 서경대 서경혁신원부원장 2016년 同언어문화교육원장(현) 2016년 同교양대학장 겸 혁신원장(현) [상]교육과학기술부장관표창, 한국교육개발원장표창, 경제인문사회연구회 이사장표창, 중국 베이징사범대학 교우영예증서, 천마문화상, 국민훈장 석류장(2014) [저]'중국의교육' '양계초와 교육' '중국 근대교육사상 비교연구' '현대 중국교육의 심층적이해' '동서양 근대교육사상가론' '세계의 고등학교' '미국의 학교교육개혁동향' '교육의 이해' '동서양주요국가들의 새로운 학교' '동서양 주요국가들의 영재교육' '중국교육사' '중국 전통교육사상의 이해' '중한 근대교육사상 비교연구' '교사를 위한 교육과정 통합의 방법' '동서양 주요국가들의 교육' '중국의 교육' '주요선진국의 대학발전동향 : 이론과 실제' '비교교육학 : 이론과 실제' '학교컨설팅의 이론과 실제' '한국의 교육기관 평가제도' 등

구자열(具滋烈) KOO Ja Yeol

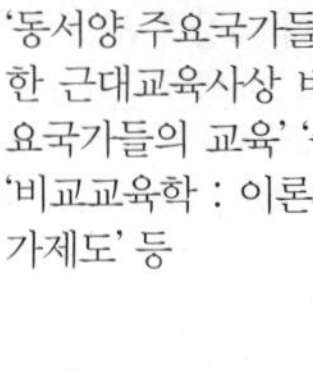

[생]1953·3·2 [본]능성(綾城) [출]경남 진주 [주]서울 강남구 테헤란로87길36 (주)LS 회장실(02-2189-9009) [학]1972년 서울고졸 1979년 고려대 경영학과졸 [경]1978년 LG상사(주) 입사 1980년 同뉴욕지사 근무 1985년 同국제금융부장 1990년 同동남아지역본부장(이사) 1992년 同일본지역본부장(상무) 1995년 LG증권(주) 국제부문 총괄상무 1997년 同국제부문 총괄전무 1999년 LG투자증권 영업부문 전무 2000년 同영업총괄 부사장 2001년 LG전선 관리지원 총괄임원(부사장) 2002년 同대표이사 부사장 2003년 同대표이사 사장 2004년 同대표이사 부회장 2005~2008년 LS전선(주) 대표이사 부회장 2007년 (주)국제상사 이사회 의장 2007년 국제전선협회(ICF) 상임이사 2008년 LS엠트론(주) 대표이사 부회장 2009~2014년 同대표이사 회장 2008~2010년 LS-Nikko동제련 대표이사 회장 2008년 LS전선(주) 대표이사 회장 2009·2013~2015년 대한사이클연맹 회장 2010~2015년 전국경제인연합회 과학기술위원장 2010년 駐韓베트남 명예영사 2010년 국가과학기술위원회 정책자문위원 2011년 녹색성장위원회 민간위원 2012~2015년 울산과학기술대 이사장 2013년 (주)LS 대표이사 회장 2014년 同회장 겸 이사회 의장(현) 2014년 한국발명진흥회(KIPA) 회장(현) 2015년 (사)대한자전거연맹 초대회장(현) 2015년 대통령소속 국가지식재산위원회 위원장(3기)(현) 2015년 (재)세종연구소 이사(현) 2015년 전국경제인연합회 산업정책위원장(현) [상]고려대 경영대학 교우회 '올해의 교우상'(2008), 금탑산업훈장(2009), 경제인대상 소유경영인부문(2012) [종]유교

구자열(具滋烈) KOO Ja Yul

[생]1962·8·3 [출]대구 [주]서울 영등포구 여의나루로27 사학연금회관13층 플러스자산운용(주) 경영기획본부(02-3787-2750) [학]1981년 대구 성광고졸 1988년 한국외국어대 경영학과졸 1996년 연세대 경영대학원졸 [경]1988~1991년 대한투자신탁 주식운용부 근무 1991년 同국제부 해외투자팀 대리 1992년 영국 쉬로더 자산운용사 파견 1993년 대한투자신탁 국제부 해외투자팀 과장 1996년 同주식운용부 펀드매니저 1997년 同국제부 해외투자팀 차장 2000년 HSBC펀드서비스 기획총괄팀장 겸 컴플라이언스팀장 2003년 플러스자산운용(주) 경영기획본부장(전무이사)(현) [종]천주교

구자열(具滋烈) GU Ja Yeal

[생]1968·7·13 [본]능성(綾城) [출]강원 원주 [주]강원 춘천시 중앙로1 강원도의회(033-256-8035) [학]원주고졸 2012년 한국방송통신대 경영학과졸, 연세대 정경대학원졸(정치학석사) [경]평화통일시민연합 대표, 원주고 운영위원, 원주시야구연합회 회장, 원주시생활체육회 수석부회장, 박건호기념사업회 자문위원, 강원도아동복지센터 운영위원, 민주평통 자문위원, 청소년문화연구소 소장 2010년 강원도의회 의원(민주당·민주통합당·민주당·새정치민주연합) 2010년 同경제건설위원회 위원, 同기획행정위원회 위원, 同예산결산특별위원회 부위원장, 同지방분권특별위원회 위원장 2014년 강원도의회 의원(새정치민주연합·더불어민주당)(현) 2014년 同기획행정위원회 위원 2014년 同분권특별위원회 위원장 2015년 강원도 행복한강원도위원회 기획행정분과 위원(현), 더불어민주당 강원도당 정책위원장(현) 2016년 강원도의회 사회문화위원회 위원(현) [종]가톨릭

구자엽(具滋燁) KOO Cha Yub

[생]1950·12·30 [출]경남 진주 [주]경기 안양시 동안구 엘에스로127 LS타워16층 LS전선(주) 회장실(02-2189-9080) [학]1969년 경복고졸 1977년 명지대 국어국문학과졸 1994년 고려대 대학원 국제경영학과졸 [경]1976년 LG화재해상보험(주) 입사, 同런던사무소 부장, 同이사대우, 同이사 1993년 同상무이사 1996년 LG건설(주) 전무이사 1998년 同부사장 2000년 同대표이사 부사장 2002년 同상임고문 2003년 희성전선(주) 상임고문 2004~2008년 가온전선(주) 대표이사 부회장 2008년 LS산전 대표이사 겸임 2008~2012년 同대표이사 회장 2008년 가온전선(주) 대표이사 회장 2013년 (주)LS 전선사업부문(LS전선·JS전선·가온전선) 회장 2014년 (주)LS 전선사업부문(LS전선·가온전선) 회장(현) [상]대통령표창(2003), 1억불 수출의탑(2007)

구자영(具滋榮) Jayoung Koo

[생]1948·12·7 [출]부산 [주]서울 종로구 종로26 SK(주) 임원실(02-2121-0114) [학]부산고졸 1972년 서울대 공대 금속공학과졸 1975년 미국 캘리포니아대 버클리교 대학원 재료공학과졸 1977년 재료공학박사(미국 캘리포니아대 버클리교) [경]1978~1980년 미국 뉴저지주립대(Rutgers) 공대 조교수 1979년 미국 캘리포니아대 버클리교 Visiting Professor 1980~1988년 미국 Exxon연구소 책임연구원 1980~1982년 미국 뉴저지주립대(Rutgers) Adjunct Professor 1988~1993년 (주)포스코 경영정책·신사업본부담당 상무이사 1993~2004년 미국 엑손모빌 전략연구소 기술경영위원 2005~2007년 同전략연구소 Innovation Advisor 2008년 지식경제부 신성장동력기획단 에너지·환경산업분과위원장 2008~2009년 同그린에너지로드맵 총괄위원 2008~2011년 저탄소녹색성장국민포럼 운영위원 2008~2012년 한국아람소사이어티(KAS) 이사 2008년 SK에너지(주) CIC사장 2009~2010년 同대표이사 사장 2009~2010년 한국과학기술연구원(KIST) 자문위원 2009~2012년 지속가능발전기업협의회(KBCSD) 이사 2009~2012년 지식경제부 장관 정책자문위원 2010~2012년 同에너지위원회 위원 2010~2012년 전경련 경제정책위원회 위원 2010년 환경재단

ㄱ

이사(현) 2010~2014년 프로축구 제주 유나이티드FC 구단주 2011~2012년 KAIST 총장 자문위원 2011년 서울대 발전위원회 위원(현) 2011~2012년 SK이노베이션(주) 대표이사 사장 2013~2014년 同대표이사 부회장 2013~2014년 SK그룹 SUPEX(Super Excellent)추구협의회 산하 글로벌성장위원회 위원장 2013~2014년 同SUPEX(Super Excellent)추구협의회 산하 전략위원회·윤리경영위원회 위원 2015년 SK(주) 상임고문(현) [상]미국 'Industrial Research 100'(1987), 미국 ExxonMobil Research & Engr. Company 'Golden Tiger Awards'(1997·1998·1999), 미국 ExxonMobil Chemical Company 'Leadership Award'(2003), 국제해양공학회 최우수논문상(2003·2005·2006·2007), 자랑스러운 서울대공대동문상(2007), 국제해양공학회 Jin S. Chung Award(2009), 매경이코노미 한국 100대 CEO상(2010·2011·2012·2013), 한국산업기술진흥협회·한국경제신문 선정 올해의 테크노 CEO상(2011), 한국경제신문 화학부문 '대학생이 뽑은 올해의 최고경영자(CEO)'(2014) [저]'Conference Proceedings'(11권 편집) [종]기독교

구자영(具滋英) KOO Ja Young

[생]1955·8·9 [출]경기 여주 [주]서울 마포구 백범로 192 에쓰오일사옥빌딩5층 유진디에프앤씨 임원실(02-331-2805) [학]1973년 중동고졸 1981년 고려대 통계학과졸 1984년 同경영대학원 경영학과졸 [경]1981년 롯데쇼핑(주) 기획실 과장 1993년 同월드점 판매부장 1994년 同본점 판매3부장 1995년 同본사 상품부문매입팀 부문장 2002년 同영등포점장 2004년 同광주점장 2005년 롯데마트 기획부문장 2007년 同기획부문장(상무) 2007년 同상품본부장(상무) 2010년 同해외사업본부장(전무) 2010~2013년 롯데쇼핑(주) 전무 2011~2013년 롯데마트 중국본부장(전무) 2013년 同자문역 2014년 유진기업 건자재부문 고문(현) 2015년 유진디에프앤씨(EUGENE DF&C) 대표이사(현) [상]산업자원부장관표창 [종]천주교

구자영(具滋永) Ja-yeong Gu

[생]1961·6·23 [본]능성(綾城) [출]대구 달성 [주]세종특별자치시 정부2청사로10 에스엠타워 국민안전처 임차청사3층 감사담당관실(044-205-1310) [학]1981년 영남고졸 1986년 한국해양대 항해학과졸 1994년 同대학원 해사산업공학과졸 1997년 정보과학박사(일본 도호쿠대) [경]1997년 해양경찰청 정보화계장 2006년 同성과관리팀장 2008년 同기획팀장(경정) 2009년 同기획팀장(총경) 2009년 경찰대 교육파견 2009년 해양경찰청 대변인 2010년 교육 파견(총경) 2011년 평택해양경찰서장 2012년 해양경찰청 수상레저과장 2013년 同수색구조과장 2014년 포항해양경찰서장 2014년 국민안전처 동해지방해양경비안전본부 포항해양경비안전서장 2015년 同해양경비안전본부 해양장비기술국 해양장비기획과장 2016년 同안전감찰관실 감사담당관(경무관)(현) [상]대통령표창(2006)

구자용(具滋溶) KOO Ja Yong

[생]1955·3·27 [본]능성(綾城) [출]서울 [주]서울 강남구 영동대로517 아셈타워14층 (주)E1 회장실(02-3441-4242) [학]1973년 서울고졸 1977년 고려대 무역학과졸 1993년 중앙대 국제경영대학원졸 [경]1979년 LG전자(주) 입사 1996~2000년 同미주법인 법인장(이사) 1999년 同미주법인 브랜드담당 상무 2001년 LG칼텍스가스(주) 기획·재경담당 상무 2002년 同부사장 2005년 (주)E1 대표이사 사장 2007년 LS네트웍스(주)(舊국제상사) 대표이사 부회장 2009년 지속가능발전기업협의회(KBCSD) 이사회 회원(현) 2009년 (주)E1 대표이사 부회장 2009년 한국무역정보통신 사외이사(현) 2009년 한국무역협회 부회장(현) 2010년 (주)E1 대표이사 회장(현) 2011년 LS네트웍스(주) 회장 2012~2016년 한국여자프로골프협회 회장 2013년 LS그룹 E1사업부문(E1·LS네트웍스) 회장(현) 2016년 LS네트웍스(주) 대표이사 회장(현) [상]동탑산업훈장(2005), 한국자원경제학회 에너지산업대상(2012), 한국능률협회 선정 제46회 한국의경영자상(2014), 금탑산업훈장(2015)

구자용(具滋鎔)

[생]1967·7·28 [본]능성(綾城) [출]부산 [주]강원 춘천시 동내면 세실로49 강원지방경찰청 정보화장비과(033-254-2976) [학]부산 동천고졸 1990년 경찰대 행정학과졸(6기), 한양대 대학원 사회복지행정학과졸 [경]1990년 경위 임관 1996년 경감 승진 2003년 경정 승진 2010년 서울지방경찰청 경비부 G20경호경비기획팀장 2011년 총경 승진 2012년 강원 철원경찰서장 2013년 강원지방경찰청 경비교통과장 2015년 경기지방경찰청 제2청 112종합상황실장 2015년 경북 영양경찰서장 2016년 강원지방경찰청 정보화장비과장(현)

구자윤(具滋允) KOO Ja Yoon

[생]1951·2·7 [본]능성(綾城) [출]대전 [주]경기 안산시 상록구 한양대학로55 한양대학교 공학대학 전자공학부(031-400-5020) [학]1975년 서울대 전기공학과졸 1980년 프랑스 Toulouse 소재 그랑데꼴 ENSEEIHT 석사 1984년 프랑스 Grenoble 소재 그랑데꼴 ENSIEG 전기공학박사 [경]1980~1983년 프랑스 국립연구소(CNRS·그르노블 소재) 연구조원 1983~1984년 프랑스 전력청 중앙연구소(DEF-DER) Post-Doc. 1985~1988년 한국과학기술원(KAIST) 선임연구원 1986~2000년 국제대전력망협의체(CIGRE) SC-21/SC-15 한국대표 1987년 국제지중전력케이블기술회의(JICABLE) Technical Committee Member(현) 1988~2016년 한양대 공학대학 전자시스템공학과 교수 1996~2002년 한국과학재단 지정 전자재료및부품연구센터 소장 1996~2001년 우수지역협력연구센터(RRC) 소장협의회장 1999년 LG전선 사외이사(감사)(현) 2004~2006년 아시아태평양지역협의체(AORC) 회장 2010~2013년 지식경제부 전기위원회 위원장 2012년 대한전기학회 회장 2013년 국제대전력망협의회(CIGRE) 한국위원회 위원장(현) 2013~2015년 국제고전압학회(ISH) 회장 2014~2016년 국제대전력망협의회(CIGRE) 집행위원 2014년 국제전기전자기술자협회(IEEE) Herman Halperin상 시상위원회 위원(현) 2014~2016년 국제온라인모니터링(CMD) 회장 2014~2016년 한국전력 사외이사 2016년 한양대 공학대학 전자공학부 명예교수(현) [상]LG 신기술연구상(1998), 대한전기학회 기술상(2001), 중소기업청 특허기술상(2003), 전기분야국제기구 'CIGRE' 한국인 최초 Distinguished Member Award(2004) [종]기독교

구자은(具滋殷) KOO Ja Eun

[생]1964·10·18 [주]경기 안양시 동안구 엘에스로127 LS타워11층 LS엠트론(031-689-8288) [학]1983년 홍익사대부고졸 1987년 미국 Benedictine대 경영학과졸 1990년 미국 Chicago대 경영대학원졸(MBA) [경]1990년 LG칼텍스정유 입사 1999년 LG전자 미주법인 근무, 同상하이지사 근무 2004년 LG전선(주) 경영관리 이사 2005년 同중국지역담당 상무 2005년 LS전선(주) 중국지역담당 상무 2007년 同사출시스템사업부장(전무) 2008년 同통신사업본부장(전무) 2008년 LS-Nikko동제련(주) 전무 2009년 同부사장 2012년 LS전선(주) 사장(COO) 2013~2014년 同대표이사 사장(CEO) 2015년 (주)LS 엠트론사업부문 부회장(현) 2015년 LS엠트론 대표이사 CEO 겸임(현)

구자준(具滋俊) KOO Cha Joon

[생]1950·3·5 [본]능성(綾城) [출]경남 진양 [주]서울 강남구 테헤란로117 KB손해보험 임원실(1544-0114) [학]1968년 경기고졸 1974년 한양대 전자공학과졸, 미국 미주리대 전자공학과졸, 서울대 경영대 최고경영자과정 수료 2011년 명예 경영학박사(한양대) [경]1974년 (주)금성사 입사 1982년 同부장 1987년 同이사 1990년 同상무이사 1992년 럭키금성상사(주) 상무이사 1994년 금성정밀 상무이사 1994년 同전무이사 1995년 LG정밀(주) 전무이사 1998년 同부사장 1999년 LG화재해상보험 부사장 2000년 럭키생명보험(주) 대표이사 사장 2001년 駐韓니카라과 명예영사(현) 2002년 럭키생명보험(주) 이사회 의장 2002년 LG화재해상보험 대표이사 사장 2006년 LIG손해보험(주) 대표이사 부회장 2009~2013년 同대표이사 회장 2012년 한국배구연맹(KOVO) 총재(현) 2013~2015년 LIG손해보험(주) 상임고문 2015년 KB손해보험(주) 상임고문(현) [상]한양경영대상(2009), 서울대 AMP대상(2010), 대한적십자사 최고명예대상(2010), 국민포장(2010)

구자천(具滋千) KOO Ja Cheon

[생]1953·5·3 [출]경남 [주]경남 창원시 성산구 공단로 271번길39 신성델타테크(주) 비서실(055-260-1000) [학]1972년 진주고졸 1977년 연세대 불어불문학과졸 1982년 同경영대학원졸 2004년 창원대 대학원 박사과정 수료 [경]1979~1985년 (주)럭키개발 근무 1982년 (주)신흥 감사 1986년 同대표이사 1987년 신성델타테크(주) 대표이사(현) 1990~1995년 신흥목재산업(주) 대표이사 사장 1992년 기독교대한성결교회 남천교회 장로 1995년 창원상공회의소 상공의원(제6·7·8·9대) 2005년 창원시체육회 부회장, 신흥글로벌(주) 사장, (주)송원 이사 [상]산업평화상(1992), 대통령표창(1992), 중소기업협동조합중앙회장표창(1994), 부산지방국세청장표창(1996), 신노사문화 우수기업선정(2001), 산업자원부장관표창(2002), 신노사문화대상(2002), 대통령표창(2003), 한국무역통상협회 무역통상인 대상(2003), 서울경제신문 대한민국 CEO대상(2004), 경남도 경남무역인상(2005), 은탑산업훈장(2006) [종]기독교

구자철(具滋哲) KOO Ja Cheol

[생]1989·2·27 [학]2007년 보인고졸 2014년 전주대 경기지도학과졸 [경]2003년 U-14 청소년 국가대표 2004년 U-15 청소년 국가대표 2007년 U-19 청소년 국가대표 2007~2011년 제주 유나이티드 소속(미드필더) 2008·2009년 U-20 청소년 국가대표 2008·2010년 동아시아축구선수권대회 국가대표 2010년 AFC 아시안컵 국가대표 2010년 광저우아시안게임 국가대표 2011~2014년 독일 VfL 볼프스부르크 소속(미드필더) 2012~2013년 독일 FC 아우크스부르크 소속(임대) 2012년 런던올림픽 국가대표(동메달) 2012년 공군 홍보대사 2012년 대전시 유성구 홍보대사 2013년 한국메이크어위시재단 홍보대사 2014~2015년 독일 FSV 마인츠05 소속(미드필더) 2014년 브라질월드컵 국가대표 2015년 AFC 아시안컵 국가대표(준우승) 2015년 독일 FC 아우크스부르크 입단(미드필더)(현) [상]쏘나타 K리그대상 팬타스틱플레이어(FAN-tastic Player)상(2010), 쏘나타 K리그대상 도움왕(2010), 쏘나타 K리그대상 미드필더부문 베스트11(2010), AFC 아시안컵 득점왕(2011), 제6회 Mnet 20's Choice 20's 스포츠스타상(2012)

구자학(具滋學) KOO Cha Hak (正谷)

[생]1930·7·15 [본]능성(綾城) [출]경남 진양 [주]서울 강남구 강남대로382 메리츠타워 (주)아워홈(070-4008-6145) [학]1950년 해군사관학교졸 1960년 미국 디파이언스대 상과졸 1994년 명예 경제학박사(충북대) [경]1947~1959년 해군 장교(소령 예편) 1962년 울산비료 경리부장 1964년 제일제당 기획부장·이사 1964년 라디오서울·동양TV 이사 1965년 금성사 상무이사 1968년 금성판매 전무이사 1970년 금성통신 부사장 1973년 호텔신라 사장 1974년 중앙개발 사장 1976년 국제신문 사장 1980~1986년 (주)럭키 사장 1980년 합성수지제품수출조합 이사장 1981~1995년 한·독상공회의소 회장 1982년 유전공학연구조합 부이사장 1982~1986년 아시아조정협회 회장 1983~1986년 대한조정협회 회장 1983년 한·독수교100주년기념사업위원회 위원장 1984년 한국정밀화학공업진흥회 회장 1985년 물질특허민간협의회 위원장 1986년 금성사 사장 1986~1998년 한국전자공업진흥회 회장 1987년 럭키금성그룹 부회장 겸 금성사 사장 1987년 VTR연구조합 이사장 1989년 금성일렉트론 회장 1989년 駐韓터키 명예총영사 1993년 한·베트남우호협회 회장 1995~1998년 LG반도체·LG건설 회장 1999년 LG반도체 고문 1999년 LG전자 고문 2000년 (주)아워홈 회장(현) [상]서독 십자공로대훈장, 국민훈장 동백장, 금탑산업훈장

구자현(具滋炫) KOO Ja Hyun

[생]1958·2·25 [출]충남 부여 [주]서울 서초구 바우뫼로27길7의35 (재)한국조달연구원(02-796-8234) [학]1977년 대전고졸 1981년 서울대 영어영문학과졸 1992년 미국 일리노이대 대학원 경제학과졸 2010년 경영학박사(한남대) [경]1981년 행정고시 합격(25회) 1982~1993년 조달청 내자국 내자2과·내자1과·비축계획관실·법무담당관실 행정사무관 1995년 同법무담당관실 서기관 1995년 同행정관리담당관 1999년 同정보관리과장 2000년 同비서관 2000년 駐뉴욕총영사관 구매관 2001년 조달청 기획예산담당관 2004년 同기획관리실 혁신인사담당관 2004년 同시설국장 2005년 중앙공무원교육원 파견 2006년 조달청 전자조달본부장 2007년 同시설사업본부장 2007년 同정책홍보본부장 2008년 同기획조정관 2008년 서울지방조달청장 2009년 조달청 구매사업국장 2010~2013년 충남대 겸임교수 2012년 조달청 기획조정관 2013~2014년 同차장 2015년 (재)한국조달연구원 원장(현) [상]근정포장(1993), 조달청장표창(2000·2003), 홍조근정훈장(2005)

구자현(具滋賢) Koo Ja Hyeon

[생]1973·8·27 [출]충북 충주 [주]서울 서초구 반포대로157 대검찰청 기획조정부 정보통신과(02-3480-2174) [학]1992년 청주고졸 1997년 서울대 법학과졸 [경]1997년 사법시험 합격(39회) 2000년 사법연수원 수료(29기) 2000년 공익 법무관 2003년 서울지검 남부지청 검사 2004년 서울남부지검 검사 2005년 청주지검 제천지청 검사 2007년 법무부 국가송무과 검사 2009년 서울중앙지검 검사 2013년 춘천지검 부부장검사 2015년 대검찰청 기획조정부 정보통신과장(현)

구자홍(具滋洪) John Koo

[생]1946·12·11 [본]능성(綾城) [출]경남 진주 [주]서울 강남구 영동대로517 아셈타워20층 LS-Nikko동제련(주) 회장실(02-2189-9800) [학]1965년 경기고졸 1973년 미국 프린스턴대(Princeton Univ.) 경제학과졸 [경]1973년 반도상사(주) 사업부 수입과 입사 1979년 同홍콩지사 부장 1982~1987년 同싱가포르지사 부장·본부장 1987년 (주)금성사 해외사업본부 상무 1988년 同해외사업본부 전무 1991년 同대표이사 부사장 1994~2004년 한국디스플레이연구조합 이사장 1995년 (주)LG전자 대표이사 사장 1995년 한·독경제협의회 위원장 1995년 한국컴퓨터연구조합 이사장 1995년 한국통신산업협회 부회장 1995년 한국전자공업진흥회 부회장 1999년 (주)LG전자 대표이사 부회장 2001~2004년 한국전자산업진흥회 회장 2002년 (주)LG전자 대표이사 회장 2003년 LG전선 이사회 의장 겸 회장 2003년 LG산전 회장 2005년 LS그룹 회장 2005년 국제대전력망기술회의(CIGRE) 한국위원장 2008~2012년 (주)LS 대표이사 회장 겸 이사회 의장 2013년 LS미래원 회장 2013년 LS산전 이사회 의장 2015년 LS-Nikko동제련(주) 회장(현) 2015년 한국비철금속협회 회장(현) [상]철탑산업훈장(1985), 금탑산업훈장(1995), 정보통신부장관표창, 제1회 산업디자인진흥대회 대한민국디자인경영대상(1999), 산업협력대상 대통령표창(1999), 디자인경영인상(2000), 한국전문경영인학회 한국CEO대상 제조부문(2011), 올해의 경영자대상(2012) [종]가톨릭

구자홍(具滋弘) KU Ja Hong

[생]1949·1·14 [본]능성(綾城) [출]전북 진안 [주]서울 양천구 목동서로159의1 CBS11층 CBSi더스쿠프 비서실(02-2285-6101) [학]1967년 전주고졸 1972년 서울대 상학과졸 1974년 同행정대학원졸 1981년 미국 노스웨스턴대 대학원 교통경제학과졸 1991년 서강대 경영대학원 최고경영자과정 수료 1997년 서울대 경영대학원 최고경영자과정 수료 [경]1973년 행정고시 합격(13회) 1973년 경제과학심의회의 사무관 1977년 경제기획원 기획국 사무관 1981년 同예산실 사무관 1984~1985년 국회 예산결산특별위원회 파견(서기관) 1985년 경제기획원 정책조정국 산업3과장 1987년 동부그룹 종합조정실 이사 1988년 한국자동차보험 상무이사 1993년 동부그룹 경영조정본부 상무이사 1993년 동부화학 기획관리담당 상무이사 1995년 동양그룹 종합조정실 전무이사 1995~1998년 동양카드(주) 대표이사 사장 1997년 동양할부금융 대표이사 겸임 1998~2003년 동양생명보험(주) 대표이사 사장 2001년 기획예산처 예산성과급심사위원회 위원 2003~2006년 동양시스템즈(주) 대표이사 사장, 한국소프트웨어산업협회 부회장, 한국시스템통합연구조합 부이사장, 한국소프트웨어컴포넌트컨소시엄 부회장, 경기도문화의전당 이사 2007년 동양시스템즈(주) 대표이사 부회장 2007년 한일합섬 대표이사 부회장 2007년 동양투자신탁운용 부회장 2010~2013년 동양자산운용(주) 부회장 2014년 CBSi더스쿠프 회장(현) [상]근정포장(1984), 내외경제신문 보험대상 금융감독위원장표창(2000) [저]'일단 저질러봐'(2011) [종]천주교

구자훈(具滋薰) KOO Cha Hoon

[생]1947·10·13 [본]능성(綾城) [출]서울 [주]서울 강남구 테헤란로117 LIG타워 LIG문화재단(02-6900-3900) [학]1966년 서울고졸 1974년 고려대 경영학과졸 [경]1974년 금성(주) 입사 1976년 럭키화재해상보험(주) 과장 1985년 同업무담당 이사 1987년 同업무담당 상무이사 1991년 同전무이사 1995년 LG화재해상보험(주) 부사장 1997~2002년 同대표이사 사장 1999~2010년 駐韓우루과이 명예영사 2002~2014년 한·중남미협회 회장 2002년 LG화재해상보험(주) 회장 2006~2009년 LIG손해보험(주) 회장 2009년 LIG문화재단 이사장(현) 2012년 LIG투자증권 회장 2013년 국립현대무용단 이사장(현) 2014년 서울고총동창회 회장 [상]행정자치부장관표창, 국민훈장 동백장(2010), 페루정부훈장(2012)

구재상(具載向) KOO Jae Sang

[생]1964·7·26 [출]전남 화순 [주]서울 영등포구 국제금융로2길25 한진해운빌딩12층 케이클라비스자산운용 비서실(02-2070-3800) [학]1988년 연세대 경영학과졸 2003년 同경제대학원 최고경제인과정 수료 [경]1988년 동원증권 입사 1996년 同압구정지점장 1997년 한남투자신탁 증권부 이사 1997년 미래에셋자산운용(주) 창업멤버 1998년 同운용담당 상무 2000년 미래에셋투자신탁운용 대표이사 2002년 미래에셋자산운용(주) 대표이사 사장 2012년 同부회장 2013~2016년 (주)케이클라비스투자자문 대표이사 2016년 (주)케이클라비스자산운용 대표이사(현) [상]올해의 청년연세상경인상, 한국경제 대한민국펀드대상(2000), 한국펀드대상(2003), 매일경제 증권인상(2003), 한국펀드대상 베스트주식운용사 베스트펀드상(2004), 한국경제 다산금융상(2004), 한국경제 2005대한민국펀드대상(2005), 재정경제부장관상 증권대상(2005), 다산금융상(2009) [종]기독교

구재성

[생]1964·4·10 [출]서울 [주]서울 서대문구 통일로97 경찰청 범죄분석담당관실(02-3150-2945) [학]우신고졸, 서울대 공법학과졸 [경]1993년 경위 임관(경찰간부후보 41기) 1998년 경감 승진 2005년 제주 서귀포경찰서 정보과장(경정) 2005년 同수사과장 2007년 파견 2007년 서울지방경찰청 수사과 근무 2010년 서울 관악경찰서 수사과장 2010년 서울 강동경찰서 정보보안과장 2011년 서울지방

경찰청 정보계장 2014년 교육 2014년 충남지방경찰청 홍보담당관(총경) 2015년 충남 홍성경찰서장 2016년 인천지방경찰청 수사2과장 2016년 경찰청 과학수사관리관실 범죄분석담당관(현)

구재완(丘在完) Koo, Jae Woane

⊛1965 ⊜충남 서천 ㈜강원 삼척시 교동로148 삼척세무서(033-570-0200) ⊜대전 대성고졸, 세무대졸(3기) 2005년 성균관대 경영대학원졸 2013년 경영학박사(가천대) ㊣1985년 서울지방국세청 직세국 근무, 중부지방국세청 징세조사국 제4조사담당관실 근무, 국세청 감사관실 근무, 중부지방국세청 감사관실 근무, 동수원세무서 부가가치세과장, 성남세무서 재산세1과장, 국세청 심사2담당관실 근무, 국세청 조사국 세원정보과 근무 2016년 강원 삼척세무서장(현)

구정모(具正模) KOO Chung Mo

⊛1953·1·24 ⊕능성(綾城) ⊜대구 ㈜강원 춘천시 강원대학길1 강원대학교 경제학과(033-250-6129) ⊜1976년 성균관대 경제학과졸 1980년 미국 캔자스대 대학원 경제학과졸 1987년 경제학박사(미국 Univ. of Missouri State at Columbia) ㊣1980년 American Economic Association 회원 1982년 National Tax Association 회원 1984~1986년 미국 Colombia Coll. 전임강사 1986~1987년 미국 Univ. of North Dakota 조교수 1987~1988년 금융경제연구소 초빙연구위원 1988년 강원대 경영대학 경제학과 조교수·부교수·교수(현) 1990~1991년 제7차 경제사회발전5개년계획 재정계획위원 1996년 미국 Univ. of Stanford 교환교수 2000년 한국경제학회 편집위원 2001년 강원대 산업경제연구소장 2001년 한국경영경제학회 부회장 2002년 한국지방재정학회 부회장 2002년 한국동북아경제학회 감사 2003~2006년 재정경제부 금융발전심의회 위원 2004년 Asia Pacific-Economic Association 부회장(현) 2005~2014년 기획재정부 세제발전심의회 위원 2005년 한국재정학회 회장 2006년 同명예회장 2006~2008년 기획예산처 기금정책심의회 위원 2006~2008년 한국지방행정연구원 자문위원 2006~2008년 감사원 평가연구원 자문위원 2006년 강원대 경제·무역학부장 2006년 同경제학전공 주임교수 2007~2008년 한국경제연구학회 회장 2007년 강원경제포럼 운영위원장 2010~2012년 동북아대학교수협의회 회장 2011~2013년 학교법인 광희학원 이사 2013년 동북아대학교수협의회 명예회장(현) 2014년 재정전문가 네트워크 총괄PM(현) 2014년 경제인문사회연구회 국제화위원장(현) 2014년 강원발전연구원 경제산업부문 자문위원(현) 2015년 국회입법조사처 자문위원(현) 2016년 한국경제학회 수석부회장 겸 차기(2017년3월) 회장(현) ⊛Univ.of Missouri Best Teaching Award(1984) ㊨'지방분권과 지역금융' '강원경제의 이해' 'APEC時代への戰略' '지역발전의 정치경제학' '동북아개발은행 설립을 위한 한국정부의 역할'(2004) 'Globalization and Contemporary Issues in Public Finance'(2005) ⊛천주교

구정모(具正謨) KOO Jung Mo (香松)

⊛1953·4·3 ⊕능성(綾城) ⊜대구 ㈜대구 중구 명덕로333 대구백화점 비서실(053-420-8888) ⊜1972년 대광고졸 1976년 연세대졸 1980년 미국 Wayne State Univ. 수료 1985년 계명대 무역대학원 경영학석사 1997년 서울대 경영대학원 최고경영자과정 수료 2007년 연세대 언론홍보대학원 언론홍보최고위과정 수료 2009년 고려대 박물관 문화예술최고위과정 수료 2011년 한국능률협회 와튼스쿨(Wharton-KMA) 최고경영자과정 수료 ㊣1986년 대구YMCA 이사 1990년 대구지구청년회의소 회장 1992년 대구백화점 대표이사 사장 1992~2002년 새마을문고중앙회 경북지부 회장 1996~2011년 한국백화점협회 부회장 1996년 TBC대구방송 이사(현) 2000년 대구상공회의소 부회장(현) 2000년 연세대동문회 이사(현) 2002년 (주)EXCO 이사(현) 2006년 한국스카우트지원재단 이사(현) 2006년 (사)대구·경북범죄피해자지원센터 이사(현) 2006년 대구시체육회 상임부회장(현) 2007년 (사)대구뮤지컬페스티벌 이사(현) 2007~2011년 대구세계육상선수권대회 조직위원회 위원 2009년 (사)월드비전 한국본부 이사(현) 2009년 한국국제아트페어(KIAF) 2009 조직위현(현) 2010년 대구백화점 대표이사 회장(현) 2011년 대구극동방송 운영위원장(현) 2011년 서울대 AMP총동창회 부회장 2011년 (재)대광발전재단 상임이사(현) 2013년 대구아트스퀘어(아트페어·청년미술프로젝트) 조직위원장(현) ⊛대통령표창(1987), 새마을훈장 협동장(2000), 국무총리표창(2003·2011·2013·2015), 한국유통대상 고객만족부문 대상(2004), 국민훈장 석류장(2006), 한마음봉사단 대통령표창(2007), 월드비전국제총재표창(2010), 납세자의날 대통령표창(2011), 농촌융복합산업 육성공로 대통령표창(2015) ㊨'상품지식'(1986) '패션과 상품'(1989) ⊛기독교

구정회(具正會) KOO Jeong Hoi

⊛1947·10·5 ⊕능주(綾州) ⊜경남 함안 ㈜부산 수영구 수영로493 좋은강안병원(051-625-0900) ⊜1966년 부산고졸 1972년 부산대 의대졸 1975년 경희대 대학원졸 1980년 의학박사(경희대) ㊣1972~1973년 메리놀병원 인턴 1973~1977년 경희의료원 레지던트 1977년 춘해병원 정형외과 과장 1978~1987년 구정회정형외과 원장 1987~1995년 문화병원 원장 1992년 의료법인 은성의료재단(좋은병원·좋은문화병원·좋은삼선병원·좋은삼선한방병원·좋은강안병원·좋은삼정병원·좋은애인병원) 설립·이사장(현) 1995~2006년 좋은삼선병원 원장 1998년 좋은주례요양병원 이사장(현) 2001~2008년 사상문화원 원장 2004~2008년 부산시병원협회 회장 2005년 좋은강안병원 이사장(현) 2006년 同병장, 부산대동창회 수석부회장, 부산범죄피해자지원센터 이사장(현), 부산권의료산업협의회 공동이사장(현), 유비쿼터스 부산포럼 회장(현), 부산중·고교총동창회 회장, 경희대·성균관대·인제대·부산대 외래교수 2010~2011년 부산대 총동문회장 2010년 좋은연인요양병원 이사장(현) 2011~2012년 대한병원협회 정책이사 2013년 좋은리뷰요양병원 이사장(현), 대한병원협회 경영위원장 2013년 부산지식서비스융합협회 회장(현) 2015년 (재)부산문화재단 이사(현) 2016년 대한병원협회 상임고문(현) ⊛국제로타리3660지구 연차대회 초아의 봉사상(1998), 부산시새마을지도자대회 국무총리표창(1999), 보건복지부장관표창(1999), 신노사문화 우수기업 선정 노동부장관표창(2000), 부산광역시장표창(2003), 부산 북부세무서장표창(2003), 제11회 중애박애봉사상(2003), 부산시 산업평화상(2003), 부산지방노동청장표창(2005), 문화관광부장관표창(2008), 부산대 의과대학 자랑스런 동문상(2008), 제6회 자랑스런 부산대인 선정(2009)

구주모(具住謨) KU Ju Mo (光隣)

⊛1962·3·25 ⊕능성(綾城) ⊜경남 창원 ㈜경남 창원시 마산회원구 삼호로38 경남도민일보(055-250-0102) ⊜1980년 부산 동성고졸 1986년 경성대 물리학과졸 ㊣1995년 경남매일 경제부 차장 1997년 同사회부 차장 1999년 경남도민일보 기획문화부장 2000년 同지역여론부 부장대우 2002년 同편집국 부국장 2002년 同취재담당 부국장(감사) 2004년 同이사 겸 편집국장 2008~2010년 同상무이사 2010년 同대표이사 사장(현) 2013년 한국디지털뉴스협회 이사(현) ㊨'고전과 함께하는 수필삼국지'(2010) ⊛불교

구지은(具智恩·女)

⊛1967·3·4 ㈜서울 강남구 강남대로 382 메리츠타워 (주)캘리스코 임원실(02-6966-9010) ⊜1992년 서울대 경영학과졸 1996년 미국 보스턴대 대학원 Human Resource 석사과정 수료 ㊣삼성인력개발원 근무, 왓슨와야트코리아 수석컨설턴트 2004년 (주)아워홈 구매물류사업부장 2007년 同FD(외식)사업부장 2011년 同글로벌유통사업부장(전무) 2012년 同구매식재사업본부장(전무) 2015년 同구매식재사업본부장(부사장) 2015년 同회장비서실 근무 2016년 同구매식재사업본부장(부사장급) 2016년 (주)캘리스코 대표이사(현)

구창모(具昌謨) KOO Chang Mo

⊛1970·4·4 ⊜충남 서천 ㈜충북 청주시 서원구 산남로62번길51 청주지방법원(043-249-7114) ⊜1988년 대전고졸 1993년 서울대 사법학과졸 ㊣1992년 사법시험 합격(34회) 1995년 사법연수원 수료(24기) 1998년 변호사 개업 2006년 청주지법 판사 2007년 대전고법 판사 2010년 대전지법 서산지원 판사 2011년 대전지법 부장판사 2015년 청주지법 부장판사(현)

구천서(具天書) KOO Cheon Seo (省吾)

⊛1950·2·28 ⊕능성(綾城) ⊜충북 보은 ㈜서울 종로구 사직로130 적선현대빌딩9층 한중경제협회(02-3210-6023) ⊜1969년 청주고졸 1976년 고려대 정경대학 경제학과졸 1989년 同정책과학대학원졸 1994년 同언론대학원 최고위과정 수료 1996년 同정보통신대학원 최고위과정 수료 2002년 서울대 자연과학대학 과학 및 정책최고연구과정 수료 2004년 연세대 언론홍보대학원 최고위과정 수료 2013년 국제정치학박사(중국 베이징대 국제관계대학원) ㊣1980년 신천개발(주) 회장 1987년 한국BBS중앙연맹 총재(제8·9·10·11·12대) 1987년 충북발전연구소 소장 1987년 민정당 중앙위원회 청년분과위원장 1989년 한국청소년단체협의회 수석부회장 1990년 대한민국청소년헌장제정특별위원회 위원장 1990년 민자당 중앙위원회 청년분과위원장 1992~1995년 제14대 국회의원(전국구, 민자당) 1992년 한국권투위원회(KBC) 회장 1996년 제15대 국회의원(청주 상당, 자민련) 1996년 자

유민주연합 청주상당지구당 위원장 1998~1999년 同원내총무 2000년 미국 Georgetown대 방문학자 2001년 한국산업인력공단 이사장 2001년 국제기능올림픽위원회 조직위원장 겸 한국위원회 회장 2001년 학교법인 한국기술교육대 이사장 2002~2004년 대한태권도협회 회장 2007년 KU ART CENTER 회장(현) 2007~2013년 고려대 정경대학교우회 회장 2009년 한반도미래재단 회장(현) 2009년 고려대교우회 아시아태평양지역연합회 회장, 在中대한체육회 자문위원단장 2010년 민족화해협력범국민협의회 공동의장(현) 2010년 코리아DMZ협의회 고문(현) 2010년 (사)한중경제협회 회장(현) 2013년 해운대비치골프앤리조트 회장(현) 2014년 중국 베이징대 한국교우회장(현) [상]대통령표창(1989·1991), 고려대 정경대학 교우회 자랑스러운 정경인상(2014) [저]'민족주의와 체제변동' '소인배의 잔투정' 번역 '리커창-중국 대륙 경제의 조타수'(2013) [역]'한반도문제의 새로운 인식' '일본을 망친 9인의 정치가' [종]불교

구춘서(具椿書) KOO Choon Seo

[생]1957·2·13 [주]전북 완주군 상관면 왜목로726의15 한일장신대학교 총장실(063-230-5416) [학]1980년 연세대 경영학과졸 1984년 장로회신학대 신학원졸 1986년 同대학원 신학과졸 1987년 미국 프린스턴신학교 대학원 신학과졸 1993년 신학학박사(미국 유니언신학대) [경]1990~1996년 미국 뉴욕신학교 겸임교수 1997년 한일장신대 신학부 조교수·부교수·교수(현), 同아태국제신학대학원장 2009년 同경건실천처장 2013년 同일반대학원장 2013년 同아시아태평양국제신학대학원장 2014년 한국장로교총연합회 이단사이비문제상담소장(현) 2016년 한일장신대 총장(현) [저]'21세기 사회와 종교 그리고 유토피아'(2000, 생각의 나무) '지구화 시대 제3세계의 현실과 신학'(2004, 한들출판사) '허물고 다시 짓는 신학세계'(2004, 대한기독교서회)

구충곤(具忠坤) Choong Gon Koo

[생]1959·2·9 [출]전남 화순 [주]전남 화순군 화순읍 동헌길23 화순군청 군수실(061-374-0001) [학]광주농고졸, 조선대 경영학과졸 1999년 전남대 경영대학원 경영학과졸 2007년 공학박사(조선대) [경](주)동아기술공사 건설사업본부 사장, (주)유림건설 대표이사, (주)백산기술단 대표이사, 새마을운동 화순군지회장, 전남도럭비협회 회장, 전남도체육회 감사, (사)광주·전남우리민족서로돕기 공동대표, (사)광주아카데미포럼 공동대표, 희망정치포럼 공동대표, 광주·전남오마이뉴스 운영위원장, 새천년민주당 보성·화순지구당 부위원장, 새시대새정치연합청년회 전남지부 회장, 새천년민주당 중앙당 민주동우특별위원회 부위원장, 민주평통 정책자문위원, 광주경실련 정치·행정·개혁특별위원 2006~2010년 전남도의회 의원(민주당·통합민주당·민주당), 同예산결산특별위원장, 민주당 중앙당 네티즌특별위원장 2010년 전남 화순군수선거 출마(민주당) 2011년 전남도립대 총장 2014년 전남 화순군수(새정치민주연합·더불어민주당)(현), 전남배드민턴협회 회장 2016년 세계유산도시협의회 회장(현) [상]국무총리표창(2001), 대통령표창(2003), 한국을 빛낸 창조경영대상 지속가능경영부문(2015), 유권자시민행동 대한민국유권자대상(2015), 월간조선 주최 '한국의 미래를 빛낼 CEO' 혁신부문(2015), 국민안전처장관표창(2015), TV조선 '한국의 영향력 있는 CEO' 고객만족경영부문(2016), 한국경제를 빛낸 인물대상(2016), 한국신문협회 지구촌희망펜상 자치부문대상(2016), 지방자치행정대상(2016) [종]천주교

구충서(具忠書) GOO Choong Seo

[생]1953·5·10 [본]능성(綾城) [출]경남 사천 [주]서울 서초구 서초대로264 법조타워빌딩10층 법무법인 제이앤씨(02-522-3077) [학]1971년 부산고졸 1975년 서울대 법대졸 1979년 同대학원졸 1987년 미국 컬럼비아대 대학원졸 1989년 법학박사(서울대) [경]1975년 사법시험 합격(17회) 1977년 사법연수원 수료(7기) 1977년 해군 법무관 1980년 부산지법 판사 1982년 同마산지원 판사 1984년 서울지법 의정부지원 판사 1986년 同북부지원 판사 1988년 서울고법 판사 1990년 서울형사지법 판사 1991년 광주지법 부장판사 1994년 수원지법 부장판사 1995년 서울지법 남부지원 부장판사 1997년 서울지법 부장판사 1999년 변호사 개업 2005년 대한변호사협회 통일문제연구회 위원장 2008년 정부법무공단 변호사실장 2009년 통일부 정책자문위원 2009년 개성공단 법률자문위원 2011년 법무법인 송백 구성원변호사 2013년 법무법인 제이앤씨 대표변호사(현) [상]대한변호사협회 공로상(2010), 세정협조 대통령표창(2011), 서울지방변호사회 공로상(2012) [저]'국제투자분쟁과 ICSID중재'(1989) '형사소송에 있어서의 집중심리를 위한 방안에 관한 연구'(1990) '범죄인 인도에 있어서의 인도사유와 인도거절사유'(1993)

구태언(具泰彦) Taeeon Koo

[생]1969·3·8 [출]서울 [주]서울 서대문구 통일로87 임광빌딩 신관17층 테크앤로 법률사무소(02-365-2410) [학]1987년 경기고졸 1991년 고려대 법학과졸 2014년 同정보보호대학원졸(공학석사) 2014년 同대학원 국제법 박사과정 재학中 [경]1992년 사법시험 합격(34회) 1995년 사법연수원 수료(24기) 1998~2005년 서울중앙지검 첨단범죄수사부 검사 2006~2011년 김앤장법률사무소 변호사 2012년 테크앤로법률사무소 대표변호사(현) 2014년 미래창조과학부 사이버보안전문단(현) 2015년 한국개인정보보호법학회 이사(현) 2015~2016년 행정자치부 빅데이터산업활성화개인정보보호제도개선TF 위원 2016년 산업재산권분쟁조정위원회 조정위원(현) 2016년 한국해킹보안협회 자문위원(현) 2016년 한국정보처리학회 이사(현) 2016년 한국정보보호학회 이사(현) 2016년 (사)한국인터넷윤리학회 이사(현) 2016년 벤처기업협회 기술보호위원회 위원(현) 2016년 한국정보보호산업협회 민관합동 모니터링위원(현) 2016년 법무부 자체평가위원회 위원(현) 2016년 경기창조경제혁신센터 전문멘토위원(현) 2016년 (사)한국해킹보안협회 자문위원(현) 2016년 국민대 경영대학 K-friends(현) [상]산업기술보호 유공자 지식경제부장관표창(2010), 방송통신위원회 정보보호대상 공로상(2012), 한국정보화진흥원 개인정보보호대상(2014) [저]'인터넷, 그 길을 묻다'(共)(2012, 중앙북스) '판사·검사·변호사가 말하는 법조인'(共)(2012, 부키)'개인정보보호의 법과 정책'(共)(2014, 박영사) '핀테크, 기회를 잡아라'(共)(2015, 한국경제신문사)

구태진(具台鎭) KOO Tae-Jin

[생]1952·6·26 [본]창원(昌原) [출]경남 진해 [주]대전 유성구 과학로125 한국생명공학연구원 바이오센터311호 (주)목우연구소(042-862-4951) [학]1972년 진해고졸 1976년 부산대 경영학과졸 [경]1975~1977년 미국회계법인 Price Water House CO. 근무 1980~1989년 안건회계법인 공인회계사 1989~1997년 한국키스톤발부(주) 전무 1997~2000년 同부사장 2000~2005년 同대표이사 사장 2006년 충정회계법인 전무 2007년 同대표·QRM본부장 2008~2013년 국민은행 사외이사·감사위원장 2010년 同이사회 의장 2012~2013년 충청회계법인 고문 2014년 (주)목우USA 대표(현) [상]국무총리표창(2003), 금융감독원장표창(2011) [종]천주교

구학서(具學書) KOO Hak Su

[생]1946·12·21 [출]서울 [주]서울 중구 소공로63 (주)신세계(02-727-1234) [학]1965년 경기상고졸 1970년 연세대 경제학과졸, 고려대 국제대학원 수료 [경]1972년 삼성전자(주) 입사 1977년 同비서실 관리팀장 1979년 제일모직 경리과장 1988년 삼성전자(주) 이사 1996년 (주)신세계백화점 기획조정실 전무 1998년 同경영지원실장(부사장) 1999년 同대표이사 부사장 2000년 (주)신세계 대표이사 사장 2006~2009년 同대표이사 부회장 2009~2014년 同회장 2014년 同고문(현) [상]금탑산업훈장(2003), 한국경영자상(2007) [종]기독교

구한모(具漢謨) Koo Han Mo

[생]1948·12·1 [출]충남 당진 [주]충남 예산군 예산읍 대학로54 공주대학교 식물자원학과(041-330-1204) [학]1968년 예산농고졸 1976년 건국대 농학과졸 1978년 同대학원졸 1992년 농학박사(건국대) [경]1976~1980년 송악중 교사 1980~1982년 홍산농고 교사 1982년 예산농업전문대 식물보호과 전임강사·조교수·부교수 1983년 한국산업인력공단 전문위원 1992~2015년 공주대 식물자원학과 교수 1993년 한국식물병리학회 상임평의원 1999~2013년 충남농업기술원 겸임연구관 2001~2003년 공주대 도서관장 2001~2004년 한국잡초학회 편집위원 2002년 충남 당진군 정책자문교수 2004년 충남농업기술원 겸임연구관 2006~2008년 공주대 식물자원학과장 2008~2013년 충남지역혁신협의회 부의장 2008년 한국식물병리학회 부회장 2012~2014년 당진시 미래기획위원회 위원장 2016년 공주대 식물자원학과 명예교수(현) [상]충남도 도민문화상(2005), 국무총리표창(2008) [저]'신고 식물병리학'(1990) '삼정 농약학'(1991) '작물보호'(1997) '식물병의 발병 요인과 분류 동정'(1998) '국화, 장미의 병해 발생 생태 및 방제 체계'(1998) '증견작물보호'(1999) '종자생산과 관리'(1999) '개정식물의학'(2000) '최신 작물의 생리장해와 대책'(2001) '식물병해의 생물적 방제'(2001) '식물의학'(2002) '개정 종자기사 및 산업기사'(2007) '식물보호기사 및 산업기사 문제집'(2008)

구한서(具漢書) KOO Han Seo

[생]1957·4·25 [출]서울 [주]서울 종로구 종로33 그랑서울 동양생명보험(주) 임원실(02-728-9100) [학]1976년 경기고졸 1980년 연세대 정치외교학과졸 1995년 미국 일리노이대 대학원 경영학과졸 [경]1982년 한국외환은행 근무 1987년 동양증권 근무 1991년 TongYang Futures America 근무 1995년 동양선물 근무 1997년 동양그룹 기획조정실 근무 1997년 동양생명보험(주) 이사대우

1999년 同경영지원본부장(상무보) 2000년 同경영지원본부장(상무) 2005년 同신채널영업부문장 및 관리담당 전무 2006년 동양선물 대표이사 2009년 동양시스템즈 대표이사 2012년 同대표이사 부사장 2012년 동양그룹 전략기획본부장(사장) 2012년 동양생명보험(주) 대표이사 사장(현) [종]기독교

구해우(具海祐) KOO Hae Woo

[생]1964·6·4 [출]전남 화순 [주]서울 종로구 청계천로 55 대신빌딩901호 미래전략연구원(02-779-0711) [학]1982년 대입검정고시 합격 1995년 고려대 법대졸 2000년 同대학원 정치학과졸 2009년 법학박사(고려대) [경]1996~1999년 '정론21' 발행인·운영위원장 1999년 민족화해협력범국민협의회 청년위원장 2000~2003년 미래전략연구원 초대 이사장 2000년 통일IT포럼 공동대표 2000년 광주평화개혁포럼 대표 2000년 새천년민주당 청년위원회 수석부위원장 2000년 同한화갑의원 언론특보 2001~2003년 SK텔레콤(주) 북한담당 상무(남북통신협상 추진) 2003년 미국 하버드대 한국학연구소 객원연구원 2003년 (사)미래재단 이사장 2003~2009년 同상임이사 2003년 인터넷언론 프레시안 편집위원 2004년 경원대 겸임교수 2005년 선진화정책운동 사무총장 2006년 바른FTA실현국민운동본부 사무총장 2006년 한나라당 참정치운동본부 국민통합위원장 2007년 제17대 대통령직인수위원회 외교통일안보분과 자문위원 2007년 한나라당 부대변인 2009년 통일부 정책자문위원 2009년 코리아몽골포럼 상임이사 2010~2013년 미래전략연구원 이사장 2010년 중앙대 북한개발협력학과 겸임교수 2013년 국가정보원 북한담당 기획관(1급) 2014년 미래전략연구원 원장(현) 2014년 국회의장 남북화해협력자문위원회 자문위원(현) [저]'한반도워치'(2004) '아, 대한민국'(2005) '북한이 버린 천재음악가 정추'(2011, 시대정신) '김정은체제와 북한의 개혁개방'(2012, 나남출판사) '한국, 중국, 일본과 몽골(共)'(2013, 소나무) '통일선진국의 전략을 묻다'(2016, 도서출판 미래재단)

구헌상(具憲祖) KOO Heon Sang

[생]1965·11·16 [주]경기 수원시 팔달구 효원로1 경기도청 교통국(031-8030-3700) [학]서울대 토목공학과졸, 한국과학기술원 토목공학과졸(석사) 2003년 공학박사(미국 캘리포니아대 버클리교) [경]1992년 기술고시 합격(28회) 2004년 건설교통부 기획관리실 혁신담당관실 서기관 2006년 同감사관실 감찰팀장 2007년 同국제협력팀장 2008년 국토해양부 도로환경과장 2009년 駐프랑스 주재관 2011년 국토해양부 고속철도과장 2012년 同교통정책실 철도투자개발과장 2013년 국토교통부 철도국 철도투자개발과장(부이사관) 2014년 同도시광역교통과장 2015년 경기도 교통국장(현)

구현모(具鉉謨)

[생]1964·1 [주]경기 성남시 분당구 불정로90 KT본사 경영지원총괄 부사장실(031-727-0114) [학]서울대 산업공학과졸, 한국과학기술원(KAIST) 경영과학과졸(석사), 경영공학박사(한국과학기술원) [경](주)KT Customer부문 사외채널본부장, 同T&C부문 T&C운영총괄, 同비서실장(전무) 2015년 同비서실장(부사장) 2015년 同경영지원총괄 부사장(현)

구현재(具鉉宰) KOO Hyeon Jae

[생]1961·10·27 [본]능성(綾城) [출]서울 [주]부산 남구 문현금융로40 부산국제금융센터 한국예탁결제원 홍보부(051-519-1910) [학]1980년 성남고졸 1989년 성균관대 경영학과졸 2007년 서강대 경제대학원 OLP과정 수료 2008년 미국 미시간주립대 VIPP과정 수료 2011년 연세대 언론홍보대학원 광고홍보학과졸 2015년 고려대 언론대학원 최고위과정 수료 [경]1989~1996년 증권예탁결제원 조사부·기획부·총무부 근무 1996년 同주식관리실 권리관리팀장 1999년 同홍보실 홍보팀장 2002년 同재무회계실 업무자금팀장 2005년 同홍보실장 2008년 同홍보팀장 2009년 한국예탁결제원 대전지원장 2010년 同조사연구팀 부장 2011년 同고객만족팀 부장 2014년 同고객행복센터장 2014년 同홍보부장(현)

구형우(具亨佑) KOO Hyong Woo

[생]1942·3·2 [본]창원(昌原) [출]경남 의령 [주]서울 마포구 마포대로25 신한디엠빌딩12층 페이퍼코리아(주) 회장실(02-3788-0355) [학]1960년 마산고졸 1967년 한양대 화학공학과졸 1987년 연세대 경영대학원 최고경영자과정 수료 [경]1967년 삼성그룹 입사 1978년 뉴질랜드 Winstone Samsung Co. 주재이사 1982년 한솔제지(주) 전주공장장 1986년 同기획본부장 1987년 삼성종합기술원 전무이사 1991년 한솔제지 부사장 1992~1997년 同대표이사 1996~1998년 한·핀란드경제협력위원회 회장 1996~1997년 한솔그룹 세계화추진사업단장 겸임 1997년 同총괄부회장 1998년 한솔제지 부회장 1998년 同상담역 1999년 국제경영전략연구원 회장 2002년 (주)세풍 대표이사 회장 2002~2007년 페이퍼코리아(주) 대표이사 회장 2007년 同회장(현) [상]대통령표창, 핀란드 사자관급훈장, 금탑산업훈장 [종]가톨릭

구형준(具亨峻) KOO Hyung Joon

[생]1965·11·24 [주]서울 송파구 올림픽로35길125 삼성SDS(주)솔루션사업부문 빅데이터사업부 스마트리테일사업팀(02-6155-3114) [학]미국 퍼듀대 컴퓨터과학과졸, 미국 하와이퍼시픽대 대학원 정보시스템학과졸 [경](주)마이크로소프트 근무, 삼성SDS(주) 무선SQA사업추진단 상무 2011년 同ESDM혁신팀장(상무) 2012년 同플랫폼개발센터장(상무) 2012년 同클라우드전략팀장(상무) 2013년 同클라우드서비스기획팀장(상무) 2014년 同SC사업부 클라우드사업팀장(상무) 2014년 同ST사업부 SE사업팀장(상무) 2015년 同솔루션사업부문 빅데이터사업부 스마트리테일사업팀장(전무)(현)

구혜원(具惠媛·女) KOO Hae Won

[생]1959·9·12 [본]능성(綾城) [출]서울 [주]서울 서초구 강남대로581 푸른그룹 회장실(02-545-0566) [학]1978년 성신여고졸 1982년 이화여대 영어영문학과졸 1985년 미국 뉴욕대 대학원졸 1993년 교육공학박사(이화여대) [경]1988~1992년 동국대·한양대·이화여대 강사, 푸른그룹 회장(현) 1999년 푸른상호신용금고 회장 2002년 (주)푸른상호저축은행 이사, 同회장(현) [종]천주교

구홍모(具洪謨)

[생]1962 [주]서울 관악구 과천대로851 수도방위사령부(02-524-6300) [학]1984년 육군사관학교졸(40기) [경]육군 특수전사령부 참모장, 합동참모본부 작전1처장 2013년 육군 제7사단장(소장) 2014년 합동참모본부 작전부장 2015년 육군 수도방위사령관(중장)(현)

구홍회(具鴻會) KOO Hong Hoe

[생]1956·10·2 [출]서울 [주]서울 강남구 일원로81 삼성서울병원 소아청소년과(02-3410-3539) [학]1983년 서울대 의대졸 1990년 同대학원졸 1995년 의학박사(서울대) [경]1987~1990년 서울대병원 소아과 전공의 1990~1992년 同소아혈액종양학 전임의 1992~1994년 울산대 의대 소아과 전임강사 1994년 삼성서울병원 소아청소년과 전문의(현) 1997~2003년 성균관대 의대 소아과학교실 부교수 1999~2001년 미국 UCLA 제대혈은행 교환교수 2003년 성균관대 의대 소아과학교실 교수(현) 2004년 同의대 기획실장 겸 홍보위원장 2005년 한국조혈모세포은행협회 제대혈위원회 및 KoreaCORD 위원장 2005~2009년 대한혈액학회 제대혈이식연구회 위원장 2006~2011년 삼성서울병원 조혈모세포이식센터장 겸 소아암센터장 2007~2009년 同홍보실장 2008~2011년 성균관대 의대 학생부학장 2009~2011년 대한혈액학회 총무이사 2009~2011년 대한소아혈액종양학회 학술이사 2009~2012년 同소아급성림프모구백혈병연구회 위원장 2009~2011년 삼성서울병원 소아청소년과장 2011년 同인재기획실장(현) 2011~2013년 대한소아혈액종양학회 부회장 2013~2014년 대한혈액학회 이사장 2013년 삼성서울병원 소아청소년과장(현) 2013~2015년 대한소아혈액종양학회 이사장 2014년 同고문(현) 2016년 대한수혈학회 회장(현) 2016년 한국백혈병소아암협회 이사(현) [상]과학기술처 과학기술우수논문상(2004), 대한조혈모세포이식학회 학술상(2009), 대한소아혈액종양학회 학술상(2012)

구환영(具還榮) KOO Hwan Young

[생]1957·9·28 [출]경남 사천 [주]경기 안산시 단원구 예술대학로171 서울예술대학교 시각디자인과(031-412-7245) [학]1983년 홍익대 미대 도안과졸 1990년 同산업미술대학원졸 2007년 미술학박사(시각·공예디자인전공)(홍익대) [경]1982년 삼양식품 디자인실 근무 1983~1989년 동아제약 광고제작과 근무 1989~1992년 대한항공 선전과 근무 1992년 서울예술대 시각디자인과 조교수·부교수·교수(현), 한국색채학회 감사(현), 한국시각디자인협회 수석부회장 2011년 국제디자인교류재단 대표이사 2012~2014년 한국브랜드디자인학회 부회장 2014년 서울예술대 교학부총장(현) [상]대한민국산업디자인전람회 국무총리표창, 조선·한국일보 광고대상, 대한산업미술가협회 전국공모전 특

선·은상, 한국광고주협회장표창, 대한민국디자인대상 대통령표창 [저]'공업계고등학교 2·1체제 시각디자인기초' '시각디자인응용' '이기적 컬러리스트'(영진닷컴) [작]대전Expo기념 초대전(1993), 오늘의 한국미술전(1994), 서울문화관광상품전(1997), 대한산업미술가협회 회원전(1998), ICOGRADA 공식추천 어울림 한국현대포스터대전(1998), 제33회 한국미술협회전(1999), 한일디자인교류전(1999), 평택 굿모닝병원 상징조형물 설치(2000), 신공학복지 금호베스트빌신축공사 조형물 설치(2002), 라이프연수원 상징조형물 설치(2004), 구환영 이태리밀라노 개인전(O! Nature/Gallery Arte Tadino 6. Milano, Italy)(2005), 한국미술협회전(2006), 미주 한인재단초대 한국의 이미지 LA전, 홍익대 건학60주년기념 홍익시각100인초대전, AFEC정상회담개최기념 The Brand Wave 국제전(2006) 인천국제유니버설디자인전(2006), 한국화예디자인학회 연구작품전 'LINK' 전 출품, VIDAK 정기회원전(2006·2007·2009), 경기디자인전람회 초대디자이너부문 Icograda Design Week in Deagu(2008) 서울디자인올림픽 CDAK 국제포스터전(2008) 경기디자인페어 초대전(2008) 대한민국산업디자인전람회 초대디자이너부문(2009), 대한산업미술가협회 회원전, 경기디자인전람회 초대디자이너부문, 한국미술협회전 CDAK Cyber전(2010), 대한산업미술가협회 회원전, FACULTY SHOW(교수작품전시회), VIDAK 붉은티셔츠전(나비 처럼 날아서 벌처럼 쏜다)(2010), 한국브랜드디자인학회 국제전(2010), 대한민국산업디자인전람회 초대디자이너부문 북경798예술구국제전(2010), VIDAK 중국상해엑스포 개최기념(2010), 국제포스터전(2010) G-Design Festival(경기디자인전람회),(2010), 한국미술협회전 VIDAK 아름다운한글주련전(2010), 국제색채작품초대전(2010), 한국브랜드디자인학회 국제전시회(2010) [종]기독교

구황섭(丘璜燮) KOO Hwang Sub

[생]1963·5·5 [출]충남 [주]경기 화성시 삼성1로5길46 (주)기가레인 임원실(031-233-7325) [학]1983년 서대전고졸, 고려대 경영학과졸 [경](주)현대건설 경리부 과장, (주)중원미디어 근무, 온양그랜드호텔 관리이사 2005년 (주)유비프리시젼 재무관리 상무이사 2006년 同재무관리 전무이사(CFO), (주)서학개발 공동대표이사, (주)솔펙스 이사, (주)유라비전 이사 2007년 (주)기가레인 이사, (주)맥시스 대표이사 사장, (주)기가레인 대표이사 사장(현) [종]기독교

구회근(具會根) KU Hoi Geun

[생]1968·1·8 [본]능주(綾州) [출]전남 광양 [주]광주 동구 준법로7의12 광주고등법원(062-239-1114) [학]1987년 순천고졸 1991년 연세대 법대졸 2001년 독일 프랑크푸르트대 수료(1년) 2004년 충남대 대학원 최고경영자과정 수료 2007년 숭실대 법과대학원 수료 [경]1990년 사법시험 합격(32회) 1993년 사법연수원 수료(22기) 1993년 공군 법무관 1996년 수원지법 판사 1998년 서울지법 판사 2000년 대전지법 홍성지원 판사 2003년 대전고법 판사 2004년 사법연수원 교수 2006년 서울고법 판사 2007년 서울중앙지법 판사 2008년 광주지법 장흥지원장 2009년 수원지법 성남지원 부장판사 2012년 서울중앙지법 부장판사 2015년 광주지법·광주가정법원 순천지원장 2016년 광주고법 부장판사(현) [종]천주교

구희권(具熙權) KOO Hee Kwon

[생]1957·12·27 [출]광주 [주]서울 종로구 사직로8길39 김앤장법률사무소(02-3703-1114) [학]1976년 경복고졸 1980년 고려대 법대졸 1982년 연세대 대학원 행정학과졸 1989년 미국 터프츠대 대학원 법률외교학과졸 1994년 법학박사(중앙대) [경]1981년 입법고시 합격(5회) 1994년 국회사무처 법제예산실 법제2과장(서기관) 1996년 同통신과학기술위원회 입법조사관 1999년 同국제국 국제협력과장(부이사관) 2000년 同국제국장 2002년 同국제국장(이사관) 2003년 同산업자원위원회 전문위원 2004년 同과학기술정보통신위원회 수석전문위원(차관보급) 2006년 同통일외교통상위원회 수석전문위원 2008년 同외교통상통일위원회 수석전문위원 2011~2012년 국회 사무차장(차관급) 2013년 민주평통 상임위원 2013년 국회 입법자문위원 2014년 김앤장법률사무소 고문(현) 2015년 국회예산정책처 예산정책자문위원회 위원(현) 2015년 GS홈쇼핑 감사위원회 위원 겸 사외이사(현) [상]황조근정훈장(2013)

구희승(具熙承) KOO Hee Seung

[생]1962·11·15 [출]전남 순천 [주]전남 순천시 백강로407 구희승법률사무소(061-722-5050) [학]1981년 순천고졸 1985년 서울대 경제학과졸 1987년 同행정대학원졸 1997년 연세대 국제학대학원 경제학 석사과정 수료 [경]1985년 행정고시 재경직 합격(29회) 1987년 총무처 행정사무관시보 1988년 농림수산부 사무관 1990년 상공부 사무관 1999년 산업자원부 서기관 1998년 사법시험 합격(40회) 2001년 사법연수원 수료(30기) 2001년 광주지법 예비판사 2002년 광주고법 예비판사 2003년 광주지법 판사 2004년 同순천지원 판사 2004년 변호사 개업(현), 민주당 순천지역위원회 부위원장 2010년 同법률특보 2011년 내일포럼전남 상임대표(현) 2011년 4·27재보선 국회의원선거 출마(순천, 무소속) 2014년 새정치민주연합 6·4전국동시지방선거 전남도당 공천심사위원 및 법률지원단장 2014년 제19대 국회의원선거 출마(순천·곡성 보궐선거, 무소속) 2016년 국민의당 전남도당 부위원장(현) 2016년 同전남도당 대변인(현) 2016년 제20대 국회의원선거 출마(전남 순천시, 국민의당) 2016년 국민의당 제4정책조정위원회 부위원장(현)

구희진(具熙珍) Hee Jin, Koo

[생]1965·4·19 [본]능성(綾城) [출]서울 [주]서울 영등포구 국제금융로8길16 대신자산운용(주) 임원실(02-769-3230) [학]1984년 서울 광성고졸 1988년 한국외국어대 무역학과졸 1990년 同대학원 무역학과졸 [경]1989년 대신경제연구소 입사·애널리스트 2000년 우리투자증권 기업분석팀 애널리스트 2005년 同기업분석팀장 2007년 대신증권 리서치센터장(상무) 2009년 同리서치센터장(전무) 2011년 同기획본부장(전무) 2011년 同Wholesale사업단장(전무) 2015년 同Wholesale사업단장(부사장) 2015년 대신자산운용(주) 대표이사 사장(현) [상]매일경제신문·한국경제·조선일보·헤럴드경제 IT부문 베스트애널리스트 5년연속(2000~2005), 매경증권인대상 애널리스트부문 수상(2005), 헤럴드경제 최우수리서치센터상(2009) [종]천주교

국경복(鞠慶福) Cook Kyung Bok

[생]1956·12·7 [본]담양(潭陽) [출]전북 익산 [주]서울 동대문구 서울시립대로163 서울시립대학교 세무전문대학원(02-6490-5032) [학]1980년 원광대 경영학과졸 1982년 전북대 대학원졸 1992년 경제학박사(프랑스 파리제1대) [경]1981년 입법고시 합격(5회) 1981년 국회 예산결산특별위원회 입법조사관 1983년 同문화공보위원회 입법조사관 1985~1993년 국회사무처 입법조사국 행정사무관 1993년 국회 문화체육공보위원회 입법조사관 1994~1997년 국회사무처 기획조정실·의정연수원 서기관 1997년 同국제국 프랑스주재관 2000년 국회 예산결산특별위원회 부이사관 2001년 同문화관광위원회 입법조사관 2001년 同운영위원회 입법심의관 2002년 국회사무처 예산정책국장(이사관) 2004년 국방대학원 파견 2005년 국회 정무위원회 전문위원(관리관) 2006년 국회예산정책처 예산분석실장(관리관) 2008년 국회 예산결산특별위원회 수석전문위원 2009~2013년 同기획재정위원회 수석전문위원 2013~2015년 국회예산정책처 처장 2015년 同예산정책자문위원회 위원(현) 2015년 서울시립대 세무전문대학원 초빙교수(현) [상]국회의장표창(1990), 근정포장(2003), 국방부장관표창(2004), 홍조근정훈장(2012) [역]'로비활동의 기법'(2002) '미국연방예산론-정치, 정책, 과정(共)'(2005)

국기호(鞠基鎬)

[생]1959·10·12 [주]서울 서초구 방배로50 한국감정평가협회(02-521-0900) [학]용문고졸, 서울대 경영학과졸 [경]현대그룹 종합기획실 근무, 동부그룹 종합조정실 근무, 경일감정평가법인 감정평가사, (주)태평양감정평가법인 대표이사, 同감정평가사(현) 2016년 한국감정평가협회 회장(현)

국문석(鞠文碩) Michael Scott Kook

[생]1962·8·20 [출]부산 [주]서울 송파구 올림픽로43길 88 서울아산병원 안과(02-3010-3677) [학]1980년 미국 홀랜드고졸 1985년 미국 미시간대 분자생물학과졸 1989년 의학박사(미국 튜래인대) [경]1989~1990년 미국 미시간대 의과대학 전공의 1990~1993년 미국 텍사스대 의과대학 임상강사 1993년 미국 루이지애나주립대 안과병원 연구전임의 1994년 미국 UCLA Jules Stein Inst. 임상전임의 1995년 同임상전임강사 1995년 울산대 객원교수 1996년 同의과대학 안과학교실 전임강사·조교수·부교수·교수(현) 2001년 미국 세계인명사전 마르퀴즈 후즈후(Marquis Who's Who)에 등재 2002년 영국 국제인명센터(IBC)에 '올해의 국제 과학자'로 등재 2006년 121미군병원 안과 Consultant, 한국녹내장연구회 역학조사 및 기획이사 [상]영국 ICB Cambridge Award(2004), Best논문상-국제녹내장학회(IGS)(2005), 한국녹내장연구회 연암학술상(2006) [저]'녹내장' 'Wound Healing In Glaucoma Surgery' [종]기독교

국민수(鞠敏秀) KOOK Min Soo

❸1963 · 1 · 23 ❷대전 ㉠서울 종로구 사직로8길39 김앤장법률사무소(02-3703-1265) ❸1981년 대신고 졸 1985년 서울대 법과대학 법학과졸 ❸1984년 사법시험 합격(26회) 1987년 사법연수원 수료(16기) 1987년 육군 법무관 1990년 서울지검 검사 1992년 춘천지검 강릉지청 검사 1994년 법무부 검찰2과 검사 1996년 서울지검 동부지청 검사 1999년 부산지검 부부장검사 2000년 대검찰청 검찰연구관 2002년 同특별수사지원과장 2002년 同공보담당관 2004년 서울중앙지검 금융조사부장 2005년 부산지검 형사2부장 2006년 서울고검 검사(대검찰청 미래기획단장 파견) 2007년 수원지검 2차장검사 2008년 서울중앙지검 2차장검사 2009년 서울고검 공판부장 2009년 대검찰청 기획조정부장 2010년 同감찰부장 겸임 2010년 청주지검장 2011년 법무부 검찰국장 2013년 同차관 2013~2015년 서울고검장 2015년 김앤장법률사무소 변호사(현) ❸천주교

국민호(鞠敏鎬) KOOK Min Ho

❸1956 · 4 · 27 ㉠광주 북구 용봉로77 전남대학교 사회과학대학 사회학과(062-530-2645) ❸1982년 연세대 사회학과졸 1984년 미국 일리노이주립대 대학원 사회학과졸 1987년 사회학박사(미국 일리노이주립대) ❸1987~1988년 연세대 시간강사 1998년 전남대 사회과학대학 사회학과 전임강사 · 조교수 · 부교수 · 교수(현) 1993~1995년 同사회학과장 1996~1997년 미국 UC버클리대 방문교수 1999~2000년 전남대 사회과학대학 교학부장(부학장) 2000년 同사회학과장 2001~2002년 同대학원 부원장 2002~2004년 同교육연구처 교학상임위원(부처장) 2003~2004년 한국사회학회 이사 2005~2006년 전남대 사회과학연구소장 2005~2006년 同사회학과장 및 대학원 주임교수 2005~2007년 同평의원 2007~2009년 한국비교사회학회 부회장 2008~2010년 전남대 아시아태평양연구소장 2009년 학술진흥재단 사회과학분야프로그램 매니저 2009~2011년 한국비교사회학회 회장 2011년 광주도박중독예방치센터 운영위원 2012~2014년 전남대 평생교육원 운영위원 2014년 국무총리소속 부마민주항쟁진상규명 및 관련자명예회복심의위원회 위원(현) ❸'동아시아 신흥공업국의 정치제도와 경제성장'(1995, 전남대 출판부) '동아시아의 성공과 좌절'(1998, 전통과현대) '동아시아의 국가주도 산업화와 유교'(1999, 전남대 출판부) '탈근대세계의 사회학'(2001, 정림사) '동아시아의 발전 사회학'(2002, 아르케) '유교적 사회질서와 문화, 민주주의'(2006, 전남대 출판부) '유교문화와 동아시아 경제'(2006, 경북대 출판부) '박정의 시대와 한국 현대사'(2006, 선인) '동아시아 발전, 동북아 경제통합과 화해협력'(2007, 아르케) '동아시아 발전과 유교문화'(2007, 전남대 출판부) '한국유학사상대계 VII(共)'(2007)

국수호(鞠守鎬) KOOK Soo Ho

❸1948 · 6 · 2 ❷담양(潭陽) ❷전북 완주 ㉠서울 강남구 역삼로92길17 (사)디딤무용단(02-421-4797) ❸1969년 서라벌예대 무용과졸 1975년 중앙대 연극영화과졸 1977년 同대학원졸 ❸1965년 박금슬 · 송범 선생께 한국무용 師事 1973년 국립무용단 입단 1974년 무용극 '왕자호동' 등 출연 1974년 일본 학술원대학 초청공연 1984년 무용극 '무녀도' · '도미부인' 안무 1985~2004년 중앙대 예술대 무용학과 교수 1987년 무용극 '대지의 춤' 안무 1989년 88서울예술단 예술 총감독 1990년 '백두산신곡' 안무 1993년 러시아 볼쇼이오페라극장 공연 1994년 동양3국의 '북춤' 안무 1994년 한국미래춤학회 부회장 1995년 '명성황후' 안무 1996~1999년 국립무용단장 겸 예술감독 2001년 (사)디딤무용단 이사장 겸 예술감독(현) 2002년 월드컵개막식 안무 2009년 한일문화교류회의 위원 ❸한국평론가협의회 최우수예술가(1988), 올림픽 참가문화예술인 국무총리표창(1989), 대통령표창(1998), 2001춤비평가 특별상(2002), 한 · 일월드컵개막식공로 문화부장관표창(2002), 제16대 대통령취임식총괄안무 대통령표창(2003), 대한민국무용대상 대상(2010), 제2회 한성준예술상(2016) ❸'세계 춤 기행문집' '춤 내사랑' '국수호 춤 작품집' '국수호의 춤' '카미자와 카즈오'(共) ❸'20세기무용사' ❸불교

국 양(鞠 樑) KUK Young

❸1953 · 2 · 5 ❷담양(潭陽) ❷서울 ㉠서울 관악구 관악로1 서울대학교 물리학전공(02-880-5444) ❸1971년 경기고졸 1975년 서울대 물리학과졸 1977년 同대학원 물리학과졸 1981년 이학박사(미국 펜실베이니아주립대) ❸1981~1991년 미국 AT&T Bell연구소 연구원 1991년 서울대 물리학과 부교수 1997년 同물리학과 교수 1997년 同나노기업매체연구단장 2004년 과학기술부 및 한국과학문화재단 선정 '2004 닮고 싶고 되고 싶은 과학기술인 10명' 2006년 서울대 물리천문학부 물리학전공 교수(현) 2006년 同연구처장 2006년 교육인적자원부 및 한국학술진흥재단 선정 '대한민국 국가석학(Star Facul-

ty)' 2008년 한국과학기술한림원 정회원(현) 2014년 삼성미래기술육성재단 이사장(현) ❸American Vacuum Society Graduate Student Award(1980), 어원뮬러상(1980), 올해의 나노과학자상(2002), 대한민국학술원상(2004), National Academy of Science Award(2004), 인촌상 자연과학부문(2008) ❸'Scanning Tunneling Microscope' ❸천주교

국은주(鞠恩珠 · 女)

❸1964 · 12 · 10 ❷경기 수원시 팔달구 효원로1 경기도의회(031-8008-7000) ❸중앙대 사회개발대학원 사회복지학과졸, 강남대 사회복지전문대학원 사회복지학 박사과정 수료 ❸보건복지부 근무, 강남대 사회복지학과 겸임교수, (사)장애인노동진흥회 회장, 한나라당 중앙전국위원, 서울사회복지대학원대 겸임교수, 경기도장애인배드민턴협회 회장 2010~2014년 경기 의정부시의회 의원(비례대표, 한나라당 · 새누리당) 2014년 경기도의원선거 출마(새누리당) 2015년 대한장애인배드민턴협회 회장(현) 2015년 경기도의회 의원(재선거 당선, 새누리당)(현) 2015년 同여성가족교육협력위원회 위원 2016년 同문화체육관광위원회 위원(현) 2016년 同개발제한구역특별위원회 위원(현) 2016년 同K-컬처밸리특혜의혹행정사무조사특별위원회 간사(현)

국정본(鞠井本) KOOK Jung Bon

❸1941 · 3 · 11 ❷담양(潭陽) ㉠서울 ㉠서울 중구 퇴계로212 대한극장빌딩6층 세기상사(주)(02-3393-3513) ❸1964년 경신고졸 1968년 미국 퍼시픽대(Pacific Univ.) 경제학과졸 ❸세기상사(주) 로스앤젤레스지사장, 기신전자(주) 대표이사, 세기밸브(주) 대표이사, 세한진흥(주) 대표이사, 전국극장연합회 이사, 민정당 중앙위원 1973년 세기상사(주) 대표이사 사장(현) 1973년 대한극장 대표이사 사장(현) ❸기독교

국주영은(鞠朱榮恩 · 女) KUKJU Young Eun

❸1965 · 11 · 11 ㉠전북 전주시 완산구 효자로225 전라북도의회(063-280-4509) ❸1986년 전북여고졸 1991년 전북대 철학과졸 2004년 同교육대학원 철학교육과졸 ❸청소년범죄예방지도자협의회 여성위원장(현), 열린우리당 전북도당 여권신장특별위원회 부위원장 2006 · 2010~2014년 전주시의회 의원(민주당 · 민주통합당) 2006년 전주의제21 운영위원(현) 2007년 전북환경운동연합 집행위원(현) 2007년 대통합민주신당 전북도당 여성국장, 전주YMCA 이사 2008~2010년 전주시의회 예산결산특별위원회 부위원장, 同행정위원회 부위원장 2008년 (사)전주시사회복지협의회 이사 2010~2012년 전주시의회 복지환경위원장 2012년 同행정위원회 위원 2014년 전북도의회 의원(새정치민주연합 · 더불어민주당)(현) 2014년 同운영위원회 위원 2014년 同환경복지위원회 부위원장 2015 · 2016년 同예산결산특별위원회 위원(현) 2015년 새정치민주연합 전북도당 여성위원장 2015년 더불어민주당 전북도당 여성위원장(현) 2016년 전북도의회 환경복지위원회 위원(현) ❸광복회 전북지부 감사패(2015), 전북장애인인권포럼 선정 장애인정책 의정활동 우수의원(2015), 디딤돌평생학습센터 감사패(2015), 한국농아인협회 감사패(2015), 전국시 · 도의회의장협의회 우수의정 대상(2016)

국중양(鞠重壤) Kook Jung Yang

❸1958 · 1 · 20 ❷전북 ㉠울산 중구 종가로395 한국동서발전 기술경영본부(070-5000-1004) ❸전라고졸 1985년 전북대 전기공학과졸 1998년 한양대 산업대학원 전기공학과졸 ❸1985년 한국전력공사 입사 2004년 한국동서발전(주) 당진화력본부 계측제어팀장 2005년 同사업처 전력거래팀장 2008년 同당진화력본부 기술지원실장 2009년 同당진화력본부 제2발전처장 2012년 同당진화력본부 제1발전처장 2012년 同발전처장 2013년 同당진화력본부장 2014년 同미래사업단장 2016년 同기술경영본부장(전무)(현)

국중하(鞠重夏) KUK JUNG HA (餘山)

❸1936 · 2 · 15 ❷담양(潭陽) ❷전북 옥구 ㉠전북 완주군 봉동읍 완주산단4로107 우신산업(주)(063-262-9321) ❸1962년 전북대 기계공학과졸 1991년 울산대 산업경영대학원졸 2002년 공학박사(전북대) ❸1962년 호남비료(주) 나주공장 근무 1967년 한국종합기술개발공사 근무 1971년 극동건설(주) 기계과장 1973년 현대건설(주) 기계과장 1982년 현대중공업(주) 철구사업본부 상무이사 1983년 현대정공(주) 고선박해체사업본부장(상무이사) 1985년 현대건설(주) 언양알미늄공장장(상무이사) 1987년 우신공업 · 우신엔지니어링(주) 설립 · 대표이사 회장(현) 1991년 울산상공회의소 상공의원 · 부회장 1994년 (주)우

영 · 우신산업(주) 설립 · 대표이사(현) 1994년 울산공단문화발전위원회 위원장 1994년 전주상공회의소 상임의원 1995년 울산광역시승격추진위원회 부위원장 1999년 한국문인협회 · 국제펜클럽 · 전북문인협회 회원 1999년 한국문인협회 수석부이사장 1999년 새천년문학회 문학상운영위원장 2001~2004년 JTV전주방송 시청자위원회 부회장 2001~2004 · 2009년 우석대 반도체전기자동차공학부 강사 2001년 전북도 과학기술자문관 2001년 여산장학재단 설립 · 이사장(현) 2002~2008년 전주문화재단 이사 2002~2014년 전북신지식인연합회 회장 2003년 여산재 개관 2005년 전북대 기계항공시스템공학부 겸임교수 2007년 여산교육문화관 개관 2008년 원음방송 시청자위원회 위원장 2009~2014년 전주MBC 시청자위원장 2010년 어린이재단 전북후원회 회장 2010년 同전국후원회 부회장 겸임 2010년 전북한국엔지니어클럽 회장 2014년 전북전략산업선도기업대표자협의회 회장 2014년 서울대 자연과학대학 과학기술최고경영자과정 26기 원우회장 2015년 (사)한국예술문화단체총연합회 완주지회 초대회장(현) [상]전국산학연합회 기업인상(1994), '수필과 비평' 수필부문 신인상(1998), 전북대상 산업부문(1999), 신지식인상(2000), 한국문인문학상 본상(2002), 전북도우수기업상(2003), 전북도우수중소기업인상(2004), 대통령표창(2005), 500만불 수출탑(2006), 전북수필문학상(2007), 철탑산업훈장(2010), 자랑스러운 전북인대상(2010), 전북문학상(2013), 세종대왕대상(2015), 최우수논문상(2015), 한국산업대상(2015), 과학기술훈장 웅비장(2016) [저]'내 가슴속엔 영호남 고속도로가 달린다'(1998) '호남에서 만난 아내 영남에서 만든 아이들'(2001) '나의 삶은 도전이며 시작이다'(2003) '나에게는 언제나 현재와 미래만 존재한다'(2004) '들녘 바람몰이'(2007) '여산재 가는 길'(2010) '내 마음의 풍경'(2013) [종]불교

국중호(鞠重皓) KOOK Joong Ho

[생]1952 · 5 · 26 [본]담양(潭陽) [출]전북 완주 [주]경남 함안군 군북면 효자골길26 (주)미래테크 임원실(055-583-5821) [학]1972년 전주 신흥고졸 1975년 전주교육대졸 1976년 경찰종합학교졸 1981년 전주대 법학과졸 1999년 연세대 행정대학원졸 2000년 서울대 환경대학원 고위정책과정 수료 [경]1976~1978년 순창경찰서 근무 1976~1992년 교육공무원(교사) 1992~1998년 국회사무처 정책보좌관(서기관) 1992년 김대중 대통령후보 선거대책본부 정책위원 1997년 김대중 대통령후보 선거대책위원회 정책보좌역 1998~2001년 대통령민정비서실 민정국장(부이사관) 1999~2004년 연세대행정대학원총동문회 수석부회장 2002~2003년 대웅건설(주) 회장 2002년 새천년민주당 노무현 대통령후보 중앙선거대책위원회 종합상황실 수석부실장 2003~2006년 在京완주군민회 회장 2003~2005년 완주군애향장학재단 부이사장 2003~2004년 완주발전포럼 이사장 2003~2006년 전주대 객원교수 2004년 제17대 국회의원선거 출마(김제 · 완주, 무소속) 2004년 그린안전씨스템 회장 2004~2005년 신구종합건설(주) 이사 2005~2006년 REI홀딩그룹(주) 상임고문 2007~2009년 우수제조기술연구센터협회(ATC) 전무이사 2010~2011년 삼성생명보험(주) 경영고문 2010~2012년 하나대투증권(주) 상임고문 2014년 (주)미래테크 상임고문(현) [상]대통령표창(1999) [저]'한 굽이 세월돌아- 국중호의 청와대 파일'(2014) [종]기독교

국 훈(鞠 薰) KOOK Hoon

[생]1961 · 6 · 9 [본]담양(潭陽) [출]독일 [주]전남 화순군 화순읍 서양로322 화순전남대병원 소아청소년과(061-379-8060) [학]1985년 전남대 의대졸 1988년 同대학원졸 1990년 의학박사(전남대) [경]1990~2003년 전남대 의대 소아과 전임강사 · 조교수 · 부교수 1993~1994년 미국 아이오와대 소아과 소아혈액종양학 · 골수이식 교환교수 1999~2001년 미국 국립보건원 교환교수 2001~2011년 대한조혈모세포이식학회 재무이사 · 총무이사 · 학술이사 2003년 전남대 의과대학 소아과학교실 교수(현) 2004년 화순전남대병원 소아청소년과장 2008년 同소아암환경보건센터장 2010년 대한혈액학회 학술이사 2011~2013년 화순전남대병원 원장 2012년 대한병원협회 이사 2012년 전남대 의과대학 소아청소년과학교실 주임교수(현) [상]대한혈액학회 우수논문상(1999), 대한암학회 제1회 SB학술상(1999), 조혈모이식학회 Young Travelers Award(2005), 교육과학기술부장관표창(2007), 대한혈액학회 최우수연제상(2011), 대한소아혈액종양학회 학술공로상(2015) [저]'줄기세포(共)'(2002) '혈액학(共)'(2006) '치유와 문화(共)'(2011) '혈액학(共)'(2011) '소아과학(共)'(2012) [종]기독교

권건영(權建榮) KWON Kun Young

[생]1952 · 6 · 19 [출]대구 [주]대구 중구 달성로56 계명대학교 의과대학 병리학교실(053-580-3812) [학]1978년 경북대 의대졸 1982년 同대학원졸 1985년 의학박사(경북대) [경]1978~1983년 경북대 의대 부속병원 인턴 · 전공의 1983~1997년 계명대 의대 병리학교실 전임강사 · 조교수 · 부교수 1985년 제208이동외과병원 병리과장 1986년 국군중앙의구시험소 병리과장 · 연구부장 1992년 미국 메이오병원 방문교수 1997년 계명대 의과대학 병리학교실 교수(현) 1998~2002년 同동산의료원 병리과장 1999년 일본 도카이대 의대 방문교수 2000~2002년 대한병리학회 심폐병리연구회 대표 2001~2003년 계명대 의대 병리학교실 주임교수 2007~2008년 同동산의료원 병리과장 2007~2009년 同동산의료원 부원장 2010년 대한민국의학한림원 정회원(현) 2014년 대한병리학회 회장 [상]대한병리학회 포스타상, 대구시의사회 학술상 [저]'병리학'(共) '간추린 병리학'(共)

권경득(權慶得) KWON Kyung Deuk

[생]1958 · 7 · 20 [본]안동(安東) [출]경북 의성 [주]충남 아산시 탕정면 선문로221번길70 선문대학교 사회과학대학 행정학과(041-530-2524) [학]건국대졸, 同대학원졸, 미국 애크런대 대학원졸, 행정학박사(미국 애크런대) [경]1996년 선문대 행정학과 조교수 · 부교수 · 교수(현) 1999~2001년 同행정학과장 1999년 충남정책자문교수단 자문교수 2001~2002년 선문대 법행정학부장 2002~2004년 충남여성정책개발원 이사 2004~2006년 선문대 입학홍보처장 2004~2005년 국무총리산하 인문사회연구회 평가위원 2005~2006년 한국공공행정학회 회장 2005~2006년 충남혁신분권연구단 단장 2006~2008년 상생협력갈등관리플러스충남포럼 상임공동대표 2006~2007년 한국행정연구원 객원연구원 2007~2015년 한국공공행정학회 논문편집위원장 2009년 한국정책분석평가학회 지역부회장 2009년 대통령직속 미래기획위원회 자문위원 2009~2010년 한국지방자치학회 부회장 2009년 선문대 정부간관계연구소장(현) 2009년 한국인사행정학회 수석부회장 2010년 同회장 2010~2011년 공무원채용선진화추진위원회 위원 2010~2011년 충남도 갈등관리심의위원회 위원 2010년 충남도 여성정책개발원 이사(현) 2011~2015년 한국직업능력개발원 비상근감사 2012~2013년 선문대 행정대학원장 2012년 서천시 갈등관리심의위원회 위원 2013년 아산시 갈등관리심의위원회 위원 2014년 한국수자원공사 상생협력위원회 위원(현) 2014년 충남도지방분권협의회 위원(현) 2015~2016년 한국지방자치학회 회장 2015년 민선지방자치20주년평가 자문위원 2015년 세종특별자치시지원위원회 민간위원(현) 2016년 한국지방자치학회 명예회장(현) [상]선문대 우수연구업적상(1999), 고주 노용희 지방자치학술상(2002), 하대권 학술논문상(2008) [저]'정부와 여성참여'(2000) '인사행정의 이해'(2000) '지방정부 기능론'(2001) '행정학 워크숍'(2002) '지방정부간 갈등과 협력-이론과 실제'(2010) '지방정부간 갈등과 협력-갈등사례집'(2010) '현대인사행정론'(2010 · 2014) '사회과학통계분석'(2010 · 2014) '한일지방자치비교'(2010) 등 다수 [종]가톨릭

권경복(權景福) KWON Kyung Bok

[생]1968 · 4 · 18 [본]안동(安東) [출]충남 서천 [주]서울 성동구 왕십리로222 한양대학교 미디어전략센터(02-2220-1690) [학]1989년 한양대 정치외교학과졸 1991년 同대학원 정치외교학과졸 2015년 同국제대학원졸(박사) [경]1995년 내외통신 기자 1999년 연합뉴스 남북관계부 기자 2002년 조선일보 편집국 정치부 기자 2005년 同모스크바특파원 2009년 同국제부 차장 2012년 한양대 대외협력처 홍보팀장 2015년 同미디어전략센터장(현) [상]이달의 기자상(2001), 한러대화 언론인상(2010) [저]'朝鮮有思'(2003) '아름다움이 나라를 바꾼다'(2011, 서해문집) '21세기를 움직이는 푸틴의 파워엘리트 50'(2011, 21세기북스)

권경상(權慶相) KWON Kyung Sang

[생]1957 · 2 · 5 [출]강원 화천 [주]인천 부평구 부평대로283 인천문예전문학교 카지노딜러학과(1588-8002) [학]1981년 한국외국어대 무역학과졸 1984년 서울대 환경대학원졸, 미국 텍사스A&M대 대학원 관광학박사과정 수료 1994년 관광학박사(한양대) [경]1981년 행정고시 합격(23회) 1992년 교통부 기획예산담당관 1993년 同도시교통정책과장 1993년 同장관 비서관 1994년 대통령비서실 파견 1995년 문화체육부 관광국 관광기획과장 1996년 同관광국 관광기획과장(부이사관) 1997~1998년 駐영국대사관 참사관 1999년 중앙공무원교육원 파견 2000년 부산아시아경기대회조직위원회 사업본부장 2001년 문화관광부 공보관 2001년 同관광국장(이사관) 2004년 同복합레저관광도시추진단장 2005년 해외 연수 2006년 국립중앙도서관장(관리관) 2008년 문화체육관광부 기획조정실장 2008~2009년 同종무실장 2009년 한국체육진흥(주) 대표이사 2011~2014년 2014인천아시아경기대회조직위원회 사무총장 2015년 2018자카르타아시안게임 조정위원회 위원(현) 2015년 인천문예전문학교 카지노딜러학과 석좌교수(현) [상]대통령표창 [저]'관광법규'(共) '카지노산업의 이해'(共)

권경석(權炅錫) KWON Kyung Seok

[생]1946 · 1 · 2 [본]안동(安東) [출]경남 산청 [주]서울 종로구 세종대로209 정부서울청사8층 지방자치발전위원회(02-2100-2216) [학]1964년 부산고졸 1969년 육군사관학교졸 1984년 연세대 행정대학원졸 1998년 행정학박사(동아대) [경]1977년 예편(소령) 1977~1980년 부산시청 사무관 1980~1981년 내무부 지방행정연수원 근무 1981~1986년 대통령비서실 서기관 1986~1991년 내무부 교육훈련 · 소방 · 지역경제 · 공기업과장 1991년 부산시 영도구청장 1992년 同보건사회국장 1994년 同사하구청장 1995년 국방대학원 파견 1996년 내무부 지방자치단체국제화재단 기획연수부장 1997~2002년 경남도 행정부지사 2004년 제17대 국회의원(창원甲, 한나라당) 2005년 한나라당 제1사무부총장 2006~2007년 同경남도당 위원장 2006년 同창원甲당원협의회 운영위원장 2007~2008년 同수석정책조정위원장 2008~2012년 제18대 국회의원(창원甲, 한나라당 · 새누리당) 2010년 국회 기획재정위원회 위원 2011년 국회 예산결산특별위원회 위원 2011년 국회 제주해군기지조사소위원장 2013~2015년 대통령소속 지방자치발전위원회 부위원장 2015년 同정책자문위원장(현) [상]인헌무공훈장(2회), 홍조근정훈장, 황조근정훈장, 국정감사우수 국회의원상(2008 · 2009 · 2011), 헌정우수상(2010) [저]'한국민원행정론'(1985) '권경석의 열정과 집념, 대장정 1583일'(2010) [종]기독교

권경훈(權景焄 · 女) Kwon, Kyung-Hoon

[생]1962 · 2 · 9 [출]서울 [주]대전 유성구 과학로169의148 한국기초과학지원연구원 국가연구시설장비진흥센터(042-865-3480) [학]1980년 한양여고졸 1984년 서울대 물리학과졸 1987년 同대학원 물리학과졸 1993년 통계물리학박사(서울대) [경]1993~2000년 한국기초과학지원연구원 선임연구원 2000년 同책임연구원, 대한여성과학기술인회 총무이사, 한국물리학회 여성위원회 위원 2013~2014년 한국기초과학지원연구원 질량분석연구부장 2013년 同오창운영본부장 2014년 同창조정책부장 겸 대외협력실장 2014년 同미래정책부장 2015년 同정책실장 2016년 同국가연구시설장비진흥센터장(현) [상]대전시 과학기술인상(2009)

권계현(權桂賢) Gyehyun KWON

[생]1964 · 7 · 1 [본]안동(安東) [출]대전 [주]경기 수원시 영통구 삼성로129 삼성전자(주) 임원실(031-301-2602) [학]1982년 남대전고졸 1986년 서울대 법대 법학과졸 1997년 영국 에딘버그대 대학원 법학과졸 [경]1989년 외무고시 합격(23회) 1989~1997년 외무부 기획관리실 · 조약국 근무 1997년 駐네덜란드 1등서기관 1997~1999년 화학무기금지기구(OPCW) 법률의제 Working Group 의장 1999년 駐호놀룰루총영사관 영사 2001년 駐과테말라 공관차석 2003년 외교통상부 조약국 주무서기관 2004~2005년 대통령 국정상황실 행정관 2005년 삼성전자(주) 홍보팀 상무보 2008년 同홍보팀 상무 2009~2011년 同글로벌마케팅실 스포츠마케팅그룹 상무 2011년 AMF페스티벌 심사위원 2011년 삼성전자(주) 글로벌마케팅실 스포츠마케팅그룹 전무 2012년 同전략마케팅팀 동남아수출그룹 전무 · 무선사업부 전략마케팅실담당 전무 2015년 同부사장(현) [상]외교통상부장관표창, 국방부장관표창, 대통령표창 [저]'국제법연습'(1997) '국제회의영어'(2001) [종]기독교

권광중(權光重) KWON Kwang Joong

[생]1942 · 10 · 7 [본]안동(安東) [출]충북 옥천 [주]서울 중구 남대문로63 한진빌딩본관19층 법무법인 광장(02-772-4000) [학]1961년 서울고졸 1965년 서울대 법과대학 법학과졸 1968년 同사법대학원졸 [경]1966년 사법시험 합격(6회) 1968년 육군 법무관 1971년 대구지법 판사 1973년 同안동지원 판사 1975년 대구지법 판사 1977년 서울지법 여주지원장 1978년 서울민사지법 판사 1980년 서울고법 판사 1981년 법원행정처 조사심의관 1982년 대법원 재판연구관 1982년 부산지법 부장판사 1984년 사법연수원 교수 겸 서울민사지법 부장판사 1987년 서울민사지법 부장판사 1989년 법원행정처 송무국장 1991년 서울고법 부장판사 1992년 사법연수원 수석교수 1994년 서울민사지법 수석부장판사 1995년 서울지법 민사수석부장판사 1997년 서울고법 수석부장판사 1998년 광주지법원장 1999~2000년 사법연수원장 1999~2000년 중앙선거관리위원회 위원 2000년 변호사 개업 2001~2007년 법무법인 광장 공동대표변호사 2001~2002년 동아건설산업(주) 파산관재인 2001~2004년 국세심판소 비상임심판관 2003~2006년 경찰위원회 위원장 2003년 대한상사중재원 중재인(현) 2004~2012년 아름다운재단 기부컨설팅전문가그룹 위원장 2005~2009년 대한변호사협회 변호사연수원장 2005~2009년 헌법재판소 공직자윤리위원회 위원 2006년 한국스포츠중재위원회 중재위원 2007~2013년 서울중앙지법 조정위원협의회장 2007~2013년 서울시 행정심판위원회 위원 2007~2009년 국민대 법과대학 석좌교수 2007년 사법연수원 운영위원회 부위원장(현) 2007년 법무법인 광장 고문변호사(현) 2009년 헌법재판소 국선대리인(현) 2011~2013년 同자문위원회 위원 2011~2013년 법조윤리협의회 위원장 2011~2013년 서울시 정비사업갈등조정위원회 위원장 2013년 서울중앙지법 상근조정위원(현) 2015~2016년 한국일보 독자권익위원장 [상]동탑산업훈장(2004), 모범국선대리인 표창(2012), 국민훈장 무궁화장(2015), 자랑스러운 서울인상(2015)

권광현(權珖鉉) Kwon Kwang Hyun

[생]1965 · 2 · 24 [본]안동(安東) [출]경남 진주 [주]서울 마포구 마포대로174 서울서부지방검찰청(02-3270-4000) [학]1983년 진주 동명고졸 1987년 한양대 법학과졸 [경]1996년 사법시험 합격(38회) 1999년 사법연수원 수료(28기) 1999년 변호사 개업 2003년 광주지검 순천지청 검사 2005년 창원지검 검사 2007년 서울남부지검 검사 2011년 서울중앙지검 검사 2011년 同부부장검사 2012년 제주지검 형사2부장 2013년 대구지검 포항지청 부장검사 2014년 대전지검 천안지청 부장검사 2015년 인천지검 공판송무부장 2016년 서울서부지검 부부장검사(현) [종]기독교

권구형(權九亨) Kwen Guhyoung

[생]1969 · 9 · 15 [출]강원 원주 [주]세종특별자치시 한누리대로422 중앙노동위원회 교섭대표결정과(044-202-8231) [학]1987년 대성고졸 1992년 연세대 행정학과 및 법학과졸 [경]1997년 행정고시 합격(41회) 2008년 서울남부고용노동지청 서울남부고용지원센터 소장(서기관) 2009년 노동부 감사관실 서기관 2010년 고용노동부 감사관실 서기관 2011년 부산지방고용노동청 통영고용노동지청장 2013년 중부지방고용노동청 원주고용노동지청장 2015년 중앙노동위원회 교섭대표결정과장(현)

권구훈(權九勳) Goohoon Kwon

[생]1962 · 11 · 25 [출]경남 진주 [주]서울 종로구 새문안로68 흥국생명빌딩21층 골드만삭스증권(02-3788-1000) [학]서울대 경제학과졸(81학번) 1992년 경제학박사(미국 하버드대) [경]미국 하버드대 국제개발연구소(Harvard Institute for International Development) 연구원 1993~1998년 국제통화기금(IMF) 워싱턴본부 근무 · 우크라이나 키예프사무소장 1998~2001년 ABN암로 런던지점 선임이코노미스트 겸 투자전략가(strategist) 2001~2004년 국제통화기금(IMF) 모스크바사무소 부소장 2007년 골드만삭스증권 입사, 同서울지점 수석이코노미스트(전무)(현) 2015년 (재)통일과나눔 '통일나눔펀드' 기금운용위원회 위원(현)

권규우(權奎佑)

[생]1966 · 2 · 28 [주]대전 서구 청사로189 특허청 특허심판원 심판2부(042-481-5823) [학]1984년 광주고졸 1991년 서울대 경영학과졸 [경]2001년 특허청 기획관리관실 국제협력담당관 2003년 同심사1국 의장2심사담당관 2003년 미국 교육 파견 2006년 특허청 국제지식재산연수원 기획총괄팀장 2007년 특허청 경영혁신홍보본부 재정기획팀장(서기관) 2008년 同기획조정관실 창의혁신담당관 2008년 駐미국 주재관 2011년 특허청 고객협력국 국제협력과장 2013년 대통령소속 국가지식재산위원회 지식재산전략기획단 지식재산진흥관 2016년 특허심판원 심판2부 심판관 2016년 同심판2부 심판장(일반직고위공무원)(현)

권근상(權斤相) KWON Kun Sang

[생]1965 · 9 · 10 [출]경남 의령 [주]세종특별자치시 도움5로20 국민권익위원회 행정심판국(044-200-7801) [학]1984년 대구고졸 1990년 영남대 경영학과졸 2000년 서울대 대학원 행정학과졸 [경]1993년 행정고시 합격 1994~1995년 총무처 · 대구시 · 통일원 실무수습(행정사무관시보) 1995~1997년 통일원(남북회담사무국 · 총리실 파견) 1997~2002년 국무총리비서실 정무 · 총무 · 의전담당 사무관 2000년 서기관 승진 2002~2003년 국무조정실 일반행정심의관실 서기관 2003년 부패방지위원회 정책기획실 제도2담당관 2004~2006년 同위원장 비서관 2006년 국가청렴위원회 행동강령팀장 2006년 同정책기획실 제도3팀장 2007년 同제도개선기획팀장 2008년 국민권익위원회 민간협력과장 2009년 세종연구소 교육파견(부이사관) 2010년 국민권익위원회 국제교류담당관 2011년 대통령실 파견(부이사관) 2012년 국민권익위원회 재정경제심판과장 2013년 同행정심판총괄과장 2014년 同

대변인(고위공무원) 2015년 중앙공무원교육원 교육파견 2016년 국민권익위원회 고충처리국 고충민원심의관(고위공무원) 2016년 同행정심판국장(현) [상]통일원장관표창(1995), 대통령표창(2002)

권근술(權根述) KWON Keun Sool

[생]1941·10·20 [본]안동(安東) [출]부산 [학]1960년 경남고졸 1967년 서울대 문리과대학 정치학과졸 [경]1967~1975년 동아일보 기자 1976년 도서출판 청람 대표 1988년 한겨레신문 편집이사 1988년 同논설간사 1989년 同편집위원장 1990년 同논설위원 1994년 同논설주간(이사) 1995년 同대표이사 회장 1997~1999년 同대표이사 사장 1997년 도서출판 청남문화사 대표 1999년 한겨레신문 논설고문 2000년 한양대 언론정보대학원 석좌교수 2001년 미국 하버드대 옌칭연구소 초빙교수 2001~2010년 남북어린이어깨동무 이사장(공동대표) 2010~2016년 어린이어깨동무 이사장(공동대표) [상]은관문화훈장(1999) [역]'끼끼-식인부락에서 독립조국까지 나의 생애 1만년의 자서전'(1991) [종]가톨릭

권금주(權錦珠·女) KWON, GUEM JOO

[생]1971·5·10 [주]서울 중구 청계천로100 시그니처타워 서관 (주)에뛰드 임원실(02-2186-0114) [학]단국대 일어일문학과졸 [경](주)이니스프리 마케팅Division장, (주)아모레퍼시픽 마몽드Division장, 同라네즈Division장, (주)에뛰드 전략Division장 2015년 同대표이사 전무(현)

권기룡(權奇龍) KWON Ki Ryong

[생]1960·2·10 [출]경북 안동 [주]부산 남구 용소로45 부경대학교 공과대학 IT융합응용공학과(051-629-6257) [학]1986년 경북대 전자공학과졸 1990년 同대학원 전자공학과졸 1994년 전자공학박사(경북대) [경]1986~1988년 현대자동차 승용생산기술연구소 연구원 1991~1992년 경북대 자연과학대학 강사 1996~2006년 부산외국어대 디지털정보공학부 부교수 1998~2001년 한국멀티미디어학회 총무이사 1998~2006년 부산외국어대 학생처 부처장 1999~2001년 (주)파미 기술이사 2000~2002년 미국 Univ. of Minnesota Post-Doc. 2006년 부경대 공과대학 전자컴퓨터정보통신공학부 교수, 同공과대학 IT융합응용공학과 교수(현) 2006년 MITA2006 국제학술대회 조직위원장 2008년 대한전자공학회 신호처리소사이어티 협동이사 2008년 同컴퓨터소사이어티 편집이사 2012년 부경대 산학협력단 부단장 겸 기술이전센터장 2012~2016년 同창업보육센터장 2014년 한국멀티미디어학회 수석부회장 2015년 同회장(현) [상]한국멀티미디어학회 우수논문상(2001), 대한전자공학회 우수학술발표대회논문상(2003), 대한전자공학회 우수학술발표대회논문상(2004), 한국멀티미디어학회 학술상(2004), 한국멀티미디어학회 우수논문상(2004), 한국멀티미디어학회 학술발표대회 우수논문상(2005), 한국멀티미디어학회 학술발표대회 우수논문상(2006), 국제학술대회 우수논문상(2009), 부산과학기술상 공학상부문(2016) [저]'PC 계측모듈의 인터페이스 기술과 노이즈 대책 기술'(1998) '정보통신과 뉴미디어'(2000) [역]'MELSEC-A SERIES USER MANUAL'(1986) 'IBM PC 어셈블리언어'(1997, 홍릉과학출판사)

권기만(權奇萬)

[생]1969·12·17 [출]경북 예천 [주]경북 경주시 화랑로89 대구지방법원 경주지원(054-770-4300) [학]1988년 대창고졸 1992년 성균관대 법학과졸 [경]1998년 사법시험 합격(40회) 2001년 사법연수원 수료(30기) 2001년 서울지법 남부지원 예비판사 2002년 서울고법 판사 2003년 서울지법 판사 2004년 서울중앙지법 판사 2005년 광주지법 순천지원 판사 2008년 인천지법 판사 2011년 서울중앙지법 판사 2013년 서울남부지법 판사 2014년 서울고법 판사 2016년 대구지법 경주지원 부장판사(현)

권기범(權起範) KWON Gi Beom

[생]1967·3·23 [주]서울 강남구 테헤란로108길7 동국제약(주) 비서실(02-2191-9800) [학]1985년 용산고졸 1989년 연세대졸 1991년 미국 덴버대 경영대학원졸, 미국 스탠포드대 최고경영자과정수료 [경]1994년 동국제약(주) 입사, 同이사 2005년 同대표이사 사장 2009년 同각자대표이사 사장 2009년 同사장 2010년 同부회장(현) [상]1천만불 수출탑(2004), 중소기업대상(2004), 중소기업특별위원장표창(2004) [종]기독교

권기석(權奇錫) KI SEOK, KWON

[생]1975·8·29 [본]안동(安東) [출]충북 충주 [주]경기 과천시 관문로47 미래창조과학부 창조행정담당관실(02-2100-2240) [학]1994년 충주고졸 2002년 성균관대 행정학과졸 2014년 영국 버밍엄대 대학원 사회정책학과졸 [경]2003년 국가과학기술자문회의 근무 2005년 과학기술부 평가정책과 근무 2007년 同기획법무팀 근무 2008년 교육과학기술부 기획담당관실 근무 2008년 同장관실 근무 2010년 同연구정책과 근무 2011년 同수학교육정책팀장 2012년 녹색성장위원회 파견 2012년 국외훈련 파견(영국 버밍엄대) 2014년 미래창조과학부 기획조정실 기획재정담당관실 재정팀장 2015년 同운영지원과 인사팀장 2016년 同기획조정실 정책기획관실 창조행정담당관(현) [종]천주교

권기선(權基善) KWON Ki-Sun

[생]1959·1·3 [주]대전 유성구 과학로125 한국생명공학연구원 노화제어연구단(042-860-4114) [학]1981년 서울대 미생물학과졸 1983년 同대학원 미생물학과졸 1988년 미생물학박사(서울대) [경]1988~1989년 KIST 유전공학센터 Post-Doc. 1990~1997년 한국생명공학연구원 선임연구원 1996~1998년 미국 National Institutes of Health Visiting Scientist 1997년 한국생명공학연구원 책임연구원, 同단백질공학연구실장, 同장수과학연구센터장 2002년 충남대 겸임교수 2006년 과학기술연합대학원대 교수(현) 2010~2011년 한국노화학회 학술위원장 2011년 同기금위원장(현) 2011년 한국분자세포생물학회 대의원(현) 2012~2014년 대전시 산업기획위원회 전문위원 2012년 학술지 'Molecules & Cells' 편집위원(현) 2013년 한국생명공학연구원 의생명과학연구소장(본부장급) 2013~2016년 미래창조과학부 공공복지안전연구사업추진위원 2014년 한국생명공학연구원 노화과학연구소장 2016년 同노화제어연구단장(현)

권기섭(權奇燮) KWON Kee Sub

[생]1960·6·20 [본]안동(安東) [출]경북 안동 [주]서울 서초구 서초중앙로154 화평빌딩 법무법인 세양(02-592-1567) [학]1978년 경북고졸 1982년 고려대 법학과졸 1984년 同대학원졸 1995년 법학박사(미국 Quinnipiac대) [경]1983년 사법시험 합격(25회) 1985년 사법연수원 수료(15기) 1989년 변호사 개업 1996년 미국 뉴욕주 변호사 등록 1996년 삼성전자(주) 법무팀 변호사 1999년 同법무팀 이사 2001년 同법무팀 상무 2005년 同법무팀 전무 2009년 同법무팀장 2011년 삼성엔지니어링(주) 법무팀장(전무) 겸 컴플라이언스팀장 2013년 고려대 법학전문대학원 겸임교수 2014년 법무법인 세양 대표변호사(현) [종]천주교

권기섭(權基燮)

[생]1969·7·15 [본]예천(醴泉) [출]서울 [주]세종특별자치시 한누리대로422 고용노동부 직업능력정책국(044-202-7202) [학]1998년 보문고졸 1992년 서울대 경제학과졸, 同행정대학원 행정학과졸 [경]2003년 노동부 고용정책실 외국인력정책과 서기관 2004년 同과장 2005년 대통령비서실 노동고용정책팀 서기관 2008년 노동부 기획조정실 창의혁신담당관 2008년 同기획조정실 기획재정담당관 2009년 同장관비서관 2010년 고용노동부 장관비서관 2012년 同고용정책실 인력수급정책과장(부이사관) 2013년 同고용정책실 고용정책총괄과장 2015년 同고용정책실 고용서비스정책관(고위공무원) 2016년 同직업능력정책국장(현) [상]근정포장(2013)

권기성(權奇星) Kwon Ki Sung

[생]1959·3·2 [본]안동(安東) [출]서울 [주]충북 청주시 흥덕구 오송읍 오송생명2로187 식품의약품안전처 식품의약품안전평가원 신종유해물질팀(043-719-4451) [학]1981년 동국대 식품공학과졸 1983년 同대학원 식품공학과졸 1995년 식품화학박사(미국 텍사스A&M대) [경]1985년 롯데그룹 중앙연구소 연구원 1995년 서울대 농업생물신소재연구센터 박사 후 연수자 1996년 동국대 식품공학과 강사 2000년 식품의약품안전청 식품오염물질과 보건연구관 2001년 同식품평가부 식품오염물질과 보건연구관 2002년 同식품평가부 식품규격과장 2005년 同식품안전평가부 식품미생물팀장 2008년 미국 농무성연구소 파견 2009년 식품의약품안전평가원 식품감시과학팀장 2010년 同화학물질과장 2012년 부산지방식품의약품안전청 시험분석센터장 2015년 식품의약품안전처 식품의약품안전평가원 신종유해물질팀장(현) [상]대통령표창(2015) [종]천주교

ㄱ

권기수(權奇洙) KWON Gi Soo

[생]1951·2·12 [본]안동(安東) [출]경북 안동 [주]서울 마포구 마포대로119 (주)효성 임원실(02-707-7474) [학]부산고졸 1973년 서울대 섬유공학과졸 [경](주)효성 폴리에스터원사PU 구미공장장(상무) 2007년 同폴리에스터원사PU 전무, 同전략본부 베트남법인장(전무) 2011년 同산업자재PG 타이어보강재PU장(부사장) 2014년 同베트남법인장(현)

권기식(權起植) KWON Ki Sik

[생]1962·11·14 [출]충북 진천 [주]대구 달성군 현풍면 현풍동로19길30 영남매일신문(053-615-9669) [학]1981년 대구 대륜고졸 1988년 경북대 사범대학 외국어교육과졸 2001년 서강대 언론대학원 최고위과정 수료 2002년 한양대 행정대학원 국제관계학과졸 2002년 미국 미시간주립대 국제지도자과정 수료 [경]1988~1995년 인천일보 기자 1995~1998년 한겨레신문 기자 1998년 대통령 정무수석비서관실 행정관 1998~2002년 대통령 국정상황실 정치상황국장 2002년 새천년민주당 노무현 대통령후보비서실 부실장 2002~2006년 뉴서울오페라단후원회 사무총장 2003년 일본 시즈오카현립대 초청연구원 2003~2006년 한양대 국제학대학원 아태지역연구센터 연구부교수 2003~2006년 환경운동연합 지도위원 2006~2007년 주택관리공단 기획이사 2008~2010년 경남대 극동문제연구소 초빙연구위원 2009년 국민일보 쿠키미디어 부사장, 뉴서울오페라단 이사장, 일월포럼 공동대표 2010~2011년 인간개발연구원 원장 2010년 2018평창동계올림픽유치위원회 자문위원 2011년 同민간단체협의회장 2011년 한국NGO신문 회장 2011년 중한해외연수원 이사장 2011년 대한삼보연맹 수석부회장 2011년 한·연해주친선협회 회장 2011년 지혜나눔학교 교장 2013년 북방경제교류협회 회장 2013년 장애인아시안게임조직위원회 대외협력자문위원 2015년 영남매일신문 회장(현) 2015년 한중도시우호교류협회 중앙회장(현) 2015년 온북TV(출판전문방송) 방송발전자문위원장(현) 2016년 서울미디어대학원대 초빙교수(현) [저]'36계경영학'(2006, 도서출판 연이)

권기영(權奇榮) kwon ki young (귀열)

[생]1952·5·17 [본]안동(安東) [출]경북 안동 [주]경기 성남시 분당구 대왕판교로606번길41 프라임스퀘어404호 세무법인청담(031-712-3433) [학]경북고졸 [경]1978년 공무원 임용(7급 공채) 1999년 국세청 개인납세국 근무 2003년 同부가가치세과 서기관 2003년 중부지방국세청 조사1국 근무 2005년 同조사3국 근무 2005년 경주세무서장 2006년 중부지방국세청 총무과장 2007년 남양주세무서장 2008년 국세청 근로소득지원국 소득지원과장 2009년 同조사국 세원정보과장 2009년 同법인납세국 소비세과장 2010년 성남세무서장 2010년 세무사 개업 2013년 세무법인청담 설립·대표세무사(현) [상]대통령표창(2002), 홍조근정훈장(2010) [종]기독교

권기우(權奇佑) KWON Ki Woo

[생]1956·7·24 [출]강원 원주 [주]부산 연제구 법원남로15번길4 성신프라이언빌딩4층 법무법인 구덕(051-506-8080) [학]1987년 동아대 법학과졸, 同대학원졸 [경]1975~1982년 부산 사하구청 근무 1989년 사법시험 합격(31회) 1992년 사법연수원 수료(21기) 1992년 변호사 개업, 법무법인 구덕 대표변호사(현) 2008년 한국공항공사 비상임이사 2008~2010년 同감사위원 2012~2015년 최동원기념사업회 이사장 2015년 同명예이사장(현) 2013년 부산검정고시총동문회 회장(현)

권기원(權奇源) KWON Gi Won

[생]1964·7·24 [본]안동(安東) [출]경남 밀양 [주]서울 영등포구 의사당대로1 국회사무처 미래창조과학방송통신위원회(02-788-2616) [학]밀양고졸, 고려대 법학과졸, 경희대 대학원 행정학과졸, 서울대 행정대학원 정책학과졸, 미국 인디애나대 대학원 법학과졸 [경]예편(공군 중위), 입법고시 합격(10회) 1998년 국회사무처 법제예산실 근무, 법제처 법제관 파견 1999년 국회사무처 건설교통위원회 입법조사관 2001년 同산업자원위원회 입법조사관 2006년 한국무역협회 파견 2007년 국회사무처 법제사법위원회 입법조사관(부이사관) 2008년 同정보위원회 입법심의관 2009년 同법제실 행정법제심의관 2010년 同외교통상통일위원회 전문위원(이사관) 2012년 미국 우드로윌슨센터 파견(이사관) 2014년 국회사무처 국방위원회 전문위원 2016년 同미래창조과학방송통신위원회 수석전문위원(차관보급)(현) [상]대통령표창(2003)

권기중(權奇中)

[생]1958·6·15 [출]경남 밀양 [주]전북 전주시 완산구 기지로120 한국국토정보공사 경영지원본부(063-906-5023) [학]1978년 밀양고졸 1988년 동국대 무역학과졸 1994년 同대학원 경영정보시스템전공 석사과정 수료 [경]대한지적공사 입사 2008년 同지적연수원 인재개발팀부장 2009년 同재무부장 2012년 同경영지원실장 2013년 同감사실장 2014년 同충북지역본부장 2015년 한국국토정보공사 경남지역본부장 2015년 同경영지원본부장(상임이사)(현) [상]행정자치부장관표창(2002), 국토해양부장관표창(2010)

권기찬(權奇讚) KWON Gee Chan

[생]1951·3·1 [출]경북 [주]서울 강남구 영동대로617 찬이빌딩7층 (주)웨어펀인터내셔널 비서실(02-3218-5900) [학]1969년 대구고졸 1975년 한국외국어대 아랍어과졸 1995년 서강대 경영대학원 최고경영자과정 수료 1996년 연세대 경영대학원 최고경영자과정 수료 1997년 한국외국어대 세계경영자과정 수료 1998년 매일경제신문 한국과학기술원 지식경영자과정 수료 2001년 연세대 경영대학원졸(MBA) 2009년 경영학박사(경원대) [경](주)웨어펀인터내셔널·(주)웨어펀코리아·(주)펀서플라이·(주)더블유 앤 펀 엔터테인먼트·(유)오페라갤러리코리아 회장(현) 1994~1997년 FIRA(수입의류협회) 회장 1996년 한국외국어대총동창회 부회장(현) 1999~2000년 한국방송클럽 회원 1999~2001년 대통령직속 경제대책위원회 실업대책분과 위원 2000~2001년 연세대AMP총동창회 부회장 2000년 국제무역인클럽 사무총장 겸 부회장(현) 2001년 LIVA(명품수입협회) 회장·고문(현) 2002년 고구려역사지키기후원회 자문위원(현) 2002년 연세대경영대학원총동창회 부회장(현) 2003년 바르게살기운동본부 자문위원(현) 2004~2006년 (사)한국수입업협회 부회장 2004년 다사랑공동체마을후원회 회장(현) 2006~2007년 在京대구고동문회 회장 2007년 (사)한국수입업협회 연수원장 2010~2012년 同감사 2012년 同자문위원(현) [상]무역의날 대통령표창(2004), 한국외국어대 경영인대상(2004), 연세대 경영대학원 석사경영인상(2004), 춘계학술대회 패션유통부문 마케팅파이오니아상(2006), 프랑스 국가공로훈장 기사장(2006), 연세대 경영대학원 연세를 빛낸 경영인상(2006), 중소기업CEO대상(2007), 한국무역학회 무역진흥상(2008), 자랑스러운 외대인상(2010), 이탈리아 국가공로훈장 기사장(2013), '올해의 베스트 드레서' 경제부문(2014)

권기찬(權奇燦) KWON Ki Chan

[생]1963·6·2 [출]대구 [주]경북 경산시 한의대로1 대구한의대학교 산림조경학과(053-819-1507) [학]1987년 일본 오사카(大阪)예술대졸 1990년 일본 오사카(大阪)부립대 대학원 조경학과졸 1995년 조경학박사(일본 오사카부립대) [경]1996~2003년 경산대 건축학부 조경학전공 전임강사·조교수 1998~2000년 한국정원학회 상임이사 2000년 대구시 녹화위원회 위원 2001년 경산대 건설시스템연구소장 2001년 울산시 도시계획심의위원 2003년 대구한의대 산림조경학과 조교수·부교수·교수(현) 2003년 同지역개발센터장(현) 2011년 同학교기업센터장 2012년 同산학연구처장 2013~2014년 同산학협력단장 2016년 同신사업기획단장(현) [저]'조경수목학 강의론(共)'(2002, 명성사) '도시경관계획 및 관리(共)'(2004, 문운당) [역]'경관스케치 기법(共)'(2003, 보문당) '알기쉬운 건축계획(共)'(2004, 보문당)

권기창(權奇昌) Kwon Ki-chang

[생]1961·1·1 [주]서울 종로구 사직로8길60 외교부 인사운영팀(02-2100-7136) [학]1985년 연세대 응용통계학과졸 1988년 同대학원 경제학과졸 [경]1990년 외무고시 합격(24회) 1990년 외무부 입부 1996년 駐제네바 2등서기관 1999년 駐탄자니아 1등서기관 2003년 駐미국 1등서기관 2007년 산업통상자원부 자유무역협정서비스투자과장 2009년 외교통상부 북미유럽연합통상과장 2010년 駐인도네시아 참사관 2012년 駐아세안 공사참사관 2013년 국회사무처 파견 2014년 보건복지부 국제협력관 2015년 駐콩고민주공화국 대사(현)

권기철(權寄哲) KWON Ki Cheol

[생]1968·5·6 [출]경북 문경 [주]부산 해운대구 재반로112번길20 부산지방법원 동부지원(051-780-1114) [학]1988년 부산상고졸 1992년 동아대 법학과졸 [경]1996년 사법시험 합격(38회) 1999년 사법연수원 수료(28기) 1999년 부산지법 판사 2003년 창원지법 진주지원 판사 2006년 부산지법 판사 2008년 부산고법 판사 2011년 부산지법 동부지원 판사 2014년 창원지법 통영지원 부장판사 2016년 부산지법 동부지원 부장판사(현)

권기한(權奇漢) GWON Gi Han

생1965·7 본안동(安東) 출경북 안동 주울산 남구 화합로102번길3의12 울산보호관찰소(052-255-6101) 학1984년 대구 심인고졸 1988년 한양대 법대졸 경1996년 행정고시 합격(40회), 부산보호관찰소 보호관찰관 2004년 대전보호관찰소 사무과장 2005년 대구보호관찰소 집행과장 2007년 同경주지소장 2009년 同행정지원팀장(서기관) 2010년 同서부지소장 2011년 同행정지원과장 2011년 同서부지소장 2014년 성남보호관찰소 소장 2015년 울산보호관찰소 소장(현)

권기형(權奇亨) kwon ki hyung

생1958·9·28 출경북 주서울 마포구 월드컵북로60길17 우리에프아이에스 대표이사실(02-3151-5006) 학1978년 계성고졸 1986년 연세대 행정학과졸 경1986년 한일은행 입행 2004년 우리은행 분당시범단지점장 2006년 同도곡스위트지점장 2007년 同영업지원부장 2009년 同검사실 수석부장 2011년 同기업영업본부장 2012년 同IB사업단 상무 2013년 同자금시장본부 집행부행장 2013~2015년 同기관고객본부 집행부행장 2016년 우리에프아이에스 대표이사(현)

권기홍(權奇洪) KWON Ki Hong (이겸)

생1949·3·5 본안동(安東) 출대구 학1968년 경북고졸 1973년 서울대 독어독문학과졸 1979년 독일 프라이부르크대 대학원졸 1984년 경제학박사(독일 프라이부르크대) 경1985~2005년 영남대 경제금융학부 교수 1994~1996년 同기획처장 1996~2000년 同통일문제연구소장 1996~2000년 대구사회연구소 소장 1997~2003년 더불어복지재단 이사장 1997~1998년 대통령자문 정책기획위원 2002년 새천년민주당 대구시선거대책본부장 2002년 대통령직인수위원회 사회·문화·여성분과위원회 간사 2003~2004년 노동부 장관 2004년 제17대 총선 출마(경산·청도, 열린우리당) 2005~2008년 단국대 총장 2008~2013년 同상경대학 경제학과 교수 상청조근정훈장(2006) 저'북한체제의 이해' '사회정책·사회보장법'

권기환(權起煥)

생1972·12·5 출충남 논산 주경기 고양시 일산동구 호수로550 사법연수원(031-920-3102) 학1991년 대전 보문고졸 1996년 고려대 법학과졸 경1998년 사법시험 합격(40회) 2001년 사법연수원 수료(30기) 2001년 공익법무관 2004년 대구지검 김천지청 검사 2006년 대전지검 검사 2008년 대구지검 검사 2011년 서울남부지검 검사 2012년 대구지검 검사 2012~2015년 동아대 법학전문대학원 전임교수 2015년 서울중앙지검 부부장검사 2016년 사법연수원 교수(현)

권기훈(權奇薰)

생1958·7·7 출경북 안동 주경기 과천시 관문로47 서울지방교정청(02-2110-8680) 학2004년 한국방송통신대졸 경1983년 교정간부 임용(26기) 2007년 청송3교도소장 2008년 춘천교도소장 2010년 법무부 분류심사과장 2010년 同보안과장(부이사관) 2012년 인천구치소장(고위공무원) 2013년 대전교도소장 2014년 안양교도소장 2015년 서울구치소장 2015년 법무부 법무연수원 교정연수부장 2016년 서울지방교정청장(현) 상대통령표창(2006), 근정포장(2011)

권기훈(權奇薰) KWON Ki Hoon

생1962·3·3 출대구 주서울 서초구 서초중앙로157 서울고등법원(02-530-1114) 학1980년 영신고졸 1984년 서울대 법학과졸 1986년 同대학원졸 경1986년 사법시험 합격(28회) 1989년 사법연수원 수료(18기) 1989년 공군 법무관 1992년 서울지법 북부지원 판사 1994년 서울민사지법 판사 1996년 부산지법 동부지원 판사 1998년 부산고법 판사 1999년 인천지법 판사 2000년 서울고법 판사 2002년 대법원 재판연구관 2004년 대구지법 부장판사 2006년 사법연수원 교수 2009년 서울중앙지법 부장판사 2011년 광주고법 부장판사 2012년 서울고법 부장판사 2015년 사법연수원 수석교수 2015년 사법정책연구원 운영위원 2016년 서울고법 부장판사(현)

권길주(權吉周) Kwon, Gil Joo

생1960·12·30 주서울 중구 을지로55 하나금융지주(02-2002-1110) 학1979년 홍익대사대부고졸 1983년 고려대 경영학과졸 경1985년 외환은행 입행 1995년 同성남지점 과장 1996년 同기업금융부 과장 1999년 同기업금융기획부장 2000년 同대치역지점장 2004년 同감찰실장 2009년 同개인BU지원실장 2009년 하나SK카드 경영지원본부장 2011년 하나금융지주 그룹윤리경영업무 담당 상무 2012년 同소비자권익보호최고책임자(CCPO) 2013년 외환은행 준법감시본부장·준법감시인·개인정보보호책임자 겸임 2013년 同준법지원본부장·신용정보관리·보호인(본부장) 겸임 2014년 同준법감시인·신용정보관리·보호인(전무) 2014년 同준법감시인(전무) 2015년 하나금융지주 준법감시인(전무)(현)

권길헌(權頡憲) KWON Kil Hyun

생1951·11·18 본안동(安東) 출경기 여주 주대전 유성구 대학로291 한국과학기술원 수리과학과(042-350-2716) 학1974년 서울대 응용수학과졸 1976년 同대학원졸 1983년 이학박사(미국 Rutgersthe State Univ. of New Jersey-New Brunswick) 경1983~1985년 미국 Univ. of Oklahoma 조교수 1985~1993년 한국과학기술원(KAIST) 응용수학과 조교수·부교수 1991년 신동아 '2000년대를 움직일 한국의 과학자-수학계 7인'에 선정 1992년 미국 유타주립대 객원교수 1994년 한국과학기술원(KAIST) 응용수학과 교수 2000년 한국과학기술한림원 정회원(현) 2004~2006년 한국과학기술원(KAIST) 자연과학장 2004~2006년 同자연과학연구소장 2006년 미국 세계인명사전 'Marquis Who's Who in Science and Engineering'에 등재 2006년 영국 캠브리지 국제인명센터(International Biographical Centre)에 '올해의 국제과학자'로 선정 2007년 한국과학기술원(KAIST) 수리과학과 교수(현) 2009년 국가수리과학연구소 선임연구부장 상한국과학기술원 우수학술연구활동표창(1992), 대한수학회 학술상(1999), 대전시 과학기술진흥유공자표창(2000), 한국과학기술원 우수강의상(2003·2005), 한국과학기술원 우수강의대상(2006)

권노갑(權魯甲) KWON Roh Kap

생1930·2·18 본안동(安東) 출전남 목포 주서울 서초구 동작대로204 청남빌딩 504호 민주와평화를위한국민동행(02-782-2017) 학1949년 목포상고졸 1953년 동국대 정경학부졸 1986년 고려대 경영대학원 수료 1989년 서울대 최고경영자과정 수료 1997년 동국대 대학원 경제학과졸 1998년 명예 경제학박사(경기대) 1999년 명예 정치학박사(동국대) 2000년 명예 경제학박사(미국 페어리디킨슨대) 2001년 명예 경영학박사(제주대) 2013년 한국외국어대 대학원 영문학과졸(석사) 경1959~1962년 목포여고 영어교사 1963~1973년 김대중 의원 비서관·특별보좌역 1971년 신민당 대통령후보 민정담당 보좌역 1984년 민주화추진협의회 발기인·상임운영위원·공동이사장(현) 1985년 신민당 창당발기인 1987년 민주당 창당발기인 1987년 평화민주당(평민당) 총재비서실장 1988년 同안보국방문제특위 위원장 1988년 제13대 국회의원(목포, 평민당·신민당·민주당) 1988년 평민당 총재 특별보좌역 1988년 同수석사무차장 1991년 신민당 당무위원 1991년 민주당 당무위원 1991년 김대중 대표최고위원 당무담당 특보 1992년 제14대 국회의원(목포, 민주당·국민회의) 1992년 민주당 전남도지부장 1993년 同최고위원 1993년 한·대만의원친선협회 회장 1996년 국민회의 총재 비서실장 1996~1997년 제15대 국회의원(전국구, 국민회의) 1996~1999년 국민회의 안동乙지구당 위원장 1996년 同경북도지부장 1999년 同고문 1999년 동국대총동창회 회장 1999년 박정희재단 대통령기념사업회 부회장 2000년 민주재단 이사장 2000년 김구선생기념사업회 부회장 2000년 새천년민주당 상임고문 2000년 한국방정환재단 총재 2000년 새천년민주당 최고위원 2001년 내외경제발전연구소 소장 2010년 평화의쌀모으기국민운동본부 상임고문 2010~2014년 민주당 상임고문 2011년 김대중기념사업회 이사장(현) 2013년 김대중노벨평화상기념관 명예이사장(현) 2013년 민주와평화를위한국민동행 전국상임공동대표(현) 2014~2016년 새정치민주연합 상임고문 2016년 국민의당 상임고문(현) 상마틴 루터 킹 자유인권상(2001), 소충·사선문화상 특별상(2010) 저'대통령을 만든 사람들(共)'(1998) 회고록 '누군가에게 버팀목이 되는 삶이 아름답다'(1999) '대통령과 함께 한 사람들 5'(2000, 맑은물) '순명(共)'(2014, 동아E&D) 종기독교

권대규(權大圭) KWON Dae Gyu

생1958·8·28 주서울 주서울 강남구 테헤란로142 한솔빌딩22층 한솔테크닉스 경영기획실(02-3287-6150) 학1981년 미국 캘리포니아대(Univ. of California) 샌디에이고교졸 1997년 미국 캘리포니아대 버클리교 경영대학원졸 경1985~1993년 Reseach & Science Investors 선임펀드매니저·부사장 1993~1996년 Pacific Capital Investments 영업이사, 한솔창업투자

상무이사, 同부사장 2005~2010년 한솔LCD 경영기획실 해외신규사업담당 부사장 2010년 한솔테크닉스 경영기획실 해외신규사업담당 부사장(현) [종]불교

권대봉(權大鳳) KWON, Dae Bong (豊谷)

[생]1952·10·17 [본]안동(安東) [출]경북 안동 [주]서울 성북구 안암로145 고려대학교 사범대학 운초우선교육관 703호(02-3290-2299) [학]1971년 대광고졸 1978년 고려대 교육학과졸 1989년 미국 미시간주립대 대학원 성인계속교육전공졸(철학박사) [경]1979~1985년 쌍용건설(주) 입사·과장 1990년 미국 미시간주립대 사범대학 교육행정학과 조교수 1991년 同국제전문인과정(ISP VIPP) 디렉터 1991년 고려대 교육학과 객원조교수 및 서울대 사범대학 교육학과 강사 1992년 고려대 교육문제연구소 연구조교수 1993년 국민대 교양과정부 전임강사 1995년 고려대 사범대학 교육학과 조교수·부교수·교수(현) 1998년 학점인정심의위원회 위원 1998년 한국인력개발학회 창립회장 2002년 고려대 사회교육원장 2002년 교육인적자원부 주요업무평가위원회 위원 2003년 서울평생교육연합 창립회장 2003년 인문사회연구회 기획평가위원 2003년 노동부 직업능력개발전문위원회 위원 2004년 한국평생교육학회 22대 회장 2004년 고려대 교육대학원장 2005년 同사범대학장 겸임 2005년 경제인문사회연구회 기획평가위원 2005년 제주특별자치도추진위원회 자문위원 2005년 同제주도 자문역 2005년 유네스코 한국위원회 위원 2006년 캐나다 브리티시컬럼비아대 Visiting Professor 2007년 제주명예도민 2007년 서울특별시인재개발원 겸임교수 2008년 중앙공무원교육원 겸임교수 2008년 고려대 교육문제연구소장 2008~2011년 한국직업능력개발원 제5대 원장 2009년 육군 인적자원개발정책자문위원 2009년 유네스코 한국위원회 위원 2009년 고용노동부 고용정책심의회 위원 2009년 MBC 시청자위원 2009년 행정중심복합도시건설추진위원회 위원 2009년 서울특별시평생교육협의회 위원 2010년 자격정책심의회 위원 2010년 청년고용촉진특별위원회 위원 2010년 지역일자리창출100인포럼 위원 2011년 국가기술자격정책심의위원회 위원 2011년 이러닝산업발전위원회 위원 2011년 국무총리 주재 교육개혁협의회 위원 2012년 대한민국학술원 우수학술도서선정총괄심사위원회 위원 2012년 학습계좌자문위원회 위원 2012년 국방정책자문위원회 교육정책분과 위원 2013~2014년 세계은행(IBRD) 컨설턴트 2013~2015년 인촌상 운영위원회 위원 및 교육부문 심사위원장 2013~2016년 제주특별자치도 지원위원회 위원 [상]녹조근정훈장(2013), 세계은행 FY15 VPU Team Award(2015) [저]'녹색성장 녹색직업 녹색인재(編)'(2009) 'G20국가의 인재개발(編)'(2010) '모두가 행복한 대한민국 만들기: 교육과 일자리 정책대안(編)'(2011) '일자리와 교육리더십(共)'(2014) [역]'지키지 못한 약속-교육복지정책 실패의 정치경제학적 분석(共)'(2005)

권대열(權大烈)

[생]1968·2·29 [주]서울 중구 세종대로21길30 조선일보 정치부(02-724-5114) [학]여의도고졸, 서울대 법대졸 [경]1995년 조선일보 입사 2000년 同동경특파원 2003년 同정치부 기자 2004년 同논설위원 2006년 同정치부 기자 2010년 同논설위원 2010년 同정치부 차장대우·차장 2015년 同정치부장(현)

권대영(權大泳) KWON Dae Young

[생]1957·5·17 [본]안동(安東) [출]전북 [주]경기 성남시 분당구 안양판교로1201번길62 한국식품연구원 영양식이연구단(031-780-9114) [학]1981년 서울대 식품공학과졸 1983년 한국과학기술원(KAIST) 식품생화학과졸(석사) 1986년 생물공학박사(한국과학기술원) [경]1977~2003년 숙명여대 겸임교수 1986~1988년 농수산물유통공사 종합식품연구원 경력연구원 1988~1990년 미국 MIT Whitehead Institute, Post-doctoral Fellow 1988년 한국식품개발연구원 이화학연구부 선임연구원·책임연구원 2004년 과학기술연합대학원대 캠퍼스대표교수 2005년 한국식품연구원 식품기능연구본부장 2007년 同식품융·복합연구본부장 2008년 同미래전략기술연구본부장 2011년 同연구정책부장 2012년 한국과학기술한림원 정회원(농수산학부·현) 2013년 한국식품연구원 선임본부장 2013년 同원장 직대 2014년 同제12대 원장 2014년 Journal of Ethnic Foods 편집장 2015년 한국식품연구원 영양식이연구단 책임연구원(현) 2015년 한국식품건강소통학회 회장(현) 2016년 한국영양과학회 부회장(현) [상]농식품부장관표창(1996·2002), 한국식품과학회장표창(2002), 과학기술부장관표창(2005·2006), 산업기술연구회 이사장 우수연구원표창(2008) [저]'고추이야기'(2011) '고추장의 과학과 가공기술'(2011) '식품산업과 가치창조'(2013) '저성장시대의 식품산업 정책'(2016) [종]기독교

권대우(權大友) KWON Dae Woo

[생]1952·6·15 [본]안동(安東) [출]경북 의성 [주]서울 용산구 한강대로43길5 서울문화사 제2별관2층 (주)시사저널사(02-3703-7100) [학]1971년 동북고졸 1977년 중앙대 신문방송학과졸, 同신문방송대학원졸, 고려대 경영대학원 고급금융과정 수료, 서울대 공대 건설전략최고과정 수료 [경]1989년 매일경제신문 중소기업부장 1991년 同증권부장 1994년 同산업부장 2000년 同편집국 차장 2001년 同편집국장 2002년 同편집국장(이사대우) 2002년 同광고·사업담당 이사대우 2003년 이코노믹리뷰 대표이사 2005년 (주)엑설런스코리아 발행인 겸 사장 2005년 일간건설신문 주간 2007~2010년 아시아경제신문 대표이사 회장 겸 발행인·편집인·인쇄인 2008년 이코노믹리뷰 대표이사, 광남일보 회장 2009년 광주비엔날레 홍보대사 2009년 중앙대 신문방송대학원 객원교수 2009년 이코노믹리뷰 회장 2009~2010년 중앙문화콘텐츠포럼 회장 2012년 시사저널 대표이사 겸 발행인(현) 2015년 아이에스동서(주) 사외이사(현) [저]'알 권리 알릴 권리' '21세기 이런 비즈니스가 뜬다' '권대우의 경제레터 꿀벌은 꽃에 상처를 주지 않는다'(1~5권) [종]기독교

권대욱(權大旭) KWON Tae Wook

[생]1951·1·15 [본]안동(安東) [출]경북 안동 [주]서울 중구 동호로297 앰배서더호텔그룹사옥3층 아코르앰배서더호텔매니지먼트 비서실(02-2270-3143) [학]1969년 중앙고졸 1973년 서울대 농대졸 1991년 연세대 경영대학원졸 1993년 미국 하버드대 비지니스스쿨 AMP 수료 2000년 경영학박사(동국대) [경]1973~1976년 농촌진흥청·농수산부 근무 1976년 초석건설 근무 1979~1983년 한보종합건설 해외사업담당 임원 1983년 同요르단지사장 1984년 同부사장 1986년 한보그룹 총괄 비서실장 겸 기획관리실장 1986년 한보종합건설 사장 겸 한보주택 사장 1989년 한보철강 건설사업본부 사장 1991년 한보탄광 대표이사 사장·한보철강공업 건설사업본부 대표이사 사장 1993년 한보철강공업 해외사업담당 사장 1994년 同해외건설본부 사장 1995년 (주)한보 대표이사 1995년 유원건설 사장 1995~1997년 한보건설(주) 사장 1997년 (주)한보·한보건설 해외사업본부장 1997년 (주)한보 고문 1997년 극동건설 해외담당 사장 1998년 (주)원신산업 사장 1998년 중부대 건설공학부 겸임교수 1998~2005년 숭실대 국제통상대학원 겸임교수 1999년 동국대 경영학부 강사 2000년 콘스트라넷닷컴(주) 대표이사 2002년 (주)콘스트라넷 대표이사 2005년 아주그룹 서교호텔·하얏트리젠시제주호텔 사장 2006년 휴먼인텔리전스(주) 회장 2006년 동국대 경영학부 겸임교수 2008년 아코르앰배서더호텔매니지먼트 사장(현) [저]'개방시대의 국제건설계약'(1997, 두비) '청춘합창단 도전기'(2012, 삼정) '청산은 내게 나 되어 살라하고'(2013, 흔들의자) [역]'IMF NEW CIO CEADER(혁신적인 CIO리더)'(2005, 애플트리태일즈) [종]불교

권대윤(權大允)

[생]1960·5·9 [출]경북 안동 [주]세종특별자치시 정부2청사로13 국민안전처 중앙소방본부 119구급과(044-205-7330) [학]1979년 안동고졸 1986년 충북대졸 2010년 강원대 대학원졸 [경]1993년 소방공무원 임용(소방간부생 7기) 1994년 경북 안동소방서 방호과 예방계장 1995년 同소방과 소방계장 1995년 경북도 소방본부 방호구조과 지방소방위 1996년 경북 경산소방서 방호과 예방과장 1997년 경북도 소방본부 방호과·소방행정과 지방소방경 2002년 경북도소방학교 총무담당 2003년 경북 김천소방서 소방행정과장 2005년 경북 영천소방서 소방행정과장 2006년 중앙소방학교 교학과·교육기획팀·교육지원팀 계장 2008년 同소방시험센터장 2008년 同시험평가팀장 2009년 대구시 소방안전본부 소방행정과장 2011년 대구달서소방서장 2012년 경북도소방학교 교장 2014년 국민안전처 119구조과 구조기획팀장 2015년 세종특별자치시 소방본부장 2016년 국민안전처 중앙소방본부 119구급과장(현) [상]소방의날 유공 국무총리표창(2007)

권대철(權大鐵)

[생]1968·1·10 [출]경남 진주 [주]세종특별자치시 도움6로11 국토교통부 토지정책관실(044-201-3396) [학]1990년 서울대 농경제학과졸 1993년 同행정대학원 정책학과졸 2000년 영국 버밍햄대 대학원 국제금융학졸(MBA) [경]1993년 공무원시험 합격(5급 공채) 1994년 건설부 토지관리과 사무관 1996년 건설교통부 건설경제과 사무관 1996년 행정쇄신위원회 사무관 1998년 건설교통부 해외건설과 사무관 2000년 同주택도시국 도시관리과 사무관, 同혁신담당관실 담당관 2005년 국민경제자문회의 사무처 파견 2006년 건설교통부 부동산정보분석팀장 2007년 건설교통인재개발원 학사운영과장 2008년 국토해양부 주거복지기획과장 2009년 同본부 근무(서기관) 2011년 同주택토지실 주택기금과장 2012년 대통령실 파견 2013년 국토교통부 기획조정실 투자심사담당관 2014년 同주택토지실 토지정책관(현)

권덕진(權德晋)

[생]1969·5·14 [출]경북 봉화 [주]경기 수원시 영통구 월드컵로120 수원지방법원(031-210-1114) [학]1988년 영신고졸 1995년 고려대 법학과졸 1999년 서울대 대학원 법학과졸 [경]1995년 사법시험 합격(37회) 1998년 사법연수원 수료(27기) 1998년 대구지법 예비판사 2000년 同판사 2003년 수원지법 판사 2005년 서울중앙지법 판사 2007년 서울가정법원 판사 2009년 서울고법 판사 2011년 대법원 재판연구관 2013~2015년 대전지법 서산지원 부장판사 2013~2015년 대전가정법원 서산지원 부장판사 겸임 2015년 대전지법·대전가정법원 서산지원장 2016년 수원지법 부장판사(현)

권덕철(權德喆) KWON, DEOK-CHEOL

[생]1961·3·22 [출]전북 남원 [주]세종특별자치시 도움4로13 보건복지부 보건의료정책실(044-202-2400) [학]1988년 성균관대 행정학과졸 1990년 서울대 행정대학원졸 1996년 독일 스파이에르대 행정대학원졸 [경]1987년 행정고시 합격(31회) 2002년 보건복지부 보건산업진흥과장 2002년 대통령비서실 행정관 2003년 보건복지부 사회복지정책실 보육과장 2003년 同자활지원과장 2004년 同기획예산담당관 2005년 同재정기획관 2005년 同보건의료정책과장 2005년 同사회복지정책본부 사회정책기획팀장 2007년 대통령비서실 선임행정관 2008년 중앙공무원교육원 파견(고위공무원) 2009년 보건복지부 저출산고령사회정책실 보육정책관 2010년 同사회복지정책실 복지정책관 2013년 同보건의료정책실 보건의료정책관 2014년 同보건의료정책실장(현) 2015년 同중앙메르스관리대책본부 총괄반장

권도엽(權度燁) KWON Do Youp

[생]1953·8·20 [출]경북 의성 [주]서울 관악구 조원로24 새한빌딩2층 안전생활실천시민연합(02-843-8616) [학]1972년 경기고졸 1976년 서울대 토목공학과졸 1978년 同행정대학원 수료 1986년 미국 시라큐스대 대학원 행정학과졸 [경]1978년 행정고시 합격(21회) 1979년 안동세무서·평택세무서 사무관 1982년 건설부 도시국 하수도과·도시개발과·수도권정비과·국토계획과 사무관 1992년 대통령비서실 비서관 1994년 건설부 입지계획과장 1996년 건설교통부 기획예산담당관 1998년 同총무과장 1999년 국가전문행정연수원 건설교통연수부장 1999년 건설교통부 도시건축심의관 2000년 駐중국대사관 참사관 2003년 건설교통부 국토정책국장 2004년 同주택국장 2005년 同차관보 2005~2007년 同정책홍보관리실장 2007년 한국도로공사 사장 2008~2010년 국토해양부 제1차관 2011년 한국공학한림원 건설환경공학분과 정회원(현) 2011~2013년 국토해양부 장관 2013~2015년 한국해양과학기술원 해양정책연구소 자문위원 2015년 안전생활실천시민연합 공동대표(현) 2015년 CJ대한통운(주) 사외이사 겸 감사위원(현) 2016년 GS건설 사외이사(현) [상]근정포장, 대통령표창(1991), 황조근정훈장(2006), 한·EU협력 최고세계화상(2011)

권도욱(權桃郁) KWON Do Wook

[생]1964·6·2 [출]대구 [주]대구 수성구 동대구로364 대구고등검찰청(053-740-3300) [학]1981년 대구 대륜고졸 1985년 고려대 법학과졸 1988년 同대학원 법학과 수료 [경]1988년 사법시험 합격(30회) 1991년 사법연수원 수료(20기) 1991년 軍법무관 1994년 서울지검 검사 1996년 대구지검 경주지청 검사 1997년 부산지검 동부지청 검사 1999년 서울지검 의정부지청 검사 2001년 대구지검 검사 2003년 同부부장검사 2004년 서울고검 검사 2005년 대구지검 형사5부장 2006년 울산지검 형사1부장 2008년 인천지검 형사3부장 2009년 대구고검 검사 2009년 대구지검 형사1부장 2010년 부산고검 검사 2013년 서울고검 형사부 검사 2014년 同공판부 검사 2015년 대구고검 검사(현) 2016년 同차장검사 직대 겸임(현)

권동수(權東秀) Kwon Dong Soo

[생]1957·8·26 [주]대전 유성구 대학로291 한국과학기술원 기계공학과(042-350-3042) [학]1980년 서울대 기계공학과졸 1982년 한국과학기술원 기계공학과졸 1991년 기계공학박사(미국 조지아공과대) [경]1982~1985년 (주)광림 연구원·선임연구원 1991~1995년 미국 Oak Ridge 국립연구소 로보틱스 및 공정시스템부 텔레로보틱스과 선임연구원 1995년 한국과학기술원(KAIST) 기계공학과 조교수·부교수·교수(현) 1999~2003년 로봇올림피아드 조직위원장 1999년 FIRA로봇축구협회 이사 2003년 한국과학기술원(KAIST) 인간·로봇상호작용핵심연구센터장(현) 2006년 2007한일공동세미나조직위원회 위원장 2007년 로봇과문화포럼 부회장 2007년 21C프론티어지능로봇사업단 산학연비즈니스협의회 운영위원 2008년 Korea Robotics Society 부회장, (주)코아정보시스템 차세대사업본부 사외이사, 한국과학기술원(KAIST) 미래의료로봇연구단장, 대한의료로봇학회 국제협력이사, 지식경제부 로봇기술위원 2012년 한국로봇학회 회장 2013년 로봇융합포럼 의장(현) 2014년 'IEEE Robotics and Automation Society' 행정위원회 위원(현) 2016년 IROS2016 조직위원회 프로그램위원장 [상]Next Generation PC2005 International Conference 최고논문상

권동일(權東一) Dongil Kwon

[생]1957·2·5 [본]안동(安東) [출]서울 [주]서울 관악구 관악로1 서울대학교 재료공학부(02-880-7104) [학]1975년 경기고졸 1979년 서울대 금속공학과졸 1981년 同대학원졸 1987년 공학박사(미국 브라운대) [경]1982~1987년 미국 브라운대 연구조교 1987년 독일 막스플랑크연구소 객원연구원 1989년 한국표준연구소 선임연구원 1990~1994년 창원대 재료공학과 부교수 1994년 서울대 공대 재료공학부 교수(현) 1997~2000년 한국가스학회 이사 1999~2002년 한국소성가공학회 재무이사 2001년 한국가스연맹 전문위원 2002년 파손방지기술산학연연합회 회장 2003~2004년 미국 Massachusetts Institute of Technology(MIT) 방문교수 2005~2006년 과학기술부 국가연구개발사업 예산조정·배분전문위원회 위원 2006년 대한전기협회 재료분과위원회 위원 2006년 ASME(American Society of Mechanical Engineers) BPVC Section II Delegate 2008년 한국원자력안전기술원 비상임이사 2008년 국립과학수사연구원 자문위원 2008~2009년 한국에너지공학회 이사 2008년 한국신뢰성학회 부회장 2009~2016년 국방기술품질원 비상임이사 2009~2011년 교육과학기술부 장관정책보좌관 2009~2011년 한국과학기술연구원장 자문위원 2010년 국가과학기술위원회 녹색자원전문위원장 2011~2012년 한국법공학연구회 회장 2011년 기술표준원 원전설계전문위원회 자문위원 2011~2013년 서울대 신소재공동연구소장 2011년 대통령직속 원자력안전위원회 위원 2011~2012년 방위사업청 방위산업발전위원회 위원 2011~2012년 환경부 환경기술개발전략위원회 위원 2011~2014년 국가과학기술심의회 에너지자원전문위원회 위원장 2012년 미국 기계기술자협회(ASME) 대의원(현) 2012~2014년 한국법과학회 회장 2012~2015년 LG디스플레이(주) 사외이사 2013년 국무총리직속 원자력안전위원회 위원 2013년 (사)법안전융합연구소 초대 소장(현) 2013년 국가과학기술자문회의 자문위원(현) 2014년 미래창조과학부 공과대학혁신위원회 위원 2014년 국가과학기술연구회 이사(현) 2016년 한국표준과학연구원 원장 [상]영국재료학회 최우수논문상(1997), 대통령표창(2002), 서울대 최우수강의교수상(2007), ISOPE(The International Society of Offshore and Polar Engineers) Best Paper Award(2007), 홍조근정훈장(2009), POSCO 학술상(2010), 한국표준과학연구원 표준동문상(2011) [저]'A Guide to Lead-free Solders : Physical Metallurgy and Reliability' [종]천주교

권동주(權東周)

[생]1968·7·20 [출]충북 영동 [주]대전 서구 둔산중로69 특허법원(042-480-1400) [학]1987년 보문고졸 1992년 고려대 법학과졸, 미국 버지니아주립대 대학원졸 [경]1994년 사법시험 합격(36회) 1997년 사법연수원 수료(26기) 1997년 軍법무관 2000년 인천지법 판사 2002년 서울지법 판사 2004년 서울중앙지방법원 판사 2004년 창원지법 진주지원 판사 2008년 서울남부지법 판사 2009년 서울고법 판사 2010년 대법원 재판연구관 2012년 청주지법 충주지원장 2014년 서울고법 판사 2016년 특허법원 판사(현)

권동칠(權東七) KWON Dong Chil (平康)

[생]1955·1·26 [본]안동(安東) [출]경북 예천 [주]부산 강서구 녹산산업중로192번길10 (주)트렉스타(051-309-3663) [학]1982년 동아대 경제학과졸 [경]1982~1988년 (주)세원 근무 1988~1994년 동호실업 설립·대표 1994년 (주)트렉스타 대표이사 사장(현) 1995년 중국 천진성호유한공사 설립 2000년 同제2공장 설립 2012~2016년 한국신발산업협회 회장 2015년 국제신발컨퍼런스(IFC) 개최국 의장(현) [상]대통령표창(1996), 금탑산업훈장, 부산산업대상 기술상, 국세청장표창, 국제통상진흥인대상, 국무총리표창, 부산디자인경영인상(2010), 고용노동부장관표창(2011), 부산산업대상 경영대상(2011), 디자인대상 대통령표창(2011) [저]'완주의 조건, 열정으로 갈아 신어라'(2016, 성림비즈북) [종]불교

권동태(權東泰) Kwon Dong Tae

[생]1956·10·8 [출]경북 안동 [주]서울 영등포구 국회대로70길18 새누리당 정책위원회(02-3786-3000) [학]1974년 안동고졸 1989년 건국대 경제학과졸 2002년 고려대 정책대학원 경제학과졸 [경]1982~1988년 경제기획원 경제기획국 근무 1989~1994년 同예산실 근무 1995년 국무조정실 심사평가조정관실 2000년 同사회문화조정관실 근무 2001년 同월드컵지원단 총괄과장 2002년 同규

제개혁조정관실 과장 2005년 同총괄과장 2007년 同기획관리조정관실 총괄과장 2008년 국무총리실 국정운영실 기획총괄과장(부이사관) 2009년 同정책분석평가실 평가관리관 2010년 국방대 교육훈련(고위공무원) 2011년 국무총리실 정책분석평가실 평가관리관 2011년 同공직복무관리관 2013년 국무조정실 공직복무관리관 2013~2014년 同사회조정실 안전환경정책관(고위공무원) 2014년 새누리당 정책위원회 수석전문위원(현) ⑳경제기획원장관표창(1986), 모범공무원 국무총리표창(1988), 근정포장(2000), 녹조근정훈장(2002)

권만성(權萬晟) Kwon Man Sung (鳳山)

⑳1948·5·20 ⑧안동(安東) ⑤대구 ㊂서울 영등포구 국회대로76길22 기계산업진흥회신관3층 여의도 연구원(02-2070-3303) ㉭1967년 대구고졸 1976년 한국외국어대 정치외교학과졸 1995년 영국 옥스포드대 수료 ㉲1965년 대구도산(島山)연구회 회장 1966년 세계도덕재무장운동(M.R.A) 대구지역 학생대표 1976년 중동문제연구소(現 산업연구원, KIET) 연구원 1977년 국제경제연구원(現 산업연구원, KIET) 연구원 1979년 한국과학기술연구소(K.I.S.T.) 초청연구원 1981년 제11대 국회의원선거 출마(대구南·수성구) 1981년 민권당 대구南·수성구지구당 위원장 1982년 同중앙당 당무위원 겸 정책연구실장 1983년 민주동지회 조직위원장 겸 운영위원 1984년 민주화추진협의회(민추협) 운영위원 1985년 제12대 국회의원선거 출마(대구南·수성구) 1988년 제13대 국회의원선거 출마(대구 수성구) 1994년 영국 옥스포드대 객원연구위원 1995년 신한국도덕국민운동본부 부총재 1998년 한국지방정·경연구회 회장 2000년 한국외국어대총동문회 부회장 2000년 제16대 국회의원선거 출마(대구 남구) 2000년 민주국민당(민국당) 대구남구지구당 위원장 2001년 국가전략연구원(N.S.I) 원장 2002년 나라바로세우기운동본부 사무총장 2003년 한국예술문화단체총연합회(한국예총) 사무총장 2004년 제17대 국회의원선거 출마(서울 서초乙) 2004년 새천년민주당 서울서초乙지구당 위원장 2004년 同문화예술특별위원회 위원장 2005년 민주당 문화예술특별위원회 위원장 2005년 同서울서초乙지역운영위원회 위원장 2005년 선진정치포럼 회장(현) 2008~2013년 (재)여의도연구소 통일외교안보 정책자문위원 2011년 (사)한국·대만문화경제협회 고문 2012년 (사)무궁화리더스포럼 대한민국중앙회 공동대표 2013년 (재)여의도연구원 정책고문(현)

권 면(權 勉) KWON Myeun

⑳1958·2·14 ㊂대전 유성구 과학로169의148 국가핵융합연구소(042-879-5011) ㉭1976년 서울고졸 1983년 서울대 원자핵공학과졸 1986년 미국 조지아공대 대학원졸 1990년 핵융합공학박사(미국 조지아공대) ㉲1984~1986년 미국 조지아공대 Research Assistant 1986~1990년 미국 Oalk Ridge National Lab. Research Assistant 1990~1992년 同Fellow 및 미국 Univ. of Texas at Austin Post-Doc. Fellow 1992~1999년 포항공과대 포항가속기연구소 책임연구원·실장 1999년 기초과학지원연구소 책임연구원·부장 2003년 한국물리학회지 편집위원 2006년 Nuclear Fusion 편집위원 2007년 국가핵융합연구소 선임연구단장 2008년 同선임단장 겸 KSTAR 운영사업단장 2011~2014년 同소장 2015년 同KSTAR연구센터 연구위원(현) ⑳과학기술포장(2009)

권명광(權明光) KWON Myung Kwang

⑳1942·7·27 ⑧안동(安東) ⑤서울 ㊂충남 천안시 동남구 상명대길31 상명대학교 디자인대학 시각디자인학과(041-550-5190) ㉭선린상고졸 1965년 홍익대 미대 도안과졸 1974년 同대학원 도안과졸 2002년 명예 철학박사(상명대) ㉲1973~1985년 홍익대 미대 전임강사·조교수·부교수 1973~1982년 그래픽디자인 개인전 5회 1973~1981년 대웅제약 고문 1980년 뉴욕한국화랑 초대 일러스트레이션전 1981년 시각디자인협회 회장 1983년 홍익시각디자이너협회 부회장 1984~1987년 그래픽디자이너협회 회장 1985~2007년 홍익대 미술대학 시각디자인과 교수 1988년 서울올림픽개폐식 디자인전문위원 1989년 홍익시각디자이너협회 회장 1990~1994년 홍익대 산업미술대학원장 1994년 한국시각디자이너협회 부회장 1995년 同회장 1997~2003년 홍익대 광고홍보대학원장 1998년 한국디자인법인단체총연합회 회장 1999년 한국광고학회 회장 2001년 간행물윤리위원회 심의위원 2003년 홍익대 수석부총장 2004~2006년 同산업미술대학원장 겸 영상대학원장 2004~2005년 同미술대학원장 겸임 2006~2009년 同총장 2009년 상명대 디자인대학 시각디자인학과 석좌교수(현) ⑳상공미전 대통령표창, 국제조형협회(파리) 주최 어린이해 그래픽디자인공모전 은상, 황조근정훈장(2001), 청조근정훈장(2007), 5.16민족상-사회교육부문(2009), 2013 디자인코리아 디자이너 명예의 전당(2013) ㉩'색채학'(共) '바우하우스' '근대디자인사' '그래픽 디자인이란 무엇인가' '광고커뮤니케이션과 기호학' ⑧기독교

권명달(權明達) KWON Myung Dal

⑳1939·10·7 ⑧안동(安東) ⑤경북 영덕 ㊂서울 강서구 화곡로58길22의3 도서출판 보이스사(02-2697-4730) ㉭1958년 후포고졸 1962년 장로회신학대 신학과졸 1963년 숭실대 철학과졸 1966년 경희대 대학원 경영학과졸 1972년 신학박사(미국 Emmanuel Coll.) 1989년 미국 하버드대 경영대학원 수료 ㉲1965~1984년 KBS 우리의 소망·구원의 등불·오늘의 좌우명 방송연사 1966년 월간 '한밤의 소리' 창간·발행인 겸 편집인(현) 1966년 도서출판 보이스사 회장(현) 1975~1999년 학교법인 광염의숙(진위 중·고)재단 이사장 1996~2008년 대한출판문화협회 이사 1998년 한국자유지성300인회 공동대표(현), 미국 하버드대 한국총동창회 고문(현), 한미협회 회원(현) ⑳공보처장관표창, 문화체육부장관표창, 통일기반조성상, 국무총리표창 ㉩'현대사회의 윤리' '역사로서의 성경' '성서대보감' '세계를 변화 시키는 리더십기법' ⑧기독교

권명상(權明相) KWON Myung Sang

⑳1954·6·17 ⑧안동(安東) ⑤강원 춘천 ㊂강원 춘천시 강원대학길1 강원대학교 수의과대학 면역약리학교실(033-250-8653) ㉭1977년 건국대 수의학과졸 1979년 同대학원 수의학과졸(기초수의학전공) 1987년 수의학박사(독일 하노버대) ㉲1988년 강원대 수의과대학 면역약리학교실 교수(현), 독일 바이엘약학연구센터 객원연구원, 독일 하노버수의과대 면역학연구소 연구원, 미국 미시간주립대 객원교수, 한국실험동물학회 부회장, 아시아실험동물학회 Secretary General 2002~2004년 농업과학기술원 겸임연구관 2003~2007년 국립수의과학검역원 겸임연구관 2004년 한국영장류연구회 회장(현) 2005~2013년 한국프로폴리스연구회 회장 2005~2007년 대한수의학회 감사 2006~2007년 강원대 수의학부 대학장 겸 동물병원장 2006~2007년 프리드리히 나우만재단 한국장학회장 2007~2008년 정부출연(연) 한의학연구원(KIOM) 선임연구부장(부원장) 2008~2012년 국립수의과학검역원 동물약사심의위원회 위원 2008~2011년 정부출연(연) 안전성평가연구소(KIT) 소장 2009~2013년 한국독성학회 부회장 2012년 중국 하남성 정주대학 약학원 초빙교수(현) 2013년 서울프로폴리스(주) 공동대표(현) 2014년 식품의약품안전처 중앙약사심의위원회 전문가(현) 2015년 (사)연구소기업협회 회장(현), (사)바이오헬스케어협회 부회장 ㉩'동물실험법 제3권 시료투여, 채취, 생체계측' '동물실험법 제4권 생리, 약리, 영양, 안전성' '실험동물학개론' '최신수의약리학' '임상면역학' ㉲'수의약리학'(2012) ⑧기독교

권명숙(女) Kwon Myung-sook

⑳1964 ㊂서울 영등포구 의사당대로82 대한투자신탁빌딩4층 (주)인텔코리아 비서실(02-767-2500) ㉭1986년 연세대 영어영문학과졸 1999년 同경영전문대학원 MBA 수료 ㉲1999년 (주)인텔코리아 마케팅 상무 2005~2011년 同영업담당 전무 2011~2015년 삼성SDI 소형전지 마케팅 상무 2015년 (주)인텔코리아 대표이사 사장(현) 2015년 인텔 본사 영업마케팅그룹 부사장 겸임(현)

권명중(權明重) Kwon, Myung-Joong

⑳1959·9·17 ㊂강원 원주시 흥업면 연세대길1 연세대학교 경제학과(033-760-2310) ㉭1986년 한국외국어대 경제학과졸 1988년 영국 옥스퍼드대 대학원졸 1993년 경제학박사(영국 옥스퍼드대) ㉲1992~1995년 영국 워릭대 연구교수, 통상산업부 산업조성기술 평가위원 1995년 연세대 경제학과 교수(현) 2004~2005년 同연구부장 2006~2008년 同원주캠퍼스 기획처장 2006~2012년 同원주캠퍼스 장애인창업보육센터 소장 2010~2011년 강원도 교육특보, 연세대 원주캠퍼스 경제학과장 2016년 同원주캠퍼스 정경대학장 겸 정경·창업대학원장(현) ⑳자유경제출판문화상(2002), 연세사회봉사대상(2008) ㉩'임상옥의 상도경영'(2002) '경제학 성경에 길을 묻다'(2008) '신산업조직론-기업과경쟁'(2010, 시그마프레스) '지속가능한 중소기업적합업종 모형'(2011, 전국경제인연합회) ⑧기독교

권명호(權明浩) KWON Myung Ho

⑳1961·1·10 ⑧안동(安東) ⑤울산 ㊂울산 동구 봉수로155 동구청 구청장실(052-209-3001) ㉭1979년 울산 학성고졸 1987년 울산대 영어영문학과졸 2007년 同정책대학원 행정학과졸 ㉲1998년 동울산청년회의소(JC) 회장, 울산 동구도서관 운영위원 1999년 경남·울산지구JC 감사, GM건설(주) 대표 2000년 방어동주민자치위원회 위원 2002년 화암초 운영위원회 위원, 국민통합21 울산시당 청년위원장 2003~2004년 방어진초 운영위원회 위원, 동울산포럼 청년위원회 위원장 2004년 울산 동구청년회특우회 부회

장 2005년 정몽준 국회의원 특별보좌역 2006년 울산 동구문화원 자문위원 2006~2010년 울산시 동구의회 의장 2010~2014년 울산시의회 의원(한나라당 · 새누리당) 2010년 同산업건설위원회 위원 2010~2011년 한나라당 울산시당 기획위원장 2012~2014년 울산시의회 제1부의장, 새누리당 울산시당 기획위원장 2014년 울산시 동구청장(새누리당)(현), 학성고 총동문회 부회장(현), 울산대 총동문회 이사(현) 중기독교

권명회(權銘會) KWON Moung Hoe

생1956 · 7 · 30 주인천 연수구 아카데미로119 인천대학교 물리학과(032-835-4595) 학1979년 성균관대 물리학과졸 1987년 미국 Texas주립대 대학원졸 1991년 이학박사(미국 Texas주립대) 경1979~1985년 국방과학연구소 연구원 1991년 인천대 물리학과 조교수 · 부교수 · 교수(현) 2002년 IYPT(International Young Ohysicist's Tournament) 조직위원 겸 집행위원(현) 2006~2008년 인천대 자연과학대학장 2008년 同기획처장 2010~2012년 同자연과학대학장 2016년 同부총장(현)

권문상(權文相) KWON Moon Sang

생1954 · 6 · 30 본안동(安東) 출서울 주경기 안산시 상록구 해안로787 한국해양과학기술원 해양정책연구소(031-400-6500) 학1973년 서울고졸 1977년 경희대 법학과졸 1979년 同대학원 법학과졸 1989년 법학박사(경희대) 경1994년 미국 Delaware대 Visiting Scholar 1995~1997년 한국해양연구소 해양정책연구부장 1997~1998년 한국해양수산개발원 해양정책연구실장 1998~2002년 동국대 국제정보대학원 해양정책학과 겸임교수, 한국해양연구원 책임연구원 2000~2006년 同남태평양연구센터 소장 2005~2006년 同해양과학기술정책연구센터장 2006~2009년 한국해양수산기술진흥원 원장 2010년 한국해양연구원 정책본부장 2011년 同해양기술정책연구부 책임연구원 2012년 한국해양정책학회 회장(현) 2012~2014년 한국해양과학기술원 해양정책연구소장 2012년 적도해양포럼 운영위원장(현) 2013년 여수세계박람회재단 이사(현) 2013년 해양수산부 정책자문위원장 2013년 해양경찰연구소 자문위원 2014년 한국해양과학기술원 해양정책연구소 책임연구원(현) 상철탑산업훈장(2005) 전'푸른바다를 위하여-해양환경'(1996) 'Atlas for Marine Policy in the Northeast Asian Seas'(1999) '북극해의 환경안보'(2012) '마이크로네시아연방국'(2014) '통가'(2014) 'The Limits of Maritime Jurisdiction'(2014) 'Navigating the Future'(2014) 역'국제연합해양법협약'(1991) '북극해항로'(2003) 중천주교

권문식(權文植) KWON Moon Sik (志松 · 盆泉)

생1954 · 8 · 27 본안동(安東) 주경기 화성시 현대연구소로150 현대 · 기아자동차 남양연구소 연구개발본부 임원실(031-368-3004) 학1973년 경복고졸 1977년 서울대 기계공학과졸 1986년 독일 아헨공대 대학원졸 1990년 공학박사(독일 아헨공대) 2007년 서울대 경영대학 최고산업기술전략과정(AIP) 수료 경1980~1986년 한국과학기술연구원 근무 1991년 현대정공 공작기계사업부장 1996년 同공작기계사업관리실장(이사대우) 1997년 同공작기계유럽법인장(이사대우) 1999년 현대자동차(주) 기획본부 기술기획팀장(이사대우) 2000년 同연구개발본부 선행개발실장(이사) 2001년 同선행개발실장(상무) 2002년 현대 · 기아자동차 선행개발센터장 겸 연구개발본부 기획조정실장(전무) 2004~2007년 同선행개발센터장 겸 연구개발본부 기획조정실장(부사장) 2006~2007년 대한기계학회 부회장 2007년 (주)NGV 대표이사 2007년 한국공학한림원 회원 2007년 한국전과정평가학회 부회장 2008년 현대제철(주) 제철사업관리본부장(부사장) 2008년 同제철사업 총괄사장 2008~2009년 한국전과정평가학회 회장 2009년 현대제철(주) 인천 · 포항공장 생산총괄 사장 2010~2012년 현대케피코 대표이사 사장 2010년 대한상공회의소 녹색성장환경기후위원장 2012년 현대오트론(주) 대표이사 사장 2012년 현대 · 기아자동차 남양연구소 연구개발본부장(사장) 2013년 同고문 2014년 同남양연구소 연구개발본부장(사장) 2015년 同남양연구소 연구개발본부장(부회장)(현) 2015년 한국자동차공학회 부회장 2016년 同회장(현) 상교육과학기술부 및 한국과학창의재단 선정 '2008년 닮고싶고 되고싶은 과학기술인'(2008), 동탑산업훈장(2015) 중천주교

권문한(權文漢) KWON Moonhan

생1956 · 8 · 5 본안동(安東) 출충남 서산 주경기 안산시 단원구 강촌로271 한국신문잉크(주)(031-494-7781) 학1974년 제물포고졸 1978년 서울대 영어교육학과졸 1995년 미국 컬럼비아대 언론대학원 수료 2001년 한양대 언론정보대학원졸 2008년 언론학박사(한양대) 경1982~1997년 조선일보 사회부 행정부 기자 · 노조위원장 · 사회부 차장대우 1997년 同국제부 차장

1998년 同80년사사편찬위원회 위원 2000년 同스포츠레저부장 2001년 同주간조선 편집위원 2002년 同경영기획실 부장 2004년 同독자서비스센터장 2005~2008년 소년조선일보 편집실장 2008년 조선일보 편집국 부국장 2008~2014년 한국신문협회 사무총장, 전국재해구호협회 이사, 한국언론진흥재단 언론인기금관리위원 2012년 언론중재위원회 선거기사심의위원 2014년 한국신문잉크(주) 대표이사 사장(현)

권미경(權美卿 · 女) KWON Mi Kyoung

생1972 · 7 · 17 주서울 중구 덕수궁길15 서울특별시의회(02-3783-1666) 학강릉영동전문대 간호과졸, 연세대 행정대학원 재학 중 경연세대의료원 간호사, 同노동조합 수석부위원장(현), 한국노동조합총연맹 서울지역본부 부의장(현) 2014년 서울시의회 의원(비례대표, 새정치민주연합 · 더불어민주당)(현) 2014~2016년 同기획경제위원회 위원 2014~2015년 同윤리특별위원회 부위원장 2015년 새정치민주연합 서울시당 대변인 2015년 서울시의회 메르스확산방지대책특별위원회 부위원장 2015년 더불어민주당 서울시당 대변인 2015~2016년 서울시의회 인권특별위원회 위원 2016년 同보건복지위원회 위원(현)

권미나(權美那 · 女)

생1970 · 2 · 26 주경기 수원시 팔달구 효원로1 경기도의회(031-8008-7000) 학경희대 성악과졸 1996년 미국 뉴욕맨하탄음악대학 대학원졸 1997년 同최고전문연주학과정 수료 경한국자유총연맹 용인시지회 총여성회장, 누리스타 특별위원회 용인시 여성단장, 경희대총동문회 이사, 한국음악협회 용인시지부장, 同경기도지회 기획위원, 새누리당 경기도당 부대변인, 同중앙차세대 여성정책위원 2014년 경기도의회 의원(새누리당)(현) 2014~2015년 同예산결산특별위원회 위원 2014년 同여성가족평생교육위원회 위원 2016년 同교육위원회 위원(현) 2016년 同간행물편찬위원회 위원(현) 상경기예술대상 음악부문(2014), 전국지역신문협회 의정대상(2015), 대한민국 신지식인상(2015), 한국을 빛낸 사람들대상 지역발전공로대상(2016), 경기도청소년지도자대상 사회부문의정대상(2016) 중기독교

권미혁(權美赫 · 女) KWON MI HYUK

생1959 · 1 · 10 출대전 주서울 영등포구 의사당대로1 국회 의원회관931호(02-784-7727) 학1977년 홍익대사대부속여고졸 1981년 이화여대 법학과졸 경1987년 한국여성민우회 창립멤버(사회부장) 1989년 한국여성단체연합 정책간사 1990년 한국여성민우회 지역 · 환경 · 지방자치 · 미디어영역 활동 2000년 SBS 시청자평가위원 2000~2002년 언론개혁시민연대 · 시청자연대회의 집행위원 2001년 한국여성민우회 미디어운동본부 사무국장 2003년 同편집위원 2004~2006년 방송위원회 시청자불만처리위원회 위원 2004년 한국여성민우회 미디어운동본부 정책위원장 · 재정위원회 위원장 2004년 방송위원회 시청자미디어센터건립추진위원회 추진위원 2004년 CBS 시청자위원 2005~2010년 한국여성민우회 공동대표 2011~2014년 한국여성단체연합 상임대표 2012년 시민방송RTV 부이사장 2012~2015년 방송문화진흥회 이사 2013~2016년 사단법인 시민 이사 2013년 시민방송RTV 이사 2016년 더불어민주당 뉴파티위원회 위원장 2016년 제20대 국회의원(비례대표, 더불어민주당)(현) 2016년 더불어민주당 공정언론특별위원회 위원(현) 2016년 국회 보건복지위원회 위원(현) 2016년 국회 여성가족위원회 위원(현) 2016년 국회 저출산 · 고령화대책특별위원회 위원(현)

권민석(權玟碩) Kwon Min Seok

생1960 · 8 · 20 출광주 북구 삼각월산길49의43 광주교도소(062-251-4321) 학1985년 동아대 정치외교학과졸 2013년 고려대 대학원 공안행정학과졸 경1985년 부산구치소 공무원 임용(7급 교회사보) 1987년 청송교도소 교회사 1999년 부산교도소 교무과장(사무관) 2006년 전주교도소 교육교화과장(서기관) 2009년 법무부 사회복귀과장 2013년 밀양구치소장 2014년 청주여자교도소장 2015년 서울지방교정청 보안과장 2015년 전주교도소장(부이사관) 2016년 광주교도소장(현)

권민호(權民鎬) KWON Min Ho

생1956 · 4 · 9 출경남 거제 주경남 거제시 계룡로125 거제시청 시장실(055-639-3102) 학1977년 창신고졸 1985년 동아대 체육학과졸 1985년 同대학원졸 1996년 이학박사(동아대), 고려대 행정대학원 공공정책학 석사과정 수료, 명예 국제지역학박사(신라대), 명예 경영학박사(창원대) 경동영산업(주) 대표이사 1991~1998년 경남대 · 거제대 · 동아대 강사, 동아대 스포츠과학

연구소 특별연구원, 한나라당 거제지구당 청년위원장, 람사르총회유치위원회 공동운영위원장, 경남도생활체육축구연합 부회장 2005~2010년 同회장, 거제시경제정의실천시민연합 집행위원, 신현신용협동조합 이사, 경남도 환경기술개발센터협의회 위원, 임진왜란재현사업추진자문단 위원, 거가대교건설조합위원회 위원, 국제로타리3590지구 서거제로타리 국제봉사위원장, 뉴라이트경남학부모연합 공동대표, (사)한국여성장애인연합 거제시지회 고문, 거제제일고 학교운영위원장, 거제시장애인단체총연합회 고문 2003·2006~2008년 경남도의회 의원(보궐선거 당선, 한나라당) 2004년 同경제환경문화위원장, 同예산결산특별위원회 위원장, 한나라당 거제시선거대책본부장, 同중앙선거대책위원회 정책위원, 同민원정책자문위원, 여의도연구소 사회분과 정책자문위원 2009년 거제미래정책연구소 이사장 2010~2014년 경남 거제시장(한나라당·새누리당) 2010년 경남도레슬링협회 회장(현) 2014년 경남 거제시장(새누리당)(현) [상]제1회 사회를 빛낸 사람들 청렴행정 기관장상(2015) [종]기독교

권병목(權炳穆) KWON Byoung Mog

[생]1956·2·2 [본]안동(安東) [출]경기 용인 [주]대전 유성구 과학로125 한국생명공학연구원 유전자교정연구센터(042-860-4557) [학]1979년 고려대 화학과졸 1981년 한국과학기술원(KAIST) 유기화학과졸 1988년 생물유기화학박사(미국 캘리포니아대 로스앤젤레스교) [경]1981~1984년 한국화학연구원 연구원 1989~1992년 미국 캘리포니아공대 연구원 1992년 한국생명공학연구원 화학유전체연구팀 책임연구원 1992~1995년 유전공학연구소 선임연구원 1994~1998년 충남대 농과대학 조교수 2003년 과학기술연합대학원대 교수, 한국생명공학연구원 분자암연구센터장 2006년 한국과학기술한림원 이학부 정회원 2011년 한국생명공학연구원 의과학융합연구본부장 2013년 同의과학연구본부장 2013년 同유전자교정연구센터 책임연구원(현) [상]기초기술연구회 이사장표창(2012) [종]기독교

권병세(權炳世) KWON Byoung Se

[생]1947·12·17 [본]안동(安東) [출]충남 당진 [주]서울 서초구 반포대로222 가톨릭대학교 성의교정 성의회관 1310호 (주)유틸렉스(02-532-0660) [학]1966년 용산고졸 1972년 서울대 치과학과졸 1974년 同의과대학원졸 1981년 의학박사(미국 조지아의대) [경]1974년 서울대 치대 강사 1978년 미국 Georgia의대 연구원 1981~1984년 미국 Yale대 Post-Doc. Fellow 1983년 同인간유전학과 연구원 1984년 미국 Guthrie Research Institute 분자유전학부장 1988년 미국 Indiana대 부교수 1993~1999년 同미생물 및 면역학과 교수 1994~1999년 미국 NIH·NIAID 상임사정위원 1999년 미국 Louisiana주립대 교수 1999년 울산대 생명과학부 석좌교수 1999년 同과학기술부 지정연구소 면역제어연구센터 소장 2000년 Cell Biology International Cytokine Editorial Board 2002~2003년 대한면역학회 회장 2003~2005년 ICS2005 조직위원장 및 국제프로그램위원장 2004년 몸속 면역세포인 T세포를 활성화하는 '4-1BB'를 이용해서 류머티즘·암을 부작용 없이 치료하는 방법을 세계 최초로 개발 2005년 Bio-Europe 한국투자유치단장 2006년 '2005 국가석학지원사업대상자(생물학분야)' 로 선정 2008년 국립암센터 면역세포치료연구과 석좌연구원 2008~2010년 同신치료기술개발사업단장 2008년 International Journal of Oncology Editorial Academy 2009년 미국 Tulane대 교수 2009년 Journal of Pharmacological Research Editorial Board 2009년 Infection and Drug Resistance Editorial Board 2010년 국립암센터 기초실용화연구부장 2011~2012년 同면역세포치료사업단장 2012년 同석좌교수 2016년 (주)유틸렉스 대표이사(현) [상]미국 국립보건원 National Research Service Award(1983), 예일대 Swebilius Cancer Research Award(1984), 미국 당뇨병협회 Diabetes Research Award(1987), 미국 국립보건원 Young Investigator Research Award(1988), 대한민국 국가석학 선정(2005), ICS 2005 Award(2005), 한국학술진흥재단 선도과학자 선정(2005), 미국 관절염재단 Innovative Research Award(2006), 울산대 올해의 교수상(2006), 일본 암연구재단 Award for Promotion of Cancer Research(2010), 보건산업기술진흥유공 대통령표창(2012) [종]기독교

권병욱(權柄郁) Kwon, Byung Wook

[생]1963·4·13 [출]서울 [주]경기 과천시 관문로47 미래창조과학부 전파정책국 전파방송관리과(02-2110-1973) [학]1982년 서울 영일고졸 1989년 서강대 영어영문학과졸 1994년 서울대 대학원 행정학과졸 2002년 정책학박사(미국 콜로라도대) [경]1994년 행정고시 합격(37회) 1994~2005년 정보통신부 대외협력담당관실·정책총괄과·국제기구과 근무 2005~2007년 전남체신청 여수우체국장·북광주우체국장 2007~2009년 경제협력개발기구(OECD) 정보통신정책위원회(ICCP) 파견 2009년 대전전파관리소장 2009~2012년 방송통신위원회 WiBro팀장·편성평가정책과장·정책관리담당관 2013년 미래창조과학부 정책조정지원과장 2015년 同국제과학비지니스벨트기반조성과장 2015년 同전파정책국 전파방송관리과장(현)

권병윤(權炳潤) GYUN Bung Youn

[생]1961·3·29 [출]경기 평택 [주]세종특별자치시 다솜1로31 새만금개발청 차장실(044-415-1002) [학]1979년 평택고졸 1984년 한양대 토목공학과졸 1986년 同대학원졸 1996년 영국 리즈대 대학원 교통학과졸 [경]2002년 원주지방국토관리청 도로시설국장, 건설교통부 임지계획과 근무, 同도로정책과 근무 2004년 대전지방국토관리청 건설관리실장 2004년 부산지방국토관리청 도로시설국장 2005년 건설교통부 재정기획관 2005년 同도로관리팀장 2006년 同도로건설팀장 2007년 同총무팀장 2008년 국토해양부 운영지원과장 2008년 同교통정책실 도시광역교통과장 2009년 同교통정책실 도로정책과장(부이사관) 2009년 同녹색도시과장 2010년 同감사담당관 2010년 同기술안전정책관(고위공무원) 2011년 同대변인 2012년 서울지방국토관리청장 2013년 국토교통부 도로국장 2014년 중앙공무원교육원 파견(고위공무원) 2015년 국토교통부 종합교통정책관 2016년 同대변인 2016년 새만금개발청 차장(현)

권병일(權炳壹) KWON Byong Il (碧湖)

[생]1932·8·25 [출]충남 서천 [주]서울 마포구 신촌로6길 5 (주)지학사(02-330-5200) [학]1951년 서울고졸 1957년 서울대 법학과졸 [경]1965년 도서출판 지학사 창립대표 1974년 (사)학습자료협회 부회장 1984~1987년 (사)대한출판문화협회 부회장 1984~2011년 (주)지학사 창립·대표이사 1988~1992년 대한출판문화협회 회장 1996년 同고문 1996년 (사)학습자료협회 이사(현) 1999~2003년 (사)한국잡지협회 이사 2004~2006년 서울대법대동창회 회장 2011년 (주)지학사 대표이사 회장(현), (사)한국검정교과서 이사(현), 마포세무서 고문(현) [상]옥관문화훈장(1992), 서울시 문화상(1996)

권병태(權秉泰)

[생]1960·1·13 [출]경북 의성 [주]서울 종로구 세종대로163 현대해상화재보험 임원실(02-3701-3778) [학]경북대 법학과졸 [경]1987년 현대해상화재보험 입사 1997년 同안동지점장·영등포지점장 2003년 同마케팅기획부장 2006년 同중부지역본부장 2009년 同전략채널본부장 2011년 同방카슈랑스본부장 2014년 同마케팅본부장 2016년 同개인보험부문장(상무)(현)

권병현(權丙鉉) KWON Byong Hyon

[생]1938·3·24 [본]안동(安東) [출]경남 하동 [주]서울 종로구 통일로246의10 현대플라자201호 한·중문화청소년미래숲센터(02-737-0917) [학]1963년 서울대 법대졸 1968년 미국 피츠버그대 공공행정 및 국제행정대학원 국제공공행정학과졸 [경]1962년 고등고시행정과 수석합격(14회) 1965년 외무부 사무관 1969년 미국 LA총영사관 부영사 1974년 외무부 동북아2과장(중국과장) 1978년 駐일본 참사관(정무과장) 1978년 외무부 동북아1과장(일본담당관) 1981년 駐태국 공사 겸 駐UNESCAP 한국대표 1984년 외무부 아주국 심의관 1985년 同아주국장 1987년 駐미얀마 특명전권대사 1990년 외무부 본부대사 1990년 부산시 국제담당대사 1991년 외무부 남북핵통제위원회 공동위원장 1992년 한·중수교 한국측 실무교섭대표단장 1992~1994년 외무부 외교정책기획실장 1994년 駐호주 특명전권대사 1996년 외교안보연구원 연구위원 1998년 駐중국 특명전권대사 2000~2003년 재외동포재단 이사장 2001년 한중문화청소년협회 회장(현) 2002년 한·중문화청소년미래숲센터 대표(현) 2003년 동북아연구원 원장 2005년 명지대 초빙교수 2009~2012년 유엔사막화방지협약(UNCCD) 지속가능토지관리챔피언(Sustainable Land Management Champion) 겸 녹색대사(Greening Ambassador) 2010년 '유엔사막화방지 10개년 계획 15인의 Influential Leaders'에 피선 2012년 유엔사막화방지협약(UNCCD) 건조지대사(Drylands Ambassador)(현) [상]홍조근정훈장(1979), 수교포장(1987), 황조근정훈장(2000), 미국 피츠버그대 공공행정및국제행정대학원 '올해의 저명한 동창생상'(2008), 동북아공동체협회·통일부·매일경제신문 제2회 동북아공동체 국제협력상(2009), 미국 피츠버그대 Legacy Laureate Award(2010), The Hope Institute 'Happy Seniors Award'(2010), 한국NPO공동회의 제3회 한국나눔봉사대상(2010), 사람과산·안나푸르나 제9회 환경대상(2013), 중국 우의상(友誼賞)(2014), 대통령표창(2016), 환경부·조선일보 환경실천대상(2016) [종]천주교

권병화(權秉華) KWON Byung Hwa

[생]1953 · 12 · 12 [출]서울 [주]경기 안산시 단원구 장자골로11 (주)신양피혁 비서실(031-492-2125) [학]1976년 고려대 법학과졸 [경]1987년 (주)신우무역 본부장 · 이사 1990년 同상무이사 1991년 同전무이사 1996년 同부사장 1997년 신양피혁(주) 대표이사 사장(현) 1998~2001년 (주)신우 대표이사 사장 [종]기독교

권병희(權昞僖)

[생]1969 [주]세종특별자치시 한누리대로422 고용노동부 운영지원과(044-202-7867) [학]1988년 부산 동인고졸 1993년 서울대 사회학과졸 1996년 숭실대 노사관계대학원 수료 2014년 사회정책학박사(영국 셰필드대) [경]행정고시 합격(39회) 1996년 노동사무관 임용 1997~2006년 노동부 노사협의과 · 중앙노동위원회 심판과 및 조정과 · 노사정위원회 · 노동부 근로기준국 근로복지과 · 비정규직대책팀 · 근로기준팀 사무관 2006~2012년 노동부 창원센터소장 · 노동부 고용정책실 고령자고용팀 · 고용노동부 노동정책실 근로복지과 서기관 2012년 부산지방고용노동청 동부지청장 2013년 고용노동부 고용정책실 자산운용팀장 2015년 부산지방고용노동청 진주지청장 2016년 駐제네바 UN사무처 및 국제기구대표부 1등서기관(현)

권복희(權福姬 · 女) KWON Bok Hee

[생]1957 · 10 · 24 [본]안동(安東) [출]강원 춘천 [학]유봉여고졸, 세종대졸, 同대학원 체육학과졸 [경]춘천 유봉여고 교사, 쇼트트랙 국제심판, 강원도빙상경기연맹 전무이사 2010년 국제빙상연맹(ISU) 쇼트트랙 국제심판 2011년 아스타나 · 알마티동계아시아게임 쇼트트랙 심판, 강원도빙상경기연맹 부회장 2013년 同회장 2015년 그라나다 동계유니버시아드대회 쇼트트랙 국제심판 2015년 모스크바 ISU 세계쇼트트랙선수권대회 경기위원장 2015년 2018평창동계올림픽 쇼트트랙 경기위원장(현) 2016년 강원도빙상연맹 회장(현) [상]대한체육회장표창, 제30회 강원체육상(2011) [저]'파워측정에 관한 연구' [종]불교

권봉석(權峰奭) KWON, BRIAN

[생]1963 · 9 · 9 [주]서울 영등포구 여의대로128 LG트윈타워 LG전자 HE사업본부(02-3777-1114) [학]1987년 서울대 산업공학과졸, 핀란드 헬싱키대 대학원 MBA [경]1987년 LG전자(주) 입사 2001년 同DID경영기획그룹 근무 2008년 同BS사업본부 모니터사업부장(상무) 2010년 同HE Media사업부장 2012년 同MC사업본부 상품기획그룹장(전무) 2013년 (주)LG 시너지팀장 2015년 LG전자(주) HE(홈엔터테인먼트)사업본부장(부사장)(현)

권봉현(權奉鉉)

[생]1961 · 12 · 3 [주]경기 안양시 동안구 엘에스로127 LS산전(1544-2080) [학]1980년 진주고졸 1984년 한양대 전기공학과졸 1994년 同대학원 전기공학과졸 [경]1988년 LS산전(주) 입사 1997년 同부장 2005년 同모터제어연구단장(이사급), 同이머징사업부 이사 2010년 同드라이브사업부장 2011년 同자동화해외사업부장(상무) 2012년 同자동화사업부문장(상무) 2014년 同자동화사업본부장 2014~2015년 同A&D사업본부장(상무) 2016년 同산업자동화사업본부장(상무)(현)

권붕주(權朋周) KWON Bung Zu

[생]1959 · 12 · 10 [출]경기 화성 [주]서울 영등포구 선유로75 (주)GS리테일 임원실(02-2006-2050) [학]1978년 비봉고졸 1983년 원광대 경영학과졸 [경]1985년 현대백화점 입사 1990년 애경백화점 과장 1995년 LG백화점 영업기획2팀 차장 1999년 LG백화점 안산점 부장 2003년 LG유통 전략1부문장(상무), 同전략2부문장(상무), 同백화점상품부문장(상무) 2005년 GS리테일 백화점상품부문장(상무), 同전략2부문장(상무) 2010년 同전략2부문장(전무) 2010년 同개발사업부문장(전무) 2013년 同SM사업부문장(전무) 2015년 同수퍼사업부 대표(부사장)(현)

권 상(權 相) Kweon Sang (설산)

[생]1952 · 2 · 17 [본]안동(安東) [출]경기 여주 [주]서울 종로구 필운대로9 (주)대한콘설탄트 부사장실(02-730-7823) [학]1978년 한양대 도시공학과졸 1995년 同환경과학대학원 도시 및 지역계획학과졸 [경]2004년 대한주택공사 인천지역본부 택지개발부장 2005년 同택지계획처장 2006년 同신도시개발처장 2007년 同택지계획처장 2008~2009년 同도시개발사업본부 균형개발처장 2010년 (주)대한콘설탄트 부사장(현) [상]건설교통부장관표창(1997 · 2002 · 2006)

권상구(權相玖) KWON Sang Gu (斗星)

[생]1947 · 11 · 30 [본]안동(安東) [출]경북 예천 [주]대구 수성구 교학로15길26 대한민국친환경예술협회(053-759-8797) [학]1967년 예천 대창고졸 1974년 계명대 미대 응용미술학과졸 1976년 同교육대학원 미술교육학과졸 [경]1974~1979년 경북예술고 교사 1974~1992년 계명문화대 · 계명대 · 경성대 · 대구가톨릭대 · 대구대 · 한국방송통신대 강사 1978~2003년 한국디자이너협회전 · 국제현대포스터전 등 출품 1979~2004년 대구산업정보대학 산업디자인과 교수 1983~2007년 개인전 10회 1994~2005년 한국교육미술협회 이사장 1994~2008년 경북산업디자인전 · 대구미술대전 · 경북미술대전 등 초대작가 · 운영위원 · 심의위원 1997년 신미술대전 초대작가 1999~2005년 한국현대미술대전 초대작가 · 심사위원 2000년 한국미술대학교수작품초대전 출품 2000~2003년 한국교육미술학회 이사장 2000~2004년 대한민국신조형미술대전 운영위원장 2000~2007년 한국현대미술대전 그래픽부문 심사위원장 2000~2009년 한국현대여성미술대전 운영위원 · 심사위원장 2003년 경북산업디자인전 심사위원장 2003년 신라미술대전 심사위원장 2003년 한 · 중 국제현대미술대전 대회장 2003년 KDC디자인대전 심사위원장 2005~2007년 한국미술교육연구원 원장 2008년 대한민국친환경현대미술대전 운영위원장 2008년 대구국제유초중고등학생환경사랑미술대전 운영위원장 2009년 한국현대여성미술대전 전체심사위원장 2009년 대한민국친환경예술협회 회장(현) 2010년 두성친환경미술관 관장(현) [상]경북산업디자인전 금상(1981) · 동상(1982) · 장려상(1983), 대구미술대전 우수상(1983 · 1984) · 최우수상(1985 · 1987) · 특선(1988), 경북도미술대전 은상(1983 · 1986) · 동상(1984 · 1985), 한국문화대예술제 금상(1985), KDC상(1996, Korea Designer's Council), 근정포장(2004), 대한민국미술교육상(2005) [저]'아동미술의 지도'(1985) '평면기초디자인'(1985) '기초디자인'(1988) '유아미술교육'(1990) '아동미술교육'(1991) '평면구성'(1993) '시각디자인의 기초'(1996) '유아미술교육의 실제'(1999) '표현기법'(2000) '미술과 실기교육 방법론'(2002) '안경디자인의 기초'(2004) '미술치료와 유아미술교육의 실제'(2006) '디자인과 생활'(2008) [작]백두산 천지, 고향가는 길 등 300여점 [종]불교

권상대(權相大)

[생]1965 · 6 · 22 [주]부산 강서구 공항진입로42번길54 부산지방항공청(051-974-2120) [학]동천고졸, 서울대 경제학과졸, 영국 버밍햄대 대학원 경영학과졸 [경]행정고시 합격(32회), 건설교통부 고속철도과 사무관, 同교통안전과 사무관, 同주택관리과 사무관, 同국가지리정보팀장, 同장관 비서관, 駐말레이시아 건설교통관 2010년 국토해양부 공공주택건설기획단 기획총괄과장 2010년 同공공택지기획과장(부이사관) 2011년 행정중심복합도시건설청 도시발전정책과장 2012년 同녹색도시환경과장 2013년 국토지리정보원 국토조사과장 2015년 부산지방항공청장(현)

권상순(權相純) Sangsoon KWON

[생]1964 · 2 · 3 [주]경기 용인시 기흥구 탑실로61 르노삼성자동차(주) 중앙연구소(031-289-7089) [학]서울대 공과대학졸, 同대학원 조선공학과졸 [경]기아자동차 근무, 삼성자동차 근무, ESI코리아 근무 2002년 르노삼성자동차(주) SM5 · QM5 개발담당 차장 2009년 同차량개발담당 이사 2015년 同중앙연구소장(전무)(현) [상]대통령표창(2014)

권상열(權相烈) KWON Sang Yeol

[생]1959 · 5 · 5 [출]울산 [주]대구 수성구 청호로321 국립대구박물관 관장실(053-768-6050) [학]1977년 학성고졸 1984년 영남대 문화인류학과졸 2004년 충남대 대학원 고고학과 수료 [경]1984년 국립진주박물관 학예연구사 1997년 국립경주박물관 학예연구관 1999년 국립전주박물관 학예연구관 2001년 국립청주박물관 학예연구실장 2005년 국립중앙박물관 고고부 학예연구관 2006년 국립진주박물관장 2007년 국립부여박물관장 2009년 국립제주박물관장 2013년 국립중앙박물관 유물관리부장 2016년 국립대구박물관장(현) [저]'창녕 여초리 토기가마터 Ⅰ(共)'(1992) '창녕 여초리 토기가마터 Ⅱ(共)'(1995) '완주 둔산리 석실분 이전 · 복원보고(共)'(2000) '익산 화산리 신덕유적'(2000) '동원학술논문집 제3집'(2000)

권상옥(權相玉) KWON Sang Ok

[생]1952·8·1 [출]인천 [주]강원 원주시 일산로20 연세대 원주기독병원 소화기내과(033-741-1229) [학]1977년 연세대 의대졸 1981년 同대학원 철학과 중퇴 1988년 한양대 대학원 의학과졸 1994년 의학박사(고려대) [경]1980~1985년 연세대 원주기독병원 전공의 1985~1998년 同의대 내과학교실 전임강사·조교수·부교수 1991~1992년 미국 인디애나대 알코올연구센터 방문연구원 1992~1993년 미국 에모리대 소화기내과 방문연구원 1998년 연세대 원주의대 내과학교실 교수(현) 2001년 同철학과 방문교수, 同원주기독병원 소화기내과 분과장 2013~2015년 同원주의과대학장 [역]'디지털 시대의 문화변동(共)'(2001)

권상인(權相仁·女) Sangin Kwon

[생]1955·10·4 [출]부산 [주]부산 남구 수영로309 경성대학교 예술대학 공예디자인학과(051-663-4900) [학]1983년 경성대 공예학과졸 1987년 일본 교토시립예술대 대학원졸 1996년 일본 도쿄대 대학원 공예섬유학박사과정 수료 2005년 공예학박사(일본 교토공예섬유대학) [경]1991년 경성대 공예학과 전임강사 1992년 한일도예대학 상임운영위원(현) 1994년 경성대 공예학과 조교수·부교수, 同예술대학 공예디자인학과 교수(현) 2003년 대한민국공예대전 심사위원 2005년 국립중앙도서관 외국자료 추천위원(현) 2006년 대한민국명장선정 도자부분 심사위원 2006년 문화재청 학예연구사특채시험 출제위원 2007년 대한민국正修(정수)미술대전 심사위원 2007년 경남차사발초대전 심사위원 2007년 부산산업디자인전 공예분과 심사위원장 2007~2009년 부산시 관광정책자문위원 2008년 한국미술대전 공예부 도예분과 운영위원 2009년 경성대 문화기획단장 2014년 同멀티미디어대학원장(현) 2014년 同예술종합대학장 겸임 2015년 同일반대학원장·교육대학원장·사회복지대학원장·디지털디자인전문대학원장 겸임(현) [작]권상인 도예전(1986, 교토 갤러리 마로니에), 권상인 도예전(1987, 오사카 갤러리 Noi, 오사카), Clay Work(1992, 서울 Gallery Bing), Clay Work(1993, 서울 ARTs SPACE초대), 권상인 도예전(1997, KBS부산 전시실), 권상인 도예전(1998·1999, 부산 경성갤러리), 세라톤 누사인다호텔 초대 권상인 도예전(1998, 인도네시아 발리), 반둥대학 초대 권상인 도예전(1998, 인도네시아 반둥), 매강요 초대 권상인 백자 연적전(1999, 부산), 콜도바대학 초대 권상인 도예전(2001, 스페인 콜도바대 Vigor Y Tradicion기념관), 경성 갤러리 초대 권상인 도예전(2001, 경성대), 로제다 델 뜨렌다 노베 갤러리초대 권상인 도예전(2001, 이탈리아 화엔자), 나까카와 갤러리 초대 권상인의 연적과 일지화병(2001, 일본 나라), 로고뇨시 권상인 초대도예전(2002, 스페인 로고뇨시청 갤러리), Cami.la Perez Salva갤러리 초대개인전(2004, 스페인 밴드릴), CERCO 06 국제현대도예전 초대개인전(2006, 스페인 saragoza), The Gallery at ward centre 초대개인전(2007, 하와이 Honolulu), 야마키 아트갤러리 권상인 도예초대전(2008, 일본 오사카), 권상인 영청연적과 일지화병 100점 전(2008, 부산 경성갤러리), 갤러리 INSPIRE 권상인 초대전(2010, 일본 도쿄), Cedar Street Gallery 초대전(2011, 하와이 Honolulu), CERCO 11 Galeria de Arte Pilar Gines 초대전(2011, 스페인 saragoza), 마스미 갤러리 and 스페이스 MURO 초대전(2011, 일본 도쿄), 갤러리-青柳 초대전(2012·2013, 일본 야마나시), Alfajar Gallery 초대전(2014, 스페인 Malaga), 갤러리-ROKUSAI 초대전(2014, 일본 야마나시), 갤러리 PaMa 동경 초대전(2015, 일본 동경)

권상희(權相禧) Kweon, Sang Hee

[생]1964·12·12 [본]안동(安東) [출]경북 안동 [주]서울 종로구 성균관로25의2 성균관대학교 신문방송학과(02-760-0392) [학]1985년 서울대 신문학과졸 1997년 미국 California State Univ. Northridge 대학원졸 2002년 신문방송학박사(미국 Southern Illinois Univ.) [경]1997년 삼성전자(주) 근무 2002년 미국 아칸소주립대 조교수 2003년 성균관대 신문방송학과 교수(현) 2004~2005년 한국방송학회 이사 2005년 성균관대 신문방송학과장 2008~2009년 영국 케임브리지대 Visting Fellow 2015년 성균관대 언론정보대학원장(현) 2015~2016년 한국소통학회 회장 [상]한국방송학회 학술상 번역서부문(2005) [저]'디지털시대 미디어 임팩트' '현대사회와 미디어의 이해'(2005) '컨버전스와 미디어세계'(2005) '커뮤니케이션 통계분석론'(2012, 컴원미디어) [역]'매스컴이론'

권석규(權錫珪) KWEON Seuk Gue

[생]1960·11·27 [출]충북 제천 [주]충북 청주시 상당구 상당로82 충청북도청 보건복지국(043-220-3000) [학]1979년 제천고졸 1986년 충북대 행정학과졸 [경]1988년 7급 공무원시험 합격 2010년 충북도 성과관리담당관(서기관) 2010년 同북부출장소장 2011년 同식품의약품안전과장 2012년 同복지정책과장 2014년 제천시 부시장 2015년 충북도 공보관 2015년 同보건복지국장(현)

권석균(權錫均) KWUN Seog Kyeun

[생]1958·1·13 [출]전북 익산 [주]서울 동대문구 이문로 107 한국외국어대학교 경영학과(02-2173-3232) [학]1980년 서울대 경영학과졸 1985년 同대학원 경영학과졸 1993년 경영학박사(미국 미네소타대) [경]1994~1995년 숙명여대 경영학과 조교수 1995년 한국외국어대 경영학과 조교수·부교수·교수(현) 1997~1999년 同최고세계경영자과정 주임교수 2001년 同세계경영대학원 교학부장 2003년 同경영학부장 2006~2007년 同연구대외협력처장, 한국전략경영학회 회장, 안랩(舊 안철수연구소) 사외이사(현), 중앙인사위원회 역량평가위원 2008년 한국외국어대 기업경영연구소장, 한국경영학회 부회장 겸 통일경영연구포럼위원장, 서울지방노동위원회 차별시정담당 공익위원 2012~2013년 한국인사조직학회 회장 2012년 안랩(舊 안철수연구소) 이사회 의장(현) 2013~2015년 한국외국어대 경영대학장 2014~2015년 同경영대학원장 [상]한국인사조직학회 논문상(1998) [저]'한국 대기업의 경영특성에 관한 연구'(1995) '한국대기업의 경영특성'(1996) '학습조직의 이론과 실제'(1998) '기업구조조정론'(1999) '감량경영과 고용조정'(1999) '企業危機 管理革命'(2005) [종]가톨릭

권석주(權奭周) KWEN Seok Zoo

[생]1947·11·29 [본]안동(安東) [출]강원 영월 [주]강원 춘천시 중앙로1 강원도의회(033-256-8035) [학]1966년 주천농고졸 [경]영월군 농업기술센터 소장, 평창군 농촌지도소 기술보급과장, 바르게살기운동 영월군협의회 부회장, 주천중고총동문회 회장, 영월군새마을회 회장 2006·2010년 강원도의회 의원(한나라당·새누리당) 2008~2010년 同운영위원회 위원 2008~2010년 同산업경제위원회 위원 2008~2009년 同예산결산특별위원회 위원 2010~2012년 同농림수산위원장 2012년 同기획행정위원회 위원 2014년 강원도의회 의원(새누리당)(현) 2014~2016년 同부의장 2014년 同교육위원회 위원 2016년 同사회문화위원회 위원(현) [상]녹조근정훈장, 농림부장관표창, 농촌진흥청장표창

권석창(權錫昌) Kwon, Sok Chang

[생]1966·8·6 [본]안동(安東) [출]충북 제천 [주]서울 영등포구 의사당대로1 국회 의원회관435호(02-784-0905) [학]1985년 제천고졸 1990년 서울대 신문학과졸 1992년 同행정대학원졸 2003년 미국 일리노이주립대 대학원 경영학·회계학과졸 2012년 중앙대 대학원 경영학 박사과정 수료 [경]1990년 행정고시 합격(34회) 1990년 울산지방해운항만청 행정사무관 1999년 해양수산부 항만정책국·해양정책국 서기관 2000년 미국 일리노이주립대 국외 훈련 2004년 부산지방해양수산청 항만물류과장 2006년 해양수산부 해양정책국 해양개발과장(서기관) 2007년 同해양정책국 해양개발과장(부이사관) 2007년 同해양정책본부 해양개발팀장 2007년 同해양정책본부 국제해사팀장 2008년 국토해양부 물류항만실 국제해사팀장 2009년 同항공철도국 광역도시철도과장 2009년 同교통정책실 광역도시철도과장 2011년 同교통정책실 간선철도과장 2011년 국가경쟁력강화위원회 공공기획국장(부이사관) 2013년 국토교통부 자동차정책기획단장 2015년 익산지방국토관리청장(고위공무원) 2015~2016년 세명대 교양과정부 초빙교수 2016년 새누리당 충북제천시·단양군당원협의회 운영위원장 2016년 제20대 국회의원(충북 제천시·단양군, 새누리당)(현) 2016년 새누리당 원내부대표(현) 2016년 국회 농림축산식품해양수산위원회 위원(현) 2016년 국회 운영위원회 위원(현) 2016년 국회 예산결산특별위원회 위원(현) [상]대통령표창(2006), 홍조근정훈장(2014) [저]'아빠! 공무원 왜 그만뒀어?'(2015, 자유) [종]기독교

권석형(權錫炯) KWON Suk Hyung

[생]1955·3·15 [주]충북 청주시 청원구 오창읍 각리1길 94 (주)노바렉스(02-587-0019) [학]1975년 중동고졸 1979년 중앙대 약학과졸 1998년 同대학원 약학과졸, 약학박사(중앙대) [경]1983년 (주)종근당제약 근무 1986년 삼아약품공업(주) 근무 1991년 동방제약(주) 근무 1992년 (주)한국파마 상무이사 1997~2008년 (주)렉스진바이오텍 대표이사, 한국벤처협회 부회장, 한국바이오벤처협회 이사, 한국건강기능식품협회 이사 2008년 (주)노바렉스 대표이사(현) 2010년 (사)한국식품영양과학회 부회장 2016년 (사)한국건강기능식품협회 회장(현) [상]국무총리표창(2000), 대통령표창(2002)

권선주(權善珠 · 女) Seon-Joo Kwon

[생]1956 · 11 · 12 [본]안동(安東) [출]전북 전주 [주]서울 중구 을지로79 IBK기업은행 은행장실(02-729-6211) [학]1974년 경기여고졸 1978년 연세대 영어영문학과졸 [경]1978년 중소기업은행 입행(공채 17기) 1993년 同광장동지점 차장 1998년 同방이동지점장 2001년 同역삼중앙지점장 2003년 同서초남지점장 2007년 IBK기업은행 PB사업단 부사업단장 2008년 同여신 · 외환지원센터장 2009년 同외환사업부장 2010년 同중부지역본부장 2011년 同카드사업본부장(부행장) 2012~2013년 同리스크관리본부장(부행장) 2013년 同금융소비자보호센터장 2013년 금융위원회 금융발전심의회 금융소비자 · 서민금융분과 위원 2013년 IBK기업은행 은행장(현) 2015년 미국 포춘紙 선정 '가장 영향력 있는 아시아 · 태평양지역 여성 기업인(The Most Powerful Women of Asia-Pacific) 25인' [상]제46회 무역의 날 국무총리표창(2009), 올해의 연세대 여동문상(2010), 미국 경제전문지 포천 선정 '2014년 가장 영향력있는 여성 경제인' 47위(2014), 이데일리 대한민국금융산업대상 대상(2014), 매경이코노미 선정 100대CEO(2014), 2014 여성소비자가 뽑은 베스트 금융CEO(2014), 경기여고동창회 자랑스런 경기인상(2014), 연세대 총동문회 '연세를 빛낸 동문상'(2014), 동탑산업훈장(2015), 대한민국 금융대상 '올해의 금융인상'(2015), 이데일리 대한민국금융산업대상 금융감독원장표창(2016)

권선택(權善宅) KWON Sun Taik

[생]1955 · 12 · 1 [본]안동(安東) [출]대전 [주]대전 서구 둔산로100 대전광역시청 시장실(042-270-2001) [학]1974년 대전고졸 1978년 성균관대 경영학과졸 2001년 한남대 지역개발대학원 도시계획학과졸 2004년 행정학박사(대전대) 2005년 서울대 과학및정책최고연구과정(SPARC)졸 [경]1977년 행정고시 최연소 수석합격 1990년 충남도 기획담당관 1992년 대통령 행정비서관 1994년 내무부 지방기획과장 1995년 同행정과장 1995년 대전시 기획관리실장 1997년 지방자치단체국제화재단 파견 1997년 내무부 지역경제심의관 1998년 행정자치부 지역경제심의관 1998년 同지방세제심의관 1998년 제2의건국범국민추진위원회 총괄심의관 1999년 대전시 정무부시장 1999년 同행정부시장 2002년 행정자치부 민방위재난관리국장 2002년 同자치행정국장 2003년 대통령 인사비서관 2004년 제17대 국회의원(대전中, 열린우리당 · 국민중심당 · 자유선진당) 2004년 열린우리당 원내부대표 2005년 同제4정책조정위원회 부위원장 2006년 대전대 대학원 총동창회장 2007~2008년 국민중심당 사무총장 2007~2008년 同대전시당 위원장 2008년 자유선진당 정책위 의장 2008년 同대전시당 위원장 2008~2012년 제18대 국회의원(대전中, 자유선진당) 2008~2013년 한국웅변인협회 총재 2008~2009년 자유선진당 원내대표 2010년 同지방선거전략기획단장 2010~2012년 同대전시당 위원장 2010~2011년 同원내대표 2010년 국회 국토해양위원회 위원 2011년 자유선진당 최고위원 2011년 同제19대 총선기획단장 2012년 제19대 국회의원선거 출마(대전 중구, 자유선진당) 2012년 선진통일당 대전시당 위원장 2012년 대전시시각장애인연합회 자문위원 2012년 (사)대전미래연구포럼 고문 2014년 대전광역시장(새정치민주연합 · 더불어민주당)(현), 대전발전연구원 이사장(현), 대전인재육성장학재단 이사장(현), 대전문화재단 이사장(현), 대전테크노파크 이사장(현), 대전시체육회 회장(현), 대전시생활체육회 회장(현), 대전시장애인체육회 회장(현) 2014년 대전시티즌 구단주(현) 2015년 대전권대학발전협의회 공동의장(현) [상]제1 · 2회 약속대상 최우수상(2009 · 2010), 홍조근정훈장, 대전중부모범운전자회 감사패(2010), 대전 · 충남적십자사 감사패(2010), 대한민국 반부패청렴대상(2011), 동아일보 한국의최고경영인상 가치경영부문(2015) [저]'재정학문자연구'(1977) '객관적인 행정학'(1977) '때로는 부족함이 더 아름답다'(2006) [종]불교

권선흥(權銑興) KWON Sun Heung

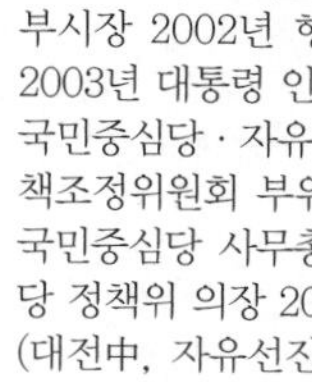

[생]1960 · 4 · 8 [출]전북 순창 [주]서울 서초구 헌릉로13 대한무역투자진흥공사 일반물자교역지원단(02-3460-7760) [학]1978년 관악고졸 1986년 경희대 정치외교학과졸 [경]1988년 대한무역투자진흥공사(KOTRA) 입사 2001년 同인사팀 근무 2002년 同부에노스아이레스무역관장 2005년 중소기업특별위원회 파견 2006년 대한무역투자진흥공사 IT전자산업팀 근무 2007년 同산토도밍고무역관장 2008년 同보고타무역관장 2008년 同보고타코리아비즈니스센터장 2011년 여수엑스포조직위원회 파견 2012년 대한무역투자진흥공사 보고타무역관장 2016년 同일반물자교역지원단장(현) [상]장관표창(2001 · 2006)

권　성(權 誠) KWON Seong

[생]1941 · 8 · 14 [출]충남 연기 [주]서울 종로구 경교장1길 13 인간성회복운동추진협의회(02-744-9215) [학]1960년 경기고졸 1966년 서울대 법학과졸 1969년 同사법대학원졸 [경]1967년 사법고시 합격(8회) 1969~1982년 부산지법 · 대전지법 · 인천지법 · 서울지법 판사 1982년 대전지법 부장판사 1984년 사법연수원 교수 1984년 서울민사지법 부장판사 1985년 법원행정처 송무국장 1991년 서울고법 부장판사 1993년 대법원 사법제도발전위원회 연구실장 1994년 서울고법 부장판사 1997년 서울지법 서부지원장 1998년 청주지법원장 1999~2000년 서울행정법원장 2000~2006년 헌법재판소 재판관 2006년 미국 델라웨어대 교환교수 2007~2008년 법무법인 대륙 상임고문변호사 2008~2014년 언론중재위원회 위원장 2008~2010년 인하대 법학전문대학원장 2009년 헌법재판소 자문위원 2010년 인간성회복운동추진협의회 회장(현) [상]한국법률문화상(2007), 자랑스러운 경기인상(2008), 자랑스러운 서울법대인(2010) [저]'가처분의 연구'(1994) '가등기 대물변제'(2010) '물권법(강의보충서)'(2010) '결단의 순간을 위한 권성 전 헌법재판관의 판결읽기'(2013, 청람) [종]유교

권성기(權成奇) KWON Sung Gi

[생]1964 · 10 · 5 [출]서울 [주]대구 남구 중앙대로219 대구교육대학교 과학교육과(053-620-1114) [학]1982년 대원고졸 1986년 서울대 물리교육과졸 1988년 同대학원 과학교육과졸 1995년 과학교육학박사(서울대) [경]1990~1994년 신사중 교사 1994년 부천전문대 · 청주교대 시간강사 1994년 광주교육대 · 숙명여대 시간강사 1995년 한국초등과학교육학회 편집위원 · 이사 1995년 대구교육대 과학교육과 교수(현) 2005~2006년 미국 네바다주립대 연구교수 2014~2015년 대구교육대 교육정보원장 겸 교수학습지원단장 [저]'인지구조와 개념 변화'(1992, 동양문화사) '구성주의 교육학(共)'(1998, 교육과학사) '초등과학교육 : 구성주의적 접근(共)'(1999, 시그마프레스) '물리교육학 연구(共)'(2000, 교육과학사) '구성주의적 과학학습심리학(共)'(2000, 시그마프레스) '고등학교 과학 : 교사용 지도서'(2001, 도서출판 디딤돌) '고등학교 과학(共)'(2002, 도서출판 디딤돌) '과학과 교재연구 및 지도(共)'(2003, 시그마프레스) '초등학교 과학교실 및 과학동아리 프로그램 개발(共)'(2003, 교육부) '학생의 물리 오개념지도'(2004, 북스힐) [역]'교사를 위한 수업전략'(2006, 시그마프레스)

권성동(權性東) KWON Seong Dong

[생]1960 · 4 · 29 [본]안동(安東) [출]강원 강릉 [주]서울 영등포구 의사당대로1 국회 의원회관820호(02-784-3396) [학]1979년 강릉 명륜고졸 1984년 중앙대 법학과졸 1986년 同대학원 법학과 수료 [경]1985년 사법시험 합격(27회) 1988년 사법연수원 수료(17기) 1988년 해군 법무관 1991년 수원지검 검사 1993년 춘천지검 강릉지청 검사 1994년 서울지검 검사 1996년 법무부 인권과 검사 1999년 서울지검 동부지청 검사 2000년 同동부지청 부부장검사 2000년 광주지검 장흥지청장 2001년 서울지검 부부장검사 2002년 광주지검 조사부장 2003년 同형사3부장 2003년 대검찰청 범죄정보2담당관 2005년 인천지검 특수부장 2006~2008년 서정 법무법인 변호사 2008~2009년 대통령 민정수석비서관실 법무비서관 2009년 제18대 국회의원(강릉 재보선 당선, 한나라당 · 새누리당) 2010~2011년 (사)대한수상스키 · 웨이크보드협회 회장 2010~2011년 한나라당 원내부대표 2010년 국회 지식경제위원회 위원 2010년 국회 운영위원회 위원 2010년 국회 국제경기대회개최 및 유치지원특별위원회 위원 2010년 국회 예산결산특별위원회 계수조정소위원 2011~2013년 여의도연구소 이사 2011~2012년 한나라당 강원도당 위원장 2012년 제19대 국회의원(강릉, 새누리당) 2012~2013년 새누리당 정책위원회 법사 · 행정안전담당 부의장 2012년 국회 법제사법위원회 여당 간사 2012년 국회 예산결산특별위원회 위원 2012년 국회 아동여성대상성폭력대책특별위원회 위원 2013~2015년 국회 평창동계올림픽및국제경기대회지원특별위원회 위원 2013년 대한태권도협회 부회장 2013~2014년 새누리당 제1정책조정위원장 2013년 국회 국정원사건국정조사특별위원회 간사 2013~2014년 국회 국가정보원개혁특별위원회 위원 2014년 국회 환경노동위원회 여당 간사 2014년 국회 정보위원회 위원 2014년 새누리당 인재영입위원회 부위원장 2015년 국회 정부 및 공공기관등의해외자원개발진상규명을위한국정조사특별위원회 여당 간사 2015년 새누리당 정책위원회 환경노동정책조정위원장 2015년 同전략기획본부장 2015년 同노동시장선진화특별위원회 위원 2015년 국회 평창동계올림픽및국제경기대회지원특별위원회 위원 2016년 새누리당 총선기획단 간사 2016년 同제20대 총선 중앙선거대책위원회 전략본부장 2016년 제20대 국회의원(강릉시, 새누리당)(현) 2016년 새누리당 사무총장 2016년 同혁신비상대책위원회 위원 2016년 국회 법제사법위원회 위원장(현) 2016년 국회 평창동계올림픽 및 국제경기대회지원특별위원회 위원(현) 2016년 국회 대한민국미래혁신포럼 준회원(현) 2016년 국회 유엔지속가능발전목표포럼 대표의원(현) [상]법률소비자연맹 선정 '국회 헌정대상'(2013 · 2016), 국제언론인클럽 글로벌 자랑스러운 한국인대상 의정발전공헌부문(2015)

권성문(權聲文) KWON Sung Moon

[생]1962·1·20 [주]서울 영등포구 여의대로66 KTB투자증권(주) 회장실(02-2184-2023) [학]1981년 심인고졸 1985년 연세대 경영학과졸 1989년 미국 미주리주립대 대학원 MBA [경]1984년 삼성물산(주) 입사 1990~1992년 동부그룹 종합조정실 근무 1992~1994년 한국종합금융(주) 근무 1995~1999년 한국M&A(주) 대표이사 사장 1996~1999년 한국D&D컨설팅 대표이사 1996~1999년 미래와 사람 사장 1999년 한국종합기술금융(주) 대표이사 사장 2000~2006년 KTB네트워크(주) 대표이사 사장 2001년 미국현지법인 KTB벤처스 회장(현) 2006년 KTB네트워크(주) 대표이사 회장 2008년 KTB투자증권(주) 대표이사 회장 겸 이사회 의장(현) 2013년 KTB네트워크(주) 비상근이사(현) [상]산업포장(2000), 올해의 청년상경인상(2000) [종]불교

권성수(權聖洙) KWON Sung Soo

[생]1951·5·2 [출]경북 의성 [주]대구 수성구 교학로4길 39 동신교회(053-756-1701) [학]1966년 대입검정고시 합격 1976년 숭실대 영어영문학과졸 1979년 총신대 신학대학원졸 1982년 미국 웨스트민스터신학교 대학원졸 1988년 신학박사(미국 웨스트민스터신학교) [경]1976년 한성교회 교육전도사 1979년 총신대 신학대학원 조교 1980~1984년 미국 필라델피아 갈보리교회·한인연합교회 교육강도사 1983년 Korean Institute of Theology and Evangelism 교수 1986~1990년 한성교회 협동목사 1986년 총신대 신학대학원 교수 1989~1991년 同신학대학원 학생처장·교무처장 1993년 충현교회 협동목사 1993년 엘피스장학회 회장 1994년 총신대 신학대학원 도서관장 1995~1998년 同기획실장 1996년 21세기교단부흥발전기획단 신학분과위원장 1998년 총신대 대학원장 1999년 대구동신교회 담임목사(현) 2000년 동신선교문화재단 이사장 2000년 한국OM국제선교회 대구지부 이사장 2000년 총신대 운영이사 2004년 同목회신학전문대학원 교수, 대구성시화본부 명예본부장(현), 개혁주의설교학회 회장, 대구극동방송 목회자자문위원회 위원장(현) 2011년 대한예수교장로회 총회헌법전면개정위원회 위원장(현) [상]한국기독교 출판문화상, 한국복음주의신학회 올해의신학자 대상 [저]'천국상급' '내발이 미끄러진다 말할 때에' '청년과 신앙' '종말과 영성' '시련을 너끈히 이긴다' '이것이 하나님의 진짜 은혜' '로마서 강해(Ⅰ·Ⅱ)' '요한계시록' [역]'세대주의 이해' '그리스도의 생애' '성령은사론' [종]기독교

권성수(權星秀) Kwon, Sung Soo

[생]1971·10·8 [출]경북 안동 [주]충남 홍성군 홍성읍 법원로38 대전지방법원 홍성지원(041-640-3100) [학]1990년 덕원고졸 1995년 연세대 법학과졸 1998년 同대학원졸 [경]1997년 사법시험 합격(39회) 2000년 사법연수원 수료(29기) 2000년 공익법무관 2003년 부산지법 판사 2006년 인천지법 판사 2010년 서울중앙지법 판사 2012년 서울고법 판사 2013년 사법연수원 교수 2016년 대전지법·대전가정법원 홍성지원 부장판사(현)

권성우(權成雨)

[생]1968·1·26 [출]경북 구미 [주]대구 달서구 장산남로 30 대구가정법원(053-570-1500) [학]1986년 금천고졸 1990년 성균관대 법학과졸 [경]1995년 사법시험 합격(37회) 1998년 사법연수원 수료(27기) 1998년 창원지법 예비판사 2000년 同판사 2001년 대구지법 판사 2003년 변호사 개업 2006년 대구지법 포항지원 판사 2009년 수원지법 성남지원 판사 2010년 서울고법 판사 2012년 대구지법 서부지원 판사 2014년 대구가정법원 부장판사(현)

권성원(權誠遠) KWON Sung Won (海松)

[생]1940·5·24 [본]안동(安東) [출]서울 [주]서울 강남구 논현로566 강남차병원 비뇨기과(02-3468-3215) [학]1959년 대전고졸 1965년 부산대 의대졸 1970년 연세대 대학원졸 1974년 의학박사(연세대) [경]1973년 연세대 의대 교수 1976~2005년 이화여대 의대 비뇨기과 교수, 同비뇨기과장 1979년 일본대 의학부 연구교수 1985년 스페인 바르셀로나의대 연구교수 1985년 독일 뤼벡의대 연구교수 1996년 대한비뇨기과학회 이사장 1999~2003년 대한의학레이저학회 회장 2001년 한국전립선관리협회 회장(현) 2003년 대한의학레이저학회 명예회장(현) 2005년 강남차병원 비뇨기과 과장 2005년 포천중문의대 비뇨기과 교수 2006년 뉴젠팜 기술고문 2007~2010년 동아제약 사외이사 2009년 차의과학대 의학전문대학원 비뇨기과학교실 석좌교수(현) 2012~2013년 여수시 홍보대사 [상]국제영상비뇨기과학회 올림프스상(1991), 메디슨 의광학상(1996), 동아의료문화상(1997), 국민훈장 동백장(2005), 국제로타리 초아의 봉사상(2013) [저]'비뇨기과학' '영상의학 비디오CD' [역]'신장 및 비뇨기과초음파의학' [종]기독교

권성준(權聖俊) KWON Sung Joon

[생]1955·6·29 [본]안동(安東) [출]서울 [주]서울 성동구 왕십리로222 한양대학교병원 외과(02-2290-9004) [학]1980년 한양대 의대졸 1983년 同대학원졸 1989년 의학박사(한양대) [경]1988년 한라병원 일반외과 과장 1988~1990년 한양대 부속병원 강사 1990~1999년 同의과대학 외과학교실 조교수·부교수 1992년 대한위암학회 상임이사 1999년 한양대 의과대학 외과학교실 교수(현) 2007~2009년 한양대의료원 기획실장 2013~2015년 한양대병원 병원장 2013년 대한소화기학회 부회장 2013년 대한위암학회 제1부회장 2014~2015년 同회장 2014년 Editorial Board of World Journal of Radiology(현) [상]제1회 한국로슈 종양학술상(2002), 제5회 한국로슈 종양학술상(2006), 존슨앤존슨 최다논문게재상(2006·2007·2010·2011·2012), 국무총리표창(2009), 대한암학회 로슈암학술상(2010), 대한위암학회 우수논문상(2010), 대한위암학회 한국로슈종양학술상·사노피-아벤티스 우수논문 발표상(2011), 존슨앤존슨 최다논문게재상(2013), 제13회 한국로슈 종양학술상(2014) [저]'위암(共)'(1999, 의학문화사) '알기쉬운 위장학(共)'(2001, 디자인메카) '외과학(共)'(2010, 군자출판사) '위암(共)'(2011, 일조각) '임상종양학(共)'(2011, 바이오 메디북) [종]천주교

권성중(權成重) KWON Sung Jung

[생]1969·12·12 [출]경북 문경 [주]강원 원주시 무실새골길12 법무법인 치악종합법률사무소(033-746-5833) [학]1988년 원주고졸 1997년 한양대 법학과졸 [경]2000년 사법시험 합격(42회) 2003년 사법연수원 수료(32기), 공증인가 법무법인 치악종합법률사무소 변호사(현), 교육인적자원부 고문변호사, 원주도시가스요금인하대책위원회 대표, 원주 한지문화제 부위원장, 민주사회를위한변호사모임 노동위원회 위원(현) 2016년 더불어민주당 원주시甲지역위원회 위원장(현) 2016년 제20대 국회의원선거 출마(강원 원주시甲, 더불어민주당) 2016년 더불어민주당 정책위원회 부의장(현)

권성철(權成哲) GWEON Seong C.

[생]1949·9·18 [출]부산 [주]서울 영등포구 여의나루로 81 파이낸셜뉴스 비서실(02-2003-7103) [학]1968년 부산고졸 1972년 서울대 경영학과졸 1974년 同대학원 경영학과졸 1985년 경영학박사(미국 일리노이대 시카고교) [경]1975~1978년 계명대 교수 1983~1988년 미국 Virginia Commonwealth Univ. 교수 1991년 고려증권 이사 1994년 중앙일보 부국장대우 전문위원 1997~1999년 同경제1부 편집위원(부국장) 1999년 현대증권 전무이사 2001~2003년 템피스투자자문 부회장 2003년 한국투자신탁증권 고문 2003년 한국투자증권 고문 2003~2005년 한국투자신탁운용 대표이사 사장 2004년 자산운용협회 부회장 2005~2008년 한국벤처투자(주) 사장 2010년 파이낸셜뉴스 대표이사 사장(현) 2014년 유안타증권(주) 감사(사외이사)(현) 2016년 한국디지털뉴스협회 감사(현) [종]기독교

권성택(權聖澤) KWON Sung Tack

[생]1959·7·15 [주]서울 종로구 대학로101 서울대병원 성형외과(02-2072-3759) [학]1984년 서울대 의대졸 1988년 同대학원졸 1993년 의학박사(서울대) [경]1995년 미국 토마스제퍼슨병원 Hand Center 연수, 서울대 의과대학 성형외과학교실 교수(현) 2012년 서울대병원 교육연구부 수련실장 2014년 同성형외과 과장 2014년 서울대 의과대학 성형외과학교실 주임교수(현) 2014년 대한미세수술학회 회장 [상]대한수부외과학회 임상분야 최우수논문상(2007), 대한수부외과학회 최우수상(2009)

권성택(權聖澤) KWON Sung Ted

[생]1960·7·27 [출]서울 [주]서울 강남구 테헤란로108길11 특허법인 화우(02-3465-7777) [학]1979년 우신고졸 1985년 홍익대 상경대학 무역학과 수료 2003년 한국방송통신대 법학과졸 2006년 서울디지털대 일본학과졸 [경]1985년 변리사시험 합격(22회) 1986~1990년 장용식특허법률사무소·차합동특허법률사무소 근무 1990~2006년 김·신·유특허법률사무소 변리사 2006년 특허법인 화우 파트너변리사(현) 2008·2009·2010·2011년 Asia Law & Practice 선정 지적재산권분야 최우수 법률전문가 [종]기독교

권성환(權成桓) KWON Seong Hwan

[생]1973·2·20 [본]안동(安東) [출]강원 강릉 [주]서울 종로구 사직로8길60 외교부 인사운영팀(02-2100-7136) [학]강릉고졸, 연세대졸 [경]1998년 외무고시 합격(32회), 외무부 서구과 사무관 2006년 駐LA 영사 2010년 駐베네수엘라 1등서기관, 대통령 국가안보실 파견 2015년 외교부 북미2과장 2016년 駐보스턴총영사관 영사(현)

권세중(權世重) KWON Sei Joong

[생]1966·3·11 [본]안동(安東) [출]강원 홍천 [주]서울 종로구 사직로8길60 외교부 기후변화외교과(02-2100-7711) [학]춘천고졸, 서울대 외교학과졸, 프랑스 파리정치대 유럽연구소 수학, 미국 노스웨스턴대 대학원 법학석사(LLM) [경]외교통상부 환경기구과 근무, 同서남아대양주과 근무, 同중동과 사무관, 同북미3과 근무, 駐시카고총영사관 영사, 대통령비서실 행정관, 글로벌녹색성장연구소(GGGI) 행정·국제기구화국장, 駐중국 1등서기관, 駐카자흐스탄 참사관 2013년 외교부 정책분석담당관 2015년 국무총리 의전비서관실 과장 2016년 외교부 기후변화환경외교국 기후변화외교과장(현) [종]가톨릭

권세창(權世昌)

[생]1963·6·20 [주]경기 화성시 팔탄면 무하로214 한미약품(주) 임원실(031-350-5600) [학]서울 경동고졸, 연세대 생화학과졸, 同대학원 생화학과졸, 동물자원과학박사(서울대) [경]한미약품 바이오팀장, 同연구센터 부장 2006년 同이사대우 2010년 同연구소 부소장 2010년 同R&D본부 상무 2012년 同연구소장 2014년 同연구소장(전무) 2016년 同연구센터 소장(부사장)(현) [상]한국산업기술평가관리원 으뜸기술상 우수상(2010), 홍진기 창조인상 과학기술부문(2016)

권수열(權洙烈) KWON Soo Youl

[생]1961·3·30 [본]안동(安東) [출]충북 [주]서울 종로구 대학로86 한국방송통신대학교 환경보건학과(02-3668-4705) [학]1980년 장충고졸 1984년 고려대 토목공학과졸 1986년 同대학원졸 1992년 공학박사(고려대) [경]1990년 고려대 생산기술연구소 선임연구원 1992~2003년 한국방송통신대 보건위생학과 교수 1997~1998년 미국 오리건주립대 방문교수 2003년 한국방송통신대 환경보건학과 교수(현) 2006년 同출판부장 2007~2009년 한국물환경학회 총무이사 [저]'환경위생학' '수질위생관리학' '수질대기시험법' 등 [종]기독교

권수영(權秀英) KWON Soo Young

[생]1958·12·25 [출]서울 [주]서울 성북구 안암로145 고려대학교 경영대학 경영학과(02-3290-1937) [학]1984년 고려대 경제학과졸 1986년 미국 Univ. of Texas at Austin 대학원 회계학과졸 1988년 미국 Univ. of Rochester 대학원 응용경제학과졸 1991년 회계학박사(미국 Washington Univ.) [경]1991~1993년 미국 Univ. of Utah 조교수 1993년 고려대 경영대학 경영학과 교수(현) 1995년 미국 Univ. of Hawaii at Manoa 객원교수 1996~1997년 한국통신 경영평가위원 1998년 시정개발연구원 초빙전문연구위원 2001~2003년 국민은행 BM관리자과정 주임교수 2003년 감사원 자문교수 2004년 금융감독원 공인회계사시험 출제위원 2004~2005년 대한주택보증 경영자문위원 2006년 (주)LG텔레콤 사외이사 2008년 고려대 총무처장 2012~2015년 한국회계기준원 회계기준위원회 비상임위원 2014~2015년 한국회계학회 회장 2015년 (주)GS홈쇼핑 사외이사(현) 2016년 고려대 경영대학장 겸 경영전문대학원장(현) [상]한국경영학회 공로상(1997), 한국회계학회 공로상(2002), 감사원 감사논집 최우수논문상(2005), 한국회계학회 최우수논문상(2005) [저]'정부회계 : 예산, 원가, 회계 및 감사'(1998) '중급재무회계'(2003) '서비스부문의 경영성과'

권수일(權秀逸) KWON Soo Il

[생]1955·7·1 [본]안동(安東) [출]서울 [주]경기 수원시 영통구 광교산로154의42 경기대학교 자연과학대학 전자물리학과(031-249-9618) [학]1979년 성균관대졸 1981년 同대학원졸 1988년 이학박사(성균관대) [경]1983~1995년 경기대 이과대학 물리학과 전임강사·조교수·부교수 1992~2003년 한국의학물리학회 감사·교육위원장·부회장 1993~1994년 미국 로렌스버클리연구소 방문연구원 1995년 경기대 자연과학대학 전자물리학과 교수(현), 同대학원 의학물리학과 교수 겸임(현) 1996~2000년 同의학물리연구소장 2000년 미국 캘리포니아대 샌프란시스코캠퍼스 방문교수 2003~2005년 경기대 기초과학연구소장 겸 자연과학부장 2005~2007년 同물리학과장 2008년 한국의학물리학회 회장, 원자력의학포럼 부회장 [상]한국의학물리학자상(2011) [저]'방사선계측학실험'(1999) [종]기독교

권숙일(權肅一) KWUN Sook Il (峴堂)

[생]1935·7·29 [본]안동(安東) [출]서울 [주]서울 서초구 반포대로37길59 대한민국학술원(02-3400-5220) [학]1954년 경기고졸 1958년 서울대 물리학과졸 1960년 同대학원졸 1965년 이학박사(미국 유타대) [경]1958~1961년 국방과학연구소 연구원 1965년 미국 시카고대 연구원 1966~1979년 서울대 조교수·부교수 1979~2002년 同물리학과 교수 1985~1989년 한국물리학회 부회장 1989년 서울대 기초과학전국공동기기센터소장 1989년 同연구처장 1991~1993년 同자연과학대학장 1992년 전국자연과학대학장협의회 회장 1993년 국제강유전체회의 의장 1994~1996년 교육개혁위원 1995년 한국물리학회 회장 1995년 한국과학기술한림원 이학부 원로회원·종신회원(현) 1997~1998년 과학기술처 장관 2000년 서울대 명예교수(현) 2002년 명지대 물리학과 석좌교수(현) 2002년 대한민국학술원 회원(물리학·현) 2012년 同부회장 2014년 同회장(현) [상]한국물리학회 학술논문상(1988), 대한민국과학상(2000), 청조근정훈장(2003), 한국과학기술한림원상(2008), 자랑스러운 자연대인 상(2012) [저]'强誘電體 입문(共)'(2001) [역]'고체물리학'(1985)

권숙형(權肅亨) Sook-Hyung(Sam) Kwon

[생]1959·5·2 [출]경북 안동 [주]서울 종로구 인사동7길32 SK건설 임원실(02-3700-8470) [학]유한공고졸 1983년 서울시립대 화학공학과졸 1987년 연세대 대학원 화학공학과졸 [경]1982~1984년 전엔지니어링(주) 근무 1984~1987년 럭키엔지니어링(주) 근무 1987~2002년 SK에너지(주) 근무 2003년 同LBO(Lube Base Oil) 프로젝트 담당(상무) 2005년 同NRC(New Reformer Center)프로젝트 담당(상무) 2006년 同No.2FCC프로젝트 담당(상무) 2008년 同HCC프로젝트 담당(상무) 2008년 세계인명사전 'Marquis Who's Who in the World'에 등재, 영국 IBC '2000 Outstanding Intellectuals of the 21st Century'에 선정 2009년 SK에너지(주) HCC사업추진본부장 2010년 SK건설 화공 아시아퍼시픽 총괄전무, 同화공EPC 총괄전무 2014년 同PJT E&C Service부문장(전무)(현) 2014년 同해외공사실장(전무) [상]한국경제신문사 다산기술상(2000), 한국기술사회상(2001), 미국 ABI 'Great Minds of the 21st Century'에 선정, 한국화학공학회 윤창구기술상(2009) [작]특허 'Method for Producing Feedstocks of High Quality Lube Base Oil from Unconverted Oil of Fuels Hydrocracker Operating in Recycle Mode'(미국·한국 포함 22개국) [종]기독교

권순갑(權純甲) KWON Soon Gab

[생]1954·11·15 [본]안동(安東) [출]경북 안동 [주]경북 구미시 수출대로127 한국산업단지공단 대구경북지역본부 대구경북EIP총괄사업단(070-8895-7770) [학]1972년 안동고졸 1980년 울산대 공과대학 공업화학과졸, 서울대 행정대학원 국가정책과정 수료 [경]1979년 한국종합화학(주) 근무 1982년 에너지관리공단 남서울지역난방사업본부 근무 1985~1989년 한국지역난방공사 입사·관리부·업무부·영업부 근무·기획관리실 과장 1989년 同기획조정실·해외사업추진반 부장 1995년 同사업개발처장·강남지사장 1998년 同총무관리처장 2002년 同재무처장 2003년 同기획처장 2006~2008년 同기획본부장(상임이사) 2010~2012년 한국산업단지공단 대구EIP사업단장 2013년 同대구경북EIP총괄사업단장(현) [상]통상산업부장관표창(1996), 대통령표창(2002)

권순경(權順慶) KWON Soon Kyoung

[생]1940·10·14 [본]안동(安東) [출]평남 안주 [주]서울 도봉구 삼양로144길33 덕성여자대학교 약학대학(02-901-8393) [학]1958년 해동고졸 1962년 서울대 약학과졸 1964년 同대학원 약학과졸 1975년 이학박사(서독 뮌스터대) [경]1964~1967년 서울대 약대 조교 1970~1976년 서독 뮌스터대 약대 조교 1976~1978년 국방과학연구소 합성실장 1978~1987년 덕성여대 제약학과 조교수·부교수 1984~1986년 同학생처장 1986~1988년 同교무처장 1987~2006년 同제약학과 교수 1988년 同기획실장 1989년 同도서관장 1990~1991년 同약대학장 직대 겸 교무처장 1991년 同약대학장 겸 부총장 1997~1998년 同총장서리 1998~2000년 同약대학장 1999~2000년 한국약학대학협의회 회장 2001년 덕성여대 총장 직대 2002년 보건복지부 중앙약사심의위원회 안전분과위원장 2006년 덕성여대 약학대학 명예교수(현) [상]대한약학회 학술상(1980), 대한약사회 약사금탑상(1992), 의학신문사 약사평론가기장(1997), 약업신문 동암약의상(2001), 근정포장(2006)

[저]'환각제'(1981) '전자이동'(1984) '의약의 세계'(1988) '유기의약품화학(上·下)(共)'(1999) '알아야 할 약과 건강상식'(2000) '의약화학'(2001) '유기약품 제조화학실습(共)' '약과 건강상식' '유기 분광학' '화학의 세계' '유기화학' [종]기독교

권순경(權純慶) KWON Soon Kyung

[생]1957·7·25 [출]경북 선산 [주]서울 중구 퇴계로26길 52 서울특별시청 소방재난본부 본부장실(02-3706-1236) [학]선산고졸, 한국방송통신대 행정학과졸, 경북대 행정대학원졸 [경]1985년 소방간부후보생 공채(4기) 합격·소방위 임용, 경북도 소방본부 영주소방서장 2002년 同구미소방서장, 소방방재청 대응기획과 기획담당관 2006년 경기도소방학교장(소방준감) 2006년 경북도 소방본부장 2008년 소방방재청 정보화담당관 2010년 同중앙소방학교장(소방감) 2011년 국방대 교육파견(소방감) 2012년 소방방재청 소방정책국장 2013년 서울시 소방재난본부장(현)

권순국(權純國) KWUN Soon Kuk (德山)

[생]1942·4·10 [본]안동(安東) [출]대구 [주]경기 성남시 분당구 돌마로42 한국과학기술한림원(031-726-7900) [학]1964년 서울대 농공학과졸 1974년 미국 콜로라도주립대 대학원졸 1980년 농공학박사(미국 아이오와주립대) [경]1967~1980년 농촌진흥청 농공이용연구소 연구원 1980~1990년 서울대 농업생명과학대학 조교수·부교수 1987~1989년 同농업생명과학대학 학생담당 학장보 1989~1991년 同학생처 부처장 1990~2007년 同농업생명과학대학 조경·지역시스템공학부 지역시스템공학과 교수 1993~1999년 한국농어촌공사 이사 1994년 한국과학기술한림원 정회원 2000~2003년 국제관개배수위원회(ICID) 부회장 2001~2002년 서울대 농업개발연구소장 2001~2003년 한국농공학회 회장 2002~2004년 서울대 농업생명과학원 부원장 2005~2006년 수도및물환경공학국제학회(PAWEES) 회장 2007~2010년 한국과학기술한림원 회원담당 부원장 2007년 서울대 명예교수(현) 2011년 한국과학기술한림원 종신회원(현) [상]한국농공학회 학술상(1989), 환경부장관표창(1996), 농어촌진흥대상(1999), 서울대학교총장표창(2001), 제5회 농업생명과학교육상(2005), 황조근정훈장(2007) [저]'응용수문학'(1984) '신고 수리학'(1993) '신제 간척공학'(1993) '농공학개론'(1995) '신고 수리구조공학'(1995) '농업수리'(1996) '환경보전'(1996) '지역환경공학'(1998) '신제 응용수문학'(2000) 'History of Irrigation in Korea'(2001) 'Rice Culture in Asia'(2001) '농업과 물'(2002) '남북한 농업용어 비교집'(2003) '사람과 물'(2008) [역]'하천오염의 모델해석'(1998) [종]불교

권순기(權淳基) Soon-Ki Kwon

[생]1959·3·28 [본]안동(安東) [출]경남 [주]경남 진주시 진주대로501 경상대학교 공과대학 나노·신소재공학부(055-772-1652) [학]1978년 진주고졸 1982년 서울대 사범대학졸 1984년 한국과학기술원(KAIST) 화학과졸(석사) 1987년 이학박사(한국과학기술원) [경]1983~1987년 한국과학기술원(KAIST) 화학과 조교 1987~1998년 경상대 공대 고분자공학과 전임강사·조교수·부교수 1997~1998년 同항공공학특성화사업단 실무추진위원장 1998년 同공과대학 나노·신소재공학부 교수(현) 1999년 同생산기술연구소 산학연협동센터장 2000년 同공대 응용화학공학부장 2002~2006년 산업자원부 차세대신기술개발사업단 운영위원장 2003년 경상대 지방대학혁신역량강화사업추진단장 2004~2010년 경남도 지역혁신협의회 위원 2004~2005년 경상대 공대 응용화학공학부장 2005~2007년 同공대 신소재공학부장 2006~2009년 同i-큐브소재·부품인력양성사업단장 2007~2009년 同공대 나노·신소재공학부장 2007~2009년 국가나노기술집적센터 자문위원 2008~2009년 한국과학재단 기초연구기획평가자문위원회 위원 2008~2009년 지식경제부 디스플레이산업전략기획위원회 OLED분과 위원장 2009~2011년 경남도 경남녹색성장포럼 위원 2009~2011년 경상대 공과대학장 2009~2012년 (재)경남테크노파크 이사 2011~2012년 삼성모바일디스플레이·경상대 OLED센터장 2011~2012년 덕산하이메탈 사외이사 2011년 LMS 기술고문 2011~2015년 경상대 총장 2012년 지식경제부 산하 '소재·부품 전략위원회' 위원장 [상]LG전자기술원 R&D우수연구개발협력상(2004), 대한화학회 고분자분과회 학술진보상(2004), 진주시 바이오21센터설립 공로상(2004), 경상대 공학연구원 2003~2004 우수연구자상(2004), 삼성전자 휴먼테크논문대상 특별상(2006), 경상대 개교기념일 특별상(2006), 경상대 공학연구원 2005~2006 우수연구자상(2006), 한국과학기술단체총연합회 우수논문상(2006), 경상대학교총장 특별상(2008), 경상대 공학연구원 2007~2008 우수연구자상(2008), 경남도 경남과학기술대상 연구부문 대상(2008), 경상대 공학연구원 2009~2010 우수연구자상(2010), 지식경제부장관표창(2011), 2015 KAIST 자랑스런 동문상(2016)

권순록(權純錄) KWON Soon Rok

[생]1959·12·22 [출]경북 경주 [주]전북 완주군 이서면 반교로150 행정자치부 지방행정연수원 행정지원과(063-907-5011) [학]1978년 경주고졸 1988년 성균관대 경영학과졸 [경]1998년 내무부 행정관리국 조직관리과 사무관 2003년 행정자치부 행정관리국 조직관리과 서기관 2004년 同행정개혁본부 조직혁신국 혁신총괄과 서기관 2004년 ASEAN+3 정부혁신관계장관회의 준비단 파견 2005년 고위공무원단제도실무추진단 파견 2006년 제주4·3사건처리지원단 파견 2006년 행정자치부 공직윤리팀장 2008년 행정안전부 윤리정책담당관 2008년 중앙공무원교육원 기획협력과장 2009년 행정안전부 조직정책관실 조직진단과장 2012년 同지방행정연수원 행정지원과장 2013년 안전행정부 지방행정연수원 행정지원과장 2014년 행정자치부 지방행정연수원 행정지원과장(서기관) 2016년 同지방행정연수원 행정지원과장(부이사관)(현)

권순박(權純博) Kwon Soon Bark

[생]1963·9·30 [본]안동(安東) [출]경북 안동 [주]세종특별자치시 노을6로8의14 국세청 개인납세국 부가가치세과(044-204-3201) [학]1981년 안동고졸 1983년 세무대학 내국세학과졸 1992년 한국방송통신대 경영학과졸 [경]1983~2005년 마포세무서 부가가치세과·동부세무서·남대문세무서 법인세과·영등포세무서 법인세과·서초세무서 소득세과·성북세무서 소득세과·서울지방국세청 조사1국제2조사관실·국세청 기획예산담당관실·국세청 소득세과 근무 2006년 서울지방국세청 조사2국 1과 팀장 2006년 국세청 재정기획담당관실 근무 2007~2009년 서대문세무서 조사과장 2009년 국세청 감사담당관실 근무 2012년 서울지방국세청 조사1국 2과 팀장 2013년 동래세무서장 2014년 서울지방국세청 조사4국 2과장 2014년 국세청 조사2과장 2016년 同개인납세국 부가가치세과장(현)

권순배(權純培) KWON Soon Bae

[생]1952·5·23 [주]서울 중구 세종대로39 대한상공회의소7층 한국정보통신(주) 비서실(02-368-0700) [학]1970년 신일고졸 1976년 성균관대 도서관학과졸 1985년 同대학원 경영학과졸 1996년 서울대 대학원 정보통신정책과정 수료 [경]1978~1981년 국방과학연구소 근무 1988~1996년 통신개발연구원 사무국장 1997~1999년 한국전화번호부(주) 이사 2000년 한국정보통신(주) 경영지원담당 상무이사 2001년 同관리총괄 상무이사 2004년 同경영지원부문 전무이사 2006년 同경영총괄 전무이사 2010년 同경영총괄 부사장 2013년 同대표이사(현)

권순범(權純凡) KWON, SOON BUM

[생]1957·11·8 [본]안동(安東) [출]서울 [주]서울 강서구 공항대로376 KBS비즈니스 감사실(02-2600-8600) [학]1976년 보성고졸 1984년 연세대 세라믹공학과졸 1999년 중앙대 신문방송대학원 방송학과졸 2014년 연세대 언론홍보대학원 최고위과정 수료 [경]1998년 KBS 보도제작국 차장 1998년 同보도국 사회2부 차장 2000년 同보도국 경제부 차장 2002년 同보도국 9시뉴스 차장 2003년 同보도국 뉴스제작부장 2005~2008년 同상파울루특파원 2008년 同보도본부 탐사보도팀장 2009년 同해설위원 2009년 同보도본부 보도국 네트워크팀장 2010년 同보도국 편집주간 2011년 同방송문화연구소장 2012년 同보도본부 시사제작국장 2013~2014년 同정책기획본부장 2014년 재외동포재단 자문위원회 위원 2014~2015년 KT스카이라이프 사외이사 겸 감사위원 2014년 KBS비즈니스 감사(현) [상]대통령표창(1999) [종]기독교

권순범(權純範) Kwon Sun Beom

[생]1969·2·7 [출]서울 [주]서울 서초구 반포대로157 대검찰청 미래기획·형사정책단(02-3480-2000) [학]1987년 상문고졸 1991년 고려대 법과대학졸 1994년 同대학원 법학과 수료 [경]1993년 사법시험 합격(35회) 1996년 사법연수원 수료(25기) 1999년 서울지검 검사 2001년 대전지검 서산지청 검사 2002년 부산지검 동부지청 검사 2004년 법무부 검찰1과 검사 2007년 서울동부지검 검사 2009년 대검찰청 연구관 2010년 광주지검 해남지청장 2011년 서울고검 검사 2012년 법무부 형사법제과장 2012년 대검찰청 기획조정부 정책기획과장 2013년 서울중앙지검 형사5부장 2014년 제주지검 부장검사 2015년 서울동부지검 형사1부장 2016년 대검찰청 검찰연구관(미래기획·형사정책단장)(현)

권순석(權純奭) KWON Soon Seok

[생]1959 · 3 · 25 [주]경기 부천시 원미구 소사로327 가톨릭대학교 부천성모병원(032-340-2003) [학]1984년 가톨릭대 의대졸 1991년 同대학원졸 1995년 의학박사(가톨릭대) [경]1993~2004년 가톨릭대 의대 내과학교실 전임강사 · 조교수 · 부교수 1997년 미국 Univ. of Tennessee Dept. of Allergy and Immunology 연수 2003~2009년 대한천식알레르기학회 홍보이사 · 보험이사 · 재무이사 2004년 가톨릭대 의과대학 내과학교실 호흡기 및 알레르기내과 교수(현) 2007~2009년 同부천성모병원 진료부원장 2009년 同성가병원 내과 과장 2009년 同부천성모병원 내과 과장 2011~2015년 同부천성모병원 진료부원장, 同부천성모병원 호흡기내과분과장, 同부천성모병원 종합검진센터장, 同부천성모병원 폐암전문센터장 2015년 同부천성모병원장(현)

권순섭(權純燮) Kwon, Soon-Sup (德高)

[생]1957 · 9 · 3 [본]안동(安東) [출]강원 횡성 [주]서울 동대문구 청계천로501 (주)동명기술공단 부사장실(02-6211-7007) [학]1976년 국립철도고졸 1983년 명지전문대 토목과졸 2000년 서울과학기술대 토목공학과졸 2002년 同철도전문대학원 철도건설공학과졸 2009년 철도건설공학박사(서울과학기술대) [경]1976~1982년 철도청 근무 1983~2000년 (주)한보 토목사업본부 이사대우(전라선10공구 · 분당선4공구 소장) 2000~2006년 삼성물산(주) 토목사업본부 소장(중앙선3공구 소장) 2003년 명지전문대 토목과 겸임교수 2004~2012년 서울시도시철도공사 기술자문위원 2004~2007년 한국산업안전공단 전문강사(토목시공) 2005년 한국산업인력공단 기술사 출제 및 채점위원 2005년 한국교통대 철도시설토목과 겸임교수 2005~2012년 서울과학기술대 건설공학부 · 철도전문대학원 겸임교수 2005~2007년 同공학인증 자문위원 2005~2010년 국토해양부 감사자문위원 2006~2008년 同철도기술전문위원회(철도시설분과) 전문위원 2006년 한국철도건설공학협회 부회장(현) 2006~2009년 남광토건(주) 토목사업본부 상무 2007~2011년 익산지방국토관리청 설계자문위원 2007~2009년 한국기술사회 기술중재위원회 위원 2007~2009년 대법원 전문심리위원 2008~2011년 한국철도학회 이사 2008년 고용노동부 국가기술자격정책심의위원회 전문위원 2009~2011년 국방부 특별건설기술심의위원회 위원 2010~2011년 남광토건(주) 토목사업본부장(전무) 2010~2013년 국토해양부 중앙설계심의위원회 위원 2010~2012년 코레일 공항철도기술자문위원 2010년 서울과학기술대총동문회 부회장 2012~2013년 경기도 건설기술심의위원회 위원 2012년 한국철도학회 부회장, 同이사(현) 2012~2013년 선구엔지니어링 기술연구소장(전무) 2013~2014년 매일이엔씨(주) 대표이사 2013~2014년 국토교통부 중앙설계심의위원회 위원 2014년 동명기술공단 부사장(현) 2014년 대한상사중재원 중재인(현) 2014년 원주지방국토관리청 설계자문위원 [상]서울시장표창(1998), 건설부장관표창(2004), 한국철도학회 우수논문상(2004 · 2005 · 2007 · 2008), 한국철도시설공단 이사장표창(2006), 한국철도시설공단 공로상(2007), 한국철도학회 기술상(2008), 석탑산업훈장(2009), 한국철도건설협회 공로상(2013), 한국철도학회 공로상(2014)

권순엽(權純燁) Soon Yub Kwon

[생]1957 · 6 · 17 [출]서울 [주]서울 중구 남대문로63 한진빌딩 법무법인 광장(02-772-4751) [학]1976년 경기고졸 1980년 서울대 법학과졸 1984년 미국 펜실베이니아대 법과대학원졸 1987년 법학박사(미국 컬럼비아대) [경]1987~1999년 Paul · Weiss · Rifkind · Wharton & Garrison 법률회사 국제통상 · 투자 · 통신담당 변호사 · 미국 워싱턴DC 및 펜실베이니아주 변호사 2000년 한솔엠닷컴 신규사업담당 및 법률고문(부사장) 2000년 한솔아이글로브(주) 대표이사 사장 2003년 하나로통신(주) 전략기획부문장(부사장 · CSO) 2004년 同수석부사장 2004년 하나로텔레콤(주) 수석부사장 2005년 同경영총괄 부사장 2005~2006년 두루넷 대표이사 사장 2005~2006년 하나로텔레콤(주) 대표이사 2006년 법무법인 세종 미국변호사 2008년 SK텔레콤 부사장 2008년 (주)SK 프로젝트담당 부사장 2008년 同정보통신담당 부사장 2009년 同경영경제연구소 전문위원 2010년 법무법인 광장 변호사(현) 2015년 한국방송통신전파진흥원 비상임이사(현) [상]체신부장관표창(1992), 대통령표창(1997), 산업포장(2005) [종]감리교

권순용(權純庸) KWON Soon Yong

[생]1960 · 3 · 17 [주]서울 영등포구 63로10 여의도성모병원 정형외과(02-3779-1102) [학]1978년 원주고졸 1984년 가톨릭대 의대졸 1993년 同대학원졸 1996년 의학박사(가톨릭대) [경]1996년 가톨릭대 의대 정형외과학교실 교수(현) 1997년 미국 U.C.S.D. Bioengineering 및 정형외과학 Visiting Scholar 1999년 대한정형외과학회 편집위원 2000년 근로복지공단 산재심사실 자문의 2002~2004년 건강보험관리공단 비상근심사위원 2003년 정형외과연구학회 간사 2009~2013년 가톨릭대 여의도성모병원 정형외과장 2014년 2018평창동계올림픽대회조직위원회 의무전문위원(현) 2015년 가톨릭대 여의도성모병원 의무원장(현) 2015년 국민건강보험심사평가원 비상근위원 및 자동차보험심사자문단(현) 2015년 대한정형외과연구학회 회장(현) 2015년 대한의사협회 의료배상공제조합 심사위원(현) 2015년 한국보건의료연구회 연구기획자문단(현) 2015년 대한정형외과학회 이사(현) 2016년 가톨릭대 의과대학 정형외과학교실 주임교수(현) [상]미국 Zimmer Travelling Fellow(2000), 대한정형외과학회 논문대상(2002 · 2003), 만례재단상(2007)

권순우(權順羽 · 女) KWON Soon Woo

[생]1958 · 12 · 25 [출]대전 [주]서울 마포구 매봉산로45 KBS미디어 임원실(02-6939-8004) [학]1977년 경북여고졸 1981년 서강대 영어영문학과졸 [경]1982년 한국방송공사(KBS) 교육국 교육1부 근무 1995년 同편성운영본부 차장 1996년 同위성방송국 차장 1999년 同TV제작센터(위성방송) 차장 1999년 同TV제작센터(위성방송) 부주간 1999년 同뉴미디어센터 위성편성 부주간 2003년 同편성국 편성정책 주간 2004년 同시청자센터 시청자서비스팀장 2006년 同외주제작국 프로듀서 2009년 同편성본부 편성국장 2009년 同심의실 심의위원 2012년 중앙공무원교육원 파견(국장급) 2013년 KBS 협력제작국 근무(국장급) 2013~2014년 한국청소년상담복지개발원 비상임이사 2014~2015년 한국방송공사(KBS) 편성본부장 2016년 KBS미디어 부사장(현) [상]한국방송대상, 창작과 실험상, 이달의 좋은 프로그램상(2000) [종]원불교

권순우(權純旴) KWON Soon Woo

[생]1961 · 8 · 14 [본]안동(安東) [출]서울 [주]서울 서초구 서초대로74길4 삼성생명서초타워 삼성경제연구소 금융산업실(02-3780-8071) [학]1985년 서울대 경제학과졸 1998년 금융학박사(한국과학기술원) [경]삼성경제연구소 금융팀장(수석연구원) 2009년 同거시경제실장(상무) 2013년 同금융산업실장(상무) 2015년 同금융산업실장(전무)(현)

권순욱(權純旭) KWON Soon Uk

[생]1949 · 9 · 2 [출]경북 안동 [주]서울 강남구 테헤란로87길36 삼성공항도심타워14층 법무법인 로고스(02-2188-1004) [학]1967년 경북고졸 1972년 서울대 법과대학 법학과졸 [경]1973년 사법시험 합격(15회) 1975년 사법연수원 수료(5기) 1976~1978년 軍법무관 1978~1981년 서울지검 북부지청 검사 1981~1983년 대구지검 검사 1983~1985년 법무부 검찰제3과 검사 1985년 일본 게이오대 객원연구원 1985년 서울지검 의정부지청 검사 1986~1987년 서울지검 검사 1987년 대구지검 검사 1987~1989년 同김천지청장 1989~1990년 대검 검찰연구관 1990~1991년 同공판송무과장 1991~1993년 인천지검 강력부장 1993년 법무부 보호과장 1993~1994년 서울지검 동부지청 형사3부장 1994~1995년 서울지검 송무부장 1995년 변호사 개업 1995~2001년 서울고검 사회보호위원 1996~1998년 서울지방변호사회 이사 · 인권위원장 1997~2003년 행정자치부 공무원급여재심회 심사위원 1999~2001년 서울지방변호사회 '시민과 변호사' 편집위원장 2000년 법무법인 로고스 상임고문변호사(현) 2007년 현대피앤씨(주) 사외이사

권순욱(權純旭) KWON Soon Wook

[생]1972 · 8 · 29 [본]안동(安東) [출]강원 강릉 [주]세종특별자치시 다솜2로94 해양수산부 운영지원과(044-200-507) [학]대성고졸, 연세대 행정학과졸 [경]인천지방해양항만청 항무과 행정사무관 2008년 국토해양부 행정사무관 2009년 同물류산업과 서기관 2010년 국가경쟁력강화위원회 파견(서기관) 2012년 대통령실 파견(서기관) 2013년 인천지방해양항만청 운영지원과장 2013년 해양수산부 기획조정실 규제개혁법무담당관 2014년 同허베이스피리트피해지원단 보상협력팀장 2015년 同해양레저과장 2016년 同기획조정실 창조행정담당관 2016년 駐러시아 1등서기관(현) [종]불교

권순익(權淳益) KWON Soon Ik

[생]1960 · 2 · 28 [본]안동(安東) [출]부산 [주]부산 남구 문현금융로40 한국주택금융공사 감사실(051-663-8012) [학]부산 동아고졸 1986년 부산대 불어불문학과졸, 同신문방송대학원 언론학과졸 [경]1987년 매일신문 기자 1988년 국제신문 기자 1997년 同사회1부 차장 1998년 同경제부 차장 1999년 同사회1부 차장 2001년 同편집2부장 2002년 同편집1부장 2003년 同사회1부장 2004년 同체육부장 2005년 同경제부장 2006년 同편집국 정치총괄데스크 부국장 2007년 同논설위원 2011년 同광고국장 2012년 同경남본부장 2012년 同서울지사 선임기자 2015~2016년 리더스경제신문 편집국장 2016년 한국주택금융공사 감사(현) [종]불교

권순일(權純一) KWON Soon Il

[생]1959·7·26 [본]안동(安東) [출]충남 논산 [주]서울 서초구 서초대로219 대법원 대법관실(02-3480-1042) [학]1977년 대전고졸 1981년 서울대 법학과졸 1989년 同대학원졸 1992년 미국 컬럼비아대 대학원졸(LL.M.) 2002년 미국 버클리대 V.S. 2002년 법학박사(서울대) [경]1980년 사법시험 합격(22회) 1984년 사법연수원 수료(14기) 1985년 서울형사지법 판사 1987년 서울민사지법 판사 1989년 춘천지법 판사 1993년 법원행정처 사법정책연구심의관 1994년 同조사심의관 1995년 서울지법 판사 1996년 서울고법 판사 1998년 서울가정법원 판사 1999년 대구지법 부장판사 2000년 인천지법 부장판사 2004년 서울행정법원 부장판사 2006년 대전지법 수석부장판사 2006년 대전고법 부장판사 2007년 同수석부장판사 2008년 대법원 선임재판연구관 2010년 同수석재판연구관 2011년 법원행정처 기획조정실장 2012~2014년 同차장 2014년 대법원 대법관(현) [저]'증권투자권유자책임론'(2002) [종]불교

권순정(權純汀) KWON Soon Jung

[생]1974·7·16 [출]충북 청주 [주]경기 과천시 관문로47 법무부 법무실 법무과(02-2110-3178) [학]1992년 단국대부고졸 1998년 서울대 법학과졸 [경]1997년 사법시험 합격(39회) 2000년 사법연수원 수료(29기) 2003년 서울지검 검사 2004년 서울중앙지검 검사 2005년 춘천지검 원주지청 검사 2009년 법무부 법무심의관실 검사 2012년 인천지검 검사(법무부 정책기획단 파견) 2013년 인천지검 부부장검사 2014년 서울중앙지검 부부장검사 2015년 의정부지검 형사5부장 2016년 법무부 법무과장(현)

권순찬(權純贊) Kwon Sunchan

[생]1959 [주]서울 영등포구 여의대로38 금융감독원 임원실(02-3145-5329) [학]1977년 김천고졸 1984년 성균관대 경영학과졸 2002년 同대학원 경영학과졸 2006년 경영학박사(성균관대) [경]1984~1998년 한국은행 감독기획국·검사제1국·금융지도국·신용감독국 근무 1999년 금융감독원 검사6국 근무 2002년 同검사총괄국 근무 2004년 同IT업무실 팀장 2005년 同조사연구실 팀장 2007년 同은행검사2국 팀장 2007년 미국 샌프란시스코 연방준비제도이사회(FRB) 파견 2009년 금융감독원 감독서비스총괄국 부국장 2010년 同금융리스크제도실장 2011년 同생명보험검사국장 2013년 同감독총괄국장 2014년 同기획검사국 선임국장 2015년 同보험담당 부원장보(현)

권순탁(權純卓)

[생]1967·4·27 [본]안동(安東) [출]경북 경주 [주]대구 달서구 장산남로30 대구가정법원 부장판사실(053-570-1500) [학]1986년 포항제철고졸 1991년 서울대 법학과졸 [경]1991년 사법시험 합격(33회) 1994년 사법연수원 수료(23기) 1994년 軍법무관 1997년 대구지법 판사 2001년 同경주지원 판사 2003년 대구지법 판사 2005년 대구고법 판사 2007년 대구지법 판사 2009년 同안동지원장 2011년 대구지법 부장판사 2016년 대구가정법원 부장판사(현)

권순학(權純學) Kwon, Soon Hak

[생]1964·1·26 [출]경북 안동 [주]서울 중구 을지로5길26 센터원빌딩 미래에셋자산운용 비서실(02-3774-1600) [학]한양대 법대졸, 핀란드 헬싱키경제경영대학원(HSE) 경영학과졸(MBA) [경]삼성증권 근무 2004년 미래에셋투자신탁운용 입사 2005년 同마케팅2본부장(이사대우) 2006년 미래에셋자산운용 마케팅2본부장(이사대우) 2008년 同리테일2본부장(상무보) 2009년 同리테일1본부장(상무) 2010년 同경영관리부문 대표(상무) 2013년 同법인마케팅부문 대표(전무) 2015년 同투자솔루션1부문 대표(부사장)(현)

권순한(權純漢) KWON Soon Han

[생]1943·11·2 [출]경북 봉화 [주]서울 강남구 영동대로511 트레이드타워 (주)소이상사 비서실(02-551-5631) [학]1962년 안동고졸 1970년 한국외국어대 서반아어과졸 1974년 성균관대 무역대학원 무역학과졸 1996년 중소기업진흥공단 최고경영혁신과정 수료 2000년 한국외국어대 최고경영자과정 수료 2002년 서울대 최고경영자과정 수료 2002년 고려대 컴퓨터과학기술대학원 수료 [경]1974~1980년 대창교역(주) 상무이사 1980~1983년 정원정밀공업(주) 설립·상무이사 1983년 (주)소이상사 설립·대표이사 회장(현), (주)소이테크 대표이사 2004~2006년 한국수입업협회 회장 2011년 한국외국어대총동문회 회장(현) 2014년 駐韓코스타리카 명예영사(현) [상]보건사회부장관표창(1996), 대통령표창(1996), 자랑스러운 외대인상(2004), 석탑산업훈장(2005), 이탈리아 기사작위훈장(2007), 루마니아 교육훈장 코멘다도르(2007), 안동대 최고경영자대상(2009)

권순형(權純亨) KWON Soon Hyung (艸石)

[생]1929·6·23 [본]안동(安東) [출]강원 강릉 [주]서울 관악구 관악로1 서울대학교 미술대학(02-880-7454) [학]1949년 강릉사범학교졸 1955년 서울대 미대졸 1959년 미국 Cleveland Institute of Art 1년 연수 [경]1960~1976년 서울대 미대 강사·조교수·부교수 1960~2000년까지 도예 개인전 17회·국전 초대작가 1975년 서울대 미대학장보 1976년 同응용미술학과 교수 1984~1994년 同공예과 교수 1986년 한국현대도예가회 회장 1989년 서울대 미술대학장 1992년 대한민국예술원 회원(공예·현) 1994년 서울대 명예교수(현) 1999년 국립현대미술관 운영자문위원 2000~2002년 한국현대도예가회 회장 2001년 대한민국예술원 미술분과 회장 2010~2011년 同회장 [상]은관문화훈장, 서울시 문화상, 3·1문화상, 국민훈장 목련장, 대한민국예술원상, MANIF 초대작가상(2006) [작]도자벽부조제작 '국립극장' '중앙청 대회의실' '국회의사당' 'KBS 공개홀' '한전' '서울프레스센터' '혜화동 천주교회 제대벽' '신정동 천주교회 제대벽' [종]천주교

권순형(權純亨) Kwon Soon Hyung

[생]1967·12·9 [본]안동(安東) [출]대구 [주]경남 창원시 성산구 창이대로681 부산고등법원 창원제1형사부(055-239-8430) [학]1986년 대구 덕원고졸 1991년 서울대 법학과졸 1995년 同대학원졸 2003년 미국 버지니아대 로스쿨졸(LL.M.) 2006년 서울대 대학원 박사과정 수료 [경]1990년 사법시험 합격(32회) 1993년 사법연수원 수료(22기) 1993년 육군 법무관 1996년 대구지법 판사 1998년 同칠곡군법원 판사 1999년 同경주지원 판사 2001년 대구지법 판사 2004년 법원행정처 법정심의관 2005년 同등기호적담당관 2006년 대구고법 판사 2008년 대구지법 부장판사 2009년 대법원 재판연구관 2011년 대구지법 부장판사 2015년 대구지법·대구가정법원 김천지원장 2016년 부산고법 창원부 부장판사(현) [상]한국법학원 법학논문상(2009)

권순호(權純祜) KWON Soonho

[생]1970·11·21 [본]안동(安東) [출]부산 [주]경기 수원시 영통구 월드컵로120 수원지방법원(031-210-1114) [학]1989년 부산남일고졸 1994년 서울대 법학과졸 1999년 同대학원 법학과 수료 [경]1994년 사법시험 합격(36회) 1995~1997년 사법연수원 수료(26기) 1997~2000년 공군 법무관 2000년 서울지법 서부지원 판사 2002년 서울중앙지법 판사 2004년 대구지법 경주지원 판사 2006년 미국 워싱턴대 Visiting Scholar 2007년 대구지법 김천지원 판사 2008년 서울고법 판사 2010년 법원행정처 기획조정실 국제심의관 2012년 창원지법 부장판사 2013년 대법원 재판연구관 2015년 수원지법 부장판사(현)

권순활(權純活) KWON Soon Hwal

[생]1962 [본]안동(安東) [주]서울 종로구 청계천로1 동아일보 논설위원실(02-2020-0353) [학]1981년 대구 계성고졸 1988년 서울대 외교학과졸 [경]1988년 동아일보 사회부 기자 1991년 同경제부 기자 1997년 同도쿄특파원 2000년 同경제부 기자 2001년 同경제부 차장 2006년 同경제부장 2008년 同편집국 산업부장 2008년 同논설위원(부장급) 2010년 同논설위원(부국장급) 2011년 同편집국 부국장 2013년 同논설위원(부국장급) 2015년 同논설위원(국장급)(현) [상]삼성언론상(2004·2008), 광고주협회 좋은 신문기획상(2007) [저]'한국 대기업의 리더들(共)'(2002) '세계최강 미니기업(共)'(2007) '입사선호 40대 한국기업(共)'(2008)

권순황(權純晄) KWON Soon Hwang

[생]1958·10·13 [본]안동(安東) [출]서울 [주]서울 영등포구 여의대로128 LG전자(주) HE사업본부 ID사업부(02-3777-1114) [학]서라벌고졸, 성균관대 통계학과졸 [경]1984년 금성사 수출부문 근무 2002년 LG전자(주) 캐나다법인장 2006년 同북미지역본부 DA브랜드팀장(상무) 2008년 同DA본부 세탁기마케팅팀장(상무) 2009년 同HA본부 세탁기마케팅팀장(전무) 2009년 同ESP(호주)법인장(전무) 2010년 同BS사업본부장(전무) 2010년 同서남아지역 대표 겸 인도제판법인장(전무) 2012년 同인도법인장(전무) 2015년 同HE사업본부 ID사업부장(전무) 2015년 同HE사업본부 ID(Information Display)사업부장(부사장)(현)

권 승(權 昇) Kwon, Seung

[생]1964·11·20 [본]안동(安東) [출]서울 [주]부산 해운대구 센텀중앙로79 한국청소년상담복지개발원(051-662-3001) [학]1983년 상문고졸 1987년 연세대 정치외교학과졸 1989년 미국 오하이오주립대 사회사업대학원 사회복지학과졸 2001년 사회복지학박사(미국 컬럼비아대) [경]2004년 동의대 사회복지학과 교수(현) 2006년 한국사회복지행정학회 이사(현) 2006~2009년 부산복지개발원 이사 2007~2014년 전포종합사회복지관 관장 2009~2014년 사회적기업 '빵카페 빵집' 대표 2013~2014년 여성가족부 정책자문위원 2014년 한국청소년상담복지개발원 원장(현)

권승혁(權承赫) KWON Seung Hyuk

[생]1955·9·15 [본]안동(安東) [출]대구 [주]서울 영등포구 여의대로128 (주)LG화학(02-3773-3172) [학]1974년 경북고졸 1978년 서울대 화학공학과졸 [경]1990년 LG석유화학(주) 생산부장 1994년 同기술부장 2000년 同생산기술담당 상무보 2002년 同여수공장장(상무) 2006~2007년 (주)LG화학 올레핀사업본부장(부사장) 2008년 同NCC/PO사업부 부사장 2014년 同카자흐스탄(KAZAK)법인 부사장(현)

권승화(權勝和) GWEON Seung Wha

[생]1957·3·22 [출]부산 [주]서울 영등포구 여의공원로111 태영빌딩 EY한영 회장실(02-3787-6700) [학]1975년 용산고졸 1982년 연세대 경영학과졸 1985년 同대학원 경영학과졸 [경]1987~1989년 Ernst & Young LA Office 공인회계사 1995~1998년 同공인회계사 2001~2004년 영화회계법인 Global Corporate Finance본부장(전무이사) 2004~2005년 同부대표 2005년 한영회계법인 부대표 2006년 회계법인 Ernst & Young 한영 대표이사 2015년 EY한영 회장(현) [상]연세대 상경·경영대학동창회 '자랑스런 연세상경인상'(2014) [종]기독교

권애영(權愛英·女) Kwon Ae Young

[생]1964·9·26 [주]전남 무안군 삼향읍 오룡길1 전라남도의회(061-286-8106) [학]광주여대 케이터링학과졸, 이화여대 통일여성최고지도자과정 수료, 고려대 정책대학원 최고위과정 수료 [경]국무총리실산하 자원봉사진흥위원회 위원, 국민권익위원회 민간정책 자문위원, TBN 광주교통방송 시청자위원회 위원, (사)한자녀더갖기운동연합 광주전남본부장, (사)광주여성단체미래가족연합 수석부회장(현), 초록우산어린이재단 담양지부장(현), 민주평통 사회복지분과 상임위원(현) 2014년 전남도의회 의원(비례대표, 새누리당)(현) 2014년 同경제관광문화위원회 위원 2016년 同교육위원회 부위원장(현) 2016년 同여성정책특별위원회 위원(현) 2016년 同운영위원회 위원(현)

권양숙(權良淑·女) KWON Yang Suk (大德華)

[생]1947·12·23 [본]안동(安東) [출]경남 마산 [주]경남 김해시 진영읍 봉하로107 (재)아름다운봉하(055-344-1004) [학]부산 계성여상졸 [경]2003~2008년 대통령 영부인 2003~2008년 사회복지공동모금회 명예회장 2003~2008년 대한암협회 명예회장 2004~2008년 국제백신연구소(IVI) 한국후원회 명예회장 2005년 독일 프랑크푸르트국제도서전 주빈국 행사조직위원회 명예위원장 2007년 예술의전당 명예후원회장 2009년 (재)아름다운봉하 이사장(현) 2011년 세계청소년환경연대 명예이사장 [상]스페인 최고훈장(2007) [종]불교

권양희(權亮希·女)

[생]1970·12·26 [출]경북 안동 [주]서울 서초구 강남대로193 서울가정법원(02-2055-7114) [학]1989년 송현여고졸 1993년 서울대 독어교육과졸 [경]1998년 사법시험 합격(40회) 2001년 사법연수원 수료(30기) 2002년 서울지법 예비판사 2003년 同서부지원 판사 2005년 울산지법 판사 2008년 의정부지법 고양지원 판사 2010년 서울중앙지법 판사 2012년 서울가정법원 판사 2016년 同부장판사(현)

권 업(權 業) KWON Up

[생]1954·7·11 [출]경북 예천 [주]대구 동구 동대구로475 대구테크노파크 원장실(053-757-4100) [학]경북고졸 1981년 고려대 경제학과졸 1986년 미국 조지아주립대 경영대학원 경영학과졸 1992년 경영학박사(미국 앨라배마대) [경]1981년 호남정유 기획부 근무 1986년 산업연구원 첨단산업실 연구원 1992년 계명대 경영대학 경영학전공 교수(현) 2006년 同기획정보처장 겸 정보화책임관 2008년 同경영대학장 2008년 同총장보좌역 2014년 대구테크노파크 원장(현) [상]최우수논문상(미국 알라바마대), 한국중소기업학회 학술상(1999), 한국산업경영학회 학술상(2005), 한국소비문화학회 최우수논문상(2005) [저]'소프트웨어산업의 구조와 발전방향'(1987) '합섬직물의 국제마케팅 강화방안'(1995) '기업환경과 경영일반(共)'(1997) '세방화환경에 대응한 산학협동의 전략과 과제'(1999) '지식기반사회의 새로운 산학협동 패러다임(共)'(2000) '대구지역 IT산업의 비전과 전략'(2005)

권영건(權寧建) KWON Young Kon

[생]1946·9·1 [본]안동(安東) [출]경북 안동 [주]서울 성동구 왕십리로222 한양대학교 정치외교학과(02-2220-0820) [학]1968년 한양대 정치외교학과졸 1986년 정치학박사(한양대) 2000년 명예 교육학박사(카자흐스탄 알마티공대) 2006년 명예 행정학박사(필리핀 막사이대) 2007년 명예 정치학박사(대만 문화대학) [경]1983~1999년 안동대 행정학과 조교수·교수 1986~1988년 미국 에쉬랜드대 교환교수 1999~2007년 안동대 총장 2002~2003년 전국국·공립대총장협의회 부회장 2003~2004년 대구경북지역국립대총장협의회 회장 2006~2007년 한국대학교육협의회 회장 2007~2008년 한양대 정치외교학과 석좌교수 2008~2011년 재외동포재단 이사장 2012년 한양대 정치외교학과 석좌교수(현) [상]자랑스런 한양인상(2001), 황희문화예술상, 교육공로대상, 국제문화공로상, 청조근정훈장(2009) [저]'해방전후사의 쟁점과 평가'(共)

권영걸(權寧傑) Young Gull KWON (如山)

[생]1951·3·15 [본]안동(安東) [출]경북 안동 [주]서울 서초구 방배로285 (주)한샘 임원실(02-740-1235) [학]1969년 보성고졸 1976년 서울대 미술대학 응용미술학과졸 1979년 同환경대학원 환경조경학과 수료 1984년 미국 캘리포니아대(UCLA) 대학원 디자인학과졸 2001년 건축공학박사(고려대) [경]1979년 명지실업전문대 공업디자인학과 전임강사 1980~1989년 동덕여대 미술대학 산업디자인학과 전임강사·조교수·부교수 1985년 同산업미술연구소장 1987년 서울대 산업디자인학과 강사 1989년 이화여대 미술대학 장식미술학과 실내환경디자인전공 부교수 1991년 同산업미술대학원 교학부장 1994~1998년 同조형예술대학 디자인학부 환경디자인전공 교수 1998~2014년 서울대 미술대학 디자인학부 공간디자인전공 교수 2000년 同디자인학부 주임교수 2003~2007년 同미술대학장 2003~2007년 同조형연구소장 2004년 (사)한국색채학회(KOSCOS) 회장 2005년 국회 공공디자인문화포럼 공동대표 2005년 (재)광주비엔날레 이사 2005~2009년 한국홀로그램작가협회(KHAA) 회장 2006년 (사)한국공공디자인학회 초대 회장·명예회장(현) 2006년 (사)한국색채학회(KOSCOS) 명예회장(현) 2007~2009년 서울시 디자인서울총괄본부장(부시장급) 2009~2012년 同서울디자인재단 이사장 2009~2011년 서울대 평의원 2009년 국가미래정책포럼 재단이사 2009년 세계디자인경영연구원(GLODAS) 재단이사 2010년 대통령직속 녹색성장위원회 위원 2012~2014년 서울대 미술관장 2014년 (주)한샘 사장 겸 최고디자인경영자(CDO)(현) 2014~2015년 한국양성평등교육진흥원 여성인재양성센터 외래교수 [상]황조근정훈장(2007), 지식경제부 디자인대상(2007), Korea CEO Summit 창조경영대상(2009), 한국디자인단체총연합회 디자인발전공로상(2009), 대한민국디자인대상 디자인경영부문 대통령표창(2015) [저]'색의 언어'(1986) '바우하우스'(1986) '디자인과 논리'(1987) '건축인테리어 시각표현 사전(共)'(1995) '컬러리스트-이론편(共)'(2001) '色色가지 세상(共)'(2001) '공간디자인 16講'(2001) '이제는 色이다!(共)'(2002) '색이 만드는 미래(共)'(2002) '성공하는 기업의 컬러마케팅(共)'(2003) '공간 속의 디자인, 디자인 속의 공간(共)'(2003) '색채와 디자인 비즈니스'(2004) '한·중·일의 공간조영-우리의 공간유전자를 찾아서'(2006) '권영걸교수의 공공디자인 산책'(2008) '서울을 디자인한다'(2010) '나의 국가디자인전략'(2013) [역]'조형연습-3차원 형태의 실험'(1993) '디자인 원론'(1995) '기업·디자인·성공'(2002) [작]설계 '서울올림픽 영광의벽'(1988) '대전엑스포 인간과과학관 상징탑·자원활용관'(1993) 'Rapids Ride-Amazon Express'(1995) '국립중앙도서관 정보 Service Center'(1996) '무주리조트 환경디자인 총괄'(1996) '영종도 신공항 배후지원단지 책임연구'(1998) '제주 신영영화박물관'(1999) '교육인적자원혁신박람회 서울대학교관'(2005) '보성중고 힘차게 앞서는 보성 수레바퀴 기념조형물'(2006) '서울대 개교60주년 S&YOU 기념조형물'(2006) 디자인 'Pony Chung Innovation Awards 상패·메달'(2007) '대한민국 국정지표'(2008) [종]기독교

권영근(權寧根) Younggeun, Kwon

[생]1955·7·22 [본]안동(安東) [출]서울 [학]1978년 공군사관학교졸 1983년 서울대 계산통계학과졸 1983년 공군대 초급지휘관 참모과정 수료 1986년 연세대 대학원 전자공학과졸 1993년 전산학박사(미국 오리곤주립대) 2013년 정치외교학박사(연세대) [경]1986~1988년 공군사관학교 교수부 교수 1993~1994년 공군본부 전투발전단 체계분석실 지휘체계과 근무 1994~1996년 공군사관학

교 조종사적성연구소 연구원 및 실장 1996~1999년 국방정보체계연구소 근무 1999~2000년 국방과학연구소 데이터통신 실장 2000~2009년 국방대 합동참모대학 교리발전부 근무 2012년 한국국방개혁연구소 소장(현) 2013년 포항공대 외래연구원(현) 2014년 연세대 객원연구원 2015년 경희대 강사(현) [상]보국훈장 삼일장(2010) [저]'김대중 정부의 국방'(2015) 외 4권 [역]'베이징 컨센서스'(2011) 외 50권 [종]가톨릭

권영근(權寧根) KWON Young Guen

[생]1964 · 4 · 5 [본]안동(安東) [출]경북 안동 [주]서울 서대문구 연세로50 연세대학교 생명시스템대학 생화학과(02-2123-5697) [학]1988년 서울대 화학교육학과졸 1994년 생화학박사(미국 뉴욕주립대) [경]1990~1994년 미국 뉴욕주립대(Buffalo) Research Assistant 1994~1996년 미국 록펠로대 Post-Doc. 1996~1997년 同Research Associate 1997~2000년 한림대 환경 · 생명과학연구소 조교수 2000~2001년 강원대 생명과학부 조교수 2001~2002년 同혈관연구센터 부소장 2001~2004년 同생명과학부 부교수 2001~2004년 한국기초과학지원연구원 춘천분소 자문위원 2002년 한국생화학분자생물학회 국제간사 2002~2003년 강원대 생명과학부 학부장 겸 생화학과 전공주임 2004년 한국유전체학회 학술간사 2004년 연세대 생명시스템대학 생화학과 교수(현) 2005~2008년 한국생화학 분자생물학회 총무간사 2005년 한국인간프로테옴기구(KHUPO) 재무위원장 · 부회장 · 감사 2005~2007년 한국혈관신생연구회 총무 2005~2008년 한국지질동맥경화학회 학술운영위원 2009~2013년 국가과학기술위원회 전문위원 2010~2012년 연세대 생명시스템대학 생화학과장 2010~2011년 한국분자세포생물학회 Associate Editor 2011~2013년 국가과학기술위원회 생명복지전문위원회 위원 2011년 범부처신약개발사업단 이사 2011년 교육과학기술부 자체평가위원회 위원 2012~2016년 한국보건산업진흥원 비상임이사 2014년 혈관학회 회장 2014~2016년 국가과학기술연구회 기획평가위원 2015년 혈관학회 이사(현) [상]대통령표창(2012)

권영길(權永吉) KWON Young Ghil

[생]1941 · 11 · 5 [본]안동(安東) [출]일본 야마구치 [주]서울 동대문구 황물로103 킹스타빌딩417호(070-4623-3325) [학]1961년 경남고졸 1969년 서울대 농대 잠사학과졸 [경]1967년 대한일보 기자 1971년 서울신문 기자 1981~1987년 同외신부 · 제2사회부 · 사회부 기자 · 파리특파원 1987년 同외신부 차장대우 1988년 전국언론노동조합연맹결성준비위원회 위원장 1988~1994년 전국언론노동조합연맹 위원장 1990~1996년 전국업종노동조합회의 의장 1993~1995년 전국노동조합대표자회의 공동대표 1995~1997년 전국민주노동조합총연맹 위원장 1997년 국민승리21 제15대 대통령후보 출마 1997년 同대표 1999년 민주노동당 상임대표 2000년 同창원乙지구당 위원장 2000~2004년 同대표 2002년 同제16대 대통령 후보 2004년 제17대 국회의원(경남 창원乙, 민주노동당) 2005년 민주노동당 비상대책위원장 2005년 한 · 중의원친선협회 부회장 2006년 민주노동당 원내대표 2006년 한반도평화와통일을실천하는의원모임 공동대표 2007년 민주노동당 제17대 대통령 후보 2008~2012년 제18대 국회의원(경남 창원乙, 민주노동당 · 통합진보당) 2008년 국회 호민관클럽 공동대표 2008~2009년 경남대 북한대학원 초빙교수 2010년 민주노동당 원내대표 2010년 국회 교육과학기술위원회 위원 2012년 경남도지사 출마(보궐선거, 무소속) 2013~2015년 창원대 사회과학대학 사회학과 강의초빙교수 2013년 (사)권영길과나아지는살림살이 이사장(현) [상]안종필 자유언론상(1990), 서울언론상, 4 · 19혁명상(1997), 정의평화상(1997), 윤상원상(1997) [저]'권영길과의 대화'(일빛출판사) [종]천주교

권영길(權寧吉) Kwon Young Gil

[생]1959 · 9 · 22 [본]안동(安東) [출]경북 안동 [주]경북 안동시 풍천면 도청대로455 경상북도청 동해안발전본부(054-880-4100) [학]1978년 안동농림고졸 2001년 상주대 행정학과졸, 영남대 행정대학원 정치외교학과졸 [경]1979년 경북 청송군 공무원 임용(9급 공채) 1990년 경북도 보사환경국 · 농촌진흥원 · 문화체육관광국 · 내무국 · 자치행정국 · 농업기술원 근무 2003년 청도군의회 · 경북도 보건복지여성국 · 기획조정실 · 도청이전추진본부 사무관 2012년 경북도 도청이전추진본부 총괄지원과장(서기관) 2013년 안전행정부 지방행정연수원 교육 2014년 경북도 대변인 2015년 경북 성주군 부군수 2015년 경북도 동해안원자력클러스터추진단장 2016년 同동해안발전본부장(현) [상]대통령표창 [저]'지방자치 역량 강화 방안'

권영대(權寧大) Kwon Young-dae

[생]1963 · 5 · 15 [주]서울 종로구 사직로8길60 외교부 인사운영팀(02-2100-7146) [학]1989년 서울대 서양사학과졸 1997년 미국 조지아주립대 대학원 정치학과졸 [경]1992년 외무고시 합격(26회) 1998년 駐애틀랜타총영사관 영사 2000년 駐이란대사관 1등서기관 2005년 駐독일대사관 1등서기관 2007년 외교통상부 문화외교국 문화외교정책과장 2009년 2022월드컵축구대회유치위원회 대외협력국장(파견) 2011년 2012여수세계박람회조직위원회 참가관리부장(파견) 2013년 駐브라질대사관 공사참사관 2015년 駐케냐대사관 대사(현) [상]녹조근정훈장(2013)

권영두(權永斗) KWON Young Doo

[생]1950 · 5 · 17 [본]안동(安東) [출]광주 [주]광주 광산구 하남산단4번로123의17 화천기공(주) 사장실(062-950-1521) [학]1969년 성북고졸 1973년 성균관대 기계공학과졸 [경]1975년 화천기공(주) 입사 1989년 同부공장장 겸 기술연구소장 상무 1994년 同공장장 1995년 同기술연구소장 부사장 1997년 同대표이사 사장(현) 2015년 광주상공회의소 부회장(현) [상]장영실상(1995), 산업포장(1998), 동탑산업훈장(2009) [종]불교

권영만(權寧萬)

[생]1964 · 8 · 14 [주]광주 남구 용대로74번안길9의5 광주남부경찰서(062-676-7000) [학]경찰대졸, 전남대 행정대학원졸 [경]전남 순천경찰서 경비교통과장, 광주남부경찰서 정보보안과장, 광주지방경찰청 홍보담당관 2010년 전남지방경찰청 정보통신담당관 2011년 전남 함평경찰서장 2013년 전남지방경찰청 수사과장 2014년 전남 해남경찰서장 2015년 광주지방경찰청 홍보담당관 2016년 광주남부경찰서장(현)

권영문(權寧文) Kwon Young Moon

[생]1964 · 7 · 22 [출]경북 안동 [주]경남 통영시 용남면 동달안길67 창원지방법원 통영지원(055-640-8500) [학]1982년 안동고졸 1991년 한양대 법학과졸 [경]1992년 사법시험 합격(34회) 1995년 사법연수원 수료(24기) 1995년 부산지법 판사 1997년 同동부지원 판사 1999년 부산지법 판사 2003년 同가정지원 판사 2005년 부산고법 판사 2008년 부산지법 판사 2010년 창원지법 부장판사 2012년 부산지법 부장판사 2016년 창원지법 통영지원장(현)

권영민(權寧珉) KWON Young Min

[생]1948 · 10 · 5 [본]안동(安東) [출]충남 보령 [주]서울 관악구 관악로1 서울대학교 국어국문학과(02-880-6049) [학]1967년 홍성고졸 1971년 서울대 국어국문학과졸 1975년 同대학원졸 1983년 문학박사(서울대) [경]1971년 중앙일보에 '오노마토포이아의 문학적 한계성'으로 문단 등단 1977년 덕성여대 전임강사 1980년 단국대 문리대 조교수 1981~2012년 서울대 국어국문학과 부교수 · 교수 1985년 미국 하버드대 옌칭연구소 초빙교수 1987~1992년 월간 '문학사상' 편집주간 1992년 미국 캘리포니아대 버클리교 동아시아연구소 객원교수 1995~2000년 월간 '문학사상' 편집주간 1998년 방송위원회 연예오락심의위원회 심의위원 2000~2002년 서울대 인문대학장 2004년 미국 하버드대 초빙교수 2005~2007 · 2009~2011년 문화재위원회 근대문화재분과 위원 2005~2007년 저작권심의조정위원회 위원 2006년 월간 '문학사상' 편집주간(현) 2007년 일본 동경대 초빙교수 2012년 서울대 명예교수(현) 2012년 단국대 석좌교수(현) 2012년 한국문학번역원 이사 2013~2014년 대통령소속 문화융성위원회 인문정신문화특별위원회 문학위원 2015년 미국 버클리 캘리포니아대(UC버클리) 방문교수 [상]진단학회 제정 두계학술상, 서울문화예술평론가상, 현대문학상 평론부문, 김환태 평론문학상, 현대불교문학상, 제10회 만해대상 학술부문(2006), 시와시학상 평론상(2009), 서울대 학술연구상(2009), 옥조근정훈장(2012), 제5회 우호인문학상 한국문학부문(2013) [저]'오노마토포이아의 문학적 한계성' '한국현대문학비평사' '한국 근대문학과 시대정신'(1983) '소설의 시대를 위하여' '해방 40년의 문학' '한국근대소설론연구' '해방직후의 민족문학운동연구' '한국민족문학론연구' '월북문인연구' '소설과 운명의 언어' '한국문학 50년' '한국현대문학사1 · 2'(2002) '한국현대문학대사전'(2004) '문학사와 문학비평'(2009) '이상 전집'(2009) '문학의 이해'(2009) 산문집 '작은 기쁨' [종]불교

권영빈(權寧彬) KWON Young Bin

[생]1943 · 1 · 8 [본]안동(安東) [출]경북 예천 [주]서울 종로구 비봉길1 한국고전번역원(02-394-8802) [학]1961년 경북고졸 1965년 서울대 역사학과졸 1973년 同대학원 중국사학과 수료 [경]1965~1977년 월간 「세대」 편집장 · 주간 겸 발행인 1978~1988년 중앙일보 출판부장 · 출판부국장 1988년 同논설위원 겸 동서문제연구소장 1992~1993년 방송위원회 심의위원 1994년 중앙일보 논설위원 겸 현대사연구소장 1996년 同이사대우 논설위원 겸 통일문제연구소장 1997~2000년 교육부 평가위원회 위원 1998~2000년 새교육공동체위원회 위원 1998년 중앙일보 수석논설위원 겸 통일문제연구소장 1999년 同논설주간 2000년 同상무급 논설주간 2001년 同전무 겸 주필 2003년 同부사장 겸 편집인 2005년 同사장(발행인 겸 편집인) 2005년 한국신문협회 부회장 2006년 중앙일보 사장 겸 발행인 2007~2012년 경기문화재단 대표이사 2008~2010년 국가교육과학기술자문회의 자문위원 2012~2015년 한국문화예술위원회 위원장 2014년 한국고전번역원 이사장(현) 2015년 (재)KBS교향악단 이사장(현) [상]한국잡지협회 기자상, 서울시 문화상(1998), 삼성언론상 기획제작부문상(1999), 위암 장지연상(2002), 중앙언론문화상(2003), 2014 한국의 영향력 있는 CEO 가치경영부문대상(2014) [저]칼럼집 '어느 좀팽이의 작은 소망' '방여지는 말한다' [역]'중국공산주의 운동사' '진독수 평전' '놀이의 인간' '이대조-중국 사회주의의 기원' '도스토엡스키(EH 카)' '어두운 시대의 사람들'

권영빈(權寧彬) KWON Young Bin

[생]1966 · 1 · 9 [출]경북 예천 [주]서울 중구 삼일대로340 저동빌딩 4 · 16세월호참사특별조사위원회 진상규명소위원회(02-6020-3839) [학]1985년 서라벌고졸 1990년 서울대 공법학과졸 2009년 건국대 부동산아카데미 부동산디벨로퍼과정 수료 [경]1999년 사법시험 합격(41회) 2002년 사법연수원 수료(31기) 2002년 서울지검 의정부지청 검사 2004년 대전지검 논산지청 검사 2005년 대구지검 검사 2007~2008년 광주지검 검사 2008년 법무법인(유) 한결 변호사 2015년 4 · 16세월호참사특별조사위원회 상임위원 겸 진상규명소위원장(현)

권영상(權永詳) KWON Young Sang

[생]1954 · 12 · 15 [출]경남 의령 [주]부산 남구 문현금융로40 한국거래소 상임감사위원실(051-662-2411) [학]1973년 대구 계성고졸 1982년 서울대 법학과 수석졸업 1986년 同대학원졸 1991년 同대학원 법학 박사과정 수료 2000년 한국과학기술원 테크노경영대학원 최고정보경영자과정 수료 2001년 경남대 경영대학원 최고경영자과정 수료 [경]1983년 한미합동법률사무소 연구원 1988년 사법시험 합격(30회) 1991년 사법연수원 수료(20기) 1991년 변호사 개업 1994년 창원지방변호사회 감사 · 법제판례연구위원장 1996년 국제와이즈멘 창원클럽 회장 1997년 창원지법 조정위원 1997년 민주평통 자문위원 1997년 창원YMCA 노인대학장 1997년 同이사장 1997년 경남포럼 회장 1997년 국제도덕재무장운동 경남본부 이사 · 이사장 1997~2004년 경남복지정책연구소 이사장 1997년 창원시민단체협의회 회장 1998년 경남신문 객원논설위원 1999년 경남소비자단체협의회 회장 2000년 한나라당 중앙위원회 농림해양수산분과위원장 2004년 同제17대 국회의원선거 경남도지원단장 · 경남선대본부장 2014년 한국거래소 상임감사위원(현) 2016년 한국감사협회 회장(현) [상]창원시 문화상, 대통령표창, 국무총리표창, 법무부장관표창 [종]기독교

권영석(權泳錫) Kwon Young Seok

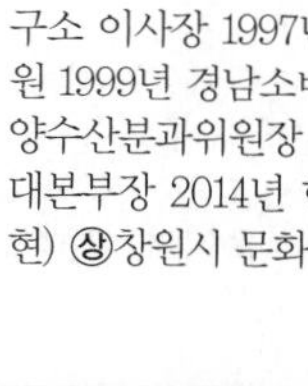

[생]1958 · 10 · 18 [본]안동(安東) [출]강원 [주]인천 서구 환경로42 종합환경연구단지 한국환경공단 환경시설지원본부(032-590-4300) [학]1977년 춘천고졸 1985년 동국대 토목공학과졸 2008년 호서대 대학원 환경공학과졸 2011년 환경공학박사(호서대) [경]2007년 환경관리공단 기획정보처장 2009년 同기획조정처장 2010년 同상하수도지원처장 2011년 同기획조정처장 2013년 同영남지역본부장 2013년 同수도권서부지역본부장 2014년 同환경시설지원본부장(상임이사)(현) [상]대통령표창(2009)

권영석(權寧碩) Kwon, Young Shuk

[생]1964 · 1 · 2 [본]안동(安東) [출]경북 안동 [주]서울 종로구 율곡로2길25 연합뉴스 미디어여론독자부(02-398-3114) [학]1982년 서울고졸 1988년 서울대 국어국문학과졸 2000년 서강대 대학원 국제관계학과졸 2013년 북한대학원대 정치통일학 박사과정 수료 [경]1991년 연합뉴스 입사 1992년 同경제부 기자 1995년 同사회부 기자 1996년 同국제뉴스부 기자 2000년 同경제부 기자 2002년 同홍콩특파원(차장대우) 2005년 同금융부 차장 2007년 同베이징특파원(차장) 2009년 同베이징특파원(부장대우) 2010년 同편집국 특별취재팀장 2011년 同통합뉴스국 기획취재팀장 2011년 연합뉴스TV 보도국 경제팀장 2011년 同보도국 경제부장 2012년 연합뉴스 국제국 기획위원(부장급) 2013년 同증권부장 2014년 同편집국 북한부장 2014년 수출입은행 북한개발연구센터 객원연구위원(현) 2015년 연합뉴스 논설위원(부국장대우) 2015년 통일부 정책자문위원(현) 2016년 연합뉴스 미디어여론독자부장(부국장대우)(현)

권영선(權寧鮮) KWON Young Sun

[생]1934 · 5 · 9 [본]안동(安東) [출]충북 음성 [주]서울 성동구 서울숲길41 대한상운(주) 비서실(02-464-3152) [학]1955년 음성고졸, 연세대 경영학과졸 1977년 경희대 경영행정대학원 경영학과 수료 1977년 서울대 경영대학 최고경영자과정 수료 1979년 성균관대 행정대학원 교통학과 수료 1979년 연세대 경영대학 최고경영자과정 수료 1981년 전국경제인연합회 국제경영원 최고경영자과정 수료 1983년 고려대 경영대학 최고경영자과정 수료 1987년 세종대 경영대학원 최고경영자과정 수료 1990년 서강대 경영대학원 최고경영자과정 수료 1991년 한양대 경영대학원 최고경영자과정 수료 1995년 건국대 경영대학원 최고경영자과정 수료 [경]1969~1971년 한흥운수(주) 대표이사 1971년 대한상운(주) 대표이사 회장(현) 1975년 삼부개발(주) 대표이사 회장(현) 1977~1998년 서울택시운송사업조합 이사 1980~1982년 연세대 경영대학 최고경영자과정동문회 회장 1982~1984년 (주)시장슈퍼체인 대표이사 1982년 안동권씨중앙종친회 부회장(현) 1982~2010년 在京충북협회 이사 1983~1991년 서울지검 동부지청 청소년선도위원 동부지역회장 1983~1991년 在京음성군민회 부회장 1984~1991년 직장새마을운동 성동구협의회장 1984~2000년 동부경찰서 보안지도위원장 1985~1987년 성균관대 경영대학원 총동창회 부회장 1986~1988년 범국민올림픽추진위원회 운영위원 1986~1993년 직장새마을운동 중앙협의회 연구위원 1988~1995년 직장새마을운동 서울시협의회장 1988~1989년 국제라이온스 309A지구 소공라이온스클럽 회장 1989년 서울동부지법 조정위원(현) 1989~1995년 새마을운동중앙협의회 이사 겸 자문위원 1989~1995년 서울시 성동구방위협의회 부의장 1991년 국제라이온스 309A지구 11지역1지대위원장 1991년 직장새마을운동중앙협의회 회장 직대 1991~1996년 在京음성중 · 고등학교동문회 회장 1991년 민주평통 위원(현) 1991~1995년 성동소식사 사장 1991~1995년 민주평통 성동구교육홍보분과위원장 1992~1997년 在京음성군민회 회장 1992~2000년 서울지검 동부지청 청소년선도자문위원회 부회장 1992~1994년 서울시 자랑스러운시민상 · 공무원상 공적심사위원 1993년 서울고속(주) 충북 대표이사(현) 1994년 서울지검 동부지청 범죄예방자원봉사협의회장 1995~2005년 직 · 공장 새마을운동중앙협의회 회장 1995~1997년 경제정의실천시민연합 교통광장운영위원 1995~2005년 새마을금고중앙회 이사 겸 부회장 1995년 서울시 광진구체육회 부회장 · 상임고문(현) 1995년 충북버스사업조합 부이사장(현) 1995~1999년 민주평통 광진구협의회 부회장 1997~2009년 민주평통 상임위원 1997~1999년 서울시 한강보존자문위원회 시민참여분과위원장 1998~2003년 제2의건국범국민추진위원회 광진구추진위원장 1998~2010년 충북운수연수원 부이사장 1999~2010년 서울시택시운송사업조합 이사 겸 운영위원회장 2000~2002년 광진문화원 원장 2000~2005년 서울동부지검 범죄예방위원회 자문위원장 2000~2008년 21세기국정자문위원회 자문위원 2000~2010년 서울 동부경찰서 행정발전위원장 2000~2005년 선진교통문화범국민실천운동 광진구추진위원회 위원장 2001년 (재)평화통일장학회 이사장(현) 2001~2004년 (사)충북경영자총협회 회장 2003~2007년 열린우리당 국정자문위원회 자문위원 2003년 민주평통 광진구협의회장(현) 2005년 법무부 범죄예방위원 서울동부지역협의회 회장 · 고문(현) 2005년 同범죄예방위원 전국연합회 부회장 2005~2010년 학교법인 충청학원 이사 2005년 서울동부지법 민사조정위원회 부회장 · 회장 2005년 새마을사랑모임중앙회 상임대표 · 공동대표(현) 2005년 서울시 재향경우회자문위원회 고문(현) 2006~2008년 성동교육청 교육행정자문위원장 2007~2010년 충북도교통안전대책위원장 2007년 새마을운동중앙회 후원회장(현) 2007~2010년 제2회 아차산고구려축제 추진위원 2008년 서울대총동창회 이사(현) 2009년 충청향우회중앙회 부총재(현) 2011년 안동권씨대종원 부총재(현) 2011년 새마을운동세계화사업 기금운용위원(현) 2013년 국제외교안보포럼 부회장(현) [상]서울시장표창(1981 · 1983 · 1984 · 1985 · 1986 · 1987 · 1988 · 1990 · 1991 · 1993 · 1997 · 2001(2회) · 2004 · 2006 · 2011), 대통령표창(1983 · 1987 · 1994), 새마을훈장 협동장(1984), 동력자원부장관표창(1985), 국무총리표창(1986 · 2001 · 2009 · 2010), 교통부장관표창(1986), 충북도지사표창(1986 · 1999 · 2004 · 2013), 철탑산업훈장(1987), 대통령 감사장(1988), 내무부장관표창(1988), 자랑스러운서울시민 서울정도600년600인 선정(1994), 바르게살기 국민본상(1994), 광진구민 대상(1995), 음성군 군민대상(1999), 새정치국민회의 총재표창(1999), 행정자치부장관감사장(2000), 법무부장관표창(2001), 새마을훈장 자조장(2003), 건설교통부장관표창(2003), 청주경제정의실천시민연합 정도상(2003), 대통령공로장(2005), 도산 경영상(2006), 국토해양부장관표창(2009), 국민훈장 동백장(2011)

ㄱ

권영세(權寧世) KWON Young Sae

❸1953 · 2 · 13 ❷경북 안동 ㈜경북 안동시 퇴계로115 안동시청 시장실(054-852-7000) ❸1971년 경북고졸 1976년 영남대 법학과졸 1978년 경북대 대학원 행정학과 수료 2011년 명예 경영학박사(미국 코헨대) ❸1977년 행정고시 합격(21회) 1978년 경북 월성군 근무 1982년 경북도 송무 · 상공 · 교육원 · 기획계장 1990년 同병무담당관 1994년 영양군수 1997년 대통령비서실 근무 1999년 안동시 부시장 2002년 월드컵문화시민운동중앙협의회 운영국장 2004년 소방방재청 기획관리관 2005년 同정책홍보관리관 2005년 同정책홍보본부장 2006~2009년 대구시 행정부시장 2010~2014년 경북 안동시장(한나라당 · 새누리당) 2010년 경북사과주산지시장군수협의회 회장 2012년 (재)안동축제관광조직위원회 공동이사장 2014년 경북 안동시장(새누리당)(현) ❸경북도지사표창, 내무부장관표창, 대통령표창, 한국을 빛낸 창조경영인 상생경영부문(2013), 한국박물관협회 특별공로상(2013), TV조선 '한국의 영향력 있는 CEO'(2015 · 2016), 월간중앙 2016 대한민국CEO리더십대상 글로벌경영부문(2015)

권영세(權寧世) Kwon Youngse

❸1959 · 2 · 24 ❷서울 ㈜서울 영등포구 국회대로74길 12 남중빌딩3층 새누리당 서울시당(02-704-2100) ❸1977년 배재고졸 1981년 서울대 법대졸 1997년 同대학원 법학과졸 2001년 미국 하버드대 케네디스쿨 행정학과졸 ❸1983년 사법시험 합격(25회) 1985년 사법연수원 수료(15기) 1989년 예편(공군 대위) 1989년 수원지검 검사 1991년 춘천지검 강릉지청 검사 1992년 독일 연방법무부 파견 1992년 전주지검 검사 1993년 법무부 특수법령과 검사 1994년 서울지검 검사 · 국가안전기획부 파견 1997년 대검찰청 검찰연구관 1998년 서울지검 부부장검사 1999년 변호사 개업 2001년 미국 하버드대 로스쿨 Visiting Scholar 2002년 법무법인 바른 변호사 2002년 한나라당 서울영등포구乙지구당 위원장 2002년 제16대 국회의원(서울 영등포구乙 보궐선거, 한나라당) 2004년 제17대 국회의원(서울 영등포구乙, 한나라당) 2004년 한나라당 법률지원단장 2004~2007년 국회 과학기술연구회장 2005년 한나라당 전략기획위원장 2006~2007년 同최고위원 2006년 同참정치운동본부 공동본부장 2008~2012년 제18대 국회의원(서울 영등포구乙, 한나라당 · 새누리당) 2008년 한나라당 사무총장 2009~2010년 同서울시당 위원장 2010년 국회 정보위원장 2011~2012년 한나라당 · 새누리당 사무총장 2012년 제19대 국회의원선거 출마(서울 영등포구乙, 새누리당) 2012년 새누리당 제18대 대통령중앙선거대책위원회 종합상황실장 2013~2015년 駐중국 대사 2015년 새누리당 서울영등포乙구당협의회 운영위원장(현) 2016년 제20대 국회의원선거 출마(서울 영등포구乙, 새누리당) ❸'통일독일 · 동구제국의 몰수재산 처리'(共) ❷'서독 기민/ 기사당의 동방정책'(2010, 나남)

권영수(權暎壽) KWON Young Soo

❸1957 · 2 · 6 ❷서울 ㈜서울 용산구 한강대로32 (주)LG유플러스 임원실(1544-0010) ❸1975년 경기고졸 1979년 서울대 경영학과졸 1981년 한국과학기술원(KAIST) 경영대학원 산업공학과졸 ❸1979년 LG전자(주) 입사 1988년 同GSEI(미국법인) 부장 1995년 同CD-Player OBU 1996년 同세계화담당 이사 1998년 同M&A추진Task팀장 1999년 同금융담당 겸 경영지원담당 상무보 2000년 同재경팀장(상무) 2002년 同재경담당 부사장 2003년 同재경부문장(CFO · 부사장) 2006년 同재경부문장(CFO) 겸 총괄사장 2007년 LG필립스LCD(주) 공동대표이사 사장 2008~2011년 LG디스플레이(주) 대표이사 사장 2009~2012년 한국디스플레이산업협회 회장 2011~2015년 LG화학 전지사업본부장(사장) 2012년 한국스포츠산업협회 회장 2014년 KAIST경영대학총동문회 회장(현) 2015년 (주)LG유플러스 대표이사 부회장(현) ❸정진기언론문화상 과학기술연구부문대상(2009), 제46회 무역의날 금탑산업훈장(2009), KAIST 올해의 동문상(2011), GWP 최고경영자상(2011), 국방부 감사패(2016) ❷'마음 담은 책'(2009)

권영수(權永洙) Kwon, Young-Soo (清虛)

❸1962 · 9 · 18 ❷안동(安東) ❷경북 예천 ㈜제주특별자치도 제주시 문연로6 제주특별자치도청 행정부지사실(064-710-2010) ❸1980년 대구 오성고졸 1985년 경북대 행정학과졸 1992년 同행정대학원 개발행정학과졸 ❸행정고시 합격(28회) 1985~1994년 총무처 · 경북도청 근무 1994~1997년 내무부 방재총괄계장 · 지역경제계장 1997~1999년 일본 미쯔비시종합연구소 자치체국제화협회 파견 2000년 월드컵조직위원회 대구본부 사무국장 2003년 행정자치부 방재계획담당관 2004년 소방방재청 기획예산담당관 2006년 행정자치부 국가기반보호팀장 2006년 同균형발전지원팀장 2007년 OECD 서울센터

정부혁신본부장 2007년 법무부 통합지원정책관 2008년 同국적통합정책단장(고위공무원) 2009년 행정안전부 지방행정연수원 기획지원부장(고위공무원) 2010년 同지방행정연수원 인력개발부장 2011년 해외 파견(고위공무원) 2012년 행정안전부 국가기록원 기록정책부장 2013년 소방방재청 기획조정관 2014년 국민안전처 안전정책실 안전총괄기획관 2015년 제주특별자치도 행정부지사(현) ❸녹조근정훈장(2002)

권영순(權永淳) Kwon, Young Soon

❸1962 · 7 · 28 ❷전남 곡성 ㈜서울 강남구 테헤란로309 삼성제일빌딩2층 건설근로자공제회 이사장실(02-519-2001) ❸1980년 광주 동신고졸 1985년 서울대 사회복지학과졸 2003년 한국개발연구원(KDI) 경제공공정책학과졸 ❸1986년 행정고시 합격(29회) 1990년 태백지방노동사무소 감독과장 · 법무담당관실 · 노사협의과 · 노동조합과 사무관 1995년 노동부 국제협력과 · 고용보험관리과 서기관 1999년 대통령비서실 행정관 2001년 KDI 국제정책대학원 교육 2002년 미국 미시간주립대 파견 2002년 노동부 노사정책국 노동조합과장 2003년 同노사정책국 노사정책과장 2004년 同노사정책국 노사정책과장(부이사관) 2005년 同고용정책실 산재보험과장 2005년 同고용정책본부 산재보험혁신팀장 2007년 광주지방노동청장(고위공무원) 2009년 중앙공무원교육원 파견 2010년 노동부 고용정책실 고용평등정책관 2010년 고용노동부 고용정책실 고용평등정책관 2012년 서울지방노동위원회 위원장 2013~2015년 고용노동부 노동정책실장 2016년 건설근로자공제회 이사장(현) ❸홍조근정훈장(2014)

권영열(權永烈) KWON Young Yual

❸1946 · 7 · 11 ❷광주 ㈜광주 광산구 하남산단4번로123의17 화천기공(주) 회장실(062-950-5111) ❸1965년 광주고졸 1969년 한양대 공대 전기공학과졸 ❸1969년 화천기공사 입사 1975년 同상무이사 1977년 同전무이사 1978년 화천금속(주) 대표이사 사장 1988년 화천기공(주) 부사장 1989년 同대표이사 사장 1989년 화천기어공업(주) 대표이사 사장 1989년 한국공작기계산업협회 부회장 1989년 화천기계공업(주) 대표이사 사장 1997년 同회장(현) 1999년 한국공작기계공업협회 회장 2005년 한국무역협회 비상근부회장 2006년 서울대 · 한국공학한림원 선정 '한국을 일으킨 엔지니어 60인' 2008년 한국공작기계산업협회 명예회장 ❸산업포장, 부총리 겸 재정경제원장관표창, 한국경영인협회 주최 가장 존경받는 기업인상(2012) ❸기독교

권영욱(權寧묘) KWON Young Uk

❸1961 · 12 · 3 ❷서울 ㈜경기 수원시 장안구 서부로2066 성균관대학교 화학과(031-290-7070) ❸1984년 서울대 화학과졸 1987년 미국 아이오와주립대 대학원졸 1991년 이학박사(미국 아이오와주립대) ❸1992년 성균관대 화학과 조교수 · 부교수 · 교수(현) 2001~2002년 International Workshop on Nano 조직위원 2004년 한국과학재단 전문위원 2005년 Porous Materials and Catalysis 조직책임자 2014년 성균관대 자연과학대학장(현) ❸대한화학회 고체화학분과회 우수연구자상(2003) ❷'맥스웰의 도개비가 알려주는 열과 시간의 비밀'(성균관대)

권영원(權寧源) KWON Young Weon

❸1957 · 11 · 9 ❷안동(安東) ㈜경북 영양 ㈜경남 김해금관대로1125, 6층 경남매일 비서실(055-323-1000) ❸1976년 영양고졸 1989년 고려대 자원개발대학원 수료 2003년 경북대 정책정보대학원 언론홍보학과졸 ❸1980년 포항MBC 아나운서 · 기자 · 보도제작국 차장 · 부장 1999년 한국교통방송(TBN) 보도제작부장 2003년 同부산방송 편성제작국장 2009년 同방송사업본부장(상임이사) 2009~2012년 同방송본부장 2011년 YTN DMB 이사 2012년 중부대 객원교수 2012년 성결대 객원교수 2013년 복지TV 부사장 2014년 한국교통방송(TBN) 창원교통방송본부장 2016년 경남매일(주) 대표이사 사장(현) ❸포항문화방송사장표창 ❸불교

권영윤(權寧允) kwon young yun

❸1961 · 3 · 12 ❷안동(安東) ❷경북 문경 ㈜세종특별자치시 조치원읍 군청로87의16 세종특별자치시 의회사무처 전문위원실(044-300-7440) ❸2012년 연세대 대학원 도시행정학과졸(석사) ❸2009년 행정안전부 감사관실 지방감사팀장 2012년 세종특별자치시 감사관 2014년 同의회사무처 행정복지위원회 전문위원(서기관)(현) ❸대통령표창, 국무총리표창

권영일(權寧一) KWON YOUNGIL
[생]1962 · 8 · 17 [주]경기 안양시 동안구 엘에스로127 LS전선 생산1본부(02-2189-9114) [학]서울 환일고졸, 연세대 기계공학과졸 [경]LS전선(주) 설비기술그룹장(수석연구원), 同생산기술센터장(이사), 同생산기술센터 연구위원(상무) 2015년 同생산1본부장(상무)(현) [상]국무총리표창(2010)

권영종(權寧鍾) KWAN Young Jong

[생]1963 · 10 [출]경북 영천 [주]서울 영등포구 여의나루로4길18 키움증권 임원실(02-3787-5000) [학]1988년 서울대 경제학과졸 1998년 미국 캘리포니아대 데이비스교대학원 경제학과졸 [경]금융감독원 은행감독국 신탁감독팀장 2007~2008년 흥국생명보험 상근감사위원 2008년 (주)예가람상호저축은행 전무 2016년 키움증권(주) 감사총괄 전무(현)

권영준(權泳俊) KWON Young June

[생]1952 · 5 · 15 [출]대구 [주]서울 동대문구 경희대로26 경희대학교 경영대학 경영학과(02-961-2159) [학]1976년 서울대 경제학과졸 1986년 경영학박사(미국 펜실베니아대) [경]1986년 미국 Univ. of Alabama 조교수 1988년 고려종합경제연구소 이사 1990~1999년 한림대 재무금융학과 부교수 · 교수 1993년 한국선물학회 편집위원장 1993~2000년 재정경제부 금융발전심의위원 1999년 한국재무학회 공동편집위원장 1999년 경희대 경영대학 경영학부 교수(현) 2000년 경제정의실천시민연합 금융개혁위원장 2001년 한국선물학회 부회장 2002년 경제정의실천시민연합 정책위원장 2002년 同상임집행위원장 2002년 재정경제부 세제발전심의위원 2003년 한국선물학회 회장 2005년 한국증권선물거래소 사외이사 2008년 경제정의실천시민연합 중앙위원회 부의장 2008~2010년 同경제정의연구소 이사장 2009년 공정거래위원회 경쟁정책자문위원 2010년 서울시교육감선거 출마 2012년 한국외환은행 사외이사 2015년 KEB하나은행 사외이사(현) [상]서울대총장표창 [저]'21세기 한국금융의 경쟁력 강화방안' '비리와 합리의 한국사회' [종]기독교

권영준(權寧晙) KWON Young Joon

[생]1961 · 10 · 1 [출]경기 양평 [주]충남 천안시 동남구 순천향6길31 순천향대학교 천안병원 정신건강의학과(041-570-2280) [학]1986년 순천향대 의대졸 1994년 同대학원졸 2000년 의학박사(순천향대) [경]1990~1992년 지방공사 홍성의료원 정신과장 1993년 순천향대 의과대학 정신건강의학교실 조교수 · 부교수 · 교수(현) 2006~2014년 同천안병원 정신건강의학과장 2012년 同천안병원 교수협의회장(현) 2014~2016년 대한정신약물학회 회장 2014년 순천향대 의과대학 정신건강의학교실 주임교수(현) 2015년 대한우울조울병학회 감사(현) 2016년 대한정신약물학회 고문(현) [상]보건복지부장관표창(2016)

권영준(權英俊) Kwon Young Joon

[생]1970 · 10 · 14 [출]서울 [주]서울 관악구 관악로1 서울대학교 법학전문대학원(02-880-4081) [학]1989년 대건고졸 1994년 서울대 법대 사법학과졸 2000년 同법과대학원졸 2004년 미국 하버드대 Law School졸(LL.M.) 2006년 법학박사(서울대) [경]1993년 사법시험 수석합격(35회) 1996년 사법연수원 수료(25기) 1996~1999년 해군법무관 1999년 서울지법 판사 2002년 同동부지원 판사 2003년 대구지법 판사 2006년 수원지법 판사 2006년 법원행정처 기획조정실 판사 2006~2010년 서울대 법과대학 조교수 2009~2014년 법무부 민법개정위원회 위원 2010~2015년 서울대 법학전문대학원 부교수 2010~2014년 UN 국제상거래법위원회 정부대표 2012~2015년 한국저작권위원회 위원 2012~2014년 서울대 법학전문대학원 기획부원장 2015년 同법학전문대학원 교수(현) 2015년 네이버 제5기 개인정보보호위원회 위원(현) [상]한국민사법학회 율촌학술상(2008), 한국법학원 법학논문상(2009) [저]'인터넷과 법률'(2000) '저작권침해판단론(2007) '권리의 변동과 구제'(2009) 'Introduction to Korean Law'(2012, Springer) 등 10권(공저 포함) [종]기독교

권영중(權英重) KWON Yong Jung

[생]1955 · 6 · 17 [본]안동(安東) [출]강원 춘천 [주]강원 춘천시 강원대학길1 강원대학교 화학공학과(033-250-6333) [학]1973년 춘천고졸 1981년 서울대 화학공학과졸 1986년 공학박사(미국 라이스대) [경]1986년 강원대 화학공학과 교수(현) 1990년 일본 교토대 방문연구원 1992년 미국 일리노이대 방문연구원 1998년 체코 Inst. of Analytical Chemistry 방문연구원 1998~2000년 강원대 기획연구부실장 2000~2001년 同기획연구실장 2002~2003년 미국 Univ. of Houston 방문교수 2007~2008년 한국화학공학회 강원지부장 2008~2012년 강원대 총장 2011년 거점국립대학교총장협의회 회장 2011~2012년 환경부 중앙환경정책위원회 민간위원장 2012~2013년 (사)강원도문화도민운동협의회 회장 2014년 춘천마임축제 이사장(현) 2016년 강원발전연구원 이사(현) [저]'화학공학 열역학' [종]기독교

권영직(權寧稙) KWON Young Jik

[생]1939 · 9 · 10 [본]안동(安東) [출]서울 [주]경북 경주시 공단로69번길11 광진상공 비서실(054-770-4114) [학]1958년 서울대사대부고졸 1963년 고려대 상학과졸 1995년 포항공과대 최고경영자과정 수료 [경]1963년 협신BOLT 근무 1973~1996년 광진상공 설립 · 대표이사 1997년 同대표이사 회장(현) [상]금탑산업훈장

권영진(權英眞) KWON Young Jin

[생]1958 · 10 · 24 [주]서울 강남구 테헤란로432 동부금융센터7층 동부생명보험 GA사업본부(02-3011-4131) [학]1977년 경복고졸 1984년 동국대 수학과졸 [경]1983년 대한교육보험 영업소 지부장 1989년 동부생명보험 입사 1995~2000년 同영업기획팀장 · AM영업팀장 · 경영기획팀장 2000~2002년 同AM영업팀장 · 감사팀장 2002년 同준법감시인 2004~2006년 同경영혁신팀장 · 마케팅팀장 2006년 同FP사업본부장(상무) 2009년 同마케팅실장(상무) 2014년 同GA사업본부장(상무) 2016년 同GA사업본부장(부사장)(현)

권영진(權泳臻) KWON Young Jin

[생]1962 · 12 · 20 [출]경북 안동 [주]대구 중구 공평로88 대구광역시청 시장실(053-803-2003) [학]1980년 대구 청구고졸 1986년 고려대 영어영문학과졸 1990년 同대학원 정치외교학과졸 1999년 정치학박사(고려대) [경]1987년 고려대 대학원 총학생회 초대회장 1990~1997년 통일원 통일정책보좌관(5급) 1997~1998년 고려대 평화문제연구소 연구원 1999~2000년 한나라당 여의도연구소 연구위원 2003년 同여의도연구소 기획위원 2003~2004년 同대표 특별보좌관 2003~2005년 同미래연대 공동대표 2003~2005년 미래사회연구소 소장 2005~2006년 한나라당 서울시당 조직강화특별위원장 2005~2006년 同정책위원회 · 교육위원회 부위원장 2005~2008년 서울디지털대 행정학과 교수 2006~2007년 서울시 정무부시장 2007년 한나라당 이명박 대통령후보 서울노원구乙선거대책위원장 2007~2008년 당현천지킴이봉사단 자문위원장 2008~2012년 한나라당 서울노원구乙당원협의회 운영위원장 2008~2012년 제18대 국회의원(서울 노원구乙, 한나라당 · 새누리당) 2008~2009년 한나라당 제6정책조정위원회 부위원장 2009년 同민곤없는나라만드는특별위원회 탈북자문제해결팀장 2009년 대한장애인배구협회 회장 2009년 한나라당 통일위원장 2010~2012년 서울시장애인체육회 부회장 2010년 한나라당 서울시당 공천심사위원(비례대표) 2010년 同서민정책특별위원회 기획단장 2011년 同비상대책위원 2011년 同여의도연구소 부소장 2012년 새누리당 서울노원구乙당원협의회 운영위원장 2012년 제19대 국회의원선거 출마(서울 노원구乙, 새누리당) 2012년 새누리당 여의도연구소 상임부소장 2012년 同제18대 대통령중앙선거대책위원회 종합상황실 기획조정단장 2013년 同여의도연구원 부원장 2014년 대구광역시장(새누리당)(현) 2014년 (사)대구 · 경북국제교류협의회(DGIEA) 공동의장(현) 2015년 제9대 한국상하수도협회 회장(현) 2015년 대구사회복지공동모금회 명예회장(현) 2015년 전국시 · 도지사협의회 부회장(현) [상]황조근정훈장(2010), 의정행정대상 국회의원부문(2010), 시민일보 의정대상(2010), NGO 모니터단 국정감사 우수위원(2010 · 2011) 대한민국헌정상 우수상(2011), 여성유권자연맹 자랑스러운 국회의원상(2011), 경향신문 제18대 국회 의정활동 종합평가 우수의원(2012) 서울신문 서울석세스대상 광역단체장대상(2014), 한국의 최고경영인상 미래창조경영부문(2014), TV조선 '한국의 영향력 있는 CEO'(2015), 한국을 빛낸 창조경영 대상 글로벌분야(2015), 지방자치행정대상 광역자치단체장 부문 우수상(2015), 대한민국 글로벌리더대상(2016) [저]'개천에서 용만들기'(2011, 블루프린트) '가능하다'(2014, 국커뮤니케이션) [역]'예방적 방위전략-클린턴 정부의 대한반도 정책'(共)

권영찬(權寧贊)

[생]1964 · 8 · 20 [주]충남 아산시 탕정면 삼성로181 삼성디스플레이 임원실(041-535-1114) [학]경북 문창고졸, 한양대 물리학과졸, 한국과학기술원 경영학과졸 [경]삼성전자(주) LCD마케팅팀 부장 2007년 同LCD글로벌운영팀장(상무보) 2008년 同LCD글로벌운영팀장(상무) 2012년 同SESL법인장 2012년 삼성디스플레이 LCD SDSZ 법인장(전무), 同모듈센터장(전무) 2015년 同모듈센터장(부사장)(현)

권영천(權寧天) Kwon Youngcheon

[생]1961·11·5 [주]경기 수원시 팔달구 효원로1 경기도의회(031-8008-7000) [학]이천고졸, 극동정보대 디지털과졸, 경동대 복지경영학과졸 [경]부발발전협의회 회장, 부발로타리클럽 청소년봉사위원장, 同회장, 부발읍축구회 회장, 부발읍체육회 부회장, 민주평통 자문위원, 이천시축구협회 이사, 이천시생활체육협의회 이사, 부발농업협동조합 이사, 주라장애인시설 운영위원, 한나라당 이천시지구당 부위원장 2002·2006~2010년 경기 이천시의회 의원(한나라당) 2002·2004·2006년 同운영위원장 2008~2010년 同부의장 2014년 경기도의회 의원(새누리당)(현) 2014년 同건설교통위원회 위원 2014~2015년 同규제개혁특별위원회 간사 2016년 同건설교통위원회 간사(현) 2016년 同간행물편찬위원회 부위원장(현)

권영철(權寧哲) KWON Yeong Cheol

[생]1971 [주]서울 용산구 이태원로22 국방부 전력정책과(02-748-5610) [학]1994년 경북대 행정학과졸 2008년 미국 미주리대 컬럼비아교 대학원 공공학과졸 [경]2004년 국방부 정책기획관실 군비통제담당관실 서기관 2008년 同전력정책관실 전력조정평가팀장(서기관) 2008년 同국제정책관실 동북아정책과장 2012년 同기획조정실 기획총괄담당관 2013년 同기획조정실 기획총괄담당관(부이사관) 2015년 同인사복지실 보건정책과장 2016년 同전력자원관리실 전력정책관실 전력정책과장(현)

권영택(權英澤) Kwon yeong taek

[생]1962·8·15 [본]안동(安東) [출]경북 영양 [주]경북 영양군 영양읍 군청길37 영양군청 군수실(054-682-2000) [학]1981년 영양고졸 1987년 계명대 공과대학 건축공학과졸 2005년 경북대 산업대학원 산업공학과졸 [경]태화건설(주) 대표이사, 영양군축구연합회 회장, 계명대총동창회 부회장, 한나라당 중앙당 전국위원, 同경북도당 홍보위원장, 학교법인 율호학원(영양여중·고) 이사장 2006·2010년 경북 영양군수(한나라당·무소속·새누리당) 2008~2011년 전국고추주산단지시장군수협의회 회장 2010년 세계유교문화축전 공동조직위원장 2014년 경북 영양군수(새누리당)(현) 2014년 전국 시장·군수·구청장협의회 군수대표 [상]대구지방국세청 성실납세자표창(2003), 경북도지사 건설산업인표창(2003), 해양수산부장관표창(2005), 보건복지부 지역복지사업종합평가부문 발전상(2011), '한국의 최고경영인상' 공공지자체 창조경영부문(2014), 월간조선 주최 '한국의 미래를 빛낼 CEO' 친환경경영부문(2015) [저]'희망을 알리는 메시지'(2014, 효성) [종]불교

권영한(權寧漢) KWUN Young Han

[생]1952·4·15 [본]안동(安東) [출]경북 경주 [주]경기 의왕시 내손순환로192 한국전기연구원(031-420-6002) [학]1970년 경북고졸 1977년 서울대 전기공학과졸 1984년 미국 텍사스대 오스틴교 대학원 전기공학과졸 1986년 전기공학박사(미국 텍사스대 오스틴교) 1988년 미국 텍사스대 오스틴교 대학원 경제학과졸 [경]1977년 현대중공업 입사 1979년 한국동력자원연구소 연구원 1983년 미국 텍사스공익사업규제위원회 연구원 1986~1999년 한국전기연구소 정책연구실장·선임연구부장 1996년 통상산업부 정책자문위원 1997년 한국공학한림원 정회원(현) 1998년 미국 DOE Oak Ridge국립연구소 객원연구위원 1999년 한국전기연구소 소장 1999년 미국 세계인명사전 'Who's Who in the World'에 등재 2000년 한국에너지공학회 부회장·감사·이사 2000년 한국자원경제학회 부회장 2001~2005년 한국전기연구원 원장 2001~2005년 산업자원부 부품소재통합연구단 이사 2002~2005년 기초전력연구소 이사 2002년 한국과학기술원 이사 2003~2004년 대한전기학회 감사 2003~2004년 국가균형발전위원회 자문위원 2003년 한국기술혁신학회 회장 2003년 텔레메트릭스산업포럼 위원장 2005년 한국전기연구원 전문위원 2005년 산업자원부 전력IT기술개발사업 총괄관리전문위원 2007~2009년 (재)전력IT사업단 단장 2009년 한국전기연구원 연구위원(현) [상]국무총리표창(1993), 과학기술부 선정 우수연구원(1998), 전기문화대상(1999), 과학기술훈장 웅비장(2005), 대한민국녹색에너지대상 학술부문(2009) [종]천주교

권영호(權泳豪) KWON Young Ho

[생]1954·10·26 [본]안동(安東) [출]광주 [주]광주 광산구 하남산단8번로127의15 서암기계공업(주) 비서실(062-951-0081) [학]1973년 광주고졸 1977년 한양대 신문방송학과졸 [경]1980년 화천기공(주) 입사 1989년 同창원공장 총무부장 1994년 同관리이사 1997년 화천기어공업(주) 대표이사 2000년 서암기계공업(주) 대표이사(현) [종]불교

권영호(權英豪) KWON Young Ho

[생]1957·2·3 [주]제주 제주시 제주대학로102 제주대학교 법학전문대학원(064-754-2919) [학]1979년 단국대 법학과졸 1983년 同대학원 법학과졸 1990년 법학박사(독일 마인츠대) [경]1992~2009년 제주대 법학과 교수 1996~2002년 제주일보 논설위원 1998년 제주대 법학과장 1999년 제주도 행정심판위원 1999~2001년 제주대 교무부처장 2001~2005년 평화연구소 통일문제연구부장 2004년 한국헌법학회 부회장 2005년 한국공법학회 상임이사 2006~2007년 제주경찰인권위원회 위원 2006~2008년 제주대 법정대학장 겸 행정대학원장·제주YMCA 자문위원·제주특별자치도 인사위원회 위원 2007년 제2회 UCLG 제주세계총회 자문위원 2009년 제주대 법학전문대학원 교수(현) 2015년 유럽헌법학회 고문(현), 제주대 사회과학대학 법학부장 2016년 한국입법정책학회 회장(현)

권영호(權泳浩) KWON Young Ho

[생]1960·12·13 [출]전북 전주 [주]전북 남원시 춘향로439 서남대학교 생명화학공학과(063-620-0222) [학]1983년 전북대 환경공학과졸 1985년 同대학원졸 1994년 공학박사(전북대) [경]1988~1996년 전북보건환경연구원 환경연구사 1996년 서남대 환경공학과 전임강사·조교수, 同환경화학공학과 교수 2000년 同기술협력센터장 2015년 同생명화학공학과 교수(현) 2015년 同부총장(현) [상]환경부장관표창 [저]'환경공학개론'(2001, 동화기술)

권영후(權寧厚) KWON Young Hoo

[생]1954·4·9 [출]전북 정읍 [주]경기 화성시 노작로134 (재)화성시문화재단 대표이사실(031-8015-8101) [학]1972년 선린상고졸 1980년 건국대 사학과졸 1988년 단국대 대학원졸 1991년 국방대 국가안전정보학과졸 [경]1979~1990년 국립중앙박물관·해외홍보관 제작과·기획과 행정사무관 1990~1998년 국방대 파견·공보처 지도과장·협력1과장·방송지원과장 1998년 정부간행물제작소 편집제작과장·해외문화홍보원 문화지원과장 1999년 국정홍보처 홍보조사과장 2001년 同국정홍보국장 2002년 중앙공무원교육원 파견 2003년 駐러시아 홍보관·문화홍보원장 2004년 국정홍보처 홍보기획국장 2005년 同홍보기획단장 2007년 同정책홍보관리실장 2008년 한국방송영상산업진흥원 원장 2014년 (재)화성시문화재단 대표이사(현) [상]국무총리표창, 근정포장, 홍조근정훈장

권영훈(權寧薰) Kwon Young-hun

[생]1958·10·12 [본]안동(安東) [출]서울 [주]경기 안산시 단원구 석수로131 경일관광경영고등학교 교장실(031-363-1301) [학]1977년 서울 보성고졸 1984년 명지대 영어영문학과졸 1990년 同대학원 영어영문학과졸 1996년 영국 사우샘프턴대 치체스터대학 TESOL과정 수료 [경]2005~2007년 안산중·고교학생부장협의회 회장 2007년 서울 응암감리교회 시무장로(현) 2007~2012년 안산경일관광경영고 교감 2010~2012년 안산시교감협의회 회장 2012년 안산 경일관광경영고 교장(현) [상]경기도교육감표창(2005), 경기도지사표창(2010), 교육과학기술부장관표창(2012) [역]'관광영어(編)'(2000, 안산1대학) 'Tourism(編)'(2003, 안산공과대학) [종]기독교

권오갑(權五甲) KWON Oh Kab

[생]1947·5·22 [본]안동(安東) [출]경기 고양 [주]경기 수원시 영통구 광교로109 한국나노기술원(031-546-6000) [학]1966년 고양종합고졸 1975년 서울대 금속공학과졸 1977년 同행정대학원졸 1984년 미국 조지워싱턴대 대학원졸 2006년 이학박사(고려대) [경]1977년 행정고시 합격(21회) 1979년 과학기술처 행정사무관 1985년 同국제협력담당관 1987년 同원자력정책과장 1988년 同행정관리담당관 1989년 同기술이전담당관 1992년 駐미국 과학참사관 1995년 기상청 기획국장 1995년 과학기술처 기초연구조정관 1996년 同기술협력국장 1996년 OECD 과학기술정책위원회 부의장 1997년 과학기술처 기술정책국장 1998년 과학기술부 기초과학인력국장 1998년 同과학기술정책국장 1999년 국가과학기술자문회의 사무처장 2001년 과학기술부 기획관리실장 2003~2004년 同차관 2004~2007년 한국과학재단 이사장 2004년 미국 조지워싱턴대 한국총동문회장 2008년 한양대 석좌교수 2010년 서울대 초빙교수, 한국과학기술원(KAIST) 자문위원 2010년 한국나노기술원 이사장(현) 2012년 한국기술경영연구원 원장 2013년 (사)과학사랑희망키움 회장(현) 2015년 (사)과우회 회장(현) [상]홍조근정훈장(1998), 한국공학한림원 일진상(2015) [저]'경제강국, 과학기술만이 답이다'(2008) [종]기독교

권오갑(權五甲) KWON Oh Gap

[생]1951 · 2 · 10 [본]안동(安東) [출]경기 성남 [주]서울 종로구 율곡로5 현대빌딩 본관14층 현대중공업 부회장실(02-746-4501) [학]1969년 효성고졸 1975년 한국외국어대졸 1994년 울산대 산업경영대학원졸 [경]1978년 예편(해병 중위) 1978년 현대중공업(주) 플랜트해외영업부 입사 1987~1990년 同런던사무소 외자구매부장 1990~1997년 학교법인 현대학원 · 울산공업학원 사무국장 1997~2006년 현대중공업(주) 서울사무소 경영지원부 · 수출입업무부 · 홍보실 · 영업총괄 전무 2004~2009년 울산현대축구단 단장 2005년 학교법인 현대학원 · 울산공업학원 감사 · 이사(현) 2007~2010년 현대중공업(주) 서울사무소장 겸 부사장 2009~2016년 현대중공업스포츠(주) 대표이사 사장 2009~2016년 한국실업축구연맹 회장(제7 · 8대) 2010~2014년 현대오일뱅크 대표이사 사장 2011년 아산나눔재단 감사 2013년 한국프로축구연맹 총재(현) 2014년 한국경영자총협회 부회장(현) 2014년 현대중공업그룹 기획실장 겸 현대중공업 대표이사 사장 2015년 (사)한국프로스포츠협회 초대 회장(현) 2016년 현대중공업그룹 기획실장 겸 현대중공업 대표이사 부회장(현) [상]한국외국어대 챌린지상(2010), 한국외국어대 '자랑스러운 외대인상'(2011), 에너지산업대상(2011), 한국자원경제학회 학술상 대상(2012), 한국외국어대 언론인상(2012), 제21회 다산경영상 전문경영인부문(2012), 제49회 무역의날 은탑산업훈장(2012) [종]불교

권오경(權五敬) Kwon Oh-Kyung

[생]1955 · 4 · 7 [출]경남 [주]서울 성동구 왕십리로222 한양대학교 공과대학 융합전자공학부(02-2220-0359) [학]1978년 한양대 전자공학과졸 1985년 미국 스탠퍼드대 대학원 전자공학과졸 1988년 전자공학박사(미국 스탠퍼드대) [경]1980년 금성전기(주) 기술연구소 연구원 1983년 미국 Stanford Univ. Research Assistant 1987년 미국 Texas Instruments Cooperate Research Development Engineering Div. 책임연구원 1992년 한양대 공과대학 융합전자공학부 교수(현) 1994~1999년 지식경제부 LCD기반기술개발사업 모듈분야 총괄책임자 1997~1999 · 2005~2009년 대한전자공학회 부회장 2007년 한국공학한림원 정회원(현) 2008~2010년 한양대 제2공과대학장 2010~2011년 한국정보디스플레이학회 회장 2010~2011년 한양대 공학대학원장 겸 공과대학장 2011~2012년 同교학부총장 2011~2014년 한국공학한림원 부회장 2014년 한국과학기술단체총연합회 부회장(현) 2015년 한국공학한림원 상임부회장(현) [상]KIDS Awards in IMID 2010(2010), Special Recognition Awards in SID 2011(2011), Distinguished Student Paper Award in SID 2011(2011), 한양대 제1회 백남석학상(2013), Semicon Korea Appreciation Award 2013(2013), The Best Poster Award in IMID 2014(2014), Excellent paper Awards in IMID 2014(2014) [저]'디스플레이 공학개론'(2006)

권오경(權五慶) KWON Oh Kyung

[생]1961 · 11 · 23 [주]부산 금정구 금샘로485번길65 부산외국어대학교 인문사회대 한국어문학부(051-509-5939) [학]1988년 경북대 국어국문학과졸 1991년 同대학원 국어국문학과졸 1997년 국문학박사(경북대) [경]1988년 문학과언어학회 지역이사 1988~1994년 대구 경명여고 교사 1994~2000년 대구대 · 안동대 · 영남대 강사 1994~1996년 울산대 강사 1995~2000년 경북대 강사 · 조교 2000~2001년 경일대 연구원 2001년 부산외국어대 국어국문학과 전임강사 · 조교수 · 부교수, 同한국어문학부 교수(현) 2002~2013년 한국민요학회 총무이사 · 편집이사 · 부회장 2007년 부산외국어대 출판부장 2008년 미국 오하이오주립대 교환교수 2009년 부산외국어대 한국어문화교육원장, 한국어교육기관대표자협의회 감사 2010년 부산시 문화재위원(현) 2011년 부산외국어대 입학홍보처장 2013~2014년 同인문사회대학장 2013년 同일반대학원 다문화교육학과 주임교수 겸 다문화연구소장(현) 2014년 同기획처장(현) 2016년 同특성화사업관리실장(현) [저]'영남의 소리'(1998) '민속예술의 정서와 미학'(1999) '고전시가작품교육론'(1999) '비슬산'(2000) '비슬산속집-민속편'(2001) '고악보소재 시가문학연구'(2003) '우리시대의 고전작가'(2007) '외국인을 위한 한국문학의 이해'(2013)

권오곤(權五坤) KWON O Gon

[생]1953 · 9 · 2 [본]안동(安東) [출]충북 청주 [주]서울 종로구 새문안로5길55 노스게이트빌딩 김앤장법률사무소(02-3703-1376) [학]1972년 경기고졸 1976년 서울대 법대졸 1978년 同대학원졸 1985년 미국 하버드대 법과전문대학원졸(L.L.M) [경]1977년 사법시험 합격(19회) 1979년 사법연수원 수료(9기) 1979년 서울민사지법 판사 1980년 대통령비서실 근무 1984~1988년 서울민사지법 · 서울형사지법 판사 1988년 대구고법 판사 1990년 법원행정처 법무담당관 1991년 同기획담당관 1992년 대법원 재판연구관 1993년 창원지법 부장판사 1995년 수원지법 부장판사 1997년 서울지법 동부지원 부장판사 1997~1999년 헌법재판소 연구부장 1998년 서울지법 부장판사 2000년 대구고법 부장판사 2001~2016년 舊유고슬라비아 국제형사재판소(ICTY) 재판관 2007년 영국 옥스퍼드대 국제형사사법잡지(Journal of International Criminal Justice) 편집위원(현) 2008~2012년 舊유고슬라비아 국제형사재판소(ICTY) 부소장 2009~2011년 헌법재판소 자문위원 2014년 사법정책연구원 운영위원장(현) 2016년 김앤장법률사무소 국제법연구소 초대 소장(현) 2016년 대법원 형사사법발전위원회 위원장(현) [상]국민훈장 모란장(2008), 법조언론인클럽 올해의 법조인상(2009), 영산법률문화상(2011), 대한변호사협회 한국법률문화상(2013) [종]가톨릭

권오규(權五奎) KWON O Kyu

[생]1952 · 6 · 27 [본]안동(安東) [출]강원 강릉 [주]서울 동대문구 회기로85 한국과학기술원 금융전문대학원(02-958-3434) [학]1971년 경기고졸 1975년 서울대 경제학과졸 1981년 미국 미네소타대 대학원 경제학과졸 1998년 경제학박사(중앙대) [경]1974년 행정고시 합격(15회) 1974년 총무처 수습행정관 1975년 철도청 사무관 1976년 경제기획원 사무관 1984년 同경제교육과장 1985~1987년 IBRD 경제조사관 1987~1991년 경제기획원 경제기획국 자금계획과장 · 동향분석과장 · 인력과장 1991년 同총괄과장 · 통상1과장 · 지역1과장 1994년 同대외협력국 총괄과장 1995~1997년 대통령 정책비서관 1997~1999년 IMF 대리대사 1999~2000년 재정경제부 경제정책국장 2000~2001년 대통령 재정경제비서관 2001~2002년 재정경제부 차관보 2002~2003년 조달청장 2003~2004년 대통령 정책수석비서관 2003~2004년 신행정수도건설추진기획단 단장 겸임 2004~2006년 駐OECD대표부 대사 2006년 대통령 경제정책수석비서관 2006년 대통령 정책실장 2006~2008년 부총리 겸 재정경제부 장관 2009년 한국과학기술원 금융전문대학원 초빙교수(현) 2012~2016년 한국씨티은행 사외이사 2014년 아시아신탁(주) 사외이사(현) 2014년 발벡KPL코리아 대표이사 회장(현) 2016년 한국장학재단 경영고문(현) [상]녹조근정훈장(1993), 청조근정훈장(2008) [저]'한국자본주의의 실상과 과제'(1991, 대한상공회의소) '우리나라 서비스산업의 개방과 과제(共)'(1992, 대한상공회의소) [종]기독교

권오규(權五圭) KWON Oh Kyu

[생]1952 · 11 · 14 [출]서울 [주]인천 남구 인하로100 인하대학교 전자전기공학부 전기공학과(032-860-7395) [학]1971년 보성고졸 1978년 서울대 전기공학과졸 1980년 同대학원 전기공학과졸 1985년 전기공학박사(서울대) [경]1982~1993년 인하대 공대 전기공학과 전임강사 · 조교수 · 부교수 1988년 호주 뉴캐슬대 전기전산공학과 객원교수 1993년 인하대 전자전기컴퓨터공학부 전기및제어전공 교수 2001~2003년 同기획처장 2002년 同전자전기공학부 전기공학과 교수(현) 2006~2009년 同교무처장 2015년 同교학부총장(현) [저]'두 대의 PC를 사용한 자동제어 실험실습(共)'(1999) '제어시스템공학(共)'(1999) '자동제어공학(共)'(2003) 'PID제어기 설계법(共)'(2003) 'CEMTool활용 회로해석'(2004) [종]천주교

권오달(權五達) KWON Oh Dal

[생]1938 · 3 · 3 [출]서울 [주]경기 오산시 황새로169 (주)대림제지 임원실(031-373-7670) [학]1962년 건국대 행정학과졸 1972년 同행정대학원 행정학과졸 [경]1976~1981년 삼원제지(주) 전무이사, 창원제지(주) 전무이사, (주)대림제지 대표이사 사장 1994년 한국제지공업협동조합 이사, 경기경영자협회 이사 2005년 (주)대림제지 부회장(현)

권오덕(權五德) KWON Oh Deok (鉢山)

[생]1946 · 5 · 28 [본]안동(安東) [출]서울 [주]서울 서초구 서초대로264 법조타워 법무법인 우성(02-3477-3838) [학]1966년 성남고졸 1970년 고려대 법대 행정학과졸 [경]1976년 육군 법무관 1979~1983년 대전지검 검사 · 홍성지청 검사 1983년 부산지검 검사 1986년 서울지검 검사 1988년 대구지검 영덕지청장 1989년 同경주지청 부장검사 1990년 춘천지검 부장검사 1991년 마산지검 형사1부장 1992년 창원지검 형사1부장 1992년 사법연수원 교수 1994년 서울지검 북부지청 특수부장 1995년 同남부지청 형사2부장 1996년 同남부지청 형사1부장 1997년 서울고검 검사 1997년 춘천지검 차장검사 1998년 인천지검 부천지청 차장검사 1999년 대전고검 검사 2000~2006년 대한법률구조공단 사무총장 겸 서울지부장 2006~2014년 법무법인 세광 대표변호사 2014년 법무법인 우성 대표변호사(현) [상]자랑스러운 성남인상(2010) [종]불교

권오득(權五得) KWON Oh Deuk (陽谷)

[생]1942 · 11 · 10 [본]안동(安東) [출]경북 의성 [주]경기 성남시 수정구 수정로171번길7의1 우일프라자502호 한국복지문화교육원(031-751-4977) [학]1962년 영남고졸 1968년 서울대 문리과대학 사회복지학과졸 1977년 미국 클리블랜드주립대 사회복지학과 수료 1988년 중앙대 사회개발대학원졸 1997년 서울대 보건대학원 보건의료정책최고관리자과정 수료 [경]1968~1978년 국제양친회 한국지부 · 서울사무소장 1973~1979년 100만인모금걷기운동 서울지역준비위원장 1978년 한국사회복지협의회 사무총장 1980년 보건사회부 사회보장심의회 연구위원 1981~1989년 사회정화위원회 전문위원(3급공무원) 1989년 인천지방노동위원회 상임위원 겸 부위원장(2급공무원) 1993~1995년 同위원장 1996~1999년 의료보험연합회 상임이사 1999년 사회복지공동모금회 모금분과위 부위원장 2000~2002년 경산복지재단 회장 2001~2007년 평택대 사회복지학부 겸임교수 2002~2006년 경기도사회복지공동모금회 이사 겸 배분분과위원장, 서울대총동창회 이사 2005년 비영리모금기술연구회 회장 2007년 숭실대 · 평택대 외래교수 2007년 경기대 외래교수, 한국복지문화교육원 학점은행반 · 장애인활동지원보조인교육담당 특임교수(현) [상]국무총리표창 [저]'사회복지총람(共)'(1991) '한국 사회보장제도의 재조명(共)'(1992) '사회복지시설운영론(共)'(2008) '사회복지시설경영론(共)'(2013) [종]천주교

권오민(權五敏) Kwon Oh Min

[생]1968 · 6 · 28 [본]안동(安東) [출]강원 양양 [주]대전 유성구 유성대로1672 한국한의학연구원 부원장실(042-868-9601) [학]1987년 성동고졸 1994년 경희대 한의학과졸 2005년 同대학원 한의철학과졸 2010년 한의학박사(경희대) [경]2009년 한국한의학연구원 홍보협력팀장 2010년 同동의보감사업단장 2010년 同문헌정보연구본부장 2011년 同문헌연구그룹장 2012년 同문화 · 정보연구본부장 2015년 同부원장(현) [역]'Compilation of Formulas and Medicinals Addendum'(2009) '역대의학성씨(編)'(2010) '납약증치방'(2010) '내의선생안'(2010) '언해두창집요'(2011) '본초유함요령'(2011) '벽역신방'(2012) '신찬벽온방'(2012)

권오봉(權五鳳) KWON Oh Bong

[생]1949 · 7 · 25 [본]안동(安東) [출]경북 문경 [주]부산 연제구 법원로31 부산지방법원 조정센터(051-590-1706) [학]1968년 중앙고졸 1973년 고려대 법학과졸 1975년 同대학원졸 [경]1977년 사법시험 합격(19회) 1979년 사법연수원 수료(9기) 1979년 軍법무관 1982년 전주지법 군산지원 판사 1984년 부산지법 판사 1987년 마산지법 판사 1989년 부산고법 판사 1994년 창원지법 밀양지원장 1996년 부산지법 부장판사 2000년 창원지법 통영지원장 2001년 부산지법 부장판사 2005~2008년 同가정지원장 2008~2013년 부산대 법학전문대학원 교수 2013년 부산지법 조정센터 상임조정위원(현)

권오봉(權五俸) Kwon Oh Bong

[생]1959 · 9 · 13 [출]전남 장흥 [주]전남 광양시 광양읍 인덕로1100 광양만권경제자유구역청 청장실(061-760-5003) [학]1978년 여수고졸 1982년 고려대 경제학과졸 1984년 경희대 대학원 도시개발행정학과졸 2002년 미국 미주리대 대학원 경제학과졸 [경]1983년 행정고시 합격(26회) 1988~1992년 경제기획원 경제기획국 근무 1992~1994년 同예산실 근무 1994~1996년 재정경제원 예산실 방위예산1과 근무 1996년 통계청 산업통계2과장 2000년 해외 유학 2003년 대통령직인수위원회 파견 2003년 기획예산처 재정기획실 재정분석과장(부이사관) 2004년 同재정기획실 기획총괄과장 2005~2006년 국회 예산결산특별위원회 파견 2006년 기획예산처 디지털예산 · 회계시스템추진기획단장 2007년 同사회재정기획단장 2007년 울산과학기술대 이사 2008년 기획재정부 예산실 사회예산심의관 2009~2010년 同재정정책국장 2010~2012년 방위사업청 차장 2012년 지식경제부 무역위원회 상임위원 2013~2014년 전남도 경제부지사 2014년 同도지사 경제특별보좌관 2014~2015년 (사)전남대불산학융합본부 이사장 2015년 광양만권경제자유구역청 청장(현) [상]녹조근정훈장(1998)

권오상(權五常) KWON O Sang

[생]1953 · 12 · 10 [주]서울 중구 소공로88 한진빌딩 신관2층 (주)한진관광 임원실(02-726-5665) [학]강릉 명륜고졸, 숭전대 경제학과졸 [경]1978년 (주)대한항공 입사, 同서울여객지점 판매2팀장(상무보), 同여객노선영업부 한일노선팀장(상무보) 2006년 同일본지역본부장(상무) 2008년 (주)한진관광 대표이사 사장 2014년 同각자대표이사 사장 2015년 同대표이사 사장(현) [상]은탑산업훈장(2016)

권오서(權五瑞) KWON Oh Suh

[생]1948 · 10 · 28 [본]안동(安東) [출]충북 청주 [주]강원 춘천시 영서로2151번길30 춘천중앙교회(033-259-3000) [학]1968년 대광고졸 1975년 감리교신학대졸 1978년 同대학원졸 1985년 미국 클레아몬트신학대 대학원졸 1986년 목회학박사(미국 클레아몬트신학대) [경]1975년 원주 무실교회 담임목사 1978년 서울종교교회 부담임목사 1982~1986년 미국 유학 1986~1988년 서울은화교회 담임목사 1987~1994년 감리교신학대 선교대학원 강사 1988년 춘천중앙교회 담임목사(현) 1994~1998년 협성대 신학대학원 강사 1995~1997년 기독교춘천방송 시청자위원장 1996~2001년 춘천YMCA 이사 1996~2006년 춘천경실련 공동대표 1996~2000년 한국기독교교회협의회(KNCC) 실행위원 1998년 감리교신학대 객원교수 1998년 강원지방경찰청 경목실장 2000~2001년 강원도기독교연합회 초대회장 2000~2002년 강원도경 · 교회경찰협의회 회장 2001년 인도네시아 웨슬리신학대 명예총장(현) 2002~2004년 기독교대한감리회동부연회 감독 2003~2015년 CBS재단 이사 · 부이사장 · 이사장 2003~2013년 감리교신학대 이사 및 이사장 2009년 (사)아름다운청소년들 대표이사(현) 2012~2013년 기독교대한감리회동부연회 감독 직무대행 2012~2016년 원주청년관 이사장 2014년 (사)러브월드 대표이사(현) [상]동부연회 감독상 [저]'로마서가 나를 감격시킨다'(1998, 진흥출판사) '로마서가 나를 변화시킨다'(1999, 진흥출판사) '교회행정과 목회'(2008, KMC) '그리스도인의 건강한 가정'(2007, 춘천중앙교회 출판위원회) '넘어야 할 산이 있다'(2009, 대한기독교서회) '야고보의 식탁'(2012, 신앙과지성사) '어떻게 살 것인가'(2013, 신앙과지성사) '십자가의 길'(2014, 신앙과지성사) '더 좋은교회 만들기'(2015, KMC) [역]'내 백성을 보내라'(1991, 반석문화사) '성숙한 교회의 12가지 열쇠'(1997, 풍만출판사) '성서에 나타난 회심의 의미'(기독교대한감리회 선교국) '변화의 리더쉽'(2009, 대한기독교서회) [종]기독교

권오석(權五石) KWON Oh Seok

[생]1973 · 10 · 20 [출]대구 [주]서울 서초구 서초대로219 대법원(02-3480-1100) [학]1992년 경원고졸 1997년 경북대 법학과졸 2003년 서울대 대학원 법학과졸 [경]1997년 사법시험 합격(39회) 2000년 사법연수원 수료(29기) 2000년 해군 법무관 2003년 대전지법 판사 2006년 수원지법 판사 2010년 서울중앙지법 판사 2011년 사법연수원 교수 2013년 서울고법 판사 2015년 창원지법 부장판사 2016년 대법원 재판연구관(현) [저]'캐릭터에 대한 법적보호에 대한 연구'

권오성(權五聖) KWON Oh Sung (韶巖)

[생]1941 · 1 · 19 [본]안동(安東) [출]서울 [주]서울 성동구 왕십리로222 한양대학교(02-2220-1290) [학]1959년 경기고졸 1963년 서울대 국악과졸 1966년 同대학원졸 1994년 문학박사(한국정신문화연구원) [경]1964~1981년 KBS 프로듀서 · 제작부장 · 라디오 FM부장 1966년 서라벌예술대 강사 1970년 한양대 강사 1970년 한국음악협회 이사 1974년 서울대 강사 1976년 유네스코 Asian Music Rostrum 심사위원 1982~2006년 한양대 음악대학 국악과 조교수 · 부교수 · 교수 1987~2004년 한국국악학회 회장 1991~2012년 국제전통음악학회 한국위원회 위원장 1993년 제32차 국제전통음악회총회 한국대표 1993년 '94국악의해' 조직위원회 부위원장 1999~2008 · 2014년 아시아 · 태평양민족음악학회(APSE) 회장(현) 2001년 경기도 문화재위원 2001년 동북아음악연구소 소장(현) 2002년 세종문화회관 이사 2005~2007년 문화재청 문화재위원 2006년 한양대 명예교수(현) 2006년 대한민국 술원 회원(현) 2008년 대한민국예술원 회원(국악 · 현) 2013년 (재)국악방송 비상임이사(현) [상]한국문화대상 특별상(1969), 옥조근정훈장(1970), 한국음악협회 국악부문 한국음악상(1998), 난계악학대상(2000), 서울시 문화상(2005), 부총리 겸 교육인적자원부장관표창(2006), 한국방송공사 국악대상 특별공로상(2007), 은관문화훈장(2010) [저]'한국의 민속음악1 · 2'(共) '향토조의 선율 구조' '소암문집1 · 2 · 3'(2006, 민속원) 'Essays on Korean Traditional Music Culture'(2008, 민속원) '한국의 종교음악'(2010, 보고사) '북한음악의 이모저모'(2001, 민속원) [종]불교

권오성(權五成) Kwon Oh Sung

[생]1961 · 1 · 18 [본]안동(安東) [출]부산 [주]부산 연제구 중앙대로1001 부산광역시의회(051-888-8151) [학]1980년 동인고졸 1988년 동국대 행정학과졸 2007년 부산대 행정대학원 행정학과 수료 [경]2030부산등록엑스포 유치 범시민추진위원회 집행위원(현), 동래발전협의회 감사(현) 1991~1993년 민주자유당 부산동래甲지구당 선전차장 1993~1995년 同부산동래甲지구당 홍보부장 1995~1997년 신한국당 부산동래甲지구당 민원부장 1997~2004년 한나라당 부산동래지구당 민원부장 1998~2000년 박관용 국회의원 비

서 2002~2004년 同보좌관 2004년 이재웅 국회의원 보좌관 2005~2006년 대신무역상사 전무 2006년 한나라당 부산동래구당원협의회 운영위원 2006~2010년 부산시 동래구의회 의원 2006~2008년 同사회도시위원장 2006년 민주평통 자문위원(현) 2010년 부산시의회 의원(한나라당·새누리당) 2010~2011년 同예산결산특별위원회 위원, 同운영위원회 위원, 同행정문화위원회 부위원장 2014년 부산시의회 의원(새누리당)(현) 2014년 同행정문화위원회 위원장 2015년 同경제문화위원회 위원장 2016년 同경제문화위원회 위원(현) [종]불교

권오성(權五成) KWON Oh Sung

[생]1962·2·14 [출]경북 칠곡 [주]경기 고양시 일산동구 장백로213 의정부지방검찰청 고양지청 지청장실(031-909-4000) [학]1980년 영남고졸 1984년 경북대 법학과졸 1990년 同대학원 법학과졸 [경]1990년 사법시험 합격(32회) 1993년 사법연수원 수료(22기) 1993년 대한법률구조공단 변호사 1995년 대구지검 경주지청 검사 1997년 인천지검 검사 1999년 서울지검 검사 2002년 부산지검 검사 2004년 서울서부지검 검사 2005년 同부부장검사 2006년 울산지검 특수부장 2007년 대구지검 영덕지청장 2008년 수원지검 마약·조직범죄수사부장 2009년 서울북부지검 형사6부장 2009년 서울중앙지검 특수2부장 2010년 인천지검 형사3부장 2011년 서울남부지검 형사2부장 2012년 서울중앙지검 부장검사 2012~2013년 국가경쟁력강화위원회 파견 2013년 서울고검 검사 2014년 대전지검 서산지청장 2015년 대전지검 차장검사 2016년 의정부지검 고양지청장(현) [종]불교

권오성(權五成) KWON Oh Sung

[생]1963·4·3 [출]서울 [주]전북 전주시 완산구 서학로89 전주교육대학교 체육교육과(063-281-7179) [학]1986년 고려대 체육교육과졸 1990년 일본 쓰쿠바대 대학원졸 1993년 교육학박사(일본 쓰쿠바대) [경]1993~1994년 일본 쓰쿠바대 연구원 1994년 고려대 강사 1994년 전주교육대 체육교육과 전임강사·조교수·부교수·교수(현) [저]'운동처방의 실제'(共) '건강을 위한 운동지침서-나에게 적합한 운동 선택법'(共) '신체기능의 조절성' [역]'중심으로 타는 승마'(2005)

권오승(權五乘) KWON Oh Seung (南泉)

[생]1949·7·2 [본]안동(安東) [출]경북 안동 [주]서울 서초구 효령로33길23 링컨하우스604호 아시아법연구소(02-3442-2216) [학]1968년 용산고졸 1973년 서울대 법과대학 행정학과졸 1975년 同대학원 법학과졸 1987년 법학박사(서울대) [경]1975~1978년 육군3사관학교 전임강사 1979년 동아대 전임강사 1980~1992년 경희대 법대 전임강사·조교수·부교수·교수 1984년 독일 프라이브르크대 객원교수 1992~2000년 서울대 법학부 조교수·부교수 1998년 미국 하버드대 방문교수 2000~2006년 한국경쟁법학회 회장 2000년 일본 와세다대 방문교수 2001~2008년 서울대 법학부 교수 2003~2006년 아시아법연구소 소장 2006~2008년 공정거래위원회 위원장 2006년 한국경쟁법학회 명예회장(현) 2008~2011년 서울대 경쟁법센터장 2009~2015년 同법학전문대학원 교수 2012년 아시아법연구소 이사장(현) 2012~2014년 서울대 아시아태평양법연구소장 2015년 同법학전문대학원 명예교수(현) [상]국민훈장 동백장(2005), 자랑스러운 용산인상(2008), 청조근정훈장(2009) [저]'경제법' '소비자보호법' '기업결합규제법론' 'EC 경쟁법' '공정거래법실무해설' '민법의 쟁점' '민법특강' '사법도 서비스다' '공정거래법심결례 100선'(共) '공정거래법강의 Ⅰ·Ⅱ' '자유경쟁과 공정거래' '제조물책임법'(共) '공정거래와 법치' '소비자보호법'(2005) '시장경제와 법'(2006) '법으로 사랑하다'(2010, 홍성사) '독점규제법'(2010) '독점규제법 30년'(2011) '베트남의 체제전환과 법'(2013) [역]'독일경쟁법' [종]기독교

권오신(權五信) KWON Oh Shin

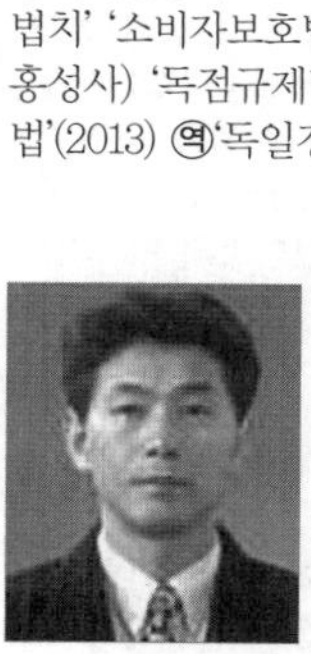

[생]1959·6·11 [주]강원 춘천시 강원대학길1 강원대학교 인문대학 사학과(033-250-8214) [학]강원대졸, 同대학원 사학과졸, 사학박사(필리핀 국립필리핀대) [경]1982~1986년 강원대 사범대학 역사교육과 조교 1986~1996년 同인문대학 사학과 강사 1994~1996년 춘천교육대학 강사 1996년 한국미국사학회 편집이사 1996~2005년 강원대 인문대학 사학과 조교수·부교수 1999~2000년 同인문대학 사학·철학과군 학군장 2001~2002년 미국 인디아나대 객원교수 2002~2004년 강원대 신문사 주간교수 2004~2006년 한국아시아학회 감사 2005년 강원대 인문대학 사학과 교수(현) 2011~2013년 同인문대학장 2015년 同중앙박물관장(현) [저]'미국 현대외교사(共)'(1998, 비봉출판사) '필리핀(共)'(1998, 한국외대출판부) '미국의 제국주의: 필리핀인들의 시련과 저항'(2000, 문학과지성사) '왜 미국, 미국하는가?-역사를 통해 본 미국의 사회와 문화'(2003, 강원대출판부) '문화와 문화의 만남-동서문화의 교류사(共)'(2005, 강원대출판부) '국외 독립운동사적지 실태조사 보고서Ⅳ(共)'(2006, 국가보훈처독립기념관) '교양 세계사:문명의 탄생에서 글로벌시대까지(共)'(2007, 우물이있는집) '역사 속의 동서 문화교류(共)'(2008, 강원대출판부) '해외소재 한국관련 기록물소재 정보조사 용역최종보고서-동남아시아지역-별책2;각국별 한국관련 기록물 소장정보(共)'(2008, 강원대산학협력단) '해외소재 한국관련 기록물소재 정보조사 용역 최종보고서-동남 아시아지역(共)'(2008, 강원대산학협력단) '해외소재 한국관련 기록물소재 정보조사 용역 최종보고서-동남아시아지역-별책1주요수집기록물 원문(共)'(2008, 강원대산학협력단) '우드로 윌슨'(2011, 도서출판선인) '재미있는 서양사 여행(共)'(2013, 단비)

권오연(權五然) Kwon Oh Yun

[생]1959·10·16 [본]안동(安東) [출]서울 [주]서울 종로구 종로26 SK빌딩 SK이노베이션(02-2121-5678) [학]1978년 홍익고졸 1986년 서강대 신문방송학과졸 [경]2000년 연합뉴스 LA특파원(차장) 2002년 同LA특파원(부장대우) 2002년 同특신부 부장대우 2004년 同정보과학부장 2005년 同사회부장 2006년 同논설위원 2008년 同편집국 경제분야 에디터(부국장대우) 2009년 同편집국 통합뉴스룸 에디터 2010년 同국제뉴스1부 기획위원 2011년 同마케팅국장 2012년 同국제국 기획위원 2013~2015년 同경영지원담당 상무이사 2016년 SK이노베이션 고문(현) [상]서강언론동문회 서강언론인상(2014) [저]'뉴스에도 원산지가 있다(共)'(2008)

권오웅(權五雄) KWON Oh Woong

[생]1948·3·1 [출]부산 [주]서울 강남구 선릉로404 누네안과병원(02-2086-7792) [학]1973년 연세대 의대졸 1980년 同대학원졸 1997년 의학박사(연세대) [경]1976~1977년 원주기독병원 인턴 1977~1981년 同안과 레지던트 1981~1993년 연세대 의대 안과학교실 전임강사·조교수·부교수 1985~1987년 미국 오하이오주립대 안과 연구교수 1988~1993년 대한안과학회 편집이사 1993~2009년 연세대 의대 안과학교실 교수 1993~1995년 同의대 학생과장 1995년 同의대 안과학교실 주임교수 1998년 대한안과학회 수련이사 2000~2002년 한국망막학회 회장, 연세대 시기능개발연구소장, Ophthalmic Literature 국제편집위원, 미국 황반부학회 정회원, 대한안과학회 편집이사, 同학회지 편집인 2009년 누네안과병원 망막센터장·원장(현) 2011~2012년 대한안과학회 회장

권오웅(權五雄) KWON, O-Ung

[생]1964·5·5 [출]충북 충주 [주]서울 동작구 여의대방로16길61 기상청 기후정책과(02-2181-0900) [학]1981년 충북고졸 1985년 서울대 대기과학과졸 1987년 同대학원 대기과학과졸 1997년 同대학원 대기과학 박사과정 수료 [경]1987~1990년 공군 기상전대 예보장교·기상학교관 1990년 기상청 근무 1997년 미국 뉴욕 Brookhaven National Lab 파견 2002~2004년 행정자치부 재해대책본부 파견 2005~2007년 미국 위스콘신주 NOAA·NESDIS·SSEC 파견 2009년 기상청 예보국 예보상황1과 서기관 2010년 광주지방기상청 예보과장 2012년 기상청 정보통신기술과장 2015년 대전지방기상청 관측예보과장 2016년 기상청 기후정책과장(현)

권오을(權五乙) KWON Oh Eul

[생]1957·3·17 [본]안동(安東) [출]경북 안동 [학]1976년 경북고졸 1982년 고려대 정치외교학과졸 1999년 同정책대학원 경제학과졸 [경]1981~1991년 대한상공회의소 조사역 1988~1989년 同노동조합 부위원장 1991~1995년 경북도의회 의원 1996년 제15대 국회의원(안동甲, 민주당·한나라당) 1996년 민주당 기획조정실장·경북도지부장·대변인 1998년 한나라당 정책위원회 부의장 1998년 同총재 기획특보 2000년 제16대 국회의원(안동, 한나라당) 2000년 한나라당 농림해양수산위원장 2001년 同기획위원장 2004~2008년 제17대 국회의원(안동, 한나라당) 2005년 한나라당 경북도당 위원장 2006~2008년 국회 농림해양수산위원장 2007년 한나라당 제17대 대통령중앙선거대책위원회 유세지원단장 2009년 영남대 정치행정대학 정치외교학과 객원교수 2010~2011년 국회 사무총장(장관급) 2014~2016년 새누리당 인재영입위원장 [상]경실련 납세자의 친구상, (사)대한민국가족지킴이 대한민국실천대상 지역발전부문(2015), 범시민사회단체연합 선정 '올해의 좋은 정치인'(2015) [저]'우리는 여기서 천년을 산다' '웰치에게 배운다' '꺼벙이의 꿈'(2011, 미래를 소유한사람들)

권오정(權五楨) KWON O Jung

⊛1957 · 7 · 8 ⊕안동(安東) ⊛충북 청주 ㈜서울 강남구 일원로81 삼성서울병원 원장실(02-3410-0321) ⊛1976년 경기고졸 1982년 서울대 의대졸 1986년 同대학원 의학과졸 1991년 의학박사(서울대) ⊛1982~1983년 서울대병원 인턴 1983~1986년 同내과 레지던트 1986~1989년 軍의관(대위) 1989~1991년 서울대병원 호흡기내과 전임의 1991~1993년 영국 국립심장폐연구소 박사후과정 1994년 삼성서울병원 호흡기내과 전문의(현) 1997~2002년 성균관대 의대 내과학교실 부교수 1999~2005년 삼성서울병원 호흡기내과장 2000년 대한중환자의학회 이사 2002년 성균관대 의대 내과학교실 교수(현) 2007년 삼성서울병원 적정진료운영실장 2008~2012년 同기획실장 2011년 성균관대 의과대학장 겸 의학전문대학원장 2015년 삼성서울병원 병원장(현) 2016년 대한병원협회 부회장(현) ⊛가톨릭

권오정(權五正) Kwon Oh-jung

⊛1964 · 8 · 29 ⊕안동(安東) ⊛서울 ㈜세종특별자치시 한누리대로402 산업통상자원부 경제자유구역기획단(044-203-4600) ⊛1983년 경성고졸 1987년 서울대 경제학과졸 1989년 同대학원 정책학과졸 1998년 미국 하버드대 대학원 행정학과졸 ⊛1991년 행정고시 합격(34회) 1991~1998년 상공부 다자협상과 · 기초화학과 · 자원정책과 사무관 1998년 산업자원부 장관비서관 2000~2003년 同무역정책과 · 산업기술정책과 서기관 2003년 동북아위원회 외국인투자과장(파견) 2004년 산업자원부 디자인브랜드과장 2004년 同표준디자인과장 2005년 同산업기술인력과장 2005년 교육인적자원부 산학협력과장 2006~2009년 駐벨기에대사관 겸 유럽연합(EU)대표부 상무참사관 2009년 지식경제부 지식서비스과장 2010년 同에너지절약정책과장 2011년 同에너지절약정책과장(부이사관) 2011년 대통령직속 미래기획위원회 신성장동력국장(파견) 2013년 산업통상자원부 무역투자실 무역정책과장 2014년 특허청 산업재산보호협력국장(고위공무원) 2016년 산업통상자원부 경제자유구역기획단장(현)

권오준(權五俊) KWON Oh Joon

⊛1950 · 7 · 6 ⊛경북 영주 ㈜서울 강남구 테헤란로440 ㈜포스코 임원실(02-3457-0069) ⊛서울사대부고졸 1972년 서울대 공대 금속공학과졸 1980년 캐나다 윈저대 대학원졸 1985년 공학박사(미국 피츠버그대) ⊛1975~1978년 국방과학연구소(ADD) 연구원 1986년 포항산업과학연구원(RIST) 입사, 同재료연구부 열연연구실장, 同기획부장, ㈜포스코 기술연구소 부소장 겸 자동차강재연구센터장, 同EU사무소장(상무대우) 2003년 同EU사무소장(상무) 2006년 同기술연구소장(상무) 2007년 한국공학한림원 정회원(현) 2007~2009년 ㈜포스코 기술연구소장(전무) 2009년 (재)포항산업과학연구원 원장 2011년 ㈜포스코 기술총괄장(부사장) 2011년 한국공학한림원 재료자원공학분과 위원장 2012년 ㈜포스코 기술총괄장(사장) 2014년 同대표이사 회장(현) 2014~2015년 한국공학한림원 이사 2014년 포스코청암재단 이사장(현) 2014년 전국경제인연합회 부회장(현) 2014년 한국경영자총협회 부회장(현) 2014~2016년 한국철강협회 회장 2014년 국제철강협회 이사 겸 집행위원(현) 2014년 전국경제인연합회 한호경제협력위원회 위원장(현) 2015년 학교법인 포항공과대(포스텍) 이사장(현) 2015년 ㈜포스코 비상경영쇄신위원회 위원장(현) 2015년 한국공학한림원 이사장(현) 2016년 포스코대학생봉사단 '비욘드' 단장(현) ⊛한국산업기술진흥협회 최고기술경영자부문 기술경영인상(2013), 서울대 공과대학 올해의 발전공로상(2014), 한국경제신문 중공업 · 철강 · 조선부문 '대학생이 뽑은 올해의 최고경영자(CEO)'(2014 · 2015), 밴 플리트상(2016), 미래창조과학부 및 한국과학기술단체총연합회 선정 대한민국 최고과학기술인상(2016)

권오준(權五駿) KWON O Joon

⊛1965 · 11 · 30 ⊛서울 ㈜서울 강서구 강서로501의8 ㈜iHQ 미디어부문 편성본부(02-3660-3700) ⊛1990년 연세대 교육학과졸 ⊛1995년 YTN미디어 제작팀 프로듀서 2005년 同기획국 기획팀장(부장) 2005년 同방송본부 YTN STAR방송팀장(부장) 2006년 同기획팀장 · 부국장 2008년 ㈜CU미디어 편성기획국장 2016년 ㈜iHQ 미디어부문 편성본부장(현)

권오준(權五準) KWON Oh Jun

⊛1966 · 2 · 15 ⊛서울 ㈜서울 영등포구 여의대로128 트윈타워25층 ㈜LG 법무팀(02-3777-1114) ⊛1984년 중앙대사대부고졸 1988년 서울대 법학과졸 1990년 同대학원졸 ⊛1989년 사법시험 합격(31회) 1992년 사법연수원 수료(21기) 1995년 서울지법 판사 1997년 同북부지원 판사 1997년 LG그룹 법률고문실 상임변호사 겸 이사 1998년 LG화학 이사 2003년 LG전자㈜ 법무팀장(상무) 2008~2014년 同법무담당 부사장 2015년 ㈜LG 법무팀장(부사장)(현)

권오창(權五昶) KWON Oh Chang

⊛1965 · 3 · 20 ⊛경북 안동 ㈜서울 종로구 사직로8길39 세양빌딩 김앤장법률사무소(02-3703-1471) ⊛1983년 우신고졸 1987년 서울대 법학과졸 ⊛1986년 사법시험 합격(28회) 1989년 사법연수원 수료(18기) 1989~1992년 해군 법무관 1992~1994년 서울민사지법 판사 1994~1996년 서울형사지법 판사 1996~1999년 제주지법 판사 · 광주고법 제주부 판사 겸임 1997년 광주고법 판사 1998년 제주지법 서귀포시법원 판사 1999년 인천지법 부천지원 판사 2000~2003년 서울고법 판사 2000~2003년 법원행정처 송무심의관 겸임 2004~2014년 김앤장법률사무소 변호사 2007~2009년 대한변호사협회 법제이사 2009~2011년 방송통신심의위원회 비상임위원 2009~2011년 同명예훼손분쟁조정정부 위원 2010년 국가미래연구원 법 · 정치분야 발기인 2013~2014년 대한변호사협회 기획이사 2014년 국회의장직속 헌법개정자문위원회 위원 2014~2015년 대통령 민정수석비서관실 공직기강비서관 2015년 김앤장법률사무소 변호사(현)

권오철(權五哲) KWON Oh Chul

⊛1958 · 7 · 18 ⊕안동(安東) ⊛경북 영천 ㈜서울 강남구 테헤란로424 SK하이닉스㈜ 기업문화실(02-3459-3005) ⊛1977년 계성고졸 1981년 서울대 무역학과졸 2006년 同대학원 최고경영자과정 수료 ⊛1981~1984년 해군 경리장교 복무 1984년 현대그룹 입사 1994~1998년 현대전자 미국현지법인 기획및투자관리 담당 1999~2000년 同영업본부 메모리반도체마케팅팀장 2001년 ㈜하이닉스반도체 재무기획담당 상무 2002년 同전략기획실장(전무) 2005~2012년 同중국생산법인(HSCL) 이사회 의장 2006~2012년 同상임이사 2007년 同대외협력실장(전무) 2009년 同중국생산법인(HSCL) 대표 2010~2012년 同대표이사 2011~2013년 한국반도체산업협회 회장 2011년 중국 강소성 정부 경제고문 2012~2013년 SK하이닉스㈜ 대표이사 사장 2012년 同중국생산법인(SKHSCL) 이사회 의장 2013년 同고문(현) ⊛천주교

권오춘(權五春) Kwon Oh Chun

⊛1959 · 2 · 28 ⊛경북 안동 ㈜대구 남구 두류공원로17길33 대구가톨릭대병원 원장실(053-650-4435) ⊛대구고졸 1982년 경북대 의대졸 1987년 고려대 대학원졸 1997년 의학박사(영남대) ⊛1982~1987년 경북대 의대 인턴 · 국립의료원 흉부외과 레지던트 1987~1990년 육군 군의관(대위) 1990~1995년 순천향대 의대 전임강사 · 조교수 1995년 부천세종병원 전임의 1995년 대구가톨릭대 의대 흉부외과 전임의 1996년 同의대 흉부외과학교실 교수(현) 1999년 미국 앨라배마대 심장센터 국제전임의 2007년 대구가톨릭대병원 진료부원장 2015년 同원장(현)

권오현(權五鉉) KWON Oh Hyun

⊛1952 · 10 · 15 ⊕안동(安東) ⊛서울 ㈜경기 용인시 기흥구 삼성로1 삼성전자㈜ 임원실(031-209-7114) ⊛1971년 대광고졸 1975년 서울대 전기과졸 1977년 한국과학기술원(KAIST) 전기공학과졸(석사) 1985년 전기공학박사(미국 스탠퍼드대) ⊛1977년 한국전자통신연구소 연구원 1985년 삼성반도체연구소 연구원 1988년 삼성전자㈜ 반도체부문 연구원 1991년 同반도체부문 이사 1994년 同메모리본부 DVC기술 연구위원(상무) 1998년 同전무이사 2000년 同부사장 2004~2008년 同시스템LSI사업부장(사장) 2006년 한국공학한림원 정회원 2008~2009년 삼성전자㈜ 반도체총괄 사장 2008~2011년 한국반도체산업협회 회장 2009년 삼성전자㈜ 디바이스솔루션(DS)부문 반도체사업담당 사장 2010년 同반도체사업부장(사장) 2011년 同DS사업총괄 사장 2011년 同DS사업총괄 부회장 2012년 同대표이사 부회장(DS부문장 겸임) 2013년 同각자대표이사 부회장(DS부문장)(현), 同종합기술원장 2013년 한국전자정보통신산업진흥회(KEA) 회장(현) 2016년 삼성전자㈜ 전장사업팀 관장(현) 2016년 삼성디스플레이㈜ 대표이사 부회장 겸임(현) ⊛삼성그룹 기술대상(1987 · 1992), 한국경제신문 다산기술상(1997), 석탑산업훈장(2002), 금탑산업훈장(2009), KAIST 2009 올해의 동문상 산업부문(2010), 서울대 자랑스러운 공대 동문상(2011), 인촌상 산업기술부문(2012), 이달의 대한민국 제품안전인상(2014), 한국능률협회 선정 제46회 한국의경영자상(2014), 미래창조과학부 대한민국최고과학기술인상(2014), 한국경제신문 전자 · 통신부문 '대학생이 뽑은 올해의 최고경영자(CEO)'(2014)

권오현(權禩鉉) KWON Oh Hyun

[생]1958·4·22 [본]안동(安東) [출]경남 산청 [주]서울 관악구 관악로1 서울대학교 사범대학 독어교육과(02-880-7683) [학]1976년 진주고졸 1981년 서울대 사범대학 독어교육과졸 1984년 同대학원졸 1992년 교육학박사(서울대) [경]1982~1986년 서울 중앙고 교사 1986~1996년 영산대 부교수 1996~2005년 서울대 사범대학 독어교육과 조교수·부교수 2005년 同독어교육과 교수(현) 2006년 교육부 교육과정심의위원 2006년 서울대 외국어교육연구소장 2006~2007년 同사범대학 부학장 2006~2007년 관악구평생학습센터 소장 2008년 독일 프랑크푸르트대 연구교수 2009년 서울대 교육연수원 부원장 2010~2012년 同교육연수원장 2012~2014년 同다문화교육연구센터 소장 2014년 同입학본부장(현) [저]'고등학교 문학 교과서(上·下)(共)'(2001) '고등학교 독일어문법 교과서(共)'(2002) '고등학교 문학 교사용 지도서(上·下)(共)'(2002) '고등학교 교육과정 해설서-외국어에 관한 교과(上·下)(共)'(2002) '가르침에 대한 성찰(共)'(2003) '독일 현대문학의 이해'(2006) '구한말의 한독 외교문서 덕안 연구'(2008) '다문화교육의 이해'(2013) [역]'독일문예학입문'(1988) [종]가톨릭

권오형(權五亨) Kwon ou-hyung

[생]1947·1·1 [본]안동(安東) [출]충남 부여 [주]서울 종로구 우정국로48 S&S빌딩11층 삼덕회계법인(02-397-6782) [학]경희대 경영학과졸, 同경영대학원졸, 경영학박사(명지대), 고려대 언론대학원 AMP과정 수료, 서울대 대학원 AMP과정 수료, 명지대 크리스챤AMP과정 수료, 고려대 경영대학원 AMP과정 수료, IGMP 최고경영자과정 수료 [경]한림합동회계사무소 대표이사, 대성회계법인 대표이사, 한국공인회계사회 감사·윤리조사심의위원·감리위원·연수원 주임교수, 공인회계사·사법고시·행정고시 출제위원, 한국세무학회 이사·부회장, 손해배상책임제도개선위원회 위원장, 서울YMCA 감사(현), 기독교교도소(아가페) 감사(현) 2001년 한국YWCA 감사(현) 2005년 삼덕회계법인 대표(현) 2006년 경희대 경영대학원 겸임교수(현) 2008년 사랑의교회 무임장로(현) 2008~2012년 한국공인회계사회 회장 2009~2015년 경희학원 감사 2009년 한국기독실업인회 부회장(현) 2009년 국세청 국세행정위원회 위원 2009~2012년 2022FIFA월드컵유치위원회 감사 2010년 기획재정부 세제발전심의위원회 위원, (사)새롭고하나된조국을위한모임 공동대표·고문(현) 2013~2015년 한국항공우주산업(주) 사외이사, 소망교도소 감사(현) 2008~2012년 대한상공회의소 감사, 국가조찬기도회 감사(현) [상]국세청장표창(2001), 산업포장(2004), 자랑스러운 경희인(2009), 대통령표창(2011) [저]'경리·회계 담당자가 꼭 알아야 할 IFRS 123가지'(2011) [종]기독교

권오흠(權五欽) KWON O Heum

[생]1961·1·8 [주]경기 성남시 분당구 대왕판교로660 KG이니시스 임원실(1588-4954) [학]1980년 안동고졸 1985년 영남대 행정학과졸 [경]1989년 LG신용카드 영업부 특수영업과 입사 1992년 同총무부 총무과 대리 1994년 同영업기획부 영업기획과장 직대 1996년 同총무부 총무과장 1997년 同상계지점 과장 1999년 LG캐피탈 대구지점 카드영업파트 과장 2000년 同대구지점 카드영업파트 차장 2001년 同울산지점 차장 2003년 LG카드 대구지점 부장 2004년 同인사지원팀 부장 2005년 同영남채권본부장 2007년 同직원만족실장 2007년 신한카드 HR본부장 2009년 同HR본부장(상무) 2012년 同지원부문장(부사장) 2013년 同사업부문장 2013년 同영업추진부문장(부사장) 2015~2016년 同신성장부문장(부사장) 2016년 KG이니시스 사업총괄 대표(현)

권오흥(權五興) KWON O Heung (和村)

[생]1936·11·22 [본]안동(安東) [출]충남 부여 [주]서울 종로구 성균관로41 성균관석전교육원(02-765-2235) [학]1944년 先考 한문 受學 1953년 서울중앙통신중고등학교 속성과졸 1956년 부여 백제농고졸 1981년 서울민족문화추진회 고전국역연수원 수료 1984년 성균관대 경영행정대학원 수료 2003년 학점은행제 전통예술학사 취득 [경]1983년 유교회 교화부장 1991년 유교학회 이사 1993년 성균관 전례연구상임위원 1995년 同총무처장 1995년 민주평통 자문위원 1996~2012년 중요무형문화재 제85호 석전대제(집례) 예능보유자 1997년 성균관 전례연구위원장 1997년 보건복지부 가정의례심의위원 1998년 송파구 문화재위원 1998년 중앙일보 오피니언 집필자 1998년 성균관대 유동학부 양현재 출강 1999년 同유학대학원 출강 2001년 명륜대 출강 2003년 성균관대 예술학부 출강 2004~2010년 성균관석전교육원(학점은행제, 교육부승인) 설립원장 2004~2012년 同교수 2012년 同명예교수(현) 2013년 중요무형문화재 제85호 석전대제(집례) 명예보유자 지정(현) [상]서울시교육감표창(1979), 서울시장표창(1979), 사회정화서울시추진위원회 현상작문 우수작(1984) [저]'양촌사상논총'(1985) '안동권씨보감'(1988) '유교와 석전대제'(1999) '석전홀기와 전수교육교재'(2004) '유교와 석전'(2004) [종]유교

권오희(權五熙) KWON Oh Hee

[생]1963·3·16 [본]안동(安東) [출]경북 문경 [주]대전 서구 청사로189 특허청 심사품질담당관실(042-481-5955) [학]1982년 대구 대건고졸 1987년 경북대 농학과졸 1990년 同대학원 농학과졸 2005년 충북대 대학원 생명공학박사과정 수료 [경]1992년 기술고시 합격(28회) 1993년 총무처 사무관 시보 1994년 농림부 국립종자관리소 사무관 1995년 대통령직속 국가과학기술자문회의 사무관 1997년 특허청 농림수산심사담당관실·유전공학심사담당관실 심사관 2002~2003년 김천대 겸임교수 2004년 특허심판원 심판관 2005년 경북대 외래강사 2006년 특허법원 기술심리관 2008년 특허심판원 제7부 수석심판관 2008년 특허청 화학생명공학심사국 식품생물자원심사과장 2011년 특허심판원 심판7부 심판관 2012년 부이사관 승진 2013년 교육 파견 2014년 특허심판원 심판7부 심판관 2014년 同심판6부 심판관 2014년 특허청 특허심사3국 응용소재심사과장 2014년 특허심판원 심판6부 심판관 2015년 同심판10부 심판관 2016년 특허청 심사품질담당관(현) [저]'식품특허 길라잡이'(2001) '개정 식품특허 길라잡이'(2002) '식물지적재산권-식물특허와 품종보호'(2003) [종]기독교

권용국(權龍國) KWON YONG KOOK

[생]1962·3·1 [출]경남 창녕 [주]서울 용산구 후암로4길 10 헤럴드경제 논설실(02-727-0114) [학]1989년 성균관대 신문방송학과졸 [경]1988년 헤럴드경제 사회부 기자 2001년 同편집국 차장 2003년 同기획조정팀장 2004년 同생활경제부장 2005년 同정치사회부장 2005년 同경제부장 2006년 헤럴드미디어 인쇄제작국장 직대 2007년 헤럴드경제 정치부장 2008년 同엔터테인먼트부장 2010년 同편집국 시장경제부장 2011년 同편집국 경제부장 2012년 同편집국 기획담당(부국장대우) 2013년 同편집국장 2015년 同논설실장(현) [상]자랑스러운 성균언론인상(2015) [종]불교

권용규(權容珪) Kwon Yong-kyu

[생]1957·3·15 [주]서울 종로구 사직로8길60 외교부 인사운영팀(02-2100-7138) [학]1980년 고려대 정치외교학과졸 [경]1982년 외무고시 합격(16회) 1982년 외무부 입부 1987년 駐오스트리아 2등서기관 1990년 駐몽골 2등서기관 1994년 駐호주 1등서기관 1999년 외교통상부 정보화담당관 2001년 同국제협약과장 2002년 駐이탈리아 참사관 2004년 駐인도네시아 공사참사관 2007년 駐남아프리카공화국 공사참사관 2009년 駐트리니다드토바고 대사 2012년 駐영국 공사 겸 총영사 2014년 駐짐바브웨 대사(현)

권용근(權容根) KWON Yong Keun

[생]1954·12·30 [출]경북 경주 [주]경북 경산시 진량읍 봉회1길26 영남신학대학교 기독교교육학과(053-850-0631) [학]성결대 신학과졸, 장로회신학대 대학원졸, 미국 Reformed Theological Seminary졸, 신학박사(계명대) [경]2000년 영남신학대 기독교교육학과 교수(현), 미국 Princeton Theological Seminary 교환교수 2003년 영남신학대 교학처장 2009년 同신학대학원장 2011~2015년 同총장 [저]'실존분석적 인간이해' '기독교 교육(上·下)' '하나님의 나라와 경건'(2005) '기독교 교육학 개론'(2005) '사랑으로 섬기는 교회'(2008) [역]'40가지 교수-학습방법'

권용복(權容複) KWON Yong Bok

[생]1961·7·24 [출]경기 여주 [주]세종특별자치시 도움6로 11 국토교통부 항공정책관실(044-201-4202) [학]1979년 안양동고졸 1987년 서강대 정치외교학과졸 1997년 미국 일리노이대 대학원졸 [경]1990년 건설교통부 도시교통국 도시철도과·수송정책실 국제협력과 행정사무관 1997년 同항공국 국제항공협력관실 행정사무관 1999년 同기획관리실 예산담당관실 행정사무관 2001년 同기획관리실 예산담당관실 서기관 2002년 同주택국 주택정책과 서기관 2002~2005년 UN 아·태경제사회이사회(ESCAP) 파견 2005년 건설교통부 경제심의관실 해외건설협력담당관 2005년 同해외건설팀장 2007년 同항공정책팀장 2008년 국토해양부 철도운영과장 2009년 同항공철도국 철도정책과장 2009년 同교통정책실 철도정책과장 2009년 同교통정책실 철도정책과장(부이사관) 2010년 대통령실 선임행정관(부이사관) 2011년 해외 파견(고위공무원) 2013년 국토교통부 항공안전정책관 2015년 同물류정책관 2016년 同항공정책관(현)

권용석(權勇錫) YONG SUK KWON

(생)1960·8·9 (출)경북 경주 (주)서울 서초구 헌릉로13 대한무역투자진흥공사 인재경영실(02-3460-7038) (학)1988년 성균관대 행정학과졸 (경)1988년 대한무역투자진흥공사 입사 1990년 同기획관리부 근무 1992년 同샌프란시스코무역관 근무 1996년 同종합무역정보연구센터 건립단 근무 2000년 同키예프무역관장 2003년 同IKP 건립전담반장 2005년 同리야드무역관장 2008년 同조직망운영팀장 2010년 同칭다오무역관장 2014년 同경영지원본부 운영지원실장 2015년 同중동지역본부장 겸 두바이무역관장(현)

권용석(權容碩) Kweon Yong Seok

(생)1962·1·31 (본)안동(安東) (출)전북 전주 (주)서울 동대문구 천호대로26 대상그룹 홍보실(02-2220-9630) (학)1989년 원광대 신문방송학과졸 1998년 성균관대 경영대학원졸(MBA) 2015년 서강대 경영대학원 OLP과정 수료 (경)1991~1998년 미원건설 인사팀·사업개발팀 근무 1999년 대상(주) 비서실 구조조정본부 근무 2000~2005년 同총무팀 근무 2006~2011년 同홍보실 사회공헌팀장 2012~2014년 同홍보실 홍보팀장 2014~2015년 同홍보실장 2015년 대상그룹 홍보실장(상무)(현) (상)이웃사랑유공 국무총리표창(2007), 청소년선도교육 법무부장관표창(2014)

권용성(權容聖) Kwon Yong Seung

(생)1959·3·5 (출)충남 천안 (주)대구 달성군 현풍면 테크노중앙대로333 대구경북과학기술원(053-785-6055) (학)1982년 성균관대 물리학과졸 1984년 同대학원 물리학과졸 1987년 일본 도호쿠대 대학원 물리학과졸 1991년 이학박사(일본 도호쿠대) (경)1991년 일본 도쿄대 연구원 1991년 프랑스 Grenoble연구소 연구원 1992년 성균관대 물리학과 조교수 1996~2012년 同자연과학부 물리학전공 부교수·교수 2003~2004년 일본 분자과학연구소 초빙교수 2006년 'Current Applied Physics(CAP)' 편집위원 2010~2011년 일본 나고야대 초빙교수 2012년 대구경북과학기술원 신물질과학전공 교수(현) 2013년 同교무처장 2013~2015년 同DGIST-LBNL공동연구센터장 (상)한국물리학회 우수발표상(2007) (전)'이공학도를 위한 물리학실험'(2005, 성균관대) (역)'대학물리학'(1998, 청문각) '우주실험 최전선'(1998, 아카데미서적)

권용성

(생)1966·9·24 (주)경기 안양시 동안구 관평로212번길32 안양소방서(031-470-0100) (학)성균관대 행정학과졸 (경)1995년 소방공무원 임용(소방간부후보생 8기), 경기도소방학교 교수운영팀장, 경기도 재난안전본부 소방행정팀장 2011년 경기 오산소방서장(지방소방정) 2013년 경기 화성소방서장 2016년 同안양소방서장(현) (상)행정자치부장관표창(2000), 국무총리표창(2000)

권용우(權容友) KWON Yong Woo (中山)

(생)1948·4·7 (본)안동(安東) (출)대전 (주)서울 성북구 보문로34다길2 성신여자대학교 사회과학대학 지리학과(02-920-7114) (학)1968년 서울고졸 1974년 서울대 문리과대학 지리학과졸 1976년 同대학원 지리학과졸 1986년 도시지리학박사(서울대) (경)1977~1981년 서울대 지리교육학과 조교수 1982~1988년 성신여대 지리학과 부교수 1988~2013년 同교수 1988년 한국지리연구회 회장 1989년 미국 미네소타대 객원교수 1990년 미국 위스콘신대 객원교수 1992년 한국관광지리학회 부회장 1993~1997년 경제정의실천시민연합 국토분과위원장 1994~1997년 同정책위원회 부위원장 1994년 성신여대 연구교류처장 1995~2006년 한국도시연구회 회장 1997~1998년 경제정의실천시민연합 상임집행위원회 실무위원장 1997~2000년 서울세계지리학대회 홍보분과위원장 1997년 한국지리교육학회 부회장 1998~2006년 건설교통부 중앙도시계획위원 1998~2012년 서울시 성북구 도시계획위원 1999년 경제정의실천시민연합 상임집행위원회 운영위원 1999~2003년 새국토연구협의회 공동대표 겸 상임대표 2000년 대한국토도시계획학회 이사 2000~2006년 서울시 녹색서울시민위원회 위원 2001년 한국지리교육학회 회장 2001~2003년 대통령자문 지속가능발전위원 2001~2003년 건설교통부 토공주공통합추진위원회 위원 2001년 성신여대 교무처장 2002년 同대학원장 2002~2005년 서울시 청계천복원시민위원회 위원 2002~2006년 同뉴타운개발자문위원회 위원 2003~2006년 국토지리학회 회장 2003년 경제정의실천시민연합 도시개혁센터 대표 2003~2006년 同수도권포럼 대표 2003년 신행정중심도시건설추진 연구위원 2003년 한국도시지리학회 회장 2003년 대한지리학회 지리학발전위원회 위원장 2004년 신행정수도후보지평가위원회 위원 2004~2005년 경

실련 중앙위원회 부의장 2004~2006년 서울균형발전지원평가자문단 위원 2005~2008년 행정도시광역도시계획협의회 위원장 2005~2008년 국무총리산하 경제인문사회연구회 이사 2005~2008년 행정중심복합도시건설추진위원회 위원 2005~2006년 국무총리산하 국책연구기관평가단장 2005년 건설교통부 갈등관리심의위원회 위원장 2005~2006년 대한지리학회 부회장 2006년 행정중심복합도시 도시명칭제정심의위원장 2006년 성신여대 총장 권한대행 2007~2008년 同대학평의원회 의장 2007~2010년 살고싶은도시만들기위원회 공동위원장 2007~2009년 경북도 도청이전추진위원 2007~2008년 국토해양부-환경부 국토환경관리정책조정위원회 위원장 2007~2008년 서울시 도봉구 도시계획위원 2007년 국토해양부 갈등관리심의위원회 위원장 2008년 국토해양부 산하 (사)국토교육협의회 상임이사 2009~2010년 대한지리학회 회장 2009년 국토해양부 4대강살리기위원회 정책자문위원 2009~2011년 대통령직속 기업발전위원회 수도권광역경제권연구회장 2009년 대한민국 저탄소녹색도시추진위원회 위원장 2010년 국방부 갈등관리심의위원회 위원장 2011년 국토해양부 중앙도시계획위원회 부위원장 2014년 성신여대 사회과학대학 지리학과 명예교수(현) 2016년 희망새물결 고문(현) (상)건설교통부장관표창(2000), 대한국토도시계획학회 학술상(2002), 대통령표창(2008), 홍조근정훈장(2013) (저)'근대지리학의 형성과정'(1980) '교외지역연구'(1986) '집'(1993) '수도권과 주택문제'(1994) '시민의 도시'(共)(1997) '수도권지역연구'(共)(1998) '수도권연구'(1998) '도시의 이해'(1998) '한국의 도시'(共)(1999) '도시계획의 새로운 패러다임'(共)(1999) '수도권의 이해'(1999) '지리학사'(共)(2001) '한국사회의 비전21'(共)(2001) '변화하는 수도권'(共)(2001) '교외지역'(2001) '도시의 이해(개정판)'(共)(2002) '수도권공간연구'(2002) '신행정수도 대상지역 주민대책'(共)(2004) '환경친화적인 국토관리를 위한 용도지역제도 개선방안'(共)(2004) '우리국토'(共)(2005) '수도권의 변화'(共)(2006) '경기 지오그라피'(共)(2006) '수도권의 변화'(共)(2006) '살고싶은 삶터 함께 만들기'(共)(2006) '행정도시건설과 갈등관리'(共)(2007) '우리도시 바로알기'(共)(2008) '지역발전과 광역경제권 전략'(共)(2009) '도시의 이해(3판)'(共)(2009) '우리국토'(共)(2010) '도시'(共)(2011) '도시의 이해(4판)'(共)(2012) '국토의이해'(共)(2012, 국토해양부) '그린벨트'(共)(2013) '우리국토 좋은 국토'(共)(2014) '도시와 환경'(共)(2015, 박영사) '도시의 이해'(共)(2016, 박영사) (역)'현대인문지리학사전'(1994) '변화하는 대도시'(1997) '지리학의 본질(共)'(1998) (종)기독교

권용우(權容羽) Kwon Yong-woo

(생)1961·10·6 (주)서울 종로구 사직로8길60 외교부 인사운영팀(02-2100-7140) (학)1984년 고려대 경영학과졸 (경)1986년 외무고시 합격(20회) 1986년 외무부 입부 1991년 駐보스턴 영사 1994년 駐베트남 2등서기관 1998년 경수로사업지원기획단 파견 2000년 駐영국 1등서기관 2002년 외교통상부 구주1과장 2004년 駐러시아 참사관 2008년 외교통상부 북핵외교기획 및 평화체제교섭 업무지원 2009년 駐싱가포르 공사 겸 총영사 2012년 대통령실 대외전략기획관실 파견 2013년 국회 외교통일위원회 파견 2014년 외교부 평화외교기획단장 2016년 駐우즈베키스탄 대사(현)

권용욱(權用旭) KWON YONG WOOK (태제)

(생)1965·10·14 (본)안동(安東) (출)대구 (주)서울 영등포구 여의나루로4길21 현대증권(주) 홍보실(02-6114-0332) (학)1993년 중앙대 사진학과졸 1998년 고려대 언론대학원 광고홍보학과 수료 2004년 同경영전문대학원졸(MBA) (경)1992~1994년 제일기획 광고기획 및 제작 1996~1999년 동아일보 기획·마케팅·조사부 선임위원 2000년 현대증권 설립추진팀(기획·마케팅) 근무 2000년 同마케팅팀(사이버마케팅) 근무 2000년 同사이버영업지원팀(사이버기획·광고·홍보) 근무 2007년 同온라인영업부장 2008년 同마케팅본부 E-business부장 2009년 同홍보본부 홍보실장 2016년 同홍보본부 홍보실장(이사대우)(현) (상)한국인터넷진흥원 대한민국 인터넷대상(2006), 한국경제신문 한국마케팅리더쉽 특별상(2008) (종)천주교

권용원(權容沅) KWON Yong Won

(생)1961·4·16 (출)서울 (주)서울 영등포구 여의나루로4길18 키움증권(주) 임원실(02-3787-4771) (학)1980년 광성고졸 1984년 서울대 전자공학과졸 1986년 同대학원졸 1996년 미국 매사추세츠공과대 대학원 경영학과졸 (경)1986년 기술고시 합격(21회) 1987년 상공부 입부 1996년 통상산업부 기술품질국 산업기술기획과 서기관 1998년 산업자원부 산업기술국 산업기술정책과 서기관 1999년 同산업기술국 산업기술개발과장 2000년 (주)다우기술 부사장 2004년 (주)인큐브테크 대표이사 사장 2007년 키움인베스트먼트(주) 대표이사 사장 2009년 키움증권(주) 대표이사 사장(현) 2012~2014년 한국거래소 비상임이사 2013년 금융위원회 금융발전심의회 자본시장분과 위원 2014~2016년 한국금융투자협회 회원이사 (상)모범납세자 대통령표창(2010)

권용태(權龍太) KWON Yong Tai

[생]1937·2·12 [본]안동(安東) [출]경남 김해 [주]서울 마포구 마포대로49 성우빌딩1202호 한국문화원연합회(02-704-2311) [학]1955년 부산상고졸 1960년 중앙대졸 1962년 중앙대 대학원 수료 1988년 국방대학원졸 [경]1958년 순문예지「자유문학誌 추천 문단데뷔 1960년 중대신문사 편집국장 1963년 중앙방송국 방송위원 1965년 중앙대·서라벌예대·서울여대 강사 1965년 주간예술 편집국장 1967~1983년 국회사무처 공보담당관·문공과장 1983년 국회 문화공보위원회 입법심의관 1987년 국제펜클럽 한국본부 인권특별위원장 1992년 방송위원회 방송심의위원 1992년 한국문인협회 이사·현대시인협회 이사·국제펜클럽 한국본부 이사 1992년 국회 문화공보위원회 전문위원 1993~1998년 국회 문화체육공보위원회 수석전문위원 1994년 저작권조정심의위원회 위원 1996년 한국보이스카우트연맹중앙회 이사 1997년 공연예술진흥협의회 감사 1998년 대한체육회 트라이애슬론경기연맹 이사 1998년 국회사편찬위원회 위원장 1998년 종합유선방송위원 1998~2005년 강남문화원 원장 1998년 한국예술종합학교 초빙교수 1999년 한국간행물윤리위원 1999년 한강을사랑하는문화시민연대 대표 2000년 경주대 초빙교수 2001년 전국문화원연합회 서울지회장 2002년 강남문인협회 회장, 한국문인협회 고문(현) 2003년 전국문화원연합회 회장 2005년 국제펜클럽 한국본부 고문(현) 2007~2008년 한국문화원연합회 회장 2008년 同고문(현) 2008년 강남문인협회 고문(현) 2008년 한국철도공사 사외이사 2008년 학교법인 중앙대 이사 2008~2010년 한국지역문화연구원 이사장 2010~2012년 중앙대문인회 회장 2012년 同명예회장(현) [상]보이스카우트 공로장, 보관문화훈장, 중앙문학상, 鷺山문학상, 녹조근정훈장, 홍조근정훈장, 자랑스러운 중앙인상, 시와시론 본상, 서울시 문화상 문학부문(2015) [저]시집 '아침의 反歌' '남풍에게' '북풍에게' '시선집' [종]기독교

권용현(權容賢) Kwon Yong-hyun

[생]1960·12·1 [본]안동(安東) [출]충북 충주 [주]서울 종로구 세종대로209 여성가족부 차관실(02-2100-6011) [학]1979년 대전고졸 1984년 연세대 경제학과졸 1986년 同대학원 행정학과졸 1995년 행정학박사(서울대) [경]1986~1988년 한국방송통신대 행정학과 강사 1988년 행정고시 합격(32회) 1988년 충북도 행정사무관 1989년 정무2장관실 행정사무관 1996년 숙명여대 정책대학원 강사 1996년 정무2장관실 제1조정관실 서기관 1997년 同제1조정관실 기획담당관 1997년 同제1조정관실 정책담당관 1998년 여성특별위원회 기획담당관·총무과장 2002년 여성부 총무과장(부이사관) 2002년 同조사과장 2005년 여성가족부 대외협력관 2005년 同권익증진국장(부이사관) 2008년 보건복지가족부 보건산업정책국장 2009년 국방대 교육파견(고위공무원) 2010년 여성가족부 권익증진국장 2010년 同대변인 2011년 同기획조정실장 2013년 同청소년가족정책실장 2014년 同차관(현) [상]대통령표창(1992) [종]기독교

권용현(權容玄) KWON Yong Hyun

[생]1971·8·27 [본]안동(安東) [출]경남 진주 [주]경기 과천시 관문로47 미래창조과학부 지능정보사회추진단 기획총괄팀(02-2110-2152) [학]1990년 상문고졸 1997년 서강대 경제학과졸 1999년 서울대 행정대학원 정책학전공 수료 2003년 미국 버클리대 경영대학원졸(MBA) [경]1995년 행정고시 합격(39회) 1996년 총무처 행정사무관 시보 1997~2000년 정보통신부 기술정책과 IT기술기획담당 사무관 2000년 同부가통신과 무선통신담당 2001~2003년 미국 버클리대 유학 2002~2003년 Nokia Venture Partners 인턴 2003~2005년 정보통신부 정책총괄과 IT산업 총괄담당 서기관 2005~2006년 통신위원회 총괄과장 2006년 국무조정실 규제개혁2팀장 2007년 정보통신부 SW협력진흥팀장 2007년 대통령 혁신수석비서관실 행정관 2008년 대통령 기획조정비서관실 행정관 2008년 대통령 기획관리비서관실 행정관 2009~2012년 세계은행 파견(고용휴직) 2012년 방송통신위원회 이용자보호국 조사기획총괄과장 2012년 同방송광고정책과장 2013년 대통령 미래전략수석비서관실 정보방송통신비서관실 파견(서기관) 2016년 미래창조과학부 인터넷제도혁신과장 2016년 同지능정보사회추진단 기획총괄팀장(현) [상]대통령표창(2004)

권우동(權宇東) KWON Woo Dong

[생]1961·12·25 [출]강원 강릉 [주]서울 중구 세종대로124 프레스센터1507호 언론중재위원회 사무총장실(02-397-3003) [학]강릉 명륜고졸 1987년 서강대 신문방송학과졸 [경]1988년 언론중재위원회 근무 1996년 同심의실 차장 1998년 同조사연구부 차장 1999년 同조사연구팀장 2000년 同기획팀장 겸 조사연구팀장 2003년 同부산사무소장 2004년 同기획실장 2005년 同운영본부장 2008년 同조정심의본부장 2010년 同심리본부장 2011년 同영남본부장 2011~2014년 同특임교수 겸임 2014년 同사무총장(현) [상]문화관광부장관표창, 대통령표창(2011)

권 욱(權 昱) KWON Wook

[생]1965·10·3 [본]안동(安東) [출]전남 목포 [주]전남 무안군 삼향읍 오룡길1 전라남도의회(061-286-8108) [학]1984년 목포고졸 1988년 연세대 문과대학졸 2001년 同경영대학원졸(경영학석사) [경]1989~1996년 국민은행·하나은행 근무 1996년 학교법인 홍일학원 기획실장 1998년 목포백년회 상임이사 1999~2003년 제2의건국범국민추진위원회 위원 1999~2004년 목포문화방송 이사 2003~2004년 주간 광주전남오마이뉴스 서남본부장 2003년 민주평통 자문위원(현) 2004년 바르게살기운동 전남도협의회 부회장 2005년 (사)목포생명의숲 이사장 2005~2007년 민주평통 상임위원 2010년 민주당 전남도당 청년위원장 2010년 전남도의회 의원(민주당·민주통합당·민주당·새정치민주연합) 2011년 민주통합당 청년위원장 2012년 전남도의회 교육위원장, 바르게살기운동 목포시협의회 부회장(현), 법무부 범죄예방목포지역협의회 위원(현), (사)목포지역범죄피해자지원센터 위원(현) 2014년 전남도의회 의원(새정치민주연합·더불어민주당·국민의당)(현) 2014년 同행정환경위원회 위원, 同예산결산특별위원회 위원 2016년 同제1부의장(현) 2016년 同경제관광문화위원회 위원(현) [상]국제라이온스협회 355-B2지구 총재무궁화사자대상 금장(2005), 대통령표창(2005), 전남도지사표창(2009), 의정행정대상 광역지방의원부문(2010), 2011 대한민국 미래를 여는 인물 대상(2011), 대한민국 미래경영대상 의정행정부문(2013), 대한민국 위민의정대상(2014), 미래경영대상(2015) [저]'우리는 목포를 말한다'(2006)

권욱현(權旭鉉) Wook Hyun Kwon

[생]1943·1·19 [본]안동(安東) [출]경북 포항 [주]대구 달성군 현풍면 테크노중앙대로333 대구경북과학기술원(053-785-6310) [학]1962년 경기고졸 1966년 서울대 전기공학과졸 1972년 同대학원 전기공학과졸 1975년 공학박사(미국 브라운대) [경]1968년 예편(중위) 1975년 미국 브라운대 연구원 1976년 미국 아이오와대 겸직조교수 1977~2008년 서울대 공대 전기공학부 교수 1980년 미국 스탠퍼드대 객원조교수 1991~2008년 한국과학재단 제어계측신기술연구센터(ERC-ACI) 초대 소장 1992~1996년 서울대 자동화시스템공동연구소장 1992~2005년 한국자동화표준시스템연구조합 부이사장 1995~2006년 자동화기술연구정보센터 초대 소장 1998년 제어자동화시스템학회 회장 1999년 미국 국제전기전자기술자협회(IEEE) 종신회원(현) 2001년 제3세계과학한림원(TWAS) 펠로우(종신회원)(현) 2001년 대한전기학회 회장 2002~2006년 한국공학한림원 부회장 2003년 '지능형 홈 산업포럼' 초대 회장 2005~2008년 국제자동제어연맹 회장 2007~2010년 한국과학기술한림원 부원장 2008년 서울대 공대 전기·정보공학부 명예교수(현) 2008~2014년 (주)LS 사외이사 2010년 대구경북과학기술원(DGIST) 정보통신융합공학전공 석좌교수(현) 2014년 同비상임이사(현) [상]대한민국 학술원상, 통상산업부장관표창, CASA/SME Univ. LEAD Award, 매일경제 신지식인 대상, 대한민국 최고과학기술인상(2007), 서울대 발전공로상(2015) [저]'CEMTOOL을 활용한 실용자동제어'(1996) '디지털신호처리'(1999) '제어시스템공학'(1999) '자동제어공학'(2003) 'Receding Horizon Controls, springer'(2005) '산업용필드버스통신망'(2004) 'CEMTOOL6.0 활용'(2006)

권원강(權源綱) KWON Won Kang

[생]1951·8·15 [출]대구 [주]경기 오산시 동부대로436번길 55의18 교촌F&B(주) 회장실(031-371-3622) [학]1968년 대구 대건고졸 2001년 계명대 대학원 최고경영자과정 수료 2003년 고려대 대학원 최고경영자과정 수료 2008년 명예 경영학박사(영남대) [경]1991년 교촌치킨 창업 1999년 케이앤지시스템(주) 사장 2002년 교촌F&B(주) 사장 2003년 대구 북부경찰서 청소년선도위원장 2004년 교촌F&B(주) 대표이사 회장(현), 한국중소기업경영자협회 수석부회장 2015년 (사)한국치맥산업협회 회장(현) [상]한국기업경영학회 기업경영대상(2002), 한국서비스경영진흥원 서비스경영대상(2002), 올해의CEO대상(2007), 광명장애인종합복지관 감사패(2008), 사회복지법인 홀트아동복지회 감사패(2008)

권원태(權琬台·女) Won-Tae Kwon

[생]1955·10·5 [주]서울 강남구 테헤란로7길22 한국기후변화학회(02-557-7897) [학]1978년 서울대 지구과학교육학과졸 1983년 미국 일리노이대 대학원 대기과학과졸 1989년 대기과학박사(미국 텍사스A&M대) [경]1991년 기상청 기상연구소 예보연구실 기상연구관 1999년 同기상연구소 수문기상연구실장 2000~2010년 同국립기상연구소 기후연구과장 2008~2009년 한국기상학회 부회장 2009년 유엔환경프로그램(UNEP) 2009기후변화과학컴펜디엄 전문위원 2009년 세계기후연구프로그램(WCRP) 지역기후상세화TF(TF-RCD) 위원 2009년 한국기후변화학회 부회장 겸 학술위원장 2010년 기상청 국립기상

연구소장 2010년 IPCC 기후자료태스크팀 위원 2012~2014년 기상청 기후과학국장 2014년 국립기상연구소 연구위원 2014년 국회기후변화포럼 공동대표 겸 부설 기후변화정책연구소장(현) 2015~2016년 국립기상과학원 연구위원 2015년 한국기후변화학회 회장(현) [상]유엔정부간기후변화협의체(IPCC) 2007 노벨평화상 기여인증서(2008), 한국물학술단체연합회 학술상(2009), 제61회 서울시문화상 자연과학분야(2012) [저]'한국의 기후(共)'(2004, 두솔) 'Regional Climate Projections(共)'(2007) 'The Physical Science Basis(共)'(2007) [역]'엘니뇨와 라니냐(共)'(2002, 아르케) '지도로 보는 기후변화(共)'(2008, 시그마프레스) '스스로 배우는 지구온난화와 기후변화(共)'(2010, 푸른길)

권원태(權元兌) KWON Won Tae

[생]1959·5·9 [출]서울 [주]서울 동대문구 서울시립대로 163 서울시립대학교 기계정보공학과(02-6490-2386) [학]1982년 서울대 기계설계학과졸 1984년 同대학원졸 1992년 공학박사(미국 노스웨스턴대) [경]1985년 한국과학기술원 기계공학부 생산기술연구실 위촉연구원 1991년 미국 North Western대 연구원 1993년 서울대 정밀기계설계공동연구소 특별연구원 1995년 서울시립대 기계정보공학과 전임강사·조교수·부교수·교수(현) 2008년 공작기계학회 총무이사 2015년 서울시립대 공과대학장(현) 2015년 同과학기술대학원장 겸임(현)

권유관(權有官) KWON Yu Kwan

[생]1957·6·11 [본]안동(安東) [출]경남 창녕 [주]경남 창원시 의창구 상남로290 경상남도의회(055-211-7316) [학]2008년 동아대 경영대학원 경영학과졸 [경]한나라당 환경운동분과위원회 부위원장, 남지읍체육회 부회장, 창녕교육청 학교환경위생정화위원회 위원 2006~2010년 경남 창녕군의회 의원 2006~2008년 同운영위원장 2008~2010년 同총무위원장, 마산고 운영위원, 동포초 운영위원장 2010년 경남도의회 의원(한나라당·새누리당) 2010~2012년 同기획행정위원회 위원 2010~2012년 同예산결산특별위원회 위원 2012년 同기획행정위원장 2014년 경남도의회 의원(새누리당)(현) 2014년 同기획행정위원회 위원 2015년 同경남도교육청학교급식에대한행정사무조사특별위원회 위원 2016년 同건설소방위원회 위원(현) [종]불교

권유홍(權裕弘) Kwon, Yoo-hong

[생]1960·6·17 [본]안동(安東) [출]충북 청원 [주]서울 강남구 역삼로405 한림국제대학원대학교 컨벤션이벤트경영학과(02-557-4253) [학]1978년 영등포고졸 1987년 한양대 관광학과졸 1990년 미국 미시간주립대 대학원 공원자원개발학과졸 2005년 관광학박사(한양대) [경]1990~1996년 한화리조트(주) 개발팀장(과장) 1996~2001년 삼성에버랜드(주) 사업기획팀장(차장) 2001~2006년 안산공과대학 관광정보과 조교수 2006년 한림국제대학원대 컨벤션이벤트경영학과 교수(현) 2007~2013년 同컨벤션이벤트경영학과장 2009년 성남시 비전추진협의체 문화예술분과 위원장 2012년 한림국제대학원대 평생교육원장(현) 2012년 양주시 정책자문위원(현) 2012~2013년 한국관광학회 사무국장 2013~2015년 同감사 2015년 한국관광공사 지역특화컨벤션 자문위원장 2015년 경기도마이스산업지원협의회 위원(현) [저]'관광학총론(共)'(2009, 백산출판사) 'MICE산업 대한민국의 미래입니다(共)'(2009, 세림출판) [종]기독교

권육상(權六相) Kwon Yook Sang (淸庵)

[생]1955·8·2 [본]안동(安東) [출]경북 영주 [주]서울 중구 소공로48 프라임타워4층 (주)세하 임원실(02-2056-8802) [학]고려대 경제학과졸, 연세대 대학원 경제학과졸, 경영학박사(건국대) [경]1998년 한국장기신용은행 Work Out팀장 2001년 국민은행 대치역지점장 2002년 同카드마케팅팀장 2003년 同카드영업팀장 2003년 同카드채권관리팀장 2004년 同NPL관리팀장 2006년 同투자금융본부장 2008~2012년 KB자산운용 부사장 2012~2014년 부산김해경전철(주) 대표이사 2012~2014년 창원대 경영대학원 경제학과 겸임교수 2014년 건국대 일반대학원 신산업융합학과 겸임교수 2014년 (주)세하 대표이사(현) [상]WORK OUT유공 금융감독원장표창(1999), BAD BANK유공 재정경제부장관표창(2006)

권 율(權 栗) KWON YUL

[생]1964·10·21 [본]안동(安東) [출]경기 의정부 [주]세종특별자치시 시청대로370 대외경제정책연구원 아시아태평양본부(044-414-1060) [학]1990년 서강대 경제학과졸 1992년 同대학원 경제학과졸 1999년 경제학박사(서강대) [경]1996~1997년 일본 게이오대 객원연구원 2001년 싱가포르 동남아연구소(ISEAS) 객원연구원 2006 ~2007년 미국 East-West Center(EWC) 방문학자 2000~2003년 대전대 겸임교수 2008~2010년 연세대 대학원 겸임교수 2002~2003년 대통령자문 지속가능발전위원회 실무위원 2006~2008년 국제개발협력위원회 실무위원회 위원 2003~2011년 대외경제정책연구원 세계지역연구센터 동서남아팀장 겸 국제개발팀장 2005년 한국동남아학회 연구이사 2008~2010년 국제개발협력학회 연구이사 2011년 미국 존스홉킨스국제대학원(SAIS) 방문학자 2012년 대외경제정책연구원 개발협력팀 연구위원 2014년 국제개발협력위원회 실무위원회 위원(현) 2014년 대외경제정책연구원 국제협력정책실 개발협력팀장 2016년 同아시아태평양본부장(현) [상]기획재정부장관표창(2008·2012) [저]'OECD/ DAC의 공적개발원조 논의와 동향'(1999) '동남아의 구조조정과 개혁의 정치경제(共)'(2005) '우리나라 대외원조정책의 선진화방안(共)'(2006) 'OECD / DAC 주요규범과 ODA 정책 개선방안(共)'(2009) '중국의 대외원조정책과 추진체제(共)'(2010) '우리나라 다자원조 추진 전략과 정책과제(共)'(2010) 'Korean Assistance to Southeast Asia'(2010) 'Green Growth : Global Cooperation, National Research Council for Economics Humanities and Social Sciences'(2011) 'ODA에 대한 국민인식 조사결과 및 국제 비교(共)'(2011) '국제사회의 남남협력 현황과 우리의 추진방안(共)'(2011) '최빈개도국 개발과제와 한국의 ODA 정책방향(共)'(2012) '동남아시아의 개발수요와 한국의 분야별 ODA 분야별 추진방안(共)'(2012) '동아시아 공동체 : 동향과 전망(共)'(2013) '다자원조의 효과적 실행을 위한 통합추진전략 연구(共)'(2013)

권율정(權律政) KWON Yule Jung

[생]1962·2·7 [본]안동(安東) [출]전북 장수 [주]대전 유성구 현충원로251 국립대전현충원(042-820-7006) [학]1980년 수성고졸 1985년 고려대 사회학과졸 [경]행정고시 합격(28회) 1987년 국가보훈처 근무 1990년 국립보훈원 아동보육소장 1992년 同교육지원과 근무 1994년 同보상급여과 서기관 1995년 대구지방보훈청 지도과장 1996년 국가보훈처 교육지원과장 1998년 보훈연수원 서무과장 1998년 국가보훈처 정보화담당관 2000년 同익산보훈지청장 2001년 해외 연수 2003년 국가보훈처 보상급여과장 2003년 同제대군인정책담당관 2004년 同인천보훈지청장 2006년 同복지사업국 복지사업과장 2007년 同복지의료국 복지사업과장(부이사관) 2007년 대전지방보훈청장 2008~2009년 대전지방보훈청장(고위공무원) 2009년 국립대전현충원장 2009년 국가보훈처 보훈선양국장 2009년 국립대전현충원장 2011년 국가보훈처 복지증진국장 2012년 同보훈심사위원장 2015년 국립대전현충원장(현) [상]홍조근정훈장(2014) [종]기독교

권은영(權殷榮) KWON Eun Young

[생]1955·4·30 [출]경남 산청 [주]경기 안성시 죽산면 용대길38의9 두교산업단지 네오티스(주) 대표이사실(031-671-0170) [학]1975년 부산중앙고졸 1981년 연세대 경영학과졸 1984년 미국 뉴욕대 경영대학원졸 [경]1981~1982년 산동회계법인 공인회계사 1984~1986년 한창America 근무 1986~1988년 한국신용평가(주) 책임연구원 1988~1989년 영진투자자문(주) 상무이사 1990년 동명중공업(주) 대표이사 2007~2008년 동명모트롤(주) 대표이사장 2009년 네오티스(주) 대표이사(현) [상]정밀기술진흥대회 산업자원부장관표창(2005), 무역의 날 1천만불 수출탑(2013) [종]불교

권은정(權恩楨·女) Kwon Eun Jung

[생]1968·1·16 [출]서울 [주]서울 구로구 오리로22 다길13의43 서울전파관리소 전파업무1과(02-2680-1860) [학]1990년 연세대 신문방송학과졸 1998년 同대학원 신문방송학과졸 [경]1989년 효성인포메이션시스템 근무 1991년 방송위원회 근무 2003년 同불만처리팀장 2004년 同시청자지원실 시청자민원팀장 2007년 同연구센터 전문위원 2008년 방송통신위원회 방송통신융합정책실 융합정책과 융합전략담당 2009년 同중앙전파관리소 위성전파감시센터장 2011년 同서울전파관리소 이용자보호과장 2013년 미래창조과학부 서울전파관리소 이용자보호과장 2014년 同서울전파관리소 전파업무1과장(현)

권은희(權垠希·女) Kwon, Eun Hee

[생]1974·2·15 [출]광주 [주]서울 영등포구 의사당대로1 국회 의원회관904호(02-784-1813) [학]1992년 조선대 부속여고졸 1997년 전남대 사법학과졸, 연세대 법학대학원 법학과졸 [경]2001년 사법시험 합격(43회) 2004년 사법연수원 수료(33기) 2004년 변호사 개업 2005년 경찰청 경정 특채 2005년 경기 용인경찰서 수사과장 2006년 경찰청 법무과 근무(경정) 2007년 서울 서초경찰서 수사과장, 서울 수서경찰서 수사과장 2013년 서울 송파경찰서 수사과장 2014년 서울 관악경찰서 여성청소년과장 2014년 제19대 국회의원(광주시

광산구乙 보궐선거, 새정치민주연합·국민의당) 2014년 국회 국방위원회 위원 2014년 국회 국민안전혁신특별위원회 위원 2015년 새정치민주연합 원내부대표(법률담당) 2015년 同원내대표 비서실장 2015년 국회 운영위원회 위원 2015년 국회 예산결산특별위원회 위원 2015년 국회 미래창조과학방송통신위원회 위원 2016년 국민의당 창당준비위원회 위원장 정책특별보좌역 2016년 제20대 국회의원(광주시 광산구乙, 국민의당)(현) 2016년 국회 국방위원회 야당 간사 2016년 국민의당 정책위원회 수석부의장(현) 2016년 同제1정책조정위원장 2016년 同광주시광산乙지역위원회 위원장(현) 2016년 국회 안전행정위원회 간사(현) 2016년 국민의당 비상대책위원회 위원(현) [상]경제정의실천시민연합 경제정의실천시민상(2013), 제1회 리영희상(2013), 참여연대 의인상 특별상(2013), 한국여성단체연합 성평등디딤돌(2014)

권응기(權應基) Kwon Eung-Gi

[주]강원 평창군 대관령면 경강로4937 국립축산과학원 한우연구소(033-330-0601) [학]1986년 강원대졸 1991년 同대학원 낙농학과졸 1997년 낙농학박사(강원대) [경]1986~1991년 강원도농업기술원 근무 1993년 국립축산과학원 낙농과·영양생리과·대가축과 근무 2002년 同남원지소 한우육종연구실장 2004년 同한우시험장 한우사양연구실장 2010년 미국 세계인명사전 'Marquis Who's Who 2011·2012·2013·2014·2015·2016년판'에 등재 2011년 국립축산과학원 낙농과장 2015년 同한우연구소장(현) [상]한국동물자원과학회 학술상(1998), 국무총리표창(1999·2010)

권이종(權彛鍾) KWON Yi Chong

[생]1940·10·8 [본]안동(安東) [출]전북 장수 [주]서울 용산구 새창로93 금강빌딩5층 아프리카아시아난민교육후원회(02-569-1928) [학]1961년 전주 신흥고졸 1972년 독일 아헨대졸 1975년 同대학원졸 1979년 교육학박사(독일 아헨대) [경]1979~1984년 전북대 교수 1981년 문교부 상임자문위원 1985~2006년 한국교원대 교육학계열 교수 1985~1990년 同생활관장·학생생활연구소장·도서관장·교육연구원장 1990년 한국평생교육연구소 소장 1991·2001~2002년 한국청소년학회 회장 1994년 한국교육학회 사회교육연구회 회장 1995년 코카콜라 한국청소년건강재단 이사(현) 1996년 서울시청소년위원회 부위원장 1999년 대통령자문 새교육공동체위원 1999~2000년 한국교원대 종합교원연수원장 2001~2004년 한국청소년개발원 원장 2001~2004년 국무총리산하 청소년보호위원회 위원 2001~2007년 민주평통 체육청소년분과 위원장 2006~2011년 농어촌청소년육성재단 이사 2006년 한국교원대 명예교수(현) 2007년 한국파독광부총연합회 부회장 2007~2008년 위즈원격평생교육원 원장 2008년 대한민국약속재단 부총재(현) 2009년 문경해보라대안학교 이사장 2013년 아프리카아시아난민교육후원회(ADRF) 회장(현) [상]국민훈장 목련장(2003) [저]'개방대학' '자녀지도 어떻게 해야하나' '유럽주요국의 교육제도' '사회교육개론' '청소년교육' '맴도는 아이 방황하는 부모' '교육사회학' '청소년의 두얼굴' '청소년과 교육병리' '청소년문화와 정책' '청소년세계의 이해' '폭력은 싫어요' '청소년학 개론' '현대사회와 평생교육' '교수가 된 광부' '청소년을 위한 삶의 지혜' '미래를 부르는 희망노래' '나눔교육과 봉사가 인생을 바꾼다' '파독광부백서' 외 50여 권 [역]'학교가 환자를 만드는가' [종]천주교

권이혁(權彛赫) KWON E Hyock (又岡)

[생]1923·7·13 [본]안동(安東) [출]경기 김포 [주]서울 송파구 올림픽로424 서울평화상문화재단(02-2203-4096) [학]1941년 경기고졸 1947년 서울대 의과대학졸, 同대학원졸 1956년 미국 미네소타대 보건대학원 보건학과졸 1960년 예방의학박사(서울대) 2006년 명예박사(을지의과대) [경]1948~1950년 서울대 수의과대학 전임강사 1954~1955년 이화여대 의과대학 전임강사 1956~1965년 서울대 의과대학 조교수·부교수 1965~1980년 同교수 1967년 세계학술원 회원(현) 1970~1976년 서울대 의과대학장 1975~1983년 대한보건협회 회장 1976~1978년 서울대 보건대학원장 1979~1980년 同병원장 1980~1983년 同총장 1980년 입법회의 의원 1981년 대한민국학술원 회원(예방의학·현) 1983~1985년 문교부 장관 1985~1988년 한국교원대 총장 1985년 한국과학기술단체총연합회 고문 1985년 대한의사협회 윤리위원장 1985년 대한보건협회 회장 1987년 한·일협력위원회 상임위원 1988년 보건사회부 장관 1989~1991년 녹십자 회장 1989년 대통령 과학기술자문위원 1990~1992년 한국과학기술단체총연합회 회장 1990~1998년 경기도민회 회장 1991~1992년 환경처 장관 1992년 대한민국학술원 회장 1992~1996년 녹십자 명예회장 1994년 한국과학기술한림원 정회원·원로회원·종신회원(현) 1995년 古下선생기념사업회 이사장 1995년 서울대 의과대학 명예교수(현) 1995년 한국정신문화연구원 이사장 1996~2007년 학교법인 성균관대 이사장 1997년 한국의약사평론가회 회장 1999년 화이자의학상 운영위원장 2001년 한국과학기술단체총연합회 명예회장(현) 2004년 국제보건의료발전재단 이사장·명예총재(현) 2009년 (사)세계결핵제로운동본부 총재 2009~2013년 대통령자문 국민원로회의 위원 2010년 유정복국회의원후원회 회장, 한국아카이브즈포럼 대표(현), 우강보건포럼 대표(현) 2016년 서울평화상문화재단 이사장(현) [상]미국 자유훈장(1954), 3.1문화상(1968), 미네소타대학 공적상(1979), 사회교육문화상(1981), 학술원상(1982), 청조근정훈장(1985), 일본 동양철학회 학술상(1987), 국민훈장 무궁화장(1988), 맥미란 공적상(1993), 한국과학기술단체총연합회 특별공로상(1996), 서울의대 함춘대상(2000), 제16회 자랑스러운 서울대인상(2006), 제3회 서재필의학상(2006), 성균관대 가족상(2008), 서울대총동창회 관악대상 참여부문(2014) [저]'전염병관리' '공중보건학' '최신보건학'(1978) '가족계획 10년사' '인구와 보건'(1982) '도시인구에 관한 연구' '또 하나의 언덕'(1993) '인구·보건·환경'(2004) '여유작작'(2006) '온고지신'(2007) '마이동풍'(2008) '어르신네들이시여, 꿈을 가집시다'(2009) '임상의학과 나의 삶'(2010) '인생의 졸업과 시작'(2012) 에세이집 '여생을 즐기자'(2013, 신광출판사) '유머가 많은 인생을 살자'(2015) [역]'현대지성의 심포지움'

권이형(權彛衡) Kweon Yi Hyung

[생]1970·7·8 [출]경기 김포 [주]서울 금천구 가산디지털1로145 에이스하이엔드타워3차6층 (주)엠게임 비서실(02-523-5854) [학]1989년 하성고졸 1993년 중앙대 공대 전자공학과졸 [경]1993~1996년 셈틀 근무 1996~1999년 (주)메닉스 팀장 1999~2004년 (주)위즈게이트 및 (주)엠게임 이사 2004년 (주)엠게임 부사장 2006년 同대표이사(현) [상]디지털콘텐츠대상 온라인게임부문 대상(2007), Tecnology Fast 50 Korea 2007 우수고속성장기업 우수상(2007), 이달의 우수게임 풍림화산(2008), 대한민국콘텐츠어워드 문화체육관광부장관표창(2009)

권익찬(權翊贊) KWON Ick Chan

[생]1959·3·2 [본]안동(安東) [출]대구 [주]서울 성북구 화랑로14길5 한국과학기술연구원 의공학연구소(02-958-5912) [학]1982년 서울대 섬유공학과졸 1984년 同대학원 섬유공학과졸 1993년 약학박사(미국 유타대) [경]1985년 한국과학기술연구원 고분자화학연구실 위촉연구원 1985년 同고분자화학연구실 연구원 1993년 同의과학연구센터 선임연구원 1998년 同책임연구원 2005년 분자영상의학회 부회장 2006년 Journal of Controlled Release Associate Editor 2008년 분자영상학회 회장 2009년 한국과학기술연구원 의과학센터장 2009년 Journal of Controlled Release Editor 2011~2012년 한국과학기술연구원 의공학연구소 테라그노시스연구단장 2012년 同의공학연구소 테라그노시스연구단 책임연구원 2014년 同의공학연구소장 직대(책임연구원) 2014년 한국과학기술한림원 정회원(공학부·현) 2015년 한국과학기술연구원 의공학연구소장(현) [상]국무총리표창(2006), 과학기술훈장 웅비장(2015)

권익현(權翊鉉) KWON Ik Hyun (貞岩)

[생]1934·2·17 [본]안동(安東) [출]경남 산청 [주]서울 영등포구 국회대로70길18 한양빌딩 새누리당(02-3786-3000) [학]1951년 능인고졸 1955년 육군사관학교졸(11기) 1976년 연세대 경영대학원 수료 [경]1967년 육군 보안사령부 정보처장 1972년 육군 연대장 1974년 예편(육군 대령) 1978년 삼성정밀 전무이사 1980년 제2무임소장관실 보좌관 1981년 제11대 국회의원(거창·산청·함양, 민주정의당) 1981년 민주정의당(민정당) 경남도지부장 1982년 同중앙집행위원 1982년 同사무총장 1984년 同대표위원 1985년 同상임고문 1985년 제12대 국회의원(거창·산청·함양, 민정당) 1985년 한일의원연맹 회장 1988년 민정당 고문 1991년 헌정회 고문, 同원로회원(현) 1992년 제14대 국회의원(전국구, 민자당·신한국당) 1992년 민자당 상임고문 1992년 국회 정각회장 1996년 신한국당 상임고문 1996년 제15대 국회의원(산청·함양, 신한국당·한나라당) 1996년 국회 국립공원발전연구회장 1997년 나라를위한모임 회장 1997~2012년 한나라당 상임고문 1998~2000년 同부총재 2012년 새누리당 상임고문(현) [상]보국훈장 삼일장, 대통령표창, 월남 1등명예훈장, 월남 은성무공훈장, 을지무공훈장, 미국 육군표창훈장, 조계종 불자(佛子)대상(2008) [종]불교

권익환(權益煥) KWON Ik Hwan

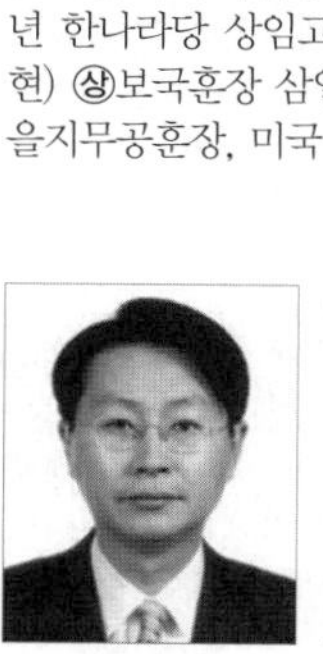

[생]1967·9·29 [본]안동(安東) [출]서울 [주]경기 과천시 관문로47 법무부 기획조정실(02-2110-3003) [학]1986년 여의도고졸 1991년 서울대 사법학과졸 2000년 미국 스탠포드대 방문학자과정 수료 [경]1990년 사법시험 합격(32회) 1993년 사법연수원 수료(22기) 1993년 軍법무관 1996년 서울지검 검사 1998년 춘천지검 강릉지청 검사 2000년 대구지검 검사 2001년 예금보험공사 부실채무기업특별조사단 파견 2004년 사법제도개혁추진위원회 파견 2007년 수원

지검 성남지청 부부장검사 2007년 대구지검 상주지청장 2008년 법무부 형사법제과장 2009년 대검찰청 범죄정보2담당관 2009년 법무부 형사기획과장 2010년 同검찰과장 2011년 서울중앙지검 금융조세조사1부장 2012~2013년 대통령 민정2비서관 2013년 서울고검 검사 2013년 인천지검 제2차장검사 2014년 대검찰청 범죄정보기획관 2015년 수원지검 성남지청장 2015년 법무부 기획조정실장(검사장급)(현)

권인원(權引遠) Kwon, In Won

[생]1958·3·7 [본]안동(安東) [출]경기 화성 [주]부산 남구 문현금융로40 부산국제금융센터 한국주택금융공사(1688-8114) [학]1976년 송산종고졸 1984년 고려대 경제학과졸 1996년 同대학원 경제학과졸 [경]1984~1998년 한국은행 근무 1999년 금융감독원 감독5국 과장 2000년 同보험감독국 팀장 2002년 同기획조정국 팀장 2004~2005년 미국 노스캐롤라이나대 객원연구원 2005년 금융감독원 보험검사1국 팀장 2008년 同변화추진기획단 부단장 2008년 同제재심의실장 2009년 同감사실 국장 2010년 同리스크검사지원국장 2011년 同감독총괄국장 2013년 同기획·경영담당 부원장보 2014~2015년 同업무총괄담당 부원장보 2015년 한국주택금융공사 상임이사(현) [저]'실생활 맞춤식 저축·보험 길라잡이'(2011, 어드북스) [종]기독교

권인태(權仁台) KWON IN TAE

[생]1959·7·2 [본]안동(安東) [출]대구 [주]서울 서초구 남부순환로2620 (주)SPC GFS(02-2276-6001) [학]대구 영신고졸, 고려대 경영학과졸 [경]1986년 제일제당 입사 2003년 CJ푸드빌 경영지원실장(상무) 2006년 CJ제일제당 영업SU장(상무) 2007년 同식품BU장(상무) 2010년 CJ(주) 전략지원팀장(부사장대우) 2011년 同홍보실장(부사장대우), 同전략지원총괄 부사장 2013~2014년 한국광고주협회 광고위원장 2014년 (주)파리크라상 영업마케팅BU장(부사장) 2014년 同대표이사 부사장 2015년 同대표이사 사장 2016년 (주)SPC GFS 대표이사 사장(현)

권인한(權仁瀚) KWON In Han

[생]1962·6·17 [본]안동(安東) [출]경북 포항 [주]서울 종로구 성균관로25의2 성균관대학교 국어국문학과(02-760-0241) [학]1985년 서울대 국어국문학과졸 1987년 同대학원 국어국문학과졸 1995년 문학박사(서울대) [경]1996~2002년 울산대 국어국문학부 조교수·부교수 2001~2010년 구결학회 편집위원 2002~2006년 성균관대 국어국문학과 부교수 2003~2005년 한국언어문학회 편집위원 2006년 성균관대 문과대학 국어국문학과 교수(현) 2007~2012년 한국목간학회 연구이사 겸 편집위원 2008~2010년 한국지명학회 편집위원 2010~2011년 구결학회 대표이사 2010~2013년 진단학회 연구이사 [상]국립국어연구원 우수공무원상(1992), 국어학회 일석국어학 장려상(1996), 대한민국학술원 우수학술도서 선정(2005) [저]'조선관역어의 음운론적 연구'(1998) '개정판 중세한국한자음훈집성'(2009) '각필구결의 해독과 번역4-진본 화엄경 권제20, 주본 화엄경 권제22(共)'(2009) '중세 한국한자음의 분석적 연구'(2009) '동아시아 자료학 연구의 가능성 모색(共)'(2010) '목간 죽간에 담긴 고대 동아시아(共)'(2011)

권 일(權 溢) KWEON IHL

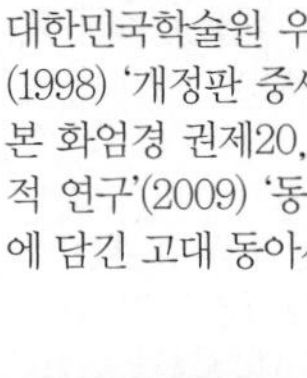

[생]1965·8·14 [본]안동(安東) [출]경북 예천 [주]충북 충주시 대학로50 한국교통대학교 건설교통대학 도시·교통공학과(043-841-5413) [학]1984년 대륜고졸 1988년 한양대 도시공학과졸 1990년 同대학원 도시공학과졸 1996년 공학박사(한양대) [경]1983년 목원대 강사 1994년 서울시정개발연구원 위촉연구원 1996년 충주대 도시공학과 전임강사 1998~2012년 同건설조형대학 도시공학과 조교수·부교수·교수 2010~2012년 同교수회장 2012년 한국교통대 건설교통대학 도시·교통공학과 교수(현) 2012~2014년 同교수회장 2014~2016년 同건설교통대학장 [역]'도시개발론'(2002) '토지이용계획론'(2015) '도시계획론'(2016)

권일근(權一根) KWON Il Gun

[생]1962·3·1 [주]서울 영등포구 여의대로128 LG트윈타워 (주)LG디스플레이(02-3777-1114) [학]연세대 대학원 전자공학과졸 [경]LG전자(주) DTV연구소 연구위원 2006년 同DDC연구소 연구위원 2007년 同HE본부 LCD TV연구소장(상무) 2011년 同HE사업본부 TV연구소장(전무) 2012년 同HE사업본부 IT사업부장(전무) 2013년 同HE사업본부 HE연구센터장(전무) 2015년 (주)LG 시너지팀장(전무) 2015~2016년 (주)LG이노텍 기타비상무이사 2015년 (주)LG디스플레이 OLED TV상품기획담당 전무(현)

권일남(權一男) KWON Il Nam

[생]1961·5·8 [본]안동(安東) [출]전북 정읍 [주]서울 서대문구 거북골로34 명지대학교 사회과학대학 청소년지도학과(02-300-0622) [학]1983년 서울대졸 1987년 同교육대학원졸 1992년 교육학박사(서울대) [경]1994~1999년 한국농업교육학회 편집위원 1995년 명지대 사회과학대학 청소년지도학과 조교수·부교수·교수(현), 미국 미네소타대 교환교수 1997년 한국직업교육학회 총무이사, 한국청소년수련지도학회 총무이사 2000~2001년 국무조정실 심사평가위원회 전문위원 2000~2001년 청소년보호위원회 자문위원 2002~2005년 한국청소년시설환경학회 부회장 2004년 청소년보호위원회 정책분과 위원 2004~2005년 문화관광부 문화체육분과 위원 2004년 한국청소년단체협의회 편집위원·전문위원 2006~2007년 국가청소년위원회 연구심의위원 2007~2008년 농촌진흥청 정책평가위원 2007년 서울 및 경기청소년특별회의 추진단장 2008년 서울시의회 정책위원 2010년 미국 세계인명사전 Marquis Who's Who에 등재(청소년분야) 2010년 한국청소년시설환경학회 부회장 2012년 한국청소년활동학회 회장(현) 2012년 여성가족부 청렴옴부즈만 2012년 법제처 국민법제관(현) 2012년 한국스카우트연맹 중앙이사(현) 2012년 농촌진흥청 겸임지도관 2013년 안전행정부 지방행정연수원 겸임교수 2015년 경기도청소년육성재단협의회 자문위원 2015년 용인청소년미래재단 이사(현) 2015년 여성가족부 청소년정책위원(현) [상]한국청소년단체협의회장표창(2000), 한국보이스카우트연맹장표창(2001), 한국과학기술단체총연합회 제13회 과학기술우수논문상(2003), 서울시장표창(2012) [저]'청소년지도방법론'(2004, 교육과학사) '농어촌청소년백서'(2003, soya커뮤니케이션) '청소년활동지도론'(2008, 학지사) '청소년 활동론'(2009, 한국방송통신대) '군 상담심리학개론(共)'(2011) '청소년활동론 : 역량개발중심'(2012) '청소년멘토링의 이해와 실제'(2013) [종]기독교

권장섭(權章燮) KWON Jang Seob

[생]1959·11·15 [출]대구 [주]대구 동구 첨단로7 신용보증기금 임원실(053-430-4014) [학]1978년 대구 청구고졸 1986년 경북대 무역학과졸 [경]2007년 신용보증기금 구미 칠곡사무소장 2009년 同안동지점장 2011년 同대구서지점장 2013년 同남대문지점장 2014년 同대구경북영업본부장 2014년 同상임이사(현)

권장혁(權章赫) KWON Jang Hyuk

[생]1949·6·10 [출]경북 예천 [주]대전 유성구 대학로291 한국과학기술원 공과대학 기계항공시스템공학부(042-350-3702) [학]경기고졸 1971년 서울대 항공공학과졸 1977년 미국 미시시피주립대 대학원 항공우주공학과졸 1986년 공학박사(미국 Cornell대) [경]1971~1975년 공군사관학교 항공공학과 교관 1976년 국방과학연구소 선임연구원 1986년 미국 코넬대 항공공학과 Post-Doc. 1987~2014년 한국과학기술원(KAIST) 항공우주공학과 교수 2005년 한국전산유체공학회 회장 2007년 同감사, 同평의원(현) 2008~2013년 한국과학기술원(KAIST) 부설 한국과학영재학교 교장 2014년 한국항공우주학회 감사(현) 2014년 한국과학기술원 공과대학 기계항공시스템공학부 항공우주공학전공 명예교수(현) [상]공군 최우수강의상(1973), 한국과학기술단체총연합회 과학기술우수논문상(1999), 근정포장(2014)

권재술(權載述) KWON Jae Sool

[생]1948·12·27 [본]안동(安東) [출]경북 [주]충북 청원군 강내면 태성탑연로250 한국교원대학교 제3대학 물리교육과(043-230-3602) [학]영해고졸 1970년 서울대 사범대학 물리교육학과졸 1973년 同교육대학원 물리교육학과졸 1984년 철학박사(미국 오하이오주립대) [경]1975~1980년 한국교육개발원 연구원 1983년 미국 오하이오주립대 연구조교 1984~1994년 한국교원대 조교수·부교수 1986~1988년 同생활관지도실장 1989~1991년 同물리교육과학과장 1989~1991년 同교과교육연구실장 1990~1992년 同과학교육연구소장 1991~1993년 同대학원 교학1과장 1994~2014년 同제3대학 물리교육과 교수 1994~1996년 同교육매체제작소장 1996~1998년 同수석교수 1998~2000년 同제3대학장 2002~2004년 同종합교육연수원장 2003~2004년 한국과학교육학회 회장 2004년 한국교원대 물리교육과 학과장 2008~2012년 同총장 2014년 同제3대학 물리교육과 명예교수(현) [저]'이 하늘 이 바람 이 땅'(1993) '과학과 수업모형'(1997) '과학교육론'(1998) '우리가 보는 세상은 진실한가'(2000) [종]기독교

권재완(權在浣) Kevin Kwon
[생]1957·1·15 [출]충북 영동 [주]서울 송파구 정의로8길 9 6층 AJ캐피탈파트너스(주) 임원실(02-6471-0662) [학]1975년 대구고졸 1979년 경북대 경상대학 경영학과졸 2009년 연세대 경영전문대학원 최고경영자과정 수료 [경]1983~2000년 한미은행 근무 2000년 한국씨티은행 근무 2008~2010년 同신탁사업본부장 2010~2012년 공무원연금공단 자금운용본부장 2012~2013년 KTB프라이빗에쿼티 대표이사 2013~2015년 AJ인베스트먼트파트너스(주) IB부문 대표(부사장) 2015년 AJ캐피탈파트너스(주) IB부문 대표(부사장)(현)

권재원(權再遠) Jae Won KWON
[생]1941 [주]경기 안양시 동안구 관악대로454 평화빌딩 (주)평화엔지니어링 회장실(031-420-7200) [학]한양대 토목공학과졸 [경]1966년 서울시청 근무, 건설교통부 근무, 현대엔지니어링 근무, 한국해외기술공사 근무, (주)평화엔지니어링 회장(현), 한국건설감리협회 부회장, 한국건설설계협회 회장 2004년 한국건설컨설턴트협회 회장 2011년 글로벌인프라포럼 공동대표(현) [상]대통령표창(2002), 철탑산업훈장(2005), 대한건설진흥회 '자랑스러운 회원상'(2010)

권재일(權在一) KWON Jae Il
[생]1953·5·19 [본]안동(安東) [출]경북 영주 [주]서울 관악구 관악로1 서울대학교 언어학과(02-880-6171) [학]1972년 계성고졸 1976년 서울대 언어학과졸 1978년 同대학원 언어학과졸 1985년 문학박사(서울대) [경]1978~1981년 해군제2사관학교 전임강사 1981~1986년 대구대 인문대 국어국문학과 전임강사·조교수 1986~1994년 건국대 문과대 국어국문학과 조교수·부교수·교수 1994년 서울대 인문대학 언어학과 부교수 1999~2009·2012년 同인문대학 언어학과 교수(현) 2000년 방송광고심의위원회 심의위원 2003년 국립국어연구원 어문규범연구부장 2005년 서울대 인문학연구원장 2006년 한국광고자율심의기구 제1광고심의위원회 위원 2009~2012년 국립국어원 원장 2013년 언어문화개선범국민연합 공동대표(현) 2014년 대통령직속 통일준비위원회 사회문화분과위원회 민간위원(현) 2016년 한글학회 회장(현) [상]문화체육부장관표창(1993), 서울대교육상(2008) [저]'국어의 복합문 구성 연구'(1990, 집문당) '한국어 문법의 연구'(1994, 서광학술자료사) '한국어 통사론'(1997, 민음사) '한국어 문법사'(1998, 박이정) '언어학과 인문학(共)'(1999, 서울대학교출판부) '국어지식탐구(共)'(1999) '한국어 통사론'(2000, 민음사) '구어 한국어의 의향법 실현방법'(2004, 구어한국어의 의향법 실현방법) '말이 올라야 나라가 오른다 2'(2005, 한겨레신문사) '20세기 초기 국어의 문법'(2005, 서울대 출판부) '남북 언어의 문법 표준화'(2006, 서울대 출판부) '언어이해'(2007, 네오시스) '개정 국어과교육과정에따라 새롭게집필한 문법교육론'(2010, 역락) '중앙아시아 고려말의 문법'(2010, 서울대 출판문화원) '한국어 문법론'(2012, 태학사) '북한의 조선어학전서 연구'(2012, 서울대 출판문화원) '세계 언어의 이모저모'(2013, 박이정) [역]'일반언어학이론'(1990, 민음사)

권재중(權才重) KWON Jae Jung
[생]1962·9·14 [본]안동(安東) [출]강원 춘천 [주]서울 중구 세종대로9길20 신한은행 임원실(02-756-0506) [학]1980년 춘천고졸 1985년 서울대 경제학과졸 1988년 미국 라이스대 대학원졸 1993년 경제학박사(미국 라이스대) [경]1993년 대외경제정책연구원 연구위원 1995년 재정경제원 금융정책실 OECD 자문위원 1997년 금융개혁위원회 전문위원 1998년 금융감독위원회 상근자문위원 1999년 세종증권 사외이사 1999~2003년 한국금융연구원 연구위원 2002년 국민신용카드(주) 사외이사 2003년 금융감독위원회 자문관 2005년 제일은행 상임감사위원, SC그룹 준법검증본부장 2005년 한국스탠다드차타드제일은행 상근감사위원 2008년 홍콩스탠다드차타드은행 준법검증본부장 2010년 한국스탠다드차타드금융지주 정책전략담당 부사장 2012년 신한은행 감사본부장 2013년 同리스크관리그룹 부행장보 2015년 同리스크관리그룹담당 부행장 2016년 同경영기획그룹 부행장(현) [상]부총리 겸 재정경제원장관표창 [저]'국제금융시장의 통합과 자본비용' '일본의 금융자유화와 엔화의 국제화'

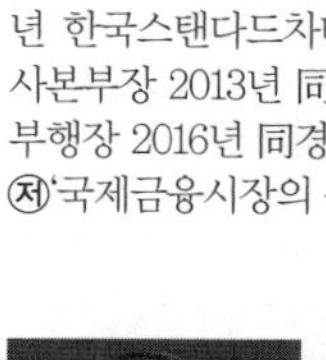

권재진(權在珍) KWON Jae Jin
[생]1953·7·27 [출]대구 [주]서울 종로구 종로19 권재진법률사무소(02-739-8710) [학]1972년 경북고졸 1976년 서울대 법대졸 1978년 同대학원 수료 [경]1978년 사법시험 합격(20회) 1980년 사법연수원 수료(10기) 1980년 軍법무관 1983년 서울지검 남부지청 검사 1986년 마산지검 거창지청 검사 1987년 서울지검 검사 1990년 대검찰청 검찰연구관 1991년 수원지검 검사(고등검찰관) 1992년 대구지검 상주지청장 1993년 창원지검 진주지청 부장검사 1993년 수원지검 공안부장 1995년 부산지검 공안부장 1996년 同형사3부장 1997년 사법연수원 교수 1999년 서울지검 형사3부장 2000년 창원지검 통영지청장 2000년 전주지검 차장검사 2001년 서울고검 검사 2002년 서울지검 북부지청 차장검사 2003년 同남부지청장 2004년 서울북부지검장 2004년 울산지검장 2005년 대검찰청 공안부장 2006년 대구지검장 2007년 대구고검장 2007년 대검찰청 차장검사 2009년 서울고검장 2009년 대통령 민정수석비서관 2011~2013년 법무부 장관 2013년 변호사 개업(현)

권재철(權在鐵) KWON Jae Cheol
[생]1962·4·25 [출]경북 영양 [주]서울 성북구 안암로 21 (사)한국고용복지센터(02-961-8888) [학]성균관대 무역학과졸 2006년 고려대 대학원 경영학과졸 [경]전국사무금융노동조합연맹 정책실장 2000년 대통령 복지노동비서관실 국장, 대통령 민정수석비서관실 국장 2003~2005년 대통령 노동비서관 2006~2008년 한국고용정보원 초대원장 2007~2009년 한국폴리텍대 이사 2009년 (사)한국고용복지센터 이사장(현) 2011~2012년 (주)JW중외제약 사외이사 2014~2015년 제일모직 사외이사 2015년 同감사위원 겸임 2015년 삼성물산(주) 사외이사(현) [상]근정포장(2002)

권재혁(權在爀) KWON Jae Hyuk
[생]1938·3·13 [본]안동(安東) [출]경북 안동 [주]경기 안양시 만안구 양화로71번길37 연성학원 이사장실(031-441-1016) [학]1962년 영남대 상과졸 1985년 同대학원 경영학과졸 [경]1962~1978년 대한무역진흥공사 근무 1980~1995년 안양전문대학 전임강사·조교수·부교수 1989년 同기획실장 1995~1998년 同학장 1995년 학교법인 연성학원 상임이사 1998~2009년 안양과학대학 학장 2009년 학교법인 연성학원 이사장(현) [종]기독교

권재홍(權在弘) KWON Jae Hong
[생]1958·12·11 [출]서울 [주]서울 마포구 성암로267 문화방송 부사장실(02-789-2011) [학]1977년 제물포고졸 1981년 서울대 생물학과졸 [경]1983년 MBC 보도제작부 근무 1987년 同경제부 근무 1988년 同올림픽특집국 특집1부 근무 1991년 同국제부 근무 1992년 同R뉴스부 근무 1995년 同ND제작3CP 근무 1995년 同사회팀 근무 1996년 同경제부 근무 1998년 同뉴스편집1부 근무 1999년 同문화과학부 차장 2000년 同시사정보국 부장대우 2000년 同보도국 앵커 2002년 同경제부장 2003년 同뉴스편집1부장 2004년 同워싱턴특파원 2007년 同경제매거진 M 진행 2008~2012년 同보도국 선임기자 2009년 同100분토론 진행 2010년 同뉴스데스크 진행 2012~2014년 同보도본부장 2013~2015년 한국신문방송편집인협회 부회장 2014년 문화방송(MBC) 부사장(현) 2015년 한국신문방송편집인협회 감사(현) [상]백상예술대상 비극부문(1984), 한국기자상(1985), 한국방송대상(1986), 한국방송대상 진행자부문 개인상(2011), 제9회 한국참언론인대상 방송경영부문(2013)

권점주(權点柱) GWEON Jeum Joo
[생]1955·10·13 [본]안동(安東) [출]전남 곡성 [학]1975년 광주상고졸 1985년 홍익대 경영학과졸 2000년 핀란드 헬싱키경제경영대학원졸(MBA) [경]1987년 신한은행 입행 1997년 同사당역지점장 1998년 同봉천동지점장 2000년 同소공동지점장 2000년 同구월동기업금융지점장 2001년 同남동공단기업금융지점장 2001년 同개인고객부 영업추진본부장 2002년 同시너지영업추진실장 2003년 同개인고객부장 2004년 同개인영업추진부장 2004년 신한금융지주회사 경영지원1팀장 2005년 同기획재무팀장 2006년 신한은행 SOHO사업본부장 2006년 同부행장보 2007~2010년 同부행장 2010년 신한생명보험(주) 대표이사 사장 2013~2014년 同부회장 2015년 득심경영연구원 원장(현) [상]은탑산업훈장(2008), 한국서비스대상 최고경영자상(2012), 중앙SUNDAY 선정 '2013한국을 빛낸 창조경영대상'(2013)

권정달(權正達) KWON Jung Dal
[생]1936·6·14 [본]안동(安東) [출]경북 안동 [주]경북 안동시 서동문로99 안동성소병원 임원실(054-857-2321) [학]1955년 안동고졸 1959년 육군사관학교졸(15기) 1976년 연세대 행정대학원졸 2002년 경제학박사(단국대) [경]1978년 보안부대장 1979년 보안사령부 정보처장 1980년 국가보위비상대책위원회 내무분과 위원·입법회의 의원 1980년 예편(육군 준장) 1981년 민주정의당(민정당) 사무총장 1981년 제11대 국회의원(안동시·의성·안동군, 민정당) 1982

년 IPU 한국의원단 이사회 의장 1982년 미국 위스콘신대 객원교수 1983년 국회 내무위원장 1985년 민정당 전당대회 부의장 1985년 제12대 국회의원(안동·의성, 민정당) 1985년 국회 내무위원장 1985년 남북국회회담 수석대표 1987년 민정당 국책조정위원장 1988년 미국 스탠퍼드대 후버연구소 연구원 1991년 세계와한국정세연구소 이사장 1992년 한국산업은행 이사장 1996년 제15대 국회의원(안동乙, 무소속·신한국당·한나라당·국민회의·새천년민주당) 1998년 국민회의 부총재 1999년 同경북도지부장 2000년 새천년민주당 지도위원 2000년 同안동지구당 위원장 2000년 同경북도지부장 2000년 한국자유총연맹 총재 2004~2009년 한전산업개발(주) 대표이사 사장 2007~2009년 한국자유총연맹 총재 2011년 안동권씨대종원 총재(현) 2013년 안동성소병원 이사장(현) [상]충무무공훈장, 화랑무공훈장, 인헌무공훈장, 보국훈장, 수교훈장 광화장 [저]'올바른 대북정책은 무엇인가?' '세계속에 밝힌 우리의 입장' '남북한 교역의 활성화 전략' [종]기독교

권정락(權正洛) Kwon Jeong-Rock

[생]1958·1·10 [본]안동(安東) [출]경북 청송 [주]충북 음성군 맹동면 원중로1390 한국가스안전공사 임원실(043-750-1104) [학]1977년 안동고졸 1982년 경북대 사범대학 물리교육과졸 1987년 한국과학기술원(KAIST) 재료공학과졸(석사) 1991년 재료공학박사(한국과학기술원) [경]1992년 포스코 ICT 책임연구원 1995년 한국가스안전공사 가스안전연구원 설비연구부장 2007년 同가스안전연구원 안전연구실장 2011년 同울산지역본부장 2012년 同기준처장 2013년 同가스안전연구원장 2013년 한국가스학회 부회장 2015년 한국가스안전공사 기술이사(현) [상]한국가스안전공사사장표창(2003·2005), 한국표준협회 신기술 으뜸상 대상(2005·2006·2007), 대한민국 녹색에너지대상 학술논문상(2011)

권정상(權正相) Kwon Jung Sang

[생]1963·6·1 [본]안동(安東) [출]충북 제천 [주]서울 종로구 율곡로2길25 연합뉴스 편집국 문화부(02-398-3114) [학]1982년 충북 제천고졸 1987년 성균관대 산업심리학과졸 [경]1991~2002년 연합뉴스 사회부·경제부·정치부·국제뉴스부 기자 2002년 同국제뉴스2부 차장대우 2003년 同경제부 차장대우 2005년 同증권부 차장 2008~2010년 同요하네스버그특파원(부장대우) 2011년 同재외동포부장 2012년 同국제뉴스3부장 2013년 同국제뉴스2부장 2014년 同국제뉴스2부장(부국장대우) 2015년 同편집국 증권부장 2016년 同편집국 문화부장(현)

권정식(權正植) KWON Jung Sik

[생]1964·7·20 [출]충남 태안 [주]서울 중구 퇴계로166 한진해운센터 본관601호 스포츠한국 미디어편집국(02-6388-8089) [학]1982년 동북고졸 1989년 중앙대 문예창작과졸 [경]1991년 스포츠조선 체육부 기자 1992년 同야구부 기자 2001년 굿데이신문 야구부 KBO팀장 2004년 同야구부장 직대 2005년 스포츠한국 스포츠부 부장대우 2006년 同스포츠부장 2006년 한국일보 편집국 스포츠2팀장 2008년 스포츠한국 편집국장 2011년 同편집국장(이사) 2014년 同미디어편집국장(이사)(현)

권정훈(權政勳) Kwon Jung Hun

[생]1969·9·12 [출]대구 [주]경기 과천시 관문로47 법무부 인권국(02-2110-3266) [학]1988년 경원고졸 1993년 서울대 법학과졸 [경]1992년 사법시험 합격(34회) 1995년 사법연수원 수료(24기) 1995년 서울지검 검사 2000년 춘천지검 강릉지청 검사 2003년 법무부 검찰4과 검사 2006년 서울서부지검 검사 2007년 同부부장검사 2008년 법무부 검찰과 검사 2009년 대구지검 특수부장 2010년 법무부 국제형사과장 2011년 同형사기획과장 2012년 同검찰과장 2013년 서울중앙지검 형사1부장 2014년 부산지검 형사1부장 2015년 대통령 민정수석비서관실 민정비서관 2016년 법무부 인권국장(현)

권종진(權鍾瑨) KWON Jong Jin

[생]1949·4·4 [본]안동(安東) [출]충북 중원 [주]서울 중구 다산로114 닥터권치과의원(02-953-2201) [학]1968년 경동고졸 1974년 서울대 치의학과졸 1981년 同대학원 구강외과학졸 1983년 의학박사(서울대) [경]1985~1995년 고려대 의과대학 전임강사·조교수·부교수 1989년 일본 東京大 치과대학 객원교수 1990년 대한악안면성형재건외과학회 이사·총무·감사 1994~2014년 고려대 의과대학 치과학교실 교수·임상치의학대학원 교수 1994년 同부속병원 치과 과장 1994년 대한치과의사협회 이사 1996년 국제표준원(ISO) 한국지부 위원, 한국임프란트학회 부회장, 일본 악관절학회 평의원(현) 2000~2004년 고려대 임상치의학대학원장 2000~2004년 대한악관절연구소 대표이사 2014년 고려대 의과대학 명예교수(현) 2014년 닥터권치과의원 원장(현) 2015년 대한치과이식임프란트학회 감사(현) [상]대한치과이식학회 학술상, 근정포장(2014) [저]'구강 악안면 외과학'(共) '임프란트의 선택·식립·유지' '치과마취학'(共) 'Text book of geriatric Medicine'(共) 'Dental CT'(共) [역]'악관절증 치료 50point' '악관절 소사전(Ⅰ·Ⅱ)' [종]천주교

권종호(權鍾浩) KWON Jong Ho

[생]1959·9·25 [주]서울 광진구 능동로120 건국대학교 법과대학508호(02-450-3598) [학]1988년 건국대 법학과졸, 일본 도쿄대 대학원 법학과졸 1997년 법학박사(일본 도쿄대) [경]1997~1998년 일본 대장성 재정금융연구소 실무연구원 1998년 건국대 법과대학 법학과 조교수·부교수·교수(현) 2000년 코스닥등록법인협의회 자문위원 2002년 한국증권거래소 규율위원회 위원, 건국대 법학연구소장, 금융위원회 금융발전심의회 위원, 법무부 회사법개정위원회 위원 2009년 코스닥협회 자문위원(현) 2010년 건국대 상허도서관장 2011~2012년 同서울캠퍼스 교무처장 2014~2015년 同글로벌융합대학장 2015년 同법학전문대학원장 겸 법과대학장(현) 2016년 한국기업법학회 회장(현) 2016년 산업통상자원부 기업활력제고를위한특별법(기활법)관련 사업재편계획심의위원회 민간위원(현) [저]'각국의 최근상법동향(Corporate Law : A Comparative Examination of United Kindom, Germany, Japan, and the United States)'(1998, 법무부)

권주성

[생]1971·1·17 [주]서울 종로구 세종대로209 금융위원회 의사운영정보팀(02-2100-2810) [학]경기고졸, 경희대 경제학과졸, 서울대 행정대학원졸 [경]2001년 행정고시 합격(45회) 2006년 재정경제부 관세협력과 사무관, 同금융허브협력과 사무관, 금융위원회 은행과 사무관, 同보험과 사무관, 同중소금융과 사무관 2012년 同기획재정담당관실 서기관 2014년 同자본시장조사단 서기관 2015년 대통령직속 청년위원회 실무추진단 파견 2016년 예금보험공사 파견 2016년 금융위원회 의사운영정보팀장(현)

권주안(權柱顔) Kwon Juan

[생]1961·1·27 [주]서울 영등포구 국제금융로8길25 주택건설회관10층 주택산업연구원(02-3215-7601) [학]1985년 한국외국어대 경제학과졸 1989년 미국 미시간주립대 대학원 경제학과졸 1995년 경제학박사(미국 미시간주립대) [경]1995~1996년 서울시정개발연구원 책임연구원 1996년 주택산업연구원 선임연구위원 2007년 同금융·경영연구실장 2013년 同금융경제연구실장 2015년 同원장(현)

권주태(權周泰) Kwon, Jutae

[생]1960·7·15 [출]충남 서천 [주]충남 논산시 대학로17 논산소방서 서장실(041-730-0210) [학]1978년 서천고졸 2004년 한밭대 경영학과졸 2008년 공주대 대학원 행정학과졸 [경]1985년 충남도 지방소방사 임용 2005년 충남 부여소방서 방호구조과장 2008년 충남 논산소방서 방호예방과장 2010~2012년 충남도 소방안전본부 항공대장 2015년 同소방본부 119광역기동단장 2016년 충남 논산소방서장(현) [상]대통령표창(2006)

권 준

[생]1967·2·15 [주]서울 중구 세종대로136 서울파이낸스센터4층 피델리티자산운용(02-3783-0903) [학]1989년 미국 컬럼비아대졸 1991년 미국 예일대 대학원졸 [경]골드만삭스 홍콩법인 근무, 同서울오피스 근무 2011년 미래에셋자산운용 미국법인(Mirae Asset Global Investments(USA)) 법인장(부사장) 2013년 同글로벌 경영부문(Global Business Unit) 대표 2014년 피델리티자산운용 채널영업본부장(전무) 2015년 同대표이사(현)

권준수(權俊壽) Kwon, Jun Soo

[생]1959·6·15 [본]안동(安東) [출]경남 밀양 [주]서울 종로구 대학로101 서울대병원 정신건강의학과(02-2072-2972) [학]1984년 서울대 의대졸 1988년 同대학원졸 1993년 의학박사(서울대) [경]1984년 서울대병원 신경정신과 전공의 1988~1991년 국군현리병원·국군수도병원 정신과장 1991년 서울대 의대 신경정신과 임상교수 1994~1998년 同의대 정신과학교실 조교

수 1996년 미국 하버드대 의대 정신과학교실 Visiting Assistant Professor 1998년 서울대 의대 정신과학교실 부교수·교수(현) 2003년 미국 세계인명사전 'Marquis Who's Who in the World'에 등재 2008~2010년 서울대병원 홍보실장 2008년 국제정신약물학회(CINP : Collegium Internationale Neuro Psychopharmacologicum) 평위원회 위원(Councillor)(현) 2010년 서울대병원 신경정신과장 2011~2014년 국제정신분열병학회(SIRS) 이사 2012년 서울대 의과대학 정신과학교실 주임교수 2012·2014년 서울대병원 정신건강의학과장 2014년 同교육연구부장 2014~2016년 同교육인재개발실장 2015년 대한신경정신의학회 차차기(2018년) 이사장(현) [상]폴안센 정신분열병 연구자상, 대한정신약물학회 학술상, 대한신경정신의학회 학술상, 서울대병원 SCI 우수논문 최다저작 최고IF상, 지멘스 뇌기능매핑학술상, 제19회 분쉬의학상 본상(2009), 제6회 아산의학상 임상의학부문(2013) [저]'나는 왜 나를 피곤하게 하는가'(2000) '임상 신경인지기능검사집'(共) '만족'(2006) [역]'신경심리평가'(共) '정신분열병 : A to Z'(2004) [종]가톨릭

권준욱(權埈郁) KWON Jun Wook

[생]1965·1·26 [출]서울 [주]세종특별자치시 도움4로13 보건복지부 보건의료정책실(044-202-2500) [학]연세대 의과대학졸 1994년 미국 미시간대 보건대학원 수료 [경]1992년 보건사회부 사무관 특채 2001년 同서기관 2001년 국립보건원 전염병정보관리과장 2002년 보건복지부 의료정책과장 2002년 국립보건원 방역과장 2003년 보건복지부 국제협력관(WHO 파견) 2006년 同질병관리본부 전염병대응센터 전염병관리팀장 2008년 보건복지가족부 질병관리본부 전염병대응센터장 직대 2008년 同질병관리본부 전염병관리과장 2010년 보건복지부 질병관리본부 전염병대응센터 전염병관리과장 2010년 同건강정책국 질병정책과장 2011년 同질병관리본부 감염병관리센터장(고위공무원) 2013년 교육파견 2014년 보건복지부 보건의료정책실 공공보건정책관(현) 2015년 同중앙메르스관리대책본부 기획총괄반장 [상]근정포장(2014)

권준율(權俊栗)

[생]1976·8·5 [출]충남 연기 [주]세종특별자치시 도움5로20 법제처 법령해석정보국 법제교육과(044-200-6765) [학]1995년 대전고졸 2001년 동국대 법학과졸 [경]2000년 행정고시 합격(44회) 2000년 사법시험 합격(42회), 사법연수원 수료(33기) 2001년 법제처 행정사무관 시보, 공익법무관 2009년 법제처 기획조정관실 국민불편법령개폐팀 서기관 2009년 同사회문화법제국 서기관 2010년 同처장실 비서관 2012년 同법제지원단 법제관 2012년 同법령해석정보국 사회문화법령해석과장 2014년 同행정법제국 법제관 2014년 국외훈련(서기관) 2016년 법제처 법령해석정보국 법제교육과장(현)

권중동(權重東) KWON Joong Dong

[생]1932·9·10 [본]안동(安東) [출]경북 안동 [주]서울 영등포구 버드나루로2길8 근로복지공단103호 한국ILO협회(02-2679-8033) [학]1952년 안동고졸 1955년 서울대 미대 중등교원양성소졸 1962년 인도 아세아노동대 수료 [경]1961년 체신노동조합 사무국장 1964~1968년 同위원장 1965년 국제체신노련 자문위원 1971~1973년 한국노동조합총연맹 중앙교육원장 1974~1976년 체신노동조합 위원장 1976년 한국노동조합총연맹 지도위원 1976년 제9대 국회의원(통일주체국민회의·유신정우회) 1979년 중앙노동위원회 위원장 1980년 노동청장 1981~1982년 노동부 장관 1982년 한국증권업협회 상임고문 1983~1985년 同회장 1985년 민주정의당 국책평가위원 1985년 제12대 국회의원(전국구, 민주정의당) 1989~1997년 權重東노동문제연구소 소장 1995년 한국ILO협회 회장(현) 1997~2006년 한국노동문화협회 이사장 2002년 21세기정경연구소 창립 [상]청조근정훈장 [저]'ILO' '여자노동' '중국의 노동문제' '노동 대사전' 'ILO와 국제노동기준' [역]'ILO조약' '권고' '결사의 자유와 단체교섭'

권중록(權重錄) KWON Joong Lok

[생]1960·8·18 [본]안동(安東) [출]대구 [주]충북 충주시 대소원면 기업도시1로69 에이치엘그린파워(주) 생산실(043-841-6704) [학]영남대 기계설계학과졸, 경희대 대학원 기계공학과졸 [경]현대모비스(주) 친환경개발실장(이사대우) 2012년 同친환경개발실장(이사) 2015년 에이치엘그린파워(주) 생산실 상무(현) [상]장영실상(2002)

권중무(權重武) KWON Chung Moo

[생]1946·11·12 [출]서울 [주]서울 도봉구 도봉로683 동성제약(주) 부회장실(02-6911-3600) [학]1965년 양정고졸, 성균관대 약학과졸 1974년 同대학원 약학과졸, 무기화학박사(충남대) [경]삼일제약 중앙연구소장, 국립보건연구원 근무, 한올제약 대표이사, 동성제약(주) 연구개발담당 전무 2007년 同부사장 2016년 同부회장(현) [저]'치매, 알아야 산다(共)'(2009) '당뇨, 알아야 산다(共)'(2010)

권중순(權仲淳) KWON Jung Soon

[생]1961·10·5 [본]안동(安東) [출]대전 [주]대전 서구 둔산로100 대전광역시의회(042-270-5068) [학]대전상고졸, 청주사범대학 상업교육과졸 1995년 한남대 대학원 경영학과졸 [경]대전지방세무사회 심의위원, 대전극동방송 상담위원, 한국세무사회 이사, 중소기업중앙회 자문위원, 우송정보대 세무정보과 겸임교수 2006년 대전시의원선거 출마(무소속) 2010년 대전시의회 의원(자유선진당·선진통일당·새누리당·민주통합당·민주당·새정치민주연합) 2010년 同교육위원회 부위원장 2012년 同예산결산특별위원회 부위원장 2014년 대전시의회 의원(새정치민주연합·더불어민주당)(현) 2014·2016년 同복지환경위원회 위원(현) 2015년 同윤리특별위원회 위원 2015년 새정치민주연합 대전시당 예산결산위원회 위원장 2015년 대전시의회 새정치민주연합 원내대표 2015년 새정치민주연합 대전시당 을지로위원회 소상공인상생분과 위원장 2015년 더불어민주당 대전시당 예산결산위원회 위원장 2015년 同대전시당 을지로위원회 소상공인상생분과 위원장

권중영(權重榮) KWON Joong Young

[생]1964·7·8 [출]대전 [주]대전 서구 둔산중로78번길26 민석타워3층 법무법인 내일(042-483-5555) [학]1983년 대전 대신고졸 1990년 서울대 법학과졸 [경]1992년 사법시험 합격(34회) 1995년 사법연수원 수료(24기) 1995년 서울지검 동부지청 검사 1997년 청주지검 제천지청 검사 1998년 대전지검 검사 2000년 인천지검 검사 2002년 부산지검 동부지청 검사 2005년 서울중앙지검 검사 2007년 제주지검 부부장검사 2009년 대전지검 홍성지청 부장검사 2009년 청주지검 제2부장검사 2010년 대구지검 서부지청 부장검사 2011~2012년 대전지검 형사제3부장 2012년 법무법인 내일 변호사(현)

권진수(權鎭壽) KWON Jinsoo

[생]1952·1·15 [본]안동(安東) [출]경기 양평 [주]인천 남동구 용천로205번길42 신명여자고등학교(032-422-0330) [학]1975년 인천교육대졸 1980년 단국대 행정학과졸 1982년 同대학원 행정학과졸 2004년 서울대 행정대학원 국가정책과정 수료 2009년 단국대 대학원 정책학 박사과정 수료 [경]1975~1980년 국민학교 교사 1982년 행정고시 합격(26회) 1983~1990년 서울시교육위원회·학예술원 사무국·중앙교육연수원 사무관 1990~1994년 교육부 법무담당관실·개방대학지원과 사무관 1995년 同대학교육정책관실 서기관 1995년 호주 남호주대학·그리피스대학 파견 1997년 교육부 전문대학학무과장 1998년 同고등교육재정과장 1998년 同교육정보화지원과장 1999년 同교육조사통계담당관 2000년 同법무담당관 2001년 교육인적자원부 법무담당관(부이사관) 2002년 同전문대학지원과장 2003년 한국직업능력개발원 고용휴직(부이사관) 2004년 안동대 사무국장 2006년 학술원 사무국장 2006년 서울대 시설관리국장 2007년 국무조정실 교육정책관 2008년 제주특별자치도교육청 부교육감 2009년 인천광역시교육청 부교육감 2009~2010년 同교육감 권한대행 2009년 명예 제주도민(현) 2010년 인천시 교육감선거 출마 2010년 경인교육대·단국대 강사 2011~2014년 양평 양서고 교장 2014년 경기도 교육감 예비후보 2016년 인천 신명여고 교장(현) [상]대통령표창(1994), 홍조근정훈장(2002) [저]'주관식·단답식 교육학'(1983) 교육에세이 '따뜻하게 슬기롭게 가라'(2010) [종]유교

권진택(權辰澤) KWON Jin Taek

[생]1959·5·19 [출]경남 하동 [주]경남 진주시 동진로33 경남과학기술대학교 상경대학 전자상거래학과(055-751-3660) [학]1986년 부산대 경제학과졸 1989년 同대학원졸 1993년 경제학박사(부산대) [경]1997년 진주산업대 산업경제학과 교수, 同전자상거래학과 교수 2011년 경남과학기술대 상경대학 전자상거래학과 교수(현) 2012~2016년 同총장 [저]'웹프로그래밍언어'(2005) '무역학개론'(2007)

권진택(權珍澤) Kwon Jin Taek

[생]1964·1·26 [본]안동(安東) [출]경기 김포 [주]서울 종로구 율곡로2길25 연합뉴스TV 경영기획실(02-398-7810) [학]1983년 환일고졸 1988년 한국외국어대 경영학과졸 [경]1988년 연합통신 입사(7기) 1988년 同총무부 근무 1989년 同기획부 근무 1999년 연합뉴스 경영기획실 차장대우 2001년 同경영기획실 차장 2005년 同경영기획실 기획부장 2010년 同관리국 경리부장 2011년 同관리국 경리부장(부국장대우) 2011년 해외 연수(미국 듀크대) 2012~2013년 연합뉴스 기획부장 2012년 同기획조정실 부실장 2013년 同감사팀장 겸임 2013년 연합뉴스TV 경영기획실장 2014년 同경영기획실장(부국장)(현) [상]한국신문협회상(2009)

권진헌(權震憲) Kwon, Jin Heon

[생]1952·5·20 [주]강원 춘천시 강원대학길1 강원대학교 산림환경과학대학 산림응용공학부(033-250-8324) [학]1979년 강원대 임산학과졸 1981년 서울대 대학원 임산학과졸 1985년 임산학박사(서울대) [경]1988~1990년 미국 워싱턴주립대 박사 후 연구원 1996~1997년 미국 미국 임산물연구소 객원연구원, 강원대 산림바이오소재공학과 교수, 同산림응용공학부 산림바이오소재공학전공 교수(현), 한국목재공학회 상임이사, 한국가구학회 상임이사 2001~2003년 한국가구학회 회장 2005~2006년 영국 웨일즈대 방문연구교수 2014~2016년 강원대 교수평의원회 의장 2015~2016년 전국거점국립대교수연합회 초대회장

권찬호(權燦鎬) Kwon, Chan Ho

[생]1959·7·17 [본]안동(安東) [출]경북 경주 [주]경북 상주시 경상대로2559 경북대학교 생태환경대학 축산학과(054-530-1226) [학]1978년 경주 문화고졸 1983년 경북대 낙농학과졸 1985년 서울대 대학원 축산학과졸 1991년 축산학박사(서울대) [경]1991~1992년 New Zealand Lincoln Univ. Postdoctoral Fellow 1992~1993년 서울대 축산학과 영양학연구실 Postdoctoral Fellow 1994~2010년 천안연암대학 전임강사·조교수·부교수·교수 2001~2003년 同학생처장 2005~2009년 同산학협력단장 2005~2008년 농업진흥청 축산연구소 농업연구관 겸 연구사업평가위원 2007~2009년 (사)한국농업교육협회 이사 2008~2009년 (재)천안웰빙식품엑스포 조직위원회 이사 2008~2009년 천암연암대학 기획실장 겸 부학장 2010~2012년 한국초지조사료학회 부회장 2010~2013년 경북대 축산대학 축산학과 교수 2011~2012년 농림수산식품부 축산정책관 2013년 경북대 생태환경대학 축산학과 교수(현) [상]한국동물자원과학회 학술상(2000), 농림부장관표창(2006) [저]'초지학 총론' [종]불교

권창륜(權昌倫) KWON Chang Ryun (艸丁)

[생]1943·5·5 [본]예천(醴泉) [출]경북 예천 [주]서울 종로구 삼일대로437 건국1호빌딩203호 한국서예학술원(02-3210-3213) [학]1960년 대창고졸 1964년 중앙대 국어국문학과졸 [경]1972~1982년 서예개인전 5회 1980년 국제서법연합전(홍콩·싱가포르), 한국전각학회 이사, 한국서예가협회 상임위원, 국제서도연맹 한국본부 이사, 대한민국 국전 추천작가, 국립현대미술관 초대작가, 한국문인화연구회 회장 1990년 한국미술협회 회장 겸 서예분과 위원장 1990년 한국서예학회 회장 1991년 중앙대 예술대 강사, 홍익대 미술대 강사, 대한민국미술대전 심사위원 1992년 한국미술협회 부이사장, 예주관 대표(현), 국제서법예술연합 한국본부 이사장(현) 2002년 한국서예학술원 원장(현) 2012년 한국전각학회 회장 2013년 同명예회장(현) 2013년 중국 베이징대 초빙교수(현) 2013년 동방대학원대 석좌교수(현) [상]신인예술상 장려상(1963), 국전 국무총리표창(1977), 예술문화대상 미술부문(2002), 옥관문화훈장(2005) [저]'고등서예' '서예대사전' '한국서예사' [역]'서법미학사' '중국서학기법평주' '서법기법술요' '서법아언' 등 10여권 [작]'雲峴宮 縣板 및 柱聯' '素月詩碑 (往十里)' '서울美術協會 縣板' '仁壽門(大統領 官邸)' '南山谷 韓屋村 扁額 및 柱聯' 외 다수 [종]불교

권창영(權昌榮) KWON Chang Young

[생]1969·1·20 [출]대전 [주]경기 의정부시 녹양로34번길 23 의정부지방법원(031-828-0114) [학]1987년 목포고졸 1992년 서울대 물리학과졸 2001년 同대학원 법학과졸, 법학박사(서울대) [경]1996년 사법시험 합격(38회) 1999년 사법연수원 수료(28기) 1999년 춘천지법 판사 2002년 서울지법 의정부지원 판사 2005년 서울서부지법 판사 2006년 외국 유학 2009년 서울남부지법 판사 2010년 서울고법 판사 2012년 서울서부지법 판사 2014년 창원지법 부장판사 2016년 의정부지법 부장판사(현) [상]제56회 항공우주정책·법학술대회 최우수논문상(2016) [저]'민사보전법'(2012, 유로) '주석 민사집행법Ⅶ'(2012, 사법행정학회) '선원법해설'(2016, 법문사) [종]기독교

권창현(權昌鉉) Chang-Hyun Kwon

[생]1966·12·9 [본]안동(安東) [출]서울 [주]세종특별자치시 노을6로8의14 국세청 징세법무국 세정홍보과(044-204-3161) [학]경기고졸, 연세대 신문방송학과졸, 同언론홍보대학원졸 [경]SK에너지(주) 입사 1991~1993년 SK그룹 홍보실 근무 1998년 TBWA코리아(주) 기획팀장 2004~2013년 SK커뮤니케이션즈(주) 대외홍보실장 2014년 국세청 징세법무국 세정홍보과장(현)

권철신(權哲信) Kwon, Cheol Shin

[생]1944·12·13 [본]안동(安東) [출]일본 교토 [주]경기 수원시 장안구 서부로2066 성균관대학교 공과대학 시스템경영공학과(031-290-7590) [학]1963년 경남고졸 1970년 한양대 무기재료공학과졸 1972년 同대학원 산업공학과졸(석사) 1972년 연세대 대학원 경제학과 석사과정 수료 1974년 일본 동경공대 대학원 경영공학과졸(석사) 1978년 사회공학박사(일본 동경공대) [경]1975~1976년 일본 총합연구개발기구(NIRA) 위임연구원 1976~1978년 일본 정책과학연구소(IPS) 협동연구원 1978년 미국 UCLA 및 MIT Post-Doc. 1979~1981년 한양대 산업공학과 조교수 1981~1983년 성균관대 산업공학과 부교수 1984~1986년 미국 George Washington대 경영과학과 STI Program 초빙교수 1986~2010년 성균관대 공과대학 시스템경영공학과 교수 1989~1992년 삼성전자 회장실 기술경영 고문역(사장대우) 1993~1997년 한솔제지 부회장실 창조경영 자문역 1994~1995년 삼성자동차 사장 기술경영 자문역 1995~1998년 경기개발연구원 자문교수단 총괄기획분과 위원장 1996~1999년 대한산업공학회 부회장 1996~2006년 한국질서경제학회 부회장 1997년 삼성항공 부회장 R&D경영 자문역 1997년 한국통신 연구개발본부 R&D경영진단 자문교수 1997~1999년 국립기술품질원 품질아카데미 제품개발분과 위원장 1998~2006년 한국산업개발연구원 자문위원 1998~1999년 삼성건설 연구기획자문교수 2000년 과학기술부 국가과학기술자문회의 심의위원 2000~2006년 한국방위산업진흥회 방산정책위원회 전문위원 2001~2003년 제일모직 사장 연구경영 자문역 2001~2003년 교육인적자원부 정책자문위원 2001~2004년 한국중견기업연합회 자문위원 2002~2005년 신아시아(한·중·일)경제기술연맹 감사 2005~2008년 세화(주) 자문담당 사외이사 2005년 아프로장학회 이사 2007~2011년 한국방위산업학회 회장 2010년 성균관대 공과대학 시스템경영공학과 명예교수(현) 2010~2011년 창조경영연구원 원장 2011~2012년 산업기술연구회 이사장(장관급) 2014년 대우조선해양 사장 전략경영 고문역 [상]일본 동경공대 국비유학생(일본문부성) 선발(1972), 동경공대 최우수졸업 '總代' 선발(1978), BALAS Conference 'Star Quality' 수상(1985), 삼성전자 기술경영지도대상(1992), 자랑스런 성균인상 학술부문 제1호(1996), 대한산업공학회 학술대상(1996), 대한산업공학회 최우수 학생논문지도상(1997), 과학기술처장관 산학연상 학문부문(1997), 성균관대 올해의 성균가족상(1997·2003·2005), 교육인적자원부 훌륭한교육자상(국무총리상)(1998), 발명진흥협회 지도교수상(2001), 성균관대 최우수교수(3년간 강의 및 연구업적) 선정-神品 획득(2002·2003), 옥조근정훈장(2004), 성균관대 강의평가 전교 1위(2005), 교육부 대한민국교육대상(2007), 성균관대 훌륭한 공대 교수상(2008), 발명진흥협회 발명지도교수상(3년연속)(2013) [저]'研究開發ガイドブック(日書) Ⅳ.評價編 분담'(1974) 'R&D프로젝트평가선정시스템(編)'(1988) 'R&D-PROJECT MANAGEMENT AND SYSTEMS ANALYSIS(編)'(1990) '기술경영 구조분석 대전'(1991) '개발경영공학(編)'(1991) 'R&D의 예측과 결정(감수)'(1999) 'R&D관리론(編)'(1999·2001) 'R&D전략론(編)'(1999·2001) '리더를 위한 의사결정(共)'(2000) 'R&D관리론(編)'(2000) 등 [종]기독교

권철안(權哲顔) KWON Chul An

[생]1958·5·8 [본]안동(安東) [출]인천 [주]경기 용인시 처인구 명지로116 명지대학교 자연과학대학 물리학과(031-330-6171) [학]1977년 인천 대건고졸 1981년 서울대 물리학과졸 1984년 미국 네브라스카대 대학원 물리학과졸 1989년 이학박사(미국 워싱턴대) [경]1990~2000년 명지대 물리학과 전임강사·조교수·부교수 2000년 同자연과학대학 물리학과 교수(현) 2004년 同연구교류처장 겸 정보지원처장 2005년 同산학협력단 부단장 2006~2009년 同교육지원처장 2013년 同자연과학대학장(현) [저]'Neural Networks : The Statistical Mechanics Perspective'(1995)

권철현(權哲賢) KWON Chul Hyun (菊軒)

⊗1947·1·2 ⊗안동(安東) ⊗부산 ㈜서울 영등포구 국회대로70길18 한양빌딩 새누리당(02-3786-3000) ⊗1965년 경남고졸 1970년 연세대 정치외교학과졸 1974년 同행정대학원졸 1987년 도시사회학박사(일본 쓰쿠바대) ⊗1977~1980년 연세대 도시문제연구소 연구원 1980~1992년 동아대 행정학과 전임강사·조교수·부교수 1989~1990년 同기획실장 겸 부속병원건립추진본부장 1990년 同중앙도서관장 1991년 영호남민간인협의회 공동의장 1991년 도시발전연구소 이사장 겸 소장 1992~1995년 동아대 행정학과 교수 1995년 민자당 부산사상甲지구당 위원장 1996년 제15대 국회의원(부산 사상甲, 신한국당·한나라당) 1998년 한나라당 원내부총무 1998년 同대외협력위원장 2000년 同대변인 2000년 제16대 국회의원(부산 사상, 한나라당) 2000년 국회 21세기동북아연구회 회장 2002년 한나라당 기획위원장 2002년 同이회창 대통령후보 비서실장 2004~2008년 제17대 국회의원(부산 사상, 한나라당) 2004년 한·일의원연맹 부회장 겸 간사장 2006~2008년 국회 교육위원장 2007년 한나라당 이명박 대통령후보 특보단장 2008~2011년 駐일본 대사 2011~2014년 세종재단 이사장 2012년 새누리당 상임고문(현) 2013~2014년 아웅산순국사절추모비건립위원회 위원장 ⊗국민훈장 모란장(2012) ⊗'발전이념론' '지방이여 깨어 일어나라-부산 대개조론' '도시빈민에 관한 이론적 재검토 및 실증적 연구' '지방화시대 지방은 살아남을 수 있는가' '한국의 지방화시대와 고시경영전략' '통합거제로 발전을 위한 나의 제언' '세계화시대의 부산경제발전을 위한 길찾기' '지방시대의 이해와 올바른 리더십' '삶의 질의 세계화를 위한 어메니티 전략' '간 큰 대사, 당당한 외교'(2011) ⊗기독교

권충원(權忠遠) KWON Choong Won

⊗1959·8·25 ⊗안동(安東) ⊗충남 ㈜서울 용산구 후암로4길10 헤럴드스퀘어 ㈜헤럴드(02-727-0504) ⊗1978년 중동고졸 1984년 성균관대 경제학과졸 ⊗1985년 한국경제연구원 연구원 1989년 내외경제신문 기자 1999년 同정경부 차장대우 2000년 同경제정책팀장 2000년 同금융팀장 2001년 同산업팀장 2001년 同디지털부 벤처팀장(차장) 2002년 同증권부장(차장) 2002년 同논설위원 2003년 同생활경제부장 직대 2003년 헤럴드경제 정경부장 2005년 同경제부장 2005년 헤럴드미디어 기획조정실장 2006년 헤럴드경제 경제부장 2007년 同산업에디터 겸 산업1부장 2007년 同경제부문 선임기자 2008년 同부국장대우 산업부장 2009년 同전략마케팅국장 2010년 同편집국장 2011~2013년 헤럴드미디어 헤럴드경제본부장 겸 헤럴드경제 편집국장 2013~2015년 ㈜HMX동아TV 대표이사 사장 2013~2015년 同헤럴드콘텐츠총괄본부장 겸임 2014년 삼성제약 사외이사(현) 2015년 ㈜헤럴드 이사(현) ⊗자랑스러운 성균언론인상 신문부문(2010)

권치중(權治重) KWON Chi Jung

⊗1956·8·22 ⊗서울 ㈜경기 성남시 분당구 판교역로220 ㈜안랩 임원실(031-722-7500) ⊗1976년 대광고졸 1984년 고려대 경제학과졸 ⊗1983~1994년 한국IBM 근무 1995~1996년 다우기술 이사 1996~1998년 데이터제너럴코리아 이사 1998년 SGI코리아 상무 2000~2002년 同대표이사 2002~2005년 BEA시스템즈코리아 영업총괄 부사장 2005년 한국전자금융 영업총괄 상무 2006~2009년 KT FDS 대표이사·고문 2010~2011년 테크데이타 부사장 2011년 ㈜안랩 국내사업총괄 부사장 2013년 同대표이사 사장(현) ⊗천주교

권칠승(權七勝) KWON Chil Seung

⊗1965·11·18 ⊗안동(安東) ⊗경북 영천 ㈜서울 영등포구 의사당대로1 국회 의원회관325호(02-784-1250) ⊗1984년 경북고졸 1988년 고려대 정경대학 경제학과졸 ⊗삼성그룹 근무, 동부화재해상보험 근무 1997년 새정치국민회의 대선기획단 근무 2000년 새천년민주당 정세분석국 근무 2004년 열린우리당 조직국 근무 2004~2008년 대통령비서실 행정관, 민주당 중앙당 상근부대변인, 화성시 어울림봉사단 운영위원 2010년 경기도의회 의원(민주당·민주통합당·민주당·새정치민주연합), 同기획위원회 간사, 同예산결산특별위원회 위원장 2014~2016년 경기도의회 의원(새정치민주연합·더불어민주당) 2014~2016년 同문화체육관광위원회 위원 2016년 더불어민주당 화성시丙지역위원회 위원장(현) 2016년 제20대 국회의원(화성시丙, 더불어민주당)(현) 2016년 국회 산업통상자원위원회 위원(현) 2016년 국회 지방재정·분권특별위원회 위원(현) ⊗한국지방자치학회 우수조례 개인부문 대상(2014) ⊗불교

권칠우(權七雨) Kwon Chil Woo

⊗1963·7·7 ⊗안동(安東) ⊗경북 청송 ㈜부산 연제구 중앙대로1001 부산광역시의회(051-888-8243) ⊗부산정보대 호텔관광경영과졸, 동명대 건축공학과졸 2007년 同대학원 건축공학과졸, 건축학박사(동명대), 법학박사(동아대) ⊗㈜보해토건 대표, (사)한국청년회의소 부산동북청년회의소 회장, 同NGO교류위원장, 새마을운동 부산시 서구지회장, 한나라당 미래정치아카데미 부회장, 바다와강살리기운동본부 본부장 2006·2010년 부산시의회 의원(한나라당·새누리당) 2009~2010년 한나라당 중앙위원회 부산연합회장 2010~2012년 부산시의회 도시개발해양위원장 2012년 同예산결산특별위원장 2013~2014년 한국자유총연맹 부산시 서구지회장 2013년 부산 구덕초 운영위원장, 새누리당 부산시 서구 중앙위원회장, 부산시 산업단지계획심의위원회 위원, 同도시균형발전위원회 위원 2014년 부산시의회 의원(새누리당)(현) 2014년 同제1부의장 2014년 同교육위원회 위원 2016년 同경제문화위원회 위원(현) 2016년 동명대총동문회 회장(현) ⊗부산서부경찰서장표창, 울산시장표창, 부산시장표창, 재정경제부장관표창 ⊗불교

권쾌현(權快鉉) KWON Kwe Hyun

⊗1951·9·4 ⊗안동(安東) ⊗경남 함양 ㈜서울 송파구 백제고분로75 ㈜CEO스코어(02-6925-2550) ⊗1978년 고려대 정치외교학과졸 1996~1997년 미국 U.C버클리대 연수 ⊗1978년 동양통신 경제부 기자 1981년 연합통신 체육부 기자 1996년 한국체육기자연맹 부회장 1998년 연합뉴스 체육부장 1999년 同스포츠레저부장 1999~2003년 同하노이특파원(국내 최초) 2003년 同경영기획실장 2005년 同멀티미디어본부장 2006~2009년 同하노이특파원 2009년 同논설위원실 고문 2009년 포스코E&C 고문 2011년 건국대통령이승만박사기념사업회 홍보편집장 2012년 금융소비자뉴스 편집인(부사장) 2012년 평창동계스페셜올림픽 고문 2012년 ㈜CEO스코어 부회장(현) ⊗이길용 체육상(1996) ⊗'아주 특별한 베트남 이야기'(2010, 연합뉴스)

권태균(權泰鈞) Kwon Tae-Kyun

⊗1955·11·28 ⊗안동(安東) ⊗전북 전주 ㈜서울 강남구 테헤란로518 법무법인 율촌(02-528-5961) ⊗1974년 경기고졸 1978년 서울대 경영학과졸 1983년 同경영대학원졸 1988년 미국 버지니아대 경영대학원졸(MBA) 2007년 국제학박사(중앙대) ⊗1977년 행정고시 합격(21회) 1980~1992년 재무부 국고국·국제금융국·경제협력국 근무 1992년 아시아개발은행(ADB) 근무 1996년 재정경제원 서기관(청와대 국가경쟁력강화기획단·금융개혁위원회 파견) 1997년 同대외채무대책반장 1998년 재정경제부 외자관리과장 1999년 同투자진흥과장 1999년 대통령비서실 파견 2001년 駐OECD대표부 경제참사관 2004년 부총리 겸 재정경제부 장관 비서실장 2005년 재정경제부 국제금융국장(이사관) 2005년 연합인포맥스 자문위원 2006년 재정경제부 금융정보분석원장 2007년 同경제자유구역기획단장 2008년 지식경제부 무역투자실장 2009~2010년 조달청장 2010~2013년 駐아랍에미리트 대사 2013~2014년 대외경제정책연구원(KIEP) 초빙연구위원 2014년 새만금개발청 자문위원(현) 2015년 미래에셋자산운용 사외이사(현) 2015년 해외인프라개발협회 이사장(현) 2015년 법무법인(유) 율촌 고문(현) 2016년 인천경제자유구역청 발전자문위원회 위원(현) ⊗홍조근정훈장, 황조근정훈장(2013) ⊗기독교

권태면(權泰勉) Kwon Tae-myun

⊗1956·10·2 ㈜경기 성남시 수정구 대왕판교로825 한국국제협력단(031-740-0128) ⊗1980년 한국외국어대 영어과졸 ⊗1979년 외무고시 합격(13회) 1979년 외무부 입부 1985년 駐아르헨티나 2등서기관 1988년 駐콜롬비아 1등서기관 1992년 駐스페인 1등서기관 1996년 외무부 공보담당관 1997년 同특수정책과장 1999년 駐유엔대표부 참사관 2002년 駐폴란드 공사참사관 2003년 KEDO 사무국 근무 2005년 통일부 파견 2006년 駐미국 공사 겸 총영사 2009년 駐코스타리카 대사 2012~2015년 국립외교원 교수부장 2015년 한국국제협력단 사업개발이사(현)

권태명(權泰明) KWON Tae Myung

⊗1961·11·12 ㈜서울 중구 청파로432 한국철도공사 광역철도본부(02-3149-3711) ⊗한국철도대학 경영학과졸, 대전대 경영대학원졸 ⊗한국철도공사(코레일) 부산지역본부 부산역 여객과장 2006년 同경남지사 경영관리팀장 2007년 同감사실 감사기획팀장 2008년 同부산지사 인사노무팀장 2009년 同경영기획단 철도선진화팀장 2010년 同대구본부장 2011년 同고객가치경영실장

2011년 同부산경남본부장 2013년 부산대 교육파견(본부장급) 2015년 한국철도공사(코레일) 경영혁신실장 2016년 同광역철도본부장(현)

권태민(權泰珉)

[생]1960·5·9 [출]경기 가평 [주]경북 문경시 매봉로35 문경경찰서 서장실(054-550-7321) [학]경기 설악고졸, 한국방송통신대 법학과졸 [경]1997년 서울 서초경찰서 서래파출소장 1997년 경찰청 교통지도국 교통안전과 근무 2000년 경북 영주경찰서 방범과장 2004년 서울 서초경찰서 남부지구대장 2005년 서울지방경찰청 3기동대 33중대장 2007년 경북 포항북부경찰서 경비교통과장 2008년 경북 구미경찰서 경비교통과장 2009년 서울지방경찰청 경비2과 경호계 12경호대장 2015년 중앙경찰학교 운영지원과장 2015년 서울지방경찰청 경무부 경무과 근무 2016년 경북 문경경찰서장(현)

권태선(權台仙·女) KWON Tae Sun

[생]1955·4·27 [출]경북 안동 [주]서울 종로구 필운대로 23 환경운동연합(02-735-7000) [학]1973년 경기여고졸 1978년 서울대 영어과졸 2007년 한양대 언론정보대학원졸 [경]1978~1980년 한국일보 기자 1988년 김앤장법률사무소 근무 1988년 한겨레신문 창간멤버·기자 1990년 하버드법대 객원연구원 1992년 한겨레신문 민족국제부 편집위원보(차장) 1995년 同파리특파원 1998년 同국제부장 2000년 同교육공동체부장 2001년 同민권사회1부장 2003년 同편집국 부국장 2005년 同편집국장 2006년 同논설위원 겸 순회특파원 2007년 同편집인(상무) 2007년 同전무 2008년 同논설위원 2010년 서울시교육청 인사위원회 위원 2011년 한국신문방송편집인협회 이사 2011년 한겨레신문 편집인(전무) 2014년 同논설위원 2014년 허핑턴포스트코리아 대표이사 2015년 환경운동연합 공동대표(현) 2015년 (재)세종문화회관 이사(현) 2015년 허핑턴포스트코리아 고문(현) 2015년 한국방송공사(KBS) 이사(현) [상]참언론인 대상(2005), 서울대 사범대학 자랑스런 동문상(2005) [저]'마틴루터 킹'(1993) '헬렌켈러'(2010) [역]'그리스·로마 신화'(1987) '민중교육론'

권태성(權泰成) KWON Tae Sung

[생]1961·6·23 [출]경남 합천 [주]세종특별자치시 도움5로20 국민권익위원회 기획조정실(044-200-7101) [학]1986년 고려대 법과대학 행정학과졸 1986년 단국대 행정대학원졸 [경]1985년 행정고시 합격(29회) 2002년 국무총리국무조정실 경제조정관실 산업협력·자원과장 2003년 同재경금융심의관실 과장 2004년 同재경금융심의관실 부이사관 2006년 同저출산·고령화대책연석회의지원단 기획국장 2007~2008년 同방송통신융합추진지원단 기획총괄팀장(고위공무원) 2008년 미국 이스트웨스트센터 파견 2009년 국무총리실 국정운영2실 재정금융정책관 2011년 同총무비서관 2012년 同새만금사업추진기획단장 2013년 국무총리소속 새만금사업추진기획단장 2013~2014년 국무조정실 정부업무평가실장 2014년 국민권익위원회 상임위원 2016년 同기획조정실장(현)

권태성(權泰晟)

[생]1967·3·3 [본]안동(安東) [출]경북 안동 [주]세종특별자치시 한누리대로422 고용노동부 고용정책실 고용정책총괄과(044-202-7227) [학]1985년 안동고졸 1992년 고려대 사회학과졸 [경]1997년 노동부 고용정책실 고용보험기획과 사무관 2001년 同기획관리실 기획예산담당관실 사무관 2004년 同기획관리실 혁신담당관실 서기관 2006년 同근로기준국 비정규직대책팀 서기관 2006년 同고용정책본부 종합직업체험관설립추진기획단장 2008년 同고용정책실 직업체험관설립운영단장 2008년 중앙노동위원회 사무처 기획총괄과장 2009년 同사무처 심판1과장 2010년 노동부 장애인고령자고용과장 2010년 고용노동부 장애인고령자고용과장 2011년 同노사정책실 근로기준과장 2011년 同노동정책실 근로개선정책과장 2012년 중앙노동위원회 사무처 교섭대표결정과장 2013년 고용노동부 고용정책실 직업능력정책과장 2014년 同고용정책실 직업능력정책과장(부이사관) 2015년 同고용정책실 고용정책총괄과장(현)

권태신(權泰信) KWON Tae Shin

[생]1949·10·15 [본]안동(安東) [출]경북 영천 [주]서울 영등포구 여의대로24 전경련회관45층 한국경제연구원(02-3771-0007) [학]1968년 경북고졸 1972년 서울대 경제학과졸 1975년 同대학원 경제학과졸 1982년 미국 벤더빌트대 대학원 MA(경제학석사) 2001년 영국 키스대 Cass Business School MBA [경]1976년 행정고시 합격(19회) 1977년 재무부 사무관 1987년 同국민저축과장 1989년 대통령경제비서실 행정관 1991~1994년 재무부 경제협력과장·국제기구과장·해외투자과장 1994~1996년 재정경제원 교육예산과장·예산제도과장·간접자본예산과장 1996년 同증권제도담당관 1997년 대통령 경쟁력강화기획단 파견 1998년 부총리 겸 재정경제부장관 비서실장·재정경제부 국제금융심의관 1998년 駐영국 재경관 2001년 대통령 산업통신비서관 2002년 재정경제부 국제금융국장 2003년 同국제업무정책관 2004년 대통령 정책기획비서관 2004년 대통령 경제정책비서관 2005년 재정경제부 제2차관 2006년 연합인포맥스 자문위원(현) 2006~2008년 駐OECD대표부 대사 2007년 경제협력개발기구(OECD) 감사위원회 의장 2008년 국무총리실 사무차장(차관급) 2009~2010년 국무총리실장(장관급) 2010~2011년 유엔평화대학(UPEACE) AP(Asia-Pacific)재단 이사장 2010년 농업협동중앙회 사외이사 2011~2013년 대통령자문 국가경쟁력강화위원회 부위원장 2011년 SK케미칼(주) 사외이사 2013~2015년 두산인프라코어(주) 사외이사 겸 감사위원 2013년 한국스탠다드차타드은행(주) 사외이사(현) 2013년 同이사회 의장(현) 2014년 전국경제인연합회 산하 한국경제연구원 원장(현) 2014년 2017몽펠르랭소사이어티(MPS) 서울총회조직위원회 지원위원장(현) [상]재무부장관표창(1983), 녹조근정훈장(1985), 청조근정훈장(2010), 미국 밴더빌트대 한국총동문회 '올해의 자랑스런 밴더빌트대 동문상'(2015) [저]'내가 살고 싶은 행복한 나라'(2012, 중앙북스) [종]천주교

권태오(權泰午)

[생]1956 [출]대구 [주]서울 중구 장충단로84 민주평화통일자문회의 사무처(02-2250-2205) [학]경북대 사학과졸, 육군3사관학교졸(13기), 미국 트로이주립대 대학원졸, 국방대 박사과정 [경]1976년 육군 소위 임관 2006년 한미연합사령부 작전처장 2007년 육군 51사단장(소장) 2010년 국방부 동원기획관(소장), 한미연합사령부 부참모장 겸 지상구성군사령부 참모장(소장) 2011~2012년 육군 수도군단장(중장) 2013년 국방부 6.25전쟁사업단장 2013년 건군65주년국군의날 제병지휘관 2014년 예편(육군 중장) 2014~2016년 중원대 초빙교수 2014~2016년 북한민주화위원회 자문위원 2015~2016년 Van Fleet 재단 한국대표 2016년 성우회 정책자문위원 2016년 민주평화통일자문회의 사무처장(차관급)(현)

권태우(權泰祐) KWON Tae Woo

[생]1957·9·30 [출]서울 [주]부산 남구 수영로309 경성대학교 화학생명과학부 화학과(051-663-4637) [학]1982년 연세대 화학과졸, 미국 코네티컷주립대 대학원졸 1988년 이학박사(미국 코네티컷주립대) [경]1989년 경성대 화학과 교수(현) 1991~1993년 포항공과대 산업기술연구소 교환교수 1993~1996년 미국 Texas A&M University 교환교수 2002~2003년 미국 Texas A&M University of Washington 연구교수 2008년 경성대 유기소자특성화연구소장 2016년 同이과대학장(현)

권태우(權泰佑) KWON Tae Woo

[생]1964 [출]부산 [주]인천 부평구 부평대로313번길14 (주)선광 사장실(032-509-8114) [학]부산 동인고졸 1988년 서울대 영어영문학과졸 1997년 영국 옥스퍼드대 로이터저널리즘펠로우십과정 수료 [경]1988년 조선일보 편집국 기자 1990~1991년 同뉴욕지사 파견 1996~1997년 영국 옥스포드대 저널리즘 연수 1999년 조선일보 편집국 편집부 기자 2004~2009년 同편집국 편집부 뉴스편집파트 차장대우 2004~2005년 한국기자협회 부회장 2010년 조선일보 독자서비스센터장 겸 고충처리인 2012년 同독자서비스센터장 겸 고충처리인 2014년 同편집국 편집에디터 2014년 同편집국 편집부장 2015년 同PM실 부실장 2016년 (주)선광 대표이사 사장(현)

권태진(權泰振) KWON Tae-Jin

[생]1961·6·5 [주]경기 수원시 팔달구 효원로1 경기도의회(031-8008-7000) [학]대구대 지역사회개발학과졸, 고려대 행정대학원 정책학과졸 [경]광명시아구연합회 회장, 철산2동주민자치위원회 위원장 2006·2010~2014년 경기 광명시의회 의원(한나라당·새누리당) 2006~2008년 同복지건설위원장 2012~2014년 同부의장, 광명동초 운영위원장 2014년 경기도의원선거 출마(새누리당) 2015년 경기도의회 의원(재선거 당선, 새누리당)(현) 2015년 同문화체육관광위원회 위원 2015년 同항공기소음피해대책특별위원회 간사(현) 2016년 同문화체육관광위원회 간사(현) 2016년 同선감학원진상조사및지원대책마련특별위원회 위원(현)

권태현(權泰鉉) Taehyun Kwon

⊛1965 · 12 · 24 ⊗안동(安東) ⊚서울 ㈜서울 영등포구 의사당대로1 국회사무처 미래창조과학방송통신위원회(02-788-2941) ⊛1984년 대구 대건고졸 1991년 고려대 법학과졸 2010년 미국 오리건주립대 대학원 공공정책학과졸 ⊚2000~2001년 국회사무처 법제실 법제관 2002년 同기획조정실 행정법무담당관실 근무 2004~2005년 국회 정무위원회 입법조사관 2006년 법제처 파견(서기관) 2007년 국회 행정자치위원회 입법조사관 2008년 미국 유학(미국 오리건주립대) 2010년 국회입법조사처 기획협력팀장 2011년 同총무팀장 2013년 경북도청 파견(부이사관) 2014년 국회사무처 안전행정위원회 입법조사관 2015년 同기획조정실 행정법무담당관 2016년 同미래창조과학방송통신위원회 입법심의관(부이사관)(현)

권태형(權泰亨) KWON Tae Hyeong

⊛1959 · 7 · 24 ⊚경북 영주 ㈜대구 남구 이천로51 남구청 부구청장실(053-664-2000) ⊛1978년 안동고졸 1982년 경북대 행정학과졸 1989년 同행정대학원 행정학과졸 2004년 미국 뉴욕주립대 대학원 도시 및 지역계획학과졸 2008년 경북대 대학원 행정학박사과정 수료 ⊚1988년 행정고시 합격(32회) 1989년 총무처 수습행정관 1990년 대구시 지방공무원교육원 교수부 교관 1995년 同내무국 시정과 지방자치기획단장 1999년 同문화체육국 관광과장 2001년 同문화체육국 월드컵지원반장 2002년 국외훈련 파견(미국 뉴욕주립대) 2005년 (재)대구테크노파크 사업단 부단장 2006년 대구시 과학기술진흥실 산업기술과장 2007년 同기획관리실 정책기획관 2008년 同환경녹지국장 2009년 세종연구소 교육파견 2010년 대구 북구청 부구청장 2012년 대구시 신기술산업국장 2013년 同2013대구세계에너지총회지원단 단장(파견) 2013년 同세계물포럼지원단장 2014년 同상수도사업본부장 2015년 대구 남구 부구청장(현) ⊛총무처장관표창(1992), 녹조근정훈장(2002)

권태형(權泰亨) Kwon, Tae Hyung

⊛1972 · 8 · 5 ⊚서울 ㈜서울 서초구 강남대로193 서울가정법원(02-2055-7114) ⊛1991년 용산고졸 1996년 서울대 법학과졸 2002년 同대학원 법학과졸 ⊚1996년 사법시험 합격(38회) 1999년 사법연수원 수료(28기) 1999년 법률구조공단 근무 2002년 부산지법 판사 2005년 인천지법 판사 2009년 서울중앙지법 판사 2011년 서울고법 판사 2012년 사법연수원 교수 2014년 광주지법 부장판사 2015년 서울가정법원 부장판사(현)

권태호(權泰鎬) KWON Tae Ho

⊛1954 · 5 · 29 ⊗안동(安東) ⊚충북 청원 ㈜충북 청주시 서원구 산남로64 엔젤변호사빌딩7층 법무법인 청주로(043-290-4000) ⊛1973년 청주고졸 1977년 청주대 법대졸 1988년 同대학원졸 1990년 국방대학원 수료 1991년 법학박사(청주대) ⊚1977년 사법시험 합격(19회) 1980년 사법연수원 수료(9기) 1980년 서울지검 동부지청 검사 1981년 부산지검 마산지청 검사 1982년 창원경상전문대학 강사 1983년 서울지검 검사 1986년 법무부 법무과 검사 1988년 서울지검 남부지청 검사 1988년 청주대 법대 강사 1991년 청주지검 충주지청장 1992년 법무연수원 교관 1993년 광주지검 공안부장 1994년 대검찰청 공안3과장 1995년 同공안2과장 1996년 서울지검 동부지청 형사4부장 1997년 同동부지청 형사3부장 1997년 同동부지청 형사부장 1998년 부산지검 형사부장 1999년 청주지검 차장검사 2000년 인천지검 제2차장검사 2001년 同제1차장검사 2002년 서울고검 검사 2002년 수원지검 안산지청장 2004년 대전고검 차장검사 2004년 춘천지검장 2005년 법무연수원 기획부장 2005년 한국형사판례연구회 부회장 2007년 서울고검 검사 2009년 광주고검 검사 2010년 부산고검 검사 2011년 서울고검 검사 2013년 대구고검 검사 2015년 서울고검 검사 2015년 법무법인 청주로 대표변호사(현) 2015년 충북대 법학전문대학원 겸임교수 2016년 제20대 국회의원선거 출마(청주시 청원구, 무소속) ⊛검찰총장표창(1984), 법무부장관표창(1992), 홍조근정훈장(1996), 법조봉사대상(2004), 세계경영연구원 이사장 글로벌 스탠다드상(2006), 21세기뉴스미디어그룹 자랑스런한국인대상(2015)

권태호(權泰浩) Kwon Tae Ho

⊛1966 ⊚대구 ㈜서울 마포구 효창목길6 한겨레신문 편집국(02-710-0114) ⊛대구 계성고졸 1985년 성균관대 정치외교학과졸 1989년 同대학원 정치외교학과 수료 ⊚1993년 한겨레신문 편집국 기자 1993년 同편집국 사회부 기자 1996년 同한겨레21 기자 1997년 同편집국 경제부 기자 2002년 同편집국 민권사회2부 기자 2003년 同편집국 사회부 기자 2004년 同편집국 경제부 기자

2007년 同편집국 정치팀 차장 2009년 同워싱턴특파원(차장급) 2012년 同편집국 정치팀장 2013년 同편집국 콘텐츠기획부장 2014년 同편집국 정치부장 2015년 同편집국 디지털에디터 2016년 同편집국 국제에디터(현)

권태환(權泰桓) KWON Tae Hwan

⊛1956 · 8 · 17 ⊚경북 ㈜경북 안동시 경동로1375 안동대학교 총장실(054-820-7000) ⊛1980년 경북대 경영학과졸 1982년 同대학원 회계학과졸 1991년 관리회계학박사(경북대) ⊚1987~2015년 안동대 사회과학대학 회계학과 전임강사 · 조교수 · 부교수 · 교수 1996~1997년 한국학술진흥재단 자유공모과제선정 연구책임자 1996~1997년 안동대 교수회 운영위원회 편집간사 1999~2001년 同사회과학대학장 겸 행정경영대학원장 2000~2001 · 2004년 한국회계정보학회 부회장 2002~2003 · 2007년 同상임이사 2003년 행정자치부 7급 공채시험 선정위원 2004년 중앙인사위원회 9급 공채시험 출제위원 2004~2005년 안동대 구조개혁추진위원장 2004년 경북도 지방공무원임용시험문제 검증위원 2005~2006년 한국산업경영학회 학술지 편집위원장 2006~2007년 한국회계학회 이사 2007 · 2010년 한국산업경영학회 상임이사 2010~2013년 한국관리회계학회 이사 2010년 행정안전부 7급공채시험 출제위원 2011~2013년 학교법인 장춘학원 감사 2011~2013년 안동대 교무처장 2011년 학교법인 경일학원 감사 2013년 학교법인 장춘학원 이사 2013년 안동시 금고지정심의위원 2013년 안동대 경영재정협의회 위원장 2014년 한국산업경영학회 부회장 2014년 한국경영교육학회 편집위원장 2015년 안동대 총장(현) ⊛한국회계학회 회계저널 우수논문상(2005), (사)한국산업경영학회 공로상(2007), 한국세무회계학회 우수논문상(2014) ⊗'고등학교 회계실습'(1997) '회계정보처리론'(1997) 'R&D원가기획전문가 과정'(1998)'(쉽게 익히는)회계원리(共)'(2004)

권택수(權澤秀) KWON Teack Soo

⊛1955 · 2 · 15 ⊗안동(安東) ⊚대전 ㈜서울 강남구 테헤란로133 한국타이어빌딩 법무법인 태평양(02-3404-0310) ⊛1973년 경복고졸 1978년 서울대 법학과졸 1996년 일본 와세다대 연수 ⊚1983년 사법시험 합격(25회) 1985년 사법연수원 수료(15기) 1986년 대전지법 판사 1989년 同홍성지원 판사 1991년 수원지법 판사 1994년 서울지법 북부지원 판사 1997년 서울고법 판사 1998년 특허법원 판사 1999년 대법원 재판연구관 2003년 서울지법 북부지원 부장판사 2004년 서울북부지법 부장판사 2006년 서울중앙지법 부장판사 2008년 서울동부지법 수석부장판사 2010년 대전고법 청주부 부장판사 2011년 특허법원 수석부장판사 2011년 변리사 2차시험 출제 및 채점위원 2012~2014년 서울고법 부장판사 2014년 법무법인 태평양 변호사(현) 2014년 한국지적재산권변호사협회(KIPLA) 초대회장(현) 2014년 특허법원 사법행정자문위원회 위원(현) 2015년 대법원 IP Hub Court추진위원회 위원(현) 2015년 특허청 지식재산정책자문위원회 위원(현) ⊗'요건사실 특허법'(진원사) ⊛기독교

권택환(權宅煥) KWON Taek Hwan

⊛1975 · 9 · 24 ㈜서울 서초구 서초대로396 강남빌딩5층 대영포장(주) 대표이사실(02-3472-5915) ⊛1994년 여의도고졸, 서울대 산림자원학과졸 ⊚2004년 신대양제지(주) 반월공장관리 이사 2005년 同기획담당 이사 2008년 신대한판지(주) 대표이사 2009년 대영포장(주) 경영기획실 이사 2013년 同대표이사(현) 2016년 신대양제지(주) 대표이사(현)

권평오(權坪五) Kwon, Pyung-oh

⊛1957 · 7 · 8 ⊚전남 보성 ㈜서울 종로구 사직로8길60 외교부 인사운영팀(02-2100-7857) ⊛1978년 순천고졸 1985년 한국외국어대 무역학과졸 1988년 서울대 대학원 행정학과졸 1992년 일본 사이타마대 대학원 정책과학과졸 2013년 경제학박사(동국대) ⊚1983년 행정고시 합격(27회) 1984년 상공부 산업기계과 · 산업정책과 · 해외유학과 · 수출진흥과 사무관 1996년 통상산업부 산업정책과 서기관 1996~2000년 駐EC대표부 상무관 2000년 산업자원부 전자상거래지원과장 2001~2003년 대통령비서실 파견 2003년 지식경제부 무역진흥과장 2004년 同시장개척과장 2004년 同혁신담당관 2004년 同혁신기획관 2006년 同자원개발총괄팀장 2007년 同재정기획관 2007~2008년 고용 휴직(일반직고위공무원) 2008년 중앙공무원교육원 교육파견 2009년 지식경제부 전기위원회 사무국장 2010년 同경제자유구역기획단장 2011년 同지역경제정책관 2012년 同대변인 2013~2015년 산업통상자원부 무역투자실장 2015년 駐사우디아라비아 대사(현) ⊛홍조근정훈장(2011)

권해룡(權海龍) KWON Hae Ryong

❸1960 · 8 · 10 ❷안동(安東) ❸경남 합천 ㈜서울 종로구 사직로8길60 외교부 인사운영팀(02-2100-7138) ❸1982년 한국외국어대 독어학과졸 2008년 한국개발연구원 국제정책대학원 경영학과졸 ❸1983년 외무고시 합격(17회) 1984년 외무부 입부 1991년 미국 다트머스대 연수 1992년 駐샌프란시스코 영사 1995년 駐터키 1등서기관 2000년 외교통상부 통상교섭본부 경제기구과장 2002년 駐OECD대표부 참사관 2004년 駐몬트리올 참사관 2006년 외교통상부 국제경제국 심의관 2009년 同국제경제국장 2010년 대통령직속 G20 정상회의준비위원회 무역국제협력국장 2011년 駐제네바대표부 차석대사 2013년 駐아랍에미리트 대사 2016년 외교부 본부 근무(현) ❸홍조근정훈장(2011) ❹'현대 국제법 이해'(共) '개발협력을 위한 한국의 이니셔티브'

권해옥(權海玉) KWON Hae Ok (靑岡)

❸1935 · 8 · 15 ❷안동(安東) ❸경남 합천 ㈜서울 영등포구 의사당대로1 대한민국헌정회(02-757-6612) ❸1957년 영남상고졸 1965년 건국대 법대졸 1969년 고려대 경영대학원 수료 1983년 서울대 행정대학원 수료 2000년 경남대 북한대학원 수료 2002년 명예 경영학박사(경남대) ❸1968년 국제신보 기자 1968년 흥국상사 이사 1971년 공화당 합천지구당 위원장 1984년 동부그룹 전무이사 1985년 문화방송 상임감사 1988년 제13대 국회의원(합천, 민주정의당 · 민주자유당) 1990년 민자당 원내부총무 1992~1996년 제14대 국회의원(합천, 민자당 · 신한국당) 1993년 민자당 제1사무부총장 1994년 同원내수석부총무 1995년 신한국당 원내기획위원장 1996년 한국전력공사 상임고문 2000년 자민련 경남도지부 위원장 2000~2001년 同부총재 2001~2003년 대한주택공사 사장 2001~2003년 대한근대5종연맹 회장 2002~2003년 아시아근대5종연맹 회장, 유아방송 고문 2011~2015년 대한민국헌정회 사무총장 2014년 한국자유총연맹 고문(현) 2015년 대한민국헌정회 부회장(현) ❹'정치의 현장' ❺'정보참모시대' '경영참모시대' '정치의 현장' ❻불교

권혁관(權赫寬) KWON Hyuk-Kwan

❸1960 · 11 · 10 ❷안동(安東) ❸서울 ㈜전남 여수시 여수산단로918 GS칼텍스 생산지원공장(061-680-2003) ❸1979년 명지고졸 1983년 고려대 화학공학과졸 1985년 한국과학기술원 화학공학과(석사) ❸1985년 GS칼텍스 입사 1992년 同고분자연구실 과장 1997년 同경영기획팀 차장 1998년 同방향족영업팀장 2001년 同방향족기획팀장 2005년 同화학사업개발팀장 2006년 同석유화학개발실장 2006~2011년 同피피사업부문장(상무) 2011년 同폴리머사업부문장(전무) 2013년 同생산기획공장장(전무) 2014년 同생산지원공장장(전무)(현)

권혁구(權赫九) KWEON Hyeuk Goo

❸1961 · 3 · 20 ❷안동(安東) ❸대구 ㈜서울 중구 소공로63 신세계그룹 전략실(02-727-1097) ❸1980년 대구대륜고졸 1987년 경북대 불어불문학과졸 ❸1987년 ㈜신세계 입사 1994년 同경영정책담당 기획조사과장 1998년 同이마트부문 점포개발과장 1999년 同이마트부문 RE담당표준화팀 부장 2004년 同경영지원실 기획담당 센텀시티T/F팀장 2006년 同경영지원실 센텀T/F팀장(상무보) 2007년 同경영지원실 센텀시티T/F팀장(상무) 2008년 同백화점부문 센텀시티점 부점장(상무) 2009년 同백화점부문 MD전략담당 상무 2010년 同백화점부문 MD전략담당 부사장보 2011년 신세계그룹 경영전략실 전략기획팀장(부사장보) 2013년 同경영전략실 기획팀장(부사장) 2013년 신세계프라퍼티 대표이사 겸임(현) 2014년 신세계투자개발 대표이사 겸임(현) 2015년 신세계그룹 전략실장 겸 기획총괄(사장) 2015년 同그룹경영총괄(사장)(현) ❻천주교

권혁기(權赫基) KWON Hyuk Ki

❸1968 · 1 · 28 ❸서울 ㈜서울 영등포구 의사당대로1 국회 대변인실(02-788-2050) ❸1986년 청량고졸 1994년 국민대 국사학과졸 2003년 고려대 정책대학원 감사행정학과졸 ❸1997~1999년 민주당 연합청년회 조직국장 2000~2003년 국회의원 비서관 2003년 대통령 정책수석비서관실 행정관 2004년 대통령 홍보수석비서관실 행정관 2004~2007년 해양수산부 장관 정책보좌관 2007년 대통합민주신당 원내대표실 공보국장 2008년 통합민주당 원내대표실 공보국장 2008년 민주당 원내대표실 공보국장 2010년 同당대표실 국장 2015년 더불어민주당 전략기획국장 2016년 同제20대 국회의원 후보(비례대표 22번) 2016년 국회 부대변인(현)

권혁남(權赫南) KWON Hyok Nam

❸1956 · 9 · 9 ❷안동(安東) ❸전북 정읍 ㈜전북 전주시 덕진구 백제대로567 전북대학교 사회과학대학 신문방송학과(063-270-2953) ❸1981년 고려대 신문방송학과졸 1983년 同대학원졸 1988년 언론학박사(고려대) ❸1984~1988년 고려대 · 덕성여대 · 건국대 강사 1989~2000년 전북대 신문방송학과 전임강사 · 조교수 · 부교수 1994년 미국 인디애나대 교환교수 1998년 전북대 특성화영상산업사업단장 1999년 호남언론학회 회장 1999년 전북영상산업연구회 회장 2000년 전북대 사회과학대학 신문방송학과 교수(현) 2002~2009년 언론중재위원회 중재위원 2003~2004년 한국언론정보학회 회장 2007~2008년 한국언론학회 회장 2010~2012년 전북대 사회과학대학장 2011년 전국사회대학장협의회 회장 ❹'한국언론과 선거보도' '방송문화사전' '대중매체와 사회' '미디어 정치 캠페인'(2014, 커뮤니케이션북스)

권혁렬(權赫烈) KWON Hyuk Ryul

❸1952 · 4 · 4 ❷안동(安東) ❸대구 ㈜충남 천안시 서북구 성환읍 대학로91 남서울대학교 광고홍보학과(041-580-2896) ❸1971년 중동고졸 1976년 한양대 국어국문학과졸 2000년 同대학원 신문방송학과졸 2012년 광고학박사(한양대) ❸1978~1979년 연합통신 광고기획실 카피라이터 1980~1989년 ㈜오리콤 차장 · 부장 1990~1998년 同광고본부 국장 · 카피국장 · TV-CM국장 · 캠페인디렉터 1999~2001년 同크리에이티브센터 수석국장 · 제작위원 2001~2009년 ㈜코리아하베스트 상임고문 2001~2010년 한양대 광고홍보학과 외래교수 2002~2009년 서울여대 언론영상학과 겸임교수 2002~2011년 한국광고업협회 발행 '광고산업' 방송광고부문 집필위원 2004년 숭실사이버대 시각디자인학과 외래교수(현) 2005년 식품의약품안전청 · 건설교통부 계약직공무원채용 면접위원 2006년 국방부 계약직공무원채용 면접위원 2006 · 2009년 대한민국광고대상 전파광고부문 심사위원 2007년 한국농촌경제연구원채용 계약직공무원 면접위원 2008~2009년 광주세계광엑스포 자문위원 2009년 남서울대 상경계열 광고홍보학과 교수(현) 2009년 식품의약품안전청 계약직공무원채용 심사위원 2015년 천안시 광고물관리 및 디자인심의위원회 위원(현) ❸중앙매스컴광고대상 우수상, 문화 · 경향광고대상 동상, 한국광고대상 장려상 · 동상 · 은상 · 금상, 뉴욕 국제광고페스티벌 파이널리스트, 중앙광고대상 우수상, 조선일보광고대상 본상, 경향광고대상 기획광고상, 세계광고대상 은상 ❹'광고비평'(2009, 광고로 세상읽기) '카피라이팅 이론과 실제'(2010) ❻기독교

권혁면(權赫勉) Hyuck Myun Kwon

❸1956 · 12 · 25 ❸강원 강릉 ❸1975년 강릉고졸 1979년 아주대 화학공학과졸 2003년 연세대 대학원 화학공학과졸, 서울대 공기업고급경영자과정 수료 ❸1979~1995년 대우엔지니어링 차장 1995~2007년 한국산업안전보건공단 화학공장위험관리실 기술위원 2008~2009년 同전문기술실장, 경제협력개발기구(OECD) 화학사고예방전문가그룹 부의장, 화공안전기술사회 부회장, 고려대 외래교수, 한국위험물학회 국제부회장 2010년 미국 세계인명사전 'Marquis Who's Who in the World 2011년판'에 등재 2010년 영국 IBC '100인의 톱 엔지니어'에 등재 2012년 산업안전보건연구원 안전연구실장 2013년 한국산업안전보건공단 울산지도원장 2014~2016년 산업안전보건연구원 원장 ❸한국기술사회 덕원기술상(2011)

권혁문(權赫文) KWON Hyuk Moon

❸1960 · 5 · 11 ❷안동(安東) ❸충남 예산 ㈜충남 서산시 관아문길1 서산시청 부시장실(041-660-2204) ❸1980년 중앙대사대부고졸 1985년 세종대 영어영문학과졸 ❸2004년 행정자치부 의정과 근무 2006년 同의정관실 근무 2008년 행정안전부 정부인력조정지원단 교류재배치팀장 2008년 同의정관실 심사임용과 총괄팀장 2009년 정부대전청사관리소 행정과장 2011년 행정안전부 의정관실 의정담당관 2013~2014년 안전행정부 의정관실 의정담당관 2014년 행정자치부 의정관실 의정담당관 2015년 교육 파견 2016년 충남 서산시 부시장(현) ❸총무처장관표창, 국무총리표창, 대통령표창, 근정포장(2014) ❻기독교

권혁민(權赫珉)

❸1969 · 9 · 8 ㈜서울 강동구 성내로39 강동소방서 서장실(02-470-0119) ❸1994년 청주대 경상대학졸 1997년 동국대 행정대학원졸 ❸1995년 소방위 임용(소방간부후보생 8기) 2004년 서울종합방재센터 상황팀장 2005년 서울 영등포소방서 구조진압과장 2007년 서울 관악소방서 예방과장 2008년 서울소방학교 구조구급교육센터장 2009년 서울소방재난본부 감사총괄팀장 2012년 同

소방정책팀장 2013년 서울소방학교 인재개발과장 2013년 서울소방재난본부 소방감사반장 2015년 서울 서초소방서장 2016년 서울 강동소방서장(현)

권혁세(權赫世) KWON Hyouk Se

[생]1956·11·12 [본]안동(安東) [출]대구 [주]서울 강남구 테헤란로518 법무법인 율촌(02-528-5339) [학]1975년 경북고졸 1980년 서울대 경영학과졸 1998년 미국 밴더빌트대 대학원 경제학과졸 [경]1980년 행정고시 합격(23회) 1980년 총무처 수습행정관 1981년 국세청 중부산세무서 사무관 1984년 재무부 세제국 소비세제과 사무관 1986년 同세제국 소득세제과 사무관 1987년 同증권보험국 생명보험과 사무관 1987년 同보험국 생명보험과 사무관 1989년 同이재국 금융정책과 사무관 1992년 同저축심의관실 사무관 1994년 同재무정책국 국민저축과 사무관 1994년 同세제실 조세정책과 서기관 1995년 한국국제협력단 파견 1998년 외국환 및 외국인투자제도개편작업단 총괄반장 1998년 대통령비서실 파견 2000년 부이사관 승진 2001년 재정경제부 금융정책과장 2002년 국무조정실 산업심의관 2002년 同재정금융심의관 2004년 이사관 승진 2004년 재정경제부 세제실 재산소비세심의관 2005~2007년 同재산소비세제국장 2007년 금융감독위원회 감독정책1국장 2008년 증권선물위원회 상임위원 2009년 금융위원회 사무처장 2010년 同부위원장 2011~2013년 금융감독원 제8대 원장 2013~2014년 서울대 경영학과 초빙교수 2014~2015년 대구가톨릭대 창조융합학과 석좌교수 2015~2016년 현대삼호중공업 사외이사 2015년 KB금융공익재단 사외이사(현) 2015년 법무법인 율촌 비상임고문(현) 2015년 새누리당 핀테크특별위원회 부위원장 겸 금융개혁특별위원회 위원(현) 2016년 同성남시분당구甲당원협의회 조직위원장 2016년 제20대 국회의원선거 출마(성남시 분당구甲, 새누리당) 2016년 글로본 사내이사(현) [상]재무부장관표창(1987), 근정포장(1992), 홍조근정훈장(2006), 황조근정훈장(2012) [저]'성공하는 경제-대한민국의 미래 선택'(2013) '모두가 꿈꾸는 더 좋은 경제'(2015, 페이퍼북)

권혁소(權赫昭) KWON Hyuk-So

[생]1958·3·9 [출]경북 영천 [주]서울 성북구 화랑로18자길13 성북구도시관리공단(02-962-2082) [학]서울대 사회교육학과졸, 同행정대학원졸, 미국 위스콘신대 대학원졸 [경]1983년 행정고시 합격(28회) 1996년 서울시 교통관리실 교통운영과장 1999년 同교통관리실 주차계획과장 2000년 同국제협력담당관 2003년 同문화국 관광과장 2003년 同주택국 주택기획과장 2005년 시정개발연구원 교육파견 2008년 서울시 맑은환경본부 환경기획관(부이사관) 2009년 同문화국장(이사관) 2009년 세종문화회관 사장 직대 2010년 서울시 맑은환경본부장 2010년 교육파견(이사관) 2012년 서울시 경제진흥실장(관리관) 2013~2014년 同의회 사무처장 2015년 성북구도시관리공단 이사장(현) [상]대통령표창(1994)

권혁수(權赫洙)

[생]1949·2·22 [출]경기 고양 [주]강원 원주시 배울로85 대한석탄공사 사장실(033-749-0600) [학]1968년 고양고졸 1975년 경희대 체육학과졸 [경]1975년 대한석탄공사 입사 1988년 同비서담당역·총무담당역 1992년 同홍콩지사관리역 1994년 同인천지사 현업부장·관리부장 1996년 同총무인사부장 1998년 同도계광업소 부소장 2001년 同사업처장 2002년 同관리이사 2005년 同기획이사 2006~2008년 同부사장 2011~2013년 강원랜드 감사위원 2013년 대한석탄공사 사장(현) [종]불교

권혁신

[생]1964 [출]광주 [주]광주 북구 우치로 사서함85의1호 육군 제31사단(062-260-6131) [학]광주 살레시오고졸, 전남대 생물학과졸 [경]1985년 육군 학생군사학교 임관(학군 23기), 28사단 연대장·참모장, 합동참모본부 통합방위과장, 육군 제1야전군사령부 참모장, 육군본부 정보작전참모부 차장(소장) 2014년 육군 제31보병사단장(소장)(현)

권혁열(權赫烈) KWON Hyouk Ryeol

[생]1962·9·27 [본]안동(安東) [출]강원 [주]강원 춘천시 중앙로1 강원도의회(033-643-3112) [학]강릉 명륜고졸 1988년 강릉대 무역학과졸 [경]태경건설 대표(현), 강릉대총동창회 회장, 강릉시번영회 부회장, 강릉시태권도협회 부회장, 국제로타리클럽 3730지구 사무차장 2006년 강원 강릉시의원선거 출마(무소속) 2009년 국제로타리클럽 3730지구 강릉영동로타리클럽 회장, 민주평통 자문위원 2010년 강원도의회 의원(한나라당·새누리당) 2010년 同동계올림픽유치지원특별위원회 부위원장 2011년 同농림수산위원회 위원 2012년 강원도립대 운영위원(현) 2012년 강원도 지역연안관리심사위원, 강원도 수산자원관리위원회 위원 2014년 강원도의회 의원(새누리당)(현) 2014~2016년 同농림수산위원회 위원장 2015년 강원도 행복한강원도위원회 농축수산분과 위원 2016년 강원도의회 부의장(현) 2016년 同사회문화위원회 위원(현) [상]지방의원 매니페스토약속대상 광역의원부문 최우수상(2012), 강원도의회 의정활동 베스트의원 선정(2012) [종]불교

권혁웅(權赫雄)

[생]1961·3 [출]서울 [주]서울 중구 삼일대로363 한화그룹 경영기획실 인력팀(02-729-1135) [학]1979년 경기고졸 1983년 한양대 화학공학과졸 1985년 한국과학기술원(KAIST) 화학공학과졸(석사) 1995년 화학공학박사(한국과학기술원) [경]2006년 한화케미칼 상무보 2007년 한화에너지 사업관리담당 2012년 여수열병합발전 대표이사 2012~2015년 한화에너지 대표이사 전무 2014~2015년 환경재단 이사 2016년 한화그룹 경영기획실 인력팀장(부사장)(현)

권혁장(權赫章)

[생]1968·11·6 [주]대구 중구 국채보상로648 호수빌딩16층 국가인권위원회 대구인권사무소(053-212-7001) [학]1987년 대구 덕원고졸 1997년 영남대 전기공학과졸 2007년 경북대 대학원 사회학과졸(석사), 同대학원 사회학박사과정 수료 2013년 통일부 통일교육원 통일미래지도자과정 수료 [경]대구참여연대 사무국장 2005~2007년 대구시민단체연대회의 사무처장 2005~2008년 대구MBC·TBC 시청자위원 2005~2008년 영남일보·대구일보 독자위원 2006~2007년 대구시장 직속 시정혁신기획단 기획위원 2007~2013년 국가인권위원회 대구인권사무소장 2008~2012년 대구MBC 라디오 '김재경의 여론현장' 인권소식 진행 2012년 대구시교육청 '교육권리헌장' 제정 자문위원 2014년 국가인권위원회 대구인권사무소장(현)

권혁재(權赫宰) Kwon, Hyuk Jae

[생]1955·6·28 [출]경북 경주 [주]대구 북구 대학로80 경북대학교 법학전문대학원(053-950-5456) [학]1974년 경주고졸 1979년 경북대 법학과졸 2005년 법학박사(연세대) [경]1980년 사법시험 합격(22회) 1982년 사법연수원 수료(12기) 1982년 전주지법 군산지원 판사 1985년 대구지법 판사 1990년 부산지법 울산지원 판사 1992~2003년 변호사 개업 2003년 경북대 법과대학 교수, 同법학전문대학원 교수(현) 2003년 同법률상담소장 2014년 학교법인 영광학원(대구대) 이사 2014~2015년 同이사장 [종]불교

권혁재(權赫宰) Kwon Hyeok Jae

[생]1959·9·8 [출]충북 음성 [주]서울 금천구 가산디지털1로168 우림라이온스밸리B동712호 학연문화사(02-2026-0545) [학]광주대 신문방송학과졸, 중부대 대학원졸 [경]1988년 학연문화사 설립·대표(현) 2002년 도서출판 '고래실' 설립·대표 2008년 대한출판문화협회 이사(현), 인문출판협의회 운영위원, 우리라이온스밸리경영자협의회 부회장, 우리문화사랑모임 회장 2013년 한국출판협동조합 이사장(현) [상]제43회 한국백상출판문화상(2003), 문화체육관광부장관표창(2007), 중소기업청장표창(2010), 국무총리표창(2013) [저]'알타이 답사는 삶의 희열이다' '바이칼·내몽골을 찾아서' '몽골알타이 문명을 찾아서' [작]'러시아 알타이 유적답사 일지'

권혁주(權赫周) KWON Hyeok Ju

[생]1955·11·19 [출]경북 의성 [주]경북 안동시 마지락길77 천주교 안동교구청(054-858-3111) [학]1974년 대건고졸 1978년 광주가톨릭대졸 1984년 同대학원 신학과졸 1990년 프랑스 파리가톨릭대 대학원 교의신학박사과정 수료 [경]1983년 사제 수품 1983년 천주교 함창본당 보좌신부 1990년 同남성동본당 주임신부 1992년 同안동교구 사목국장 1997~2001년 대구가톨릭대 교수 2001년 주교 임명 2001년 천주교 안동교구장 겸 주교(현) 2002년 천주교주교회의 성서위원회 위원장 2008년 同교리교육위원회 위원장(현) 2012년 제50차 세계성체대회 한국 대표 주교 2015년 천주교주교회의 교리주교위원회 위원장(현) [저]'주님의 사제들에게'(2009, 바오로 딸) '만남이라는 신비'(2011 개정판, 바오로 딸) [역]'주님의 사제들에게'(2009, 바오로 딸) [종]천주교

권혁중(權赫重)

[생]1961·6·21 [본]안동(安東) [출]강원 홍천 [주]대전 서구 청사로189 특허청 특허심판원 심판3부(042-481-5817) [학]1980년 숭문고졸 1988년 한양대 영어영문학과졸 1992년 同행정대학원 행정학과졸 2000년 同대학원 법학과졸 2004년 미국 뉴햄프셔대 법학대학원(프랭클린피어스)졸 [경]행정고시 합격(34회), 총무처 행정사무관, 특허청 항고심판소 행정사무관 1999년 同기획관리실 국제협력과 서기관 2000년 同청장 비서관, 미국 교육 파견 2005년 특허청 정책홍보관리관실 행정법무팀장 2007년 同경영혁신홍보본부 혁신기획팀장 2008년 同기획조정관실 기획재정담당관 2008년 同기획조정관실 기획재정담당관(부이사관) 2010년 同인사과장 2010년 특허심판원 심판장(일반직고위공무원) 2011년 특허청 기획조정관 2011년 미국 교육파견(고위공무원) 2012년 특허청 상표디자인심사국장 2013년 同산업재산정책국장 2016년 同특허심판원 심판3부 심판장(현) [종]천주교

권혁중(權赫中)

[생]1963·11·6 [출]전북 전주 [주]서울 서초구 서초중앙로157 서울중앙지방법원(02-530-1114) [학]1982년 전주신흥고졸 1986년 서울대 법대 사법학과졸 [경]1992년 사법시험 합격(34회) 1995년 사법연수원 수료(24기) 1995년 전주지법 판사 1998년 서울지법 의정부지원 파주시법원 판사 2000년 同의정부지원 판사 2002년 서울지법 판사 2004년 서울남부지법 판사 2006년 서울고법 판사 2008년 서울동부지법 판사 2010년 전주지법 정읍지원장 2012년 수원지법 안양지원 부장판사 2015년 서울중앙지법 부장판사(현) 2016년 언론중재위원회 서울 제6중재부 중재부장(현)

권혁창(權赫昶) KWON Hyeak Chang

[생]1961·5·25 [주]서울 중구 세종대로7길43 SK순화빌딩 SK건설(주) 정보기획실(02-3700-9303) [학]신일고졸, 고려대 경영학과졸 [경]삼일회계법인 근무, KPMG산동컨설팅 근무, 액센추어(Accenture)코리아 근무 2008년 SK건설(주) 정보기획실장(상무) 2012년 同정보기획실장 겸 플랜트정보기획실장(상무) 2013년 同정보기획실장(상무) 2014년 同정보기획실장 겸 CPO(상무)(현)

권혁철(權赫喆) KWON Hyuk Chul

[생]1958·12·11 [본]안동(安東) [출]울산 [주]부산 금정구 부산대학로63번길2 부산대학교 공과대학 전기컴퓨터공학부(051-510-2218) [학]1982년 서울대 컴퓨터공학졸 1984년 同대학원졸 1987년 컴퓨터공학박사(서울대) [경]1985년 서울대 강사 1988~1997년 부산대 조교수·부교수 1988~2010년 한국정보과학회 프로그래밍언어연구회 운영위원·고문 1990년 한국정보과학회 한국어정보처리연구회 운영위원·고문(현) 1992~1993년 미국 Stanford대 CSLI연구소 연구원 1994년 한글과컴퓨터 자문위원 1997년 부산대 공과대학 전기컴퓨터공학부 교수(현) 1997년 (주)BizTek 자문위원 1998~2002년 정보통신연구진흥원 우수대학원 사업위원 1998~2000년 부산대 멀티미디어교육원장 2000~2003년 同정보통신창업지원센터장 2001년 (주)나라인포테크 대표이사(현) 2002년 한국과학재단·KOICA·PSB 평가위원 2002~2003년 부산대 정보컴퓨터공학부장 겸 전자계산학과장 2003~2005년 한국정보과학회 한국어정보처리연구위원장 2003~2005년 AFNLP(Asia Federation of Natural Language Processing) 한국대표 2003년 부산대 전자전기정보컴퓨터공학부장 2003~2006년 同BK21 산업자동화 및 정보통신분야 인력양성사업단장 2004년 한국인지과학회 부회장 2006년 교육과학기술부 과학기술앰배서더 2007~2009년 부산대 컴퓨터 및 정보통신연구소장 2008~2010년 한국정보처리학회 영남지부장·부회장 2010~2014년 부산대 ETRI Open R&D센터장 2011~2012년 同정보전산원장 2014~2016년 同산학협력단장 겸 R&D미래전략본부장 [상]한국과학기술단체총연합회 우수논문상(1993), 우수공무원상(2002), 은관문화훈장(2005) [저]'자연언어 처리'(1994) '전자공학@정보사회'(2002) [역]'구조적 프로그래밍 기법을 위한 C'(2004)

권혁철(權赫喆) Kwon, Hyuk Cheol

[생]1961·4·18 [출]경기 이천 [주]서울 마포구 마포대로19 신화빌딩13층 자유경제원 자유기업센터(02-3774-5000) [학]1985년 성균관대 행정학과졸 1995년 독일 쾰른대 대학원 경제학과졸 2000년 경제학박사(독일 쾰른대) [경]2001~2012년 자유기업원 실장 2012~2013년 경제사회발전노사정위원회 고용유인형사회안전망위원회 위원 2012~2014년 자유경제원 실장 2013~2014년 자유민주연구학회 회장 2014년 행정자치부 지방공기업혁신단 위원 2014년 자유경제원 자유기업센터 소장(현) 2015년 방송문화진흥회 이사(현)

권혁철(權赫哲) KWON, HYUK-CHUL

[생]1963·10·19 [본]안동(安東) [출]경북 영천 [주]인천 남구 아암대로287번길7 경인방송 iFM 비서실(032-830-1000) [학]1981년 홍익사대부고졸 1988년 한국외국어대 중국어과졸 [경]1988~2006년 인천일보 정치부장·기획취재부장 2001~2002년 (주)인천차이나 부사장 2006~2007년 (주)경인방송 시사프로 '굿모닝인천' 진행 2007년 同iTVFM 대표이사 사장 2013~2014년 同명예고문 2014년 인천문화재단 이사 2015년 경인방송 iFM 대표이사 사장(현) [종]불교

권혁홍(權赫弘) KWON Hyuk Hong

[생]1941·11·18 [출]경기 여주 [주]서울 서초구 서초대로396 강남빌딩5층 신대양제지(주) 비서실(02-3472-5915) [학]1961년 휘문고졸 1967년 성균관대 수학과졸 1987년 숭실대 중소기업대학원 수료 1992년 서울대 경영대학원 최고경영자과정 수료 1994년 고려대 국제대학원 수료 [경]1967년 경영지업사 개업 1970년 대양제지공업(주) 이사 1972년 同대표이사 1982년 신대양제지(주) 대표이사(현) 1996년 신대양제지공업(주) 대표이사 2007년 한국제지공업협동조합 이사장(현) 2009년 한국장수기업승계협의회 회장 [상]대통령표창(1994), 철탑산업훈장(1998), 한국능률협회장표창(1999), 금탑산업훈장(2010)

권현창(權賢昌) Kwon, Hyun-chang

[생]1951·5·18 [출]경북 안동 [주]서울 종로구 대학로57 홍익대학교 디자인콘텐츠대학원 브랜드패키지디자인과(02-320-1265) [학]홍익대 상업디자인학과졸, 同광고홍보대학원졸 [경]1978~1985년 (주)제일기획 아트디렉터 1985~1991년 풀무원(주) 상무이사 1991~2000년 씨디스(주) 대표이사 1992~2001년 (주)씨지아이 대표이사 2002~2005년 CJ디자인센터 상임고문 2005년 씨디유파트너스(주) 상임고문(현), (사)한국패키지디자인협회(KPDA) 부회장, 대한민국굿디자인 심사위원, 한국디자인진흥원 디자인지도 자문위원, 한국은행 자문위원, 디자인전문회사협회 부회장, 여수엑스포캐릭터심사위원회 위원장, 홍익대 산업미술대학원 포장디자인과 교수, 同디자인콘텐츠대학원 브랜드패키지디자인과 교수(현) 2014년 (사)한국브랜드디자인학회 회장 2015년 同명예회장(현) [상]산업포장(2005)

권형석(權炯碩) KWON Hyung Suk

[생]1973·12·20 [주]서울 서초구 방배로46 화천기계(주) 비서실(02-523-7766) [학]2000년 성균관대 경영학과졸 [경]2002년 (주)한국화낙 근무 2004년 화천기계공업(주) 비상근이사 2005년 同해외영업팀 이사 2006년 화천기공(주) 생산관리팀 이사, 同전무이사 2010년 화천기계공업(주) 전무, 티피에스코리아(주) 등기임원 2011년 화천기공(주) 이사(현) 2011년 화천기계(주) 전무 2012년 同부사장 2014년 同대표이사(현)

권형택(權亨澤)

[생]1968·8·27 [주]서울 성동구 천호대로346 서울시도시철도공사 전략사업본부(02-6311-2005) [학]1986년 대구 영진고졸 1992년 서울대 국제경제학과졸 2000년 미국 미시간대 대학원 경영정보과졸 [경]우리은행 근무 2008년 홍콩상하이은행(HSBC) 상무 2009년 C9 AMC 투자운용본부장 2010~2012년 인천시장 특별보좌관 2012~2014년 (주)미단시티개발 부사장 2015년 서울시도시철도공사 전략사업본부장(상임이사)(현)

권호정(權浩政) KWON Ho Jeong

[생]1961·7·6 [본]안동(安東) [출]서울 [주]서울 서대문구 연세로50 연세대학교 생명시스템대학 생명공학과(02-2123-5883) [학]1984년 서울대 농화학과졸 1992년 일본 도쿄대 대학원 생명공학과졸 1995년 생명공학박사(일본 도쿄대) [경]1983~1989년 태평양기술연구원 선임연구원 1986년 일본 이화학연구소 방문연구원 1995~1998년 미국 하버드대 박사후 연구원 1997년 미국 New England Bioscience Society(NEBS) 회장 1998년 미국 조지타운의과대 전임연구원 1999년 세종대 생명공학과 교수 1999년 同생명공학과장 1999년 同생명과학연구소장 2000년 한국미생물·생명공학회 편집간사·편집자 2004년 과학기술부 국가지정연구실(NRL) 화학유전체학 책임연구자 2004년 대한암학회 이사 겸 학술위원 2004~2005년 한국생화학분자생물학회 총무간사 2005~2008년 인간프로테옴국제기구(HUPO) 이사 2005년 한국프로테옴연구기구(KHUPO) 사무총장 2005~2008년 연세대 공과대학 생명공학과 교수 2008년 한국프로

테옴연구기구(KHUPO) 부회장 2008년 연세대 생명시스템대학 생명공학과 교수(현) 2014~2016년 同생명공학과장 [상]한국미생물생명공학회 수라학술상·학술장려상, 대한암학회 우수연구자상, 세종대 우수연구교수상, 과학기술우수논문상 [저]'Chemical Genomics of Anticancer Agents' [역]'암의 시그날요법'

권호진(權虎進) Ho Jin KWON

[생]1965·12·4 [본]안동(安東) [출]서울 [주]서울 마포구 상암산로82 SBS프리즘타워 SBS플러스 드라마본부(02-6938-1242) [학]1984년 휘문고졸 1991년 한국외국어대 러시아어학과졸 1997년 서강대 언론대학원 방송학과 수료 [경]1990~1992년 LG종합상사 전략사업실 근무 1992년 SBS프로덕션 국제사업팀장·영상사업팀장·콘텐츠사업팀장 2009년 SBS CNBC 경영관리부장 2011~2012년 미국 뉴욕컬럼비아대 Visiting Scholar 2012년 SBS Plus 콘텐츠프로모션팀장 2013년 同편성기획팀 부장 2013년 同경영마케팅실 부장 2016년 同드라마본부 부국장(현) [상]문화관광부장관표창 [종]천주교

권홍사(權弘司) KWON Hong Sa

[생]1944·5·27 [출]부산 [주]서울 강남구 테헤란로7길 12 허바허바빌딩12층 (주)반도건설 회장실(02-3011-2798) [학]1967년 부산 동성고졸 1972년 동아대 건축공학과졸 1991년 부산대 경영대학원졸 2000년 경남대 북한대학원 남북경협아카데미 수료 2001년 명예 공학박사(경남대 극동문제연구소) 2006년 명예 경영학박사(러시아 국립극동교통대) [경]1975·1980년 (주)태림주택 설립·회장 1981년 남부산청년회의소 회장 1985년 평통 자문위원 1989년 (주)반도종합건설 회장 1993년 대한주택건설사업협회 부산시지회 회장 1995년 국제장애인협의회 회장 1997년 대한건설협회 부산시지회장 1998년 서울승마협회 회장 1999년 부산은행 사외이사 2003년 민주평통 자문회의 부산시 부의장 2005년 (주)반도건설 회장(현) 2005~2011년 대한건설협회 회장 2005~2010년 대한건설단체총연합회 회장 2005~2010년 한국건설산업연구원 이사장 2005~2010년 건설기술교육원 이사장 2005~2010년 건설공제조합 운영위원장 2005~2010년 건설근로자공제회 운영위원장 2005~2011년 건설경제신문 발행인 2011년 대한건설협회 명예회장(현) [상]대통령표창(1989), 국민훈장 석류장(1990), 부산상공회의소 경영대상(1997), 동탑산업훈장(1997), 대통령표창(2001), 한국경영자대상(2002), 한국마케팅관리학회 마케팅대상(2002), 국민훈장 모란장(2004), 매경골든타워대상(2004), 한경마케팅대상(2005), 대한민국 토목·건축대상(2005), 헤럴드경제 비전2006 건설경영부분 대상(2006), 한경주거문화대상(2006), 금탑산업훈장(2010)

권홍집(權弘集)

[생]1958·2·11 [주]서울 강남구 언주로508 공무원연금공단 서울지부 지부총괄본부(02-560-2105) [학]청주고졸, 단국대 무역학과졸, 서강대 대학원 경영학과졸 [경]2004년 공무원연금관리공단 건설지원팀장(2급) 2005년 同CS경영팀장 2006년 同감사팀장 2007년 同부산지부장(1급) 2008년 同주택사업실장 2010년 국방대 교육파견 2011년 공무원연금공단 총무인사실장 2012년 同시설사업실장 2012년 同대전지부장 2015년 同총무인사실장 2016년 同지부총괄본부장(상임이사)(현)

권효식(權孝植) KWON Hyo Shik

[생]1955·8·25 [출]경북 [주]충북 청주시 서원구 충대로1 충북대학교 사범대학 화학교육과(043-261-2003) [학]1977년 충북대 과학교육학과졸 1979년 고려대 대학원졸 1988년 이학박사(고려대) [경]1979~1982년 해군사관학교 화학과 전임강사 1983년 충북대 사범대학 화학교육과 전임강사·조교수·부교수·교수(현) 1991~1992년 미국 뉴멕시코주립대 Post-Doc. 2003년 충북대 교직부장 2003년 대한화학회 충북지부 간사장 2010~2012년 충북대 사범대학장 2015년 同교무처장(현) 2016년 同교학부총장(현) [저]'일반화학'(1992, 대웅출판사) '최신유기화학'(1998, 도서출판 동화기술) '고등학교 과학의 수준별 학습을 위한 교육자료개발'(2002, 학술진흥재단) [역]'유기화학'(2008, 자유아카데미) '맥머리의 유기화학강의'(2009, 사이플러스) '일반화학 제5판'(2010, 자유아카데미)

권 훈(權 焄) Hoon Kwon

[생]1961·9·10 [주]서울 종로구 율곡로2길25 연합뉴스 편집국 스포츠부(02-398-3114) [학]1980년 서라벌고졸 1984년 세종대 영어영문학과졸 [경]1989년 연합통신 지방국 수습기자(8기) 1989~1998년 同수원지국·경제3부·생활경제부·체육부 기자 1998년 연합뉴스 스포츠레저부 기자 2000년 同스포츠레저부 차장대우 2002년 同스포츠레저부 차장 2006년 同스포츠레저부 부장대우 2008년 同스포츠레저부장 2011년 同국제뉴스1부 기획위원 2011년 同LA특파원(부장급) 2012년 同LA특파원(부국장대우) 2014년 同국제뉴스1부 기획위원(부국장대우) 2014년 同콘텐츠평가실 콘텐츠평가위원(부국장대우) 2015년 同편집국 스포츠부 대기자(부국장대우)(현)

권흥구(權興球) KWUN Heung Gu

[생]1960·11·5 [출]강원 [주]서울 영등포구 국제금융로6길38 한국화재보험협회빌딩 보험개발원 부원장실(02-368-4002) [학]1979년 홍익대사대부고졸 1986년 강원대 경영학과졸 1995년 고려대 의료법학연구과정 수료 2002년 성균관대 대학원 금융보험학과졸 [경]1986~1991년 해동화재해상보험(주) 근무 1992년 보험개발원 입사 1995년 보험감독원 손해보험분쟁조정위원회 전문위원 2005년 보험개발원 기획관리본부장 2006년 同자동보험본부장 2006년 새마을금고 분쟁조정위원 2007년 보험개발원 손해보험본부장 2007~2009년 손해보험상품공시위원회 위원 2009년 보험개발원 기획관리본부장 2011년 同기획관리부문장(상무) 2012년 同자동차보험서비스부문장(상무) 2013년 同부원장(현) [상]금융감독위원장표창(1999), 금융감독원장표창(2000)

권 희(權 熙·女) KWON Hee

[생]1970·1·25 [출]경북 포항 [주]인천 남구 소성로163번길17 인천지방법원(032-860-1113) [학]1988년 포항여고졸 1992년 서울대 사법학과졸 [경]1994년 사법시험 합격(36회) 1997년 사법연수원 수료(26기) 1997년 대구지법 판사 2002년 인천지법 부천지원 판사 2005년 서울중앙지법 판사 2007년 서울남부지법 판사 2008년 서울고법 판사 2010년 서울북부지법 판사 2013년 대전지법 부장판사 2015년 인천지법 부장판사(현)

권희백(權熙栢) KWON Hee Baek

[생]1963·11·14 [출]서울 [주]서울 영등포구 63로50 한화생명보험(주) 임원실(1588-6363) [학]장충고졸, 서강대 경영학과졸, 미국 위스콘신대 메디슨교 대학원 MBA졸 [경]2007년 한화증권(주) 자산운용본부장(상무보) 2011년 同리스크관리본부장 2011년 同기획관리본부장(상무) 2015년 한화생명보험(주) 투자부문장(전무)(현)

권희석(權喜錫) KWEON Hee Seok

[생]1957·7·23 [출]전남 [주]서울 종로구 인사동5길41 (주)하나투어(02-1577-1233) [학]1990년 성균관대 경영대학원 세무학과졸 2003년 세종대 관광최고경영자과정 수료 2012년 경희대 대학원 호텔경영학 박사과정 재학中 [경]1990~1996년 (주)서울마케팅서비스(SMS) 상무이사 1996년 (주)하나투어 공동창업 2008~2011년 同대표이사 2012년 同부회장 2012년 하나투어ITC 대표이사 회장(현) 2012년 센터마크호텔 공동대표이사(현) 2015년 (주)에스엠이즈듀티프리 대표이사(현) 2016년 (주)하나투어 수석부회장(현) [상]2011 자랑스러운 성균경영인(2011), 기획재정부장관표창(2011)

권희석(權熙石) Kwon Hee-seog

[생]1963·11·5 [출]부산 [주]서울 종로구 사직로8길60 외교부 아프리카중동국(02-2100-7473) [학]부산 동인고졸 1986년 서울대 영문학과졸 [경]1986년 외무고시 합격(20회) 1986년 외무부 입부 1993년 소말리아 유엔평화유지단 파견(정무관) 1995년 舊유고지역 유엔평화유지단 파견(정무관) 1997년 駐유엔 1등서기관 1999년 駐레바논 1등서기관 2004년 외교통상부 군축비확산과장 2006년 駐오스트리아 참사관 2009~2010년 미국 몬터레이국제문제연구소 객원연구원 2010년 駐아프가니스탄 지방재건팀(PRT) 대표 2011년 駐스페인 공사 2014년 외교부 아프리카중동국장(현)

권희영(權熙英) Kwon, Hee-Young

[생]1956·4·3 [본]안동(安東) [출]서울 [주]경기 성남시 분당구 하오개로323 한국학중앙연구원 한국학대학원 인문학부(031-781-2162) [학]1978년 서울대 국사학과졸 1983년 프랑스 파리제7대 대학원 역사학과졸 1988년 역사학박사(프랑스 파리사회과학고등연구원) [경]1978~1982년 해군 제2사관학교 교관·전임강사 1989~2005년 한국정신문화연구원 조교수·부교수·교수 1993년 同기획조정실장 1999~2001년 同장서각 소장 1999년 라깡과현대정신분석학회 편집위원 2001년 한국민족운동사학회 편집위원 2001~2002

년 프랑스 Universite de Rouen 객원교수 2003~2005년 한국정신문화연구원 연구처장 2005년 한국학중앙연구원 한국학대학원 인문학부 교수(현) 2007년 同기획처장 2010~2012년 同한국학진흥사업단장 2011~2013년 한국현대사학회 초대회장 2014~2015년 한국학중앙연구원 한국학대학원장 2016년 同한국학융합연구센터 소장(현) (저)'한인사회주의 운동연구' '해외의 한인 희생과 보훈문화' '한국사와 정신분석' '한국사의 근대성 연구' '세계의 한민족 : 독립국가연합'(1996) '한인 사회주의운동연구'(1999, 국학자료원) '한국과 러시아 : 관계와 변화'(1999, 국학자료원) (종)기독교

권희원(權喜遠) Havis Kwon

(생)1955·1·31 (출)충남 논산 (주)경기 용인시 기흥구 마북로207 LIG넥스원(1644-2005) (학)1974년 경성고졸 1981년 고려대 전자공학과졸 (경)1980년 금성사 입사 2000년 LG전자 PC OBU생산담당 상무 2002년 同DDM사업본부 DID사업부장(상무) 2005년 同디스플레이사업부장 및 연구소장(부사장) 2007년 同LCDTV사업부장(부사장) 2010년 同HE사업본부장(부사장) 2011년 同HE사업본부장(사장) 2014년 同고문 2016년 LIG넥스원 CTO(사장)(현)

권희태(權熙泰) Kwun Hee Tae

(생)1954·1·21 (본)안동(安東) (출)대전 (주)충남 아산시 탕정면 선문로221번길70 선문대학교 부총장실(041-530-2114) (학)1972년 충남고졸 1986년 한남대 경영학과졸 2003년 국방대 국방관리학과졸(석사) 2014년 행정학박사(배재대) (경)2004년 충청남도 기획관리실 혁신분석담당관(서기관) 2007년 금산군 부군수 2007년 충청남도 감사관 2008년 同서해안유류사고대책지원총괄본부장(부이사관) 2009년 안면도국제꽃박람회 조직위원회 사무총장 2009년 충청남도 경제산업국장 2011년 同경제통상실장 2011년 同자치행정국장 2011~2013년 同정무부지사 2013년 선문대 부총장(현)

금기현(琴寄鉉) KUM Ki Hyun

(생)1958·5·28 (출)대구 (주)서울 서초구 서초대로45길16 VR빌딩305호 (재)한국청년기업가정신재단(02-2156-2280) (학)1983년 경상대 경영학과졸 1999년 성균관대 언론정보대학원졸 (경)1993년 전자신문 유통부 차장 1994년 同가전산업부 차장 1996년 同유통부장 1999년 同컴퓨터산업부장 2001년 同IT산업부장 2002년 同논설위원 2003년 同정보사업국장 직대 2003년 同편집국장 2006년 同경영지원실장 2007~2011년 同대표이사 전무·사장 2007~2011년 同편집인·인쇄인 겸임 2008년 한국디지털미디어산업협회 감사 2009년 (주)아이디스홀딩스 사외이사(현) 2011년 (재)한국청년기업가정신재단 사무총장 겸 상임이사(현) 2011~2012년 숙명여대 겸임교수 2012~2014년 인천정보산업진흥원 이사 (상)국무총리표창(2001), 산업포장(2007), 경상대 '2012 개척언론인상'(2012) (역)'인사이드 인텔' (종)기독교

금기형(琴基衡) Kum Ki Hyung

(생)1960 (출)충북 옥천 (주)세종특별자치시 갈매로388 문화체육관광부 홍보정책관실(044-203-2903) (학)영국 런던정경대(LSE) 대학원 수료 (경)2004년 문화관광부 관광국 관광정책과 서기관 2007년 同정책홍보관리실 정책홍보팀장 2008년 문화체육관광부 대변인실 홍보담당관 2008년 同홍보지원국 홍보콘텐츠개발과장 2009년 同뉴미디어홍보과장 2012년 同아시아문화중심도시추진단 문화도시정책과장 2013년 同문화콘텐츠산업실 저작권정책과장 2014·2015광주하계유니버시아드대회조직위원회 경기본부장(파견) 2015년 문화체육관광부 문화예술정책실 문화정책관실 국제문화과장 2016년 同국민소통실 홍보정책관(고위공무원)(현)

금난새(金난새) GUM Nanse

(생)1947·9·25 (출)부산 (주)서울 서초구 남부순환로325길9 DS홀6층 뉴월드필하모닉오케스트(02-3473-8744) (학)1966년 서울예고졸 1970년 서울대 음대 작곡과졸 1979년 독일 베를린국립예술대 지휘과 수료 2008년 명예 철학박사(계명대) (경)1965년 서울대 음대주최 콩쿨 작곡부문 입상 1970년 미국 공보원 Award of Merit 1977년 제5회 카라얀 국제콩쿨(지휘자) 입상 1977년 난파상 수상 1980년 국립교향악단 지휘자 1981년 KBS교향악단 지휘자 1992~1999년 수원시립교향악단 상임지휘자 1992년 한국예술종합학교 음악원 지휘과 객원교수 1992년 독일 챔버오케스트 상임지휘자 1997~2015년 유라시안필하모닉오케스트라 음악감독 겸 지휘자 1999년 경희대 음악대학 기악과 교수 2001년 청주시립교향악단 지휘자 2002년 CJ그룹과 오케스트라후원계약 체결 2004

년 유라시안코퍼레이션 CEO(현) 2002년 한국기업메세나협의회 홍보대사 2006~2010년 경기필하모닉오케스트라 예술감독 2008년 (주)S&T홀딩스 사외이사 2008년 계명대 총장 특보 2010년 결핵퇴치를위한희망메시지캠페인 홍보대사 2010년 인천시립교향악단 예술감독 2011년 제주특별자치도 홍보대사 2011년 RCY(Red Cross youth) 홍보대사·부회장 2012년 창원대 석좌교수 2012·2014인천아시아경기대회 개·폐회식 자문위원 2013년 서울예술고 교장(현) 2015년 성남시립교향악단 예술감독 겸 상임지휘자(현) 2015년 한경필하모닉오케스트라 음악감독(현) 2015년 뉴월드필하모닉오케스트라 음악감독 겸 지휘자(현) 2016년 포항시립교향악단 명예지휘자(현) (상)옥관문화훈장, 올해의음악가 대상, 창조경영대상 문화경영문화인부문(2009), 제2회 공연예술경영영상 대상(2009), 효령상 문화부문(2010), 세종문화상 예술부문(2011) (저)'나는 작은새 금난새'(1996) '금난새와 떠나는 클래식 여행'(2003) (작)레코딩 '비제-셰드린의 칼멘 조곡' '생상·동물의 사육제와 피터와 늑대' '모차르트 교향곡39번' '차이코프스키 교향곡5번' '쇼스타코비치 협주곡' '베토벤 교향곡1번'

금노상 Geum Nosang

(생)1953·4·29 (출)서울 (주)경기 안성시 대덕면 서동대로4726 중앙대학교 예술대학(031-670-3316) (학)1972년 서울예고졸 1977년 한양대 음악대학졸 1986년 오스트리아 빈국립음악원 지휘과졸 (경)1989~1994년 광주시립교향악단 상임지휘자 1994~2004년 인천시립교향악단 음악감독 겸 상임지휘자 1995년 중앙대 음악대학 관현악과 교수, 同예술대학 음악학부 관현악전공 교수(현) 2006~2007년 광주시립교향악단 단장 겸 상임지휘자 2011~2015년 대전시립교향악단 예술감독 겸 상임지휘자

금덕희(琴悳喜·女)

(생)1963·3·31 (출)충남 금산 (주)인천 남구 소성로163번길17 인천지방법원(032-860-1113) (학)1982년 대전 호수돈여고졸 1986년 이화여대 법학과졸 (경)1986년 사법시험 합격(28회) 1989년 사법연수원 수료(19기) 1989년 대전지법 판사 1992년 同천안지원 판사 1994년 부산지법 판사 1998년 인천지법 판사 2001년 대전고법 판사 2004년 대전지법 부장판사 2007년 청주지법 부장판사 2009년 대전지법 부장판사 2013년 청주지법 영동지원장 2015년 인천지법 부장판사(현)

금동화(琴同和) KUM Dong Wha

(생)1951·12·15 (출)충북 옥천 (주)서울 성북구 화랑로14길5 한국과학기술연구원 미래융합기술연구본부 물질구조제어연구센터(02-958-5455) (학)1973년 서울대 금속공학과졸 1983년 공학박사(미국 스탠퍼드대) (경)1975~1978년 GM Korea 근무 1984년 미국 Stanford Univ. Post-Doc. 1984년 한국과학기술연구원(KIST) 재료연구부 책임연구원 1999~2001년 한국과학기술기획평가원 연구기획관리단장 2002~2004년 한국과학기술연구원(KIST) 부원장 2005·2010년 국가과학기술위원회 민간위원 2005년 한국전자현미경학회 회장 2006~2009년 한국과학기술연구원(KIST) 원장 2008년 대한금속·재료학회 회장 2011년 한국공학한림원 수석부회장 2011~2014년 한국과학기술연구원 계면제어연구센터 책임연구원 2015년 同미래융합기술연구본부 물질구조제어연구센터 책임연구원(현) (상)국무총리표창, 공군참모총장 표창, 대한금속·재료학회 서정상

금병찬(琴秉贊)

(생)1957·12·19 (출)경북 칠곡 (주)경기 수원시 장안구 정조로944 새누리당 경기도당(031-348-1011) (학)2005년 서울대 공과대학 최고산업전략과정 수료 2011년 경영학박사(한양대) (경)1996년 우진폼테크 대표이사 2007~2009년 한나라당 여의도연구소 정책자문위원회 위원 2009~2011년 민주평통 상임위원, 군포발전전략연구소장(현) 2014년 새누리당 부대변인 2016년 새누리당 경기군포시乙당원협의회 운영위원장(현) (종)기독교

금용한 Keum, Young-Han

(생)1957·10·13 (주)세종특별자치시 갈매로408 교육부 학교정책실(044-203-6200) (학)안동교대졸, 영남대 교육대학원졸 (경)1979년 초교 교사 1999년 경상북도교육과학연구원 교육연구사 2008년 교육과학기술부 기획담당관실 영어교육강화추진단 장학관 2009년 同인재정책실 글로벌인재육성과 영어교육강화팀장 2010년 미국 LA한국교육원 원장(파견) 2013년 교육부 교육정책실 방과후학교지원과장 2015년 세종특별자치시교육청 교육정책국장 2016년 교육부 학교정책실장 겸 역사교육정상화추진단장(현) (상)대통령표창(2009)

금재호(琴在昊) Keum, Jaeho

[생]1956·9·15 [본]봉화(奉化) [출]강원 태백 [주]충남 천안시 동남구 병천면 충절로1600 한국기술교육대학교 테크노인력개발전문대학원(041-560-1404) [학]1973년 서울 경성고졸 1979년 연세대 경제학과졸 1982년 同대학원 경제학과졸 1992년 경제학박사(미국 미네소타대) [경]1993~1995년 대우경제연구소 경영전략연구본부 연구위원 1995년 한국노동연구원 고용보험연구센터 부연구위원·연구위원 2003~2014년 同선임연구위원 2004~2005년 同노동보험연구센터 소장 2004~2006년 한국노동경제학회 이사 2005~2008년 한국노동연구원 연구관리본부장 2005~2008년 한국경제연구학회 편집위원 2006년 바른정책연구원(BPI) 경제포럼 위원 2007년 한나라당 일류국가비전위원회 노동분과 위원 2008년 제17대 대통령직인수위원회 자문위원 2009년 한국노동연구원 고성과작업장혁신센터 소장 2012~2014년 한국노동경제학회 부회장 2013~2015년 노사정위원회 일가정양립을위한일자리위원회 공익간사 2014년 한국기술교육대 테크노인력개발전문대학원 교수(현) 2014~2016년 한국국제경제학회 이사 2014년 국민대통합위원회 갈등관리포럼 위원 2014~2015년 사회보장위원회 미래전략소위원회 위원 2014년 고용보험위원회 위원 2014년 한국노동경제학회 수석부회장 2015~2016년 同회장 2015~2016년 노사정위원회 노동시장개혁특별위원회 위원 2016년 산업통상자원부 기업활력제고를위한특별법(기활법)관련 사업재편계획심의위원회 민간위원(현) [상]국민포장(2009), 옥조근정훈장(2016) [저]'한국화폐의 수요함수의 추정과 구조적 변동'(1993) '한국 가구 경제활동 연구II'(1995) '조기 퇴직자들의 이직행태 연구'(1998) '실업구조의 변화와 정책과제'(2001) '노동시장의 유연 안정성 제고방안'(2004) '거시경제정책의 고용효과'(2005) '한국인의 경제활동' 'Dynamic Search of Non-Employed Individuals' '미취업자의 직장탐색활동' '자영업 노동시장연구(1)'(2009) '외환위기 이후 여성노동시장의 변화와 정책과제'(2011) '성장의 고용효과 제고를 위한 경제정책'(2011)

금종수(琴宗洙) KEUM Jong Su

[생]1960·8·23 [주]전남 목포시 해양대학로91 목포해양대학교 해사대학 국제해사수송과학부(061-240-7166) [학]1982년 한국해양대 항해학과졸 1985년 同대학원졸 1997년 공학박사(한국해양대) [경]1990년 한국항만연수원 교수 1997년 목포해양대 해사대학 국제해사수송과학부 교수(현) 2002년 미국 로드아일랜드대 객원교수 2002년 한국항만운송노동연구원 연구위원 2005년 목포해양대 해상운송시스템학부장 2007년 同산학협력처장 2015년 同해사대학장(현) [저]'해상교통관리론'(1997, 세종출판사) '물류정보시스템'(1999, 효성출판사) '항만관리론'(2003, 해인출판사) '선박모의 운항'(2003, 다솜출판사) '항만국통제 실무론'(2005, 다솜출판사) '선박화물운송론'(2006, 하마출판사)

금종해(琴鍾海) KEUM Jong Hae (水岩)

[생]1957·4·5 [본]봉화(奉化) [출]강원 원주 [주]서울 동대문구 회기로85 고등과학원 수학부(02-958-3712) [학]1976년 우석고졸 1980년 서울대 수학과졸 1982년 同대학원 수학과졸 1988년 이학박사(미국 미시간대) [경]1988~1991년 미국 유타대 조교수 1991~1995년 건국대 수학교육과 조교수·부교수 1993년 미국 캘리포니아대 버클리교 MSRI 초빙연구원 1995~2000년 건국대 수학과 부교수·교수, 同수학과 학과장 1996년 미국 미시간대 초빙교수 1998년 일본 나고야대 초청교수 2000년 영국 워릭대(Univ. of Warwick) 초빙교수 겸 Royal Society Fellow 2000년 제41회 국제수학올림피아드 채점단장 2000년 고등과학원 수학부 교수(현) 2004년 일본 홋카이도대 COE초빙교수 2005~2007년 고등과학원 교수부장 2007년 교육인적자원부 및 한국학술진흥재단 '국가석학(우수학자)' 선정 2010년 고등과학원(KIAS) 부원장 2013~2016년 同원장 [상]건국학술대상(1997), 한국과학기술단체총연합회 과학기술우수논문상(1998), 과학기술부 이달의 과학기술자상(2006), 과학기술부 및 한국과학재단 선정 제11회 한국과학상(2008), 대한수학회 학술상(2013) [저]'선형대수학'(1994) '고등학교 수학교과서'(1996) '중학교 수학교과서'(2000) 'Algebraic Geometry, Contemporary Mathematics'(2007) [역]'미분적분학'(1997)

금진호(琴震鎬) KUM Jin Ho (南薰)

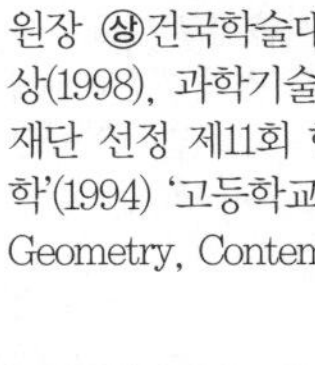

[생]1932·1·20 [본]봉화(奉化) [출]경북 영주 [주]서울 서초구 법원로3길20의7 텔코경영연구원(02-508-5811) [학]1950년 대륜고졸 1958년 서울대 법대졸 1964년 同행정대학원졸 1965년 미국 서던캘리포니아대 대학원 수료 1991년 명예 법학박사(미국 알래스카주립대) [경]1951~1956년 육군 장교(대위 예편) 1962~1970년 총무처 관리과장·의정과장·총무과장 1970년 同행정관리국장 1973~1978년 상공부 중소기업국장·섬유공업국장·공업기획국장·광무국장 1978년 동력자원부 석탄국장 1979년 특허청 항고심판소장 1980년 상공부 기획관리실장 1980년 국가보위비상대책위원회 상공분과위원장 1980년 국무총리 비서실장 1981년 상공부 차관 1983~1986년 同장관 1986년 일해재단 초빙연구위원 1987년 한국소비자보호원 원장 1988~1993년 한국무역협회 고문 1988년 국제퇴계학회 회장 1988년 同이사장 1989~2012년 국제무역경영연구원 회장 1991년 한·호재단 이사장 1992년 제14대 국회의원(영주·영풍, 민자당·신한국당) 1999년 항소장학문화재단 이사장(현) 2012년 텔코경영연구원 회장(현) [상]홍조·청조근정훈장, 보국훈장 국선장, 로열포라스타 스웨덴훈장, 벨지움 대십자훈장, APO특별상, 제21회 자랑스러운 서울법대인 선정(2013) [저]'회의진행법' [종]기독교

금창섭(琴昌燮) KEUM Chang Sup

[생]1970·10·20 [본]봉화(奉化) [출]경북 봉화 [주]세종특별자치시 도움5로20 법제처 창조행정인사담당관실(044-200-6551) [학]1996년 충북대 영어영문학과졸 [경]1999년 행정고시 합격(43회) 2007년 법제처 차장실 서기관 2007년 同법령해석관리단 행정법령해석팀 서기관 2008년 同총무과 서기관 2008년 同운영지원과 서기관 2009년 同법령해석정보국 경제법령해석과 서기관 2011년 同법제지원단 법제관 2011년 同사회문화경제법제국 법제관 2012년 同기획조정관실 행정관리교육담당관 2012년 同법령해석정보국 법제교육팀장 2013년 한국개발연구원 파견(과장급) 2015년 법제처 행정법제국 법제관 2016년 同기획조정관실 창조행정인사담당관(현)

금창태(琴昌泰) KEUM Chang Tae

[생]1938·8·10 [본]봉화(奉化) [출]경북 안동 [주]서울 용산구 한강대로393 동산빌딩 한국자원봉사포럼(02-737-1083) [학]1957년 안동고졸 1963년 고려대 정치외교학과졸 [경]1965년 중앙일보 입사 1976년 同사회부 차장 1977년 同논설위원 1980년 同사회부장 1982년 同사회부장 겸 편집부국장 1985년 同편집국장 직대 1988년 同판매담당 이사대우 1989년 同출판제작담당 이사 1993년 同기술제작본부장 1993~1996년 경찰위원회 위원 1994년 중앙일보 신문본부장·상무이사·편집인 1995년 同전무이사·편집인 1997~1999년 同부사장·편집인 1997년 한국신문편집인협회 보도자유위원장 1997년 공연윤리위원회 전문심의위원 1998~2005년 고려대 언론인교우회 회장 1999년 중앙일보 상임고문 1999~2001년 同대표이사 사장·발행인 2000~2004년 세계청년봉사단 총재 2000년 한국신문협회 부회장 2001년 중앙일보 부회장 2001년 駐韓우크라이나 명예영사 2002~2003년 중앙일보 고문 2002~2003년 세종대 언론문화대학원 교수 2002년 한국자원봉사포럼 회장 2003~2007년 시사저널 대표이사 2003년 세종대 언론홍보대학원 겸임교수 2007년 서울미디어그룹 부회장 2008년 한국자원봉사포럼 고문(현) 2008~2010년 한국인체조직기증지원본부 이사장 [상]서울시 문화상, 국민훈장 동백장 [종]불교

금춘수(琴春洙) KEUM Choon Soo

[생]1953·9·1 [출]경북 안동 [주]서울 중구 청계천로86 한화그룹 경영기획실(02-316-7032) [학]1971년 대구 계성고졸 1978년 서울대 상과대학 무역학과졸 [경]1978년 (주)한화 무역부문 입사 1980~1983년 同LA지사 파견 1983년 한화그룹 경영지원팀 근무 1987년 (주)한화 수입개발사업팀장 1988년 同부산지점장 1995년 한화유럽법인(Hanwha Europe Corp.) 대표(상무) 2000~2002년 한화그룹 유럽본부장 겸임 2002년 同구조조정본부 경영지원팀장(상무) 2004년 대한생명보험 경영지원실장(전무) 2005년 同경영지원실장(부사장) 2007년 한화그룹 경영기획실장(부사장) 2008년 同경영기획실장(사장) 2011년 同고문 2011년 한화차이나 최고경영자(CEO) 2014년 同고문 2014년 한화그룹 경영기획실장(사장) 2016년 同경영기획실장(부회장)(현)

금태섭(琴泰燮) KEUM Tae Sup

[생]1967·9·29 [출]서울 [주]서울 영등포구 의사당대로1 국회 의원회관933호(02-784-9761) [학]1986년 여의도고졸 1991년 서울대 공법학과졸 2001년 미국 코넬대 법과대학원 LL.M. 2011년 서울대 대학원 법학 박사과정 수료 [경]1992년 사법시험 합격(34회) 1995년 사법연수원 수료(24기) 1995년 서울지검 동부지청 검사 1997년 창원지검 통영지청 검사 1999년 울산지검 검사 2002년 인천지검 검사 2004년 대검찰청 검찰연구관 2006~2007년 서울중앙지검 검사 2007년 변호사 개업 2008년 법무법인 퍼스트 대표변호사 2009~2012년 법무법인 지평지성 변호사 2012년 무소속 안철수 대통령후보 상황실장 2012~2016년 법무법인 공존 변호사 2013년 국민과함께하는새정치추진위원회 대변인 2014년 민주당·새정치연합 신당추진단 공동대변인 2014년 새정치민주연합 대변인 2016년 더불어민주당 인재영입위원회 부위원장 2016년 同서울강서구甲지역위원회 위원장(현) 2016년 제20대 국회의원(서울 강서구甲, 더불어

민주당)(현) 2016년 더불어민주당 정책위원회 부의장 2016년 同청년일자리TF 위원(현) 2016년 同민주주의회복TF 위원(현) 2016년 국회 법제사법위원회 위원(현) 2016년 국회 여성가족위원회 위원(현) 2016년 국회 예산결산특별위원회 위원(현) 2016년 국회 가습기살균제사고진상규명과피해구제 및 재발방지대책마련을위한국정조사특별위원회 위원(현) 2016년 국회 저출산·고령화대책특별위원회 위원(현) 2016년 더불어민주당 대변인(현) [상]대한민국의정대상(2016) [저]'화(共)'(2009) '이기는 야당을 갖고 싶다'(2015, 푸른숲)

금한태(琴漢台) KEUM Han Tae

[생]1961·3·9 [출]서울 [주]서울 서초구 법원로3길20의7 텔코웨어(주) 대표이사실(02-2105-9810) [학]1980년 경신고졸 1985년 서강대 경제학과졸 1988년 미국 루이빌대 대학원 경제학과 수료 [경]1989~1994년 동부그룹 종합조정실 재무관리차장 1994~1996년 同LA지사 지사관리부장 1997~1999년 TRIMARK(미국 LA소재) 사장 2000년 텔코웨어(주) 대표이사(현)

금희연(琴喜淵) KEUM Hie Yeon

[생]1953·11·28 [본]봉화(奉化) [출]경북 영양 [주]서울 동대문구 서울시립대로163 서울시립대학교 국제관계학과(02-6490-2040) [학]1973년 동성고졸 1980년 연세대 정치외교학과졸 1984년 대만 국립정치대 대학원졸 1992년 정치학박사(미국 마이애미대) [경]1992~1994년 현대경제사회연구소 연구위원 1995년 기산기술경제연구소장(이사) 1996년 서울시립대 국제관계학과 교수(현) 2005년 同국제교육원장 2007년 同법정대학장 겸 법률행정연구소장 2007~2009년 同법정대학장 2007년 同공공정책및국제문제연구소장 [저]'중국인의 라이프스타일' '중국인의 상관습과 협상요령' [역]'현대중국 정치론'

기동민(奇東旻) KI DONGMIN

[생]1966·2·23 [출]전남 장성 [주]서울 영등포구 의사당대로1 국회 의원회관921호(02-784-3181) [학]1984년 광주인성고졸 1992년 성균관대 신문방송학과졸 2003년 同언론정보대학원 커뮤니케이션학과졸 [경]1991년 성균관대 총학생회장 1998~1999년 서울시 정무부시장(신계륜) 비서 2000~2002년 이재정 국회의원 보좌관 2002~2003년 대통령 정무수석비서관실 보좌관 2004~2005년 보건복지부 장관(김근태) 정책보좌관 2005~2008년 김근태 국회의원 보좌관 2008년 한반도재단 기획위원장 2010~2011년 민주당 박지원 원내대표 특별보좌관(2급 정책연구위원) 2011년 민주당 정책위원회 부의장 2011년 박원순 서울시장후보 비서실장 2011년 서울시장 정무수석비서관 2012~2014년 서울시 정무부시장 2014년 서울시립대 초빙교수, 성균관대 초빙교수 2015년 새정치민주연합 전략홍보본부 부본부장 2016년 제20대 국회의원(서울 성북구乙, 더불어민주당)(현) 2016년 더불어민주당 원내대변인(현) 2016년 국회 운영위원회 위원(현) 2016년 국회 보건복지위원회 위원(현) 2016년 국회 남북관계개선특별위원회 위원(현) 2016년 더불어민주당 서울성북구乙지역위원회 위원장(현)

기동호(奇東浩) KEE Dong Ho

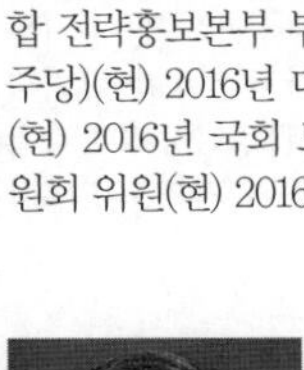

[생]1959·9·23 [출]대구 [주]서울 영등포구 여의나루로57 신송센터빌딩12층 코리아에셋투자증권 사장실(02-550-6200) [학]대륜고졸, 한국외국어대 무역학과졸 [경]1997년 하나은행 광명지점장 2000년 부국증권 상무 2007년 同IB사업본부장(전무) 2010~2012년 同IB사업본부장(부사장) 2013년 코리아에셋투자증권 대표이사 사장(현) [종]기독교

기보배(奇甫倍·女) KI Bobae

[생]1988·2·20 [주]광주 서구 내방로111 광주광역시청 양궁단(062-613-3521) [학]성문고졸, 광주여대 초등교육과졸, 同대학원 재학 중 [경]2010년 국제양궁연맹(FITA) 월드컵3차대회 여자개인전 은메달 2010년 국제양궁연맹(FITA) 월드컵4차대회 여자개인전 금메달 2010년 국제양궁연맹(FITA) 월드컵 파이널 여자개인전 결승3위 2010년 제16회 광저우아시안게임 여자단체전 금메달 2011년 광주시청 양궁단 소속(현) 2011년 국제양궁연맹(FITA) 월드컵2차대회 여자부 개인전 은메달·단체전 금메달 2011년 세계양궁선수권대회 여자단체전 동메달 2011년 제26회 하계유니버시아드대회 양궁 리커브혼성팀 금메달·리커브개인전 금메달·단체전 금메달 2011년 프레올림픽 여자단체전 금메달·개인전 동메달 2012년 국제양궁연맹(FITA) 월드컵2차대회 여자단체전 금메달 2012년 제30회 런던올림픽 양궁 여자단체전 금메달·여자개인전 금메달(2관왕) 2012년 2015 광주하계유니버시아드 홍보대사 2012년 국제양궁연맹(FITA) 월드컵파이널 여자부 금메달 2013년 세계양궁선수권대회 리커브 여자단체전 금메달·혼성경기 금메달(2관왕) 2014년 KBS 인천아시안게임 양궁 해설위원 2015년 터키 안탈리아 세계양궁연맹(WA) 월드컵2차대회 리커브 여자개인전 은메달·여자단체전 은메달 2015년 광주 하계유니버시아드 여자양궁리커브 70m예선 686점(세계신기록) 2015년 광주 하계유니버시아드 양궁 리커브 혼성전 금메달·여자양궁리커브 개인전 금메달·여자양궁리커브 단체전 은메달 2015년 세계양궁연맹(WA) 세계선수권대회 리커브 여자개인전 금메달·혼성팀전 금메달·여자단체전 동메달 2015년 브라질 리우데자네이루올림픽 양궁테스트이벤트(프레올림픽) 여자단체전 금메달 2015년 제96회 전국체육대회 여자 일반부 60m·70m 금메달(2관왕) 2016년 콜롬비아 메데인 세계양궁연맹(WA) 월드컵2차대회 리커브 여자단체전 우승 2016년 터키 안탈리아 현대 양궁월드컵3차대회 리커브 여자단체전 금메달 2016년 제31회 리우데자네이루올림픽 여자양궁 단체전 금메달·개인전 동메달 [상]한국페어플레이상 남녀단체부문(2011), 대한체육회 체육상 경기부문 장려상(2012), 대한양궁협회 일반부 우수선수상(2012), 최우수 양궁선수(2013), 제25회 윤곡여성체육대상(2013)

기성용(基誠庸) Ki, Sung Yueng

[생]1989·1·24 [출]광주 [학]2006년 금호고졸, 순천청암대졸 2011년 경기대 사회체육학과 입학·재학 중 [경]2004년 U-16 청소년 국가대표 2006년 일본 SBS컵국제친선대회 U-19 청소년 국가대표 2006년 부산컵국제청소년대회 국가대표 2006년 AFC 아시아청소년선수권대회 국가대표 2006~2009년 FC서울 소속(미드필더) 2007년 U-20 청소년 국가대표 2008년 베이징올림픽 국가대표 2009년 서울시도시철도공사 홍보대사 2009~2012년 스코틀랜드 셀틱FC 소속(미드필더) 2010년 옥스팜 홍보대사 2010년 남아공월드컵 국가대표 2010년 광주FC 홍보대사 2010년 AFC 아시안컵 국가대표 2012년 2013순천만국제정원박람회 홍보대사 2012년 런던올림픽 국가대표 2012년 영국 프리미어리그 스완지시티 AFC 입단(미드필더)(현) 2013~2014년 영국 선덜랜드 AFC 임대 2014년 브라질월드컵 국가대표 2014년 광양만권경제자유구역청 명예홍보대사 2015년 AFC 아시안컵 국가대표(준우승) [상]차범근 축구대상(2001), U-16 청소년대표 도요타컵 MVP(2004), 조선일보제정 2008원저어워즈 한국축구대상 베스트11(2008), 아시아축구연맹(AFC) 올해의 청소년선수상(2009), 쏘나타 K리그 대상 미드필더부문 베스트11(2009), SPL 10월의 영플레이어상(2010), 대한축구협회 올해의 선수상(2011), 골닷컴선정 2012런던올림픽 베스트11(2012), 대한축구협회 올해의 선수상(2012), AFC 호주아시안컵 베스트 11 수비형 미드필더부문(2015), 스완지시티 팬투표 선정 '올해의 선수'(2015), 영국 축구전문지 포포투 선정 '아시아 최고의 축구선수' 3위(2016)

기세민(奇世民)

[생]1962·9·24 [출]광주 [주]광주 남구 대남대로185 한국언론진흥재단 광주지사(062-653-2329) [학]1986년 전남대 신문방송학과졸 [경]2001년 광주타임스 정치경제부 부장대우 2002년 同정치부장 2003년 同경제부장 2004년 同문화체육부장 2005년 同사회부장 2006년 남도일보 사회부장 2006년 同정치부장 2006년 同정치부장(부국장대우) 2007년 한나라당 이명박 대통령후보 언론특보 2009년 신문유통원 경영기획실장 2010년 한국언론진흥재단 유통사업국장 2013년 同유통사업국 기획위원 2014년 同유통지원팀장 2015년 同언론인복지지원단장 2016년 同광주지사장(현)

기영덕(奇永德) KI Young Dug

[생]1954·11·22 [출]광주 [주]서울 서초구 서초중앙로85 가산빌딩 광동제약(주) 임원실(02-6006-7200) [학]광주살레시오고졸, 전남대졸 [경](주)종근당 영업본부 병원팀장, 同국내사업본부 병원본부담당 이사, 同병원담당 상무, 同항암제사업본부장(상무) 2005년 경보약품(주) 전무이사 2006년 (주)종근당 전무이사 2008년 광동제약(주) 에치칼영업부문 부사장(현) [종]기독교

기영석(奇英錫) KHI Young Seok

[생]1955·6·23 [출]경북 [주]대전 서구 도안북로88 목원대학교 사회과학대학 행정학과(042-829-7814) [학]1978년 중앙대 행정학과졸 1982년 서울대 행정대학원졸 1991년 행정학박사(중앙대) [경]1984~1992년 한국방송통신대·대구대·대전대·계명대·중앙대 강사 1985년 목원대 사회과학대학 행정학과 강사·조교수·부교수·교수(현) 1992~1995년 국제특허연수원 강사 1995년 충남도공무원교육원 강사 1997년 미국 Virginia Tech. 교환교수 1998~2002년 목원대 언론사 주간 1999~2002년 한국지역정보화학회 총무이사 2000~2002년 서울행정학회 정보화특별위원장 2001~2002년 한국행정학회 학술정보위원장 2003~2005년 목원대 교수협의회 회장

2003~2005년 대전지역혁신연구회 회장 2004~2005년 한국공공행정학회 회장 2004~2006년 충남혁신분권연구단 단장 2005년 정부혁신지방분권위원회 전문위원 2005~2006년 목원대 기획처장 2005년 同산학협력단장 2010~2012년 한국공공관리학회 회장 2013~2014년 목원대 사회과학대학장 2014년 同대학원장·산업정보언론대학원장·언론광고홍보대학원장 겸임(현) [저]'과학기술혁신을 위한 지방자치단체의 역할'(1995)

기영옥(奇永玉) KEE YEONG OK

[생]1957·12·23 [본]행주(幸州) [출]광주 [주]광주 서구 금화로240 광주월드컵경기장內2층 광주FC(062-373-7733) [학]1977년 광주 금호고졸 1981년 전남대 체육교육학과졸 [경]경성중·금호고·전남대·국민은행 축구선수 활동 1983년 금호고 체육교사 겸 축구감독 1986년 일본SBS컵 국제축구대회 한국대표팀 감독 1995년 광양제철고 체육교사 겸 축구감독 1997년 17세 청소년국가대표팀 감독 1998년 대한축구협회 기술위원 1992년 한국중·고축구연맹 이사 2002년 전남도축구협회 전무이사 2006~2008년 同부회장 2009년 광주시축구협회 회장 2015년 광주FC 단장(현) [상]전라남도 최우선수상(1977), 청룡기고교축구대회 최우수지도자상(1985), 체육부장관기 고교축구대회 최우수지도자상(1986·1987), 대한축구협회 공로패(1989), 전국시도대항전국고교축구대회 최우수지도자상(1991), 체육부장관표창(1992), 백록기고교축구대회최 우수지도자상(1994), 문화체육관광부장관배 고교축구대회 최우수지도자상(1997), KBS 중·고연맹전 최우수지도자상(1998), 문화관광부장관표창(1998), 전국체전 전라남도 최우수지도자상(1999), 백운기우수고교대회 최우수지도자상(2000·2001), FBS배일본고교챔피언대회 최우수지도자상(2001), 대통령금배고교축구대회 최우수지도자상(2002), 문화체육관광부장관표창(2009), 한국지역발전대상 체육부문(2015)

기영화(奇永花·女) Ki Yeonghwa

[생]1963 [주]서울 서초구 남부순환로2557 국가평생교육진흥원 원장실(02-3780-9802) [학]1985년 이화여대 행정학과졸 1987년 同대학원 행정학과졸 1993년 교육학박사(미국 텍사스주립대 오스틴교) [경]1993년 미국 텍사스주립대 오스틴교 Post-Doc. 1995~1998년 한국지역사회교육협의회 연구위원 1995~1998년 한국걸스카우트훈련원 자문위원 1995~1998년 한국성인교육학회 총무 1995~2001년 명지전문대학 사회교육과 교수 1998~1999년 서울 강남구 여성센터 평생교육프로그램개설 자문위원 1998~1999년 국무조정실 국가정책평가 전문위원 2001~2002년 미국 텍사스주립대 오스틴교 방문연구원 2002~2014년 숭실대 인문대학 평생교육학과 교수 2005~2007년 한국성인교육학회 회장 2006~2008년 행정자치부 지방혁신인력개발원 지도교수 2008~2009년 교육과학기술부 평생직업교육정책 자문위원 2008~2009년 행정안전부 정책자문위원회 지방행정분과위원 2008~2010년 평생교육진흥원 학점인정심의위원회 위원 2014년 국가평생교육진흥원(NILE) 원장(현)

기 옥(奇 沃) KEE Ock

[생]1949·7·20 [출]광주 [주]서울 종로구 새문안로76 금호아시아나그룹 임원실(02-6303-0114) [학]1967년 광주제일고졸 1976년 성균관대 경제학과졸 1987년 미국 뉴욕대 경영대학원 국제금융과정 수료 1996년 서울대 경영대학원 최고경영자과정 수료 2006년 한국예술종합학교 최고경영자문화예술과정 수료 [경]1976~1985년 금호실업 경리 자금부사원·대리·과장 1985~1988년 同회장부속실 경영관리 과장·차장 1988~1995년 아시아나항공 기획관리 전략기획실장·이사 1996~1998년 同재무부문 상무 1999년 同서울여객지점장 상무 2000~2003 아시아나컨트리클럽 대표이사 2004~2006년 금호폴리켐 대표이사 사장 2006~2009년 금호석유화학 대표이사 사장 2010년 同전략경영본부 사장 2010년 아스공항 대표이사 사장 겸임 2010~2012년 금호건설 대표이사 사장 2013년 금호터미널 대표이사 사장 2015년 同고문 2015년 금호아시아나그룹 대외협력담당 사장 2016년 同고문역(현) [상]은탑산업훈장(2005), 베트남 공로휘장(2012) [종]기독교

기외호(奇外浩) KEY Wae-Ho

[생]1949·5·27 [본]행주(幸州) [출]대구 [주]서울 영등포구 여의대로24 전경련중소기업협력센터 경영자문위원실(02-6336-0611) [학]1993년 고려대 경영대학원졸 [경]1974년 예편(공군 중위) 1974년 삼성그룹 공채 입사 1976년 제일모직 대구·경북영업소장 1979년 삼성그룹 회장(이병철)비서실 비서팀장 1986년 삼성물산 동경지사장 1989년 삼성 회장(이건희)비서실 비서팀장 1992년 삼성전자 상무이사 1999년 삼성코닝 전무이사 2004~2008년 헤럴드미디어(코리아헤럴드·헤럴드경제) 대표이사 2008~2012년 同고문 2009년 전국경제인연합회 경영자문위원(현) 2012년 헤럴드 고문 [종]기독교

기우종(奇佑鍾) KI Woo Jong

[생]1967·4·16 [출]전남 화순 [주]경기 고양시 일산동구 호수로550 사법연수원(031-920-3102) [학]1985년 전남고졸 1989년 서울대 법학과졸 1995년 同대학원 법학과 석사과정 수료 [경]1994년 사법시험 합격(36회) 1997년 사법연수원 수료(26기) 1997년 수원지법 판사 1999년 서울지법 판사 2001년 광주지법 목포지원 판사 2004년 서울행정법원 판사 2006년 서울남부지법 판사 2008년 서울고법 정보화심의관 2009~2011년 법원행정처 정보화심의관 겸임 2011년 서울고법 판사 2016년 사법연수원 교수(현)

기우항(奇宇恒) KI U Hang (衡山)

[생]1936·3·2 [본]행주(幸州) [출]경북 고령 [주]서울 서초구 반포대로37길59 대한민국학술원(02-3400-5220) [학]1957년 영남고졸 1962년 경북대 사범대학 수학교육과졸 1964년 同대학원졸 1972년 이학박사(일본 도쿄공과대) [경]1966~1978년 경북대 사범대학 수학교육과 전임강사·조교수·부교수 1978~2001년 同수학과 교수 1983년 同과학교육연구소장 1985년 일본 쓰쿠바대 방문교수 1990년 경북대 위상수학·기하학연구소장 1994년 同기초종합과학연구원장 1994년 同교수협의회 의장 1996년 한국과학기술한림원 종신회원(현) 2001년 경북대 명예교수(현) 2001~2013년 학교법인 제한학원 이사 2002년 대한민국학술원 회원(수학·현) 2004~2005·2011~2012년 同자연과학부 제1분과회장 2013년 학교법인 제한학원 이사장(현) [상]대한수학회 학술상(1982), 한국과학상(1987), 대구시 문화상(1996), 황조근정훈장(2001) [저]'미분 기하학(共)'(1982) '대수학, 기하학(共)'(1986) '부분 다양체론(共)'(2000)

기원서(奇洹叙)

[생]1962·9·15 [주]대전 유성구 과학로124 한국지질자원연구원 부원장실(042-868-3346) [학]1984년 전남대 지질학과졸 1987년 서울대 대학원 지질과학과졸 1993년 이학박사(서울대) [경]1997년 한국지질자원연구원 선임연구원·책임연구원(현) 2005~2006년 한국수자원공사 일반기술심의위원(지질분야) 2005~2012년 Geoscience Journal 편집위원 2006~2007년 대한지질공학회 편집위원 2006~2007년 대한지질학회 총무이사 2006~2008년 한국지질자원연구원 지질도·지구조연구실장 2007~2009년 과학기술부 원자력안전전문위원회 위원 2008~2011년 한국지질자원연구원 지질조사연구실장 2008~2014년 한국암석학회 편집위원 2009~2011년 교육과학기술부 원자력안전전문위원회 위원 2011~2014년 한국지질자원연구원 국토지질연구본부장 2012~2013년 대한지질학회 구조지질학분과 위원장 2012~2014년 한국원자력안전기술원 기술기준위원회 위원(구조 및 부지분야) 2012~2016년 한국암석학회 이사 2014~2015년 대한지질학회 학회지 편집위원장 겸 학술이사 2014~2015년 국민안전처 국가활성단층정비기획단 전문분과위원회 위원 2014~2016년 한국지질자원연구원 기획조정부장 2016년 同부원장(현)

기준서(奇俊舒) KEE Joon Seo (沙江)

[생]1941·12·4 [본]행주(幸州) [출]경기 화성 [주]서울 강서구 까치산로24길47 KC대학교(02-2600-2550) [학]1970년 연세대 신학대학졸 1976년 미국 테네시신학대졸 1978년 미국 하딩대 신학대학원 신학과졸(문학석사) 1984년 同신학과졸(신학석사) 1990년 철학박사(미국 테네시신학대) [경]1969~1974년 화곡 그리스도교회 목사 1974년 미국 뉴욕 그리스도의 교회 담임목사 1976~1986년 미국 멤피스 그리스도의 교회 담임목사 1985년 미국 테네시신학대 강사 1988년 그리스도신학대 부교수 1988년 同학장 1992~2004년 同교수 1996~2002년 同대학원장 2002~2006년 그리스도대 총장 2007년 同명예교수 2015년 KC대 명예교수(현) [저]'환원사상사' '그리스도의 교회사' '신약교회이해' '환원운동의 역사와 근원' '환원운동의 3대 문서' '노아의 방주에는 방향키가 없다' [역]'성서적인 교회'(2007, 그리스대 출판부) '환원운동의 역사'(2009, 환원역사연구소) [종]기독교

길경진(吉暻鎭) Kris Ghil (旿憲)

[생]1965·10·1 [본]해평(海平) [출]서울 [주]서울 영등포구 국제금융로10 IFC몰 22층 파이캐피탈 인터내셔날 한국지사 [학]서울대 경제학과졸 1990년 同행정대학원 정책학과졸 1995년 同법과대학원 법학과졸, 미국 스탠퍼드 경영대학원 SEIT과정 수료, 성균관대 대학원 경영학과 박사과정 수료 [경]행정고시 합격(35회), 국세청 근무, 재정경제원 행정사무관, 모니터그룹 시니어컨설턴

트, LG화학 경영혁신팀 부장, ABL 대표이사, 한림창투 고문, (주)초록뱀미디어 관리총괄이사 2008년 同공동대표이사 2009년 同대표이사 2011~2013년 소빅창업투자 전무이사 2013년 INTL FCStone증권 한국법인 전무이사 2014년 同한국지사장(대표) 2016년 파이캐피탈 인터내셔널(Pi Capital International) 한국대표(현) [상]대한민국 콘텐츠어워드방송영상 그랑프리부문 문화체육관광부장관표창(2010) [역]'TV혁명'(2012)

길기봉(吉基鳳) KIL Ki Bong

[생]1953·6·10 [출]서울 [주]서울 종로구 종로5길58 석탄회관빌딩 법무법인 케이씨엘(02-721-4000) [학]1973년 서울고졸 1977년 한양대 법학과졸 1986년 同대학원 법학과졸 [경]1978년 사법시험 합격(20회) 1980년 사법연수원 수료(10기) 1980년 공군 법무관 1983년 수원지법 판사 1985년 서울지법 동부지원 판사 1987년 서울민사지법 판사 1988년 마산지법 진주지원 판사 1990년 부산고법·서울고법 판사 1993년 대법원 재판연구관 1997년 수원지법 부장판사 1998년 서울지법 남부지원 부장판사 1999년 서울지법 부장판사 2002년 부산고법 부장판사 2004년 수원지법 수석부장판사 2006년 서울고법 부장판사 2008년 同수석부장판사 2009년 대전지법원장 2009년 대전선거관리위원회 위원장 2010년 서울동부지법원장 2010년 법무법인 케이씨엘 변호사, 同고문변호사(현) 2011년 경인일보 자문변호사(현)

길기철(吉基哲) GIL Ki Chul

[생]1952·1·2 [본]해평(海平) [출]충북 [주]서울 금천구 가산디지털1로131 BYC하이시티A동12층 (주)컴투스 임원실(02-6292-6000) [학]1971년 보문고졸 1975년 육군사관학교졸 1990년 연세대 행정대학원 수료 2000년 서울대 행정대학원 정보통신방송정책과정 수료 2004년 한국문화콘텐츠진흥원 한국콘텐츠아카데미 CEO과정 수료 2006년 서울대 경영대학원 문화콘텐츠글로벌리더과정 수료 [경]1979년 육군 대위(예편) 1981년 KBS 입사 1993년 同업무국 업무1부 차장 1994년 同수신료제도부 주간 1996년 同TV제작관리부 주간 1998년 同인력관리국 인사운영부장 2000년 同정책기획센터 기획총괄부장 2001년 同뉴미디어본부 정보시스템담당 주간 2002년 同정책기획센터 기획주간 2003년 同수원센터 전문위원 2004~2006년 KBS인터넷(주) 콘텐츠사업이사장(부사장) 2007년 KBS 광고국 위원 2009~2012년 (주)KBS N 대표이사 사장 2010~2012년 한국케이블TV방송협회 이사 2012~2015년 KBS강태원복지재단 이사 2012년 (사)미디어영상교육진흥센터 이사 2013년 한국장학재단 멘토(현) 2013년 (주)컴투스 상근감사(현) 2015년 한국미디어영상교육진흥원 부이사장(현) [상]문화공보부장관표창

길문종(吉汶鍾) KIL Moon Jong

[생]1959·2·7 [출]서울 [주]서울 서초구 동광로53 (주)메디아나 회장실(02-532-5373) [학]1977년 한영고졸 1983년 연세대 의용전자공학과졸 1989년 미국 폴리테크닉대 대학원 의용전자공학과졸 2002년 의용전자공학박사(연세대) [경]1989년 (주)메디슨 해외영업부 미주지역담당 1991년 同국제영업부 근무 1993년 (주)일동메디텍 근무 1993~2004년 (주)메디아나 대표이사 사장 2004년 에쓰에쓰아이(주) 대표이사 사장 2005년 (주)메디아나전자 대표이사 회장 2005년 (주)메디아나 대표이사 회장 2007년 同각자대표이사 회장(현) [상]벤처기업대상(2003), 1천만불 수출탑(2003), 강원중소기업대상 우수상(2004)

길은배(吉殷培) KIL Eun Bae

[생]1964·3·10 [출]강원 춘천 [주]서울 송파구 양재대로1239 한국체육대학교 사회체육학부 스포츠청소년지도학과(02-410-6801) [학]1988년 경희대 서반아어과졸 1994년 同대학원 정치학과졸 2001년 정치학박사(경희대) [경]1994~2006년 한국청소년개발원 선임연구원 1998~2006년 통일문제연구협의회 운영위원 1999년 명지대·중앙대·가톨릭대·서울여대·통일교육원 강사 2001년 보건복지부 「어린이 보호·육성 5개년 계획」수립 추진위원 2003년 청소년복지학회 부회장 2003년 민주평통 자문위원(현) 2004년 통일교육협의회 부설 통일교육연구소 연구위원 2006년 한국체육대 사회체육학부 스포츠청소년지도전공 교수, 同사회체육학부 스포츠청소년지도학과 교수(현) 2011년 同생활체육대학 스포츠청소년지도학과장 2013~2014년 한국청소년복지학회장 2015년 同생활체육대학장(현) 2015~2016년 여성가족부 청소년정책자문위원장 2015년 한국청소년활동진흥원 이사(현) 2016년 지방자치단체 평가위원(현)

길자연(吉自延) KIEL Ja Yeon

[생]1941·4·19 [주]서울 종로구 김상옥로30 한국기독교연합회관1501호 한국기독교총연합회(02-741-2782) [학]1960년 대광고졸 1964년 경희대 한의학과졸 1973년 대한예수교장로회총회신학연구원(합동)졸 2001년 목회학박사(미국 풀러신학교) 2004년 명예 철학박사(서울기독대) 2005년 명예 교육학박사(미국 루이지애나 벱티스트대) [경]1978~2013년 서울 왕성교회 담임목사 1984~2002년 기독교북한선교회 이사장 1991년 아세아연합신학대학원 이사 1995년 총회신학대 재단이사 1998년 대한예수교장로회(합동) 총회장 1999년 민족세계교회지도자협의회 회장 1999년 개신교연합부활주일연합예배 대회장 1999년 영성목회연구회 총재(현) 2000~2002년 한국기독교총연합회 통일선교대학장 2000년 한국기독교총연합회 공동회장 2000년 한국항공선교회 이사 2002년 기독교북한선교회 총재 2002~2004년 총신대 신학대학원 운영이사장 2003~2005년 한국기독교총연합회 대표회장 2003년 미국 피드먼트대 총장 2006년 아바연합대표회장 2006년 아세아연합신학대(ACTS) 이사장 2007년 한국세계선교협의회(KWMA) 이사장 2007~2011년 칼빈대 총장 2010년 한국기독교총연합회 대표회장 2013년 同증경회장(현) 2013년 서울 왕성교회 원로목사(현) 2013~2015년 총신대 총장 [상]한국기독교선교대상 목회자부문(1995), 자랑스러운 대광인상(2003), 세계복음화협의회 국민대상 자랑스러운 목회자상(2003) [저]'하나님보다 앞서갈 때' '가지고 가는 사람 두고 가는 사람' '문제 곁에 있는 해답' '고난속에 숨은 축복' '길자연' '하나님을 향한 사람' '세미한 음성' [종]기독교

길재욱(吉宰稶) KHIL Jae Uk

[생]1959·5·22 [본]해평(海平) [출]대전 [주]경기 안산시 상록구 한양대학로55 한양대학교 경상대학 경영학부(031-400-5654) [학]제물포고졸 1982년 서울대 경제학과졸 1988년 미국 아이오와주립대 대학원 경영학과졸 1994년 금융학박사(미국 미네소타대) [경]1982~1985년 서울은행 행원 1984~1985년 서울신탁은행 종합기획부 행원 1992~1994년 통신개발연구원 책임연구원 1994~1995년 정보통신정책연구원 책임연구원 1995년 한양대 에리카캠퍼스 경상대학 경영학부 교수(현) 2006년 나노캠텍(주) 비상근감사(현) 2007~2008년 한양대 안산캠퍼스 기획조정실장 2007~2008년 금융위원회 증권선물조사심의위원 2011년 SK증권 사외이사 2011년 한국증권학회지 편집위원장 2014~2015년 한국증권학회 회장 2015년 기획재정부 기금운용평가단장 2015년 키움증권(주) 사외이사(현) [상]Phi Kappa Phi Membership(1988), Research Award(1999), KRX파생상품 우수논문상(2014) [저]'재무관리론'(2003) '생활재무관리'(2003) [역]'미시킨의 금융시장과 금융기관' [종]기독교

길태기(吉兌基) KIL Tae Ki

[생]1958·12·19 [본]해평(海平) [출]서울 [주]서울 중구 남대문로63 한진빌딩본관 법무법인 광장(02-772-5970) [학]1977년 동북고졸 1982년 고려대 법학과졸 1984년 同대학원 법학과졸 [경]1983년 사법시험 합격(25회) 1985년 사법연수원 수료(15기) 1986년 軍법무관 1989년 대전지검 검사 1991년 전주지검 군산지청 검사 1992년 서울지검 의정부지청 검사 1994년 서울지검 검사 1997년 대검찰청 검찰연구관 1998년 청주지검 충주지청장 1999년 서울지검 부부장검사 2000년 대구지검 강력부장 2001년 同특수부장 2002년 대검찰청 형사과장 2003년 서울지검 공판2부장 2004년 법무부 공보관 2005년 수원지검 평택지청장 2006년 서울고검 검사 2007년 광주지검 차장검사 2008년 대검찰청 공판송무부장(검사장급) 2009년 사법연수원 부원장 2009년 광주지검장 2010년 서울남부지검장 2011~2013년 법무부 차관 2013년 법무연수원 연구위원 2013년 대검찰청 차장검사 2013년 검찰총장 직무대행 2013년 서울고검장 2014년 법무법인 광장 대표변호사(현) 2014년 국무총리소속 정보통신전략위원회 민간위원(현) [종]천주교

길한진(吉漢震) Han Jin, KIL

[생]1966·12·2 [출]서울 [주]서울 마포구 독막로269 한국문학빌딩7층 (주)한국씨네텔(02-703-9033) [학]서울예술전문대학 영화학과졸, 한국방송통신대 경영학과졸, 고려대 언론대학원졸, 성균관대 언론정보대학원졸 [경]1992~1994년 삼화프로덕션 제작부 프로듀서, 삼성SDI 경영기획실 홍보팀 근무 1995~1997년 제일기획 근무 1998년 서울영상 제작부 감독 1999년 (주)한국씨네텔 설립·대표이사(현), 고려대 언론대학원 홍보위원장, (사)독립제작사협회 이사, 경향신문 자문위원 2013년 (사)독립제작사협회 부회장 [상]금관상영화제 단편영화부문 우수상(1990), KBS 우수제작자상(2001), (사)독립제작사협회 KIPA상(2002), KBS 최우수프로그램상(2002·2003), KBS 최우수외주제작사상(2004) [작]KBS 2TV 'VJ특공대' '무한지대Q' '세상의 아침' '생생정보통' '커플쇼' '더 체어' 등 [종]기독교

길형도(吉炯都) KIL Hyoung Do

ⓢ1958 · 11 · 10 ⓑ해평(海平) ⓞ서울 ⓐ서울 영등포구 국제금융로6길42 (주)삼천리 임원실(02-368-3300) ⓗ명지고졸, 연세대 문헌정보학과졸 ⓖ1982~1985년 현대건설 근무 1985~2003년 정보통신정책연구원 연구관리실 근무 2003년 하나로텔레콤(주) 인력개발팀장(상무보) 2005~2006년 同경영지원실장(상무), (주)삼천리 경영지원총괄 인사총무담당 이사 2011년 同자산관리담당 상무 2015년 同자산관리담당 전무 2015년 同전략담당 전무(현) ⓢ체신부장관표창(1990), 국무총리산하 경제사회연구회 이사장 표창(2001)

길홍근(吉弘根) GIL Hong Keun

ⓢ1961 · 6 · 11 ⓞ경북 구미 ⓐ세종특별자치시 다솜로261 국무조정실 규제혁신기획관실(044-200-2433) ⓗ1980년 대구 경북고졸, 서울대 정치학과졸, 정치학박사(영국 켄트대) ⓖ1997년 국무총리 총무담당관실 서기관 2001년 국무총리 공보비서관실 부이사관 2003년 국무총리 정무비서관실 부이사관 2007년 국무총리국무조정실 규제개혁2심의관 2008~2010년 국무총리 규제개혁실 경제규제관리관 2008년 OECD 규제개혁작업반 의장단(Bureau Member) 2010~2013년 駐벨기에 공사 2013년 국무총리국무조정실 근무 2013년 국무총리 공보기획비서관 2016년 국무조정실 규제혁신기획관(현)

길환영(吉桓永) GIL Hwan Young

ⓢ1954 · 10 · 10 ⓑ해평(海平) ⓞ충남 천안 ⓐ충남 천안시 동남구 문암로76 백석대학교 부총장실(041-550-9114) ⓗ1972년 천안고졸 1981년 고려대 신문방송학과졸 2003년 同언론대학원 신문방송학과졸 ⓖ1981년 KBS 프로듀서 1984년 同방송본부 기획제작실 근무 1986년 同TV본부 기획제작실 근무 1992년 同청주방송총국 제작부장 1993년 同TV1국 차장 1994년 同TV2국 차장 1995년 同파리특파원 1999년 同편성국 외주제작부장 2001년 同교양국 부주간 2002년 同비서실장 2003년 同교양국 교양주간 2004년 同편성본부 외주제작국장 2005년 同편성본부 편성기획팀장 2006~2008년 同대전방송총국장 2009년 同TV제작본부 기획제작국장 2009년 同TV제작본부장 2010년 同콘텐츠본부장 2011년 同부사장 2012~2014년 同대표이사 사장 2012~2014년 한국지상파디지털방송추진협회(DTV코리아) 회장 2013~2014년 (사)여의도클럽 회장 2013~2014년 한국방송협회 부회장 2013~2014년 아시아태평양방송연맹(ABU) 회장 2015년 백석대 특임부총장(현) 2016년 (주)투비소프트 사외이사(현) ⓢ한국방송대상 TV부문 최우수작품상(1992), 대통령표창(2001), 은관문화훈장(2013) ⓦ'추적60분' '사람과 사람' '기동취재현장' '일요스페셜' ⓡ기독교

김가희(金加姬 · 女) Ka-Hee Kim

ⓢ1969 · 6 · 1 ⓑ광산(光山) ⓞ광주 ⓐ서울 종로구 율곡로2길25 연합뉴스TV 보도국 문화 · 제작부(02-398-7865) ⓗ1987년 전남여고졸 1991년 이화여대 신문방송학과졸 2003년 중앙대 대학원 공연예술학과졸 ⓖ1993~2004년 일간스포츠 기자 2002~2003년 서울예술종합학교 겸임교수 2004~2010년 연합뉴스 기자 2011년 연합뉴스TV 보도국 문화연예팀장(차장) 2015년 同보도국 문화 · 제작부장(현) ⓦ'취중토크 김가희 기자의 연예기행'(2005)

김각균(金各均) Kack-Kyun Kim

ⓢ1953 · 3 · 20 ⓞ대구 ⓐ서울 종로구 대학로101 서울대학교 치의학대학원(02-740-8642) ⓗ1978년 서울대 치의학과졸 1980 同대학원 치의학과졸 1983년 의학박사(서울대) ⓖ1983~1986년 육군 군의관(치과) 소령 1986~2006년 서울대 치대 구강미생물학교실 시간강사 · 전임강사 · 조교수 · 부교수 1988~1990년 미국 인디애나대 공동연구원 1991~1994년 대한구강생물학회 편집이사 1994~1998년 同총무이사 1999년 대한미생물학회 평의원 2001~2002년 대한면역학회 총무이사 2002년 同감사 2002년 대한구강생물학회 회장 2006년 서울대 치의학대학원 구강미생물학교실 교수(현) 2007~2010년 보건복지부 치과의료전문평가위원회 위원 2008~2009년 대한치주과학회지 투고원고심사위원회 위원 2010~2012년 한국치의학교육학회 회장 2011년 한국치의학교육평가원 인증평가위원장(현) 2012년 한국치의학교육학회 회장 2016년 국제치의학규제기구(ISDR) 집행위원(현) ⓦ'Essential Microbiology for Dentistry(치의학을 위한 미생물학)'(2004) 'Basic Immunology(최신면역학입문)'(2005) 'Essential Microbiology for Dentistry'(2007)

김각연(金珏淵) KIM Kak Yeon

ⓢ1965 · 12 · 3 ⓑ김녕(金寧) ⓞ경북 김천 ⓐ대구 수성구 동대구로331 청효정빌딩3층 김각연법률사무소(053-745-9000) ⓗ1984년 경북고졸 1988년 서울대 사법학과졸 ⓖ1992년 사법시험 합격(34회) 1995년 사법연수원 수료(24기) 1995년 대구지법 판사 2000년 同경주지원 판사 2001년 대구지법 판사 2007년 대구고법 판사 2009년 대구지법 판사 2010년 창원지법 부장판사 2011년 대구지법 의성지원장 2013~2014년 同부장판사 2014년 변호사 개업(현)

김각영(金珏泳) KIM Kak Young

ⓢ1943 · 9 · 12 ⓑ연안(延安) ⓞ충남 보령 ⓐ서울 서초구 서초대로49길18 상림빌딩402호 법무법인(유) 여명(02-595-4811) ⓗ1962년 대전고졸 1966년 고려대 법대졸 ⓖ1970년 사법시험 합격(12회) 1972년 사법연수원 수료(2기) 1973년 軍법무관 1975년 대구지검 검사 1976년 同안동지청 검사 1979년 제주지검 검사 1980년 서울지검 의정부지청 검사 1982년 서울지검 검사 1985년 마산지검 충무지청장 1986년 대구고검 검사 1987년 청주지검 부장검사 1988년 광주지검 형사1부장 1989년 수원지검 특수부장 1990년 서울지검 동부지청 형사2부장 1992년 법무부 법무심의관 · 남북고위급회담 정치분과위원 1993년 서울지검 동부지청 차장검사 1994년 부산지검 울산지청장 1995년 서울지검 서부지청장 1996년 서울고검 검사 1997년 사법연수원 부원장 1999년 법무부 기획관리실장 1999년 대검찰청 공안부장 2000년 서울지검장 2001년 대검찰청 차장검사 2002년 부산고검장 2002년 법무부 차관 2002~2003년 검찰총장 2003년 변호사 개업 2004년 하나증권 사외이사 2006년 대전고등동창회 회장 2007년 하나IB증권 비상임이사 2007~2016년 계룡건설산업(주) 사외이사 2009년 법무법인 여명 고문변호사(현) 2009~2012년 하나금융지주 사외이사 2010년 밀레니엄강포럼 공동대표 2010년 하나금융지주 이사회 의장 2014년 일동홀딩스 사외이사(현) ⓢ홍조근정훈장, 자랑스러운 고대법대인상(2016) ⓡ천주교

김갑도(金鉀燾) KIM Kap Do

ⓢ1965 · 1 · 19 ⓐ서울 강남구 봉은사로406 한국문화재재단 감사실(02-3011-2610) ⓗ성균관대 역사교육학과졸, 同경영대학원졸 ⓖ1998년 한국문화재보호재단 총무과장 2000년 同기획예산팀장 2002년 同운영기획팀장 2004년 同전주전통문화센터관장 2005년 同기획예산팀장 2007년 同기획조정실장 2010년 同감사실장 2014년 한국문화재재단 문화재조사연구단 조사기획팀장 2015년 同한국의집 관장 2016년 同감사실장(현)

김갑동(金甲童) KIM Gap Dong (雪原)

ⓢ1957 · 1 · 13 ⓑ김해(金海) ⓞ대전 ⓐ대전 동구 대학로62 대전대학교 역사문화학과(042-280-2283) ⓗ1976년 대전고졸 1980년 공주사범대 역사교육과졸 1984년 고려대 대학원졸 1990년 문학박사(고려대) ⓖ1990~1998년 원광대 국사교육과 전임강사 · 조교수 · 부교수 1999~2003년 대전대 한국문화사학과 조교수 · 부교수 2003년 同역사문화학과 교수(현) 2003~2005년 한국중세사학회 총무이사 2004~2005년 중국 심천대 교환교수, 충남도 지명위원회 위원 2007년 대전대 박물관장 2009~2011년 同인문예술대학장 2013년 국사편찬위원회 2013고등학교한국사교과서검정심의회 연구위원 2013년 교육부 교육과정심의위원회 위원 2015년 한국중세사학회 회장(현) ⓢ대전시문화상 학술분야(2012) ⓦ'나말려초의 호족과 사회변동 연구'(1990) '한국역사상의 라이벌'(1995) '주제별로 본 한국역사'(1998) '태조왕건' '옛사람 72인에게 지혜를 구하다' '고려전기 정치사'(2005) '사료 한국문화사'(2006) '라이벌 한국사'(2007) '고려의 후삼국 통일과 후백제'(2010) '라이벌 한국사2'(2012, BF북스) '충청의 얼을 찾아서'(2012, 서경문화사) '고려시대사개론'(2013, 혜안)

김갑배(金甲培) KIM Gab Bae

ⓢ1952 · 10 · 1 ⓞ전북 익산 ⓐ서울 서초구 서초대로54길29의6 열린빌딩2층 법무법인 동서양재(02-3471-3705) ⓗ1975년 검정고시 합격 1984년 고려대 사회학과졸 ⓖ1985년 사법시험 합격(27회) 1988년 사법연수원 수료(17기) 1988년 변호사 개업 1997~1998년 미국 워싱턴대 법학대학원 객원연구원 2003~2005년 대한변호사협회 법제이사 2003~2004년 대법원 사법개혁위원회 위원 2003~2005년 중앙노동위원회 심판담당 공익위원 2003~2005년 법무부 사법시험관리위원회 위원 2004년 헌법학회 부회장 2004~2005년 국가정보원 발전위원회 위원 2005년 부패방지위원회 비상임위원 2005년 국

가청렴위원회 비상임위원 2005~2007년 진실화해위원회 상임위원(차관급) 2008~2013년 법무법인 동서파트너스 고문변호사 2012년 민주통합당 제18대 대통령중앙선거대책위원회 새로운정치위원회 반부패특별위원장 2014년 한겨레신문 사외이사(현) 2014년 법무법인 동서양재 고문변호사(현) [상]황조근정훈장(2009)

김갑석(金甲錫)

[생]1968 · 11 · 9 [출]서울 [주]충북 청주시 서원구 산남로62번길51 청주지방법원(043-249-7114) [학]1987년 우신고졸 1992년 서울대 경제학과졸 [경]1998년 사법시험 합격(40회) 2001년 사법연수원 수료(30기) 2001년 서울지법 서부지원 예비판사 2002년 서울고법 예비판사 2003년 서울지법 판사 2004년 서울중앙지법 판사 2005년 광주지법 판사 2008년 인천지법 판사 2011년 서울중앙지법 판사 2013년 서울북부지법 판사 2016년 청주지법 부장판사(현)

김갑선(金甲善) KIM Kab Seon

[생]1956 · 2 · 5 [본]삼척(三陟) [출]강원 원주 [주]강원 원주시 흥업면 북원로1324 매지초등학교 교장실(033-763-5060) [학]원주고졸, 춘천교육대졸, 관동대 대학원 임상심리학과졸 [경]가산초교 · 정선초교 · 정덕초교 · 광하 봉양초교 교사, 철원군교육청 근무, 원주시교육청 초등교육 장학사, 강원도교육청 교원인사과 장학사, 원주 신평초교 교장 2010년 강원도교육청 교원정책과 교원인사담당(장학관급) 2011년 同교육국 인사정책담당(장학관급) 2013~2015년 강원교육과학정보원 원장 2015년 강원 매지초등학교 교장(현)

김갑섭(金甲燮) KIM Kab Sub

[생]1958 · 4 · 5 [출]전남 나주 [주]전남 무안군 삼향읍 오룡길1 전라남도청 행정부지사실(061-286-2010) [학]1977년 광주제일고졸 1982년 조선대 법정대졸 1984년 同대학원 법학과졸 2001년 법학박사(조선대) [경]1984년 행정고시 합격(28회) 1986~1992년 수산청 근무 1992~2000년 전남도의회 사무처 전문위원 · 전남도 통상협력관 · 통상협력과장 2000년 완도군 부군수 2001년 전남도의회 사무처 총무담당관 2001년 영암군 부군수 2002년 전남도 비서실장 2003~2005년 순천시 부시장 2005년 자치인력개발원 파견 2006년 전남도 경제통상국장 2007년 同해양수산환경국장 2009년 OECD서울센터 파견(부이사관) 2011년 중앙공무원교육원 파견(고위공무원) 2012년 국가기록원 기록관리부장 2014년 중앙공무원교육원 기획부장 2015년 행정자치부 대전청사관리소장 2016년 전남도 행정부지사(현) [상]근정포장(1995)

김갑성(金甲成) KIM Kap Sung

[생]1953 · 4 · 12 [본]경주(慶州) [출]부산 [주]경기 고양시 일산동구 동국로27 동국대학교 일산한방병원 침구과(031-961-9121) [학]1971년 경희고졸 1977년 경희대 한의학과졸 1979년 同대학원 한의학과졸 1987년 한의학박사(경희대) [경]1978~1984년 경희대 한의대학 인턴 · 침구과 레지던트 1986~1997년 동국대 한의대학 전임강사 · 조교수 · 부교수 1989년 同한의대부속한방병원 침구과장 1994년 대한한의학회 이사 1996년 동국대 인천한방병원장 1997년 同한의학과 침구과학 교수(현) 1999년 同서울강남한방병원 교육연구부장 2001년 同경주한방병원장 2002년 대한침구학회 회장 2012년 (사)대한한의학회 회장(현) 2016년 보건복지부 '한의 표준임상진료지침 개발사업단' 검토 · 평가위원장(현) [상]보건복지부장관표창(2016) [저]'침구학上 · 下(共)'(1988) [종]기독교

김갑성(金甲星) KIM Kab Sung

[생]1964 · 7 · 22 [본]경주(慶州) [출]서울 [주]서울 서대문구 연세로50 연세대학교 공과대학 도시공학과(02-2123-2893) [학]1987년 연세대 건축공학과졸 1992년 미국 펜실베이니아대 대학원 도시 및 지역계획학과졸 1995년 지역경제학박사(미국 펜실베이니아대) [경]1995년 삼성경제연구소 수석연구원 2000년 연세대 공과대학 도시공학과 교수(현) 2003년 한국경제지리학회 이사 2004년 한국부동산학회 이사 2008년 연세대 기획팀장 2008~2010 · 2011년 同공과대학 도시공학과 학과장 2008~2010년 同국제캠퍼스 총괄본부사업추진단 총괄기획팀장 2011~2014년 同공학대학원 부원장 2012년 새누리당 대선캠프 국민행복추진위원회 주택부동산TF위원 2013~2016년 국무총리 도시재생특별위원회 민간위원 2013년 한국수자원공사 비상임이사 [저]'지역경제론'(1999) '서울시정의 바른 길'(2002) '공간분석 기법'(2004) '도시개발론'(2008, 보성각) '국토 지역계획론'(2008, 보성각) [종]기독교

김갑수(金甲洙)

[생]1958 · 11 · 1 [주]서울 영등포구 당산로123 영등포구청 부구청장실(02-2670-3304) [학]한국방송통신대 행정학과졸, 성균관대 대학원 행정학과졸, 미국 듀크대 대학원 행정학과졸 [경]1986년 서울시 공무원 임용(7급) 2010년 同예산담당관실 서기관 2010년 同경영기획실 평생교육담당관 직대 2010년 同교육협력국 교육격차해소과장 2012년 同재정담당관 2015년 서울 영등포구 행정국장 2016년 서울 영등포구 부구청장(부이사관)(현)

김갑수(金甲洙) KIM Gab Soo

[생]1959 · 3 · 21 [본]광산(光山) [출]충남 아산 [주]경기 고양시 일산동구 호수로596 MBC드림센터6층 (주)MBC아트(031-936-0000) [학]1977년 대전고졸 1981년 성균관대 무역학과졸 1998년 서강대 경영대학원졸 [경]1982년 문화방송 입사 1992년 同LA미주방송지사 차장 1994년 同인사부 차장 1997년 同기획국 관계회사부 차장 1999년 同계열사개편추진팀 부장대우 2000년 同기획국 관계회사부장 겸 계열사경쟁력강화추진팀장 2004년 同기획국 부국장 2005년 同재무운영국장 2008년 同윤리경영실장 2008년 同감사실장 2014년 同관계회사국장 2016년 (주)MBC아트 사장(현) [종]기독교

김갑수(金甲洙) KIM Kab Soo

[생]1965 · 5 · 12 [본]경주(慶州) [출]충북 [주]세종특별자치시 갈매로408 해외문화홍보원 원장실(044-203-3301) [학]1984년 세광고졸 1988년 고려대 행정학과졸 1993년 서울대 대학원 행정학과졸 2001년 미국 뉴욕주립대 대학원 행정학과졸 [경]1987년 행정고시 합격(31회) 1997년 대통령 정책기획수석비서관실 서기관 1998년 문화관광부 문화사업국 행정관리담당관실 서기관 2001년 同문화사업국 방송광고과 서기관 2002년 同문화산업국 게임음반과장 직대 2002년 同문화정책국 국어정책과장 2003년 同예술국 예술진흥과장 2004년 同예술국 예술정책과장 2006년 同정책홍보관리실 기획총괄담당관(부이사관) 2006년 同정책홍보관리실 기획조정팀장 2007년 同아시아문화중심도시추진단 문화도시조성국장 2008년 문화체육관광부 아시아문화중심도시추진단 문화도시정책관 2008년 미국 스미소니언박물관 국외훈련 2009년 문화체육관광부 미디어정책국장(일반직고위공무원) 2011~2012년 同문화콘텐츠산업실 콘텐츠정책관 2012~2015년 연합뉴스 수용자권익위원회 위원 2012년 駐영국 공사참사관 겸 문화원장 2016년 문화체육관광부 해외문화홍보원 해외문화홍보기획관 2016년 同해외문화홍보원장(현) [종]천주교

김갑순(金甲純) KIM Kap Soon

[생]1954 · 5 · 15 [출]경남 [주]서울 영등포구 여의대로56 딜로이트코리아 부회장실(02-6676-1062) [학]밀양 세종고졸 1978년 성균관대 행정학과졸 1986년 서울대 행정대학원졸 [경]1978년 행정고시 합격(21회) 1994년 국세청 기획예산담당관실 서기관 1995년 가락세무서장 1996년 국세청 비서관 1997년 성동세무서장 1998년 도봉세무서장 1999년 국세청 심사3과장 2000년 同납세홍보과장 2002년 同공보담당관 2003년 同공보담당관(부이사관) 2003년 부산지방국세청 조사1국장 2005년 국세청 납세지원국장 2006년 국방대학교 파견 2007년 국세청 정책홍보관리관 2008년 同기획조정관 2008년 서울지방국세청장 2009년 딜로이트코리아 부회장(현) 2011년 유진투자증권 사외이사 겸 감사위원 2012년 재무인포럼 수석부회장 2013년 CJ제일제당 사외이사 및 감사위원(현) 2015년 현대미포조선 사외이사 및 감사위원(현)

김갑순(金甲淳) KIM Kap Soon

[생]1965 · 11 · 18 [출]충북 [주]서울 중구 필동로1길30 동국대학교 경영학부(02-2260-3293) [학]1989년 서울대 국어국문학과졸 1992년 同경영대학 경영학과졸 1994년 同대학원 경영학과졸 1998년 경영학박사(서울대) [경]동국대 회계학과 교수, 同경영학부 회계학전공 교수(현), (주)자유투어 사외이사, 한국회계기준원 초빙연구위원, 기획예산처 기금평가단 계량평가팀장, 금융감독원 회계제도실 자문교수 2010년 한국납세자연합회 정책연구위원장 2012년 同사무총장 2013년 한국세무학회 부회장 2014~2016년 한국납세자연합회 회장 2014~2015년 동국대 전략기획본부 경영평가실장 2014~2016년 한국보건복지인력개발원 비상임감사 2016년 한국세무학회 차기(2017년1월) 회장(현) [저]'회계학원론'(2011) '재산세정법강의'(2012) '법인세강의'(2012) [종]불교

김갑식(金甲式) Kim Kab Sik

[생]1967·1·4 [출]충남 예산 [주]서울 종로구 사직로8길 31 서울지방경찰청 수사과(02-700-3611) [학]서울 보성고졸 1988년 경찰대졸(4기) [경]1988년 경위 임관 2003년 서울지방경찰청 기동단 3기동대장 2004년 서울 영등포경찰서 수사과장 2005년 서울 방배경찰서 수사·형사과장 2007년 서울 강남경찰서 형사과장 2010년 강원지방경찰청 수사과장 2011년 경기지방경찰청 형사과장(총경) 2011년 경기 시흥경찰서장 2013년 경기지방경찰청 형사과장 2014년 서울지방경찰청 5기동단장 2015년 서울 영등포경찰서장 2016년 서울지방경찰청 수사부 수사과장(현) [상]대통령표창(2006), 근정포장(2011)

김갑연(金甲淵)

[생]1958·5·5 [출]충남 서천 [주]충남 예산군 삽교읍 도청대로600 충청남도의회 사무처(041-635-5030) [학]1976년 서천고졸 2003년 한국방송통신대졸 2005년 충남대 대학원 행정학과졸 [경]1977년 공무원 임용 2010~2012년 공주시 부시장 2013~2015년 충남도 자치행정국장 2015년 충남도의회 사무처장(현)

김갑유(金甲猷) KIM Kap You

[생]1962·7·19 [본]강릉(江陵) [출]대구 [주]서울 강남구 테헤란로133 한국타이어빌딩 법무법인(유) 태평양(02-3404-0333) [학]1981년 대구 능인고졸 1985년 서울대 법학과졸 1988년 同대학원 법학과졸 1994년 미국 하버드대 Law School졸 2000년 서울대 대학원 법학박사과정 수료 [경]1984년 사법시험 합격(26회) 1988년 사법연수원 수료(17기) 1988~1995년 Lee&Ko한미합동법률사무소 변호사 1994년 미국 Haynes&Boone법률사무소 변호사 1994년 미국 Healy&Baillie법률사무소 변호사 1995년 영국 Ince&Co법률사무소 변호사 2001~2003년 대한변호사협회 국제이사 겸 국제위원장 2002년 대한상사중재원 중재인 겸 상임고문(현) 2002~2004년 국제한인변호사회 사무총장 2003~2005년 국제거래법학회 이사 2004~2010년 인터넷주소분쟁조정위원회 위원 2006~2010년 한국스포츠중재위원회 중재인 2006~2012년 (사)한국중재학회 이사 2007~2012년 런던국제중재재판소(LCIA) 상임위원(Court Member) 2007년 국제상업회의소(ICC) 중재법원 상임위원(현) 2008~2010년 한국중재학회 이사 2008~2010년 국제변호사협회(IBA) 증거규칙개정위원회 위원 2008~2010년 同중재위원회 부위원장 2008~2010년 국제상업회의소(ICC) 중재법원 중재규칙개정소위원회 위원 2008~2010년 同Korea국제중재위원회 위원장 2009~2011년 2011 IBA International Arbitration Day 조직위원회 위원장, 법무법인(유) 태평양 파트너변호사 겸 국제중재팀장(현) 2009년 미국중재인협회(AAA) 이사(현) 2009년 세계은행국제투자분쟁센터(ICSID) 중재인(현) 2009년 글로벌 아비트레이션 리뷰(Global Arbitration Review) 편집위원(현) 2011년 (사)대한중재인협회 부회장(현) 2012~2013년 (사)국제중재실무회 회장 2012~2014년 공익법인 국제중재센터 사무총장 2012~2015년 한국저작권위원회 위원 2012년 현대오일뱅크(주) 사외이사 겸 감사위원(현) 2013년 국제변호사협회(IBA) 한국자문위원단 위원(현) 2013~2015년 국제거래법학회 부회장 2013년 베이징중재위원회(BAC) 중재인(현) 2014년 국제상사중재위원회(ICCA) 위원 겸 감사위원장(현) 2014년 국제상업회의소(ICC) 중재법원 부원장(현) 2015년 국제거래법학회 회장(현) [상]Star Individuals 선정 'Chambers Global 2010', 제2회 대한민국 중재인대상(2010), 지식경제부장관표창(2011), 챔버스 선정 올해의 최우수공헌상(2013), 올해의 분쟁해결 스타상(2015) [저]'유치권'(1993, 한국사법행정학회) 'Arbitration Law of Korea : Practice and Procedure(共)'(2011) 'International Handbook on Commercial Arbitration(共)'(2012, Kluwer Law International) '중재실무강의(共)'(2012, 박영사) [종]기독교

김갑제(金鉀濟) KIM Gab Je (倬匡)

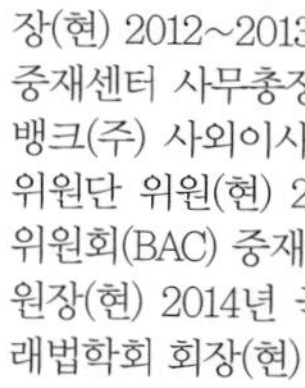

[생]1955·5·5 [본]경주(慶州) [출]전남 함평 [주]광주 북구 호동로10 광복회 광주전남지부(062-264-8150) [학]학다리고졸 1983년 전남대 행정대학원졸 [경]1988년 무등일보 사회부·정치부 기자 1992년 同사회부 차장 1993년 同특집부 차장 1994년 同정치부 차장 1995년 同제2사회부 부장대우 1998년 同부국장대우 제2사회부장 1998년 同부국장대우 논설위원 1999년 同부국장 겸 사회부장 1999년 同논설실장 2001년 同편집국장 2003년 同논설위원실장 2007~2010년 同논설주간, 순국선열유족회 부회장, 광복회 광주전남지부장(현), 학다리고총동창회 부회장(현) 2010년 무등일보 주필 2013~2015년 同주필(이사대우) 2014년 (사)한말호남의병기념사업회 이사장(현) [상]광주민주유공자, 광주전남기자상 본상(1993), 광주사회복지상 대상(1998) [저]'중국에서의 항일독립운동 비사' '호남의병 1백년사' [종]천주교

김갑중(金甲中) KIM Garp Choong

[생]1955·7·10 [본]광산(光山) [출]서울 [주]인천 남구 인하로 100 인하대학교 경영학과(032-860-7744) [학]1974년 경복고졸 1979년 서울대졸 1988년 미국 워싱턴대 경영대학원졸 1993년 경영학박사(미국 텍사스대 오스틴교) [경]1994년 미래경영연구소 이사 1994년 홍익대 조교수 1995년 인하대 경영학과 조교수·부교수·교수(현) 2001년 同국제통상물류대학원 부원장 2002~2004년 同전산정보원장 2006~2008년 同기획처장 2011~2013년 同경영대학장 겸 경영대학원장 [상]한국경영정보학회 최우수논문상(2001) [저]'디지털시대의 정보프라이버시' '클라이언트/서버에서의 분산어플리케이션의 적용기준' 'e-비즈니스 원론' '인터넷 전자상거래 논문선집(Ⅰ·Ⅱ)'(1999) '마이크로컴퓨팅'(2000) '경영PC활용'(2001)

김갑현(金甲現·女) KIM Kap Hyun

[생]1932·5·21 [본]김해(金海) [출]황해 [주]경기 수원시 팔달구 팔달문로150번길9의1 유신학원(031-211-8060) [학]1953년 서울대 법대졸 1969년 중앙대 대학원졸 1970년 고려대 경영대학원 수료 [경]1969~1976년 유신고속관광(주) 부사장 1970~1981년 여성항공협회 이사 1987년 창현교육장학재단 이사장(현) 1987년 YWCA연합회 청소년위원장 1988~1991년 同회장 1991년 한국방송공사 이사 1991~1993년 정무제2장관 1993년 유신학원 이사장 1994~1997년 대한YWCA연합회 회장 1994년 자원봉사단체협의회 부회장 1995년 노인복지대책위원회 위원 1997년 대한YWCA연합회후원회 이사장 2000~2002년 월드컵축구대회문화시민운동중앙협의회 부회장 2014년 유신학원 명예이사장(현) [상]국민훈장 목련장·동백장, 청조근정훈장 [종]기독교

김강대(金剛大) Kim Gangdae

[생]1971·6·1 [출]서울 [주]경기 수원시 영통구 월드컵로 120 수원지방법원(031-210-1114) [학]1990년 고척고졸 1995년 서울대 법학과졸 [경]1996년 사법시험 합격(38회) 1999년 사법연수원 수료(28기) 1999년 軍법무관 2002년 대전지법 판사 2004년 同천안지원 판사 2005년 수원지법 판사 2008년 서울동부지법 판사 2010년 서울고법 판사 2012년 대법원 재판연구관 2014~2016년 대구지법 서부지원 부장판사 2016년 수원지법 부장판사(현)

김강립(金剛立) KIM Gang Lip

[생]1965·11·9 [본]경주(慶州) [출]강원 철원 [주]세종특별자치시 도움4로13 보건복지부 보건의료정책실(044-202-2410) [학]1984년 동국대부고졸 1989년 연세대 사회학과졸 1997년 미국 시카고대 대학원 사회복지정책학과졸 2010년 보건학박사(연세대) [경]국립나주정신병원 서무과장, 보건복지부 연금보험국 사무관, 同기획관리실 사무관 2000년 同연금보험국 연금제도과 서기관 2002년 同연금보험국 보험급여과장 2003년 유엔 아시아태평양경제사회위원회(ESCAP) 파견 2006년 보건복지부 사회복지정책본부 장애인정책팀장(부이사관) 2007년 同보건의료정책본부 의료정책팀장 2008년 보건복지가족부 보건의료정책과장 2009년 同보건산업정책국장 2010년 보건복지부 보건산업정책국장 2010년 同사회복지정책실 사회서비스정책관(고위공무원) 2011년 同연금정책관 2012년 駐제네바 공사 2015년 보건복지부 보건의료정책실 보건의료정책관(현) [상]대통령표창(1998) [저]'객관식 사회학'(共) [종]천주교

김강수(金康洙) KIM Kang Soo

[생]1967·6·24 [주]세종특별자치시 남세종로263 한국개발연구원 국토·인프라정책연구부(044-550-4175) [학]1993년 한양대 공대 도시공학과졸 1995년 서울대 환경대학원 환경계획학과졸 1998년 교통학박사(영국 리즈대) [경]2000년 한양대·서울시립대·성균관대 시간강사 2004년 교통개발연구원 연구위원, 同국가교통DB센터장, 한국개발연구원(KDI) 재정투자평가실 연구위원, 同민간투자지원실장 2013년 同공공투자관리센터 소장 2016년 同국토·인프라정책연구부장(현) [상]한국개발연구원장표창 [저]'공간분석기법(共)'(2004)

김강욱(金康旭) KIM Kang Uk

[생]1958·7·6 [본]순천(順天) [출]경북 안동 [주]대전 서구 둔산중로78번길15 대전고등검찰청 검사장실(042-470-3201) [학]1977년 경북고졸 1982년 서울대 법학과졸 1984년 숭실대 대학원 법학과졸 [경]1987년 사법시험 합격(29회) 1990년 사법연수원 수료(19기) 1990년 부산지검 동부지청 검사 1992년 대구지검 김천지청 검사 1994년 서울지검 북부지청 검사 1996년 부산지검 검

사 1998년 서울지검 서부지청 검사 2000년 예금보험공사 파견(법률자문위원) 2001년 同부실채무기업특별조사단장 겸 특별조사1국장 2002년 대구지검 상주지청장 2004년 서울중앙지검 특수1부 부부장검사 2004년 미국 뉴욕주립대 방문학자 2007년 대검찰청 중수2과장 2008년 대통령 민정수석비서관실 민정2비서관 2008년 법무연수원 연구위원 2009년 서울중앙지검 금융조세조사1부장 2009년 법무부 대변인 2010년 서울동부지검 차장검사 2011년 수원지검 안양지청장 2012년 법무연수원 연구위원 2013년 同기획부장 2013년 청주지검장 2015년 의정부지검장 2015년 대전고검장(현) [상]홍조근정훈장(2010)

김강정(金康正) KIM Kang Chung

[생]1943·11·28 [본]의성(義城) [출]전북 김제 [주]서울 서초구 서초대로78길42 현대기림오피스텔905호 (사)선진사회만들기연대(02-585-2448) [학]1962년 남성고졸 1967년 연세대 정치외교학과졸 2000년 서울대 경영대학원 최고경영자과정 수료 2001년 연세대 언론홍보대학원 최고위과정 수료 2005년 광주대 언론홍보대학원 언론학과 석사과정 1년 수료 2009년 한양대 언론정보대학원 언론학과졸 2012년 서울대 자연과학대학원 과학기술최고전략과정 수료 [경]1969년 육군 예편(중위) 1970년 MBC 기자 1984년 同뉴욕특파원 1987년 同보도국 특집부장대우(부장직대) 1989년 同보도국 사회부장 1990년 同보도국 경제부장 1991년 同국제부장(부국장대우) 1992년 同보도국 사회·문화·과학·특집담당 부국장 1992년 同제14대 대통령선거방송 준비반장 1994년 同보도제작국장 1996년 同보도국장 1996년 同해설주간 1997년 한국신문방송편집인협회 이사 1997년 MBC 경영이사대우(이사직대) 1998년 同경영본부장(이사) 2001년 同정책기획실장(이사) 2001년 iMBC 대표이사 사장 겸임 2001년 방송위원회 남북방송교류추진위원 2002년 한국방송학회 이사 2002~2005년 목포MBC 대표이사 사장 2003~2004년 한국방송협회 이사 2006~2008년 수협은행 사외이사 2006~2012년 삼성화재해상보험 사외이사 2006~2008년 우석대 신문방송학과 초빙교수 2007~2010년 한국방송광고공사 비상임이사 2008~2011년 경원대(現 가천대) 신문방송학과 교수 2008년 학교법인 운산학원 이사(현) 2009~2016년 동아원(주) 사외이사 2009년 (사)선진사회만들기연대 공동대표(현) [상]대통령표창(1982), 국민훈장 석류장(1983) [저]'더 좋은 사회를 위하여(共)'(2012) [종]기독교

김강준

[생]1961·6·10 [주]서울 강동구 상일동500 삼성GEC(02-2053-3000) [학]서강대 경영학과졸 [경]삼성전자(주) 자금 및 지원그룹 근무, 同지원그룹장, 同SAMEX지원팀장(상무) 2015년 제일모직 전무 2015년 삼성물산(주) 패션부문 경영지원담당 전무 2015년 삼성엔지니어링 재무지원실장(현)

김강회(金剛會) KIM Kang Hoe

[생]1950·7·13 [본]안동(安東) [출]강원 강릉 [주]강원 강릉시 강릉대로419번길42 강릉동인병원 산부인과(033-650-6225) [학]1969년 강릉고졸 1976년 가톨릭대 의대졸 2003년 서울대 보건대학원 의료정책최고위과정 수료 [경]1976년 의사면허 취득 1983년 산부인과 전문의 자격 취득 1983년 서울대병원 전공의 수료 1983년 춘천의료원 산부인과 의사 1986년 김산부인과의원 원장 1995~2007년 강릉의료원 원장 2004년 대한공공의학회 회장 2006년 同고문 2007~2013년 동해동인병원 원장 2013년 강릉동인병원 산부인과장(현)

김강희(金江熙) KIM Kang-Hee

[생]1930·10·15 [출]전북 정읍 [주]부산 강서구 녹산산단261로7 동화엔텍 회장실(051-970-0700) [학]1956년 한국해양대 기관학과졸 1965년 부산대 경영대학원졸 2001년 명예 경영학박사(한국해양대) [경]1956년 동서해양(주) 입사 1958~1974년 대한해운공사 근무 1974~1982년 (주)종합해사 대표이사 1981~2001년 (주)동화정기 대표이사 사장 1981~1983년 (주)종합폴스타 대표이사 1982~1987년 (주)종합기계 대표이사 1984년 한국조선기자재공업협동조합 이사 1999년 박용기관학회 회장 2001년 부산시 조선기자재산업추진자문위원회 부위원장 2001년 (주)동화엔텍 대표이사 회장(현) 2002년 한일PHP경영동우회 회장 2002년 STX조선협력회 회장 2004년 부산시 강서구 통합방위협의회 위원 2004년 (사)부산과학기술협의회 최고기술경영자(CTO)평의회 회원 2005년 (사)부산중국포럼 회장 2008년 기업은행 '중소기업인 명예의 전당' 헌정 2012년 한국녹색산업기술연구조합 이사장 [상]상공자원부장관표창(1987), 현대중공업 품질관리부문 최우수상(1989), 노동부장관표창(1991), 1천만불 수출탑(1995), 철탑산업훈장(2002), 산업포장

김거성(金巨性) KIM Geo Sung

[생]1959·3·9 [본]김녕(金寧) [출]전북 익산 [주]경기 수원시 장안구 조원로18 경기도교육청 감사관실(031-249-0130) [학]1976년 한성고졸 1982년 연세대 신학과졸 1985년 同대학원 신학과졸 1995년 한국외국어대 정책과학대학원 외교안보학과 수학 2009년 신학박사(연세대) [경]1977년 긴급조치 제9호 위반으로 1차 투옥 1979년 2차 투옥 1980년 광주민주화운동관련 투옥 1986년 한국기독교장로회 목사 안수(서울노회) 1987년 이한열추모사업회 사무국장 1989년 한국기독교장로회 구민교회 담임목회자(현) 1990년 전국민족민주운동연합 상임집행위원·인권위원 1992년 전국민주화운동유가족협의회후원회 부회장 1993년 민주주의민족통일 경기북부연합 상임의장 1994년 통일맞이칠천만겨레모임 사무총장 1994~2000년 인권운동사랑방 자문위원 1996년 구리남양주시민모임 의장(제1·2·5대)·고문(현) 1997년 통일시대민주주의국민회의 조직위원장 1998년 자주평화통일민족회의 사무처장·집행위원 1998년 민주개혁국민연합 기획조정위원장 1999~2003년 민주평통 자문위원 1999년 반부패국민연대 사무총장 2000년 국무조정실 부패방지대책협의회 위원 2000년 제2의건국범국민추진위원회 중앙위원 2000년 행정개혁위원회 위원 2003년 건설교통부 부패방지추진기획단 위원 2003년 국제투명성기구(TI) Board Accreditation Committee 위원 2004년 행정자치부 주민감사청구심의회 위원 2004년 2004총선물갈이국민연대 공동집행위원장 2004년 고구려역사문화재단 이사 2004년 국방획득제도개선위원회 위원 2004년 조달청 조달혁신자문위원 2004년 국제투명성기구(TI·Transparency International) 이사 2005년 국민체육진흥공단 비상임이사 2005년 부패방지위원회 비상임위원 2005년 국가청렴위원회 비상임위원 2005년 투명사회협약실천협의회 상임집행위원 2005년 민주평통자문회의 구리시협의회장 2007~2014년 한국투명성기구(국제투명성기구 한국본부) 회장 2007년 UN글로벌컴팩트 한국협회 이사 2010~2014년 민주화운동기념사업회 이사 2010년 구리혁신교육공동체 상임대표 2010년 서대문도시관리공단 이사회 의장 2012년 경찰청 경찰쇄신위원 2012년 同시민감찰위원회 위원장 2012년 국제투명성기구(TI) 아시아태평양지역 자문위원 2013년 5.18기념재단 이사 2013~2014년 연세민주동문회 회장 2013년 사회복지법인 송죽원 대표이사(현) 2014년 경기도교육청 감사관(현) 2016년 한신대 외래교수(현) [상]서울정책인대상(2002, 공동수상), 민주평통자문회의 의장표창(2006), 국민훈장 모란장(2006) [저]'반부패 투명사회'(2009) [종]기독교

김 건(金 健) Kim, Gunn

[생]1966·10·10 [출]부산 [주]서울 종로구 사직로8길 60 외교부 인사운영팀(02-2100-7136) [학]1989년 서울대 정치학과졸 1994년 미국 뉴욕주립대 대학원 정치학과졸 [경]1989년 외무고시 합격(23회) 1989년 외무부 입부 1995년 駐미국 2등서기관 1998년 駐코트디부와르 1등서기관 2003년 駐중국 1등서기관 2007년 외교통상부 북핵협상과장 2008년 駐인도네시아 참사관 2010년 대통령 외교안보수석비서관실 파견 2013년 외교부 북미국 심의관 2015년 同한반도평화교섭본부 북핵외교기획단장 2016년 駐벤쿠버 총영사(현)

김건상(金鍵相) KIM Kun Sang

[생]1945·1·24 [본]정주(貞州) [출]서울 [주]서울 영등포구 국회대로76길10 10층 의료기관평가인증원 이사장실(02-2076-0605) [학]1963년 경북고졸 1969년 서울대 의대졸 1972년 同대학원졸 1978년 의학박사(서울대) [경]1975년 국군수도통합병원 방사선과장 1977~1988년 중앙대 의대 진단방사선과학교실 전임강사·조교수·부교수 1988년 同교수 1989~1992년 대한초음파의학회 이사장 1990년 일본 게이오대 교환교수 1994년 대한초음파의학회 회장 1995년 대한의학회 이사 1995~1998년 한국의사국가시험원 자료개발국장 1996~2000년 대한방사선의학회 이사장 1997~1999년 중앙대 의료원장 1997년 대한병원협회 이사 1998년 한국보건의료인국가시험원 전문위원 2000년 대한의학회 부회장 2000~2003년 대한PACS학회 회장 2002~2005년 대한병원협회 병원신임위원회 부위원장 2004~2005년 한국보건의료인국가시험원 의사시험위원장 2005~2007년 同이사 2005년 대한의사협회 의료정책연구소장 2006~2009년 대한의학회 회장 2006년 중앙대 영상의학과 교수 2009~2012년 한국보건의료인국가시험원 원장 2012년 의료기관평가인증원 원장 2013년 同이사장(현) 2016년 건강보험심사평가원 미래전략위원회 위원장(현) [상]대한방사선의학회 학술상(1988), 인당의학교육대상(2012) [저]'진단방사선 원리' '서양의학용어 뿌리찾기'(2002, 대학서림) [역]'Textbook of Radiology' [종]천주교

김건수(金建洙) KIM GUN SOO

[생]1960·2·25 [본]김해(金海) [출]서울 [주]서울 종로구 북촌로112 감사원 감사연구원 연구1팀(02-2011-3021) [학]1979년 경기고졸 1984년 성균관대 농업경제학과졸 1986년 同대학원 농업경제학과졸(석사) 1996년 농업경제학박사(성균관대) [경]1990년 한국개발연구원 연구원 1991년 한국농촌경제연구원 연구원 1992년 한국조세연구원 주임연구원 1999년 한국자산관리공사 근무(팀장) 2005년 감사원 근무 2014년 同감사연구원 연구1팀장(현)

김건수(金健洙) KIM Kun Soo

[생]1960·8·16 [출]서울 [주]서울 강남구 테헤란로87길36 도심공항타워 법무법인 로고스(02-2188-2819) [학]1978년 성남고졸 1983년 한양대 법대졸 1988년 同대학원 법학과졸 [경]1982년 사법시험 합격(24회) 1984년 사법연수원 수료(14기) 1985년 軍법무관 1988년 인천지법 판사 1990년 서울민사지법 판사 1992년 전주지법 군산지원 판사 1995년 서울지법 동부지원 판사 1997년 서울고법 판사 1998년 광주고법 판사 2000년 전주지법 부장판사 2002년 수원지법 부장판사 2004년 서울중앙지법 부장판사 2007년 서울서부지법 부장판사 2008~2009년 同수석부장판사 2009년 법무법인 로고스 변호사 2014년 同경영대표변호사(현) [종]기독교

김건식(金建植) KIM Kon Sik

[생]1955·1·10 [본]청주(淸州) [출]전남 [주]서울 관악구 관악로1 서울대학교 법학전문대학원(02-880-7581) [학]1973년 경기고졸 1977년 서울대 법학과졸 1979년 同대학원 법학과졸 1980년 미국 하버드대 대학원졸 1995년 법학박사(미국 워싱턴대) [경]1981~1982년 김앤장법률사무소 근무 1985년 미국 뉴욕주 변호사시험 합격 1986년 미국 워싱턴주립대 법대 강사 1986년 서울대 법과대학 전임강사·조교수·부교수·교수(현) 1990년 독일 뮌헨대 훔볼트재단 방문연구원 1994~1995년 서울대 법과대학 부학장 1995~1996년 일본 동경대 대학원 법학정치학연구과 객원조교수 1997년 홍콩 성시대 법학부 객원교수, 미국 하버드대 법대 객원교수, 미국 듀크대 법대 강사 2001~2003년 서울대 법학연구소장 2004~2010년 LG화학 사외이사 2004~2009년 KT 사외이사 2008년 서울대 법과대학장 2008~2010년 법학전문대학원협의회(로스쿨협의회) 이사장 2009년 서울대 법학전문대학원 교수(현) 2008~2010년 同법학전문대학원장 2012~2014년 행정안전부 정보공개위원회 위원장 2013~2014년 한국상사법학회 회장 2014년 사법정책연구원 운영위원회 부위원장(현) 2014~2015년 법무부 정책위원회 위원 2014년 Global Corporate Governance Colloquia 이사(현) [상]서울대총장표창(2006), 황조근정훈장(2012) [저]'미국증권법'(1996) '민법주해XVI'(1997) '회계사의 손해배상책임'(1998) '증권제도발전방향'(1998) '금융거래법강의'(1999) '주석상법(共)'(1999) '증권거래법'(2000·2004) '주석상법'(2003) '자본제도와 유연한 회사법'(2003) '채권결제제도의 개혁 : 일본의 예를 중심으로'(2003) [역]'주식회사법리의 새로운 경향'(共) [종]천주교

김건식(金建植) Kim Keon-Sik

[생]1957·1·11 [주]서울 동대문구 경희대로23 경희대학교병원 원장실(02-958-8031) [학]경희대 의대졸, 同대학원졸, 의학박사(고려대) [경]경희대 의과대학 마취통증의학교실 교수(현) 2008년 경희의료원 동서의학연구소 부소장 2009~2011년 대한산과마취학회 회장 2010년 경희대병원 QI부장, 同기획진료부원장 2015년 同원장(현)

김건열(金建烈) Kim Keon Yeol

[생]1963·6·21 [주]서울 영등포구 은행로14 KDB산업은행 정책기획부문장실(02-787-4000) [학]1982년 대구고졸 1986년 서울대 경제학과졸 [경]1989년 KDB산업은행 입행 1999년 同국제업무부 대리 2000년 同싱가폴지점 대리 2004년 同조사부 차장 2006년 同경영혁신단 팀장 2007년 同경영전략부 팀장 2009년 산은금융지주 조직·대외협력팀장 2010년 KDB산업은행 기업금융3부 팀장 2011년 同기업금융1부 총괄팀장 2013년 同여수신기획부장 2014년 同비서실장 2016년 同기획조정부장 2016년 同정책기획부문장(부행장)(현)

김건영(金建泳) KIM Gun Young

[생]1960·6·26 [출]강원 춘천 [주]강원 춘천시 중앙로105 NH농협은행 강원영업본부(033-254-5071) [학]춘천고졸, 강원대 토지행정학과졸, 건국대 행정대학원 행정학과졸 [경]농협중앙회 강원지역본부 양구군지부·자재과 대리, 同원주지점장, 同강원지역본부 저축금융팀장·농업금융팀장, 同원주학성동지점장 2011년 同평창군지부장 2013년 NH농협은행 업무지원부장 2015년 同강원영업본부장(부행장보)(현) [종]가톨릭

김건오(金建吾) KIM Keon O

[생]1958·10·23 [출]경기 고양 [주]서울 영등포구 여의대로128 LG화학 임원실(02-3773-3172) [학]명지고졸, 1985년 연세대 경영학과졸, 미국 뉴욕주립대 대학원 경영학과졸 [경]LG반도체(주) 독일지사 관리담당, LG전자(주) 국제금융부장, 한국전기초자(주) 비상근 감사, LG전자(주) 중국경영관리팀장(상무), 同BS사업본부 BS경영관리팀장(상무) 2010년 (주)LG생활건강 최고재무책임자(상무) 2013~2016년 LG화학 금융담당 상무 2016년 同해외법인관리혁신TFT 상무(현)

김건일(金建一) KIM Kun Il

[생]1958·4·30 [주]제주특별자치도 제주시 서사로154 한라일보 임원실(064-750-2110) [학]제주대 사회학과졸, 同일반대학원 언론홍보학과 수료 [경]1987년 제주MBC 보도국 보도부기자 2001년 同보도국 취재부 차장대우 2003년 同보도국 취재부 차장 2005년 同보도국 취재부 부장대우 2006년 同기획보도부장 2007년 同보도국 취재부장 2008~2009년 同보도팀장 2009년 同보도제작국 부국장대우 2009년 同보도제작국장 2010~2011년 同경영기술국장 2013년 한라일보 부사장 2014년 同대표이사 사장(현) [상]'한국기자상'(1991) '이달의 기자상'(1991·1998) '제주도기자상'(1997) '서귀포문학 신인상'(2003)

김건중 Kim Geon Jung

[생]1958 [주]경기 수원시 팔달구 효원로1 경기도청 농정해양국(031-8008-2600) [학]경희대 경영학과졸, 한국방송통신대 경제학과졸 [경]1980년 경기도 반월지구출장소 재무과 근무, 同교통계획과 근무 2010년 同대중교통과장 2011년 同교통정책과장 2012년 同문화산업과장 2014년 同팔당수질개선본부장 2015년 경기 양주시 부시장 2015~2016년 同시장 권한대행 2016년 경기도 농정해양국장(현) [상]내무부장관표창, 우수공무원 국무총리표창

김건철(金健哲) KIM Kun Chul

[생]1958·11·18 [주]대전 유성구 대학로99 충남대학교 화학과(042-821-5475) [학]1981년 서울대 화학과졸 1983년 同대학원졸 1989년 이학박사(미국 예일대) [경]1992~1996년 한효과학기술원 차장 1996년 충남대 화학과 조교수·부교수·교수(현) 2014~2016년 同공동실험실습관장 2016년 同자연과학대학장(현) [저]'표준일반화학실험'(1998, 대한화학회)

김건태(金建泰) KIM Gun Tai

[생]1953·2·14 [본]김해(金海) [출]경기 수원 [주]경기 안산시 상록구 한양대학1길60 수원교구청 안산대리구(031-415-9604) [학]1970년 성신고졸 1977년 가톨릭대 신학과졸 1982년 프랑스 파리가톨릭대 대학원졸 1998년 신학박사(프랑스 파리가톨릭대) [경]1984~1999년 수원가톨릭대 전임강사·조교수·부교수 1986·1998년 同도서관장 1996년 同학생처장 1999년 同교수 1999~2000년 同교무처장 2002~2006년 同총장 2003년 한국가톨릭신학학회 부회장 2007~2009년 수원가톨릭대 대학원장 2009년 분당성바오로성당 주임신부 2014년 천주교 수원교구청 안산대리구장(현) [상]가톨릭신문사 제12회 한국가톨릭학술상 본상(2008), 황조근정훈장(2010) [저]'예언자의 법과 정의 개념'(2006, 수원가톨릭대 출판부) '에제키엘과 개별책임성'(2009, 수원가톨릭대 출판부) '주석성경'(2010, 한국천주교주교회의) [역]'Cahiers Evangile 시리즈'(가톨릭출판사) '모세오경'(가톨릭출판사) 등 9권 [종]가톨릭

김건희(金建熙) Kim, Kun-hee

[생]1948·9·26 [출]서울 [주]서울 강남구 봉은사로418 HS타워4층 (주)피데스개발 회장실(02-567-7700) [학]1973년 서울대 건축학과졸 [경]1975~1976년 한국전력 원자력건축담당 1976년 (주)대우건설 입사 1988년 同리비아현장 근무 1992년 同주택사업담당 이사 1995년 同이사 2001년 同상무이사 2003~2004년 同전무이사 2005년 (주)피데스개발 대표이사 회장(현) [상]대통령표창(1989), 산업포장(2002), 경기도 건축문화상(2009), 한경 주거문화대상(2009), 녹색건설대상(2009) [종]기독교

ㄱ

김건희(金建姬·女) KIM Gun Hee

생1958·2·5 출서울 주서울 도봉구 삼양로144길33 덕성여자대학교 자연과학대학 식품영양학과(02-901-8496) 학1977년 진명여고졸 1982년 덕성여대 식품영양학과졸 1984년 同대학원 식품영양학과졸 1991년 식품공학박사(호주 뉴사우스웨일스대) 경1984~1987년 한국소비자연맹 식품실험실 실험간사 1988~1993년 호주 뉴사우스웨일스대 연구과학자 1993년 덕성여대 식품영양학과 조교수·부교수·교수(현) 1995년 미국 하와이대 Visiting Scholar 1996년 호주 뉴캐슬대 Visiting Scholar 1998년 호주 뉴사우스웨일스대 식품과학과 Visiting Scholar 1999년 미국 농무성 방문과학자 2000~2002년 일본 Hokkaido대 교환교수 2002~2013년 베트남·부르나이·캄보디아·싱가포르·태국·말레이시아·미얀마·인도네시아 ASEAN 식품자문위원 2003~2005년 농림품부 농업과학기술정책심의회 위원 2003~2014년 대한보건학회 학술지편집위원 2003년 대한영양사협회 정책자문위원(현) 2003~2014년 국립중앙도서관 외국자료추천위원 2003~2005·2010년 동아시아식생활학회 편집위원 2004~2006년 보건복지부 식품위생심의위원 2004년 덕성여대 식물자원연구소장(현) 2005~2007년 식품의약품안전처 고시HACCP적용기준심의기구 위원 2005~2006년 한국학술진흥재단 심사평가위원 2005년 서울 강북구 여성발전기금운용심의위원회 위원 2006~2013년 지식경제부 기술표준원 국제표준부식품분야 전문위원 2006~2012년 보건복지부 건강기능식품심의위원회 위원 겸 표시광고분과위원장 2007년 한국식품영양학회 학술간사 2007~2008년 식품의약품안전처 행정처분사전심의위원회 위원 2007년 한국식품영양학회 부회장 2007년 ILSI KOREA 과학자문위원 2008년 농림바이오기술산업화지원사업 전문보안심의회·연구윤리위원회 위원 2008년 농림수산식품부 농림기술관리센터 유통저장분야 전문위원 2008~2010년 식품의약품안전처 연구윤리심의위원장 2008~2010년 同안전연구정책심의위원 2008년 기능성표시광고심의위원회 위원 2009~2010년 한국식품위생안전성학회 부회장 2009~2010년 한국식품저장유통학회 부회장 2009년 전국대학교식품영양학과교수협의회 회장 2009년 식품의약품안전처 식품영양성분국가관리망(NLS)구축을위한분석결과검토 자문위원(현) 2009~2010년 한국영양학회 정책이사 2009~2010년 한국식품조리과학회 편집위원 2009~2011년 덕성여대 자연과학대학장 2009~2010년 한국보건복지인력개발원 보건교육사자격관리사업 심사위원 2009~2011년 식품의약품안전처 연구개발사업기획전문위원회 위원 2009~2011년 보건의료인국가시험위원회 영양사시험위원회 위원 2010~2012년 식품의약품안전처 R&D기획단 영양기능식품운영위원장 2011~2014년 한국산업기술평가관리원 지식경제기술혁신평가단 위원 2011~2012년 한국식품위생안전성학회 회장 2011~2013년 덕성여대 산학협력단장 2011~2012년 한국식품조리과학회 부회장 2011~2012년 식품의약품안전평가원 연구개발사업기획전문위원회 위원 2012~2015년 나트륨줄이기운동본부 가공식품분과위원 위원 2012년 대한영양사협회 상임이사(현) 2013~2015년 산업통상자원부 기술표준원 국제표준서식품분야 전문위원 2013년 한국영양학회 서울지부장(현) 2013년 한국식품위생안전성학회 감사(현) 2013년 농림수산식품기술기획평가원 고부가가치식품기술개발사업기술기획자문위원회 위원(현) 2013년 식품의약품안전처 어린이기호식품품질인증 심사위원장(현) 2014년 한국식생활문화학회 편집위원장(현) 2014년 한국식품영양학회 부회장 2014년 대한지역사회영양학회 사업간사(현) 2014년 대한영양사협회 학술지편집위원장 2014~2015년 식품의약품안전처 중앙급식관리지원센터 설립위원 2015년 同운영위원(현) 2016년 대한영양사협회 영양사학술대회추진위원장(현) 2016년 농림수산식품기술기획평가원 비상임이사(현) 상International Congress on Function Foods and Nutraceuticals 우수논문상(2004), 과학기술우수논문상(2006), 근정포장(2008), International Peace Prize(2008), 한국학술재단 학술연구조성사업 우수성과사례인증(2008), 인계식품화학상, 한국식품과학회상(2011), 농림수산식품과학기술대상(2011), 한국외식경영학회 공로상(2013), 한국식품위생안전성학회 공로상(2013), NewsMaker 2013 대한민국을이끄는혁신리더 식품영양학부문(2013), 미래창조과학부 안전관리우수연구실인증(2014) 전'농산물저장유통편람'(1998) '식품영양실험핸드북'(2000) '천연방향소재탐색 및 활용'(2003) '한국식품연감'(2003) 'Postharvest Technology of Fresh Produce for ASEAN Countries. Korea Food Research Institute'(2003) '식품화학(Food Chemistry)'(2011) '기능성 채소와 과일'(2012) 'Food Hygiene(재미있는 식품위생학)'(2012)

김 견(金 堅)

생1962·4·22 출서울 주서울 서초구 헌릉로12 현대자동차(주) 인사팀(02-3464-1272) 학우신고졸, 서울대 경제학과졸, 경제학박사(서울대) 경현대자동차(주) 차량정보기획팀장(이사대우) 2007년 기아자동차(주) 경영전략실장(이사대우) 2008년 同경영전략실장(이사) 2010년 同경영전략실장(상무) 2012년 同경영전략실장(전무), 同기획실장(전무) 2015년 同기획실장(부사장) 2015년 현대자동차그룹 동풍열달기아(둥펑위에다기아) 총경리(현)

김견택(金見澤) KIM Gyeon Taeg

생1963·11·3 본김해(金海) 출제주 제주시 주서울 영등포구 의사당대로1 국회사무처 정책연구위원실(02-788-2001) 학1982년 제주농고졸 1987년 제주대 관광학과졸 경1987년 해병 소위 임관 1992년 예편(해병 대위) 1995~1996년 민주자유당 제주도지부 간사 1996~2002년 신한국당 제주도지부 조직부장 2002~2006년 한나라당 제주도지부 조직부장 2006년 同제주도당 사무부처장 2009년 同제주도당 사무처장 직대 2010년 국회 정책연구위원(2급), 국회 행정안전위원회 전문위원, 국회 중앙연수원 연수국장 2011년 국회 환경노동위원회 수석전문위원 2012년 새누리당 환경노동위원회 수석전문위원 2013년 同제주도당 사무처장 2015년 同국방위원회 수석전문위원 2015년 同연수국장 2016년 同국방위원회 수석전문위원(현) 2016년 국회 정책연구위원(1급 상당)(현) 종불교

김 경(金 敬) Kim Gyeong

생1965·3·23 출경북 주서울 서초구 서초중앙로157 서울중앙지방법원(02-530-1114) 학1984년 한영고졸 1988년 서울대 법학과졸 1991년 同대학원 법학과졸 경1992년 사법시험 합격(34회) 1995년 사법연수원 수료(24기) 1998년 서울지법 북부지원 판사 2000년 서울지법 판사 2002년 청주지법 판사 2005년 의정부지법 판사 2006년 서울고법 판사 2008년 서울동부지법 판사 2010년 청주지법 부장판사 2011년 의정부지법 고양지원 부장판사 2014년 서울북부지법 부장판사 2016년 서울중앙지법 부장판사(현)

김경갑(金京甲) KIM Kyung Kap

생1957·3·2 본김해(金海) 출부산 주서울 강남구 테헤란로87길22 그린트위드코리아(주) 지사장실(02-566-5244) 학한양대 전자공학과졸, 同경영대학원졸(MBA) 경1993년 슈룸버제코리아 기술부장 1995년 테라다인 이사 2000년 폼팩터코리아 상무이사 2004년 파이컴 전무이사 2005년 그린트위드코리아(주) 지사장(현) 종기독교

김경규(金京圭) KIM Kyoung Kyu

생1953·7·1 본김녕(金寧) 출서울 주서울 서대문구 연세로50 연세대학교 정보대학원(02-2123-4525) 학1976년 서울대 경영학과졸 1984년 미국 Univ. of Utah 대학원 경영학과졸 1986년 경영학박사(미국 Univ. of Utah) 경1980년 한국과학기술원(KAIST) 전산개발센터 연구원 1986~1989년 미국 Pennsylvania State Univ. 조교수 1989~2001년 인하대 경영학부 교수 1989년 한국경영정보학회 회원 2001년 연세대 정보대학원 교수(현) 2012~2014년 同정보대학원장 전'경영자를 위한 정보시스템 입문' '경영전산개론(共)' '유비쿼터스 패러다임과 u-소사이어티(共)' '정보시스템 관리(共)'

김경규(金瓊圭) KIM Kyung Kyu

생1964·4·11 출경기 주세종특별자치시 다솜2로94 농림축산식품부 식품산업정책실(044-201-2101) 학1982년 경동고졸 1986년 고려대 경영학과졸 1994년 영국 버밍햄대 대학원 경제학과졸 경2003년 농림부 농업연수부 교육과장 2004년 同국제농업국 국제협력과장 2005년 同축산국 축산정책과장 2007년 同농업구조정책국 구조정책과장(부이사관) 2008년 농림수산식품부 유통정책팀장 2009년 同유통정책단장(고위공무원) 2009년 同농업정책국장 2010년 駐미국대사관 파견 2013년 농림축산식품부 식량정책관 2015년 한국식품연구원 객원연구원 2016년 농림축산식품부 식품산업정책실 식품산업정책관 2016년 同식품산업정책실장(현) 상홍조근정훈장(2014)

김경근(金景根) KIM Kyong Kun

생1939·1·15 본경주(慶州) 출평남 평양 주서울 성북구 안암로145 고려대학교(02-3290-1114) 학1958년 용산고졸 1964년 한국외국어대 독어학과졸 1975년 언론학박사(독일 뮌헨대) 경1964년 駐한국 독일대사관 문정관실 근무, 독일 학술교류처(DAAD) 초청 장학금 도독 1967~1969년 독일 뮌헨대 학문조교 1969~1974년 同신문연구소 자료과장 1975~2004년 고려대 정경대학 조교수·부교수·교수 1981년 독일 Adenauer재단 연구교수 1982~1984년 고려대 교육매체연구실장·대학교육협의회 편집위원 1990~1992년 국토통일원 정책자문위원 1993~1994년 독일 뮌헨대 연구교수 2000~2002년 고려대 언론대학원장 2004년 同명예교수(현) 2006년 전국동시지방선거방송심의위원회 위원장 2007~2009년 한국방송영상산업진흥원(現 한국콘텐츠진흥원) 이사장 상근정

포장(2004) [저]'언론현상과 언론정책'(1984) '한국언론과 민주언론'(1988) '저널리즘의 현실과 이상'(2000) '동토에서 피어난 정치풍자'(2004) [역]'생의 한가운데'

김경근(金慶根) KIM Kyung Keun

[생]1952·7·6 [본]광산(光山) [출]대구 [주]서울 서초구 남부순환로294길33 (사)한국외교협회(02-2186-3600) [학]1975년 고려대 법학과졸 1985년 미국 펜실베이니아대 대학원 국제관계학 수료 [경]1974년 외무고시 합격(8회) 1978년 駐뉴욕 부영사 1981년 駐사우디아라비아 2등서기관 1987년 駐싱가포르 1등서기관 1990년 외무부 홍보과장 1991년 同법무담당관 1993년 駐벨기에 참사관 1995년 駐이스라엘 공사참사관 1997년 외무부 기획관리실 제2기획심의관 1998년 駐태국 공사·UN아시아태평양 경제사회이사회(ESCAP) 상주대표 2000년 외교통상부 재외국민영사국장 2002년 駐요르단 대사 2005년 재외동포재단 기획이사 2007년 駐뉴욕 총영사 2010년 재외동포재단 기획이사 2011~2013년 同이사장 2014년 (사)한국외교협회 부회장(현) 2014년 대구가톨릭대 정치외교학과 초빙교수(현) [상]요르단왕국 1등독립훈장(2005), 홍조근정훈장(2010)

김경길(金耕吉) KIM Kyung Kil

[생]1945·4·7 [본]경주(慶州) [출]충남 [주]서울 서초구 매헌로16 하이브랜드빌딩4층 오픈베이스 부회장실(02-3404-5700) [학]1963년 경기고졸 1967년 서울대 상대 상학과졸 1969년 서울대 경영대학원졸 1973년 미국 뉴욕대 대학원 MBA FINANCE졸 [경]1970년 (주)쌍용 뉴욕주재원 1972년 同부장대리 1975~1990년 미국 NAC. Inc 사장 1991~2002년 삼화상호신용금고 대표이사 사장 1992~1994년 민주평통 자문위원(6·7대) 1995~2001년 전국상호신용금고연합회 서울지부장 1997~2001년 同운영심의위원회 부의장 1998년 이수중학교 운영위원장 2002~2006년 (주)B.A.G. 회장 2008년 (주)Openbase 감사(부회장)(현) [상]석탑산업훈장(1985) [종]천주교

김경대(金敬大) KIM Kyung Dae

[생]1963·4·23 [출]대구 [주]경북 의성군 의성읍 군청길67 대구지방법원 의성지원(054-830-8030) [학]1982년 대륜고졸 1989년 서울대 국사학과졸 [경]1995년 사법시험 합격(37회) 1998년 사법연수원 수료(27기) 1998년 대구지법 예비판사 2000년 同판사 2001년 同경주지원 판사 2003년 대구지법 판사 2005년 同가정지원 판사 2007년 대구지법 판사 2010년 대구고법 판사 2012년 대구지법 가정지원 판사 2013년 울산지법 부장판사 2015년 대구지법·대구가정법원 의성지원장(현)

김경덕(金曝德) Kyeong Deog, Kim

[생]1966·4·4 [출]경남 거제 [주]서울 강남구 강남대로298 푸르덴셜타워12층 델코리아 비서실(02-2194-6102) [학]부산 브니엘고졸, 서울대 공대 산업공학과졸, 세종대 경영전문대학원 Sejong-Syracuse MBA [경]1995년 한국IBM(주) 제조사업부 영업담당 과장 2000년 시스코코리아 영업담당 부장 2005년 同제조사영업총괄 이사 2007년 同대기업영업총괄 상무 2010년 同채널영업총괄 상무 2011년 델코리아 영업총괄 부사장 2013년 同대표이사 사장(현)

김경도(金京道) KIM Kyung Do

[생]1954·10·24 [출]서울 [주]서울 동작구 흑석로102 중앙대학교병원 비뇨기과(02-6299-1806) [학]1979년 서울대 의대졸 1982년 同대학원졸 1988년 의학박사(서울대) [경]1980~1983년 서울대병원 비뇨기과 전공의 1983~1986년 의정부도립병원 군의관 1986년 중앙대 필동병원 비뇨기과 임상강사 1987년 同용산병원 비뇨기과 임상강사 1988~1991년 同의대 비뇨기과 조교수 1991~1992년 미국 캘리포니아대 소아비뇨기과 교환교수 1992년 중앙대 의과대학 비뇨기과학교실 부교수·교수(현) 1999~2004년 同용산병원 비뇨기과장 2004~2005년 同의료원 기획실장 2009~2014년 同병원 진료부원장 [저]'요로감염(共)'(2004) '요로감염II(共)'(2005) '비뇨기과학(共)'(2007) '소아비뇨기과학 핸드북(共)'(2008)

김경동(金璟東) KIM Kyong-Dong (浩山·如山·智村)

[생]1936·11·11 [본]안동(安東) [출]경북 안동 [주]서울 관악구 관악로1 서울대학교 사회과학대학(02-880-6401) [학]1955년 계성고졸 1959년 서울대 문리대 사회학과졸 1960년 同대학원 사회학과 수료 1962년 미국 미시간대 대학원 사회학과졸 1972년 사회학박사(미국 코넬대) [경]1961~1967년 서울여대 전임강사·조교수 1965~1966년 미국 하와이대 동서문화센터 연구원 1968~1969년 서울대 문리대학 전임강사 1971~1977년 미국 노스캐롤라이나주립대 전임강사·조교수·부교수 1977년 서울대 사회과학대학 부교수 1982~2002년 同사회학과 교수 1983~1986년 同사회과학연구소장 1984~1994년 서울시 도시계획위원 1986~1987년 미국 윌슨센터 연구교수 1987~1989년 서울대 기획실장 1989년 한국사회학회 회장 1991년 프랑스 사회과학대학원(EHESS) 초빙교수 1991~1993년 (재)서울대발전기금 상임이사 1992~1994년 서울대총동창회 부회장 1993~1995년 공연윤리위원 1994~1997년 통일원 통일정책평가위원 1995년 국무총리실 안전관리자문위원회 부위원장 1996·1998년 미국 듀크대 초빙교수 1996년 同아·태연구소 겸직교수 1999년 한국정보사회학회 초대 이사장, 同명예회장, 同고문(현) 1999년 미국 인물연구소 선정 '500인의 영향력 있는 지도자' 피선 2000~2005년 시민사회포럼 대표 2001~2012년 한국개발연구원(KDI) 국제정책대학원 초빙교수 2002년 동연회 회장 2002년 서울대 명예교수(현) 2002년 대한민국학술원 회원(사회학·현) 2002~2004년 국회 공직자윤리위원회 위원 2003~2004년 성숙한사회를가꾸는모임 공동대표 2005~2009년 同상임공동대표 2007~2014년 실천신학대학원대 석좌교수 2007년 同교육이사 2007~2010년 (사)글로벌서울포럼 이사장 2008~2011년 서울시자원봉사센터 이사장 2009~2012년 (사)한국자원봉사포럼 회장 2009년 국무총리실 자원봉사진흥위원회 위원 2009년 미국 세계인명사전 'Marquis Who's Who in the World 2010년판'에 등재 2010년 한국자원봉사협의회 공동대표 2011~2015년 한국과학기술원(KAIST) 경영대학 초빙교수 2013년 (사)한국자원봉사포럼 명예회장(현) 2015년 경희대 평화복지대학원 초빙교수(현) 2015년 한국과학기술원 미래세대행복위원회 위원장(현) [상]중앙문화대상(학술대상)(1993), 자유경제 출판문화상 대통령표창(1995), 성곡학술문화상(2001), 옥조근정훈장(2002), 한국풀브라이트총동문회 '자랑스러운 동문상'(2010), 대한화학회 탄소문화상 대상(2013), 인촌상 인문·사회과학부문(2014) [저]'현대의 사회학' '인간주의 사회학' '발전의 사회학' '노사관계의 사회학' '사회학의 이론과 방법론' '일본사회의 재해관리' '정보사회의 이해' '한국사회변동론' '한국인의 가치관과 사회의식' '선진한국, 과연 실패작인가?' '한국사회발전론' 'The Two Koreas' '급변하는 시대의 시민사회와 자원봉사' 'Social Change in Korea' '기독교공동체운동의 사회학 : Koinonia의 이론과 전략' '자발적 복지사회: 미래지향적 자원봉사와 나눔의 사회학' '한국의 사회윤리' '기독교 공동체운동의 사회학' [역]'경제사회학' '인간불행의 사회학' [작]시집 '너무 순한 아이' '시니시즘을 위하여' 중편소설 '광기의 색조'(2005) 단편소설 '슬픈 코미디'(2006) 중편소설 '유산과 상속의 이름'(2007) 단편소설 '물고기가 사라진 텅 빈 어항'(2007) [종]기독교

김경락(金敬洛) KIM Kyoung Rak

[생]1973·4·26 [출]서울 [주]서울 성북구 화랑로32길76 한화제약(주) 비서실(02-940-0203) [학]1991년 대일외고졸 1999년 서울대 화학과졸 2001년 同대학원 유기화학과졸 2002년 영국 엑스터대 대학원 재무마케팅학과졸 [경]2002년 Servier Lab.Ltd. 입사(마케팅제반 담당) 2003년 사노피아벤티스코리아 입사(영업담당) 2005년 한화제약(주) 마케팅·생산·경영지원담당 임원 2009년 同대표이사 사장(현) 2009년 양지화학(주) 대표이사 사장 겸임(현) 2009년 (주)네츄럴라이프 대표이사 사장 겸임(현)

김경란(金炅蘭·女) KIM Kyung Ran

[생]1969·2·22 [출]경남 마산 [주]서울 광진구 아차산로404 서울동부지방법원(02-2204-2114) [학]1986년 마산여고졸 1990년 서울대 법대졸 [경]1991년 사법시험 합격(33회) 1994년 사법연수원 수료(23기) 1994년 서울민사지법 판사 1996년 서울지법 남부지원 판사 1998년 창원지법 판사 1999년 同함안·의령군법원 판사 2000년 창원지법 판사 2003년 서울지법 동부지원 판사 2005년 서울고법 판사 2007년 대법원 재판연구관 2009년 춘천지법 강릉지원 부장판사 2011년 수원지법 부장판사 2013년 서울행정법원 부장판사 2016년 서울동부지법 부장판사(현)

김경래(金景來) KIM Gyurng Rae (惠岩)

[생]1928·4·3 [본]김해(金海) [출]경남 [주]서울 마포구 양화진길46 100주년선교기념관1층 한국기독교100주년기념재단(02-332-4155) [학]1946년 진주사범학교졸 1966년 연세대 경영대학원 수료 1984년 서울대 행정대학원 국가정책과정 수료, 명예 철학박사(횃불트리니티신학대학원대) [경]1952~1958년 세계일보·중앙일보 기자 1960~1971년 경향신문 정치부장·외신부장·편집부국장·출판국장·사업국장·구미특파원 1971년 同편집국장 1971년 사회통신연구회 회장 1975년 기독실업인회 상임부회장 1975년 문화방송·경향신문 기획실장 겸 연수실장 1977년 同정경연구소 사무국장 1978년 同정경연구소장 1980년 同이사 1981년 대한아이소프라스트 회장 1983년 (주)벽산 상임고문 1983년 한국기독교100주년기념사업협의회 사무총장 1989년 국민일보

이사 논설고문 1989~1999년 기독교보 주필 겸 편집국장 1989~1993년 기독교총연합회 사무총장 1992~1997년 다니엘학교 이사장 1993년 대한예수교장로회 부총회장 1995년 중국 연변·평양과학기술대 발전위원장 1995년 기독교윤리실천운동 재정위원장 1997년 한국기독교언론사연합 총재 2000년 한국기독교장묘문화개선협의회 공동의장 2000년 한국국제기드온협회 전국회장·국제이사 2006년 한국기독교100주년기념재단 상임이사(현) ㈃문화공보부장관표창, 보건사회부장관표창, 대통령표창, 국민대상 '자랑스런 언론인상'(2006), 서울언론인클럽 '한길 언론인상'(2014) ㈄'애국가와 안익태' '기자가 가 본 미국' '의식구조개혁론' '한국기독교백주년총람' '동해물과 백두산이 마르고 닳도록' '청개구리들의 만찬' '세계전쟁사' '정보활용법' '하늘이냐 땅이냐' ㈎'노스트라다무스의 대예언' ㈁기독교

김경래(金璟來) KIM Kyung Rae

㈑1952·12·6 ㈅서울 ㈜서울 강남구 언주로211 강남세브란스병원 내분비내과(02-2019-5000) ㈍1977년 연세대 의대졸 1983년 同대학원졸 1987년 의학박사(연세대) ㈓1980~1981년 원주기독병원 내과 인턴 1981~1984년 연세대 세브란스병원 내과 레지던트 1984~2001년 同의대 내과학교실 내분비과 전임강사·조교수·부교수 1984~1986년 광주세브란스병원 내과 과장 1985년 대한내분비학회 감사 1991~1992년 미국 하버드대부속 Beth Israel병원 교환교수 2001년 연세대 의대 내과학교실 교수(현), 영동세브란스병원 내분비내과 과장, 同내분비당뇨병센터장 2005~2011년 강남세브란스병원 내분비내과 과장 2008년 대한내분비학회 부회장 2010~2013년 강남세브란스병원 건강증진센터장 2012년 同내과부장(현) 2015년 대한내분비학회 회장 ㈄'성인 당뇨병 치료의 기본지식'(1994) '갑상선백과'(1995) '갑상선질환의 올바른 이해와 치료'(2001) '성인 당뇨병 치료의 필수지식'(2003) '갑상선 결절·갑상선암'(2005)

김경록(金敬錄) KIM Gyung Rok

㈑1962·12·9 ㈋김해(金海) ㈅경남 마산 ㈜서울 중구 을지로5길26 미래에셋자산운용(주) 은퇴연구소(02-3774-6695) ㈍1981년 마산고졸 1985년 서강대 경제학과졸 1990년 서울대 대학원 경제학과졸 2001년 경제학박사(서울대) ㈓1990년 장기신용은행 근무 1992년 장은경제연구소 경제실장 1998년 국민은행 경제경영연구소 연구위원 1999년 한국채권연구원 연구위원 2000년 미래에셋투자신탁운용(주) 채권운용본부장·공동대표이사 2000년 기술신용보증기금 자금운용 자문위원 2002년 한국문예진흥위원회 자금운용 자문위원 2004년 미래에셋투자신탁운용(주) 최고운용책임자(상무보) 겸 대표이사 2005년 국민경제자문회의 전문위원 2006년 미래에셋자산운용(주) 채권CIO(상무) 2006년 同채권·금융공학운용부문 대표(전무) 2009년 미래에셋캐피탈(주) 대표이사 2010년 미래에셋자산운용(주) 경영관리부문 대표 2013년 同은퇴연구소장(사장)(현) 2016년 한국주택금융공사 운영위원(현) ㈃제1회 대한민국 증권대상(2004), 금융감독원 상품우수상(2004), 한국시니어산업 대상(2016) ㈄'국채경매방식이 경매수입에 미치는 영향'(2004) '인구구조가 투자지도를 바꾼다'(2006) '뮤추얼펀드산업 핸드북'(2008) '포트폴리오 성공운용'(2010) '1인 1기'(2016) ㈁기독교

김경록(金敬錄) Kim Gyeongrok

㈑1973·5·21 ㈅전남 장성 ㈜서울 마포구 마포대로38 일신빌딩 국민의당(02-715-2000) ㈍1991년 광주문성고졸 1999년 연세대 정치외교학과졸 2005년 同행정대학원 정치학과졸 ㈓1999년 아태평화재단 연구조교 2001년 화해와전진포럼 상임간사 2002년 새천년민주당 정대철 대표 비서 2004년 국회의원 유인태 보좌관 2008년 국회 정책전문위원 2009년 미국 조지타운대 객원연구원 2010년 민주주의친구들 운영위원 2011년 민주당 부대변인 2011년 민주통합당 부대변인 2012년 안철수 진심캠프 기획팀장 2014년 경희사이버대 겸임교수 2015~2016년 (주)휴니드테크놀러지스 사외이사 2016년 국민의당 공보단장 2016년 同대변인(현)

김경룡(金璟龍) KIM Kyung Ryong

㈑1950·6·18 ㈋김해(金海) ㈅경북 포항 ㈜경기 안산시 단원구 번영2로58 시화공단4라201호 국일신동(주) 임원실(031-499-9192) ㈍1975년 성균관대 법정대학 행정학과졸 ㈓(주)삼호 근무, 한국전자부품공업(주) 경리부장·이사·상무이사 1999년 KEP전자(주) 상무이사·전무이사 2001~2002년 (주)고제 대표이사 2003년 (주)에스에스아이티 사장 2004년 (주)폴리사이트 대표이사 2005년 이구산업(주) 부사장 2010년 국일신동(주) 대표이사 2016년 同각자대표이사(현) ㈁불교

김경만(金京萬)

㈑1962·9·23 ㈜서울 영등포구 은행로30 중소기업중앙회 경제정책본부(02-2124-3013) ㈍1982년 광주 사레지오고졸, 한국외국어대 영어과졸 ㈓1989년 중소기업중앙회 입사 2004년 同국제통상팀장 2007년 同비서실장 2009년 同국제통상실장 2010년 同중국한베추진팀장 2011년 同기획조정실장 2012년 同전북지역본부장 2014년 同통상정책실장 2014년 同정책개발2본부장 2014년 同정책개발1본부장 2015년 同경제정책본부장(상근이사) 2015년 同산업지원본부장(상근이사) 2016년 同경제정책본부장(상근이사)(현)

김경묵(金耕默) KIM Kyoung Mook

㈑1959·5·9 ㈋안동(安東) ㈅충북 진천 ㈜서울 마포구 양화로111 지은빌딩3층 지디넷코리아 대표이사실(02-330-0100) ㈍1978년 보성고졸 1983년 건국대 사학과졸 1985년 同대학원 서양사학과졸 2002년 한국과학기술원 정보미디어경영대학원 텔레콤미디어최고경영자과정 수료 2011년 정보경영학박사(호서대 벤처대학원) ㈓1999년 전자신문 인터넷부장 2001년 同디지털경제부장 2002년 同기획심의부장 2002년 同경영기획실 기획담당 2002년 同경영기획실장 직대 2003년 同경영기획실장 2004년 同편집국 IT산업부장(부국장대우) 2005년 同편집국 컴퓨터산업부장 2006년 同편집국 부국장 2007년 同고객서비스국장 2008년 同정보사업국장 2009년 同정보사업국장(이사대우) 2009년 지디넷코리아 편집국장(상무이사) 2010년 同신사업부문장 2011년 同미디어본부장(총괄전무이사) 2012년 同대표이사(현) ㈃기자협회 이달의기자상(1999), 소프트웨어산업육성공로 대통령표창(2006) ㈄'이야기 세계사'(1985) '이야기 러시아사'(1990) 'e비즈니스용어사전'(2000) ㈁기독교

김경묵(金慶默) KIM Gyeong Mook

㈑1962·3·1 ㈋예안(禮安) ㈅경북 의성 ㈜서울 도봉구 삼양로144길33 덕성여자대학교 사회과학대학(02-901-8264) ㈍1980년 영남고졸 1985년 연세대 경영학과졸 1987년 同대학원졸 1997년 경영학박사(연세대) ㈓1987년 삼성생명 근무 1987~1988년 제3사관학교 특수전문요원 1988~1998년 한국신용평가(KIS) 책임연구원 1995년 同평가3실장 1996년 同평가총괄실장 1997~1998년 同평가2팀장 1998~2002년 관동대 경영학과 부교수 1998~1999년 同경영관광학부장 1999년 동촌경제연구소 연구위원 1999~2002년 관동대 경영학과 교수, 同경영학과장 2001년 한국인사조직학회 이사 2001년 한국지식경영학회 이사 2001년 한국전략경영학회 이사 2002~2010년 덕성여대 경상학부 경영학과 부교수 2002년 미국 세계인명사전 Marquis Who's Who in the World에 등재 2004년 덕성여대 경영학과장 2004년 문화산업연구소 상임연구위원 2005년 성과공유제확산추진본부 자문위원 2006년 덕성여대 시설관리처장 2007년 한국경영학회 이사 2007년 선진사회연구원 연구위원 2008년 동반성장공기업부문 평가위원장 2010년 서울지방노동위원회 심판위원 2010년 덕성여대 사회과학대학 경영학전공 교수(현) 2011~2014년 포스코 사랑받는기업연구포럼 위원 2012년 한국지식경영학회 부회장 2012년 산업통상자원부 성과공유제연구회 회장 2013년 세계한류학회(WAHS) 등기이사(현) 2014년 중앙노동위원회 차별시정공익위원 2014년 동반성장위원회 지수위원(현) 2014~2016년 한국인사관리학회 학술위원장 2015년 한국인사조직학회 부회장(현) 2015년 세계고용노동관계학회(ILERA) 부회장(현) 2016년 한국인사관리학회 상임이사(현) 2016년 덕성여대 평의회 위원(현) ㈃지식경영학회 최고논문상(2008) ㈄'Transformative Organizations: Performance Drivers of Corporate Restructuring in Korea' 등 다수 ㈎'경쟁론' '경쟁론Ⅱ' 등 다수 ㈁기독교

김경문(金卿文) KIM Kyeong Mun

㈑1958·11·1 ㈅인천 ㈜경남 창원시 마산회원구 삼호로63 NC다이노스(055-608-8201) ㈍공주고졸 1982년 고려대졸 ㈓1982년 프로야구 OB 베어스 입단 1990년 프로야구 태평양 돌핀스 입단 1991년 프로야구 OB 베어스 입단 1994~1996년 프로야구 삼성 라이온즈 코치 1998년 프로야구 OB 베어스 코치 1999년 프로야구 두산 베어스 코치 2004~2011년 同감독 2005·2007·2008·2016년 프로야구 한국시리즈 준우승 2008년 제29회 베이징올림픽 국가대표팀 감독(금메달 획득) 2008년 한국증권업협회 증권홍보대사 2009년 일구회(프로야구출신 야구인모임) 부회장 2011년 프로야구 NC 다이노스 초대 감독(현) 2016년 프로야구 정규리그 준우승 ㈃제일화재 프로야구대상 프로감독상(2004), 중앙일보 선정 '스포츠지도자 파워랭킹' 1위(2008), 고려대 특별공로상(2009) ㈁불교

김경민(金慶敏) KIM Kyung Min

[생]1954·6·29 [출]부산 [주]서울 성동구 왕십리로222 한양대학교 정치외교학과(02-2220-0828) [학]1974년 부산고졸 1982년 한양대 정치학과졸 1985년 미국 미주리대 대학원 정치학과졸 1989년 정치학박사(미국 미주리대) [경]1989~2001년 한양대 정치외교학과 조교수·부교수 1989~1998년 同국제협력처 제1부처장 1991~1992년 일본 동해대 객원연구원 1992~1993년 일본 릿쿄대 객원연구원 1993~1994년 일본 방위청 방위연구소 객원연구원 1994~1995년 독일 Friedrich Naumann재단 객원연구원 1997~2004년 한국정치학회 이사 1998~1999년 일본 동해대 평화전략국제문제연구소 객원교수 1999~2004년 한국국제정치학회 이사 2001~2004년 한국북방학회 회장 2001년 한양대 정치외교학과 교수(현) 2009~2010년 녹색성장위원회 위원 2010·2012년 국무총리산하 정부업무평가위원회 민간위원 2014년 산업통상자원부 원자력발전전문위원회 위원장(현) 2014년 한국동서발전(주) 비상임이사(현) 2015년 한국방송공사(KBS) 이사(현) [상]우수저술학술상(1996), 한국과학기자협회 과학과사회소통상(2010), 대한민국 과학문화상 문화창달부문(2011), 한국항공우주연구원 우주과학소통상(2014), 한국원자력학회 원자력과사회소통상(2014) [저]'일본이 일어선다'(1995) '해양력과 국가경제'(1996) '세계화, 지방화 그리고 민주화'(1996) '다시 일어나는 군사대국 일본'(1996) '신 해양질서와 해군의 진로'(1997) '일본인도 모르는 일본'(1998) '일본 원자력 정책 방향에 관한 연구'(2001) '미국 부시행정부의 핵에너지 정책과 핵안보전망'(2001) '자위대 어디까지 가나'(2003) [역]'현대정치학'(1994)

김경배(金景培) KIM Kyung Bai (韶荷)

[생]1940·12·9 [본]김해(金海) [출]서울 [학]1961년 국립국악고졸 1969년 서울대 음대 국악과졸 1985년 건국대 교육대학원졸 1989년 성균관대 대학원 예술철학박사과정 수료 [경]1961년 국립국악원 연구원 1974~1986년 추계예술대·한양대·이화여대 강사 1995년 월하문화재단 이사장(현) 1995년 대구시 문화재위원 1996년 경북도 문화재위원 1998년 중요무형문화재 제30호 가곡(남창가곡) 예능보유자 지정(현) 1998년까지 개인발표회 수회 2000~2006년 경북대 예술대학 국악과 교수 2006년 同명예교수(현) [상]KBS국악대상(2회), 문화공보부장관표창(2회), 신인예술 콩쿨대회, 홍조근정훈장(2006) [저]'歌樂選' '時調唱譜' '가사보'(2001) '가곡보'(2003) '歌樂選Ⅱ' [작]'국립국악원 중요문화재 정기공연 개인독창회'(1982) '서울대 국악과 창설 30주년 기념연주회 독창'(1989) '조선일보 주체 제13회 국악대공연 독창'(1994) '김경배 정기독창회'(1995) '중요무형문화재 무대종목 대제전'(1998) 음반 '고려대민족문화연구원 남창가곡전곡'(1986) '신나라뮤직 소하가곡'(2005) '신나라뮤직 김경배 12가사 전곡'(2011) [종]불교

김경배(金京培) KIM Kyung-Bae

[생]1964·9·30 [출]서울 [주]서울 강남구 영동대로512 현대글로비스(주) 임원실(02-6191-9114) [학]1983년 성남서고졸 1990년 연세대 경영학과졸 [경]1990년 현대정공(주) 입사 1992년 현대건설(주) 근무 1998년 현대그룹 명예회장비서실 차장 2000년 현대자동차(주) 미주법인 CFO(부장) 2003년 글로비스(주) 아메리카 CFO(이사대우) 2006년 현대모비스(주) 기획실장, 同인사총무실장(이사) 2007년 현대자동차그룹 비서실장(상무) 2008년 同글로벌전략실장(전무) 2009년 글로비스(주) 대표이사 부사장 2010년 현대글로비스(주) 대표이사 부사장 2013년 同대표이사 사장 겸 이사회 의장(현) [상]은탑산업훈장(2014)

김경범(金京範) KIM Kyung Bum

[생]1957·9·2 [출]경남 [주]인천 서구 백범로789 동부인천스틸 공장장실(032-570-4114) [학]1976년 부산고졸 1985년 서울대 금속공학과졸 [경]1985년 동부제강(주) 입사 2002년 同기술본부 고객서비스팀장 2004년 同인천공장 표면처리강판팀장(부장) 2006년 同인천공장 표면처리강판팀장(상무) 2006~2007년 同아산만공장 부공장장(상무) 2008년 동부제철(주) 인천공장장(상무) 2009년 同인천공장 기술기획팀장 2010년 同인천공장 고객서비스팀장 2011년 同아산공장 기술기획담당 상무 2012년 同아산공장 품질경영담당 상무 2015년 동부인천스틸(주) 인천공장장(상무)(현)

김경서(金景瑞) Gunso Kim

[생]1969·5·15 [본]안동(安東) [출]경북 영양 [학]1987년 대구고졸 1991년 연세대 전산과학과졸 1993년 同대학원 전산과학과졸 2010년 공학박사(연세대) [경]1997~2000년 (주)다음커뮤니케이션 책임연구원 2001~2012년 (주)다음소프트 대표이사 2013~2015년 서울시 정보기획단장 2013~2015년 World eGovernment of Cities and Local Governments(WeGO) 사무국장 2015년 미국 캘리포니아대 버클리교 하스경영대학원 연구교수 2015년 (주)다음소프트 이사장(현) 2016년 Booja Technology 대표(현) 2016년 미국 스탠포드대 디자인연구센터 객원연구원(현) [상]한국IDG 올해의CIO상(2013)

김경석(金京錫) KIM Kyung-surk

[생]1948·6·8 [본]경주(慶州) [출]서울 [주]서울 종로구 사직로8길60 외교부 인사운영팀(02-2100-7138) [학]1967년 군산고졸 1972년 한국외국어대 이탈리아어과졸 1977년 서울대 행정대학원 행정학과졸 1992년 이탈리아 로마대 대학원 경제학과졸 2012년 경제학박사(이탈리아 성심가톨릭대) [경]1977~1984년 대한무역진흥공사 근무 1981년 同이탈리아 로마사무소장 1984년 외무부 입부 1984~1994년 駐이탈리아 3등서기관·2등서기관·1등서기관 1994~1995년 외무부 서구과 근무·주한담당관 1995년 駐이탈리아 경제참사관·정무참사관 2001년 외교통상부 문화홍보담당 심의관 2001~2002년 同지방자치단체지원담당 심의관 겸임 2003년 외교안보연구원 구주아프리카연구부 연구관 2004년 駐이탈리아 공사 2005~2008년 駐에콰도르 대사 2012년 이탈리아 성심카톨릭대 Research Fellow 2013년 駐교황청 대사(현) [상]대통령표창, 외무부장관표창, 국가안전기획부장표창, 이탈리아 Ufficiale기사훈장 [저]'메이드 인 이탈리아'(2014, 21세기북스) [종]가톨릭

김경석(金京錫) KIM Kyung Seok

[생]1960·7·2 [출]광주 [주]광주 동구 지산로70 김경석법률사무소(062-224-3111) [학]1979년 광주고졸 1983년 전남대 법학과졸 2007년 한양대 행정대학원 법학과졸 [경]1988년 사법시험 합격(30회) 1991년 사법연수원 수료(20기) 1991년 변호사 개업 1992년 청주지검 검사 1994년 전주지검 군산지청 검사 1996년 수원지검 검사 1998년 서울지검 검사 2000년 인천지검 검사 2002년 광주지검 검사 2003년 同부부장검사 2003년 서울지검 북부지청 부부장검사 2004년 법무연수원 기획부교수 2006년 법무부 인권과장 2006년 同인권국 구조지원과장 2008년 서울북부지검 형사3부장 2009년 광주지검 형사2부장 2009년 同형사1부장 2010년 수원지검 형사1부장 2011년 서울고검 검사 2012년 전주지검 군산지청장 2013년 대구지검 김천지청장 2014년 서울고검 검사 2014년 변호사 개업(현) 2015년 광주지방검찰청 형사조정위원회 법률위원장(현)

김경석(金麖晳) Kyoung-Seok Kim

[생]1963·12·25 [출]충남 논산 [주]서울 종로구 율곡로2길25 연합뉴스 정보사업국(02-398-3570) [학]1982년 광주 송원고졸 1989년 서울대 독어독문학과졸, 한양대 언론정보대학원졸 [경]1989년 연합뉴스 입사 1990년 同사회부·외신부 기자 1991년 同체육부 기자 1993년 同외신부 기자 1996년 同독일특파원 1999년 同국제뉴스2부 차장대우 2000년 同정치부 차장대우 2002년 同국제뉴스2부 차장 2003년 同인터넷취재팀장 2004년 同증권부 차장 2004년 同정보과학부 차장 2006년 同정보과학부 부장대우 2006년 同금융부장 2008년 同베를린특파원 2011년 同국제뉴스2부 근무 2011년 同산업부장 2012년 同산업부장(부국장대우) 2013년 同편집국 경제담당 부국장 2014년 同마케팅국장 2015년 同논설위원 2015년 同정보사업국장(현)

김경선(金敬善) KIM Kyung-seon

[생]1952·5·8 [주]인천 남동구 정각로29 인천광역시의회(032-440-6040) [학]인천공고졸, 인천전문대졸, 서울디지털대 사회복지학과졸 2009년 인천대 행정대학원 의회정치안보정책학과졸 [경]인천 옹진군 지역혁신위원회 위원, (주)대우전자 인사과장, 同총무과장 2006~2010년 인천시 옹진군의회 의원(비례대표) 2010년 인천시 옹진군의원선거 출마(한나라당), 옹진군장학재단 이사(현) 2014년 인천시의회 의원(새누리당)(현) 2014년 同운영위원회 위원(현) 2014년 同건설교통위원회 부위원장 2016년 同문화복지위원회 부위원장(현) 2016년 同예산결산특별위원회 위원(현)

김경선(金京善) KIM Kyung Sun

[생]1964·10·1 [출]전북 부안 [주]서울 구로구 디지털로288 대륭포스트타워1차3층 (주)옴니텔 임원실(02-2082-2200) [학]1983년 호남고졸 1988년 광운대 전자공학과졸, 중앙대 대학원 전자공학과졸 [경]1989~1995년 (주)일진기술 전문연구요원 1995~1999년 (주)나래이동통신 기술연구소 선임연구원 2005년 한국DMB(주) 대표이사 2006년 (사)한국콘텐츠산업연합회 회장 2009년 한국무선인터넷산업연합회 초대회장 2009년 (주)옴니텔 대표이사(현), 지상파DMB특별위원회 위원장, (사)한국무선인터넷산업연합회(MOIBA) 회장 [상]

정보통신부 내경IT산업대상(2002), 정보통신부 온라인디지털콘텐츠 IR대상(2002), 벤처기업육성 국가산업발전 국무총리표창(2002), MIPCOM 2006 DMB부문 최우수상(2006), 한국방송비평회 2006 좋은 프로그램상(2006), 정보통신부 DMB부문 디지털콘텐츠대상(2007), MIPCOM 2007 'Cross Media' 부문 우수상(2007) [종]기독교

김경선(金京善·女)

[생]1969·4·28 [출]경북 영주 [주]세종특별자치시 한누리대로422 고용노동부 노동시장정책관실(044-202-7208) [학]1987년 경북 영주여고졸 1991년 서울대 영어영문학과졸 1995년 同행정대학원졸 2001년 한국방송통신대 법학과졸 2003년 미국 인디애나대 대학원 법학과졸 [경]행정고시 합격 1992년~1995년 노동부 고용관리과·국제협력과 사무관 1996~1997년 공정거래위원회 국제업무2과 사무관, 노동부 임금복지과 사무관, 해외파견 2003~2004년 노동부 고용정책실 고용관리과·노동시장기구과 서기관 2004년 대전지방노동청 관리과장, 고령화 및 미래사회위원회 파견(서기관), 노동부 고용서비스혁신단 고용평등정책관실 여성고용팀장 2008년 同노사협력정책국 노동조합과장 2009년 同노사협력정책국 노사관계법제과장(부이사관) 2010년 고용노동부 노사정책실 노사관계법제과장 2010년 同노사정책실 노사협력정책과장 2012년 同대변인 2013년 해외 파견(고위공무원) 2014년 서울지방노동위원회 상임위원 2016년 고용노동부 고용정책실 노동시장정책관(현)

김경섭(金庚燮) KENNETH Kyoung Sup GIMM (水康)

[생]1940·6·10 [본]김녕(金寧) [출]전남 고흥 [주]서울 서초구 남부순환로350길36 한국리더십센터 회장실(02-2106-4010) [학]한양대 공대졸, 미국 펜실베이니아대 대학원졸, 공학박사(미국 펜실베이니아대) [경]미국 김컨설턴트사 설립, (주)김영사 대표이사 1994년 한국리더십센터 대표이사 회장, 한국성과향상센터 대표, 한국코치협회 회장, 한국성과향상센터 대표이사(현) 2003년 국제코치연맹 한국지회장 2009년 한국코칭센터 대표이사(현) 2009년 한국리더십센터 회장(현) [저]'프로페셔널 코치되기'(2004) '자녀교육의 원칙'(2005) '꿈과 끼를 펼쳐라 밤하늘에 수많은 별처럼(共)'(2014) [역]'뉴리더의 조건' '성공하는 사람들의 7가지 습관' '소중한 것을 먼저 하라' '카리스마는 죽었다' '미래의 리더' '성공하는 가족들의 7가지 습관' '원칙중심의 리더십' '밥 파이크의 창의적 교수법' [종]기독교

김경섭(金敬燮) KIM Kyung Sup

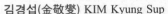

[생]1948·6·18 [출]전북 부안 [주]서울 중구 소월로10 단암빌딩10층 신용협동조합중앙회 임원실(02-590-5607) [학]1966년 전주고졸 1972년 서울대 외교학과졸 1974년 同행정대학원졸 1982년 미국 하버드대 대학원 행정학과졸 1990년 행정학박사(한국외국어대) [경]1973년 행정고시 합격(14회) 1985년 경제기획원 경제기획국 지역투자계획과장 1987년 세계은행 파견 1990년 공정거래위원회 독점관리국 기업관리과장 1993년 경제기획원 심사평가국 심사평가총괄과장 1995년 국무총리실 세계화추진기획단 심의관 1998년 국무조정실 재경금융심의관 1998년 예산청 사회예산국장 1999년 기획예산처 예산총괄심의관 2000년 同정부개혁실장 2003년 조달청장 2003~2007년 감사원 감사위원 2008년 하나금융지주 사외이사 겸 감사위원 2008년 전북발전연구원 초빙연구위원 2010년 한국무역보험공사 비상임이사 2012~2014년 전북발전연구원 원장 2016년 신용협동조합중앙회 신용공제사업 대표이사(현) [상]홍조근정훈장(1999), 황조근정훈장(2003), 제1회 유엔 공공서비스상(2003) [종]기독교

김경성(金慶成) Kyung-Sung Kim

[생]1956·1·5 [본]김해(金海) [출]서울 [주]서울 서초구 서초중앙로96 서울교육대학교 총장실(02-3475-2200) [학]1974년 양정고졸 1981년 고려대 교육학과졸 1984년 미국 캘리포니아대 로스앤젤레스교(UCLA) 대학원졸(M.A.) 1990년 교육학박사(미국 캘리포니아대 로스앤젤레스교) [경]1992년 서울교대 초등교육과 교수(현) 2007년 同대학 발전기획단장 겸 산학협력단장 2009년 同교무처장 2014년 교육부 대학수학능력시험개선위원회 위원 2015년 서울교대 총장(현)

김경수(金慶洙) KIM Kyung Soo

[생]1953·10·25 [출]서울 [주]서울 종로구 성균관로25의2 성균관대학교 경제학과(02-760-0431) [학]1978년 서울대 경제학과졸 1984년 경제학박사(미국 펜실베이니아대) [경]1984년 미국 Tulane대 경제학과 조교수 1988년 성균관대 경제학과 교수(현) 2002년 한국선물학회 부회장 2002~2003년 성균관대 기획조정처장, 同경제연구소장 2007~2011년 한국은행 금융경제연구원장 2011~2013년 대통령직속 규제개혁위원회 위원 2012~2013년 한국금융학회 회장 2014년 삼성증권(주) 사외이사(현) 2016년 KDB산업은행 KDB혁신위원회 초대위원장(현) [저]'거시경제학' '개방화시대의 국제금융론'

김경수(金冏洙) KIM Kyoung Soo

[생]1955·2·25 [본]광산(光山) [출]서울 [주]세종특별자치시 정부2청사로13 국민안전처 세종2청사1층 특수재난실(044-205-6000) [학]1977년 서울대 토목공학과졸 1979년 同대학원졸, 공학박사(영국 리즈대) [경]기술고시 합격(13회), 국립지리원 지리정보과장, 건설교통부 고속철도기획단 건설지원과장, 同기술안전국 건설관리과장 2002년 同기술정책과장 2003년 부이사관 승진 2004년 건설교통부 기획관리실 혁신기획관 2005년 대전지방국토관리청장 2007년 건설교통부 건설기술·건축문화선진화기업단 기획총괄국장 2008년 국토해양부 국토정보정책관 2009년 국토지리정보원 원장 2010~2013년 한국시설안전공단 이사장 2015년 국민안전처 특수재난실장(고위공무원 가급)(현) 2016년 한국공학한림원 정회원(건설환경공학분과·현) [상]진도대교준공 대통령표창(1984), 국토해양유공 근정포장(2010)

김경수(金慶洙) KIM Kyung Soo

[생]1956·5·15 [출]인천 [주]서울 송파구 올림픽로289 한라그룹 미래전략실(02-3434-5114) [학]1972년 제물포고졸 1983년 한양대 기계공학과졸 [경]1982~1991년 한라중공업 해외사업부 근무 1991~1995년 한라그룹 비서실 근무 1995~2002년 (주)만도헬라일렉트로닉스 기획팀장 2008~2009년 만도 기획실장(전무) 2009~2012년 (주)만도헬라일렉트로닉스 대표이사 사장 2012년 만도 영업담당 사장, 同최고기술경영자(CTO) 사장 2015년 한라그룹 미래전략실장(사장)(현)

김경수(金敬洙) KIM Kyong Su

[생]1956·12·6 [주]광주 동구 필문대로309 조선대학교 자연과학대학 식품영양학과(062-230-7724) [학]1985년 독일 뷔르츠부르크대 식품화학과졸 1987년 同대학원 식품화학과졸 1991년 식품화학박사(독일 뷔르츠부르크대) [경]1991~1992년 독일 국립보건원 식품분석 연구원 1993년 조선대 자연과학대학 식품영양학과 교수(현) 2000~2003년 국립농산물품질관리원 농산물안전성 자문교수 2013~2014년 국무총리실 식품안전정책위원회 민간정책위원 2015년 한국식품저장유통학회 회장 2016년 同이사(현) [상]한국식품영양과학회 Foss 학술상(2001), 농림수산식품부장관표창(2012), 농림축산식품과학기술대상 대통령표창(2014) [저]'식품영양과 건강(共)'(2000) '신물질분리 및 구조분석(共)'(2002) '최신 식품위생학(共)'(2004)

김경수(金京洙) KIM Kyong Soo

[생]1958·9·8 [출]전북 익산 [주]서울 강남구 테헤란로310 한국디스플레이산업협회 임원실(02-3014-5701) [학]1975년 남성고졸 1982년 부산대 경제학과졸 1990년 일본 히토쓰바시대 대학원 정책과학과졸 1999년 同대학원 경제학박사과정 수료 [경]1982년 행정고시 합격(25회) 1982년 총무처 제2행정조정관실 사무관, 상공부 아중동통상과·아중동대양주통상과·무역정책과·산업정책과 사무관 1995년 同산업정책과 서기관 1995년 일본 통상성 파견 1998년 대통령비서실 행정관 1999년 월드컵조직위 파견 2000년 산업자원부 산업정책과장 2000년 同반도체전기과장 2003년 同균형발전정책팀장 2003년 同균형발전정책담당관 2004년 국가균형발전위원회 파견 2005년 국방대 파견 2006년 산업자원부 홍보관리관 2007년 駐일본 참사관 2010년 지식경제부 지역경제정책관 2011~2012년 무역위원회 상임위원 2012~2013년 한국산업단지공단 이사장 2013년 한국디스플레이산업협회 부회장(현) [저]'기술중심의 산업발전 전략'(1993) '일본산업의 구조혁신과 시사점'(1997) '중소기업 강국으로 가는 길'(2013)

김경수(金璟洙) Kim Gyeongsu

[생]1959 [출]경북 울진 [주]경기 구리시 안골로36 남양주세무서(031-550-3201) [학]평해실업고졸, 한국방송통신대 행정학과졸 [경]1978년 공무원 임용(7급) 2002년 국세청 납세지원국 징세과 근무 2003년 서울지방국세청 조사3국 조사2과 근무 2005년 국세청 개인납세국 소득세과 사무관 2010년 同개인납세국 소득세과 서기관 2011년 원주세무서장 2012년 중부지방국세청 운영지원과장 2014년 의정부세무서장 2014년 서울지방국세청 조사3국 조사관리과장 2015년 남양주세무서장(현)

김경수(金經洙) KIM Gyeong Su

[생]1959·5·3 [주]경기 이천시 마장면 지산로167의72 LG인화원 전문교육팀(031-630-6720) [학]1977년 오산고졸 1981년 성균관대 사회학과졸 1992년 고려대 교육대학원졸 [경]1987년 LG인화원 입사 2000년 同경영교육팀 부장 2004년 同사이버교육팀장 2006년 同전문교육팀장(상무), 同임원교육팀장 2015년 同전문교육팀장(상무)(현)

김경수(金慶洙) KIM Kyung Soo

[생]1960·3·13 [출]평북 정주 [주]서울 서초구 반포대로222 서울성모병원 가정의학과(02-2258-2894) [학]1985년 가톨릭대졸 1993년 同대학원 산업의학과졸 1996년 약리학박사(가톨릭대) [경]1991~1993년 가톨릭대 강남성모병원 임상강사·전임강사 1993년 同의대 가정의학교실 전임강사·조교수·부교수·교수(현) 1994~1997년 同의정부성모병원 가정의학과장 1997~2004년 同여의도성모병원 가정의학과장 1998~2000년 미국 Vanderbilt Univ. Medical School Research Fellow 2000년 대한임상건강증진학회 상임이사 2001년 대한임상약리학회 일반이사 2005년 가톨릭대 중앙의료원 임상연구지원센터 인력개발부장 2007년 同중앙의료원 임상연구지원센터 소장(현) 2011년 국가임상시험사업단 부단장 2013~2015년 가톨릭대 서울성모병원 홍보실장 2013년 대한비만학회 회장 2014년 한국임상시험산업본부 CPC위원장(현)

김경수(金敬洙) KIM Kyong Soo

[생]1960·6·20 [본]김해(金海) [출]경남 진주 [주]서울 서초구 서초중앙로24길27 지파이브빌딩 김경수법률사무소(02-6402-1380) [학]1979년 진주고졸 1985년 연세대 법대졸 2001년 同대학원 법학과 수료 [경]1985년 사법시험 합격(27회) 1988년 사법연수원 수료(17기) 1988년 춘천지검 검사 1990년 대전지검 천안지청 검사 1991년 서울지검 북부지청 검사 1994년 부산지검 검사 1996년 서울지검 검사 1996년 독일 연방법무부 연수 1999년 수원지검 검사(한국형사정책연구원 파견) 2000년 대전고검 검사(한국형사정책연구원 파견) 2000년 창원지검 거창지청장 2001년 서울지검 부부장검사 2003년 법무부 검찰3과장 2004년 서울서부지검 형사5부장 2005년 서울중앙지검 특수2부장 2007년 대검찰청 홍보기획관 2008년 수원지검 2차장검사 2009년 인천지검 1차장검사 2009년 부산지검 1차장검사 2010년 同검사장 직대 2010년 서울고검 형사부장 2011년 同차장검사 2012년 전주지검장 2012년 대검찰청 중앙수사부장 2013년 대전고검장 2013년 부산고검장 2015년 대구고검장 2016년 변호사 개업(현) [상]검찰총장표창(1991·1995), 법무부장관표창(2000), 연세대총동문회 '연세를 빛낸 동문상'(2014), 황조근정훈장(2015) [종]기독교

김경수(金庚洙) KIM Kyung Soo

[생]1960·10·5 [출]서울 [주]서울 성동구 왕십리로222 한양대학교병원 심장내과(02-2290-8312) [학]1985년 한양대 의대졸 1988년 同대학원졸 1994년 의학박사(한양대) [경]1985~1989년 한양대병원 내과 인턴·레지던트 1989년 同내과 전문의 1989~1992년 육군 군의관 1992년 한양대병원 심장내과 전임의 1993년 한양대 의대 내과학교실 교수(현) 1996~1998년 NIH·NHLBI·Cardiology Br.(KOSEF Post-Doc.) Visiting Associate [상]대한내과학회 우수논문상(2006) [저]'심장학 통합강의(共)'(2000) '심장학 통합강의(2001년판)(共)'(2001) '내과전공의 메뉴얼'(2003) '내과전공의를 위한 진료지침(共)'(2004) '전문의를 위한 Cardiology Management'(2004)

김경수(金庚壽) KIM Kyung-soo

[생]1960·12·11 [주]서울 종로구 사직로8길60 외교부 인사운영팀(02-2100-2114) [학]1983년 한국외국어대 정치외교학과졸 1989년 영국 런던대 대학원 외교사학과졸 [경]1983년 외무고시 합격(17회) 1983년 외무부 입부 1991년 駐파키스탄 2등서기관 1993년 駐벨기에 1등서기관 1998년 駐뉴질랜드 참사관 2002년 외교통상부 경제협력과장 2003년 駐오사카 영사 2006년 駐일본 공사참사관 2009년 외교통상부 국제경제국 심의관 2009~2011년 同국제경제국장 2011년 駐중국 공사 2013년 駐첸나이 총영사(현)

김경수(金敬洙) KIM Kyung Soo

[생]1962·1·19 [본]김해(金海) [출]서울 [주]서울 강남구 언주로211 강남세브란스병원 이비인후과(02-2019-3460) [학]1986년 연세대 의대졸 1991년 同대학원졸 1997년 의학박사(연세대) [경]1993년 대한비과학회 이사 1995년 연세대 의과대학 이비인후과학교실 교수(현) 2003년 대한이빈후과학회 학술위원 2010·2012·2014년 강남세브란스병원 이비인후과장(현), 대한이비인후과학회 법제이사·총무이사·고시이사, 대한비과학회 총무이사, 同연구분과장 2012년 연세대의료원 인체보호막연구소장 2014년 대한이비인후과학회 교육연구위원 [상]대한비과학회 학술상, 우수논문상

김경수(金炅秀) KIM Kyoung Soo

[생]1964·3·15 [본]일선(一善) [출]서울 [주]경기 남양주시 경강로27 (주)씨트리(031-557-0001) [학]1986년 경희대 화학과졸 1988년 한국과학기술원(KAIST) 화학과졸 1990년 화학박사(한국과학기술원) [경]1990~1995년 한국화학연구원 선임연구원 1990년 대한화학회 종신회원(현) 1995~1998년 한미약품공업(주) 기획조정실장·중앙연구소 수석연구원 1998~2000년 (주)씨트리 연구소장(전무이사) 2002년 (주)카이로제닉스 대표이사 2005년 중소기업중앙회 벤처기업위원회 위원 2005년 미국 화학회 정회원 2005년 미국인명연구소연구협회(ABIRA) 부총재(현) 2006년 영국 국제인명센터(IBC) 종신 부이사장(현) 2007년 수원대 생명과학과 초빙강사 2007~2008년 동북아포럼 경제기업단 자문위원 2008~2013년 제약산업기술거래센터 기술거래위원회 위원 2010년 셀트리온화학연구소(주) 대표이사 2011~2012년 경기제약산업클러스터협의회 회장 2011~2012년 산업혁신클러스터협의회연합회 부회장 2011~2012년 한국과학기술정보연구원 경기지역과학기술정보협의회 자문위원 2013년 (주)씨트리 고문(현) 2013년 대한문학회 이사(현) 2013년 한국현대사진가협회 회원(현) 2014년 (사)한국사진작가협회 분과위원(현) [상]한국화학연구원장표창(1993), 씨트리대상(2001), 우수벤처기업인상(2005), 미국 영예의 메달(2005), IBC 평생공로상(2005), 대통령표창(2006), 2005년 세계성취상(2006), 올해의 과학자(2006), 대한민국창업대전 대통령상(2006), 중소기업부문 올해의 신지식인(2006), 중소기업청장표창(2006), 창업성공실패사례공모전 대상(2009), 대한문학 신인문학상(2012), 대한민국을 이끄는 혁신리더 문화예술부문 대상(2015) [저]'Activation of Superoxide; Organic Synthesis Using Peroxysulfur Intemediate'(1990) '별이 빛나는 밤'(2015) [작]사진전 '낯선 일상의 시선'(2013, 갤러리이즈) '쏭쟝아트전'(2014, 갤러리갤러시) '제3회 대한민국 사진축전'(2014, 코엑스) '내 마음의 풍경'(2014, 갤러리마음) '대한민국 국제포토페스티벌 2014'(2014, 한가람디자인미술관) '삶의 향기를 찾아서'(2014, 용인시문화예술원) '광화문 르네상스전'(2015, 조선일보 미술관) 'Photo & Art Composition 2015'(2015, 한벽원갤러리) 개인전 '별이 빛나는 밤'(2015, 가나아트스페이스)

김경수(金敬洙) Kim, Kyoung Soo

[생]1965·2·26 [출]인천 [주]경기 성남시 분당구 판교로323 벤처포럼빌딩 (주)넥스트칩(02-3460-4729) [학]1984년 인천 송도고졸 1990년 서강대 전자공학과졸 2005년 서울대 IT벤처산업과정 수료 [경]1990~1992년 대우통신 수출부 근무 1992~1995년 케이코스모 이사 1997년 (주)넥스트칩 대표이사(현) 2016년 벤처기업협회 이사(현)

김경수(金慶洙) Kim, Kyung Soo

[생]1967·12·1 [주]서울 영등포구 의사당대로1 국회 의원회관733호(02-784-5871) [학]1985년 진주 동명고졸 1992년 서울대 사회과학대학 인류학과졸 [경]1994년 신계륜·유선호·임채정 국회의원 보좌진 2002년 노무현 대통령후보 중앙선거대책위원회 전략기획팀 부국장 2002년 노무현 대통령 당선자 비서실 기획팀 비서 2003년 대통령 국정상황실·제1부속실 행정관 2007년 대통령 연설기획비서관 2008년 노무현 前대통령 공보담당 비서관 2009년 봉하재단 사무국장 2012년 제19대 국회의원선거 출마(김해시乙, 민주통합당) 2012년 민주통합당 문재인 대통령후보 중앙선거대책위원회 공보특보·수행팀장 2011년 노무현재단 봉하사업본부장 2012년 민주당 김해시乙지역위원회 위원장 2013년 새정치민주연합 정책위원회 부의장 2014년 경남도지사선거 출마(새정치민주연합) 2014~2015년 새정치민주연합 김해시乙지역위원회 위원장 2014년 노무현재단 경남지역위원회 공동대표(현) 2015년 새정치민주연합 경남도당 위원장 2015~2016년 더불어민주당 경남도당 위원장 2015년 同김해시乙지역위원회 위원장(현) 2016년 제20대 국회의원(김해시乙, 더불어민주당)(현) 2016년 더불어민주당 청년일자리TF 위원(현) 2016년 국회 산업통상자원위원회 위원(현) [저]'대통령보고서'(2007) '봉하일기, 그곳에 가면 노무현이 있다(共)'(2012, 부키) '김경수의 새로운 도전, 사람이 있었네'(2014, 비타베아타)

ㄱ

김경수(金敬洙)

[생]1969·10·23 [주]강원 춘천시 경춘로2354 대일빌딩5층 더불어민주당 강원도당(033-242-7300) [학]1988년 강릉고졸 1997년 관동대 환경공학과졸, 강릉원주대 경영정책과학대학원 행정학석사과정 재학中 [경](주)송정 대표이사(현), 강릉시번영회 부회장(현) 2013년 강원도체육회 이사 2014~2015년 새정치민주연합 강릉시지역위원회 위원장 2015년 同사무부총장 2015년 同조직본부 부본부장 2015년 同안보특별위원회 부위원장 2015년 더불어민주당 강릉시지역위원회 위원장(현) 2016년 제20대 국회의원선거 출마(강원 강릉시, 더불어민주당)

김경수(金京秀) Kim Gyeongsu

[생]1970·6·2 [주]경남 창원시 성산구 창이대로669 창원지방검찰청 특수부(055-239-4315) [학]1989년 제일고졸 1997년 고려대 법학과졸 [경]1998년 사법시험 합격(40회) 2001년 사법연수원 수료(30기) 2001년 서울지검 북부지청 검사 2003년 창원지검 진주지청 검사 2004년 대구지검 검사 2006년 서울중앙지검 검사 2010년 법무부 범죄예방기획과 검사 2013년 울산지검 검사 2015년 서울남부지검 부부장검사 2016년 창원지검 특수부장(현)

김경수(金傹秀) KIM Kyoung Soo

[생]1970·10·27 [출]경남 진주 [주]경남 창원시 성산구 창이대로681 창원지방법원(055-266-2200) [학]1989년 진주 대아고졸 1994년 서울대 법학과졸 [경]1995년 사법시험 합격(37회) 1998년 사법연수원 수료(27기) 1998년 軍법무관 2001년 수원지법 판사 2003년 서울지법 판사 2004년 서울중앙지법 판사 2005년 창원지법 진주지원 판사 2010년 서울고법 판사 2011년 대법원 재판연구관 2013년 창원지법 진주지원 부장판사 2015년 창원지법 부장판사(현)

김경숙(金慶淑·女) Kyoung Sook Kim

[생]1955·7·24 [주]서울 서대문구 이화여대길52 이화여자대학교 체육과학부(02-3277-2570) [학]1978년 이화여대 체육학과졸 1981년 同대학원졸 1988년 스포츠교육학박사(독일 Univ. of Bayreuth) [경]1981~2005년 이화여대 사회체육학과 교수 2004년 同기숙사관장 2005년 同체육과학부 교수(현) 2006~2008년 同체육과학대학장 2008년 同건강과학대학장 2008~2010년 同총무처장 2010년 한국여성체육학회 부회장 2010년 대한체육회 여성체육위원회 부위원장 2012년 런던올림픽 대한민국선수단 부단장 2013년 대한체육회 비상임이사(현) 2014년 이화여대 건강과학대학장 2016년 국민체육진흥공단 비상임이사(현)

김경숙(金敬淑·女) KIM Kyung Suk

[생]1955·9·18 [주]강원 강릉시 죽헌길7 강릉원주대학교 관광경영학과(033-640-2220) [학]1974년 대구여자고졸 1978년 세종대 호텔경영학과졸 1988년 同대학원 호텔관광경영학과졸 1997년 경영학박사(세종대) [경]1977년 대한항공 국제여객운송지점 근무 1997년 강릉대 관광경영학과 교수 1999년 관광통역안내원 국가자격시험 면접위원 1999년 한국관광개발학회 재정이사·편집위원 2000년 강원도 외국인투자유치협의회 위원 2001년 강릉대 관광경영학과장 2002년 21세기강원도정기획위원회 연구위원 2002년 강릉시지식산업발전위원회 운영위원 2002년 관광종사국가자격시험 문제출제위원 2003년 (사)한국관광학회 부회장 겸 홍보위원장 2009년 강릉원주대 관광경영학과 교수(현), 同관광경영학과장 2011년 한국관광학회 수석부회장 2013~2015년 同회장 2014년 그랜드코리아레저(주) 사외이사(현) 2015년 강릉원주대 사회과학대학장(현) [상]강릉대 학술상(2000), (사)한국관광학회 공로패(2003·2007) [저]'최신 항공서비스론'(2008, 백산) '관광사업론'(2009, 현학사)

김경숙(金景淑·女) KIM Kyung Suk

[생]1956·1·14 [본]경주(慶州) [출]서울 [주]충남 공주시 공주대학로56 공주대학교 사범대학 윤리교육과(041-850-8219) [학]1979년 고려대 정치외교학과졸 1982년 同대학원 정치외교학과졸 1991년 정치학박사(고려대) [경]1980년 고려대 아세아문제연구소 연구원 1981년 한국정신문화연구원 연구조사원 1982년 강원대 정치외교학과 강사 1982년 고려대 정치외교학과·행정학과·북한학과 강사 1983~2007년 공주대 국민윤리교육과 교수 1989~2000년 미국 스탠포드대·미국 캘리포니아대 로스앤젤레스교(UCLA)·舊유고연방 루빌리아나대(Ljubliana)·러시아 헤르젠대(Herzen) 객원교수 1993·2009년 민주평통 자문위원 1996~2007년 대전지법 공주지원 조정위원 1999·2004년 교육인적자원부 국가고시출제위원 1999~2005년 충남도 공직자윤리위원 2001~2004년 충남여성포럼 정치경제법률분과위원장 2002·2009~2010년 한국정치학회 부회장 2003년 안암정치학회 부회장 2003년 백제신문 컬럼니스트 2003·2005년 교육인적자원부 국가고시기획위원 2003~2005년 충남도 정책자문교수단 부단장 2004~2006년 同혁신분권연구단 기획조정분과위원장 2004~2006년 대통령소속 지방이양추진위원회 실무위원 2004~2005년 통일부 정책자문위원 2004년 여성신문 칼럼니스트 2004~2005년 충남도 여성발전복지기금심의위원장 2005~2006년 충남여성포럼 선임대표 2006~2007년 한국여성정치연맹 부총재 2007~2010년 충남여성정책개발원 원장 2007~2010년 충남어린이인성학습원 원장 2007년 교육인적자원부 국제교육원 운영심의위원 2008년 공주대 사범대학 윤리교육과 교수(현) 2008~2010년 교육과학기술부 국제교육원 운영심의위원 2008~2009년 여성부 정책자문위원 2008~2010년 충남도출산양육후원협의회 의장 2008년 대통령소속 지방분권촉진위원회 실무위원 2008~2011년 국회 외교통상통일위원회 정책자문위원 2009~2011년 한국세계지역학회 이사 2009~2011년 한국민족연구원 이사 2010년 한국국제정치학회 부회장 2011~2015년 한국민족연구원 이사(부원장) 2011년 문화체육관광부 평가위원회 위원(현) [상]공주시교원단체연합회장표창(2001), 대전지법 공주지원장 감사장(2001), 여성부장관표창(2005) [저]'정치이데올로기'(共) '사회주의체제 비교론'(共) '자유민주주의의 이해'(共) '현대정치학의 쟁점(共)'(1995) '새로운 정치학-Gender Politics(共)'(1997) '현대정치의 이해(共)'(2003) [종]천주교

김경숙(金慶淑·女) Kim, Kyung Sook

[생]1956·12·13 [본]남해(南海) [출]대전 [주]강원 강릉시 범일로579번길24 가톨릭관동대학교 사범대학 가정교육과(033-649-7761) [학]1974년 대전여고졸 1978년 숙명여대 가정관리학과졸 1981년 同대학원 가정학과졸 1994년 이학박사(숙명여대) [경]1982~2014년 관동대 사범대학 가정교육과 조교수·부교수·교수 1997년 同가정교육학과장 2011~2013년 同생활관장 2013년 同학생처장 2014년 가톨릭관동대 사범대학 가정교육과 교수(현) 2014~2015년 同학생처장 2015년 同교육대학원장 겸 사범대학장(현)

김경순(金敬順·女) KIM Kyung Soon

[생]1951·7·29 [본]김해(金海) [출]경남 함양 [주]경남 창원시 성산구 공단로473번길23 아메코(주) 대표이사실(055-268-7000) [학]1968년 광주여상졸 1997년 창신대학 일어학과졸 1998년 창원대 경영대학원 최고경영자과정 수료 [경]1978~2004년 (주)로얄통상 대표이사 1987년 아메코(주) 대표이사(현) 2004년 창원시여성경제인협회 회장 2013년 경남중소기업대상 수상기업협의회 부회장 [상]마산시장표창(1999), 경남무역인상 개인상(2000), 창원시 이달의 CEO상(2005), 경남중소기업대상 여성기업 우수상(2005), 산업포장(2006) [종]불교

김경시(金敬是) KIM Kyung See

[생]1955·3·15 [본]경주(慶州) [출]대전 [주]대전 서구 둔산로100 대전광역시의회(042-270-5004) [학]배재대 법학과졸, 同국제통상대학원 수료, 대전대 최고경영자과정 수료 2007년 배재대 대학원 법학과졸 [경]대전시4-H연합회 회장, 복수동재향군인회 회장, 대전시 서구 생활체조연합회장, 同서구 생활체육협의회 상임이사, 西대전농업협동조합 이사, 민주평통 자문위원 1995·1998·2002~2006년 대전시 서구의회 의원 1997~1998년 同사회건설위원회 위원장 1998~2000년 同운영위원회 위원장 2002~2004년 同의장 2006년 국민중심당 중앙상무위원 2006년 同심대평 대표 지방자치행정특별보좌관 2006년 대전시 서구청장선거 출마(국민중심당) 2008년 자유선진당 대전시당 부위원장 2010년 대전시의회 의원(자유선진당·선진통일당·새누리당) 2010년 同산업건설위원회 위원장 2012년 同운영위원회 위원장 2012년 전국시·도의회운영위원장협의회 부회장 2014년 대전시의회 의원(새누리당)(현) 2014·2016년 同행정자치위원회 위원(현) 2015년 同윤리특별위원회 위원 2016년 同부의장(현)

김경식(金景植) KIM Kyung Sik

[생]1956·2·13 [본]김녕(金寧) [출]충남 논산 [주]서울 서초구 남부순환로319길7 한국건설생활환경시험연구원 원장실(02-3415-8700) [학]1974년 경기고졸 1979년 서울대 경제학과졸 1995년 미국 하버드대 대학원 행정학과졸(석사) [경]1980년 행정고시 합격(24회) 1982년 과학기술처 사무관 1987년 상공부 사무관 1991년 대통령비서실장 보좌관(서기관) 1993년 해외 유학 1995년 국가경쟁력강화기획단 파견 1996년 산업자원부 화학생물산업과장 1998년 ASEM

준비기획단 파견 1999년 산업자원부 아주협력과장 2000년 同유통서비스산업과장 2000년 同유통서비스정보과장 2001년 同산업기계과장(부이사관) 2002년 同산업정책과장 2003년 국무조정실 농수산건설심의관 2003년 한국생산기술연구원 파견 2004년 미국 스탠퍼드대 후버연구소 파견 2005년 환경부 대기보전국장(이사관) 2006년 산업자원부 재정기획관(고위공무원) 2007년 同산업정책본부 산업기술정책관 2007년 울산과학기술대 이사 2008년 지식경제부 산업기술정책관 2008년 한나라당 수석전문위원 2009년 지식경제부 기획조정실장 2010년 同무역투자실장 2011년 駐쿠웨이트 대사 2015년 한국건설생활환경시험연구원(KCL) 원장(현) [상]녹조근정훈장(1993) [종]천주교

김경식(金敬植) Kim kyung sik

[생]1960·11·13 [주]충북 청주시 청원구 향군로94번길7 충북문화예술인회관4층 충북문화재단(043-222-5321) [학]1987년 청주대 예술대학 연극영화학과졸 1991년 일본 니혼대(日本大) 예술학부 예술연구소 영화전공 수료(2년) 1998년 청주대 일반대학원 연극영화학과졸 2013년 철학박사(서울기독대) [경]1984년 극영화 '저 하늘에도 슬픔이' 조감독(감독 김수용) 1985년 MBC TV 베스트셀러극장 '알수 없는 일들' 조감독(감독 김수용) 1986년 KBS TV문학관 '냄새' 조감독(감독 김수용) 1986년 극영화 '허튼소리' 조감독(감독 김수용) 1988년 극영화 SF '스파크맨' 감독데뷔(대원동화) 1998~1999년 청주대 연극영화학과 출강(영화워크샵) 1998~1999년 서일대학 연극영화과 초빙교수 2000년 청주대 영화학과 교수(현) 2002년 다큐멘터리 캄보디아 'Healing Fields I' 제작감독 2002년 다큐멘터리 중앙아시아 '꿈을 그리는 아이들' 제작감독 2003년 다큐멘터리 이라크 '남겨진 불씨' 제작감독 2005년 다큐멘터리 아프가니스탄 '아프카니스탄의 아이들' 제작감독 2011~2012년 충북문화예술교육센터 센터장 2011년 충북도 지방자치연수원 영상산업과정 강사(현) 2013년 휴먼다큐멘터리 '나는 충북인이다' 제작 감독 2014년 충북도 방송프로그램 '영충호 시대' 제작 감독 2014년 다큐멘터리 극영화 '바세코의 아이들' 제작 감독, (사)한국영화인협회 충북지회장, (사)충북영상산업연구소 이사장(현) 2016년 충북문화재단 대표이사(현) 2016년 (사)한국광역문화재단연합회 초대 부회장(현) [상]한국청소년영화제 최우수상 및 촬영상(1984), 대한민국영상음반대상 각본상(1996), 경찰청장 감사장(1998), 대한민국영상음반대상 작품상·감독상(1999), 대한민국종교예술제 영화제 우수상(2003), 대한민국영상대상 우수상(2003), 청주시문화상 예술부문(2007), 현대충북예술상 영상부문(2009), 충북도 도민대상 문화체육부문(2014) [작]영화 '스파크맨'(1988) 다큐멘터리 'Healing Fields I'(2002) '꿈을 그리는 아이들'(2002) '남겨진 불씨'(2003) '아프카니스탄의 아이들'(2005) '나는 충북인이다'(2013) 방송프로그램 '영충호 시대'(2014) 다큐멘터리 극영화 '바세코의 아이들'(2014) 외 다수

김경안(金京安) KIM Kyung Ann

[생]1956·10·15 [본]의성(義城) [출]전북 정읍 [주]전북 남원시 춘향로439 서남대학교 총장실(063-620-0003) [학]1973년 남성고졸 1993년 원광대 행정학과졸 1996년 同행정대학원졸 [경]1989년 민자당 제14·15대 총선 전북지부 상황실장 1992년 同제14대 대통령선거 전북상황실장 1993년 전북도검도협회 이사 1994년 전북도야구협회 부회장 1997년 한나라당 전북도지부 기획조정실장 1997·1998·2002년 전북도의회 의원(한나라당) 2004~2007년 한나라당 전북도당 위원장 2005~2008년 同전주완산甲당원협의회 위원장 2007년 제17대 대통령직인수위원회 국가경쟁력강화특위 정무분과 전문위원 2008년 제18대 국회의원선거 출마(비례대표, 한나라당) 2009~2011년 한국농어촌공사 감사 2009~2011년(사) 한국감사협회 부회장 2011~2014년 국민생활체육회 전국줄다리기연합회장 2011년 새누리당 익산시甲당원협의회 운영위원장 2012년 제19대 국회의원선거 출마(익산시甲, 새누리당) 2013~2014년 새누리당 전북도당 위원장 2014년 同사회적경제특별위원회 위원 2014년 서남대 총장(현) 2016년 대한민국춘향국악대전 고문(현)

김경애(金敬愛·女) KIM Kyung Ae

[생]1959·5·30 [본]경주(慶州) [출]강원 춘천 [주]강원 춘천시 영서로2854 강원도교육청 행정국(033-258-5330) [학]춘천여고졸, 한국방송통신대 행정학과졸, 강원대 경영행정대학원 행정학과졸 [경]인제교육청 경리계장, 同관리계장, 양구교육청 경리계장, 同관리계장, 화천교육청·춘천교육청 관리계장, 강원도교육청 총무과 근무, 同교원인사과 근무, 同법무담당, 同혁신복지담당관실 교육복지지원담당, 同기획관리국 총무과 사무관, 同기획관리국 혁신기획과 사무관 2010년 同과학산업정보화과 교육정보지원담당 사무관 2011년 인제교육지원청 행정지원과장 2012년 강원도교육청 관리국 시설과장(서기관) 2014년 중앙교육연수원 교육파견(서기관) 2015년 강원도교육청 행정국 행정과장 2016년 同행정국장(현) [상]교육인적자원부장관표창, 국무총리표창

김경애(金敬愛·女) Kim Gyeongae

[생]1963·12·16 [출]전남 목포 [주]서울 마포구 효창목길6 한겨레신문 편집국 인물팀(02-710-0114) [학]이화여대 사회학과졸 [경]1988년 한겨레신문 입사 1999년 同편집부·생활환경부·여론매체부·경제부·생활과학부 기자 2000년 同민권사회1부 기자 2003년 同사회부 기자 2008년 同미디어사업본부 히스토리부 취재팀장(차장) 2008년 同편집국 사람팀장 2009년 同편집국 사람팀장(부장대우) 2014년 同편집국 인물탐구부장 2015년 同편집국 인물팀장(현) [저]'이곳만은 지키자(상·하)'(1992)

김경오(金璟梧·女) KIM Kyung O

[생]1929·5·28 [본]경주(慶州) [출]평북 강계 [주]서울 중구 통일로26 한일빌딩702호 대한민국항공회(02-424-5933) [학]1950년 동덕여고졸 1962년 미국 노스캐롤라이나 길퍼드대(Guilford Coll.)졸 [경]1949년 공군 입대 1957년 예편(대위) 1959년 국제여류비행사협회 한국대표 1963~1984년 한국여성항공협회 회장 1971년 항공협회 수석부회장·대한민국항공회 부총재 1978년 국제항공연맹 한국측 수석대표 1982년 국제존타서울클럽 제1부회장 1984년 同회장 1985년 평통 상임위원 1988~1994년 한국여성단체협의회 회장 1988년 범서울올림픽추진위원회 부회장 1988~1994년 한민족체전위원회 이사 1994년 한국여성단체협의회 명예회장 1995~1996년 자민련 부총재 1995년 신한국도덕국민운동본부 수석부총재 1999~2007년 대한민국항공회 총재 1999년 민간항공엑스포조직위원회 위원장 2000년 국제항공연맹 COUNCIL 회의 한국대표 2000년 2000청주항공엑스포조직위원회 위원장 2000년 제92차 국제항공연맹총회 한국대표 2000~2001년 제1·2회 대통령배 항공스포츠대회 대회장 2008년 대한민국항공회 명예회장(현) 2010년 극동지구 여성비행사기구 총재(현) 2015년 한국양성평등교육진흥원 초빙교수 2016년 공군전우회 부회장(현) [상]화랑무공훈장, 대통령기장, 과학기술상, 美·日항공협회메달, 세계우주항공교육기구훈장, 국제항공공로상, 동탑산업훈장, 에어골드메달(항공인의 최고영예상), 국민훈장 동백장(2013)

김경옥(金京玉·女) KIM Kyung Ok

[생]1958·11·12 [출]서울 [주]서울 종로구 필운대로1길 34 배화여자대학교 패션산업과(02-399-0810) [학]1983년 숙명여대 대학원 의류학과졸 1998년 의상학박사(경희대) [경]1989~1992년 동덕여대·배재대 강사 1989~1992년 경원전문대·장안전문대·배화여전 강사 1992년 배화여대 생활과학과 전임강사, 同의상디자인과 부교수, 同의상디자인과 교수 2013년 同패션디자인과 교수 2013년 同패션디자인과장 2015년 同패션산업과 교수(현) [상]교육과학기술부장관표창(2011) [저]'서양 복식사'(양서각) '옷감짜기'(보림) '서양복식문화사'(수학사) 시집 '오렌지는 파랗고 나의 우수는 길다'(해난터) [종]기독교

김경용(金京鏞) Kim, Kyoung-Yong

[생]1956·3·8 [출]충북 영동 [주]충북 괴산군 괴산읍 문무로85 중원대학교 교양학부(043-830-8563) [학]1975년 중경고졸 1979년 육군사관학교졸(35기), 청주대 행정대학원졸 [경]1979년 15사단 수색대대 대위 1986년 내무부 행정사무관 시보 1986년 충북도 행정사무관 1987년 同기획관리실 법무담당관실 총무계장 1989년 同내무국 민원담당관실 총무계장 1990년 同기획관리실 확인평가계장 1994년 同건설도시국 도시계획과 지역계획계장 1995년 同기획관리실 기획계장 1997년 同공무원교육원 평가담당관 직대 1998년 同공업경제국 기업지원과장 2000년 同경제통상국 경제과장 2001년 同감사관 2004년 충북 괴산군 부군수 2006년 충북도 기획관 직대 2006년 同바이오산업추진단장 2006년 同기획관 2006년 同균형발전본부장 2008년 同균형발전국장 2009년 국방대 교육파견 2010년 충북도 경제통상국장 2012년 同행정국장 2012년 同혁신도시관리본부장 2012년 충북도의회 사무처장(고위공무원) 2014년 충북발전연구원 평생교육진흥원장(이사관) 2014년 중원대 교양학부 초빙교수(현)

김경용(金敬容) KIM, Kyung-Yong

[생]1961·7·24 [본]의성(義城) [출]경북 영천 [주]경기 성남시 분당구 운중로 178번길1 코스맥스BTI(주)(031-789-3300) [학]1980년 대구 오성고졸 1988년 고려대 경영학과졸 [경]2004년 코오롱글로텍(주) 생활소재사업본부장(상무보) 2008년 同AM사업본부장(상무) 2010년 (주)코오롱 전략기획실장(전무) 2011년 코오롱인더스트리 미래전략센터장(전무) 2012년 코오롱웰케어(주) 대표이사 전무 2014년 코스맥스바이오(주) 대표이사 2015년 코스맥스BTI(주) 인사총괄(CHRO) 사장(현) [종]불교

김경용(金景鏞) Kim Kyung Yong

[생]1963·9·2 [출]전남 함평 [주]광주 서구 무진대로 904 금호고속(주)(1544-4888) [학]1982년 광산상고졸 1988년 전남대 회계학과졸 [경]1987년 금호고속(주) 입사 1994~2001년 금호문화재단 근무 2001년 금호터미널 터미널사업팀장 2004년 同고객만족팀장 2005년 同순천영업소장 2007년 同목포영업소장 2008년 同서비스혁신팀장 2011년 금호고속(주) 직행기술부문 상무 2014~2016년 同직행영업부문 상무 2016년 同자문역(현)

김경우(金耕宇) KIM Kyung Woo

[생]1941·5·6 [본]김해(金海) [출]서울 [주]경기 성남시 분당구 정자일로45 티맥스타워 (주)티맥스소프트(031-8018-1000) [학]1960년 경기고졸 1964년 서울대 법대 행정학과졸 1966년 同행정대학원졸 1981년 미국 테네시주립대 대학원 수료 [경]1970년 재무부 재경사무관 1976년 同기획예산담당관 1980년 대통령비서실 파견 1982년 재무부 국제금융과장 1983년 同외자정책과장 1984년 駐영국대사관 재무관 1988년 재무부 증권국장 1990년 同국고국장 1992년 아시아개발은행(ADB) 이사 1995년 관세청 차장 1997년 기술신용보증기금 이사장 1997년 선린장학재단 이사장 1998~2001년 평화은행장 2001년 시큐어넷 상임고문 2001년 선인장학재단 이사장(현) 2002년 한국CFO협회 초대회장 2004년 (주)티맥스소프트 회장(현) 2011~2014년 한국자산관리공사(KAMCO) 자문위원장 [종]천주교

김경우(金敬祐)

[생]1968·2·17 [출]대구 [주]경북 포항시 북구 법원로181 대구지방검찰청 포항지청(054-250-4200) [학]1986년 영신고졸 1993년 고려대 법학과졸 [경]1998년 사법시험 합격(40회) 2001년 사법연수원 수료(30기) 2001년 인천지검 검사 2003년 대구지검 안동지청 검사 2004년 서울북부지검 검사 2007년 대구지검 서부지청 검사 2010년 부산지검 검사 2011년 보건복지부 기획조정실 법제점검단장(파견) 2013년 수원지검 검사 2015년 서울중앙지검 부부장검사 2016년 대구지검 포항지청 부장검사(현)

김경욱(金景旭) KIM Kyung Wook

[생]1966·3·29 [출]경북 김천 [주]세종특별자치시 도움6로 11 국토교통부 운영지원과(044-201-3159) [학]1984년 충암고졸 1988년 서울대 경제학과졸 1990년 同대학원 행정학과졸 [경]1999년 건설교통부 기획담당관실 서기관 2003년 대통령비서실 정책프로세스개선팀 파견(서기관) 2005년 건설교통부 국토정책국 지역정책과장 2005년 同수도권계획과장 2006년 同수도권정책팀장 2006년 국외훈련(서기관) 2008년 국토해양부 기획조정실 기획담당관 2009년 同기획조정실 기획담당관(부이사관) 2010년 녹색성장위원회 녹색생활지속발전팀장(파견) 2012년 국토해양부 기획조정실 정책기획관 2013년 국토교통부 철도국장 2014~2015년 대통령 경제수석비서관실 국토교통비서관 2015년 국토교통부 건설정책국장 2016년 국립외교원 글로벌리더십과정 파견(고위공무원)(현)

김경웅(金京雄) KIM Kyung Woong

[생]1953·12·10 [본]김해(金海) [출]서울 [주]서울 종로구 우정국로69 동일빌딩9층 한반도통일연구원(02-761-0012) [학]1972년 선린상고졸 1976년 한양대 정치외교학과졸 1990년 同대학원졸 1994년 정치학박사(한양대) [경]1975년 한양대 대학신문사 편집국장 1977년 국토통일원 보좌관 1991년 통일연수원 교수 1993년 통일원 비서실장 1994년 통일부 대변인 1997년 同남북회담사무국 회담협력관 1999~2001년 통일교육원 교수 2000년 한국정치학회 상임이사 2000년 독일 베를린자유대 동아시아연구소 초빙교수 2001~2004년 통일부 남북회담사무국 상근회담대표 2004년 민간남북경제교류협의회 위원장 겸 공동부회장(현) 2008년 국회 개성포럼자문위원회 위원장 2009년 세계정보연구원 원장 2013년 한반도통일연구원 원장(현) [상]통일원장관표창, 국무총리표창, 대통령표창 [저]'정치교육론' '민주주의와 전체주의 전망' '사하로프-자유·민주화 과제' '북한정치사회화론' '신북한개론' '금강산 길라잡이' '김 박사의 통일여행기 : 길 위에서 다시 길을 만난다'

김경원(金敬原) KIM Kyung Won (여산)

[생]1953·11·19 [본]선산(善山) [출]경북 영천 [주]서울 영등포구 양평로21길26 위클리오늘 회장실(02-323-8890) [학]1972년 경북사대부고졸 1977년 영남대 경영학과졸 1991년 미국 위스콘신대 대학원 공공정책학과졸 2008년 서울시립대 세무대학원 박사과정 수료 [경]1976년 행정고시 합격(18회) 1978년 북대구세무서 총무과장 1982년 재무부 세제국사무관 1984년 국세청 사무관 1986년 재무부 세제국 사무관·과장 1993년 국세청 세무서장 1997년 서울지방국세청 국제조세1과장 1998년 국세청 재산세2과장 1999년 同공보담당관 2001년 미국 IRS(국세청) 파견 2002년 중부지방국세청 납세지원국장 2003년 서울지방국세청 세원관리국장 2004년 同조사2국장 2005년 대구지방국세청장 2006년 국세청 국세공무원교육원장 2007년 서정법인 상임고문 2008~2010년 국민연금공단 감사 2012년 제19대 국회의원선거 출마(경북 영주, 무소속) 2016년 위클리오늘 회장·발행인(현) [저]'신실용주의로 세계일류국가만들기(共)'(2007) '영천 자전거 여행'(2014, 국커뮤니케이션) [종]가톨릭

김경원(金坰源) KIM Kyung Won

[생]1958·6·14 [본]의성(義城) [출]경북 안동 [주]경기 성남시 분당구 분당로368 한국지역난방공사(031-780-4045) [학]1977년 경북고졸 1981년 연세대 경제학과졸 1985년 서울대 행정대학원 행정학과졸 1998년 미국 일리노이대 대학원 경제학과졸 [경]1979년 행정고시 합격(23회) 1985~1995년 상공부 산업정책과·창업지원과·수송기계과 행정사무관 1995~1998년 통상산업부 자원정책과 서기관 1998~2004년 산업자원부 행정관리담당관·장관비서관·기초소재산업과장 2004년 同무역투자실 무역정책과장(부이사관) 2005~2006년 중소기업연구원 연구위원 2010~2012년 지식경제부 산업경제실장 2012~2015년 전자부품연구원 원장 2016년 한국지역난방공사 대표이사 사장(현) [상]근정포장(1994), 홍조근정훈장(2008)

김경원(金敬源) KIM Kyung Won

[생]1958·11·2 [본]의성(義城) [출]경북 안동 [주]서울 종로구 세종대로209 대통령직속 지역발전위원회 지역생활국(02-2100-1150) [학]1976년 경안고졸 1987년 한국방송통신대 행정학과졸 [경]2003년 행정자치부 민방위재난통제본부 소방행정과 서기관 2004년 同지방자치국 평가조정과 서기관 2004년 대통령자문 지속가능발전위원회 파견(갈등정책팀장) 2006년 국무총리실 과장 2007년 행정자치부 지방분권지원단 파견(지방이양지원팀장) 2008년 행정안전부 공무원노사협력관실 노사협력담당관 2009년 同감사관실 조사담당관 2010년 同감사관실 조사담당관(부이사관) 2010년 국가기록원 나라기록관장 2011년 국방대 교육파견(부이사관) 2012년 행정안전부 재난위기종합상황실장 2013년 안전행정부 중앙안전상황실장 2013년 국가기록원 기록정책부장(고위공무원) 2014년 同원장 직무대리 2015년 대통령직속 지역발전위원회 지역생활국장(현) [상]근정포장(2000) [종]기독교

김경원(金慶遠) KIM Kyeong Won

[생]1959·5·5 [본]함창(咸昌) [출]경북 의성 [주]경북 안동시 풍천면 도청대로455 경상북도의회 의사담당관실(054-880-5150) [학]1977년 대구상고졸 [경]1978년 공무원 임용 2007년 경북도 팔공산도립공원관리사무소장 2008년 同예산담당관실 근무 2012년 同행정지원국 근무(지방서기관) 2013년 同도청이전추진본부 총괄지원과장 2014년 경북 울진군 부군수 2015년 교육 파견 2016년 경북도 일자리민생본부 일자리창출단장 2016년 경북도의회 의사담당관(현) [상]국무총리표창(2001), 근정포장(2011)

김경원(金慶源)

[생]1967·1·4 [출]충북 청주 [주]서울 용산구 원효로89길24 용산경찰서 서장실(02-2198-0321) [학]충북 충주고졸, 경찰대 행정학과졸(5기), 동국대 경찰사법대학원졸 [경]1989년 경찰 임용(경위) 1995년 경감 승진 1999년 경정 승진 2010년 대구지방경찰청 생활안전과장(총경) 2010년 충북지방경찰청 홍보담당관 2010년 충북 진천경찰서장 2011년 경기지방경찰청 생활안전과장 2013년 대전 중부경찰서장 2014년 중앙경찰학교 운영지원과장 2015년 서울지방경찰청 112종합상황실장 2016년 서울 용산경찰서장(현)

김경익(金京益) KIM Kyung Ik

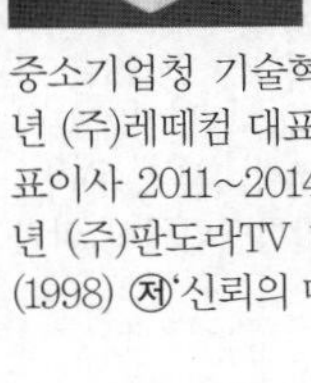

[생]1967·9·5 [본]경주(慶州) [출]전북 익산 [주]경기 성남시 분당구 대왕판교로644번길49 (주)판도라TV 임원실(070-4484-7100) [학]1992년 경희대 기계공학과졸 1994년 同대학원 기계공학과졸 [경]대우고등기술연구원(IAE) 자동차연구실 근무 1996년 시작시스템즈 설립 1997년 대통령선거 스크린세이버 제작 및 무료배포 1998년 금모으기스크린세이버 제작 및 무료배포 1999년 중소기업청 기술혁신개발사업 멀티미디어스크린세이버 제작툴 개발 1999년 (주)레떼컴 대표이사, 벤처기업인증 획득 2005~2011년 (주)판도라TV 대표이사 2011~2014년 同이사회 의장 2012~2013년 에브리온TV 대표 2014년 (주)판도라TV 대표이사(현) [상]LAE 특허왕(1996), 정보통신부장관표창(1998) [저]'신뢰의 마법(共)'(2014, 다산3.0) [종]천주교

김경일(金京逸) KIM Kyung-il

[생]1958·5·15 [본]김해(金海) [출]경북 안동 [주]서울 강남구 테헤란로124 풍림빌딩 KB부동산신탁 상근감사실(02-2190-9800) [학]1977년 대광고졸 1984년 국민대 행정학과졸 2006년 일본 교토대 대학원 법학과졸 [경]1984~1986년 국회사무처 국제기구과 근무 1986~1989년 서울올림픽대회조직위원회 등록담당관 1989~1996년 국민체육진흥공단 비서실장 1996~2003년 대통령 총무비서관실 행정관 2008년 국무조정실 갈등관리기획과장 2008년 국무총리 정보관리비서관실 정보기획행정관 2010년 국무조정실 세종시기획단 조정지원정책관 직대 2011년 同주한미군이전지원단 부단장 2012년 국무총리 정무운영비서관 2015~2016년 국무총리 민정민원비서관 2016년 KB부동산신탁 상근감사(현)

김경자(金慶子·女) Kim Kynug Ja

[생]1949·7·16 [본]김해(金海) [출]서울 [주]서울 중구 덕수궁길15 서울특별시의회(02-3783-1747) [학]이화여고졸, 서울교대 교육학과졸, 홍익대 교육대학원 교육학과졸(석사) [경]초등학교 교사(30년 근무) 1996년 한국여성평생교육회 이사(현), 한국걸스카우트중앙연맹 국제분과 위원, 서울시 강서구 규제개혁위원회 위원, 한국여성평생교육회 이사 2006~2010년 서울시 강서구의회 의원 2016년 서울시의회 의원(보궐선거 당선, 국민의당)(현) 2016년 同문화체육관광위원회 위원(현) [상]교육부장관표창, 대통령표창 [저]'여성시조와 강서문학' [종]불교

김경자(金京子·女) KIM Kyung Ja

[생]1960·2·20 [본]김녕(金寧) [출]경기 평택 [주]서울 중구 덕수궁길15 서울특별시의회(02-3783-1946) [학]동국대 영어영문학과졸 [경]양천구보육조례개정운동본부 공동대표, 민주평화시민행동 상임이사, 한국여성정치연맹 중앙위원 2000~2006년 서울남서여성민우회 지역자치위원장 2000~2010년 양천녹색가게 운영위원, 민주당 서울양천甲지구당 교육특별위원장, 同서울시당 학교급식특별위원장 2006년 서울시 양천구의원(비례대표)선거 출마, 친환경급식전국네트워크 공동대표 2010~2014년 서울시 양천구의회 의원(민주당·민주통합당·민주당·새정치민주연합) 2010~2012년 同행정재경위원회 부위원장 2012년 同운영위원회 위원 2014년 서울시의회 의원(새정치민주연합·더불어민주당)(현) 2014년 同운영위원회 위원 2014년 同행정자치위원회 위원 2015년 同항공기소음특별위원회 위원(현) 2015년 同하나고특혜의혹진상규명을위한행정사무조사특별위원회 부위원장(현) 2015년 同메르스확산방지대책특별위원회 위원 2015년 同예산결산특별위원회 위원(현) 2015년 同서울국제금융센터특혜의혹진상규명을위한행정사무조사특별위원회 위원 2016년 同서울시설관리공단이사장후보자인사청문특별위원회 위원 2016년 同교육위원회 위원(현) [저]'연수로 만난 독일 독일에서 그린 미래(共)'(2011, 해피스토리)

김경자(金庚子·女) KIM Kyung Ja

[생]1960·4·21 [주]경남 진주시 소호로101 한국세라믹기술원 기업지원본부(055-792-2770) [학]1983년 성균관대 화학과졸 1983년 국립기술표준원 화학시험부 고분자화학과졸 1989년 단국대 대학원 화학과졸 2001년 무기화학박사(성균관대) [경]한국탄소학회 이사, 한국세라믹학회 여성위원회 간사, 한국생체재료학회 이사, 한국산업기술평가관리원 정책분과 산업기술기반심의위원, 한국여성공학기술인협회 위원 2000년 요업기술원 나노세라믹본부장 겸 창업보육센터장 2006년 미국 일리노이대 객원교수, 한국세라믹기술원 이천분원장 2012년 同기업지원본부 기업협력센터장 2016년 同기업지원본부장(현) [상]산업자원부 산업기술진흥유공자상(2004), 중소기업청 서울지역우수창업보육센터상(2004), 중소기업특별위원회 우수벤처창업지원기관상(2005), 중소기업특별위원장표창(2005), 산업자원부 대한민국기술대전우수상(2006), 산업자원부 산업기술진흥유공자(2006), 과학기술훈장 도약장(2012), 경기도지사표창(2013) [저]'세상을 바꾸는 여성엔지니어2(共)'(2006, 한국여성공학기술인협회)

김경자(金敬子·女) KIM Kyung Ja

[생]1962·1·15 [출]서울 [주]경기 수원시 팔달구 효원로1 경기도의회(031-8008-7000) [학]중앙대 약학과졸 [경]티제이팜 부장, 군포고 운영위원장, 군포시약사회 약사회장, 대한약사회 홍보이사, 同대외협력위원장(현), 경기도약사회 제약유통위원장, 同정책단장 2006년 경기 군포시의원선거 출마(비례대표) 2014년 경기도의회 의원(새정치민주연합·더불어민주당·무소속)(현) 2014·2016년 同보건복지위원회 위원(현) 2014년 同윤리특별위원회 위원 2015년 同청년일자리창출특별위원회 위원장(현)

김경재(金景梓) KIM Kyung Jae (九井)

[생]1942·11·3 [본]경주(慶州) [출]전남 여수 [주]서울 중구 장충단로72 한국자유총연맹(02-2238-0712) [학]1959년 순천고졸 1964년 서울대 정치학과졸 1973년 미국 버지니아신학대 수료 1978년 미국 펜실베이니아대 대학원 정치학 박사과정 수료 [경]1964~1968년 공군사관학교 교관 1968년 사상계 정치담당 편집자 1969년 3선개헌반대범국민투쟁위원회 부대변인 1971년 김대중 신민당 대통령후보 선전기획위원 1973~1982년 한국민주회복통일촉진국민회의 대변인 및 부의장 1977~1987년 미국 '독립신문' 창간·주필 겸 발행인 1982~1985년 민주주의와민족통일을위한국민연합 사무국장 1985년 미주민통연합 전국의장 1987~1991년 평민당 김대중총재 보좌역·당보편집위원장·서울강남甲지구당 위원장 1991~1995년 민주당 창당발기인·총재 보좌역·서울종로지구당 위원장 1995년 국민회의 순천甲지구당 위원장 1996년 제15대 국회의원(순천甲, 국민회의·새천년민주당) 1996년 국회 통상소위원회 위원장 1996년 국민회의 원내부총무 1997년 김대중 대통령후보 홍보위원장 1998년 同경제특보 1998년 보통사람들의 통일운동시대본부 의장(현) 1999년 국민회의 총재권한대행 비서실장 1999년 한국종군가수협회 명예회장 1999년 새정치국민회의 총재 비서실장 2000년 서울대정치학과동창회 이사(현) 2000년 한·러시아(부리아티아)친선협회 회장(현) 2000~2004년 제16대 국회의원(순천, 새천년민주당) 2001년 국회 2010세계박람회유치특별위원회 위원장 2002년 새천년민주당 연수원장·국정자문위원회 의장 2002년 노무현 대통령후보 홍보본부장 2003년 민주당 중앙위원 2004년 러시아 부리아티아국립대 명예교수(현) 2006년 선린회 회장 2006년 (사)사월회 자문위원장 2007년 민주당 최고위원·통합민주당 최고위원 2010년 전남도지사선거 출마(평화민주당) 2011년 4.27재보선 국회의원선거 출마(순천, 무소속) 2012년 새누리당 제18대 대통령중앙선거대책위원회 100%대한민국대통합위원회 기획담당 특보 2012~2013년 제18대 대통령직인수위원회 국민대통합위원회 수석부위원장 2015년 대통령 홍보특별보좌관 2016년 한국자유총연맹 회장(현) [상]전국대학생학술토론회 대통령상(1961·1962), 월간「세대」현상논문 당선(1963), 한국유권자연합 국정감사 최우수의원(1998), 한국유권자운동연합선정 15대 국회 최우수의원(2000), 자랑스런 한국인상 사회복지공로대상(2010) [저]'자정을 사는 사람들'(1970) '김형욱회고록 3부작'(1985) '쓰러지는 역사, 일어나는 역사'(1992) '축 새역사의 푸른 신호등' 'DJ의 독서일기'(2000) '청와대 허물어 서민아파트 짓고 싶다'(2006) 김형욱회고록 5부작 '혁명과 우상'(2009) '박정희시대의 마지막 20일'(2009) [종]기독교

김경조(金庚助)

[생]1960·3·20 [주]서울 동작구 여의대방로112 (주)농심 국제사업부문(02-820-7114) [학]배재고졸, 고려대 기계공학과졸, 同경영대학원졸 [경]삼성전자(주) 일본지사 상무 2007년 일본삼성 오사카지점장(상무), 삼성전자(주) LCD전략마케팅팀 담당임원, 同경영전략팀 담당임원(상무) 2010~2012년 삼성코닝정밀소재 전무 2013년 (주)농심 전략기획실장(부사장) 2014년 同국제사업부문장(부사장)(현)

김경종(金敬鍾) KIM Kyeong Jong

[생]1954·11·18 [본]김해(金海) [출]부산 [주]서울 강남구 테헤란로207 아가방빌딩6층 김경종법률사무소(02-519-6700) [학]1973년 경남고졸 1977년 서울대 법학과졸 1988년 미국 워싱턴주립대졸 2000년 서울시립대 경영대학원 세무관리학과졸 2006년 세무학박사(서울시립대) [경]1979년 육군 법무관 1982년 대구지법 판사 1985년 同안동지원 판사 1986년 인천지법 판사 1990년 서울고법 판사 1991년 서울형사지법 판사 직대 1992년 대법원 재판연구관 1994년 창원지법 부장판사 1996년 서울지법 의정부지원 부장판사 1998년 수원지법 성남지원 부장판사 1998년 서울지법 부장판사 2001년 부산고법 부장판사 2002년 서울고법 부장판사 2006년 同수석부장판사 2007년 울산지법원장 2008년 대전지법원장 2009~2010년 서울북부지법원장 2010년 변호사 개업(현) 2011년 (사)한국조세법학회 회장 2012~2015년 조세심판원 비상임심판관 2016년 한국해운세제학회 회장(현) [상]미국 워싱턴대 한국총동문회 올해의 동문상(2015) [종]불교

김경준(金景埈) KIM Kyung Joon

[생]1954·1·26 [출]서울 [주]경기 성남시 분당구 판교역로145 타워2동 삼성물산(주) 건설부문 빌딩사업부(02-2145-6531) [학]1971년 전남고졸 1982년 한양대 건축학과졸 1993년 同대학원 건축공학과졸 [경]1993년 삼성물산(주) 말레이시아 KLCC트윈타워현장소장, 同건설부문 건축사업본부 초고층팀장(상무보) 2007년 同건설부문 건축사업본부 UAE두바이타워현장소장(상무) 2009

ㄱ

년 세계적 건설전문지 ENR(Engineering News Record)에 '2008 뉴스메이커 25인' 선정 2010년 삼성물산(주) 건설부문 건축사업본부 UAE두바이타워 현장소장(전무) 2011년 同빌딩사업부 건축기술팀장(전무) 2011년 同빌딩사업부장(전무) 2015년 同건설부문 빌딩사업부장(부사장)(현) [상]금탑산업훈장(2011), 한양언론인회 '한양을 빛낸 자랑스러운 동문상'(2015)

김경준(金京俊)

[생]1963 [주]서울 영등포구 국제금융로10 OneIFC빌딩8층 딜로이트안진회계법인 경영연구원 원장실(02-6676-1000) [학]서울대 농경제학과졸, 同대학원 농경제학과졸 [경]쌍용투자증권 기업금융부·기업조사부 근무, 쌍용경제연구원 전략연구부·산업연구부 근무, 쌍용정보통신 전략기획실 근무, 딜로이트 투쉬 기업금융담당 2011~2016년 딜로이트컨설팅 대표이사 2016년 딜로이트안진회계법인 경영연구원장(현) [저]'소니는 왜 삼성전자와 손을 잡았나'(2005, 원앤원북스) '엄홍길의 휴먼리더십' '위대한 기업 로마에서 배운다'(2006, 원앤원북스) '대한민국 초우량기업7(共)'(2007, 원앤원북스) '김경준의 미래경영지식사전'(2007, 살림Biz) '기업의 미래를 바꾸는 모바일 빅뱅(共)'(2010, 원앤원북스) '위기를 지배하라 – 역사가 증명한 위기극복 전략'(2012, 위즈덤하우스) '마흔이라면 군주론 – 시대를 뛰어넘는 세상과 인간에 대한 통찰'(2012, 위즈덤하우스) '통찰로 경영하라'(2014, 원앤원북스) '사장이라면 어떻게 일해야 하는가'(2015, 원앤원북스) '팀장이라면 어떻게 일해야 하는가'(2015, 원앤원북스) '직원이라면 어떻게 일해야 하는가'(2015, 원앤원북스)

김경중(金炅中) KIM Kyoung Joong

[생]1950·8·21 [본]광산(光山) [출]전북 김제 [주]서울 강남구 언주로86길11 한화진넥스빌 405호 한국윤리연구원(02-6013-5305) [학]1967년 검정고시 합격 1974년 성균관대 법학과졸 1992년 대만 쳉치대 대학원 정책학과졸 2001년 국제법학박사(중국 북경외교대학) [경]1995년 국무총리 총무비서관실 부이사관 1998년 국무총리 정무비서관실 정책담당비서관 1999년 국무조정실 심사평가2심의관 1999년 대통령자문 반부패특별위원회 기획운영심의관 2001년 국무조정실 조사심의관 2002~2004년 부패방지위원회 정책기획실장 2004년 (사)한국기업경영종합연구원 기업윤리연구소장 2004년 가톨릭대부설 윤리경영연구소 부소장 2004년 공주대 행정학과 초빙교수 2005년 명지대 방목기초대학 초빙교수 2007~2013년 한국윤리전략연구원 원장 2013년 한국윤리연구원 원장(현) [상]황조·녹조근정훈장 [종]천주교

김경중(金京中) KYUNG-CHUNG KIM

[생]1959·3·18 [본]광산(光山) [출]강원 횡성 [주]강원 정선군 사북읍 하이원길265 강원랜드 비서실(033-590-3034) [학]1978년 춘천고졸 1982년 서울대 법학과졸 2004년 미국 펜실베이니아대 와튼스쿨 CEO과정 수료 2008년 연세대 언론홍보대학원졸(석사) [경]1986년 MBC 입사, 同보도국 사회부·정치부 기자 1996~1997년 미국 미주리대 연수 1998~1999년 MBC 정치부 기자(청와대 출입) 2001~2004년 同뉴욕특파원 2005년 同문화부·경제부 차장 2006년 同재정·금융팀장(부장대우) 2007년 同뉴미디어에디터 2008년 同보도전략팀장 2008년 同정치1팀장 2009년 同경제부장 2010년 관훈클럽 편집위원 2010년 MBC 보도국 부국장 2010~2011년 同정치부장 2011년 SPC그룹 미래전략실 부사장 2011년 비알코리아 베스킨라빈스 사업총괄 부사장 2012년 同경영기획실장 2014년 同고문 2014년 강원랜드 부사장(현) [종]기독교

김경진(金慶鎭) KIM Kyung Jin

[생]1941·12·8 [출]충남 홍성 [주]서울 서초구 매헌로16길6 (재)한국건설안전기술원 비서실(02-571-1851) [학]1968년 한양대 토목공학과졸 1972년 同산업대학원 산업공학과졸 1991년 공학박사(충남대) [경]1981~1991년 경희대 경영대학원 교수 1981년 부천시 정책자문위원 1982~2001년 한국가스안전공사 가스안전기술심의위원 1991년 (재)한국건설안전기술원 이사장(현) 1994~2001년 건설교통부 중앙건설심의위원 1996~2000년 국무총리 행정심판위원 1999~2004년 건설안전관리연합회 회장 2001년 환경부 중앙환경분쟁조정위원, 한국건설안전기술사회 부회장·고문 2004년 건설안전관리연합회 명예회장 [상]건설교통부장관표창(1996), 산업포장(2003), 과학기술훈장 웅비장(2010)

김경진(金敬眞) KIM Kyung Jin

[생]1952·1·1 [본]김해(金海) [출]전남 목포 [주]대구 동구 첨단로61 한국뇌연구원(053-980-8101) [학]1970년 서울대 사대부고졸 1975년 서울대 문리과대학 동물학과졸 1979년 同대학원졸 1981년 미국 일리노이대 대학원 생물물리학과졸 1984년 이학박사(미국 일리노이대) [경]1977~1979년 연세대 의과대학 내분비연구실 연구조교 1979~1984년 문교부 국비유학생(생물학분야 제1회) 1979년 미국 일리노이대 생리학 및 생물물리학과 강의 및 연구조교 1984~1985년 同생리학 및 생물물리학과 박사 후 연구원 1985년 미국 컬럼비아의과대 생화학과 박사 후 연구원 1985~2000년 서울대 자연과학대학 분자생물학과 조교수·부교수·교수 1988년 미국 신경과학회 정회원 1988년 미국 내분비학회 정회원 1990~1992년 서울대 학생생활연구소 외국유학생지도부장 1990~1993년 한국생물과학협회 총무간사·학술간사 1990~1993년 한국분자생물학회 학술지 편집위원 1992~1993년 독일 괴팅겐의대 훔볼트 연구교수 1994~1998년 서울대 실험동물사육장 소장 1999~2000년 同자연과학대학 분자생물학과장 1999~2003년 同인지과학협동과정 겸임교수 2000~2003년 同뇌과학협동과정 주임교수 2000~2003년 한국과학기술연구원(KIST) 뇌신경생물학사업단 부단장 및 겸임교수 2000년 국가지정연구실(NRL) 발생 및 신경내분비연구실 Group Leader 2000~2015년 서울대 자연과학대학 생명과학부 교수 2000년 미국 Molecular Reproduction & Development 학술지 Associate Editor 2000~2003년 아시아·오세아니아비교내분비학회(AOSCE) 사무총장 2000~2003년 아시아태평양신경화학회(APSN) 이사 2000~2003년 한국분자세포생물학회지 Molecules & Cells 편집위원장 2001~2003년 국제신경내분비협회(INF) 한국측 이사 2003~2014년 미래창조과학부 21세기프론티어연구개발사업단장 2006~2007년 한국뇌학회 회장 2006년 미국 Neuroendocrinology 학술지 편집위원 2006년 Progress in Neurobiology 리뷰학술지 편집위원 2009~2010년 한국통합생물학회 회장 2014년 한국분자세포생물학회 회장 2015년 대구경북과학기술원 대학원 뇌·인지과학전공 교수(현) 2015년 同대학원 뇌·인지과학전공 석좌교수(현) 2015년 한국뇌연구원 원장(현) [상]과학기술우수논문상(1991), 독일 훔볼트 펠로우쉽(1992), 한국분자생물학회 목암생명과학상(1997), 대한민국학술원상 자연과학기초부문(2011), 생명공학분야 최우수성과 미래창조과학부장관표창(2015) [저]'척추동물의 비교해부학'(1990) '신경호르몬'(2000) '생명과학 이야기'(2002)

김경진(金京鎭) Kevin KIM

[생]1957·9·1 [출]서울 [주]서울 강남구 테헤란로152 강남파이낸스센터18층 델 EMC(02-2125-7000) [학]1981년 한국항공대 전자공학과졸 2008년 미국 스탠퍼드대 경영대학원 최고경영자과정 수료 [경]1981년 육군 학사장교 1기 임관(기갑) 1984년 현대전자 입사 1994년 실리콘그래픽스(SGI) 입사 1997년 同아시아태평양지역 비즈니스 개발이사 1999년 한국EMC(주) 입사 2001년 EMC 아시아태평양 및 일본지역 프로그램담당 총괄이사 2003년 한국EMC(주) 제조영업본부장 2003년 同대표이사 사장 2008년 미국 EMC Corporation Vice President 2010년 同수석부사장(Senior Vice President) 2016년 델테크놀로지스 본사 수석부사장 겸 델 EMC(Dell EMC) 한국엔터프라이즈 비즈니스총괄 사장(현) [상]한국경제신문 글로벌CEO대상(2006), 전자신문 선정 '올해의 인물'(2010), 글로벌EMC 선정 '가장 신뢰받는 리더'(2015) [종]천주교

김경진(金京鎭) KIM Kyung Jin

[생]1966·7·14 [본]청도(淸道) [출]전남 장성 [주]서울 영등포구 의사당대로1 국회 의원회관634호(02-784-2601) [학]1983년 광주 금호고졸 1987년 고려대 법학과졸 1989년 同대학원 법학과 수료 2004년 중국 정법대학 연수 [경]1989년 사법시험 합격(31회) 1992년 사법연수원 수료(21기) 1992년 軍법무관 1995년 인천지검 검사 1997년 전주지검 군산지청 검사 1998년 광주지검 검사 2000년 대검 검찰연구관 2001년 전주지검 검사 2003년 서울지검 검사 2004년 광주지검 부부장검사 2004년 광주고검 검사 2004년 해외 연수 2005년 대전지검 부부장검사 2006년 同천안지청 부장검사 2007~2008년 광주지검 형사3부장 2008년 법무법인 이인 대표변호사, 촛불인권연대 고문변호사 2008년 제18대 국회의원선거 출마(광주시 북구甲, 무소속) 2012년 제19대 국회의원선거 출마(광주시 북구甲, 무소속) 2014~2016년 김경진·윤우희합동법률사무소 변호사 2016년 제20대 국회의원(광주시 북구甲, 국민의당)(현) 2016년 국민의당 광주시북구甲지역위원회 위원장(현) 2016년 국회 미래창조과학방송통신위원회 간사(현) [상]전국 우수검사상(2000) [저]'문명 1·2'(2011, 카데트출판사)

김경창(金慶昌) KIM Kyung Chang

[생]1964·10·18 [출]대구 [주]서울 영등포구 은행로30 중소기업중앙회신관6층 현대자산운용 임원실(02-2090-0500) [학]계성고졸, 연세대 경영학과졸, 同경영대학원졸 [경]1992년 하나은행 입행, 同주식운용팀장, 국은투신 주식운용팀장, 부국증권 IB사업본부 상무, 아인에셋투자자문 대표이사, 코리아에셋증권 주식부문 대표 2013년 현대자산운용 대표이사(현)

김경천(金敬天·女) KIM Kyung Chun

[생]1941·12·16 [본]안동(安東) [출]전남 [주]광주 동구 무등로328 4.19혁명기념관3층(062-227-7405) [학]1960년 광주여고졸 1970년 전남대 철학과졸 1986년 同대학원 행정학과졸 2001년 고려대 정책대학원 수료 2001년 同교육대학원 수료 [경]1962년 광주YWCA 간사 1978년 유신헌법 긴급조치위반 투옥 1978년 국제사면위원회 회원·이사 1987~2000년 광주YWCA 사무총장 1987~2000년 광주시민단체협의회 공동의장 1988년 同가정법률상담소장 1988년 同일하는여성의집 관장 1993년 민주평통 상임위원 1993~1994년 무등산보호단체협의회 공동의장 1995~1998년 5·18기소촉구를위한대책위원회 공동의장 1996년 광주NCC 부회장 1998년 한국여성정치연맹 광주시연맹 고문 1998년 언론개혁광주시민연대 공동대표 1998년 제2의건국범국민추진위원회 위원 1999년 한국사회발전시민실천협의회 광주·전남지부 상임의장 2000년 새천년민주당 광주東지구당 위원장 2000년 同제3정책조정위원회 부위원장 2000년 同국민기초생활보장제도추진점검단장 2000년 통일시대평등사회정책연구회 회장(현) 2000~2004년 제16대 국회의원(광주東, 새천년민주당) 2000년 새천년민주당 총재특보 2002년 同정책위 부의장 2004년 광주초교파장로연합회 부회장(현) 2005년 동신대 객원교수 2005~2008년 한국여성정치연맹 부총재 2005년 광주YWCA 이사, 同교육위원(현) 2005년 캐나다 알바타주 한인여성회 고문 2008년 한국여성정치연맹 중앙상무위원 2008~2013년 김천과학대학 총장 2008년 대한민국헌정회 이사 2008년 조아라기념사업회 이사장(현) 2008~2013년 경북보건대학교 총장 2013년 한국기독교장로회 광주한빛교회 장로(현) 2013년 한국여성벤처협회 광주전남지회 고문(현) 2013년 전남대총동창회 고문(현) 2013년 광주여고총동창회 고문(현) 2014년 국제앰네스티 광주전남본부 이사장(현) 2014년 광주YWCA 역대이사회 회장(현) 2014년 광주공동체시민회의 인권복지분과위원장(현) 2015년 대한민국헌정회 여성위원회 부위원장(현) [상]대통령표창, 평등부부상, 대한민국 국민상 [저]'태극기가 바람에 휘날립니다'(2000) '생각의 정원에서'(2013) [종]기독교

김경태(金庚泰) KIM Kyung Tae

[생]1950·1·6 [출]서울 [주]서울 중구 후암로110 서울시티타워빌딩20층 한국의료분쟁조정중재원 감정부(02-6210-0212) [학]1974년 서울대 의대졸, 同대학원졸, 의학박사(서울대) [경]1974~1979년 국립의료원 산부인과 인턴·레지던트 1979~1982년 해군 軍의관 1982년 서울대병원 산부인과 전임의사 1983~1984년 국립의료원 산부인과 근무 1985~2015년 한양대 의대 산부인과학교실 조교수·부교수·교수 1986~1987년 미국 뉴욕 Medical College 산부인과 연구원 2005~2015년 대한산부인과학회 고시위원장 2005~2015년 대한부인종양연구회 연구위원장 2008년 대한부인종양콜포스코피학회 회장 2015년 한양대 의과대학 산부인과학교실 명예교수(현) 2015년 한국의료분쟁조정중재원 감정부 상임감정위원(현) [저]'부인과학'(1987) '부인종양학'(1996)

김경태(金京泰) KIM GYUNG TAE

[생]1954·10·20 [출]전남 장성 [주]경기 성남시 수정구 수정로85 (재)한국통계진흥원 원장실(031-759-0167) [학]1982년 전남대 행정학과졸 2001년 충남대 대학원 사회복지학과졸 2011년 한국해양대 산업대학원 최고위과정 수료 2013년 한양대 고령사회연구원 최고위과정 수료 2014년 충남대 정보통계학 박사과정中 [경]1997년 통계청 사회통계국 인구분석과 서기관 1997년 同인구조사과 서기관 1998년 同경제통계국 통계분석과 서기관 1999년 同산업통계과 서기관 1999년 同통계기획국 국제통계과 서기관 2002년 同기획과 서기관 2004년 同국제통계과장, 호주 파견(서기관) 2007년 통계청 청장비서실장 2007년 同경제통계국 산업통계과장 2010년 同통계정책국 통계협력과장 2011~2013년 동남지방통계청장 2013년 (재)한국통계진흥원 사무국장 2015년 同원장(현) [상]국무총리표창(1986), 대통령표창(2003) [저]'Statistics in Korea(共)'(2001)

김경태(金敬泰) Kim Gyeongtae

[생]1965·5·1 [출]전남 완도 [주]서울 강남구 테헤란로126 대공빌딩 법무법인 민(02-6250-0100) [학]1984년 광주 송원고졸 1988년 서울대 법과대학졸 [경]1990년 사법시험 합격(32회) 1993년 사법연수원 수료(22기) 1993년 軍법무관 1996년 부산지검 검사 1998년 전주지검 정읍지청 검사 1999년 서울지검 검사 2001년 광주지검 검사 2003년 대검찰청 검찰연구관 2006년 광주지검 순천지청 부장검사 2007년 서울서부지검 부부장검사 2008년 법무부 감찰담당관실 검사 2009년 수원지검 특수부장 2009년 대검찰청 감찰2과장 2010년 서울남부지검 형사3부장 2011년 서울고검 검사 2011년 법무연수원 연구위원 2012년 청주지검 충주지청장 2013년 수원지검 안양지청 차장검사 2014년 춘천지검 강릉지청장 2015년 광주지검 부장검사(광주광역시 파견) 2015년 법무법인 민(民) 변호사(현)

김경태(金庚泰) Kim Kyung Tae

[생]1986·9·2 [출]강원 속초 [주]서울 중구 세종대로9길 20 신한금융그룹 사회공헌문화팀(02-6360-3266) [학]신성고졸 2009년 연세대 체육교육학과졸 [경]1997년 골프 입문 2005년 일본 아마추어선수권 우승 2006년 한국프로골프협회 회원(현) 2006년 제53회 허정구배아마추어대회 우승(2위와 최다타수차 우승) 2006년 도하 아시안게임 개인전 및 단체전 금메달(2관왕) 2006년 포카리스웨트오픈 우승 2006년 삼성베네스트오픈 우승 2007년 프로 데뷔(현) 2007년 신한금융그룹 스폰서계약(현) 2007년 KPGA 토마토저축은행오픈 우승 2007년 GS칼텍스매경오픈 우승 2007년 KPGA선수권 준우승 2007년 XCANVAS오픈 준우승 2007년 삼능애플시티오픈 우승 2007년 삼성베네스트오픈 3위 2007년 한국오픈 준우승 2008년 JGTO투어 쓰루야오픈 준우승 2009년 한국프로골프 SBS코리안투어 삼성베네스트오픈 공동2위 2009년 JGTO투어 아나(ANA)오픈 공동2위 2009년 코오롱·하나은행 한국오픈골프선수권대회 공동3위 2009년 JGTO투어 더챔피언십 바이렉서스 준우승 2010년 GS칼텍스 매경오픈 준우승 2010년 JGTO투어 다이아몬드컵 우승 2010년 제75회 일본오픈골프대회 우승 2010년 JGTO투어 던롭피닉스 토너먼트 2위 2011년 제30회 GS칼텍스 매경오픈 우승 2011년 JGTO투어 세가 세미컵 우승 2011년 밀리언야드컵 한국팀 국가대표 2011년 SK텔레콤 오픈 골프대회 준우승 2011년 KB금융 밀리언야드컵 최우수선수상 2011년 한국프로골프투어(KGT) 신한동해 오픈 공동 2위 2012년 JGTO투어 후쿠산케이 클래식 우승 2012년 JGTO투어 카시오 월드오픈 공동3위 2014년 한국프로골프 코리안투어 SK텔레콤 공동2위 2015년 원아시아투어 싱하 타이랜드오픈 우승 2015년 JGTO투어 및 원아시아투어주관 싱하 타일랜드오픈 우승 2015년 JGTO투어 후지산케이클래식 우승 2015년 JGTO투어 아시아퍼시픽챔피언십미쓰비시다이아몬드컵 우승 2015년 JGTO투어 마이나비ABC선수권대회 우승 2016년 JGTO투어 도켄 홈메이드컵 우승 2016년 JGTO투어 파나소닉 오픈 골프 챔피언십 공동2위 2016년 JGTO투어 더 크라운스대회 우승 2016년 KPGA투어 GS칼텍스 매경오픈골프대회 공동3위 2016년 JGTO투어 미즈노 오픈 우승 [상]대한골프협회 선정 최우수선수(MVP)(2006·2011), 한국프로골프 대상·상금왕·신인왕·평균 최저타상(2007), 일본프로골프투어 상금왕(2010·2015), 한국골프칼럼니스트대상 '올해를 빛낸 선수'(2010), 동아스포츠대상 골프부문(2010), 발렌타인프로골프대상 해외특별상(2010), 한국골프라이터스협회 올해의 선수상(2010), 도쿄운동기자클럽 골프분과회 선정 최우수선수(2015), 발렌타인 한국프로골프대상 해외특별상(2015)

김경택(金京澤) KIM Kyung Taek

[생]1948·3·24 [본]김해(金海) [출]전남 영암 [주]전남 영암군 학산면 영산로76의57 동아보건대학교 총장실(061-470-1600) [학]1966년 인창고졸 1973년 고려대 물리학과졸 1974년 同경영대학원 수료 1998년 단국대 교육대학원졸 2001년 서울대 보건대학원 의료보건정책과정 수료 2003년 교육학박사(단국대) [경]1991년 대한투자금융 이사 1994~2005년 동아인재대 복지관광학부·전기통신설비과·전기과·유아교육과·선교복지계열 교수 1998~2009년 同학장 1998년 제2의건국범국민추진위원회 고문, 민주평통 자문위원, 광주지법 목포지원 조정위원 2009~2016년 동아인재대 총장 2010·2014년 전남도 교육감선거 출마, 한국성인교육학회 이사 2016년 동아보건대 총장(현) [상]영암군수표창, 특허청장표창(2007), 광주지법 목포지원 우수조정위원 감사장 [저]'장애인복지와 특수교육의 이해' '따뜻함이 교육을 살린다' [종]기독교

김경택(金璟宅) KIM Kyung Taeg

생1955·4·19 본김해(金海) 출제주 주경남 거제시 거제중앙로1849 거제시공공청사2층 거제해양관광개발공사(055-639-8107) 학제주 오현고졸, 고려대 농대 농학과졸, 미국 일리노이주립대 대학원 경제학과졸, 경제학박사(미국 오하이오주립대) 경제주대 생명자원과학대학 농업자원경제학과 교수 2003~2004년 제주도 정무부지사 2006~2009년 제주국제자유도시개발센터 이사장 2010년 한중관광진흥원 초대회장 2013년 대통령직속 지방자치발전위원회 행정체제개편분과위원회 자문위원, 제주미래사회연구원 이사장(현) 2014년 새누리당 제주도지사 예비후보 2016년 거제해양관광개발공사 사장(현) 종천주교

김경학(金京學) Kim Kyung-hak

생1965·7·5 출제주 북제주 주제주특별자치도 제주시 문연로13 제주특별자치도의회(064-741-1900) 학제주 세화고졸, 제주대 행정학과졸 경구좌읍 연합청년회장, 제주도연합청년회 부회장, 구좌읍 주민자치위원장, 김우남 국회의원 보좌관, 동제주종합사회복지관 운영위원장(현), (사)한국자폐인사랑협회 제주지부 이사(현), (사)한국농업경영인 구좌읍 운영위원(현) 2006년 제주도의원선거 출마(열린우리당) 2014년 제주특별자치도의회 의원(새정치민주연합·더불어민주당)(현) 2014년 同행정자치위원회 부위원장 2014~2016년 同FTA대응특별위원회 위원 2015년 새정치민주연합 중앙당 부대변인 2015년 제주특별자치도의회 새정치민주연합 수석부대표 2015년 同제주복지공동체포럼 대표(현) 2015~2016년 더불어민주당 중앙당 부대변인 2015~2016년 제주특별자치도의회 더불어민주당 수석부대표 2016년 同예산결산특별위원회 위원장(현) 2016년 同환경도시위원회 위원(현) 생제주카메라기자회 선정 '2015 올해의 의원상'(2016), 제12회 우수조례상 장려상(2016)

김경한(金慶漢) Kim Kyung-Han

생1943·5·11 본김해(金海) 출경북 경주 주경기 안양시 만안구 엘에스로256 (주)빅솔 대표이사실(031-441-8300) 학1961년 경북고졸 1968년 서울대 문리과대 외교학과졸 2006년 서강대 경영대학원 경영학과졸 경1968~1976년 동방상사 대표 1976~2001년 (주)태경 대표이사 1997~2002년 한국동물약품공업협동조합 이사 2001년 (주)빅솔 대표이사, 同회장(현) 2003년 한국아지노모도(주) 대표이사(현) 2005~2007년 한국접착제 및 계면학회 회장 2005~2007년 (주)빅솔에이엔씨 대표이사 2006~2008년 한국계면활성제접착제공업협동조합 이사 2007년 한국동물약품협회 이사 2007년 (주)태경식품 대표이사 종기독교

김경한(金慶漢) KIM Kyung Han

생1944·2·5 본광산(光山) 출경북 안동 주서울 영등포구 국제금융로6길11 김경한법률사무소(02-769-1210) 학1962년 경북고졸 1966년 서울대 법대졸 1972년 同대학원 법학과졸 1975년 미국 조지타운대 Law School 수료 경1970년 사법시험 합격(11회) 1972년 사법연수원 수료(1기) 1972~1982년 대구지검·서울지검·법무부·서울지검 검사 1982년 부산지검 거창지청장 1983년 대검찰청 검찰연구관 1985년 법무부 검찰3과장 1987년 同검찰1과장 1989년 서울지검 형사6부장 1990년 同공안1부장 1992년 同의정부지청 차장검사 1993년 同남부지청 차장검사 1993년 同의정부지청장 1994년 同남부지청장 1995년 법무부 기획관리실장 1997년 대검찰청 공판송무부장 1998년 춘천지검 검사장 1998년 법무부 교정국장 1999~2001년 同차관 2001년 서울고검장 2002~2008년 법무법인 세종 대표변호사 2004년 GS건설 사외이사 2006년 (주)두산 사외이사 2008~2009년 법무부 장관 2010~2012년 서울대법과대학총동창회 회장 2010년 김경한법률사무소 변호사(현) 2010년 사랑의장기기증운동본부 생명나눔친선대사 2014년 천고법치문화재단 이사(현) 2014년 한국범죄방지재단 이사장(현) 2016년 한화생명보험(주) 사외이사(현) 상홍조근정훈장(1988), 황조근정훈장(2001), 중소기업중앙회 감사패(2009), 청조근정훈장(2012), 자랑스러운 서울법대인(2014), 영예로운 안동인상(2014) 종천주교

김경한(金慶漢) KIM, KYUNG HAN (根泥齋)

생1958·3·27 본안동(安東) 출서울 주서울 마포구 월드컵로212 마포구청 부구청장실(02-3153-8001) 학1977년 경성고졸 1982년 한국외국어대 법학과졸 1993년 서울대 행정대학원 행정학과졸 2003년 행정학박사(서울대 행정대학원) 경1988년 행정고시 합격(32회) 1989~1990년 총무처 수습사무관 1990~1992년 서울 영등포구 과장 1992~2001년 서울시 사무관 2001~2003

년 대통령비서실 민정수석실 행정관 2003~2010년 서울시 과장·국장 2005~2006년 미국 버클리대 Visiting Scholar 2006~2007년 미국 듀크대 Visiting Researcher 2010년 가톨릭대 행정대학원 겸임교수 2011~2012년 수도권교통본부 본부장 2012년 서울 마포구 부구청장(현) 2012년 서강대 공공정책대학원 겸임교수(현) 전'김경한삼국지 전12권'(2012, 동랑출판사) '인물평설삼국지'(2014, 북오션)

김경한(金景漢) KIM Kyung Han

생1960·1·21 주서울 성동구 성수일로77 서울숲삼성IT밸리1405호 컨슈머타임스(02-723-6622) 학고려대 정책대학원졸(석사) 경MBC 기자, CBS 국제부장, YTN 경제부장, 이코노믹리뷰 편집국장, 컨슈머타임스 대표이사(현)

김경해(金敬海) KIM Kyong Hae

생1946·4·20 본김녕(金寧) 출대구 달성 주서울 강남구 도산대로54길37 (주)커뮤니케이션즈코리아 사장실(02-511-8001) 학1968년 대구 계성고졸 1973년 서강대 영어영문학과졸 1999년 同언론대학원 PR학과졸 경1972년 코리아헤럴드 사회부 기자 1975년 로이타통신 駐한국특파원 1977~1983년 코리아헤럴드 정치부·경제부 부장대우 1983년 비즈니스코리아 창간·발행인 겸 편집인 1987년 (주)커뮤니케이션즈코리아 대표이사 사장(현) 1990~1992년 한국PR협회 회장(제1·2·3대) 1998~2001년 서강대학교총동창회 회장 2000년 숙명여대 홍보기획학과 겸임교수 2000년 한국PR기업협회 초대공동회장 2001년 서강대 언론·영상대학원 겸임교수 2002년 한양대 언론정보대학원 겸임교수 2002년 광정부 명예대사 2003~2004년 중앙대 겸임교수 2006년 전남 진도군 명예홍보대사 상서울올림픽기장, 한국PR협회 올해의 PR인상(1995·2015), 대통령표창(1999) 전'생생한 PR현장 이야기'(1999) '위기를 극복하는 회사' '위기로 붕괴되는 기업'(2001) 'Let's PR'(2003) '큰 생각 큰 PR'(2004) 종기독교

김경헌(金敬憲) KIM Kyung Heon

생1956·1·14 출서울 주서울 성동구 왕십리로222의1 한양대의료원(02-2290-8114) 학1980년 한양대 의대졸 1987년 同대학원 의학석사 1995년 의학박사(순천향대) 경1987~2000년 한양대 의대 마취과학교실 전임강사·조교수·부교수 1992~1993년 미국 Thomas Jefferson Univ. PA Researcher 2000년 한양대 의대 마취통증의학교실 교수(현) 2001년 대한중환자의학회 보험이사 2002년 대한마취과학회 간행위원 2005~2007년 한양대 구리병원 교육연구부장 2007~2008년 同구리병원 부원장 2013~2015년 同구리병원장 2015년 同의무부총장 겸 의료원장(현) 2016년 대한병원협회 병원평가위원장(현) 전'마취과학(共)'(2002)

김경헌(金經憲) KIM Kyong Hon

생1956·9·27 주인천 남구 인하로100 인하대학교 물리학과(032-860-7664) 학1979년 경북대 물리학과졸 1986년 물리학박사(미국 뉴욕주립대 버펄로교) 경1986년 미국 Hampton대 연구조교수 1986년 미국 항공우주국(NASA) 상임주재연구원 1989년 한국전자통신연구원 기초기술연구부 책임연구원, 同광섬유광자팀장 2002년 同광통신소자연구부장 2003년 인하대 물리학과 교수(현) 상NASA Group Achievement Award(1991), 체신부장관표창(1994), 국제전기기술위원회(IEC) 광통신분야 올해의 수상자(2009)

김경협(金炅俠) KIM KYUNG HYUP

생1962·11·7 출전남 장흥 주서울 영등포구 의사당대로1 국회 의원회관834호(02-784-1190) 학1981년 부산기계공고졸 1995년 성균관대 사회학과졸 2006년 고려대 노동대학원 경제학과졸 2009년 한국기술교육대 HRD대학원 고용정책 박사과정 재학 중 경1985년 민주화운동관련 투옥(2년4개월) 1993년 한국노총 부천지역지부 기획실장 1994년 부천지역금속노조 위원장 1995년 한국노총 부천노동교육상담소장 1997년 同부천지역지부 의장 1998년 同경기본부 부의장 1998년 실업극복부천시민운동본부 공동대표 1999년 부천시노사정위원회 근로자위원 1999년 부천시노동복지회관 관장 2000년 부천시근로자종합복지관 관장 2001년 부천시근로자장학문화재단 이사장 2002년 새천년민주당 노무현 대통령후보 중앙선거대책위원회 노동위원회 부위원장 2003년 부천상공회의소 자문위원 2003년 정치개혁부천시민연대 상임

대표 2005~2006년 대통령 사회조정3비서관 2006년 한국산업인력공단 감사 2012년 제19대 국회의원(부천시 원미구甲, 민주통합당·민주당·새정치민주연합·더불어민주당) 2012년 민주통합당 제18대 대통령중앙선거대책위원회 기획본부 부본부장 2013년 민주당 정책위원회 부의장 2014년 새정치민주연합 경기도당 6.4지방선거공천관리위원회 위원 2014년 국회 국토교통위원회 위원 2014년 국회 지속가능발전특별위원회 야당 간사 2014~2015년 새정치민주연합 원내부대표 2015년 국회 서민주거복지특별위원회 위원 2015년 새정치민주연합 수석사무부총장 2016년 제20대 국회의원(부천시 원미구甲, 더불어민주당)(현) 2016년 국회 예산결산특별위원회 위원(현) 2016년 국회 외교통일위원회 간사(현) 2016년 국회 민생경제특별위원회 위원(현) 2016년 한국아동인구환경의원연맹(CPE) 회원(현) 2016년 더불어민주당 경기부천시원미구甲지역위원회 위원장(현) 2016년 同제1정책조정위원회 위원장(현) [상]한국언론인연대·한국언론인협동조합 선정 '2015 대한민국 창조혁신대상'(2015), 전국청소년선플SNS기자단 선정 '국회의원 아름다운 말 선플상'(2015)

김경호(金曝浩) KIM Kyung Ho (岱觀)

[생]1933·12·3 [본]경주(慶州) [출]충남 보령 [주]서울 종로구 종로203 보령약품(주) 회장실(02-763-8184) [학]1954년 홍성고졸 1958년 성균관대 약학과졸 1993년 명예 경영학박사(미국 Pacific States대) 2010년 명예 박사(성균관대) [경]1958년 보령약국 개업 1963년 보령약품(주) 설립·전무이사 1975년 同대표이사 1983년 민주평통 자문위원 1994년 서울지법 조정위원 1996년 보령약품(주) 대표이사 회장(현) [상]서울시장표창, 국무총리표창, 대통령표창, 국민훈장 석류장·동백장, 종로구 공로상, 자랑스러운 성균경영인상(2013), 성균관대총동창회 기업인부문 '2014 자랑스런 성균인상'(2015)

김경호(金景浩) KIM Kyung Ho

[생]1954·12·21 [출]서울 [주]서울 마포구 와우산로94 홍익대학교 경영학과(02-320-1702) [학]1973년 경기고졸 1977년 서울대 경영학과졸 1983년 미국 퍼듀대 대학원 경영학과졸 1987년 경영학박사(미국 퍼듀대) [경]1983~1987년 미국 퍼듀대 조교·강사 1987~1991년 미국 캘리포니아주립대 조교수 1991년 홍익대 경영학과 교수(현) 2004년 굿모닝신한증권 감사위원 겸 사외이사 2004년 홍익대 경영학과장 2007년 한국정부회계학회 회장 2009~2011년 홍익대 경영대학장 2009년 기획재정부 국가회계제도심의위원회 위원(현) 2012년 同재정통계자문위원회 위원(현) 2013~2015년 한국지방세협회 회장 2013년 안전행정부 정책자문위원회 위원 2013년 同지방공기업정책위원회 위원 2014년 행정자치부 정책자문위원회 위원(현) 2014년 同지방공기업정책위원회 위원(현) 2015년 한국씨티은행 사외이사(현) 2015년 한국지방세협회 명예회장(현) 2015년 홍익대 대학원장(현) [저]'신증권금융사전(共)'(2006) '지방자치단체의 복식부기 정부회계(共)'(2007)

김경호(金京鎬) KIM Kyung Ho

[생]1959·6·4 [출]경기 안양 [주]서울 영등포구 여의공원로101 국민일보 비서실(02-781-9114) [학]1983년 서강대 정치외교학과졸 1987년 同대학원 신문방송학과졸 2006년 언론학박사(서강대) [경]1987년 제주MBC 보도국 기자 1988년 국민일보 정치부 기자 2000년 同사회부 차장대우 2002년 同전국부 차장대우 2002년 同사회2부 차장대우 2002~2005년 同사회부·경제부·국제부 차장 2004~2006년 한국기자협회 부회장·언론연구소장·수석부회장 2005년 국민일보 뉴미디어센터장 직대 2005년 同편집위원 2006년 同고충처리인 2007년 同조직역량강화팀장 2008~2009년 한국기자협회 회장 2008년 한국언론재단 비상임이사 2008~2010년 한국신문윤리위원회 이사 2010년 국민일보 편집국 산업부 선임기자(부국장대우) 2010년 同광고마케팅국장 2011년 同비서실장 직대 2012년 同편집국장 2013년 同논설위원 2013년 同감사실장 겸임 2014년 同비서실장(현) 2016년 한국신문협회 기조협의회장(현) [상]이달의 기자상(1992), 서강언론상(2012) [저]'돈의 충돌'(1999, 삶과꿈) 'JP를 알면 DJ가 보인다'(2000, 밀리언북스) '신문독자가 사라진다'(2005, 커뮤니케이션북스)

김경호(金京鎬) Kim Kyung Ho

[생]1959·8·27 [출]경기 수원 [주]경기 부천시 원미구 신흥로115 부천소방서 서장실(032-650-4210) [학]한국방송통신대 법학과졸 [경]1984년 소방공무원 공채임용, 경기도 재난안전본부 구급팀장, 同재난안전본부 상황팀장, 同북부소방재난본부 소방행정기획과장 2015년 부천소방서장(현)

김경호(金炅鎬) Kim, Kyungho

[생]1959·12·20 [본]영광(靈光) [출]전남 장흥 [주]서울 중구 세종대로125 서울특별시의회 사무처(02-3702-1236) [학]1979년 광주 사레지오고졸 1986년 전남대 경영학과졸 1993년 서울대 행정대학원 수료 2003년 미국 오레곤대 대학원 행정학과졸 [경]1887년 행정고시 합격(제31회) 1889~1991년 서울 영등포구 생활체육과장·문화공보실장 1991년 서울시 사회과 생활보호계장 1993년 同청소사업본부 작업2과장 1994년 同기획관리실 기획담당관 기획관리계장 1996년 同심사평가담당관 심사평가총괄계장 1997년 同기획담당관 기획조정계장 1998년 同산업국 소비자보호과장 직대 2000년 同문화국 월드컵기획담당관(지방서기관) 2003년 同산업국 디지털미디어시티(DMC)담당관 2004년 同교통개선총괄반장(지방서기관) 2005년 同환경과장 2006년 同맑은서울총괄반 겸 맑은서울관리반장 2007년 同맑은서울총괄담당관 2008년 同행정국 근무(지방부이사관) 2008년 세종연구소 교육파견 2009년 서울시 도시교통본부 교통기획관 2010년 서울 구로구 부구청장 2012년 서울시 복지건강실장(지방이사관) 2013년 同상수도사업본부장 2014년 同도시교통본부장 2015년 서울시 광진구 부구청장 2016년 서울시의회 사무처장(1급)(현)

김경호(金慶鎬) KIM Kyung Ho

[생]1961·3·1 [본]김해(金海) [출]경북 의성 [주]경기 고양시 일산동구 동국로27 동국대학교 일산한방병원(031-961-9361) [학]1989년 동국대 한의학과졸 1991년 同대학원 침구학과졸 1995년 침구학박사(동국대) [경]1989~1992년 동국대 한의대학 부속한방병원 일반 및 침구학 전문수련의 1992~1994년 同한의대학 부속한방병원 침구과 임상연구원 1994년 同한의학과 교수(현) 1995년 同인천한방병원 진료·교육·연구부장 1998~2001년 同분당한방병원 진료·교육·연구부장 1999~2001년 同보건소장 2005~2008년 同분당한방병원장 2010~2015년 同경주한방병원장 2015년 同일산한방병원 침구과 교수(현) [종]불교

김경호(金敬浩) Kim Gyeongho

[생]1962·4·6 [출]충남 서산 [주]충남 서산시 호수공원14로26의4 서산소방서(041-689-0214) [학]1980년 서산농림고졸 [경]1987년 소방사 임용(공채) 1999~2000년 경기도 의정부소방서 둔야소방파출소장 2005~2006년 소방방재청 소방대응본부 구조구급팀 근무 2006~2007년 同소방정책본부 U119팀 근무 2007~2008년 同소방정책본부 소방기획팀 근무 2008~2009년 同소방정책국 소방행정과 근무 2009~2010년 同중앙119구조단 첨단장비팀장 2010~2012년 同소방정책국 소방정책과 근무 2012~2013년 同중앙119구조단 긴급기동팀장 2013년 충남 예산소방서장 2015년 충남 서산소방서장(현) [상]행정자치부장관표창(1998), 국무총리표창(2004·2008), 근정포장(2015)

김경호(金耕暐) KIM Kyung Ho

[생]1967·8·31 [출]서울 [주]서울 중구 퇴계로100 스테이트타워 남산 8층 법무법인 세종(02-316-4039) [학]1986년 홍익대 사대부고졸 1991년 서울대 법과대학졸 [경]1990년 사법시험 합격(32회) 1993년 사법연수원 수료(22기) 1993년 軍법무관 1996년 서울지법 판사 1997년 창원지법 밀양지원 창녕군법원 판사 1997년 서울지법 판사 1998년 同동부지원 판사 2000년 춘천지법 원주지원 판사 2002~2003년 미국 윌리엄앤드메리대 연수 2003년 춘천지법 판사 2004년 서울고법 판사 2006년 대법원 재판연구관 2008년 창원지법 부장판사 2009년 수원지법 제4형사부 부장판사 2011년 同제8민사부 부장판사 2013~2014년 서울가정법원 부장판사 2014년 법무법인 세종 파트너 변호사(현)

김경환(金景煥) KIM Kyung Hwan (愚玄)

[생]1946·7·16 [본]김녕(金寧) [출]경북 [주]서울 서대문구 연세로50의1 연세대학교 의과대학 약리학교실(02-2228-1732) [학]1964년 경북사대부고졸 1970년 연세대 의과대학졸 1973년 同대학원졸 1977년 의학박사(연세대) [경]1971년 연세대 의과대학 조교 1974년 공군 항공의학연구원 연구부장 1977년 연세대 의과대학 약리학교실 전임강사·조교수·부교수·교수·명예교수(현) 1978~1979년 영국 뉴캐슬대 의대 연구원 1979~1980년 미국 브라운대 의대 초청강사 1988년 영국 맨체스터대 명예방문교수 1991년 대한약리학회 부회장 1993년 同회장 1996년 연세대 세브란스병원 임상약리과장 1997년 연세의료기술품질평가센터 소장 1997년 대한의학회 이사 1999~2006년 연세대 BK21의과학사업단장 1999~2003년 2003아시아·태평양약리학회 조직

위원장 2002년 한국과학기술한림원 정회원(현) 2003~2005년 대한임상약리학회 회장 2004년 대한민국의학한림원 정회원(현) 2004~2006년 연세대 의과대학장 2006년 대한임상약리학회 고문(현) 逾대한소화기학회 학술상, 대한의사협회 학술상, 대한약리학회 학술상 遙'약리학 강의'(2003) '의학용어에 숨겨진 이야기사전'(2011, 군자출판사) 遼기독교

김경환(金京煥) KIM Kyung Hwan

生1957·6·12 出서울 勤세종특별자치시 도움6로11 국토교통부 제1차관실(044-201-3020) 學1980년 서강대 경제학과졸 1984년 미국 프린스턴대 대학원 경제학과졸 1987년 경제학박사(미국 프린스턴대) 經1980~1981년 한국은행 근무 1984~1985년 세계은행 연구원 1986년 미국 시라큐스대 경제학과 조교수 1988~1997년 서강대 경제학과 조교수·부교수 1992~1996년 국제연합 인간정주기구 도시재정자문관 1997~2013년 서강대 경제학과 교수 1997년 同경제학과장 2000년 同경제연구소장 2001~2002년 아시아부동산학회 회장 2002~2003년 미국 위스콘신대 부동산학과 방문계약교수 2004년 한국주택금융공사 사외이사 2006~2009년 서강대 교무처장 겸 교수학습센터 소장 2008년 대통령자문 국가균형발전위원회 위원 2008~2009년 서울시 도시계획위원 2009~2010년 한국지역학회 부회장 2009~2010년 싱가포르경영대 경제학부 방문교수 2011년 서강대 경제대학원 공공경제학과 주임교수 2013년 대통령자문 국민경제자문회의 민생경제분과 민간위원 2013~2015년 국토연구원 원장 2015년 국토교통부 제1차관(현) 遙'도시경제론(共)'(1994·1999·2002·2009) '시장현상과 대중경제 지식(共)'(1994) '미래 지향적 수도권 정책-경제학적 접근(共)'(2002) '맨큐의 경제학(共)'(1999·2001·2005·2009) '부동산경제학(共)'(2010) 遼기독교

김경환(金暻煥) Kyunghwan KIM

生1962·2·4 勤서울 서대문구 경기대로9길24 경기대학교 영어영문학과(02-390-5218) 學1986년 서강대 영어영문학과졸 1994년 언어학박사(미국 시카고대) 經1991~1994년 미국 시카고대 연구조교·강의조교 1995년 경희대 강의조교수 1995년 교육부 교과서검정 심사위원 1997년 고려대 시간강사 1998년 경기대 영어영문학과 교수(현) 2000~2003년 同어학교육원 부원장 2002~2006년 同대외협력처 부처장 2005년 同영어영문학부장 2015년 同교무처장(현) 逾미국 시카고대 Endowment Fund Scholarship(1988), Linguistic Society of America Summer Institute Scholarship(1989), 미국 시카고대 International House Resident Scholarship(1992), 경기대 우수강의교수수상(2005) 遙'The Syntax and Semantics of Causative Constructions in Korean'(1995) 'KUTE Prep Book I'(1999)

김경환(金敬桓) KIM Kyung Whan

生1970·6·4 出대구 勤서울 서초구 서초중앙로157 서울고등법원(02-530-1114) 學1989년 오성고졸 1993년 서울대 법과대학 사법학과졸 經1993년 사법시험 합격(35회) 1996년 사법연수원 수료(25기) 1999년 서울지법 판사 2002년 同북부지원 판사 2003년 춘천지법 강릉지원 판사 2006년 의정부지법 판사 2007년 대법원 연구법관 2008년 서울고법 기획제2담당관 2009년 법원행정처 기획제1담당관 2010년 서울고법 판사 2011년 창원지법 제4형사부 부장판사 2012년 서울고법 판사(현)

김경회(金京會) KIM Kyung Hwoi

生1955·10·19 本안동(安東) 出충남 연기 勤서울 성북구 보문로34다길2 성신여자대학교 교육학과(02-920-7161) 學1973년 금산고졸 1978년 서울대 사회교육학과졸 1989년 경북대 경영대학원 경영학과졸 1993년 철학박사(미국 아이오와대) 經1977년 행정고시 합격(20회) 1982~1994년 교육부 행정사무관·서기관 1994년 대통령비서실 행정관 1996년 교육부 기획관리실 기획예산담당관 1997년 同산업교육정책관 1998년 同공보관 1999년 충남도 부교육감(이사관) 2001년 교육인적자원부 평생직업교육국장 2002년 고려대 초빙교수 2003~2005년 제주도 부교육감 2004년 한국교육정책학회 회장 2005년 교육인적자원부 인적자원정책국장 2007년 同정책홍보관리실장 2008~2010년 서울시교육청 부교육감 2010년 同교육감 직대 2010년 성신여대 교육학과 교수(현) 2010~2012년 한국교육정책연구소 소장 2013~2015년 성신여대 사범대학장 2014~2015년 전국사립사범대학장협의회 회장 2015년 성신여대 학교안전연구소장(현) 逾황조근정훈장(1997), 제4회 대한민국나눔대상 한나라당대표상(2010) 遙'한국의 평생직업교육'

김경효(金暻孝·女) KIM, KYUNG-HYO

生1958·12·11 出서울 勤서울 양천구 안양천로1071 이대목동병원 소아청소년과(02-2650-2857) 學1983년 이화여대 의대졸 1987년 同대학원 의학석사 1990년 의학박사(이화여대) 經1991년 수원의료원 소아과 과장 1991년 이화여대부속병원 소아과 전임의 1992년 미국 Washington Univ. at St. Louis Postdoctoral Fellow 1993~2004년 이화여대 의과대학 소아과학교실 조교수·부교수 2004년 同교수(현) 2006년 同동대문병원 소아청소년과장 2006년 同의학전문대학원 이화백신효능연구센터장(현) 2009년 同임상의학연구센터장 2014년 同의과대학장 겸 의학전문대학원장(현) 逾대한소아과학회 석천학술상(1998), 대한소아과학회 우수초록상(2005·2009), 대한소아과학회 건일학술상(2007), 세계소아감염병학회 Best Poster Award(2007), 한국소아감염병학회 노바티스학술연구상(2011) 遙'예방접종지침서'(2002) '여성과 어린이 건강 증진-관리자를 위한 이론과 실제'(2002) '홍창의 소아과학'(2004) '백신 Q&A'(2006) '감염학'(2007) '소아과학'(2007)

김경훈(金京勳) KIM Kyung Hoon

生1955·11·9 出서울 勤경북 구미시 대학로61 금오공과대학교 기계공학과(054-467-4202) 學1978년 서울대 기계설계학과졸 1980년 한국과학기술원 기계공학과졸(석사) 1985년 공학박사(한국과학기술원) 經1985~1995년 금오공과대 기계공학과 조교수·부교수 1985년 同교무처장 1990~1993년 同국제교류부장 1993~1996년 同생산기술연구소장 1993~1995년 同산학연공동기술개발지역센터 소장 1995년 同기계공학과 교수(현) 1996~1998년 同대학원장 1998~2005년 同기계공학과장 2007년 同기획협력처장 2015년 同대학원장(현)

김경훈(金敬勳) Kim Gyeonghun

生1963·8·7 勤충북 청원군 오창읍 과학산업4로146 삼성SDI 전자재료사업부 디스플레이소재사업팀(043-200-0114) 學고창고졸 1985년 전남대 기계공학과졸 1987년 同대학원 기계공학과졸 1995년 한양대 대학원 기계설계공학 박사과정 수료 經1987년 삼성코닝 입사 2008년 제일모직(주) 입사, 삼성SDI(주) 전자재료부문 Display소재사업부 사업2팀장(부장) 2010년 同전자재료부문 생산기술담당 상무 2012년 同전자재료사업부 생산기술센터 상무 2012년 同전자재료사업부 오창사업장 공장장(상무) 2014년 同전자재료사업부 디스플레이소재사업팀장(상무) 2015년 同전자재료사업부 디스플레이소재사업팀장(전무)(현) 2015년 에스디플렉스 기타비상무이사(현)

김경훈(金儆勳) KIM Kyeong Hoon

生1967·4·25 勤대전 서구 둔산로100 대전광역시의회(042-270-5010) 學옥천고졸 1990년 대전대 법학과졸 經태평2동주민자치위원회 위원, 옥천이원청년회 회장, 열린우리당 행복도시건설대책특별위원회 위원, 법무부 범죄예방자원봉사위원회 대전지역협의회 위원 2006~2010년 대전 중구의회 의원 2008~2010년 同사회도시위원회 위원장, 대전YMCA 생명평화위원회 부위원장, 대전대충동문회 부회장, 대전민간기동순찰연합대 고문, 법무부 법사랑위원회 위원(현) 2010년 대전시의회 의원(자유선진당·선진통일당·새누리당·민주통합당·민주당·새정치민주연합) 2010~2012년 同복지환경위원회 위원장 2010년 자유선진당 미래혁신특별위원회 위원, 민주평통 자문위원 2012년 대전시의회 산업건설위원회 위원 2014년 대전시의회 의원(새정치민주연합·더불어민주당·무소속)(현) 2014~2016년 同운영위원회 위원장 2014년 同행정자치위원회 위원 2015년 同윤리특별위원회 위원 2016년 同의장(현)

김경훈(金敬勳) KIM Kyung Hoon (遂安)

生1968·12·10 出서울 勤서울 종로구 율곡로2길25 연합인포맥스 산업증권부(02-398-4930) 學1987년 서울 오산고졸 1994년 한양대 철학과졸 1999년 서강대 대학원 경제학과졸(석사) 經1995년 연합뉴스 뉴미디어국 근무 2001년 연합인포맥스 증권팀 기자 2003년 同국제경제팀 기자 2004년 同국제경제부장 직대 2005~2012년 KBS·TBS 경제해설 고정출연 2006년 연합인포맥스 국제경제부장 2010~2015년 同산업증권부장 2012년 연합뉴스TV(뉴스Y) '마켓워치' 진행 2014년 同'이슈토크쩐' 진행(현) 2015년 연합인포맥스 산업증권부장(부국장)(현) 遙'금융시장을 움직이는 핵심키워드 83'(2008) '잃어버릴 3년 한국경제의 해법을 말한다'(2009)

김경희(金京熙) KIM Kyung Hee

[생]1938·4·15 [본]언양(彦陽) [출]전남 완도 [주]서울 종로구 자하문로6길18의7 (주)지식산업사(02-734-1978) [학]1956년 목포고졸 1961년 서울대 사학과졸 [경]1962~1966년 민중서관 편집국 근무 1966~1971년 을유문화사 편집기획실 근무 1972년 지식산업사 전무 1975년 同사장 1984년 (주)지식산업사 대표이사(현) 1991~1998년 (재)한국출판연구소 이사장 1994년 한국전자출판협회 회장 1998~2000년 문화비전2000 위원 1998~2005년 저작권심의조정위원회 위원 2000~2003년 한국전자책컨소시엄 회장 [상]대한민국문화예술상, 간행물윤리상 대상, 서울사랑시민문화상

김경희(金景熙) KIM Kyoung Hee

[생]1956·10·30 [본]순천(順天) [출]전남 해남 [주]전남 목포시 통일대로130 목포지방해양안전심판원 원장실(061-285-4531) [학]1975년 목포해양전문대학졸 1987년 한국방송통신대 법학과졸 1990년 한국해양대 대학원 해사법학과졸 2005년 同대학원 해사법학과 박사과정 수료 [경]1997~2002년 해양수산부 안전정책과·연안해운과·해양방재담당관실 사무관 2003년 서기관 승진 2006년 부산지방해양안전심판원 수석조사관 2007년 동해지방해양안전심판원 수석조사관 2009년 국토해양부 물류항만실 국제해사팀장 2009년 인천지방해양안전심판원 수석조사관 2010년 국토해양부 물류항만실 해사기술과장 2012년 인천지방해양안전심판원장 2015년 목포지방해양안전심판원 원장(현) [상]대통령표창(1999), 근정포장(2006) [종]천주교

김경희(金京姬·女) KIM Kyung Hee

[생]1957·12·8 [주]경기 안산시 상록구 한양대학로55 한양대학교 국제문화대학 프랑스언어문화학과(031-400-5367) [학]1980년 이화여대 사회학과졸 1986년 프랑스 파리제3대 대학원 언어학과졸 1992년 언어학박사(프랑스 파리제13대) [경]1995~2006년 한양대 전임강사·조교수·부교수 2001년 同외국인유학생 상담실장 2002년 同안산캠퍼스 교육미디어센터장 2002~2005년 프랑스학회 번역이사·총무이사·운영이사 2005년 한국불어불문학회 정보이사 2006년 한양대 프랑스언어문화학과 교수(현) 2008년 한국프랑스학회 일반이사 2008년 한국프랑스문화학회 학술이사 2008년 한국프랑스어문교육학회 일반이사 2013년 한국프랑스학회 회장 [저]'Plaisir du Francais(共)'(2007) 'Le francais facile(共)'(2009) [역]'Nokchen(共)'(2005)

김경희(金景羲·女) KIM Kyung Hee

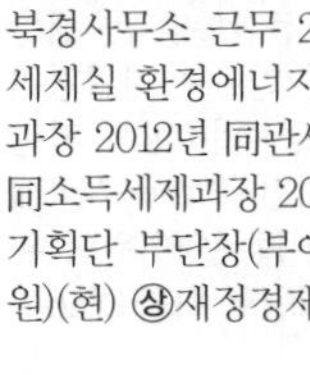

[생]1969·8·27 [본]경주(慶州) [출]경남 통영 [주]세종특별자치시 갈매로477 기획재정부 인사과(044-215-2251) [학]1988년 통영여고졸 1992년 연세대 영어영문학과졸 1994년 同법학과졸 2002년 미국 미네소타대 법학대학원 법학과졸 2003년 미국 하버드대 행정대학원 행정학과졸 [경]1993년 행정고등고시 합격(37회) 1994~1996년 총무처 수습행정관·재정경제원 법무담당관실 사무관 1997년 재정경제부 소비세제과 사무관 2000년 同국제조세과 사무관 2001~2003년 국비유학 2003년 재정경제부 경제분석과 사무관 2004년 同지역경제정책과 사무관 2005년 同국제기구과 서기관 2006~2008년 UNDP 북경사무소 근무 2008년 기획재정부 세제실 국제조세협력과장 2009년 同세제실 환경에너지세제과장 2011년 同세제실 조세정책관실 조세특례제도과장 2012년 同관세정책관실 산업관세과장 2013년 同조세분석과장 2014년 同소득세제과장 2015년 同재산세제과장 2015년 同역외소득·재산자진신고기획단 부단장(부이사관) 2016년 미국 워싱턴대 국외훈련(일반직고위공무원)(현) [상]재정경제부장관표창(1998)

김계동(金啓東) KIM Gye Dong

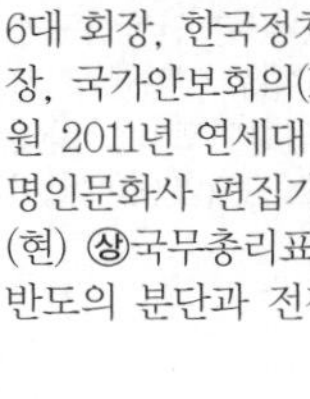

[생]1953·11·9 [본]전주(全州) [출]서울 [주]서울 서대문구 성산로262 연세삼성학술정보관7층 국가관리연구원(02-2123-6620) [학]1977년 연세대 정치외교학과졸 1988년 정치학박사(영국 옥스퍼드대) [경]1989~1995년 한국국방연구원 연구위원 1995~2010년 국가정보대학원 교수 1996년 한국전쟁연구회 총무이사 2003~2005년 국가정보대학원 교수실장 2005년 한국전쟁학회 제6대 회장, 한국정치학회 이사, 한국국제정치학회 이사, 국제지역연구소 소장, 국가안보회의(NSC) 자문위원, 민주평통 자문위원, 기무사령부 자문위원 2011년 연세대 통일연구소·대학원 통일학협동과정 연구교수 2011년 명인문화사 편집기획위원장(현) 2015년 연세대 국가관리연구원 연구교수(현) [상]국무총리표창(2006) [저]'Foreign Intervention in Korea'(1993) '한반도의 분단과 전쟁'(2000) '북한의 외교정책'(2002) '남북한 체제통합론'(2006) '현대유럽정치론'(2007) '북한의 외교정책과 대외관계'(2013) [역]'현대정치학(共)'(1995) '글로벌이슈(共)'(2006) '국제기구의 이해(共)'(2007) '국가정보'(2008)

김계웅(金桂雄)

[생]1962·10·24 [주]대전 동구 중앙로242 한국철도시설공단 시설본부(042-607-3016) [학]순천고졸, 한국철도대학 토목과졸 2009년 우송대 공학디자인대학원 철도건설공학과졸 [경]1982년 철도청 입청 2004년 한국철도시설공단 사업관리실 PM1부장 2005년 同일반철도건설본부 기간철도계획부장 2006년 同일반철도PM본부 사업지원팀 사업총괄파트담당(부장급) 2007년 同호남지역본부 전라선T/F팀장 2008년 同호남본부 건설처장 2009년 同건설본부 일반철도처장 2010년 同건설본부 건설계획처장 2011년 同충청본부장 2012년 同호남본부장 2014년 同건설본부장(상임이사) 2016년 同시설본부장(상임이사)(현)

김계정(金桂正) KIM, Kea Jeung

[생]1951·1·29 [출]서울 [주]경기 수원시 장안구 서부로2066(031-299-6021) [학]1977년 서울대 의대졸 1983년 同대학원졸 1988년 의학박사(서울대) [경]1984~2016년 성균관대 의대 피부과학교실 조교수·부교수·교수, 강북삼성병원 피부과 주임과장, 同기획실장, 同진료부원장, 同건강의학본부장, 접촉피부염 및 피부알레르기학회 회장, 대한피부학회 이사, 세계피부과학회 부사무총장 2009~2016년 삼성창원병원 원장 2012~2016년 대한병원협회 이사 2016년 성균관대 의과대학 명예교수(현)

김계조(金桂助)

[생]1964 [주]서울 종로구 청와대로1 대통령 재난안전비서관실(02-770-0011) [학]1983년 마산고졸 19887년 연세대 토목공학과졸 1989년 同대학원 토목공학과졸 2002년 미국 위스콘신대 메디슨교 대학원 교통공학과졸 [경]1989년 기술고시 합격(22회) 1991년 부산시 도시계획국 시설계획과 기반시설계장·강서구 건설과장·부산시 부산종합개발사업기획단 근무 1994년 내무부 재해복구담당관실 방재시설담당·내무부 방재계획과 방재연구담당·행정자치부 지역진흥과 시군도담당 2002년 국무총리실 수해방지대책기획단 파견 2004년 소방방재청 수습대책과장 2007년 同평가관리팀장(부이사관) 2009년 同재난상황실장 2009년 同방재관리국 복구지원과장 2011년 同방재관리국장 2014년 국민안전처 재난관리실장 2015년 대통령 정책조정수석비서관실 재난안전비서관(현) [상]대통령표창(1995), 녹조근정훈장(2005)

김계홍(金桂洪) KIM Kye Hong (佑林)

[생]1946·12·15 [본]김해(金海) [출]전북 고창 [주]인천 부평구 경인로759의28 제일고등학교 이사장실(032-514-6161) [학]1990년 고려대 경영대학원 수료 1993년 연세대 산업대학원 수료 1997년 고려대 교육대학원 수료 [경]1967년 인천동양목재공업(주) 입사 1972년 우림목재 창업·대표이사(현) 1981~1986년 민주평화통일자문회의 위원 1981년 88서울올림픽위원 1987년 학교법인 우림교육재단 설립 1987년 인천 제일고 설립·이사장(현) 1997~2002년 (재)고창군장학재단 이사 1998~2002년 제3대 인천시교육위원회 교육위원 2002년 (재)우림김계홍장학회 설립·대표(현) 2002년 대한적십자사 전국대의원 2003년 (재)인천학술진흥재단 이사 2003년 (사)한국사립중고등학교협의회 이사 2006~2008년 제5대 인천시교육위원회 교육위원 2007년 (사)한국사립중고등학교협의회 부회장 2013년 同이사 [상]내무부장관표창, 재무부장관표창, 대통령표창, 전북고창군애향상, 전북애향운동본부 전북인상, 전라북도애향대상 [저]'도전하는 삶' '미래를 향한승부' [종]천주교

김계홍(金季弘) Kim Gyehong

[생]1966·12·22 [출]전남 장흥 [주]세종특별자치시 도움5로20 법제처 행정법제국(044-200-6601) [학]광주 송원고졸, 서울대졸 [경]1989년 행정고시 합격(33회) 2004년 법제처 법제기획관실 법제기획담당관(서기관) 2004년 同법제조정실 기획예산담당관 2007년 同행정법제국 법제관 2008년 同행정법제국 법제관(부이사관) 2009년 同법령해석정보국 법령해석총괄과장 2011년 同경제법제국 법제심의관(고위공무원) 2012년 同법령해석정보국 법령정보정책관 2013년 同법제지원단장 2014년 국외 훈련(고위공무원) 2015년 법제처 법령해석정보국장 2016년 同행정법제국장(현)

김곤중(金坤中) KIM Gon Joong

[생]1957·10·3 [본]광산(光山) [출]충북 제천 [주]서울 마포구 서강로136 아이비타워3층 (주)아벤트리자기관리부동산투자회사(02-875-5527) [학]1976년 경동고졸 1983년 고려대 식품공학과졸 1989년 同경영대학원졸 2011년 경기대 대학원 호텔경영학과졸 [경]1984~1997년 (주)호텔신라 입사·재무담당 과장 1997~2011년 (주)HTC 대표이사, 세계청년봉사단(KOPION) 이사, 충주문화방송 시청자위원, 인천경제자유구역청 정책자문위원 2011년 (주)아벤트리자기관리부동산투자회사(약칭 아벤트리 리츠) 대표이사(현) 2015년 세계청년봉사단(copion) 부총재(현) [상]한국호텔경영학회 호스피탈리티경영대상(2005), 한국관광학회 관광기업경영대상(2007), 관광진흥유공 대통령표창(2015)

김공열(金孔烈) KIM Kong Yul (盛巖)

[생]1938·3·3 [본]김해(金海) [출]충북 청주 [주]경기 수원시 영통구 월드컵로206 아주대학교 사회과학대학 행정학과(031-219-2731) [학]1956년 경기고졸 1960년 서울대 법과대학 행정학과졸 1962년 同행정대학원졸(석사) 1989년 행정학박사(동국대) [경]1981년 한국행정학회 회원 1981~1985년 아주대 기획관리실장 1987~1989년 同사회과학대학 행정학과장 1991~1993년 同사회과학대학장 1993~2003년 同사회과학연구소 북한 및 통일문제연구센터장 1996~1997년 同공공정책대학원장 겸 사회교육센터 소장 1997~1998년 同교육대학원장 1997~1999년 同사무처장 1999~2003년 同공공정책대학원장 겸 평생대학원장 2001~2003년 (사)한국대학평생교육원협의회 상임이사 1995~1997년 경기도 인사위원회 위원 1997~2004년 경기도의회 간행물편찬위원회 위원 1997~2006년 경기일보 제정 '경기공직대상' 심사위원회 위원 2002~2013년 경기지방경찰청 국가대테러협상 전문위원 2003~2006년 학술지 '통일문제연구' 편집위원장 2003년 (사)평화문제연구소 상임이사(현) 2003년 아주대 사회과학대학 행정학과 명예교수(현) 2007~2011년 사회복지공동모금회 경기지회 운영위원 겸 배분분과 위원장 [상]녹조근정훈장(1978), 교육부장관표창(1997), 홍조근정훈장(2003) [저]'한국사회의 현실-다각적 접근-(共)'(1988) '사회주의 국가의 개혁과 전망(共)'(1991) '사회주의 국가의 해체와 변혁(共)'(1992) '북한-오늘과 내일(共)'(1992) '북한의 이해(共)'(1993) '북한관료제론'(1993) '북한 이해의 길라잡이(共)'(1999) [종]기독교

김관규(金官圭) KIM Kwan Kju

[생]1954·10·19 [본]김녕(金寧) [출]전북 전주 [주]전북 군산시 동장산로172 타타대우상용차(주) 임원실(063-469-3009) [학]1972년 전주고졸 1977년 서울대 공업교육학과졸 [경]1980~1981년 효성금속 근무 1982~1986년 대우중공업 대리 1986년 同과장 1990년 同차장 1996~2000년 同영국 워딩담당 부장 2000~2002년 同상용부문총괄 이사 2001년 전북자동차부품혁신센터 이사 2002년 전북대·조선대 기계공학부 겸임교수 2002년 대우상용차 생산·R&D담당 이사 2004년 타타대우상용차(주) 생산·R&D담당 상무이사, 同생산·R&D담당 전무이사, 同기술연구소장(전무) 2004년 전북대 기계·자동차산업기술교육혁신사업단 위원 2012년 타타대우상용차(주) 대표이사 사장(현) 2015년 전북자동차포럼 공동의장(현) [상]과학기술부장관표창(2004), 제11회 자랑스런 전북인대상 경제분야(2006), 금탑산업훈장(2013) [종]기독교

김관규(金官圭) KIM Kwankyu

[생]1964·4·2 [주]서울 중구 필동로1길30 동국대학교 사회과학대학 신문방송학전공(02-2260-3859) [학]1990년 연세대 신문방송학과졸 1994년 일본 게이오대 사회학과졸 1999년 사회학박사(일본 게이오대) [경]1999년 동아대 사회언론광고학부 전임강사, 연세대 언론연구소 연구원, 언론정보학회 총무이사, 언론과학연구 편집위원, 한국지역언론학연합회 편집이사 2000~2003년 계명대 신문방송학과 교수 2004년 동국대 사회과학대학 신문방송학과 교수, 同사회과학대학 신문방송학전공 교수(현) 2013~2015년 同동국미디어센터장 2015년 同입학처장 2016년 同홍보처장(현) [저]'디지털시대의 미디어 정보 사회(共)'(2001) '디지털시대 방송의 이해(共)'(2001) [역]'광고비즈니스'(2002)

김관동(金寬童) KIM Kwan Dong

[생]1959·4·12 [본]김녕(金寧) [출]전북 남원 [주]서울 영등포구 여의공원로13 한국방송공사 아나운서실(02-781-1000) [학]남원고졸, 전북대 농화학과졸 [경]1987년 한국방송공사(KBS) 아나운서 입사 2001년 同춘천방송총국 편성제작국 편성부 아나운서담당 부장 2001년 한국아나운서협회 회장 2002년 한국방송공사(KBS) 편성본부 아나운서 2002년 한국어문교열기자협회 부회장 2004년 한국아나운서연합회 감사 2007년 한국방송공사(KBS) 충주방송국장 2011년 同편성센터 아나운서실 아나운서부장 2011년 同편성센터 아나운서실 아나운서 2014년 同정책기획본부 기획국 아나운서 2015년 同편성본부 아나운서실 아나운서1부장 2016년 同아나운서실장(현) [상]국무총리표창, 국방부장관표창, 농림부장관표창, 2009 대한민국아나운서대상 클럽상(2009) [저]'21세기 아나운서 방송인되기'(共)

김관명(金寬明)

[생]1967·2·16 [주]서울 강남구 테헤란로8길11의4 신도빌딩 엑스포츠미디어 임원실(02-3448-5940) [학]1985년 의정부고졸 1991년 고려대 영어영문학과졸 [경]1993년 한국일보 기자 1994년 同편집국 사회부 경찰담당기자 1996년 同문화부 방송담당기자 1997년 同사회부 기자 1999년 同문화부 방송담당기자 2000년 同체육부 기자 2001년 同문화부 기자 2003년 同경제부 기자 2004년 同문화부 기자 2004년 머니투데이 편집국 연예부총괄팀장 2005~2014년 同편집국 연예부장, 스타뉴스 연예부장 2015년 엑스포츠뉴스 이사 겸 편집국장 2016년 同청소년보호책임자(이사)(현) [상]서울언론인클럽 특별상(1996), 백상기자대상은상(1996), 한국기자협회 기획취재부문상(1996)

김관복(金官福) Kim, Kwan Bok

[생]1959 [본]경주(慶州) [출]충남 부여 [주]서울 종로구 청와대로1 대통령 교육비서관실(02-770-0011) [학]1981년 대전 대신고졸 1988년 서울대 사회교육과졸 1990년 同대학원 행정학과졸 2001년 교육학박사(미국 아이오와대) [경]1987년 행정고시 합격(31회) 1988~1989년 행정사무관 시보 1989~1998년 대전시교육청 기획계장·공주대 산업대학 서무과장·교육부 국제협력과 사무관·장관실 사무관·대학지원총괄과 서기관·인사담당 서기관·서울대 서기관 1999~2003년 교육부 국외훈련(미국)·군산대 총무과장·대통령 교육문화비서관실 행정관 2003년 교육인적자원부 학술산학협력과장 2004년 同인력수급정책과장 2005년 同정책총괄과장 2006년 同정책총괄과장(부이사관) 2007년 대통령 교육문화비서관실 선임행정관(고위공무원) 2007~2008년 강원도교육청 부교육감 2008년 교육과학기술부 학술연구지원관(고위공무원) 2009년 同대학지원관 2010년 同학교자율화추진관 2011년 同학교지원국장 2012년 同인재정책실장 2013년 서울시교육청 부교육감 2015년 교육부 기획조정실장 2016년 대통령 교육문화수석비서관실 교육비서관(현) [상]대통령표창(1996), 홍조근정훈장(2011) [저]'인재대국(共)'(2011, 한국경제신문)

김관상(金冠相) KIM Kwan Sang

[생]1952·9·19 [출]대구 [주]서울 동작구 노량진로100 기독교TV 사장실(02-6333-1000) [학]1971년 대구상고졸 1979년 성균관대 정치외교학과졸 1996년 同대학원 신문방송학과졸 2002년 언론학박사(성균관대) [경]1978년 TBC 기자 1980년 KBS 기자 1994년 YTN 기동취재부장 1998년 同뉴스총괄부장 1999년 同부국장대우 경제1부장 2000년 同취재담당 부국장 겸 중소기업팀장 2000년 同제작국장 직대 2001년 同정책기획팀장 2002년 同보도국장 2003년 同마케팅국장 2005년 同미디어국장 2006년 同홍보심의팀 심의위원 2007년 이명박 대통령당선자 대변인실 부대변인 2008년 평택대 방송미디어학부 광고홍보학전공 교수 2011~2014년 한국정책방송원(KTV) 원장 2016년 CTS기독교TV 사장(현) [상]성균언론인상(2006) [저]'세계의 24시간 TV뉴스 채널' [종]기독교

김관선(金寬先) KIM Kwan Sun

[생]1958·8·20 [출]전남 해남 [주]서울 용산구 후암로4길10 (주)헤럴드 임원실(02-727-0530) [학]1977년 해남고졸 1983년 조선대 체육학과졸 [경]1983~1989년 Nedeco 근무 1991~1998년 한국영화인협회 근무 2000~2002년 IKR카리아 근무 2002년 헤럴드미디어 경영지원국장(부장대우) 2004년 한국신문협회 총무협의회 이사 2008~2012년 (주)헤럴드 이사 2009년 한국신문협회 경영지원협의회 감사 2012년 (주)헤럴드 상무이사 2013년 同경영지원총괄상무 2014년 同부사장(현)

김관성(金官聖) KIM Kwan Sung

[생]1958·11·30 [주]서울 양천구 목동중앙로212 서울지방식품의약품안전청(02-2640-1300) [학]1977년 천안고졸 1983년 중앙대 약학과졸 1987년 同대학원 약학과졸 [경]1986년 보건사회부 중앙약사심의위원회 참사, 同약정국 약무과 보건주사, 마산결핵병원 혈액과 근무, 식품의약품안전청 검정관리보호담당관실 근무, 同의약품관리과 근무, 同의약품안전정책팀 근무 2006년 경인지방식품의약품안전청 의약품팀장 2007년 식품의약품안전청 생물의약품관리팀장 2008년 同생물의약품관리팀장 2009년 同통상협력팀장 2009년 식품의약품안전평

가원 독성평가연구부 부작용감시팀장 2009년 대전지방식품의약품안전청 의료제품안전과장 2010년 경인지방식품의약품안전청 의료제품안전과장 2011년 식품의약품안전청 의료기기정책과장 2012년 同의료기기정책과장(부이사관) 2013년 식품의약품안전처 의료기기안전국 의료기기정책과장 2013년 대전지방식품의약품안전청장 2014년 서울지방식품의약품안전청장 2015년 식품의약품안전처 의약품안전국장 2016년 서울지방식품의약품안전청장(현)

김관수(金寬洙)

⊛1957 ⊜경기 가평 ㈜경기 포천시 소흘읍 송우로62 송우웰빙타운8층 경기중소기업종합지원센터 북부기업지원센터(031-850-7111) ⊕가평고졸, 한국방송통신대 행정학과졸 ⊗1977년 공무원 임용, 경기도 공무원교육원 근무, 同예산관리분석담당, 同문화관광예산담당, 同예산총괄담당 2009년 同의회사무처 도시환경전문위원(서기관) 2010년 경기도지방행정연수원 교육(서기관) 2011년 경기도 인재개발원 교육컨설팅과장 2012년 同다문화가족과장 2013년 同예산담당관 2014년 同복지정책과장 2014~2015년 경기 가평군 부군수 2015년 경기중소기업종합지원센터 북부기업지원센터장(현) ⊗내무부장관표창(1988 · 1994), 대통령표창(2005)

김관영(金寬泳) KIM Kwan Young

⊛1940 · 9 · 17 ⊜연안(延安) ⊜서울 ㈜서울 강남구 도곡로233 (주)신일 임원실(02-538-5260) ⊕1959년 경복고졸 1963년 성균관대 영어영문학과졸 ⊗1965~1968년 대한요업 근무 1968년 성신양회공업 입사 1984년 同이사 1991년 진성레미콘 사장 1993~1998년 성신양회공업 사장 1996년 한국양회공업협회 회장 1996년 한국건자재시험연구원 이사장 1998~2005년 성신양회공업 대표이사 부회장 2005년 (주)신일 대표이사 회장(현)

김관영(金寬永) KIM Kwan Young

⊛1956 · 9 · 1 ㈜서울 중구 을지로100 B동 21층 제이알투자운용(주) 비서실(02-564-7004) ⊕1979년 서울대 경제학과졸 1986년 미국 펜실베이니아대 대학원졸 1987년 경제학박사(미국 펜실베이니아대) ⊗1979년 한국은행 조사1부 일반경제과 근무 1984~1987년 The Whenton Real Estate Center 연구원 1987~1994년 한국개발연구원(KDI) 연구위원 1994년 한양대 디지털경제학과 교수 2000~2005년 同디지털경제연구소장 2000년 (사)e-비지니스연구원 원장 2005~2008년 한양대 경상대학 경제학부 교수 2008년 제이알투자운용(주) 대표이사 사장(현) 2010년 아시아부동산학회 회장 2012년 한국부동산분석학회 부회장, 同감사(현) 2013년 한국리츠협회 회장(현) 2016년 대통령직속 국가건축정책위원회 위원(현) ⊗서울경제신문 한국부동산금융대상 베스트부동산금융인(2016) ㊃'중산층 실태분석과 정책과제'(1990) 'Housing Policy in the 1990s'(1992) '금융환경변화에 따른 보증보험의 중장기발전전략'(2000) '전문가의 컨설팅 리츠투자'(2001)

김관영(金寬永) KIM Kwan Young

⊛1969 · 11 · 15 ⊜경주(慶州) ⊜전북 군산 ㈜서울 영등포구 의사당대로1 국회 의원회관507호(02-784-1781) ⊕1987년 군산제일고졸 1991년 성균관대 경영학과졸 1995년 서울대 행정대학원 행정학과졸 ⊗중위 예편(육군 경리장교) 1988년 공인회계사시험 합격(23회) 1988년 청운회계법인 공인회계사 1992년 행정고시 재경직 합격(36회) 1993년 경제기획원 심사평가국 근무 1995년 재정경제원 국고국 근무 1998년 재정경제부 감사관실 근무 1999년 사법시험 합격(41회) 2002년 사법연수원 수료(31기) 2002~2011년 김앤장법률사무소 변호사 2012년 제19대 국회의원(군산시, 민주통합당 · 민주당 · 새정치민주연합 · 더불어민주당 · 국민의당) 2012년 민주통합당 대선후보경선준비기획단 기획위원 2012년 국회 운영위원회 위원 2012~2014년 국회 정치쇄신특별위원회 위원 2013년 민주통합당 원내부대표 2013년 국회 국토교통위원회 위원 2013년 민주당 수석대변인 2014년 同대표비서실장 2014년 새정치민주연합 대표비서실장 2014년 국회 기획재정위원회 위원 2014~2015년 새정치민주연합 원내부대표 2014년 同공적연금발전TF 위원 2014년 同새로운대한민국위원회 희망사회추진단 자본독점분과위원장(경제) 2014년 同군산지역위원회 위원장 2015년 同조직사무부총장 2015년 국회 예산결산특별위원회 위원 2015년 새정치민주연합 수석사무부총장 2015년 同제2정책조정위원회 위원장 2015년 同조선해양산업대책위원회 공동위원장 2015년 同경제정의 · 노동민주화특별위원회 위원 2016년 국민의당 디지털정당위원회 위원장 2016년 同전북도당 위원장 2016년 제20대 국회의원(군산시, 국민의당)(현) 2016년 국민의당 원내수석부대표(현) 2016년 同군산시지역위원회 위원장(현) 2016년 국회 운영위원회 간사(현) 2016년 국

회 정무위원회 간사(현) 2016년 국회 평창동계올림픽 및 국제경기대회지원특별위원회 위원(현) ⊗국무총리표창(1999), 제15회 백봉신사상(2013), 법률소비자연맹 국회의원 헌정대상(2013 · 2015), 국정감사NGO모니터단 국정감사우수의원(2014), 성균관대 경영대학동문회 자랑스런 경영대학동문상(2015), 제1회 머니투데이 대한민국최우수법률상(2015), 일치를 위한 정치포럼 제5회 국회를 빛낸 바른언어상 상임위 모범상(2015), 한국납세자연합회 납세자권익상 입법부문(2015) ⊗기독교

김관용(金寬容) KIM Kwan Yong (浩然)

⊛1942 · 11 · 29 ⊜선산(善山) ⊜경북 구미 ㈜경북 안동시 풍천면 도청대로455 경상북도청 도지사실(054-880-2001) ⊕1961년 대구사범학교졸 1969년 영남대 경제학과졸 1998년 명예 공학박사(금오공과대) 2001년 영남대 행정대학원 행정학과(자치행정전공)졸 2015년 명예 사회과학박사(몽골국립대) 2015년 명예 행정학박사(인도네시아 가자마다대) 2015년 명예 공공행정학박사(캄보디아 왕립아카데미) 2015년 명예 교육학박사(계명대) ⊗1961년 구미초교 교사 1971년 행정고시 합격(10회) 1989년 구미세무서장 1991년 대통령 민정비서실 행정관 1993년 용산세무서장 1995~1998 · 1998~2002 · 2002~2006년 구미시장(민자당 · 신한국당 · 한나라당) 1998년 금오공대 겸임교수 1999년 중국 심양공대 명예교수 1999~2002년 경북도시장 · 군수협의회 회장 1999년 전국시장 · 군수 · 구청장협의회 공동회장 2006 · 2010년 경북도지사(한나라당 · 새누리당) 2006년 한국국학진흥원 이사장(현) 2006년 (재)문화엑스포 이사장(현) 2007년 전국시도지사협의회 한미FTA대책특별위원장 2008년 영남대총동창회 회장(현) 2008년 (사)대구 · 경북국제교류협의회(DGIEA) 공동의장(현) 2010년 세계유교문화축전 명예대회장 2011년 경주세계문화엑스포조직위원회 위원장 2012~2013년 전국시도지사협의회 회장 2012~2013년 국가경쟁력강화위원회 위원 2013년 국무총리직속 사회보장위원회 위원 2014년 경북도지사(새누리당)(현) 2014년 캄보디아 훈센 총리 문화정책고문(현) ⊗근정포장(1989), 독일 콘라드 아데나우어상(1998), 전문직여성클럽 한국여연맹 금상(2000), 캄보디아 최고훈장 로얄 모니사라포인 마하세나(2007), 대통령표창(2007), 자랑스런 한국인상(2007), 한국의 존경받는 CEO대상(2008), 한국여성단체협의회 우수지방자치단체장표창(2009), 대한민국소통경영대상(2011), 인물대상 행정대상(2011), 매니페스토 공약이행 최우수등급(2011 · 2012 · 2013), 글로벌 CEO대상(2012), 사회책임경영 CEO 선정(2012), 대한민국 경제리더대상(2012), 국민훈장 모란장(2013), 한국의 영향력 있는 CEO 선정(2013), 매경미디어그룹 선정 대한민국 창조경제리더 미래부문(2013), KBC 목민자치대상(2014), 대구교육대 총동창회 자랑스런 대구교대인상(2015), 국제군인스포츠위원회(CISM) 지휘장(2015), 세네갈 국가공로훈장(2015) ⊗기독교

김관용(金琯龍) KIM Kwan Yong

⊛1969 · 12 · 4 ⊜전북 군산 ㈜서울 서초구 서초중앙로157 서울고등법원(02-530-1114) ⊕1988년 군산고졸 1993년 서울대 법학과졸 ⊗1993년 사법시험 합격(35회) 1996년 사법연수원 수료(25기) 1996년 공익 법무관 1999년 대전지법 판사 2003년 수원지법 평택지원 판사 2007년 서울남부지법 판사 2008년 서울고법 판사 2009년 대법원 재판연구관 2011년 전주지법 제1형사부 부장판사 2012년 서울고법 판사(현)

김관재(金琯在) KIM Kwan Jae (山汀)

⊛1953 · 7 · 13 ⊜안산(安山) ⊜전남 강진 ㈜광주 동구 지산로70 동산빌딩 김관재법률사무소(062-229-0001) ⊕1970년 광주제일고졸 1975년 서울대 법대졸 1977년 同대학원 법학과 수료 ⊗1975년 사법시험 합격(17회) 1977년 사법연수원 수료(7기) 1977년 육군 법무관 1980년 광주지법 판사 1982년 同순천지원 판사 1985년 同판사 1987년 광주고법 판사 1991년 대법원 재판연구관 1992년 광주지법 부장판사 1994년 同순천지원장 1995년 同부장판사 1999~2005년 광주고법 부장판사 2000~2003년 광주지법 수석부장판사 겸임 2005년 광주고법 수석부장판사 2005년 전주지법원장 2006년 광주지법원장 2008~2010년 광주고법원장 2010년 변호사 개업(현) ⊗기독교

김관정(金官正)

⊛1964 · 7 · 17 ㈜대전 서구 둔산중로78번길15 대전지방검찰청 형사1부(042-470-3000) ⊕1983년 대구 영진고졸 1988년 고려대 법학과졸 ⊗1994년 사법시험 합격(36회) 1997년 사법연수원 수료(26기) 1997년 인천지검 검사 1999년 수원지검 평택지청 검사 2001년 대구지검 검사 2003년 서울남부지검 검사 2007년 대검찰청 검찰연구관 2009년 대전지검 검사 2009년 서울중앙지검 부부장검사

2010년 창원지검 공판송무부장 2011년 울산지검 특수부장 2012년 청주지검 제천지청장 2013년 대검찰청 범죄정보1담당관 2014년 서울남부지검 형사5부장 2015년 서울중앙지검 형사4부장 2016년 대전지검 형사부장(현)

김관진(金寬鎭) KIM Kwan Jin

생1949 · 8 · 27 본전북 전주 주서울 종로구 청와대로1 국가안보실(02-770-0011) 학1968년 서울고졸 1972년 육군사관학교졸(28기) 경1972년 육군 소위 임관 1983~1988년 제15보병사단 대대장 · 작전참모 1990년 수도기계화보병사단 제26기계화 보병여단장 1992~1993년 합동참모본부 군사전략과장 1994년 대통령비서실 국방담당관 1996년 육군본부 비서실장 1998년 同기획참모부 전략기획처장 1999년 제35사단장 2000년 육군본부 기획관리참모부장 2002년 제2군단장(중장) 2004년 합동참모본부 작전본부장 2005년 제3야전군사령관(대장) 2006~2008년 합참의장 겸 통합방위본부장(대장) 2010~2014년 국방부 장관 2014년 국가안보실장(장관급)(현) 2014년 국가안전보장회의(NSC) 상임위원장 겸임(현) 상자랑스런 서울인상(2007)

김관형(金寬衡) KIM Kwan Hyung (송암)

생1939 · 12 · 29 본함창(咸昌) 출충북 옥천 주서울 강남구 테헤란로33길12 선빌딩지하1층 (사)이색업종진흥회(02-508-1565) 학1958년 대전공고졸 1962년 건국대 국어국문학과졸 1989년 同행정대학원 행정학과졸 경1966~1975년 상공부 근무 1977~1981년 특허청 심사관 1982~1994년 특허전문 심사위원 1982~1994년 한국발명진흥회 상근이사 1984~1990년 중소기업 중앙회 무역진흥특별위원 1985~1994년 전국학생과학발명품경진대회 심사위원 1989~1993년 민경신문 운영위원 1989년 (사)한국지적소유권학회 감사 1990~2004년 (사)대한민국순국선열유족회 부회장 1990~1994년 대한민국학생발명전시회 심사위원 1991~2001년 대한상사중재원 중재위원 1991~1994년 한국교육개발원 자문위원 1994년 대관경영기술연구원 원장 겸 교수 1994년 중소기업청 · 중소기업진흥공단 지도위원 겸 경영지도사 1995~2009년 (사)한국산업재산권법학회 감사 1996~1998년 대통령 국정자문위원 1997~1998년 순천향대 겸임교수 1997~2000년 서초문인협회 · 한국공간시인협회 부회장 1997년 건국문학회 고문(현) 1997~2013년 (사)현대시인협회 이사 겸 감사 1998~2001년 사랑방낭송문학회 회장 1998~2001년 한국농민문학회 부회장 1999~2005년 명지대 교수 2002년 (재)순국선열김순구선생외25인기념재단 이사장(현) 2003년 (사)국제펜클럽 한국본부 회원(현) 2003년 (사)한국기술거래사회 명예회장 · 자문위원장 2003~2006년 (사)한국문인협회 옥천지부 회장 2006년 同고문(현) 2008년 한우리낭송문학회 회장(현) 2008년 국가주요인사선정(청와대 대통령) 2009~2011년 한국산업기술평가관리원 평가위원 2009~2011년 한국지식산업혁신재단 고문 2011년 (사)이색업종진흥회 회장 2012년 同총재(현) 2013년 (사)현대시인협회 중앙위원회 부위원장 2014년 同지도위원(현) 2014년 불교문학회 고문(현) 상재무부장관표창(1970), 상공부장관표창(1977), 대통령표창(1980), 미국 국제발명전시회동상(1984), 국민포장(1989), 건국대 행정대학원 석사학위 최우수논문상(1989), 문학공간상대상(1997), 최초발명기법창작(한국기네스북등재)(1997), 농민문학작가상 대상(2006), 한국기술거래사회 공로상(2007), 한우리문학대상(2009), 옥천군수 감사패(2014), 불교문학 대상(2014) 전'수출실무'(1974, 서울신문) '수출입 실무'(1974, 한국무역서비스센터) '발명특허창업'(1987, 경문사) '상표법 해설'(1988, 경문사) '논제 신 상표법'(1990, 한빛지적소유권센터) '발명기술 성공비결'(1990, 법경출판사) '직무발명 전략'(1990, 한국발명진흥회) '특허관리 전략'(1990, 한국발명진흥회) '올바른 가정 교육(창조적인 지혜)'(1992, 충남교육청) '손쉽게 성공하는 발명의 지름길'(1993, 경문사) '아이디어 발명기술로 돈버는 이야기'(1995, 매일경제신문) '산업재산권법'(1998, 경문사) '지적재산권법 개론'(2000, 경문사) '지적재산권법 이해'(2001, 두남) '지식재산권법 이해'(2006, 두남) '기술시장작론'(2009, 박이정) 전자책 '기술시창작론의 요람'(2012, 한국문학방송) '아침햇살'(2013, 타임비) '문학짓는 비결'(2014, 한국문학방송) '인생의 길'(2014) 죄'멀고 먼길'(1989, 뿌리) '태양이 머문 날 까지'(1993, 길출판사) '발명슬기'(2001, 한맥문학사) '마음의 향기'(2004, 문예운동) '아름다운 보람'(2007, 한국문학도서관) '귀향'(2009, 박이정) '한국유명시사낭동지'(2011, 한국디지털종합도서관) 비석 '순국선열시' '서시 : 새누리' 종기독교

김광군(金光君) KIM Kwang Koon

생1960 · 11 · 27 출경기 성남시 수정구 성남대로1342 가천대학교예술대학 음악학부(031-750-5908) 학서울대 기악과졸, 독일 쾰른대 대학원졸 경경원대 음대 관현악과 교수 2012년 가천대 음악대학 관현악과 교수, 同예술대학 음악학부 교수(현) 2013년 同음악대학장 2014~2016년 同가천음악연구소장 2016년 同예술대학장(현)

김광규(金光奎)

생1964 · 5 · 20 본경주(慶州) 출충남 보령 주충북 영동군 영동읍 계산로2길10 영동세무서(043-740-6201) 학홍성고졸 1986년 세무대학졸(4기), 건국대 행정대학원졸 경1986년 국세공무원 임용 1998~2003년 국세청 부가가치세과 근무 2005년 국세공무원교육원 운영과 근무 2008년 원주세무서 부가소득세과 사무관 2010년 국세청 납세자보호담당관실 사무관 2012년 중부지방국세청 조사3국 사무관 2014년 同조사3국 서기관 2015년 충북 영동세무서장(현)

김광근(金珖根)

생1961 출전남 해남 주광주 북구 첨단과기로208번길43 광주지방국세청 조사2국(062-370-5513) 학광주동신고졸, 전남대 공법학과졸 경1990년 국세공무원 임용(7급 공채) 2007년 행정사무관 승진, 목포세무서 조사과장, 광주지방국세청 소득재산세과장, 同조사2국 조사관리과장(사무관) 2013년 同조사2국 조사관리과장(서기관) 2014년 同납세자보호담당관 2014년 同감사관 2015년 정읍세무서장 2016년 광주지방국세청 조사2국장(현)

김광기(金光起) KIM Kwang Kee

생1957 · 1 · 11 본의성(義城) 출강원 원주 주부산 부산진구 복지로75 인제대학교 보건대학원(02-2270-0982) 학1975년 원주고졸 1982년 충남대 사회학과졸 1984년 서울대 보건대학원 보건학과졸 1988년 미국 유타주립대 대학원 사회학과졸 1993년 사회학박사(미국 켄터키대) 경1988~1993년 미국 켄터키대 College Medicine 연구원 1993~2000년 인제대 보건관리학과 교수 1997년 同학생생활연구소장 1998~2005년 同보건대학원 부교수 1999~2003년 同보건대학원 부원장 2001년 同음주연구소장 2002년 국무총리 산하 청소년보호위원회 정책자문위원 2002년 국립암센터 암조기검진사업지원평가단 교육홍보분과위원 2002~2003년 범국민절주운동본부 학술담당 본부장 2003~2004년 미국 미네소타대 알코올역학교실 교환교수 2005~2015년 인제대학원대 교수 2005년 同부학장 2005년 서울시 건강증진사업지원단 자문위원 2005~2007년 국가청소년위원회 정책자문위원 2005년 보건복지부 건강증진사업지원단 기획평가위원 2005~2008년 한국보건사회학회 회장 2007년 파랑새포럼(음주폐해 감소를 위한 사회협약포럼) 실무운영위원장 2009년 인제대학원대 알코올 및 도박문제연구소장 2009~2010년 한국보건교육건강증진학회 회장 2011년 서울시 건강증진사업지원단장(현) 2012년 세계보건기구 서태평양지역사무소 알코올정책단기자문관 2012년 한국건강관리협회 이사(현) 2013~2015년 인제대학원대 학장 2013~2016년 보건의료인국사시험위원회 보건교육사시험위원장 2014~2016년 보건복지부 건강증진정책심의위원회 위원 2015년 여성가족부 정책자문위원(현) 2015년 인제대 보건대학원 자문교수(현) 상대통령표창(2014)

김광남(金光南)

생1962 · 1 · 25 주서울 중구 청계천로30 예금보험공사 임원실(02-758-0114) 학낙생고졸, 고려대 경제학과졸, 연세대 경영대학원 경영학과졸(MBA), 미국 플로리다주립대 대학원 재무학과졸(석사), 서울시립대 대학원 경영학 박사과정 수료 경예금보험공사 기금운용실장, 同리스크관리1부장, 同저축은행정상화부장, 同금융정리2부장 2014년 同상임이사 2016년 同부사장(현)

김광남

생1963 · 2 · 17 출충남 주전남 완도군 완도읍 농공단지길32 완도경찰서(061-550-7346) 학천안북일고졸, 한양대 법학과졸, 同공공정책대학원졸 경1944년 경위 임용(경찰간부후보 42기) 1999년 경감 임용 2004년 경정 임용 2006년 서울 광진경찰서 수사과장 2007년 경찰청 수사국 근무(경정) 2013년 교육 파견 2013년 충북지방경찰청 청문감사담당관 2014년 전남 고흥경찰서장(총경) 2015년 전남지방경찰청 형사과장 2016년 전남 완도경찰서장(현)

김광동(金光東) KIM Kwang-dong

생1948 · 6 · 12 본안동(安東) 출충북 청주 주서울 종로구 사직로8길60 외교부 인사운영팀(02-2100-7136) 학1974년 연세대 정치외교학과졸 1983년 프랑스 국제행정대학원졸 경1973년 외무고시 합격(7회) 1973년 외무부 입부 1976년 駐중앙아프리카 2등서기관 1978년 駐벨기에 2등서기관 1984년 駐제네바대표부 참사관 1987년 외무부 경제협력과장 1987년 同통상기구과장 1988

년 同의전담당관 1990년 駐구주공동체(EC)대표부 참사관 1992년 외무부 의전심의관 1993년 同통상국심의관 1995년 駐중국 공사 1997년 駐경제협력개발기구(OECD)대표부 공사 1998년 외교통상부 국제경제국장 1999년 국회 통일외교통상위원회 수석전문위원 2001년 駐홍콩 총영사 2002년 외교통상부 통상교섭조정관 2003년 駐브라질 대사 2006년 연세대 정치외교학과 겸임교수 2007년 청주대 국제통상학과 객원교수 2007~2009년 우리금융그룹 사외이사 2009~2011년 연세대 행정대학원 초빙교수 2009~2011·2013년 SKC 고문 2011년 충청대 명예교수(현) 2011년 NGO '더멋진세상(Better World)' 대표(CEO) 2011년 국립외교원 자문위원 겸 겸임교수 2015년 駐홍콩 총영사(현) [상]외무부장관표창(1979), 홍조근정훈장(1994), 브라질 공로대훈장(2005), 브라질 십자대훈장(2006), 황조근정훈장(2007), 국무총리표창, 국방부장관표창 [종]기독교

김광동(金光東) KIM Kwang Dong

[생]1963·7·9 [본]안동(安東) [출]충북 충주 [주]서울 마포구 독막로331 마스터즈타워2008호 나라정책연구원(02-712-9272) [학]1981년 휘문고졸 1988년 고려대 정치외교학과졸 1991년 同대학원 정치외교학과졸 1996년 정치외교학박사(고려대) [경]1991~1992년 한국발전연구원 연구원 1992~1996년 국회의원 보좌관(4급) 1996~1998년 고려대·중앙대 강사·한국발전연구원 연구위원 1998~2000년 미국 Stanford대 Hoover Institution 객원연구위원 2000년 나라정책연구원 원장(현) 2004년 한국발전연구원 부원장 2008~2009년 자유민주연구학회 회장 2009년 방송문화진흥회 이사(8기·9기·10기)(현) 2011~2012년 한·중전문가연구위원회 위원 2011년 국가보훈위원회 위원 2014년 자유와창의교육원 교수(현) 2015년 독립기념관 비상임이사(현) [저]'반미운동이 한국사회에 미치는 영향'(2003) '전략산업에 대한 국가의 정책과 역할변화'(2006) '한국현대사 이해(共)'(2007)

김광두(金廣斗) KIM Kwang Doo

[생]1947·8·5 [출]전남 나주 [주]서울 마포구 백범로35 서강대학교 경제학과(02-705-8502) [학]1964년 광주제일고졸 1970년 서강대 경제학과졸 1976년 경제학박사(미국 하와이주립대) [경]1977~1981년 국제경제연구원 수석연구원 1981~1983년 산업연구원 초청연구원 1981년 서강대 부교수 1985~2011년 同경제학과 교수 1985년 同기술관리연구소장 1987년 일본 히토쓰바시대 객원교수 1988년 중앙경제 비상임논설위원 1991~1996년 (사)양지경제연구회 회장 1991년 매일경제 비상임논설위원 1992년 MBC라디오 컬럼니스트 1992년 서강대 기획관리실장 1994년 同경제연구소장 1995년 同21세기기획단장 1995~1998년 금융통화운영위원회 위원 1998년 현대자동차서비스 사외이사 1998~2000년 서강대 경제대학원장 겸 경상대학장 1998년 금호석유화학 사외이사 1999~2002년 서울은행 사외이사 2000년 동양백화점 사외이사 2000~2004년 산업자원부 장관자문·산업발전심의회 위원장 2001년 서울은행 이사회 의장 2003년 한국응용경제학회 회장 2004년 국가경쟁력플랫폼 공동대표 2004년 국가경쟁력연구원 원장 2005년 한국국제경제학회 회장 2006년 서강대 시장경제연구소장 2006년 同교학부총장 2010년 국가미래연구원 원장(현) 2011~2013년 서강대 명예교수 2012년 새누리당 국민행복추진위원회 힘찬경제추진단장 2013년 서강대 남덕우기념사업회장(현) 2013년 同경제학과 석좌교수(현) 2015년 산업경쟁력포럼 대표(현) [저]'국제경쟁력 강화를 위한 기술혁신연구' '금융혁신과 기술금융제도에 관한 연구' '기술경제학' '기술이전협력론' '아시아 금융위기와 일본의 역할' '한국의 기업·금융구조 조정' '한국제조업의 경쟁력수준 평가' '산업조직론' '산업경제론' [종]천주교

김광래(金光來) Kim Kwang Lae

[생]1960·4·16 [출]강원 강릉 [주]강원 강릉시 범일로 579번길24 가톨릭관동대학교 경영대학 경영학과(033-649-7367) [학]1979년 강릉 명륜고졸 1984년 관동대 경영학과졸 1986년 명지대 경영대학원 경영학과졸 1992년 경영학박사(건국대) 2012년 감사원 공공기관감사교육과정 수료 2013년 서울대 경영대학원 최고감사인과정 수료 2013년 同행정대학원 국가정책과정 수료 2013년 가톨릭대 대학원 최고위과정 수학中 [경]1993~2014년 관동대 경영학과 조교수·부교수·교수 1998~1999년 미국 일리노이대 국비파견 해외연구교수 1999~2000년 미국 캘리포니아주립대 연구교수 2002~2009년 관동대 대외협력실장·기획조정실장·명지학원 신사업추진단장 2008년 국가지속가능발전위원회 사회통합전문위원 2009년 전국대학교기획처장협의회 회장 2009년 (재)코리아미래재단 이사 2009~2011년 국무총리산하 경제인문사회연구회 사무처장·사무총장 2010년 민주평통자문회의 상임위원 2011년 국민권익위원회 정책자문위원 2011년 한국교육과정평가원 기관운영자문위원 2012~2014년 한국지역난방공사 상임감사위원 2014년 가톨릭관동대 경영대학 경영학과 교수(현) 2015년 대통령소속 지방자치발전위원회 위원(현) [상]강릉시장표창(2007), 대통령표창(2012), 국민포장(2013), 자랑스런감사인상 감사부문대상(2013) [종]기독교

김광림(金光琳) KIM Gwang Lim

[생]1948·4·28 [본]안동(安東) [출]경북 안동 [주]서울 영등포구 의사당대로1 국회 의원회관944호(02-784-3063) [학]1966년 안동농림고졸 1973년 영남대 경제학과졸 1976년 서울대 행정대학원졸 1979년 미국 하버드대 대학원졸 1999년 행정학박사(경희대) [경]1973년 행정고시 합격(14회) 1975년 경제기획원 종합기획과·예산총괄과 사무관 1980년 상공부 장관비서관·미주통상과장 1983년 경제기획원 공정거래제도과장·인력개발계획과장 1986년 일본 아세아경제연구소 객원연구원 1988년 경제기획원 예산실 문교예산담당관 1990년 대통령비서실 행정관 1991년 경제기획원 예산정책과장·예산총괄과장·총무과장 1993년 同대외경제조정실 협력관 1994년 대통령 기획조정비서관 1995년 재정경제원 감사관 1996년 同대외경제심의관 1996년 同공보관 1997년 同행정방위예산심의관 1998년 기획예산위원회 재정기획국장 1999년 기획예산처 재정기획국장 2000년 국회 예산결산특별위원회 수석전문위원 2002년 특허청장 2003~2005년 재정경제부 차관 2005년 영남대 교양학부 석좌교수 2006~2008년 세명대 총장 2008년 제18대 국회의원(경북 안동시, 무소속·한나라당·새누리당) 2008년 국회 기획재정위원회 위원 2008·2009·2010·2011년 국회 예산결산특별위원회 위원 2009년 한나라당 제3정책조정위원장 2009~2012년 同안동시당원협의회 위원장 2009년 국회 예산결산특별위원회 간사 2010년 세계유교문화축전 고문 2011~2012년 한나라당 원내부대표 2011~2014년 한국발명진흥회(KIPA) 회장 2012~2013년 새누리당 여의도연구소장 2012년 제19대 국회의원(경북 안동시, 새누리당) 2013년 국회 예산·재정개혁특별위원회 위원장 2014~2015년 국회 정보위원회 위원장 2014년 국회 기획재정위원회 위원 2014년 국회 남북관계및교류협력발전특별위원회 위원 2014년 새누리당 경제혁신특별위원회 규제개혁분과 위원장 2015년 예우회 회장(현) 2015년 새누리당 정책위원회 부의장 2016년 제20대 국회의원(경북 안동시, 새누리당)(현) 2016년 새누리당 정책위원회 의장(현) 2016년 同혁신비상대책위원회 위원 2016년 국회 기획재정위원회 위원(현) [상]한나라당 우수당원협의회표창(2011), 희망·사랑나눔재단 선정 모범국회의원(2013), 법률소비자연맹 선정 국회 헌정대상(2013) [역]'일본이 본 한국공업화의 정치경제학'(1988) [종]기독교

김광림(金光林) KIM, KWANG-LIM

[생]1952·10·17 [주]서울 성북구 화랑로32길146의37 한국예술종합학교 연극원 극작과(02-746-9000) [학]1975년 서울대 불어불문학과졸 1984년 미국 캘리포니아대 로스앤젤레스교 대학원 연극과졸 [경]1986~1988년 극단「연우무대」이사 1988년 同예술감독 1990년 서울예술전문대학 교수 1994년 한국예술종합학교 연극원 극작과 교수(현) 2000~2004년 同연극원장 2004년 서울 국제공연예술제 예술감독 2015년 서울문화재단 이사장(현) [상]동아연극상 연출상(1989), 백상예술대상 연출상·작품상·대상(1993), 올해의 예술가상(1996), 백상예술대상 희곡상(1996) [저]'달라진 저승'(1989) '신실학적 세계관을 위하여'(共) '사랑을 찾아서'(1995) '김광림희곡시리즈1·2·3' [역]'어릿광대의 정치학'(1987) [작]창작희곡 '아침에는 늘 혼자예요'(1978) '아빠 얼굴 예쁘네요'(1986) '홍동지는 살어있다'(1992) '날보러와요'(1996) '나는 꿈에 장주가 되었다'(1999) '우리나라 우투리'(2002) 연극연출 '수족관'(1990) '당신의 침묵'(1992) '인생의 꿈'(2001) 등

김광만(金光滿) KIM Kwang Mahn

[생]1959·6·5 [본]경주(慶州) [출]서울 [주]서울 서대문구 연세로50의1 연세대학교 치과대학 치과생체재료학교실(02-2228-3082) [학]1978년 오산고졸 1984년 연세대 치의학과졸 1986년 同대학원 치의학과졸 1992년 치의학박사(연세대) [경]1987~1990년 용인정신병원 치과 과장 1992년 연세대 치과대학 치의학과 외래조교수 1996~2008년 同치과대학 치과생체재료학교실 전임강사·조교수·부교수 2000년 미국 Univ. Alabama at Birmingham School of Dentistry 방문교수 2001년 국립기술품질원 의료기부회 전문위원 2002년 국제치과연구학회 한국지부 학술위원 2003년 대한치과기재학회 학술이사 2003년 同학회지 편집위원장 2004·2014년 연세대 치과대학 치과생체재료공학연구소장(현) 2008년 同치과대학 치과생체재료학교실 교수(현) 2011년 대한치과기재학회 회장 2012~2014년 연세대 치과대학 교무부학장 2014·2016년 同치과대학 치과생체재료공학교실 주임교수(현) 2016년 同치과대학 치과의료기기시험평가센터소장(현) 2016년 同치과대학장 겸 치의학전문대학원장(현) [저]'치과재료학' [종]기독교

김광묵(金匡黙)

Ⓢ1963·8·13 ⓓ서울 영등포구 의사당대로1 국회사무처 기획재정위원회(02-788-2128) ⓗ1990년 입법고시 합격(10회), 국회사무처 정무위원회 입법조사관, 同의전과장, 同기획재정위원회 전문위원, 同산업통상자원위원회 전문위원 2015년 국회예산정책처 예산분석실장(관리관) 2016년 국회사무처 기획재정위원회 수석전문위원(차관보급)(현)

김광범(金洸範) KIM Kwang Beom

Ⓢ1965·10·3 ⓑ김해(金海) ⓔ전남 고흥 ⓙ경기 수원시 팔달구 권선로733 중부일보 임원실(031-230-2114) ⓗ1991년 조선대 중국어학과졸 ⓙ1990년 수도권일보 근무 1997년 중부일보 경제부 차장 2000년 同경제부장 2001년 同사회부장 2003년 同경제부장 2005년 同편집국 경제부 부국장대우 2006년 同편집국 사회부 부국장대우 2008년 同편집국 정치부 부국장 2011년 同편집국장 2016년 同기획이사(현) ⓢ한국신문협회상(2001)

김광석(金光石) KIM Kwang Seok

Ⓢ1939·11·20 ⓑ김해(金海) ⓔ경남 하동 ⓙ서울 강남구 영동대로318 (주)참존 비서실(02-3485-9301) ⓗ1959년 부산공고졸 1966년 성균관대 약학졸 1974년 고려대 경영대학원 수료 1993년 서강대 경영대학원 최고경영자과정 수료 1995년 서울대 경영대학원 최고경영자과정 수료 1996년 고려대 언론대학원 최고위과정 수료 1998년 同정보통신대학원 최고위과정 수료 2000년 명예 약학박사(성균관대) 2001년 국제산업디자인대학원 뉴밀레니엄과정 수료 2001년 연세대 언론홍보대학원 최고위과정 수료 2003년 단국대 산업경영대학원 문화예술최고경영자과정 수료 ⓙ1966년 피보약국 개설 1972년 서울중부경찰서 명예경찰관 1973년 서울시 중구 자문위원 1974년 국민상호신용금고 대표이사 1975년 반공연맹 서울중부지부장 1977년 서울시 중구새마을지도자협의회 회장 1978년 서울시 중구새마을연수원 원장 1984~2008년 참존 설립·대표이사 1987년 새마을금고연합회 서울중구협의회장 1991년 강남경찰서 치안자문위원 1993년 민주평통 자문위원 1995년 직장새마을운동 강남·서초구협의회장 1996년 한국화장품공업협동조합 초대이사장 1997·2003년 민주평통 상임위원 1999년 대한화장품공업협회 부회장 2003년 학교법인 숙명학원 감사 2005년 성균관대 약대 겸임교수 2006~2012년 서울대AMP총동창회 회장 2006~2013년 학교법인 숙명학원 이사 2008년 (주)참존 회장(현) 2012년 서울대AMP총동창회 명예회장 겸 고문(현), 성균관대총동창회 32대 부회장 ⓢ경남도지사 감사장(1973), 서울시장표창(1976), 새마을훈장 협동장(1976), 중앙정보부 감사패(1976), 경남도교육감표창(1977), 새마을금고연합회장표창(1980), 민주공화당총재 유신의기수상, 국민은행장 감사장(1987), 국무총리표창(1999), 재정경제부장관표창, 전경련 국제경영원 제1회 최고경영자부문 글로벌경영인상, 고려경영포럼대상, 국민훈장 모란장(2001), 한국경영교육학회 경영자대상, 대통령표창(2004), 자랑스런 한국인대상(2006), 대한민국마케팅대상 신상품부문 명품상(2006), 자랑스런 성균인상(2009), 2013 서울대 AMP 대상(2014), 한국전문경영인학회 한국창업대상 제조업부문(2014), 한국언론인연합회 한국참언론인대상(2016) ⓩ'성공은 나눌수록 커진다'(2000) ⓒ기독교

김광석(金光錫) Kim Guang Sok (廣灘)

Ⓢ1958·2·28 ⓑ김해(金海) ⓔ경기 남양주 ⓙ서울 마포구 상암산로76 YTN 임원실(02-398-8020) ⓗ1983년 서울시립대 도시행정학과졸 2003년 국방대 안보대학원졸 ⓙ1982년 KBS 편집제작부 기자 1991년 SBS 보도국 편집제작부 기자 1995년 同편집제작부 차장대우·전국부 차장 1997년 同편집부 차장 1998년 同보도본부 부장대우 2000년 同보도본부 부장 2001년 同문화과학CP 2004년 同전국부장 2005년 同보도본부 사회부장 2006년 同보도본부 보도제작2부장 2007년 同기획본부 심의팀장(부국장급) 2010년 同보도본부 논설위원 2012~2014년 SBS뉴스텍 대표이사 사장 2016년 YTN 상근감사(현) ⓒ불교

김광석(金光錫)

Ⓢ1959·8·16 ⓑ경주(慶州) ⓔ경북 영천 ⓙ서울 서대문구 통일로97 경찰청 감찰담당관실(02-3150-0425) ⓗ2010년 한세대 경찰법무대학원 경찰학과졸 ⓙ1983년 경찰공무원 임용(순경 공채), 서울지방경찰청 101경비단 교육과장, 서울 은평경찰서 청문감사관, 경찰청 감사담당관실 기획감찰담당, 경찰청 수사국 내부비리수사팀장 2014년 경북 영주경찰서장(총경) 2015년 경찰청 수사국 범죄정보과장 2016년 경기 고양경찰서장 2016년 경찰청 감찰담당관(현)

김광선(金光鮮) KIM Kwang Sun (한알)

Ⓢ1952·12·28 ⓑ경주(慶州) ⓙ경기 안양시 만안구 성결대학로53 성결대학교 행정학부(031-467-8105) ⓗ1971년 제주제일고졸 1975년 제주대 법학과졸 1980년 중앙대 대학원 행정학과졸 1983년 同대학원 법학과졸 1992년 법학박사(중앙대) 2002년 신학박사(미국 리버티대 신학대학원) ⓙ1977년 예편(중위) 1977년 대정고 교사 1978년 중앙대 조교 1981~1993년 성결대 전임강사·조교수·부교수 1986년 同학생처장 1992년 同도서관장 1993년 同행정학부 교수(현) 1994년 同기획처장 1995년 同교무처장 1997년 同사회개발대학원장 겸 교육대학원장 1998~2000년 同부총장 2006년 同교무처장 겸 교수학습지원센터장 2007년 同경영행정대학원장 2008년 同교수학습지원센터장 2009~2011년 同행정학부장 2013년 同교무처장 2013년 同기획처장 2014년 同부총장 2014년 同경영행정대학원장 2014년 同문화예술대학원장 2015년 同프라임대학원장 ⓢ교육감표창(1968), 교육부장관표창(1992) ⓩ'행정법강론(1)'(1982) '헌법강론'(1985) '물류관계법류'(1997) '북한학개론'(1998) '최신법학개론'(1998) '실용법학개론'(1999) '생활법학개론'(1999) '경찰대개론'(2000) '행정법총론'(2005) '법학개론'(2005) '민법총칙'(2005) '예수님을 바라보는 사람'(2006) '헌법'(2007) ⓒ기독교

김광선(金光宣) KIM Kwang Sun (인양)

Ⓢ1954·6·16 ⓑ김해(金海) ⓙ충남 천안시 동남구 병천면 충절로1600 한국기술교육대학교 메카트로닉스공학부(041-560-1124) ⓗ1978년 한양대 기계공학과졸 1983년 미국 캔자스대 대학원 기계공학과졸 1986년 공학박사(미국 캔자스대) ⓙ기술고등고시 합격(13회) 1978~1984년 국방부 방위산업국 사무관 1985년 미국 Gibbs & Hill 연구원 1987년 미국 예일대 연구교수 1989~1992년 삼성항공산업(주) 부장 1992년 한국기술교육대 메카트로닉스공학부 교수(현) 1996년 同기획처장 1997~2012년 同반도체장비기술교육센터 소장 2004~2006년 同대학원장 2009년 한국반도체디스플레이기술학회 회장 2009·2011년 한국산학연협회 회장 2010년 반도체장비재료협회(SEMI) 국제표준운영위원(현) 2015년 한국공학교육학회 회장(현) 2016년 한국화재감식학회 회장(현) ⓢ근정포장(2007), 산업자원부장관표창(2008), 교육부장관표창(2009), 국민안전처장관표창(2011) ⓩ'공업열역학'(2010) '공돌아, 대한민국을 부탁해'(2015) ⓥ'공업열역학'(2005) '유체역학'(2006) ⓒ가톨릭

김광선(金光善) Kim Gwangseon

Ⓢ1960 ⓙ서울 영등포구 국제금융로6길11 삼덕빌딩 DK유엔씨(주) 비서실(02-2101-0900) ⓗ1978년 서울공업고졸 1988년 중앙대 기계공학과졸 ⓙ1990년 한국HP 입사 2008년 同엔터프라이즈서버&스토리지비즈니스사업본부장 2010년 DK유엔씨(주) 시스템사업본부장(상무) 2011년 同SI사업본부장(전무) 2013년 同SI사업본부장(부사장) 2014년 同대표이사 사장(현)

김광섭(金光燮) KIM Gwang Sub (痴翁)

Ⓢ1946·7·22 ⓑ풍산(豊山) ⓔ서울 ⓙ경기 수원시 영통구 월드컵로206 아주대학교 산업정보시스템공학부(031-219-2416) ⓗ보성고졸, 한양대 공과대학 산업공학과졸, 同대학원 산업공학과졸, 공학박사(한양대) ⓙ1977~2011년 아주대 공과대학 산업정보시스템공학부 교수 1990~1991년 미국 텍사스A&M대 초빙교수 1994~1996년 아주대 학생처장 및 사회진출본부장 1995년 한국품질재단 이사, 한국RAM기술연구회 회장 2004년 한국신뢰성학회 회장·명예회장(현) 2011년 아주대 산업정보시스템공학부 명예교수(현) ⓢ국무총리표창(1983), 교육부장관표창(92년), 녹조근정훈장(2011) ⓩ'응용통계학'(1984) '신뢰성공학'(1999) '제조물책임과 제품안전'(2004) ⓒ기독교

김광섭(金光燮) KIM Kwang Sup

Ⓢ1959·4·25 ⓑ울산(蔚山) ⓔ서울 ⓙ경기 용인시 처인구 모현면 외대로81 한국외국어대학교 통번역대학 영어통번역학부(031-330-4294) ⓗ1978년 배재고졸 1982년 한국외국어대 영어학과졸 1984년 同대학원졸 1990년 문학박사(한국외국어대) 1998년 언어학박사(미국 메릴랜드대) ⓙ1986~1991년 한국대학교육협의회 연구원 1986년 한국외국어대 강사 1991~1998년 청주대 전임강사·조교수 1994년 한국중앙영어영문학회 이사 1998~2005년 청주대 영어영문학과 교수 2000년 同영미어문학부장 2002년 한국언어학회 섭외이사 2005년 한국외국어대 통번역대학 영어통번역학부 교수(현) 2008년 국제촘스키학회 부회장 2010~2012년 한국외국어대 TESOL대학원장 2013

년 한국생성문법학회 회장 2014~2016년 한국외국어대 통번역대학장 [저]'논리형태(共)'(1991)'(반)-연결성'(2000) '영어학강의(共)'(2001) '통사이론에서의 재구와 도출(共)'(2003) '개정 영어학강의'(2004) '부정과 부정어(共)'(2005) '최소주의의 최근 흐름(共)'(2005) '의문사 의문문의 통사와 의미(共)'(2008) [종]기독교

김광섭(金光燮) KIM Kwang Sup

[생]1966·1·23 [출]제주 서귀포 [주]서울 도봉구 마들로 749 서울북부지방법원(02-910-3114) [학]1984년 제주 남주고졸 1988년 서울대 법학과졸 1990년 성균관대 대학원 법학과 수료 [경]1994년 사법시험 합격(36회) 1997년 사법연수원 수료(26기) 1997년 부산지법 판사 2001년 수원지법 판사 2004년 서울중앙지법 판사 2006년 서울북부지법 판사 2008년 서울고법 판사 2010년 대법원 재판연구관 2012년 춘천지법 부장판사 2014년 수원지법 성남지원 부장판사 2016년 서울북부지법 부장판사(현)

김광섭(金光燮) KIM Kwang Sup

[생]1970·1·21 [출]대구 [주]대전 서구 청사로189 통계청 경제통계국(042-481-2130) [학]1988년 대구 심인고졸 1993년 연세대 경제학과졸 2004년 미국 Univ. of Oregon 대학원 경제학과졸 [경]1993년 행정고시 합격(37회) 1999년 통계청 사회통계국 사회통계과 사무관 2002년 同경제통계국 서비스업통계과 서기관 2004년 同경제통계국 산업동향과 서기관 2005년 同경제통계국 산업동향과장 2007년 同통계정책국 통계정책과장 2008년 同통계정책국 통계정책과장(부이사관) 2009년 同조사관리국 조사기획과장 2009년 同조사관리국장(고위공무원) 2011년 同통계정책국장 2012년 同통계정보국장 2012년 국제연합(UN) 파견 2013년 통계청 사회통계국장 2015년 同경제통계국장(현) [상]홍조근정훈장(2011) [저]'국가통계의 이해(共)'(2016)

김광성

[생]1962·5 [출]서울 [주]서울 영등포구63로50 한화63시티 3층 비서실(02-789-6301) [학]1980년 서울중앙고졸 1988년 중앙대 무역학과졸 [경]1987년 대한생명 입사 2009년 한화생명 부동산팀장(상무보), 同총무팀장(상무보) 2014년 同경영지원실장 2014년 同경인지역본부장 2015년 同B2B영업본부 퇴직연금담당 상무 2016년 한화63시티 대표이사 전무(현)

김광수(金光洙) KIM Kwang Soo

[생]1950·2·6 [본]경주(慶州) [출]서울 [주]울산 울주군 언양읍 유니스트길50 울산과학기술원(UNIST) 첨단소재연구관103동403호(052-217-5410) [학]1967년 중동고졸 1971년 서울대 응용화학과졸 1973년 同대학원 응용화학과졸 1975년 한국과학기술원(KAIST) 물리학과졸 1982년 화학박사(미국 캘리포니아대 버클리교) [경]1975~1978년 충남대 전임강사·조교수 1984년 미국 IBM 연구원 1985~1988년 미국 럿거스대 방문조교수·연구조교수 1987~2013년 포항공대 화학과 조교수·부교수·교수 2006~2014년 同기능성분자계연구소장 2008~2009년 미국화학회지 'Journal of Physical Chemistry' 편집위원 2009년 NPG Asia Materials (Nature Publ. Group) Board member(현) 2009년 국제양자분자과학원(IAQMS) 회원(현) 2009년 Elsevier 'Chemical Physics Letters' Board member(현) 2010년 '국가과학자'에 선정(현) 2010년 일본화학회지 'Chemistry Letters' Board member(현) 2011년 Wiley Inter. Rev.: Comput. Mol. Sci. Board member (현) 2014~2015년 울산과학기술대 화학과 교수 2014~2015년 同초기능성소재연구센터장 2015년 울산과학기술원(UNIST) 화학과 교수(현) 2015년 同초기능성소재연구센터장(현) [상]대한화학회 학술상(2001), 제9회 한국과학상(2004), 대한민국 최고과학기술인상(2010), Asia-Pacific Ass. of Theoretical and Computational Chemistry 'Fukui medal'(2010), 미국 조지아대 Mulliken lecture Award(2011)

김광수(金光洙)

[생]1952·12·4 [주]제주특별자치도 제주시 문연로13 제주특별자치도의회(064-741-1932) [학]제주제일고졸, 제주대 수학교육과졸, 고려대 교육대학원 수학교육과졸 [경]제주제일고 교장, 탐라교육원 원장, 제주특별자치도 교육청 중등교육과 장학관, 방송통신고교장협의회 부회장, 제주도중등수학교육협의회 회장, 한국교육여행협의회 제주지부장, 한국국공립고등학교교장협의회 제주지부장, 샤프론봉사단 제주도교장협의회장, 제주특별자치도생활체육협의회 부회장, 아라종합사회복지관 운영위원회 이사(현) 2014년 제주특별자치도의회 교육의원(현) 2014년 同교육위원회 위원(현) 2015년 同'미래제주' 교섭단체 대표 2016년 同예산결산특별위원회 위원(현) 2016년 同제주특별법제도개선및토지정책특별위원회 위원(현)

김광수(金光洙) KIM Kwang Sou

[생]1957·2·26 [본]광산(光山) [출]전남 곡성 [주]서울 중구 덕수궁길15 서울특별시의회(02-3783-1526) [학]한국방송통신대 중퇴(1년) 2007년 국민대 경영대학 중퇴(1년) [경]탑세일타운 대표, 열린우리당 서울시당 지방자치특위 부위원장, 김근태 국회의원 보좌역 겸 사무국장 2006년 서울시의원선거 출마(열린우리당), 한국외국어대 총동문회 이사, 同정책과학대학원 총동문회장 2008~2010년 스피드워싱 대표 2010년 서울시의회 의원(민주당·민주통합당·민주당·새정치민주연합) 2010년 同운영위원회 위원 2010년 同행정자치위원회 위원 2010년 同정책연구위원회 위원장 2010년 同인권특별위원회 위원 2011년 同장애인특별위원회 위원 2012년 同행정자치위원회 위원장 2013년 同강남·북교육격차해소특별위원회 위원 2014년 서울시의회 의원(새정치민주연합·더불어민주당)(현) 2014년 同행정자치위원회 위원 2015년 同인권특별위원회 위원 2015년 同예산결산특별위원회 위원(현) 2015년 同윤리특별위원회 위원(현) 2016년 同환경수자원위원회 위원(현) [상]새천년민주당 김대중총재표창(2000), 대통령표창(2003) [종]불교

김광수(金曠洙) KIM Kwang Soo

[생]1958·5·18 [출]전남 목포 [주]경남 창원시 성산구 창원대로1144번길56 데크컴퍼지트(주) 비서실(055-281-2450) [학]1980년 서울대 기계공학과졸 1982년 한국과학기술원 기계공학과졸 1985년 기계공학박사(한국과학기술원) [경]1985~1986년 한국과학기술원 연수연구원·대우교수 1986~1988년 미국 펜실베이니아주립대 연구원 1988년 대우중공업 복합재료 및 구조물개발담당 수석연구원 1999년 한국항공우주산업 수석연구원 1999년 同첨단복합재센터장 2001~2014년 (주)데크 대표이사 2001~2013년 (주)데크항공 대표이사 2014년 데크컴퍼지트(주) 대표이사(현) 2015년 한국공학한림원 정회원(기계공학·현) [상]산업기술혁신상(1998), 장영실상(1999), 연구개발장려상(1999), Best CEO상(2008)

김광수(金光守) KIM Kwang Soo

[생]1958·6·11 [본]경주(慶州) [출]전북 정읍 [주]서울 영등포구 의사당대로1 국회 의원회관528호(02-784-5970) [학]전주고졸, 전북대 불어불문학과졸, 同행정대학원 석사과정 수료 [경]전주지검 형사조정위원, 신성초 운영위원장, 학산복지관 운영위원장, 완산중총동창회 회장, 전북행정개혁시민연합 정책위원장, 전주항소법원설치범도민추진위원회 대변인 1998·2006~2010년 전북 전주시의회 의원 2008~2010년 同도시건설위원장, 민주당 전주시완산구甲지역위원회 부위원장 2010년 전북도의회 의원(민주당·민주통합당·민주당·새정치민주연합) 2010년 同문화관광건설위원회 위원 2010·2012년 同예산결산특별위원회 위원 2010년 同버스운영체계개선을위한특별위원회 위원장 2012년 同운영위원장 2012년 同환경복지위원회 위원 2013년 전북대 기초교양교육원 초빙교수 2014~2016년 전북도의회 의원(새정치민주연합·더불어민주당·무소속) 2014~2016년 同의장 2014년 전국균형발전지방의회협의회 회장 2016년 제20대 국회의원(전주시甲, 국민의당)(현) 2016년 국민의당 정책담당 원내부대표(현) 2016년 同전주시甲지역위원회 위원장(현) 2016년 국회 보건복지위원회 간사(현) 2016년 국회 예산결산특별위원회 위원(현) 2016년 국회 저출산·고령화대책특별위원회 간사(현) 2016년 국민의당 전북도당 위원장(현) [상]대한민국문화예술공헌대상 사회공헌의정활동부문(2016) [저]'광수생각, 희망생각'(2015) [종]천주교

김광수(金廣洙) KIM Kwang Soo

[생]1958·10·20 [본]광산(光山) [출]충북 충주 [주]경기 고양시 일산서구 고양대로283 한국건설기술연구원 환경·플랜트연구소(031-910-0299) [학]1985년 충북대 화학공학과졸 1987년 인하대 대학원 환경공학과졸 1998년 환경공학박사(인하대) [경]1987년 한국건설기술연구원 연구원 1994년 同선임연구원 2000년 同수석연구원 2003년 미국 Univ. of Wisconsin Visiting Scholar 2005~2013년 과학기술연합대학원대 한국건설기술연구원캠퍼스 교수 2006년 한국건설기술연구원 국토환경연구부장 2007년 同첨단환경연구실장, 同수자원·환경연구본부 건설환경연구실 연구위원 2011년 同수자원·환경연구본부장(선임연구위원) 2013년 同수자원·환경연구본부 환경연구실 선임연구위원 2015년 同환경·플랜트연구소 선임연구위원(현)

김광수(金光洙) KIM Kwang Soo

[생]1959·3·11 [본]광산(光山) [출]서울 [주]충북 충주시 대학로50 한국교통대학교 공과대학 산업경영공학과(043-841-5306) [학]1977년 휘문고졸 1982년 동국대 산업공학과졸 1984년 同대학원 산업공학과졸 1997년 공학박사(동국대) [경]1987년 한국공업표준협회 전문위원 1990~1993년 충주공업전문대 공업경영과 전임강사·조교수 1993~2002년 충주산업대 산업공학과 조교수·부교수 1995~1997년 同산업공학과장 2001~2003년 한국품질경영학회 충청지회 총무이사 2002년 同운영이사 2002~2012년 충주대 산업경영공학과 교수 2003년 한국품질경영학회 충청지회 부회장, 국가품질상 심사위원, 품질경쟁력우수기업 심사위원, 표준화대상 심사위원, Single-PPM 심사위원 2012년 한국교통대 공과대학 산업경영공학과 교수(현) 2013~2014년 同공과대학 산업경영공학과장 2013년 대한안전경영과학회 이사(현) 2014년 한국품질경영학회 이사(현) [상]제35회 국가품질경영대회 품질경영유공자부문 근정포장(2009) [저]'가치공학실무' '통계적 품질관리' '검사실무' '품질경영'

김광수(金光壽) Kim Kwang Su

[생]1959·7·11 [본]청주(淸州) [출]전남 강진 [주]서울 중구 덕수궁길15 서울특별시의회(02-3783-1966) [학]경기기계공고졸, 광운대 공대 전자공학과졸 2006년 한양대 지방자치대학원 지방자치학과졸 [경]중계초교 운영위원장, 노원구 교육경비심의위원회 위원, 同도서관운영심의위원회 위원, 서울북부교육청 학교폭력협의회 위원, 세계태권도선교협회 지도위원, 민주당 전국청년위원회 부위원장, 민주평통 자문위원, 민주당 서울시당 부대변인 2002~2006년 서울시 노원구의회 의원, 同예산결산특별위원회 위원장, 同결산검사위원회 위원장, 同당현천살리기특별위원회 위원, '생명의 숲' 국민운동본부 지도위원, 통합민주당 서울시당 조직국장, 민주당 서울노원丙지역위원회 사무국장, 同서울노원丙지역위원회 친환경무료급식추진본부장 2006년 서울시 노원구의원선거 출마 2010년 서울시의회 의원(민주당·민주통합당·민주당·새정치민주연합) 2010년 同도시관리위원회 위원 2010년 同정책연구위원회 위원 2010년 同친환경무상급식지원특별위원회 위원 2010년 同CNG버스안전운행지원특별위원회 위원 2010년 同북한산콘도개발비리의혹규명행정사무조사특별위원회 부위원장 2012년 同안전관리및재난지원특별위원회 부위원장 2012년 同환경수자원위원회 부위원장 2013년 同골목상권및전통시장보호를위한특별위원회 위원 2013년 同사립학교투명성강화특별위원회 위원 2013년 안철수 국회의원 보궐선거 자문위원 2014년 서울시의회 의원(새정치민주연합·국민의당)(현) 2014·2016년 同환경수자원위원회 위원(현) 2014~2015년 同예산결산특별위원회 위원, 同녹색시민위원회 위원, 同환경영향평가심의위원회 위원, 同쓰레기함께줄이기시민위원회 위원 2016년 안철수 국회의원 선거대책본부장 2016년 서울시의회 장기미집행도시공원특별위원회 위원(현) 2016년 同지방분권TF 위원(현) [상]서울시장표창 봉사부문, 한양대 대학원 석사학위 우수논문상, 전국지방의회 친환경 최우수의원(2013~2015) [저]'고독을 잃어 버린 시간'(2014) [종]기독교

김광수(金光洙) KIM Kwang Soo

[생]1962·6·25 [출]경북 상주 [주]서울 영등포구 국회대로74길4 NICE그룹 임원실(02-2122-4100) [학]경북대 전자공학과졸 [경]다이나캐스트코리아 QA팀 근무, (주)금호 이사 2001년 (주)케이에이치바텍 이사 2003년 同부사장 2003~2007년 서울전자통신(주) 대표이사 2006년 한국신용정보(주) 이사회 의장 2007년 NICE그룹 회장(현) 2010년 (주)나이스홀딩스 대표이사(현) [상]경북대 언론인상 공로패(2015) [종]기독교

김광수(金廣洙) Kim Kwang-Soo

[생]1968·4·3 [출]경남 고성 [주]경기 과천시 관문로47 법무부 대변인실(02-2110-3009) [학]1987년 부산진고졸 1992년 서울대 법과대학졸 [경]1993년 사법시험 합격(35회) 1996년 사법연수원 수료(25기) 1996년 특전사령부 법무관 1999년 서울지검 검사 2001년 춘천지검 강릉지청 검사 2003년 부산지검 검사 2005년 법무부 검찰1과 검사 2008년 서울남부지검 검사 2009년 同부부장검사 2010년 대검찰청 연구관 2011년 同감찰2과장 2012년 법무부 공안기획과장 2013년 서울중앙지검 공안2부장 2014년 대전지검 형사2부장 2015년 법무부 대변인(현) [상]홍조근정훈장(2016)

김광수(金光洙) KIM Kwang Soo

[생]1970·6·4 [주]서울 종로구 세종대로178 KT빌딩 민관합동창조경제추진단(02-731-9603) [학]1988년 광주 대동고졸 1994년 한양대 전기공학과졸 [경]2000년 정보통신부 정보화기획실 인터넷정책과 사무관 2002년 同정보통신정책국 기술정책과 사무관 2002년 同정보통신정책국 기술정책과 서기관, 미국 연수 2007년 정보통신부 전파방송기획단 주파수정책팀장 2008년 방송통신위원회 중앙전파관리소 대전전파관리소장 2009년 同방송통신융합정책실 기술정책팀장 2009년 同방송통신녹색기술팀장 2010년 同개인정보보호윤리과장 2012년 同방송진흥기획과장 2013년 대통령 홍보수석비서관실 홍보기획비서관실 파견(부이사관) 2015년 미래창조과학부 정보통신정책과장 2016년 민관합동창조경제추진단 부단장 겸 혁신센터운영국장(현) [상]국방부장관표창(2000)

김광숙(金光淑·女) KIM Kwang Suk

[생]1953·12·20 [본]경주(慶州) [출]서울 [주]경기 안성시 대덕면 서동대로4726 중앙대학교 예술대학 전통예술학부 행정실(031-670-4722) [학]1990년 중앙대 국악과졸 1998년 同예술대학원졸 [경]1971년 중요무형문화재 제29호 서도소리 전수장학생 선정 1977년 同이수자 선정 1982년 同전수조교 선정 2001년 중요무형문화재 제29호 서도소리(관산융마·수심가) 예능보유자 지정(현) 2008년 중앙대 예술대학 전통예술학부 연희예술전공 겸임교수(현), 국립국악원 민속연주단 지도위원 2011~2013년 同민속악단 악장 [종]기독교

김광순(金光淳) KIM Kwang Soon

[생]1939·9·7 [본]김해(金海) [출]서울 [주]서울 동작구 보라매로5길15 (주)한국하우톤 비서실(02-3284-3302) [학]1957년 경기고졸 1966년 공군사관학교졸 [경]1968년 삼연사 대표이사 1972년 (주)한국하우톤 대표이사 회장(현) 1975년 동호물산 대표이사 회장(현) 1975년 (주)한국발보린 대표이사 회장(현) [상]제30회 무역의날 수출의 탑(1993), 서울환경상(2001)

김광식(金光植) KIM Kwang Sik

[생]1941·12·10 [출]인천 [주]인천 연수구 인천타워대로132번길24 (주)정광종합건설(032-888-3986) [학]1992년 중앙대 건설대학원 수료 1993년 인하대 경영대학원 수료 [경]1985년 (주)정광종합건설 회장(현) 1991~1998년 인천시아마추어복싱연맹 회장 1998~2003년 새마을운동중앙협의회 인천지회장 1999~2008년 인천시 남구체육회 부회장 2000~2003년 민주평통 인천부의장 2000~2008년 인천상공회의소 상임의원·부회장 2002~2009년 대한주택건설협회 인천시회장 2007~2011년 법무부 범죄예방위원회 인천지역협의회장 2008년 사랑의쌀나눔운동본부 운영위원장 2008~2015년 인천상공회의소 회장 2009년 인천남세자연합회 고문 2015년 인천경영포럼 상임고문(현) [상]국무총리표창(1992), 인천시체육회 특별공로상(1999), 대통령훈장(2000), 국가보훈처장표창(2003), 건설교통부장관표창(2004), 대통령표창(2006), 인천지검장표창(2006)

김광식(金光植) KIM GWANG SIG

[생]1958·10·1 [본]광산(光山) [출]전남 장성 [주]서울 중구 을지로55 하나은행 감사위원실(02-2002-1111) [학]마포고졸, 성균관대 경영학과졸 [경]1982년 한국은행 입행, 금융감독원 공시심사실 팀장, 同감사실 부국장 2009년 同조사연구실장 2010년 同공보실 국장 2011년 同기업공시국장 2012~2014년 금융보안연구원 원장 2012~2014년 금융보안포럼 회장 2014~2015년 하나은행 상임감사위원 2015년 KEB하나은행 상임감사위원(현) [종]기독교

김광신(金光信) KIM Kwang Shin

[생]1957·1·22 [본]김해(金海) [출]충남 보령 [주]서울 마포구 마포대로136 지방재정회관16층 한국지방재정공제회 공제사업본부(02-3274-2001) [학]1984년 고려대 건축공학과졸 1993년 충남대 산업대학원졸 [경]2002년 대전시 도시주택국 건축과장 2005년 同도시환경개선사업단장 2006년 同지하철건설본부장 2008년 同건설관리본부장 2009년 同중구 부구청장(지방부이사관) 2010년 同환경녹지국장 2011년 同문화체육관광국장 2012년 同자치행정국장 2013년 同안전행정국장 2014년 同의회사무처장 2015년 한국지방재정공제회 공제사업본부장(이사)(현) [상]대통령표창(2003), 홍조근정훈장(2006)

김광암(金光巖) KIM Kwang Am

[생]1962·2·3 [본]경주(慶州) [출]전남 여수 [주]서울 강남구 테헤란로87길36 법무법인 로고스(02-2188-2802) [학]1981년 보성고졸 1985년 성균관대 법학과졸 1988년 同대학원졸 1997년 미국 캘리포니아대 버클리교 로스쿨 연수 2002년 미국 Santa Clara대 로스쿨 연수 [경]1985년 사법시험 합격(27회) 1988년 사법연수원 수료(17기) 1988년 軍법무관 1991년 수원지검 검사 1993년 부산지검 울산지

청 검사 1995년 인천지검 검사 1997년 대구지검 검사 1999년 서울지검 서부지청 부부장검사 2000년 광주지검 순천지청 부장검사 2001년 법무연수원 교수 2003년 광주지검 특수부장 2004년 인천지검 형사2부장 2005년 서울서부지검 형사3부장 2005년 변호사 개업 2009년 인천지방변호사협회 심사위원장 2009년 대한변호사협회 윤리장전개정특별위원회 제3소위 위원장 2010~2012년 법무법인 둘로스 대표변호사 2011년 미국 George Mason Law School CIP 연구소 객원연구원 2012년 법무법인 로고스 변호사(현) 2013~2016년 대통령직속 원자력안전위원회 위원 2013년 同원자력안전 옴부즈만(초대·2대)(현) [상]검찰총장표창(1995) [저]'미국의 부패방지법 연구' [종]기독교

김광연(金光演) KIM Kwang Yun (백수)

[생]1929·4·1 [본]김해(金海) [출]서울 [주]서울 중구 다산로78 송도병원 의료원장실(02-2237-7049) [학]1949년 연세대 의대졸 1961년 의학박사(일본 게이오대) 1965년 오스트리아 빈대 대학원 수료 [경]1949~1959년 군의관·연세대 의대 외과 레지던트 1959~1969년 연세대 의대 교수 1969~1999년 강북삼성병원(구 고려병원) 외과 과장·부장·병원장 1969~1985년 대한대장항문학회 이사장·부회장·회장 1972년 대한소화기내시경학회 이사 1978년 일본대장항문병학회 이사 1988~1991년 대한병원협회 부회장 1989년 대한외과학회 회장·자문위원(현) 1993~1995년 아시아대장항문학회 회장 1995년 대한대장항문학회 명예회장(현) 1999년 송도병원 의료원장(현) 2001년 대장항문학회 장루연구회 회장(현) [상]중외박애상 [저]'최신 외과학'(1995, 일조각) '대장암'(1999, 군자출판사)

김광연(金光鍊) KIM Kwang Yeon

[생]1955·9·25 [본]광산(光山) [출]전남 신안 [주]전북 전주시 덕진구 가리내로5 전북은행 감사위원실(1588-4477) [학]1974년 목포고졸 1982년 고려대 법대졸 [경]1983년 한국은행 금융개선국 근무 1985년 同여신관리국 근무 1990년 同외환관리부 대리 1994년 同감독기획국 대리 1998년 금융감독위원회설립추진단 과장 1999년 금융감독원 은행감독국 은행총괄팀장 2001년 同뉴욕사무소 부국장 2005년 同감사실 부국장 2006년 同보험검사1국 보험조사실장 2007년 同검사지원국장 2008~2009년 同일반은행서비스국장 2010년 두산캐피탈 감사 2012년 전북은행 상임감사위원(현)

김광옥(金光玉) Kwang-Ok Kim

[생]1942·5·28 [본]경주(慶州) [출]평남 안주 [주]경기 화성시 봉담읍 와우안길17 수원대학교 언론정보학과(031-220-2268) [학]1960년 서울고졸 1965년 서울대 문리과대학 불어불문학과졸 1972년 同신문대학원졸 1989년 정치학박사(경희대) 1998년 영국 런던 CITY대 정책커뮤니케이션대학원 수학 [경]1968년 중앙일보·동양방송 프로듀서·차장 1980년 중앙SVP(산업정보) 부장 1981년 중앙일보 동경지사장 1984년 중앙문화센터 부장·부국장 1987년 광주대 전임강사 1989~2007년 수원대 언론정보학과 조교수·부교수·교수 1992~1993년 방송위원회 광고·영화심의위원 1993~1995년 한국방송비평회 부회장 1994년 한국방송학회 부회장 1995~2002년 (사)미래사회정보생활 이사 1995~1996년 MBC TV 'TV속의 TV' 옴부즈맨프로그램 사회 1997년 국어정보학회 이사 겸 해외담당 한글문화세계화운동본부장 1999년 '심상' 誌에 등단·시인(현) 2000~2001년 한국방송학회 회장 2001년 AMIC(아시아매스컴정보조사센터) 한국대표 2002년 한국영상전문인자격협회 회장 2002~2005년 경기도 언론중재위원회 위원 2004~2006년 수원대 법정대학장 2007년 同명예교수(현) 2009~2011년 국회방송 시청자위원 [상]부총리 겸 교육인적자원부장관표창(2004) [저]'방송편성론(共)'(1991, 나남) '한국방송총람(共)'(1991, 방송문화진흥회) '언론학원론(共)'(1994, 범우사) '조선시대 커뮤니케이션 연구(共)'(1995, 한국정신문화연구원) '동아시아의 방송과 문화'(1997, 경인문화사) '정보화시대의 지역방송(共)'(1998, 한울아카데미) '뉴미디어시대 라디오 프로듀서 되기(共)'(2001, 한국방송출판) '영국 대중문화의 이해'(2003, 미디어24시) '전략적 미래예측방법론 Bible(共)'(2014, 두남) [역]'TV와 정치(共)'(1992, 고려문화) [종]기독교

김광용(金光龍) KIM Kwang Yong

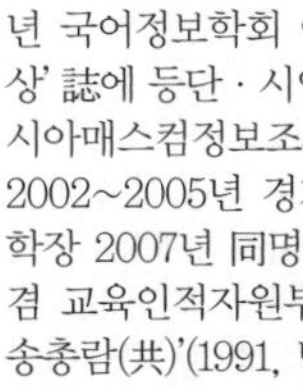

[생]1956·2·14 [본]상산(商山) [출]서울 [주]인천 남구 인하로100 인하대학교 기계공학과(032-860-7317) [학]1974년 용산고졸 1978년 서울대 원자핵공학과졸 1981년 한국과학기술원 기계공학과졸 1987년 공학박사(한국과학기술원) [경]1981~1992년 인하대 기계공학부 전임강사·조교수·부교수 1988년 영국 런던대 Imperial공대 객원연구교수 1993년 인하대 기계공학과 교수(현) 1997년 미국 Stanford대 객원연구교수 2002~2004년 인하대 기계기술공동연구소장 2004년 유체기계공업학회 부회장 2005~2006년 미국 Univ. of Florida 연구교수 2006~2009년 대한기계학회 논문집 편집장 2007년 제9회 아시아유체기계학술대회 조직위원장 2008년 미국기계학회(ASME) Fellow(현) 2008년 일본기계학회 유체공학저널 자문위원(현) 2008년 International Journal of Fluid Machinery and Systems 편집장 2009년 미국항공우주학회(AIAA) Associate Fellow 2009~2011년 한미일기계학회 공동유체공학학술대회 공동조직위원장 2010년 유체기계공업학회 회장 2010년 인하대 기계공학부 인하펠로우교수(현) 2013년 아시아유체기계평의회(AFMC) 회장(현) 2014년 미국기계학회 유체공학학술지 부편집인(현) [상]남헌학술상(2004), 유체기계공업학회 공로상(2007), 대한기계학회 학술상(2008), 대한기계학회 공로상(2009), 한국유체공학학술대회 NCFE학술상(2010), 미국기계학회 YEP Contest 3등상(2011), 유체기계공업학회 학술상(2015) [저]'원자로 열공학'(1983) '유체역학'(1985) '공업수학'(1989)

김광용(金光龍) KIM Kwang Yong

[생]1961·7·15 [본]경주(慶州) [출]강원 춘천 [주]서울 동작구 상도로369 숭실대학교 경영학부(02-820-0597) [학]1979년 춘천고졸 1984년 고려대 금속학과졸 1991년 미국 조지아주립대 대학원 보험수리학과졸 1995년 경영학박사(미국 조지아주립대) [경]1986년 대우자동차연구소 연구원 1991~1994년 미국 통계컨설팅연구소 연구원 1996년 숭실대 경영학부 조교수·부교수·교수(현), 기업소송연구회 회원(현) 2000년 한국데이터베이스학회 이사 2007~2009년 숭실대 연구·산학협력처장 2007년 同산학협력단장 2007년 同벤처중소기업센터장 겸 기술이전센터장 2012년 同해외교육사업·사이버담당 특임부총장 2014~2016년 한국IT서비스학회 회장 2015년 미국 세계인명사전 'Marquis Who's Who in the World 2016년판'에 등재 2015년 영국 케임브리지 국제인명센터(IBC) 선정 '2015 세계 100대 교육자' [상]지능정보시스템학회 우수논문상(1998) [저]'A Guide to COMPSTAT on System D'(1994) '로그분석과 eCRM(共)'(2002) '서비스사이언스'(2006) [역]'경영정책게임'(1999) 'e-Business 시대를 위한 경영정보시스템(共)'(2003) [종]천주교

김광용(金光龍) Kim, Kwang Yong

[생]1966·11·10 [주]세종특별자치시 다솜2로94 해양수산부 연안계획과(044-200-5261) [학]서울대 서어서문학과졸, 미국 콜로라도대 대학원 행정학과졸 [경]1998년 해양수산부 어업자원국 국제협력과 근무 2003년 同기획관리실 행정관리담당관실 근무 2005년 同정책홍보관리실 행정법무팀 근무 2007년 同해운물류본부 해운정책팀 근무 2008년 부산지방해양항만청 항만물류과장 2010년 2012여수세계박람회조직위원회 파견 2013년 평택지방해양항만청장 2014년 해양수산부 해양정책실 해양영토과장 2015년 同세월호배상 및 보상지원단 보상운영과장 2016년 同연안계획과장(현)

김광우(金光禹) KIM Kwang Woo

[생]1952·8·18 [출]대구 [주]서울 관악구 관악로1 서울대학교 공과대학 건축학과(02-880-7065) [학]1971년 경복고졸 1975년 서울대 건축학과졸 1979년 同대학원 건축공학과졸 1981년 미국 미시간대 대학원졸 1984년 공학박사(미국 미시간대) [경]1985~1989년 숭실대 건축학과 교수 1990년 서울대 공과대학 건축학과 교수(현) 2008~2010년 대한건축학회 연구1담당 부회장 2014~2016년 대한건축학회 회장 2015년 미국공기조화냉동공학회(ASHRAE) 석학회원(현) 2015년 국제빌딩성능시뮬레이션학회(IBPSA) 석학회원(현) [상]건설교통부장관표창(2006), 서울대 훌륭한 공대교수상 연구상(2011), 일본 공기조화위생공학회 이노우에 우이치 기념상(2012), 대한건축학회 우수발표논문상(2013)

김광욱(金光旭) KIM Kwang Wook

[생]1954·3·20 [본]나주(羅州) [출]경기 용인 [주]서울 강남구 봉은사로130 노보텔앰배서더호텔(02-531-6200) [학]1972년 제물포고졸 1976년 서울대 국어국문학과졸 1995년 미국 펜실베이니아대 Wharton School 삼성AMP과정 수료 2002년 세종대 관광대학원 최고경영자과정 수료 2011년 同대학원 호텔관광경영학 석사과정 수료 [경]1979년 호텔신라 입사 1985년 同서비스교육센터 소장 1988년 同마케팅팀장 1993년 삼성그룹 비서실 근무 1996년 호텔신라 총지배인보좌 1998년 同외식사업부장 2000년 同그룹지원담당 이사 2001년 同마케팅담당 상무 2002년 조선호텔 외식사업본부장(상무) 2004년 同마케팅·홍보·외식담당 상무 2005~2008년 한화개발(주) 플라자호텔 대표이사 2009년 노보텔앰배서더호텔 대표이사 사장 2013~2016년 그랜드앰배서더호텔 대표이사 2016년 노보텔앰배서더호텔 강남점 대표이사 사장(현) [종]기독교

김광원(金光元) KIM Kwang Won

[생]1940·12·15 [본]선산(善山) [출]경북 울진 [학]1959년 대구 계성고졸 1963년 서울대 법대 행정학과졸 1992년 영남대 환경대학원 도시계획학과졸 2011년 명예 행정학박사(용인대) [경]1970년 행정고시 합격(10회) 1972~1974년 경북도 법제·송무계장 1974~1979년 내무부 근무 1979년 금릉군수 1980년 김천시장 1982년 경북도 지방공무원교육원장 1983년 同보건사회국장 1984년 내무부 지방행정연수원 총무과장 1985년 同민방위국 편성운영과장 1986년 同지방개발국 새마을기획과장 1987년 강릉시장 1988년 경북도 기획관리실장 1991년 포항시장 1991년 경북도 부지사 1993년 내무부 감사관 1994년 민자당 울진지구당 위원장 1996년 제15대 국회의원(영양·봉화·울진, 신한국당·한나라당) 1996년 신한국당 민원위원장 1998년 한나라당 민원실장 1998년 同제1정책조정실장 1998~1999년 同사무부총장 2000년 제16대 국회의원(봉화·울진, 한나라당) 2003년 한나라당 중앙위 수석부의장 2004~2008년 제17대 국회의원(영양·영덕·봉화·울진, 한나라당) 2004~2005년 국회 농림해양수산위원장 2006~2008년 한나라당 경북도당 위원장 2008~2011년 한국마사회 회장 2010~2012년 대한승마협회 회장 2010년 농촌희망재단 명예이사장 2011년 아시아승마협회 회장 [상]홍조근정훈장(1988) [저]'희망주식회사 경상북도를 팝니다'(2006)

김광원(金光源) KIM Kwang Won

[생]1947·5·20 [출]전북 부안 [주]인천 남동구 남동대로774번길21 가천대학교 길병원 당뇨내분비센터(1577-2299) [학]1965년 전주고졸 1972년 서울대 의대졸 1975년 同대학원 의학석사 1982년 의학박사(서울대) [경]1972~1977년 서울대병원 인턴·내과 레지던트 1977~1980년 육군 軍의관 1980~1993년 경희대 의대 내과학교실 전임강사·조교수·부교수·교수 1986~1988년 캐나다 캘거리의대 당뇨병연구소 연구원 1994~1999년 삼성서울병원 내분비대사내과 과장 1997~2012년 성균관대 의대 내과학교실 교수 1999~2005년 삼성서울병원 내과 과장 2001~2005년 성균관대 의대 내과학교실 주임교수 2001~2003년 대한당뇨병학회 이사장 2003년 삼성서울병원 조직공학센터장 2005년 대한당뇨병학회 회장 2007년 대한내분비학회 회장 2007년 한국조직공학재생의학회 회장 2007년 삼성서울병원 당뇨병센터장 2012년 성균관대 명예교수(현) 2012년 가천대 길병원 내과 교수(현) 2013년 同당뇨내분비센터장(현) [상]근정포장(2012) [저]'당뇨병 대탐험' '진료도 경영이다(좋은 의사를 생각하며)'(2006, 시몽) '건강하세요'(2009, 시몽)

김광원(金光源) KIM Kwang Won

[생]1949·10·23 [본]부안(扶安) [출]전북 부안 [주]서울 서대문구 북아현로22나길75 저널리즘학연구소(070-8744-8539) [학]1968년 전주고졸 1977년 연세대 국어국문학과졸 1988년 영국 옥스포드대 수학 2002년 한양대 언론대학원 신문학과졸 2007년 정치학박사(경기대) [경]1976~1992년 동아일보 국제·문화·사회부 기자 1992년 同노조위원장 1993~1996년 同국제부 차장 1996~1998년 문화일보 국제부장·사회부장 1999년 관훈클럽 편집위원 1999년 문화일보 편집국 부국장 2002~2005년 同논설위원 2004~2005년 EBS 시청자위원 2004년 육군 자문위원 2004년 한국기자협회 '이달의 기자상' 심사위원 2005~2007년 한국언론재단 사업이사 2006년 규제개혁위원회 위원 2008~2013년 순천향대 신문방송학과 초빙교수 2011년 저널리즘학연구소 소장(현) [저]'명저의 고향'(共) '이란리포트' [역]'칼릴 지브란 잠언집' [작]'언론사의 지배·편집구조가 보도내용에 미치는 영향' [종]천주교

김광윤(金光潤) KIM Kwang Yoon

[생]1952·10·5 [본]함창(咸昌) [출]경북 영주 [주]경기 수원시 영통구 월드컵로206 아주대학교 경영대학 경영학과(031-219-2716) [학]1969년 영주 영광고졸 1973년 성균관대 경영학과졸 1978년 서울대 대학원 경영학과졸 1990년 경영학박사(고려대) [경]1972년 공인회계사 합격(6회) 1973~1974년 한국은행 근무 1977년 삼일회계법인 개업 1983년 아주대 경영대학 경영학과 전임강사·조교수·부교수·교수(현) 1987~1996년 공인회계사시험 출제위원 1990~1993년 아주대 경영대학원장 1994년 미국 하버드대 초빙학자 1995년 교통개발연구원 자문위원 1996~1999년 사법시험·행정고등고시·입법고등고시 출제위원 2003~2004년 한국세무학회 회장 2004년 同고문(현) 2006~2007년 한국회계학회 회장 2007년 同고문(현) 2008년 한국공인회계사회 회계감사인증기준위원회 위원장 2008년 중부지방국세청 납세자보호위원 2009~2012년 조세심판원 비상임심판관 2010년 한국공인회계사회 위탁감리위원회 위원장(현) 2013년 세금바로쓰기납세자운동 공동대표(현) 2014~2016년 한국감사인포럼 공동대표 2016년 한국감사인연합회 회장(현) [상]교육부장관표창(1993), 금융감독위원장상(2002), 재정경제부장관표창(2007), 자랑스러운 성우회동문상(2015), 한국납세자연합회 납세자권익상 학술부문(2015) [저]'세무회계'(1986) '기업의 회계원리'(1990) '세법원론'(1996) '기업회계 실무해설서'(1997) '현대 세무회계' '재무회계원리' '객관식 세법'(2002) '세법1, 2'(2009) '최신회계원리'(2009)

김광재(金光再) KIM Kwang Jae

[생]1961·4·27 [본]안동(安東) [출]서울 [주]경북 포항시 남구 청암로77 포항공과대학교 산업경영공학과(054-279-2208) [학]1984년 서울대 산업공학과졸 1986년 한국과학기술원(KAIST) 산업공학과졸 1993년 산업공학박사(미국 퍼듀대) [경]1986~1989년 데이콤 연구원 1989~1993년 미국 퍼듀대 강사 및 조교 1994년 미국 펜실베이니아주립대 조교수 1997~2005년 포항공과대 산업공학과 조교수·부교수 2001년 대한산업공학회 이사 2002년 同편집위원 2002년 한국산업시스템경영학회 편집위원 2004~2005년 삼성경제연구소 객원연구원 2005년 포항공과대 산업경영공학과 교수(현) 2015년 아시아·태평양산업공학·경영시스템학회(APIEMS) 석학회원(현) [상]백암 최우수논문상(1998), 과학기술 최우수논문상(1999), 사이버학술대회 우수논문상(2004), 한국경영과학회 우수논문상(2004), 한국품질경영학회 우수논문상(2004), 네모시그마논문상(2005), 대한산업공학회 정헌학술대상(2014) [저]'Integrated Product, Process and Enterprise Design'(1997) 'Essays in Decision Making'(1997) 'Quality Improvement Through Statistical Methods'(1998) 'Group Technology and Cellular Manufacturing : Methods and Applications'(1998) 'New Frontiers of Decision Making for the Information Technology Era'(2000) 'Economic Evaluation of Advanced Technologies : Techniques and Case Studies'(2002) [종]기독교

김광조(金光祚) KIM Kwang Jo

[생]1955·8·24 [출]경북 월성 [학]경주고졸 1978년 고려대 행정학과졸 1984년 同행정대학원졸 1994년 미국 하버드대 대학원 교육학과졸(박사) [경]1979년 행정고시 합격(22회) 1980년 학술원 사무국 과학진흥과 사무관 1982년 문교부 법무담당관실 사무관 1992년 교육부 국제교육진흥원 학생지도과장(서기관) 1995~1997년 부산수산대 학생과장·대통령비서실 근무 1997년 교육부 지방교육지원과장(부이사관) 1998년 同학교정책총괄과장 1998년 同교원정책심의관 1999년 부산대 사무국장 2001년 세계은행 파견 2004년 교육인적자원부 인적자원총괄국장(이사관) 2005년 同차관보 2007년 同인적자원정책본부장(고위공무원) 2008~2009년 계명대 교육대학원 교수 2009년 유네스코 아시아·태평양지역 본부장(현) [상]대통령표창(1990)

김광조(金光兆) KIM Kwang Jo

[생]1956·4·10 [본]청풍(淸風) [출]강원 동해 [주]대전 유성구 대학로291 한국과학기술원 전산학과(042-350-3550) [학]1980년 연세대 전자공학과졸 1983년 同대학원 전자공학과졸 1991년 공학박사(일본 요코하마국립대) [경]1979~1997년 한국전자통신연구원 근무 1995년 한국정보통신표준협회 일반보안기술 실무작업반 의장 1996년 ASIACRYPT96 프로그램위원장 1996년 충남대 컴퓨터과학과 겸임부교수 1998년 한국정보통신대 공학부 부교수·교수 1998년 한국통신정보보호학회(KIISC) 국제학술이사 1999년 세계암호학회 한국인 최초 이사 1999년 일본 요코하마국립대·도쿄대 방문교수 2000년 IT영재교육원 원장 2000년 국제정보보호기술연구소 소장 2005년 미국 MIT·UCSD 방문교수 2006년 한국정보통신대 공학부장 2008년 同정보통신대학원장 겸 공학부장 2008년 한국정보보호학회 수석부회장 2009년 同회장 2009년 한국과학기술원(KAIST) 전산학과 교수(현) 2014년 국제정보처리연합(IFIP) 정보보호위원회 한국대표(현) [상]대통령표창(2009) [저]'Advances in Cryptology-ASIACRYPT(共)'(1996) 'Public Key Cryptogrphy-PKC2001'(2001) 'Information Security and Cryptology'(2002)

김광준(金光竣) KIM Gwang Jun

[생]1953·6·2 [주]전남 무안군 삼향읍 오룡길1 전라남도의회(061-286-8200) [학]대덕중졸 2006년 남도대학 실용음악과졸 [경]장흥군씨름협회 회장, 대덕읍 의용소방대장, 새천년민주당 상무위원, 同지방행정부위원장 2002~2006년 전남 장흥군의회 의원, 민주당 중앙당 지방자치위원회 부위원장 2004년 장흥군생활체육회 부회장 2004년 민주평통 부회장 2006년 전남 장흥군의원선

거 출마 2007년 대통합민주신당 전남도당 장흥군지부 소장 2008년 민주당 전남도당 장흥군지부 소장 2008년 同전남도당 교육연수위원장, 同중앙당 대의원 2010년 전남도의원선거 출마(민주당) 2014년 전남도의회 의원(새정 치민주연합·더불어민주당)(현) 2014·2016년 同농림해양수산위원회 위원 (현) 2015년 同윤리특별위원회 위원장 2016년 同예산결산특별위원회 위원 (현) ⊗기독교

김광준 KIM Gwang Jun

⊗1959·3·17 ㈜서울 강남구 삼성로511 골든타워10 층 인텔렉추얼디스커버리(주) 사장실(02-6004-8000) ⊗1982년 서울대졸 1985년 한국과학기술원 대학원졸 1987년 미국 펜실베이니아대 대학원 전기공학과졸 1994 년 전기공학박사(미국 서던캘리포니아대) 2000년 법학 박사(미국 서던캘리포니아대) ⊗2007년 삼성전자(주) 종합기술원 상무 2009년 同IP법무팀 전문위원 2010년 同IP센터 기술분석팀 전문위원 2012년 삼성디스플레이(주) 법무팀장(전무) 2013~2014년 同IP팀장(전무) 2015년 인텔렉추얼 디스커버리(주) 대표이사 사장(현), 한국과학기술원(KAIST) 지식재산대학원 겸임교수(현)

김광준(金光俊) KIM Kwang Jun

⊗1967·2·5 ⊛서울 ㈜서울 강남구 테헤란로133 법 무법인 태평양(02-3404-0481) ⊗1985년 배재고졸 1990년 서울대 법과대학졸 1993년 同대학원 법학과 수 료 ⊗1991년 사법시험 합격(33회) 1994년 사법연수 원 수료(23기) 1994년 軍법무관 1997년 광주지검 검사 1999년 수원지검 평택지청 검사 2000년 대구지검 검 사 2001년 서울지검 검사 2003년 수원지검 안산지청 검 사 2005년 미국 스탠퍼드대 후버연구소 연수 2006년 전주지검 부부장검 사 2007년 서울남부지검 부부장검사 2007년 형사정책연구원 파견 2008년 (주)NHN 법무그룹장(전무) 2010~2012년 同경영지원그룹장(부사장) 2012 년 법무법인(유) 태평양 변호사(현) 2013년 한국인터넷기업협회 자문변호사 (현) 2013년 대한변협법률구조재단 이사(현) 2014년 대검찰청 정책연구심 의위원회 위원(현) 2015년 미래창조과학부 인터넷주소분쟁조정위원회 위원 (현) 2015년 SK가스(주) 사외이사 겸 감사위원(현) 2015년 (사)한국인터넷소 사이어티 이사(현)

김광중(金廣中) KIM Kwang Joong

⊗1954·5·17 ⊛광산(光山) ⊛인천 ㈜경북 경산시 한의대로1 대구한의대학교 한의예과(053-819-1877) ⊗1973년 송도고졸 1980년 경희대 한의학과졸 1982 년 同대학원 한의학과졸 1987년 한의학박사(경희대) ⊗ 1980~1983년 경희대 부속한방병원 수련의 1983~1995 년 대구한의대 한의학과 전임강사·조교수·부교수 1995~2013년 同한의학과 교수 1998~2005년 同한의과 대학장 1998년 대한한의학회 이사 2000년 대한동의생리학회 회장 2002년 대구한의대 대외협력처장 2005년 영양군보건소 한방건강증진HUB보건소 사업 자문 2006년 (재)대구테크노파크 한방산업지원센터장 2009~2011년 대구한의대 한의과대학장 2013년 同한의예과 교수(현) 2016년 同한의과대 학장(현) ⊗현곡학술대상(1991) ⊗'한의학의 형성과 체계' '대역동의보감' '장 부학의 이론과 임상' '동의생리학' '민족정신의 원류와 전개' '한의학 대사전' ⊗가톨릭

김광중(金光中)

⊗1958·4·18 ⊛서울 ㈜서울 영등포구 버드나루로 125 (재)충북학사(02-579-8652) ⊗동국대 임학과졸, 한국개발연구원(KDI) 정책대학원졸 ⊗1987년 충북도 근무, 同유림사업소장, 청주시 녹지과장, 충북도 산림과 장 2006년 同통상외교팀장 2009년 제천시 부시장 2010 년 충북도 자치행정과장 2010년 同첨단의료복합단지기 획단 총괄기획과장 2013년 교육 파견(과장급) 2014년 충북도 청원·청주통합추진지원단장 2014년 충주시 부시장 2015년 충청북 도의회 사무처장(이사관) 2016년 (재)충북학사 원장(현)

김광진(金光鎭) KIM Kwang Jin

⊗1960·4·9 ⊛경북 울진 ㈜서울 서초구 서초중앙로157 서울중앙지방법 원(02-530-1114) ⊗1978년 울진종고졸 1985년 경북대 법학과졸 ⊗1992 년 사법시험 합격(34회) 1995년 사법연수원 수료(24기) 1995년 대구지법 판 사 1998년 同경주지원 판사 1998년 同포항지원 판사 2001년 대구지법 판사 2006년 대구고법 판사 2008년 대구지법 판사 2010년 전주지법 부장판사 2012년 수원지법 부장판사 2015년 서울중앙지법 부장판사(현)

김광진(金光珍) Kim Kwang Jin (청지)

⊗1981·4·28 ⊛경주(慶州) ⊛전남 여수 ⊗순천고졸, 순천대 조경학·경영학과졸, 同대학원 사학과 석사과정 수료, 홍익대 대학원 재학 중 ⊗2012년 민주통합당 최 고위원 2012년 제19대 국회의원선거 공동선대위원장 2012~2016년 제19대 국회의원(비례대표, 민주통합당· 민주당·새정치민주연합·더불어민주당) 2012·2014 년 국회 국방위원회 위원 2012년 국회 여성가족위원회 위원 2012년 국회 학교폭력대책특별위원회 위원 2012년 민주통합당 제18대 대통령선거 문재인후보 청년특보실장 2013년 민주당 전국청년위원장 2013 년 국회 예산결산특별위원회 위원 2014년 국회 정보위원회 위원 2014년 국 회 세월호침몰사고의진상규명을위한국정조사특별위원회 위원 2014~2015 년 새정치민주연합 원내부대표 2014년 同정책위원회 부의장 2014년 同공 적연금발전TF 위원 2014~2015년 국회 군인권개선및병영문화혁신특별위 원회 위원 2015년 전남 순천리틀야구단 초대단장(현) 2015~2016년 더불어 민주당 정책위원회 부의장 ⊗민주통합당 국정감사 최우수의원상(2012), 경 제정의실천시민연합 국정감사 우수의원(2014), 한국투명성기구 투명사회 상(2014), 새정치민주연합 국정감사 우수의원상(2015), 대한민국 의정대상 (2016) ⊗'7분의 전투'(2013)

김광철(金光鐵) KIM Kwang Chul

⊗1950·4·28 ⊛충주(忠州) ⊛대전 ㈜대전 중구 계 룡로742 대전교통(주) 사장실(042-523-2575) ⊗대전 고졸 1976년 경희대 체육학과졸, 충남대 대학원 행정학 과졸, 고려대 경영대학원 고위관리자과정 수료 ⊗대전 교통(주) 사장(현), 한국JC중앙회 회장, 중부교통 사장, 민주평통 대전중구협의장, 대전상공회의소 부회장 2005년 대전버스(주) 대표이사(현), 대전버스운송사업 조합 이사장(현) ⊗국민훈장 석류장(1990), 은탑산업훈장(2014) ⊗천주교

김광철(金光喆) KIM Kwang Chul

⊗1953·3·8 ⊛전남 장성 ㈜서울 강남구 역삼로122 하나빌딩201호 김광철세무회계사무소(02-2088-1714) ⊗목포고졸, 인천교육대졸, 고려대 대학원 경영학과졸 (석사) ⊗1974년 국세청 근무(공채) 1984년 同조사국 근무 1988년 재무부 조세심판원 근무 2007년 기획재정 부 세제실 근무, 同감사담당관실 근무 2009년 서울지방 국세청 납세지원국 법무2과 서기관 2010~2011년 정읍 세무서장 2011~2014년 한국세무사회 상근부회장 2014년 세무사 개업(현) 2015년 한국세무사회 선임직 부회장(현) ⊗홍조근정훈장(2011), 기획재정부 장관표창(2014)

김광철(金光哲) KIM Gwang Cheol

⊗1958·9·8 ⊛청도(淸道) ⊛경기 ㈜경기 수원시 팔 달구 효원로1 경기도의회(031-8008-7000) ⊗1977 년 연천실업고졸 2010년 경희사이버대 글로벌경영학과 졸 ⊗김영우 국회의원 사무소장, 연천군4-H연합회 회 장, 연천군 새마을지도자, 우리방송지역채널전문위원, 연천군체육회 상임이사, 민주평통 자문위원, (주)한북 관광 영업이사, 연천군지방건축위원회 위원, 연천군21 세기 군정발전자문위원 1998·2002~2006년 경기 연천군의회 의원 2006 년 경기도의원선거 출마(무소속) 2010년 경기도의회 의원(한나라당·새누 리당) 2010년 同건설교통위원회 간사 2012년 同기획위원회 간사, 同남북 교류특별위원회 위원, 同규제개혁특별위원회 위원 2012년 새누리당 제18 대 대통령선거 직능총괄본부 지역여론수렴본부 경기도본부장 2012년 同제 18대 대통령후보 연천군선거대책위원회 본부장 2013년 同경기도지방공기 업건전운영특별위원회 간사 2014년 경기도의회 의원(새누리당)(현) 2014년 同여성가족평생교육위원회 위원장 2014~2016년 同여성가족교육협력위 원회 위원장 2016년 同문화체육관광위원회 위원(현) ⊗시민일보 의정대상 ⊗기독교

김광철(金光哲) Kim Kwang Chul

⊗1961·12·5 ⊛강원 ㈜서울 영등포구 여의대로 24 전경련회관 (주)팜한농 임원실(02-3159-5500) ⊗1980 년 배명고졸 1984년 한양대 화학과졸 ⊗1989년 삼양화 학 연구원 2006년 (주)동부한농화학 울산비료공장장(상 무) 2006년 동부한농(주) 울산비료공장장(상무) 2006년 동부하이텍(주) 울산비료공장장(상무) 2010년 (주)동부 한농 울산비료공장장(상무) 2011년 (주)동부팜한농 울산 공장장(상무) 2013년 同비료생산기획팀장(상무) 2014년 同비료기술·생산 담당 상무 2016년 (주)팜한농 비료사업부장(상무)(현) ⊗기독교

김광태(金光泰) KIM Kwang Tae

생1937·1·14 출서울 주서울 영등포구 시흥대로657 대림성모병원 이사장실(02-829-9253) 학1961년 가톨릭대 의대졸 1973년 의학박사(가톨릭대) 경1968년 예편(육군 소령) 1969년 대림성모병원 개원·원장·이사장(현) 1988년 가톨릭대 의대 외래교수 1991년 서울시의사회 부회장 1995년 국제로타리 3640지구 총재 2000~2003년 국립합창단 이사장 2000년 대한병원협회 수석부회장·회장·명예회장(현) 2005~2007년 국제로타리세계본부 이사 2007년 아시아병원연맹(AHF) 회장 2010년 CMC생명존중기금 공동후원회장(현) 2013~2015년 국제병원연맹(IHF) 회장 상재무부장관표창(1987), 서울시장표창(1988), 국무총리표창(1995), 국민훈장 모란장(1998)

김광태(金光泰) KIM Gwang Tae

생1961·11·8 출광주 주광주 동구 준법로7의12 광주지방법원 법원장실(062-239-1114) 학1980년 전주고졸 1984년 서울대 법대졸 1994년 미국 Harvard 법학전문대학원졸 경1983년 사법시험 합격(25회) 1985년 사법연수원 수료(15기) 1989년 서울민사지법 판사 1991년 서울형사지법 판사 1993년 청주지법 판사 1994년 대전지법 강경지원 판사 1995년 대전고법 판사 1996년 인천지법 부천지원 판사 1997년 대법원 법원행정처 법무담당관 1998년 同기획담당관 1999년 서울고법 판사 2000년 제주지법 부장판사 2002년 대법원 재판연구관 2004년 서울동부지법 부장판사 2006년 서울중앙지법 부장판사 2008년 부산고법 부장판사 2009년 서울고법 부장판사 2009년 同양형위원회 상임위원 2016년 광주지법원장(현)

김광현(金光鉉) Kwang-Hyun Kim

생1953·1·1 본상주(尚州) 출대구 주서울 관악구 관악로1 서울대학교 공과대학 건축학과(02-880-7052) 학1971년 경복고졸 1975년 서울대졸 1977년 同대학원졸 1983년 공학박사(일본 도쿄대) 경1978년 서울시립대 건축학과 조교수·부교수 1993년 서울대 공과대학 건축학과 교수(현) 2002년 서울시 도시계획위원회 위원 2005년 대한건축사협회 명예이사 2006년 대한건축학회 부회장 2006년 한국건축학교육협의회 회장 2008~2010년 대통령직속 국가건축정책위원회 민간위원 2009년 친환경건축설계아카데미 원장(현) 2009~2011년 해동일본기술정보센터장 2012년 한국건축가협회 건축교육원장(현) 2016년 공동건축학교 대표(현) 상한국건축가협회상(1997·2008), 대한건축학회상(2002), 제10회 가톨릭 미술상(2005), 서울대 공과대학 '훌륭한 공대교수상(교육상)'(2012) 저'한국의 주택'(1993, 마루젠 출판) '디자인 사전'(1994, 안그라픽스) '건축공간론(건축학 전서1)(共)'(대한건축학회편) '하이트렌드'(2009, 21세기북스) 역'實存, 空間, 建築(Existence, Space & Architecture)'(1985, 泰林文化社) '건축형태의 원리'(1989, 기문당) '건축의장강의'(1998, 도서출판 국제) 'Louis I. Kahn : 학생들과의 대화'(2001, MGH Architecture Books) 종천주교

김광현(金光現) Kim Kwanghyun

생1955·1·4 출전남 나주 주광주 서구 상무번영로98 광주시서부교육지원청(062-600-9600) 학광주고졸, 전남대 수학교육과졸 경1978년 전남 군외중 교사 2004년 광주 용봉중 교감 2005년 광주시교육청 장학사 2009년 同장학관 2011년 광주 수완고 교장 2015년 광주시서부교육지원청 교육장(현)

김광현(金光顯) KIM Kwang Hyun

생1957·1·31 본안동(安東) 출경북 울진 주서울 중구 세종대로135 조선일보 AD본부(02-724-5114) 학1975년 대구고졸 1982년 서울대 인문대 독어독문학과졸 1995년 독일 프랑크푸르트대 대학원 경제학과 수학 2001년 한양대 언론정보대학원졸 2006년 고려대 언론대학원 최고위과정 수료(25기) 경1983~1988년 서울신문 사회부·외신부·경제부 기자 1988년 국민일보 경제부 기자 1990년 조선일보 경제부 기자 1996년 同독일특파원 1998년 同경제과학부 산업팀장 1999년 同경제과학부장 2001년 同사장실 부장 2002년 同편집국 경제담당 부국장대우(경제에디터) 2003년 同독자서비스센터장 2004년 同광고국 부국장 2006년 同광고국장 2007~2013년 同AD본부장 2008~2013년 한국신문협회 광고협의회장 2008·2010년 한국신문윤리위원회 위원 2008년 한국신문공정경쟁위원회 위원 2011년 한국광고자율심의기구 광고분쟁조정위원회 위원 2013년 국민권익위원회 자문위원 2013년 조선일보 AD본부장(이사대우)(현) 저'은밀한 게임'(2003) 종기독교

김광현(金廣鉉) KIM Kwang Hyun

생1988·7·22 출서울 주인천 남구 매소홀로618 문학경기장內 SK와이번스 프로야구단(032-422-7949) 학2006년 안산공고졸 경2005년 아시아청소년야구선수권대회 국가대표 2006년 세계청소년야구선수권대회 국가대표 2006년 프로야구 SK 와이번스 입단(계약금 5억원)(현) 2008년 제29회 베이징올림픽 국가대표(금메달) 2008년 프로야구 정규리그 2관왕(다승 1위-16승4패·탈삼진 1위- 150개)·방어율 2위(2.39) 2009년 2009인천코리안웨이브페스티벌 명예홍보대사 2014년 인천아시안게임 국가대표(금메달) 2014년 프로야구 SK 와이번스와 재계약(연봉 6억원) 2015년 국내프로야구 정규시즌 성적(14승 6패·1홀드·삼진 160개·방어율 3.72) 2015년 세계야구소프트볼연맹(WBSC) 주관 '2015 프리미어 12' 국가대표·우승 상세계청소년야구선수권대회 최우수선수상(2006), 제일화재 프로야구대상 아마부문 최우수선수상(2006), 2008 프로야구 MVP(2008), 스포츠토토 '올해의 선수상'(2008), 삼성 PAVV 2008 프로야구 골든글러브 투수부문(2008), CJ마구마구프로야구 평균자책점부문 1위(2009), CJ마구마구프로야구 승률부문 1위(2009), CJ마구마구프로야구 최다승리투수상(2010)

김광호(金光鎬) KIM Kwang Ho

생1942·3·31 본광산(光山) 출전북 전주 주전북 전주시 덕진구 백제대로751 (주)흥건(063-244-3311) 학1962년 전주고졸 1966년 고려대 정치외교학과졸 1968년 同행정대학원졸 1996년 행정학박사(전북대) 경1975년 (합)흥건사 대표이사 1980년 (주)흥건 회장(현) 1981년 전주시문화원 원장 1983년 전주시평통자문회의 기획위원 1991년 새마을운동중앙본부 전북도지부장 1991년 전주상공회의소 부회장 1993년 전북도체육회 부회장 1994년 전북정보화추진협의회 회장 1994~2000년 전주상공회의소 회장 1995년 전북애향운동본부 부총재 1998년 국민회의 전북도지부 후원회장 2000년 새천년민주당 전북도지부 후원회장 2000년 전북은행 사외이사 2000~2008년 전북태권도협회 회장 2005년 전북애향운동본부 고문, 同원로위원(현) 2005년 전북도체육회 고문 2013년 대한적십자사 전북지사 회장(현) 상법무부장관표창(1984), 재무부장관표창(1986), 전북도지사표창(1987), 내무부장관표창(1988), 대통령표창(1990), 부총리 겸 재정경제원장관표창(1997), 법무부장관표창(2000)

김광호(金光浩) KIM Kwang Ho (청송)

생1958·4·4 본김해(金海) 출인천 부평 주대전 서구 청사로166 대전지방식품의약품안전청(042-480-8710) 학1976년 제물포고졸 1982년 중앙대 약학과졸 1985년 연세대 대학원 보건학과졸, 중앙대 약학대학원졸 경1986년 보건사회부 감사관실 사무관 1990년 同약정국 약무과 사무관 1993년 同약정국 마약관리과 사무관 1999년 식품의약품안전청 의약품안전국 마약관리과 사무관 2003년 경인지방식품의약품안전청 의약품감시과장(서기관) 2005년 서울지방식품의약품안전청 의약품팀장 2006년 식품의약품안전청 생물의약품팀장 2007년 同의약품본부 의약품관리팀장 2008년 同의약품안전국 의약품관리과장 2008년 보건복지가족부 의약품정책과장 2009년 식품의약품안전청 바이오의약품정책과장 2010년 同바이오생약국 바이오의약품정책과장(부이사관) 2011년 외교안보연구원 교육파견(부이사관) 2012년 식품의약품안전청 위해사범중앙조사단장 2012년 同기획조정관실 소비자담당관 2013년 식품의약품안전처 기획조정관실 고객지원담당관 2014년 광주지방식품의약품안전청장(고위공무원) 2015년 대전지방식품의약품안전청장(현) 상대통령포장(2000) 종기독교

김광호(金光豪) Kim Kwang Ho

생1960 주경기 성남시 분당구 정자일로191 국립국제교육원 원장실(02-3668-1300) 학한성고졸, 성균관대 사회학과졸, 부산대 교육대학원졸, 숭실대 대학원 평생교육학 박사과정 수료 경1988년 행정고시 합격(31회) 2005년 교육인적자원부 서기관 2005년 국무조정실 인적자원개발·연구개발기획단 파견 2006년 교육인적자원부 교원정책혁신추진팀장 2007년 同학교정책실 교원정책과장 2008년 교육과학기술부 평가기획과장 2009년 同국제협력국 다자협력과장(부이사관) 2011년 충주대 사무국장 2012년 한국교원대 사무국장 2014년 부산대 사무국장 2014년 충북도교육청 부교육감 2015년 국립국제교육원 원장(현)

김광호(金光浩) KIM Kwang Ho
[생]1960·7·5 [주]서울 양천구 안양천로1071 이화여자대학교 목동병원 위·대장센터(02-2650-5585) [학]1985년 고려대 의대졸 1988년 同대학원졸 1994년 의학박사(고려대) [경]1995년 이화여대 의과대학 외과학교실 조교수·부교수·교수(현) 2009년 同목동병원 진료협력센터장 2010년 同목동병원 위·대장센터장(현) 2011~2013년 同목동병원장 2012년 대한병원협회 수련교육위원장 2013~2014년 대한대장항문학회 이사장

김광홍(金光弘) KIM Kwang Hong
[생]1938·3·3 [본]경주(慶州) [출]충북 청주 [주]충북 청주시 서원구 흥덕로42 대한노인회 충북연합회(043-265-0363) [학]1956년 청주고졸 1960년 청주대 정치학과졸 1986년 同대학원 행정학과졸 1998년 명예 행정학박사(청주대) [경]1982년 청주시 부시장 1985년 제천군수 1986년 충북도 식산국장 1986년 괴산군수 1987년 충북도 내무국장 1991년 同증평출장소장 1991년 제천시장 1994년 충주시장 1994년 충북도 기획관리실장 1995년 同정무부지사 1998년 옥천전문대학 학장 2000~2002년 충북과학대학 학장 2009년 사회복지법인 보람동산 이사장 2012년 청원·청주통합추진공동위원회 위원장 2013년 대한노인회 충북연합회장(현) 2013년 同부회장(현) 2015년 同통일나눔펀드추진위원회 위원(현) [상]대통령표창(1982), 녹조근정훈장(1988), 황조근정훈장(1997) [저]'지방정주생활권 조성을 위한 지역개발의 방향'

김광회(金光會)
[생]1966·5·5 [주]부산 부산진구 시민공원로30 부산진구청 부구청장실(051-605-4000) [학]1985년 부산 해운대고졸, 부산대 경제학과졸, 서울대 행정대학원졸 [경]1996년 지방고등고시 합격(1회) 1996년 공무원 임용 2005년 부산시 기획관실 기획담당 2008년 同관광진흥과장 2009년 행정안전부 조직실 근무 2010년 소방방재청 민방위과장 2012년 부산시 경제정책과장 2014년 同기획재정관 2015년 同문화관광국장 2015년 同부산진구청 부구청장(현)

김광훈(金光勳) KIM Kwang Hoon
[생]1962·1·5 [본]함창(咸昌) [출]경북 영주 [주]서울 서초구 서초중앙로154 화평빌딩8층 법무법인 세양(02-594-4700) [학]1978년 대구고졸 1983년 서울대 법학과졸 1984년 한양대 행정대학원졸 1993년 서울대 대학원 사법발전연구과정 수료 2000년 同대학원 전문분야법학연구과정 수료 [경]1983년 사법시험 합격(25회) 1985년 사법연수원 수료(15기) 1986년 軍법무관 1989년 청조법무법인 변호사 1990년 삼원국제법률특허사무소 변호사 1995년 변호사 개업(서울) 2005년 법무법인 세양 대표변호사(현) 2009년 법제처 법령해석심의위원회 위원, 한국화재소방학회 대외협력위원, 전자상거래분쟁조정위원회 위원, 대한변호사협회 이사, 서울지방변호사회 재정위원, 기획재정부 예규심의위원, 한국전력공사 법률고문, 한국자산관리공사 법률고문, 한국철도시설공단 법률고문, 한국감정평가협회 법률고문 [상]서울지방변호사회장표창

김광훈(金珖勳) KIM Kwang Hoon
[생]1962·3·11 [주]충남 공주시 공주대학로56 공주대학교 자연과학대학 생명과학과(041-850-8504) [학]1985년 서울대 식물학과졸 1987년 同대학원 조류학과졸 1990년 이학박사(서울대) [경]1990~1991년 서울대 자연과학종합연구소 연구원 1991~1993년 캐나다 IMB/NRC 연구원 1993년 공주대 자연과학대학 생명과학과 교수(현) 2015년 同자연과학대학장(현)

김광휘(金光輝) KIM Kwang Hwi (龜岩)
[생]1965·12·28 [본]김녕(金寧) [출]전북 진안 [주]서울 종로구 세종대로209 행정자치부(02-2100-3399) [학]1983년 전주고졸 1991년 전북대 행정학과졸 2007년 미국 미주리대 트루만행정대학원 행정학과졸(석사) 2008년 한국개발연구원(KDI) 국제정책대학원 정책학과졸(석사) 2013년 행정학박사(전북대) [경]1996년 지방고시 합격(1회), 익산시 정보통신과장, 전북도 정책담당 사무관, 同기획담당 사무관 2005년 한국개발연구원(KDI) 교육파견(서기관) 2008년 전북도 정책기획관 2010년 同새만금환경녹지국장(지방부이사관) 2014년 안전행정부 지방규제개혁추진단장 2014년 행정자치부 지방규제개혁추진단장 2015년 同지방행정실 지방규제혁신과장 2015년 同지방행정실 지방행정정책관실 자치행정과장 2016년 同지방행정실 지방행정정책관실 자치행정과장(부이사관) 2016년 국무조정실 새만금사업추진지원단 파견(현) [상]홍조근정훈장(2011)

김교성(金敎星) Gyosung Kim
[생]1961·6·18 [주]인천 연수구 송도과학로100 포스코 AHSS솔루션마케팅실(032-200-0035) [학]1979년 경북고졸 1983년 서울대 금속공학과졸 1985년 한국과학기술원(KAIST) 재료공학과졸(석사) 1994년 공학박사(러시아 Baikov Institute of Metallurgy) [경]1985~1987년 포스코 기술연구소 연구원 1987~1994년 포항산업과학연구원 연구원 1994년 포스코 기술연구원 연구원 2004년 同박판연구그룹 리더 2007년 同TWIP강연구프로젝트팀 리더 2009~2010년 同기술연구원 자동차가공연구그룹 리더 2012년 同송도제품이용연구센터장 2014년 同AHSS솔루션마케팅실 상무(현) 2016년 同철강사업본부 연구위원(상무) 겸임(현)

김교숙(金敎淑·女) KIM Kyo Sook
[생]1946·7·23 [출]경남 밀양 [주]서울 중구 다산로210 홍진빌딩7층 조이렌트카 비서실(02-771-9877) [학]1968년 이화여대 영어영문학과졸 [경]1983년 대한적십자사 서울지사 여성봉사특별자문위원 2001~2002년 同서울지사 여성봉사특별자문위원장 2005년 현대미술관 이사 2003년 (주)조이렌트카 부회장 2007년 대한적십자사 서울지사 부회장 2011년 同부총재 2012년 (주)조이렌트카 공동대표이사(현) 2013년 대한적십자사 서울지사 여성봉사특별자문위원회 위원(현) [상]보건복지부장관표창, 대한적십자사 봉사장

김교식(金敎植) KIM Kyo Sik
[생]1952·4·19 [출]충남 논산 [주]서울 강남구 영동대로 416 케이티앤지타워13층 아시아신탁(주) 회장실(02-2055-0000) [학]1970년 경복고졸 1975년 성균관대 정치외교학과졸 1984년 서울대 행정대학원졸 1988년 미국 보스턴대(브랏셀분교) 대학원 경영학과졸 2006년 경제학박사(성균관대) [경]행정고시 합격(23회) 1995년 재정경제원 총무과 서기관 1995년 세무대학 서무과장 1996년 재정경제원 공보담당관 1998년 재정경제부 산업관세과장 2000년 同관세제도과장 2001년 同기획예산담당관 2001년 同기획예산담당관(부이사관) 2001년 아시아·태평양경제협력체(APEC) 정상회의준비기획단 파견 2004년 재정경제부 공적자금관리위원회 사무국장 2005년 同홍보관리관(이사관) 2007년 同세제실 재산소비세제국장 2008년 한나라당 기획재정위원회 수석전문위원 2009년 기획재정부 기획조정실장 2010~2011년 여성가족부 차관 2011~2014년 한국조세재정연구원 비상임감사 2011년 예금보험공사 비상임이사 2012년 이주배경청소년지원재단 이사장(현) 2014년 아시아신탁(주) 회장(현) 2016년 일본군위안부피해자지원을위한재단설립준비위원회 위원 2016년 (재)화해·치유재단 이사(현)

김교영(金敎榮) KIM Kyo Young (천석)
[생]1969·10·10 [본]선산(善山) [출]대구 [주]대구 중구 서성로20 매일신문 비서실(053-255-5001) [학]1988년 청구고졸 1993년 영남대 영어영문학과졸 2006년 계명대 대학원 의료경영학과졸 [경]1993년 매일신문 입사·편집부·경제부·사회1부·사회2부 기자, 대구시의사회 건강프로젝트운영위원, 한국워킹협회 대구지회 이사, 대구보건대 보건행정학과 외래교수 2007년 매일신문 교육의료팀장 2009년 同경제팀장 2011년 同특집부장 2014년 同사회1부장 2015년 同비서실장(현) [상]대구시의사회 공로상(2005), 대구시치과의사회 공로상, 대구시한의사회 공로상, 대구시약사회 공로상 [종]가톨릭

김교윤(金敎允) KIM Kyo Youn
[생]1958·6·29 [본]경주(慶州) [출]서울 [주]대전 유성구 대덕대로989번길111 한국원자력연구원 해양원전개발센터(042-868-2765) [학]1977년 경성고졸 1984년 한양대 원자력공학과졸 1986년 同대학원 원자력공학과졸 1994년 공학박사(한양대) [경]1986년 한국원자력연구원 책임연구원(현) 1987~1988년 캐나다 원자력공사(AECL-WNRE) 객원연구원 1991~1993년 캐나다 원자력공사(AECL-CANDU) 객원연구원 2000~2014년 한국원자력학회 방사선차폐전문위원장 2001~2004년 한양대 공대 원자력공학과 강사 2001년 한국과학재단 평가위원 2002~2005년 대한방사선방어학회 편집위원 2004년 한국과학재단 젊은과학자지원사업 평가위원 2004년 가톨릭대 대학원 의공학과 몬테칼로 시뮬레이션 강사 2004~2007년 대한방사선방어학

회 편집이사 2006~2007년 同편집위원장 2006년 미국 인명연구소(ABI : American Biographical Institute) 자문연구위원(현) 2007~2009년 교육과학기술부 원자력안전전문위원 2008년 미국 원자력학회 Journal of Nuclear Technology 심사위원(현) 2008~2012년 한국원자력연구원 스마트개발본부 노심설계책임자 2012년 대한방사선방어학회 부회장 겸 학술위원장(현) 2014년 한국원자력연구원 동력로개발부장 2014년 한국원자력학회 방사선이용 및 방호 연구부회장(현) 2014년 IRPA Montreal Fund Committee 위원(현) 2014년 ISORD-8(8th International Symposium on Radiation Safety and Detection Technology) 조직위원장 2015년 한국원자력연구원 해양원전개발센터장(현) 2016년 제13회 방사선차폐국제회의·제19회 미국원자력학회 방사선방호 및 차폐주제별회의 국제자문위원회 회원(현) 2016년 제15회 국제방사선방호협회국제회의의 프로그램위원회 사무총장(현) [상]대한방사선방어학회 춘계학술대회 우수발표상(2010), 한국원자력학회 추계학술대회 우수논문상(2010) [저]'원자력 이론(共)'(2004) '방사선측정과 취급(共)'(2004) '원자력관련 질의응답모음집(共)'(2007) '희망에너지, 행복에너지 원자력(共)'(2015) '원자력상식사전'(2016) [종]불교

김교준(金敎俊) KIM Gyo Joon

[생]1958·11·16 [본]선산(善山) [출]강원 춘천 [주]서울 중구 서소문로100 중앙일보 임원실(02-751-5309) [학]춘천고졸 1982년 연세대 철학과졸 [경]1985~1990년 서울신문 기자 1990~1994년 조선일보 정치부 기자 1994년 중앙일보 정치부 기자 1996년 同차장 1998년 同기획취재팀 기자 1999년 同국제부 차장 2000년 同정치부 차장 2003년 同정치부 부장대우 2004년 同논설위원 2004년 同정치부장(부장대우) 2006년 同편집국 정치에디터(부장) 2007년 同편집국 정치에디터(부국장대우) 2007년 同편집국 정치·기획에디터(부국장대우) 2008년 同편집국장 2009년 同방송사업추진단장 겸 논설실장 2010년 同방송사업추진단장 겸 논설위원실장(이사대우) 2011년 同방송설립추진단 보도본부장(이사) 2011~2013년 同상무(편집인) 2012년 JTBC 보도총괄 겸임 2012년 同뉴스제작총괄 겸임 2014년 중앙일보 전무(편집인) 2015년 同부사장(부발행인 겸 편집인) 2016년 同발행인·편집인·그룹콘텐트코디네이터(부사장) 겸임(현) 2016년 한국신문협회 부회장(현) [상]연세언론인회 연세언론상(2015)

김교창(金敎昌) KIM Kyo Chang (度岩)

[생]1937·1·5 [본]경주(慶州) [출]서울 [주]서울 강남구 학동로401 금하빌딩 법무법인 정률(02-2183-5601) [학]1955년 서울고졸 1959년 서울대 법학과졸 1963년 同대학원졸 1981년 同경영대학원 최고경영자과정 수료 [경]1958년 사법고시 합격(10회) 1959~1962년 공군 법무관 1962년 서울지법 판사 1966년 변호사 개업 1968년 숙명여대 강사 1979년 사법연수원 강사 1980년 대한상사중재원 중재위원(현) 1982년 한국법학원 상임이사 1998년 공증인가 일신법무법인 변호사 2000년 대한공증협회 재무이사 2000년 (주)넥슨 JAPAN 이사, 넥슨홀딩스 이사 2006년 법무법인 일신 변호사 2007~2009년 한국광고자율심의기구 광고심의기준위원회 위원장 2008년 대한공증협회 회장 2009년 법무법인 정률 변호사, 同고문변호사(현) [상]국민훈장 무궁화장(1998), 한국법률문화상 [저]'회사법의 제문제' '선하증권에 관한 최신판례연구' '상사법의 연구' '주주총회의 운영' '개정상법 축조해설' '주주총회의 회의법' '골프의 법률상식 모든 것' '은행거래 법률논점 60선'

김교태(金敎台) KIM, KYO TAE

[생]1958·10·5 [출]경북 영주 [주]서울 강남구 테헤란로152 강남파이낸스센터27층 삼정KPMG(02-2112-0001) [학]1977년 부산 배정고졸 1982년 성균관대 경상대학 경영학과졸 1996년 同경영대학원 경영학과졸 2006년 서울대 경영대학 최고경영자과정 수료 2011년 同인문대학 최고지도자인문학과정 수료 [경]1981~1983년 동영회계법인 근무 1983~1986년 육군 특검단 경리장교 1986~2000년 산동회계법인 근무 1989~1991년 미국 KPMG 근무 1991~1992년 영국 KPMG 근무 1995~1999년 한국공인회계사회 법제위원회 연구위원 2000년 삼정회계법인 근무 2003~2004년 재정경제부 공적자금관리위원회 매각소위원회 위원 2006~2007년 同국책은행경영평가위원회 위원 2007~2011년 ASPAC Financial Services Head 2007~2011년 한국상장회사협의회 내부회계관리제도 운영위원 2008~2011년 기획재정부 국책은행경영평가위원회 위원 2009~2011년 한국공인회계사회 손해배상공동기금운영위원회 위원 2009~2010년 기획재정부 공공기관국제회계기준도입자문단 자문위원 2009~2011년 금융위원회 금융공공기관경영예산심의회 심의위원 2009년 삼성그룹 미소금융재단 감사(현) 2010~2012년 (재)성균체육장학회 감사 2011년 삼정회계법인 대표이사(현) 2011년 삼정KPMG CEO(현) 2012년 금융감독원 결산심의소위원회 위원 2012년 금융감독자문위원회 자본시장분과위원회 위원 2012년 국립중앙박물관회 감사위원(현) 2012~2014년 사회복지법인 KBS강태원복지재단 비상임감사 2013년 한국중견기업연합회 감사(현) 2013~2016년 포스코교육재단 감사 2014년 KB금융공익재단 감사(현) 2014~2016년 YTN 시청자위원회 위원 [상]한국상장회사협의회 공인회계사부문 감사대상(2008), 성균관대 자랑스러운 경영대학동문상(2013), 자랑스러운 성균언론인상(2015)

김교태(金敎太) KIM Gyo Tae

[생]1964·7·25 [출]강원 춘천 [주]전남 무안군 삼향읍 후광대로359번길28 전남지방경찰청 제1부(061-289-2113) [학]강원고졸 1987년 경찰대졸(3기) [경]1993년 부천중부경찰서 조사계장(경감) 1994년 同형사과장 1994년 경기지방경찰청 수사2계장 1996년 同기동7중대장 1997년 부천 중부경찰서 경비과장 2003년 경찰청 예산과 예산담당(경정) 2006년 同혁신기획단 경찰혁신팀장(총경) 2007년 강원 횡성경찰서장 2008년 경찰청 경무기획국 장비과장 2009년 강원 춘천경찰서장 2010년 강원지방경찰청 경무과 교육 2011년 경찰청 경무과장 2011년 서울 관악경찰서장 2013년 경찰청 규제개혁법무담당관 2014년 同재정담당관(경무관) 2014년 중앙공무원교육원 교육파견 2015년 전남지방경찰청 제1부장(경무관)(현) [상]녹조근정훈장(2014)

김교현(金敎賢) KIM Gyo Hyun

[생]1957·8·5 [출]서울 [주]서울 동작구 보라매로5길 51 롯데타워 롯데케미칼(주) 임원실(02-829-4114) [학]1976년 경신고졸 1983년 중앙대 화학공학과졸 [경]호남석유화학(주) 부장, 同이사대우 2009년 同신규사업팀 상무 2011년 同신규사업팀 총괄전무 2012년 롯데케미칼(주) 신규사업본부장(전무) 2014년 同부사장(현) 2014년 LC타이탄 대표이사(현) [상]외자유치공로 대통령표창(2007), 한국공학한림원·지식경제부 선정 대한민국 100대 기술상(2010), 무역의날 대통령표창(2013)

김교흥(金敎興) KIM Kyo Heung

[생]1960·8·30 [본]선산(善山) [출]경기 여주 [주]서울 영등포구 의사당대로1 국회의장 비서실(02-788-2214) [학]1978년 용문고졸 1989년 인천대 정치외교학과졸 1991년 同대학원 정치외교학과졸 1998년 동국대 대학원 국제정치학 박사과정 수료 [경]1986년 인천대 총학생회장 1986년 5·3인천사태 때 집시법 위반으로 구속 1992년 한국여론정치연구소 소장 1995년 정치전문연구소 A&T 대표 1996년 조철구 국회의원 정책비서관 1996년 인천사회복지연구소 소장 1997년 인천대 평화통일연구소 연구위원 2002년 중소기업연구원 원장 2002년 새시대전략연구소 중소기업정책위원장 2002년 인천대 정치외교학과 겸임교수, 同행정대학원 초빙교수 2003년 인천사회연구소 소장 2003년 북한경제전문가100인포럼 회원 2004년 열린우리당 정책위원회 부의장 2004~2007년 同중앙위원 2004년 공해추방국민운동본부 부총재 2004~2008년 제17대 국회의원(인천西·강화甲, 열린우리당·대통합민주신당·통합민주당) 2005~2007년 열린우리당 인천시당 위원장 2006년 同원내부대표 2007년 同사무부총장 2008~2011년 민주당 인천西·강화甲지역위원회 위원장 2008~2009년 同수석사무부총장 2008년 인천도시경영연구원 이사장 2011년 민주통합당 인천西·강화甲지역위원회 위원장 2012년 제19대 국회의원선거 출마(인천 서구·강화군甲, 민주통합당) 2012년 2014인천아시아장애인경기대회 집행위원 2012년 민주통합당 문재인 대통령후보 캠프 중소기업특별위원장 2012~2014년 인천시 정무부시장 2013~2014년 2014인천아시아경기대회조직위원회 감사 2014~2015년 새정치민주연합 인천西·강화甲지역위원회 위원장 2015년 同인천시당 수도권매립지연장저지특별대책위원장 2015년 同인천시당 수석부위원장 2016년 더불어민주당 인천서구甲지역위원회 위원장 2016년 제20대 국회의원선거 출마 (인천 서구甲, 더불어민주당) 2016년 국회의장 비서실장(차관급)(현) [상]국정감사 우수의원상(2005·2006·2007) [저]'1등 선거전략' '통해야 흥한다- 김교흥의 인천, 인천사람 이야기'(2009)

김 구(金 龜) KIM Goo (眞成)

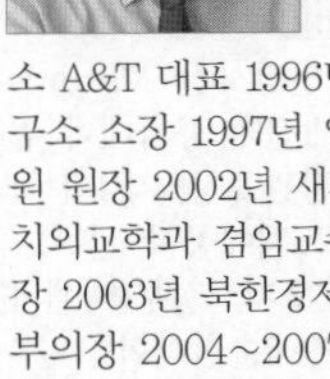

[생]1945·10·5 [본]김해(金海) [출]서울 [주]경기 성남시 수정구 수정로115의1 사암빌딩5호 김구약국(031-753-9828) [학]1964년 중동고졸 1968년 중앙대 약대졸 [경]김구약국 개업(현) 1971~1972년 베링거인겔하임 판촉부 근무 1978~1980년 삼희약품(주) 영업담당 상무이사 1989~1991년 성남시약사회 부회장 1989~1991년 경기도약사회 윤리위원장 1992년 同부회장 1995~1998년 同회장 2008~2013년 대한약사회 회장 [상]자랑스러운 중동인(2010), 대한약사회 약사금장(2016) [종]불교

김구현(金求鉉) KIM Goo Hyeon

[생]1963·8·9 [주]서울 중구 덕수궁길15 서울특별시의회(02-3783-1716) [학]정치학박사(서울대) [경]진실화해를위한과거사정리위원회 조사팀장, 서울대 사회과학원 한국정치연구소 연구원(현) 2014년 서울시의회 의원(새정치민주연합·더불어민주당)(현) 2014년 同문화체육관광위원회 위원 2015년 同조례정비특별위원회 부위원장 2015년 同윤리특별위원회 위원(현) 2016년 同장기미집행도시공원특별위원회 위원(현) 2016년 同서부지역광역철도건설특별위원회 위원(현) 2016년 同문화체육관광위원회 부위원장(현) 2016년 同정책연구위원회 부위원장(현)

김국기(金國起) KIM Gook Ki

[생]1943·2·5 [출]강원 삼척 [주]서울 종로구 종로5길 68 코리안리빌딩 손해보험협회 의료심사위원회(02-3702-8500) [학]1967년 서울대 의대졸 1970년 同대학원졸 1975년 의학박사(서울대) [경]서울대 신경외과 전공의 1976~1986년 경희대 의대 신경외과학교실 전임강사·조교수·부교수 1986~2008년 同의대 신경외과학교실 교수, 同신경외과장 및 주임교수 1995년 대한의사협회 고시위원장, 산업재해심사위원, 대한신경외과학연구재단 이사장 1998년 대한신경외과학회 회장 2001년 대한뇌혈관외과학회 회장, 대한노인신경외과학회 회장 2007년 경희대 동서신의학병원 중풍·뇌질환센터 소장 2008년 경희대 명예교수(현) 2015년 손해보험협회 의료심사위원회 위원장(현) [상]옥조근정훈장(2008), 보건복지부장관표창(2010)

김국보(金國寶) KIM Guk Boh

[생]1950·3·13 [본]김해(金海) [출]부산 [주]경기 포천시 호국로1007 대진대학교 공과대학 컴퓨터공학과(031-539-2511) [학]1968년 동래고졸 1984년 서울과학기술대 공과대학 컴퓨터공학과졸 1986년 연세대 공학대학원 컴퓨터공학과졸 1997년 이학박사(대구가톨릭대) [경]1972~1973년 해병대사령부 중위 1973~1975년 해군본부 전산실 대위 1975~1981년 해군군수사령부 전산실 소령 1981~1987년 해군본부 전산실 소령 1987~1988년 同관리정보처장(중령) 1988~1990년 해군중앙전산소 소장(중령) 1990년 예편(해군 중령) 1990~1992년 부산수산대 조교수(전자계산소장) 1993~2015년 대진대 공과대학 컴퓨터공학과 조교수·부교수·교수 2007년 한국멀티미디어학회 부회장 2008~2012년 한국인터넷정보학회 부회장 2011~2012년 의정부시 행정서비스헌장 심의위원 2012~2013년 대진대 부총장 2012~2013년 同산학협력단장 2014년 同대외협력부총장 2015년 미국 세계인명사전 'Marquis Who's Who in the World 2016년판'에 등재 2015년 대진대 공과대학 컴퓨터공학과 명예교수(현) [상]해군참모총장표창, 국방부장관표창, 제2회 국제평화언론대상 교육과학부문 최우수상(2014) [저]'소프트웨어공학 실무론'(2002) '인터넷과 PC통신' '컴퓨터와 정보통신의 세계' '오피스실무(엑셀과 파워포인트)'(2004) '컴퓨터기초와 활용'(2004) 등 다수 [종]대순진리회

김국선(金國宣)

[생]1957·11·15 [출]경북 봉화 [주]경북 영주시 영주로82번길33 영주경찰서 서장실(054-639-0321) [학]1976년 경북 봉화고졸, 한국방송통신대 행정학과졸 [경]1982년 순경 임용(공채) 2010년 서울 영등포경찰서 교통과장 2011년 서울 서부경찰서 경비교통과장 2011년 서울지방경찰청 경비부 경비2과 경호계장 2016년 경북 영주경찰서장(현) [상]대통령표창(2003)

김국영 Kuk Young Kim

[생]1991·4·19 [출]경기 안양 [주]광주 서구 내방로111 광주시청 육상팀(062-613-6321) [학]2010년 평촌정보고졸, 대림대졸 2015년 조선대 교육대학원 재학 중 [경]2009년 전국종별육상경기선수권대회 100m 1위 2009년 전국체육대회 남자고등부 100m 1위 2009년 전국체육대회 남자고등부 400m계주 1위 2010년 안양시청 소속(육상선수) 2010년 전국실업육상경기선수권대회 100m 한국신기록(10초23) 2010년 전국육상경기선수권대회 100m 1위 2010년 광저우아시안게임 국가대표 2011년 홍콩 육상리그대회 400m계주 금메달 2011년 대구세계육상선수권대회 국가대표 2011년 전국육상경기선수권대회 100m 1위 2011년 전국육상경기선수권대회 200m 1위 2013년 제14회 모스크바세계육상선수권대회 국가대표 2014년 제17회 인천아시안게임 국가대표 2015년 광주시 육상팀 소속(현) 2015년 광주하계유니버시아드 100m 한국신기록(10초16) 2015년 제96회 전국체육대회 남자일반부 100m 1위·200m 1위·400m계주 1위·1600m계주 1위 2016년 제97회 전국체육대회 남자일반부 100m 1위·400m계주 1위 [상]코카콜라 체육대상 MVP(2010), 대한민국 인재상(2010), 대한민국체육상 경기상(2015), 전국체육대회 최우수선수(MVP)(2015), 광주시체육회 '올해의 선수상'(2015), 대한체육회 체육상 경기부문 최우수상(2016), 제21회 코카콜라체육대상 특별상(2016)

김국용(金國鎔) KIM Kuk Yong

[생]1958·9·30 [주]서울 영등포구 국제금융로56 미래에셋대우(02-768-2085) [학]우신고졸, 한국외국어대 독일어교육과졸 [경]삼성증권 Syndicate팀장, 同채권팀장, ABN AMRO Asia 증권 서울지점 상무, Daiwa증권 서울지점 전무, IBK투자증권 PI본부장, 대우증권 GFM사업부 전무 2010년 同Global Financial Market사업부장(전무) 2013년 KDB대우증권 세일즈·트레이딩사업부문 대표(부사장) 2016년 미래에셋대우 세일즈·트레이딩사업부문 대표(부사장) 2016년 同트레이딩부문 대표(부사장) 내정(현) [종]천주교

김국일(金國一) KIM Kuk Il

[생]1968·1·6 [출]전북 전주 [주]전남 목포시 정의로9 광주지방검찰청 목포지청 지청장실(061-280-4301) [학]1986년 전주 신흥고졸 1991년 서울대 법대졸 1993년 同대학원 법학과 수료 [경]1992년 사법시험 합격(34회) 1995년 사법연수원 수료(24기) 1995년 서울지검 검사 2000년 대전지검 서산지청 검사 2001년 부산지검 검사 2003년 대전지검 홍성지청 검사 2005년 서울중앙지검 검사 2007년 수원지검 부부장검사 2009년 사법연수원 교수 2011년 청주지검 부장검사 2012년 서울중앙지검 공판2부장 2013년 광주지검 형사1부장 2014년 수원지검 형사2부장 2015년 전주지검 남원지청장 2016년 광주지검 목포지청장(현) [종]천주교

김국주(金國柱) KIM Kook Joo (白河)

[생]1946·1·3 [본]광산(光山) [출]제주 남제주 [주]제주특별자치도 제주시 조천읍 남조로2023 곶자왈공유화재단 곶자왈생태체험관(064-783-6047) [학]1964년 경기고졸 1968년 서울대 경제학과졸 1975년 미국 뉴욕대 대학원 수료 [경]1968년 한국외환은행 입행 1972년 同뉴욕지점 대리 1976년 同임원부속실 비서역 1979년 同런던지점 과장 1983년 同국제금융부 차장 1987년 同시애틀지점 차장 1991년 同인사동지점장 1993년 전북투자금융(주) 전무이사 1994년 삼양종합금융(주) 전무이사 1996년 同부사장 1997년 同대표이사 부사장 1998년 삼양파이낸스 대표이사 사장 1998년 (주)테크니코 대표이사 사장 1998년 경제정의실천시민연합 하이텔정보교육원 이사장 1999년 同경제정의연구소 이사 2000~2001년 (주)에이브레인 대표이사 사장 2003~2006년 제주은행장 2003~2005년 제주육상경기연맹 회장 2003년 청소년금융교육 제주지역협의회장, 아름다운가게 제주 공동대표(현) 2007년 곶자왈공유화재단 초대상임이사 2007~2011년 금호종합금융(주) 사외이사 2010년 대한적십자사 제주지사 회장 직대 2011~2014년 메리츠금융지주 사외이사·감사위원장 2015년 곶자왈공유화재단 이사장(현) [상]재무부장관표창(1986) [저]'노력하는 당신에게'(2007, 제주 유림원색) [종]천주교

김국진(金國鎭) KIM Kook Jin (青雪)

[생]1962·1·23 [본]전주(全州) [출]대구 [주]서울 서초구 반포대로4길54 한원빌딩 신관4층 (사)미디어미래연구소(02-3471-4172) [학]1980년 중앙사대부고졸 1985년 한국외국어대 신문방송학과졸 1987년 고려대 대학원 신문방송학과졸 1998년 신문방송학박사(고려대) [경]1988~2005년 정보통신정책연구원 책임연구원 1991~1993년 MBC 자문위원 1995년 정보통신부 위성통신·방송발전위원 1998년 방송개혁위원회 전문위원 2000년 정보통신부 데이터방송제도연구반장 2000~2005년 同디지털방송방식발전위원회 위원 2000~2002년 방송위원회 편집위원 2000년 同디지털방송추진위원 2001~2007년 한국방송공학회 학술위원 2002년 위성DAB도입연구반 위원장 2002년 DMB정책연구반 위원장 2002년 방송위원회 방송통신법제정비위원 2003년 同자문위원 2003~2007년 KBS 연구개발자문위원 2003년 디지털방송산업진흥협회 정책·제도분과위원장 2003년 IT신성장동력기술기획위원회 분과위원장 2003년 SmartTV 기획위원회 위원 2003~2005년 방송통신포럼 기획위원 2004~2005년 방송위원회 중장기방송발전위원회 위원 2004~2005년 同디지털방송활성화소위원회 위원 2005년 (사)미디어미래연구소 소장(현) 2005년 한국홈네트워크산업협회 자문위원 2005년 한국방송학회 이사 2006~2007년 방송통신융합추진위원회 민간위원 2007·2012년 한국방송공학회 협동부회장(현) 2007년 한국언론학회 이사 2007~2012년 국방홍보원 경영자문위원 2008~2013년 대통령직속 미래기획위원회 위원 2010~2013년 여론집중도조사위원회 위원 2010~2013

년 MBN 시청자위원회 위원 2011~2012년 한국콘텐츠진흥원 비상임이사 2011~2014년 개인정보보호위원회 위원 2011~2014년 YTN라디오 청취자위원회 위원 2012년 CJ CGV(주) 사외이사(현) 2013년 방송통신정책자문위원회 위원 2013년 미래창조과학부 방송정책자문위원 2013년 방송통신정책고객대표자회의 위원 2013~2015년 한국교육개발원 자문위원 2013년 국회한류연구회 자문위원 2014년 미래창조과학부 상위기관평가 위원 2014년 미디어리더스포럼 운영위원장(현) [상]정보통신부장관표창(1994 · 2000), 문화관광부장관표창(2005) [저]'현대방송의 이해(共)'(2000 · 2004) '데이터방송시스템론(共)'(2002) '디지털방송론(共)'(2002) '방송통신융합의 이해'(2003) 'IPTV(共)'(2007) '방송영상미디어(共)'(2007) '디지털방송법제론(共)'(2007) '디지털혁신국가건립'(2008) '스마트미디어시대 미디어정책'(2013) [종]기독교

김국현(金國鉉) KIM Kook Hyun

[생]1966 · 5 · 9 [출]경북 안동 [주]서울 서초구 강남대로 193 서울행정법원(02-2055-8114) [학]1984년 안동고졸 1988년 서울대 법학과졸 1991년 同대학원 법학과졸 [경]1992년 사법시험 합격(34회) 1995년 사법연수원 수료(24기) 1995년 대전지법 판사 1997년 同천안지원 판사 1998년 수원지법 성남지원 판사 2002년 서울행정법원 판사 2004년 서울북부지법 판사 2006년 서울고법 판사 2006년 헌법재판소 파견 2008년 대법원 재판연구관 2010년 대전지법 공주지원장 2012~2015년 수원지법 부장판사 2012~2013년 헌법재판소 파견 2015년 서울행정법원 부장판사(현)

김군선(金君銑) KIM Goon Sun

[생]1960 · 6 · 3 [출]서울 [주]서울 성동구 아차산로92 (주)신세계TV쇼핑 임원실(080-770-8989) [학]1986년 한국외국어대 신문방송학과졸 [경]1985년 (주)신세계 기획2팀 입사 2003년 同백화점부문 법인사업부장 2005년 同백화점부문 인사담당 상무보 2007년 同백화점부문 영등포점장(상무) 2010년 同경영지원실 인사담당 상무 2011년 同지원본부장(부사장) 2013년 同CSR사무국장(부사장보) 2015년 同CSR사무국장(부사장) 2015년 (주)신세계TV쇼핑 대표이사(현)

김군호(金君虎) KIM Kun Ho

[생]1958 · 3 · 19 [주]서울 중구 소월로10 단암빌딩8층 (주)에어릭스 임원실(02-739-0994) [학]1977년 여의도고졸 1984년 성균관대 기계공학과졸 2006년 고려대 경영대학원졸 [경]1984~2001년 삼성전자 입사 · 글로벌마케팅실 브랜드전략그룹장 · 영상본부 FPD & 미주마케팅그룹장, 同영국 런던 구주본사 마케팅실장, 同국제본부 마케팅기획팀장, 同독일 프랑크푸르트그룹 자동차사업기획담당 과장, 同런던 · 프랑크푸르트 구주총괄 상품기획담당 과장, 同해외본부 상품기획담당 2001년 팬택(주) 해외영업본부장 2002년 소니코리아 AVIT(가전)부문 마케팅본부장 2005~2007년 한국코닥(주) 대표이사 사장 2007년 (주)레인콤 최고운영책임자(COO · 수석부사장) 2009년 同사장 2009년 (주)아이리버 대표이사 사장 2009년 同등기이사 2011~2014년 (주)미래엔 부사장 겸 최고운영책임자(COO) 2014년 (주)에어릭스 대표이사(현)

김군호(金君鎬) Kim, Goonho

[생]1973 · 7 · 14 [본]김해(金海) [출]제주 제주시 [주]서울 종로구 세종대로209 행정자치부 주민과(02-2100-3830) [학]1992년 제주제일고졸 1999년 성균관대 독어독문학과졸 2013년 영국 버밍엄대 대학원 사회정책학과졸(석사) [경]2000년 행정고시 합격(44회) 2005~2008년 행정자치부 자치제도과 사무관 2009년 행정안전부 성과급여기획과 사무관 2010~2011년 同성과급여기획과 서기관 2013~2014년 안전행정부 자치제도과 서기관 2014년 행정자치부 선거의회과 서기관 2014년 국가기록원 행정지원과장 2015년 행정자치부 주민과장(현)

김권배(金權培) KIM Kwon Bae

[생]1951 · 12 · 25 [본]김해(金海) [출]대구 [주]대구 중구 달성로56 계명대학교 동산의료원 부속실(053-250-7423) [학]1970년 경북고졸 1976년 경북대 의대졸 1987년 同대학원졸 1991년 의학박사(경북대) [경]1980년 계명대 동산의료원 내과 전공의 1980년 同의대 내과학교실(심장내과) 전임강사 · 조교수 · 부교수 · 교수(현) 1983년 동의대 내과학교실(심장내과) 전임강사 1989년 미국 Northwestern대 연수 1990년 대한순환기학회 학술회원 1994년 계명대 동산의료원 순환기내과 과장 2001년 同동산의료원 부원장 2007~2009년 同동산의료원장 2011~2012년 同의과대학장 2013년 同의무부총장 겸 동산의료원장(현) 2013~2015년 대구경북병원회 회장 2014년 사립대의료원협의회 감사(현) 2014년 대구경북첨단의료산업진흥재단 비상임이사(현) 2016년 대한병원협회 감사(현)

김권용(金權溶) Kwon-Yong Kim

[생]1962 · 12 · 23 [본]해풍(海豊) [출]경기 화성 [주]서울 종로구 율곡로2길25 연합뉴스 편집국 선임데스크팀(02-398-3114) [학]1981년 인창고졸 1988년 건국대 영어영문학과졸 [경]2000년 연합뉴스 산업부 차장대우 2001년 同국제뉴스2부 차장대우 2001년 同국제뉴스2부 차장 2005년 同정보과학부 부장대우 2006년 同정보과학부장 2008년 同국제뉴스2부장 2009년 同한민족센터 온라인사업팀장 2010년 同국제뉴스3부 기획위원 2011년 同지방국 에디터 2011년 同지방국 에디터(부국장대우) 2011년 同국제국 국제뉴스3부 에디터(부국장대우) 2012년 同하노이특파원(부국장대우) 2014년 同하노이특파원(부국장급) 2015년 同국제뉴스3부 기획위원(부국장급) 2015년 同편집국 국제뉴스 선임데스크팀 근무(부국장급)(현) [저]'총성없는 3차 대전 표준전쟁'(共) '당신은 이제 유티즌'(共) [종]천주교

김귀곤(金貴坤) KIM Kui Gon

[생]1944 · 9 · 29 [본]김해(金海) [출]전북 [주]서울 관악구 관악로1 서울대학교 농업생명과학대학(02-880-4870) [학]1967년 서울대 임학과졸 1974년 뉴질랜드 캔터베리대 대학원 조경학과졸 1981년 영국 리딩대 계획대학원 도시지역계획학과졸 1985년 환경계획학박사(영국 런던대) [경]1978~2010년 서울대 농업생명과학대학 조경지역시스템공학부 조경학과 교수 1988년 미국 하와이대 동서문화센터 환경정책연구소 객원연구원 1990년 독일 베를린공대 객원교수 1995년 한국환경영향평가학회 부회장 1998년 한국환경교육학회 명예회장 1998~2005년 대한주택공사 설계자문위원 2000년 서울시 도시공원위원 2000년 유네스코 한국인간과생물권계획(MAB)위원회 부위원장 2000~2008년 지방의제21전국협의회 공동회장 및 푸른경기21실천협의회장 2000년 대통령자문 지속가능발전위원회 위원 · 자문위원 2001년 행정자치부 국가전문행정연수원 자치행정연수부 지도교수 2001년 환경부 사전환경성검토 및 환경영향평가 전문위원 2002년 同생태네트워크구축정책포럼 위원장 2002년 한국환경복원녹화기술학회 회장 · 고문 2003년 환경부 중앙환경보전자문위원회 위원 2003년 同영향평가조정협의회 부위원장 2003년 'International Study Group for a sustainable Environment' Core Group 위원 2003년 'Horizon International' Scientific Review Board 위원 2004년 유네스코 도시그룹위원회 위원 2005년 (사)한국생태도시네트워크 대표(현) 2006년 행정자치부 살고싶은지역사회만들기 지역자원위원장 2007년 국제경관생태공학회 회장 2007년 UN-해비타트 강원도국제도시훈련센터장 2008~2009년 대통령자문 국가지속가능발전위원회 위원 2010년 서울대 명예교수(현) 2010~2011년 조선일보 DMZ취재팀 환경 · 생태부문 자문위원 2010~2014년 코리아DMZ협의회 공동 상임대표 2010년 Cochairman of International Inter-Agency Advisory group for urban CDM [상]대통령표창(1991), 녹조근정훈장(2001) [저]'환경영향평가원론' '식재계획 · 설계론'(共) '생태도시 계획론' '범지구적 도전과 지방적 해결-지방의제 21' '공원녹지 계획 · 설계론' 'New Towns in East and South-east Asia'(共) 'Restoring the Land'(共) '현대 산업사회와 환경문제'(共) 'Urban Ecology Applied to City of Seoul : Implementing Local Agenda 21' '환경 영향평가개론' 'Crucibles of Hazard : Mega-Cities and Disasters in Transition'(共) 'Urban Ecology' '습지학 원론 : 한국의 늪'(共) '21세기 생태환경 조성을 위한 새로운 조경기법'(共) '환경정책론'(共) '비무장지대와 민통지역의 생물상 : 파주시 일원' 'DMZ Ⅱ - 횡적분단에서 종적 연결로'(共) '환경정책론'(共) '도시개발론'(共) '습지와 환경' '지속가능발전의 전략과 실행' '평화와 생명의 땅 DMZ'(2010) [역]'환경교육의 세계적 동향' '환경위협과 문화' [종]천주교

김귀언(金貴彦) KIM Gwi Eon

[생]1946 · 2 · 16 [출]전남 순천 [주]제주특별자치도 제주시 제주대학로102 제주대학교 의과대학 방사선종양학교실(064-717-2329) [학]1976년 연세대 의대졸 1997년 원광대 대학원졸 2001년 의학박사(원광대) 2002년 연세대 보건대학원 고위자과정 수료 [경]1981~2011년 연세대 의대 방사선과학교실 전임강사 · 조교수 · 부교수 · 교수 1984~2002년 대한두경부종양학회 이사 1987년 미국 Univ. of Minnesota 교환교수 1992~2005년 대한암학회 상임이사 · 이사 · 부회장 1994~1997년 대한치료방사선종양학회(KOSTRO) 이사장 1996년 유럽방사선종양학회(ESTRO) 회원(현) 1997년 연세대 의대 치료방사선과학교실 주임교수 겸 과장 1998년 미국 방사선종양학회(ASTRO) 회원 1998~2000년 대한방사선종양학회(KOSTRO) 회장 2002~2008년 연세대 영동세브란스병원 암센터 원장 2004~2005년 同암연구소장 2004년 대한민국의학한림원 정회원(현) 2011년 제주대 의과대학 방사선종양학교실 석좌교수(현) 2013년 대한암협회 고문(현) [상]연세대 우수업적교수상(1997), 보

원아카데미학술상(2000), 서울시의사회 의학대상(2005), 연세대 연구업적 우수교수포상(2005), 홍조근정훈장(2009) [종]천주교

김귀열(金貴熱) KIM Kyu Yeul

[생]1942·5·20 [출]경기 평택 [주]서울 강남구 테헤란로 614 (주)슈페리어(02-565-1311) [학]평택종고졸 1976년 동국대 경영대학원 수료 2003년 고려대 대학원 최고경영자과정 수료 [경]1967~1977년 동원섬유 설립·대표 1978~1995년 보라매스포츠·(주)보라매·(주)금명F.G 대표이사 1989년 (주)시마인터내셔널 설립 1991년 다산섬유 설립 1996년 (주)슈페리어 사장 2002년 同회장(현) 2014년 슈페리어재단 이사장(현) [상]국세청장표창(1991), 노동부장관표창(1994), 철탑산업훈장(1998) [종]기독교

김귀옥(金貴玉·女) KIM Gui Ok

[생]1963·1·9 [본]의성(義城) [출]대구 [주]서울 광진구 아차산로404 서울동부지방법원(02-2204-2114) [학]1981년 명성여고졸 1985년 고려대 법학과졸 [경]1992년 사법시험 합격(34회) 1995년 사법연수원 수료(24기) 1995년 대구지법 판사 1997년 대전지법 천안지원 판사 1998년 수원지법 판사 2002년 서울지법 판사 2004년 서울가정법원 판사 2006년 서울고법 판사 2008년 서울동부지법 판사 2010년 서울가정법원 부장판사 2015년 서울동부지법 부장판사(현) [종]가톨릭

김귀진(金貴珍) KIM Kwi Jin

[생]1957·10·12 [본]연안(延安) [출]제주 북제주 [주]제주특별자치도 제주시 아연로2 (주)KCTV제주방송(064-741-7777) [학]1976년 제주제일고졸 1980년 제주대 생물학과졸 [경]1983년 제주MBC 편성국 입사(PD) 1996년 同차장대우 1999년 同차장 2000년 同TV제작부장 2002년 同광고사업부장 2002년 同편성제작국장 2003년 (주)KCTV제주방송 편성제작국장 2006년 同편성제작국 이사, 同보도·편성제작이사 2012년 同대표이사 사장(현) [상]가톨릭방송대상 우수작품상(1994), 한국방송위원회 우수작품상, 한국방송대상 우수작품상(1997·1999), 한국방송프로듀서상(1998), 제주방송인대상(1999), 방송위원회 이달의좋은프로그램(3회)

김귀찬(金貴讚) KIM Guy Chan

[생]1960·6·23 [출]경북 의성 [주]서울 서대문구 통일로 97 경찰청(02-3150-2131) [학]1979년 대입검정고시 합격 1989년 성균관대 법학과졸 [경]1991년 사법시험 합격(33회) 1994년 구미경찰서 수사과장 2005년 대구지방경찰청 수사과장(총경) 2005년 문경경찰서장 2006년 경찰청 장비과장 2008년 경찰청 경무기획국 규제개혁법무과장 2009년 서울강서경찰서장 2010년 경찰청 정보2과장 2010년 충남지방경찰청 차장(경무관) 2011년 대구지방경찰청 차장 2012년 경기지방경찰청 제2부장 2012년 경찰청 정보국장(치안감) 2013년 경북지방경찰청장(치안감) 2013년 경찰청 수사국장(치안감) 2014년 대전지방경찰청장(치안감) 2015년 경찰청 보안국장(치안감) 2016년 경찰청 차장(치안정감)(현) [상]대통령표창(2006), 홍조근정훈장(2013)

김규돈(金圭敦) KIM Kyu Don

[생]1958·7·9 [주]경기 성남시 분당구 대왕판교로700 코리아바이오파크 B동4층 (주)제넥신 사업개발본부(031-628-3200) [학]경기고졸, 연세대 생화학과졸, 서강대 경영대학원 경영학과졸, 이학박사(미국 노던일리노이대) [경](주)LG생명과학 의약품해외영업팀장 2005년 同의약품해외영업담당 상무, 同제품개발담당 상무 2009년 同임상RA담당 상무 2011~2013년 삼성전자(주) 신사업추진단 전문위원 2013~2015년 (주)종근당 공동대표이사 부사장 2015년 (주)제넥신 사업개발본부장(부사장급)(현)

김규동(金圭東) Kim Kyudong

[생]1966·3·2 [본]김녕(金寧) [출]대구 [주]서울 용산구 서빙고로137 국립중앙박물관 전시과(02-2077-9260) [학]1985년 대구 계성고졸 1992년 영남대 문화인류학과졸 2001년 충남대 대학원 고고학과 수료 [경]1994~2004년 국립대구박물관·국립전주박물관·국립부여박물관 학예연구사 2004~2005년 국립중앙박물관 고고부 학예연구사 2005~2010년 同전시팀·유물관리부 학예연구관 2011년 同학예연구관 2013년 同전시과장(현) [상]문화관광부장관표창(2004), 국무총리표창(2008)

김규상(金奎商) KIM Kyu Sang

[생]1958·8·28 [출]전북 고창 [주]서울 송파구 문정로 217 일정빌딩4층 프렌드팜 사장실(02-402-6910) [학]1976년 고창 대성고졸 1982년 영남대 축산경영학과졸 [경]1996년 한올제약(주) 부장 1998년 同이사 2000년 同상무이사 2001년 同전무이사 2001년 同공동대표이사 2002년 프렌드팜(FRIEND PHARM) 사장(현)

김규선(金圭善) KIM Kyu Sun

[생]1952·11·6 [출]경기 [주]경기 연천군 연천읍 연천로220 연천군청 군수실(031-839-2001) [학]2008년 서정대학 사회복지행정학과졸 2015년 대진대 법무행정대학원 법학과졸 [경]1997~1998년 신한국당·한나라당 연천군연락소장 1996~2005년 민주평통 간사 1998~2002년 경기 연천군의회 의원·부의장 1998~2002년 전곡읍체육회 회장 1999년 연천청년회의소 회장 1999~2010년 연천군체육회 부회장 2002~2004년 전곡읍주민자치위원장 2002~2010년 (재)덕인장학회 이사장 2003~2004년 전곡초총동문회 회장 2004~2010년 연천군장애인정보화협회 고문 2008~2010년 한나라당 포천·연천당원협의회 부위원장 2009년 연천군비상발전대책위원회 공동위원장 2009~2010년 (사)새마을운동중앙협의회 연천군지회장 2010년 경기 연천군수(한나라당·새누리당) 2014년 경기 연천군수(새누리당)(현) [상]유권자시민행동 대한민국유권자대상(2015)

김규섭(金圭燮) KIM Kyu Sub

[생]1945·12·1 [본]김녕(金寧) [출]전남 함평 [주]서울 강남구 학동로401 금하빌딩4층 법무법인(유) 정률(02-2183-5662) [학]1963년 목포고졸 1969년 성균관대 법대졸 [경]1973년 사법시험 합격(15회) 1975년 사법연수원 수료(5기) 1975년 부산지검 검사 1977년 광주지검 검사 1980년 서울지검 동부지청 검사 1983년 인천지검 검사 1986년 서울지검 북부지청 검사 1987년 광주지검 해남지청장 1989년 서울고검 검사 1990년 대구지검 특수부장 1991년 법무부 관찰과장 1992년 同보호과장 1993년 수원지검 형사2부장 1993년 서울지검 북부지청 형사2부장 1994년 同동부지청 형사2부장 1995년 전주지검 차장검사 1996년 서울지검 의정부지청 차장검사 1997년 인천지검 차장검사 1998년 대검 수사기획관 1998년 서울지검 제3차장검사 1999년 대검 공판송무부장 2000년 대전지검장 2001년 대검 강력부장 2002년 수원지검장 2003년 변호사 개업 2006~2009년 법무법인 일신 대표변호사 2009년 법무법인 정률 대표변호사 2011년 법무법인(유) 정률 변호사(현) [상]검찰총장표창(1981), 법무부장관표창(1985), 홍조근정훈장(1998) [종]천주교

김규성(金奎聖) KIM Kyu Seong

[생]1966·2·1 [본]의성(義城) [출]서울 [주]서울 동대문구 서울시립대로163 서울시립대학교 자연과학대학 통계학과(02-6490-2631) [학]1983년 대원고졸 1988년 서울대 계산통계학과졸 1990년 同대학원졸 1994년 이학박사(서울대) [경]1995년 서울시립대 자연과학대학 통계학과 전임강사·조교수·부교수·교수(현) 2000년 한국조사연구학회 조사연구 편집위원 2001년 한국통계학회 응용통계연구 편집위원 2003년 영국 사우스햄튼대 방문교수 2004년 한국통계학회 조사통계연구회 총무 2013년 서울시립대 중앙도서관장 2015년 서울시립대 자연과학대학장(현) 2015년 同자연과학연구소장(현)

김규수(金奎壽)

[출]경북 예천 [주]경북 영주시 문수면 적서로 448번길 17 영주소방서 서장실(054-630-0332) [학]1987년 영남대 법학과졸 [경]1990년 소방관 부임 2002년 영주소방서 소방행정과장 2004년 경북소방학교 교학과장 2008년 경북도 소방본부 소방행정과장 2009년 고령소방서장 2011년 경북도 소방본부 소방행정과장 2012년 칠곡소방서장 2014년 안동소방서장 2016년 영주소방서장(현) [상]행정자치부장관표창(1998·1999), 대통령표창(2011)

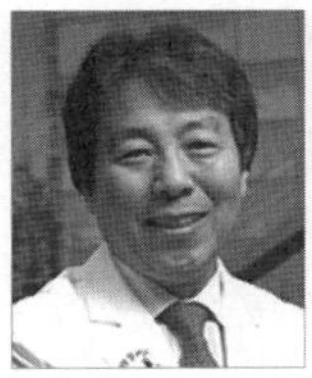

김규언(金圭彦) KIM Kyu Earn

[생]1951·5·21 [본]김해(金海) [출]제주 제주시 [주]서울 서대문구 연세로50 연세대학교 의과대학(02-2123-2114) [학]1977년 연세대 의대졸 1983년 同대학원졸 1991년 의학박사(가톨릭대) [경]1984~2016년 연세대 의대 소아과학교실 전임강사·조교수·부교수·교수 1991~1993년 미국 미네소타대 의대 알레르기학 연구원 2003~2012년 연세대 의대 강남세브란스병원 소아청소년과장

2003~2005년 대한소아알레르기호흡기학회 부회장 2005~2007년 同이사장 2007 · 2011년 연세대 알레르기연구소장 2010~2014년 同의대 소아과학교실 주임교수 2011~2014년 한국과학기술단체총연합회 이사 2012~2013년 대한소아알레르기호흡기학회 회장 2016년 연세대 의과대학 명예교수(현) [상]영동세브란스병원 최우수임상교수상(2005) [저]'소아 호흡기질환의 방사선 진단(共)'(2001) '최신 알레르기의 진료(共)'(2001) '4천만의 알레르기'(2005) '2005 한국 기관지천식 치료지침'(2005) [종]가톨릭

김규영(金奎榮) KIM Kyoo Young

[생]1948 · 5 · 2 [본]김해(金海) [출]부산 [주]서울 마포구 마포대로119 (주)효성 임원실(02-707-7200) [학]부산고졸 1972년 한양대 섬유공학과졸 [경]1972년 동양나이론(주) 입사 1990년 同울산공장 부공장장(이사) 1995년 同언양공장장(상무) 1996년 同안양공장장 2000년 (주)효성 섬유PG 나일론원사PU장(전무) 2004년 同섬유PG CTO(부사장), 同산업자재PG 타이어보강재PU장(부사장) 2011년 同중국총괄 사장 2014년 同타이어보강재PU장(사장) 2016년 同산업자재PG CTO(사장)(현) [상]동탑산업훈장(2006)

김규옥(金奎玉) KIM Kyu Ok

[생]1961 · 3 · 12 [출]부산 [주]부산 연제구 중앙대로1001 부산광역시청 경제부시장실(051-888-1020) [학]부산 혜광고졸, 서울대 경제학과졸, 同행정대학원졸, 미국 미시간대졸, 행정학박사(동국대) [경]1984년 행정고시 합격(27회) 1996년 재정경제원 농수산예산담당관실 서기관 1999년 미국 국제부흥개발은행(IBRD) 파견 2002년 기획예산처 산업정보예산과장 2003년 同농림해양예산과장 2004년 同예산총괄과장(부이사관) 2005년 대통령비서실 근무(부이사관) 2006년 同선임행정관(고위공무원) 2007년 국방대 파견 2007년 제17대 대통령직인수위원회 경제1분과위원회 전문위원 2008년 기획재정부 대변인 2009년 同사회예산심의관 2010년 同예산총괄심의관 2012~2013년 同기획조정실장 2014년 새누리당 수석전문위원 2014년 부산시 경제부시장(현) 2016년 부산국제영화제조직위원회 부위원장(현) [상]홍조근정훈장(2011)

김규완(金奎完) KIM Gyu Wan

[생]1964 · 6 · 20 [출]서울 [주]서울 양천구 목동서로159의1 CBS 미디어본부 보도국(02-2650-7000) [학]경기고졸, 성균관대 신문방송학과졸 [경]1990년 CBS 사회부 기자 1998년 同정치부 기자 2001년 同보도제작국 차장 2004년 同보도국 차장 2006년 同보도국 문화체육부장 겸 노컷뉴스부장 2009년 同보도국 사회부장 2010년 同미디어본부 보도국 정치부장 2011년 同미디어본부 보도국 정치부 선임기자 2012년 同미디어본부 경인센터장 2014년 同교육문화센터장 2015년 同본부 근무 2016년 同미디어본부 보도국장(현) [상]이달의 기자상(1992), 한국기자상(1992)

김규원(金奎元) KIM Kyu Won (元峰)

[생]1928 · 5 · 30 [본]전주(全州) [출]평북 선천 [주]서울 강북구 덕릉로72 국제가스공업(주)(02-988-5565) [학]1944년 평북 용암포수산학교졸 1978년 성균관대 경영행정대학원졸 1985년 미국 UCLA 경영대학원 경영개발기법연수과정 수료 1986년 연세대 행정대학원 수료 1988년 미국 조지워싱턴대 행정대학원 경영행정특별연수과정 수료 [경]1960년 국산택시 이사 1969년 국제운수(주) 회장(현) 1972년 평북도민회 부회장 1974년 국제가스공업(주) 회장(현) 1978년 서울시택시운송사업조합 이사장 1979년 통일안보연구소 상임고문 1982년 동원가스 회장 1985년 제12대 국회의원(전국구, 한국국민당) 1987년 신민주공화당 총재특별보좌역 1989년 한국LP가스공업협회 회장 1990년 민자당 서울도봉乙지구당 위원장 1995년 자민련 서울도봉乙지구당 위원장 1995~2000년 同서울강북甲지구당 위원장 1998년 평북중앙도민회 상임고문 [상]재무부장관표창, 서울시장표창 [저]'새로운 도약을 다지는 길목에서'(1993) [종]천주교

김규원(金奎源) KIM Kyu Won

[생]1952 · 7 · 1 [출]대구 [주]서울 관악구 관악로1 서울대학교 약학대학 약학과(02-880-6988) [학]1976년 서울대 약학대학졸 1978년 한국과학기술원 생화학과졸 1985년 분자생물학박사(미국 미네소타대) [경]1978년 한국화학연구소 연구원 1980년 미국 미네소타대 연구조교 1985년 미국 하버드대 Dana-Farber Cancer Institute 연구원 1987~2000년 부산대 분자생물학과 조교수 · 부교수 · 교수 2000년 서울대 약학대학 약학과 교수(현) 2001년 한국혈관신생물연구회 회장 2001년 한국과학기술한림원 정회원(현) 2002년 대한분자영상의학회 부회장 2003년 '뇌혈관 생성에 필수적 역할을 하는 단백질(SSeCKS)'을 세계 최초로 발견 2005년 과학기술부 · 과학문화재단 '닮고 싶고 되고 싶은 과학기술인 10인'에 선정 [상]목암생명과학상(1996), 과학기술우수논문상, 올해의 생명과학자상(2002), 대한민국 최고과학기술인상(2003), 호암의학상(2005), 청산상(2012)

김규원(金奎原) KIM Gyu Won

[생]1956 · 9 · 4 [본]서흥(瑞興) [출]경남 진주 [주]대구 북구 대학로80 경북대학교 사회학과(053-950-5225) [학]1978년 경북대 사회학과졸 1984년 미국 위스콘신대 메디슨교 대학원졸 1989년 사회학박사(미국 위스콘신대 메디슨교) [경]1991~2002년 경북대 사회학과 전임강사 · 조교수 · 부교수 1997~1998년 同사회학과장 1998년 우리복지시민연합 공동대표(현) 1999~2000년 경북대 사회과학대학장보 2000년 대구사회연구소 사회조사센터 본부장 2002년 경북대 사회학과 교수(현) 2002년 同자율전공부장 2003년 대구사회연구소 소장 2004년 한국지역사회학회 부회장 2005년 대구경북지역혁신협의회 위원 2006년 대구경북연구원 대구경북학연구센터 소장 2006~2008년 경북대 사회과학대학장 2006~2008년 同정책정보대학원장 2011~2012년 同교무처장 2012년 대구시지방분권협의회 의장(현) 2013~2014년 경북대 부총장 겸 대학원장 [저]'현대사회와 가족'(2001) '탈근대세계의 사회학'(2001) '21세기 한국사회의 구조적 변동'(2005) '진짜 대구를 말해줘'(2006) [역]'계급연구와 미국사회학'(1995)

김규일(金圭一) KIM Kyu Il

[생]1957 · 7 · 1 [주]서울 강남구 삼성로512 삼성동빌딩16층 (주)아이마켓코리아 대표이사실(02-3708-5937) [학]1976년 진주고졸 1980년 중앙대 사회복지학과졸 2005년 성균관대 경영대학원졸 [경]1984년 삼성그룹 입사 1989년 중앙개발 동경사무소장 1995년 삼성그룹 구조조정본부 신경영추진팀 차장 1997년 삼성에버랜드 리조트사업부 관리팀장 2004년 同리조트사업부 마케팅UNIT 상무보 2007~2009년 同리조트사업부 지원UNIT장(상무) 2010~2012년 (주)삼립식품 전무이사 2012년 (주)아이마켓코리아 전략기획실장(전무) 2014~2015년 (주)안연케어 대표이사 겸임 2015년 (주)아이마켓코리아 전략사업본부장(부사장) 2015년 同대표이사 사장(현)

김규진(金奎鎭) Kim, Kyu-Jin

[생]1956 · 8 · 27 [본]청풍(淸風) [출]서울 [주]서울 서초구 강남대로369 LIG넥스원 CR기획실(02-6946-5130) [학]1981년 공군사관학교졸 1986년 공군대학 초급지휘관참모과정졸 1989년 고려대 대학원 신문방송학과졸 1991년 공군대학 고급지휘관참모과정졸 1998년 미국 미주리주립대 저널리즘스쿨 수료 2004년 국방대 안보정책과정 수료 2008년 同고위정책결정자과정 수료 2009년 고려대 행정대학원 최고관리자과정 수료 2010년 서울과학기술대 대학원 공공정책학박사과정 재학中 [경]1989~1991년 국방부 정훈국 교육담당장교 1992년 공군 10전투비행단 정훈공보실장 1993~1995년 同재경공보실장(중령) 1993~2005년 공군대학 강사 1996년 제1회 서울국제에어쇼 홍보팀장 1997년 공군 재경공보실장 1999년 공군본부 정훈공보실 공보계획장교 2000~2001년 공군 작전사령부 정훈공보실장 2002~2003 · 2005년 공군본부 정훈공보실 공보과장(대령) 2006년 同정훈공보실 정훈과장 2007~2008년 同정훈공보실장 겸 공군 대변인 2009~2010년 同정훈공보실장 겸 공군 대변인(준장) 2011년 LIG넥스원 CR기획실장(상무)(현) [상]공군참모총장표창(4회, 1985~1995), 국방부장관표창(1990 · 1992), 대통령표창(1997), 문화부장관표창(2000), 국방대총장상 교육우등상(2004), 보국훈장 천수장(2010) [작]수필 '기소불욕물시어인' '자성번뇌서원단' 논단 'Do Buy T-50' '창조적 리더의 구비역량' 등

김규창(金奎昌) KIM Kyuchang

[생]1955 · 2 · 28 [주]경기 수원시 팔달구 효원로1 경기도의회(031-8008-7000) [학]경기 대신고졸, 베스트라이스농업인대학 수료 [경]여주군4-H연합회 회장, 한국자유총연맹 여주군지회장, 여주군 대신면 농업경영인협의회장, 여주군 대신면 이장협의회장, 민주평통 자문위원, 여주군축산업협동조합 감사 2006 · 2010~2013년 경기 여주군의회 의원(한나라당 · 새누리당) 2006 · 2008년 同부의장 2010~2013년 同의장 2013~2014년 경기 여주시의회 의원(새누리당) 2013년 同의장 2013년 여주시 대신면재향군인회 회장 2013년 同주민자치위원회 위원, 경기동부권시군의회의장협의회 의장 2014년 경기도의회 의원(새누리당)(현) 2014년 同도시환경위원회 간사 2014년 同윤리특별위원회 위원 2016년 同건설교통위원회 위원(현)

김규창(金奎暢) KIM Gyu Chang
[생]1962·1·14 [본]김해(金海) [주]서울 영등포구 여의대로24 전경련회관 도레이첨단소재(주) 임원실(02-3279-1000) [학]경북공고졸 1987년 영남대 섬유공학과졸 [경]1999년 (주)새한 원사생산팀장 2005년 同구미1공장 생산담당 임원 2007년 同FIBER생산담당 이사 2008년 웅진케미칼(주) FIBER생산담당 이사 2008년 同안성공장장(상무) 2009년 同소재사업본부장(상무) 2015년 도레이첨단소재(주) 도레이폴리텍난통 총경리 겸 생산부문장(상무) 2016년 同섬유생산담당 상무(현)

김규철(金圭喆) KIM Kyu Chol
[생]1947·2·28 [본]안동(安東) [출]전남 나주 [주]서울 용산구 이태원로211 한남빌딩806호 남북포럼(02-749-2312) [학]1967년 호만애암공고졸 1969년 광운대 공업교육과 중퇴 [경]1968~1972년 지멘스 한국지사 근무 1970~1973년 한독청년문화회 회장 1981~1982년 아시아헤르텔(韓·獨합작회사) 근무 1983~2003년 독일어학원 원장 1999년 시민의신문 홍보실장 2000년 남북포럼 창립·대표(현) 2001년 금강산사랑운동본부 대표(현) 2004년 개성사랑회포럼 대표 2005년 남북경협시민연대 대표(현) 2006~2008년 한국토지공사 개성공단 자문위원 2014년 한반도관광협동조합 이사(현) [종]천주교

김규철(金圭哲) KIM Kyu Chul
[생]1953·1·17 [출]부산 [주]부산 해운대구 수영강변대로140 게임콘텐츠등급분류위원회(051-746-0027) [학]1971년 동래고졸 1978년 중앙대 무역학과졸 2005년 동명대 대학원 경영정보학과졸 [경]1978~1986년 (주)흥아해운 과장 1987~1995년 (주)두원실업 대표이사 1999~2003년 (주)네이텍 대표이사 2001년 (사)부산정보기술협회 부회장 2003~2004년 同회장 2003년 ITU 조직위원회 위원 2004년 국가균형발전부산지역기업협의회 위원 2004년 부산시지역혁신협의회 위원 2004~2010년 (재)부산정보산업진흥원 원장 2010~2015년 영산대 대외부총장 2011년 (재)영화의전당 이사(현) 2013년 울산테크노파크 이사 2014년 게임콘텐츠등급분류위원회 초대 위원장(현) 2014년 게임문화재단 이사(현) [종]불교

김규철(金圭哲) KIM Gyu Chul
[생]1960·9·8 [본]영광(靈光) [출]전남 장흥 [주]서울 강남구 테헤란로306 한국자산신탁(02-2112-6401) [학]1978년 장흥고졸 1982년 전남대 경영학과졸 1985년 서울대 대학원 경영학과졸 2002년 고려대 언론대학원 최고위과정 수료 2005년 同정책대학원 CRO과정 수료 [경]1988~1991년 한신경제연구소 근무 1991~1999년 광은창업투자(주) 부장 1999~2000년 한국주택저당채권유동화(주) 근무 2000~2007년 세종증권(주)·NH투자증권 상무이사 2007~2010년 (주)엠디엠 부사장 2010년 한국자산신탁(주) 부사장 2012년 同대표이사 사장(현)

김규춘(金奎瑃) KIM Kyu Chun
[생]1954·5·22 [본]김녕(金寧) [출]경기 고양 [주]경북 김천시 혁신2로40 한국건설관리공사 감사실(02-3440-8773) [학]경기공고졸 1975년 경기공업전문학교 토목과졸 1994년 토목공학박사(고려대) [경]1997년 건설교통부 시설서기관 1998년 원주지방국토관리청 건설관리실장 2001년 건설교통부 도로건설과장 2002년 同고속철도건설기획과장 2003~2006년 駐일본대사관 파견 2007년 서울지방국토관리청 도로시설국장(서기관) 2007년 同도로시설국장(부이사관) 2007년 건설교통부 기반시설기획팀장 2008년 국토해양부 하천운영과장 2009년 2012여수세계박람회조직위원회 파견(고위공무원) 2010~2013년 한국건설경영협회 상근부회장 2013~2014년 코레일네트웍스(주) 비상임이사 2014년 한국건설관리공사 감사(현) [상]대통령표창

김규칠(金圭七) KIM Kyu Chil (旻載)
[생]1943·7·15 [본]김해(金海) [출]경남 창원 [주]서울 마포구 마포대로20 대한불교진흥원(02-719-1855) [학]1961년 마산고졸 1969년 서울대 법과대 행정학과졸 1971년 同신문대학원졸 1974년 오스트리아 비엔나국립대 연수 1979년 일본 와세다대 연수 [경]1971년 외무고시 합격 1971년 외무부 입부 1981년 同기획예산과장 1982년 콜롬보플랜이사회 한국차석대표 1985년 駐덴마크 경제참사관 1987~1988년 외무부 조약과장·외교안보연구원 아주연구관 1988년 국회 정책연구위원 1989년 서울논단 상임운영위원 겸 사무처장 1990년 불교방송 해설위원 1990~1992년 경제정의실천시민연합 상임집행위원·국제위원장 1992~1997년 KBS TV심야토론 사회자, 同객원해설위원 1995년 행정쇄신위원회 위원 1996~2000년 만해사상실천선양회 공동대표 1997~1999년 산업기술정보원 원장 2000~2004년 불교방송(BBS) 사장 2001~2004년 한국방송협회 이사 2005년 국민대 객원교수 2005년 불교와사회포럼 공동대표 2006년 대한불교진흥원 감사 2006년 동국대 겸임교수 2007년 불교방송 이사 2008년 대한불교진흥원 상임이사 겸 불교문화(국영문) 편집인 2008~2009년 방송통신심의위원회 위원 2009년 대한불교진흥원 이사장 2011년 同상임이사 2011년 同이사장(현) [상]외무부장관표창(1979), 국무총리표창(1983) [저]'국가선진화를 위한 개혁과제 20(共)'(1994) '지식·정보경제시대의 기술정보정책'(1999) '탈정치시대의 새로운 항로'(2000) [종]불교

김규태(金圭台) Kim Gyutae
[생]1953·7·12 [주]강원 춘천시 중앙로1 강원도의회(033-256-8035) [학]강원 북평고졸 [경]쌍용자원개발(주) 노동조합위원장, 한국노동조합총연맹 화학연맹 강원본부장, 강원도 노사민정위원회 근로자대표위원, 동해 북평고 운영위원장, 한국노동조합총연맹 강원도본부 의장 2014년 강원도의회 의원(새누리당)(현) 2014·2016년 同경제건설위원회 위원(현) 2015~2016년 同경제건설위원회 위원장

김규태(金圭太) KIM Kyu Tae
[생]1954·2·24 [본]김녕(金寧) [출]울산 [주]충북 괴산군 괴산읍 읍내로5길17 (주)아시아네 임원실(043-833-9780) [학]1980년 연세대 행정학과졸 1983년 同대학원 행정학과졸 [경]1983~1986년 영풍산업 기획실 과장 1986년 아남반도체(주) 종합조정실·자재부·인사부 근무, 同인재개발팀장 2000~2009년 (주)심텍 경영지원본부장 부사장 2002~2009년 충북도노동위원회 사용자위원 2009년 (주)아시아네 대표이사(현)

김규태(金奎泰) KIM Kyu Tae
[생]1954·11·10 [출]충남 [주]대전 서구 도안북로88 목원대학교 음악대학 작곡·재즈학부(042-829-7862) [학]1977년 목원대 음악교육과졸 1984년 독일 에센폴크방국립음대 대학원 작곡과졸 1991년 미국 캘리포니아대 버클리교 대학원 작곡박사과정 수료, 음악학박사(한양대) [경]1979~1981년 신일여중 교사 1984~1986년 청주사범대·서울시립대·서울 장로신학대 강사 1985년 목원대 음악대학 작곡·재즈학부 작곡전공 교수(현) 1994~1996년 同음악대학장 1996년 同교무처장 2005~2006년 同학생처장 겸 생활관장 2009~2013년 同음악대학장 2011~2013년 同음악연구소장 2013년 同교수협의회장 2014년 同대학평의원회 의장 2015년 문화체육관광부 한국문화예술위원회 위원(현) 2015년 목원대 음악대학장 겸 음악연구소장(현) [상]독일 히짜커 국제콩코르 입상(1984) [저]'소프라노, 클라리넷, 첼로, 피아노를 위한 인골적'(1981) 'DUMMER's SONG for Piano'(1981) '한국현대 작곡가 김규태 작품집'(1994)

김규태(金圭泰) KIM Gyu Tae
[생]1964·9·1 [출]전북 정읍 [주]전북 전주시 완산구 홍산로111 전라북도교육청 부교육감실(063-239-3111) [학]연세대 행정학과졸 [경]행정고시 합격(32회) 1998년 교육부 교육정책총괄과 서기관 2002년 전북대 사무국 과장 2004년 교육인적자원부 정책조정과장 2005년 同대학구조개혁팀장 2005년 同대학구조개혁팀장(부이사관) 2006년 同평가지원과장 2007년 同대학학무과장 2008년 교육과학기술부 인재정책총괄과장 2009년 제주대 사무국장 2009년 교육과학기술부 평생직업교육국장(고위공무원) 2011년 同평생직업교육관 2011년 유네스코 본부 파견(고위공무원) 2015년 목포대 사무국장 2016년 전북도교육청 부교육감(현) [상]대통령표창(1997)

김규태(金奎兌) KIM Gyu Tae
[생]1969·6·23 [본]김해(金海) [출]제주 [주]서울 성북구 안암로145 고려대학교 전기전자공학부(02-3290-3250) [학]1992년 서울대 물리학과졸 1996년 同대학원졸 2000년 물리학박사(서울대) [경]2000년 LG 전자기술원 근무 2000년 (주)이지서킷닷컴 선임연구원 2000년 독일 막스플랑크연구소 연구원 2002년 고려대 조교수 2006년 同공과대학 전기전자공학부 부교수·교수(현) 2015년 同정보전산처장(현) 2015년 한국대학정보화협의회 부회장 2016년 同회장(현) [상]서울대 우수연구상(2000), 고려대 석탑강의상(2004) [저]'나노튜브 기반 소자(共)'(2003) [종]기독교

김규학(金圭學) KIM Gyu Hak

[생]1964·1·31 [출]경북 의성 [주]대구 중구 공평로88 대구광역시의회(053-803-5031) [학]2007년 경북대 대학원 정치학 박사과정 수료, 사회복지학박사(대구한의대) [경]한나라당 대구시당 청년위원장, 同청년자문위원장, 소상공인협회 대구시 북부지회장 2006년 대구시 북구의회 의원 2008~2010년 同도시건설위원회 위원장 2008년 대구보건대 겸임교수 2010년 대구시의회 의원(한나라당·새누리당) 2014년 대구시의회 의원(새누리당)(현) 2014년 同교육위원회 위원 2014년 同예산결산특별위원회 위원장 2015·2016년 同문화복지위원회 의원(현) 2016년 同윤리특별위원회 위원(현) [상]전국시·도의회의장협의회 우수의정 대상(2016)

김규한(金奎漢) KIM Kyu Han

[생]1946·9·10 [본]경주(慶州) [출]경북 청송 [주]서울 서대문구 이화여대길52 이화여자대학교(02-3277-2696) [학]1970년 연세대 지질학과졸 1974년 同대학원졸 1979년 지질학박사(연세대) 1981년 이학박사(일본 나고야대) [경]1981~1991년 이화여대 사범대학 과학교육과 전임강사·조교수·부교수 1985년 미국 California Institute of Technology 객원교수 1991~2012년 이화여대 사범대학 과학교육과 교수 1996년 일본 나고야대 연구교수 1998~2001년 이화여대 자연사연구소장 1998~2001년 同자연사박물관장 2001~2005년 同사범대학 부속고등학교장 2004년 대한자원환경지질학회 회장 2012년 이화여대 사범대학 과학교육과 명예교수(현) 2013~2016년 한국지질자원연구원 원장 2015년 아시아지질자원위원회 (CCOP) 운영위원장(현) [상]과학기술우수논문상(1993), 대통령표창(1996), 대한자원환경지질학회 학술논문상(1997), 대한자원환경지질학회 김옥준상(2008), 대한민국과학문화상 대중매체부문(2011) [저]'온천지'(1983) '대학지구과학'(1984) '동위원소 지질학'(1991) '지구화학'(1996) '푸른행성 지구'(1998) '환경지질학'(1998, 서울대 출판부) '한국의 온천'(2007, 이화여대 출판부) [역]'현대광상학 기초'(1983) '점토광물학'(1992) '지구환경화학'(2007)'(엄마가 키워주는) 중고생의 학력과 생활력'(2008, 시그마북스) [종]기독교

김규한(金圭漢) KIM Kyu Han

[생]1957·5·31 [본]함녕(咸寧) [출]서울 [주]서울 종로구 대학로101 서울대병원 피부과(02-2072-3643) [학]1982년 서울대 의대졸 1986년 同대학원졸 1991년 의학박사(서울대) [경]1982년 서울대병원 인턴·전공의 1986년 대한피부과학회 정회원(현) 1986~1989년 대한나관리협회 경기도지부 진료소장 1989~1991년 경상대 의대 전임강사 1991~1993년 서울대병원 임상교수 1993년 서울대 의과대학 피부과학교실 교수(현) 1995년 미국 에모리대 School of Medicine 연구원 1997~2000년 대한알레르기학회 재무이사·서울지부회 총무 1999~2005년 대한피부과학회 영문잡지편찬위원회 간사 2001~2005년 대한피부연구학회 간행이사 2003~2006년 대한의학회 수련교육위원회 위원 2003~2006년 대한알레르기학회 감사 2003~2006년 서울대 교육연구부 교육수련담당 교수 2005~2006년 대한피부연구학회 학술이사 2005~2007년 대한피부과학회 고시이사 2006년 서울대 의대 학생부학장 2007년 대한피부과학회 학술이사 2008·2012·2014년 서울대병원 피부과 진료과장 2010~2013년 대한피부과학회 연구실험부장 2011년 대한아토피피부염학회 회장 2013~2016년 서울대병원 의생명연구원 의학연구협력센터장 2015년 대한천식알레르기학회 회장(현) [종]기독교

김규헌(金圭憲) KIM Kyu Hun

[생]1954·9·17 [본]경주(慶州) [출]강원 [주]서울 서초구 서초대로266 한승아스트라빌딩 8층 QLEX법률사무소(02-3487-5580) [학]1973년 서울고졸 1977년 성균관대 법정대학졸, 연세대 행정대학원졸(사법행정학석사) [경]1981년 사법시험 합격(23회) 1983년 사법연수원 수료(13기) 1983년 서울지검 북부지청 검사 1986~1987년 독일 뮌헨대 방문연구원 1987년 부산지검 검사 1989년 법무부 법무심의관실·통일법연구단 검사 1992년 서울지검 검사 1994년 부산지검 동부지청 검사 1995년 부산고검 검사 1996년 춘천지검 강릉지청 부장검사 1997년 인천지검 부천지청 부장검사 1998년 인천지검 조사부장 1999년 대검찰청 공판송무과장 2001년 서울지검 강력부장 2002년 청주지검 충주지청장 2003년 광주고검 검사 2004년 서울고검 검사 2006년 대전고검 검사 2007~2008년 일본 게이오대 방문연구원, 성균관대 법대 연구교수 2008~2011년 서울고검 검사 2011년 QLEX법률사무소 대표변호사(현), (주)중외신약 사외이사(현), (사)한국발레협회 법률고문, 문화체육관광부 문화예술공정위원회 위원장(현), 서울지방세무사회 고문(현), 성세의료재단 고문(현), 무의자문화재단 이사(현), 서울국제문화교류회 이사(현) 2014년 (재)정동극장 비상임감사(현), JW중외홀딩스 법률고문(현), 무용교육혁신위원회 법률고문(현), 새로운한국을위한국민운동 공동대표(현), 세금바로쓰기납세자운동 고문(현), (재)국립발레단 고문변호사(현) [상]법무부장관표창, 근정포장, 한국발레협회 디아길레프상 [저]'독일법률용어대역집' '구동독의 법질서와 사법조직' '현행 보석제도에 관한 연구'

김규현(金奎顯) Kim Kyou-hyun

[생]1953·6·13 [출]서울 [주]서울 종로구 청와대로1 대통령 외교안보수석비서관실(02-770-0011) [학]경기고졸 1981년 서울대 치의학과졸 1994년 미국 하버드대 대학원 행정학과졸 [경]1980년 외무고시 합격(14회) 1980년 외무부 입부 1986년 駐미국 3등서기관 1995년 駐방글라데시 참사관 1997년 대통령비서실 파견 2000년 외교통상부 북미1과장 2002년 駐미국 참사관 2004년 외교통상부 북미국 심의관 2006년 국방부 국제협력관 2007년 駐미국 공사 2010년 외교통상부 장관특별보좌관 2011년 同평가담당대사 2012년 同차관보 2013년 외교부 제1차관 2014~2015년 국가안보실 제1차장(차관급) 2014~2015년 국가안전보장회의(NSC) 사무처장 겸임 2015년 대통령 외교안보수석비서관 겸 국가안보실 제2차장(현)

김규현(金圭賢) GIM Gyu Hyeon

[생]1963·9·12 [출]서울 [주]서울 서대문구 통일로97 경찰청 대변인실(02-3150-2514) [학]1982년 서울 대일고졸 1986년 경찰대졸(2기) 2002년 대전대 대학원 법학과졸 2005년 법학박사(대전대) [경]1986년 치안본부 경무부 근무(경위) 1987년 충북도경찰국 기동대 제2중대 근무 1988년 충남도경찰국 보안과 외근계장 1994년 중앙경찰학교 근무(경감) 1996년 경찰청 정보국 정보2과 근무 1999년 충남지방경찰청 정보2계장(경정) 2001년 대전 동부경찰서 정보과장 2002년 서울 강서경찰서 경비교통과장 2003년 서울지방경찰청 경비부 경비1과 근무 2005~2006년 대통령 민정수석비서관실 파견 2007년 강원 영월경찰서장(총경) 2008년 경기지방경찰청 제1부 경무과장 2009년 경기 광명경찰서장 2010년 경찰청 인사과장 2011년 서울 마포경찰서장 2011년 경찰청 홍보담당관 2014년 同홍보담당관(경무관) 2014년 전남지방경찰청 제1부장 2014년 대전지방경찰청 제1부장(경무관) 2015년 경찰청 대변인(현)

김규현(金奎賢) KIM Kyu Hyeon

[생]1965·11·11 [주]세종특별자치시 도움6로11 국토교통부 도시정책과(044-201-3715) [학]1984년 전라고졸 1988년 서울대 경영학과졸 [경]2000년 건설교통부 육상교통국 도시철도과 사무관 2002년 同토지국 토지정책과 사무관 2003년 同토지국 토지정책과 서기관 2007년 同복합도시기획팀장 2008년 국토해양부 수도권정책과장 2009년 同동서남해안권발전기획단 파견(과장급) 2011년 同공공주택건설추진단 파견(서기관) 2012년 同공공주택건설추진단 공공주택총괄과장(부이사관) 2013년 국토교통부 공공주택건설추진단 공공주택총괄과장 2013년 同국토정책과장 2015년 同도시정책과장(현)

김규형(金奎亨) Kim, Kyu Hyeong

[생]1964·7·25 [본]연안(延安) [출]서울 [주]서울 중구 을지로29 삼성화재해상보험(주) 인사팀(1588-5114) [학]1983년 동래고졸 1987년 서강대 경영학과졸 2006년 同대학원 OLP과정 수료(8기) 2013년 연세대 대학원 언론홍보최고위과정 수료(35기) [경]1989~1993년 삼성SDS 마케팅팀 대리 1994~1997년 삼성인력개발원 과장 1998년 삼성화재해상보험(주) 법인영업본부 과장 2001년 同인사팀 차장 2003~2009년 同홍보팀 부장 2010~2011년 同인사팀 부장 2012년 同방카슈랑스사업부장 2013년 同전략영업사업부장 2013~2015년 同홍보팀장(상무) 2015년 同인사팀장(상무)(현) [상]제12회 서강언론인상 공로상(2015)

김규호(金圭浩) KIM Kyu Ho

[생]1958·5·9 [출]전남 화순 [주]경기 고양시 일산서구 고양대로283 한국건설기술연구원 수자원·하천연구소(031-910-0257) [학]1978년 광주 서석고졸 1982년 육군사관학교졸 1985년 연세대 대학원 수공학과졸 2000년 수공학박사(연세대) [경]1982년 육군 소대장 1983년 서울산업대 강사 1985년 육군사관학교 강사 1985년 연세대 산업기술연구소 연구원 1987~2000년 한국건설기술연구원 수자원연구실 선임연구원 2000년 同수자원연구그룹장 2001년 同하천연구그룹장 2004년 同기획조정실 연구관리팀장 2006년 同수자원연구부장 2007년 同하천·해안항만연구실 책임연구원 2012년 同그린리버연구단장 2015년 同수자원·하천연구소 선임위원(현) [종]불교

김규환(金奎煥) KIM GYU HWAN

ⓢ1956·6·18 ⓑ삼척(三陟) ⓞ강원 평창 ⓦ서울 영등포구 의사당대로1 국회 의원회관1017호(02-784-5680) ⓗ1992년 한국폴리텍Ⅶ대학 기계공작과졸 2016년 명예 공학박사(인제대) ⓒ1977~2010년 대우종합기계(現 두산인프라코어) 근무(33년) 1986년 국제품질관리분임조 한국대표 분임조장 1992년 국가 품질(초정밀기술)명장 2012년 한국잡월드 명예의전당에 등재 2012년 새누리당 제18대 대통령중앙선거위원회 특보 2015~2016년 호산대 명장석좌교수 2016년 인제대 석좌교수 2016년 제20대 국회의원(비례대표, 새누리당) (現) 2016년 국회 산업통상자원위원회 위원(現) 2016년 국회 평창동계올림픽 및 국제경기대회지원특별위원회 위원(現) 2016년 한국아동인구환경의원연맹(CPE) 회원(現) ⓢ전국공장새마을근로청소년 최우수저축상 대통령상(1983), 전국공장새마을품질관리분임조경진대회 금메달(1985), 대우중공업 창원공장 공장새마을 품질관리 최우수분임조장(1986), 전국공장새마을 최우수지도자 새마을포장(1986), 전국새질서새생활 최우수대통령상(1991), 아름다운 부부상(2001) ⓩ'어머니 저는 해냈어요'(2009, 김영사) ⓩ불교

김 균(金 均) KIM Kyun

ⓢ1954·4·20 ⓞ경남 ⓦ서울 성북구 안암로145 고려대학교 정경대학 경제학과(02-3290-2212) ⓗ1979년 고려대 경제학과졸 1981년 同대학원 경제학과졸 1986년 경제학박사(미국 듀크대) ⓒ1981년 고려대 경제연구소 연구원 1986년 同정경대학 경제학과 조교수·부교수·교수(現) 1990~1995년 한국경제학회 국제학술대회위원회 위원 1991년 국제경제학회 감사 1992~1993년 영국 Cambridge대 Darwin College 객원교수 1995년 한국경제학회 KER 편집위원 1997년 미국 Duke대 객원교수 2004~2006년 고려대 교무처장 2004~2006년 同교양교육실장 2005~2006년 同교수학습개발원장 2012~2016년 참여연대 공동대표 2015년 고려대 정경대학장 겸 정책대학원장(現) ⓢ한국경제학회 청람학술상(1990) ⓩ'한국자본주의의 현상과 과제(共)'(1990, 대한상공회의소) '토지 공개념의 경제적 효과분석(共)'(1990, 국토개발연구원) '경제학원론(共)'(1995, 태진출판사) '한국 5대 재벌백서(共)'(1999, 나남) ⓮'리피츠, 조절이론과 마르크스경제학의 재해석'(1993, 인간사랑) '스티글리츠의 경제학(共)'(2002, 한울)

김 균(金 均) Kim Kyun

ⓢ1959·4·29 ⓑ선산(善山) ⓞ서울 ⓦ대전 유성구 가정북로90 화학물질안전원 원장실(042-605-7001) ⓗ1975년 서울 광성고졸 1983년 서울대 농화학과졸 1985년 同대학원 농화학과졸 1997년 농학박사(서울대) ⓒ1986~1987년 두산연구소 연구원 1987~2001년 한국화학연구원 선임연구원 2002년 同부설 안전성평가연구소 책임연구원·센터장·선임부장 2011~2014년 호서대 바이오응용독성학과 부교수 2014년 화학물질안전원 원장(現) ⓢ환경부장관표창(1996·2006) ⓩ기독교

김 균(金 均)

ⓢ1966·8·8 ⓞ경남 통영 ⓦ부산 연제구 중앙대로999 부산지방경찰청 청문감사담당관실(051-899-2117) ⓗ1985년 통영고졸 1989년 경찰대 행정학과졸(5기) ⓒ1989년 경위 임관 1997년 경감 승진, 경남 거제경찰서 경비교통과장·청문감사관, 경남 사천경찰서 생활안전과장, 경남 거제경찰서 생활안전과장 2004년 경정 승진, 경남 통영경찰서 생활안전과장, 경남 창원서부경찰서 생활안전과장, 경남지방경찰청 작전전경계장·생활안전계장 2013년 경남지방경찰청 치안지도관 2013년 同여성청소년과장 2014년 경남 합천경찰서장(총경) 2016년 울산지방경찰청 경무과장 2016년 부산지방경찰청 청문감사담당관(現)

김균미(金均美·女) KIM Kyun Mi

ⓢ1965·8·8 ⓞ경기 수원 ⓦ서울 중구 세종대로124 서울신문 편집국(02-2000-9122) ⓗ1988년 이화여대 영어영문학과졸 1998년 미국 아메리칸대 대학원 저널리즘과졸 ⓒ1989년 서울신문 기자 2000년 同편집국 국제팀 기자 2001년 同경제팀 기자 2001년 同국제팀 기자 2002년 同국제부 차장 2005년 同편집국 경제부 차장 2008년 同워싱턴특파원(부장급) 2011년 同편집국 국제부장 2012년 한국여기자협회 감사 2012년 서울신문 편집국 문화부장 겸 문화에디터(부국장급) 2013년 同편집국 부국장 2014년 관훈클럽 편집담당 운영위원 2015년 서울신문 편집국 부국장(국장급) 2015년 同편집국 수석부국장 2016년 同편집국장(現) ⓢ제10회 한국참언론인대상 국제부문(2014)

김극수(金克壽) Kim, Keuk Soo

ⓢ1961·9·2 ⓦ서울 강남구 영동대로511 한국무역협회 국제무역연구원(02-6000-5215) ⓗ1988년 홍익대 경제학과졸 1998년 미국 루이지애나주립대 대학원 경제학과졸 1999년 경제학박사(미국 루이지애나주립대) ⓒ1987년 한국무역협회 입사 2000년 同무역조사부 경제조사과 조사역 2002년 同무역연구소 동향분석팀장 2006년 同무역연구소 연구조정팀장 2007년 同국제무역연구원 무역전략실장 2008년 同뉴욕지부장 2008년 미국 Hahnkook Center Inc. 사장 2008년 미국 한국상공회의소(KOCHAM) 부회장 2008년 The Korea Society 이사(Board of Directors) 2011년 한국무역협회 기획조정실장 2015년 同국제무역연구원장(現) ⓢ산업자원부장관표창(2002), 산업포장(2013)

김극천(金克千) KIM Kuk Chen (예의)

ⓢ1951·6·29 ⓑ김해(金海) ⓞ경남 통영 ⓦ경남 통영시 안개3길36 통영공예전수교육관內 통영무형문화재보존협회(055-645-2971) ⓗ1970년 통영고졸 ⓒ1970년 故김덕룡선생에게 사사 1982~1985년 전승공예대전 입선(7·8·9회)·장려상(10회) 1992년 대전엑스포 실기공연 2000년 중요무형문화재 제64호 두석장 기능보유자(現), 통영무형문화재보존협회 이사(現) ⓢ전승공예대전 입선(1982·1984·1985·1988), 전승공예대전 장려상(10회) ⓩ원불교

김 근(金 槿) KIM Keun

ⓢ1942·9·7 ⓑ연안(延安) ⓞ전북 전주 ⓗ1960년 전주고졸 1967년 한국외국어대 스페인어과졸 1973년 서울대 신문대학원졸 1987년 문학박사(프랑스 파리제7대) ⓒ1968년 한국경제신문 기자 1975년 동아방송 기자 1980년 강제해직 1988년 한겨레신문 경제부장 1990년 同논설위원 1993년 同편집부위원장 1993년 同논설위원 1997년 同논설주간 1999년 방송위원회 위원 1999년 한겨레신문 이사 논설주간 1999년 한국신문방송편집인협회 이사 1999년 대통령자문 정책기획위원회 위원 2000~2003년 연합뉴스 대표이사 사장 2000~2003년 연합인포맥스 사장 2000~2003년 연합P&M 사장 겸임 2000년 통일고문 2000~2003년 국제언론인협회(IPI) 한국위원회 이사 2002년 한국외국어대 이사 2002~2003년 아시아신문재단(PFA) 한국위원회 이사 2003년 한국신문협회 감사 2003~2006년 한국방송광고공사 사장 2008년 통합민주당 공천심사위원 2014년 새정치민주연합 최고위원 ⓢ한국외국어대 언론인상(2001)

김 근(金 瑾)

ⓢ1964·2·11 ⓞ광주 ⓦ전남 해남군 해남읍 영빈로61 해남경찰서(061-530-3210) ⓗ광주 진흥고졸 1986년 경찰대 행정학과졸(2기) ⓒ1986년 경위 임용 2009년 전남지방경찰청 청문감사담당관(총경) 2010년 전남 영광경찰서장 2011년 광주지방경찰청 경비교통과장 2012년 광주광산경찰서장 2013년 광주지방경찰청 정보과장 2014년 광주서부경찰서장 2015년 광주지방경찰청 생활안전과장 2016년 전남 해남경찰서장(現)

김근상(金根祥) KIM Keun Sang

ⓢ1952·7·29 ⓑ안동(安東) ⓞ경기 평택 ⓦ서울 중구 세종대로21길15 대한성공회 서울교구(02-738-6597) ⓗ1971년 서울 신일고졸 1973년 서강대 화학과 중퇴(3년) 1977년 가톨릭대 신학부졸 1980년 성공회대 성미가엘 신학원졸 1993년 캐나다 험버대학졸 2003년 성공회대 신학대학원졸 ⓒ1979년 안중 전도구 구진교회 전도사 1979년 부제서품 1979년 내리교회 보좌부제 1980년 사제서품 1980년 내리교회(장화·홍왕·선수) 관할사제 1981~1984년 교구 학생연합회 지도사제 1984년 영등포교회(항동·안양) 관할사제 1985년 대한성공회 정의실천사제단 총무(A.P.C.R.J) 1987년 대한성공회 교무국 총무부장 1987~1991년 G.F.S 지도사제 1987~1991년 대한성공회 관구독립을위한위원회(C.A.K) 한국측 대표위원 1987~1989년 주교좌성당 협동사제 1988~1991년 대한성공회 100주년기념사업준비위원회 사무차장 1989~1990년 영등포·광명교회 관리사제 1991년 캐나다 토론토 한인교회 주임사제 시무 1994년 한국기독교교회협의회(KNCC) 실행위원(現) 1994년 주교좌성당 보좌사제 1995~1996년 대한성공회 교무국장 서리 1996년 교구 상임위원 1996년 주교좌성당 주임사제 1998~2000년 한국기독교교회협의회(KNCC) 청년위원장 2000~2002년 同교회와사회위원장 2000년 대한성공회 교무국장 2001~2003년 분당교회 관리사제 2002년 한국기독교교회협의회(KNCC) 통일위원장 2002년 온겨레손잡기운동본부 상임대표

2003~2004년 강남·하남교회 관리사제 2004년 구리시장애인종합복지관 관장 2004년 교구 상임위원 2004년 한국기독교교회협의회(KNCC) 부회장 2007년 '세계성공회평화대회-서울 2007' 집행위원장 2008년 주교 서품(현) 2008년 대한기독교서회 이사(현) 2009년 대한성공회 서울교구장(현) 2009년 성공회대 이사 2010년 대한성공회 의장주교 겸임(현) 2010~2012년 대한성공회 관구장 2011년 세계성공회 종교간대화협의회(NIFCON) 공동의장 2011년 CBS 이사(현) 2012년 한국기독교교회협의회(KNCC) 회장 2012년 WCC10차세계대회 한국중앙상임위원 2014년 학교법인 성공회대 이사장(현) 2016년 조선일보 윤리위원회 위원(현) [저]'잠만 주무시는 예수님'(2003) [종]성공회

김근수(金根洙) Kim, Geun Su (瑞庵)

[생]1960·8·2 [본]김해(金海) [출]전북 무주 [주]세종특별자치시 도움6로11 국토교통부 항공운항과(044-201-5422) [학]1979년 공군항공과학고졸 1989년 한남대 무역학과졸 1998년 인하대 교통경영학과졸 2014년 한국항공대 대학원 경영학 박사과정 수료 [경]1990~1998년 교통부 항공국 운항과 근무 1998년 건설교통부 항공국 항공안전과 근무 1999년 同항공국 운항기술과 근무 2001년 同항공국 자격관리과 근무 2002년 국토해양부 항공안전본부 운항기술국 자격관리과 근무 2006년 同항공안전본부 운항기술국 운항과 근무 2006년 同항공안전본부 운항기획관실 운항정책팀 근무 2008년 同항공안전본부 기획총괄과 근무 2009년 서울지방항공청 관제통신국장(서기관) 2011년 同안전운항국장 2012년 국토교통부 항공교통센터장 2016년 同항공철도사고조사위원회 사무국장 2016년 同항공운항과장(현)

김근수(金槿洙) KIM KEUN SU

[생]1962 [주]서울 강남구 언주로211 강남세브란스병원(02-2019-3200) [학]1987년 연세대 의대졸 1996년 同대학원 의학석사 2000년 의학박사(연세대) [경]1995~1996년 연세대 의대 신경외과학교실 연구강사 1997년 일본 홋카이도대 의과대학 척추센터 연수 1997~2003년 전북대 의대 신경외과학교실 전임강사·조교수·부교수 1998년 미국 클리블랜드 국제척추센터 연수 2001~2003년 미국 에모리대 척추센터 교환교수 2004~2010년 연세대 의대 신경외과학교실 부교수 2009~2011년 강남세브란스병원 기획관리실 부실장 2010년 연세대 의대 신경외과학교실 교수(현) 2011~2014년 강남세브란스병원 척추병원 진료부장 2011년 同척추신경외과장 2014년 同척추병원장 2014년 同의대 신경외과학교실 주임교수 2016년 강남세브란스병원 원장(현) [상]국제요척추학회 최우수학술상(2004), 대한신경외과학회 최우수논문상(2005), 대한신경외과학회 임언 학술상(2013)

김근식(金根植)

[생]1967·9·6 [출]서울 [주]서울 서대문구 통일로97 경찰청 인사운영계(02-3150-2131) [학]서울 중경고졸, 경희대 법학과졸, 同대학원 법학과졸 [경]1996년 사법시험 합격(37회) 1999년 경정 임용(특채), 경기 성남남부경찰서 수사과장, 경기 분당경찰서 경비교통과장, 경찰청 수사1계장, 재정경제부 금융정보분석원 파견 2008년 전북 임실경찰서장(총경) 2009년 駐뉴델리대사관 주재관 2012년 경찰청 규제개혁법무담당관 2013년 서울 구로경찰서장 2014년 서울지방경찰청 수사과장 2016년 전남지방경찰청 제2부장(경무관) 2016년 해외 파견(현)

김근업(金根業)

[생]1963·1 [출]대구 [주]서울 영등포구 국제금융로8길10 한국증권금융(주) 운용본부장실(02-3770-8800) [학]대구 성광고졸, 서강대 경영학과졸, 한국개발연구원 국제정책대학원 정책학과졸 [경]1988년 한국증권금융 입사 2005년 同총무부문팀장 2007년 同비서실장 2011년 同홍보실장 2012년 同총무부부문장 2012년 同IT부문장 2013년 同자금부문장 2014년 同자금부문장(상무) 2015년 同영업본부장(상무) 2016년 同운용본부장(상무)(현)

김근영(金根英) KIM Geun Young

[생]1962·11·8 [본]김해(金海) [출]전남 [주]서울 종로구 새문안로75 (주)대우건설 임원실(02-2288-3114) [학]1981년 영일고졸 1985년 서울대 토목과졸 2012년 국민대 공과대학원 건설시스템공학과졸 [경]1985년 (주)대우건설 입사, 同임원(알제리신도시현장소장 등) 2012년 同플랜트발전소·해외현장 담당임원 2013년 同해외지원실장(전무) 2014년 同카타르고속도로프로젝트담당 PM(전무)(현) [종]천주교

김근용(金根龍) KIM Geun Yong

[생]1959·8·18 [출]전남 고흥 [주]경기 안양시 동안구 시민대로254 국토연구원(031-380-0315) [학]1982년 연세대 경영학과졸 2004년 경영공학박사(한국과학기술원) [경]1990년 국토연구원 연구원·책임연구원·연구위원·선임연구위원 2004~2005년 국무총리실 정책평가위원회 전문위원 2004~2005년 감사원 특별조사국 자문위원 2005년 KAIST 부동산경제학 강사 2005~2008년 대통령자문 국민경제자문회의 전문위원 2006년 미국 위스콘신대 밀워키캠퍼스 경제학과 Visiting Scholar 2009~2011년 기획재정부 공기업·준정부기관 경영평가위원 2009년 한국주택학회 부회장 2010~2013년 국토연구원 주택토지연구본부장 2011년 한국주택학회 수석부회장 2012년 同회장 2011~2013년 국토연구원 주택토지연구본부장 2013년 同국토현안융합연구단장 2014년 국토교통부 행복주택후보지선정협의회 위원장(현) 2015년 통계청 국가통계위원회 경제2분과 위원(현) 2016년 국토교통부 중앙도시계획위원회 위원(현) 2016년 국토연구원 선임연구위원(현) [상]국토교통부장관표창(2014), 대통령표창(2015) [저]'공간분석기법'(2004, 한울아카데미)

김근익(金根益) KIM Kun Ik

[생]1965·10·15 [주]서울 중구 세종대로39 상공회의소회관18층 국무총리소속 민관합동규제개선추진단(02-6050-3351) [학]1984년 광주 금호고졸 1988년 서울대 경제학과졸 1991년 同정책대학원졸 [경]2005년 금융감독위원회 감독정책1국 시장조사과장 2005년 同의사국제과장 2006년 同기획행정실 기획과장 2008년 금융위원회 금융정책국 금융구조개선과장 2009년 금융정보분석원 기획행정실장 2009년 금융위원회 기획재정담당관 2010년 同은행과장 2011년 금융정보분석원 기획행정실장 2012년 同기획행정실장(부이사관) 2012년 국가경쟁력강화위원회 파견(국장급) 2013년 중앙공무원교육원 고위정책과정 파견(고위공무원) 2014년 금융위원회 금융소비자보호기획단장 2015년 同금융현장지원단장 2016년 국무총리소속 민관합동규제개선추진단 부단장(현)

김근제(金根濟)

[생]1959·8·17 [출]충남 보령 [주]충남 홍성군 홍성읍 충절로741 홍성소방서(041-630-0201) [학]대천고졸, 공주대 대학원 행정학과졸 [경]1986년 소방공무원 임용 1986년 충남 천안소방서 근무, 충남 서산소방서 예방계장, 충청소방학교 전임교관, 충남 홍성소방서 방호구조과장, 충남 보령소방서 소방행정과장, 충남도 소방안전본부 종합상황실장 2010년 충남 부여소방서장 2011년 충남 보령소방서장 2013년 충남도 소방본부 방호구조과장 2014년 同소방본부 소방행정과장 2015년 충남 홍성소방서장(현) [상]내무부장관표창, 충남도지사표창, 국무총리표창

김근호(金根鎬) KIM Gheun Ho

[생]1960·12·13 [본]선산(善山) [출]서울 [주]서울 성동구 왕십리로222의1 한양대학교병원(02-2290-8181) [학]1978년 서울 신일고졸 1984년 서울대 의대졸 1990년 同대학원졸 1994년 의학박사(서울대) [경]1984~1985년 서울대병원 인턴 1985~1988년 軍의관(대위 예편) 1988~1991년 서울대병원 내과 전공의 1991~1993년 同신장내과 전임의 1993~2004년 한림대 의대 신장내과학교실 전임강사·조교수·부교수 2004년 한양대 의대 신장내과학교실 교수(현) 2015년 同서울병원 부원장(현) [상]대한내과학회 우수논문상(1995·1996), 한국과학기술단체총연합회 과학기술우수논문상(2005) [저]'내과학'(1998, 서울의대 내과학교실) '임상신장학'(2001, 대한신장학회) [종]천주교

김금래(金錦來·女) KIM Kum Lae

[생]1952·8·6 [주]서울 동작구 여의대방로62길1 이투데이빌딩5층 (사)역사여성미래(02-799-6754) [학]1971년 이화여고졸 1975년 이화여대 사회학과졸 1997년 숙명여대 정책대학원졸 [경]1975~1980년 서울대 인구및발전문제연구소 간사 1982년 한국여성의전화 창설참여·초대간사 1983년 한국여성단체협의회 기획연구간사 1988~1997년 同사무총장·소비자보호단체협의회 실행위원 1991년 KBS 시청자의견수렴위원 1991~1997년 민주평통 자문위원 1991년 통일대행진준비회담 남측 실무대표 2000년 21세기여성미디어네트워크 공동대표 2000년 서울시 여성위원 2001년 비전@한국포럼 상임집행위원 2001~2004년 한나라당 여성국장 2005년 (사)아키아연대 상임대표

2005년 서울시 동부여성플라자 대표 2006년 재단법인 서울여성 대표 2007년 한나라당 이명박 대통령후보 비서실 부실장 2008년 제17대 대통령직인수위원회 비서실 여성팀장 2008~2011년 제18대 국회의원(비례대표, 한나라당) 2008~2009년 한나라당 중앙여성위원장 2008~2009년 국회 문화체육관광방송통신위원회 위원 2008~2009년 국회 저출산고령화특별위원회 위원 2008~2011년 국회 여성가족위원회 위원 2008~2011년 국회 보건복지위원회 위원 2010~2011년 한나라당 대표 특보 2011~2013년 여성가족부 장관 2013년 (사)역사여성미래 이사장(현) [상]국민훈장 목련장, 대한민국 헌정대상(2011), 자랑스러운 이화인상(2012)

김금분(金錦芬·女) KIM Geum Boon

[생]1955·8·19 [본]원주(原州) [출]강원 춘천 [주]강원 춘천시 중앙로1 강원도의회(033-249-5432) [학]1975년 춘천여고졸 1998년 한국방송통신대 국문학과졸 2001년 한림대 대학원 국어국문학과 수료 [경]시인(현), 춘천풀무문학회 회장, 춘천문인협회 사무국장, 강원문인협회 감사, 김유정문학촌 운영위원, 춘천국제마임 운영위원, 바른선거실천춘천시민모임 공동대표, 강원도여성단체협의회 회장, 수향시낭송회 회장, '미래시' 동인, 한국여성예림회 강원도지부 회장 2006년 바르게살기운동 강원도여성협의회 회장, 강원문인협회 이사, 강원시인협회 이사, 춘천지법 민사가사조정위원, 강원지방병무청 시민자문위원, 춘천여고총동창회 부회장 2009년 (사)김유정기념사업회 상임이사 2009~2013년 (사)애국지사윤희순기념사업회 부회장 2010년 강원도의회 의원(비례대표, 한나라당·새누리당) 2012년 同사회문화위원회 위원 2012년 同운영위원회 위원 2013년 (사)애국지사윤희순기념사업회 고문 2014년 강원도의회 의원(새누리당)(현) 2014년 同사회문화위원회 위원장 2015년 강원도 행복한강원도위원회 문화환경분과 위원 2015년 강원도예술총연합회 수석부회장 2015년 춘천글소리낭송회 회장 2015년 율곡학진흥원건립추진위원회 위원 2015년 강원도 성평등위원회·저출산대책위원회·학교폭력대책 지역위원회 위원 2015년 한림성심대 특성화사업추진위원회 외부위원 2015년 2015전국체육대회 및 장애인체육대회조직위원회 위원 2015년 (사)강원도문화도민운동협의회 이사 2015년 강원도 자살예방및생명존중위원회 위원 2015년 (재)한국소년보호협회 강원청소년자립생활관 자립지원위원 2015년 월드비전 강원지부 아동이살기좋은강원도만들기추진위원회 위원 2015년 同춘천종합사회복지관 후원이사 2016년 강원도의회 농림수산위원회 위원(현) [상]월간문학 신인상(1990), 강원문학상(2002), 강원도지사표창, 여성가족부장관표창(2010), 국민포장(2013), 강원여성문학상 대상(2014) [저]시집 '화법전환'(1992) '사랑, 한 통화도 안되는 거리'(1999)

김금영(金錦永) KIM Keum Yeong

[생]1947·3·12 [본]서흥(瑞興) [출]전남 나주 [주]서울 서초구 법원로2길17의8 김금영법무사사무소(02-596-5555) [학]1967년 나주고졸 1986년 한국방송통신대 행정학과졸 1998년 중앙대 행정대학원 행정학과졸 2000년 同고위정책과정 수료 2001년 고려대 언론대학원 최고위언론과정 수료 2004년 중앙대 건설대학원 최고경영자과정 수료 2006년 전국경제인연합회 국제경영원(IMI) 수료(53기) [경]1983년 대검 총무계장 1990년 同마약과 수사사무관 1994년 서울남부지검 수사과 수사사무관 1995년 대검 형사과 검찰사무관 1997년 同총무과 경리서기관 1999년 서울중앙지검 마약수사과장 2000년 同외사수사과장 2001년 인천지검 부천지청 사무과장 2002년 서울중앙지검 조사과장 2004년 케이테크개발(주) 회장 2008년 법무사 개업(현) [상]법무부장관표창(1978), 재무부장관표창(1978), 검찰총장표창(1979·1984), 국무총리표창(1987), 대통령표창(1992), 중앙대 최우수경영자상(2004), 전경련 최우수지식경영인상(2006) [저]'마약류사범의 실태와 억제대책에 관한 연구' '조직혁신을 위한 경영전략과 기법에 관한 연구' [종]기독교

김금옥(金錦沃·女) Kim Keum Ok

[생]1967 [주]서울 영등포구 국회대로55길6 한국여성단체연합 여성미래센터501호(02-313-1632) [학]1984년 군산중앙여고졸 1988년 전북대 국어국문학과졸 1999년 민주시민교육 진행자과정 수료 2002년 미국 조지메이슨대 갈등해결전문가과정 연수 2003년 필리핀 한국시민사회아시아센터 연수(1기) 2003년 필리핀 MPI(Mindanao Peace building Institute) 1기 수료 2004년 이화리더쉽개발원 NPO리더쉽과정 수료(2기) 2006년 한국개발연구원(KDI) 국제정책대학원 경제정책과정 수료(12기) [경]1988~1990년 전북민주여성회(전북여성단체연합 전신) 창립 간사 1994~1996년 (사)성폭력예방치료센터 총무 1997~2002년 전북여성단체연합 사무처장 1999~2001년 근로복지공단 전북지부 여성가장창업지원 심사위원 2000~2002년 전주시 여성정책위원·전북도 여성정책위원 2001~2002년 전주시 민방위 통일안보분야 강사 2001~2002년 전주문화방송 시청자위원 2003년 한국시민사회아시아센터 필리핀여성건강지원프로그램 참여 2004~2005년 한국여성단체연합 정책국장 2004~2005년 대통령자문 지속가능위원회 갈등관리포럼 준비위원 2004~2005년 법무부 성매매TFT 위원 2004~2008년 서울시 성매매방지대책협의회 실무위원 2004년 총선여성연대 공동사무국장 2004~2005년 아시아NGO센터 운영위원 2005~2010년 한국여성단체연합 사무처장 2005~2009년 시민사회단체연대회의 운영위원 2006~2009년 여성인권중앙지원센터 종이학 자문위원 2006~2010년 한국여성재단 기획·홍보위원 2007~2008년 행정자치부 비영리단체공익사업선정위원회 위원 2008년 한국관광공사 임원추천위원 2011~2013년 여성신문 편집위원 2011~2013년 한국여성단체연합 공동대표 2011년 同부설 여성미래센터장(현) 2011~2014년 한국여성재단 NGO여성리더쉽과정 장학위원 2012년 시민평화포럼 공동대표(현) 2013~2014년 6.15 공동선언실천 남측위원회 공동상임의장 2013~2014년 同여성본부 상임대표 2013년 서울시 시민발전자문위원 2014년 한국여성단체연합 상임대표(현) 2014년 국민농업포럼 공동대표(현) 2014년 민족화해협력범국민협의회 상임의장(현) 2014년 시민사회연대회의 공동대표(현) 2014년 한국여성정책연구원 연구자문위원(현) 2015~2016년 중앙선거관리위원회 국회의원선거구획정위원회 위원 2015년 (사)시민 이사(현) 2015년 같이교육연구소 이사(현) 2015년 여성사회교육원 이사(현) 2015년 서울시 인사위원(현) 2016년 서울시교육청 교육발전자문위원(현) 2016년 서울시 남북교류협력위원(현) [상]한국여성단체연합 여성운동상 버팀목상(2007), 여성신문 미래의 지도자상 미지상(2008)

김금용(金今鏞) Kim Geum-yong

[생]1954·4·9 [주]인천 남동구 정각로29 인천광역시의회(032-440-6110) [학]인하대 공학대학원 환경공학과졸, 인천대 대학원 정치외교학과 박사과정 재학 中 [경]사랑의네트워크 남구연합회 회장, 한나라당 중앙위원회 인천시당연합회 총무 2010~2014년 인천시 남구의회 의원(한나라당·새누리당) 2012~2014년 同복지건설위원회 위원장 2014년 인천시의회 의원(새누리당)(현) 2014년 同건설교통위원회 위원장 2016년 同산업경제위원회 위원(현) 2016년 同예산결산특별위원회 위원(현) [상]대한민국 위민의정대상 우수상(2016), 인천YMCA 인천시의회 우수의원(2016)

김금용(金今龍)

[생]1958 [출]전남 장성 [주]전남 구례군 구례읍 봉성로1 구례군청 부군수실(061-780-2204) [학]1978년 광주 사레지오고졸 1982년 전남대 문리대 중퇴 1995년 한국방송통신대 법학과졸 [경]1984년 지방행정공무원 임용(7급 공채) 2002년 완도군 청산면장·금일읍장 2005년 전남도 홍보관리담당 2006년 同홍보기획담당 2007년 同투자심사담당·국고담당·예산총괄담당 2013년 전남도의회 경제관광문화위원회 수석전문위원 2013년 전남도 서울투자유치사무소장 2014년 同예산담당관 2016년 전남 구례군 부군수(현)

김금화(金錦花·女) KIM Kum Hwa

[생]1931·8·18 [출]황해 연백 [주]인천 남구 매소홀로599 무형문화재 전수교육관302호 서해안배연신굿및대동굿보존회(032-425-2692) [경]1946년 외할머니에게서 허침굿·내림굿·솟울굿 전수, 방수덕·권만신으로부터 대덕굿·철몰이굿·배연신굿·대동굿 전수 1946년 강신무 1982년 한·미수교100주년기념사업 문화사절단 1984년 미국 하와이주 인간학연구위원회 및 하와이대재단 초청공연 1985년 중요무형문화재 제82-나호 풍어제 서해안배연신굿 및 대동굿(무녀) 예능보유자 지정(현) 1995년 김금화대동굿 공연 2000년 서해안풍어제보존회 이사장(현) 2001년 인천 바다축제 공연 2002년 월드컵 기념공연 2002년 프랑스 파리 가을축제 공연 2003년 미국 링컨센터 페스티벌 공연 2003년 일본 국제민속예능페스티벌 공연 2003년 서해안 풍어제 정기공연 2006년 유럽연합상공회의소주관 기념공연 2006년 샤머니즘&치유협회공연 및 강의(오스트리아, 독일) 2007년 스페인공연 2007년 백남준1주기 진혼굿 2007년 사도세자 진혼제 2007년 김금화 만신60주년기념 닻새간의 굿판– 만수대탁굿 2008년 샤머니즘&치유협회공연 및 강의(오스트리아, 독일) 2008년 월미공원 진혼제 2008년 아르코미술관전시오프닝 공연 2008년 폴란드 벨기에 보자르 페스티벌 2009년 예술의전당 국립예악당 명인전 2009년 한일축제한마당 2009인서울(일본동경롯본기힐즈아레나) 2010년 駐프랑스 한국문화원개원30주년기념행사 2011년 유럽연합상공회의소 초청공연 [상]자랑스러운 서울시민상, 전국민속경연대회 개인연기상 [저]'김금화무가집'(1996) 수필집 '복은 나누고 한은 푸시게' [작]'프랑스 파리 국립해양박물관 서해안 풍어제 배연신굿'(2005) [종]무속신앙

김긍수(金兢洙) KIM Geung Soo

[생]1958·12·20 [본]개성(開城) [출]전북 군산 [주]경기 안성시 대덕면 서동대로4726 중앙대학교 예술대학 무용학과(031-670-3123) [학]1982년 중앙대 무용학과졸 1986년 同교육대학원 무용학과졸 2003년 단국대 경영대학원 문화예술최고경영자과정 수료 2007년 무용학박사(한양대) 2013년 경희대 문화예술최고위과정 수료 [경]1982년 국립발레단 입단 1983~1993년 同주역무용수 1993~1998년 同지도위원 1999년 중앙대 무용학과 교수(현) 2000년 국립발레단 운영자문위원 2001년 세계무용연맹 한국본부 이사 2001년 대한무용학회 상임이사(현) 2002~2004년 국립발레단 단장 겸 예술감독 2005년 한국무용협회 이사 2005~2014년 한국남성무용포럼 회장 2006~2014년 한국발레협회 이사 2009년 한국무용협회 부이사장(현) 2009년 서울국제공연예술제 이사 2014년 대한무용학회 부회장 2014년 한국남성무용포럼 명예회장(현) 2014년 한국발레협회 상임이사(현) 2015년 세계무용연맹 한국본부 부회장(현) 2016년 한국발레협회 운영위원(현) [상]국립극장장 예술인 공로상(1984), 문화공보부장관표창(1987), 한국예술문화단체총연합회예술문화상 공로상(2008), 한국발레협회 작품상(2010), 대한민국무용대상 우수상(2010) [저]'해설이 있는 발레'(1998) '김긍수 Stage'(2012) [작]'백조의 호수' '지젤' '호두까기인형' '세헤라자데' '노트르담의 꼽추' '카르멘' 한국창작발레 '지귀의 꿈' '처용' '배배장' '춘향의 사랑' '왕자 호동' 등 다수에 출연

김기곤(金棋坤) Kim Ki Kon

[생]1947·1·13 [본]김해(金海) [출]전북 [주]서울 노원구 화랑로815 삼육대학교(02-3399-3636) [학]1965년 호남삼육고졸 1970년 서울대 문리과대학 종교학과졸 1976년 삼육대 신학과졸 1983년 同대학원 신학과졸 1987년 SDA Theological Seminary졸(신학석사) 1994년 신학박사(미국 앤드루스대) [경]1973~1974년 호남삼육고 교사 1987~1996년 삼육대 신학과 조교수·부교수 1995년 同교무처장 1999~2012년 同신학과·신학전문대학원 교수 2001~2005년 同예언의신연구원장 2005~2007년 同대학원장 2007~2009년 同신학전문대학원장 2009~2012년 同총장 2009년 한국대학사회봉사협의회 이사 2012년 삼육대 명예교수(현) [상]청조근정훈장(2012) [저]'신약성경의 이해' 등 18권 [종]기독교

김기곤(金期坤)

[생]1958·7·17 [주]부산 사하구 낙동대로398번길12 사하구청 부구청장실(051-220-4100) [학]1978년 울산대 기계공학과졸 1990년 부산대 대학원 환경공학과졸 [경]1984년 기술고시 합격(20회) 1997년 부산시 환경녹지국 환경관리과장 2008년 同경제산업실 기간산업과장 2011년 同보건환경연구원장 2016년 부산 사하구 부구청장(현) [상]녹조근정훈장(2008)

김기남(金基男) Kim Ki-nam

[생]1953·3·10 [주]서울 종로구 사직로8길60 외교부 인사운영팀(02-2100-2114) [학]1973년 인천 대건고졸 1977년 해군사관학교졸(31기) 2000년 수원대 대학원 행정학과졸 [경]1990년 駐미국 해병무관(중령) 1993년 해병대 제1사단 31대대장 1999년 同제2연대장(대령) 2001년 해병대사령부 작전처장 2004년 해병대 교육훈련단장(준장) 2005년 한미연합사령부 연습처장 2006년 해병대 제2사단장(소장) 2008년 합동참모본부 전투준비태세검열실장(소장) 2014년 駐동티모르 대사(현) [상]보국훈장 천수장(2009)

김기남(金奇南) Kim, Kinam

[생]1958·4·14 [본]전주(全州) [출]강원 강릉 [주]경기 용인시 기흥구 삼성로1 삼성전자(주) 기흥캠퍼스 SR3동13층 사장실(031-209-7114) [학]1977년 강릉고졸 1981년 서울대 전자공학과졸 1983년 한국과학기술원(KAIST) 전자공학과졸(석사) 1994년 전자공학박사(미국 UCLA) [경]1981년 삼성그룹 입사 1983년 삼성전자(주) 근무 1985~1988년 同반도체연구소 DramPA팀장 1994년 同반도체연구소 TD팀 부장 1997~1999년 同반도체연구소 TD3팀 이사보 1998년 Microelectronics Reliability Advisory 편집위원 1998~2003년 IEDM(International Electron Device Meeting) Committee Member 1999년 삼성전자(주) 반도체총괄 반도체연구소 TD팀담당 이사(연구위원) 2001~2002년 同반도체총괄 반도체연구소 TD팀담당 상무(연구위원) 2001년 서울대 공대 전기공학부 초청부교수 2002~2004년 삼성전자(주) 디바이스솔루션총괄 반도체연구소 차세대연구팀장 (상무·연구위원) 2003년 미국 전기전자학회(IEEE) 석학회원(현) 2003년 삼성 Fellow(현) 2003년 제10회 반도체학술대회 학술위원장 2004년 삼성전자 디바이스솔루션총괄 반도체연구소 차세대연구팀장(전무·연구위원) 2007년 同반도체총괄 메모리사업부 DRAM개발실장(부사장·연구위원) 2009년 同반도체연구소장(부사장·연구위원) 2010년 同종합기술원장(사장) 2010~2013년 3D융합산업협회 초대회장 2011년 한국공학한림원 회원(현) 2011년 한국인쇄전자산업협회(KOPEA) 초대 회장(현) 2010~2011년 미국 전기전자학회(IEEE) Asian Solid-State Conference General Chair 2012년 미국 공학한림원 회원(현) 2012~2015년 기초과학연구원 비상임이사 2012~2013년 삼성디스플레이 대표이사 사장 겸 OLED사업부장 2013~2014년 한국디스플레이산업협회 회장 2013년 한국과학기술단체총연합회 부회장(현) 2013년 서울대 전자전기정보장학재단 이사(현) 2013~2014년 삼성전자(주) DS부문 메모리사업부장(사장) 2014~2016년 한국반도체산업협회 회장 2014년 삼성전자(주) 반도체총괄 겸 DS부문 시스템LSI사업부장(사장)(현) 2015년 한국과학기술한림원 정회원(공학부·현) [상]삼성그룹 기술대상(1Mb DRAM개발 1986), 삼성그룹 기술대상(1Gb DRAM개발 1996), ISI Citation Award(2000), 삼성그룹 기술은상(0.12㎛ DRAM 개발 2000), IR52 장영실상(2003), Professional Achievement Award of UCLA School of Eng.(2008), IEEE Reynold B.Johnson Storage data device technology Award(2009), 금탑산업훈장(2010), 서울대 자랑스런 전자동문상(2010), KAIST 자랑스러운 동문상(2012), 백남상 공학상(2015), 플래시 메모리 서밋(FMS) 평생공로상(2016) [저]'Future Trends in Microelectronics:The Nano, the Giga, and the Ultra(共)'(2004, Wiley-Interscience) 'Ferroelectric Random Access Memory : Fundamentals and applications'(2004) 'Electronic Device Architectures for Nano-CMOS Era : from ultimate CMOS Scaling to beyond CMOS Deveices'(2008, Pan stanford Publishing) 'Integrated Interconnect Technologies for 3D nanoelectronics systems'(2009, Architecture House) 'Future Trends in Microelectronics : Frontiers and Innovations(共)'(2013, Wiley-IEEE PRESS) [종]천주교

김기남(金起男) KIM Kinam

[생]1970·9·18 [본]김녕(金寧) [출]전남 곡성 [주]서울 종로구 청와대로1 대통령 보건복지비서관실(02-770-0011) [학]1997년 고려대 사회학과졸 2006년 미국 오레곤대 대학원졸 [경]1997년 행정고시 합격(41회) 2007년 보건복지부 사회복지정책본부 사회서비스기획팀 서기관 2007년 同저출산고령사회정책본부 아동복지팀장 2008년 보건복지가족부 보육지원과장 2008년 同장관비서관 2009년 同사회복지통합관리망추진TF팀장 2010년 보건복지부 사회복지정책실 급여기준과장 2010년 세계보건기구(WHO) 서태평양지역사무처(WPRO) 파견(과장급) 2012년 보건복지부 보건의료정책실 공공의료과장 2014년 同연금정책국 국민연금재정과장 2015년 대통령 보건복지비서관실 행정관(현) [상]대통령표창(2009)

김기대(金琪大) KIM Ki Dae

[생]1960·12·4 [출]전남 해남 [주]서울 중구 덕수궁길15 서울특별시의회(02-3705-1053) [학]영흥고졸, 경복대학 복지행정학과졸, 서경대 경영학과졸 [경]제일석유(주) 이사, 혼수전문점 대표, 대나무가든 대표, 한얼식품 대표, 성동환경연구소 기획실장, 열린우리당 주거환경개선특별위원회 위원, 同남북평화교류위원회 부위원장, 同서울성동구乙지구당 운영위원, 민주평통 자문위원, 성동경찰서 시민경찰회장, 성동교육포럼 부회장, 민주당 서울성동구乙지역위원회 부위원장 2006·2010년 서울시 성동구의회 의원(민주당·민주통합당·민주당·새정치민주연합) 2010~2012년 同운영위원장 2012년 同복지건설위원회 위원 2014년 서울시의회 의원(새정치민주연합·더불어민주당)(현) 2014·2016년 同도시계획관리위원회 위원(현) 2015년 同지역균형발전지원특별위원회 위원장(현) 2015년 同예산결산특별위원회 위원(현) 2016년 同운영위원회 부위원장(현) [상]서울사회복지대상 서울복지신문사 사장상(2015) [종]기독교

김기대(金琪大) Kim, Ki Dae

[생]1969·1·15 [출]부산 [주]경북 경산시 하양읍 하양로13의13 대구가톨릭대학교 공과대학 기계자동차학부(053-850-2724) [학]1991년 서울대 기계설계학과졸 1993년 同대학원졸 1997년 기계공학박사(서울대) [경]1997~1999년 삼성자동차 기술연구소 P/T개발 책임연구원 1999~2000년 서울대 정밀기계설계공동연구소 특별연구원, 대구가톨릭대 공과대학 기계자동차학부 교수(현) 2011년 同지역기술혁신센터장 2012년 同특별사업단부단장 2013~2014년 同CU-교육선진화사업단장 2014~2016년 同기획처장 2014년 同ACE사업단장 겸 특성화추진단 부단장 [상]과학기술우수논문상(2008)

김기대(金氣代) KIM, KI DAE

[생]1973·12·10 [본]의성(義城) [출]경북 영천 [주]세종특별자치시 도움6로11 국토교통부 도시경제과(044-201-4845) [학]1991년 경산 무학고졸 1999년 고려대 경제학과졸 2003년 서울대 행정대학원 행정학과 수료 2005년 영국 요크대 대학원 경제학과졸 [경]1998년 행정고시 합격(42회) 2000년 건설교통부 국토정책과 사무관 2007년 同토지정책팀 서기관 2007년 국민경제자문회의 사무처 근무 2008년 駐블라디보스톡총영사관 영사 2011년 국무총리실 건설정책과장 2013년 국토해양부 해외건설정책과장 2014년 국토교통부 홍보담당관 2015년 同국제항공과장 2016년 同도시경제과장(현)

김기덕(金基悳) KIM Kee Duk

[생]1934·11·6 [출]서울 [주]경기 안산시 단원구 예술대학로171 서울예술대학교 공연창작학부·미디어창작학부(031-412-7220) [학]1952년 경기고졸 1956년 서라벌예술대 문예창작과졸 [경]1960년 영화감독(현) 1969년 BFC(야구동호인회) 대표 1979~1998년 서울예술전문대학 영화과 교수, 공연윤리위원회 심의위원 1998년 서울예술전문대학 학장 1998~2001년 서울예술대학 학장 2001년 대한민국예술원 회원(영화·현) 2001년 서울예술대학 영화과 명예교수, 同명예교수(현) 2003년 부산예술문화대학 학장 2004년 부산예술대학 학장 2008년 영상물등급위원회 위원 2010~2011년 同비디오물등급분류위원 겸 사후관리위원 [상]대종상 신인감독상, 국제영화제 신인감독상, 영화세계 신인감독상, 한국예술평론가협의회 최우수예술인(2000), 옥관문화훈장(2003) [저]'16mm영화촬영기재Manual' '소형영화 영상작품 실기입문' '영화촬영술' [작]'5인의 해병' '맨발의 청춘' '신입사원 미스터 리' '유관순' '남과 북' '꽃상여' '영광의 9회말' '바드레' '포구의 황혼'

김기덕(金基德) KIM Kee Duck

[생]1948·7·25 [본]경주(慶州) [출]충남 공주 [주]경기 남양주시 경강로237 양정역內 (주)와미디어(031-559-6493) [학]1966년 용산고졸 1970년 동국대 연극영화과졸 1973년 同대학원 연극영화과졸(문학석사) [경]1972년 MBC 입사(아나운서) 1973~1996년 同FM라디오 '2시 데이트 김기덕입니다' PD 겸 진행 1978년 同라디오 '별이 빛나는 밤에' 진행 1994년 同라디오 FM부장(4CP) 1996~2010년 同FM '골든디스크 김기덕입니다' PD 겸 진행 1996년 同라디오본부 제작위원 1998년 同라디오본부 국장 1997년 한국방송공사 라디오선정 광복 이후 대중문화를 빛낸 BEST20인 선정 2005~2008년 명지전문대 실용음악과 겸임교수 2006년 (주)와미디어 대표이사(현) 2011년 한국음악교육진흥원 원장 2012년 SBS 러브FM '2시의 뮤직쇼 김기덕입니다' 진행(현) [상]제12회 MBC 연기대상 라디오부문 최우수상(1989), 기네스북 인증 '단일프로그램 최장수진행'(1994), 제1회 MBC 라디오 골든마우스상(1996), 한국방송공사 라디오 선정 '광복 이후 대중문화를 빛낸 BEST 20인'(1997), 제31회 한국방송대상 라디오부문 PD상(2004), 자랑스런 용산인상(2009), 대한민국문화예술대상 국무총리표창(2011) [저]'POP PM 2:00'(1984, 서울음악사) '팝음악의 세계'(1986, 중앙일보사) '끼에 살고 큐에 살고'(1992, 나남출판사) '한국인이 좋아하는 팝송'(2003, 삼호출판사) '한국인이 좋아하는 팝아티스트 100'(2007, 삼호출판사)

김기덕(金基德) KIM Kee Deok

[생]1958·5·2 [본]경주(慶州) [출]대구 [주]세종특별자치시 도움5로19 우정사업본부 본부장실(044-200-8114) [학]1977년 경북고졸 1982년 서울대 조경학과졸 1984년 同대학원 행정학과졸 2001년 국제관계학박사(영국 켄트대 UKC) [경]1985년 행정고시 합격(29회) 1988년 서울올림픽조직위원회 행정사무관 1993년 감사원 부감사관 2002년 정보통신부 우정사업본부 국제사업과장(서기관) 2003년 同금융사업단 보험과장(서기관) 2004년 同감사담당관(서기관) 2005년 부이사관 승진 2008년 지식경제부 우정사업본부 감사팀장 2009년 同우정사업본부 우편사업단장 2011년 同우정사업본부 경영기획실장(고위공무원) 2012년 경인지방우정청장 2013년 서울지방우정청장 2015년 부산지방우정청장 2015년 미래창조과학부 우정사업본부장(현) [상]대통령표창(1996), 근정포장(2006)

김기덕(金基德) KIM Ki Duk

[생]1960·12·20 [출]경북 봉화 [학]총회신학교 신학원졸 1990년 시나리오작가협회 영상작가 수료 [경]1990~1993년 프랑스 유학(서양화 작업) 1996년 영화 '악어'로 영화감독 데뷔·스웨덴 국제영화제 초청 1997년 '야생동물보호구역' 연출(밴쿠버 국제영화제 초청) 1999년 명지대 강사 2000년 영화 '섬'으로 베니스영화제 경쟁부문(베네치아 61)에 초청 2001년 영화 '수취인불명'으로 베니스영화제 경쟁부문(베네치아 61)에 초청 2002년 제32회 몰로디스트키에프 국제영화제 심사위원장 2004년 영화 '빈 집'으로 베니스영화제 경쟁부문(베네치아 61)에 초청 2005년 국가이미지 홍보대사 2012년 영화 '피에타'로 베니스국제영화제 경쟁부문(베네치아 69)에 초청 2015년 베이징국제영화제 경쟁부문심사위원 [상]영화진흥공사 시나리오대상(1994), 한국영화문화상(2003), 브뤼셀판타스틱영화제 대상, 후쿠오카 아시아영화제 대상, 국제평론가협회상, 넷팩상, 카를로비 바리상, 베를린국제영화제 은곰상-감독상(2004), 보관문화훈장(2004), 제61회 베니스국제영화제 감독상(2004), 제13회 러시아 황금양상 최우수외국어영화상(2004), 이탈리아 비토리오 데시카상 외국영화상(2005), 제28회 영평상영화제 감독상(2008), 제11회 디렉터스컷시상식 올해의 제작자상(2008), 제28회 오포르토국제영화제 오리엔트익스프레스부문 심사위원특별상(2008), 제27회 브뤼셀 판타스틱영화제 오비트경쟁부문 최우수작(비몽) 수상(2009), 대종상 시나리오상(2009), 제64회 칸 국제영화제 공식부문 '주목할 만한 시선상'(2011), 폴란드 뉴 호라이즌 국제영화제 예술영화 경쟁부문 최고작품상(2011), 대한민국대중문화예술상 국무총리표창(2011), 제20회 독일 함부르크영화제 '더글러스 서크상'(2012), 제69회 베니스국제영화제 황금사자상(2012), 은관문화훈장(2012), 신영균예술문화재단 선정 아름다운예술인상 대상(2012), 제71회 베니스국제영화제 베니스데이즈부문 작품상(2014) [작]'야생동물보호구역'(1997) '파란대문'(1998) '섬'(2000) '실제상황'(2000) '수취인불명'(2001) '봄 여름 가을 겨울 그리고 봄'(2003) '사마리아'(2004) '빈집'(2004) '활'(2005) '시간'(2006) '숨'(2007) '비몽'(2008) '영화는 영화다'(2008) '아름답다'(2008) '아리랑'(2011) '피에타'(2012) '뫼비우스'(2013) '배우는 배우다'(2013) '일대일'(2014) '메이드 인 차이나'(2015) '스톱'(2015) '무신'(2016) '그물'(2016)

김기덕(金起德) KIM KEE DEOG

[생]1962 [주]서울 서대문구 연세로50의1 연세대학교 치과대학병원(02-2228-8600) [학]1988년 연세대 치의학과졸 1991년 同대학원 치의학과졸 1997년 치의학박사(연세대) [경]1994~1996년 연세대 치과대학 연구강사 1996~2006년 同치과대학 전임강사·조교수·부교수 1998~2002년 同치과대학병원 원내생진료실장 2002~2003년 미국 아이오와대 치과대학 방문교수, 연세대 개인식별연구소장, 대한노년치의학회 학술이사, 미국 치과임플란트학회 회원, 대한구강악안면방사선학회 이사, 대한PACS학회지 편집위원 2006~2014년 연세대 치과대학병원 통합진료과장 2007년 同치과대학 교수(현) 2014~2016년 同치과대학병원 진료부장 2016년 同치과대학병원 원장(현)

김기돈(金基鐓) Kim Gi Don

[생]1961·3·11 [본]경주(慶州) [출]대전 [주]부산 남구 문현금융로40 주택도시보증공사 경영전략본부(051-955-5800) [학]대신고졸, 목원대 경영학과졸, 서울대 경영대학원 공기업고급경영자과정 수료, 同공과대학 건설산업최고전략과정(ACPMP) 수료 [경]1988년 건설공제조합 입사 1994년 대한주택보증(주) 입사 1999년 同자금팀장 2001년 同기획팀장 2003년 同법무팀장 2005년 同전산실장 2007년 同인사부장 2011년 同영업기획실장 2014년 同자산관리본부장 2015년 주택도시보증공사 자산관리본부장 2015년 同기획본부장 2016년 同경영전략본부장(현) [상]대통령표창(2015)

김기동(金箕東) KIM Ki Dong (視無言)

[생]1938·6·25 [본]안동(安東) [출]충남 서산 [주]서울 영등포구 도림로311 서울성락교회(070-7300-6201) [학]1970년 명지대 국어국문학과졸 1981년 침례신학대 목회대학원졸 1985년 목회학박사(캐나다 크리스찬신학대) 1987년 명예 신학박사(미국 사우스웨스턴침례교신학교) 1993년 신학박사(캐나다 크리스찬신학대) [경]1969년 서울성락교회 설립·담임목사·원로목사(현) 1978년 베뢰아아카데미 설립·원장 1987~2011년 (재)기독교베뢰아아카데미진흥재단 이사장 1987~1992년 기독교남침례회 총회의장 1993년 영국 옥스퍼드 해리스맨체스터대 명예감독 1997년 한국수필문학인협회 이사 1998년 베뢰아국제대학원대학교 총장 1999~2001년 기독교베뢰아교회연합 총회의장 2001년 한국문인협회 회원 2007~2015년 한국수필가협회 부이사장 2008년 학교법인 베뢰아아카데미학원 이사장(현) 2010년 월산재단 이사장(현) [상]한국문학예술상(1997), 한국수필문학상(2004), 포스트모던작품상(2006) [저]시집 '가슴에 그린 美花'외 9권 수필집 '이야기가 있는 산'외 6권 수상록 '내 평생에'외 14권 칼럼 '나는 보고도 벙어리처럼 산다'외 6권 기독교서집 '전도원리' '베뢰아원강' 외 200여 권 [종]기독교

김기동(金基同) KIM Ki Dong

[생]1946 · 11 · 23 [출]전북 정읍 [주]서울 광진구 자양로 150 광진구청 구청장실(02-450-1303) [학]1965년 익산 남성고졸 1969년 서울대 문리과대학 지리학과졸 1974년 同행정대학원졸 1987년 서울시립대 도시행정대학원졸 2001년 세종대 경영대학원 최고경영자과정 수료 [경]1978년 행정고시 합격(22회) 1980년 국립지리원 · 건설부 주택정책과 사무관 1983~1992년 서울시 건설관리국 · 기획관리실 · 도시계획국 · 주택국 사무관 1992~1999년 同도시개발공사 기획조정실장 · 서울정도600년사업 홍보담당관 · 서울시 시정개발담당관 · 강남구 총무국장 1999년 서울시 광진구 부구청장 2003년 同중구 부구청장 및 구청장 권한대행 2005년 同공무원교육원장 2006년 서울시 광진구청장선거 출마(민주당) 2010년 서울시 광진구청장(민주당 · 민주통합당 · 민주당 · 새정치민주연합) 2010~2012년 서울시구청장협의회 부회장 2011~2012년 건국대 정치대학 행정학과 겸임교수 2012~2013년 중국 연변대 객원교수 2014년 서울시 광진구청장(새정치민주연합 · 더불어민주당)(현) 2014년 서울시구청장협의회 고문(현) [상]대통령표창(1989), 녹조근정훈장(1998), 대한민국 반부패 청렴대상(2016)

김기동(金起東) KIM Ki Dong

[생]1955 · 12 · 16 [출]전북 익산 [주]서울 강남구 테헤란로 317 동훈타워13층 법무법인 대륙아주(02-563-2900) [학]1975년 경기고졸 1979년 서울대 법대 법학과졸 [경]1980년 사법시험 합격(22회) 1982년 사법연수원 수료(12기) 1982년 서울형사지법 판사 1984년 서울지법 남부지원 판사 1986년 광주지법 판사 1989년 서울지법 동부지원 판사 1990년 서울가정법원 판사 1992년 미국 캘리포니아대 버클리교 법대 Visting Scholar 1993~1995년 서울고법 판사 · 서울민사지법 판사 1995년 대법원 재판연구관 1997년 대구지법 경주지원 부장판사 1998년 同경주지원장 1999년 수원지법 부장판사 2000년 서울지법 서부지원 부장판사 2002년 서울지법 부장판사 2003년 변호사 개업 2005~2009년 법무법인 대륙 파트너변호사 2009년 법무법인 대륙아주 변호사(현) 2007년 국회입법조사처 자문위원 2011~2013년 법제처 법령해석심의위원

김기동(金技東) Kim Gi Dong

[생]1959 · 4 · 23 [출]경북 상주 [주]경북 경산시 화랑로140의10 한국조폐공사 화폐본부(053-819-2300) [학]1978년 대구공고졸 1986년 영남대 기계공학과졸 2004년 한양대 공학대학원 기계공학과졸 [경]1977년 한국조폐공사 입사 2009년 同조달실 조달1PL 2010년 同차기주민증사업단 공정개발팀장 2012년 同ID사업단 주민증사업팀장 2012년 同해외자회사(GKD) 법인장 2013년 同기술처 기술관리팀장 2014년 同생산처장 2014년 同ID본부장 2015년 同화폐본부장(현)

김기동(金基東) KIM Ki Dong

[생]1964 · 12 · 15 [출]경남 진주 [주]서울 서초구 반포대로158 서울고등검찰청 부패범죄특별수사단(02-530-3114) [학]1983년 부산 혜광고졸 1987년 서울대 사법학과졸 1995년 同대학원 법학과 수료 [경]1989년 사법시험 합격(31회) 1992년 사법연수원 수료(21기) 1993년 육군 법무관 1995년 서울지검 남부지청 검사 1997년 대구지검 경주지청 검사 1998년 부산지검 검사 2000년 법무부 인권과 검사 2002년 서울지검 검사 2004년 대구지검 부부장검사 2005년 서울고검 검사 2006년 대구지검 의성지청장 2007년 서울중앙지검 부부장검사 2009년 同특수3부장 2009년 同특수1부장 2010년 대검찰청 검찰기획단장 겸 연구관 2011년 수원지검 성남지청 차장검사 2012년 대구지검 제2차장검사 2013년 부산지검 동부지청장 2013~2014년 원전비리수사단장 겸임 2014~2015년 의정부지검 고양지청장 2014~2016년 방위사업비리 정부합동수사단장 겸임 2015년 대전고검 차장검사(검사장) 2016년 검찰총장 직속 부패범죄특별수사단장(검사장)(현) [상]검찰총장표창(1999), 법무부장관표창(2002), 홍조근정훈장(2013)

김기동(金岐東) Kim, Ki-Dong

[생]1968 · 5 · 5 [출]경북 안동 [주]경기 수원시 장안구 창룡대로223 경기남부지방경찰청 수사과(031-888-2366) [학]안동고졸 1991년 경찰대 행정학과졸(7기) [경]1991년 경위 임관 1999년 경감 승진 2004년 경정 승진 2005년 경기 시흥경찰서 형사과장 2007년 수원서부경찰서 형사과장 2009년 경기지방경찰청 사이버수사대장 2011년 同수사2계장 2013년 同치안지도관(총경) 2013년 同홍보담당관 2015년 경기 안양만안경찰서장 2016년 경기지방경찰청 수사과장 2016년 경기남부지방경찰청 수사과장(현)

김기만(金奇萬) KIM Gi Man

[생]1958 · 2 · 22 [출]서울 [주]서울 중구 덕수궁길15 서울특별시의회(02-3783-1881) [학]명지전문대 체육과졸, 경원대 경영대학원 태권도산업경영학과졸 [경]대한민국 민생치안봉사단 광진구지단장, 광진구 청소년지도위원회 회장, 군자체육관 원장 2010년 서울시의회 의원(민주당 · 민주통합당 · 민주당 · 새정치민주연합) 2010년 同문화체육관광위원회 위원 2010년 同정책연구위원회 위원 2010년 同친환경무상급식지원특별위원회 위원 2010년 同독도수호특별위원회 위원 2011 · 2013년 同윤리특별위원회 위원 2012년 同예산결산특별위원회 위원 2012년 同문화체육관광위원회 부위원장 2012년 同독도영토주권수호및일제식민지피해자지원특별위원회 위원 2012년 同부모교육과행복가정네트워크특별위원회 위원 2012년 同도시외교지원특별위원회 위원 2013년 同남북교류협력지원특별위원회 위원 2013년 同민간단체지원사업점검특별위원회 위원 2013년 同서소문밖역사기념및보전사업추진특별위원회 위원 2013년 同2018평창동계올림픽지원및스포츠활성화를위한특별위원회 위원 2014년 서울시의회 의원(새정치민주연합 · 더불어민주당)(현) 2014 · 2016년 同문화체육관광위원회 위원(현) 2014 · 2016년 同남북교류협력지원특별위원회 위원(현) 2015년 同정책연구위원장 [상]전국지역신문협회 의정대상(2013)

김기만(金基萬) Kim Keeman

[생]1960 · 11 · 18 [본]김해(金海) [출]부산 [주]대전 유성구 과학로169의148 국가핵융합연구소 소장실(042-879-5621) [학]1983년 서울대 원자핵공학과졸 1985년 同대학원 핵융합학과졸 1989년 원자력공학박사(미국 일리노이대 어배나교) [경]2005년 한국기초과학지원연구원 핵융합연구센터 연구개발부 시스템연구팀장 2006년 同핵융합연구센터 ITER한국사업단 엔지니어링1팀장 2007년 국가핵융합연구소 ITER한국사업단 초전도기술팀장 2011년 同미래기술부장 2013년 同핵융합공학센터 DEMO기술연구부장 2014년 同소장(현) [상]교육과학기술부장관표창(2009), 과학기술포장(2009) [종]천주교

김기문(金基文) KIM, Kimoon

[생]1954 · 6 · 29 [본]경주(慶州) [출]서울 [주]경북 포항시 남구 청암로77 포항공과대학교 화학과(054-279-2113) [학]서울고졸 1976년 서울대 화학과졸 1978년 한국과학기술원(KAIST) 화학과졸(석사) 1986년 화학박사(미국 스탠퍼드대) [경]1978~1981년 전남대 공대 화학공학과 조교 · 전임강사 1981~1986년 미국 스탠퍼드대 교육 및 연구조교 1986년 미국 노스웨스턴대 연구원 1988년 포항공과대 화학과 조교수 · 부교수 · 교수(현) 1995년 미국 매사추세츠공과대 방문교수 1997~2012년 지능초분자연구단 단장 2003년 한국과학기술한림원 종신회원(이학부 · 현) 2004~2005년 미국 하버드대 교환교수 2007년 정부 선정 '미래를 여는 우수 과학자' 2007~2009년 포항공과대(POSTECH) 홍덕석좌교수 2009년 同Fellow(현) 2012년 기초과학연구원 복잡계자기조립연구단장(현) 2012년 러시아과학아카데미 시베리아분원 명예교수(현) [상]한국과학기술단체총연합회 우수논문상(1997), 포항공과대 우수연구업적표창(1997), 대한화학회 우수연구상(1998), 대한화학회 학술상(1999), 한국과학재단 이달의 과학기술자상(2000), 과학기술훈장 도약장(2001), 제3세계 과학아카데미상(2001), 제8회 한국과학상(2002), 호암과학상(2006), 과학기술부 나노연구혁신상(2007), 교육과학기술부 및 한국과학기술단체총연합회 대한민국 최고과학기술인상(2008), 자랑스러운 포스테키안상(2009), 캘리포니아대 버클리분교 뮤터티강연자상(2011), 아이잗-크리스텐슨(Izatt-Christensen)상(2012), 지식창조대상(2014) [저]'Transition Metals in Supramolecular Chemistry'(1999) '키랄 다공성 결정물질' '우리 옆집 과학기술자(共)'(2001) '지식의 최전선'(2002) 'Encyclopedia of Supramolecular Chemistry'(2004)

김기문(金基文) KIM Ki Mun

[생]1955 · 10 · 11 [출]충북 괴산 [주]서울 송파구 양재대로62길53 (주)로만손 비서실(02-2190-7008) [학]1973년 청주농고졸, 충북대 축산학과졸 2001년 서울대 경영대학원 최고경영자과정 수료 2006년 세계경영연구원 최고경영자과정 수료 2008년 명예 경제학박사(충북대) [경]1980년 SAPERI Co. 근무 1982~1987년 솔로몬시계공업 입사 · 영업이사 1988~2014년 (주)로만손 설립 · 대표이사 회장 1998~2007년 한국시계공업협동조합 이사장 1999년 제2의건국범국민추진위원회 위원 2004년 중소기업중앙회 부회장 2006~2008년 (사)개성공단기업협의회 회장 2007~2010년 코스닥상장법인협의회 부회장 2007~2015년 중소기업중앙회 회장 2007~2015년 중소기업연구원 이사장 2008년 국가경쟁력강화위원회 위원 2009~2012년 대통령자문 통일고문회의 고문 2009년 국세청 국세행정위원회 위원장 2012년 감사원 정책자문위원 2012년 케이비즈사회나눔재단 이사장 2012~2015년 홈앤쇼핑 이사회 의장 겸 대표이사 회

장 2012년 헌법재판소 자문위원 2013~2015년 중소기업사랑나눔재단 이사장 2013~2015년 국세청 국세행정개혁위원회 위원장 2013년 同관세행정발전심의위원회 위원장 2014년 (주)로만손 공동대표이사 회장 2015년 同회장 2015년 (재)통일과나눔 이사(현) 2016년 (주)제이에스티나 회장(현) ❸수출유공자상(1991), 상공업진흥발전유공표창(1994), 생산성유공표창(1995), 무역의날 대통령표창(1997), 우수중소기업 대통령표창(1998), 성실납세표창(1999), 중소기업 신지식인 선정(2000), 제2의건국 신지식인 모범사례 선정(2000), 보람의일터 우수상(2001), 대한민국디자인경영대상 우수상(2001), 제38회 무역의날 철탑산업훈장(2001), 무역의날 2천만불 수출탑(2001), 한국경영생산성대상 미래경영부문 산업자원부장관표창(2002), 신산업경영대상 관리대상 영업부문(2003), 존경받는 기업 및 기업인 대상(2004), 우수디자인상품선정 우수상(1994~2006년 13년 연속), (사)개성공단기업협의회 2007미래를여는기업 & CEO 가치혁신부문(2007), (사)개성공단기업협의회 비전2007대한민국혁신기업대상 협력부문(2007), 은탑산업훈장(2008), 충청인상 경제산업부문(2010), 국민훈장 무궁화장(2013), 예술의전당 감사패(2014) ❹불교

김기문(金基文) Kim, Ki Moon

❶1964·2·17 ❷충남 서천 ❸서울 서초구 반포대로158 서울고등검찰청(02-530-3114) ❹1983년 상문고졸 1987년 한양대 법학과졸 ❺1990년 사법시험 합격(32회) 1993년 사법연수원 수료(22기) 1993년 軍법무관 1996년 광주지검 검사 1998년 대전지검 논산지청 검사 1999년 서울지검 의정부지청 검사 2001년 서울지검 서부지청 검사 2003년 대구지검 검사 2005년 同부부장검사 2005년 인천지검 부천지청 부부장검사 2007년 서울중앙지검 부부장검사 2009년 부산고검 검사 2010년 서울고검 검사 2012년 광주고검 검사 2012년 同전주지부 검사 2014년 부산고검 검사 2016년 서울고검 검사(현)

김기배(金杞培) KIM Ki Bae (栢崧)

❶1936·8·9 ❷김해(金海) ❸서울 ❹서울 구로구 개봉로125 백승복지재단(02-2611-0001) ❺1955년 경기고졸 1960년 고려대 법과대학 행정학과졸 1991년 한양대 행정대학원졸 ❻1961년 재무부 근무 1963년 상공부 근무 1971년 同행정관리담당관 1972~1977년 同수출2·수출계획·총무과장 1977~1980년 공업진흥청 표준·품질국장 1980년 상공부 감사관 1982년 同상역국장 1984년 민주정의당(민정당) 상공담당 전문위원 1984~1991년 한국수출산업공단 이사장 1985년 제12대 국회의원(서울 구로구, 민정당) 1988년 제13대 국회의원(서울 구로구甲, 민정당·민자당) 1988년 민정당 도시영세민대책특별위원장 1988년 同행정위원장 1990년 민자당 노동문제특별위원회 위원장 1990·1992년 同서울시지부장 1991년 同제1사무부총장 1992년 제14대 국회의원(서울 구로구甲, 민자당·신한국당) 1992년 백승복지재단 이사장(현) 1993년 민자당 당무위원 1993년 국회 국제경쟁력강화 및 경제제도개혁특별위원회 위원장 1994년 同내무위원장 1997년 한나라당 서울구로甲지구당 위원장 2000년 제16대 국회의원(서울 구로구甲, 한나라당) 2000년 한나라당 사무총장 2002년 同서울시지부장 2000년 한·프랑스의원친선협회 회장 2003년 한나라당 재정위원장 2004년 제17대 국회의원선거 출마(서울 구로구甲, 무소속) 2012년 새누리당 상임고문(현) ❸대통령표창(1970), 상공부장관표창(1972), 국제라이온스 지도자상, 새마을금고대상, 건설부장관표창(1979) ❾『民議餘韻』'노사관계와 기업발전' '내가 바라는 아침은' ❶불교

김기범(金起範) Ki-Bum Kim

❶1956·7·16 ❷대전 ❸서울 관악구 관악로1 서울대학교 공과대학 재료공학부(02-880-7095) ❹1980년 서울대 금속공학과졸 1983년 同대학원 금속공학과졸 1990년 공학박사(미국 스탠퍼드대) ❺1988~1991년 미국 산타클라라 캘리포니아 필립스연구소 연구원 1991~1992년 미국 산타클라라 캘리포니아 어플라이드 머티리얼스 연구원 1992~2002년 서울대 금속공학과 조교수·부교수 2000년 한국재료학회 상임이사 2000년 서울대 신소재공동연구소 운영부장 2002년 同공과대학 재료공학부 교수(현) 2007~2008년 미국 IBM T. J. Watson Research Laboratory Visiting Professor 2016년 (사)나노기술연구협의회 회장(현) ❾'나노 기술이 미래를 바꾼다'(2002)

김기병(金基炳) KIM Kee Byung

❶1938·3·22 ❷김해(金海) ❸함남 원산 ❹서울 종로구 세종대로149 광화문빌딩5층 롯데관광개발(주) 임원실(02-399-2335) ❺1962년 한국외국어대졸 1966년 고려대 경영대학원 경영학과졸 1967년 서울대 행정대학원 행정학과졸, 한국외국어대 세계경영대학원 최고세계경영자과정 수료 ❻1963년 내무부 행정사무관 1964년 부총리 겸 경제기획원장관 비서관 1967년 상공부 상

무과장·총무과장·공보관 1971년 同기획지도국장 1973년 同공업단지관리청 기획관리관 1974년 롯데관광(주) 대표이사 회장 1975년 학교법인 미림학원 이사장(현) 1980년 동화투자개발(주) 대표이사 회장(현) 1978년 (주)동화면세점 대표이사 회장(현) 1986년 동화종합상사(주) 대표이사 회장 1987년 동화주류(주) 대표이사 회장 1993년 (재)원산장학회 이사장(현) 1996년 (주)코모스텔레콤 대표이사 회장 2005년 Korea Women's Wind Orchestra(K.W.W.O) 이사장(현) 2007년 서울대행정대학원총동창회 회장(현) 2007년 드림허브프로젝트금융 대표이사 겸 이사회 의장(현) 2009년 민주평통 부의장 2009년 우리은행 우수기업우리다이아몬드클럽 회장(현) 2010년 국민녹색관광포럼 초대위원장 2011년 엔터테인먼트 마이데일리(체육·연예) 회장(현) 2015년 롯데관광개발(주) 각자대표이사 회장(현) ❸철탑산업훈장(1978), 대통령건국포장, 상공부장관표창, 관광기업가상(1996), 금탑산업훈장(2004), 동탑산업훈장, 한국관광학회 서울시 건축상

김기병(金紀柄) Kim, Kibyoung

❶1968·1·2 ❸서울 종로구 세종대로209 행정자치부 전자정부국 글로벌전자정부과(02-2100-3946) ❹1986년 전주 동암고졸 1990년 서울대 계산통계학과졸 1992년 同대학원 계산통계학과졸 1994년 同대학원 컴퓨터공학과 박사과정 수료 ❻1994년 일본 국립전자기술종합연구소(ETL) 방문연구원 1997년 독일 국립정보기술연구소(GMD-IPSI) 방문연구원 1997~2002년 한국휴렛팩커드 수석컨설턴트 2002~2009년 同마케팅매니저 2009~2014년 LG전자 수석연구원·솔루션기술전략그룹장(상품기획, 해외사업개발 등) 2014년 서울시 정보시스템담당관 2015~2016년 同통계데이터담당관 2016년 행정자치부 전자정부국 글로벌전자정부과장(현)

김기봉(金基鳳) Kim ki-bong

❶1958·9·26 ❷경주(慶州) ❸충남 아산 ❹경기 수원시 권선구 권중로46 경기도시공사 경영기획본부(031-220-3020) ❺1983년 경기대 토목공학과졸 1999년 연세대 산업대학원 환경공학과졸 ❻1978~1986년 건설부 토목주사보 1986~1994년 조달청 토목주사 1994~2000년 행정자치부 토목사무관 2000년 경기도 토목사무관·기술서기관 2007년 同도시주택국 신도시개발과장 2008년 同도시주택국 도시정책과장 2011년 同계약심사담당관 2013년 同도시정책실 융복합도시정책관 직대 2014년 同교육 파견 2015년 경기 의왕시 부시장 2016년 경기도시공사 경영기획본부장(현) ❸대통령표창(1995), 근정포장(1999)

김기서(金基瑞) KIM Ki Seo

❶1955·6·17 ❷경주(慶州) ❸서울 ❹서울 중구 통일로120 NH농협은행 임원실(1588-2100) ❺1973년 용산고졸 1979년 연세대 신문방송학과졸 ❻1979~1980년 동양통신 기자 1981~1992년 연합통신 정치부·경제부·외신부 기자 1993년 同경제부·정치부 차장대우 1994년 同정치부 차장 1995년 同외신2부 차장 1996년 同워싱턴특파원 1998년 연합뉴스 워싱턴특파원 1999년 同국제뉴스2부·정치부 부장대우 2000년 同정치부장 2002년 同부국장대우 정치부장 2003년 同편집국 부국장 직대 2003년 同편집부국장 2004년 관훈클럽 감사 2005년 연합뉴스 편집국장 2005년 연세언론인회 부회장 2006~2009년 연합뉴스 대표이사 사장 2006~2009년 연합인포맥스 대표이사 회장 2006~2009년 연합P&M 사장 2006~2009년 연합M&B 사장 2006~2009년 연합뉴스 동북아정보문화센터 이사장 2006년 한국신문협회 감사 2007년 한중교류자문위원회 자문위원 2007년 한국여성유권자연맹 자문위원 2008년 대법관제청자문위원회 위원 2009~2013년 연합뉴스 고문 2009~2012년 학교법인 을지학원 이사 2014년 NH농협생명(주) 사외이사 2016년 NH농협은행 사외이사(현) ❸연세언론인상(2008)

김기석(金基錫) KIM Ki Suk

❶1939·8·13 ❷경주(慶州) ❸황해 사리원 ❹서울 서초구 서초중앙로125 로이어즈타워1306호 삼보종합법률사무소(02-594-3100) ❺1959년 서울고졸 1964년 서울대 법학과졸 1965년 同사법대학원 수료 ❻1969~1981년 전주·대전·부산·서울지검 검사 1981~1982년 부산지검 마산지청 부장검사 1982~1983년 부산지검 공안부장 1983~1985년 서울지검 북부지청 부장검사 1985년 서울고검 검사·서울지검 형사3부장 1986년 대구지검 차장검사 1987년 부산고검 차장검사 1988년 제주지검장 1990년 서울고검 차장검사 1991년 대검찰청 감찰부장 겸 강력부장 1993년 부산지검장 1993~1994년 법무부 차관 1994년 서울고검장 1994~1996년 법제처장 1997년 변호사 개업, 삼보종합법률사무소 변호사(현) 1999년 대한석탄공사 사외이사 ❸법무부장관표창(1974), 황조근정훈장(1993), 청조근정훈장(1997) ❾'행정심판10년사' ❶기독교

김기석(金基錫) KIM Ki Suk

생1946·12·5 본김해(金海) 출전북 고창 주대구 동구 첨단로7 신용보증기금 감사실(053-430-4014) 학1967년 고창고졸 1994년 전북산업대졸 2001년 중앙대 국제경영대학원 경영학과졸 경1986~1991년 (주)우창산업 대표이사 1991년 민주연합청년동지회중앙회 부회장 1991년 민주당 김대중총재 보좌역 1992~1997년 (주)우창주택·산새도관광호텔 회장 1995년 새정치국민회의 연수원 부원장 1996년 同김대중 총재비서실 차장 1997~2004년 가락종친청년회중앙본부 회장 1999~2003년 (주)대한토지신탁 감사 1999~2003년 대한주택보증(주) 상임감사 1999~2003년 주택산업연구원 감사 2002년 새천년민주당 노무현 대통령후보선대위 직능위원장 2002년 민주평통 자문위원 2003년 열린우리당 중앙위원 2003년 同직능특별위원장 2004년 同정동영의장 정무특보 2004~2005년 제17대 국회의원(부천시 원미구甲, 열린우리당) 2012년 제19대 국회의원선거 출마(부천시 원미구甲, 무소속) 2012년 새누리당 제18대 대통령중앙선거대책위원회 직능총괄본부 상임총괄부본부장 2016년 신용보증기금 상임감사(현) 저'한 생각 열어주는 108가지 지혜'(2001)

김기석(金基奭) KIM Ki Seok (小庵)

생1948·6·25 본경주(慶州) 출인천 주서울 관악구 관악로1 서울대학교 사범대학 교육학과(02-880-7646) 학1972년 서울대 교육학과졸 1977년 同대학원졸 1985년 교육학박사(미국 위스콘신대 메디슨교) 경1972년 가나안농군학교 연구주임 1977~1979년 한국행동과학연구소 학습개발부장 1985~2013년 서울대 사범대학 교육학과 교수 1992년 同사범대학 교육연구소장 1993~1994년 미국 위스콘신대·하버드대 파견교수 1997~1998년 한국정신문화연구원 현대사연구소 현대사연구부장 겸 자료조사연구실장 1998년 서울대 대학기록관리실장 1999~2000년 한국기록학교육원 원장 2001~2002년 서울대 학생처장 2005년 유네스코 한국위원회 집행위원 겸 교육분과 부위원장 2005년 World Bank 방문학자 2005년 독일 유네스코 Institute of Education, Alternate Executive Board Member 2005~2011년 서울대 기록관장 2006~2007년 미국 교육학회 Task Force on International Exploration 위원 2007년 '제6회 유네스코 국제성인교육 컨퍼런스 자문그룹' 아시아태평양 대표위원 2007년 유네스코 한국위원회 교육위원회 의장 2007년 국경없는교육가회(Educators Without Borders) 공동대표 2009~2013년 서울대 교육학과 글로벌교육개발협력전공 주임교수 2010년 아프리카교육개발협회(ADEA) 한국대표부 대표 2013년 서울대 사범대학 교육학과 명예교수(현) 상미국 위스콘신대 메디슨교 교육대학 동문공로상(2003), 서남아프리카 부르키나파소 기사훈장(Chevalier de L'ordre National)(2012), 서울대 사회봉사상(2012), 옥조근정훈장(2013) 저'한국교육의 저력과 과제'(1997, 집문당) '한국 근대교육의 기원과 발달'(1997, 교육과학사) '북한 사회형성과 교육(共)'(1999) '한국 근대교육의 태동(共)'(1999) '북한 사회주의 형성과 교육(共)'(1999, 교육과학사) '경기고등학교와 현대사회(共)'(2000, 교육과학사) '해방직후 미군정기 문해교육, 1945-48(共)'(2001, 교육과학사)

김기석(金基奭) KIM Ki Suk

생1958·6·1 주서울 강남구 학동로429 기계설비건설공제조합 이사장실(02-6240-1011) 학1981년 한양대 건축공학과졸 경1998년 건설교통부 항공국 항공시설과 서기관 1999년 同고속철도건설기획단 건설지원과 서기관 2000년 원주지방국토관리청 건설관리국장 2001년 월드컵축구대회조직위원회 시설부장 2004년 익산지방국토관리청 건설관리실장 2004년 서울지방항공청 공항시설국장 2005년 건설교통부 신공항기획과장 2005년 同공항개발팀장 2005년 同건축기획팀장 2007년 통일교통부 교육파견(부이사관) 2008년 국토해양부 건축기획과장 2009년 同공공기관지방이전추진단 기획국장(일반직고위공무원) 2010년 국외훈련(캐나다 캐나다우드그룹 파견) 2012년 국토해양부 항공정책실 공항항행정책관 2013~2014년 국토교통인재개발원 원장 2014년 대한설비건설공제조합 이사장 2016년 기계설비건설공제조합 이사장(현) 상대통령표창(1995), 녹조근정훈장(2002)

김기석(金基石) KIM Ki Seok

생1961·2·28 출충북 주서울 송파구 양재대로62길53 (주)제이에스티나 비서실(02-2190-7008) 학청주대 전자공학과졸 2008년 서울대 대학원 최고경영자과정 수료 2014년 청주대 산업경영대학원 관광호텔경영학과졸 경1989년 (주)로만손 입사 1994년 同시계부문 국내영업본부장 2002년 同주얼리부문 J. ESTINA사업본부장 2005년 同부사장 2007년 同사장 2014년 同공동대표이사 사장 2015년 同대표이사 사장 2016년 (주)제이에스티나 대표이사 사장(현) 상

동탑산업훈장(2008), 조선일보 선정 대한민국 수출 경영대상(2009), 포브스코리아 선정 브랜드경영부문 최고경영자대상(2011), 매일경제 선정 브랜드분야 브랜드부문 '대한민국 글로벌 리더'(2013·2014), 대통령표창(2015)

김기석(金基奭)

생1963·5·6 출전북 익산 주전남 강진군 군동면 중앙로223 강진소방서 서장실(061-430-0703) 학1983년 인천고졸 1990년 인하대 화학공학과졸 2008년 호서대 행정대학원 소방정책학과졸 경1990년 소방장 임용(특채) 1995년 내무부 소방과·방호과·장비통신과 근무(소방위) 1998년 행정자치부 소방과(소방경) 2002년 중앙소방학교 경리·서무·교수(소방령) 2007년 소방방재청 소방상황실장 2008년 전남소방본부 방호구조과장(소방정) 2010년 보성소방서장 2011년 전남소방본부 방호구조과장 2014년 강진소방서장(현) 저'소방재정론'(2005)

김기선(金起善) KIM Ki Sun

생1952·10·29 본연안(延安) 출강원 원주 주서울 영등포구 의사당대로1 국회 의원회관410호(02-784-1511) 학1970년 휘문고졸 1980년 경희대 행정학과졸 경한나라당 정책국장, 同정치자치수석전문위원, 同강원도당 사무처장 1999~2000년 국회 정책연구위원(1급) 2003~2004년 강원도 정무부지사 2005~2010년 강원신용보증재단 이사장 2010년 어린이재단 강원도후원회장(현) 2011년 강원희망포럼 공동대표 2011년 강원감영문화학교 총동문회장(현) 2012년 한국폴리텍III대학 원주캠퍼스 홍보대사 겸 대학발전위원회 고문 2012년 제19대 국회의원(원주시甲, 새누리당) 2012~2013년 새누리당 원내부대표 2012~2013년 국회 안전행정위원회 위원 2012년 국회 운영위원회 위원 2012~2015년 국회 평창동계올림픽및국제경기대회지원특별위원회 위원 2014년 새누리당 중앙위원회 수석부의장 2014년 同지방선거기획위원회 기획위원 2014년 국회 보건복지위원회 위원 2015년 새누리당 정책위원회 보건복지정책조정위원회 부위원장 2015년 同메르스비상대책특별위원회 위원 2015년 국회 메르스대책특별위원회 위원 2015~2016년 새누리당 강원도당 위원장 2015년 국회 공적연금강화와노후빈곤해소를위한특별위원회 위원 2015년 국회 평창동계올림픽및국제경기대회지원특별위원회 위원 2016년 새누리당 제20대 총선 강원권선거대책위원장 2016년 제20대 국회의원(원주시甲, 새누리당)(현) 2016년 국회 산업통상자원위원회 위원(현) 2016년 국회 윤리특별위원회 간사(현) 2016년 국회 평창동계올림픽 및 국제경기대회지원특별위원회 위원(현) 2016년 새누리당 제1사무부총장 2016년 同중앙연수원장(현) 2016년 同중소·중견기업특별위원회 부위원장(현) 상유권자시민행동 2013 국정감사 최우수상(2013), 유권자시민행동 2014 대한민국유권자대상(2014) 종기독교

김기선(金基善) KIM, Ki Sun

생1955·9·19 본언양(彦陽) 출서울 주서울 관악구 관악로1 서울대학교 농업생명과학대학 식물생산과학부 원예생명공학과(02-880-4561) 학1974년 대광고졸 1978년 서울대 농과대학 원예학과졸 1983년 미국 텍사스A&M대 대학원졸 1987년 농학박사(미국 텍사스A&M대) 경1986년 미국 텍사스A&M대 연구원 1988년 서울대 농업생명과학대학 식물생산과학부 원예생명공학과 조교수·부교수·교수(현) 1992년 네덜란드 알스미어국립화훼연구소 초빙연구원 1998년 서울대 농업생명과학대학원 원예학전공 주임교수 1999년 同농업생명과학대학 학생담당 부학장 2001년 同학생처 부처장 2004~2005년 미국 미시간주립대 원예학과 방문교수 2005년 서울대 농업생명과학대학 식물생산과학부장 2006년 국제원예학회조직위원회 사무총장 2009~2011년 서울대 농업생명과학대학 교무부학장 2009~2011년 한국화훼산업육성협회 회장 2009~2011년 한국원예학회 부회장 2010~2013년 한국잔디학회 부회장 2014~2015년 한국원예학회 회장 2014~2016년 한국잔디학회 회장 상한국원예학회 학술공적상, 서울대 상록문화재단 교육상, 서울대 우수강의교수상(2011), 서울대 우수연구교수상(2011) 저'생활원예' '원예작물학2' '고등학교 화훼' '신제 조경관리학' '조경수생산관리론' 등 역'암면재배의 이론과 실제' 종기독교

김기선(金基善) Kim, Key-Sun

생1959·7·27 본청도(淸道) 출전북 정읍 주서울 성북구 화랑로14길5 한국과학기술연구원 뇌과학연구소 신경과학연구단(02-958-5934) 학1981년 서울대졸 1983년 한국과학기술원(KAIST) 생물공학과졸(석사) 1991년 생화학박사(미국 미네소타대) 경1983~1986년 한국과학기술원(KAIST) 연구원 1986~1991·1992년 미국 미네소타대 공동연구원 1992~1995년 캐나다 앨버타대

Post-Doc. 1995년 한국과학기술연구원(KIST) 생체과학연구부 생체구조연구센터 선임연구원 2001년 同책임연구원 2007년 同융·복합연구본부 신경과학센터 책임연구원 2011년 同뇌과학연구소 신경과학연구단장 2012년 同뇌과학연구소 책임연구원 2015년 同뇌과학연구소 신경과학연구단 책임연구원(현) 2015년 同연구기획조정본부 연구동물자원센터장 2016년 同치매DTC융합연구단 사업단장(현)

김기성(金祺城) KIM Ki Sung
[생]1958·3·1 [주]충남 당진군 송악면 북부산업로1480 현대제철 임원실(041-680-0114) [학]전주고졸, 전북대 금속공학과졸 [경]현대제철 제강담당 이사, 同제강생산담당 겸 제강건설담당 상무, 同제강생산실장(상무) 2016년 同제강생산실장(전무) 2016년 同선강사업부장(전무)(현)

김기수(金琪洙) KIM Ki Soo

[생]1936·8·2 [본]김해(金海) [출]충남 홍성 [주]서울 성동구 상원길62 국제민속축전기구협의회 한국본부(02-466-2174) [학]1956년 대전고졸 1964년 서울예술전문대졸 [경]1961~1969년 金辰玉·李根成선생께 봉산탈춤 전수 1966~1974년 서울대·서울예술전문대 강사 1973~2014년 한국가면극연구회 부이사장 1973~1977년 미국·일본·대만·캐나다·벨기에·프랑스 등 봉산탈춤 순회공연 1983년 봉산탈춤보존회 이사장 1987년 중요무형문화재 제17호 봉산탈춤(노장·목중·가면제작) 예능보유자 지정(현) 1988년 봉산탈춤전수연구소 개설 1989년 전국청소년탈춤경연대회 집행위원장(현) 1994년 동국대 연극영화과 강사 1996년 국제민속축전기구협의회(CIOFF) 한국본부 상임이사 겸 사무총장 2008년 同한국본부 이사장(현) 2014년 한국가면극연구회 이사장(현) [상]전국민속예술경연대회 공로상

김기수(金起秀) KIM Ki Soo

[생]1940·6·18 [본]김해(金海) [출]경남 양산 [주]서울 서초구 사임당로33 홍인빌딩2층 김기수법률사무소(02-581-9400) [학]1958년 경남고졸 1962년 고려대 법대졸 1966년 서울대 사법대학원졸 [경]1964년 사법시험 합격(2회) 1966~1969년 육군 법무관 1969~1979년 부산지검·군산지청·서울지검 남부지청·창원지검 통영지청·서울지검 동부지청 검사 1979~1983년 법무부 조정과장·보호과장 1983년 서울지검 동부지청 부장검사 1986년 서울지검 형사1부장 1987년 부산지검 제1차장검사 1988년 서울지검 제1차장검사 1989년 부산고검 차장검사 1991년 춘천지검장 1992년 법무부 보호국장 1993년 同교정국장 1993년 부산지검장 1993년 부산고검장 1994년 법무연수원장 1995년 서울고검장 1995~1997년 검찰총장 1997년 변호사 개업 1998년 (재)한국범죄방지재단 이사 1999년 백범김구선생기념관건립추진위원회 위원 2001년 (재)송천재단 이사(현) 2007년 법무법인 영진 대표변호사, 김기수법률사무소 변호사(현) [상]홍조근정훈장(1988), 황조근정훈장(1993), 청조근정훈장(1997) [종]천주교

김기수(金榿洙) KIM Ki Soo (오리)

[생]1957·6·6 [본]광산(光山) [출]서울 [주]서울 관악구 신림로354 동아빌딩407호 대한보건교육사협회(02-904-1104) [학]연세대 법학과졸, 同철학과졸, 同대학원 의료법학과 수료 [경]2000년 대한보건의료법학연구회 회장 2002년 대한보건교육사협회 초대 회장 2008년 同제2대 회장 2008년 연세대 보건교육사회 초대회장 2008년 대한보건협회 보건교육사회 초대 회장 2008년 한국보건교육연수원 초대 이사장 2010년 한국보건교육연수원 원장 2010년 (국가자격)대한보건교육사협회 설립추진위원장 2010년 同초대 회장 2012년 국민건강실천연대 보건교육사단장 2012년 대한학부모협회 회장(현) 2013년 (국가자격)대한보건교육사협회 회장(현) 2013년 국민건강특별대책위원회 보건교육사단장 2013년 국민건강실천연대 법인설립이사, 同이사(현) 2013년 한국보건인력개발원 원장 2013년 경기도 제1기 학부모위원 2013년 경기도학부모회 북부회장 2013년 同회장(현) 2013년 새누리당 중앙위원회 중앙위원(현) 2013년 同중앙위원회 보건위생분과 부위원장 2013년 同중앙위원회 보건위생부본부장 [종]천주교

김기수(金基壽) KIM Ki Soo

[생]1957·12·20 [주]서울 송파구 올림픽로43길88 서울아산병원 의무부총장실(02-3010-4276) [학]1982년 서울대 의과대학 의학과졸 1991년 同대학원 의학과졸 1997년 의학박사(서울대) [경]1985~1990년 서울대병원 인턴·전공의·전임의 1991~2002년 울산대 의대 소아과학교실 전임강사·조교수·부교수 1992년 미국 조지타운대 페어팩스(Fairfax)병원 신생아 임상전임의 1993~1994년 미국 미네소타 의대 교환교수 2002년 울산대 의대 소아청소년과학교실 교수(현) 2002~2008년 同신생아과장 2010~2014년 同의과대학장 2015년 同의무부총장(현) [저]'홍창의 소아과학(共)'(2004) '신생아 진료지침(共)'(2008)

김기수(金記洙) KIM Ki Su

[생]1959·12·20 [출]경북 김천 [주]세종특별자치시 도움6로11 국토교통부 공공기관지방이전추진단 지원국(044-201-4480) [학]대구 성광고졸, 영남대 행정학과졸, 同대학원 행정학과졸 [경]1988년 행정고시 합격(32회) 1997년 내무부 기획관리실 법무담당관실 서기관 1998년 행정자치부 자치지원국 자치제도과 서기관, KDI 국제정책대학원(미국 캘리포니아주립대) 연수 2005년 대통령비서실 행정관 2006년 행정자치부 지방조직발전팀장(부이사관) 2008년 행정안전부 자치행정과장 2008년 한국지역정보개발원 파견 2009년 외교안보연구원 교육파견(일반직고위공무원) 2009년 친일반민족행위자재산조사위원회 기획단장(파견) 2010년 대통령직속 지역발전위원회 지역협력국장(파견) 2011년 행정안전부 행정선진화기획관 2012년 同공무원노사협력관 2013년 안전행정부 지방행정실 자치제도정책관 2014년 同감사관 2014년 행정자치부 감사관 2015년 국토교통부 공공기관지방이전추진단 지원국장(파견)(현) [상]홍조근정훈장(2013)

김기승(金基承) KIM Gi Seung

[생]1964·1·4 [주]부산 금정구 부산대학로63번길2 부산대학교 경제학과(051-510-2564) [학]1986년 한국외국어대 경영학과졸 1997년 미국 Univ. of Illinois at Urbana-Champaign 대학원 경제학과졸 2001년 경제학박사(미국 Univ. of Illinois at Urbana-Champaign) [경]1988~1997년 LG경제연구원 책임연구위원 2001~2004년 同연구위원 2004년 한국직업능력개발원 부연구위원 2004~2007년 국회예산정책처 경제분석실 경제정책분석팀장 2004년 한국노동경제학회 이사 2007~2009년 청주대 경제통상학부 교수 2008~2009년 한국응용경제학회 사무국장 2008~2009년 한국국제경제학회 운영이사 2009~2011년 고용노동부 노동민원행정옴부즈만위원 2010년 부산대 경제학과 교수(현) 2010~2012년 한국경제통상학회 대외교류이사 2010~2012년 한국노사관계학회 이사 2015~2016년 한국남부발전(주) 감사자문위원회 위원 2015~2016년 기획재정부 공공기관경영평가단 위원 2015~2016년 한국응용경제학회 회장 2016년 同명예회장(현) 2016년 한국산업인력공단 비상임이사 2016년 경제사회발전노사정위원회 고용차별개선연구회 위원(현) [상]국회예산정책처장표창(2005) [저]'무역자유화 확대의 노동시장 영향과 정책과제'(2005) '자영업 진출 결정요인과 정책적 시사점'(2006) '한-캐나다, 한-미 FTA를 통한 인력이동 활성화 방안'(2006) '2005년도 세입세출 결산 분석' '2006년도 경제운용방향 및 정책과제 분석' '2007년 상반기 경제운용방향 및 정책과제 분석'(2007) '중소 중견기업 육성을 통한 산업구조 고도화 방안 연구'(2007)

김기식(金起式) KIM Ki Sik

[생]1966·3·6 [본]김해(金海) [출]서울 [주]서울 영등포구 국회대로68길23 더미래연구소(02-785-2030) [학]1984년 경성고졸 1998년 서울대 인류학과졸 [경]1993년 참여민주주의를위한사회인연합 사무국장 1994년 참여연대 창립발기인 1998년 同사무국장 1999년 同정책실장 2002~2007년 同사무처장 2003년 범국민정치개혁협의회 위원 2003년 정치개혁시민연대 운영위원장 2003년 파병반대국민행동 집행위원장 2004년 탄핵반대부패정치청산범국민행동 공동집행위원장 2004년 2004총선시민연대 공동집행위원장 2005년 사회양극화국민연대 집행위원장 2007~2011년 참여연대 정책위원장 2010~2011년 시민사회단체연대회의 운영위원장 2011년 시민정치행동 내가꿈꾸는나라 공동대표 2011~2012년 혁신과통합 공동대표 2012년 민주통합당 전략기획위원장 2012~2016년 제19대 국회의원(비례대표, 민주통합당·민주당·새정치민주연합·더불어민주당) 2012년 민주통합당 정책위원회 원내부의장 2012년 국회 정무위원회 위원 2013년 국회 쌍용자동차여야협의체 위원 2013년 민주당 정책위원회 원내부의장 2013년 국회 예산재정개혁특별위원회 위원 2014~2015년 더좋은미래 책임운영간사 2014년 국회 정무위원회 야당 간사 2014~2015년 국회 예산결산특별위원회 위원 2014~2015년 새정치민주연합 정치혁신실천위원회 간사 2015년 국회 정치개혁특별위원회 위원 2015년 새정치민주연합 제2정책조정위원회 위원장 2015년 同재벌개혁특별위원회 간사 2015년 더불어민주당 재벌개혁특별위원회 간사 2016년 더불어민주당 더미래연구소장(현) 2016년 同정책특보(현) [상]경제정의실천시민연합 국정감사 우수의원(2014), 시민일보 의정·행정대상(2015) [종]천주교

김기언(金基彦) KIM Ki Un

[생]1955 · 4 · 2 [출]충북 [주]경기 수원시 영통구 광교산로 154의42 경기대학교 총장실(031-249-9000) [학]1974년 용산고졸 1979년 연세대 경영학과졸 1982년 同대학원 행정학과졸 1991년 행정학박사(연세대) [경]1980~1982년 연세대 사회과학연구소 연구원 1983년 관동대 행정학과 전임강사 1983~1994년 경기대 행정학과 전임강사 · 조교수 · 부교수 1994년 同행정학과 교수 1994~1995년 미국 Arizona State Univ., School of Public Affairs 교환교수 2001~2002년 한국대학교육협의회 평가지원부장(파견) 2005년 경기대 행정대학원장 2006년 同총무처장 2007~2009년 同기획처장 2010~2011년 同교수회장 2010년 한국지방공기업학회 회장 2013년 경기대 총장(현) 2016년 경인지역대학총장협의회 회장(현) [저]'도시민의 생활과 의식'(1983, 연세대 출판부) '지방재정학'(1997, 박영사) '행정학'(共)(2001, 대영문화사) '지방정부론(共)'(2001, 안명식교수 화갑기념저서 편찬위) '한국교육정책과 예산'(2007, 한국학술정부) [역]'비교공기업론 : 공기업의 국제비교'(1983, 박영사) [종]불교

김기영(金基永) KIM Kee Young

[생]1937 · 10 · 7 [본]상산(商山) [출]서울 [주]서울 서대문구 연세로50 연세대학교(02-2123-2500) [학]1957년 양정고졸 1961년 연세대 상학과졸 1966년 同대학원 경영학과졸 1973년 미국 워싱턴대 대학원졸(MBA) 1975년 경영학박사(미국 워싱턴대) [경]1968~1979년 연세대 상경대 전임강사 · 조교수 · 부교수 1975년 한국경영연구원 상임이사 1979~2003년 연세대 경영학과 교수 1982년 미국 MIT 객원연구원 1983년 연세대 재무처장 1986년 同컴퓨터센터 소장 1987년 한국경영과학회 부회장 1988년 연세대 기획실장 1988년 미국 보스턴대 국제생산기술전략연구회 공동연구위원 및 한국책임연구원 1990년 생산관리학회 회장 1991년 한국경영학회 회장 1991년 연세대 경영대학원장 1995년 한국경영과학회 회장 1995년 한국경영사례연구원 원장 1996년 미국 경영과학회 부회장 겸 부편집인 · 특별호 편집인 1996~1998년 연세대 대외부총장 1998년 同상남경영학 석좌교수 1998년 同정보화추진위원회 위원장 1998년 삼성화재해상보험 사외이사 1999년 연세대 2002월드컵연구소 설립 · 소장 1999년 제일은행 사외이사 2000~2002년 연세대 정보대학원장 2003년 同명예교수(현) 2003년 KTB네트워크 사외이사 2004~2009년 (주)GS홀딩스 사외이사 2004년 미국 워싱턴대 특임교수 2006년 대한유화공업 사외이사(현) 2006년 평촌사회복지재단 이사 2007년 대한민국학술원 회원(경영학 · 현) 2008년 한국경제연구원 초빙연구위원 2009~2014년 광운대 총장 2011~2015년 (주)신한금융지주회사 사외이사 2013년 3.1문화재단 이사장(현) [상]미국 경영과학회(DSI) 국제우수연구교수상(1994), 연세대 우수연구업적교수상(1995), 황조근정훈장(2001), 정진기언론문화상(2002) [저]'계량의사결정론(共)'(1979) '생산관리'(1981) '우리나라 기술도입전략'(1985) '관리경제학(共)'(1987) '생산전략'(1993) '우리나라 제조기업의 생산전략'(1998) '한국제조업경쟁력 재발굴'(1999) '품질경영(共)'(1999) '창의력, 문제해결의 힘'(2008) [종]기독교

김기영(金奇泳) KIM Ki Young

[생]1954 · 3 · 5 [본]영암(靈巖) [출]충남 예산 [주]충남 예산군 삽교읍 도청대로600 충청남도의회(041-635-5057) [학]1972년 홍성고졸, 청양대학 자치행정과졸 1991년 충남대 경영대학원 최고경영자과정 수료 [경]1989년 삽교청년회의소 회장 1990년 충남지구청년회의소 감사 1991년 충남도 도정평가위원 1994년 예산군축산업협동조합장 1995년 예산군축산발전위원회 위원장 1995년 홍성교도소 교화위원 1999~2005년 대전지법 홍성지원 조정위원 2001년 한나라당 예산지구당 부위원장 2002 · 2006 · 2010년 충남도의회 의원(한나라당 · 자유선진당 · 선진통일당 · 새누리당) 2003년 한나라당 충남도지부 홍보위원장 2004년 충남도의회 경제위원회 부위원장 2005년 예산문화원 이사 2005년 2006금산세계인삼엑스포 자문위원 2006~2008년 충남도의회 행정자치위원장 2008~2010년 同운영위원장 2008년 전국시도의회운영위원장협의회 부회장 2010년 충남도의회 도청이전특별위원회 위원장 2012~2014년 同제1부의장 2014년 충남도의회 의원(새누리당)(현) 2014~2016년 同의장 2014년 전국시도의장협의회 부회장 2016년 충남도의회 문화복지위원회 위원(현) [상]새마을훈장 노력장 [종]천주교

김기영(金基永) KIM Ki Young

[생]1955 · 10 · 13 [주]충남 천안시 동남구 병천면 충절로 1600 한국기술교육대학교 총장실(041-560-1202) [학]휘문고졸, 연세대 금속공학과졸, 同대학원졸 1990년 재료공학박사(일본 동경대) [경]한국생산기술연구원 주조설계연구팀 수석연구원 1997~2014년 한국기술교육대 에너지신소재화학공학부 교수, 同능력개발교육원장 2006년 同교무처장 2012~2014년 同대학원장 2015년 同총장(현) [상]일본주조공학회 우수논문상, 한국주조공학회 논문상, 한국을 빛낸 창조경영대상 인재경영부문(2016)

김기영(金基榮) KIM Ki Young

[생]1957 · 6 · 17 [출]서울 [주]경기 성남시 분당구 야탑로 205번길8 성남세관빌딩5층 (재)국제원산지정보원(031-600-0711) [학]경기고졸 1981년 서울대 경영학과졸 1985년 同행정대학원 행정학과졸 1987년 프랑스 파리제10대학 대학원 국제금융학과졸 2009년 무역학박사(한남대) [경]1981년 행정고시 합격(25회) 1982년 관세청 통관관리국 · 감사관실 · 협력국 사무관 1997~1999년 미국 관세청 파견 1999년 同국제협력과장 2001년 同특수조사과장 2001년 同기획예산담당관 2002년 同조사총괄과장 2002년 同정보협력국 정보관리과장 2002년 同총무과장(부이사관) 2003년 同정보협력국 정보관리과장 2004년 同통관지원국장 2005년 한국조세연구원 파견 2006년 관세청 통관지원국장 2007년 同정책홍보관리관 2008년 同기획조정관 2008년 同관세심사국장 2009년 인천공항세관장 2009년 벨기에 세계관세기구(WCO) 파견(고위공무원) 2010년 관세청 기획조정관 2012~2013년 同서울본부세관장 2013년 (재)국제원산지정보원 원장(현) [상]홍조근정훈장(2006)

김기영(金起永) Kim Gi Yeong

[생]1965 · 4 · 28 [출]전남 완도 [주]서울 서초구 서초중앙로125 법무법인 태승(02-585-9100) [학]1984년 광주 서석고졸 1988년 경희대 법학과졸 1991년 同대학원 석사과정 수료 2003년 홍익대 세무대학원 세무학과졸 [경]1992년 군법무관 임용시험 합격(10회) 1993년 공군 법무관 1995년 사법연수원 수료(법무10기) 1995년 공군본부 법무감실 고등검찰관 1996년 제5전술공수비행단 법무참모 1998년 공군 교육사령부 법무참모 1999년 국방부 법무관리관실 군사법담당관 2000년 공군 작전사령부 법무참모 2001년 고등군사법원 판사, 법무법인 서호 변호사 2007년 법무법인 태승 구성원변호사(현) 2008~2013년 한국마사회 고문변호사 2009년 한국도로공사 고문변호사 2009년 한국농어촌공사 고문변호사 2011년 한국버섯생산자연합회 자문위원 2011년 쌍방울 감사 2013년 한국고용인적자원진흥협회 이사 2013년 흥사단 민족통일운동본부 이사 2013년 광림 감사 2014~2015년 새정치민주연합 서울서초乙구지역위원회 위원장 2014~2015년 同다문화위원회 부위원장 2016년 더불어민주당 정책위원회 부의장 2016년 同서울서초구乙지역위원회 위원장(현) 2016년 제20대 국회의원선거 출마(서울 서초구乙, 더불어민주당) [저]'기도하는 자의 메시지'(2013, 지식과감성)

김기영(金基潁) KIM Ki Young

[생]1968 · 4 · 9 [출]충남 홍성 [주]서울 서초구 서초중앙로 157 서울중앙지방법원(02-530-1114) [학]1985년 홍성고졸 1990년 서울대 법대졸 [경]1990년 사법시험 합격(32회) 1993년 사법연수원 수료(22기) 1993년 육군 법무관 1996년 인천지법 판사 1998년 서울지법 북부지원 판사 2000년 대전지법 서산지원 판사 2001년 同논산지원 판사 2003년 특허법원 판사 2007년 서울중앙지법 판사 2009년 광주지법 부장판사 2010년 수원지법 안산지원 부장판사 2012년 서울남부지법 부장판사 2014년 서울중앙지법 부장판사(현)

김기영(金淇瑩)

[생]1970 · 1 · 25 [본]김해(金海) [출]경남 통영 [주]경남 창원시 의창구 중앙대로300 경상남도청 행정국 인사과(055-211-3551) [학]1988년 통영고졸 1995년 부산대 법학과졸 [경]1993년 지방고시 합격(2회) 2007년 경남도 산업이벤트팀장 2008년 同법제담당 사무관 2009년 同광역행정담당 사무관 2010년 同일자리창출과장(서기관) 2010년 同고용촉진담당관 2012년 교육파견(서기관) 2013년 경남도 기업지원단장 2014년 同투자유치단장 직대 2014년 경남 밀양시 부시장 2014년 경남도의회 총무담당관 2015년 同총무담당관(부이사관) 2016년 교육파견(현)

김기영(金基永) KIM Kee Young

[생]1971·10·13 [출]부산 [주]서울 구로구 경인로610 코리아빌딩 (주)한빛소프트 임원실(070-4050-8012) [경]1996년 대만 소프트월드 한국지사 마케팅매니저 1997년 애니콤소프트웨어 마케팅매니저 1999년 (주)T3엔터테인먼트 대표이사(현) 2008~2016년 (주)한빛소프트 대표이사 2010~2011년 한국게임산업협회 회장 2016년 (주)한빛소프트 이사회 의장(현)

김기옥(金基玉) KIM Ki Ok (雪松 · 玄山)

[생]1942 · 8 · 17 [본]광산(光山) [출]광주 [주]서울 영등포구 국회대로 70길18 한양빌딩 새누리당(02-3786-3000) [학]1960년 광주제일고졸 1964년 중앙대 법학과졸 1974년 서울대 환경대학원졸 1985년 행정학박사(중앙대) 1997년 명예 법학박사(몽골 미트릭스대), 명예 정치학박사(카자흐스탄 알마티국립대) [경]1966년 경찰전문학교 강사 1968년 행정고시 합격(6회) 1970년 전남도 행정관 1972년 내무부 파견 · 전남도 새마을지도과장 1975년 여수시 부시장 1975~1978년 전남도 양정과장 · 지방과장 1978년 전남 무안군수 1980년 전남도 상공국장 1980~1984년 내무부 편성운영과장 · 새마을지도과장 · 세정과장 1984년 전남 순천시장 1987년 한국지방행정연구원 연구부장 1988년 同원장 직대 1991년 중앙공무원교육원 교수 1995~1998년 서울시 동작구청장(민주당 · 국민회의) 1998년 자민련 서울동작乙지구당 위원장 1998년 한국경제정책평가연구원 이사장(현) 1999~2007년 호남대 행정학과 교수 2001~2003년 同행정대학원장 겸 경영대학원장 2005~2007년 통일부 통일교육위원 2005년 광주지방경찰청 인권보호위원장 2006년 서울시 동작구청장선거 출마(민주당) 2007년 국가원로회의 국가원로위원(현) 2007~2009년 호남대 행정학과 명예교수 2009~2013년 명지대 사회복지대학원 객원교수 2010년 독립문신학대 총장 직대 2011년 민주평통 자문위원(현) 2012년 새누리당 중앙연수원 교수(현) 2012년 동북역사포럼 회장(현) 2013~2015년 경인여대 보건의료관리과 초빙교수 [상]대통령표창(1975), 새마을훈장 근면장(1981), 장한어버이상(2011), 한국지도자대상 교육부문(2011) [저]'한국지방자치론' '지방자치행정론' '지방자치와 도시정책' '중소도시개발론' '미국의 정부구조'(編) '부동산 이론과 부동산 조세' '난세의 처세술' 칼럼집 '새우등 개미허리' '큰 정치 작은 정치' [역]'일본의 지방자치법' '지방정부론' '현대 지방자치이론' [종]기독교

김기완(金基完) KIM Ki Wan (曙海)

[생]1942 · 3 · 21 [본]의성(義城) [출]경북 상주 [주]서울 강서구 양천로583 우림블루나인비즈니스센터B동1301호 (주)통일감정평가법인(02-719-7272) [학]1959년 경북고졸 1964년 서울대 법학과졸 1999년 건국대 대학원 경제학과졸 2011년 행정학박사(선문대) [경]1969년 삼성그룹 비서실 근무 1972~1977년 감사원 근무 1983년 범양상선 기획이사 1985~1990년 대한감정평가사합동사무소 대표 1987년 한국토지평가사회 부회장 1987년 부동산컨설팅제도 최초도입 1990~1999년 대한감정평가법인 대표이사 1990~2000년 대한부동산컨설팅 대표이사 1991년 건설교통부 중앙토지평가위원 1992년 한국감정평가업협회 컨설팅위원회 초대위원장 1994년 한국감정평가업협회 부회장 1996년 同국제 · 컨설팅위원장 1996년 한국주택신문 논설위원 1997년 한국부동산컨설팅업협회 부회장 및 국제위원장 1998년 전국감정평가법인 대표자협의회장 1999년 한국부동산분석학회 감사 1999년 건국대 부동산대학원 겸임교수 2000~2004년 (주)글로벌감정평가법인 대표이사 2000~2004년 글로벌부동산투자자문 대표이사 2000~2004년 글로벌부동산중개 대표이사 2001년 한국감정평가학회 국제분과위원장, 同부회장 2003년 한국부동산자문협회 부회장 2003년 한국부동산투자분석가협회 부회장 2004년 (주)글로벌감정평가법인 · 글로벌부동산중개 · 글로벌부동산투자자문 회장, (주)위닉스 사외이사 2006년 하나글로벌감정평가법인 회장 2007년 (사)부동산투자분석전문가협회 회장 2007~2008년 CCIM한국협회 한국지회장 2008년 同고문(현) 2008년 하나감정평가법인 회장 2010년 문화예술위원회 자문위원 2010년 은평구 자문위원(현) 2011년 통일감정평가법인 회장(현) 2011년 한국감정평가학회 수석부회장 2011년 한국부동산자산관리학회 회장 2013~2015년 한국감정평가학회 회장 2013년 (사)창조와혁신 부동산분과위원장(현) 2013년 서울시 재생건축사업분석T/F 위원(현) 2013년 (사)창조벤처융합협회 회장(현) 2014년 NCS 기업가치사분석전문가(현) 2015년 영국왕립협회(RICS) 전문자격시험 사정관(현) [상]감사원장표창(1972) [종]기독교

김기완(金基完) KIM Ki Wan

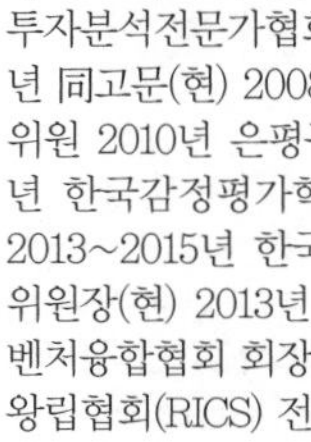

[생]1959 · 12 · 10 [본]광산(光山) [출]경북 예천 [주]서울 영등포구 여의대로128 LG전자(주) 인사과(02-3777-1114) [학]대륜고졸, 영남대 무역학과졸 [경]1982년 LG전자(주) 수출4과 입사 1988년 同GSDG 과장 직대 1989년 同부다페스트지사 과장 1995년 同조직활성화팀 부장 1998년 同AV해외영업 수석부장 1999년 同AV수출담당 상무 2005년 同DM해외마케팅담당 겸 AV마케팅팀장(상무) 2006년 同중아지역대표 겸 두바이지사장(상무) 2007년 同중아지역대표(부사장) 2008년 同두바이지역대표(부사장) 2008년 同중동아프리카지역본부장 2011년 同중동아프리카지역 대표(부사장) 2011년 同글로벌마케팅부문장(부사장) 2013년 同HE해외영업그룹장(부사장) 2015년 同인도법인장(부사장)(현) [종]가톨릭

김기용(金基容) KIM Key Yong (整林)

[생]1936 · 8 · 26 [본]수원(水原) [출]평남 성천 [주]서울 강서구 공항대로389 인당의료재단(02-2620-0155) [학]1954년 서울고졸 1960년 서울대 의과대학졸 1962년 同대학원졸 1971년 의학박사(서울대) [경]1960~1965년 국립의료원 정형외과 전공의 1966~1969년 수도육군병원 정형외과장 1971~1974년 코펜하겐대 · 런던대 · 하버드대병원 수학 1974~1989년 국립의료원 정형외과장 · 진료부장 1974~1989년 서울대 의과대학 외래교수 · 고려대 의과대학 외래교수 1989~2001년 울산대 의과대학 서울중앙병원 정형외과 교수 1990년 同의과대학 서울중앙병원 부원장 1990년 대한골절학회 회장 1992~1996년 울산대 의과대학장 1992~2002년 AO국제골절치료연구재단 이사 1993년 대한정형외과학회 회장 1994~1998년 울산대 의무부총장 1996~1998년 同병원장 1998년 아산재단 강릉병원장 2001년 인제대 의과대학 정형외과학교실 교수 · 명예교수(현) 2001~2009년 同의과대학장 2002년 AO국제골절치료연구재단 종신명예이사(현) 2004~2006년 한국의학교육학회 부산경남지회장 2005년 인제대 의무부총장 2009년 同의무 · 연구부총장 2009~2011년 同부산백중앙의료원장 2012년 부민서울병원장 겸 부민그룹 의료원장 2013년 인당의료재단 명예원장(현) [상]서울시의사회 학술상(1976), 국민포장(1983), 의학협회 공로상(1984), 대한정형외과학회 학술상(1994), 대한골절학회 학술상(1995), AOAA 학술상(1996), 녹조근정훈장(2001), 인당의학교육학술상(2003) [저]'어린이 백과사전(共)'(1981) '골다공증(共)'(1991) '정형외과학(共)'(1994) [역]'골절치료의 AO원리'(2002, 서울의학사) 'Netter's 근육뼈대계간결해부학'(2011, 메디안북) [종]기독교

김기용(金基鏞) KIM Ki Yong

[생]1945 · 10 · 10 [주]경기 성남시 분당구 황새울로200번길9의7 현대판테온 글로벌비전네트워크(031-718-4652) [학]1968년 서울대 농과대학 축산학과졸 1990년 미국 하버드대 경영대학원 국제최고경영자과정 수료 1995년 서울대 경영대학원 최고경영자과정수료 2000년 핀란드 헬싱키경제경영대학원 경영학과졸(Executive MBA) [경](주)퓨리나코리아 전무이사, 同부사장 1990~1998년 同대표이사 사장 1995~1998년 랄스톤퓨리나인터내셔널 북아시아지구 사장 1998~1999년 애그리브랜드퓨리나코리아 대표이사 사장 1998~2001년 애그리브랜드인터내셔널 북아시아지구 회장 1999~2001년 (주)애그리브랜드퓨리나코리아 대표이사 회장 2001년 카길 한국 대표 겸 동물영양사업부 수석부사장 2007년 (주)카길애그리퓨리나 대표이사 회장 · 카길애그리퓨리나문화재단 이사장 2010~2012년 (주)카길애그리퓨리나 명예회장 2011년 재단법인 글로벌비전네트워크(GVN) 대표이사 회장(현) 2011년 (주)글로벌비전(GVI) 대표이사 회장(현) 2011년 (사)밝은청소년행복한동행 후원회장(현) 2012년 세계경영연구원(IGM) 고문 2013년 (사)한국4-H본부 특별고문 2014년 同자문위원(현) [상]한국능률협회 선정 '올해의 경영자상'(2002), 포브스코리아 선정 '대한민국 글로벌CEO'(2009) [저]'사막은 낙타처럼 건너라'(2010) [종]기독교

김기용(金基用) KIM Ki Yong

[생]1957 · 8 · 13 [출]충북 제천 [주]충북 제천시 세명로65 세명대학교 경찰 · 공공행정학부(043-649-1739) [학]서울대 행정대학원 정책학과졸 [경]행정고시 합격(30회) 1993년 경남 충무경찰서 경비과장 1995년 경찰청 보안2과 · 보안1과 근무(경정) 2000년 同보안1과 근무(총경) 2001년 전남 담양경찰서장 2002년 전남 완도경찰서장 2003년 경찰청 예산과장 2004년 교육 파견 2004년 서울지방경찰청 청사경비대장 2005년 서울 용산경찰서장 2006년 경찰청 정보3과장 2008년 충북지방경찰청 차장(경무관) 2009년 외교안보연구원 교육파견 2010년 서울지방경찰청 보안부장 2010년 충남지방경찰청장(치안감) 2011년 경찰청 경무국장 2012년 同차장(치안총감) 2012~2013년 경찰청장 2013년 (사)한국청소년육성회 수석고문(현) 2014년 세명대 경찰 · 공공행정학부 경찰행정학전공 초빙교수(현) 2014년 충북 제천경찰서 학교폭력예방홍보대사 [상]대통령표창(1997)

김기운(金基運) KIM Ki Woon (草堂)

[생]1921 · 8 · 6 [본]나주(羅州) [출]전남 무안 [주]서울 구로구 공원로8길24 백제약품(주) 비서실(02-869-0211) [학]1936년 무안보통학교졸 1974년 전남대 경영대학원 수료 1996년 명예박사(중국 심양공대) [경]1946년 백제약방 경영 1952년 백제메리야스 설립 1955년 백제화학공업 설립 1964년 삼초제약(주) 설립 1971년 초당산업(주) 사장 1973~2013년 백제약품(주) 대표이사 회장 1979년 학교법인 초당학원(백제고) 이사장(현) 1981년 민주평통 자문위원 1982년 초당약품공업(주) 대표이사 회장(현) 1988~1998년 전남도핸

드볼협회 회장 1990~2012년 백제에치칼약품 대표이사 1993년 초당산업대 설립 1993년 학교법인 초당학원(초당대) 이사장(현) 2014년 백제약품(주) 명예회장(현) [상]내무부장관표창(1973), 5·16민족상(1980), 대통령표창(1981), 동탑산업훈장(1987), 국민훈장 동백장(2003), 국민훈장 모란장(2010) [저]'草堂育林日記' '草堂自傳' '자랑스런 나주인 이야기' [역]'판매촉진 메뉴얼' [종]천주교

김기웅(金基雄) KIM Ki Woong

[생]1952·8·7 [본]광산(光山) [출]대구 [주]서울 중구 청파로463 한국경제신문 비서실(02-360-4109) [학]1971년 대구 계성고졸 1978년 한양대 신문방송학과졸 1996년 미국 캘리포니아대 버클리교 연수 [경]1978년 내외경제 산업부 기자 1980년 매일경제 사회부 기자 1980년 한국경제 신문산업부 기자 1990년 同경제부 차장대우 1993년 同정치부 차장 1995년 同국제1부장 1996년 同산업부장 1998년 同편집국 부국장대우 2000년 同편집국 부국장 2001년 同광고국장 2002년 同편집국장 2004년 同이사 편집국장 2005~2011년 한국경제TV 대표이사 사장 2011년 한국경제신문 대표이사 사장(현) 2011년 한국신문윤리위원회 윤리위원 2012년 한국신문협회 운영위원 2012~2015년 세계태권도평화봉사재단 총재 2014년 한국신문협회 이사 2014년 同부회장(현) 2015년 한국신문윤리위원회 이사장(현) 2015년 세계태권도평화봉사재단 고문(현) [상]중앙언론문화상(2011), 자랑스러운 한양인상(2011)

김기웅(金基雄)

[생]1957·11·22 [출]충남 서천 [주]충남 서산시 대산읍 명지1로429의6 해양선박(041-681-7500) [학]2007년 군산대 해양생명과학과졸 2013년 공주대 경영행정대학원 경영학과졸 [경]1986년 해양선박 대표이사(현) 2008~2014년 서천군수산업협동조합 조합장 2012년 새누리당 중앙위원회 충남도연합회장(현) 2012~2013년 국제라이온스협회 356F지구 총재 2013년 충남도세팍타크로협회 회장(현) 2013~2014년 새누리당 중앙위원회 전국시도연합회장 2013~2014년 한국자유총연맹 충남도지부 회장 2013년 새누리당 정책위원회 자문위원 2016년 同제20대 국회의원 후보(비례대표 38번) 2015년 (사)대한민국에너지상생포럼 공동대표(현)

김기웅(金基雄) KIM Ki Woong

[생]1961·9·15 [출]서울 [주]서울 종로구 청와대로1 대통령 통일비서관실(02-770-0011) [학]성광고졸, 서울대 외교학과졸, 同대학원 외교학과졸 [경]2001년 통일부 교류협력국 총괄과 서기관 2003년 同장관비서관 2004년 同통일정책실 정책기획과장 2005년 同남북회담사무국 회담기획과장, 同정책홍보본부 평화체제구축팀장 2008년 同개성공단사업지원단 개발기획팀장 2009년 同개성공단사업지원단 기획총괄팀장(부이사관) 2009년 同남북회담본부 회담1과장 2010년 同통일정책기획관 2012년 同정세분석국장 2013년 제18대 대통령직인수위원회 외교·국방·통일분과 전문위원 2013년 통일부 남북협력지구지원단장 2014년 同통일정책실장(고위공무원) 2014년 통일부 남북회담본부장 2016년 대통령 외교안보수석비서관실 통일비서관(현)

김기원(金基源) KIM Ki Weon

[생]1956·3·30 [본]원주(原州) [출]충남 당진 [주]서울 성북구 정릉로77 국민대학교 산림환경시스템학과(02-910-4811) [학]1974년 제물포고졸 1981년 고려대 산림자원학과졸 1984년 서울대 대학원 환경조경학과졸 1990년 이학박사(오스트리아 빈농업대) [경]1984~1985년 도시및지역계획연구소 연구원 1991년 서울대 환경계획연구소 연구원 1991~1992년 중부임업시험장 시험과 임업연구사 1992~1994년 한국농촌경제연구원 연구원 1994~2010년 국민대 산림자원학과 강사·조교수·교수 1997~2001년 임업연구원 겸임연구관 2000년 미국 오리건주립대 방문교수 2003~2005년 (사)숲과문연구회 회장 2004~2005년 (사)생명의숲 학교숲위원장 2005년 한국조경학회 이사 2006년 한국식물인간환경학회 부회장 2006년 한국임학회 기획위원장 2010년 국민대 산림환경시스템학과 교수(현) 2011~2013년 同산림과학대학장 2011~2013년 同학술림관리소장 [상](사)생명의 숲 공적표창(2003·2007), 한국산림휴양학회 저술상(2004), 농림부장관표창(2004), 한국임학회 저술상(2005) [저]'숲과 음악' '아름다운 숲 찾아가기' '숲 사람과 문화' '자연과 인간의 아름다운 만남' '숲이 있는 학교' '식물과 사회' '숲이 들려준 이야기' '한국의 산림과 임업'(2000) '자연과 인간의 아름다운 만남'(2001) '숲과 물 그리고 문화'(2003) '산림학교'(2003) '산림요양학(-개정판)'(2003) '우리겨레의 삶과 소나무'(2004) '숲이 희망이다'(2005) '산림요양학'(2006) '식물과 생활환경'(2006) '식물과 생활환경'(2006) '숲해설 아카데미'(2006) '숲께 드리는 숲의 철학'(2006) '산림미학시론'(2007) '초급과정 숲해설 아카데미'(2008) '산림학교'(2008) [종]기독교

김기원(金基元) KIM Ki Won

[생]1957·6·13 [출]강원 원주 [주]인천 남구 소성로185번길28 명인빌딩702호 법무법인 서창(032-861-0999) [학]1976년 경복고졸 1981년 성균관대 법과대학졸 1998년 일본 도쿄(東京)대 연수 [경]1981년 사법시험 합격(23회) 1983년 사법연수원 수료(13기) 1983년 軍법무관 1986년 인천지법 판사 1988년 서울지법 남부지원 판사 1990년 춘천지법 영월지원 판사 1993년 서울민사지법 판사 1994년 서울고법 판사 1996년 청주지법 영동지원장 1997년 서울지법 판사 1998년 일본 도쿄대 객원교수 1999년 대구지법 부장판사 2000년 인천지법 부장판사 2002년 변호사 개업 2002년 (주)현정씨앤씨 법률고문, 법무법인 로우25 변호사 2003년 중부지방국세청 고문변호사 2007년 인천시 환경시설공단 이사 2007년 인천지방변호사협회 부회장 2008년 인천도시개발공사 고문변호사 2008년 한국토지공사(인천) 지정변호사 2008년 인천시체육회 인사위원 2008년 인천시재향군인회 고문변호사 2008년 법무법인 한덕 변호사 2013년 법무법인 서창 변호사(현) 2013~2015년 인천지방변호사회 회장

김기인(金基仁) KIM Kee In

[생]1940·5·20 [본]경주(慶州) [출]부산 [주]서울 종로구 사직로8길39 세양빌딩 김앤장법률사무소(02-3703-1161) [학]1958년 서울고졸 1962년 서울대 법대 행정학과졸 1989년 한양대 행정대학원졸 [경]1961년 행정고시 합격(13회) 1963~1971년 국방부 군수국 사무관·감사원 부감사관 1971년 재무부 IBRD주재관 1973년 同관세국 관세협력과장 1974년 同CCC주재관 1977년 駐벨기에 재무관 1978년 관세청 기획관리관 1979년 同수출국장 1981년 서울세관장 1983년 재무부 관세국장 1986년 관세청 차장 1991~1992년 同청장 1992~1994년 한국담배인삼공사 사장 1995년 한국조세연구원 자문위원 1996년 세계무역관세사무소 대표 1997년 김앤장법률사무소 고문(현) [상]홍조근정훈장(1984), 황조근정훈장(1992) [저]'한국관세법'(2007) '관세평가정해'(2009)

김기인 KIM Ki In

[생]1962·1·10 [주]경기 성남시 분당구 판교역로220 (주)안랩(031-722-8000) [학]서강대 경영학과졸 [경]삼성전기 기획팀 근무, 이랜드 재무팀 근무, (주)안랩 이사, 同상무보 2009년 同경영지원본부장(상무) 2011년 同경영지원본부장(전무), 同CFO(전무)(현) 2013~2014년 同임시대표이사 [상]한국CFO대상 회계투명성부문 대상(2013)

김기재(金杞載) KIM Ki Jae

[생]1946·9·6 [본]김해(金海) [출]경남 하동 [주]서울 송파구 올림픽로35가길10 한중민간경제협력포럼(02-3461-7888) [학]1963년 진주사범학교졸 1972년 고려대 경영학과졸 1981년 미국 하버드대 행정대학원 수료 1986년 동국대 대학원졸 1993년 행정학박사(동국대) 2009년 중국 베이징대 국제관계대학원 박사과정수료 [경]1972년 행정고시 합격(11회) 1972~1975년 부산시 사무관 1976~1980년 내무부 행정계장·지방행정연수원 교무과장·내무부 행정관리담당관 1981년 산림청 기획예산담당관 1982~1986년 내무부 민방위편성운영과장·세정과장·행정과장 1986년 경기 안양시장 1988년 내무부 지방자치기획단장·지역경제국장 1991년 同공보관 1992년 同지방세제국장 1992년 同지방재정국장 1993년 同지방행정연수원장 1993년 同기획관리실장 1994년 同차관보 1994년 부산시장 1995년 총무처 장관 1996~1998년 제15대 국회의원(부산 해운대·기장乙, 신한국당·한나라당) 1996년 신한국당 원내부총무 1997~1998년 한나라당 대표최고위원 비서실장 1999~2000년 행정자치부 장관 2000년 새천년민주당 최고위원 2000~2004년 제16대 국회의원(전국구, 새천년민주당) 2001년 새천년민주당 부산시지부장 2001년 同2002년부산아시안게임지원특별위원회 위원장 2001년 同상임고문 2002년 同부산선거대책위원회 공동위원장 2002년 同당무위원 2009년 고려대 국제대학원 초빙교수 2012년 통합민주당 문재인 대통령후보 담쟁이캠프 부산선거대책위원회 고문 2013년 가락중앙종친회 회장(현), 한중발전촉진협회 회장(현) 2015년 (사)한·중민간경제협력포럼 고문(현) [상]대통령표창(1974), 녹조근정훈장(1982), 청조근정훈장(1996) [저]'행정혁명의 시대' [종]불교

김기정(金基正) KIM Ki Jeung

[생]1954 · 9 · 19 [본]광산(光山) [출]경북 안동 [주]서울 성동구 아차산로7나길18 에이펙센터102호 김기정세무사사무소(02-461-5821) [학]1973년 대구상고졸 1985년 한국방송통신대졸 1998년 건국대 행정대학원졸 [경]2006년 김천세무서장 2007년 재정경제부 파견 2009년 서울지방국세청 세원관리국 법인세과장 2010년 서울 역삼세무서장 2011년 서울지방국세청 조사2국 조사관리과장 2012년 서울 성동세무서장 2013년 세무사 개업(현) [상]대통령표창(1997 · 2002), 홍조근정훈장(2013) [종]기독교

김기정(金基正) KIM Ki Jung

[생]1956 · 4 · 30 [출]경남 통영 [주]서울 서대문구 연세로50 연세대학교 정치외교학과(02-2123-2954) [학]1975년 경남고졸 1979년 연세대 정치외교학과졸 1984년 미국 코네티컷대 대학원졸 1989년 정치학박사(미국 코네티컷대) [경]1988년 미국 코네티컷대 Stamford Campus 정치학과 강사 1989~1995년 연세대 · 이화여대 · 숙명여대 강사 1994~1995년 대통령자문 21세기위원회 전문위원 1995~2003년 연세대 정치외교학과 조교수 · 부교수 2000~2001년 同행정대학원 교학부장 2002년 同대외협력처 차장 2003~2005년 同연세춘추 주간 2003년 同정치외교학과 교수(현) 2006~2008년 同학생복지처장 2007년 同장애학생지원센터 소장 2008년 同동서문제연구원장 2012년 민주통합당 문재인 대통령후보 선거대책위원회 '미래캠프' 산하 남북경제연합위원회 위원 2014 · 2016년 연세대 행정대학원장(현) [상]한국국제정치학회 학술상(2003) [저]'미국정치의 과정과 정책(共)'(1994) '세계외교정책론(共)'(1995) 'Alliance versus Governance: Theoretical Debates Regarding Security of Northeast Asia'(2002) '미국의 동아시아 개입의 역사적 원형과 20세기초 한미관계연구'(2003) '꿈꾸는 평화'(2003) 'Northeast Asian Regional Security Order and Strategic Calculus on the Taiwan Straits'(2003) '1800자의 시대 스케치'(2011, 오래) [역]'외교정책의 이해'(1994) [종]기독교

김기정(金基正) KIM Ki Jeong

[생]1960 · 1 · 26 [출]경북 안동 [주]제주특별자치도 제주시 남광북5길3 광주고등검찰청 제주지부(042-729-4500) [학]1976년 검정고시 합격 1981년 서울대 법학과졸 [경]1981년 사법시험 합격(23회) 1983년 사법연수원 수료(13기) 1985년 부산지검 울산지청 검사 1987년 서울지검 남부지청 검사 1989년 대구지검 검사 1991년 서울지검 검사 1994년 청주지검 검사 1996년 서울고검 검사 1997년 대구지검 의성지청장 1998년 대구지검 조사부장 1999년 사법연구원 교수 2002년 서울지검 남부지청 형사3부장 2003년 대구고검 검사 2004년 서울고검 검사 2006년 부산고검 검사 2008년 서울고검 검사 2011년 대전고검 검사 2013년 서울고검 검사 2015년 광주고검 검사(현)

김기정(金基正) KIM Kee Jurng

[생]1962 · 11 · 14 [출]서울 [주]서울 서초구 서초중앙로157 서울고등법원(02-530-1225) [학]1981년 환일고졸 1985년 고려대 법대졸 [경]1984년 사법시험 합격(26회) 1987년 사법연수원 수료(16기) 1987년 육군 법무관 1990년 수원지법 판사 1992년 서울민사지법 판사 1994년 청주지법 충주지원 판사 1996년 同충주지원 음성군법원 판사 1997년 서울지법 남부지원 판사 1999년 서울고법 판사 2000년 대법원 재판연구관 2002년 청주지법 제천지원장 2003년 사법연수원 교수 2006년 서울북부지법 부장판사 2008년 서울중앙지법 부장판사 2010년 대구고법 부장판사 2011~2012년 인천지법 수석부장판사 2011~2013년 대법원 양형위원회 양형위원 2012년 서울고법 부장판사(현) 2016년 법원도서관장 겸임(현)

김기정(金基正)

[생]1964 · 1 · 28 [출]강원 영월 [주]서울 서초구 명달로22길8 서덕빌딩3층 환경TV(02-525-8878) [학]1981년 영월고졸 1987년 한양대 신문방송학과졸 2008년 同대학원 언론정보학과졸 [경]1999년 국민일보 경제부 기자 2000년 同경제부 차장대우 2003년 同경제부 차장 2005년 同경영전략실 전략기획팀장 2005년 同뉴미디어센터 방송팀장 2006년 同뉴미디어센터장 2008~2011년 同쿠키미디어 대표 2010~2012년 한국온라인신문협회 회장 2011년 환경TV 대표이사 사장(현)

김기주(金起周) Kim Khee-Joo

[생]1956 · 10 · 5 [출]강원 명주 [주]서울 종로구 인사동5길29 도원회계법인(02-3673-1700) [학]육군사관학교졸(33기), 홍익대 세무대학원졸 [경]1983년 세무공무원 임용, 군산세무서장, 중부지방국세청 조사1과장, 同2과장 2002년 同총무과장 2003년 서울지방국세청 조사3과장 2004년 국세청 감찰과장 2005년 同심사1과장 2006년 중부지방국세청 납세자보호담당관 2006년 국세청 감사관 2008년 광주지방국세청장 2012~2014년 도원회계법인 부회장 2012년 동부건설(주) 사외이사 겸 감사위원 2014년 도원회계법인 종로지점 회장(현)

김기주(金基柱)

[생]1957 · 1 · 16 [주]서울 서대문구 충정로60 NH농협생명보험(주) 부사장실(02-3786-7200) [학]1976년 경주고졸 1983년 영남대 법학과졸 2015년 중앙대 대학원 창업학과졸 [경]1982년 대한생명보험(주) 연희 · 합정영업소 총무 1983년 同천운 · 명지 · 서강 · 천연영업소장 1993년 同수도총국 영업부 교육담당 과장 1997년 同영업교육팀 차장 1998년 同대구수성지역단장 2001년 同영업교육팀장 2005년 同대리점사업부장(상무보) 2008년 同대리점사업부장(상무) 2008년 同제휴담당 상무 2009년 同강남지역본부장(상무) 2012년 同고객지원실장 겸 보험RM팀장 2012~2013년 한화생명보험(주) 고객지원실장 겸 보험RM팀장 2013~2015년 한화손해사정 대표이사 2015~2016년 A+에셋그룹 법인영업총괄 사장 2016년 NH농협생명(주) 상품영업총괄 부사장(현)

김기주(金琦周) KIM KIJU

[생]1960 · 11 · 6 [출]전남 장성 [주]대전 중구 보문로327 국립농산물품질관리원 충남지원(042-253-7641) [학]1977년 장성농고졸 1980년 한국방송통신대 행정학과졸 [경]1983년 공직 입문(9급 공채) 2007년 농림부 과수화훼과 농업사무관 2007~2010년 同농산경영과 농업사무관 2010~2014년 농림수산식품부 원예경영과 농업사무관 2014~2015년 同유통정책과 기술서기관 2015~2016년 농림축산식품부 원예경영과 기술서기관 2016년 국립농산물품질관리원 충남지원장(현) [상]대통령표창(1999) [종]개신교

김기준(金基俊) KIM Kee Joon

[생]1949 · 10 · 31 [출]서울 [주]서울 용산구 한강대로273 용산빌딩10층 (주)용산화학(02-3274-9109) [학]경희대 경제학과졸, 고려대 경영대학원 수료 [경]한일시멘트공업 감사, 한일흥업(주) 대표이사, 영우화학(주) 대표이사, 한승철강(주) 대표이사, 용산화학(주) 대표이사 사장, 용산미쓰이화학(주) 대표이사 사장, (주)용산 대표이사 사장 1999년 용산화학(주) 회장(현), 용산미쓰이화학(주) 회장(현), (주)용산 회장(현), 코리아PTG 회장(현) [상]1천만불 수출의 탑(1999), 3천만불 수출의 탑(2005), 국무총리표창(2006)

김기준(金基俊) KIM Key June

[생]1956 · 9 · 23 [주]경기 화성시 현대기아로95 현대다이모스(주) 파워트레인(P/T)사업본부(031-369-5096) [학]부산남고졸, 동아대 금속공학과졸 [경](주)로템 근무, 현대모비스 창원공장 부장, (주)현대오토넷 경영지원 이사 2007년 同상무, 현대모비스(주) 모듈사업본부 진천공장장(상무) 2012년 同모듈사업본부 진천공장장(전무) 2014년 현대다이모스(주) 파워트레인(P/T)사업본부장(전무) 2016년 同파워트레인(P/T)사업본부장(부사장)(현) [상]노사협력증진 대통령표창(2002)

김기준(金基峻) Kim Kijune

[생]1966 [주]세종특별자치시 한누리대로402 산업통상자원부 미주통상과(044-203-5650) [학]미국 매릴랜드대 법과대학원 법학과졸 [경]산업자원부 에너지자원개발본부 신재생에너지팀장 2008년 지식경제부 해외투자과장 2009년 同실물경제종합지원단 부단장 2009년 駐OECD대표부 참사관 2016년 산업통상자원부 통상정책국 미주통상과장(현)

김기준(金己俊) KIM Ki Joon

[생]1966 · 9 · 10 [출]경남 김해 [주]서울 서초구 반포대로158 서울고등검찰청(02-530-3114) [학]1985년 동아고졸 1989년 서울대 법과대학졸 1992년 同대학원졸 [경]1991년 사법시험 합격(33회) 1994년 사법연수원 수료(23기) 1994년 육군 법무관 1997년 서울지검 검사 1999년 춘천지검 원주지청 검사 2000년 부산지검 검사 2003년 법무부 국제법무과 검사 2006년 서울남부지검 부부장검

사 2008년 지식경제부 법률자문관 파견 2009년 대전지검 천안지청 부장검사 2009년 춘천지검 형사1부장 2010년 법무부 국제법무과장 2011년 서울서부지검 형사3부장 2012년 인천지검 형사2부장 2013년 同부천지청 부장검사 2014년 부산고검 검사 2014년 울산지검 형사1부장 2015년 부산지검 부장검사(부산시 파견) 2016년 서울고검 검사(현)

김기중(金基重) Kim Ki Jung
[생]1963·11·21 [출]경북 경주 [주]서울 서초구 헌릉로13 대한무역투자진흥공사 인재경영실(02-3460-7034) [학]1982년 성동고졸 1988년 한국외국어대 서반아어과졸 1992년 同무역대학원 국제경제학과졸 [경]1988년 대한무역투자진흥공사 입사 1999년 同아순시온무역관장 2001년 同E-KOTRA팀 근무 2002년 同총무팀 근무 2003년 同산호세무역관 개설요원 2003년 同산호세무역관장 2006년 同감사실 검사역(부장급) 2008년 同실리콘밸리KBC 해외IT지원센터 운영팀장(부장) 2011년 同보고타코리아비즈니스센터장 2013년 同공공조달팀장 2014년 同공공조달팀장(처장) 2014년 同마드리드무역관장(현)

김기찬(金基燦) Ki-Chan Kim
[생]1958·11·7 [출]경북 [주]경기 부천시 원미구 지봉로43 가톨릭대학교 경영학부(02-2164-4283) [학]1976년 대구고졸 1982년 영남대 경영학과졸 1984년 서울대 대학원 경영학과졸 1988년 경영학박사(서울대) [경]1989년 가톨릭대 경영학부 교수(현) 1992년 일본 동경대 객원연구원 1995년 삼성전자(주) 자문교수 1997년 미국 하버드대 객원연구원 1998년 가톨릭대 산업경영연구소장 2001년 同취업지원실장 2005년 부패방지위원회·중소기업특별위원회 전문위원 2007~2009년 한국자동차산업학회 회장 2007년 가톨릭대 경영대학원장 2007년 한국중소기업학회 중소기업연구 편집위원장 2008년 가톨릭대 창업보육센터장 2009년 同기획처장 2009년 미국 세계인명사전 'Marquis Who's Who' 2010년판에 등재 2009년 영국 국제인명센터(IBC) 'Outstanding Intellectuals of The 21st Century 2000인' 2010년판에 등재 2009년 한국상품학회 수석부회장 2011년 중소기업학회 회장, 한국경영학회 부회장, 국민경제자문회의 위원, 국가청렴위원회 전문위원, 윤경포럼 공동대표, 한국평가연구원 원장 2013년 한국상품학회 회장 2013년 세계중소기업학회(ICSB) 부회장 2013~2015년 아시아중소기업학회(ACSB) 회장 2013년 가톨릭대 대학발전추진단장 2013년 Journal of Small Business Management 편집위원(현) 2013년 서울대 장수기업연구센터 연구교수(현) 2013~2016년 (재)중소기업연구원 비상임이사 2015년 세계중소기업학회(ICSB) 회장(현) 2015년 미국 조지워싱턴대 초빙교수 2016년 同석좌교수(현) [상]한국상품학회 우수논문상(1998), 산업자원부장관표창(2003), 한국중소기업학회 최우수논문상(2004), 한국경영학회 최우수논문상(2005), 매경이코노미 '한국의 경영대가 29인'에 선정, 산업포장(2013), 한국경영학회 60주년기념 최우수논문상(2016) [저]'마케팅조사, 이렇게(共)'(1995, 범문사) '상생경영(共)'(2006, 김영사) '마케팅철학을 팔아라'(2008, 가산출판사) '플랫폼의 눈으로 세상을 보라(共)'(2015, 성안북스) [역]'기업진화의 속도'(2001, 민미디어) '도요타방식'(2004, 가산출판사) '보이지 않는 것을 팔아라'(2005, 대한상공회의소) '도요타 진화의 본질(共)'(2005, 가산출판사) '도요타DNA'(共)

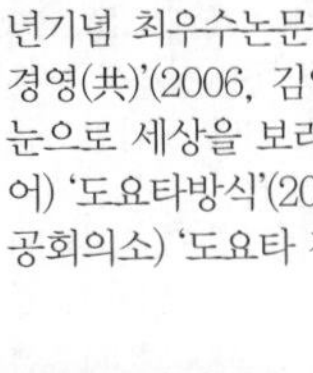

김기창(金基昌) KIM Keechang
[생]1963·1·23 [출]대구 [주]서울 성북구 안암로145 고려대학교 법학전문대학원(02-3290-1901) [학]1981년 대구고졸 1985년 서울대 법과대학 사법학과졸 1986년 미국 시카고대 로스쿨졸 1994년 법학박사(영국 케임브리지대 퀸즈칼리지) [경]1985년 사법시험 합격(27회) 1986~1988년 세종합동법률사무소 근무 1990년 사법연수원 수료(19기) 1990년 세방종합법률사무소 변호사 1994~1997년 영국 케임브리지대 퀸즈칼리지 전임연구교원 1997~2002년 同셀윈칼리지 전임강사 2000~2002년 同법과대학 노튼로즈 기금교수 2003~2008년 고려대 법학과 부교수 2008년 同법학과 교수(현) 2009년 同법학전문대학원 교수(현) 2014~2015년 同자유전공학부장 [상]영국 캠브리지대 우수논문상 Yorke Prize(1995) [저]'Aliens in Medieval Law : The origins of modern citizenship'(2001)

김기철(金基喆) KIM Ki Chul
[생]1953·9·5 [주]강원 춘천시 중앙로1 강원도의회(033-256-8035) [학]2004년 한림정보산업대학 환경과졸 [경]정선산업 대표이사, 정선군 북평면대농회 회장, 정선군대농회 회장, 정선군농민후계자연합회 회장, (사)한국농업경영인연합회 강원도연합회 부회장, 건강보험심사평가원 이사, 아리아리정선개발주민주식회사 대표이사(현), 미래농수산정책포럼 이사(현) 2010년 강원도의원선거 출마(한나라당) 2014년 강원도의회 의원(새누리당)(현) 2014·2016년 同사회문화위원회 위원(현)

김기철(金基哲) KIM Ki Chul
[생]1955·1·1 [출]경남 김해 [주]서울 서초구 효령로176 KT DS 임원실(070-4168-2900) [학]1974년 경기고졸 1978년 서울대 법학과졸 [경]1979~1981년 선경 경공업사업본부·해외사업본부 근무 1981~2000년 한국IBM 엔지니어 2001년 (주)KTF 정보시스템실장(상무보) 2003년 同정보시스템실장(상무) 2003년 同정보시스템부문장(상무) 2003년 同정보시스템부문장(전무) 2005년 同신사업부문장(부사장) 2006년 同비즈니스부문장(부사장) 2009년 同부사장 2009년 KTFT 대표이사 사장 2011년 KT tech 대표이사 2013년 (주)KT 커스터머부문장 직대(부사장) 2014년 同IT부문장(부사장) 2014년 KTH 성과보상위원회 위원 2015년 (주)KT IT기획실장(부사장) 2015년 KT DS 사장(현) [상]산업포장(2002), 한국정보산업연합회 선정 '올해의 CIO상'(2004), 전자신문·한국정보산업연합회·한국CIO포럼 최고정보책임자(CIO) 대상(2015)

김기철(金基喆) KIM Ki Chule
[생]1956·7·29 [출]서울 [주]서울 종로구 창경궁로136 보령바이오파마(주) 임원실(02-708-8451) [학]1980년 단국대 화학과졸 [경]동신제약(주) 마케팅팀장, 同이사대우, 同경영지원본부장, 同상무이사 2004년 同전무이사 2006년 SK케미칼 전무이사 2007년 보령바이오파마(주) 대표이사 부사장 2011년 同대표이사 사장(현)

김기춘(金淇春) KIM Ki Choon (海巖)
[생]1939·11·25 [본]김해(金海) [출]경남 거제 [주]서울 동작구 여의대방로112 (주)농심(02-820-7114) [학]1958년 경남고졸 1962년 서울대 법과대학졸 1967년 同대학원 법학과졸 1984년 법학박사(서울대) [경]1960년 고시 사법과 합격 1961년 해군·해병대 법무관 1964~1973년 광주지검·부산지검·서울지검·법무부 검사 1973년 법무부 인권과장 1980년 대검찰청 특수1과장 1980년 서울지검 공안부장 1981년 법무부 출입국관리국장·검찰국장 1982년 법무연수원 검찰연구부장 1985년 대구지검 검사장 1986년 대구고검 검사장 1987년 법무연수원장 1988~1990년 검찰총장 1991~1992년 법무부 장관 1993년 변호사 개업 1995~1996년 한국야구위원회 총재 1995년 한양대 대학원 법학과 겸임교수 1996년 제15대 국회의원(거제, 신한국당·한나라당) 1998년 同인권위원장 2000년 제16대 국회의원(거제, 한나라당) 2000년 한나라당 정책위원회 부의장 2003년 국회 법제사법위원장 2004~2008년 재일동포법적지위위원회 위원장 2004년 한일의원연맹 부회장 2004~2008년 제17대 국회의원(거제, 한나라당) 2005~2006년 한나라당 여의도연구소장 2007~2008년 同경남도당 위원장 2008~2010년 한국기원 상임이사 2009~2013년 한국에너지재단 이사장 2010년 한일친선협회중앙회 부회장 2010년 한나라당 상임고문 2010~2013년 한국기원 부이사장 2010~2011년 국회 의정활동강화자문위원회 위원장 2011년 한나라당 중앙윤리위원장 2012년 새누리당 상임고문 2013년 한국기원 고문 2013년 박정희대통령기념사업회 이사장 2013~2015년 대통령 비서실장(장관급) 2014~2015년 국가안전보장회의(NSC) 상임위원회 상임위원 2016년 (주)농심 비상임법률고문(현) [상]홍조근정훈장(1973), 보국훈장 천수장(1976), 황조근정훈장(1987), 5·16민족상(1990), 청조근정훈장(1990) [저]'형법개정시론'(1984) '조선시대형전'(1990) [종]천주교

김기춘(金琪春) KIM Ki Choon
[생]1956·1·10 [출]경남 창원 [주]서울 서초구 남부순환로 2351 국제방송교류재단 아리랑TV 방송본부(02-3475-5000) [학]1974년 마산고졸 1979년 한양대 정치외교학과졸 [경]1997년 한국방송공사(KBS) 보도국 통일부 차장 1997년 同방송연수원(해외 연수) 1998년 同보도제작국 차장 1998년 同보도국 통일부 차장 2001년 同보도국 차장 2002년 同베이징특파원(차장) 2005~2008년 同남북교류협력팀장 2009년 同이사회 사무국장 2012~2013년 同부산방송총국장 2012년 한국방송협회 이사 2014년 KBS미디어 감사 2015년 국제방송교류재단 아리랑TV 방송본부장(현)

김기출(金基出) Kim Ki Chool
[출]서울 [주]서울 서대문구 통일로97 경찰청 생활안전국(02-3150-2714) [학]장훈고졸, 인하대 행정학과졸 2003년 고려대 대학원 경영학과졸 [경]1988년 경위 임관(경찰간부후보 36기), 서울지방경찰청 101경비단 소대장, 경기 고양경찰서 정보보안과장, 대통령 치안비서관실 파견, 경북지방경찰청 청문감사담당관 2008년 경북 울진경찰서장(총경), 서울지방경찰청 4기동단장 2011년

경기 고양경찰서장 2011년 경찰청 교통안전담당관 2012년 서울 강남경찰서장 2014년 강원지방경찰청 차장(경무관) 2014년 경기지방경찰청 제2청 제4부장 2015년 서울지방경찰청 교통지도부장 2016년 경찰청 생활안전국장(치안감)(현)

김기태(金琪泰) Ki Tai KIM

[생]1953·5·10 [본]광산(光山) [출]전남 해남 [주]인천 연수구 갯벌로12 갯벌타워18층 (주)코암인터내셔널 비서실(032-260-1802) [학]1979년 단국대 중어중문학과졸 2011년 가천의과대 경영대학원졸(석사) [경]2000년 연합뉴스 데스크조정팀장 2000년 同경제국 기획위원 2002년 同광고영업부장 2003년 同부국장대우 광고영업부장 2004년 同전략사업본부 부본부장 겸 마케팅부장 2005년 同전략사업본부 부본부장 2005년 同전략사업본부장 2006년 同인천지사장 2007년 同인천취재본부장 2007년 인천시 남구장애인종합복지관 운영위원장(현) 2008년 가천대 교양학부 초빙교수(현) 2011년 연합뉴스 인천취재본부 고문 2011년 인하대 언론정보학과 겸임교수 2011년 인천시시설관리공단 비상임이사 2012년 (주)코암인터내셔널 사장(현) [저]'경제기사로 부자아빠 만들기(共)'(2001) [종]천주교

김기태(金基太) KIM Ki Tae

[생]1954·8·10 [본]김해(金海) [출]전남 순천 [주]전남 무안군 삼향읍 오룡길1 전라남도의회(061-286-8200) [학]순천공고졸 2004년 청암대 e-비즈니스과졸 [경]가장건설(주) 대표이사, 조광종합건설(주) 대표이사, 한국도로공사 고속도로건설 자문위원, 순천시 도시계획심의위원회 위원, 同건축심의위원회 위원, 순천만국제정원박람회 특별위원회 위원 겸 해외유치단원, 순천평화병원 감사 2002·2006~2010년 전남 순천시의회 의원(민주당) 2004년 同운영위원장 2009년 순천시 인재육성장학위원회 부위원장, 도사초등학교총동창회 회장, 광주·전남우리민족서로돕기운동본부 이사(현), 상사호환경지킴이 회장(현), 장애인자립센터 운영이사(현), 민족통일협의회 지도위원(현) 2010년 전남도의원선거 출마(무소속), 청암대총동창회 회장 2014년 전남도의회 의원(새정치민주연합·더불어민주당)(현) 2014년 同기획사회위원회 위원 2014년 同예산결산특별위원회 위원 2016년 同안전건설소방위원회 위원장(현) [종]기독교

김기태(金起泰) KIM Kitai

[생]1957·3·15 [출]전북 고창 [주]광주 광산구 어등대로 417 호남대학교 신문방송학과(062-940-5263) [학]1974년 환일고졸 1981년 서강대 신문방송학과졸 1983년 同대학원 신문방송학과졸 1990년 신문방송학박사(서강대) [경]1985~2001년 서강대·연세대·이화여대·한양대 강사 1991~1995년 한국방송개발원 방송정책연구실 책임연구원 1996~1999년 KBS-서강대 방송아카데미 교수부장 1996~2001년 정보통신윤리위원회 전문위원 1996년 한국방송비평회 총무·부회장 1996년 한국여성민우회 미디어운동본부 전문위원 1998년 한국미디어교육학회 총무이사 2000년 미디어세상 열린사람들 기획위원 2001년 한국미디어환경운동센터 대표 2002년 호남대 신문방송학과 교수(현) 2004~2005년 여의도클럽 미디어교육분과장 2007~2014년 한국미디어교육학회 회장, 한국언론학회 미디어교육분과장, 광주전남민주언론시민연합 상임대표·이사, (사)학부모정보감시단 이사장, 同이사, 同이사장(현) 2013년 스마트미디어학회 상임이사 2011년 제47회 백상예술대상 TV부문 심사위원 2015년 광주CBS 라디오 생방송 시사프로그램 'CBS매거진' 진행 2015년 호남대 신문방송학과장(현) 2015년 스마트미디어학회 이사(현), 한국여성민우회 이사(현) [상]국민훈장 동백장(2009) [저]'텔레비전, 어떻게 볼 것인가'(1999) '방송비평의 실제(共)'(2001) '세상에서 가장 쉬운 매스미디어 101문 101답(共)'(2001) '대중매체의 이해와 활용(共)'(2002) '미디어교육과 교과과정(共)'(2006) '우리 아이들에게 인터넷을 어떻게 가르칠까?'(2006) '미디어의 이해(共)'(2007) '새로운 세상을 위한 디지털 패러다임(共)'(2007) '미디어교육의 이해와 활용'(2009) [종]기독교

김기태(金琦泰) KIM Ki Tae

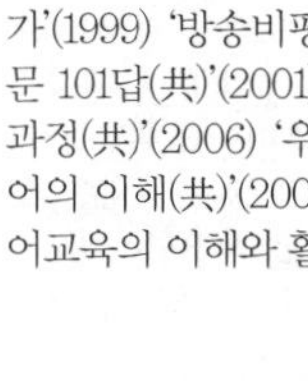

[생]1959·8·2 [출]전북 군산 [주]서울 강남구 논현로508 GS칼텍스 대외협력실(02-2005-6570) [학]1977년 남성고졸 1982년 고려대 법학과졸 1987년 同대학원 법학 석사과정 수료 [경]1987년 GS칼텍스 입사 2003년 同인재개발팀장 2007년 同변화지원부문장(상무) 2007년 同대외협력부문장(상무) 2007년 GS칼텍스재단 상임이사(현) 2013년 GS칼텍스 대외협력실장(전무) 2014년 同보상TF팀장 겸임(전무) 2015년 同대외협력실장(부사장)(현)

김기태(金杞泰) Kim, Ki Tae

[생]1969·5·23 [출]광주 [주]광주 북구 서림로10 KIA타이거즈(070-7686-8000) [학]광주제일고졸, 인하대졸 [경]1991~1998년 프로야구 쌍방울 레이더스 선수 1992년 프로야구 출루율 1위 1994년 프로야구 홈런·장타율 1위 1997년 프로야구 타율·출루율·장타율 1위 1999~2001년 프로야구 삼성 라이온즈 선수 2000년 역대 최단경기 통산 2000루타 2000년 시드니올림픽 국가대표 2002~2005년 프로야구 SK 와이번스 선수 2006년 同1군 보조 타격코치 2007년 일본프로야구 요미우리 자이언츠 2군 육성코치 2007~2008년 베이징올림픽 국가대표팀 타격코치(금메달 획득) 2007~2009년 일본프로야구 요미우리 자이언츠 1군 타격코치 2009년 일본 이스턴리그 퓨처스 감독 2009년 프로야구 LG 트윈스 2군 감독 2011년 同1군 수석코치 2011~2014년 同감독 2013년 프로야구 정규시리즈 준우승 2014년 프로야구 KIA 타이거즈 감독(현) [상]골든글러브 지명타자부문(1992·1993·1994·2004), 제일화재 프로야구대상 재기상(2004), 한국야구위원회 페어플레이상(2004), 제13회 일구상 코치상(2008)

김기택(金基澤) Ki Tack KIM

[생]1957·7·13 [출]충남 예산 [주]서울 강동구 동남로892 강동경희대학교병원 부속실(02-440-7704) [학]1982년 경희대 의대졸, 同대학원졸 1995년 의학박사(경희대) [경]1987년 정형외과 전문의과정 수료 1990~1991년 서울대병원 척추전임의 1991년 경희대 의대 정형외과학교실 교수(현) 1993년 세계정형외과학회 정회원(현) 1995년 아시아정형외과학회 정회원(현) 1997~1998년 미국 미네소타대 척추측만증센터 연구원 1998년 세계측만증연구회 정회원(현) 2002~2005년 대한정형외과학회지 편집위원 2004년 대한척추외과학회 학술의료평가위원회 총무 2004~2007년 아시아태평양척추최소침습학회 사무총장 2006년 경희대 동서신의학병원 척추센터장 2008년 同동서신의학병원 정형외과장 2010~2011년 아시아태평양척추최소침습학회 회장 2010~2013년 강동경희대병원 정형외과장 2011년 同기획진료부원장 2011년 同협진진료처장, 아시아태평양정형외과학회(APOA) 척추분과 평의원(현), 대한골절학회 평의원(현) 2014~2015년 대한척추외과학회 회장 2015년 대한정형외과학회 이사장 2015년 강동경희대병원장(현) [저]'척추외과학' '척추질환' '요통'

김기표(金基杓) Ki-Pyo KIM (民軒)

[생]1953·8·21 [본]김해(金海) [출]경남 사천 [주]부산 금정구 부산대학로63번길2 부산대학교 법학전문대학원(051-510-1574) [학]1972년 경남고졸 1977년 부산대 법학과졸 1979년 同대학원 법학과 수료 1992년 영국 런던대 대학원 법학과졸 2011년 법학박사(경희대) [경]1976년 행정고시 합격(19회) 1978년 농림부 농업경제국 사무관 1982년 법제처 법제관실 사무관 1986년 同법령보급과장 1988년 국회 법제사법위원회 파견 1992년 법제처 법제관 1996년 同국무총리행정심판위원회 심판심의관 1998년 同행정심판관리국장 2000년 同사회문화법제국장 2001년 미국 버클리대 비지팅스칼라 2002년 법제처 경제법제국장 2003년 同법제기획관 2004년 同행정법제국장 2005년 同정책홍보관리실장 2007~2008년 同차장 2008~2011년 한국법제연구원 원장 2012~2014년 경기대 융합보안학과 특임교수 2009년 야구발전실행위원회 위원(현) 2012년 대한변리사회 자문위원 2012년 대한상사중재원 중재인(현) 2014년 부산대 법학전문대학원 초빙교수(현) [상]황조근정훈장(1996), 문화관광부장관표창(휘호대회 서예부문) [저]'신행정심판법론'(2003) [종]불교

김기학(金基學) Kim Ki-Hak (송학)

[생]1951·5·30 [본]경주(慶州) [출]충남 부여 [주]서울 서초구 서초중앙로14 서초더샵103동713호(02-588-7755) [학]1969년 강경상고졸 1983년 경기대 무역학과졸 1998년 성균관대 경영대학원 경영학과졸(기업경영전공) 2004년 국방대 안보대학원 국가안보보장학과졸 2008년 경영학박사(서울벤처대학원대학교) [경]1998~2001년 한국전력공사 KEDO원전사업처 계약팀장 2003~2005년 同경영정보처장 2004~2005년 한국전력기술(주) 이사 2004~2005년 한전KPS(주) 이사 2005~2007년 한국전력공사 자재처장 2005~2013년 (사)한국여성벤처협회 자문위원 2006~2007년 전경련 중소기업협력센터 상생협력연구회 연구위원 2006년 (사)한국벤처창업학회 부회장(현) 2007~2009년 한국전력공사 서울본부장 2007~2009년 서울시 통합방위협의회 위원 2009년 (사)한중일지역경제문화협회 회장·고문(현) 2009년 (사)4월회 자문위원(현) 2010년 (사)한국원자력학회 평의원회 의원(현) 2010년 국방대 안보과정총동창회 기별동문회장(현) 2010~2013년 (사)대한전기협회 전무이사 2010~2013년 (사)WEC대구총회조직위원

회 집행위원 2010~2013년 (사)한국원자력산업회의 이사 2010~2013년 한전원자력연료(주) 사장 2012년 (사)도산안창호선생기념사업회 이사(현) 2012~2015년 서울벤처대학원대 대학평의원회 의원 2016년 (주)코아테크놀로지 고문(현) [상]한국전력공사 사장표창(3회), 통일부장관표창(2000), 산업포장(2005), 대통령경호실장표창(2007), 중앙일보 Forbes 최고경영자대상(2011), 국제비즈니스대상(2011 · 2012), 기획재정부장표창(2012), 철탑산업훈장(2012), 국방대총동문회 국방대상(2013), 한국상업교육학회 최고경영자대상(2013), 헤럴드경제 · 코리아헤럴드 대한민국 가치경영대상(2015) [종]천주교

김기한(金奇漢) KIM Ki Han

[생]1959 · 6 · 23 [본]안동(安東) [출]경기 부천 [주]서울 중구 청계천로86 한화S&C(주) 임원실(02-729-1522) [학]1978년 청주고졸 1984년 연세대 경영학과졸, 서울대 CFO전략과정 4기 수료, 고려대 최고경영자과정 71기 수료 [경]1984년 (주)한화 입사 1995년 同홍콩법인 운영실장 1999년 同경영지원실 자금운영팀장, 同경영지원실 금융팀장 2002년 한화그룹 구조조정본부 금융파트장 2005년 同경영기획실 상무보 2007년 한화S&C(주) 전략경영부문장 2009년 同전략경영부문장(상무) 2011년 同제조공공사업부문장(상무) 2012~2013년 휴먼파워 대표이사 2013년 한화S&C(주) IT인프라사업본부장(상무) 2015년 同기획재무실장(상무) 2016년 同전무(현) [종]천주교

김기헌 Kim Ki Heon

[생]1955 · 10 [주]서울 영등포구 의사당대로13 KB국민은행 서관7층 서여의도영업부(02-2073-7164) [학]덕수상고졸, 한양대 회계학과졸 [경]국민은행 전산부 근무, 同신종합온라인시스템프로젝트 총괄관리, 평화은행 온라인시스템구축 총괄관리, 同중랑교지점장, 同상계동지점장, 삼성SDS 금융사업부 전문위원 2015년 KB국민은행 IT그룹 부행장(현) 2015년 KB금융지주 디지털금융부 총괄부사장(현)

김기혁(金基赫) KIM Ki Hyuk

[생]1958 · 8 · 1 [출]대구 [주]대구 달서구 달구벌대로1095 계명대학교 공과대학 교통공학과(053-580-5249) [학]1977년 중경고졸 1983년 중앙대 토목공학과졸 1985년 호주 Newsouth Wales대 대학원졸 1989년 공학박사(호주 Newsouth Wales대) [경]1989년 계명대 공과대학 교통공학과 조교수 · 부교수 1990년 同교수(현), 대한교통학회 대구 · 경북지회장 2009년 국무총리산하 국가교통위원회 위원, 대한교통학회 학술담당 수석부회장 2012년 계명대 공과대학장(현) 2013~2015년 (사)대한교통학회 회장 2014~2015년 한국공과대학학장협의회 회장 2014년 계명대 융합공학대학원장(현)

김기혁(金基赫) KIM Ki Hyeok

[생]1962 · 9 · 3 [본]원주(原州) [출]경기 부천 [주]서울 종로구 와룡공원길20 남북회담본부 회담기획부(02-2076-1052) [학]상문고졸, 연세대 경제학과졸 2003년 미국 볼티모어대 대학원 행정학과졸, 연세대 대학원 통일학 박사과정 수료 [경]1993년 행정고시 합격(37회), 통일부 경협지원과 사무관 2004년 同경협지원과 서기관 2006년 同남북경제협력국 남북경협2팀장 2007년 同남북경제협력본부 남북기반협력팀장 2008년 同남북회담본부 회담2과장 2008년 同운영지원과장 2010년 同통일교육원 교육운영과장 2012년 同행정법무담당관 2013년 同남북회담본부 회담1과장 2015년 同남북회담본부 회담1과장(부이사관) 2015년 同기획조정실 기획재정담당관 2016년 同남북회담본부 회담기획부장(고위공무원)(현) [상]통일부장관표창, 국무총리표창, 포장(2009)

김기현(金基鉉) KIM Ki Hyune

[생]1955 · 7 · 27 [본]김해(金海) [출]서울 [주]서울 송파구 충민로5 한화오벨리스크C-710호 (주)해양기술연구소 소장실(02-401-4829) [학]1974년 양정고졸 1979년 고려대 지질학과졸 1981년 同대학원졸 1991년 이학박사(미국 북일리노이대) [경]1980~1981년 한국지질자원연구소 자원정보실 연구원 1983년 육군사관학교 환경학과 교수 1985~1987년 미국 노던일리노이대 연구원 1991년 한국해양연구원 심해저자원연구센터 책임연구원 1996~2004년 해양수산부 정책자문위원 1997~1999년 한국해양연구원 심해저자원연구센터 단장 1999년 과학기술부 국가연구개발사업 평가위원 2000~2008년 한국해양연구원 해양자원연구본부장 2003년 同심해저자원연구센터장 2004년 국회 바다포럼 전문위원(현) 2005년 한국해양연구원 선임연구본부장(부원장) 2008년 해양문화재단 연구위원(현) 2008년 한국해양연구원 심해연구사업단 책임연구원 2008~2009년 한국종합환경연구소장 2008년 한국지질자원연구원 자문위원 2012년 해양기술연구소 소장(현) 2014년 국립해양수산생물자원관 자문위원(현) [상]한국해양연구원 발전상(1994), 통상산업부장관표창(1997), 철탑산업훈장(2005), IMMS(국제해양광물학회) 공로패(2006) [저]'환경학개론'(1982) '지형분석'(1983) '해양과학서 제5권'(2000) '미고생물학 원리'(2001) '심해저에도 우리 땅이 있다고'(2007) [종]기독교

김기현(金起炫) KIM Gi Hyeon (晴志)

[생]1959 · 2 · 21 [본]김해(金海) [출]울산 [주]울산 남구 중앙로201 울산광역시청 시장실(052-229-2002) [학]1977년 부산동고졸 1982년 서울대 법학과졸 1984년 同대학원 수료 [경]1983년 사법시험 합격(25회) 1985년 사법연수원 수료(15기) 1986년 軍법무관 1989년 대구지법 판사 1991년 부산지법 울산지원 판사 1993년 변호사 개업 2002년 (사)울산종합자원봉사센터 이사장 2003년 울산YMCA 이사장 2003년 한나라당 부대변인 2004년 제17대 국회의원(울산南乙, 한나라당) 2005~2006년 한나라당 원내부대표 2006년 同제1정책조정위원장 2007년 同제17대 대통령중앙선거대책위원회 법률위원장 2007년 同클린정치위원회 전략기획팀장 2007년 同수석정책조정위원장 2008년 제18대 국회의원(울산南乙, 한나라당 · 새누리당) 2008~2009년 한나라당 제4정책조정위원장 2008~2010년 국회 지식경제위원회 간사 2009~2010년 한나라당 울산시당 위원장 2009년 그린전기자동차포럼 공동대표 2009년 녹색화학포럼 공동대표 2010년 한나라당 예산결산특별위원장 2010년 同서민행복추진본부장 2010년 부품소재선진화포럼 공동대표 2010년 한나라당 비상대책위원회 위원 2010년 同중앙교육원장 2010년 국회 국토해양위원회 위원 2011~2012년 한나라당 직능특별위원회 4그룹위원장 2011년 同대변인 2012년 국회 국토해양위원회 새누리당 간사 2012~2014년 제19대 국회의원(울산 남구乙, 새누리당) 2012~2013년 새누리당 원내수석부대표 2012년 한 · 일의원연맹 안보외교위원장 2013년 국회 미래창조과학방송통신위원회 위원 2013~2014년 새누리당 정책위원회 의장 2014년 울산광역시장(새누리당)(현) 2014년 울산시생활체육회 회장 2014~2015년 전국시 · 도지사협의회 부회장 2016년 울산시체육회 회장(현) [상]NGO모니터단 선정 국정감사우수의원상(2004 · 2005 · 2006 · 2007 · 2008 · 2009), 바른사회시민회의 선정 국정감사우수의원상(2004 · 2006), 한나라당 선정 국정감사우수의원상(2006), 국회사무처 선정 국회입법우수의원상(2006 · 2007), 명예 화학산업인상(2011), 법률소비자연맹 선정 국회 헌정대상(2013), 한국여성단체협의회 우수지방자치단체장상(2015) [종]기독교

김기현(金起顯) KIM Ki Hyun

[생]1959 · 11 · 17 [주]서울 관악구 관악로1 서울대학교 철학과(02-880-6224) [학]1978년 장충고졸 1983년 서울대 철학과졸 1985년 同대학원졸 1992년 철학박사(미국 애리조나대) [경]1992~1995년 미국 오클라호마대 조교수 1996~1999년 서울시립대 철학과 조교수 · 부교수 1999년 서울대 철학과 교수(현) 2008~2010년 同인문대학 교무부학장 2008년 제22차 세계철학대회 한국조직위원회 사무총장 2013~2014년 대통령소속 문화융성위원회 인문정신문화특별위원회 철학위원 2016년 서울대 교무처장(현) [저]'현대인식론'(1998, 민음사) [종]기독교

김기현(金奇炫) KIM Ki Hyun

[생]1961 · 10 · 27 [본]김해(金海) [출]대구 [주]서울 성동구 왕십리로222 한양대학교 공과대학 건설환경공학과(02-2220-2325) [학]1980년 대구 청구고졸 1984년 한양대 자원공학과졸 1986년 미국 플로리다주립대 대학원 해양 · 대기환경학과졸 1992년 이학박사(미국 남플로리다주립대) [경]1992~1994년 미국 오크리지 국립과학연구소 연구원 1994년 한국교원대 초빙연구원 1995~1999년 상지대 생명과학대 전임강사 · 조교수 1999년 세종대 자연과학대 지구환경과학과 조교수 · 부교수 · 교수 2004~2005년 한국대기환경학회 영문편집이사 2006~2013년 한국분석과학회 편집위원 2006년 교육인적자원부 및 한국학술진흥재단 선정 '대한민국 국가석학(Star Faculty)' 2008년 한국실내환경학회 편집이사 2008년 한국냄새환경학회 편집이사 2010~2014년 세종대 자연과학대학 환경에너지융합학과 교수 2012~2013년 한국실내환경학회 부회장 2012~2013년 한국냄새환경학회 부회장 2014년 한국대기환경학회 부회장, 평의원회 의원(현) 2014년 한양대 공과대학 건설환경공학과 교수(현) [상]대양학술상(2001), 한국지구과학회 학술상(2001), 한국대기환경학회 학술상(2002), 한국과학재단지원 우수연구과제 선정(2003), 한국과학기술단체총연합회 과학기술우수논문상(2003), Most Viewed Article J. Atmos. Chemistry-Springer(2005), 지구과학분야 국가석학 선정(2006)

김기현(金基鉉) Kim, Gi Hyeon (東材)

[생]1964 · 8 · 3 [본]경주(慶州) [출]서울 [주]울산 남구 신정로76 JCN울산중앙방송 사장실(070-8121-9500) [학]1983년 서울 광성고졸 1988년 연세대 이과대학 물리학과졸 [경]1990~1993년 KCC정보통신(주) 기획조정실 근무 1994~1996년 포항CATV방송 경영기획실장 1997~1999년 드림씨티방송 기술제작부장 2000~2007년 JCN울산중앙방송 경영기획상무 2007년 同대표이사 사장(현) 2013년 개별종합유선방송사업자(SO)발전연합회 회장(현) [상]문화관광부장관표창(1999), 국세청장표창(2010), 문화체육부장관표창(2010) [종]기독교

김기현(金基鉉)

[생]1966 · 11 · 9 [주]서울 중구 서소문로11길19 배재정동빌딩F층 (주)빙그레 임원실(02-2022-6090) [학]안동 경안고졸, 국민대 정치외교학과졸, 서강대 대학원 경영학석사 [경](주)빙그레 광고팀장 2006년 同홍보실장 2013년 同홍보실 상무보 2016년 同홍보실장(상무)(현)

김기현(金起賢) KIM Gi Hyeon

[생]1968 · 2 · 16 [본]순천(順天) [출]경북 상주 [주]대구 수성구 동대구로364 대구지방법원(053-757-6600) [학]1986년 계성고졸 1990년 고려대 법대졸 [경]1991년 사법시험 합격(33회) 1994년 사법연수원 수료(23기) 1994년 軍법무관 1997년 서울지법 북부지원 판사 1999년 서울지법 판사 2001년 대구지법 안동지원 판사 2002년 同영주시법원 · 봉화군법원 판사 2003년 同안동지원 판사 2004년 대구지법 판사 2005년 대구고법 판사 2007년 대법원 연구법관 2009년 울산지법 부장판사 2010년 대구지법 상주지원장 2012년 同서부지원 부장판사 2014년 대구지법 부장판사(현)

김기현(金冀鉉)

[생]1973 · 4 · 25 [출]서울 [주]충남 서산시 공림4로24 대전지방법원 서산지원(041-660-0600) [학]1992년 시흥고졸 1998년 서울대 법학과졸 [경]1997년 사법시험 합격(39회) 2000년 사법연수원 수료(29기) 2000년 공익법무관 2003년 전주지법 판사 2006년 의정부지법 판사 2010년 同고양지원 판사 2013년 서울고법 판사 2015년 대전지법 서산지원 부장판사(현) 2015년 대전가정법원 서산지원 부장판사 겸임(현)

김기형(金紀亨) Kim Ki Hyung

[생]1965 · 3 · 11 [본]김해(金海) [출]경남 진주 [주]서울 영등포구 국제금융로6길15 메리츠종합금융증권(주)(02-6309-2620) [학]1985년 경남고졸 1989년 홍익대 경제학과졸 2005년 고려대 경영전문대학원 경영학과졸 2007년 연세대 경영전문대학원 최고경영자과정 수료 [경]2004년 우리투자증권 부동산금융팀장 2005년 한국투자증권 부동산금융부장 2006년 메리츠증권 IB사업본부 이사 2007년 同프로젝트금융사업본부장(상무) 2007년 同부동산금융연구소장 2012년 메리츠종합금융증권(주) 프로젝트금융사업본부장(전무) 2015년 同종합금융사업총괄 부사장(현) [상]제1회 헤럴드증권대상 최우수PI상(2008), 제5회 머니투데이 대한민국IB대상 최우수혁신상(2008) [저]'부동산개발사업의 Project Finance'(2010, 부연사) '부자투자론'(2010, 신정)

김기호(金基虎) KIM Ki Ho

[생]1952 · 7 · 16 [본]경주(慶州) [출]경기 양평 [주]서울 동대문구 서울시립대로163 서울시립대학교 도시과학대학 도시공학과(02-6490-2795) [학]1970년 보성고졸 1977년 서울대 건축학과졸 1979년 同대학원 건축과졸 1986년 공학박사(독일 Aachen대) [경]1975년 국전 · 건축부문 특선 1976~1977년 공간건축연구소 근무 1978~1979년 한샘건축연구소 근무 1979~1980년 울산대 교수 1981~1982년 독일 뒤셀도르프HPP건축설계사무소 근무 1986년 독일 아헨시 도시계획국 도시설계과 근무 1987~1989년 수원대 도시공학과 교수 1989년 서울시립대 도시과학대학 도시공학과 교수(현) 2005년 同도시과학연구원장 2007년 (사)걷고싶은도시만들기시민연대 이사장(현) 2008~2010년 한국도시설계학회 부회장 2008~2012년 서울시 도시계획위원회 위원 2009년 국토해양부 보금자리주택 통합심의위원(현) 2011년 同도시재정비위원회 위원 2013~2015년 서울시립대 대학원장 [상]국전 건축부문 특선(1976) [저]'도시계획론(共)'(1991, 형설출판사) [역]'도시설계 : 장소만들기의 여섯차원'(2009, 도서출판 대가) [종]기독교

김기호(金基鎬) KIM Ki Ho

[생]1952 · 11 · 23 [본]경주(慶州) [출]대전 [주]서울 서초구 강남대로273 송남빌딩11층(02-566-2549) [학]1971년 대전고졸 1975년 충남대 행정학과졸 1992년 미국 위스콘신대 공공정책대학원졸 [경]1976년 행정고시 합격(18회) 1997년 통상산업부 천연가스과장 1998년 산업자원부 자원정책실 가스기획과장 1999년 同석유산업과장 1999년 특허청 정보자료관 2001년 同기획관리관 2001년 기술표준원 적합성평가부장 2003년 산업자원부 자원정책심의관 2004년 同전기위원회 사무국장 2004년 에너지경제연구원 파견 2005년 한국석유품질검사소 이사장 2005~2007년 한국석유품질관리원 이사장 2006~2013 한국에너지공학회 부회장 2007~2014년 (사)한국도시가스협회 상근부회장 2009~2012년 한국가스학회 부회장 2014년 (사)민간발전협회 상근부회장(현) [종]천주교

김기호(金基昊) KIM Kee Ho

[생]1953 · 10 · 20 [출]대구 [주]울산 남구 대학로93 울산대학교 경영대학(052-259-2433) [학]1974년 연세대 경영학과졸 1977년 同대학원 경영학과졸 1986년 경영학박사(미국 노스텍사스대) [경]산업과학기술연구소 주임연구원 1989~1998년 울산대 경영학부 조교수 · 부교수 1995년 同경영대학장 1998년 同경영대학 경영학전공 교수(현) 2002년 同도서관장 2004년 同기획처장 2013년 同교학부총장(현) 2015년 경남은행 KNB경영자문위원회 위원 [저]'Crystalball을 이용한 재무 simulation' [종]천주교

김기호(金基鎬) KIM Ki Ho

[생]1958 · 8 · 7 [출]경기 수원 [주]경기 수원시 영통구 삼성로129 삼성전자(주) 프린팅솔루션사업부(031-277-4500) [학]1976년 수성고졸 1980년 한양대 전자공학과졸 1982년 한국과학기술원(KAIST) 전기 및 전자공학과졸(석사) 1991년 공학박사(미국 텍사스주립대) [경]한국방송공사 기술연구소 연구원, 삼성전자(주) 종합기술원 디지털통신연구소장(이사보), 同차세대이동통신기술연구담당 상무 2005~2006년 4G기술표준화회의(WWRF-Wireless World Research Forum) 아시아지역 부의장 2006~2008년 삼성전자(주) 통신연구소 차세대시스템팀장(전무) 2009~2010년 삼성전자종합기술원 Future IT연구소장 2011년 미국 전기전자공학회(IEEE) 석학회원(Fellow)(현) 2011년 삼성전자(주) DMC연구소장(부사장) 2012년 同소프트웨어센터장 겸임 2012년 한국공학한림원 일반회원(현) 2013년 삼성전자(주) 프린팅솔루션사업부장(부사장)(현) [종]천주교

김기호(金起浩) KIM Gi Ho

[생]1960 · 8 · 20 [출]경기 김포 [주]서울 영등포구 은행로11 일신빌딩5층 예스24(주) 사장실(02-3215-9350) [학]부평고졸, 고려대 경영학과졸, 미국 일리노이주립대 대학원 1년과정 수료 [경]LG 구조조정본부 근무, LG화학 근무, (주)LG홈쇼핑 CATV사업부 마케팅부문장(상무) 2005년 (주)GS홈쇼핑 EC사업부문 상무 2006년 同EC사업부문 전무 2008년 同통합채널부문 전무 2009년 同신사업부문 전무 2009년 GS강남방송 대표 2011년 예스24(주) 대표이사 사장(현)

김기호(金基虎) KIM Ki Ho

[생]1962 · 1 · 28 [본]경주(慶州) [출]경북 울진 [주]경북 포항시 남구 대송면 송덕로125의15 (주)삼일 임원실(054-289-1020) [학]1980년 포항고졸 1990년 영남대 법대 법학과졸 [경]1993년 경북일보 사회부 · 정치부 · 경제부 기자, 同문화부 차장 2000년 기독교방송(CBS) 포항방송본부 보도팀장 · 보도제작부장 2002년 同포항방송본부 보도제작국장 2003년 경북매일신문 편집국장, 학교법인 세화학원 관선이사 2004년 경북매일신문 대표이사 사장 2009년 同상임고문 2011~2014년 (주)대우인터내셔널 전무 2014년 (주)삼일 부사장(현) [종]불교

김기홍(金起弘) KIM Ki Hong

[생]1959 · 5 · 9 [출]경남 창녕 [주]강원 평창군 대관령면 올림픽로108의27 2018평창동계올림픽대회조직위원회(033-350-2018) [학]마산중앙고졸, 성균관대 행정학과졸 [경]행정고시 합격(32회) 1996년 공보처 신문방송국 방송행정과 서기관 1997년 同광고진흥국 광고산업과장 1998년 문화관광부 문화산업국 방송광고행정과장 1999년 同문화산업국 방송광고과장 2000년 同체육국 체육

교류과장 2001년 국립현대미술관 섭외교육과장 2002년 문화관광부 예술국 문화교류과장 2003년 駐뉴욕총영사관 문화관 2006년 문화관광부 문화미디어국 미디어정책팀장 2007년 대통령 교육문화비서관실 선임행정관(고위공무원) 2008년 문화체육관광부 미디어정책관 2009년 同미디어정책국장 2009~2012년 同체육국장 2010년 2013스페셜올림픽세계동계대회준비위원회 위원 2012년 국립외교원 교육파견(고위공무원) 2013년 연합뉴스 수용자권익위원회 위원 2013년 문화체육관광부 문화콘텐츠산업실 저작권정책관 2013년 공공데이터제공분쟁조정위원회 위원 2014년 문화체육관광부 관광국장 2014년 2018평창동계올림픽대회조직위원회 기획조정실장 2015년 同사무차장 겸 기획조정실장 2016년 同기획사무차장(현) [상]홍조근정훈장(2012)

김기홍(金起弘) KIM Ki Hong

[생]1961·3·30 [본]김해(金海) [출]서울 [주]서울 종로구 경희궁길26 세계일보 논설위원실(02-2000-1234) [학]1980년 경성고졸 1987년 고려대 사회학과졸 [경]1988년 세계일보 사회부 기자 1989년 同정치부 기자 1998년 同사회부 차장대우 2001년 同특별기획취재팀장 2002년 同국제부 차장 2003년 同국제부장 2004년 同정치부장 2005년 同사회부장 2006년 同논설위원 2007년 同정치·국제에디터 2008년 同편집국 취재위원 2008년 同편집국 취재담당 부국장, 同국제부 선임기자 2011년 同논설위원 2012년 同수석논설위원 2015년 同논설위원실장(현)

김기홍(金起弘) Kim Ki Hong

[생]1978·12·8 [출]강원 원주 [주]강원 춘천시 중앙로1 강원도의회(033-256-8035) [학]원주고졸, 숭실대 경영학과졸, 연세대 일반대학원 행정학과졸 2012년 同대학원 행정학 박사과정 재학 중 [경]동아서관 남부점 대표(현), 한국스카우트 강원연맹 이사, 새누리당 중앙청년위원회 부위원장, 同제18대 박근혜 대통령후보 중앙선거대책위원회 지역여론수렴본부 강원지역본부장 2012년 강원도의회 의원(새누리당) 2012년 同기획행정위원회 위원 2012년 새누리당 지방자치안전위원회 위원 2014년 강원도의회 의원(새누리당)(현) 2014년 同기획행정위원회 위원 2015년 새누리당 중앙청년위원회 부위원장(현) 2016년 강원도의회 농림수산위원회 위원(현)

김기환(金基桓) KIM Ki Hwan

[생]1932·2·15 [본]광산(光山) [출]경북 의성 [주]서울 중구 다동길43 한외빌딩 서울파이낸셜포럼(02-761-6002) [학]대구 대륜고졸 1957년 미국 그린넬대졸 1959년 미국 예일대 대학원 역사학과졸 1971년 경제학박사(미국 캘리포니아대 버클리교) 2000년 명예박사(미국 그린넬대) [경]1965~1970년 미국 캘리포니아 버클리대·데이비스대 조교수 1970~1976년 미국 오레곤주립대 경제학과 부교수 1976~1981년 국제경제연구소 연구위원 1979~1981년 부총리 자문관 1981년 금융통화운영위원 1982년 한국개발연구원 원장 1983~1984년 상공부 차관 1984년 해외협력위원회 기획단장 1984년 남북경제회담 수석대표 1986~1989년 세종연구소 이사장 겸 소장 1990년 일본 도쿄대 객원연구교수 1991년 미국 캘리포니아 버클리대 초빙교수 1992년 김앤장법률사무소 상임고문 1993~1997년 대한무역투자진흥공사 이사장 1993년 한국태평양경제협력위원회(KOPEC) 회장 1996년 통일경제연구협회 이사장 1997년 금융개혁위원회 위원 1997년 대외경제 특별대사 1997년 연세대 국제대학원 특임교수 1998~2001년 (주)미디어벨리 대표이사 회장 1999년 골드만삭스증권 고문 2001년 서울파이낸셜포럼 회장(현) 2003년 태평양경제협력위원회(PECC) 국제위원 2008~2009년 국민경제자문회의 부의장 2008년 한국개발연구원 연구자문위원 2011년 쌍용자동차 사외이사 2013년 한국개발연구원(KDI) 국제정책대학원 연구교수(현) [상]황조근정훈장 [저]'정부주도에 의한 한국의 경제발전' 'The Korean Economy : Past Performance, Current Reforms and Future Prospects'

김기환(金錡煥)

[생]1957·3·31 [주]경기 의왕시 철도박물관로176 한국철도기술연구원 원장실(031-460-5100) [학]1984년 단국대 기계공학과졸 1989년 독일 아헨공과대 대학원 기계공학과졸 1996년 공학박사(독일 아헨공과대) [경]1991~1996년 독일 아헨공과대 수송기계연구소 연구원 1996년 한국철도기술연구원 고속철도기술개발사업단 사업총괄팀장 1998년 同고속철도기술개발사업단장 2010년 同고속철도연구본부장 2012년 同선임본부장 2014년 同원장(현)

김기환(金起煥) KIM Ghee-whan

[생]1957·12·16 [본]안동(安東) [출]서울 [주]서울 종로구 사직로8길60 외교부 인사운영팀(02-2100-7141) [학]1976년 경기고졸 1981년 서울대 법학과졸 1984년 同대학원 법학과졸 1990년 영국 케임브리지대 대학원 법학과졸 [경]1983년 외무고시 합격(17회) 1983년 외무부 입부 1983년 同동북아1과 사무관 1987년 同국제법규과 사무관 1990년 同통상1과·통상2과 사무관 1991년 駐제네바 2등서기관 1994년 駐오만 1등서기관 1997년 통일원 지원1과장 1998년 외무부 정책총괄과 아시아유럽비전그룹 사무국장 2000년 외교통상부 신흥시장과장 2001년 駐러시아 참사관 2004년 駐영국 참사관 2007~2009년 외교통상부 통상법무과장 2007년 2012여수세계박람회유치지원 대책반장 2008년 WTO DDA 서비스협상 SOM(현) 2009년 외교통상부 자유무역협정 정책국 심의관 2009년 同다자통상국장 2011년 駐미국 공사 2015년 駐뉴욕 총영사(현) [상]통일원장관표창, 외교통상부장관표창, 근정포장 [종]기독교

김기흥(金基興) KIM Ki Heung

[생]1952·11·28 [출]충북 청주 [주]서울 서대문구 경기대로9길24 경기대학교 경제학과(02-390-5129) [학]청주고졸 1980년 성균관대 경제학과졸 1982년 同대학원졸, 미국 노스이스턴대 대학원 경제학과졸 1986년 경제학박사(미국 노스이스턴대) [경]1987~2013년 경기대 경제학과 조교수·부교수·교수 2003~2005년 경기벤처협회 EMS협의회 자문부위원장 2003년 행정자치부 5급2차시험 출제위원 2004~2006년 경기도지역혁신협의회 위원 2004~2007년 한국국제통상학회 이사 2005년 호남분기역 심사평가위원 2006~2007년 한국경제연구학회 사무국장 2006~2007년 국제통상학회 편집위원장 2006~2007년 경기대 산학협력단 부단장 2006년 도화지구 도시개발사업지구PF사업 심사위원 2006년 경기도 지방고용심의회 심의위원 2006년 한미FTA체결위원회 FTA교육담당 강사 2006년 수원시지역혁신협의회 미래산업분과장 2007년 한국국제통상학회 부회장 2007~2008년 한국관세무역개발원 자문위원 2007~2009년 경기대 산학협력단장 2007~2010년 수원시 지방재정심의위원 2008~2009년 한국경제연구학회 부회장 2008년 한국국제통상학회 회장 2008~2009년 경기도지역혁신협의회 위원 2008~2010년 한국경제학회 이사 2008~2010년 G-Economy 편집위원 2010년 한국경제연구학회 감사 2010~2012년 경기대 경상대학장, 한국은행 경기본부 자문위원 2013~2015년 국회입법조사처 경제산업조사실장 2015년 경기대 경제학과 교수(현) [저]'最新 國際貿易論'(1993, 螢雪出版社) '地域經濟學(共)'(1995, 진영사) '통일경제론(共)'(1997, 해남출판사) '아시아, 태평양지역에서의 경제통합(共)'(1998, 도서출판해남) '경제지표 해설'(1998, 경기도 지방공무원연수원) '국제금융론(共)'(1998, 해남출판사) '국제금융론(共)'(1999, 해남출판사) 'NAFTA의 체계에서 무역과 환경'(2003, 해남) '고부가가치형 산업구조전략(共)'(2003, 해남) '무역과 환경(共)'(2005, 집문당) '국제무역론(共)'(2009, 해남) '국제금융론(共)'(2010, 두남) '경기도제조업의경쟁력 현광과 FTA의 영향(共)'(2011, 한국은행 경기본부) '국제금융의이해-동아시아금융을 중심으로-'(2014, 다온출판사) '창조경제시대의 ICT와 스토리텔링(共)'(2015, 글로벌스토리네트워크) '문화콘텐츠의 이해와 활용(共)'(2016, 글로벌스토리네트워크)

김길섭(金吉燮) Kim Gil Sub

[생]1959·2·10 [주]경기 수원시 팔달구 효원로1 경기도의회(031-8008-7000) [학]한경대 전자정부대학원 사회사업학과졸, 同미래융합기술대학원 박사과정 재학 중 [경]A&P(주) 근무, 전국금속노동조합연맹 경기지역본부 부의장, 同경기지역본부 의장, 경기지방노동위원회 근로자위원, 경기고용포럼 청년일자리창출분과 위원, 한국노동조합총연맹 경기지역본부 상임부의장, 민생정책연구소 이사, 새누리당 중앙노동위원회 위원, 민주평통 자문위원 2014년 경기도의회 의원(비례대표, 새누리당)(현) 2014·2016년 同경제과학기술위원회 위원(현) 2015년 同안전사회건설특별위원회 위원(현) 2016년 同예산결산특별위원회 위원(현) 2016년 同노동자인권보호특별위원회 간사(현) 2016년 同경제민주화특별위원회 위원(현)

김길수(金吉洙) KIM Kil Soo

[생]1942·6·17 [본]광산(光山) [출]경남 합천 [주]서울 은평구 통일로65길10의7 보승빌딩2층 한국보건공정서연구회(02-359-2090) [학]1965년 서울대 약학과졸 1976년 同대학원 약학과졸 1982년 약학박사(서울대) [경]1965~1969년 한일약품공업(주) 근무 1970~1972년 국립보건원 검사원 1972~1976년 同보건연구사 1977~1984년 同보건연구관 1978~1979년 미국 Univ. of Georgia 전임강사 1984~1990년 이화여대 약학과 부교수 1987~1994년 同약학과장 1990~2007년 同약학과 교수 1991~1992년 교육부 학술

진흥위원 1991~1992년 한국약제학회 회장 1996년 이화여대 약학연구소장 1997~2001년 同약학대학장 1998~1999년 대한약학회 약제학분과회장 2000~2001년 이화여대 임상보건과학대학원장 겸임 2000~2001년 한국약학대학협의회 회장 2007년 이화여대 명예교수(현) 2009~2011년 (재)한국보건공정서연구회 사무총장 2011년 同회장(현) [상]약가평론가상(2000), 옥조근정훈장(2007) [저]'약전계제와 일반시험법'(1990) '대한약전 해설서'(1998) '製劑공학'(1999)

김길수(金吉壽) KIM Kil Soo

[생]1960·2·7 [본]평산(平山) [출]강원 [주]서울 금천구 가산디지털1로24 대륭테크노타운13차10층 영진닷컴(02-2105-2107) [학]배재고졸, 연세대 경영학과졸, 同경영전문대학원졸, 건국대 대학원 기술경영학 박사과정 수료 [경](주)베스트기술투자 대표이사 2004년 (주)영진닷컴 대표이사(현) 2008년 서울시미식축구협회 회장 [종]천주교

김길수(金吉洙)

[생]1960·2·26 [출]강원 영월 [주]강원 춘천시 중앙로1 강원도청 재난안전실(033-249-3900) [학]1976년 영월고졸 1981년 안동대 행정학과졸 1993년 강원대 경영행정대학원 정책학과졸 [경]1996년 강원도 지역경제국 관광과 근무 2000년 同기획관리실 기획관 2002년 同자치행정국 총무과 근무 2005년 同환경관광문화국 관광정책과 관광홍보담당 2006년 同공무원교육원 교육지원과 서무관리담당 2007년 同인재개발원 교육지원과 서무관리담당 2008년 同자치행정국 총무과 고시훈련담당 2010년 同자치행정국 총무과 인사담당 2012년 同자치행정국 자치정책과 행정담당 2012년 2018평창동계올림픽 조직위원회 수익사업부장 2013년 춘천시문화재단 상임이사 2014년 강원도 경제진흥국 전략산업과장 2015년 강원 화천군 부군수 2016년 강원도 기획조정실 예산과장 2016년 同재난안전실장 직대(현)

김길수(金吉洙) KIM KIL SU

[생]1961·1·8 [출]부산 [주]서울 영등포구 은행로3 익스콘벤처빌딩11층 (주)한창제지 대표이사실(02-3774-5330) [학]1985년 동아대 회계학과졸 [경]1985년 롯데그룹 기획조정실 근무 1992년 동양그룹 기획실 근무 1995년 한창그룹 기획조정실 근무 1999년 서울트래드클럽 경영지원본부 근무 2001년 (주)한창 상무이사 2005년 서울트래드클럽 대표이사 2006년 네오마루 대표이사 2012년 (주)한창제지 부사장 2013년 同각자대표이사 2014년 同대표이사(현)

김길자(金吉子·女) KIM Kil Ja (늘빛·희운)

[생]1941·9·9 [본]김해(金海) [출]전북 익산 [주]인천 계양구 계양산로63 경인여자대학교 부속실(032-540-0103) [학]1960년 숙명여고졸 1989년 연세대 교육대학원졸 2004년 사회교육학박사(성신여대) [경]1987년 한국교정교화사업연구소 설립·사무국장 1990년 同부이사장 1991~2000년 학교법인 태양학원 상임이사 1992~2000년 경인여자전문대학 설립·초대학장 1994년 자연보호중앙협의회 이사 1996~2000년 한국대학사회봉사협의회 이사·부회장 1997~2000년 한국전문대학협의회 이사·부회장 1997~2000년 우리민족서로돕기운동본부 공동대표 1997년 국제옥수수재단 공동대표, 민주평통 10대·14대 자문위원 1999~2000년 경인지역전문대학장회 회장 2001~2011년 한국사랑의집짓기운동연합 교육이사 2001년 한국기독교사형제도폐지협의회 공동회장(현) 2003년 뿌리의집(해외입양인센터) 설립·공동대표·이사장(현) 2004년 한국국가조찬기도회 운영위원 2008년 제18대 국회의원선거 출마(비례대표, 기독당) 2008년 대한민국사랑회 회장(현) 2009~2016년 경인여대 명예총장 2011년 한국시민단체협의회 공동대표(현) 2011년 한국해비타트 교육이사(현) 2016년 경인여대 총장(현) [상]국제옥수수재단 북한주민돕기 공로상, 중앙일보 전국자원봉사대축제 특별공로상(1999), (사)청권사 효령상 사회봉사부문(2010), 한강포럼 애국인상(2015), 세계자유민주연맹(WLFD) 국제자유장(2016) [종]기독교

김길출(金吉出) KIM Kil Chool

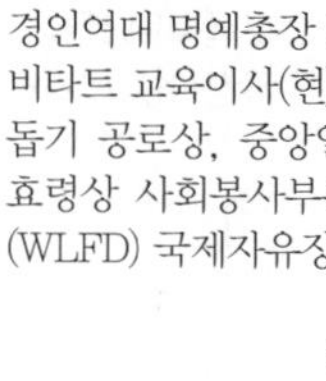

[생]1946·1·9 [출]부산 [주]부산 사하구 을숙도대로525 한국주철관공업(주) 회장실(051-209-0727) [학]1964년 동아고졸 1968년 중앙대 상과대학 경영학과졸 1973년 미국 아메리카대 경영학과졸 [경]1976년 한국주철관공업(주) 전무이사 1987년 同부사장 1994년 同대표이사 사장 2002년 同대표이사 회장(현) [종]불교

김길홍(金吉弘) KIM Kil Hong (嘉川·翠軒)

[생]1942·7·5 [본]의성(義城) [출]경북 안동 [주]서울 중구 퇴계로42의3 불티나빌딩5층 한국환경사랑21(02-319-8158) [학]1960년 중동고졸 1965년 한국외국어대 영어과졸 [경]1965~1980년 신아일보 기자·정치부장·북한부장 1980년 경향신문 정치부장대우 1981년 同정치부장·신문윤리위원회 위원 1982년 同편집부국장 1982~1988년 대통령 정무1수석비서관실 정무비서관(언론·홍보) 1988~1992년 제13대 국회의원(전국구, 민주정의당·민주자유당) 1988년 민정당 안동시지구당 위원장 1990년 민자당 정책조정실 부실장 1990년 한국정치문화연구소 이사장 1992~1996년 제14대 국회의원(안동, 무소속·민주자유당) 1992년 민자당 원내부총무 1992년 同안동지구당 위원장 1993년 同대표 비서실장 1995년 신한국당 홍보위원장 1996년 同안동甲지구당 위원장 1996년 안동사랑운동본부 이사장 1997년 한나라당 대통령후보 언론특보 1997년 동행21 회장 2002~2013년 한국자유총연맹 이사·고문 2002~2005년 대우종합기계(주) 상임고문 2003년 대한호신술협회 회장(현) 2005년 (사)대한민국건국기념사업회 대외협력위원장 2009~2012년 한전산업개발(주) 상임감사 2009년 의성김씨천상문화보존회 회장 2009년 (사)한국환경사랑21 상임대표 겸 이사장(현) 2010년 6.25전쟁60주년기념미술대전 조직위원장 2010년 한국외국어대총동문회 자문위원장 2013~2014년 자유신문 대표이사 회장 [상]홍조근정훈장(1987) [저]자서전 '선비의 삶 정치의 길'(2011) [종]불교

김꽃마음(金꽃마음·女) kkok ma eum Kim

[생]1971·12·29 [본]경주(慶州) [출]서울 [주]경기 과천시 관문로47 미래창조과학부 연구개발정책실 우주기술과(02-2110-2440) [학]1990년 성심여고졸 1994년 고려대 행정학과졸 2005년 서울대 행정대학원 행정학과졸 2011년 경영학박사(영국 케임브리지대) [경]1996~2004년 총무처·정보통신부 정보전략담당관실 행정사무관 2004~2010년 정보통신부 통신전파방송정책본부 통신이용제도팀 서기관 2010년 방송통신위원회 네트워크정책국 스마트워크전략팀장 2011년 국가과학기술위원회 연구개발기획과장(서기관) 2012년 同연구개발기획과장(부이사관) 2012년 대통령실 미래전략기획관실 과학기술비서관실 행정관 2013년 미래창조과학부 연구제도과장(부이사관) 2014년 통일교육원 교육파견(부이사관) 2015년 미래창조과학부 세계과학정상회의준비기획단 부단장 2016년 同연구개발정책실 우주기술과장(현) [상]국무총리표창(2003), 황조근정훈장(2016)

김낙두(金洛斗) KIM Nak Doo

[생]1933·12·1 [본]풍산(豊山) [출]충북 충주 [주]서울 서초구 반포대로37길59 대한민국학술원(02-3400-5220) [학]1953년 용산고졸 1957년 서울대 약대졸 1972년 약학박사(캐나다 매니토바대) [경]1960~1962년 서울대 의대 조교 1962~1982년 同약학대학 강사·전임강사·조교수·부교수 1971~1972년 미국 Mayo클리닉 연구원 1973~1975년 서울대 약학도서관장 1974~1994년 보건사회부 중앙약사심의위원 1976~1979년 한국생약학회 편집위원장 1977~1978년 서울대 실험동물사육장장 1978~1982년 同약학대학 학장보 1981~1983년 대한약학회 편집위원장 1981~1988년 서울대병원 약제부장 1983~1988년 한국병원약사회 회장 1983~1999년 서울대 약학과 교수 1984년 서울대총동창회 이사 1985년 한국독성학회 부회장 1985~1986년 대한약학회 부회장 1987~1992년 한국소비자보호원 의약품전문위원회 자문위원 1988~1990년 서울대부설 약학교육연수원장 1989년 미국 약리학회 회원(현) 1989~1990년 한국독성학회 회장 1989~1990년 한국환경성돌연변이발암원학회 회장 1991~1993년 서울대 약학대학장 1992~1993년 한국약학대학협의회 회장 1994~1999년 보건복지부 중앙약사심의위원 1995년 한국과학기술한림원 종신회원(현) 1995~1996년 대한약리학회 회장 1995~1998년 서울대 신의약품개발연구센터 소장 1996~1999년 한국과학기술단체총연합회 과학기술봉사단 보건부장 1997~1998년 고려인삼학회 회장 1997~1998년 식품의약품안정청 기획조정위원회 약리분야자문위원 1997~2003년 (사)대한공정서협회 회장 1998년 특허청 특허및실용신안등록출원심사 자문위원 1998~1999년 보건의료기술연구기획평가단 평가위원 겸 의약분과위원장 1999년 서울대 약학과 명예교수(현) 1999~2002년 한국과학기술단체총연합회 과학기술봉사단 부단장 2001년 대한민국학술원 회원(약학·현) 2003년 한국과학기술한림원 원로회원 2003~2007년 (재)한국보건공정서연구회 회장 [상]대한약학회상(1980), 약업신문사 '東巖 藥의 賞'(1985), 고려인삼학회상(1993), 국민훈장 석류장(1999), 대한약학회 약학교육상(2000), 한국과학기술한림원상(2009) [저]'약물학(共)'(1969) '약물상호작용과 투약(共)'(1976) '약물요법과 처방(共)'(1977) '병과 치료(共)'(1977) '고려인삼(共)'(1978) 'Korean Ginseng(共)'(1978) '한국인삼사(上, 下)(共)'(1980) '병원약국학'(1984) '약물학독물학실험'(共) '약학개론'(共) '약물학 독물학 실험(共)'(1987) '약물

치료, 기초와 임상(共)'(1990) '인삼의 약리작용 연구, 고려인삼연구 20년사(共)'(1997) '약학개론(共)'(1998) '현대인의 과학기술4(共)'(2001) 역'병과 치료(共譯)'(1977) '병원약국학(共譯)'(1984) 'Medication Teaching Manual'(1985) '약물치료, 기초와 임상(共譯)'(1990)

김낙명(金洛明) Nak Myeong Kim

생1958 · 2 · 1 본영산(永山) 출경북 상주 주서울 서대문구 이화여대길52 이화여자대학교 공과대학 전자공학과(02-3277-2802) 학1976년 경주고졸 1980년 서울대 전자공학과졸 1982년 한국과학기술원(KAIST) 전기전자공학석사 1990년 공학박사(미국 코넬대) 경1980~1987년 금성전기(주) 연구원 1988~1996년 LG정보통신(주) 중앙연구소 책임연구원 1995년 대한전자공학회 편집위원 1996년 이화여대 공대 전자공학과 교수(현) 2001~2002년 同정보통신처장 2002~2003년 대한전자공학회 이사 2003~2005년 한국통신학회 이사 2006~2007년 IEEE VTS Seoul Chapter 위원장 2007년 이화여대 컴퓨터정보통신공학부장 2009~2011년 同정보통신연구소장 2012~2014년 同정보통신처장 2013~2015년 한국대학정보화협의회 이사장(회장) 2013~2014년 IEEE APWCS 이사회 의장 2015년 한국대학정보화협의회 상임감사(현) 상장영실상(1992), 국무총리표창(1993), 통신학회 모토로라학술상(2001) 저'통신네트워크'(2000) '디지털 통신'(2001) '무선 및 이동통신'(2004 · 2013) 종가톨릭

김낙빈(金洛斌) KIM Nak Bin

생1957 · 1 · 17 출전북 정읍 주인천 서구 거월로61 수도권매립지관리공사 사업이사실(032-560-9333) 학1976년 광주제일고졸 1980년 육군사관학교 독일어과졸 2007년 광운대 환경대학원 환경공학과졸 경2000년 환경부 한강유역환경관리청 유역관리국장 2003년 同법무담당관 2004년 同산업폐기물과장 2005년 同수질보전유역제도과장 2006년 同전주지방환경청장 2007년 同환경기술과장 2008년 同자연자원과장(부이사관) 2009년 同국립생태원건립추진기획단 부단장 2010년 대전지방기상청장 2012년 국립환경인력개발원장 2012년 수도권매립지관리공사 사업이사(현)

김낙주(金洛注) KIM Nack Joo

생1955 · 5 · 23 출부산 주서울 노원구 공릉로232 서울과학기술대학교 정밀화학과(02-970-6669) 학1981년 인하대 공대 화학공학과졸 1985년 同대학원 화학공학과졸 1988년 화학공학박사(인하대) 경1989~1993년 환경처 환경기술감리단 상근기술감리위원 1990~1992년 환경공무원교육원 강사 1992~1993년 인하대 산업기술대학원 환경공학과 강사 1993~2010년 서울산업대 자연생명과학대학 정밀화학과 조교수 · 부교수 · 교수, 한국폐기물학회 이사, 국방부 특별건설 심의위원, 과학기술부 KT인정심사위원, 환경관리공단 환경기술 평가위원, 규제개혁위원회 환경심사소위 간사, 환경부 환경친화기업 심사위원 2010년 서울과학기술대 정밀화학과 교수(현) 2016년 同에너지바이오대학장(현) 저'환경과학총론' '산업폐수처리' '수처리기술핸드북'

김낙준(金洛駿) KIM Nak Jun (耘平)

생1932 · 2 · 2 본함창(咸昌) 출경북 의성 주서울 마포구 만리재옛길23 금성출판사 회장실(02-2077-8010) 학1949년 안계농업고졸 1960년 단국대 정치학과졸 1976년 고려대 경영대학원 수료 경1950년 대구문화서점 경영 1965년 금성출판사 설립 · 회장(현) 1981년 금성교과서 설립 1985년 대한출판문화협회 부회장 1989년 한국출판금고 이사 1992~1996년 대한출판문화협회 회장 1992년 유네스코 한국위원회 홍보분과 위원 1993년 금성출판문화재단 이사장(현), 문화부 도서관발전위원회 위원, 93책의해조직위원회 위원장, 은평문화재단 이사장, 한국문화정책개발원 이사 1996년 대한출판문화협회 명예회장 1997년 同고문(현) 1998년 한국출판금고 이사장 1998~2006년 한국출판문화진흥재단 이사장 2002년 독서새물결추진위원회 위원장 상문화공보부장관표창(1984), 국무총리표창(1985), 옥관문화훈장(1989), 서울시 문화상(1991), 서울시 감사패, 과학기술처 감사패, 서울시장표창 종불교

김낙중(金珞中) KIM Nakjoong

생1951 · 3 · 25 본광산(光山) 출서울 주서울 성동구 왕십리로222 한양대학교 자연과학대학 화학과(02-2220-0935) 학1969년 경기고졸 1973년 서울대 문리대학 화학과졸 1978년 同대학원 화학과졸 1983년 화학박사(미국 텍사스대 오스틴교) 경1983~2000년 한국과학기술연구원 기능성고분자연구실 책임연구원 1997~1999년 농림부 농림수산기술정책심의위원 1998~2008년 KJF

학회 회장 2000년 한양대 자연과학대학 화학과 교수(현) 2003년 ICONO'7/ICOPE 2003 위원장 2004~2007년 한국화상학회 부회장 2006~2007년 한국고분자학회 감사 · 부회장 2006년 대한화학회 총무부회장 · 이사 2007년 SPIE photonic west 분과위원장 2008~2009년 한국화상학회 회장 2009년 KJF학회 명예회장(현) 2011년 대한화학회 회장 상국무총리표창(1996), 한양대 연구우수교수상(2002 · 2003)

김낙회(金樂會) KIM Nack Hoi

생1951 · 7 · 23 출충남 당진 주서울 강남구 영동대로731 제일기획 경1969년 성남고졸 1977년 서강대 신문방송학과졸 1999년 연세대 언론홍보대학원 최고위과정 수료 2002년 한양대 언론정보대학원졸 2005년 서울대 최고경영자과정 수료 2008년 同최고지도자과정 수료 경1976년 (주)제일기획 제2광고영업팀 근무 1981년 同국제국 과장 1985년 同제3광고국 과장 1987~1988년 삼성 회장비서실 홍보비서 차장 1988~1989년 (주)제일기획 제3광고국장 1989년 同경영기획팀장 1993년 同광고기획 · 영업담당 이사 1994년 同광고1사업부장(이사) 1996년 삼성 회장비서실 기획홍보팀 이사 1998~1999년 同구조조정본부 기획팀 이사 1999~2001년 (주)제일기획 4사업부장(상무) 1999년 대한민국광고대상 집행위원회 이사 1999년 행정자치부 국가상징자문위원 1999년 월드컵조직위원회 마케팅전문위원 2000~2001년 홍익대 광고홍보대학원 겸임교수 2001~2004년 (주)제일기획 1본부장(전무) 2001년 세계광고협회(IAA) 한국지부 부회장 2005년 (주)제일기획 CS1본부장 겸 CS2본부장(부사장) 2005년 육군본부 발전자문위원(현) 2005~2006년 아시아광고대회조직위원회 사무총장 2006년 (주)제일기획 CS본부장(부사장) 2007년 同대표이사 사장 2007년 한국광고업협회 부회장 2010~2011년 同회장 2011년 국가브랜드위원회 위원 2011년 서강대 아트&테크놀로지연구소 초빙교수(현) 2011~2013년 한국광고자율심의기구 광고분쟁조정위원회 위원 2012년 육군사관학교 발전자문위원(현) 2012년 (주)제일기획 상담역, 同고문(현) 상MBC 광고상(1978), FAC 대상(1984), 미국 CLIO 광고상(1985), NEWYORK 페스티벌 은상(1998), 국민포장(2001), 대한민국 광고대상(2005), ABLA 대한민국비즈니스리더상(2008), 중앙언론문화상 광고부문(2008), 자랑스러운 서강인상(2011), 동탑산업훈장(2012) 저'광고왕국 일본'(1992) '결단이 필요한 순간'(2014) 역'스포츠 마케팅(共)'(1999) '한 권으로 읽는 브랜드 마케팅'(2002) '100억짜리 입소문 마케팅'(2004) 종천주교

김낙회(金樂會) KIM Nak Hoe

생1959 · 11 · 12 본안동(安東) 출충북 괴산 주경기 성남시 수정구 성남대로1342 가천대학교(031-750-5114) 학1978년 청주고졸 1982년 한양대 행정학과졸 1985년 同행정대학원졸 2000년 영국 버밍햄대 대학원 경영학과졸 2010년 경영학박사(가천대) 경1983년 행정고시 합격(27회) 2003년 재정경제부 국고국 재정정보과장 2003년 同세제실 소비세제과장 2005년 同세제실 소득세제과장 2006년 同조세정책국 조세정책과장(서기관) 2007년 同조세정책국 조세정책과장(부이사관) 2008년 기획재정부 조세기획관 2010년 OECD 재정위원회 이사회 비상임이사 2010년 기획재정부 조세정책관(고위공무원) 2011년 국무총리소속 조세심판원장 2013년 기획재정부 세제실장 2014~2016년 관세청장 2016년 가천대 석좌교수(현) 상근정포장(1996), 한양대총동문회 '2014년 자랑스런 한양인상'(2015)

김낙훈(金樂薰) Kim, Nakhoon

생1950 · 8 · 17 출서울 주서울 성북구 화랑로13길60 동덕여자대학교 총장실(02-940-4011) 학서울고졸 1974년 서울대 공대졸 1985년 미국 일리노이대 대학원 컴퓨터과학과졸 1989년 공학박사(미국 일리노이대) 경1990~2014년 동덕여대 정보과학대학 컴퓨터학과 조교수 · 부교수 · 교수 1993~1996년 同정보과학대학원장 1996~2000년 同정보과학연구소장 2000~2002년 同기획처장 2007~2010년 同정보운영처장 2010~2012년 同정보대학장 2014년 同총장(현)

김난도(金蘭都) KIM Rando

생1963 · 3 · 2 출서울 주서울 관악구 관악로1 서울대학교 생활과학대학 소비자아동학부(02-880-8791) 학1986년 서울대 법학과졸 1989년 同행정대학원졸 1996년 행정학박사(미국 서던캘리포니아대) 경1996년 경기개발연구원 비상임연구원 1997년 한국전자통신연구원 초빙연구원 1997년 서울대 생활과학대학 소비자학과 교수, 同생활과학대학 소비자아동학부 소비자학전공 교수(현) 2001년 한국소비자보호원 광고심의위원회 심의위원 2008년 한국방송공사 시청자위원 2012~2014년 제일모직(주) 사외이사 2014년 삼성SDI 사

외이사(현) [상]한국정책학회 학술상(1998), 서울대 교육상(2006), 한국갤럽 최우수박사학위논문 지도공로상(2007), 정진기언론문화상(2008), 한국소비자학회 최우수논문상(2008), 한국소비자학회 2008추계학술대회 우수발표논문상(2008), 한국소비문화학회 최우수논문상(2010), 환경연합 "올해를 빛낸 사람들"(2011), 한국소비자정책교육학회 최우수논문상(2012) [저]'공공가정경영 : 이론과 실제'(1999, 학지사) '합리적 선택과 신제도주의'(1999, 대영문화사) '정부조직구조 연구'(1999, 한국행정학회 조직학연구회) '현대소비자정보론'(2004, 시그마프레스) '사치의 나라 : 럭셔리 코리아'(2007, 미래의 창) '배움과 한국인의 삶'(2008, 나남출판사) '트렌드 코리아 2009' '트렌드 코리아 2010' '아프니까 청춘이다'(2010, 쌤앤파커스) '트렌드 코리아 2011' '천 번을 흔들어야 어른이 된다'(2012, 오우아) '내일'(2013, 오우아) '트렌드 차이나'(共)'(2013, 오우아) '트렌드 코리아 2014(共)'(2013, 미래의 창) '트렌드 코리아 2015(共)'(2014, 미래의 창) '소비자정보론(共)'(2015, 시그마프레스) '웅크린 시간도 내 삶이니까'(2015, 오우아) '트렌드 코리아 2016(共)'(2015, 미래의 창)

김 남(金 男) KIM Nam

[생]1959·3·30 [본]김해(金海) [출]전남 보성 [주]충북 청주시 서원구 충대로1 충북대학교 전자정보대학 정보통신공학부(043-261-2482) [학]1977년 성남고졸 1981년 연세대 전자공학과졸 1983년 同대학원졸 1988년 공학박사(연세대) [경]1989~1998년 충북대 정보통신공학과 조교수·부교수 1992~1993년 미국 스탠퍼드대 교환교수 1998년 충북대 전기전자공학부 교수, 同전자정보대학 정보통신공학부 교수(현) 1999년 同컴퓨터정보통신연구소장 2000~2001년 미국 Caltech 방문연구원 2005년 충북BIT연구중심대학사업단 단장 2005년 한국전자파학회(KIEES) 전자장과생체관계연구회 위원장 2006~2010년 생체전자파학회(The Bioelectromagnetics Society, BEMS) 이사 2011년 국제암연구소 RF전자파에대한발암등급 평가위원 2014년 생체전자파학회(The Bioelectromagnetics Society, BEMS) 회장 [상]한국전자파학회 학술상(1997), 한국광학회 우수논문상(1999), 정보통신부장관표창(1999), 대한전자공학회 해동상(2000), 한국통신학회 학술상(2001), 한국과학기술단체총연합회 과학기술우수논문상(2003), 광전자및광통신학술회의 공로상(2003), 대통령표창(2003), 대한전자공학회 학술상(2007) [저]'정보통신공학'(1996) '전자회로실험'(1997) '셀룰라 이동통신공학'(1997) '광통신'(1998) [역]'통신시스템공학'(1994) '전자기학'(1995) '정보통신공학'(1999) '통신시스템공학'(2000) '광신호처리'(2001) '광전자공학'(2002) [종]기독교

김남구(金楠玖) KIM Nam Goo

[생]1963·10·10 [출]전남 강진 [주]서울 영등포구 의사당대로88 한국투자금융지주 임원실(02-3276-4021) [학]1982년 경성고졸 1987년 고려대 경영학과졸 1991년 일본 게이오대 대학원 경영학과졸 [경]1987년 동원산업 입사 1991년 동원증권(주) 명동지점 대리 1998년 同자산운용본부 상무이사 1999년 同전무이사 2000년 同부사장 2002년 同전략기획실장(부사장) 2003년 동원금융지주 대표이사 2004년 동원증권 대표이사 사장 겸임 2005년 한국투자증권 부회장(현) 2005년 한국투자금융지주 대표이사(현)

김남규(金南圭) Kim Nam Gyu

[생]1955·9·30 [본]강릉(江陵) [출]서울 [주]서울 중구 세종대로9길42 부영주택 임원실(02-3774-5500) [학]1974년 경기고졸 1978년 연세대 경영학과졸 1994년 同대학원 경영학과졸 [경]1978~1984년 삼성물산 근무 1984년 골든벨 자원부 입사 1997년 한화에너지 국제팀장 2000년 (주)한화 싱가포르법인장 2004년 한화그룹 구조조정본부 인력팀장 2007년 同인력개발원장(전무) 2009년 한화테크엠(주) 대표이사 2012년 同상근고문, 법무법인 웅빈 상임고문 2016년 부영주택 관리본부 총괄 대표이사 사장(현) [상]산업자원부장관표창(2004)

김남규(金南奎) KIM Nam Kyu

[생]1956·12·10 [주]서울 서대문구 연세로50 세브란스병원 대장항문외과(02-2228-2117) [학]1975년 휘문고졸 1981년 연세대 의대졸 1985년 同대학원졸 1992년 의학박사(연세대) [경]1981~1982년 세브란스병원 인턴 1982~1986년 同일반외과 전공의 1986~1989년 육군 군의관 1989~1991년 연세대 의과대학 외과학교실 연구강사 1991~2002년 同의과대학 외과학교실 전임강사·조교수·부교수 1994~1996년 미국 미시간주 Ferguson Clinic 연구원 2003년 연세대 의과대학 외과학교실 교수(현) 2003년 同대장항문외과 분과장(현) 2005~2007·2011~2013년 同대장암전문클리닉팀장 2008년 同가정간호사업소장 2010년 대한대장항문학회 이사장 2013년 연세대 의과대학 외과학교실 주임교수(현) 2013년 세브란스병원 외과부 외과장(현) 2013년 아시아태평양대장암학회(APCC) 초대회장(현) 2014년 세브란스병원 대장항문외과장 2014~2016년 同가정간호사업소장 [상]연세대 의대 올해의 교수상(1999), 대한대장항문학회 우수포스터상(2001), 유한의학상(2001), 동아일보 선정 베스트중견의사 1위(2001), 세브란스병원 임상 최우수교수상(2003), 대한대장항문학회 우수논문상(2003), 동아일보 선정 대장항문질환분야 베스트닥터 1위(2003), 대한대장항문학회 우수논문구연상(2004), 연세대 우수업적교수상(2005), 대한대장항문학회 우수논문상(2005), 연세대 의대 외과우수논문상(2006), 조선일보 선정 대장수술분야 한국최고의사(2006), 대한대장항문학회 우수포스터연제상(2006) [저]에세이 '당신을 만나서 참 좋았다'(2016)

김남균(金湳均) KIM Nam Gyun

[생]1959·10·3 [본]상산(商山) [출]경북 상주 [주]서울 강서구 공항대로475 한국임업진흥원 원장실(02-6393-2600) [학]1978년 경북사대부고졸 1982년 서울대 임학과졸 1984년 同대학원 임학과졸 1992년 산림자원학박사(서울대) [경]기술고시 합격(17회) 1998년 산림청 임업정책과장 1999년 同사유림지원과장 2000년 同청장비서관 2001년 同산지관리과장 2002년 국립수목원장 2003년 산림청 국유림관리국장 2004년 同산림보호국장 2004년 同산림정책국장 2006년 중앙공무원교육원 파견 2007년 산림청 기획홍보본부장 2008년 同기획조정관 2009년 同산림보호국장 2011년 同기획조정관 2011~2013년 同차장 2013년 한국임업진흥원 원장(현) [상]대통령표창(1994), 근정포장(2002) [저]'우리의 산촌'(1993) '독일의 산림정책'(1999) [종]기독교

김남두(金南斗) KIM Nam Doo

[생]1953·7·25 [본]강릉(江陵) [출]강원 강릉 [주]강원 강릉시 죽헌길7 강릉원주대학교 사회과학대학224호(033-640-2471) [학]1976년 서울대 경제학과졸 1986년 미국 뉴욕주립대 대학원 경제학과졸 1988년 경제학박사(미국 뉴욕주립대) [경]1978~1989년 산업연구원 연구위원·미국구주연구실장 1988~1996년 재무부 재정경제원 관세심의위원 1989~1995년 대외경제정책연구원 통상정책연구실장·연구조정실장 1993년 경제기획원 신경제5개년계획수립을 위한 대외통상및국제화전략부문 실무위원 1994년 재무부 관세율개편협의회 위원 1995~1999년 인제대 무역학과 교수 1999년 강릉대 사회과학대학 국제통상학과 교수 1999년 同국제통상학과장 2001년 同환동해연구센터장 2001~2003년 강원도 뉴라운드 강원해양수산대책협의회 위원 2002~2006년 한국수산협회 FTA/DDA 대책 자문위원 2003~2006년 강원도 도정기획위원회 위원 2006~2007년 강원해양수산포럼 운영위원장 2007~2009년 강원도 강원경제포럼 운영위원 2009년 강릉원주대 국제통상학과 교수(현) 2009~2010년 강원해양수산포럼 회장 2009~2010년 강원도립대 총장 2012~2014년 강릉원주대 대학원장 [저]'2000年 한국무역전망과 장기정책방향(共)'(1989, 산업연구원) '미국통상정책의 중장기방향'(1990, 대외경제정책연구원) '한미간 직접투자의 구조와 투자환경의 변화'(1991, 대외경제정책연구원) '미국의 무역장벽'(1992, 대외경제정책연구원) '보호무역의 비용분석'(1996, 대외경제정책연구원) '일반특혜관세제도(GSP)의 도입 가능성에 관한 연구'(1996, 대외경제정책연구원) '무역학원론(共)'(1997, 도서출판 두남) '동아시아 무역투자의 구조변화와 향후과제(共)'(1997, 대외경제정책연구원) '국제통상론(共)'(2000, 법문사) '아시아태평양 2000'(2000, 서울대출판부) '지식기반경제 추진전략-주요 국가들의 사례를 중심으로(共)'(2001, 이화여대출판부) '뉴라운드와 공산품 분야의 시장접근(共)'(2001, 한국경제연구원) '중국과의 관계를 고려한 한일 FTA협상과 수산부문 대응'(2004, 한국수산회) '한-EFTA 자유무역협정 대비 수산업 부문 영향분석 및 대응방안'(2004, 해양수산부) '한중일 FTA의 경제적 파급효과와 대응방안(共)'(2005, 대외경제정책연구원) '한국무역론(共)'(2007, 한국방송통신대출판부) '국제통상론(共)'(2009, 한국방송통신대출판부) '북미지역경제(共)'(2011, 한국방송통신대출판부)

김남득(金南得) KIM Nam Deuk

[생]1958·3·3 [본]김해(金海) [출]경남 [주]부산 금정구 부산대학로63번길2 부산대학교 약학대학 약학전공(051-510-2801) [학]1977년 진주고졸 1981년 부산대 약학과졸 1983년 한국과학기술원(KAIST) 석사 1992년 약학박사(미국 위스콘신대) [경]1987~1992년 미국 Wisconsin대 연구조교 1988년 미국 암연구학회(American Association for Cancer Research) 회원(현) 1992년 미국 Wisconsin대 Post-Doc. Fellow 1992~2004년 부산대 약학과 전임강사·조교수·부교수 1996년 同암연구소 행정실장 1999~2002년 同약학대학 부학장 겸 약학과장 2000년 同기획연구부실장 2000년 미국 Michigan주립대 방문교수 2003~2005년 미국 캔사스대 메디칼센터 방문교수 2004년 부산대 약학대학 약학전공 교수(현) 2005년 同신약개발연구소장 2006~2008년

同약학대학장 2012년 부산대 장수생명과학기술연구원 원장(현) 2014~2016년 同약학대학장 · 실험동물센터장 · 신약개발연구소장 겸임 2016년 同교무처장(현) [상]부산시약사회 공로패(2000) [저]'임상약학(共)'(2002) '생리학(共)'(2005) '약물치료학(共)'(2006)

김남부(金南釜) Kim Nam Boo

[생]1958 · 1 · 3 [본]강릉(江陵) [출]경남 진주 [주]서울 서대문구 성산로321 지오영사옥5층 (사)백세시대나눔운동본부(02-334-9547) [학]1976년 대아고졸 1980년 해군사관학교졸 1992년 서강대 공공정책대학원 통일정책 · 북한정치과졸 2005년 서울대 세계경제최고전략과정 수료 [경]2004~2005년 합동참모본부 과장(대령예편) 2004~2005년 통일부 탈북자대책협의회 위원 2007~2010년 (사)대한민국국기선양회 사무총장 2007~2010년 제이제이이엔티 대표 2009~2010년 한나라당 여의도연구소 정책자문위원 2009~2013년 (사)한몽민간협력증진위원회 사무총장 겸 상임대표 2010~2011년 한나라당 중앙당 부대변인 2010~2012년 同서울시당 부위원장 2011년 대한민국중도보수서울연합회 회장 2011~2015년 민주평통 마포구협의회 간사장 2011년 평창동계올림픽범국민지원협의회 집행위원 2013년 백세시대나눔운동본부 상임이사(현) 2013년 국가원로회의 전문위원(현) [상]연평해전 전투유공표창(1999), 국방부장관표창 2회, 국무총리표창(2002), 대통령표창(2005), 공로패(2009) [저]'러시아 군사편람'(1997, 국방정보본부) '북한-주변국안보정세평가집(상 · 하)'(2001, 해군본부) [종]가톨릭

김남석(金南碩) KIM Nam Seuk (碧梧)

[생]1938 · 2 · 7 [본]김해(金海) [출]경남 남해 [주]대구 달서구 달구벌대로1095 계명대학교(053-580-5114) [학]1956년 여수고졸 1961년 계명대 교육학과졸 1972년 同대학원 사회교육학과졸 1988년 문학박사(단국대) 2014년 명예 행정학박사(계명대) [경]1963~1974년 계명대 도서관 사서 1974~1979년 同도서관장 1974~1981년 한국도서관정보학회 회장 1974~1980년 계명실업전문대 도서관학과 전임강사 · 조교수 · 부교수 1975~2001년 한국도서관협회 감사 1978~1980년 한국사회교육협회 이사 1978~1982 · 1988~1990년 계명대 총무처장 1980~1990년 同도서관학과 부교수 1990~2003년 同문헌정보학과 교수 1991~1996년 한국도서관협회 대학분과 위원장 1993~2003년 계명신협 부이사장 · 이사장 1997~2000년 계명대 교무처장 2001~2003년 同대학원장 2003년 同명예교수(현) 2004년 同법인이사 2005~2012년 계명대대학원총동창회 회장 2007년 계명문화대학 학장 2009~2015년 계명문화대 총장 2012년 한국전문대학교육협의회 이사 2012~2015년 한국도서관협회 표상위원 [상]한국도서관상 공적상(1977), 한국도서관상 연구상(1992), 부총리 겸 교육인적자원부장관표창(2001), 한국도서관정보학회 학술상(2001), 근정포장(2002), 대한민국학술원 기초학문분야 우수학술도서(비도서자료편목법)(2003), 계명대 출판문화상(2009), 대한민국학술원 우수학술도서(일제치하 도서관과 사회교육)(2011), 경찰청 감사장(2015), 계명금장(2016) [저]'자료 목록학'(1982) '도서 편목법'(1983) '비도서자료'(1984) '도서기호'(1988) '한국 호 대사전'(1996) '연속간행물 편목법'(1996) '사회교육과 도서관'(1996) '연속간행물'(1999) '비도서자료의 조직이론'(2000) '비도서자료 편목법'(2002 · 2003 우수학술도서선정) '학술논술 서지기술 시리즈6권'(2006) 'KORMARC(통합서지용)과 목록규칙'(2007) '일제치하 도서관과 사회교육'(2010) [역]'문헌정보학 연구입문(共)'(1995) [종]기독교

김남선(金南宣) Nam-Sun Kim

[생]1954 · 3 · 16 [출]강원 [주]경북 경산시 진량읍 내리리15 대구대학교 행정대학 지역사회개발복지학과(053-850-6346) [학]1981년 서울대 농업교육과졸 1983년 同대학원졸 1988년 교육학박사(서울대) [경]1988년 대구대 행정대학 지역사회개발복지학과 교수(현) 1990년 한국지역사회개발회 이사 1994년 한국농촌계획학회 이사 1995년 한국사회교육협회 이사 1999~2000년 한국국제지역사회개발학회 회장 1999년 영남평생교육학회 회장 1999~2000년 국제지역사회개발학회 이사 2000~2007년 同편집위원 2004 · 2006년 한국평생교육학회 부회장 2006~2007년 한국지역사회생활과학회 이사 2006~2007년 (사)한국농촌계획학회 이사 2011~2012년 한국평생교육총연합회 회장 2012~2014년 대구대 평생교육원장, 경북도평생교육포럼 위원장(현), (사)한국지역사회개발협회 회장(현) 2016년 전국시 · 도평생교육진흥원협의회 회장(현) [저]'지역사회개발학개론'(1991) '청소년과 지역사회'(1995) '사회교육개론'(1997) '사회교육방법론'(1997) '농촌개발론'(1998) '지역사회조직론'(2000) '평생교육개론'(2001) '청소년교육론'(2001) '지역사회개발론'(2002) '여성교육론'(2003) '평생학습도시론'(2005) '인간자원개발론'(2006) '평생교육프로그램개바론'(2007) [역]'지역사회개발학 연구'(1994)

김남성

[생]1953 · 5 · 6 [출]전북 익산 [주]서울 강남구 도곡로218 대한배구협회(02-578-9029) [학]대신고졸, 성균관대졸 [경]1981~1996년 성균관대 배구팀 감독 1998~1999년 현대건설 배구단 감독 2000~2001년 서문여고 배구팀 감독 2002~2008년 명지대 배구팀 감독 2008~2010년 우리캐피탈 배구단 감독 2011년 대한배구협회 남자배구대표팀 홍보이사 2016년 同남자배구대표팀 감독(현)

김남성(金南成) KIM Nam Sung (曄沅)

[생]1964 · 10 · 29 [본]강릉(江陵) [출]경기 의정부 [주]경기 수원 장안구 정조로944 새누리당 경기도당(031-248-1011) [학]1983년 신일고졸 1987년 고려대 농업경제학과졸 1994년 서울대 행정대학원졸 2013년 행정학박사(건국대) [경]1991~2004년 한나라당 중앙당 사무처 근무 1999~2003년 同정책위원회 건설교통심의위원 2001~2003년 국회 건설교통위원회 정책연구위원 2003년 한나라당 최병렬 대표 보좌역 2003년 同중앙연수원 교수 2003년 의정부희망정치연대 대표 2003년 한국감정평가협회 기획홍보위원 2005년 의정부감정평가사사무소 대표감정평가사(현) 2005년 (주)대일에셋감정평가법인 이사 2006~2008년 경기도의회 의원(제6 · 7대)(한나라당) 2006년 한나라당 부대변인 2007~2008년 同의정부甲당원협의회 위원장 2008년 同경기도당 선임부위원장 2008년 同전국위원회 경기도대표위원 2010년 의정부시장선거 출마(한나라당) 2010~2011년 국제와이즈멘 회룡클럽 회장 2011년 의정부교육문화포럼 공동대표(현) 2011년 한나라당 부대변인 2013년 새누리당 경기도당 대변인(현) [저]'의 · 양 · 동 통합의 길을 묻다– 통합 창원시를 다녀와서'(2014) [종]가톨릭

김남수(金南洙) KIM Nam Soo (灸堂)

[생]1915 · 5 · 16 [출]광주 [주]서울 동대문구 제기로93 뜸사랑(02-964-7994) [학]父親(金瑞中)으로부터 漢學 및 鍼灸學 傳受 · 研究 [경]1943~2008년 남수침술원 개원 · 원장, 서울맹학교 교과서제정위원 · 심의위원, 세계침구학회연합회 침구의사고시위원 · 교육위원, 중국 북경 침구골상학원(現 북경중의약대학) 객좌교수, (사)대한침구사협회 입법추진위원장, 同봉사단장 1984년 뜸사랑(한국정통침구학회) 회장(현) 1994년 정통침뜸연구소 이사장 1997년 정통침뜸교육원 원장(현) 1998년 세계보건기구(WHO) 50주년총회 세계침구학회연합회 한국측 공동대표 2000년 녹색대학 석좌교수 2002년 정통침뜸연구소 소장(현) 2006년 사단법인 효행봉사단 회장(현) 2011년 계간 구당 발행인(현) 2013년 구당침시술소 원장(현) [상]대통령표창(2002), 국민훈장 동백장(2008) [저]'뜸의 이론과 실제'(1987) '침뜸 이야기'(1995) '나는 침과 뜸으로 승부한다'(1996) '침구사의 맥이 끊어지면 안된다'(1998) '침구사를 키워 인류를 구해야'(1999) '생활침뜸의학'(1999) '침뜸의학 개론'(2002) '경락 · 경혈학'(2002) '침사랑, 뜸사랑 아~내사랑'(2002) 침뜸의학 교재 '침뜸술'(2003) '병인병기학'(2003) '나는 침과 뜸으로 승부한다'(2004) '평생건강을 위한 침뜸이야기'(2004) '평생건강을 위한 뜸의 이론과 실제'(2007) '뜸의 이론과 실제'(2013) '무극보양뜸'(2014) '침뜸진단학'(2014)

김남수(金南洙) KIM Nam Soo

[생]1956 · 5 · 2 [주]서울 송파구 올림픽로43길88 아산사회복지재단(02-3010-2511) [학]2002년 연세대 대학원 보건행정학과졸 [경]1981년 현대건설(주) 경리부 근무 1988년 서울아산병원 입사 2002년 同원무팀장 2003년 同건진운영팀장 2006년 정읍아산병원 관리부장 2008년 서울아산병원 건진운영팀장 2010년 아산사회복지재단 경영지원실장 2015년 同경영지원실장 겸 구매실장(현)

김남수(金男洙) KIM Nam Soo

[생]1958 · 8 · 25 [출]경남 거제 [주]경기 화성시 봉담읍 효행로212 한국농수산대학 총장실(063-238-9001) [학]1976년 거제수산고졸 1984년 경상대 농학과졸 1990년 同농과대학원졸 1993년 미국 캘리포니아대 데이비스교 대학원 수료 [경]1998년 농림부 농산물유통국 채소특작과 서기관 2000년 국립종자관리소 안동지소장 2004년 농림부 농촌정책국 농촌사회과장 2006년 同식량정책국 농생명산업정책과장 2008년 농림수산식품부 국제협력총괄과장(서기관) 2009년 同국제협력총괄과장(부이사관) 2009년 同농산경영팀장 2009년 同식품산업정책실 농산경영과장 2010년 국립농산물품질관리원 원장(고위공무원) 2010년 국방대 파견(고위공무원) 2011년 농업연수원 원장 2011년 농촌진흥청 기술협력국장 2012년 농림수산식품부 농림수산검역검사본부 축산물안전부장 2013년 농림축산식품부 농림축산검역본부 동식물위생연구부장 2013년 同식품산업정책실 소비과학정책관 2015년 한국농수산대학 총장(현)

김남수(金南壽) Kim Nam Soo
[생]1963·12·27 [본]강릉(江陵) [출]서울 [주]서울 서초구 서초대로74길11, 삼성전자빌딩 21층 삼성생명보험(02-772-6788) [학]여의도고졸, 서울대 경영학과졸 [경]1986년 동방생명 입사 2004년 삼성생명보험(주) 재무전략팀 부장 2007년 同자산PF운용팀 담당임원(상무보) 2008년 同전사RM팀장(상무) 2011년 同지원팀장(상무) 2012년 同경영지원실장(전무) 2014년 삼성증권 경영지원실장(전무) 2015년 삼성생명보험(주) 자산운용본부장(부사장)(현)

김남순(金南順·女)
[생]1973·11·13 [출]강원 강릉 [주]서울 서초구 반포대로 157 대검찰청 강력부 피해자인권과(02-3480-2037) [학]1992년 울산여고졸 1997년 관동대 법학과졸 [경]1998년 사법시험 합격(40회) 2001년 사법연수원 수료(30기) 2001년 인천지검 검사 2003년 대전지검 천안지청 검사 2005년 부산지검 검사 2008년 서울중앙지검 검사 2012년 수원지검 검사 2014년 울산지검 검사 2015년 서울북부지검 부부장검사 2016년 대검찰청 피해자인권과장(현)

김남식(金南植) KIM Nam Sik
[생]1960·7·20 [출]서울 [주]서울 중구 서소문로116 유원빌딩14층 개성공업지구지원재단(02-2095-5300) [학]우신고졸 1983년 서울대 외교학과졸 1986년 同대학원 외교학과졸 1997년 미국 코네티컷대 대학원 국제정치학과졸 [경]1983년 행정고시 합격(26회) 1994년 통일원 교류협력국 총괄과 근무 1997년 同정보분석실 시사정보과장 1998년 통일부 통일정책실 정책2담당관 1998년 同교류1과장 2000년 同경수로사업지원기획단 정책조정부 과장 2001년 同기획관리실 행정법무담당관 2002년 同통일정책실 정책총괄과장 2004년 同교류협력국 심의관 2005년 해외 연수 2006년 통일부 정보분석국장 2006년 同정보분석본부장 2007년 同정책홍보본부 홍보관리관 2008년 同남북회담본부 회담기획부장(고위공무원) 2009년 同교류협력국장 2010년 국가보훈처 안중근의사유해발굴추진단 정부위원 2010년 통일부 남북회담본부장 2011년 同통일정책실장 2012년 同기획조정실장 2013~2014년 同차관 2014년 개성공업지구지원재단 이사장 겸 개성공업지구관리위원회 위원장(현)

김남오(金南吾)
[생]1958·10·26 [출]전남 함평 [주]강원 영월군 영월읍 하송안길49 영월세무서(033-370-0201) [학]목포고졸 [경]수원세무서 세원관리과장 2009년 국세청 고객만족센터 고객만족운영팀장 2014년 同고객만족센터 인터넷3팀장 2015년 영월세무서장(현)

김남우(金南佑) KIM Nam Woo
[생]1969·9·21 [출]서울 [주]서울 서초구 반포대로157 대검찰청 반부패부 수사지휘과(02-3480-2037) [학]1988년 우신고졸 1993년 서울대 경제학과졸 [경]1992년 행정고시 합격(36회) 1995년 중앙공무원교육원 수료 1996년 사법시험 합격(38회) 1999년 사법연수원 수료(28기) 1999년 서울지검 남부지청 검사 2001년 창원지검 진주지청 검사 2003년 대전지검 검사 2005년 수원지검 검사 2008년 법무부 법조인력정책과 검사 2009년 서울중앙지검 검사 2011년 수원지검 안양지청 부부장검사 2013년 서울고검 검사 2013년 대전지검 논산지청장 2014년 대검찰청 범죄정보2담당관 2015년 법무부 법무과장 2016년 대검찰청 수사지휘과장(현)

김남윤(金南潤·女) KIM Nam Yoon
[생]1949·9·20 [본]서흥(瑞興) [출]서울 [주]서울 서초구 반포대로37길59 대한민국예술원(02-3479-7223) [학]1974년 미국 줄리어드음대졸 1976년 同대학원졸 [경]1970년 미국 워싱턴내셔널심포니오케스트라 협연·데뷔(바이올린) 1978년 경희대 음대 조교수 1982~1993년 서울대 음대 교수 1985년 일본 독주회 1986년 미국 시카고·뉴욕·카네기홀독주회 1990년 대만 국제콩쿠르·싱가포르롤렉스콩쿠르 심사위원 1992년 미국 보드윈서머페스티벌 객원교수 1993~2015년 한국예술종합학교 음악원 기악과 교수 2001년 벨기에 퀸엘리자베스음악콩쿠르 심사위원 2002~2009년 한국예술종합학교 음악원장 2004년 이탈리아 파가니니음악콩쿠르 심사위원 2005년 핀란드 시벨리우스콩쿠르 심사위원 2006·2007년 러시아 모스크바 차이코프스키 국제콩쿠르 바이올린부문 심사위원 2010년 예술의전당 현악부문 자문위원 2014년 김남윤 정년기념음악회 2014~2015년 한국예술종합학교 예술영재교육원장 2015년 김남윤과 바이올린 오케스트라의 크리스마스 콘서트 2016년 대한민국예술원 회원(음악분과·현) [상]이화경향콩쿠르 특등, 동아음악콩쿠르 1등, 줄리어드 차이코프스키 콩쿠르 우승, 워싱턴 메리워더 포스트 콩쿠르 입상, 허드슨 밸리 영 아티스트 콩쿠르 입상, LA영뮤지션스 파운데이션 입상, 스위스 티보바가 국제콩쿠르 1등, 한국 음악팬클럽상(1977·1979), 난파음악상(1980), 월간음악상(1985), 채동선 음악상(1987), 한국음악평론가상(1989), 예음상(1993), 옥관문화훈장(1995), 음악동아 올해의 음악상(1995), 대한민국예술원상(2008), 제6회 공연예술경영상 공연예술가상(2013), 한국언론인연합회 '자랑스런 한국인대상' 음악예술부문(2014), 홍조근정훈장(2015)

김남일(金湳鎰) KIM Nam Il
[생]1963·11·26 [주]울산 중구 종가로 405의11 에너지경제연구원 정력정책연구본부 전력정책연구실(052-714-2119) [학]1999년 산업관리학박사(미국 오하이오주립대) [경]1994~1999년 미국 오하이오주립대 강의 1999년 한국개발연구원 공정거래분야 연구원 2000~2002년 인천대 강사 2004~2006년 에너지경제연구원 기획실장 2006년 한국자원경제학회 상임이사 2006년 산업자원부 재정기획평가위원 2007~2008년 미국 버클리대 동아시아연구소 객원연구원, 에너지경제연구원 에너지정보통계센터 에너지국제협력연구실장 2011년 同에너지국제협력본부장 2013년 同에너지정책연구본부장 2013~2014년 同전력정책연구소장 겸임 2015년 同석유가스정책연구본부 선임연구원 2015년 同전력정책연구본부 전력정책연구실 실장 겸 선임연구위원(현) [저]'최근 미국 에너지 정책 기조변화의 의미와 우리나라에 대한 시사점'(2007, 에너지경제연구원) '세계 에너지 환경변화와 한국의 에너지안보 전략'(2008, 에너지경제연구원)

김남정(金楠晶) KIM Nam Jung
[생]1973·1·21 [출]서울 [주]서울 서초구 마방로68 동원엔터프라이즈 임원실(02-589-3118) [학]중경고졸, 고려대 사회학과졸 2003년 미국 미시간대 경영대학원졸(MBA) [경]동원F&B 근무, 동원산업 근무 2004년 동원F&B 마케팅전략팀장 2006년 동원산업 경영지원실장 2009년 동원시스템즈(주) 건설본부 부본부장(상무), 동원엔터프라이즈 상무 2011년 同부사장 2014년 同부회장(현)

김남조(金南祚·女) KIM Nam Jo
[생]1927·9·26 [본]김해(金海) [출]대구 [주]서울 서초구 반포대로37길59 대한민국예술원(02-3479-7223) [학]1944년 일본 九州여고졸 1951년 서울대 사범대학 국어국문학과졸 1991년 명예 문학박사(서강대) [경]1951~1954년 성지여고·마산고·이화여고 교사 1954~1955년 서울대·숙명여대·성균관대 강사 1955~1964년 숙명여대 국어국문학과 전임강사·조교수·부교수 1964~1993년 同교수 1984~1986년 한국시인협회 회장 1984년 교육개혁심의위원 1986년 한국여성문학인회 회장 1988년 한국방송공사 이사 1990년 대한민국예술원 회원(詩·현) 1990년 세계시인대회 계관시인 1993년 숙명여대 명예교수(현) 2000~2003년 방송문화진흥회 이사 2008년 대한민국건국60년기념사업추진위원회 공동위원장 2009년 대통령자문 국민원로회의 공동의장 [상]자유문인협회상, 한국시인협회상, 5월 문예상, 서울시문화상, 대한민국 문화예술상(1996), 3·1문화상, 국민훈장 모란장, 예술원상, 은관문화훈장(1998), 지구문학상(2000), 제4회 영랑시문학상 본상(2006), 만해대상 문학부문(2007), 청관대상 공로상(2011) [저]시집 '목숨'(1953) '나아드의 향유(香油)'(1955) '나무와 바람'(1958) '정념(情念)의 기(旗)'(1960) '풍림(楓林)의 음악(音樂)'(1963) '겨울바다'(1967) '설일(雪日)'(1971) '사랑초서'(1974) '동행(同行)'(1976) '빛과 고요'(1982) '시로 쓴 김대건신부'(1983) '바람세례'(1988) '평안을 위하여'(1995) '희망학습'(1998) '영혼과 가슴'(2004) '귀중한 오늘'(2007) '심장이 아프다'(2013) 시선집 '수정(水晶)과 장미(薔薇)'(1959) '오늘 그리고 내일의 노래'(2009) 수필집 '잠시 그리고 영원히'(1964) '시간 은모래'(1966) '달과 해 사이'(1967) '그래도 못다한 말'(1968) '여럿이서 혼자서'(1972) '은총과 고독의 이야기'(1977) '끝나는 고통 끝이 없는 사랑'(1991) '사랑 후에 남은 사랑'(1999) 시선집 '수정(水晶)과 장미(薔薇)'(1959) '가슴들아 쉬자'(2012) 콩트집 '아름다운 사람들' '희망학습' [종]가톨릭

김남조(金南祖) KIM Nam Cho
[생]1955·6·1 [출]경북 의성 [주]충북 청주시 청원구 오창읍 과학산업3로86 오창과학산업단지17의1B 한국캠브리지필터(043-215-0291) [경]대성산업(주) 기계과 차장, 同기계사업부장, 同기계사업부 이사, 同상무이사, 同전무이사 2005년 한국캠브리지필터 대표이사 전무 2013년 同대표이사 부사장 2016년 同대표이사 사장(현)

김남조(金南鋪) KIM Nam Jo

생1961·4·3 출강원 강릉 주서울 성동구 왕십리로 222 한양대학교 사회과학대학 관광학부(02-2220-0866) 학1985년 고려대 건축공학과졸 1987년 同대학원 건축공학과졸 1997년 관광학박사(미국 펜실베이니아주립대) 경1988~1993년 교통개발연구원 연구원 1997~1999년 한국관광연구원 책임연구원 1999년 한양대 사회과학대학 관광학부 교수(현) 1997~1999년 한국관광연구원 책임연구원 2000~2002년 한양대 주임교수 2001~2003년 同사회과학대학 학부장 2005~2006년 同관광연구소장 2008~2010년 同관광학부 학부장 2007~2009년 한국관광학회 국제협력위원장(부회장) 2009~2013년 同학술출판위원장(부회장) 2011~2015년 한양대 국제관광대학원장 2014년 한국관광학회 관광학연구 편집위원장 2015년 同수석부회장 2015년 미국 세계인명사전 'Marquis Who's Who in the World 2016년판'에 등재 2015년 한국관광학회 회장 상교통개발연구원장표창(1992), 한국관광학회 최우수관광학술상(2007), 한국관광공사 공로자(지도교수상), 한국관광학회 Conference Paper 최우수상(2008·2009·2012), 한국관광공사표창(2012), 2nd International Hospitality & Tourism Conference Universiti Teknologi MARA (Malaysia) Best Paper Award & Gold Paper Award(2014), 한양대 공로상(2015), 국회 학술윤리대상(2015) 전'지속가능한 관광(共)'(2001) '글로벌 리더로서 관광을 말하라(共)'(2008) '관광학총론(共)'(2009) '한국현대관광사(共)'(2012) 역'현대관광론 : 세계적 조망'(2000) '관광과 관광공간(共)'(2013) 종불교

김남중(金南中)

출강원 강릉 주서울 종로구 세종대로209 통일부 통일정책실(02-2100-5721) 학강릉고졸, 건국대 행정학과졸 경행정고시 합격(33회) 2005년 통일부 정보분석국 분석총괄과장(서기관) 2006년 同남북회담사무국 회담기획팀장 2006년 同사회문화교류본부 사회문화총괄팀장 2007년 同인도협력단 인도협력기획팀장 2008년 同남북교류협력국 교류협력기획과장 2009년 同남북교류협력국 교류협력기획과장(부이사관) 2010년 대통령 국가위기관리실 정보분석비서관실 행정관 2013년 통일부 통일교육원 교수부장(고위공무원) 2014년 중앙공무원교육원 교육파견(고위공무원) 2015년 통일부 교류협력국장 2016년 同통일정책실장(현)

김남진(金南辰) KIM Nam Jin

생1932·8·8 출강릉(江陵) 주서울 서초구 반포대로37길59 대한민국학술원(02-3400-5213) 학1955년 서울대 법학과졸 1959년 同대학원 법학과졸 1975년 법학박사(단국대) 경1959~1965년 건국대 강사 1965~1969년 서울시 시정연구원 전문연구원 1969~1977년 단국대 교수 1977~1983년 경희대 교수 1983~1997년 고려대 교수 1989~1990년 한국공법학회 회장 1996~2002년 국무총리행정심판위원회 위원 1997~2002년 순천향대 대우교수 2003~2006년 경원대 겸임교수 2005~2006년 강원대 초빙교수 2006년 대한민국학술원 회원(공법·현), 숙명여대 법대 객원교수2007~2008년 동아대 법과대학 초빙교수 2007년 고려대 대학원 강사 2010~2013년 한국행정법학회 이사장 상서울시 공무원교육 감사상(1962), 단국대총장표창(1973), 제8대 한국공법학회장 공로상(1990), 제4회 자랑스런忠高人賞(1995), 행정절차법심의 감사상(1996), 한국학원단체총연합회 교육공로표창(1997), 고려학원이사장 감사상(1997), 대통령표창(1997), 고추노융희지방자치상(2008), 고려대 석탑강의상(2008), 목촌법률상(2010) 전'행정법연습'(1979) '행정법의 기본문제'(1980) '신판 행정법의 기본문제'(1989) '행정법 Ⅰ, 제1판'(1989) '행정법 Ⅱ, 제1판'(1989) '행정법의 기본문제, 제4판'(1994) '토지공법론'(1994) '행정법 Ⅰ, 제7판'(2002) '경찰행정법'(2002) '행정법 Ⅱ, 제7판'(2002) '행정법 Ⅰ, 제8판'(2004) '행정법 Ⅱ, 제8판'(2004) '행정법 Ⅰ, 제9판'(2005) '행정법 Ⅱ, 제9판'(2005) '행정법 Ⅰ, 제10판'(2006) '행정법 Ⅱ, 제10판'(2006) '행정법 Ⅰ, 제10판'(2006, 법문사) '행병법 Ⅰ, 제17판(共)'(2013, 법문사) '행정법Ⅱ, 제17판(共)'(2013, 법문사)

김남천(金南天) KIM Nam Cheon

생1937·2·10 본강릉(江陵) 출강원 고성 주서울 영등포구 국제금융로6길30 백상빌딩714호 노무법인 현율(02-583-9732) 학1956년 용산고졸 1960년 한국외국어대 독어학과졸 경1978년 노동부 울산지방사무소 보상과장 1981~1989년 춘천·수원·인천지방노동청 감독과장 1989년 노동부 노동조합과 근무 1991년 노동교육원 파견 1991년 충남지방노동위원회 상임위원 1992~1998년 강원지방노동위원회 위원장 1998~1999년 코리아브레인뱅크(주) 대표이사 1999년 정진노무관리컨설팅 대표공인노무사 2000년 강원지방노동위원회 심판담당 공익위원 2005~2014년 정진노무법인 대표공인노무사 2014년 노무법인 현율 회장(현) 상근정포장(1988)

김남철(金南喆) Namchul Kim

생1957·1·1 본경주(慶州) 출전북 정읍 주서울 종로구 새문안로75 (주)대우건설 MENA지원본부(02-2288-3114) 학1976년 서울 경성고졸 1984년 고려대 영어영문학과졸 2013년 중부대 원격대학원 교육행정경영학과졸 경2007~2013년 (주)대우건설 해외영업담당 상무 2012년 국토해양부·해외건설협회 신시장개척사업 심의위원 2013년 외교부 '아프리카의 친구들' 전문위원(현) 2013년 (주)대우건설 외주구매실장(전무) 2014년 同알제리본부장(전무) 2015년 同MENA지원본부장(전무)(현) 종기독교

김남철(金湳喆)

생1971·4·4 출전북 부안 주경기 과천시 관문로47 미래창조과학부 대변인실(02-2110-2050) 학1989년 전주 동암고졸 1994년 경희대 행정학과졸 1999년 서울대 환경대학원 도시 및 지역계획학과졸 2013년 영국 셰필드대 대학원졸(Town Planing 석사) 경2002년 행정고시 합격(45회) 2003년 정보통신부 정보화기획실 정보이용보호과 사무관 2004년 同정보화기획실 정보보호정책과 사무관 2004년 同정보통신정책본부 산업기술팀 사무관 2007년 同정보통신정책본부 정책총괄과 사무관 2008년 방송통신위원회 이경자 상임위원 비서관 2010년 同통신정책국 통신경쟁정책과 서기관 2013년 미래창조과학부 방송통신융합실 융합정책관실 정책총괄과 서기관 2013년 同정보통신융합정책관실 정책총괄과 서기관 2014년 同대변인실 공보팀장(현) 상국무총리표창(2010)

김남학(金南鶴) KIM Nam Hak

생1947·4·1 본김해(金海) 출강원 명주 주서울 성북구 화랑로32길76 한화제약(주) 비서실(02-940-0203) 학1965년 원주고졸 1969년 고려대 독어독문학과졸 경1971~1976년 대화무역 대표 1976~1995년 양지약품 사장 1982~2008년 한화제약 사장 1987~2008년 양지화학 사장 1989~2000년 대한보디빌딩협회 회장 1991~2008년 양지기획 사장 1991~2001년 아시아보디빌딩연맹 회장 1994~2008년 블란서현지법인 YANIKEM s.a 회장 1996년 전남대 약학대학 객원교수(현) 1997년 강원대 약학대학 미래글로벌발전위원회 위원(현) 1997~2002년 대한체육회 감사 겸 KOC 위원 2002년 아시아보디빌딩연맹 명예회장(현) 2002년 세계보디빌딩협회 고문(현) 2002~2008년 (주)네츄럴라이프 사장 2003년 (주)네츄럴라이프아시아 회장(현) 2007년 웨이더아시아(주) 회장(현) 2009년 한화제약 대표이사 회장(현) 2009년 양지화학 회장(현) 2009년 (주)네츄럴라이프 대표이사 회장(현) 2009년 대한보디빌딩협회 회장(현) 상네덜란드 오가논 금상(1991), 체육훈장 기린장(1991), 체육훈장 청룡장(1998) 종천주교

김남현(金男炫)

생1964·5·15 주서울 종로구 사직로8길60 외교부 인사운영팀(02-2100-7139) 학1982년 광주 금호고졸 1986년 경찰대학졸(2기) 2006년 법학박사(연세대) 경1986년 경위 임관, 서울 종로경찰서 605전경대 소대장, 인천 부평경찰서 보안계장 1991년 경감 승진 1994년 인천 부평경찰서 형사계장, 인천 동부경찰서 교통과장 1999년 울산 남부경찰서 수사과장(경정) 2007년 국립경찰대학 경찰학과 교수·경찰학과장(총경) 2008년 전남 강진경찰서장 2009년 경찰청 외사국 외사기획주재관, 駐벤쿠버총영사관 영사 2012년 서울지방경찰청 경무부 경무과 치안지도관 2013년 서울 광진경찰서장(총경) 2014년 광주지방경찰청 제1부장(경무관) 2015년 駐중국 참사관(현)

김남훈(金南薰) KIM Nam Hoon

생1944·7·20 출강릉(江陵) 출충북 제천 주서울 동대문구 약령동길132 3층 한국의약신문 임원실(02-959-1031) 학1960년 한양공고졸 1966년 한양대 신문방송학과 중퇴 경1969년 대한일보 사회부 기자 1972년 경우신보 기자 1976년 한의약정보 취재부장 1982년 同편집국장 1989년 (사)대한한방병원협회 사무총장 1989년 한국의약신문 대표이사(발행인·편집인 겸임)(현) 1989년 한국전문신문협회 감사 1991년 同이사 1995년 同부회장 1995년 간행물윤리위원회 윤리위원 1996년 한국광고심의위원회 위원 1998년 한국의약품수출입협회 수급조절위원 2004년 (사)국민생활체육협의회 이사 2011~2013년 2013산청세계전통의약엑스포조직위원회 위원 상공보처장관표창(1992), 보건복지부장관표창(1997), 국무총리표창(2001), 국가보훈처장표창(2001), 대통령문화훈장(2005), 대통령표창(2006) 전'암류방치연구1·2'(1984·1992) 종불교

김남훈(金南勳) KIM Nam Hun

⽣1959·6·3 ⽥강릉(江陵) ⽥강원 홍천 ⽥강원 춘천시 강원대학길1 강원대학교 산림환경과학대학 산림바이오소재공학과(033-250-8327) ⽥1977년 육민관고졸 1981년 강원대 임산학과졸 1986년 同대학원 임산학과졸 1990년 임산학박사(일본 동경대) ⽥1990~2001년 강원대 임산공학과 전임강사·조교수·부교수·교수 1993년 프랑스국립과학연구소(CNRS) 연구교수 1994년 일본 농림수산성 삼림종합연구소 연구교수 1997년 강원대 임산공학과장 2001년 同산림환경과학대학 산림바이오소재공학과 교수(현) 2009~2011년 同산림과학연구소장 2011~2013년 同산림환경과학대학장 겸 학술림장 2011~2013년 同학교기업 에코포리스트기업장 2012년 강원농업마이스터대학 학장(현) ⽥한국목재공학회 학술상(1994), 일본목재학회 장려상(1992), 일본셀룰로오스학회 학술상(2007), 한국목재공학회 학술대상(2010) ⽥'임산학개론'(1997) '신고목재물리학'(2010)

김남훈(金南勳) Kim Nam Hoon

⽣1961·2·10 ⽥경기 과천시 관문로47 경인지방통계청 청장실(02-2110-7601) ⽥1979년 강릉고졸 1983년 관동대 수학교육학과졸 2005년 고려대 대학원 정책학과 수료 ⽥1997~2005년 강원통계사무소장·통계청 사회통계국 인구조사과 근무 2005~2008년 통계청 기획조정관실 창의혁신담당관·사회통계국 농어촌통계과장 2008~2013년 통계개발원 사회통계실장·통계청 조사관리국 조사기획과장 2013년 통계청 기획조정관실 기획재정담당관 2015년 경인지방통계청장(현)

김남희(金南姬·女) Kim Nam Hui

⽣1962·11·23 ⽥부산 연제구 중앙대로1001 부산광역시의회(051-888-8231) ⽥한국방송통신대 교육학과졸 ⽥보건복지부 장애인정책조정실무위원(현), 부산시 장애인복지위원, 同아동여성보호위원, 방송통신위원회 부산시청자미디어센터 운영위원, (사)부산지체장애인단체협의회 부회장, (사)부산장애인총연합회 이사 2010~2014년 부산시 금정구의회 의원(비례대표, 한나라당·새누리당) 2014년 부산시의회 의원(비례대표, 새누리당)(현) 2014년 同보사환경위원회 위원 2014년 同윤리특별위원회 위원(현) 2015년 同복지환경위원회 위원(현)

김낭기(金琅基)

⽣1957 ⽥강원 원주 ⽥서울 중구 세종대로124 한국언론진흥재단 미디어본부(02-2001-7703) ⽥제물포고졸, 서울대 정치학과졸, 同대학원 정치학 석사 ⽥1984년 조선일보 입사·사회부·정치부·주간조선부 기자 2000년 同사회부 차장대우 2002년 同사회부 차장 2004년 同인천취재팀장 2006년 同인천취재본부장 2010년 同논설위원 2015년 조선비즈 옴부즈맨실장 겸 전문위원 2016년 한국언론진흥재단 미디어본부장(상임이사)(현)

김노식(金魯植) KIM Noh Shik

⽣1945·5·10 ⽥광산(光山) ⽥경북 안동 ⽥서울 강남구 봉은사로625 경휘빌딩602호 (주)삼승음료 회장실(02-3446-7853) ⽥1963년 안동 경안고졸 1969년 경기대 경영학과졸, 同대학원졸 1970년 연세대 경영대학원졸, 고려대 노동대학원 수료 ⽥1968년 한국대학생회장단연합회 회장 1981년 제11대 국회의원(전국구, 민주한국당) 1986년 민주화추진협의회 상임운영위원 1987년 민주당 창당발기인 1988~2003년 (주)설악음료 사장 1988년 한국샘물협회 회장 1990년 민주당 정무위원 겸 서울강동甲지구당 위원장 1998~2008년 백룡음료(주) 대표이사, 한나라당 국책자문위원 2008~2009년 친박연대 최고위원 2008~2009년 제18대 국회의원(비례대표, 친박연대) 2012년 (주)삼승음료 회장(현) ⽥'80년대의 한국의 당면과제' ⽥불교

김능구(金能求) KIM Neung Gou

⽣1961·7·18 ⽥안동(安東) ⽥대구 ⽥서울 영등포구 여의나루로71 동화빌딩1607호 폴리뉴스 대표실(02-780-4392) ⽥1980년 부산상고졸 1989년 서울대 서양사학과졸 2008년 서강대 언론대학원졸(언론학석사) ⽥1986~1987년 한국기독노동자 인천지역연맹 홍보부장 1987년 호헌철폐국민운동본부 인천본부 집행위원 1991~2005년 (주)e인컴 대표이사 2000년 폴리뉴스 대표(현) 2002~2006년 한국인터넷신문협회 부회장 2009년 폴리피플 발행인(현) 2012년 동국대 언론정보대학원 겸임교수(현) 2012년 KBS 대선방송자문위원 ⽥'선거실전론'(1994)

김능진(金能鎭) Kim, Nung-Jin

⽣1949·11·25 ⽥안동(安東) ⽥경북 ⽥대전 유성구 대학로99 충남대학교 경상대학 경영학부(042-821-5537) ⽥1967년 경북고졸 1972년 연세대 화학공학과졸 1974년 서울대 경영대학원졸 1986년 경영학박사(서울대) ⽥1974~1979년 영남이공대 공업경영과 조교수 1979~2015년 충남대 경상대학 경영학부 교수 1982년 미국 Wisconsin대 연구원 1983년 서울대 강사 1983년 충남대 경상대학 교무과장 1985~1987년 同경영학과장 1989년 同교무처 부처장 1991년 同경영대학원 교학과장 1997~1999년 同경상대학장 겸 경영대학원장 1999~2000년 일본 나고야대 국제경제동태연구센터 객원연구원 2003년 광복회 회원(현) 2003~2004년 충남대 평생교육원장 2004~2005년 同기획정보처장 2004~2006년 조달청 혁신자문위원 2006~2007년 대전지검 구속심사위원 2010~2011년 충남대신협 이사장 2011~2014년 독립기념관장 2015년 충남대 경상대학 경영학부 명예교수(현) ⽥홍조근정훈장(2015) ⽥'공정관리(共)'(1980) '생산관리(共)'(1991) '기술혁신경영'(2009) ⽥기독교

김능환(金能煥) KIM Neung Hwan

⽣1951·10·23 ⽥충북 진천 ⽥서울 강남구 테헤란로518 섬유센터12층 법무법인 율촌(02-528-5910) ⽥1970년 경기고졸 1975년 서울대 법대졸 ⽥1975년 사법시험 합격(17회) 1977년 사법연수원 수료(7기) 1977년 육군 법무관 1980년 전주지법 판사 1983년 同군산지원 판사 1985년 인천지법 판사 1988년 서울고법 판사 1990년 법원행정처 송무심의관 1992년 청주지법 충주지원장 1994년 수원지법 부장판사 1996년 서울가정법원 부장판사 1997년 서울지법 부장판사 1998년 수원지법 성남지원장 1999년 부산고법 부장판사 2000년 서울고법 부장판사 2002년 대법원 선임재판연구관 2003년 同수석재판연구관 2004년 서울고법 부장판사 2005년 울산지법원장 2006~2012년 대법원 대법관 2011~2013년 중앙선거관리위원회 위원장 2013년 법무법인 율촌 고문변호사(현) ⽥'민사소송법(共)' '주석민사집행법(共)' '법원실무제요 강제집행(上·下)(共)' '재판상화해에 대한 준재심과 특정승계인'(2002) '미등기건물을 대지와 함께 양도한 경우에 있어서의 관습상 법정지상권의 성립여부'(2005)

김다은(金多恩·女) KIM Dae Un

⽣1962·12·23 ⽥경남 진주 ⽥서울 서대문구 북아현로11가길7 추계예술대학교 문학영상대학 문예창작과(02-393-2701) ⽥1980년 예일여고졸 1984년 이화여대 불어교육과졸 1989년 同대학원졸 1994년 불어불문학박사(프랑스 파리제8대) ⽥1990년 「국제신문」 프랑스통신원 1998년 기호학연구소 연구위원·Home Pictor 편집위원 2000년 프랑스문화예술학회 이사 2000년 한국학술진흥재단 대학교육용 컨텐츠개발 연구위원 2003년 중앙일보 월간 NEXT 편집위원 2005년 방송위원회 심의위원 2006년 독서신문 편집위원, 추계예술대 문학·영상대학 문예창작과 교수(현) 2010년 同문학부장 2011년 同대학원장 2013년 同문학영상대학장 ⽥국민일보 국민문학상(1996) ⽥소설 '당신을 닮은 나라'(1995) '푸른 노트 속의 여자'(1996) '러브버그'(1999) '모반의 연애편지'(2010, 생각의나무) 소설집 '사인사색-초대받지 못한 그림들'(1999) '위험한 상상'(2000) 에세이 '껍질 벗긴 소'(2002) '공포'(2005) 장편소설 '이상한 연애편지'(2006) '훈민정음의 비밀'(2008) 문화칼럼집 '발칙한 신조어'(2006) 서간집 '작가들의 연애편지'(2006) '작가들의 우정편지'(2007) '훈민정음의 비밀'(2007) '작가들의 여행편지'(2009) '모반의 여행편지'(2010) '쥐식인 블루스'(2012) '금지된 정원'(2013) ⽥'다른 곳(共)'(1997) '에쁘롱(共)'(1998) '모데르니테 모데르니테'(1999) '프랑스 시의 이해'(2000) '슬픔이 춤춘다'(2011) 'Seoul compact'(2011) ⽥'세상에 존재하지 않는 것'(1998) 불어소설 'Imagination dangereuse'(2001) '쥐식인의 외출'(2004) '마담'(2005) 'Madame'(2005) '쥐식인'(2010) '내 이름은 프리사이즈'(2013) ⽥기독교

김달수(金達洙) KIM Dal Soo

⽣1960·1·2 ⽥울산(蔚山) ⽥경기 수원 ⽥경기 성남시 중원구 양현로405번길12 (주)티엘아이(031-784-6900) ⽥1978년 경복고졸 1983년 서울대 전자공학과졸 1985년 同대학원 전자공학과졸 ⽥1985~1989년 금성반도체 입사·공정설계책임자 1986년 同256K SRAM·1M DRAM·High Voltage CMOS 공정설계책임자 1987~1989년 同4M DRAM·16M DRAM소자 공정설계책임자 1990년 同1M DRAM 제품개발책임자 1990~1993년 LG반도체-일본히타치社 4M DRAM 공동개발책임자 1993~1997년 LG반도체 64M DRAM·64M SDRAM 설계실장 1997~1998년 트루로직(주) 대표이사 1997년 한국반도체학술대회 Memory분과위원 1997년 (주)티엘아이 대표이사(현) 2007년 한국반도체산업협회 이사 2013년 (주)원팩 각자대표이사

2014~2016년 同대표이사 [상]언스트앤영 최우수기업가상 라이징스타부문(2009), 올해의 자랑스러운 한국인 대상 IT부문(2010)

김달수(金達洙) KIM Dal Su

[생]1967·8·24 [출]충북 충주 [주]경기 수원시 팔달구 효원로1 경기도의회(031-8008-7000) [학]충주고졸, 청주대 법학과졸, 경희대 NGO대학원 석사과정 수료 [경]1996~1999년 월간 '함께 사는 길' 취재부 기자 2000년 ASEM 2000 국제민간포럼 미디어·홍보팀장, 총선시민연대 조직3국장 2000~2002년 중앙환경분쟁조정위원회 홍보위원, 고양국제어린이영화제 집행위원, 경희대 NGO대학원학생회 회장, 환경운동연합 기획조정팀장, 고양시학교운영위원협의회 회장, 고양시학교운동연합 정책위원장, 고양유소년축구연합 이사, 고양환경운동연합 정책위원장, 초록정치연대의원단 간사 2002~2006년 경기 고양시의회 의원 2006년 경기 고양시의원선거 출마, 환경운동연합 전략홍보팀장 2007년 희망제작소 지혜센터 총괄팀장 2008~2009년 同뿌리센터장 2010년 同객원연구위원 2010년 경기도의회 의원(민주당·민주통합당·민주당·새정치민주연합) 2010년 同문화체육관광위원회 위원, 同예산결산특별위원회 위원 2011년 경희대 후마니타스칼리지 외래강사 2013~2014년 한살림고양파주생활협동조합 감사 2014년 경기도의회 의원(새정치민주연합·더불어민주당)(현) 2014년 同안전행정위원회 위원 2015년 同수도권상생협력특별위원회 위원(현) 2016년 同문화체육관광위원회 위원(현) 2016년 同선감학원진상조사및지원대책마련특별위원회 위원장(현) 2016년 同제4연정위원장(현) [종]가톨릭

김달웅(金達雄) KIM Dal Ung

[생]1943·2·10 [출]대구 [주]대구 북구 대학로80 경북대학교(053-950-5114) [학]1964년 경북대 농학과졸 1969년 同대학원 농학과졸 1970년 미국 Oregon State Univ. 대학원 작물학과졸 1973년 농학박사(미국 Oregon State Univ.) [경]1964~1966년 ROTC 육군 소위 1976~2008년 경북대 농업생명과학대 응용생명과학부 교수 1995~1996년 同기획연구실장 1996~1997년 同교수협의회 의장 1997~2002년 교육인적자원부 대학종합평가위원회 위원 1998년 한국분자세포생물학회 부회장·이사 2002~2004년 KBS 대구방송총국 시청자위원장 2002~2003년 대학교육협의회 평가기획위원장 2002~2003년 同대학평가인정위원회 부위원장 2002~2006년 경북대 총장 2003년 대통령자문 국가균형발전위원회 위원 2003년 민주평통 자문위원 2008년 경북대 명예교수(현) 2015~2016년 한국마사회 농어촌희망재단 이사장 2015년 문화체육관광부 지역문화협력위원회 위원(현) [상]청조근정훈장(2008) [종]천주교

김달원(金達源) Kim, Dalwon

[생]1970·10·2 [주]세종특별자치시 다솜로261 국무조정실 공직복무관리관실 기획총괄과(044-200-2472) [학]1996년 고려대 행정학과졸 2011년 미국 콜로라도주립대 정책대학원졸 [경]1997년 행정고시 합격(41회) 1998년 국무조정실 총괄조정관실 국회과 사무관 2001년 同경제조정관실 기후변화에너지과 사무관 2004년 同규제개혁조정관실 규제총괄과 사무관 2004년 同사회문화조정관실 사회총괄과 서기관 2006년 同기획관리조정관실 정책3팀장 2007년 同기획관리조정관실 정책관리과장 2008년 국무총리실 규제개혁실 사회규제심사2과장 2009년 同정책분석평가실 평가정보과장 2011년 同국정운영2실 녹색성장정책과장 2013년 유럽연합 집행위원회 기후변화총국 파견(과장급) 2016년 국무조정실 공직복무관리관실 기획총괄과장(현) [상]대통령표창

김 담(金 潭) KIM Tom

[생]1965·4·7 [출]서울 [주]서울 영등포구 영중로15 타임스퀘어 (주)경방 비서실(02-2638-6045) [학]1984년 경신고졸 1989년 인하대 경영학과졸 [경](주)KEIBO JAPAN 차장 1999년 (주)경방유통 식품부장 겸 이사 2000년 (주)경방 이사 겸 관리본부장(상무) 2003년 同관리본부장(전무) 겸 경방유통 부회장 2005~2007년 (주)우리홈쇼핑 부회장 2007년 (주)경방 부사장 2009년 同대표이사 부사장 2010년 (주)JEDI 대표이사(현) 2016 (주)경방 대표이사 사장(현)

김대경(金大敬) KIM Dae Kyong

[생]1955·4·24 [본]김해(金海) [출]강원 삼척 [주]서울 동작구 흑석로84 중앙대학교 약학대학 약학부(02-820-5610) [학]1974년 강릉고졸 1983년 서울대 제약학과졸 1986년 同대학원 약학과졸 1990년 생명약학박사(일본 도쿄대) [경]1990년 한국과학기술원 유전공학센터 객원연구원 1990~1991년 포항공대 생명과학과 전임강사 1991~1994년 미국 Harvard Medical School·MGH-East Renal Unit Research Fellow 1992~1994년 America Heart Association Principal Investigater/Paul Dudley Fellow 1994년 중앙대 약학대학 조교수·부교수·교수(현) 1998~1999년 同약대 약학부장 1996~1998년 대한약학회 편집간사 1999~2000년 同학술간사 2001년 同학술위원장 2001년 지식경제부 차세대신기술개발사업단장 2001년 한국인간프로테옴기구 창립준비위원 및 기획위원 2003~2004년 同사무총장 2003~2004년 同감사 2003년 한국식품안전성학회 편집위원장·이사 2005년 대한약학회 이사 2005년 의약품광고심의위원회 위원 2006~2009년 중앙대 분자조절신약개발연구소장 2007년 식품의약품안전청 자체평가위원회 위원 2008년 국가과학기술위원회 운영위원·사회기반기술전문위원회 위원장 2008년 서울시 신기술연구개발지원사업선정 평가위원 2008~2010년 식품의약품안전연구정책심의위원회 위원 2008~2010년 지식경제부 바이오스타 책임평가위원 2009~2010년 (사)한국식품위생안전성학회 부회장 2009~2010년 (사)대한약학회 부회장 2009~2011년 중앙대 약학대학장·의약식품대학원장 겸임 2009년 한국약학대학협의회 회장 2010~2012년 (사)한국약학교육협의회 이사장 2011년 국가과학기술위원회 생명·복지전문위원회 위원 2012년 한국산업기술평가관리원 비상임이사 2013~2014년 국가과학기술심의회 운영위원 겸 생명·복지전문위원장 2013년 한국식품위생안전성학회 수석부회장 2015년 同회장(현) [상]미국 심장협회 Paul Dudley White상(1992), 헤럴드경제 선정 ECONOMY KOREA상-미래성장동력산업 우수사업단부문(2008), 뉴스피플지 선정 대한민국혁신경영인대상-단백질의약품부문(2008), 중앙대 연구상(2010), 한국신약개발연구조합 신약개발유공자표창(2011), 의학신문 의약평론가상(2011), 경찰청장 감사장(2011), 제50회 동암 약의상 약학부문(2013) [저]'혈소판 세포질 Phospholipase A2에 관한 연구' [종]가톨릭

김대곤(金大坤) KIM Dae Gon

[생]1948·9·23 [출]전북 전주 [주]전북 전주시 덕진구 백제대로566 전북은행빌딩 JB금융지주 임원실(063-250-7965) [학]1967년 전주고졸 1977년 성균관대 법학과졸 [경]1976년 동아일보 기자 1987년 同출판국 신동아부 차장 1993년 同출판국 신동아부장 1995년 同출판국 편집위원 1996년 同출판부장 1997년 同뉴스플러스부장 1998년 同심의위원 1999년 同80년사편찬위원회 간사(부장) 1999년 대통령 국내언론1비서관 2001년 대통령 보도지원비서관 2002년 월드컵문화시민운동중앙협의회 사무총장 2002년 전북도 정무부지사 2003년 전북경제사회발전연구원 원장 2003년 국무총리 비서실장 2004년 서울심포니오케스트라 이사장 2005년 (재)동학농민혁명기념재단 상임이사 2006~2010년 同이사 2008~2011년 우석대 초빙교수 2011~2013년 원광대 대외협력부총장 2013~2016년 문화체육관광부 특수법인 동학농민혁명기념재단 이사장 2016년 JB금융지주 사외이사(현) [저]'10·26과 김재규' [역]'돈이냐 종이냐'

김대관(金大觀) KIM Dae Kwan

[생]1964·10·25 [출]경북 경주 [주]서울 동대문구 경희대로26 경희대학교 호텔관광대학 컨벤션경영학과(02-961-0859) [학]1991년 서울대 산림자원학과졸 1993년 同대학원졸 1999년 국제관광학박사(미국 미시간주립대) [경]1994~1999년 미국 Michigan State Univ. 조교 및 강사 1994~1995년 세계관광협의회 연구원 1999년 同준회원 1999~2002년 한국관광연구원 책임연구원 2001년 세계관광협의회 특별전문위원회 위원 2001년 Annals of Tourism Research(SSCI저널) 심사위원 2002년 한국관광학회 이사 2002년 순천향대 전임강사 2002년 세계관광기구(WTO) 관광경제전문가 2003년 경희대 호텔관광대학 컨벤션경영학과 조교수·부교수·교수(현) 2006년 문화관광부 관광산업본부 관광레저도시추진기획단장 2008년 문화체육관광부 관광레저도시기획관 2013~2014년 한국문화재보호재단 비상임이사 2014년 한국문화재재단 비상임이사(현) 2016년 경희대 호텔관광대학장 겸 관광대학원장(현) [상]문화관광부장관표창(2000), 국무총리표창(2002) [저]'지속가능한 관광'(2001, 일신사) '내가 가는 여행 내가 디자인한다'(2001, 미래M&B)

김대근(金大根) KIM Dae Gun

[생]1950·5·8 [출]대구 [주]서울 송파구 올림픽로319 서울특별시교통연수원 원장실(02-419-9383) [학]1975년 육군사관학교졸 2005년 국방대학원 안보과정 수료 [경]1981년 서울시 공무원 임용(사무관) 1991년 同자동차관리사업소 관리과장 1994년 同용산구 도시정비국장(서기관) 1995~1998년 同청소년과장·의회사무처 의정담당관 1998년 同교통관리실 운수물류과장 1999년 同관악구 건설교통국장·행정관리국장 2002년 同재산관리과장 2002년 同중랑구 부구청장(부이사관) 2002년 同도봉구 부구청장 2006년 同재무국장(이사관) 2006년 同공무원교육원장 2007~2008년 同인재개발원장 2008년 서울시농수산물공사 경영본부장, 同관리본부장 2011년 서울시교통연수원 원장(현)

김대근(金大根) KIM DAE GEUN

[생]1959 [주]서울 서초구 강남대로27 aT센터1302호 (재)한식재단(02-6300-2084) [학]1977년 대구고졸 1981년 육군사관학교졸(37기) 1995년 미국 오레곤대 대학원 경제학과졸 [경]1988~2002년 농림부 국제협력국 통상협력과·축산국 축산정책과 근무 2003~2008년 농림수산식품부 규제개혁법무담당관·OECD 한국대표부 농무참사관 2009~2011년 농림수산식품부 정책평가담당관·국무총리실 농림수산정책과장 2011년 농림축산검역본부 영남지역본부장(고위공무원) 2012~2013년 국무총리실 새만금정책기획관 2013~2014년 농식품공무원교육원 원장 2014년 국립농산물품질관리원 원장 2015년 농림축산식품부 농업·농촌가뭄대응종합대책T/F 근무(고위공무원) 2016년 (재)한식재단 사무총장(현)

김대기(金大起) KIM Dae Kee

[생]1956·9·20 [본]김해(金海) [출]부산 [주]서울 서대문구 이화여대길52 이화여자대학교 약학과 약학관A동209호(02-3277-3025) [학]1973년 동아고졸 1977년 서울대 약학과졸 1982년 同대학원 약품화학과졸 1987년 약학박사(미국 뉴욕주립대 버펄로교) [경]1986년 미국 ICN-핵산연구소 연구원 1987년 한국화학연구소 선임연구원 1989년 선경인더스트리 생명과학연구개발실 책임연구원 1997년 同이사대우 1998년 SK케미칼 중앙연구소 생명과학연구개발실장(이사대우) 1998년 同중앙연구소 생명과학연구개발실장(상무보) 1999년 SK옥시케미칼 중앙연구소 생명과학연구실장(상무대우) 1999년 국내신약1호 위암 항암제 선플라 개발 2000~2001년 SK옥시케미칼 중앙연구소장(상무이사) 2000~2005년 인투젠 대표이사 2002년 이화여대 약학과 교수(현) [상]특허기술상(1995), 대한화학회 기술진보상(1995), 특허청 선정 신지식 특허인(1999)

김대기(金大棋) KIM Dae Ki

[생]1956·11·16 [본]경주(慶州) [출]서울 [주]세종특별자치시 남세종로254 한국개발연구원(KDI) 국제정책대학원(044-550-1114) [학]경기고졸, 서울대 경제학과졸, 同행정대학원졸, 미국 펜실베이니아대 와튼스쿨 대학원 경영학과졸(MBA) [경]1978년 행정고시 합격(22회) 1999년 세계은행 근무 2002년 기획예산처 국방예산과장·정부개혁기획팀장 2003년 대통령비서실 근무 2004년 기획예산처 사회예산심의관 2005년 同예산총괄심의관 2005년 同재정운용기획관 2006년 대통령 경제정책비서관 2007년 기획예산처 예산실장 2008년 통계청장 2009~2010년 문화체육관광부 제2차관 2010년 서울대 행정대학원 초빙교수 2011~2013년 대통령 경제수석비서관 2012~2013년 대통령 정책실장 겸임 2014년 한국개발연구원(KDI) 국제정책대학원 초빙교수(현) 2015년 두산인프라코어(주) 사외이사(현) 2015년 SK이노베이션(주) 사외이사 겸 감사위원(현) [저]'덫에 걸린 한국경제'(2013, 김영사)

김대기(金大基) KIM, DAEKI

[생]1963·12·10 [주]서울 성북구 안암로145 고려대학교 경영대학 경영학과(02-3290-1955) [학]1987년 고려대 건축공학과졸 1989년 미국 캔자스대 대학원 도시계획학과졸 1994년 미국 매사추세츠공과대 대학원 교통공학과졸 1997년 물류시스템공학박사(미국 매사추세츠공과대) [경]1989~1992년 교통개발연구원 교통계획담당 연구원 1996~1998년 IBM T.J. Watson 연구소 Post-Doc. 1998~2000년 i2 Technologies Inc. Senior Solutions Consultant 2001년 고려대 경영대학 경영학과 조교수·부교수·교수(현) 2003~2004년 同기업경영연구원 e-로지스틱스연구센터 소장 2004년 同기업경영연구원 서비스·로지스틱스연구센터 부소장 2004~2005년 미국 매사추세츠공과대(MIT) Center for Transportation and Logistics 방문교수 2006년 대한상공회의소 유통물류진흥원 자문위원 2009~2011년 서울 성북구 교통영향분석·개선대책위원회 위원 2012년 현대글로비스(주) 사외이사(현) 2013~2014년 고려대 경영대학 부학장 2014년 한국상품학회 회장(현) [상]한국로지스틱스대상 물류연구학술상(2008) [저]'오퍼레이션스 경영-생산, 서비스, SCM(共)'(2002, 홍문사)

김대기(金大起) KIM, Dae-Ki

[생]1968·3·5 [본]강릉(江陵) [출]서울 상도동 [주]경기 과천시 관문로47 미래창조과학부 연구개발정책실 거대공공연구정책과(02-2110-2430) [학]1986년 서울 영일고졸 1992년 한양대 전기공학과졸 2001년 영국 버밍엄대 대학원 전력전자과졸 [경]1992년 기술고시 합격(28회) 1993~1999년 과학기술부 기계전자조정관실·연구관리과·기술협력1과 사무관 1999~2001년 영국 버밍엄대 유학 2002년 과학기술부 종합조정과 기술서기관 2004~2006년 한국원자력연구원 책임연구원 2006년 과학기술부 과학기술진흥과 기술서기관 2006년 소방방재청 과학방재팀장 2007년 과학기술부 동북아협력과장 2008년 교육과학기술부 원자력국 원자력협력과장 2009년 국제원자력기구(IAEA) 파견(서기관) 2013년 미래창조과학부 미래선도연구실 우주원자력협력과장 2013년 同연구개발정책실 우주원자력협력과장 2015년 同연구개발정책실 거대공공연구정책과장(부이사관)(현) [상]과학기술부장관표창(2002), 근정포장(2014) [종]기독교

김대년(金大年)

[생]1959·6·21 [출]경기 파주 [주]경기 과천시 홍촌말로 44 중앙선거관리위원회 사무차장실(02-503-0523) [학]동국대 행정대학원 안보북한학과졸 [경]1979년 공직 입문(9급) 2005~2009년 중앙선거관리위원회 홍보담당관·정당과장·정치자금과장 2010년 同공보담당관 2012년 선거연수원 원장 2013년 중앙선거관리위원회 기획관리실 관리국장 2014년 同기획관리실장 2014년 同사무차장(차관급)(현) 2015~2016년 중앙선거관리위원회 소속 국회의원 선거구획정위원회 위원장 [상]대통령표창(2001), 홍조근정훈장(2014)

김대래(金大來) KIM Dae Rae

[생]1956·1·13 [출]강원 강릉 [주]부산 사상구 백양대로 700번길140 신라대학교 국제통상학부(051-999-5286) [학]1975년 강릉고졸 1981년 부산대 경제학과졸 1984년 同대학원졸 1988년 경제학박사(부산대) [경]1989~1992년 부산매일신문 논설위원 1992년 부산여대 국제비지니스학부 통상경제학전공 전임강사·조교수 1992~1998년 부산매일신문 비상임논설위원 1994년 부산경제정의실천시민연합 집행위원·집행위원장 1998~2015년 신라대 상경대학 경제학과 부교수·교수 1998~1999년 영국 Univ. of Exeter 객원교수 2001년 부산시 도시혁신위원 2003년 국가균형발전위원회 전략산업분과 전문위원 2003년 시민사회연구원 이사 2003~2004년 국가균형발전위원회 전문위원 2007~2009년 신라대 상경대학장 2009~2011년 同부총장 2011년 同학부교육선진화사업단장 2015년 同국제통상학부 교수(현) 2016년 경제정의실천시민연합 공동대표(현) [저]'시사경제'(2003) '동북아 경제공동체의 미래'(2004) '경제사상사'(2004) 등

김대모(金大模) KIM Dae Mo

[생]1943·3·10 [본]진주(晉州) [출]평남 평양 [주]서울 동작구 흑석로84 중앙대학교 경제학부(02-820-5487) [학]1961년 서울고졸 1966년 서울대 공대 화학공학과졸 1970년 同대학원 경제학과졸 1977년 경제학박사(미국 Rice Univ.) [경]1976~1993년 중앙대 경제학과 대우교수·조교수·부교수 1992년 최저임금심의위원회 공익위원 1993~1996년 한국노동연구원 원장 1996~2008년 중앙대 정경대학 경제학과 교수 2000~2001년 同정경대학장 겸 신문방송대학원장 2002년 대통령직속 규제개혁위원회 위원 2008년 중앙대 명예교수(현) 2008~2010년 경제사회발전노사정위원회 위원장(장관급) 2009년 경제위기극복을위한노사민정(勞使民政)비상대책회의 공동대표 [상]국민훈장 동백장(1998), 노사화합공로상 [저]'한국적 임금교섭방향의 모색' '경제사회발전에 따른 적정근로조건' '기업규모간 임금격차의 원인과 과제' '기업복지제도의 실태와 과제'

김대선(金大善) KIM Dae Sun

[생]1965·7·17 [출]서울 [주]서울 강남구 테헤란로134 인모비코리아 임원실(02-3453-7620) [학]서울대 신문학과졸, 미국 일리노이대 대학원 광고학과졸 [경]1990~1999년 제일기획 AE(Account Executive) 1999년 (주)새롬기술 마케팅총괄본부장 2002년 同부사장 2004년 (주)솔본 부사장, 디노커뮤니케이션즈(주) 상무 2005년 (주)오버추어코리아 영업본부장 2007년 야후코리아 한국비즈니스영업총괄본부장(전무) 2009~2011년 同한국비즈니스총괄 대표이사 사장 2009~2011년 (주)오버추어코리아 대표이사 사장 겸임 2013년 인모비코리아 대표(현)

김대섭(金大燮)

[생]1958·4·17 [출]경북 영양 [주]인천 중구 서해대로339 인천본부세관 세관장실(032-452-3000) [학]1976년 충주고졸 1984년 충남대 영어영문학과졸 [경]1987년 공직 임용(7급) 1988년 경제기획원 공정거래실 근무 1997년 재정경제원 예산실 행정사무관 1998년 관세청 기획관리관실 근무 2000년 同천안세관 통관지원과장 2005년 同정책홍보관리관실 서기관 2007년 同관세국경관리연수원 교수부장 2008년 同창원세관장 2011년 同운영지원과장(부이사관) 2011년 同인사관리담당관 2012년 同광주본부세관장(고위공무원) 2013년 同대구

본부세관장 2015년 중앙공무원연수원 교육파견 2016년 인천본부세관장(현) [상]홍조근정훈장(2014)

김대성(金大成) KIM Dae Sung

[생]1953·7·26 [출]대구 [주]서울 강남구 테헤란로306 카이트타워18층 한국자산신탁(주) 부회장실(02-2112-6300) [학]1972년 대구상고졸 1984년 건국대 경제학과졸, 서울대 공과대학 건설산업최고전략과정(ACPMP) 수료, 성균관대 경영전문대학원 최고경영자과정 수료 [경]1977년 성업공사 입사 1992년 同재산처분부 과장 1996년 同검사부 부부장 1999년 同자산처분부장 1999년 同출자관리부장 2000년 同기업매각부장 2000년 同자산유동화2부장 2001년 同창원지사장 2001년 同법규송무부장 2001년 同국유재산관리부장 2004년 同송무부장 2005년 同법규송무부장 2005년 한국자산관리공사 투자관리부·신용지원1~3부·신용관리부·한마음금융관리부·희망모아관리부·공동추심기구사무국 이사 2007년 同일반채권부·신용지원1~2부·신용관리부·한마음금융관리부·희망모아관리부 이사 2008년 한국자산신탁(주) 대표이사 2010년 同부회장 2011~2013년 대한토지신탁 대표이사 사장 2013년 한국금융투자협회 회원이사 2013년 한국자산신탁(주) 부회장(현) [상]재무부장관표창(1991), 부총리 겸 재정경제원장관표창(1997)

김대성(金大成) KIM Dae Seong

[생]1962·1·16 [출]대구 [주]경기 수원시 영통구 월드컵로 120 수원지방법원(031-210-1114) [학]1980년 대구 심인고졸 1985년 서울대 법학과졸 1987년 同대학원졸 1998년 미국 캘리포니아대 버클리교 대학원 법학과졸 [경]1987년 사법시험 합격(29회) 1990년 사법연수원 수료(19기) 1990년 변호사 개업 2000년 대구지법 판사 2001년 대구고법 판사 2003년 대구지법 판사 2004년 의정부지법 판사 2005년 대구지법 부장판사 2007년 수원지법 성남지원 부장판사 2009년 서울서부지법 부장판사 2011년 서울중앙지법 민사11부 부장판사 2014년 서울북부지법 부장판사 2016년 수원지법 부장판사(현)

김대성(金大成) KIM Dae Seong

[생]1963·8·16 [주]서울 서초구 사평대로84 (주)이수창업투자 비서실(02-3482-2010) [학]1982년 진주고졸 1986년 서울대 경영학과졸 [경]대우전자(주) 외환팀장, 한국선박운용(주) 이사, (주)이수 경영지원팀 상무, 이수화학(주) 재무본부장(상무) 2010년 同관리본부장(전무) 2013~2016년 이수앱지스(주) 대표이사 사장 2016년 (주)이수창업투자 대표이사(현)

김대순(金大淳) KIM Dae Soon

[생]1953·6·11 [출]경남 창녕 [주]서울 서대문구 연세로 50 연세대학교 법학전문대학원 광복관507호(02-2123-3013) [학]1975년 연세대 법대 법학과졸 1977년 同대학원졸 1984년 법학박사(연세대) [경]1983~1994년 전북대 법대 공법학과 전임강사·조교수·부교수 1986년 영국 런던정경대(LSE) 법학과 Research Fellow 1992년 영국 Univ. of Hull 법대 교환교수 1994년 연세대 법대 부교수 1995~2011년 同법대 국제법전공 교수, 사법시험·외무고시·행정고시·입법고시 시험위원 1998~2001년 국제법평론회 회장 1999년 대한국제법학회 부회장 1999~2001년 세계국제법협회 한국본부 부회장 1999~2003년 한국유럽학회 출판이사·총무이사·부회장 2000년 연세대 법무대학원 교학부장, 同법학연구소장 2003년 미국 워싱턴대 로스쿨 방문학자 2003년 캐나다 브리티시컬럼비아대 법대 방문학자 2004년 한국유럽학회 회장 2006년 대한국제법학회 회장 2006년 국제법평론회 편집위원 2006년 외교통상부 정책자문위원 2011년 연세대 법학전문대학원 국제법전공 교수(현) 2013년 SKC(주) 사외이사 [상]한국유럽학회 저작상(2000), 대한국제법학회 학술상(2004) [저]'판례중심 국제법'(共·編) '국제조약집'(共·編) '유럽공동체법' 'EU법론' '법학개론'(共) '국제경제법론' 'EU:정치, 경제, 법'(共) '국제법론 제13판'(2008) [역]'국제법과 독립국'(共)

김대순(金大淳) Kim Dae Soon

[생]1967·4·8 [출]경북 봉화 [주]세종특별자치시 도움6로 11 국토교통부 행복주택기획과(044-201-4521) [학]1985년 대구 경원고졸 1991년 한양대 건축공학과졸 1997년 同대학원 도시 및 지역계획학과졸 [경]1993년 기술고등고시 합격 2004년 김포시 건설교통국장 2008년 경기도 광교개발사업단 근무 2008년 황해경제자유구역청 투자1과장 2011년 경기도 상하수과장 2012년 同융복합재생과장 2013년 同융복합도시정책관 2013년 同팔당수질개선본부장(지방부이사관) 2014년 경기 광주시 부시장 2015년 교육 파견(지방부이사관) 2016년 경기도 도시주택실장 직대 2016년 국토교통부 행복주택기획과장(현)

김대식(金大植) KIM Dae Sik

[생]1955·1·11 [본]김해(金海) [출]경북 상주 [주]서울 성동구 왕십리로222 한양대학교 경영학부(02-2220-1056) [학]1972년 제물포고졸 1978년 서울대 경영학과졸 1981년 미국 펜실베니아대 와튼스쿨 대학원 경영학과졸 1987년 경영학박사(미국 펜실베이니아대 와튼스쿨) [경]1978~1979년 한국은행 근무 1987~1990년 미국 State Univ. of New York at Buffalo 경영대학 재무학과 교수 1990년 중국 대련이공대학 객원교수 1990년 한국금융연구원 연구위원 1991년 한양대 경영대학 경영학부 교수(현) 1998~2008년 (주)SK텔레콤 사외이사 2000년 예금보험공사 자문위원 2000년 금융발전심의회 위원 2002년 행정자치부 고시위원 2003년 노사정위원회 금융부문구조조정특별위원회 위원 2004년 한국금융연구원 자문위원 2004년 한국금융학회 부회장 2004년 조흥은행 사외이사 2005년 신한·조흥은행 통합추진위원회 위원 2006년 한국금융학회 감사 2007~2008년 공적자금관리위원회 민간위원 2009년 한국재무학회 회장 2010~2013년 보험연구원 원장 2011~2012년 한국금융학회 회장 2013년 만도 사외이사(현) 2014년 한국투자공사(KIC) 운영위원회 위원장(현)

김대식(金大植) Kim Dae-sik

[생]1960·6·24 [주]전남 무안군 삼향읍 오룡길1 전남도청 국제관계대사실(061-286-2406) [학]1984년 한국외국어대 독일어과졸 1990년 미국 윌리엄스대졸 [경]1983년 외무고시 합격(17회) 1985년 외무부 입부 1991년 駐베를린 영사 1994년 駐폴란드 1등서기관 1999년 대통령실 파견 2000년 駐독일 1등서기관 2002년 영국 국제전략문제연구소(IISS) 파견 2003년 국가안전보장회의 파견 2004년 외교통상부 구주2과장 2005년 駐영국 공사참사관 2009년 중앙공무원교육원 파견 2010년 외교통상부 유럽국 심의관 2011년 국무조정실 외교안보정책관 2013년 駐오만 대사 2016년 전남도 국제관계대사(현)

김대식(金大植) KIM DAI SIK (해운)

[생]1962·8·11 [본]김해(金海) [출]전남 영광 [주]부산 사상구 주례로47 동서대학교 일본어학과(051-320-1658) [학]1981년 경남고부설 방송통신고졸 1985년 동의대 일어일문학과졸 1988년 한남대 대학원졸 2000년 문학박사(일본 오타니대) [경]1995년 동서대 일본어학과 교수(현) 1997~1998년 同대학원 교수부장 1997~1999년 同외국어학부장 1999~2000년 부산동시통역협회 회장 1999~2001년 민주평통 자문위원 1999~2003년 제2의건국범국민추진위원회 부산시추진위원회 기획팀장 1999~2005년 부산동서포럼 대표 2001~2006년 동서대 학생복지취업처장 2002년 대한일어일문학회 회장 2005~2006년 한국일본학연합회 회장 2006~2007년 전국대학교학생처장협의회 회장(제32대) 2007년 제17대 대통령직인수위원회 사회교육문화분과위원회 인수위원 2008~2010년 민주평통 사무처장 2010년 6.2지방선거 전남도지사선거 출마(한나라당) 2011년 국민권익위원회 부위원장(차관급) 2011년 서울대 통일한반도인프라연구센터 자문위원 2012~2014년 한국농어촌공사 비상임이사 2013~2014년 국무조정실 재외동포정책위원 2014년 새누리당 인재영입위원 [상]대한일어일문학회 학술상(2005), 홍조근정훈장(2009), 황조근정훈장(2012), 대한민국성공대상(2013), 월드킴와 재외동포권익보호대상(2013) [저]시집 '깍굴가에서'(1990, 도서출판 금정) '일본현대시와 시인'(1991, 로고스문화사) '대학일본어'(1995, 영한문화사) 시집 '기꺼이 호흡할 수 있을 때까지'(1995, 도서출판 동인) '일본어교본(共)'(1997, 시사일본어사) '네트워크일본어'(1998, 시사일본어사) 시집 '나는 매일 아침을 기다린다'(2001, 도서출판 책사랑) '미디어일본어'(2001, 동양미디어) '아이티의 눈물'(2010, 중앙일보시사미디어) '연탄 한 장'(2011, 동양북스) '사람을 남기는 관계의 비밀'(2015, 북클라우드) [종]기독교

김대식(金大植) GHIM Dae Shig

[생]1963·1·8 [출]서울 [주]서울 관악구 관악로1 서울대학교 물리천문학부(02-880-8174) [학]1985년 서울대 물리학과졸 1986년 미국 캘리포니아대 버클리교 대학원 생물물리학과졸 1990년 생물물리학박사(미국 캘리포니아대 버클리교) [경]1987~1990년 미국 Univ. of California Berkeley 물리학과 연구조교 1991년 미국 오클라호마주립대 박사 후 연구원 1991~1993년 미국 AT&T 벨연구소 Post-Doc. Researcher 1993~1994년 미국 오클라호마주립대 선임연구원 1994~1998년 서울대 자연과학대 물리학과 조교수 1998~2004년 同자연과학대 물리학과 부교수 2005~2007년 同자연과학대 물리학과 교수 2006년 '2005국가석학 지원사업 대상자(물리학분야)' 선정 2007년 서울대 물리천문학부 물리학전공 교수(현) 2008~2015년 同파장한계광학연구센터장 2010년

미국광학회 석학회원(현) 2011년 미국물리학회(APS) 석학회원(현) 2016년 한국과학기술한림원 정회원(이학부·현) [상]롯데 펠로우(1997), Human Rights Award by The International Symposia on Genital(2000), 포경수술반대관련 국제인권상(2000), 한국과학기술한림원 제6회 젊은 과학자상(2002), 제5회 한국공학상(2003), 교육부 선정 물리학분야 '국가석학(Star Faculty)'(2006), 한국광학회 성도 광과학상(2009), American Physical Society Fellow(2011), 미래창조과학부 한국과학상(2013) [저]'다시보는 물리'(2002, 개신) '우멍거지 이야기'(2002, 이슈투데이) '공부논쟁(共)'(2014, 창비)

김대신(金大新) KIM Dae Sin

[생]1961·12·25 [본]경주(慶州) [주]서울 서초구 마방로68 동원건설산업(주) 임원실(02-589-4955) [학]경기상고졸, 인하대 회계학과졸, 광운대 건설법무대학원졸 [경]1999년 동원시스템즈(주) 경영지원실장(상무보) 2006년 (주)동원데어리푸드 경영지원실장(상무) 2008년 (주)동원엔터프라이즈 재경실장(상무) 2009년 동원시스템즈(주) 건설본부장 겸 경영지원실장(전무) 2013년 동원건설산업(주) 본부장(전무)(현)

김대업(金大業) KIM Dae Up

[생]1964·6·17 [출]부산 [주]경기 수원시 장안구 서부로2066 성균관대학교 약학대학(031-290-7720) [학]1983년 브니엘고졸 1994년 성균관대 제약학과졸 2005년 同대학원 사회약학과졸 2012년 사회약학박사(성균관대) [경]부천 대화약국 대표약사(현) 2007년 (재)약학정보원 원장 2007년 보건복지부 약제급여조정협의회 위원 2008년 약국청구소프트웨어대표자협의회 회장 2010~2013년 대한약사회 부회장 2012년 성균관대 약학대학 겸임교수(현) 2013년 同약학대학 의약정보센터장

김대연(金大淵) KIM Dae Yeon

[생]1967·6·8 [본]김녕(金寧) [출]부산 [주]경남 창원시 마산합포구 가포로215 국립마산병원 원장실(055-249-3901) [학]1986년 부산남고졸 1993년 고신대 의대졸 1997년 同대학원졸 2002년 영남대 대학원 의학 박사과정 수료 [경]1993년 고신대 복음병원 수련의 1994년 同복음병원 흉부외과 전공의 1998년 전남 강진군 대구보건지소장 1999년 국립마산병원 결핵과 전공의·공중보건의 2002년 의성군 봉양면 제남병원장 2003년 국립마산병원 흉부내과 의무서기관 2006년 同흉부외과장 2007년 국립목포병원 흉부외과장, 영남대 방사선종양학과 외래조교수, 고신대 흉부외과 외래교수, 인제대 예방의학교실 외래교수 2012~2016년 국립목포병원 원장 2016년 국립마산병원 원장(현) [상]올림픽기장 봉사장(1988), 월드컵기장(2002), 보건복지부장관표창(2005) [종]불교

김대영(金大泳) KIM Dai Young

[생]1937·9·12 [본]김해(金海) [출]황해 안악 [주]서울 영등포구 여의공원로115 세우빌딩14층 이지스자산운용 대표이사실(02-6959-3113) [학]1955년 경복고졸 1963년 연세대 정치외교학과졸 1966년 미국 앰허스트대 대학원 수학과졸 1971년 통계학박사(미국 스탠퍼드대) [경]1971~1978년 한국개발연구원 수석연구원 1973~1977년 과학원 대우교수 1976년 경제기획원 계약연구원(1급) 1978년 同통계조사관 1980년 同조사통계국장 1982년 同경제기획국장 1985년 민정당 정책조정실 전문위원 1986년 국무총리행정조정실 제2행정조정관 1990~1991년 건설부 차관 1992년 산업연구원 원장 1992~1993년 대한주택공사 사장 1994년 한국과학기술원 초빙교수 1994년 국토개발연구원 초빙연구원 1995년 해외건설협회 회장 2001년 현대건설 경영혁신위원장 2001년 해외건설협회 고문 2001년 코람코 대표이사 사장 2007년 코람코자산신탁 고문 2008년 퍼시픽스타코리아 대표이사 2010~2012년 PS자산운용 대표이사 2012년 이지스자산운용 대표이사 2014년 同공동대표이사(현)

김대영(金大榮) Kim dea yeong

[생]1950·5·22 [본]김해(金海) [출]서울 [주]서울 동대문구 왕산로10 교보재단빌딩9층 (재)교보교육재단(02-925-8925) [학]1969년 경복고졸 1978년 서울대 법학과졸 1996년 숭실대 노사관계대학원 법학과졸 2003년 연세대 경영대학원 경영학과졸 2004년 서울대 법과대학 조세법연구과정 수료 [경]1978~2005년 교보생명(주) 입사·인사부장·인사담당임원·준법감시인(상무) 2005~2007년 (재)대산문화재단 사무국 업무총괄 상임이사 2007~2010년 (재)생명보험사회공헌재단 사무국 업무총괄 상임이사 2014년 (재)교보교육재단 감사 2015년 同이사장(현)

김대영(金大榮) KIM Dae Young

[생]1952·5·28 [출]서울 [주]대전 유성구 대학로99 충남대학교 공과대학 보통신공학과(042-821-6862) [학]1975년 서울대 전기공학과졸 1977년 한국과학기술원 대학원졸 1983년 공학박사(한국과학기술원) [경]1983~1992년 충남대 정보통신공학과 조교수·부교수 1984~1985년 同전자계산소 부소장 1984~1985년 同공업기술연구소 교재개발부장 1987~1988년 미국 Univ. of California 방문교수 1990~2001년 한국공업진흥청 국제표준국 SC6국내위원회 위원장 1990~1992년 OSIA TG6(Lower Layer) 위원장 1992년 충남대 공과대학 정보통신공학과 교수(현) 1994년 同정보통신연구소장 2000년 APAN-KR 의장 2000년 APRICOT2000 조직위원장 2000년 OSIA 회장 2001년 한국과학재단 전문위원 2002년 KIEF 의장 2005년 충남대 공과대학장 겸 산업대학원장 [상]과학기술우수논문상, 과학의날상 [역]'TCP/IP 인터네트워킹'

김대영(金大瑛) KIM Dae Young

[생]1961·7·15 [출]충남 홍성 [주]충남 아산시 순천향로22 순천향대학교 자연과학대학 화학과(041-530-1244) [학]1983년 충남대 화학과졸 1985년 한국과학기술원(KAIST) 석사 1987년 화학박사(한국과학기술원) [경]1987년 한국과학기술연구원 연구원 1987~1988년 영국 옥스퍼드대 Post-Doc. 1989~1991년 (주)대웅제약 중앙연구소 책임연구원 1991년 순천향대 자연과학대학 화학과 전임강사·조교수·부교수·교수(현) [상]Tetrahedron Letters 최다피인용논문상(2008), 순천향대 우수연구교수상(2009), 순천향대 최우수연구교수상(2010), 대한화학회 우수논문상(2010) [저]'시대를 여는 화학' '유기화학실험' [종]가톨릭

김대영(金大榮) KIM Dae Young

[생]1962·10·25 [출]경남 진주 [주]경남 진주시 동진로156 김대영법률사무소(055-759-6611) [학]1981년 진주고졸 1985년 서울대 법대졸 1994년 미국 조지타운대 법과대학원졸(법학석사) [경]1984년 사법시험 합격(26회) 1987년 사법연수원 수료(16기) 1987년 공군 법무관 1990년 서울형사지법 판사 1992년 서울민사지법 판사 1994년 부산지법 판사 1995년 同동부지원 판사 1996년 부산고법 판사 1997년 인천지법 판사 1999년 서울고법 판사 2000년 대법원 재판연구관 2002년 수원지법 평택지원장 2003~2004년 창원지법 부장판사 2004년 변호사 개업(현), 경남도청·경남도교육청 고문변호사, 경남도의 사회 자문변호사, 경상대 법대 겸임교수, (사)한국음식업중앙회 경남도지회 고문변호사, 민속장 서부경남연합본부 고문변호사, 在진주 산청군향우회 법률고문, 포럼경남비전 공동대표, 경남신문 고충처리인, 경남여성신문 자문변호사, 경남도 행정심판위원, 同토지수용위원회 위원장 직대, 경남이주여성인권센터 고문변호사, 진주시장애인총연합회 고문변호사, 진주시학원연합회 자문변호사, 진주시주택관리사협의회 자문변호사

김대용(金大容) Kim Dae Yong

[생]1962·4·27 [주]경기 고양시 일산동구 일산로323 국립암센터 양자치료센터(031-920-0364) [학]1988년 서울대 의대졸 1996년 同대학원졸 2001년 의학박사(충북대) [경]1988~1991년 충북도 옥천군보건소 공중보건의 1991~1992년 서울대병원 인턴 1992~1996년 同치료방사선과 전공의 1996~1997년 삼성서울병원 치료방사선과 전임의 1997년 성균관대 의대 전임강사 1999년 同조교수 2001년 국립암센터 진료지원센터 전문의 2001~2002년 同방사선의학연구과 선임연구원 2002년 同대장암센터 전문의(현) 2002~2007년 同대장암연구과 선임연구원 2003~2007·2014년 同부속병원 양성자치료센터 전문의(현) 2007~2008년 미국 Loma Linda Univ. Medical Center 연수 2007년 국립암센터 대장암연구과 책임연구원(현) 2008~2012년 同대장암연구과장 2009~2011년 同부속병원 양성자치료센터장 2011~2013년 同기획조정실장 2012년 同방사선종양학과 전문의(현) 2013~2014년 同대외협력실장 2014~2016년 同양성자치료센터장

김대웅(金大雄) KIM Dae Woong

[생]1945·12·10 [본]선산(善山) [출]전남 나주 [주]서울 강남구 테헤란로152 강남파이낸스센터9층 법무법인 서정(02-2112-1157) [학]1964년 광주제일고졸 1968년 서울대 법대졸 [경]1971년 사법시험 합격(13회) 1973년 사법연수원 수료(3기) 1974년 수원지검 검사 1977년 서울지검 성북지청 검사 1980년 법무부 검사 1982년 서울지검 검사 1983년 광주지검 해남지청장 1985년 서울지검 검

사 1986년 광주지검 순천지청 부장검사 1987년 同특수부장 1988년 대검 형사2과장 1989~1992년 同중앙수사부 4·3·2과장 1992~1993년 서울지검 특수3·2부장 1993년 청주지검 차장검사 1994년 서울지검 북부지청 차장검사 1995년 대구지검 차장검사 1996년 수원지검 성남지청장 1997년 서울고검 검사 1998년 서울지검 동부지청장 1999년 대전고검 차장검사 1999년 대검찰청 강력부장 2000년 同중앙수사부장 2001년 서울지검장 2002년 광주고검장 2002년 법무연수원 연구위원 2003년 법무법인 서정 대표변호사(현) 2003년 광주희망21연구소 이사장 2003년 밀알중앙회 고문변호사 2004년 제17대 총선 출마(광주東, 새천년민주당) [상]홍조근정훈장 [종]기독교

김대웅(金大雄) KIM Dae Woong

[생]1965·11·19 [본]광산(光山) [출]서울 [주]인천 남구 소성로163번길17 인천지방법원 수석부장판사실(032-860-1113) [학]1984년 경희고졸 1988년 서울대 법대졸 [경]1987년 사법시험 합격(29회) 1990년 사법연수원 수료(19기) 1990년 軍법무관 1993년 수원지법 판사 1995년 서울지법 서부지원 판사 1997년 춘천지법 원주지원 판사 2000년 서울지법 판사 2002년 서울고법 판사 2002년 헌법재판소 파견 2004년 서울고법 판사 2005년 광주지법 부장판사 2007년 사법연수원 교수 2010년 서울중앙지법 형사합의22부·제51민사부 부장판사 2013년 광주고법 제1형사부 부장판사 2014년 서울고법 부장판사 2016년 인천지법 수석부장판사(현)

김대원(金大源) KIM Dae Won

[생]1956·5·16 [본]상산(商山) [출]충남 금산 [주]대전 동구 대학로62 대전대학교 사회과학대학 사회복지학과(042-280-2366) [학]1982년 충남대 사회학과졸 1986년 同대학원 사회학과졸 1996년 철학박사(한국정신문화연구원) [경]공주교육대·충남대 강사, 충북도공무원시험 출제위원, 대전시분쟁조정위원회 위원, 대전시 중구사회복지협의회 자문위원, 대전시용문사회복지관 자문위원 1992년 대전대 사회복지학과 부교수·교수(현) 1997~1998년 미국 Utah State Univ. 방문교수 2001~2003년 대전대 학생복지처 부처장 2007~2009년 同법정대학장 2011~2013년 同경영행정사회복지대학원장·군사산업정보대학원장·교육대학원장·보건스포츠대학원장 겸임 [저]'빈곤의 경제학'(1999) '농촌지역복지 연구의 실제' '농촌지역복지와 사회문제'

김대원(金大元) KIM Dae Won

[생]1960·2·15 [출]서울 [주]경기 용인시 처인구 명지로116 명지대학교 정보통신공학과(031-330-6755) [학]1983년 서울대졸 1985년 同대학원졸 1990년 공학박사(서울대) [경]1987년 대우중공업(주) 근무 1990~1992년 同중앙연구소 선임연구원 1992~2010년 명지대 정보공학과 조교수·부교수·교수 1995~1996년 제어시스템자동화공학회 편집위원 1996~1998년 한국과학재단 지원 필드버스연구회 총무 1997~2000년 IEC/SC 65C전문위원회 전문위원 1998~1999년 대한전기학회 편집위원 1998~2006년 한국싸이버대학 컨소시엄 기술위원장·학사위원장 1999~2001년 명지대 가상교육원장 2001~2005년 同정보지원처 부처장 2001~2004년 전국대학사이버교육기관협의회 부회장 2001~2004년 ISO/IEC JTC1/SC36(교육정보) 전문위원회 전문위원 2003~2005년 한국로봇공학회 기획이사 2004~2007년 산업자원부 지능형로봇사업단 기술위원 2004~2009년 (주)제드시스템 CEO 2005~2006년 미국 Nenix Corp. Senior Consultant 2006~2009년 산업자원부 로봇산업정책포럼TFT 로봇윤리헌장제정 실무위원장 2007~2010년 지식경제부 로봇윤리헌장제정위원회 제정위원장 2009~2010년 同로봇S/W발전전략위원회 위원장 2009~2010년 서울지방중소기업청 융복합기술개발클러스터포럼 로봇·IT분과위원장 2010년 명지대 정보통신공학과 교수(현) 2010년 (주)와이즈오토모티브 기술자문 2011년 지식경제부 로봇팀 클라우로보틱스기획위원회 기획위원 2016년 명지대 ICT융합대학장(현) [상]산업자원부장관표창(2007) [저]'마이크로 콘트롤러 및 실습'(2005, 명지대 출판부) '녹색융합 비지니스'(2009, 아스팩국제경영교육컨설팅)

김대원(金大元) Kim Dae Won

[생]1964·10·17 [본]김해(金海) [출]부산 [주]세종특별자치시 갈매로408 교육부 교과서정책과(044-203-6477) [학]1983년 부산 성도고졸 1987년 부산대 음악교육과졸 2007년 서강대 교육대학원 교육행정학과졸 [경]1989~1999년 서울시교육청 중등학교 교사 1999~2007년 교육부 교육연구사·교육연구관 2007~2012년 서울 양동중·경인고·수명고 교감 2012~2015년 서울 화원중 교장 2015년 교육부 장학관 2015년 同교과서정책과장(현)

김대원(金大元) KIM Dae Won

[생]1971·8·12 [본]김해(金海) [출]경남 김해 [주]세종특별자치시 노을6로8의14 국세청 전산정보관리관실(044-204-2200) [학]1990년 김해고졸 1996년 서울대 전산과학과졸 2003년 미국 펜실베이니아주립대 대학원졸 [경]기술고시 합격(31회) 1997년 국세청 자료관리관실 근무 1999년 국세공무원교육원 교수 2003년 국세청 전산운영담당관실 근무 2007년 중부지방국세청 전산관리과장(기술서기관) 2008년 국세청 전산운영담당관 2010년 인천세무서장 2010년 국세청 전산정보관리관실 정보개발1담당관 2013년 同차세대국세행정시스템추진단 시스템개발과장 2015년 同전산정보관리관실 전산운영담당관(현)

김대유(金大裕)

[생]1960·1·23 [출]경북 청송 [주]경북 경주시 보문로446 경상북도관광공사 사장실(054-745-7601) [학]대구상고졸, 계명대 경영학과졸, 同경영대학원졸(경영학석사) [경]1977년 대구은행 입행 1997년 同봉덕동지점 차장 2000년 同인사팀 차장 2001년 同용산동지점장 2003년 同홍보팀장 2006년 同범어동지점장 2008년 同마케팅통할부장 2009년 同공공금융부장 2012~2014년 同공공금융본부장(부행장보), 경북도우리문화재찾기운동본부 이사, 대구사회복지공동모금회 운영위원 2014년 대구시 지역경제협의회 위원, 경북도장애인체육회 이사 2015년 경북도관광공사 사장(현) [상]대통령표창(2011)

김대익(金大翼) Kim, Dae Ik

[생]1955·7·30 [본]경주(慶州) [출]서울 [주]세종특별자치시 절재로194, 701호 건축도시공간연구소(044-417-9610) [학]1974년 경기고졸 1978년 서울대 건축학과졸 1984년 同대학원 건축계획 및 설계과졸 1989년 공학박사(서울대) [경]1982년 국제종합엔지니어링 설계부 대리 1988~1996년 순천대 전임강사·조교수·부교수 1991~1992년 미국 노스캐롤라이나주립대 방문학자 1996년 한경대 건축학부 교수(현) 2001~2002년 미국 하버드대 GSD 방문교수 2004년 설계교수회 이사(현) 2007년 同초대작가 2011~2012년 한국도시설계학회 부회장 2012~2014년 대한건축학회 부회장 2015년 국토연구원 건축도시공간연구소(AURI) 소장(현) 2016년 행정중심복합도시건설청 행정중심복합도시건설추진위원회 자문위원장(현) 2016년 同총괄기획가(현) [상]한미교육위원단 풀브라이트 Junior Research Award(1991), 러시아국립태평양대 우수설계공로상(2004), 국무총리표창(2015), 행정자치부장관표창(2015), 국회 교육문화체육관광위원장표창(2015), 제5회 대한민국한류대상 한옥부문 전통문화대상(2015)

김대일(金大一) KIM Dae Il

[생]1960·7·21 [출]대구 [주]서울 영등포구 여의대로24 FKI타워 LG CNS(02-2099-0114) [학]1978년 달성고졸 1985년 경북대 전자계산학과졸 [경]1984년 금성전선 전산실 입사 1987년 LG CNS 근무 2003년 同통신미디어사업부 방송통신사업담당 2004년 同하이테크사업본부 솔루션부문장 2005년 同제조사업부 상무 2005년 同하이테크사업부장(상무) 2016년 同M&E사업담당 상무(현)

김대자(金大滋) DAEJA KIM

[생]1970·4·13 [출]경남 김해 [주]세종특별자치시 한누리대로402 산업통상자원부 아주통상과(044-203-5710) [학]1989년 마산고졸 1996년 서울대 건축학과졸 2004년 미국 시러큐스대 대학원 행정학과졸 [경]1996년 기술고시 합격(31회) 1996~2006년 통상산업부(산업자원부) 국제표준과·시험검사인정과 등 사무관 2006~2008년 산업자원부 통상협력정책과·기술정책과 등 서기관 2008~2009년 OECD대한민국정책센터 서기관 2009~2012년 지식경제부 산업환경과장·소프트웨어융합과장·방사성폐기물과장 2012~2015년 駐베트남대사관 상무참사관 2015년 산업통상자원부 아주통상과장(현)

김대중(金大中) KIM Dae Joong

[생]1939·9·3 [본]광산(光山) [출]서울 [주]서울 중구 세종대로21길30 조선일보(02-724-5009) [학]1958년 서울고졸 1963년 서울대 법대졸 [경]1965~1972년 조선일보 정치부·사회부·외신부 기자 1972년 同미국특파원 1979년 同외신부장 1980년 同사회부장 1981년 同정치부장 1984년 同출판국장 1986년 同현대사연구소장 겸 논설위원 1986년 영국 옥스퍼드대 특별연구원 1988년 조선일보 이사대우 논설주간 1989년 同이사·편집국장 1990~2002년 同주필

1995년 한국신문편집인협회 부회장 1998년 통일고문 2002년 조선일보 전무대우 편집인 2003년 同이사기자(미국 워싱턴 파견) 2004년 同부사장대우 이사기자 2004년 同고문(현) [상]韋庵언론상, 雲耕상, 효령상-언론부문(1999), 영국 파이낸셜타임스 선정 '한국 대표 칼럼니스트' [저]'워싱턴 4季' '부자유시대' '언론 조심하라구'

김대중(金大中) Kim Daejung

[생]1964 · 6 · 8 [본]광산(光山) [출]부산 [주]서울 영등포구 여의대로66 KTB빌딩6층 KTB투자증권 경영관리본부(02-2184-2200) [학]1982년 서라벌고졸 1986년 고려대 통계학과졸 2002년 한국방송통신대 일본학과졸 2009년 고려대 대학원 경영학과졸 [경]1989~1994년 대신증권 근무 1994~2010년 교보증권 입사 · 마케팅과장 · 목동지점장 · 기획팀장 2010년 同종합기획실장 2014~2016년 同자산금융본부장(상무) 2015년 강남대 교수(현) 2016년 KTB투자증권 경영관리본부장(전무)(현) [상]제50회 저축의 날 금융위원장표창(2013) [저]'유쾌 상쾌 주식카페'(2003, 더난출판사) '나의 꿈 10억 만들기'(2003, 원앤원북스) '10억부자들의 돈 IQ, EQ'(2003, 원앤원북스) '한국부자들의 주식투자 X-파일'(2003, 원앤원북스) '난 은행적금보다 주식저축이 더 좋다'(2005, 원앤원북스) '실전에 바로 써먹는 코스닥투자 200문 200답'(2005, 원앤원북스) '대한민국재테크사'(2005, 원앤원북스) '악수한 사람을 놓치지마라'(2005, 매경출판부) '주식초보자가 꼭 알아야 할 최고의 주식 30'(2006, 원앤원북스) '김대중의 지점장일기'(2006, 매경출판부) '다가올 3년 일생일대의 투자기회를 잡아라(共)'(2006, 원앤원북스) '서른살부터 시작하는 주식재테크'(2006, 원앤원북스) '20대가 꼭 알아야 할 돈 관리법 75'(2007, 원앤원북스) '주식투자의 99%는 위험관리다'(2008, 원앤원북스) '대한민국 자산관리 전문가는 말한다(共)'(2008, 교보문고) '친구같은 아빠되기'(2008, 브렌즈) '20대가 가장 알고싶은 돈 관리법 75(개정판)'(2013, 원앤원북스) '아내가 꿈꾸던 유럽 드디어 가다'(2013, 원앤원미디어) '대마도 1박 2일이면 가족여행으로 충분하다'(2013, 원앤원미디어) '브라질 가는 길'(2014, 도서출판 큰 돌) '친구같은 아빠 친구같은 아들'(2014, 도서출판 큰 돌) '일본 속에 남긴 나의 발자국'(2015, 도서출판 큰 돌) '금융권 입사를 꿈꾸는 젊은이에게'(2015, 도서출판 큰 돌) [종]가톨릭

김대중(金大中) KIM Dae Jung

[생]1973 · 12 · 20 [주]전북 전주시 완산구 효자로225 전라북도의회(063-280-4517) [학]원광고졸, 군산대 양식학과졸, 한국방송통신대 청소년교육과 재학 중 [경]익산시자원봉사센터 이사, 열린우리당 전북도당 관광개발특별위원회 부위원장 2006 · 2010~2014년 전북 익산시의회 의원(민주당 · 민주통합당 · 민주당) 2010~2012년 同기획행정위원장 2012년 同보건복지위원회 위원 2014년 전북도의회 의원(새정치민주연합 · 더불어민주당)(현) 2014년 同산업경제위원회 위원 2014~2015년 同예산결산특별위원회 위원 2016년 더불어민주당 조직본부 부본부장 2016년 전북도의회 예산결산특별위원회 위원장(현) 2016년 同행정자치위원회 위원(현)

김대지(金大智) KIM Dae Ji

[생]1967 · 4 · 7 [출]부산 [주]부산 연제구 연제로12 부산지방국세청 성실납세지원국(051-750-7370) [학]1985년 부산 내성고졸 1991년 서울대 경영학과졸 [경]1992년 행정고시 합격(36회) 1994~1999년 남부산세무서 · 부산진세무서 · 울산세무서 · 서울 성동세무서 과장 2000년 서울지방국세청 조사3국 사무관 2005년 同총무과 서기관 2006년 대통령비서실 파견 2006년 서울지방국세청 소득재산세과장 2007년 캐나다 국세청 파견 2009년 서울지방국세청 납세지원국 법무1과장 2009년 파주세무서장 2010년 국세공무원교육원 지원과장 2010년 국세청 재산세국 부동산거래관리과장 2012년 同징세법무국 징세과장 2013년 同징세법무국 징세과장(부이사관) 2014년 중부지방국세청 납세자보호담당관 2015년 부산지방국세청 성실납세지원국장(고위공무원)(현)

김대진(金大鎭) KIM Dai Jin

[생]1957 · 12 · 28 [출]부산 [주]경북 포항시 남구 청암로77 포항공과대학교 컴퓨터공학과(054-279-2249) [학]1981년 연세대 전자공학과졸 1984년 한국과학기술원(KAIST) 전기 및 전자공학과졸 1991년 전기 및 컴퓨터박사(미국 Syracuse대) [경]1984~1986년 KBS 기술연구소 연구원 1992~1999년 동아대 컴퓨터공학과 교수 1999년 포항공과대 컴퓨터공학과 교수(현) 2010~2012년 同두뇌연구센터 소장 2012~2015년 同학술정보처장

김대진(金大鎭) KIM Dae jin

[생]1962 · 6 · 4 [출]서울 [주]서울 서초구 남부순환로2374 한국예술종합학교 음악원 기악과(02-520-8114) [학]미국 줄리어드음대졸, 同대학원졸, 기악박사(미국 줄리어드음대) [경]1973년 국립교향악단과 협연으로 피아니스트 데뷔, 미국 맨하탄음대 Associate Faculty, 同예비학교 Faculty, 스위스 티보바가국제음악제 · 미국 보드윈국제음악제 참가, 클리브랜드 오케스트라 · 프랑스 릴국립교향악단 · 프랑스 빠들루교향악단 연주회 참가, 뉴욕 화이트플레인즈 오케스트라 쇼팽서거150주년기념협주곡 전곡 연주회, 서울시립교향악단 · 부천시립교향악단 · 코리안 심포니등과 협연, 부천필 말러 전곡 연주회, 강충모 바흐 피아노곡 전곡연주회 협연 1994년 한국예술종합학교 음악원 기악과 교수(현) 2001~2004년 모차르트 피아노협주곡 전곡 연주회 2008년 수원시립교향악단 상임지휘자(현) 2012~2014년 한국예술종합학교 예술영재교육원장 2013년 피스앤피아노 페스티벌 예술감독 2014년 제14회 아르투르루빈스타인국제피아노콩쿠르 심사위원 2015년 한국예술종합학교 음악원 기악과장 2015년 서초문화재단 이사(현) 2016년 퀸엘리자베스국제콩쿠르 피아노부문 심사위원(현) [상]이화콩쿠르 1등, 중앙콩쿠르 1등, 동아콩쿠르 1등 및 대상, 줄리어드 협주곡콩쿠르 1위, 로베르 카사드쉬 국제콩쿠르 1등, 지나 바카우어 국제콩쿠르 입상, 제18회 난파음악상, 금호음악스승상(2004 · 2006), 한국예술문화단체총연합회예술문화상 음악부문 대상(2005), 대한민국 문화예술상(2006), 객석예술인상(2010)

김대천(金大天) kim, dae cheon

[생]1967 · 12 · 13 [본]상산(商山) [출]강원 원주 [주]서울 영등포구 국회대로76가길11 초원아파트817호 한국소비자협회(02-796-0959) [학]육민관고졸, 충북대졸 2014년 연세대 대학원 정치학과졸 [경]일요시사 정치부 기자, 워싱턴선데이타임즈 편집위원, 국회의원 보좌관, 한나라당 지방자치위원회 위원 2006~2010년 강원도의회 의원(한나라당) 2008~2010년 同운영위원장, 국민생각 강원도당 창당준비위원장 2012년 제19대 국회의원선거 출마(강원 원주甲, 국민생각), 국회입법정책연구회 선임연구위원 2013년 한국소비자협회 공동대표(현) [상]대한민국을 빛낸 자랑스런 인물 대상 지역화합부문 대상(2011) [종]기독교

김대철(金大喆) KIM Dae Chul

[생]1957 · 11 · 18 [출]경북 영덕 [주]부산 연제구 중앙대로1000 국민연금회관7층 국가인권위원회 부산인권사무소(051-710-9716) [학]1994년 한국방송통신대 경제학과졸 1996년 서울대 행정대학원졸 [경]1991년 통계연수원 서무과 사무관 1995년 통계청 통계조사국 산업통계2과 사무관 1995년 同통계기획국 기획과 사무관 1996년 同통계기획국 조사관리과 사무관 1997년 통계연수원 교무과 교육훈련기획담당 서기관 1999년 통계청 통계분석과 서기관 1999년 서울통계사무소 서무과장 2002년 국가인권위원회 교육협력국 국내협력과장 2006년 同차별시정본부 차별시정총괄팀장(부이사관) 2007년 同혁신인사팀장 2008년 同법무감사담당관 2009년 同인권상담센터장 2009년 同운영지원담당관 2010년 同조사국 인권상담센터장 2012년 同조사국 침해조사과장 2014년 同조사국 장애차별조사1과장 2015년 同부산인권사무소장(현) [상]교육부장관표창(1988), 국무총리표창(1994)

김대철(金大哲) KIM Dae Cheol

[생]1958 · 11 · 13 [출]서울 [주]서울 영등포구 국제금융로8길11 대영빌딩2층 HDC자산운용(주) 사장실(02-3215-3061) [학]서라벌고졸, 고려대 경영학과졸, 미국 펜실베이니아대 경영대학원졸(MBA) [경]현대자동차(주) 부장, 자딘플레밍 부장, 현대산업개발(주) 공사관리 · 자재담당 상무 2005~2007년 아이콘트롤스(주) 대표이사 사장 2006년 아이파크스포츠(주) 대표이사 사장 2007~2010년 현대산업개발(주) 기획실장(부사장), 호텔아이파크 감사 2011년 아이투자신탁운용(주) 대표이사 사장 2012년 HDC자산운용(주) 대표이사 사장(현) [종]기독교

김대철

[생]1968 [주]충북 청주시 흥덕구 오송읍 오송생명2로187 식품의약품안전평가원(043-719-3460) [학]1997년 동아대 대학원 의학과졸 2004년 의학박사(동아대) [경]1994~1995년 동아대병원 병리과 인턴 1995~1999년 同병리과 전공의 1999~2002년 국립과학수사연구소 남부분소 법의학과 법의관 2002~2005년 동아대병원 병리과 전임의 · 임상강사 2005~2015년 同의과대학 병리학교실 전임강사 · 조교수 · 부교수 2006년 국립과학수사연구소 부검촉탁의사 2007년 법원행정처 전문심리위원 2007~2010년 영국 퀸즈메리대병원 교환교수 2008~2012년 대한병리학회 정보위원 2011~2014년 同보험위원 2012~2014년 同기획위원

2013~2015년 European Association of Cancer Research(EACR) Ambassador 2013~2014년 식품의약품안전평가원 의료기기임상전문가 2014~2015년 동아대 의과대학 병리학교실 주임교수 2014~2015년 동아대병원 병리과장 2015년 식품의약품안전평가원 바이오생약심사부장(고위공무원)(현)

김대하(金大河) KIM Dae Ha

생1951·1·18 본김해(金海) 출경남 창원 주서울 송파구 송이로30길7 동일빌딩3층 (주)동일기술공사(02-3400-5702) 학서울대 토목공학과졸, 도시계획학박사(홍익대) 경1974~1979년 해군 시설감실 시설장교(대위) 1979~1981년 (주)우대기술단 과장 1981~1985년 (주)동아엔지니어링 과장 1985~1990년 (주)선진엔지니어링 종합건축사사무소 이사 1990년 (주)동일기술공사 전무, 同사장, 同부회장(현) 2002년 대한교통학회 이사·고문 상과학기술포장(2006) 저'도시철도시스템개론'(1993) 역'도로교통용람편람'(1990)

김대현(金大顯) KIM Dae Hyun

생1956·5·30 출충남 주경기 안양시 만안구 양화로37번길34 연성대학교 공간디자인학부 건축과(031-441-1429) 학1980년 중앙대 건축공학과졸 1982년 同대학원졸 1999년 공학박사(중앙대) 경1983~2012년 안양과학대학 공간디자인학부 건축과 조교수·부교수·교수 2012년 同부총장 2012년 연성대 공간디자인학부 건축과 교수(현) 2012년 同부총장(현) 저'건축일반구조학(共)'(2000)

김대현(金大現) KIM Dae Hyun

생1957·11·1 주부산 금정구 부산대학로63번길2 부산대학교 교육학과(051-510-2629) 학1982년 부산대 교육학과졸 1984년 同대학원 교육학과졸 1992년 교육학박사(부산대) 경1995~2005년 부산대 사범대학 교육학과 조교수·부교수 2001~2005년 同대학원 교육학과장 2004~2005년 同교육과정방법개발센터 소장 2005년 同사범대학 교육학과 교수(현) 2005~2007년 同교수학습지원센터 소장 2012년 同교무처장 2014년 교육부 대학수학능력시험개선위원회 위원 2015년 부산대 사범대학장 겸 교육대학원장(현) 상교육부장관표창(2015) 저'지식과 교육과정'(1994) '학교중심 통합교육과정개발(共)'(1995) '교과의 통합적 운영(共)'(1997) '프로젝트 학습의 운영(共)'(1999) '쿠레레를 적용한 도덕 윤리과의 교수 학습모형'(1999) '부산대학교 국제화 관련 교육체제 재구축 방안 연구'(2007) '배움과 돌봄의 학교공동체(共)'(2008) '질적연구 : 우리나라의 걸작선'(2008) '교육과정의 이해'(2011) '국제이해교육의 이론과 실제(共)'(2012)

김대현(金大鉉) Kim Dai Hyun

생1958·2·18 출제주 주서울 강동구 양재대로1378 (주)선진 임원실(02-2225-0777) 학1976년 동래고졸 1980년 서울대 축산학과졸 경1982년 (주)선진 입사 1998년 (주)유전자원 이사 2007년 (주)선진 총괄일반 상무 2011년 同마케팅실 전무 2015년 同전략기획실장 겸 경영품질혁신실장(부사장)(현)

김대현(金大鉉) KIM, Dae Hyun

생1958·8·3 학성남고졸 1980년 서울시립대 조경학과졸 1982년 부산대 행정대학원 도시계획학 석사 수료 1990년 성균관대 법학과졸 2000년 영국 워릭대 대학원 국제경제법학과졸(석사) 2010년 중앙대 대학원졸(법학박사) 경1985년 입법고등고시 합격(7회) 2000년 국회사무처 법제실 법제3과장 2001년 同법제실 법제1과장 2002년 同법제사법위원회 입법심의관 2003년 同예산결산특별위원회 입법심의관 2004년 同운영위원회 입법심의관 2004년 同법제사법위원회 전문위원 2007년 국회입법조사처 기획협력관(이사관) 2009년 중앙선거관리위원회 파견 2010년 국회사무처 보건복지위원회 전문위원 2011년 同보건복지위원회 수석전문위원(차관보급) 2015~2016년 同사무차장(차관급) 2016년 국회 정보화추진위원회 위원 상자랑스러운 서울시립대인상(2015)

김대현(金大顯) DaeHyun Kim

생1962·12·11 본안동(安東) 출경북 안동 주대구 중구 달성로56 계명대 동산의료원 가정의학과(053-250-7548) 학1981년 대륜고졸 1987년 경북대 의대졸 1998년 의학박사(전북대) 경1987~1990년 연세의료원 전공의 1993년 부산침례병원 가정의학과장·고혈압진료소장 1994년 계명대 의과대학 가정의학교실 교수(현) 2005~2007년 보건복지부 금연사업지원단 교육분

과 위원장 2005~2009년 대한가정의학회 대구경북지회장 2010년 청소년흡연음주예방협회 대구지회장(현) 2010년 대한임상노인의학회 부회장(현) 2011~2012년 국제금연학회(ISPTID) 회장 2013년 한국워킹협회 이사장(현) 상보건복지부장관표창(1998), 임상노인의학회 학술상, 대한가정의학회 저술지원상(2008) 저'한국인의 건강증진' '가정의학(共)' '의료인을 위한 지침서 : 담배와 건강' '의료커뮤니케이션' '기본의학 학습성과' 역'담배와 건강,의료인을 위한 지침서' '의학면담'(2002) '영양균형과 모발 미네랄 검사'(2003) 종가톨릭

김대현(金大賢)

생1965·1·12 출대구 주경북 구미시 송원동로11의4 구미경찰서(054-450-3321) 학대구 달성고졸 1987년 경찰대졸(3기), 경북대 행정대학원 행정학과졸 경1987년 경위 임용 2002년 경정 승진 2003년 대구지방경찰청 U대회기획단 근무 2003년 대구 북부경찰서 생활안전과장 2004년 대구 수성경찰서 정보보안과장 2005년 대구 달서경찰서 정보보안과장 2006년 대구지방경찰청 정보2계장 2010년 同정보3계장 2011년 경북지방경찰청 정보과장 2011년 경북 문경경찰서장 2013년 경북지방경찰청 홍보담당관 2014년 대구 북부경찰서장 2015년 대구지방경찰청 정보과장 2016년 경북 구미경찰서장(현)

김대현(金大顯) KIM Dae Hyun

생1968·8·3 본안동(安東) 출충북 보은 주대전 서구 청사로189 문화재청 문화재활용국(042-481-4800) 학1992년 연세대 행정학과졸 2000년 미국 센터럴미시간대 대학원 Recreation & Leisure학과졸 경2005~2008년 세계관광기구(WTO) 근무 2008~2009년 문화체육관광부 문화콘텐츠산업실 미디어정책관실 방송영상광고과장·미디어정책국 방송영상광고과장 2009~2011년 2018 평창동계올림픽유치위원회 기획부장 2011년 문화체육관광부 체육국 국제체육과장 2012년 同도서관박물관정책기획단 도서관정책과장 2013년 同저작권정책관실 저작권정책과장 2013년 同체육정책관실 체육정책과장 2015년 국립중앙박물관 교육문화교류단 문화교류홍보과장 2015년 문화재청 문화재활용국장(현) 상녹조근정훈장

김대형(金大亨) kim dae hyung

생1954·8·11 주제주특별자치도 제주시 서사로25 (주)제주일보방송(064-757-3114) 학1977년 동아대 문리대학졸, 제주대 행정대학원 최고위과정 수료(1기), 同경영대학원 최고위과정 수료(2기), 경기대 대학원 범죄예방전문화교육과정 수료 경청정제주 대표(현), 화림물산 회장(현), 대경산업 회장(현), 법무부 범죄예방위원 전국연합회 부회장, 법무부 범죄예방위원 제주지역협의회 총연합회, 제주지방경찰청 행정발전위원회 고문(현), 대한민국ROTC 제주지구 회장(현), 법무부 법사랑위원 제주연합회 고문(현), 제주창조경제혁신센터 이사장(현) 2015년 (주)제주일보방송 회장(현) 2015년 제주상공회의소 회장(현) 2015년 대한상공회의소 부회장(현) 상동탑산업훈장, 국무총리표창, 국민훈장 목련장(2012)

김대호(金大鎬) KIM Dae Ho

생1958·8·29 본경주(慶州) 출대전 주울산 남구 중앙로201 울산광역시청 교통건설국(052-229-3801) 학1978년 홍익대사대부고졸 1986년 홍익대 공대졸 1988년 同대학원졸 1996년 공학박사(홍익대) 경1996년 서울시 교통관리실 교통운영개선기획단장 2002년 同교통체계개선추진본부 교통운영개선기획단장 2003년 경기도 광역교통기획단장(과장) 2007~2010년 同교통개선과장 2010년 경기개발연구원 교통정책연구부 선임연구원 2010년 同교통정책연구부장 2011~2014년 同부부장 2015년 울산시 교통건설국장(현)

김대호(金大浩) KIM Dae Ho

생1960·5·18 본경주(慶州) 출인천 주인천 남구 인하로100 인하대학교 언론정보학과(032-860-8793) 학1978년 대일고졸 1984년 서울대 언론학과졸 1986년 同대학원 언론학과졸 1994년 언론학박사(영국 버밍엄대) 경1989~1991년 방송위원회 연구원 1994~1996년 同선임연구원 1996~1999년 정보통신정책연구원 연구위원(방송정책팀장) 1999년 인하대 언론정보학과 교수(현) 1999년 인하펠로우 교수 2003~2004년 한국언론학회 연구이사 2007년 인하대 신문사 주간 겸 방송국 주간 2008~2010년 同대외협력처장 2008년 방송통신위원회 시청자불만처리위원회 위원 2008년 인천국제교류센터 이사 2008년 디지털방송활성화추진위원회 위원 2009년 국방부 책임운영기관 운

영심의위원 2010년 한국정책방송원 운영심의회 위원 2010년 한국미디어경영학회 회장 2010년 프랑스 르아브르대 초빙교수 2010년 한국언론진흥재단 신문과방송 편집위원 2010년 방송통신위원회 자체평가위원회 위원 2010년 국가미래연구원 과학기술·방송통신분야 발기인 2011년 일본 와세다대 초빙연구원 2013년 대통령자문 국민경제자문회의 창조경제분과 자문위원 2013~2016년 방송통신위원회 자체평가위원 2013~2016년 同방송정책자문위원 2014년 한국인터넷진흥원 비상임이사(현) 2014년 한국방송광고진흥공사 비상임이사(현) 2014년 SBS 사외이사(현) 2014~2015년 금융위원회 금융혁신위원회 위원 2016년 KT 사외이사(현) [상]정보통신부장관표창(1998), 경제사회연구회표창(2002), 인하대 우수연구상(2003), 문화체육관광부 선정 2008·2009년도 우수학술도서(2008·2009), 대통령표창(2013) [저]'멀티미디어시대를 대비한 미디어정책'(1996, 박영률출판사) '디지털시대의 방송정책'(2000, 커뮤니케이션북스) '21세기 한국방송의 좌표'(2002, 나남출판사) '멀티미디어시대 텔레비전과 인터넷의 융합'(2002, 나남출판사) 'Media Big Bang:Impact on Business and Society'(2007, Communications Books Publishing Co.) 'Media Big Bang, Seoul Digital Forum'(2007, 커뮤니케이션북스) '한국의 인터넷, 진화의 궤적'(2008, 커뮤니케이션북스) '방송통신법 연구 V'(2008, 경인문화사) '미디어의 미래'(2008, 커뮤니케이션북스) '한국미디어산업의 변화와 과제'(2010, 커뮤니케이션북스) '미디어생태계'(2011, 커뮤니케이션북스) '소셜미디어'(2012, 커뮤니케이션북스) '미디어생태계의 미래'(2012, 한국학술정보) '콘텐츠'(2013, 커뮤니케이션북스) [역]'텔레비전의 이해'(1995, 한나래출판사) '세계의 방송법'(1998, 한울출판사) 'BBC 프로듀서 가이드라인'(2000, 한국방송공사) 'e-브리타니아:커뮤니케이션 혁명'(2001, 커뮤니케이션북스) '커뮤니케이션연구 어떻게 할 것인가?'(2001, 커뮤니케이션북스) '방송, 케이블, 인터넷 마케팅과 프로모션'(2004, 한울아카데미) 'BBC없는 공공서비스방송은 가능한가?'(2006, 한울아카데미)

김대호(金大浩) KIM Dae Ho

[생]1961·3·15 [출]강원 춘천 [주]강원 춘천시 소양로3가 32의2 춘천상공회의소 회장실(033-251-2673) [학]춘천고졸, 한국외국어대 영어과졸 [경]1989년 대일산업(주) 대표이사 1995년 (주)대건 대표이사(현), 춘천상공회의소 일반의원, 대한건설협회 강원지회 부회장 2015년 춘천상공회의소 회장(현)

김대호(金大浩) KIM DAE HO

[생]1968·5·23 [본]김해(金海) [출]경북 안동 [주]서울 종로구 율곡로2길25 연합뉴스 편집국 IT의료과학부(02-398-3140) [학]1987년 의정부고졸, 경희대 신문방송학과졸 [경]1994년 연합뉴스 산업부·스포츠부·사회부·경제부·증권부 기자 2009년 同상하이특파원 2012년 연합뉴스TV 경제부 부장대우 2014년 同경제부장 2015년 연합뉴스 편집국 IT의료과학부장(현) [종]기독교

김대환(金大煥) KIM Dae Hwan

[생]1942·2·16 [출]경북 군위 [학]1965년 서울대 법대졸 1969년 同사법대학원 수료 [경]1967년 사법시험 합격(8회) 1969~1972년 육군 법무관 1972~1983년 서울지법 동부지원 판사 1983~1989년 춘천지법 부장판사 1989~1991년 서울민사지법 부장판사 1991~1992년 광주고법 부장판사 1992~1999년 서울고법 부장판사 1999~2000년 수원지법원장 2000~2001년 대전고법원장 2001~2002년 서울고법원장 2001~2002년 중앙선거관리위원회 위원 2002~2010년 법무법인 율촌 상임고문 2013~2015년 서울법원조정센터장 [저]'특허법원의 특허·실용신안 관련 중요판결 정리' '執行受諾行爲의 瑕疵'(2001)

김대환(金大煥) KIM Dae Hwan

[생]1949·10·19 [본]경주(慶州) [출]경북 금릉 [주]인천 남구 인하로100 인하대학교 경상대학 경제학과(032-860-7770) [학]1968년 계성고졸 1975년 서울대 경제학과졸 1977년 同대학원 경제학과졸 1985년 경제학박사(영국 옥스퍼드대) [경]1978~2004년 인하대 경상대 경제통상학부 교수 1991년 영국 옥스퍼드대 St. Antony's College 초빙교수 1992년 인하대 산업경제연구소장 1993년 학술단체협의회 상임공동대표 1994년 한국산업노동학회 부회장 1994년 참여민주사회시민연대 정책위원장 1995년 한국노동사회연구소 부소장 1996년 참여사회연구소 소장 1998년 참여민주사회시민연대 청문회감시단장 2000년 노사정위원회 위원(공익대표) 2000~2004년 규제개혁위원회 경제2분과 간사 2001년 인하대 경상대학장 2001~2003년 대통령자문 정책기획위원회 경제노동분과위원장 2002년 제16대 대통령직인수위원회 경제2분과위원회 간사 2003~2004년 국민경제자문위원회 민간위원 2004~2006년 노동부 장관 2006년 인하대 경상대학 경제학과 교수, 同석좌교수(현) 2006~2007년 한국고용정보원 이사장 2008년 고용전략연구회 좌장 2009년 在韓옥스퍼드대동문회 회장 2013년 (주)LG 감사위원 2013~2016년 대통령소속 경제사회발전노사정위원회 위원장(장관급) 2015~2016년 청년희망재단 이사 [상]Inchon Memorial Fellowship, 자랑스런 계성인, 홍조근정훈장(2003), 청조근정훈장(2006), 자랑스런 옥스퍼드동문인상, 서울대상과대학총동창회 빛내자상(2015) [저]'자본주의의 이해'(編) '중국사회 성격논쟁'(共) '경제발전론' '영국 민영화기업 규제' '한반도 통일국가의 체제구상'(共) '세계경제환경 변화와 노동운동'(共) '미시경제 이론'(共) 'The Korean Peninsula in Transition'(共) '한국노사관계의 전개와 현장'(共) '발전 경제학' '한국의 지성 100년' '노동의 미래와 신질서'(共) '한국 노사관계의 진단과 처방' '노동운동, 상생인가 공멸인가'(共)

김대환(金大煥)

[생]1964·8·22 [본]안동(安東) [출]대전 [주]전북 전주시 덕진구 건산로251 전북지방노동위원회(063-240-1600) [학]1987년 서울대 공법학과졸 1990년 同행정대학원 행정학과졸 2008년 미국 인디애나대 블루밍턴교 법학대학원 법학과졸 2008년 법학박사(미국 인디애나대 블루밍턴교) [경]1993년 행정고시 합격(37회) 1995~2002년 노동부 노정국 국제협력과·駐UN대표부·노동부 산업안전국 안전정책과 근무(사무관) 2002년 노동부 노동조합과·노사조정과·노사정책과 근무(서기관), 경인지방노동청 근로감독과장 2005년 同대구지방노동청 관리과장 2005~2006년 보건복지부 저출산고령사회정책본부 인력경제팀장 2006~2007년 미국 교육파견 2007~2008년 미국노동총연맹 산업별조합회의(AFL-CIO) White River Central Labor Council 파견 2008년 노동부 근로기준국 근로기준과 근무(서기관) 2008~2009년 중앙노동위원회 심판1과장 2009년 국무총리실 사회통합위원회 설치TF 파견(서기관) 2009년 고용노동부 기획조정실 규제개혁법무담당관 2011년 同기획조정실 규제개혁법무담당관(부이사관) 2011년 서울지방고용노동청 고용센터 소장 2012년 고용노동부 기획조정실 행정관리담당관 2013년 제18대 대통령직인수위원회 고용복지분과 파견(부이사관) 2013년 대통령 고용노동비서관실 행정관(부이사관) 2014년 대통령 고용노동비서관실 선임행정관(고위공무원) 2015년 전북지방노동위원회 위원장(현) [종]불교

김대환(金大煥) KIM Dae Hwan

[생]1965·3·23 [주]서울 영등포구 국제금융로56 미래에셋대우(02-768-3355) [학]부산중앙고졸, 서강대 경제학과졸, 同대학원졸 [경]국민은행 근무, 하나은행 근무, 미래에셋증권 퇴직연금추진본부장 2010년 同경기사업본부장 2013년 同WM추진본부장(상무) 2016년 同경영혁신본부장(상무) 2016년 미래에셋대우 경영혁신부문 대표(상무)(현)

김대회(金大會) KIM Dae Hoi

[생]1959·10·11 [출]경남 [주]서울 영등포구 여의공원로13 한국방송공사 전략기획실(02-781-1000) [학]1978년 진주고졸 1985년 부산대 불어불문학과졸 [경]1994년 한국방송공사(KBS) 보도국 전국부 기자 1996년 同경제부 기자 1998년 同보도제작국 기자 1998년 同보도제작국 차장 1999년同사회2부 차장 2000년 同사회1부 차장 2002년 同보도국 TV뉴스 편집부 차장 2005년 同도쿄특파원 2009년 同보도제작국 시사보도팀장 2010년 同행정복지팀장 2010년 同보도국 사회1부장 2011년 同보도국 인터넷뉴스 주간 2012~2015년 (주)KBS JAPAN 사장 2015년 한국방송공사(KBS) 창원방송총국장 2015~2016년 同정책기획본부장 2016년 KT스카이라이프 사외이사(현) 2016년 한국방송공사(KBS) 전략기획실장(현)

김대훈(金大勳) KIM Dae Hoon

[생]1956·9·1 [출]서울 [학]1975년 경기고졸 1979년 서울대 경영학과졸 1981년 한국과학기술원(KAIST) 산업공학과졸(석사), 미국 스탠퍼드대 경영자과정(SEP) 수료, 미국 하버드대 경영자과정(AMP) 수료 [경]1979년 LG전자(주) 입사 1984년 同심사부 과장 1988년 LG그룹 회장실 부장 1994년 LG-EDS시스템 대법원프로젝트팀 본부장 겸 컨설팅부문 본부장 1996년 同컨설팅부문장(이사대우) 1998년 同전자사업부 상무보 2000년 同전자사업부장(상무) 2000년 同기술연구부문·기술대학원 상무 겸 기술연구부문장 2001년 同사업지원본부장(상무) 2002년 LG CNS 금융서비스사업본부장(부사장) 2005년 同공공사업본부장(부사장) 2008년 同공공금융사업본부장(부사장) 2009년 (주)서브원 G-엔지니어링사업본부장 2010~2015년 LG CNS 대표이사 사장 2010~2016년 한국정보산업연합회 회장 [상]동탑산업훈장(2007), KAIST

경영대학 올해의 동문상(2011), 한국신뢰성학회 주관 제1회 한국신뢰성대상 서비스부문대상(2013), 은탑산업훈장(2015)

김대훈(金大勳) Kim Dae-hoon

[생]1960·3·10 [본]김해(金海) [출]전남 강진 [주]서울 종로구 종로5길86 서울지방국세청 감사관실(02-2114-2403) [학]1978년 강진농업고졸 1982년 서울대 농업교육학과졸 [경]1988~1994년 공무원 임용(7급 공채)·재무부 근무 1995~2005년 중부지방국세청 법무과·조사2국 등 근무 2005~2011년 국세청 법규과·중부지방국세청 조사3국 근무(사무관) 2011~2012년 헌법재판소·서울지방국세청 조사3국 근무(서기관) 2013년 군산세무서장 2013~2014년 서울지방국세청 징세과장 2015년 국세청 법령해석과장 2015년 同본부 근무(부이사관) 2016년 서울지방국세청 감사관(현) [종]기독교

김대휘(金大彙) KIM Dae Hwi

[생]1956·3·12 [본]예안(禮安) [출]대구 [주]서울 강남구 영동대로517 아셈타워19층 법무법인 화우(02-6003-7120) [학]1974년 경동고졸 1978년 서울대 법과대학졸 1981년 同대학원 법철학과졸 1989년 독일 본대 연수 1992년 법학박사(서울대) [경]1977년 사법시험 합격(19회) 1980년 사법연수원 수료(10기) 1980년 해군 법무관 1983년 서울민사지법 판사 1985년 서울형사지법 판사 1987년 춘천지법 판사 1989년 同강릉지원 판사 1990년 법원행정처 사법정책연구심의관 겸 서울고법 판사 1992년 서울고법 판사 1994년 제주지법 부장판사 1997년 인천지법 부장판사 1998년 서울남부지법 부장판사 1999년 서울중앙지법 부장판사 2001년 부산고법 부장판사 2003년 서울고법 부장판사 2008년 춘천지법원장 2009년 의정부지법원장 2010~2011년 서울가정법원장 2011년 법무법인 화우 파트너변호사(현) 2011년 이화여대 법학전문대학원 겸임교수(현) 2011~2015년 (주)동국제강 사외이사 겸 감사위원 2014년 세종대 자유전공학부 석좌교수(현) [상]근정포장(2011)

김대희(金大熙) KIM Dae Hee

[생]1958·5·1 [본]삼척(三陟) [출]강원 삼척 [주]세종특별자치시 도움5로20 국민권익위원회 중앙행정심판위원회(044-200-7178) [학]1978년 강릉고졸, 영남대 행정학과졸 1989년 한양대 대학원 법학과졸 1996년 서울대 행정대학원졸 [경]1989년 행정고시 합격(33회), 법제처 법제조정실 법제행정과 서기관, 同사회문화행정심판담당관 2000년 同행정법제국 법제관 2001년 통일부 파견 2001년 법제처 행정법제국 법제관 2003년 국외 훈련 2006년 법제처 행정법제국 법제관(부이사관) 2007년 同재정기획관(부이사관) 2008년 同기획재정담당관 2009년 同경제법제국 법제관 2010년 同경제법제국 법제심의관(고위공무원) 2011년 헌법재판소 파견(고위공무원) 2013년 법제처 법제지원단장 2013년 同행정법제국장 2014년 同사회문화법제국장 2015년 국민권익위원회 중앙행정심판위원회 상임위원(현) [상]법제처장표창, 홍조근정훈장(2013) [저]'행정학요론' [종]기독교

김대희(金大熙) KIM Dae Hee

[생]1958·9·25 [주]서울 강남구 언주로508 서울상록빌딩 (주)크레듀(02-6262-9000) [학]대구 대건고졸, 계명대 통계학과졸 [경]1985년 제일합섬 입사 2001년 삼성네트웍스(주) 금융사업부장 2005~2009년 同영업총괄 상무 2009년 삼성SDS(주) 제조·서비스사업부장 2010년 同제조·서비스담당 전무 2011년 同ERP일류화추진팀장(전무) 2013~2014년 同ICTO사업부장(전무) 2015년 (주)크레듀 대표이사(현) [종]불교

김덕경(金德經) Kim Duk-Kyung

[생]1957·4·10 [출]서울 [주]서울 강남구 일원로81 삼성서울병원 순환기내과(02-3410-3419) [학]경기고졸 1982년 서울대 의대졸 1988년 同대학원졸 1991년 의학박사(서울대) [경]1985~1986년 서울대병원 인턴·레지던트 1989~1991년 同내과 전임의 1991~1994년 미국 스탠포드대 Falk Cardiovascular Research Center Post-Doc. 1994년 삼성서울병원 순환기내과 전문의(현) 1997~2002년 성균관대 의대 내과학교실 부교수 1997~2000년 대한동맥경화학회 학술이사 2002년 성균관대 의대 내과학교실 교수(현) 2003~2006년 삼성서울병원 유전자치료연구센터장 2007~2009년 同순환기내과장 2007~2011년 同심장혈관센터 부센터장 2011~2014년 同심장혈관센터 혈관질환팀장 2014년 同심장뇌혈관병원 혈관센터장(현)

김덕규(金德圭) KIM Duk Kyu

[생]1941·3·9 [본]안동(安東) [출]전북 무주 [학]1960년 대전사범학교졸 1965년 고려대 정치외교학과졸 1980년 미국 미주리주립대 신문대학원 수료 [경]1960년 무주 신안성초등학교 교사 1967년 신민당 중앙상무위원 1975년 同원내총무실 전문위원 1981년 제11대 국회의원(전국구, 민한당) 1986년 민주화추진협의회 상임운영위원 1988년 제13대 국회의원(서울중랑乙, 평민당·신민당·민주당) 1988년 평민당 원내수석부총무 1991년 신민당 원내수석부총무 1992년 제14대 국회의원(서울중랑乙, 민주당·국민회의) 1992년 민주당 사무총장 1994년 국회 행정경제위원장 1995년 국회 행정위원장 1995년 국민회의 서울중랑乙지구당 위원장 1997년 제15대 대통령직인수위원회 정무분과 위원 1998~2000년 한국산업단지공단 이사장 2000~2003년 제16대 국회의원(서울 중랑乙, 새천년민주당·열린우리당) 2000년 한·베네수엘라의원친선협회장 2000년 국회 국무총리인사청문특위 위원장 2000년 새천년민주당 서울시지부장 2001년 국회 정보위원장 2003년 열린우리당 인사추천위원장 2003년 미국 미주리대 한국총동문회장 2004~2008년 제17대 국회의원(서울 중랑乙, 열린우리당·대통합민주신당·통합민주당) 2004~2006년 국회부의장 2006~2007년 열린우리당 상임고문단장 2007년 국회 방송통신융합특별위원회 위원장 2007년 대통합민주신당 국민경선위원장 2008년 한·멕시코의원친선협회 회장 2008년 민주당 전당대회 의장 2008년 同당무위원 2008년 同상임고문 2008년 同서울중랑乙지역위원회 위원장 2012년 제19대 국회의원선거 출마(서울 중랑乙, 정통민주당) [상]대통령표창(1961) [종]천주교

김덕규(金德奎) KIM Duk Gyoo

[생]1951·12·5 [출]경북 상주 [주]대구 달성군 유가면 테크노대로6길 국립대구과학관(053-670-6111) [학]1969년 경북사대부고졸 1973년 경북대 전자공학과졸 1977년 同대학원 전자공학과졸 1989년 공학박사(일본 東京大) [경]1977~1980년 경북공업전문대학 전임강사 1980~2015년 경북대 IT대학 전자공학부 전임강사·조교수·부교수·교수 1993년 同공과대학 교무과장 1994년 同교무부처장·시청각교육관장 1995년 한국공학기술학회 학술이사 1997년 경북대교수협의회 부의장 1998년 대한전자공학회 총무이사 2000년 同교육이사 2011~2013년 한국연구재단 학술진흥본부장 2016년 국립대구과학관 관장(현) [상]한국통신학회 모토로라학술상(1999), 대한전자공학회 공로상(2000) [저]'交流指示計器에 關한 비디오테이프 教材開發'(1982) '音響機器設計實驗'(1983)

김덕길(金德吉) Kim Duk Kil

[생]1965·10·1 [출]경남 합천 [주]울산 남구 법대로45 울산지방검찰청 형사1부(052-228-4304) [학]1984년 부산진고졸 1992년 부산대 법학과졸 [경]1994년 사법시험 합격(36회) 1997년 사법연수원 수료(26기) 1998년 창원지검 검사 2000년 대전지검 홍성지청 검사 2001년 서울지검 의정부지청 검사 2003년 서울지검 검사 2004년 서울중앙지검 검사 2006년 부산지검 검사 2009년 서울북부지검 검사 2009년 同부부장검사 2010년 광주지검 목포지청 부장검사 2011년 춘천지검 부장검사 2012년 부산지검 동부지청 형사2부장 2013년 전주지검 남원지청장 2014년 서울북부지검 형사4부장 2015년 서울중앙지검 여성아동범죄조사부장 2016년 울산지검 형사1부장(현)

김덕남(金德男) KIM Duk Nam

[생]1945·8·22 [출]제주 [주]제주특별자치도 제주시 삼무로1길5 정도빌딩3층 제주투데이(064-751-9521) [학]1974년 제주대 국어국문학과졸 [경]1974년 제남신문 기자 1978년 제주신문 기자 1979~1990년 同문화부 차장·편집부 차장·지방부 차장·지방부장·특집부장·교육체육부장·사회부장·편집부국장 1991년 제민일보 편집부국장 1992년 同논설위원 1994년 同편집국장 1997년 同논설위원실장 1999년 제주타임스 편집국장 2002년 同대기자(이사대우) 2005년 同주필 2012~2013년 제주매일 이사 겸 주필 2014년 제주투데이 주필(현)

김덕룡(金德龍) KIM Deog Ryong

[생]1941·4·6 [본]김녕(金寧) [출]전북 익산 [주]서울 서초구 서초대로254 오퓨런스 세계한인상공인총연합회(02-733-4401) [학]1960년 경복고졸 1964년 서울대 문리과대학 사회학과 제적(4년) 2001년 명예 인문학박사(미국 포틀랜드대) [경]1963년 서울대 문리대학생회 회장 1964년 對日굴욕외교반대 서울대투쟁위원장 1970년 김영삼 국회의원 비서 1979년 신민당 총재 비서실장 1984년 민주

화추진협의회 기획조정실장 · 상임운영위원 1987년 민주당 총재특보 1988년 同정무위원 1988년 제13대 국회의원(서울 서초구乙, 민주당 · 민자당) 1988년 민주당 중앙청년위원장 1988년 외교안보연구원 정책자문위원 1989년 민주청년학교 개설 · 교장 1990년 민자당 당무위원 1992년 제14대 국회의원(서울 서초구乙, 민자당 · 신한국당) 1992년 민자당 총재 비서실장 1993년 세계한인상공인총연합회 회장 1993년 정무제1장관 1993년 민자당 당무위원 1994년 同서울시지부 위원장 1995년 同사무총장 1995년 국회 과학기술연구회 회장 1996년 제15대 국회의원(서울 서초구乙, 신한국당 · 한나라당) 1996년 정무제1장관 1997년 한나라당 대통령선거대책위원장 1998~2000년 同부총재 1999년 국회 대중문화&미디어연구회장 1999년 한나라당 뉴밀레니엄위원장 2000년 제16대 국회의원(서울 서초구乙, 한나라당) 2000년 윤봉길의사기념사업회 회장 2000년 세계한민족공동체재단 총재 2002년 (사)민주화추진협의회 공동이사장 2002년 한나라당 제16대 대통령선거대책위원회 공동의장 2003년 同지도위원 2004~2008년 제17대 국회의원(서울 서초구乙, 한나라당) 2004~2005년 한나라당 원내대표 2005년 민족화해협력범국민협의회 상임의장 2005~2008년 한 · 중의원외교협의회 회장 2006~2010년 한국경영 · 기술컨설턴트협회 회장 2007년 한나라당 제17대 대통령중앙선거대책위원회 한민족네트워크위원장 2007년 세계한인상공인총연합회 이사장(현) 2008년 한나라당 제18대 총선 중앙선거대책위원회 공동위원장 2008년 겨레말큰사전 남북공동편찬사업회 후원회장 2008~2011년 대통령 국민통합특별보좌관 2009~2013년 민족화해협력범국민협의회 대표상임의장 2011~2013년 겨레의숲 공동대표 2013년 국민동행 전국상임공동대표 2016년 국제커피기구(ICO) 가입 및 런던본부 한국유치위원회 위원장(현) [상]대한민국 무궁화대상 정치부문(2009), 자랑스런 한국인대상 최고대상(2009), 미주한인재단 자랑스런 한국인 대상(2010), 경복동문대상(2014) [저]'새벽을 열며'(1987) '고문정치학' '열린 세상 열린 정치'(1991) '머리가 하얀 남자'(1995) '눈물을 닦아주는 남자'(1995) '우리, 멋진야당 한번 해봅시다'(1998) [종]기독교

김덕섭(金德燮) KIM Duck Seop

[생]1962 · 5 · 20 [출]경남 밀양 [주]대전 서구 둔산중로77 대전지방경찰청 청장실(042-609-2114) [학]부산 동인고졸 1985년 경찰대졸(1기) [경]1985년 경위 임용 2002년 총경 승진 2002년 울산지방경찰청 보안과장 2003년 경남 합천경찰서장 2004년 경찰청 수사국 범죄피해자대책실 근무 2005년 인천국제공항경찰대장 2006년 서울지방경찰청 국회경비대장 2007년 서울 중랑경찰서장 2008년 경찰청 보안3과장 2009년 同보안2과장 2010년 울산지방경찰청 차장(경무관) 2010년 서울지방경찰청 기동본부장 2011년 同보안부장 2012년 경기지방경찰청 제1차장(치안감) 2013년 同제2차장(치안감) 2013년 제주특별자치도지방경찰청장(치안감) 2014년 경찰교육원 원장(치안감) 2015년 대전지방경찰청장(치안감)(현)

김덕성(金德成) KIM Duk Sung

[생]1943 · 9 · 25 [출]서울 [학]1962년 경기고졸 1971년 고려대 정치외교학과졸 [경]1971년 합동통신 기자 1981년 연합통신 기자 1986년 同경제2부 차장 1991년 同경제1부장 1993년 同경제1부장(부국장대우) 1994년 同논설위원 1996년 同경제국 부국장 1997~1998년 同경제국장 1998년 同뉴미디어국장 겸임 1998년 연합뉴스 경제국장 2000년 同논설위원실 고문 2000~2003년 同업무담당 상무이사 2004년 코스닥증권시장 공익이사 2004~2007년 한국서부발전(주) 비상임이사 2014~2016년 연합뉴스사우회 회장

김덕수(金德洙) KIM Duk Soo

[생]1952 · 9 · 23 [출]대전 [주]서울 종로구 인왕산로 1길21 한국전통연희단체총연합회 비서실(02-979-0248) [학]1971년 서울국악예술학교졸 1973년 단국대 요업공학과 2년 수료 [경]중요무형문화재 제92호 태평무 이수자(경기도당굿) 1957년 남사당 무동으로 데뷔 · 전통예술공연단체 일원 1957~1964년 양도일 · 남용윤 · 송순갑 · 최성구 · 이원보 · 송복산 등 명인들에게 남사당 전종목 사사 1965~1971년 지영희 · 지갑성 명인에게 피리 및 타악(경기도당굿) 사사 · 문백윤 · 황일백 명인에게 진주 12차 농악 사사 1978~1985년 이동안 · 정일동 · 김숙자 명인에게 경기도당굿 사사 · 김석출 명인에게 동해안별신굿 사사 · 박병천 명인에게 진도씻김굿 사사 1978년 김덕수사물놀이패 리더 1978년 사물놀이 창단공연(소극장 공간사랑) 1982년 세계타악인대회 참가(미국 댈러스) 1988년 서울올림픽 성화봉송 공연, 사물놀이 부여교육원 운영(현), 양평공방문화원 운영 1993년 사물놀이 '한울림' 창단 1995년 同예술감독(현) 1997년 동국대 경주캠퍼스 국악과 겸임교수 1997년 목원대 한국음악과 겸임교수 1997년 제7회 세계사물놀이겨루기한마당 총감독 1997년 뮤지컬 퍼포먼스 '난타' 예술감독 1997년 민족음악인협회 이사 1997년 대한민국국악제 · 세계음악제 공연 1998년 한국예술종합학교 전통예술원 연희과 조교수 1999년 同전통예술원 연희과 교수(현) 2001년 독주회(서울문예회관 대극장) 2001년 독주회 김덕수 솔로콘서트(서울문예회관 대극장) 2003~2004년 난장극장 대표 2008년 청솔극장 광화문아트홀 대표 2008년 (사)한국전통연희단체총연합회 이사장(현) 2008년 2009안면도국제꽃박람회 홍보대사 2010년 부천무형문화엑스포 홍보대사 2011~2014년 태권도진흥재단 비상임이사 [상]전국농악경연대회 대통령상, KBS 국악대상, 국민훈장 모란장, 자랑스런 서울시민상, 자랑스러운 충남인상, 일맥문화상 나라빛냄상, 월드컵공로 대통령표창, 은관문화훈장(2007), 후쿠오카아시아문화상 예술 · 문화상(2007) [저]'사물놀이 교칙본 1 · 2 · 3' '사물놀이의 기초 1-영남농악' '사물 놀이의기초 2-웃다리풍물' '사물놀이의 기초 3- 설장고가락' '글로벌 광대, 신명으로 세상을 두드리다' [작]음반 '청배' '난장(new horizon)' '사물놀이' '여기 백호 납신다' '새지평' '땅에서 하늘로' '김덕수 사물놀이 결정판' CD 대표곡 '어우름' '길' '소리' '덩더쿵' 'Mr. Changgo' 'RED SUN/SAMULNORI'

김덕수(金德洙) Kim Duk-soo

[생]1959 · 9 · 14 [출]대전 [주]서울 중구 다동길43 한외빌딩13층 여신금융협회 회장실(02-2011-0700) [학]1979년 대전고졸 1987년 충남대 경제학과졸 [경]KB국민은행 서염창지점장, 同비서실 조사역 2007년 同인사부장 2009년 同인재개발원장 2010년 同연구소장 2010년 同기획조정본부장 2011년 同성동지역본부장 2013년 KB국민카드 영업본부 부사장 2014~2015년 同대표이사 사장 2016년 여신금융협회 회장(현)

김덕용(金德龍) KIM Duk Yong

[생]1957 · 5 · 4 [출]인천 [주]경기 화성시 동탄면 영천로183의6 (주)케이엠더블유 비서실(031-370-8650) [학]1976년 인천고졸 1983년 서강대 전자공학과졸 [경]1982년 대영전자공업 연구원 1983년 대우통신 종합연구소 선임연구원 1987~1991년 삼성휴렛팩커드 근무 1991년 (주)케이엠더블유 대표이사 사장, 同회장(현) 2000년 정보통신중소기업협회 부회장 2003년 한국고주파부품연구조합 부이사장 2013~2016년 서강대총동문회 회장 [상]상공부장관표창, 공업진흥청장표창, 국무총리표창, 과학기술처장관표창, 대통령표창, 정보통신부장관표창, 한국산업기술진흥협회 기술경영인상(2001), 금탑산업훈장(2013) [종]기독교

김덕웅(金德雄) KIM Duck Woong (酒包 · 酉公)

[생]1940 · 2 · 5 [본]김해(金海) [출]충남 공주 [주]서울 성동구 살곶이길200 한양여자대학교 식품영양과(02-2290-2180) [학]1959년 숭문고졸 1963년 고려대 농화학과졸 1977년 서울대 대학원 보건학과졸 1986년 이학박사(한양대) [경]1963~1965년 육군 ROTC 1기 임관(소위) · 전역 1967~1973년 국방부 육군기술연구소 · 국방과학연구소 근무 1974~1990년 한양대 · 세종대 · 중앙대 강사 1976~2006년 한양여자대학 식품영양과 교수 1977~1992년 한국디자인포장센터 포장개발부 포장관리사 교육강사 1982년 한국영양식량학회 이사 1982~1992년 공업진흥청 포장부 심의전문위원(KS · ISO) 1985~1986년 전국전문대학식품영양과교수협의회 회장 1986년 한국식문화학회 총무이사 1987~1990년 국제표준화기구 산하 TC122포장위원회 전문위원 1993~1997년 산업디자인포장개발원 산업포장발전위원회 분과위원 · 포장기술지도위원 · 자문위원 1988~1993년 한양여대부설 식품영양연구소장 1988년 한국식품영양학회 고문 1998~1999년 한국식품과학회 포장분과위원회 회장 2000~2001년 한국식품영향학회 회장 2002~2004년 한양여대 도서관장 2004~2006년 한국포장학회 회장 2006~2009년 同명예회장 2006년 한양여대 식품영양과 명예교수(현) 2006년 한국식품영양학회 명예회장 [상]대한영양사회장 감사패(1986), 산업디자인포장개발원장 감사장(1994), 교육부장관표창(1996), 부총리 겸 교육인적자원부장관표창(2005), 홍조근정훈장(2006) [저]'식품포장재료학'(1978, 수서원) '표준식품분석'(1979, 이공도서) '식품저장학'(1982, 수학사) '한국식품연감'(1989 · 1991 · 1994, 사조사) '식품가공저장학'(2001, 광문각) '포장기술편람'(2002, 포장산업) '21C식품위생학'(2004, 수학사) '식품분석 및 위생실험'(2006, 석학당) 'HACCP제도의 실무 · 평가'(2011, 효일) '21C식품위생학(개정판)'(2015) '해썹(HACCP)제도와 실무 · 평가(개정판)'(2015)

김덕원(金德源) KIM Deok Won

[생]1952 · 9 · 5 [본]상산(商山) [출]서울 [주]서울 서대문구 연세로50의1 연세대학교 재중관1층 의학공학교실(02-2228-1916) [학]1971년 서울고졸 1976년 서울대 공대졸 1977년 同대학원 전기공학과 수료 1980년 미국 노스웨스턴대 대학원 전기공학과졸 1986년 의공학박사(미국 텍사스 오스틴대) [경]1987년 연세대 의대 의학공학교실 조교수 · 부교수 · 교수(현) 1991~1999년 보건의료기술

연구기획평가단 보건의료정보분과 위원 1992~1993년 미국 Univ. of Wis-consin at Madison 객원교수 1996년 연세대 의대 Yonsei Medical Journal 편집위원 1997년 산업표준심의회 ISO/TC121전문위원 1997~1998년 정보통신부 전자장과생체위원회 한일공동연구위원 1998·2002년 미국 세계인명사전 마르퀴즈 'Who's Who in the World'에 등재 1999년 국가연구개발사업평가위원회 정부소위원회 위원장 1999년 뉴욕과학아카데미 정회원 1999년 국회 환경포럼 정책자문위원 1999년 국회 산하 유해전자파대책위원회 위원 1999~2005년 연세대 의대 의학공학교실 주임교수 2001~2002년 산업자원부 로드맵위원 2003년 국립환경연구원 연구관리위원회 및 분과위원회 위원 2004년 대한전자공학회 의용전자·생체공학분과 편집위원장, 同부회장 2004년 한국전기제품안전진흥원 전기제품PL상담센터 분쟁조정위원 2004~2007년 한국광고자율심의기구 제2광고심의위원회 위원 2005년 대한전자공학회 시스템제어소사이어티 부회장·회장 2006년 IEEE(미국 전기전자엔지니어학회) 종신회원(현) 2010년 연세대 의대 마취통증의학과 교수 겸임(현) ㉠메디슨 의공학상(1996), 연세대 의대 우수교수상(2001), 대한전자공학회 공로상(2003), 대한전자공학회 해동상(논문)(2007) ㉡'의용계측공학'(1993, 여문각) '의공학개론'(1995, 여문각) '의료정보학'(1995, 여문각) '전자파공해'(1996, 수문사) '의용공학 입문'(1999, 신광출판사) '산업의학(共)'(2002) '의학자 114인이 내다보는 의학의 미래(共)'(2003, 한국의학원) ㉢천주교

김덕자(金德子·女) KIM DEOK JA

㉠1959·11·16 ㉳서울 종로구 종로293 하나저축은행 임원실(02-2230-2516) ㉴중앙대 경영학과졸 ㉰2004년 하나은행 이수교지점장 2007년 同강남지점장 2010년 同대치역지점장 2011~2012년 同용산영업본부장 2013년 同남부영업본부장 2014년 同금융소비자본부 전무 2015년 하나저축은행 전무(현)

김덕재(金德載) KIM Deog Jai

㉠1962·12·12 ㉲김해(金海) ㉳서울 ㉴서울 서초구 법원로10 정곡빌딩 남관505호 법률사무소 좋은친구(02-537-7600) ㉴1981년 성동고졸 1985년 고려대 법학과졸 ㉰1984년 사법시험 합격(26회) 1987년 사법연수원 수료(16기) 1987년 육군본부 감찰관실 근무 1990년 광주지검 순천지청 검사 1991년 부산지검 검사 1993년 수원지검 검사 1995년 서울지검 검사 1998년 대전지검 검사 1999년 同부부장검사 1999년 법무연수원 교수 2001년 서울고검 검사 2002년 제주지검 부장검사 2003년 수원지검 성남지청 부장검사 2004년 법무부 인권과장 2006년 창원지검 진주지청장 2007년 부산고검 검사 2007년 고충처리위원회 파견 2008년 서울고검 검사 2009년 대전고검 검사 2009~2010년 충남도 파견 2010년 서울고검 검사 2011년 법률사무소 좋은친구 변호사(현) 2012년 장미란재단 감사(현) 2012년 법제처 법령해석심의위원회 위원 2012년 同국민법제관, 대한복싱협회 법제상벌위원회 위원장(현) 2016년 (주)에이티세미콘 사외이사(현) ㉠검찰총장표창, 법무부장관표창, 국민포장 ㉢기독교

김덕주(金德柱) KIM Deok Ju

㉠1933·9·29 ㉳충북 청주 ㉴1956년 서울대 법대졸 ㉰1956년 고등고시 사법과 합격(7회) 1956년 대구지법 판사 1957년 육군 법무관 1960~1966년 대구지법·서울지법·서울고법 판사 1966년 서울민사지법 부장판사 1973년 서울고법 부장판사 1977년 춘천지법원장 1979년 서울민사지법원장 1980년 법원행정처 차장 1981~1986년 대법원 판사 1981~1987년 헌법위원 1988년 대법관 1990~1993년 대법원장 1994~2012년 공증인가 동남합동법률사무소 대표변호사 ㉠국민훈장 무궁화장

김덕주(金德柱) KIM Dok Ju

㉠1965·5·1 ㉲연안(延安) ㉳경기 수원 ㉴서울 서초구 남부순환로2572 국립외교원 유럽아프리카연구부(02-3497-7632) ㉴1983년 동성고졸 1987년 서울대 법대졸 1989년 同대학원졸 1995년 법학박사(러시아 모스크바대) ㉰1994년 러시아 모스크바대 강사 1995년 수원대 강사 1995년 외교안보연구원 조교수 2000년 이화여대 법대 겸임교수 2001~2012년 외교안보연구원 교수 2009년 同경제통상연구부장 직대 2012~2016년 국립외교원 유럽아프리카연구부장 2016년 同유럽아프리카연구부 교수(현) ㉠근정포장(2008) ㉢불교

김덕준(金德俊) KIM Duck Jun

㉠1962·7·13 ㉴경기 화성시 동탄면 동탄산단6길15 의13 (주)글로벌스탠다드테크놀로지 비서실(031-371-2200) ㉴우신고졸 1989년 일본 아주전문학교(어학원) 수료 ㉰1986년 성원에드워드 입사 1992년 케이씨텍 근무 1995년 한국파이오닉스 근무 2001년 (주)지에스티 대표이사 사장 2002년 (주)글로벌스탠다드테크놀로지 대표이사(현) ㉠석탑산업훈장(2014)

김덕중(金德中) KIM Duck Choong (仁谷)

㉠1934·6·9 ㉳대구 ㉴서울 마포구 백범로35 서강대학교 경제학부(02-705-8179) ㉴1956년 경기고졸 1961년 미국 위스콘신주립대졸 1966년 미국 미주리대 대학원졸 1970년 경제학박사(미국 미주리대) 1997년 명예 법학박사(미국 미주리대), 명예 공학박사(루마니아 루마니아공대) ㉰1965~1969년 미국 미주리대 강사·전임강사 1968년 미국 위스콘신주립대 조교수 1970년 서강대 경상대 부교수 1975년 同경제경영문제연구소장 1976~1977년 同경상대 교수 1977년 대우실업 사장 1978년 해우선박·대양상선 회장 1978년 한·방글라데시협회 회장 1978년 駐네팔 총영사 1982~1999년 (주)대우 상임고문 1983~1995년 서강대 경제학과 교수 1984년 同경제경영문제연구소장 1987년 同경상대학장 1992년 국제경제학회 회장 1995~1999년 아주대 총장 1995년 한국대학교육협의회 대학평가기획위원회 회장 1996년 교육개혁위원회 부위원장 1998년 새교육공동체위원회 위원장 1999~2000년 교육부 장관 2000~2001년 아주대 총장 2003년 서강대 명예교수(현) ㉠이탈리아·벨기에공화훈장, 국민훈장 석류장(1981), 청조근정훈장 ㉡'거시경제이론' '경제원론' '정부보상정책모형' '경제학과 사회'

김덕진(金德鎭) KIM Duk Jin

㉠1953·8·8 ㉳충남 논산 ㉴서울 서초구 서초중앙로215 푸른2저축은행빌딩 법무법인 두우(02-595-1255) ㉴1972년 경기고졸 1977년 서울대 법학과졸 ㉰1980년 軍법무관시험 합격(4회) 1980년 軍법무관 1982년 사법시험 합격(24회) 1985년 사법연수원 수료(15기) 1987년 국방부 조달본부 법무관 1990년 군수사령부 법무참모 1991년 수원지법 판사 1993년 서울지법 동부지원 판사 1995년 대전고법 판사 1998년 서울고법 판사 2000년 광주지법 부장판사 2002년 수원지법 부장판사 2004~2006년 서울중앙지법 부장판사 2006년 변호사 개업 2009년 법무법인 두우 변호사 2009년 법무법인 두우&이우 변호사 2013년 법무법인 두우 변호사(현) ㉢천주교

김덕태(金德泰) KIM Deok Tae (影碧)

㉠1927·5·2 ㉲김녕(金寧) ㉳경남 김해 ㉴부산 연제구 반송로6 청우빌딩10층 럭키국제특허법률사무소(051-863-4500) ㉴1952년 동아대 법정대학 경제과졸 1959년 서울대 대학원 경제과 수료 1983년 미국 조지메이슨대 수료 1984년 부산대 행정대학원졸 1998년 법학박사(동아대) ㉰1958년 국학대 강사 1971년 국민당 정무위원 1973년 변리사 고시 합격 1973년 김덕태국제특허법률사무소 소장 1974년 건설화학공업(주) 고문변리사 1975년 대한변리사고시동문회 회장 1976년 (주)국제상사 고문변리사 1977년 (사)대한국제법학회 명예이사 1985년 한국토지법학회 부회장 1989년 부산지법 동부지원 조정위원 1998년 부산아시아경기대회조직위원회 고문변리사, 럭키국제특허법률사무소 대표변리사(현) 2005년 김녕김씨부산종친회 회장 ㉡'공업소유권법개론'(1980) '특허권의 보호범위'(1981) '민사소송법 해설'(2006) '공지특허의 보호범위' '감정서 작성방법'(2006) '일본 변리사 시험문제와 해답'(2005) '법학적성시험 대응 추리 논증편 문제 및 해설집'(2009) ㉢불교

김덕현(金德鉉) KIM Duk Hyun

㉠1957·10·19 ㉲경주(慶州) ㉳경기 안산 ㉴경기 시흥시 산기대학로237 한국산업기술대학교 생명화학공학과(031-8041-0611) ㉴1987년 독일 RWTH Aachen대 화학과졸 1992년 同대학원 화학과졸 1995년 이학박사(독일 RWTH Aachen대) ㉰1992년 독일 RWTH Aachen대 유기화학연구소 연구원 1996년 충남산업대 공업화학과 전임강사 1998년 한국산업기술대 생명화학공학과 교수(현) 1999년 同산업기술연구소장 1999년 시화지구민간환경감시단장 2000년 인천지방중소기업청 기술혁신개발사업심사위원장 2008~2010년 한국산업기술대 교무처장, 환경부 환경연구기관협의회 공동위원장, 지식경제부·환경부 국가환경영상대상 심사위원장 겸 포상심의위원회 위원장, 지식경제부 산업기술진흥원 대한민국기술대상 심의위원 겸 위원장 2011년 한국산업기술대 시흥환경기술개발센터장 2011년 시흥녹색환경지원센터장(현)

2015년 한국산업기술대 일반대학원장(현) 2015년 同지식기반에너지대학원장(현) 2015년 同산업기술경영대학원장(현) 尙환경부장관표창(2000) 젭'대학화학의 기초' '화학' '일반화학' 廖가톨릭

김덕호(金德浩) Kim, Dug Ho

生1969 · 4 · 6 鄕경남 진해 㗖인천 남구 경인로434 인천지방노동위원회(032-430-3110) 學1987년 진해고졸 1993년 성균관대 사회학과졸 2000년 서울대 행정대학원 행정학과졸 2006년 영국 워릭대 Business School 경영학석사 經2002년 노동부 고용정책과 서기관 2003년 부산지방노동청 부산고용안정센터장(서기관) 2004년 제주지방노동사무소장 2005년 국외훈련(영국) 2007년 노동부 자격정책팀장 2008년 同일자리창출지원과장 2008년 대통령 고용노사비서관실 행정관 2010년 세계은행 파견(부이사관) 2013년 대통령직속 청년위원회 파견 2014년 고용노동부 고용서비스정책과장 2015년 同고용정책실 고용정책총괄과장 2015년 인천지방노동위원회 위원장(일반직고위공무원)(현) 尙대통령표창(2001), 근정포장(2015), 제2회 대한민국 공무원상(2016)

김덕희(金德熙) KIM Deok Hee

生1945 · 8 · 11 鄕서울 㗖서울 용산구 청파로383 소화아동병원 소아청소년과(02-705-9000) 學1969년 연세대 의대졸 1972년 同대학원졸 1975년 의학박사(연세대) 經1978년 미국 하와이대 의대 연수 1982년 덴마크 코펜하겐대 의대 연수 1988~2010년 연세대 의대 소아과학교실 교수 1994년 대한소아과학회 학술이사 1995년 연세대의료원 세브란스병원 교육수련부장 1997년 대한소아내분비학회 회장 2000년 同명예회장(현) 2000년 대한당뇨병학회 부회장 2002년 同회장 2006~2010년 연세대 의대 세브란스어린이병원장 2010~2014년 소화아동병원장 2014년 同소아청소년과 내분비클리닉 전문의(현) 廖천주교

김도경(金渡炅) Kim, Do Kyung

生1959 · 9 · 19 本광산(光山) 鄕전남 여천 㗖대전 유성구 대학로291 한국과학기술원 공과대학 신소재공학과(042-350-4118) 學1977년 순천고졸 1982년 서울대 공대졸 1984년 한국과학기술원(KAIST) 석사 1987년 공학박사(한국과학기술원) 經1987~1994년 Agency for Defense Development Senior Researcher 1992~1993년 미국 Univ. of Calif at San Diego(UCSD) Visiting Fellow 1994~2002년 한국과학기술원(KAIST) 응용공학부 재료공학과 조교수 · 부교수 1998~1999년 미국 NIST Guest Scientist 2002년 한국과학기술원(KAIST) 공대 신소재공학과 교수(현) 2007~2008년 미국 Univ. of Califonia Berkeley 객원교수 2007~2014년 (사)한국세라믹학회 편집위원 · 이사 2009~2011년 한국과학기술원(KAIST) 입학처장 2013년 미국세라믹학회 Fellow(현) 2015년 한국공학한림원 정회원(재료자원공학 · 현) 2015년 한국과학기술원(KAIST) 교무처장(현)

김도균(金度均) KIM Do Kyun

生1967 · 6 · 26 鄕대구 㗖세종특별자치시 도움5로19 우정사업본부 보험사업단 보험자산운용과(044-200-8680) 學광성고졸, 법학박사(미국 시라큐스대) 經1991년 행정고시 합격(35회) 2007년 산업자원부 산업정책본부 디지털혁신팀장 2007년 대통령자문 정책기획위원회 파견 2008년 지식경제부 경제자유구역기획단 교육의료팀장 2009년 同해외투자과장 2010년 同무역진흥과장 2011~2012년 同전력산업과장 2011년 한전KPS 비상근이사 2012년 지식경제부 소프트웨어산업과장 2013년 미래창조과학부 정보통신산업국 정보통신정책과장 2013년 同소프트웨어정책과장 2015년 국외 훈련 2016년 미래창조과학부 우정사업본부 경영기획실 재정기획담당관(부이사관) 2016년 同우정사업본부 보험사업단 보험자산운용과장(현)

김도균(金度均) KIM Do Kyun

生1970 · 1 · 2 鄕대구 㗖경기 고양시 일산동구 호수로550 사법연수원(031-920-3102) 學1988년 영진고졸 1993년 서울대 법학과졸 1995년 同대학원 법학과 석사과정 수료 經1995년 사법시험 합격(37회) 1998년 사법연수원 수료(27기) 1998년 軍법무관 2001년 대구지법 포항지원 판사 2003년 서울지법 판사 2004년 서울중앙지법 판사 2005년 부산지법 동부지원 판사 2006년 서울중앙지법 판사 2007년 수원지법 안산지원 판사 2008년 대구지법 김천지원 판사 2009년 서울고법 판사 2011년 서울행정법원 판사 2013년 서울가정법원 판사 2015년 전주지법 부장판사 2016년 사법연수원 교수(현)

김도균(金度均) KIM Do Kyun

生1973 · 2 · 19 鄕경남 마산 㗖서울 마포구 마포대로174 서울서부지방검찰청 형사5부(02-3270-4315) 學1991년 경상고졸 1995년 서울대 법학과졸 1999년 同대학원졸 經1997년 사법시험 합격(39회) 2000년 사법연수원 수료(29기) 2000년 육군 법무관 2003년 서울지검 검사 2004년 서울중앙지검 검사 2005년 수원지검 평택지청 검사 2007년 부산지검 검사 2010년 서울남부지검 검사 2013년 同부부장검사 2013년 대검찰청 연구관 2014년 춘천지검 강릉지청 부장검사 2015년 광주고검 검사(국무조정실 파견) 2016년 서울서부지검 형사5부장(현)

김도상(金道庠) KIM Do Sang

生1953 · 6 · 14 本김해(金海) 鄕부산 㗖부산 남구 용소로45 부경대학교 수리과학부(051-629-5522) 學1972년 경남고졸 1977년 부산대 수학과졸 1981년 同대학원 응용수학과졸 1989년 이학박사(부산대) 經1983~1995년 부산수산대 응용수학과 전임강사 · 조교수 · 부교수 1986년 이탈리아 로마대 객원연구원 1991년 부산수산대 응용수학과장 1995년 부경대 수리과학부 교수(현) 1996년 일본 오까야마대 객원연구원 1997년 중국과학원 시스템과학연구소 방문교수 1997년 베트남 하노이수학연구소 방문교수 1998년 부경대 기초과학연구소장 2001년 미국 Univ. of California Riverside Visiting Professor 2003년 대한수학회 부산경남지부 부회장 2004~2006년 부경대 자연과학대학장 겸 교육대학원장 2010년 同교무처장 2016년 同대학원장(현) 尙부산과학기술상 과학분야(2014), 대한수학회 특별공로상(2015)

김도언(金道彦) KIM Do Eun

生1940 · 6 · 15 本강릉(江陵) 鄕부산 㗖부산 연제구 법원로34 정림빌딩4층 법무법인 청률(051-507-1001) 學1958년 동래고졸 1963년 서울대 법대 공법학과졸 1964년 同사법대학원 수료 經1963년 고등고시 사법과 합격(16회) 1968~1969년 부산지검 · 서울지검 검사 1972년 법무부 법무실 검사 1975~1979년 서울지검 · 대구지검 검사 1979년 대검찰청 검찰연구관 1981년 同중앙수사부 제3과장 1982년 서울지검 특수1부장 1983년 법무부 보호국장 1985년 대구고검 · 서울고검 차장검사 1986년 대검찰청 형사2부장 1987년 대전지검 검사장 1989년 수원지검 검사장 1990년 법무부 검찰국장 1991년 부산지검 검사장 1992년 대전고검 검사장 1993년 대검찰청 차장검사 1993~1995년 검찰총장 1996년 제15대 국회의원(부산 금정乙, 신한국당 · 한나라당) 1999년 한나라당 총재 법률특보 2000년 변호사 개업 2001년 법무법인 청률 고문변호사(현) 2005년 금호산업(주) 사외이사 尙황조근정훈장(1990), 청조근정훈장(1995), 녹조근정훈장 廖기독교

김도연(金道然) KIM Doh Yeon

生1952 · 3 · 14 本배천(白川) 鄕서울 㗖경북 포항시 남구 청암로77 포항공과대학교 총장실(054-279-2001) 學1970년 경기고졸 1974년 서울대 재료공학과졸 1976년 한국과학기술원(KAIST) 재료공학과졸(석사) 1979년 재료공학박사(프랑스 블레이즈파스칼대) 經1976년 프랑스 국립RENAULT 자동차회사 중앙연구소 연구원 1979~1982년 아주대 공대 기계공학과 조교수 1982~2008년 서울대 공대 재료공학부 조교수 · 부교수 · 교수 1990~1991년 미국 표준연구소(NIST) 초빙연구원 2002년 미국 세라믹학회 Fellow 2004년 World Academy of Ceramics(WAC) 정회원 2005~2007년 서울대 공과대학장 2007년 일본 도쿄대 펠로교수 2008년 교육과학기술부 장관 2008~2011년 울산대 총장 2009년 대통령직속 국가정보화전략위원회 위원 2009~2011년 대통령자문 국가교육과학기술자문회의 부의장 2010년 한국지식재단학회 초대회장 2011년 한국공학한림원 회장 2011~2013년 국가과학기술위원회 위원장 2013~2015년 서울대 공과대학 재료공학부 초빙교수 2014~2015년 대구경북과학기술원 기초학부 초빙석좌교수 2015년 포항공과대(POSTECH) 총장(현) 尙한국공학한림원 젊은공학인상(2001), 과학기술훈장 진보장(2001), 대한금속재료학회 학술상(2002), 서울대 공과대학 훌륭한 공대 교수상(2004), KAIST 2009 올해의 동문상 교육부문(2010) 젭'우리시대 기술혁명'(2004) '나는 신기한 물질을 만들고 싶다'(2006) '기후 에너지 그리고 녹색 이야기'(2010, 생각의나무) 廖기독교

김도연(金度演) KIM Doh Yeon

生1961 · 5 · 13 鄕서울 㗖서울 성북구 정릉로77 국민대학교 사회과학대학 언론정보학부 언론학과(02-910-4457) 學1980년 서라벌고졸 1985년 서울대 언론정보학과졸 1987년 同대학원 신문학과졸 1996년 언론학박사(미국 Texas at Austin대) 經1992~1998년 방송개혁위원회 전문위원 1997~2002년 정보통신정책연구원 방송정책연구팀장, 서울대 · 한양대 · 외국어대 · 광운대 강

사 2000년 방송정책기획위원회 위원 2002년 국민대 사회과학대학 언론정보학부 언론학과 조교수·부교수·교수(현) 2009~2011년 同교양과정부장 2011년 부산콘텐츠마켓 자문위원(현) 2011~2012년 한국미디어경영학회 회장 2016년 방송통신위원회 방송시장경쟁상황평가위원회 위원장(현) 2016년 국제방송교류재단 아리랑TV 비상임이사(현) [상]정보통신부장관표창(2002)

김도연(金度演)

[생]1961·7·26 [출]전남 나주 [주]전남 담양군 담양읍 추성로1232 담양소방서 서장실(061-380-0703) [학]한국방송통신대졸, 동신대 대학원 사회복지학과졸 [경]1986년 소방공무원 임용(공채), 전남도 소방본부 소방행정계장, 전남 순천소방서 현장대응단장, 전남나주소방서 소방·방호과장, 전남도 소방본부 소방항공대장 2014년 同소방본부 방호구조과장(소방정) 2015년 전남 담양소방서장(현)

김도열(金道熱) KIM Do Youl

[생]1958·6·25 [출]전남 목포 [주]경기 안양시 동안구 시민대로109번길24의3 동보프라자3층 하나기술(주)(031-458-9367) [학]1982년 고려대 물리학과졸 1984년 同대학원 고체물리학과 수료 2000년 同경영대학원 국제경영학과졸 [경]1983~1992년 금성전선연구소 입사·레이저연구팀장 1992년 하나기술(주) 설립·대표이사 사장(현) 1993년 산업자원부 공업기반과제심의위원 1993년 과학기술부 국제공동연구과제평가위원 1995년 한국물리학회·한국광학회·미국 레이저학회 회원(현) 1998~1999년 양재·포이벤처협의회 운영위원 1999년 산업자원부 레이저발진기·응용시스템기술에관한연구담당 총괄책임자 1999년 한국스마트21엔젤클럽 이사 1999년 하나루미너스(주) 설립·대표이사(현) 2000년 세계인명사전 'International Who's Who'에 등재 2000년 한국광산업진흥회 이사 2000년 한국광학기기협회 부회장 2000년 한국레이저가공학회 재무이사 2002년 Inno-Biz협의회 이사 2015~2016년 국제로타리 3650지구(서울 강북) 총재 [상]상공부장관표창(1985), LG그룹연구개발회장표창(1986·1989), 산업자원부장관표창(2002) [종]기독교

김도용(金道勇)

[생]1943·10·1 [출]경북 울진 [주]충북 단양군 영춘면 구인사길73 구인사(043-423-7100) [학]1981년 구인사 대교과졸 [경]1977년 남대충 대종사를 은사로 득도 1980년 구인사에서 득도(은사 남대충) 1983년 6급 법계 품수 1993년 법계고시 2급 합격 1993년 대한불교천태종 종정(현) [종]불교

김도읍(金度邑) KIM Do Eup

[생]1964·7·6 [본]김해(金海) [출]부산 [주]서울 영등포구 의사당대로1 국회 의원회관408호(02-784-1740) [학]1983년 부산동고졸 1989년 동아대 법학과졸 [경]1993년 사법시험 합격(35회) 1996년 사법연수원 수료(25기) 1996년 제주지검 검사 1998년 창원지검 진주지청 검사 2000년 부산지검 검사 2002년 서울지검 북부지청 검사 2004년 춘천지검 원주지청 검사 2006년 서울중앙지검 검사 2009년 부산지검 공판부장 2010~2011년 同외사부장 2011~2012년 변호사 개업 2011년 부산시 북구다문화가족지원센터 자문변호사 2012년 새누리당 민간인불법사찰TF 위원 2012년 제19대 국회의원(부산시 북구·강서구乙, 새누리당) 2012년 새누리당 아동학대방지 및 권리보장특별위원회 위원 2012년 同연로회원지원금제도개선TF 위원 2012년 국회 대법관인사청문회특별위원회 위원 2012~2013년 새누리당 부산시당 수석부위원장 2012~2013년 同법률담당 원내부대표 2012~2013·2014년 국회 예산결산특별위원회 위원 2012~2013·2014년 국회 운영위원회 위원 2012·2014년 국회 법제사법위원회 위원 2012년 국회 민간인불법사찰 및 증거인멸사건의진상규명을위한국정조사특별위원회 위원 2012년 국회 학교폭력대책특별위원회 위원 2013년 국회 이동흡헌법재판소장인사청문회특별위원회 위원 2013년 새누리당 4.24재보궐선거공직후보자추천위원회 위원 2013년 국회 박한철헌법재판소장인사청문회특별위원회 위원 2013년 국회 방송공정성특별위원회 위원 2013년 새누리당 동아시아역사특별위원회 위원 2014~2015년 同원내부대표 2014~2015년 국회 예산결산특별위원회 예산안조정소위원회 위원 2015년 국회 서민주거복지특별위원회 위원 2015~2016년 새누리당 중앙윤리위원회 윤리관 2016년 제20대 국회의원(부산시 북구·강서구乙, 새누리당)(현) 2016년 새누리당 원내수석부대표(현) 2016년 국회 외교통일위원회 위원(현) 2016년 국회 운영위원회 여당 간사(현) [상]자랑스러운 동아인상(2012), 새누리당 국정감사 베스트팀(2012), 국회 입법 및 정책개발 정당추천 우수국회의원(2012)

김도인(金道仁) KIM Do In

[생]1961·1·25 [출]경남 사천 [주]서울 마포구 성암로267 문화방송 편성국(02-789-0011) [학]1979년 부산 동아고졸 1985년 서울대 서양사학과졸 2001년 미국 로욜라메리마운트대 대학원졸(MBA) [경]1986~1996년 MBC 라디오 프로듀서 1997년 同심의실 근무 1998~1999년 同라디오 프로듀서 2000년 미국 연수 2001년 MBC 기획국 근무 2002년 同라디오본부 라디오1CP 차장 2006년 同라디오본부 라디오1CP 2007년 同라디오본부 라디오2CP(부장대우) 2009년 同라디오본부 라디오편성기획부장 2010년 同라디오본부 라디오1부장 2011년 同라디오본부 편성기획부장 2011년 同라디오본부 라디오3부장 2012년 同뉴미디어글로벌사업국 부국장 2012년 同특보 2013년 同외주제작국장 2013년 同라디오국장 2015년 同편성국장(현) [상]한국방송대상 보도부문 공동우수상(1990), 방송위원회 올해의 어린이·청소년 프로그램상(1998)

김도종(金度宗) KIM Do Jong

[생]1953·12·8 [주]전북 익산시 익산대로460 원광대학교 총장실(063-850-5112) [학]원광고졸, 원광대 원불교학과졸 1976년 同대학원 동양철학과졸 1987년 동양철학박사(원광대) [경]1979~1981년 오산공업전문대·전북대·원광대 강사 1982~2014년 원광대 인문대학 철학과 조교수·부교수·교수 1988년 역사철학연구회 회장 1990년 (사)채문(彩文)연구소 소장 1997~2000년 전주문화방송 시사토론프로그램 진행 2000~2001년 범한철학회 회장 2001~2002년 대한철학회 회장 2004~2006년 원광대 인문대학장 2006~2014년 국제문화학회 이사장 2007~2008년 세계철학대회 조직위원 2011~2013년 원광대 도덕교육원장 2011~2013년 원광고총동문회 회장 2014년 원광대 총장(현) 2015년 한국사립대학총장협의회 감사(현) 2016년 한국대학교육협의회 감사(현) [상]전북환경대청상(2015) [저]'환경과 철학'(1999, 원광대 출판국)

김도종(金道鍾) KIM Do Jong

[생]1955·9·4 [본]배천(白川) [출]서울 [주]서울 서대문구 거북골로34 명지대학교 정치외교학과(02-300-0695) [학]1981년 연세대 정치외교학과졸 1986년 미국 사우스캐롤라이나대 대학원 국제정치학과졸 1991년 정치학박사(미국 애리조나주립대) [경]1994년 국무총리 정무비서관 1995년 여의도연구소 정치연구실장 1996년 명지대 정치외교학과 교수(현) 2005년 同전략기획실장 2006년 同기획조정실장 2009년 同사회과학대학장 겸 사회복지대학원장 2014년 국무총리소속 부마민주항쟁진상규명 및 관련자명예회복심의위원회 위원 2016년 명지대 행정부총장 겸 미래기획위원회 위원장(현) 2016년 同대외협력·홍보위원회 위원장(현) [저]'The Korean Peninsula in Transition : The Summit and its Aftermath'(2002) '정치심리학 : 정치행위의 이해'(2004) '남북관계와 한국정치'(2005) [종]기독교

김도진(金道鎭) Kim Do Jin (靑吾)

[생]1959·7·26 [본]안동(安東) [출]경북 의성 [주]서울 중구 을지로 79 IBK기업은행 임원실(02-729-6114) [학]1978년 대륜고졸 1983년 단국대 경제학과졸 [경]1985년 IBK기업은행 입행 2005년 同인천원당지점장 2008년 同본부기업금융센터장 2009년 同카드마케팅부장 2009년 同전략기획부 대외협력부장 2010년 同전략기획부장 2012년 同남중지역본부장 2013년 同남부지역본부장 2014년 同경영전략본부장(부행장) 2015년 同경영전략그룹장(부행장)(현) [종]기독교

김도태(金道泰) KIM Do Tae

[생]1958·7·10 [주]경북 경산시 하양읍 가마실길50 경일대학교 자동차IT융합대학 기계자동차학부(053-600-5325) [학]1981년 영남대 기계공학과졸 1983년 同대학원졸 1991년 공학박사(일본 도쿄공대) [경]1991년 일본 도쿄공과대 정밀공학연구소 교관 1992년 경북산업대 기계자동차학부 교수 1997년 경일대 자동차IT융합대학 기계자동차학부 교수(현) 2004년 同산학협력단장 2010년 同기계자동차학부장 2014년 同교무처장 겸 대학원장

김도한(金道漢) KIM, Dohan

[생]1950·5·15 [본]안동(安東) [출]서울 [주]서울 관악구 관악로1 서울대학교 수리과학부(02-880-5857) [학]1968년 경기고졸 1972년 서울대 전자공학과졸 1974년 同대학원 수학과졸 1981년 이학박사(미국 Rutgers대) [경]1982~1992년 서울대 수학과 조교수·부교수 1984년 대한수학회 이사 1991년 同총무이사 1992~2015년 서울대 수리과학부 교수 2004~2005년 同수리과

학부장 겸 BK21수리과학사업단장 2006년 한국과학기술한림원 정회원(현) 2007~2010년 대한수학회 회장 2011~2014년 2014세계수학자대회 공동자문위원장 2013년 아시아수학학술회의 조직위원장 2015년 서울대 수리과학부 명예교수(현) 2016년 한국과학기술한림원 이학부장(현) 2016년 대한민국학술원 회원(수학·현) [상]교육부장관표창(1992), 대한수학회 학술상(1995), 과학기술훈장 도약장(2011), 대한수학회 공로상(2014), 옥조근정훈장(2015) [저]'후리에 해석과 의미분자용소'(1987, 민음사) '해석개론(共)'(1995, 서울대 출판부) '북한의 수학연구 현황(共)'(2016, 서울대 출판부)

김도한(金道漢) KIM Do Han

[생]1950·9·4 [본]안동(安東) [출]경북 안동 [주]광주 북구 첨단과기로123 광주과학기술원 대학원 생명과학부(062-715-2485) [학]1973년 서울대졸 1977년 同대학원졸 1981년 분자생물학박사 (미국 마아퀘트대) [경]1994~2016년 광주과학기술원(GIST) 대학원 생명과학부 교수 1994~2003년 同인사심의위원회 위원장 1994~1996년 同기획연구처장 1994~1998년 同생명과학과장 1995~2000년 한국분자세포생물학회지 편집위원 1998~2000년 서울대 세포분화센터 SRC평가위원 1998년 인하대 의과대학 생리학교실 외래교수 1999년 한국과학재단 우수연구센터 생명과학분야 심사위원장 1999~2003년 과학기술부 중점연구사업기획위원회 위원 1999~2000년 '분자의 과학' 중점연구사업단 자문위원 1999~2001년 학술진흥기반사업 선도연구자 및 협동연구과제 심사위원 2000~2003년 중점국가연구개발사업 '생명현상 및 기능연구' 사업단장 2000~2008년 광주과학기술원(GIST) 생명현상기능연구소장 2000~2002년 한국과학재단 전문분과위원 2000년 21세기프론티어 '인간유전체 기능연구사업단' 기획운영위원 2001~2003년 인간유전체기능연구사업단 평가위원 2001~2006년 한국나노바이오테크놀로지센터 부소장 2002년 21C프론티어사업 '생체물질기능조절개발사업단' 평가위원 2002년 한국과학재단 지방대학우수과학자 연구비심사위원장 2002년 한국시스템생물학연구회 회장 2003~2005년 아시아나노바이오과학기술연구원 연구위원 2003년 한국분자세포생물학회 뉴스지 편집위원장 및 학술상 위원 2003~2004년 한국생물물리학회 회장 2003년 국책연구개발사업 '시스템생물학사업단' 단장 2008년 한국분자세포생물학회 시스템생물학분과장 2008년 광주과학기술원(GIST) 생명과학부 시스템생물학분과장 2009~2015년 同시스템생물학연구소장 2010년 한국통합생물학회 회장 2012년 한국분자세포생물학회 회장 2016년 광주과학기술원(GIST) 대학원 생명과학부 특훈교수(Senior Fellow)(현) [상]교육과학기술부 한국과학기술포장(2008) [저]'유전자, 사랑 그리고 진화(共)'(1998, 전파과학사) '찰스다윈(共)'(1999, 전파과학사) '세포의 발견(共)'(2000, 전파과학사) '생존의 한계(共)'(2001, 전파과학사) '정자들의 유전자 전쟁(共)'(2003, 전파과학사) '세계동물백과(포유류)(共)'(2004, 교원)

김도향(金道鄕) KIM Do Hyang

[생]1958·1·26 [출]서울 [주]서울 서대문구 연세로50 연세대학교 공과대학 신소재공학과(02-2123-4255) [학]1976년 경동고졸 1980년 서울대 금속공학과졸 1982년 同대학원 금속공학과졸 1989년 공학박사(영국 옥스퍼드대) [경]1990~1992년 한국과학기술연구원(KIST) 연구원·선임연구원 1992~1995년 포항공대 금속재료공학과 조교수 1995~2001년 연세대 재료공학부 부교수 1998~2007년 同준결정재료연구단장 2001년 同공과대학 신소재공학과 교수(현) 2008년 同나노국방응용특화연구센터장 2014~2015년 한국현미경학회 회장 2016년 한국공학한림원 정회원(재료자원공학분과·현) [상]대한금속학회 논문상(1992), 한국주조공학회 논문상(1999), 한국과학기술단체총연합회 과학기술우수논문상(2006), 대한금속재료학회 포스코학술상(2008), 연세대 최우수업적교수(2015) [저]'투과전자현미경 분석학'(1998) '알루미늄 응용기술의 이해와 활용'(2005)

김도현(金都現) Kim, Dohyun

[생]1967·8·9 [본]광산(光山) [출]서울 [주]서울 양천구 신월로386 서울남부지방법원(02-2192-1114) [학]1986년 성보고졸 1992년 한양대 법학과졸 [경]1994년 사법시험 합격(36회) 1997년 사법연수원 수료(26기) 1999년 부산지법 판사 2002년 수원지법 안산지원 판사 2004년 서울중앙지법 판사 2006년 서울남부지법 판사 2008년 서울고법 판사 2010년 서울중앙지법 판사 2012년 전주지법 군산지원 부장판사 2013년 인천지법 부장판사 2016년 서울남부지법 부장판사(현)

김도현(金道鉉)

[생]1975·3·21 [출]강원 횡성 [주]서울 서초구 서초대로74길11 삼성 법무팀(02-2255-3737) [학]1994년 경기 효원고졸 1998년 중국 북경화공대학 연수 1999년 서울대 법대졸 2007년 한국해양대 항만물류 최고경영자과정 수료 2008년 중국 화동정법대학 연수 [경]1997년 사법시험 합격(39회) 2000년 사법연수원 수료(30기) 2001년 공익법무관 2004년 의정부지검 고양지청 검사 2006~2009년 부산지검 검사 2009년 법무법인 세종 변호사 2013년 삼성 준법경영실 상무 2014년 同법무팀 상무(현) [저]'중국 반독점법'(2009, 법문사)

김도형(金度亨) KIM Do Hyung

[생]1956·8·20 [출]충북 단양 [주]서울 강남구 논현로81길 12 (사)금융조세포럼(02-3774-9001) [학]1974년 서울 경성고졸 1978년 고려대 통계학과졸 1985년 서울대 행정대학원졸 1989년 미국 아이오와주립대 대학원 경제학과졸 [경]1978년 행정고시 합격(21회) 1978년 총무처 수습행정관 1979년 서울 강남세무서 사무관 1980년 입대휴직 1982년 국세청 근무(사무관) 1984년 재무부 국고국 국유재산과·관세국 관세정책과 사무관 1988년 해외유학(미국 아이오와주립대) 1990년 재무부 증권국 자금시장과·증권정책과 사무관 1992년 駐태국대사관 재무관 1998년 재정경제부 금융·부동산실명제실시단 서기관 1998년 同세제실 국제조사과장·재산세제과장 2001년 대통령비서실 국정상황실 행정관 2003년 재정경제부 국세심판원 상임심판관 직대 2004년 同국세심판원 상임심판관 2005년 국세청 법무심사국장(이사관) 2006년 재정경제부 조세개혁실무기획단 부단장 2006년 同조세기획심의관 2007년 同조세정책국장 2008~2011년 국제부흥개발은행(IBRD) 대리이사 2011~2015년 한국거래소 시장감시위원장(상임이사) 2014년 (사)금융조세포럼 초대회장(현)

김도형(金度亨) KIM Do Hyung

[생]1966·10·5 [본]김해(金海) [출]강원 삼척 [주]서울 서대문구 통일로87 경찰청 정보화장비기획담당관실(02-3150-2741) [학]강원대 행정학과졸 [경]동해경찰서 방범과장, 경찰청 인사교육과 인사운영계 운영담당 2013년 서울 은평경찰서 청문감사관 2014년 서울지방경찰청 인사교육과 계장(총경) 2014년 강원지방경찰청 경비교통과장 2015년 강원 화천경찰서장 2016년 경찰청 정보화장비정책관실 정보화장비기획담당관(현)

김도형(金度亨)

[생]1969·11·9 [출]부산 [주]부산 연제구 법원로15 부산지방검찰청 외사부(051-606-4316) [학]1988년 부산고졸 1995년 서울대 사회학과졸 [경]1998년 사법시험 합격(40회) 2001년 사법연수원 수료(30기) 2001년 서울지검 검사 2003년 청주지검 제천지청 검사 2004년 창원지검 검사 2006년 인천지검 검사 2008년 법무부 법무심의관실 검사 2010년 서울남부지검 검사 2014년 부산지검 검사 2015년 서울중앙지검 부부장검사 2016년 부산지검 외사부장(현)

김도형(金度亨) KIM Do Hyung

[생]1969·12·12 [출]부산 [주]서울 서초구 서초중앙로157 서울중앙지방법원(02-530-1114) [학]1988년 동아고졸 1993년 서울대 법학과졸 [경]1992년 사법시험 합격(34회) 1995년 사법연수원 수료(24기) 1995년 해군 법무관 1998년 서울지법 판사 1999년 서울행정법원 판사 2002년 대전지법 홍성지원 판사 2005년 대전고법 판사 2006년 법원행정처 사법정책실 판사 2010년 창원지법 통영지원 부장판사 2011년 대법원 재판연구관 2013년 청주지법 부장판사 2015년 서울중앙지법 부장판사(현)

김도환(金道桓) KIM Do Hwan

[생]1959·5·27 [출]서울 [주]충북 진천군 덕산면 정통로18 정보통신정책연구원(043-531-4000) [학]신일고졸 1982년 성균관대 경영학과졸 1984년 한국과학기술원 경영학과졸(석사) 1993년 경영학박사(미국 노스웨스턴대) [경]1993~2000년 정보통신정책연구원(KISDI) 연구위원 1996~1999년 한국소프트웨어산업발전위원회 위원 1997~1999년 한국소프트웨어수출진흥위원회 위원 2000~2014년 세종대 경영대학 교수 2000년 정보통신부 IMT-2000사업자심사평가단 심사위원 2002~2006년 정보통신부 심사평가위원회 평가위원 2002~2007년 기획예산처 기금운용평가단 평가위원 2006년 정보통신부 재정사업평가위원회 위원장 2006~2011년 정보통신정책학회 이사

2006~2009년 (주)KT 사외이사 겸 감사위원 2012년 새누리당 국민행복추진위원회 방송통신추진단 위원 2013년 국무총리소속 공공데이터전략위원회 민간위원 2013년 한국경영과학회 부회장 2014년 정보통신정책연구원 원장(현) 2016년 국무총리소속 정부3.0추진위원회 위원장(현) (상)정보통신부장관표창(1997 · 2006), 국무총리표창(1999), 국민훈장 동백장(2016) (제)'정보화촉진기금의 안정적 확보 및 효율적 지원방안'(1997, 정보통신정책연구원) '컨텐트산업의 현황과 정책과제'(1998, 정보통신정책연구원) '정보통신창업 애로요인 분석 및 활성화 방안 연구'(1999, 정보통신정책연구원)

김도환(金道煥) Kim Do Hwan

(생)1970 · 5 · 5 (본)경주(慶州) (출)서울 (주)서울 강서구 허준로91 대한한의사협회 홍보실(02-2657-5081) (학)1989년 서울 대원고졸 1997년 경기대 영어영문학과졸 1999년 단국대 행정대학원 행정학과졸 (경)2000년 일간보사 의학신문 취재기자 2003년 청년의사 취재기자 2005년 메디포뉴스 취재부장, 同편집국장 2008년 뉴시스헬스 편집국장 2008년 대한한의사협회 홍보실장(현) (상)보건복지부장관표창(2012)

김도환(金都煥) KIM Do Hwan

(생)1972 · 2 · 7 (출)경남 창원시 성산구 남면로599 S&T중공업(주) 임원실(055-280-5000) (학)대전고졸, 성균관대 법학과졸 (경)우리투자증권 법무팀 변호사 2008년 S&T홀딩스 이사 · 전무이사 2009년 S&T중공업(주) 등기이사, S&T모터스 이사 2013~2016년 S&TC 대표이사 사장 2013년 S&T홀딩스 경영관리이사 2016년 S&T중공업(주) 대표이사(현)

김도훈(金度熏) KIM Do Whun (南桂)

(생)1957 · 12 · 10 (출)전남 장흥 (주)서울 중구 세종대로20길15 거래가격(주) 임원실(02-2075-8300) (학)1975년 장흥고졸 1981년 성균관대 경제학과졸 1984년 同대학원졸 (경)1987년 일간건설신문 입사 1994년 同산업부장 2002년 同사업국장 직대 2005년 同편집국장 2008년 同사장 2009~2014년 건설경제신문 사장 2014년 거래가격(주) 대표이사(현) (종)가톨릭

김도훈(金度勳) KIM Do Hoon

(생)1961 · 2 · 10 (출)충북 영동 (주)대전 서구 갈마중로30번길67 충청투데이(042-380-7007) (학)충남고졸, 충남대 경영학과졸, 고려대 경영대학원졸(석사) (경)1988년 동남증권 경제연구소 근무 1990년 대전매일신문 경제부 기자 1992년 同사회부 기자 1995년 同정치부 기자 1997년 同정치팀장 1998년 同경제과학부 차장 2001년 同정치부장 2002년 同경제부장 2004년 同정치부장 2005년 충청투데이 정치부장 2006년 同마케팅국장 직대 2008년 同편집국장 2009년 同편집국장(상무보), 同기획조정실 상무보 2010년 同기획조정실장 겸 충남총괄본부장(상무보) 2012년 同세종 · 충남총괄본부장 2014년 同충남본부 부사장 2015년 同대전 · 충남본사 대표이사 사장(현)

김 돈(金 燉) KIM Don

(생)1954 · 6 · 10 (주)서울 노원구 공릉로232 서울과학기술대학교 기초교육학부(02-970-6290) (학)1980년 서울대졸 1983년 同대학원졸 1993년 문학박사(서울대) (경)1993년 서울산업대 교양학부 부교수 1996~1998년 역사교육연구회 총무이사 2002년 한국사연구회 연구이사 2004년 조선시대사학회 출판이사 2004~2010년 서울산업대 기초교육학부 교수, 同학생처장 2010년 서울과학기술대 기초교육학부 교수(현) 2013년 국사편찬위원회 2013고등학교한국사교과서검정심의위원 검정위원 (제)'조선전기 군신권력관계 연구'(1997) '뿌리깊은 한국사 샘이 깊은 이야기'(2002) '조선의 정치와 사회'(2002) '상촌 김자수와 그 후예'(2003) '63인의 역사학자가 쓴 한국사 인물 열전'(2003) '조선중기정치사연구'(2009) '대학글쓰기와 의사소통(共)'(2011)

김돈곤(金敦坤) KIM, Don-Gon

(생)1957 · 8 · 10 (주)충남 홍성군 홍북면 충남대로21 충남도청 자치행정국(041-635-2300) (학)1974년 예산고졸 1992년 한국방송통신대 행정학과졸 (경)1979년 지방공무원 임용(5급 공채) 1998~1999년 충남도 정책기획정보실 근무 1999년 청양군 운곡면장 2001년 충남도공무원교육원 교무담당 2001년 충남도 농림수산국 농정유통과 사무관 2002년 同건설교통국 주택도시과 신도시개발팀

장 2003년 同문화관광국 관광진흥과 관광홍보팀장 2004년 同기획관리실 정책기획관실 확인평가담당 2007년 同혁신정책기획관실 기획담당 2008년 同정책기획관실 기획담당 2009년 교육파견(서기관) 2010년 충청남도 투자통상실 국제협력과장 2011년 同경제통상실 국제통상과장 2011년 同홍보협력관 2014년 同농정국장 2015년 同자치행정국장(부이사관)(현) (상)내무부장관표창(1986 · 1994), 충남도지사표창(1988), 국무총리표창(1996), 지방행정연수원장표창(1998)

김돈규(金燉奎) Don-Kyu Kim

(생)1967 · 11 · 13 (본)김녕(金寧) (출)대구 (주)서울 동작구 흑석로102 중앙대학교병원 재활의학과(02-6299-1865) (학)1986년 대구 달성고졸 1992년 서울대 의대졸 1998년 同대학원졸 2006년 의학박사(서울대) (경)1992~1993년 서울대병원 인턴 1993~1997년 同전공의 1997~2000년 軍의관(공중보건의) 2000~2001년 국립재활원 재활의학과장 2001~2011년 중앙대 의대 재활의학과 조교수 · 부교수 2004년 아테네올림픽 대한민국대표팀 주치의 2007~2008년 Research Fellow, 미국 Johns Hopkins Univ. School of Medicine Department of Physical Medicine 2011년 중앙대 의대 재활의학교실 교수(현) 2013년 同병원 재활의학과장 겸 주임교수(현), 국민연금 중증장애심사 자문위원(현), 대한장애인사격연맹 의무이사(현), 대한장애인승마협회 등급분류이사(현), 국제장애인올림픽위원회(IPC) 사격국제등급분류위원(현), 대한재활의학회 고시위원(현), 대한연하장애학회 수련교육위원장(현), 대한뇌신경재활학회 총무위원장(현), 대한노인재활의학회 홍보위원장(현), 대한뇌졸중학회 정보위원회 간사(현), 대한신경근골격초음파학회 교육위원장(현) 2014년 2014인천장애인아시안게임 등급분류지원단장(상)제주도지사표창(1998), 대통령표창(2004), 대한노인재활의학회 우수연구상(2013) (제)'신경근골격초음파'(2013, 한솔의학) '재활의학'(2014, 군자출판사) (역)'프롤로테라피를 이용한 인대와건의 이완에 대한 치료'(2002, 신흥메드사이언스) (종)가톨릭

김동건(金東建) KIM Dong Kun

(생)1943 · 10 · 16 (출)강원 강릉 (주)경기 성남시 수내로54 보보스쉐르빌10층 한국철도문화재단(031-715-1772) (학)1961년 경기고졸 1965년 서울대 상대 경제학과졸 1969년 미국 조지아대 대학원졸 1973년 경제학박사(미국 조지아대) (경)1973~1978년 미국 테네시대 조교수 · 부교수 1977년 미국 시카고대 객원교수 1978~2009년 서울대 행정대학원 교수 1986년 同행정대학원 원장보 1989년 경제기획원 예산회계제도심의위원회 위원 1990년 (사)한국재정연구회 상임이사 1991년 재무부 세제발전심의위원 1993~1995년 서울대 기획실장 1993년 한국환경경제학회 회장 1994년 한국재정학회 부회장 1995~1996년 同회장 1995~1997년 대통령자문 정책기획위원 1997년 한국학술진흥재단 비상임이사 1999년 대한주택공사 사외이사 2000년 국무총리자문 정책평가민간위원회 위원 2000년 한국조세연구원 연구위원 2000년 대통령자문 정부혁신추진위원회 위원 2002~2003년 同위원장 2002년 한국재정연구회 이사장(현) 2005년 한국철도공사 사외이사 2009년 한국철도문화재단 이사장(현) 2009년 서울대 명예교수(현) 2014년 지방재정부담심의위원회 위원(현) (상)국민포장, 홍조근정훈장 (제)'현대재정학' '비용 · 편익분석' '재정과 경제복지' 등 (종)기독교

김동건(金東建) KIM Dong Gun

(생)1946 · 11 · 2 (출)경북 의성 (주)서울 강남구 테헤란로92길7 바른빌딩 법무법인 바른(02-3479-7500) (학)1965년 경북대사대부고졸 1969년 서울대 법대졸 1974년 同대학원졸 1982년 영국 케임브리지대 수료 (경)1970년 사법시험 합격(11회) 1972년 해군 법무관 1975~1982년 서울형사지법 · 서울민사지법 · 대전지법 · 서울지법 동부지원 판사 1982년 서울고법 판사 1986년 대구지법 부장판사 1989년 사법연수원 교수 1991년 서울형사지법 부장판사 1992년 법원행정처 조사국장 1993년 대구고법 부장판사 1994년 대구지법 수석부장판사 1995~2000년 서울고법 부장판사 1998년 법원행정처 기획조정실장 2000년 제주지법원장 2000년 수원지법원장 2003년 서울지법원장 2004~2005년 서울고법원장 2004년 중앙선거관리위원회 위원 2005~2011년 법무법인 바른 대표변호사 2005년 현대상선 사외이사 2006~2008년 학교법인 영남학원 이사장 2006년 참여불교재가연대 상임대표 2007~2009년 정부공직자윤리위원회 위원장 2009년 경찰청 인권위원장 2012년 법무법인 바른 명예대표(현) 2012~2013년 국민체육진흥공단 비상임이사, 불교포럼 상임대표, 장욱진미술문화재단 이사장(현), 세종문화관 후원회장(현) 2014~2016년 서울대 법과대학 동창회장 2014년 천고법치문화재단 이사(현), 영국 케임브리지대 한국동문회장 (상)의성군민상 애향부문(2010), 대한불교조계종 불기2558년 불자대상(2014) (종)불교

김동건(金東建) KIM Dong Gun

[생]1947·1·12 [본]경주(慶州) [출]충북 청원 [주]대전 유성구 대학로99 충남대학교 스포츠과학과(042-821-5114) [학]1965년 청주고졸 1969년 공주사범대 체육교육학졸 1978년 충남대 교육대학원졸 1996년 이학박사(한국체육대) [경]1969년 동국고 교사 1969~1971년 함백중 교사 1971년 연기중 교사 1971~1973년 조치원종합고 교사 1973~1974년 한밭중 교사 1974~1980년 충남고 교사 1984~2010년 충남대 자연과학대학 스포츠과학과 조교수·부교수·교수 1992~1993년 한국체육학회 감사 1992년 한국사회체육학회 이사, 대전시교원단체총연합회 회장, 대전시육상경기연맹 전무이사, 同부회장, 대전시장애인육상연맹 회장 2010~2014년 대전시의회 교육위원회 교육의원 2012년 충남대 명예교수(현) 2014년 대전광역시 교육감선거 출마 [상]체육부장관표창(1982), IOC부위원장 감사패(1993), 대전시 문화상(1997), 문교부장관표창(1998) [저]'취학전 아동의 체격 및 체력육성을 위한 체육놀이 프로그램 개발'(1995, 문화체육부) '노인복지를 위한 레크리에이션 프로그램 개발'(1997, 대전시) '여가레크리에이션교육론'(2002, 충남대 출판부)

김동관

[생]1958·8·10 [주]대구 달성군 논공읍 논공로597 평화홀딩스(주) 비서실(053-610-8500) [학]2006년 인하대졸 [경]AMT컨설팅그룹 대표, 샤인시스템 대표이사, 인하대 경영학부 겸임교수, 평화오일씰공업(주) 대표이사 사장(현) 2005년 공군 정책발전자문위원 2005년 KS인증심사원 자격심의위원 2011년 평화홀딩스(주) 사장 2012년 同대표이사 사장(현) 2016년 대구상공회의소 상임의원(현) [상]매일경제 선정 '대한민국 글로벌 리더'(2014·2015)

김동관(金東官)

[생]1983·10·31 [출]서울 [주]서울 중구 청계천로86 한화큐셀 임원실(02-729-1114) [학]2002년 미국 세인트폴고졸 2006년 미국 하버드대 정치학과졸 [경]2010년 한화그룹 회장실 차장 2011년 한화솔라원 기획실장 2013년 한화큐셀 CSO(전략마케팅실장·Chief Strategy Officer) 2014년 한화솔라원 영업실장 2015년 同영업실장(상무) 2015년 한화큐셀 영업실장(상무) 2016년 同영업실장(CCO·전무)(현) [상]세계경제포럼 2013 젊은 글로벌리더(Young Global Leader)(2013)

김동광(金東光) KIM Dong Kwang (旲山)

[생]1958·10·30 [본]김해(金海) [출]경남 창녕 [주]경북 칠곡군 가산면 다부거문1길202 대구예술대학교 미술컨텐츠학과(054-970-3131) [학]영신고졸, 영남대 동양화과졸 1992년 同대학원졸 2009년 명예 교육학박사(미국 코헨대) [경]1993~2012년 대구예술대 미술컨텐츠전공 교수 1996년 대구미술대전 초대작가·심사운영위원 1996~1999년 대구미술협회 편집국장 1996~1998년 대구예술대 교무처장 1997~1999년 한화회 회장 1998~2001년 대구예술대 도서관장 1999~2002년 현대한국화협회 이사 2001년 신조형미술대전 운영위원장 2002~2005년 대구미술협회 감사 2003년 예술한지연구소 소장(현) 2004~2009년 한국교육미술협회 회장 2004년 대구예술대 총장직대 2005년 한국교육미술협회 학회장 2005년 학교법인 일봉 이사 2006년 대한민국신조형미술대전 이사장(현) 2006~2015년 환경미술대전 운영위원장 2006~2013년 대한민국신조형미술대전 운영위원장 2007년 대한민국국제현대미술EXPO 집행위원장 2007년 우봉미술관 운영이사 2008년 대한민국미술대전 심사위원 2009년 (사)국제당수도연맹 운영위원장(현) 2009~2010년 광주시미술단체 심의위원장 2009~2013년 대구문화예술위원회 운영위원 2011년 한국화동질성 운영위원장(현) 2012~2015년 아트경주조직위원회 위원 2012년 대구예술대 미술컨텐츠학과 교수(현) 2013년 同석암미술관장·예술한지연구소장 겸임(현) 2013~2014년 대한민국미술대전 3차심사위원장(한국화) 2014년 대구시 조형물심의위원(현) 2014년 대구예총 알앤비연구위원(현) 2014년 (사)국제당수도연맹 상임부회장(현) 2014~2015년 경북도문화재위원회 문화위원 2014~2015년 경주시 경주아트페어 운영위원 2015년 대구아트페어 조직위원(현) [상]영남대총장표창(1986), 미술교육인상(2001), 요동성국화원장표창(2006), 서울시장표창(2007), 선진문화상(2008), 대한민국예술인상(2008), 미국 오바마대통령표창(2009), 미술세계상(2012), 중·한예술가사생전 대상(2012), 교육부장관표창(2013) [저]'수묵화 기법'(2008) [작]'삶-사랑이야기' '삶-그리움' '삶-세상아 놀자' '삶-열정' '삶-사랑은 푸르다' '삶-달빛에 녹은사랑' 등 [종]기독교

김동구(金東九) KIM Dong Goo

[생]1944·3·5 [본]나주(羅州) [출]전남 무안 [주]서울 구로구 공원로8길24 백제약품(주) 회장실(02-2109-9401) [학]1966년 조선대 약학과졸 1978년 고려대 경영대학원 최고경영자과정 수료 1993년 서울대 경영대학원 최고경영자과정 수료 2010년 건국대 대학원 의료최고경영자과정 수료 [경]1964년 백제약품(주) 입사 1965년 同상무 1973년 同부사장, 同기획관리실장 겸임 1989~1991년 대한핸드볼협회 부회장 2003~2011년 학교법인 초당학원 이사 2003년 백제약품(주) 대표이사, 초당약품공업(주) 대표이사(현), 백제에치칼(주) 대표이사(현) 2014년 백제약품(주) 대표이사 회장(현) 2015년 한국의약품유통협회 상임자문위원(현) [상]동암약의상 유통부문(2010), 건국대 경영대학원장표창(2010)

김동구(金東求) KIM Dong Gu

[생]1951·10·22 [출]경북 안동 [주]대구 달서구 성서로276 (주)금복주 비서실(053-580-3118) [학]1969년 경북사대부고졸 1973년 중앙대 사범대학졸 1985년 영남대 환경대학원졸 [경]1987~1994년 대구시 문화예술진흥위원회 위원 1987년 (주)금복주·경주법주(주) 대표이사(현) 1990~1994년 (사)산학경영기술연구원 부원장 1995~2013년 대구시테니스협회 회장 1999~2003년 경북도 제2의건국범도민추진위원회 위원 2001~2004년 대구하계유니버시아드대회조직위원회 집행위원 2007~2008년 국세청 세정자문위원 2008년 (재)금복문화재단 이사장(현) 2008년 사회복지법인 금복복지재단 이사장(현) 2009년 법무부 범죄예방대구경북지역협의회 운영부위원장(현) 2010년 대구상공회의소 부회장 2010~2011년 2011대구세계육상선수권조직위원회 집행위원 2012~2015년 대구상공회의소 회장 2012~2015년 대한상공회의소 부회장 2014년 법사랑위원연합회 부회장(현) [상]체육훈장 맹호장(2007)

김동구(金東龜) KIM Dong Goo

[생]1955·1·23 [출]서울 [주]서울 서대문구 연세로50의1 연세대학교 의과대학 약리학교실(02-2228-1733) [학]1979년 연세대 의대졸 1982년 同대학원 약리학과졸 1988년 약리학박사(연세대) 1992년 이학박사(미국 미네소타대) [경]연세대 의과대학 약리학교실 부교수 2000년 同의과대학 약리학교실 교수(현) 2001년 대한스트레스학회 학술이사 2003년 대한의학회 부회장 2004~2012년 연세대 의대 약리학교실 주임교수 2004년 대한약리학회 기금이사 2005년 한국내신경과학회 상임이사 2005년 대한약리학회 이사 2006년 한국통합의학회 기획위원장 2006년 연세평생교육원 스트레스관리전문가과정 책임교수 2007·2009년 (사)한국스트레스협회 회장(현) 2011~2012년 대한약리학회 이사장 2012년 연세대 의대 정신과학교실 겸임교수, 대한스트레스학회 부회장(현)

김동구(金東九) KIM Dong Gu

[생]1967·9·11 [본]안동(安東) [출]부산 [주]세종특별자치시 도움6로11 환경부 자원순환국 자원순환정책과(044-201-7340) [학]1986년 동아고졸 1994년 부산대 행정학과졸 2008년 조선대 대학원 환경공학과졸 [경]1996년 환경부 자연보전국 평가제도과 사무관 1998년 同자연보전국 환경평가과 사무관 2004년 同상하수도국 수도정책과 서기관 2007년 同재정기획관실 재정운용과장 2008년 同환경전략실 기후대기정책관실 대기관리과장 2009년 同기획조정실 규제개혁법무담당관 2009년 직무연수(서기관) 2011년 4대강살리기추진본부 파견(서기관) 2012년 환경부 기획조정실 조직성과담당관 2013년 同기획조정실 창조행정담당관 2014년 同자원순환국 폐자원관리과장 2015년 同자원순환국 자원순환정책과장(부이사관)(현) [종]불교

김동국(金東國)

[생]1971·10·13 [출]경남 진주 [주]강원 춘천시 공지로284 춘천지방법원(033-259-9000) [학]1989년 대아고졸 1994년 서울대 법학과졸 1996년 同대학원졸 [경]1996년 사법시험 합격(38회) 1999년 사법연수원 수료(28기) 1999년 육군 법무관 2002년 서울지법 판사 2004년 서울동부지법 판사 2006년 창원지법 통영지원 판사 2006년 미국 유학 2010년 서울고법 판사 2012년 대법원 재판연구관 2016년 춘천지법 수석부장판사(현) 2016년 언론중재위원회 강원중재부장(현)

김동권(金東權) KIM Dong Gyun

⊗1951 · 4 · 11 ⊗김해(金海) ⊗경남 양산 ⊗부산 서구 구덕로142번길7 동남약품 비서실(051-248-0008) ⊗1974년 동아대 경영학과졸 ⊗1974~1989년 제일약품 영업본부장 1990년 동남약품 설립 2001년 同대표이사(현) 2003년 한국의약품도매협회 부산 · 경남지부 회장 2004년 同부회장 2015년 (사)한국의약품유통협회 부회장(현) 2016년 법사랑위원회 부산동부지역연합회 회장(현) ⊗보건복지부장관표창(1996), 부산광역시장표창(1997)

김동권(金東權)

⊗1961 · 3 · 20 ⊗경남 고성 ⊗경남 하동군 금성면 금성로16 하동소방서(055-880-9200) ⊗부산고졸, 창신대 중어중문학과졸 ⊗2002년 경상남도 소방본부 상황실장 2007년 경남 통영소방서 예방대응과장 2011년 경남도 소방본부 기획감찰담당 2013년 경남 양산소방서 소방행정과장 2013년 경상남도 소방본부 구조구급과장 2014년 경남 사천소방서장 2016년 경남 하동소방서장(현)

김동규(金東圭) KIM Dong Kyu (鐵山)

⊗1939 · 2 · 6 ⊗용궁(龍宮) ⊗경남 남해 ⊗세종특별자치시 세종로2511 고려대학교 세종캠퍼스 북한학과(044-860-1270) ⊗1957년 남해고졸 1966년 고려대 교육학과졸 1968년 同대학원졸 1974년 일본 와세다대 문학연구학과 수료 1977년 미국 컬럼비아대 수료 1981년 문학박사(일본 와세다대) ⊗1977년 청주대 조교수 1981~2004년 고려대 북한학과 부교수 · 교수 1990년 세계평화교수협의회 부회장 1996년 통일교육학회 회장 1997년 민주평통 상임위원 1998년 통일부 정책자문위원 1998년 북한연구소장 1999년 고려대 서창캠퍼스 도서관장 2001~2003년 同인문대학장 겸 인문정보대학원장 2001년 서울 · 평양학회 초대회장 2001~2003년 북한연구학회 회장 2003년 선문학원 이사 2004년 고려대 북한학과 명예교수(현) 2005년 남해군국제화추진협의회 회장 2010년 보물섬남해포럼 공동대표 ⊗조선일보 사장상(1968, 신춘문예 학생논문 당선), 근정포장(2004) ⊗'사회주의 교육학'(1995) '북한의 교육학'(1996) '김일성 전설집'(1996) '조선교육사'(1997) '북한학 총론'(1999) '김정일 전설집'(2000) 'Human Remoding in North Korea(共)'(2010) '김일성과 문선명'(2014) ⊗'소련의 학교교육'(1985) '중공 교육학'(1986) '미국의 환경운동사'(1996) '세계의 환경교육'(1997) ⊗불교

김동규(金東圭) Kim Dong Gyu (春岡)

⊗1953 · 2 · 25 ⊗경주(慶州) ⊗충남 서천 ⊗충남 천안시 서북구 번영로208 천안시설관리공단 이사장실(041-529-5001) ⊗1972년 군산상고졸 1985년 국민대졸 1987년 연세대 경영대학원졸 1997년 프랑스 파리제1대 대학원 박사과정 2년 수료 2009년 서울대 행정대학원 국가정책과정 수료 ⊗1984~1991년 경제기획원 조사통계국 서무과 · 총무과 · 공정거래실 공정거래총괄과 행정주사 1991~2000년 同심사평가국 투자기관2과 · 예산실 상공과학예산과 · 예산총괄과 · 교육문화예산과 · 기획예산처 예산실 행정문화예산과 · 예산총괄과 행정사무관 2000~2003년 문화관광부 관광국 관광정책과 행정사무관 2001~2006년 同국립극장 · 민속박물관 · 출판신문과 · 예술문화산업과 · 종무담당관실 서기관 2003~2006년 프랑스 파리소재 유네스코 본부 예술문화산업국 부국장 2006년 문화관광부 종무담당관실 서기관 2007년 국립중앙도서관 총무과장 2007년 문화관광부 종무실 종무담당관(서기관) 2007년 同종무실 종무담당관(부이사관) 2008년 문화체육관광부 종무실 종무담당관 2008년 同기획조정실 기획재정담당관 2009~2010년 同종무실 종무관 2014년 천안시설관리공단 이사장(현) ⊗국무총리표창(1990), 대통령표창(2008)

김동규(金東奎) KIM Dong Kyu

⊗1953 · 10 · 10 ⊗김해(金海) ⊗경북 구미 ⊗경북 경산시 대학로280 영남대학교 생활과학대학 체육학부(053-810-3138) ⊗1971년 계성고졸 1975년 영남대 체육학과졸 1977년 고려대 대학원 체육학과졸 1992년 이학박사(한국체육대) ⊗1980년 영남대 생활과학대학 체육학부 전임강사 · 조교수 · 부교수 · 교수(현) 1996년 경북구기협회 부회장 · 고문(현) 1997년 스포츠사회철학회 회장 1999년 한국올림픽성화회 부회장 2002~2004년 영남대 학생처장 2004년 同스포츠과학대학원장 2006년 同스포츠과학연구소장 2007년 대구경북체육학회 회장 · 명예회장 · 고문(현) 2008년 동아시아운동스포츠과학회 회장 2009~2011년 영남대 생활과학대학장 2010년 한국체육철학회 고문

(현) 2013년 영남대 스포츠과학대학원장 ⊗'생활체육'(1981) '농구의 이론과 실제'(1982) '건강한 삶과 운동'(1995) '체육원리의 제문제'(1996) '세계체육사'(1999) '스포츠의 철학적 이해'(1999) '스포츠사회철학담론'(2000) '오늘과 내일을 바라본 체육 · 스포츠론'(2000) '스포츠의 사회학적 이해'(2001) '스포츠환경론'(2001) '중국 체육 · 스포츠'(2002) '체육철학'(2002) '김동규교수의 스포츠사회철학 담론'(2002) '김동규교수, 신선우감독의 농구교실'(2004) '체육, 스포츠 인물사'(2004) '스포츠의 사회운동적 이해'(2006) '태권도의 역사철학적 탐구'(2007, 영남대 출판부) '학교체육 제모습 찾기'(2008, 영남대 출판부) ⊗천주교

김동규(金東奎) KIM Dong Gyu

⊗1954 · 1 · 31 ⊗광산(光山) ⊗서울 ⊗서울 종로구 대학로101 서울대학교병원 신경외과(02-2072-2874) ⊗1972년 경기고졸 1978년 서울대 의대졸 1982년 同대학원졸 1989년 의학박사(서울대) ⊗1978~1983년 서울대병원 인턴 · 레지던트 1986~1990년 경상대 의대 전임강사 · 조교수 1990년 서울대 의대 신경외과학교실 조교수 · 부교수 · 교수(현) 1992~1994년 독일 쾰른대 교환교수 2006년 국제감마나이프학회 회장 2009년 국제방사선수술학회 회장 2009~2011년 대한방사선수술학회 회장 2010년 세계신경외과학회지 상급자문위원회 위원(현) 2010년 유럽신경외과학회 공식학술지 공동편집위원장(현) 2010~2013년 서울대병원 의생명연구원장 ⊗대한신경외과학회 학술상, 대한민국학술원상(2008) ⊗'50주년 교실사'(2007) '신경외과학 교과서'(2007) '교실경영에도 리모델링이 필요하다'(2011) '전이성 뇌종양의 치료'(2012) '브레인'(2013, 일조각)

김동규(金東奎) KIM Dong Gyu

⊗1959 · 5 · 22 ⊗선산(善山) ⊗전남 영광 ⊗서울시 광진구 능동로120 건국대학교 언론홍보대학원(02-450-3275) ⊗1978년 광주 숭일고졸 1983년 서강대 신문방송학과졸 1985년 同대학원 신문방송학과졸 1992년 신문방송학박사(서강대) ⊗1986~1992년 서강대 언론문화연구소 연구원 1993년 건국대 미디어커뮤니케이션대학 신문방송학과 교수 1994년 동아일보 객원편집위원 1994년 충주MBC 시청자위원회 부위원장 1996년 건국대 언론홍보대학원 주임교수 1996~1998년 한국사회언론연구회 회장 1998년 한국언론정보학회 기획이사 1998년 한국방송학회 이사 1998~2002년 건국대 언론사 주간교수 2004~2006년 한국방송광고진흥공사 미디어포럼위원 2004년 방송위원회 외주개선협의회 위원 2004~2006년 문화관광부 방송영상정책기획위원회 위원 2005~2006년 미국 일리노이대 초빙교수 2006~2008년 건국대 중원도서관장 2007~2008년 한국방송학회 편집위원장 2008~2009년 한국기자협회 언학협력단장 2009년 同이달의기자상 및 한국기자상 심사위원장 2009~2012년 한국미디어경영학회 이사 2009~2012년 한국언론학회 미디어경제경영연구회장 2010년 同감사 2010년 언론중재위원회 선거기사심의위원회 위원 2010~2013년 지역신문발전위원회 위원 2012년 한국방송공사 경영평가위원회 위원 2012~2014년 건국대 사회과학대학원장 2013~2014년 한국언론학회 회장 2014 · 2016년 건국대 언론홍보대학원장(현) 2014년 언론중재위원회 위원(현) 2015~2016년 同시정권고위원 2016년 건국대 언론홍보대학원 교수(현) 2016년 언론진흥기금 관리위원(현) 2016년 KT스카이라이프방송 시청자위원장(현) 2016년 건국대 KU미디어센터장(현) ⊗한국방송학회 학술상(2009) ⊗'매스미디어 조사방법론(共)'(1996, 선계이지러닝) '현대사회와 매스커뮤니케이션' '재벌과 언론(共)'(1997) '정보화시대의 지역방송(共)'(1998, 한울) '과학문화의 이해(共)'(2000, 일진사) '현대미디어의 이해(共)'(2001, 건국대 출판부) '사라진 독자' ⊗'미디어경제경영론(共)'(2009) '매스미디어 연구방법론(共)'(2014)

김동규(金東奎)

⊗1968 · 8 · 11 ⊗경기 수원시 팔달구 효원로1 경기도의회(031-8008-7000) ⊗연세대 대학원졸, 동국대 대학원 법학 박사과정 수료 ⊗금촌청소년문화의집 관장, 한국청소년수련시설협회 회장, 금촌초 운영위원장, 경기도돌봄지원협의회 위원, 파주시지역사회복지협의체위원, 민주평통 자문위원, 용인대 강사, 경민대 평생교육원 책임교수 2014년 경기도의회 의원(새누리당)(현) 2014년 同여성가족교육협력위원회 위원 2014년 同친환경농축산물유통체계및혁신학교개선추진특별위원회 여당 간사 2015년 同안보대책특별위원회 여당 간사 2015년 同예산결산특별위원회 위원 2015년 同청년일자리창출특별위원회 위원(현) 2016년 同여성가족교육협력위원회 간사(현) 2016년 새누리당 경기도당 공약개발본부접경지역발전위원회 위원장(현)

김동규(金東奎) KIM Dong Kyu

[생]1970·3·25 [출]서울 [주]대전 서구 둔산중로69 특허법원(042-480-1400) [학]1989년 충암고졸 1993년 고려대 법학과졸 [경]1996년 사법시험 합격(38회) 1999년 사법연수원 수료(28기) 1999년 軍법무관 2002년 부산지법 판사 2005년 수원지법 판사 2008년 서울북부지법 판사 2010년 서울고법 판사 2012년 대법원 재판연구관 2014년 춘천지법 강릉지원 부장판사 2016년 특허법원 판사(현)

김동규(金東奎)

[생]1971·3·8 [출]경북 영주 [주]광주 동구 준법로7의12 광주지방법원(062-239-1114) [학]1990년 대영고졸 1996년 서울대 법학과졸 [경]1997년 사법시험 합격(39회) 2000년 사법연수원 수료(29기) 2000년 공익법무관 2003년 부산지법 동부지원 판사 2006년 인천지법 판사 2010년 서울중앙지법 판사 2012년 서울고법 판사 2013년 대법원 재판연구관 2015년 광주지법 부장판사(현)

김동균(金東均) KIM Dong Gyun

[생]1957·11·5 [출]경북 상주 [주]경기 이천시 부발읍 경충대로2091 SK하이닉스 환경안전본부(031-630-4114) [학]1976년 보성고졸 1983년 고려대 재료공학과졸 [경]대우반도체 근무, (주)하이닉스반도체 상무보, 同해외법인 상무, 同구매실장 겸 HSMA법인장(상무) 2010년 同구매실장 겸 HSMA법인장(전무) 2012년 SK하이닉스 FAB제조본부장(전무) 2014년 同환경안전본부장(부사장) 2016년 同고문(현) [상]산업포장(2010)

김동극(金東極) KIM Dong Keuk

[생]1962·6·15 [본]영양(英陽) [출]경북 영주 [주]세종특별자치시 절재로180 인사혁신처 처장실(044-201-8000) [학]1980년 서라벌고졸 1984년 서울대 사회교육학과졸 1986년 同행정대학원 행정학과졸 1999년 미국 뉴욕대 대학원 행정학과졸 [경]1985년 행정고시 합격(29회) 1986년 총무처 행정사무관 1990년 同정부기록보존소 기록행정과 행정사무관 1992년 同인사국 인사기획과 행정사무관 1996년 同서기관 1998년 행정자치부 서기관 1999년 중앙인사위원회 기획총괄과 서기관 2000년 同급여정책과장 2003년 同인사정책과장 2004년 同인사정책국 정책총괄과장 2004년 대통령 인사수석비서관실 인사관리행정관 2006년 중앙인사위원회 성과후생국장 2007년 同고위공무원지원국장 2008년 행정안전부 인사실 성과후생관 2009년 중앙공무원교육원 교육파견(고위공무원) 2010년 행정안전부 인사실 인력개발관 2010년 同인사정책관 2013년 대통령비서실 인사지원팀장(선임행정관) 2014년 대통령 인사비서관 2016년 인사혁신처 처장(현)

김동근(金東根) Kim Dong Keun

[생]1961·7·22 [출]경기 양주 [주]경기 수원시 팔달구 효원로241 수원시청 제1부시장실(031-228-2010) [학]1980년 의정부공고졸 1991년 성균관대 행정학과졸 1999년 영국 버밍엄대 대학원 지역개발학과졸 [경]1991년 행정고시 합격(35회) 2009년 경기도 도시환경국장 2009년 同교육국장 2010년 同평생교육국장 2011년 의정부시 부시장 2011년 경기도 기획행정실장 2012년 同기획조정실장 2014년 국립외교원 교육파견 2015년 수원시 제1부시장(현)

김동근(金東根) KIM Dong Keun

[생]1968·10·12 [출]대구 [주]서울 강남구 언주로428 아비스타R&D센터15층 (주)아비스타 대표이사실(02-2189-7735) [학]상문고졸, 한양대 자원공학과졸, 서강대 언론대학원졸 [경]멕켄에딕슨 기획국 근무, 로커스 경영기획팀장, 사이더스 사업개발팀장 2000년 (주)아비스타 대표이사(현)

김동기(金東基) KIM Dong Ki (殷山)

[생]1934·6·28 [본]김해(金海) [출]경북 안동 [주]서울 서초구 반포대로37길59 대한민국학술원(02-3400-5220) [학]1954년 안동고졸 1958년 고려대 상대졸 1963년 미국 뉴욕대 경영대학원졸 1970년 미국 하버드대 경영대학원졸 1974년 경제학박사(고려대) [경]1964~1971년 고려대 상대 전임강사·조교수·부교수 1969~1974년 同경영신문 주간 1971~1999년 同경영학과 교수 1974년 필리핀 마닐라 아시아경영대학원 초빙교수 1981·1988년 고려대 경영대학장 1984년 미국 아이젠하워 펠로우 1985년 고려대 경영대학원장 1987년 한국마케팅학회 회장 1987년 경제기획원 소비자정책심의위원 1990년 한국경영학회 회장 1990년 국제학술교류위원회 위원장 1994년 재정경제원 소비자정책심의위원 1995년 한국로지스틱스학회 회장 1995년 한국상품학회 회장 1995년 국제상품학회 부회장 1996년 고려대 국제대학원장 1996년 일본 와세다대 교환교수 1997년 대한민국학술원 회원(경영학·현) 1998년 현대자동차 사외이사 1998년 한국전력공사 사외이사 1998년 평화은행 사외이사 1998~2002년 하나로통신(주) 이사장 겸 사외이사 1998년 고려대 국제대학원재단 이사장 1999년 同명예교수(현) 1999~2002년 명지대 무역경영대학원 석좌교수 2000년 대한민국학술원 인문사회과학부 제6분과회 회장 2001년 일본 구주산업대 객원교수 2005년 일본 가고시마국제대 초빙교수 2005년 고려대 국제대학원 석좌교수(현) 2007~2010년 현대자동차 사외이사 겸 감사위원 2008년 고려대경제인회 '고우경제' 편집위원장(현) 2009년 한국상품학회 고문(현) 2009년 (주)삼천리 경영고문 2010년 일본 리츠메이칸대학사자문위원(현) 2012~2015년 일진그룹 사외이사 2015년 同경영고문(현) 2016년 대한민국학술원 부회장(현) [상]매일경제광고 공로상, 新산업경영대상, 고려대 학술상, 올해의 교수상, 국민훈장 석류장, 上南한국경영학자상 [저]'현대마케팅원론' '현대유통기구론' '국제마케팅'(영문) '소비자신용제도론' '한국의 물류산업' '국제화시대의 경영전략' '살아남기 시험의 모범답안' '新직장인론' [역]'하버드경영사관학교' '광고사전' '新경영관리론' [종]기독교

김동기(金東起) Kim Dong-gi

[생]1964·4·7 [출]강원 강릉 [주]서울 종로구 사직로8길60 외교부 인사운영팀(02-2100-7140) [학]강릉고졸(20회) 1987년 고려대 영어영문학과졸 1994년 미국 워싱턴대 대학원 법학과졸 [경]1988년 외무고시 합격(22회) 1988년 외무부 입부 1995년 駐캐나다 2등서기관 1998년 駐불가리아 1등서기관 2003년 駐벨기에구주연합 1등서기관 2007년 외교통상부 주한공관담당관 2008년 同유럽지역협력과장 2009년 同중유럽과장 2009년 기획재정부 남북경제과장 2010년 외교통상부 문화외교국 심의관 2014년 외교부 문화외교국장 2016년 駐미국 공사 겸 워싱턴 총영사(현)

김동길(金東吉) KIM Dong Gill (山南)

[생]1928·10·2 [본]풍천(豊川) [출]평남 맹산 [주]서울 강남구 봉은사로317 아모제논현빌딩802호 한민족원로회(02-741-2091) [학]1945년 평양고등보통학교졸 1951년 연희전문학교 영문과졸 1956년 미국 에반스빌대 대학원 사학과졸 1957년 미국 인디애나대 대학원 수료 1971년 철학박사(미국 보스턴대) [경]1955년 연세대 사학과 전임강사·조교수·부교수·교수 1962년 同교무처장 1980년 同부총장 1985년 조선일보 논설고문 1991~2012년 태평양시대위원회 이사장 1992년 통일국민당(국민당) 최고위원 1992년 제14대 국회의원(서울 강남甲, 국민당·신민당·자민련) 1993년 국민당 대표최고위원 1994년 신민당 대표최고위원 1995년 자민련 고문 1996년 同선거대책위원회 의장 1996년 자민련 탈당·정계은퇴 1996년 연세대 사학과 명예교수(현) 2012년 태평양시대위원회 명예이사장(현) 2013년 한민족원로회 공동의장(현) [저]'길은 우리앞에 있다' '대통령의 웃음' '불어라 봄바람' '길을 묻는 그대에게' '하느님 나의 하느님' '죽어서 흙이 될지라도' '한 시대의 증언1·2·3' '링컨의 일생' '한국청년에게 고함' '하늘을 우러러' '영원히 남는 것' '내가 부르다 죽을 노래여' 'MB…이게뭡니까'(2009, 청미디어) '젊은이여 어디로 가고 있는가'(2012, 현문미디어) 등 80여 권 [종]기독교

김동길(金東吉) KIM Dong Kil

[생]1954·10·19 [본]광산(光山) [출]강원 동해 [주]강원 횡성군 횡성읍 교항로33 횡성중학교 교장실(033-343-6890) [학]1973년 황지고졸 1981년 경북대 국어교육학과졸 1995년 상지대 대학원 국어과졸 [경]삼척군 황지읍사무소 근무, 화천종합고·간동고·영월공고·원주공고·원주농고 교사, 강원도교육청 강원학생교육원 근무 2005년 同교원정책과 장학사 2014년 횡성중 교장(현) [상]강원도교육감표창(1987), 교육부장관표창(2008) [저]'학교문법의 조어론 용어설정에 관한 연구'(1999) [종]기독교

김동녕(金東寧) KIM Dong Nyung

[생]1945·9·6 [본]경주(慶州) [출]서울 [주]서울 영등포구 은행로11 일신빌딩6층 (주)한세예스24홀딩스 비서실(02-3779-0789) [학]1964년 경기고졸 1968년 서울대 상대 경제학과졸 1972년 미국 펜실베이니아대 와튼스쿨 경영대학원졸 [경]1972~1979년 한세통상 대표이사 사장 1973~1975년 이화여대 강사 1974~1975년 세무공무원교육원 강사 1982~2004년 한세실업 대표이사 사장 1986~1999년 경기고총동창회 이사 1988~2007년 한세사이판 대표 1988년 서울대상대동창회 부회장(현) 1990~1991년 在사이판한인봉제협회 회장

1992~2006년 한세유통 대표이사 1998~2007년 한세Nicaragua S.A. 대표이사 2000년 경기고총동창회 부회장 2001~2007년 Hansae Vietnam Co. 대표이사 2002년 서울대총동창회 이사 2003년 예스24 대표이사 회장 2004년 이화여대 경영학부 겸임교수 2004~2007년 한세실업 대표이사 회장 2005~2007년 한·베트남친선협회 부회장 2005~2007년 미국 펜실베이니아대 한국총동문회 회장 2005년 (사)한·베트남친선협회 부회장(현) 2006년 ISTYLE24 회장 2007~2008년 한세실업 회장 2009년 (주)한세예스24홀딩스 회장(현) 2013~2014년 학교법인 숙명학원 이사 2015년 예스24 이사(현) 2015년 ISTYLE24 이사(현) [상]미국 인적자원관리협회(SHRM) 올해의 경영인상(2002), 한국경제 비전경영CEO대상(2004), 서울대 상대 총동창회 2007년 빛내자상(2007), 한국일보 대한민국 신뢰받는 CEO상(2007·2008), 한국 CEO 그랑프리(2008), 중앙일보 선정 '대한민국 창조경영인'(가치경영부문)(2009), 포보스 선정 'Global CEO of Korea'(2010·2011), 한국유통대상 국무총리표창(2010), Fortune 선정 '한국경제를 움직이는 인물'(2011), 주간조선 선정 '상생을 위한 사회책임경영자'(2011), 매일경제 럭스멘 기업인상(2013), 은탑산업훈장(2014), 언스트앤영 최우수기업가상 마스터상(2014) [종]기독교

김동노(金東魯) KIM Dong No

[생]1959·7·19 [주]서울 서대문구 연세로50 연세대학교 사회과학대학 사회학과(02-2123-2429) [학]1982년 연세대 사회학과졸 1984년 同대학원 사회학과졸 1994년 사회학박사(미국 시카고대) [경]1994년 미국 캘리포니아대 버클리교 Post-Doc. 1995년 연세대 사회과학대학 사회학과 조교수·부교수·교수(현) 2004년 한국사회사학회 편집위원 2008~2010년 연세대 국가관리연구원장 2010~2012년 同입학처장 2011년 아름다운재단 배분위원장(현) 2016년 同기획실장(현) [저]'일제하 한국사회의 전통과 근대인식'(2009, 혜안) '사회변동과 사회적 배제'(2009, 르네상스) '근대와 식민의 서곡'(2009, 창비)

김동대(金東大) KIM Dong Dae

[생]1950·9·7 [본]김해(金海) [출]충남 [주]서울 종로구 경희궁길46 축구회관 대한축구협회(02-2002-0610) [학]예산농고졸, 한국외국어대 스페인어과졸 [경]2000년 현대중공업(주) 중장비K/L지사장(이사대우) 2001년 2002FIFA월드컵조직위원회 사무총장보 2003년 대한축구협회 사무총장 2003년 현대중공업 서울경영지원담당 이사 2006~2009년 同상무 2007년 U-17세계청소년월드컵조직위원회 사무총장 2009~2013년 울산현대축구단 단장 2011년 현대중공업 서울사무소장(전무) 2011년 한국프로축구연맹 이사 2013년 대한축구협회 부회장(현) 2016년 2017국제축구연맹(FIFA) 20세이하(U-20)월드컵조직위원회 사무총장(현) [상]체육훈장 거상장(1996), 체육훈장 맹호장(2002)

김동락(金東洛) KIM Dong Rak

[생]1954·8·16 [본]김해(金海) [출]경북 안동 [주]서울 서초구 효령로77길28 (주)경농 경영지원본부(02-3488-5800) [학]1973년 성남고졸 1980년 중앙대 경영학과졸 [경]2004년 (주)경농 경영지원본부장(상무이사) 2009년 同감사실장(상무이사) 2014년 同경영지원본부장(상무이사)(현)

김동룡(金東龍)

[생]1960·6·14 [출]경북 봉화 [주]경북 봉화군 봉화읍 봉화로1111 봉화군청 부군수실(054-679-6005) [학]1979년 영주 영광고졸 1993년 한국방송통신대 행정학과졸 1996년 경북대 대학원 행정학과졸 2014년 행정학박사(同대학원) [경]1980년 영풍군 문수면·영풍군 사회과 근무 1987년 경북도 관광과·사회과 근무 1991년 同지방과·자치행정과 근무 2003년 同자연환경연수원·관광진흥과·혁신분권담당관실·자치협력팀·체육진흥과 사무관 2009년 同사회복지과 사회보장·복지정책담당 사무관 2012년 同사회복지과장(서기관) 2013년 세종연구소 국가전략과정 연수교육 2014년 경북도 문화예술과장 2015년 봉화군 부군수(현)

김동률(金東律) KIM Dong Yule

[생]1960·1·22 [본]김해(金海) [출]대구 달성 [주]서울 마포구 백범로35 서강대학교 기술경영전문대학원(02-705-4781) [학]경북사대부고졸, 고려대 문과대학졸, 언론학(매체경영)박사(미국 사우스캐롤라이나대) [경]1987~1998년 경향신문 편집국 기자 2003년 연세대·이화여대·서강대 대학원 강사, KBS 시청자평가원, MBC 시청자위원회 부위원장, 同법적고충처리인 겸 시청자주권위원, YTN 시청자위원, SBS 시청자위원회 부위원장, CBS 객원해설위원, KBS 방송평가위원, MBN·K-TV 시사프로그램 메인 앵커, YTN '김동률의 세상만사' 앵커 2005~2010년 언론정보학회 총무이사·기획이사, 코레일 경영자문위원, 同철도안전위원회 안전분과위원장, 한국전력공사 경영자문위원, 특임장관 자문위원, 청소년흡연음주예방협회 부회장, 경찰청 사이버범죄대책위원회 자문위원, 공정거래위원회 자문교수, 방송통신심의위원회 특별심의위원, 한국일보·서울신문·경향신문·중앙일보·세계일보 기명칼럼니스트, 파이낸셜 뉴스·이코노미스트·뉴스메이커 기명칼럼니스트, 신동아 기명칼럼니스트, 매일신문 독자위원회 위원장, 동아일보 독자위원, 서울신문 자문교수, 同옴부즈맨 교수, 부산일보 등 지방 8개지 신디케이트 칼럼니스트 2009년 정치커뮤니케이션학회 기획이사 2009년 영화진흥위원회 위원, 한국개발연구원(KDI) 연구위원, 同정책홍보실장 2011년 서강대 기술경영전문대학원 교수(현) 2012년 국방부 해군·공군발전 자문위원(현) 2012년 한국인적자원개발학회 부회장 2013년 공기업경영평가위원 2013년 2015세계군인올림픽 자문위원 2013년 채널A 시청자마당 앵커(현) 2014년 방송통신위원회 미디어다양성위원회 위원 2014년 정부 공공기관평가단 평가교수 2014년 외교·통일분야 중기재정협의회 및 중기작업반(현) 2014년 에너지기술평가원 경영자문교수(현) 2014년 국방부 국방홍보원 자문위원(현) 2015년 외교부 문화외교자문위원 2015년 同공공외교자문위원 2015년 한국국제교류재단 공공외교자문위원 2015년 공공기관 경영평가위원(현) 2015년 한국교육방송공사(EBS) 비상임이사(현) [상]경향신문 올해의 최고기자상(1991), 경제부총리표창(2007) [저]'신문경영론 : MBA 저널리즘과 한국언론'(2005, 나남출판) '철학자들의 언론강의 : 언론사상사'(2010, 나남출판)

김동만(金東萬) Kim Dong Man

[생]1959·8·16 [주]서울 영등포구 국제금융로6길26 한국노동조합총연맹(02-6277-0001) [학]1978년 마산고졸 1980년 한국체육대 체육학과 중퇴 1987년 고려대 대학원 노동문제연구소 수료(25기) [경]1978년 우리은행(舊 한일은행) 근무(현) 1985~1996년 同노동조합 상근간부 및 행우회 이사 2000년 대한장애인수영연맹 자문위원 2000~2004년 전국금융산업노동조합 상임부위원장 2000~2004년 노사정위원회 금융특별위원회 위원 2000년 전태일열사기념사업회 이사(현) 2004~2006년 한국노동조합총연맹 대외협력본부장 2004~2009년 일본교과서운동본부 대외협력위원장 2004~2009년 노사정위원회 상무위원 2005년 김태환기념사업회 대표이사(현) 2006년 우리농업지키기운동본부 이사(현) 2006~2008년 전국금융산업노동조합 위원장 2006~2008년 국제사무전문노동조합연맹(UNI-KLC) 의장 2006~2008년 국민건강보험공단 재정운영위원회 위원 2006년 노사발전재단 국제노동협력원 운영위원회 위원 2006~2011년 임금채권보장기금심의위원회 위원 2006~2011년 노사정위원회 상무위원 2008~2013년 한국노동조합총연맹 상임부위원장 2008~2013년 同통일위원장 2008년 중앙노동위원회 근로자심판위원(현) 2009년 국민건강보험공단 비상임이사 2009년 건강보험심사평가원 비상임이사 2009년 국민연금공단 비상임이사 2011년 보건복지부 국민연금기금운용위원회 위원 2012년 한국노동조합총연맹 위원장 직대 2013년 민족화해협력범국민협의회 상임의장(현) 2014년 한국노동조합총연맹 위원장(현) 2015년 대통령직속 저출산·고령화사회위원회 위원(현) 2015년 청년희망재단 이사(현)

김동면(金東勉) Kim Dongmyeon

[생]1956·10·24 [출]서울 [주]서울 성동구 마장로210 한국기원 홍보팀(02-3407-3870) [학]충암고졸 [경]1983년 프로바둑 입단 1984년 2단 승단 1986년 3단 승단 1992년 4단 승단 1993년 5단 승단 1996년 6단 승단 1998년 7단 승단 2003년 8단 승단 2009년 9단 승단(현)

김동명(金東明) KIM Dong Myung

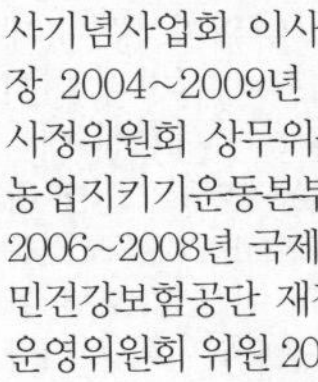

[생]1959·5·9 [본]김녕(金寧) [출]경북 김천 [주]서울 성북구 정릉로77 국민대학교 전자공학부(02-910-4719) [학]서울대 전자공학과졸, 同대학원졸, 공학박사(미국 미네소타대) [경]1977~1982년 대한민국 공군 통신장비정비 중사 1986년 대한전자공학회 회원 1986년 IEEE 회원 1988~1989년 한국과학기술연구원 광전자공학연구실 연구원 1989~1993년 미국 미네소타대 연구조교 1993~1995년 국민대 공과대학 전자공학과 전임강사 1993년 미국 미네소타대 교환교수 및 Research Associate 1994년 대한전자공학회 반도체재료및부품연구회 총무 1995~2004년 국민대 공과대학 전자공학부 조교수·부교수 2000~2001년 미국 미네소타대 초빙교수 2001년 국민대 마이크로파집적회로연구소장 2004년 同전자정보통신대학 전자공학부 교수(현) 2012년 同교무위원 2016년 同전자정보통신대학장(현) [상]Who's Who in the World, 25th Silver Anniversary(2008, Marquis) [저]'반도체공학(共)'(1994, 도서출판 생능) [역]'반도체 소자공학(共)'(2005, 한티미디어)

김동문(金東文) Kim Dongmoon

[생]1955·7·19 [출]충남 연기 [주]대전 서구 계백로1419 대전서부교육지원청 교육장실(042-530-1000) [학]충남고졸, 공주사범대졸, 同교육대학원 교육학과졸, 행정학박사(배재대) [경]대전시교육청 중등교육과 장학관, 대전전민고 교장, 충남고 교장 2016년 대전시교육청 대전서부교육지원청 교육장(현)

김동민(金東敏) KIM Dong Min

[생]1954·9·20 [출]전남 [주]서울 송파구 양재대로1239 한국체육대학교 사회체육학과(02-410-6808) [학]경희대 체육학과졸, 同대학원졸 [경]한국체육대 사회체육학과 교수(현), 대한체조협회 수석부회장 2003년 한국체육대 교무처장 2016년 국제체조연맹(FIG) 집행위원(현) [상]대통령표창(2010) [저]'체조운동'(2011, 교학사)

김동민(金東民) kim dong-min

[생]1969·5·13 [본]경주(慶州) [출]경북 월성 [주]서울 서초구 서초대로219 법원행정처 사법지원심의관실(02-3480-1323) [학]1987년 경주고졸 1991년 단국대 법학과졸 1993년 同대학원 법학과 수료 [경]2006~2010년 인천지법·수원지법 사법보좌관 2011년 서울중앙지법 민사집행과장 2013년 同종합민원실장(법원서기관) 2014년 부산지법 동부지원 사무국장(법원부이사관) 2015년 법원행정처 사법지원심의관(현)

김동배(金東培) KIM Dong Bae

[생]1950·1·20 [출]대전 [주]서울시 종로구 대학로 19 한국기독교회관(02-743-5064) [학]1968년 서울고졸 1972년 연세대 정치외교학과졸 1983년 미국 켄트주립대 대학원 사회학과졸 1987년 미국 미시간대 대학원 사회복지학과졸 1988년 도시학박사(미국 미시간대) [경]1975~1979년 한일합섬섬유(주) 사장실 대리 1988~1990년 연세대·이화여대·서울여대·숭실대 강사 1990~2015년 연세대 사회과학대학 사회복지학과 교수 1993년 보건복지부 노인복지대책실무위원 1993년 한국사회복지사협회 이사 1994년 샬롬노인문화원 감사 1995년 법무부 서울보호관찰소 보호선도위원회 부회장 2001~2003년 연세대 사회복지대학원장 2003년 同사회복지센터소장 2005년 한국기독교사회복지협의회 공동회장(현) 2012년 영성과사회복지학회 초대회장(현) 2015년 연세대 사회복지대학원 명예교수 [저]'교회사회봉사사업의 실태' '노년학을 배웁시다'(共) '예장총회 사회부'(共) '청소년 집단지도론'(共) '청소년 자원봉사의 길'(共) '한국노인의 삶' '인간행동이론과 사회복지실천' [역]'노년기 정신건강'(2007, 학지사) [종]기독교

김동배(金東培) KIM DONG-BAE

[생]1971·7·7 [주]서울 종로구 사직로8길60 외교부 서남아태평양과(02-2100-7374) [학]1990년 숭실고졸 1997년 서울대 정치학과졸 2000년 영국 런던정경대 대학원 국제정치학과정 수료(Diploma) 2001년 영국 케임브리지대 대학원 국제정치학과졸(석사) [경]1997년 외무부 입부 1997년 외무부(외교통상부) 서구과·통상교섭본부 사무관 1999년 국외연수(영국) 2001년 외교통상부 개발협력과 사무관 2003년 駐제네바대표부 2등서기관 2006년 駐짐바브웨대사관 1등서기관 2008년 외교통상부 인사제도팀 1등서기관 2010년 同북미1과 1등서기관 2011년 駐미얀마대사관 참사관 2013년 외교부 해외언론과장 2014년 同서남아태평양과장(현)

김동봉(金東奉) Kim dong bong

[생]1957·12·20 [출]전북 군산 [주]전북 군산시 구암3의1로82 군산경찰서 서장실(063-441-0321) [학]군산중앙고졸 2000년 인천전문대학 도시행정학과졸 2006년 서울사이버대 사회복지학과졸 [경]1981년 경찰 임용(경장 특채) 2003년 인천 서부경찰서 정보보안과장 2003년 인천 부평경찰서 경무과장 2005년 서울 양천경찰서 경무과장 2007년 서울지방경찰청 인사교육과 인사계장 2009년 同정보1과 정보1계장 2011년 교육 2011년 서울지방경찰청 경무과 치안지도관 2012년 전북지방경찰청 청문감사담당관 2013년 전북 정읍경찰서장(총경) 2015년 전북지방경찰청 경무과장 2016년 전북 군산경찰서장(현)

김동빈(金東賓) KIM Dong Bin

[생]1957·10·19 [출]경기 김포 [주]인천 남동구 정각로29 인천광역시청 재난안전본부(032-440-5688) [학]통진종고졸 [경]인천시 지하철건설본부 재무계장, 同경리계장, 同서구청 지역경제과장 2007년 인천종합문화예술회관 관장, 인천시 문화예술과장 2010년 同사회복지봉사과장 2012년 同도시디자인추진단장 2014년 同문화관광체육국장 직대 2015년 同문화관광체육국장 2016년 同재난안전본부장(현)

김동빈(金東彬)

[생]1974·4·7 [출]경기 화성 [주]경남 창원시 성산구 창이대로681 창원지방법원(055-266-2200) [학]1993년 효원고졸 1997년 서울대 법학과졸 [경]1997년 사법시험 합격(39회) 2000년 사법연수원 수료(29기) 2000년 서울지법 서부지원 예비판사 2002년 서울지법 판사 2004년 춘천지법 영월지원 판사 2007년 수원지법 판사 2010년 서울남부지법 판사 2012~2014년 헌법재판소 파견 2014년 서울고법 판사 2015년 창원지법 부장판사(현)

김동석(金銅錫) KIM Dong Seok

[생]1962·5·28 [출]경북 [주]서울 서대문구 연세로50의1 세브란스어린이병원 소아신경외과(02-2228-2160) [학]1986년 연세대 의대졸 1996년 同대학원졸 1998년 의학박사(연세대) [경]1995년 일본 동해대학 뇌연구소 연구원 1997~2008년 연세대 의과대학 신경외과학교실 조교수·부교수 2001~2003년 캐나다 토론토대 소아병원 신경외과 연구원 연수 2008년 연세대 의과대학 신경외과학교실 교수(현) 2008·2014년 연세대의료원 어린이병원 소아신경외과장(현) 2010~2014년 同진료부장 2014~2016년 세브란스병원 신경외과장 2014·2016년 연세대 의과대학 교육부학장(현) [종]기독교

김동석(金東石) KIM Dongseok

[생]1963·7·16 [출]서울 [주]세종특별자치시 남세종로263 한국개발연구원 부원장실(044-550-4011) [학]1985년 연세대 경제학과졸 1987년 同대학원 경제학과졸 1996년 경제학박사(미국 스탠퍼드대) [경]1996년 한국개발연구원(KDI) 연구위원, 同기획조정실장, 同산업국제경제연구부장, 同산업경쟁정책연구부 선임연구위원 2013년 同연구본부 서비스경제연구팀장 2013년 同연구본부장 2013년 同부원장(현) [상]석탑산업훈장(2015) [저]'인구고령화와 거시경제'(2004, 한국개발연구원) '산업부문별 성장요인 분석 및 국제비교'(2004, 한국개발연구원) '한국경제 구조변화와 고용창출'(2004, 한국개발연구원) '혁신주도형 경제로의 전환에 있어서 중소기업의 역할'(2005, 한국개발연구원)

김동석(金炯石) KIM Dong Seok

[생]1969·11·3 [출]부산 [주]서울 종로구 사직로8길39 김앤장법률사무소(02-3703-4707) [학]1988년 혜광고졸 1993년 서울대 법학과졸 [경]1992년 사법시험 합격(34회) 1995년 사법연수원 수료(24기) 1998년 서울지법 판사 2000년 서울행정법원 판사 2002년 대구지법 판사 2006년 서울고법 판사 2008년 대법원 재판연구관 2010년 대구지법 부장판사 2011년 대법원 재판연구관 2013~2014년 인천지법 부장판사 2014년 김앤장법률사무소 변호사(현)

김동선(金東璿) KIM Dong Son (西巖)

[생]1930·7·8 [본]안동(安東) [출]평남 평양 [주]서울 마포구 신수로8길20 학교법인 광성학원(02-703-3457) [학]1947년 광성고졸 1954년 고려대 영문학과졸 1959년 서울대 대학원 영문학과졸 1963~1964년 영국 에딘버러대 영문학과 수학 1975년 문학박사(한국외국어대) [경]1959년 덕수상고 교사 1960년 서울대 문리대·농과대 강사 1961~1974년 한국외국어대 조교수·부교수 1965~1967년 한국영어영문학회 이사 1974~1985년 한국외국어대 영어과 교수 1978~1980년 영국 케임브리지대 연구교수(국비 파견) 1980년 한국외국어대 학장 겸 통역대학원장 1981~1984년 同초대총장 1982년 서울국제학교 이사(현) 1982~1988년 한국D.H.로렌스학회 초대회장 1982~1986년 한·영협회 부회장 1983~1998년 학교법인 광성학원 이사 1985~1988년 한림대 교수 겸 외국어연구소장 1988~1993년 부산외국어대 초대총장 1993~1998년 민자당 교육분과 국책자문위원 1996~2009년 호서대 영어영문학과 초빙교수 1997~2002년 (사)한국대학총장협회 사무총장 1998~2013년 학교법인 광성학원 이사장 1998년 (사)한국번역가협회 고문(현) 2002년 (사)한국대학총장협회 이사(현) 2009년 한국 케임브리지대 동문회 고문(현) 2009~2013년 (재)한국대학봉사회 이사 2013~2015년 학교법인 광성학원 이사 2015년 同명예

이사장(현) [상]국민훈장 모란장(1982), 국민훈장 무궁화장(1997), 자랑스러운 고려대 문과대학인상(2002), 자랑스러운 고려대 영문인상(2005), 6.25 참전국가유공자인증(2008), 6.25참전호국영웅기장(2013) [저]해설·주석 'Modern English Stories'(1967) 'Animal Farm'(1976) 'D.H.로렌스(共)'(1979) '로렌스의 자아주의 : 생애와 작품'(1982) '20세기 영국소설 연구(共)'(1983) '1984'(1985) '교수 57인의 외국유학과 문화체험 이야기(編)'(1999) [역]'채털리부인의 사랑'(1984, 학원사) '영상세계문학 채털리부인의 사랑'(1990, 어문각) [종]기독교

김동선(金東善) KIM Dong Sun

[생]1955·5·2 [본]경주(慶州) [출]강원 영월 [주]서울 강남구 영동대로517 법무법인(유) 화우(02-6003-7078) [학]1974년 신일고졸 1981년 고려대 무역학과졸 2000년 핀란드 헬싱키 경제경영대학원 국제경영학과졸 [경]1982년 행정고시 합격(25회) 1982년 특허청 행정사무관 1986년 상공부 상역국 수출1과 사무관 1987년 同통상국 국제협력과 사무관 1989년 대전엑스포조직위원회 국제1과장 1995년 경제협력개발기구(OECD)가입준비사무소 OECD한국대표부 과장 1998년 대통령비서실 경제구조조정기획단 과장 1999년 산업자원부 미주협력과장(서기관) 2000년 同무역투자실 산업협력과장 2000년 同자원정책실 자원정책심의관실 자원개발과장 2002년 同무역투자실 무역정책심의관실 수출과장 2003년 同장관비서관(부이사관) 2004년 同무역투자실 국제협력투자심의관실 중국협력기획단장 2004년 駐중국 상무참사관 2007년 산업자원부 한국형헬기개발(KHP)사업단 국산화부장(이사관) 2007년 대통령직인수위원회 외국인투자유치TF 전문위원 2008년 대통령 경제수석비서관실 지식경제비서관 2010~2011년 중소기업청장(차관급) 2012~2013년 숭실대 경제학부 벤처중소기업학과 교수 2012~2014년 중소기업연구원 원장 2012~2014년 한국무역보험공사 비상임이사 2013년 한국광기술원 사외이사(현) 2014년 국민대 글로벌창업벤처대학원 창업학전공 객원교수(현) 2014년 법무법인(유) 화우 고문(현) 2015년 (주)성우하이텍 사외이사(현) 2015년 미원에스씨 사외이사(현) 2016년 한국·이스라엘친선협회 회장(현)

김동선(金東鮮) KIM Dong Seon

[생]1962·3·1 [주]경기 포천시 호국로1007 대진대학교 도시공학과(031-539-2011) [학]1985년 서울대 토목공학과졸 1989년 同대학원 토목공학과졸 1994년 공학박사(서울대) [경]1984~1987년 (주)현대건설 토목사업본부 근무 1988~1989년 (주)유신설계공단 연구원 1989~1991년 서울대 공학연구소 연구원 1991년 청주대 사회과학대학 지역개발학과 시간강사 1992~1994년 대진대 도시공학과 전임강사·조교수·부교수 2004년 同도시공학과 교수(현), 의정부시·동두천시 도시계획심의위원, (주)남광토건 사외이사 [저]'교통정보공학론'(2008, 청문각)

김동선 KIM Dongseon

[생]1989·5·30 [주]서울 영등포구 여의대로24 한화건설 신성장전략팀(02-2055-5800) [학]미국 태프트스쿨졸, 미국 다트머스대 정치학과졸 [경]한화갤러리아승마단 소속 2006년 도하아시안게임 마장마술 단체전 금메달 2010년 회장배 전국승마선수권대회 마장마술 A클래스경기 1위 2010년 광저우아시안게임 마장마술 단체전 금메달 2014년 제17회 인천아시안게임 마장마술 단체전 금메달·마장마술 개인전 은메달 2014년 한화건설 해외토건사업본부 과장 2015년 독일 펄올림픽 국제선발전그랑프리 8위(2016 리우데자네이루올림픽 출전권 획득) 2016년 한화건설 신성장전략팀장(현)

김동섭(金東燮) Kim, Dong-sop

[생]1957·3·20 [주]충남 태안군 태안읍 중앙로285 한국서부발전(주) 기술본부(041-400-1084) [학]1977년 이화여대사범대학부속고졸 1979년 경기공업전문대학 기계과졸 1984년 서울과학기술대 기계공학과졸 1996년 연세대 대학원 기계공학과졸 [경]1979년 한국전력공사 입사 2010~2012년 한국서부발전(주) 태안발전본부장 2012~2013년 同발전처장 2014년 同기술본부장(상임이사)(현) [상]국가품질상 동탑산업훈장(2016)

김동섭(金東燮)

[생]1963·1·18 [출]경남 함안 [주]서울 중구 서소문로100 중앙일보 비서실(02-751-9377) [학]1981년 마산고졸 1985년 서울대 사회복지학과졸 1990년 중앙대 대학원 신문방송학과졸 [경]1999년 중앙일보 편집국 산업부 기자 2002년 同편집국 산업부 차장대우 2003년 同편집국 시민언론부 차장 2006년 同편집국 산업부 산업데스크(부장대우) 2009년 同경제부문 부에디터 2010년 同경제부문 부에디터(부국장대우) 2011년 同방송설립추진단 주주협력실장 2011년 JTBC IR실장 2015년 중앙일보 광고사업본부장(상무)(현) 2016년 한국신문협회 광고협의회 부회장(현)

김동섭(金東燮) KIM Dong Seop

[생]1969·2·15 [주]대전 서구 둔산로100 대전광역시의회(042-270-5098) [학]충남고졸, 대전대 법학과졸, 同경영행정사회복지대학원졸, 同대학원 경영학박사과정 수료 [경]대전지체장애인후원회 회장, 한국노인사랑운동본부 이사, 대전지구청년회의소 대외정책실장, 민주평통 자문위원, 대전하나라이온스클럽 총무, 예지중·고 후원회 부회장, 대전서부경찰서 내동지구대 생활안전협의회장, (재)대전김대중기념사업회 운영위원 2006년 대전시 서구의회 의원, 국회의원 이상민 보좌관 2014년 대전시의회 의원(새정치민주연합·더불어민주당)(현) 2014년 同산업건설위원회 위원 2014년 同예산결산특별위원회 위원 2016년 同복지환경위원회 위원(현)

김동성(金東成) KIM Dong Sung

[생]1946·9·12 [본]김해(金海) [출]제주 [주]서울 동작구 흑석로84 중앙대학교 정치국제학과(02-820-5114) [학]1973년 연세대 정치외교학과졸 1976년 미국 센트럴코네티컷주립대 대학원졸 1981년 정치학박사(미국 코네티컷주립대) [경]1982~1988년 중앙대 정치외교학과 조교수·부교수 1988~2012년 同정치외교학과 교수 1991년 국방부 정책자문위원 1992년 민주평통 자문위원 1994~1995년 중앙대 국제교육처장 1995년 교육부 교육정책실장 1995년 同교육개혁추진기획단장 1996년 미국 캘리포니아주립대 객원교수 1999~2000년 한국국제정치학회 회장 2002년 통일부 정책평가위원 2003~2005년 중앙대 신문방송대학원장 겸 정경대학장 2006~2013년 한국국방안보포럼(KODEF) 공동대표 2008년 제17대 대통령직 인수위원회 외교·안보분과 자문위원 2008~2009년 한국국가정보학회 회장 2010~2011년 대통령직속 국가안보총괄점검회의 위원 2012년 중앙대 명예교수(현) 2012~2013년 통일연구원 원장 [저]'민족과 국가(共)'(1985, 중앙대 출판부) '新국가안보전략의 모색'(共) '중국의 정치체제와 개혁(共)'(1992, 법문사) '신국가안보전략의 모색'(1993, 세경사) '한반도통일·아시아 민주화·세계평화'(2001, 아태평화아카데미) [종]천주교

김동성(金東成) KIM Dong Sung

[생]1962·4·13 [본]김해(金海) [출]서울 [주]경기 안산시 상록구 해안로787 한국해양과학기술원 생태기반연구센터(031-400-6212) [학]1992년 일본 도쿄대 대학원 동물학과졸(석사) 1996년 이학박사(일본 도쿄대) [경]1996~1997년 KIST 유치과학자 1997~2000년 한국해양연구소 연수연구원 1997~2000년 인하대·건국대·한양대·경기대 생물학과 강사 2001~2004년 한국해양연구원 해양생물자원연구본부 선임연구원 2002년 한국환경생물학회 이사(현) 2003~2004년 과학기술부 과학기술정책위원 2004년 경기도 자율관리어업협회 위원(현) 2004년 한국해양연구원 해양생물자원연구본부 책임연구원 2005년 同해양생태계보전연구사업단장 2005년 과학기술연합대학원대 교수(현) 2006년 해양환경영향평가 자문위원(현) 2006년 한국해양연구원 해양자원연구본부 책임연구원 2007년 同대양열대해역연구사업단 책임연구원 2009년 해양과학기술분류체계 수립위원 2009년 국토해양부 국립해양생물과학동건립 자문위원 2009년 同우리나라주변해역이용 자문위원 2010년 同공유수면매립기본계획 자문위원 2010년 한국해양연구원 전략개발실장 2010년 녹색성장해양포럼 사무국장 2011년 한국해양연구원 해양생물자원연구부장 2012년 한국해양과학기술원 해양기반연구본부장 2012년 同해양생태계연구부장 겸임 2013년 同동해연구소장 2014년 同동해연구소 독도전문연구센터 책임연구원 2014년 同생태기반연구센터 책임연구원(현) [상]OPR 최우수논문상(2000), 한국해양연구원 올해의 KORDI인상(2011) [저]'아름다운 섬 독도'(2000) '항만과 갯벌의 공생 지침서'(2001) '경관생태학'(2002) '심해생명체의 비밀'(2004) '이상한 생물이야기'(2005) '독도의 자연해양생태계'(2009) '바다위, 바다속 독도의 재발견'(2011) '독도사전'(2012) [종]기독교

김동성(金東成) KIM Dong Sung

[생]1963·7·1 [주]서울 강남구 논현로322 패션그룹형지(주) 임원실(02-3498-7200) [학]장충고졸, 건국대 섬유공학과졸 [경]1988년 삼성그룹 입사 1989~1994년 신세계백화점·이마트 근무, (주)현대백화점 기획조정본부 할인점사업담당(이사대우), 同기획조정본부 할인점사업부장(상무보) 2007년 同기획조정본부 할인점사업부장(상무) 2008년 同신촌점장 2010년 同목동점장(상무갑) 2012년 同대구점장 2013~2014년 同대구점장(전무) 2016년 패션그룹형지 유통총괄 사장(현)

김동성(金東星) Kim Dong Sung

[생]1963 · 9 · 5 [본]경주(慶州) [출]경기 [주]서울 동대문구 한빛로41 안성빌딩305호 데일리서울 편집국(02-929-4222) [학]2003년 연세대 법무대학원졸 [경]1988~1991년 법률경제신문 기자 · 차장(월간 사법행정, 월간 노사, 기타 법률 주석서 발행) 1991~1995년 월간 내외노동 발행인 겸 편집인 · 내외경제출판사 대표이사 1995~1999년 법률경제신문 편집국장 1999~2000년 국정일보 편집국 사회2부장 2000~2001년 서울매일신문(국정일보사 자매지) 편집국 사회부장 2001년 월요신문 편집국 사회부장 2006년 同편집국 부국장 2007년 同편집국장, cnb뉴스 편집국장(경제담당) 2007년 월요시사신문 편집국장 2012~2013년 同편집국 · 전략기획마케팅부총괄 부사장 2013~2014년 뉴스엔뷰 대표이사 2014년 데일리서울 편집국장 겸 발행인(현) [상]연세대 최우수경영법무상(2003) [종]가톨릭

김동성(金東聖) KIM Dong Sung

[생]1971 · 1 · 11 [출]서울 [주]서울 서초구 서초중앙로 215 법무법인 민주(02-591-8400) [학]1989년 성동고졸 1994년 서울대 사법학과졸 [경]1994년 사법시험 합격(36회) 1997년 사법연수원 수료(26기) 1997년 軍법무관 2000년 인천지법 판사 2001년 변호사 개업 2001~2004년 경제정의실천시민연합 시민입법위원 2002~2004년 SBS '솔로몬의 선택' 고정자문변호사 2004년 서울시 고문변호사 2006년 한나라당 중앙청년위원회 위원장 2008년 한나라당 서울성동乙당원협의회 위원장 2008~2012년 제18대 국회의원(서울 성동乙, 한나라당 · 새누리당) 2009~2010년 한나라당 원내부대표 2009~2016년 법무법인 우면 변호사 2009년 한국군사학회 이사장 2009년 한양대 대학원 겸임교수 2010년 국회 국방위원회 간사 2012~2016년 새누리당 서울성동乙당원협의회 운영위원장 2012년 제19대 국회의원선거 출마(서울 성동乙, 새누리당) 2016년 새누리당 서울중구 · 성동구甲당원협의회 운영위원장 2016년 제20대 국회의원선거 출마(서울 중구 · 성동구甲, 새누리당) 2016년 법무법인 민주 변호사(현)

김동수(金東洙) KIM Dong Soo

[생]1953 · 3 · 3 [본]경주(慶州) [출]서울 [주]서울 서대문구 연세로50의1 세브란스어린이병원 소아감염면역과(02-2228-5910) [학]1971년 배재고졸 1977년 연세대 의과대학졸 1980년 同대학원졸 1986년 의학박사(연세대) [경]1985~1999년 연세대 의과대학 소아과학교실 전임강사 · 조교수 · 부교수 1986~1988년 미국 뉴욕주립대 연구조교수 1995년 대한알레르기학회 재무이사 1996년 미국 워싱턴대 소아과 방문교수 1997년 대한소아과학회 총무이사 1999년 연세대 의과대학 소아과학교실 교수(현), 同의과대학 부학장, 同면역질환연구소장 2007~2008년 同세브란스병원 제2진료부원장 2008~2010년 同세브란스 어린이병원 소아청소년과장 2008~2010년 同의과대학 소아과학교실 주임교수 2008~2010년 서울사회복지공동모금회 회장 2010 · 2012~2015년 연세대의료원 어린이병원장 2011~2013년 세브란스기독의사회 회장 2012~2015년 대한소아과학회 이사장 [상]석천상, MSD학술상, 보원학술상, 세계의사협회 Caring Physician of the World(2005), 서울시의사회 한미참의료인상(2005), 연세대의과대학총동창회 에비슨봉사상(2006 · 2012), 사노피파스퇴르 논문상(2007), 대한소아과학회 추계학술대회 GSK우수초록상(2009), 한국국제보건의료재단 표창(2010), 의사신문창간50주년기념 아이티진료현장 사진공모전 금상(2010), 연세대 봉사부문 우수업적교수상(2010), 소아감염병학회 녹십자학술연구상(2011), 사노피파스퇴르 학술상(2011), 대한의사협회 화이자 국제협력특별봉사상(2011), 연세대 교육부문 우수업적교수상(2011), 세브란스 우수 교직원상(2012), 대한적십자사 박애장 금장(2012), 근정포장(2015) [저]'병실에 앉은 큰별 이야기' '고치시는 하나님' [종]기독교

김동수(金銅洙) KIM Dong Soo

[생]1953 · 12 · 25 [본]김해(金海) [출]부산 [주]전북 전주시 덕진구 원장동길111의18 전라북도생물산업진흥원(063-210-6500) [학]1980년 부산수산대 식품공학과졸 1983년 고려대 대학원졸 1992년 이학박사(한양대) 2008년 서울대 대학원 최고전략과정 수료 [경]1994년 일본 동경수산대 객원연구원, 농수산물유통공사 종합식품연구원 연구원, 안성산업대 강사, 한국식품개발연구원 수산물이용연구부장 2003년 同식품자원이용연구본부 해양자원연구팀장 2003년 同기획조정부장 2005년 한국식품연구원 선임본부장 2007~2008년 同원장 2008년 同지역특화산업연구단 책임연구원 2008년 同공정기술연구단 책임연구원 2012년 (사)한국식품기술사협회 회장 2014년 한국식품연구원 창조과학연구본부 책임연구원, 同전략산업연구본부 소재연구센터 책임연구원 2014년 (사)한국수산과학회 회장 2014년 (재)전북도생물산업진흥원 원장(현) 2016년 한국BT특화센터협의회 회장(현) [상]농림부장관표창(1987 · 1994 · 2001), 국무총리 농업과학기술상(2005), 농림수산식품과학기술최고대상 산업포장(2008), 한국수산과학회 공로상(2015) [저]'한국의 젓갈'(1988) '수산식품가공이용학'(2000) '식품기술사'(2005) '식품이야기'(2008) [종]천주교

김동수(金東洙) KIM Dong Soo

[생]1955 · 3 · 15 [본]경주(慶州) [출]충남 서천 [주]서울 성북구 안암로145 고려대학교 미래성장연구소(02-3290-4619) [학]1973년 덕수상고졸 1979년 고려대 경영학과졸 1983년 서울대 행정대학원졸 1997년 경제학박사(미국 하와이대) [경]1978년 행정고시 합격(22회) 1979~1995년 경제기획원 사무관 · 과장 1992~1993년 한국국제협력단 개발조사부장 · 개발협력부장 1995년 미국 하와이 동서문화센터 Visiting Fellow 1997년 재정경제부 소비자정책과장 2000년 同생활물가과장 2001년 同물가정책과장 2001~2003년 국무조정실 규제개혁2심의관(이사관) 2004년 국방대 파견 2005년 외교통상부 다자통상국장 2006년 재정경제부 경제협력국장 2007년 同정책홍보관리실장 2008년 기획재정부 차관보 2008~2009년 同제1차관 2009~2010년 한국수출입은행장 2011~2013년 공정거래위원회 위원장 2013년 고려대 석좌교수(현) 2013년 同미래성장연구소장(현) 2015년 두산중공업 사외이사(현) 2016년 (주)호텔롯데 사외이사(현) [상]대통령표창(1991), 홍조근정훈장(2006), 고려대 경영대학 올해의 교수상(2009), 베트남 감사훈장(2011)

김동수(金東洙) KIM Dong Soo

[생]1955 · 10 · 19 [출]전남 [주]전북 군산시 조촌안3길20 군산상공회의소(063-453-8604) [학]한양대 경영학과졸 1987년 숭실대 중소기업대학원졸 2013년 명예 경영학박사(군산대) [경]1983년 (주)화성산업 대표이사 1990년 군산도시가스(주) 대표이사 · 회장(현) 1993년 (주)동우 회장(현) 1998년 (사)한국도시가스협회 이사 2005년 (사)군산 · 익산범죄피해자지원센터 부이사장 2008년 나눔(주) 대표이사 2010년 (주)참프레 회장(현) 2012년 법무부 법사랑위원 군산 · 익산지역연합회 회장 2012년 사랑의열매 "아너소사이어티 클럽" 전북대표 2013년 대한적십자사 전북지사 상임의원 2014년 (재)법사랑 군산 · 익산지역장학회 초대이사장 2015년 수시탑포럼 의장 2016년 제22대 군산상공회의소 회장(현) [상]한국사랑의집짓기운동연합회 감사패(2001), 중소기업CEO대상(2007), 대한민국윤리경영 종합대상(2009), 지식경제부장관표창(2010), 국무총리표창(2015), 법무부장관표창(2015) [종]기독교

김동수(金東洙) KIM Dong Soo

[생]1956 · 9 · 10 [출]충북 청주 [주]서울 마포구 월드컵북로54길12 DMS빌딩8층 한국디지털케이블연구원 원장실(02-300-3491) [학]1975년 세광고졸 1979년 청주대 행정학과졸 1985년 서울대 행정대학원 행정학과졸 1995년 미국 위스콘신주립대 대학원 행정학과졸 2006년 행정학박사(성균관대) [경]1979년 행정고시 합격(22회) 1990년 충주우체국장 1990년 국제무역산업박람회 조직위원회 파견 1994년 정보통신부 정보통신지원국 통신업무과장 1996년 同국제협력관실 협력기획담당관 1996년 同총무과장 1998년 한국전자통신연구원(ETRI) 파견 1999년 중앙공무원교육원 파견 2000년 강원체신청장 2000년 정보통신부 정보기반심의관 2002년 同감사관 2003년 同정보통신진흥국장 2006년 同정책홍보관리실장 2006년 同정책홍보관리본부장 2007~2008년 同차관 2008~2015년 법무법인 광장 고문 2012~2014년 한국방송광고진흥공사 비상임이사 2015년 한국디지털케이블연구원(KLabs) 원장(현) [상]근정포장(1988), 홍조근정훈장(2003) [종]기독교

김동수(金東洙 · 女) KIM Dong Soo

[생]1957 · 7 · 10 [출]서울 [주]서울 종로구 동숭길134 동덕여자대학교 공연예술대학 모델과(02-940-4172) [학]1976년 상명여고졸 1987년 일본 동경 Takikawa Beauty College 토탈패션 · 미용 수료 1994년 미국 LA 시네마 메이크업스쿨 수료 [경]1987년 미국 LA모델컨테스트 3위 입상 1996~1997년 에스콰이어(아웃클래스) 전속모델 1996~1997년 국민대 사회교육원 스포츠모델학과 주임교수 1998년 (주)이오디(iodi)김동수 대표 1999~2000년 동덕여대 스포츠학과 겸임교수 2000~2003년 同스포츠학과 전임교수 2003년 同공연예술대학 모델과 부교수(현) 2003년 同공연예술대학원 모델전공 부교수 겸임 2004년 경향신문 자문위원 2004년 동덕여대 모델과 나눔회장 2007년 한국모델학회 회장(현) [저]'못생긴 톱 모델 김동수의 챠밍 스쿨'(1993) '성공하는 남자의 옷입기'(1993) '미운 오리 김동수 이야기'(1995) '김동수의 핸드백엔

먹을 것이 가득하다'(1999) '모델학'(2002) '여자들이 가장 알고 싶은 다이어트 비밀'(2003) '성공하는 여성을 위한 파워워킹'(2005) (역)'여자들이 가장 알고 싶은 미의 비밀(다이언 아이언즈 지음)'(2000)

김동수(金東洙) KIM Dong-Soo

(생)1961 · 3 · 7 (본)서울 (주)대전 유성구 대학로291 한국과학기술원(KAIST) 공과대학 건설및환경공학과(042-869-3619) (학)1983년 서울대 토목공학과졸 1985년 同대학원졸 1991년 토목공학박사(미국 텍사스대) (경)1986년 삼성종합건설 기술연구소 연구원 1988~1991년 미국 텍사스대 연구조교 1991~1994년 미국 뉴욕 Poly-technic대 조교수 1994년 한국과학기술원 공과대학 건설및환경공학과 조교수 · 부교수 · 교수(현) 2001년 한국지진공학회 이사 2002년 한국수자원공사 자문위원(현) 2002년 한국지반환경공학회 이사 2002년 대전지방국토관리청 설계자문위원 2002~2003년 미국 Utah State Univ. 교환교수 2003년 충남도 건설기술심의위원 2005년 한국지진공학회 지반구조물 내진설계위원장 2011년 한국과학기술원(KAIST) 입학처장 2015년 同연구처장(현) (상)한국지반공학회 논문상, 젊은 과학자상, 대한토목회 저술상

김동수(金東洙) Dongsoo Kim

(생)1962 · 4 · 4 (주)인천 연수구 송도과학로32 테크노파크IT센터 코오롱글로벌 전략기획본부(032-420-9900) (학)1980년 부산동고졸 1985년 서울대 경영학과졸 1987년 同대학원 경영학과졸, 미국 뉴욕주립대 대학원 행정학과졸 (경)1988~1991년 영화회계법인 회계사 1991~1995년 신한회계법인 회계사 1995~2004년 감사원 근무 2004~2005년 김앤장법률사무소 근무 2005년 코오롱그룹 경영전략본부 윤리경영팀장(상무) 2009년 同경영기획실 윤리경영팀장(전무) 2011~2012년 同프로세스개선T/F장(전무) 2012~2013년 스위트밀(주) 대표이사 2013년 덕평랜드(주) 대표이사 2014년 코오롱글로벌(주) 전략기획본부장(전무)(현) (종)불교

김동수(金東洙) Kim, Dongsoo

(생)1969 · 4 · 3 (본)김해(金海) (출)서울 (주)세종특별자치시 시청대로370 산업연구원 지역발전연구센터(044-287-3102) (학)1987년 오산고졸 1995년 연세대 수학과졸 1999년 미국 조지워싱턴대 대학원 재무학과졸(경영학석사) 2007년 경제학박사(미국 조지워싱턴대) (경)1995~1996년 삼성생명보험 계리인실 근무 2005년 세계은행 인턴 2007년 산업연구원 부연구위원 2009년 同연구위원 2009~2013년 경희대 강사 2013년 산업연구원 연구조정실장 2014~2016년 同기획조정실장 2016년 同지역발전연구센터 연구위원(현) (종)기독교

김동술(金東述) KIM Dong Sool

(생)1957 · 3 · 17 (본)도강(道康) (출)서울 (주)경기 용인시 기흥구 덕영대로1732 경희대학교 공과대학 환경학 및 환경공학과(031-201-2430) (학)1976년 경기고졸 1981년 한양대 화학공학과졸 1983년 미국 미네소타대 대학원 환경공학과졸 1987년 공학박사(미국 일리노이대 어배나교) (경)1988년 경희대 공과대학 환경학및환경공학과 교수(현) 1990년 同환경학과장 1992년 상공부 공업기반기술개발전문위원 1992년 서울지방환경청 환경영향평가위원 1993년 환경운동연합 지도위원 1994년 경기도 건설기술심의위원 1995년 환경부 중앙환경대기오염분과 전문위원 1996년 조선일보 GYN-KIDNET 과학전문위원 1997년 경기도 행정쇄신위원 1997년 국립환경연구원 대기분과위원 1998년 환경부 환경기술개발심의위원 2000년 매일경제신문 안전환경연구원 2000년 환경경영대상 심사위원 2001년 환경부 환경친화기업심사위원 2001년 경기도 건설종합계획심의위원 2001년 산업자원부 기술표준원 ISO/TCI46 자문위원 2001년 경희대 환경연구센터장 2002년 서울시지하철공사 환경위원 2003년 경희대 교육대학원 교학부장 2004년 한국입자에어로졸학회 부회장 겸 편집위원장 2004년 경희대 연구산학협력처장 2006년 同산학협력단장 겸임 2008년 同국제산학협력단장 2008년 한국대기환경학회 부회장 겸 편집위원장 2008년 수원시 환경보전자문위원 2010~2012년 경희대 산학협력기술연구원장 2010년 (사)한국대기환경학회 실태관리분과위원장 2014년 同회장 2014년 한국과학기술단체총연합회 이사 (상)미국대기오염방지학회 최우수논문상(1988), 환경보존공로 환경부장관표창(1996), 한국대기환경학회 학술상(2001), 제23회 과학기술우수논문상(2013) (저)'대기오염방지공학'(1993 · 1996 · 2004 · 2012, 동화기술) '미립자 공학'(2001, 도서출판 대웅) (종)기독교

김동승(金東承) KIM Dong Seung

(생)1946 · 8 · 7 (본)김해(金海) (출)전남 강진 (주)서울 중구 덕수궁길15 서울특별시의회(02-3783-1901) (학)2007년 송곡대학 사회복지상담과졸 2010년 건국대 사회복지학과졸 2012년 고려대 정책대학원 도시 및 지방행정학과졸 2013년 건국대 일반대학원 국제정치전공 박사과정 재학중 (경)동양주택건설 대표, 21세기중랑발전연구소 소장 1980년 농촌지도자4H클럽 총무, 서울지하철공사 먹골역 명예역장, 묵1동새마을문고협의회 회장, 한국반공연맹 묵1동 지도위원장, 묵1동직능단체협의회 총회장, 국제라이온스협회 중랑클럽 회장, 법무부 범죄예방위원 1995 · 1998 · 2002년 서울시 중랑구의회 의원, 同예산결산특별위원회 위원장, 同조례정비특별위원장, 同내무위원장 2006년 同의장 2006년 서울시 중랑구의원선거 출마 2009~2011년 민주평통 중랑구협의회장 2010년 서울시의회 의원(민주당 · 민주통합당 · 민주당 · 새정치민주연합) 2010년 同재정경제위원회 위원장 2011년 민주평통 중랑구협의회 고문 2012년 서울시의회 재정경제위원회 위원 2013년 同예산결산특별위원회 위원 2014년 서울시의회 의원(새정치민주연합 · 더불어민주당)(현) 2014 · 2016년 同환경수자원위원회 위원(현) 2014 · 2016년 同남북교류협력지원특별위원회 위원장(현) 2015 · 2016년 同서소문밖역사유적지관광자원화사업지원특별위원회 위원장(현) (상)대통령표창, 의정활동대상, 한국일보 선정 '대한민국고객감동그랑프리 자랑스러운 한국인' 시의원부문(2011) (저)'의회활동모음집' (종)가톨릭

김동식(金東植) KIM Dong Sik

(생)1961 · 4 · 30 (출)경기 김포 (주)경기 수원시 장안구 정조로944 새누리당 경기도당(031-248-1011) (학)영등포고졸 1985년 동국대 정치외교학과졸 1987년 프랑스 파리제8대 정치학과졸 1998년 정치학박사(프랑스 파리8대) 2004년 서울대 행정대학원 국가정책과정 수료 (경)성균관대 대학원 강사, 고려대 의료법학연구소 외래교수, 국회의원 보좌역 · 비서관, 민자당 중앙상무위원 1995~1998년 경기도의회 의원 2000년 희망의한국신당 김포지구당 위원장 2000년 민주국민당 김포지구당 위원장, 한나라당 중앙당 총간사 2002~2006년 경기 김포시장(한나라당) 2006년 경기 김포시장선거 출마(무소속) 2007년 한나라당 제17대 대통령중앙선거대책위원회 김포시선거책임위원장 2007년 同정책특보 2007년 同지역발전위원회 김포시위원장 2007년 同경기도당 국민참여위원회 부위원장, 선진국민연대 경기도 공동대표, 국민생활체육회 전국철인3종경기협의회 회장 2010년 경기 김포시장선거 출마(무소속) 2014년 경기 김포시장선거 후보(무소속) 2016년 새누리당 경기김포시甲당원협의회 운영위원장(현) 2016년 제20대 국회의원선거 출마(경기 김포시甲, 새누리당) (종)기독교

김동식(金東湜) KIM Dong Sik

(생)1970 · 6 · 4 (본)선산(善山) (출)서울 (주)서울 구로구 디지털로26길5 에이스하이엔드타워1차401호 케이웨더(주) 비서실(02-360-2206) (학)1994년 한양대 기계공학과졸 1996년 미국 매사추세츠공과대학(MIT) 대학원졸 (경)1994~1996년 미국 MIT 전임연구원 · 수석연구원 1996년 Arthur D. Little컨설팅社 경영컨설턴트 1997~2006년 (사)한국기상협회 이사 1998년 케이웨더(주) 대표이사(현) 1998년 케이그라우(주) 대표이사 1998년 기상청 정책자문위원 2002년 기상사업자연합회 회장 2003~2005년 기상청 기상 · 지진기술개발사업 총괄위원 2003~2005년 매일경제 날씨경영대상 심사위원 2003~2006년 한국기상학회 이사 2005~2009년 한국기상산업진흥원 이사 2006년 한국법제연구원(기상산업진흥법) 자문위원 2006년 기상산업진흥협의회 위원 2009년 (사)기상산업연합회 회장 2009년 한국DB산업협의회 DB서비스분과 위원장 2010년 한국실내환경학회 이사 2011년 녹색성장위원회 민간위원 (상)한양대 총장표창(전체 수석)(1994), 미국 MIT Design & Manufacturing Auto Race First Place & Fastest Pit Crew(1995), 제2회 정보통신기업디지털대상 인터넷서비스부문 중소기업청장표창(2001), 기상청 세계기상의 날 과학기술부장관표창(2002), 기상청 제1회 기상정보대상 대통령표창(2006), 매일경제 벤처기업우수상(2006), 중소기업청 신지식인상(2008), 한국DB산업협의회 '데이터구루(Guru)'(2014), 산업포장(2014) (저)'날씨장사'(2001) '날씨경영'(2006)

김동신(金東信) KIM Dong Shin

(생)1941 · 3 · 13 (본)경주(慶州) (출)광주 (주)서울 광진구 능동로120 건국대학교 산업대학원 방위사업학과(02-2049-6080) (학)1960년 광주제일고졸 1965년 육군사관학교졸(21기) 1969년 서울대 영어영문학과졸 1976년 지휘참모대졸 1987년 미국 해군대 대학원졸 1988년 영국 국방대학원졸 1995년 서울대 대학원 최고경영자과정 수료 2001년 한남대 경영대학원졸 (경)1983년 육군 제1사단 12연대장 1984년 국방부 국외정책담당관 1987년 同정책기획관실 차장(준장) 1989년 합동참모본부 전략기획국 차장 1990년 육군 제51사단

장(소장) 1992년 합동참모본부 전력기획부장 1993년 육군 수도군단장(중장) 1994년 합동참모본부 작전참모부장 1996년 한미연합사령부 부사령관(대장) 1998~1999년 육군 참모총장(대장) 2000년 새천년민주당 안보위원회 고문 2001~2002년 국방부 장관 2005~2007년 민주당 광주北甲지역운영위원회 위원장 2007년 同최고위원 2013년 건국대 산업대학원 방위사업학과 석좌교수(현) ❸무공포장, 인헌무공훈장, 보국훈장 삼일장·국선장·통일장, 미국 공로훈장, 터키 공로훈장 ❀기독교

김동아(金東亞) KIM Dong Ah

❸1968·10·3 ❷광산(光山) ❸전남 보성 ㈜서울 서초구 서초중앙로157 서울중앙지방법원(02-530-1114) ❸1987년 광주 살레시오고졸 1993년 서울대 법학과졸 ❸1992년 사법시험 합격(34회) 1995년 사법연수원 수료(24기) 1998년 서울지법 의정부지원 판사 2000년 同동부지원 판사 2002년 광주지법 목포지원 판사 2004년 광주고법 판사 2005년 서울중앙지법 판사 2006년 서울고법 판사 2007년 대법원 연구법관 2008년 同재판연구관 2010년 대전지법 부장판사 2012년 사법연수원 교수 2015년 서울중앙지법 부장판사(현)

김동언(金東彦) KIM Dong Un

❸1955·10·1 ❷삼척(三陟) ❸강원 영월 ㈜경기 용인시 기흥구 강남로40 강남대학교 인문대학 국어국문학과(031-280-3666) ❸1978년 숭전대 국어국문학과졸 1980년 同대학원 국어학과졸 1990년 문학박사(고려대) ❸1983~1998년 한남대·고려대·경기대·경원대 강사 1990~2006년 강남대 국어국문학과 조교수·부교수 2000년 캐나다 UBC 방문 교수 2002년 강남대 신문방송국장 2006년 同인문대학 국어국문학과 교수(현) 2006년 同한국어교육원장 2007년 同어학교육원장 2008년 同교수협의회장 2010년 호주 UNSW 방문교수 2011~2013년 강남대 교무처장 2013년 同비상대책위원회 제1대책위원 ㉔'국어비속어사전'(1998) '국어표현론'(2005)

김동업(金東業) KIM Dong Op

❸1967·4·23 ❷광산(光山) ❸광주 ㈜서울 강남구 삼성로512 인터파크(02-3484-3755) ❸광덕고졸, 서울대 경제학과졸 ❸㈜인터파크 기획팀장, 同사업지원본부장 2004년 同티켓사업본부장, 同엔터테인먼트사업부문 대표(상무), ㈜인터파크로지스틱스 대표이사 사장 2006년 인터파크ENT 대표이사 사장 2008년 ㈜인터파크INT Entertainment & Ticket부문 대표이사 사장 2010년 同오픈마켓 대표이사 사장 2011년 同쇼핑부문 대표 2011년 同패션 사장 2012년 ㈜인터파크INT 대표이사 2014년 同각자대표이사 2015년 ㈜인터파크 대표이사 2016년 同사내이사(현)

김동연(金東淵) KIM Dong Yun

❸1938·1·20 ❸서울 ㈜서울 동작구 상도로7 부광약품㈜ 회장실(02-828-8022) ❸1957년 서울대 사대부고졸 1961년 한양대 화학공학과졸 ❸1973년 부광약품공업㈜ 대표이사 1991년 同부회장 2000년 同회장 2001년 부광약품㈜ 회장(현)

김동연(金東淵) KIM Dong Yeon

❸1950·8·19 ❸강원 삼척 ㈜서울 강남구 도곡로194 일양약품㈜ 사장실(02-570-3700) ❸1969년 강원 삼척고졸 1976년 한양대 공과대학 화학공학과졸 1995년 아주대 대학원졸 1997년 의약화학박사(아주대) ❸1976년 일양약품㈜ 중앙연구소 입사 1992~2005년 보건복지부·과학기술처 국책과제 총괄연구책임자 1996년 일양약품㈜ 중앙연구소 부소장 2001년 同중앙연구소장(전무이사) 2004년 한국화학연구원 안전성평가연구소 자문위원 2008년 일양약품㈜ 대표이사 부사장 2009년 同대표이사 사장(현) 2010년 한국과학기술정보원 수석부회장 2012년 한국제약협회 바이오분과 위원장 2013년 한국신약개발연구조합 이사장(현) ❸대한민국기술대전 산업자원부장관표창(2000), 특허청 특허기술상 세종대왕상(2000), 대한민국 신약개발대상(2001·2009·2012·2014), 우수기술경진대회 장려상(2003), 보건의료기술진흥사업 우수연구자 보건복지가족부장관표창(2005), 보건복지가족부 연구개발 우수연구자 선정(2008), 국가연구개발 우수성과 100선(2009), 오송 신약대상(2011·2012), 대한약학회 약학기술인상(2011), 아시아소비자 대상(2012), 오송 신약R&D상(2013), 보건복지부 보건의료기술진흥유공 대통령표창(2013), 장영실상(2014), 혁신형제약기업 보건복지부장관표창(2015), 동암약의상(2016) ❀불교

김동연(金東兗) KIM Dong Yeon

❸1957·1·28 ❷경주(慶州) ❸충북 음성 ㈜경기 수원시 영통구 월드컵로206 아주대학교 총장실(031-219-2002) ❸1975년 덕수상고졸 1982년 국제대 법학과졸 1986년 서울대 대학원 행정학과졸(석사) 1991년 미국 미시간대 대학원졸(정책학석사) 1993년 정책학박사(미국 미시간대) ❸1975년 한국신탁은행 심사부 근무 1981년 서울신탁은행 기업분석부 근무 1982년 입법고시 합격(6회) 1982년 행정고시 합격(26회) 1982년 국회 예산결산위원회 입법조사관 1983년 경제기획원 대외경제조정실·예산실·경제기획국 사무관 1994년 대통령 기획조정비서관실 행정관(서기관) 1995년 재정경제원 과장(정보통신부 초고속정보화기획단 국가망구축과장 파견) 1996년 同ASEM 추진기획단 총괄과장 1997년 부총리 겸 재정경제원장관특별보좌관실 과장 1998년 예산청 청장비서관(과장) 1999년 기획예산처 정부개혁실 행정개혁단 행정3팀장 2000년 同재정기획국 사회재정과장 2001년 同재정기획국 재정협력과장 2002년 同기획관리실 정보화담당관(부이사관), 대통령 비서실장 보좌관(국장급) 2002년 미국 세계은행(IBRD) 프로젝트 매니저 겸 선임정책관 2005년 기획예산처 전략기획관(이사관) 2006년 同산업재정기획단장 2007년 미국 존스홉킨스대 국제대학원(SAIS) 교환교수 2007년 기획예산처 재정정책기획관 2007년 제17대 대통령직인수위원회 기획조정분과위원회 전문위원 2008년 대통령 경제수석비서관실 재정경제비서관 2008년 대통령 경제수석비서관실 경제금융비서관 2009~2010년 대통령 국정기획수석비서관실 국정과제비서관 2010년 기획재정부 예산실장 2012년 同제2차관 2013~2014년 국무조정실장(장관급) 2015년 아주대 총장(현) 2016년 한국장학재단 경영고문(현) ❸장한국수인상(2011), 홍조근정훈장(2011), 미국 미시간대 자랑스런 동문상(2014), 한국풀브라이트 자랑스러운 동문상(2015) ❀기독교

김동열(金東烈) KIM Dong Yeol

❸1955·9·9 ❸강원 삼척 ㈜전남 나주시 문화로227 한국농수산식품유통공사(061-931-0201) ❸삼척공업고등전문학교졸, 삼척대 행정학과 중퇴, 연세대 대학원 수료 ❸한국농어민후계자연합회 강원도연합회장, 同중앙회장, 민주평통 자문위원, 우루과이라운드협상반대 전국농민궐기대회장, 농림부 농지기본법 제정위원, 새마을운동중앙본부 자문위원, 신한국당 이회창 대통령후보 선거대책위원회 위원 1995~1998년 강원도의회 의원, 同운영위원회 위원, 민자당 삼척지구당 부위원장, 同도의원협의회 원내부총무 2006년 강원도의원선거 출마(무소속) 2014년 한국농수산식품유통공사 유통이사(현) ❸철탑산업훈장, 올림픽기장, 우수농어민후계자 표창

김동엽(金東燁) KIM Dong Yeop

❸1957·1·10 ❷김해(金海) ❸부산 ㈜서울 성동구 마장로210 한국기원 홍보팀(02-3407-3870) ❸1983년 프로바둑 입단 1985년 2단 승단 1987년 3단 승단 1989년 4단 승단 1992년 5단 승단 1994년 6단 승단 1997년 7단 승단 2003년 8단 승단 2005년 9단 승단(현) 2005년 제5기 잭필드배 프로시니어기전 우승 2005년 제1회 강원랜드배 한중바둑대전 한국대표

김동엽(金東燁) KIM, Dong-Yup

❸1960·7·5 ❷의성(義城) ❸서울 ㈜대전 서구 청사로189 특허청 특허심사기획국 국제특허출원심사2팀(042-481-5674) ❸1979년 서울 대성고졸 1983년 연세대 금속공학과졸 1985년 同대학원 금속공학과졸 1991년 공학박사(연세대) 2006년 충남대 법무대학원 특허학과 수료 ❸1988~1991년 한국과학기술원 금속부 위촉연구원 1992~1997년 쌍용중앙연구소 책임연구원 1994~1995년 일본 금속재료기술연구소 객원연구원 1997년 특허청 반도체2심사담당관실 심사관 2005년 同전자소자심사담당관실 심사관(기술서기관) 2006년 同컴퓨터심사팀 기술서기관 2007년 특허심판원 심판8부 심판관 2009년 특허청 전기심사과 기술서기관 2010년 同전자상거래심사과장 2013년 특허법원 파견(서기관) 2015년 특허청 특허심사기획국 국제특허출원심사2팀장(현) ㉔'자성재료학(共)'(1991, 반도출판사) '특허의 지식(共)'(2001, 명현) '특허명세서 기재방법(共)'(2008, 애드파워) ❀천주교

김동오(金東旿) KIM Dong O

❸1957·2·20 ❸서울 ㈜인천 남구 소성로163번길17 인천지방법원 법원장실(032-860-1113) ❸1975년 경기고졸 1979년 서울대 법대졸 1986년 미국 미시간대 법과대학원졸 ❸1982년 사법시험 합격(24회) 1984년 사법연수원 수료(14기) 1986년 미국 뉴욕주 변호사시험 합격 1987년 광주지법 판사 1991년 법원행정처 법무담당관 1992년 서울민사지법 판사 1994년 서울지법 동부지원

판사 1996년 미국 스탠퍼드대 연수 1997년 서울지법 판사(헌법재판소 파견) 1998년 서울고법 판사 2000년 서울지법 판사 2001년 창원지법 부장판사 2003년 인천지법 부천지원 부장판사 2005년 서울중앙지법 부장판사 2008년 부산고법 부장판사 2010년 서울고법 부장판사 2011~2012년 헌법재판소 수석부장연구관(파견) 2014년 서울고법 수석부장판사 2014년 인천지법원장(현) 2014년 인천시선거관리위원회 위원장(현)

김동우(金東羽) KIM Dong Woo

[생]1950·6·6 [본]김해(金海) [출]경기 개성 [학]1968년 양정고졸 1984년 프랑스 파리제8대 조형예술학과 수료 1986년 이탈리아 카라라국립미술아카데미 조각과졸 [경]1987~2011년 개인전 10회(현대화랑6회·조현화랑·뮌헨·피렌체·피스토이아) 1991년 프랑스 니스아트페어 참가 1993년 독일 쾰른아트페어 참가 1994년 스위스 바젤아트페어 참가 1999년 일본 오사카한국문화원 개관전 1999년 프랑스 파리FIAC 참가, 세종대 회화과 교수 2010년 화랑협회전(가나화랑) 2010년 이탈리아 마리노 마리니미술관 초대 개인전 2011년 홍콩아트페어(가나화랑) 2013~2016년 마르텔로조각회 회장 2015년 LVS화랑 개인전

김동우(金東雨) KIM DONG WOO

[생]1958·10·13 [본]안동(安東) [출]대구 [주]서울 마포구 마포대로119 (주)효성 임원실(02-707-7000) [학]1978년 중경고졸 1982년 영남대 인류학과졸 [경]1990~1995년 고속도로시설공단 기획부 근무 1995년 삼성물산 주택부문 재건축팀 근무 2002년 同주택부문 주택영업팀 근무 2009~2011년 同주택사업부 주택2본부 도시재생3팀장(상무) 2012년 (주)효성 건설PU 주택영업담당 상무 2013년 同건설PU장 겸 건설PU 해외영업담당 전무 2016년 同건설PG 건설PU장(부사장)(현) [종]불교

김동욱(金東旭) KIM, Dong Wook (南丁)

[생]1938·1·4 [본]김해(金海) [출]경남 통영 [주]서울 서초구 사임당로15 백재빌딩 2층(02-408-9090) [학]1956년 서울고졸 1960년 연세대 정치외교학과졸 1962년 同대학원 수료 [경]1962~1964년 한국제망 이사 1976~1978년 상보교역 회장 1979~1980년 신민당 충무·통영·거제·고성지구당 위원장 1979년 제10대 국회의원(충무·통영·거제·고성, 신민당) 1985년 제12대 국회의원(전국구, 신민당) 1987년 민주당 창당발기인 1988년 同충무·통영·고성지구당 위원장 1990년 민자당 정책평가위원 1992~1996년 한국관광공사 이사장 1996년 제15대 국회의원(경남 통영·고성, 신한국당·한나라당) 1996년 한·필리핀의원친선협회 회장 1997년 한나라당 경남도지부장 1998년 국회 재정경제위원장 2000~2004년 제16대 국회의원(경남 통영·고성, 한나라당) 2000~2004년 한·태국의원친선협회 회장 2000~2004년 한·필리핀의원친선협회 이사 2000년 APPF(아·태의회포럼) 회원 2003년 한나라당 운영위원·지도위원 2003년 同상임고문 2004년 월간 현대해양 고문(현) 2005년 김정문알로에 상임고문(현) 2005년 재정경제연구원 회장(현) 2009년 21세기경영인클럽 회장(현) 2012년 새누리당 상임고문(현) 2013년 대한민국헌정회 부회장 2013년 同고문(현) 2013년 제16대 국회의원회 회장(현) [상]경영문화대상(2001) [종]천주교

김동욱(金東旭)

[생]1957·6·26 [주]충남 예산군 삽교읍 도청대로600 충청남도의회(041-635-5228) [학]천안고졸, 광운대 전자통신학과졸 2002년 단국대 정책경영대학원 행정학과졸 [경]천안농협 이사, 참가든식품 대표 2006·2010~2014년 충남 천안시의회 의원(한나라당·새누리당) 2006~2008년 同산업건설위원장 2008~2010년 同부의장 2010~2012년 同의장 2010년 충남시·군의장협의회 회장 2010년 전국시·군자치구의회의장협의회 감사 2014년 충남도의회 의원(새누리당)(현) 2014년 同운영위원회 위원 2014년 同행정자치위원회 부위원장 2014년 同3농혁신등정책특별위원회 위원 2016년 同행정자치위원회 위원장(현)

김동욱(金東旭) KIM Dongwook

[생]1959·12·25 [본]월성(月城) [출]대구 [주]서울 관악구 관악로1 서울대학교 행정대학원(02-880-5600) [학]1982년 서울대 경제학과졸 1984년 同행정대학원 행정학과졸 1993년 정책학박사(미국 Ohio State Univ.) [경]1994년 서울대 행정대학원 교수(현) 2002~2004년 방송위원회 법률자문특별위원회 위원 2005~2006년 서울대 행정대학원 부원장 2005~2008년 전자정부특별위원회 위원 2006~2007년 방송통신융합추진위원회 위원 2007년 한국행정학회 총무위원장 2007년 서울행정학회 법정이사(현) 2008~2013년 대통령직속 미래기획위원회 위원 2008~2013년 행정안전부 정책자문위원회 정보화분과위원장 2009년 한국정보처리학회 'The e-Bridge' 편집위원회 위원(현) 2009~2012년 정보공개위원회 위원 2009~2011년 인터넷주소정책심의위원회 위원장 2010~2012년 한국교육학술정보원 비상임이사 2011~2013년 한국콘텐츠진흥원 비상임이사 2011년 방송통신위원회 방송통신발전기금운용심의회 위원 2011년 서울대 SSK스마트사회연구센터 센터장(현) 2011~2013년 정보통신정책연구원 원장 2013년 안전행정부 '정부3.0' 민간자문단 위원 2013년 전국경제인연합회 창조경제특별위원회 위원 2013년 공공데이터전략위원회 위원(현) 2013년 교육부 고등교육분과 정책자문위원(현) 2013년 민주평통 자문위원(현) 2014년 서울대 행정대학원장(현) 2015년 중앙선거관리위원회 국회의원선거구획정위원회 위원 [상]정보화유공자 대통령표창(1998), 전자정부유공자 홍조근정훈장(2007), 문화체육관광부장관표창(2010) [저]'새 정부조직 설계'(2008) '공공갈등과 정책조정 리더십(共)'(2011, 법문사) '정부 기능과 조직'(2012, 법문사) '다가온 미래 스마트라이프(共)'(2012)

김동욱(金東郁) KIM, Dong-Woog

[생]1960·9·15 [본]연안(延安) [출]전북 전주 [주]대전 서구 청사로189 특허청 특허심사2국 자동차심사과(042-481-3445) [학]1979년 전주고졸 1984년 전북대 회계학과졸 1999년 국방대학원 국방관리과정졸 2002년 서울대 행정대학원 정책학과 수료 2010년 미국 콜로라도주립대 행정대학원 정책학과졸 [경]2001년 특허청 디자인심사과 심사관 2002년 同산업재산보호과 사무관 2004~2005년 同출원서비스과 PCT팀장 2006년 특허심판원 심판정책과 정책서기관 2006년 同심판관 2007~2008년 국제지식재산연수원 지식인력개발팀장 2010년 특허심판원 심판관 2011년 특허청 고객협력국 출원과장 2013년 同상표디자인심사국 상표3심사팀장 2013년 同상표디자인심사국 복합상표심사팀장 2014년 특허심판원 심판3부 심판관 2014년 특허청 특허심사2국 자동차심사과 심사관(현) [종]기독교

김동욱(金東煜) KIM Dong Wook

[생]1961·1·1 [본]경주(慶州) [출]서울 [주]서울 서초구 반포대로222 서울성모병원 혈액내과(02-2258-7030) [학]1985년 가톨릭대 의대졸 1992년 同대학원 의학석사 1996년 의학박사(가톨릭대) [경]1985년 가톨릭대 의과대학 인턴·레지던트 1989년 軍의관 1992년 同의과대학 혈액종양내과 임상강사 1994년 삼성의료원 전문의 1994~2004년 가톨릭대 의과대학 혈액종양내과학교실 전임강사·조교수·부교수 1996년 한국골수은행협회 이식조정위원회 간사 1997~1999년 미국 프레드허친슨암연구소·워싱턴주립대병원 객원교수 2000년 국제혈액학회 학술위원회 총괄간사 2001~2003년 보건복지부 한국희귀의약품센터 글리벡공급심의위원장 2002년 식품의약품안전청 중앙약사심의위원 2002년 한국백혈병은행 책임자(현) 2003년 대한조혈모세포이식학회 학술이사 2003년 국제비혈연간이식협회(WMDA) 연구위원, 同학술위원회 아시아대표위원 2004~2012년 가톨릭대 의과대학 분자유전학연구소장 2005년 同의과대학 혈액내과학교실 교수(현) 2005년 同의과대학 혈액내과학과장(현) 2005년 아시아만성골수성백혈병연구위원회(ACSA) 위원장(현) 2009년 세계만성골수성백혈병재단 이사(현) 2011년 유럽백혈병네트워크 국제표준지침제정위원회 패널위원(현) 2011년 가톨릭대 서울성모병원 암병원 연구부장(현) 2012년 同의과대학 암연구소장(현) 2014년 가톨릭백혈병연구소장(현) 2015년 同서울성모병원 혈액내과 임상과장(현) [상]한국BRM학회 학술상(2000), 올해의 과학자상(2005), 자랑스런 가톨릭의대인상(2015) [저]'그림으로 이해하는 만성골수성백혈병'(2008) '굿바이 암(共)'(2012, 책읽는달) [종]기독교

김동욱(金東旭) Dong-Wook Kim

[생]1961·6·7 [출]충북 [주]서울 서대문구 연세로50의1 연세대학교 의료원 신관4층403호 생리학교실(02-2228-1703) [학]1986년 고려대 생명과학과졸 1991년 同대학원 유전공학과졸 1996년 생명공학박사(일본 도쿄대) [경]1997~2001년 미국 예일대 의대 연구원 2001~2004년 미국 하버드대 의대 Junior Faculty 2003년 연세대 의대 생리학교실 교수(현) 2004~2005년 줄기세포서울국제심포지움 위원장 2005~2006년 아시아·오세아니아생리학회 줄기세포분과위원장 2005~2006년 세계조직공학 및 재생의학회 줄기세포분과위원장 2005년 한미과학자협회(UKC) 줄기세포분과위원장 2006년 범부처국가줄기세포종합계획수립기획단 위원장 2006~2007년 국제줄기세포학회 준비위원회 한국대표 2005~2009년 국제줄기세포학회(ISSCR) 국제분과위원 2006년 한국조직공학재생의학회 부회장 2006~2007년 미국 남가주대 Faculty 2006~2012년 교육과학기술부 세포응용연구사업단장 2006~2008년 Tissue Engi. and Regenerative Medicine 편집위원장 2007~2012년 세계줄기세포프로테옴이니셔티브 공동의장 2007~2012년 국제줄기세포포럼 한국대표 2007~2012년 아시아태평양줄기세포네트워크(SNAP) 한국대표 2008~2009

년 국제줄기세포학회(ISSCR) 정부정책분과 위원 2008~2011년 Stem Cell Research 편집위원 2008년 International Journal of Stem Cells 편집위원 2009년 Stem Cell Reviews 편집위원 2009년 세계조직공학및재생의학회 학술대회 부회장 2009년 매일경제 객원논설위원 2010~2011년 국가과학기술위원회 재생의료실무위원 2010년 한국조직공학재생의학회 줄기세포분과위원장 2011년 Inflammation and Regeneration 편집위원 2011~2015년 식품의약품안전처 특별자문위원 2012년 연세대 줄기세포기반신약개발연구단장(현) 2014년 국가줄기세포은행 심의위원(현) ⓢ한국조직공학재생의학회 우수논문상(2006), 대한생리학회 유당학술상(2008), 연세대 연구활동 우수교수상(2010), 교육과학기술부장관표창(2012), 연세대 의대 연구활동 우수교수상(2013) ⓩ'내 품안에 줄기세포'(2007) '생체조직공학'(2008) '성체줄기세포 및 세포치료제'(2008) '배아줄기세포'(2008) '조직공학 실험서'(2012)

김동욱(金東郁) Kim Dong Uk

ⓢ1964·1·20 ⓙ제주특별자치도 제주시 문연로13 제주특별자치도의회(064-741-1923) ⓗ제주 오현고졸, 고려대 농과대학 농화학과졸 ⓖ외도초등학교 총동문회 총무이사, 새누리당 제주도당 대외협력위원회 부위원장(현), 同제주도당 공약개발비전2016위원회 문광분야 위원장(현), 同제주도당 지역봉사위원회 위원(현), 同제주도당 4·3특별위원회 위원(현), 제주문화관광포럼 위원, 지방재정연구회 위원, 제주복지공동체포럼 위원, (사)제주장애인연맹 장애인인권영화제 위원, 바르게살기운동 제주시협의회 위원, 민주평통 제주시협의회 부회장 2014년 제주특별자치도의회 의원(새누리당)(현) 2014·2016년 同문화관광스포츠위원회 부위원장(현) 2014년 同예산결산특별위원회 위원 ⓢ대한민국 문화경영대상 우수의정행정부문(2014), 제주특별자치도의회 출범 1주년 베스트의원상(2015), 전국시·도의회의장협의회 우수의정 대상(2016)

김동욱(金東昱) Kim Dong Ug

ⓢ1964·11·12 ⓙ서울 종로구 율곡로2길25 연합뉴스 기획조정부(02-398-3229) ⓗ1991년 국민대 경영학과졸 1991년 연합통신 기획부 입사 1998년 연합뉴스 기획부 근무 1999년 同경영기획실 근무 2002년 同총무부 차장대우 2003년 同경리부 차장대우 2005년 同경리부 차장 2005년 同경리관재부 차장 2008년 同경리부장 2010년 同경영기획실 인사부장 2011년 同기획조정실 인사부장 2013년 同기획조정실 기획부장 2013년 同감사팀장 겸임 2014년 同기획조정실 기획부장(부국장대우) 2015년 同기획조정실 부실장 겸 경영기획부장 2016년 同기획조정부장(현)

김동욱(金東旭)

ⓢ1966·3·10 ⓐ경남 진주 ⓙ울산 중구 성안로112 울산지방경찰청 홍보담당관실(052-210-2313) ⓗ1984년 경남 대아고졸 1989년 경찰대 법학과졸(5기) ⓖ1989년 경위 임용(경찰대 5기) 1996년 경남 합천경찰서 방범과장(경감) 1998년 경남 산청경찰서 경무과장 2001년 울산중부경찰서 경비교통과장(경정) 2002년 울산남부경찰서 정보과장 2004년 울산동부경찰서 정보과장 2006년 울산지방경찰청 정보2·정보2계장 2007년 同경비교통과 경비경호계장 2010년 同정보과 정보3계장 2011년 同경비교통과장(경정) 2012년 同경비교통과장(총경) 2013년 울산동부경찰서장 2014년 울산지방경찰청 생활안전과장 2015년 경남 사천경찰서장 2016년 울산지방경찰청 홍보담당관(현)

김동욱(金東郁) KIM Dong Wook

ⓢ1966·11·29 ⓐ서울 ⓙ서울 중구 덕수궁길15 서울특별시의회(02-3783-1556) ⓗ도봉중졸, 원광대 사학과졸 2003년 서울시립대 도시과학대학원 도시행정학과졸 ⓖ유인태 국회의원 보좌관, 국민회의 서울도봉乙지구당 총무부장, 새천년민주당 서울도봉乙지구당 조직부장 2000·2010년 서울시의회 의원(새천년민주당·민주당·민주통합당·민주당·새정치민주연합) 2000년 同교통위원회 위원 2000년 同장묘문화개선특별위원회 간사 2001년 同지방자치발전특별위원회 위원 2001년 同예산결산특별위원회 위원 2006년 서울시의원선거 출마(열린우리당) 2010~2013년 서울시의회 행정자치위원회 위원장 2010년 공직자윤리위원회 부위원장 2012년 서울시의회 교통위원회 위원 2012년 同예산결산특별위원회 위원 2012년 同최고고도지구합리적개선특별위원회 위원 2013년 同강남·북교육격차해소특별위원회 위원 2013년 同민간단체지원사업점검특별위원회 위원 2014년 서울시의회 의원(새정치민주연합·더불어민주당)(현) 2014~2016년 同보건복지위원회 위원 2014~2015년 同윤리특별위원회 위원 2015년 同메르스확산방지대책특별위원회 위원장 2015년 同항공기소음특별위원회 위원(현) 2016년 同의회역량강화TF 단장(현) 2016년 同교육위원회 위원(현)

김동욱

ⓢ1967·1·20 ⓐ전북 순창 ⓙ대전 대덕구 계족로677 대전지방국세청 징세송무국(042-615-2200) ⓗ서울 한성고졸, 숭실대졸, 가천대 대학원 세무회계학과졸 ⓖ7급 공채 임용, 금정세무서 소득세과 근무, 중부지방국세청 인사과 근무, 국세청 인사과 근무, 대통령비서실 파견, 안산세무서 재산세과장 2012년 중부지방국세청 조사3국 1과 2계장 2013년 국세청 개인납세국 소득세과 소득1계장 2016년 대전지방국세청 징세송무국장(현)

김동욱(金東旭) Kim Dongwook

ⓢ1970 ⓙ경기 성남시 분당구 대왕판교로645번길16 플레이뮤지엄 NHN엔터테인먼트(031-8038-2701) ⓗ서울고졸 1992년 한국과학기술원(KAIST) 전산학과졸(학사) 1994년 同전산학 석사 1999년 전산학박사(한국과학기술원) ⓖ1997~2001년 새롬기술 메신저개발 총괄담당 2002~2003년 Airdast Inc. Bluetoothe stack개발 PM 2003~2004년 삼성SDS 홈네트워킹Framework개발 PM 2004~2015년 네이버(주) 플랫폼본부장 2015년 NHN엔터테인먼트 payco사업본부장(현)

김동운(金東雲) KIM Dong Woon

ⓢ1955·6·15 ⓐ경북 김천 ⓙ대구 남구 현충로120 TBN대구교통방송 본부장실(053-606-0114) ⓗ1973년 김천고졸 1979년 경북대 사회학과졸 ⓖ1980년 CBS 부산방송본부 근무 1983년 同편성국 근무 1991년 SBS R제작2부 차장대우 1995년 同R제작1부 차장 1997년 同라디오국 차장급 AM 2CP 1998년 同라디오센터 차장 2000년 同라디오본부 부장 2001년 同라디오본부 1CP 2003년 同라디오본부 부장 2005년 同라디오본부 R편성사업팀장 2006년 同편성본부 라디오총괄CP(부국장) 2008년 同편성본부 제작위원(부국장급) 2010년 同제작본부 제작위원(부국장급) 2014년 한국교통방송(TBN) 대구교통방송 본부장(현) ⓢ한국방송대상 최우수작품상(1990·1995) ⓩ'마네킹이 방송을 한다'(1994)

김동운(金東運) KIM Dong Woon

ⓢ1961·12·25 ⓙ충북 청주시 서원구 1순환로776 충북대병원 순환기내과(043-269-6386) ⓗ1986년 서울대졸 1989년 同대학원졸 1998년 의학박사(서울대) ⓖ1994년 충북대 의과대학 내과학교실 전임강사·조교수·부교수·교수(현), 대한심장학회 중부지회 부회장, 충북대병원 권역심뇌혈관센터장, 同진료처장 2015년 충북대 의과대학장(현) ⓢ대한순환기학회 젊은연구자상(1997) ⓩ'고혈압'(2009, 대한의학서적) '제2판 순환기학'(2010, 일조각)

김동원(金東元) Dong-One Kim

ⓢ1960·1·15 ⓑ의성(義城) ⓐ서울 ⓙ서울 성북구 안암로145 고려대학교 경영대학 LG-POSCO관318호(02-3290-1949) ⓗ1982년 고려대 경영학과졸 1991년 미국 위스콘신대 메디슨교 대학원 노사관계학과졸 1993년 노사관계학박사(미국 위스콘신대 메디슨교) ⓖ1996~1997년 미국 뉴욕주립대 경영대학 교수 1997년 고려대 경영학과 교수(현) 2001년 Social Asia Forum 한국위원장 2002년 한국ILO협회 상임이사 2006~2007년 고려대 총무처장 2007년 同노동대학원 인력관리학과 주임교수 2007년 중앙노동위원회 공익위원 2007년 노사정위원회 공익위원 2011~2013년 고려대 기획예산처장 2011년 한국노사관계학회 부회장 2013~2015년 고려대 노동대학원장 2014년 국민경제자문회의 위원 2014~2015년 한국고용노사관계학회 회장 2014년 대통령직속 규제개혁위원회 위원 2014~2016년 고려대 경영대학장 겸 경영전문대학원장 2014년 현대자동차 임금체계개선위원회 자문위원 2015년 국제노동고용관계학회(ILERA) 회장(현) 2015년 국무총리산하 경제·인문사회연구회 비상임이사(현) ⓢ한국노사관계학회 최우수논문상(2003), SK Research Award(2003), IBRE Research Award(2004) ⓩ'한국노사관계 세계화 지표'(1995) '종업원 참여제도의 이론과 실제'(1996) '미국의 노사관계와 한국에의 시사점'(1997) '기술급제도 보상체계의 혁신시리즈'(1999) '인사노무관리론'(2000) '교수노조 관련연구'(2000) '신노사문화노사참여 활성화 방안연구'(2000) '신노사문화추진성과분석연구 : 우수기업에 대한 사례연구를 중심으로(신노사문화우수기업 사례연구)'(2000) '집단성과배분제도 보상체계의 혁신시리즈'(2000) '신노사문화 추진기업 재정지원방안연구'(2001) '현대고용관계론'(2002·2003·2005·2008) 'ILO의 결사의 자유 협약비준에 따른 정책적 시사점연구'(2002) '세계의 노사관계 변화와 전망'(2003) ⓒ기독교

김동원

[생]1985 · 8 · 20 [주]서울 영등포구 63로50 한화생명보험 전사혁신실(02-789-8618) [학]미국 세인트폴고졸, 미국 예일대 동아시아학과졸 [경]2014년 (주)한화 경영기획실 디지털팀장 2015년 한화생명보험(주) 전사혁신실 부실장 2016년 同전사혁신실 부실장(상무)(현)

김동유(金東裕) Dong-Yu Kim

[생]1963 · 8 · 5 [출]서울 [주]광주 북구 첨단과기로123 광주과학기술원 신소재공학부(062-715-2319) [학]1986년 서울대졸 1988년 同대학원졸 1997년 공학박사(미국 Univ. of Massachusettes Lowell) [경]1989~1991년 한국과학기술연구원(KIST) 연구원 1997~1999년 미국 Univ. of Massachusettes Lowell 박사 후 연구원 1999년 광주과학기술원(GIST) 신소재공학부 조교수 · 부교수 · 교수(현) 2005~2007년 同히거신소재연구센터 부센터장 2013~2015년 同신소재공학부장 2014년 한국과학기술한림원 정회원(공학부 · 현) [상]제37회 과학의 날 국무총리표창(2005), 광주과학기술원(GIST) 최고 Impact Factor 논문상(2005), 나노코리아 나노연구혁신상(2005), Best Teacher Award by GIST(2007), 광주과학기술원(GIST) 최다논문상(2008 · 2014), 광주과학기술원(GIST) 연구상(2009), 과학기술포장(2016)

김동윤(金東潤) KIM Dong Yoon

[생]1951 · 6 · 23 [본]김해(金海) [출]서울 [주]경기 수원시 영통구 월드컵로206 아주대학교 컴퓨터공학과(031-219-2632) [학]1974년 서울대 수학과졸 1976년 한국과학기술원 전산학과졸(석사) 1985년 이학박사(미국 MIT) [경]1976~1991년 국방과학연구소 입소 · C3I실장 1981~1985년 미국 MIT 연구원 1983~1985년 미국 IBM Cambridge Scientific Center 학생연구원 1986년 한국과학기술원 겸무교수 1987년 미국 SDI 한국조사단원 1987년 미국 Maryland대 Computer Vision Lab SEP Fellow 1991~2012년 아주대 정보컴퓨터공학부 교수 1992년 한국정보올림피아드 추진위원 및 교육위원 1993~1994년 한국정보과학회 인공지능연구회 운영위원장 1994년 同학생논문경진대회 심사위원장 1994년 영국 Cambridge대 인촌기념교수 1996년 아주대 정보통신대학장 겸 정보통신연구소장 1997~2003년 同정보통신대학원장 2004~2007년 국제정보처리학회(IFIP: International Federation for Information Processing) 부회장 2005~2011년 아주대 정보통신대학원장 2005년 한국정보과학회 수석부회장 2006년 同회장 2007~2009년 한국정보올림피아드 추진위원장 2012년 아주대 정보컴퓨터공학과 교수(현) 2013년 同정보통신대학원장 2013년 서울어코드 부의장 2014년 WCC(World Computer Congress)2015 추진위원장 2015년 서울어코드 의장(현) [저]'이산수학'(1994) '기술 자격연수 교재'(1999) '컴퓨터 자격연수 교재'(2003) '소프트웨어융합 개론'(2013) [종]기독교

김동윤(金東潤) KIM Dong Yoon

[생]1956 · 6 · 22 [본]순천(順天) [출]경기 고양 [주]서울 강남구 강남대로382 메리츠타워17층 법무법인 에이펙스(02-2018-0991) [학]1975년 중앙고졸 1980년 서울대 법과대학졸 1986년 同대학원 수료 [경]1981년 사법시험 합격(23회) 1983년 사법연수원 수료(13기) 1983년 공군 법무관 1986년 서울지법 북부지원 판사 1989년 서울민사지법 판사 1991년 창원지법 진주지원 판사 1993년 서울지법 서부지원 판사 1994년 서울고법 판사 1996년 서울지법 판사 1997년 대법원 재판연구관 1999년 청주지법 부장판사 2000년 서울지법 의정부지원 부장판사 2002년 서울지법 부장판사 2004년 서울중앙지법 부장판사 2005년 씨앤케이법률사무소 변호사 2005년 법무법인 장한C&K 대표변호사 2006년 법무법인 렉스 대표변호사 2011년 법무법인(유) 에이펙스 대표변호사(현) [종]불교

김동윤(金東胤) Kim Dong Yoon

[생]1964 · 12 · 27 [출]경남 창원 [주]부산 연제구 법원로31 부산지방법원(051-590-1114) [학]1983년 부산 해운대고졸 1987년 서울대 법학과졸 [경]1988년 사법시험 합격(30회) 1993년 사법연수원 수료(22기) 1993년 부산지법 판사 1996년 同울산지원 판사 1997년 수원지법 판사 2000년 서울지법 판사 2001년 부산지법 판사 2003년 일본 히토츠바시대 파견 2004년 부산고법 판사 2006년 대법원 재판연구관 2008년 부산지법 부장판사 2012년 울산지법 제1형사부 부장판사 2014년 창원지법 진주지원장 2016년 부산지법 부장판사(현)

김동율(金銅栗) KIM Dong Yul

[생]1950 · 3 · 10 [출]전남 곡성 [주]서울 중구 덕수궁길15 서울특별시의회(02-3783-1626) [학]2005년 대진대 법학과졸 [경]서광공인중개사 대표, 한반도미래전략연구소 연구위원, 상봉1동새마을금고 감사, 서울북부지검 범죄예방위원, 상봉1동자율방범대 고문, 중랑자치개혁연대 서민경제특별위원장, 열린우리당 서울시당 주거환경개선특별위원, 同중랑구당원협의회 상봉1동 운영위원, 중랑신문 운영위원, 열린우리당 정치아카데미 제5기 부회장, 상봉1동주민자치위원회 간사 및 부위원장, 중랑경찰서 방범자문위원장, 상봉1동새마을지도자협의회 감사, 평생교육신문 부동산학전문위원, 한국문화예술가협회 서예분과 육성위원 2006~2010년 서울시 중랑구의회 의원, 민주당 서울시지방의원협의회 원내대표 2010년 서울시 중랑구의원선거 출마(민주당) 2011년 10 · 26재보선 서울시 중랑구의원선거 출마(민주당) 2013년 민주통합당 제18대 대통령중앙선거대책위원회 서울중랑乙선거연락소장 2014년 서울시의회 의원(새정치민주연합 · 더불어민주당)(현) 2014년 同도시안전건설위원회 위원 2014~2015년 同예산결산특별위원회 위원 2015년 同윤리특별위원회 위원장(현) 2015년 同지역균형발전지원특별위원회 위원(현) 2016년 同도시안전건설위원회 부위원장(현) 2016년 同장기미집행도시공원특별위원회 위원(현) 2016년 同운영위원회 위원(현)

김동은(金東垠) KIM Dong Eun

[생]1960 · 5 [주]서울 종로구 새문안로58 LG생활건강 임원실(02-6924-4702) [학]전주 신흥고졸, 전북대 경영학과졸, 미국 워싱턴대 대학원 경영학과졸 [경](주)LG화학 경영기획담당 근무 2005년 同폴리올레핀영업담당 상무 2005년 同인도법인장(상무) 2011년 LG CNS 정도경영부문장(상무) 2013년 LG생활건강 정도경영본부장(상무)(현)

김동은(金東殷) KIM Dong Eun

[생]1964 · 12 · 14 [출]부산 [주]서울 중구 남대문로63 한진빌딩 법무법인 광장(02-772-4397) [학]1983년 부산 동천고졸 1987년 서울대 사법학과졸 1990년 同대학원졸 2000년 미국 코넬대 Law School졸(LL.M.) [경]1991년 사법시험 합격(33회) 1994년 사법연수원 수료(23기) 1994년 법무법인 광장 변호사(현) 1996년 건설교통부 민자유치사업 자문위원 2000년 미국 뉴욕주 Milbank, Tweed, Hadley & Mccloy 근무 2003~2004년 해양수산부 민간투자사업계획 평가위원 2003~2006년 환경관리공단 민간투자사업 자문위원 2004~2008년 부산거제간연결도로건설조합 고문변호사 2014년 금융감독원 분쟁조정위원(현) 2014년 부산좋은기업유치위원회 위원(현) 2015년 금융감독원 금융분쟁조정위원회 위원(현)

김동익(金東益) KIM Dong Ik

[생]1933 · 12 · 22 [본]경주(慶州) [출]서울 [학]1953년 서울고졸 1957년 서울대 법대졸 1972년 미국 하버드대 수학 [경]1961년 조선일보 기자 1969년 중앙일보 정치부장 1975년 同편집국장 1983년 삼성그룹 비서실 고문 1988년 중앙일보 주필 겸 전무이사 1989년 同대표이사 부사장 · 발행인 1992년 同고문 1992~1993년 정무제1장관 1994년 건국대 신문방송학과 초빙교수 1998년 성균관대 석좌교수 2001년 중앙일보 고문 2005~2009년 용인송담대학 총장, 소설가(현) [상]청조근정훈장 [저]'정오의 기자'(1987, 고려원) '권력과 저널리즘'(1997, 나남) '대학교수 그 허상과 실상'(2009, 나남) '태평양의 바람'(2010, 나남) '안단테 안단테'(2011, 나남) '이상한 전쟁'(2012, 중앙북스) '서른 살 공화국'(2013, 중앙북스) '어느 날 갑자기'(2014, 중앙북스) '크루즈와 나비'(2015, 나남) [역]'대통령과 미디어'

김동익(金東翼) KIM Dong Ik

[생]1952 · 10 · 28 [출]서울 [주]경기 성남시 분당구 야탑로59 분당차병원 원장실(031-780-5000) [학]1977년 연세대 의과대학졸 1981년 同대학원 의학석사 1988년 의학박사(연세대) [경]1985~1998년 연세대 의대 방사선과학교실 강사 · 조교수 · 부교수 1990년 미국 뉴욕대 의대 연구강사 1991년 대한방사선의학회 고시위원장 1994~2000년 아 · 태신경중재치료의학회 재무이사 1996~1999년 대한방사선의학회 고시이사 겸 고시위원장 1998~2000년 대한자기공명의과학회 총무이사 1998~2015년 연세대 의대 영상의학교실 교수 1999~2002년 대한방사선의학회 재무이사 1999~2002년 대한신경중재치료의학회 회장 2000~2001년 아 · 태신경방사선의학회 회장 2001~2002년 세계신경중재치료의학회 학술대회조직위원장 2001~2002년 아 · 태신경방사선의학회 사무총장 2002~2004년 대한신경두경부영상의학회 회장 2002~2005년 대한영상의학회 수련이사 2002~2004년 대한자기공명의과학회 부회장 2004년 (재)성광학원 이사(현) 2005~2008년 대한영상의학회 총무이사 2005년 한국방사선의학재단 이사(현) 2005~2007년 연세대 세브란스병원 제2진료부원장 2006년 국무조정

실 의료산업발전기획단 첨단의료복합단지위원회 위원 2006~2009년 대한의학회 재무이사 2006~2008년 아·태방사선의학회 사무총장 2006~2012년 식품의약품안전청 진단용방사선안전관리자문위원 2007~2012년 대한의사협회 대의원회 부의장 2008~2012년 대한영상의학회 회장 2008년 (재)고촌학원 이사(현) 2008~2012년 대한병원협회 신임위원회 위원 2009~2012년 대한의학회 부회장 2009~2011년 보건복지부 R&D선진화HT포럼운영위원회 위원 2009~2012년 건강보험심사평가원 비상근심사위원 2011년 아시아태평양생명의학연구재단 이사(현) 2011~2014년 의료방사선안전문화연합회 회장 2012~2014년 대한의사협회 종합학술대회조직위원장 2012~2014년 한국의학학술지원재단 이사장 2012년 한국의학100주년기념사업재단 이사(현) 2012~2015년 대한의학회 회장 2012~2015년 보건복지부 제약산업육성지원위원회 위원 2012~2015년 한국보건산업진흥원 Smartcare발굴사업자문위원회 위원 2012~2015년 한국의학교육협의회 위원 2013~2015년 오송첨단의료산업진흥재단 자문위원 2013년 국민건강보험공단 병원운영심의위원회 위원(현) 2013년 한국보건산업진흥원 국제기술교류민간협의회 위원(현) 2014년 건강보험심사평가원 국민의료평가발전위원회 위원장(현) 2014년 국립암센터 국가암검진권고안제개정자문위원회 위원(현) 2015년 한국방사선의학재단 이사장(현) 2015년 차의과학대 영상의학과교실 교수(현) 2015년 同전략사업추진본부장(현) 2016년 同의무부총장(현) 2016년 분당차병원 병원장(현) 2016년 대한병원협회 상임고문(현) [상]대한방사선의학회 학술상(1990), 대한의사협회 대의원회공로상(2009), 연세대 의과대학 우수업적교수상(2009), 대한의학회 공로상(2011), 대한의사협회 공로상(2012), 연세대 우수교수상(2012) [저]'Embolization of spinal vascular malformation. In Interventional Radiology'(1999, 일조각) '중재적 신경방사선학. In 두개저외과학'(2007, 군자출판사) '방사선학적 검사. In 재활의학'(2007, 한미의학) '척수의 혈관. In 척추학'(2008, 군자출판사) '혈관내 수술의 합병증과 대처방안. In 뇌혈관외과학'(2010, 고려의학) '기능영상. In 정위기능신경외과학'(2010, 엠엘커뮤니케이션) '두개저부종양의 색전술과 경동맥의 풍선폐색검사. In 두개저외과학. 2nd edition'(2012, 군자출판사) '척추의혈관. In 척추학 2nd edition'(2013, 군자출판사)

김동익(金東翊) KIM Dong Ik

[생]1959·12·12 [출]제주 [주]서울 강남구 일원로81 삼성서울병원 혈관외과(02-3410-3467) [학]1984년 한양대 의대졸 1988년 同대학원졸 1995년 의학박사(한양대) [경]1984~1992년 한양대병원 인턴·전공의 1992~1994년 일본 오사카대 혈관외과 전임의 1994년 삼성서울병원 혈관외과 전문의(현) 1997년 성균관대 의대 외과학교실 조교수·부교수·교수(현) 1999~2005·2011~2015년 삼성서울병원 혈관외과 과장 2008년 국제줄기세포학술지 편집위원장(현), 대한혈관외과학회 상임이사(현), 대한임상초음파학회 부회장(현), 대한순환기의공학회 부회장(현), 한국줄기세포학회 상임이사(현) 2011~2013년 대한정맥학회 이사장 2011~2015년 세계정맥학회학술대회(Seoul UIP 2015) 조직위원장 2012~2015년 Asian Venous Forum 회장 2013년 대한당뇨발학회 회장(현) 2014~2015년 대한정맥학회 회장 2015년 2015세계정맥학회학술대회(Seoul UIP 2015) 대회장 2016년 한국줄기세포학회 차기(2017년1월) 회장(현) [상]대한혈관외과학회 우수논문상 [저]'당뇨족 : 진단과 치료' '혈관외과' '정맥학' '경동맥질환' '외과학'(共) '임상심장학'(共) '노인병학'(共) '동영상으로 배우는 혈관초음파'

김동일(金東一) KIM Dong-Il

[생]1949·4·1 [주]충남 보령시 성주산로77 보령시청(041-930-3202) [학]대천고졸 2009년 동아인재대학 사회복지학과졸 [경]보령시 감사·기획담당관, 同총무과장, 同의회사무국장, 同산업건설국장, 同총무국장 2006~2010년 충남도의회 의원(국민중심당·자유선진당), 충남장학회 이사, 충남도 균형발전위원회 위원, 충남도 중소기업지원센터 이사, 민주평통 자문위원, 자유선진당 충남도당 부위원장 2010년 충남 보령시장선거 출마(무소속) 2014년 충남 보령시장(새누리당)(현) 2015년 환황해권행정협의회 회장 [상]근정포장(2001), 홍조근정훈장(2006), 21세기한국인상 사회부문대상(2015), 한국여성단체협의회 우수지방자치단체장상(2015)

김동일(金東一) KIM Dong Il (一松)

[생]1952·2·26 [본]경주(慶州) [출]대전 [주]부산 영도구 태종로727 한국해양대학교 전파공학과(051-410-4314) [학]1971년 서울공고졸 1975년 한국해양대 항해학과졸 1977년 同대학원 전파공학과졸 1984년 공학박사(일본 도쿄공업대) [경]1975~1993년 한국해양대 전자통신공학과 조교·전임강사·조교수·부교수 1986~1994년 CONY전자(주) 기술고문 1991~1992년 한국해양대 기획실장 1993년 同전파공학과 교수(현) 1995~2000년 (주)유창방음 기술고문 1995~1999년 (주)종합폴스타 기술고문 1996년 한국전자파학회 영남지부장 1997년 한국통신학회 학술위원회 부위원장 2000년 한국전자파학회 부회장 2002년 同회장 2002~2003년 IEEE EMC Korea Chapter 회장 2002년 (주)신성C&T 기술고문(현) 2002년 체신청 전파자문위원장 2003~2005년 정보통신부 주파수심의위원 2003~2005년 한국해양대 대학원장·해사산업대학원장·해양관리기술대학원장 겸임 2004년 (사)한일교류센터 자문위원(현) 2004년 한국전자파학회 명예회장·평의원(현) 2005년 민주평통 자문위원 2006~2014년 한국해양대 해사산업연구소 연구교수 2006년 IALA전문위원회 위원 2007년 대한전자공학회 전문위원 2008~2009년 한국해양대 대학인사위원회 위원 2008년 한국항해항만학회 편집·연구윤리위원 2011년 한국통신학회 직장대표 2013년 한국공학한림원 회원(현) [상]산학협동상 대상(1990), 한국전자파학회 학술상(1993), 대통령표창(1995), 대한전자공학회 공로상(1996), 한국통신학회 공로상(1997), 한국항해학회 우수논문상(1998), 한국전자파학회 공로상(1998·2004), 한국해양대 제1회학술대상(2001), 교육인적자원부장관표창(2003), 국무총리표창(2006), 부산상공회의소 기술·연구부문 우수인재상(2007), 한국해양대 자랑스러운아치인상표창(2008), 제6회 한국교육대상(2010), 국가연구개발 우수성과100선 선정(2011), 미래창조과학부 대한민국 전파사업진흥 유공자 공로상(2014) [저]'전파항법'(1986) '최신전자계측'(1990) '전파공학'(1998) '전자파환경공학'(2001) '안테나공학'(2003) '전파흡수체공학(編)'(2005) '전자흡수체공학'(2006, 대영사) 'EMC 설계 및 대책 기술'(2007, 다솜출판사) '전자파장해대책 및 측정기술'(2008, 홍릉과학출판) '전자파노이즈 대책부품과 EMC설계'(2011, 다솜출판사) '백터해석기법'(2013, 다솜출판사) '전자파환경공학'(2013, 문우당) '전자장론'(2014, 다솜출판사) [역]'알기쉬운 전자파공학'(2004) [종]불교

김동일(金東日) KIM Dong Il

[생]1959·6·13 [본]청도(淸道) [출]경북 경주 [주]경남 창원시 성산구 창원대로1204 한화테크윈(주)(02-729-2900) [학]동아고졸, 서울대 제어계측공학과졸, 同대학원졸, 공학박사(서울대) [경]1997년 삼성전자(주) 자동화연구소 제어기술연구팀장(부장) 1999년 同메카트로닉스사업팀 제어기사업그룹장(부장) 2000년 同메카트로닉스사업팀장(이사보) 2002년 同로보트사업팀장(상무) 2004년 同자동화시스템개발팀장(상무) 2006년 同생산기술연구소 생산기술혁신팀장(상무), 同생산기술연구소 제조기술센터 기술팀장(상무) 2011년 삼성테크윈 선행기술연구소장(전무) 2015년 한화테크윈(주) 선행기술연구소장(전무) 2016년 同항공·방산부문 신규사업부장(전무)(현) [상]산업포장(2015) [종]불교

김동일

[생]1962·5·25 [주]서울 서대문구 충정로60 NH농협생명(주) 14층 리스크관리본부(02-2080-5114) [학]1982년 진주고졸 1989년 서울대 농촌지도학과졸 2007년 동국대 대학원 고급경영자과정 수료 [경]1989년 농협중앙회 입회 1989년 同수원시지부 근무 1996년 同인력개발부 근무 2005년 同경남지역본부 경영검사부 검사역 2007년 농협자산관리회사 파견 2008년 NH농협분사 기획팀장 2012년 NH농협생명(주) 인사부장 2013년 同인천총국장 2015년 同경영지원본부장 2016년 同리스크관리본부장(현)

김동일(金東日) KIM Dong Il

[생]1963·12·25 [출]강원 철원 [주]강원 춘천시 중앙로1 강원도의회(033-256-8035) [학]수원 비봉고졸, 서울디지털대 제적(3년) [경]철원군이장협의회 회장, 철원군청년회의소 회장, 철원농협 대의원, 민주평통 자문위원, 강원도생활체육회 이사, 강원도재활병원 운영위원, 지방교육재정계획 심의위원, 식품진흥기금 심의위원 2004·2006·2010년 강원도의회 의원(무소속·한나라당·새누리당), 同기획행정위원회 위원, 同운영위원회 위원 2010~2012년 同접경지역대책특별위원회 위원장 2010~2012년 同경제건설위원회 위원 2012년 同운영위원장 2012년 同농림수산위원회 위원 2012년 전국시·도의회운영위원장협의회 부회장 2014년 강원도의회 의원(새누리당)(현) 2014~2016년 同부의장 2014년 同교육위원회 위원 2014년 同접경지역발전특별위원회 위원 2016년 同의장(현) 2016년 전국시·도의회의장협의회 부회장(현)

김동일(金東壹)

[생]1966·11·14 [출]경남 진주 [주]서울 성동구 광나루로297 성동세무서(02-460-4200) [학]진주 동명고졸, 서울대 경제학과졸, 同경영대학원 수료, 미국 사우스캐롤라이나대 법과대학졸(법학박사) [경]행정고시 합격(38회), 마산세무서 총무과장 1997년 진주세무서 부가가치세과장 1998년 서울지방국세청 송무과 근무 2002년 同조사3국 4과 근무 2006년 국세청 국제협력담당관실 국제협력2계장(서기관), 駐인도네시아 주재관 2011년 평택세무서장 2012년 서울지방국세청 첨단탈세방지담당관 2013년 국세청 국제협력담당관(서기관) 2016년 同국제협력담당관(부이사관) 2016년 서울 성동세무서장(현) [상]녹조근정훈장(2013)

김동주(金東周) KIM Dong Joo

[생]1944·5·20 [본]김해(金海) [출]부산 [학]1963년 경남공고졸 1973년 부산대 경영대학원 수료 1989년 서울대 행정대학원 수료 1990년 고려대 정책대학원 수료 1995년 연세대 경영대학원 수료 2003년 한국방송통신대 행정학과졸 [경]1973년 부산시승공회 회장 1979년 양산군 노인학교 회장 1980년 대한민국재향군인회 양산군회장 1982년 신사당 부총재 1985년 신한민주당(신민당) 농수산국장 1985년 제12대 국회의원(경남 김해·양산, 신민당) 1985년 민주화추진협의회 상임운영위원 1987년 민주당 훈련원 부원장·원내부총무 1988년 제13대 국회의원(경남 양산, 민주당·민자당) 1989년 민주당 민주불교회장 1989년 同수석사무차장 1990년 민자당 제1부총장 1990년 同양산지구당 위원장 1997년 민주산악회 중앙부회장 1998년 자민련 해운대·기장乙지구당 위원장 1998~2000년 제15대 국회의원(부산 해운대구·기장乙 보궐선거, 자민련·민주국민당) 1998년 국회 2002월드컵등국제경기지원특별위원회 위원장 2000년 민주국민당 부산해운대·기장乙지구당 위원장 2000년 同최고위원 2003~2004년 同대표최고위원 2008년 (재)일석장학회 이사 2009년 한나라당 상임고문 2010년 고려대정책대학원총동창회 초대이사장 2011년 부산 기장군 국회의원단독선거구추진위원회 상임고문 2012년 새누리당 상임고문 [상]부산아시안게임 체육훈장 거상장(2003)

김동주 Kim Dong Joo

[생]1955 [주]서울 강남구 테헤란로335 MG손해보험(주) 비서실(02-3788-2757) [학]1974년 광주 사레지오고졸 1980년 서강대 외교학과졸 1996년 연세대 경영대학원 MBA 2008년 미국 스탠퍼드대 대학원 최고경영자과정 수료 [경]1981~1997년 OB씨그램(주) 마케팅본부장 1997~2003년 GM KOREA 마케팅 부사장 2004~2013년 PMP인터내셔널(주) 대표이사 2013년 MG손해보험(주) 마케팅총괄 2015년 同마케팅총괄 전무이사 2016년 同대표이사(현)

김동주(金東柱) Dong-Ju KIM

[생]1956·9·28 [출]경남 마산 [주]경기 안양시 동안구 시민대로254 국토연구원 원장실(031-380-0105) [학]1979년 연세대 건축학과졸 1981년 同대학원 도시 및 지역계획학과졸 1991년 도시 및 지역계획학박사(미국 펜실베이니아대) [경]1991년 국토연구원 연구위원, 同선임연구위원 2003~2007년 국가균형발전위원회 정책연구실장 2011~2012년 국토해양인재개발원 겸임교수 2012~2013년 국토연구원 국토계획연구본부장 2013년 한국지역학회 회장 2013년 대통령직속 지역발전위원회 위원 겸 지역생활권전문위원장 2014~2015년 국토연구원 부원장 2014년 행정중심복합도시건설추진위원회 위원 2015년 국토연구원 원장(현) [저]'동북아시대의 한반도 공간구상과 균형발전전략(共)'(2005, 제이플러스애드) '살기좋은 시역만들기 : 한국사회의 질적발전을 위한 구상(共)'(2006, 제이플러스애드) '국가균형발전정책의 이론과 실천(共)'(2007, 국가균형발전위원회) '규제자유지역의 추진실태와 개선방안에 관한 연구(共)'(2008, 국토연구원)

김동주(金東柱)

[생]1971·7·30 [출]경남 진양 [주]서울 광진구 아차산로 404 서울동부지방검찰청 형사1부(02-2204-4312) [학]1990년 중동고졸 1994년 서울대 사법학과졸 [경]1993년 사법시험 합격(35회) 1997년 사법연수원 수료(26기) 1997년 부산지검 검사 1998년 대구지검 안동지청 검사 2000년 수원지검 검사 2002년 서울지검 검사 2004년 서울중앙지검 검사 2004~2005년 미국 조지워싱턴 법대 Visiting Scholar 2005년 법무부 검찰국 검사 2006년 同형사법제과 검사 2008년 대구지검 검사 2009년 서울중앙지검 부부장검사 2010년 대검찰청 연구관 2012년 춘천지검 속초지청장 2013년 서울중앙지검 총무부장 2014년 同공공형사부장 2015년 부산지검 형사3부장 2016년 서울동부지검 형사1부장(현)

김동준(金東俊) KIM Dong Joon

[생]1957·10·4 [출]서울 [주]강원 춘천시 삭주로77 한림대학교춘천성심병원 내과(033-242-5876) [학]1976년 용산고졸 1983년 한양대 의과대학졸 1986년 同대학원 의학석사 1995년 의학박사(한양대) [경]1990년 한림대 의과대학 내과학교실 조교수·부교수·교수(현) 1997~1998·2002년 미국 Univ. of California at San Diego 방문학자 2006년 아시아태평양소화기학회(APDW) 조직위원 2007년 서울국제간심포지엄(SILS) 조직위원 2010~2012년 한림대 춘천성심병원장 2013년 同춘천성심병원 소화기센터장(현) 2013년 同의료원 소화기내과분과 주임교수(현) 2015년 同한림소화기병연구소장(현) [상]보건사회부장관표창(1986), 대한내과학회 우수논문상(1997·2003·2010), 대한간학회 우수논문상(2007)

김동준(金東俊) KIM Dong Jun

[생]1959·9·20 [출]서울 [주]서울 양천구 안양천로1071 이화여자대학교 목동병원 정형외과(02-2650-2873) [학]1985년 연세대 의대 의학과졸 1988년 同대학원 의학과졸 1998년 의학박사(연세대) [경]1985~1990년 신촌세브란스병원 정형외과 수련의·전공의 1990~1993년 성애병원 정형외과장 1993~1999년 이화여대 의대 정형외과학교실 조교수 1998년 대한정형외과학회 학회지 심사위원 1999년 이화여대 의대 정형외과학교실 부교수·교수(현) 2000년 대한정형외과학회 홍보위원회 간사 2009~2011년 이화여대 목동병원 의무부장 [상]대한척추외과학회 향산재단상(1997), 대한척추외과학회 최우수논문상(1999), 대한척추외과학회 학술상(2000)

김동진(金東晉) KIM Dong Jin (靑原)

[생]1950·4·12 [출]경남 진주 [주]서울 송파구 송파대로22길5의23 (주)아이에이 회장실(02-3015-1300) [학]1968년 경기고졸 1972년 서울대 기계공학과졸 1988년 산업관리공학박사(미국 핀레이공대) [경]1972년 한국과학기술연구소·국방과학연구소 근무 1978년 현대중공업(주) 입사 1985년 현대정공(주) 이사 1988년 同상무이사 1989년 同연구소장 1994년 同전무이사 1996년 현대우주항공(주) 부사장 1998년 同대표이사 사장 1999~2002년 한국지리정보기술협회 회장 2000년 현대자동차 상용차담당 사장 2001년 同총괄사장 2001년 同대표이사 사장 2002년 한국공학교육인증원 부원장 2003~2005년 한국자동차공업협회 회장 2003~2008년 현대자동차 대표이사 부회장 2009년 현대모비스(주) 대표이사 부회장 2009년 한국엔지니어클럽 부회장 2010~2013년 (주)씨앤에스테크놀로지 회장 2013년 (주)아이에이 대표이사 회장(현) 2015년 한국전력소자산업협회 초대 회장(현) [상]보국훈장 삼일장(1985), 금탑산업훈장(2002), 베스트CEO(2002), 100억불 수출탑, 한경비즈니스 올해의 CEO(2000·2003), 한국능률협회 한국의 경영자상(2004), 올해의 테크노CEO상(2007) [저]'A Heuristically Optimal Quality Control Model for a Single-Line Multi-Stage Manufacturing Process'

김동진(金東鎭) KIM Dong Jin (철이)

[생]1951·4·10 [본]김해(金海) [출]경남 통영 [주]경남 통영시 통영해안로515 통영시청 시장실(055-650-3005) [학]1969년 부산 동아고졸 1974년 연세대 경제학과졸 1990년 미국 웹스터대 대학원 수료 2011년 경상대 행정대학원 행정학과졸 [경]1974년 행정고시 합격(제15회) 1975년 통영군 수습사무관 1988년 재무부 관세국 국제관세과장 1989년 同스위스제네바대표부 재무관 1992년 대통령비서실 행정관 1994년 재무부 외자관리과장 1995년 재정경제원 기획관리실 행정관리담당관 1996년 경남도지사 경제정책보좌관 2002~2003년 경남 통영시장(무소속) 2010년 경남 통영시장(무소속·한나라당·새누리당) 2014년 경남 통영시장(새누리당)(현) 2015년 대통령직속 지역발전위원회 민간위원 [상]국무총리표창(1986), 대통령표창(1998), 대한민국을 빛낸 위대한 인물대상 지방자치대상 창조행정부문(2016) [저]'통영사람 그리고 통영바다' '다시 출항의 돛을 올리고' [종]기독교

김동진(金東震) KIM Dong Jin

[생]1955·3·10 [본]충주(忠州) [출]부산 [주]경기 여주시 가남읍 솔모로그린길171 솔모로컨트리클럽(031-880-7000) [학]신진공고졸, 인하대 경영학과졸, 서울대 대학원 경영학과졸, 경영학박사(인하대) [경]서울대 경영연구소 연구원, (주)한국리서치 연구원, 한국생산성본부(KPC) 전문위원, 한진건설(주) 부장 2003년 (주)한진중공업 홍보담당 상무보 2003년 세종대 겸임교수 2005년 상명대 겸임교수 2007년 同기업문화실장(상무) 2010년 同기획2실장 2013년 同인사·총무총괄 전무 2016년 (주)한일레저·솔로모컨트리클럽 대표이사(현) [상]대통령표창(2004) [저]'핵심마케팅관리(共)'(2012, 피어슨에듀코리아) [역]'마케팅관리(共)'(2008, 시그마프레스)

김동진(金東禛) KIM Dong Jin

[생]1969·3·21 [본]광산(光山) [출]서울 [주]인천 남구 소성로163번길17 인천지방법원(032-860-1113) [학]1988년 숭실고졸 1993년 서울대 법학과졸 2003년 고려대 대학원 지적재산권법학 석사과정 수료 2006년 스위스 바젤대 법학과 연구과정 수료 [경]1993년 사법시험 합격(35회) 1996년 사법연수원 수료(25기) 1999년 수원지법 판사 2001년 서울지법 판사 2003년 부산지법 판사 2007

년 서울고법 판사 2009년 대법원 재판연구관 2011~2012년 춘천지법 부장판사 2011년 춘천시 선거관리위원장 2012년 수원지법 성남지원 부장판사 2015년 인천지법 부장판사(현) [저]'법원행정처 발행 지적재산권실무편람'(2001·2011년 집필위원) [종]천주교

김동집(金東集) KIM Dong Jip (三山)

[생]1933·8·31 [본]경주(慶州) [출]충북 충주 [주]서울 서초구 반포대로222 가톨릭대학교 의과대학 내과학교실(02-590-1422) [학]1952년 경동고졸 1958년 서울대 의대졸 1967년 의학박사(서울대) [경]1964년 내과 전문의 1964~1967년 수도육군병원 일반내과장 1968~1978년 가톨릭대 의대 내과학교실 조교수·부교수 1974~1976년 미국 스로언캐더링암연구소 연구원 1978~1998년 가톨릭대 의대 내과학교실 교수 1978~1985년 성모병원 내과장·진료부장 1985년 혈액학회 회장 1986년 내과학회 이사장 1987년 가톨릭대 의대 가톨릭암센터소장 1987년 同의학윤리위원장 1988년 同의대부속 여의도성모병원장 1990년 同대학원장 1990년 한국BRM학회 회장 1991년 내과학회 부회장 1992년 가톨릭대 의대 골수이식센터 소장 1992년 대한암학회 이사장 1992~1997년 가톨릭대 조혈모세포이식센터 소장 1993년 아·태골수이식연구회 회장 1994년 대한내과학회 회장 1994년 한국과학기술한림원 종신회원(현) 1995년 대한암학회 회장 1996~1999년 보건의료기술연구기획평가단 단장 1997년 가톨릭대 조혈모세포이식센터 명예소장 1998년 '2002 국제혈액학회' 조직위원장 1998년 가톨릭대 명예교수(현) 2000년 보건의료발전특별위원회 부위원장 2002~2004년 대한적십자사 혈액사업본부장 2004년 국제혈액학회 원로정회원(현) 2005년 대한민국의학한림원 종신정회원(현) 2006~2008년 한국조혈모세포은행협회 회장 2011년 가톨릭대 성모병원 발전후원회장 [상]대한의학협회 학술대상(1984), 대한내과학회 학술상(1985), 중앙문화대상 학술대상(1989), 대한의학회 분쉬의학상(1993), BRM 학술공로상, 국민훈장 목련장(1998), 자랑스런 京東人(2000), 한국과학기술한림원상(2007) 서울대 의과대학 제13회 함춘대상(2012), 가톨릭대 개교60주년기념 공로상(2014) [저]'조혈모세포질환과 골수이식'(1993) [종]가톨릭

김동찬(金東燦) KIM Dong Chan

[생]1958·3·5 [주]전북 전주시 덕진구 백제대로567 전북대학교 의학전문대학원 마취통증의학교실(063-250-1251) [학]1983년 전북대 의대졸 1985년 同대학원졸 1994년 의학박사(원광대) [경]1991~2002년 전북대 의대 전임강사·조교수·부교수 2002년 同의학전문대학원 마취통증의학교실 교수(현) 2006년 대한뇌신경마취학회 회장 2012년 대한마취과학회 회장 2014년 대한중환자의학회 회장 [저]'중환자의학(共)'(2006) '뇌신경마취 핸드북(共)'(2008)

김동찬(金東燦) Kim Dong-chan

[생]1962·4·1 [주]서울 종로구 사직로8길60 외교부 인사운영팀(02-2100-7146) [학]1985년 연세대 정치외교학과졸 1987년 同대학원 행정학과졸 1998년 일본 게이오대 대학원 법학과졸 [경]1993년 외무고시 합격(27회) 1993년 외무부 입부 1999년 駐일본 2등서기관 2002년 駐오만 1등서기관 2006년 외교통상부 제2차관 보좌관 2007년 同인사제도팀장 2009년 同동남아과장 2011년 駐남아프리카공화국 참사관 2012년 駐댈러스출장소 소장 2016년 駐앙골라 대사(현)

김동찬(金東贊) KIM Dong Chan

[생]1965·3·19 [주]광주 서구 내방로111 광주광역시의회(062-613-5105) [학]순천 금당고졸 2002년 한국외국어대 대학원 공공정책학과졸, 전남대 대학원 국제정치학 박사과정 수료 [경]광주신일교회(대한예수교장로회) 안수집사, 광주시야구협회 상임고문, 금호중앙중 운영위원장, 한미외국어학원 원장, 한영대 겸임교수, 열린우리당 광주시당 교육사회특별위원장 2006·2010~2014년 광주시 북구의회 의원(열린우리당·민주당·민주통합당·민주당·새정치민주연합) 2008~2010년 同운영위원장 2010~2012년 同부의장 2012~2014년 同의장, 광주시5개구의장단 대표회장 2014년 광주시의회 의원(새정치민주연합·더불어민주당·국민의당)(현) 2014~2016년 同부의장 2014년 同산업건설위원회 위원 2014·2016년 同운영위원회 위원(현) 2015년 同예산결산특별위원회 위원, 同문화도시특별위원회 위원, 同여성재단인사청문특별위원회 위원 2016년 同행정자치위원회 위원(현) 2016년 同윤리특별위원회 위원(현) [상]제8회 대한민국의정대상 '2014년을 빛낸 최고의장'(2014), 한국신지식인협회 '지방자치의회 공무원분야 신지식인' 선정(2016) [종]기독교

김동철(金東哲) KIM Dong Cheoul

[생]1950·10·14 [출]경북 [주]서울 마포구 백범로192 에쓰오일(주) 임원실(02-3772-5017) [학]대구 계성고졸, 성균관대 경영학과졸 2004년 서울대 대학원 최고경영자과정 수료 [경]한일합섬(주) 근무 1980년 쌍용정유(주) 입사 1989년 同업무부장 1994년 同이사 1996년 同상무이사 2000년 S-OIL(주) 상무이사 2001년 同관리총괄 부사장 2008년 同관리B/L Head(수석부사장) 2013년 同CEO Deputy(대외업무 & BIZ Relation) 2014년 同관리총괄 수석부사장 2015년 同관리총괄 사장 2016년 同관리총괄 사장대행(현) [종]천주교

김동철(金東哲) Dong Chul Kim

[생]1951·2·13 [본]경주(慶州) [출]경북 경산 [주]경기 수원시 장안구 서부로2066 성균관대학교 대학원 산업공학과(031-290-7613) [학]1972년 영남대 기계공학과졸 1981년 서울대 행정대학원 행정학과졸 1989년 미국 워싱턴대 대학원 산업공학과졸 2007년 산업공학박사(성균관대) [경]1971년 기술고시 합격(6회) 1971~1978년 건설부 근무 1978~1985년 상공부 정밀기계과·산업기계과·반도체산업과장 1996년 특허청 특허연수원 교수부장 1997년 특허청 심사2국장 1998년 同심사4국장 1998년 同특허심판원 심판장 1999년 기술표준원 표준부장 2000년 同기초기술표준부장 2001~2003년 同원장 2003~2005년 한국산업기술평가원 원장 2005년 한국부품소재산업진흥원 초대 원장 2008~2011년 부산테크노파크 원장 2011~2013년 국가과학기술위원회 지방과학기술진흥협의회 위원 2011~2014년 부경대 산학협력단 연구교수 2014년 성균관대 대학원 산업공학과 초빙교수(현) 2016년 경희대 산업교육센터 교수(현) [상]대통령표창, 황조근정훈장 [저]'우리나라 광학기기 산업의 현황과 수출산업화 방안' [종]불교

김동철(金東哲) Kim Dong Chul

[생]1952·6·27 [출]부산 [주]경남 창원시 성산구 공단로21번길18 두산엔진(주) 임원실(055-260-6020) [학]경남고졸, 서울대 독어교육학과졸 [경]2006년 두산인프라코어(주) DICC(중국법인)법인장(상무) 2007년 同DICC(중국법인)법인장(전무) 2009년 同건설기계BG장(부사장) 2011년 (주)두산 글로벌BG장(부사장) 2011년 두산엔진(주) 대표이사 사장(현) 2013년 한국표준협회 부회장(현)

김동철(金東喆) KIM Dong Cheol

[생]1955·6·30 [본]경주(慶州) [출]광주 [주]서울 영등포구 의사당대로1 국회 의원회관613호(02-784-3174) [학]1974년 광주제일고졸 1978년 서울대 법과대학 법학과졸 2001년 한국개발연구원 경제정책전문과정 수료 2005년 중앙대 중국경제전문가과정 수료 [경]1983~1989년 한국산업은행 근무 1989~1994년 권노갑 국회의원 정책보좌관 1994~1995년 새정치국민회의 정책위원회 법제사법전문위원·국회 정책연구위원(2급) 1996년 제15대 국회의원선거 출마(새정치국민회의) 1997년 새정치국민회의 제15대 대통령중앙선거대책위원회 상황실 부실장 1998년 제15대 대통령직인수위원회 사회·문화분과 전문위원 2002년 대통령 정무기획비서관(1급) 2003년 한국석유수출입협회 회장 2004년 열린우리당 정책위원회 부의장 2004년 제17대 국회의원(광주시 광산구, 열린우리당·대통합민주신당·통합민주당) 2004년 국회 건설교통위원회·예산결산특별위원회 위원 2005년 同운영위원회 위원 2005년 열린우리당 원내부대표 2006~2007년 국회 법제사법위원회 간사 2007년 열린우리당 제1정책조정위원장 2008년 제18대 국회의원(광주시 광산구甲, 통합민주당·민주당·민주통합당) 2008~2010년 민주당 광주시당 위원장 2008~2010년 同당무위원 2008년 미국산쇠고기수입협상국정조사특별위원회 간사 2008년 국회 정무위원회 위원 2010~2011년 국회 사법제도개혁특별위원회 총괄간사·국회 외교통상통일위원회 간사 2010~2011년 민주당 전략기획위원장·민주정책연구원 부원장 2011년 同대표 비서실장 2011년 국회 남북관계발전특별위원회 위원 2011년 同공항·발전소·액화천연가스주변대책특별위원회 위원 2012년 제19대 국회의원(광주시 광산구甲, 민주통합당·민주당·새정치민주연합·국민의당) 2012년 국회 지식경제위원회·예산결산특별위원회 위원 2012년 국회 예산결산특별위원회 위원 2012년 국회 평창동계올림픽 및 국제경기대회지원특별위원회 위원 2012년 국회 한반도평화포럼 대표의원 2012년 민주통합당 제18대 대통령중앙선거대책위원회 신성장동력산업특별위원장 2013년 同비상대책위원 2013~2014년 국회 산업통상자원위원회 위원 2014년 국회 대법관(조희대)임명동의에관한인사청문특별위원회 위원장 2014~2015년 국회 산업통상자원위원회 위원장 2014년 (사)민간복지포럼 이사장(현) 2014년 고려인마

을협동조합 명예이사장(현) 2015년 국회 안전행정위원회 위원 2015년 국회 국토교통위원회 위원장 2016년 국민의당 창당준비위원회 부위원장 2016년 국민의당 광주시당 위원장(현) 2016년 제20대 국회의원(광주시 광산구甲, 국민의당)(현) 2016년 국민의당 광주시광산甲지역위원회 위원장(현) 2016년 국회 국방위원회 위원(현) 2016년 국회 예산결산특별위원회 간사(현) 2016년 국회 동북아평화·협력의원외교단 단원(현) [저]'정치는 더 큰 경제'(2011) [종]기독교

김동철(金東喆) Kim, Dong-Cheol

[생]1955·7·17 [본]김해(金海) [출]전북 고창 [주]서울 성북구 안암로145 고려대학교 경영대학 경영학과(02-3290-2606) [학]1979년 서울대 공대 산업공학과졸 1981년 한국과학기술원 경영과학졸 1988년 미국 미시간대 대학원 통계학석사 1989년 경영학박사(미시간대) [경]1981~1984년 조선대 산업공학과 전임강사 1989년 미국 뉴저지주립 럿거스대 경영대학 조교수 1996~2006년 同경영대학 부교수 1999년 미국 Advances in Investment Analysis & Portfolio Management Associate Editor 2003~2005년 한국증권학회지 편집위원 2003~2004년 한양대 경제금융대학 교수 2004년 고려대 경영대학 경영학과 교수(현) 2005~2007년 한국증권학회 이사 2006~2007년 한국재무학회 이사 2006~2008년 한국증권학회지 수석편집위원장 2009~2010년 한국증권학회 회장 2013년 한국재무학회 회장

김동철(金東哲) KIM Dong Chul

[생]1956·8·12 [본]개성(開城) [출]서울 [주]전북 전주시 완산구 현무1길20 (재)한국전통문화전당(063-283-1200) [학]1976년 중동고졸 1982년 명지대 경영학과졸 1988년 홍익대 산업미술대학원 사진디자인과졸 [경]1981년 동아일보 입사 1999년 同사진부 차장 1999~2000년 계원조형예술대 겸임교수 2000년 동아일보 사회부 차장 2000년 同편집국장석 차장 2001년 同사진부 부장대우 2002년 同출판국 주간동아팀장(부장급) 2002년 同사진부장 2005년 同사업국 신사업개발팀장 2008년 同사업국 신사업개발팀장(부국장급) 2013~2014년 同문화사업본부 기획위원 2014년 (재)한국전통문화전당 초대원장(현) [상]보도사진전 장려상(1981), 보도사진전 동상(1991), 보도사진전 은상(1992) [저]'일제하 신문사진 규제에 관한 고찰'

김동표(金東表) KIM Dong Pyo (죽하)

[생]1941·5·10 [본]김해(金海) [출]전북 전주 [학]1960년 편재준 선생께 사사 1964년 강백천 선생께 사사 [경]1972년 국악협회 부산지부 기악분과위원장 1974년 무형문화재 발표공연 1983년 동래야류발표공연 특별출연 1983년 김해가야문화제 참가 1986·1991년 김동표 대금산조 발표 1993년 중요무형문화재 제45호 대금산조 예능보유자 지정(현) 1993년 전국국악경연대회 심사위원 1999년 대금산조공개행사 공연 [종]불교

김동하(金東河) KIM Dong Ha

[생]1961·3·5 [본]안동(安東) [출]경북 안동 [주]경기 의정부시 녹양로34번길30 법전빌딩602호 김동하법률사무소(031-875-3131) [학]1980년 우신고졸 1984년 서울대 법대졸 [경]1983년 사법시험 합격(25회) 1985년 사법연수원 수료(15기) 1986년 軍법무관 1989년 변호사 개업 1998년 창원지법 판사 1999년 대전고법 판사 2002년 대전지법 부장판사 2004년 수원지법 부장판사 2006년 서울남부지법 부장판사 2006년 언론중재위원회 중재위원 2009~2011년 의정부지법 수석부장판사 2011년 변호사 개업(현) [종]불교

김동학(金東鶴) KIM Dong Hak (琴鶴)

[생]1931·1·24 [본]월성(月城) [출]경북 영일 [주]경북 경주시 하동공예촌길51 민속공예촌(054-745-0838) [학]1955년 고교 중퇴 [경]1941년 조부 김고성에게 전통제작기능 전수 1950년 부친 김용묵에게 전통제작기능 전수 1985년 한국미술협회 경북월성지부 공예분과위원장 1989년 중요무형문화재 제93호 전통장 기능보유자 지정(현) 1993~1995년 문화재청주관 전승공예전 심사위원 1994~1995년 경주민속공예촌 이사장 1999년 중요무형문화재총연합회 부이사장, 同고문(현) 1999년 청주국제비엔날레조직위원회 심사위원 2003~2006년 한국무형문화재기능보존협회 이사장 2006년 同고문(현) [상]한국문화예술진흥원장표창(1981), 문화공보부장관표창(1983·1987), 국무총리표창(2006), 옥관문화훈장(2010) [종]불교

김동헌(金東憲) KIM Dong Heon

[생]1952·11·21 [본]경주(慶州) [출]울산 울주 [주]부산 사상구 백양대로420 부산보훈병원 원장실(051-601-6100) [학]1977년 부산대 의과대학졸 1984년 同대학원졸 1990년 의학박사(부산대) 2009년 부산대 국제전문대학원 국제학과졸 [경]1981~1986년 부산대병원 인턴·일반외과 전공의 1986~1998년 부산대 의과대학 일반외과학교실 전임강사·조교수·부교수 1988년 서울올림픽대회조직위원회 의무담당관 1991년 홍콩대 Queen Mary Hospital CMB Fellow 1995년 부산대 의과대학 학생과장 1995년 同의과대학 의학과장 1997년 미국 Univ. of California & Scripps Clinic Fellow 1997년 부산대병원 기획조정실 부실장 1998년 부산대 의학전문대학원 교수(현) 1999년 부산대병원 교육연구실장 2003년 일본 구주대 의학대학원 방문교수 2004~2006년 부산대병원 진료처장 2005~2009년 대한위암학회 재무위원장 겸 상임이사 2005년 2005Korea APEC의료단 진료본부장 2006년 대한외과학회 윤리위원장 겸 상임이사 2006년 부산대병원 원장 2009~2013년 부산시의료원 원장 2009년 대한위암학회 수석부회장 2010~2012년 부산소화기학회 회장 2009~2011년 국제위암학회 조직위원회 부위원장 2011~2012년 대한위암학회 회장 2011~2014년 한국과학기술단체총연합회 부산울산지역 부회장 2011년 부산문화방송 시청자위원(제8기) 2013년 부산고법 민사가사조정위원 2015년 부산적십자사 상임위원 2015년 부산보훈병원 원장(현) [상]모범의사상(1984), 제24회 서울올림픽대회 올림기장 수여(1988), 의료계사회봉사활동 사진전시회 최우수상(2006), 진료심사평가위원회 감사장(2006), 제2주년 경찰의날 지역사회발전공헌 감사장(2007), 국무총리표창(2009), 보건복지부장관표창(2010·2013) [저]'현대인의 건강생활(共)'(2000) '소화기외과학(共)'(2000) '외과학총론(共)'(2000) '위식도외과학'(2006) '외과수술 아틀라스'(2014) [종]불교

김동혁(金東赫) KIM Dong Hyeok

[생]1953·9·7 [출]서울 [주]부산 영도구 태종로727 한국해양대학교 기계·에너지시스템공학부(051-410-4294) [학]서울대 기계공학과졸, 미국 뉴저지대 대학원졸, 공학박사(미국 존스홉킨스대) [경]1976~1982년 국방과학연구소 연구원 1988~1992년 한국표준과학연구원 연구원 1992년 한국해양대 기계·에너지시스템공학부 교수(현) 2010년 同기계·정보공학부장 2013년 同기계·에너지시스템공학부장 2016년 同대학원장(현)

김동혁(金東赫) KIM Dong Hyuk

[생]1969·6·10 [출]강원 강릉 [주]강원 춘천시 동내면 세실로49 강원지방경찰청 수사1과(033-255-2066) [학]강릉고졸, 경찰대 법학과졸 [경]인제경찰서 경비과장, 同경비교통과장, 화천경찰서 방범수사과장, 강원지방경찰청 수사지도관, 춘천경찰서 조사계장, 횡성경찰서 수사과장, 홍천경찰서 수사과장, 강원지방경찰청 강력수사대장, 同광역수사강력팀장, 同강력계장 2016년 경찰대학 교육파견(총경) 2016년 강원지방경찰청 수사1과장(현)

김동현(金東炫) KIM Dong Hyun

[생]1960·12·4 [출]전남 순천 [주]세종특별자치시 정부2청사로13 국민안전처 기획조정실(044-205-3000) [학]전주고졸, 한양대 행정학과졸, 영국 버밍햄대 대학원 행정학과졸(석사) [경]1985년 행정고시 합격(29회) 1986~1996년 전남도 경제분석계장·문화재계장·농업정책계장·기획계장 1996년 同도정발전기획단 통합이전사업부장 1999년 同통상협력과장 2002년 同기업경제과장 2003년 완도군 부군수 2003년 전남도 도지사비서실장 2004년 同감사관 2005년 同해양수산환경국장(부이사관) 2007년 지방혁신인력개발원 고위정책과정 교육입교 2008년 전남도 행정지원국장 2009년 광양만권경제자유구역청 행정개발본부장 2010년 同투자유치본부장 2011년 전남도 경제산업국장 2012년 중앙공무원교육원 교육파견(부이사관) 2013~2014년 소방방재청 예방안전국장 2014년 국민안전처 안전정책실 생활안전정책관 2015년 同안전정책실 안전총괄기획관 2015년 同기획조정실장(현) [상]홍조근정훈장(2014) [저]내무부장관표창(1993), 근정포장(1996)

김동현(金東炫)

[생]1971·8·24 [출]전북 남원 [주]경기 평택시 평남로1036 수원지방법원 평택지원(031-650-3114) [학]1990년 전주영생고졸 1995년 서울대 법학과졸 [경]1996년 사법시험 합격(38회) 1999년 사법연수원 수료(28기) 1999년 육군 법무관 2002년 인천지법 판사 2004년 서울중앙지법 판사 2006년 제주지법 판사 2006년 광주고법 제주부판사 겸임 2010년 서울고법 판사 2012년 대법원 재판연구관 2014년 광주지법·광주가정법원 순천지원 부장판사 2016년 수원지법 평택지원 부장판사(현)

김동현(金東鉉)
[생]1973·9·22 [출]전남 장성 [주]부산 연제구 법원로31 부산지방법원(051-590-1114) [학]1992년 우신고졸 1997년 고려대 법학과졸 [경]1998년 사법시험 합격(40회) 2001년 사법연수원 수료(30기) 2001년 軍법무관 2006년 광주지법 목포지원 판사 2007년 인천지법 부천지원 판사 2010년 서울동부지법 판사 2012년 서울중앙지법 판사 2014년 서울고법 판사 2016년 부산지법 부장판사(현)

김동현(金東鉉)
[생]1975·1·3 [출]전남 목포 [주]부산 해운대구 재반로112번길20 부산지방법원 동부지원(051-780-1114) [학]1993년 환일고졸 1998년 서울대 공법학과졸 [경]1998년 사법시험 합격(40회) 2001년 사법연수원 수료(30기) 2001년 공익 법무관 2004년 대전지법 판사 2007년 同홍성지원 판사 2009년 대전지법 판사 2012년 同서산지원 판사 2013년 대전고법 판사 2015년 대전지법 판사 2016년 부산지법 동부지원 부장판사(현)

김동형(金東瀅) KIM Dong Hyung

[생]1938·9·1 [본]경주(慶州) [출]충남 아산 [학]중앙대 국어국문학과 3년 중퇴, 서울예술신학대 문예창작과졸 1992년 중앙대 예술대학원 문예창작학과졸, 연세대 방송작가과정 수료, 同논술교육지도자(고등)과정 수료 [경]한국반공연맹보 현상공모에 소설 당선 1997년 한국문인협회 회원(현) 1998년 국제펜클럽 한국본부 회원(현) 2001년 한국소설가협회 중앙위원(현) 2006년 同윤리위원장(현), 한국아동문학회 이사(현), 한국기독교문인협회 이사(현), 한국아동연구회 운영위원(현) 2012년 새누리당 제18대 대통령중앙선거대책위원회 문화예술기획위원회 위원장 2010년 한국프레스클럽 회원(현) [상]국방부장관표창(1970), 내무부장관표창(1975), 열린문학상(1991), 크리스챤문학상(2004), 할맥문학상 신인상, 한국반공연맹총재표창, 인천직할시장표창(2회), 국회의원표창, 인천경찰서장표창(3회), 중국 흑룡강 조선민족출판사장 감사장, 중국 작가협회 연변지부 주석 한석윤 감사장 [저]단편소설 '어느 터널' '올빼미는 왜 우는가' '아물지 않은 상처' '초점 잃은 방향' '녹슨훈장' '불거지는 상처' '다시필 햇살' '나들목' 중편소설 '탈색된 삶' '낙엽은 봄이 오지 않는다' '그 여자의 나팔소리'(2003) 소설집 '봄의 찬가' 창작소설집 '촛불과 아들'(2013) '무지개를 타고 떠난 아내'(2015) [종]불교

김동호(金東虎) KIM Dong Ho

[생]1937·8·6 [본]경주(慶州) [출]강원 홍천 [주]경기 용인시 수지구 죽전로152 단국대학교 영화콘텐츠전문대학원(031-8005-2114) [학]1956년 경기고졸 1961년 서울대 법대졸 1969년 同행정대학원 수료 1990년 한양대 행정대학원졸 2004년 명예 영화예술학박사(동서대) [경]1961년 문화공보부 근무 1964년 국전 입선 1965년 한국미술협회 회원 1969~1972년 문화공보부 국내과장·문화과장 1972년 同비상임계획관 1973년 同문화예술진흥관·문화국장·보도국장 겸 대변인 1976년 同공보국장 1979년 同국제교류국장 1980년 同기획관리실장 1988년 한국영화진흥공사 사장 1992년 예술의전당 사장 1992년 문화부 차관 1993년 공연윤리위원회 위원장, 영상산업발전민간협의회 제2분과위원회(제도개선위) 위원장, 在京홍천상록회 회장 1994년 문공회 회장 1995년 동신대 객원교수 1995년 (주)마이TV 사장 1996~2010년 부산국제영화제조직위원회 집행위원장 1996~2002년 중앙대 예술대학원 객원교수 1997년 로테르담국제영화제 심사위원장 1997년 한국예술종합학교 객원교수 1998년 인도국제영화제 심사위원 1998년 강원동계아시아대회조직위원회 사무총장 1998~2010년 아시아영화진흥기구(NETPAC) 부위원장 1999년 세종문화회관 이사 1999~2006년 민주평통 문화예술분과위원장 1999~2001년 (재)광주비엔날레 이사 2001~2004년 중앙대 첨단영상전문대학원 연구교수 2002년 싱가포르국제영화제 국제영화평론가협회(FIPRESCI)상·아시아영화진흥기구(NETPAC)상 심사위원장 2002년 민주평통 사회문화분과위원회 상임위원 2002년 시애틀국제영화제 심사위원 2003년 청룡영화상 심사위원장 2004년 라스팔마스영화제·소치영화제 심사위원 2004년 대통령직속 문화중심도시조성위원회 부위원장 2004년 동서대 객원교수 2005~2007년 (재)광주비엔날레 이사 2006~2010년 세계영화제작자연맹(FIAPF) 이사 2006년 한국과학기술원 문화기술대학원 겸직교수 2007년 문화관광부 한류정책자문위원장 2008년 외교통상부 문화외교자문위원 2009~2010년 오키나와국제영화제 경쟁부문 심사위원장 2010년 칸국제영화제 주목할만한시선 부문 심사위원 2010년 부산국제영화제 명예집행위원장(현) 2010년 아시아영화진흥기구(NETPAC) 고문(현) 2011~2012년 강원문화재단 이사장 2011년 한국영화동반성장협의회 회장(현) 2011년 단국대 영상대학원 석좌교수(현) 2012년 同영화콘텐츠전문대학원장(현) 2013~2015년 대통령소속 문화융성위원회 초대위원장 2015년 경기도 DMZ2·0음악과대화조직위원회 고문(현) 2015년 동대문미래창조재단 초대이사장(현) 2016년 부산국제영화제(BIFF) 이사장(현) 2016년 코리아문화수도조직위원회(KCOC) 선정위원(현) [상]면려포장, 홍조근정훈장(1972), 황조근정훈장(1993), 체육훈장 맹호장(1999), 프랑스 예술문화훈장 기사장(2000), 허행초상(2001), 대한민국영화대상 공로상(2005), 마닐라시 평생공로상(2005), 은관문화훈장(2005), 아르메니아 문화부훈장(2006), 프랑스 문화예술훈장 오피시에(2007), 유네스코 펠리니상(2007), 아시아그라프 공로상(2008), 넙슨임팩트상(2008), 한불문화상(2009), 일맥문화대상 문화예술상(2010), 제48회 영화의날 자랑스런 영화인상(2010), 일본 도쿄국제영화제 우정상(2010), 세계패션그룹 한국협회 패션그룹상(2010), 제5회 아시아영화상 공로상(2011), 제19회 자랑스러운 서울법대인(2011), 이탈리아 우디네극동영화제 평생공로상(2013), 한국영화배우협회 대한민국특별공로상(2013), 2013 자랑스러운 경기인상(2014), 프랑스 최고 영예 훈장 '레지옹 도뇌르 슈발리에 장'(2014), 몽블랑 문화예술후원자상(2015), 동곡상 자랑스러운 출향 강원인부문(2015) [저]'구주 및 유럽의 영화정책'(2000) '한국영화상영관의 변천과 발전방향'(2001) '한국영화 정책사'(2005) '영화, 영화인 그리고 영화제'(2010, 문학동네)

김동호(金東浩) KIM Dong Ho

[생]1952·12·23 [본]경주(慶州) [출]강원 원주 [주]서울 동작구 흑석로84 중앙대학교 의과대학 산부인과학교실(02-6299-1657) [학]1971년 휘문고졸 1977년 중앙대 의과대학 의학과졸 1981년 同대학원 산부인과졸 1987년 의학박사(중앙대) [경]1977~1982년 중앙대병원 산부인과 인턴·전공의 수료 1986~1996년 중앙대 의과대학 산부인과 임상강사·조교수·부교수 1992~1993년 독일 키엘대 방문교수 1996년 중앙대 의과대학 산부인과학교실 교수(현)

김동호(金東晧) KIM Dong Ho

[생]1953·1·2 [주]충북 청주시 서원구 1순환로776 충북대학교병원 신경외과(043-269-6380) [학]1977년 서울대 의대졸 1983년 同대학원졸 1989년 의학박사(서울대) [경]서울대병원 신경외과 전문의, 미국 신시내티대 의과대학 교환교수, 충북대 의과대학 신경외과학교실 조교수·부교수·교수(현) 2000~2002년 충북대병원 원장 2014년 대한신경외과학회 회장

김동호(金東鎬) KIM Dong Ho

[생]1954·4·8 [주]서울 강남구 테헤란로440 (주)포스코 인사과(02-3457-0114) [학]경북대 금속과졸 [경](주)포스코 석도강판공장장(냉연부장) 2007~2014년 (주)포스코건설 플랜트사업본부 상무 2014년 (주)포스코 CSP법인장(일관밀사업단)(상무) 2016년 同CSP(브라질)법인장(상무)(현)

김동호(金東晧) KIM Dongho

[생]1957·11·1 [본]김해(金海) [출]서울 [주]서울 서대문구 연세로50 연세대학교 이과대학 화학과(02-2123-2652) [학]1980년 서울대 자연대학 화학과졸 1984년 이학박사(미국 워싱턴대) [경]1984~1985년 미국 프린스턴대 화학과 Post-Doc. 1985년 한국표준과학연구원 책임연구원 1986~2000년 同분광연구그룹리더 1988년 일본 분자과학연구원 객원연구원 1991~1995년 충남대 화학과 겸임교수 1991년 고려대 기초연구센터 겸임교수 1992년 한국과학기술원 물리학과 겸임교수 1994년 충북대 물리학과 겸임교수 1997년 미국 워싱턴대 객원교수, 창의연구단장협의회 회장 1997~2006년 과학기술부 창의적연구진흥사업 초고속광물성제어연구단장 2000년 연세대 이과대학 화학과 교수(현) 2006년 '2005 국가석학 지원사업 대상자(화학분야)' 선정 2007~2009년 연세대 BK21 나노·바이오분자집합체연구단장 2007~2008년 미국 Northwestern Univ. 방문교수 2007·2013년 연세대 언더우드특훈교수(현) 2014년 同미래융합연구원 부원장 2015년 同미래융합연구원장(현) [상]표준논문상(1989), 국무총리표창(1995), 이달의 과학자상(1999), Sigma Aldrich상(2005), 한국과학상(2006), 국가석학(2006), Underwood Professor(2007), 연세학술상(2010) [저]'Multiporphyrin Arrays: Fundamentals and Applications' [종]기독교

김동환(金東煥) KIM Dong Hwan (東中)

[생]1934·8·25 [본]광산(光山) [출]평북 신의주 [주]서울 서초구 서초중앙로142 삼하빌딩9층 김동환법률사무소(02-536-8093) [학]1953년 경북고졸 1957년 서울대 법대 법학과졸 1969년 경영학박사(연세대) [경]1956년 사법고시 합격(7회) 1957~1960년 육군 법무관 1960년 서울지법 판사 1963년 변호사 개업(현) 1976년 물가안정위원회 위원 1979~2000년 대한상사중재원 중재위원 1981~1986년 중앙선거관리위원회 위원 1981년 방송심의위원회 부위원장

1982년 서울신문 법률고문 1983년 소비자문제를연구하는시민의모임 회장 1987년 대한변호사협회 교육이사 1987년 국제소비자기구(IOCU) 이사 1988년 소비자보호단체협의회 회장 1988년 한국방송공사 이사 1988년 언론중재위원 1989~1997년 세종연구소 감사 1989~1998년 보험감독위원회 위원 1989년 대한적십자사 법률고문 1993~2008년 공정거래위원회 약관심사자문위원장 1996~1998년 방송위원회 광고심의위원장 1997년 통일고문 1997년 공익자금관리위원회 위원장 1998년 헌법을생각하는변호사모임 발기인·회원 1998년 대한적십자사 남북적십자교류위원회 위원 1998년 同법률고문 [상]국민훈장 동백장(1984), 국민훈장 무궁화장(1986)

김동환(金銅煥) KIM, Dong Hwan

[생]1951·4·16 [본]광산(光山) [출]전남 무안 [주]충남 천안시 동남구 호서대길12 호서대학교 경영학과(041-560-8362) [학]1971년 덕수상업고졸 1976년 건국대 경영학과졸 1979년 고려대 경영대학원 경영학과졸 1989년 경영학박사(고려대) [경]1983년 호서대 경영학과 전임강사·조교수·부교수·교수(현) 1985년 同학생처장 1989년 同교학처장 1990년 同비서실장 1993년 미국 Univ. of Oregon 교환교수 1993~2001년 환경부 중앙환경보전자문위원회(비용부담분과) 위원 1995~2002년 호서대 산업경영벤처대학원장 2000년 同평생교육원장 2001년 同경상학부장 2001~2004년 同대학원장 2002~2012년 한국로고스경영학회 이사·감사·부회장·회장 2005년 호서대 행정지원처장 겸 경영대학원장 2006년 충청미래포럼 상임고문 2007~2011년 환경부 국립환경인력개발원 환경교육발전자문위원 2008년 호서대 중소기업연구원장 2008~2010년 (주)부산솔로몬저축은행 사외이사 2008년 (사)미래노사발전연대 고문 2009년 한국산업경영학회 이사 2009년 천안시 정책자문교수(현) 2009~2011년 (사)선도산업정책연구원 이사장 2010~2012년 호서대 사회과학대학장 2012~2014년 한국수력원자력 비상임이사 [상]천안시교원연합회장표창(2006), 제17대 대통령 당선인 감사장(2008), 호서대 사이버우수강의상(2010) [저]'21C M&A'(2000) '벤처기업M&A'(2001) '최신재무관리'(2002) '현대경영분석'(2002) '국제투자의 이해'(2002) '21세기 글로벌 투자환경론'(2005) '에센스 M&A(共)'(2010, 무역경영사) [종]기독교

김동환(金東煥) KIM Dong Hwan

[생]1958·6·20 [주]경기 안양시 만안구 삼덕로37번길 22 안양대학교 국제통상유통학과(031-467-0978) [학]관악고졸 1981년 서울대 축산학과졸 1983년 同대학원 농경제학과졸 1994년 경제학박사(미국 위스콘신대 메디슨교) [경]1986~1996년 한국농촌경제연구원 책임연구원 1989~1994년 미국 위스콘신대 응용경제학과 연구조교 1996~1998년 신세계백화점 부설 한국유통산업연구소 연구위원 1998~2014년 안양대 무역유통학과 교수 2003년 (사)농식품신유통연구원 원장(현) 2007년 안양대 평생교육원장 겸 외국어교육센터장 2010년 국가미래연구원 농림·수산분야 발기인 2011년 안양대 학생지원처장 2013년 대통령자문 국민경제자문회의 민생경제분과 민간위원 2013년 농업협동조합중앙회 사외이사(현) 2014년 안양대 국제통상유통학과 교수(현) 2015년 한국농업경제학회 회장 [저]'잘팔리는 농축산물 만들기'(2008, 해남) '농식품 이제 마케팅으로 승부하라'(2009, HNCOM) '농산물유통론'(2015, 농민신문사)

김동환(金東煥) KIM Dong Hwan

[생]1958·9·7 [출]대구 [주]서울 강남구 테헤란로114 역삼빌딩20층 삼성라이온즈 임원실(02-3454-0772) [학]대구고졸, 계명대 경영학과졸, 고려대 대학원 재무학과졸 [경]1983년 삼성그룹 입사, 삼성전자(주) 회장실 부장 2001년 삼성 기업구조조정본부 회장실 상무보 2004년 同기업구조조정본부 회장실 상무 2006년 同전략기획실 상무 2008년 삼성코닝정밀유리(주) 경영지원팀장(전무) 2008년 同영업본부장(전무) 2010년 삼성코닝정밀소재(주) 마케팅실장(전무) 2011년 삼성에버랜드 전무 2012년 同부사장 2013~2015년 삼성웰스토리(주) 대표이사 2016년 삼성라이온즈 대표이사 사장(현)

김동환(金東煥) KIM Dong Hwan

[생]1958·9·28 [본]전주(全州) [출]서울 [주]경기 안산시 상록구 한양대학로55 한양대학교 예체능대학 생활스포츠학부(031-400-5744) [학]1977년 중경고졸 1981년 연세대 체육학과졸 1983년 미국 아이다호대 대학원 체육학과졸 1986년 교육학박사(미국 아이다호대) [경]1986년 연세대 강사 1987~2010년 한양대 생활체육과학대학 생활체육전공 조교수·부교수·교수 1989년 국제승마협회 장애물 국제심판(현) 1990년 KBS 승마경기 해설위원 1991년 국제승마협회 마장마술경기 국제심판 1992년 대한올림픽위원회 올림픽아카데미 분과위원·부위원장 1998년 방콕아시아경기대회 장애물 승마경기 국제심판 2002년 부산아시안게임 장애물 승마경기 국제심판 2008년 대한승마협회 심판위원장·국제이사, 한국올림픽아카데미 부회장 2008·2010년 한양대 생활체육과학대학장 2010~2012년 同예체능대학장 2010년 同예체능대학 생활스포츠학부 경기지도전공 교수(현) [저]'현대 스키 이론과 기술'(共) [종]불교

김동훈(金東勳) KIM Dong Hoon

[생]1955·1·5 [본]용궁(龍宮) [출]서울 [주]서울 성북구 정릉로77 국민대학교 경영대학 파이낸스보험경영학과(02-910-4545) [학]1973년 중앙고졸 1980년 연세대 경영학과졸 1982년 미국 Univ. of Wisconsin-Milwaukee 대학원 경영학과졸 1987년 경영학박사(미국 Univ. of Texas at Austin) [경]1988~1996년 국민대 무역학과 조교수·부교수 1988년 同무역학과장 1994년 한국리스크관리학회 부회장 1996년 국민대 경영학부 교수, 同경영대학 파이낸스보험경영학전공 교수(현) 2000~2002년 同경영학부장 2002년 한국리스크관리학회 회장 2004~2006·2008~2010년 국민대 경영대학원장 2008~2009년 한국보험학회 회장 2010~2011년 우정사업본부 고객대표자회의 의장 2013년 현대해상화재보험 사외이사 [저]'재보험론'(1997) '보험론'(1998) '알기 쉬운 재무관리'(1998)

김동훈(金東勳) KIM Dong Hoon

[생]1961·8·12 [본]경주(慶州) [출]서울 [주]서울 서대문구 연세로50 연세대학교 경영대학 경영학과(02-2123-2526) [학]1983년 연세대 경영학과졸 1985년 미국 컬럼비아대 대학원졸 1989년 경영학박사(미국 컬럼비아대) [경]1989~1994년 미국 State Univ. of New York at Buffalo 조교수 1994년 연세대 경영학과 조교수·부교수·교수(현) 2000~2001년 한국경영학회 상임이사 2007~2008년 연세대 리더십개발원장 2008~2009년 同대외협력처장 2010~2012년 同국제처장 2010년 한국마케팅관리학회 부회장 2010년 한국마케팅학회 편집위원장 2011년 同부회장 2011년 (주)GS리테일 감사위원 2013년 연세대 경영연구소장 2015년 同경영대학장·경영전문대학원장 겸임(현) [상]한국경영학회 우수논문상(1996), 한국마케팅학회 최우수논문상(2001) [저]'마케팅 신조류(共)'(1995) '소비자 이야기(共)'(1997) '마케팅커뮤니케이션관리 : 전략적 촉진 관리(共)'(2001) '시장지향적 마케팅 전략(共)'(2002) '시장지향적 마케팅 관리(共)'(2002) '마케팅 원론(共)'(2005)

김동훈(金東勳) Kim Dong Hoon

[생]1969·12·1 [본]순천(順天) [출]경북 안동 [주]울산 남구 중앙로201 울산광역시청 도시창조국(052-229-3900) [학]1988년 해운대고졸 1997년 서울대 토목공학과졸 [경]1998년 울산시 울주군 건설과 근무 2001년 同울주군 환경보호과 근무 2002년 同경제통상국 경제정책과 산업단지담당 2004년 同울주군 건설과장 2007년 同울주군 도로교통과장 2008년 同하수관리과 근무 2011년 同하수관리과장 2013년 同도시개발과장 2014년 同도시계획과장 2015년 同도시창조국장(현) [종]천주교

김동희(金東熙) KIM Dong Hi (中凡)

[생]1939·9·10 [본]연안(延安) [출]평북 정주 [주]서울 관악구 관악로1 서울대학교 법과대학(02-880-7536) [학]1959년 서울고졸 1963년 서울대 법대졸 1967년 프랑스 파리대 대학원졸 1971년 법학박사(프랑스 파리제2대) [경]1971년 독일 자르브뤽켄대 불법연구소 연구위원 1972년 외무부 외교연구원 상임연구위원 1972년 서울대 법대 조교수·부교수 1982~2005년 同교수 1983년 프랑스 파리2대·11대 초빙교수 1989년 한불법학회 회장 1990년 서울대 대학원 법학과장 2000~2002년 同법과대학장 2003년 同평의회 의장 2005년 同명예교수(현) 2006년 법무부 행정소송법특별분과 위원장 2011년 국민권익위원회 자문위원 2014년 오산학원 이사장 [상]프랑스 국가공로훈장, 근정포장(2005) [저]'행정법Ⅰ' '행정법Ⅱ' '행정법연습' '프랑스 사회보장제도' '객관식 행정법'

김동희(金東熙) Kim Donghee

[본]김해(金海) [출]부산 [주]전남 목포시 통일대로130 목포지방해양안전심판원 심판관실(061-285-9058) [학]부산진고졸, 성균관대 법학대학 법학과졸, 同대학원 법학과졸, 同대학원 법학박사과정 수료 [경]2012년 대한법률구조공단 근무 2013년 해양경찰청 근무 2014년 근로복지공단 근무 2015년 해양수산부 목포지방해양안전심판원 심판관(서기관)(현)

김두관(金斗官) KIM Doo Gwan

[생]1959·4·10 [본]경주(慶州) [출]경남 남해 [주]서울 영등포구 의사당대로1 국회 의원회관543호(02-784-2566) [학]1977년 남해종합고졸 1981년 경북전문대 행정학과졸 1987년 동아대 정치외교학과졸 1999년 경남대 대학원 최고경영자과정 수료 2011년 명예 정치학박사(동아대) [경]1987년 남해농민회 사무국장 1988년 민중의당 남해·하동지구당 위원장 1989~1995년 남해신문(주) 대표이사 사장 겸 발행인·편집인 1995·1998~2002년 경남 남해군수(무소속) 2001년 자치연대 공동대표 2002년 경남도지사선거 출마(새천년민주당) 2002년 새천년민주당 경남남해군·하동군지구당 대통령선거대책위원회 공동위원장 2003년 同당개혁특별위원회 위원 2003년 행정자치부 장관 2003년 열린우리당 중앙위원 2003년 지방분권연구소 이사장 2004년 열린우리당 경남도지부장 2004년 열린정책포럼 정책위원장 2005년 자치분권연구소 상임고문 2005년 자치분권전국연대 상임고문 2005년 포스트서울포럼 대표 2005~2006년 대통령 정무특보 2006년 열린우리당 최고위원 2006년 경남도지사선거 출마(열린우리당) 2006년 (사)민부정책연구소 이사장 2007년 대통합민주신당 정동영 대통령후보 중앙선거대책위원회 상임고문 2008년 제18대 국회의원선거 출마(경남남해군·하동군, 무소속) 2010~2012년 경남도지사(무소속·민주통합당) 2010~2012년 경남발전연구원 이사장 2011년 경남고성공룡세계엑스포 명예위원장 2014년 새정치민주연합 6.4지방선거대책위원회 공동위원장 2014년 제19대 국회의원선거 출마(김포시 보궐선거, 새정치민주연합) 2016년 더불어민주당 김포시甲지역위원회 위원장(현) 2016년 제20대 국회의원(김포시甲, 더불어민주당)(현) 2016년 국회 기획재정위원회 위원(현) 2016년 국회 예산결산특별위원회 위원(현) 2016년 국회 남북관계개선특별위원회 위원(현) [상]대한불교조계종 감사패(1997), 환경운동연합 녹색공무원상(1998), 동아대 자랑스런 동아인상(1998), 매일경제신문 환경부 환경경영대상(1999), 자랑스런 경상남도 포럼인상(2000), 대한축구협회 축구발전유공감사패(2001) [저]'성공시대'(1999) '지방정치비전만들기'(1999) '남해군수 번지점프를 하다'(2002) '김두관의 지방자치 이야기'(2003) '길은 누구에게나 열려있다'(2007) '아래에서부터'(2012)

김두련(金斗鍊) Kim, Du-Ryeon

[생]1958·6·3 [출]충북 보은 [주]충북 제천시 용두대로27 제천경찰서 서장실(043-641-8210) [학]서울 서라벌고졸, 한국방송통신대 행정학과졸 [경]1980년 순경 임용(공채), 서울 중랑경찰서 형사관리계장, 강원지방경찰청 고속도로순찰대장, 중앙경찰학교 학생과 지도계장, 경기 의정부경찰서 경비교통과장, 서울 노원경찰서 경비교통과장, 경찰청 감사관실 감사계 근무, 경찰병원 총무과 원무팀장 2014년 총경 승진 2014년 충북 단양경찰서장 2015년 충북지방경찰청 청문감사담당관 2016년 충북 제천경찰서장(현)

김두석(金斗碩) KIM DOO SEOK

[생]1952·9·26 [출]전북 [주]서울 강남구 테헤란로309 삼성제일빌딩 한국토지신탁 사장실(02-3451-1100) [학]1971년 신흥고졸 1976년 서울대 화학과졸 1978년 同행정대학원 행정학과 수료 [경]1981년 한국토지공사 입사 2000년 同고객지원처장 2002년 同경영관리실장 2005년 同충북지역본부장 2006년 同복합사업처장 2008년 同경영관리실장 2009년 한국토지신탁 부사장 2015년 同사장(현)

김두석(金斗析) KIM Du Seok

[생]1961·2·11 [출]전남 완도 [주]전남 여수시 해양경찰로 122 국민안전처 해양경비안전교육원(061-806-2000) [학]1980년 완도수산고졸 1982년 목포해양전문대학 기관학과졸 1997년 한국방송통신대 법학과졸 2000년 한양대 대학원 법학과졸(석사) [경]1991년 경찰간부후보 공채 2002년 태안해양경찰서 정보수사과장 2004년 해양경찰청 정보수사국 수사과 수사계장 2006년 同인사교육담당관실 인사팀장 2007년 同정보수사국 광역수사단장(총경) 2008년 완도해양경찰서장 2009년 해양경찰청 해안경계임무인수T/F단장 2010년 同치안정책관 2011년 여수해양경찰서장 2011년 해양경찰청 운영지원과장 2012년 同운영지원과장(경무관) 2012년 同국제협력관 2013년 교육파견(경무관) 2014년 해양경찰청 국제협력관 2014년 同정보수사국장 2014년 국민안전처 중부지방해양경비안전본부장 직대 2015년 同중부지방해양경비안전본부장(치안감) 2015년 同해양경비안전교육원장(치안감)(현)

김두식(金斗植) KIM Doo Sik

[생]1951·4·13 [본]경주(慶州) [출]강원 춘천 [주]서울 서대문구 연세로50 연세대학교 생명시스템대학 생화학과(02-2123-2700) [학]1969년 춘천고졸 1973년 연세대 생화학과졸 1978년 同대학원 생화학과졸 1983년 이학박사(미국 테네시대) [경]1978년 서울대 생약연구소 연구원 1983년 미국 하버드대 Post-Doctoral Fellow 1984~2016년 연세대 생명시스템대학 생화학과 조교수·부교수·교수 1992년 미국 하버드대 방문교수 1994년 연세대 단백질연구소장 1996년 한국생화학회 간사장 1999년 한국과학기술평가원(KISTEP) 생명보건전문위원 2001년 과학기술부 국가지정연구실(NRL) 사업추진위원장 2001년 국가과학기술위원회 바이오산업기술심의위원 2003~2006년 한국생명공학연구협의회장 2004년 한국파스퇴르연구소(IPK) 이사 2005년 인촌상 심사위원 2006년 한국생화학분자생물학회 회장 2006~2013년 연세대 BK21사업단장 2007년 한국혈관연구회 회장 2008년 교육과학기술부 바이오기술개발사업추진위원회 위원장 2009~2012년 스크립스코리아 항체연구원(SKAI) 이사 2009~2011년 국가장학생선발위원회 위원장 2010~2013년 교육과학기술부 장관 정책자문위원 2016년 연세대 생명시스템대학 생화학과 명예교수(현) [상]연세대 우수업적교수상, 대한민국 과학기술훈장 웅비장(2011) [저]'생명과학의 현대적 이해'

김두식(金斗植) KIM Doo Sik

[생]1957·5·7 [출]충북 보은 [주]서울 중구 퇴계로100 스테이트타워 남산8층 법무법인 세종(02-316-4223) [학]1976년 서울고졸 1980년 서울대 법학과졸 1987년 미국 시카고대 대학원 법학과졸 [경]1980년 사법시험 합격(22회) 1982년 사법연수원 수료(12기) 1982~2006년 법무법인 세종 변호사 1987년 미국 뉴욕주 변호사시험 합격 1991~1997년 통상산업부 법률고문(전문직 공무원) 1995년 대한상사중재원 중재인·자문위원(현) 1998년 관세청 관세심사위원회 위원 1998~2009년 삼성테크윈 사외이사 1999~2000년 동국대 국제정보대학원 겸임교수 2002~2003년 미국 Columbia Law School 객원연구원 2006년 법무법인 세종 대표변호사(현) 2008년 한국무역구제포럼 초대회장(현) 2009년 대한중재인협회 부회장(현) 2011년 서울대 법학전문대학원 겸임교수(현) 2014년 기상청 청렴옴부즈만(현) [상]산업포장(2007)

김두식(金斗植) Kim Doo-sik

[생]1960·7·27 [주]충북 청주시 상당구 상당로82 충청북도청 국제관계대사실(043-220-8831) [학]1982년 동국대 법학과졸 [경]1986년 외무부 입부 1989년 駐세네갈 행정관 1991년 駐도미니카 행정관 1998년 駐토론토 영사 2002년 駐파라과이 1등서기관 2006년 駐코스타리카 참사관 2009년 외교통상부 남미과장 2011년 駐칠레 공사참사관 2012년 駐페루 공사참사관 2013~2015년 駐니카라과 대사 2015년 충북도 국제관계대사(현) [상]근정포장(2009)

김두영(金斗泳) KIM Du Young

[생]1952·12·5 [학]1979년 한국외국어대 불어과졸 1981년 서울대 대학원 법학과졸 1985년 미국 펜실베이니아대 대학원 정치학과졸 [경]1980년 외무고시 합격(14회) 1981년 외무부 입부 1993년 駐유엔 1등서기관 1996년 駐코트디브와르 2등서기관 1996년 駐멕시코 참사관 1999년 외교통상부 기획조사과장 1999~2007년 同국제법규과장 2002·2007·2012년 국제해양법재판소(ITLOS) 사무차장(현)

김두영(金斗寧) KIM Doo Young

[생]1960·10·21 [본]언양(彦陽) [출]경남 합천 [주]서울 서초구 헌릉로13 대한무역투자진흥공사 전략마케팅실(02-3460-7038) [학]1979년 부산상고졸 1987년 부산대 경영학과졸 1996년 미국 선더버드대 대학원 국제경영학과졸 [경]1987년 대한무역투자진흥공사(KOTRA) 입사 1987년 同총무부 근무 1987년 同해외조사부 근무 1988년 同통상진흥부 근무 1988년 同해외조사부 근무 1989년 상공부 파견 1991년 대한무역투자진흥공사(KOTRA) LA무역관 근무 1994년 同기획조사부 근무 1994년 同국제경제부 근무 1996년 同지역조사처 근무 1997년 同시장조사처 근무 1999년 同시카고무역관 근무 2002년 同해외조사팀 근무 2003년 同KOTRA아카데미 근무 2004년 同KOTRA아카데미 연구위원 2004년 同달라스무역관장 2008년 同컨설팅팀장 2008년 同해외사업개발팀장 2009년 同기획조정실 기획예산팀장 2010년 同남미지역총괄 겸 상파울루KBC센터장 2011년 同상파울루무역관장 겸 남미지역총괄 2012년 同고객미래전략실장 2012년 同경영지원본부 인재경영실장 2015~2016년

대한무역투자진흥공사(KOTRA) 유럽지역본부장 겸 프랑크푸르트무역관장 2016년 同전략마케팅본부장(현) ❸장관표창(1990·1997·2006) ❸기독교

김두우(金斗宇) KIM Du Woo

❸1957·4·5 ❸김녕(金寧) ❸경북 구미 ㈜서울 서초구 명달로28 한국정책재단 이사실(02-6385-7006) ❸1975년 경북고졸 1980년 서울대 외교학과졸 1982년 同대학원 정치외교학 석사과정 수료 ❸1983년 국무총리실 사무관 1983년 중앙일보 편집국 입사 1985년 同사회부 기자 1989년 同정치부 기자 1995년 同정치부 차장대우 1997년 同정치부 차장 2000년 同사회부 차장 2001년 同정치부장 2003년 同논설위원 2007년 同논설위원(부국장) 2008년 同수석논설위원 2008년 대통령 정무수석비서관실 정무2비서관 2008년 대통령 정무기획비서관 2009년 대통령 메시지기획관 2010년 대통령 기획관리실장(기획관급) 2011년 대통령 홍보수석비서관 2013년 한국정책재단 이사(현) 2014년 동양대 석좌교수 ❸한국기자상(1987), 한국참언론인대상 칼럼부문(2007) ❸'실록 박정희시대'(1998)

김두우

❸1966·10 ㈜서울 영등포구 여의대로66 KTB투자증권 프로젝트금융센터(02-2184-2000) ❸부산 동천고졸, 부산대 경영학과졸, 同경영대학원졸 ❸1989~1999년 LG종합금융(주) 근무 1999~2007년 우리투자증권 기업여신팀장 2007~2009년 우리파이낸셜 기업여신팀장 2010년 KTB투자증권 IB본부 기업금융팀 이사 2013년 同프로젝트금융센터장(상무)(현)

김두원(金枓元) KIM Doo Won (玄山)

❸1935·8·8 ❸순천(順天) ❸전남 해남 ㈜광주 동구 구성로183의4 김신경외과의원(062-228-2471) ❸1955년 광주고졸 1961년 전남대 의대졸 1968년 의학박사(전남대) 2000년 전남대 경영대학 최고경영자과정 수료 ❸1962~1971년 전남대 의대 전임강사·조교수 1971년 김신경외과의원 원장(현) 1976년 광주센트럴라이온스클럽 회장 1978~1983년 전남태권도협회 회장 1979년 전남도항군회 회장 1982년 범민족올림픽추진위원회 광주시위원장 1985년 광주시의사회 회장 1986~2004년 광주시 선거관리위원 1986년 국제키비탄 한국지부 부총재 1986년 광주박물관 회장 1987년 대한노년병학회 광주·전남지회장 1988년 조선대재단 이사 1988년 대한신경외과학회 부회장 1988년 연세대 의과대학 외래교수(현) 1989년 대한신경외과학회 회장, 同명예회장(현) 1989년 광주시 교육위원 1992~1994년 전남대 의대 외래교수 1992년 대한센복지협회 광주·전남지부장 1995~2005년 同부회장 1995년 (사)광주불교능인문화원 이사장 겸 회장, 同명예회장(현) 1997년 대한의사협회 부회장 2000년 同회장 직대 2000년 同고문(현), (사)학생독립운동유공자후손장학회 이사장(현), (사)경열공정지장군 유적보존회 회장 ❸문교부장관표창(1980), 체육훈장 기린장(1982), 국무총리표창, 법무부장관표창(1986), 광주시민대상, 무등의림대상, 용봉명예대상(2013) ❸'뇌·신경외과수술' ❸불교

김두철(金斗哲) Doochul Kim

❸1948·8·8 ❸서울 ㈜대전 유성구 유성대로1689번길70 기초과학연구원 원장실(042-878-8001) ❸서울대 전자공학과졸, 미국 존스홉킨스대 대학원졸, 이학박사(미국 존스홉킨스대) ❸1977~2010년 서울대 물리천문학부 교수 1986년 미국 멜버른대 방문연구원 1994년 미국 워싱턴대 방문교수 1997년 서울대 물리학과장 1999년 同BK21 물리연구단장 2004년 한국과학기술한림원 종신회원(현), 대우재단 학술협의회 이사(현) 2010~2013년 고등과학원(KIAS) 원장 2010~2013년 IUPAP(International Union for Pure and Applied Physics) STATPHYS25 조직위원장 2010년 서울대 명예교수 2014년 기초과학연구원(IBS) 원장(현) ❸서울대교육상(2008), 서울시문화상 자연과학부문(2009), 3·1문화상 학술부문(2011), 수당상 기초과학부문(2011) ❸'상전이와 임계현상'(1983) '통계물리의 발전'(1990) 'KT 상전이와 초천도체 배열'(1993) 'Dynamics of Fluctuating Interfaces and Related Problems'(1997)

김두철(金斗喆) KIM Doo Chul

❸1953·7·5 ❸경주(慶州) ❸부산 ㈜충남 천안시 동남구 상명대길31 상명대학교 산업대학 보험경영학과(041-550-5322) ❸1972년 중앙고졸 1977년 한국외국어대 불어학과졸 1984년 미국 조지아대 대학원졸 1988년 보험학박사(미국 조지아주립대) ❸1989~1991년 조지아생명보험 부장 1991년 상명대 산업대학 금융보험학부 보험전공 교수, 同산업대학 리스크관리·보험학

과 교수, 同보험경영학과 교수(현) 1997~1999년 보험감독원 생명보험부 분쟁조정위원 1999~2000년 금융감독원 분쟁조정전문위원 1999년 보험개발원 보험연구소 연구자문위원 1999년 한국보험학회 부회장 2002년 삼화페인트 사외이사 2004년 보험개발원 비상임이사 2007~2008년 한국리스크관리학회 회장 2008~2012년 상명대 산업대학장 2008~2012년 同재테크경영대학원장 겸 글로벌부동산대학원장 2012~2013년 한국보험학회 회장 2012년 금융감독자문위원회 보험분과위원장 2012년 상명대 천안캠퍼스 기획처장 2013~2014년 同천안캠퍼스 부총장 2013년 삼성생명보험(주) 사외이사(현) 2014년 同감사위원 겸임 2014~2015년 금융감독자문위원회 보험분과위원 ❸'생명보험 : 이론과 실무'(1997) '생명보험론'(2003) '위험관리·위기관리'(2005) ❸'위기관리 : 5가지 오해와 7가지 해법'(1998) '즐겁게 일하는 기술'(2003)

김두철(金斗哲) Doo-Chul Kim

❸1956·3·17 ❸나주(羅州) ❸제주 ㈜제주특별자치도 제주시 제주대학로102 제주대학교 물리학과(064-754-3515) ❸1979년 제주대 물리학과졸 1984년 고려대 대학원 이학과졸 1990년 이학박사(고려대) ❸1983년 숭전대·고려대 강사 1983년 제주대 자연과학대학 물리학과 강사·전임강사·조교수·부교수·교수(현) 1991년 同물리학과장 1997년 同공동실험실습관장 2001년 호주 Wollongong대 방문교수 2004~2005년 제주대 학생처장 2009~2011년 同자연과학대학장 2011년 국가과학기술위원회 지방과학기술진흥협의회 위원 2011년 제주도과학지능협의회 부위원장 2013~2014년 한국물리학회 제주특별지부 초대지부장 2015년 제주대 아라캠퍼스 부총장 겸 대학원장(현) ❸한국물리학회 가을학술논문발표회 우수발표상(2006), 한국광학회 동계학술대회 우수논문상(2007), 제주도지사표창(2010) ❸'광학'(2004, 제주대 출판부) ❸'물리학'(1999, 광림사) '일반물리학'(2009, 북스힐)

김두현(金斗鉉) KIM Doo Hyun (嘉松)

❸1926·9·25 ❸김해(金海) ❸충남 당진 ㈜서울 광진구 능동로90 김두현법률사무소(02-2218-6263) ❸1946년 선린상고졸 1950년 고려대 법대졸 ❸1948년 변호사시험 합격 1950년 육군 법무관(대위) 1957년 예편(육군 중령) 1957년 서울지법 판사 1961년 同부장판사 1965년 대구고법 부장판사 1965년 변호사 개업 1965년 서울시 법률고문 1966년 국세청 법률고문 1967년 제7대 국회의원(당진, 민주공화당) 1971년 대한변호사협회 부회장 1977년 서울변호사회 회장 1980~1991년 국제법률가협회 회장 1981년 대한변호사협회 회장 1981~1990년 한국법학원 원장 1983년 미국 Harvard대 객원학자 1986~1991년 중앙선거관리위원회 위원 1987년 대한상사중재원 중재위원, 홀부라이트 한국동문회 회장 1990년 세계법률가협회 부회장 1990년 한·미교육문화재단 이사장 1991년 세계법률협회 아세아지역협회장 1992년 고촌재단 이사장(현) 1993~1999년 언론중재위원회 위원 1999년 대한중재인협회 회장 2001년 서울한양컨트리클럽 이사장 2015 대한변호사협회 김두현법률사무소 변호사(현) ❸국민훈장 무궁화장 ❸'육법전서'(編) ❸'대한민국 영문법전' ❸기독교

김두희(金斗喜) KIM Doo Hee

❸1941·1·10 ❸경주(慶州) ❸경남 산청 ㈜경기 성남시 분당구 정자일로1 코오롱트리폴리스B동3310호 김두희법률사무소(031-728-1038) ❸1956년 대입검정고시 합격 1958년 경기고 2년 수료 1962년 서울대 법대졸 1963년 同사법대학원졸 1976년 국방대학원졸 ❸1962년 고등고시 사법과 합격(14회) 1963년 해군 법무관 1966~1973년 서울지검·법무부 검사 1973년 대검찰청 검찰연구관 1975년 광주고검 검사 1976년 법무부 검찰2과장 1979년 부산지검 특수1부장 1980년 법무부 검찰1과장 1980년 대통령 사정비서관 1981년 서울고검 차장검사 1982년 대검찰청 형사2부장 1983년 同중앙수사부장 1985년 법무부 검찰국장 겸 대검찰청 검사 1987년 서울지검 검사장 1989~1991년 법무부 차관 1990~1991년 한국법학원 부원장(겸직) 1991~1992년 대검찰청 차장검사 1992~1993년 검찰총장 1993~1994년 법무부 장관 1993~1994년 고시동지회 회장 1995년 변호사 개업(현) 1996~2005년 성균관대 이사 1996년 (사)21세기국가발전연구원 이사(현) 1999년 유민문화재단 감사 2001~2007년 헌법재판소 자문위원 2002년 한국피해자학회 고문 2003년 사회복지법인 중부재단 이사(현) 2007년 (재)서암학술장학재단 이사(현) 2009~2013년 세종재단 이사 2014년 한국기원 고문(현) ❸황조근정훈장(1986), 청조근정훈장(1995)

김두희(金斗熙) KIM Do Hee

⊕1957 · 8 · 22 ⓑ언양(彦陽) ⓞ전북 김제 ㈜서울 용산구 청파로109 동아사이언스 대표이사실(02-3148-0871) ⓗ1976년 경기고졸 1983년 서울대 공과대 토목공학과졸 ⓔ1983년 경향신문 출판국 기자 1985년 동아일보 과학동아 기자 1994년 同차장 1997~2000년 MBC 시청자위원 1999년 동아일보 과학동아 편집장 2001년 한국과학문화재단 중장기발전전략추진위원, 대한민국과학상 선정위원 2000년 동아사이언스 대표이사(현) 2002년 젊은과학자상 포상위원 2004~2005년 과학문화사업 심의위원 2010년 한국과학기술원(KAIST) 과학저널리즘대학원 겸임교수(현) 2011년 한국공학한림원 일반회원 2013년 同정회원(현) ㉒잡지언론상(1997), 과학기술훈장 진보장(2004), 대한민국 문화콘텐츠 해외진출유공자 특별상(2008), 해동상-공학기술문화확산부문(2010) ㉕'우주 오딧세이' '밀레니엄 북스'

김득곤(金得坤) KIM Deuk Gon (松軒)

⊕1953 · 2 · 11 ⓑ김해(金海) ⓞ부산 기장 ㈜경기 용인시 처인구 용인대학로134 용인대학교 예술대학 미디어디자인학과(031-8020-2691) ⓗ1972년 남창고졸 1980년 중앙대 공예학과졸 1983년 同대학원졸 2004년 공학박사(청주대) ⓔ1980~1984년 서울 영등포공고 교사 1983~1987년 서강실업전문대 · 부천공업전문대 · 명지실업전문대 · 인덕공업전문대 · 인천전문대 · 대전공업대 강사 1989~2001년 용인대 산업디자인과 전임강사 · 조교수 · 부교수 1996~1998년 중앙산업디자이너협회(CIDA) 회장 1999년 경기도 기능경기대회 심사위원장 1999년 (사)한국기초조형학회 부회장 2000년 용인대 조형연구소 소장 2001년 세계산업디자인대회(ICSID) 서울총회 홍보자문위원 2001~2003년 (사)경기디자인협회 부회장 2001~2010년 용인대 예술대학 산업디자인학과 교수 2001년 同예술대학장 2001~2002년 경기디자인협회 부회장 2002년 한국디자이너협회 이사 2002년 한국디지털디자인협의회 이사장 2002년 한국디지털학회 부회장 2003년 아시아4개국국제작품전 심사위원장 2004년 한국도시환경디자인연구원 집행위원 2004년 용인대 교무처장 겸 산학협력단장 2005년 한국디자인학회 이사 2005년 한국디자인진흥원 전문위원 2005년 한국디자이너협회 감사 2008~2009년 한국디자인학회 경기 · 인천지부장 2008년 (사)한국기초조형학회 자문위원 2010년 용인대 예술대학 미디어디자인학과 교수(현) 2011년 同예술대학원장 ㉒문교부장관표창(1975), 중앙예술문화상(1975), 한국산업디자인상(1999 · 2000), 한국우수디자인상(1999 · 2000), Success Design상(2002), 용인대 단호학술상(2002), 부총리 겸 교육인적자원부장관표창(2007) ㉕'기초디자인을 위한 구성'(1987) ㉖불교

김득린(金得麟) KIM Deuk Lin (송암)

⊕1936 · 10 · 16 ⓑ광주(廣州) ⓞ서울 ㈜인천 부평구 일신로25 복지미래포럼 사무국장실(032-515-8808) ⓗ1954년 대광고졸 1958년 숭실대 법과졸 1976년 성균관대 경영대학원졸 1995년 장로회신학대 성서대학원 수료 2007년 명예 사회복지학박사(숭실대) ⓔ1960년 제7대 국회의원 보좌관 1970년 사회복지법인 송암복지재단 이사장(현) 1978~1990년 인천시사회복지사협회 회장 1987~1999년 숭실대 재단이사 1988~2002년 인천시사회복지협의회 회장 1990년 한국사회복지사협회 수석부회장 1991~2002년 한국아동복지시설연합회 회장 1991~2005년 민주평통 상임위원 1992~1999년 중앙아동복지위원회 위원 1993~2002년 한국사회복지협의회 부회장 1994~2000년 보건복지부 보건복지제도개혁위원회 위원 1995~2008년 기독교아동복지회 한국연합회장 1999~2002년 인천시사회복지공동모금회 회장 2001~2002년 전국사회복지시설단체협의회 회장 2003~2005년 민주평통 운영위원 겸 사회복지위원장 2003~2010년 한국사회복지협의회 회장 2003년 한국자원봉사협의회 공동대표(현) 2003년 한국사회복지유권자연맹 상임고문(현) 2003년 주간 사회복지신문 발행 · 편집인 2005년 한국사회복지법인대표이사협의회 상임대표 2007년 同명예회장(현) 2008년 전국재해구호협회 이사(현) 2010년 한국사회서비스포럼 운영회장 2011년 복지미래포럼 회장(현) 2014년 인천시사회복지협의회 명예회장(현) ㉒국민포장(1986), 대통령표창, 국무총리표창, 통일원장관표창, 법무부장관표창, 보건복지부장관표창, 인천시장표창, 국민훈장 목련장(2002), 사회복지공헌상(2003), 파라다이스복지재단 특별공로상(2004), 사회복지대상(2011) ㉕'사랑의 바다로, 복지의 나라로' '사회복지종합가이드북' ㉖기독교

김득중(金得中) KIM Deuk Jung

⊕1956 · 1 · 27 ㈜경기 수원시 장안구 서부로2066 성균관대학교 공과대학 신소재공학부(031-290-7394) ⓗ1979년 서울대졸 1981년 한국과학기술원(KAIST) 석사 1987년 공학박사(독일 슈투트가르트대) ⓔ1987~1993년 대한중석광업 중앙연구소 책임연구원 1992~1993년 한국요업학회 편집위원 1993년 한국분말야금학회 평의원 · 편집위원 1993년 성균관대 신소재공학부 조교수 · 부교

수 · 교수(현) 1995년 한국재료학회 편집위원 1998~2008년 한국분말야금학회 편집이사 · 사업이사 · 부회장 · 편집위원장 2008년 한국세라믹학회 편집위원장 2010년 한국분말야금학회 회장 2016년 한국공학한림원 정회원(재료자원공학분과 · 현) ㉒한국과학기술단체총연합회 과학기술우수논문상(2006)

김락기(金樂冀) KIM Rak Ki (竹靑)

⊕1941 · 6 · 8 ⓑ경주(慶州) ⓞ충남 보령 ㈜서울 영등포구 국회대로70길18 새누리당(02-3786-3000) ⓗ1959년 대천수산고졸 1991년 고려대 정치과학대학원 고위정책과정 수료 2003년 건국대 행정학과졸 ⓔ1973년 서울시청 노동조합 도봉분회장 1979~1987년 同노동조합위원장 1987년 중앙노사협의회 위원 1987~2000년 전국연합노동조합연맹 위원장 1987~2000년 한국노동조합총연맹 부위원장 1987년 최저임금심의위원회 위원 1988년 한국노동연구원 이사 1990년 국민경제사회협의회 위원 1990년 중앙노동위원회 위원 1991년 민주평통 자문위원 2000~2004년 제16대 국회의원(전국구, 한나라당) 2001년 한나라당 정책위원회 환경노동위원장 2001년 同국가혁신위원 2002년 한국노동조합총연맹 지도위원 2002년 한나라당 제16대 대통령 선거대책위원회 노동위원장 2002년 국회 환경노동위원회 간사 2003년 한나라당 보령 · 서천지구당 위원장 2004~2013년 서울시교통문화교육원 원장 2007~2012년 한나라당 국책자문위원 2007년 同제17대 대통령중앙선거대책위원회 노동위원장 2012년 새누리당 국책자문위원회 사회문화노동위원장(현)

김락환(金洛煥)

⊕1952 ⓑ선산(善山) ⓞ경북 구미 ㈜서울 송파구 올림픽로424 올림픽공원 벨로드롬B1 대한장애인육상연맹 회장실(0707-425-4081) ⓗ명예 경영학박사(금오공과대) ⓔ1986년 경북장애인재활자립복지회관 건립 · 관장(현) 1986~1989년 (주)삼우건설 회장 1992년 (사)한국지체장애인협회중앙회 회장 권한대행 1992년 중부신문 창간 · 회장(현) 1994년 중수회 자문위원(현) 1995년 (사)한국교통장애인협회 경북협장(현) 1999년 금오공과대 최고경영관리자과정 총동창회장 2000년 구미경제살리기범시민대책위원회 부위원장 2000~2005년 박정희대통령기념사업구미추진위원회 부위원장 2000~2008년 사회복지법인 경북장애인복지단체협의회 초대회장 2000~2004년 장애인편의시설설치시민족진단 초대단장 2004~2006년 전국장애인체육대회 경북선수단장 2006~2009년 금오공과대 발전후원회장 2006~2009년 구미시장애인종합복지관 관장 2006년 경북도장애인복지위원회 위원(현) 2006년 경북도장애인복지기금 심의위원(현) 2007년 경북도장애인체육회 부회장(현) 2008년 한국사회복지법인협의회 공동대표 2009년 금오공과대 발전후원회 고문(현) 2009년 국립재활원 운영자문위원회 위원(현) 2009년 (사)한국교통장애인협회 중앙회장 2009년 한국장애인단체총연합회 공동대표 2009년 한국장애인재단 이사 2010년 대한장애인육상연맹 회장(현) 2010년 선산(일선)김씨대종회 부회장 · 운영위원(현) 2013~2015년 구미초 총동창회장 2013년 구미시장애인체육회 자문위원(현) 2013년 (사)한국교통장애인협회 중앙회장(현) 2013년 새누리당 중앙장애인위원회 부위원장(현) 2013년 국토교통부 재활시설운영심의위원회 심의위원(현) 2014년 2014인천장애인아시아경기대회 한국선수단장 2014년 대한장애인체육회 지방장애인체육발전위원회 위원(현) 2015년 구미중 총동창회장(현) ㉒보건사회부장관표창(1989), 상공부장관표창(1989), 구미시장표창(1989), 경북도지사표창(1990), 일본 긴끼대학총장 감사장(1994), 금오공대총장표창(1994), 노동부장관표창(1996), 경북도지사 공로패(1998), 구미시장 공로패(2001), 정보통신부장관표창(2003), 경북도지사 공로패(2007), 건설교통부장관표창(2007), 국무총리표창(2008), 구미시장 공로패(2010)

김란수(金蘭洙) KIM Ran Soo (一松)

⊕1929 · 4 · 15 ⓑ광산(光山) ⓞ황해 해주 ㈜서울 서대문구 연세로50 연세대학교 교육과학대학 교육학과(02-2123-2114) ⓗ1949년 개성사범학교졸 1954년 서울대 사범대 교육학과졸 1972년 철학박사(미국 밴더빌트대) ⓔ1954년 중앙교육연구소 연구원 1960~1990년 연세대 교육학과 교수 1967년 同교육대학원장 1980년 同교육연구소장 1981년 同사범대학장 1983~1987년 同교육과학대학장 1990년 同명예교수(현) 1990~1998년 광주대 총장 1992년 한국고등교육연구회 회장 1992년 유네스코본부 기초교육상 심사위원 1993~1996년 유네스코 한국위원회 부위원장 1994년 중앙교육심의회 위원장 1997~2000년 한국교육방송원 이사장 1998년 한국미래학연구원 고문 1999~2002년 한국유네스코협회연맹 상임부회장 1999년 아 · 태유네스코협회연맹 회장 · 명예회장(현) 1999~2004년 유네스코본부 평화교육상 심사위원장 2003년 국제교육재활교류재단(EREF) 이사장 2009~2011년 同고문 ㉕'한국고등교육개혁의 방향모색' '대학원 교육' '교육연구의 방법' 'Korean Education in Research Perspectives' '학술연구조성책 연구' '대학개혁론' '한국의 대학'(1995) ㉖기독교

김래선(金來善) KIM Nae Sun

[생]1952·9·8 [출]전남 [주]전북 전주시 완산구 천잠로303 전주대학교 수학교육과(063-220-2332) [학]1970년 전주영생고졸 1974년 전북대 이학과졸 1982년 同대학원 이학과졸 1991년 이학박사(전북대) [경]1974년 전주 신흥고 교사 1976년 전주 영생고 교사 1981년 전주대 수학교육과 교수(현) 1999~2001년 同사범대학장 2002년 同기획조정처장 2003년 호남수학회 사업이사 2005~2007년 전주대 사범대학장 2009년 호남수학회 부회장 2015년 전주대 대학원장(현)

김래혁(金來赫) Kim Rai-Hyug

[생]1958·8·5 [주]서울 종로구 사직로8길60 외교부 인사운영팀(02-2100-7138) [학]1987년 경기대 행정학과졸 [경]1986년 외무부 입부 1988년 駐카타르 행정관 1995년 駐샌프란시스코 영사 1998년 駐파라과이 2등서기관 2005년 駐엘살바도르 참사관 2009년 한·아세안특별정상회의준비기획단 행사지원팀장 2009년 외교통상부 여권과장 2011년 駐스페인 참사관 2013~2016년 駐온두라스 대사 2016년 외교부 본부대사(현)

김래호(金來鎬) KIM LAE Ho (기암)

[생]1959·7·3 [본]경주(慶州) [출]대전 [주]충북 영동군 영동읍 상가길8 휴먼북도서관 어중간(070-8813-6646) [학]1985년 충남대 국어국문학과졸 1987년 고려대 교육대학원 석사과정 4학기 제적 [경]1980년 동아일보 신춘문예 동화부문 당선 1987년 대전문화방송 프로듀서 1995년 대전방송 편성국 차장대우 1996년 同편성국 차장 1999년 同편성국 TV제작부장대우·편성제작국 편성팀장 2003년 同편성제작국 제작팀장(부장대우) 2004년 同편성제작국 제작팀장(부장) 2006년 同편성제작국장 2008년 同보도국 부국장, 자유선진당 중앙당 부대변인, 국민중심연합 대전시당 대표 겸 중앙당 대변인 2014년 휴먼북도서관 어중간 대표이사(현) [상]대한YWCA연합회 올해의 좋은 TV프로그램상(1997) [저]산문집 '문화에게 길을 묻다'(2007, 문원사) [종]천주교

김 량(金 亮) KIM Ryang

[생]1955·6·1 [출]서울 [주]서울 종로구 종로33길31 (주)삼양홀딩스 비서실(02-740-7916) [학]1974년 중앙고졸 1978년 고려대 경제학과졸 1984년 미국 American Graduate School of International Management졸 [경]1986년 (주)경방 입사 1992년 (주)경방유통 근무 1994년 同이사 1996년 同상무이사 1997년 同전무이사 1998년 同대표이사 부사장 2000년 同사장 2002년 삼양제넥스 대표이사 부사장 2004~2011년 同대표이사 사장 2009년 (주)삼양사 대표이사 사장 2011년 同대표이사 부회장 2011년 (주)삼양홀딩스 대표이사 부회장(현) 2012~2015년 (재)명동정동극장 비상임이사 [상]은탑산업훈장(2013), 고려대정경대학교우회 선정 '자랑스러운 정경인'(2015)

김름이(金凜伊·女) KIM Rum Lee

[생]1954·1·15 [본]안동(安東) [출]경남 창녕 [주]부산 북구 효열로256 부산여성가족개발원(051-330-3400) [학]계성여고졸, 부산여대 사회복지학과졸, 동의대 법정대학 행정학과졸, 부경대 국제대학원졸(석사) [경]감만2동새마을금고 이사장, 부산시복지사협회 정책자문위원, 부산여성가족정책포럼 운영위원장, 민족통일협의회 부산시 남구회장, 한국아마추어무선연맹 이사, 부산 남부경찰서 경찰발전위원회 사무국장, 한나라당 여성위원회 전국위원(부산), 한나라당 부산시당 여성위원장 2010~2014년 부산시의회 의원(비례대표, 한나라당·새누리당) 2010년 同기획재경위원회 위원 2011년 부산시 지식재산위원회 부위원장 2012년 부산시의회 예산결산특별위원회 간사 2012년 새누리당 여성의원협의회 부회장 2012년 同부산시당 여성위원장 2014년 부산여성가족개발원 원장(현) [상]대통령표창, 교육부장관표창, 새마을금고연합회장표창, 여성가족부장관표창, 부산시장표창, 제1회 부산시 일자리경진대회 최우수상, 2015 자랑스런 대한민국대상 사회공익대상(2015), 리더십·지역사회발전분야공로 행정자치부장관표창

김리석(金利錫) KIM Lee-Suk

[생]1953·10·28 [주]부산 서구 대신공원로26 동아대학교병원 이비인후과(051-240-5420) [학]1978년 서울대 의대졸 1984년 同대학원졸 1988년 의학박사(서울대) [경]1978년 공군 軍의관 1981년 서울대병원 전공의 1985년 同전임의 1986년 동아대 의대 이비인후과학교실 조교수·부교수·교수(현) 1986년 일본 제경대 이비인후과 연수 1989년 미국 Ear Foundation·Vanderbiet대 연수 1990년 동아대 의대 이비인후과학교실 주임교수 1992~1993년 同보건진료소장 1994~1995년 同임상의학연구소장 2007년 대한청각학회 회장 2013년 국제청각유발반응학회 조직위원장 [상]공군의무 공로표창(1981), 대한이비인후과학회 학술상(1984), 대한이비인후과학회 우수논문상(2007) [저]'안면신경마비의 병태생리'(1996, 대한이과연구회) 'Handbook of ABR(英文)'(1998, (주)금원) '이비인후과 두경부외과'(1998, 일조각) '평형장애의 진단과 치료'(1998, 대한이과연구회)

김 린(金 麟) KIM Reen

[생]1954·3·24 [출]서울 [주]서울 성북구 인촌로73 고려대 안암병원 정신건강의학과(02-920-5355) [학]1973년 서울고졸 1979년 고려대 의대졸 1982년 同대학원졸 1990년 의학박사(고려대) [경]1979~1983년 고려대병원 인턴·레지던트 1983~1986년 공주의료원 신경정신과 공중보건의 1990년 고려대 의대 정신건강의학교실 교수(현) 1995년 미국 코넬대 의대 뉴욕병원 수면·각성장애센터 연구원 1999년 고려대 안암병원 신경정신과장 2003년 同의료원 기획조정실장 2005~2007년 대한수면의학회 회장 2005~2007년 고려대 안암병원장 2011~2013년 同의무부총장 겸 의료원장 2012년 대한병원협회 총무부회장

김만기(金萬基) Kim Man Ki

[생]1956·7·28 [본]경주(慶州) [출]충북 청원 [주]서울 강남구 봉은사로26길12 자운빌딩6층 태암네트워크 임원실(02-564-5434) [학]서울고졸, 서울대 건축학과졸, 서강대 경영대학원 경영학과졸, 경희대 공과대학원 건축공학과졸, 공학박사(경희대) [경]동부건설(주) 건축사업부 상무, 同건축영업부장(상무) 2009~2011년 同건축영업총괄부사장, 한국리모델링협회 부회장·고문(현), 대한상사중재원 중재인(현), 건축시공학회 부회장, 한국콘크리트학회 이사, 한국도시설계학회 이사, 법원전문심의위원(현) 2011~2013년 동부건설 건축주택사업본부장(부사장) 2014년 태암네트워크 부회장(현) 2015년 경희대 테크노경영대학원 건설안전경영학과 주임교수(현) [상]국무총리표창(2006)

김만기(金滿技) Kim man gi

[생]1959·12·13 [본]의성(義城) [출]부산 [주]서울 종로구 인사동5길20 오원빌딩402호 (주)온전한커뮤니케이션 PR전략연구소(070-7728-8562) [학]1978년 경남고졸 1985년 연세대 경제학과졸 1998년 同대학원 광고홍보학과졸 2010년 광고홍보학박사(서강대) [경]1985년 SK(주) 입사 1991년 同홍보실 근무 2001년 SK텔레콤 기업문화실 기업문화팀장 2005년 同기업문화실 기업문화팀장(상무) 2005년 SK텔레텍 홍보실장(상무) 2005년 팬택(주) 기업홍보실 국내홍보팀장(상무) 2007년 롯데백화점 홍보실장(이사) 2009년 세명대 초빙교수(현) 2010~2012년 (재)자유기업원 기획실장 2012~2014년 자유경제원 홍보실장 2012년 서강대 언론대학원 초빙교수(현) 2015년 (주)온전한커뮤니케이션 PR전략연구소장(현)

김만복(金萬福) KIM Man Bok (月亭)

[생]1946·4·25 [본]김녕(金寧) [출]부산 [주]서울 중구 퇴계로36가길10 세정IT빌딩210호 통일전략연구원 [학]1965년 부산고졸 1970년 서울대 법대졸 1979년 건국대 대학원 법학과졸 2008년 법학박사(국민대) [경]1974년 국가안전기획부 입부 2003년 국가안전보장회의(NSC) 사무처 정보관리실장 2003년 제2차 이라크 정부합동조사단장 2004년 국가정보원 기획조정실장 2006년 同해외담당 제1차장 2006~2008년 同원장 2009년 통일전략연구원 원장(현) 2014~2015년 한국골프대 총장 대리 [상]보국포장(2000), 보국훈장 국선장(2005) [저]'북한의 협상전략'(2001) '분단국의 국가정보'(2012) '한반도 평화의 길'(2013) 회고록 '노무현의 한반도 평화구상-10·4 남북 정상선언(共)'(2015) [역]'어느 스파이의 고백'(1999)

김만석

[생]1960·9·27 [출]강원 동해 [주]강원 속초시 장안로3길22 KBS 강릉방송국(033-640-7202) [학]1979년 강릉상고졸 1987년 서강대 철학과졸 [경]1987년 한국방송공사(KBS) 입사(공채 14기) 1987년 同보도국 TV편집1부 기자 1989년 同보도국 경제부 기자 2001년 미국 캔자스대 해외연수 2004년 한국방송공사(KBS) 뉴욕특파원 2007년 同1TV 뉴스제작팀(뉴스광장) 근무 2008년 同시사보도팀 취재파일 데스크 2008년 同남북교류협력단 근무 2009년 同보도제작국 탐사보도팀장 2010년 同'뉴스12' 앵커 2011년 同스포츠취재부장 2012년 同해설위원 겸 1라디오 '뉴스와 화제' 앵커 2014년 同보도본부 시사제작국장 2015년 同방송문화연구소 근무 2015년 同강릉방송국장(현)

김만수(金萬洙) KIM Man Soo (靑村)

[생]1930 · 12 · 18 [본]상산(商山) [출]경남 산청 [주]경남 양산시 유산공단11길11 동아타이어공업(주) 회장실(055-389-0011) [학]1956년 동아대 공대졸 1966년 부산대 경영대학원졸 1994년 명예 경제학박사(동아대) [경]1956~1971년 동명목재상사 총무상무 1971년 동아타이어공업 창립 · 대표이사 1990년 청촌문화재단 이사장(현) 1993년 동남주택 대표이사 사장 1994~1995년 부산방송 이사 · 감사 1996년 청촌장학재단 이사장(현) 2000년 동아타이어공업(주) 회장(현) [상]대통령표창, 국무총리표창(1984), 철탑산업훈장(1987), 경남도 산업평화상 은상(1991), 은탑산업훈장(1994) [종]불교

김만수(金萬洙) KIM Man Soo

[생]1954 · 4 · 20 [출]충남 공주 [주]서울 서초구 반포대로 222 서울성모병원 안과(02-2258-1170) [학]1981년 가톨릭대 의대졸 1985년 同대학원졸 1991년 의학박사(가톨릭대) [경]1981~1985년 가톨릭대부속 성모병원 수련의 1985~2002년 가톨릭대 의과대학 안과학교실 전임강사 · 조교수 · 부교수 1991~1993년 미국 미네소타대 연구교수 2002년 가톨릭대 의과대학 안과학교실 교수(현) 2014년 대한안과학회 이사장 2015년 대한민국의학한림원 정회원(현)

김만수(金晩洙) KIM Man Soo

[생]1964 · 9 · 20 [본]김해(金海) [출]충북 충주 [주]경기 부천시 길주로210 부천시청 시장실(032-320-3000) [학]1984년 충암고졸 1991년 연세대 사회학과졸 2000년 가톨릭대 대학원 사회학과졸 [경]1995~2002년 경기도 부천시의회 의원 · 기획재정위원장 2001~2002년 새천년민주당 노무현 대통령후보 공보팀장 · 선거대책위원회 부대변인 2003년 대통령직인수위원회 부대변인 2003년 대통령 보도지원비서관 겸 부대변인 2004년 제17대 국회의원선거 출마(부천소사, 열린우리당) 2004년 대통령 상근부대변인 2005~2006년 대통령 대변인 2006년 7.26재보선 국회의원선거 출마(부천소사, 열린우리당) 2007~2008년 참여정부평가포럼 집행위원장 2008년 제18대 국회의원선거 출마(부천소사, 통합민주당) 2009년 시민주권 상임운영위원 2010년 경기 부천시장(민주당 · 민주통합당 · 민주당 · 새정치민주연합) 2014년 경기 부천시장(새정치민주연합 · 더불어민주당)(현) 2016년 세계그린대사(현) [상]제10회 만화의날 공로상(2010), 대한민국실천대상 도시혁신부문상(2012), 세계자유민주연맹 국제자유장(2014), 서울석세스대상 기초단체장부문(2015), 국무총리표창(2015), 자랑스런 대한국민대상(2016) [종]천주교

김만영(金萬永) Kim, Mann-Young

[생]1959 · 10 · 4 [본]경주(慶州) [출]전북 남원 [주]서울 은평구 진흥로215 한국환경산업기술원 환경인증평가단(02-3800-400) [학]1977년 경성고졸 1982년 고려대 화학공학과졸 1984년 한국과학기술원(KAIST) 대학원 화학공학과졸(석사) 1997년 공학박사(충북대) [경]1984~1987년 한국화학연구원 화학공학부 연구원 1987~2000년 한국소비자원 시험검사소 기술위원 · 시험기획실장 1997년 지식경제부 석유제품품질관리심의위원회 위원 2000~2015년 한국환경산업기술원 연구위원 2002년 한국전과정평가학회(LCA학회) 부회장(현) 2004~2016년 상명대 대학원 겸임교수 2010년 한국소비자원 소비자위해정보평가위원회 위원(현) 2011년 한국환경산업기술원 녹색생활본부장 2012년 同환경인증본부장 2013년 국립외교원 파견 2014년 환경부 책임운영기관 운영심의회 위원(현) 2015년 한국환경산업기술원 환경인증평가단장(현) [상]대통령표창(1997), 지식경제부장관표창(2009), 한국환경전문기자회 선정 환경 100인(2012) [저]'환경을 살리는 소비생활-녹색소비생활 지침서(共)'(1997, 한국환경민간단체진흥회 · 환경마크협회) [역]'에코머티리얼학(共)'(2006, 친환경상품진흥원)

김만오(金滿五) KIM Man Oh

[생]1956 · 8 · 9 [출]광주 [주]서울 강남구 영동대로412 아셈타워22층 법무법인 화우(02-6003-7592) [학]1975년 광주 동신고졸 1979년 단국대 법과대학 법학과졸 2007년 연세대 보건대학원 고위자과정 수료(18기) 2011년 同보건대학원 고위자과정 수료(23기) [경]1980년 사법시험 합격(22회) 1982년 사법연수원 수료(12기) 1982년 육군 법무관 1985년 춘천지법 판사 1987년 同강릉지원 판사 1989년 수원지법 판사 1993년 서울고법 판사 1995~1998년 대법원 재판연구관 1998년 전주지법 정읍지원장 1999년 수원지법 부장판사 2000년 서울지법 북부지원 부장판사 2003년 서울지법 부장판사 2004~2005년 서울 중구선거관리위원장 2004년 서울중앙지법 부장판사 2005년 서울남부지법 수석부장판사 2005~2006년 서울 양천구선거관리위원장 2006년 법무법인 화우 변호사(현) 2007~2013년 고려대 의료법학연구소 외래교수 2007년 한국의료법학회 이사 2008년 중앙행정심판위원회 위원 2009년 건강보험심사평가원 이의신청위원회 위원 2010~2014년 한국보건산업진흥원 비상임감사 2010년 한국의료법학회 부회장(현) 2012~2014년 중앙행정심판위원회 비상임위원 2012년 대한상사중재원 중재인(현) 2014년 고려대 의과대학 외래교수(현) 2014년 식품의약품안전처 고문변호사(현) 2015년 국민권익위원회 자체규제심사위원회 위원(현) 2016년 국민권익위원회 청탁금지법 자문위원(현)

김만원(金萬源) KIM Man Won

[생]1947 · 3 · 14 [본]김해(金海) [출]서울 [주]대전 유성구 대학로291 한국과학기술원 물리학과(042-350-2502) [학]1969년 서울대 물리학과졸 1972년 미국 캘리포니아대 샌타바버라교 대학원 물리학과졸 1975년 이학박사(미국 캘리포니아대 샌타바버라교) [경]1976~1978년 미국 피츠버그대 연구원 1978~1995년 미국 EXXON 기계공학연구소 선임연구원 1982~1987년 미국 국립Brookhaven 실험실 방문과학자 1988년 미국 프린스턴대 방문교수 1995년 미국 물리학회 회원 1995~2012년 한국과학기술원 물리학과 교수 2002년 同물리학과장 2002년 同생체분자자기조립나노물질연구센터 소장 2003년 보건의료차세대성장동력총괄추진위원회 위원 2004년 국가과학기술위원회 산하 나노기술전문위원 2004~2007년 한국과학기술원 고등과학원장, 한국중성자빔이용전문연구회 회장 2008년 아시아오세아니아중성자산란협회(AONSA) 초대회장, 미국 물리학회 Fellow 2012년 한국과학기술원 물리학과 명예교수(현) 2012년 창원대 물리학과 석좌교수 2012년 同연성 및 생체물질융합과학연구소장 [상]교육과학기술부장관표창(2012)

김만제(金滿堤) KIM Mahn Je

[생]1934 · 12 · 3 [본]경주(慶州) [출]경북 선산 [학]1953년 경북고졸 1958년 미국 덴버대(Univ. of Denver) 경제학과졸 1959년 미국 미주리대 캔자스시티교 대학원 경제학과졸 1964년 경제학박사(미국 미주리대) [경]1963년 미국 미주리주립대 조교수 1964년 駐한국 USOM 경제기획고문 1965~1970년 서강대 조교수 · 부교수 1971~1982년 한국개발연구원 원장 1975~1983년 금융통화운영위원 1980년 입법회의 의원 1981년 국제경제연구원 원장 1982년 서강대 경제학과 교수 1982년 민정당 정책연구소 책임연구위원 1982~1983년 한미은행장 1983~1985년 재무부 장관 1986~1987년 부총리 겸 경제기획원 장관 1989년 고려종합경제연구소 회장 1991년 삼성생명보험 회장 1992년 민자당 서울강남乙지구당 위원장 1994~1998년 포항종합제철 회장 1994년 한국철강협회 회장 1994년 국제철강협회 부회장 1995년 전국경제인연합회 부회장 1996년 국제철강협회(IISI) 회장 1997년 고려대 국제대학원 석좌교수 1998년 한국전력 국제담당 상근고문 2000년 한나라당 정책자문위원장 2000~2004년 제16대 국회의원(대구 수성甲, 한나라당) 2000년 한나라당 정책위원회 부의장 2001년 同정책위원회 의장 2003년 낙동경제포럼 이사장 2007년 대구은행 사외이사 2009년 대구경북과학기술연구원 이사 [상]국민훈장 무궁화장(1982), 청조근정훈장(1987), 콜롬비아 황금대십자훈장 [저]'한국의 근대화과정' '통화관리의 통계적 모형'(共) '경제시사선집-우리경제를 살리자' '신한국의 장래는 중소기업육성에 달려있다' '2010선진첨단 대구건설'(共)

김만진(金晩進) KIM Man Jin (正道)

[생]1944 · 7 · 26 [본]김녕(金寧) [출]경남 의령 [주]서울 강서구 강서로388 (주)그랜드백화점 비서실(02-557-1818) [학]동국대 대학원 경영학과졸, 同경영대학원 최고경영자과정 수료 [경]1979년 (주)시대주택 설립 · 대표이사, 그랜드산업개발(주) 대표이사 회장 1980년 그랜드물산(주) 대표이사 1984년 (주)그랜드 대표이사 1986~1995년 (주)그랜드백화점 대표이사 사장 1995년 同대표이사 회장(현) [상]한국마케팅연구원 마케팅대상 [종]불교

김만흠(金萬欽) KIM Man Heum

[생]1957 · 2 · 13 [본]경주(慶州) [출]전남 장흥 [학]1981년 서울대 정치학과졸 1984년 同대학원 정치학과졸 1991년 정치학박사(서울대) [경]1989~2001년 서울대 · 가톨릭대 강사 1993년 한국정치학회 상임이사 1994년 참여연대 실행위원 1994~2006년 同자문위원 1994~2001년 서울대 사회과학연구원 특별연구원 1999~2000년 민주개혁국민연합 정책위원장 2001~2005년 가톨릭대 아태지역연구원 교수 2003~2006년 국가인권위원회 인권위원 2003년 한국정치학회 상임이사 2004년 CBS 객원해설위원(현) 2005~2006년 한국정치아카데미 이사장 2005년 同원장(현) 2008년 제18대국회의원선거구확정위원회 위원

2010년 한국정치학회 부회장 2010년 KBS라디오 '열린토론 수요스페셜' 고정패널 2013년 同'라디오 중심 이규원입니다' 고정패널 2015년 KBS1라디오 '공감토론' 고정패널(현) 2015년 교통방송 '열린아침 김만흠입니다' 진행(현) 2015년 KBS 객원해설(현) [저]'한국정치의 재인식'(1997) '참여민주주의와 한국사회'(1998) '한국정치의 개혁과 반개혁'(1998) '전환시대의 국가체제와 정치개혁'(2000) '한국의 언론정치와 지식권력'(2003) '민주화이후의 한국정치와 노무현정권'(2006) '새로운 리더십: 분열에서 소통으로'(2007) '정당정치: 안철수 현상과 정당재편'(2012) [역]'민주주의와 민주화'(1994)

김만흥(金萬興) Kim Man Heung

[생]1961 · 2 · 7 [본]김해(金海) [출]서울 [주]경기 성남시 분당구 성남대로343번길9 SK주식회사 C&C 임원실(02-6400-0114) [학]인하대 전산학과졸 [경]2002년 SK C&C 물류 · 서비스1팀장 2007년 同텔레콤e-서비스사업팀장 2009년 同전략구매본부장 2011년 同서비스 · 제조사업본부장(상무) 2015년 同전략사업3본부장(상무) 2015년 SK주식회사 C&C 전략사업3본부장(상무) 2016년 同물류 · 서비스사업본부장(상무)(현) [종]기독교

김말복(金末福 · 女) KIM Malborg

[생]1957 · 1 · 20 [주]서울 서대문구 이화여대길52 이화여자대학교 무용과(02-3277-2575) [학]1979년 이화여대졸 1982년 同대학원졸 1986년 미국 위스콘신대 메디슨교 대학원졸 [경]1980~1983년 현대무용단 탐 대표 1992년 이화여대 무용과 교수(현) 1995~2001년 세계무용연맹 아시아 · 퍼시픽센터 한국대표 · 재무이사 1995~2001년 同한국본부 사무국장 1998~2008년 한국무용예술학회 회장 1999~2002년 국제교류재단 자문위원 2001~2002년 세계무용센터 사무총장 2001~2005년 국립발레단 운영자문위원 2002~2004년 무용교과독립추진위원회 사무국장 2002~2007년 동아무용콩쿨 자문위원 2005~2007년 ITI 한국본부 부회장 2005~2006년 한국문화예술위원회 무용소위원 2008~2009년 문화미래포럼 무용분과위원장 2008~2010년 문화관광부 양성평등문화정책위원회 위원 2008~2010년 한국무용예술학회 명예회장 2009~2014년 문화예술위원회 한국현대예술해외소개 편찬위원 2011~2014년 한국무용예술학회 고문 2012년 이화여대 무용학연구소장 2013~2014년 한국문화예술위원회 예술자료원 자문위원 [상]대한민국 학술원 우수학술도서선정(2004), 한국무용예술학회 학술상(2008), 한국무용예술학회 공로상(2008), 동아일보 감사패(2010), 한국연구재단 인문사회 10년 대표연구성과 교육부장관 인증패(2012) [저]'무용예술론'(1987) '무용의 이해'(1999) '고등학교 교육과정 해설서-무용교과(共)'(2002) '무용예술의 이해'(2003) '우리춤'(2005) 'Korean Dance'(2005) '효명세자연구(共)'(2005) '한국의 일상문화와 몸(共)'(2006) '증언으로 듣는 한국근대무용사'(2007) '춤과 몸'(2010) '무용예술코드'(2011) 'Dancing Korea'(2012) [역]'현대무용입문'(1983) '무용의 철학'(1993) '무용의 현상학'(1994) '움직임과 예술에 있어서 표현'(1995) '무용 : 그 실제와 이론'(1997) '역사속의춤'(1998) '무용보의 역사와 실제(共)'(2001)

김말애(金末愛 · 女) KIM Mal Ae

[생]1949 · 3 · 13 [출]서울 [주]서울 동대문구 경희대로26 경희대학교 네오르네상스관309호 [학]1967년 상명여고졸 1971년 경희대 무용학과졸 1973년 同대학원 무용학과졸 1994년 한양대 박사과정 수료 2006년 무용학박사(동덕여대) [경]1973~1985년 경희대 체육대학 예술학부 조교 · 전임강사 · 조교수 · 부교수 1985~1999년 同교수 1976년 대한무용학회 이사 1984년 캐나다 토론토캬라반축제 초청공연 1985년 KBS TV 뮤지컬「달빛 나그네」김말애무용단 출연 1989년 일본 오사카예술대 교환교수 1989년 김말애 · 춤타래무용단 예술총감독(현) 1991년 한국무용협회 부이사장 1993~1994 · 1998~1999년 경희대 무용학과장 1994년 미국 하와이주립대 교환교수 1995년 전국무용제 심사위원 1998년 서울국제무용제 운영위원 1999~2014년 경희대 무용학부 교수 2003~2004년 김백봉춤보전회 회장 2006~2007년 경희대 평화의전당 관장 2007년 우리춤협회 발족 및 초대이사장 2011~2013년 문화재위원회 위원 [상]체육문화훈장, 대한민국무용제 안무상, 서울국제무용제 연기상 · 대상 · 안무상 · 음악상, 대통령표창, 서울시문화상 무용분야(2012), 황조근정훈장(2014), 제61회 대한민국예술원상(2016) [저]'DANCE KIM MAL AE I'(1994) '한 · 중 · 일 궁중무용의 변천사'(1996) [작]'가사호접 서울 춤 아카데미 제5회 정기무용공연'(1998) '춤을 위하여 장한 어머니상 시상식 축하공연'(1998) '애장터, 춤을 위하여, 가사호접 外 김말애 & 춤타래 무용단'(1998) '한국의 인상, 만종, 산속의 만남 外 제4회 강원도민의 날'(1998) '장고춤, 부채춤 동부화재 시상식 경축공연'(1999) '교수무용제(회귀선) 경희대학교 개교50주년 기념공연'(1999) '부채춤 금파추모공연'(1999) '북춤(삼북, 외북, 꽹과리, 장고), 춤을 위하여 등 제주도 공연'(2000) [종]기독교

김매자(金梅子 · 女) KIM Mae Ja

[생]1943 · 4 · 17 [출]강원 고성 [주]서울 마포구 와우산로148 3층 창무예술원(02-337-5961) [학]부산여고졸 1966년 이화여대 한국무용학과졸 1968년 경희대 대학원졸 1983년 미국 뉴욕대 대학원 박사과정 수료 [경]1968~1971년 이화여대 · 상명여대 · 서울교대 강사 1971~1991년 이화여대 무용학과 교수 1976년 무용공연단체 '창무회' 설립 · 지도교수 · 예술감독 1982~1991년 한국무용연구회 설립 · 초대 이사장 1982년 서독 Kie대 한국연구소 초청 순회공연 1982년 이스라엘 무용도서관건립국제위원회 명예고문 1982년 미국 하와이대 초청 Hawaii Inter Arts Festival 공연 1985년 창무춤터 개관(한국 최초 무용전용 소극장) 1988년 서울올림픽 폐막식 '떠나는 배' 공연 · 총괄안무 1990년 중국무용협회 초청 순회공연 1991년 소련 모스크바 크레믈린극장 · 레닌그라드 키로프극장 · 알마타 · 타쉬켄트 공연 1992년 도이치 오페라하우스 초청 공연 1992년 카이로 오페라하우스 순회공연 1992년 창무예술원 예술총감독 1992년 포스트극장 설립 1993년 중국 북경무용대 조선무용학과 명예교수 1996년 UNESCO IFPO협력기관 한국대표 1997년 창무예술원 이사장(현) 2007~2011년 대전시립무용단 예술감독 [상]일본 야마모토 야쓰에상(1999), 한 · 일 문화교류 기금상(2000), 전문무용수지원센터 제1회 아름다운 무용인상(2013), 한성준예술상(2015) [저]'한국무용사' '세계무용사' '한국의 춤' [작]'침향무'(1975) '강산무진'(1975) '숨'(1977) '비단길'(1977) '사물'(1981) '사금파리'(1982) '춤, 그 신명'(1982) '꽃신'(1985) '춤본 I'(1986) '떠나가는 배'(1988) '춤본 II'(1989) '무천'(1991) '일무'(1998) '하늘의 눈'(1999) '심청'(2001) '얼음강'(2002) [종]불교

김면우(金勉佑) KIM Myun Woo

[생]1955 · 7 · 19 [본]김해(金海) [출]대구 [주]서울 종로구 율곡로75 현대엔지니어링 화공사업본부(02-2134-4012) [학]경북고졸, 고려대 기계공학과졸 [경]현대석유화학 근무 2007년 (주)현대건설 플랜트사업본부 상무보 2009년 同플랜트사업본부 상무 2012년 同UAE 합샨-5 U&O Project 현장사무소장(상무) 2013년 同UAE 합샨-5 U&O Project 현장사무소장(전무) 2013년 同플랜트사업본부 전무 2014년 현대엔지니어링 화공사업본부 팀장(전무)(현) [상]국토해양부장관표창(2008) [종]불교

김명곤(金明坤) KIM Myong Gon

[생]1952 · 12 · 3 [출]전북 전주 [주]경북 영주시 풍기읍 동양대로145 동양대학교 연극영화과(054-630-1114) [학]1971년 전주고졸 1976년 서울대 독어교육과졸 [경]1977년 뿌리깊은 나무 편집기자 1978~1979년 배화여고 교사 1986~1999년 극단 아리랑 창단 · 대표 1989~1991년 예술극장 한마당 대표 1993~1997년 명지대 사회교육원 · 성균관대 사회교육원 강사 1997~1998년 우석대 연극영화과 전임강사 1998년 전국민족극운동협의회 의장 1998년 SBS '추적!사건과 사람들' 진행 1999년 한국예술종합학교 연극원 객원교수 2000~2005년 국립중앙극장장 2006~2007년 문화관광부 장관 2009~2010년 전주세계소리축제조직위원회 위원장 2010년 2010세계대백제전 총감독 2011년 동양대 연극영화과 석좌교수(현) 2015년 (재)세종문화회관 이사장 2016년 동양대 예술대학장(현) [상]어린이연극제 최우수작품상 · 연출상(1992), 영화평론가협회상 남우주연상(1993), 청룡영화상 남우주연상(1993), 자랑스런 서울시민상(1994), 연극평론가협회 올해의 연극 베스트3(1997) [저]'광대열전'(1989) '꿈꾸는 퉁소리쟁이'(1989) '김명곤의 광대기행-한(限)'(1993) '비가비광대'(1994) 창작희곡집 '아리랑'(1996) '격정만리'(1996) '배꼽춤을 추는 허수아비'(1996) '김명곤 아저씨가 들려주는 우리 소리 우리 음악'(2009, 상수리) [작]공연 '민족의 소리 한마당' '우리노래 마당' '정부수립 50주년 기념 창극 백범 김구' 드라마 '떠도는 혼' '신TV문학관 오늘도 나는 집으로 간다' 시나리오 '춘향전' 연극 '장산곶매' '나의 살던 고향은' '장사의 꿈' '갑오세 가보세' '배꼽춤을 추는 허수아비' '난장이가 쏘아올린 작은 공' '유랑의 노래' 영화 '일송정 푸른 솔은' '바보선언' '서울예수' '어우동' '명자 아끼꼬 쏘냐' '개벽' '서편제' '우연한여행' '태백산맥' '영원한 제국' '나그네는 길에서도 쉬지 않는다' 음반 '애야 별을 따러가자'

김명규(金明奎) KIM Myung Kyu

[생]1935 · 9 · 18 [출]울산 [주]울산 중구 성안8길71 대한적십자사 울산광역시지사(052-210-9500) [학]1955년 울산농림고졸 1959년 동아대 국어국문학과 3년 수료 [경]경남도 지방과장, 하동군수, 양산군수, 울주군수, 경남도 내무국장, 장승포시장, 대화개발(주) 대표이사, 울산시 남구 제2의건국범국민추진위원회 위원장 2002~2006년 울산시 정무부시장, 울산사회복지공동모금회 부회장 2006~2008년 同회장 2014년 대한적십자사 울산시지사 회장(현) [상]대통령표창(1984), 녹조근정훈장(1992) [종]불교

김명규(金明圭) KIM Myeong Kyu (東山)

⊛1942 · 2 · 1 ⊜김녕(金寧) ⊛전남 광양 ㈜서울 종로구 새문안로3길12 신문로빌딩7층 (주)진명스탬스 회장실(02-3487-8637) ⊛1961년 순천 매산고졸 1971년 단국대 경영학과졸 1983년 인하대 경영대학원졸(경영학석사) 1985년 연세대 경영대학원 최고경영자과정 수료 1988년 서울대 경영대학원 최고경영자과정 수료 1990년 同행정대학원 수료 1994년 고려대 언론대학원 수료 1996년 同노동대학원 수료 1998년 명예 행정학박사(미국 캘리포니아유니언대) 2002년 경제학박사(러시아 국제과학아카데미) 2002년 연세대 언론홍보대학원 최고위과정 수료 2005년 순천향대 건강과학대학원 CEO과정 수료, 명예 경영학박사(순천향대) 2008년 명지대 명지기독학술원 크리스천최고경영자과정 수료 ⊛1980~1992년 (주)명보유통 대표이사 1981년 극동방송 운영위원회 이사 1982~1992년 명보기업(주) 대표이사 1986~1988년 인천YMCA 이사장 1986년 인천제일장로교회 장로(현) 1991~1992년 노정신문 논설위원 1992~2000년 제14 · 15대 국회의원(전남 광양, 민주당) 1992~1994년 국회 원내부총무 1992~2000년 국회 조찬기도회 총무 · 부회장 1996~2000년 단국대총동창회 부회장 1997~2000년 새정치국민회의 개신교특별위원회 위원장 1998~2000년 同경제대책위원장 1998~2002년 민주당 당무위원 1998년 미국 캘리포니아유니언대 객원교수 1999년 러시아 극동국립기술대 명예교수 2000~2003년 한국가스공사 제8대 사장 2000~2003년 한국가스연맹 회장 2002~2003년 여수세계박람회 유치위원 2002~2007년 金寧金氏중앙종친회 회장 2002~2008년 한국사랑의집짓기 전남동부지회 이사장 2002~2010년 순천매산고총동창회 회장 2004~2007년 한국기독공보사 이사 2005~2007년 단국대 경영학과 초빙교수 2005~2011년 (주)씨큐어넷 회장 2005년 순천향대 초빙교수(현) 2006~2010년 도산안창호기념사업회 이사 2010년 (주)진명스탬스 대표이사 회장(현) 2013~2014년 (사)대한민국국가조찬기도회 회장 2015년 씨채널방송 대표이사 회장(현) ⊛국민포장(1985), 내무부장관표창(1989), 통일원장관표창(1990), 국민훈장 석류장(1991), 인하대 비룡대상(1992), 자랑스런 매산인상(2000), 러시아 슈코프 황금메달(2002), 한국능률협회 최고경영자상(2002), 아름다운 신앙가족상(2006) ⊛'대성공 전략'(1991) ⊛기독교

김명규(金明圭) Kim Myeong Kyu

⊛1954 · 5 · 20 ⊜김녕(金寧) ⊛충남 서천 ㈜경기 안양시 만안구 덕천로128번길5 안양은평교회(031-446-7400) ⊛대한신학교졸, 同신학원졸, 미국 Hawaii International College졸 1986년 목회신학박사(미국 Hawaii International College) ⊛1980년 안양 은평교회 설립 · 전도사 · 강도사 1981년 목사 안수(대한예수교장로회총회(대신) 경기노회) 1981년 안양은평교회 담임목사(현), 대한신학대학원대 신학전공 교수, 안양시기독교연합회 회장, 경기 안양경찰서 경목위원장, 대한예수교장로회총회(대신) 선교부장, 同전도부장, 同고시부장, 同회의록서기, 同안양노회 초대 노회장, 세계한민족복음화협의회 선교위원장, 한국기독교복음총연합회 선교본부장 2008~2010년 대한예수교장로회총회(대신) 총회장 ⊛'신약개론' '만나요약설교1 · 2' '새신자 성장을 위한 교재' ⊛기독교

김명규(金命奎) Kim Myeong Gyu

⊛1961 · 7 · 23 ⊜의성(義城) ⊛경북 안동 ㈜대전 서구 청사로189 조달청 전자조달국 물품관리과(070-4056-7164) ⊛1980년 안동농림고졸 1997년 한국방송통신대 행정학과졸 ⊛1994년 조달청 기획관리실 기업회계담당관실 행정주사보 2000년 同구매사업본부 용역계약과 행정주사 2009년 同시설사업국 시설총괄과 행정사무관 2015년 서울지방조달청 자재구매과 서기관 2016년 조달청 전자조달국 물품관리과장(현) ⊛불교

김명균(金明均) KIM Myung Gyon

⊛1956 · 9 · 1 ⊜김해(金海) ⊛전남 여수 ㈜서울 종로구 세종대로209 행정자치부(02-2100-3175) ⊛선인고졸, 한국방송통신대 행정학과졸, 연세대 행정대학원 행정학 석사 ⊛9급 특채, 중앙공무원교육원 기획과 근무, 정부전산정보관리소 행정망운영과 근무, 同정보유통과 근무 2006년 행정자치부 운영지원팀 서기관 2007년 同행정정보공유추진단 기획총괄과장 2008년 행정안전부 행정정보공유추진단 기획총괄과장 2009년 국가기록원 기록정책부 행정지원과장 2012년 행정안전부 과천청사관리소 운영과장 2013~2014년 안전행정부 과천청사관리소 관리과장 2014년 행정자치부 과천청사관리소 관리과장 2016년 공로 연수(현)

김명기(金明基) KIM Myung Ki

⊛1957 · 11 · 30 ⊛충남 천안 ㈜서울 종로구 종로33길31 (주)삼양사 식품BU장실(02-740-7026) ⊛천안 중앙고졸, 한양대 법학과졸, 同법학대학원 수료, 미국 일리노이주립대 대학원 경영학과 ⊛(주)삼양사 경영지원실 HR팀장, 同경영기획실 기획팀장 겸 전략팀장, 同경영기획실장(상무) 2011년 同식품BU장(부사장)(현) 2011~2014년 삼양밀맥스 대표이사 겸임

김명남(金明男) KIM Myung Nam

⊛1955 · 8 · 13 ⊛서울 ㈜서울 동작구 흑석로102 중앙대학교병원 피부과(02-6299-1543) ⊛1980년 중앙대 의대졸 1986년 同대학원졸 1990년 의학박사(중앙대) ⊛2000년 중앙대 의과대학 피부과학교실 교수(현) 2001~2004년 대한피부연구학회 이사 2002년 중앙대 의과대학 부속병원 홍보실장 2003년 同의과대학 부속병원 교육연구부장 · 피부과장 2013년 同보건진료소장(현) 2014년 同의료원 부원장 겸 진료부장(현) 2014년 대한화장품의학회 회장 ⊛'4천만의 알레르기'(2005) '아토피 피부염의 모든 것(共)'(2006) '피부과학-제5판(共)'(2008)

김명득(金明得) KIM Myoung Deuk

⊛1959 · 7 · 17 ㈜서울 영등포구 국제금융로10 LG하우시스 임원실(02-6930-1002) ⊛삼척고졸, 관동대 무역학과졸 ⊛LG유통 전자상거래팀장, (주)서브원 상무, 同MRO사업부장(전무) 2013년 LG하우시스 신유통 · 마케팅부문장(전무) 2014년 同전무 2015년 同장식재사업부장(부사장)(현) ⊛천주교

김명롱(金明龍) Kim Myong Ryong

⊛1957 · 8 · 20 ⊜김해(金海) ⊛서울 ㈜전남 나주시 빛가람로760 한국방송통신전파진흥원 원장실(061-350-1200) ⊛1976년 서울 보성고졸 1981년 동국대 행정학과졸 1999년 미국 콜로라도대 대학원졸(국외석사) ⊛1982년 행정고시 합격(26회) 1983년 행정사무관 임용 1984년 마산우체국 업무과장 1985년 체신부 통신정책국 통신기획과 1991년 同정보통신국 정보통신업무과 1994년 同정보통신진흥국 통신기획과 1995년 초고속정보통신망구축기획단 파견(서기관) 1999년 정보통신부 우정국 우정개발과장 2000년 同우정사업본부 우편사업단 사업개발과장 2001년 同정보통신정책국 기술정책과장 2002년 同전파방송관리국 전파감리과장 2003년 同전파방송관리국 전파방송기획과장(부이사관) 2004년 同우정사업본부 지식정보센터 금융운영과장 2007년 同정보통합전산센터 운영기획관 2007년 지식경제부 우정사업본부 강원체신청장(고위공무원) 2009년 同우정사업본부 경영기획실장 2011년 同우정사업본부장 2013년 미래창조과학부 우정사업본부장 2013년 한국방송통신전파진흥원 원장(현) ⊛대통령표창(1993), 홍조근정훈장(2009)

김명만(金明滿) KIM Myung Man (遠軒)

⊛1939 · 7 · 12 ⊜김해(金海) ⊛제주 ㈜인천 남동구 청능대로410번길107 보원기계(주) 비서실(032-811-2244) ⊛1958년 제주 오현고졸 1966년 한국외국어대 영어과졸 ⊛1990~1994년 태아산업(주) 대표이사 1995년 삼양석유(주) 전무이사 1996~1997년 (주)오룬에너지 대표이사 1997~1999년 대한도시가스ENG 이사 1997년 대한도시가스(주) 대표이사, 한국도시가스협회 부회장 2000년 보원기계(주) 대표이사 회장(현) ⊛불교

김명만(金明萬) KIM Myung Man

⊛1962 · 1 · 12 ⊛제주 ㈜제주특별자치도 제주시 문연로13 제주특별자치도의회(064-741-1974) ⊛1980년 검정고시 합격 1983년 제주전문대 행정과졸, 연세대 행정대학원 정치행정리더십학과졸(행정학석사) ⊛제주시 도남청년회 회장, 도남동민회 부회장, 도남동마을회 지역발전위원회 자문위원(현), 제주 도남초교 학부모회장 · 운영위원장, 이도2동 연합청년회장, 이도2동 주민자치위원회 자문위원(현), 제주시 연합청년회 자문위원, 이도2동 주민자치위원회 간사, 이도2동 청소년지도협의회장, 도남청소년문화의집 운영위원장, 이도2동 자율방제단 단원, 오라지구대 생활안전협의회 회원, (사)제주도버섯생산자협회 총무이사, 한라표고상사 대표, 제주특별자치도 청소년지도협의회 자문위원(현), 제주특별자치도 바르게살기협의회 자문위원(현), 한국가정법률상담소부설 희망상담소 운영위원(현), 제주4 · 3희생자유족회 자문

위원(현) 2006년 제주도의원선거 출마(무소속) 2010년 제주특별자치도의회 의원(민주당·민주통합당·민주당·새정치민주연합) 2011년 제주텃밭포럼 회장 2012년 제주특별자치도의회 환경도시위원회 부위원장, 법제도개선연구회 간사, 제주 제일중충동문회 회장 2014년 제주특별자치도의회 의원(새정치민주연합·더불어민주당)(현) 2014년 同운영위원회 위원 2014년 同환경도시위원회 위원장 2014년 同윤리특별위원회 위원 2016년 同문화관광스포츠위원회 위원(현) 2016년 同예산결산특별위원회 위원(현) [상]제주도지사표창(1995), 국무총리표창(1997)

김명서(金命緖) KIM Myoung Su

[생]1955·8·17 [본]결성(結城) [출]서울 [주]서울 중구 세종대로124 프레스센터1305호 한국신문윤리위원회 심의위원실(02-734-3081) [학]한국외국어대 독어과졸 [경]서울신문 사회부 차장·정치부 차장 1998년 同사회팀장 1999년 同정치팀장 2000년 同논설위원(부장급) 2000년 同편집국 부국장 2001년 同사업국장 직대(부국장급) 2003년 同논설위원 2003년 同공익사업국장 2005년 同상임이사 2008~2009년 同상무이사 2009년 한국신문윤리위원회 심의위원 2016년 同심의실장(현)

김명선(金明鮮) KIM MYOUNG SUN (만우)

[생]1956·10·6 [출]충남 당진 [주]충남 예산군 삽교읍 도청대로600 충청남도의회(041-635-5321) [학]합덕제철고졸, 예산농업전문대졸, 공주대 식물자원학과졸, 한국방송통신대 행정학과졸 [경]행복예식장 대표(현), 합덕청년연합회 회장, 민주평통 당진군협의회 회장, 충남 당진군의회 의원 1998~2000년 同부의장 2006~2008년 同의장, 연호라이온스클럽 회장, 당진경찰서 행정발전위원회 위원, 한국BBS 당진시지부 지회장, 당진시유소년야구단 단장(현), 충남내일포럼 공동의장 2014년 충남도의회 의원(더불어민주당)(현) 2014·2016년 同농업경제환경위원회 부위원장(현) 2015년 同예산결산특별위원회 부위원장 2016년 同운영위원회 부위원장(현) [상]대통령표창(2004·2008) [종]천주교

김명선(金明宣) KIM Myeong Sun

[생]1957·2·5 [출]서울 [주]제주특별자치도 서귀포시 중문관광로224 제주국제컨벤션센터 전무이사실(064-735-1001) [학]중경고졸, 경희대 정치외교학과졸 [경]1981년 한국관광공사 입사, 同경주교육원 교무계장, 同상품개발2과장, 同구미3과장, 同행사처 행사2팀장 2001년 同싱가포르지사장 2005년 同관광카드사업단장 2006년 同기획조정실장 2006년 同관광투자유치센터장 2007년 중앙공무원교육원 고위정책과정 파견 2008년 한국관광공사 국내마케팅지원실장 2008년 同국내마케팅처장 2009년 同로스앤젤레스지사장 2013년 同정책사업본부 남북관광센터장 2014년 同정책사업본부 남북관광팀장 2014년 同기획조정실 팀원 2015년 제주국제컨벤션센터 전무이사(현)

김명섭(金明燮)

[생]1965·10·4 [출]전남 나주 [주]서울 중구 남대문로63 한진빌딩 법무법인 광장(02-6386-6260) [학]1983년 광주 서석고졸 1991년 연세대 경영학과졸 [경]1990년 공인회계사시험 합격(25회) 1995년 사법시험 합격(37회) 1998년 사법연수원 수료(27기) 1998년 대전지법 예비판사 2000년 同천안지원 판사 2002년 서울지법 의정부지원 판사 2004년 의정부지법 판사 2005년 서울행정법원 판사 2007년 서울서부지법 판사 2009년 서울고법 판사 2010년 대법원 재판연구관 2013년 대구지법 부장판사 2014~2016년 사법연수원 교수 2016년 법무법인 광장 변호사(현)

김명수(金明守) KIM Myong Soo

[생]1941·11·6 [본]강릉(江陵) [출]전북 김제 [학]1960년 남성고졸 1968년 전북대 상학과졸 [경]1969년 경향신문 입사 1970~1987년 同교정부·편집부·사회부 기자·수도권부 차장 1982년 한국기자협회 경향신문 분회장 1985년 同권익옹호분과위원장 1985~1992년 서울YMCA 홍보이사 1987년 경향신문 제2사회부장 1989년 同정치부장 1990년 同부국장대우 문화부장 1991년 同부국장대우 연예레저부장 1992년 同편집부국장 1993년 同광고부국장 1994년 同편집부국장 1995년 同논설위원 1995년 한국신문방송편집인협회 운영위원장 1995~1997년 경향신문 광고국장 겸 본부장 1997년 同논설위원 1997~2001년 (주)코리아인터넷뉴스라인 대표이사 사장 1999년 언론인재교육뉴미디어연구소 소장 2000년 21세기도시정책개발원 연구위원 2001년 경인일보 대표이사 사장 2002년 한국신문발행인포럼 이사 2002년 국제언론인협회(IPI) 한국위원회 이사 2003년 한국부동산TV 대표이사 회장 2004년 코리아인터넷뉴스라인 대표이사 사장 2010년 신아일보 회장 2013~2015년 同대표이사 회장, 한국지역난방공사 감사위원장 2015년 신아일보 회장 2015~2016년 미디어서울그룹 회장

김명수(金明洙) KIM Myung Soo

[생]1948·7·22 [출]평북 정주 [주]충북 청주시 흥덕구 강내면 태성탑연로250 한국교원대학교 교육학과(043-230-3114) [학]1975년 서울대 교육학과졸 1980년 同대학원졸 1992년 철학박사(미국 미네소타대) [경]1975~1979년 서울 강서중 교사 1979~1983년 서울대 사범대학 교육학과 조교 1981~1983년 同사범대학 부설 교육행정연수원 전임강사 1992~1993년 同사범대학 부설 교육연구소 특별연구원 1993~2013년 한국교원대 교육학과 교수 2002~2006년 同교육연구원장 2006년 同종합교육연수원장 2013년 한국교육학회 회장, 한국교원대 교육학과 명예교수(현) [상]근정포장(2013)

김명수(金明洙) KIM Myung Soo

[생]1948·10·28 [본]김해(金海) [출]서울 [주]서울 관악구 관악로1 서울대학교 기초과학연구원(02-880-5114) [학]1971년 서울대 화학과졸 1973년 미국 시카고대 대학원졸 1976년 이학박사(미국 시카고대) [경]1976년 미국 코넬대 연구원 1977년 미국 케이스웨스턴리저브대 연구원 1978년 미국 유타대 조교수 1979~2014년 서울대 자연과학대학 화학과 교수 1983년 영국 스완지대 방문교수 1989년 한국기초과학연구지원센터 책임연구원·자문교수 1995년 한국과학기술한림원 정회원(현) 1998년 한국노벨상위원회 위원 2001~2002년 한국과학기술한림원 화학분과장 2002~2003년 同이학부 간사 2004~2006년 同이학부장 2006년 교육인적자원부 및 한국학술진흥재단 선정 '대한민국 국가석학(Star Faculty)' 2008년 대한화학회 회장 2008년 同평의원 2014년 서울대 화학부 명예교수(현) 2014년 同기초과학연구원 책임연구원(현) 2015년 同나노입자연구단 연구원(현) 2015년 2015세계화학대회 조직위원장 [상]한국과학기술단체총연합회 우수논문상, 한국과학재단 한국과학상, 서울대 교육상(2010), 수당상 기초과학분야(2012), 옥조근정훈장(2014) [저]'Optical Microwave Double Resonance in the BO2 Free Radical'(1976) 'Mass Spectrometry'(1987) 'Analytical chemistry Series Vol. Ⅲ'(1989) [종]가톨릭

김명수(金明洙) KIM Myung-Soo

[생]1950·11·7 [본]광산(光山) [출]전남 곡성 [주]전남 순천시 중앙로255 순천대학교 사회과학대학 물류학과(061-750-5111) [학]1971년 광주공고졸 1973년 광주교대 사회교육학과졸 1979년 조선대 상경대 경제학과졸 1981년 성균관대 대학원졸 1991년 경영학박사(한양대) [경]1985~1997년 순천대 경영학과 교수 1988년 한국마케팅학회 이사 1991년 순천대 교무부처장 1992년 순천시민모임 회장 1994년 순천대 학생처장 1995년 미국 웨스턴미시간대 초빙교수 1995년 민주평통 자문위원 1997~2016년 순천대 물류학과 교수 1999년 同중소기업경영연구소장 2000년 한국마케팅과학회 부회장 2001년 순천대 경영통상학부장 2001년 同지역개발연구소장 2001~2004년 호남마케팅학회 회장 2003년 전남도 정책자문위원 2003년 광주전남지역혁신연구회 물류분과위원장 겸 부회장 2004년 한국소비자학회 상임이사 2004년 광양만권경제포럼 대표 2004~2005년 광주전남지역혁신협의회 기반조성분과위원장 겸 운영위원 2004년 대통령자문 정책기획위원회 위원 2004~2005년 대통령자문 동북아시대위원회 위원 2005년 대통령자문 국민경제자문회의 자문위원 2005~2009년 경제자유구역위원회 위원 2006~2009년 한국컨테이너부두공단 사외이사 2007~2008년 순천대 인문사회과학대학장 2007년 건설교통부 물류정책심의위원 2008~2012년 2012여수세계박람회조직위원회 조직위원 2008~2010년 2012여수세계박람회 여수시준비위원회 공동위원장 2008~2010년 同전국단위자문위원회 부위원장, 순천대 동북아물류연구소장 2016년 同사회과학대학 물류학과 명예교수(현) 2016년 광양만권경제자유구역청 정책자문위원장(현) [상]교육부총리상(2005) [저]'마케팅'(1998) '뉴마케팅'(2005)

김명수(金明秀) KIM Myung Soo

[생]1952·8·13 [본]김해(金海) [출]경북 문경 [주]서울 강남구 강남대로542 (주)영풍 임원실(02-519-3309) [학]1971년 함창고졸, 성균관대 경영학과졸, 경북대 대학원 경영학과졸 [경]2005년 (주)영풍 석포제련소 부소장 겸 비상계획팀장(상무이사) 2005년 同석포제련소장(대표이사 전무) 2008년 同석포제련소장(대표이사 부사장) 2014년 同대표이사 부사장(현) [종]불교

김명수(金明秀) KIM Myoung Soo

[생]1953 · 7 · 23 [본]광산(光山) [출]전북 [주]경기 안산시 상록구 한양대학로55 한양대학교 정보사회학과(031-400-5404) [학]1980년 한양대 영어영문학과졸 1982년 미국 State Univ. of New York at Buffalo 사회학과졸 1984년 미국 Brown대 대학원 사회학과졸 1987년 사회학박사(미국 Brown대) [경]1987~1996년 한양대 사회학과 조교수 · 부교수 1989년 同사회학과장 1991년 同사회대 교학과장 1996년 同사회학과장 1996년 同정보사회학과 교수(현) 2001~2003년 同언론정보대학장, 同정보사회학과장 [저]'북한사회의 이해(共)'(1997) '한국자본주의 개발모델로서 일본(共)'(2000) '현대한국사회성격논쟁 : 식민지, 계급, 인격윤리(共)'(2001)

김명수(金明洙) KIM Myung Soo

[생]1957 · 3 · 12 [출]서울 [주]경기 용인시 처인구 명지로 116 명지대학교 공과대학 화학공학과(031-330-6391) [학]1980년 서울대 화학공학과졸 1982년 한국과학기술원 대학원 화학공학과졸 1991년 공학박사(미국 Auburn대) [경]1980년 제일제당(주) 종합연구소 연구원 1983~1986년 同종합연구소 주임연구원 1986~1991년 미국 Auburn Univ. 화학공학과 연구조교 1992~1993년 미국 Pennsylvania State Univ. Material Research Lab. 연구원 1993~1995년 한화에너지(주) 기술연구소 제품연구실 책임연구원(연구실장) 1995년 명지대 공과대학 화학공학과 조교수 · 부교수 · 교수(현) 2003~2005년 한국탄소학회 편집위원장 [상]학국유화학회학술상 [저]'화학공학실험'(2006) '탄소재료 응용편람'(2008) [종]기독교

김명수(金命洙) KIM Meong Su

[생]1959 · 10 · 12 [출]부산 [주]강원 춘천시 공지로284 춘천지방법원 법원장실(033-259-9000) [학]1977년 부산고졸 1981년 서울대 법학과졸 [경]1983년 사법시험 합격(25회) 1985년 사법연수원 수료(15기) 1986년 서울지법 북부지원 판사 1988년 서울민사지법 판사 1990년 마산지법 진주지원 판사 1992년 서울지법 서부지원 판사 1994년 서울민사지법 판사 1996년 서울지법 동부지원 판사 1997년 서울고법 판사 1999년 대법원 재판연구관 2002년 수원지법 부장판사 2004년 서울중앙지법 부장판사 2007년 서울북부지법 부장판사 2008년 특허법원 부장판사 2009년 同수석부장판사 2010년 서울고법 부장판사 2016년 춘천지법원장(현)

김명수(金明洙) Myung Soo Kim

[생]1965 · 12 · 24 [본]김해(金海) [출]대전 [주]대전 유성구 동서대로125 한밭대학교 도시공학과(042-821-1188) [학]1988년 대전공업대 토목공학과졸 1991년 국민대 대학원 토목공학과졸 1999년 공학박사(명지대) [경]1991년 (주)홍익기술단 도로부 근무 1991년 대전시 시정연구단 및 도시계획상임기획단 전임연구원 1993~2001년 대전산업대 토목공학과 조교수 · 부교수 1995~1997년 同도시공학과장 2000년 미국 테네시대 교환교수 2001년 한밭대 도시공학과 교수(현) 2001~2008년 대전시 도시계획위원 2001년 도시정책포럼 상임집행위원장 겸 도시교통분과 위원장 · 대표(현) 2001년 대전시 · 충남도 교통영향분석개선대책위원 2002~2007년 대전지방국토관리청 설계자문위원 2002~2004년 한밭대 대학원 및 평생교육원 교학부장 2003년 행정수도이전범국민연대 상임집행위원 겸 공동위원장 2004년 신행정수도건설추진위원회 후보지평가위원 2004~2011년 충남도 지방도시계획위원 2005년 한밭대 토목환경도시공학부장 겸 학과장 2005년 금산세계인삼엑스포조직위원회 자문위원 2005~2009년 충남도청이전추진위원회 위원 2008~2010년 한밭대 기획홍보처장 2008년 대한교통학회 대전 · 충청지회장(현), 행정중심복합도시 건설자문위원 겸 도시계획위원 2009년 대전시 · 충남도 교통영향분석개선대책위원회 위원장(현) 2012년 국토교통부 강력교통대책위원회 위원(현) 2012년 同공공주택통합심의위원회 위원(현) 2014년 산림청 중앙산지관리위원회 위원(현) 2014년 행정중심복합도시건설추진위원회 위원(현) 2015년 교통안전포럼 대전 · 충청지역 회장(현) [상]대한교통학회 우수논문상(1999), 대한토목학회 우수논문상(2000 · 2002), 충남지방경찰청장 감사장(2006), 충남도지사표창(2006 · 2015), 대전시장표창(2009), 자랑스런 한밭대인상(2010), 대전지방경찰청장 감사장(2011), 국토해양부장관표창(2012), 대한교통학회 우수논문상(2015), 국토교통부장관표창(2015), 충남도지사표창(2015) [저]'도시계획업무편람(共)'(1992, 대전시) '도시계획사'(1995, 한밭대 출판부) '대중교통론(編)'(1997) '도시계획(編)'(1997) '교통계획의 이해(共)'(1998, 청문각) '포럼글로컬'(2004, 도서출판 아신) '한국의 도로경관 터널편'(2004, 반석기술)

김명수(金明秀) Kim, Myung Su

[생]1967 · 10 · 29 [출]전북 남원 [주]전남 나주시 금천면 벽류길121 국립원예특작과학원 배연구소(061-330-1510) [학]1993년 전북대 원예학과졸 1995년 同대학원 원예학과졸 2003년 원예학박사(전북대) [경]1993년 농촌진흥청 배연구소 농업연구사 2005년 同정책홍보관리관실 평가조정담당관실 근무 2008년 同연구정책국 연구운영과 농업연구관 2010년 국무총리실 정책분석평가실 파견 2011년 농촌진흥청 연구정책국 연구정책과 근무 2012년 국립원예특작과학원 배연구소장(현)

김명수(金明洙)

[생]1971 · 1 · 10 [출]경남 마산 [주]경북 김천시 물망골길33 대구지방검찰청 김천지청(054-429-4200) [학]1989년 마산 중앙고졸 1995년 한양대 법학과졸 [경]1998년 사법시험 합격(40회) 2001년 사법연수원 수료(30기) 2001년 공익법무관, 창원지검 통영지청 검사 2006년 인천지검 검사 2009년 서울북부지검 검사 2012년 부산지검 검사 2014년 서울중앙지검 검사 2015년 同부부장검사 2016년 대구지검 김천지청 부장검사(현)

김명숙(金明淑 · 女) KIM Myung Sook

[생]1954 · 3 · 15 [주]서울 서대문구 이화여대길52 이화여자대학교 무용과(02-3277-2590) [학]1976년 이화여대 한국무용과졸 1980년 同대학원 무용과졸 1997년 한국무용학박사(한양대) [경]1986~1988년 88서울예술단 상임안무자 및 상임지도위원 1987~1988년 서울올림픽개회식 안무자 1991~1994년 서울예술고 강사 1995년 이화여대 무용과 교수(현) 1996~2014년 김명숙늘휘무용단 예술감독(현) 2005년 미국 뉴욕대 무용교육과 교환교수 2007~2009년 이화여대 교내특성화사업 한국예술교재개발 집필위원 2011년 同무용과장 2014년 한국무용예술학회 회장(현) [저]'효명세자연구(共)'(2005) [역]'안무법-즉흥작업을 이용한 기본적 접근'(1992) '무용 공연 제작-기획에서 공연까지'(2001) '종교와 무용'(2001)

김명숙(金明淑 · 女) KIM Myung Sook

[생]1957 · 12 · 5 [주]강원 원주시 상지대길83 상지대학교 인문사회대학 교양과(033-730-0288) [학]이화여대 영어영문학과졸, 同대학원 정치학과졸, 정치학박사(이화여대) [경]상지대 교양과 교수(현) 2006~2008년 同여대생커리어개발센터장 2008~2010년 同인문사회과학대학장, 同대학원장, 同교육연수원장, 同사회복지정책대학원장 2013~2015년 同평화안보상담심리대학원장 겸보, 강원도 양성평등위원장(현), 산업기술진흥원 이사(현), 한국여성수련원 이사(현) [상]원주시장상(2005), 상지대 총장상(2015), 강원도지사표창(2015)

김명술(金明述) KIM Myung Sool

[생]1960 · 2 · 16 [출]전북 정읍 [주]광주 서구 운천로213 스카이랜드빌딩 9층 무등일보(062-606-7700) [학]1978년 정읍고졸 1983년 조선대 법학과졸 [경]2000년 무등일보 기획실장 겸 총무국장 2001년 同경영관리본부장 2003년 同대표이사 사장 2004년 同고문 2006년 同대표이사 사장 2006~2008년 同부회장 2008~2013년 同고문 2008년 (사)한국전시산업협회 이사장(현) 2008년 광주NGO시민재단 부이사장(현) 2013년 무등일보 대표이사 사장 2015년 同부회장(현)

김명식(金明植) KIM Myungshik

[생]1957 · 3 · 25 [본]김해(金海) [출]경북 청도 [주]경북 경산시 하양읍 하양로13의13 대구가톨릭대학교 경찰행정학과(053-850-3341) [학]1976년 경북고졸 1980년 영남대 경영학과졸 1984년 서울대 행정대학원졸 1995년 미국 위스콘신대 대학원 공공정책학과졸 2001년 법학박사(건국대) [경]1979년 행정고시 합격(23회) 1980~1993년 총무처 사무관 1993년 중앙공무원교육원 서기관 1995년 총무처 제도1과장 1996년 同고시2과장 1997년 同급여과장 1997~2003년 고려대 법대 강사 1998년 행정자치부 급여과장 1999년 중앙인사위원회 인사정책과장 2000~2012년 (사)한국인사관리협회 자문위원 2002년 호주연방정부 및 호주국립대 객원연구원 2003년 중앙인사위원회 인사정보심의관 2004년 한양대 행정자치대학원 겸임교수 2004년 중앙인사위원회 기획관리관 2005년 同정책홍보관리관 2005~2008년 한국외국어대 대학원 겸임교수 2005~2008년 한국인사행정학회 부회장 2006년 중앙인사위원회 인사정책국장 2007년 중앙공무원교육원 파견 2008년 대통령 인사비서관 2012~2013년 대통령 인사기획관 2013년 대구가톨릭대 CU인재학부 석좌교수 2014년 同경찰행정학과 교수(현) [상]대통령표창(1990), 녹조근정훈장

(1998), 행정자치부장관표창(1998 · 2015) [저]'주해 국가공무원법'(1996) '공무원법'(2000) '호주연방정부의 행정개혁'(2003) '특수법인론'(2005) '행정조직법'(2014) [종]기독교

김명식(金明植) Kim Myeong Sik (백천)

[생]1957 · 8 · 19 [본]김녕(金寧) [출]대구 [주]인천 중구 월미로338 국립인천해사고등학교(032-770-1001) [학]대구 대륜고졸, 한국해양대 기관학과졸, 부산대 중국최고경영자과정 1기 수료 [경](주)한진해운 해상인사교육팀장, 同해사기획팀장, 同환경안전팀장(상무보), 同선박정비담당 상무보 2006~2008년 同해사본부장(상무) 2006~2008년 (주)한진에스엠 대표이사 겸임 2009~2011년 (주)한진해운 ZESCO SHIPYARD 사장 2012년 국립인천해사고 교장(현) [상]매경 · 노동부주최 안전경영대상(2000) [종]천주교

김명신(金明信) KIM Myeong Sin (德山)

[생]1939 · 5 · 8 [본]김해(金海) [출]제주 제주시 [주]경남 함안군 칠서면 공단동1길81 대동케미칼(055-586-2123) [학]1958년 영남상고졸 1967년 부산대 대학원 경영학과졸, 명예 경영학박사(제주대) [경]1976년 (주)대림화학 대표이사 회장 1990년 덕산문화재단 이사장(현) 2006년 제주국제협회 고문(현), 在外제주도민회 고문(현), (주)대동케미칼 이사회 회장(현) [상]석탑산업훈장(1991), 제주도문화상(1997), 경남중소기업대상(1999), 국민훈장 동백장(2002) [종]불교

김명신(金明信) KIM Myung Shin (素潭)

[생]1944 · 1 · 28 [본]김녕(金寧) [출]경북 포항 [주]서울 마포구 마포대로44 진도빌딩12층 명신특허법률사무소(02-714-9922) [학]1966년 고려대 법학과졸 1971년 同대학원 법학과졸 [경]1971~1974년 한국항공대 · 강원대 강사 1972년 명신특허법률사무소 대표(현) 1979~1985년 고려대 경영대학원 강사 1982년 대한상사중재원 중재인(현) 1988년 사법연수원 강사 1992년 서강대 강사 1995~2003년 민주평통 자문위원 1995~2000년 서울지법 민사조정위원 1996~1998년 대한변리사회 회장 1998~2000년 한국지적소유권학회 회장 2000~2003년 아세아변리사협회(APAA) 회장 2001~2002년 국제라이온스협회 354복합지구(한국) 의장 2005~2015년 (사)지식재산포럼 공동회장 2011 · 2013년 국가지식재산위원회 민간위원(현) 2016년 유니세프 한국위원회 이사(현) [상]특허청장표창(1994), 동탑산업훈장(1998), 서울시장 감사패(2002), 국제라이온스협회 친선대사상(2002), 한국중재학회 국제거래신용대상(2005), 자랑스러운 고대법대인상(2013), 은탑산업훈장(2013), 사회공헌대상(2015) [저]'미국통상관련 법령해설'(1985) 'Recent Development in Intellectual Property Field in Korea'(1987) '개정한국특허법해설'(1990, 日文) '한국지적재산권관련법규해석'(1997, 日文) '지적재산권의 현재와 미래' 'Present &Future of Intellectual Property' 'Legal Action against Intellectual Property Infringment in Asia'(2004) '지식재산혁명'(2011, 피알라인) '이제는 지식재산이다'(2011, 매경출판) '일류로 가는 길'(2011, 자음과 모음)

김명언(金明彦) KIM Myung Eon

[생]1954 · 4 · 4 [주]서울 관악구 관악로1 서울대학교 심리학과(02-880-6439) [학]1977년 서울대 심리학과졸, 미국 미시간대 대학원졸 1988년 심리학박사(미국 미시간대) [경]1987~1988년 미국 미시간대 방문교수 1988년 서울대 심리학과 교수(현) 1997~1999년 한국산업및조직심리학회 회장 1998~2000년 서울대 심리과학연구소 소장 2005~2006년 同대학생활문화원장 2009~2010년 한국심리학회 회장 2012~2014년 한국잡월드 비상임이사 [저]'한국기업문화의 이해(共)'(1997, 오름시스템) '한국사회의 불평등과 공정성 의식의 변화(共)'(2005, 성균관대 출판부) '외환위기 10년, 한국사회 얼마나 달라졌나(共)'(2007, 서울대 출판부) '사회과학의 명저 재발견(共)'(2011, 서울대 출판문화원) [역]'긍정에너지경영'(2009, 지식노마드) '이기는 결정(共)'(2010, 학지사) '조직변화의 긍정혁명(共)'(2009, 도서출판 쟁이) [종]기독교

김명연(金明淵) KIM Myung Yeon

[생]1964 · 2 · 28 [출]경기 안산 [주]서울 영등포구 의사당대로1 국회 의원회관805호(02-784-1797) [학]인천고졸, 건국대 축산대학 사료영양학과졸, 한양대 대학원 지방자치학과졸 [경]대한제당(주) 사료사업부 근무, 한나라당 원곡본동협의회 회장, 단원구여성축구단 단장, 무지개사료 대표 2006년 경기 안산시의회 의원 2006~2008년 同행정위원장 2012년 제19대 국회의원(안산시 단원구甲, 새누리당) 2012 · 2014년 국회 보건복지위원회 위원 2012 · 2015년 국회 운영위원회 위원 2012년 국회 예산결산특별위원회 위원 2012~2013년 새누리당 원내부대표 2014년 同세월호사고대책특별위원회 위원 2014년 국회 여성가족위원회 위원 2014~2015년 새누리당 재능나눔위원장 2014년 同경제혁신특별위원회 공적연금개혁분과 위원 2014년 국회 국민안전혁신특별위원회 위원 2015년 새누리당 원내대변인 2015년 국회 정치개혁특별위원회 위원 2015년 새누리당 메르스비상대책특별위원회 위원 2015년 국회 메르스대책특별위원회 위원 2015~2016년 새누리당 경기도당 위원장 2015년 同국가간호간병제도특별위원회 위원 2015년 同나눔경제특별위원회 위원 2016년 제20대 국회의원(안산시 단원구甲, 새누리당)(현) 2016년 새누리당 원내대변인(현) 2016년 국회 보건복지위원회 위원(현) 2016년 국회 여성가족위원회 위원(현) [상]한국매니페스토실천본부 선정 '국정감사 우수의원 베스트 20'(2015), 대한민국 입법대상(2015), 중부일보 율곡대상 국가정치부문(2016), 대한민국 유권자 대상(2016), 한부모가정사랑상(2016)

김명엽(金明燁) KIM Myung Yup

[생]1944 · 8 · 3 [본]순천(順天) [출]중국 심양 [주]서울 종로구 세종대로175 서울시합창단 단장실(02-399-1114) [학]1963년 대광고졸 1967년 연세대 성악과졸 1980년 同교육대학원 음악교육학과졸, 오스트리아 빈 시립음악원 수학 [경]1970년 경신고 교사 1973~1980년 대광고 교사 1978년 한국교회음악협회 이사(현) 1980~1989년 서울시립소년소녀합창단 상임지휘자 1982~2002년 추계예술대 음악학부 성악전공 교수 1983년 한국합창총연합회 이사 1989~1993년 전국음악대학합창연합회 회장 1990년 (재)지산향육원 이사 1990년 교회음악아카데미 원장(현) 1990년 서울바하합창단 지휘자(현) 1993~2012년 국립합창단 · 서울시립합창단 · 수원시립합창단 · 성남시립합창단 · 부산시립합창단 · 대구시립합창단 · 전주시립합창단 · 솔리스트앙상블 · 코리안심포니오케스트라 등 객원지휘 2002~2005년 연세대 음대 교회음악과 교수 2004~2005년 한국합창지휘자협회 이사장 2004~2005년 새문안교회 언더우드기념 한국교회음악교육원장 2005~2008년 국립합창단 예술감독 2007년 예술의전당 이사 2008년 울산시립합창단 상임지휘자 2010년 한국합창지휘자협회 고문(현) 2012년 서울시합창단 단장(현) 2012년 同상임지휘자 겸임(현) [상]세계실내합창콘테스트 금상(1986) [저]'성탄의 메시지'(1975) '부활의 메시지'(1976) '성탄의 찬가'(1977) '지휘기법'(2002, 기독교음악사) '찬송으로 드리는 음악예배'(2004, 기독교음악사) '김명엽의 찬송교실1 · 2 · 3'(2010, 예솔) 작곡집 '찬송가 데스칸트'(2009, 예솔) [역]번역악보 '비발디의 글로리아' '모차르트의 대관미사 · 테데움 · G장조 미사' '구노의 장엄미사' '헨델의 이집트의 이스라엘인' '스테이너의 십자가위의 죽음' [종]기독교

김명용(金明容) KIM Myung Yong

[생]1952 · 12 · 20 [본]선산(善山) [출]경북 칠곡 [주]서울 광진구 광장로5길25의1 장로회신학대학교 조직신학과(02-450-0700) [학]1971년 계성고졸 1975년 서울대 영어영문학과졸 1978년 장로회신학대 신학대학원졸 1980년 同대학원 조직신학과졸 1985년 신학박사(독일 튀빙겐대) [경]1985~1994년 장로회신학대 조직신학과 조교수 · 부교수 1987~1989년 서울동남노회 반석교회 담임목사 1989년 세계개혁교회(WARC) 서울대회 본교단 대표 1994년 장로회신학대 조직신학과 교수(현) 1995년 미국 프린스턴 신학대학원 객원교수 2000~2002년 장로회신학대 기획처장 2001년 한국생명목회실천협의회 신학위원장(현) 2002~2004년 장로회신학대 신학대학원장 2003~2005년 한국조직신학회 회장 2004~2007년 한국목회자협의회 신학위원장 2008년 호주 웨슬리대 초빙교수 2010~2012년 한국칼바르트학회 회장 2011년 생명신학연구소 소장 2011~2012년 장로회신학대 대학원장 2012년 기독교사상과문화연구원 원장 2012~2016년 장로회신학대 총장 [저]'열린 신학 바른 교회론'(1997) '현대의 도전과 오늘의 조직신학'(1997) '이 시대의 바른 기독교사상'(2001) '통전적 신학(共)'(2004) '칼바르트의 신학'(2007) [역]'성령신학'(1989) '예수 그리스도의 길(共)'(1990) '약속과 성취'(1993) '다른 복음은 없다'(1999) [종]기독교

김명용(金明龍) Myong Yong Kim

[생]1963 · 3 · 25 [주]경남 창원시 의창구 창원대학로20 창원대학교 법학과(055-213-3205) [학]1982년 마산 용마고졸 1987년 창원대 법학과졸 1989년 동아대 대학원 법학과졸 1998년 법학박사(독일 뮌헨대) [경]한국법제연구원 부연구위원, 창원대 법학과 교수(현), 同법학과장, 同행정대학원 부원장, 同학생처장, 同입학관리본부장, 同종합인력개발원장, 同사회과학연구소장, 국회 환경포럼 정책자문위원, 국립공원관리공단 정보공개심의위원, 국방부 정책자문위원, 경남도 규제개혁위원회 위원, 경남도교육청 행정심판위원회 위원, 경남지방경찰청 인권위원회 위원, 경남개발공사 인사위원회 위원, 경남도의회

입법고문, 노사발전재단 고용차별개선위원회 위원, 경남도 행정심판위원, 경남지방노동위원회 차별시정위원(현), 국회 입법지원위원(현), 미래창조포럼 경남도 상임대표(현), 다살이교육 공동대표, 김해이주민의 집 이사장, 경남도 주민감사청구심의회 위원(현), 바르게살기운동경남도협의회 부회장(현), 개헌추진국민연대 경남도 상임대표(현) 2013~2015년 한국비교공법학회 회장 2015년 창원대총동창회 회장(현)

김명우(金明右) KIM Myungwoo

[생]1959·12·25 [본]경주(慶州) [출]부산 [주]경남 창원시 성산구 두산볼보로22 두산중공업(주) 임원실(055-278-6114) [학]1978년 경남고졸 1985년 연세대 행정학과졸 [경]2001~2002년 (주)두산 전략기획본부 인사기획팀장(부장) 2002~2004년 두산중공업(주) 인력개발팀장(부장) 2004~2008년 同인력개발담당 상무 2005~2008년 同사장실 HR/PR담당 상무 2008~2009년 同HR/PR담당 전무 2009~2010년 同관리부문장(전무) 2011~2015년 同관리부문장(부사장) 2012년 중앙노동위원회 사용자위원(현) 2015년 두산중공업(주) 관리부문장(사장)(현) [상]대한민국 녹색경영대상 유공자부문 산업포장(2011), 창원상공회의소 창원상공대상(2013)

김명운(金明運) Kim Myung Woon

[생]1961·2·9 [본]경주(慶州) [출]강원 횡성 [주]세종특별자치시 도움6로11 행정중심복합도시건설청 도시계획국(044-200-3198) [학]1980년 원주고졸 1988년 연세대 정치외교학과졸 1999년 미국 델라웨어대 대학원 도시정책학과졸 2002년 서울대 행정대학원 정책학과 수료 [경]1999년 건설교통부 도시철도과 근무 2000년 同수송정책실 교통정보화기획과 근무 2002년 同토지관리과 서기관 2004년 同기획관리실 혁신담당관실 서기관 2004~2005년 국무조정실 규제개혁기획단 과장 2005~2006년 건설교통부 제도개혁팀장 2006~2009년 駐필리핀대사관 1등서기관 2009년 국토해양부 해양생태과장 2010년 同행정관리담당관 2012년 同항공정책과장 2013~2014년 국토교통부 토지정책과장 2014년 행정중심복합도시건설청 도시계획국장(현) [상]근정포장(1992)

김명운(金銘雲) KIM Myong-Woon

[생]1966·4·20 [본]광산(光山) [출]인천 [주]대전 대덕구 대화로132번길142 (주)디엔에프 대표이사실(042-932-7939) [학]1989년 연세대 화학과졸 1992년 한국과학기술원(KAIST) 화학과졸 1996년 화학박사(한국과학기술원) [경]1996~2000년 한화석유 중앙연구소 촉매개발팀장 2001년 (주)디엔에프 대표이사(현) 2005~2007년 대한화학회 대전·충남지부 이사 2005년 첨단부품소재클러스터(대덕R&D특구전략사업기획단 소속) 회장 2007~2010년 한국중소화학기업협회 수석부회장 2008년 대한화학회 부회장·평의원 2013년 대덕이노폴리스벤처협회 부회장(현) 2014년 (사)대전산업단지협회 이사 [종]기독교

김명자(金明子·女) KIM Myung Ja

[생]1944·7·13 [본]선산(善山) [출]서울 [주]서울 강남구 논현로28길25 카이스트디지털미디어연구소306호 그린코리아21포럼(02-790-4200) [학]1962년 경기여고졸 1966년 서울대 화학과졸 1971년 이학박사(미국 버지니아대) [경]1974~1999년 숙명여대 이과대학 화학과 조교수·부교수·교수 1989년 일본 동경이과대 객원연구원 1990~1998년 한국과학사학회 부회장·이사 1991~1993년 숙명여대 이과대학장 1991~1999년 민주평통 자문위원 1992~1999년 KBS 객원해설위원 1993~1999년 (사)한국과학저술인협회 이사·부회장 1994년 한국과학기술한림원 종신회원(현) 1996~1999년 한국과학기술단체총연합회 이사 1996~1999년 경제정의실천시민연합 환경정의시민연대 이사 1996~1998년 녹색소비자연대 공동대표 1996~1998년 교육부 중앙교육심의위원 1997~1999년 국무총리 여성정책심의위원 1997~1999년 UNESCO 한국위원 1997~1999년 대통령자문 국가과학기술자문회의 위원 1998~1999년 산업자원부 산업기술발전심의회 위원 1999년 국무총리실 기초기술연구회 이사 1999년 국가과학기술위원회 민간위원 1999년 한국산업기술대학 이사 1999~2003년 환경부 장관 2003~2004년 LG생활건강 사외이사 2003~2004년 KTF 사외이사 2003~2004년 대통령직속 동북아경제중심추진위원회 위원 2003~2004년 대통령자문 국민경제자문회의 위원 2003년 아시아·태평양환경개발포럼(APFED) 한국대표 2003~2004년 명지대 석좌교수 2003~2004년 KBS 객원해설위원 2004년 대통령자문 정책기획위원회 위원 2004년 UN대학-광주과학기술원 운영위원 2004년 열린우리당 중앙선거대책본부 공동본부장·상임고문·저출산 및 고령화대책테스크포스팀 단장 2004년 서울대총동창회 부회장(현) 2004~2008년 제17대 국회의원(비례대표, 열린우리당) 2005년 열린우리당 병영문화개선위원장 2005년 안보경영연구원 이사(현) 2005~2006년 친환경상품진흥원 이사장 2006~2008년 국회 윤리특별위원회 위원장 2006년 열린우리당 정책위 부의장 2006~2008년 한국수자원공사 지속가능경영자문회의 위원장 2007~2008년 과학기술부 과학기술원로정책자문위원 2007~2008년 국회 국방위원회 간사 2007년 (사)안중근의사기념관건립위원회 건립추진위원 2008년 (사)아시아정당국제회의(ICAPP) 의원연맹 고문 2008년 CDP(Carbon Disclosure Project) 한국위원회 위원장 2008년 (재)IT전략연구원 이사장 2008년 한미연합사령관·美8군사령관 자문위원 2008년 (사)그린코리아21포럼 이사장(현) 2008년 한국과학기술원 총장자문위원회(PAC) 위원(현) 2008~2016년 KAIST 과학기술정책대학원 초빙특훈교수 2009년 동아일보 객원논설위원 2009년 (주)두산 사외이사 2009년 한국과학기술원 입학사정관 2009년 세계자연보전총회유치위원회 위원 2009년 유민문화재단 홍진기창조인상 심사위원(현) 2009년 (사)4월회 부회장(현) 2009년 한중일30인위원회 한국측 위원(현) 2009년 (사)아시아정당국제회의 감사(현) 2009·2011년 대통령직속 사회통합위원회 민간위원 2009~2010년 국민일보 객원논설위원 2010년 (사)한국여성과학기술단체총연합회 고문 2010년 (사)김대중평화센터 이사(현) 2010년 여성가족부 총괄자문위원겸 여성정책자문위원 2011년 대한민국헌정회 고문(이사)(현) 2011년 극지포럼 공동대표(현) 2011년 2018평창동계올림픽지원범국민협의회 공동의장 2012년 녹색소비자연대 고문(현) 2012~2013년 한국여성과학기술단체총연합회 회장 2013년 벨기에 Ghent University Korea(송도캠퍼스) 이사 2013년 민주평통 자문위원(상임고문) 2013년 (재)김대중노벨평화상기념관 이사(현) 2013년 아산사회복지재단 이사(현) 2013년 기획재정부-한국개발연구원(KDI) KSP 수석고문(현) 2013년 새누리당 여성가족위원회 정책자문위원 2013~2014년 지속가능발전해법네트워크(UNSDSN) Korea Foum 공동대표 2013~2016년 (재)한국여성과학기술인지원센터(WISET) 초대 이사장 2013~2014년 아산사회복지재단 이사 2013년 (사)한국여성의정 이사(현) 2014년 (사)한국여성과학기술단체총연합회 명예회장(현) 2014년 대한화학회 'IUPAC-2015 조직위원회' 자문위원 2014년 대한민국헌정회 통일문제특별위원(현) 2014년 서울대 총장추천위원 2014년 중앙일보 중앙시평 칼럼니스트(현) 2014년 지속가능발전기업협의회(KBCSD) 자문위원(현) 2014년 조선일보 한일국제환경상 심사위원 2014~2015년 서울대 자연대기금조성위원 2015년 행정자치부 함경남도행정자문회의 위원(현) 2015년 (재)사회복지공동모금회 이사(현) 2015년 호스피스국민본부 공동대표(현) 2015년 IPCC 의장진출민간지원위원회 위원장 2015년 원자력클러스터포럼 자문위원(현) 2016년 한국과학기술단체총연합회 차기(2017.3~2020.2) 회장(현) [상]한국과학저술인협회 저술상(1984), 과학기술진흥유공 대통령표창(1985), 대한민국과학기술상 진흥상 대통령표창(1994), 한국공업학회 우수논문상(1997), 제1회 닮고싶고 되고싶은 과학기술인상(2002), 미국 Michigan State University 'Global Korea Award 2003'(2003), 자랑스런 경기인상(2003), 청조근정훈장(2004), 서울대 자랑스러운 자연대인(2014), 과학기술훈장 창조장(2015), 서울대 자랑스러운 서울대인(2015) [저]'현대인과 비타민'(1982) '화장품의 세계'(1985) '동서양의 과학전통과 환경운동'(1991) '과학사'(1992) '현대사회와 과학'(1992) '과학기술의 세계'(1998) '원자력 딜레마'(2011, 사이언스북스) '원자력 트릴레마'(2013) '인터넷 바다에서 우리아이 구하기'(2013) '사용후 핵연료 딜레마(共)'(2014, 까치글방) [역]'과학혁명의 구조'(1981~2015) '엔트로피'(1981~1992) '여성과 사회참여'(1981) '에덴의 용'(1981) '앞으로 50년'(1984) [종]천주교

김명자(金明子·女) KIM Myung Ja (昊亭)

[생]1945·12·15 [본]진도(珍島) [출]서울 [주]경북 안동시 경동로1375 안동대학교 민속학과(054-820-5385) [학]1964년 진명여고졸 1968년 이화여대 신문방송학과졸 1975년 성균관대 대학원 사학과졸 1982년 경희대 대학원 국어국문학과졸 1990년 문학박사(경희대) [경]1968~1982년 서울신문 기자 1980~1981년 동덕여대 강사 1982~1993년 안동대 민속학과 전임강사·조교수·부교수 1993~2011년 同인문대 민속학과 교수 1994~1995년 同민속학연구소장 1995~1996년 경희대 교환교수 1997~2007년 한국민속학회 이사 1998년 한국무속학회 이사 1999~2001년 안동대 박물관장 2000~2008년 한일종교연구포럼 운영위원 2002~2005년 한국민속학회 부회장 2002~2004년 실천민속학회 회장 2003~2009년 문화재위원회 무형문화재예능분과 위원 2003년 안동대 인문대학장 2005년 同박물관장 2007~2009년 문화재위원회 국보지정분과 위원 2007~2009년 同무형문화재예능분과위원장 2007년 한국무속학회 고문 2008~2010년 동아시아종교문화학회 이사 2011년 경북도 문화재위원 2011년 인천시 문화재위원 2012년 한국공연예술원 부원장 2011년 안동대 명예교수(현) 2013~2014년 한국공연예술원 원장 [저]'동국세시기(編)'(1985) '되는 집안은 장맛도 달다'(1994) '한국의 점복'(1995) '연아 연아 올라라'(1995) '한국의 산촌민속 Ⅰ·Ⅱ'(1995) '한국문화의 원본사고'(1997) '한국문학과 전통문화(共)'(1997) '한국민속학개론(共)'(1998) '경상북도 세시풍속(共)'(2002) '한국세시풍속 Ⅰ'(2004)

김명전(金明銓) KIM Myung Jeon

[생]1955·6·30 [본]영광(靈光) [출]전남 장흥 [주]서울 영등포구 여의공원로111 태영빌딩 EY한영 임원실(02-3787-6600) [학]1974년 조선대사대부고졸 1983년 성균관대 법률학과졸 1987년 同행정대학원 정책학과졸 1989년 고려대 정책과학대학원 최고위정책과정 수료 1999년 성균관대 언론대학원졸 2004년 서울대 행정대학원 국가정책과정 수료 2006년 언론학박사(성균관대) [경]1983~1992년 KBS 라디오·TV 프로듀서 1989년 (사)한그루녹색회 회장 1989년 (사)그린레인저 이사장(현) 1993~1995년 KBS 특집부·사회부 기자 1995년 同특집부 차장·편집부 차장 1995년 전국언론노동조합연맹 사무처장 1997년 KBS 사회부 차장 1998년 同정치부 차장 1998년 생명의숲 국민운동 운영위원·이사 2001~2003년 대통령 국내언론2비서관 2003~2004년 한국교육방송공사(EBS) 부사장 2003년 성균관대 언론대학원 겸임교수 2003년 서울그린트러스트 자문위원 2004~2012년 삼정KPMG그룹 부회장 2006년 경기대 다중매체영상학부 정치매체관리학과 겸임교수 2008년 성균관대 법과대학·법학전문대학원 초빙교수(현) 2013년 파인스트리트그룹 부회장 2014년 同비상임고문 2014년 EY한영 부회장(현) 2015년 굿티비(GOOD-TV) 대표(현) [상]KBS 한국방송보도상(12회), 서울올림픽 기장(1988), 한국방송대상(1990), 산업포장(1998), 한국경제 사회공헌대상(2012) [저]'희망으로 걸어온 길, 그래서 좋다' '국가PR론' '미디어법'(2010, 박영사) [종]기독교

김명정(金明楨) KIM Myung Jung

[생]1960·2·14 [주]충북 청주시 흥덕구 오송읍 오송생명2로187 식품의약품안전처 의약품안전국 임상제도과(043-719-1856) [학]1984년 중앙대 약학과졸 [경]1992년 보건사회부 약정국 약품안전과 사무관 1996년 同식품의약품안전본부 안전관리부 의약품안전과 약무사무관 2002년 식품의약품안전청 의약품안전국 의약품안전과 약무사무관 2007년 보건복지부 보건의료정책본부 의약품정책팀 서기관 2008년 보건복지가족부 보건의료정책실 의약품정책과 기술서기관 2009년 식품의약품안전평가원 부작용감시팀장 2012년 경인지방식품의약품안전청 의료제품안전과장 2013년 同의료제품실사과장 겸임 2013년 식품의약품안전처 의약품안전국 임상제도과장(서기관) 2016년 同의약품안전국 임상제도과장(부이사관)(현)

김명주(金明柱) KIM Myung Joo

[생]1963·12·15 [본]김녕(金寧) [주]서울 노원구 화랑로621 서울여자대학교 미래산업융합대학 정보보호학과(02-970-5699) [학]1986년 서울대 컴퓨터공학과졸 1988년 同대학원졸 1993년 공학박사(서울대) [경]1992년 일본 쓰쿠바대 정보전자공학계 연구원 1993~1995년 서울대 컴퓨터신기술공동연구소 특별연구원 1995~2005년 서울여대 정보통신대학 전산학과 조교수·부교수 2002년 同전자계산교육원장 2001년 서울중앙지검 컴퓨터수사부 자문위원 2003년 미국 펜실베이니아대 컴퓨터 및 정보과학전공 교환교수 2004년 서울여대 입학관리처장 2004년 한국정보보호진흥원(KISA) 스팸대응연구위원 2004년 정보통신부 프로그램심의조정위원 2005~2015년 서울여대 정보미디어대학 정보보호학과 교수 2008~2010년 同정보미디어대학장 2012년 同입학홍보처장 2012년 同학부교육선진화선도대학지원사업추진단장 2013~2014년 同교무처장 2013년 한국인터넷윤리학회 수석부회장 2015년 同회장(현) 2015년 서울여대 교육혁신단장·창의성센터장·이러닝MOOC센터장 겸임(현) 2015년 방송통신위원회 인터넷문화정책자문위원회 위원(현) 2015~2016년 서울여대 기획정보처장 2016년 同정보보호영재교육원장(현) 2016년 同미래산업융합대학 정보보호학과 교수(현) [상]Summa Cum Laude 서울대총장표창(1986), 서울여대 10년 근속표창(2006) [저]'Understanding of Multimedia'(2007) 'Understanding of Ubiquitous'(2008) 'Understanding of Computers'(2009) '정보처리기사실기'(2009) [역]'XML and Java'(1999) [종]기독교

김명주(金明珠) KIM MYEONG JOO

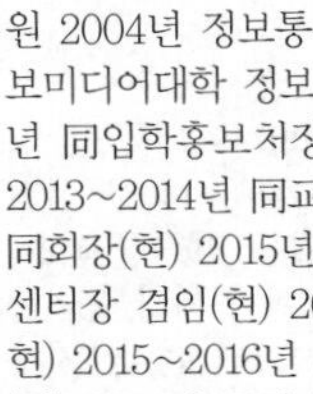

[생]1967·3·20 [본]안동(安東) [출]경남 산청 [주]세종특별자치시 갈매로477 기획재정부 감사담당관실(044-215-2211) [학]1985년 진주고졸 1992년 서울대 농경제학과졸 2001년 한국개발연구원(KDI) 대학원 정책학과졸 2003년 미국 미주리대 대학원 경영학과졸(MBA) [경]1996~1997년 총무처 수습사무관 1997~1998년 정보통신부 정보통신정책과 사무관 1998~1999년 예산청 법사경찰예산과 사무관 2000년 기획예산처 법사경찰예산과 사무관 2001년 同과학환경예산과 사무관 2004년 同기금총괄과 사무관 2005년 同전략기획관실 서기관 2006~2008년 대통령 시민사회수석비서관실 과장 2008년 아프리카개발은행 선임자문관 2012년 기획재정부 회계결산과장 2013년 同민간투자정책과장 2015년 同감사담당관(현) [상]대통령표창(2008) [저]'백인의 눈으로 아프리카를 논하지 말라'(2012, 미래를 소유한 사람들)

김명준(金明俊) KIM Myung Joon

[생]1941·11·25 [본]김해(金海) [출]서울 [주]경기도 용인시 기흥구 지삼로 89 우리산업홀딩스(031-201-6500) [학]1962년 대전고졸 1968년 연세대 경영학과졸 [경]1968~1970년 현대건설(주) 근무 1970~1979년 현대양행(주) 상무 1979~1986년 한라해운 대표이사 겸 한라그룹 종합기획실장 1986~1989년 인천조선(주) 부사장 1989년 한라자원(주) 부사장 1989~2015년 우리산업(주) 대표이사 회장 1998~2007년 한라건설(주) 사외이사 2006년 (사)한국근육병재단 이사(현) 2011~2013년 한국품질경영학회 부회장 2016년 우리산업홀딩스(주) 대표이사 회장(현) [상]제39회 무역의날 은탑산업훈장(2002), 경기도 경제인상(2002), 기업혁신대상 대통령상(2004), 글로벌시스템 대상(2009), 국가품질상 품질경영상(2010), 한국품질경영인대상(2011), 제37회 국가품질경영대회 금탑산업훈장(2011) [종]불교

김명준(金明俊) Myung Jun KIM

[생]1968·9·12 [본]부안(扶安) [출]전북 부안 [주]서울 종로구 종로5길86 서울지방국세청 국제거래조사국(02-2114-5005) [학]서울대 국제경제학과졸, 同행정대학원졸 [경]1993년 행정고시 합격(37회) 1995년 전북 군산세무서 총무과장 1999년 전북 전주세무서 재산세과장 2001년 서울지방국세청 조사2국 4과 근무 2003년 국세청 조사국 조사1과 근무 2004년 同기획관리관실 혁신담당 2005년 同총무과 인사담당 2005년 同조사국 조사기획담당 2006년 전북 북전주세무서장 2007년 駐OECD대표부 주재관 2010년 국세청 기획조정관실 정책조정담당관(서기관) 2012년 同기획조정관실 정책조정담당관(부이사관) 2013년 중부지방국세청 감사관 2014년 부산지방국세청 세원분석국장(고위공무원) 2014년 국세청 본부 근무(고위공무원) 2015년 부산지방국세청 조사1국장 2016년 서울지방국세청 국제거래조사국장(현)

김명중(金明中) KIM Myung Joong

[생]1957·2·28 [출]전북 정읍 [주]광주 광산구 어등대로417 호남대학교 인문사회대학 신문방송학과(062-940-5261) [학]1974년 익산 남성고졸 1981년 중앙대 신문방송학과졸 1983년 同대학원졸 1989년 언론학박사(독일 뮌스터대) [경]1989년 독일 카셀대 Post-Doc. 1990~1993년 광주대 사회과학대학 광고정보학과 교수 1990~1996년 한국방송공사(KBS) 뉴미디어국 객원연구교수·뉴미디어위원회 위원·코리아채널 정책기획단 위원 1994년 호남대 인문사회대학 신문방송학과 교수(현) 1996년 독일 뮌스터대 연구교수 1996년 한국언론학회 이사·집행이사 1997년 한국방송학회 편집위원 1999년 한국정치정보학회 출판편집위원 2000년 문화방송(MBC) 경영자문위원 2002년 한국문화컨텐츠진흥원 전문위원·HDTV지원심사위원장 2002년 문화관광부 방송정책자문위원 2002년 한국방송학회 집행이사 2002~2006년 국제방송교류재단(아리랑TV) 부사장 2003~2004년 한국언론학회 연구이사 2003~2004년 국제방송교류재단 이사 2006년 방송통신융합추진위원회 민간위원 2008년 한국방송광고공사 감사 2011년 언론중재위원회 광주중재부 위원(현) 2015~2016년 同운영위원

김명직(金明稷) KIM Myung Jig

[생]1959·10·19 [본]경주(慶州) [출]충남 보령 [주]서울 성동구 왕십리로222 한양대학교 경제금융대학 경제금융학부(02-2220-1034) [학]대광고졸 1982년 한양대 경제학과졸 1985년 미국 워싱턴대 대학원 경제학과졸 1989년 경제학박사(미국 워싱턴대) [경]미국 앨러배마대 조교수·부교수, 한국채권연구원 이사, Asia-Pacific Journal of Financial Studies 편집위원장 1995년 한양대 경제금융대학 경제금융학부 교수(현), 同경제연구소장 2010년 국가통계위원회 위원 2011~2014년 메리츠금융지주 사외이사 2012년 한국증권학회 회장 2012~2016년 한양대 경제금융대학장 2013년 주택금융전문가협의회 위원(현) 2014~2015년 KB금융지주 사외이사 2014년 코스닥상장위원회 위원(현) 2014년 한양대 CK-II특성화사업단장(현) [상]한국금융학회 최우수논문상(2000), 한국선물학회 최우수논문상(2004), 한국파생상품학회 최우수논문상(2009), 미국 워싱턴대 한국총동문회 올해의 동문상(2015) [저]'금융시계열분석'(1998) '금융IT'(2001) '제2판 금융시계열 분석'(2002) 'ViewTAA 전술적 자산배분시스템'(2008) 'Financial Modeling and consulting'(2008)

김명진(金明鎭) KIM Myung Jin

[생]1953·1·10 [출]서울 [주]서울 종로구 대학로101 서울대학교 치의학전문대학원 구강악안면외과학교실(02-2072-2632) [학]1971년 동성고졸 1973년 서울대 문리대학 치의예과 수료 1977년 同치과대학졸 1980년 同대학원졸 1985년 치의학박사(서울대) [경]1983년 서울대 치과대학 구강악안면외과학교실 전임강사·조교수·부교수·교수, 同치의학전문대학원 구강악안면외과학교실 교수(현) 1998~2004년 同치과병원 구강악안면외과장 겸 전공주임교수 2004~2008년 同치과병원 초대·2대 진료처장 2005~2007년 대한악안면성형재건외과학회 회장 2008년 외교통상부 산하 (사)일웅구순구개열의료봉사회 이사장 2008~2010년 서울대치과병원內 서울시장애인치과병원장 2009~2011년 대한장애인치과학회 부회장 2009~2011년 대한치과이식(임플란트)학회 회장 2010~2013년 서울대치과병원 원장 2010~2013년 서울대병원 이사 2011~2015년 보건복지부 의료기관인증위원회 위원 2011년 대한치과병원협회 부회장 2012~2014년 대한구강악안면외과학회 이사장 2014년 同고문 [상]대한치과의사협회 신인학술상, 베트남 빈둥성 인민위원회 무료구순구개열수술봉사감사표창, 삐에르포샤르 아카데미 서울시장애인치과병원장 PFA 봉사상, 서울시 서울시장애인치과병원 우수기관(A등급)표창, imbc 서울대치과병원 글로벌의료서비스 대상(2010·2011), 한국경제 서울대치과병원 메디칼코리아 대상(2010·2011) [저]'치과 국소마취학(共)'(1991)

김명진(金明振) KIM Myoung Jin

[생]1955·1·2 [본]김해(金海) [출]충북 단양 [주]서울 서초구 서초대로254 오퓨런스빌딩1602호 법무법인 로월드(02-6223-1000) [학]1978년 서울대 법학과졸 1985년 同대학원 법학과 수료 1989년 미국 코넬대 법과대학졸 [경]1979년 사법시험 합격(21회) 1981년 사법연수원 수료(11기) 1981년 공군 법무관 1984년 수원지검 검사 1987년 대전지검 천안지청 검사 1988년 서울지검 검사 1991년 대검 검찰연구관 1993년 대구지검 안동지청장 1993년 광주고검 검사 1994년 춘천지검 강릉지청 부장검사 1994년 대전지검 형사2부장 1995년 인천지검 조사부장 1996년 사법연수원 교수 1998년 서울지검 동부지청 형사4부장 1999년 同동부지청 형사5부장 1999년 同동부지청 형사2부장 2000년 대구지검 경주지청장 2001년 부산지검 동부지청 차장검사 2002년 울산지검 차장검사 2003년 인천지검 1차장검사 2004년 부산지검 동부지청장 2005~2006년 서울고검 형사부장 2006년 변호사 개업 2008년 법무법인 민주 대표변호사 2009년 법무법인 로월드 변호사(현) 2009~2011년 국민은행 사외이사 2013~2014년 동양증권(주) 사외이사 [종]기독교

김명진(金明珍) KIM Myung Jin

[생]1959·1·10 [주]서울 종로구 새문안로58 LG생명과학 연구개발부문(02-3773-1114) [학]배문고졸, 서울대 화학공학과졸, 한국과학기술원 화학공학과졸 1991년 화학공학박사(미국 클락슨대) [경](주)럭키 중앙연구소 선임연구원, (주)LG화학 기술연구원 바이오텍연구소 책임연구원, (주)LG생명과학 기술연구원 바이오텍그룹장(상무) 2009년 同의약개발센터장(상무) 2013년 同연구개발부문장 겸 기술개발원장(전무) 2016년 同부사장(현) [상]국무총리표창(2002) [종]기독교

김명진(金明辰) MYUNG JIN KIM

[생]1959·1·15 [출]부산 [주]경기 용인시 기흥구 공세로150의20 삼성SDI(주) 인사지원팀(031-8006-3100) [학]동국대 전자계산학과졸 [경]삼성SDI(주) PDP인사팀 상무보 2007년 同인사팀장(상무) 2011년 同인사팀장(전무) 2015년 同인사지원팀장(전무)(현) [종]천주교

김명철(金明哲) KIM Myung Chul

[생]1956·7·19 [본]김해(金海) [출]서울 [주]서울 중구 다산로240 동원빌딩402호 한국피혁공업협동조합 이사장실(02-2252-7602) [학]1974년 선린상고졸 1992년 연세대 회계학과졸 1995년 同경영대학원졸 [경]건설증권(주) 근무 1999년 신진피혁공업(주) 대표이사 사장 2000년 (주)유니켐 대표이사 사장 2007년 同대표이사 회장 2007년 한국피혁공업협동조합 이사장(현) 2009년 (주)유니켐 각자대표이사 회장 2012~2014년 중소기업연구원 이사

김명철(金明徹) KIM Myung Chul

[생]1963·1·16 [본]경주(慶州) [출]경기 수원 [주]서울 서초구 명달로41 한국식품과학연구원(02-3470-8200) [학]1980년 수원농림고졸 1984년 서울대 식품공학과졸 1986년 미국 사우스다코타주립대 대학원 식품공학과졸 1989년 식품공학박사(미국 퍼듀대) [경]1990~1995년 국립보건원 위생부 식품규격과 보건연구관 1994년 고려대 생명공학대학원 겸임부교수 1995년 식품의약품안전본부 식품규격과 보건연구관 1997년 보건복지부 보건의료연구개발 심사위원 1998년 식품의약품안전청 식품규격과장, 同식품오염물질과장 2001년 同식품규격과장 2002년 미국 하버드대 로스쿨 식품법 연구 2003년 식품의약품안전청 식품평가부장 2004년 同식품규격평가부장 2005년 同영양기능식품본부장 2006년 同영양기능식품국장 2009년 同영양정책관 2010년 同식품안전TF 팀리더 2013년 同유해물질저감화추진단TF 법령제도부장 2013년 한국식품연구소 소장 2015년 한국식품과학연구원 원장(현) [저]'Phenolic Compounds in Food and Their Effects on Health'(1991) '식품법-한국과 미국의 판례를 중심으로'(2007) [종]불교

김명철(金明哲)

[생]1963·1·22 [출]부산 [주]대구 달서구 화암로301 대구지방교정청(053-230-5800) [학]부산 금성고졸, 부산대 법학과졸, 국방대학원 안전관리과졸 [경]1992년 행정고시 합격(35회) 2006년 대구지방교정청 작업훈련과장(서기관) 2008년 홍성교도소장 2009년 청주교도소장 2011년 천안교도소장 2012년 춘천교도소장 2012년 화성직업훈련교도소장(부이사관) 2013년 의정부교도소장 2015년 인천구치소장(일반직고위공무원) 2015년 국방대학원 교육파견 2016년 부산구치소장 2016년 대구지방교정청장(현)

김명하(金明河) KIM Myung Ha

[생]1938·10·3 [본]남평(南平) [출]평남 성천 [주]서울 강남구 언주로552 아시아빌딩 김앤에이엘 회장실(02-558-0330) [학]1958년 덕수상고졸 1964년 고려대 경제학과졸 1986년 중앙대 신문방송대학원졸 1996년 신문방송학박사(성균관대) [경]1965년 한독약품(주) 광고부 입사 1970년 해태제과공업(주) 광고과장 1976년 한국광고업협의회 회장 1979년 해태제과공업(주) 판매광고담당 이사 1981년 (주)코래드 설립·상무이사 1982년 중앙대 광고홍보학과 강사 1984년 아시아광고대회 홍보분과위원장 1991년 (주)코래드 대표이사 사장 1991~2000년 광고학회 상임이사 1994~1996년 제35차 서울세계광고대회 조직위원장 1994~1997년 국제광고협회(IAA) 한국지부 회장 1994년 한국PR협회 회장 1995년 고려대 신문방송학과 강사 1997~2000년 한국광고업협회 회장 1997~1998년 한국마케팅클럽(KMC) 회장 1998년 성균관대 대학원 신문방송학과 겸임교수 1999~2002년 (주)코래드 회장 2000~2002년 동국대 광고학과 석좌교수 2001~2002년 한국광고학회 부회장 2002년 김앤리 설립·대표이사 회장 2006~2011년 고려대경제인회 회장 2008년 김앤에이엘 회장(현) 2011~2013년 국가브랜드위원회 위원 [상]국민훈장 목련장, 제1회 올해의 광고인상 [저]'광고와 ABC론' [역]'어느 광고인의 고백' 'Ogilvy의 광고' '현대 중국의 광고와 소비학' [종]천주교

김명한(金明漢) KIM Meoung Han

[생]1954·2·21 [출]서울 [주]충남 천안시 서북구 성거읍 성거길112 SKC하스디스플레이필름 임원실(041-550-9999) [학]1972년 보성고졸 1976년 연세대 불어불문학과졸 [경]1981년 SKC(주) 입사 1997년 同일본지사장, 同미디어·가공판매담당 상무, 同Display소재사업본부장(상무) 2007년 同Display소재사업본부장(전무) 2007~2014년 SKC하스디스플레이필름 대표이사 사장 2008년 한국포장기술인협의회 부회장(현) 2012년 충남디스플레이산업기업협의회 부회장(현) 2014년 SKC하스디스플레이필름 고문(현)

김명한(金明漢) KIM Myoung Han

[생]1961·11·19 [본]안동(安東) [출]서울 [주]서울 광진구 아차산로404 서울동부지방법원(02-2204-2114) [학]1980년 신일고졸 1984년 서울대 법학과졸 1986년 同대학원 법학과졸 [경]1989년 사법시험 합격(31회) 1992년 사법연수원 수료(21기) 1992~1998년 변호사 개업 1997년 환경운동연합 법률위원장 1998년 부산지법 판사 2000년 춘천지법 판사 2002년 수원지법 성남지원 판사 2004년 서울고법 판사 2006년 서울중앙지법 판사 2008년 청주지법 영동지원장 2010년 수원지법 안산지원 부장판사 2012년 서울중앙지법 부장판사 2015년 서울동부지법 부장판사(현)

김명현(金明顯) KIM Myeong Hyeon

[생]1948·12·29 [본]안동(安東) [출]경북 [주]서울 영등포구 영중로170 한국소방안전협회(02-2671-8697) [학]1974년 인하대 무역학과졸 1996년 고려대 대학원졸 [경]1977년 소방간부 후보생(1기) 1977년 소방위 임관 1991년 경기 성남소방서장 1993년 내무부 소방국 기획담당 1994년 부산시 소방본부 소방행정과장 1995년 서울시 소방본부 구조구급과장 1996년 내무부 소방국 구조구급과장 1997년 인천시 소방본부장 1999년 부산시 소방본부장 2001~2003년 행정자치부 민방위재난통제본부 소방국장 2004~2007년 한국소방안전협회 회장 2015년 同회장(현) [상]대통령표창(1987), 녹조근정훈장(1993) [종]불교

김명현(金明炫) KIM Myung Hyun

[생]1953·7·22 [본]김녕(金寧) [출]전북 전주 [학]1971년 전주고졸 1977년 숭전대 무역학과졸 1979년 同대학원 경제학과 수료 1998년 영국 노팅햄대 대학원 사회정책학과졸 [경]1978년 행정고시 합격(22회) 1979~1983년 전북도·총무처 수습행정관 1983~1992년 보건사회부 재활과·행정관리·기획예산담당관실 행정사무관 1992년 서기관 승진 1992~1993년 대전세계박람회조직위원회 파견 1994년 대통령비서실 경제행정규제완화점검단 파견 1994년 보건복지부 사회복지연수원 교학과장·연금재정과장·연금제도과장 1999년 同보건산업정책과장 1999년 부이사관 승진 1999년 보건복지부 보건산업정책과장·총무과장 2001년 국립보건원 연수부장 2002년 미국 노스캐롤라이나대 파견 2004년 보건복지부 감사관 2005년 同보건정책국장 2005년 식품의약품안전청 차장 2007~2008년 식품의약품안전청장 2009~2010년 강릉영동대학 총장 2010~2016년 CJ프레시웨이 사외이사 2011~2014년 한국바이오의약품협회 회장 2013년 건강보험심사평가원 고문

김명현(金明顯) Kim, Myung Hyun

[생]1965·8·26 [출]부산 [주]경남 창원시 의창구 중앙대로210번길3 경남신문 편집국(055-210-6020) [학]고려대 국어국문학과졸 [경]1990년 경남신문 편집국 편집부 기자 1991년 同특집부 기자 1992년 同문화부 기자 1993년 同사회부 기자 2001년 同경제부 기자 2002년 同종합편집부 기자 2003년 同사회부 차장대우 2004년 同사건팀기동취재반 차장 2006년 同정치부 기자(부장대우) 2009년 同편집국 문화체육부장, 同정치부장 2012년 同사회부장 2013년 同광고국장 직대(부국장대우) 2015년 同편집국장(현)

김명혜(金明惠·女) KIM Myung Hye

[생]1958·3·6 [출]대구 [주]부산 부산진구 엄광로176 동의대학교 인문대학 신문방송학과(051-890-1313) [학]1976년 정신여고졸 1980년 서울대 농가정학과졸 1986년 미국 매사추세츠대 대학원졸 1992년 커뮤니케이션학박사(미국 매사추세츠대) [경]1993~1996년 부산대·동아대 언론광고학부 강사 1996년 동의대 인문대학 신문방송학과 교수(현) 1999~2001년 同교육방송국 주간교수 1999년 금양케이블방송 고문 2003~2006년 한국여성커뮤니케이션학회 편집이사 2006~2007년 同회장 2007년 同이사 2008년 한국언론정보학회 편집이사 2013년 동의대 미디어랩연구소장(현) [상]한국언론학회 학술상(번역부문)(2003) [저]'대중매체와 성의 상징질서'(1997) '대중매체와 성의 정치학'(1999) '사이버문화와 여성(共)'(2000) '한류와 21세기 문화비전(共)'(2006) [역]'성, 미디어, 문화'(1994) '인간커뮤니케이션의 이해'(1996) '포스트페미니즘과 문화이론'(2003)

김명호(金明浩) Kim, Myung-Ho

[생]1959·3·1 [본]김녕(金寧) [출]경북 경산 [주]경기 성남시 분당구 안양판교로1201의62 한국식품연구원 안전유통연구본부(031-780-9011) [학]1977년 대구 계성고졸 1984년 건국대 축산가공학과졸 1992년 同대학원 축산가공학과졸 2005년 식품공학박사(부경대) [경]1983~1992년 해태유업 생산과장 1992~2004년 한국식품개발연구원 표준화연구팀 근무 2004년 한국식품연구원 표준화연구팀 책임연구원 2008년 同산업지원본부 인증관리팀장(책임연구원) 2008년 同산업지원본부 우수식품인증센터장 겸 인증관리팀장 2013년 同산업지원연구본부 우수식품인증센터장 2013년 同산업지원연구본부장 2014년 同식품표준화연구센터 책임연구원 2015년 同안전유통연구본부 할랄식품사업단장 2016년 同안전유통연구본부장(현) [상]국무총리표창(2003·2015), 지식경제부장관표창(2008)

김명호(金命鎬) KIM Myung Ho

[생]1960·1·8 [출]부산 [주]대전 유성구 대학로291 한국과학기술원 공과대학 전산학부(042-350-3530) [학]1978년 동래고졸 1982년 서울대 컴퓨터공학과졸 1984년 同대학원 컴퓨터공학과졸 1989년 공학박사(미국 미시간주립대) [경]1989년 미국 미시간주립대 연구원 1989년 한국과학기술대 조교수 1989~2000년 한국과학기술원 정보과학기술대학 전산학과 조교수·부교수 2000~2015년 同정보과학기술대학 전산학과 교수 2010~2013 同학술정보처장 2013년 同학술문화원장 2015년 同공과대학 전산학부 교수(현) [저]'멀티미디어 개념 및 응용'(1996·1997, 홍릉과학출판사) '데이터베이스 시스템 개론'(1998, 그린출판사) '멀티미디어 시스템 개론'(2005, 홍릉과학출판사) [역]'데이터베이스 시스템 개론'(2004)

김명호(金明浩) KIM Myeong Ho

[생]1960·3·19 [본]김해(金海) [출]경북 안동 [주]경북 안동시 풍천면 도청대로455 경상북도의회(054-880-5420) [학]1979년 안동고졸 1984년 건국대 정치외교학과졸 1986년 同대학원 정치학과졸 1992년 정치학박사(건국대) 1997년 정치학박사(러시아 모스크바국립대) [경]1987~2003년 건국대·안동대·상주대·경원대·인천대·가톨릭상지대 강사 1989년 건국대대학원총학생회 회장 1992년 러시아 외무부 외교아카데미 객원연구위원 1993년 부산대 민족문제연구소 연구위원 1993년 러시아 과학아카데미 동양학연구소 연구위원 1994년 모스크바국립대(MSU) 객원교수 1997년 건국대 민족통일연구소 연구위원 1999년 안동21세기시민문화연구소 소장 1999년 한국가정법률상담소 안동지부 이사 2000년 제16대 국회의원선거 출마(안동, 무소속) 2001년 안동가정폭력상담소 부소장 2002년 새천년민주당 노무현 대통령후보 안동시선거대책위원회 공동선거대책위원장 2003년 열린우리당 안동지구당 창당발기인 2005년 同경북도당 부위원장 2006년 同국정자문위원 2006년 안동시장선거 출마(열린우리당), (사)한·러시아문화협회 연구기획이사, 대구경북발전포럼 이사, 대구로얄오페라단 운영위원 2010년 경북도의회 의원(한나라당·새누리당) 2013년 同예산결산특별위원회 부위원장, 새누리당 중앙위원회 상임위원 2014년 경북도의회 의원(새누리당)(현) 2014년 同예산결산특별위원회 위원 2014년 同문화환경위원회 위원 2014·2016년 同지방분권추진특별위원회 위원장(현) 2016년 同건설소방위원회 위원장(현) [상]한국환경정보연구센터 선정 '친환경 최우수 의원'(2013·2014·2015) [저]'엄마들의 반란'(2009) [역]'러시아의 운명'(1996) [종]가톨릭

김명호(金明鎬) KIM Myung Ho

[생]1961·1·29 [출]서울 [주]서울 영등포구 여의공원로101 국민일보 논설위원실(02-781-9114) [학]연세대 사회학과졸 [경]1988년 국민일보 편집국 사회부 기자 1990년 同정치부 기자 1995년 同국제부 기자 1996년 同정치부 차장대우 2006년 同탐사기획팀장 2007년 同정치부장 2009년 同워싱턴특파원 2011년 同워싱턴특파원(부국장대우) 2012년 同국제부 선임기자(부국장대우) 2012년 同편집국 경제·사회·디지털뉴스담당 부국장 2013년 同편집국장 2014년 同논설위원 2016년 同수석논설위원(현)

김명호(金明鎬) KIM Myeong Ho

[생]1961·8·3 [본]김해(金海) [출]경북 안동 [주]경기 성남시 분당구 야탑로81번길16 한일개발(주) 임원실(031-704-1700) [학]안동고졸, 영남대 법학과졸, 단국대 산업노사대학원 경영학과졸, 서울대 건설산업최고전략과정(ACPMP) 수료 [경]두산건설 근무, 한일건설 근무, (주)동원시스템즈 상무, 대한상사중재원 중재인, (사)서울부동산포럼 회원 2013년 (주)동원건설산업 상무 2014년 한일개발(주) 대표이사 부사장 2016년 同대표이사 사장(현) [상]건설교통부장관표창(2007)

김명환(金明煥) KIM Myung Hwan

[생]1954·9·5 [본]경주(慶州) [출]부산 [주]서울 관악구 관악로1 서울대학교 수리과학부(02-880-6551) [학]1973년 서울 중앙고졸 1977년 서울대 수학과졸 1982년 미국 오하이오주립대 대학원 수학과졸 1985년 이학박사(미국 오하이오주립대) [경]1985년 미국 오하이오주립대 수학과 전임강사 1986년 한국과학기술대 수학과 조교수 1987~2000년 한국수학올림피아드위원회(KMO) 출제위원 1989~1998년 서울대 수학과 조교수·부교수 1991년 한국수학올림피아드위원회(KMO) 위원 1994년 미국 오하이오주립대 수학과 객원부

교수 1996~2000년 국제수학올림피아드조직위원회 사무국장 1998년 서울대 수리과학부 교수(현) 2001~2003·2005년 한국수학올림피아드위원회(KMO) 출제위원장 2004~2010년 서울대 수학연구소 정보보호 및 암호연구센터(ISaC) 소장 2004년 APMO(아시아-태평양수학올림피아드) 의장 2005~2006년 미국 Wesleyan대 수학과 객원교수 2006~2014년 국제수학올림피아드자문위원회(IMOAB) 선출직위원 2007~2008년 서울대 자연과학대학 교무부학장 2008~2010년 同교무처장 2010~2014년 同자연과학대학장 2010~2014년 전국자연과학대학장협의회 회장 2011~2012년 국제과학비즈니스벨트위원회 민간위원 2012년 한국과학기술단체총연합회 감사 2013~2014년 대한수학회 회장 2013~2014년 한국과학기술단체총연합회 이사 2014년 기초과학학회협의체 회장 2016년 한국과학기술한림원 정회원(이학부·현) ❸국무총리표창(2001), 정진기언론문화상 과학기술부문 장려상(2003), 대한수학회 학술상(2009), 과학기술훈장 도약장(2014) ❹ 'Higher Degree Theta-Series and Representations of Quadratic Forms' 'Algebra and Topology'(編) 'Topics in Algebra'(編) 'In Algebra, Algebraic Geometry and Number Theory I'(編) '현대수학 입문- Hilbert문제를 중심으로'(共) 등 ❺천주교

김명환(金明煥) KIM Myung Hwan

❸1954·10·28 ❷해남(海南) ❺전남 나주 ❻광주 광산구 손재로287번길59 (주)해양도시가스 임원실(062-950-1203) ❼1971년 광주고졸 1982년 성균관대 경영학과졸 1988년 연세대 경영대학원 경영학과졸, 서강대 경제대학원 오피니언리더스프로그램(OLP)과정 수료 ❽1982년 호남정유(주) 입사 1994년 同업무부장 2000년 LG칼텍스정유(주) 업무팀장(상무) 2001년 同업무·홍보부문장(상무) 2005년 GS칼텍스 업무·홍보부문장(상무) 2006년 同업무·홍보부문장(전무) 2008년 同업무·홍보부문장(부사장) 2012년 同경영지원본부장(부사장) 2012~2014년 同대외협력실장(부사장) 2014년 同CSO(Chief Safety Officer) 겸임 2015년 (주)해양도시가스 대표이사 사장(현) ❸제1회 OLC대상 홍보분야(2008)

김명환(金明煥) KIM Myung Hwan

❸1956·7·20 ❻충남 천안시 동남구 단대로119 단국대학교 공과대학 식품공학과(041-550-3563) ❼1981년 연세대졸 1983년 미국 미시간대 대학원졸 1987년 식품공학박사(미국 조지아대) ❽1987~1988년 오뚜기식품연구소 선임연구원 1988~1990년 효성여자대학 식품가공학과 조교수 1990~1991년 한국식품영양과학회 이사·재무간사 1990~1997년 단국대 공과대학 식품공학과 조교수·부교수·식품공학과장 1994년 교육부 1종도서편찬심의회 위원 1995년 산업디자인포장개발원 지도위원 1997~2003년 한국농화학회 섭외간사·사업간사 1997년 단국대 융합기술대학 식품공학과 교수(현) 2005~2006년 한국식품과학회 관능분과 위원장·편집위원 2006~2007년 한국식생활문화학회 충청지부장 2010년 한국식품과학회 식품공학분과 위원장 2016년 단국대 융합기술대학장(현) ❹'현대 식품공학(共)'(2002, 지구문화사)

김명환(金明煥) KIM Myung Hwan

❸1957·12·22 ❺서울 ❻대전 유성구 문지로188 LG화학 BATTERY연구소(042-866-2535) ❼서울대 공업화학과졸, 한국과학기술원 화학공학과졸, 고분자공학박사(미국 애크런대) ❽1999년 LG화학 BATTERY연구소장(상무) 2004년 同전지사업부장(상무) 2005년 同BATTERY연구소장(상무) 2009년 同BATTERY연구소장(전무) 2010년 同BATTERY연구소장(부사장) 2015년 同BATTERY연구소장(사장)(현) ❸과학기술훈장 웅비장(2013)

김명훈(金明勳) KIM Myung Hoon

❸1964·10·1 ❻인천 연수구 아카데미로23 셀트리온 임원실(032-850-5000) ❼1983년 경복고졸 1989년 가톨릭대 의대졸 1998년 同대학원 의학석사 2003년 의학박사(가톨릭대) ❽강남성모병원 호흡기내과 전임의, 부평세림병원 호흡기내과장 2001~2009년 (주)한독약품 학술부장 2009~2011년 한국엘러간 근무 2011~2015년 한국BMS 메디칼부서 상무 2013년 한국제약의학회 회장 2015년 한미약품(주) 종합병원마케팅부 총괄책임자(전무) 2016년 셀트리온 의학부문총괄 부사장(현)

김명희(金明熙·女) KIM Myoung Hee

❸1966·1·26 ❺전남 순천 ❻서울 구로구 오리로22다길13의43 서울전파관리소 운영지원과(02-2680-1710) ❼1984년 동명여고졸 1988년 서울대 노어노문학과졸 2005년 연세대 언론홍보대학원졸 ❽1989년 방송위원회 근무 1996년 同광고부 차장 2000년 同평가총괄부 차장 2003년 同평가분석부장 직대 2004년 同평가분석부장 2007년 同심의운영부장 2008년 방송통신위원회 방송정책국 지역방송팀장(서기관) 2009년 同이용자네트워크국 방송환경개선팀장 2009년 同이용자보호과장 2010년 세종연구소 교육훈련 2011년 방송통신위원회 중앙전파관리소 전파계획과장 2013년 미래창조과학부 중앙전파관리소 전파계획과장 2015년 同중앙전파관리소 위성전파감시센터장 2016년 同중앙전파관리소 서울전파관리소 운영지원과장(현)

김명희(金明熙) KIM Myung Hee

❸1966·2·26 ❺강원 평창 ❻경기 의정부시 녹양로44 삼형빌딩301호 김명희법률사무소(031-876-6111) ❼1985년 강릉고졸 1989년 연세대 법학과졸 1991년 同대학원 수료 ❽1992년 사법시험 합격(34회) 1995년 사법연수원 수료(24기) 1995년 대한법률구조공단 춘천지부 공익법무관 1998년 수원지검 검사 2000년 청주지검 제천지청 검사 2001년 부산지검 검사 2003년 서울지검 고양지청 검사 2004년 의정부지검 고양지청 검사 2005년 서울중앙지검 검사 2007년 울산지검 부부장검사(미국 연수) 2009년 광주지검 목포지청 부장검사 2009년 同순천지청 형사1부장 2010년 서울고검 검사 2011년 제주지검 부장검사 2012년 수원지검 성남지청 부장검사 2013년 서울동부지검 형사3부장 2014년 의정부지검 형사2부장 2015년 서울고검 검사 2016년 변호사 개업(현)

김모임(金慕妊·女) KIM Mo Im

❸1935·5·23 ❷안동(安東) ❺서울 ❻서울 서대문구 연세로50의1 연세대학교 간호대학(02-2228-3234) ❼1955년 이화여고졸 1959년 연세대 간호대졸 1967년 미국 하와이대 보건대학원졸 1968년 미국 존스홉킨스대 보건대학원졸 1973년 보건학박사(미국 존스홉킨스대) 1984년 연세대 행정대학원 최고정책결정자과정 수료 2000년 명예 간호학박사(캐나다 빅토리아대) ❽1958~1959년 연세대 의대부속 세브란스병원 간호사 1963~2000년 同간호대학 전임강사·조교수·부교수·교수 1978~1984년 대한간호협회 회장 1979~1982년 한국여성단체협의회 부회장 1979년 대한적십자사 비서장 1979년 세계여성단체협의회 보건상임위원회 수석부위원장 1981년 제11대 국회의원(전국구, 민주정의당) 1981~1985년 국제간호협회 서태평양지역 상임이사 1981~2004년 WHO 간호정책고문위원 1982년 대한가족계획협회 부회장 1985년 국제간호협회(ICN) 간호사업전문위원회 부위원장 1988년 대한간호협회 회장 1989~1993년 국제간호협회 회장 1991~1994년 연세대 간호대학장 1991~1998년 여성정치연맹 부총재 1992년 연세대 간호정책연구소장 1994~1998년 同보건대학원장 1995년 대한가족계획협회 회장 1996년 대한적십자사 부총재 1998~1999년 보건복지부 장관 1998~2000년 자민련 부총재 2000~2004년 한국여성정치연맹 총재 2000년 연세대 간호대학 명예교수(현) 2000년 중국 연변과학기술대 명예교수 2001~2009년 적십자간호대학 학장 2002~2005년 대한에이즈예방협회 회장 2002~2011년 월드비전 이사 2005~2010년 한국에이즈예방재단 이사장 2012년 월드비전 명예이사(현) ❸국민훈장 모란장(1985), 서울올림픽대회 올림픽기장증 수여(1988), 세계보건기구 사사카와 세계 보건상(1994), 대한간호협회 간호대상(1995), 미국 존스홉킨스대 선정 'Society of Scholar 15인'(1996), 국제간호협회 Christiane Reimann상(1997), 광무장 금장(1999), 태국 스리나가린드라상(2000), 플로렌스 나이팅게일 기장(2001), 춘강상(2001), 청조근정훈장(2003), 비추미 여성대상 해리상(여성지위향상과 권익신장 부문)(2005), 자랑스러운 연세인상(2010), 유한양행 제11회 유일한상(2014) ❺기독교

김목민(金牧民) KIM Mok Min

❸1944·8·10 ❺서울 ❻서울 도봉구 삼양로144길33 덕성여자대학교 부속실(02-766-0934) ❼1962년 경동고졸 1966년 고려대 법대졸 ❽1971년 사법시험 합격(13회) 1973년 사법연수원 수료(3기) 1973~1983년 서울민사지법·영등포지원·대전지법 천안지원·서울형사지법·서울가정법원 판사 1983년 서울고법 판사 겸 춘천지법 영월지원장 1984년 서울고법 판사 1986년 대법원 재판연구관 1987년 대전지법 부장판사 1988년 同홍성지원장 1990년 인천지법 부장판사 1991년 서울지법 남부지원 부장판사 1993년 서울민사지법 부

장판사 1994년 부산고법 부장판사 1997년 서울고법 부장판사 2001년 서울행정법원 수석부장판사 2002년 서울지법 남부지원장 2003년 전주지법원장 2004~2005년 서울북부지법원장 2005년 변호사 개업, 법무법인 민주 고문변호사(현) 2012년 학교법인 덕성학원 이사장(현)

김무경(金武慶) KIM Moo Kyung

[생]1955·12·2 [출]서울 [주]서울 마포구 백범로35 서강대학교 사회과학부(02-705-8364) [학]1979년 서강대졸 1985년 프랑스 파리제5대 대학원졸 1994년 사회학박사(프랑스 파리제5대) [경]서강대 사회학과 조교수·부교수·교수, 同사회과학부 사회학전공 교수(현) 2012~2014년 同사회과학부학장 겸 공공정책대학원장 2015년 한국사회학회 회장 [저]'서울 도시문화 발전방안'(1995) '저소득층 지역 청소년 여가문화와 소집단 활성화'(1998, 집문당) '자연화의 사회학: 미셸 마페졸리'(2007, 살림출판사) [역]'집단적 기억'(2001, 한국학술진흥재단)

김무곤(金武坤) KIM Moo Kon

[생]1961·10·29 [출]부산 [주]서울 중구 필동로1길30 동국대학교 미디어커뮤니케이션학과(02-2260-3805) [학]1984년 연세대 경영학과졸 1987년 同대학원졸 1994년 언론학박사(일본 도쿄대) [경]1990년 일본 게이오대 신문연구소 연구원 1992년 일본 도쿄여대 비교문화연구소 객원연구원 1993~1995년 동아대·경성대·연세대·경남대 강사 1995년 동의대 신문방송학과 전임강사 1996년 동국대 신문방송학과 조교수 1999년 한국언론학회 이사 2002년 MBC 자문위원 2002년 KBS 객원해설위원 2002년 동국대 신문방송학과 부교수·교수 2005년 한국홍보학회 운영이사 2007년 한국방송광고공사 비상임이사 2007년 방송위원회 제18대 총선 선거방송심의위원 2011~2015년 동국대 언론정보대학원장 겸 국제정보대학원장 2016년 同미디어커뮤니케이션학과 교수(현) [상]국제정보보호전문가협회 공로상(2013) [저]'정치커뮤니케이션데이터의 다차원분석법'(1995, 세종출판사) '미디어와 투표행동'(2001, 삼성언론재단) '보도비평-외국신문에 비친 한국언론'(2002, 한국언론재단) 'NQ로 살아라'(2003, 김영사) '네거티브정치의 현상과 대응방안'(2005, 삼성언론재단) '미디어정치와 민주주의'(2008) [역]'정치커뮤니케이션의 이해'(2002, 한울출판사)

김무림(金武林) KIM Moo Rim

[생]1957·9·8 [주]강원 강릉시 죽헌길7 강릉원주대학교 국어국문학과(033-640-2109) [학]1985년 고려대 국어교육과졸 1987년 同대학원 국어국문학과졸 1991년 문학박사(고려대) [경]1992년 강릉대 국어국문학과 교수 1999년 同국어국문학과장 2005년 同언론원장 2008년 同외국어교육원 운영위원 2008~2009년 한국지명학회 부회장 2009년 강릉원주대 국어국문학과 교수(현) 2009년 同인문학연구소장 2014~2016년 同도서관장 [저]'한국어와 한국어교육'(2008, 한국문화사) '국어음운론'(2009, 새문사)

김무성(金武星) KIM Moo Sung

[생]1951·9·20 [본]김해(金海) [출]부산 [주]서울 영등포구 의사당대로1 국회 의원회관706호(02-784-5274) [학]1970년 중동고졸 1975년 한양대 경영학과졸 2005년 고려대 정책대학원 최고위정책과정 수료, 명예 정치학박사(부경대) 2015년 명예 정치학박사(동국대) [경]1976~1982년 동해제강 상무·전무 1982년 삼동산업 대표이사 1985년 민주화추진협의회 특별위원회 부위원장 1985년 민족문제연구소 이사 1987년 통일민주당 창당발기인 1987년 同제13대 대통령선거대책본부 재정국장 1988년 同총무국장 1988년 同원내총무실 행정실장 1989년 同기획조정실 차장 1990~1992년 민자당 의사국장·의원국장 1992년 김영삼 대통령후보 정책보좌역 1993년 대통령직인수위원회 행정실장 1993년 대통령 민정비서관 1993년 대통령 사정1비서관 1994년 내무부 차관 1996년 제15대 국회의원(부산 남구乙, 신한국당·한나라당) 1998년 한나라당 원내부총무 2000년 제16대 국회의원(부산 남구, 한나라당) 2000년 한나라당 원내수석부총무 2001년 민주화추진협의회동지회 공동대표 2001년 한나라당 총재 비서실장 2002년 (사)민주화추진협의회 부회장 2002~2003년 대한웅변인협회 총재 2002년 한나라당 이회창 대통령후보 비서실장 2004년 제17대 국회의원(부산 남구乙, 한나라당·무소속) 2004년 국회 재정경제위원장 2005년 한나라당 사무총장 2005년 (사)민주화추진협의회 회장·공동회장 2007년 한나라당 제17대 대통령중앙선거대책위원회 부위원장 2007~2008년 同최고위원 2008년 제18대 국회의원(부산 남구乙, 무소속·한나라당) 2008년 국회 한·중의원외교협의회장 2009년 한나라당 부산남구乙당원협의회 운영위원장 2010~2011년 同원내대표 2010~2011년 국회 운영위원장 2010년 한나라당 비상대책위원회 2012년 새누리당 제18대 대통령중앙선거대책위원회 총괄본부장 2013년 박근혜 대통령당선인 중국특사단장 2013년 제19대 국회의원(부산 영도구 재선거 당선, 새누리당) 2013년 국회 국토교통위원회 위원 2014년 국회 농림축산식품해양수산위원회 위원 2014~2016년 새누리당 대표 최고위원 2015년 국회 미래창조과학방송통신위원회 위원 2016년 새누리당 부산중구·영도구당원협의회 운영위원장(현) 2016년 同제20대 총선 중앙선거대책위원회 공동위원장 2016년 제20대 국회의원(부산 중구·영도구, 새누리당)(현) 2016년 국회 외교통일위원회 위원(현) [상]황조근정훈장(1996), 백봉신사상 올해의 신사의원 베스트11(2010), 한국언론인협회 '자랑스런 한국인대상' 정치혁신부문 최고대상(2014), 백봉신사상 올해의 신사의원 베스트10(2014), 범시민사회단체연합 좋은국회의원상(2014), 서울석세스대상 정치부문(2015), 백봉신사상 올해의 신사의원 베스트10(2015), 범시민사회단체연합 선정 '올해의 인물'(2015), 한양언론인회 '한양을 빛낸 자랑스러운 동문상'(2015) [저]'왜 김영삼이어야 하는가?' '선거와 홍보'

김무신(金武信) KIM Moo Shin

[생]1968·12·9 [출]부산 [주]서울 서초구 서초중앙로157 서울고등법원(02-530-1074) [학]1987년 동래고졸 1992년 고려대 법학과졸 2010년 고려대 법무대학원 수료 [경]1992년 사법시험 합격(34회) 1995년 사법연수원 수료(24기) 1995년 軍법무관 1998년 부산지법 판사 2003년 서울지법 고양지원 파주시법원 판사 2004년 의정부지법 고양지원 판사 2006년 서울고법 판사 2008년 대법원 재판연구관 2010년 창원지법 밀양지원장 2012년 서울고법 판사(현)

김무용(金武龍) Kim, Moo Yong

[생]1958 [주]전북 전주시 덕진구 기지로180 국민연금공단 임원실(063-713-5010) [학]서울 한영고졸, 서울시립대 행정학과졸, 서울대 대학원 공기업고급경영자과정 수료, 고려대 노동대학원 노사정최고지도자과정 수료 [경]1987년 국민연금관리공단 입사 2000년 同총무관리실 근무(2급) 2005년 同김해지사장 2007년 국민연금공단 경영지원실장(1급) 2010년 同서울남부지역본부장 2011년 同감사실장 2011년 同인력관리실장 2013년 同기획조정실장 2013년 同경인지역본부장 겸 수원지사장 2014년 同업무이사(상임이사)(현)

김무한(金武漢) KIM Moo Han

[생]1959·10·30 [출]경북 영천 [주]서울 서초구 강남대로329 산학협동재단 사무총장실(02-3415-1234) [학]1977년 경북고졸 1983년 영남대 영어영문학과졸 1988년 연세대 경영대학원 경제학과졸 1993년 영국 브리스톨대 대학원 통상법학 박사과정 수료 2010년 경제학박사(국제무역전공)(건국대) [경]1983년 한국무역협회 입사 1983~1993년 同국제협력과·통상기구과 근무 1993~1999년 同인사과·국제연수부·ASEM건설추진단 발주팀 근무 1999~2003년 同뉴욕지부 근무·워싱턴지부장 2003~2006년 同국제통상팀장·통상협력팀장 2006년 同인력개발팀장 2009년 同전략경영실장(상무) 2010년 同경영관리본부장(상무) 2012~2015년 同전무이사 2015년 산학협동재단 사무총장(현) [상]한국무역협회장표창(1987), 대통령표창(2004), 무역의 날 철탑산업훈장(2013)

김무환(金武煥) KIM Moo Hwan

[생]1958·2·25 [본]금산(金山) [출]부산 [주]경북 포항시 남구 청암로77 포항공과대학교 첨단원자력공학부(054-279-9551) [학]1976년 경기고졸 1980년 서울대 원자핵공학과졸 1982년 同대학원 원자력공학과졸 1986년 원자력공학박사(미국 위스콘신대) [경]1980년 한국에너지연구소 연구원 1983~1987년 미국 위스콘신대 연구조교·연구원·방문교수 1987~2010년 포항공과대 기계공학과 조교수·부교수·교수 1987~1989년 한국에너지연구소 위촉연구원, LG전자 생활시스템연구소 기술고문, 일본 큐슈대 초청교수 2007~2010년 원자력위원회 민간위원 2007~2011년 포항공과대 학생처장 2009년 한국원자력학회 학술이사 2010~2013·2016년 포항공과대 첨단원자력공학부 교수(현) 2010~2013년 同첨단원자력공학부 주임교수 2011년 同기획처장 2011~2013년 同대외협력차장 2011~2013년 원자력안전전문위원회 위원 2013~2016년 한국원자력안전기술원 원장 2014년 국가과학기술자문회의 자문위원(현) [상]한국원자력학회 학술상(2003), 한국표준협회 우수논문발표대회 우수상(2004), 대한기계학회 남헌학술상(2007), 교육과학기술부장관표창(2009) [저]'이상유동 열전달'(1993) '최신 이상유동 실험기법 및 응용'(2000) [역]'공기조화 및 냉동'(2002) [종]불교

김문겸(金文謙) KIM Moon Kyum

[생]1954·10·14 [출]서울 [주]서울 서대문구 연세로50 연세대학교 공과대학 토목환경공학과(02-2123-2803) [학]1973년 경기고졸 1977년 연세대 토목공학과졸 1979년 同대학원 토목공학과졸 1984년 공학박사(미국 캘리포니아대) [경]1985년 연세대 공과대학 토목공학과 조교수·부교수·교수, 同공과대학 토목환경공학과 교수(현) 1993년 미국 미네소타대 객원교수 1995~1998년 연세대 공대 교학부장 1999~2001년 同대학원 교학처장 2005~2007년 同공과대학장 2005~2008년 국가과학기술자문회의 위원 2006~2009년 연세대 공학원장 2006~2008년 한국공학교육학회 부회장 2007~2008년 대한토목학회 부회장 2008~2010년 한국전산구조공학회 회장 2008~2010년 한국공학교육인증원 수석부원장 2011~2012년 한국공학교육학회 회장 2012~2014년 연세대 국제캠퍼스 총괄본부장 2015~2016년 한국공학한림원 부회장 2015년 대한토목학회 회장 [상]대한토목학회 논문상·학술상, 한국전산구조공학회 논문상, 한국지진공학회 학술상, 건설교통부장관표창, 교육과학기술부장관표창, 홍조근정훈장(2011), 한국공학한림원 해동상 공학교육혁신부문(2013) [저]'응용탄성학' [종]기독교

김문겸(金文謙) KIM Moon Kyum

[생]1956·10·29 [본]김해(金海) [출]대전 [주]서울 동작구 상도로369 숭실대학교 경상대학 벤처중소기업학과(02-820-0567) [학]1980년 숭실대 경영학과졸 1984년 미국 뉴욕주립대 대학원 MBA 1990년 경영학박사(미국 일리노이대) [경]1991년 숭실대 경상대학 벤처중소기업학과 교수(현) 1997~2000년 同대외협력처장 2002년 APO(아시아생산성본부) 국제자문교수(현) 2003년 서울신기술창업센터 운영위원장(현) 2003~2005년 APEC 중소기업분과 소기업위원회 한국대표 2005~2011년 숭실대 평생교육센터장 2007~2008년 同기획처장 2007년 중소기업학회 부회장 2008년 IDB(Inter-America Development Bank) 국제자문교수(현) 2009~2010년 숭실대 중소기업대학원장 2009~2011년 (사)한국대학평생교육원협의회 이사장 2009~2015년 미국 일리노이대 한국총동문회 회장 2011년 국무총리실 중소기업옴부즈만(기업호민관) 2·3대 옴부즈만(현) [상]근정포장(2012), IBK학술상(2012), 미국 일리노이대 한국총동문회 공로상(2015) [종]기독교

김문경(金文卿) KIM Mun Kyung

[생]1941·7·15 [출]충북 괴산 [주]서울 강남구 영동대로646 동흥빌딩8층 원일종합건설(주) 비서실(02-515-3015) [학]1987년 건국대 경영대학원 수료 1990년 중앙대 건설대학원 수료 [경]1984년 원일종합건설(주) 대표이사 회장(현), 경기도 구리시실업인회 부회장, 구리시재향군인회 회장, 구리시 재정자문위원, 서울지법 북부지원 조정위원·감사, 새마을운동중앙협의회 구리시지회장, 대한주택건설사업협회 서울시지회장 1999~2001년 주택산업연구원 이사 2001~2004년 대한주택건설협회 회장 2004년 대한주택보증 이사 2006년 구리문화원 원장(현) 2012년 한국문화원연합회 부회장 2013년 대한주택건설협회 회장(현) [상]산업포장(1997), 금탑산업훈장(1999), 대통령표창(2001) [종]불교

김문관(金紋寬) KIM Moon Gwan

[생]1964·2·24 [출]부산 [주]대구 수성구 동대구로364 대구고등법원(053-755-1882) [학]1982년 부산 배정고졸 1986년 서울대 법대 공법학과졸 1989년 同대학원 수료 [경]1991년 사법시험 합격(33회) 1994년 사법연수원 수료(23기) 1994년 서울형사지법 판사 1996년 서울지법 판사 1997년 同서부지원 판사 1999년 부산지법 판사 2002년 同동부지원 판사 2004년 부산고법 판사 2006년 대법원 재판연구관 2008년 부산지법 판사 2009년 同부장판사 2010년 대법원 재판연구관실 부장판사 2012년 부산지법 동부지원 부장판사 2012년 사법연수원 교육파견 2014년 부산지법 부장판사 2015년 울산지법 수석부장판사 2016년 대구고법 부장판사(현)

김문규(金文圭) KIM Moon Kyou

[생]1947·8·15 [본]김녕(金寧) [출]충남 당진 [주]부산 동구 대영로267 국민생활체육전국낚시연합회(051-464-7330) [학]1970년 서울대 사범대학 체육교육과졸 1982년 同대학원 체육교육과졸 1992년 교육학박사(서울대) [경]1970~1981년 강남중·신용산중·서울사대부속여중 교사 1979~1984년 서울대 강사 1981~1984년 한국교육개발원 연구원·편성실장 1984~2012년 부산교육대 체육교육과 교수 1987년 同학생과장보 1991년 同초등교원연수원장 1993년 한국스포츠교육학회 부회장 1995년 부산교대 교무처장 1998~2001년 부산체육학회 회장 2003년 한국교육개발원 연구자문위원 2003년 한국교육과정평가원 연구자문위원 2005~2009년 부산교대 총장 2006년 한국스포츠교육학회 회장 2014년 국민생활체육전국낚시연합회 회장(현) [상]부산교원단체연합회장표창, 황조근정훈장(2012)

김문규(金文圭) KIM Mun Kyu

[생]1950·9·23 [본]김녕(金寧) [출]충남 천안 [주]충남 예산군 삽교읍 도청대로600 충청남도의회(041-635-5323) [학]1968년 성환축산고졸 [경](주)광성실업 대표 1975년 한국낙농협회 이사 1979년 천안낙농협동조합 감사 1991년 민주평통 천안군협의회 부회장 1991·1998·2002·2006~2010년 충남도의회 의원(자민련·한나라당) 1997년 성환읍개발위원회 위원장 1998년 자민련 천안乙지구당 부위원장 2000~2002년 충남도의회 운영위원장 2004~2006년 同부의장 2006~2008년 同의장 2006~2007년 전국시·도의회의장협의회 부회장 2008~2010년 충남도의회 농수산경제위원회 위원 2010년 충남도의원선거 출마(한나라당) 2014년 충남도의회 의원(새누리당)(현) 2014·2016년 同농업경제환경위원회 위원(현) 2014~2015년 同예산결산특별위원회 위원 [종]천주교

김문기(金文起) KIM Moon Kee (魯岩)

[생]1932·3·7 [본]강릉(江陵) [출]강원 강릉 [주]서울 종로구 인사동길7 빠고다가구공예점(02-588-1292) [학]1953년 강릉상고졸 1964년 건국대 법학과졸 1972년 同대학원졸 1975년 명예 인류사회학박사(미국 웨슬리대) [경]1954년 빠고다가구공예점 회장(현) 1970년 (사)강원도민회 고문(현) 1970년 대한가구공업협동조합연합회 회장 1972년 통일주체국민회의 초대·2대 대의원 1974년 학교법인 상지학원 설립·이사장 1974년 학교법인 상지문학원 설립·이사장 1976년 서울중앙라이온스클럽 회장 1980년 민정당 창당발기인 1982~2013년 (주)강원상호저축은행 은행장 1983년 국제라이온스협회 354-A지구 총재·복합지구 의장, 한국라이온스연합회 회장 1987년 제12대 국회의원(전국구, 민주정의당) 1987년 민주정의당(민정당) 중앙위원회 운영실장 1988년 제13대 국회의원(강원 명주·양양, 민정당·민자당) 1988년 국회 라이온스의정동우회 회장 1989년 인화장학재단 설립 1990년 민자당 강원도지부 위원장 1991년 건국대총동문회 회장 1992년 민자당 당무위원 1992년 제14대 국회의원(강원 명주·양양, 민자당) 1996년 자민련 강릉乙지구당 위원장 1998년 공동체의식개혁국민운동 강원도협의회 상임의장(현) 1998년 한국도덕운동협회 강원도지회장·대표고문(현) 2008년 대한민국헌정회 제14대의원회 회장 2009년 국회의원친목회 회장(현) 2009년 건국대 대학원 동문회장 2010년 한국의약신문사 회장 2010년 민주평통 종로구협의회 고문단장 2011년 건국대 원로위원회 의장(현) 2014~2015년 상지대 총장 [상]사학육성공로 봉황장(1981·2009), 국민훈장 석류장(1982), 위대한 건국인 대상(1990), 한국서화예술대전 초대작가 대상(2000), 해범문화상(2002), (사)한국서화작가협회 공로상(2009), 대한민국유권자대상 유권자시민행동 감사패(2015) [종]불교

김문기(金文基) KIM Moon Ki

[생]1946·10·2 [본]의성(義城) [출]경북 영일 [주]대구 달서구 달서대로554 (주)세원정공 대표이사실(053-582-5656) [학]1963년 대륜고졸 1969년 영남대 경영학과졸 2000년 同경영대학원 최고경영자과정 수료 2002년 명예 경영학박사(영남대) [경]1985년 (주)세원물산 설립·대표이사(현) 1989년 (주)세원정공 설립·대표이사 회장(현) 1993년 영천도남농공단지협의회 회장 1995년 (주)세원테크 설립·대표이사(현) 1996년 (주)세원E&I 설립·대표이사(현) 1998년 경북세계일류중소기업협의회 회장 1998년 영천상공회의소 회장 1999년 영남대총동창회 수석부회장(현) 2001년 경북도체육회 부회장 2005~2010년 대구경영자총협회 회장 2006~2009년 학교법인 영남학원 감사 2006년 법무부 대구·경북지역 범죄예방위원(현) 2007년 범죄예방대구서부지역협의회 회장(현) 2009년 학교법인 영남학원 이사(현) [상]대통령표창, 노동부장관표창(1993), 노사화합상(1993), 상공부장관표창, 동탑산업훈장(1995), 자랑스런 대경인상(1999), 무역진흥상(2005), 금탑산업훈장(2008) [종]불교

김문봉(金文鳳) KIM Moon Bong

[생]1951·11·12 [본]김해(金海) [출]부산 [주]경북 경산시 진량읍 대구대로201 대구대학교 일본어일본학과(053-850-6061) [학]1970년 부산고졸 1975년 한국외국어대 일본어학과졸 1977년 同대학원졸, 문학박사(한국외국어대) [경]1981년 대구대 일본어일본학과 전임강사·조교수·부교수·교수(현) 1986~1987년 일본 동경외국어대 연구원 1988~2000년 민교협 대구경북지회장, 同대

구대 회장 1988~2001년 대구대 교수협의회 1 · 2대 총무간사 1993~1994년 同교수협의회 부회장 1999~2002년 한국일본문학회 부회장 2000년 동아시아일본학회 이사, 한국일어일문학회 이사, 대한일어일문학회 이사 · 부회장 2000~2001년 대구대 사무처장 2000~2002년 대구참여연대 운영위원장 2002~2004년 同공동대표 2002~2004년 대구대 인문대학장 2002~2004년 同인문과학연구소장 2002~2003년 개혁과통합의교수모임 대구경북 공동대표 2003~2004년 대구대 교수협의회 부회장 2004년 일본 와세다대 객원교원 2007~2008년 영남포럼2000 공동대표 2012~2013년 담쟁이포럼 대구경북 공동대표 2014~2015년 대구대 중앙도서관장 图'일본 사회와 문화'(2002) 图'세계의 석학들이 본 일본 · 일본인 그리고 일본문화'(2000, 중문)

김문석(金紋奭) KIM Moon Seok

생1959 · 2 · 25 출부산 종서울 서초구 강남대로193 서울행정법원(02-2055-8114) 혁1977년 중앙고졸 1981년 서울대 법대졸 경1981년 사법시험 합격(23회) 1983년 사법연수원 수료(13기) 1983년 해군 법무관 1986년 서울지법 남부지원 판사 1989년 마산지법 진주지원 판사 1991년 서울지법 동부지원 판사 1993년 서울고법 판사 1996년 서울지법 판사 1997년 대법원 재판연구관 1999년 대전지법 부장판사 2000년 수원지법 부장판사 2002년 서울지법 부장판사 2004년 서울중앙지법 부장판사 2005년 서울동부지법 부장판사 2006년 대전고법 부장판사 2007년 서울고법 부장판사 2013년 同수석부장판사 2013년 서울남부지법원장 2015년 서울행정법원장(현)

김문성(金文聖) Kim, Moon Sung

생1958 · 9 · 26 몬김해(金海) 출서울 종서울 용산구 소월로272 필립스라이팅코리아(주) 사장실(02-709-1311) 혁1981년 서울대 건축학과졸 1980~1987년 (주)현대건설 건축엔지니어 1987~1997년 한국IBM 제품수명주기관리부장(기술 · 영업담당) 1998~2005년 同제조산업영업본부장 2005~2008년 同통합기술서비스담당 상무 2008~2012년 버라이즌코리아(주) 지사장 2012년 한국하니엘(주) 빌딩제어사업부 대표(부사장) 2015년 필립스라이팅코리아(주) 대표이사 사장(현), 한국장학재단 차세대리더육성 멘토(현), 한국그린빌딩협의회(KGBC) 이사(현), 우리모두복지재단 이사(현) 종기독교

김문수(金文洙) KIM Moon Soo

생1947 · 11 · 5 몬김해(金海) 출대구 종부산 연제구 법원로34 정림빌딩4층 법무법인 청률(051-507-1001) 혁1966년 경북사대부고졸 1970년 서울대 법학과졸 경1972년 사법시험 합격(14회) 1974년 사법연수원 수료(4기) 1975년 육군 법무관 1977년 부산지법 판사 1980년 同진주지원 판사 1981년 부산지법 판사 1985년 대구고법 판사 1987년 대법원 재판연구관 1990년 부산지법 부장판사 1994년 同울산지원장 1996년 부산고법 부장판사 1998년 부산지법 수석부장판사 직대 1998~2000년 同동부지원장 2000년 법무법인 청률(青律) 대표변호사(현) 2002년 부산시 선거관리위원 2004년 부산고법 조정위원 종불교

김문수(金文洙) KIM Moon Soo

생1951 · 8 · 27 몬경주(慶州) 출경북 영천 종대구 수성구 동대구로382 새누리당 대구시당(053-753-9661) 혁1970년 경북고졸 1994년 서울대 경영학과졸 경1971년 민청학련사건으로 제적 1971년 재단보조로 위장 취업 1978년 한일도루코 노조위원장 1984년 한국노동자복지협의회 부위원장 1985년 전태일기념사업회 사무국장 1990년 민중당 서울구로甲지구당 위원장 1990년 同노동위원장 1992년 노동인권회관 소장 1994년 同이사 1995년 민자당 기획조정위원 1996년 제15대 국회의원(부천 소사, 신한국당 · 한나라당) 1996년 신한국당 대표특보 1998년 한나라당 원내부총무 1998년 同정책위원회 노동분과위원장 2000년 제16대 국회의원(부천 소사, 한나라당) 2000~2005년 민생정치연구회 회장 2001년 한나라당 제1사무부총장 2002년 同기획위원장 2003년 同비상대책위원회 대외영입위원장 2003년 同제17대 총선 공천심사위원장 2004~2006년 제17대 국회의원(부천 소사, 한나라당) 2006 · 2010~2014년 경기도지사(한나라당 · 새누리당) 2006~2014년 경기문화재단 이사장 2010년 2010대한민국뷰티디자인엑스포 공동조직위원장 2010년 DMZ국제다큐멘터리영화제 조직위원장 2014~2015년 새누리당 보수혁신특별위원회 위원장 2015년 同대구수성구甲당원협의회 운영위원장(현) 2016년 同대구시당 선거대책위원회 공동위원장 2016년 제20대 국회의원선거 출마(대구 수성구甲, 새누리당) 상포브스코리아 경영품질대상 리더십부문(2007 · 2009), 한국매니페스토실천본부 민선4기 공약이행도평가1위 광역자치단체장(2007 · 2009), 한국택시희망연대 택시희망상(2009), 2010

굿네이버상(2010), 한국여성단체협의회 우수지방자치단체장상(2010), 한국언론연합회 자랑스러운 한국인상 행정혁신부문 최고상(2010), 서울석세스어워드 광역단체장부문(2010), 한국여성유권자연맹 6.2지방선거 매니페스토실천대상(2011), 한국신뢰성학회 주관 제1회 한국신뢰성대상 정부공공부문 대상(2013), 대한민국한센인대회 특별상(2013), '2013년을 빛낸 도전한국인 10인' 행정부문 대상(2014), 한국패션협회 코리아패션대상 특별공로상(2014) 정'80년대를 꿰뚫는 양심수 104인의 항소이유서'(1992) '아직도 나는 넥타이가 어색하다'(1995) '지옥철, 대통령도 같이 타봅시다'(1996) '맨발로 쓴 일기장'(2003) '나의 길, 나의 꿈'(2006) '나는 자유를 꿈꾼다 규제감옥 경기도에서'(2008) '나는 일류국가에 목마르다'(2009) '어디로 모실까요? 나는 경기도 택시운전사'(2010) '김문수 스토리 靑'(2011) '김문수는 말한다'(2012) 종천주교

김문수(金文洙) KIM Moon Soo

생1968 · 10 · 1 몬광산(光山) 출전남 순천 종서울 중구 덕수궁길15 서울특별시의회(02-3705-1063) 혁1987년 순천 효천고졸 1994년 고려대 정경대학 정치외교학과졸 경1999년 성북구청장 비서 · 비서실장 2010년 MBC 경제매거진M 출연 2010년 서울시의회 의원(민주당 · 민주통합당 · 민주당 · 새정치민주연합) 2010년 同재정경제위원회 위원 2010년 同예산결산특별위원회 위원 2010년 同여성특별위원회 위원 2010년 同해외문화재찾기특별위원회 부위원장 2010년 同독도수호특별위원회 위원 2010년 同음식물쓰레기자원선순환종합대책지원특별위원회 위원 2011년 同북한산콘도개발비리의혹규명행정사무조사특별위원회 위원 2011년 同안전관리및재난지원특별위원회 위원 2012년 同지하철9호선및우면산터널등민간투자사업진상규명특위 위원 2012년 同교육위원회 위원 2013년 同남북교류협력지원특별위원회 위원 2013년 同골목상권및전통시장보호를위한특별위원회 위원 2013년 同강남 · 북교육격차해소특별위원회 위원 2013년 同사립학교투명성강화특별위원회 부위원장 2013년 민주통합당 서울시당 대변인 2014년 서울시의회 의원(새정치민주연합 · 더불어민주당)(현) 2014년 同교육위원회 위원장 2015년 同메르스확산방지대책특별위원회 위원 2016년 同문화체육관광위원회 위원(현) 상전국시 · 도의회의장협의회 우수의정 대상(2016)

김문숙(金文淑 · 女) KIM Moon Sook (楢鄕)

생1927 · 1 · 12 출대구 종부산 수영구 연수로397 (사)정신대문제대책부산협의회(051-754-3444) 혁1943년 경북여고졸, 이화여대 약학과졸 1963년 경기대 관광학과 수료 1986년 부산대 경영대학원 최고경영자과정 수료 경1948~1949년 진주여고 교사 1965~1981년 (주)아리랑관광여행사 대표이사 1976~1978년 부산시관광협회 부회장 1976년 부산여성경영자협회 회장 1981~1990년 부산여성경제인연합회 회장 1985년 부산시여성단체총연합회 회장 1986~2008년 부산여성의전화설립 운영위원장 1989년 '부산여성상' 제정 운영위원장 1989년 한국수필가협회 이사 1989년 (주)비바여행사 회장 1990년 (사)정신대문제대책부산협의회 이사장(현) 1995년 (사)부산여성폭력예방상담소 소장 1998~2004년 부산여성연대회의 회장 상부산시장상(2회)(1990), 보건사회부장관표창(1994), 행정자치부장관표창(1998), 부산시 자원봉사상(1999), 여성특별위원회 위원장표창(2000), 부산여성상(2000 · 2004), 국무총리표창(2001), 비추미여성대상(2010), 제9회 유관순상(2010), 박차정 여성운동상(2011), 대한민국인권상 국민포장(2013) 정'일본천황의 면죄부' '일본군 군대 위안부'(일본판) '성교육 교재 3권' '말살된 묘비-여자정신대' '천황의 면죄부-침략전쟁은 아직 끝나지 않았다' 수필집 '내 인생의 소중한것' '사랑과 인생의 풍경' '남편들의 이유기' '아내로부터의 이혼장' '그대 분노의 땅 위에 사랑을 증명하라' '또 다시 시작되는 여로' '쓰러진 자의 기도' '여자가 걷는다'(제9수필집) 열'히데요시가 이기지 못한 조선무장' 'UN크마라스와미 보고서-일본에의 충고' 종불교

김문숙(金文淑 · 女) Kim, Moon-Sook (瑞園)

생1928 · 12 · 27 몬김해(金海) 출서울 종서울 서초구 반포대로37길59 대한민국예술원(02-3479-7224) 혁1946년 배화고등여학교졸 1950년 중앙대 교육학과 4년 수료 1972년 同개발대학원 사회교육학과 수료 경1947년 함귀봉무용연구소 입소 1954년 김문숙무용예술학원 개설 · 원장 1959년 미국 NBC-TV 초청공연 1962~1982년 한국무용협회 이사 1968년 멕시코올림픽 예술제 공연 1971~1972년 구주 · 중동 · 동남아 각국공연 1973년 홍콩 '한국의 날' 행사공연 1974년 국립극장전속극단 지도위원 1974년 중앙대 예술대학 무용과 강사 1976년 미국 독립200주년기념 현지공연 1988년 네덜란드 · 유고 · 프랑스 각지공연 1989년 중국 少數민족무용학교 방문공연 1989년 프랑스독립기념 공연 1990년 한국무용협회 이사장 1990년 서울춤아카데미 설립 · 회장(현) 1993년 아세아무용단 부회장 1994년 한국무용협회 고

문(현) 1997년 대한민국예술원 회원(무용 · 현) 1997년 무용원로원 고문(현) 1999년 국립극장 무용분야 자문위원 2000년 전국무용제 위원장 2000년 한국예술종합학교 무용원 겸임교수 2001년 용인대 예술대학 무용학과 강사 2002년 문화재청 문화재위원 2003~2005년 국립중앙극장 운영심의위원 2004년 벽사국제무용콩쿨 심사위원 2004년 서울무용제 운영위원 2007년 (사)우리춤협회 명예고문(현) 2009~2010년 대한민국예술원 연극 · 영화 · 무용분과 회장 2012~2015년 (재)명동 · 정동극장 비상임이사 **상**국민훈장 목련장(1973), 예총 예술공로상(1991), 예총 문화대상(2000), 한국무용협회 무용 대상(2002), 대한민국예술원상 연극 · 영화 · 무용 부문(2003), 한국연예인협회 스승의날 무용분야 올해의 스승상(2004), 벽사춤아카데미 벽사 본상(2005) **상**공연작품 '무영탑' '별의 전설' '황진이' '명무전' '가사호접' '썰물' '살풀이' 외 다수 **종**천주교

김문순(金文純) KIM Moon Soon (逸堂)

생1944 · 3 · 3 **출**대구 달성 **주**서울 중구 세종대로21길40 씨스퀘어빌딩5층 (재)조선일보미디어연구소(02-724-6000) **학**1962년 대구 계성고졸 1967년 연세대 정치외교학과졸 **경**1975년 조선일보 경제부 기자 1985년 同경제부 차장 1988년 同경제부 부장대우 1989년 同경제부장 1990년 同부국장대우 경제부장 1991년 同편집국 부국장 1992년 同논설위원 1997년 同사장실 실장 1999년 同이사대우 출판편집인 2000년 同출판본부장 겸임 2000년 아시아나항공(주) 사외이사 2001년 조선일보 이사대우 광고국장 2002년 同이사 광고국장 2003~2006년 한국신문협회 광고협의회장 2003년 한국신문윤리위원회 윤리위원 2004년 조선일보 상무이사 광고국장 2004년 同상무이사 겸 마케팅전략실장 2006년 연세언론인회 회장(현) 2006년 조선일보 대표이사 전무 겸 발행인 · 인쇄인 2007년 한국신문협회 부회장 2008~2010년 조선일보 대표이사 부사장 겸 발행인 · 인쇄인 2009년 同방송진출기획단 운영위원 2010~2016년 유진투자증권(주) 사외이사 2010년 (재)조선일보미디어연구소 이사장(현) 2015년 한화케미칼(주) 사외이사(현) 2016년 조선일보 기타비상무이사(현) **상**연세언론인상(2014) **제**'재벌25시(共)'(1985) '재계의 인재들(共)'(1986) '한국경제는 살아있다'(1995) **종**기독교

김문오(金文澳) KIM Moon Oh

생1949 · 5 · 4 **본**김해(金海) **출**대구 **주**대구 달성군 논공읍 달성군청로33 달성군청 군수실(053-668-2001) **학**1968년 경북사대부고졸 1973년 경북대 법정대학 법학과졸 **경**1975년 대구MBC 기자 1986년 同사회부 차장 1988년 同편집부 차장 1990~1991년 한국기자협회 대구경북지부장 1991년 대구MBC 사회부장 직대 1994년 同사회부장 1995년 同취재1부장 1996년 同편집부장 1997년 同보도국장 1999년 同경영국장 2001년 同편성국장 2003년 同기획심의실장 2004년 同플러스사업국장 2005년 대구MBC미디컴 대표이사 2008년 한국언론재단 기금이사 2009년 민주평통 자문위원 2009년 신문유통원 비상임이사 2010~2014년 대구시 달성군수(무소속 · 새누리당) 2014년 대구시 달성군수(새누리당)(현) 2015년 계명대 행정학전공 특임교수(현) **상**대구시 문화상(1998), 한국방송대상(2002), 지식경영인대상 자치단체장부문(2012), 한국경제신문 대한민국 공공경영대상 지역경제발전부문(2013), 달성군 모범선행표창(2014), TV조선 '한국의 영향력 있는 CEO'(2015), 대한민국미래창조경영대상 기업가정신부문 미래혁신경영대상(2015 · 2016) **종**불교

김문용(金文容)

생1968 · 4 · 20 **출**전남 해남 **주**전남 보성군 벌교읍 녹색로5247 전남 보성소방서 서장실(061-859-0701) **학**1988년 광주 금호고졸 1999년 한국해양대졸 **경**1999년 소방위 임용(소방간부후보 10기) 2005년 서울 종로소방서 예방담당 2008년 소방방재청 소방정책국 대응전략과 근무 2008~2010년 同소방정책국 방호조사과 근무 2011년 전남도 소방본부 방호구조과 근무(지방소방령) 2012년 소방방재청 소방정책국 소방정책과 근무 2014년 국민안전처 중앙소방본부 소방정책국 소방정책과 근무 2015년 전남도 소방본부 소방행정과장(지방소방정) 2016년 전남 보성소방서장(현)

김문일(金文一) KIM Moon Il

생1947 · 4 · 12 **본**김해(金海) **출**전남 곡성 **주**서울 강남구 강남대로606 삼주빌딩402호 현우서비스(주) 대표이사(02-514-2002) **학**1979년 명지대 체육교육학과졸 **경**국가대표 테니스 선수 · 감독, (주)서울방송 해설위원, 1988년 제24회 서울올림픽대회 테니스본부 사무총장, 현대해상화재보험(주) 테니스단 감독, 同호남본부장 1988년 同이사 2001년 경일산업개발(주) 대표이사

2007~2008년 3650지구 서울인협로타리클럽 회장 2001년 곡성중앙초 봉순장학회 이사장(현) 2007년 현우서비스(주) 대표이사(현) 2008년 한나라당 담양 · 곡성 · 구례당원협의회 운영위원장 2008년 제18대 국회의원선거 출마(담양 · 곡성 · 구례, 한나라당) 2010~2012년 국민생활체육협의회 전국테니스연합회장 2010년 한나라당정치대학원10기동문회 회장 2010년 한나라당 문화예술체육특별위원회 문화소통소위원 2011년 同조직강화특별위원회 위원 2011~2012년 同전남도당 위원장 2015년 한국시니어테니스연맹 회장(현) **상**대통령표창, 체육훈장 기린장 **종**기독교

김문자(金文子 · 女) KIM Moon Ja

생1955 · 2 · 2 **출**서울 **주**경기 화성시 봉담읍 와우안길17 수원대학교 의류학과(031-220-2244) **학**1978년 이화여대졸 1980년 同대학원졸 1984년 문학박사(이화여대) **경**1984년 상명여대 강사 1985년 수원대 의류학과 조교수 · 부교수 · 교수(현) 2001년 복식문화학회 이사 · 편집위원 2002년 한복문화학회 편집위원 · 이사 · 부회장 2002년 한국복식학회 이사 2005년 국립민속박물관 자문위원 2007~2011년 한국패션비즈니사학회 부회장 · 회장 2008~2009년 수원대 의류학과장 2015년 同생활과학대학장 **상**문광부 우수학술도서상(1998) **제**'韓國服飾文化의 源流'(1997, 강성출판) '한국복식문화사'(2004, 교문사) '한민족역사문화도감'(2005, 국립민속박물관) '옷차림과 치장의 변천'(2006, 두산동아) '중앙아시아의 역사와 문화'(2007, 솔)

김문재(金文才) KIM Moon Jae

생1953 · 4 · 25 **출**제주 서귀포 **주**인천 중구 인항로27 인하대학교병원 내과(032-890-2538) **학**1972년 광주고졸 1979년 연세대 의대졸 1983년 同대학원 의학석사 1991년 의학박사(연세대) **경**1979~1982년 연세대 세브란스병원 내과전공의 1983~1985년 국군수도병원 심장내과 과장 1986년 연세대 의대 연구강사 1987~1996년 인하대 의대 내과학교실 조교수 · 부교수 1992년 미국 뉴욕주립의대 · 코넬대 의대 교환교수 1996년 인하대 의대 내과학교실 교수(현) 1996년 同신장센터 소장, 同병원 신장센터 교수(현) 2000~2004년 대한신장학회 간행이사 2006~2010년 아시아태평양지역신장학회(APCN) 조직위원 2007~2009년 대한고혈압학회 보험이사 2010년 인하대 의대 내과학교실 주임교수(현) 2012년 대한투석접근학회 회장 2013~2014년 대한고혈압학회 회장 2013년 대한내과학회 부회장 2014년 대한투석접근학회 고문(현) 2015년 2016년 세계고혈압학회 학술대회 부대회장(현) **상**대한신장학회 Gambro연구상(2004) **제**'신장학'(1999) '임상신장학'(2001) '임상노인의학—Practice of Geriatrics'(2003) '신장학의 최근 진전—Angiotenin II Receptor Blocker(ARB)'(2003) '만성사구체신장 환자를 위한 Q&A'(2007) '전문의를 위한 Cardiology 2008 Mangement'(2008) '고혈압'(2009) '전문의를 위한 고혈압 진료'(2009) 'Textbook of Hypertension 고혈압교과서'(2009) '혈액투석 접근로 관리지침서'(2013) '한국의 신장투석의 역사와 현황'(2014, 일본투석학회 신과 투석) **역**'해리슨 내과학'(2005 · 2009) **종**기독교

김문재(金文在)

생1957 · 11 · 1 **출**경남 합천 **주**경남 진주시 월아산로2082의5 경남서부보훈지청(055-752-3881) **학**1975년 거창 대성고졸 1989년 동아대 법학과졸 **경**1979년 국가보훈처 근무 2008년 同보훈심사위원회 운영지원과 근무, 同보상관리과 사무관 2014년 同등록관리과 서기관 2016년 同경남서부보훈지청장(현)

김문집(金文執) KIM Moon Jib

생1954 · 12 · 5 **본**경주(慶州) **출**충남 서천 **주**충남 아산시 순천향로22 순천향대학교 전자물리학과(041-530-1232) **학**1973년 서천고졸 1977년 충남대 물리학과졸 1981년 同대학원 물성물리학과졸 1988년 이학박사(충남대) **경**1983년 순천향대 전자물리학과 전임강사 · 조교수 · 부교수 · 교수(현) 1989년 일본 大阪大 약과대학 물리화학교실 Post-Doc. 1993년 同객원교수 1996년 순천향대 학보사 주간 1997년 일본 원자력연구소 객원연구원 1998년 순천향대 전산정보교육원장 2001년 同학술정보처장 **제**'X선 결정해석의 지침서(1991, 한국결정학회) '기초결정학과 Weinsenberg, De Jong-Bouman, Buerger precession 사진법'(1995, 청문각) '컴퓨터활용'(1999, 순천향대) '하나로 4축 단결정회절장치 측정절차와 해석체계 구축'(1999, 한국원자력연구소) 'X선구조해석입문'(2000, 순천향대) 'X-선단결정구조해석'(2001, 북스힐) **역**'X선회절분석'(1992, 반도) '일반물리학'(1996, 청문각) '대학물리학'(1999, 에드텍) 'X선구조해석입문(X선구조해석을 시작해 봅시다)'(2000, 순천향대)

김문택(金文澤)

㈜대구 북구 대학로80 경북대학교 사무국(053-955-5313) 학포항 대동고졸, 동국대 교육학과졸, 미국 펜실베이니아주립대 대학원 교육학과졸 경2002년 교육인적자원부 전문대학지원과 서기관 2002년 경북도 교육청 의사담당관 2006년 경북대 서기관 2007년 교육인적자원부 평생직업교육지원국 직업교육진흥팀장 2008~2009년 경북대 기획과장 2010년 교육과학기술부 인재정책기획과장 2011년 同인재정책실 인재정책과장(부이사관) 2012년 금오공과대 사무국장 2014년 순천대 사무국장(고위공무원) 2015년 충북대 사무국장 2016년 경북대 사무국장(현)

김문현(金文鉉) KIM Moon Hyun

생1946·10·13 본김해(金海) 출경남 삼천포 주서울 광진구 군자로121 세종사이버대학교(02-2204-8006) 학1964년 경남고졸 1969년 서울대 건축학과졸 1977년 프랑스 국립응용과학원 토목전문대학원졸 1980년 공학박사(프랑스 국립응용과학원) 경1972~1992년 한국과학기술원 시스템공학센터 책임연구원·연구부장 1974~1975년 일본 미쓰비시중공업 코베연구소 연구원 1980~1984년 중앙대 국제경영대학원 강사 1980~1985년 건설기술교육원 외래교수 1980~1988년 대한건축학회 CAD위원회 위원장 1984~1986년 한국과학기술원 토목공학과 교수 1986~1987년 서울시립대 대학원 강사 1992~2001년 한국과학기술원 시스템공학연구소장 1993~1996년 한국컴퓨터그래픽스학회 회장 2000년 세종대 컴퓨터소프트웨어학과 교수 2000~2002년 同소프트웨어대학원장 2001~2005년 同전자정보공학대학장 2005년 同산업경영대학원장 2005~2006년 同대학원장 2015년 세종사이버대 총장(현)

김문현(金文鉉) KIM Moon Hyun

생1956·1·31 출삼척(三陟) 주대구 주경기 수원시 장안구 서부로2066 성균관대학교 정보통신대학 컴퓨터공학과(031-290-7117) 학1978년 서울대졸 1980년 한국과학기술원(KAIST) 석사 1988년 공학박사(미국 서던캘리포니아대) 경1988년 성균관대 정보통신대학 컴퓨터공학과 조교수·부교수·교수(현), 정보과학회 논문지 편집위원 2012~2014·2016년 성균관대 정보통신대학원장(현) 전'인공지능'(2002, 생능출판사)

김문호(金文鎬) KIM Moon Ho

생1961·12·3 출서울 주서울 중구 남대문로117 동아빌딩9층 전국금융산업노동조합(02-2095-0000) 학1980년 경기상고졸 1986년 한양대 회계학과졸 경1979년 산업은행 입행 1995~1998년 同노동조합 수석부위원장 겸 정책팀장 1998~2001년 同노동조합위원장 2008년 전국금융산업노동조합 사무처장 2010년 전국금융산업노동조합 위원장(현) 2011년 금융경제연구소 이사장(현) 2012년 민주통합당 제18대 대통령중앙선거대책위원회 노동위원회 부위원장

김문홍(金紋弘) Kim Moon Hong

생1958·7·15 출전남 진도 주강원 동해시 이원길156 동해지방해양경찰청(033-741-2000) 학1977년 영흥고졸 2005년 목포대 대학원 행정학과졸(석사) 2012년 同대학원 최고경영자과정 수료 경1986년 해양경찰 순경 임용 2005년 목포해양경찰서 305함장 2007년 해양경찰청 경비구난국 대테러계장 2008년 同운영지원과 복지계장 2010년 목포해양경찰서 3009함장 2011년 동해해양경찰서 5001함장(총경) 2012년 서해지방해양경찰청 경비안전과장 2012년 해양경찰청 수색구조과장 2012~2014년 목포해양경찰서장 2014년 국민안전처 서해지방해양경비안전본부 기획운영과장 2015년 同해양경비안전교육원 학생과장 2015년 同동해해양경비안전서 1513함장(현) 상모범공무원표창(1998), 대통령표창(2002), 국제해사기구(IMO) 의인상(2011), 국방부 주관 공무원리더십사례 최우수상(2011), 근정포장(2013)

김문환(金文煥) KIM Moon Hwan

생1946·1·10 본김해(金海) 출경북 의성 학1964년 경북고졸 1969년 서울대 법학과졸 1973년 同대학원 법학과졸 1982년 미국 뉴욕대 대학원 법학과 수료 1989년 법학박사(서울대) 경1973~1978년 공군사관학교 교관 1982~1990년 국민대 법학과 조교수·부교수 1986~1987년 미국 산타클라라대 법과대학 교환교수 1988년 한국소비자보호원 전문위원 1990~2004년 저

작권심의조정위원회 위원 1990~2003년 국민대 법학과 교수 1992년 특허청 국제특허연수원 명예교수 1996~1998년 국민대 법과대학장 1996년 녹색소비자연대 공동대표 1997년 한국지적소유권학회 부회장 1998~2002년 국민대 산업재산권대학원장 2001~2003년 한국국제거래법학회 회장 2002~2007년 한국신용카드학회 회장 2003~2007년 한국인터넷법학회 회장 2004~2008년 국민대 총장 2004~2010년 지식경제부 전기위원회 위원장 2005년 한국상사법학회 부회장 2005~2007년 한국지적재산권학회 회장 2006~2008년 한국대학총장협회 회장 2006~2007년 한국상사법학회 회장 2007년 한국국제사법학회 회장 2007~2009년 우리은행 사외이사 2008~2010년 아름다운가게 이사장 2009~2011년 한국풀브라이트동문회 회장 2009~2014년 (재)동행 이사장 2010~2012년 문화방송 시청자위원장 2010~2015년 공군사관학교 명예교수 2013년 방송문화진흥회 이사 2013~2015년 同이사장 상대통령표창(2003), 문화관광부장관표창(2004), 청조근정훈장(2011) 전'미국법 연구Ⅰ'(1988) '컴퓨터프로그램 보호법(共)'(1989) '신용카드 이야기'(1989) '크레디트 카드와 法律問題에 관한 研究'(1989) '知的所有權 法上의 企業秘密에 관한 研究(共)'(1990) '信用카드業法解說'(1991) 역'미국 변호사회 이사의 책임'(1981) '미국 법률조합들이 중공교역붐에 편승하다'(1982) '미법정에 중공을 끌어들이려 하다'(1983)

김문환(金文煥) Kim Moon-hwan

생1964·3·4 주서울 종로구 사직로8길60 외교부 인사운영팀(02-2100-7139) 학1987년 서울대 외교학과졸 1993년 미국 뉴욕주립대 대학원 정치학과졸 경1987년 외무고시 합격(21회) 1987년 외무부 입부 1995년 駐UN대표부 1등서기관 1998년 駐오만 1등서기관 2005년 駐오스트리아 참사관 2005년 외교통상부 인권사회과장 2007년 駐인도네시아 참사관 2008년 駐UN대표부 공사참사관 2012년 국무총리실 외교심의관 2012년 외교통상부 국제기구국장 2013년 외교부 국제기구국장 2014년 駐에티오피아 대사(현)

김문환(金文煥) KIM Moon Hwan

생1966·11·19 본경주(慶州) 출부산 주대구 달서구 성서4차첨단로122의11 대구·경북지방중소기업청 청장실(053-659-2202) 학1986년 부산 내성고졸 1990년 연세대 경제학과졸 2006년 미국 콜로라도대 덴버교 대학원 경영학과졸 경1995~1997년 농림수산부 기획관리실 행정관리담당관실·농업정책실 농지관리과 행정사무관 1997년 중소기업청 기획관리관실 행정법무담당관실 행정사무관 1998년 同중소기업정책국 구조개선과 행정사무관 1998년 同판로지원국 판매지원과 행정사무관 1999년 同기술지원국 기술정책과 행정사무관 1999년 미국 버클리대 동아시아연구센터 국비단기훈련 파견 2000년 중소기업청 기술지원국 기술지도과 행정사무관 2000년 同기획관리관실 기획예산담당관실 행정사무관 2003년 同중소기업정책국 정책총괄과 사무관 2003년 同중소기업정책국 정책총괄과 서기관 2004년 인천지방중소기업청 지원총괄과장 2006년 중소기업청 창업벤처본부 창업제도팀장 2008년 同기술혁신국 기술정책과장 2009년 同경영지원국 기업금융과장 2010년 同기획조정관실 기획재정담당관 2011년 同기획조정관실 기획재정담당관(부이사관) 2012년 同중소기업정책국 기업금융과장 2013년 同경영판로국 판로정책과장 2013년 同경영판로국 공공구매판로과장 2014년 同옴부즈만지원단장 2014년 同창업벤처국장 2015년 중앙공무원교육원 교육파견 2016년 대구·경북지방중소기업청장(현)

김문황(金文晃) KIM Moon Hwang

생1956·12·22 본전주(全州) 출부산 주충북 청주시 서원구 충대로1 충북대학교 인문대학 노어노문학과(043-261-2385) 학1976년 서울고졸 1981년 한국외국어대 러시아학과졸 1985년 미국 아메리칸대 대학원 러시아지역학과 수료 1988년 미국 미시간주립대 대학원 슬라브어문학과졸 1994년 슬라브어문학박사(미국 미시간주립대) 경1989~1991년 미국 미시간주립대 연구조교 1994년 서울대 노어노문학과 강사 1994년 한국외국어대 러시아어과 강사 1995년 충북대 인문대학 노어노문학과 전임강사·조교수·부교수·교수(현) 2008~2010년 한국노어노문학회 회장 상대한민국학술원 기초학문분야 우수학술도서 선정(2003) 전'고대 러시아 문학사: 어둠을 밝히는 햇불'(2002, 건국대 출판부) '러시아 문학감상: 까람진부터 나보꼬프까지'(2002, 건국대 출판부) '고대 러시아 문학사'(2002, 건국대 출판부) '근대 러시아 문학사'(2008, 충북대 출판부) '고대 러시아 문학사'(2009, 충북대 출판부) '생활 러시아어'(2010, 교육부) '러시아어1'(2011) '기초 러시아어'(2011) 역'톨스토이 중단편선'(2010, 작가정신) '현대러시아문학사'(2012, 충북대 출판부) '타라스 불바'(2014, 지만지) '검찰관'(2014, 다해) 종기독교

김문희(金文姬 · 女) KIM Moon Hee (임당)

[생]1928 · 10 · 13 [출]경북 포항 [주]서울 성북구 인촌로17가길46 용문학원 이사장실(02-928-3606) [학]1945년 포항공립고졸 1949년 이화여대 영어영문학과졸 1953년 일본 학습원대학 정경학부 수학 1959년 이화여대 대학원 국제정치학과 수료 [경]1956~1970년 YWCA 국제친선부 위원 1961~1974년 한국걸스카우트연맹 이사 1964년 이화여대 국제정치학과 강사 1970~1995년 용문고 교장 1973~1975년 한국BPW연맹 회장 1974~1982년 한국걸스카우트연맹 부총재 1980년 서울시사립중고교장회 부회장 1980~1982년 한국여성유권자연맹 회장 1982~1990년 한국걸스카우트연맹 총재 1986년 한국걸스카우트지원재단 이사장 1988~1993년 한국청소년단체협의회 회장 1989년 한국청소년연구원 초대이사장 1998년 학교법인 용문학원 이사장(현) [상]청소년선도유공 국민훈장 동백장, 제8회 김활란 여성지도자상(2007) [종]기독교

김문희(金汶熙) KIM Moon Hee (靑平)

[생]1937 · 2 · 25 [출]울산 [주]서울 마포구 신촌로88 태영빌딩3층 법무법인 신촌(02-333-2477) [학]1955년 경남고 2년 수료 1959년 서울대 법대졸 [경]1958년 고등고시 사법과 합격(10회) 1959년 해군 법무관 1962~1972년 서울형사지법 · 대구지법 · 서울고법 판사 1972년 대법원 재판연구관 1973~1977년 서울지법 영등포지원 · 서울민사지법 · 서울형사지법 부장판사 1977년 법원행정처 법정국장 1979년 서울민사지법 부장판사 1979년 수원지법 인천지원장 1980년 서울고법 부장판사 1981~1988년 변호사 개업 1985년 국무총리 행정심판위원 1988년 헌법재판소 재판관 2000년 변호사 개업 2003년 법무법인 신촌 대표변호사(현) 2010년 농심홀딩스 사외이사(현) [상]청조근정훈장(2000) [종]불교

김문희(金紋希 · 女) Kim Moon Hyee

[생]1965 · 10 · 30 [본]김해(金海) [출]경북 상주 [주]부산 연제구 법원로31 부산지방법원(051-590-1114) [학]1984년 상주여고졸 1989년 서울대 법대 공법학과졸 [경]1993년 사법시험 합격(35회) 1996년 사법연수원 수료(25기) 1996년 변호사 개업 1998년 부산지법 판사 2002년 同가정지원 판사 2004년 부산지법 판사 2007년 부산고법 판사 2010년 부산지법 동부지원 판사 2011년 울산지법 부장판사 2013년 부산가정법원 부장판사 2015년 부산지법 부장판사(현)

김미경(金美璟 · 女) Kim Mee Kyung

[생]1959 · 12 · 14 [주]충북 청주시 흥덕구 오송읍 오송생명2로187 식품의약품안전평가원 첨가물포장과(043-719-4351) [학]1983년 단국대 화학과졸1997년 환경분석화학박사(미국 뉴욕주립대) [경]1983~1987년 한국표준과학연구원 연구원 2000~2013년 국립수의과학검역원 · 농림축산검역검사본부 연구관 2007~2015년 미국 세계인명사전 '마르퀴스 후즈후'에 등재 2008~2009년 영국 인명사전 IBC에 등재 2013년 식품의약품안전평가원 잔류물질과 연구관 2014년 국립수산과학원 동해수산연구소 해역산업과장 2014년 식품의약품안전처 대전지방식품의약품안전청 유해물질분석과장 2016년 식품의약품안전평가원 첨가물포장과장(현) [상]농림부장관표창(2007), 농림축산식품부장관표창(2013)

김미경(金美冏 · 女) Kim Mee Kyung

[생]1961 · 10 · 6 [본]안동(安東) [출]대전 [주]서울 종로구 홍지문2길20 상명대학교 행정학과(02-2287-5083) [학]1995년 행정학박사(성균관대) [경]1992~1993년 성균관대 강사 1995~2006년 상명대 행정학과 전임강사 · 조교수 · 부교수 2002~2007년 행정자치부 지방자치단체합동평가위원회 평가위원 2002 · 2007년 행정고시 출제위원 2003년 한국여성유권자연맹 자문위원 2004년 한국국방연구원(KIDA) Fellow 2004년 한국행정학회 총무이사 2004년 뉴거버넌스센터연구소 소장(현) 2005년 한국정책분석평가학회 총무이사 2005~2007년 경제인문사회연구회 국책연구기관평가단 평가위원 2005~2006년 행정자치부 정부혁신관리평가단 평가위원 2005~2007년 同정부업무평가위원회 평가위원 2006~2007년 同지방자치단체컨설팅단 평가위원 2006~2008년 同고위공무원단역량평가단 역량평가위원 2006년 상명대 행정학과 교수(현) 2006년 국민권익위원회 정부업무평가위원(현) 2006~2007년 기획재정부 공공기관평가단 평가위원 2006 · 2008년 한국정책학회 연구이사 2007년 한국정책분석평가학회 연구위원장 2007년 한국행정학회 섭외위원장 2007년 여성부 정부업무평가위원 2007년 중앙인사위원회 소청심사위원회 비상임위원 2007~2008년 경제인문사회연구회 연구기획평가위원 2007년 진실화해진상규명위원회 행정심판위원 2007~2008년 진실화해진상규명위원회 행정심판위원 2008~2013년 행정안전부 고위공무원단역량평가단 역량평가위원 2008~2010년 여성부 청렴옴부즈만 평가위원 2009년 서울신문 열린세상 컬럼집 필진 2009년 국무총리실 특정과제평가단평가위원 2010년 국무총리소속 행정협의조정위원회 협의조정위원(현) 2010~2014년 국가보훈처 국가보훈위원회 보훈위원 2010~2012년 국무총리실 정부업무평가위원회 평가위원 2010년 국방부 성과평가단 평가위원(현) 2010년 방위사업청 정부업무평가위원회 평가위원(현) 2010년 국방부 정부업무평가위원회 평가위원(현) 2010~2013년 중앙공무원교육원 강사 2010~2013년 변호사등록심사위원회 심사위원 2010~2013년 행정안전부 책임운영기관운영위원회 운영위원 2010~2014년 기획재정부 부담금심의위원회 심의위원 2010~2012년 한국보훈복지의료공단 비상임이사 2010~2012년 원자력문화재단 비상임이사 2010~2012년 녹색산업단 비상임이사 2011~2013년 행정안전부 지방공기업정책위원회 운영위원 2012년 한국보훈복지의료공단 비상임이사 2012년 한국정책학회 섭외위원장 2012년 기획재정부 규제개혁위원회 심의위원(현) 2013년 안전행정부 책임운영기관운영위원회 운영위원(현) 2013년 同지방공기업정책위원회 운영위원(현) 2013년 同고위공무원단역량평가단 역량평가위원(현) 2014년 기획재정부 재정운용심의위원회 자문위원(현) 2014년 정부3.0이행계획점검단 점검위원(현) 2014년 정부3.0강사단 강의(현) 2014년 한국정책학회 연구위원장(현) 2014년 한국미래행정학회 연구위원장 2015년 同회장(현) [상]한국지방행정연구원 공로상(2001), 국무총리표창(2002), 대통령표창(2006), 상명대 강의평가우수상(2011), 국방대총장표창(2013), 녹조근정훈장(2015) [저]'미래의 국정관리(共)'(1998, 법문사) '미래국가로 가는 길 뉴거버넌스(共)'(2008, 대영문화사) '새로운 시대의 공공성연구(共)'(2008, 법문사) '한국행정60년 1948-2008(共)'(2008, 법문사) '21세기 국가운영 선진화와 거버넌스(共)'(2011, 휴머니즘) [역]'미래의 국정관리(共)'(1998)

김미경(金美京 · 女) KIM Mi Kyung (松我)

[생]1965 · 7 · 5 [본]김해(金海) [출]서울 [주]서울 중구 덕수궁길15 서울특별시의회(02-3783-1676) [학]1984년 정화여상졸 2007년 한국방송통신대 행정학과졸 2009년 고려대 정책대학원 도시 및 지방행정학과졸 [경]은평문화마당 대표, 경제정의실천시민연합 회원, 노사모(노무현을 사랑하는 사람들의 모임) 회원, (주)테마 의류디자이너, ING무역 대표, 미우치아의류 대표, 대통합민주신당 서울시당 여성국장, 은평구생활체육협의회 이사, 법제처 국민법제관(지방행정분야) 2002년 서울시 은평구의회 의원 2007년 서울시 은평구의회 의원(재 · 보궐선거 당선) 2010년 서울시의회 의원(민주당 · 민주통합당 · 민주당 · 새정치민주연합) 2010년 同민주당 공보부대표(대변인) 2010년 同운영위원회 위원 2010년 同문화관광위원회 위원 2010년 同친환경무상급식지원특별위원회 위원 2010년 同개혁과발전특별위원회 위원 2010년 同해외문화재찾기특별위원회 위원 2010년 同문화체육관광위원회 위원 2011년 同예산결산특별위원회 위원 2012년 同도시계획관리위원회 부위원장 2012년 同정책연구위원회 위원 2013년 同골목상권및전통시장보호를위한특별위원회 위원 2013년 同강남 · 북교육격차해소특별위원회 위원 2014년 새정치민주연합 서울시당 대변인 2014년 서울시의회 의원(새정치민주연합 · 더불어민주당)(현) 2014년 同도시계획관리위원회 위원장 2015년 더불어민주당 서울시당 대변인(현) 2016년 서울시의회 의회역량강화TF 위원(현) 2016년 同운영위원회 위원(현) 2016년 同문화체육관광위원회 위원(현) 2016년 同서부지역광역철도건설특별위원회 위원(현) [상]제4대 은평구의회 의정대상(2005), 한국매니페스토 약속대상 최우수상(2010), 제8대 서울시의회 의정대상(2012)

김미경(金美京 · 女)

[생]1975 · 2 · 16 [출]대구 [주]부산 연제구 법원로31 부산지방법원(051-590-1114) [학]1993년 원화여고졸 1997년 고려대 법학과졸 [경]1998년 사법시험 합격(40회) 2001년 사법연수원 수료(30기) 2001년 서울지법 서부지원 예비판사 2002년 서울고법 예비판사 2003년 서울지법 판사 2005년 대구지법 판사 2008년 인천지법 판사 2009년 서울중앙지법 판사 2011년 서울서부지법 판사 2013년 서울남부지법 판사 2013~2016년 법원행정처 사법정책심의관 겸임 2016년 부산지법 부장판사(현)

김미곤 KIM Mee Gon

[생]1959 · 1 · 3 [주]세종특별자치시 시청대로370 한국보건사회연구원 부원장실(044-287-8203) [학]2004년 성균관대 대학원 사회학 박사과정 수료 [경]1988년 한국보건사회연구원 연구위원 1996~1997년 보건복지부 규제개혁위원회 전문위원 2003년 한국사회복지정책학회 편집위원 2007년 한국보건사회연구원 사회보장연구본부 복지패널팀장 2008년 同기초보장연구실장 2012년 同

연구기획조정실장 2013년 同사회정책연구본부 기초보장연구센터 연구위원 2015년 同사회보장연구실장 2015년 同부원장(현) [저]'근로소득공제 시범사업 연구'(2004) '중장기 농어촌 보건복지 증진방안'(2004)

김미리(金美利 · 女) KIM Mee Ree

[생]1956 · 8 · 1 [출]서울 [주]대전 유성구 대학로99 충남대학교 생활과학대학 식품영양학과(042-821-6837) [학]1979년 서울대 식품영양학과졸 1981년 同대학원 식품영양학과졸 1988년 식품영양학박사(서울대) [경]1987년 충남대 생활과학대학 식품영양학과 교수(현) 1998년 同식품영양학과장 2005년 同생활과학대학장 2008년 미국 세계인명사전 'Marquis Who's Who in the World 2009년판'에 등재 2010년 한국식품관련학회 회장 2010년 동아시아식생활학회 회장 2011년 (사)식생활대전네트워크 상임대표(현) [상]한국과학기술단체총연합회 과학기술우수논문상(2001 · 2004), 동아시아식생활학회 학술상(2006), 한국식품영양과학회 학술상(2006), 한국식품조리과학회 학술상(2008), 국무총리표창(2010), 대전시 경제과학대상 농업부문(2015), 오뚜기 학술상(2016) [저]'식품과 조리원리' '식품품질평가' '조리과학' '식생활과 다이어트' '식품조리과학용어사전'

김미리(金美利 · 女) KIM Mi Rie

[생]1961 · 6 · 15 [주]대전 유성구 엑스포로161 대전문화방송 편성제작국(042-330-3320) [학]호수돈여고졸 1983년 덕성여대 영어영문학과졸 2003년 침례신학대 대학원 음악학과졸 [경]1983년 중학교 교사 1984년 대전MBC 입사 2000~2001년 충남도 여성정책심의위원 2001년 국제과학기술자협의회 이사 2002년 대전MBC TV제작부 차장 2003년 한국방송프로듀서연합회 지부장 2004년 대전MBC TV제작부장(부장대우) 2006년 同편성국 TV제작부 프로듀서(부장대우) 2004~2005년 한국방송프로듀서연합회 대전 · 충남지부장 2005년 대전시 여성정책위원 2008년 대전MBC 편성국 R제작부장 2008년 同편성국 R편성제작부장 2009년 同방송본부 제작센터장 2010년 同방송본부 편성제작센터장(부국장) 2010년 同편성제작국장 2012년 同경영기술국장 2016년 同편성제작국장(현) [상]한국방송대상 지역문화부문상(1993), 프로그램기획상(2005)

김미리(金美利 · 女)

[생]1964 · 5 · 29 [주]경기 수원시 팔달구 효원로1 경기도의회(031-8008-7000) [학]성동여실졸, 숭의여대 도서관학과졸 [경]답내초 사서, 전회련학교비정규직본부 경기지부 부지부장, 전국학교도서관사서연합회 회장(현) 2014년 경기도의회 의원(비례대표, 새정치민주연합 · 더불어민주당)(현) 2014~2015년 同예산결산특별위원회 위원 2014년 同여성가족평생교육위원회 위원 2014년 同여성가족교육협력위원회 위원 2015년 同안보대책특별위원회 야당 간사 2015년 同어린이집 · 유치원교육환경개선특별위원회 야당 간사 2015년 同청년일자리창출특별위원회 위원(현) 2016년 同교육위원회 위원(현) 2016년 同노동자인권보호특별위원회 간사(현)

김미리(金美利 · 女) Kim Mi Lee

[생]1969 · 1 · 9 [출]제주 북제주 [주]서울 마포구 마포대로 174 서울서부지방법원(02-3271-1114) [학]1988년 제주여고졸 1992년 서울대 법학과졸 1998년 同대학원졸 [경]1994년 사법시험 합격(36회) 1997년 사법연수원 수료(26기) 1997년 부산지법 판사 2001년 부산지법 동부지원 판사 2002년 제주지법 판사 2006년 수원지법 판사 2009년 서울고법 판사 2010년 대법원 재판연구관 2012년 대전지법 부장판사 2014년 사법연수원 교수 2016년 서울서부지법 부장판사(현)

김미숙(金美淑 · 女) KIM Mi Sook

[생]1961 · 2 · 5 [본]김해(金海) [출]서울 [주]서울 서초구 강남대로 27 aT센터909호 한식재단 한식문화관(02-6300-2084) [학]1979년 선일여고졸 1983년 덕성여대 영어영문학과졸 2006년 서강대 공공정책대학원 사회복지학과졸 [경]1984년 기독교농촌개발원 교육부 간사, 한국농어촌사회연구소 근무, 대한YMCA연맹 근무 1989년 한국농어민신문 여성농업인담당 기자, 한국농수산방송 정보방송팀 부장 2003년 농림부 농업구조정책국 여성정책과장 2008년 농림수산식품부 농촌사회여성팀장(서기관) 2009년 同농어촌여성팀장 2010~2011년 덕성여대 입학사정관 2010년 한식재단 기획팀장 2011년 同홍보출판팀장 2012년 同사업팀장 2014년 同한식진흥팀장 2015~2016년 同브랜드팀장 2016년 同한식문화관 팀장(현)

김미연(金美連 · 女) Kim Mi Yeon

[생]1967 · 8 · 10 [주]서울 강남구 테헤란로534 글래스타워6층 한국알콘 사장실(02-2007-5000) [학]진선여고졸, 연세대 영어영문학과졸, 미국 미시간대 대학원 통신과졸, 미국 예일대 대학원 MBA [경]미국 제일기획 근무, 한국 버슨&마스텔러 근무, 한국화이자제약(주) 이스태블리쉬드프로덕츠사업부총괄 전무 2011년 同북미 EPBU US 브랜드 부사장 2015년 한국노바티스(주) 심혈관대사질환사업부 총괄책임자(부사장급) 2016년 한국알콘 사장(Country General Manager)(현)

김미해(金美海 · 女) MI HAE KIM

[생]1958 · 6 · 6 [본]김해(金海) [출]서울 [주]서울 서초구 반포대로201 국립중앙도서관 도서관연구소(02-590-0522) [학]1977년 혜화여고졸 1981년 고려대 가정교육학과졸 2002년 중앙대 신문방송대학원 출판학과졸 [경]1981~1984년 고려대 중앙도서관 · 과학도서관 근무 1985~2007년 국립중앙도서관 수서과 · 열람과 · 자료조직과 근무 2007년 同정보화담당관실 사무관 2009년 문화체육관광부 도서관정책정보기획단 근무 2012년 同자료수집과 · 국가서지과 근무 2013년 국립세종도서관 개관TF팀 · 세종관 정책자료과 근무 2014년 국립중앙도서관 도서관연구소장(서기관)(현) 2015년 2016ICA(국제기록관리협의회)서울총회 자문위원회 홍보협력분과 위원(현) [상]한국출판연구소 한국출판평론학술상(2002) [종]천주교

김미형(金美亨 · 女) KIM Mi Hyoung

[생]1964 · 4 · 19 [본]김해(金海) [출]일본 도쿄 [주]서울 종로구 새문안로76 금호아시아나그룹 부사장실(02-6303-2902) [학]1983년 일본 성심여고졸 1986년 미국 웨슬리대학 경영학과졸 1989년 법학박사(미국 스탠퍼드대) 1996년 미국 스탠퍼드대 경영대학원졸 2002년 고려대 언론대학원 최고언론과정 수료 [경]1989~1992년 미국 O'Melveny &Myers(Law Firm) 근무 1992년 금호아시아나그룹 입사 · 부사장 겸 고문변호사(현) 1998년 미국 스탠퍼드대 법과대학원 Advisory Council 2000~2003년 同경영대학원 Advisory Council 2004년 세계경제포럼(WEF) '차세대 아시아 지도자' 선정 2004년 한국국제교류재단 주최 한 · 중 · 일 3개국포럼 한국대표 2005년 세계경제포럼(WEF) '2005 영 글로벌 리더' 선정 2005년 미국 예일대 월드펠로(World Fellow)로 선정 [종]기독교

김미혜(金美惠 · 女) Mee-Hye Kim

[생]1956 · 8 · 6 [본]경주(慶州) [출]서울 [주]서울 서대문구 이화여대길52 이화여자대학교 사회과학대학 포스코연구동509호(02-3277-2262) [학]1975년 숙명여고졸 1979년 이화여대 사회사업학과졸 1983년 同대학원 사회사업학과졸(석사) 1986년 미국 Ohio State Univ. 대학원 사회사업학과졸(석사) 1992년 사회사업학박사(미국 Ohio State Univ.) [경]1980~1990년 이화여대 사회복지학과 조교 1980년 미평화봉사단 언어 · 문화 교사 1982~1983년 국제민간협력기구 사회사업가 1992~2013년 이화여대 사회복지학과 교수 1994년 한국노년학회 이사(현) 2001~2003년 이화여대 학생처 부처장 겸 성희롱상담실장 2002~2005년 노인학대상담센터 전문위원장 2002년 국립중앙도서관 사회복지영역외국자료추천위원회 추천위원(현) 2004~2005년 대통령자문 국민경제자문위원 2009~2013년 이화여대 사회복지전문대학원장 2012년 서울시 복지위원회 위원 2013~2014년 한국노년학회 회장 2013년 이화여대 사회과학대학 사회과학부 사회복지학전공 교수(현) 2013년 서울시 투자심사위원회 위원(현) 2014년 한국기독교사회복지학회 이사(현) [상]'The Professor Merries Cornell Graduate Research Scholarship Fund Award'(1991), 근정포장(2006) [저]'양성평등이 보장되는 복지사회'(1997) '고용과 사회복지'(2002) '노인복지 실천론'(2002) '사회복지정책분석'(2007) 'Social Welfare Policy for Elderly'(2011, Korean, KOREAN STIDIES SERIES NO. 47) '재가노인복지정책의 변천(共)'(2013) [역]'사회복지기관 행정론'(1993) [종]기독교

김미혜(女)

[생]1959 · 6 · 28 [주]인천 남구 주안로137 경인지방식품의약품안전청 수입식품분석과(032-450-3360) [학]1982년 서울대 식품영양과졸 1989년 이학박사(미국 매사추세츠대) [경]1994년 한림대 자연과학연구소 객원연구원 1996년 보건복지부 식품의약품안전본부 식품평가부 보건연구관 2001년 식품의약품안전청 식품평가부 식품오염물질과 연구관, 국립독성연구원 위해평가연구부 식의약품위해성팀 근무, 국립독성과학원 연구기획과 연구원 2008년 식품의약품안전청 영양기능식품국 영양평가과 보건연구관 2009년 同영양기능식품국 바이오식품팀장 2009년 경인지방식품의약품안전청 시험분석센터 수입식품분석과장 2010년 식품의약품안전평가원 오염물질과장 2012년 同첨가물포장과장 2015년 同첨가물기준과장 2016년 경인지방식품의약품안전청 수입식품분석과장(현)

김미희(金美希 · 女) KIM Mi Hee

[생]1956 · 8 · 14 [출]광주 [주]광주 북구 용봉로77 전남대학교 생활과학대학 생활환경복지학과(062-530-1322) [학]1975년 전남여고졸 1980년 연세대 주생활학과졸 1982년 同대학원 주거환경학과졸 1992년 이학박사(연세대) [경]1984~1996년 전남대 가정관리학과 전임강사 · 조교수 · 부교수 1989~1990년 同가정관리학과장 1990~1991년 同가정대학 학생과장 1993~1995년 벨기에 브뤼셀 자유대 건축공학과 객원교수 1996년 전남대 가정관리학과 교수 2000년 同생활과학대학 생활환경복지학과 교수(현) 2001~2003년 同생활환경복지학과장 겸 교학위원 2003~2004년 연세대 밀레니엄환경디자인연구소 객원교수 2005~2007년 전남대 생활과학연구소장 2009년 同생활과학대학장 2016년 한국주거학회 회장(현) 2016년 국무총리소속 국토정책위원회 민간위원(현) [저]'주택 · 주거 · 집'(2000, 태림출판사) '주거공간의 계획과 설계(共)'(2000, 기문당) '세계의 주거문화(共)'(2000, 신광출판사) '주거복지론'(2007) [역]'주거 · 문화 · 디자인(共)'(1996) '스웨덴의 주택연구와 디자인'(1999) '주택 · 주거 · 집-디자인 이론 · 연구 · 실제'(1999)

김미희(金美姬 · 女) KIM Mi Hee

[생]1963 · 7 · 5 [주]서울 서초구 남부순환로2374 한국예술종합학교 연극원 연극학과(02-746-9416) [학]1985년 고려대 영어영문학과졸 1987년 同대학원 영어영문학과졸 1998년 미국 예일대 대학원 문학과졸 1998년 영문학박사(고려대) [경]고려대 · 동덕여대 · 미국 예일대 동북아과 강사, 미국 예일대 연극저널 편집위원 1996년 한국예술종합학교 연극원 연극학과 교수(현) 1998~1999년 연극저널 「디오니소스」편집위원 1998~2002년 한국영상문학회 이사 1999년 동아연극상 심사위원 1999~2000년 한국연극교육학회 이사 1999~2001년 한국현대영미드라마학회 연구이사 2000~2002년 '연극의 이론과 비평' 편집장 2012년 한국예술종합학교 연극원 연극학과장 겸 여성활동연구소장(현) 2016년 同한국예술영재교육연구원장(현) [역]'비극과 희극, 그 의미와 형식(共)'(1995, 고려대 출판부) '헤카베'(연극의 이론과 비평)

김 민(金 旻) KIM Min

[생]1942 · 8 · 10 [본]안동(安東) [출]서울 [주]서울 서초구 남부순환로325길9 DS홀빌딩201호 코리안챔버오케스트라(02-592-5728) [학]1964년 서울대 음대 기악음악학과졸 1974년 독일 함부르크대 대학원 바이올린과졸 [경]1962년 국립교향악단과 비에니아프스키협연 데뷔 1965년 서울바로크합주단 창단 · 부악장 1969년 독일 함부르크국립음악원 연수 1972~1974년 독일 N.D.R방송 교향악단 단원 1972~1974년 독일 쾰른 챔버 오케스트라 악장 1974~1979년 독일 베를린방송 교향악단 단원 1977~2008년 독일 바이로이트페스티벌오케스트라 단원 1979~1981년 한양대 음대 교수 1979~1981년 국립교향악단 악장 1980~2015년 (사)서울바로크합주단 음악감독 1981~2007년 서울대 음대 기악과 교수 1981~1993년 KBS교향악단 악장 1984년 KBS교향악단과 일본 · 동남아 순회연주 1985년 호암아트홀초청 독주회 1986년 브라질 리오데자네이로월드필오케스트라 제1바이올린 초청연주 1996년 차이코프스키 주니어국제콩쿨 심사위원 1997년 폴란드 비에냐프스키국제콩쿨심사위원회 부위원장 1999~2005년 서울대 음대학장 2000년 폴란드 비에냐프스키국제콩쿨심사위원회 심사위원 2003~2007년 (재)코리안심포니오케스트라 음악감독 2006 · 2016년 독일 레오폴드 모차르트 바이올린국제콩쿨 심사위원 2007년 서울 윤이상앙상블 음악감독(현) 2008년 서울대 음대 명예교수(현) 2009 · 2012년 벨기에 퀸엘리자베스콩쿨 바이올린부문 심사위원 2010년 대한민국예술원 회원(음악 · 현) 2011 · 2013년 서울국제음악제 예술감독(현) 2016년 슈포아 콩쿨 심사위원 2016년 코리안챔버오케스트라 음악감독(현) [상]한국음악팬클럽선정 '이달의 음악가'(1984), 한국음악가협회선정 '올해의 음악가'(1987), 감사패(1989 · 2002 · 2006), 음악동아선정 '올해의 음악가'(1989), 한독협회 이미륵상, 우경문화예술상(2002), 폴란드 문화훈장(2007), 이탈리아 대통령메달(2009), 자랑스러운 보성인상(2011), 보관문화훈장(2015), 대원음악상 대상(2016) [작]'서울바로크합주단CD' 외 총 17장 발매 [종]기독교

김 민(金 珉) KIM Min

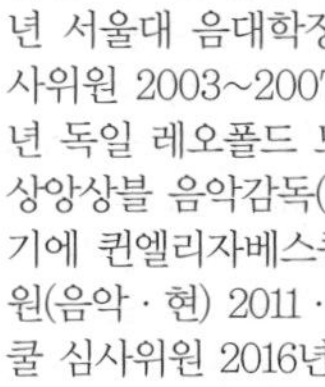

[생]1972 · 11 · 7 [본]강릉(江陵) [출]강원 춘천 [주]세종특별자치 다솜로 261 정부세종청사(044-200-2068) [학]강원대 사대부고졸, 서울대 국사학과졸, 미국 University of Colorado Denver 대학원 행정학과졸 [경]1997년 행정고시 합격(41회), 환경부 자연정책과 사무관, 금강환경관리청 관리과장, 한강유역환경청 근무, 국무총리국무조정실 기획관리조정관실 총괄심의관실 근무 2006년 同규제개혁2심의관실 환경해수과장 2008년 국무총리실 규제개혁실 경제규제관리관실 경제규제심사3과장(서기관) 2008년 교육파견(서기관) 2010년 복지정보연계추진단 파견(서기관) 2011년 국무총리실 주한미군기지이전지원단 정책조정팀장 2011년 同사회복지정책과장 2011년 同사회총괄정책과장 2013~2015년 대통령 국정기획수석비서관실 행정관 2015년 국무조정실 기획총괄정책관 과장(현)

김민구(金珉九) KIM Min Goo

[생]1954 · 10 · 20 [출]서울 [주]경기 수원시 영통구 월드컵로206 아주대학교 정보통신대학 정보컴퓨터공학부(031-219-2437) [학]서울대 계산통계학과졸, 한국과학기술원(KAIST) 석사, 공학박사(미국 펜실베이니아대) [경]1979년 한국과학기술원(KAIST) 연구원 1981~1998년 아주대 전자공학과 전임강사 · 조교수 · 부교수 1998년 同정보통신대학 정보컴퓨터공학부 교수(현) 2004년 同정보통신대학장 겸 대학원 정보통신학계열장 2006년 同정보통신전문대학원장 2006 · 2011년 同기획처장 2016년 同정보통신대학장 겸 정보통신전문대학원장(현) [역]'The X-Window System Programming and Applications with Xt'(1996)

김민규(金敏圭) KIM Min Kyu

[생]1956 · 12 · 15 [본]김녕(金寧) [출]경북 울진 [주]부산 서구 구덕로225 동아대학교 석당인재학부(051-200-8572) [학]1975년 부산 동성고졸 1980년 동아대 법대졸 1984년 同대학원 법학과졸 1987년 법학박사(동아대) 1987년 일본 교토대(京都大) 대학원 법학연구과 연수원졸 1989년 同대학원 법학연구과졸 1992년 同대학원 법학박사과정 수료 [경]1992~1994년 동아대 · 동의대 강사 1994~2005년 부산외국어대 법학부 전임강사 · 조교수 · 부교수 1996~2000년 부산지법 민사조정위원 1998~2000년 부산외국어대 학생생활취업지원부장 2004년 부산남부경찰서 집회시위자문위원 2005~2006년 부산외국어대 법학부 교수 2005년 부산지방병무청 병무행정발전시민참여위원회 및 자체평가위원회 위원(현) 2006~2014년 동아대 법학부 교수 2006년 법무부 공증인징계위원(현) 2007년 부산 중구 계약심의위원(현) 2008년 중국인민대학 법학원 객좌교수(현) 2008~2009년 동아대 경찰법무대학원장 겸 법과대학장 2009년 부산지방변호사회 분쟁조정위원(현) 2009년 부산 사상구 학교용지부담금환급금조정위원(현) 2010년 부산 동래구 도시분쟁조정위원회 위원(현) 2013년 동아대 대외협력처장 2014년 同석당인재학부 교수(현) [저]'가상공간에 있어서 법률문제'(1999) '위자료배상법론'(2005)

김민규(金旻奎) KIM MIN KYU

[생]1975 · 3 · 4 [본]김해(金海) [주]서울 마포구 상암산로66 CJ E&M(주) 임원실(02-371-5501) [학]1994년 남산고졸 2000년 성균관대 행정학과졸 2013년 同언론대학원 신문방송학과졸 2014년 同대학원 정책학박사과정 재학中 [경]2005년 CJ미디어 콘텐츠파트장 2008년 중앙일보 월간중앙 기자 2009년 국무총리실 팀장 2010~2013년 대통령 홍보수석비서관실 · 대통령정책실 행정관(국장) 2013년 CJ E&M(주) 전략지원담당 상무(현) [상]대통령실장 우수공무원표창(2012)

김민기(金敏起) KIM Min Ki (東谷)

[생]1939 · 8 · 20 [본]강릉(江陵) [출]서울 [주]인천 남동구 남동대로916번길6 스카이타운203호 새생명장기기증운동본부(032-426-0101) [학]1965년 성균관대 행정학과졸 1997년 인하대 경영대학원 최고경영자과정 수료 1998년 인천대 행정대학원 고위관리자과정 수료 [경]1965년 경기매일신문 입사 1995년 경인일보 인천분실 편집2국장 겸 업무2국장 1996년 同이사대우 총괄국장 1999~2000년 同대표이사 부사장(인천본사 사장) 2004년 (주)미디어인천 · 주간인천 대표이사 사장 2005년 인천사회복지공동모금회 회장 2006년 (사)인천언론인클럽 회장 2007년 인천신문 대표이사 사장 2008년 同부회장, 부평장학회 회장(현), (사)인천언론인클럽 명예회장(현), 인하대 대학평의회 위원(현) 2012년 (사)새생명장기기증운동본부 이사장(현) 2013년 인천시 시민원로회의 위원(현) [상]인천시 문화상-언론부문(1986), 인천향토언론인상수상(2012) [종]천주교

김민기(金敏基) KIM Min Gi

[생]1951 · 3 · 31 [출]전북 익산 [주]서울 종로구 대학로12길 46 삼광빌딩2층 학전(02-763-8233) [학]경기고졸 1977년 서울대 미대 회화과졸 [경]1978년 노래극 '공장의 불빛' 작곡 1983년 '멈춰선 저 상여는 상주도 없다더냐' 연출 1991년 학전소극장 대표(현) 1994년 록뮤지컬 '지하철 1호선' 연출 1995년 록오페라 '개똥이' 연출 1997년 록뮤지컬 '모스키토' 예술감독 1998년 뮤지컬 '의형제' 연출 2002년 서울청계천복원시민위원회 위원 2004~2008년 '우리는 친구다' 연

출 2006년 노래극 '개똥이 2006' 작 · 연출 [상]민족문학작가회의 문예인 우정상, 백상예술대상 연극부문 대상 및 연출상, 한국뮤지컬대상 특별상, 동아연극상 작품상, 서울연극제 극본상 · 특별상, 백상예술대상 음악상, 파라다이스상-문화예술부문(2005), 독일연방정부 괴테메달(2007), 서울시 문화상 연극분야(2008), 이미륵상(2014) [작]'김민기'(1971) '아빠 얼굴 예쁘네요'(1987) '엄마, 우리 엄마'(1988) '김민기 1, 2, 3, 4집'(1992)

김민기(金敏基) KIM Min Ki (炅檀 · 松炫)

[생]1952 · 6 · 15 [본]경주(慶州) [출]경기 용인 [주]서울 동작구 상도로369 숭실대학교 사회과학대학 언론홍보학과(02-820-0308) [학]1973년 경남고졸 1978년 서울대 농과대학 농업교육과졸 1988년 연세대 행정대학원 언론홍보학과졸 1999년 정치학박사(성균관대) [경]1977~1980년 중앙일보 · 동양방송 기획조사부 근무 1981~1989년 한국방송광고공사 연구2부 차장 · 광고정보 편집장 1997~2001년 경주대 방송언론학과 교수 1997~2001년 同언론광고학부장 2001년 숭실대 사회과학대학 언론홍보학과 교수(현) 2004~2009년 동작구선거방송토론위원회 위원장 2005~2007년 숭실대 대학신문 · 방송 주간 2005~2007년 한국광고자율심의기구 제1광고심의위원장 2007년 전국대학신문주간교수협의회 회장 2008~2009년 한국정치커뮤니케이션학회 회장 2008~2010년 한국에이즈퇴치연맹 부회장 2008년 (사)광고정책포럼 사무총장(현) 2009~2010년 방송통신심의위원회 광고특별위원회 위원 2009년 동작구선거방송토론위원회 위원(현) 2009~2011년 한국DMB 시청자위원회 부위원장 2009~2016년 한국광고자율심의기구 회장 2010~2013년 도시농업포럼 공동대표 2010~2012년 한국에이즈퇴치연맹 회장 2011~2013년 숭실대 교수협의회 회장 2011~2013년 同대학평의원회 의장 2012~2014년 경기방송 시청자위원장 2012년 한국케이블TV시청자협의회 위원(현) 2013~2014년 (사)한국사립대학교수회연합회 이사장 2013년 서울시 영상물 · 간행물 · 홍보물심의위원회 부위원장(현) 2013~2015년 기독교방송 시청자위원장 2013~2016년 방송광고균형발전위원회 위원 2014년 숭실대 사회과학대학장(현) 2014년 중앙선거관리위원회 선거자문위원(현) 2014~2015년 건강기능식품표시광고심의위원회 부위원장 2014~2015년 미래창조과학부 스마트광고발전협의회 위원 2014년 국회방송 자문위원장(현) 2014년 서울브랜드추진위원회 위원장(현) 2015년 국가브랜드추진단 위원(현) 2016년 건강기능식품표시광고심의위원회 위원 2016년 케이블TV시청자협의회 위원장(현) [상]문화관광부장관표창(2001), 대구시장표창(2002), 중앙선거관리위원장표창(2010), 숭실대 우수강의교수상(2010), 숭실대 Best Teacher상(2012), 지방재정공제회 이사장표창(2014), 숭실대장학회 학술상(2014) [저]'광고산업의 이해'(2001, 나남) '문화상품과 기독교적 문화읽기(共)'(2003, 불과구름) '신문의 기사형광고'(2006, 한국언론재단) '한국광고산업의 현재와 미래'(2006) '주간교수, 대학신문을 만나다(共)'(2007, 전국대학신문주간교수협의회) 'Korean Ad : Facts and Insights(共)'(2007, 한국방송광고공사) '미디어 공공성(共)'(2009, 미디어공공성포럼) '보도비평의 성찰-뉴스바로보기'(2015, 시간의물레) [역]'맥도널드 쿠데타'(1995, 책과길) '공익광고 연구'(2005, 한국방송광고공사) [종]기독교

김민기(金敏基) Kim Min Kee

[생]1956 · 5 · 9 [출]충남 당진 [주]대전 서구 월드컵대로 480 대전시도시철도공사(042-539-3004) [학]1976년 당진상고졸 1985년 한국방송통신대졸 2010년 대전대 행정대학원 공공행정학과졸 [경]1982~2004년 대전시 지방행정사무관 2005~2008년 대전광역시도시철도공사 총무팀장 2008~2011년 국회의원 임영호 수석보좌관(4급 상당) 2011~2014년 대전도시철도공사 기술상임이사 2016년 同사장(현) [상]충남도지사표창(1988), 대전광역시장표창(1993)

김민기(金敏基) KIM MINKI

[생]1966 · 4 · 28 [출]경기 용인 [주]서울 영등포구 의사당대로1 국회 의원회관945호(02-784-1930) [학]유신고졸, 고려대 농업경제학과졸(학사) [경]1988~1990년 육군 제201특공여단 소대장(ROTC) 1990~1991년 중소기업은행 근무 2006~2010년 제5대 용인시의회 의원, 同민주당 대표 2009~2010년 민주당 경기도당 대변인 2012년 민주통합당 정책위 부의장 2012년 제19대 국회의원(용인시乙, 민주통합당 · 민주당 · 새정치민주연합 · 더불어민주당) 2012년 국회 행정안전위원회 위원 2012년 국회 정보위원회 위원 2012년 국회 학교폭력대책특별위원회 간사 2013년 국회 안전행정위원회 위원 2014년 국회 국민안전혁신특별위원회 위원 2014년 새정치민주연합 전당원투표및국민여론조사관리위원회 위원 2015년 同4 · 29재보궐선거기획단 위원 2015년 同디지털소통본부 부본부장 2015년 더불어민주당 디지털소통본부 부본부장 2016년 제20대 국회의원(용인시乙, 더불어민주당)(현) 2016년 국회 교육문화체육관광위원회 위원(현) 2016년 더불어민주당 경기용인시乙지역위원회 위원장(현) 2016년 同제5정책조정위원회 위원장(현)

김민배(金敏培) KIM Min Bae

[생]1957 · 11 · 1 [출]충남 서산 [주]인천 남구 인하로100 인하대학교 법학전문대학원(032-860-7929) [학]1981년 인하대 법학과졸 1983년 同대학원 법학과졸 1991년 법학박사(인하대) [경]1991~2009년 인하대 법대 교수 1994~1995년 일본 히도쯔바시대 법대 방문학자 1995~1998년 참여연대 의정감시센터 부소장 · 운영위원 1995년 (사)해반문화사랑회 이사(현) 1995~2010년 경인일보 객원논설위원 1996~2004 · 2006~2008년 인천시 도시계획위원회 위원 1997~1998년 민주주의법학연구회 회장 1997~2000년 인하대 법대 산업재산권학과장 1998년 인천시 토지수용위원회 위원(현) 1998~2004년 iTV 시청자위원회 위원 1999~2010년 인천지법 조정위원회 민사 · 가사 · 노동전문위원 2000년 (사) 인천아카데미 이사(현) 2000~2001년 인하대 신문사 및 방송국 주간교수 2000년 인하대총동창회 부회장(현) 2000~2010년 (재)정수장학회 범동창회 부회장 2000~2012년 同장학지도위원 2000년 국회사무처 입법고등고시 출제 및 채점위원 2001~2002년 인하대 법과대학장 2002~2004년 同학생지원처장 2003~2007년 인천시교육청 행정심판위원 · 소청심사위원회 위원장 2003~2009년 인천지방노동위원회 심판담당 공익위원 2003~2008년 행정자치부 행정고시 출제 및 채점위원 2003년 사법시험 문제은행 출제위원 2004~2005년 대통령자문 국가균형발전위원회 전문위원 2004년 동아시아행정법학회 한국대회 조직위원회 상임위원 2004~2008년 인하대 법과대학장 · 로스쿨실무추진위원장 2004년 사법시험 문제은행 심사위원 2005~2012년 한국지방자치법학회 부회장 2005년 제14회 공인노무사 2차시험 출제위원 2005년 인천시 군 · 구의원선거구획정위원회 위원장 2005년 사법시험 문제은행 심사위원 2006~2008년 선박안전기술공단 사외이사 2006년 관세사시험 선정위원 2006년 전남도지방공무원 공채시험 출제위원 2007~2009년 국가정보원 산업기밀보호센터 자문위원 2008년 사법시험 제2차 출제위원 2008년 관세사자격 출제위원 2008년 한국공법학회 부회장 2008~2013년 인천시 민간투자사업심의위원회 위원 · 위원장 2008~2014년 (사)한국산업보안연구회 총무이사 · 부회장 2009년 일본 중앙대 로스쿨 방문학자 · 일본비교법연구소 연구원 2009년 인하대 법학전문대학원 교수(현) 2009~2012년 한국법학교수회 부회장 2010~2016년 법제처 법령해석심의위원 2010~2013년 인천발전연구원 원장 2011년 국무총리실 산업기술보호위원회 위원(현) 2012~2014년 인천장애인아시아경기대회조직위원회 위원 2012년 TBN 인천교통방송 시청자위원회 부위원장(현) 2012년 행정고시 제2차 출제 및 채점위원 2012년 인천지방경찰청 수사이의심사위원장(현) 2015년 (사)한국산업보안연구회 회장 [상]홍조근정훈장(2013) [저]'공법연습(共)'(2002-초판 · 2007-개정판, 한국방송통신대 출판부) '정치자금과 법제도'(2004, 인하대 출판부) '전투적 민주주의와 국가보안법'(2004, 인하대 출판부) '행정법 1, 2(共)'(2004 · 2010, 한국방송통신대 출판부) '산업기술보호법'(2010, 명문 미디어아트 팩)

김민배(金民培)

[생]1958 · 5 · 23 [본]김해(金海) [주]서울 중구 세종대로21길 TV조선 임원실(02-2180-1808) [학]1984년 고려대 사회학과졸 [경]1984년 조선일보 입사 1999년 同정치부 차장 2003년 同정치부 부장대우 2004년 同주간조선편집부 편집장(부장) 2005년 同사회부장 2006년 同부국장대우 사회부장 2006년 同부국장대우 정치부장 2008년 同편집국 부국장 겸 기자역량개발팀장 2009~2011년 관훈클럽 기획운영위원 2010년 조선일보 동경지국장 2011년 국회도서관 발전자문위원회 위원 2011년 조선일보 뉴미디어실장 2012년 同경영기획실장 겸임 2012년 관훈클럽 총무 2013년 TV조선 보도본부장(상무) 2015년 同보도본부장(전무) 2015년 同총괄전무(현) 2016년 고려대언론인교우회 회장(현) [상]한국참언론인대상 정치부문(2007)

김민석(金珉奭) KIM Min Seok

[생]1958 · 8 · 18 [출]울산 [주]서울 중구 서소문로88 중앙일보 논설위원실(02-751-5511) [학]1977년 계성고졸 1982년 울산대 공업경영학과졸 1992년 고려대 경영대학원 경영학과졸 2002년 경영학박사(고려대) [경]1982년 한국국방연구원 전력발전연구부 연구원 1992년 同군비통제연구센터 선임연구원 1994년 同전력발전연구부 선임연구원 1994년 중앙일보 정치2부 군사전문기자(차장대우) 1995년 同정치부 외교안보팀 군사전문기자(차장대우) 1996년 同통일팀 군사전문기자(차장대우) 1996년 同정치부 군사전문기자(차장대우) 1997년 同정치부 군사전문기자(차장) 1998년 同편집위원(전문기자) 1998년 同사장실 신규사업팀 전문기자(차장) 1999년 同통일문화연구소 통일문제연구팀 군사전문기자(차장) 2000년 同통일문화연구소 전문위원 2000년 同통일외교팀 전문위원 2003~2010년 同편집국 정치부 군사전문기자(부장) 2003년 미국 국방대 안보전략연구소(INSS) 초빙연구원 2010년 한남대 겸임교수

2010~2016년 국방부 대변인(별정직고위공무원) 2016년 중앙일보 논설위원 겸 군사안보전문기자(현) [상]국방부장관표창(1987), 중앙일보 우수기사상(1995), 중앙일보 특집기획상(1996), 중앙일보 특종상(1996·1997) 등 다수 [저]'무기체계의 발전과 장차전 양상'(1988, 한국국방연구원) '신의 방패 이지스-대양해군의 시대를 열다'(2008, 플래닛미디어) [종]불교

김민석(金民錫) KIM Min Seok

[생]1964·5·29 [본]경주(慶州) [출]서울 [주]서울 영등포구 도림로485의1 (사)아이공유프로보노코리아(02-784-0280) [학]1982년 숭실고졸 1989년 서울대 사회학과졸 1995년 미국 하버드대 케네디스쿨졸 2010년 중국 칭화대 법과대학원 법학과졸(LLM) 2011년 법무학박사(미국 뉴저지주립대) [경]1985년 서울대 총학생회장 1985년 전국학생총연합 의장 1985년 민주화운동관련 3년 투옥 1991년 민주당 서울양천구甲지구당 위원장 1991년 同총재단 특별보좌역 1992년 同서울영등포구乙지구당 위원장 1992년 김대중 대통령후보 특보 1995년 국민회의 당무위원 1996년 제15대 국회의원(서울 영등포구乙, 국민회의·새천년민주당) 1996·1999년 국민회의 총재 특보 1997년 同수석부대변인 1998년 同제2정책조정위원회 부위원장 2000년 새천년민주당 총재 비서실장 2000~2002년 제16대 국회의원(서울 영등포구乙, 새천년민주당) 2002년 새천년민주당 서울시장 후보 2002년 同당무위원 2002년 국민통합21 전략위원장 2002년 同서울영등포구乙지구당 위원장 2002년 同중앙선거대책위원회 총본부장 2002년 同대표 선거대책특보 2002년 살기좋은나라문화운동본부 이사장 2004년 새천년민주당 서울영등포구甲지구당 위원장 2007년 민주당 최고위원 2007년 同대통령 예비경선 출마 2008년 통합민주당 최고위원 2008~2010년 민주당 서울영등포구乙지역위원회 위원장 2008~2010년 同최고위원 2008년 同한나라당서울시의회뇌물사건대책위원회 위원장 2008년 同당무위원 2010년 同지방선거기획본부 공동본부장 2012~2013년 한양대 법학전문대학원 초빙교수 2012년 단국대 행정법무대학원 국가지도자양성과정 주임교수(현) 2012년 공유프로보노코리아 대표 2012년 법무법인 세하 미국변호사 2013년 同고문 2015년 (사)아이공유프로보노코리아 상임이사(현) 2016년 민주당 대표 2016년 同선거대책위원회 위원장 2016년 同선거대책본부장 겸임 2016년 同제20대 국회의원 후보(비례대표 2번) [상]다보스포럼(세계경제포럼) 선정 21세기의 지도자(2000), 뉴스위크 선정 21세기의 100대 지도자(2000) [저]'새날 새시대를 여는 불씨가 되어' '뛰면서도 사랑할 시간은 많습니다' '세상은 꿈꾸는 자의 것이다' '디지털경제-희망의 정치' '퇴수일기' '3승' [종]기독교

김민석(金珉奭) KIM Min Suk

[생]1966·1·7 [출]경북 선산 [주]강원 춘천시 후석로440번길64 강원지방노동위원회(033-269-3401) [학]1992년 고려대 사회학과졸 [경]2002년 노동부 공보관실 서기관 2002년 同서울중부고용안정센터장 2005년 同고용정책실 노동시장기구과 서기관 2007년 同중앙노동위원회 기획총괄과장 2008년 국제노동기구(ILO) 파견 2011년 고용노동부 고용정책실 직업능력정책과장 2012년 同기획조정실 기획재정담당관(부이사관) 2013년 同운영지원과장 2015년 강원지방노동위원회 위원장(현)

김민성(金珉成)

[생]1973·2·28 [본]의성(義城) [출]서울 [주]서울 중구 통일로10 연세빌딩20층 현대오일뱅크 법무팀(02-2004-3000) [학]1992년 서울 중화고졸 2003년 고려대 법학과졸 [경]2002년 사법고시 합격(44회) 2005년 사법연수원 수료(34기), 현대중공업 법무팀 변호사 2015년 현대오일뱅크 법무팀장(부장) 2016년 同법무팀장(상무보)(현)

김민성(金玟成) Kim, Min-sung

[생]1976·4·7 [본]선산(善山) [출]서울 [주]세종특별자치시 다솜로261 국무조정실 고용정책과(044-200-2114) [학]1995년 대원외국어고졸 2000년 서울대 독어독문학과졸 2012년 미국 펜실베이니아대 대학원 행정학과졸 [경]2000년 국무조정실 재경금융심의관실 사무관 2002~2005년 공군 교재창 인사행정장교 2005년 국무조정실 사무관 2007년 同서기관 2008년 국무총리실 정책분석평가실 정책분석운영팀장 2009년 同정무실 국회행정관 2009년 同정무실 정무분석팀장 2010년 同정무기획비서관실 정무분석행정관 2010년 국외훈련(서기관) 2012년 국무총리실 사회규제심사3과장 2013년 국무조정실 성과관리정책관실 성과관리1과장 2014년 同정상화과제관리관실 정상화과제총괄과장 2015년 휴직 2016년 국무조정실 고용정책과장(현) [상]근정포장(2014)

김민수(金敏洙) KIM Min Soo

[생]1953·11·28 [주]경북 경산시 하양읍 하양로13의13 대구가톨릭대학교 자연과학대학 조경학과(053-850-3187) [학]1977년 서울대 조경학과졸 1983년 同대학원 환경학과졸 1992년 농학박사(일본 지바대) [경]1981년 신구전문대 조경과 전임강사대우·전임강사 1993~1995년 효성여대 자연대학 조경학과 전임강사 1995~2007년 한국조경학회 이사·편집위원장·부회장 1995년 대구가톨릭대 자연과학대학 조경학과 교수(현) 1998~2002년 한국환경복원녹화기술학회 이사 2011년 대구가톨릭대 조경학과장 2013년 同자연과학대학장 2014년 同바이오융합대학장 2014년 同교학부총장 겸 산학협력단장(현) [상]시정정책과제공모제안 우수상(2005) [저]'조원'(1985, 문화교육부) '조경공사시방서(共)'(1997, 한국수자원공사) '조경설계기준(共)'(1997, 한국수자원공사) '조경설계요람(共)'(1998, 도서출판 조경) '건설교통부승인 조경설계기준(共)'(1999, 한국조경학회) [역]'녹을 창조하는 식재기반(共)'(2003, 보문당)

김민수(金敏洙) KIM Min Soo

[생]1954·9·21 [본]김해(金海) [출]서울 [주]부산 남구 수영로309 경성대학교 공과대학 도시공학과(051-663-4790) [학]1972년 서울고졸 1976년 서울대 공과대학 건축학과졸 1978년 同대학원 건축학과졸 1993년 공학박사(단국대) [경]1978~1982년 해군 시설장교 1982~1985년 대호건축연구소 설계실장 1983~1987년 단국대 건축공학과 강사 1985~1987년 서울대 환경대학원부설 환경계획연구소 선임연구원 1987년 경성대 공대 건축공학과 조교수·부교수·교수(현) 1993~1994년 Univ. of Cincinnati 객원교수 1998년 부산진구 도시계획위원회 위원·경남도 김해시 건축위원회 위원, 2011년 경성대 대학원장 2011~2013년 대통령직속 국가건축정책위원회 민간위원 [저]'세계의 도시디자인'(共·2010) '도시재생을 실천하라'(共·2014) 등 다수

김민수(金敏洙) KIM Min Soo

[생]1957·7·21 [출]서울 [주]서울 은평구 통일로786 불광동성당(02-355-0545) [학]1976년 대신고졸 1980년 한국항공대졸 1985년 가톨릭대 신학과졸 1993년 미국 노스텍사스주립대 대학원 신문방송학과졸 1997년 신문방송학박사(미국 펜실베이니아주립대) [경]1985년 사제 서품, 천주교 일산성당 주임신부, 미국 텍사스주 포트워스한인교회 교포사목 1997~2001년 평화방송 TV주간 1998년 서강대 신문방송학과 전임강사, 천주교 서울대교구청 신수동성당 주임신부 2008년 同역촌동성당 주임신부 2013년 同불광동성당 주임신부(현) [저]'디지털 시대의 문화 복음화와 문화사목'(2008, 평사리) '아홉성자의 선교이야기'(2009, 평사리) [종]천주교

김민아(金珉我·女) KIM Min Ah

[생]1953·12·30 [출]경북 [주]경북 경산시 하양읍 하양로13의13 대구가톨릭대학교 음악대학 피아노과(053-850-3824) [학]1976년 대구가톨릭대 음악학과졸 1978년 同대학원졸 1982년 박사(독일 쾰른대) [경]1982년 대구가톨릭대 음악대학 피아노과 교수(현) 1991년 한국피아노학회 회원(현) 1994년 대구피아노연구회 회원(현) 2012년 현대피아노음악연구회 회원(현) 2014년 대구가톨릭대 음악대학장(현) 2014년 同교육대학원 음악교육전공 주임교수 겸임(현)

김민아(金珉娥·女) Kim, Min A

[생]1968·4·9 [출]경남 남해 [주]서울 종로구 세종대로209 여성가족부 복지지원과(02-2100-6421) [학]1987년 진주여고졸 1991년 이화여대 생물학과졸 2009년 연세대 행정대학원 사회복지학과졸 [경]2010년 여성가족부 다문화가족과 사무관 2012년 同여성정책과 서기관 2013년 同미래전략기획팀장 2013년 同경력단절여성지원과장 2016년 同복지지원과장(현)

김민아(金珉雅·女) KIM Min Ah

[생]1968·7·6 [본]광산(光山) [출]서울 [주]서울 중구 정동길3 경향신문 편집국(02-3701-1114) [학]진명여고졸, 서강대 신문방송학과졸, 同언론대학원졸(언론학석사) [경]1990~1996년 경향신문 사회부·문화부 기자 1998~1999년 국민일보 사회부·생활부 기자 1999년 경향신문 사회부 기자 2001년 同문화부 기자 2002년 同정치부 기자 2003년 同정치부 차장대우 2004년 同국제부 차장대우 2005년 同국제부 차장 2009년 同편집국 특집기획부장 2010년 同편집국 사회부장 2012년 同논설위원 2012년 관훈클럽 편집위원 2013년 서

울신용보증재단 비상임이사 2013년 법조윤리협의회 자문위원 2014년 경향신문 논설위원(부국장대우) 2014~2016년 한국여기자협회 출판이사 2016년 경향신문 편집국장(현) ❸이달의 기자상(1996·2000), 관훈클럽 신영연구기금 해외연수생 선정(2004), 경향대상(2005)

김민영(金롯永) KIM Min Young (虛湫)

❸1946·12·30 ❷청풍(淸風) ❸서울 ㈜서울 성북구 안암로145 고려대학교 보건과학대학(02-3290-6600) ❸1965년 의정부고졸 1970년 건국대 농화학과졸 1974년 서울대 보건대학원졸 1999년 공학박사(단국대) 2001년 서울시립대 경영대학원 최고경영자과정 수료 2005년 서울대 행정대학원 국가정책과정 수료 ❷1971~1982년 서울시보건환경연구원 연구사 1974~2010년 한국환경보건학회 이사·편집이사·편집위원장·부회장·감사·회장 1982~1998년 서울시보건환경연구원 환경연구관(폐기물·환경조사·수질보전·소음진동과장) 1986년 한국대기환경학회 감사·사업이사·총무이사·부회장 1991~1997년 산업자원부 공업기반기술개발전문위원회 대기오염분과위원 1996~2001년 환경부 G7환경공학기술 국제대기환경보전단체연합회(IUAPPA) World Clean Air Congress and Exhibition 조직위원·전시분과위원장 1997년 중소기업청 기술혁신개발산업 평가위원 1998~2003년 서울시보건환경연구원 환경부장 1998~2000년 서울시립대 환경공학과 강사 2000~2005년 한국분석과학회 부회장 2001~2002년 세종대 지구정보과학과 겸임교수 2001~2002년 서울시공무원교육원·국립환경연구원 강사 2003년 서울시보건환경연구원 대기부장 2003년 한국환경한림원 생태보건분과 위원장 2004~2005년 한국대기환경학회 회장 2005~2011년 서울시보건환경연구원 원장 2006년 한국대기환경학회 고문(현), 한국환경기술진흥원 차세대핵심환경기술개발사업선정평가위원, 대한보건협회 총무이사·이사·고문(현), 국회 환경노동위원회 환경정책연구회 자문위원, 환경관리공단·서울시농수산물공사·서울메트로 환경위원회 자문위원 2011년 한국환경보건학회 고문(현) 2011~2013년 단국대 공대 화학공학과 초빙교수 2011년 서울에코클럽 부회장(현) 2009~2013년 서울대보건대학원총동창회 회장 2013년 유엔환경계획(UNEP)한국위원회 지구환경포럼 전문위원 2015년 고려대 보건과학대학 연구교수(현) ❸서울시장표창(1979), 체육부장관표창(1986), 국무총리표창(1989), 과학기술우수논문상(2002), 환경공로시민상(2003), 서울시장표창(2006), 환경보건대상(2007), 홍조근정훈장(2007) ❷'대기오염개론'(1995) '대기오염물질의 측정기술'(1999) '대기환경개론'(2000) '대기환경시험법'(2000)

김민자(金民子·女) KIM MIN JA

❸1955·10·23 ❷김해(金海) ❸제주 ㈜서울 성북구 인촌로73 고려대학교 안암병원 감염내과(02-920-5096) ❸1980년 고려대 의대졸 1983년 同대학원졸 1987년 의학박사(고려대) ❷1986년 일본 에히메대 객원강사 1990~1992년 미국 미시간대 Research Fellow 1995년 대한감염학회 평의원(현) 1996~2000년 고려대 생명과학대학 겸임교수 1998~2000년 同안암병원 감염내과 분과장 1999년 同의과대학 내과학교실 교수(현) 2001~2002년 미국 NIH/NCI Visiting Scholar 2002~2012년 고려대 안암병원 감염관리실장 2002년 同신종전염병연구소장(현) 2005~2006년 건강보험심사평가원 진료심사부 상근위원 2006년 同진료심사부 전문심사위원(현) 2006년 질병관리본부 폐구균백신분과위원회 위원 2006~2007년 대한감염학회 회장 2007~2009년 同감사 2009~2011년 진료수가분쟁심의회 심사부 전문심사위원 2009~2011년 대한화학요법학회 감사 2011~2013년 同회장 2011~2013년 고려대 의과대학 교원인사위원회 위원 2011년 질병관리본부 Hib·폐구균·수막구균분과위원회 위원(현) 2011~2013년 자동차보험진료수가분쟁심의회 전문위원 2011년 지식경제기술혁신평가단 위원(현) 2012년 식품의약품안전청 의약품심사자문단 항생제분과 자문위원 2013~2014년 식품의약품안전처 의약품심사자문단 항생제분과 자문위원 2014년 대한에이즈학회 회장(현) 2014년 고려대 안암병원 내과 과장(현) 2014년 식품의약품안전평가원 의약품심사자문단 위원(현) 2014년 식품의약품안전처 중앙약사심의위원회 전문가(현) ❸대한감염학회 학술상(1998), 한국여자의사회 학술상(1999), 한국여자의사회 학술상(1999), 고대의료원 학술상(2002), 대한감염학회 학술상(2006), 고려대 장기근속상(2009), 대한감염학회 학술상(2010), 군진의학학술대회 우수상(2011), 제23회 과학기술우수논문상(2013) ❷'오늘의 진단 및 치료(共)'(1999, 한우리) '항생제의 길잡이(共)'(2000, 광문출판사) '해리슨 내과학(共)'(2003, MIP) '노인병학(共)'(2003, 한우리) '병원감염관리(共)'(2006, 한미의학) '감염학(共)'(2007, 군자출판사) '성인예방접종(共)'(2007, 군자출판사) '일차 진료의를 위한 약처방가이드(共)'(2010, 한국의학원) '의료기관의 감염관리 제4판(共)'(2011, 한미의학) ❷'해리슨 내과학(共)'(2003, MIP) '해리슨 내과학 제17판(共)'(2010, MIP) ❸가톨릭

김민전(金玟甸·女) Meen Geon Kim

❸1965·5·9 ❸부산 ㈜경기 용인시 기흥구 덕영대로1732 경희대학교 국제캠퍼스 후마니타스칼리지(031-201-2134) ❸1988년 서울대 외교학과졸 1990년 同대학원 정치학과졸 1994년 정치학박사(미국 Univ. of Iowa) ❷1995년 국회사무처 법제예산실 정책조사관 1999~2001년 同연수국 교수 2001년 경희대 국제캠퍼스 교양학부 교수 2002년 KBS '추적60분' 진행 2003년 범국민정치개혁협의회 위원 2004년 YTN '생방송 쟁점 토론' 진행 2010년 경희대 국제캠퍼스 후마니타스칼리지 교수(현) 2012~2013년 同취업진로지원처장 겸 신문방송국 부국장 2013년 同신문방송국장 ❷'노무현 정부의 딜레마와 선택(국민여론, 소수정부, 정책선택)'(2003, 동아시아연구원) '현대정당정치의 이해'(2004, 백산서당) '한국 정치제도의 진화경로─선거, 정당, 정치자금제도'(2006, 백산서당) '미국의 정당과 무역정책'(2007, 백산서당) 'American Parties and Trade Policy, 1934~1988'(2007, 서현사) '리더십과 한국정치개혁'(2007, 백산서당) '변화하는 한국 유권자 2'(2008, 동아시아연구원)

김민정(女)

❸1971·7 ㈜경기 수원시 영통구 삼성로129 삼성전자㈜ DS부문 사업전략그룹(031-200-1114) ❸1990년 중앙여고졸 1995년 한국외국어대 일본어학과졸 2010년 한국과학기술원(KAIST) 석사(MBA) ❷1995년 삼성전자㈜ 반도체총괄 국제팀 근무 1997년 同DS부문 기획팀 근무 2011년 同전략TF 근무 2015년 삼성 미래전략실 전략1팀 부장 2015년 삼성전자㈜ DS부문 기획팀 사업전략그룹장(부장) 2015년 同DS부문 사업전략그룹장(상무)(현)

김민종(金民鍾) KIM Min Jong

❸1967·6·13 ❷김해(金海) ❸전남 고흥 ㈜광주 서구 내방로111 광주광역시의회(062-613-5115) ❸광주상고졸, 한국방송통신대 경영학과졸, 전남대 행정대학원 행정학과 수료 ❷2005년 한국방송통신대 전국총학생회장 2006년 민주당 광주시당 부위원장 2006~2010년 광주시 광산구의회 의원 2006~2010년 同예산결산특별위원장 2008년 同운영위원장 2010년 광주시의회 의원(민주당·민주통합당·민주당·새정치민주연합) 2010년 同행정자치위원회 위원 2010년 同4대강사업대책특별위원회 위원 2012년 同예산결산특별위원회 위원 2012년 同투자유치사업행정사무조사특별위원회 위원 2012년 同윤리특별위원회 위원, 민주당 광주시당 부위원장, 광산YMCA 운영위원(현) 2014년 새정치민주연합 광주시당 부위원장 2014년 同중앙당 정책위원회 부의장 2014년 광주시의회 의원(새정치민주연합·더불어민주당·무소속·국민의당)(현) 2014년 同산업건설위원회 위원장 2015년 더불어민주당 광주시당 부위원장 2015년 同중앙당 정책위원회 부의장 2016년 광주시의회 도시재생특별위원회 위원장(현) 2016년 同운영위원회 위원(현) 2016년 同산업건설위원회 위원(현) 2016년 同예산결산특별위원회 위원(현) 2016년 同윤리특별위원회 위원(현) 2016년 국민의당 광주시당 대변인(현) 2016년 광주시의회 국민의당 원내대표(현)

김민철(金롯徹) KIM Min Chol

❸1963·1·23 ㈜서울 종로구 율곡로2길25 연합뉴스 콘텐츠평가실(02-398-3114) ❸1981년 전주고졸 1989년 연세대 정치외교학과졸 2000년 미국 미주리대 연수 ❷1989년 연합통신 입사(8기) 1989년 同해외부 기자 1991년 同사회부 기자 2000년 연합뉴스 정치부 차장대우 2002년 同정치부 차장 2003년 同경영기획실 차장 2005년 同요하네스버그 특파원 2006년 同요하네스버그 특파원(부장대우) 2008년 同국제뉴스2부 부장대우 2008년 同사회부장 2009년 同국제뉴스2부장 2011년 同요하네스버그특파원(부장급) 2012년 同요하네스버그특파원(부국장대우) 2014년 同국제뉴스2부 기획위원 2014년 同편집국 사회담당 부국장 2015년 同콘텐츠평가실장(현) 2015년 同고충처리인(현) 2016년 同저작권팀장 겸임(현) ❷'남아공로드'(2011, 서해문집) ❸기독교

김민하(金玟河) KIM Min Ha

❸1934·3·1 ❷경주(慶州) ❸경북 상주 ㈜서울 종로구 경희궁길26 세계일보 회장실(02-2000-1201) ❸1953년 경주고졸 1957년 중앙대 법정대 정치외교학과졸 1976년 정치학박사(중앙대) ❷1964~1981년 중앙대 강사·전임강사·조교수·부교수·교수 1971~1985년 한국정치학회 감사·이사·상임이사 1981~1983년 인천대학장 1983년 민족통일중앙협의회 지도위원 1984년 중앙대 정치외교학과 교수 1984~1987년 同신문방송대학원장 1989년 同사회과학연구소장 1992년 同총장서리 1993~1997년 同총장 1995년 한국사립대학총학장협의회 회장 1995~1998년 신한국도덕국민운동본부 총재 1996년 한

국대학교육협의회 회장 1997~1999년 한국교원단체총연합회 회장 1998년 통일고문회의 고문 1999년 제2의건국범국민추진위원회 공동위원장 2000년 새천년민주당 상임고문 2000~2003년 민주평화통일자문회의 수석부의장 2003년 한국대학교육협의회 대학평가인정위원회 위원, 민족화해협력범국민협의회 고문(현), 6.15공동선언실천남측위원회 상임고문, 남북지역균형발전협의회 고문, 중앙대 정치국제학과 명예교수(현) 2010년 평화의쌀모으기국민운동본부 상임고문 2015년 세계일보 회장(현) [상]국민훈장 동백장(교육부문), 국민훈장 모란장(안보통일부문), 춘강상 교육부문, 국민훈장 무궁화장(교육부문) [저]'정치사상사' '정치학대사전'(共) '한국정당정치론' '현대사회와 이데올로기' '국제사회와 이데올로기' '현대사를 어떻게 볼것인가'(共)

김민호(金敏鎬) Minho Kim

[생]1959 · 12 · 26 [출]서울 [주]서울 중구 남대문로39 한국은행 비서실(02-759-4006) [학]1978년 용문고졸 1982년 서울대 경제학과졸 1984년 同대학원 경제학과졸 1997년 미국 Univ. of Michigan 대학원 경제학과졸 [경]1986년 한국은행 입행 1997년 同자금부 조사역 1999년 同금융시장국 조사역 2000년 同금융통화위원회실 보좌역 2002년 同금융시장국 선임조사역 2007년 同정책기획국 정책총괄팀장 2009년 同금융시장국 통화금융팀장 2012년 同통화정책국장 2014년 同국제국장 2015년 同부총재보(현)

김민호(金珉湖) KIM Min Ho (靑泉)

[생]1965 · 6 · 1 [본]상산(商山) [출]부산 [주]서울 종로구 성균관로25의2 성균관대학교 법학관416호(02-760-0376) [학]1984년 부산남고졸 1988년 성균관대 법학과졸 1990년 同대학원졸 1995년 법학박사(성균관대) [경]1994~1996년 한세정책연구원 책임연구원 1996~1998년 미국 보스턴대 로스쿨 Post-Doc. 1998~2009년 성균관대 법학과 교수 2004~2005년 미국 아이오와대 방문교수 2007년 성균관대 과학기술법연구소장 2009년 성균관대 법학전문대학원 교수(현) 2009~2010년 진실화해를위한과거사정리위원회 비상임위원 2010년 방송통신심의위원회 통신특별위원회 위원 2012년 개인정보분쟁조정위원회 위원(현) 2012~2014년 바른사회시민회의 사무총장 2013년 정보통신활성화추진실무위원회 위원(현) 2013년 사립학교연금관리공단 운영위원(현) 2013년 (사)바른아카데미 이사장(현) 2014년 대통령직속 규제개혁위원회 위원(현) 2014년 안전행정부 개인정보보호법 과징금부과위원 2014년 同법령해석자문위원장 2015년 법제처 법령해석심의위원회 해석위원(현) 2015년 개인정보보호법학회 회장(현) 2015년 선거방송심의위원회 위원(현) [상]한국공법학회 신진학술상(2007), 정보문화유공자 행정안전부장관표창(2011) [저]'별난 법학자의 그림이야기'(2004, 도서출판 예경) [종]가톨릭

김민호(金敏豪)

[생]1969 · 2 · 19 [주]충북 청주시 청원구 2순환로168 충북지방경찰청 여성청소년과(043-240-2048) [학]인천 제물포고졸 1991년 경찰대 법학과졸(7기) [경]1991년 경위 임관 2000년 경감 승진 2006년 경정 승진, 인천 서부경찰서 방범과 근무, 인천 남동경찰서 형사계장 · 강력팀장, 인천 부평경찰서 수사과장 2015년 인천지방경찰청 수사1과장 2015년 同치안지도관 2015년 충북지방경찰청 여성청소년과장(총경)(현)

김민환(金珉煥) KIM Min Hwan (齊松)

[생]1945 · 7 · 7 [본]영광(靈光) [출]전남 장흥 [주]서울 성북구 안암로145 고려대학교 미디어학부(02-3290-1400) [학]1964년 목포해양고졸 1971년 고려대 신문방송학과졸 1973년 同대학원 신문방송학과졸 1986년 문학박사(고려대) [경]1975년 고려대 신문방송학과 강사 1981~1992년 전남대 신문방송학과 전임강사 · 조교수 · 부교수 1989년 미국 미주리대 언론대학원 객원교수 1992~2001년 고려대 신문방송학과 교수 1995년 同기획처장 1996년 同신문방송연구소장 1997~2001년 문화정책개발원 이사 1998년 미국 인디애나대 객원교수 1999~2000년 언론개혁시민연대 21세기언론연구소장 2002~2010년 고려대 언론학부 교수 2002~2004년 同언론대학원장 2002~2003년 한국언론학회 회장 2005~2008년 신문발전위원회 위원 2007~2009년 고려대 교수의회 의장 2007~2008년 MBC 시청자주권위원회 위원장 2008년 NHN 이용자자문위원장 2009년 한국CATV방송협회 CATV시청자협의회 위원장 2010년 고려대 미디어학부 명예교수(현) 2010~2015년 다산연구소 대표 2011~2012년 TV조선 시청자위원회 위원 2012년 중앙일보 자문위원(현) 2014년 네이버 편집자문위원장(현) 2015년 다산연구소 이사(현) [상]한국언론학회 학술상(2007) [저]'개화기 민족지의 사회사상'(1988) '美군정 공보기구의 언론활동'(1991) '한국 근대사회의 변화와 언론(共)'(1995) '한국언론사'(1996) '국제보도(共)'(1996) '세계의 언론인(共)'(1998) '동아시아의 근대 신문 지체요인'(1999) '미군정기 신문의 사회사상'(2001) '한국방송광고의 역사와 문화'(2001) '언론문장연습'(2003) '매체-역사-근대성(共)'(2004) '한국언론사'(2005, 개정2판) '민족일보 연구'(2006) '아나운서 임택근'(2008) '일제강점기 언론사 연구(共)'(2008) '김민환의 언론 문화 시평-민주주의와 언론'(2010, 나남) 소설 '담징'(2013, 서정시학) [역]'일제하 문화적 민족주의'(1990) [종]가톨릭

김민환(金敏煥) KIM Min Hwan

[생]1960 · 11 · 18 [본]경주(慶州) [출]충남 보령 [주]서울 영등포구 여의대로128 LG화학(02-3773-7010) [학]1979년 경기 부천고졸 1987년 고려대 법학과졸 1999년 한국노동연구원 노사관계고위지도자과정 수료 2009년 미국 펜실베이니아대 와튼스쿨 KMA 대학원 최고경영자과정 수료 [경]1987~1995년 LG화학 입사 · 인사팀 과장 1995~1998년 LG그룹 회장실 차장 1999~2003년 同구조조정본부 부장 2005~2010년 LG화학 노경담당 상무 2011~2012년 同오창 · 청주공장 주재임원(상무) 2012~2013년 同최고인사책임자(CHO · 상무) 2014년 同최고인사책임자(CHO · 전무)(현) 2015년 중앙노동위원회 사용자위원(현) [상]일자리창출지원 유공 철탑산업훈장(2013) [종]기독교

김민희(金民嬉 · 女) KIM Min Hee

[생]1948 · 3 · 13 [출]서울 [주]서울 종로구 동숭길122 (사)한국무용협회(02-744-8066) [학]1967년 금란여고졸 1972년 이화여대 무용학과졸 1981년 同대학원 무용학과졸 1991년 무용학박사(한양대) [경]1967 국내 초연 '백조의 호수' 출연 1970년 국제예술원 벨지움무드라 수학 1977~1978년 독일 요한크랑코발레스쿨 · 모나코댄스아카데미 연수 1983년 숭의여전 무용학과 전임강사 · 조교수 1984년 미국 하버드대 Dance Center 연수 1988년 대한무용학회 이사 1989년 한국발레협회 이사 1989~2013년 한양대 생활무용예술학과 교수 1989년 밀문무용제 김민희 발레공연 1991년 한국미래춤학회 상임이사 1991년 전국발레콩쿠르 심사위원 1994년 국립극장 발레자문위원 1994년 한국스포츠무용철학회 부회장 1996년 전국무용제 심사위원 1996년 한국발레협회 부회장 1997년 同발레연수회 강사 1998년 동아무용콩쿠르 발레부 심사위원 1998년 서울국제무용제 작품평가위원 1999~2002년 한국무용과학회 초대회장 · 명예회장 2000~2007년 (사)한국발레협회 회장 2001년 유니버설발레단 자문위원 2004~2006년 예술의전당 이사 2005년 한국문화예술위원회 무용위원회 위원 2005년 (사)한국무용협회 부이사장(현) 2007년 (사)한국발레협회 명예회장 2008~2010년 국립발레단 부설 발레아카데미 교장 2010년 (사)한국발레협회 고문(현) 2010년 한양대 생활무용예술학과장 2016년 대한민국예술원 회원(연극영화무용분과 · 현) [상]서울국제무용제 연기상 · 대상 · 안무상, 한국발레협회상 대상, 무용과학회 공로상(2004), 문화관광부장관표창(2005), 서울시문화상 무용분야(2006), 제20회 예총 예술문화상(2006), 제1회 대한민국무용대상 대통령표창(2008) [저]'무용예술강좌'(1987) '무용과학지침서'(2002) [역]'Classic Ballet-기초기법과 용어해설'(1984, 도서출판 금광) '세계발레작품해설집'(1987, 교학연구사) [작]'죽은 아이들을 위한 노래' '사랑, 사람들' '숲에서' '우리안에는…' '목탄화 몇 점' '또다른 고향' '비창' '바흐와의 여행' '발레의 열정' [종]기독교

김방룡(金邦龍) Pang-Ryong, Kim

[생]1955 · 6 · 22 [출]대구 [주]대전 유성구 가정로218 한국전자통신연구원 경제분석연구실(042-860-5726) [학]1978년 경북대 행정학과졸 1983년 同대학원 경제학과졸 1992년 일본 쓰쿠바대 대학원 사회공학연구과 경제학과졸 1994년 경제학박사(일본 쓰쿠바대) [경]1982년 한국전자통신연구소 연구원 1985년 同선임연구원 1995년 同책임연구원 1995년 한밭대 경제학과 강사 1997년 정보통신부 통신위원회 전문위원, 한국전자통신연구원 공정경쟁연구팀장 2002년 캐나다 Simon Fraser Univ. 초빙연구원 2006년 금강대 국제통상학부 강사 2007년 과학기술연합대학원대 교수(현) 2007년 한국전자통신연구원 미래기술전략연구팀 책임연구원 2011년 同산업전략연구부 책임연구원 2013년 同경제분석연구실 책임연구원(현) 2015년 KAIST 기술경영학과 강사 2015년 충남대 국가정책대학원 과학기술정책전공 강사(현) [저]'Telecoms Prospects for Korea' '정보통신경제학' [역]'보편적 서비스' [종]기독교

김방림(金芳林 · 女) KIM Bang Rim

[생]1940 · 1 · 16 [본]언양(彦陽) [출]서울 [주]서울 마포구 독막로331 마스터즈타워1310호 한국여성정치연맹(02-703-5237) [학]1976년 성균관대 행정대학원 수료 1992년 서울대 행정대학원 국가정책과정 수료 [경]1982년 도서출판 '민우사' 대표 1984년 신민당 여성분과위원회 부위원장 1985년 민주화추진협의회 여성부국장 1987년 민주당 여성부국장 1987년 평화민주당 여성국장 1987년

동남특수금속 대표 1988년 '실천하는 여성' 발행인 1988년 여성평민회 회장 1991년 평민당 중앙연수원 상임부원장 1992년 민주당 인권위원회 상임부위원장 1993년 同여성위원회 상임부위원장 1995~1998년 서울시의회 의원·여성특별위원장 1997년 국민회의 개혁추진위원회 위원 1999년 同연수원 상임부원장 2000년 새천년민주당 종교특별위원장 2000년 同연수원 상임부원장 2000~2004년 제16대 국회의원(전국구, 새천년민주당) 2006년 한국여성정치연맹 부총재 2006년 한국가정발전연구센터 이사장 2009년 한국여성정치연맹 총재(현) 2015년 대한민국헌정회 이사(현) [상]INAK(Internet Newspaper Association of Korea) Press CEO Clib상(2015)

김방신(金芳新) Bang-Shin, Kim

[생]1959·8·2 [출]제주 [주]경남 창원시 성산구 공단로 602 대림자동차공업(주) 임원실(055-239-7011) [학]1978년 제주 오현고졸 1985년 연세대 법학과졸 1996년 서강대 경영대학원 MBA 수료 [경]1986년 현대자동차(주) 입사, 同기획실 근무, 同해외영업본부 근무, 同홍보팀장, 同마케팅전략팀장, 기아자동차(주) 경영전략실장, 현대자동차(주) 연구개발본부 지원사업부장, 同북경현대기차유한공사 부총경리(상무) 2009~2010년 한국후지쯔 대표이사 사장, 효성 중공업PG 기전PU장 2012~2014년 (주)두산 모트롤BG장(부사장) 2015년 대림자동차공업(주) 대표이사 사장(현)

김방훈(金方勳) KIM Bang Hun

[생]1954·9·22 [본]광산(光山) [출]제주 북제주 [주]제주특별자치도 제주시 문연로6 제주특별자치도청 정무부지사실(064-710-2020) [학]1973년 한림공고졸 1996년 경일대 토목학과졸 1999년 同산업대학원 토목공학과졸 [경]1994년 제주시 상수도관리사업소장 1997년 제주도 환경건설국 건설과 기술심사담당 1998년 同환경건설국 건설과 도로시설담당 2001년 同건설과장 2004년 同지역정책과장 2006년 同환경도시국장 2006년 제주특별자치도 도시건설본부장 2007년 제주시 부시장 2008년 국방대학교 안보과정 파견 2009년 제주특별자치도 자치행정국장 2010년 同제주시장(지방이사관) 2010년 제주발전연구원 도정연구관(파견) 2012년 제주특별자치도 기획관리실장 2014년 새누리당 제주도지사 예비후보 2015년 제주특별자치도 정무부지사(현) [상]대통령표창, 근정포장 [종]불교

김배성(金倍成) KIM, Baesung

[생]1977·10·5 [주]세종특별자치시 도움6로11 국토교통부 항공산업과(044-201-4219) [학]1996년 부산 해동고졸 2002년 연세대 행정학과졸 2013년 미국 조지타운대 대학원 정책학과졸 [경]2010~2011년 국토해양부 해운정책과 서기관 2013년 국토교통부 해외건설정책과 개발협력팀장(서기관) 2014년 2015세계물포럼조직위원회 행사운영과장 2015년 국토교통부 항공산업과장(현)

김 백(金 伯) KIM Paik

[생]1956·10·26 [본]삼척(三陟) [출]강원 강릉 [학]1975년 서울고졸 1981년 서강대 철학과졸 1983년 同정치외교학과졸 [경]1981년 KBS 기자 1991년 SBS 기자 1995년 YTN 경제부 차장 1998년 同월드뉴스부 차장 1998년 同기획제작부장 직대 1999년 同기획제작부장 2000년 同문화산업부장 2001년 同사회2부장 2002년 同사회1부장 2004년 同경제부장 2005년 同보도국 취재담당 부국장 2005년 同해설위원 2006년 同보도국 뉴스총괄단 CQ1 2006년 同마케팅국장 직대 2008년 同마케팅국장(국장대우) 2008년 同경영기획실장 2009년 同경영기획실장(국장) 2009년 同보도국장 2010~2016년 同상무이사 2011·2013년 한국신문방송편집인협회 이사 2015년 同부회장 [상]서강언론인상(2010), 국민훈장 동백장(2014) [종]천주교

김백봉(金白峰·女) KIM Paik Bong

[생]1927·2·12 [본]개성(開城) [출]평남 평양 [주]서울 동대문구 경희대로26 경희대학교 무용학부(02-961-0537) [학]1943년 일본 송음여고졸 1950년 최승희 무용연구소졸 1966년 서라벌예술대졸 1983년 명예 이학박사(미국 유니언대) [경]1952~1962년 김백봉 무용연구소 대표 1958년 동남아6개국 순방공연 1960년 서울시 문화위원 1962년 프랑스·이탈리아등 유럽4개국 순방공연 1964년 경희대 체육대 무용과 부교수 1969~1992년 同교수 1974년 미국 독립200주년기념 축하예술제 참가 1981~1985·1987년 대한민국예술원 회원(한국무용·현) 1992년 경희대 무용학부 명예교수(현) 1999년 한국예술종합학교 객원교수 2004년 (사)최승희춤연구회 이사장 2005~2007년 서울시무용단 단장 [상]서울시 문화상, 캄보디아1등 문화훈장, 예술원상, 사회교육문화대상, 보관문화훈장, 예술문화대상, 은관문화훈장(2005), 한민족문화예술대상 한국무용부문(2010), 국제춤축제연맹 대한민국을 빛낸 최고명인상(2016) [저]'봉산탈춤무용' '무용교육의 이념과 지도원리' [작]무용극 '우리마을의 이야기' '종이여 울려라' '청명심애' '심청' 부채춤 '광란의 제단' '인삼의 정' '정을 남긴채' '만다라' '화관무' [종]불교

김백조(金白祚) KIM Baek-Jo

[생]1969·3·30 [본]김해(金海) [출]경북 경주 [주]제주특별자치도 서귀포시 서호북로33 국립기상과학원 응용기상연구과(064-780-6752) [학]1989년 울산고졸 1993년 부산대 대기과학과졸 1995년 同대학원 대기과학과졸 1999년 이학박사(부산대) [경]1993년 부산대 대기과학과 연구조교 1994년 同대기과학과 행정조교 1996~1997년 同대기과학과 시간강사 1996·1998년 중국 대기물리연구소 단기기후연구센터 방문과학자 1997년 일본 기상연구소 기후연구실 방문과학자 1997년 부산대 컴퓨터 및 정보통신연구소 연구원 1999년 기상청 기상연구소 예보연구실 기상연구관 2005년 同기상연구소 태풍연구팀장 2007년 同국립기상연구소 정책연구과장 2010년 同청장 비서관 2010년 한국환경과학회 이사(현) 2011년 기상청 기상기술과장 2011년 同기상산업정책과장 2011~2015년 同국립기상연구소 정책연구과장 2014년 한국기후변화학회 이사 2014년 한국기상학회 섭외이사(현) 2015년 국립기상과학원 응용기상연구과장(현) [상]한국자료분석학회 학술상(2001), 한국기상학회 학술상(2002), 부산대 자연대 자랑스러운 동문상(2011) [저]'미국의 기상산업 정책'(2009) [역]'기후변화와 녹색환경'(2014)

김백호(金白鎬) KIM Baek Ho

[생]1932·11·20 [출]전남 곡성 [주]전북 전주시 덕진구 기린대로298 우미건설(주) 비서실(063-271-7000) [학]1953년 곡성농고졸 1978년 전북대 경영대학원 수료 [경]1955년 동광기업(주) 이사 1962년 삼흥건설(주) 이사 1970년 전북건설(주) 대표이사 사장 1984년 전북테니스협회 회장 1984년 직장새마을운동 전주시협의회장 1988년 국제로타리 3670지구 사무총장·총재 1988년 전북도민일보 이사 1993년 대한건설협회 전북도회장 1994년 우미건설(주) 회장(현) 1998년 대한건설협회 중소건설업육성특별위원회 위원장 1998년 민주평통 자문위원 1998년 전북도배드민턴협회 회장 2000년 전주상공회의소 감사 [상]탁월한 기업경영자상(1983), 내무부장관표창(1996), 법무부장관표창(1996), 국무총리표창(2000) [종]불교

김범기(金範起)

[생]1968·5·26 [출]경북 안동 [주]경기 수원시 영통구 월드컵로120 수원지방검찰청(031-210-4200) [학]1987년 서울 재현고졸 1991년 고려대 법학과졸 [경]1994년 사법시험 합격(36회) 1997년 사법연수원 수료(26기) 1997년 광주지검 검사 1999년 同순천지청 검사 2001년 서울지검 의정부지청 검사 2003년 서울지검 검사 2004년 서울중앙지검 검사 2005년 대구지검 검사 2008년 대검찰청 연구관 2010년 서울북부지검 부부장검사(금융위원회 파견) 2011년 대전지검 특별수사부장 2012년 서울북부지검 형사6부장 2013년 대검찰청 과학수사담당관 2014년 서울중앙지검 금융조세조사2부장 2015년 울산지검 형사2부장 2016년 수원지검 부부장검사(금융정보분석원 파견)(현)

김범년(金範年) KIM, BUM-NYUN

[생]1958·5·1 [본]안동(安東) [출]충북 음성 [주]경북 경주시 양북면 불국로1655 한국수력원자력(주) 부사장실(054-704-2032) [학]청주고졸, 부산대 기계공학과졸, 同대학원 경제학과졸, 충남대 대학원 기계공학과졸, 기계공학박사(충남대), 서울대 경영대학 최고경영자과정 수료 [경]2011년 한국수력원자력(주) 중앙연구원 원전기술지원센터장 2012년 同울진원자력본부 제2발전소장 2012년 同엔지니어링본부장 2014년 同부사장 겸 발전본부장(상임이사)(현) [상]과학기술진흥유공 대통령표창(2003), 자랑스러운 부산대인(2015) [종]천주교

김범만(金氾晩) KIM Bum Man

[생]1947·1·3 [본]김해(金海) [출]서울 [주]경북 포항시 남구 청암로77 포항공과대학교 전자전기공학과(054-279-2231) [학]1965년 경기고졸 1972년 서울대 전자공학과졸 1974년 미국 텍사스 오스틴대 대학원 전자공학과졸 1979년 공학박사(미국 Carnegie-Mellon대) [경]1972년 미국 텍사스대 연구조교 1974년 미국 Carnegie-Mellon대 연구조교 1978년 미국 GTE Laboratories 연구원 1981년 미국 Texas Instruments 연구원·책임연구원 1989년 포항공과대 전자전기공학과 교수(현) 1994~2011년 同전자파특화연구센터 소장 1998~2000년 同교무처장·대학원장 2002~2007년 하이닉스반도체 사외이사, 포항공과대 BK21미래정보기술사업단장 2005~2007년 同남고석좌교수 2009년 同Fellow 선정 [상]공학분야 경암학술상(2008) [종]기독교

김범석

[생]1978 [주]서울 강남구 테헤란로501 쿠팡(1577-7011) [학]미국 하버드대 정치학과졸, 同경영대학원 경영학과졸 [경]1998~2001년 미국 무료잡지 '커런트(Current)' 대표 2002~2004년 미국 보스턴컨설팅그룹 컨설턴트 2004~2009년 빈티지미디어 대표 2010년 한국인터넷기업협회 부회장 2010년 쿠팡 창업·대표이사(현)

김범성 Kim Beom Seong

[생]1964·1·27 [출]서울 [주]서울 서초구 양재동 남부순환로2620 SPC그룹 홍보실(02-2276-5619) [학]1983년 경동고졸, 성균관대 신문방송학과졸, 同경영대학원졸(석사) [경]1989년 삼성생명보험 근무 2010년 삼성증권 홍보담당 상무 2012년 SPC그룹 홍보실장(상무) 2015년 同홍보실장(전무)(현) [종]기독교

김범수(金汎洙)

[생]1958·9·2 [주]전남 신안군 압해읍 천사로1004 신안군청 부군수실(061-240-8005) [학]1972년 광주농업고 임업과졸 1982년 조선대 법학과졸 [경]1987년 전남도 공무원 임용(7급 공채) 1988년 전남 나주시 금남동사무소 행정주사보 1992년 전남도 농촌진흥원 행정주사보 2004년 同기획관리실 기획관실 2012유치지원담당(지방행정사무관) 2005년 同기획관리실 엑스포지원관실 기획담당 2006년 同공보관실 홍보관리담당·영상홍보담당 2007년 同행정지원국 행정혁신과 지방행정사무관 2008년 同투자정책국 투자기획담당·제조업유치담당·기업관리담당·제조업유치담당 2011년 同투자정책국 기업유치과장 직대 2012년 同투자정책국 투자개발과장 직대 2012년 同투자정책국 투자개발과장(지방서기관) 2014년 지방행정연수원 고급리더과정 교육파견 2015년 전남도 경제과학국 지역경제과장 2016년 전남 신안군 부군수(현) [상]내무부장관표창(1992), 해양수산부장관표창(1999), 외교통상부장관표창(2000), 국무총리표창(2001), 대통령표창(2009)

김범수(金範洙) KIM Beom Soo

[생]1963·9·15 [출]서울 [주]서울 종로구 종로5길7 Tower8 7층 케이엘파트너스(02-6226-7701) [학]1982년 경기고졸 1986년 서울대 법학과졸 1997년 미국 플로리다법대(Univ. of Florida Coll. of Law) 비교법학과졸 1999년 미국 휴스턴대 Law Cente 지적재산권법학과졸 [경]1985년 사법시험 합격(27회) 1988년 사법연수원 수료(17기) 1988년 부산지법 판사 1993년 서울지법 의정부지원 판사 1996년 서울가정법원 판사 1996~1997년 법관 해외장기연수 파견(미국 Univ. of Florida College of Law) 1999년 미국 New York주 변호사자격 취득 1999년 미국 Houston 소재 Computize 'Inc.' General Counsel 1999년 미국 Houston 소재 Jones 'Roland &Young P.C.' of Counsel 2000~2016년 법무법인 세종 변호사 2002년 법무부 국제거래법연구단 연구위원 2005년 국제중재실무회 이사 2007~2009년 대한변호사협회 국제이사 2009년 대한상사중재원 중재인 2014년 일성건설(주) 사외이사(현) 2015년 국제상업회의소(ICC) 국제중재법원(International Court of Arbitration) 위원(현) 2016년 법무법인 케이엘파트너스 변호사(현)

김범수(金範洙) KIM Beom Su

[생]1966·3·27 [출]서울 [주]경기 성남시 분당구 판교역로235 H스퀘어 N동6층 (주)카카오(070-7492-1300) [학]1986년 건국대 사대부고졸 1990년 서울대 산업공학과졸 1992년 同대학원 산업공학과졸 [경]1992년 삼성SDS 입사, 유니텔프로그램 개발, 유니윈프로그램 개발 1998년 한게임커뮤니케이션 설립·대표이사 사장 2002~2006년 NHN(주) 대표이사 사장 2002년 한국인터넷게임협회 회장 2003~2004년 한국게임산업개발원 이사 2004년 벤처기업협회 부회장 2004~2006년 한국게임산업협회 회장 2007년 NHN(주) USA 대표이사 2007~2008년 NHN(주) 비상근이사 2008년 아이위랩 등기이사 2010년 同대표 2011~2014년 카카오 이사회 의장 2011년 국가지식재산위원회 민간위원 2014~2015년 다음카카오 이사회 의장 2015년 (주)카카오 이사회 의장(현) 2016년 경기도 스타트업캠퍼스 초대총장(현) [상]제1회 한경인터넷대상(1998), 제1회 우수정보통신기업 디지털대상(2000), 조선일보 인터넷대상-포털부문대상(2000), 신산업경영원주최 인터넷 그랑프리-엔터테인먼트부문(2001), 한국능률협회컨설팅 선정 한국의웹사이트게임부문 3년 연속 1위(2002), 한국정보통신산업협회 선정 개인정보보호우수사이트(2002), 한국소프트웨어저작권협회 소프트웨어 정품사용모범기업인증 획득(2002), 한국인터넷기업협회 및 한국기자협회 선정 올해의 인터넷기업 대상(2002), 딜로이트컨설팅 Korean Technology Fast 50 Growth Company 대상(2003), 한국표준협회 한국서비스품질지수 인터넷포털부문 1위(2003), 삼성경제연구소 및 중앙일보 선정 네이버 지식검색 2003 히트상품(2003), 대통령표창(2003), 한국표준협회 한국서비스품질지수 인터넷 포털부문 1위(2004), 한국경제신문 제1회 한국을 빛낸CEO 인재경영부문상(2005), 포니정 혁신상(2012), 올해의 자랑스러운 서울대 공대 동문상(2013), 동탑산업훈장(2015), 제9회 EY 최우수기업가상 마스터상(2015)

김범식(金範式) Bumsig Kim

[생]1968·2·10 [출]충남 공주 [주]서울 동대문구 회기로85 고등과학원 수학부(02-958-3841) [학]1989년 서울대 수학과졸 1996년 이학박사(미국 캘리포니아대 버클리교) [경]1996년 스웨덴 왕립수학연구소(Mittag-Leffler) 박사후연구원 1997년 미국 캘리포니아대 데이비스교 방문 연구조교수 1999년 포항공대 조교수 2001년 同부교수 2003년 고등과학원 수학부 교수(현) 2007년 교육인적자원부 및 한국학술진흥재단 '국가석학(우수학자)' 선정 2010~2012년 고등과학원 수학부장 [상]한국과학기술단체총연합회 과학기술 우수논문상(2000), 한국과학기술한림원 제6회 젊은과학자상 수학부문(2003), 포스코청암상 과학상(2014)

김범일(金範鎰) KIM Bum Il

[생]1950·10·21 [본]안동(安東) [출]경북 예천 [학]1969년 경북고졸 1973년 서울대 경영학과졸 1984년 미국 서던캘리포니아대 대학원 행정학과졸 [경]1972년 행정고시 합격(12회) 1980년 총무처 인사국 교육훈련과장 1984년 서울올림픽조직위원회 사업과장 1989년 총무처 후생기획과장 1991년 同공보관 1993년 중앙공무원교육원 교수부장 1994년 총무처 의정국장 1996년 대통령 일반행정비서관 1997년 총무처 조직국장 1998년 국민고충처리위원회 상임위원 1998년 행정자치부 기획관리실장 2002~2003년 산림청장 2003년 정부혁신 및 지방분권위원회 위원 2003~2006년 대구시 정무부시장 2006·2010~2014년 대구광역시장(한나라당·새누리당) 2006~2010년 전국시도지사협의회 감사 2006년 프로축구 대구FC 구단주 2007년 세계지방자치단체연합 아시아·태평양(UCLG ASPAC)집행위원회 회장 2009년 대구문화재단 이사 2009년 2011대구세계육상경기선수권대회조직위원회 공동위원장 2011년 전국시도지사협의회 부회장 2015년 영남대 정치행정대학 행정학과 석좌교수 [상]근정포장(1979), 체육훈장 백마장(1989), 황조근정훈장(2004), 대한노인회 노인복지대상(2009)

김범조(金範祚) KIM Buhm Jo

[생]1955·7·25 [본]청도(淸道) [출]대구 달성 [주]서울 중구 퇴계로100 스테이트타워남산8층 법무법인 세종(02-316-4281) [학]1972년 경북고졸 1978년 서울대 신문학과졸 1995년 미국 위스콘신대 메디슨교 대학원졸 [경]행정고시 합격(21회) 1981년 국세청 사무관 1983년 경제기획원 사무관 1991년 국무총리 행정조정실 과장 1992년 경제기획원 행정관리담당관 1995년 재정경제원 사무혁신반장 1996년 공정거래위원회 단체과장 1997년 同경쟁국 경쟁촉진과장 2000년 同하도급기획과장 2001년 同조사기획과장 2002년 중앙공무원교육원 파견 2002년 공정거래위원회 기획관리관 2005년 同조사국장 2006년 同서울지방공정거래사무소장 2008~2010년 한국소비자원 부원장 2011년 한국상조공제조합 이사장 2014년 법무법인 세종 고문(현) [상]근정포장(1988)

김범준(金範俊) KIM Beom Jun

[생]1969·1·7 [출]충남 부여 [주]서울 서초구 서초중앙로157 서울중앙지방법원(02-530-1114) [학]1987년 대전 동산고졸 1993년 서울대 공법학과졸 1996년 同대학원 공법학과 수료 [경]1992년 사법시험 합격(34회) 1995년 사법연수원 수료(24기) 1995년 변호사 개업 2000년 울산지법 판사 2004년 인천지법 판사 2008년 서울고법 판사 2009년 서울중앙지법 판사 2011년 부산지법 부장판사 2012년 인천지법 부장판사 2015년 서울중앙지법 부장판사(현)

김범준(金凡峻) Beomjoon Kim

[생]1974·12·12 [주]서울 동작구 흑석로102 중앙대학교병원 피부과(02-6299-2177) [학]2000년 중앙대 의대졸 2003년 同대학원 의학석사 2007년 의학박사(중앙대) [경]2005~2006년 서울대병원 피부과 전임의 겸 임상강사 2005~2006년 대한의학회 건강정보심의위원회 전문위원 2006년 대한피부과학회 교과서편찬위원회 실무위원 2006년 미국 펜실베이니아아이스턴대 전임강사 2006~2007년 동국대의료원 일산병원 피부과 조교수 2007년 중앙대 의과대학 피부과학교실 조교수·부교수·교수(현) 2007~2011년 同용산병원 피부과 진료의 2008~2011년 국제피부과학회지(International Journal of Dermatology) 편집위원 2011~2013년 보건복지부·식품의약품안전청 의료기기위원회 위원 2012년 식품의약품안전청 자체규제심사위원회 위원 2014년 중앙대병원 피부과장(현) 2014년 한국보건산업진흥원 R&D진흥본부 PM제도운영위원회 위원(현) 2016년 식품의약품안전처 차세대의료기기100프로젝트 전문가위원(현) 2016년 중앙대병원 의생명연구원장(현) [상]대한의진균학회 노바티스 학술상(2003), 한국정보처리학회 UIT연구회 우수논문상(2006), 대한의진균학회 우수논문상(2010·2011) [저]'에스테틱 피부과학'(2010)

김범진(金範鎭) Jay Boemjin Kim

[생]1969·10·17 [본]김녕(金寧) [출]서울 [주]부산 연제구 중앙대로1001 부산광역시청 시민소통관실(051-888-1400) [학]1987년 잠실고졸 1994년 건국대졸 [경]1995~1998년 LG애드 근무 1999~2005년 엔즈웰 근무 2006~2008년 코레일애드컴 근무 2008~2015년 이노션 월드와이드 근무 2015년 부산시 시민소통관(현)

김범환(金範煥) KIM Bum Hwan

[생]1957·5·3 [출]서울 [주]대전 서구 배재로155의40 배재대학교 전자상거래학과(042-520-5701) [학]용산고졸 1980년 고려대 통계학과졸 1983년 同대학원 경제학과졸 1992년 경제학박사(프랑스 Toulouse 제1대) [경]1983~1997년 한국전자통신연구원 선임연구원 1997년 배재대 전자상거래학과 교수(현) 1997~1998년 한국기술혁신학회 이사 1997~1998년 同정보통신분과 편집위원 2013년 배재대 국제통상대학원장 [저]'정보통신경제학'(2001, 청목출판사) '전자상거래의 이해'(2001, 청목출판사) '현대경제학의기초'(2001, 형설출판사) 'IT산업론'(2006) '디지털경제의 이해'(2006) [종]기독교

김법민(金法敏) KIM Beop Min

[생]1967·1·15 [본]경주(慶州) [주]서울 성북구 안암로145 고려대학교 바이오의공학부(02-3290-5656) [학]1989년 고려대 기계공학과졸 1991년 미국 텍사스 A&M대 대학원 의공학과졸 1996년 의공학박사(미국 텍사스 A&M대) [경]1989~1995년 미국 Univ. of Texas/M.D. Anderson Cancer Center·Texas A&M Univ.·Univ. of Texas/Medical Branch, Research Assistant 1995년 미국 Univ. of Texas/Lawrence Livermore National Laboratory, Visiting Scientist 1995~1996년 미국 Univ. of Texas/M.D. Anderson Cancer Center·Texas A&M Univ.·Univ. of Texas/Medical Branch, Research Assistant Classification &Estimation 1996~2001년 미국 Univ. of California/Lawrence Livermore National Laboratory 연구원 2001~2009년 연세대 의공학부 조교수·부교수 2001년 대한의용생체공학회 교육위원 2001년 한국광학회 학술위원회 간사 2007년 한국광학회지 편집위원(현) 2008년 광전자 및 광통신학술회의 운영위원(현) 2009년 보건복지부 HT포럼위원회 위원(현) 2009~2010년 고려대 생체의공학과 부교수 2010~2014년 同생체의공학과 교수 2010년 대한의용생체공학회 국제협력이사(현) 2012년 고려대 생체의공학과 학과장 2012~2014년 同보건과학대학 부학장 2013년 식품의약품안전처 의료기기위원회 전문위원(현) 2013년 한국보건산업진흥원 보건신기술(NET)전문분과 위원(현) 2014년 同PM운영위원(현) 2014년 고려대 바이오의공학부 교수(현) [저]'바이오의광학(共·編)'(2008)

김법완(金法完) KIM Beop Wan

[생]1952·1·20 [본]의성(義城) [출]대구 [주]대구 중구 국채보상로680 경북대학교 의학전문대학원 비뇨기과학교실(053-420-5843) [학]1970년 경북고졸 1976년 경북대 의대졸 1983년 同대학원졸 1986년 의학박사(경북대) [경]1980~1983년 계명대 의대 병원 전공의 1983~1986년 同의대 조교수 1986~1996년 경북대 의대 비뇨기과학교실 전임강사·조교수·부교수 1988년 일본 치바대 의대 Post-Doc. 1991~1992년 미국 Rosewell Park Cancer Center N. Y. U. S. A(Post-Doc.) 1996~2008·2011년 경북대 의대 비뇨기과학교실 교수(현) 1998~1999년 대통령자문 새교육공동체위원회 연구위원 1999~2001년 경북대병원 기획조정실장 2003~2005년 경북대 학생처장 2008~2011년 한국보건산업진흥원 원장 2011년 경북대 의학전문대학원 비뇨기과학교실 교수(현) [상]대구시문화상 학술부문(2015)

김법정(金法征) KIM Beob Jeong

[생]1967·4·8 [출]서울 [주]세종특별자치시 도움6로11 환경부 기후대기정책관실 기후대기정책과(044-201-6860) [학]1986년 보성고졸 1993년 서울대 국제경제학과졸 [경]2000년 환경부 환경정책국 정책총괄과 사무관 2002년 同기획관리실 기획예산담당관실 서기관 2004년 同기획관리실 혁신인사담당관실 서기관 2004년 국립환경연구원 기획과장, 환경부 해외파견 2006년 환경부 정책홍보담당관 2007년 同수질보전국 수질총량제도과장 2007년 同수질보전국 유역총량제도과장 2008년 同물환경정책국 유역총량제도과장 2009년 同기획조정실 창의혁신담당관 2009년 프랑스 OECD사무국 파견 2012년 환경부 환경정책실 생활환경과장 2014년 同기후대기정책관실 기후대기정책과장(서기관) 2015년 同기후대기정책관실 기후대기정책과장(부이사관)(현)

김법혜(金法慧)

[생]1946·8·2 [본]안동(安東) [출]충남 천안 [주]충남 천안시 서북구 쌍용대로292 금정빌딩5층 민족통일불교중앙협의회(041-578-4747) [학]1975년 동국대 행정대학원 수료 1992년 명예 철학박사(스리랑카 국립팔리대학) 1995년 부산대 행정대학원 수료 1997년 서울대 행정대학원 수료 [경]1973년 대한불교조계종 금정사 회주, 중앙일보·충청신문 칼럼니스트 1973~1997년 대한불교조계종 부산 금강대 주지 1977년 법무부 갱생보호위원회 부산동래구협의회장 1979년 부산시 향토예비군 법사단장(육군) 1980~1993년 부산시불교연합회 창립·초대 사무총장 1989~1999년 민주평화통일자문회의 상임위원 겸 종교분과 간사 1990년 법무부 보호관찰 부산동래구협의회장 1994년 (사)민족통일불교중앙협의회 의장(현) 1997년 경찰청 경승법사 1997년 대한불교조계종 금정사 해주 2003년 민주평통 천안시협의회 회장 2006년 (사)한민족평화포럼 설립·상임의장 2010년 충무공김시민장군동상건립추진본부 본부장 2010년 민주평통 상임위원 2011년 서울대행정대학원총동창회 부회장 2011년 충무공김시민장군동상건립추진위원회 위원장 2013년 한민족원로회의 원로위원(현) 2015년 (사)충무공김시민장군기념사업회 회장(현) [상]국무총리표창(1978), 법무부장관표창(5회), 국민훈장 석류장(1987), 갱생보호대상(1992), 부총리 겸 통일원장관표창(1993), 대통령표창(1996), 대한불교조계종 총무원장표창(1997), 국민훈장 목련장(1999), 민주평통 의장 공로표창(2005) 등 다수 [저]'선사상과 임제록(編)'(1992)

김벽수(金闢洙) KIM Byuk Soo (三頂)

[생]1951·10·20 [본]김해(金海) [출]충남 홍성 [주]충북 음성군 감곡면 대학길76의32 극동대학교 언론홍보학과(043-880-3162) [학]1978년 고려대 사학과졸 1999년 동국대 언론정보대학원졸(석사) 2004년 연세대 정보대학원 최고위과정 수료 2010년 고려대 일민미래국가전략최고위과정 수료 [경]1977~1980년 TBC 기자 1980~1991년 KBS 기자(차장) 1991~1994년 SBS 편집부·경제부 부장대우 1994~2000년 同보도본부 보도특집부장·보도제작부장·라디오뉴스부장 1995년 同지방선거 선거방송기획단장 1996년 (사)한국민족문화협의회 자문위원 1998년 SBS 총선 선거방송기획단장 2000년 同문화과학CP·전국CP·특임CP(부국장) 2000년 관훈클럽 편집위원 2001년 SBS 편성본부 데이터정보팀장 2003년 同보도본부 논설위원(국장) 2004년 同총선 선거방송기획팀장 2004년 TU미디어 해외사업개발실장(상무) 2006년 同콘텐츠본부장(상무) 2008~2011년 SBS프로덕션 감사 2012~2014년 한국방송기자클럽 사무총장 2013년 극동대 언론홍보학과 초빙교수(현) 2014년 한국방송기자클럽 부회장(현) 2014년 방송통신심의위원회 통신특별위원회 위원(현)

김병각(金炳珏) KIM Byong Kak (浣岩)

[생]1934·11·3 [본]김해(金海) [출]평남 평양 [주]서울 관악구 관악로1 서울대학교 약대 제약학과(02-880-7825) [학]1953년 경동고졸 1957년 서울대 약대졸 1959년 同대학원졸 1964년 약학박사(미국 워싱턴대) [경]1957~1966년 경희대 약대 전임강사·조교수·부교수 1964~1966년 미국 코네티컷대 연구원 1966~1974년 서울대 약대 제약학과 부교수 1972년 중앙약사 심의위원 1974~2000년 서울대 약대 제약학과 교수 1978년 同약학대학장보

1978~1980년 대한균학회 회장 1981년 미국 퍼듀대 교환교수 1984년 한국생화학회 부회장 1986년 한국생약학회 회장 1989년 영국 런던대 교환교수 1989~2002년 대한암학회 이사 1991년 서울대 종합약학연구소장 1993년 일본 德島大 교환교수 1993년 한국타우린연구회 회장 1994년 한국과학기술한림원 종신회원(현) 1995년 한국생화학회 회장 2000년 서울대 제약학과 명예교수(현) 2002~2005년 통계청 질병원인 및 명명위원회 전문위원 ①약학회상(1990), 홍조근정훈장(2000), 생약학회상, 약사금탑상, 문교부장관표창, 성지학술대상, 동암약의상 ⑳'약품미생물학' '종합미생물학' '천연물화학' '요점미생물학' '영지의 약효성분과 구조' '실험미생물학' 'Recent Progress in Ganoderma Research' ▹'영지' '스피루리나' ②천주교

김병곤(金炳坤) Kim, Byung-Gon

⑴1958 · 5 · 29 ⑵부산 금정구 체육공원로399번길324 부산지방공단 스포원(051-550-1601) ⑽영산대 행정학과졸 ⑻1979년 공직입문(7급 공채) 2007년 부산시 산업입지과장(지방서기관) 2009년 同회계재산담당관 2010년 同사회복지과장 2012년 同대변인(지방부이사관) 2013년 同환경녹지국장 2015년 同기획행정관 2015년 同의회 사무처장(지방이사관) 2016년 부산지방공단 스포원 이사장(현) ①부산시 모범공무원표창(1989), 근정포장(2009)

김병관(金炳寬) Kim Byeong-Gwan

⑴1968 · 8 · 12 ⑵서울 동작구 보라매로5길20 서울특별시보라매병원 원장실(02-870-2105) ⑽서울대 의대졸, 同대학원 의학석사, 의학박사(서울대) ⑻서울대 의과대학 내과학교실 교수(현) 2009~2016년 서울특별시보라매병원 기획조정실장, 대한소화기학회 정회원(현), 소화기내시경학회 정회원(현), 장연구학회 정회원(현), 대한헬리코박터 및 상부위장관연구학회 정회원(현), 대한소화관운동학회 정회원(현), 同보험위원 겸임, 대한간학회 정회원(현) 2016년 서울특별시보라매병원 병원장(현)

김병관(金炳官) KIM BYOUNG GWAN

⑴1973 · 1 · 15 ⑵전북 정읍 ⑵서울 영등포구 의사당대로1 국회 의원회관847호(02-784-5490) ⑽서울대 경영학과졸, 한국과학기술원(KAIST) 산업경영학 석사 ⑻1996년 넥슨 인터넷개발팀장, (주)솔루션홀딩스 창업, (주)NHN 게임제작실장, 同한게임사업부장, 同게임심사업부문장 2005~2010년 (주)NHN게임스 대표이사 사장 2010~2012년 웹젠 대표이사 2010년 同이사회 의장 2016년 더불어민주당 제20대 총선 선거대책위원회 위원 2016년 同비상대책위원회 위원 2016년 同총선정책공약단 더불어성장본부 공동본부장 2016년 同성남시분당구甲지역위원회 위원장(현) 2016년 제20대 국회의원(성남시 분당구甲, 더불어민주당)(현) 2016년 국회 산업통상자원위원회 위원(현) 2016년 더불어민주당 전국청년위원회 위원장(현) 2016년 同최고위원(현) ①대한민국 게임대상(2009)

김병구(金炳九)

⑴1956 · 7 · 3 ⑵경북 포항 ⑵서울 송파구 석촌호수로166 산림조합중앙회 감사실(02-3434-7114) ⑽1980년 경북대 임학과졸 1987년 同대학원 임학과졸 1997년 임학박사(경북대) ⑻1987~1988년 독일 국제개발장학본부 임업연수 1996년 산림조합중앙회 임업기술훈련원장 2000~2006년 同경북지역본부장 2001~2006년 경북도 농정심의위원회 위원 2002~2004년 대구산업정보대학 산림자원학과 겸임교수 2006년 산림조합중앙회 산림경영부장 2008~2012년 同경영상무 2011~2013년 민주평통 자문위원 2013년 산림조합중앙회 제12 · 13대 상임감사(현) 2015년 경북대 임학과 겸임교수 ①산림청장표창(2002), 문화관광부장관표창(2005), 대통령표창(2011)

김병구(金炳求) KIM Byoung Goo

⑴1966 · 8 · 22 ⑵김해(金海) ⑵전남 해남 ⑵서울 서초구 반포대로158 서울고등검찰청(02-530-3114) ⑽1984년 광주제일고졸 1988년 서울대 공법학과졸 ⑻1993년 사법시험 합격(35회) 1996년 사법연수원 수료(25기) 1996년 서울지검 검사 1998년 전주지검 정읍지청 검사 1999년 창원지검 검사 2001년 서울지검 동부지청 검사 2004년 수원지검 검사 2006년 전주지검 검사 2008년 수원지검 성남지청 검사 2009년 서울동부지검 부부장검사 2009년 광주지검 순천지청 형사2부장 2010년 법무부 인권조사과장 2011년 의정부지검 형사5부장 2012년 대구지검 형사4부장 2013년 사법연수원 교수 2015년 서울서부지검 형사1부장 2016년 서울고검 검사(현)

김병구(金柄究) Kim Byoung Gu

⑴1966 · 11 · 20 ⑵경남 마산 ⑵울산 중구 성안로112 울산지방경찰청 제2부장실(052-210-2221) ⑽1985년 경남 경상고졸 1989년 경찰대졸(5기) 1998년 고려대 대학원 법학과졸 ⑻1989년 경위 임관 2005년 서울 동대문경찰서 경비과장(경정) 2006년 제주지방경찰청 해안경비단장(총경) 2007년 경남 창녕경찰서장 2008년 서울지방경찰청 1기동단장 2009년 경기 과천경찰서장 2010년 경찰청 대테러센터장 2011년 서울 은평경찰서장 2011년 서울지방경찰청 1기동단장 2014년 同경비1과장 2014년 울산지방경찰청 제2부장(경무관)(현)

김병구(金秉求) KIM Byung Gu

⑴1967 · 9 ⑵서울 영등포구 여의대로128 LG트윈타워 서관17층 LG디스플레이(주) IT · 모바일사업부(02-3777-1114) ⑽서울대 전기공학과졸, 포항공대 대학원 전자공학과졸, 전자전기공학박사(포항공대) ⑻2010년 LG디스플레이(주) Mobile소형개발담당 상무 2011년 同모바일 · OLED사업본부 개발담당 상무 2012년 同IT · 모바일사업부 개발그룹장(상무) 2015년 同IT · 모바일사업부 개발그룹장(전무)(현) ①한국공학한림원 젊은 공학인상(2015)

김병국(金柄國) KIM Byoung Kook (東園)

⑴1946 · 10 · 27 ⑵서흥(瑞興) ⑵부산 ⑵서울 종로구 대학로101 한국암연구재단 이사장실(02-764-0329) ⑽1964년 부산고졸 1970년 서울대 의과대학졸 1973년 同대학원졸 1980년 의학박사(서울대) ⑻1970년 서울대병원 내과 전공의 1975년 공군 軍의관 1976년 국군 서울지구병원 내과부장 1978~1991년 서울대 의과대학 내과학교실 전임강사 · 조교수 · 부교수 1981~1983년 미국 워싱턴의과대학 · Fred Hutchinson 암연구소 수석연구원 1991~2012년 서울대 의과대학 내과학교실 교수 1994년 同병원 혈액종양내과 분과장 1996년 대한수혈학회 이사장 1997년 서울대 의학도서관장 1998년 同의과대학 의학교육실 지원부장 1999~2001년 제주대 의과대학장 2001~2002년 대한수혈학회 회장 2003년 대한혈액학회 회장 2003년 서울대병원 함춘후원회 회장 2004년 서울대 의과대학 교육연구재단 감사 2005년 한국암연구재단 이사장(현) 2008년 한국조혈모세포은행협회 회장 2010년 대한조혈모세포이식학회 회장 2012년 서울대 의과대학 명예교수(현) ①강원도지사표창(1973), 공군참모총장표창(1978), 대한의학협회 학술상(1987), 대한내과학회 최우수논문상(1987), 대한골수이식학회 학술상(1998), 대한혈액학회 학술상(2003), 대한수혈학회 학술상(2003), 옥조근정훈장(2012) ⑳'혈액학' '증상별 임상검사' '인간생명과학' '내과학' '노인의학' ②기독교

김병국(金秉國) KIM Byung Guk (厚繡)

⑴1955 · 9 · 28 ⑵김해(金海) ⑵서울 ⑵인천 남구 인하로100 인하대학교 공과대학 공간정보공학과(032-860-7603) ⑽1978년 서울대졸 1986년 미국 위스콘신주립대 대학원 공학석사 1989년 공학박사(미국 위스콘신주립대) ⑻1977~1983년 한국전력공사 근무 1989년 미국 Brunson Instrument Co. 선임연구원 1990년 POSTECH 가속기연구소 측량연구실장 1993년 아주대 토목공학과 조교수 1996년 인하대 공과대학 공간정보공학과 조교수 · 부교수 · 교수(현) 1999년 국제표준기구 지리정보전문위원회(ISO/TC211-Korea) 위원 2004년 일본 동경대 대학원 공학계연구과 방문연구원 2004~2006년 한국GIS학회 회장 2006~2009년 한국측량학회 부회장 2006~2008년 건설교통부 지능형국토정보기술혁신사업단장 2008~2012년 한국공학한림원 후보회원 2008~2012년 국토해양부 지능형국토정보기술혁신사업단장 2009~2012년 同국가공간정보위원회 민간위원, 同공간정보참조체계분과위원장 2009~2011년 바른과학기술사회실현을위한국민연합 회원 2010~2012년 서울시 건설기술심의위원회 위원 2012년 한국공학한림원 정회원(현) 2013~2015년 인하대 공과대학장 2013~2015년 同공학대학원장 ①국무총리표창(2004), 대한토목학회 학술상(2006), 인하대 연구대상(2008), 국토해양부장관표창(2008), 한국공간정보학회 학술상(2011) ⑳'3D Geo-Information Sciences(共)'(2008, Springer)

김병국(金炳局) KIM Byung Kook

⑴1959 · 3 · 18 ⑵서울 ⑵서울 성북구 안암로145 고려대학교 정치외교학과(02-3290-2189) ⑽1982년 미국 하버드대(Harvard Univ.) 경제학과졸 1988년 정치학박사(미국 하버드대) ⑻1990~2010 · 2013년 고려대 정치외교학과 조교수 · 부교수 · 교수(현) 1994~1995년 한국일보 객원논설위원 1994년 대통령자문 21세기위원회 위원 1994~1996년 한국정치경제학회 연구이사 1995~1998

년 대통령자문 정책기획위원회 위원 1998년 미국 하버드대 국제관계연구소 방문교수 1999~2001년 고려대 정경대학 학부장 2000년 세계지역연구협의회 연구이사 2000년 한국정치학회 편집이사 2001년 한국국제정치학회 국제정치이론 분과위원장 2001~2005년 Journal of East Asian Studies 공동주간 2002년 Club de Madrid 자문교수 2002~2008년 (재)동아시아연구원 원장 2002년 Gorbachev Foundation of North America(GFNA) Senior Fellow 2003~2009년 International political Science Review 편집위원 2003년 미국 하버드대 케네디스쿨 Straus 방문교수 2006~2009년 同이사회 자문교수 2006~2008년 고려대 평화연구소장 2008년 대통령 외교안보수석비서관 2010~2012년 한국국제교류재단 이사장 2012~2013년 국립외교원 원장 2014~2015년 고려대 정경대학장 겸 정책대학원장 [상]국민훈장 동백장(1998) [저]'분단과 혁명의 동학 : 한국과 멕시코의 정치경제'(1994) '국가·지역·국제체계 : 변화와 연속성'(1995) '21세기 한국정치(共)'(1998) 'Consolidating Democracy in South Korea(共·編)'(2000) '국회의 성공조건 : 윤리와 정책(共·編)'(2004) 'Between Compliance and Conflict: New Pax Americana in East Asia and Latin America(共)'(2005) 'Power and Security in Northeast Asia : Shifting Strategies(共·編)'(2007) 'The Park Chung Hee Era: The Transformation of South Korea(共·編)'(2011) 'Adapt, Fragment, Transform: Corporate Restructuring and System Reform in South Korea(共·編)'(2012) 등 [역]'라틴아메리카의 도전과 좌절(共·編)'(1991)

김병권(金秉權) KIM Byung Kwon (竹軒)

[생]1931·8·3 [본]경주(慶州) [출]강원 평창 [주]서울 마포구 양화로156 LG펠리스1906호 한국수필가협회(02-532-8702) [학]1949년 평창고졸 1967년 단국대 법학과졸 1974년 연세대 경영대학원 경영학과졸 [경]예편(육군 정훈대령) 1971년 '월간문학'으로 문단 등단 1971년 한국문인협회 회원·이사 1974~1980년 강릉문화방송 상무이사 1980~1988년 설악관광(주) 대표이사 1980년 국제펜클럽 한국본부 이사·고문(현) 1988~1990년 대해기업(주) 회장 1988~1995년 한국수필문학회 부회장 1989년 용산문화원 수필창작교실 강사(현) 1992~2002년 한국기독교수필문학회 회장 1995~2010년 한국수필문학회 상임고문 1995~2003년 숙명여대·KBS 문화센터 강사 1995~1998년 한국문인협회 수필분과 회장 1998~2001년 同권익옹호위원장 2002~2009년 한국기독교수필문학회 명예회장 2002~2006년 한국수필가협회 편집주간 2004~2007년 한국문인협회 편집위원 2005~2006년 한국수필가협회 부이사장 2007~2011년 (사)한국문인협회 부이사장 2007년 한국수필가협회 고문(현) 2011년 한국문인협회 고문(현) [상]대통령표창(1966), 화랑무공훈장(1968), 노산문학상(1989), 한국전쟁문학상(1990), 한국수필문학상(1996), 한국수필문학대상(1998), 신곡문학상(1998), 한국문학상(1999), 순수문학대상(1999), 단국문학상(2000), 한국예술문화단체총연합회 문화대상(2008), 산귀래문학상(2010), 올해의 한국수필인상(2010), 원종린수필문학상(2010) [저]수필집 '속아주는 멋'(1981) '물구나무 人生'(1989) '생각하는 눈'(1998) '앉아서 꿈꾸는 산'(2000) '오월의 나비'(2000) '걸림돌과 디딤돌'(2009) '세월의 이끼에 가려진 보석'(2010) [종]기독교

김병권(金炳權) KIM Byung Kwon

[생]1956·12·24 [본]경남(慶南) [출]경남 사천 [주]울산 남구 중앙로201 울산광역시청 투자유치특별보좌관실(052-229-2430) [학]1975년 진주고졸 1983년 서울대 서양사학과졸 1985년 同행정대학원 행정학과졸 2014년 한양대 대학원 경영컨설팅학박사과정 수료 [경]1985년 대한무역투자진흥공사(KOTRA) 입사 1985년 同해외조사부 근무 1989년 同미국 워싱턴무역관 근무 1992년 同해외조사부 근무 1994년 同지역조사부 근무 1995년 同미국 워싱턴무역관 부관장 1998년 외교통상부 파견 1999년 대한무역투자진흥공사(KOTRA) 투자홍보팀장 2001년 同뉴질랜드 오클랜드무역관장 2004년 同서비스산업유치팀장 2004년 同홍보팀장 2005년 同인사팀장 2007년 同인도네시아 자카르타무역관장 2010년 同비서팀장 2010년 同인사팀장 2011년 同전략사업본부장(상임이사) 2012~2014년 同전략마케팅본부장(상임이사) 2014년 한양대 ERICA캠퍼스 경상대학 경영학부 특임교수 2015년 울산시 투자유치특별보좌관(현) [상]철탑산업훈장(2013)

김병규(金炳圭) KIM Pyung Kyu

[생]1956·9·24 [출]서울 [주]서울 서초구 나루터로56 하이웨이빌딩3층 (주)아모텍 비서실(02-542-0951) [학]1975년 서울고졸 1980년 서울대 금속공학과졸 1982년 同대학원 금속공학과졸 1985년 금속공학박사(서울대) [경]1983~1993년 (주)유유 부설연구소장 1986년 전자부품연구원(KETI) 전기전자부문 심사평가위원 1994~1998년 (주)아모스 대표이사 1996년 한국과학기술기획평가원(KISTEP) 전기전자부문 심사평가위원 1999년 (주)아모텍 대표이사(현) 2007년 코스닥상장법인협의회 부회장 2009~2011년 同회장 2010년 한국산업융합협회 부회장 2010년 청소년희망재단 이사 2011년 코스닥상장법인협의회 명예회장(현) 2011년 대한금속재료학회 부회장 2015년 한국공학한림원 정회원(재료자원공학·현) [상]중소기업진흥공단 선정 수출유망중소기업(1978), 경기도지사표창(1998), 산업자원부 선정 중소기업수출유망부문대상(1999), 대한민국코스닥대상 최우수 차세대기업상(2004), 제1회 생생코스닥대상 공로상(2010), 무역의날 석탑산업훈장(2013) [종]기독교

김병규(金炳圭) KIM Byung Kyu

[생]1965·10·4 [본]김녕(金寧) [출]경남 진주 [주]세종특별자치시 다솜로261 국무조정실 조세심판원 상임심판관실(044-200-1802) [학]1983년 진주고졸 1990년 연세대 경제학과졸 1999년 미국 오리건주립대 대학원 경제학과졸 [경]행정고시 합격(34회) 2001년 재정경제부 세제실 소비세제과 서기관 2002년 同세제실 조세정책과 서기관, 유럽부흥개발은행(EBRD) 파견 2007년 재정경제부 세제실 조세분석과장 2008년 同조세지출예산과장, 대통령 경제수석비서관실 파견 2009년 기획재정부 예산실 교육과학예산과장 2011년 同세제실 조세정책관실 법인세제과장 2011년 同인사과장 2012~2015년 駐영국 공사참사관 2015년 국무조정실 조세심판원 상임심판관(현)

김병근(金炳根) KIM Byoung Keun

[생]1960·11·20 [본]경주(慶州) [출]충북 청주 [주]대전 서구 청사로189 중소기업청 중소기업정책국(042-481-4550) [학]성동고졸, 성균관대 행정학과졸 [경]행정고시 합격(32회) 1989~2000년 산업자원부·중소기업청 기술지원국 기술정책과·경영지원국 판로지원과 사무관 2000년 중소기업청 기획관리관실 기획예산담당관실 서기관 2001~2006년 同기획관리관실 행정법무담당관실 과장·창업벤처국 벤처진흥과장 2006년 同기업성장지원국 금융지원과장 2006년 중소기업특별위원회 총괄조정팀장(부이사관) 2007년 중소기업청 소상공인지원본부 소상공인정책팀장 2007년 同중소기업정책본부 정책총괄팀장 2008년 同중소기업정책본부 정책총괄과장(부이사관) 2008년 대구경북지방중소기업청장 2009년 중소기업청 중소기업정책국장 2010년 국방대학원 교육파견(고위공무원) 2011년 중소기업청 경영지원국장 2012년 경기지방중소기업청장 2012년 순천향대 파견(고위공무원) 2014년 중소기업청 경영판로국장 2015년 同중소기업정책국장(현) [상]녹조근정훈장(2015)

김병근(金秉根) Kim Byung Keun

[생]1961·11·19 [출]경남 김해 [주]경남 창원시 의창구 중앙대로250번길4 KNN 경남본부(055-283-0505) [학]1980년 부산고졸 1985년 부산대 사회학과졸 1988년 同대학원 사회학과졸 [경]1988~1994년 중앙일보 근무 1995년 부산방송 입사 2001년 同정경사회팀 차장대우 2002년 同뉴스제작정경팀 차장 2004년 同스포츠팀장(차장) 2005년 同보도국 스포츠팀장(부장급) 2006년 (주)KNN 보도정보팀 부장 2007년 同보도국 정경데스크 2009년 同경영본부 광고사업국장 2012년 同방송본부 보도국장 2014년 同서울본부장 2016년 同경남본부장(이사)(현)

김병기(金炳基) KIM Byung Ki

[생]1950·8·10 [출]전남 신안 [주]경기 수원시 영통구 광교로107 경기신용보증재단 이사장실(031-259-7709) [학]1969년 경복고졸 1974년 서울대 철학과졸 1976년 同행정대학원졸 1990년 미국 하버드대 케네디스쿨 정책학과졸 [경]1975년 행정고시 합격(16회) 1976~1985년 조달청·재무부 사무관 1985년 서울올림픽조직위원회 구매계약과장 1991년 재무부 산업관세과장·재정융자과장·국제금융담당관 1994년 재정경제원 경제정책국 지역경제과장 1996년 同금융정책실 국제금융담당관 1997년 세계은행(IBRD) 자문역 1999년 국세심판소 상임심판관 2000년 국세심판원 상임심판관 2001년 재정경제부 국고국장 2002년 대통령 정책비서관 2003년 재정경제부 금융정보분석원장 2004년 同기획관리실장 2004~2008년 삼성경제연구소 연구위원(사장급) 2009년 同비상근고문 2009년 (주)포스코 사외이사 2009년 서울대 산업조선공학부 객원교수 2011~2014년 서울보증보험 대표이사 사장 2015년 경기신용보증재단 이사장(현) [상]근정포장(1985·1988), 대한민국CEO리더십대상 창조경영부문(2012), 매경미디어그룹 대한민국 창조경제리더 사회책임부문(2013), 대한민국CEO리더십대상 창조경영부문(2013), 제23회 다산금융상 보험부문 금상(2014), 2014 한국의 영향력 있는 CEO 글로벌경영부문대상(2014) [저]'왜 우리는 AAA를 원하는가-국가신용등급과 국가경쟁력'(2007, 삼성경제연구소) 'Korea Way-글로벌 기업경영과 정부의 역할'(2008, 매경출판) 'Korea Way2-신성장동력 녹색성장산업을 잡아라'(2009, 매경출판) '새로운 경제권력, 신용등급'(2013, 매경출판) [종]기독교

김병기(金柄淇) KIM Byung Kee

[생]1957·12·16 [출]경남 김해 [주]충북 청주시 청원구 대성로298 청주대학교 사범대학 수학교육과(043-229-8991) [학]1981년 고려대 수학교육과졸 1983년 同대학원졸 1990년 이학박사(고려대) [경]1984년 고려대 강사 1984~1987년 강원대 강사 1987~1996년 청주대 사범대학 수학교육과 부교수 1998년 同사범대학 수학교육과 교수(현) 2003년 한국전산응용수학회 편집위원 2007~2008년 청주대 입학관리처장 2009년 同교무처장 겸 e-러닝지원센터장 2009~2010년 전국대학입학처장협의회 회장 2009~2010년 한국전산응용수학회 부회장 2009년 한국대학교육협의회 대학입학전형위원회 및 교육협력위원회 실무위원 2010년 청주대 입학관리실장 2010~2011년 同교무처장 2011년 영국 IBC '세계 100대 전문가'·'21세기 2000명의 탁월한 지식인'에 선정 2011년 미국 세계인명사전 '마르퀴즈 후즈후 인 아시아' 2012년판에 등재 2011·2012년 미국 ABI '21세기 위대한 지성'에 선정 2011년 한국전산응용수학회 사업이사 2012년 청주대 입학처장 2012년 영국 국제인명센터(IBC) '2012 세계 100대 교육자'에 선정 2015~2016년 청주대 총장 [저]'미분적분학'(1996) '대학수학'(2002) '임용고사를 위한 위상수학'(2006) '수리해석학입문'(2009) [종]기독교

김병기(金秉棋) KIM Byung Gee

[생]1958·2·19 [출]대구 [주]서울 관악구 관악로1 서울대학교 공과대학 화학생물공학부(02-880-6774) [학]1980년 서울대 공업화학과졸 1982년 同대학원졸 1989년 식품공학박사(미국 코넬대) [경]1988~1991년 미국 제넨코 인터내셔널회사 선임연구원, 한국생물공학회 이사, 한국공업학회 학술간사 1996년 서울대 바이오공학연구소장 2002년 同공대 화학생물공학부 교수(현) 2002년 同유전공학연구소 교수 겸임(현) 2008~2009년 同코리아바이오허브센터장 2014년 한국생물공학회 회장 2015년 한국공학한림원 정회원(화학생명공학·현) [상]한국미생물생명공학회 공로상(2003), 한국화학관련학회연합회 공로상(2003), 한국공업화학회 공로상(2005)

김병기(金炳基) KIM BYUNG KEE

[생]1961·7·10 [출]경남 사천 [주]서울 영등포구 의사당대로1 국회 의원회관721호(02-784-1322) [학]중동고졸, 경희대 국민윤리학과졸 [경]1987년 국가안전기획부 입부 1989년 同인사처 근무 1998년 제15대 대통령직인수위원회 파견 2003년 참여정부 국가정보원개혁TF 파견 2009년 미국 서던캘리포니아대 방문교수, 국가정보원 인사처장 2013년 부이사관 퇴직 2016년 더불어민주당 서울동작구甲지역위원회 위원장(현) 2016년 제20대 국회의원(서울 동작구甲, 더불어민주당)(현) 2016년 더불어민주당 민주주의회복TF 위원(현) 2016년 국회 정보위원회 간사(현) 2016년 국회 국방위원회 위원(현)

김병길(金炳吉) KIM Pyung Kil

[생]1936·12·17 [본]부안(扶安) [출]부산 [주]서울 서대문구 연세로50의1 연세대학교 의과대학(02-2228-2050) [학]1955년 동래고졸 1961년 연세대 의과대학졸 1964년 同대학원졸 1970년 의학박사(연세대) [경]1970~1982년 연세대 의과대학 소아과학교실 전임강사·조교수·부교수 1974~1975년 미국 보스턴 Harvard 의과대학 소아병원 소아과 수련 1975~1976년 미국 매사추세츠대 소아과 수련 1976~1978년 미국 버팔로 뉴욕주립대 부속 아동병원 소아신장연구 1981~1983년 연세대 세브란스병원 부원장 1982~2002년 同의과대학 소아과학교실 교수 1983~1987년 同영동세브란스병원 소아과장 1985년 同진료부장 1988~1990년 대한신장학회 이사장 1988~1991년 대한의학협회 공보이사·대한의사협회 신보편집인 1988~1992년 연세대 영동세브란스병원장 1991~1994년 대한의학협회·대한의학협회지 편집인 1993년 아세아소아신장학회 집행이사 1996~2002년 연세대 신장질환연구소장 1996~1997년 대한소아과학회 회장 1996~1998년 대한소아신장학회 회장 2002년 연세대 의과대학 명예교수(현) 2002년 관동대 의과대학 소아과학교실 교수 2002~2007년 同부속 명지병원장 2006년 대한민국의학한림원 회장·종신정회원(현) 2007년 관동대 의과대학 소아과학교실 객원교수, 同명지병원 소아과 전문의 2007~2009년 대한민국의학한림원 회원인사위원장 2011~2012년 同화이자의학상 운영위원 2013년 同화이자의학상 운영위원장(현) [상]대한의사협회 의학대상(1990), 희승학술상, 황조근정훈장 [종]천주교

김병길(金炳吉) Kim, Byungkil

[생]1958·7·27 [본]김해(金海) [출]경북 경주 [주]서울 영등포구 여의공원로13 한국방송공사 보도본부 통합뉴스룸(02-781-4620) [학]1975년 대입검정고시 합격 1985년 한국항공대 항공운항학과졸 [경]1986~1989년 한국방송공사(KBS) 영상제작국 근무 1990년 同보도본부 보도영상국 근무 2007년 同보도본부 보도영상국 사회팀장 2009년 同보도본부 보도영상국 편집팀장 2011년 同보도본부 보도영상국 사회팀장 2012년 同보도본부 보도영상국 편집부장 2015년 同보도본부 보도영상국 영상취재부장 2016년 同보도본부 통합뉴스룸 뉴스영상주간 직대(현)

김병남(金炳南) KIM Byung Nam (素河)

[생]1937·3·31 [본]김해(金海) [출]전북 군산 [주]전북 군산시 구영7길54 군산신문 회장실(063-446-4171) [학]1955년 군산고졸 1959년 국학대 국어국문학과졸 1971년 서울대 신문대학원 수료 1992년 원광대 행정대학원졸 1996년 군산대 경영대학원졸 [경]1960년 전북일보 편집국 기자 1969년 서해방송 보도부 차장 1971~1973년 전북일보 제2경제부장·제2사회부장 1973년 同지방부장 1973~1981년 서해방송 논평위원·보도국장·편성국장·방송이사 1981년 전북일보 논설위원 1984년 (유)서진공사 대표이사 사장(현) 1988년 전라일보 이사 겸 논설위원 1992년 군산신문 사장 1997년 전라매일 부사장 겸 논설위원 1999년 전북제일신문 부사장 겸 논설위원 2001년 새전북신문 이사고문 2001년 군산신문 부회장 2007년 同회장(현), 전북도향토문화연구회 부회장(현) [종]예수교

김병대(金炳大) KIM Byung Dae

[생]1971·3·19 [출]전북 진안 [주]서울 종로구 효자로39 대통령직속 통일준비위원회 사무국(02-721-9911) [학]전주 덕진고졸, 서울대 경제학과졸 [경]1993년 행정고시 합격(37회) 2006년 통일부 정책홍보본부 정책기획팀장 2008년 同남북교류협력국 경협지원과장 2009년 同남북교류협력국 남북경협과장 2011년 同남북회담본부 회담3과장 2012년 교육 파견(미국 맨스필드재단) 2013년 통일부 통일정책실 정책총괄과장 2014년 同북한이탈주민정착지원사무소 화천분소장(제2하나원장)(부이사관) 2016년 대통령직속 통일준비위원회 사무국장(고위공무원)(현)

김병덕(金秉德) KIM Byung Duck

[생]1962·7·10 [본]서흥(瑞興) [출]서울 [주]서울 중구 명동11길19 은행회관8층 한국금융연구원 자본시장연구실(02-3705-6196) [학]1981년 서울 영등포고졸 1982년 서울대 영어영문학과졸 1984년 미국 텍사스대 오스틴교 경제학과졸 1986년 미국 미네소타대 대학원 경제학과졸 1993년 경제학박사(미국 미네소타대) [경]1994년 삼성생명보험(주) 재무기획실 과장 1995년 한국금융연구원 연구위원, 국민연금관리공단 기금운용자문위원, 체육진흥기금 투자평가자문위원 2003년 기획예산처 기금정책국 기금정책심의관 2005~2006년 同공공혁신본부 기금제도기획관(국장급) 2006년 한국금융연구원 정책제도팀 연구위원 2007~2012년 同금융시장·제도연구실 선임연구위원 2007년 同금융인력네트워크센터 소장 2012년 同금융정책실 선임연구위원 2015년 同자본시장연구실 선임연구위원(현)

김병도(金秉濤) KIM Byung Do

[생]1935·1·22 [출]함남 영흥 [주]서울 중구 명동길74의3 천주교 서울대교구청(02-727-2023) [학]1955년 성신고졸 1961년 가톨릭대 신학부졸 1970년 미국 듀겐대 대학원졸 [경]1961년 사제 수품 1961~1966년 해군 군종신부 1966년 후암성당 주임신부 1967년 미국 유학 1971년 천주교 서울대교구 비서실장 겸 홍보담당 1972년 가톨릭출판사 사장 1973년 한국천주교매스컴위원회 총무 1980년 대방동성당 주임신부 1985년 천주교 서울대교구 사무처장 1986~1988년 명동성당 주임신부 1988년 평화신문 편집인 1989년 同이사 1990년 가락동성당 주임신부 1995년 구의동성당 주임신부 1998년 천주교 서울대교구 8지구장 신부 2001년 교황 명예전속사제(몬시뇰) 서임 2002년 천주교 경기도지역교구장 대리 2004년 同교육및수도회담당 교구장 대리 2004~2010년 학교법인 가톨릭학원 상임이사 2006~2010년 천주교 교육담당 교구장 대리 2010년 同서울대교구청 원로사제(몬시뇰)(현) [저]'인간회복의 경영학' '어떻게 기도할 것인가' 회고록 '흘러가는 세월과 함께' [작]복음에세이집 '그 사람이 바로 당신이다' [종]천주교

ㄱ

김병도(金炳道) KIM Byung Do

[생]1958 · 8 · 13 [본]울산(蔚山) [출]서울 [주]서울 관악구 관악로1 서울대학교 경영학과(02-880-8258) [학]1982년 서울대 경영대학졸 1985년 미국 뉴욕대 대학원 경영학과졸 1992년 경영학박사(미국 시카고대) [경]1992년 미국 Carnegie Mellon Univ. 조교수 1996년 서울대 경영학과 교수(현) 2000년 'Seoul Journal of Business' 편집위원장 2002년 미국 하버드대 경영대학원 방문교수 2005~2007년 한국철도시설공단 이사회임원 2007년 서울대 경영대학 교무부학장 겸 경영전문대학원 부원장 2007년 한국마케팅학회 부회장 2008년 '마케팅연구' 편집위원장 2009년 한국소비자학회 부회장 2009년 (주)제일기획 사외이사(현) 2011년 한국경영학회 부회장 2012년 한화생명보험(주) 사외이사(현) 2013~2015년 서울대 경영대학장 겸 경영전문대학원장 [저]'출판경영론(共)'(1999) '코카콜라는 어떻게 산타에게 빨간 옷을 입혔는가'(2003) 'Database Marketing : Analyzing and Managing Customers, Springer'(2008) '혁신으로 대한민국을 경영하라'(2013) [종]기독교

김병동(金昞東) KIM Byung Dong (大桓)

[생]1943 · 12 · 10 [본]안동(安東) [출]충남 천안 [주]서울 관악구 관악로1 서울대학교 농업생명과학대학 식물생산과학부(02-880-4540) [학]1966년 서울대 농학과졸 1970년 同대학원졸 1974년 농학박사(미국 플로리다주립대) [경]1975~1976년 미국 플로리다주립대(UF) 의대 생화학분자생물학과 박사후 연구원 1976~1978년 미국 웨스트버지니아주립대 의대 생화학과 연구원 1978~1980년 미국 플로리다주립대(UF) 의대 생화학분자생물학과 연구교수 1980~1983년 미국 플로리다대(FSU) 생물학과 연구교수 1983~1987년 미국 로드아일랜드대 식물학과 조교수 1987~2009년 서울대 농업생명과학대 식물생산과학부 원예과학전공 교수 1991~1993년 농업과학공동기기센터(NICEM) 초대행정기획실장 1994년 미국 세계인명사전 'Marquis Who's Who in the World 1993~1994년판'에 등재 1995~1997년 한국과학재단 연구개발심의위원, 농림기술관리센터 전문위원 1995~1999년 한국원예학회 총무이사 1998~2000년 과학기술부 한국과학기술평가원(KISTEP) 평가단 생명과학분과 위원장 1999~2008년 서울대 농업생명과학대학 식물분자유전육종연구센터(SRC) 소장 1999~2001년 한국원예학회 부회장 1999~2001년 한국육종학회 부회장 2000년 한국유전체학회 부회장 2000년 한국과학기술한림원 정회원(현) 2001년 한국분자 · 세포생물학회 부회장 2002~2003년 한국유전체학회 회장 2002~2006년 국제원예학대회(IHC2006Seoul) 운영이사 2003~2008년 국제원예학회(ISHC) 출판위원 2004~2005년 우수연구센터(SRC/ERC) 소장협의회 회장 2004~2007년 국제가지과유전체연구사업단(SOL) 운영위원 2005~2007년 국제가지과유전체학술대회(SOL2007Jeju) 공동준비위원장 2006~2010년 한국식물분자표지연구회 회장 2008년 서울대 식물유전체육종연구소 자문위원장(현) 2009~2011년 한국과학기술한림원 감사 2009년 서울대 농업생명과학대학 식물생산과학부 명예교수(현) [상]국민훈장 석류장(1999), 서울대 상록인 명예의전당에 선정(2007) [저]'고등학교 생물공학'(1997) '한국 고추의 분자유전과 육종'(2004) '아직도 풀리지 않은 이중나선의 비밀'(2008) [종]기독교

김병두(金炳斗) KIM Byung Doo

[생]1954 · 12 · 3 [출]전남 목포 [주]서울특별시 영등포구 여의대로 8 여의도파크센터 (주)참달(02-785-9872) [학]1973년 경복고졸 1977년 서울대 산업공학과졸 1979년 한국과학기술원 산업공학과졸 1990년 서강대 경영대학원졸(MBA) [경]1979년 대우자동차 근무 1982년 대우그룹 기획조정실 전략기획팀 근무 1982년 대우전자 상품기획실 해외개발부 과장 1985년 한국휴렛팩커드 제조산업과학기술시스템 마케팅담당 매니저 1992년 同시스템영업 이사 1997년 同시스템사업본부 시스템영업담당 상무 2000년 同컨설팅사업본부장(전무) 2003~2005년 同커스터머솔루션그룹 총괄부사장 2005~2011년 PTC코리아 사장 2011년 비핸즈 대표이사 2013~2015년 아이티데일리 대표 2015년 同고문 2015년 (주)참달 대표(현)

김병두(金炳斗) KIM Byoung Doo

[생]1960 · 6 · 24 [출]대구 [주]서울 영등포구 의사당대로3 현대캐피탈(주) 금융사업본부(02-2167-7493) [학]대구 영신고졸, 경북대 경영학과졸 [경]삼성캐피탈 근무, 삼성전자(주) 근무 2002년 현대카드(주) 콜렉션관리실장(이사대우) 2004년 同콜렉션관리실장(이사) 2006년 同콜렉션기획실장(이사) 2007년 同리스크관리본부장(상무) 2008년 현대커머셜 총괄임원(상무) 2010년 同총괄임원(전무) 2012년 현대캐피탈(주) 리스크본부장(전무) 2015년 同리스크본부장(부사장) 2016년 同금융사업본부장(부사장)(현)

김병두

[생]1967 · 5 [주]경기 성남시 분당구 성남대로343번길9 SK주식회사 C&C 지속경영본부(02-6400-1023) [학]서강대 경영학과졸, 미국 뉴욕주립대 대학원 Tech Management 석사 [경]2003년 SK C&C 인력팀장 2009년 同전략기획팀장 2011년 同Compliance팀장 2014년 同구매본부장(상무) 2015년 同SKMS실장 2015년 SK주식회사 C&C SKMS실장 2016년 同지속경영본부장(현)

김병량(金炳良) KIM Byung Ryang

[생]1955 · 7 · 5 [본]연안(延安) [출]전북 진안 [주]경기 용인시 수지구 죽전로152 단국대학교 사회과학대학 도시계획 · 부동산학부 도시지역계획학전공(031-8005-3325) [학]1978년 단국대 행정학과졸 1987년 연세대 행정대학원 수료 1990년 도시 및 지역계획학박사(일본 쓰쿠바대) [경]1990~1991년 단국대 정책과학연구소 연구원 1991~2001년 同도시행정학과 조교수 · 교수 1993~2006년 충남도 교통영향평가위원 1994~2002년 同도립공원위원 1994~1999년 천안시 도시계획위원 1995~1999년 충남도 분쟁조정위원 1995~2000년 同지방도시계획위원 1995~2002년 천안시 공공근로사업추진위원장 1997~2001년 아산시 시정자문위원 2001년 건설교통부 자체평가위원 2001년 단국대 사회과학대학 도시계획 · 부동산학부 도시지역계획학전공 교수(현) 2002~2004년 同대학원 교학부장 2004~2008년 同건설사업본부장 2004~2007년 건설교통부 중앙건설기술심의위원 2004~2008년 한국철도시설공단 설계자문위원 2005~2008년 건설교통부 전략환경평가위원 2006~2007년 단국대 부동산건설대학원장 2006~2008년 (사)녹색소비자연대전국협의회 공동대표 2007~2008년 한국도로공사 설계자문위원 2010~2011년 단국대 부동산건설대학원장 2011년 同대외협력부총장 2013~2014년 同대외부총장 2015년 同교학부총장(현) [상]성남시민문화상 예술부문(2011), 홍조근정훈장(2014) [저]'신행정학개론'(1995) [역]'도시경제학'(1989) [종]천주교

김병록(金炳錄) KIM Byeong Rok (殷庵)

[생]1963 · 6 · 13 [본]김해(金海) [출]광주 [주]광주 동구 필문대로309 조선대학교 법과대학 법학과(062-230-6725) [학]1982년 영훈고졸 1986년 고려대 법학과졸 1989년 연세대 대학원졸 1997년 법학박사(연세대) [경]1997년 조선대 법대 법학과 전임강사 · 조교수 · 부교수 · 교수(현) 2000~2012년 한국헌법학회 상임이사 2001년 한국공법학회 상임이사 2001~2003년 조선대 법대 법학과장 겸 부학장 2003년 캐나다 토론토대 교환교수 2004년 광주고검 행정심판위원(현) 2004년 광주시교육청 행정심판위원(현) 2005년 제47회 사법시험 2차시험 출제위원 2006년 조선대 교무연구부처장 겸 교무부처장 2008년 제50회 사법시험 2차시험 출제위원 2012~2014년 한국헌법학회 부회장 2012~2014년 조선대 법과대학장 · 법학전문도서관장 · 고시원장 겸임 2014년 同기획조정실장(현) 2015년 한국헌법학회 자문위원(현) [저]'기초헌법' '헌법판례연구(1)' '헌법이론과 판례'(2007) '아시아 문화중심도시와 문화법'(2007) '법학개론'(2007) [역]'미국의 권력분립사상'(2007) [종]천주교

김병룡(金柄龍)

[생]1963 · 8 · 7 [본]김해(金海) [출]대구 [주]서울 도봉구 마들로749 서울북부지방법원(02-910-3114) [학]1982년 대구 계성고졸 1989년 서울대 사법학과졸 [경]1994년 사법시험 합격(36회) 1997년 사법연수원 수료(26기) 1997년 대구지법 판사 2000년 同상주지원 판사 2003년 서울지법 의정부지원 판사 2004년 서울북부지법 판사 2006년 서울중앙지법 판사 2009년 서울고법 판사 2011년 서울동부지법 판사 2012년 제주지법 부장판사 2013년 의정부지법 부장판사 2016년 서울북부지법 부장판사(현)

김병만(金炳滿) Kim Byung Man

[생]1964 · 2 · 1 [주]서울 종로구 율곡로2길25 연합뉴스 콘텐츠총괄본부 콘텐츠편집부(02-398-3808) [학]1990년 전남대 신문방송학과졸 [경]1990년 연합뉴스 입사 · 사진부 기자 2002년 同사진부 차장대우 2003년 同월간부(월간 르페르) 차장대우 2004년 同월간부 차장 2006년 同사진부 차장 2007년 同사진부 부장대우 2011년 同사진부 부장급 2012년 同편집국 사진부장 2014년 同사진부 근무(부국장대우) 2015년 同콘텐츠총괄본부 콘텐츠편집부 선임기자(현) [상]한국기자협회 이달의 기자상(2000), 연합뉴스 공정보도상 · 올해의 기자상, 한국사진기자협회 기자상 등 다수 [저]'1인미디어 기획에서 제작까지'(2009, 커뮤니케이션북스)

김병모(金秉模) KIM Byung Mo (海峰)

[생]1940 · 9 · 21 [본]김해(金海) [출]서울 [주]경기 하남시 조정대로150 아이테코644호 (재)고려문화재연구원(031-790-3671) [학]1959년 서울고졸 1965년 서울대 문리대학 고고인류학과졸 1972년 영국 런던대 고고학연구소 수학 1978년 문학박사(영국 옥스퍼드대) [경]1968년 문화공보부 문화재연구소 연구원 1976~1999년 문화재 전문위원 1979~1988년 한양대 조교수 · 부교수 1979~1992년 同박물관장 1988~1999 · 2003~2006년 同문화인류학과 교수 1989년 同문과대학장 1990년 국제박물관협의회(ICOM) 아 · 태지역 이사 1993~1995년 한국고고학회 회장 1999~2003년 문화재 위원 1999년 국제박물관협의회(ICOM) 한국위원장 1999~2003년 한국전통문화학교 총장 2003~2007년 국제문화재보존복구센터(ICCROM) 이사 2004년 서울세계박물관대회조직위원회 공동위원장 2004년 (재)고려문화재연구원 이사장(현) 2005년 국제박물관협의회 한국위원회 명예위원장 · 고문(현) 2005~2006년 정부 문화협력대사 2006년 한양대 명예교수(현) [상]백남학술상(1988), 보관문화훈장(2005), 황조근정훈장(2006) [저]'한국사(共)'(1980) '아시아 거석문화 연구(英文)'(1981) '한국인의 발자취'(1983) '옥스포드에서 온 편지'(1990) '김수로왕비 허황옥'(1994) '바람의 고향(몽골기행)'(1994) '금관의 비밀'(1998) '김병모의 고고학 여행'(2006) '허황옥 루트'(2008) '雙魚的 秘密(중국어)'(2010) [역]'과거를 발굴한다'(1987) '고대에 대한 열정'(1997)

김병무(金炳茂) KIM Byung Moo (無峰)

[생]1953 · 4 · 13 [본]김해(金海) [출]전남 장흥 [주]전남 순천시 중앙로413 순천대학교 농업경제학과(061-750-3273) [학]1971년 전남기계공고졸 1977년 전남대 농업경제학과졸 1982년 同경영대학원 경영학과졸 1986년 同대학원 농업경제학과졸 1992년 경제학박사(전남대) [경]1982년 예편(대위) 1986년 순천대 농업경제학과 전임강사 · 조교수 · 부교수 · 교수(현) 1995년 한국도서(섬)학회 이사 · 부회장(현) 1997년 순천대 농업경제학과장 1997~1998년 미국 North Carolina State Univ. Visiting Professor 2002~2003년 순천대 영농교육원장 2005~2007년 同농업생명과학대학장 2009년 한국식품유통학회 회장 2009년 한국농업정책학회 이사, 한국농업사학회 이사, 전남도 농정심의위원회 위원, 한국협동조합학회 이사, 한국농업경제학회 이사, 농림수산식품부 농어촌삶의질개선실무위원회 위원, 교육과학기술부 교육과정심의위원회 위원 2014년 순천대 대학원장 [상]교육부장관표창(2000), 농림수산부장관표창(2002) [저]'농산물유통 전문교육과정'(2005) '한우농가 경영정보화 및 브랜드관리'(2005) '산학협동 맞춤형취업교육 농업경제학과 취업교육'(2006) '농산물 유통 및 실습'(2007) [종]천주교

김병묵(金昞默) KIM Byung Mook (春崗)

[생]1943 · 5 · 19 [본]언양(彦陽) [출]충남 서산 [주]충남 당진시 정미면 대학로1 신성대학교 총장실(041-350-1100) [학]1964년 목포해양고졸 1968년 경희대 법률학과졸 1976년 일본 긴키대(近畿大) 대학원 법률학과졸 1979년 법학박사(일본 긴키대) [경]1976년 일본 법질서연구회 연구위원 1978년 일본 긴키대(近畿大) 강사 1980~2008년 경희대 법학과 교수 1983년 同학생처장 1985년 일본 긴키대(近畿大) 교환교수 1990년 경희대 법과대학장 1994년 同행정대학원장 1996~1998년 同기획관리실장 · 기획조정실장 1998~2003년 同서울캠퍼스 부총장 1998년 교육부 자문위원 1998년 경찰청 개혁위원회 위원 2003년 전국대학부총장협의회 회장 2003~2006년 경희대 총장 2005년 한국사립대학총장협의회 회장 2005~2006년 한국대학교육협의회 회장 2005년 충청향우중앙회 수석부총재 2006년 대한민국ROTC중앙회 회장 2006년 한의학국제박람회의 조직위원장 2009년 바른교육국민연합 상임대표 2010년 (사)평화통일국민포럼 공동이사장(현) 2011~2012년 학교법인 덕성학원(덕성여대) 이사장 2013년 신성대 총장(현) 2013년 민주평통 충남지역회의 부의장(현) 2013년 대한민국ROTC출신대학총장협의회 부회장 2014년 (사)교육과학강국실천연합 이사장(현) 2015년 대한민국ROTC출신대학총장협의회 회장(현) [상]화랑무공훈장(1968), 자랑스러운 ROTC인상(2004), 자랑스러운 경희인상(2007), 청조근정훈장(2008), 자랑스러운 목포해양대인(2010), 자랑스러운 충청인 특별대상 교육부문(2016) [저]'현대 미국 대통령제' '인권과 역사' '新헌법' '헌법체계론' '북한의 인권' [종]기독교

김병문(金秉文) KIM Byung Moon

[생]1957 · 10 · 23 [본]김해(金海) [출]경남 [주]서울 관악구 관악로1 서울대학교 화학부(02-880-6644) [학]1980년 서울대 화학과졸 1982년 同대학원 화학과졸 1988년 이학박사(미국 매사추세츠공대) [경]1988~1990년 미국 Massachusetts Institute of Technology Post-Doc. 1990~1995년 미국 Merck 제약회사 연구원 1995년 서울대 화학과 조교수 · 부교수 · 교수, 同화학부 교수(현), 同BK21 화학분자공학사업단장, 미국 국립보건원 객원연구원, 독일 레겐스부르그대 객원교수, (주)LG 자문위원, (주)크리스탈지노믹스 자문위원, (주)테라젠 자문위원 2006~2012년 서울대 화학부 학부장 2012~2014년 한국연구재단 화학분야 책임전문위원 2014년 대한화학회 Bulletin of the Korean Chemical Society 및 대한화학회지 편집장 2014~2016년 서울대 교무처장 [상]Top Five Percent Performance Award(1995), SBS Scholar상(2002), 독일 Regensburg대 Innovatec Guest Lecturer(2003), 서울대 우수교육상(2005), ACP Lectureship Award(2010 · 2011 · 2012) [저]'과학과 신앙(共)'(1997) '과학 그 위대한 호기심(共)'(2002) '생명의 화학, 삶의 화학(共)'(2009) '영재들을 위한 화학강의(共)'(2010) [종]기독교

김병문

[생]1958 · 12 [주]서울 서초구 청계산로10 (주)농협유통 대표이사실(02-3498-1000) [학]1986년 고려대 사회학과졸 [경]1986년 농협중앙회 입사 2009년 농민신문사 편집국장 2012년 농협중앙회 업무지원분사장 2013년 同충남지역본부장 2015년 농협하나로유통 설립추진본부장 2015년 농협경제지주 상무 2016년 (주)농협유통 대표이사(현)

김병삼(金炳三) Kim Byeong Sam

[생]1968 · 8 · 28 [출]경북 영천 [주]경북 영천시 시청로16 영천시청 부시장실(054-330-6006) [학]대구고졸, 영남대 경제학과졸 [경]경북도 과학기술진흥과 산학협력담당 2006년 同생활경제교통지원팀장 2007년 同경제과학진흥본부 미래전략사업팀장 2010년 同국제통상과장(서기관) 2012년 同예산담당관 2013년 同의성군 부군수 2014년 경찰대 교육파견(서기관) 2015년 영천시 부시장(부이사관)(현)

김병석(金秉奭) Kim Byeong Seok

[생]1965 [출]전남 장흥 [주]광주 동구 문화전당로38 아시아문화원(062-602-4304) [학]1983년 광주고졸 1988년 고려대 경제학과졸 2015년 중앙대 예술경영대학원졸 [경]1988~2000년 삼성전자(주) 영상사업단 공연사업담당 2000~2001년 WAD엔터테인먼트 COO 2001~2003년 한국문화콘텐츠진흥원 음악산업팀장 2003~2014년 CJ 엔터테인먼트 및 CJ E&M 공연사업부문 대표 2014년 CJ E&M 자문역 2015년 아시아문화원 초대원장(현)

김병선(金炳鮮) KIM Byung Sun

[생]1959 · 6 · 18 [본]광산(光山) [출]전남 목포 [주]서울 영등포구 의사당대로1 국회사무처 산업통상자원위원회(02-788-2728) [학]1986년 한국외국어대졸, 서울대 행정대학원졸, 미국 뉴욕주립대 행정대학원졸 [경]국회사무처 건설교통위원회 입법조사관 2003년 同예산결산특별위원회 입법조사관(서기관) 2004년 同예산결산특별위원회 입법조사관(부이사관) 2004년 기획예산처 파견 2005년 국회사무처 예산결산특별위원회 입법심의관 2008년 同농림해양수산위원회 입법심의관 2008년 同농림수산식품위원회 입법심의관 2009년 同농림수산식품위원회 전문위원(이사관) 2012년 同지식경제위원회 전문위원 2013년 同법제실장(관리관) 2014년 同산업통상자원위원회 수석전문위원(차관보급)(현)

김병섭(金秉燮) KIM Byong Seob

[생]1954 · 4 · 5 [본]김해(金海) [출]부산 [주]서울 관악구 관악로1 서울대학교 행정대학원(02-880-8533) [학]1972년 부산고졸 1976년 서울대 농경제학과졸 1978년 同행정대학원 행정학과졸 1990년 행정학박사(미국 조지아대) [경]1982~1997년 목원대 행정학과 전임강사 · 조교수 · 부교수 1991~1994년 현대사상연구소 소장 1997년 서울대 행정대학원 조교수 · 부교수 · 교수(현) 1998년 한국행정학회 편집위원장 1998년 행정개혁위원회 위원 1998년 경찰개혁위원회 위원 1998년 참여연대 정책사업단 위원 · 단장 1998~2002년 서울대 행정대학원 정보통신방송정책과정 주임교수 1999년 한국행정학회 연구위원장 1999~2000년 국무총리실 인문사회연구회 이사 2002년 기획예산처 정부산하기관평가위원회 위원 2003~2004년 독일 베를린자유대 초빙교수 2004년 행정자치부 정부조직진단변화관리자문위원회 위원장 2004년 대통령자문 정부혁신지방분권위원회 수석운영위원 2004~2008년 투명성포럼 공동대표 2006년 대통령자문 정부혁신지방분권위원회 위원장 2011년 한국행정학회 회장 2011~2012년 서울대 행정대학원장 2012~2013년 한국도로공사 비상임이사 2015년 서울대 평의원회 부의장(현) [저]'현대조직의 이해' '중앙정부의 직무분석' '조직의 이해와 관리'(2000)

김병섭(金秉燮) Kim, Byung-sup

[생]1958 · 3 · 23 [출]서울 [주]서울 중구 통일로10 연세빌딩20층 현대오일뱅크(02-2004-3000) [학]1977년 관악고졸 1982년 건국대 산업공학과졸 [경]2010년 현대오일뱅크 영업본부장 2014년 同영업본부장(부사장) 2016년 同비상근자문(현)

김병수(金炳洙) KIM Byung Soo

[생]1936 · 5 · 8 [본]광산(光山) [출]강원 원주 [주]서울 서대문구 연세로50의1 연세대학교 의과대학(1599-1004) [학]1955년 배재고졸 1961년 연세대 의대졸 1985년 의학박사(일본 岡山大) 1998년 명예 법학박사(고려대) 1998년 명예 인문학박사(미국 뉴욕주립대) [경]1966년 미국 시카고대 의대 Michael Reese Hosp. Medical Center 인턴 1968년 미국 일리노이대 Cook County Hosp. 레지던트 1970년 미국 하버드대 의대 Dana-Farber Cancer Institute 수료 1970년 미국 Boston Children's Medical Center 수료 1970~1974년 미국 하버드대 의대 전임강사 1974~2002년 연세대 의대 교수 1978년 同암센터원장 1989~1993년 대한암학회 이사장 · 회장 1993년 대한두경부종양학회 회장 1995년 대한암협회 이사장(부회장)(현) 1996년 한국과학기술한림원 종신회원(현) 1996년 소화아동병원 이사장(현) 1996~2000년 연세대 총장 1997년 Global Care(NGO) 이사장(현) 1999~2002년 한국과학기술단체총연합회 회장 2000년 '2000건강박람회' 조직위원장 2001년 연세대 의대 명예교수(현) 2002~2009년 포천중문의대 총장 2002년 대한민국학술원 회원(의학 · 현) 2006~2009년 포천중문의대 대학원장 [상]국민훈장 무궁화장(1999), 청조근정훈장(2001) [저]'소아과학(共)'(1983) '소아과학대전(共)'(1998) [종]기독교

김병수(金炳洙) KIM, Byoung Soo (眞雲)

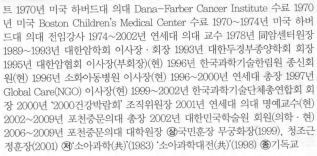

[생]1952 · 2 · 1 [본]김해(金海) [출]충북 청주 [주]충북 청주시 서원구 충대로1 충북대학교 국제경영학과(043-261-2339) [학]1970년 청주고졸 1977년 중앙대 경영학과졸 1980년 서울대 대학원 경영학과졸 2009년 중국정치경제학박사(중앙대) [경]1977년 한국산업은행 입행 1981년 同기업지도부 대리 1982년 同조사부 대리 1984년 싱가폴 한국산업금융유한공사 근무 1991년 한국산업은행 국제금융부 과장 1991년 고속전철사업기획단 파견 1992년 미국 뉴욕 한국연합금융 근무 1996년 한국산업은행 국제투자부 부부장 1997년 同국제업무부 역외자금실장 2000년 同국제금융실 기획개발팀장 2001년 同구미지점장 2002년 同싱가폴지점장 2004년 同국제업무부장 2005년 同신탁본부장(부행장) 2005년 구미시 통상협력자문관 2007~2010년 SK경영경제연구소 상임자문위원 2009~2010년 중앙대 경영학과 교수 2009~2010년 同대학원 중국지역학과 교수 2009~2013년 서울기독대 국제경영학과 객원교수 2010년 충북대 국제경영학과 강사(현) 2010년 영남대 경제금융학부 겸임교수 2011년 중앙대 경영학과 강사 [상]재무부장관표창(1989), 교통부장관표창(1992) [작]'Oil Painting'(2008, 프랑스 니스 한국현대미술5인전) '프랑스 뚜루 개인전'(2009) '서울 기획전'(2010) '이태리 폭트마인 현대미술전'(2011) [종]기독교

김병수(金秉洙) KIM Byoung Soo

[생]1956 · 1 · 9 [출]강원 원주 [주]서울 영등포구 국제금융로8길11 세계평화터널재단 임원실(02-3471-7696) [학]원주 진광고졸, 강원대 관광경영학과졸 [경]1981년 종교신문 기자 1990년 운송신문 차장 1999년 세계일보 경제부 차장 2000년 同체육부 차장 2003년 同경제부 부장대우 2003년 同경제2부장 2004년 同산업부장 2005년 同체육부장 2006년 同편집인 겸 대표이사 부사장 2007~2011년 한국신문방송편집인협회 이사 2008~2013년 (주)세계닷컴 대표이사 2008년 강원도민회 이사 2010~2013년 스포츠월드 사장 2010년 세계일보 대표이사 총괄부사장 2012~2013년 同대표이사 사장 2014년 세계평화터널재단 부이사장(현) [상]대통령표창(1994) [저]'바다경영'(1998)

김병수(金柄洙)

[생]1956 · 8 · 2 [출]대구 [주]충남 천안시 동남구 풍세면 풍세로303 자동차부품연구원(041-559-3004) [학]1979년 한양대 기계공학과졸 1981년 同대학원 기계공학과졸 1990년 기계공학박사(한양대) [경]1990~1995년 퍼시픽콘트롤즈 기술연구소장 1996년 자동차부품연구원 엔진부품연구실장 2000년 同동력시스템연구실장 2004년 同연구개발총괄본부장 2008년 同지능형자동차기술연구본부장 2013년 同그린카파워시스템연구본부 연구위원 2014년 同신뢰성연구본부장 2015년 同원장(현)

김병수(金炳秀) Kim Byeong Su

[생]1958 · 8 · 16 [본]광산(光山) [출]광주 [주]광주 동구 서남로1 동구청 부청장실(062-608-2010) [학]정광고졸, 전남대 대학원 행정학과졸(행정학 석사) [경]2009년 광주시의회 사무국장 2010년 광주시 공보관실 보도기획담당 2011년 2015광주하계U대회 조직위원회 홍보마케팅부장 2012년 지방행정연수원 교육파견 2014년 광주시 교통건설국 교통안전과장(지방서기관) 2014년 同대변인(지방부이사관) 2015년 세종연구소 교육파견(지방부이사관) 2016년 2015광주하계유니버시아드대회 조직위원회 운영본부장(지방부이사관)(현) 2016년 광주시 동구 부구청장(현) [종]가톨릭

김병수(金炳秀) Brian Kim

[생]1958 · 10 · 27 [출]부산 [주]경기 안산시 단원구 성곡로79 우리E&L 대표이사실(031-599-3126) [학]배정고졸, 동아대 산업공학과졸, 미국 워싱턴대 세인트루이스교 경영학과졸, 중국 푸단대 경영학과졸 [경]1982~1987년 삼성반도체 기흥공장 생산관리 1988~1989년 LG반도체 안양연구소 기획관리 1989~1999년 同영업관리팀장 1999~2000년 LG필립스LCD 영업기획관리팀장 2002년 同상해법인장 2006년 同상해법인장(상무) 2007~2008년 LG디스플레이(주) Marketing Intelligence담당 상무 2008~2009년 同TV 중국 칭다오 영업담당 상무 2009~2011년 同중국 소주 RAKEN CEO 2012년 同IT/모바일 중화 · 대만영업담당 2013년 同전략마케팅그룹장(상무) 2013년 同모바일사업그룹장(상무) 2015년 우리E&L(주) 대표이사(현)

김병수(金炳秀) KIM Byung Soo

[생]1959 · 2 · 15 [출]대전 [주]경기 안양시 동안구 시민대로286 SM신창건설빌딩 국토교통과학기술진흥원(031-389-6400) [학]1976년 대전고졸 1981년 성균관대 행정학과졸 1995년 미국 미시간대 대학원 도시 및 지역계획학과졸 2011년 도시공학박사(한양대) [경]1982년 행정고시 합격(26회) 1983년 공직 입문 2001년 건설교통부 법무담당관 2002년 同도시관리과장 2004년 同토지정책과장 2005년 同도시정책과장 2005년 同도시정책팀장 2006년 同도시정책팀장(부이사관) 2006년 국무조정실 용산민족역사공원건립추진단 국장 2008년 국토해양부 용산공원조성추진기획단장 2009년 국방대 교육파견(부이사관) 2010~2011년 국토해양부 도시정책관 2012년 새누리당 수석전문위원 2013~2014년 국토교통부 중앙토지수용위원회 상임위원 2015년 국토교통과학기술진흥원 원장(현) [상]대통령표창(2006), 홍조근정훈장(2013) [저]'도시개발법령 해설(共)'(2003)

김병수(金炳秀) KIM Byoung Soo

[생]1959 · 6 · 12 [출]경북 의성 [주]서울 중구 장충단로275 두산타워빌딩 두산그룹 홍보실(02-3398-1085) [학]1978년 계성고졸 1987년 서울대 경제학과졸, 서강대 경제대학원졸 [경]서울경제신문 경제부 금융팀장 1995년 한겨레신문 입사 1999년 同경제부 차장 2003년 同경제부장 2005년 同논설위원 2006년 同논설위원실장 2008년 同편집국 경제부문 선임기자 2008년 同경제담당 부국장 2008년 두산그룹 홍보실장(전무) 2010년 同홍보실장(부사장) 2016년 同홍보실장(사장)(현)

김병수(金炳洙) byungsoo kim

[생]1961 · 1 · 3 [출]충남 논산 [주]전북 전주시 완산구 서원로99 전북지방우정청 청장실(063-240-3500) [학]1981년 강경상고졸 1985년 성균관대 행정학과졸 1990년 서울대 행정대학원졸 [경]1996년 정보통신부 전파방송관리국 방송과 서기관 1997년 同전파방송관리국 통신위성과 서기관 2002년 서대전우체국장 2003년 정보통신부 우정사업본부 금융사업단 예금과장 2005년 同정보통신정책국 소프트웨어진흥팀장 2006년 同소프트웨어진흥단 소프트웨어정책팀장(서기관) 2006년 同소프트웨어진흥단 소프트웨어정책팀장(부이사관) 2008년 지식경제부 소프트웨어진흥과장 2009년 同투자정책과장 2009년 강원체신청장(고위공무원) 2010년 국방대 교육파견(일반직고위공무원) 2011년 지식경제부 외국인투자지원센터 종합행정지원실장 2012년 전남지방우정청장 2014년 미래창조과학부 우정사업본부 우편사업단장 2015년 전북지방우정청장(현) [상]근정포장(2006)

김병수(金柄洙) KIM Byung Soo

[생]1963·5·9 [본]의성(義城) [출]강원 원주 [주]서울 강남구 남부순환로2748 한국교육방송공사 방송제작본부(02-526-2000) [학]1990년 한국외국어대 신문방송학과졸 [경]2002년 전국언론노동조합 EBS지부 위원장 2003년 EBS프로듀서협회 회장 2003년 한국교육방송공사(EBS) TV제작1국 시사통일팀 차장·TV제작1국 2CP 2004년 방송프로듀서연합회 부회장 2005년 EBS 시청자참여센터 시청자참여팀장 2006년 同제작본부 시사통일팀 팀장대우 2007~2008년 同제작본부 시사통일팀장 2008년 同제작본부 교양문화팀장, 同시청자팀장 2009년 同제작본부 시사교양팀장 2010년 同제작본부 교양문화부장 2012년 同스마트교육추진단장 2013년 同학교교육본부장 2014년 同방송제작본부장(현) [상]대통령표창(2015)

김병수(金炳秀) KIM Byung Soo

[생]1968·1·10 [본]김해(金海) [출]대구 [주]서울 서초구 강남대로193 서울행정법원 부장판사실(02-2055-8114) [학]1986년 관악고졸 1990년 고려대 법학과졸 [경]1991년 사법시험 합격(33회) 1994년 사법연수원 수료(23기) 1994년 軍법무관 1997년 인천지법 부천지원 판사 1999년 서울지법 남부지원 판사 2002년 창원지법 밀양지원 창녕군법원 판사 2004년 서울행정법원 판사 2006년 서울고법 판사 2007년 대법원 재판연구관 2009년 전주지법 부장판사 2011년 의정부지법 부장판사 2013년 서울북부지법 부장판사 2013년 서울행정법원 부장판사(현) 2015년 한국디자인진흥원 디자인분쟁조정위원회 위원(현)

김병순(金秉珣) KIM Byeong Soon

[생]1959·1·2 [주]경남 창원시 성산구 완암로84 LG전자(주) 에어컨연구소(055-269-3114) [학]마산 경산고졸, 울산대 기계공학과졸, 공학박사(부산대) [경]LG전자(주) DAC연구소 책임연구원 2005년 同DAC연구소 상무, 同에어컨연구소 Multiv그룹장(연구위원), 同창원2공장 CAC연구소 상무 2012년 同시스템에어컨연구소장(전무) 2014년 同CTOHAE연구센터 AE연구소장(전무) 2014년 同에어컨솔루션연구소장(전무)(현) [상]이달의 엔지니어상(2004) [종]천주교

김병식(金炳湜) KIM Byung Sik

[생]1957·10·2 [본]경주(慶州) [출]서울 [주]서울 송파구 올림픽로43길88 서울아산병원 일반외과(02-3010-3491) [학]1976년 경기고졸 1982년 서울대 의과대학졸 1991년 同대학원졸 1995년 의학박사(서울대) [경]1985년 서울대병원 인턴 1986~1990년 同일반외과 전공의 1991년 울산대 의과대학 일반외과학교실 전임강사·조교수·부교수·교수(현) 1995년 일본 가나자와대 방문연구원 2002~2006년 서울아산병원 외래입원부장 2008~2010년 同위장관외과장 2009·2013년 同교육부원장(현) [종]기독교

김병식(金炳植) KIM Byung Shik

[생]1959·1·3 [본]김해(金海) [출]전북 전주 [주]서울 송파구 양재대로1239 한국체육대학교 레저스포츠학과(02-410-6964) [학]1978년 전주농림고졸 1982년 한국체육대 체육학과졸 1984년 同대학원 체육학과졸 1990년 미국 오하이오주립대 대학원 스포츠경영학박사과정 수료 1992년 스포츠경영학박사(미국 뉴멕시코대) [경]1978~1984년 배드민턴 국가대표 및 주장 1982년 제9회 뉴델리아시아경기대회 단체3위(동메달) 1985~1987년 일본 후쿠오카대·쓰쿠바대 연구원 1993~1996년 연세대·세종대·이화여대 강사 1995년 이란 배드민턴대표단 감독 1995년 한국스포츠산업경영학회 총무이사 1997년 한국체육대 레저스포츠학과 조교수·부교수·교수(현) 2002년 국제스포츠외교연구회 상임이사(현) 2002년 한국스포츠산업경영학회 상임이사(총무·편집인), 同창설추진위원 2002~2004년 아시아스포츠산업경영학회 사무총장 2003~2006년 한국스포츠산업경영학회 상임이사 2004~2006년 한국체육대 기획실장 겸 사회체육과장(야간) 2007년 아시아스포츠산업경영학회 부회장(현) 2007~2008년 한국체육학회 이사, 同논문심사위원, 대한체육회 선수심의위원, 한국체육과학연구원 출판위원, 대한배드민턴협회 사업개발위원회 위원, 同연수위원회 위원, SBS스포츠TV 배드민턴 해설위원 2009년 서울시인라인롤러연맹 부회장(현) 2009년 대한인라인롤러연맹 운영위원(현) 2009년 서울시근대오종연맹 부회장(현) 2011~2013년 국민생활체육회 국제분과 자문위원 2013년 한국스포츠산업경영학회 회장 [상]체육포장(1982), 한국스포츠리서치 논문우수상·감사장(2007), 태국스포츠산업경영학회 감사패(2008), 한국체육학회 공로패(2009) [저]'스포츠경영학'(1994, 생활스포츠신문사) '스포츠마케팅'(1995, 대한미디어) '스포츠 경영학'(2판)(1996, 대한미디어) '스포츠 마케팅'(2판)(1997, 대한미디어) '스포츠 경영학'(3판)(1996, 대한미디어) '스포츠연구법'(2000, 대한미디어) '스포츠 마케팅'(3판)(2002, 대한미디어) '스포츠개론(共)'(2003, 대경북스) '스포츠연구법(共)'(2004, 대경북스) '스포츠경영학'(2004, 대한미디어) '체육지도자 훈련지도서(근대5종)(共)'(2010, 금풍문화사)

김병안(金柄安) KIM Byeong Ahn

[생]1956·3·11 [주]서울 영등포구 은행로30 중소기업중앙회 상임감사실(02-2124-3009) [학]행정학 독학사, 고려대 행정대학원 공공행정과졸 [경]2003년 조달청 기획관리실 행정법무담당관실 서기관 2005년 同기획관리관실 정부조달종합지원센터 실장 2005년 同정책홍보관리관실 고객지원센터 실장 2005년 同전자조달본부 고객지원센터 팀장 2006년 同정책홍보본부 전략기획팀장 2006년 同재정기획팀장 2008년 同구매사업국 구매총괄과장 2008년 同원자재총괄과장 2009년 同국제물자국 원자재총괄과장(부이사관) 2010년 同구매사업국 쇼핑몰기획과장 2011년 同구매사업국 구매총괄과장 2012~2013년 同구매사업국장(일반직고위공무원) 2014년 중소기업중앙회 상임감사(현) [상]홍조근정훈장(2013)

김병연(金炳椽) Kim, Byung-Yeon

[생]1962·2·20 [주]서울 관악구 관악로1 서울대학교 경제학부(02-880-6370) [학]1985년 서울대 경제학과졸 1987년 同대학원 경제학과졸 1996년 경제학박사(영국 Univ. of Oxford) [경]1993~1994년 러시아 노동 및 국제관계대학원 방문연구원 1996~2001년 영국 Univ. of Essex 경제학과 조교수 1996~1997년 대통령자문 정책기획위원회 비상임전문위원 1998~1999년 영국 경제·사회연구학술진흥재단 지원연구과제 '소련/러시아 가계의 비공식부문 경제활동' 총책임연구원 1999년 러시아 이행기경제연구소 초청연구원 2000~2002년 유럽연합지원 4개국 공동연구과제 '루마니아와 불가리아의 비공식부문 경제활동' 간사 및 총책임연구원 2001~2003년 영국 경제사회연구학술진흥재단 자문 및 심사위원 2001~2003년 영국 Univ. of Essex 경제학과 부교수 2001년 핀란드 중앙은행 이행기경제연구소 방문연구원 2003년 서강대 경제학부 부교수 2006년 서울대 경제학부 부교수·교수(현), 同통일평화연구원 부원장(현) 2014년 대통령직속 통일준비위원회 경제분과위원회 전문위원(현) 2015년 (재)통일과나눔 이사(현) [상]영국 교육부 Overseas Research Scholarship(1997), Economic History Association(U.K.) T.S. Ashton Prize(최고논문상)(2003), 한국경제학회 청람상(2006) [저]'Financial Sector Reform in Transition Economies: Implications for North Korea(SNU Press and IMF)'(共·編) '남북통합지수(共)'(2009, 서울대 출판부)

김병열(金柄烈) KIM Byong Yol

[생]1954·10·1 [출]대구 [주]전남 여수시 여수산단로918 GS칼텍스(주) 비서실(061-680-2001) [학]1972년 경북사대부고졸 1979년 서울대 공업화학과졸 2000년 캐나다 맥길대 대학원 경영학과졸 [경]1979년 호남정유(주)(現 GS칼텍스) 입사 1989년 同런던사무소장(부장) 1996년 同경영기획부문장(상무) 1998년 同수급부문장(상무) 2003년 同사업전략부문장(상무) 2005년 GS칼텍스 사업전략부문장(전무) 2006년 同신에너지연구센터장(부사장) 겸임 2007년 同윤활유사업본부장(부사장) 2008년 同경영전략본부장(부사장) 2009년 同원유·수급·운영본부장(부사장) 2010년 同Supply&Trading본부장(부사장) 2012년 同석유화학사업본부장(사장) 겸임 2013년 同Supply&Trading본부장(사장) 2014년 同생산본부장(사장)(현) 2014년 한국위험물학회 회장(현) [상]철탑산업훈장(2010)

김병오(金炳午) KIM, Byung O (凡石)

[생]1935·4·6 [본]김해(金海) [출]전북 남원 [주]서울 마포구 백범로155의1 (사)민족민주열사희생자추모(기념)단체연대회의(02-716-7565) [학]1954년 전주고졸 1960년 고려대 정치외교학과졸 1962년 同대학원 경제학과 수학 1971년 중앙대 사회개발대학원 행정학과졸 1982년 미국 하버드대 수학 1994년 서울대 경영대학원 최고경영자과정 수료 1995년 고려대 노동대학원 고위지도자과정 수료 [경]1960년 4·19유족회 이사 1961~1974년 구로동새마을야학교 설립 1968년 고려대 노동문제연구소 연구위원 1972년 강원대 법경학부 강사 1974년 경일고등공민학교 설립 1981~1985년 제11대 국회의원(서울 구로甲·乙, 민한당) 1982년 국제키와니스클럽 한국본부 수석부총재 1985년 민주화추진협의회 부간사장 겸 상임운영위원 1987년 민주헌법쟁취국민운동본부 홍보위원장 겸 상임집행위원 1988년 평민당 인권위원회 부위원

장 1988년 同서울구로甲지구당 위원장 1991년 신민당 서울구로甲지구당 위원장 1992년 한국사회과학연구소 이사 1992~1996년 제14대 국회의원(서울 구로丙, 민주당·국민회의) 1993년 민주당 정책위원회 의장 1993년 同당무위원 1995년 국민회의 중앙위원회 의장 1996년 同서울구로乙지구당 위원장 2000~2002년 국회 사무총장 2001~2003년 (사)민주화추진협의회 공동회장 2004~2011년 (사)6월민주항쟁계승사업회 공동이사장 2006년 6·10국가기념일제정특별위원회 위원장 2006년 6월민주항쟁20년사업추진위원회 상임공동대표 2011년 (사)6월민주항쟁계승사업회 고문 2011년 (사)민족민주열사희생자추모(기념)단체연대회의 고문(현) [상]민주공로상(1985·1986), 청조근정훈장(2003) [저]'저질탄의 진상은 이렇다'(1982) '민족분단과 통일문제'(1984) '청산에서 개혁으로, 개혁에서 통일로'(1996) '민족통일과 남북연합'(2001) [역]'현대중국입문' [종]가톨릭

김병옥(金炳玉·女) KIM Byong Ok

[생]1931·12·17 [출]경기 [주]경기 의정부시 호암로95 신한대학교 총장실(031-870-3300) [학]1966년 건국대졸 1975년 同대학원졸 1981년 명예 문학박사(미국 캘리포니아대 샌디에이고교) [경]1978~1998년 신흥실업전문대학장 1985~2009년 민주평통 자문위원 1998년 신흥대학장 1999년 경기북부기우회 회원(현) 1998년 신흥대 학장 2008년 同총장 2014년 신한대 초대 총장(현) [상](사)세계복음화중앙협의회 한국기독교선교대상 교육자부문(2001), 대통령표창(2001) [종]기독교

김병옥(金秉玉) KIM Byung-Ock (素田)

[생]1959·8·1 [본]김해(金海) [출]전남 장흥 [주]광주 동구 필문대로303 조선대학교 치과병원 치주과(062-220-3850) [학]1977년 광주고졸 1984년 조선대 치의학과졸 1987년 同대학원 치의학과졸 1994년 치의학박사(경희대) [경]1990~2001년 조선대 치과대학 치의학과 전임강사·조교수·부교수 1995년 同치과병원 소아치과장 1996~1997년 미국 베일러 치과대학 교환교수 1997년 미국 치주과학회 국제회원(현) 1998~2001년 조선대 치과대학 학장보 2001~2003년 同치과병원 진료부장 2001년 同치과대학 교수(현) 2007~2009년 同치과대학장 2007~2009년 同치의학전문대학원장 겸임, 同대학원 치의학과 주임교수 2009년 同치과병원 치주과장 2009~2014년 대한치주과학회 부회장 2010~2012년 同치과병원장, 대한임프란트학회 광주지부장, 대한노년치의학회 이사·광주전남지부장(현), 보건복지부 제도개선위원회 위원, '세계 치과산업 허브 클러스터 구축을 위한 광주-대구 초광역 공동연계' 사업추진기획위원(현) 2012년 광주시 동구 의료특구추진위원회 위원 2013년 조선대 대학원위원회 위원(현) 2013~2016년 건강보험진료심사평가위원(광주) 2014년 조선대 치과병원 임플란트센터장(현) 2015년 同치과대학 치의학도서실장 2016년 대한인공치아골유착학회 부회장(현) 2016년 대한감염학회 이사(현) [상]대한치주과학회 신인학술상(1993), 제18회 한국과학기술단체총연합회 과학기술우수논문상(2008) [저]'치주과학'(1992·2009) '최신임상 심미치과 원색도해'(1998) '치주학'(2003) '임플란트 문제점의 해결'(2004) '치주과학임상지침서'(2004) '치아건강 요람에서 무덤까지'(2005) '임상치의학'(2006) '치과치료의 응급처치'(2007) '치주과학 치위생사를 위한 치주학' '치주과학 6판'(2015) [역]'Implant의 연조직과 심미'(2004) '재생의학과 조직공학'(2004) '조직-생체재료 상호작용 개론'(2005) '치주-성형-재건술'(2008) '치과임플란트 합병증-원인과 예방 및 치료'(2012) '치주-임플란트 심미-성형술'(2015) '임상치주임플란트학'(2016) '임상치주학'(2016) [종]불교

김병옥(金炳玉) KIM Byeong Ok

[생]1960·2·26 [출]충북 청원 [주]울산 중구 종가로400 한국산업안전보건공단 감사실(052-703-0504) [학]1977년 청주고졸 1984년 충북대 행정학과졸 2003년 일본 도쿄대 대학원 법학과졸 2013년 법학박사(충북대) [경]1990년 행정고시 합격(33회) 1996년 노동부 근로기준국 근로기준과 근무 1998년 同고용정책실 고용정책과 근무 1999년 대전지방노동청 산업안전과장 2000년 국외 교육훈련파견(일본 도쿄대) 2003년 중앙노동위원회 기획총괄과장 2004년 국무총리실 인적자원개발연구개발기획단 자격제도팀장(파견) 2005년 노동부 산업안전보건국 산업보건환경팀장 2007년 同산업안전보건국 안전보건정책과장 2008년 同산업안전보건국 안전보건정책과장(부이사관) 2009년 한국직업능력개발원 연구위원 2009년 충북지방노동위원회 위원장(고위공무원) 2012년 서울지방노동위원회 사무국장 2012년 고용노동연수원 교육협력관 2014~2016년 고용노동부 산업재해보상보험재심사위원회 위원장 2016년 한국산업안전보건공단 감사(현) [상]대통령표창(1997) [저]'고용의 유연 안정성과 근로계약법의 법제화 방향'(2013)

김병우(金炳宇) KIM, Byoung Woo (亨周)

[생]1945·4·21 [본]청도(淸道) [출]서울 [주]서울 동대문구 회기로66 한국과학기술정보연구원(02-3299-6231) [학]1964년 중앙고졸 1969년 동국대 응용생물학과졸 1978년 同대학원졸(석사) 1985년 이학박사(동국대) [경]1978~1986년 상지대 과학교육학과 전임강사·조교수 1980년 同학생과장 1983년 한국동굴학회 부회장 1986~2000년 상지대 생물학과 부교수·교수 1987년 강원도립공원위원회 위원 1987년 한국생태학회 이사 1988년 상지대 이학부장 1989~1992년 同기획관리실장 1989년 한국식물학회 이사 1992~1993년 상지대 환경과학연구소장 1996년 한국환경과학회 이사 1997~1999년 상지대 이공과대학장 1999~2003년 한국동굴학회 회장 2000~2010년 상지대 생명과학과 교수 2001년 강원도 문화재위원 2001년 원주지방환경청 생태계조사책임전문가 2001~2008년 국회 환경포럼 정책자문위원 2002~2005년 한국과학기술단체총연합회 이사 2003년 한국생태학회 상임평의원(현) 2005~2010년 한국과학기술정보연구원 강원지역협의회 자문교수·위원 2007~2010년 한국환경자원공사 자문위원 2008~2012년 원주지방환경청 멸종위기종인공증식심사위원회 자문위원 2008~2010년 同대암산용늪보전협의회 위원 2009~2012년 강원도 DMZ정책자문위원회 위원 2010~2012년 상지대 생명과학과 외래교수 2010~2011년 한국자연환경보전협회 부회장 2010년 환경부 한국형생태관광활성화연구포럼 위원 2012년 한국과학기술정보연구원 ReSEAT프로그램 전문연구위원(현) 2012년 한국식물학회 대의원(현) 2013년 한국과학기술개발원 이사(현) 2013년 한국과학기술정보연구원 인천어린이과학관 심층해설위원 2013년 同큐레이터프로그램 과학교실 강연강사 2015년 강원녹색환경지원센터 연구사업평가위원회 위원(현) [상]한국동굴학회장 학술상(1995), 환경부장관표창(2007), 옥조근정훈장(2010) [저]'자연과학개론'(共) '일반생물학'(共) '테라리움'(共) '동굴환경의보존관리지침'(共) '한국비무장지대의 식물생태'(共) '일반식물학'(共) 'Technical Terminology of Caves Multilingual Translation'(共·編) [역]'일반생물학'(共) '환경과학'(共) '생물학개론'(共) '환경생물학'(共) '생명과학'(共) [종]불교

김병우(金炳佑) Byung-Woo Kim

[생]1955·1·4 [본]김해(金海) [출]경북 경주 [주]경기 수원시 장안구 서부로2066 성균관대학교 공과대학 화학공학·고분자공학부(031-290-7246) [학]1981년 성균관대 화학공학과졸 1983년 同대학원졸 1991년 화학공학박사(한국과학기술원) [경]1981~1994년 한국원자력연구소 환경시스템연구실 선임연구원 1983~1984년 미국환경연구소 방문연구원 1988~1989·1991년 독일 칼스루헤대 초청과학자 1992년 국제원자력기구 기술위원 1994~2015년 성균관대 공대 화학공학부 조교수·부교수·교수 1994~1996년 한국원자력연구소 위촉연구원 2000년 성균관대 환경공학연구소장 2000년 同공대 화학공학과장 2008~2013년 국토해양부 바이오나노융합재료연구단장 2009년 성균관대 공과대학장 2009년 同과학기술대학원장 겸임 2010년 한국청정기술학회 수석부회장 2011~2012년 同회장 2015년 성균관대 공과대학 화학공학·고분자공학부 교수(현) [역]'환경공학개론'

김병우(金炳佑) KIM Byoung Woo

[생]1957·8·6 [본]함창(咸昌) [출]경북 상주 [주]충북 청주시 서원구 청남로1929 충청북도교육청 교육감실(043-290-2001) [학]1976년 김천고졸 1980년 충북대 국어교육과졸 1989년 同교육대학원 국어교육학과졸, 同대학원 교육행정학 박사과정 수료 [경]1980~2006년 회인중·목도중·증평여자중·매포중·옥천중·주성중·청주남중 교사, 충북교사협의회 정책실장 1999년 전국교직원노동조합 충북지부장 2003~2005년 충북영상교사모임 회장 2004~2005년 전국민주노동조합총연맹 충북본부 부본부장 2005년 새충청일보 논설위원 2006년 청주시 학교급식조례제정운동본부 대표 2006~2010년 충북도교육위원회 교육위원 2010년 충북도 교육감선거 출마 2012~2013년 충북교육발전소 상임대표 2014년 충북도 교육감(현) [상]충북도교육감표창(1996) [저]'신나는 학교가 진짜 경쟁력이다'(2013) [종]천주교

김병욱(金炳旭)

[생]1958·1·20 [출]경북 구미 [주]서울 영등포구 국제금융로8길2 NH선물 대표이사실(02-3787-8251) [학]경북고졸, 경북대 사범대학 일반사회학과졸 [경]1987년 농협중앙회 상주군지부 입사 1990년 同고양군지부 과장 2000년 同구미시지부 팀장 2008년 同경북지역본부 공공금융지원실장 2009년 同울진군지부장 2010년 同회원지원부 부부장 2011년 同회원지원부장 2013년 同인천지역본부장 2015년 NH농협선물 대표이사 2015년 우리선물 대표이사 겸임 2015년 NH선물 대표이사(현)

김병욱(金炳旭) KIM BYUNGWOOK

[생]1965·4·15 [출]경남 산청 [주]서울 영등포구 의사당대로1 국회 의원회관1003호(02-784-3670) [학]1984년 배정고졸 1988년 한양대 법학과졸 1995년 고려대 경영대학원 경영학과졸 2009년 경영학박사(국민대) [경]손학규 정책특보, 국민대 겸임교수, 경제정의실천시민연합 상임집행위원, 성남산업진흥재단 이사 2012년 제19대 국회의원선거 출마(성남시 분당구乙, 민주통합당) 2013년 동아시아미래재단 사무총장 2015년 더불어민주당 성남시분당구乙지역위원회 위원장(현) 2015년 가천대 경영학과 겸임교수 2016년 제20대 국회의원(성남시 분당구乙, 더불어민주당)(현) 2016년 더불어민주당 원내부대표(현) 2016년 국회 교육문화체육관광위원회 위원(현) 2016년 국회 운영위원회 위원(현) [저]'김병욱, 분당에 서다'(2012)

김병운(金秉云) KIM Pyung Un (旨山)

[생]1957·1·22 [본]김녕(金寧) [출]충북 옥천 [주]서울 강남구 테헤란로92길7 바른빌딩 법무법인(유) 바른(02-3479-2690) [학]1975년 대전고졸 1980년 서울대 법과대학졸 [경]1980년 사법시험 합격(22회) 1982년 사법연수원 수료(12기) 1982년 사단 보통군법회의 검찰관 1985년 춘천지법 판사 1988년 同강릉지원 판사 1990년 수원지법 성남지원 판사 1992년 인천지법 판사 1993년 서울고법 판사 1995년 대법원 재판연구관 1999년 서울지법 의정부지원 부장판사 2000년 同북부지원 부장판사 2003년 서울중앙지법 부장판사 2005년 대전지법 수석부장판사 2005년 대전고법 부장판사 2006년 서울고법 부장판사 2011년 同수석부장판사 2011년 전주지법원장 2013~2014년 수원지법원장 2014년 법무법인(유) 바른 변호사(현) [종]불교

김병원(金炳沅) KIM BYEONG WON

[생]1953·10·5 [출]전남 나주 [주]서울 중구 새문안로16 농업협동조합중앙회 회장실(02-2080-5093) [학]광주농고졸, 광주대 경영학과졸 2001년 전남대 경영대학원 마케팅전공(경영학석사) 2004년 同농업개발대학원졸(농업개발학석사) 2010년 경제학박사(전남대) [경]1978년 농협중앙회 입회 1994~1999년 남평농협 전무 1999~2012년 同조합장(제13·14·15대) 2003년 전국무배추협의회 회장 2004년 농협중앙회 이사 2004년 전남도 농어촌진흥기금운용심의위원회 위원 2006년 농림축산식품부 양곡정책심의회 위원 2007년 민주평통 상임위원 2013~2015년 NH무역 대표이사 2015년 농업법인회사 농협양곡(주) 대표이사 2016년 농업협동조합중앙회 회장(현) [상]농림부장관표창(2000·2003·2005·2006·2007), 나주시장 감사패(2001), 농협중앙회장표창(2002·2003·2005·2006·2007·2008·2009), 대통령표창(2003), 전남도지사표창(2005), 나주시장표창(2006), 철탑산업훈장(2007), 지역사회발전 남평읍민의상(2009), 제13회 자랑스러운 전남인표창(2009), '자랑스러운 전남대인' 선정(2016)

김병윤(金炳允) Byoung Yoon Kim

[생]1953·6·25 [주]대전 유성구 대학로291 한국과학기술원 물리학과(042-350-2527) [학]1977년 서울대 물리학과졸 1979년 한국과학기술원 물리학과졸(석사) 1985년 이학박사(미국 스탠포드대) [경]1979~1982년 한국과학기술연구원 연구원 1985~1989년 Litton Systems Inc. 기술고문 1985~1990년 미국 Stanford Univ. 전기과 조교수 1988년 SRI International 기술고문 1989~1990년 NASA 기술고문 1990년 한국과학기술원 물리학과 부교수·교수(현) 1996~1998년 MST(영국 물리학회) 편집위원 1997~1999년 Optics Letters(미국 광학회) 편집위원 1998~1999년 International Conference on Optical Fiber sensors 운영위원장 1999년 IEEE 연구원(현) 1999년 영국 Institute of Physics Chartered Physicist 연구원(현) 1999년 Optical Society of America(OSA) 연구원(현) 2000년 Optical Society of Japan(일본광학회) Optical Review 편집위원(현) 2000년 한국광학회(OSK) 이사·고문(현) 2000년 Novera Optics Inc. CEO(현) 2013~2015년 한국과학기술원 연구부총장 2014년 미래창조과학부 공과대학혁신위원회 위원(현)

김병윤(金柄潤) KIM Byung Yun

[생]1962·6·15 [출]서울 [주]서울 중구 을지로5길26 미래에셋캐피탈 임원실(02-3774-5943) [학]1981년 숭실고졸 1989년 서울대 계산통계학과졸 [경]1988년 동원증권 정보시스템실 근무 1999년 同기획실 과장 1999년 KTB 기획팀 부장 1999년 미래에셋증권(주) 사이버팀 본부장 2002년 同IT사업본부장(상무이사) 2005년 同IT사업본부장(부사장) 2006년 同IT사업부문장(부사장) 2006년 同경영지원부문 대표 2009~2011년 同IT사업부담당 부사장 2012년 미래에셋펀드서비스 대표이사 2016년 미래에셋캐피탈 공동대표이사(현)

김병익(金炳翼) KIM Byong Ik

[생]1938·11·5 [본]함창(咸昌) [출]경북 상주 [주]서울 마포구 잔다리로7길18 (주)문학과지성사(02-338-7224) [학]1957년 대전고졸 1961년 서울대 문리과대학 정치학과졸 [경]1965~1975년 동아일보 문화부 기자 1970년 계간 '문학과지성' 창간, 문학평론가(현) 1974년 한국기자협회 회장 1975~2000년 문학과지성사 대표 1988년 한국출판연구소 이사장 1993~1998년 방송문화진흥회 이사 2000년 문학과지성사 상임고문(현) 2001년 인하대 초빙교수 2004년 동아일보 김병익칼럼 필진 2005~2007년 한국문화예술위원회 초대위원장 [상]현대문학상(평론부문), 대한민국 문화예술상, 대한민국 문학상, 八峰비평문학상, 국민훈장 모란장, 대산문학상, 보관문화훈장, 제30회 인촌상 언론·문화부문(2016) [저]'현대한국문학의 이론'(共) '지성과 반지성' '한국문단사' '한국 문학의 의식' '상황과 상상력' '지성과 문학' '전망을 위한 성찰' '열림과 일굼' '숨은 진실과 문학' '새로운 글쓰기와 문학의 진정성' '21세기를 받아들이기 위하여' '지식인됨의 괴로움' '기억의 타작' '부드러움의 힘' '페루에는 페루 사람들이 산다' '잊혀지는 것과 되살아나는 것' '게으른 산책자의 변명' '이해와 공감' '조용한 걸음으로' [역]'1984년' '동물농장' '도스또예프스끼 평전'(共) '마르크시즘과 모더니즘' '막다른 길'

김병일(金炳日) KIM Byung Il

[생]1945·9·1 [본]김녕(金寧) [출]경북 상주 [주]경북 안동시 도산면 백운로268의6 (사)도산서원선비문화수련원(054-851-2000) [학]1963년 중앙고졸 1967년 서울대 사학과졸 1977년 同행정대학원졸 [경]행정고시 합격(10회) 1971년 행정사무관 임용 1974년 경제기획원 행정사무관 1979년 同기획관리실 법무담당관 1981년 同예산실 예산제도담당관 1982년 미국 남가주대·일본 산업능률대 연수 1982년 경제기획원 예산실 건설교통예산담당관 1986년 同공정거래실 단체과장 1986년 同물가정책국 조정과장 1988~1990년 同예산실 예산정책과장·예산총괄과장 1990년 한국개발연구원 파견 1991년 경제기획원 공보관 1992년 同예산심의관 1994년 同예산실 총괄심의관 1994년 同국민생활국장 1995년 국회 예산결산특별위원회 전문위원 1995년 국회 예산결산특별위원회 수석전문위원 1997년 통계청장 1998년 기획예산위원회 사무처장 1999년 조달청장 2000~2002년 기획예산처 차관 2002년 금융통화위원회 위원 2004~2005년 기획예산처 장관 2005~2008년 한국개발연구원(KDI) 자문위원 2006~2009년 삼성고른기회장학재단 이사 2008년 (사)도산서원선비문화수련원 이사장(현) 2009~2014년 한국국학진흥원 원장 2010~2011년 신한금융지주 사외이사 2013년 월봉서원 원장(현) 2015년 도산서원 원장(현) 2015년 영남대 석좌교수(현) [상]대통령표창(1979), 황조근정훈장(2003), 청조근정훈장(2005), 자랑스런 서울대 사학인(2010) [저]'퇴계처럼'(2012, 글항아리) '선비처럼'(2015, 나남) [종]유교

김병일(金炳日) KIM Byung Il

[생]1951·1·20 [본]안동(安東) [출]경북 의성 [주]서울 종로구 사직로8길39 세양빌딩 김앤장법률사무소(02-3703-1369) [학]1969년 대구 계성고졸 1973년 연세대 경제학과졸 1980년 서울대 행정대학원 수료 1982년 미국 헌터대 대학원 도시경제학과졸 [경]1972년 행정고시 합격(11회) 1973년 원호처 사무관 1978년 경제기획원 경제기획국 사무관 1984년 同비상계획보좌관 1984년 서울올림픽조직위원회 파견 1987년 경제기획원 대외경제조정실 과장(서기관) 1990년 同동향분석과장 1991년 同총무과장 1993년 駐일본대사관 참사관(부이사관) 1996년 공정거래위원회 정책국장(이사관) 1997년 同경쟁국장 1998년 同정책국장 1999년 同사무처장 직대 1999년 同관리관 2000~2002년 同부위원장(차관급) 2002년 김앤장법률사무소 고문(현) 2007~2011년 현대카드 사외이사 2008년 SK건설 사외이사 겸 감사위원(현) 2008~2014년 홈플러스 자문위원 2012년 삼천리 사외이사(현) [상]원호처장표창, 근정포장, 황조근정훈장 [종]기독교

김병일(金炳日) KIM Byung Il

[생]1953·5·20 [본]김해(金海) [출]전북 전주 [주]전남 순천시 해룡면 율촌산단4로13 (재)전남테크노파크(061-729-2500) [학]1972년 전라고졸 1981년 전북대 금속공학과졸 1983년 同대학원 금속공학과졸 1986년 공학박사(전북대) [경]1987~1998년 순천대 공과대학 전임강사·조교수 1991~1992년 同공과대학 학생과장 1992~1994년 同학생부처장 1992년 독일 Maxplanck연구소 방문연구원 1993년 순천대 공과대학 금속공학과 부교수 1998~2015년 同신소재공학과 교수 2004년 과학기술부 KT인증전문심사위원 2004년 광주전남제주권산학협력중심대학 육성사업단장 2005~2010년 한국기초과학지원연구원 순천센터장 2007~2008년 순천대 산학협력단장 2013년 전남금속소재가공인력양성사업단 단장 2015년 (재)전남테크노파크 원장(현) [상]교육부장관표창(1997), 전남도지사표창(2002) [저]'신합금설계'(2005) [종]기독교

김병일(金炳一) KIM Byung Il

[생]1956·9·9 [본]수원(水原) [출]서울 [주]서울 성북구 화랑로13길60 동덕여자대학교 정보과학대학 컴퓨터학과(02-940-4583) [학]1975년 서울중앙고졸 1979년 서울대 수학교육과졸 1981년 한국과학기술원 전자계산학과졸(석사) 1989년 이학박사(영국 임페리얼대) [경]1981~1986년 대우중공업(주) 기술연구소 주임연구원 1989~2004년 동덕여대 전자계산학과 조교수·부교수 2001~2004년 현대정보기술 사외이사 2003년 동덕여대 정보과학대학장 2004~2011·2014년 同정보과학대학 컴퓨터학과 교수(현) 2004~2006년 同교무처장 2006년 同부총장 2009년 정보통신산업진흥원(NIPA) 이사 2010~2013년 국가과학기술위원회 운영위원회 위원 및 첨단융복합전문위원회 위원장 2011~2014년 한전KDN(주) 사장

김병재(金炳宰) KIM Byoung Jai

[생]1951·8·5 [출]충남 청양 [주]서울 중구 남대문로63 한진빌딩본관18층 법무법인 광장(02-2191-3003) [학]1970년 경기고졸 1974년 서울대 법학과졸 1976년 同대학원졸 1989년 Academy of American and International Law 수료 1996년 서울대 법학연구소 지적재산권전문과정 수료 [경]1975년 사법시험 합격(17회) 1977년 사법연수원 수료(7기) 1977년 공군 법무관 1980년 서울형사지법 판사 1982년 서울민사지법 판사 1984년 청주지법 판사 1985년 서울지법 의정부지원 판사 1986년 서울민사지법 판사 겸 법원행정처 송무심의관 1988년 서울고법 판사 1993~1998년 미래법무법인 대표변호사 1996년 사법연수원 초빙교수 1998~2005·2011년 법무법인 광장 변호사(현) 2002년 중앙일보 법률자문위원 2003년 국무총리 행정심판위원회 위원 2005~2011년 법무법인 광장 대표변호사 2005년 헌법재판소 자문위원, 중앙에너비스(주) 사외이사 2008년 어린이재단 이사(현) 2008~2010년 금융감독원 제재심의위원회 위원 2010~2013년 한국전쟁기념재단 감사 2010년 대한루지경기연맹 이사(현) [상]법무부장관표창 [저]'민법주해' [종]기독교

김병재(金秉宰) KIM Byung Jae

[생]1961·3·20 [본]경주(慶州) [출]충남 서산 [주]서울 강남구 테헤란로131 지식센터빌딩 법무법인 태평양(02-3404-7580) [학]1980년 서령고졸 1988년 건국대 경영학과졸 2011년 고려대 최고경영자과정 수료 2012년 건국대 부동산대학원졸 [경]1988년 한국증권업협회 입사 1996년 코스닥증권(주) 주식과장 2002년 同등록심사부 심사팀장 2004년 코스닥관리부 등록관리팀장·제도연구팀장 2005년 한국증권연수원 강사 2005년 한국증권선물거래소 코스닥시장본부 공시제도팀장 2007년 同경영지원본부 정보서비스부장 2008년 同코스닥시장본부 본부장보 2009~2011년 한국거래소 코스닥시장본부 본부장보 2011년 법무법인 태평양 전문위원(현) 2011년 차이나킹하이웨이홀딩스 사외이사(현) [상]한국증권업협회장표창(1991), 부총리 겸 재정경제원장관표창(1996·2001), 증권선물거래소이사장표창(2006) [저]'코스닥&나스닥 주식시장이 보인다'(2000, 청림출판사)

김병주(金秉柱) KIM Pyung Joo

[생]1939·2·6 [출]경북 상주 [주]서울 마포구 백범로35 서강대학교 경제학부(02-705-8179) [학]1958년 경복고졸 1962년 서울대 경제학과졸 1967년 同대학원 경제학과졸 1967년 미국 글래스고대 대학원 경제학과 수료 1976년 경제학박사(미국 프린스턴대) [경]1966년 한양대 경제학과 조교수 1978년 서강대 경제학과 조교수·부교수 1978~2004년 同경제학과 교수 1981년 국무총리 정책자문위원 1983년 서강대 경제경영문제연구소장 1983년 同경상대학장 1986년 한국은행 금융통화위원회 위원 1991년 서강대 경제정책대학원장 1994~1997년 同경제대학원장 1995~1997년 금융산업발전심의회 위원장 1997년 금융개혁위원회 부위원장 1999~2000년 신한은행 사외이사 1999~2001년 서강대 국제대학원장 1999~2001년 대통령자문 반부패특별위원 2000년 은행경영평가위원회 위원장 2001년 국민·주택은행 통합추진위원회 위원장 2001~2002년 한국경제학회 회장 2002~2009년 신한금융지주 사외이사 2004년 한국개발연구원 국제정책대학원 초빙교수 2004년 서강대 명예교수(현) 2005년 신한·조흥은행 통합추진위원회 위원장 2006~2013년 한국투자자교육재단 이사장 2009~2010년 채권금융기관조정위원회 위원장 2009~2013년 한국투자자보호재단 이사장 2013년 에이오엔홀딩스 고문 2016년 LIG투자증권 사외이사(현) [저]'금융제도 개편연구'(1993) '금융제도의 현황과 개혁과제'(1998) '말, 말, 말 그리고 칼'(2004)

김병주(金秉奏) Michael Byung Ju KIM

[생]1963·10·8 [출]경남 진해 [주]서울 중구 세종대로136 파이낸스센터20층 MBK파트너스 회장실(02-3706-8610) [학]미국 하버퍼드대 영문학과졸, 미국 하버드대 경영대학원졸(MBA) [경]골드만삭스·살로만스미스바니 근무, 칼라일그룹 부회장 겸 칼라일아시아파트너스 회장 2005년 MBK파트너스 회장(현) 2006~2013년 HK상호저축은행 회장 [상]포춘코리아 선정 '2012 한국 경제를 움직이는 인물'(2012), 블룸버그 선정 '세계에서 가장 영향력있는 50인'(2015)

김병주(金秉柱) KIM Byoung Joo

[생]1964·3·3 [출]충남 [주]경북 경산시 대학로280 영남대학교 사범대학 교육학과(053-810-3124) [학]1986년 서울대 교육학과졸 1988년 同대학원 교육행정학과졸 1994년 교육학박사(서울대) [경]1988~1995년 한국대학교육협의회 연구원 1995년 영남대 사범대학 교육학과 조교수·부교수·교수(현) 1999년 同기획부처장 2001년 同교무부처장 2002년 미국 워싱턴주립대 객원교수 2003년 영남대 학생상담센터 소장 2004년 同홍보협력실장 2007~2009년 同교수회 부의장 2007년 同학교교육연구소장 2009년 同자체평가위원장 2009년 한국대학신문 논설위원 2009~2011년 영남대 사범대학장 겸 교육대학원장 2011년 국가교육과학기술자문회의 수석전문위원 2011년 한국교육신문 논설위원 2012년 한국장학재단 비상임등기이사 2014년 영남대 입학처장 [상]교육과학기술부장관표창(2011) [저]'한국의 교육정책' '교육행정학원론' '한국교육정책의 탐구' '대학교육비와 등록금' '한국교육정책의 쟁점과 과제' '학교 재무관리 이론과 실제' '정보사회의이해' '학교가 무너지면 미래는 없다' 'Higher Education in Korea : Tradition and Adaptation'

김병주(金炳住) KIM Byung Joo

[생]1964·9·30 [출]부산 [주]경남 양산시 주남로288 영산대학교 공과대학 컴퓨터공학과(055-380-9447) [학]부산고졸 1990년 부산대 전산학과졸 1992년 同대학원 전산학과졸 2003년 이학박사(경북대) [경]1992~1996년 경주전문대 전자계산과 전임강사·조교수 1996~2003년 성심외국어대 정보통신학부 조교수 1997~2002년 뉴로테크(주) 기술고문 1999~2000년 부산시 교원연수원 위촉강사 2000년 부산·울산지방중소기업청 생산현장기술지도위원 2000~2001년 부산시 교원연수원 위촉강사 2002년 해운대구 지역정보화촉진위원회 부위원장 2003년 영산대 공대 컴퓨터공학과 교수(현) 2003년 부산 해운대구 지역정보화촉진위원회 부위원장 2004~2006년 영산대 IT교육혁신센터장 2007~2010년 同중앙도서관장 2007~2010년 同정보전산원장 2007~2012년 울산시 건축심의위원 2007년 학술진흥재단 학문분야평가위원(현) 2010·2011년 영국 국제인명센터(IBC) '세계 100대 과학자'에 선정 2010·2011년 미국 세계인명사전 'Marquis Who's Who'에 등재 2011년 미국 인명정보기관(ABI) 2012년판에 등재 2015년 영산대 컴퓨터공학과장(현)

김병주(金柄住) Byung Joo KIM

[생]1965·12·18 [본]광산(光山) [출]부산 [주]서울 강남구 테헤란로92길7 바른빌딩 법무법인(유) 바른(02-3479-7549) [학]1984년 부산 동인고졸 1988년 서울대 법대 사법학과졸 [경]1987년 사법시험 합격(29회) 1990년 사법연수원 수료(19기) 1990~1993년 육군 법무관 1993년 부산지법 동부지원 판사 1995년 부산지법 판사 1997년 서울지법 의정부지원 판사 1999년 인천지법 판사 2001년 서울지법 판사 2002년 서울고법 판사 2004년 서울북부지법 판사 2005년 의정부지법 부장판사 2006~2010년 (주)두산 법무실 전무 2010~2014년 두산인프라코어 법무실장 2014년 법무법인(유) 바른 변호사(현) 2015년 (주)씨에스에이코스믹 사외이사

ㄱ

김병준(金秉準) KIM Byong Joon

[생]1954 · 3 · 26 [본]의성(義城) [출]경북 고령 [주]서울 성북구 정릉로77 국민대학교 사회과학대학 행정정책학부(02-910-4436) [학]1972년 대구상고졸 1976년 영남대 정치학과졸 1979년 한국외국어대 대학원 정치학과졸 1984년 정치학박사(미국 델라웨어대) [경]1984년 강원대 행정학과 조교수 1986년 국민대 사회과학대학 행정정책학부 교수(현) 1989년 同대학원 교학부장 1990년 同행정대학원 교학부장 1992년 미국 델라웨어대 연구교수 1994년 지방자치실무연구소 소장 1995년 한국정책학회 총무이사 1995년 경제정의실천시민연합 지방자치특별위원장 1996년 국민대 지방자치경영연구소장 1998년 同사회과학부장 1998년 전국시장 · 군수 · 구청장협의회 자문교수 1998년 행정자치부 정책자문위원 1998년 서울시 시민평가단장 1998년 사단법인 자치경영연구원 이사장 1999년 경찰위원회 위원 1999년 일본 게이오대 연구교수 2001년 국민대 교수협의회장 2001년 대한정치학회 부회장 2002년 전국사립대학교수협의회연합회 공동회장 2002년 국민대 행정대학원장 2002년 새천년민주당 노무현 대통령후보 정책자문단장 2002년 제16대 대통령직인수위원회 정무분과위원회 간사 2003~2004년 대통령직속 정부혁신 및 지방분권위원회 위원장 2003년 대통령자문 정책기획위원 2004~2006년 대통령 정책실장 2005~2006년 대통령소속 동북아평화를위한바른역사정립기획단 단장 2006년 부총리 겸 교육인적자원부 장관 2006~2008년 대통령자문 정책기획위원회 위원장 2006~2008년 대통령 정책특보 2008~2010년 이투데이 회장 2008~2016년 (사)공공경영연구원 이사장 [상]George Hebert Ryden Prize(Univ. of Delaware 사회과학부문 최우수 박사학위 논문상)(1984), 외대인상(2004), 개교60주년기념 자랑스런 영대인상(2007), 청조근정훈장(2007), 고주 노융희 지방자치상(2012) [저]'한국지방자치론' '김병준 교수의 지방자치 살리기' '정보사회와 정치과정' 'Building Good Governance' '높이나는 연(鳶)-성공하는 국민, 성공하는 국가'(2007) '지방자치론'(2009, 법문사) '99%를 위한 대통령은 없다'(2012) [종]불교

김병준(金炳俊) KIM Byung Jun

[생]1957 · 3 · 24 [본]김해(金海) [출]서울 [주]서울 서초구 헌릉로12 현대자동차(주) 경영지원본부(02-3464-0111) [학]창원기능대학 기계정비학과졸 [경]현대자동차(주) 총무실장(상무) 2007년 同경영지원본부장(전무) 2009년 同경영지원본부장(부사장)(현) [종]기독교

김병준(金秉俊) KIM Byeong Jun

[생]1964 · 1 · 20 [출]제주 [주]제주특별자치도 제주시 서사로154 한라일보 논설위원실(064-750-2151) [학]1989년 제주대 축산학과졸 [경]1989년 한라일보 편집부 기자 1995년 同편집부 차장 · 사회부 차장 2002년 同제2사회부장 2004년 同편집부장 2008년 同사회부장 2009년 同편집국 부국장 2014년 同편집국장 2015년 同논설위원(현) [저]'어느 대학생의 고뇌'(1988)

김병직(金丙稙)

[생]1965 · 4 · 8 [출]대전 [주]서울 중구 새문안로22 문화일보 편집국(02-3701-5040) [학]1983년 남대전고졸 1990년 고려대 정치외교학과졸 [경]1999년 문화일보 편집국 경제산업과학부 기자 2000년 同편집국 사회2부 기자 2001년 同편집국 경제부 기자 2004년 同편집국 경제부 차장대우 2006년 同편집국 경제부 차장 2008년 同편집국 경제산업부 차장 2008년 同편집국 경제산업부장 2015년 同편집국 부국장 2016년 同편집국장(현)

김병진(金炳鎭) KIM Byung Jin

[생]1952 · 3 · 12 [본]울산(蔚山) [출]전북 전주 [주]서울 서초구 바우뫼로37길37 산업기술협회회관6층 팜스넷(주) 비서실(02-526-1800) [학]1970년 서울 경복고졸 1975년 서울대 제약학과졸 [경]1975~1976년 한국바이엘약품(주) 근무 1977년 (주)삼화유리 이사 1982~2000년 태한약국 대표 1997~2000년 대한약사통신 대표이사 2000년 팜스넷(주) 대표이사(현) 2000~2009년 양천구약사회 회장, 대한약사회 홍보이사 2006년 대한약사통신 대표(현), 대한약사회 부회장 [저]'약국경영학(共)'(2003)

김병찬(金炳贊) KIM Byung Chan

[생]1933 · 10 · 20 [본]연안(延安) [출]제주 [주]제주특별자치도 제주시 한라대학로38 한라의료재단(064-740-5000) [학]제주 오현고졸 1960년 서울대 의대졸 1971년 의학박사(서울대) [경]1973년 제주도립병원 원장 1976년 제주한라병원 원장 1981년 제주지검 법의학자문위원 1982년 제주지법 조정위원 1982년 의료법인 한라의료재단 이사장(현) 1982년 학교법인 한라학원 설립 · 이사장(현) 1983년 한라병원 병원장 1986~1997년 제주병원협회 회장 1994년 대한병원협회 부회장 1997년 한라전문대학 학장 1998~2008년 제주한라대학 학장 2002년 한국전문대학교육협의회 부회장 2009~2010년 제주한라대학 총장 2009~2011년 한국전문대학교육협의회 전국전문대학윤리위원장 [상]행정자치부장관표창(2001), 국민훈장 석류장(2004), 제주도문화상(2005), 국민훈장 모란장(2012) [종]불교

김병찬(金炳攢)

[생]1970 · 7 · 6 [출]경기 안산 [주]전북 군산시 법원로68 전주지방법원 군산지원(063-450-5000) [학]1989년 창현고졸 1996년 연세대 법학과졸 [경]1998년 사법시험 합격(40회) 2001년 사법연수원 수료(30기) 2001년 대구지법 예비판사 2003년 同판사 2004년 인천지법 판사 2006년 서울남부지법 판사 2008년 서울중앙지법 판사 2010년 서울북부지법 판사 2012년 서울서부지법 영장전담 판사 2016년 전주지법 군산지원 부장판사(현)

김병철(金炳哲) KIM Pyong Chol (백학)

[생]1940 · 10 · 17 [본]청도(淸道) [출]부산 [주]서울 동작구 사당로260 2층 서울평생교육원(02-3478-1243) [학]1956년 경동고졸 1963년 한국외국어대 영어과졸 1972년 연세대 대학원 행정학과졸 1989년 행정학박사(단국대) 1996년 고려대 교육대학원 최고위교육문화과정 수료 1998년 서울대 행정대학원 국가정책과정 수료 [경]1978년 대한민국학술원 사무국 조사과 교육연구관 1979년 서울대 재외국민교육원 학생지도과장 1981년 서울시교육연구원 생활지도상담부장 1982년 문교부 작학편수실 인문과학편수관실 영어담당편수관 1985~1995년 난우중 · 대치중 · 대림중 교장 1986~2003년 한국중등영어교육연구회 이사 · 회장 1995년 서울시 동부교육청 · 강남교육청 학무국장 1997년 서울시 서부교육청 교육장 1999년 서울시교육청 교육정책국장 1999년 서울대 사범대부설 한국교육행정연수회 회장 2000~2003년 서울고 교장 2000~2002년 은광학원 관선이사(이사장) 2003년 양천고 교장 2005~2006년 한국교육삼락회총연합회 사무총장 2006~2010년 한국스카우트연맹 부총재 2007년 한국교육삼락회총연합회 상임이사 2008~2010년 同부회장 2008년 서울중앙지검 운영위원 · 형사조정위원(현) 2010년 서울시 교육의원선거 출마 2010년 한국스카우트연맹 고문(현) 2011~2014년 서울평생교육원 원장 2012~2014년 민주평통 상임위원(간사) 2014년 서울평생교육원 부이사장(현) 2014년 민주평통지원재단 부이사장(현) 2015년 민주평통 상임위원(현) [상]국무총리표창(1994), 서울시 교육상(2001), 홍조근정훈장(2003) [저]'Brighter English Comprehension'(1967) '고등학교 공통영어말하기 · 듣기 학습자료'(1995) [역]'There's a Reason to Everything'(1997) 'The Great Unknown'(1997) [종]불교

김병철(金炳喆) KIM Byung Chul

[생]1949 · 9 · 22 [출]서울 [학]1968년 중앙고졸 1976년 서울대 축산학과졸 1978년 고려대 대학원 축산가공학과졸 1984년 농학박사(독일 괴팅겐대) 2014년 명예 경영학박사(연세대) 2014년 명예 이학박사(일본 와세다대) [경]1985~2015년 고려대 식품공학부 조교수 · 부교수 · 교수 1990년 同식품가공실험실장 1992~1993년 미국 위스콘신주립대 교환교수 1994~1996년 한국축산식품학회 편집간사 1994~1996년 고려대 기숙사 사감장 1997년 同자연자원대학 기재관리실장 1998년 同관리처장 2002~2004년 同생명환경과학대학장 2006~2007년 同생명과학대학장 겸 생명환경과학대학원장 2008~2010년 同교무부총장 2008~2010년 농수산물유통공사 비상임이사 2011~2015년 고려대 총장 2014년 대통령직속 통일준비위원회 통일교육자문단 자문위원 [종]기독교

김병철(金炳哲) Byoung Chul Kim

[생]1954 · 11 · 19 [본]선산(善山) [출]경북 [주]서울 성동구 왕십리로222 한양대학교 공과대학 유기나노공학과(02-2220-0494) [학]1973년 계성고졸 1979년 서울대 섬유공학과졸 1981년 同대학원 섬유공학과졸 1985년 섬유공학박사(서울대) [경]1982~1985년 한국과학기술원 고분자공정연구실 선임연구원 1985~1992년 同섬유고분자연구실 책임연구원 1989~1990년 미국 Univ. of Akron 방문과학자 1992~1998년 한국과학기술원 고분자연구부 책임연구원 1995년

미국 Almaden IBM Research Center 방문과학자 1996~1997년 한국유변학회 편집이사 1997년 한국섬유공학회지 학술이사 1998~1999년 폴리머 편집위원 1998년 한양대 공대 유기나노공학과 교수(현) 1999~2001년 한국공학교육인증원(ABEEK) 프로그램위원회 위원 2000~2001년 한국섬유공학회 총무이사 2002~2005년 아시아섬유공학회(SOTSEA) 수석부회장 2010년 한국유변학회 부회장 2011년 同회장 [상]한국과학기술단체총연합회 우수논문상(2006) [저]'섬유사전'(1993) 'Polymer Modification'(2000) '유변학의 이론과 응용'(2001) '최신합성섬유'(2001)

김병철(金柄喆) KIM Byung Chul (無昏)

[생]1958·11·9 [출]충북 청주 [주]충북 청주시 서원구 구룡산로362 복있는공동법률사무소(043-283-2052) [학]1977년 청주고졸 1982년 성균관대 법학과졸 1993년 충북대 대학원졸 [경]1986년 사법시험 합격(28회) 1989년 사법연수원 수료(18기) 1989년 변호사 개업, 복있는공동법률사무소 변호사(현) 1993년 충북대 강사 1994년 충북마약류중독자치료보호 심사위원 1995년 KBS청주방송총국 시청자위원 1995년 민주평통 자문위원 1995~2000년 충주지방변호사회 부회장 1996년 청주경제정의실천연합 운영위원 1996년 언론중재위원회 위원 1997년 대한불교조계종 제5교구본사 법주사 법률고문 1997년 한국범죄재단 충북지부 부지부장 1997년 충북지방공무원교육원 소청심사위원 1998년 대한변호사협회 윤리위원회 감찰위원 1998년 (재)천주교구천주교회유지재단 법률고문 1998년 청주지법 민사 및 가사사건 조정위원 1998~2000년 대한변호사협회 변호사윤리위원회 감찰위원 1998년 태양생명보험(주) 파산관재인 1999년 중소기업청 경영기술지원위원 1999년 충북도 공직자윤리위원회 위원 2001년 청주시 흥덕구 선거관리위원 2001년 지방공사 청주의료원 이사 2002년 국제로타리 동청주클럽 회장 2003년 여성경제인연합회 고문 2003년 충북지방공무원소청심사위원회 위원장 2004년 대한변호사협회 윤리위원회 감찰위원 2007~2010년 충북지방변호사회 회장 2016년 대한변호사협회 부회장(현) [종]불교

김병철(金炳徹) Kim Byung Cheol

[생]1959·10·19 [본]예안(禮安) [출]충남 청양 [주]서울 영등포구 국제금융로8길16 대신증권 임원실(02-769-3600) [학]1978년 우신고졸 1982년 성균관대 물리학과졸 2002년 홍익대 정보대학원 전자계산학과졸 [경]1982~1987년 대우중공업 전산실 근무 1987~1995년 대신증권 전산실 전산개발팀 근무 1995년 대신자산운용 설립위원 1996년 대신증권 전산본부 전산개발팀장 1999~2007년 同고객지원부장 2007~2010년 同IT본부장(상무) 2010~2014년 同IT서비스본부장(전무) 2015년 同정보보호최고책임자(CISO·전무)(현) [상]올해의 최고기술경영자(CIO)상(2009), 금융위원회위원장표창(2009), 매일경제증권인상 IT혁신부문 금상(2012), 올해 최고정보책임자(CIO) 대상(2014) [종]기독교

김병철(金炳哲) KIM Byeong Cheol

[생]1962·1·19 [출]경북 고령 [주]서울 영등포구 여의대로70 신한금융투자(주) 부사장실(02-3772-2260) [학]1981년 대건고졸 1985년 서울대 경제학과졸 1988년 同대학원 경제학과졸 [경]동양종합금융증권(주) 금융상품운용팀장, 同금융상품운용팀장 겸 채권팀장(상무보) 2005년 同금융상품운용팀장(상무보) 2008년 同IB본부 상무 2010년 同IB본부 전무 2011~2012년 同FICC본부장(전무) 2012년 신한금융투자(주) S&T그룹 부사장(현)

김병철(金炳澈)

[생]1964·6·10 [출]서울 [주]경기 안산시 단원구 광덕서로75 수원지방법원 안산지원(031-481-1114) [학]1983년 한성고졸 1987년 서울대 법학과졸 [경]1995년 사법시험 합격(37회) 1998년 사법연수원 수료(27기) 1998년 부산지법 예비판사 2000년 同판사 2002년 同동부지원 판사 2004년 부산지법 판사 2007년 수원지법 판사 2009년 서울고법 판사 2011년 서울중앙지법 판사 2013년 대전지법 부장판사 2013년 세종특별자치시 공직자윤리위원회 위원장 2016년 수원지법 안산지원 부장판사(현)

김병철(金炳澈) kim byengchul

[생]1968·3·1 [주]서울 중구 소공로48 프라임타워18층 (주)KG제로인 임원실(02-769-9901) [학]연세대 경영학과졸, 경희대 대학원 경영학과졸(연금재무석사) [경]1991~2000년 국민투자신탁 근무 2000년 (주)KG제로인 전무이사 2015년 同대표이사 전무(현)

김병추(金炳椎) KIM Byung Choo

[생]1954·10·9 [출]서울 [주]부산 연제구 중앙대로1090 프라임시티빌딩 부산경제진흥원 원장실(051-600-1702) [학]경남고졸, 서강대 철학과졸 [경]대우인터내셔널 식료사업팀장, 同물자본부장, 同싱가포르법인 대표, 同상해난생대우법인 대표(상무) 2007년 금호타이어 중국지역본부장(부사장) 2008년 同영업담당 사장 2009~2010년 同중국담당 사장 2014년 부산경제진흥원 원장(현) [종]천주교

김병태(金秉泰) KIM Byong Tae

[생]1937·10·15 [본]김해(金海) [출]경남 진주 [주]경남 고성군 삼산면 병산3길 한올생명의집(055-673-9120) [학]1956년 진주고졸 1961년 성균관대 약대졸 1984년 고려대 경영대학원 수료 [경]1960년 성균관대 학생회장 1973~2015년 (주)한올바이오파마 회장 1985~1999년 KNCC 인권위원·인권위원회 부위원장 1995~2000년 아·태평화재단 후원회 의장 1996년 제15대 국회의원(서울 송파丙, 국민회의·새천년민주당) 1996년 국민회의 정책위 부의장 1996~1997년 同노인복지특별위원장1996~2000년 同서울송파丙지구당 위원장 1997~1999년 同지도위원·당무위원 1999년 UN 제정 세계노인의해 한국조직위원장 1999~2000년 국회 노인복지연구회장 2001년 21세기국정자문위원회 보건복지분과위원장 2002년 전국노인복지단체협의회 회장 2002년 사회복지법인 한올생명의집 이사장(현) [상]철탑산업훈장(1984) [저]'광명 영어 의학사전' [종]기독교

김병태(金秉兌) KIM Byung Tae

[생]1954·12·7 [본]김해(金海) [출]서울 [주]서울 강남구 일원로81 삼성서울병원 핵의학과(02-3410-2627) [학]1973년 신일고졸 1979년 서울대 의대졸 1988년 同대학원 의학과졸 1995년 의학박사(서울대) [경]1979~1983년 서울대병원 인턴·레지던트 1983~1986년 국군수도병원 핵의학과 軍의관 1986년 예편(대위) 1986~1993년 한림대 의과대학 내과 부교수 1991~1992년 미국 엠디앤더슨암센터 연구원 1994~2005년 삼성서울병원 핵의학과장 1997년 성균관대 의과대학 핵의학과 교수(현) 1998~2012년 삼성서울병원 의공학과장 1999~2001년 同교육수련부장 2001~2005년 同임상의학연구소장 2002~2004년 대한의용생체공학회 국제협력이사 2002~2005년 대한핵의학회 이사장 2007~2009년 삼성서울병원 임상의학연구소장 2008~2011년 대한핵의학회 고시수련위원장 2013년 삼성서울병원 건강보험자문위원(현) [상]대한핵의학회 우수논문상(1996), 한국핵의학청봉상(2015) [종]가톨릭

김병태(金秉泰) KIM Byung Tae

[생]1958·4·29 [출]경남 [주]서울 종로구 대학로49 서울관광마케팅(주) 사장실(02-3788-0803) [학]휘문고졸, 성균관대졸 1986년 同대학원졸 [경]1987년 (주)인터컨티넨탈여행사 대표이사 전무, (주)BT&I여행사 대표이사, 서부출판소 대표, 지산리조트 고문 2006~2008년 (주)볼빅 대표이사 2008~2009년 (주)비티앤아이 각자 대표이사 2009년 同비상근고문 2009년 풍월당 공동대표 2011년 CWT코리아 회장, 애플트리호텔 이사회 의장, 바이오리더스 특별고문 2015년 서울관광마케팅(주) 대표이사 사장(현)

김병하(金丙夏) KIM Byung Ha

[생]1957·10·9 [출]전남 무안 [주]광주 동구 준법로25 김병하법률사무소(062-236-0046) [학]1976년 광주제일고졸 1981년 전남대 법학과졸 1983년 同대학원 수료 [경]1983년 사법시험 합격(25회) 1985년 사법연수원 수료(15기) 1986년 軍법무관 1989년 광주지법 판사 1991년 同순천지원 판사 1993년 광주지법 판사 1995년 광주고법 판사 1998년 광주지법 판사 2001년 전주지법 남원지원장 2003년 광주지법 부장판사 2005년 同목포지원장 2007~2011년 광주지법 부장판사 2011년 변호사 개업(현) [종]불교

김병하(金秉河) Kim Byeongha

[생]1960·10·19 [출]강원 강릉 [주]대전 대덕구 신탄진로200 한국수자원공사 경영본부(042-629-2203) [학]강릉고졸 1986년 명지대 경영학과졸, 아주대 대학원 경영학과졸 [경]1987년 한국수자원공사 입사 2010년 同총무관리처장 2012년 同구미권관리단장 2013년 同기획조정실장 2014년 同충청지역본부장 2015년 同경영본부장(상임이사)(현)

김병학(金秉學) KIM Byung Hak

[생]1942·2·9 [본]경주(慶州) [출]전남 나주 [주]서울 강남구 영동대로517 아셈타워 법무법인 화우(02-6003-7113) [학]1960년 광주제일고졸 1966년 서울대 법대졸 1968년 同사법대학원 수료 [경]1966년 사법시험 합격(6회) 1968~1975년 춘천지검·원주지청·부산지검·대구지검 검사 1975~1982년 서울지검 영등포지청·인천지청·서울지검 검사 1982년 청주지검 충주지청장 1983년 사법연수원 교수 1986년 서울지검 동부지청 형사2부장 1987년 서울지검 총무부장 1988년 전주지검 차장검사 1990년 부산지검 동부지청 차장검사 1991년 인천지검 차장검사 1992년 서울지검 의정부지청장 1993년 광주고검 차장검사 1993년 대전고검 차장검사 1993년 제주지검장 1994년 법무부 보호국장 1995년 대검찰청 형사부장 1997년 대전지검장 1998년 감사원 감사위원 2002년 한국외환은행 사외이사 2002~2003년 법무법인 화백 고문변호사 2002년 국민신용카드(주) 사외이사 2003년 정부공직자윤리위원회 위원 2003년 법무법인 화우 고문변호사(현) 2006년 한국수자원공사 지속가능발전위원회 위원(현) [상]황조근정훈장 [종]기독교

김병한(金柄漢) Kim Byounghan

[생]1961·8·25 [본]경주(慶州) [출]경북 의성 [주]경북 김천시 혁신8로177 농림축산검역본부 구제역백신연구센터(054-912-0903) [학]1979년 대구 오성고졸 1984년 경북대 수의학과졸 1986년 同대학원 수의학과졸 1994년 수의학박사(경북대) [경]1986~2001년 가축위생연구소 연구사 1986년 대한수의학회 및 대한바이러스학회 회원(현) 2001~2010년 국립수의과학검역원 연구관 2010년 同역학조사과장 2011년 농림축산검역본부 구제역진단과장 2015년 同해외전염병과장 2016년 同구제역백신연구센터장(현) [상]농촌진흥청장표창, 농림축산식품부장관표창(2회), 카길애그리퓨리나 축산사료연구기술대상 [종]불교

김병현(金秉玹) KIM Byeang Hyean

[생]1955·2·28 [본]경주(慶州) [출]부산 [주]경북 포항시 남구 청암로77 포항공과대학교 화학과(054-279-2115) [학]1973년 동래고졸 1977년 서울대 화학과졸 1979년 한국과학기술원(KAIST) 화학(유기화학)과졸 1987년 이학박사(미국 피츠버그대) [경]1979~1983년 한국화학연구소 연구원 1988~1999년 포항공과대 화학과 조교수·부교수 1995년 일본 동경대 방문교수 1999년 포항공과대 화학과 교수(현) 2006~2008년 BK분자과학사업단 단장 2010년 한국과학기술한림원 정회원(현) 2015년 포항공과대 대학원장(현) [상]장세희 유기화학학술상(1999), Lectureship Award(2000), Aldrich Award(2005), 교육과학기술부 및 한국과학재단 선정 '이달(5월)의 과학기술자상'(2008) [종]불교

김병현(金炳炫) Kim Byong Hyon

[생]1965·11·20 [출]전북 부안 [주]경기 안산시 단원구 광덕서로73 수원지방검찰청 안산지청(031-481-4200) [학]1983년 전주 해성고졸 1987년 서울대 사법학과졸 1993년 전북대 대학원 법학 박사과정 수료 [경]1993년 사법시험 합격(35회) 1996년 사법연수원 수료(25기) 1996년 인천지검 검사 1998년 대구지검 경주지청 검사 1999년 포항지청 개청요원 2000년 서울지검 남부지청 검사 2002년 울산지검 검사 2004년 서울중앙지검 검사 2007년 수원지검 검사 2008년 대통령 법무비서관실 파견 2008년 서울남부지검 검사 2008년 감사원 파견 2009년 서울남부지검 부부장검사 2010년 대전지검 공주지청장 2011년 대검찰청 형사2과장 2012년 인천지검 공안부장 2013년 서울서부지검 형사4부장 2014년 서울중앙지검 공안2부장 2015년 울산지검 형사1부장 2016년 수원지검 안산지청 차장검사(현) [상]국무총리표창(2002) [종]기독교

김병호(金炳扈) KIM Byong Ho

[생]1942·8·20 [본]김녕(金寧) [출]중국 상해 [주]서울 서대문구 이화여대2가길18 요업회관 한국세라믹총협회(02-362-6749) [학]1960년 경기고졸 1969년 일본 와세다대(早稻田大)졸 1975년 공학박사(일본 와세다대) [경]1975~2007년 고려대 공과대학 재료금속공학부 조교수·부교수·교수 1984~1986년 同공과대학 교학부장 1989~1994년 同관리처장 1990~1992년 한국요업학회 이사 1992년 한국과학기술연구원 재료연구단 객원책임연구원 1995~2000년 同첨단소재부품개발연구소장 1996년 한일국제세라믹스세미나조직위원회 조직위원 1997~1999년 한국요업학회 감사 1997~1999년 고려대 재료금속부장 1999년 한국공학한림원 원로회원(현) 2000~2001년 한국세라믹학회 부회장 2000~2002년 고려대 공과대학장 2000~2008년 산업자원부 산하 요업기술원 운영위원 2000~2003년 한국세라믹학회 유리부 회장 2001~2002년 전국공과대학장협의회 회장 2002~2005년 일본세라믹협회지 편집위원 2002~2005년 한국과학기술단체총연합회 이사 겸 Brain Pool 기초분야 선정위원 2002~2004년 한국공학인증원 감사 2002~2007년 고속철도기술개발사업 운영위원장 2004~2007년 고려대 교원윤리위원회 위원장 2004~2007년 삼일문화재단 자연과학부문 심사위원 2005년 한국세라믹학회 감사 2006년 同이사 2006년 同세라믹진흥위원장 2007~2009년 특허법인 아주 기술고문 2008년 한일국제세라믹스 세미나조직위원회 부위원장 2009~2015년 특허법인 대아 기술고문 2012년 한일국제세라믹스세미나 실행위원회 위원장 2012년 삼일문화재단 자연과학부문 심사위원(현) 2013년 한일국제세라믹스세미나조직위원회 위원장(현) 2014년 한국세라믹총협회 부회장(현) 2015년 일본 와세다대 한국장학회 이사(현) [상]대한요업총협회 학술상(1990), 한국정밀요업협회 우수논문상(1993), 한국세라믹학회 학술상(2002), 옥조근정훈장(2007) [저]'유리공학'(1977·1988·2009) '결정화유리'(1984) '새유리의 기능과 합성'(1998) [역]'재료과학 및 공학개론'(1977) '재료과학 및 공학'(1982) '아몰퍼스'(1987) '공학도를 위한 재료과학'(1988) '초전도란 무엇인가'(1990) 'With Ferrite'(1995) [종]기독교

김병호(金秉浩) KIM Byung Ho

[생]1943·1·15 [본]김해(金海) [출]부산 [주]서울 중구 세종대로124 프레스센터15층 한국언론진흥재단 이사장실(02-2001-7701) [학]1961년 경남고졸 1964년 육군사관학교 3년 중퇴 1968년 고려대 정치외교학과졸 [경]1968년 국제신문 기자·정치부 차장 1980년 부산일보 사회부 차장 1981년 KBS 정책실 차장 1982년 同방송운용국 프로그램기획부장 1983년 同기획조정실 기획부장 1985년 同보도국 정치부장 1988~1990년 同취재국 부국장·편집부국장·TV뉴스 주간 1990년 同보도국장 1992년 同부산방송총국장 1993년 同보도국장 1994~1998년 同보도본부장 1999년 동아방송대학 학장 2002년 한나라당 부산진甲지구당 위원장 2002년 제16대 국회의원(부산진甲 보선, 한나라당) 2002년 한나라당 미디어대책위원회 수석부위원장 2003년 同홍보위원장 2004~2007년 제17대 국회의원(부산진甲, 한나라당·무소속) 2005~2006년 한나라당 부산시당 위원장 2012년 새누리당 박근혜 대통령후보 공보단장, (주)KT 고문 2013년 한국언론진흥재단 이사장(현) [저]'그해 겨울은 뜨거웠다(共)'(2004) [종]불교

김병호(金鉼昊) BYOUNG HO KIM (백두)

[생]1947·10·1 [본]김해(金海) [출]대구 [주]경북 칠곡군 가산면 다부거문1길202 대구예술대학교 총장실(054-970-3102) [학]1966년 대구고졸 1974년 경북대 지질학과졸 1999년 영남대 행정대학원졸 2006년 계명대 대학원 중국학 박사과정 수료 [경]매일신문 제2사회부 부장대우, 同정치부 부장대우 1993년 同체육부장 겸 주간부장 1994년 同사회부장 1995년 同중부지역부장 1996년 同주간부장 1997년 同광고국 부국장 2001년 同라이프사업국장 2003년 同문화사업국장 2004년 同서울지사장 2005년 매일P&I 사장 2006년 매일애드 사장 2009~2011년 대구문화재단 이사 2010년 한국수자원공사 강문화전문위원 2013년 학교법인 세기학원 이사(현) 2014년 대구예술대 총장(현) [종]가톨릭

김병호(金丙浩) KIM Byung Ho

[생]1948·3·7 [본]김해(金海) [출]서울 [주]서울 서대문구 북아현로3길24 한성학원 이사장실(02-392-0789) [학]1966년 경기고졸 1970년 서울대 문리과대학 사회학과졸 2002년 연세대 교육대학원졸 [경]1972년 중앙정보부 사무관 1975년 한성학원(한성중·고) 이사장(현) 1978~1979년 공화당 중앙위원·운영위원 1981~1985년 민정당 중앙위원회 청년분과 수석부위원장 1985년 평통 자문위원 1988년 민정당 서울시지부 부위원장 1990년 민자당 상무위원 1991년 민주평통 상임위원 1992년 민자당 중앙위원회 부의장 1993년 同중앙상무위원회 부의장 1995~2000년 자민련 서대문乙지구당 위원장·전당대회 부의장 1995년 同부대변인 1999년 한국사립중고등학교법인협의회 서울시회 부회장 [상]국민포장 [종]천주교

김병호(金炳豪) KIM Byoung Ho

[생]1961·9·24 [출]서울 [주]서울 중구 을지로55 하나은행별관빌딩15층 하나금융지주(02-2002-1110) [학]1980년 명지고졸 1984년 서울대 영어영문학과졸 1986년 미국 캘리포니아대 버클리교(U.C.Berkeley) 대학원졸(MBA) [경]1987년 한국투자금융 입사 1989년 First National Bank of Chicago 입행 1991년 하나은행 입행 1998년 同국제센터지점장 2000년 同경영관리팀장

2002년 同뉴욕지점장 2005년 同하나금융지주설립기획단 팀장 2005년 (주)하나금융지주 상무이사 2008년 同최고재무책임자(CFO·부사장) 2009년 하나은행 경영관리그룹총괄 부행장 2013년 同기업영업그룹 부행장 2014년 同마케팅그룹 부행장 2014년 同은행장 직대 2015년 同은행장 2015년 하나금융지주 경영관리부문 부회장 2015년 同그룹총괄센터 부회장(현) 2015년 KEB하나은행 비상임이사

김병호(金炳浩) KIM Byung Ho (병남)

⊗1964·11·20 ⊕김녕(金寧) ⊕전남 보성 ⊗서울 노원구 섬밭로56 극단 즐거운사람들(02-972-1072) ⊕1984년 안양영화예술고졸 2000년 고려대 교육대학원 문화예술최고위과정 수료 ⊗1986년 민중극단 기획단 입단 1989년 다운기획 설립·대표 1992년 극단 즐거운사람들 창단 1995년 同단장(현) 1997~2005년 (사)국제아동청소년연극협회 이사 1999년 (사)아·태아동청소년공연프로듀서네트워 한국본부 설립·상임이사·부이사장(현) 2002~2003년 (재)세종문화회관 뮤지컬단 기획실장 2004~2006년 (사)한국연극협회 감사 2004~2006·2010년 (사)한국공연프로듀서협회 이사(현) 2004년 천상병예술제 예술감독(현) 2004~2010년 구로구 문화정책자문위원 2005~2009년 (사)한국예술문화단체총연합회 감사 2006~2008년 (사)국제아동청소년연극협회 한국본부 부이사장 2006년 (사)천상병시인기념사업회 상임이사 2007년 (사)한국연극협회 이사(현) 2007년 가족문화공동체 즐거운사람들 운영(현) 2009~2012년 (사)국제아동청소년연극협회(ASSITEJ) 한국본부 이사장 2009~2014년 춘천국제연극제 이사 2010~2013년 (사)한국예술문화단체총연합회 이사 2011년 (사)천상병시인기념사업회 부이사장(현) 2011년 구로문화재단 이사(현) 2011년 나눔연극제 예술감독(현) 2012년 공릉동꿈마을공동체 공동대표(현) 2012년 안양예고총동문회 회장(현) 2013년 문화예술공방행복충전소 운영(현) 2014년 노원탈축제 추진위원 2015년 공릉청소년문화정보센터 운영위원(현) 2015년 (사)현대문화포럼 서울지부장(현) 2015년 노원구 문화발전위원회 위원(현) 2015년 한국축제포럼 감사(현) ⊗동아연극상, 백상예술대상, 서울연극제 연기상, 서울어린이 연극상·개인상·작품상, 한국예총 대한민국예술인상 ⊗연극 제작 '서울열목어' '북어대가리' '인간 박정희' 연극 기획 '리타 길들이기' '귀천' 뮤지컬 기획 '마지막 춤은 나와 함께' 서사극 제작 '천상시인의 노래' 가족뮤지컬 제작 '오래된 약속' '춤추는 모자' '책키와 북키' ⊗천주교

김병홍(金炳弘) KIM Byung Hong

⊗1945·4·6 ⊕일선(一善) ⊕대구 ⊗서울 성북구 화랑로14길5 한국과학기술연구원 명예연구원실(02-958-6960) ⊕1964년 경북사대부고졸 1971년 경북대 농화학과졸 1977년 영국 Cardiff Univ. 대학원졸(미생물학박사) ⊗1971년 한국과학기술연구소 연구원 1978년 한국과학기술원(KAIST) 선임연구원 1982년 미국 위스콘신대 연구원 1984~1992년 한국과학기술연구원(KIST) 유전공학연구소 책임연구원 1993~2006년 同환경연구센터 책임연구원·환경공정연구부 수질환경연구센터 책임연구원 1993년 고려대 객원교수 1994년 '미생물을 이용한 석유류 탈황공정기술' 개발 1996년 '폐수를 연료로 하는 생물연료전지' 개발 1999년 '미생물연료전지를 이용하는 생화학적 산소요구량(BOD) 계측기' 개발 2004년 한국미생물·생명공학회 회장 2007년 한국과학기술연구원(KIST) 명예연구원(현) 2008~2009년 고려대 생명과학대학 생명과학부 전문교수 2010~2013년 중국 하얼빈공업대학 계약교수 2013~2015년 말레이시아국립대 교수 2016년 同외래교수(현) ⊗대통령표창(1997), 장영실상(2002), 특허충무공상(2003), 대한민국훈장(2006) ⊗'미생물생리학'(2002) 'Bacterial Physiology and Metabolism'(2008, Cambridge Univ. Press) ⊗'미생물의 생물학'

김병화(金炳華) KIM Byung Wha

⊗1955·2·17 ⊕해평(海平) ⊕경북 군위 ⊗서울 종로구 사직로8길39 세양빌딩 김앤장법률사무소(02-3703-4537) ⊕1973년 경북고졸 1978년 서울대 법학과졸 1983년 同대학원 법학과졸 1995년 미국 하버드대 로스쿨 연수 1999년 법학박사(서울대) ⊗1978년 행정고시 합격(22회) 1979~1983년 내무부 행정사무관 1983년 사법시험 합격(25회) 1985년 사법연수원 수료(15기) 1986년 서울지검 동부지청 검사 1988년 부산지검 울산지청 검사 1990년 부산지검 검사 1992년 서울지검 북부지청 검사 1995년 인천지검 검사 1997년 법무연수원 교수 1999년 서울지검 부장검사 2000년 대구지검 특수부장 2001년 사법연수원 교수 2003년 서울지검 형사2부장 2004년 서울서부지검 형사부장 2005년 창원지검 진주지청장 2006년 울산지검 차장검사 2007년 법무연수원 연구위원 2008년 서울고검 공판부장 2009년 대구고검 차장검사 2009년 서울고검 차장검사 2010년 의정부지검장 2011~2012년 인천지

검장 2012년 김앤장법률사무소 변호사(현) 2015년 대한변호사협회 법률구조재단 이사장(현) ⊗검찰총장표창(1994·1995·1997), 법무부장관표창(1998), 황조근정훈장(2012) ⊗'수사기법연구(共)'(1999, 법무부) 'M&A 법제연구(共)'(2007, 법무연수원)

김병환(金秉煥) Kim Byung Hwan

⊗1954·7·10 ⊕경남 ⊗부산 연제구 중앙대로1001 부산광역시의회(051-888-8213) ⊕검정고시 합격 2009년 경남정보대 사회복지과졸 ⊗영진통상 대표, 민주자유당 부산진구乙청년위원회 위원장, 한나라당 부산진구乙당원협의회 운영위원회 위원장, 새누리당 부산진구乙당원협의회 부위원장, 민주평통 부산진구 협의회 부회장(현), 부산시 범천2동새마을금고 이사, 同범천2동주민자치위원회 감사, 대한노인회 부산시 진구지회 자문위원(현), 부산진구장학회 운영위원(현), 새누리당 부산시당 부위원장, 부산은행 전포역지점 명예지점장 2006~2010년 부산시 부산진구의회 의원 2010년 부산시 부산진구의원선거 출마(한나라당), 도심지내철로시설이전촉구추진위원회 부위원장, 同위원(현) 2014년 부산시의회 의원(새누리당)(현) 2014·2015년 同운영위원회 위원 2014년 同창조도시교통위원회 위원 2015년 同해양교통위원회 위원 2015년 同공기업특별위원회 위원 2015년 同문화관련행정조사특별위원회 부위원장 2016년 同해양교통위원회 부위원장(현) ⊗대한민국 위민의정대상 우수상(2016)

김병환(金秉煥) KIM Byung Hwan

⊗1960·7·7 ⊗서울 성북구 보문로168 성북구청 부구청장실(02-2241-3340) ⊕1979년 금오공고졸 1988년 건국대 행정학과졸 1990년 서울대 행정대학원졸 ⊗2002년 서울시 성북구 재무국장 2002년 서울시 도시마케팅추진반장 2003년 同홍보기획관 마케팅담당관 2004년 同산업국 소비자보호과장(서기관) 2007년 同가족보육담당관 2008년 同도시교통본부 가로환경개선추진단 가로환경개선담당관 2010년 同도시교통본부 가로환경개선추진단장 직대 2010년 同G20정상회의지원단장 직대 2013년 서울 성북구 부구청장(현)

김병희(金昞希) KIM Byoung Hee

⊗1964·8·9 ⊕언양(彦陽) ⊗전남 강진 ⊗충북 청주시 서원구 무심서로 377-3 서원대학교 광고홍보학과(043-299-8633) ⊕1986년 서울대 국어국문학과졸 1998년 연세대 대학원 광고학과졸 2006년 광고홍보학박사(한양대) ⊗1988~1993년 한겨레신문 근무 1993~2000년 (주)선영 부장 2000~2010년 서원대 광고홍보학과 부교수 2003년 국립암센터 광고홍보 자문교수 2004년 미국 Univ. of Illinois at Urbana-Champaign 광고학과 교환교수 2005년 한국광고학회 이사·총무이사 2006년 한국광고홍보학회 광고비평분과장 2006년 서원대 광고홍보학과장 2006년 질병관리본부 광고홍보 자문교수 2009~2010년 한국홍보PR학회 총무이사 2009년 한국방송공사 공익광고운영위원(현) 2011년 서원대 광고홍보학과 교수(현) 2012~2015년 세계인명사전(마르퀴즈 후즈 후·IBC·ABI)에 등재 2013~2015년 한국PR학회 제15대 회장 2014~2015년 서원대 교수회 감사 2014년 서울브랜드위원회 위원(현) 2015년 공정거래위원회 광고심의위원(현) 2015년 포털뉴스제휴평가위원회 위원 2016년 네이버-카카오뉴스제휴평가위원회 제재소위원장(현) ⊗소비자가 뽑은 올해의 광고상 대상(1998), 대한민국 광고대상 우수상(1999), 최우수교수상(2005), 한국갤럽학술논문 최우수상(2011), 제일기획학술상 저술대상(2011), 보건복지부장관표창(2015), 한국광고PR실학회 MIT학술상(2015) ⊗'광고 비평이 수용자의 광고태도에 미치는 영향'(1997) '광고하나가 세상을 바꾼다'(1997) '광고와 대중문화'(2000) '유쾌한 광고 통쾌한 마케팅'(2003) '크리에이티브의 길을 묻다'(2004) '정부광고의 정석'(2015) '광고로 보는 근대문화사'(2014) '문화예술 8P마케팅'(2015) '오길비, 광고가 과학이라고?'(2015)

김보관(金補官) KIM, BO GOAN

⊗1963·7·3 ⊕김해(金海) ⊗경기 ⊗서울 중랑구 동일로890 메스트빌딩7층 한국행정관리협회(02-3493-9944) ⊕1988년 필리핀 그레고리오 아라네타대졸 1990년 同대학원 경영학과졸 1992년 경영학박사(필리핀 DELA SALLE ARANETA대) ⊗1990~1992년 필리핀 DELA SALLE ARANETA대 해외협력처장 1990~1992년 김천대 교수 1996~1998년 유니티산업(주) 기획실장 1998~2000년 세계·학술교육연구원 부원장 2004~2006년 고석산업(주) 상무이사 2006년 한국정보교류진흥재단 상임이사 2006년 한국행정관리협회 자격관리위원장(현) 2006년 同수석부회장(현)

김보라(金補羅·女)

[생]1969·9·8 [주]경기 수원시 팔달구 효원로1 경기도의회(031-8008-7000) [학]연세대 간호대학졸, 평택대 사회개발대학원 사회복지학과졸 [경]상명대 간호대학 지역사회간호학 외래교수, 경기도 의료복지사회적협동조합연합회 공동회장, 안성시사회복지사협회 감사, 안성의료복지사회적협동조합 전무이사, 경기도 사회적경제활성화네트워크 운영위원, 한국사회적기업중앙협의회 이사 2014년 경기도의회 의원(비례대표, 새정치민주연합·더불어민주당)(현) 2014년 同경제과학기술위원회 위원 2015년 새정치민주연합 경기안성지역위원회 위원장 직무대행 2015~2016년 더불어민주당 경기안성지역위원회 위원장 직대 2015년 경기도의회 청년일자리창출특별위원회 위원(현) 2016년 同경제민주화특별위원회 간사(현) 2016년 同보건복지위원회 위원(현) 2016년 同예산결산특별위원회 위원(현) 2016년 同윤리특별위원회 위원(현) 2016년 同노동자인권보호특별위원회 위원(현)

김보미(女) KIM Bomi

[생]1990·12·25 [학]안성여고졸 [경]안성시청 정구팀 소속(현) 2010년 제46회 국무총리기전국정구대회 여자일반부 단체전 우승 2011년 제49회 대통령기전국정구대회 여자일반부 복식 우승 2013년 제49회 국무총리기전국정구대회 여자일반부 단식 1위 2013년 코리아컵국제정구대회 개인단식 금메달 2014년 제17회 인천아시안게임 단식 금메달·단체전 금메달 2015년 제36회 대한정구협회장기 전국 정구대회 여자개인복식 우승 2015년 제93회 동아일보기 전국정구대회 여자일반부 우승 2015년 2015인천코리아컵 국제정구대회 여자단식 우승

김보상

[생]1966·5·16 [출]충남 당진 [주]충남 천안시 서북구 번영로705 천안서북경찰서(041-536-1211) [학]천안중앙고졸, 경찰대 법학과졸(5기), 한남대 행정복지대학원 경찰행정학과졸 [경]2013년 대전지방경찰청 생활안전과장 2014년 공주경찰서장 2015년 충남지방경찰청 생활안전과장 2016년 천안서북경찰서장(현)

김보연(金補然·女) KIM Bo Yeon

[생]1956·8·12 [본]개성(開城) [출]서울 [주]강원 원주시 혁신로60 건강보험심사평가원(033-739-2074) [학]1975년 계성여고졸 1979년 숙명여대 약대 제약학과졸 2004년 고려대 보건대학원졸 [경]1979~1981년 약국관리 약사 및 약국경영 1981년 의료보험연합회 입사 1992년 同진료비청구·심사EDI시스템개발팀장 1996년 同의료급여심사기준 및 심사업무담당(의료보호) 1998~2000년 보건복지부 파견 2000년 건강보험심사평가원 진료비평가기준 및 평가실무담당(CT평가 등) 2002년 同의약품신규등재·급여기준·DUR업무 담당 2004년 同급여관리실장 2006년 同약제관리실장 2007년 한국보건산업진흥원 파견 2008년 건강보험심사평가원 의약품관리종합정보센터장 2011년 同업무상임이사 2011년 同진료심사평가위원회 상근평가위원(현) [종]가톨릭

김보원(金寶源) Bowon Kim

[생]1958·6·30 [주]서울 종로구 대학로86 한국방송통신대학교 영어영문학과(02-3668-4560) [학]1982년 서울대 영어영문학과졸, 同대학원졸 1994년 문학박사(서울대) [경]1991년 한국방송통신대 영어영문학과 조교수·부교수·교수(현) 1997~1998년 미국 Univ. of Kansas, Research Scholar 2012년 한국방송통신대 DMC원장 2015년 同인문과학대학 영어영문학과장·대학원 실용영어학과장 2016년 同인문과학대학장 겸 통합인문학연구소장(현)

김보원(金甫源) KIM Bowon

[생]1965·7·12 [본]서흥(瑞興) [출]서울 [주]서울 동대문구 회기로85 한국과학기술원 경영대학 교수실(02-958-3610) [학]1988년 서울대 경영학과졸 1989년 미국 스탠퍼드대 대학원 경영과학과졸 1995년 경영학박사(미국 하버드대) [경]1996년 한국과학기술원 경영대학 조교수 2001년 同경영대학 부교수 2006년 同경영대학 교수(현) [상]국무총리표창(1988), 국방부장관표창(1990), KAIST 우수강의상(2000·2001), KAIST 공적상(2007), 정진기언론문화상(2007) [저]'글로벌 생산경영론'(1998) 'Supply Chain Management'(2005) '지속가능한 가치사슬전략'(2011) 'Supply Chain Management: A Learning Perspective'(2014)

김보현(金寶賢) KIM Bo Hyun

[생]1965·6·14 [본]김해(金海) [출]광주 [주]광주 서구 내방로111 광주광역시의회(062-613-5010) [학]1983년 광주고졸 1993년 전남대 인문대학 사학과졸 2008년 연세대 행정대학원 정치학과졸 [경]민주쟁취국민운동 광주전남본부 교육홍보국장, 전남·순천경제정의실천시민연합 사무국장, 경제정의실천시민연합 중앙위원, 순천YMCA 사회교육부장, 전남광양만권발전연구원 기획실장, 광양시장 비서실장 2004년 염동연 국회의원 보좌관 2008년 조영택 국회의원 보좌관 2008년 한국지방자치정책센터 기획위원 2010년 광주시의회 의원(민주당·민주통합당·새정치민주연합) 2010년 同운영위원회 위원 2010년 同환경복지위원회 위원 2012년 同산업건설위원장 2014년 同성평등특별위원회 위원 2014년 한국광기술원 이사 2014년 광주시의회 의원(새정치민주연합·더불어민주당)(현) 2014년 同환경복지위원회 위원 2014년 同운영위원회 위원 2014년 同예산결산특별위원회 위원 2016년 同행정자치위원장(현) [상]전국시·도의회의장협의회 우수의정 대상(2016)

김보형

[생]1962 [주]충북 충주시 국원대로82 건국대학교 충주병원(043-840-8840) [학]1989년 한양대 의대졸 1993년 同대학원 의학석사 1998년 의학박사(한양대) [경]1993~1997년 강북삼성병원 이비인후과 전공의 1997~1998년 아주대 의과대학 이비인후과학교실 연구강사 1998~2006년 건국대 의과대학 이비인후과학교실 조교수·부교수 2001~2003년 同의과대학 이비인후과장 2002·2005~2006년 同충주병원 교육연구부장 2006~2007년 同진료부장 2006년 同의과대학 이비인후과학교실 교수(현) 2016년 同충주병원장(현)

김복광

[생]1957·4·1 [주]울산 중구 염포로85 울산광역시자원봉사센터(052-270-7002) [학]1988년 서울대 대학원 최고경영자과정 수료 1995년 동국대 지역개발대학원졸 2006년 경주대 대학원 병원경영학과졸 [경]1997년 의료법인 고담의료재단 이사장(현) 2000년 청송교도소 교화위원(현) 2005년 경북도사회복지협의회 등기이사(현) 2008년 (사)울산양산범죄피해자지원센터 부이사장(현), 울주지역사회복지협의체 위원(현), 국제라이온스 355-D지구 총재 특별고문(현), MBC 경영자문위원회 부위원장(현), 울산지방경찰청 행정발전위원회 위원(현) 2009~2015년 바르게살기운동 울주군협의회장 2016년 울산광역시자원봉사센터 이사장(현) [상]보건복지부장관표창(2002), 국민훈장 목련장(2013)

김복렬(金福烈·女) Kim Bok Ryul

[생]1962·6·20 [주]세종특별자치시 조치원읍 군청로87의16 세종특별자치시의회(044-300-7174) [학]목원대 영어교육학과졸 [경]연기군학원연합회 부회장, 연기군학부모연합회 회장, (사)한국여성유권자세종연맹 회장 2012년 연기군여성단체협의회 회장 2012~2014년 세종시여성단체협의회 회장, 세종시생활체육회 부회장 2014년 세종특별자치시의회 의원(비례대표, 새누리당)(현) 2014년 同운영위원회 부위원장 2014년 同행정복지위원회 위원 2015년 同공공시설물인수점검특별위원회 위원 2016년 同행정복지위원장(현) 2016년 同운영위원회 위원(현) [상]전국시·도의회의장협의회 우수의정대상(2016)

김복만(金福萬)

[생]1946·2·13 [주]충남 예산군 삽교읍 도청대로600 충청남도의회(041-635-5320) [학]1962년 금산고등공민학교졸 [경]금산군4-H후원회 회장, 금산라이온스클럽 회장, 금산교육청 교육행정자문위원, 금산경찰서 경찰행정자문위원 2006·2010~2014년 충남 금산군의회 의원(자유선진당·선진통일당·새누리당) 2008~2010년 同운영위원장 2010·2012~2014년 同의장 2012년 충남도시·군의회의장협의회 회장 2014년 충남도의회 의원(새누리당)(현) 2014·2016년 同농업경제환경위원회 위원(현) 2014~2015년 同충청권상생발전특별위원회 위원 2015년 同예산결산특별위원회 위원장 2016년 同윤리특별위원회 위원장(현) [상]전국시·도의회의장협의회 우수의정대상(2016)

김복만(金福萬) KIM Bok Man (慈星)

(생)1947·7·6 (본)김해(金海) (출)울산 (주)울산 중구 북부순환도로375 울산광역시교육청 교육감실(052-210-5300) (학)1966년 울산공고졸 1971년 한양대 공업경영학과졸 1980년 건국대 대학원 산업공학과졸 1991년 산업공학박사(한양대) (경)1979년 울산병설공업전문대 교수 1980년 한국교원단체연합회 부회장·회원 1982~2010년 울산대 산업정보경영공학부 교수 1982년 한국산업경영시스템학회 이사 1984년 한국품질경영학회 부회장·이사 1984년 대한산업공학회 이사·영남지회장·회원(현) 1991년 문수문화재단 상임이사 1992년 경남개발연구원 연구위원 1992년 KBS 울산방송국 시사기획 MC·시청자위원 1992년 울산지역사회학교후원회 이사 1992년 경남도교원단체총연합회 대의원·이사 1994년 울산경제정의실천연합 공동대표·고문·자문위원 1994년 울산시 도시계획위원 1994년 同건축심의위원 1995년 경상일보 이사(비상근 부사장) 1995년 (사)울산생명의숲 공동대표 1995년 울산포럼 부대표 1995년 울산중앙로타리클럽 부회장·회원 1996년 울산대 지역개발연구소·새마을연구소·지역공동연구센터 소장 1997년 울산광역시승격추진위원회 실무위원장 1997년 울산대 산업경영대학원장·산업기술대학원장 1997년 부산지방노동위원회 공익위원 1998년 울산교육발전계획자문위원회 부위원장 1998년 울산시교육청 자체학교평가지도위원 2000년 가락울산청년회 회장 2002년 울산시 정무부시장 2002년 울산발전연구원 감사 2002년 민주평통 자문위원 2002년 (사)함께하는사람들 공동대표·은빛대학장 2002년 (사)울산안전생활실천시민연합 공동대표·고문 2003년 (사)울산사랑운동추진위원회 회장 2004년 울산선거방송위원회 위원 2005년 울산기업사랑추진위원회 위원장 2005년 울산상공회의소 고문 2006년 행복도시울산만들기범시민협의회 운영위원 2006년 한양대총동문회 이사·울산지회 부회장 2007년 울산지법 민사·가사조정위원 2007년 사회복지법인 S-oil 울산복지재단 이사 2007년 울산제일중동문회 회장 2007년 가락울산종친회 부회장 2007년 울산광역시 교육감선거 출마(재·보궐선거) 2008년 울산중구문화원 이사 2010년 울산대 명예교수(현) 2010·2014년 울산광역시 교육감(현) 2014년 전국시도교육감협의회 부회장 (상)올해의 교수상(1997), 한백학술상(2001), 옥조근정훈장 (저)'MRP이론' '현대실험계획법' '품질관리' (종)불교

김복일(金福日) KIM Bok Il

(생)1963·5·26 (본)광산(光山) (출)광주 (주)광주 서구 운천로213 무등일보 임원실(062-606-7760) (학)경기대 대학원 관광경영학과졸, 관광경영학박사(경기대) (경)2001년 무등일보 광고국 부국장대우 2002년 同대외협력국 부국장대우 2003년 同총무국장 2003년 同경영관리국장 2006년 同관리국장, 同사업본부장 겸 기획실장, 서영대 겸임교수(부교수), 광주금호청년회의소(JC) 회장. 同특우회장, 자동차밸리추진위원회 위원 2007~2008년 광주시 서구의회 의원 2008년 同기획총무위원장 2014년 무등일보 부사장 2015년 同대표이사 사장(현)

김복철(金福哲) Bok Chul Kim

(생)1959·11·9 (본)연안(延安) (출)서울 (주)세종특별자치시 시청대로370 국가과학기술연구회 정책지원본부(044-287-7200) (학)1978년 경기고졸 1983년 연세대 지질학과졸 1985년 同대학원 지질학과졸 1997년 이학박사(연세대) (경)1988~2015년 한국지질자원연구원 연구원·선임연구원·책임연구원 1999~2000년 미국 스탠포드대 박사 후 과정 2000~2002년 한국지질자원연구원 충서연구팀장 2005년 同지질도·지구조연구실장 2005~2008년 同지질기반정보연구부장 2010~2012년 同기획조정부장 2013~2014년 캐나다 캘거리대 초빙교수 2014년 한국지질자원연구원 국토지질연구본부장 2015년 국가과학기술연구회(NST) 정책지원본부장(현) (상)국토해양부장관표창(2008), 지식경제부장관표창(2012), 과학기술훈장 진보장(2016) (종)기독교

김복형(金福馨·女) KIM Bok Hyeong

(생)1968·5·5 (출)경남 거제 (주)서울 서초구 서초중앙로157 서울고등법원 판사실(02-530-1051) (학)1987년 부산여고졸 1991년 서울대 사법학과졸 (경)1992년 사법시험 합격(34회) 1995년 사법연수원 수료(24기) 1995년 서울지법 판사 1997년 同북부지원 판사 1999년 울산지법 판사 2001년 수원지법 판사 2004년 서울중앙지법 판사 2006년 서울고법 판사 2008년 대법원 재판연구관 2010년 대구지법 부장판사 2011년 서울고법 판사(현)

김복환(金福煥)

(생)1953·12·2 (출)충남 천안 (주)서울 강남구 광평로281 (주)SR(02-6484-4211) (학)1972년 천안고졸 1980년 고려대 화학공학과졸 (경)2005년 한국철도공사 정책협의팀장 2006년 同성북역장 2007년 同서울지사 서울역장 2008년 同경북본부장 2010년 同부산경남본부장 2010년 同서울본부장 2011년 同여객본부장(상임이사) 2012년 同경영총괄본부장(상임이사) 2013년 (주)SR 대표이사(현)

김복환(金福煥) KIM BOKHWAN

(생)1968 (주)세종특별자치시 도움6로11 국토교통부 창조행정담당관실(044-201-3213) (학)2002년 영국 리즈대 대학원 지리학과졸 2006년 지리학박사(영국 리즈대) (경)2008년 국토해양부 자동차대외협력팀장 2009년 同한국토지주택공사설립사무국 총괄과장 2009년 同건축문화경관팀장 2010년 駐아랍에미리트대사관 국토교통관 2014년 국토교통부 창조행정담당관(현)

김복희(金福喜·女) KIM Bock Hee

(생)1948·10·4 (출)대구 (주)서울 종로구 이화장길86의11 (사)한국무용협회(02-744-8066) (학)1966년 대구여고졸 1971년 이화여대 무용학과졸 1974년 同대학원졸 1992년 원광대 대학원 철학과졸 1994년 이학박사(경기대) (경)1971년 김복희무용단 대표(현) 1975~1992년 한양대 체육대학 전임강사·조교수·부교수 1986년 현대춤협회 창립자·회장 1989년 대한무용학회 부회장 1991년 한국무용협회 부이사장 1992~2014년 한양대 예술학부 무용학전공 교수 1994년 대한무용학회 회장 2001~2002년 한양대 체육대학장 2005년 (사)한국무용협회 이사장(현) 2008·2010년 한양대 예술학부장 2008~2010년 한국문화예술위원회 위원 (상)대한민국무용제 우수상·안무상, 보관문화훈장(2012), 옥조근정훈장(2014) (저)'현대무용테크닉' '무용창작' '무용론' (종)불교

김봉건(金奉建) KIM Bong Gon

(생)1956·1·23 (본)김해(金海) (출)부산 (주)서울 관악구 관악로1 서울대학교 건축학과(02-880-7051) (학)1974년 부산고졸 1978년 서울대 건축학과졸 1985년 同대학원 건축학과졸 1987년 영국 런던대 대학원 도시계획과졸 1994년 공학박사(서울대) (경)1977년 기술고등고시 건축직 합격(13회) 1978년 상공부 공업단지관리국 건축기좌 1983년 국립문화재연구소 건축사무관 1992~2002년 同미술공예연구실장 1994~1997년 문화체육부 박물관건립사무국 건립1과장 겸임 2002~2004년 대한건축학회 문화재분과위원장 2002~2010년 국립문화재연구소 소장 2003~2012년 문화재청 매장분과·건축분과·경관분과 위원 2010년 경기도문화재위원회 유형문화재분과 위원 2010~2012년 한국전통문화학교 총장 2012~2014년 한국전통문화대 총장 2015년 서울대 건축학과 객원교수(현) (상)홍조근정훈장(1995) (저)'한국의 고건축'(1988~2001) '불교상식 백과'(1993) '건축학 전서'(1996) '마곡사, 빛깔있는 책'(1998) '북한문화재 해설집'(1998) '법주사 팔상전 수리공사 보고서'(1998) (역)'박물관건축과 환경'(1995) (종)불교

김봉관(金奉寬) KIM Bong Kwan

(생)1957·7·30 (출)서울 (주)서울 강남구 남부순환로3165 코원에너지서비스(주) 임원실(02-3410-8163) (학)1976년 홍익고졸, 광운대 전기공학과졸, 홍익대 경영대학원졸 (경)2002년 SK글로벌 상사부문 재무지원실 회계담당 상무 2003년 同재무지원실장 2003년 SK네트웍스(주) 정보통신부문 사업지원담당 상무, 同재무협력실장, 同재무기획실장 2008년 同재무실장(전무) 2010년 同재무부문장 2010년 同대외협력부문장 2012년 同고문 2013년 (주)코원에너지서비스 대외협력총괄 사장(현)

김봉교(金琫敎) Kim Bong Gyo

(생)1957·2·10 (본)선산(善山) (출)경북 구미 (주)경북 안동시 풍천면 도청대로455 경상북도의회(054-880-5333) (학)2010년 동국대 사회대학 행정학과졸, 同대학원 행정학과졸 (경)스포렌드 대표(현), 한나라당 경북도당 부위원장, 구미문화원 부원장, (사)아름다운가정만들기 이사장, 구미시검도협회 회장 2010년 경북도의원선거 출마(한나라당) 2012년 경북도의회 의원(새누리당), 同기획경제위원회 위원, 同서민경제특별위원회 부위원장, 새누리당 중앙위원회 경북연합회장 2014년 경북도의회 의원(새누리당)(현) 2014·2016년 同행정보건복지위원회 위원(현) 2014·2016년 同경북·대구상생발전특별위원회 위원(현) 2016년 同운영위원회 위원장(현)

김봉구(金奉九) Kim Bong Gu

[생]1963·3·5 [출]경기 고양 [주]서울 중랑구 사가정로49길53 녹색병원 원장실(02-490-2168) [학]1981년 경복고졸 1987년 경희대 의대졸 [경]1988년 강동성심병원 인턴 수료 1996년 경희대 외과 전공의 수료 및 외과 전문의 취득 1996~2002년 동수원병원 외과 과장 2003년 녹색병원 근무(현) 2007년 인도주의실천의사협의회 공동대표 2009~2014년 중랑구의사회 대외협력 이사 2011~2014년 중랑희망연대 운영위원장 2015년 同대표 및 중랑구의사회 부회장 2015년 녹색병원 원장(현)

김봉국(金鳳國) KIM Bong Kook

[생]1962·5·6 [본]함창(咸昌) [출]경남 하동 [주]서울 중구 다동길46 607호 한국금융신문(02-773-1850) [학]1981년 대전고졸 1987년 고려대 신문방송학과졸 2009년 세종대 대학원 신문방송학과졸 [경]1988~2000년 매일경제신문 기자 2000년 이데일리 창립멤버 2004년 同편집국장, 同총괄부사장 2005년 同대표이사 사장 2005년 한국인터넷신문협회 부회장 2006년 한국디지털뉴스협회 감사 2009년 한국예탁결제원 국제예탁결제제도 자문위원 2009~2010년 세종대 신문방송학과 겸임교수 2013년 아주경제 총괄국장(부사장) 2014년 同편집국장(부사장) 2015년 同부사장 2015년 한국금융신문 사장(현)

김봉규(金奉奎) KIM Bong Kyu

[생]1969·1·22 [출]전북 군산 [주]전북 전주시 덕진구 사평로25 전주지방법원(063-259-5400) [학]1987년 군산동고졸 1994년 중앙대 법학과졸 [경]1997년 사법시험 합격(39회) 2000년 사법연수원 수료(29기) 2000년 인천지검 검사 2002년 전주지검 남원지청 검사 2003년 부산지검 동부지청 검사 2005년 대전지검 검사 2006년 칠레 연수 2008년 서울남부지검 검사 2011년 청주지법 판사 2013년 대전고법 판사(청주지법 소재지 근무) 2015년 인천지법 부천지원 판사 2016년 전주지법 부장판사(현)

김봉균(金峰均)

[생]1962·8·21 [출]부산 [주]서울 강남구 학동로343 (주)휴비스 SF2사업본부(02-2189-4622) [학]1981년 가야고졸 1988년 중앙대 경영학과졸 [경]1987년 (주)선경합섬 마케팅·자금·교육담당 1996년 선경인더스트리 포장재·부원료구매팀 근무 1999년 서강대 SK MBA교육파견 1999년 SK케미칼 자재·물류공통·인사공통 담당 2001년 (주)휴비스 울산공장 경영지원팀장 2005년 同사천휴비스 화섬유한공사(성도) 지사장 2007년 同사천휴비스 화섬유한공사 총경리(임원직수행) 2011년 同사천휴비스 화섬유한공사 총경리(상무) 2012년 同울산공장장(상무) 2013년 同SF2사업본부장(상무)(현)

김봉남(金奉南) KIM Bong Nam

[생]1955·12·27 [본]청풍(淸風) [출]부산 [주]서울 양천구 목동서로159의1 CBS(02-2650-7923) [학]1974년 대양공고졸 1989년 광주대 신문방송학과졸 2001년 동아대 언론홍보대학원졸 [경]1998년 CBS 부산방송본부 보도제작국장 1999년 同청주방송본부 보도제작국장 2000년 同부산방송본부 보도제작국장 2001년 同경남방송본부장 2004년 同부산방송본부장 2007년 同TV본부 SO마케팅 수석팀장 2008년 同대구방송본부장 2009년 同제주방송본부장 2015년 同부사장(현) [상]부산시장표창(1986), 재무부장관표창(1987), 자랑스러운 동아인상(2005) [종]기독교

김봉덕

[생]1975·6 [출]경기 안양 [주]대전 서구 청사로189 중소기업청 중소기업정책국 정책분석과(042-481-6851) [학]신성고졸, 서강대 경제학과졸 [경]2011년 중소기업청 중소기업정책국 국제협력과 서기관 2012년 同해외시장과 서기관 2013년 同정책분석T/F팀장 2014년 同기술협력보호과장 2015년 대통령직속 청년위원회 파견 2016년 중소기업청 중소기업정책국 정책분석과장(서기관)(현)

김봉래(金烽來) Kim Bong-Rae

[생]1959·2·1 [본]강릉(江陵) [출]경남 진주 [주]세종특별자치시 노을6로8의14 국세청(044-204-2211) [학]1977년 배정고졸 1997년 한국방송통신대 경영학과졸 2003년 고려대 경영대학원 회계학과졸 [경]1979년 부산진세무서 7급 임용 1999년 국세청 조사5계장 2001년 同조사1계장 2005년 同총무과 서기관 2006년 제주세무서장 2007년 서울지방국세청 조사1국 조사2과장 2008년 국세청 통계기획팀장 2009년 同법무심사국 법규과장 2010년 同세원정보과장 2011년 同운영지원과장(부이사관) 2012년 서울지방국세청 세원분석국장(고위공무원) 2013년 同조사1국장 2014년 국세청 차장(현) [상]근정훈장(1994), 대통령표창(2005)

김봉렬(金奉烈) KIM Bong Ryol

[생]1958·1·14 [본]김해(金海) [출]전남 순천 [주]서울 성북구 화랑로32길146의37 한국예술종합학교 총장실(02-746-9004) [학]1976년 경기고졸 1980년 서울대 건축학과졸 1982년 同대학원 건축학과졸 1989년 공학박사(서울대) 1991년 영국 런던 AA Graduate School of Architecture 수학 [경]1985~1995년 울산대 건축학과 전임강사·조교수·부교수 1992~1998년 문화체육부 문화재전문위원 1995년 울산대 건축학과 교수 1997년 한국예술종합학교 미술원 건축과 교수(현) 2001~2005년 同교학처장 2001년 서울시 문화재위원 2003년 문화재위원회 박물관분과 위원 2005년 태권도진흥재단 이사 2005~2007년 문화재위원회 건조물문화재분과 위원 2007~2009년 同건축문화재분과·민속문화재분과 위원 2007~2009년 한국예술종합학교 기획처장 2012년 同미술원 건축과장 2013년 서울시 건축정책위원회 위원 2013년 한국예술종합학교 총장(현) 2014년 한국콘텐츠공제조합 명예조합원(현) 2015년 문화재위원회 건축문화재분과·민속문화재분과 위원 [상]대한건축학회 남파상 [저]'한국의 건축' '서원건축' '화엄사' '법주사(共)' '건축교육의 미래' '시대를 담는 그릇' '이 땅에 새겨진 정신' '앎과 삶의 공간' '불교건축' '김봉렬의 한국건축이야기 1·2·3' '가보고 싶은 곳, 머물고 싶은 곳 1·2' [작]'개포동 교회' '사계절출판사 파주사옥' '상지P&B 파주공장' '도서출판 다섯수레 파주사옥' '프랑크푸르트 한국의 정원' '현대중공업 울산 영빈관' '아모레퍼시픽 기업 추모관' [종]기독교

김봉선(金鳳先) KIM Bong Seon

[생]1960·1·1 [본]김해(金海) [출]광주 [주]서울 중구 정동길3 경향신문(02-3701-1744) [학]1978년 금호고졸 1987년 고려대 영어영문학과졸 [경]1988년 경향신문 입사 1999년 同편집국 정치부 기자 2000년 同편집국 정치부 차장 2005년 同편집국 정치부 부장대우 2006년 同편집국 정치부장 2008년 同편집국 국제부장 2008년 同논설위원 2008년 중앙선거관리위원회 자문위원 2009년 경향신문 편집국 정치·국제에디터 2010년 관훈클럽 감사 2011년 경향신문 논설위원 2013년 同출판국장 2015년 同상무이사(현) [상]한국참언론인대상 칼럼부문(2011)

김봉섭(金奉涉) Kim, Bong-Seop

[생]1969·4·13 [본]김해(金海) [출]부산 [주]서울 중구 정동길21의15 김앤장법률사무소(02-6488-4034) [학]1988년 해운대고졸 1992년 연세대 전자공학과졸 2001년 캐나다 Windsor대 대학원 Computer Science졸(M.Sc.) [경]1991년 기술고등고시 통신직 수석합격(27회) 1992~1995년 정보통신부 사무관 1995~2002년 특허청 사무관(심사관) 1999~2001년 캐나다 Univ. of Windsor, Computer Science 석사과정 유학 2002~2005년 특허청 서기관(심사관) 2005년 특허심판원 심판관 2006년 同수석심판관 2007년 특허청 전자심사과장 2008년 특허법원 기술심리관 2009년 특허청 디지털방송심사과장 2009년 특허심판원 심판정책과장 2010년 김앤장법률사무소 변리사(현) 2010~2014년 특허청 자체평가위원회 위원 2010·2013~2015년 한국과학기술원 MIP과정 강사 2011~2013년 국가지식재산위원회 초대 전문위원 2015년 한국저작권위원회 법조인과정 오픈소스소프트웨어 강사 [상]국무총리표창(1999)

김봉수(金峰秀) Kim Bong Su

[생]1959·1·17 [주]서울 영등포구 여의대로70 신한금융투자 임원실(02-3772-2260) [학]1977년 부산남고졸 1988년 고려대 경영학과졸 [경]1988년 신한금융투자 총무부 입사 1988년 同자금부 근무 1991년 同잠실지점 대리 1995년 同창동지점 과장 2000년 同방배동지점 차장 2002년 同신당지점장 2004년 同답십리지점장 2006년 同도곡지점장 2008년 同강남지점장 2009년 同퇴직연금본부장 2011년 同영남영업본부장 2011년 同강남영업본부장 2013년 同IPS본부장 2014년 同WM추진본부장 2015년 同홀세일그룹 부사장(현)

김봉수(金奉守) KIM Bongsoo

[생]1963·10·20 [본]김해(金海) [출]경남 통영 [주]서울 종로구 청와대로1 대통령비서실(02-770-0011) [학]1982년 거제수산고졸 1993년 동아대 기계공학과졸 1999년 미국 콜로라도주립대 대학원 산업기술경영학과졸 [경]1982~1986년 삼성중공업(주) 선장설계부 근무 1986~1987년 동우엔지니어링 근무 1988년 (주)태성엔지니어링 대리 1993~1994년 영주지방철도청 기관차과

장 1994~1997년 과학기술처 기술협력3과 · 정책기획과 사무관 1998~2002년 과학기술부 종합조정과 · 기술협력총괄과 사무관 2002년 同지방과학진흥과 서기관 2003년 (재)나노소자특화팹센터 전략기획부장 2005년 과학기술부 연구개발특구기획단 기획총괄팀장 2006~2008년 同혁신기획관 2008~2010년 駐OECD과학관 1등서기관 2010~2011년 駐OECD대표부 참사관 2011년 교육과학기술부 행정관리담당관 2012~2013년 同행정관리담당관(부이사관) 2013~2016년 미래창조과학부 연구예산총괄과장 2016년 대통령소속 국가지식재산위원회 지식재산전략기획단 지식재산정책관 2016년 대통령비서실 선임행정관(현) [상]대통령표창(2007), 근정포장(2013)

김봉식(金峰植)

[생]1967 · 5 · 1 [출]대구 [주]대구 동구 반야월북로209 동부경찰서 서장실(053-960-3321) [학]경북고졸, 경찰대졸(5기), 경북대 국제대학원졸 [경]2012년 경북지방경찰청 수사과장 2013년 대구 달서경찰서장(총경) 2014년 대구지방경찰청 수사과장 2015년 同형사과장 2016년 대구 동부경찰서장(현)

김봉영(金鳳榮) KIM BONG YUNG

[생]1957 · 1 · 20 [출]충북 진천 [주]경기 용인시 처인구 포곡읍 에버랜드로199 삼성물산(주) 사장실(031-320-5002) [학]1977년 청주고졸 1982년 한양대 재료공학과졸 [경]2003년 삼성전자(주) 상무이사 2005년 同구조조정본부 상무이사 2006년 同경영진단팀 전무, 同경영컨설팅실장(전무) 2010년 同경영진단팀 부사장, 同감사팀장(부사장) 2011년 삼성SDS 경영지원총괄부문 부사장 2011년 同사내이사 겸임 2011년 에스코어 대표이사 겸임 2011~2014년 삼성에버랜드 대표이사 사장 2013년 同리조트 · 건설부문장 겸임 2014년 제일모직(주) 대표이사 사장(리조트 · 건설부문장) 2015년 삼성물산(주) 각자대표이사 사장(리조트부문장)(현) 2016년 삼성웰스토리 대표이사 겸임(현) [상]철탑산업훈장(1999), 한양언론인회 '한양을 빛낸 자랑스러운 동문상'(2013)

김봉옥(金峯玉 · 女) KIM Bong Ok

[생]1954 · 11 · 6 [출]서울 [주]대전 중구 문화로282 충남대학교병원 원장실(042-280-7027) [학]1978년 연세대 의대졸 1985년 同대학원졸 1994년 의학박사(연세대) [경]1981년 미국 Univ. of Louisville Fellowship 1983년 전주예수병원 재활의학과장 1988년 충남대 의과대학 재활의학과학교실 교수(현) 1992년 미국 George Washington Univ. Fellowship 1995~1997년 충남대병원 의무기록실장 1996~2002년 同재활의학과장 2005~2006년 충남대 언어교육원장 2010~2012년 대전보조기구센터장 2011년 2013세계여자의사회 조직위원장 2011년 (사)국제키비탄 한국본부 한밭클럽 회장(현) 2012~2014년 대한재활의학회 회장 2013년 충남대병원 병원장(현) 2014년 한국여자의사회 부회장 2014년 대한병원협회 국제이사 2015년 대한의사협회 부회장(현) 2016년 (사)국제키비탄 한국본부 차기(2017년) 부총재(현) 2016년 한국의학교육평가원 이사장(현) 2016년 한국보건복지인력개발원 비상임이사(현) 2016년 한국의학교육평가원 이사장(현) 2016년 한국여자의사회 회장(현) 2016년 대한병원협회 의료협력위원장(현) [상]대한재활의학회 학술상(1996), 충남대학교 우수 교수상(2006), 아시아 · 오세아니아재활의학회 최우수논문상(2008), 대전유공시민표창(2009), 한국장애인단체총연합회 공로패(2011), 장애학생 교육 유공 교육부장관 표창(2013) 대한의사협회 화이자국제협력공로상(2014), 교육부장관표창(2015) [저]'재활간호'(1994, 현문사) [역]'임상보행분석'(1994, 세진기획)

김봉운(金奉磒) Kim Bong Un

[생]1968 [출]전남 화순 [주]인천 남동구 예술로152번길9 인천지방경찰청 생활안전과(032-455-2246) [학]1985년 송원고졸 1989년 경찰대졸(5기) [경]1989년 경위 임관 1999년 경감 승진 2004년 인천국제공항경찰대 경비교통과장(경정) 2006년 인천계양경찰서 생활안전과장 2009년 인천지방경찰청 경무과 기획예산계장 2012년 同경무과 경무계장 2014년 광주지방경찰청 홍보담당관(총경) 2015년 전남 나주경찰서장 2016년 인천지방경찰청 생활안전과장(현)

김봉원(金鳳元)

[생]1972 · 7 · 12 [출]서울 [주]서울 서초구 서초중앙로157 서울고등법원(02-530-1114) [학]1991년 서울 중앙고졸 1996년 서울대 법학과졸 1999년 同대학원졸 [경]1997년 사법시험 합격(39회) 2000년 사법연수원 수료(29기) 2000년 육군 법무관 2003년 인천지법 판사 2005년 서울중앙지법 판사 2007년 광주지법 목포지원 판사 2009년 창원지법 진주지원 판사 2012년 서울고법 판사 2014년 서울중앙지법 판사 2015년 광주지법 부장판사 2016년 서울고법 판사(현)

김봉조(金奉祚) KIM Bong Jo (海松)

[생]1939 · 4 · 15 [본]김녕(金寧) [출]경남 거제 [주]서울 서초구 남부순환로347길13 김영삼민주센터(02-525-1204) [학]1959년 마산 창신고졸 1963년 연세대 법대졸 1986년 同행정대학원졸 [경]1964년 4 · 19장학회 이사 1968년 신민당 중앙상무위원 1970년 同총재 특보 1971년 同거제지구당 위원장 1984년 민주화추진협의회 운영위원 1984년 신한민주당(신민당) 창당발기인 1985년 제12대 국회의원(충무 · 통영 · 거제 · 고성, 신민당) 1987년 통일민주당(민주당) 창당발기인 1987년 同경남제5지구당 위원장 1988년 제13대 국회의원(거제, 민주당) 1988년 민주당 경남도지부장 1992년 제14대 국회의원(장승포 · 거제, 민자당 · 신한국당) 1992년 국회 예산결산특별위원장 1993년 국회 우루과이라운드대책특별위원회 위원장 1994년 민자당 당무위원 겸 경남도지부 위원장 1996년 한국마사회 회장 2009년 민주동지회 회장 2010년 김영삼민주센터 부이사장(현) 2011년 대한민국헌정회 부회장, 同고문(현) [종]기독교

김봉조(金俸助) KIM BONG JO

[생]1964 · 4 · 7 [주]대전 서구 청사로189 조달청 대변인실(070-4056-7078) [학]마산고졸, 한국외국어대 중국어학과졸, 동국대 대학원 신문방송학과졸 [경]BBS(불교방송) 정치부장, 국가보훈처 홍보기획팀장, 경기도 홍보담당관, (주)킨텍스 단장, 한국콜마(주) 홍보이사 2016년 조달청 대변인(현) [상]직무수행모범 BBS사장표창(2010), 경기도지사표창(2013)

김봉채(金奉采) KIM Bong Chae

[생]1953 · 7 · 14 [본]경주(慶州) [출]전남 장흥 [주]경기 안산시 상록구 해안로787 한국해양과학기술원 해양인재양성실(031-400-6385) [학]1977년 부산수산대 어업학과졸 1985년 일본 東海大 대학원 해양공학과졸 1988년 공학박사(일본 東海大) [경]1978~1987년 국립수산진흥원 수산연구사 1988~1990년 부산수산대 해양공학과 강사 1990~1995년 한국해양연구소 선임연구원 1992~1993년 同응용물리연구실장 1995~1996년 중국과학원 음향학연구소 방문연구원 1996~2012년 한국해양연구원 해양환경연구본부 · 동해특성연구부 · 해양방위센터 책임연구원 2005~2006년 (사)한국음향학회 부회장, 同감사 2011~2013년 同부회장 2012년 한국해양과학기술원 해양방위센터 책임연구원 2014년 同인력양성 · 교육운영본부장 2014년 同미래인재양성본부장 2015년 同해양인재양성실장(현) [상]해군 정보참모부장 공적표창(1992) [종]천주교

김봉철(金奉喆)

[생]1959 [주]광주 동구 필문대로309 조선대학교 신문방송학과(062-230-6781) [학]한양대 신문방송학과졸, 同대학원 광고홍보학과졸, 신문방송학박사(한양대) [경]1987~1998년 광고회사 코래드 광고전략연구소장 2002~2004년 한국방송광고공사 광고연구소 연구위원 2002~2004년 원광대 사회과학대학 신문방송학과 겸임교수 2004년 조선대 신문방송학과 교수(현) 2005년 대한민국광고대상 예심(SP부문) 심사위원 2005~2006년 대학생광고경진대회 집행위원 2005~2008년 조선대 신문방송학과장 겸 대학원 주임교수 2005~2006년 한국방송광고공사 광주전남지역 교육자문위원 2006년 해양수산부 여수엑스포추진위원회 홍보자문위원 2007년 광주시 서구선거방송토론위원회 위원 2008~2009년 미국 조지아대 교환교수 2009년 대한민국공익광고제 본심 심사위원 2009년 한국PR학회 연구이사(현) 2015년 (사)한국광고학회 광고학연구지 편집위원장(현) 2015년 언론중재위원회 중재위원(현) 2016년 광주 · 전남언론학회 회장(현) 2016년 방송통신위원회 방송광고균형발전위원회 위원(현) [저]'이탈리아 광고산업의 이해'(2004, 한국방송광고공사) '한국ABC15년사'(2004, 한국ABC협회) '미디어사회'(2006, 인북스)

김봉태(金奉泰) KIM Bong Tae

[생]1959 · 5 · 1 [주]대전 유성구 가정로218 한국전자통신연구원 미래전략연구소(042-860-6114) [학]1983년 서울대 전자공학과졸 1991년 미국 노스캐롤라이나주립대 대학원 컴퓨터공학과졸 1995년 컴퓨터공학박사(미국 노스캐롤라이나주립대) [경]2004년 한국전자통신연구원 광대역통합망연구단 광가입자망연구그룹장, 同광대역통합망연구단 광통신연구센터 그룹장 2008년 同방송통신융합연구부문 네트워크연구본부장 2009년 同방송통신융합연구부문 네트워크연구부장 2009년 同네트워크연구본부장 2010년 同창의경영기획본부장, 同차세대통신연구부문장(소장) 2016년 同미래전략연구소장(현) [상]산업포장(2011)

김봉현(金鳳賢) KIM Bong Hyun

[생]1959·2·14 [본]경주(慶州) [출]강원 춘천 [주]강원 춘천시 중앙로1 강원도청 문화관광체육국 문화예술과(033-249-3310) [학]성수고졸, 강원대 임산가공학과졸 [경]춘천시 정책담당관실 정책운영1계장, 同미래산업담당관실 미래산업총괄담당, 同영상산업지원과장, 同강남동장, 同관광진흥과장, 강원도 환경관광문화국 관광자원조성담당, 同투자유치사업본부 관광시설유치과 관광시설유치담당, 同문화관광체육국 관광정책과 관광시설담당 2013년 동해안권경제자유구역청 투자유치2과장 2015년 지방행정연수원 고급리더과정 교육파견 2016년 강원도 교육법무과장 2016년 同문화관광체육국 문화예술과장(현) [상]대통령표창(2011)

김봉현(金奉顯) KIM Bong Hyun

[생]1962·1·27 [출]서울 [주]서울 중구 필동로1길30 동국대학교 사회과학대학 광고홍보학과(02-2260-3807) [학]1986년 중앙대 신문방송학과졸 1989년 同대학원졸 1991년 미국 미시간주립대 대학원졸 1995년 광고학박사(미국 앨라배마대) [경]1996~1999년 금강기획 마케팅전략연구소 책임연구원 1996~1999년 중앙대·경희대·한양대 시간강사 1999년 동국대 사회과학대학 광고홍보학과 전임강사·조교수·부교수·교수(현) 2007년 同전략홍보실장, 방송통신위원회 규제개혁 및 법제선진화특별위원회 위원 2014~2015년 한국광고학회 회장 [역]'현대광고홍보론'(2001) '현대광고론'(2002) '신화를 만드는 브랜드, 브랜드를 만드는 신화'(2003)

김봉호(金琫鎬) KIM Bong Ho (愼軒)

[생]1933·5·10 [본]김해(金海) [출]전남 해남 [주]서울 영등포구 의사당대로1 대한민국헌정회(02-757-6612) [학]1946년 해남고졸 1957년 전남대 농대졸 1982년 연세대 경영대학원 수료 1987년 同고위정책결정자과정 수료 1999년 명예 정치학박사(전남대) 2001년 명예 정치학박사(청주대) [경]1974년 한국문화원연합회 부회장 1976년 전남도 자문위원 1978년 전남도체육회 배드민턴협회 회장 1979년 제10대 국회의원(해남·진도, 민주공화당) 1985년 제12대 국회의원(해남·진도, 신사당·신민당) 1985년 한·일의원연맹 부간사장 1987년 민주당 정책위원회 부의장 1987년 민주화추진협의회 상임운영위원 1988년 평화민주당 당무위원 1988~1992년 제13대 국회의원(해남·진도, 평화민주당·신민당·민주당) 1988년 평민당 정책위 의장 1988년 남북국회회담준비접촉 남측대표 1990년 국회 경제과학위원장 1990년 평민당 사무총장 1991년 신민당 사무총장 1991년 민주당 김대중대표 최고위원특보역 1992년 제14대 국회의원(해남·진도, 민주당·새정치국민회의) 1992년 민주당 당무위원 1993년 통일산하회 이사장 1995~2000년 새정치국민회의 전국대의원대회 의장 1996년 제15대 국회의원(해남·진도, 새정치국민회의·새천년민주당) 1997년 새정치국민회의 지도위 의장 1997년 同중앙당후원회장 1998~2000년 국회 부의장 1998년 한·일의원연맹 회장대행 1999년 가락중앙종친회장 2000년 새천년민주당 중앙당후원회 회장 2000년 同당무위원 2000년 제16대 총선 출마(해남·진도, 민주당) 2007~2008년 대한민국헌정회 고문 2009년 同원로위원 2013년 同원로위원회 부의장(현) [상]콜롬비아 대십자훈장(1999) [저]'정책과 전망'(1988) [종]기독교

김봉회(金奉會) Kim Bong Heo

[생]1950·1·25 [본]안동(安東) [출]충북 증평 [주]충북 청주시 상당구 상당로82 충청북도의회(043-220-5136) [학]1968년 증평공고졸 2008년 충주대 경영정보학과졸 [경]1990년 대한적십자 증평군 지구협의회장 1993년 증평농업협동조합 조합장(10년) 2004년 증평공업고 총동문회장 2010년 충북도의회 의원(한나라당·새누리당) 2010~2012년 同산업경제위원회 위원장 2012년 同행정문화위원회 위원 2012년 同운영위원회 위원 2012년 同예산결산특별위원회 위원 2012년 同윤리특별위원회 위원 2014년 충북도의회 의원(새누리당)(현) 2014~2016년 同부의장 2014·2016년 同건설소방위원회 위원(현) [종]기독교

김봉희(金鳳姬·女) KIM Bong Hee

[생]1943·2·14 [본]김해(金海) [출]서울 [주]서울 서대문구 이화여대길52 이화여자대학교 사회과학대학 문헌정보학과(02-3277-2226) [학]1962년 경기여고졸 1966년 이화여대 기독교학과졸 1970년 同대학원 기독교학과졸 1979년 同대학원 도서관학과졸 1985년 도서관학박사(연세대) [경]1973~1976년 이화여대 기독교학과 강사 1983~1985년 同문헌정보학과 강사 1985~2008년 同문헌정보학과 교수 1996년 한국서지학회 회장 1997~2006년 이화여대 도서관장 2008년 同명예교수(현) 2009~2013년 대통령소속 도서관정보정책위원회 위원장 [상]한국도서관협회 연구상(1987), 우수학술도서(1999) [저]'한국 기독교문서 간행사 연구'(1987) '한국 개화기 서적문화 연구'(1999) [종]기독교

김부겸(金富謙) KIM Boo Kyum

[생]1958·1·21 [본]김해(金海) [출]경북 상주 [주]서울 영등포구 의사당대로1 국회 의원회관814호(02-784-4367) [학]1975년 경북고졸 1987년 서울대 정치학과졸 1999년 연세대 행정대학원 행정학과졸 [경]1977년 유신반대시위 주동 투옥 1980년 계엄령위반 구속 1986년 민주통일민중운동연합 간사 1987년 민주헌법쟁취국민운동본부 집행위원 1991~1992년 민주당 부대변인 1992년 이선실 간첩사건연루 구속 1995년 민주당 4대 선거대책위원회 기획실장 1995년 同수석부대변인 1996년 同과천·의왕지구당 위원장 1998~2003년 한나라당 군포지구당 위원장 1998년 同부대변인 2000~2004년 제16대 국회의원(군포, 한나라당·무소속·열린우리당) 2001년 국회 예산결산특별위원회 위원 2002년 同공적자금국정조사특별위원회 위원 2002년 한나라당 대외협력위원장 2003년 열린우리당 원내부대표 2004년 제17대 국회의원(군포, 열린우리당·대통합민주신당·통합민주당) 2004년 열린우리당 의장 비서실장 2005~2006년 同원내수석부대표 2006년 同홍보기획위원장 2006~2007년 同비상대책위원회 상임위원 2006년 同7·26재보궐선거공천심사위원장 2008년 통합민주당 공천심사위원 2008년 제18대 국회의원(군포, 통합민주당·민주당·민주통합당) 2008~2009년 국회 교육과학기술위원장 2012년 민주통합당 최고위원 2012년 제19대 국회의원선거 출마(대구시 수성구甲, 민주통합당) 2012~2013년 민주통합당 대구시수성구甲지역위원회 위원장 2012년 同문재인 대통령후보선거기획단 기획위원 2012년 同제18대 대통령중앙선거대책위원회 공동위원장 2013년 민주당 대구시수성구甲지역위원회 위원장 2014년 새정치민주연합 대구시수성구甲지역위원회 위원장 2014년 대구광역시장선거 출마(새정치민주연합) 2015년 새정치민주연합 지역분권정당추진단장 2015년 더불어민주당 지역분권정당추진단장(현) 2015년 同대구시수성구甲지역위원회 위원장(현) 2016년 제20대 국회의원(대구시 수성구甲, 더불어민주당)(현) 2016년 국회 기획재정위원회 위원(현) 2016년 국회 예산결산특별위원회 위원(현) 2016년 국회 동북아평화·협력의원외교단 단원(현) 2016년 더불어민주당 정책엑스포추진위원장(현) [상]백봉 신사상(2004), 올해 신사의원 베스트 10(2005), 국정감사우수의원(2009·2010), 의정대상(2011), 대한민국 혁신경영대상 정치혁신부문(2015), 대한민국의정대상(2016) [저]'나는 민주당이다'(2011, 미래인) '캠페인 전쟁, 2012'(2011, 폴리테이아) [종]기독교

김부균(金富均) Kim, Boo-Gyoun

[생]1957·3·25 [본]도강(道康) [출]대전 [주]서울 동작구 상도로369 숭실대학교 IT대학 전자정보공학부(02-820-0635) [학]1975년 서울 중앙고졸 1979년 서울대 전자공학과졸 1981년 한국과학기술원 대학원졸 1989년 전자공학박사(미국 서던캘리포니아대) [경]1981~2000년 숭실대 전자공학과 전임강사·조교수·부교수 1992~1994년 同전자공학과장 1993년 IBM Almaden연구소 방문연구원 1995년 대한전기학회 광전자공학 및 전자파연구분과 간사장 1996년 한국광학회 편집위원 1997년 미국 Univ. of California at Santa Barbara 방문부교수 1998~1999년 광전자공학학술회의 의장 1998~2006년 산업자원부 기술개발기획평가단 위원 1999~2001년 숭실대 정보통신전자공학부장 1999~2006년 산업표준심의원 IEC/TC86 전문위원 2000년 숭실대 정보통신전자공학부 교수 2000년 대한전자공학회 광파 및 양자전자공학회 전문위원장 2001년 한국산업기술진흥협회 국산신기술인정제도전문분과 심사위원 2002~2004년 한국광학회 국제협력이사 2002~2005년 숭실대 정보통신연구소장 2008~2010년 同IT대학장 2010~2012년 대한전자공학회 상임이사 2011~2014년 산업기술연구회 이사 2011~2014년 중앙전파관리소 전파관리자문위원회 위원 2015년 숭실대 전자정보공학부 교수(현) [상]한국광학회 논문상(2004), 한국광학회 공로상(2006), 과학기술우수논문상(2011) [저]'초고속 광통신기술'(1997) [종]가톨릭

김부기(金富基) KIM Boo Kee

[생]1943·5·30 [본]김녕(金寧) [출]경북 경산 [주]대구 중구 남산로4길112 천주교 대구대교구청(053-250-3000) [학]1962년 경북고졸 1971년 가톨릭대 신학과졸, 同대학원졸 1982년 신학박사(이탈리아 울바노대) [경]1971년 사제 서품 1971~1976년 계산·대봉·군위성당 신부 1982~1987년 대구가톨릭대 교수·사무처장 1987년 대구 송현성당 주임신부 1991~1992년 대구 계산성당 주임신부 1992~2001년 매일신문 사장 1994년 한국신문협회 부회장

1995년 IPI 한국위원회 이사 1996년 지역방송자문위원회 위원 1997년 한국언론연구원 이사장 2000년 아시아신문재단(PFA) 한국위원회 이사 2000년 한국신문협회 이사 2001년 구미 도량성당 주임신부 2004년 대구 상인성당 주임신부 2008년 대구 동촌성당 주임신부 2010~2013년 대구 범물성당 주임신부 2013년 천주교 대구대교구청 원로사제(현) [저]'가난한 이들의 교회' [종]천주교

김부섭(金富燮) KIM Boo Seop

[생]1962·1·5 [출]경북 안동 [주]대구 달성군 논공읍 달성군청로33 달성군청(053-668-2011) [학]1980년 대구 영신고졸 1985년 경북대 경영학과졸 2005년 미국 포틀랜드주립대 행정대학원졸 [경]1988년 행정고시 합격(32회) 1989년 사무관 임용 1990년 대구시 지방공무원교육원 관리계장 1991년 同이재과 이재2계장 1992년 同기획관리실 법제심사계장 1995년 同조직관리계장 1996년 同의회협력계장 1999년 同기획관리실 법무담당관 2000년 同세정담당관 2006년 同혁신분권담당관 2006년 同보건복지여성국 복지정책과장 2007년 同보건복지여성국 복지정책관 2009년 同환경녹지국장 직대(서기관) 2009년 同환경녹지국장(부이사관) 2010년 세종연구소 교육파견 2010년 대구시 교통국장 2011년 同남구 부구청장 2013년 同환경녹지국장 2014년 同녹색환경국장 2015년 대구 달성군 부군수(현) [상]내무부장관표창, 대통령표창(2003), 홍조근정훈장(2014)

김부성(金富成) KIM Bu Sung

[생]1935·11·6 [본]안동(安東) [출]서울 [주]서울 용산구 대사관로59 순천향대학교 이사장실(02-709-9103) [학]1960년 가톨릭대 의대졸 1974년 同대학원졸 1975년 미국 뉴욕 마운트사이나이의대 수학 1976년 의학박사(가톨릭대) [경]1971년 호주 시드니병원혈액원 연구원 1974년 駐월남한국의료원 내과자문의·사이공 의대 외래부교수 1986년 대한의학회 학술이사 1986~2001년 가톨릭대 의대 내과 교수 1987년 대한성인병예방협회 이사 1988년 가톨릭의사협회 서울시의사회장 1988년 한국간연구회장 1988년 가톨릭대 의학부 내과학교실 주임교수·의대부속 강남병원장 1992년 대한내과학회 이사장 1994~1997년 가톨릭중앙의료원 의무원장 1994년 同병원연구소장 1997~1999년 가톨릭대 의무부총장 2001~2008년 순천향대 의무부총장 겸 중앙의료원장 2001년 同부천병원장 2002년 전국사립대학교의료원장협의회 회장 2008~2013년 순천향대 명예의료원장 2010년 CMC생명존중기금 고문(현) 2013년 학교법인 동은학원(순천향대) 이사장(현) [상]서울시민대상 본상(1995), 로마교황청 '성 그레고리오 대교황 기사 훈장'(2007) [종]천주교

김부영(金富永) KIM Boo Young

[생]1966·4·7 [본]서흥(瑞興) [출]경남 창녕 [주]경남 창원시 의창구 상남로290 경상남도의회(055-211-7390) [학]검정고시 합격 1993년 부산대 법과대학 법학과졸 2010년 경상대 행정대학원졸 [경]고암면 새마을협의회장, 한나라당 중앙위원회 상임위원 2010년 경남도의회 의원(한나라당·새누리당) 2010년 同운영위원회 위원 2010~2012년 同경제환경위원회 부위원장 2012년 同건설소방위원회 부위원장 2012년 同동남권특별위원회 위원장 2013년 새누리당 경남도당 대변인 2014년 경남도의회 의원(새누리당·무소속)(현) 2014~2016년 同건설소방위원회 위원장 2016년 同농해양수산위원회 위원(현)

김비오(金枇澳) KIM Bi Oh

[생]1968·6·10 [출]부산 [주]부산 동구 중앙대로263 더불어민주당 부산시당(051-802-6677) [학]혜광고졸, 경성대졸, 연세대 법무대학원 경영법무학과졸 [경]부산녹색교통운동시민추진본부 홍보실장, 국민경선추진협의회 전국청년위원장, APEC자원봉사단 집행위원, 국제태권도연맹(ITC) 부회장, 한반도재단 기획위원장 2006년 열린우리당 김근태 당의장 정무특별보좌관 2007년 同제17대 대선 부산선거대책본부장, 부산환경운동연합 지도위원 2008년 통합민주당 해양수산발전특위 위원장 2008년 同부산시당 대변인 2008년 제18대 국회의원선거 출마(부산 영도, 통합민주당) 2008~2011년 민주당 부산영도지역위원회 위원장 2010년 同손학규대표 정무특별보좌관 2011년 同영남발전특별위원회 대변인 2011년 민주통합당 부산영도지역위원회 위원장 2013~2014년 민주당 부산영도지역위원회 위원장 2014년 새정치민주연합 집행위원 2014~2015년 同부산영도지역위원회 위원장 2015년 더불어민주당 부산영도구지역위원회 위원장 2016년 同부산중구·영도구지역위원회 위원장(현) 2016년 제20대 국회의원선거 출마(부산 중구·영도구, 더불어민주당)

김빛내리(金빛내리·女) V. Narry Kim

[생]1969·6·18 [본]연안(延安) [출]전남 영광 [주]서울 관악구 관악로1 서울대학교 자연과학대학 생명과학부(02-880-9120) [학]1988년 상명여대부속여고졸 1992년 서울대 미생물학과졸 1994년 同대학원 미생물학과졸 1998년 분자세포유전학박사(영국 옥스퍼드대) [경]1999~2001년 미국 펜실베이니아대 Howard Hughes Medical Institute Associate 2001~2003년 서울대 생명과학인력양성사업단 조교수 2004~2013년 同자연과학대학 생명과학부 조교수·부교수 2010~2015년 同자연과학대학 생명과학부 중견석좌교수 2010년 학술지 '셀' 편집위원 2010년 '국가과학자' 선정 2012년 기초과학연구원 RNA(리보핵산)연구단장(현) 2012년 유럽분자생물학기구(EMBO) 회원(현) 2012년 Genes & Development 편집위원(현) 2012년 엠보저널 편집위원(현) 2013년 서울대 자연과학대학 생명과학부 교수(현) 2013~2014년 국가과학기술자문회의 자문위원 2014년 한국과학기술한림원 정회원(이학부·현) 2014년 미국 국립학술원(NAS) 외국회원(Foreign Associate)(현) 2015년 Science 편집위원(현) [상]영국 Overseas Research Student Awards(1994·1995·1996), 마크로젠 신진과학자상(2004), 마크로젠 여성과학자상(2006), 과학기술부 젊은과학자상(2007), 한국과학재단 및 과학논문인용색인(SCI) 주관사 미국 톰슨사이언티픽 선정 '올해 세계 수준급 연구영역 개척자상'(2007), 과학기술부 및 과학문화재단 선정 '닮고 싶고 되고 싶은 과학기술인 10인'(학술분야, 2007), 과학기술부 선정 '올해의 여성과학기술자상'(2007), 로레알 유네스코 여성과학자상(2008), 호암상 의학상(2009), 한국과학기술정보연구원 지식창조대상 분자생물학·유전학분야(2009), 아모레퍼시픽 여성과학자상 대상(2010), 서울대총동창회 제15회 관악대상-영광부문(2013), 2013대한민국최고과학기술인상(2013), 에쓰오일 과학문화재단 선정 '올해의 선도 과학자 펠로십'(2013), 제21회 대한민국을 빛낸 한국인물대상 생명과학부문 대상(2016)

김사엽(金思燁) KIM Sa Yeup

[생]1957·2·10 [출]경북 의성 [주]서울 송파구 양재대로1239 한국체육대학교 사회체육학부(02-410-6882) [학]1977년 안계고졸 1984년 원광대 체육교육학과졸 1986년 중앙대 교육대학원 체육학과졸 1993년 이학박사(건국대) [경]1989~1994년 한림전문대·한림대·강원대 강사 1995년 한국체육대 사회체육학과 교수(현) 2000~2004년 同사회체육학과장 2002년 한국여가·레크리에이션교육학회 수석부회장 2003년 국민생활체육회 자문위원 2003년 한국스포츠학회 회장(현) 2007년 한국체육대 사회교육원장 2015년 同교학처장 [저]'학교체육시설론' '체육시설개론'(共) '체육시설관리학' '현대스포츠사회학의 이해' '스포츠마케팅 및 시설경영실무'(2005) '스포츠시설관리론'(2005)

김삼범(金三範) KIM Sam Beom

[생]1974·1·29 [출]부산 [주]서울 종로구 사직로8길39 세양빌딩 김앤장법률사무소(02-3703-1573) [학]1992년 동래고졸 1998년 서울대 전기공학과졸 [경]1998년 사법시험 합격(40회) 2001년 사법연수원 수료(30기) 2001년 軍법무관 2004년 서울북부지법 판사 2006년 변호사 개업 2006년 김앤장법률사무소 변호사(현) 2013년 대법원 사법참여기획단 위원(현) 2013년 서울지방변호사회 신규변호사 강사(현) 2014년 同건설부동산법연수원 강사(현) 2015년 同제93대 부회장(현) 2016년 건축사공제조합 이사(현)

김삼수(金三洙) KIM Sam Soo

[생]1961·1·1 [본]김해(金海) [출]경북 경산 [주]경북 경산시 대학로280 영남대학교 공과대학 융합섬유공학과(053-810-2784) [학]1985년 영남대 섬유공학과졸 1987년 同대학원졸 1992년 섬유공학박사(서울대) 1997년 일본 Kyoto Institute of Technology Post. Doc. [경]1992년 생산기술연구원 섬유기술실용화센터 선임연구원 1992년 섬유공학회 염색분과 전문위원 1993~2002년 영남대 섬유공학과 교수 1993년 한국염색가공학회 총무이사·부회장(현) 1994년 영남대 새마을지역개발연구소 간사 2002~2011년 同섬유패션학부 교수 2006~2007년 미국 노스캐롤라이나주립대 초빙교수 2009년 영남대 학생역량개발실장 2010~2012년 同학생역량개발처장 2010~2011년 행정안전부 일자리창출100인위원 2011~2013년 경북도 고용노동심의분과위원회 부위원장 2011년 영남대 융합섬유공학과 교수(현) 2012~2014년 同총무처장 2014년 학교법인배영학숙 이사(현) 2014년 同교무처장(현) 2014년~2016년 同교육선도사업단장 2016년 전국대학교무처장협의회 회장(현) [상]한국염색가공학회 학술상(2002) [저]'디지탈색상의 원리와 응용'(2002, 우신출판사) [역]'색채의 심리와 이해'(2009, 우신출판사)

김삼열(金三烈) KIM Sam Yeol

[생]1953·7·17 [본]김해(金海) [출]전남 완도 [주]세종특별자치시 다솜2로94 정부세종청사 5동 해양수산부(044-200-5900) [학]1976년 목포해양대 기관학과졸, 목포대 경영대학원 경영학과졸 2014년 세한대 해양레저학과졸 [경]1998년 해양수산부 안전관리관실 해사기술담당관실 근무 2000년 목포지방해양수산청 선원선박과장 2003년 해양수산부 안전관리관실 해사기술담당관실 근무 2007년 同안전관리관실 해사기술담당관 2007년 同해양정책본부 안전관리관실 해사기술팀장 2008년 국토해양부 목포지방해양항만청장 2010년 중앙해양안전심판원 심판관(고위공무원) 2011~2012년 목포지방해양안전심판원장 2012~2016년 목포신항만(주) 사장 2013~2014년 목포항만물류협회 회장 2015~2016년 새누리당 목포시당원협의회 운영위원장 2016년 해양수산부 특별보좌관(현) [상]옥조근정훈장(2011)

김삼천(金三天) KIM Sam Cheon

[생]1949·11·27 [출]경북 청도 [주]서울 중구 정동길3 경향신문사빌딩11층 정수장학회 이사장실(02-735-9144) [학]1969년 영남고졸 1973년 영남대 화학공학과졸, 서강대 대학원 경영학과졸 [경](주)방림 차장, 同부장, 同이사대우, 同이사, 同상무이사 2002년 同전무이사, JSN코리아 대표 2005~2008년 상청회 회장 2009~2012년 한국문화재단 감사 2013년 정수장학회 이사장(현) [상]대한적십자사총재표창, 섬유산업연합회 섬유수출공로상 [종]기독교

김삼호(金三鎬) KIM Samho

[생]1965·7·11 [주]광주 광산구 무진대로211번길28 광산구시설관리공단 이사장실(062-960-9931) [학]고려대 문과대학 사학과졸, 한양대 지방자치대학원 지방자치학과졸 [경]고려대총학생회 부회장, 곡성군수 비서실장, 새천년민주당 곡성지구당 선거대책본부 사무장, 대통령비서실 인사수석실 행정관, 同민원제안비서관실 행정관, 同신문고담당 행정관 2006년 열린우리당 전남도의원 후보, 광해방지사업단 호남지역본부장 2014년 광주 광산구시설관리공단 이사장(현)

김삼화(金三和·女) KIM Sam Hwa

[생]1962·8·1 [본]광산(光山) [출]충남 보령 [주]서울 영등포구 의사당대로1 국회 의원회관709호(02-784-8231) [학]1980년 대전여고졸 1984년 서울시립대 법정대학 행정학과졸 1990년 서울대 법대 사법발전과정 수료, 서울시립대 도시행정대학원 세무관리학과졸 2004년 서울대 행정대학원 국가정책과정 수료 [경]1985년 사법시험 합격(27회) 1988년 사법연수원 수료(17기) 1988년 변호사 개업 1999~2001년 서울지방변호사회 이사 2000~2006년 (사)한국성폭력상담소 이사장 2001년 서울가정법원 가사조정위원(현) 2001~2006년 대한변호사협회 조사위원 2002~2007년 국방부 국가배상심의위원 2003~2005년 (재)서울여성 운영위원 2003~2005년 서울시 여성위원회 위원 2004~2006·2010~2011년 법무부 제2기·제3기 가족법개정특별분과위원회 위원 2004~2009년 대한법률구조재단 이사 2005년 경찰청 학교여성폭력피해자원스톱지원센터 법률지원단 자문변호사(현) 2005~2007년 관세청 과세전적부심사위원 2005~2009년 중앙선거관리위원회 소청심사위원 2005~2011년 국가보훈처 보훈심사위원회 비상임위원 2006년 산업자원부 승강기사고조사판정위원회 위원 2006년 (사)한국성폭력상담소 상임이사 2008~2013년 법무부 여성정책심의위원 2008~2011년 독립기념관 비상임이사 2010~2016년 소민합동법률사무소 대표변호사 2010~2011년 (사)대한미용사회중앙회 회장직무대행 2011~2012년 대한변호사협회 여성변호사특별분과위원회 위원장 2011~2014년 한국여성변호사회 회장 2012~2013년 보건복지부 중앙생활보장위원회 위원 2012년 (사)한국성폭력상담소 이사(현) 2012~2013년 보건복지부 보건의료직능발전위원회 위원 2013~2014년 대한변호사협회 부회장 2013~2014년 국무총리산하 사회보장위원회 위원 2013~2014년 안전행정부 국민추천포상심사위원회 위원 2013~2014년 국세청 국세행정개혁위원회 위원 2014년 새정치민주연합 최고위원 2014년 국회 윤리심사자문위원회 위원 2015년 새정치민주연합 윤리심판원 위원 2016년 제20대 국회의원(비례대표, 국민의당)(현) 2016년 국민의당 제5정책조정위원장(현) 2016년 국회 여성가족위원회 위원(현) 2016년 국회 환경노동위원회 간사(현) 2016년 한국아동인구환경의원연맹(CPE) 회원(현) 2016년 국회 윤리특별위원회 위원(현) 2016년 국회 가습기살균제사고진상규명과피해구제 및 재발방지대책마련을위한국정조사특별위원회 위원(현) [상]법원행정처장 감사장(2009), 자랑스러운 서울시립대인상(2014) [저]'변호사 아줌마, 이럴 땐 어떻게 해요'(1993) '가족법의 생활법률'(1998) [종]천주교

김삼환(金森煥) KIM Sam Hwan

[생]1945·1·7 [출]경북 영양 [주]서울 강동구 구천면로 452 명성교회(02-440-9000) [학]1978년 장로회신학대 신학대학원졸 1996년 아세아연합신학대 신학대학원졸 2001년 명예 신학박사(미국 휘트워스대) 2003년 명예 신학박사(장로회신학대) 2004년 명예 신학박사(서울여대) 2008년 명예 기독교학박사(숭실대) [경]1980~2015년 명성교회 설립·담임목사(당회장) 1989년 대한예수교장로회총회(통합) 서울동남노회 노회장 1990년 (재)한국기독교100주년기념사업회 이사 1992년 대한예수교장로회총회(통합) 도서의료선교위원회 위원장 1992년 외항선교회 총재 1996년 한남대 이사장 1998년 한국기독교총연합회 남북통일위원회 위원장 2000년 팔레스타인가나안농군학교 이사장 2000년 거리의천사 이사장, 숭실대 이사, 아세아연합신학대학원 이사 2001년 (재)아가페(기독교교도소) 이사장(현), 국민일보 이사 2001년 대한예수교장로회총회(통합) 순교자기념선교회 회장 2005년 학교법인 아세아연합신학대학원 이사장 2006년 대한예수교장로회총회(통합) 세계선교부장 2007년 同부총회장 2008년 한국교회봉사단 대표 2008년 한국기독교교회협의회(NCCK) 부회장 2008년 대한예수교장로회총회(통합) 총회장 2008년 한국기독교교회협의회(NCCK) 회장 2008년 한국기독공보 이사장 2009년 (사)한국기독교사회복지협의회 한국교회희망봉사단 대표회장(현) 2009~2010년 2013세계교회협의회(WCC) 총회 유치준비위원장 2010년 세계교회협의회(WCC) 부산총회 한국교회준비위원장 2010년 출산장려국민운동본부 대표회장(현) 2016년 명성교회 원로목사(현) 2016년 학교법인 평택대 이사장(현) 2016년 학교법인 숭실대 이사장(현) [상]기독교선교대상(1992), 국민훈장 목련장(2001), 몽골 건국800주년기념훈장(2007), 에티오피아정부 1등훈장(2014) [저]'가까이 계실때 부르라' '장막터를 넓히라' '바로 바라보라' '올라가자 벧엘로!' '주님의 옷자락을 잡고' '주님보다 귀한 것은 없네' '세상을 이기는 삶' [종]기독교

김상건(金相建) KIM Sang Geon

[생]1959·8·19 [주]서울 관악구 관악로1 서울대학교 약학대학 약학과(02-880-9185) [학]1978년 인천 대건고졸 1982년 서울대 제약학과졸 1985년 同대학원졸 1989년 약물학박사(미국 노스웨스턴대) [경]1982~1986년 서울대병원 약제부 근무 1990~1992년 미국 웨인주립대 Institute of Chemical Toxicology, Research Associate·조교수 1992년 대한약리학회 이사 1992~1999년 덕성여대 약대 조교수·부교수 1999~2006년 서울대 약학대학 약학과 조교수·부교수 2005년 同약학과장 2006년 同약학대학 약학과 교수(현) 2006년 한국과학기술한림원 정회원(현) 2007년 서울대 대사 및 염증질환신약개발연구센터장 2009년 同약학대학 학생부학장 2011년 同실험동물자원관리원장 [상]서울대 총장상(1982), Award of the Molecular Biology Specialty Section The Society of Toxicology, U.S.A.(1990), 대한약리학회 중외학술상(1996), 한국과학기술단체총연합회 과학기술우수논문상(2001·2003) BRIC(한국을 빛낸 사람들)(2002·2003), 대한약학회 녹암학술상(2003), 생명약학회 우수논문상(BPS Award)(2004), 서울대 학술연구상(2008), 대한약리학회 최우수약리학자상(2008), 이달의 과학기술자상(2010), 대통령표창(2010), 한독학술대상(2015)

김상겸(金相謙) KIM Sang Kyum

[생]1957·9·2 [주]서울 중구 필동로1길30 동국대학교 법학과(02-2260-3586) [학]1981년 동국대 법학과졸 1983년 同대학원 법학과졸 1997년 법학박사(독일 Albert-Ludwigs Univ. Freiburg) [경]1990~1997년 독일 프라이브르그대 공법연구소 연구원 1998년 동의대 전임강사 1999년 동국대 법학과 헌법전공 전임강사·조교수·부교수·교수(현) 2003년 건설교통부 토지공개념검토위원 2005년 국회사무처 정보공개심의위원 2005년 한국부패학회 부회장 2005년 한국예술치료정보통신법학회 회장 2006년 감사원 정책자문위원 2006년 법무부 배상심의위원회 위원(현) 2006년 법제처 정보공개심의위원 2006~2012년 한국비교공법학회 부회장 2006년 한국토지공법학회 부회장 2007년 (사)한국입법학연구소 학술이사 2010년 비교법문화연구원 원장 2010년 중앙행정심판위원회 위원(현) 2011년 동국대 법무대학원장 겸 법과대학장 2012년 경제정의실천시민연합 지도위원(현) 2012년 문화체육관광부 청렴옴부즈만(현) 2012년 행정안전부 정보공개위원회 민간위원 2013~2014년 한국인터넷법학회 회장 2014년 행정자치부 정보공개위원회 민간위원(현) 2015년 동국대 법무대학원장·법과대학장·미래인재개발원장 2015년 同학생처장·인권센터장·기숙사(고시학사) 관장 겸임(현) 2015년 유럽헌법학회 회장(현) 2016년 국민체육진흥공단 비상임이사(현) [상]한국공법학회 학술장려상(2003), 동국대 학술상(2006) [저]'독일 연방헌법재판소의 가처분을 통한 잠정적 권리보호(Vorlaeufiger Rechtsschutz durch die einstweilige Anordnung des Bundesverfassungsgerichts)' '체육관계법 정비 및 보완연구' '유럽연합정부론' '신경제법론'(共) '독일지방정부론' '독일사회복지론' 'ADR의 실제와 이론II' '인터넷과 개인정보보호법'(共) 등 [역]'칼슈미트 연구—헌법이론과 정치이

론 : Carl Schmitt-Forschung'(2001, 세종출판사) '주권론의 뿌리를 찾아서 : Die Monarchomachen(루돌프 트로이만著)'(2003, 푸른세상) 등 [종]불교

김상겸(金尙謙) KIM Sang Kyum

[생]1958·2·9 [주]세종특별자치시 시청대로370 대외경제정책연구원 홍보팀(044-414-1104) [학]1992년 경제학박사(미국 펜실베이니아대) [경]1992년 대외경제정책연구원(KIEP) 연구위원, 同다자통상팀 선임연구위원 1998~2000년 외교통상부 통상교섭본부 통상자문관 2000년 대외경제정책연구원(KIEP) 아시아태평양경제협력체(APEC) 경제위원회 사무국장 2000년 同아시아태평양경제협력체(APEC) 연구컨소시엄 사무국장 2012년 同한국태평양경제협력위원(KOPEC) 부회장 2012~2014년 同부원장 2014년 경제협력개발기구(OECD) 금융기업국 부국장(현)

김상경(金相敬·女) KIM Sang Kyung

[생]1949·6·1 [본]청풍(淸風) [출]서울 [주]서울 중구 퇴계로20길50의8 한국국제금융연수원 원장실(02-778-0819) [학]1967년 영등포여고졸 1971년 성균관대 사학과졸 1995년 서강대 대학원 국제경제학과졸 2003년 서울대 경제연구소 세계경제최고전략과정 수료 [경]1971년 TAHAL-DPU CONSULTING ENGINEERS 비서 1975년 Standard Chartered Bank 서울지점 행원 1977년 American Express Bank 서울지점 이사 1994년 Bank of China 서울지점 자금부장·Chief Dealer 1995년 한국국제금융연수원 원장(현) 1999~2002년 한국외환은행 사외이사 1999~2007년 동양고속건설 사외이사 1999~2001년 중견기업연합회 부회장 2000~2002년 서울시 금고전문위원 2003년 (사)여성금융인네트워크 회장(현) 2004~2006년 금융감독원 금융제재심의위원회 위원 2004년 기획예산처 투자풀운영위원회 위원 2005~2011년 국가보훈처 보훈기금운용위원회 위원 2005~2009년 한국전력 환리스크관리위원회 위원 2006년 재정경제부 금융인력양성분과위원회 위원 2011~2013년 기획재정부 투자프로운영위원회 위원 2013년 중소기업청금융위원회 위원 [저]'우리나라 외환시장 육성방안 연구' '나는, 나를 베팅한다' '환율, 제대로 알면 진짜 돈 된다'

김상경(金祥京) Kim Sang Kyung

[생]1965·5·20 [본]수원(水原) [출]경남 산청 [주]서울 영등포구 여의나루로61 8층 하이투자증권 홍보실(02-2122-9101) [학]1983년 진주 대아고졸 1989년 고려대 정치외교학과졸 [경]1989년 동서증권 근무 1998년 동원증권 근무 2002년 하이투자증권 홍보실 근무 2015년 同홍보실 이사(현)

김상곤(金相坤) KIM Sang Gon

[생]1949·12·5 [본]김해(金海) [출]광주 [학]1968년 광주제일고졸 1976년 서울대 경영대학 경영학과졸 1982년 同대학원졸 1992년 경영학박사(서울대) 2011년 명예 교육학박사(카자흐스탄 크즐오르다국립대) [경]1971년 서울대 상과대학 학생회장, 서울대 총학생회장 1979~1983년 한국산업경제기술연구원 책임연구원 1983년 한신대 경영학과 전임강사·조교수 1987년 민주화를위한전국교수협의회 창립 주도 1988년 同총무간사 1990~2009년 한신대 경영학과 부교수·교수, 同교무처장 1992~2001년 노동조합기업경영연구소 소장 1995~1997년 민주화를위한전국교수협의회 공동의장 1996년 노동법·안기부법개악철폐및민중생존권쟁취범국민대책위원회 상임공동대표·운영위원장 1999~2000년 한국산업노동학회 회장 2002~2009년 노동조합기업경영연구소 이사장 2005~2007년 전국교수노동조합 위원장 2005~2008년 전태일을따르는사이버노동대학 총장 2007년 학교법인 상지학원(상지대) 임시이사 2007~2008년 (사)비정규노동센터 대표·이사장 2009·2010~2014년 경기도교육청 교육감 2015년 새정치민주연합 혁신위원회 위원장 2016년 더불어민주당 인재영입위원장 [저]'더불어 행복한 민주공화국(共)'(2012, 폴리테이아) '김상곤의 교육 편지 : 행복한 교육을 꿈꾸는 이들께'(2012, 한겨레출판)

김상곤(金相坤) KIM Sang Gon

[생]1965·9·18 [본]김해(金海) [출]전북 부안 [주]전북 전주시 덕진구 사평로25 전주지방법원(063-259-5400) [학]1983년 검정고시 합격 1989년 서울대 법학과졸 [경]1994년 사법시험 합격(36회) 1997년 사법연수원 수료(26기) 1997년 전주지법 군산지원 판사 1999년 전주지법 판사 2003년 同군산지원 판사 2007년 전주지법 판사 겸 광주고법 전주부 판사 2008년 광주고법 전주부 판사 2012년 전주지법 정읍지원장 2014년 전주지법 부장판사(현) [종]기독교

김상구(金相九) KIM Sang Gu

[생]1946·5·27 [주]서울 관악구 관악로1 서울대학교 생명과학부(02-880-6685) [학]1974년 서울대 식물학과졸 1976년 同대학원졸 1980년 이학박사(미국 오리건주립대) [경]1980~1981년 미국 오리건주립대 연구원 1981~2000년 서울대 생물학과 부교수·교수 1986~1987년 미국 캘리포니아대 방문연구교수 1995년 서울대 자연대학 교무담당 부학장 1998년 유전학회 부회장 1999년 서울대 유전공학연구소장 1999~2006년 同생명과학인력양성단(BK21) 사업단장 2000~2011년 同생명과학부 교수 2000년 한국유전학회 회장 2003년 한국식물학회 부회장 2008년 서울대 연구진실성위원회 위원장 2009~2010년 한국생물과학협회 회장 2011년 서울대 명예교수(현) 2012년 대한민국학술원 회원(식물분자유전학·현)

김상국(金相國) KIM Sang Kuk (平西)

[생]1952·8·17 [본]울산(蔚山) [주]경기 용인시 기흥구 덕영대로1732 경희대학교 산업경영공학과(031-201-2888) [학]1979년 서울대 경제학과졸 1989년 경영학박사(미국 위스콘신대), 고려대 국제대학원 중국통상전문가과정 수료, 경남대 북한대학원 수료 [경]경희대 산업공학과 교수, 同산업경영공학과 교수(현), 대통령비서실 정책기획·홍보 자문교수, 국가과학기술위원회 정책전문위원회 위원장, 공정거래위원회 시장구조조정분과 전문위원, 국가연구개발(R&D) 예산사전조정 심의위원, 재정경제부 정부투자기관 경영평가교수, 과학기술부·지식경제부·정보통신부·국정홍보처 자문교수, 여의도연구소 경제정책자문위원 2004~2008년 매일경제 이코노미 경영에세이 연재 2006~2007년 KBS라디오 '김상국 교수의 알기 쉬운 경제이야기'·'한국경제 발전사'·'북한경제 발전론' 진행, KBS심야토론·MBC·SBS·K-TV·WOW-TV·OBS등 경제토론 출연 2007년 한나라당 제17대 이명박대통령중앙선거대책위원회 산업정책위원장 2007년 한국지능정보시스템학회 회장 2009년 한국경영정보학회 회장, 한국경영학회 부회장, 한국산업공학회 이사·감사, 면암최익현선생추모법인설립위원회 상임준비위원, 기획재정부 정책성과 평가위원(현) 2012년 새누리당 제18대 대통령중앙선거대책위원회 대외협력특보 2013년 미래창조과학부 민간R&D투자활성화자문위원회 위원 2014년 경기 용인시장선거 출마(무소속), 재정기획부 업적평가위원 [저]'컴퓨터 개론'(1994) '세계경영 정상의 길'(1996) '경영혁신의 이론과 실제'(1997) '김상국 교수의 속 시원한 경제 이야기'(2014) [종]천주교

김상국(金相國) KIM Sang Kook

[생]1953·3·15 [본]김해(金海) [출]경북 포항 [주]서울 광진구 능동로209 세종대학교 예체능대학 체육학과(02-3408-3272) [학]용인대 유도학과졸 1987년 미국 스프링필드대 대학원 스포츠경영학과졸 1993년 스포츠교육학박사(미국 컬럼비아대) [경]1993년 세종대 예체능대학 체육학과 조교수·부교수·교수(현) 1995~2003년 한국체육학회 총무이사·국제이사·학술이사·학술위원장 1996년 대한민국체육대상 심사원 1998년 同국제이사 1998~2004년 세종대 학생처장 1999년 同생활복지위원장 2002년 同학생지원처장 2002년 한국스포츠정보학회 부회장 2002년 부산아시아경기대회 학술집행위원장 2002년 한국체육학회 편집위원장 2003년 대한체육회 편집위원 2003년 세종대 국민건강증진연구소장(현) 2003년 대구유니버시아드 학술집행위원 2003~2009년 대한체육회 편집위원 2007~2008년 미국 컬럼비아대 방문교수 2008~2009년 서일대학 관선이사(파견) 2012~2014년 염광메디텍여고 운영위원장 2014년 염광학원 감사 [상]대한체육회코치아카데미 우수상(1981), 한국체육학회 공로상(1997·2003), 기아자동차 근로자건강증진감사패(2001), 기아자동차근로자 건강증진공로상(2002), 애지헌상(2003), 대한민국건강대상(2008), 세종대 우수 논문 및 저서 연구자상(2009), 서울권역 e-러닝센터 학점교류강좌 우수강의상 3회(2012·2013), 한국안전보건공단이사장 공로패(2012), 인문사회기초연구 우수성과 인증패(2012) [저]'여성건강' '학교체육실태조사 및 개선방안' 'Worksite Health Promotion' 'Wellness Concept and application' '운동과 건강' '웰니스와 삶의질' [역]'웰니스 개념과 적용 : 삶의 질과 건강증진 지침서'(1996) '유아체육프로그램'(2003) '스포츠연구법'(2004) [종]기독교

김상국(金相局) KIM Sang Kuk

[생]1958·7·8 [출]경남 의령 [주]대구 달서구 장산남로30 대구가정법원(053-570-1500) [학]1976년 부산고졸 1981년 서울대 법대졸 1983년 한양대 행정대학원 수료 [경]1983년 사법시험 합격(25회) 1985년 사법연수원 수료(15기) 1986~2000년 변호사 개업 1995년 부산지방변호사회 홍보이사, 민주사회를위한변호사모임 회원 1998년 부산지역중소기업 법률행정자문위원 2000년 창원지법 판사

2002년 부산고법 판사 2004년 부산지법 동부지원 부장판사 2006년 同부장판사 2008년 울산지법 부장판사 2010년 부산지법 가정지원장 2011년 부산가정법원 부장판사 2012년 부산지법 부장판사 2015년 대구가정법원장(현) [종]불교

김상규(金商奎) KIM Sang Kyu

[생]1955·9·1 [본]김녕(金寧) [출]경북 [주]대구 남구 중앙대로219 대구교육대학교 사회과교육과(053-620-1327) [학]1974년 평해상고졸 1976년 대구교대졸 1982년 대구대 경제학과졸 1984년 영남대 대학원졸 1992년 경제학박사(계명대) [경]1988년 대구교육대 사회과교육과 전임강사·조교수·부교수·교수(현) 1999~2011년 한국개발연구원(KDI) 경제모니터전문가위원 2004~2012년 한국경제교육학회 부회장 2004년 교육과학기술부 중등임용고시 경제영역 출제위원 2006~2007년 미국 위스콘신대 교환교수 2007년 대구교대 전자계산소장 2007~2010년 同도서관장 겸 박물관장 2010년 교육과학기술부 개정교육과정 경제교과서 집필기준 검토위원 2010년 한국교육과정평가원 중3사회교과서 심사·검정위원 2013년 대구교육대 교육연수원장 겸 평생교육원장(현) 2014~2016년 한국경제교육학회 회장 [저]'경제질서와 국제관계'(1994, 학문사) '세계경제질서와 경제교육'(1996, 학문사) '사고중심의 경제학강의'(1998, 형설출판사) '도랑치고 경제잡는다'(2001, 오늘의책) '만화로 보는 속담경제'(2002, 아낌없이주는나무) '속담으로 풀어보는 이야기 경제학'(2005, 오늘의책) '어린이 경제사전'(2006) '어린이 경제 스쿨'(2007, 매일경제신문) '알기쉬운 경제학(共)'(2009·2010·2013, 형설출판사) '속풀이 경제학'(2009, 오늘의책) '생각학교초등경제교과서1·2·3·4·5'(2011, 사람in) '왜 세상에는 가난한 사람과 부자가 있을까요?'(2013, 나무생각) '캥거루족, 주머니에서 탈출!'(2016, 그루) [역]'인구론'(2011, 동서문화사) [종]가톨릭

김상규(金相奎) KIM Sang Gyoo

[생]1956·2·15 [본]김녕(金寧) [출]부산 [주]서울 종로구 새문안로92 1601호 도서출판 센추리원(02-319-1782) [학]1982년 부산대 경영학과졸 [경]1995년 중앙일보 관리팀 근무 1998년 同수석부장 1998년 同경영기획팀 수석부장 1999년 同LA지사 수석부장·고객서비스담당 이사보 2003년 同관리담당 이사보 겸 JAS(주) 대표이사 2004년 同이사보 마케팅본부장 2004~2005년 한국신문협회 판매협의회 부회장 2005년 중앙일보 이사대우 마케팅본부장 2006~2008년 중앙일보재무법인(주) 대표이사 2009년 중앙북스 대표이사 2011년 同고문 2012년 도서출판 센추리원 대표(현)

김상규(金相逵) KIM Sang Gyu

[생]1959·2·3 [본]선산(善山) [출]경남 거창 [주]서울 서초구 헌릉로12 현대제철(주) 전략기획본부(02-3464-6114) [학]고려대졸 1986년 同대학원 경제학과졸 1992년 경제학박사(고려대) [경]하나경제연구소 근무 2006년 현대제철(주) 전략기획담당 이사대우 2007년 同전략기획실장(이사대우), 同전략기획실 경영기획담당 이사, 同제철기획실 이사, 同경영기획본부장(상무) 2015년 同전략기획본부장(전무)(현) [종]불교

김상규(金相圭) Kim Sang-Kyu

[생]1960·5·20 [주]서울 종로구 인사동5길29 태화빌딩7층 성신양회(주) 비서실(02-3782-7000) [학]1989년 동국대 교육대학원졸 [경]1984년 성신양회(주) 입사 2008년 同감사부문 이사 2011년 同시멘트영업2본부장 2013년 同감사부문 상무이사 2014년 同경영지원본부장(전무이사) 2015년 同대표이사 부사장(현)

김상규(金尙圭) Sang Kyu Kim

[생]1961·2·10 [본]김해(金海) [출]경남 김해 [주]서울 종로구 북촌로112 감사원 감사위원실(02-2011-2020) [학]1979년 마산고졸 1983년 연세대 법학과졸 1985년 서울대 대학원 행정학과졸 2001년 영국 버밍엄대 대학원 경영학과졸 [경]1984년 행정고시 합격(28회) 1985년 총무처 수습행정관(5급) 1986년 국세청 남부산·동래세무서·서울지방세무청 근무 1993년 재무부 세제실 세제조사과·기본법규과 근무 1994년 同세제실 세제정책과 근무 1994년 재정경제원 예산실 법사행정예산담당관실 근무 1996년 同예산실 통상과학예산담당관실 근무(서기관) 1997년 同예산실 복지노동예산담당관실 근무 1999년 예산청 예산총괄국 예산기준과 근무 1999년 기획예산처 기획관리관실 법무담당관실 근무 1999년 영국 버밍엄대 파견 2001년 전라남도 파견 2002년 기획예산처 기획관리실 감사법무담당관 2003년 同예산실 과학환경예산과장 2004년 同기금정책국 기금총괄과장(부이사관) 2005년 同재정운용실 기금운용계획과장 2007년 진실화해를위한과거사정리위원회 파견(고위공무원) 2008년 대통령 교육과학문화수석비서관실 과학기술비서관실 선임행정관 2010년 대통령 국정기획수석비서관실 지역발전비서관실 선임행정관 2010년 대통령정책실 정책기획관실·지역발전비서관실 선임행정관 2010~2012년 기획재정부 예산실 경제예산심의관 2012년 새누리당 기획재정위원회 수석전문위원 2013년 기획재정부 재정업무관리관 2014년 조달청장 2016년 감사원 감사위원(현) 2016년 한국공무원불자연합회 회장(현) [상]홍조근정훈장(2009)

김상규(金相奎) KIM Sang Kyu

[생]1973·8·31 [출]인천 [주]서울 금천구 가산동371의28 우림라이온스밸리 C동 201호 더팩트(02-2026-0800) [학]1992년 인천고졸 1998년 경희대 신문방송학과졸 [경]1999년 웰콤 근무 2000년 스포츠서울21 입사 2003~2006년 스포츠서울I&B 총괄사업팀장·미디어전략부장 2006~2016년 (주)스포츠서울미디어 사장 2013년 한국디지털뉴스협회 이사 2016년 (주)더팩트 사장(현) 2016년 한국인터넷신문협회 이사(현) 2016년 법무법인 비젼인터네셔널 전문위원(현)

김상균(金尙均) KIM Sang Kyun

[생]1946·3·19 [본]영암(靈巖) [출]부산 [주]서울 관악구 관악로1 서울대학교 사회복지학과(02-880-6456) [학]1970년 서울대 사회사업학과졸 1975년 同대학원졸 1982년 사회정책박사(영국 Aberdeen대) [경]1987~2011년 서울대 사회과학대 사회복지학과 교수 1995년 대통령자문 정책기획위원 1995년 여성정책심의위원회 민간위원 1997년 서울대 학생생활연구소장 1998년 서울시 정책자문위원 1998년 同여성위원 1999~2001년 정부출연연구기관연합이사회 경제사회연구회 민간이사 1999년 서울대 학생생활연구소장 1999년 민주평통 사회복지분과 위원장 2001년 자활사업자문평가단 공동단장 2002~2003년 국민연금발전위원회 위원 겸 제도발전전문위원회 위원장 2002~2004년 노동부 중앙근로자복지정책위원회 위원 2002~2003년 한국보건사회연구원 연구자문위원 2003년 대통령직속 노사정위원회 위원 2006~2008년 공무원연금제도발전위원회 위원장 2007년 경제사회발전노사정위원회 하역부문위원회 위원장 2007년 보건복지부 중앙생활보장위원회 부위원장 2008년 재단법인 중앙재활센터 이사장 2008년 자체평가위원회 위원장 2009년 고용노동부 노동정책자문회의 위원 2010년 사회복지공동모금회 이사 2011년 서울대 사회복지학과 명예교수(현) 2011~2012년 보건복지부 100세시대대비저출산·고령사회포럼 위원장 2013년 국민행복연금위원회 위원장 [저]'삶의 질 향상을 위한 길잡이' '사회복지개론' '사회윤리와 철학' '현대사회와 사회정책' '사회과학과 사회복지'(共) '현대사회와 과학문명'(共) 'Combatting Poverty'(共) '현대사회와 인권'(共) 'IMF체제의 사회과학적 진단(共)'(1998, 서울대 출판부) '낙타와 국민 연금'(2010, 학지사)

김상균(金相均) KIM Sang Kyun

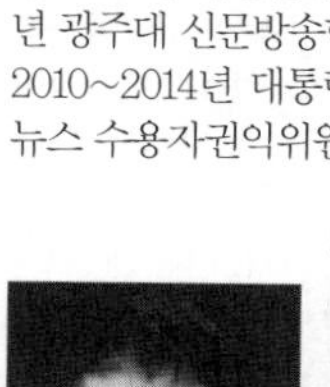

[생]1949·12·19 [본]광산(光山) [출]광주 [학]1966년 광주제일고졸 1972년 서울대 정치외교학과졸 2015년 신문방송학박사(성균관대) [경]1976년 문화방송 사회부·정치부·경제부 기자 1980년 해직 1980~1987년 유네스코 한국위원회 근무 1987년 문화방송 복직, 同경제부 차장대우 1992년 同워싱턴특파원 1994년 同사회부장 직대 1995년 同경제과학팀장 1996년 同통일외교부장 1998년 同정치부장 1999년 同보도국 부국장 2000년 同보도제작국장 2000년 同보도국장 2000년 同해설위원 2001년 同해설위원실 주간 2002~2004년 同정책기획실장 2004년 마산문화방송 사장 2005~2008년 광주문화방송 사장 2009~2014년 광주대 신문방송학과 교수 2010~2011년 연합뉴스 수용자권익위원회 위원 2010~2014년 대통령직속 아시아문화중심도시조성위원회 위원 2011년 연합뉴스 수용자권익위원회 위원장 2011~2014년 뉴스통신진흥회 이사

김상균(金庠均) KIM Sang Kyun

[생]1958·7·8 [출]대구 [주]서울 서초구 서초대로74길11 삼성전자(주) 법무실(02-2255-0114) [학]1977년 경북고졸 1981년 서울대 법대졸 [경]1981년 사법시험 합격(23회) 1983년 사법연수원 수료(13기) 1983년 서울형사지법 판사 1985년 서울민사지법 판사 1987년 대구지법 경주지원 판사 1991년 서울지법 동부지원 판사 1994~1998년 서울고법 판사 1994년 법원행정처 사법정책연구심의관 겸임 1998년 서울지법 판사 1998년 제주지법 부장판사 1999년 언론중재위원회 위원 2000년 수원지법 평택지원장 2002년 서울지법 부장판사 2004년 서울중앙지법 부장판사 2005년 삼성 구조조정본부 법무실 부사장 2005년 同사장단협의회 법무실 부사장 2010년 同법무실장(사장) 2010~2014년 同준법경영실장(사장) 2014년 삼성전자(주) 법무실장(사장)(현)

ㄱ

김상근(金祥根) KIM Sang Keun

[생]1939 · 10 · 22 [본]경주(慶州) [출]전북 군산 [주]경기 수원시 장안구 수성로421 (재)경기도교육연구원(031-8012-0902) [학]1958년 군산고졸 1963년 한국신학대졸 1968년 연세대 연합신학대학원졸 [경]1968~1982년 기독교장로회 수도교회 전도사 · 부목사 · 담임목사 1978년 한국기독교교회협의회(KNCC) 실행위원 1979~2008년 기독교사회문제연구원 이사 1982~1990년 한국기독교장로회총회 총무 1986년 KNCC 고문폭력대책위원장 1988년 '장공김재준목사' 기념사업회 재정 · 이사(현) 1990년 KNCC 정책연구위원장 1990년 5 · 18진상규명과 광주항쟁정신계승국민위원회 공동대표 1991년 KNCC 언론대책위원장 1993~2008년 민족의평화와통일을위한종교협의회 상임대표 1994년 KNCC 인권위원장 1994~2008년 (재)아우내재단 이사장 · 이사 1995년 한국인권단체협의회 회장 1996년 KNCC 대외협력위원장 1998~2002년 (재)대한기독교서회 대표이사 사장 1998년 KNCC 통일위원장 1998년 (사)민족화해협력범국민협의회 상임의장 · 상임고문(현) 1999년 대통령직속 방송개혁위원회 1999년 민주평통 상임위원 2000~2003년 제2의건국범국민추진위원회 상임위원장 2000~2008년 (사)국민방송 이사장 2000~2004년 (주)한국디지털위성방송 이사회 의장 2001~2003년 민주화운동관련자명예회복및 보상심의위원회 위원장 2002년 KNCC 교회일치위원회 위원장 2002년 한국교회연합을위한18인위원회 KNCC측 대표 2003년 한국투명성기구 회장 2005~2008년 법무부 감찰위원회 위원장 2005~2008년 고령화사회희망재단 대표이사 2005년 민주화운동기념관건립추진위원회 공동대표 2005년 (사)6월민주항쟁계승사업회 대표이사장 2005년 KNCC발전과계획을위한특별위원회 위원장 2006~2008년 민주평통 수석부의장 2009년 6.15공동선언실천 남측위원회 상임대표 2009년 (사)통일맞이 이사장 · 상임고문(현) 2009년 (재)노무현재단 고문(현) 2011년 2012생명평화기독교행동 상임대표(현) 2012년 '강기훈의 쾌유와 재심개시 촉구를 위한 모임' 공동대표 2012년 '강기훈 쾌유와 명예회복을 위한 시민모임' 공동대표 2012년 '승리2012 희망2013 원탁회의' 참여 2013년 김근태기념치유센터 '숨' 공동대표 2013년 6.15공동선언실천 남측위원회 명예대표(현) 2014년 (재)경기도교육연구원 이사장(현) [상]5 · 18윤상원상, 자랑스런 군산중 · 고인상 대상, 국민훈장 모란장(2003), 한신상(2008) [저]기독교사회평론 '다시 하나로 서기 위하여' '역사와 성서읽기' '새벽은 밤을 지샌 가슴에 온다' '땅과 하나되는 하늘' '믿음은 행동이다' '평화의 집을 짓는 꿈' [종]기독교

김상근(金相根) KIM Sang Geun

[생]1963 · 10 · 26 [주]경기 안양시 만안구 성결대학로53 성결대학교 컴퓨터공학부(031-467-8167) [학]1987년 중앙대 컴퓨터공학과졸 1989년 同대학원졸 1996년 공학박사(중앙대) [경]1991~1996년 중앙대 강사 1996년 성결대 공과대학 컴퓨터공학부 교수(현) 2003년 호주 시드니대 방문교수 2006년 성결대 출판부장 2007년 同정보처장 2008년 同산학협력단장 2009~2011년 同학생지원처장 2013년 同교무처장 2016년 同2주기평가준비위원장(현) [저]'멀티미디어 개론' '실습위주의 오피스 2000 따라하기'(2001) '새롭게 시작하는 Visual Basic.Net'(2005) '쉽게 배우는 C Programming'(2005)

김상기(金相基) KIM Sang Ki

[생]1952 · 8 · 29 [출]경북 포항 [주]서울 용산구 이태원로 22 별관 2015세계군인체육대회조직위원회(02-748-6091) [학]포항 동지상고졸 1976년 육군사관학교졸(32기) 1983년 고려대 대학원 행정학과졸 2009년 행정학박사(고려대) [경]1996~1998년 21사단 66연대장 1998~1999년 국방개혁추진위원회 국방관리분과위원회 위원 1999~2001년 육군본부 기획관리참모부 운영계획과장 · 정책기획과장 2002~2004년 합동참모본부 전략기획차장 · 전력기획차장 2004~2006년 50사단장 2006~2007년 육군본부 전력기획참모부장 2007~2009년 특수전사령관(중장) 2009년 국방부 국방정책실장 2009~2010년 제3야전군사령관(대장) 2010~2012년 육군 참모총장(대장) 2013년 2015세계군인체육대회조직위원회 공동위원장(현) [상]보국훈장 천수장(2007), 미국 공로훈장(2010년), 불자대상(2011), 국제군인스포츠위원회(CISM) 지휘장(2015)

김상길(金相吉)

[생]1961 · 3 · 21 [출]대구 [주]강원 원주시 혁신로199 한국광물자원공사 자원기반본부(033-736-5000) [학]대구 대건고졸, 경북대 지질학과졸, 同대학원 지질학과졸 [경]한국광물자원공사 개발기획팀장, 同탐사사업처장, 同탐사지원처장 2015년 同개발기획처장 2016년 同자원기반본부장(현) 2016년 남북교류협력지원협회 비상임이사(현)

김상길(金相吉) Kim, Sang-gil

[생]1961 · 12 · 14 [본]김해(金海) [출]전남 고흥 [주]인천 계양구 계산새로88 계양구청(032-450-5011) [학]1983년 제물포고부설 방송통신고졸 1988년 인하대 행정학과졸 1999년 한국개발연구원 국제정책대학원 경제정책과정 수료 2007년 미국 노스텍사스대 대학원 정책학/ESL 수료 2009년 미국 트리니티대 대학원졸(MBA) [경]1993년 행정고시 합격(37회) 1996년 인천시 국제협력관실 국제교류팀장 1998년 同과학기술팀장 2002년 인천경제자유구역청 기획정책과 기획팀장 2005~2007년 同기획정책과장 2010년 同u-City사업과장 2010년 인천시 경제수도추진본부 경제수도정책관 2011년 인천경제자유구역청 기획조정본부장 직대 2012년 同기획조정본부장(부이사관) 2013년 인천시 자치행정국 지방부이사관 2014년 同인재개발원장 2015년 인천시 계양구 부구청장(현) [종]기독교

김상남(金庠南) Kim Sangnam

[생]1963 · 11 · 16 [주]전북 전주시 완산구 농생명로300 농촌진흥청 농촌지원국 기술보급과(063-238-0970) [학]1982년 강릉고졸 1987년 서울대 농업생명과학대학 농업교육학과졸 1997년 同대학원 농업교육학과졸 [경]2011~2014년 농촌진흥청 대변인 2014~2015년 국방대 안전보장대학원 안보과정 교육파견 2015년 농촌진흥청 지도정책과장 2016년 同농촌지원국 기술보급과장(현)

김상년(金尚年) KIM Sang Nyun (松竹)

[생]1929 · 1 · 21 [본]안동(安東) [출]경북 의성 [주]서울 영등포구 의사당대로1 대한민국헌정회(02-757-6612) [학]1948년 대구중졸 1950년 육군사관학교졸 1953년 미국 보병학교졸 1970년 중앙대 사회개발대학원졸 1983년 미국 컬럼비아대 수학 [경]1960년 방첩부대장 1963~1967년 중앙정보부 전남 · 경북 · 충남북지부장 1968년 通運 상무 1970년 민주공화당 경북제12지구위원장 1971년 제8대 국회의원(의성, 민주공화당) 1973년 사회사업시설연합 회장 1973년 제9대 국회의원(안동 · 의성, 민주공화당) 1976~1981년 한국사회복지협의회 회장 1979년 제10대 국회의원(안동 · 의성, 민주공화당) 1979년 민주공화당 중앙위원회 부의장 1979년 국회 내무위원회 위원장 1981년 한국사회복지협의회 고문 2013년 대한민국헌정회 고문(현) [상]충무무공훈장(1952), 화랑무공훈장(1952), 을지무공훈장(1953), 대통령표창 [저]시집 '인생은 고뇌하고 여행은 노래하고1'(2001) '인생은 고뇌하고 여행은 노래하고2'(2007) [종]가톨릭

김상대(金相大) KIM SANGDAE

[생]1964 · 10 · 8 [주]서울 서초구 헌릉로12 현대자동차(주) 상품기획사업부(02-3464-1114) [학]영남고졸, 서울대 국민윤리교육학과졸, 미국 미시간대 앤아버교 대학원 마케팅관리학과졸 [경]2004~2009년 현대자동차(주) 브랜드전략팀 근무 2011년 同마케팅전략실장 2012년 同국내마케팅실장(이사) 2015년 同국내마케팅실장(상무) 2015년 同상품기획사업부장(상무)(현)

김상도(金相道) KIM Sang Do

[생]1958 · 1 · 20 [출]경기 의정부 [주]서울 서초구 강남대로405 통영빌딩14층 법무법인 조율(02-597-9800) [학]1976년 중앙고졸 1980년 고려대 법대졸 1982년 同대학원 법학과 수료 [경]1983년 사법시험 합격(25회) 1985년 사법연수원 수료(15기) 1986년 軍법무관 1989년 대구지검 검사 1991년 대전지검 서산지청 검사 1992년 법무부 송무심의관실 검사 1994년 서울지검 검사 1997년 부산지검 동부지청 검사 1997년 同동부지청 부부장검사 1998년 대검 검찰연구관 1999년 전주지검 부장검사 2001년 사법연수원 교수 2003년 서울지검 북부지청 형사2부장 2004년 서울중앙지검 형사6부장 2005년 대전지검 홍성지청장 2006년 서울고검 검사 2006년 국가청렴위원회 법무관리관 2007~2008년 의정부지검 차장검사 2008년 변호사 개업 2008년 한나라당 의정부甲당원협의회 위원장 2012~2016년 새누리당 의정부甲당원협의회 운영위원장 2015년 법무법인 조율 변호사(현)

김상도(金湘道) KIM Sang Do

[생]1966 · 4 · 22 [본]의성(義城) [출]경북 의성 [주]세종특별자치시 도움6로11 국토교통부 운영지원과(044-201-3160) [학]1984년 성동고졸 1988년 서울대 사회복지학과졸 1990년 同행정대학원 행정학과졸 1998년 미국 캘리포니아대 버클리교 정책대학원졸 [경]1991년 행정고시 합격(35기) 1992년 입법고시 합격(11기) 2003년 건설교통부 국토정책국 국토정책과 서기관 2003년 同감사관실

참여담당관실 서기관 2003 영국 케임브리지대 울프슨대학 방문교수 2005년 건설교통부 물류지원팀장 2006년 同자동차팀장 2008년 국토해양부 항공철도국 국제항공과장 2009년 同항공정책실 국제항공과장 2010년 同항공정책실 항공정책과장 2010년 同교통정책실 종합교통정책과장 2011년 同교통정책실 종합교통정책과장(부이사관) 2013년 대통령 국토교통비서관실 행정관 2014년 駐몬트리올총영사관 겸 駐국제민간항공기구(ICAO)대표부 파견(고위공무원)(현) [상]대통령표창(2002), 홍조근정훈장(2012)

김상돈(金相敦) KIM Sang Done (礎堂)

[생]1945·1·1 [본]김해(金海) [출]서울 [주]대전 유성구 대학로291 한국과학기술원 생명화학공학과(042-350-3913) [학]1963년 용산고졸 1967년 고려대 화학공학과졸 1974년 공학박사(캐나다 웨스턴온타리오대) [경]1974년 캐나다 맥매스터대 연구원 1976년 미국 일리노이주립대 에너지자원연구소 연구원 1977년 숭전대 부교수 1978~1984년 한국과학기술원 부교수 1982년 캐나다 동력자원부 에너지연구소 초청연구원 1985년 한국과학기술원 생명화학공학과 교수·명예교수(현) 1985년 일본 규슈대 응용화학부 초빙교수 1986년 한국과학기술원 학생처장 1991~2010년 同에너지환경연구센터 소장 1993년 同연구처장 1997년 한국과학기술한림원 종신회원(현) 1998~2000년 한국과학기술원 학장 겸 교무처장 1999년 한국공학한림원 명예회원(현) 2000년 한국에너지공학회 회장 2001년 캐나다 Ecole Polytechnic de Montreal 초빙교수 2004년 한국화학공학회 학술부회장 [상]한국과학기술원 학술상·학술대상, 화학공학회 학술상, 국민훈장 석류장, 대전시 환경상, 한국공학상, 한국과학기술원 국제협력상 [저]'석탄에너지 변환기술' '에너지공학' '삼상유동층반응기의 분산특성' [역]'유동층 소각기술' [종]기독교

김상돈(金相敦) KIM Sang Don (步雲)

[생]1950·5·20 [본]안동(安東) [출]충남 천안 [주]서울 성동구 살곶이길200 한양여자대학교 행정실무과(02-2290-2691) [학]1969년 천안고졸 1977년 한국방송통신대 행정학과졸 1979년 한양대 행정학과졸 1986년 서울대 행정대학원 행정학과졸 2009년 공학박사(한양대) [경]행정고시 합격(22회) 1989~1994년 서울시 기획담당관·투자관리담당관·시정개발담당관·대통령 행정수석비서관실 행정관 1994년 서울시 세종문화회관 사무국장·교통관리사업소장·교통특별대책본부 지원국장·강북구 부구청장 1996년 국방대학원 파견, 서울시 교통기획관 1997년 同버스개선기획단장·공무원교육원 교수부장 1998년 광진구 부구청장 1999년 서울시 시정기획관·시정개혁단장 2001년 同보건복지국장 2002년 강남구 부구청장 2006년 서울시 교통국장 2007년 同관리관(행정국) 2007~2010년 서울메트로 사장 2009년 도시철도포럼 공동대표 2013년 한양여대 행정실무과 교수(현) 2013년 同행정실무과 학과장 [상]대통령표창, 황조근정훈장, 대한민국 환경실천인 대상, The Company of Korea 2008 경영혁신대상, 지속가능경영대상(2008), 경영혁신최우수기업상(2008), 세계도시철도 최우수기관상(2008), 제4회 지속가능경영대상 개인부문 지속경영인상(2009)

김상돈(金相敦) Kim Sangdon

[생]1961·1·10 [출]경기 의왕 [주]경기 수원시 팔달구 효원로1 경기도의회(031-8008-7000) [학]운봉공고졸, 나주대졸, 동신대 환경조경학과졸, 한양대 행정자치대학원졸 [경]의왕시생활체육협의회 회장, 의왕시시민장학회 이사 2002·2006·2010년 경기 의왕시의회 의원(민주당·민주통합당·민주당·새정치민주연합) 2004~2006·2008~2010년 同부의장 2010~2012년 同의장 2010년 경기도중부권의장협의회 부회장, 의왕청년회의소 회장, 의왕청소년상담센터운영협의회 위원장 2014년 경기도의회 의원(새정치민주연합·더불어민주당)(현) 2014년 同건설교통위원회 간사 2014년 同윤리특별위원회 위원 2016년 同문화체육관광위원회 위원(현) 2016년 同예산결산특별위원회 위원(현)

김상동(金象東) Kim Sang Dong (봉산)

[생]1959·2·9 [본]안동(安東) [출]경북 예천 [주]경북 안동시 풍천면 도청대로455 경상북도청(054-880-4200) [학]1978년 대창고졸 1983년 영남대 지역사회개발학졸 2004년 경북대 대학원 일반행정학과졸 2014년 지역복지행정학박사(영남대) [경]2007년 경북도 예산계장 2011년 同물산업과장 2011년 同도청이전본부 총괄지원과장 2012년 同도시계획과장 2013년 同예산담당관 2014년 경북 예천군 부군수 2015년 경북도 도청신도시본부장(현) [상]내무부장관표창(1994), 금오대상(1996), 국무총리표창(2000), 근정포장(2008)

김상동(金商東) KIM Sang Dong

[생]1959·5·14 [본]영산(永山) [출]경북 상주 [주]대구 북구 대학로80 경북대학교 총장실(053-950-6001) [학]1976년 경북고졸 1980년 경북대 수학과졸 1983년 서울대 대학원졸 1993년 이학박사(미국 위스콘신주립대) [경]1993~2002년 경북대 사범대학 수학교육과 전임강사·조교수·부교수 1996년 미국 콜로라도주립대 방문연구원 2002년 경북대 자연과학대학 수학과 교수(현) 2005년 대한수학회 사업이사 2007년 한국산업응용수학회 부회장 2008~2009년 경북대 기획처장 2009~2012년 기초기술연구회 이사 2016년 경북대 총장(현) [상]대한수학회 논문상(1999), 선도과학자 선정(2004), 경북대 15년 근속상(2008)

김상동(金尙東)

[생]1969·7·9 [출]경북 청송 [주]서울 양천구 신월로386 서울남부지방법원 제14민사부 부장판사실(02-2192-1225) [학]1987년 영남고졸 1991년 고려대 법학과졸 1993년 同대학원 법학과졸 [경]1993년 사법시험 합격(35회) 1996년 사법연수원 수료(25기) 1999년 대구지법 판사 2002년 同포항지원 판사 2004년 인천지법 판사 2007년 서울고법 판사 2009년 서울중앙지법 판사 2011년 대구지법 서부지원 부장판사 2012년 인천지법 부장판사 2015년 서울남부지법 부장판사(현)

김상래(金相來) KIM Sang Lae

[생]1958·4·25 [출]강원 강릉 [주]서울 노원구 화랑로815 삼육대학교 신학과(02-3399-1501) [학]1976년 강릉 명륜고졸 1981년 삼육대 신학과졸 1983년 同대학원 신학과졸 1992년 성서학박사(영국 셰필드대) 1995년 삼육대 대학원 신학 박사과정 수료 [경]1984~1988년 반포교회 담임목사 1989~1991년 미국 시카고 서북교회 담임목사 1994년 삼육대 신학과 교수(현) 1996~1998년 同학생과장 2005~2009년 同교목실장 2009년 同신학연구소장 2012~2016년 同총장 2016년 同살렘관장(현) [저]'구약의 역사와 고고학의 증거'(1998, 삼육대 신학연구소) '창세기 연구 : 빛이 있으라'(2003, 삼육대 신학과) '사랑의 빛, 사랑의 빛'(2003, 정문사) '구약의 역사와 기별'(2006, 삼육대 출판부) '예수의 생애와 교훈'(2006, 삼육대 출판부) '구약의 역사서'(2010, 삼육대 출판부) [역]'포스트모더니즘과 이데올로기 성서비평'(2000, 한들출판사) '산산이 부서진 여인들/페미니즘 비평으로 본 성서의 여성들'(2001, 한들출판사) '우주의 생명과 기원'(2008, 시조사)

김상렬(金相烈)

[생]1967·5·3 [출]경북 안동 [주]경북 안동시 제비원로 103 안동경찰서(054-850-9211) [학]안동 경일고졸 1989년 경찰대 행정학과졸(5기), 경북대 행정대학원졸 [경]2009년 경북지방경찰청 경무계장(경정) 2011년 同인사계장 2013년 同치안지도관(총경) 2014년 同경비교통과장 2014년 경북 울진경찰서장 2015년 경북지방경찰청 홍보담당관 2016년 경북 안동경찰서장(현)

김상룡(金尙龍) KIM Sang Ryong

[생]1957·8·24 [출]경기 양주 [주]인천 연수구 갯벌로12 인천경제산업정보테크노파크 창조융합본부(032-260-0605) [학]1976년 제물포고졸 1980년 한국항공대 전자과졸 1982년 한국과학기술원 전기전자과졸(석사) 1989년 전기전자학박사(한국과학기술원) 1993년 미국 카네기멜론대 음성인식 연수 [경]1986년 NTT 기술연수, 삼성종합기술원 연구위원(상무급) 1989~1993년 삼성전자(주) 통신연구소 근무 2005년 同HCI LAB장(연구위원·전무급), 同INTERACTION LAB장(연구위원·전무) 2007년 삼성전자(주) 디지털연구소 디지털미디어총괄 AV사업부 MP개발팀장(전무) 2008년 同캠코더사업팀 전무 2009~2012년 삼성디지털이미징(주) 전무 2012~2014년 한국방송통신전파진흥원 차세대방송PM 프로젝트매니저(PM) 2014~2016년 인천정보산업진흥원 원장 2016년 인천경제산업정보테크노파크 창조융합본부장(현) [상]한국전자전 대통령DEMO제품상(1994), 삼성그룹기술상 은상(1994)

김상률(金尙律) Sang Yule Kim

[생]1960·3·12 [주]서울 용산구 청파로47길100 숙명여자대학교 영문학부(02-710-9962) [학]1979년 대일고졸 1984년 한양대 영어영문학과졸 1986년 同대학원 영문학과졸 1999년 영문학박사(미국 뉴욕주립대 버펄로교) [경]1993~1994년 미국 뉴욕주립대 영문과 Fulbright 연구원 2000~2014·2016년 숙명여대 영문학부 교수(현) 2001~2002년 한국아메리카학회 편집위

원장 2003~2007년 숙명여대 사회봉사실장 · 대학사회봉사협의회 전문위원 2007~2008년 미국 캘리포니아대 버클리교 영문과 Fulbright 연구교수 2008~2012년 숙명여대 대외협력처장 2008~2012년 부산대 영화연구소 자문위원 2008년 국립중앙도서관 자문위원 2011~2012년 한국대학국제교류자협의회 회장 · 전국대학국제처장협의회 회장 2011~2012년 교육부 외국인유학생유치관리인증위원 2011~2012년 한국대학교육협의회 국제화분과 위원장 2011년 한국풀브라이트동문회 부회장(현) 2011년 교육부 한중일캠퍼스아시아프로그램 심사위원장 2012~2013년 유엔협회세계연맹(WFUNA) 상임고문 2012~2013년 한국대학신문 논설위원 2013~2015년 한국중국영화포럼 자문위원 2013년 한국비평이론학회 부회장 2013~2014년 한국대학교육협의회 한중일캠퍼스아시아프로그램 심사위원장 2014~2016년 대통령 교육문화수석비서관 [상]Fulbright Scholarship(SUNY, Buffalo)(1993 · 1994), 숙명여대 우수연구교수(2006), Fulbright Fellowship(UC Berkeley)(2007 · 2008) [저]'영미고전연구 : 좋은 번역을 찾아서(共)'(2005, 창작과비평) '차이를 넘어서'(2005, 숙명여대 출판부) '에드워드 사이드 다시 읽기(共)'(2006, 책세상) '미국 흑인문학의 이해(共)'(2007, 신아사) '폭력을 넘어서'(2008, 숙명여대 출판부) [역]'백설공주'(2005) '오리엔탈리즘과 에드워드 사이드'(2011, 갈무리)

김상린(金祥麟) KIM Sang Lin

[생]1947 · 1 · 23 [본]광주(廣州) [출]서울 [주]경기 안산시 단원구 범지기로141번길90 신신제약(주) 임원실(031-491-6151) [학]1965년 동성고졸 1970년 성균관대 약학과졸 1982년 同대학원 약학과졸 1985년 약학박사(성균관대) [경]1972~1991년 중외제약 입사 · 신규사업부장 1991년 보령제약 개발학술담당 이사 1995년 同사업본부장(상무) 1997년 同종합연구소장(상무) 2001년 同중앙연구소장(전무) 2004년 同대표이사 부사장 2005년 同대표이사 사장 2015년 신신제약(주) 최고기술경영자(CTO)(현) [종]가톨릭

김상만(金相滿) KIM Sang Man

[생]1942 · 10 · 3 [출]울산 [주]울산 남구 월평로68 울산사회복지공동모금회(070-4262-3277) [학]1961년 울산공업고졸 1965년 경북대 생물교육과졸 1987년 경남대 교육대학원 생물교육과졸 [경]1968~1997년 문산중 · 학성고 · 울산중앙고 · 울산여자고 · 언양여자상업고 교사 1997~1998년 강동중 교감 1998~2000년 울산시교육청 학무국 중등교육과 장학사 · 장학관 2000~2005년 방어진고 · 울산공업고 교장, 시민운동가 2006년 울산시 교육위원, 울산 남구문화원 향토사연구소장 2007~2010년 울산시교육청 교육감 2010년 울산시교육감 후보 2010년 울산사회복지공동모금회 회장(현) [상]대통령표창(1980), 교육부장관표창(1999) [종]불교

김상면(金相冕) KIM Sang Myun

[생]1946 · 2 · 10 [출]충북 청원 [주]충북 청원군 북이면 충청대로1217 자화전자(주) 회장실(043-210-7105) [학]1968년 청주기계공고졸 1973년 한양대 금속공학과졸 [경]1973년 풍산금속 근무 1976년 한국과학기술원 연구원 1977년 경북대 재료공학과 강사 1977년 전자부품종합기술연구소 소형모타기술개발연구기획 전문위원 1981~2012년 자화전자(주) 대표이사 사장 1998년 산업자원부 공업기반기술개발기획평가단 위원 1999~2007년 한국전자산업진흥회 비상근이사 1999년 한국상장회사협의회 이사 2000년 산업자원부 요업기술원 운영위원 2000년 청주지검 범죄예방위원회 운영위원 2000년 충북대 산학협동위원회 BK사업단 운영위원 2002~2008년 전자부품연구원 이사 2004~2009년 산업자원부 우수제조기술연구센터협회 감사 · 수석부회장 2005년 (주)청주케이블TV방송 감사 2006년 바르게살기운동 충북협의회 이사 2007년 충북도 감사위원회 위원 2007~2012년 한국전자정보통신산업진흥회 비상근감사 2007년 대전지방국세청 세정자문위원 2009년 한국산업기술미디어문화재단 창립이사 2012년 자화전자(주) 대표이사 회장(현) 2012년 한국전자정보통신산업진흥회 이사 2012년 (사)한국중견기업연합회 이사(현) [상]철탑산업훈장(1985), 동탑산업훈장(1998), 5천만불 수출탑 한국전자산업대상(2000), 7천만불 수출탑 대통령표창(2004), 중소기업은행 명예의 전당 헌정(2004), 금탑산업훈장(2011) [종]불교

김상무(金相武) KIM, Sang Moo

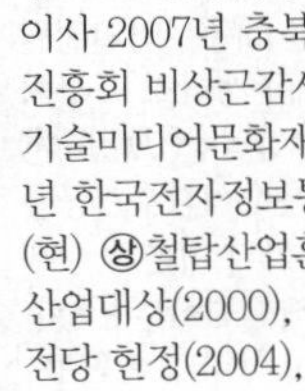

[생]1954 · 9 · 5 [본]김녕(金寧) [출]경남 밀양 [주]강원 강릉시 죽헌길7 강릉원주대학교 해양식품공학과(033-640-2343) [학]1973년 마산고졸 1980년 부산수산대 식품공학과졸 1984년 同대학원 식품공학과졸 1989년 식품생물공학박사(미국 Kansas State Univ.) [경]1980~1982년 태평양화학(주) 식품효소부 근무 1986년 미국 Kansas State Univ. 연구조교 1989년 미국 Univ. of Wisconsin-Madison 선임연구원 1990~2007년 강릉대 해양생명공학부 교수 1996년 同해양생명공학부장 1997년 同중소기업기술지원센터장 1997~2012년 강원도산업경제진흥원 이사 1998년 미국 Oregon State Univ. 방문교수 1999년 강릉대 식품연구소장 2001년 미국 Auburn Univ. 방문교수 2002~2008년 보건복지부 식품위생심의위원 2002~2005년 한국식품과학회 수산식품분과위원회 위원장 2003년 강릉대 산업대학원장 겸 생명과학대학장 2004~2006년 한국수산학회 부회장 2005~2013년 산업자원부 해양바이오신소재클러스터사업단장 2007~2008년 강원해양수산포럼 회장 2010년 (사)한국식품영양과학회 부회장 2010년 강릉원주대 해양식품공학과 교수(현) 2010~2011년 同산업대학원장 2013~2015년 (사)강원해양수산포럼 이사장 2013~2014년 (사)전국식품공학교수협의회 이사 2014년 한국식품영양과학회 감사 2014~2015년 (사)강원도특산품수출협회 자문위원 2015년 한국식품영양과학회 이사 [상]과학기술우수논문상(2004), 오뚜기학술상(2012) [저]'해양생명공학개론'(2008)

김상문(金相文) KIM Sang Moon

[생]1967 · 6 · 12 [본]김해(金海) [출]강원 강릉 [주]세종특별자치시 도움6로11 국토교통부 뉴스테이추진단 뉴스테이정책과(044-201-4100) [학]한양대 건축공학과졸, 1999년 리옹제2대 대학원 도시학과졸 [경]건설교통부 주거환경과 사무관 2005년 同건축과 서기관, 행정중심복합도시건설추진단 파견 2006년 행정중심복합도시건설청 도시계획본부 도시설계팀장 2008년 국토해양부 건축문화팀장 2008년 駐알제리대사관 1등서기관 2011년 국토해양부 건설안전과장 2012년 同기술기준과장 2013년 同중앙건설기술심의위원회 소위원장 2013년 국토교통부 기술안전정책관실 기술기준과장 2013년 同국토도시실 건축기획과장 2013년 同국토도시실 건축정책과장(서기관) 2014년 同국토도시실 건축정책과장(부이사관) 2016년 同뉴스테이추진단 뉴스테이정책과장(현)

김상민(金相珉) Kim Sang Min

[생]1973 · 7 · 14 [출]경기 수원 [학]수성고졸, 아주대 사학과졸 [경]아주대 제18대 총학생회장, 보건복지부 희망나눔정책네트워크 위원, 대통령 국민소통비서관실 정책자문위원, 한국소비자브랜드위원회 기획위원, 대학생자원봉사단 V원정대 설립 · 대표 2012~2016년 제19대 국회의원(비례대표, 새누리당) 2012년 국회 환경노동위원회 위원 2012년 새누리당 제18대 대통령후보경선 박근혜캠프 청년특보 2012년 同제18대 대통령선거기획단 조직위원 2012년 同경제민주화실천모임 운영위원 2012년 同제18대 대통령중앙선거대책위원회 청년본부장 2012년 (사)IEF 이사 2012년 제18대 대통령직인수위원회 청년특별위원회 위원장 2014년 국회 정무위원회 위원 2015년 새누리당 아동학대근절특별위원회 위원 2015년 국회 예산결산특별위원회 위원 2016년 제20대 국회의원선거 출마(수원시乙, 새누리당) [상]새누리당 국정감사 우수의원(2012 · 2013 · 2014 · 2015)

김상배(金相培) KIM Sang Bae

[생]1957 · 6 · 19 [출]서울 [주]충남 당진시 송산면 무수들길370 한국내화(주) 임원실(031-627-4200) [학]1976년 서울중앙고졸 1981년 서울대 무기재료학과졸 1983년 同대학원 무기재료학과졸 2000년 무기재료학박사(부산대) [경]독일 Erlangen대 무기재료연구소 근무, 한국내화(주) 상무이사, 同전무이사 2012년 同대표이사 사장(현), 한국세라믹총협회 부회장 2014~2016년 한국세라믹기술원 비상임이사 2016년 한국세라믹총협회 이사(현)

김상배(金相培)

[생]1957 · 12 · 1 [출]전남 완도 [주]전남 완도군 완도읍 중앙길93 완도해양경비안전서(061-550-2000) [학]1977년 완도수산고졸 2001년 목포과학대 행정학과졸 2009년 대불대 경찰행정학과졸 2015년 전남대 수산해양대학원 수료 [경]1972년 순경 임용 1982년 경장 임용 1986년 경사 임용 1991년 경위임용 1999년 경감 임용 2006년 경정 임용 2012년 동해지방해양경찰청 경무기획과장(총경) 2013년 해양경찰청 제21대 여수해양경찰서장 2014년 국민안전처 제1대 여수해양경비안전서장 2015년 남해해양경비안전본부 경비안전과장 2016년 서해해양경비안전본부 경비안전과장 2016년 제4대 완도해양경비안전서장(현)

김상배(金相培) KIM Sang Bae

[생]1960 · 2 · 24 [출]전북 무주 [주]서울 마포구 마포대로 144 태영빌딩9층 국립공원관리공단 임원실(02-3279-2700) [학]1979년 서울고졸 1988년 연세대 행정학과졸 2003년 미국 콜로라도주립대 대학원 행정학과졸 [경]1988년 행정고시 합격(32회) 1997년 환경부 기획예산담당관실 서기관 2000년 同기획관리실 홍보기획팀장 2004년 同교통환경기획과장 2006년 同환경정책실 환경경제과장 2007년 同수질보전국 수질정책과장(부이사관) 2008년 同물환경정책국 물환경정책과장 2008년 대통령자문 국가지속가능발전위원회 국장 2009년 환경부 국립생물자원관 기획전시부장 2009년 직무 훈련(고위공무

원) 2010년 국토해양부 4대강살리기추진본부 수질환경국장 2012년 낙동강유역환경청장 2013년 환경부 물환경정책국 상하수도정책관 2014~2016년 同국립생물자원관장 2016년 국립공원관리공단 자원보전이사(현) [상]대통령표창(1997), 홍조근정훈장(2012)

김상배(金相培) KIM Sang Bae

[생]1960·9·10 [출]경북 [주]서울 강남구 테헤란로77길 13 창조빌딩11층 (주)나모인터랙티브 임원실(02-559-9333) [학]1977년 김천고졸 1982년 동국대 전자계산학과졸 1986년 광운대 대학원 전산학과졸 [경]1983년 전자통신연구소 연구원 1986~1992년 삼성종합기술원 선임연구원 1992년 삼성SDS 정보기술연구소 기획팀장 1998~2000년 同SI사업부 근무 2000~2001년 (주)현찰닷컴 대표이사 사장 2000년 (주)지오이스트 대표이사 사장 2000년 (주)에이티첼 대표이사 사장 2001년 (주)시티첼 대표이사 사장 2001년 (주)오비츠 부사장 2002년 세종대 겸임교수 2002년 (주)솔루션브리지 대표이사 사장 2003년 대한정보합동기술사무소 수석컨설턴트 2003년 (주)세중나모인터랙티브 부사장 2003년 同대표이사 사장 2006년 (주)세중나모 대표이사 사장 2006년 (주)세중나모여행 대표이사 사장 2007년 同IT부문경영총괄 각자대표이사 2007년 (주)나모인터랙티브 대표이사 사장(현) [종]기독교

김상배(金相培) KIM Sang Bae

[생]1966·11·29 [본]경주(慶州) [출]경북 상주 [주]서울 서초구 법원로15 정곡빌딩서관 법무법인 서울센트럴(02-6243-7010) [학]1984년 상주고졸 1992년 성균관대 법학과졸, 同대학원졸 [경]1991년 사법시험 합격(33회) 1994년 사법연수원 수료(23기) 1994년 부산지법 판사 1997년 대구지법 판사 2000년 同김천지원 판사 2002년 인천지법 부천지원 판사 2006년 서울고법 판사 2007년 대법원 재판연구관 2009년 전주지법 부장판사 2010~2012년 인천지법 부천지원 부장판사 2013년 변호사 개업 2013년 법무법인 KR 대표변호사 2014년 법무법인 서울센트럴 변호사(현)

김상범(金相範) KIM Sang Beom

[생]1957·11·10 [출]부산 [주]부산 사하구 낙동대로550번길37 동아대학교 의과대학 재활의학과(051-240-5686) [학]1984년 중앙대 의과대학졸 1990년 서울대 대학원 의학과졸 1996년 의학박사(서울대) [경]1989년 서울대병원 재활의학과 레지던트 수료 1989년 홍익재활병원 재활의학과장 1991년 고신대 의학부 외래전임강사 1991년 경상대 의과대학 외래전임강사 1992년 동아대 의과대학 재활의학과 교수(현) 1995~2007년 同병원 재활의학과장 2000년 대한임상통증학회 이사(현) 2001년 대한재활의학회 이사(현) 2002년 제14회 부산아시아경기대회 선수촌병원장 2005~2009년 동아대 의과대학발전재단 이사 2006~2007년 同의과대학 재활의학교실 주임교수 2006~2011년 同병원 스포츠의학센터 소장 2007~2011년 同병원 진료부장 2010~2011년 同병원 부원장 2010년 대한노인재활의학회 이사(현) 2011~2016년 동아대 의료원장 겸 동아대병원장 2011~2016년 사립대의료원협의회 부회장 2011~2016년 대한병원협회 상임이사 2011~2012년 대한임상통증학회 회장 2012년 조선일보 메디컬리더 선정 2012~2014년 대한노인재활의학회 이사장 2015~2016년 대한사립대학병원협회 부회장 2015~2016년 대한상급종합병원협의회 감사 [상]동아일보 대한민국글로벌의료서비스대상(2012), 중앙일보 창조경영인상(2014), 보건복지부장관표창(2014)

김상범(金相範) KIM Sang Beom

[생]1961·5·18 [출]대구 [주]서울 서초구 사평대로84 이수그룹 회장실(02-590-6807) [학]1978년 신일고졸 1982년 서울대 경영학과졸 1985년 미국 미시간대 경영대학원졸 1990년 법학박사(미국 미시간대) [경]1991년 Debevoise &Plimpton 변호사 1993년 (주)대우 국제법무실 고문 1995년 이수화학(주) 대표이사 부사장 1996년 同부회장 2000년 이수그룹 회장(현) 2007·2011년 이수페타시스 대표이사 [상]미국 미시간대한국동문회 자랑스런 동문상(2011)

김상범(金尙範) Kim, Sangbeom

[생]1964·5·6 [본]김녕(金寧) [출]경기 포천 [주]서울 광진구 군자로121 세종사이버대학교 부동산경영학부 부동산경매중개학과(02-2204-8016) [학]1983년 휘문고졸 1988년 서울대 법대 공법학과졸 1992년 경제학박사(미국 애리조나주립대) [경]1992~2000년 한국국방연구원 선임연구원 1996~1997년 KBS2라디오 경제포커스 해설위원 1997~1999년 민주평통 자문위원 1998~2015년 한국공공정책학회 총무이사·회장 2000~2003년 (주)디지털태인 상무이사 2004년 세종사이버대 부동산경영학부 부동산경매중개학과 교수(현) 2005년 同교무처장 2005년 同부총장 2006년 同교육지원실장 2008년 同부동산경영학부장 2010~2013년 同기획처장 [상]국방부장관표창(2000) [저]'제주 영어전용타운 조성을 위한 사전조사 연구'(2007, 국무조정실) [종]기독교

김상봉(金相鳳) KIM Sang Bong

[생]1942·11·28 [출]경북 의성 [주]서울 강남구 강남대로262 캠코양재타워 16층(02-723-7440) [학]1961년 안계종합고졸 1985년 숭실대 중소기업대학원 수료 1989년 연세대 행정대학원 고위정책과정 수료 1999년 서울대 경영대학원 최고경영자과정 수료 [경]1968~1971년 삼인광업합명회사 감사 1968~1972년 태백 재건중 교장 1972~1980년 (주)태영광업 소장 1978년 황지JC 회장 1979년 강원지구JC 회장 1979년 강원도 행정자문위원 1979년 통일주체국민회의 대의원 1980년 태백새마을민간단체협의회 회장 1981년 평통 자문위원 1981~1991년 태백민주통일협의회 회장 1981~1994년 태백민족통일협의회 회장 1982년 태영석회(주) 회장 1988~1992년 대한탄광협동조합 이사장 1999~2007년 한국광업협회 회장 2005~2016년 태영EMC(주) 회장 2016년 GMC(주) 대표이사 회장(현)

김상봉(金尙鳳) KIM Sang Bong

[생]1958·6·15 [출]서울 [주]서울 서초구 서초중앙로203 오릭스빌딩4층 법무법인(유) 강남(02-537-9900) [학]1977년 서울 동성고졸 1981년 성균관대 법과대학 법학과졸 1983년 同대학원 법학과 수료 [경]1980년 사법시험 합격(22회) 1982년 사법연수원 수료(12기) 1982년 수원지검 검사 1985년 마산지검 진주지청 검사 1986년 부산지검 검사 1988년 대구지검 검사 1990년 서울지검 북부지청 검사 1992년 대전지검 고등검찰관 1992~1993년 미국 캘리포니아대 버클리교 법과대학원 연수 1994년 대전지검 서산지청장 1995년 서울지검 부부장검사 1996년 광주지검 강력부장 1997년 인천지검 조사부장 1998년 同형사3부장 1999년 同형사2부장 1999년 사법연수원 교수 2001년 서울지검 형사3부장 2002년 서울고검 검사 2004년 광주지검 차장검사 2005년 대전고검 차장검사 2005년 대구고검 차장검사 직대 2006년 제주지검 검사장 2007년 서울고검 차장검사 2008~2009년 부산고검 차장검사 2009년 법무법인 일신 변호사 2009~2013년 법무법인 정률 대표변호사 2013년 법무법인(유) 강남 대표변호사(현)

김상봉(金相奉) KIM Sang Bong

[생]1966·7·22 [본]김해(金海) [출]경남 함양 [주]세종특별자치시 조치원읍 세종로2511 고려대학교 공공행정학부(044-860-1540) [학]1989년 고려대 행정학과졸 1993년 서울시립대 대학원 도시행정학과졸 1996년 사회공학박사(일본 동경공대) [경]1996년 일본 미쯔비시종합연구소 시스템정책연구센터 동경본사 전문연구원 2000년 일본 노무라종합연구소 사업전략연구실장 2003~2005년 同서울지사 정책자문위원 2003~2005년 경남대 행정학과 교수 2005년 한국도시행정학회 편집위원 2005년 고려대 공공행정학부 교수(현) 2006·2007년 입법고시 PSAT 출제위원 2007년 행정자치부 지방공사 및 공단 경영평가위원 2007년 행정중심복합도시건설추진위원회 자문위원 2007~2009년 한국지방정부학회 연구이사·총무이사 2008~2014년 산림청 중앙산지관리위원회 위원 2008년 한국정책과학학회 홍보이사 2009년 황해경제자유구역청 투자유치자문위원 2009년 경기도 북부개발위원회 위원 2010년 병무청 자체평가위원 2010~2012년 고려대 행정대학원장 2013년 한국정부학회 학술연구위원장 2013년 산림청 산지포럼위원(현) 2013~2015년 고려대 사무처장 2014년 문화체육관광부 예산심의위원회 위원(현) 2014년 한국지방정부학회 편집위원(현) 2014년 한국도시행정학회 상임이사 겸 편집위원(현) 2016년 同총무기획위원장(현) 2016년 한국정책학회 편집위원(현) 2016년 고려대 세종캠퍼스 사무처장(현) [상]일본 계획행정학회 논문장려상(1996), 고려대 석탑강의상(2005) [저]'공항정비사업의 비용효과분석 매뉴얼1999(共)'(1999, 일본운수성감수) '공공시스템의 계획학(共)'(2000, 일본 技報堂출판사) '비용편익분석의 이론과 실제(共)'(2004, 박영사) '밀양시 정책개발과 평가(共)'(2005, 세종출판사) '공공투자분석'(2008, 세창출판사) [역]'일본행정의 역사와 이론'(2015, 고려대 출판부)

김상봉(金相奉) Kim Sang Bong

[생]1969·3·2 [본]김해(金海) [출]대구 [주]충북 청주시 흥덕구 오송읍 오송생명2로187 식품의약품안전처 의약품안전국 의약품정책과(043-719-2610) [학]1988년 경북대사대부고졸 1994년 서울대 제약학과졸 1996년 同대학원 약학과졸 [경]1996~2006년 식품의약품안전청 경인지방식품의약품안전청 의약품감시과·의약품안전국 의약품안전과·의약품안전국 의약품관리과 주무관 2006~2011년 同의약

품안전국 의약품관리과 · 의료기기안전국 의료기기품질과 사무관 2011~2012년 대전지방식품의약품안전청 의료제품안전과장(서기관) 2012~2013년 식품의약품안전청 의약품안전국 의약품품질과장 2013년 식품의약품안전처 의약품안전국 의약품품질과장 2016년 同의약품안전국 의약품정책과장(현) [상]정보통신부장관표창(2000), 국무총리표창(2003), 대통령표창(2007)

김상석(金相錫) KIM Sang Seog
[생]1964 · 10 · 29 [본]울산(蔚山) [출]전북 고창 [주]세종특별자치시 도움6로11 국토교통부 주택토지실 부동산산업과(044-201-3411) [학]고창북고졸 1993년 성균관대 행정학과졸 2000년 서울대 대학원 행정학과졸 [경]1994년 행정고시 합격(38회) 1995~2005년 총무처 수습행정관 · 국토해양부 수도권계획과 · 국토정책과 근무 2005~2008년 서남권등낙후지역투자촉진단 · 건설교통부 · 국토해양부 근무 2009년 미국 미주리주 경제개발국 파견 2011년 행정중심복합도시건설청 도시계획국 도시디자인과장 2013년 同도시기획과장(부이사관) 2013년 同도시계획국 도시발전정책과장 2015년 국토교통부 주택토지실 부동산산업과장(현)

김상선(金相善) KIM Sang Seon
[생]1954 · 5 · 27 [본]경주(慶州) [출]전북 정읍 [주]서울 관악구 관악로1 서울대 정밀기계설계공동연구소313동201호 (재)멀티스케일에너지시스템연구단(02-880-1926) [학]1972년 국립철도고졸 1978년 한양대 전기공학과졸 1993년 영국 맨체스터대 대학원 과학기술정책학 석사 1996년 과학기술정책학박사(영국 맨체스터대) [경]1977년 기술고시 합격(13회) 1978~1979년 국립과학관 전기사무관 1979~1983년 군복무(육군 중위) 1983년 과학기술처 연구관리과 사무관 1989년 同기술정책실 기술진흥담당관 1990년 同연구개발조정실 연구관리과장 1991년 同기술개발국 기술개발과장 1992년 영국 맨체스터대 파견 1996~1997년 과학기술처 기술지원과장 · 연구관리과장 · 연구기획과장 1997년 同화공생물연구조정관 1998년 과학기술부 공보관 1999년 同과학기술협력국장 2000년 駐미국 과학참사관 2004년 과학기술부 과학기술협력국장 2006~2007년 同정책홍보관리실장 2007~2010년 한국과학기술단체총연합회 사무총장 2008년 행정안전부 고위공무원임용심사위회 위원 2009~2011년 국가교육과학기술자문회의 자문위원 2010~2012년 한국과학기술기획평가원 부설 연구개발인력교육원 원장 2011년 국가과학기술위원회 지방과학기술진흥협의회 위원 2012~2013년 한국연구재단 부설 연구개발인력교육원장 2012~2014년 기초기술연구회 이사 2013년 국가과학기술심의회 정책조정전문위원회 위원장(현) 2013년 (재)멀티스케일에너지시스템연구단 이사장(현) 2015~2016년 미래창조과학부 과학기술규제개선 옴부즈맨(현) 2014년 한양대 대학원 과학기술정책학과 특임교수(현) 2016년 한국지식재산전략원 비상임이사(현) [상]과학기술부장관표창(1985 · 1989), 국무총리표창(1988), 황조근정훈장(2006) [저]'미국의 과학기술동향'(2000) [종]기독교

김상섭(金相燮) KIM Sang Sub (余白)
[생]1947 · 3 · 16 [본]김해(金海) [출]서울 [주]인천 연수구 컨벤시아대로81 드림시티 김상섭법무사무소(032-834-2226) [학]1965년 전주고졸 1968년 한국외국어대 국제행정학 수료 1984년 동국대 경영대학원 수료 [경]1992년 대검 감찰2과 수사사무관 1994년 대전지검 서산지청 수사과장 1996년 법무부 검찰제1과 인사서기관 1998년 대전지검 천안지청 사무과장 2000년 서울지검 동부지청 사건과장 2001년 서울지검 공안제2과장 2002년 수원지검 성남지청 수사과장 2003년 인천지법 집행관 2007년 법무사 개업(현) [상]근정포장(1997), 홍조근정훈장 [종]불교

김상섭(金相燮) KIM Sang Seob
[생]1964 · 9 · 21 [출]경북 경주 [주]대구 동구 동부로94 대구신문 임원실(053-424-0004) [학]능인고졸, 경북대 법대 공법학과졸, 同경영대학원졸 [경]1996년 대구일일신문 근무 1999년 광역일보 사회부 차장대우 2001년 同사회부 차장 2004년 대구신문 사회부 팀장 2005년 同편집국 사회부장 2006년 同편집국 정치부장 2013년 同부사장 2014년 同사장(현)

김상섭(金相燮) KIM Sang Sub
[생]1964 · 10 · 15 [출]대구 [주]인천 남구 인하로100 인하대학교 신소재공학과(032-860-7546) [학]1987년 서울대 금속공학과졸 1990년 포항공대 대학원 재료공학과졸 1994년 공학박사(포항공대) [경]1987~1988년 대우정공(주) 연구원 1994년 포항공대 Post-Doc. 1994~1995년 일본 국립무기재질연구소 Post-Doc. 1995~1996년 한국과학기술연구원 선임연구원 1996~2002년 순천대 재료금속공학과 조교수 · 부교수 1999~2000년 일본 국립무기재질연구소 객원연구원 2002년 전남대 신소재공학부 부교수 2007년 인하대 신소재공학과 교수(현) 2015년 한국과학기술한림원 준회원(공학부 · 현) [상]교육부장관표창(1994) [종]기독교

김상섭(金尙燮) KIM Sang Seop
[생]1967 · 8 · 29 [주]인천 남동구 정각로29 인천광역시청 문화관광체육국(032-440-2075) [학]서울대 외교학과졸, 미국 시라큐스대 대학원 공공행정학과졸 [경]1996년 지방고등고시 합격, 인천시 남구청 기획감사실 근무, 同환경보호과장 2010년 同아시아경기대회지원본부 경기지원과장 2012년 同환경녹지국 환경정책과장 2014년 同항만공항해양국장 2014년 同보건복지국장 직대 2015년 교육 파견 2016년 인천시 문화관광체육국장(현)

김상수(金相秀) KIM Sang Soo (愚岩)
[생]1933 · 9 · 20 [본]김해(金海) [출]경남 진주 [주]서울 서초구 남부순환로2493 대동공업 회장실(02-3470-7301) [학]1953년 진주고졸 1958년 일본 니혼(日本)대 공대 공업경영학과졸 1958년 일본 東京공대 초급과정 수료 [경]1959년 대동공업 입사 1968년 同상무이사 1972년 同전무이사 1975~1984년 同사장 1975년 농기구공업협동조합 이사장 1979년 대동중공업 사장 1982년 반공연맹 진주 · 진양지부장 1984년 대동중공업 회장 1984년 대동공업 회장(현) [상]석탑산업훈장(1972 · 1982), 금탑산업훈장(1975) [종]불교

김상수(金相洙) KIM Sang Soo
[생]1946 · 11 · 5 [출]전남 [주]서울 성동구 무학로2길8 서울마이크로병원 원장실(02-2281-0010) [학]1970년 전남대 의대졸 1980년 의학박사(전남대) [경]1975년 정형외과 전문의자격 취득 1979~1980 오스트리아 Vienna 의과대학 연수 1978~1984년 전남대 의대 전임강사 · 조교수 1984~1990년 원광대 의대 정형외과 부교수 · 과장 1990년 同의대 정형외과 교수 1991~1993년 원광의료원 기획실장 1992년 FES학회 부회장 1993년 원광의료원 제7대 병원장 1995~1997년 정보통신부 연구팀장 1995~1998년 한국과학재단 연구팀장 1996년 정형외과학회 이사 1996년 스위스 다보스 골절치료 연수 1997~2000년 원광의료원 군포병원 · 한방병원 초대병원장 2002년 원광대 의료원 제9대 병원장 2002년 대한골절학회 회장 2003년 서울마이크로병원 원장(현) 2004년 대한수부학회 회장 2005년 독일 베를린 Ango Clinic 정맥류치료연수 [상]만례 재단상(1990), 정형외과학회 본상(1996)

김상수(金常洙) KIM Sang Soo
[생]1950 · 3 · 22 [본]김해(金海) [출]부산 [주]대전 유성구 대학로291 한국과학기술원 기계공학과(042-350-3021) [학]1969년 경기고졸 1973년 서울대 기계공학과졸 1976년 미국 버클리대 대학원 기계공학과졸 1981년 공학박사(미국 노스웨스턴대) [경]1980년 미국 North-western Univ. Gas Dynamics Lab. 연구원 1981년 미국 예일대 연구원 1983~2015년 한국과학기술원 기계공학과 조교수 · 부교수 · 교수 1989년 미국 Univ. of California Irvine 방문교수 1994~1996년 한국에어로졸연구회 회장 1995년 한국과학기술원 발전협력단장 1997년 대한기계학회 총무이사 1997년 과학기술정책관리연구소 기계 및 우주항공분야 전문위원 2002년 대한기계학회 열공학부문 위원장 2003년 한국과학기술원 연구처장 2004년 同공학장 겸 정보전자연구소장 2005년 同교학부총장 2006~2010년 同연구원장(부총장) 2006년 한국공학한림원 회원(현) 2015년 한국과학기술원 기계공학과 명예교수(현) [상]대한기계학회 남헌학술상(2003), 과학기술훈장 혁신장(2014), 옥조근정훈장(2015) [종]불교

김상수(金相守) KIM Sang Soo
[생]1952 · 11 · 10 [출]경남 김해 [주]경남 창원시 중앙대로110 현대증권빌딩 한림건설(주) 비서실(055-289-9000) [학]경남공고졸 2002년 동아대 정치외교학과졸, 同대학원 정치학과졸 2004년 同대학원 정치학 박사과정 수료 [경]1980년 한림건설(주) 대표이사 회장(현) 2001~2014년 한국자유총연맹 경남지부 회장 2001년 창원상공회의소 상공의원 2003년 경남도바둑협회 회장 2015년 대한건설협회 경남도회장(현) 2016년 창원상공회의소 부회장(현) [상]내무부장관표창(1991), 국세청장표창(1997 · 1999), 행정자치부장관표창(1999), 창원시청 모범납세표창(1999), 창원세무서 우수납세표창(2004), 국민훈장 모란장(2011)

김상수(金相洙)

[생]1957 · 2 · 13 [주]서울 구로구 디지털로32길42 서울관악고용노동지청(02-3282-9000) [학]한국방송통신대 행정학과졸 [경]1980년 노동청 공무원 임용(9급) 2003년 여수지방노동사무소 여수고용안정센터장(사무관) 2003년 전주지방노동사무소 근로감독과장 2005년 서울동부지방노동사무소 근로감독과장 2006년 노동부 감사관실 사무관 2011년 대전지방고용노동청 근로개선지도1과장(서기관) 2012년 서울지방고용노동청 근로개선지도1과장 2014년 중부지방고용노동청 강릉고용노동지청장 2015년 서울지방고용노동청 서울관악고용노동지청장(현) [상]노동행정유공표창(1985), 산업평화정착유공표창(1990), 모범공무원표창(1995)

김상수(金相秀)

[생]1963 · 10 · 11 [본]김해(金海) [출]강원 속초 [주]세종특별자치시 도움6로11 국토교통부 항공관제과(044-201-4284) [학]1981년 속초고졸 1991년 청주대 행정학과졸 2004년 연세대 대학원 행정학과졸, 한국항공대 대학원 경영학과 수료 [경]2007년 건설교통부 국제항공팀 근무 2008년 국토해양부 국제항공과 근무 2009년 同항공관제과 근무 2011년 同항공관제과장 2014년 국토교통부 항공기술과장 2016년 同항공관제과장(현)

김상연(金相演) KIM Sang Yeon (佳谷)

[생]1939 · 5 · 30 [본]의성(義城) [출]경북 청송 [주]대구 수성구 달구벌대로2699 대일버스(주) 회장실(053-756-2106) [학]1959년 대구 능인고졸 1968년 대구대 사회과학대졸 1973년 영남대 경영대학원졸 1997년 명예 경영학박사(대구대) [경]1973~2013년 부강산업 대표 1975년 대구지법 가사조정위원 1980년 대일버스(주) 회장(현) 1984~1986년 한국자동차정비사업조합연합회 회장 1986~1992년 대구西 직장새마을협의회 회장 1986~1988년 영남공업전문대 겸임교수 1987~1991년 대구西 구정자문위원장 1989~1995년 동양투자신탁 비상임이사 1991~1998년 대구시의회 의원 1991년 민주평통 운영위원 1993~1995년 대구광역시의회 초대의장 1995~2009년 대구대 총동창회 회장 1995~1999년 영남대 경영대학원 총동창회 회장 1995년 바르게살기운동 대구시협의회 회장 1996년 한국산업정보학회 고문 1997~1998년 대구광역시의회 2대의장 1997~1998년 대구 · 경북지방자치학회 고문 1998년 대구대 산업정보대학원 겸임교수 1998년 자유민주연합 대구西乙지구당 위원장 2000년 제16대 총선 출마(대구西, 자유민주연합) 2000년 자유민주연합 대구시당 위원장 2002~2006년 대구의정회 회장 2003~2006년 학교법인 영광학원(대구대) 이사 2008년 대한적십자사 경북지사 부회장 [상]새마을훈장 근면장(1987), 산업포장(1987), 국민훈장 동백장(1994) [종]불교

김상연(金相延)

[생]1972 · 2 · 28 [출]전남 장흥 [주]광주 동구 준법로7의12 광주지방법원(062-239-1114) [학]1990년 광주고졸 1995년 서울대 법학과졸 1997년 同대학원졸 [경]1997년 사법시험 합격(39회) 2000년 사법연수원 수료(29기) 2000년 공군 법무관 2003년 서울지법 의정부지원 판사 2004년 의정부지법 판사 2005년 전주지법 정읍지원 판사 2007년 전주지법 판사 2009년 대구지법 김천지원 판사 2011년 수원지법 판사 2012년 서울고법 판사 2013년 대법원 재판연구관 2016년 광주지법 부장판사(현)

김상열(金相悅) KIM Sang Yeol

[생]1955 · 4 · 3 [주]서울 동대문구 이문로107 한국외국어대학교 서양어대학 스칸디나비아어과(02-2173-2289) [학]1978년 한국외국어대 스웨덴어과졸 1981년 스웨덴 웁살라대 외국어학과졸 1984년 同대학원 문학과졸 [경]1978~1981년 The Swedish Institute 연구원 1978년 한국외국어대 강사 1981~1983년 스웨덴 스톡홀름대 강사 1985년 한국외국어대 스칸디나비아어과 교수(현) 2014년 同서양어대학장(현) [저]'세계문학의 기원' '스웨덴어-한국어 사전' '코레아 코레아' [역]'산적의 딸 로냐'

김상열(金相烈) KIM SANG YEOL

[생]1961 [출]전남 보성 [주]서울 강남구 강남대로310 (주)호반건설 임원실(02-2007-7171) [학]조선대 건축학과졸 [경]1989~2015년 (주)호반건설 대표이사 1999년 호반장학재단 이사장(현) 2010년 대한주택건설협회 광주전남도회장, 광주지역인적자원개발위원회 위원장(현) 2011년 광주방송 회장(현) 2015년 광주상공회의소 회장(현) 2015년 대한상공회의소 부회장(현) 2015년 (주)호반건설 회장(현) [상]용봉경영자대상(2015)

김상열(金相烈)

[생]1962 · 3 [주]서울시 영등포구 여의대로128 LG전자(주) 임원실(02-3777-1114) [학]동국대 전자공학과졸, 同대학원 전자공학과졸 [경]2010년 LG디스플레이(주) TV상품기획담당 상무 2013년 同IT/Mobile 상품기획담당 상무 2015년 LG전자(주) TV상품기획담당 상무 2015년 同TV상품기획FD담당 전무(현)

김상엽(金相燁) Kim Sang-yub

[생]1963 · 10 · 17 [본]김해(金海) [출]경남 진주 [주]서울 강남구 선릉로121길12 한국토지주택공사 서울지역본부(02-3416-3502) [학]1982년 경남 진주고졸 1987년 고려대 통계학과졸 1996년 同대학원 경영학과졸 2007년 미국 미주리대 대학원 도시계획 및 토지이용과정 수료 [경]1988년 한국토지개발공사 입사 2009년 同해외사업처장 2009년 同홍보실장 2009년 한국토지주택공사(LH) 경제활성화지원단장 2010년 同경기지역본부 보상사업단장 2010년 同재무처 자금기획단장 2011년 同금융사업처장 2012년 同경영관리실장 2013년 同재무관리처장 2014년 同홍보실장 2016년 同서울지역본부장(현)

김상영(金尙永) KIM Sang Young

[생]1957 · 9 · 17 [본]경주(慶州) [출]전북 전주 [주]서울 중구 소월로2길12 CJ그룹 홍보실(02-726-8114) [학]1976년 전주고졸 1982년 한국외국어대 프랑스어과졸 2002년 서강대 경제대학원 수료 [경]1984년 동아일보 입사 · 기자 1985년 同사회부 기자 1989년 同경제부 기자 1996년 同파리특파원 1999년 同정보산업부 차장서리 2000년 同경제부 차장 2001년 同심의연구위원 2001년 同오피니언팀 차장 2001년 同경제부 차장 2003년 同논설위원 2003년 同국제부장 2005년 同경제부장 2006년 同편집국 특집팀장(부국장급) 2007년 同편집국 부국장 겸 인력개발팀장 2008년 同광고국장 2011년 同AD본부장(이사대우) 2013년 同상무 2013년 CJ그룹 홍보실장(부사장)(현) [종]천주교

김상영(金相榮) Kim Sang Young

[생]1959 · 9 · 16 [주]서울 서초구 헌릉로12 현대제철(주) 조선해양사업부(02-3464-6114) [학]배명고졸, 연세대 금속공학과졸 [경]현대제철(주) 중기계영업실장(이사대우) 2010년 同중기계영업실장(이사) 2013년 同중기계영업실장(상무), 同조선해양사업부장(상무) 2015년 同조선해양사업부장(전무)(현)

김상옥(金相鈺) KIM Sang Ok (孤雲)

[생]1958 · 2 · 2 [본]청풍(淸風) [출]충북 청원 [주]경기 화성시 팔탄면 율암길223 (주)유양디앤유 대표이사실(031-350-7403) [학]1979년 동양공업고등전문학교 전기통신과졸 2001년 충남산업대 전자공학과졸 2007년 한양대 산업경영대학원 경영학과졸 2012년 에너지정책학박사(한국산업기술대) [경]1989년 한륙전자(주) 품질보증부 입사 · 품질연구팀장 1989년 (주)유양정보통신 기술영업팀 과장 · 영업이사 · IT사업본부장 2004년 同대표이사, (주)유양디앤유 대표이사(현), 화성상공회의소 부회장(현), 한국조명연구원 이사(현), 경찰발전위원회 수석부위원장(현), LED포럼 부위원장 [상]LG전자 Quality Award상(2008), 지식경제부장관표창(2008), 제7회 장한 한국인상 경제인부문(2008), 중앙일보 한국을 빛낸 창조경영인상(2009), LG전자 Number.1 Supplier상(2009), Forber가 선정한 대한민국 글로벌CEO(2009), 동탑산업훈장(2010), 경기도지사표창(2010), 국제조명산업전 지식경제부장관표창(2010), 품질분임조 경진대회 경기도최우수상 · 전국은상(2011), 품질경영부문 경기도지사표창(2011), 한국일보 '한국경제를 움직이는 인물' 미래경영부문상(2011), 대한민국 경제리더대상(2013), LG전자 Best Practice Award상(2013), LED&OLED산업신기술부문 대통령표창(2014)

김상용(金相溶) KIM Sang Yong

[생]1935 · 6 · 10 [본]안동(安東) [출]서울 [주]서울 관악구 관악로1 서울대학교 재료공학부(02-880-4303) [학]1954년 보성고졸 1958년 서울대 섬유공학과졸 1961년 同대학원 섬유공학과졸 1972년 공학박사(미국 노스캐롤라이나대) [경]1962~1978년 서울대 공대 전임강사 · 조교수 · 부교수 1976년 기술사자격검정위원회 시험위원 1977년 특허및실용신안출원심사위원회 심사위원 1978년 공업표준심의회 위원 1978~2000년 서울대 섬유고분자공학과 교수 1979년 공학계대학평

가위원회 실사위원 1983년 대한상사중재원 중재인 1989~1993년 한국유변학회 회장 1991년 에너지관리공단 기술자문위원 1994년 한국과학기술한림원 종신회원(현) 1995년 한국섬유가공연구회 회장 1996년 공업기반기술개발사업 의기술대발기획평가단 위원 1996~1998년 한국섬유공학회 회장 1996~2000년 한국공학한림원 정회원 2000년 同명예회원(현) 2000년 대한민국학술원 회원(섬유공학 · 현) 2000년 서울대 명예교수(현) [상]한국섬유공학회 학술상(1975), 서울대 30년근속공로표창(1990), 한국섬유공학회 공로상(1999), 홍조근정훈장(2000) [저]'섬유공학을 위한 통계학'(1968) '섬유계측과 분석'(1992) '한국의 화섬산업'(1993) '섬유물리학'(1994) '고분자물리학'(1994) '섬유형성공학'(1995) 'Numerical Simulation of Melt Spinning of PolyethyleneTerephthalate Fibers(Advance in the Flow and Rheology of Non-Newtonian Fluids, Part B)'(1999) [역]'면방적학'(1966) '고체역학서론'(1983) [종]천주교

김상용(金相容) KIM Sang Yong

[생]1949 · 12 · 24 [본]경주(慶州) [출]경북 영천 [주]서울 서대문구 연세로50 연세대학교 법학전문대학원(02-2123-2997) [학]1968년 경북고졸 1973년 서울대 법학과졸 1979년 단국대 대학원 법학과졸 1986년 법학박사(서울대) [경]1979년 국토개발연구원 주임연구원 1981~1986년 충북대 법학과 전임강사 · 조교수 1986~1993년 한양대 법학과 조교수 · 부교수 · 교수 1993년 연세대 법학과 부교수 1994~2012년 同법학과 교수 1996년 한국법제연구원 영문법령집 편찬위원장 1998년 주택산업연구원 초청연구원 1998년 평화문제연구소 연구위원 2006년 한국토지법학회 회장 2007년 한국민사법학회 회장 2009년 대한민국학술원 회원(민법 · 현) 2011년 한독법률학회장 2012~2014년 연세대 법학전문대학원 교수 2015년 同명예교수(현) [상]우수업적교수 표창(1999), 연구업적우수교수상(2006), 독일 Alexander von Humboldt재단 학술상(2006), 우수업적교수상(2007) [저]'債權總論(改訂版)'(2000, 法文社) '바다와의 대화 : 함부르크에서 홍콩까지의 항해'(2001, 法元社) '比較約法'(2002, 法英社) '債權各論(改訂版)'(2003, 法文社) '不動産去來 公證制度 研究'(2004, 법무부) '(게르만法史, 教會法史, 獸逸民法學史 중심) 法史와 法政策'(2005, 한국법제연구원) '(韓國法史 중심) 法史와 法政策'(2006, 한국법제연구원) '民事法研究(6)'(2007, 법원사) '不動産去來의 公證과 不動産登記의 公信力 研究'(2008, 법문사) '민법총칙'(2009, 화산미디어) '채권총론'(2010, 화산미디어) '채권각론'(2010, 화산미디어) '비교동산담보법'(2011, 법원사) '민사법연구(1)-(7)'(법원사) [종]기독교

김상용(金相龍) KIM Sang Yong

[생]1952 · 12 · 19 [출]대구 [주]부산 연제구 교대로24 부산교육대학교 체육교육과(051-500-7250) [학]1976년 경희대 체육학과졸 1982년 同대학원 체육학과졸 1996년 체육학박사(미국 ASU) 1998년 교육학박사(미국 USSA) [경]1976~1982년 개성중 · 이사벨여고 교사 1982~1993년 부산교대 체육교육과 전임강사 · 조교수 · 부교수 1991~1992년 미국 텍사스주립대 파견교수 1993년 부산교대 체육교육과 교수(현) 1994년 同학생생활관장 1998년 한국초등체육학회 부회장 2001~2003년 부산교대 체육교육학과장 2002년 2002아시안게임 학술위원회 집행위원 2002년 한국초등체육학회 회장 2003~2005년 부산교대 교육연수원장 겸 평생교육원장 2007년 민주평통 자문위원(현) 2007년 한국정책개발원 이사(현) 2007~2008년 부산교대 대학발전기획단장 겸 산학협력단장 2009~2013년 同제5대 총장 2010년 부산 · 울산 · 경남 · 제주지역총장협의회 부회장 2011년 同회장 2011년 전국교육대학교협의회 부회장 2011~2013년 대한적십자사 상임위원(현) 2011년 어린이미디어페스티발조직위원회 위원장(현) 2012~2013년 전국교육대학교총장협의회 회장 2012~2013년 한국대학교육협의회 대학입학전형위원회 위원 2012~2013년 同교육협력실무위원회 위원(현) 2012~2013년 교원양성대학교발전위원회 공동위원장 2013~2015년 지역문화소통연구소 이사장(현) 2013년 남광복지재단 후원회장(현) 2013~2015년 교원학교운동연합 상임대표(현) 2014년 세계대학총장포럼 조직위원장(현) 2015년 부산마루국제음악제 이사장(현) 2015년 (사)인성교육범국민실천연합 공동대표(현) [종]불교

김상용(金相龍) KIM Sang Yong

[생]1964 · 11 · 11 [본]안동(安東) [출]대전 [주]서울 영등포구 버드나루로12가길51 전자신문 편집국(02-2168-9484) [학]1983년 대전고졸, 연세대 신문방송학과졸, 경희대 언론정보대학원졸 [경]1995년 전자신문 편집국 경제과학부 기자 2001년 同정보통신부 근무 2003년 同디지털산업부 근무 2006년 同경영전략실 전략기획팀장 2008년 同경제교육부 차장 2009년 同경제교육부장 2009년 同경제과학담당부장 2010년 同정보통신담당 부장 2010년 同편집국 취재총괄국 부국장 2011년 同편집국장 2012년 同고객부문장 겸 고객서비스국장(이사) 2013년 同고객부문 대표(이사) 2015년 同전략기획실장(이사) 2015년 同편집국장(이사)(현) [상]전자신문 기자상(2000), 올해의 기자상(2006), 대한민국과학문화상 언론부문(2010)

김상용(金相用) Kim Sang Yong

[생]1969 · 2 · 1 [출]전북 부안 [주]서울 구로구 디지털로34길43 코오롱싸이언스밸리1차14층 이지웰페어(주) 대표이사실(02-3282-7901) [학]1995년 세종대 호텔경영학과졸 2015년 연세대 행정대학원 사회복지학과졸 [경]1998~2003년 조선호텔 마케팅실 근무 2003년 이지웰페어(주) 대표이사(현) 2012년 이지웰가족복지재단 이사장(현) 2013~2014년 벤처기업협회 이사 2015년 同부회장(현) 2015년 이지웰마인드(주) 대표이사(현) [상]서울중소기업인상(2010), 모범중소기업인상(2010), 벤처사회공헌상(2011), 지식경제부장관표창(2011), 대통령표창(2012), 산업통상자원부장관표창(2014), 여성가족부장관표창(2014)

김상우(金相佑) KIM Sang Woo

[생]1961 · 3 · 10 [본]경주(慶州) [출]경북 상주 [주]서울 종로구 사직로8길31 서울지방경찰청 112종합상황실(02-6150-1155) [학]동국대 경찰행정학과졸, 연세대 행정대학원졸 [경]1989년 경위 임용(경찰간부후보 37기), 울산지방경찰청 청문감사담당관 2010년 경북 예천경찰서장 2011년 경찰청 경비국 전의경점검단장 2012년 同정보국 정보1과장 2013년 경기 양평경찰서장 2014년 서울지방경찰청 청사경비대장 2015년 서울 종암경찰서장 2016년 서울지방경찰청 생활안전부 112종합상황실장(현)

김상우(金相佑) KIM Sang Woo

[생]1961 · 10 · 10 [출]서울 [주]경기 수원시 영통구 삼성로129 삼성전자(주) 인사팀(031-200-1114) [학]1980년 장충고졸 1984년 서울대 법학과졸 1986년 同대학원 법학과 수료 2004년 미국 컬럼비아대 법과대학원졸 [경]1986년 사법시험 합격(28회) 1989년 사법연수원 수료(18기) 1992년 부산지검 검사 1994년 춘천지검 강릉지청 검사 1995년 인천지검 부천지청 검사 1996년 법무부 검찰1과 검사 1999년 서울지검 검사 2001년 제주지검 검사 2001년 수원지검 여주지청장 2002년 서울지검 검사 2003년 서울고검 검사 2004~2005년 서울동부지검 부부장검사 2005년 삼성전자(주) 법무팀 상무 2006년 同법무팀담당 전무 2010년 同컴플라이언스팀장(전무) 2011년 同컴플라이언스팀장(부사장) 2012~2013년 同해외법무팀장 겸임 2012~2013년 同준법지원팀장 겸임 2014년 同구주총괄 법무지원팀장(부사장대우)(현)

김상우(金相遇) KIM Sang Woo

[생]1962 · 11 · 17 [본]순천(順天) [출]전남 목포 [주]세종특별자치시 도움5로19 우정사업본부 보험사업단 보험개발심사과(044-200-8660) [학]1980년 목포고졸 1985년 중앙대 행정학과졸 [경]1992년 행정고시 합격 1999년 정보통신부 전파방송관리국 방송위성과 사무관 2001년 同전파방송관리국 방송위성과 서기관 2003년 同북대구우체국장 2006년 同정보통신공무원교육원 교학과장 2007년 同서인천우체국장 2009년 지식경제부 고양우편집중국장 2011년 同지식경제공무원교육원 미래교육과장 2012년 同지식경제공무원교육원 기획협력과장 2013년 미래창조과학부 우정공무원교육원 기획협력과장 2013년 同우정사업본부 물류기획관실 집배운송과장 2013년 同우정사업본부 우편집배과장 2015년 同우정사업본부 보험사업단 보험위험관리팀장 2015년 同우정사업본부 보험사업단 보험개발심사과장(현)

김상우(金相祐) KIM Sang Woo

[생]1963 · 5 · 23 [본]김해(金海) [출]강원 원주 [주]서울 마포구 상암산로76 YTN 글로벌뉴스센터(02-398-8000) [학]1982년 서울중앙고졸 1989년 서울대 국어국문학과졸 1994년 성균관대 법학과졸 1996년 同법과대학원 법학과졸 1999년 서울대 한국어교육지도자과정 1년 이수 2006년 미국 CNN IPP(International Professional Program) 이수 2007년 영국 옥스퍼드대 로이터저널리즘펠로우십과정 1년 이수 2013년 성균관대 법과대학원 박사과정 수료 [경]1989년 코리아헤럴드 사회부 기자 1993년 연합뉴스 YTN창사 경력공채 입사 1994년 YTN 국제부 기자 1995년 同영어뉴스-코리아리포트 뉴스팀장 1997년 同정치부 기자 1999년 同경제2부 차장대우 2002년 同경제2부 차장 2003년 북한경제전문가100인포럼 회원 2004년 YTN '백지연의 뉴스Q' 편집팀장 2006년 同컨텐츠혁신팀장 2008년 同도쿄지국장 겸 도쿄특파원(차장) 2010년 同뉴스기획팀장 2011년 同보도국 선거방송TF팀장 2011년 同해설위원 2012년 YTN라디오 '시사매거진 뉴스정면정부' 앵커 2013년 YTN 편성기획팀장(부국장) 2014년 同보도국 국제부장 2015년 同보도국 보도제작부국장 2016년 同글로벌뉴스센터장(현) [상]대통령표창, 보건복지부장관표창, 녹십자언론문화상, 에이즈퇴치상, 대한적십자사 감사패 [종]가톨릭

김상우

[생]1973·7·13 [주]서울 종로구 종로1길50 더케이트윈타워A동 아산 우리카드 한새(02-6968-3075) [학]대신고졸, 성균관대졸 [경]1995~2007년 삼성화재 블루팡스 소속(센터) 2008년 LIG손해보험 배구단 코치 2010~2011년 同감독 2011~2012년 MBC Sports 해설위원 2012년 남자농구 청소년국가대표팀 감독 2013~2015년 성균관대 농구부 감독 겸 KBSN Sports 해설위원 2015년 아산 우리카드 한새 감독(현)

김상욱(金相旭) KIM Sang Wook

[생]1953·4·26 [본]김해(金海) [출]부산 [주]경기 안양시 동안구 임곡로29 대림대학교 경영과(031-476-4700) [학]경기상고졸, 중앙대 경제학과졸, 성균관대 언론정보대학원졸 [경]1997년 현대그룹 문화실 이사대우 1999년 同PR사업본부 이사 2000년 同PR사업본부 상무 겸 문화실장 2002년 금강기획 매체본부장 2003년 현대카드·현대캐피탈 홍보실장(상무) 2004~2007년 현대캐피탈 홍보담당 전무 2007~2008년 흥국생명보험 부사장 2008년 (주)머니투데이방송(MTN) 각자대표 2009년 同대표이사 겸 DMB사업단장 2010년 同대표이사 사장 2011~2012년 同상임고문 2012년 대림대 경영과 명예교수(현) [상]한국PR협회선정 올해의 PR인(2006) [종]천주교

김상욱(金相郁) Kim Sang-Wook

[생]1956·3·23 [본]김녕(金寧) [출]대구 [주]대구 북구 유통단지로9 대구전시컨벤션센터(EXCO)(053-601-5000) [학]1974년 대구 계성고졸 1979년 영남대 영어영문학과졸 2006년 서울대 행정대학원 국가정책과정 수료(62기) 2012년 핀란드 알토대(Aalto Univ.) 경영대학원졸(MBA) [경]1979년 대한무역투자진흥공사(KOTRA) 입사 1992~1994년 同류블리아나무역관장 1996~1999년 同프라하무역관장 2001년 同암스테르담무역관장 2005년 同지방사업본부장 2006년 同런던무역관장 2009년 同투자기획처장 겸 투자전략팀장 2010년 同해외투자지원단장 2011~2013년 同러시아CIS지역본부장 2014년 (주)킨텍스(KINTEX) 마케팅본부장(부사장) 2016년 대구전시컨벤션센터(EXCO) 사장(현) [상]산업포장(2010) [종]천주교

김상운(金相云) Kim Sang Woon

[생]1958·12·19 [주]서울 마포구 성암로267 문화방송 논설위원실(02-780-0011) [학]1977년 송도고졸 1984년 한국외국어대 통번역대학원 영어과졸 1992년 미국 보스턴대 대학원 국제정치학 및 커뮤니케이션학과졸(복수전공) [경]2000년 MBC 보도국 국제부 차장 2003년 同국제부 부장대우 2005년 同기획취재센터 부장대우 2005년 同국제부 부장대우 2006년 同국제부장 2006년 同보도국 지구촌리포트팀장 2014년 同논설위원실장 2014년 대통령직속 통일준비위원회 언론자문단 자문위원(현) 2015년 MBC 논설위원 2016년 同논설위원실장(현) [상]제10회 한국참언론인대상 논설부문(2014) [저]'역사를 뒤흔든 광기의 권력자들'(2006) '역사를 뒤바꾼 못말리는 천재 이야기'(2007) '일등의 기술'(2008) '아버지도 천재는 아니었다'(2009) '왓칭(Watching)-신이 부리는 요술'(2010) '마음을 비우면 얻어지는 것들'(2012) '리듬'(2013) '왓칭2-시야를 넓힐수록 마법처럼 이뤄진다'(2016) [작]해외시사교양 프로 '지구촌리포트' 시사토론 프로 '이슈를 말한다' 라디오 아침 8시 '뉴스의 광장'

김상운(金相雲) KIM Shang Hun

[생]1959·10·6 [본]경주(慶州) [출]강원 영월 [주]대구 수성구 무학로227 대구지방경찰청(053-804-2210) [학]1978년 영월고졸 1985년 동국대 경찰행정학과졸 [경]1984년 경찰 간부후보생(32기) 1984년 서울 관악경찰서 보안과·경비과 근무 1986년 경찰청 정보과 근무 1992년 강원 홍천경찰서 경비과장 1993년 경찰청 경무국 인사과 근무 1998년 경기 남양주경찰서 방범과장 2001년 서울 서초경찰서 정보보안과장 2002년 경찰청 총무과 총무담당 2005년 대구 수성경찰서 청문감사담당관 2006년 강원 영월경찰서장(총경) 2007년 강원지방경찰청 경비교통과장 2007년 교육 파견 2008년 강원 원주경찰서장 2009년 강원지방경찰청 홍보담당관 2010년 서울 성동경찰서장 2011년 서울지방경찰청 인사교육과장 2014년 同인사교육과장(경무관) 2014년 대구지방경찰청 제1부장 2014년 경기지방경찰청 제1부장 2015년 경찰청 정보국장(치안감) 2016년 대구지방경찰청장(치안감)(현)

김상원(金祥源) KIM Sang Won (竹堂)

[생]1933·4·30 [본]상산(商山) [출]경기 이천 [주]서울 서초구 서초중앙로24길27 G-5센트럴빌딩431호 법무법인 한누리(02-595-4622) [학]1952년 이천농고졸 1956년 서울대 농대 농경학과졸 1996년 명예 인문학박사(미국 웨스턴신학대) 2002년 명예 법학박사(호서대) [경]1956년 고시행정과 합격 1957년 고시사법과 합격 1960년 해군 법무관 1960~1965년 대구지법·서울민사지법·서울형사지법 판사 1965~2002년 장충단성결교회 장로·원로장로 1965년 서울고법 판사 1970~1975년 대전지법·서울민사지법 부장판사 1975년 서울지법 영등포지원장 1975년 서울고법 부장판사 1981~1988년 변호사 개업 1987~1994년 기독교 세진회 이사장 1988~1994년 대법원 대법관 1988년 기독법조인회 회장 1990년 민사실무연구회 회장 1994~1995년 미국 워싱턴대 법과대학 객원연구원 1995년 법무법인 한누리 변호사·고문변호사(현) 1996~2002년 호서대 대우교수 1997년 대한변호사협회 상임이사 1997~2000년 한남대 대우교수 1999년 민사소송법및민사집행법개정특별위원회 위원장 1999년 환경정의시민연대 공동대표 1999~2010년 일가기념사업재단 이사장 2000~2004년 (주)한국내셔널트러스트 공동대표 2000~2008년 어린이재단 이사장 2006~2008년 한국기독교총연합회 법률고문단, 한국자연환경국민신탁법인 신탁평의회 의장 2000~2010년 (재)일가기념사업재단 이사장 2000년 학교법인 운화학원 이사장 2008~2010년 한국기독교화해중재원 원장, 同명예원장 2010년 학교법인 호서학원 이사장(현) 2016년 한국기독교화해중재원 상임고문(현) [상]법률문화상(1972), 황조근정훈장, 청조근정훈장, 한국기독교선교대상 [저]'판례실무 민사소송법' '민사소송의 이론·실무' '가압류·가처분' '논점 중심의 민사소송법' '주석 민사소송법(상·중·하)'(共) '주석 강제집행법(상·중·하)'(共) [종]기독교

김상원(金相元) KIM Sang Won

[생]1933·7·1 [본]김해(金海) [출]전북 부안 [주]전북 부안군 위도면 대장길15의15 위도띠뱃놀이보존회(063-581-2208) [학]1949년 법성중졸 [경]1978년 전국민속경연대회 출연 1979년 同시연팀으로 출연 1988년 同식전행사 참가 1991년 새만금지구 간척기공식 승왕제 출관으로 출연 1995년 중요무형문화재 제82-다호 풍어제 위도띠뱃놀이(장고) 예능보유자 지정(현) [상]전국민속경연대회대상 대통령표창(1978) [종]불교

김상욱(金相六) Kim, Sangyuk

[생]1972·8·25 [본]김해(金海) [출]경남 합천 [주]울산 남구 중앙로201 울산광역시청 경제산업국 경제일자리과(052-229-2710) [학]1991년 진주고졸 1997년 고려대 행정학과졸 2004년 한국개발연구원 국제정책대학원 정책학 수료 2004년 미국 시라큐스대 Maxwell School 행정학과졸(석사) [경]1997년 지방고시 합격(3회) 1998~2003년 울산시 남구청 사무관 2004년 同남구청 신정5동장 2005년 同남구청 도시과장 2006년 同남구청 기획감사실장 2009년 同기획담당 사무관 2010년 同교육혁신도시협력관(서기관) 2011년 同기획관 겸임 2012년 同남구청 생활지원국장 2013년 同남구청 복지경제국장 2014년 同문화체육관광국 관광과장 2015년 同경제산업국 창업일자리과장(현)

김상윤(金相潤) Kim Sang Yoon

[생]1964·11·20 [본]김해(金海) [출]서울 [주]서울 송파구 강동대로62 잠실세무서(02-2055-9200) [학]1983년 홍익대사대부고졸 1988년 서울대 경영학과졸 1991년 연세대 경영대학원 경제학과졸 [경]2006년 서울지방국세청 조사2국 조사2과 3팀장 2008년 국세청 소득세과 소득3계장·소득2계장·소득1계장 2012년 안동세무서장 2013년 서울지방국세청 조사2국 조사2과장 2014년 세종연구소 교육파견 2015년 서울지방국세청 개인납세2과장 2016년 서울 잠실세무서장(현) [상]대통령표창(2006), 교육과학기술부장관표창(2010) [종]불교

김상윤(金相潤)

[생]1971·1·28 [출]대구 [주]부산 연제구 법원로31 부산지방법원(051-590-1114) [학]1989년 협성고졸 1993년 고려대 법학과졸 [경]1998년 사법시험 합격(40회) 2001년 사법연수원 수료(30기) 2001년 대구지법 예비판사 2003년 同판사 2004년 同경주지원 판사 2006년 대구지법 판사 2010년 同서부지원 판사 2012년 법원행정처 사법정책심의관 2014년 대구고법 공보판사 2016년 부산지법 부장판사(현)

김상은(金相殷) Sang Eun Kim (소울)
[생]1958 · 1 · 26 [주]경기 수원시 영통구 광교로145 서울대학교 융합과학기술대학원(031-888-9120) [학]1983년 서울대 의대졸 1987년 同대학원졸 2000년 의학박사(서울대) [경]1984~1987년 서울대병원 내과 레지던트 1987~1990년 軍의관 1990~1992년 서울대병원 핵의학과 전임의 1992~1994년 미국 존스홉킨스 의대 Research Fellow 1994~2003년 삼성서울병원 핵의학과 전문의 1997~2003년 성균관대 의대 핵의학교실 조교수 · 부교수 2003년 서울대 의대 핵의학교실 교수(현) 2003년 분당서울대병원 핵의학과장(현) 2009~2010년 同홍보실장 2010년 서울대 융합과학기술대학원 교수(현) 2014년 同융합과학기술대학원장(현) 2016년 대한핵의학회 회장(현) [상]대한핵의학회 Daiichi 최우수논문상(1992), 대한핵의학회 DuPont 최우수논문상(1995), 삼성서울병원 QA표창(1998), 대한핵의학회 Abott 최우수논문상(1998), 국립보건원 우수발표상(2002) [저]'핵의학'(1992 · 2008) '핵의학 입문'(1997) 'Clinical PET:Principles and Applications'(2004) '핵의학 길라잡이'(2009)

김상인(金相仁) KIM Sang In
[생]1956 · 8 · 23 [출]전북 김제 [주]대전 유성구 가정북로 68 대덕대학교 총장실(042-866-0200) [학]1977년 전주고졸 1983년 서울시립대 도시행정학과졸, 영국 리버풀대학원 행정학과졸 [경]행정고등고시 합격(26회) 2003년 행정자치부 조직정책과장, 同조직관리과장, 駐프랑스 OECD사무국 근무 2006년 OECD 정부혁신아시아센터 파견 2007년 행정자치부 정부혁신본부 조직혁신단장 직대 2008년 행정안전부 조직실 조직정책관(고위공무원) 2009년 同정부청사관리소장 2010년 同대변인 2010~2011년 제주특별자치도 행정부지사 2010년 제주도체육회 상임부회장 2011년 행정안전부 조직실장 2012년 한국공무원불자연합회 회장(현) 2013년 안전행정부 창조정부전략실장 2013~2014년 同소청심사위원회 위원장(차관급) 2014~2016년 인사혁신처 소청심사위원회 위원장(차관급) 2016년 대덕대 총장(현) [상]자랑스러운 서울시립대인상(2015)

김상일(金相一) KIM Sang Il
[생]1957 · 12 · 3 [본]김해(金海) [출]강원 영월 [주]강원 영월군 영월읍 하송로64 영월군청 부군수실(033-370-2204) [학]영월고졸 2008년 세경대졸 [경]영월군 자치행정과 기능전환추진팀장, 同농업기술센터 농정과장, 同자치행정과장, 同복지환경과장, 同주민생활지원과장 2008년 同도시개발과장 2013년 同민원봉사과장(서기관) 2014년 同주민생활지원과장 2014년 同기획감사실장 2015년 강원도 경제진흥국 전략산업과장 2016년 강원 영월군 부군수(현) 2016년 강원랜드 비상임이사(현) [상]국무총리표창, 내무부장관표창 [종]기독교

김상일(金尚一) Kim Sang-il
[생]1960 · 3 · 4 [주]경기 수원시 팔달구 효원로1 경기도청 국제관계대사실(031-8008-2016) [학]1983년 동국대 정치외교학과졸 1985년 同대학원 정치학과졸 [경]1985년 외무고시 합격(19회) 1985년 외무부 입부 1991년 駐스페인 2등서기관 1994년 駐도미니카 1등서기관 2000년 駐영국 1등서기관 2002년 외교통상부 중남미지역협력과장 2003년 同의전1담당관 2005년 駐벨기에 · 유럽연합 참사관 2008년 외교통상부 주한공관담당관 2008년 同의전심의관 2009년 대통령실 파견 2011년 외교통상부 문화외교국장 2012년 대통령 의전비서관 2013년 駐시카고 총영사 2016년 경기도 국제관계대사(현) [상]홍조근정훈장(2008)

김상재(金商在) KIM Sang Jae
[생]1966 · 12 · 5 [주]대전 유성구 테크노11로58 (주)젬백스앤카엘 임원실(042-931-6287) [학]서울 경성고졸, 한양대졸, 同대학원졸, 세포생리학박사(한양대) [경]미국 척추신경 전문의 1999~2002년 나라의원 원장 2003~2004년 Future Cell Bank 이사 2004년 한솔병원 원장 2005년 (주)한국줄기세포은행 대표이사 2008년 (주)에스에이치텍 각자대표이사 2008년 베리엔모어 각자대표이사 2008년 (주)젬백스앤카엘 대표이사(현) 2005~2014년 한국줄기세포뱅크 CEO 2014년 삼성제약 사내이사 2015년 同대표이사(현) 2015년 전국화련상하그룹 고문 겸 화련신광브랜드운영관리(천진)유한회사 부회장(현)

김상조(金商祖) KIM Sang Jo
[생]1962 · 11 · 21 [주]서울 성북구 삼선교로16길116 한성대학교 무역학과(02-760-4059) [학]1985년 서울대 경제학과졸 1987년 同대학원 경제학과졸 1993년 경제학박사(서울대) [경]1994년 한성대 무역학과 교수(현) 2001년 참여연대 경제개혁센터 소장 2006년 경제개혁연대 소장(현) 2014년 한성대 무역학과장 2015년 한국금융연구센터 소장 [저]'재벌과 금융– 그 진정한 개혁을 위하여'(2000, 대한발전전략연구원)

김상주(金商周) KIM Sang Joo (栖巖)
[생]1930 · 10 · 20 [본]충주(忠州) [출]강원 춘천 [주]서울 서초구 반포대로37길59 대한민국학술원(02-3400-5201) [학]1948년 춘천사범학교졸 1956년 서울대 공대 금속과졸 1968년 미국 펜실베이니아주립대 대학원졸 1971년 공학박사(서울대) [경]1951~1954년 유엔 한국民事援助處 근무 1956~1961년 국방부 과학연구소 연구관 1962~1977년 서울대 공대 전임강사 · 조교수 · 부교수 1972년 同공대 교무과장 1977~1996년 同공대 금속공학과 교수 1981년 금속학회 회장 1984년 미국 금속학회 한국분회장 1986년 서울대 공과대학장 1987~1994년 교육부 신소재연구사업평가위원회 위원장 1991년 서울대 부총장 1993~1994년 교육부 학술진흥위원회 위원장 1993~1998년 철강공업발전 민간협의회 위원장 1994~1996년 종합과학기술심의회 위원 1995년 한국과학기술한림원 종신회원(현) 1995년 한국공학한림원 명예회원 · 원로회원(현) 1995년 대한민국학술원 회원(금속공학 · 현) 1996년 한국과학기술단체총연합회 고문(현) 1996년 서울대 명예교수(현) 1999~2003년 한국과학기술단체총연합회 과학기술자문봉사단장 2005~2013년 호암재단 이사 2008~2012년 대한민국학술원 회장 2009~2013년 국민원로회의 위원 2011~2012년 국제과학비지니스벨트위원회 민간위원 및 입지평가 및 기반구축분과위원회 위원장 [상]금속학회 논문상(1984), 금속학회 학술상(1985), 학술원상(1993), 국민훈장 모란장(1994), 미국 금속학회 David McFarland상(1994), 한국공학기술상(2001), 자랑스런 강원인상(2008), 과학기술훈장 창조장(2012) [저]'물리야금학' '금속재료학연습' '철강재료학' '금속확산론' '전위론의 이론과 연습' [역]'기초물리치금학' '재료과학과 공학' '전위론개론'

김상주(金相周) KIM Sang Joo
[생]1956 · 3 · 24 [출]부산 [주]경기 성남시 분당구 황새울로200번길36 동부루트빌딩 (주)케이엔피시 대표이사실(1600-1760) [학]1974년 부산상고졸 1981년 서강대 회계학과졸 1984년 同대학원 경영학과졸 [경]1983년 삼일회계법인 공인회계사 1988~1993년 그랜드힐튼호텔 CFO 1993~2003년 로레알코리아 부사장 1999~2005년 유럽상공회의소 화장품위원회 위원장 2001~2005년 식품의약품안전청 화장품자문위원회 자문위원 2004~2005년 로레알코리아 대표이사 회장 2005~2013년 同경영고문 2005~2006년 미국 앨라배마대 경영 및 마케팅학과 교환교수 2006~2008년 대명회계법인 경영컨설팅담당 대표회계사 2007년 백석대 겸임교수 2007년 (주)케이엔피씨 대표이사(현) 2009년 (주)메디코리아포유 대표이사 2011~2012년 (주)메디컬그룹지유 대표이사 [종]불교

김상준(金相駿) KIM Sang Joon
[생]1947 · 5 · 10 [출]서울 [주]경기 고양시 덕양구 화수로14번길55 명지병원 장기이식센터(031-810-7430) [학]1966년 남성고졸 1972년 서울대 의대졸 1975년 同대학원졸 1978년 의학박사(서울대) [경]1994~2012년 서울대 의대 외과학교실 교수 1998년 대한혈관외과학회 이사장 1998년 대한외과학회 이사 겸 학술위원장 · 대한이식학회 상임이사 2001년 서울대 일반외과장 · 장기이식진료실장 2001~2004년 同장기이식연구소장 2003년 대한이식학회 이사장 · 부회장 2004~2007년 보건복지부 바이오이종장기개발사업단장 2007~2008년 대한이식학회 회장 2007년 대한혈관외과학회 회장 2008년 보건복지가족부 바이오이종장기개발사업단장 2010~2013년 보건복지부 바이오이종장기개발사업단장 2013년 명지병원 장기이식센터장(현) 2015년 식품의약품안전처 첨단바이오의약품특별자문단 자문위원(현) [상]서울대 근속30년표창(2007), 근정포장(2012)

김상준(金相俊) KIM Sang Jun
[생]1955 · 1 · 22 [출]광주 [주]서울 강남구 테헤란로92길7 바른빌딩5층 법무법인 바른(02-3479-2392) [학]1974년 광주일고졸 1978년 전남대 경제학과졸 1984년 同경영대학원졸 1987 프랑스 파리제1대 국제경제학과졸 1990년 국제경제학박사(프랑스 파리제1대) [경]행정고시 합격(22회) 1994년 공정거래위원회 광주사무소장 1996년 同약관심사과장 1997년 同심판행정담당관 1997년 同유

통거래과장 1998년 同독점국 독점관리과장 2001년 同기획예산담당관(서기관) 2002년 同기획예산담당관(부이사관) 2002년 同하도급기획과장 2003년 同총무과장 2004년 同심판관리관 2006년 중앙공무원교육원 파견 2007년 공정거래위원회 서울지방공정거래사무소장 2008년 同시장감시국장 2009년 同기업협력국장 2011~2012년 국가경쟁력강화위원회 파견(고위공무원) 2012년 법무법인 바른 상임고문(현)

김상준(金尙埈) KIM, SANG JUN

[생]1960·9·18 [주]서울 중구 세종대로9길20 신한은행빌딩 법무법인 충정(02-772-2744) [학]1979년 서울 고려고졸 1984년 고려대 경영학과졸 1986년 同대학원 경영학과졸 1998년 KDI School 국제통상법과정 이수 [경]1983~1994년 산동회계법인 근무 1990~1992년 미국 KPMG Short Hills Office 파견 1992년 미국 캘리포니아주 공인회계사 합격 1994~1996년 청운회계법인 근무 1996~1999년 산업자원부 근무 1999년 법무법인 충정 공인회계사(현) 2006~2009년 한국광해관리공단 비상임감사 2012년 동덕여학단 감사(현) 2013년 한국스마트그리드사업단 감사(현) [저]'중국의 개정 반덤핑조례에 대한 고찰'(2002) '1차 생산품 반덤핑조사에 관한 사례연구'(2003)

김상준(金尙遵) KIM Sang Joon

[생]1961·7·17 [출]경북 상주 [주]서울 서초구 서초중앙로24길16 김상준법률사무소(02-596-1234) [학]1980년 우신고졸 1984년 서울대 법대졸 1994년 미국 컬럼비아 법과대학원(LL.M.) 수료 2011년 서울대 법과대학원졸(석사) 2013년 법학박사(서울대) [경]1982년 행정고시 합격(26회) 1983년 사법시험 합격(25회) 1985년 사법연수원 수료(15기) 1986년 軍법무관 1989년 서울민사지법 판사 1991년 서울가정법원 판사 1993년 제주지법 판사 1996년 광주고법 제주부 판사 1997년 서울고법 판사 겸 법원행정처 인사1담당관 2000년 부산지법 부장판사 2002년 대법원 재판연구관 2004년 법원행정처 기획조정심의관 2005년 同송무국장 2005년 同사법정책실 정책1심의관 2006년 서울행정법원 부장판사 2007년 대전고법 부장판사 2009년 법원행정처 사법정책실장 2009년 법조윤리협의회 위원 2009년 교육과학기술부 법학교육위원회 위원 2010년 사법연수원 수석교수 2011~2016년 서울고법 부장판사 2016년 변호사 개업(현) [저]'가처분의 연구(共)'(1993) '미국 배심 재판제도에 관한 연구'(2003) '무죄판결과 법관의 사실인정'(2013) [역]'세계의 배심제도'(2007)

김상준(金尙埈) KIM Sang Jun

[생]1964·5·11 [출]경남 거창 [주]경기 성남시 분당구 판교로242 C동5층 한국정보인증(주)(1577-8787) [학]1984년 장훈고졸 1990년 단국대 전산학과졸 [경](주)다우기술 영업부문 이사 2007~2011년 同상무 2011년 한국정보인증(주) 경영본부장(상무) 2014년 同전무 2015년 同대표이사(현)

김상진(金尙珍) KIM Sang Jin

[생]1952·9·22 [본]일선(一善) [출]서울 [주]충남 서천군 장항읍 장산로101번길75 국립해양생물자원관(041-950-0600) [학]1971년 서울고졸 1975년 서울대 미생물학과졸 1977년 同대학원 미생물학과졸 1985년 이학박사(독일 킬대) [경]1985~1990년 KIST 선임연구원 1990~2015년 한국해양과학기술원 책임연구원 2004~2008년 해양수산부 해양생명공학사업단장 2005~2015년 과학기술연합대학원대(UST) 해양생명공학과 교수 2008~2012년 아시아태평양해양생명공학회(APSMB) 의장 2010년 한국미생물학회 회장 2010~2014년 국제미생물생태학회(ISME; The International Society for Microbial Ecology) 조직위원장 2015년 국립해양생물자원관 관장(현) [상]해양수산부장관표창(1997), 국민훈장 석류장(2000), 한국해양연구원장표창(2001·2004·2005) [저]'환경 미생물학'(1995) '해양 미생물학'(1998) '해양바이오'(2005) 'Handbook of Hydrocarbon and Lipid Microbiology'(2009, Springer Pub) [종]불교

김상진(金祥鎭) Kim Sang Jin

[생]1959·10·24 [주]충청남도 천안시 동남구 북면 명덕1길 204(041-521-1605) [학]1978년 배정고졸 1982년 고려대 경제학과졸 [경]1985년 신한은행 논현동지점 입행 1990년 同자금부 대리 1995년 同고객지원부 대리 1997년 同마케팅부 차장 2002년 同분당정자동지점장 2003년 同인력개발실장 2006년 同서초남기업금융센터 지점장 2007년 同IB사업부장 2009년 同무역센터기업금융센터장 2009년 同영업추진본부장 2011년 신한생명보험 부사장, 연수원 원장(현)

김상진(金相鎭) KIM Sang Jin

[생]1960·8·22 [주]서울 서초구 강남대로299 (주)생보부동산신탁 임원실(02-3404-3404) [학]전북대 경제학과졸 [경]교보생명보험 부동산사업팀장, 同기업금융사업본부장(전무) 2014년 (주)생보부동산신탁 대표이사 사장(현)

김상찬(金祥燦) KIM Sang Chan

[생]1955·8·18 [본]김해(金海) [출]제주 [주]제주특별자치도 제주시 제주대학로102 제주대학교 법학전문대학원(064-754-2921) [학]1974년 표선고졸 1986년 제주대 법학과졸 1991년 건국대 대학원 법학과졸 1995년 법학박사(건국대) [경]1992년 일본 九州大 법학부 방문연구원 1992~1995년 한라전문대학·제주전문대학·제주대 강사 1995~2008년 제주대 법학과 전임강사·조교수·부교수 1999년 同법학과장 2000년 同법학부장 2008~2009년 同법학부 교수 2008년 同법학전문대학원 개원준비단장 2008~2010년 同법과정책연구소장 2009년 同법학전문대학원 교수(현) 2010~2011년 한국법학회 회장 2015년 제주대 법학전문대학원장(현) [상]한국법학회 학술상(2009) [저]'제주도민의 법의식'(1999) '제주국제자유도시조성과 사법관계'(2006) '의료와 법'(2008) '물권법'(2010) '법과 여성'(2012) 'ADR'(2012) '의료법과 의료소송'(2013) [역]'요건사실·사실인정론'(2009) [종]기독교

김상철(金祥哲) KIM Sang Chul

[생]1953·5·20 [출]서울 [주]경기 성남시 분당구 대왕판교로644번길49 (주)한글과컴퓨터(031-622-6016) [학]1981년 단국대 행정학과졸 1998년 연세대 경제대학원 최고경제과정 수료 2001년 서강대 영상대학원 CEO최고위과정 수료 [경]1997~2004년 금호미터텍 대표이사 사장 2011~2013년 (주)한글과컴퓨터 공동대표이사 회장 2013~2015년 同회장 2015년 국제로타리 3640지구(서울 강남) 총재(현) 2015년 서울예술단 이사(현) 2015년 (재)정동극장 이사장(현) 2015년 (주)한글과컴퓨터 각자대표이사 회장(현) [상]산업자원부장관 측정기개발부분 금상(1999), 대한민국신성장경영대상 최우수상(2008), 캄보디아훈장(2012), 로타리재단 공로상(2014) [종]기독교

김상철(金相喆) Sang-Cheol, Kim

[생]1954·8·25 [출]서울 [주]전북 익산시 익산대로460 원광대학교 치대 치의학과(063-850-1960) [학]1973년 경기고졸 1979년 서울대 치의학과졸 1984년 同대학원 치과교정학과졸 1988년 치과교정학박사(서울대) [경]1984년 원광대 치대병원 교정과장 1984~1995년 同치대 치의학과 강사·조교수·부교수 1989~1992년 同치대병원 수련부장 1991~1992년 同치대 치의예과장 1992~1993년 미국 캘리포니아주립대 치대 교정과 객원교수 1993~1995년 원광대 치대 치의학과 학과장 및 교학부장 1994~2004년 대한치과교정학회 평의원 1995년 원광대 치대 치의학과 교수(현) 1996~2001년 원광대의료원 임상의학연구소 임상치의학연구부장 1996~2002년 대한치과교정학회 전북지부장 1997~2001년 원광대 원광생체재료매식연구소장 2001~2003년 同원광치의학연구소장 2004~2006년 同치과대학장 2004~2007년 대한치과교정학회 부회장 2008~2010년 同회장 2012~2014년 원광대 대전치과병원장 2013~2014년 대한치과병원협회 부회장 [저]'부정교합의 진단과 치료계획'(1995) '치과교정학'(1998) '도해 최신 두부X선 계측사진 분석법'(2000) '외과적 술식을 동반한 빠른 치아교정'(2004) [종]천주교

김상철(金相哲) KIM SANG CHUL

[생]1957·11·20 [출]서울 [주]서울 마포구 성암로267 MBC 감사실(02-789-2037) [학]1976년 서울 중동고졸 1984년 성균관대 중어중문학과졸 1987년 대만 국립정치대학 중문연구소졸(문학석사) 2002년 건국대 언론홍보대학원 석사과정 수료 [경]1984년 MBC 보도국 입사(수습기자) 1985~1999년 同외신부·스포츠취재부·북한부·편집2부·사회부·사회2부·통일외교부 기자 1997년 同베이징특파원 2000~2004년 同통일외교부·전국부·편집2부·100분토론팀 등 차장·부장대우 2005년 同디지털본부 디지털뉴스룸 TFT팀장 2005년 同보도국 뉴스편집센터 2CP(부장) 2006년 同보도국 뉴스투데이팀장 2008년 同보도국 뉴미디어에디터(부국장급) 2008년 同인터넷뉴스팀장 2009년 同보도기획부장(부국장) 2010년 同보도국 뉴스투데이담당 부국장 2012년 同보도국 뉴스데스크담당 부국장 2012~2013년 同보도본부 논설위원실장(국장) 2012년 同라디오 '2시의 취재현장' 앵커 2013~2016년 안동MBC 대표이사 사장 2013년 (재)세계유교문화재단 이사장 2016년 문화방송(MBC) 감사(현)

김상철(金相喆) Kim Sang Cheol

생1958 · 1 · 28 본경주(慶州) 출강원 영월 주강원 인제군 인제읍 비봉로44번길 71 인제소방서(033-461-2119) 학1976년 영월고졸 2008년 한국방송통신대 법학과졸 경1976~1983년 영월군 근무(8급 행정서기) 1985~1990년 태백소방서 방호과 근무 1990~1994년 정선군 민방위과 근무 1994년 영월소방서 소방계장 1996년 원주소방서 명륜파출소장 1997년 강원도소방본부 인사실무담당 2000년 홍천소방서 소방행정과장 2002년 강원도소방본부 화재조사관 2003년 同기획예산담당 2008년 同소방행정담당 2010년 삼척소방서장 2012년 강원도소방본부 방호구조과장 2013년 원주소방서장 2016년 강원도소방본부 소방행정과장 2016년 인제소방서장(현) 상강원도지사표창(1991 · 1992 · 2009), 내무부장관표창(1997), 행정자치부장관표창(1998), 국무총리표창(2004), 소방방재청장표창(2011), 대통령표창(2012) 저'화재사례연구'(2001) '광역체제하의 효율적 소방력 운용방안'(2003) '방화범죄예방대책화재'(2008) 종기독교

김상철(金相哲) KIM Sang Chul

생1959 · 4 · 5 출경남 창원 주서울 강남구 테헤란로92길7 법무법인(유) 바른(02-3479-2452) 학1978년 마산고졸 1982년 서울대 법대졸 경1981년 사법시험 합격(23회) 1984년 사법연수원 수료(14기) 1985년 해군 법무관 1988년 서울민사지법 판사 1990년 서울지법 동부지원 판사 1992년 대전지법 홍성지원 판사 1995년 대전지법 판사 1995년 서울고법 판사 1997년 대법원 재판연구관 1999년 서울가정법원 판사 1999년 전주지법 부장판사 2001년 대법원 재판연구관 2003년 서울지법 남부지원 부장판사 2005년 서울중앙지법 부장판사 2006년 광주고법 부장판사 2007년 同수석부장판사 2008~2011년 서울고법 부장판사 2011년 법무법인(유) 바른 구성원변호사(현)

김상철(金相喆)

생1959 · 10 · 29 출경북 칠곡 주인천 중구 제물량로237 중부경찰서(032-760-8321) 학1978년 대구 대건고졸 1986년 건국대졸 2007년 연세대 대학원 사법행정학과졸 2016년 건국대 대학원 법학 박사과정 수료 경1989년 경위 임관(경찰간부후보 37기) 1999년 경찰종합학교 교무과 근무 2002년 대구 북부경찰서 교통과장(경정) 2003년 대통령직속 의문사진상규명위원회 파견 2004년 서울 양천경찰서 수사과장 2005년 경찰청 총무과 역사관 근무 2006년 同보안국 보안2과 근무 2010년 대구지방경찰청 보안과장 2011년 대구 서부경찰서장(총경) 2012년 서울지방경찰청 제5기동단장 2014년 서울 영등포경찰서장 2015년 인천지방경찰청 보안과장 2016년 인천 중부경찰서장(현) 상대통령표창(2013) 저'수사1'(2003, 박문각)

김상철(金相喆) KIM Sang Cheol

생1960 · 4 · 22 출부산 주서울 중구 청파로463 한국경제신문 대외협력국(02-360-4531) 학1979년 유신고졸 1987년 경희대 신문방송학과졸 경1999년 한국경제신문 편집국 유통부 기자 2001년 同편집국 산업부 차장대우 2002년 同편집국 건설부동산부 부장직대 2004년 同편집국 건설부동산부장 2005년 同편집국 산업부장 2008년 同편집국 기획취재부장 2009년 同편집국 사회부장 2010년 한경닷컴 온라인뉴스국장 겸 증권팀장 2011년 한국경제신문 대외협력국장(현)

김상태(金相台) KIM Sang Tae

생1930 · 3 · 13 본김해(金海) 출경북 청도 주서울 강남구 강남대로354 혜천빌딩503호 (주)승진기술 대표이사실(02-569-9965) 학1950년 한양고졸 1953년 공군사관학교졸(2기) 1969년 미국 공군대 참모과정 수료 1970년 국방대학원 수료 1977년 경희대 경영행정대학원 수료 경1963년 제10전투비행단 102전투비행대대장 1966년 공군본부 작전국 작전과장 1968년 제11전투비행단 작전부장 1971년 공군본부 작전참모부 작전처장 1972년 제1전투비행단장 1974년 공군본부 감찰감 1975년 同정보참모부장 1976년 同기획관리참모부장 1977년 군수사령관 1979년 작전사령관 겸 한미연합사령부 공군구성군 부사령관 1980년 국가보위비상대책위원회 상임위원 1981년 공군 참모차장 1982~1984년 공군 참모총장 1984년 예편(대장) 1984년 외교안보연구원 연구위원 1985~1988년 駐대만 대사 1991~1994년 대한민국재향군인회 부회장 1992년 항공우주전략연구원 원장 1992년 승진기술 대표이사 2006~2007년 성우회 회장 2007년 (주)승진기술 대표이사(현) 상국방부장관표창(1963), 보국훈장 삼일장(1968), 보국훈장 천수장(1973), 대통령표창

(1976), 중국 특종영수운휘훈장(1976), 충무무공훈장(1980), 미국 공로훈장(1981), 보국훈장 국선장(1981), 보국훈장 통일장(1982), 스페인 항공십자훈장(1983), 이태리 항공십자훈장(1983) 종천주교

김상태(金相太) KIM Sang Tae

생1953 · 11 · 20 본풍풍(清風) 출대구 주대구 달서구 성서로236 (주)평화발레오(053-589-9110) 학1971년 대구 계성고졸 1977년 경북대 사범대학 영어영문과졸 경1982년 평화크랏치공업(주) 입사 1990년 (주)평화발레오 대표이사 1993년 한국자동차공업협동조합 이사(현) 2000년 평화정공(주) · 한국파워트레인(주) 회장(현) 2001년 대구기계부품연구원 이사(현) 2003년 범죄예방협의회 대구 · 경북지역 운영부위원장(현) 2005~2007년 2011대구세계육상선수권대회 유치위원회 위원 2006년 대구상공회의소 부회장(현) 2006년 (주)평화발레오 대표이사 회장(현) 2007년 (사)대구 · 경북범죄피해자지원센터 이사 겸 형사조정위원(현) 2008년 (재)대구 · 경북자동차부품산업진흥재단 이사(현) 상100PM달성 중소기업부문 대통령표창(1996), IE(생산혁신) 최고경영자상(1996), 품질경쟁력 100대기업 선정(1997), 산업포장(1998), 산업자원부 제2회외국인투자기업상(1999), SINGLE PPM 대통령표창(2001), 중소기업협동조합중앙회장표창(2002), SINGLE PPM 품질혁신전진대회 '싱글 PPM 우수모기업상' 대통령단체상(2004), 동탑산업훈장(2007), 금탑산업훈장(2014) 종기독교

김상태(金相泰)

생1958 · 5 · 11 출대전 동구 중앙로242 한국철도시설공단 기술본부(042-607-3018) 학김천고졸, 서울대 전기공학과졸, 同대학원 전기공학과졸 경2004년 한국철도시설공단 품질안전실 안전평가전담처 평가총괄부장 2005년 同품질안전실 품질환경처 환경관리부장 2006년 同호남지역본부 신호통신팀장 2007년 同수도권지역본부 건설1팀 신호통신파트담당(부장급) 2008년 同사업관리처장 2010년 同관리본부 정보관리처장 2012년 同기술본부 전철전력처장 2014년 同기술본부부장(상임이사)(현) 상국무총리표창(2012), 철탑산업훈장(2015)

김상태(金相兌) KIM Sang Tae

생1965 · 2 · 10 주서울 영등포구 국제금융로56 미래에셋대우 (02-768-3355) 학대구고졸, 고려대 경영학과졸, 아주대 대학원 투자금융학과졸 경1989년 대우증권 입사, 同IB사업본부 주식인수부장 2010년 메리츠종합금융증권(주) IB사업본부장(상무보), 유진투자증권(주) IB사업본부 기업금융파트장(상무) 2014년 KDB대우증권 기업금융본부장(상무) 2014년 同IB사업부문 대표(전무) 2016년 미래에셋대우 IB사업부문 대표(전무) 2016년 同기업금융(IB) 1부문 대표(부사장)내정(현)

김상태(金相太) Kim, Sang-Tae

생1975 · 2 · 24 본김녕(金寧) 출경북 울진 주대전 서구 청사로189 중소기업청 기업혁신지원과(042-481-6830) 학1994년 매화종합고졸 1999년 성균관대 행정학과졸 2011년 미국 캘리포니아대 어바인교 대학원 도시계획 · 정책학과졸 경1998~2014년 중소기업청 사무관 · 서기관 2015~2016년 산업통상자원부 중동아프리카통상과장 2016년 중소기업청 기업혁신지원과장(현)

김상택(金相澤) Kim Sang Taek

생1956 · 7 · 17 본청풍(清風) 출대구 주경남 창원시 의창구 죽전로68번길43 (주)맥시 사장실(055-287-1455) 학1975년 경북사대부고졸 1982년 영남대 문리과대학 영어영문학과졸 경창원대우항공신용협동조합 이사장, 두산인프라코어(주) 상무 2006년 同공기자동화BG 품질경영담당 상무 2007년 同공기자동화BG 해외영업담당 상무 2008년 同공기자동화BG 품질경영담당 상무 2010년 (주)맥시 대표이사 사장(현) 종불교

김상택(金相澤) Kim Sang Taek

생1962 · 12 · 3 출경북 주서울 종로구 김상옥로29 SGI서울보증(주) 임원실(02-3671-7026) 학1980년 경주고졸 1988년 경희대 법학과졸 경2002년 서울보증보험 보구상지원부장 2005년 同기업채권부장 2008년 同법무실부장 2009년 同기획부장 2009년 同기획부 · 경영전략부 · 리스크관리부 · 재무관리부 담당 2011년 同중장기발전전략TF 담당 2012년 同강서지역본부장 2013년 SGI서울보증(주) 구상부문 상무대우 2014년 同기획부문 상무대우 2014년 同경영지원총괄 전무이사(현)

김상표(金尙杓) KIM Sang Pyo

❸1957 · 5 · 11 ❷청주(淸州) ❸강원 인제 ㉰강원 평창군 대관령면 올림픽로108의27 2018평창동계올림픽조직위원회(033-350-2018) ⓗ1977년 춘천고졸 1981년 강원대 법학과졸 2013년 同행정대학원 행정학과졸 ⓖ1991년 행정고시 합격(35회), 강원도 관광종합개발기획단 실무기획반장, 同지방공무원교육원 교관, 同수출지원계장, 경찰대학 학적계장, 제2의건국범국민추진위원회 공공개혁담당, 경찰대 전산과장, 행정자치부 방재총괄담당(서기관), 同민간협력과 민간협력담당, 同자치운영과 교육후생담당 2002년 강원도 기획관리실 혁신분권지원단장 2005년 강원도지역혁신협의회 전략산업분과협의회 위원장 2005년 강원도 산업경제국장 2008년 同자치행정국장 2010년 同기획관리실장 2011~2014년 同경제부지사 2014년 2018평창동계올림픽대회조직위원회 대회시설부위원장 2016년 同시설사무차장(현) ❸국무총리표창, 경찰청장표창, 대통령표창(1991), 홍조근정훈장(2007), 푸른성장대상 정책부문(2009) ❸'정보화시대에 있어서 지방자치단체의 대응방안' '민간자치단체장의 바람직한 위상과 역할' ❀기독교

김상표(金相豹) KIM Sang Pyo

❸1959 · 12 · 23 ❸대구 ㉰대구 중구 달성로56 계명대학교 의과대학 병리학교실(053-580-3813) ⓗ1985년 계명대 의대졸 1989년 同대학원졸 1997년 의학박사(경북대) ⓖ1985~1989년 계명대 동산의료원 인턴 · 전공의 1989~1992년 국방부 과학수사연구소 법의군의관 1992~2004년 계명대 의대 병리학교실 전임강사 · 조교수 · 부교수 1998~1999년 미국 듀크대 연수 2004년 계명대 의대 병리학교실 교수(현) 2009년 同동산병원 교육연구부장 2013년 同의과대학장(현) ㉰'간추린 병리학(共)'(1998, 정문각)

김상필(金相弼) KIM Sang Pil

❸1957 · 4 · 19 ❸충북 ㉰서울 마포구 마포대로155 LG마포빌딩16층 도레이첨단소재(주)(02-3279-1000) ⓗ1976년 경기고졸 1980년 서울대 화학공학과졸 1982년 한국과학기술원(KAIST) 화학공학과졸(석사) 1990년 화학공학박사(한국과학기술원) ⓖ1980년 제일합섬 입사 2004년 도레이새한(주) 기술연구소장(상무) 2010년 同기술연구소장(전무) 2011년 도레이첨단소재(주) 탄소섬유사업본부장 2012년 同복합재료사업본부장(부사장) 2013~2016년 同대표이사 사장 2013년 同경영기획관리실장 2013~2016년 同복합재료사업본부장 겸임 2016년 同사장(CTO)(현) ❸제27회 국가품질경영대회 국가품질상 ❀불교

김상필(金相弼) KIM SANG PIL

❸1964 · 6 · 24 ❸서울 ㉰서울 중구 동호로249 (주)호텔신라 경영전략팀(02-2233-3131) ⓗ1982년 광성고졸 1988년 고려대 독어독문과졸 ⓖ1988년 삼성물산 입사 2007~2009년 호텔신라 경영지원담당 상무보 2009~2013년 삼성에버랜드 경영지원실 상무 2013년 (주)호텔신라 경영전략팀장(전무) 2015년 同경영전략팀장(부사장)(현)

김상하(金相廈) KIM Sang Ha (南皐)

❸1926 · 4 · 27 ❷울산(蔚山) ❸서울 ㉰서울 종로구 종로33길31 삼양그룹 회장실(02-740-7002) ⓗ1944년 경복공립중(5년제)졸 1945년 만주 여순고 수료 1949년 서울대 정치학과졸 1999년 명예 경영학박사(인제대) ⓖ1949년 합자회사 삼양사 입사 1953년 삼양통상(주) 감사 1956년 (주)삼양사 상무이사 1962년 삼양수산(주) 전무이사 1963년 (주)삼양사 전무이사 1963년 삼양모방(주) 전무이사 1968년 (주)삼양사 · 삼양모방(주) 대표이사 부사장 1973년 남서울로타리클럽 회장 1975~1986년 (주)삼양사 대표이사 사장 1980년 서울대동창회 부회장 1982~1988년 서울상공회의소 부회장 1983년 한국능률협회 부회장 1984년 한국산업기술진흥협회 부회장 1985년 한국상장회사협의회 부회장 1985~1997년 대한농구협회 회장 1986~1988년 (주)삼양사 대표이사 부회장 1988~1996년 同대표이사 회장 1988~2000년 서울상공회의소 · 대한상공회의소 회장 1988~2000년 아시아 · 태평양상공회의연합회 부회장 1989~2000년 세제발전심의위원회 위원장 1989~1991년 서울대 정치학과 총동창회장 1989~2005년 세종연구소 이사 1991~2000년 산업기술정보원 이사장 1992~2000년 한 · 베트남민간경제협의회 회장 1992~2000년 한 · 중민간경제협의회 회장 1994~2003년 환경보전협회 회장 1994~2000년 한국유통정보센터 이사장 1994~2000년 한국산업디자인진흥원 이사장 1995년 서울평화상문화재단 이사(현) 1995~2000년 산업연

구원(KIET) 이사장 1996년 (주)삼양사 회장 1997년 규제개혁추진회의 공동의장 1997~2000년 한국직업능력개발원 이사장 1998년 삼양그룹 회장(현) 1998년 한 · 일경제협회 회장 1998~2005년 한일산업기술협력재단 이사장 1998~2000년 제2의건국범국민추진위원회 공동위원장 1998년 한국장포문화개혁범국민협의회 이사장 1999~2001년 민족화해협력범국민협의회 후원회장 2000년 대한상공회의소 명예회장(현) 2000~2003년 제2의건국범국민추진위원회 대표공동위원장 2005년 한 · 일경제협회 명예회장(현) ❸동탑산업훈장(1975), 경복동문대상(2001), 일본 勳一等 瑞寶章(2001), 국민훈장 무궁화장(2003), 서울대 정치외교학과총동창회 공로상(2010), 서울대총동창회 관악대상 참여상(2010) ㉰화보집 '묵묵히 걸어온 길'(2001) ❀불교

김상한(金尙漢)

❸1966 · 1 · 5 ㉰서울 중랑구 봉화산로179 중랑구청 부구청장실(02-2094-1100) ⓗ1990년 고려대 법학과졸 2010년 미국 시라큐스대 대학원 행정학과졸 ⓖ1994년 행정고등고시 합격(37회) 1995~1998년 성동구 생활체육과장 · 성수1가1동장 · 청소과장 1998년 서울시 월드컵주경기장건설단 설비담당관 2000년 同기획예산실 예산담당관 2004년 同대변인실 언론담당관 2008년 同복지국 노인복지과장 2011년 同기획조정실 예산담당관 2014년 同기획조정실 경영기획관 직대 2014년 서울시 중랑구 부구청장(지방부이사관)(현) ❸국무총리표창(2001)

김상항(金相恒) KIM Sang Hang

❸1955 · 1 · 12 ❸경남 ㉰서울 송파구 올림픽로424 벨로드롬1층 대한빙상경기연맹 회장실(02-2203-2018) ⓗ마산상고졸, 한양대 경영학과졸 ⓖ2002년 삼성전자(주) 구조조정본부 재무팀 상무 2005년 同구조조정본부 재무팀 전무 2006년 同전략기획실 전략지원팀 전무 2007년 同전략기획실 전략기획팀 부사장 2008년 삼성생명보험 부사장 2010년 同자산운용부문 사장 2011년 삼성사회공헌위원회 부사장 2012~2014년 同사장 2012~2014년 삼성미소금융재단 이사장 2016년 대한빙상경기연맹 회장(현)

김상헌(金相憲) KIM Sang Hun

❸1963 · 9 · 11 ❷고성(固城) ❸서울 ㉰경기 성남시 분당구 불정로6 네이버그린팩토리 네이버(주) 임원실(031-784-2200) ⓗ1982년 배재고졸 1986년 서울대 법학과졸 1988년 同대학원 법학 석사과정 수료 2000년 미국 하버드대 로스쿨졸(LLM) ⓖ1986년 사법시험 합격(28회) 1990년 사법연수원 수료(19기) 1990년 공군 법무관 1993년 서울형사지법 판사 1995년 서울지법 판사 1996년 LG그룹 회장실 상임변호사(이사) 1996년 同구조조정본부 법률고문실 상무 2003년 (주)LG 법무팀 상무 2004년 同법무팀장(부사장) 2007년 NHN(주) 경영고문 2008년 同경영관리본부장(부사장) 2009~2013년 同대표이사 사장 2009년 (재)한국기원 이사(현) 2010~2013년 (사)한국인터넷자율정책기구(KISO) 의장 2010~2015년 (재)국립극단 이사 2010년 한국무역협회 서비스관리위원회 부위원장 겸 이사 2010~2013년 대통령직속 국가경쟁력강화위원회 위원, 한국데이터베이스진흥원 이사 2011~2013년 국가정보화전략위원회 위원 2012년 유네스코 한국위원회 정보커뮤니케이션분과위원회 위원(현) 2012~2015년 (재)한국예술인복지재단 비상임이사 2013년 한국인터넷기업협회 회장(현) 2013년 네이버(주) 대표이사 사장(현) 2014년 방송통신위원회 인터넷문화정책자문위원회 위원(현) 2015년 (재)광주비엔날레 이사(현) 2015년 (사)한국메세나협회 이사(현) 2015년 중소기업사랑나눔재단 이사(현) 2015년 국립극단 이사장(현) ❸사법연수원장표창(1990), The 2005 Asialaw Award for South Korea In-house Counsel(2005), 자랑스러운 한국인대상 IT발전부문(2011), 대한변호사협회 공로상(2014)

김상혁(金相爀) KIM Sang Hyeok

❸1962 · 10 · 30 ❸전북 순창 ㉰서울 중구 소파로131 남산빌딩2층 서울신문 STV(02-777-6466) ⓗ1981년 순창고졸 1985년 원광대 국어국문학과졸, 서울대 행정대학원 국가정책과정 수료 2005년 연세대 언론홍보최고위과정 수료 2006년 고려대 언론최고위과정 수료 2007년 서울스포츠대학원대학교 골프석사 2011년 서울대 최고경영자과정(AMP) 수료 2014년 고려대 의용과학대학원졸 2016년 체육학박사(가천대) ⓖ1995년 동아TV PD 2002년 휴먼TV 대표이사 2002년 (주)남양바둑방송 대표이사 2007년 한국일보 석세스TV 대표이사 2009년 서울신문 STV 대표이사 사장, 同회장(현) ❸방송통신위원장표창(2012)

김상현(金相賢) KIM Sang Hyun (後農)

[생]1935·12·6 [본]김해(金海) [출]전남 장성 [주]서울 영등포구 은행로58 삼도오피스텔 민주화추진협의회(02-3789-0518) [학]한영고 중퇴 1963년 성균관대 행정대학원 수학 1985년 미국 메릴랜드대 한국분교 수학 1988년 명예 법학박사(미국 퍼시픽주립대) 1989년 서울대 행정대학원 수료 1993년 정치학박사(러시아 상트페테르부르크대) 1999년 명예 정치학박사(카자흐스탄 크즐로오르다국립대) [경]1957년 3·1청년학생동지회 회장 1960년 혁명정신선양회 회장 1965년 제6대 국회의원(서울 서대문甲 보선, 민중당) 1967년 제7대 국회의원(전국, 신민당) 1969년 해외교포문제연구소 소장 1970년 월간「다리」 창간고문 1971년 제8대 국회의원(서울 서대문乙, 신민당) 1971년 김대중 대통령후보 비서실장 1972년 유신반대로 2년간 복역 1975년 평화통일외교문제연구소 소장 1980년 한국정치문화연구소 소장·김대중내란음모사건으로 2년3개월간 복역 1984년 민주화추진협의회 공동의장 권한대행 1985~1995년 민주대학 이사장 1987년 민주당 총재직대 1988년 同부총재 1989년 월간 '다리' 회장 1989~2005년 환경보호협의회 회장 1989년 환경교육회 이사장 1992년 제14대 국회의원(서울 서대문甲, 민주당·국민회의) 1992년 국회 환경포럼 회장 1992년 민주당 최고위원 1993년 同당무위원 1993년 同상임고문 1993~2004년 환경과생명을위한모임 회장 1994년 한국그린크로스 상임공동의장 1994년 국회 환경포럼 회장 1995년 국민회의 지도위원회 의장 1996년 제15대 국회의원(서울 서대문甲, 국민회의·새천년민주당·민주국민당) 1996~2005년 생활체육택견협회 회장 1997년 국민회의 고문 1997~2005년 대한산악연맹회 회장 1997년 대한체육회 고문 1999년 아시아산악연맹 회장 1999~2009년 한국청소년사랑회 이사장 2000년 민주국민당 최고위원 2002년 (사)민주화추진협의회 공동이사장(현) 2002년 새천년민주당 상임고문 2002년 同광주北甲지구당 위원장 2002~2010년 (재)후농청소년문화재단 상임고문 2002~2004년 제16대 국회의원(광주北甲 보선, 새천년민주당) 2008년 민주당 상임고문 2011년 민주통합당 상임고문 2013년 민주당 상임고문 2014년 새정치민주연합 상임고문 2015년 더불어민주당 상임고문(현) [상]유엔환경계획 글로벌5백인상, 환경문화상, 한국자원재생재활용협회 녹색국회의원상, 환경인상 녹색정치인상(2003), 몽골 친선최고훈장(2007) [저]'在日한국인' '민족의 저항(編)'(전5권) '어둠이여 횃불이여' '5월의 노래' '한국의 민주화와 반미감정' '在日한국인 일백년사' '믿음의 정치를 위하여' '열린시대의 정치논리' '환경·환경운동·환경정치' '김상현-거꾸로 서기, 바로 보기' [종]천주교

김상현(金尚炫) KIM Sang Hyun

[생]1963·4·20 [출]서울 [주]서울 강남구 테헤란로301 홈플러스 임원실(02-3459-8596) [학]1985년 미국 펜실베이니아대 와튼스쿨 경제학과졸 [경]1986년 미국P&G 페브릭 및 홈케어 브랜드매니저 1989~1997년 한국P&G 마케팅담당 이사 1997년 일본P&G 유아용 및 성인용기저귀 마케팅담당 상무 1999~2003년 미국P&G 데오드란트 사업부 북미지역 및 글로벌전략기획부문장 2003~2008년 한국P&G 사장 2008~2009년 P&G 싱가폴지사 부회장 2008~2014년 同아세안총괄 사장, 駐韓미국상공회의소 이사, 이화리더십개발원 자문이사, 한국여자프로골프협회 사외이사, (사)다국적기업최고경영자협회 이사, 미국 P&G 부사장 2016년 홈플러스 대표이사 사장(CEO)(현) 2016년 홈플러스스토어즈(주) 대표이사(현) 2016년 홈플러스홀딩스(주) 대표이사 겸임(현)

김상현(金尚鉉) KIM Sang Hyun

[생]1963·7·2 [본]경주(慶州) [출]경북 영주 [주]서울 관악구 관악로231의1 김상현이비인후과의원(02-872-2333) [학]1982년 서라벌고졸 1988년 고려대 의대졸 1998년 의학박사(고려대) [경]1988년 의사면허 취득 1992년 이비인후과 전문의 취득 1992년 국립의료원 이비인후과 의무사무관 1996~1997년 스웨덴 룬드대 연수 1997~2002년 국립의료원 이비인후과 과장 2002년 김상현이비인후과의원 원장(현)

김상호(金商鎬) KIM Sang Ho

[생]1953·8·30 [본]경주(慶州) [출]서울 [주]서울 중구 후암로110 서울시티타워빌딩20층 한국의료분쟁조정중재원 상임조정위원실(02-6210-0311) [학]1972년 경복고졸 1976년 서울대 법학과졸 2007년 미국 노스웨스턴대 법학전문대학원졸 [경]1978년 사법시험 합격(20회) 1980년 사법연수원 수료(10기) 1980년 軍법무관 1983년 울산지법 판사 1985년 부산지법 판사 1987년 서울지법 의정부지원 판사 1989년 同서부지원 판사 1990년 서울고법 판사 1993년 대법원 재판연구관 1995년 창원지법 부장판사 1997년 수원지법 평택지원장 1998년 서울가정법원 부장판사 1998년 변호사 개업 2001년 (주)포스코 상임고문변호사 2005년 同경영지원부문 법무실장(전무) 2009년 同상임고문변호사(부사장대우) 2010년 법무법인 화우 변호사 2011년 고려공증인합동법률사무소 변호사, 변호사 개업 2015년 한국의료분쟁조정중재원 조정부 상임조정위원(현) [저]'주석민법'(共)

김상호(金相鎬)

[생]1958·3·1 [출]전북 남원 [주]전북 고창군 고창읍 중앙로245 고창군청 부군수실(063-560-2212) [학]1976년 전주공고졸 1999년 전북대 행정학과졸 [경]2006년 전북도 기획관실 평가분석담당 2006년 同공보과 공보관리담당 2008년 교육훈련 파견 2009년 전북도 부품소재과 신소재담당 2012년 同주력산업과 소재산업담당 2013년 同교통물류과장 2014년 同탄소산업과장 2016년 전북 고창군 부군수(현)

김상호(金相鎬) Sangho Kim

[생]1961·1·10 [주]세종특별자치시 시청대로370 한국보건사회연구원(044-287-8001) [학]1986년 독일 에를랑겐 뉘른베르크대 경제학과졸 1989년 同대학원 경제학과졸 1992년 경제학박사(독일 에를랑겐 뉘른베르크대) [경]1995~2012년 관동대 교수 2000년 독일 Ulm대 초빙교수 2007~2008년 감사원 평가연구원 경제재정팀장 2009년 한국재정학회 이사(현) 2012~2015년 광주과학기술원(GIST) 기초교육학부 교수 2012~2013년 고용노동부 산재보험 재정추계자문위원회 위원장 2013년 사회보장연구 편집위원장 2013년 사회보장위원회 재정추계전문위원회 위원(현) 2014년 (사)한국사회보장학회 회장 2015년 한국보건사회연구원 원장(현)

김상호(金相湖)

[생]1969·1·5 [출]대구 [주]경기 성남시 수정구 산성대로451 수원지방법원 성남지원(031-737-1410) [학]1986년 대구고졸 1991년 연세대 법학과졸 [경]1996년 사법시험 합격(38회) 1999년 사법연수원 수료(28기) 1999년 울산지법 판사 2003년 수원지법 판사 2006년 대구지법 판사 2010년 서울동부지법 판사 2011년 서울고법 판사 2013년 서울중앙지법 판사 2014년 부산지법 동부지원 부장판사 2016년 수원지법 성남지원 부장판사(현)

김상화(金相和) KIM Sang Hwa

[생]1940·4·8 [출]경북 상주 [주]경기 시흥시 공단1대로27번길47 (주)백산 회장실(031-499-0044) [학]1957년 경북사대부고졸 1968년 육군병참학교 고등군사반 수료 1992년 서울대 AIP최고산업전략과정 수료 [경]1976년 예편(육군 소령) 1976년 대한복산(주) 상무이사 1979년 백산양행 설립 1984년 백산화성산업사 설립 1986년 (주)백산 설립·대표이사 회장(현) 1993년 (주)백산섬유 설립·대표이사 1995년 (주)백산정공 설립 1996년 (주)백산한정밀 설립·대표이사 2002~2012년 (주)백산OPC 대표이사 회장 2008년 백산린텍스 대표이사(현) [상]500만불수출탑(2000), 1000만불수출탑(2001), 대통령표창(2003), 수출중소기업인상(2004), 대한민국코스닥대상 대상(2004) [저]'신인조피혁의 발전'

김상환(金相煥) Sang-Hwan Kim

[생]1960·5·2 [주]서울 중구 남대문로84 KB국민은행 동부지역영업그룹(02-2073-7114) [학]1978년 강릉상고졸 1982년 강원대 경영학과졸 [경]1988년 KB국민은행 입행 1993년 同태백지점 과장 2005년 同인재개발원 팀장 2009년 同태백지점장 2012년 同원주단구지점장 2013년 同영통지점 수석지점장 2014년 KB금융지주 CHRO(상무) 2015~2016년 KB국민은행 경기·강원본부장 2016년 同동부지역영업그룹 본부장(현)

김상환(金尚換) KIM Sang Whan

[생]1963·1·20 [본]김해(金海) [출]부산 [주]서울 강남구 테헤란로328 동우빌딩14층 만호제강(주) 사장실(02-3452-7121) [학]1981년 혜광고졸 1986년 동아대 공대 산업공학과졸 [경]1986년 만호제강(주) 미국지사장 1991년 同이사 1992년 同전무이사 1994년 同대표이사 사장(현) [종]불교

김상환(金尚煥) KIM Sang-Hwan

[생]1966·1·27 [본]경주(慶州) [출]대전 [주]서울 서초구 서초중앙로157 서울고등법원(02-530-1425) [학]1984년 보문고졸 1989년 서울대 사법학과졸 [경]1988년 사법시험 합격(30회) 1991년 사법연수원 수료(20기) 1992년 제26사단 검찰관 1993년 특전사령부 검찰부장 1994년 부산지법 판사 1996년 同울산지원 판사 1998년 서울지법 의정부지원 판사 1999년 同포천군법원 판사 2000

년 同의정부지원 판사 2001년 독일 뮌헨대 연수 2001년 서울서부지원 판사 2002년 헌법재판소 파견 2003년 서울고법 판사 2004년 대법원 재판연구관 2006년 제주지법 수석부장판사 2008년 수원지법 부장판사 2008년 헌법재판소 부장연구관(파견) 2010년 서울중앙지법 영장전담 부장판사 2013년 부산고법 창원재판부 부장판사 2014년 서울고법 부장판사(현)

김상훈(金商勳) KIM Sang Hoon

⊛1942 · 3 · 13 ⊛광산(光山) ⊛전북 정읍 ⊛서울 중구 을지로80의1 보승빌딩6층 (사)한국CFO협회(02-755-8670) ⊛1961년 전주고졸 1965년 서울대 법학과졸 1986년 미국 하버드대 대학원 행정학과졸 ⊛1966년 한국은행 입행 1989년 同홍보실장 1990년 同마산지점장 1993년 은행감독원 검사3국장 1993년 同검사5국장 1995년 同검사1국장 1996년 同부원장보 1999년 금융감독원 부원장 2000~2001년 국민은행 은행장 2001~2003년 同이사회 회장 2004년 同상임고문 2004년 (사)한국CFO협회 회장(현) ⊛천주교

김상훈(金相薰) KIM Sang Hoon

⊛1954 · 8 · 1 ⊛김녕(金寧) ⊛부산 ⊛서울 노원구 광운로20 광운대학교 경영대학 경영학부(02-940-5432) ⊛1973년 경동고졸 1978년 서울대 경제학과졸 1982년 한국과학기술원 대학원 경영과학과졸 1991년 경영과학박사(한국과학기술원) ⊛1988~1993년 한남대 경영학과 조교수 1993년 광운대 경영대학 경영학부 교수(현) 1997~1998년 아시아공과대학원(Asian Institute of Technology) 초빙교수 1999년 한국경영정보학회 춘계학술대회 조직위원장 1999년 대한경영학회 이사 1999~2000년 광운대 연구처장 2000~2002년 同기획처장 2001~2002년 한국경영정보학회 이사 2002~2012년 한국IT서비스학회 편집위원장 겸 부회장 2002년 (재)선암장학재단 감사(현) 2005~2006년 국제e-비즈니스학회 상임이사 2006~2015년 한국문화정보센터 이사 2006~2008년 한국기업경영학회 상임이사 2006~2008년 광운대 대학평의회 부의장 2006~2009년 同부총장 2009~2011년 국방부 국방정책자문위원 2011~2012년 여수세계박람회 자문위원 2011년 삼성엔지니어링 사외이사(현) 2012~2015년 정보통신산업진흥원(NIPA) SW공학센터 정책자문위원 2012~2014년 한국IT서비스학회 회장 2012~2015년 (재)한국문화정보센터 비상임이사 2013~2014년 정보통신정책연구원(KISDI) 연구자문위원 2014년 국방과학연구원 과제평가위원 ⊛한국경영정보학회 최우수논문상(2002 · 2003), 한국SI학회 최우수논문상(2004), 부총리 겸 교육인적자원부장관표창(2006), SI우수연구자상(2006), SW산업발전유공 국무총리표창(2006), 한국IT서비스학회 LG우수학술논문상(2010), 정보통신의날 국무총리표창(2014) ⊛'ASP 웹프로그래밍 정복'(2001, 도서출판 글로벌) '사용자 중심의 ASP 웹프로그래밍(共)'(2005, 도서출판 그린) '경영정보시스템원론'(2005, 법영사) '중소기업 정보화혁신 실천방법론'(2005, 중소기업정보화경영원) '서비스사이언스'(2006, 매일경제신문사) '경영정보시스템원론(개정판)'(2011, 법영사) '사례로 풀어쓴 국방정보화 평가'(2012, 한국국방연구원)

김상훈(金相勳) KIM Sang Hoon

⊛1955 · 6 · 25 ⊛경북 구미 ⊛서울 영등포구 국회대로800 진미파라곤빌딩 927호 한국석유유통연구소(02-548-8260) ⊛한양대 경영학과졸 중퇴, 경희사이버대 스포츠경영학과졸, 중앙대 대학원 국제경영학과졸, 고려대 국제경영대학원 수료 ⊛(주)동특(現 리드코프) 대표이사 사장 2001~2005년 (주)코엔펙 회장, 한 · 미HR포럼 이사장(현) 2015년 (사)한국석유유통연구소 이사장(현) 2015년 대한견협연맹 회장 2015년 대한택견회 초대회장(현) 2015년 전국택견연합회 회장(현) 2015년 한국자유총연맹 부회장(현)

김상훈(金常勳) KIM Sang Hoon

⊛1960 · 7 · 31 ⊛서울 ⊛인천 남구 인하로100 인하대학교 언론정보학과(032-860-8792) ⊛1984년 연세대 신문방송학과졸 1986년 미국 미시간주립대 대학원졸 1990년 광고학박사(미국 텍사스주립대) ⊛1983~1984년 대우전자 홍보실 근무 1990~1992년 싸치앤싸치 기획국장 1993~1994년 서울광고기획 국제기획팀 부국장 1995년 경희대 신문방송학과 교수 1999년 인하대 언론정보학과 교수(현) 2000~2010년 서울시 정책조사자문위원, 한국케이블TV방송협회 자문교수 2011~2012년 한국광고학회 회장 2013~2015년 인하대 사회과학대학장 2013~2015년 同정책대학원장 2013년 중앙선거관리위원회 홍보자문위원(현) 2013년 언론진흥재단 자문위원(현) 2013년 HMC투자증권(주) 사외이사 겸 감사위원 2016년 국제방송교류재단 아리랑TV 비상임이사(현) ⊛'뉴미디어와 저작권'(1996) 'Communication Culture'(1996)

김상훈(金相薰) KIM Sang Hoon

⊛1961 · 10 · 5 ⊛서울 ⊛서울 서초구 남부순환로2159 (주)사조해표(02-2007-3000) ⊛숭문고졸, 한국외국어대 무역학과졸, 同경영대학원 국제경영학과졸, 서울대 AMP 최고경영자과정 수료 ⊛2004년 사조산업(주) 관리본부장(이사대우) 2005년 (주)신동방 경영지원본부장(이사) 2007년 同경영지원본부장(상무) 2007년 (주)사조오앤에프 경영지원본부장(상무) 2008년 同경영지원본부장(전무) 2008년 (주)사조해표 경영지원본부장(전무) 2009년 사조C&C 대표이사 2011년 삼아벤처 대표이사(현) 2011년 (주)사조해표 부사장 2016년 同대표이사 사장 겸임(현) ⊛기독교

김상훈(金相勳) KIM SANG HOON

⊛1962 · 12 · 10 ⊛김해(金海) ⊛서울 ⊛인천 중구 서해대로365의1 인천지방해양수산청 항만정비과(032-880-6310) ⊛1981년 성동고졸 1985년 연세대 토목공학과졸 1987년 서울대 대학원 토목공학과졸 2002년 토목환경공학박사(미국 캘리포니아대 어바인교) ⊛1988~1991년 현대엔지니어링 사원 1991~2015년 대우건설 근무 · 상무 2002~2004년 미국 캘리포니아대 어바인교 토목환경공학부 Post Doc. 2015년 해양수산부 인천지방해양수산청 항만정비과장(기술서기관)(현) ⊛국무총리표창(2008) ⊛'항만공사시공실무편람'(1988, 신기술)

김상훈

⊛1963 ⊛충북 괴산 ⊛서울 양천구 목동동로165 양천세무서(02-2650-9201) ⊛1983년 세무대학졸(1기) 1996년 한양대 행정대학원졸 ⊛2007년 서인천세무서 납세자보호1담당관 2007년 국세공무원교육원 교수 2010년 서울지방국세청 감사관실 근무 2013년 同법인신고분석과 근무 2014년 대전지방국세청 세원분석국장 2014년 아산세무서개청준비단장 2015년 아산세무서장 2015년 양천세무서장(현) ⊛국무총리표창(2003 · 2011)

김상훈(金相勳) KIM Sang Hoon

⊛1963 · 1 · 25 ⊛김해(金海) ⊛대구 ⊛서울 영등포구 의사당대로1 국회 의원회관541호(02-784-2310) ⊛1982년 대구 대건고졸 1990년 영남대 법학과졸 2006년 미국 오리건대 행정대학원 행정학과졸 ⊛1989년 행정고시 합격(33회) 2000년 대구시 중소기업과장 2002년 同섬유진흥과장 2003년 同문화예술과장 2004년 同교통정책과장 2004년 국외 훈련(미국 오레곤대) 2006년 대구시 경제산업국장 2007년 同기업지원본부장 2008년 同경제통상국장(지방부이사관) 2011년 세종연구소 교육파견 2012년 제19대 국회의원(대구시 서구, 새누리당) 2013년 국회 산업통상자원위원회 위원 2014년 국회 지속가능발전특별위원회 위원 2014~2015년 새누리당 원내부대표 2014~2015년 국회 운영위원회 위원 2015년 국회 정치개혁특별위원회 위원 2016년 제20대 국회의원(대구시 서구, 새누리당)(현) 2016년 국회 보건복지위원회 간사(현) 2016년 국회 가습기살균제사고진상규명과피해구제 및 재발방지대책마련을위한국정조사특별위원회 새누리당 간사(현) ⊛전국청소년선플SNS기자단 선정 '국회의원 아름다운 말선플상'(2015) ⊛포토에세이 '서구는 섬이다'(2011, 매일피앤아이) ⊛가톨릭

김상훈(金相勳)

⊛1963 · 12 · 19 ⊛경기 안산시 단원구 원고잔로34 수도권대기환경청(031-481-1303) ⊛연세대 행정학과졸, 서울대 행정대학원졸, 영국 워릭대 대학원졸, 연세대 대학원 행정학 박사과정 수료, 국방대 안보과정 수료 ⊛1989년 행정고시 합격(33회), 캐나다 British Columbia주 환경부 파견(과장급) 2005년 낙동강유역환경청 유역관리국장, 同환경관리국장, 駐유럽연합 참사관, 국무총리실 환경정책과장 2010년 환경부 자원순환국 폐자원관리과장 2011년 同기획조정실 해외협력담당관 2013년 생물다양성협약당사국총회 준비기획단장(고위공무원), 환경부 국립낙동강생물자원관 건립추진기획단 부단장 2016년 국립환경인력개발원장 2016년 수도권대기환경청장(현) ⊛홍조근정훈장

김상훈(金相勳) KIM Sang Hun

⊛1967 · 5 · 22 ⊛서울 중구 덕수궁길15 서울특별시의회(02-3783-1566) ⊛2009년 수의학박사(전북대) ⊛2004~2016년 프란다스 동물의료센터 원장(현), 대한수의사회 정무부회장 2012년 단국대 행정법무대학원 초빙교수(현) 2011~2015년 국립한경대 겸임교수(현), 노웅래 국회의원 지역민원국장, 민주당 전국청년위원회 상임부위원장, 同전국청년위원회 보건의료특별위원장 2012년 민주

통합당 제18대 대통령중앙선거대책위원회 대외협력부위원장 2014년 새정치민주연합 정책조정위원회 부위원장 2014년 서울시의회 의원(새정치민주연합·더불어민주당)(현) 2014년 同운영위원회 위원 2014년 同교통위원회 위원 2014년 同예산결산특별위원회 위원 2016년 同교통위원회 부위원장(현) 2016년 同서울메트로사장후보자인사청문특별위원회 위원 2016년 同서부지역광역철도건설특별위원회 위원(현) 2016년 더불어민주당 서울특별시당 대변인(현)

김상훈(金相勳) KIM Sang Hoon

[생]1968·1·17 [출]서울 [주]서울 동작구 상도로7 부광약품(주) 임원실(02-828-8114) [학]1990년 서강대 화학공학과졸 1991년 미국 오하이오주립대 대학원졸 1993년 박사(미국 보스턴주립대) [경]2004년 부광약품(주) 입사, 同기획조정실 이사 2008년 同기획조정실장(전무이사) 2013년 同대표이사 부사장 2013년 同대표이사 사장 2015년 同공동대표이사 사장(현)

김상훈(金相勳) KIM Sang Hoon

[생]1961·1 [출]경기 [주]서울 중구 청계천로86 한화큐셀 임원실(02-729-1114) [학]1979년 휘문고졸 1983년 한양대 공업화학과졸 [경]1983년 한화석유화학(주) 입사 2008년 同울산PVC담당 상무보 2010년 한화케미칼(주) PROJECT팀장(상무보) 2012년 同닝보공장장(상무) 2013년 同울산공장장(상무) 2015년 한화큐셀 치동공장장(상무) 2016년 同전무(현)

김상희(金相喜) KIM Sang Hee

[생]1951·1·25 [본]경주(慶州) [출]대구 [주]서울 서초구 서초대로49길18 김상희법률사무소(02-536-7373) [학]1969년 경북고졸 1973년 서울대 법과대학졸 1975년 同대학원졸 1985년 미국 조지워싱턴대 법과대학원졸 1994년 서울대 대학원 법학 박사과정 수료 1996년 同경영대학원 최고경영자과정 수료 [경]1974년 사법시험 합격(16회) 1976년 사법연수원 수료(6기) 1977년 해군 법무관(대위) 1979년 서울지검 남부지청 검사 1982년 제주지검 검사 1983년 서울지검 검사 1986년 대검찰청 검찰연구관 1989년 대전지검 서산지청장 1990년 마산지검 진주지청 부장검사 1991년 대구지검 총무부장 1992년 법무부 검찰국 검찰3과장 1993년 대검찰청 기획과장 1993년 서울지검 동부지청 특수부장 1995년 서울지검 형사3부장 1996년 同형사2부장 1997년 대검찰청 중앙수사부 수사기획관 1997년 서울지검 동부지청 차장검사 1998년 울산지검 차장검사 1999년 서울고검 형사부장 2001년 부산고검 차장검사 2002년 서울고검 차장검사 2002년 제주지검장 2003년 대전고검장 2004~2005년 법무부 차관 2005년 변호사 개업(현) 2009~2015년 LG전자(주) 사외이사 2011년 (주)효성 사외이사(현) 2016년 (주)호텔롯데 사외이사(현) [상]검찰총장표창(1982), 홍조근정훈장(1993), 황조근정훈장(1996) [저]'청소년 약물남용에 관한 연구'(1991) '살인범죄에 관한 연구'(1992) '가정파괴범죄 연구'(1992) '마약류 통제정책의 현황과 발전방향'(1992) [종]천주교

김상희(金相姬·女) Kim, Sang-Hee

[생]1954·5·18 [본]김해(金海) [출]충남 공주 [주]서울 영등포구 의사당대로1 국회 의원회관808호(02-784-4173) [학]1972년 공주사대부고졸 1976년 이화여대 약학대학졸 [경]한국여성민우회 상임대표, 여성환경연대 대표, 시민사회단체연대회의 공동운영위원장, 대통령자문 정책기획위원회 위원 2006~2007년 대통령자문 지속가능발전위원회 위원장 2007년 대통합민주신당 최고위원 2008년 통합민주당 최고위원 2008년 제18대 국회의원(비례대표, 통합민주당·민주당·민주통합당) 2008년 민주당 전국여성위원장 2008~2010년 同당무위원 2008년 국회 아동인구환경의원연맹(CPE) 간사 2008~2010년 국회 환경노동위원회 위원, 국회 여성가족위원회 간사 2008~2009년 민주당 대운하대책특별위원회 간사 2009년 同4대강사업저지특별위원회 간사 2009년 同한반도대운하백지화추진위원회 위원장 2010년 국회 교육과학기술위원회 위원 2011년 민주당 원내부대표 2011년 국회 예산결산특별위원회 위원 2012년 제19대 국회의원(부천시 소사구, 민주통합당·민주당·새정치민주연합·더불어민주당) 2012~2014년 국회 여성가족위원회 위원장 2012년 민주통합당 제18대 대통령중앙선거대책위원회 여성위원장 2013년 국회 교육문화체육관광위원회 위원 2014년 새정치민주연합 6·4지방선거 공직선거후보자추천관리위원회 위원 2014년 국회 윤리특별위원회 위원 2014년 국회 국토교통위원회 위원 2015년 국회 서민주거복지특별위원회 위원 2015년 국회 정치개혁특별위원회 위원 2015년 국회 메르스대책특별위원회 위원 2015년 국회 예산결산특별위원회 위원 2016년 제20대 국회의원(부천시 소사구, 더불어민주당)(현) 2016년 국회 보건복지위원회 위원(현) 2016년 한국아동인구환경의원연맹(CPE) 회원(현) 2016년 국회 민생경제특별위원회 위원장(현) 2016년 더불어민주당 경기부천시소사구지역위원회 위원장(현) [상]국민훈장 동백장(2005), 법률소비자연맹 선정 국회 헌정대상(2013·2014), 경제정의실천시민연합 국정감사 우수의원(2014) [저]'아름다운 동행'(2011) [종]천주교

김상희(金相希·女)

[생]1970 [주]세종특별자치시 도움4로13 보건복지부 정책기획관실(044-202-2300) [학]경북대 행정학과졸 2009년 미국 듀크대 대학원 국제개발정책석사 [경]행정고시 합격(38회) 1995년 보건복지부 임용, 同인구정책과장, 同연금급여팀장, 同성과관리팀장, 同보험약제과장, 同자립지원과장, OECD 대한민국정책센터 파견, 보건복지부 건강증진과장 2013년 대통령직속 청년위원회 실무추진단장 2015년 보건복지부 건강정책국장 2016년 同인구정책실 인구아동정책관(국장급) 2016년 同기획조정실 정책기획관(현)

김생기(金生基) Kim, Saeng-Ki

[생]1947·2·6 [본]도강(道康) [출]전북 정읍 [주]전북 정읍시 충정로234 정읍시청 시장실(063-539-5000) [학]1966년 전주 신흥고졸 1971년 전북대 농과대학 농화학과졸, 순천향대 대학원 건강과학CEO과정 수료 [경]1995년 통합민주당 사무부총장, 同보좌진협의회 회장, 同국가경영기획단 부단장, 한백정치경제연구소 기획조정실장, 국민통합추진회의 기획조정실장, 열린우리당 수입농산물대책특별위원회 위원장 2002년 새천년민주당 노무현 대통령후보 정무특보 2004~2006년 국회의장 정무수석비서관, (주)서해운송 대표이사, 전북도축구협회 부회장, 정읍시태권도협회 상임고문 2006년 전북 정읍시장 선거 출마(열린우리당) 2007~2009년 대한석유협회 회장 2010년 전북 정읍시장(민주당·민주통합당·민주당·새정치민주연합) 2014년 전북 정읍시장(새정치민주연합·더불어민주당)(현) [상]농협중앙회 지역농업발전 선도인상(2014), 지자체발전대상 지역발전종합대상(2015), 한국언론사협회 국제평화언론대상 행정발전공헌 대상(2015), 대한민국창조경제대상 행정혁신부문 대상(2016), 대한민국 소비자대상(2016) [종]기독교

김생환(金生煥) KIM Saeng Whan

[생]1957·11·15 [본]양산(梁山) [출]전남 강진 [주]서울 중구 덕수궁길15 서울특별시의회(02-3783-1701) [학]한국방송통신대 행정학과졸, 한양대 지방자치대학원졸 2008년 행정학박사(한성대) [경]안경나라 쌍문역점 대표, 서울시 노원구 상계6동 주민자치센터 운영위원장, 대한안경사협회 국제이사, 노원마을숲가꾸기시민모임 운영위원장, 시정신문 논설위원, 열린우리당 서울시정책협의회 위원, 노원중학부모회 회장, 노원구청 '노원의제21' 실천위원회 위원 1995·1998·2002~2006년 서울시 노원구의회 의원(2·3·4대), 同운영위원회 위원장 2006년 서울시의원선거 출마(열린우리당), 한성대 행정학과 겸임교수 2010년 서울시의회 의원(민주당·민주통합당·민주당·새정치민주연합) 2010~2012년 同보건복지위원회 위원, 同민주당 대변인 2010~2011년 同예산결산특별위원회 부위원장 2010~2011년 同정책연구위원회 위원 2012~2014년 同인권도시창조를위한서울특별시의회인권특별위원회 위원 2012~2014년 同운영위원회 위원 2012년 同편집위원회 위원장 2014년 서울시의회 의원(새정치민주연합·더불어민주당)(현) 2014~2016년 同교육위원회 위원 2015~2016년 同인권특별위원회 위원장 2016년 同교육위원회 위원장(현) [저]'복지야, 활짝 펴라'(2014, 자하커뮤니케이션) [종]천주교

김서곤(金西坤) KIM Seo Kon

[생]1940·1·20 [출]전남 화순 [주]경기 평택시 서탄면 서탄로154 (주)솔고바이오메디칼 비서실(031-664-4101) [학]1960년 서울 광성고졸 1962년 성균관대 법정대학 법학과졸 1990년 서강대 경영대학원 최고경영자과정 수료 1994년 서울대 공과대학원 최고산업전략과정 수료 1995년 同경영대학원 최고경영자과정 수료 1996년 연세대 대학원 고위경제과정 수료 1998년 同언론홍보대학원 수료 1999년 서울대 경영대학원 전자상거래최고경영자과정 수료 [경]1969년 개인사업 1970년 천우의료기상사 영업부장 1974년 솔고산업 설립·대표 1995년 (주)솔고 대표이사 1999·2008년 한국생체재료학회 부회장 2000년 (주)솔고바이오메디칼 대표이사(현) 2000~2005년 한국의료기기공업협동조합 이사장 2000년 보건복지부 중앙약사심의위원 2000년 솔고알파트로닉스 대표이사 2001년 중소기업진흥재단 감사 2001~2010년 한국생활환경시험연구원 이사 2002년 대한의용생체공학회 부회장·고문 2002~2009년 한국보건산업진흥원 사외이사 2004~2006년 한국의료기기산업협회 고문 [상]중소기업협동조합중앙회장표창(1993), 보건사회부장관표창(1994·2014), 산업포장(1997), 중소기업청 벤처기업인상(1998), 경기도지사표창(1998), 동탑산업훈장(2003), 중소기업을 빛낸 얼굴들 선정(2007), 한국을 빛낸 창조경영인 선정(2009), 대한민국의료건강컨퍼런스 대한민국 대표헬스케어기업 선정(2011), 한국의 영향력 있는 CEO' 고객만족경영부문대상(2014), 대한민국소비자신뢰대표브랜드 대상(2015) [저]'누구나 저마다의 실패를 안고 산다'(2012) '백세건강 수소수가 답이다'(2015) [종]기독교

김서령(金瑞令·女) Suh-Ryung Kim

[생]1959·9·11 [본]선산(善山) [출]서울 [주]서울 관악구 관악로1 서울대학교 사범대학 수학교육과(02-880-9190) [학]1982년 서울대 수학교육과졸 1988년 수학박사(미국 럿거스대) [경]1982~1983년 수도여고 교사 1988년 미국 St. John's University Division of Math and Sciences Assistant Professor 1994년 경희대 수학과 부교수·교수 2000~2003년 同수학과 학과장 2003년 대한수학회 이사 2004~2005·2008~2009년 한국수학교육학회 이사 2004~2007년 한국여성수리과학회 이사 2004년 서울대 사범대학 수학교육과 부교수·교수(현) 2007~2008년 同사범대학 수학교육과 학과장 2013년 대한수학회 전산분과위원장 [상]대한수학회 논문상(2013) [저]'이산수학'(2003, 천재교육) [종]천주교

김서중(金瑞中) KIM Seo Joong

[생]1960·10·27 [본]광산(光山) [출]대전 [주]서울 구로구 연동로320 성공회대학교 신문방송학과(02-2610-4303) [학]1983년 서울대 신문학과졸 1985년 同대학원 신문학과졸 1996년 신문학박사(서울대) [경]1989년 서울대 신문학과 조교 1990~1998년 광주대 출판광고학과 전임강사·조교수·부교수 1998년 민주언론시민연합 정책위원 1998~2005년 한국언론정보학회 이사 1998년 성공회대 신문방송학과 교수(현) 2002년 同출판부장 2002년 광고산업진흥협의회 제도개선분과 위원 2005년 성공회대 교무처장 2005년 청와대 고위공직자인사검증자문회의 위원 2005~2008년 신문발전위원회 부위원장 2006년 민주언론시민연합 공동대표 2008~2010년 신문발전위원회 위원 2010~2011년 미디어공공성포럼 공보위원장 2011년 同운영위원(현) 2013~2014년 한국언론정보학회 회장 2014년 민주언론시민연합 정책위원장(현) 2014년 민주화를위한전국교수협의회 공동의장(현) 2014년 4·16세월호참사특별조사위원회 비상임위원(현) 2015년 한국방송공사(KBS) 이사(현) [저]'현대출판의 이해'

김서중(金曙中) Kim Seo Jung

[생]1969·2·21 [본]광산(光山) [출]전북 김제 [주]세종특별자치시 갈매로477 기획재정부 인사과(044-215-2252) [학]1988년 전라고졸 1993년 서울대 경제학과졸 2007년 미국 텍사스A&M대 대학원 경제학과졸 [경]2007년 보건복지부 저출산대책팀장 2008년 同저출산인구정책과장 2009년 기획재정부 규제개혁법무담당관 2011년 駐UN대표부 참사관 2014년 기획재정부 발행관리과장 2014년 同정책조정국 협동조합정책과장 2016년 同정책조정국 협동조합정책과장(부이사관) 2016년 통일교육원 교육훈련 파견(현) [종]기독교

김 석(金 奭) KIM Seok

[생]1954·3·6 [출]서울 [주]서울 서초구 강남대로299 강남매트로빌딩6층 삼성미소금융재단 이사장실(02-522-8762) [학]1972년 서울고졸 1976년 서울대 법학과졸 1978년 同대학원 법학과졸 [경]1979년 미국 체이스맨해튼은행 서울지점 근무 1994년 삼성생명보험(주) 이사 1998년 同상무이사 1998년 삼성그룹 구조조정본부 구조조정팀장(상무이사) 1999년 삼성증권(주) 국제사업부장(상무이사) 2000년 同호울세일사업부장(상무이사) 2001년 同법인사업본부장(전무이사) 2003년 삼성카드(주) 자금지원실장(전무이사) 2004년 同영업본부 부사장 2005년 삼성증권(주) IB사업본부장(부사장) 2009년 同Whole-sale총괄 부사장 2010년 삼성투자신탁운용 대표이사 사장 2010~2011년 삼성자산운용 대표이사 사장 2011~2014년 삼성증권(주) 대표이사 사장 2012~2014년 한국금융투자협회 비상근부회장 2015년 삼성사회공헌위원회 사장 2015년 삼성미소금융재단 이사장(현) [상]2014 여성소비자가 뽑은 베스트 금융CEO(2014)

김석곤(金碩坤) KIM Sug Kon

[생]1952·4·25 [본]김해(金海) [출]충남 금산 [주]충남 예산군 삽교읍 도청대로600 충청남도의회(041-635-5225) [학]1970년 중대부고졸 1977년 중앙대 건축공학과졸 [경]공간건축사무소 대표(현), 바르게살기 금산군협의회장, 충남발전협의회 감사, 대한건축사협회 금산군회장, 금산경찰서 행정발전협의회 총무, 재난안전관리자문단 단장, 금산초 운영위원장, 금산중·고동창회 부회장, 금산문화원 이사, 금산신용협동조합 이사, 국민건강보험공당 홍보대사, 금산로타리클럽 회장 2006·2010년 충남도의회 의원(국민중심당·자유선진당·선진통일당·새누리당) 2006년 同건설소방위원회 위원 2008년 同건설소방위원회 부위원장 2008년 同장애인복지정책특별위원회 위원 2010~2012년 同문화복지위원장 2011년 同예산결산특별위원회 위원 2012년 同교육위원회 위원 2013~2014년 同예산결산특별위원장 2014년 충남도의회 의원(새누리당)(현) 2014년 同교육위원회 위원 2014년 同예산결산특별위원회 위원 2014년 同윤리특별위원회 위원장 2016년 同행정자치위원회 위원(현)

김석구(金碩九) KIM Suk Goo

[생]1955·4·15 [본]청풍(淸風) [출]경기 화성 [주]서울 성북구 보문로35 서광빌딩7층 한국항만물류협회 부회장실(02-924-2457) [학]1974년 경기 수성고졸 1978년 해군사관학교졸, 중앙대 대학원 국제경영학과졸 2001년 행정학박사(서울대) [경]1984~1996년 해운항만청 근무 1996년 해양수산부 공보관실 서기관 2000년 同정보화담당관 2002년 포항지방해양수산청장 2003년 해양수산부 감사담당관 2004년 同총무과장(부이사관) 2005년 同감사담당관 2006년 同홍보관리관 2008년 국방대 파견 2009~2011년 마산지방해양항만청장(고위공무원) 2011년 한국항만물류협회 상근부회장(현) [저]'21세기 청색혁명과 해양환경정책론' '유류오염에 따른 해양환경피해의 측정'

김석권(金碩權) KIM Seok Kwun (松岩)

[생]1952·4·9 [본]경주(慶州) [출]경남 하동 [주]부산 서구 망양로111번길65 동아대학교병원 성형외과(051-240-2807) [학]1971년 동아고졸 1977년 부산대 의대졸 1984년 同대학원졸 1990년 의학박사(충남대) [경]1977~1980년 군의관(대위) 1980년 인제대 부산백병원 인턴 1981~1985년 부산대병원 성형외과 레지던트 수료 1985~1990년 부산대 의과대학 성형외과학교실 전임강사·조교수 1987년 미국 캘리포니아 데이비스의대 객원교수 1990~1998년 동아대 의과대학 성형외과학교실 조교수·부교수 1996년 미국 하버드대 의대 객원교수 1996년 대한성형외과학회 부산·울산·경남지회 이사장 1997년 同부산·울산·경남지회장 1997년 미국 뉴욕대 의대 연구원 1998년 동아대 의과대학 성형외과학교실 교수(현) 1998~2001년 동아대병원 교육연구부장 2000~2005년 대한성형외과학회 이사 2002년 스마일회 창립·명예회장(현) 2004년 대한민국의학한림원 정회원(현) 2004~2007년 동아대 의과대학장 2004년 세계선도과학자(Leading Scientists of the World) 선정 2004~2005년 대한두개안면성형외과학회 회장 2004~2005년 영호남성형외과학회 이사장 2006~2007년 同회장 2006년 세계100대 과학자 선정 2006년 대한미용성형외과학회 이사 2009년 미국 세계인명사전 'Marqui's Who's Who in the World'에 등재 2012년 학교법인 석파학원 이사(현) [상]대한적십자사 감사장(1985), 대한성형외과학회장표창(1999), 제3회 한림인술상(2003), 대한두개안면성형외과학회 공로상(2005), 동아고총동창회 자랑스런 동아인상(2006), 한국과학기술단체총연합회 우수논문상(2006), 부산대 의과대학 동창회 자랑스런동문상(2007), 부산시의사회 의학대상(2013) [저]'성형외과학(共)'(1994) '표준성형외과학(共)'(1999·2009) '안성형외과학(共)'(2003) '구순구개열'(2005) '미용성형외과학'(2007) 'Encyclopedia of Flaps'(2008) [종]기독교

김석규(金奭奎) KIM Suk Kyu

[생]1951·3·7 [주]서울 중구 서소문로115 한산빌딩5층 대주항운(주) 임원실(02-319-9196) [학]1969년 중앙고등보통학교졸 1976년 한국외국어대 독일어과졸 [경]영국항공사 한국지역 화물담당 이사, KLM 네덜란드항공사 한국지역 화물담당 매니저, 대한항공 마닐라지점 화물담당 매니저 1999년 대주항운(주) 대표이사(현) 2004년 Korea Cargo Club 부회장 2005년 同회장

김석규(金碩圭) KIM Seog Kyu

[생]1953·11·11 [출]경남 [주]경북 경산시 대학로280 영남대학교 이과대학 화학생화학부(053-810-2362) [학]1980년 영남대 화학과졸 1989년 물리화학박사(미국 뉴욕대) [경]1990년 스웨덴 샬머스공대 물리화학 Post-Doc. 1992~1993년 同물리화학 조교수 1993년 영남대 이과대학 화학생화학부 화학전공 조교수·부교수·교수(현) 2012~2014년 同기초과학연구소장 2014년 同의약·정밀화학특성화사업단장 2015년 同대학원장(현) [저]'물리화학(수정판)(共)'(2003) '일반화학 실험'(2003) '기본물리화학'(2007) '최신일반화학실험'(2007)

김석기(金碩基) KIM Seok Ki

[생]1954 · 8 · 6 [본]경주(慶州) [출]경북 경주 [주]서울 영등포구 의사당대로1 국회 의원회관1010호(02-788-2576) [학]1971년 대륜고졸 1978년 영남대 행정학과졸 2007년 동국대 대학원 공안행정학과졸 2010년 명예 정치학박사(용인대) [경]경찰간부 후보(27기) 1986년 경찰대학 학생지도실장(경정) 1988년 서울 노량진경찰서 경비과장 1991년 서울 관악경찰서 정보과장 1994~1997년 駐오사카총영사관 주재관 1997년 경찰청 외사2담당관(총경) 1997년 인천 연수경찰서장 1998년 서울지방경찰청 외사과장 1998년 서울 수서경찰서장 1999년 서울지방경찰청 방범지도과장 2000년 駐일본 외사협력관(경무관) 2003년 서울지방경찰청 경무부장 2004년 경찰청 경무기획국장(치안감) 2004년 경북지방경찰청장(치안감) 2006년 대구지방경찰청장(치안감) 2006년 경찰종합학교 교장(치안감) 2008년 경찰청 차장(치안정감) 2008~2009년 서울지방경찰청장 2009~2011년 한국자유총연맹 부총재 2010년 경주 계림초교총동창회 상임부회장(현) 2011년 駐오사카 총영사 2012년 제19대 국회의원선거 출마(경북 경주시, 무소속) 2013~2015년 한국공항공사 사장 2013~2015년 국제공항협의회(ACI) 아시아태평양지역이사회 이사 2014~2015년 한국항공보안학회(KAFAS) 초대회장 2016년 제20대 국회의원(경북 경주시, 새누리당)(현) 2016년 국회 교육문화체육관광위원회 위원(현) 2016년 국회 미래일자리특별위원회 위원(현) 2016년 한·일의원연맹 상임간사(현) [상]대통령표창, 근정포장(1999), 홍조근정훈장(2004), 동아일보 한국의최고경영인상 혁신경영부문(2014 · 2015) [저]'김석기의 길'(2011, 중앙 M&B) '엘리트 경찰에서 1등 CEO로'(2015, 조선뉴스프레스)

김석기(金石基) KIM Suk Ki

[생]1957 · 11 · 15 [본]영산(永山) [출]서울 [주]서울 중구 세종대로124 한국프레스센터1311호 한국신문방송편집인협회 사무총장실(02-732-1726) [학]1985년 서울대 정치학과졸 2005년 서강대 언론대학원졸 [경]1995년 중앙일보 사회부 기자 1997년 同교육사업팀 차장 1998년 同전국부 차장 1999년 同편집지원팀 차장 2000년 同전국부 차장 2002년 同편집국 메트로부 차장 2004년 同디지털뉴스센터 팀장 2006년 同편집국 National 데스크 2007년 同편집국 코디네이터(에디터) 2008년 同편집국 부국장대우 코디네이터(에디터) 2008~2009년 同시민사회연구소 부소장 2011년 한국신문방송편집인협회 사무총장(현) [상]한국어문기자협회 한국어문상 공로부문(2015)

김석기(金石基) KIM Seok Ki

[생]1969 · 8 · 20 [주]경기 고양시 일산동구 일산로323 국립암센터 부속병원 진단검사센터 핵의학과(031-920-0166) [학]1995년 서울대 의과대학졸 2007년 의학박사(서울대) [경]1995년 서울대병원 인턴 1996년 同핵의학과 레지던트 2000년 포천군보건소 공중보건의 2002년 국립암센터 진료지원센터 핵의학과 공중보건의 2003년 同부속병원 유방암센터 전문의 2006~2014년 同부속병원 진료지원센터 핵의학과장 2008~2014년 同연구소 분자영상치료연구과 선임연구원 2008년 대한핵의학회 대외협력이사 겸 정도관리위원 2009년 국립암센터 부속병원 갑상선암센터 전문의(현) 2010~2014년 同연구소 분자영상치료연구과장 2014년 同연구소 분자영상치료연구과 책임연구원(현) 2016년 同연구소 분자영상치료연구과장(현) 2016년 同부속병원 진단검사센터 핵의학과장(현) [저]'암정보'(2006, 국립암센터) '고창순 핵의학'(2008, 군자출판사) '핵의학길잡이'(2008, 고려의학)

김석동(金錫東) KIM Seok Dong

[생]1953 · 5 · 3 [본]김해(金海) [출]부산 [주]서울 서대문구 충정로6 KT&G 서대문타워10층 법무법인 지평(02-6200-1600) [학]1972년 서울 경기고졸 1978년 서울대 경영학과졸 [경]1979년 행정고시 합격(23회) 1981~1994년 재무부 기획관리실 · 차관실 · 국제금융국 · 이재국 사무관 1994년 同재무정책국 서기관 1995년 한국조세연구원 파견 1995년 재정경제원 금융부동산실명제실시단 총괄반장 · 부동산반장 1997년 同외화자금과장 1998년 재정경제부 경제분석과장 1999년 同증권제도과장 1999년 금융감독위원회 법규총괄과장 2000년 同조정총괄담당관 2001년 同감독정책과장 2001년 同감독정책1국장 2004년 연합인포맥스 자문위원 2004년 재정경제부 금융정책국장 2005년 同금융정보분석원장 2005년 同차관보 2006~2007년 금융감독위원회 부위원장 2007~2008년 재정경제부 제1차관 2008년 농협중앙회 사외이사 2008~2010년 (주)농협경제연구소 대표이사 2010년 미래에셋자산운용 사외이사(현) 2011~2013년 금융위원회 위원장 2013~2014년 한국금융연구원 초빙연구원 2015년 법무법인 지평 고문(현) 2015년 지평인문사회연구소 대표(현) 2016년 현대중공업 사외이사(현) [상]재무부장관표창(1987), 대통령표창(1987), 근정포장(1992), 고운문화상(2000), 홍조근정훈장(2003), 황조근정훈장(2009), 제16회 매경 증권인상 공로상(2014) [저]'한국 외환시스템의 중장기 발전방안(共)'(2012, 좋은생각좋은사람들) '금융시장론(共)'(2013, 박영사) '한 끼 식사의 행복'(2016, 한국방송출판) [종]기독교

김석득(金錫得) KIM Suk Deuk

[생]1931 · 4 · 29 [본]김해(金海) [출]충북 괴산 [주]서울 종로구 종로12길6 해종빌딩6층 외솔회(02-734-5048) [학]1956년 연세대 국문학과졸 1958년 同대학원 국문학과졸 1971년 문학박사(연세대) 1982년 프랑스 파리제7대 대학원 국가박사과정 수학 [경]1958~1962년 한양대 전임강사 · 조교수 1962~1971년 연세대 문과대 전임강사 · 조교수 · 부교수 1971~1996년 同국문학과 교수 1977년 한글학회 이사 1980~1982년 프랑스 파리제7대 동양학부 교수 1984년 한국언어학회 회장 1985년 연세대 국학연구원장 1987년 문교부 국어심의위원 1988년 연세대 문과대학장 1989년 同대학원장 1990년 문화체육부 국어심의위원 1992~2015년 세종대왕기념사업회 부회장 1993~2008년 외솔회 회장 겸 재단 이사장 1994~2001년 한글학회 부회장 1994년 연세대 교학부총장 1996년 同명예교수(현) 1996년 한·중우호교류기금회 상임이사 1998년 문화관광부 국어심의위원 2004~2009년 한글학회 부회장 2008년 외솔회 명예회장(현) 2012년 애산학회 이사장(현) 2013년 한글학회 명예이사(현) 2015년 세종대왕기념사업회 고문(현) [상]외솔상 문화부문(1984), 대통령표창(1993), 주시경 학술상(1995), 국민훈장 동백장(1996), 세종문화상 학술부문(2000), 延文人상(2004), 용재학술상(2006) [저]'국어방언학(共)'(1971) '국어 구조론'(1971) '한국어연구사 上·下'(1975) '주시경 문법론'(1979) '우리말 연구사'(1983) '국어음운론(共)'(1985) 'Initiation a la langue Coreenn(共)'(1985) '역주 석보상절 9권'(1991) '고운말 사전(共)'(1991) '우리말 형태론'(1992) '외솔 최현배 학문과 사상'(2000) '우리말 연구사—언어관과 사조로 본 발전사'(2009) [종]기독교

김석만(金錫萬) KIM Seok Man

[생]1955 · 11 · 24 [출]경북 경주 [주]울산 중구 함월8길10 (주)신한 회장실(052-296-3000) [학]동국대 지역개발대학원 수료 [경]1988년 신한주택건설 설립 · 대표이사 1989년 (주)신한건설 대표이사 2000년 (주)신한종합건설 대표이사, 대한건설협회 경남도회 부회장, 대한주택건설사업협회 울산 · 경남지회장 2005년 (주)신한종합건설 대표이사 회장 2011년 (주)신한 대표이사 회장(현)

김석명(金石明) KIM Seuk Myong (竹山)

[생]1939 · 1 · 23 [본]김해(金海) [출]경남 고성 [주]경남 고성군 상리면 척번정7길26 고성농요전수회관 고성농요보존회 [학]1957년 경남 고성농고졸 1961년 동아대 법학과졸 [경]1966년 고성여고 · 고성중 · 고성동중 · 고성농공고 교사, 영악중 교감 · 고성중교감 1977~1997년 고성농요발굴 · 고성농요보존회 회장 1992년 중요무형문화재 제84-가호 고성농요(앞소리) 예능보유자(현) 1998년 고성여중 교감 1999~2000년 충무여중 교장 2000년 한국중요무형문화재총연합회 회장 2008년 한국농요연합회 회장, 고성농요보존회 회장(현) [상]향토문화상(1984), 국민훈장 목련장(1992), 국민포장(1993), 대통령표창, 녹조근정훈장(2000) [저]'고성농요해설집'(1989) '고성농요교본'(1995) '경남지방의 민속가면극에 관한 연구' [작]완창 '영남의 들노래' [종]불교

김석붕(金錫鵬)

[생]1964 · 1 · 11 [출]충남 당진 [주]서울 영등포구 국회대로70길18 한양빌딩 새누리당(02-3786-3000) [학]1983년 대전 대신고졸 1989년 성균관대 행정학과졸 [경]1989~2006년 제일기획 SP미디어사업팀장 · 수석국장 2007년 안국포럼 홍보기획 담당 2007년 제17대 대통령선거 이명박후보 경선캠프 미디어홍보위원회 부단장 2007년 한나라당 제17대 대통령후보 비서실 커뮤니케이션기획담당 2008년 제17대 대통령취임준비위원회 총괄기획팀장 2008년 제17대 대통령직인수위원회 실무위원 2008년 대통령실 의전비서관실 행정관 2009년 대통령실 국정홍보비서관실 행정관 2010년 대통령실 홍보수석비서관실 선임행정관 2011~2013년 대통령실 교육문화수석비서관실 문화체육비서관 2016년 새누리당 홍보위원회 위원장(현) [상]대한민국옥외광고대상(대통령상), 대한민국옥외광고대상 금상(국무총리상), 대한민국광고대상 금상, 대통령실장표창(2008), 근정포장(2010) [저]'김석붕 당진대박을 꿈꾸다'(2014) [작]'강릉 정동진 뉴밀레니엄 모래시계' '삼성전자 애니콜 조형물' 등 기획 및 제작 총괄

김석수(金碩洙) KIM Suk Soo

[생]1932·11·20 [본]김녕(金寧) [출]경남 하동 [주]서울 강남구 테헤란로317 동훈타워 법무법인 대륙아주(02-3016-5249) [학]1949년 진주사범학교 수료 1952년 배재고졸 1956년 연세대 정법대학 법학과졸 1962년 미국 육군법무학교 수료 1997년 명예 법학박사(연세대) [경]1958년 고시사법과 합격(10회) 1960년 육군 법무관 1963~1973년 부산지법·마산지원·인천지원·서울형사지법·서울고법 판사 1973년 재판연구관 1974~1980년 부산지법·서울지법 성북지원·서울민사지법 부장판사 1980년 수원지법 인천지원장 1981~1982년 서울고법 부장판사 1981~1982년 서울지법 남부지원장 겸임 1983년 서울고법 수석부장판사 1986년 부산지법원장 1988년 법원행정처 차장 1991~1997년 대법관 1993~1997년 중앙선거관리위원회 위원장 1997~2002·2003~2009년 변호사 개업 1997~2001년 대법원 공직자윤리위원장 1997년 학교법인 연세대재단이사회 감사 1999~2002년 삼성전자(주) 사외이사 2000년 한국신문윤리위원회 위원장 2002년 정부공직자윤리위원회 위원장 2002년 연세법학진흥재단 이사 2002~2003년 국무총리 2003년 연세대재단 이사회 감사 2004년 同이사 2007~2009년 대법원 양형위원회 위원장 2009년 법무법인 대륙아주 고문변호사(현) 2013년 학교법인 연세대 이사장(현) [상]청조근정훈장(1997)

김석열(金錫烈)

[생]1965·4·15 [출]경북 경주 [주]경기 오산시 동부대로596 화성동부경찰서 서장실(031-371-8321) [학]1983년 경주고졸 1987년 경찰대졸(3기) [경]1987년 경위 임관 2007년 강원지방경찰청 생활안전과장(총경) 2008년 경북 경주경찰서장 2009년 경찰대 교무과장 2010년 경찰청 감사관실 인권보호센터장 2011년 서울 서부경찰서장 2012년 서울지방경찰청 101경비단장 2014년 同청문감사담당관 2015년 同생활질서과장 2016년 경기 화성동부경찰서장(현) [상]건설부장관표창(1994), 농림수산부장관표창(1995), 국무총리표창(2000), 대통령표창(2005), 녹조근정훈장(2012)

김석영(金碩榮) KIM Suk Young

[생]1954·2·12 [출]서울 [주]대전 중구 대흥로64 대전성모병원 신장내과(042-220-9114) [학]1979년 가톨릭대 의대졸 1988년 同대학원졸 1991년 의학박사(가톨릭대) [경]대한신장학회 회원, 대한내과학회 회원, 대한당뇨학회 회원 1986년 가톨릭대 의대 내과학교실 신장내과 전임강사·부교수·교수(현) 1986년 同대전성모병원 신장내과 전문의(현) 2009년 同대전성모병원 의무원장(현) 2012~2013년 대한신장학회 회장 [저]'임상의를 위한 신장이식 지침서'(2008, 가톨릭의대 신장내과·장기이식센터)

김석오(金錫五) Kim Suk-oh

[생]1962·7·7 [본]김해(金海) [출]경남 거창 [주]인천광역시 중구 서해대로339 인천세관 자유무역협정총괄과(032-452-3150) [학]1981년 거창고졸 1984년 세무대학 관세학과졸 1990년 한국방송통신대 법학과졸 1992년 경희대 경영대학원 세무관리학과졸 2001년 태국 아시아공과대 대학원 국제경영학과졸(MBA) 2012년 한남대 대학원 무역학 박사과정 수료 [경]2005~2007년 재정경제부 관세제도과·관세협력과· 양자관세협력과 사무관 2008년 기획재정부 양자관세협력과 사무관(FTA협상 대표) 2009년 관세청 기획심사팀 원산지심사총괄 사무관 2010년 同FTA종합대책단 원산지검증팀장(서기관) 2011년 同원산지지원담당관 2012년 同자유무역협정협력담당관 2012~2016년 駐로스엔젤레스 관세영사 2016년 관세청 인천세관 자유무역협정총괄과장(현) [상]대통령표창(1996), 기획재정부장관표창(2008), 외교통상부장관표창(2008) [저]'관세예규총람'(2002, 삼일인포마인) '우리나라 FTA 원산지규정 연구 및 실증분석'(2005, 현대경제연구원) '특혜원산지 입법체제 간소화에 관한 연구'(2011, 조세연구포럼) [종]기독교

김석우(金錫友) KIM Suk Woo (*永郎*)

[생]1945·3·10 [본]경주(慶州) [출]충남 논산 [주]서울 서초구 사평대로20길12 대영빌딩3층 21세기국가발전연구원(02-3447-4311) [학]1963년 경기고졸 1967년 서울대 법대 행정학과졸 1970년 同대학원졸 1986년 미국 프린스턴대 대학원 우드로윌슨스쿨 수료 [경]1968년 외무고시 합격(1회) 1975년 駐미국대사관 2등서기관 1977년 외무부 행정관리담당관 1979년 同국제법규과장 1981년 駐일본대사관 1등서기관 1983년 외무부 동북아1과장 1986년 駐일본대사관 참사관 1989년 경제기획원 대외경제조정실 제2협력관 1990년 외무부 정세분석관 1991년 同아주국장 1993년 대통령 의전비서관 1995년 대통령 의전수석비서관 1996년 외교안보연구원 연구위원 1996~1998년 통일원 차관 2002~2004년 국회의장 비서실장 2004~2007년 천안대 초빙교수 2004년 21세기국가발전연구원 원장(현) 2004년 북한인권시민연합 고문(현) 2010년 휴먼아시아 고문(현) 2011년 대한변호사협회 인권재단 이사(현) 2012년 국무총리실 6.25전쟁납북피해진상규명 및 납북피해자명예회복위원회 위원(현) 2013년 북한인권민간단체 '물망초' 이사(현) 2013년 국무총리실 시민사회발전위원회 위원(현) 2013년 국가안보자문단 자문위원(현) 2013년 '뷰티플드림콘서트' 조직위원장 2013~2015년 (사)6.25공원국민운동본부 이사장 2014년 정치법제도분과위원회 위원장(현) 2014년 국가인권위원회 정책자문위원(현) 2014년 대통령직속 통일준비위원회 외교안보분과위원회 민간위원(현) 2016년 대통령직속 민주평화통일자문회의 운영위원(현) [상]홍조근정훈장(1984), 수교훈장 숭례장(1992), 황조근정훈장(2003) [저]'대륙붕에 대한 연안국의 권리'(1970) '남북이 만난다 세계가 만난다'(1995) '통일은 빠를수록 좋다(共)'(2010) [역]'불가사의한 미일외교'(1998)

김석우(金鉐釪) KIM Seok Woo

[생]1963·10·9 [출]전북 임실 [주]서울 서초구 반포대로158 서울고등검찰청(02-530-3114) [학]1982년 전주 완산고졸 1986년 전북대 법학과졸 [경]1989년 사법시험 합격(31회) 1993년 사법연수원 수료(22기) 1993년 광주지검 순천지청 검사 1994년 광주지검 검사 1996년 서울지검 검사 1999년 대전지검 검사 2001년 법무부 보호과 검사 2003년 서울지검 남부지청 검사 2004년 서울남부지검 검사 2005년 同부부장검사 2005년 전주지검 부부장검사 2006년 광주지검 공판부장 2007년 전주지검 남원지청장 2008년 법무부 사회보호정책과장 2009년 서울남부지검 형사5부장 2010년 서울중앙지검 외사부장 2011년 부산지검 형사1부장 2012년 광주지검 목포지청장 2013년 법무연수원 교수 2014년 인천지검 부장검사(인천시 파견) 2015년 서울고검 검사(현)

김석우(金錫佑) KIM Sukwoo

[생]1972·2·16 [본]김해(金海) [출]부산 [주]서울 종로구 사직로8길60 외교부 동아시아경제외교과(02-2100-7675) [학]1990년 충렬고졸 1998년 서울대 경제학과졸 2002년 미국 버지니아주립대 대학원 국제정치학과졸 [경]1998년 외교통상부 입부, 駐제네바대사관 1등서기관, 駐일본대사관 1등서기관 2015년 외교부 동아시아경제외교과장(현)

김석우(金錫佑)

[생]1972·6·29 [본]안동(安東) [출]대구 [주]서울 서초구 반포대로158 서울중앙지방검찰청 특수2부(02-530-4316) [학]1991년 덕원고졸 1995년 서울대 법대졸 [경]1995년 사법시험 합격(37회) 1998년 사법연수원 수료(27기) 1998년 서울지법 예비판사 2000년 서울행정법원 판사 2002년 서울지검 검사 2004년 수원지검 평택지청 검사 2007년 대검찰청 검찰연구관 2009년 대구지검 검사 2010년 同부부장검사 2011년 수원지검 평택지청 부장검사 2012년 광주지검 특수부장 2013년 서울서부지검 형사5부장 2014년 대구고검 검사(법무부 검찰제도개선기획단장 파견) 2015년 서울중앙지검 특수3부장 2016년 同특수2부장(현)

김석원(金錫元) KIM Suk Won (*倉齊*)

[생]1945·4·22 [본]김해(金海) [출]대구 [주]서울 영등포구 국회대로62길14 스카우트회관5층 한국스카우트지원재단(02-780-5707) [학]1964년 서울고졸 1970년 미국 브랜다이스대(Brandeis Univ.)졸 1991년 경영학박사(서강대) [경]1972~1975년 쌍용양회 상임감사 1973년 국민학원 이사 1973년 동양통신사 이사 1973년 고원개발(주)(現용평리조트) 설립 1973~1975년 쌍용해운(주) 상무이사 1975~1995년 쌍용그룹 회장 1975~1977년 (주)쌍용 사장 1977~1979년 동양통신사 사장 1977~1983년 駐서울 에콰도르영사관 명예영사 1979년 아시아통신사기구 이사 1979~1981년 쌍용양회공업(주) 사장 1980~1982년 한국보이스카우트연맹 부총재 1981년 쌍용중공업 사장 1982~1992년 한국보이스카우트연맹 총재 1982년 세계스카우트지원재단 세계우애회원 1983년 세계스카우트연맹 이사 겸 홍보분과위원장 1984년 민족통일중앙협의회 이사 1984년 평화통일자문위원회 상임위원 1984년 한·일협력위원회 상임위원 1984년 한·스위스 경제협력위원회 위원장 1986년 한·미경제협의회 부의장 1986~1995년 쌍용자동차 회장 1987년 세계스카우트지원재단 이사 1988년 한국경영자총협회 부회장 1989년 전국경제인연합회 부회장 1989~1998년 한국장애인복지체육회 회장 1990년 성곡언론문화재단 이사 1990년 세계스카우트지원재단 부의장 1991년 제17회 세계잼버리대회 대회장 1992년 한·

불최고경영자클럽 공동회장 1992년 한국스카우트지원재단 이사장(현) 1994년 쌍용정유 대표이사 회장 1994년 한국기업메세나협의회 이사 1995년 세계청소년대표자회의 조직위원회 위원 1995~1998년 쌍용그룹 고문 1995년 민자당 대구 달성군지구당 위원장 1996~1998년 제15대 국회의원(대구 달성구 신한국당·한나라당) 1998~2001년 쌍용양회공업(주) 대표이사 회장 1998년 쌍용화재해상보험 비상근이사 2000~2003년 세계스카우트지원재단 의장, 同이사 2001~2002년 쌍용양회공업(주) 이사회 의장 2002~2004년 同상임이사 겸 명예회장, 미국 브랜다이스대 한국동문회 회장 2004~2008년 쌍용양회공업(주) 명예회장 2007년 학교법인 국민학원 이사 [상]가봉공화국 국가공로훈장(1977), 에콰도르공화국 국가공로훈장(1983), 요르단왕국 독립훈장(1985), 국민훈장 동백장(1986), 체육훈장 맹호장(1989), 무역인 대상(1989), 국민훈장 무궁화장(1991), 캐나다스카우트연맹 실버폭스훈장(1992), 미국 브랜다이스대 동문공로상(1994), 세계스카우트연맹 브론즈울프훈장(1996), 대한스키협회 공로패(2016) [저]'특수체육총론'(1994) [종]불교

김석원(金錫源) KIM Seok Won

[생]1947·4·29 [출]충북 청주 [주]충북 청주시 서원구 충렬로3 충북사회봉사회 이사장실(043-274-4814) [학]1966년 청주고졸 1970년 경희대 법대 행정학과졸 1987년 일본 히토쓰바시대 대학원 상학과졸 2003년 서울대 대학원 세계경제최고전략과정 수료 2007년 경제학박사(경희대) [경]1976년 행정고시 합격(19회) 1977~1990년 재무부 재정금융심의관실·이재국·국제금융국 사무관 1990년 同국세심판소 조사관(서기관) 1991~1992년 일본 대장성 파견 연구관 1992년 재무부 공보담당관 1993년 同장관 비서관 1994년 同중소금융과장 1995년 재정경제원 금융·부동산실명단 총괄반장 1995년 同보험제도과장 1998년 재정경제부 기획예산담당관 1999년 同총무과장(부이사관) 1999년 한국국제조세교육센터 운영소장 2000년 미국 미시간대 금융연구센터 파견 2001년 금융감독위원회 기획행정실장(이사관)·금융위원회 및 금융감독원 대변인 2002년 금융위원회 기획행정실장(관리관) 2002~2005년 예금보험공사 부사장 2005~2006년 우리은행 사외이사 2006~2009년 SK C&C 사외이사 2006~2009년 상호저축은행중앙회 회장 2007년 사회복지법인 충북사회봉사회 이사장(현) 2009~2012년 신용정보협회 회장 2011~2016년 신한금융지주 사외이사 2015~2016년 同사회책임경영위원회 위원 [상]대통령표창(1998), 홍조근정훈장(2001) [종]천주교

김석재(金石載) Kim Seok Jae

[생]1970·7·17 [출]전남 나주 [주]충북 청주시 서원구 산남로70번길51 청주지방검찰청 차장검사실(043-299-4302) [학]1988년 광주 인성고졸 1992년 서울대 법과대학졸 [경]1992년 사법시험 합격(34회) 1995년 사법연수원 수료(24기) 1998년 서울지검 검사 2000년 대전지검 천안지청 검사 2002년 법무부 법무과 검사 2003년 同검찰1과 검사 2006년 서울남부지검 검사 2007년 同부부장검사 2008년 대전지검 부부장검사 2009년 수원지검 부부장검사 2009년 서울중앙지검 부부장검사 2010년 법무부 장관정책보좌관 2010년 同형사법제과장 2011년 서울중앙지검 총무부장 2012년 同첨단범죄수사2부장 2013년 서울남부지검 부부장검사(금융부실책임조사본부 파견) 2014년 창원지검 형사1부장 2015년 수원지검 여주지청장 2016년 청주지검 차장검사(현)

김석종(金奭鍾) KIM Seok Jong

[생]1958·6·21 [본]경주(慶州) [출]충남 공주 [주]서울 중구 정동길3 경향신문(02-3701-1744) [학]한양대 언론정보대학원졸 [경]1999년 경향신문 편집국 매거진X부 차장 2000년 同트래블팀장 2003년 同생활레저부장 2004년 同문화부장 2006년 同선임기자 2008년 同선임기자(부국장) 2009년 同문화에디터(부국장) 2014년 同논설위원 겸 문화전문기자 2015년 同상무이사(현) [상]제15회 불교언론문화상(2007) [저]트래블 시리즈 5권 '우리는 오늘 ~으로 떠난다(共)'(1999~2003, 경향신문) '잃어버린 시절을 찾아서'(2001, 마당넓은 집) '그 마음을 가져오너라'(2008, 조계종출판사) '마음살림'(2013, 위즈덤경향)

김석종(金碩鍾) KIM Suk Jong (淸溪)

[생]1958·10·21 [본]경주(慶州) [출]경북 포항 [주]대구 북구 영송로47 대구과학대학교 측지정보과(053-320-1163) [학]1976년 경주공고졸 1987년 경일대 토목공학과졸 1989년 영남대 대학원 환경계획학과졸 2006년 측지공학박사(경일대) [경]1976~1993년 행정자치부 지적과 근무 1993년 대구과학대 측지정보과 교수(현), 同측지정보과 학과장 1996~2006년 同산학실습처장 1999~2006년 同측량정보기술연구센터 소장 2003~2005년 행정자치부 자문위원 2003~2007년 대구시 명예감사관 2004~2006년 대구과학대학 산학협력단장 2005년 국토지리정보원 자문위원 2006년 대구과학대학 부학장 겸 학장 직대 2008년 同학장 2009~2014년 同총장 2011년 국가과학기술위원회 지방과학기술진흥협의회 위원 2011년 대구·경북지역전문대학총장협의회 회장 2011~2014년 대구과학대 총장 2016년 국가공간정보위원회 전문위원(현) [상]대구시 모범공무원(1984), 내무부장관표창(1989), 건설부장관표창(1991), 한국대학특성화위원회 특성화학과 최우수상(2005), 교육부 산학협력우수상(2005), 한국지적학회 논문상(2006), 한국측량학회 학술상(2010), 대통령표창(2011), 과학기술훈장 도약장(2014) [저]'측량법해설'(1993) '토지조사'(1994) '지적법해설'(1995) '토지공법'(2000) '지적디자인'(2002) '측량법해설'(2003) '북한토지론(共)'(2003) '지형공간정보론'(2003) '지적도근측량'(2005) '도시개발'(2005) 'LIS(토지정보)'(2007) '지적학개론'(2008) '최신지적세부측량'(2009) '핵심지적법규'(2013) '응용측량'(2013) '핵심지적학'(2013)

김석주(金碩周) KIM Suk Joo (寅巖)

[생]1930·2·5 [출]경남 남해 [주]부산 연제구 법원로28 부산법조타운빌딩7층 법무법인 국제(051-463-7755) [학]1950년 통영중졸 1954년 부산대 법학과졸 [경]1956년 고등고시 사법과 합격(8회) 1957년 공군 법무관 1960~1968년 부산지법·대구지법 판사 1969년 대법원 재판연구원·대구고법 판사 1973년 부산지법 부장판사 1978년 同마산지원장 1979년 대구고법 부장판사 1979년 부산지법 수석부장판사 1982년 제주지법원장 1983년 마산지법원장 1986년 대구지법원장 1987년 대구고법원장 1988년 변호사 개업 1994~2000년 법무법인 국제 대표변호사 2000년 同고문변호사(현) [상]황조근정훈장(1988) [종]불교

김석준(金錫俊) KIM Suk Joon

[생]1953·4·9 [본]김해(金海) [출]대구 [주]서울 송파구 올림픽로299 대한제당건물 쌍용건설 임원실(02-3433-7001) [학]1971년 서울 대광고졸 1978년 고려대 상과대학 경영학과졸 1981년 미국 하트퍼드(Hartford)대 대학원 1년 수료 [경]1977년 (주)쌍용 기획조정실 근무 1980년 同LA·뉴욕지사 근무 1982년 쌍용건설 이사 1983년 同사장 1989년 서울시농구협회 회장 1991년 쌍용그룹 부회장 1991년 한·싱가폴 경제협력위원장 1992년 쌍용건설 회장 1994년 쌍용그룹 총괄부회장 겸 쌍용자동차 회장 1995~1998년 쌍용그룹 회장 1995~1998년 쌍용양회공업 회장 1995년 한국경영자총협회 부회장 1996년 한·미경제협의회 부회장 1996~2001년 전국경제인연합회 부회장 1996년 한·일경제협회 부회장 1996년 한·불최고경영자클럽 한국측 회장 1998~2006년 쌍용건설 대표이사 회장 1998년 하나은행 사외이사 1998년 남광토건 대표이사 회장 2006년 쌍용건설 회장 2010년 同대표이사 회장(현) [상]산업포장(1986), 은탑산업훈장(1987), 금탑산업훈장(1991), 세계차세대지도자상(1996) [종]불교

김석준(金錫俊) KIM Seok Joon

[생]1957·3·28 [본]수안(遂安) [출]경북 봉화 [주]부산 부산진구 화지로12 부산광역시교육청 교육감실(051-866-3000) [학]1975년 부산고졸 1979년 서울대 사회학과졸 1981년 同대학원 사회학과졸 1992년 문학박사(서울대) [경]1983~1997년 부산대 사범대학 일반사회교육과 전임강사·조교수·부교수 1988년 부산경남민주화교수협의회 총무 1994~2003년 영남노동운동연구소 소장 1997~2012년 부산대 사범대학 사회교육학부 교수 1997년 부산MBC 라디오 시사진단프로그램 '지방시대 부산' 진행 2000년 민주노총 부산지역본부 지도위원 2000년 민주노동당 부산시지부 정책위원장 2002년 同부산시장 후보 2002년 同부산시지부장 2003년 영남노동운동연구소 이사장 2003년 공교육정상화를위한부산교육개혁연대 공동대표 2003년 부산정책연구소 소장 2004년 부산민중연대 공동대표 2004년 제17대 국회의원선거 출마(부산 금정, 민주노동당) 2006년 부산시장선거 출마(민주노동당) 2007년 민주노동당 부산시당 위원장 2007년 同노회찬 대통령예비후보 선거대책본부 상임본부장 2008년 진보신당 공동대표 2008년 同집행위원장 2008년 제18대 국회의원선거 출마(비례대표, 진보신당) 2008~2010년 진보신당 부산시당 위원장 2008년 부산소비자생활협동조합 부대표 2012년 통합진보당 부산시당 공동위원장 2012~2014년 부산대 사범대학 일반사회교육과 교수 2012~2014년 전국교수노동조합 부산·울산·경남지부장 2014년 부산광역시 교육감(현) 2014년 극지해양미래포럼 공동이사장(현) [저]'한국사회의 계급연구'(1985) '부산지역 계급구조와 변동'(1993, 한울 아카데미) '지역발전과 기업전략(共)'(1998, 전남대 출판부) '부산지역 현실과 지역운동'(1999, 부산대 출판부) '한국민주주의의 회고와 전망(共)'(2000) '실업과 지역사회(共)'(2000, 한림대 출판부) '한국의 사회변동과 교육'(2001) '희망으로 가는 길'(2002, 바우디자인) '신자유주의적 구조조정과 노동운동 : 1997-2001(共)'(2003, 한울아카데미) '신자유주의적 구조조정과 노동문제 : 1997-2001(共)'(2003, 한울아카데미) '전환기 부산사회와 부산학'(2005, 부산대 출판부) '진보와 대화하기-따뜻한 진보, 김석준을 만나다(共)'(2006, 산지니출판사) '김석준, 부산을걷다'(2010, 산지니출판사)

김석준(金碩準) Kim, Seok-Joon

[생]1958·1·20 [본]광산(光山) [출]전남 해남 [주]서울 영등포구 국제금융로6길11 삼덕빌딩 IBK투자증권(02-6915-5100) [학]1976년 광주고졸 1983년 전남대 무역학과졸 [경]1996~2001년 IBK기업은행 호남지역본부 과장대우 2001년 同봉선동지점 과장 2003년 同호남지역본부 팀장 2005년 同봉선동지점장 2008년 同하남공단기업금융지점장 2012년 同호남지역본부장 2013~2015년 同충청호남사업본부 부행장 2015년 IBK투자증권 총괄(COO) 겸 시너지추진위원장(부사장)(현)

김석중(金碩中) Kim, Seok-Joong

[생]1958·2·1 [본]광산(光山) [출]충북 음성 [주]서울 영등포구 의사당대로97 현대인베스트먼트자산운용 대표이사실(02-6276-7000) [학]1975년 운호고졸 1982년 충북대 농업경제학과졸 1984년 미국 캔자스주립대 대학원 경제학과졸 2009년 경제학박사(동국대) [경]1982년 제일은행 입행 1985~1991년 대우경제연구소 경제조사실 선임연구원 1992~2000년 대우증권 국제조사부장·취리히사무소장·리서치센터 부장 2001년 교보증권 리서치센터장 2003년 同법인영업본부장(상무) 2004년 同기획본부장(상무) 2004년 굿모닝신한증권 법인·국제·조사사업본부장(부사장) 2006년 同리서치센터장(부사장) 2007~2010년 (주)피닉스자산운용 대표이사 사장 2008년 동국대 경영전문대학원 겸임교수 2010년 同행정대학원 겸임교수 2010년 현대인베스트먼트자산운용 대표이사(현) 2011년 한국IR협의회 자문위원 2015년 중소기업진흥공단 리스크위원회 위원 2015년 사학연금 자금운용자문회의 위원 [저]'한국증시 vs 미국증시'(2002) [역]'벤처캐피탈 사이클(共)'(2003, 공일출판사) '달러화 위기'(2004, 국일출판사) '대침체의 교훈'(2010, 더난출판사) '신용천국의 몰락(共)'(2013, 인카운터) [종]기독교

김석진(金石鎭) KIM Seok Chin

[생]1954·4·6 [출]경북 성주 [주]대구 북구 대학로80 경북대학교 경영학부(053-950-6885) [학]1980년 서울대 경영학과졸 1987년 경영학박사(미국 조지아주립대) [경]1980년 한국산업은행 근무 1987년 미국 North Dakota 주립대 경영대학 조교수 1990년 제일경제연구소 경제연구실·증권금융실 실장 1991년 한국산업증권 조사부·기업분석부 부장 1997년 경북대 경영학부 부교수 2002년 同경영학부 교수(현) 2008년 한국경영학회 부회장 2008~2010년 경북대 교수회 의장 2008년 한국재무관리학회 회장 2013~2014년 한국금융학회 회장 [저]'산업경제학' '한국증권시장론' '경영의 이해' '선물·옵션의 기초와 거래전략' '지방분권회시대 지역경제 활성화를 위한 지방은행의 역할'(2004) '동대구역 역세권 개발수요 및 도입기능에 대한 조사 연구용역'(2005) '새로운 한국경제발전사'(2005)

김석진(金碩鎭) KIM Suk Jin

[생]1957·5·2 [본]김해(金海) [출]울산 [주]경기 과천시 관문로47 정부과천청사2동 방송통신위원회 상임위원실(02-2110-1230) [학]서울 배문고졸 1984년 국민대 법정대학 정치외교학과졸 2010년 연세대 언론대학원 최고위과정 수료 2013년 국민대 행정대학원 해공지도자과정 수료 [경]1984년 MBC 입사·보도국 사회부 수습기자 1985년 同외신부 기자 1986년 同정치부 국회출입기자 1989년 同외신부 기자 1991년 同정치부 국회출입기자 1993년 同편집부 아침뉴스담당 1996년 同정치부 국회출입기자 1998년 同편집부 아침뉴스담당 1999년 同제2사회부 사건데스크 2000년 同보도국 국제부 기자 2001년 同모스크바특파원(부장대우) 2005년 同해설위원(부장급) 2005년 同논설위원 2006년 同보도국 사회3부장 2006년 同보도국 네트워크팀장 2007년 OBS 경인TV 보도국장 2009년 同보도본부장(이사) 2010~2011년 同논설위원(이사) 2011년 연합뉴스TV 창사준비위원회 부위원장 2011년 同상무이사 겸 보도본부장 2012년 새누리당 인천남동乙당원협의회 위원장 2012년 제19대 국회의원선거 출마(인천 남동乙, 새누리당) 2012년 새누리당 박근혜 대통령후보 공보단 위원 2013년 건설근로자공제회 감사 2016년 방송통신위원회 상임위원(차관급)(현) 2016년 同남북방송통신교류추진위원장(현) [상]MBC 특종상(1988) [종]가톨릭

김석진(金奭珍) KIM Seok Jin

[생]1963·8·14 [출]인천 [주]서울 영등포구 의사당대로88 한국투자금융지주 윤리경영지원실(02-3276-6400) [학]제물포고졸, 서울대 경영학과졸 [경]1987년 증권감독원 입사, 同증권감독국 경영지도팀장, 同뉴욕사무소 팀장 2008~2016년 한국투자증권 상근감사위원 2016년 한국투자금융지주 윤리경영지원실장(전무)(현) [종]불교

김석진(金錫鎭) Kim Seok Jin

[생]1966·3·10 [출]경북 김천 [주]서울 종로구 청와대로 1 대통령비서실 행정자치비서관실(02-770-0011) [학]1984년 배정고졸 1989년 한양대 행정학과졸 1993년 서울대 대학원 행정학과졸 2003년 미국 콜로라도대 대학원 행정학과졸 [경]1989년 행정고시 합격(32회) 1989년 중앙공무원교육원·경북도청·내무부 수습사무관 1990년 경북도 총무과 행정사무관 1991년 同지방공무원교육원 교수부 행정사무관 1993년 同의회사무처 행정사무관 1995년 同내무국 지방과 행정사무관 1995년 내무부 파견 1996년 同지방공무원과·방재계획과 행정사무관 1997년 행정자치부 장관비서실 행정사무관 1999년 同장관비서실·자치행정과 서기관 2003년 경북도 지역협력관 2004년 소방방재청 청장비서실장 2006년 同정책홍보본부 혁신기획관(부이사관) 2008년 행정안전부 기업협력지원관 2008년 同장관비서실장 2009년 한국지방자치단체국제화재단 미국사무소장 2010년 전국시도지사협의회 미국사무소장 2011년 대통령실 행정자치비서관실 국장 2012년 행정안전부 윤리복무관 2013~2014년 안전행정부 대변인 2014년 행정자치부 대변인 2015년 同창조정부조직실 제도정책관 2015년 同창조정부조직실 공공서비스정책관 2015년 同지방재정세제실 지방재정정책관 2016년 대통령 행정자치비서관(현)

김석철(金錫哲) KIM Seok Cheol

[생]1953·4·1 [본]경주(慶州) [출]서울 [주]서울 강남구 테헤란로329 삼흥빌딩1210호 하하하컨설팅그룹 대표이사실(02-564-0771) [학]1972년 신일고졸 1976년 육군사관학교졸 1981년 전남대 경영대학원졸(경영학석사) 1988년 멕시코 이베로아메리카나대 대학원졸(노사관계학석사) 2009년 국제통상학박사(고려대) [경]1982년 노동부 행정사무관 1986년 同기획관리실 사무관 1988년 부산동래지방노동사무소 감독과장 1990년 노동부 직업훈련국 사무관 1991년 同산업안전국 사무관 1995년 同고용정책실 서기관 1995년 스페인 노동사회부 파견 1997년 익산지방노동사무소장 2000년 인천북부지방노동사무소장 2001년 노동부 고용정책실 실업급여과장 2002년 同고용정책실 고용보험과장 2002년 同산업안전국 산업안전과장 2003년 서울동부지방노동사무소장 2005년 성남지방노동사무소장 2006년 경인지방노동청 성남지청장 2007년 서울지방노동청 서울북부지청장 2007년 同서울종합고용지원센터 소장(부이사관) 2009년 대전지방노동청 대전종합고용지원센터 소장 2009년 서울지방노동위원회 상임위원(고위공무원) 2011년 하하하컨설팅그룹(주) 대표이사 회장(현) 2012년 FTA컨설턴트협회 회장 2013년 (사)서울고용포럼 회장(현) 2014년 서울 강남구상공회 부회장 [상]근정포장(1991), 홍조근정훈장(2011) [종]기독교

김석태(金錫台) KIM Suk Tae

[생]1945·3·3 [출]서울 [주]경기 파주시 조리읍 명봉산로 79번길34의1 해림계전(주) 대표이사실(031-946-9205) [학]1963년 휘문고졸 1971년 한양대 공대 기계공학과졸 1975년 단국대 대학원졸 [경]율산건설(주)·롯데건설(주) 근무, (주)금호건설 상무이사, 대진종합건설(주) 부사장 2002년 해림계전(주) 대표이사(현) 2004~2006년 전국경제인연합회 중소기업경영자문위원

김석태(金錫泰)

[생]1958·3·21 [주]서울 서초구 효령로5 서울메트로 기술본부(02-6110-5161) [학]2008년 서울산업대 전기공학과졸 [경]2013년 서울메트로 계약처장 2013년 同궤도신호처장 2014년 同전기통신처장 2014년 同공사관리처장 2016년 同기술본부장(현)

김석한(金錫漢) KIM Seok Han

[생]1963·6·17 [주]서울 영등포구 국회대로780 새턴홀딩스(주) 대표이사실(02-3775-0315) [학]서울대 경제학과졸, 연세대 경제대학원 최고경제과정 수료 [경]동원증권 주식부·국제부 근무, HSBC 법인영업부 이사 1999년 새턴창업투자 대표이사 1999년 새턴투자자문 부사장 2002년 同대표이사 2008년 새턴홀딩스(주) 대표이사(현) [저]'실전투자에 강해지는 금융지식의 모든 것'(2011, 원앤원북스)

김석현(金石鉉) KIM Seok Hyun

[생]1956·7·19 [출]서울 [주]서울 종로구 대학로101 서울대학교병원 산부인과(02-2072-2380) [학]1975년 경기고졸 1981년 서울대 의대졸 1984년 同대학원졸 1990년 의학박사(서울대) [경]1982년 서울대병원 인턴 1982년 同산부인과 전공의 1988년 同전임의 1992~2004년 서울대 의대 산부인과학교실 전임강사·조교수·부교수 1993년 미국 Univ. of California San Diego Research Fellow 1999년 대한심신산부인과학회 총무이사 2003~2004년 대한불임학회 정보위원장 2003~2007년 대한보조생식학회 학술위원장 2004년 서울대 의대 산부인과학교실 교수 2004년 대한노화방지의학회 법제위원장 2004~2006년 한국남성과학회 부회장 2005~2007년 대한피임학회 부회장 2009년 대한피임보건생식학회 회장 2010·2012~2014년 서울대병원 산부인과 진료과장 2012~2014년 서울대 의대 산부인과학교실 주임교수 2013년 대한가임력보존학회 회장(현) [상]서울대총장표창(1981), 대한산부인과학회 최우수논문상(1996), 대한불임학회 학술상(2002), 한국과학기술단체총연합회 과학기술우수논문상(2002), 대한폐경학회 학술상(2003) [저]'폐경기 여성의 관리 : 폐경크리닉 지침서 제1판(共)'(1994, 켈빈서적) '생식의학 및 가족계획 : 서울대학교 의과대학 통합교재(共)'(1996, 서울대 출판부) '부인과 내시경학(共)'(2003, 군자출판사) '인간생명과학개론'(2005, 서울대 출판부) '내분비학 전정판'(2005, 서울대 출판부) 'Protocols of Work-Up and Anti-Aging Treatment for Women(共)'(2005) '내가 알고 있는 피임법! 나에게 맞는 피임법!'(2006) '불임 길라잡이(共)'(2006)

김석현(金錫鉉) KIM Seok Hyeon

[생]1956·10·10 [본]김해(金海) [출]대구 [주]인천 남동구 소래로688 건설기술교육원 원장실(032-460-0201) [학]1975년 거창 대성고졸 1982년 한양대 토목공학과졸 2004년 미국 콜로라도주립대 대학원 공학과졸 [경]기술고시 합격(22회) 1997년 건설교통부 수자원개발과 서기관 1999년 국무총리국무조정실 수질개선기획단 수자원관리과장 2001년 익산지방국토관리청 하천국장 2002년 同건설관리실장 2002년 건설교통부 과장 2004년 同항공안전본부 공항시설국 공항시설과장 2005년 同기술안전국 안전정책과장 2005년 同안전기획팀장 2005년 同하천환경팀장 2006년 한국습지학회 이사 2008년 국토해양부 건설수자원정책실 수자원정책과장 2009년 同건설수자원정책실 수자원정책과장(부이사관) 2010년 同한강홍수통제소장(고위공무원) 2011년 부산지방국토관리청장 2012~2013년 국립해양조사원장 2013년 대한건설협회 건설기술교육원장(현) [상]대통령표창(1997), 근정포장(2002)

김석현(金錫顯) KIM Sok Hyon

[생]1957·11·11 [본]안동(安東) [출]서울 [주]서울 중구 세종대로21길39 사랑의열매회관6층 사회복지공동모금회 대외협력본부(02-6262-3030) [학]1985년 경희대졸 1996년 미국 미주리대 대학원 수료 2012년 한국외국어대 정치행정언론대학원졸(신문방송학석사) [경]1984년 중앙일보 사회부 기자 1996년 同정치부 기자 1997년 同차장 1999년 同기획취재팀 차장 2000년 同정치부 차장 2003년 同사회부장 2004~2005년 同스포츠부장 2006년 일간스포츠 이사대우 편집인 2006년 同편집·사업담당 상무이사, 서울시체육회 이사, 세계태권도연맹 홍보위원, 대한종합격투기연맹 이사 2009년 중앙일보 편집국 팩트체커 2011년 同시민사회환경연구소장 2012년 사회복지공동모금회 대외협력본부장(현) [상]한국기자상(1994), 서울언론상(1995), 한국신문협회상(1999) [저]'아빠 공부하기 싫어요'(1994) '퍼감독 루니 좀 말려줘'(2009)

김석현(金錫鉉) Kim, Suk-Hyun

[생]1958·8·20 [출]경남 삼천포 [주]경기 안산시 상록구 해안로787 한국해양과학기술원 해양환경방사능연구센터(031-400-6181) [학]1982년 서울대 해양학과졸 1993년 한양대 대학원 화학해양학과졸 1997년 이학박사(한양대) [경]1993년 국제원자력기구 해양환경연구소 연수연구원 1997년 한국해양연구소 해양생지화학연구실장 1999년 한국해양연구원 해양환경연구본부 책임연구원 2002년 미국 워싱턴대 객원연구원 2004년 한국해양연구원 해양오염퇴적물연구센터장 2007년 同폐기물해양배출연구사업단장 2013년 한국해양과학기술원 해양환경방사능연구센터장(현) 2014년 同해양기반연구본부장 2014~2015년 同화학연구본부장 [저]'해양환경영향평가개론'(2000) '런던협약의 이해'(2003)

김석호(金錫浩) Kim Suck Ho

[생]1959·8·27 [주]서울 영등포구 여의공원로13 KBS 보도본부 해설국(02-781-1000) [학]제주대 국어교육과졸 [경]1999년 한국방송공사(KBS) 제주방송총국 취재부 기자 2001년 同제주방송총국 편집부장 2003년 同제주방송총국 취재부장 2003년 제주방송인클럽 사무국장 2004년 KBS 제주방송총국 보도팀 선임팀원 2005년 同제주방송총국 보도팀장 2011년 同보도본부 보도국 라디오뉴스제작부장 2015년 同보도본부 해설위원실장 2016년 同보도본부 해설국장(현)

김석호(金奭昊) KIM Suk Ho

[생]1962·10·15 [출]대구 [주]세종특별자치시 다솜3로95 공정거래위원회 상임위원실(044-200-4042) [학]1980년 대구 성광고졸 1987년 경북대 경영학과졸 1992년 서울대 행정대학원 행정학과졸 [경]행정고시 합격(31회) 1997년 공정거래위원회 정책국 총괄정책과 서기관 1997년 同규제개혁작업2반 서기관 2000년 同심판관리1담당관실 서기관 2002년 同독점국 기업결합과장 2004년 同소비자보호국 전자거래보호과장 2005년 同소비자보호국 표시광고과장 2005년 同카르텔조사단 제조카르텔팀장 2007년 同기획홍보본부 인력관리팀장 2008년 同운영지원과장 2009년 同대변인(고위공무원) 2009년 同카르텔조사국장 2011년 중앙공무원교육원 교육파견(고위공무원) 2012년 서울지방공정거래사무소장 2012년 공정거래위원회 기업협력국장 2013년 同기업거래정책국장 2014년 同상임위원(현)

김석화(金石華) Sukwha Kim

[생]1955·3·15 [주]서울 종로구 대학로101 서울대어린이병원 소아성형외과(02-2072-3530) [학]1972년 경기고졸 1978년 서울대 의대졸 1981년 同대학원 의학석사 1989년 의학박사(서울대) [경]1978년 서울대병원 인턴·전공의 1983년 육군 군의관 1986년 서울대병원 전임의 1987~1999년 서울대 의과대학 성형외과학교실 전임강사·조교수·부교수 1990~1991년 미국 뉴욕의대 성형재건연구소 방문교수 1997년 서울대병원 소아성형외과 분과장 1999년 서울대 의과대학 성형외과학교실 교수(현) 2002~2004년 서울대병원 홍보실장 겸 의학박물관장 2006~2007년 대한의료정보학회 이사장 2008년 서울대병원 성형외과장 2008~2010년 대한성형외과학회 이사장 2008~2014년 서울대병원 성형외과장 2008년 서울대 의과대학 성형외과학교실 주임교수 2010년 한국생체재료학회 회장 2014~2016년 서울대 어린이병원장 2015년 서울대병원 국제사업본부장(현) [상]대한성형외과학회 학술상(2002), IT이노베이션 국무총리표창(2011) [저]'성형외과학'(1994) '의과대학 졸업생의 진로설계'(1999)

김석환(金石煥) Kim Seok Hwan

[생]1945·5·30 [본]경주(慶州) [출]충남 홍성 [주]충남 홍성군 홍성읍 아문길27 홍성군청 군수실(041-630-1201) [학]1964년 홍성고졸 [경]홍성군 기획감사실장, 충청경제사회연구원 원장 2006년 충남 홍성군수선거 출마(국민중심당), 자유선진당 홍성·예산군당원협의회 부위원장 2010~2014년 충남 홍성군수(자유선진당·선진통일당·새누리당) 2014년 충남 홍성군수(새누리당)(현) [상]홍조근정훈장(2004), 자랑스런 홍고인상(2011), 한국을빛낸자랑스런한국인대상(2011), 충남지역신문협회 풀뿌리지방자치대상 지방자치단체장부문(2012), 한국정경문화인협회 대한민국정경문화대상 지방자치발전부문(2012), 한국사회를빛낸대한민국충효대상 지방자치발전공로(2012), 대한민국나눔봉사대상 지역봉사부문(2013), 한국자유총연맹 국제자유장(2013), 대한민국재향군인회 향군대휘장(2013), 한국언론인연합회 제13회 자랑스런한국인대상 공로패(2013), 전국지역신문협회 행정대상 기초단체장부문(2014), 한국언론인연합회 '자랑스런 한국인대상' 지자체발전부문(2014), 한국농어촌공사 농어촌행복대상(2015) [종]가톨릭

김석환(金石煥) KIM Seok Hwan

[생]1957·3·3 [출]경북 구미 [주]서울 강남구 강남대로606 삼주빌딩 삼천리자전거(주) 대표이사 사장실(02-2194-3000) [학]1975년 경동고졸 1982년 한국외국어대 경제학과졸 [경]1996년 기아자동차 자금부장 1997~1999년 同수출4부담당 이사 1999년 삼천리자전거(주) 대표이사 사장(현) 1999년 한국자전거공업협회 회장(현)

김석환(金晳煥) S.H.Kim

[생]1958·7·26 [본]경주(慶州) [출]부산 [주]부산 사상구 주례로47 동서대학교 미디어커뮤니케이션학부(051-320-1690) [학]1977년 부산남고졸 1981년 부산대 무역학과졸 1997년 동아대 대학원 신문방송학과졸 2011년 언론학박사(동의대) [경]1983년 부산문화방송 보도국 기자 1994년 PSB 부산방송 보도국 보도제작팀장 1997년 동서대 영상매스컴학부 겸임교수 1998년 PSB 부산방송 편성팀

장 1999년 同사회부장 2000년 同정책편성기획실장 직대 2002년 同보도국장 2005년 同편성심의국장 2006년 (주)KNN 경남본부장 2007년 同방송본부장 2009~2012년 同상무이사, 부산국제영화제 집행위원, 부산국제광고제 집행위원 2012년 (주)KNN 부사장 2014년 同대표이사 사장 2014년 한국방송협회 이사 2014년 부산대치과병원 비상임이사(현) 2015년 (주)KNN 부회장 2015년 동서대 미디어커뮤니케이션학부 객원교수(현) [상]봉생문화상(1996), 한국방송대상(1997), 부산시문화상 언론·출판부문(2010) [저]'정보화시대 I.P.(Information Provider)로서의 지역방송 연구' '다매체·다채널시대 지역방송 생존전략(共)'(2001) '디지털시대 지역방송편성' [작]'지방의 도전(7부작)' '북녘땅으로 가는 백두산(2부작)'

김석환(金碩煥) Seok-Hwan Kim

[생]1962·12·12 [출]부산 [주]서울 중구 후암로98 (주)GS E&R 경영지원본부(02-6960-4002) [학]1981년 부산 해동고졸 1987년 고려대 경제학과졸 [경]1987~2005년 LG증권(주) 근무 2005~2007년 (주)GS홀딩스 사업지원팀 신사업담당 2007~2009년 GS EPS(주) CFO(상무이사) 2009년 (주)GS글로벌 재경·금융담당 CFO(전무이사) 2014년 (주)GS E&R CFO(전무이사) 2014년 同경영지원본부장 겸임 2015년 同경영지원본부장(CFO)(부사장)(현) [상]재정경제부장관표창(2004)

김석희(金錫喜) KIM Suk Hee

[생]1951·5·23 [주]서울 강남구 도산대로435 (주)삼이그룹 회장실(02-515-6725) [학]1975년 명지대 전자공학과졸 1978년 서울대 행정대학원 국가정책과정 수료 1992년 同경영대학원 최고경영자과정 수료 1992년 연세대 행정대학원 고위정책과정 수료 1997년 서울대 행정대학원 정보통신정책과정 수료 1997년 고려대 정책대학원 고위정책과정 수료 [경]1979~1981년 동용산업사 사장 1981년 삼이실업 대표이사 1990년 (사)한국무역대리점협회 이사 1990~1993년 삼평라이온스클럽 제1·2·3부회장 1990년 삼이흥업 사장 1993~2006년 삼이실업 회장 1993년 (사)한국무역대리점협회 소비재협회 대표위원 1995년 同운영위원 1996년 말리공화국 명예총영사 1997년 민주평통 자문위원 1997년 유엔한국협회 이사 1997년 (사)강남문화원 발기인·이사 1999년 중소기업협동조합중앙회 자문위원 2000년 서울대 행정대학원 방송정책과정총동창회 회장 2006년 (주)삼이그룹 회장(현) [상]대통령표창(1989), 제8회 자랑스런 연세행정최고위인상(2008)

김선갑(金善甲) KIM Sun Gab

[생]1960·6·25 [본]광산(光山) [출]서울 [주]서울 중구 덕수궁길15 서울특별시의회(02-3783-1986) [학]1979년 대일고졸 1989년 수원대 경상대학 무역학과졸 2014년 서울시립대 도시과학대학원 사회복지학과졸(석사) [경]1995~2002년 서울 광진구의회 의원(2·3대) 2000~2002년 同부의장 2002~2004년 추미애 국회의원 보좌관 2002년 서울시의원선거 출마(새천년민주당) 2006년 서울시의원선거 출마(열린우리당) 2010년 서울시의회 의원(민주당·민주통합당·민주당·새정치민주연합) 2010년 同재정경제위원회 위원 2010년 同예산결산특별위원회 위원 2010년 同시의회개혁과발전특별위원회 위원 2011년 同정책연구위원회 위원장 2011년 同장애인특별위원회 위원 2011년 박원순 서울시장후보 정책자문단 2012년 서울시의회 행정자치위원회 위원 2012년 同예산결산특별위원회 위원장 2013~2014년 同서소문밖역사기념 및 보전사업추진특별위원회 위원 2014년 서울시의회 의원(새정치민주연합·더불어민주당)(현) 2014·2016년 同보건복지위원회 위원(현) 2014~2015년 同예산결산특별위원회 위원 2015년 同서소문밖역사유적지관광자원화사업지원특별위원회 위원(현) 2015년 同서울살림포럼 대표(현) 2015년 同메르스확산방지대책특별위원회 위원 2016년 同운영위원회 위원장(현) 2016년 전국시·도의회운영위원장협의회 공동회장(현) [상]매니페스토 약속대상(2010·2011·2012·2013·2014), 대한민국재향군인회 공로휘장 [저]'서울, 사회적경제에서 희망찾기'(2013) [종]천주교

김선관(金宣寬) Kim, Sun Kwan

[생]1961·12·25 [출]충북 청원 [주]충북 영동군 영동읍 영동황간로174 영동소방서(043-740-7011) [학]청주공고졸, 충북대졸 [경]1990년 충북 충주소방서 소방계장(소방위) 1995년 충북 청주소방서 예방계장(소방경) 2001년 소방령 승진 2008년 충북 진천소방서 방호구조과장 2010년 충북도 소방본부 구조구급팀장 2011년 同소방본부 방호조사팀장 2012년 同소방본부 119종합상황실장 2013년 충북 제천소방서장(소방정) 2014년 충북도 소방본부 소방행정과장 2015년 충북 영동소방서장(현)

김선교(金善敎) KIM Seon Kyo

[생]1960·7·22 [출]전남 장흥 [주]서울 종로구 경희궁길 26 세계일보 광고국(02-2000-1400) [학]1979년 전남기계공고졸 1990년 서울신학대졸 [경]1991년 세계일보 편집부 기자 1992년 同과학부 기자 1996년 同사회부 기자 1997년 同경제부 기자 2000년 同경제부 차장대우 2002년 同경제부장 2003년 同경제1부장 2004년 同논설위원 2004년 同문화부장 2005년 同경제부장 2006년 同편집국 기획위원 2006년 同논설위원 2007년 同편집국 경제·문화에디터 2008년 同뉴미디어본부 기획위원 2008년 同편집국 온라인담당 기획위원 2008년 同편집국 취재담당 부국장 2009년 同기획담당 부국장 겸 경제부장 2010년 同뉴미디어본부 부본부장 겸 부국장 2010년 同편집국국장 2011년 同논설위원 2012년 세계닷컴 뉴미디어본부장 2013년 스포츠월드 본부장 겸 편집국장 2015년 세계일보 기획조정실장 2015년 同광고국장(현)

김선교(金善敎) KIM Sun Gyo

[생]1960·9·18 [본]광산(光山) [출]경기 양평 [주]경기 양평군 양평읍 군청앞길2 양평군청 군수실(031-773-5200) [학]1979년 양평종합고졸 2006년 한국방송통신대 행정학과졸 2009년 고려대 정책대학원 국토계획경제학과졸 [경]1980년 양평군 서종면 근무 1981년 同옥천면 근무 1985년 同건설과·내무과 근무 1994년 同양평읍 계장 1995년 同문화공보과 계장 1997년 同기획정책실 계장 1999년 同비서실장 2001년 同옥천면장 2002년 同문화공보과장 2004년 同용문면장 2006년 同양서면장 2007년 경기 양평군수(재·보궐선거, 무소속) 2010년 경기 양평군수(한나라당·새누리당), (재)양평군교육발전위원회 명예이사장(현) 2012년 전국농어촌지역군수협의회 부회장 2014년 경기 양평군수(새누리당)(현) [상]한국일보 존경받는 대한민국CEO대상 친환경경영부문(2008), 도전한국인운동본부 제1회 자랑스러운 지방자치단체장 주민자치부문 대상(2013), 매니페스토 약속대상 선거공보분야 최우수상(2014), 경기도사회복지사대회 사회복지대상(2016) [종]불교

김선규(金善圭) Kim Sun Gyu

[생]1957·7·12 [주]인천 연수구 컨벤시아대로165 (주)포스코대우 물자화학본부(02-759-2114) [학]대전고졸, 서강대 무역학과졸 [경](주)대우인터내셔널 DWIS법인대표(상무) 2011년 同CEO보좌역 2012년 同화학1본부장 2013년 同중국지역본부장 겸 북경무역법인대표(전무) 2014년 同영업4부문장(전무) 2015년 同화학본부장(전무) 2016년 同화학본부장(부사장) 2016년 (주)포스코대우 물자화학본부장(부사장)(현)

김선기(金善基) KIM Sun Ki

[생]1953·3·1 [본]의성(義城) [출]경기 평택 [주]경기 수원시 장안구 정자로146 더불어민주당 경기도당(031-244-6501) [학]1970년 평택고졸 1977년 성균관대 경영학과졸 1991년 미국 조지워싱턴대 대학원졸 2001년 경제학박사(중앙대) [경]1978년 공인회계사 합격(12회) 1980년 행정고시 합격(24회) 1981~1982년 총무처·내무부 수습행정사무관 1982년 내무부 재정과 행정사무관 1989년 同소방국 방호담당 1994년 경기도 기획담당관 1994년 평택군수 1995~1998년 평택시장(민자당·신한국당·한나라당) 1998~2002년 평택시장(자민련) 1998년 평택대 겸임교수 2002~2003년 평택시장(한나라당), 경기평택발전연구소 대표 2010~2014년 평택시장(민주당·민주통합당·민주당·새정치민주연합) 2010~2014년 경기도시장·군수협의회 회장 2010~2012년 전국시장·군수·구청장협의회 부회장 2014년 경기 평택시장선거 출마(새정치민주연합), 평택대 대우교수 2016년 더불어민주당 경기평택시乙지역위원회 위원장(현) 2016년 제20대 국회의원선거 출마(경기 평택시乙, 더불어민주당) [상]내무부장관표창(1986), 한국능률협회평가 지방자치경영대상 전국최우수상(삶의질부문), 세계자유민주연맹 자유장(2013) [저]'지방재정에 관한 실무지침서' [종]기독교

김선기(金銑基) KIM Sun Ki

[생]1956·9·28 [주]서울 서초구 반포대로30길12의6 한국지방행정연구원 부원장실(02-3488-7311) [학]1975년 전주고졸 1980년 서울대 지리학과졸 1982년 同환경대학원졸 1991년 행정학박사(서울대) [경]1982년 도시및지역계획연구소 연구원 1983년 서울대 환경계획연구소 연구원 1987년 한국지방행정연구원 연구위원, 同지역개발연구실장·자치정보실장·지역정책연구실 수석연구원 2000년 미국 하와이대 초빙연구원 2003년 한국지방행정연구원 지역정책연구센터 소장 2004년 同기획조정실장 2006년 同정책연구실 균형발전센터

연구위원 2007년 同정책연구실 균형발전센터 선임연구위원 2009년 同정책연구실 지역발전연구부 선임연구위원, 同지역발전연구실 지역공공디자인센터 선임연구위원 2015년 同부원장/선임연구위원(현)

김선기(金善基) KIM Sun Ki

[생]1960·5·20 [본]광산(光山) [출]강원 춘천 [주]서울 관악구 관악로1 서울대학교 물리천문학부(02-880-6594) [학]1979년 보성고졸 1983년 고려대 물리학과졸 1985년 同대학원 물리학과졸 1988년 물리학박사(고려대) [경]1985~1986년 미국 Rutgers Univ. 연구원 1986~1988년 일본 사가대 연구원 1988~1990년 일본 고에너지가속기연구소 연구원 1990~1992년 미국 Rutgers Univ. 선임연구원 1992~2002년 서울대 물리학과 조교수·부교수 1997~1998년 同기술지원실장 1999~2000년 일본 동경대 초빙교수 2001~2002년 국립암센터 양성자치료센터건립추진단 자문위원 2002년 서울대 물리천문학부 물리학전공 교수(현) 2005~2009년 고에너지물리연구협의회 회장 2009~2010년 한국물리학회 입자물리분과운영위원장 2010~2011년 유럽핵물리연구소 협력조정위원회 위원 2011년 서울대 핵입자천체물리연구소장 2011~2014년 기초과학연구원 중이온가속기구축사업단장 2012년 국제미래가속기위원회(ICFA) Linear Collider Board 위원(현) 2016년 한국과학기술한림원 정회원(이학부·현) [상]일본 Koshiba상(2006), 과학기술부 및 한국과학재단 선정 이달(2월)의 과학기술자상(2008), 서울대 우수연구상(2008)

김선기(金善基) KIM Seon Gi

[생]1961·9·15 [본]광산(光山) [출]전남 목포 [주]전남 강진군 강진읍 영랑생가길14 강진군 시문학파기념관 관장실(061-430-3187) [학]1981년 목포 영흥고졸 1989년 광주대 행정학과졸 2005년 전남대 대학원 국어국문학과졸 2012년 문학박사(전남대) [경]1989~1992년 전남매일 편집국 기자 1993~1998년 광주매일 편집국 기자 1999~2001년 광주타임스 문화부 차장 2002~2005년 同문화부장 2005~2007년 남도일보 편집부국장 2007~2008년 同논설위원 2008~2010년 同논설실장 2010~2012년 강진군 시문학파기념관 학예연구실장 2013년 同시문학파기념관장(현) [상]전남예술기자상(1999), 전국지역신문협회 문화예술대상(2014) [저]'전라도 정자기행'(2003, 보림출판사) '전라도 성터이야기'(2006, 보림출판사) '남도현대시문학의 산책'(2007, 전남대 출판부) '문학공간의 문화콘텐츠'(2013, 전남대 출판부)

김선남(金善男) KIM Sun Nam

[생]1949·2·19 [본]광산(光山) [출]전남 장흥 [주]광주 남구 월산로154 광남일보(062-370-7000) [학]1970년 광주상고졸 1989년 광주대졸 1999년 전남대 행정대학원 석사과정 수료 2003년 同경영대학원 최고경영자과정 수료 [경]1970년 전남일보 입사 1971년 광주일보 근무 1982년 同광고부 차장 1983년 同업무국 지방보급부 차장 1988년 전남일보 지방판매부장 1992년 同업무국 지방부장 1993년 同광고국 부국장 1995년 同광고국 국장대우 1997년 광남일보 광고영업팀 국장대우 1998년 同광고영업팀 국장대우 1999년 무등일보 이사대우 광고국장 1999년 광주매일 광고국장 2002년 무등일보 광고담당 상무이사 2004년 광남일보 전무이사 2005년 同부사장 2008년 同대표이사 사장 2008~2009년 同부회장 2008년 민주평통 광주시 북구협의회장(현) 2009년 일간호남일보 대표이사 회장 2010년 희망일보 대표이사 회장 2010년 2015광주하계유니버시아드조직위원회 위원 2010년 광주시교육청 교육정책발전자문위원(현) 2010년 광주교도소 교화위원장(현) 2011년 광주시 문화수도추진위원(현) 2012년 광남일보 대표이사 사장(현) 2012년 2019광주시세계수영선수권유치추진위원회 위원(현) 2015년 광주시 아시아문화수도추진위원(현) 2015년 광주시체육회 이사(현) 2015년 KT 21c 통신발전위원회 위원장(현) 2015년 전남대총동창회 부회장(현) 2015년 광주지검 형사조정위원(현) 2016년 한국토지주택공사 비상임이사(현) [상]전남지방경찰청장표창(2000), 행정자치부장관표창(2001), 법무부장관표창(2003), 광주광역시장표창(2006), 대통령표창(2012), 국민훈장 석류장(2013), 국세청장표창(2015), 검찰총장표창(2015) [종]천주교

김선남(金善男·女) KIM Sun Nam

[생]1962·12·5 [출]전북 남원 [주]전북 익산시 익산대로 460 원광대학교 사회과학대학 행정·언론학부(063-850-6421) [학]1985년 원광대 신문방송학과졸 1988년 한국외국어대 대학원 신문방송학과졸 1994년 신문방송학박사(경희대) [경]1989~1996년 한국외국어대·경희대 강사 1993~1994년 미국 미주리대 언론대학 Visting Scholar 1996년 원광대 사회과학대학 행정·언론학부 신문방송학전공 교수(현) 1998~2003년 同신문방송학과장 1999~2003년 同정치행정언론학부장, 한국지역언론학회 회장, 호남언론학회 회장 2014년 언론중재위원회 전북중재부 중재위원(현) 2015~2016년 同운영위원 [저]'매스미디어와 여성'(1997) '여자는 외모로 승부하는가'(1998) '한국언론내용분석론(共)'(1995) '섹스·젠더·미디어(共)'(1999) '텔레비전과 페미니즘(共)'(2002) '성문화와 여성문제'(2003) [역]'출판기획방법론'(1995) '커뮤니케이션이란 무엇인가(共)'(2001) '문화커뮤니케이션론'(共) '텔레비전과 여성문화(共)'(2002)

김선대(金善垈) KIM Sun Dae

[생]1957·6·20 [출]경북 영풍 [주]서울 영등포구 국제금융로6길38 화재보험협회빌딩 KIS채권평가(02-3215-1411) [학]1975년 덕수상고졸 1979년 명지대 경영학과졸 1984년 서울대 대학원 경영학과졸 [경]1975~1985년 한국은행 기금운용부·발권부·조사1부 근무 1985년 한국신용평가정보(주) 입사, 同기업분석1실 선임연구원 1989년 同특수업무과장 1994년 同평가사업1부 수석연구원 1995년 同평가사업2부장 1995년 同평가사업1부장 1996년 同평가총괄팀장 1997년 同평가사업본부장(이사대우) 1998년 한국신용평가(주) 이사대우 1999년 同이사 2000년 同상무 2004년 同전무 2005년 同기업·금융평가본부장(전무) 2010~2011년 同C&C총괄본부장(전무) 2011년 KIS채권평가 대표이사 사장(현) 2013~2015년 한국증권분석사회 회장

김선덕(金善德)

[생]1958 [출]대구 [주]부산 남구 문현금융로40 주택도시보증공사 사장실(051-955-5300) [학]중앙대 사대부고졸, 고려대 사회학과졸, 서울대 행정대학원졸 [경]현대경제연구원 연구위원, 건설교통부 신도시자문위원회 자문위원, 한국토지공사 국토도시연구원 자문위원, 서울디지털대 부동산학과 특임교수 2002~2014년 건설산업전략연구소 소장 2013년 서민주택금융재단 이사 2013년 대한주택보증 비상임이사 2015년 同대표이사 사장 2015년 주택도시보증공사 대표이사 사장(현)

김선도(金宣燾) KIM Sun Do (杖泉)

[생]1930·12·2 [본]공주(公州) [출]평북 선천 [주]서울 강남구 논현로175길49 광림교회(02-2056-5711) [학]1958년 감리교신학대졸 1971년 미국 웨슬리신학대 대학원 종교교육학과졸 1982년 목회학박사(미국풀러신학교) 1993년 명예 신학박사(미국 에즈베리신학교) 1997년 명예 문학박사(짐바브웨아프리카대) 2006년 명예 신학박사(호서대) 2013년 명예 문학박사(서울신학대) [경]1970년 공군사관학교 군종실장 1971~2001년 광림교회 담임목사, 광림복지재단 이사장 1989년 월드비전 국내이사 1990~1997년 스위스로잔세계복음화 한국위원회 의장 1993년 감리교신학대 이사장 1994~1996년 기독교대한감리회 감독회장 1996~2000년 세계감리교협의회 회장 1996~2011년 월드비전(舊 한국선명회) 이사장 1997년 미국 에즈베리신학교 이사(현) 1998~2011년 월드비전 국제이사 1998년 국제기독교언어문화연구원 이사장 2001년 광림교회 원로목사(현) 2005년 광림사회복지재단 이사장(현) 2006년 한국기독교총연합회 명예회장(현) 2011년 영국 웨슬리채플 명예협력목사(현) 2015년 기독교대한감리회 감독협의회 회장(현) [상]미국 웨슬리신학대학원 존 웨슬리상(1990), 대한적십자 인도장 금상(1993), 국민훈장 목련장(1996), 한국교회사학연구원 선정 '한국 10대 설교가'(1997), 기독교대한감리회상(2002), 목원대학 제1회 목원크리스찬목회대상(2011) [저]'김선도 칼럼' '기도의 신학' '가정예배' '절기설교' '설교예화' 설교집 '현대인을 위한 희망의 대화' '김선도목사전집' '아담아 네가 어디있느냐' [역]'행복한 삶을 위한 하나님의 계획' '성장상담학' '치유하는 교회' '교회성장을 위한 지도력' [종]기독교

김선동(金先東) KIM Sun Dong (又洋)

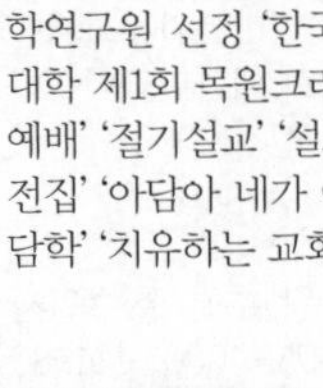

[생]1950·4·17 [본]안동(安東) [출]대전 [주]서울 영등포구 여의공원로13 한국방송공사 한국어진흥원(02-781-1000) [학]1968년 보문고졸 1976년 한국방송통신대 행정학과졸 1984년 제주대 행정학과졸 1997년 연세대 언론홍보대학원 방송고위과정 수료 1999년 중앙대 신문방송대학원졸 [경]1994년 KBS 제주방송총국 아나운서부장 1995년 同아나운서실 현업총괄부 TV담당 차장 1996년 同아나운서실 뉴스담당 차장 2000년 同아나운서실 외주담당 차장 2001년 同아나운서실 현업운영차장 2002년 同아나운서실 현업총괄뉴스부장 2004년 同아나운서팀 부장 2007년 국립국어원 국어순화위원 2008년 투비앤아나운서아카데미 교육자문위원 겸 전임강사(현) 2009년 KBS한국어진흥원 시험감독위원(현) 2011~2013년 코레일 전문가그룹 고객대표 [상]공군본부모범용사표창(1973), 우수프로그램평가제작상(1979), 특별생방송 '이산가족찾기' 유공표창(1983), 서울올림픽참여유공 올림픽기장(1988), 대전세계박람회조직위원장표창(1993), 농림부장관표창(1999), 불교발전유공표창 [작]

KBS TV '국내최초 특집 마라도 생방송'(1981) '일요일 아침뉴스'(1994) '전국노래자랑'(1994) '농업도 경영이다'(1998) '일요특강 나의 영농체험'(1999) '고향의 아침'(2000) '카네이션 기행'(2003) KBS라디오 '여기는 서울통신'(1998) '밝아오는 새아침'(1998) '보고싶은 얼굴 그리운 목소리'(2000) '오늘의 신문1부'(2001) '종교와 인생'(2004) [종]불교

김선동(金善東) KIM Seon Dong (平石)

[생]1963 · 10 · 9 [본]광산(光山) [출]강원 원주 [주]서울 영등포구 의사당대로1 국회 의원회관626호(02-788-2815) [학]1982년 고려대사대부고졸 1986년 고려대 정치외교학과졸 1988년 同대학원 정치외교학과졸 [경]1993년 대통령 정무수석비서관실 행정관 1998~2000년 국회 부의장 비서관 2002년 한나라당 이회창 대통령후보 보좌역 2005년 同박근혜대표 비서실 부실장 2007년 同서울도봉乙당원협의회 운영위원장 2008~2012년 제18대 국회의원(서울 도봉구乙, 한나라당 · 새누리당) 2008~2009년 한나라당 원내부대표 2009년 同당헌당규특별위원회 위원 2009년 同쇄신특별위원회 대변인 2010년 同중앙당공천심의위원회 심사위원 2010년 국회 교육과학기술위원회 위원 2010년 한나라당 비상대책위원회 위원 2012년 새누리당 서울도봉구乙당원협의회 운영위원장 2012년 제19대 국회의원선거 출마(서울 도봉구乙, 새누리당) 2013년 대통령 정무비서관 2013~2015년 한국청소년활동진흥원 이사장 2015년 한국다문화청소년센터 이사장 2016년 새누리당 서울도봉구乙당원협의회 운영위원장(현) 2016년 제20대 국회의원(서울 도봉구乙, 새누리당)(현) 2016년 새누리당 혁신비상대책위원장 비서실장 2016년 국회 정무위원회 위원(현) 2016년 국회 예산결산특별위원회 위원(현) [상]대통령 비서실장표창(1993), 국정감사 NGO모니터단 국정감사 우수 국회의원(2009), 한국과학기술단체총연합회 국정감사 우수위원(2010 · 2011), 국회도서관 이용 최우수 국회의원상(2011), 국회를 빛낸 바른언어상 품격언어상(2011), 대한민국 국회의원 의정대상(2011), 뉴스매거진 제10회 대한민국 인물대상 청소년봉사대상(2014), 대한민국가족지킴이 제3회 대한민국 평화대상(2015), 대한민국 최고국민대상 바른의정공로대상(2016)

김선두(金善斗) KIM Sun Doo

[생]1955 · 7 · 12 [주]대전 유성구 대덕대로989번길242 한전원자력연료(주) 임원실(042-868-1990) [학]1981년 한양대 원자력공학과졸 2001년 한국과학기술원 원자력공학과졸(석사) [경]1981년 한국전력공사 근무 1986년 극동동화 근무 1988년 한전원자력연료(주) 입사 2000년 同노심설계처장 2003년 同기술관리처장 2004년 同신규사업처장 2007년 同기술본부장 2010년 同튜브사업단장 2012년 同기술본부장 2015년 同생산본부장(상임이사)(현)

김선득(金善得 · 女) Kim, Sun-deuk

[생]1958 · 6 · 13 [출]부산 [주]서울 마포구 와우산로94 홍익대학교 금속조형디자인과(02-3668-3705) [학]1977년 부산 성모여고졸 1981년 홍익대 미술대학 금속조형디자인학과졸 1990년 同산업미술대학원졸 2005년 미술학박사(홍익대) [경]2004년 Sun's Consensus 공간조형연구소 운영 2006년 홍익대 미술대학 금속디자인과 교수, 同금속조형디자인과 교수(현) 대한민국미술대전 심사위원, 대한민국산업디자인전람회 심사위원 2011~2013년 국립박물관문화재단 사장 [상]동아일보 동아공예대전 '동아공예상'(1989), 제21회 대한민국미술대전 대상(2002), 2008MANIF 서울국제아트페어 우수작가 선정(2008)

김선림(金善林) KIM SUN LIM

[생]1961 · 11 · 15 [본]광산(光山) [출]강원 춘천 [주]수원시 권선구 수인로126 농촌진흥청(031-695-4080) [학]1980년 춘천고졸 1984년 강원대 농학과 1986년 서울대 대학원 농학과졸 1998년 농학박사(강원대) [경]1992~2008년 국립식량과학원 근무 2009~2011년 농촌진흥청 연구정책국 근무 2011년 국립식량과학원 전작과 근무 2015~2016년 同작물기초기반과장 2016년 同수확후이용과장(현) [상]농림부장관표창(2003), 농촌진흥청장표창(2008)

김선무(金善武) KIM Sun Moo

[생]1960 · 2 · 11 [본]광산(光山) [출]충남 연기 [주]세종특별자치시 조치원읍 군청로87의16 세종특별자치시의회(044-300-7176) [학]한국방송통신대 법학과졸, 충북대 법무대학원 재학中 [경]2002년 연기군검도협회 회장, 연기군골프협회 회장, 연봉초 운영위원장, 조치원여고 운영위원장 2006 · 2010~2012년 충남 연기군의회 의원(민주당 · 민주통합당) 2008~2010년 同운영위원장 2012년 세종특별자치시의회 의원(민주통합당 · 민주당 · 새누리당) 2012년 同제1부의장 2014년 세종특별자치시의회 의원(새누리당)(현) 2014년 同산업건설위원회 위원 2014년 同교육위원회 위원 2016년 同운영위원장(현) 2016년 同행정복지위원회 위원(현) 2016년 전국시 · 도의회운영위원장협의회 부회장(현) [상]새천년민주당 김대중총재표창 [종]기독교

김선민(金善珉)

[생]1963 · 5 · 1 [주]세종특별자치시 다솜로261 국무조정실 산업통상미래정책관실(044-200-2209) [학]동국대 정책학과졸 [경]행정고시 합격(34회) 2011년 지식경제부 투자정책과장 2012년 同지역경제정책관실 지역경제총괄과장(부이사관) 2013년 산업통상자원부 소재부품산업정책관실 소재부품정책과장 2014년 국가기술표준원 기술규제대응국장 2016년 국무조정실 산업통상미래정책관(현)

김선배(金善培) KIM Sun Bae

[생]1952 · 5 · 17 [본]김해(金海) [출]강원 원주 [주]강원 춘천시 공지로126 춘천교육대학교 국어교육과(033-260-6411) [학]1970년 원주고졸 1972년 춘천교대졸 1976년 상지대 경제학과졸 1983년 고려대 교육대학원 국어교육학과졸 1996년 교육학박사(한국교원대) [경]1972~1980년 초교 교사 1980~1990년 원주 진광중 · 고 교사 1996년 춘천교육대 국어교육과 전임강사 · 조교수 · 부교수 · 교수(현) 1998년 한국초등국어교육학회 편집이사 1998년 청람어문학회 부회장 1999~2001년 춘천교육대 학생처장 2003~2005년 同교무처장 2007~2009년 同인문사회교육연구소장 2009~2013년 同총장 2010년 전국교원양성대학교총장협의회 부회장 2011년 강원지역대학총장협의회 회장 2011년 한국대학교육협의회 이사 2012년 同입학전형관리위원 2012년 통일교육위원 강원지역협의회장 2012년 (사)춘천국제연극제 이사장 2012년 G1강원민방 시청자위원회 위원장 2014년 강원도 교육감선거 출마 2015년 강원대병원 비상임이사(현) [상]전국교원학예술상(문학), 치악예술상, 교육공로상 [저]'시조문학교육의 통시적 연구'(1998) '초등국어과 교수 · 학습 방법'(2005)

김선병(金琁炳) Kim sirn byung

[생]1964 · 1 · 15 [주]대전 서구 청사로189 조달청 전자조달국(070-4056-7137) [학]1985년 서울대 사법학과졸 1987년 同행정대학원 행정학과졸 1999년 경제학박사(미국 캘리포니아대) [경]1987년 총무처 5급 공채 1992년 재무부 경제협력국 외자정책과 사무관 1999년 재정경제부 국제금융국 사무관, 同서기관(해외 파견) 2007년 同경제협력국 국제경제과장 2008년 기획재정부 대외경제국 국제경제과장 2009년 同대외경제국 대외경제총괄과장 2009년 同대외경제국 대외경제총괄과장(부이사관) 2010년 외교안보연구원 교육파견(부이사관) 2011년 기획재정부 기획조정실 정책기획관 2012~2013년 대통령직속 미래기획위원회 미래전략국장 2015년 조달청 전자조달국장(일반직고위공무원)(현)

김선빈(金善彬) KIM Seon Bin

[생]1957 · 1 · 15 [본]광산(光山) [출]대전 [주]충북 음성군 맹동면 이수로93 (재)한국인정지원센터(043-927-1330) [학]1975년 충남고졸 1979년 육군사관학교졸 1993년 영국 스트래스클라이드대 대학원졸 [경]1986년 과학기술처 행정사무관 1988년 同차관비서관 1993년 同기술협력총괄과 근무 1996년 이탈리아 유럽연합공동연구센터 파견 1998년 과학기술부 연구개발3담당관 1999년 同공공기술개발과장 2001년 국무총리국무조정실 파견 2002년 과학기술부 원자력방재과장 2003년 同원자력안전과장 2005년 同기초연구정책과장 2007년 同연구조정총괄담당관 2007년 同장관비서실장 2008년 교육과학기술부 국립과학관추진기획단장 2009년 중앙공무원교육원 고위정책과정 파견(일반직고위공무원) 2010년 국립과천과학관 전시연구단장 2011년 교육과학기술부 고위공무원(고용휴직) 2013~2015년 미래창조과학부 국립과천과학관장 2015년 (재)한국인정지원센터(KAB) 센터장(현) [상]홍조근정훈장(2008)

김선섭(金宣燮) Kim Seon-Seob

[생]1962 · 7 · 4 [본]김해(金海) [출]전남 영광 [주]서울 금천구 가산디지털1로70 호서대벤처타워1008호 (주)씨아이디티(070-4465-5900) [학]1980년 광주공고졸 1987년 전북대 금속공학과졸 2005년 한국과학기술원 경영대학원졸 [경]1986~1997년 해태상사(주) 입사 · 과장 1997~2006년 (주)넥스지텔레콤 대표이사 2005년 정보통신부 IT벤처연합회 부회장 2010년 (주)씨아이디티 대표이사(현) [상]산업자원부장관표창(2004), 정보통신부장관표창(2004), 자랑스런 중소기업인상(2005), 국무총리표창(2005) [저]'세계최초 13.56Mhz 휴

대폰용 Loop Antenna 개발'(1999) '세계최초 휴대폰용 Dual-Socket 개발'(2004) '세계최초 휴대폰 무선충전용 소프트웨어[FTT] 개발'(2011) [종]기독교

김선수(金善洙) KIM Seon Soo

[생]1961·4·23 [출]전북 진안 [주]서울 서초구 반포대로20길69 지온빌딩5층 법무법인 시민(02-533-7971) [학]1979년 서울 우신고졸 1986년 서울대 법학과졸 2004년 고려대 법과대학원 법학과졸 [경]1985년 사법시험 수석합격(27회) 1988년 사법연수원 수료(17기) 1988년 법무법인 시민종합법률사무소 변호사 1997~1999년 숭실대 노사대학원 겸임교수 2000년 중앙노동위원회 공익위원 2000년 (사)한국비정규노동센터 이사 2001~2005년 여민합동법률사무소 변호사 2002년 민주사회를위한변호사모임 사무총장 2003년 노사정위원회 상무위원 2003년 사법개혁위원회 위원 2004년 대검찰청 공안자문위원회 위원 2005~2007년 대통령 사법개혁비서관 2005~2006년 대통령직속 사법제도개혁추진위원회 기획추진단장 2007년 법무법인 시민 대표변호사(현) 2008년 민주사회를위한변호사모임 부회장 2010~2012년 同회장 2013~2015년 대한변호사협회 사법평가위원회 위원 2014년 同징계위원회 간사(현) 2015년 서울지방변호사회 조영래변호사기념사업회 위원장 [저]'사법개혁 리포트'(2008, 박영사) '산과 시'(共) '노동을 변호하다'(2014, 오월의 봄) '통합진보당 해산 결정, 무엇이 문제인가?'(2015, 말)

김선아(金仙娥·女) KIM Sun A

[생]1973·2·18 [주]서울 중구 퇴계로110 한국화이자제약(주) 임원실(02-317-2114) [학]1995년 이화여대 제약학과졸 2009년 고려대 대학원 경영학과졸(MBA) [경]게르베코리아 근무, 제일약품 근무 2001년 한국화이자제약(주) 입사 2007년 同항암제/specialty총괄 마케팅매니저 2009년 同항암제사업부 총괄전무 2012년 同이스태블리쉬트프로덕츠사업부 총괄전무 2014년 同이스태블리쉬트제약사업부문 한국대표(부사장)(현)

김선영(金善榮) Sunyoung Kim

[생]1955·11·3 [본]광산(光山) [출]서울 [주]서울 관악구 관악로1 서울대학교 자연과학대학 생명과학부(02-880-7529) [학]1974년 서울고졸 1978년 서울대 미생물학과졸 1982년 미국 매사추세츠공과대(MIT) 대학원 생물공학과졸 1984년 미국 하버드대 대학원 분자유전학과졸 1986년 분자유전학박사(영국 옥스퍼드대) [경]1968~1987년 미국 하버드대 의과대학 Post-Doc. Fellow 1987~1989년 미국 MIT 화이트헤드연구소 Post-Doc. Fellow 1989~1992년 미국 하버드대 의과대학 조교수 1992년 서울대 자연과학대학 생명과학부 조교수·부교수·교수(현) 1996~2005년 Genethon Ⅲ 겸직연구원 1998년 국제학술지 Gene Medicine(John Wiley&Sons Ltd.) 편집위원(현) 1999~2000년 국가기술자문위원회 전문위원 1999~2006년 서울대 유전공학목화창업보육센터장 2001년 국제백신연구소 과학자문위원 2002년 식품의약품안전청 중앙약사심의위원회 위원 2003~2008년 Gene Therapy(Nature Publishing Group) 편집위원 2004~2005년 식품의약품안전청 연구사업자문위원 2004~2008년 질병관리본부 조사연구사업평가위원 2005~2006년 국가과학기술자문위원회 자문위원(9기) 2005~2010년 (주)바이로메드 대표이사 2005~2007년 보건복지부 국가생명윤리심의위원회 유전전문위원회 위원 2006~2008년 한국유전자치료학회 회장(초대·2대) 2006년 한국방송공사 객원해설위원 2006~2008년 서울대 차세대융합기술원 바이오연구소장 2006년 대한바이러스학회 평의원(현) 2010~2011년 지식경제부 R&D전략기획단 융합신산업팀 MD 2011년 (주)바이로메드 연구개발센터 총괄사장(현) 2013~2015년 서울대 생명공학공동연구원(Bio MAX) 원장 2014~2016년 국가과학기술연구회 비상임이사 2015년 국가과학기술심의회 생명·의료전문위원회 위원(현) [상]보건산업진흥원장표창(2005), 특허기술대상 세종대왕상(2006), 보건산업진흥유공자표창(2006), 지식경제부장관표창(2008), 닮고싶은과학기술인상(2008), 보건산업진흥원장표창(2009), 국무총리표창(2010) [저]'현대과학의 쟁점'(2001, 김영사) '세상을 보는 눈'(2001, 이슈투데이) '바이러스학'(2004, 정문각)

김선옥(金善玉) KIM Seon Ok

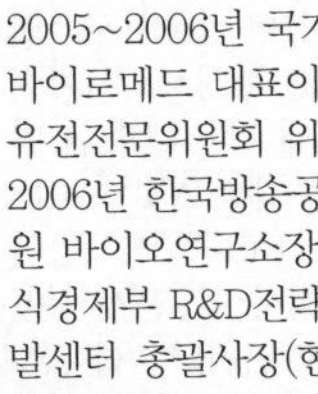

[생]1960·11·30 [출]광주 [주]대전 유성구 가정로152 한국에너지기술연구원 한국이산화탄소포집및처리연구개발센터(042-860-3688) [학]1979년 광주 서석고졸 1986년 한국항공대 항공기계공학과졸 [경]기술고시 합격(21회) 1999년 과학기술부 과학기술협력국 기술협력1과 서기관 2003년 同기초과학인력국 기초과학지원과 서기관 2005년 同기획관리실 정보화법무담당관 2006년 同과학기술기반국 과학기술문화과장 2007년 同연구조정총괄담당관실 과장 2008년 교육과학기술부 기초연구지원과장 2009년 同기초연구지원과장(부이사관) 2009년 국방대학원 교육파견(부이사관) 2010년 교육과학기술부 정책조정지원과장 2011년 同거대과학정책관(고위공무원) 2011년 대구경북과학기술원 건설추진단장 2011년 창원대 사무국장 2012년 중앙공무원교육원 파견 2013년 미래창조과학부 국제협력관 2013년 국립과천과학관 전시연구단장 2014년 전북지방우정청장 2015~2016년 전남지방우정청장 2016년 (재)한국이산화탄소포집및처리연구개발센터 본부장(현)

김선옥(金仙玉·女)

[생]1963·12·28 [출]경북 구미 [주]강원 원주시 건강로32 국민건강보험공단 홍보실(033-736-1410) [학]1981년 대구 원화여고졸 1985년 경북대 인문대학 사학과졸 [경]1985년 공무원 및 사립학교교직원 의료보험공단 입사 2011~2012년 국민건강보험공단 대구달성지사장 2013년 同고객지원실장 2014년 同홍보실장(현) [상]보건복지부장관표창(2012)

김선용(金善湧)

[생]1974·12·28 [출]충남 논산 [주]전북 전주시 덕진구 사평로25 전주지방법원(063-259-5400) [학]1993년 대건고졸 1999년 연세대 법학과졸 [경]1998년 사법시험 합격(40회) 2001년 사법연수원 수료(30기) 2001년 軍법무관 2004년 대전지법 판사 2007년 同서산지원 판사 2009년 대전지법 판사 2011년 대전고법 판사 2014년 청주지법 영동지원 옥천군법원 판사 2016년 전주지법 부장판사(현)

김선우

[생]1961·9 [출]충남 청양 [주]충남 보령시 보령북로160 한국중부발전(주)(070-7511-1114) [학]1980년 대전 보문고졸 1984년 충남대 사회학과졸 [경]1997~2001년 대전·충남충무휠체어농구단 후원회장 2011~2015년 한빛(주) 대표이사 2012년 새누리당 대통령후보 중앙선거대책위원회 직능총괄본부 미래희망중앙부위원장 2012~2014년 박정희대통령애국정신선양회 중앙대외협력위원장 2015~2016년 대한민국예비장교연합회 대전·충남·세종지회 사무총장 2016년 한국중부발전(주) 상임감사위원(현)

김선우(金宣佑) Kim, Sunwoo

[생]1962·9·12 [본]나주(羅州) [출]제주 제주시 [주]제주특별자치도 제주시 중앙로308 김선우법률사무소(064-757-9944) [학]1981년 제주제일고졸 1985년 연세대 법학과졸 [경]1984년 사법시험 합격(26회) 1987년 사법연수원 수료(16기) 1988년 인천지법 판사 1990년 서울민사지법 판사 1992~1996년 제주지법 판사 1996~2012년 변호사 개업 2012~2014년 제주특별자치도 환경·경제부지사 2014년 변호사 개업(현) 2015년 대한적십자사 제주특별자치도지사 법률고문(현) [종]불교

김선욱(金善旭·女) KIM Sun Uk

[생]1952·12·21 [출]서울 [주]서울 서대문구 이화여대길52 이화여자대학교 법학전문대학원(02-3277-3464) [학]1971년 서울 계성여고졸 1975년 이화여대 법학과졸 1977년 同대학원 법학과졸 1988년 법학박사(독일 콘스탄츠대) [경]1978~1981년 법무부 법무자문위원회 참사·전문위원 1989~1995년 한국여성개발원 연구본부 책임연구원 1993~1995년 한국공법학회 이사 1993~1995년 한국여성학회 이사 1995~2001년 이화여대 법학과 조교수·부교수 1997년 행정쇄신실무위원 1999년 국무총리 행정심판위원 2000년 정부혁신추진실무위원회 민간위원 2001~2005·2007년 이화여대 법학과 교수(현), 同법학전문대학원 교수(현) 2001~2003년 同한국여성연구원장 2003년 한국공법학회 부회장 2004년 미국 Cornell Univ. East Asia Program Visiting Scholar 2005~2007년 법제처장(장관급) 2007~2009년 국가인권위원회 정책자문위원회 위원장 2008~2010년 교육과학기술부 법학교육위원회 위원 2008~2009년 한국젠더법학회 회장 2008~2009년 이화여대 젠더법학연구소장 2008년 한국행정판례연구회 감사 2010~2014년 이화여대 총장 2010년 한국독일동문네트워크(ADeKo) 이사장 2011~2013년 헌법재판소 자문위원회 위원 2012~2014년 한국대학교육협의회 이사 2012~2013년 법무부 정책위원회 위원장 2013~2014년 한국젠더법학회 고문 [상]청조근정훈장(2007) [저]'공무원의 보수 및 연금제도에 관한 독일법과 한국법상의 근본원리'(1988) '유엔 여성차별 철폐협약과 그 이행을 위한 적극적 조치'(1993) '여성공무원의 고용현황과 인사행정과제'(1995) '평등권과 평등지위 실현의 과제'(1995)

김선욱(金善郁) KIM Sun Uk

[생]1957·7·2 [주]충남 천안시 동남구 단대로119 단국대학교 융합기술대학 산업공학과(041-550-3573) [학]1975년 서울 대신고졸 1979년 고려대 산업공학과졸 1981년 同대학원 산업공학과졸 1990년 공학박사(미국 오리건주립대) [경]1981년 해군본부 연구분석실 근무 1985~1990년 미국 오리건주립대 전산실 근무 1991년 단국대 산업공학과 조교수·부교수·교수(현) 2000년 중소기업청 정보화지원단 대전·충남지역 단장 2001~2005년 단국대 산업정보대학원 주임교수 2003~2006년 同산업정보대학원장 2008년 同입학관리처장 2009~2013년 同입학처장 2014년 同융합기술대학장(현) [상]중소기업특별위원회 위원장표창(2001)

김선유(金善有) Kim Sun You

[생]1954·5·23 [본]광산(光山) [출]경남 산청 [주]경남 진주시 진양호로369번길3 진주교육대학교 수학교육과(055-740-1114) [학]1972년 마산고졸 1975년 진주교대졸 1977년 동아대 수학과졸 1982년 부산대 대학원졸 1993년 이학박사(동아대) [경]1976~1982년 초교 교사 1983~1988년 고교 교사 1988~1993년 진주교육대·동아대·인제대 강사 1993~2011·2015년 진주교육대 수학교육과 교수(현) 1999~2001년 同기획연구실장 2001~2003년 同교무처장 2005년 同수학교육학과장 2011~2015년 同총장 2011~2013년 한국초등수학교육학회 회장 2012~2013년 경남교육발전협의회 회장 2013~2014년 전국교원양성대총장협의회 부회장 2014년 경남도 교육감 예비후보 [저]'수학의 이해'(共) '대학수학'(共)

김선응(金善應) KIM Seon Eung (雲岡)

[생]1952·5·12 [본]광산(光山) [출]경북 안동 [주]경북 경산시 하양읍 하양로13의13 대구가톨릭대학교 사범대학 체육교육과(053-850-3793) [학]1968년 안동고졸 1973년 경북대 사범대학 체육교육과졸 1975년 同교육대학원 체육교육학과졸(석사) 1987년 일본 쓰쿠바대 대학원 체육연구과졸(석사) 1990년 교육학박사(일본 쓰쿠바대) [경]1973~1978년 원화여중·원화여고 교사 1975~1978년 영남전문대·효성여대 강사 1978~1995년 효성여대 체육교육과 전임강사·조교수·부교수·교수 1982~1984년 신일전문대·영남대 강사 1989년 한국스포츠심리학회 감사 1990년 경북대 대학원 강사 1990~1995년 대구YMCA 사회체육위원 1991~1995년 한국발육발달학회 초대 총무이사 1992년 계명대 강사 1992~1994년 효성여대 사범대학 교학부장 1993~1995년 대구·경북체육학회 총무이사 1995~2000년 대구효성가톨릭대 체육교육과 교수 1998~2015년 경북도배드민턴협회 부회장 1998~2001년 한국발육발달학회 부회장 겸 편집위원장 1999~2000년 대구효성가톨릭대 학생처장 1999~2003년 한국유아체육학회 부회장 2000년 대구·경북도학생처장협의회 회장 2000년 대구가톨릭대 사범대학 체육교육과 교수(현) 2001~2013년 대구가톨릭체육인회 회장 2002~2003년 대경포럼 부회장 2003~2005년 한국스포츠심리학회 부회장 2003~2006년 한국발육발달학회 회장 2003~2006년 한국체육학회 발육발달분과위원장 2004년 화선노인대학 부학장 2005~2012년 한국대학배드민턴연맹 부회장 2005~2007년 천주교 범어성당 총회장 2005~2007년 대구가톨릭대 가톨릭교수회장 2006~2008년 同교육대학원장 겸 사범대학장 2006~2008년 同중등교원연수원장 2006년 한국발육발달학회 명예회장·고문(현) 2006~2008년 대경포럼 공동대표 2006~2007년 한나라당 대구시당 정책개발위원회 교육문화분과위원장 2006~2008년 전국사립사범대학장협의회 부회장 2007~2008년 전국교육대학원장협의회 감사 2007년 (사)한일협회 이사 2007년 교육과학기술부 교육과정심의회 심의위원 2007년 한나라당 제17대 대통령선거 대구시당 선거대책위원회 교육과학기술정책위원장 2007~2010년 在대구안동고총동창회 회장 2008년 在대구안동지역고등학교연합총동창회 창립준비위원장 2008~2010년 대구·경북체육교수회 실무부회장 2008~2011년 在대구안동지역고등학교연합총동창회 초대회장 2009~2011년 화선노인대학 학장 2009년 체육계열교과용도서심의위원회 위원장 2010년 경북대사범대학체육교육과동창회 회장 2010년 대구시 교육감선거 출마 2011년 경북대총동창회 이사(현) 2011~2013년 경북대사범대학동창회 이사 2011~2013년 (사)한일협회 부회장 2013~2014년 대구가톨릭대 평생교육원장 2013~2014년 대구경북대학평생교육기관협의회 회장 2013~2015년 교육부 교육과정심의회 체육심의위원 2014~2015년 교육부·문화체육관광부 학교체육진흥위원회 중앙위원 2016년 국민체육진흥공단 비상임이사(현) [상]경북최고체육상(1998), 경북도문화상(2001) [저]'스포츠심리학'(1994) '현대생활과 체육'(1994) '야외활동과 교육'(1998) '운동제어 및 학습'(1998) '신체활동과 노화'(2006) '발육발달학'(2007) [종]천주교

김선일(金鮮一) SUNIL KIM

[생]1956·9·3 [주]대구 동구 동대구로489 대구무역회관3층 대구창조경제혁신센터(053-759-6380) [학]1975년 인천 제물포고졸 1980년 성균관대 전자공학과졸 1982년 고려대 경영대학원졸 1989년 미국 조지아주립대 대학원 컴퓨터정보시스템학과졸 [경]1982~1985년 한국과학기술원(KAIST) 시스템공학센터(ETRI) 연구원 1989~2001년 삼성전자(주) 전사기획담당 이사 2005~2009년 알티캐스트·알티전자 부사장 2014년 대구창조경제혁신센터 센터장(현) 2015년 계명대 경영학과 특임교수(현) 2015년 전국창조경제혁신센터협의회 회장(현) 2015년 대통령직속 지역발전위원회 위원 겸 지역산업일자리전문위원회 위원장(현) 2016년 행정자치부 조직혁신자문위원회 위원(현)

김선일(金善日) KIM Sun Il

[생]1965·6·6 [출]경북 안동 [주]서울 서초구 서초중앙로157 서울중앙지방법원(02-530-1114) [학]1983년 경안고졸 1991년 한양대 법학과졸 [경]1994년 사법시험 합격(36회) 1997년 사법연수원 수료(26기) 1997년 서울지법 남부지원 판사 1999년 서울지법 판사 2003년 대구지법 안동지원 영주시·봉화군법원 판사 2005년 인천지법 부천지원 판사 2007년 서울남부지법 판사 2008년 서울고법 판사 2010년 대법원 재판연구관 2012년 춘천지법 원주지원장 2014년 수원지법 부장판사 2014~2016년 법원행정처 공보관 겸임 2016년 서울중앙지법 부장판사(현)

김선정(金善政) KIM Sun Jeong

[출]강원 춘천 [주]서울 중구 필동로1길30 동국대학교 법학과(02-2260-3853) [학]1976년 동국대 행정학과졸 1982년 고려대 대학원 법학과졸 1992년 법학박사(동국대) [경]1984년 동국대 법학과 교수(현) 1995~1996년 同이부대학장 1996~1998년 同법정대학장 1996년 대한상사중재원 중재인 1998년 성균관대 법대 강사 1998년 보험개발원 자문교수 1999~2000년 미국 노스웨스턴대 로스쿨 방문교수 1999년 한국소비자보호원 분쟁조정위원회 전문위원 1999년 경북도의회 자문교수 2000년 학교법인 경암학원(분당 야탑고) 재단이사 2001~2002년 세계국제법협회(ILA) 한국본부 부회장 2001~2008년 금융감독원 금융분쟁조정위원회 전문위원 2002~2010년 경주시 인사위원 2003년 성균관대 보험문화연구소 객원연구위원 2004~2015년 변리사시험위원 2004년 법무부 사법시험출제위원 2006년 同사법시험위원 2006~2009년 (사)한국법학교수회 부회장 2006~2007년 동국대 사회과학대학원장 겸 법정복지대학장 2006년 직무발명법 개정위원 2007~2008년 경주시 지역혁신위원회 위원 2007~2009년 특허청 직무발명연구회 제도분과위원장 2008년 교육과학기술부 대학기술지주회사설립인가위원 2008~2010년 동국대 비교법문화연구원장 2009~2011년 한국상사판례학회 회장 2009~2015년 금융감독원 금융분쟁조정위원, 한국중재학회 부회장, 한국저작권법학회 부회장, 한중지적재산권학회 부회장, 한국경영법률학회 감사·부회장, 한국상사법학회 감사·부회장(현) 2010년 국토해양부 자동차손해배상보장사업채권정리위원회 위원 2010년 동부화재해상보험(주) 사외이사 2010~2015년 세무사시험출제위원 2010~2015년 공인회계사시험위원 2011년 한국상사판례학회 고문(현) 2011~2013년 한국저작권법학회 회장 2011년 행정고시시험위원 2011년 변호사시험 출제위원 2011년 한국외국어대 법대 강사 2011년 연세대 법무대학원 강사 2012~2015년 한국무역보험학회 부회장 2012~2013년 서강대 법학전문대학원 강사 2012년 한국연구재단 산학공동연구법인설립운영자문위원장 20132014년 교육부 대학기술지주회사설립인가위원(현) 2013년 국토교통부 자동차손해배상보장사업채권정리위원회 위원(현) 2013~2015년 동부화재해상보험(주) 사외이사 겸 감사위원 2015년 同소송심의위원(현) 2015년 동부생명보험(주) 사외이사(현) 2015년 생명보험협회 규제심의위원장(현) 2015년 한국무역보험학회 회장(현) 2015년 한국보험법학회 수석부회장(현) 2016년 금융감독원 특별민원심의위원장(현) [상]특허청장표창(2005) [저]'금융법'(2007) '주식회사법'(2015, 법문사)

김선조(金善照) KIM SUN JO

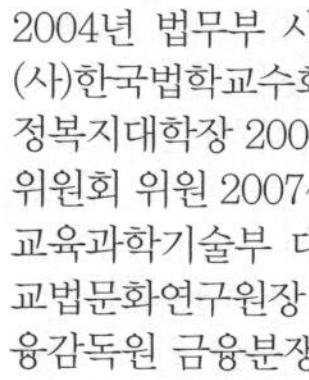

[생]1967·2·8 [본]광산(光山) [출]부산 [주]울산 남구 중앙로201 울산광역시청 기획조정실(052-229-2100) [학]1985년 부산 동성고졸 1991년 서울대 인문대학 철학과졸 1995년 同행정대학원 행정학과 수료 [경]1993년 행정고시 합격(37회) 1993~1995년 총무처 행정사무관(수습) 1995~1997년 환경부 생활오수과·자연정책과 사무관 1997~2000년 울산시 환경정책계장·투자유치담당(사무관) 2000~2002년 同월드컵기획과장(지방서기관) 2002~2009년 同경제정책과장·관광과장·산업진흥과장 2009~2010년 同기획관(지방부이사관)

2010~2014년 同상수도사업본부장 · 안전행정국장 2014~2015년 同중구 부구청장 2015년 행정자치부 지역발전과장 2016년 울산시 기획조정실장(현)

김선종(金善鍾) KIM Seon Jong

[생]1956 · 3 · 6 [출]전북 김제 [주]서울 서초구 서초대로 283 남촌빌딩4층 법무법인(유) 산경 대표변호사실(02-595-0001) [학]1974년 광주제일고졸 1978년 서울대 법학과졸 [경]1979년 사법시험 합격(21회) 1981년 사법연수원 수료 1981년 서울지법 동부지원판사 1984년 서울형사지법 판사 1985년 광주지법 목포지원 판사 1987년 서울민사지법 판사 1989년 서울지법 북부지원 판사 1991년 서울고법 판사 1994년 대법원 재판연구관 1996년 춘천지법 속초지원장 1998년 수원지법 부장판사 1999년 서울지법 북부지원 부장판사 2000년 서울중앙지법 부장판사 2004년 서울가정법원 수석부장판사 2006년 변호사 개업 2009년 법무법인(유) 산경 대표변호사(현)

김선준(金善準) KIM Sun Joon

[생]1957 · 10 · 3 [출]경남 [주]서울 성동구 왕십리로222 한양대학교 자원환경공학과(02-2220-0415) [학]1980년 서울대 자원공학과졸 1982년 同대학원 자원공학과졸 1989년 지구과학박사(미국 퍼듀대) [경]1990~1992년 한국원자력연구소 부설 환경관리센터 선임연구원 1992년 한양대 지구환경시스템공학과 교수, 同자원환경공학과 교수(현) 1999~2001년 同공과대학 지구환경시스템공학과장 2008~2009년 한국지구시스템공학회 총무이사 2014년 국제표준화기구(ISO) 광업기술위원회 산하 광해관리분과위원회 초대의장(현) 2016년 한국자원공학회 회장(현) [상]지식경제부장관표창(2008), 한국지구시스템공학회 학술상(2009) [저]'지구자원과 환경'(1997, 서울대 출판부)

김선중(金善中) KIM Seon Jung

[생]1952 · 12 · 14 [본]김해(金海) [출]전남 목포 [주]서울 강남구 테헤란로317 동훈타워7층 법무법인 대륙아주(02-3016-5203) [학]1970년 서울고졸 1974년 서울대 법학과졸 2003년 연세대 보건대학원 최고위자과정 수료 [경]1978년 사법시험 합격(20회) 1980년 사법연수원 수료(10기) 1980년 부산지법 판사 1983년 서울지법 남부지원 판사 1985년 서울민사지법 판사 1987년 서울지법 남부지원 판사 1989년 同서부지원 판사 1990년 서울고법 판사 1993년 대법원 재판연구관 1995년 춘천지법 부장판사 1997년 수원지법 여주지원장 1998년 서울가정법원 부장판사 1999~2002년 서울지법 부장판사 2002~2005년 법무법인 일신 변호사 2005~2012년 법무법인 대륙아주 대표변호사 2010년 대한상사중재원 중재인(현) 2010~2014년 서울시 지방소청심사위원회 위원장 2012년 법무법인 대륙아주 고문변호사(현) 2012년 한국의료분쟁조정중재원 감정위원(현) [저]'법인의 어음행위' '최신실무 의료과오 소송법'(2005) [종]천주교

김선진(金善振) KIM Seon Jin

[생]1960 · 12 · 6 [본]광산(光山) [출]경남 거창 [주]부산 남구 용소로45 부경대학교 기계설계공학과(051-629-6163) [학]1984년 부산수산대 기계공학과졸 1989년 同대학원졸 1993년 공학박사(일본 橫濱국립대) [경]부경대 기계설계공학과 교수(현), 미국 텍사스대 기계공학과 방문교수 2008년 한국해양공학회 기계재료부문 위원장, 同학술이사 2009년 대한기계학회 재료 및 파괴부문 재무이사, 同신뢰성부문 감사 2016년 부경대 공과대학장 겸 산업대학원장(현) [상]한국해양공학회 학술상(2011) [저]'신뢰성공학'(1993) '최신기계재료공학'(1995) '기계재료학'(2001) [역]'기계공학의 역사'(2004) '구조건전성평가 핸드북'(2007) [종]불교

김선창(金善昌) KIM Sun Chang (泰勳)

[생]1956 · 3 · 17 [본]광산(光山) [출]충남 금산 [주]대전 유성구 대학로291 한국과학기술원 생명과학과 4202호(042-350-2619) [학]1975년 양정고졸 1979년 서울대 식품공학과졸 1981년 同대학원 식품미생물전공 석사 1985년 식품미생물 및 분자유전학박사(미국 위스콘신대) [경]1985~1992년 미국 위스콘신대 의대 암연구센터 분자유전학 및 암의학 박사후연구원 · 책임연구원 1992~1998년 한국과학기술원 조교수 · 부교수 1995년 한국생물공학회 편집간사 1996년 유전체학술협의회 운영위원 1997~1998년 한국산업미생물학회 국제협력간사 1998년 한국식품과학회 산학협력간사 1998년 한국산업미생물학회 편집위원 1998년 한국과학기술원 생명과학과 교수(현) 2006~2008년 同생명과학과 학과장 2006년 同바이오융합연구소장(현) 2008년 한국과학기술한림원 정회원(현) 2011년 한국과학기술원 글로벌프론티어사업단 지능형바이오시스템설계 및 합성연구단장(현) [상]서울대총장표창(1979), 한국과학재단 30대 우수연구성과(2001), 대한민국농업과학기술상(2001), BBA Biomembranes Award(2005), 카이스트 연구상(2008)

김선태(金善台) Kim Sun-Tae

[생]1964 · 12 · 15 [출]서울 [주]세종특별자치시 도움6로 11 국토교통부 운영지원과(044-201-3159) [학]1983년 서울 영동고졸 1987년 연세대 경영학과졸 1989년 서울대 대학원 행정학과졸 1997년 미국 미시간주립대 대학원 도시 및 지역계획학과졸 [경]행정고시 합격(33회), 건설교통부 토지국 NGIS팀장 2003년 同철도산업구조개혁과장 2005년 同수송정책실 국제항공과장 2007년 아 · 태경제사회이사회(ESCAP) 파견 2008년 국토해양부 해양환경정책과장 2009년 同주택토지실 국토정보정책관실 국토정보정책과장 2010년 同주택토지실 국토정보정책관실 국토정보정책과장(부이사관) 2010년 同교통정책실 철도정책과장 2012년 대통령실 파견 2013년 국무총리국무조정실 새만금사업추진기획단 개발정책관(국장급) 2013년 새만금개발청 투자전략국장 2015년 국토교통부 주택토지실 국토정보정책관 2016년 국외 직무훈련(일본 호세이대 이노베이션 매니지먼트 연구센터)(현)

김선택(金善澤) Kim, Sun Taek

[생]1960 · 7 · 7 [본]광산(光山) [출]경남 마산 [주]서울 종로구 새문안로3길12 신문로빌딩4층 한국납세자연맹(02-736-1940) [학]1986년 창원대 경영학과졸 [경]1988년 (주)한양 경리부 근무 1999~2000년 판례법인세법 강사 2000~2001년 삼일회계법인 삼일총서 집필위원 2001년 한국납세자연맹 회장(현) 2003년 재정경제부 소득세법정비위원 2008년 대통령실 국세행정선진화 자문위원 2010년 세계납세자연맹 부회장 [저]'지방세법상 비업무용토지와 조세법실무'(1998) '판례법인세법'(1999) '국민연금 합법적으로 안내는 법'(2004)

김선표(金宣杓) Sun Pyo Kim

[생]1965 · 4 · 27 [본]김녕(金寧) [출]서울 [주]서울 종로구 사직로8길60 외교부 인사운영팀(02-2100-7143) [학]고려대 정치외교학과졸, 同대학원 법학과졸, 영국 에든버러대 대학원 법학과졸, 법학박사(영국 에든버러대) [경]1991년 외무고시 수석합격(25회) 2004년 외교통상부 조약국 국제법규과장, 대통령 외교안보수석비서관실 행정관, 駐네덜란드 참사관 2010년 외교통상부 국제법률국 국제법규과장 2011년 同국제법률국 심의관 2013년 외교부 국제법률국 심의관 2013년 駐아랍에미리트 공사(현) [저]'해양경계획정이전의 잠정조치 연구' [종]기독교

김선한(金繕漢) Kim Sun Han

[생]1961 · 3 · 25 [본]경주(慶州) [출]경북 영덕 [주]서울 종로구 율곡로2길25 연합뉴스 편집국 국제뉴스부(02-398-3114) [학]경주고졸, 경희대 영어과졸, 연세대 대학원 국제정치과졸(정치학석사) [경]1986년 연합통신 기자(공채5기) 2000년 연합뉴스 생활경제부 차장 2002년 同외신국 부장대우 2003년 同하노이특파원 2006년 同국제뉴스부 부장급 2006년 同인터넷뉴스부장 2006년 同전략사업본부 마케팅부장, 미국 국방부산하 특수전사령부(USSOCOM) 연수, 한국군사학회 연구원, 군사평론가협회 연구원(현) 2008년 연합뉴스 전략사업본부 마케팅부장(부국장대우) 2009년 同하노이특파원 2011년 同하노이특파원(부국장급) 2012년 同국제국 국제뉴스3부 부국장 2012년 한 · 베트남 정부간 미래협력포럼 한국측 상임위원(현) 2012년 경주세계문화엑스포 자문위원(현) 2012년 한국개발연구원(KDI) 지식공유사업자문위원(현) 2012년 연합뉴스 마케팅국장 2013년 同국제국 국제뉴스3부 기획위원 2014년 同국제국 국제뉴스3부 기획위원(국장대우) 2015년 同편집국 정치부(통일외교안보팀) 대기자 2015년 同편집국 국제뉴스부 대기자(국장대우)(현) [상]베트남 국가우호최고훈장(The Medal for Peace and Friendship among Nations · 2012) [저]'람보와 바보 : 세계의 특수부대, 비밀전사들 Ⅰ · Ⅱ'(1993) 'X : 세계의 특수부대, 비밀전사들 Ⅰ · Ⅱ'(2000) '작전명 트로이 목마'(2001) '베트남 리포트'(2007) '아시아의 젊은 호랑이-베트남'(2007) '베트남을 通하다'(2015) [역]'모딜리아니 스캔들'(1993) '트리플'(1993) '페트리엇게임'(1993) [작]다큐멘터리 '외국인의 눈으로 본 하노이 정도 1천년' 주인공으로 출연(2009, 베트남 중앙방송국이 定都 1천년 기념사업으로 특별제작한 다큐멘터리에 외국 거주민 가운데 선정돼 출연. 외신기자로서의 일상 등에 대해 밀착취재한 영상물) '한-베 수교 20주년 기념 뉴스Y 다큐멘터리 4부작 공동기획'(2012, 연합뉴스TV) [종]기독교

김선향(金仙香 · 女) KIM Sun Hyang

[생]1944 · 5 · 27 [출]서울 [주]서울 종로구 북촌로15길2 학교법인 심연학원 이사장실(02-3700-0710) [학]1966년 이화여대 영어영문학과졸 1968년 미국 Fairleigh Dickinson대 대학원 영어영문학과졸 [경]1969년 이화여대 · 경희대 강사 1973~1982년 경남대 부교수 1986~2009년 同대학원 영어영문학과 교수 2007년 학교법인 심연학원 이사 2009년 경남대 명예교수(현) 2010년 학교법인 심연학원(북한대학원대학교) 이사장(현) 2010~2011년 대한적십자사 여성봉사특별자문위원장 2011년 同여성봉사특별자문위원회 특별자문위원 2013 · 2015년 대한적십자사 부총재(현) 2015년 제20차 남북이산가족상봉 남측방문단(2진) 단장 [상]미국 페어레이 디킨슨대(FDU) 자랑스런 동문상(2012) [저]'깨진 달'(1980) '운문일기 1998~2012'(2012, 서정시학) [역]'17세기 형이상학파5인 시선집'(1996) '존 돈의 연가'(1998) '존 던의 거룩한 시편'(2001) '존 던의 애가'(2005) [종]천주교

김선혁(金善赫) KIM Sun Hyuk

[생]1966 · 9 · 23 [주]서울 성북구 안암로145 고려대학교 정경대학 행정학과(02-3290-2283) [학]1989년 서울대 경제학과졸 1994년 미국 스탠퍼드대 대학원 정치학과졸 1996년 정치학박사(미국 스탠퍼드대) [경]1992~1994년 미국 스탠퍼드대 정치학과 강의조교 1996~1997년 미국 캘리포니아대 국제관계학부 조교수 1996~2003년 同정치학과 조교수 2000년 미국 뉴욕주립대 정치학과 초빙교수 2002~2003년 고려대 아세아문제연구소 연구부교수 2003년 同정경대학 행정학과 부교수 · 교수(현) 2003~2005년 同국제교육원 부원장 2003~2005년 在美한국정치연구학회(AKPS) 사무총장 2004~2005년 고려대 국제학부 겸임교수 2004~2007년 同국제한국학센터 운영자문위원 2004~2006년 同입학시험출제위원회 위원 2005~2006년 同국제교육원 하계대학 주임교수 2005~2008년 同정책대학원 공안행정학과 주임교수 2005~2007년 (재)동아시아연구원 분권화센터 소장 2007~2009년 同민주주의연구센터 소장 2007년 정보통신부 자체평가위원회 위원 2007~2008년 고려대 글로벌리더십센터 소장 2007~2009년 同정경대학 행정학과장 2008년 同국제하계대학 부학장 2008~2009년 同교무기획위원회 위원 2009년 同대학원 학사위원회 위원 2010년 同입학시험출제위원회 위원 2015년 同국제처장(현) [저]'The Politics of Democratization in Korea'(2000) 'Economic Crisis and Dual Transition in Korea'(2004) '분권헌법 : 선진화로 가는 길(共)'(2007, 동아시아연구원)

김선혜(金善惠 · 女) KIM Sun Hae

[생]1955 · 3 · 24 [본]김해(金海) [출]광주 [주]서울 중구 삼일대로340 나라키움 저동빌딩 4 · 16세월호참사특별조사위원회(02-6020-3817) [학]1973년 경기여고졸 1977년 서울대 법대졸 1982년 同대학원졸 [경]1982년 사법시험 합격(24회) 1984년 사법연수원 수료(14기) 1985년 대전지법 판사 1989년 수원지법 판사 1993년 서울가정법원 판사 1995년 서울지법 판사 1996년 미국 산타클라라대 연수 1997년 서울고법 판사 1999년 서울지법 판사 2000년 대전지법 부장판사 2002년 수원지법 성남지원 부장판사 2004년 서울중앙지법 부장판사 2007~2008년 서울동부지법 부장판사 2008~2014년 연세대 법학전문대학원 교수 2012~2014년 사학분쟁조정위원회 위원 2015년 4 · 16세월호참사특별조사위원회 상임위원 겸 지원소위원장(현)

김선호(金善鎬) KIM Seon Ho

[생]1953 · 12 · 30 [출]서울 [주]서울 서대문구 연세로50의1 세브란스병원 신경외과(02-2228-2150) [학]1978년 연세대 의대졸 1983년 同대학원졸 1989년 의학박사(연세대) [경]1979~1983년 연세대 의대 세브란스병원 신경외과 수련의 1983~1985년 同연구강사 1985~1988년 駐韓 美8군병원 신경외과장 1986년 미국 월터리드 육군병원 방문연구원 1988년 연세대 의대 외과학교실 교수(현) 1990~1992년 미국 텍사스대 Marine Biomedical연구소 연구원 1994년 미국 애리조나대 Barrow Neurological연구소 연구원 2003~2005년 연세대 의학도서관장 2011년 同세브란스병원 뇌종양전문클리닉팀장(현) 2012년 同의료원 내분비연구소장(현) 2013년 同뇌신경센터 소장

김선호(金善浩) KIM Sunho

[생]1956 · 5 · 19 [출]제주 [주]경기 용인시 처인구 명지로116 명지대학교 공과대학 산업경영공학과(031-330-6451) [학]1979년 서울대 산업공학과졸 1986년 미국 펜실베이니아주립대 대학원 산업공학과졸 1989년 산업공학박사(미국 펜실베이니아주립대) [경]1979~1984년 국방과학연구소 연구원 1989~1992년 한국기계연구원 자동화연구부 선임연구원 1992년 명지대 공과대학 산업경영공학과 교수(현) 1995~1996년 대한산업공학회 편집이사 1997~1998년 PDM연구회 회장 1998년 한국전자거래학회 국제이사 2002~2004년 한국전자거래협회 위원장 2007년 대한산업공학회 학술부문 부회장 2007~2011년 명지대 사회교육원장 겸 보육교사교육원장 2014년 同산학협력단장 2014년 同학술연구진흥위원회 부위원장 2015년 전국대학교산학협력단장 · 연구처장협의회 회장 [상]CALS/EC 학술상(1998), 한국전자거래학회 학술부문 우수상(2006), 대한산업공학회 백암기술상(2008), 대한산업공학회 정헌학술대상(2009)

김선호(金善浩) KIM Sun Ho

[생]1961 · 3 · 26 [출]충남 아산 [주]부산 부산진구 엄광로176 동의대학교 메카트로닉스공학과(051-890-2259) [학]1984년 부산대 공과대학 기계공학과졸 1986년 同대학원 정밀기계공학과졸 1997년 공학박사(부산대) [경]1989~2004년 한국기계연구원 지능형정밀기계연구부 책임연구원 1991년 한국정밀공학회 종신회원(현) 2000~2001년 독일 Aachen 공대 객원연구원 2003~2004년 과학기술부 국가지정연구실(NRL) 실장 2004년 동의대 메카트로닉스공학과 조교수 · 부교수 · 교수(현) 2004~2007년 산업자원부 국가표준심의위원 2004년 대구시 대구전략산업전문위원회 위원 2005~2006년 (재)부산테크노파크 기계부품소재기술지원센터 기술지원부장 2005년 부산시 기계부품소재산업로드맵작성위원회 위원장(초소형 및 정밀기계분야) 2005년 산업자원부 한일FTA대응부품소재로드맵 기계분과위원장 2006년 미국 세계인명사전 'Marquis Who's Who in the World' 2007년판에 등재 2010년 동의대 산업대학원 부원장 2014년 同산학협력단장(현) [상]한국과학기술단체총연합회 과학기술우수논문상 [저]'CNC 공작기계- 원리와 프로그래밍'(2005)

김선화(金璿和 · 女) KIM Sun Wha

[생]1956 · 10 · 9 [출]충남 아산 [주]충남 아산시 신창면 순천향로22 순천향대학교 공과대학 디스플레이신소재공학과(041-530-1377) [학]정신여고졸 1980년 충남대 금속공학과졸 1982년 同대학원 금속공학과졸 1989년 공학박사(서울대) [경]1982~1985년 포항제철 기술연구소 근무 1989~1992년 한국기계연구소(창원) 제조야금실 선임연구원 1992~2006년 순천향대 공대 신소재공학과 전임강사 · 조교수 · 부교수 · 교수 2006년 同공과대학장 겸 산업기술연구소장, 국가과학기술자문회의 민간위원 2006~2008년 대통령 정보과학기술보좌관 2007년 순천향대 공대 디스플레이신소재공학과 교수(현) 2012년 제19대 국회의원선거 출마(충남 아산, 민주통합당) 2012~2014년 충남도 정책특별보좌관 2014년 새정치민주연합 충남아산지역위원회 위원장 2015~2016년 더불어민주당 충남아산지역위원회 위원장

김선화(金仙花 · 女)

[생]1969 · 6 · 1 [출]전북 순창 [주]대구 수성구 동대구로364 대구지방검찰청 공판부(053-740-4626) [학]1987년 성신여고졸 1991년 서울시립대 도시행정학과졸 [경]1998년 사법시험 합격(40회) 2001년 사법연수원 수료(30기) 2001년 서울지검 의정부지청 검사 2003년 광주지검 목포지청 검사 2005년 수원지검 검사 2007년 서울서부지검 검사 2009년 보건복지가족부 파견 2011년 대구지검 검사 2013년 서울중앙지검 검사 2015년 同부부장검사 2016년 대구지검 공판부장(현)

김선환(金善煥) Sun-Hwan KIM

[생]1953 · 2 · 8 [본]김해(金海) [출]전남 담양 [주]서울 마포구 동교로18길20 서교씨티빌라트404호 HP-MBA(02-323-5399) [학]1971년 광주제일고졸 1978년 서울대 과학교육학과졸 1991년 서강대 경영대학원 국제경영학과졸, 同대학원 경영학 박사과정 휴학 중 [경]1986년 삼성HP 경영기획실장 1992년 미국 HP 내부 컨설턴트 · HP Quality Maturity Reviewer 1995년 同국제구매본부 서울지사장 1998~ 2003년 한국능률협회 · 한국리더십센터 外 전문위원 2004년 HP-MBA 대표(현) 2007년 WABC공인 경영진 비즈니스 코치(현) [종]가톨릭

김선효(金宣孝 · 女) KIM Sun Hyo

[생]1958 · 8 · 16 [본]수원(水原) [출]충남 공주 [주]충남 공주시 공주대학로56 공주대학교 사범2관306호(041-850-8307) [학]1981년 공주사범대 가정교육과졸 1983년 이화여대 대학원 식품영양학과졸 1990년 이학박사(중앙대) [경]1984~1988년 대전실업전문대 강사 1986~1990년 공주사범대 강사 1987~1989년 공주대 교육대학원 강사 1990년 同외식상품학과 교수 1994년 뉴질랜

드 Otago Univ.(Dept. of Human Nutrition) 방문교수 1996~1997년 미국 Univ. of California at Davis(Dept. of Nutrition) 방문교수 2002~2004년 同PGR(Postgraduate Researcher) 2004~2005년 세계인명사전 'Marquis Who's Who in Medicine and Healthcare 2005·2006년판'에 등재 2006년 미국 인명연구소(ABI) '21세기 위대한 인물들'에 선정 2011년 공주대 사범대학 기술가정교육과 교수(현) [저]'체중관리를 위한 영양과 운동(共)'(2007, 파워북) '건강기능식품에 사용되는 비타민 무기질 위해평가 설명서(共)'(2007, 식품의약품안전청) '한국인영양섭취기준(共)'(2010, 한국영양학회) '여성과 맞춤영양(共)'(2011, 교문사) '식생활과 건강(共)'(2013, 파워북) '다이어트와 건강체중(共)'(2013, 파워북) '한국인 영양소 섭취기준'(2015, 한국영양학회) '기초영양학(共)'(2016, 파워북)

김선훈(金善薰) KIM Sun Hoon

[생]1960·9·26 [본]광산(光山) [출]서울 [주]충북 영동군 영동읍 대학로310 영동대학교 토목환경공학과(043-740-1171) [학]1979년 서울고졸 1983년 연세대 토목공학과졸 1985년 한국과학기술원(KAIST) 대학원 토목공학과졸 1988년 토목공학박사(한국과학기술원) [경]1985~1988년 한국과학기술원(KAIST) 토목공학과 조교 1988~1996년 한국원자력연구원 선임연구원 1993~1994년 미국 위스콘신대 교환교수 1996~1997년 한국전력공사 전력연구원 선임연구원 1997~2002년 한국풍공학회 총무이사 1997년 영동대 토목환경공학과 교수(현) 2004년 미국 세계인명사전 '마르퀴즈 후즈 후(Marquis Who's Who)' '과학기술분야 8판 등재 2004년 세계인명사전 ABI에 등재 2005년 영국 IBC 세계인명사전 등재 확정·IBC 21세기 세계과학자 2000인 선정 2006~2010년 영동대 학술정보처장 2008년 세계인명사전 ABI 자문위원(현) 2010~2012년 영동대 교무학생처장 2010~2012년 한국전산구조공학회 감사 2011년 미국 세계인명사전 'Marquis Who's Who' 2012년아시아판 등재 2012~2014년 영동대 과학기술대학장 2012~2014년 한국전산구조공학회 부회장 2016년 한국계산역학회 감사(현) [상]한국풍공학회 공로상(2002), 한국전산구조공학회 논문상(2004), 교육과학기술부 우수교원상(2006), 한국전산구조공학회 학술상(2016) [저]'ASEM04'(2004) '유한요소법 입문'(2008) [종]기독교

김선희(金宣希·女) KIM Sun Hee

[생]1959·1·1 [주]서울 강남구 일원로81 삼성서울병원 진단검사의학과(02-3410-2704) [학]1983년 서울대 의대졸 1986년 同대학원졸 1991년 의학박사(서울대) [경]1983~1987년 서울대병원 인턴·진단검사의학과 레지던트 1987~1989년 중앙길병원 임상병리과장 1989~1992년 경희의료원 임상병리과 임상강사 1992~1994년 서울시립보라매병원 임상병리과장 1993~1994년 서울대병원 임상교수 1994년 삼성서울병원 진단검사의학과 전문의(현) 1995~1996년 미국 미시간대 방문교수 1996년 미국 Mayo Clinic 세포유전학 방문교수 1997년 성균관대 의과대학 진단검사의학과 부교수 2001~2008년 삼성서울병원 진단검사의학과장 2002년 성균관대 의과대학 진단검사의학교실 교수(현) 2008년 삼성서울병원 적정진료운영실장 2009~2011년 同유전진단검사센터장 2011~2012년 대한유전분자진단학회 회장 2013~2014년 대한진단혈액학회 회장 2015년 대한혈액학회 이사장(현)

김선희(金善姬·女) KIM Sun Hee

[생]1959·7·25 [본]광산(光山) [출]경기 화성 [주]경기 안양시 동안구 시민대로254 국토연구원(031-380-0280) [학]1978년 경기여고졸 1982년 서울시립대 환경공학과졸 1984년 서울대 대학원 환경계획학과졸 1990년 공학박사(서울시립대) [경]1982~1990년 국토개발연구원 연구원 1990년 同책임연구원 1999년 환경정의시민연대 생명의물살리기운동본부 부본부장 1999년 국토연구원 국토계획·환경연구실 연구위원 1999~2008년 건설교통부 중앙하천관리위원회 위원 2003년 대통령자문 정책기획위원 2005~2006년 국무총리국무조정실 정책평가위원회 위원 2006년 국토연구원 국토환경·문화연구실 연구위원 2008~2009년 중앙도시계획위원회 위원 2008~2013년 국토해양부 중앙하천관리위원회 위원 2008~2009년 국가지속가능발전위원회 국토자연분과전문위원회 위원 2009년 경제자유구역위원회 위원 2009년 국토연구원 녹색성장국토전략센터장 2010~2013년 행정안전부 정책위원회 위원 2011년 환경부 중앙환경정책위원회 위원, 국토연구원 선임연구위원(현) 2013년 안전행정부 정책위원회 위원 2013년 국토교통부 중앙하천관리위원회 위원(현) 2014년 산림청 중앙산지관리위원회 위원(현) 2014년 행정자치부 중앙투자심사위원회 위원(현) [상]대통령표창(2002)

김선희(金宣希·女)

[생]1964·10·4 [주]서울 종로구 종로1길50 더케이트윈타워 A동 매일유업(주) 임원실(02-2127-2035) [학]1988년 연세대졸 1991년 미국 미네소타대 대학원 경영학과졸 [경]1997~2001년 크레딧아그리콜은행 리스크부장 2005~2007년 한국시티은행 신탁리스크관리부장 2007~2009년 UBS Investment Bank 신탁리스크관리부 이사 2009년 매일유업(주) 재경본부장(전무) 2010년 同재경본부장(부사장) 2011년 同경영기획본부장(부사장) 2014년 同대표이사 부사장 2014년 同대표이사 사장(현)

김선희(金宣希·女)

[생]1970·9·20 [출]전북 익산 [주]서울 양천구 신월로386 서울남부지방법원(02-2192-1114) [학]1989년 전북 남성여고졸 1994년 한양대 법대졸 [경]1994년 사법시험 합격(36회) 1997년 사법연수원 수료(26기) 1997년 서울지법 동부지원 판사 1999년 서울지법 판사 2002년 전주지법 판사 2006년 서울행정법원 판사 2008년 서울서부지법 판사 2009년 서울고법 판사 2010년 대법원 재판연구관 2012년 춘천지법 강릉지원 부장판사 2014년 인천지법 부장판사 2016년 서울남부지법 부장판사(현)

김설주(金雪珠·女) KIM Seol Joo

[생]1957·1·1 [본]경주(慶州) [출]서울 [주]서울 동대문구 서울시립대로163 서울시립대학교 교통공학과(02-6490-5660) [학]연세대 대학원 건축공학과졸, 미국 펜실베이니아대 대학원 도시계획학과졸(석사), 同대학원 도시계획학박사과정 수료, 교통공학박사(서울시립대) [경]1980년 연세대 대학원 건축공학과 조교 1981~1986년 국토개발연구원 연구원 1989~1991년 미국 펜실베이니아대 도시및지역학과 연구조교 1991~1992년 연세대 산업기술연구소 연구원 1992년 교통개발연구원 위촉 책임연구원 1993~1994년 국토연구원 교통실 책임연구원 1994~2011년 (주)청석엔지니어링 교통계획부 부사장 겸 본부장 2004~2006년 한국여성공학기술인협회 부회장 2005~2007년 한국여성건설인협회 회장 2006~2008년 한국여성과학기술단체총연합회 이사 2008~2015년 한양대 도시대학원 겸임교수 2008~2011년 한국건설교통기술평가원 비상임이사 2009~2011년 대한교통학회 부회장 2011~2015년 (주)태조엔지니어링 해외교통사업그룹장(부사장) 2012년 한국공학한림원 일반회원 2015년 同정회원(건설환경공학·현) 2015년 서울시립대 교통공학과 연구교수(현) [상]경기도지사표창(2001), 서울특별시장표창(2002·2011), 건설교통부장관표창(2004), 산업자원부장관표창(2004), 서울지방국토관리청장표창(2007), 국토해양부장관표창(2009), 여성공학인대상(2010), 국무총리표창(2011) [저]'세상을 바꾸는 여성엔지니어 1권(共)'(2004, 생각의 나무)

김 성(金 渻) KIM Sung

[생]1959·9·23 [본]영광(靈光) [출]전남 장흥 [주]전남 장흥군 장흥읍 장흥로21 장흥군청 군수실(061-860-0202) [학]1977년 금호고졸 1986년 건국대 무역학과졸 1995년 同대학원 행정학과졸 2006년 행정학박사(조선대) [경]1987~1997년 국회의원 비서관 1997년 국민회의 관광진흥특별위원회 부위원장 1998·2002~2006년 전남도의회 의원(국민회의·새천년민주당·민주당), 새천년민주당 전남도지부 대변인, 同2012여수세계박람회유치특별위원회 위원, 同농림수산위원회 위원 2005년 민주당 전남장흥지역위원회 위원장 2006년 전남 장흥군수선거 출마(민주당), 조선대 행정복지학부 겸임교수 2007년 전남 장흥군수선거 출마(재보선, 무소속) 2009년 4.29재보선 전남도의원선거 출마(민주당) 2014년 전남 장흥군수(무소속)(현) [상]포브스코리아 대한민국 경제를 빛낸 포브스 최고경영자 소통행정부문대상(2015), 한국지역발전대상 지역부문(2015), 대한민국 신뢰받는 혁신대상 공공혁신부문 공공혁신대상(2016) [저]자서전 '부끄러운 고백'(2006) [종]기독교

김성경(金聖經) KIM Sung Kyung

[생]1950·12·1 [본]경주(慶州) [출]대전 대덕 [주]대전 동구 백룡로59 우송학원 이사장실(042-630-9611) [학]양정고졸 1974년 고려대졸 1981년 건국대 행정대학원졸 1983년 미국 Gonzaga대졸 1990년 행정학박사(단국대) [경]1979~1991년 대전실업전문대 부교수 1991~1994년 同학장 1991년 노동부 노동정책평가위원 1994~2005년 보이스카우트 대전연맹 위원장·부연맹장 1994년 중경산업대 총장 1995년 대전방송 시청자위원장(현) 1996년 우송산업대 총장 1998~2005년 우송대 총장 1999년 민주평통 자문위원 2000년 대전고법 조정위원 2005년 우송학원 이사장(현) [상]국민훈장 동백장(2010) [종]불교

김성곤(金聖坤) KIM Seong Kon

[생]1949·8·9 [본]김해(金海) [출]전북 전주 [주]서울 강남구 영동대로112길32 한국문학번역원(02-6919-7700) [학]1971년 전남대 영어영문학과졸 1976년 同대학원 영문학과졸 1984년 영문학박사(미국 뉴욕주립대) 1984년 미국 컬럼비아대 대학원 비교문학박사과정 수료 [경]1984~1994년 서울대 영어영문학과 조교수·부교수 1986~1988년 同관악사 사감 1988년 계간 '외국문학' 책임편집위원 1988~1994년 외교통상부 외교안보연구원 외래교수 1990~1991년 미국 펜실베이니아주립대 초빙교수 1991년 영국 옥스포드대 객원학자 1991년 캐나다 토론토대 객원학자 1994~2014년 서울대 영어영문학과 교수 1996~1997년 미국 브리검 영대 초빙교수 1997~2013년 외교통상부 국제협력단 외래교수 1997년 계간 '21세기문학' 편집위원 1998~1999년 문화부 '문학의해' 실무위원 1999~2000년 同'새로운예술의해' 실무위원 1999~2001년 한국문학번역금고 이사 1999~2001년 문학과영상학회 초대회장 1999~2001년 서울대 미국학연구소장 2000~2011년 서울국제문학포럼 집행위원장 2000~2010년 서울대 어학연구소장 2001년 同언어교육원장 2002~2005년 국제비교한국학회(IACKS) 회장 2002~2005년 문학사상사 편집주간 2003~2005년 한국현대영미소설학회 회장 2003~2004년 한국영어영문학회 발전위원장 2006년 미국 캘리포니아대 버클리교 초빙교수 2006~2007년 미국 하버드대 옌칭연구소 객원학자 2008년 한국아메리카학회 회장 2009~2011년 서울대 출판부장 겸 출판문화원장 2010~2011년 한국대학출판부협회 회장 2011년 대통령직속 사회통합위원회 연구위원 2012~2014년 서울국제도서전 자문위원 2012년 베이징국제도서전 조직위원 2012년 서울문학회(주한 외국대사들 모임) 부회장 2012년 문화체육관광부 한류진흥자문위원회 위원장 2012년 한국문학번역원 원장 겸 이사장(현) 2013년 외교부 국제협력단 외래교수(현) 2013년 도쿄국제도서전 조직위원 2013년 미국 뉴욕주립대 한국총동문회 회장 2014년 런던국제도서전 조직위원 2014년 중앙공무원교육원 객원교수 2014년 서울대 명예교수(현) 2014년 뉴욕주립대한국총동문회 명예회장(현) 2016년 국가공무원인재개발원 객원교수(현) 2016년 아시아문화포럼 자문위원장(현) [상]문교부장관표창(1966), 고교 전체수석졸업 교육감상(1967), 풀브라이트 스칼라쉽(1978~1984), 제13회 오늘의 책 선정(1986), 해방이후 외국문학 대표저작 24선에 선정(1989), 1980년대 대표저작에 선정(1989), Fulbright Asian Scholar-in-Residence Award(1990), 문화부 추천도서선정(1993·2003), 1990년대의 책 100권에 선정(1999), 출판저널이 뽑은 한국을 대표하는 번역가(1999), 서울대 우수연구교수(1999·2000·2007·2008·2009·2010·2011), 서울대총장 공로패(2001·2004·2011), 서울대 공로표창(2004), 문화관광부 우수도서선정(2006), 제18회 김환태평론문학상(2007), 자랑스러운 전남대인상(2009), 대한민국학술원 우수도서선정(2010), 풀브라이트 자랑스러운 동문상(2010), 미국 뉴욕주립대 탁월한 해외동문상(2012), 올해의 문제평론선정(2012), 한국문학번역원 문화체육관광부장관표창(2012), 체코정부 메달(2013), 정부공공기관장 경영평가 우수기관 선정(평점 A)(2013), 한국 근 현대 대표평론가 50인에 선정(2014), 우호 인문학상(2014), 옥조근정훈장(2014), 중앙공무원교육원 베스트강사 선정(2014) [저]'Journey into the Past'(1985) '포스트모던시대의 작가들'(1986) 'Simple Etiquette in Korea(共)'(1988) '탈모더니즘시대의 미국문학'(1989) '포스트모더니즘과 현대 미국소설'(1990) '미국문학과 작가들의 초상'(1993) '영화에세이 : 영상시대의 문화론'(1994) '뉴 미디어시대의 문학'(1996) '미국현대문학'(1997) '헐리웃:20세기 문화의 거울'(1997) '문학과 영화'(1998) '김성곤의 영화기행'(2002) '다문화시대의 한국인'(2002) '퓨전시대의 새로운 문화읽기'(2003) '문화연구와 인문학의 미래'(2003) '영화로 보는 미국'(2003) 'J.D. 샐린저와 호밀밭의 파수꾼'(2005) '에드가 앨런 포'(2005) '사유의 열쇠-문학'(2006) '글로벌시대의 문학'(2006) '하이브리드시대의 문학'(2009) '경계를 넘어서는 문학'(2013) '미국문학으로 읽는 미국의 문화와 사회(共)'(2016) [역]'종말을 기다리며' '현대문학의 위기와 미래' '포스트모더니즘 : 사랑은 오류' '아서 고든핌의 모험' '제49호 품목의 경매' '원시주의' '문화와 제국주의'(共) '포스트모던 문화'(共) '무카로브스키의 시학'(共) '미국학의 이론과 실제'(共) '미국의 송어낚시' 'Strong Winds at Mishi Pass'(2005) 'Woman on the Terrace'(2007) '우리들의 시대에'(2012) '무기여 잘 있어라'(2012) '완벽한 캘리포니아의 하루'(2015)

김성곤(金星坤) KIM Sung Gon (眞山)

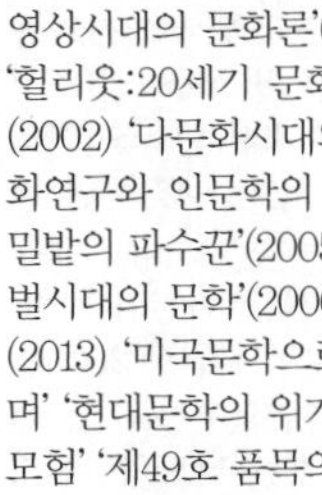

[생]1952·11·6 [본]김해(金海) [출]부산 [주]서울 영등포구 국회대로68길14 더불어민주당(02-3667-6922) [학]1971년 경기고졸 1980년 고려대 문과대학 사학과졸 1985년 미국 템플대 대학원 종교학과졸 1991년 철학박사(미국 템플대) [경]1992년 원광대·이화여대·연세대 강사 1992년 아시아종교인평화회의부설 서울평화교육센터 기획실장 1993년 영산원불교학교 전임강사 1994년 同종교학과 조교수 1994년 한국종교인평화회의(KCPR) 사무총장 1995년 아시아종교인평화회의 평화교육위원장 1996년 한국산업정책연구소 기획실장 1996년 제15대 국회의원(여천, 새정치국민회의·새천년민주당) 1996년 새정치국민회의 총재특보 1996년 同정책위원회 부의장 1998년 同원내부총무 1999년 同과학기술위원장 1999년 청록청소년육영회 이사장 1999년 한민족평화통일연대 이사장(현) 2000년 원광대 동양대학원 겸임교수 2000년 한국산업정책연구소 이사장 2001년 독립기념관 이사 2001년 국립중앙청소년수련원 원장, 아시아종교인평화회의(ACRT) 사무총장 2003년 열린우리당 종교특별위원회 위원장 2004년 제17대 국회의원(여수甲, 열린우리당·대통합민주신당·통합민주당) 2004년 열린우리당 외교안보시스템개혁단장 2004~2006년 同제2정책조정위원장 2006년 국회 국방위원장 2007년 열린우리당 최고위원 2007년 同윤리위원장 2007년 대통합민주신당 정동영 대통령후보 국방특보단장 2008년 제18대 국회의원(여수甲, 통합민주당·민주당·민주통합당) 2008년 민주당 당무위원 2008년 同중앙위원회 부의장 2009년 同세계한인민주회의 수석부의장 2012~2016년 제19대 국회의원(여수甲, 민주통합당·민주당·새정치민주연합·더불어민주당) 2013년 민주통합당 전당대회준비위원회 위원장 2013년 국회 외교통일위원회 위원 2014년 새정치민주연합 남북관계발전 및 통일위원회 위원장 2014년 同세계한인민주회의 수석부의장 2014년 同전국대의원대회준비위원회 위원장 2014~2015년 同비상대책위원회 위원 2015년 국회 남북관계 및 교류협력발전특별위원회 위원 2015년 새정치민주연합 전략공천관리위원장 2015년 同전남도당 위원장 직대 2015년 더불어민주당 세계한인민주회의 수석부의장 2015~2016년 同전략공천관리위원장 2015년 同전남도당 위원장 직대 2016년 제20대 국회의원선거 출마(서울 강남구甲, 더불어민주당) 2016년 더불어민주당 서울강남구甲지역위원회 위원장(현) [상]매니페스토 약속대상 최우수상(2009), 대한민국 국회의원 의정대상(2013), 한국언론사협회 국제평화언론대상 의정발전공헌 최고대상(2015) [종]원불교

김성곤(金成坤) KIM Sung Gon

[생]1960·7·15 [출]전북 남원 [주]경기 의정부시 녹양로34번길23 의정부지방법원(031-828-0114) [학]1979년 진주고졸 1983년 중앙대 법학과졸 1985년 同대학원 법학과졸 [경]1987년 사법시험 합격(29회) 1990년 사법연수원 수료(19기) 1990년 전주지법 판사 1993년 同군산지원 판사 1995년 인천지법 부천지원 판사 1998년 서울지법 북부지원 판사 2000년 서울가정법원 판사 2002년 서울고법 판사 2004년 서울중앙지법 판사 2005년 의정부지법 부장판사 2008년 서울남부지법 부장판사 2010년 서울중앙지법 부장판사 2013년 서울서부지법 부장판사 2015년 의정부지법 부장판사(현)

김성곤(金成坤) Kim, Sung Gon

[생]1962·4·23 [주]서울 중구 세종대로124 서울신문 편집국(02-2000-9207) [학]전북대 정치외교학과졸 [경]1990년 제일경제 기자 1999년 대한매일 경제과학팀 기자 2000년 同디지털팀 기자 2002년 서울신문 편집국 산업부 기자 2005년 同편집국 지방자치뉴스부 차장급 2008년 同편집국 산업부 차장급 2008년 同편집국 산업부 차장 2009년 同편집국 정책뉴스부장 2010년 同편집국 산업부 전문기자 2012년 同산업부장 2013년 同사업단 부단장 2013년 同광고국장 2015년 同편집국 부국장(현)

김성곤(金聖坤) KIM Sung Gon

[생]1963·6·11 [본]김해(金海) [출]경남 [주]부산 연제구 고분로216 부산소방안전본부(051-760-3001) [학]1982년 마산고졸 1989년 아주대 화학공학과졸 [경]1993년 소방간부후보생공채 합격(7기) 1996~1999년 내무부 예방과 근무(소방경) 1999~2001년 행정자치부 소방행정과 근무 2001년 경남도 진주소방서 방호구조과장(지방소방령) 2002년 同소방본부 기획감찰담당관 2003년 행정자치부 소방혁신기획단 파견 2004년 소방방재청 소방정책과 근무(소방령) 2006년 同소방제도팀 근무(소방령) 2007년 경남 합천소방서장(지방소방정) 2008년 경남도소방본부 방호구조과장 2008년 국무총리실 파견 2009년 소방방재청 중앙소방학교 교육기획과장 2010년 대통령실 파견 2012년 소방방재청 소방정책국 소방제도과장(소방준감) 2013~2015년 강원도소방본부장 2015년 국민안전처 특수재난실 조사분석관(소방감) 2016년 부산시 소방안전본부장(현) [상]장관표창(1994)

김성교(金省敎) KIM Sung Kyo

[생]1957·12·20 [본]안동(安東) [출]경북 [주]대구 중구 달구벌대로2177 경북대학교 치의학전문대학원 치과보존학교실(053-600-7621) [학]1976년 경북사대부고졸 1982년 경북대 치의학과졸 1985년 同대학원졸 1991년 치의학박사(서울대) [경]1982년 경북대병원 치과보존과 전공의 1988년 경북대 치대 치과보존학교실 전임강사·조교수·부교수·교수(현), 同치의학전문대학원 치과보존학교실 교수 겸임(현) 1993~1995년 미국 펜실베이니아대 방문조교수 1995~1997년 同객원조교수 1995~2008년 경북대 의대 치과보존과장 1998

년 세계근관치료학회 한국대표 1999년 보건복지부 보건의료기술연구기획평가단 심사위원 1999~2000년 미국 펜실베이니아대 방문교수 2000~2006년 대한치과근관치료학회 국제이사 2001~2007년 아시아태평양근관치료학회 평의원 겸 한국대표 2006년 대한치과근관치료학회 총무이사·부회장 2007년 아시아태평양근관치료학회(APEC) Secretrary 2008년 경북대병원 치과진료처장 2010~2016년 국제치과근관치료학회(IFEA) 사무총장 2011~2013년 아시아태평양근관치료학회(APEC) 회장 2011~2013년 대한치과보존학회 회장 2012년 미국 펜실베이니아대 객원조교수 2015년 경북대 치의학전문대학원장(현) 2015~2016년 경북대병원 비상임이사 2016년 경북대치과병원 이사(현) 2016년 국제치과근관치료학회(IFEA) 차기회장(현) ⓈⒼ경북대 우수교육자상(2009), 미국 펜실베이니아대 Certificate of Recognition(2010) ㊟'근관치료학'(제1판 1988~제3판 1992) 'Contemporary Endodontics for the 21st Century'(2000) '임상가를 위한 근관치료학'(2001) 'NiTi 전동화일을 이용한 근관치료'(2006·2010) '근관치료학 임상전단계 실습'(2006) '치과보존학'(2007·2009·2013) ㊟'Pathways of the Pulp'(1999·2003·2007·2011) ⓉⒼ가톨릭

김성구(金性求) Kim Sung Gu

Ⓢ1957·7·28 ⓑ경주(慶州) Ⓒ전북 무주 Ⓩ세종특별자치시 갈매로477 기획재정부 기획조정실 비상안전기획관실(044-215-2670) ⓗ1976년 전주 해성고졸 1986년 육군3사관학교 행정학과졸 2013년 대구가톨릭대 대학원 사회복지학과졸 ⓖ1996~1999년 육군 제3기갑여단 36전차대대장 1999~2002년 한미연합사령부 작전참모부 연습장교 2002년 육군 제1기갑여단 작전참모 2004년 同제2기갑여단 참모장 2005년 수도기계화보병사단 기갑여단장 2006년 육군기계화학교 교육단장 2008년 육군 제2작전사령부 연습과장 2010~2013년 同제2작전사령부 작전·교육훈련차장 2013년 기획재정부 기획조정실 비상안전기획관(현) ⓢ보국훈장 삼일장(2013) ⓉⒼ불교

김성구(金城九) KIM Sung Koo

Ⓢ1957·9·15 Ⓒ전남 장성 Ⓩ인천 부평구 무네미로478 한국폴리텍대학 임원실(032-650-6625) ⓗ인천고졸, 육군사관학교졸 ⓖ1987년 공무원 임용, 제주지방노동사무소 관리과장, 대전지방노동청 직업안정과장, 광주지방노동청 직업안정과장, 同산업안전과장, 노동부 직업안정국 고용관리과 근무, 同산업안전국 안전정책과 서기관, 광주지방노동청 근로감독과장, 전남지방노동위원회 사무국장 1999년 목포지방노동사무소장 2002년 익산지방노동사무소장 2005년 여수지방노동사무소장 2006년 광주지방노동청 군산지청장 2007년 노동부 감사팀장 2008년 同감사담당관 2009년 광주지방노동청 광주종합고용지원센터 소장(부이사관) 2010년 고용노동부 산업재해보상보험재심사위원회 사무국장 2011~2015년 고용보험심사위원회 위원장 2015년 한국폴리텍대학 기획운영이사(현)

김성국(金聲國) KIM Seong Kook

Ⓢ1952·11·29 ⓑ김해(金海) Ⓒ대구 Ⓩ서울 서대문구 이화여대길52 이화여자대학교 경영대학 경영학과(02-3277-3541) ⓗ1972년 경북고졸 1980년 서울대 독어독문학과졸 1983년 同경영대학원졸 1989년 경영학박사(독일 만하임대) ⓖ1980년 한양투자금융(주) 근무 1985~1989년 서독 만하임대 연구원 1989년 대한투자자문(주) 자문역 1989년 인하대 시간강사 1989~1999년 이화여대 시간강사·부교수 1990~1994년 한국인사·조직학회 상임이사 1990년 이화여대 경영학전공 교수(현) 1993년 한·독경상학회 총무이사 1993년 한국노사관계학회 상임이사 1995년 雙龍건설 인사관리자문교수 1995년 삼성물산(주) 인사관리자문교수 1997년 한국대학교육협의회 연구개발부장 1999년 새교육공동체위원회 전문위원 1999년 한국인사관리학회 부회장 2000년 독일 Paderborn대 초빙교수 2001년 미국 캘리포니아대 버클리캠퍼스 객원교수 2001년 삼성전자(주) 인재개발연구소 자문교수 2001~2003년 리더십학회 초대회장 2002년 유로저널 매니지먼트리뷰 편집위원 2003~2005년 독일 파더본대·할레대 객원교수 2005~2006년 한독경상학회 회장 2007~2008년 한국인사조직학회 회장 2008년 국회입법조사처 자문위원 2009~2010년 독일 함부르크대 대리교수 2009~2010년 독일 베를린자유대 객원교수 2010년 경기-이화 CEO리더십프로그램 지도교수 2013년 이화여대 경영전문대학원장 겸 경영대학장 2015년 同경영대학장(현) 2015년 (사)한국경영대학·대학원협의회 이사장 ⓢ서울대총장표창(1980), BMW학술상 대상(2011) ㊟'현대인과 노동'(1992) '트랜디인사관리'(1997) '경영학 뉴패러다임'(2002) '인적자원관리 뉴패러다임'(2003) '이슈중심 인사관리'(2004) '인적자원관리'(2005) '조직과 인간행동'(2005) '글로벌 CEO의 성공공식'(2006) '디지털시대의 경영과 사회'(2007) '신인적자원관리'(2010) '인적자원관리 5.0'(2011) '경영학의 이해'(2014) ⓉⒼ기독교

김성권(金聖權) KIM Suhng Gwon

Ⓢ1949·1·2 ⓑ등주(登州) Ⓒ서울 Ⓩ서울 종로구 창경궁로34길18의5 서울K내과(02-743-0875) ⓗ1968년 경기고졸 1974년 서울대 의대졸 1977년 同대학원졸 1979년 의학박사(서울대) ⓖ1974~1981년 서울대 의대 인턴·신장내과 전임의 1981년 동부시립병원 내과 과장 1982~1994년 서울대 의대 신장내과교실 전임강사·조교수·부교수 1985~1987년 미국 신시내티대 의대 내과 교환교수 1994~2014년 서울대 의과대학 내과학교실 교수 1994년 서울대병원 신장내과분과장 1998년 同의료정보실장 2001~2004년 同진료부원장 2003년 同의료정보화추진위원장 2006~2008년 대한신장학회 이사장 2006~2008년 대한의료정보연구소장 2007~2008년 신장학연구재단 이사장 2008~2012년 서울대 의학원 신장연구소장 2008년 대한의료정보학회 회장 2008년 한·중·일 신장컨퍼런스 한국대표(현) 2009년 국제신장학회 이사(현) 2009년 KDIGO(국제신장질환단체) 이사(현) 2009년 아·태신장학회 이사(현) 2012년 (사)싱겁게먹기실천연구회 이사(현) 2014년 서울대 명예교수(현) 2014년 서울K내과 원장(현) ⓢ보건복지부 선정 '보건복지 신지식인'(2001), 근정포장(2014), 아·태신장학회 로스베일리 공로상(2014) ㊟'소금중독 대한민국'(2015, 북스코프) ⓉⒼ기독교

김성권(金成權) KIM Sung Kwun

Ⓢ1949·8·1 ⓑ김해(金海) Ⓒ경남 하동 Ⓩ경기 시흥시 산기대학로237 한국산업기술대학교 메카트로닉스공학과(031-8041-0460) ⓗ1968년 경남 하동고졸 1972년 동아대 기계공학과졸 1986년 미국 미네소타대 대학원 기계공학과졸 1988년 로봇공학박사(미국 미네소타대) ⓖ1976~1984년 국방과학연구소 선임연구원 1984~1988년 미국 미네소타대 연구원 1988년 삼성전자(주) 입사(이사) 1990년 同생산기술본부 부본부장 1993년 同생산기술센터 자동화연구소장 1996년 同생산기술센터장(전무) 1999~2001년 로보틱스연구조합 초대이사장 2000년 삼성전자(주) 생산기술센터장(부사장) 2001년 同메카트로닉스센터장 2001~2014년 한국산업기술대 메카트로닉스공학과 교수 2003~2005년 同지식기반기술·에너지대학원장 2004년 로봇산업포럼 회장 2005~2006년 반월·시화혁신클러스터추진단장, 한국공학한림원 정회원·원로회원(현) 2008년 한국제어로봇시스템학회 회장 2009~2010년 미국 UC Berkeley Visitinglar 2010~2013년 한국산업로봇진흥원 이사회 의장 2014년 한국산업기술대 메카트로닉스공학과 명예교수(현) ⓢ국산기술대상(1990), 다산기술대상(1993), 한국정밀공학회 생산기술대상(1997), 교육부장관표창(1999), 동탑산업훈장(2000), 미국로버트산업협회 엥겔버그상(2001), 장영실상(3회) ⓉⒼ천주교

김성권(金聖權) KIM Seong Gwon

Ⓢ1957·11·17 Ⓒ경기 양주 Ⓩ경기 의정부시 호국로1265 의정부경찰서(031-849-3320) ⓗ1973년 의정부공고졸 1983년 동국대 경찰행정학과졸 2004년 국민대 대학원 법학과졸 ⓖ경찰간부 후보(32기) 1984년 경찰 임용 2001년 서울 남대문경찰서 수사과장 2002년 서울 도봉경찰서 형사과장 2004년 서울 서초경찰서 형사과장 2006년 서울 강남경찰서 형사과장 2008년 서울 관악경찰서 청문감사관 2008년 강원지방경찰청 수사과장 2008년 홍천경찰서장 2009년 강원지방경찰청 수사과장 2010년 춘천경찰서장 2011년 강원지방경찰청 청문감사담당관 2012년 경찰청 교통운영담당관 2013년 서울 노원경찰서장 2014년 경기지방경찰청 제2청 경비교통과장 2015년 경기 의정부경찰서장(현)

김성규(金誠圭) KIM, Sung Kyu (又松)

Ⓢ1942·11·12 ⓑ해풍(海豊) Ⓒ경기 화성 Ⓩ서울 서대문구 연세로50 의1 연세대학교 의과대학(02-2228-1938) ⓗ1961년 경기고졸 1968년 연세대 의대졸 1972년 同대학원졸 1978년 의학박사(연세대) 1983년 미국 워싱턴대 연수 1983년 미국 콜로라도대 연수 ⓖ1968~1973년 연세대 의대 인턴·내과 레지던트 1979년 駐인도네시아대사관 의무관 1987~2008년 연세대 의대 내과학교실(호흡기내과) 교수 1987년 김포국제공항 의무실장 1992~1994년 대한결핵및호흡기학회 회장 1992~1993·2002~2003년 서울기독의사회 회장 1993~1995년 연세대 세브란스병원 기획관리실장 1994~2000년 同세브란스병원 가정간호사업소장 1994년 한국항공의학협회 부회장 1995년 연세대 세브란스병원 제2진료부원장 1996년 同세브란스병원 제1진료부원장 1997~2003년 同세브란스병원 호흡기내과 과장 1998년 천식연구회 회장 1998~2004년 연세대의료원 폐질환연구소장 1998~2002년 한국항공우주의학협회 회장 1999~2002년 아태항공우주의학연맹(APFA MA) 회장 2000~2002년 연세대의료원 감사실장 2002~2005년 미국흉부질환학회 국

제평의회 의장 2002년 한국항공우주의학협회 명예회장(현) 2002~2003년 연세대의료원 사무처장 2003~2008년 COPD 연구회장 2003~2005년 연세대 세브란스병원장 2003년 대한병원협회 부회장 2004~2006년 대한결핵협회 회장 2005~2008년 세계결핵제로운동본부 이사장 2005년 국제키비탄 한국본부 총재 2005~2008년 연세대 건강센터 소장 2008년 同명예교수(현) [상]송촌지석영 GSK의학상(2003), 옥조근정훈장(2008), 대한결핵협회 복십자대상 학술부문(2015) [저]'약물요법' 'QDR' '연세대학교 의과대학 내과학교실사' [역]'결핵의 치료' [종]기독교

김성규(金成奎) KIM Sung Kyu

[생]1960·5·30 [본]김녕(金寧) [출]경북 [주]경기 과천시 관문로47 방송통신위원회 방송기반국 미디어다양성정책과(02-2110-1460) [학]1978년 오산고졸 1984년 중앙대 심리학과졸 [경]1986~1990년 국방부 근무 1990~1993년 공보처 근무 1993~1998년 종합유선방송위원회 기획조정부 차장·광고부 차장·기획부장·수용자부장·광고부장 1999년 방송위원회 수용자부장 2000년 同심의2부장 2002년 同심의평가실 평가총괄부장 2002년 同기금운영부장 2004년 同심의1부장 2005년 同혁신기획부장 2006년 통일교육원 파견 2006년 방송위원회 매체정책국장 2008년 방송통신위원회 방송정책국 방송정책기획과장 2009년 同전파연구소 전파환경연구과장, 이화여대 파견(공로연수) 2013년 미래창조과학부 통신정책국 통신자원정책과장 2013년 방송통신위원회 방송정책국 방송시장조사과장 2015년 同방송기반국 미디어다양성정책과장(현) [상]국방부장관표창(1988), 공보처장관표창(1992)

김성규(金聖圭) KIM Sung-Kyu

[생]1961·11·26 [주]서울 중구 을지로29 삼성화재해상보험(주) 임원실(02-758-4980) [학]심인고졸, 영남대 무역학과졸 [경]1986년 삼성화재해상보험(주) 입사, 同영남지원팀장, 同인재개발센터 부장 2006년 同교육팀장(상무보) 2007년 同영남사업부장(상무) 2009년 同강서사업부장(상무) 2011년 同강서사업부장(전무) 2011년 同수도권영업총괄 전무 2012년 同보상서비스본부장(전무) 2013년 同CPC전략실장(전무) 2014년 同개인영업본부장(전무) 2015년 同CPC전략실장(부사장) 2015년 同개인영업본부장(부사장)(현)

김성규(金成奎) Kim Seong Gyu

[생]1966 [주]서울 중구 덕수궁길15 서울특별시청 재무국 계약심사과(02-2133-3300) [학]김해고졸, 부산대 정치외교학과졸, 同대학원 행정학과졸 [경]2007년 중앙인사위원회 인사심사과 사무관 2009년 안전행정부 교육훈련과 사무관 20012년 同개인정보보호과 사무관 2013년 행정자치부 창조정부기획과 사무관 2014년 同창조정부기획과 서기관 2015년 서울시 재무국 계약심사과장(현)

김성규(金成奎) KIM Seong Gyu

[생]1972·8·21 [본]김녕(金寧) [출]경남 밀양 [주]경기 과천시 관문로47 미래창조과학부 거대공공연구정책과(02-2110-2370) [학]밀양고졸, 고려대졸 [경]2008년 소방방재청 예방안전국 과학방재팀장 2008년 교육과학기술부 인력수급통계과장 2009년 영국 서섹스대 교육파견 2011년 교육과학기술부 대학지원실 대학원제도과장 2013년 미래창조과학부 통신자원정책과장 2015년 同연구개발정책실 기초연구진흥과장 2016년 同거대공공연구정책과장(현)

김성균(金性均) Seong-Kyun Kim

[생]1969·2·12 [주]서울 관악구 관악로1 서울대학교內 관악서울대학교치과병원 원장실(02-2072-2661) [학]1987년 대원외고졸 1993년 서울대 치의학과졸 1996년 同대학원 치의학과졸 2002년 치의학박사(서울대) [경]1993~1996년 서울대치과병원 보철과 인턴·레지던트 1999~2002년 일산백병원 치과보철과장 2002~2005년 서울대 치과대학 초빙교수 2005~2013년 同치과대학 치과보철학교실 조교수·부교수 2007~2008년 서울대치과병원 치과보철과장 2009년 대한치과보철학회 고시·연구·학술이사(현) 2010~2012년 서울대치과병원 기획조정실 기획담당 2011년 대한치의학회 기획이사(현) 2011~2012년 서울대 치의학대학원 국제교류실장 2012~2013년 서울대치과병원 홍보실장 2013년 서울대 치의학대학원 치과보철학교실 교수(현) 2013년 同치의학대학원 임상전단계실습실장(현) 2013~2015년 서울대치과병원 관악첨단치과의료센터건립준비단장 2014년 (재)한국치의학교육평가원 이사(현) 2015년 관악서울대치과병원 원장(현) [상]보건복지부장관표창(2012)

김성근(金星根) KIM Sung Keun

[생]1942·12·13 [출]일본 교토 [주]대전 중구 대종로373 한화이글스(042-630-8200) [학]일본 가쓰라고졸, 동아대 중퇴 2011년 동아대 명예 경영학사 [경]1959년 재일교포 고교선발로 뽑혀 첫 고국 방문 1982년 프로야구 OB베어스 코치 1983~1988년 同감독 1989~1990년 태평양돌핀스 감독 1991~1992년 삼성라이온즈 감독 1995년 해태타이거즈 2군 감독 1995~1999년 쌍방울레이더스 감독 2000년 삼성라이온즈 2군 감독 2000년 LG트윈스 2군 감독 2001년 同1군 수석코치 2001년 同감독대행 2001~2002년 同감독 2002년 프로야구 한국시리즈 준우승 2005~2006년 일본프로야구 지바 롯데마린스 코치 2007~2011년 SK와이번스 감독 2007·2008·2010년 프로야구 정규리그 우승 및 한국시리즈 우승 2010년 (사)일구회 부회장(현) 2010년 일본 고치현 관광특사 2011~2014년 야구독립구단 고양 원더스 감독 2012년 대한스포츠애널리스트협회(KSA) 초대 회장 2014년 프로야구 한화이글스 감독(현) [상]자랑스런 전주시민상, 스포츠토토 올해의 감독상(2008), 2010 CJ마구마구 프로야구 최우수감독상(2010), CJ마구마구야구대상 대상(2010), 올해의 자랑스러운 한국인 대상 스포츠부문(2010), 조아제약 프로야구대상 프로감독상(2010), 한빛대상 특별상(2015) [저]자서전 '야신 김성근, 꼴찌를 일등으로'(2009) '김성근이다'(2011, 다산라이프) '리더는 사람을 버리지 않는다'(2013, 이와우)

김성근(金聖根) Seong Keun KIM

[생]1957·6·19 [본]예안(禮安) [출]대구 [주]서울 관악구 관악로1 서울대학교 화학부(02-880-6659) [학]1976년 경기고졸 1980년 서울대 화학과졸 1982년 미국 하버드대 대학원 물리학과졸 1987년 화학물리학박사(미국 하버드대) [경]1987~1989년 미국 시카고대 박사 후 연구원 1989년 서울대 화학과 교수, 同화학부 교수(현) 1993~1996년 전국기초과학교육연구공동기기원 기기부장 1996~1997년 미국 하버드대 방문학자 1998년 Pacifichem분과 조직위원장(현) 1999~2002년 과학기술부 창의적연구사업단장 2000년 대한화학회 총무이사 2002년 프랑스 파리제13대 석좌초빙교수 2004~2007년 서울대 분자과학연구소장 2005~2010년 과학기술부 국가지정연구실 사업단장 2005~2006년 서울대 자연과학대학 기획부학장 2005~2007년 바른정책연구소 운영위원 및 관악과학기술포럼 대표 2006년 국제학술지 Physical Chemistry Chemical Physics(PCCP) 국제자문이사회 위원(현) 2006~2013년 일본 문부과학성 지정 'Priority Area Group' 국제자문이사 2006년 아시아분광학회 국제운영위원(현) 2008년 국가과학기술위원회 기초과학기술위원회 위원 2008~2013년 대통령직속 미래기획위원회 위원(제1·2기) 2008~2013년 서울대 생물물리 및 화학생물학과장 2008~2013년 교육과학기술부 WCU사업단장 2008~2009년 아시아분광학회 조직위원장 2008~2012년 국가과학기술위원회 기초과학연구진흥협의회 위원 2009~2010년 대통령직속 미래기획위원회 과학기술TF위원장 2009~2010년 세계화학회(IUPAC) 광화학심포지움 국제운영위원 2010~2012년 기초기술연구회 전문위원 2010년 교육과학기술부 글로벌프론티어사업 추진위원 2010~2013년 대통령 과학기술비서관 정책자문위원 2010~2013년 한국연구재단 BK21사업 운영위원 2010년 서울대 산학협력단 이사(현) 2010~2014년 국무총리산하 정부업무평가위원회 위원(제3·4기) 2011년 서울대 법인화추진위원 2011년 국제학술지 PCCP 부편집인(현) 2011~2015년 기초과학연구원 이사 2012년 국제학술지 CPI 국제자문이사회 위원(현) 2012년 서울대 재경위원(현) 2012년 한국과학기술나눔포럼 감사(현) 2012~2015년 삼성종합기술원 미래기술연구회장 2013년 삼성미래기술육성재단 이사(현) 2013~2014년 서울대 자체평가위원 2013년 국가과학기술심의회 다부처공동기술협력특별위원회 위원(현) 2013년 영국왕립화학회 펠로우(현) 2013년 국제학술지 CS 국제자문이사회 위원(현) 2014년 서울대 자연과학대학장(현) 2014년 전국자연과학대학장협의회 회장(현) 2014년 국제학술지 PCCP 편집장 2014년 국가과학기술위원회 국가연구개발우수성과선정위원장(현) 2014년 서울대 기초과학연구원장(현) 2014년 차세대융합기술연구원 이사(현) 2015년 국제학술지 Physical Chemistry Chemical Physics(PCCP) 편집이사회 의장(현) 2015년 서울대 기술지주회사 이사(현) 2015년 한국과학기술단체총연합회 창립50주년기념 세계과학기술인대회 조직위원장(현) 2015년 과학기술정책평가원(KISTEP) 이사(현) [상]미국 Harvard Univ. Polaroid Foundation Fellowship(1983), 서암 Fellowship 해외연구상(1996), 서울대 SCI 최다인용논문상(1996·1997), Lotte Fellowship 우수연구상(1997), 일본 JSPS Fellowship(1999), 프랑스 파리대 특별초빙교수Award(2002), 교육인적자원부 제1회 국가석학 선정(2006), 과학기술부 우수연구과제 50선 선정(2007), 국가연구개발 우수과제 100선 선정(2007), 나노코리아 2009 심포지엄 Nano Research Award(2009), 홍조근정훈장(2013), Royal Society of Chemistry Fellow 선정(2013) [종]기독교

김성근(金聖根) KIM Sung Keun

[생]1958·2·12 [출]경기 안성 [주]서울 중구 퇴계로100 스테이트타워남산8층 법무법인 세종(02-316-4218) [학]1976년 경기고졸 1980년 서울대 법학과졸 1991년 미국 조지타운대 법과대학원졸 [경]1981년 사법시험 합격(23회) 1983년 사법연수원 수료(13기) 1983년 육군 법무관 1986~2010년 법무법인 세종 변호사 1991년 미국 뉴욕주 변호사시험 합격 1991년 미국 Arnold & Porter 법률사무소 근무 1992년 미국 Wilkie Farr & Gallagher 법률사무소 근무 2010년 법무법인 세종 대표변호사(현) 2016년 산업통상자원부 기업활력제고를위한특별법(기활법)관련 사업재편계획심의위원회 민간위원(현)

김성근(金成根) KIM Seong Geun

[생]1958·4·12 [본]김해(金海) [출]전북 [주]강원 춘천시 동내면 세실로49 강원지방경찰청 보안과(033-253-0113) [학]1976년 전주고졸 1984년 동국대 경찰행정학과졸 [경]1984년 경찰 임용 1990년 경감 승진 1996년 경정 승진 2007년 총경 승진 2007년 전북 장수경찰서장 2008년 경찰청 보안1과장 2009년 강원 동해경찰서장 2010년 경찰청 보안3과장 2011년 同항공과장 2012년 경기 분당경찰서장 2012년 경기 화성동부경찰서장 2014년 경기지방경찰청 제2청 경무과장 2015년 강원 철원경찰서장 2016년 강원지방경찰청 보안과장(현)

김성근(金成根) KIM Seong Keun

[생]1958·10·27 [본]김해(金海) [출]대전 [주]강원 춘천시 중앙로1 강원도의회(033-256-8035) [학]1977년 속초상고졸 1995년 관동대 무역학과졸 2005년 강릉대 경영정책과학대학원 행정학과 수료 [경]속초시볼링협회 회장, 속초YMCA 여성합창단장, 同부이사장, 강원도청년시군의원협의회 부회장 2002·2006~2010년 강원 속초시의회 의원(한나라당) 2008~2010년 同의장 2010년 강원도의회 의원(한나라당·새누리당) 2010년 同건설경제위원회 위원 2012년 同사회문화위원회 위원 2014년 강원도의회 의원(새누리당)(현) 2014년 同사회문화위원회 위원 2014년 同예산결산특별위원회 위원 2016년 同부의장(현) 2016년 同교육위원회 위원(현) [상]전국시·도의회의장협의회 우수의정 대상(2016)

김성기(金成基) KIM Seung Kee

[생]1941·7·17 [본]연안(延安) [출]서울 [주]서울 강남구 학동로311 미성빌딩5층 법무법인 신우(02-556-8815) [학]1959년 서울사대부고졸 1963년 서울대 법학과졸 1964년 同사법대학원 수료, 법학박사(서울대) [경]1963년 고등고시 사법과 합격(16회) 1964년 육군 법무관 1968년 서울민사지법 판사 1972년 서울형사지법 판사 1980년 광주고법 판사 1981년 대법원 재판연구관 1981년 제주지법 부장판사 1982년 사법연수원 교수 1984년 서울민사지법 부장판사 1986년 서울지법 남부지원 부장판사 1987년 변호사 개업 1993년 서울지방변호사회 부회장 1993년 대법원 공직자윤리위원 1995~1996년 서울지방변호사회 회장 1998~2002년 조흥은행 비상임이사 1998~2003년 서울지방변호사회 신용조합 이사장 1999~2002년 대한변호사협회 부회장 1999년 법무법인 정현 대표변호사 2003년 법무법인 CHL 변호사 2004년 법무법인 신우 대표변호사(현) 2004년 바른사회시민회의 공동대표 2007년 서울지방변호사회 100주년기념사업위원장 2009~2013년 민주화운동관련자명예회복 및 보상심의위원회 위원장 [상]국민훈장 무궁화장(2010) [종]기독교

김성기(金成起) KIM Song Ki

[생]1951·3·26 [출]서울 [주]경기 용인시 처인구 모현면 외대로54번길50 한국외국어대학부속 외국어고등학교 교장실(031-324-0014) [학]1978년 한국외국어대 독일어학과졸 1983년 독일 프라이부르크대 대학원 루마니아어학과졸 1985년 문학박사(독일 프라이부르크대) [경]1986~1988년 고려대 서반어문학과 객원조교수 1988년 한국외국어대 동유럽대학 루마니아어과 교수(현) 1998년 同학생처장 2001년 세계문학비교학회 회장 2002년 한국외국어대 동유럽·발칸연구소장 2006년 同용인캠퍼스 부총장 2006~2007년 同세계민속박물관장 2010년 한국외국어대부속외고 교장(현) [상]루마니아 교육공로 최고훈장(코만도르)(2007) [저]'미하이 에미네스쿠와 소월'(1986) '루마니아어 문법'(1988) '포켓루마니아어 회화'(1997) '고대그리스문학과 18세기까지의 서양문학'(1998) '루마니아어 기초문법연습'(1998) '루마니아학 입문'(1999) '시계의 소설가 II'(2001) '세계의 시문학'(2001) '서양문학의 이해'(2004) '루마니아문학론'(2005) '루마니아어-한국어사전'(2005) [역]'바뀌어진 아이(Copil Schimbt)'(1990) '탈영병 이칙 슈트룰(Itic Strubl, Dezertor)'(1990) '크리스티나(Downisoara Christina)'(1990) '도끼(Baltagul)'(1990) 'Pe Ploaie 빗속에서'(1990) '사마리아여인 길든 멧돼지 숲속의 동화'(1993) '죽음의 윤무 아메리카의 아저씨'(1994) '숲속의 동화'(1997) [종]가톨릭

김성기(金聖基) KIM Song Ki

[생]1953·9·4 [본]경주(慶州) [출]충남 홍성 [주]서울 중구 세종대로124 한국프레스센터13층 한국신문협회(02-733-2251) [학]1972년 경희고졸 1978년 한국외국어대 인도어과졸 [경]1978년 합동통신 입사 1980년 연합통신 기자 1988년 국민일보 제2사회부 차장 1990년 同경제부 차장 1993년 同경제부장 1994년 同전국부장 1995년 同경제부장 1996년 同경제과학부장 1996년 同전국부장 1997년 同충청지역취재본부장 1998년 同전국부장 1999년 同경제부장 2000년 同부국장대우 논설위원 2003년 同심의실장 직대 2004년 同편집국장 2006년 同논설위원 2007~2010년 同감사실장 2007년 同수석논설위원 겸임 2009~2010년 同카피리더 2010년 同편집인 겸 논설위원실장(이사대우) 2012~2014년 同대표이사 사장 2012~2013년 한국신문협회 이사 2016년 同한국신문상심사위원회 위원장(현) [종]기독교

김성기(金星基) KIM Seong Ki

[생]1954·2·16 [본]경주(慶州) [출]경기 가평 [주]서울 중구 남대문로63 한진빌딩 특허법인 광장리앤고(02-772-4258) [학]1978년 서울대 화학교육과졸 1980년 한국과학기술원 화학과졸 1984년 서울대 행정대학원 행정학과졸 1990년 법학박사(미국 코넬대) [경]1980년 특허청 심사관 1981년 WIPO(스위스 제네바) 파견근무 1982년 상공부 석유화학과 사무관 1985~1991년 특허청 심사관 1988년 미국 뉴욕 Baker Botts법률사무소 근무 1990년 GATT 우루과이라운드 WTO TRIPS 정부협상 대표단 1992년 대한변리사회 상임위원 1994년 연세대 법무대학원 초빙교수 1995년 서울대 행정대학원 강사 1996년 특허소송제도연구위원장 1997년 아시아변리사회(APPA) 한국협회 부회장 1997년 同본부이사(현) 1999년 국제산업재산권보호협회 이사 2002년 同사무국장 2002~2014년 리인터내셔날특허법률사무소 변리사 겸 미국변호사 2002~2010년 서울지법 조정위원 2006~2012년 아시아변리사회(APPA) 한국협회 신지재권공동위원회 위원장 2007~2011년 同한국협회 부회장 2008년 대한변리사회 부회장 2010~2013년 홍익대 일반대학원 MIP과정 겸임교수 2011년 한국국제지식재산보호협회 회장(현) 2012년 AIPPI(국제지적재산보호협회) 제43차 세계총회 조직위원장 2014~2016년 중앙약사심의위원회 전문가 위촉 2015년 특허법인 광장리앤고(Lee & Ko IP) 대표변리사(현) [상]대통령표창(2006) [종]천주교

김성기(金成基) KIM Seong Gi

[생]1956·9·14 [본]삼척(三陟) [출]경기 가평 [주]경기 가평군 가평읍 석봉로181 가평군청 군수실(031-580-4501) [학]1975년 가평고졸 1996년 한림전문대 지방행정학과졸 [경]가평군 행정공무원(33년 근무), 가평중·고총동문회 회장 2010~2013년 경기도의회 의원(무소속) 2012년 同행정자치위원회 위원 2012년 同보건복지공보위원회 위원 2013년 경기 가평군수(재선거 당선, 무소속) 2014년 경기 가평군수(무소속·새누리당)(현) [상]대한민국 반부패 청렴대상(2016)

김성기(金成基) KIM Sung Ki

[생]1957·2·2 [본]김해(金海) [출]경남 고성 [주]서울 영등포구 국회대로72길6 여의도아크로폴리스316호 AD-WAY(주)(02-782-5880) [학]1977년 진주고졸 1983년 경남대 행정학과졸 [경]대웅제약 근무, 한국방송광고공사 근무 1998년 (주)금강기획 SP매체팀장 2000년 同부국장 2002년 AD-WAY(주) 대표이사(현) [종]불교

김성기(金成基)

[생]1958·8·16 [출]경북 [주]경기 수원시 장안구 서부로 2066 성균관대학교 글로벌바이오메디컬엔지니어링학과(031-290-5702) [학]1980년 경북대졸 1988년 미국 Washington Univ. St. Louis, MO 박사 [경]1991년 미국 미네소타대 CMRR 연구교수 1994년 同방사선과 조교수·부교수 2001~2002년 同교수 2002년 미국 피츠버그대 신경생물학 및 방사선과 교수 2009년 同Paul C. Lauterbur 석좌교수 2012년 IBS 뇌과학이미징연구단장(현) 2013년 성균관대 글로벌바이오메디컬공학과 교수(현) 2016년 한국과학기술한림원 정회원(이학부·현) [상]McKnight Neuroscience Technological Innovation Award(2001), Editors-in-Choice Award NeuroImage(2006), Paul C. Lauterbur Chair in Imaging Research(2009)

김성기(金成起) KIM Seong Ki
[생]1965·10·6 [본]강릉(江陵) [출]충북 단양 [주]서울 구로구 경인로55길 한성빌딩B동209호 (주)성훈메카트로닉스 임원실(070-7121-2508) [학]광주대 경영학과졸 [경](주)TPC메카트로닉스 물류센터팀장(이사) 2007년 同중국사업본부 이사 2008년 (주)성훈메카트로닉스 대표이사(현) [종]기독교

김성길(金城吉) Kim, Sung Kil

[생]1947·10·7 [주]서울 관악구 관악로1 서울대학교 음악대학(02-880-5114) [학]서울대 음악대학 성악과졸, 미국 줄리어드음대 대학원 성악과졸 [경]1974~2007년 서울대 음악대학 성악과 전임강사·조교수·부교수·교수, 同음악대학 성악과장, 몬테칼로 국제성악콩쿠르·동아콩쿠르·중앙콩쿠르·이대웅 한국성악콩쿠르 심사위원 1994~1996년 서울대 음악대학 오페라연구소장 2007년 同음악대학 명예교수(현) 2008년 신영옥 성악콩쿠르 심사위원장 2014년 대한민국예술원 회원(성악·현) [작]오페라 연주 '피델리오'(1972) '타무타무'(1974) '리골렛또'(1975) '마적'(1976) '춘향전'(1987) '안중근(창작)'(1995) '나비부인'(2004) 협연 '미국 아스펜심포니협연'(1971) '미국 피츠버그 심포니협연'(1972) 독창회 '미국 워싱턴 필립박물관 초청 독창회'(1971) '한국 근대가곡 독일 순회 공연'(1979) 외 다수

김성남(金成南) Kim, Sung Nam
[생]1971·5·3 [주]대전 서구 청사로189 특허청 특허심사2국 자동차심사과(042-481-5678) [학]1989년 한일고졸 1995년 한양대 기계공학과졸 [경]2002년 특허청 심사2국 공조기계심사담당관실 사무관 2003년 同심사2국 공조기계심사담당관실 서기관 2004년 同기계금속심사국 공조기계심사담당관실 서기관, 同기계금속건설심사본부 특허심사정책팀 서기관 2006년 특허심판원 제10부 심판관 2008년 특허청 심사2국 서기관 2010년 특허심판원 심판관 2011년 특허법원 파견(과장급) 2013년 특허심판원 심판5부 심판관 2013년 미국 교육파견(과장급) 2014년 특허심판원 심판4부 심판관 2015년 특허청 특허심사2국 자동차심사과장(현)

김성녀(金星女·女) KIM Seong Nyeo

[생]1950·9·16 [출]서울 [주]서울 중구 장충단로59 국립극장 국립창극단(02-2280-4114) [학]진명여고졸 1990년 단국대 국악과졸 1995년 중앙대 대학원 한국음악학과졸 [경]연극인(현) 1975년 중요무형문화재 제23호 가야금병창 전수자 자격 1976년 인간문화재 오정숙선생에게 판소리 사사 1976년 뮤지컬 '한네의 승천'으로 연극 데뷔 1980년 중요무형문화재 제23호 가야금병창 박귀희선생으로부터 이수 1980년 중요무형문화재 제5호 김연수제 춘향가 오정숙선생으로부터 사사 1980년 중요무형문화재 제5호 판소리 김소희선생으로부터 사사 1981년 국립극단·국립창극단 단원 1982~1999년 MBC 마당놀이 놀부전 등 22여편 출연 1985~1995년 KBS 라디오 '국악 한마당' 진행 1987~2010년 극단 미추 운영위원 1989년 중요무형문화재 제5호 서편제 심청가 성창순선생으로부터 사사 1992~2000년 LG복지재단 고교순회공연(놀부전·토선생등 400여 고교 순회공연) 1996~2000년 성균관대 사회교육원 공연예술과정 주임교수 1996~2000년 BBS 라디오 '우리들의 찬불가' 진행 1999년 중앙대 한국음악과 겸임교수 2001~2011년 同국악대학 음악극과 교수, 同국악대학 음악극과 학과장 2007·2009~2010년 同국악교육대학원장 2007·2009~2011년 同국악대학장 2010년 극단 미추 대표 2011~2015년 중앙대 예술대학 전통예술학부 연희예술전공 교수 2012년 국립극장 국립창극단 예술감독(현) 2013~2015년 대통령소속 문화융성위원회 위원 2013년 (재)국악방송 비상임이사(현) [상]서울연극제 여자연기상(1991·1993), 백상예술대상 연기상(1992), 한국뮤지컬대상 여우조연상(1996), 김동훈연극상, 자랑스러운 단국인상(2009), 이해랑연극상(2010), 화관문화훈장(2013) [저]'배우 김성녀의 따뜻한 손뜨개'(2010, 웅진리빙하우스) '벽 속의 요정'(2015, 문학세계사) [작]연극 '한네의 승천' '죽음과 소녀'(1998) '흑인 창녀를 위한 고백'(2011) 뮤지컬 '포기와 베스' '에비타' 악극 '번지없는 주막'(1999) '비내리는 고모령'(2000) 마당놀이 '애랑전' '봉이 김선달'(1998) 영화 '춘향뎐' 등

김성대(金聖大) KIM Seong Dae
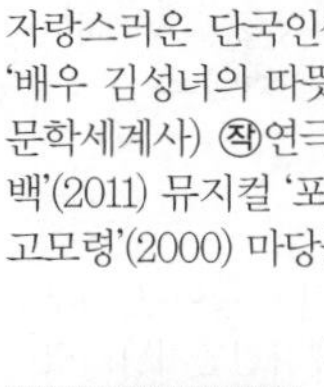
[생]1953·12·26 [출]부산 [주]대전 유성구 대학로 291 한국과학기술원 전기 및 전자공학부(042-350-3430) [학]1977년 서울대 전자공학과졸 1979년 한국과학기술원(KAIST) 석사 1983년 공학박사(프랑스 Univ. de Enseeiht) [경]1984~1994년 한국과학기술원(KAIST) 전기 및 전자공학부 조교수·부교수·교수(현) 1996~1997년 미국 텍사스대 방문교수 2001~2002년 한국과학기술원(KAIST) 전기 및 전자공학과장 2009년 대한전자공학회 수석부회장 2011~2012년 同회장 2013년 한국공학한림원 정회원(현) [상]과학기술훈장 진보장(2016)

김성대(金成大) KIM Sung Dae

[생]1963·6·9 [본]의성(義城) [출]강원 강릉 [주]서울 서초구 서초중앙로157 서울중앙지방법원(02-530-1114) [학]강릉고졸 1986년 서울대 공법학과졸 [경]1992년 사법시험 합격(34회) 1995년 사법연수원 수료(24기) 1995년 춘천지법 판사 1998년 同원주지원 판사 1999년 수원지법 판사 2002년 서울지법 판사 2004년 서울서부지법 판사 2006년 서울고법 판사 2008년 대법원 재판연구관 2010년 대전지법 제12민사부 부장판사 2012년 의정부지법 고양지원 부장판사 2015년 서울중앙지법 부장판사(현)

김성덕(金聖德) KIM Seong Deok (滿庭)

[생]1946·8·16 [본]경주(慶州) [출]경기 개성 [주]서울 동작구 흑석로102 중앙대의료원(02-6299-1008) [학]1965년 제물포고졸 1971년 서울대 의대졸 1981년 의학박사(서울대) [경]1971~1976년 서울대병원 인턴·마취과 레지던트 1980~2009년 서울대 의대 마취과학교실 전임강사·조교수·부교수·교수 1984년 미국 펜실베이니아대 교환교수 1985~1996년 서울대 어린이병원 소아마취과장·소아수술실장 1996~2001년 同병원 마취통증의학과장·수술부장 1996~1998년 대한소아마취학회 초대회장 1998~2000년 대한마취과학회 이사장 2001~2005년 서울대 보라매병원장 2004년 대한민국의학한림원 정회원(현) 2006~2007년 대한의사협회 부회장·회장 대행 2007~2010년 한국의학교육평가원 이사장 2008~2010년 한국의학교육협의회 회장 2009년 대한의학회 회장 2009년 중앙대 의무부총장·의료원장·병원장 겸임(현) 2009년 국방부 정책자문위원 겸 국군수도통합병원 자문위원 2010년 한국의학교육평가원 이사 2011년 서울대 명예교수(현) 2011년 대한대학병원협회 회장(현) 2011~2013년 국가생명윤리정책연구원 원장 2011년 同이사장 2011~2012년 대한사립대학병원협회 회장 2011년 대통령직속 국가생명윤리심의위원회 위원장 2013년 서울중앙지법 시민사법위원회 위원(현) 2016년 대한병원협회 상임고문단장(현) [저]'실험동물마취학'(1993) '임상소아마취'(1999) '소아호흡관리'(2006) [종]기독교

김성도(金聖道) KIM Sung Do

[생]1963·7·16 [본]경주(慶州) [출]서울 [주]서울 성북구 안암로145 고려대학교 문과대학 언어학과(02-3290-2175) [학]1986년 고려대 불어불문학과졸, 프랑스 파리제10대(Univ. de Paris X) 대학원 언어학과졸 1991년 언어학박사(프랑스 파리제10대-Univ. de Paris X) [경]1992~1995년 고려대·서울대 강사 1995년 고려대 불어불문학과 교수, 同문과대학 언어학과 교수(현) 1996년 프랑스 파리 사회과학고등연구원(EHESS) 연구교수 1998년 캐나다 정부 캐나다학연구자선정 연구교수 1999년 국제기호학회(IASS) 집행위원 2001년 영국 옥스퍼드대 미술사학과 및 언어학연구소 방문교수 2008년 국제소쉬르학술동인회(Cercle Ferdinand de Saussure) 정회원(현) 2008~2009년 미국 하버드대 초청방문학자(플브라이트 Senior Fellower) 2009~2011년 국제기호학회 집행위원 2010년 프랑스 부르고뉴대 박사논문심사위원장(현) 2010년 同명예석좌교수(현) 2011년 한국영상문화학회 부회장, 고려대 응용문화연구소장 2012년 영국 케임브리지대 방문학자 2013~2014년 한국기호학회 회장 2013년 프랑스 르아브르대 석좌교수(현) 2014년 세계기호학회 부회장(현) 2015년 한국영상문화학회 회장(현) 2015년 고려대 영재교육원장(현) [상]국제기호학회 Semiotica誌 선정 최우수논문상(1993) [저]'현대기호학강의'(1998, 민음사) '로고스에서 뮈토스까지: 소쉬르 사상의 새로운 지평'(1999, 한길사) '구조에서 감성으로 : 그레마스 기호학 및 일반 의미론 연구'(2002, 고려대 출판부) '기호학과 철학 그리고 예술(共)'(2002, 소명출판) '21세기 지식 키워드 100(共)'(2003, 한국출판마케팅연구소) '기호학, 마켓팅, 커뮤니케이션'(2003, 나남출판사) '디지털 언어와 인문학의 변형'(2003, 경성대 출판부) '하이퍼미디어 시대의 인문학 : 세계 지성과의 대화'(2003, 생각의 나무) '우리말 철학사전4(共)'(2005, 지식산업사) '도시 인간학'(2014, 안그라픽스) [역]'현대 기호학의 흐름'(1995, 이론과 실천) '그라마톨로지'(1996, 민음사) '의미에 관하여'(1997, 인간사랑)

김성동(金盛東) KIM Sung Dong
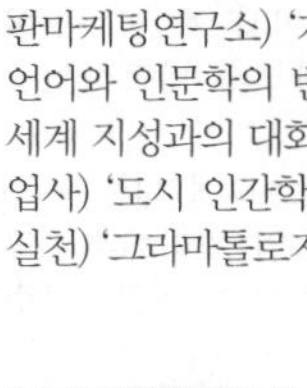
[생]1954·10·26 [본]안동(安東) [출]서울 [주]서울 마포구 월드컵로102 영은빌딩402호 새누리당 서울시당(02-704-2100) [학]1973년 휘문고졸 1977년 고려대 정치외교학과졸 1986년 미국 빌라노바대 대학원 국제정치학과 수료 2001년 중앙대 신문방송대학원졸 2006년 숭실대 대학원 정치학 박사과정 수료 [경]1981년 예편(공군 대위) 1996년 경남대 극동문제연구소 초빙연구위원 2002년 한나라당 서울관악乙지구당 위원장 2004년 同대표비서실 부실장 2005년 同부대변인 2006년 민주화운동보상심의위원회 위원 2006년 여의도연구소 정책자문위원 2007년 한나라당 제17대 대통령중앙선거대책위원회 부대변인 2008년

한세대 미디어영상학부 교수(현) 2010~2012년 한나라당 예산결산특별위원회 위원 2010~2012년 제18대 국회의원(비례대표 승계, 한나라당·새누리당) 2010년 국회 문화체육관광방송통신위원회 위원 2012년 제19대 국회의원선거 출마(서울 마포乙, 새누리당) 2012년 새누리당 통일위원장 2012년 同서울마포구乙당원협의회 운영위원장 2014년 同예산결산위원회 위원 2014~2015년 국회의장 비서실장 2016년 제20대 국회의원선거 출마(서울 마포구乙, 새누리당) 2016년 새누리당 서울마포구乙당원협의회 운영위원장(현) 2016년 새누리당 통일위원회 위원장(현) [저]'질그릇에 담은 세상'(2011, 석필) [종]기독교

김성동(金星東) KIM Seong Dong

[생]1956·10·4 [주]서울 광진구 능동로120 건국대학교 유기나노시스템공학과(02-450-3511) [학]1979년 서울대 섬유고분자공학과졸 1985년 同대학원졸 1989년 섬유공학박사(미국 노스캐롤라이나대) [경]1981~1983년 제일모직 근무 1989~1990년 Molecular Probes Inc. Post-Doc. 1990~1991년 (주)럭키 선임연구원 1991~1993년 생산기술연구원 수석연구원 1993~2013년 건국대 섬유공학과 조교수·부교수·교수 2007년 同공학교육혁신센터 공학교육혁신사업단장 2012~2015년 同교무처장 2013년 同유기나노시스템공학과 교수(현) 2016년 한국섬유공학회 회장(현) [저]'고등학교 염색가공'(1996) '고등학교 염색가공 실습'(1997)

김성동(金聖東) Seong-dong Kim

[생]1958·7·16 [출]경북 안동 [주]경기 의왕시 계원대학로66 계원예술대학교 게임미디어과(031-420-1881) [학]1981년 광운대 공대 전자공학과졸 1984년 아주대 대학원 전자공학과졸 1992년 미국 뉴욕대 대학원 컴퓨터과학과졸 1994년 미국 스티븐스공대 대학원 수료 2001년 공학박사(광운대) [경]1984~1987년 (주)한국컴퓨터 기술연구소 선임연구원 1992~1994년 미국 뉴욕YMCA 전산실 전임강사 1995년 계원조형예술대 IT계열 게임웨어과 조교수·교수, 同전산처장, 同산학협력 부단장, 同IT계열 게임웨어과 학과장, 문화관광부 한국문화컨텐츠진흥원 기술평가위원 2008~2010년 계원디자인예술대학 IT계열 게임웨어학과 교수 2008년 同게임웨어학과장 2010년 同디지털콘텐츠학부 교수 2012년 계원예술대 디지털콘텐츠군 미래형게임과 교수 2014년 同게임미디어과 교수(현)

김성동(金成東)

[생]1962·1·14 [출]경북 안동 [주]경남 진주시 진주대로908번길15 진주세무서(055-751-0201) [학]안동고졸 1983년 세무대학졸(1기), 홍익대 경영대학원 세무학과졸 [경]1983년 국세공무원 임용(8급 특채) 2003년 서울지방국세청 조사1국 조사1과 근무 2007년 同조사1국 조사3과 근무 2007년 중부지방국세청 납세지원법무과 근무 2009년 국세청 통계기획팀 근무 2011년 서울지방국세청 조사1국 조사2과 근무 2013년 同조사1국 조사3과 사무관 2014년 同조사1국 조사3과 서기관 2015년 진주세무서장(현)

김성락(金成樂) KIM SUNG RAK

[생]1961·10·18 [출]부산 [주]충북 음성군 소이면 소이로313 현대중공업(주) 임원실(043-871-6000) [학]1980년 부산중앙고졸 1984년 서울대 전기공학과졸 1986년 한국과학기술원(KAIST) 전자공학석사 1993년 전자공학박사(한국과학기술원) [경]2006년 제어로봇시스템학회(ICROS) 총무이사 2008년 한국로봇학회(KROS) 산학연이사 2008년 제어로봇시스템학회(ICROS) 산학협동이사 2010~2012년 현대중공업(주) 기계전기연구소 로보틱스연구실장 2012년 한국로봇산업협회 부회장(현) 2013년 현대중공업(주) 그린에너지사업본부장 2016년 同그린에너지부문 대표(전무)(현) [상]한국공학한림원 대한민국 100대 기술과 주역상(2010)

김성락(金成洛)

[생]1969·5·22 [주]서울 영등포구 의사당대로88 한국투자증권(주) 투자금융본부(02-3276-4159) [학]1992년 서강대 정치외교학과졸 2014년 수원대 대학원 금융공학과졸 [경]1992~1995년 신영증권 근무(채권중개 및 매매) 1995~1999년 한누리살로먼증권 근무(채권운용 및 기타 자산운용) 1999년 중앙종합금융 국제투자담당 2000~2002년 Bank of America Equity Financial Product 2002~2007년 Deutsche Bank Equity Derivatives Structuring 2009년 한국투자증권(주) 입사 2011년 同Equity담당 상무보 2012년 同Equity담당 상무, 同투자금융본부장(상무) 2016년 同투자금융본부장(전무)(현)

김성래(金聖來) KIM Sung Rae (素薰)

[생]1965·1·16 [본]삼척(三陟) [출]서울 [주]고양 덕양구 호국로1907번길150 목암미술관(031-961-4143) [학]1980년 배재고졸 1987년 홍익대 미대 조소과졸 1989년 同대학원 조각과졸 1991년 DEA박사(프랑스 파리제1대) [경]국내외 개인전 25회 개최(서울·부산·파리·나고야·후쿠오카), 목암미술관 관장 겸 연구소 대표(현) 2000~2002년 부산비엔날레 조각프로젝트 부감독 2002~2010년 국민대 겸임교수 2004년 한국박물관협회 회원(현) 2008~2013년 한국사립미술관협회 이사 겸 정책위원장 2009~2011년 경기도박물관협회 이사 2009~2013년 한남대 예술문화학과 겸임교수 2011~2012년 세경대 겸임교수 2011~2013년 서울양천미술협회 이사 2014~2015년 청주대 겸임교수 [상]대한민국미술대전 입상(1988), 청년작가 야외조각 공모전 입상, 부산시장표창 [저]'프랑스의 조각공원' '일본의 현대조각기행' '프랑스 라데팡스 지구의 환경조형' '환경과 조형- 마크·디·수베로와 마르타·팡' '道家書에 나타나는 동양적 마감과 김성래의 작품세계' '미술관과 현대미술'(2005) '광저우박물관'(2005) '박물관 여행(共)'(2012) '학예사를 위한 소통하는 박물관(共)'(2013) '문화예술(共)'(2013) '뮤지엄의 22가지 시선'(2013) [역]'광저우 박물관'(2005) [작]'높은 산 흰 구름' '달과 산' '꽃구름' '신계지' 등 [종]천주교

김성래(金聖來) Kim, Sung Rae

[생]1967·2·1 [출]서울 [주]서울 강남구 테헤란로152 강남파이낸스센터5층 하이드릭앤스트러글스코리아 사장실(02-3430-6055) [학]1992년 연세대 상경대학 경영학과졸 2004년 同경영대학원졸 [경]1992~1994년 경인에너지 항공유담당 1994~1996년 보스턴은행 외환딜러 1996~2000년 CJ제일제당 기획팀 과장 2000년 同IR팀장(부장) 2005년 同운영팀·기획팀 부장 2007년 하이드릭앤스트러글스코리아 상무 2011년 同전무 2012년 同부사장 2014년 同대표이사 사장(현)

김성렬(金聖烈) KIM Sung Lyul

[생]1958·6·20 [본]경주(慶州) [출]경북 포항 [주]서울 종로구 세종대로209 행정자치부 차관실(02-2100-3100) [학]1977년 경북고졸 1981년 고려대 법과대학졸 1992년 미국 위스콘신대 대학원 공공정책학과졸 [경]1983년 행정고시 합격(27회) 1996년 영국 Cabinet Office(Civil Service College) 파견 1999년 중앙인사위원회 급여정책과장 2000년 同기획총괄과장 2001년 同인사심사과장 2003년 대통령 인사수석비서관실 행정관 2004년 駐OECD대표부 주재관 2007년 중앙인사위원회 인사정책국장 2008년 행정안전부 공무원노사협력관 2009년 同인사정책관 2010년 同조직실장 2011년 경기도 행정1부지사 2013년 안전행정부 창조정부조직실장 2014년 행정자치부 지방행정실장 2016년 同차관(현) [상]대통령표창(1990), 녹조근정훈장(2000) [저]'영국공무원제도'(1998, 행정자치부) [종]기독교

김성렬(金成烈) KIM Sung Ryul

[생]1958·11·15 [출]전남 함평 [주]대전 서구 둔산중로78번길15 대전고등검찰청(042-470-3000) [학]1987년 단국대 법학과졸 1989년 同대학원졸 [경]1991년 사법시험 합격(33회) 1994년 사법연수원 수료(23기) 1994년 변호사 개업 1995년 대구지검 검사 1997년 춘천지검 영월지청 검사 1998년 서울지검 북부지청 검사 2001년 수원지검 검사 2003년 법무부 법무심의관실 검사 2005년 춘천지검 검사 2006년 同부부장검사 2006년 서울고검 송무부 검사 2007년 대전지검 천안지청 부장검사 2008년 춘천지검 부장검사 2009년 광주지검 공안부장 2009년 수원지검 성남지청 형사3부장 2010년 법무연수원 교수 2010년 광주고검 검사 2011년 의정부지검 고양지청 부장검사 2012년 수원지검 안산지청 부장검사 2013년 서울고검 검사 2015년 대전고검 검사(현) 2015년 수원지검 중요경제범죄조사단 파견(현) [저]'행위론의 과제'

김성례(金成禮·女) KIM Seong Nae (무아)

[생]1953·3·12 [본]당악(棠岳) [출]전남 나주 [주]서울 마포구 백범로35 서강대학교 국제인문학부(02-705-8348) [학]1975년 서울대 의류학과졸 1978년 同대학원 인류학과졸 1980년 미국 워싱턴대 대학원 인류학과졸 1989년 인류학박사(미국 미시간대) [경]1990~1996년 강원대 인류학과 전임강사·조교수 1995년 미국 UC Berkeley Post-Doc. 1996년 서강대 종교학과 조교수·부교수·교수, 同국제인문학부 종교학전공 교수(현) 2005~2006년 한국여성학회 연구위원장 2010년 저널 오브 코리안 릴리전즈(Journal of Korean Religions) 편집장 2011~2014년 서강대 종교연구소장 [저]'그리스도교와 무교(共)'(1998, 바오로딸) '한국종교문화 연구 100년(共)'(1999, 청년사) '근대, 여성이 가지않은길'(2001, 도서출판 또하나의문화) 'The Inter-Asia Cultural Studies Reader'

(2007, ROUTLEDGE) '동아시아의 근대와 민속학의 창출'(2008, 민속원) [역]'문화와 실용논리'(1991, 나남출판사) '문화인류학 현지조사 방법론(共)'(1996, 일조각) '현대종교학 담론(共)'(1999, 까치) '샤먼(共)'(2005, 창해사) [종]가톨릭

김성룡(金成龍) Kim Sungyong

[생]1976·8·12 [출]충남 천안 [주]서울 성동구 마장로210 한국기원 홍보팀(02-3407-3850) [학]명지대 바둑학과졸 [경]1991년 입단 1992년 2단 승단 1993년 3단 승단 1995년 제왕전 준우승 1996년 4단 승단 1997년 5단 승단 1999년 6단 승단 1999년 기왕전 준우승 2001년 7단 승단 2003년 8단 승단 2004년 전자랜드배 우승 2004년 9단 승단(현) 2005년 제1회 일월성배 한중대항전 한국대표, 바둑TV 바둑해설가(현) 2010년 포스코켐텍 코치 2011년 同감독(현) 2011년 KB국민은행 한국바둑리그 우승 2014년 KB국민은행 락스타리그 우승 2014년 국가대표 바둑팀 전력분석관 2015년 세종바둑협회 전무이사(현) [상]바둑문화상 신예기사상(1995), 바둑리그 감독상(2011) [저]'1999년 신수신형연감' '충암대 연구' '밤톨군의 이창호 대탐험' '기초정석사전' '김성룡의 꼼수 퇴치법'(2015) [종]천주교

김성률(金成律)

[생]1969·1·15 [출]대전 [주]부산 연제구 법원로31 부산지방법원(051-590-1114) [학]1987년 충남고졸 1994년 서울대 법학과졸 [경]1997년 사법시험 합격(39회) 2000년 사법연수원 수료(29기) 2000년 울산지법 예비판사 2003년 대전지법 판사 2005년 同천안지원 판사 2008년 同논산지원 판사 2010년 대전고법 판사, 대전지법 판사 2015년 부산지법 부장판사(현)

김성묵(金誠默) KIM Sung Mook

[생]1950·1·22 [출]경북 문경 [주]서울 양천구 목동동로 233 방송회관 방송통신심의위원회(02-3219-5114) [학]1976년 한양대 사학과졸 2000년 성균관대 언론정보대학원졸 [경]1975년 TBC 입사 1980년 KBS 교육2국 근무 1990년 同청주방송총국 제작1부장 1992년 同東京특파원 1995년 同TV1국 부주간 1999년 同편성국 외주제작 주간 2001년 同기획제작국 주간 2002년 同제주방송총국장 2002년 同외주제작국장 2003년 同심의평가실 심의위원 2003년 同춘천방송총국장 2005~2006년 同인적자원센터 연수팀장(프로듀서) 2007~2008년 同인적자원센터 연수팀 국장(프로듀서) 2008~2009년 同부사장 2014년 방송통신심의위원회 부위원장(현) 2014년 同방송심의소위원장(현) 2014년 同통신심의소위원회 위원(현) 2014년 同광고심의소위원회 위원(현) [상]문화공보부장관표창, 자랑스러운 한양언론인상(2008)

김성문(金聖文) Kim sung moon

[생]1958·8·30 [출]전남 신안 [주]충북 음성군 맹동면 원중로1390 한국가스안전공사 임원실(043-750-1103) [학]서울고졸, 성균관대 기계공학과졸 [경]1982~1995년 한국가스안전공사 조사연구부·서울지사·고압가스과 등 근무 1995~2007년 同기획조정실·연구기획실 부장·서울남부지사·전남서부지사장 2007~2012년 同장치진단처장·울산지역본부장·검사지도처장·교수실장 2012년 同녹색성장지원처장 2014년 同대전충남지역본부장 2014년 同가스안전교육원장 2015년 同안전관리이사 2015년 同기획관리이사(현) [상]한국가스안전공사장표창(1997·2004), 산업자원부장관표창(2001)

김성문(金成文) Kim, Sung Moon

[생]1967·10·9 [출]경북 포항 [주]서울 마포구 마포대로 174 서울서부지방검찰청 공판부(02-3270-4490) [학]1986년 포항고졸 1994년 고려대 법학과졸 [경]1997년 사법시험 합격(39회) 2000년 사법연수원 수료(29기) 2000년 수원지검 검사 2002년 대구지검 포항지청 검사 2004년 의정부지검 검사 2006년 춘천지검 원주지청 검사 2008년 서울중앙지검 검사 2012년 수원지검 안양지청 검사 2012년 사법연수원 교수 2014년 창원지검 진주지청 부장검사 2015년 부산지검 외사부장 2016년 서울서부지검 공판부장(현)

김성미(金成美·女) Kim Seong Mi

[생]1959·5·6 [주]서울 중구 을지로79 IBK기업은행 임원실(02-729-6114) [학]1978년 숙명여고졸 1982년 이화여대 영문학과졸 [경]1982년 IBK기업은행 입행 2007년 同잠실트리지움지점장 2010년 同서초동지점장 2012년 同반월중앙지점장 2013년 同남중지역본부장 2014년 同개인고객본부장(부행장) 2015년 同개인고객그룹장(부행장)(현) [상]대한민국 베스트뱅커대상 베스트 여성뱅커(2016), 빛나는 이화인상(2016)

김성민(金成敏) KIM Seong Min

[생]1951·12·30 [출]충남 보령 [주]충남 예산군 예산읍 대학로54 공주대학교 생명과학관303호 식물자원학과(041-330-1203) [학]1975년 건국대 농학과졸 1979년 同대학원 농학과졸 1997년 농학박사(단국대) [경]1989~2010년 한국국제농업개발학회 운영이사 1992년 공주대 식물자원학과 교수(현) 1997~2001년 한국약용작물학회 부회장 1997년 농림수산기술관리센터 특정연구과제 평가위원(현) 1998~2002년 경기도농업기술원 산학협동전문위원 2000~2004년 농업과학기술원 전문위원 2000~2002년 농촌진흥청 중앙산학협동심의회 전문위원 2000~2008년 대전지법 홍성지원 민·가사 조정위원 2001~2005년 충남농업기술원 겸임연구관 2002·2003·2009년 충남농어촌발전대상 심사위원 2002~2004년 공주대 산업과학대학장 겸 산업과학대학원장 2002~2010년 충남전략기획사업단 운영위원 2003~2005년 민주평통 자문위원 겸 예산군협의회 회장 2003~2005년 (재)충남농업테크노파크 자문위원 2004~2009년 충남도교육청 공직자윤리위원 2004~2007년 한국토종연구회 부회장 2004·2005년 행정고시 출제위원 2004년 한국종자연구회 부회장(현) 2004~2006년 충남농업기술원 구기자특화사업단 겸임연구관 2004~2006년 예산국제민간교류협의회 회장 2004~2007년 (사)충남농업경영지원센터 감사·이사 2005년 (사)남북나눔공동체 회원(현) 2005년 바이오그린21 2006신규과제기획위원회(농업생명자원다양성분야) 위원장 2005년 충남농업기술원 산학협동전문위원 2005~2007년 대전지검 홍성지청 범죄피해자지원센터 화해중재위원 2005~2010년 예산군 장애인종합복지관 운영위원장 2006년 국가균형발전위원회 평가위원 2006~2009년 충남교원단체총연합회 부회장 2007~2008년 한국작물학회 부회장 2007~2011년 충남농업기술원 구기자특화작목산학협력단 기술전문위원 2007년 제5차 세계작물학대회조직위원회 충남지역위원장 2007~2009년 한국약용작물학회 회장 2007~2010년 충남도 정책자문교수단 농림분과위원장 2008~2009년 한국토종연구회 자문위원 2008~2010년 (재)충남테크노파크 전략산업기획단 소위원회 위원 2009년 농촌진흥청 겸임연구관(현) 2009~2010년 공주대 대학원장 2010~2011년 한국토종연구회 회장 2010~2011년 한국국제농업개발학회 부회장 2010~2011년 충남도 정책자문교수단 부단장 2010~2012년 농업기술실용화재단 지식분과 자문위원 2012년 同기술사업화분과 자문위원(현) 2013년 농촌진흥청 신기술시범사업심의위원(현) 2013년 제9회 대한민국우수품종상 심사위원 2014년 충남도 3농혁신위원회 맞춤형기술지원단원(현) 2014년 국립종자원 종자분쟁조정협의회 위원(현) [상]국민교육헌장 선포기념 공로표창(1989), 개교 51주년 총장근속표창(1999), 충남도지사표창(2002·2008), 행정자치부장관표창(2003), 대전지법 홍성지원장표창(2004), 한국교원단체총연합회장표창(2007) [저]'신고 공예작물학'(1983) '증보 농업기상학'(1983) '신고 작물학개요'(1983) '증보 실용 버섯재배'(1988) '신편 공예작물학'(1988) '구약감자(곤약) 재배기술'(1992) '최신 식물육종의 이론과 실제'(1995) '열대의 환경과 농업'(1996) '약용작물 재배'(1996) '삼고 공예작물학'(1996) 'Flavor Chemisty of Ethnic Foods'(1999) '신고종자학'(2001) '고품질 구기자생산 영농활용과 병해충 해설집'(2005) '먹거리의 기능성물질과 건강'(2006) '약용식물학'(2007) '국제자원개발론'(2008) '유전자원식물학'(2008) '구기자 병해충방제 웰빙제품개발 및 마케팅전략'(2009) '약용작물'(2009) '자원식물학'(2012)

김성민(金成玟) KIM Sung Min

[생]1958·6·22 [본]황주(黃州) [출]서울 [주]서울 광진구 능동로120 건국대학교 철학과(02-450-3386) [학]1977년 중대부고졸 1986년 건국대 철학과졸 1989년 同대학원 철학과졸 1996년 철학박사(건국대) [경]창원대·세종대·상명대·경원전문대·건국대·중부대·한국방송통신대 강사 1996년 중부대 조교수 1997~1999년 同사회교육원장 2000~2001년 同부교수 2001년 건국대 철학과 조교수 2002년 인문콘텐츠학회 총무이사 2003년 건국대 철학과 부교수 2007년 同철학과 교수(현), 同학생복지처장, 同인문학연구원장(현), 同통일인문학연구단장(현) 2010~2012년 철학연구회 연구위원장, 한국철학사상연구회 이사 2012년 북한연구학회 부회장(현) 2012~2013년 건국대 문과대학장 2012~2014년 한국철학사상연구회 회장 2012년 국제한민족재단 이사(현) 2012~2016년 국제고려학회 한국지회 부회장 2014~2015년 인문한국(HK)연구소협의회 회장 2014년 통일부 자문위원(현) 2014년 한국장학재단 자문위원(현) [상]건국대 제1회 연구공로상(2003), 건국대 연구공로상(2011), KU 리서치 파이오니어(Reserch Pioneer)(2014) [저]'매체철학의 이해'(2005) '소통,치유,통합의 통일인문학'(2009, 선인) '인문학자의 통일사유(共)'(2010, 선인) '코리언의 민족정체성(共)'(2012, 선인) '코리언의 분단-통일의식(共)'(2012, 선인) '코리언의 역사적 트라우마(共)'(2012, 선인) '코리언의 생활문화(共)'(2012, 선인) '통일과 인문학'(2014) '통일인문학'(2015, 알렙) '역사가 우리에게 남긴 9가지 트라우마(共)'(2015, 패러다임북) '통일담론의 지성사(共)'(2015, 패러다임북) 등 [역]'영화가 된 철학'(2005) 등 [종]기독교

김성민(金聖敏) KIM Sung Min

[생]1959·9·10 [출]부산 [주]서울 서초구 사평대로84 (주)이수페타시스 비서실(02-590-5100) [학]서라벌고졸, 서울대 경영학과졸, 同경영대학원졸 [경]유공 차장, (주)SKM 부사장, 리퀴드오디오코리아 부사장, McQs Inc. 부사장, 이수그룹 기획실장(전무) 2010년 (주)이수 대표이사 사장 2013년 (주)이수페타시스 대표이사 사장(현)

김성민(金聖敏) KIM Sung Min

[생]1962·6·4 [본]김해(金海) [출]전남 신안 [주]서울 구로구 디지털로34길55 코오롱싸이언스밸리2차204호 한국소비자TV(주)(1644-7936) [학]1981년 동국사대부고졸 1985년 고려대 농업경제학과졸 1995년 캐나다 브리티시컬럼비아대 대학원 농업경제학과졸 2009년 환경자원경제학박사(단국대) 2014년 서울대 경영대학 자연친화고위자과정 수료 [경]1985년 행정고시 합격 1986년 농림수산부 행정사무관 1989년 同공보관실 근무 1989년 同장관 비서관 1990년 同유통국 시장과 근무 1995년 同농정기획심의관실 농정기획과 근무 1996년 농림부 농정기획과 서기관 1998년 대통령직인수위원회 경제2분과위원회 파견 2000년 농림부 행정관리담당관 2000~2004년 駐벨기에 참사관 2000년 駐구주연합대표부 참사관 겸임 2004년 농림부 구조정책과장 2006년 同농촌정책과장 2007년 同농산물유통식품산업국 유통정책과장 2008년 농림수산식품부 기획재정담당관(부이사관) 2008~2009년 同식품산업정책단장(고위공무원) 2008년 한국유통학회 이사(현) 2008년 식품유통학회 이사(현) 2008년 농림수산식품부 국가식품클러스터 추진위원 2009~2011년 우송대 글로벌한식조리학과·외식조리학부 전임부교수 2011~2012년 제너시스비비큐 전략기획부문장·사장·경영고문 2012년 (사)한국농식품융합연구원 원장(현) 2012년 한국소비자TV(주) 대표이사(현) 2013년 농림축산식품부 국가식품클러스터 추진위원 2013년 국무총리실 사행산업통합감독위원회 위원(현) 2014년 (사)바르게살기운동본부 중앙부회장(현) 2015년 전남 영암군 민간투자유치 자문관(현) 2015년 (사)인성실천범국민연합 공동대표(현) [상]근정포장(2014) [저]'우리나라식품산업과 클러스터 정책'(2011, 백산출판사)

김성민(金聖玟) Kim seongmin

[생]1962·6·5 [본]전주(全州) [출]평북 희천 [주]서울 강서구 강서로462 대룡드림타워208호 자유북한방송(02-2699-0976) [학]1978년 평양 련광고졸 1992년 북한 김형직사범대 어문학부졸 2005년 중앙대 예술대학원 문예창작학과졸 [경]1992~1995년 북한군 제212군부대 작가(대위) 1995~1999년 탈북·대한민국 입국 2003~2004년 탈북자동지회 회장 2004년 자유북한방송 대표(현) [상]프랑스 국경없는기자회 '올해의 매체상'(2008), 대만 민주주의기금 '아시아 민주인권상'(2009) [저]'북한에서 온 내 친구(共)'(2002, 우리교육) '고향의 노래는 늘 슬픈가'(2004, 다시) '10년 후 북한(共)'(2006, 인간사랑) [작]시 '촌놈주제' 외 12편(2003, 자유문학 여름호) [종]기독교

김성민(金聖玟) Kim Sung Min

[생]1962·12·25 [출]경남 거제 [주]서울 영등포구 여의대로128 LG트윈타워 LG디스플레이(주)(02-3777-2493) [학]고려대 물리학과졸, 핀란드 헬싱키대 석사(MBA) [경]LG디스플레이(주) HR그룹장(상무) 2015년 同HR그룹장(전무)(현)

김성민(金聖旼) Songmin Andy Kim

[생]1963·4·19 [주]경기 성남시 분당구 황새울로329번길 5 티맥스소프트 글로벌사업부문(031-8018-1000) [학]전기공학박사(미국 매사추세츠공과대) [경]1995년 인텔 근무 2012년 SK텔레콤 미래기술원 융합기술원장, 대만 산업기술연구소(ITRI) 글로벌사업개발 상임고문, 대만 M2커뮤니케이션 아시아지역제품영업·마케팅전략총괄 부문장 2015년 티맥스소프트 글로벌사업부문장(부사장)(현)

김성발(金成發)

[생]1961·4·3 [출]경남 김해 [주]부산 동구 중앙대로263 더불어민주당 부산시당(051-802-6677) [학]1980년 부산 동성고졸 1990년 부산대 기계공학과졸 [경]부산대총동문회 부회장, 그린닥터스 이사, 평화와통일로가는 3040네트워크 상임대표(현), 문화답사모임 숨바꼭질 운영위원 2006년 부산시의원선거 출마(열린우리당), 민주당 부산시당 지방자치위원장 2010년 부산시 수영구청장 선거 출마(민주당) 2016년 더불어민주당 부산시당 부위원장(현) 2016년 同정책위원회 부의장(현) 2016년 同부산수영구지역위원회 위원장(현) 2016년 제20대 국회의원선거 출마(부산 수영구, 더불어민주당)

김성배(金聖培) Sung-Bae Kim

[생]1956·11·19 [본]김해(金海) [출]부산 [주]서울 동작구 상도로369 숭실대학교 사회과학대학 행정학부 조만식기념관708호(02-820-0516) [학]1975년 부산고졸 1979년 서울대 조경학과졸 1985년 미국 캘리포니아대 대학원 도시계획학과졸 1990년 도시계획학박사(미국 하버드대) [경]1991~1995년 국토개발연구원 연구위원 1995년 숭실대 사회과학대학 행정학부 조교수·부교수·교수(현) 2001년 同사회과학대 교학부장 2001~2002년 미국 하버드대 로스쿨 방문교수 2002년 숭실대 사회과학연구소장 2002~2004년 同대학원 교학부장 2003~2005년 정부혁신지방분권위원회 지방분권전문위원회 위원 2007~2008년 숭실대 사회과학연구원장 2008~2009년 영국 런던정경대 방문교수 2009~2010년 세종시 민간합동위원회 민간위원 2010년 숭실대 베어드학부대학장 2011~2012년 한국지역학회 회장 2012~2015년 한국과학기술기획평가원 비상임이사 2012~2013년 숭실대 사회과학대학장 2013년 한국도로공사 비상임이사 2015년 숭실대 숭실평화통일연구원장 [상]한국지방자치학회 우수논문상(2006) [종]기독교

김성배(金聖培) KIM Sung Bae

[생]1969·1·7 [본]김해(金海) [출]서울 [주]서울 영등포구 경인로775 에이스하이테크시티1동5층 스포츠서울 경영기획실(02-2001-0021) [학]여의도고졸, 중앙대 경제학과졸 [경]2006년 스포츠서울 경영기획실 기획관리부 차장 2009년 同경영기획실 기획관리팀장 2010년 同광고국 기획제작부장 2013년 同전략기획실장(국장급) 2014년 同이사 2015년 同경영기획실장(이사)(현) 2016년 한국신문협회 기조협의회 이사(현) [종]천주교

김성범(金晟範) KIM Sung Bum

[생]1968·6·12 [본]광산(光山) [출]제주 남제주 [주]세종특별자치시 다솜2로94 해양수산부 기획재정담당관실(044-200-6270) [학]1987년 서귀포고졸 1994년 고려대 행정학과졸 2001년 미국 워싱턴대 해양정책대학원 해양정책학과졸 [경]1993년 행정고시 합격(37회) 1994년 총무처 중앙공무원교육원 행정사무관 1995년 부산지방해운항만청 사무관 1997년 해양수산부 해운물류국 사무관 1997~1998년 同장관 비서관 2001년 同해양환경과 사무관·기획예산담당관실 서기관 2003년 대통령자문 농어업농어촌특별대책위원회 파견 2004년 대통령 농어촌비서관실 행정관 2005년 해양수산부 어업자원국 자원관리과장 2007년 OECD 파견(서기관) 2010년 허베이스피리트피해보상지원단 파견(서기관) 2011년 국토해양부 물류항만실 선원정책과장 2011년 국제유류오염보상기금(IOPC Funds) 추가기금총회 의장(현) 2013년 해양수산부 해운물류국 연안해운과장 2013년 同해운물류국 해운정책과장 2014~2015년 同세월호피해보상지원단 보상운영과장 2015년 同기획조정실 기획재정담당관 2015년 同기획조정실 기획재정담당관(부이사관)(현) [종]불교

김성복(金成福) KIM Sung Bok

[생]1958·3·1 [출]전남 무안 [주]경기 용인시 처인구 모현면 외대로81 한국외국어대학교 공과대학 컴퓨터·전자시스템공학부(031-330-4091) [학]1980년 서울대 전자공학과졸 1982년 한국과학기술원(KAIST) 전자공학과졸 1993년 공학박사(미국 Univ. of Southern California) [경]1986년 삼성전자(주) 컴퓨터사업본부 주임연구원 1993~1994년 미국 Southern California대 Post-Doc. 1994~2000년 한국외국어대 정보산업공과대학 제어계측공학과 교수 1995년 제어자동화시스템학회 정회원 2000년 한국신호처리시스템학회 이사·편집위원 2000년 한국외국어대 정보산업공과대학 디지털정보공학과 교수 2002~2004년 同용인캠퍼스 학생지원처장 2009년 同공과대학 디지털정보공학과 교수 2014년 同공과대학 컴퓨터·전자시스템공학부 교수(현) 2016년 同공과대학장(현) [상]NASA Certificate of Recognition

김성산(金城山) KIM Sung San (동원)

[생]1946·4·21 [본]광산(光山) [출]전남 나주 [주]광주 서구 무진대로904 금호아시아나그룹 임원실(062-360-8002) [학]1965년 광주제일고졸, 전남대 무역학과졸 [경]1973년 광주고속 근무 1990년 同총무담당 이사 1993년 금호건설 이사 1994년 同상무이사 1994년 한국공영복합화물터미널 감사 1997년 금호건설 건설사업부 주택개발부문 부사장 1999~2002년 금호산업(주) 건설사업부 주

택개발부문 부사장 · 고속사업부 대표이사 부사장 1999년 전남버스운송사업조합 이사장 2003년 금호개발(주) 대표이사 사장 2005년 금호렌터카(주) 대표이사 사장 2005년 전국자동차대여사업조합연합회 회장 2006년 금호고속 광주사업부 직행부문 대표이사 사장 2010~2015년 同대표이사 사장, 광주경영자총협회 부회장, 광주광역시체육회 부회장, 국립광주박물관회 이사장 2015년 금호아시아나그룹 부회장(현) [상]동탑산업훈장(2004), 한국표준협회 한국서비스대상 최고경영자상(2005), 노사문화대상 국무총리표창(2008), 대통령표창(2010) [저]'고객행복경영이야기'(1·2·3·4·5·6권)

김성삼(金聖三) KIM Sung Sam

[생]1966·6·29 [본]청주(淸州) [출]인천 [주]세종특별자치시 다솜3로95 공정거래위원회 기획조정관실(044-200-4010) [학]1985년 부평고졸 1989년 고려대 경제학과졸 [경]1999년 공정거래위원회 기획예산담당관실 사무관 2002년 同독점국 독점정책과 서기관 2005년 경제협력개발기구(OECD) 아시아지역경쟁센터 파견 2005년 공정거래위원회 경쟁정책본부 경쟁주창팀장 2006년 同신유형거래팀장 2007년 금호산업 전략경영본부 부장 2008년 공정거래위원회 규제개혁법무담당관 2009년 同시장분석과장 2009년 同시장구조개선과장 2009년 대통령실 파견(과장급) 2011~2013년 공정거래위원회 경쟁정책국 기업집단과장 2013년 제18대 대통령직인수위원회 경제1분과 실무위원 2013년 미국 교육파견 2014년 공정거래위원회 서울사무소 총괄과장 2015년 同경쟁정책국 경쟁정책과장 2016년 同기획조정관(현)

김성섭(金成燮) Kim, Seong-Seop

[생]1957·2·2 [본]나주(羅州) [출]충남 예산 [주]서울 서대문구 통일로97 경찰청 인권보호담당관실(02-3150-2639) [학]1992년 서경대 법학과졸 2000년 성균관대 대학원 행정학과졸(석사) [경]1998년 경찰대학 근무, 서울시 파견 2005년 경기 고양경찰서 생활안전과장 2006년 외교통상부 영사국 영사과·재외국민보호과 파견 2011년 경남 하동경찰서장(총경) 2012년 경기지방경찰청 정보과장 2013년 경기 파주경찰서장 2014년 서울지방경찰청 홍보담당관 2015년 서울 중부경찰서장 2016년 경찰청 감사관실 인권보호담당관(현) [상]제33회 창조문학 신인문학상 수필부문(2000), 한국고객만족경영학회 BEST CS 논문상(2000), 대통령표창(2004), 하동문화원장 문화창달유공감사패(2011), 녹조근정훈장(2013)

김성섭(金盛燮) Kim, Sung-sup

[생]1970·12·1 [본]순천(順天) [출]경북 구미 [주]대전 서구 청사로189 중소기업청 운영지원과(042-481-4315) [학]1989년 대구 능인고졸 1995년 서울대 경제학과졸 2007년 한국개발연구원(KDI) 국제정책대학원 경영학과졸(MFDI) 2011년 미국 일리노이주립대 대학원 경제학과졸(석사) 2013년 경제학박사(미국 일리노이주립대) [경]1995년 행정고시 합격(39회) 1997년 중소기업청 창업진흥과·벤처진흥과 사무관 2000년 同자금지원과 사무관 2003년 대통령직인수위원회 파견 2003년 중소기업청 벤처정책과 사무관 2004년 정부혁신지방분권위원회 혁신관리팀 과장 2005년 중소기업청 혁신형기업육성팀장 2006년 同기업협력과장 2006년 同중소기업정책본부 기업협력팀장 2008년 同현장애로대책단 지방강화1팀장 2008년 해외교육파견(과장급) 2013년 중소기업청 창업벤처국 창업진흥과장 2014년 同창업벤처국 벤처정책과장(서기관) 2015년 同창업벤처국 벤처정책과장(부이사관) 2016년 고용 휴직(부이사관)(현) [상]대통령표창(2003) [저]'한국의 중소기업'(2005, 매일경제신문) [종]불교

김성수(金成洙) KIM Soung Soo

[생]1930·6·12 [본]광산(光山) [출]인천 강화 [주]서울 중구 수표로7 인성빌딩7층 사회연대은행(02-2274-9637) [학]1950년 배재중졸 1957년 단국대 정치학과졸 1961년 연세대 신학과 수료 1964년 성공회 성미카엘신학원졸 1973년 영국 셀리오크신학대 수료 1978년 영국 킹알프레드대 특수교육과 수료 1988년 연세대 경영대학원 최고경영자과정 수료 1995년 명예 신학박사(연세대) [경]1964년 대한성공회 부제·사제 서품 1973년 同성베드로학교장 1975년 동남아성공회의회 한국대표 1978~1984·2003년 세계특수올림픽 한국지부 위원장 1982년 대한성공회 성미카엘신학원 조교수 1984년 주교 서품 1984년 성공회전국의회 의장·유지재단 이사장·성공회재단 이사장 1984~1995년 대한성공회 서울교구장 1984~1995년 연세대 이사 1988년 한국기독교교회협의회 회장 1988~1994년 성공회대 이사장 1989년 정의·평화·창조의보전을위한세계대회(JPIC) 한국준비위원회 상임위원장 1992년 대한성서공회재단 이사장 1993~1995년 대한성공회 관구장, 同은퇴 주교(현) 1995년 유니세프 한국위원회 이사 1995년 성베드로학교 명예교장(현) 1995~2001년 대한성공회 성가수녀회 채플린 1997~2000년 同서울교구 우리마을을 설립·원장 1999~2001년 반부패국민연대 회장 1999~2002년 사회복지공동모금회 회장 2000년 지적장애인직업재활시설 우리마을 촌장(현) 2000~2008년 성공회대 총장 2001년 한국대학사회봉사협의회 부회장 2001년 청소년보호위원회 위원 2002년 (사)한국이주노동자건강협회 이사장(현) 2002년 사회연대은행(함께 만드는 세상) 이사장(현) 2003년 통일부 고문 2003~2009년 (사)사랑의친구들 회장 2003년 전국신학대학협의회 회장 2004~2008년 한국대학사회봉사협의회 회장 2004년 사랑밭회 이사장 2004~2016년 푸르메재단 이사장 2004년 열린문화 이사장 2004년 장애인정보문화원 With 뉴스 이사장(현) 2005년 한국YMCA후원회 회장(현) 2010년 하이원리조트 사회공헌위원장 [상]대통령표창(1981), 국민훈장 모란장, 인촌상 공공봉사부문(2011), 제17회 만해대상(2013) [역]'교회의 역사' [종]성공회

김성수(金聖壽) KIM Sung Soo (石山)

[생]1940·6·24 [본]김해(金海) [출]경남 창원 [주]서울 강남구 테헤란로313 성지하이츠1차615호 (사)한국기업경영종합연구원(02-557-1747) [학]1961년 인창고졸 1965년 성균관대 경제학과졸 1967년 同대학원 경제학 석사 1980년 경제학박사(경희대) 1981년 미국 보스턴 벨리츠스쿨 수료 1983년 미국 하버드대 HEC 수료 [경]1967~1969년 고려대 강사, 同노동문제연구소 전임강사·간사 1970~1977년 한국생산성본부 연구위원·조사부장 1973~1976년 상공부 공업진흥국 전문위원 1977~1980년 한국표준연구소 책임연구원·공업경제연구실장 1983~1988년 경희대 부교수 1987~1990년 한국생산성학회 회장 1988년 산업경제연구원 연구자문위원 1989~2000년 경희대 사회과학대학 경영학과 교수 1991년 同기업경영연구소장 1995~1997년 한국경영사학회 회장 1998년 21세기국가발전연구센터 소장 1999년 한국기업윤리학회 회장 2000년 한국인사관리학회 회장 2000~2005년 경희대 국제경영학부 교수 2003년 同교수협의회장 2003년 전국사립대학교교수협의연합회 공동회장 2004년 同회장 2005년 한국기업경영학회 회장 2005년 경희대 명예교수(현) 2006년 (사)한국기업경영종합연구원 원장(현) 2007년 국가청렴위원회 자문위원 2008~2013년 국민권익위원회 기업투명성자문위원 [상]한국생산성본부 연구원최우수공로상(1975), 한국표준연구소 우수표창상(1978), 한국생산성학회 생산성우수공로상(1991), 노사관계학회 공로상(1992), 한국생산성학술상(1993), 경영사학공로상(1998), 인사관리공로상(2002), 부총리겸 교육인적자원부장관표창(2005), 가톨릭교수상(2005) [저]'21세기형 인사관리론' '기업경영윤리론'(2000) '노사관계론'(2000) '신경영정책과 전략' '21세기형 윤리경영론'(2005) '신노사관계론'(2007) 등 [역]'사뮤엘슨 경제학연습' [종]천주교

김성수(金星洙) KIM Sung Soo (德星)

[생]1941·7·6 [본]울산(蔚山) [출]전남 장성 [주]서울 성북구 안암로145 고려대학교 체육교육과(02-3290-1114) [학]1959년 조선대부고졸 1965년 건국대 이부대학 경영경제학과 수료 1975년 독일 프라이부르크대 철학부 사회학과 수료 1983년 의학박사(독일 프라이부르크대) 1993년 고려대 정책과학대학원 최고위정책과정 수료 [경]1978년 독일 프라이부르크대 의대 스포츠의학과 조교 1983년 同조교수 1985~2006년 고려대 사범대학 체육교육과 조교수·부교수·교수 1985년 대한체육회 스포츠과학위원회 위원 1985년 고려대 스포츠과학연구소 생리학연구실장 1989~2009년 서울시체육회 이사 1990~2014년 모암장학회 감사 1990년 한국운동과학회 회장 1990년 한국성인병협회 이사 1991년 고려대 사범대학 체육교육과장 1992년 同사범대학 교학부장(부학장) 1993년 同스포츠과학연구소장 1994년 한국체육학회 부회장 1995년 대한스포츠의학회 상근부회장 1995~2007년 대한볼링협회 부회장 1996년 강남학원 이사 1996년 고려대 안암학사 사감장 1999년 대한스포츠의학회 회장 2000~2002년 고려대 교육대학원장 2000년 대한체육회 이사 겸 운영위원 2000~2003년 同국가대표선수선발위원회 위원장 2001년 대한스포츠의학회 고문(현) 2002년 서울시체육회 상벌위원장 2002~2006년 고려대 체육위원회 축구부장 2003~2005년 전남도 관광문화정책자문위원회 부위원장 2005~2009년 서울시체육회 외교분과위원장 2006년 고려대 체육교육과 명예교수(현) 2006~2008년 서울시니어스타워(주) 웰파크헬스케어센터 스포츠의학클리닉병원장 2007년 한국만성질환관리협회 고문 2008년 하늘스포츠의학클리닉 부설 아카데미연구소 교수부장 2010년 同소장 2013년 한국만성질환관리협회 사업부회장(현) [상]대한스포츠의학회 최우수논문상(1989), 대한볼링협회 우수학술상(1990), 고려인삼학회 최우수논문상(1995), 교육인적자원부장관표창(2006), 대한체육회 장려상(2007) [저]'스포츠의학 입문'(1990) '스포츠상해 예방 및 처치'(1990) '학교보건론'(1994) '운동생리학'(1994) '운동과 건강'(1995) '스포츠 생리학'(1996) '운동과 건강(개정판)'(2006) 외 다수

김성수(金聖洙) KIM Soung Soo (碩耕)

[생]1943·8·18 [본]김해(金海) [출]광주 [주]서울 중구 청계천로40 한국관광공사빌딩12층 법무법인 아태(02-755-2980) [학]1961년 경기고졸 1965년 서울대 법과대학졸 1969년 同사법대학원졸 1977년 미국 캘리포니아대 버클리교 대학원졸 1979년 법학박사(미국 캘리포니아 헤이스팅스법과대학원) [경]1967년 사법시험 합격(8회) 1969~1972년 해군 법무관·국방부 법무관실 근무 1972~1976년 서울지법·광주지법 판사 1979년 미국 하버드대 법대 방문교수 1980년 미국 캘리포니아주 변호사시험 합격 1982~2003년 아태합동법률사무소 대표변호사 1983년 대한상사중재원 중재인(현) 1988년 Law Asia Energy법위원회 위원·평생회원(현) 1990년 한국에너지법연구소 소장 2002~2005년 저작권심의조정위원회 위원 2003~2009년 한국산업기술대 에너지대학원 겸임교수 2003년 법무법인 아태 대표변호사(현) [저]'환경법상 기구균형과 법이론의 발전'(1979) '중국 국제기업거래법'(1993) '국제계약법'(1995) '수질환경기사'(1997) '국제에너지자원법' '아태 25년-아태법로역정(亞太法路歷程)'(2007) '국제불법행위법'(2009) [종]기독교

김성수(金聖洙) KIM Sung Soo (陶星)

[생]1948·6·10 [본]김해(金海) [출]충북 청주 [주]충북 청주시 청원구 오창읍 양청송대길103 (주)젠한국(043-240-9906) [학]1966년 청주고졸 1970년 한양대 공대 화학공학과졸 1975년 연세대 산업대학원졸 1996년 공학박사(충북대) [경]1970년 국립공업연구소 요업과 연구원 1973년 (주)한국도자기 연구실장 1977년 영국 크레스콘 기술연수 1978~1982년 충북대 화학공학과 강사 1982년 (주)한국도자기 전무이사 1989년 同부사장 1990~1999년 한국특수도자기 대표이사 1992~1999년 한도통상 대표이사 1992년 한도관광수안보파크호텔 대표이사 1994~2004년 (주)한국도자기 대표이사 사장 1995년 수안보파크호텔 회장 2004~2006년 (주)한국도자기 부회장 2004년 P.T.한국세라믹인도네시아 회장(현) 2006년 (주)젠한국 회장(현) [상]대통령표창(1983), 동탑산업훈장(1992), 디자인경영 대통령표창, 남녀고용평등상, 글로벌품질경영인대상(2015) [종]기독교

김성수(金聖秀) KIM Sung Soo (忍寸)

[생]1952·1·15 [본]경주(慶州) [출]전남 순천 [학]1970년 경복고졸 1975년 고려대 법학과졸 1977년 서울대 대학원 법학과졸, 同대학원 법학박사과정 2년 수료 [경]국방부/미 고문단 연락장교(해군 대위) 1981~1998년 연합통신 외신부·정치부 기자·정치부 차장·정치부 부장대우 1998년 연합뉴스 해외부 부장급 2001년 同워싱턴특파원 2002년 同워싱턴지사장 2004년 同국제부장(부국장대우) 2004년 同국제국 부국장 2005년 同해외국장 2006년 同정치담당 논설위원 2007년 한국전력기술(KOPEC) 비상임이사 2007년 연합뉴스 미주총국장 2009~2012년 同편집인(상무이사) 2009~2013년 외교통상부 정책자문위원 2011년 한국신문방송편집인협회 부회장 2012년 한국외국어대 언론정보학부 외래교수 2012년 가천대 신문방송학과 외래교수 2013~2014년 외교부 정책자문위원 2013~2015년 한국언론진흥재단 경영본부장(상임이사) 2015년 인하대 초빙교수(현) 2016년 원광대 초빙교수(현) 2016년 외교통상부 정책자문위원(현) [상]국방부 1259부대장표창(1981), ASEM보도관련 외교통상부장관표창(2000), 한국참언론인대상(2011) [저]'젊은 세대에게 보내는 대통령이야기'(2001) '오바마의 신화는 눈물이었다'(2009, 열린책들) [종]기독교

김성수(金性洙) KIM Sung Soo

[생]1953·5·20 [본]광산(光山) [출]경기 양주 [주]경기 안산시 상록구 해안로870 해외농업개발협회(031-400-1895) [학]1972년 경기기계공고졸 1980년 고려대 교육학과졸 [경]1974년 고려대 비상총학생회장 1975년 美8군 신문사 기자 및 편집인 1986년 양주군청년회 초대회장 1988년 양주군체육회 이사 1989년 양주청소년선도위원회 위원장 1991년 경기도의회 의원 1995·1998년 양주군수 출마 1999년 양주JC 특우회장 2000년 同청년회 특우회장 2002년 한나라당 경기도지사 경기북부선대부본부장 2002년 同제16대 대통령선거 양주시선대본부장 2004년 同제17대 총선 양주시선대본부장 2006년 同경기도당 비례대표 공천심사위원 2006년 同양주·동두천선대위원장 2007년 同제17대 대통령선거 양주·동두천선거대책위원장 2008년 同제18대 총선 경기도당 선대위 부위원장 2008년 同양주·동두천당원협의회 위원장 2008년 同경기도당 부위원장 2008~2012년 제18대 국회의원(양주·동두천, 한나라당·새누리당) 2008년 국회 농림수산식품위원회 위원 2009년 한나라당 경기도당 북부권당원협의회 본부장 2012~2015년 양규향토문화연구소 소장 2012년 해외농업개발협회 고문(현) 2012년 포럼경기비전 대표(현) 2013~2015년 의정부·양주·동두천 통합범시민추진위원회 상임대표 [저]'양주문화기행'(2002) 자서전 '김성수의 뚝배기 정치이야기'(2011) [종]기독교

김성수(金聖洙) KIM Sung Soo

[생]1956·9·9 [본]선산(善山) [출]서울 [주]서울 영등포구 의사당대로1 국회 의원회관313호(02-784-8780) [학]1975년 경기고졸 1982년 서울대 독어독문학과졸 [경]1984년 MBC 입사 1987년 同정치부 기자 1992년 同보도국 TV편집2부 기자 1993년 同보도국 정치부 기자 1996년 同통일외교부 차장대우 2002년 同도쿄특파원(차장) 2003년 同정치부장(부장대우) 2005년 同뉴스편집센터 1CP 2005년 同보도국 부국장 2006년 同보도국 편집에디터 2006년 同편성본부 2TV편성팀장 2007~2008년 同보도국장 2008년 同뉴스데스크 앵커 2008년 同보도국 선임기자(부국장급) 2010년 同논설위원 2011~2014년 목포MBC 사장 2014년 새정치민주연합 원내대표 정무조정실장 2014년 同대변인 2015년 더불어민주당 대변인 2016년 同비상대책위원회 및 선거대책위원회 대변인 2016년 同수석대변인 2016년 제20대 국회의원(비례대표, 더불어민주당)(현) 2016년 더불어민주당 공정언론특별위원회 총괄간사(현) 2016년 국회 미래창조과학방송통신위원회 위원(현)

김성수(金星秀) KIM Sung Soo (南泉)

[생]1956·10·11 [본]연안(延安) [출]제주 서귀포 [주]제주특별자치도 제주시 도령로65 제주한라병원 원장실(064-740-5203) [학]1975년 경복고졸 1983년 중앙대 의과대학졸 1990년 同대학원졸 1997년 의학박사(중앙대) [경]1991년 제주한라병원 신장내과장 1992~1996년 同부원장 1996년 중앙대의과대학동창회 자문위원(현) 1997년 제주한라병원 원장(현) 1998년 중앙대 의과대학 외래교수(현) 2000년 대한병원협회 기획위원 2000년 대한투석전문의협회 이사(현) 2000년 대한적십자사 제주도지사 대의원 2001년 (사)북한동포돕기 제주도민운동본부 이사(현) 2001년 제주지역장애인고용대책위원회 위원(현) 2003~2006년 제주도의사회 부회장 2005년 법률구조법인 한국가정법률상담소 제주지부 부이사장(현) 2006~2009년 대한의사협회 중앙이사 2006~2009년 대한내과학회 평의원 2011년 제주지방경찰청 경찰발전위원장(현) 2011년 제주도병원협회 회장(현) 2011년 대한병원협회 의무이사(현) 2012년 가톨릭대 여의도성모병원 외래교수 2012년 한국국제의료협회 이사(현) 2012년 同동남아시아분과장(현) 2013년 제주경영자총협회 부회장(현) 2013년 코리아메디컬홀딩스 이사 2013년 헬스리조트 'THE WE' 대표(현) 2013년 한국해양구조협회 제주북부지부 이사 2014년 보건복지부 국제의료사업민관합동TF 자문위원 2015년 韓中의료우호협회 회장(현) 2016년 대한암협회 이사(현) [상]국무총리표창(2010), 대한민국경제리더대상(2010), 한국을 빛낸 대표브랜드 대상 의료서비스·의료관광부문(2011), 대한민국보건산업대상 지역최우수병원 특별상(2011), 헬스조선 선정 대한민국 대표의료기관(2011), 대한적십자사 명예장(2011), 보건복지부장관표창 2회(2012), 머니투데이 선정 '고부가서비스산업 헬스케어부문 우수기업'(2012), 인도네시아 정부 감사패(2013), 해양수산부장관표창(2014) [종]불교

김성수(金成洙) KIM Sungsoo

[생]1956·12·19 [본]김해(金海) [출]경북 경주 [주]서울 관악구 관악로1 서울대학교 환경대학원 환경계획학과(02-880-8521) [학]1975년 서울고졸 1979년 서울대 공과대학 토목공학과졸 1981년 同환경대학원 환경계획학과졸 1993년 도시계획학박사(미국 하버드대) [경]1983~1984년 육군사관학교 토목공학과 전임강사 1993~2004년 서울대 환경대학원 환경계획학과 조교수·부교수 1996~1998년 건설교통부 중앙교통영향심의위원 1996~2010년 대한교통학회 이사 1998~2000년 서울대 환경대학원 환경계획학과장 2002~2004년 서울시 청계천복원시민위원회 위원 2003년 서울시 도시교통정책심의·교통안전대책위원회 위원 2004년 서울대 환경대학원 환경계획학과 교수(현) 2005~2007년 건설교통부 전략환경평가위원회(교통·물류분야)위원 2007~2016년 서울시 버스정책시민위원회 위원 2007~2009년 서울대 환경계획연구소장 2010~2012년 국토해양부 국가교통정책조정실무위원회 위원 2010~2012년 同중앙건설기술심의위원회 설계심의분과위원 2010년 서울대 평위원회 위원 2013년 국토교통부 중앙건설기술심의위원회 설계심의분과위원 [상]대한교통학회 논문상(2002), 대한교통학회 논문부문 학술상(2008·2010) [저]'Congestion Pricing in Seoul: A Simulation of the Effects of CBD Cordon Charges'

김성수(金聖洙) KIM Sung Soo

[생]1957·8·22 [출]인천 [주]인천 서구 거월로61 수도권매립지관리공사 운영이사실(032-560-9434) [학]경북산업대졸 [경]인천시 남동구청 건설과장 2010년 인천시 도시재생1과장 2012년 同도시계획과장 2013년 인천경제자유구역청 영종청라사업본부장 2014년 인천시 안전행정국 근무(부이사관) 2015년 同도시관리국장(부이사관) 2015년 수도권매립지관리공사 운영이사(현) [상]인천시 '인천의 꿈 실현상'(2015)

김성수(金成洙)

[생]1958·8·1 [출]전남 [주]전북 완주군 이서면 오공로 12 한국전기안전공사 임원실(063-716-2291) [학]1978년 서울 경동고졸 1989년 성균관대 행정학과졸 [경]1984년 공직 입문(공채 7급) 2001~2011년 산업자원부 정책평가담당관실·지식경제부 전기위원회 사무국 경쟁기획과·지식경제부 무역투자실 투자정책과 행정사무관 2011~2013년 지식경제부 에너지자원정책과 사무관·산업통상자원부 감사담당관실 서기관 2013년 산업통상자원부 광업등록사무소장 2015년 同동부광산보안사무소장 2015년 한국전기안전공사 기획이사 겸 부사장(상임이사)(현) [상]동력자원부장관표창(1992), 행정자치부장관표창(1999)

김성수(金聖洙)

[생]1959·9·16 [출]서울 [주]서울 영등포구 여의공원로 13 한국방송공사 방송본부(02-781-1000) [학]서울 서라벌고졸, 한국외국어대 이태리어과졸 [경]2000년 한국방송공사(KBS) 교양국 차장 2002년 同제작본부 기획제작국 차장 2004년 同편성본부 2TV편성팀 프로듀서(차장급) 2006년 同편성본부 2TV편성팀장 2008년 同편성본부 2TV편성팀 프로듀서 2010년 同콘텐츠본부 다큐멘터리국 EP 2010년 同콘텐츠본부 콘텐츠기획부장 2013년 同콘텐츠본부 외주제작국장 2013년 同편성본부 협력제작국장 2014년 (주)KBS아트비전 이사 2015년 한국방송공사(KBS) 편성본부장 2016년 同방송본부장(현) [상]서울시의사회 사랑의금십자상(2003)

김성수(金晟銖) KIM Sung Soo

[생]1959·9·30 [본]경주(慶州) [출]대구 [주]경남 김해시 인제로197 인제대학교 인문사회과학대학 정치외교학과(055-320-3145) [학]1983년 한국외국어대 정치외교학과졸 1989년 정치학박사(미국 텍사스대 오스틴교) [경]1984~1989년 미국 텍사스대 강의조교 1990년 인제대 사회과학대학 정치외교학과 교수(현) 1990~1998년 낙동강환경청 영향평가위원 1996년 낙동강연구센터 자문위원 2003년 경남정치학회 부회장 2006~2009년 인제대 대외교류처장 2008년 同개교30주년기념사업추진단장 2009~2011년 21세기정치학회 부회장 2010~2012년 인제대 특별자문위원 2010·2012년 환경부 미래유망녹색기술포럼 총괄위원 2011년 同미래유망녹색기술포럼 아름다운지구분과위원 2011년 대통령직속 원자력안전위원회 위원 2013~2014년 인제대 인문사회과학대학장 2013년 국무총리직속 원자력안전위원회 위원 2014년 대학특성화 제4섹터 신공공분야인재양성사업단장(현) [저]'한국정치연구의 대상과 방법'(1992) '환경, 교육, 정책개선'(2003) '국제환경협력의 이론과 실제'(2004) '우리 대한민국을 위해'(2008) '국제환경협력의 이론과 실제'(2008) '한국정치의 일상적 쟁점 이해'(2011) '인간과 정치(共)'(2011) '다자간 환경협력'(2014) '한국정치 쟁점 이해'(2015) [종]가톨릭

김성수(金成洙)

[생]1960·3·13 [출]전북 김제 [주]부산 남구 문현금융로40 부산국제금융센터 한국주택금융공사 상임이사실(1688-8114) [학]1978년 익산 남성고졸 1986년 전북대 금속공학과졸 2011년 건국대 대학원 부동산학과졸 [경]2001년 기획예산처 교육문화예산과·홍보관리관실 행정사무관 2007년 한국주택금융공사 경영기획부 팀장 2009년 同업무지원실장 2010년 서울대 공기업고급경영자과정 파견 2012년 한국주택금융공사 홍보실장 2012년 同기획조정실장 2013년 同영업부장 2014년 同리스크관리부장 2015년 同상임이사(현)

김성수(金性洙) KIM Sung Soo

[생]1962·1·8 [출]서울 [주]서울 마포구 상암산로66 CJ E&M(02-371-5500) [학]1981년 서울 성동고졸 1988년 고려대 불문학과졸 1990년 同대학원 신문방송학과졸 [경]1989년 제일기획 AE 근무 1992년 APEX 마케팅팀장·신규사업팀장 1994년 Tooniverse 편성제작부장 1998년 Tooniverse·OCN·Catchone·바둑TV 방송사업국장 2000년 온미디어 방송본부장(상무) 2001년 同대표이사 2011~2013년 CJ미디어 대표이사 2011~2012년 CJ E&M 대표이사 겸 방송사업부문 대표 2012년 同경영고문 2013년 同공동대표이사 부사장 2015년 同대표이사 부사장 2016년 同대표이사 총괄부사장(현)

김성수(金聖洙) KIM Sung Soo

[생]1963·10·15 [본]김해(金海) [출]경북 봉화 [주]부산 연제구 법원로31 부산지방법원(051-590-1114) [학]1981년 부평고졸 1985년 서울대 법대 사법학과졸 1986년 중앙대 사회개발대학원 사회개발학과졸 [경]1987년 사법시험 합격(29회) 1990년 사법연수원 수료(19기) 1990년 軍법무관 1993년 수원지법 판사 1995년 서울지법 판사 1997년 춘천지법 영월지원 판사·정선군·태백시·평창군법원 판사 2002년 대구고법 판사 2004년 대구지법 판사 2005년 同안동지원장 2007년 대구지법 부장판사 2011년 同서부지원장 2013년 대구지법·대구가정법원 부장판사 2016년 부산지법 부장판사(현)

김성수(金聖秀) KIM Seong Su

[생]1964·3·25 [주]서울 관악구 관악로1 서울대학교 경영전문대학원 LG관707호(02-880-8797) [학]경기고졸, 서울대 경영학과졸, 미국 시카고대 경영대학원졸, 경영학박사(미국 UCLA) [경]1996~1997년 미국 Case Western Reserve대 교수 1997년 서울대 경영대학 조교수·부교수·교수(현), 同경영전문대학원 교수(현) 1999~2002년 미국 뉴욕주립대 초빙교수 2005~2007년 미국 하와이대 경영대학 초빙교수 [상]미국경영학회 최우수논문상, 한국인사조직학회 국제학술상, The Mercer Award Mercer 최우수논문상, 제14회 한국갤럽학술논문상 최우수상(2016), 미국경영학회(Academy of Management) 최우수논문상 학술업적상(Scholarly Achievement Award)(2016) [저]'한국 제약기업의 변화와 도전'(2009, 서울대 출판부) '사원 만족도 관리 전략'(2009, 서울대출판부) '네오위즈의 인사관리'(2010, 서울대 출판부) '한국기업의 성과주의 인사시스템 변천'(2010, 서울대 출판부) '현대카드현대캐피탈의 변화와 혁신'(2011, 서울대 출판부) '최고의 팀을 만드는 사람관리의 모든 것'(2014, 시그마북스)

김성수(金晟洙) KIM Sung Soo

[생]1966·3·30 [본]김녕(金寧) [출]경남 합천 [주]서울 서초구 서초중앙로157 서울중앙지방법원(02-530-1114) [학]1984년 마산고졸 1989년 서울대 법학과졸 [경]1990년 사법시험 합격(32회) 1993년 사법연수원 수료(22기) 1993년 軍법무관 1996년 대구지법 판사 1999년 同구미시법원 판사 2000년 인천지법 판사 2003년 서울지법 북부지원 판사 2004년 서울고법 판사 2006년 서울행정법원 판사 2008년 대전지법 부장판사 2010년 수원지법 부장판사 2012년 서울남부지법 부장판사 2014년 서울중앙지법 부장판사(현) 2016년 언론중재위원회 운영위원(현)

김성수(金成洙) KIM SUNG SOO

[생]1966·9·27 [출]경북 영일 [주]부산 해운대구 해운대로129 해운대경찰서(051-665-0321) [학]1990년 경찰대 행정학과졸 [경]부산 기장경찰서장 2013년 부산지방경찰청 생활안전과장 2014년 부산 연제경찰서장 2015년 부산지방경찰청 경무과장 2016년 부산 해운대경찰서장(현) [상]녹조근정훈장(2013)

김성수(金性洙) KIM Sung Soo

[생]1968·8·26 [출]전남 함평 [주]서울 서초구 서초중앙로157 서울고등법원 판사실(02-530-1114) [학]1987년 광주 인성고졸 1992년 한양대 법학과졸 [경]1992년 사법시험 합격(34회) 1995년 사법연수원 수료(24기) 1998년 광주지법 판사 2000년 同해남지원 판사 2002년 광주지법 판사 2003년 同영광군·장성군법원 판사 2005년 수원지법 안산지원 판사 2006년 법원행정처 윤리감사제1담당관 2007년 同윤리감사심의관 2010년 제주지법 부장판사 2011년 서울고법 판사(현)

김성수(金成守) KIM Sung Soo

[생]1972·8·25 [출]광주 [주]서울 서초구 서초중앙로157 서울중앙지방법원(02-530-1114) [학]1989년 광주 진흥고졸 1993년 서울대 법대 공법학과졸 [경]1992년 사법시험 합격(34회) 1995년 사법연수원 수료(24기) 1998년 서울지법 판사 2000년 서울행정법원 판사 2002년 제주지법 판사 2003년 대전지법 논산지원 판사 2005년 대전고법 판사 2006년 법원행정처 사법정책실 판사 2009년 서울중앙지법 판사 2010년 광주지법 순천지원 부장판사 2011년 대법원 재판연구관 2013년 수원지법 부장판사 2015년 서울중앙지법 부장판사(현)

김성숙(金星淑·女) KIM Sung Sook

[생]1947·3·3 [출]인천 [주]인천 서구 심곡로98 인천평생교육진흥원 원장실(032-568-4190) [학]1965년 인일여고졸 1969년 이화여대 신문방송학과졸, 숙명여대 경영대학원 경영학과졸 [경]1982~1995년 한국소비자연맹 사무총장 1995년 인천사랑여성모임 대표 1998년 인천방송 심의위원 1999년 인천의제21실천협의회 홍보교육분과위원장 2000년 인천시 시사편찬위원 2002·2006~2010년 인천시의회 의원(한나라당) 2004~2006년 同운영위원장, 한나라당 인천시당 대변인, 인천시의회 조례정비특별위원장, 한국소비자정책교육학회 이사, 한나라당 인천남구甲당원협의회 부위원장 2009~2010년 인천시의회 예산결산특별위원장 2010년 인천시의원선거 출마(한나라당) 2010년 한나라당 인천시당 서민행복추진단장, 인천녹색소비자연대 상임이사 2013~2015년 인천소비자단체협의회 회장 2015년 인천평생교육진흥원 원장(현) [저]'일주일 연수로 배우는 천년의 지방자치' [종]천주교

김성순(金聖順) KIM Sung Soon

[생]1940·9·28 [본]광산(光山) [출]서울 [학]1958년 성동고졸 1960년 육군사관학교(20기) 중퇴 1969년 단국대 정치외교학과졸 1972년 중앙대 대학원 행정학과졸 1984년 행정학박사(한양대) 1997년 명예 사회학박사(카자흐스탄 알마아타국립대) [경]1966년 행정고시 합격 1985년 영등포구 부구청장 1985년 서울시 올림픽기획관 1987년 同공보관 1988년 송파구청장 1989년 서울시 보건사회국장 1991년 서울 중구청장 1992년 서울시 문화관광국장 1993년 송파구청장 1994년 월간 '예술세계'로 시인등단 1995~2000년 서울시 송파구청장(민주당·무소속·새천년국민회의) 2000~2004년 제16대 국회의원(서울 송파구乙, 새천년민주당) 2000년 새천년민주당 제3정책조정위원장 2001·2002년 同지방자치위원장 2003년 同대변인 2003년 同전자정당추진특별위원장 2004년 건양대 보건의료학과 석좌교수 2004년 새천년민주당 사무총장 2005년 민주당 전국대의원대회 부의장 2005년 同서울송파丙지역운영위원회 위원장 2007년 同사무총장 2007년 同최고위원 2008~2012년 제18대 국회의원(서울 송파구丙, 통합민주당·민주당·민주통합당), 국회 예산결산특별위원회 위원, 국회 국토해양위원회 위원, 민주당 경인한강운하검증TF위원장 2010년 국회 환경노동위원장 2010년 민주당 서울시당 위원장 2011~2012년 민주통합당 서울시당 위원장 [상]홍조근정훈장(1986), 한국능률협회 지방자치경영대상(1996) [저]'노인복지론'(1981) '고령화사회와 노동'(1985) '고령화사회와 복지행정'(1990) '생활노년학'(1994) 시집 '세상을 거울로 보며'(1995) '코뿔소의 눈물'(1997) '하늘에 그리는 하얀 그림'(2005) '밤에도 파란 하늘을 그리고 싶다'(2008) '생각하는 노년이 아름답다' '은하수로 흐르는 별'(2010) 수필집 '살림 잘하는 남자'(1996) '도시의 테마는 사람이다'(1999) '구름같은 마음에 산같은 믿음주소서' '고령사회 정책론' [종]기독교

김성순(金性淳) KIM Sung Soon

[생]1945·11·23 [본]김해(金海) [출]서울 [주]경기 성남시 분당구 새마을로177번길81 사서함99호 국군수도병원 순환기내과(031-725-6429) [학]1970년 연세대 의대졸 1974년 同대학원 의학석사 1979년 의학박사(연세대) [경]1970~1975년 연세대 의대 인턴·내과 레지던트 수료 1975~1979년 同의대 내과학교실 심장내과 강사 1979~1981년 미국 세인트루이스의대 심장내과 Fellow 수료 1979~1982년 同내과 강사 1982~1983년 미국 일리노이대 의대 임상심장전기생리학 Fellow 수료 1983~1986년 미국 워싱턴대 의대 내과 강사·조교수 1986년 연세대 의대 내과학교실 심장내과 부교수 1990~2011년 同의과대학 내과학교실 심장내과 교수 1992~1997년 同내과학교실 심장내과장 1993~1997년 同심장혈관병원 진료부장 1994년 대한순환기학회 이사장 1999~2004년 연세대 의대 심장혈관연구소장 2000~2004년 同심장혈관병원장 2001년 대한순환기학회 부정맥연구회장 2002년 대한심폐소생협회 이사장(현) 2004년 대한민국의학한림원 정회원(현) 2011년 국군수도병원 순환기내과 전문의(현), 同순환기내과장(현) [상]순환기학회 학술상(1977·1997), 동신 Smith Klein 학술상(1987) [저]'심장부정맥'(1998)

김성순(金誠恂) KIM Seong Suhn

[생]1952·7·21 [본]광산(光山) [출]서울 [주]경기 용인시 수지구 죽전로152 단국대학교 상경대학 무역학과(031-8005-3393) [학]1978년 서울대 경제학과졸 1983년 미국 뉴욕주립대 대학원 경제학과졸 1990년 경제학박사(서울대) [경]1977년 국제경제연구원 연구원 1981년 미국 뉴욕주립대 조교 1986년 단국대 상경대학 무역학과 교수(현) 1990~1995년 同무역학과장 1993~1994년 미국 UCLA 객원교수 1997~2007년 한국재정학회 총무이사·감사·이사 1999년 단국대 교수협의회 부회장 겸 회장 대행 2000~2001년 영국 Oxford대 객원교수(학술진흥재단지원) 2002~2004년 한국은행 객원연구원 2004~2007년 지방재정학회 편집위원장 [저]'공공경제학'(1999) '대처정부의 경제개혁: 평가와 교훈'(2003) '국제무역 이론 및 정책'(2004) [종]천주교

김성식(金成植) KIM Seong Sik

[생]1955·8·23 [주]충북 청주시 흥덕구 강내면 태성탑연로250 한국교원대학교 컴퓨터교육학과(043-230-3740) [학]1977년 고려대 경영학과졸 1988년 미국 오리건주립대(Oregon State Univ.) 대학원 컴퓨터학과졸 1992년 이학박사(고려대) [경]행정고시 합격(19회) 1978년 서울대 교무과 행정사무관 1980년 교육부 기획관리실·대학정책실·과학교육국·사회국제교육국 행정사무관 1990년 대통령 교육정책자문회의 행정사무관 1992년 한국교원대 컴퓨터교육과 교수(현) 1993~1998년 한국정보과학회 전산교육연구회 운영위원 1996년 캐나다 브리티쉬 콜롬비아대(UBC) 교환교수 1997~2002년 한국컴퓨터교육학회 총무이사·편집위원장 1998~2000년 한국교원대 전자계산소장 1999년 한국전산원 정보화사업평가위원회 사이버대학시범사업평가위원장 1999~2003년 한국교원대 종합교육연수원 원격연수팀장 2000~2004년 同정보통신연구소장 2001~2003년 청주외국어고 학교운영위원장 2002년 교육인적자원부 원격대학설치심사위원회 위원(총무) 2002년 한국컴퓨터교육학회 부회장 2003년 한국정보과학회 충청지부 부지부장 2003년 전국원격연수원협의회 부회장 2006~2008년 한국컴퓨터교육학회 회장 2016년 한국교원대 제3대학장(현) [상]정보통신윤리상(2007) [저]'언어와 기차' '인터넷 정보검색사' 'Excel 2000 강의교재' 'Visual Basic 6.0 강의교재' '자바스크립트 강의교재' '웹 기반 컴퓨터 보조학습' '인공지능기법' '컴퓨터과학개론' '정보문화인을 위한 컴퓨터 배우기' '최신컴퓨터교육' 'e시대의 정보통신윤리'(2009) '중학교 정보3'(2010)

김성식(金成植) Kim Song-Sik

[생]1958·12·16 [본]강동(江東) [출]부산 [주]서울 영등포구 의사당대로1 국회 의원회관844호(02-784-2051) [학]1977년 부산고졸 1984년 서울대 경제학과졸 [경]1978·1987년 민주화운동으로 두 차례 투옥 1984~1986년 한국노총 전국화학노동조합연맹 정책기획부장 1991년 서울시의원선거 출마(민중당) 1993~1994년 (사)나라정책연구원 정책기획실장 1994~1995년 방송시사 평론가(CBS 등) 1996년 제15대 국회의원선거 출마(통합민주당) 2000~2004년 한나라당 서울관악구甲지구당 위원장 2000년 제16대 국회의원선거 출마(서울 관악구甲, 한나라당) 2003~2004년 한나라당 제2정책조정위원장(경제·예산 담당) 2004년 제17대 국회의원선거 출마(서울 관악구甲, 한나라당) 2004~2006년 경기도 정무부지사 2008~2012년 제18대 국회의원(서울 관악구甲, 한나라당·무소속) 2008년 국회 기획재정위원회 위원 2008년 국회 예산결산특별위원회 위원 2008~2009년 한나라당 초선위원모임 '민본 21' 초대간사 2011년 同정책위원회 부의장(기획재정·정무·예산결산 담당) 2012년 제19대 국회의원선거 출마(서울 관악구甲, 무소속) 2012년 무소속 안철수 대통령후보 공동선거대책본부장 2014년 새정치추진위원회 공동위원장 2016년 국민의당 최고위원 2016년 제20대 국회의원(서울 관악구甲, 국민의당)(현) 2016년 국민의당 정책위원회 의장(현) 2016년 同서울관악구甲지역위원회 위원장(현) 2016년 국회 기획재정위원회 간사(현) 2016년 국회 예산결산특별위원회 위원(현) 2016년 국회 저출산·고령화대책특별위원회 위원(현) 2016년 국민의당 비상대책위원회 위원(현) [상]국회 백봉신사상 베스트10 선정(2008·2009·2010·2011), NGO모니터단 경제정의실천시민연합 국정감사 우수의원(2008·2009·2010·2011), 바른사회시민회의·시민일보 선정 의정활동 우수의원(2009), 매니페스토약속대상 최우수의원(2010), 국회보좌진 선정 올해의 의원상 대상(2010·2011), 국회헌정대상 종합1위(2011) [저]'한국경제의 새틀을 찾아'(2009, 새로운 사람들) '김성식의 초선탐구생활- 국회의원? 뭐하는 사람이야!'(2011, 새로운 사람들) [종]기독교

김성식(金聖埴) KIM Sung Shik

[생]1967·11·9 [출]서울 [주]서울 중구 퇴계로307 광희빌딩14층 (주)벽산 비서실(02-2260-6104) [학]1986년 서울 환일고졸 1992년 미국 오하이오주립대(Ohio State Univ.) 마케팅학과졸 1998년 미국 하버드대 경영대학원졸 [경]일본 日東紡織 근무, The Boston Consulting Group 근무, 벽산그룹 구조조정실장, (주)벽산 상무이사 2000년 同전략총괄 전무이사 2005년 同대표이사 사장(현) 2005년 벽산페인트 대표이사 사장(현) 2008년 (주)하츠 공동대표이사 사장 겸임 2009년 同대표이사 사장 겸임(현) [상]산업포장(2016) [종]기독교

김성연(金聖淵) KIM, Sung Hyun

[생]1958·4·8 [출]충남 금산 [주]대구 달성군 구지면 구지서로1 국민안전처 중앙119구조본부(053-712-1111) [학]1977년 금산고졸 1986년 한남대 행정학과졸 [경]소방간부후보생 6기, 대전중부소방서 산내파출소장, 同방호과장, 대전서부소방서 소방과장, 대전시소방본부 구조담당·예방담당·상황실장·교육감찰담당, 소방방재청 중앙119구조대 현장지휘팀장 2000년 행정자치부 소방공무원복제개선단장 2005년 전남도소방본부 소방행정과장(소방정), 대전시소방본부 대응구조과장 2005년 소방방재청 의용소방대복제기획단장 2007년 대전동부소방서장 2010년 대전시소방본부 소방행정과장 2010년 부산시소방학교장 2011년 소방방재청 소방정책국 소방산업과 산업계장 2012년 同소방정책국 소방정책과장(소방준감) 2012년 대전시소방본부장 2013년 서울시소방학교장 2015년 국민안전처 중앙소방본부 119구조과장 2016년 同중앙119구조본부장(현) [상]국무총리표창(2회), 대전시장표창(2회), 자랑스러운 한남인상(2013) [저]'어린이 소방대 지도교범'(1998) '소방실무시리즈 10권'(1999)

김성연(金成娟·女) Kim Seong Yeon

[생]1973·2·9 [출]서울 [주]세종특별자치시 절재로180 인사혁신처 인재개발국 인재정책과(044-201-8210) [학]동덕여고졸 1996년 서울대 독어교육학과졸 2004년 미국 미시간대 대학원졸(MBA) [경]1997년 행정고시 합격(40회) 1997년 정보통신부 국제협력관실·협력기획담당관실 사무관 1999년 중앙인사위원회 직무분석과·정책담당관실·인사정책국 정책총괄과 사무관 2004년 同인사정책국 정책총괄과 서기관 2006년 중앙공무원교육원 인재양성부 인재양성2팀장 2008년 행정안전부 지식행정과장 2008년 同기업협력지원관실 서기관 2009년 同기획조정실 행정선진화기획관실 성과고객담당관 2012년 同안전개선과장 2013~2014년 안전행정부 안전개선과장 2014년 국민안전처 운영지원과장 2016년 인사혁신처 인재개발국 인재정책과장(현) [상]선진교통안전대상 유공 근정포장(2013)

김성열(金聖烈) KIM Sung Yeul

[생]1950·1·5 [출]경기 평택 [주]서울 강남구 테헤란로 614 (주)슈페리어 부회장실(02-2192-3112) [학]1986년 대한장로신학대 신학과졸 1992년 고려대 대학원 최고경영자과정 수료 [경]1978년 (주)슈페리어 입사 1995년 同부사장 2001년 同대표이사 2003년 한국패션협회 이사 2005년 강남구상공회의소 부회장 2008년 삼성세무서세정협의회 회장 2008년 광진구 소방방재대책협의회 회장 2009년 서울고법 조정위원협의회 운영위원회 부위원장 2011년 강남포럼 부회장 2013년 (주)슈페리어 부회장(현) 2016년 한국의류시험연구원 이사장(현) [상]대한민국 디자인경영대상(2002), 한국일보 선정 베스트디자인상(2003), 국무총리표창(2009), 기획재정부 성실납세자상(2011), 대통령표창(2012) [종]기독교

김성열(金聲烈) Kim Seong Yul

[생]1956·9·15 [본]경주(慶州) [출]제주 [주]경남 창원시 마산합포구 경남대학로7 경남대학교 사범대학 교육학과(055-249-2312) [학]1982년 서울대 교육학과졸 1984년 同대학원 교육학과졸 1993년 교육학박사(서울대) [경]1985~1997년 경남대 사범대학 교육학과 전임강사·조교수·부교수 1997~1999년 교육부 시·도교육청 평가위원 1997~2008·2011년 경남대 사범대학 교육학과 교수(현) 1998년 同사범대학 교육학과장 2000·2001년 한국교육개발원 학교종합평가위원 2000년 교육부 학술연구심사평가위원 2002년 미국 Northern Illinois Univ. 방문교수 2004~2005년 경남대 교무연구처장 2005~2006년 대통령자문 교육혁신위원회 상임위원 2006~2008년 한국교육정책학회 회장 2008년 경남대 사범대학장 겸 중등교육연수원장 2008년 同교육문제연구소장 2008년 제17대 대통령직인수위원회 자문위원 2008~2011년 한국교육과정평가원 원장 2008~2011년 한국지방교육학회 회장 2011~2014년 경남대 대외부총장 2011~2014년 경남도교육청 정책자문위원장 2011~2014년 교육개혁포럼 대표 2011~2012년 한국교육학회 부회장 2013년 한국교원교육학회 수석부회장 2013~2014년 한국교육학회 상임이사 2013~2014년 국무총리실 정부업무평가위원회 민간전문위원 2014년 한국장학재단 비상임이사(현) 2014년 한국교육행정학회 부회장 2014~2015년 한국교원교육학회 회장 2014년 한국대학교육협의회 대학평가인증위원회 위원(현) 2014~2016년 경남대 총장특별보좌역 2015년 한국교육학회 부회장 2015~2016년 한국교육행정학회 회장 2015년 교육부 자체평가위원장(현) 2015~2016년 同교육개혁추진협의회 위원 2016년 同대학구조개혁위원회 위원(현) 2016년 한국교육학회 차기(2017년) 수석부회장 및 차차기(2019년) 회장(현) [상]한마학술장학재단 학술연구상(1999), 교육과학기술부장관표창(2008) [저]'성인학습과 삶의 변화(共)'(1998) '한국교육50년사(共)'(1998) '학교교육 이렇게 살리자(共)'(2002) '공교육 : 이념·제도·개혁(共)'(2004) '한국교육 60년'(共) [역]'학교교육과 커뮤니케이션'(1989) '국가와 교육'(1992) '학교행정의 윤리적 쟁점'(1995) [종]불교

김성열(金聖悅)

[생]1968·8·4 [출]대구 [주]경북 경주시 화랑로89 대구지방법원 경주지원(054-770-4300) [학]1987년 경북고졸 1991년 서울대 법학과졸 1993년 同대학원 법학과졸 [경]1996년 사법시험 합격(38회) 1999년 사법연수원 수료(28기) 2001년 대구지법 판사 2002년 同김천지원 판사 2004년 대구지법 판사 2009년 대구고법 판사 2011년 대구지법 판사 2012년 대법원 재판연구관 2014년 부산지법 부장판사 2016년 대구지법·대구가정법원 경주지원장(현)

김성열(金星烈) Kim, Sungyeol

[생]1970·5·19 [본]안동(安東) [출]서울 [주]세종특별자치시 한누리대로402 산업통상자원부 에너지자원실 전력산업과(044-203-5260) [학]1989년 배문고졸 1993년 서울대 경영학과졸 1998년 同경영대학원 경영학과졸 2007년 법학박사(미국 뉴욕주립대) [경]1997년 행정고시 합격(41회) 2009년 산업통상자원부 창의혁신담당관 2010년 대통령실 경제수석비서관실 행정관 2012년 駐뉴욕총영사관 상무관 2015년 산업통상자원부 전력진흥과장 2016년 同에너지자원실 전력산업과장(현) [저]'코포릿 아메리카'(2014, 페이퍼로드)

김성엽

[생]1963 [주]서울 종로구 세종대로209 행정자치부 조직진단과(02-2100-4430) [학]마산고졸, 고려대 정치외교학과졸 [경]1992년 행정고시 합격(36회) 2009년 행정안전부 정보화지원과장 2010년 同정보화담당관, 국무총리실 행정정책과장, 부마민주항쟁보상지원단 파견 2015년 정부3.0추진위원회지원단 총괄과장 2016년 행정자치부 조직진단과장(현)

김성엽(金成燁) KIM Seong Yup

[생]1964·10·10 [출]경북 성주 [주]대구 달서구 장산남로 30 대구지방법원 서부지원(053-570-2114) [학]1983년 대구 능인고졸 1987년 서울대 공법학과졸 1989년 同대학원졸 [경]1988년 사법시험 합격(30회) 1991년 사법연수원 수료(20기) 1994년 대구지법 판사 1997년 同경주지원 판사 1999년 대구지법 판사 2001년 대구고법 판사 2003년 대구지법 판사 2004년 대법원 재판연구관 2006년 대구지법 부장판사 2008년 미국 시애틀대 교육파견 2010년 대구지법 경주지원장 2012년 대구지법 부장판사 2015년 대구지법 서부지원장(현)

김성옥(金聖玉·女) KIM Sung Ok

[생]1949·2·12 [본]김해(金海) [출]충남 금산 [주]서울 송파구 올림픽로35가길11 한신오피스텔307호 (사)한국여성유권자연맹 회장실(02-423-5355) [학]이화여고졸, 이화여대 생물학과졸, 同교육대학원 과학교육학과졸, 同대학원 환경공학과졸, 공학박사(이화여대), 연세대 고위여성지도자과정 수료, 이화여대 여성최고지도자과정 수료, 경남대 북한대학원대 민족공동체지도자과정 수료 [경]1999~2004년 (사)한국여성유권자연맹 중앙이사 2003~2005년 이화여대 생명과학과동창회장 2004~2006년 同자연과학대학동창회장 2004~2010년 (사)한국여성유권자연맹 중앙부회장 2005~2009년 同서울연맹 회장 2005~2007년 이화여고 68기 동창회장 2006~2007년 한국환경영향평가학회 평의원 2009년 이화여대 환경공학과·대학원 강사 2010~2012년 보건복지부 중앙보육정책위원회 위원 2010년 (사)한국여성유권자연맹 중앙회장, 同명예회장(현) 2010년 여성가족부 정책자문위원회 위원(현) 2010년 이화여대 공과대학 환경공학과 겸임교수(현) 2010년 한국출산보육장려협회 고문 2010년 국정감사NGO모니터단 상임공동대표(현) 2010년 공명선거실천시민운동협의회 상임공동대표(현) 2011년 연세대 여성고위지도자과정(TMP)총동창회 회장, 同고문(현) 2011년 민주평통 자문위원 2011년 (사)여성청소년미디어협회 고문(현) 2011년 서울시 주민투표청구심의회 위원 2014년 삼성생명공익재단 삼성행복대상위원회 추천위원(현) 2014년 새로운한국을위한국민운동 공동대표(현) 2014년 한국양성평등교육진흥원 '포럼 본' 운영위원(현) 2015년 혼례문화개선범국민운동본부 공동대표(현) 2015년 대한적십자사 전문위원(현) 2015년 민주평통 마포협의회 부회장(현) [상]이화를 빛낸 상(2010) [종]천주교

ㄱ

김성완(金城完) KIM Sung Wan

[생]1940·8·21 [출]부산 [주]서울 성동구 왕십리로222 한양대학교 공과대학 화공생명공학부(02-2297-0838) [학]1963년 서울대 화학과졸 1965년 同대학원졸 1969년 물리화학박사(미국 유타대) 2006년 명예박사(네덜란드 Twente Univ.) [경]1969~1973년 미국 유타대 생체고분자·인공장기 연구 1974~2003년 同약학과 교수 1982~1987년 미국 국립보건원 자문위원·Center for Controled Chemical Delivery 연구센터 소장·미국 Thera Tech 및 Macro Med社 및 EGEN 설립·삼양사 의약사업부문 고문 1999년 미국 학술원 정회원(현) 2003년 미국 공학학술원(NAE) 종신회원(현) 2003년 미국 유타대 석좌교수(현) 2004년 한양대 공과대학 화공생명공학부 생명공학전공 석좌교수(현) [상]미국 최고특허상(1980), 미국 유타대 최우수연구상(1987), 미국 유타주지사 최우수과학기술메달(1987), Dale Wurster상(1988), CRS Founders Award(1997), 미국 약제과학회 최우수연구상(1998), 미국 약학대학연합회 최우수연구상(2002), 호암상 의학상(2003) [저]'Recent Advance in Drug Delivery'

김성용(金性龍) KIM Sung Yong

[생]1966·3·16 [출]전남 영광 [주]서울 종로구 성균관로25의2 성균관대학교 법학관315호(02-760-0924) [학]1984년 대성고졸 1988년 서울대 사법학과졸 1997년 미국 펜실베이니아대 법학전문대학원졸 [경]1987년 사법시험 합격(29회) 1990년 사법연수원 수료(19기) 1990~2001년 법무법인 광장 변호사 2001년 법무법인 우현 변호사 2004년 재정경제부 금융발전심의회 위원 2006년 법무법인 우현·지산 대표변호사 2006년 성균관대 법학전문대학원 교수(현) 2008년 한국도로공사 비상임이사 2012~2015년 금융위원회 증권선물위원회 비상임위원 2016년 우리은행 사외이사(현)

김성우(金性禹) KIM Sung Woo (錦波)

[생]1959·6·9 [본]김해(金海) [출]경남 김해 [주]경남 김해시 상동면 동북로473번길250-79 삼협그린텍(055-331-9140) [학]김해농고졸, 부경대 화학공학과졸, 동아대 대학원졸 2000년 공학박사(동아대) [경]1980~1995년 LG화학(주) 환경안전팀장 1995~2003년 동의공업대 환경시스템공학과 교수 1996~2005년 삼협자원개발(주) 대표이사 2001년 환경부 차세대핵심기술개발사업 환경분야 심의위원(현) 2003년 동아대 공대 지구환경공학부 겸임교수 2004~2006년 경남도의회 의원(열린우리당) 2004~2006년 경남도 문화관광체육로드맵추진위원회 위원장 2004~2006년 同녹색경남21추진협의회 위원 2004~2006년 낙동강수계관리위원회 자문위원 2004년 경남도 환경분쟁조정위원 2004년 (사)경남지역혁신연구원 이사 2004년 경남물류정책위원회 위원 2004년 (사)김해경제환경포럼 회장 2004년 경남도 환경보전자문위원, 뉴라이트전국학부모연합 경남공동대표, (사)경남시민환경연구소 이사 2005~2008년 삼협자원개발(주) 회장 2005년 경상대 생물화학과 겸임교수 2006년 김해시생활체육협의회 회장·고문(현) 2006년 경남도의원선거 출마(열린우리당) 2008년 삼협그린텍 회장(현) 2010년 경남지방경찰청 인권위원장(현) 2011년 한나라당 부대변인 2011년 새김해사랑운동본부 상임대표(현) 2012년 새누리당 경남도당 부위원장 2015년 김해상공회의소 감사(현), 새누리당 중앙위원회 경남협의회장(현) 2016년 경남 김해시장 선거 출마(재선거, 새누리당) [상]제17회 김해상공대상(2015) [저]'환경 CEO의 묵상'(2004)

김성우(金聲宇) KIM Sung Woo

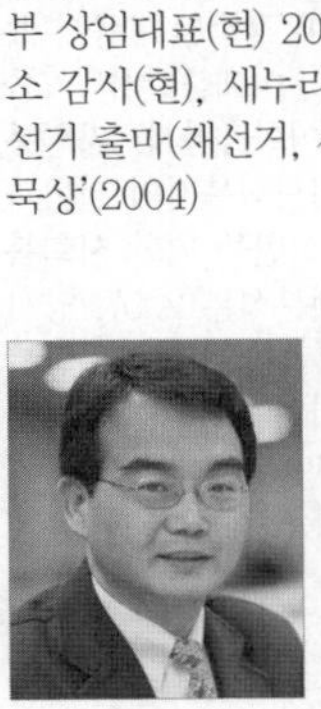

[생]1959·7·7 [본]순천(順天) [출]경북 예천 [학]대일고졸 1982년 서울대 불어교육학과졸 2002년 同최고산업전략과정 수료 2003년 동국대 언론정보대학원 수료 [경]1982~1989년 문화방송 외신부·사회부·정치부 기자 1989년 세계일보 정치부 기자 1991년 SBS 정치부 기자 1993년 同차장대우 1997년 同東京지국 특파원 1998년 同비서실 심의부장 직대 겸 전략개발팀장 1998년 同관리본부 부장대우 인사2팀장 2000년 同관리본부 부장급 인사2팀장 2000년 同부장급 과학정보CP 2001년 同보도본부 경제CP 2003년 同편집CP 2004년 同편집부장 2004년 同정치부장 2005년 同보도국장 2005년 관훈클럽 편집위원 2008년 미국 조지타운대학 방문연구원 2009년 SBS 기획실장(국장급) 2010년 同기획실장(이사) 2011년 한국신문방송편집인협회 부회장 2012년 SBS미디어홀딩스(주) 전략본부장(상무이사) 2013년 SBS 기획실장(상무이사) 2014~2015년 同기획본부장(전무이사) 2015년 대통령 사회문화특보 2015~2016년 대통령 홍보수석비서관

김성우(金盛祐) KIM Sung Woo

[생]1962·11·29 [본]선산(善山) [출]경북 구미 [주]경북 경산시 한의대로1 대구한의대학교 호텔관광학과(053-819-1326) [학]1987년 서강대 한국사학과졸 1990년 고려대 대학원 한국사학과졸 1997년 한국사학박사(고려대) [경]1992~1994년 고려대·대구가톨릭대 강사 1993년 경산대 사학과 교수 1995년 同사학과장 1999년 同역사지리학부장 2001년 미국 워싱턴대 교환교수 2003년 대구한의대 역사지리학부 교수 2005년 同글로벌관광학부 호텔관광학전공 교수(현) 2011년 同평생교육원장 2011~2013년 同안영복연구소장 2012~2013년 同보건대학원장 겸 사회개발대학원장 2012년 경북도 독도연구기관통합협의체 회장 [저]'한국근대 개화사상과 개화운동'(1998, 신서원) '조선후기사의 현황과 과제'(2000, 창작과비평사) '조선중기 국가와 사족'(2001, 역사비평사) '영남을 알면 한국사가 보인다(共)'(2005, 푸른역사) '안동양반 그 겉과 속(共)'(2006, 성심) '동아시아 근세사회의 비교(共)'(2006, 혜안) '새로운 한국사 길잡이(상)(共)'(2008, 지식산업사) '조선시대 경상도의 권력중심이동'(2013, 태학사) [종]천주교

김성욱(金聖旭) KIM Sung Wuk

[생]1968·5·4 [출]서울 [주]서울 송파구 오금로58 잠실아이스페이스6층 한올바이오파마 비서실(02-2204-1903) [학]1987년 경기고졸 1993년 연세대 치대 치의학과졸 2004년 건국대 정보통신대학원 수료 [경]1997년 연세치과의원 원장 2000~2002년 한올바이오파마 상무이사 2003년 同대표이사 전무 2004년 同대표이사 사장 2013년 同재무기획·마케팅·개발부·전략기획·경영지원·영업부문 대표이사 사장 2015년 同부회장(현) [저]'한올아틀라스'(2009) [종]기독교

김성원(金聖源) SUNG-WON KIM

[생]1955·7·23 [출]서울 [주]서울 서대문구 이화여대길 52 이화여자대학교 사범대학 과학교육과(02-3277-2698) [학]1978년 서울대 물리학과졸 1980년 한국과학기술원(KAIST)졸(석사) 1983년 이학박사(한국과학기술원) [경]1985~1994년 이화여대 사범대학 과학교육과 조교수·부교수 1989~1990년 미국 캘리포니아공대 객원교수 1991~1993년 이화여대 사범대학 교학부장 1994년 同사범대학 과학교육과 교수(현) 1995~1998년 同과학교육학과장 1996~2000년 同기초과학연구소 부소장 2000~2002년 同교무처장 2001~2002년 同대학원장 2002년 同총장 직대 2004년 同교과교육연구소장 2006~2008년 同교육대학원장 2007년 한국물리학회 물리교육위원장 2007년 한국현장과학교육학회 부회장 2009년 한국물리학회 물리올림피아드위원회 위원장 2014~2016년 이화여대 사범대학장 2014~2016년 同교육연수원장 겸 이화영재교육원장 [상]이화여대 최우수연구교수상(2000), 교육과학기술부장관표창(2010) [저]'21세기 신기술 시나리오'(1994) '물리문제 총론'(1997) '수리 물리학'(1998) '연구방법과 논문작성법'(1999) '과학이 세계관을 바꾼다'(2000) '현대과학의 쟁점'(2001) 'ICT를 활용한 과학교육'(2003) '우주와 인간사이에 질문을 던지다'(2007) '과학수학(共)'(2008) '과학, 삶, 미래'(2009) '중학교과학 1 교사용지도서'(2010, 한국과학창의재단) '중학교과학1'(2010, 한국과학창의재단) '과학영재와 영재부모의 역할'(2010, 이화여대 사범대학 이화교육총서) '중학교과학2'(2010, 두배의 느낌) [역]'시간과 화살: 호킹의 최신 우주론'(1992, 두레출판사) '시간과 공간에 대하여'(1997, 까치사) '우주, 양자, 마음'(2002, 사이언스북스) '빛보다 더 빠른것'(2005, 까치) '시공간의 미래'(2006)

김성원(金成源) Kim Seong Won

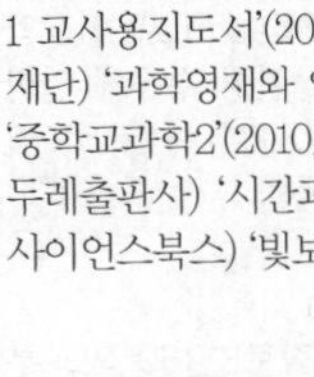

[생]1955·10·28 [본]의성(義城) [출]서울 [주]서울 종로구 창경궁로136 보령빌딩 킴즈컴(주)(02-708-8221) [학]1974년 성동고졸 1978년 중앙대 경제학과졸 [경]보령제약(주) 전략기획실장(상무보) 2004년 同인재개발실 상무보 2007년 同CCS팀장(상무보) 2007년 同홍보담당 상무 2007년 킴즈컴(주) 총괄임원 2013년 同대표이사 2013년 보령제약(주) 홍보팀장(상무) 2014년 보령중보재단 사무국장(현) 2016년 킴즈컴(주) 전무이사 겸임(현)

김성원(金聲遠) Kim Seong Won

[생]1961·10·19 [출]경기 고양 [주]부산 강서구 공항진입로108 김해공항세관(051-899-7219) [학]1981년 서울공고졸 1983년 국립세무대학 관세학과졸 2015년 고려대 행정대학원졸 [경]1983년 공무원 임용 2003~2007년 관세청 심사정책과·종합정책과 근무 2007년 서울세관 4심사관 2009년 同2외환조사관 2010년 인천공항세관 특송1과장 2011년 구미세관장 2012년 관세청 특수통관과장 2013년 同원산지지원담당관 2014년 대전세관장 2015년 김해세관장 2016년 김해공항세관장(현) [상]국무총리표창(1994), 재정경제부장관표창(2002)

김성원(金醒湲) ⓺1964·6·2 ⓑ연안(延安) ⓞ경남 창원 ⓡ서울 동작구 대림로57 거성타워4층 한국치유요가협회(070-4327-7621) ⓗ부산수산대졸, 창원대 행정대학원졸, 자연치유학박사(동방대학원대) ⓖ부산수산대 총학생회장, 창원시시설관리공단 총무부장, 同지원부장, 同운영부장, 경남교육개발연구소 이사장 1996년 15대 국회의원선거 출마(창원甲, 무소속) 2006년 경남도의원선거 출마(무소속) 2011년 (사)한국치유요가협회 회장(현) 2012~2014년 진안에코에듀센터장, 마산대·동명대·원광보건대 강사 ⓒ불교

김성원(金成願) Sung Won Kim ⓺1973·10·15 ⓑ예안(禮安) ⓞ경기 동두천 ⓡ서울 영등포구 의사당대로1 국회 의원회관911호(02-788-2637) ⓗ고려대졸, 同대학원졸, 공학박사(고려대) ⓖ2009년 고려대 연구교수 2013년 민주평화통일자문회의 상임위원 2013년 한국자유총연맹 대외협력실장 2014년 국회의장 정무비서관 2016년 제20대 국회의원(경기 동두천시·연천군, 새누리당)(현) 2016년 국회 운영위원회 위원(현) 2016년 국회 정무위원회 위원(현) 2016년 국회 남북관계개선특별위원회 위원(현) 2016년 국회 가습기살균제사고진상규명과피해구제 및 재발방지대책마련을위한국정조사특별위원회 위원(현) 2016년 국회 미래전략자문위원회 위원(현) 2016년 새누리당 원내부대표(현) 2016년 同청년소통특별위원회 위원장(현) 2016년 同경기동두천시·연천군당원협의회 운영위원장(현) 2016년 同대변인(현) ⓢ경찰청장표창(2015), 국회의장표창(2016) ⓒ기독교

김성원(金聖源) ⓺1974·2·13 ⓞ울산 ⓡ경남 통영시 용남면 동달안길67 창원지방법원 통영지원(055-640-8500) ⓗ1992년 학성고졸 1997년 서울대 경제학과졸 ⓖ1997년 사법시험 합격(39회) 2000년 사법연수원 수료(29기) 2000년 육군법무관 2003년 수원지법 판사 2005년 서울중앙지법 판사 2007년 대구지법 포항지원 판사 2010년 인천지법 부천지원 판사 2012년 서울중앙지법 판사 2012년 법원행정처 윤리감사제1심의관 2013년 同윤리기획심의관 겸임 2014년 서울고법 판사 2015년 창원지법 통영지원 부장판사(현)

김성윤(金成允) KIM Seong Yun ⓺1961·7·9 ⓑ김해(金海) ⓞ전남 영광 ⓡ서울 서초구 반포대로222 가톨릭대학교 의과대학 약리학교실(02-2258-7324) ⓗ1985년 가톨릭대 의대졸 1987년 同대학원졸 1994년 의학박사(가톨릭대) ⓖ1992~2003년 가톨릭대 의대 약리학교실 전임강사·조교수·부교수 2002년 同의대 약리학교실 주임교수 2003년 同의대 약리학교실 교수(현) 2007~2009년 同의대 연구부학장 2009년 同의대 교무부학장 2009~2013년 同대학원 성의교정 교학부장 2013년 同가톨릭뇌신경과학연구소장 ⓢ가톨릭대 성의학술대상(1988), Loyola Univ. of Chicago Research Fellowship(1995) ⓥ'Katzung's 임상약리학: 아드레날린성 효능제와 교감신경흥분제 : 아드레날린성 수용체 길항제'(1998, 도서출판 한우리) '약리학 요점정리 & 문제집'(2004, 신흥메드싸이언스) '간호사를 위한 임상약리학'(2005, 범문사) ⓒ가톨릭

김성은(金聖恩) Kim Soung-eun ⓺1964·11·23 ⓡ서울 종로구 사직로8길60 외교부 인사운영팀(02-2100-7863) ⓗ1989년 고려대 정치외교학과졸 ⓖ1991년 행정고시 합격(35회) 1992~1998년 경제기획원·재정경제원 근무 1998년 외교통상부 전입 2000년 駐태국 1등서기관 2003년 駐포르투갈 1등서기관 2006년 외교통상부 통상투자진흥과장 2009년 同자유무역협정무역규범과 무역규범지원팀장 2010년 G20정상회의준비위원회 행사기획단 총괄과장 2011년 駐이집트 참사관 2013년 駐아세안대표부 공사참사관 2015년 駐뭄바이 총영사(현) ⓢ근정포장(2011)

김성은(金聖恩) ⓺1965·8 ⓞ부산 ⓡ서울 영등포구 여의나루로61 하이투자증권 기업금융3본부(02-2122-9078) ⓗ해동고졸, 고려대 경제학과졸 ⓖ키움증권 종합금융담당 이사부장, 유진투자증권 SF팀 이사대우, KTB투자증권 프로젝트비즈니스 상무 2013년 하이투자증권 기업금융3본부장(상무)(현)

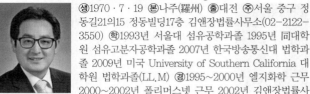

김성은(金城銀) KIM Sung Eun ⓺1970·7·19 ⓑ나주(羅州) ⓞ대전 ⓡ서울 중구 정동길21의15 정동빌딩17층 김앤장법률사무소(02-2122-3550) ⓗ1993년 서울대 섬유공학과졸 1995년 同대학원 섬유고분자공학과졸 2007년 한국방송통신대 법학과졸 2009년 미국 University of Southern California 대학원 법학과졸(LL.M) ⓖ1995~2000년 엘지화학 근무 2000~2002년 폴리머스넷 근무 2002년 김앤장법률사무소 무소 변리사(현)

김성의(金晟義) KIM Sung Wei ⓺1959·12·30 ⓑ나주(羅州) ⓞ전남 나주 ⓡ광주 동구 금남로238 남도일보 사장실(062-670-1000) ⓗ석산고졸, 전남대 신문방송학과졸, 호남대 행정복지대학원졸 ⓖ1988년 무등일보 입사 2010년 광주타임스 기획사업국 부국장대우 2003년 同기획사업국 부국장 2003년 同기획사업국장 2004년 同제작판매국장 2005년 남도일보 제작판매국장 2006년 同편집국장, 同편집국장(상무이사) 2016년 同사장(현)

김성이(金聖二) Soung-Yee Kim ⓺1946·12·5 ⓑ대구(大邱) ⓞ평북 신의주 ⓡ경기 이천시 신둔면 이장로311번길197의73 한국관광대학교 총장실(031-644-1000) ⓗ1965년 경기고졸 1969년 서울대 사회복지학과졸 1973년 同대학원 사회복지학과졸 1979년 사회학박사(미국 유타주립대) ⓖ1986~2000·2002~2012년 이화여대 사회복지학과 교수 1986년 대한적십자사 청소년단 자문위원 1993년 미국 남가주대 교환교수 1996년 한국청소년학회 회장 1998~2000년 이화여대 사회복지대학원장 1999년 한국사회복지학회 회장 2000년 同이사장 2000~2002년 청소년보호위원회 위원장 2000년 한국복지문화학회 회장 2000년 한국복지개혁시민연합 집행위원장 2000년 사회복지공동대책위원회 위원장 2003~2004년 한국사회복지교육협의회 회장 2004년 국민복지당 공동대표 2005~2007년 한국사회복지사협회 회장 2005년 뉴라이트전국연합 공동대표 2007년 한나라당 제17대 대통령 중앙선거대책위원회 사회복지총괄위원장 2008년 보건복지가족부 장관 2009~2013년 국무총리소속 사행산업통합감독위원회 위원장 2010~2014년 학술전문지 '도박 이슈와 건강' 편집자문 2010~2015년 학교법인 이후학원 이사장 2010년 국제다문화학교설립추진위원회 상임대표 2012년 이화여대 명예교수(현) 2014~2015년 사회복지법인 자광재단 이사장 2014~2015년 한국청소년연맹 총재 2015년 한국관광대 총장(현) ⓢ대통령표창(1982), 청조근정훈장(2012), 녹조근정훈장(2012) ⓥ'비교사회복지론'(1990, 유풍출판사) '집단사회사업 실천방법론'(1993, 도서출판 동인) '사회과학과 사회복지'(1994, 나남) '가족치료 총론'(1995, 동인) '한국사회복지의 선택'(1995, 나남) '청소년 약물남용예방재활 프로그램'(1995, 문화체육부) '자원봉사의 효율적 관리(共)'(1996, 한국사회복지협의회 부설 자원봉사정보안내센터) '청소년 비행상담(共)'(1996, 청소년 대화의 광장) '자원봉사 프로그램 백과—아동청소년편(共)'(1997, 한국사회복지협의회) '욕구조사론'(1997, 한국사회복지사협회 한국사회복지프로그램연구회) '비교지역사회복지(共)'(1997, 한국사회복지관협회) '자원봉사센터 운영 길잡이'(1997, 한국자원봉사단체협의회) '사회복지시설 표준운영체계에 관한 연구'(1998, 한국사회복지협의회) '청소년학 총론(共)'(1999, 한국청소년학회편, 양서원) '사회봉사의 이해'(1999, 이대출판사) '약물중독총론'(2000, 양서원) '사회복지의 발달과 사상'(2002, 이화출판사) '자원봉사총론'(2003, 양서원) '청소년복지학'(2004, 양서원) '교회사회복지의 철학과 방법'(2005, 영락사회복지재단) '사회행동입문—사회정의 실현을 위한 사회복지사의 책임'(2006, 한국사회복지사협회) '청소년복지 사례분석론'(2007, 양서원) '사회복지교육의 이해(共)'(2009, 양서원) '청소년 복지학(개정)'(2010, 양서원) '자연복지'(2011, 양서원) '청년복지'(2011, 양서원) '동아와 통일복지'(2012, 양서원) ⓥ'임상사회사업기술론(共)'(1991, 홍익제) '노인복지의 이해(共)'(1992, 홍익제) '지역사회 정신의료 및 사회복지서비스(共)'(1992, 홍익제) ⓒ기독교

김성익(金聖翼) Kim Sung Ik ⓺1960·8·23 ⓡ서울 노원구 화랑로815 삼육대학교 총장실(02-3399-3001) ⓗ1985년 삼육대 신학과졸 1991년 필리핀 AIIAS(Adventist International Institute of Advanced Studies·재림교회 국제대학원) Summa Cum Laude 석사(목회학 전공) 2005년 신학박사(미국 앤드루스대) ⓖ1993~1999년 삼육의명대 교양성경 전임강사·삼육대 교목실 근무 1998~2000년 삼육대 생활교육관장 1999~2000년 同교목부장 2000년 同신학과 교수(현) 2004~2005년 同교목부장 2007~2009년 同신학전문대학원 교학부장 2005년 SDA대총회 성서연구소(Biblical Research Institute)위원회 위원(현) 2009~2012년 삼육대 교목처장·대학교회 담임목사 2016년 同총장(현)

김성익(金成益) Kim Sung-Ick

[생]1968·4·19 [주]서울 중구 퇴계로24 SK해운(주) 가스선영업본부(02-3788-8400) [학]1987년 제주 대기고졸 1995년 한양대 경제학과졸 [경]1995년 SK해운(주) 기획부 기획팀 입사 1998년 同기획부 기획팀 대리 2001년 同경영기획팀 대리 2002년 同경영기획팀 과장 2005년 同기획담당 과장 2008년 同경영기획팀 차장 2008년 同Global사업지원팀장(차장) 2008년 同RM팀장(차장) 2010년 同런던현지법인 차장 2010년 同런던현지법인 부장 2012년 同SKSE경영지원팀장(부장) 2013년 同RM·Compliance팀장(부장) 2013년 同탱커운항팀장(부장) 2015년 同벌크정기선영업팀장(부장) 2016년 同가스선영업본부장(상무)(현)

김성인(金成仁) Kim Seong-in

[생]1959·5·17 [주]서울 종로구 사직로8길60 외교부 인사운영팀(02-2100-7143) [학]1983년 연세대 행정학과졸 1988년 서울대 행정대학원 수료 1993년 미국 밴더빌트대 대학원 국제경제학과졸 [경]1983년 행정고시 합격(27회) 1985~1998년 서울시·상공부·통상산업부·재정경제원 근무 1998년 외교통상부 입부 2001년 同신흥시장과장 2003년 유엔 아·태경제사회이사회사무국 파견 2006년 駐벨기에·유럽연합 공사참사관 2009년 외교통상부 다자통상국 심의관 2011년 同다자통상국장 2013년 외교부 다자경제외교국장 2013년 駐피지 대사(현)

김성일(金性一) KIM Sung Il

[생]1940·3·18 [본]선산(善山) [출]경남 거창 [주]부산 사상구 주례로47 동서대학교 건축토목공학부(051-320-1813) [학]1965년 영남대 공과대학 건축과졸 1989년 부산대 대학원졸 1998년 공학박사(부산대) [경]1985년 부산시 주택사업소장 1988~1995년 同건축과장·주택과장 1989년 부산대 공대 강사 1995년 부산시 개발기획단 기술심의관 1997년 同주택국장 1997년 同종합건설본부장 1999~2005년 동서대 건설공학부 교수 2004~2005년 同경영정보대학원장 2005년 同건설공학부 객원교수, 부산시 도시계획위원, 同건축위원, 同경관심의위원, 同교통영향평가위원 2013년 동서대 건축토목공학부 건축공학전공 석좌교수(현) [상]국무총리표창, 홍조근정훈장(1999) [저]'주택건설촉진법 해설집'(1995) '건축법 해설집' '상세건축법 해설집' '주택건설관련법 해설'

김성일(金成一) KIM Sung Il

[생]1948·8·24 [출]경남 진해 [주]서울 송파구 올림픽로 424 벨로드롬1층 대한장애인체육회(02-3434-4500) [학]경북고졸 1972년 공군사관학교졸(20기), 연세대 행정대학원졸, 고려대 경영대학원 최고경영자과정 수료 [경]1995년 공군본부 기획관리참모부 전력계획처장 1996년 합동참모본부 비서실장 1997년 공군 제11전투비행단장 1999년 同항공사업단장 2001년 공군본부 기획관리참모부장 2003년 합동참모본부 인사군수본부장 2004년 국방부 국방정보본부장 2005~2007년 공군 참모총장(대장) 2007~2011년 대한장애인축구협회 회장 2008년 베이징장애인올림픽 한국선수단장 2010~2013년 대한장애인올림픽위원회 부위원장 2009년 同법사윤리위원회 위원장 2012년 2014인천장애인아시아경기대회조직위원회 위원장 2013년 대한장애인체육회 회장(현) [상]보국훈장 천수장, 대통령 공로표창, 보국훈장 삼일장 [종]기독교

김성일(金成日) KIM SEONG IL

[생]1960·11·17 [출]전남 영광 [주]전남 나주시 세남로 1508 전남도농업기술원 원장실(061-330-2601) [학]1979년 전남 영광종합고졸 1983년 서울대 농업교육과졸 2007년 농업교육학박사(서울대) [경]1986년 강화군농업기술센터 근무 2006년 농촌진흥청 농촌지원국 지도정책과 기획예산담당 주무관 2008년 同국립축산과학원 기술지원과 주무관 2009년 김제시농업기술센터 소장 2012년 농촌진흥청 농촌지원국 재해대응과장 2015년 同농촌지원국 기술보급과장 2016년 전남도농업기술원 원장(현) [상]국무총리표창(1997), 장관표창(2004)

김성일(金成日) KIM SUNG IL (氷江)

[생]1962·4·21 [본]김해(金海) [출]서울 [주]서울 서초구 법원로10 308호 김성일법률사무소(02-591-8300) [학]1981년 서울 광성고졸 1985년 연세대 법과대학 법학과졸 1990년 同행정대학원 중퇴 2002년 독일 막스플랑크 형사법연구소 연수 2006년 미국 아메리카대 Law School Visiting Scholar과정 수료 2010년 서울대 환경대학원 지속가능경영포럼과정 수료 2011년 한국방송통신대 영어영문학과 중퇴 2012년 연세대 법무대학원 경영정책법무최고과정 수료 2013년 서울대 사회과학대학 세계경제최고전략과정 수료 [경]1990년 사법시험 합격(32회) 1993년 사법연수원 수료(22기) 1993년 인천지검 검사 1995년 대구지검 의성지청 검사 1997년 서울지검 의정부지청 소년전담 검사 1999년 서울지검 특수1부 소년전담 검사 2001년 부산지검 특수부 검사 2004년 제주지검 검사 2005년 同부부장검사 2006년 서울서부지검 부부장검사(검찰정책연구과정 파견) 2007년 대구지검 서부지청 형사2부장 2008년 부산고검 검사 2009년 인천지검 부천지청 형사2부장 2010년 의정부지검 형사3부장 2011년 수원지검 안양지청 형사1부장 2012년 서울고검 검사 2014년 대전고검 청주지부장 2014년 변호사 개업(현) 2014년 새누리당 법률지원단 위원(현) [상]검찰총장표창(2000), 부산지검장표창(2003), 검찰총장 선정 '우수형사부'(2009), 서울대 환경대학원 우수논문상(2010) [저]에세이집 '당신은 어디에서 왔나요'(2014, pubple)

김성일(金聖鎰) Sung-il Kim

[생]1963·1·3 [주]서울 성북구 안암로145 고려대학교 사범대학 교육학과(02-3290-2304) [학]1985년 고려대 심리학과졸 1988년 미국 유타주립대 대학원 심리학과졸 1992년 심리학박사(미국 유타주립대) [경]1992~1993년 미국 네브라스카대 교육심리학과 조교수 1994~2002년 광운대 산업심리학과 부교수 2000~2001년 미국 스탠퍼드대 심리학과 객원교수 2002년 고려대 사범대학 교육학과 부교수·교수(현), 同교육학과장 2002~2008년 인지공학심리연구회 회장 2006년 고려대 두뇌동기연구소장 2008~2009년 한국교육방법학회 부회장 2009년 영국 케임브리지대 교육학과 및 CNE(Centre for Neuroscience in Education) 객원교수 2010~2013년 한국마음두뇌교육협회 회장 2011~2012년 한국심리학회 부회장 2011년 '인지과학' 편집위원장 2012~2014년 한국교육심리학회 부회장 2012~2014년 한국연구재단 전문위원 2014~2015년 한국교육심리학회 회장 2015년 한국인지과학회 회장(현) [상]미국 APA 'Science Directorate Award'(1990·1991), 미국 APA 'Edwin B. Newman Award for Excellence in Research'(1991), 미국 유타주립대 International Student of the Year(1992), 고려대 교육대학원 명강의상(2004~2012년 5회), 고려대 석탑강의상(2005~2014년 10회), 한국교육심리학회 공로상(2008) [저]'사이버 공간의 심리학'(1999) '인지공학심리학'(2007, 시그마프레스) '인지심리학 3판(共)'(2009, 학지사) '뇌로 통하다(共·編)'(2013, 21세기북스) [역]'뇌를 움직이는 마음, 마음을 움직이는 뇌(共·編)'(2004, 해나무)

김성일(金聖日)

[생]1966·1·14 [주]전남 무안군 삼향읍 오룡길1 전라남도의회(061-286-8200) [학]강진농고졸, 순천대 농업경제학과 재학 중 [경]전남도4-H연합회 회장, (사)한국농업경영인 해남군연합회장, 전남도 학교급식심의위원회 위원, 국민건강보험공단 자문위원, (사)한국농업경영인 전남연합회장, 광주·전남농민연대 상임대표, 농어민교류센터 전남센터장, 국민농업전남포럼 공동대표 2014년 전남도의회 의원(비례대표, 새정치민주연합·더불어민주당)(현) 2014년 同건설소방위원회 위원 2014년 同윤리특별위원회 위원 2014·2016년 同FTA대책특별위원회 부위원장(현) 2016년 同농림해양수산위원회 부위원장(현) 2016년 同운영위원회 위원(현)

김성재(金聖在) KIM Sung Jae (默山·墨山)

[생]1948·12·20 [본]선산(善山) [출]경북 포항 [주]서울 마포구 신촌로4길5의26 김대중아카데미(02-324-7972) [학]1967년 한영고졸 1971년 한신대 신학과졸 1973년 同대학원 기독교육과졸 1996년 영국 Edinburgh대 대학원 박사과정 수료 1997년 명예박사(MEISTER, 칠레 International Univ. Nicolas Doubrowa) 2011년 명예 철학박사(경남대) [경]1973~1975년 한신대 전임연구원 1976년 한국기독교장로회 목사(현) 1976년 同선교교육원 수석연구원 1979~2007년 한신대 기독교교육과 전임강사·조교수·부교수·교수 1981년 同학생처장 1982년 同기획실장 1985년 복지법인 한국디아코니아 이사장(현) 1986년 한신대 민중교육연구소장 1986~1993년 민주교육실천협의회 회장 1988년 (사)장애우권익문제연구소 이사장(현) 1988년 한국장애인복지공동대책협의회 상임대표·의장 1988~1990년 민주화를위한전국교수협의회 부위원장 1989~1999년 경제정의실천시민연합 교육개혁위원장 겸 상임정책위원 1991년 한신대 교수협의회 회장 1991년 전국사립대학교교수협의회 공동대표 1993~1999년 한국기독교학생총연맹(KSCF) 이사 1995~1999년 참여연대 운영위원 1995~1999년 한국정신대문제대책위원회 집행위원장 1996년 아우내재단·한국신학연구소 이사장 1997~1999년 인권법제정을위한공동대책위원회 공동위원장 1997~1999년 민주평통 자문위원 1998년 감사원 부정방지대책위원회 부위원장 1998~1999년 대통령자문 새교육

공동체위원회 상임위원 1998~1999년 문화관광부 자문위원장 1998년 (사)사랑의친구들 부총재 1998년 한국장애인단체총연맹 회장 1998~1999년 사회복지공동모금회 이사 1998~1999년 대통령자문 제2의건국범국민추진위원회 기획단 간사 1999년 대통령 민정수석비서관 2000~2001년 대통령 정책기획수석비서관 2001년 한국학술진흥재단 이사장 2001~2002년 민주평통 사회문화분과위원장 2002~2003년 문화관광부 장관 2002년 (재)원곡문화재단 이사장(현) 2003년 (사)사랑의친구들 이사 2003년 연세대 김대중도서관 운영위원 2003~2004년 아태민주지도자회의 이사장 2003~2007년 한신대 발전위원회 위원장 2003년 (사)병영도서관건립국민운동본부 회장(현) 2004년 새천년민주당 총선기획단 공동단장 2004년 한국청소년진흥센터 설립준비위원장 2004~2007년 (재)고도원 아침편지 이사 2004~2007년 (사)한국장애인단체총연맹 상임대표 2004년 서울국제문화교류회 회장(현) 2005~2008년 한국청소년진흥센터 이사장 2005~2014년 연세대 김대중도서관후원회 상임이사 2005년 (재)김대중평화센터 이사(현) 2006년 (사)사랑의친구들 회장(현) 2006년 OBS 경인TV 사외이사 2006~2007년 同대표이사 2007~2008년 同회장 2008년 同이사(현) 2008년 연세대 석좌교수 2008~2015년 OBS문화재단 이사장 2009~2012년 김대중도서관 운영위원장·관장 2009년 (사)한국지역문화콘텐츠연구원 회장(현) 2011년 (주)경인방송iTVFM 회장(현) 2011년 광주국제영화제 김대중노벨평화영화상(KIM DAE-JUNG Nobel Peace Film Award) 심사위원장(현) 2013년 김대중노벨평화상기념관 부이사장(현) 2014년 김대중아카데미 원장(현) 2014년 (사)한옥마을 이사(현) 2014년 연세대 김대중도서관후원회 회장(현) 2014년 대통령직속 통일준비위원회 사회문화분과위원장(현) 2014년 (재)OBS문화재단 이사(현) 2015년 (재)아우내재단 이사(현) 2015년 국민권익위원회 자문위원(현) 2016년 단국대 이사(현) 2016년 (사)한국서도협회 총재(현) 2016년 (사)지구촌구호개발연대 이사(현) [상]한국기독교교회협의회 인권상(1995), 청조근정훈장(2002), 한영인대상(2005) [저]'분단현실과 기독교 민중교육'(1989) '평화교육과 민중교육(編)'(1992) '전환기에 선 한국교육(編)'(1994) '한국민중론의 현단계' '21세기 한국그리스도교 생명의 뿌리'(1997) '성령과 영성' '밀레니엄과 종말론' '밀레니엄의 희망을 여는 사람들' '인권시대를 향하여' '김대중대통령'(2009) [역]'의식화와 탈학교' '제3세계 고등교육' [종]기독교

김성재(金聖在) KIM Seong Jae

[생]1953·1·11 [본]김해(金海) [출]대구 달성 [주]서울 동대문구 이문로107 한국외국어대학교 경영학부(02-2173-3083) [학]1971년 경북고졸 1976년 서울대 경영학과졸 1980년 미국 미시간대 대학원 경영학과졸 1985년 경영학박사(미국 위스콘신대) [경]1985년 한국외국어대 경영학부 교수(현) 1996~1997년 한국경영학회 이사 1996~1997년 한국금융학회 이사 2000~2002년 한국리스크관리학회 회장 2002년 금융발전심의회 보험분과위원 2005년 한국외국어대 경영정보대학원장 2005~2006년 한국보험학회 회장 2007~2009년 한국외국어대 상경대학장 2008년 보험개발원 이사 2010~2012년 한국외국어대 서울캠퍼스 부총장 2010~2013년 KB생명 사외이사 2011년 삼성SDI 사외이사(현) [저]'年金의 理解' '보험과 리스크관리(共)'(문영사) [종]불교

김성재(金成在) Kim Seong-Jae

[생]1957·2·18 [본]김해(金海) [출]전남 무안 [주]광주 동구 필문대로309 조선대학교 신문방송학과(062-230-6727) [학]1975년 광주제일고졸 1980년 연세대 독어독문학과졸 1988년 독일 뮌스터대 대학원 언론학과졸 1992년 언론학박사(독일 뮌스터대) [경]1993년 고려대·연세대·중앙대 강사 1994년 조선대 신문방송학과 전임강사·조교수·부교수·교수(현) 1995~1997년 한국언론학회 이사 1995~2005년 한국방송학회 매체미학연구회장 1996~2001년 광주전남언론학회 이사 2000~2002년 한국방송학회 편집위원 2001~2003년 광주전남언론학회 회장 2002~2003년 한국지역언론학회연합회 회장 2003년 한국미디어문화학회 부회장 2005~2007년 同회장 2007~2008년 독일 바이로이트대학 초빙교수 2008~2010년 조선대 사회과학대학장 2011~2014년 (사)광주연구소 소장 2012~2013년 한국지역사회학회 회장 [상]조선대 강의우수교수(2001) [저]'Mode und Gegenmode : Sozialwissenschaftliche Ansaetze zu einer KommuniKationstheorie der Oeffentlichkeit'(1993) '매체미학'(1998) '세계의 언론인'(1998) '문화도시 만들기 이론과 구상'(2001) '소리'(2005) '체계이론과 커뮤니케이션 : 루만의 커뮤니케이션 이론'(2005) '디지털 방송 미디어론'(2005) '한국언론100년사 2'(2006) '뉴미디어시대의 글쓰기'(2006) '디지털미디어와 예술의 확장'(2006, 아카넷) '대중매체의 현실'(2006) '매체와 현대예술'(2010) '상상력의 커뮤니케이션'(2010) [역]'체계이론과 커뮤니케이션'(1998) '피상성 예찬 : 매체 현상학을 위하여' '미디어의 실제 : 커뮤니케이션학 입문'(2001, 커뮤니케이션북스) '코무니콜로기 : 코드를 통해 본 커뮤니케이션의 역사와 이론 및 철학'(2001, 커뮤니케이션북스) '피상성 예찬 : 매체 현상학을 위하여'(2004)

김성재(金成宰)

[생]1958·2·14 [출]경북 경산 [주]경기 양평군 양평읍 군청앞길2 양평군청 부군수실(031-770-2010) [학]1981년 영남대 정치외교학과졸 1985년 서울대 대학원 법학과졸 2002년 한국개발연구원 국제정책학대학원 정책학과졸 2010년 도시정책학박사(미국 뉴저지주립대 럭거스교) [경]1995년 지방고등고시 합격(1회) 1997년 광명시 광명7동장 1998년 同기획실 정보통신담당관 1999년 경기도 문화관광국 근무 2005년 同기획관리실 법제담당 2006년 同보건복지국 복지기획담당 2008년 同국제협력관 2009년 同경제투자실 녹색에너지정책과장 2009년 행정안전부 조직국 제도총괄과 제도2팀장 2010년 同교육국 평생교육과장 2010년 同교육정책과장 2012년 同기획행정실 기획예산담당관 2013년 경기도의회 사무처 농림수산전문위원 2014년 동두천시 부시장 2015년 장기훈련 파견(지방서기관) 2016년 경기 양평군 부군수(현)

김성재(金晟宰·女) Kim, Sungjae

[생]1958·12·12 [주]서울 종로구 대학로103 서울대학교 간호대학(02-740-8814) [학]1981년 서울대 간호학과졸 1984년 同대학원 간호학과졸 1996년 간호학박사(서울대) [경]1993년 청주과학대 간호학과 교수 2000~2007년 강원대 간호학과 교수 2000년 과학기술부 창의적연구사업추진기획위원 2002년 춘천시 정신보건센터 자문위원 2003년 국립춘천병원 심의위원 2003년 한국약물상담가협회 부회장 2006년 대한스트레스학회 부회장(현) 2007년 서울대 간호대학 모아정신간호학전공 부교수·교수(현) 2011~2013년 同간호대학 부학장 2015년 同간호대학장(현) [저]'간호개념의 이해와 응용(共)'(2006, 창조문화) '인간,환경,건강 그리고 간호(共)'(2006, 창조문화) '중독영역에서의 슈퍼비전(共)'(2009, 학지사) '스트레스와 긴장 다스리기(共)'(2009, 아카데미아) [역]'질적 연구로서의 포커스 그룹(共)'(2007, 군자출판사)

김성제(金成濟) KIM Sung Jei

[생]1960·3·10 [본]광산(光山) [출]전남 보성 [주]경기 의왕시 시청로11 의왕시청 시장실(031-345-2114) [학]1979년 광주 동신고졸 1988년 경희대 경제학과졸 1993년 서울대 행정대학원 행정학과졸 2003년 행정학박사(서울대) [경]행정고시 합격(36회) 1993~1994년 행정고시·외무고시·기술고시 통합동기회 회장 1995~1996년 서울시 영등포구 교통지도과장 1998~2006년 수원대·숭실대 강사 2005~2006년 건설교통부 지역발전정책팀 서기관 2006~2007년 보건복지부 저출산고령사회대책추진단 파견 2007년 국토해양부 공공기관지방이전추진단 지원정책과장 2008년 同해양조사원 총무과장 2010년 同연안해운과장, 민주당 경기도당 대변인 2010년 경기 의왕시장(민주당·민주통합당·민주당·새정치민주연합) 2014년 경기 의왕시장(새정치민주연합·더불어민주당)(현) [상]한국매니페스토실천본부 기초단체장 공약실천계획평가 최우수상(2011), 전국지역신문협회 기초자치단체장부문 행정대상(2011), 매니페스토 공약이행분야 우수상(2011), 대한국토도시계획학회 특별부문 대상(2011), 국제비즈니스대상 우수사보분야 본상(2011), 제10회 중부율곡대상 자치단체경영부문(2012), 전국기초단체장 매니페스토 우수사례경진대회 공약이행분야 우수상(2012), 대한민국 CEO리더십대상 스마트경영부문상(2012), 한국을 빛낸 창조경영인 고객만족경영부문(2013), 유권자시민행동 선정 '대한민국 유권자대상 기초단체장부문'(2013·2014·2015·2016), 대한민국경영대상 고객가치경영대상(2014), 매일경제 선정 '대한민국 글로벌 리더'(2015), 글로벌미래창조공헌대상 지방자치행정부문 대상(2016), 대한민국경영대상 지속가능경영분야 창조경영대상(2016), 대한민국 신뢰받는 혁신대상 미래창조부문 공공혁신대상(2016) [저]'핵심 정책학강의'(2005) '정책혁신과 정책네트워크'(2005) '김성제의 희망은 깨어있다'(2010) [종]천주교

김성조(金聖朝) KIM Sung Jo

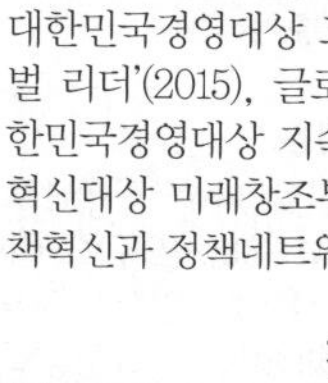

[생]1953·9·14 [본]도강(道康) [출]서울 [주]서울 동작구 흑석로84 중앙대학교 공과대학 컴퓨터공학부(02-820-5307) [학]1971년 서울고졸 1975년 서울대 응용수학과졸 1977년 한국과학기술원 전산학과졸(석사) 1987년 공학박사(미국 텍사스대) [경]1977년 국방과학연구소 연구원 1979년 국방관리연구소 연구원 1980년 중앙대 공대 컴퓨터공학부 교수(현) 1988년 미국 Univ. of Texas at Austin Research Fellow 1996~1998년 중앙대 정보산업대학원 교학부장 1996~1998년 한국정보과학회 컴퓨터시스템연구회 위원장 1998년 미국 Univ. of California Irvine Visiting Professor 1999~2003년 중앙대 정보산업대학원 전산정보처장 1999~2003년 同정보산업대학원장 겸임 2005~2007년 同공과대학장 2005년 한국정보과학회 부회장 2005년 서울대 컴퓨터공학부 자문위원 2009년 한국정보과학회 회장 2009년 한국정보기술학술단체총연합회 회장 2009년 중앙대 공학교육혁신센터장 2009년 전

문대학공학기술교육인증제도입추진위원회 위원 2009년 Seoul Accord 사무총장 2009년 한국SW진흥원 부설 SW공학센터추진단 위원 2009년 한국정보보호진흥원 정책자문위원 2009년 교육과학기술부 교과과정심의회 정보분야위원장 2010년 지식경제부 정보통신산업정책자문위원 2010년 한국공학교육인증원 수석부원장 2013년 중앙대 대학원장 2013년 同자연공학부총장 겸임 2014년 同교학부총장 2014년 미래창조과학부 공과대학혁신위원회 위원(현) 2015~2016년 중앙대 연구부총장 2015년 한국공학한림원 일반회원 2015년 삼성전자 혁신기술자문위원회 위원(현) 2016년 한국공학한림원 정회원(현) [상]국무총리표창(2009), 한송엽 공학교육상(2012), 교육부장관표창(2013) [저]'C프로그래밍' '데이타구조'(1994) [역]'운영체제'(1999)

김성조(金晟祚) KIM Seong Jo

[생]1958·11·15 [본]선산(善山) [출]경북 구미 [주]서울 송파구 양재대로1239 한국체육대학교 총장실(02-410-6500) [학]1976년 대구 대륜고졸 1983년 영남대 화학공학과졸 1998년 경북대 행정대학원졸 [경]1995년 구미청년회의소 회장 1995·1998~2000년 경북도의회 의원(무소속) 1995년 구미미래연구소 소장 1997년 금오공과대학 RRC(Regional Research Center) 위원 1998년 동양전자화학 대표이사 1998~2000년 경북도의회 산업관광위원장 1999년 경운대 객원교수 2000년 제16대 국회의원(구미, 한나라당) 2001년 한나라당 원내부총무 2001~2003년 대구·경북포럼 회장 2002년 국회 미래산업연구회장 2004년 제17대 국회의원(구미甲, 한나라당) 2005~2009년 영남대 법학과 겸임교수 2006~2007년 한나라당 전략기획본부장 2007년 同당원교육훈련특별위원회 위원장 2008~2012년 제18대 국회의원(구미甲, 한나라당·새누리당) 2008년 한나라당 여의도연구소장 2009~2010년 同정책위 의장 2009~2013년 영남대 법학전문대학원 겸임교수 2010년 국회 기획재정위원장 2013년 국회 정치쇄신자문위원회 위원 2015년 한국체육대 총장(현) [상]구미상공회의소 회장표창(1992), 구미세무서장표창(1993), 국정감사 우수의원(2001~2005)

김성종(金聖鍾) KIM Sung Jong

[생]1959·11·6 [주]경기 용인시 수지구 죽전로152 단국대학교 사회과학대학 행정학과(031-8005-3296) [학]1982년 단국대졸 1987년 텍사스주립대 대학원졸 1994년 행정학박사(미국 텍사스주립대) [경]1993년 한국지방행정연구원 책임연구원, (사)충남포럼 정책개발위원장, (사)한국정책개발연구원 부회장 1994년 단국대 사회과학대학 행정학과 조교수·부교수 2007년 同사회과학대학 행정학과 교수(현) 2015년 同행정법무대학원장(현) [저]'신행정학개론'(1995) 'Productivity of Cities'(1997)

김성종(金成種)

[생]1969·12·4 [출]경남 거창 [주]경상남도 의령군 의령읍 충익로53 의령경찰서(055-570-0210) [학]1988년 거창대성고졸 1992년 경찰대 법학과졸(8기) [경]1992년 경위 임관 2001년 경감 승진, 경남지방경찰청 경비교통과 종합상황실장, 올림픽기획단 근무, 서울지방경찰청 4기동대 806전경대장, 경찰청 수사국 형사과 근무 2006년 경정 승진, 울산 울주경찰서·서울 강남경찰서·서울 강서경찰서 수사과장, 서울지방경찰청 수사부 형사과 폭력계장·강력계장 2014년 울산지방경찰청 제1부 경무과 치안지도관(총경) 2015년 서울지방경찰청 수사부 수사과 근무 2015년 법무부 형사사법공통시스템운영단 과장 2016년 경남 의령경찰서장(현)

김성종(金成鐘)

[생]1972·10·28 [출]광주 [주]서울 관악구 남부순환로 1435 서울금천경찰서(02-853-4400) [학]1991년 광주진흥고졸 1998년 전남대 사법학과졸 [경]2002년 사법고시 합격(44회) 2005년 사법연수원 수료(34기) 2005년 해양경찰청 특채임용(경정) 2007년 해양경찰청 해상교통계장 2008년 同창의혁신팀장, 同창의실용팀장 2011년 同창의성과담당관(총경) 2014년 제주지방해양경찰청 경비안전과장 2014년 경찰청 지능범죄수사2과장 2016년 서울지방경찰청 사이버안전과장 2016년 서울 금천경찰서장(현)

김성주(金聖株·女) KIM Sung Joo

[생]1956·11·19 [출]대구 [주]서울 강남구 언주로734 성주그룹(02-2194-6702) [학]1975년 이화여고졸 1979년 연세대 신학과졸(사회학 부전공) 1981년 미국 Amherst Coll. 사회학과졸 1983년 영국 런던정경대(LSE) M.Sc. 대학원 국제협력관계전공과정 수료 1985년 미국 하버드대 Harvard Divinity School M.T.S. 기독교윤리·경제학전공 수학 2000년 명예 인문학박사(미국 Amherst Coll.) 2011년 명예박사(스위스 Business School of Lausanne) [경]1982~2000년 프랑스 Chaffoteauxet Maury社·미국 Bendix Electronics社 및 British Gas 한국지사 Project Advisor 1985~1987년 미국 Bloomingdale's社 회장직속 기획팀 근무 1986~1988년 Korea Business World(한국경제잡지) 미국지사장 1989년 대성산업 패션사업부 팀장 1990년 (주)성주인터내셔날 설립·사장·회장(현) 1994~1997년 ICSC(Int'l Council of Shopping Center) 세계본부 운영위원 겸 한국대표 1998년 중소기업협동조합중앙회 여성특별위원회 위원장 2000~2003년 HRKorea 설립·사장 2001년 세계지식포럼 우먼코리아추진위원장 2002년 (주)성주D&D 설립·사장(현) 2003년 Global Summit of Women IPC(International Planning Committee) 위원(현) 2004년 同한국조직위원회 위원장 2004~2007년 한국세이브더칠드런 이사 2005년 (사)한중교육문화협력재단(연변과학기술대학후원회) 이사(현) 2005년 (주)성주머천다이징 설립·사장(현) 2005년 독일 MCM(MCM Products AG) 인수 2005년 (재)외환은행나눔재단 이사(현) 2005년 성주그룹 대표이사 회장(현) 2005~2011년 미국 Harvard Univ. John F. Kennedy School of Government 'Women Leadership Board' 위원 2007년 독일 MCM Holding AG 대표이사 회장(현) 2007년 UN Global Compact(UNGC) Networking Korea 이사(현) 2007년 영국 Asia House 이사(Trustee)(현) 2008년 World Bank Global Private Sector Leaders Forum 홍보대사 2008년 스위스 World Economic Forum Global Agenda Council 위원 2009년 성주재단 이사장(현) 2011년 월드비전 이사(현) 2012년 새누리당 제18대 대통령중앙선거대책위원회 공동위원장 2013년 아시아태평양경제협력체(APEC) 기업인자문위원회(ABAC) 위원(현) 2014년 대한적십자사 총재(현) 2015년 제20차 남북이산가족상봉 남측방문단(1진) 단장 [상]World Economic Forum(세계경제포럼)의 Global Leaders for Tomorrow(차세대지도자) 100인으로 선정(1997), 한국언론인연합회 주관 '자랑스런 한국인대상' 경제부문(2002), 올해의 여성상(2004), 미국 Wall Street Journal '주목해야 할 여성기업인 50명'에 선정(2004), 한국여성지도자상 젊은지도자상(2005), 아시안아메리칸연맹(AAFNY) 올해의 인물상(2007), 한국능률협회 한국의 경영자상(2009), 브뤼셀 유럽연합의회 'International Association of Human Values(국제휴먼밸류)의 2009 Ethics in Business Awards(기업윤리상)'(2009), 한국표준협회 창조경영인상(2009), 언스트앤영 최우수기업가상 특별부문(2009), 한인커뮤니티재단(KACF) 자랑스러운 경영인상(2010), 한국패션협회주최 코리아패션대상 브랜드부문 대통령표창(2011), Fortune Asia '아시아에서 가장 영향력 있는 비즈니스 25인'에 선정(2012), 아시아여성상 최고영예상(Chairman's Award)(2012), UN인도주의 업무조정국 '세계에서 가장 창의적인 비전을 가진 101명의 리더'(2012), Forbes Asia "Asia's 50 Power Bunisswomen" 선정(2012), 대한민국창조경제CEO대상 글로벌경영부문(2013), 전문직여성세계연맹(BPW) 글로벌여성리더십상(2014), 영국 엘리자베스2세여왕 대영제국훈장(Honorary Officer of the Order of the British Empire, OBE)(2015) [저]자서전적 수필집 '나는 한국의 아름다운 왕따이고 싶다'(2000, 랜덤하우스중앙) 'Recreating Asia-Visions for a New Century(共)'(2002, John Wiley & Sons Asia Pte Ltd) 'Wake Up Call(대만판)'(2003, Ace Publishing Company) '나는 정직한 자의 형통을 받는다(共)'(2004) '성공보다 아름다운 도전(The Beautiful Challenge)'(2005) '한국CEO의 경영연금술'(2005, 규장) '내가 준비하는 미래(共)'(2005, 규장) 'COLLECTIVE GENIUS'(2014, HBR Press) [종]기독교

김성주(金誠柱) KIM Sung Joo

[생]1960·2·13 [주]서울 강남구 일원로81 삼성서울병원 이식외과(02-3410-3477) [학]1986년 가톨릭대 의대졸 1990년 同대학원 의학석사 2000년 의학박사(일본 도쿄의과대) [경]1986년 대한의사협회 회원(현) 1991년 대한외과학회 회원(현) 1995년 대한이식학회 회원(현) 1995~1996년 삼성서울병원 일반외과 전임의 1996년 同일반외과 전문의(현) 2001~2007년 성균관대 의대 외과학교실 부교수 2007년 同의대 외과학교실 교수(현) 2009년 삼성서울병원 삼성암센터 육종센터장 2009년 同이식외과장(현) 2011년 同서울실험동물연구센터장(현) 2011년 (재)한국장기기증원 비상임이사(현) 2012년 삼성서울병원 장기이식센터장 겸 조직은행장(현)

김성주(金星宙) Kim Sung Joo

[생]1962·2·8 [출]대전 [주]서울 영등포구 영신로136 김안과병원 안성형센터(02-2639-7777) [학]1987년 연세대 의학과졸 1999년 인하대 대학원 의학과졸 2004년 의학박사(인하대) [경]1988년 원주기독병원 인턴 1991년 同안과 레지던트 수료 1991~1994년 안성의료원 안과장 1994~1996년 연세대 안과 전문의 1996~1997년 캐나다 UBC 연수 1997~1998년 미국 Jules Stein Eye Institute·UCLA 연수 1998~2002년 연세대 의과대학 전임강사·조교수 2002년 김안과병원 안성형센터 전문의(현) 2002년 건양대 의료보건계열 의학과 교수, 同의과대학 의학과 석좌교수(현) 2006~2009년 건양의대 김안과병원 병원장 2009년 (주)디알소프트 대표이사(현) 2010년 대한성형안과학회 회장 2012년 同명예회장(현)

김성주(金成柱) KIM Sung Ju

⊛1964 · 4 · 10 ⊛연안(延安) ⊛전북 전주 ㈜서울 영등포구 국회대로68길14 더불어민주당(1577-7667) ⊛전주고졸 1989년 서울대 인문대학 국사학과졸 ⊛㈜한누리넷 대표이사, 민주당 전북도당 전자정당국장, 同정책실장, 시민행동21 감사 2006 · 2010~2012년 전북도의회 의원(열린우리당 · 대통합민주신당 · 통합민주당 · 민주당 · 민주통합당), 전주대 전임강사, 전북도의회 버스운영체계개선을위한특별위원회 위원 2012~2016년 제19대 국회의원(전주 덕진구, 민주통합당 · 민주당 · 새정치민주연합 · 더불어민주당) 2012년 국회 보건복지위원회 위원 2013년 민주당 대외협력담당 원내부대표 2013년 同지방선거기획단 정책분과 간사 2013~2014년 국회 정치개혁특별위원회 위원 2014년 민주당 사회적경제정책협의회 부위원장 2014년 국회 보건복지위원회 야당 간사 2014년 새정치민주연합 공적연금발전TF 위원 2014년 同새로운대한민국위원회 희망사회추진단 기회독점분과위원장(사회) 2015년 국회 공무원연금개혁특별위원회 국민대타협기구 위원 2015년 새정치민주연합 제4정책조정위원장 2015년 同정책위원회 수석부의장 2015년 국회 공적연금강화와노후빈곤해소를위한특별위원회 야당 간사 2015년 새정치민주연합 경제정의 · 노동민주화특별위원회 위원 2015년 국회 예산결산특별위원회 위원 2015~2016년 더불어민주당 정책위원회 수석부의장 2015년 同경제정의 · 노동민주화특별위원회 위원 2016년 同전북도당 총선정책기획단장 2016년 同총선정책공약단 수석부단장 2016년 同전주시丙지역위원회 위원장(현) 2016년 제20대 국회의원선거 출마(전주시丙, 더불어민주당) 2016년 더불어민주당 호남특보(현) ⊛우수의정활동사례공모 우수상(2010), 자랑스런대한민국시민대상 의회정치부문 지역균형발전공로대상(2014), '2015 자랑스런대한민국시민대상' 국민복지혁신공로대상(2015), 한국전문인대상 정치부문(2015), 유권자시민행동 선정 '대한민국 유권자대상'(2016) ⊛'전북을 새롭게 디자인하다'(2011, 한번지사람들) ⊛천주교

김성주(金成柱) KIM Seong Joo

⊛1967 · 5 · 25 ⊛광주 ㈜광주 동구 준법로7의12 광주고등법원 판사실(062-239-1114) ⊛1985년 광주 석산고졸 1993년 연세대 법학과졸 ⊛1994년 사법시험 합격(36회) 1997년 사법연수원 수료(26기) 1997년 광주지법 판사 1999년 同순천지원 판사 2003년 同영광군 · 장성군법원 판사 2008년 광주고법 판사 2010년 대법원 재판연구관 2012년 광주지법 부장판사 2013년 광주고법 판사(현)

김성주(金成株)

⊛1971 · 3 · 19 ⊛경북 포항 ㈜강원 철원군 갈말읍 태봉로1504 철원소방서(033-450-2119) ⊛1988년 포항고졸 1999년 동국대 경찰행정학과졸 2010년 강원대 대학원 소방방재공학과졸 ⊛1999년 지방소방위 임용(10기) 1999~2004년 서울 영등포소방서 · 서울시 소방본부 · 서울 중부소방서 · 서울 종로소방서 근무(지방소방위) 2004~2007년 서울 종로소방서 예방과 · 소방행정과 근무(지방소방경) 2007년 소방방재청 소방정책국 장비과 근무(소방경) 2008년 중앙소방학교 교육훈련팀 근무(소방경) 2010년 강원 영월소방서 예방안전과장(지방소방령) 2011년 강원도소방본부 상황관리담당(지방소방령) 2011년 同조사안전담당(지방소방령) 2013년 同방호담당(지방소방령) 2014년 국민안전처 소방정책국 소방정책과 소방복지담당(소방령) 2015년 강원 철원소방서장(지방소방정)(현) ⊛국무총리표창(2008), 소방방재청장표창(2008)

김성준(金成準) KIM Song June

⊛1956 · 3 · 20 ⊛김해(金海) ⊛전남 목포 ㈜서울 강남구 테헤란로37길7 조이타워4층 법무법인 산경(02-501-2655) ⊛1974년 경복고졸 1979년 서울대 법대 법학과졸(수석) 1985년 同대학원 법학과졸 1987년 연세대 경영대학원 경영학과졸 1990년 고려대 정책과학대학원 수료 1993년 법학박사(연세대) ⊛1979년 행정고시 합격(23회) 1980년 사법시험 합격(22회) 1982년 사법연수원 수료(12기) 1982년 軍법무관 · 청주대 법대 강사 1985년 서울지검 북부지청 검사 1988년 대전지검 홍성지청 검사 1989년 서울지검 검사 1991~1992년 독일 연방법무성 파견 1993년 법무연수원 교수 1994년 전주지검 정읍지청장 1996년 광주지검 특수부장 1997년 사법연수원 교수 1999년 법무부 국제법무과장 2000년 同법무심의관 2000년 서울지검 외사부장 2001년 광주지검 목포지청장 2002년 청주지검 차장검사 2003년 서울고검 검사 2004년 광주고검 검사 2005년 법무연수원 연구위원 2005년 법무법인 · 세무법인 산경 대표변호사(현) 2005년 국제기업법연구원 원장 2005년 경제법학회 감사 2007년 기획예산처 법률고문 2007년 우리투자증권 사외이사, CJ · 유진그룹 · KB · IBK · 기획재정부 · 문화관광부 · 조달청 · 중소기업청 법률고문 2012~2014년 한국산업단지공단 비상임이사 2015년 ㈜이마트 사외이사 겸 감사위원(현) ⊛'EC기업법(共)'(1993, 조선일보) 'WTO법의 형성과 전망(전5권)'(1998, 삼성출판사) '국

제통상법(1 · 2 · 3)'(1999, 사법연수원 교재) '유럽법(共)'(1999, 사법연수원 교재) 'WTO 분쟁사례연구(共)'(2000, 무역협회) '농업통상법'(2001, 법무부) '증권형사법(共)'(2007, 산경출판사) 수필집 '인생은 50부터'(2006, 마음풍경)

김성준(金成俊) Sung-Joon Kim

⊛1958 · 9 · 14 ⊛김해(金海) ⊛부산 ㈜경북 포항시 남구 청암로77 포항공과대학교 철강대학원(054-279-9038) ⊛1976년 부산고졸 1980년 서울대 금속공학과졸 1982년 한국과학기술원 대학원 금속재료학과졸 1990년 공학박사(미국 일리노이대) ⊛1982년 한국기계연구원 첨단재료연구본부 연구원 · 선임연구원 · 책임연구원 1994~1995년 일본 금속재료기술연구소 STA Fellow 1999~2002년 순천대 재료금속공학과 겸직교수 2005년 한국기계연구원 첨단재료연구본부 환경재료연구센터장 2007년 한국기계연구원부설 재료연구소 신금속재료연구부장 2007년 한국공학한림원 회원(현) 2008~2009년 국가과학기술위원회 전문위원 2009~2011년 한국기계연구원 재료연구소 선임연구본부장 2011년 국가과학기술위원회 전문위원 2012년 포항공과대 철강대학원 교수(현) ⊛한국기계연구원 최우수연구상(2005), 대한금속재료학회 POSCO학술상(2007), 교육과학기술부 및 한국과학재단 '이달(2월)의 과학기술자상'(2008), 과학기술훈장 웅비장(2010)

김성준(金聖濬) Kim Sung Jun

⊛1959 ⊛서울 ㈜서울 관악구 문성로187 관악세무서 서장실(02-2173-4200) ⊛한성고졸, 연세대 대학원 경제학과졸 ⊛1987년 경제기획원 경제기획국 동향분석과 근무 2000년 국세청 전산정보관리관실 정보개발1담당관(사무관) 2003년 同재산세국 사무관 2007년 서울지방국세청 징세법무국 법무2과 서기관 2009년 同조사3국 조사4과 서기관 2010년 나주세무서장 2011년 광주지방국세청 징세법무국장 2012년 노원세무서장 2013년 서울지방국세청 송무2과장 2014년 서울 도봉세무서장 2015년 서울 관악세무서장(현)

김성준(金聖俊) Kim Sungjun

⊛1965 · 9 · 10 ㈜경남 창원시 의창구 상남로290 경상남도의회(055-211-7318) ⊛1992년 경남대 물리학과졸 ⊛민정특장 대표(현), 경남대 자연과학대학 학생회장, ㈜서울정화건설 대표, 호계중 운영위원장 2004년 6 · 5재보선 경남 마산시의원선거 출마(무소속), 한나라당 마산乙지구당 중앙위원 2010~2014년 경남 창원시의회 의원(한나라당 · 새누리당) 2012년 새누리당 제18대 대통령중앙선거대책위원회 경남도 자문위원 2014년 경남도의회 의원(새누리당)(현) 2014년 同기획행정위원회 위원 2016년 同기획행정위원회 부위원장(현) 2016년 同운영위원회 위원(현) ⊛전국시 · 도의회의장협의회 우수의정대상(2015)

김성중(金聖中) KIM Sung Joong

⊛1952 · 12 · 14 ⊛광산(光山) ⊛전북 고창 ㈜서울 강남구 테헤란로133 한국타이어빌딩 법무법인 태평양(02-3404-7513) ⊛1971년 전주고졸 1977년 전북대 무역학과졸 1979년 同대학원 무역학과졸 1985년 미국 코넬대 노사관계대학원졸 2005년 경제학박사(원광대) ⊛1976년 행정고시 합격(19회) 1977~1990년 노동부 법무담당관실 · 노동조합과 · 직업훈련과 · 산재보험과 사무관 1986~1987년 연세대 경영대학원 강사 1987~1988년 국제대 강사 1991년 노동부 산업보건과장 1992년 안산지방노동사무소 소장 1994년 노동부 능력개발과장 1995년 同노사협의과장 1996년 노사관계개혁위원회 사무국장 1997년 노동부 고용보험심의관 1999년 同노사협력관 2000년 同노사협력관 총괄심의관 2001년 중앙공무원교육원 파견 2002년 노동부 근로기준국장 2002년 同고용정책실장 2003년 서울지방노동위원회 위원장 2005년 노동부 정책홍보관리본부장 2006년 同차관 2007~2008년 경제사회발전노사정위원회 위원장(장관급) 2008년 법무법인 태평양 고문(현) 2008년 한국외인근로자지원센터 고문 2010년 전북대 석좌교수(현) ⊛대통령표창(1988), 녹조근정훈장(1995), 황조근정훈장(2007) ⊛'노동조합, 어떻게 할 것인가'(1993, 중앙경제사) '한국의 고용정책'(2005, 한국노동연구원) ⊛기독교

김성진(金成珍) KIM Sung Jin

⊛1949 · 4 · 18 ⊛김녕(金寧) ⊛경남 통영 ㈜부산 금정구 부산대학로63번길2 부산대학교 물류혁신네트워킹연구소(051-510-2453) ⊛1968년 부산고졸 1973년 서울대 상대 경제학과졸 1975년 同행정대학원 행정학과졸 1984년 미국 캔자스주립대 대학원 경제학과졸 1991년 경제학박사(미국 캔자스주립대) ⊛1974년 행정고시 합격(15회) 1975년 경제기획원 사무관 1988년 同행정관리담당

관 1991년 同북방경제3과장 1994년 同교통체신예산담당관 1994년 재정경제원 간접자본예산1과장 1996년 同예산정책과장 1997년 同예산총괄과장 1998년 예산청 사회예산국장 1998년 국무조정실 재경금융심의관 2000년 同산업심의관 2000년 駐KEDO사무국(뉴욕) 재정부장 2003년 기획예산처 사회예산심의관 2003년 대통령 정책관리비서관 2004년 대통령 산업정책비서관 2004년 중소기업청장 2006년 해양수산부 장관 2007년 부산대 국제전문대학원 석좌교수 2007~2009년 국무총리소속 사행산업통합감독위원회 위원장 2008~2009년 동양종합금융증권 사외이사 2009~2013년 한경대 총장, 국회 예산정책처 자문위원, 한국벤처산업협회 고문, 한국디자인진흥원 자문위원 2010년 미래물류기술포럼 공동의장(현) 2013년 부산대 물류혁신네트워킹연구소 연구교수(현) 2013년 서울대 경제학부 초빙교수(현) 2013년 삼성증권 사외이사(현) [상]대통령표창(1985), 부총리표창(1986), 청조근정훈장(2007) [저]'1997년 한국의 재정'(1997) '한국의 중소기업'(2006) [종]원불교

김성진(金聖眞) KIM Sung Jin

[생]1951 · 3 · 20 [출]전북 김제 [주]서울 강남구 영동대로 517 법무법인 화우(02-6003-7553) [학]1969년 전주고졸 1974년 서울대 경영학과졸 1977년 한국과학기술원(KAIST) 산업공학과졸(석사) 1986년 미국 워싱턴대 대학원 경제학과졸 2002년 경제학박사(경희대) [경]행정고시 합격(19회) 1977년 총무처 수습행정관 1978년 공인회계사 자격 취득 1978년 건설부 국립건설연구소 사무관 1980~1984년 경제기획원 조정2과 · 국고과 · 외자정책과 사무관 1984년 해외 유학 1986~1991년 재무부 외자정책과 · 증권업무과 · 증권정책과 사무관 1991년 유엔(UN) 다국적기업센터 · 경제사회개발부 파견(서기관) 1993년 한국개발연구원 파견 1994년 국세심판소 조사관 1995년 국무총리행정조정실 파견 1996~1998년 재정경제원 국제투자과장 · 증권제도담당관 1998년 재정경제부 증권제도과장(서기관) 1999년 同증권제도과장(부이사관) 1999년 同금융정책과장 1999년 대통령비서실 파견 2001년 재정경제부 국제금융심의관 2002년 同경제협력국장(이사관) 2003년 同공보관 2004년 열린우리당 수석전문위원 2005년 재정경제부 국제업무정책관(차관보) 2007~2008년 조달청장 2008년 한국증권연구원 고문 2009년 한국자본시장연구원 고문 2009~2012년 현대삼호중공업(주) 사외이사 2009~2014년 SC제일은행 사외이사 2009년 숭실대 겸임교수 2012년 한국금융투자협회 공익이사 2014년 법무법인 화우 고문(현) 2014년 교보증권(주) 사외이사 겸 감사위원장 [상]대통령표창(1990) [종]기독교

김성진(金成晋) Kim Seong-jin

[생]1957·9·21 [주]서울 종로구 사직로8길60 외교부 인사운영팀(02-2100-7863) [학]1980년 연세대 정치외교학과졸 [경]1981년 외무고시 합격(15회) 1981년 외무부 입부 1987년 駐스웨덴 2등서기관 1993년 駐태국 1등서기관 1995년 駐러시아 1등서기관 1999년 외교통상부 행정법무담당관 2000년 同장관비서관 2000년 駐미국 1등서기관 2003년 駐보스턴 부총영사 2006년 외교통상부 통상전문관(감사업무지원) 2007년 駐로스앤젤레스 부총영사 2010~2013년 駐가봉 대사 2013~2014년 경기도 국제관계대사 2014년 駐애틀랜타 총영사(현)

김성진(金聲振) KIM Sung Jin

[생]1957 · 10 · 3 [본]경주(慶州) [출]부산 [주]부산 금정구 부산대학로63번길2 부산대학교 한문학과(051-510-2081) [학]1984년 부산대 국어국문학과졸 1987년 同대학원 국어국문학과졸 1991년 문학박사(부산대) [경]1994~2004년 부산대 한문학과 조교수 · 부교수 2004년 同한문학과 교수(현) 2006~2007년 한자한문교육학회 감사 2007~2009년 부산대 한문학과장 2007~2008년 동양한문학회 회장 2012~2014년 부산대 인문대학장 [저]'일본문화 접촉과 한국문화(共)'(2004) '부진제영'(2005) '양산 〈쌍벽루〉 학술조사 용역 보고서(共)'(2009) [종]기독교

김성진(金成珍) KIM Sung Jin (九菴)

[생]1958·3·23 [출]부산 [주]서울 강남구 테헤란로133 한국타이어빌딩 법무법인(유) 태평양(02-3404-0125) [학]1977년 경북고졸 1981년 서울대 법학과졸 1984년 同대학원졸 1994년 미국 워싱턴대 로스쿨졸(LL.M.) [경]1983년 사법시험 합격(25회) 1985년 사법연수원 수료(15기) 1986년 軍법무관 1989~2014년 법무법인(유) 태평양 변호사 2002년 국토교통부 중앙건설분쟁조정위원회 위원장(현) 2003~2006년 전문건설공제조합 운영위원 2003년 대한상사중재원 중재인(현) 2008년 고등과학원 발전기금위원회 위원(현) 2009~2012년 전문건설공제조합 운영위원 2009년 제일모직 사외이사 2012~2015년 (재)명동정동극장 비상임이사 2013~2016년 국토교통부 중앙토지수용위원회 비상임위원 2014년 법무법인(유) 태평양 업무집행 대표변호사(현) 2014~2016년 동성화인텍 사외이사 2015년 (재)정동극장 비상임이사(현) [저]'주주대표소송의 비교법적 연구' 'Comparative Study of Derivative Suit'(1994) '소송대리인이 본 건설 감정의 문제점'(2002) '건설부동산 분쟁과 의사결정'(2005) [종]천주교

김성진(金星瑋 · 女) KIM, Sung-Jin

[생]1958 · 7 · 5 [주]서울 서대문구 이화여대길52 이화여자대학교 자연과학대학 화학생명분자과학부(02-3277-2350) [학]1977년 이화여대부설 금란여고졸 1981년 이화여대 화학과졸 1983년 同대학원 물리화학과졸 1989년 이학박사(미국 아이오와주립대) [경]1990년 이화여대 화학과 교수, 同화학생명분자과학부 화학 · 나노과학전공 조교수 · 부교수 · 교수(현) 1995~1998년 同화학과 학과장 2003년 대한화학회 학술실무이사 2003~2004년 이화여대 대학원 나노과학부장 2010~2014년 同자연과학대학장 2013~2015년 분자생명과학기술원장 2014년 국가과학기술연구회 비상임이사(현) 2015년 한국과학기술한림원 정회원(이학부 · 현) [상]대한화학회 우수연구자상(2002)

김성진(金聖珍) KIM Sung Jin

[생]1960·2·22 [출]대구 [주]인천 남구 주안로213번길15 간석역프라자301호 정의당 인천시당(032-504-6134) [학]1979년 대입검정고시 합격, 인하대 토목공학과 3년 제적·명예졸업 [경]1982년 이후 민주화운동으로 3차례 구속(5년 옥고) 1988년 인천민주청년회 회장 1991년 인천민주노동청년회 회장 1994년 한반도평화와통일을바라는인천시민모임 집행위원장 1995년 인천지역민족·민주운동연합 사무처장 1996년 우리땅부평미군기지되찾기인천시민회의 운영위원장 1999년 평화와참여로가는인천연대 공동대표·집행위원장 2001년 민주주의민족통일인천연합 공동의장 2002년 민주노동당 인천시지부 민생민권위원장 2002년 부평신문 발행인 겸 편집인 2003년 민주주의민족통일전국연합 정치위원장 2003년 민주노동당 인천시지부 부지부장 2003년 同연수지구당 위원장 2004년 제17대 국회의원선거 출마(인천 연수, 민주노동당) 2005~2007년 민주노동당 인천시당 위원장 2006~2008년 同최고위원 2006년 인천시장선거 출마(민주노동당) 2010년 민주노동당 최고위원, 범야권단일후보 송영길인천시장 공동선거대책위원장 2011년 통합진보당 전국운영위원 2012년 제19대 국회의원선거 출마(인천 남구甲, 통합진보당) 2012년 통합진보당 인천시당 위원장 2013년 정의당 인천시당 위원장(현) 2016년 同인천남구乙지역위원회 위원장(현) 2016년 제20대 국회의원선거 출마(인천 남구乙, 정의당)

김성진(金星辰) Kim Seong Jin

[생]1963 · 7 · 3 [주]서울 중구 을지로5길26 미래에셋센터원빌딩 이스트타워18층 미래에셋자산운용 채권운용부문 부사장실(02-3774-1543) [학]서강대 경제학과졸 [경]2004년 미래에셋투자신탁운용 채권운용본부 이사대우 2005년 同채권운용본부장(상무보) 2006년 미래에셋자산운용 채권운용본부장(상무보) 2008년 同채권운용본부 CIO(상무) 2010년 同채권운용부문 대표(전무) 2012년 同채권운용부문 CIO(부사장)(현)

김성진(金星鎭) KIM Seong Jin

[생]1964·8·22 [본]김녕(金寧) [출]대구 [주]서울 강남구 테헤란로310 두꺼비빌딩3층 법무법인 올흔(02-3481-2700) [학]1983년 대구 대건고졸 1987년 고려대 법학과졸 2002년 캐나다 브리티쉬컬럼비아대 로스쿨 연수(방문학자과정) [경]1990년 사법시험 합격(32회) 1993년 사법연수원 수료(22기) 1993년 軍법무관 1996년 대전지검 검사 1998년 同김천지청 검사 1999년 서울지검 북부지청 검사 2003년 인천지검 부천지청 검사 2005년 대구지검 부부장검사 2006년 창원지검 진주지청 부장검사 2007년 대구지검 마약·조직범죄수사부장 2008년 부산지검 부장검사 2008년 동북아역사재단 파견 2009년 광주지검 형사3부장 2009년 서울동부지검 형사4부장 2010년 의정부지검 고양지청 부장검사 2011~2012년 서울북부지검 형사2부장 2012년 법무법인 이촌 대표변호사 2016년 법무법인 올흔 대표변호사(현) [상]검찰총장표창(1999)

김성진(金成珍) KIM Sung Jin

[생]1970·1·22 [본]김해(金海) [출]전북 전주 [주]세종특별자치시 갈매로477 기획재정부 인사운영팀(044-215-2252) [학]1988년 전주 신흥고졸 1993년 서울대 공법학과졸 [경]2002년 기획예산처 예산실 복지노동예산과 서기관 2003년 同예산관리국 제도관리과 계장 2003~2006년 同관리총괄과 서기관 2007년 同법령분석과장 2007년 同경영지원단실 경영지원4팀장 2007~2008년 금융감독위원

회 자산운용감독과장 2008년 기획재정부 경제정책국 경쟁력전략과장 2008년 同경제정책국 사회정책과장 2010년 同공공정책국 민영화과장 2012년 同공공정책국 제도기획과장 2014년 駐프랑크푸르트 주재관(현)

김성찬(金盛贊) Kim, Sung Chan

[생]1954·5·7 [출]경남 진해 [주]서울 영등포구 의사당대로1 국회 의원회관421호(02-784-2477) [학]1972년 진해고졸 1976년 해군사관학교졸(30기) 1996년 영국 국방대학원졸 2002년 서울대 해양정책최고과정 수료 2004년 경기대 대학원 국제정치학과졸 2013년 한남대 대학원 정치및지역발전학 박사과정 수료 [경]2003년 해군 진해기지사령관(준장) 2005년 해군 제1함대사령관(소장) 2006년 해군본부 전력기획참모부장(소장) 2008년 해군 참모차장(중장) 2010~2011년 해군 참모총장(대장) 2011~2012년 한국과학기술원 초빙교수 2011~2012년 세종대 석좌교수 2012년 (재)천안함재단 고문위원(현) 2012년 제19대 국회의원(창원시 진해구, 새누리당) 2012~2014년 국회 국방위원회 위원 2013년 국회 운영위원회 위원 2013~2015년 국회 예산결산특별위원회 위원 2013년 새누리당 북핵안보전략특별위원회 위원 2013년 同경남도당 수석부위원장 2014년 국회 지속가능발전특별위원회 위원 2014년 새누리당 세월호사고대책특별위원회 위원 2014년 국회 국방위원회 여당 간사 2015~2016년 새누리당 정책위원회 국방정책조정위원장 2016년 제20대 국회의원(창원시 진해구, 새누리당)(현) 2016년 국회 농림축산식품해양수산위원회 위원(현) 2016년 국회 민생경제특별위원회 간사(현) 2016년 한국아동인구환경의원연맹(CPE) 회원(현) 2016년 새누리당 제4차 전당대회 대표최고위원 및 최고위원선출을위한선거관리위원회 위원 겸 클린선거소위원회 위원장 2016년 同경남도당 위원장(현) 2016년 同경남도당 혁신위원장(현) [상]대통령표창(1998), 보국훈장 통일장(2011), 미국정부 공로훈장(2011), 콜롬비아 대십자훈장(2011), 터키군 공로훈장(2012), 인도네시아해군 최고훈장(2012), 법률소비자연맹 선정 국회 헌정대상(2013), 새누리당 국정감사 우수의원(2013), 올해의 해사인상 (2014) [종]천주교

김성찬(金聖贊) KIM Sung Chan

[생]1956·1·6 [본]김해(金海) [출]전남 목포 [주]경기 안성시 일죽면 어리실길90의45 (사)한국전지재활용협회 임원실(031-671-8312) [학]1974년 목포고졸 1983년 전남대 기계공학과졸 [경](주)로케트 Thai 대표, (주)로케트전기 기획부 이사, 同기획·재무총괄 상무이사 2006년 同대표이사 전무 2008년 同대표이사 부사장 2010~2013년 同대표이사 사장 2013년 (사)한국전지재활용협회 회장(현) 2014년 한국순환자원유통지원센터 이사

김성채(金姓彩) KIM Seong Chae

[생]1952·5·20 [주]서울 중구 청계천로100 시그니쳐타워12층 금호석유화학(주) 임원실(02-6961-1031) [학]1971년 휘문고졸 1979년 연세대 화학공학과졸 [경]1999년 금호석유화학(주) 영업1·2팀담당 상무대우 2001년 同영업담당 상무 2005년 同영업본부장(부사장) 2010년 同대표이사 사장(현) [상]산업포장(2005), 은탑산업훈장(2011)

김성천(金聖天) KIM Sung Chun

[생]1961·1·4 [출]서울 [주]서울 구로구 디지털로26길123 G플러스코오롱디지털타워6층 안국약품(주) 중앙연구소(02-3289-4213) [학]서울대 화학과졸, 화학박사(미국 텍사스A&M대) [경]1989년 럭키 입사 2003년 (주)LG생명과학 Factive팀장 2006년 同사업개발담당 2007년 同기술연구원 R&D전략담당 상무 2008년 同연구개발본부 CTO 2011년 同Business Incubation부문장(상무) 2012~2014년 同사업1부문장(상무) 2014년 안국약품(주) 중앙연구소 바이오본부 전무(현)

김성철(金聖喆) KIM Sung Chul

[생]1945·1·1 [본]김해(金海) [출]서울 [주]대전 유성구 대학로291 한국과학기술원 생명화학공학과(042-350-3914) [학]1963년 서울고졸 1967년 서울대 공대 화학공학과졸 1972년 미국 디트로이트대 대학원 고분자공학과졸 1975년 공학박사(미국 디트로이트대) [경]1966~1968년 태광산업·한국프라스틱 근무 1968~1971년 한국과학기술연구원 연구원 1971~1975년 미국 디트로이트대 고분자연구소 연구원 1975년 한국과학기술연구원 선임연구원 1978년 同고분자재료연구실장 1979~2010년 한국과학기술원 생명화학공학과 교수 1985년 미국 IBM연구소 객원연구원 1985년 일본 도쿄공대 객원교수 1989년 IUPAC 심포지움 사무총장 1990년 PPS심포지움 사무총장 1990년 한국과학기술원 응용과학연구소장 1991년 同응용공학부장 1991년 한국고분자학회 전무이사 1992년 한국막학회 부회장 1995~1996년 同회장 1995년 환태평양고분자연합 사무총장 1995년 한국과학기술원 기능성고분자신소재연구센터 소장 1996년 한국과학기술한림원 종신회원(현) 1996년 한국과학기술원 교수협의회장 1997년 환태평양고분자연합 집행위원·부회장 1997년 국제고분자가공학회 회장 1998~2011년 한국공학한림원 정회원 1999년 한국고분자학회 부회장 2000년 同수석부회장 2000년 한국과학기술원 교무처장 겸 과학영재교육연구소장 2001년 한국고분자학회 회장 2001년 한국과학기술한림원 공학부장 2002~2007년 전국과학기술인협회 과학담당 부회장 2003~2008년 IUPAC Titular Member 2007년 삼양사 사외이사 2009년 환태평양고분자연합회(PPF) 회장 2010~2013년 한국과학기술한림원 부원장 2010년 한국과학기술원 생명화학공학과 명예교수(현) 2011년 한국공학한림원 원로회원(현) [상]국민훈장 석류장, 상암고분자상, 한국공학상, 대한민국학술원상 자연과학부문(2006), 일본고분자학회 국제상 [저]'고분자공학 I' '고분자공학 II' 'IPN's Around the World'

김성철(金聖哲) KIM Sung Chul

[생]1961·7·23 [출]서울 [주]충남 아산시 탕정면 삼성로181 (주)삼성디스플레이 연구소(041-535-1114) [학]금성고졸, 경희대 물리학과졸, 물리학박사(경희대) [경]삼성디스플레이 연구소장, 삼성SDI(주) AM LTPS제조담당, 同AM공정기술그룹장 2006년 同상무보 2010년 삼성모바일디스플레이 중앙연구소 전무 2013년 (주)삼성디스플레이 OLED개발실장(부사장) 2014년 同연구소장(부사장)(현) [상]산업포장(2010)

김성철(金聖徹) KIM Sung Chul

[생]1962·4·23 [본]경주(慶州) [출]서울 [주]서울 서대문구 거북골로34 명지대학교 사회과학대학 행정학과(02-300-0664) [학]1980년 마산고졸 1984년 한국외국어대 경제학과졸 1986년 미국 웨스트버지니아대 대학원 경제학과졸 1995년 정치학박사(미국 웨스트버지니아대) [경]1989~1991년 미국 West Virginia 주립대 연구조교 1991~1994년 同강의조교 1994~1996년 미국 State Univ. of New York at Binghamton 정치학과 강의전담교원 1996년 명지대 사회과학대학 행정학과 부교수·교수(현) 2004년 (주)남성 사외이사(현) 2005년 IGS Capital 감사 2007~2008년 한국정책평가분석학회 편집위원 2008년 한국정부학회 편집위원 2009년 명지대 입학처장 2010년 한국정부회계학회 연구이사 2012년 명지대 기획조정실장(현) [저]'Handbook of Global Environmental Policy and Administration(共)'(1999) '한국행정부의 경쟁력 강화 방안'(2002, 명지대 출판부) '예산정치론'(2005, 명지대 출판부) [종]기독교

김성철(金成鐵) KIM Seong Cheol

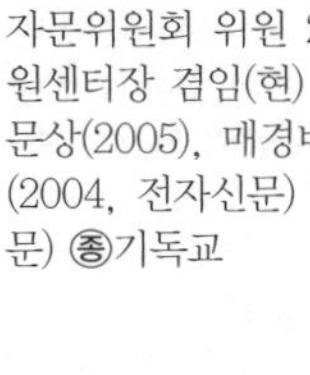

[생]1964·6·12 [본]남포(藍浦) [출]강원 철원 [주]서울 성북구 안암로145 고려대학교 미디어학부(02-3290-2267) [학]1983년 오산고졸 1987년 서울대 경영학과졸 1989년 同대학원 경영학과졸 1996년 미국 미시간주립대 대학원졸 2000년 정보통신학박사(미국 미시간주립대) [경]1989년 (주)SK 대리 1997년 (주)SK C&C 차장 2001년 (주)모비야 Sale & Marketing팀장 2002년 서울시 정보화개발담당관 2003년 同정보시스템담당관 2003년 한국정보통신대 IT경영학부 조교수·부교수 2008년 고려대 언론학부 부교수·교수, 同미디어학부 교수(현), 한국중소기업학회 이사 2013년 미래창조과학부 방송진흥정책자문위원회 위원 2015년 고려대 도서관장·중앙도서관장·외국학술지지원센터장 겸임(현) 2016년 대림비앤코 사외이사(현) [상]ITRC협의회 우수논문상(2005), 매경비트학술상 우수논문상(2009) [저]'휴대인터넷의 이해(共)'(2004, 전자신문) '차세대 디지털컨버전스 DMB 서비스(共)'(2005, 전자신문) [종]기독교

김성철(金聖哲)

[생]1966·11·28 [출]대구 [주]경남 함양군 함양읍 학사루길12 함양경찰서 서장실(055-960-1321) [학]1985년 경북고졸 1989년 경찰대졸(5기) [경]1989년 경위 임용 2007년 경남 김해경찰서 형사과장 2008년 경남지방경찰청 수사과 과학수사계장 2009년 경남 김해중부경찰서 형사과장 2010년 경남 창원중부경찰서 경비교통과장 2012년 경남지방경찰청 제1기동대장 2013년 同생활안전과 생활질서계장 2014년 경남 김해중부경찰서 정보보안과장 2015년 경남지방경찰청 경무과 치안지도관(총경) 2015년 同여성청소년과장 2016년 경남 함양경찰서장(현)

김성춘(金性春) Kim Seong-choon

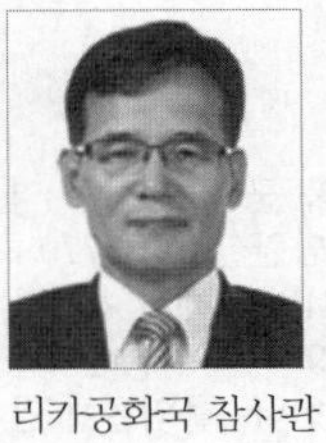

[생]1957·10·15 [학]1987년 국민대 정치외교학과졸 1989년 同대학원 정치외교학과 석사과정 수료 1994년 영국 쉴러국제대 대학원 국제정치학과졸 [경]1989년 외무고시 합격(제23회) 1989년 외무부 입부 1995년 駐보스턴 영사 1998년 駐스위스 1등서기관 2000년 駐블라디보스톡 영사 2003년 외교통상부 외교안보연구원 외국어교육과장 2004년 同駐韓공관담당관 2005년 駐남아프리카공화국 참사관 2007년 駐프랑크푸르트 영사 2011년 駐인도 공사참사관 2013~2016년 駐파푸아뉴기니 대사

김성칠(金星七) Kim Sung-Chil

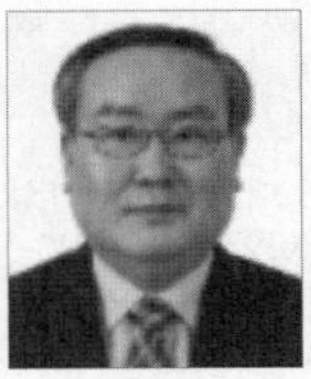

[생]1962·2·7 [본]김해(金海) [출]서울 [주]광주 서구 계수로 41 전남지방우정청(062-600-4510) [학]1980년 서울 대광고졸 1984년 서강대 경영학과졸 [경]1992년 행정고시 합격(35회) 1993년 상공자원부 통상진흥국 미주통상과 사무관 2001년 산업자원부 생활산업국 섬유패션산업과 사무관 2003년 駐홍콩총영사 영사 2006년 산업자원부 유통물류서비스팀장 2007년 同유통물류팀장 2008년 지식경제부 입지총괄과장 2009년 同자동차조선과장 2010년 同자동차조선과장(부이사관) 2011년 同산업경제정책과장 2012년 행정안전부 중앙공무원교육원 연구개발센터장(고위공무원) 2012년 지식경제부 지식경제공무원교육원장 2013년 미래창조과학부 우정공무원교육원장 2014년 駐중국 공사참사관 2016년 미래창조과학부 우정사업본부 전남지방우정청장(현) [상]근정포장(2009)

김성태(金成泰) Kim Sung Tae (海峰)

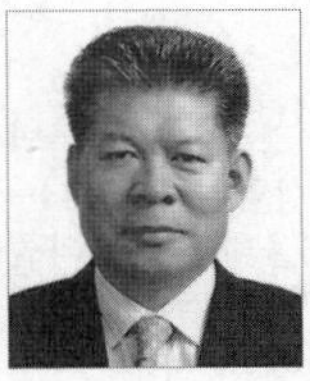

[생]1948·5·25 [본]김해(金海) [출]경남 하동 [주]전북 무주군 설천면 무설로1482 태권도진흥재단 이사장실(063-320-0001) [학]진주고졸, 한국해양대 기관학과졸, 국제학박사(부산대) [경]1986년 (주)코르웰 대표이사(현) 1992년 (주)동일조선 대표이사(현) 2001~2008년 부산태권도협회 회장 2004~2015년 대한태권도협회 이사·부회장 2009년 駐韓칠레 명예영사(현) 2010년 국기원 이사(현) 2014년 한국해양대 총동창회장 2015년 (재)태권도진흥재단 이사장(현) [상]은탑산업훈장(2005) [종]불교

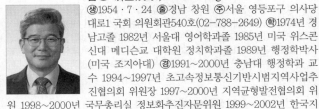

김성태(金成泰) KIM Seang-Tae

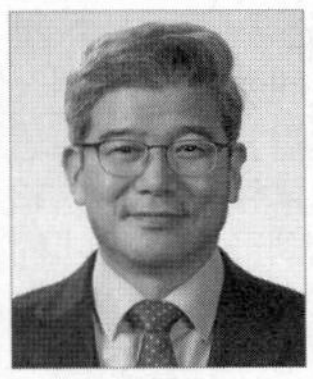

[생]1954·7·24 [출]경남 창원 [주]서울 영등포구 의사당대로1 국회 의원회관540호(02-788-2649) [학]1974년 경남고졸 1982년 서울대 영어학과졸 1985년 미국 위스콘신대 메디슨교 대학원 정치학과졸 1989년 행정학박사(미국 조지아대) [경]1991~2000년 충남대 행정학과 교수 1994~1997년 초고속정보통신기반시범지역사업추진협의회 위원장 1997~2000년 지역균형발전협의회 위원 1998~2000년 국무총리실 정보화추진자문위원 1999~2002년 한국지역정보화학회 회장 1999~2002년 국가정보화평가위원회 위원 1999~2003년 한국전산원 정보화사업평가위원 2000~2016년 성균관대 행정학과 교수 2000~2016년 同국정전문대학원 교수 2000~2001년 정부혁신추진위원회 공기업경영점검평가단 평가위원 2000~2003년 정부지역균형발전협의회 민간위원 2001~2003년 대통령자문 전자정부특별위원회 위원 2001~2003년 행정자치부 지방자치단체합동평가위원회 위원 2002년 프랑스 파리 OECD 회의 정부대표 2002년 스위스 제네바 ITU 정부대표 2002~2003년 OECD PUMA 전자정부프로젝트 정부대표 2002~2006년 성균관대 국제정보정책전자정부연구소장 2003년 APEC 고위급전자정부심포지엄준비단 자문위원 2003년 세계전자정부평가위원회 위원장 2003~2008년 중앙인사위원회 심사평가위원 2005~2006년 영국 맨체스터대 객원교수 2005~2008년 성균관대 국정관리대학원장 겸 행정대학원장 2007~2008년 International Academy of CIO 한국대표 2007~2008년 UN거버넌스센터 자문위원 2007~2008년 (사)국가미래정책포럼 국가미래정책연구원장 2007~2008년 대통령직인수위원회 상임자문위원 2007~2008년 중앙공무원교육원 겸임교수 2007~2009년 한국연구재단 국제학술교류증진위원장 2008년 중앙선거관리위원회 전자선거추진협의회 위원 2008~2009년 한국정보사회진흥원 원장 2008~2010년 국제미래학회 미래정치행정위원장 2009년 국무총리실 유비쿼터스도시위원회 위원 2009~2013년 미래네트워크2020포럼 공동의장 2009~2013년 정보통신공공기관장협의회 회장 2009~2012년 UNESCO 한국위원회 정보커뮤니케이션분과위원장 2009~2012년 同집행위원 2009~2013년 한국정보화진흥원 원장 2010~2012년 'Journal of e-Governance Associate' 편집장 2010년 대한민국소프트웨어공모대전 자문위원 2010년 UN ITU-UNESCO 고위급브로드밴드위원회 상임위원 2010~2011년 전자신문 객원논설위원 2011년 검찰정보화발전자문위원회 자문위원장 2011~2013년 글로벌스마트워크협의회 준비위원장 2011년 (사)We Start 운동본부 이사 2011~2012년 미래네트워크2020포럼 대표의장 2011~2013년 나눔국민운동본부 이사 2011~2013년 국가정보화전략위원회 자문단장 2011~2013년 SBS 희망내일위원회 자문위원 2012년 2018평창동계올림픽조직위원회 자문위원 2012~2013년 빅데이터국가전략포럼 의장 2012년 제18대 대통령선거 투개표관련 보안자문위원회 위원 2012년 스마트엔젤스운동본부 대표의장(현) 2012~2015년 중앙지적재조사위원회 위원 2012~2014년 국가초고성능컴퓨팅위원회 위원 2012~2014년 가전접근성포럼 운영위원 2012~2014년 ITU 전권회의준비위원회 위원 2013년 전국경제인연합회 창조경제특별위원회 위원 2013~2015년 국회 예산정책자문위원 2013년 새누리당 정책위원회 기획재정정책자문위원 2013~2014년 同창조경제일자리창출특별위원회 위원 2013~2014년 서울대 빅데이터포럼운영위원회 위원 2013~2015년 교육부 정책자문위원회 위원 2013~2015년 여의도연구원 이사 2014~2015년 국회 창조경제활성화특별위원회 위원 2014년 'Journal of Systemics·Cybernatics and Informatics' 편집자문위원 2014년 국가미래준비포럼 의장(현) 2014년 SW-ICT 기반융합산업연합회 회장(현) 2016년 (사)국가미래정책포럼 이사장(현) 2016년 제20대 국회의원(비례대표, 새누리당)(현) 2016년 국회 미래창조과학방송통신위원회 위원(현) 2016년 국회 윤리특별위원회 위원(현) 2016년 국회 미래일자리특별위원회 위원(현) 2016년 한국아동인구환경의원연맹(CPE) 회원(현) 2016년 새누리당 전당대회선거관리위원회 대변인 2016년 同국민공감전략위원장(현) [상]한국정책학회 우수논문상(1998), 홍조근정훈장(2003), 한국여성벤처협회 특별상(2009), 뉴미디어대상 올해의 정보통신인(2010), 가족친화우수기업 여성가족부장관표창(2011), 세종나눔봉사대상(2011), 대한민국나눔대상(2011), 국민훈장 모란장(2013) [저]'Municipal Policy-Making and Fiscal Federalism'(1991, 대영문화사) '공공정책의 결정요인 분석(共)'(1993, 법문사) '행정정보체계론 : 정보정책론과 전자정부론'(1999, 법문사) '정책학의 주요이론(共)'(2000, 법문사) '행정학의 주요이론(共)'(2000, 법문사) '사이버 헌법론(共)'(2001, 조세통람사) '뉴거버넌스와 사이버거버넌스 연구(共)'(2001, 대영문화사) '정보정책론과 전자정부론'(2002, 법문사) '전자정부론 : 이론과 실제'(2003, 법문사) '정보정책론 : 이론과 전략'(2004, 법문사) 'Building e-Governance : Challenges and Opportunities for Democracy, Administration and Law(共)'(2005) 'Digital Governance in Municipalities Worldwide(共)'(2005) 'Global e-Government : Theory, Applications and Benchmarking(共)'(2006) 'Digital Governance in Municipalities Worldwide, 2005, National Center for Public Productivity(共)'(2006) 'Global e-Government : Theory, Applications and Benchmarking(共)'(2006, IDEA Group Publishing) '신 전자정부론 : 이론과 전략'(2007, 법문사) '한국 행정학 50년사(共)'(2007, 한국행정학회) 'E-Governance:A Global Perspective on a New Paradigm(共)'(2007, IOS Press) 'Digital Governance in Municipalities Worldwide(2007)(共)'(2008, National Center for Public productivity, USA) '또 다른 미래를 향하여 : 국정관리를 위한 미래예측과 미래전략'(2007, 법문사) '신 정보정책론 : 이론과 전략'(2010, 법문사) '스마트사회를 향한 대한민국 미래전략'(2011, 법문사) '미래한국의 새로운 도전과 기회'(2011, 법문사) 'Global Mobile : Applications and Innovations for the Worldwide Mobile Ecosystem(共)'(2013, Information Today, Inc.) '제4의 물결 중심, 스마티즌'(2013, 북콘서트) '스마트사회의 정보정책과 전자정부 : 이론과 전략'(2013) 'Social Inclusion and the Digital Divide : Case of Korea'(2014) 'E-Governance and Social Inclusion : Concepts and Cases: Concepts and Cases, 271'(2014, IgiGlobal)

김성태(金聖泰) KIM Sung Tai

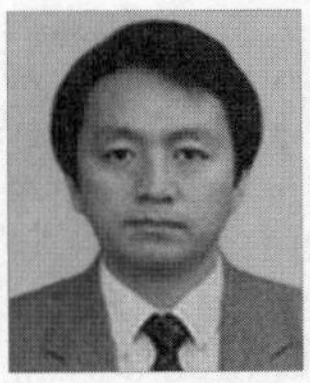

[생]1954·11·4 [본]경주(慶州) [출]서울 [주]충북 청주시 청원구 대성로298 청주대학교 경제학과(043-229-8182) [학]1978년 성균관대 경제학과졸 1987년 경제학박사(미국 캘리포니아대 샌디에이고교) [경]1987~1989년 성균관대·인천대 강사 1988년 고려투자자문(주) 조사분석실장 1989~1998년 청주대 경제학과 조교수·부교수 1992년 충북도 지방재정심의위원 1998년 청주대 경제통상학부 경제학전공 교수, 同경상대학 경제학과 교수(현) 2004~2005년 대통령자문 국민경제자문회의 위원 2007~2008년 한국재정학회 회장 [상]한국재정학회 재정학상(1995), 한국지방재정학회 학술상(2006), 한국응용경제학회 남산학술상(2007), 제44회 납세자의날 산업포장(2010), 시장경제대상 논문부문(2010) [종]천주교

김성태(金成泰) KIM Sung Tae (청죽)

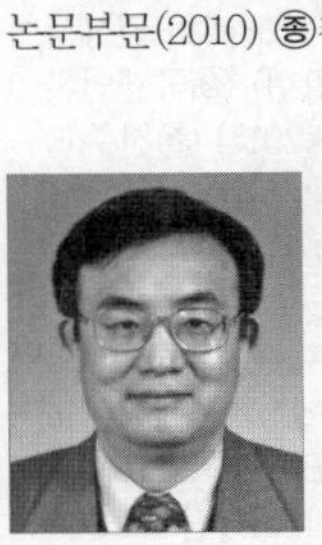

[생]1955·11·2 [본]김해(金海) [출]서울 [주]서울 동작구 사당로143 총신대학교 신학대학원 선교학과(02-3479-0496) [학]1973년 중앙사대부고졸 1979년 총신대 신학과졸 1982년 同대학원 신학과졸 1988년 미국 풀러신학대학원 신학과졸 1991년 철학박사(미국 풀러신학대) [경]1982~1985년 공군 군목 1993년 총신대 신학대학원 선교학과 조교수·부교수·교수(현) 1995~1998년 同실천처장·학생처장 1995년 한국오픈도어즈선교회 이사장 겸 공동대표(현) 2001년 총신대 교무처장 2002년 同선교·상담대학원장 2003년 同목회신

학전문대학원장 2004년 同기획실장 2007년 同선교대학원장 2007년 同목회신학전문대학원장 2010년 同선교대학원장 [상]공군 우수군종 장교상(1983 · 1984) [저]'세계선교 전략사'(1994) '북방선교의 실상'(1994) '현대선교학총론'(1999) '선교와 문화'(2000) [종]기독교

김성태(金成泰) KIM SEONG TAI

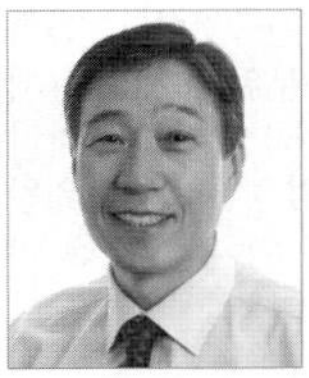

[생]1958 · 1 · 15 [본]김해(金海) [출]인천 [주]부산 강서구 녹산산업북로433 테크로스(051-601-4700) [학]1976년 인천기계공고졸, 인천전문대 전기과졸 2001년 호서대 경영학과졸, 단국대 경영대학원 수료 [경](주)부방테크론 이사 2002년 同리빙사업부 각자대표이사 2010년 (주)리홈 전무이사 2010년 (주)테크로스 전무이사(현), 한국전기안전관리협회 감사(현), 한국선박평형수협회 회장(현) [상]제29회 국가품질경영대회 품질부문 대통령표창 [종]불교

김성태(金聖泰) KIM Sung Tae

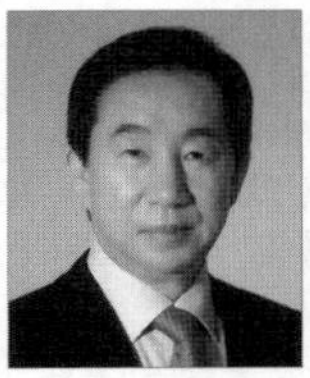

[생]1958 · 5 · 23 [본]경주(慶州) [출]경남 진주 [주]서울 영등포구 의사당대로1 국회 의원회관910호(02-784-3291) [학]1976년 진주공고졸 1997년 단국대 경영대학원 수료 1998년 고려대 노동대학원 고위지도자과정 수료 2005년 강남대 법학과졸 2007년 한양대 행정대학원 사회복지학과졸 [경]한국통신 공중전화노조위원장, 전국정보통신노조협의회 의장 1994년 전국정보통신노동조합연맹 위원장 1995년 민주평통 자문위원 1996년 한국노동조합총연맹 부위원장 1997년 중앙노동위원회 근로자위원 1998년 한국사회발전실천시민협의회 IMF실업대책위원장 1998년 서울시의회 의원 1998년 同실업자대책 및 고용창출특위 위원장 2002~2004년 한국노동조합총연맹 사무총장 2002년 노동부 남녀고용평등대상 심사위원 2002년 기획예산처 예산자문위원회의 민간위원 2002년 노사정위원회 상무위원 2002년 국민건강보험공단 비상임이사 2002년 국민연금 기금운영위원 2002년 재정경제부 세제발전심의위원회 위원 2003년 고령화사회대책 및 사회통합기획단 자문위원 2004년 한국노동조합총연맹 상임부위원장 겸 중앙교육원장 2005년 전국소년소녀가장돕기 공동대표 2006년 한국고용정보원 비상임이사 2007년 노사발전재단 이사 2008년 제18대 국회의원(서울 강서구乙, 한나라당 · 새누리당) 2008년 (재)손기정기념재단 대표이사장(현) 2010년 한나라당 원내부대표 2010년 同대표특보 2011년 同직능특별위원회 부위원장 2012년 새누리당 비정규직대책특별위원회 위원장 2012년 同민본21 간사 2012년 제19대 국회의원(서울 강서구乙, 새누리당) 2012년 국회 환경노동위원회 간사 2013~2014년 새누리당 제5정책조정위원장 2013~2014년 同서울시당 위원장 2014~2015년 국회 국토교통위원회 여당 간사 2014~2015년 국회 예산결산특별위원회 위원 2015년 국회 서민주거복지특별위원회 여당 간사 2015년 새누리당 정책위원회 국토교통정책조정위원장 2015년 국회 국토교통위원회 위원 2015년 국회 예산결산특별위원회 여당 간사 2015년 새누리당 노동시장선진화특별위원회 위원 2015년 국회 법제사법위원회 위원 2016년 제20대 국회의원(서울 강서구乙, 새누리당)(현) 2016년 국회 국토교통위원회 위원(현) [상]대통령표창(1994), 금탑산업훈장(2004), 복지TV 자랑스러운 대한민국 복지대상 나눔부문(2015) [저]'워크프랜들리 김성태! 서민의 희망을 디자인하다'(2009)

김성태(金聖泰) KIM Sung Tae

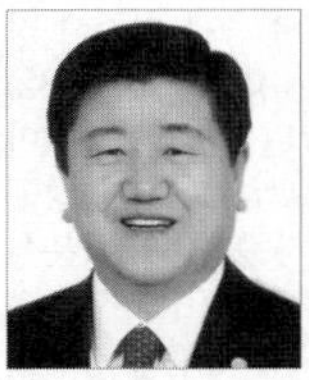

[생]1958 · 8 · 13 [본]김해(金海) [출]충북 진천 [주]경기 수원시 팔달구 효원로1 경기도의회(031-8008-7000) [학]한국방송통신대 행정학과졸 [경]민주당 광명乙무상급식추진위원회 부위원장, 광명환경산악회 회장, 광명시충청향우연합회 부회장 2010년 경기도의회 의원(민주당 · 민주통합당 · 민주당 · 새정치민주연합) 2010년 KTX 광명역세권활성화추진위원회 위원장 2010년 광명경륜장재정수입재투자추진위원회 위원장, 경기도의회 민주통합당 부대표 2012년 경기도의회 운영위원회 위원 2012년 同윤리위원회 위원 2013년 同예산결산특별위원회 위원 2013년 同의원공무국외여행심사위원회 위원장, 同무상급식혁신학교추진특별위원회 위원 2014년 경기도의회 의원(새정치민주연합 · 더불어민주당)(현) 2014년 同교육위원회 위원 2015년 同수도권상생협력특별위원회 위원(현) 2016년 同건설교통위원회 위원장(현) [상]국제언론인클럽 글로벌 자랑스런 한국인대상 지방자치발전공헌부문(2015) [종]천주교

김성태(金成泰) Kim Seong Tae

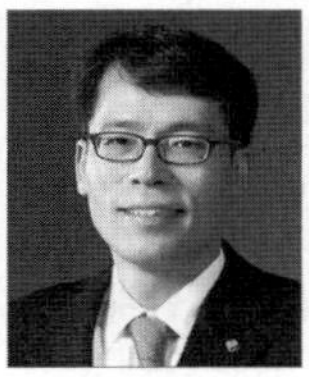

[생]1962 [출]충남 서천 [주]서울 중구 을지로79 IBK기업은행 임원실(02-729-6114) [학]1981년 대전상고졸 1989년 충남대 경영학과졸 2006년 핀란드 헬싱키경제대(Helsinki School of Economics) 석사(MBA) [경]1989년 IBK기업은행 입행 2008년 同평촌아크로타워지점장 2009년 同전략기획부 미래혁신팀장(부장) 2010년 同비서실장 2011년 同미래기획실장 2012년 同종합기획부장 2013년 同마케팅전략부장 2014년 同부산 · 울산지역본부장 2015년 同경동지역본부장 2016년 同소비자보호그룹장(부행장)(현)

김성택(金成澤) Sungtaek Kim

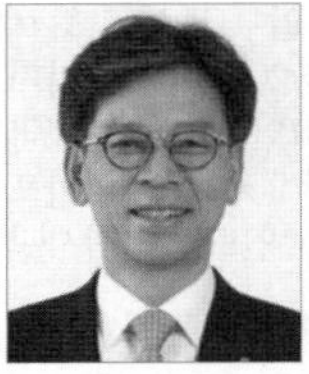

[생]1960 · 2 · 1 [본]안동(安東) [출]전북 군산 [주]서울 영등포구 은행로38 한국수출입은행 임원실(02-3779-6008) [학]1978년 서울 보성고졸 1984년 연세대 경영학과졸 1990년 同대학원 경영학과졸 1996년 미국 밴더빌트대 대학원 경영학과졸 [경]1983년 한국수출입은행 입행 2007년 同경영전략실장 2007년 同홍보실장 2009년 同울산지점장 2010년 同녹색성장금융부장 2012년 同비서실장 2014년 同총괄사업부장 2014년 同부행장 2015년 同경협총괄본부 선임부행장(상임이사)(현)

김성표(金成杓) KIM Sung Pyo

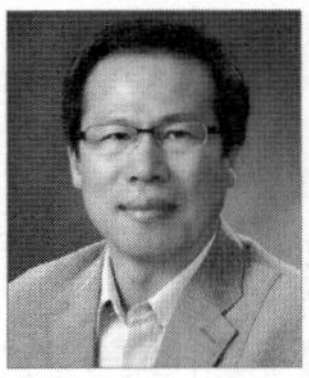

[생]1966 · 11 · 28 [주]서울 서초구 서초대로74길4 삼성생명서초타워 삼성경제연구소 산업전략2실(02-3780-8367) [학]1984년 고려대 경영학과졸 1993년 同대학원 경영학과졸 1999년 경영학박사(고려대) [경]1994~1999년 기업경영연구원 연구원 1996~1999년 성신여대 강사 1996~2000년 고려대 강사 1996년 재무학회 회원 1997년 재무관리학회 회원, 삼성경제연구소 경영연구본부 경영전략실 수석연구원, 同산업전략2실 수석연구원(현) 2011년 미국 워싱턴대 Visiting Scholar [저]'한국기업 경쟁력의 실상과 과제'(2008) '불황기 신성장전략'(2009) '글로벌 M&A 성공전략'(2010) '저성장기의 경영전략'(2013) 등

김성하(金聖夏) KIM Sung Ha

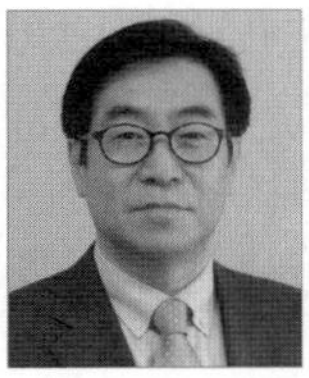

[생]1960 · 8 · 7 [본]경주(慶州) [출]경북 경주 [주]세종특별자치시 다솜3로95 공정거래위원회 상임위원실(044-200-4047) [학]경성고졸 1986년 서울대 경제학과졸 1988년 同행정대학원 수료 1994년 미국 오리건주립대 대학원 경제학과졸 [경]행정고시 합격(31회) 1988~1996년 경제기획원 · 재정경제부 근무 1996년 공정거래위원회 정책국 총괄정책과 서기관 1997년 同독점국 기업집단과 서기관 1998년 同정책국 총괄정책과 서기관 1999년 駐미국대사관 경쟁협력관 2001년 중앙인사위원회 정책지원과장 2003년 대통령비서실 행정관 2004년 공정거래위원회 기업결합과장 2006년 김앤장법률사무소 파견 2007년 공정거래위원회 소비자정책기획팀장 2008년 同하도급정책과장 2009년 同경쟁정책과장(부이사관) 2009년 同대변인(고위공무원) 2011년 同기업협력국장 2011년 同기획조정관 2012년 교육파견(고위공무원) 2013년 공정거래위원회 시장구조개선정책관 2014년 同경쟁정책국장 2015년 同대변인 2015년 同상임위원(현) [상]근정포장(2015)

김성한(金成漢) KIM Sung-Han

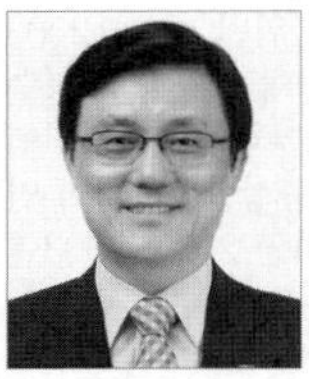

[생]1959 · 3 · 19 [출]부산 [주]부산 부산진구 가야대로772 (주)부산롯데호텔 비서실(051-810-1100) [학]1980년 부산 동성고졸 1989년 부경대 경영학과 수석졸업 [경]1984년 롯데삼강 입사 1989년 (주)부산롯데호텔 Project담당 2001년 同식음료팀장 2003년 同마케팅실장 2005년 同면세점장 2007년 同판촉팀장 2009년 同판촉부문장 2011년 同영업상무이사 2012년 同총지배인(상무보A) 2013년 부산관광협회 호텔분과 위원장 2013년 한국해양관광위원회 위원 2013년 한국청년교류협회 이사 2014년 인적자원개발위원회 위원 2014년 부산시 마이스산업육성협의회 위원 2015년 부산지방노동위원회 사용자위원 2016년 (주)부산롯데호텔 대표이사 상무(현) [상]교육부장관표창(1982), 부산롯데호텔대표이사표창(1999 · 2002 · 2009 · 2010), 부산광역시장표창(2003), 문화관광부장관표창(2003), 문화체육관광부장관표창(2009), 부산관광협회 부산관광대상(2012), 에너지경영대상(2014), 산업통상자원부장관표창(2014), 환경부장관표창(2015)

김성한(金成漢) Kim, Sung-Han

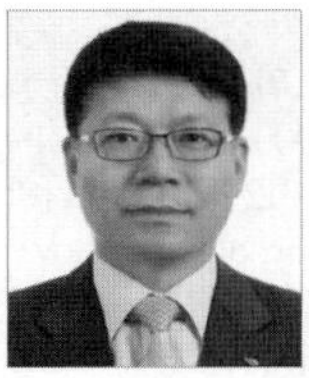

[생]1960 · 10 · 20 [출]전남 고흥 [주]광주 서구 상무중앙로78번길4 화신빌딩 한국수자원공사 광주전남지역본부(062-370-1200) [학]1979년 동국사대부고졸 1987년 전남대 농업토목공학과졸 [경]1987년 한국수자원공사(K-water) 입사 2006년 同전남지역본부 지방상수도팀장 2008년 同수도사업처 유수율관리팀장 2009년 同경인아라뱃길관리단 항 · 뱃길운영팀장 2011년 同수도개발처장 2013년 同울산권관리단장 2014년 同수도관리처장 2015년 同광주전남지역본부장(현) [상]국토해양부장관표창(2001)

ㄱ

김성한(金聖翰) KIM Sung-han

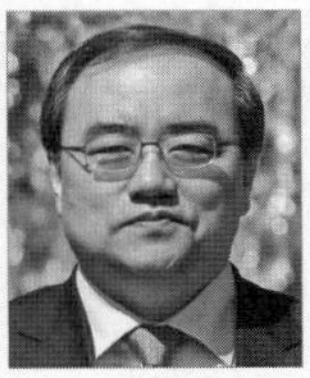

[생]1960·11·25 [본]김해(金海) [출]서울 [주]서울 성북구 안암로145 고려대학교 국제대학원(02-3290-1649) [학]1979년 서울사대부고졸 1983년 고려대 영어영문학과졸 1985년 同대학원 정치외교학과졸 1992년 정치학박사(미국 텍사스대 오스틴교) [경]1992~1994년 사회과학원 연구원 1994~2007년 외교안보연구원 조교수·부교수·교수 2002년 미국정치연구회 회장 2002~2007년 외교안보연구원 미주연구부장 2003~2004년 국방부 자문위원 2004년 한국정치학회 국제정치분과위원장 2007년 한국국제정치학회 부회장 2007~2012·2013년 고려대 국제대학원 교수(현) 2008~2012년 대통령 외교안보자문위원 2010년 대통령직속 국가안보총괄점검회의 위원 2010~2012년 고려대 일민국제관계연구원장 2010년 대통령직속 국방선진화추진위원회 위원 2012~2013년 외교통상부 제2차관 2013년 아태안보협력이사회(CSCAP) 한국위원회 의장(현) 2013년 고려대 일민국제관계연구원장(현) [상]외교통상부장관표창(1999·2000·2002·2004·2006), 고려대 석탑강의상(2009·2010) [저]'미국 외교정책 : 이론과 실제(共)'(1998) '동아시아 환경안보(共)'(2005) [역]'경도와 태도'(2005)

김성한(金晟漢) Sunghan Kim

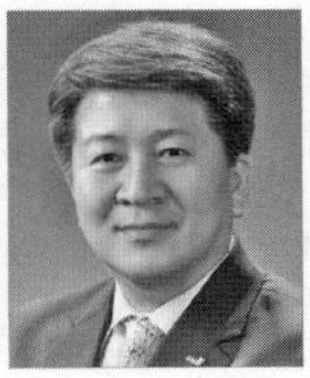

[생]1961·4·16 [본]안동(安東) [출]경북 [주]서울 종로구 종로1 교보생명보험 임원실(02-721-2056) [학]대륜고졸, 영남대 경제학과졸 [경]2006년 교보생명보험 대구지역본부장(상무) 2009년 同경영지원실 기획역(상무) 2009년 同마케팅지원팀장(상무) 2010년 同변액자산운영담당 상무 2010년 同계성원장(상무) 2011년 同변액자산운영담당 겸 노블리에담당 상무 2013년 同경영기획담당 전무(현)

김성현(金成炫) KIM Seong Hyeon

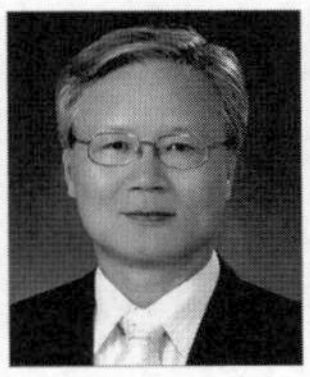

[생]1951·9·15 [본]김해(金海) [출]충남 [주]서울 성북구 안암로145 고려대학교 화공생명공학과(02-3290-3297) [학]1978년 고려대 화학공학과졸 1981년 미국 사우스캐롤라이나대 대학원졸 1986년 공학박사(미국 사우스캐롤라이나대) [경]1978년 한국과학기술원 연구원 1981년 미국 사우스캐롤라이나대 연구조교 1987~1994년 한국에너지연구원 선임연구원 1994년 고려대 화공생명공학과 교수(현) 2008~2012년 同공학대학원장 2011~2012년 同기술경영전문대학원장 2014년 한국화학공학회 회장

김성현(金成顯)

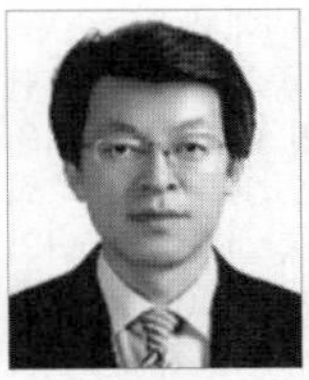

[생]1959·3·15 [출]경북 안동 [주]경북 울진군 울진읍 울진중앙로121 울진군청 부군수실(054-789-6021) [학]1978년 대구공고졸 2000년 상주대졸 2002년 同산업대학원졸 2012년 영남대 대학원 박사과정 수료 [경]2004년 토목사무관 승진 2009년 경북도 균형개발과 건설기술담당 2011년 同낙동강사업팀 시설서기관 직대 2012년 同신도시조성과장(기술서기관) 2012년 同균형개발과장 2013년 同종합건설사업소장 2015년 지방행정연수원 고급리더과정 교육훈련 2016년 경북 울진군 부군수(현)

김성현(金成顯) KIM SUNG HYUN

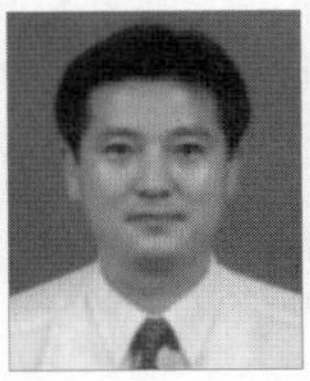

[생]1960·1·4 [주]서울 중구 퇴계로24 SK해운(주) SM부문(02-3788-8400) [학]1977년 금오공고졸 1988년 성균관대 경영학과졸 1993년 영국 웨일즈대 해운경영학 수료 [경]1988년 SK해운(주) 영업관리부 입사 1991년 同탱커영업부 대리 1994년 同벌크선영업1부 과장 1995년 同기획부 S&P과장 1997년 同원유선팀 과장 2000년 同원유선팀 차장 2000년 同제품선팀장(차장) 2003년 同제품선팀장(부장) 2004년 同원유선팀장(부장) 2008년 同전략기획본부장 겸 기업문화실장 2008년 同벌크선영업본부장 2010년 同벌크선영업본부장(상무) 2011년 同S&P본부장(상무) 2014년 同벌크부정기선영업본부장(상무) 2015년 同기업문화본부장(상무) 2016년 同SM부문장(전무)(현)

김성현(金成炫) KIM SUNG HYUN

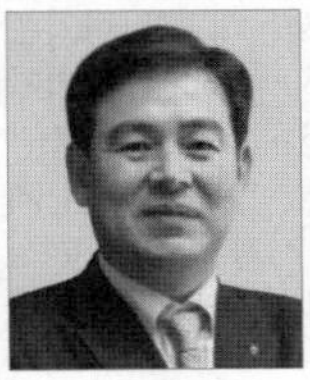

[생]1963·8·5 [본]경주(慶州) [출]전남 광양 [주]서울 영등포구 국제금융로2길28 KB금융타워 KB투자증권 부사장실(02-3777-8178) [학]순천고졸, 연세대 경제학과졸 [경]1988~2002년 대신증권 입사·기업금융팀장 2003년 한누리투자증권 기업금융팀장(이사) 2006~2007년 同상무 2007년 KB투자증권 기업금융본부장(전무) 2015년 同IB총괄 전무 2016년 同IB총괄 부사장(현)

김성혜(金聖惠·女) KIM Sung Hae

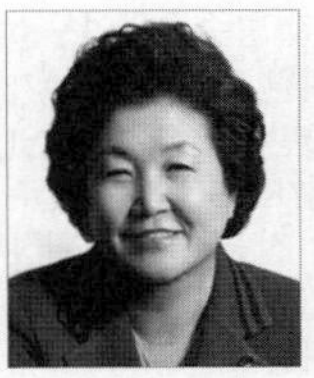

[생]1942·6·10 [출]서울 [주]경기 군포시 한세로30 한세대학교 총장실(031-450-5045) [학]1961년 서울예고졸 1965년 이화여대 음대졸 1970년 同대학원졸 1995년 미국 맨해튼음대 대학원졸 2003년 명예 신학박사(호서대) 2008년 목회학박사(미국 오랄로버츠대) [경]1981~1995년 호서대 예술대 음악과 교수 1984년 서울시립대·동덕여대 강사 1989년 호서대 예술대학장 1991년 同사회교육원장 1994년 가나안노인복지원 원장(현) 1995~1998년 순신대 종교음악과 교수 1995~1997년 同대학원장 1996~2013년 가나안우리집 이사장 1997년 한국피아노학회 부회장 1998~2000년 한세대 예능계열 음악학부 교수 1998~2001년 同대학원장 1998년 비엔나 국제콩쿠르 심사위원 1999년 영산아트홀 관장 1999년 한세대 부총장 2001년 同총장(현) 2008년 성혜장학회 이사장(현) 2013년 그레이스빌 이사장(현) [상]기독교문화예술원 기독교문화대상(1997), 한국기독교총연합회 제1회 여성상(2009), 캄보디아 국왕 최고훈장(Royal Knight of Friendship of the Kingdom of Cambodia)(2009), 볼리비아 에보 모랄레스 대통령 감사패(2010), 한국을 빛낸 창조경영대상 인재부문(2013), 한국의 영향력있는 CEO 인재경영부문대상(2014), TV조선 경영대상 참교육부문대상(2014), 월간조선 주최 '한국의 미래를 빛낼 CEO' 리더십부문대상(2015) [저]'성가합창곡집' '복음성가' '나도 피아노 가르칠 수 있다'(2011) '음악이 없어도 춤을 추자'(2012) [역]'알렐루야' '교회의 승리' '찬양의 랍소디' '찬양앨범' '귀중한 사랑' '음악의 재발견' '음악의 선물' '뮤직머신' [작]작곡 '호서대 교가' '국민일보 사가' '주를 아는가' [종]기독교

김성호(金聖鎬) KIM Sung Ho

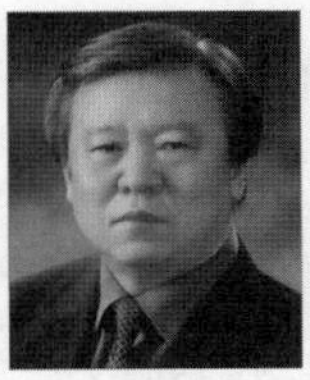

[생]1945·7·14 [본]안동(安東) [출]강원 철원 [주]제주특별자치도 제주시 우정로8길28 (주)제양항공해운 임원실(064-722-9000) [학]중동고졸, 경희대 신문방송학과졸, 同대학원 신문학과졸 [경]1988년 (주)제양항공해운 사장, 同회장(현), 국내항공화물협의회 회장, 대한민국재향군인회 서울시지부 감사, 同강남구 부회장, 국제라이온스클럽 309K지구 강남중앙라이온스 회장, 대한민국ROTC중앙회 상임부회장 2014년 경희대총동문회 회장(현) [상]라이온스무궁화사자대상, 자랑스러운 경희인상(2012) [저]'House Organ의 실태조사' [종]불교

김성호(金聖鎬) KIM Sung Ho

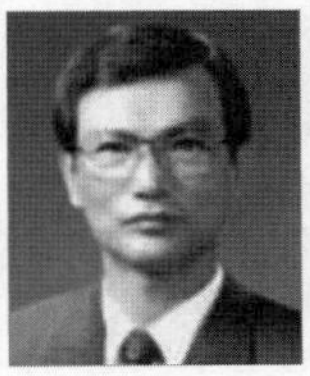

[생]1945·9·3 [본]경주(慶州) [출]서울 [주]서울 중구 남대문로5길37 삼화빌딩10층 삼화제지 회장실(02-753-5289) [학]1963년 서울고졸 1967년 미국 캘리포니아대(Univ. of California) 버클리교졸 [경]1971년 삼화실업 이사 1977년 한·미엽연초 감사 1981년 창동제지 대표이사 1989년 삼화제지·삼화실업·삼화교역 부회장 2000년 삼화제지 회장(현) [종]기독교

김성호(金成豪) KIM Sung Ho

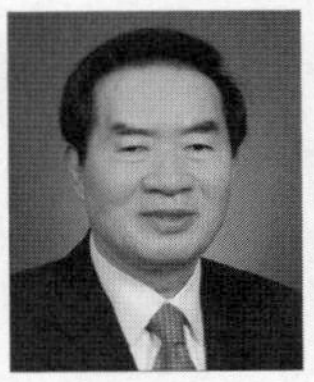

[생]1946·10·21 [본]광산(光山) [출]전남 목포 [주]서울 강남구 영동대로517 아셈타워3021호 선진경영연구소(02-3453-0088) [학]1967년 조선대부고졸 1971년 서울대 경영학과졸 2009년 가천대 대학원 경영학과졸 2012년 경영학박사(가천대) [경]1971년 행정고시 합격(10회) 1974년 국세청 행정사무관 1990년 남대문세무서장 1992~1995년 중부지방국세청 조사국장·직세국장 1995~1998년 국세청 기획관리관·재산세국장·징세심사국장 1998년 경인지방국세청장 1999년 서울지방국세청장 2000년 조달청장 2002~2003년 보건복지부 장관 2005년 선진경영연구소 대표(현) 2006년 바른사회공헌포럼 공동대표(현) 2012~2013년 조선대부속고총동창회 회장 2012~2013년 한양대 공공정책대학원 석좌교수 2013년 조선대 석좌교수 2013년 코오롱인더스트리 사외이사 2015년 한화손해보험 사외이사(현) 2016년 대한민국을 생각하는호남미래포럼 선임대표(현) [상]녹조근정훈장(1982), 청조근정훈장(2002) [저]'우리 국민의 조세의식 제고를 위한 효율적 방안'(1997) '사회공헌은 아름다운 동행'(2007)

김성호(金聖鎬) KIM Sung Ho (松印)

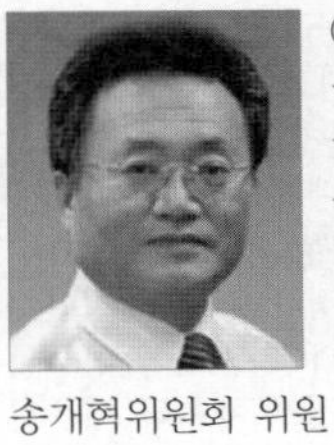

[생]1947·7·13 [본]경주(慶州) [출]충남 당진 [주]서울 성동구 한림말길50 한국방송인회(02-545-8899) [학]1966년 공주고졸 1971년 서강대 국어국문학과졸 1995년 同언론대학원졸 2006년 언론학박사(광운대) [경]1970~1997년 KBS 아나운서, 同PD, 同기획조정실 차장, 同TV편성국 차장, 同뉴미디어국 위성방송부주간, 同원주방송국장, 同방송연수원 교수 1988~1999년 대통령자문 방송개혁위원회 위원 1993년 한국가톨릭방송인협회 회장 1996년 한국방송

학회 부회장 1997년 KBS 신경영기획단 방송부주간 1997~2003년 인천가톨릭대 학교발전위원 1998년 KBS 정책기획실 부주간(방송문화연구소장) 1998년 同개혁기획단장 1998년 同정책기획국 기획위원 1998년 한국가톨릭언론인협의회 회장 1998년 한국언론학회 이사 1999년 KBS 밀레니엄기획단장 2000~2006년 서울대·가톨릭대 강사 2001년 KBS 경영개선추진단장 2001년 한국방송산업영상진흥원 '방송인 명예의 전당' 운영위원장 2001~2002년 교육부 학교정책위원 2001~2005년 한국스피치커뮤니케이션학회 부회장·감사 2003년 KBS 정책기획센터 정책위원 2003~2007년 KBS인터넷(주) 대표이사 2003~2011년 대한적십자사 온라인자문위원회 위원장·고문 2006~2009년 서강대 커뮤니케이션학부 대우교수 2007~2014년 광운대 미디어영상학부 객원교수 2008~2009년 한국방송산업영상진흥원 '방송인 명예의 전당' 운영위원장 2008년 EBS 경영평가위원 2009년 (사)글로벌콘텐츠네트워크(GCN) 대표회장(현) 2010~2012년 광운대 정보콘텐츠대학원장 2010년 전자신문 객원논설위원 2010~2011년 한국소통학회 회장 2010년 광운학교기업(미디어콘텐츠센터)장 2010년 김수환추기경연구소 자문위원(현) 2010~2012년 광운대 국가인적자원개발센터장 2011년 한국DMB 시청자위원장(현) 2012년 KT스카이라이프 시청자위원 2013년 아시아CGI애니메이션센터 설립추진위원장(현) 2014년 (사)한국방송인회 부회장(현) [상]방송인상(2001), 한국아나운서연합회 2013 한국 아나운서대상 장기범상(2013) [저]'한국 방송관계문헌 색인(1·2·3·4)'(1978) '언론사 입문'(1983) '언론고시 연구'(1986) '매스컴상식 정해'(1988) '제작 핸드북' '기획제작 자료집'(1988) '신 매스컴상식'(1993) '위성방송(共)'(1993) '방송 어떻게 만들 것인가'(1997) '한국방송 인물지리지'(1997) '방송인 장기범 평전'(2007) '한국아나운서통사'(2013, 나남출판) [종]천주교

김성호(金成浩) KIM Sung Ho

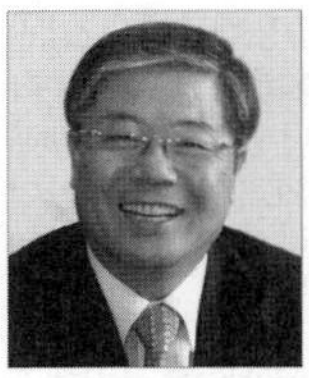

[생]1950·3·2 [본]김해(金海) [출]경남 남해 [주]서울 강남구 테헤란로108길19 부림빌딩6층 (재)행복세상(02-558-0001) [학]1968년 부산 브니엘고졸 1972년 고려대 법대졸 1987년 미국 조지워싱턴대 법과대학원졸 2003년 법학박사(건국대) [경]1974년 사법시험 합격(16회) 1976년 사법연수원 수료(6기) 1976년 해군법무관 1979년 서울지검 검사 1982년 광주지검 목포지청 검사 1983년 서울지검 검사 1988년 부산지검 검사 1989년 마산지검 밀양지청장 1990년 대검찰청 검찰연구관 1991년 同감찰2과장 1993년 同중앙수사부 4과장 1994년 同중앙수사부 3과장 1994년 同중앙수사부 2과장 1995년 서울지검 특수제3부장 1996년 同특수제2부장 1997년 同의정부지청 차장검사 1998년 창원지검 차장검사 1999년 서울지검 동부지청장 2000년 대구고검 차장검사 2001년 사법연수원 부원장 2002년 춘천지검장 2003년 청주지검장 2003년 대구지검장 2004년 부패방지위원회 사무처장 2004년 국가청렴위원회 사무처장 2006~2007년 법무부 장관 2008~2009년 국가정보원장 2009년 (재)행복세상 이사장(현) 2011년 건국대 법학전문대학원 석좌교수 2011년 고려대 법학전문대학원 겸임교수 2011년 BS금융지주 사외이사 2013년 CJ(주) 사외이사 겸 감사위원(현) 2013년 상청회 회장(현) 2016년 한국프로골프협회(KPGA) 자문위원(현) [상]홍조근정훈장, 법무부장관표창, 검찰총장표창 [저]'금융거래의 실체와 추적'(1995, 대검 중앙수사부) [종]기독교

김성호(金聖鎬) KIM Sung Ho

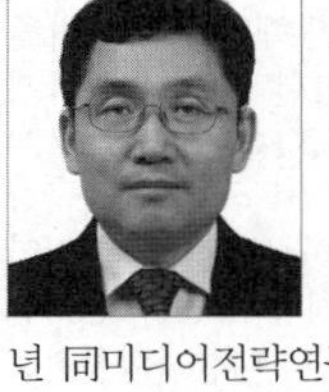

[생]1957·10·17 [출]경기 김포 [주]서울 중구 소파로131 서울신문STV 사장실(02-777-6466) [학]1976년 성동고졸 1983년 고려대 국어국문학과졸 [경]1983~1985년 매일경제 기자 1985~1999년 서울신문 기자 1999년 대한매일 특집기획팀 기자 2000년 同편집팀 차장 2001년 同종합편집부장 2004년 서울신문 편집부장 2004년 同편집부장(부국장급) 2005년 同콘텐츠평가전략실장 2005년 同미디어전략연구소 콘텐츠평가팀장 2007년 同편집국 부국장 2007년 同미디어전략센터 연구위원 2008년 同출판국장 2009년 同멀티미디어국장 2009~2010년 同방송사업추진단 부단장 겸임 2011년 同멀티미디어국장(국장급) 2011년 同미디어전략실 심의위원 2012년 서울신문STV 공동대표이사 사장(현)

김성호(金城鎬) KIM Seong Ho

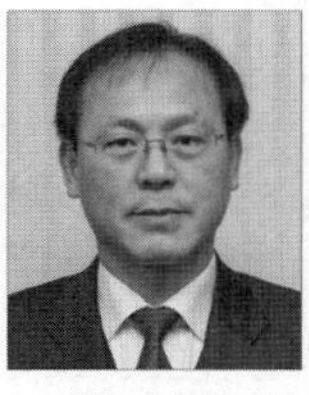

[생]1958·5·8 [출]전북 정읍 [주]서울 송파구 올림픽로 424 올림픽회관 국민체육진흥공단 임원실(02-410-1114) [학]1977년 정읍고졸 1981년 해군사관학교졸(35기) 1996년 명지대 사회교육대학원 사회교육학과졸 2011년 체육학박사(고려대) [경]1988년 체육청소년부 청소년정책과·기획예산담당관실 행정사무관 1993년 문화체육부 체육기획과·기획예산담당관실 행정사무관 1997년 同기획예산담당관실 서기관, 한국예술종합학교 교무과장 1999년 새천년준비위원회 파견, 문화관광부 체육정책과 서기관 2001년 同청소년국 청소년수련과장 2001년 대통령비서실 행정관 2003년 문화관광부 체육국 체육진흥과장 2004년 同감사담당관 2006년 同정책홍보관리실 재정기획관(일반직고위공무원) 2008년 교육파견 2009년 문화체육관광부 체육국장 2009년 국무총리소속 사행산업통합감독위원회 사무처장 2011년 문화체육관광부 종무실 종무관 2013년 同도서관박물관정책기획단장 2014년 同문화기반국장 2014~2016년 同감사관 2016년 국민체육진흥공단 전무이사(현) [상]대통령표창(1995), 녹조근정훈장(2003)

김성호(金成浩) Kim, Sung-ho

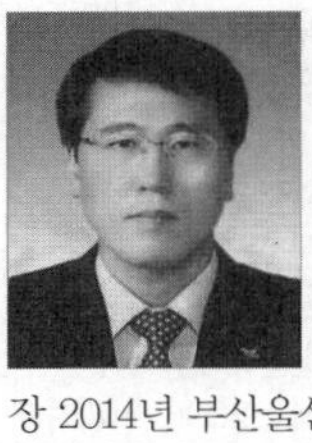

[생]1959·9·17 [주]부산 서구 구덕로120 서구청 부구청장실(051-240-4100) [학]2005년 동아대 사회복지대학원졸 [경]2004년 부산시 시민봉사과 문서담당 2007년 同기획관실 정책조정담당 2009년 同자치행정과 시민협력담당 2010년 同총무과 인력관리담당 2012년 同의회사무처 홍보담당관 2013년 同경제산업본부 일자리정책과 새일자리기획단장 2014년 同경제산업본부 기업지원과장 2014년 부산울산지방중소기업청 파견 2015년 부산시 기획행정관실 자치행정담당관 2016년 同서구 부구청장(현)

김성호(金成昊) KIM Sung Ho

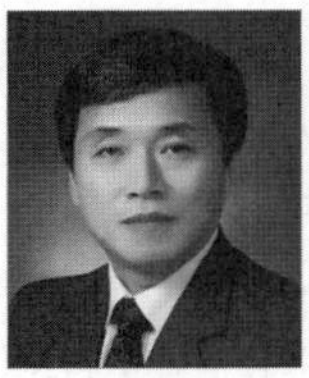

[생]1960·9·27 [출]대구 [주]광주 북구 용봉로77 전남대학교 수의과대학 수의학과(062-530-2837) [학]1984년 경북대 수의학과졸 1986년 同대학원 수의학과졸 1991년 수의학박사(경북대) [경]1984년 한국원자력연구소 선임연구원 1988년 미국 국립보건원 방문연구원 1993년 미국 유타대 객원연구원 1995년 전남대 수의과대학 수의학과 전임강사·조교수·부교수·교수(현) 2015년 同수의과대학장(현) 2015년 同동물병원장(현) [저]'수의조직학'(1996) '동물중독의 진단과 치료'(1997) '개해부학'(2001) [역]'신판 가축발생학(共)'(2001) '개 해부길라잡이(共)'(2008) '실험동물의학(共)'(2009)

김성호(金成鎬) KIM Seong Ho

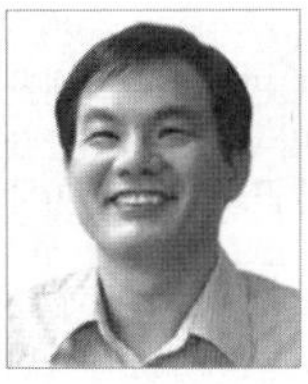

[생]1962·3·3 [본]영산(永山) [출]충북 영동 [주]서울 마포구 마포대로38 일신빌딩16층 국민의당(02-715-2000) [학]1980년 대전고졸 1985년 서울대 정치학과졸 [경]1987년 연합통신 외신부 기자 1988년 한겨레신문 사회부 기자 1993년 同정치부 기자 1995년 同국회출입 야당팀장 1997년 同한겨레21 정당팀장 1999년 미국 하버드대 초청연구원 2000년 한겨레신문 정치부 차장 2000~2004년 제16대 국회의원(서울 강서乙, 새천년민주당) 2000년 국회 통일외교통상위원회 위원 2000년 새천년민주당 대표비서실장 2001년 同원내부총무 2002년 국회 정치개혁특별위원회 위원 2002년 민주당 당무위원 2002년 同서울시장선거대책위원회 대변인 2003년 열린우리당 원내부대표 2004년 (사)통일을만들어가는사람들 상임대표, 열린우리당 중앙위원 2008년 제18대 국회의원선거 출마(서울 강서乙, 무소속) 2010년 대인천비전위원회 공동대변인 2011년 나쁜투표거부시민운동본부 대변인 2011년 민주희망2012 대변인 2016년 제20대 국회의원선거 출마(서울 강서구丙, 국민의당) 2016년 국민의당 서울강서구丙지역위원회 위원장(현) 2016년 同국민소통위원장(현) [상]한국기자상 특별상(1997), 민주언론대상(1997) [저]'김대중 집권비사(共)'(1998) '김현철파일'(1999) '김성호의 유라시아 기행'(2003, 생각의나무) '우리가 지운 얼굴'(2006, 한겨레출판사) '우정이 있는 민주공화국'(2007, 사군자) '안녕, AFRICA'(2011, 시대의창) '내가 만난 아프리카'(2015, 시대의창)

김성호(金成鎬) KIM, SUNG HO

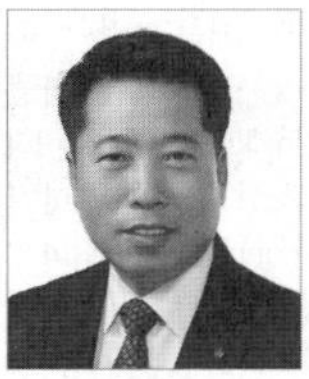

[생]1964·11·1 [주]대전 대덕구 대화로80 (주)코스비전 임원실(042-605-5907) [학]서울시립대 화학공학과졸 [경](주)아모레퍼시픽 물류기획팀장, 同물류사업장장, 同물류Division장 2015년 (주)코스비전 대표이사(상무)(현)

김성호(金聖浩)

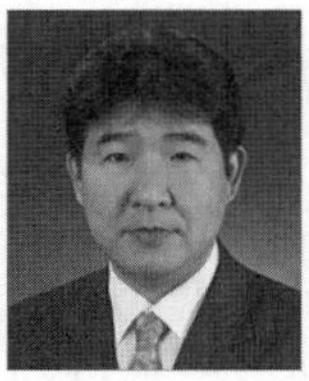

[생]1966·8·6 [주]서울 중구 무교로28 시그너스빌딩 703호 (주)오리온커뮤니케이션즈 대표이사실(02-753-3018) [학]1984년 경주고졸 1992년 서울대 국사학과졸 [경]1992년 한국일보 입사 1992년 同생활과학부 기자 1994년 同사회부 사건팀 기자 1996년 同문화부 방송담당 1996년 同특별취재부 네오포커스팀 기자 1997년 同정치부 정당팀 기자 1999년 同사회부 기자 2003년 同정치부 기자 2004년 同주간한국부 기자 2005년 굿웰커뮤니케이션즈(주) 언론담당 대표 2007년 (주)오리온커뮤니케이션즈 대표이사(현)

김성호(金聖昊) KIM Sung Ho

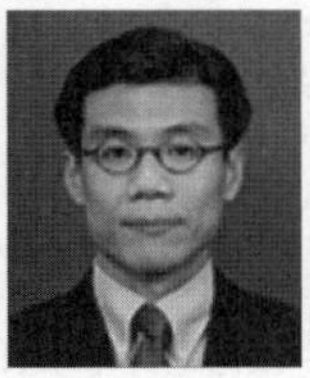

[생]1966·11·9 [본]청풍(淸風) [출]서울 [주]서울 서대문구 연세로50 연세대학교 정치외교학과(02-2123-2943) [학]1988년 연세대 정치외교학과졸 1990년 미국 시카고대 대학원 정치학과졸 1997년 정치학박사(미국 시카고대) [경]1995~1999년 미국 시카고대 전임강사 1999년 미국 캘리포니아대 조교수 2000년 미국 윌리암스대 조교수 2002년 연세대 정치외교학과 교수(현) 2005년 조선일보 '아침논단' 고정필진 2007년 동아일보 객원논설위원 2008년 同'동아광장' 고정필진 2009년 미국 하버드대 옌칭연구원 방문교수 2013년 한국미래학회 회장(현) [상]레오스트라우스상 '미국 정치학회 정치철학분야학술상'(1998) [저]'Max Weber's Politics of Civil Society'(2004·2007) 'The Politics of Affective Relations(共)'(2004) '한국민주시민교육론(共)'(2004) '한국권력구조의 이해(共)'(2004) '헌법이 정치를 만날 때'(2007) [종]기독교

김성호(金星鎬) KIM Sung Ho

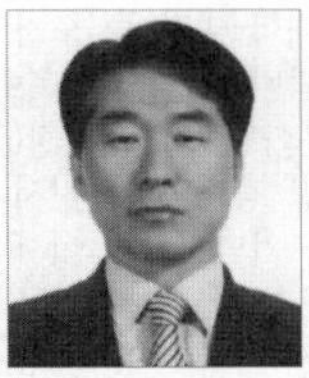

[생]1967·5·1 [출]강원 고성 [주]광주 서구 송암로143번길34 광주정부통합전산센터 센터장실(062-604-0001) [학]강릉고졸, 고려대 행정학과졸 [경]행정고시 합격(35회), 강원도 기업지원과장, 同환동해출장소 연안관리과장 2007년 同기획관실 정책관리담당관 2007년 이명박대통령취임식준비단 실무과장 2008년 행정안전부 혁신조직실 진단평가과장 2008년 同혁신조직실 조직진단과장 2009년 대통령자문 사회통합위원회 기획총괄팀장(부이사관) 2010년 행정안전부 지방행정국 선거의회과장 2012년 대통령 행정자치비서관실 선임행정관(고위공무원) 2013년 강원도 기획조정실장 2015년 미국 교육 파견 2016년 행정자치부 광주정부통합전산센터장(현)

김성홍(金成洪) KIM Sung Hong

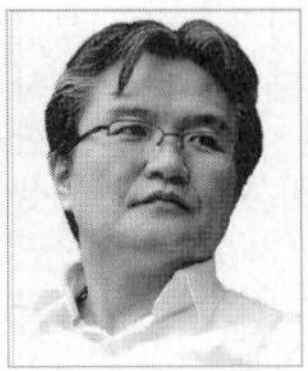

[생]1960·5·10 [본]김녕(金寧) [출]경북 풍기 [주]서울 동대문구 시립대로163 서울시립대학교 건축학부(02-2210-2617) [학]1980년 대전고졸 1986년 한양대 건축공학과졸 1990년 미국 UC Berkeley 대학원 건축학과졸 1995년 건축학박사(미국 조지아공대) [경]1986년 (주)공간연구소 설계실 근무 1986~1987년 (주)벽산개발 건축부 근무 1995~1996년 미국 조지아공대 연구원 1997년 (주)창조건축 과장 1997년 서울시립대 건축학부 건축학전공 교수(현) 2005년 한독 퍼블릭 스페이스포럼 기획 2006~2007년 미국 워싱턴주립대 풀브라이트 연구교수 2007~2009년 서울시립대 기획연구처장 겸 산학협력단장 2007~2010년 메가시티 네트워크 : 한국현대건축전 기획 2015년 2016베니스비엔날레건축전 한국관 예술감독(현) [저]'Megacity Network : Contemporary Korean Architecture'(2007) '도시건축의 새로운 상상력'(2009) 'On Asian Streets and Public Space(共)'(2010) '길모퉁이 건축: 건설한국을 넘어서는 희망의 중간건축'(2011) 'Future Asian Spaces(共)'(2012)

김성환(金成煥) KIM Sung Hwan

[생]1945·5·8 [출]서울 [주]서울 서초구 강남대로441 금강제화 비서실(02-3489-5600) [학]일본 게이오기주쿠대 상학과졸 [경]금강제화 이사, 同상무이사, 同대표이사 부사장, 비제바노 대표이사, 대양 대표이사 1996년 금화그룹 회장 1997년 금강제화 회장(현)

김성환(金聖煥) KIM Sung Hwan

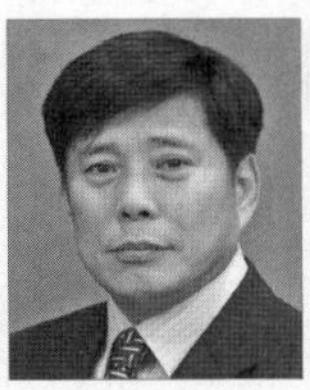

[생]1952·12·27 [본]김해(金海) [출]서울 [주]경기 성남시 분당구 서현로184 (주)경화엔지니어링 부회장실(031-789-6230) [학]1971년 서울 대신고졸 1981년 한양대 화학공학과졸 [경]1981~1987년 (주)롯데기공 근무 1988년 (주)럭키엔지니어링 근무 1988~1995년 환경관리공단 기술부 대리·폐기물처리부 과장 1995~1999년 同온산사업소장·해운대사업소장 1999년 同수처리사업처장 2002년 同유역관리처장 2003년 同상하수도지원처장 2004년 同상하수도시설2처장 2006년 同중부지사장 겸 전문위원 2007년 同사업이사 2009년 同물환경본부장 2010년 (주)경화엔지니어링 부회장(현) [상]대통령표창(2007)

김성환(金星煥) KIM Sung-Hwan

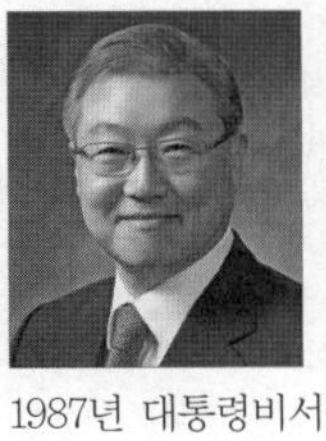

[생]1953·4·13 [출]서울 [주]강원 춘천시 금강로11 KT빌딩2층 (재)강원문화재단(033-249-5374) [학]1972년 경기고졸 1976년 서울대 경제학과졸 [경]1976년 외무고시 합격(10회) 1977년 외무부 입부·통상국 통상1과 근무 1978~1979년 입대 휴직 1979년 외무부 미주국 안보문제담당관실 근무 1980년 駐호놀룰루 부영사 1983년 외무부 미주국 북미과 근무 1987년 同구주국 동구과 근무 1987년 대통령비서실 파견 1988년 駐인도 1등서기관 1990년 駐러시아 1등서기관 1994년 외무부 구주국 동구1과장 1995년 同장관 보좌관 1995년 同기획관리실 외무인사기획담당관 1996년 駐미국 참사관 2000년 외교통상부 북미국 심의관 2000년 同장관 보좌관 2001년 同북미국장 2002년 駐우즈베키스탄 대사 2005년 외교통상부 기획관리실장 2006년 駐오스트리아 대사 겸 駐비엔나국제기구대표부 대사 2008년 외교통상부 제2차관 2008~2010년 대통령 외교안보수석비서관 2010~2013년 외교통상부 장관 2012~2013년 UN Post-MDG유엔고위급패널 위원 2012~2016년 (주)대교홀딩스 사외이사 2013년 서울대 국제대학원 초빙교수 겸 글로벌사회공헌단 초대단장 2014년 (재)강원문화재단 이사장(현) 2016년 한양대 국제학부 특훈교수(현) 2016년 同사회봉사단 '희망한대' 단장(현) [저]'격동하는 러시아정치'(1994)

김성환(金成煥) KIM Sung-Hwan

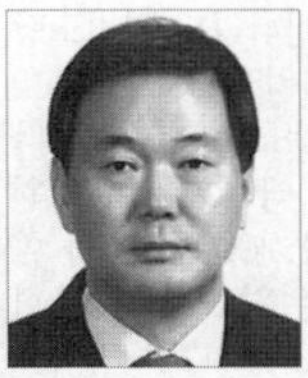

[생]1956·3·5 [주]부산 중구 충장대로9번길46 부산항만공사 건설본부(051-999-3105) [학]1974년 능인고졸 1976년 영남이공대 토목공학과졸 [경]1985~1994년 해운항만청 울산지방해운항만청·동해지방해운항만청·개발국 항만개발과 토목주사보 1994~2001년 해운항만청 항만건설국 항만기획과·건설계획과·감사관실 토목주사 2001~2008년 해양수산부 인천지방해양수산청·마산지방해양수산청·항만국 항만개발과 시설사무관 2008년 국토해양부 물류항만실 시설사무관 2010년 同해양정책국 연안계획과 기술서기관 2011년 同항만정책관실 항만지역발전과 기술서기관 2011년 부산지방해양항만청 항만정비과장 2012년 同계획조사과장 2013~2014년 同부산지방해양항만청 항만개발과장 2014년 부산항만공사 건설본부장(현)

김성환(金成宦) KIM Sung Hwan

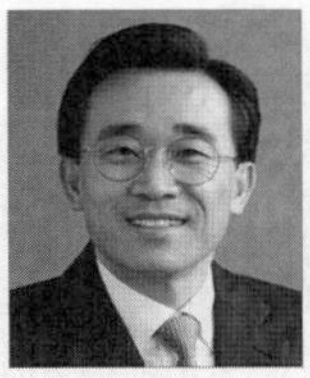

[생]1961·10·11 [본]광산(光山) [출]전남 보성 [주]광주 서구 서남로1 동구청 구청장실(062-608-2006) [학]1980년 광주 숭일고졸 1987년 전남대 경제학과졸 1991년 서울대 행정대학원졸 2008년 정치학박사(영국 셰필드대) [경]1989년 행정고시 합격(33회) 1994년 국무총리행정조정실 근무 1998년 국무조정실 근무 1999년 同조사심의관실 과장 1999년 해외 유학 2002년 국무조정실 조사심의관실 과장, 同규제개혁과장 2005년 同의정심의관실 의정과장 2006년 대통령비서실 경제정책비서관실 선임행정관 2007년 국무조정실 일반행정심의관 2008년 국무총리 국정운영실 일반행정정책관(고위공무원) 2009년 미국 기후변화연구소(JGCRI) 객원연구원 2010년 국무총리실 규제개혁실 사회규제관리관 2011년 同규제총괄정책관 2012년 同의전관 2013년 국무총리의전비서관 2013년 국무조정실 일반행정정책관 2014~2015년 同국정과제관리관 2016년 광주시 동구청장(재선거 당선, 국민의당)(현) [상]대통령표창(1999), 홍조근정훈장(2012), 자랑스런 유은동문상(2016)

김성환(金城煥)

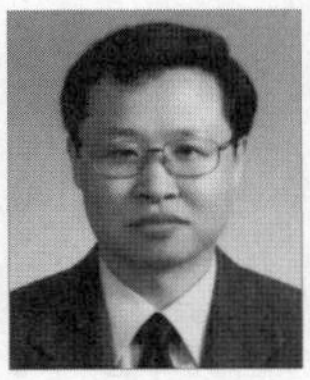

[생]1962·9·19 [주]세종특별자치시 다솜3로95 공정거래위원회 카르텔조사국(044-200-4532) [학]1985년 성균관대 사회학과졸 1996년 미국 시라큐스대 대학원 사회학과졸 [경]1989년 행정고시 합격(32회) 1989년 총무처 수습행정사무관 2014년 공정거래위원회 경쟁정책국 시장구조개선정책관 2015년 국방대 교육파견 2016년 공정거래위원회 카르텔조사국장(현)

김성환(金星煥) KIM Sung Whan

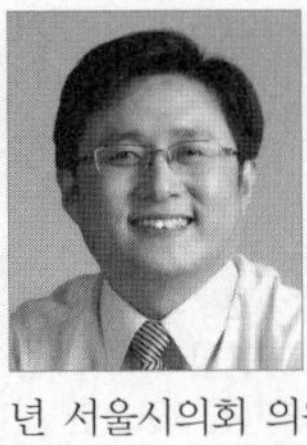

[생]1965·10·15 [본]경주(慶州) [출]전남 여수 [주]서울 노원구 노해로437 노원구청 구청장실(02-2116-3005) [학]1983년 서울 한성고졸 1990년 연세대 법학과졸 1999년 同행정대학원 행정학과졸 [경]민주헌법쟁취국민운동본부 학생실무대표, 나라사랑청년회 기획부장, 신계륜 국회의원 비서관 1995년 서울 노원구의회 의원(서울 노원乙, 무소속), 새정치국민회의 서울노원乙지구당 정책실장 1998년 서울시의회 의원(국민회의·새정치국민회의), 새천년민주당 정책위원회 전문위원 2002년 서울시의원선거 출마(새천년민주당) 2003년 대통령직인수위원회 사회·문화·여성분과위원회 전문위원, 대통령 정책조정비서관실 행정관 2006~2007년 대통령 정책조정비서관 겸 부대변인 2007년 대통합민주신당 정동영 대통령후보 정책기획실장 2008년 제18대 국회의원선거 출마(서울 노원丙, 통합민주당) 2010년 서울시 노원구청장(민주당·민주통합당·민주당·새정치민주연합) 2014년 서울시 노원구청장(새정치민주연합·더불어민주당)(현) [상]2010 한국매니페스토 약속대상(2010), 선거공약부문 대상(2010), 생명사랑네트워크대상(2012), 제26회 대한민국지식경영인대상 지방자치단체장부문 대상(2013), 올해의 자랑스런 여수인(2014), 서울석세스대상 기초단체장부문(2015), 자랑스런 대한국민대상(2016) [저]'님은 갔지만 보내지 아니하였습니다'(共) '나비효과-노원의 날개짓이 세상을 바꾼다'(2012) '생각은 세계적으로 행동은 마을에서-나비효과2'(2014, 타커스)

김성회(金成會) KIM SUNG HEI

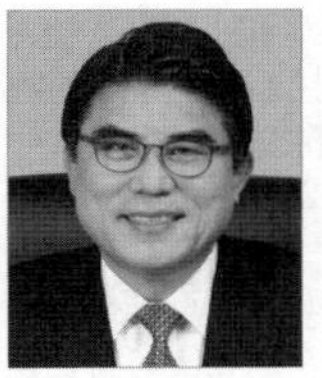

[생]1956·9·5 [출]경기 화성 [주]경기 성남시 수정구 성남대로1342 가천대학교 행정학과(031-750-5171) [학]1976년 서울고졸 1980년 육군사관학교졸(36기) 1996년 연세대 행정대학원 외교안보학과졸 2006년 경남대 대학원졸(정치학박사) 2012년 명예 경영학박사(국제문화대학원대) [경]2006년 전역(육군 대령) 2006~2008년 남양중·고총동문회 부회장 2006~2008년 화성시 민간기동순찰대 운영위원장 2006~2009년 화성노인전문요양원 후원회장 2006~2009년 화성·오산재향군인회 이사 2006년 연세대 행정대학원 49회 회장 2007년 한나라당 이명박 대통령후보 대외협력특보 2007~2008년 뉴라이트 경기안보연합 상임대표 2007~2008년 한나라당 경기도당 통일안보위원장 2008~2009년 한북대 초빙교수 2008~2011년 한나라당 경기도당 특보단장 2008~2012년 同경기화성甲당원협의회 운영위원장 2008~2012년 제18대 국회의원(화성甲, 한나라당·새누리당) 2008~2009년 한나라당 제2정책조정위원회 부위원장 2008~2009년 국회 국방위원회 위원 2009~2010년 연세대행정대학원총동창회 제19대 부회장 2009년 국회 환경노동위원회 위원 2009~2012년 국회 지식경제위원회 위원 2009년 국회 예산결산특별위원회 위원 2009년 협성대 객원교수 2010~2012년 경기도민회 지도위원 2010~2011년 한나라당 인재영입위원회 위원 2010년 국민생활체육전국특공무술연합회 회장 2010년 한나라당 경기도당 공직후보자추천심사위원회 위원 2010~2012년 同대외협력위원회 부위원장 2010년 同원내부대표 2010년 국회 국회운영위원회 위원 2010년 연세대행정대학원총동창회 제20대 부회장 2011년 (사)화성시 3.1독립운동정신문화선양회 회장 2011~2012년 국회 예산결산특별위원회 위원 2011년 한나라당 대표최고위원 특보 2012년 새누리당 경기도당 제19대 총선 선거대책위원회 남부권선대위원장 2012년 아주대 초빙교수 2012년 법무법인 주원 고문 2012년 초당대 석좌교수 2012년 수원대 석좌교수 2012년 새누리당 제18대 대통령중앙선거대책위원회 조직총괄본부 지역소통특별본부장 2013년 한국BBS중앙연맹 고문(현) 2013~2015년 한국지역난방공사 사장 2014년 연세대총동문회 회장 2015년 한국집단에너지협회 회장 2016년 가천대 행정학과 초빙교수(현) [상]보국포장(2001), 자유경제입법상(2009), 육사 36기를 빛낸 자랑스런 동기상(2010), 포브스코리아 대한민국 경제를 빛낸 포브스 최고경영자 경영혁신부문대상(2015) [저]'금단의 유혹 두얼굴의 핵'(2010, 예우북스)

김성효(金性孝·女)

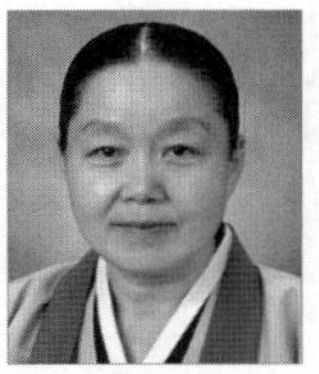

[생]1953·12·16 [출]전북 정읍 [주]전북 익산시 익산대로 501 원불교 중앙총부 감찰원(063-850-3301) [학]1976년 영산선학대 원불교학과졸 [경]1972년 출가(出家) 1977년 원불교 부산교당 부교무 1980년 同중앙총부 교정원 총무부 주임 1982년 同청학교당 교무 1989년 同상주교당 교무 2001년 同진주지구장 2006년 同중앙총부 교정원 공익복지부장 2012년 同중앙총부 수위단원(현) 2012년 同전북교구장 2015년 同중앙총부 감찰원장(현)

김성후(金成厚)

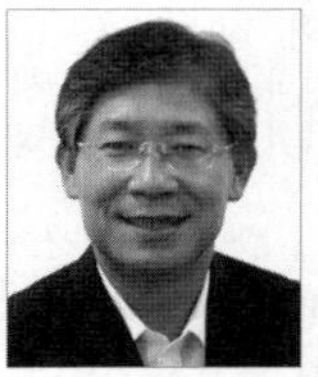

[생]1959·12·23 [출]전남 신안 [주]광주 북구 금호로70 북광주세무서(062-520-9201) [학]전남 목포고졸, 광주대 행정학과졸, 조선대 경영행정대학원 경영학과졸 [경]1978년 공무원 임용 2007년 사무관 승진 2009년 국세청 광주지방국세청 조사1국 조사3과장 2011년 同북광주세무서 법인세과장 2012년 광주지방국세청 신고분석2과장 2012년 서기관 승진 2014년 광주지방국세청 조사1국 조사관리과장 2014년 同서광주세무서장 2015년 광주지방국세청 조사2국장 2016년 同조사1국장 2016년 북광주세무서장(현)

김성훈(金成勳) KIM Sung-Hoon (農薰·月浦)

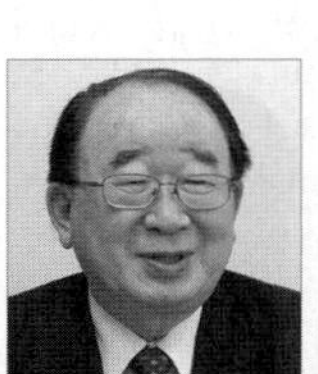

[생]1939·9·20 [본]광산(光山) [출]전남 목포 [주]서울 종로구 동숭3길26의9 경제정의실천시민연합 소비자정의센터(02-765-9732) [학]1958년 목포고졸 1963년 서울대 농경제학과졸 1965년 전남대 대학원 농업경제학과졸(석사) 1968년 미국 EWC하와이대 대학원 농업경제학과졸(석사) 1971년 농업자원경제학박사(미국 하와이대) [경]1966~1976년 전남대 농업경제학과 조교수 1976~2005년 중앙대 산업경제학과 교수 1984~1986년 유엔 FAO 아·태지역 유통·금융·협동조합책임자 겸 아·태지역 농업금융기구(APRACA) 사무총장 1985~1987년 한국식품유통학회 회장 1987~1998년 국제농업경제학회(IAAE) 한국대표 1987~1989년 중앙대 사회개발대학원장 1988년 同중국문제연구소장 1988년 대통령 경제구조조정자문위원 1990년 중국·소련경제학회 회장 1990~1994년 중앙대 동북아연구소장 1991~1993년 同산업대학장 1994~1995년 한국농업경제학회 회장 1994년 대통령자문 농어촌발전위원 1994년 통일원 남북교류협력분과 자문위원장 1995년 전남 완도군 명예군민 제1호 1995~1996년 캐나다 브리티시컬럼비아대 초빙교수 1995~1998년 한국섬(島嶼)학회 회장 1996~1997년 한국동북아경제학회 회장 1997~1998년 경제정의실천시민연합 正農생활협동조합 이사장 1997~1998년 중앙대 제2캠퍼스 부총장 1998~2000년 제50대 농림부장관 2001~2005년 한국내셔널트러스트 공동대표 2001~2002년 경제정의실천시민연합 통일협회 이사장 2001년 한국벤처농업대학 명예학장(현) 2001~2008년 세종재단 이사 2001~2008년 우리민족서로돕기운동 공동대표, 同고문(현) 2001~2009년 대산농촌문화재단 이사 2002년 한국유기농업협회 고문(현) 2002년 한국4-H운동본부 고문(현) 2002년 강원도 홍천군 남면 명동리 이장 고문(현) 2003~2008년 경제정의실천시민연합 공동대표, 同상임고문(현) 2004~2007년 고구려연구재단 감사 2004~2009년 한국산지보전협회 회장, 同고문(현) 2004~2006년 대법관 제청자문위원 2005년 중앙대 명예교수(현) 2005~2009년 상지대 총장 2005년 한국내셔널트러스트 상임고문(현) 2006년 수목장실천회 상임대표·명예회장(현) 2007~2009년 강원지역대학총장협의회 회장 2008~2013년 (사)환경정의 이사장, 同명예회장(현) 2009~2014년 광주세계김치문화축제 추진위원장·공동대회장 2010년 미국 캘리포니아대 샌디에이고교 국제관계학대학 태평양지도자(Pacific Leadership) Fellow 2010년 캐나다 브리티시컬럼비아대 초빙교수 2012년 국제농업박람회 명예대회장 2012년 슬로우푸드문화원 명예이사장(현) 2013~2014년 미디어협동조합 국민TV 이사장 2013년 경제정의실천시민연합 소비자정의센터 대표(현) 2013~2016년 (사)장보고기념사업회 이사장 2014년 미디어협동조합 국민TV 명예이사장(현) 2016년 (사)장보고글로벌재단 이사장(현) 2016년 희망새물결 고문(현) [상]매일경제 이코노미스트상(1983), 목포시민대상(1990), 기독농민학술상(1992), 농촌문화학술상(1992), 금호학술상(1994), 경제정의실천시민연합상(1995), 환경운동연합 특별상(1998), 청조근정훈장(2003), 농민문학공로상(2005), 학술공로상(2005), 교황강복장(베네딕트 16세 수여, 2008), 자랑스러운 4-H인상(2010), 유기농업 공로상(2012) [저]'쌀의 정치경제론' '중국의 길잡이' '한국농업, 이길로 가야한다' '쌀 어떻게 지킬것인가'(共) '21세기 동북아 경제권' '장보고의 해양경영사 연구'(編) '쌀개방과 우루과이라운드'(共) 'WTO와 한국농업' '남북경협의 현장'(共) '북한의 농업'(共) '새로운 농업경제학' '21C와 장보고'(編) '사회주의와 북한의 농업'(編) '21세기 장보고정신구현' '자원·환경경제학' '한국의 정기시장' 칼럼집 '더 먹고 싶을 때 그만 두거라'(2009) '워낭소리, 인생삼모작의 이야기'(2014, 따비) '앵무새 강단경제학자들(共)'(2015, 도서출판 마무례) [역]'미국 통상정책의 기만성' '농업도 환경비즈니스' [작]목포자연사박물관 '꽃돌과 조개' 중앙대 도서관 '한·중 고서화전시' 상지대 '키릴 이바노비치 슈베코(舊소련 공훈화가) 작품전시' [종]천주교

김성훈(金成勳) KIM Seong Hoon

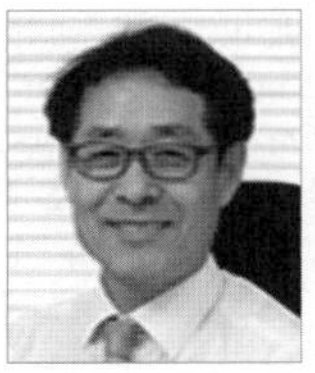

[생]1956·6·26 [주]서울 중구 필동로1길30 동국대학교 사범대학 교육학과(02-2260-8744) [학]서울대 교육학과졸, 同대학원 교육학과졸, 교육학박사(미국 일리노이대) [경]동국대 사범대학 교육학과 교수(현) 2003년 同가상대학장, 한국교육개발원 책임연구원 2008~2009년 한국교육평가학회 회장 2010년 국가미래연구원 교육·노동분야 발기인 2010년 2010학년도대학수학능력시험 채점위원장 2012~2014년 동국대 사범대학장, 전국사립사범대학장협의회 회장 2014년 한국교육과정평가원 원장 2015년 동국대 다르마칼리지학장(현)

김성훈(金聖勳) KIM Sung Hun

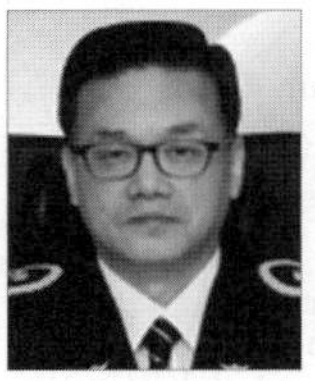

[생]1957·11·29 [출]경남 창원 [주]부산 금정구 중앙대로 1819 금정경찰서(051-510-0321) [학]동아대졸 [경]경찰간부후보 임용(36기) 2010년 울산지방경찰청 보안과장(총경) 2011년 울산 남부경찰서장 2011년 울산 중부경찰서장 2013년 울산지방경찰청 수사과장 2014년 부산 북부경찰서장 2015년 부산지방경찰청 경비과장 2016년 부산 금정경찰서장(현)

김성훈(金聖勳) Sunghoon Kim

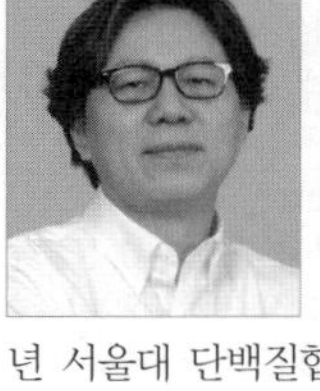

[생]1958·7·10 [본]김해(金海) [출]서울 [주]서울 관악구 관악로1 서울대학교 약학대학 제약학과(02-880-8180) [학]1981년 서울대 약학과졸 1983년 한국과학기술원 생물과학과졸(석사) 1991년 이학박사(미국 브라운대) [경]1983~1986년 한국과학기술원 유전공학연구소 연구원 1991~1994년 미국 MIT 생물학연구원 책임연구원 1994~2001년 성균관대 생명공학과 부교수 1998~2007년 서울대 단백질합성효소네트워크연구단장 2001~2004년 同약학대학 제약학과 부교수 2004년 同약학대학 제약학과 교수(현) 2007~2009년 同의약단백질네트워크연구단장 2008~2009년 同차세대융합기술원 융합생명과학연구소장 2008년 국가지정 생명의약정보센터장 2010년 서울대 의약바이오컨버전스연구단장(현) 2016년 한미약품 사외이사(현) 2016년 한국과학기술한림원 국제학술부장(현) [상]Barry Rosen Premier in Molecular Biology(1991), Matumae Fellowship Award(1997), 성균대상(1998), 서울시문화상(1999), 동헌생화학상(2000), 우수의과학자상(2002), 과학기술부 이달의 과학기술자상(2003), 과학기술부 한국과학상(2004), 대한민국 최고과학기술인상(2006), 대한민국학술원상(2012), 호암재단 의학상(2015) [종]기독교

김성훈(金星勳) KIM Sung Hun

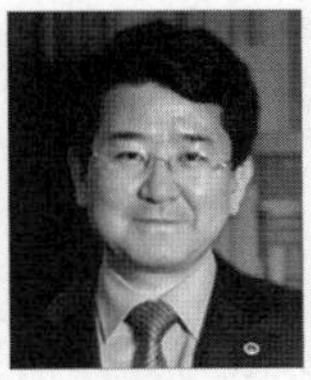

[생]1959·12·10 [본]연안(延安) [출]제주 서귀포 [주]제주특별자치도 제주시 한라대학로38 제주한라대학교 총장실(064-741-7504) [학]1977년 명지고졸 1984년 서울대 임산가공학과졸 1987년 同대학원 경영학과졸 1991년 미국 텍사스대 대학원 통계학과졸 1995년 경영학박사(미국 뉴욕주립대) [경]1995~1996년 미국 뉴욕주립대 강사 1996년 한국금융연구원 부연구위원 1998~1999년 금융감독위원회 자문위원 1999~2001년 同감리위원회 위원 2001년 同연구위원 2001년 경희대 아태국제대학원 교수 2005~2010년 제주한라대 관광경영과 교수, 同부총장 2010년 同총장(현) [상]제5회 대한민국참교육대상 해외취업지원부문 대상(2014) [저]'신BIS기준 자기자본비율 산출기준의 도입과 과제'(2000, 한국금융연구원) '금융소비자보호제도 개선방안'(2001, 한국금융연구원) '신용위험자산의 가격결정에 관한 연구'(2002, 한국경제연구원) [종]기독교

김성훈(金聖勳) KIM Sung Hun

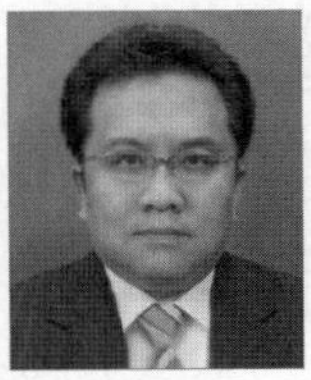

[생]1967·8·5 [출]서울 [주]서울 송파구 충민로10 (주)유니더스 비서실(02-2203-3830) [학]잠실고졸, 광운대 행정학과졸 [경](주)유니더스 해외영업부 과장, 同기획이사 2006년 同대표이사 사장(현)

김성훈(金聲勳) KIM Sung Hoon

[생]1972·10·1 [출]전북 전주 [주]전북 전주시 덕진구 사평로25 전주지방법원(063-259-5400) [학]1991년 한일고졸 1996년 서울대 법학과졸, 미국 조지타운대 법학전문대학원졸 [경]1996년 사법시험 합격(38회) 1999년 사법연수원 수료(28기) 1999년 해군 법무관, 변호사 개업 2008~2011년 한동대 법학부·법학전문대학원 교수 2011년 대전지법 판사 2013년 대전고법 판사 2015년 전주지법 부장판사(현)

김성훈(金成勳)

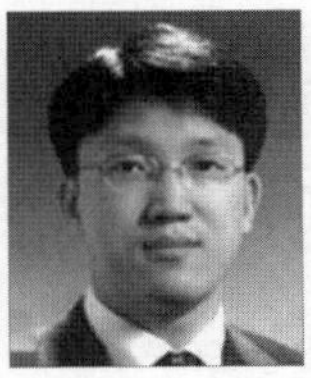

[생]1972·11·24 [주]서울 마포구 마포대로174 서울서부지방검찰청(02-3270-4000) [학]1991년 동천고졸 1996년 서울대 정치학과졸 1998년 同법학대학원졸 [경]1997년 사법시험 합격(39회) 2000년 사법연수원 수료(29기) 2000년 공익 법무관 2003년 인천지검 부천지청 검사 2005년 대구지검 김천지청 검사 2006년 수원지검 검사 2008년 서울중앙지검 검사 2012년 부산지검 검사 2013년 同부부장검사 2014년 서울중앙지검 부부장검사 2015년 대구지검 경주지청 부장검사 2016년 서울서부지검 부부장검사(현)

김성훈(金成勳)

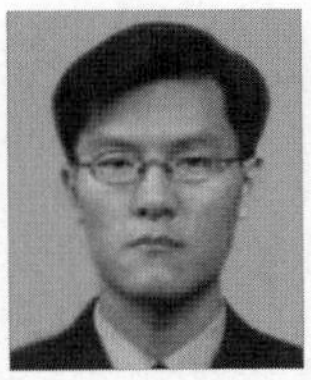

[생]1975·3·13 [출]서울 [주]충남 홍성군 홍성읍 법원로 40 대전지방검찰청 홍성지청(041-640-4200) [학]1994년 마포고졸 1999년 서울대 인문대학 서어서문학과졸 [경]1998년 사법시험 합격(40회) 2001년 사법연수원 수료(30기) 2001년 육군 법무관 2004년 서울서부지방검찰청 검사 2006년 창원지검 통영지청 검사 2008년 법무부 공공형사과 검사 2009년 同공안기획과 검사 2010년 서울중앙지검 검사 2014년 광주지검 검사 2015년 인천지검 부천지청 부부장검사 2016년 대전지검 홍성지청 부장검사(현)

김성훈(金星勳) KIM SEUNG HUN

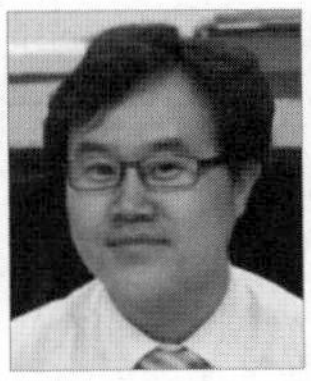

[생]1977·9·23 [본]김녕(金寧) [출]경남 양산 [주]부산 사하구 낙동대로 550번길37 동아대학교 동아시아연구원(051-200-6102) [학]1996년 경남 양산고졸 2004년 동아대 법학과졸 2007년 경희대 대학원 법학(행정법) 석사과정 수료 2016년 연세대 행정대학원 정치학과졸 [경]2005~2007년 경희대 대학원 행정실 조교 2007년 同법학연구소 보조연구원 2007년 박명광 국회의원 인턴비서 2007~2008년 김양수 국회의원 비서(7급) 2008~2009년 이재선 국회의원 비서(7급) 2010~2011년 윤석용 국회의원 비서(6급) 2011~2012년 국회 사무총장실 공무원(전문계약직) 2012~2013년 윤영석 국회의원 비서관(5급) 2013~2014년 김한표 국회의원 비서관(5급) 2014년 이자스민 국회의원 보좌관(4급) 2015년 인제대 국제개발협력 수석연구원(현) 2015년 기업분쟁연구소 조정심의위원회 위원장(수석연구위원)(현) 2015년 (사)동아시아청년연맹 이사(현) 2015년 부산외대 다문화연구소 겸임연구원 2015년 동아대 동아시아연구원 특별연구원(현) 2015년 국회 입법정책연구회 선임연구원(현) 2015년 신라대 녹색융합기술센터 위촉연구원 [상]김동주 국회의원 표창(1989), 나동연 양산시장 감사패(2015) [종]기독교

김성희(金聖曦) KIM Seong Hee

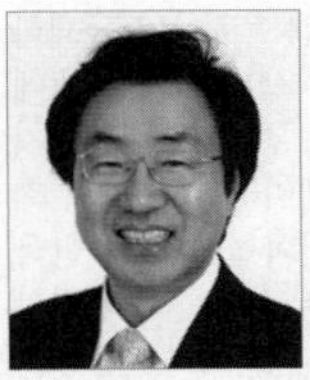

[생]1949·8·27 [본]대구(大邱) [출]서울 [주]서울 동대문구 회기로85 한국과학기술원 정보미디어경영대학원(02-958-3611) [학]1968년 경기고졸 1973년 서울대 공대졸 1978년 미국 Univ. of Missouri-Columbia 대학원 산업공학과졸 1983년 공학박사(미국 Stanford Univ.) [경]1975~1977년 대우실업(주) 근무 1982~1983년 미국 Strategic Decision Group 컨설팅회사 컨설턴트 1983~1993년 한국과학기술원 산업공학과·경영정책학과·경영정보학과 교수 1985~1986년 미국 Michigan 경영대학원 객원교수 1989~1990년 독일 Hagen/Bochum대 객원교수 1994~1996년 LG전자 정보통신기술 자문교수 1996~2005년 한국과학기술원 테크노경영대학원 교수 1996~2010년 한국전자거래협의회 부회장 1996~2006년 현대백화점(주) 사외이사 1996~2000년 국가정보화추진위원회 자문위원 1998~1999년 삼성SDS정보기술(IT) 자문교수·고문 1999~2000년 한국과학기술원 테크노경영대학원 부원장 2000~2001년 同테크노경영연구소장 2000~2005년 서울중앙지검 컴퓨터수사부 자문위원 2000~2001년 전자상거래통합포럼 표준화위원장 2000~2001년 한국과학기술원 테크노경영대학원장 2001~2002년 현대자동차 정보기술자문교수 2002년 조달청 정부조달분쟁 자문위원 2002년 외교통상부 외교정보화추진분과위원 2002~2005년 한국과학기술원 지식기반전자정부연구센터장 2003~2007년 대통령자문 정부혁신지방분권위원회 전자정부전문위원 2006~2014년 한국과학기술원 정보미디어경영대학원 교수 2008~2010년 국무총리산하 정부업무평가위원회 민간위원 2008년 그린IT협회 부회장 2009년 한국전자거래협회 IT혁신사업단장 2009년 국제지식서비스학회 회장(현) 2009~2014년 한국정보화진흥원 이사 2011년 전자정부교류센터 회장(현) 2014년 한국과학기술원 정보미디어경영대학원 명예교수(현) 2014년 디지털비지니스연구원장(현) [상]홍조근정훈장(2011) [저]'의사결정론' '신규사업의 전략과 실무' '컴퓨터와 의료정보' '정보기술과 의사결정' '다이내믹 비즈니스 리엔지니어링' '의사결정분석 및 응용' '전자상거래' [종]기독교

김성희

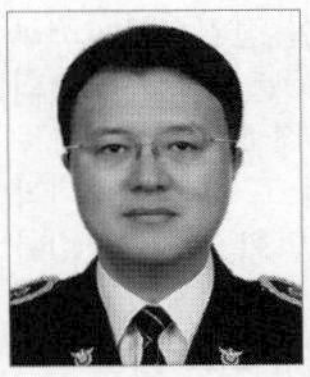

[생]1970 [출]경북 청도 [주]서울 서대문구 통일로97 경찰청 기획조정담당관실 자치경찰TF팀(02-3150-2102) [학]모계고졸 1993년 경찰대 행정학과졸(9기), 서울대 행정대학원 수료 [경]1993년 경위 임관, 일산경찰서 경무과장, 경찰수사연구원 연수계장 2014년 경찰청 기획조정실 기획계장·국회계장·조직계장 2014년 경북지방경찰청 생활안전과장, 경찰청 업무중심현장강화TF팀장 2015년 경북 문경경찰서장 2016년 경찰청 기획조정담당관실 자치경찰TF팀장(현)

김세권(金世權) KIM Sae Kwon (秀巖)

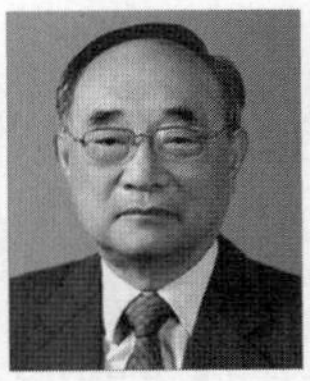

[생]1931·10·31 [본]김녕(金寧) [출]경기 시흥 [주]서울 종로구 종로5길58 석탄회관빌딩10층 법무법인 케이씨엘(02-721-4227) [학]1950년 서울고졸 1956년 서울대 법대졸 [경]1956년 고시사법과 합격(8회) 1958년 서울지검 검사 1965년 법무부 출입국관리과장 1970년 대검 수사국 제3과장 1971년 서울지검 동부지청 부장검사 1975년 서울고검 검사 1977년 대전지검 차장검사 1978년 서울지검 북부지청장 1980년 법무연수원 부원장 겸 대검 검사 1981년 대전지검 검사장 1981년 법무부 기획관리실장 1982년 광주고검 검사장 1985년 대검 차장검사 1986년 서울고검 검사장 1987~2008년 법무법인 케이씨엘 대표변호사 1988~2001년 재단법인 연강재단 이사장 1989년 한국형사정책연구원 이사 1995~1998년 同이사장 2008년 법무법인 케이씨엘 고문변호사(현) [상]홍조근정훈장, 황조근정훈장 [종]천주교

김세권(金世權) KIM Se Kwon

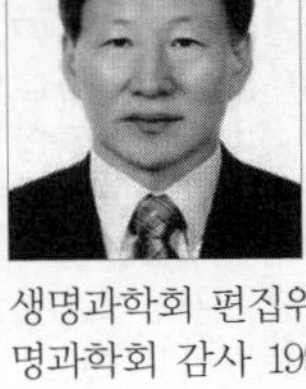

[생]1948·4·18 [본]김녕(金寧) [출]경기 안성 [주]부산 남구 신선로365 부경대학교(051-629-4114) [학]1969년 부산수산대 식품공학과졸 1979년 同대학원졸 1983년 효소화학박사(부산수산대) [경]1980년 경성대 강사 1982~2013년 부경대 화학과 교수 1988년 미국 일리노이대 객원교수 1993년 부경대 화학과장 1995년 한국생화학회 영남지부 간사장 1995년 부경대 대학원 부원장 1995년 한국생명과학회 편집위원장 1996년 한국키틴키토산학회 간사장 1996년 한국생명과학회 감사 1997년 한국농화학회 감사 1999년 한국키틴키토산학회 회

장 1999년 캐나다 메모리얼대 객원교수 2000년 한국수산학회 감사 2001년 한국생화학회 감사 2001년 한국과학기술한림원 정회원(농수산학부·현) 2002~2004년 부경대 자연과학대학장 2003년 同한약재개발연구소장 2004~2013년 同해양바이오프로세스연구단장 2005~2011년 한국해양바이오학회 회장 2006년 한국해양수산진흥원 이사 2006년 국제해양생물공학회 이사 2006~2007년 한국수산학회 편집위원장 2008년 국제기능성식품학회 이사 겸 편집위원 2011년 중국 장춘중의약학대 약학원 명예교수(현) 2013~2016년 부경대 연구특임교수 2015~2016년 톰슨로이터(국제학술정보서비스기업)가 선정한 '세계 상위 1% 연구자─ 해양생명공학 분야'에 2년 연속 뽑힘(국내외 유명 학술지에 논문 630여편 발표. 총 피(被)인용 지수는 1만1000여 회) 2016년 콜마(주) 연구자문교수(현) [상]미국 유화학회 최우수논문상, 대통령표창, 부경대 학술상, 산학협동재단 산학협동대상, 한국수산학회 학술상, 부산시 문화상, 과학기술부 국민포장, 부경대 산학협력상(2011), 한국과학기술한림원 목운생명과학상(2012), 동명대상 교육연구부문상(2013), 옥조근정훈장(2013), 대한민국학술원상 자연과학응용부문(2015) [저]'키토산 올리고당이 당신을 살린다' [역]'키토산의 의학적응용' [종]천주교

김세균(金世均) KIM Se Kyun

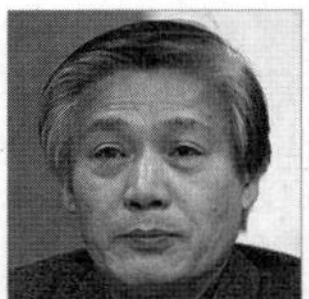

[생]1947·11·1 [출]경남 진주 [주]서울 영등포구 국회대로70길7 동아빌딩5층 정의당(02-2038-0103) [학]1966년 부산고졸 1970년 서울대 정치외교학과졸 1975년 同대학원 정치외교학과졸 1988년 정치박사(독일 자유베를린대) [경]1975~1977년 숭실대·상지대 강사 1988년 서울대·인하대·서강대 강사 1989~2013년 서울대 정치학과 조교수·부교수·교수 2004년 마르크스주의연구 편집위원 2004년 대한정치학회보 편집이사 2013년 서울대 정치학과 명예교수(현) 2015년 국민모임창당준비위원회 상임공동대표 2015년 정의당 공동대표(현) [저]'정치학개론' '현대 정치학의 대상과 방법'(2005, 박영사) '유럽의 제노포비아'(2006, 문화과학사) '세상읽기와 세상만들기 : 사회과학의 이해'(2008, 서울대 출판부) [역]'자본주의의 위기와 파시즘 : 독일에서의 이론논쟁을 중심으로'(1987, 동녘) '현대 사회과학 명저의 재발견'(2009, 서울대 출판부)

김세민(金世民) KIM Sae Min

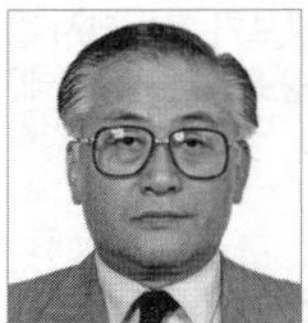

[생]1934·3·10 [본]경주(慶州) [출]서울 [주]서울 성북구 안암로145 고려대학교(02-3290-1114) [학]1951년 경복고졸 1960년 고려대 의대졸 1964년 同대학원졸(의학석사) 1967년 의학박사(고려대) [경]1951년 육군예비사관학교 졸업(육군 소위) 1961년 수도의대병원 혈액원장 1969~1980년 고려대 의대 외과학교실 전임강사·조교수·부교수 1980~1999년 同교수 1980년 대한외과학회 학술위원장 1982년 고려대 혜화병원 진료부장·일반외과장 1986년 同구로병원장·일반외과장 1987년 미국외과학회 정회원 1989년 고려대 의과대학장 1989년 대한내시경학회 회장 1989년 한국의대학장협의회 회장 1990년 同운영위원장 1994년 고려대 의대 종양연구회장 1994년 대한대장항문병학회 회장 1995년 고려대 암연구소장 1996년 대한암학회 회장 1999년 대한외과학회 부회장 1999년 고려대 의학과 명예교수(현) 1999년 을지병원 의무원장 2000년 同병원장 2000년 한국병원 일반외과부장 2003년 분당재생병원 건강증진센터 소장 2004년 국제위암학회 이사·Gastric Cancer 국제자문위원 2004년 'Digestive Endoscopy' 국제자문이사 2006년 분당재생병원 암센터 소장 2008년 일본 위암예지진단치료연구기강 명예회원 [상]올림픽기장증, 참전유공자증서, 국가유공자증서, 국민훈장 동백장 [저]'최신 외과학(共)'(1987) '암의 진단과 치료'(共) [종]천주교

김세민(金世敏) KIM Se Min

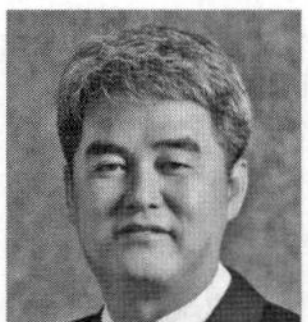

[생]1955·5·31 [본]김해(金海) [출]광주 [주]서울 강남구 영동대로106길5 아이서비스(주) 임원실(02-2008-8555) [학]광주제일고졸, 고려대 경영학과졸 [경]현대자동차(주) 재정부 차장, 경원산업 대표이사 부사장 2003년 현대산업개발(주) 관리본부장(부사장) 2005년 삼양식품(주) 사외이사(현) 2011년 현대산업개발(주) 기획본부장(부사장) 2012~2015년 아이서비스(주) 대표이사 사장 2016년 同상임고문(현)

김세민(金世民) KIM Se Min

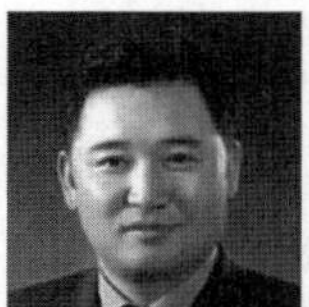

[생]1958·11·10 [출]경북 울진 [주]서울 영등포구 국제금융로2길28 KB생명보험 영업1본부(02-398-6801) [학]1977년 환일고졸 1984년 고려대 통계학과졸 [경]1993년 푸르덴셜생명보험 영업관리자(Sale Manager) 1994년 同중앙지점장 2003년 同제2본부장 2004년 (주)지브롤터마케팅 대표이사 사장 2006년 푸르덴셜생명보험 영업총괄 부사장 2010년 하나HSBC생명보험 채널담당 부사장 2011년 알리안츠생명보험 영업부사장 2015년 KB생명보험 영업1본부 부사장(현)

김세빈(金世彬) KIM Se Bin

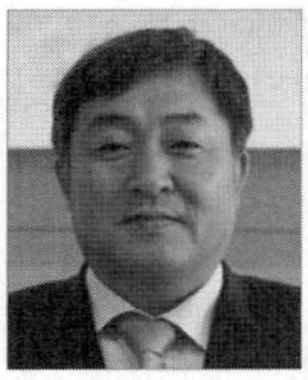

[생]1956·9·18 [주]대전 유성구 대학로99 충남대학교 농업생명과학대학 산림환경자원학과(042-821-5748) [학]1980년 서울대 임학과졸 1984년 강원대 대학원 임학과졸 1990년 임학박사(일본 東京대) [경]1980~1990년 임업연구원 임업연구사 1990~1991년 同산림경영부 임업연구사 1991년 충남대 농업생명과학대학 산림환경자원학과 조교수·부교수·교수(현) 2011년 同재정총괄본부장 2015년 한국임업진흥원 한국산림인증위원회 부위원장(현) 2016년 충남대 농업생명과학대학장(현) [상]대통령표창(2011)

김세연(金世淵) KIM Se Yeon

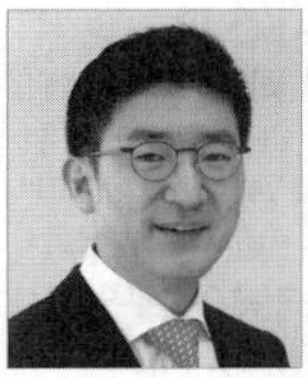

[생]1972·7·15 [본]김녕(金寧) [출]부산 [주]서울 영등포구 의사당대로1 국회 의원회관822호(02-784-2844) [학]1991년 부산 금정고졸 1996년 서울대 사회과학대학 국제경제학과졸 [경]금정고총동창회 회장, 同명예회장(현), (재)고촌장학재단 이사 2008년 제17대 대통령취임준비위원회 자문위원 2008년 제18대 국회의원(부산시 금정구, 무소속·한나라당·새누리당) 2008년 한나라당 대표특보 2009년 同부산시금정구당원협의회 운영위원장 2011년 同원내부대표 2011년 同국민공감위원장 2011년 同민본21 간사 2011년 새누리당 비상대책위원회 위원 2012년 제19대 국회의원(부산시 금정구, 새누리당) 2012년 새누리당 경제민주화실천모임 간사 2012년 국회 교육과학기술위원회 여당 간사 2013년 국회 교육문화체육관광위원회 여당 간사 2013년 국회 윤리특별위원회 위원 2013~2015년 국회 동북아역사왜곡대책특별위원회 여당 간사 2013~2014년 새누리당 제1사무부총장 2014년 同사회적경제특별위원회 위원 2014년 同7.30재보궐선거공천관리위원회 위원 2014~2015년 국회 국방위원회 위원 2014년 국제민주연맹(IDU) 부의장(현) 2015년 새누리당 정책위원회 부의장 2015년 同정책위원회 민생정책혁신위원장 2015년 국회 외교통일위원회 위원 2015년 새누리당 교육개혁특별위원회 위원(현) 2016년 제20대 국회의원(부산시 금정구, 새누리당)(현) 2016년 새누리당 부산시당 위원장 직무대행 2016년 새누리당 미래특별위원회 위원장(현) 2016년 국회 교육문화체육관광위원회 위원(현) 2016년 한국아동인구환경의원연맹(CPE) 회원(현) 2016년 국회 정치발전특별위원회 위원장(현) [상]재정경제부장관표창, 법률소비자연맹 국회 헌정대상(2013), 백봉신사상 올해의 신사의원 베스트10(2014)

김세영(金世榮) KIM Sae Young (杏里)

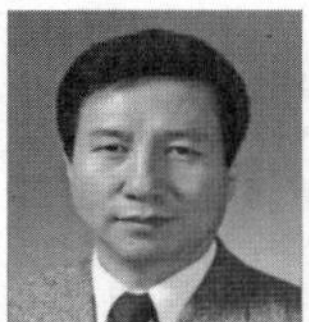

[생]1951·5·27 [본]상산(商山) [출]경남 산청 [주]경기 용인시 수지구 죽전로152 단국대학교 상경대학 무역학과(031-8005-3394) [학]1969년 부산고졸 1976년 성균관대 경제학과졸 1982년 미국 Oregon대 대학원 경제학과졸 1986년 경제학박사(미국 Utah대) [경]1982년 미국 Utah대 경제학과 조교 1983~1988년 경상대 경제학과 전임강사·조교수 1988년 단국대 상경대학 무역학과 부교수·교수·명예교수(현) 1992년 同사회과학연구소장 1992~1997년 한국산업은행 비상임이사 1994년 미국 Stanford대 교환교수 1997~2010년 유타포럼 회장 1998~2004년 대선주조(주) 사외이사 1999~2001년 단국대 상경대학장 2002년 한국동북아경제학회 회장 2002~2003년 단국대 산업경영대학원장 2004년 한국관세학회 회장, 우수씨엔에스(주) 사외이사 2005~2006년 미국 Utah대 교환교수 2008년 在韓Utah대총동창회 회장(현) 2009~2011년 한국무역학회 회장 2009~2010년 한국연구재단 법정상경단장 2009~2011년 한국석유공사 비상임이사 2012년 Utah대아시아캠퍼스 이사(현) 2012~2014년 한국연구재단 인문사회연구본부장 [상](사)경상포럼 창조상(2002), 부총리 겸 재정경제부장관표창(2005), 산업포장(2009) [저]'한국철강산업의 분석과 전망(共)'(1996) 'Transnational Marriages in the Steel Industry-Experience and Lessons for Global Business'(1996) '국제합작투자의 이론과 현실-철강산업을 중심으로'(1997) '국제무역론'(2008) '국제금융의 이론과 실제'(2008)

김세영(金世煐·女) KIM Sei Young

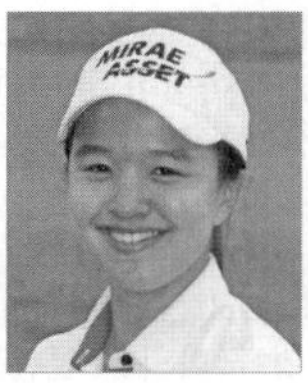

[생]1993·1·21 [학]2011년 대원외국어고졸 2015년 고려대 사회체육학과졸 [경]여자골프 국가대표, 미래에셋 후원 계약(현) 2010년 한국여자프로골프협회 입회 2013년 제6회 롯데마트 여자오픈 우승 2013년 한화금융 클래식 우승 2013년 메트라이프·한국경제 KLPGA 챔피언십 우승 2013년 LPGA투어 하나·외환챔피언십 공동3위 2014년 KLPGA 우리투자증권 레이디스 챔피언십 우승 2014년 KLPGA투어 MBN 여자오픈 우승 2015년 LPGA투어 퓨어실크 바하마 클래식 우승 2015년 LPGA투어 롯데 챔피언십 우승 2015년 LPGA투어 KPMG 위민스 PGA챔피언십 2위 2015년 LPGA투어 캐나다퍼시픽 여자오픈 공동3위 2015년 LPGA투어 블루베이 LPGA 우승 2015년 LPGA투어 로레나 오초아 인비테이셔널 3위 2016년 LPGA투어 JTBC 파운더스컵 우승 2016년 LPGA투어

마이어 클래식 우승 [상]한국여자프로골프(KLPGA)투어 공동 다승왕(2013), 미국여자프로골프(LPGA)투어 4월의 퍼포먼스상(2015), 미국여자프로골프(LPGA) 올해의 신인상(2015), 국기원 자랑스러운 태권도인상 특별상(2015)

김세웅(金世雄) KIM Sye Woong

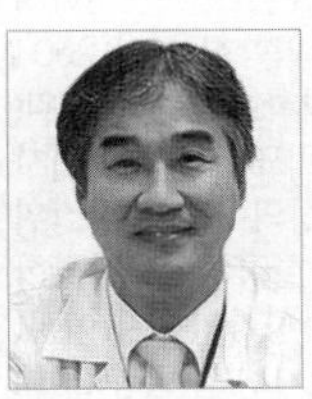

[생]1961·5·24 [주]서울 서초구 반포대로222 가톨릭대학교 서울성모병원 비뇨기과(02-2258-6226) [학]1986년 가톨릭대 의대졸 1989년 同대학원졸 1996년 의학박사(가톨릭대) [경]1986~1987년 가톨릭의대 성모병원 수련의 1987~1991년 同전공의 1998~1999년 미국 Univ. of California San Diego 연구교수, 근로복지공단 창원병원 비뇨기과장, 가톨릭대 의과대학 비뇨기과학교실 교수(현) 2006~2009년 同여의도성모병원 비뇨기과장 2009~2015년 同서울성모병원 비뇨기과장 2011~2012년 同서울성모병원 입원부장 2012년 同의과대학 비뇨기과학교실 주임교수(현) 2012~2013년 同서울성모병원 홍보실장 2013년 同성의산학협력실장(현) 2014~2016년 대한남성과학회 회장 2015년 아시아태평양성의학회(APSSM) 차기(2017년부터 2년간) 회장(현) 2016년 대한남성갱년기학회 회장(현) [상]대한비뇨기종양학회 학술상(2002), 대한전립선학회 학술상(2003), Award of 2006 Asia Pacific Society of Sexual Medicine Research Grant(2006), 대한남성과학회 제2회 천호학술상(2006), 대한남성과학회 제24차 학술대회 해외최우수학술상(2007), GIAF 2007 최고과학논문상(2007), 대한배뇨장애 및 요실금학회 우수논문상(2008), 대한남성과학회 우수논문상(2009), 대한전립선학회 우수논문상(2011) [저]'남성과학'(2003, 군자출판사) '전립선비대증'(2004, 일조각) '전립선바로알기'(2006, 일조각) '비뇨기과학'(2007, 일조각) '남성과학'(2009) '남성갱년기'(2009) '남성과학'(2010)

김세원(金世源) KIM Cae One

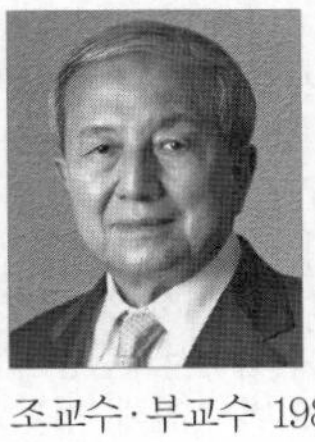

[생]1939·3·24 [본]김해(金海) [출]제주 [주]서울 관악구 관악로1 서울대학교 사회과학대학(02-880-5114) [학]1957년 경기고졸 1961년 서울대 법대졸 1965년 벨기에 브뤼셀대 국제경제학과졸 1969년 국제경제학박사(벨기에 브뤼셀대) [경]1962~1964년 브뤼셀대 사회과학연구소 연구원 1966년 EEC 대외경제관계성 근무 1968~1969년 브뤼셀대 유럽문제연구소 연구위원 1970~1981년 서울대 조교수·부교수 1981~2004년 同무역학과·국제경제학과 교수 1982년 프랑스 파리대 초빙교수 1986년 서울대 사회과학연구소장 1987년 재무부 금융발전위원회 국제금융분과 위원장 1987~1993년 산업연구원 감사 1988년 국제경제학회 회장 1988~1991년 정보통신정책연구원(KISDI) 원장 1989년 동아일보 초빙편집위원 1990년 통상진흥위원회 위원 1991년 농협중앙회 자문위원 1991~1994년 금융통화운영위원회 위원 1992~1996년 정부투자기관경영평가단 단장 1993년 서울대 경제연구소장 1994~2004년 한국EU학회 회장 1994년 기업세계화지원기획단 단장 1995년 서울대 사회과학대학장 1995년 비교경제학회 회장 1995년 정보통신정책학회 회장 1995년 공업발전심의위원회 위원장 1998년 금융감독위원회 비상임위원 1999년 한국토지공사 사외이사 1999년 농협중앙회 학경이사 2000년 한국경제학회 회장 2000년 아시아·태평양EU학회 회장 2002~2009년 국제자유도시포럼 공동대표 2004년 서울대 사회과학대학 명예교수(현) 2005년 세계경제사회연구원 이사장(현) 2006~2010년 'SNU(서울대)-KIEP(대외경제정책연구원) EU Center' 초대 운영위원장 2006년 국제평화재단 이사장 2008~2011년 국무총리산하 경제·인문사회연구회 이사장 [상]프랑스 학술기사훈장, 이코노미스트상, 벨기에 크라운기사훈장, 프랑스 최고레종도뇌르기사훈장, 다산경제학상, 옥조근정훈장 [저]'La CEE dans les relations commerciales internationales'(1971) '북한경제론(共)'(1977) '국제경제질서'(1986) '한국의 국제경제정책'(1986) '정보화사회의 도전(共)'(1987) '무역정책'(1988) 'Economic Reforms in the Socialist World(共)'(1989) '한국적 경제윤리의 정립'(1989) '전환기를 맞는 한국경제'(1989) '한국경제의 선택'(1993) 'EC의 경제·시장통합'(1994) 'OECD 가입과 금융시장개방(共)'(1995) '산업정책론(共)'(1996) '유로화 출범과 한국경제(共)'(1999) 'EU 경제학'(2004) '동북아 시장통합은 가능한가'(2005) '동아시아 자유무역지역의 성공조건'(2006) [역]'1980년대 세계불균형'(1978) '복지와 효율'(1981) '시장경제와 구조조정'(1983) [종]기독교

김세원(金世源) Kim, Se-Won

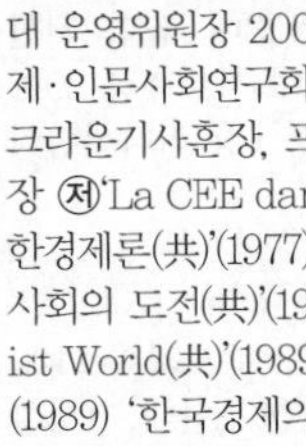

[생]1961·8·1 [본]부령(扶寧) [출]전북 부안 [주]제주특별자치도 제주시 만덕로6길32 제주지방기상청(064-755-0368) [학]1980년 신흥고졸 1985년 연세대 천문기상학과졸 1999년 同대학원 대기과학과졸 [경]1985년 공군 기상전대 예보장교 1988년 부산지방기상청 예보과 근무 1991~1997년 기상청 응용기상국 근무 1997~2002년 同기획국 기획과·행정관리과 근무 2002~2007년 세계기상기구 근무 2007년 기상청 기획조정관실 국제협력팀 사무관 2009년 同기획조정관실 국제협력팀 서기관 2010년 同국립기상연구소 정책연구과장 2011년 同관측기반국 기상기술과장 2012년 同국제협력담당관 2015년 同국제협력담당관(부이사관) 2015년 同기후변화감시과장 2016년 제주지방기상청장(현) [상]대통령표창(2014) [종]기독교

김세윤(金世潤) KIM Se Yun

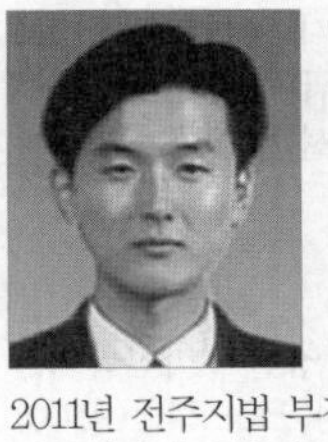

[생]1967·9·12 [본]경주(慶州) [출]서울 [주]서울 서초구 서초중앙로157 서울중앙지방법원(02-530-1114) [학]1986년 휘문고졸 1991년 서울대 법대 사법학과졸 [경]1993년 사법시험 합격(35회) 1996년 사법연수원 수료(25기) 1996년 軍법무관 1999년 서울지법 동부지원 판사 2001년 서울지법 판사 2003년 대전지법 논산지원 판사 2006년 수원지법 판사 2007년 서울고법 판사 2009년 대법원 재판연구관 2011년 전주지법 부장판사 2012년 수원지법 안산지원 부장판사 2014~2016년 법원행정처 윤리감사관 겸임 2016년 서울중앙지법 부장판사(현)

김세재(金世宰) KIM Se Jae

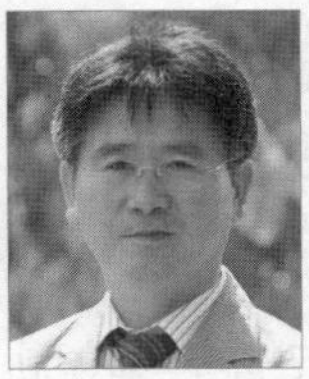

[생]1957·8·1 [출]제주 [주]제주특별자치도 제주시 제주대학로102 제주대학교 생물학과(064-754-3529) [학]1976년 제주제일고졸 1983년 제주대 생물교육학과졸 1985년 서울대 대학원 동물학과졸 1990년 이학박사(서울대) [경]1987~2001년 제주대 생물학과 시간강사·전임강사·조교수·부교수 1992~1993년 미국 노스캐롤라이나대 생물학과 방문연구교수 1997~1999년 제주대 생명과학연구소장 2000년 일본 류큐대 열대생물권연구소 외국인 초빙교수 2001년 제주대 생물학과 교수(현) 2001~2008년 同생명과학기술혁신센터 총괄책임자(RIC 소장) 2003~2004년 제주하이테크산업진흥원 원장 겸 기획단장 직무대리 2003~2011년 同이사 2003~2014년 제주일보 비상임논설위원 2009~2010년 일본 류큐대 열대생물권연구소 외국인 초빙교수 2010년 제주조릿대RIS사업단 단장 2013~2015년 제주대 자연과학대학장 2015년 한국유전학회 회장(현) [상]중소기업청장표창(2001), 제주대 연구비수혜부문 우수교수상(2007), 제주대 교수업적부문 우수교수상(2008)

김세정(金世楨) KIM Sea Chung

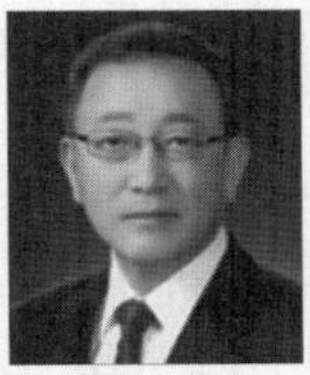

[생]1950·4·8 [출]서울 [주]서울 금천구 가산디지털2로 98 IT캐슬1동909호 (주)애리스테크 비서실(02-2026-8930) [학]1969년 경복고졸 1973년 연세대 전기공학과졸 1981년 전자공학박사(미국 미시간대) [경]1982년 미국 AT&T벨연구소 연구원 1987년 현대전자(주) 반도체생산본부 기술담당 이사 1990년 同반도체연구소 공정개발담당 상무이사 1996년 同미국 오레곤유진공장 및 영국 스코틀랜드공장 건설사업추진팀장 전무 1997년 同메모리개발연구소장 1998년 한국반도체학술대회위원회 회장 1998년 SEMICOM Korea Technical Symposium 위원장 1999년 현대전자산업 메모리연구소 부사장 2000년 하이닉스반도체 CTO부문 부사장 2002년 (주)애리스테크 대표이사(현) [상]대통령표창(1999) [종]기독교

김세종(金世鍾) KIM Sye Jong

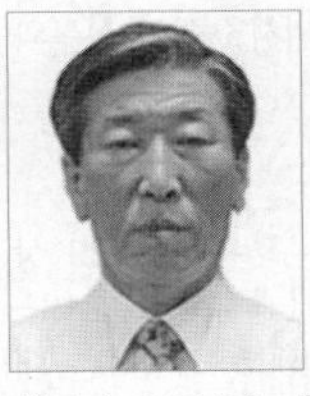

[생]1941·12·29 [출]전북 [주]광주 서구 화운로1 미래로21병원 소화신경과 원장실(062-450-1912) [학]1969년 전남대 의대졸 1972년 同대학원졸 1975년 의학박사(전남대) [경]1974~1987년 전남대 의대 소화기내과 전임강사·조교수·부교수 1987~2007년 同교수 1987~1997년 同신경과 과장·주임교수 1992년 대한신경과학회 회장 1997~2002년 전남대 의대 소화기내과 과장·주임교수 2001년 대한내과학회 무임소이사 2002~2003년 삼남소화기연구회 회장 2003년 호남간담췌연구회 회장 2003년 광주전남내과학회 회장 2005~2007년 대한내과학회 회장 2007년 미래로21병원 소화기내과 원장(현) [상]근정포장(2007)

김세종(金世鐘) Se-Jong Kim

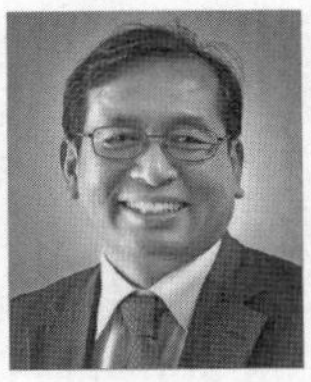

[생]1960·7·24 [본]김해(金海) [출]전북 김제 [주]서울 동작구 신대방1가길77 중소기업연구원(02-707-9801) [학]1980년 금오공고졸 1997년 경제학박사(전북대) [경]1989~2002년 한국개발연구원 전문연구원 2001~2002년 일본 총합연구개발기구 객원연구원 2003~2004년 명지대 연구교수 2005년 중소기업연구원 연구위원 2007년 同기획조정실장 2009년 同산업연구실 선임연구위원 2009년 (사)창업진흥원 이사 2009년 미래교육공동체포럼 운영위원 2010년 중소기업학회 이사(현) 2010년 중소기업연구원 인력기술연구실 2011~2014년 동반성장위원회 운영위원 선임연구위원 2012년 同연구본부장 2013~2014년 대통령자문 국민경제자문회의 공정경제분과 자문위원 2014년 중소기업연구원 원장(현) 2015년 국가과학기술심의회 중소기업전문위원장(현) [상]국민훈장 동백장(2015) [저]'개도국의 환율 변화 : 이론과 실제

정책과제'(1999) '중소기업 인력난 완화를 위한 외국인인력의 효율적 활용방안'(2003) '청년실업대책 성과평가'(2004) '수도권 북부 내륙화물기지 조성 예비타당성 분석'(2004) '중소기업근로자 능력개발을 위한 초기업단위 직업훈련 활성화 방안'(2004) '근로시간 단축에 따른 근로자 능력개발 방안 연구'(2004) '운전면허제도의 규제개선을 위한 수요자 실태조사'(2004) '지식정보사회의 인력정책'(2005) '중소기업 기능인력 양성 및 공급방안'(2006) '국가시험분석인프라 구축방안'(2007) '중소기업 인력수급의 선순환 구조 형성방안'(2008) '중소기업지원체계 개편방안(共)'(2009)

김세종(金世鍾)

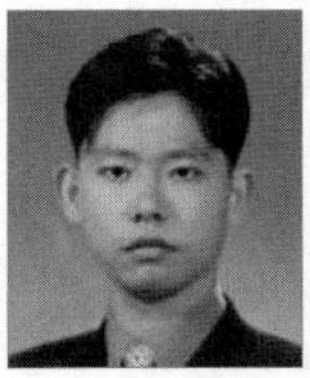

[생]1972 · 4 · 15 [출]경북 안동 [주]경남 창원시 마산합포구 완월동7길16 창원지방법원 마산지원(055-240-9300) [학]1991년 경원고졸 1996년 서울대 경영학과졸 [경]1998년 사법시험 합격(40회) 2001년 사법연수원 수료(30기) 2001년 서울지법 남부지원 예비판사 2003년 서울지법 판사 2005년 대구지법 판사 2008년 인천지법 판사 2010년 서울중앙지법 판사 2012년 서울동부지법 판사 2014년 대법원 양형위원회 운영지원단장 2015~2016년 법원행정처 사법지원심의관 겸임 2016년 창원지법 마산지원 부장판사(현)

김세진(金世振) KIM Se Jin

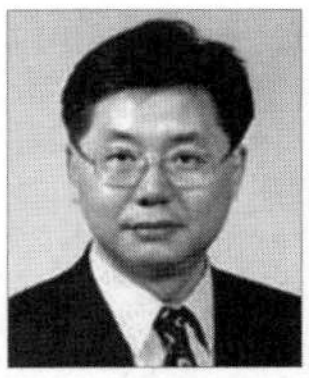

[생]1956 · 2 · 1 [출]서울 [주]서울 종로구 율곡로88 삼환빌딩4층 한국펀드평가 임원실(02-399-3383) [학]1974년 신일고졸 1979년 연세대 경영학과졸 1983년 미국 뉴욕주립대 스토니브룩교 대학원 경제학과졸 1987년 경제학박사(미국 예일대) [경]미국 워싱턴주립대 경제학과 조교수, 한국금융연구원 연구조정실장, 한국경제연구원 연구위원, 한국금융학회 이사, 한국재무학회 이사 2000~2010년 한국채권평가(주) 대표이사 사장 2010~2012년 한국자산평가(주) 대표이사 사장 2012년 한국펀드평가 대표이사(현) [상]경제기획원장관 감사패(1993), 금융감독위원장 표창(2007), 한국경제신문 다산금융상(2008) [저]'우리나라 금리연구'(1996) '금융정책 : 새로운 구조모색'(1997) '한국금융의 선진화전략'(1999) '금융구조조정의 향후 과제'(1999) '비은행금융산업의 소유 및 지배구조개편'(1999) [종]기독교

김세진(金世鎭) KIM Sae Jin (宙山)

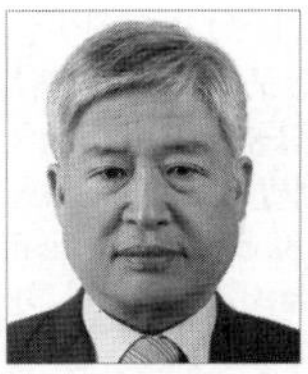

[생]1956 · 6 · 4 [본]경주(慶州) [출]대구 [주]경북 경산시 대학로280 영남대학교 법학전문대학원(053-810-2674) [학]1980년 서울대 법학과졸, 영남대 대학원 법학과졸 [경]1982년 사법시험 합격(24회) 1984년 사법연수원 수료(14기) 1985년 대구지법 판사 1989년 同경주지원 판사 1991년 대구지법 판사 1996년 대구고법 판사 1998년 일본 히토쓰바시대 객원연구원 1998년 대법원 재판연구관 2000년 대구지법 부장판사 2004년 同포항지원장 2006년 대구지법 부장판사 2006~2007년 언론중재위원회 중재위원 2007~2009년 대구지법 서부지원장 2009년 영남대 법학전문대학원 교수(현) 2011~2014년 同법무지원실장 겸 감사실장 [저]'민사법실무'(2012, 영남대 출판부) '민사소송의 실무와 이론'(2012, 영남대 출판부) [종]불교

김세진(金世鎭) KIM Se Jin

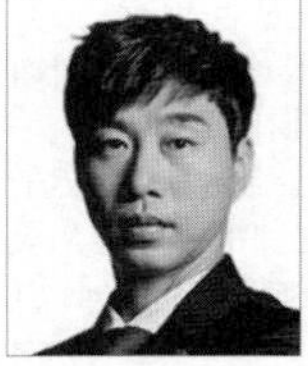

[생]1974 · 1 · 30 [주]경기 안산시 상록구 용신로422 상록수체육관 안산 OK저축은행 러시앤캐시(031-243-2400) [학]옥천공고졸, 한양대졸 [경]1995~2006년 대전 삼성화재 블루팡스 소속 1997~2002년 국가대표 선수 1997~2004년 한국배구슈퍼리그 우승(8회) 2005년 '2003~2004시즌 V리그' 우승 2007년 KBS N 스포츠 해설위원 2013년 러시앤캐시 베스피드 배구단 감독 2013년 안산 OK저축은행 러시앤캐시 감독(현) 2015년 '2014~2015 시즌 V리그' 우승 [상]슈퍼리그 MVP · 베스트식스(1997), 슈퍼리그 베스트식스(1998), 슈퍼리그 베스트식스(1999), 슈퍼리그 MVP · 베스트식스 · 인기상(2000), 세미프로리그 최우수선수(2001), 슈퍼리그 MVP(2002), V-tour MVP · 공격상(2004), V리그 챔피언전 MVP(2005), V리그 지도자상(2015), V리그 2015~2016 정규리그 남자부 감독상(2016)

김세철(金世哲) KIM Sae Chul

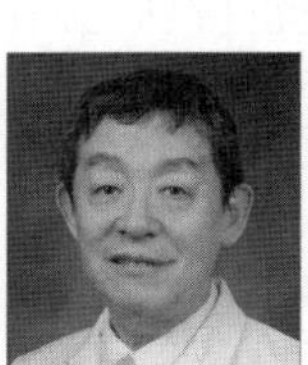

[생]1946 · 6 · 2 [출]대구 [주]경기 고양시 덕양구 화수로14번길55 명지병원(031-810-5114) [학]1965년 경북고졸 1971년 경북대 의대졸 1973년 同대학원졸 1980년 의학박사(경북대) [경]1982년 미국 뉴욕주립대의료원 연수 1983~1996년 중앙대 의대 비뇨기과학교실 주임교수 · 부속병원 비뇨기과장 1989년 아시아성의학회 사무총장 1990~2011년 중앙대 의대 비뇨기과학교실 교수 1994~1997년 대한남성과학회 회장 1995~1996년 중앙대부속 용산병원장 1996년 아시아비뇨기과학회 사무총장 1996년 서울고법 조정위원(현) 1997~2000년 국제남성과학회 학술위원 1999~2000년 대한불임학회 회장 1999~2014년 아시아남성과학회지 편집위원 2001~2005년 국제남성과학회 조직위원장 2002~2003년 한국평활근학회 회장 2003~2005년 대한여성성기능연구학회 회장 2004~2005년 아시아 · 태평양성의학회 회장 2004년 한국과학기술한림원 종신회원(현) 2004년 대한민국의학한림원 정회원(현) 2005~2009년 중앙대 의료원장 2005~2006년 대한비뇨기과학회 이사장 2006~2007년 대한성학회 회장 2006~2009년 국제성의학회지 편집위원 2007~2008년 중앙대 초대 의무부총장 2010~2013년 한국의료질향상학회 회장 2010년 한일비뇨기과학회 회장 2010년 의료기관평가인증원 이사(현) 2010년 同인증심의위원장(현) 2011년 관동대 의대 명지병원 원장 2012년 한국전립선관리협회 이사장, 同이사(현) 2011~2015년 서남의대 명지병원장 2014년 한국헬스케어디자인학회 초대 회장(현) 2015년 교육부 '학교 성교육 표준안 개발' 전문가 자문위원(현) 2015년 서남대 의무부총장 겸 의료원장(현) [상]대한비뇨기과학회 학술상, 유한의학 저작상, 국제포경수술정보교육센터 인권상, 옥조근정훈장(2011) [저]'남성의학' '남성 성기능장애의 진단과 치료' '전립선 질환의 모든 것' '아들에게 말하는 남자' '비뇨생식기능장애 : 배상과 보상의 의학적 판단'(2010)

김세헌(金世憲) KIM Se Hun

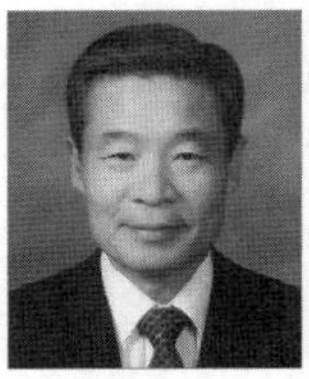

[생]1950 · 1 · 17 [본]청주(淸州) [출]서울 [주]대전 유성구 대학로291 한국과학기술원 산업및시스템공학과(042-350-2914) [학]1968년 서울고졸 1972년 서울대 물리학과졸 1977년 미국 스탠퍼드대 대학원 물리학과졸 1978년 同대학원 경영과학과졸 1981년 경영과학박사(미국 스탠퍼드대) [경]1982~2015년 한국과학기술원 산업시스템공학과 교수 1986년 미국 애리조나주립대 경영대학원 방문교수 1998년 한국경영과학회 부회장 1999년 한국통신정보보호학회 부회장 2003년 한국정보보호학회 회장 2004년 同명예회장 2004~2006년 국가정보원 국가정보보안협의회 산학연협의회장 2008~2009년 한국경영과학회 회장 2009년 방송통신위원회 인터넷정보보호협의회 회장 2010~2011년 한국경영과학회 명예회장 2010~2012년 롯데쇼핑(주) 사외이사 2012년 한국과학기술한림원 정회원(현) 2015년 한국과학기술원 산업및시스템공학과 명예교수(현) [상]근정포장(2015) [저]'컴퓨터범죄와 프라이버시 침해' '정보보호 관리 및 정책' '현대경영과학' [종]기독교

김세현(金世玹)

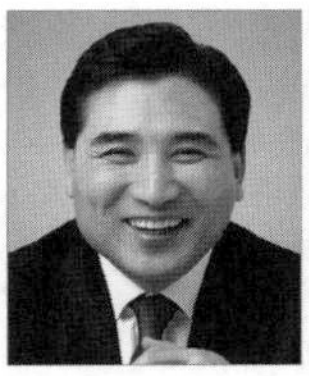

[생]1957 · 7 · 5 [본]김해(金海) [출]부산 [주]서울 마포구 마포대로109 롯데캐슬프레지던트101동2103호 한국건설경영협회(02-755-9008) [학]1976년 부산 가야고졸 1981년 동아대 영어영문학과졸 1987년 연세대 행정대학원졸 [경]1998~2000년 육군학사장교총동문회 회장(5대) 2000~2002년 한나라당 청년위원회 부위원장 2002년 同청년자원봉사단장 2000년 새생명나눔회(장기기증) 이사 2000년 한국스카우트 은평지구연합회 회장 · 고문 2001년 육군학사장교총동문회 명예회장(현) 2006년 포럼국태민안 사무총장 2006년 청산회 조직본부장 2006년 (주)삼홍버츄얼 대표이사 2007년 한나라당 박근혜 대통령경선후보 특보 2008년 친박연대 수석부대변인 2008년 제18대 국회의원선거 출마(부산 해운대 · 기장乙, 친박연대) 2009년 친박연대 사무총장 2013년 한국건설경영협회 상근부회장(현) [상]대한민국혁신경영대상 리더십경영부문(2015) [종]불교

김세현(金世鉉) Kim Se Hyun

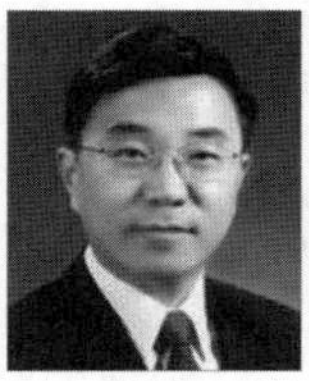

[생]1960 · 2 · 24 [출]부산 [주]인천 연수구 송도과학로100 포스코 인재창조원(032-200-0045) [학]부산대 기계설계과졸, 同대학원 기계공학과졸 [경]삼성전자종합기술원 개발혁신팀장(연구위원), (주)포스코 생산성연구센터장(상무) 2010년 한국트리즈학회 회장 2013년 (주)포스코 경영지원부문 혁신지원실장(상무) 2014년 同경영인프라본부 프로젝트지원실장(전무) 2015년 同인재창조원 전임교수(전무)(현)

김세형(金世馨) KIM Se Hyung

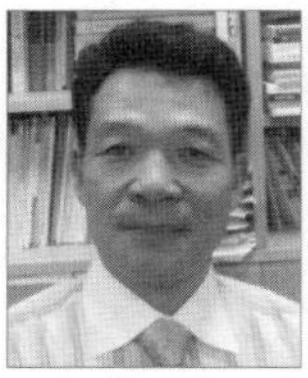

[생]1956 · 9 · 18 [본]김녕(金寧) [출]전남 고흥 [주]서울 중구 퇴계로190 매일경제신문(02-2000-2688) [학]1981년 고려대 경제학과졸 1995년 미국 캘리포니아대 버클리교 연수 2005년 고려대 경영대학원 최고경영자과정 수료 [경]1981년 삼성물산 근무 1983년 매일경제신문 입사 2000년 同사회2부장 2000년 同정치부장 2002년 同부국장대우 증권부장 2004년 同논설위원 2006년 同편집국장 2007년 산은사랑나눔재단 비상임이사 2008년 매일경제신문 이사대우

논설실장 2009년 관훈클럽 감사 2009~2013년 한국금융투자협회(KOFIA) 공익이사 2009년 규제개혁위원회 민간위원 2009년 매일경제신문 편집담당 이사 2010년 同논설실장 겸 뉴스상황실장 2010~2011년 국민경제자문회의 민간위원 2010~2013년 한국신문협회 기조협의회 이사 2010년 매일경제신문 편집담당 상무이사 2011·2013·2015년 한국신문방송편집인협회 부회장(현) 2012년 매일경제신문 주필(전무이사)(현) 2014년 대통령직속 통일준비위원회 언론자문단 자문위원(현) 2016년 한국신문윤리위원회 이사(현) [상]삼성언론상(1997), 한국참언론인대상 경제부문(2008), 장한 고대언론인상(2010), 고려대정경대학교우회 선정 '자랑스러운 정경인'(2015) [저]'증권기사 보는법'(1984) '실리콘밸리 벤처기업 성공비결'(1999) '주식투자 아이큐 확 높이기'(2003)

김세환(金世煥) KIM Se Hwan

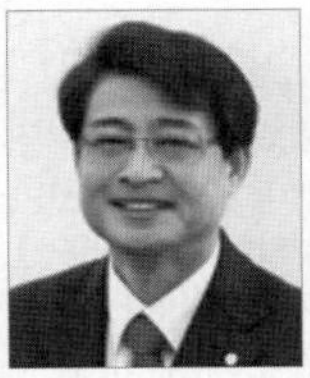

[생]1959·12·18 [출]전남 화순 [주]세종특별자치시 노을6로8의14 국세청 개인납세국(044-204-3200) [학]광주제일고졸, 강남대 경영정보학과졸 [경]부산진세무서 재산세과 근무, 부산지방국세청 감사관실 근무, 원주세무서 징세과장, 부패방지위원회 파견, 서울지방국세청 조사1국 1과 7계장, 성남세무서 세원관리3과장, 국세청 운영지원과 서무계장, 여수세무서장, 서울지방국세청 조사2국 3과장, 국세청 근로소득관리과장 2013년 同심사1담당관(부이사관) 2014년 광주지방국세청 조사1국장 2015년 국세청 소득지원국장(고위공무원 나급) 2015년 同개인납세국장(현)

김세환(金世煥) Kim Se Hwan

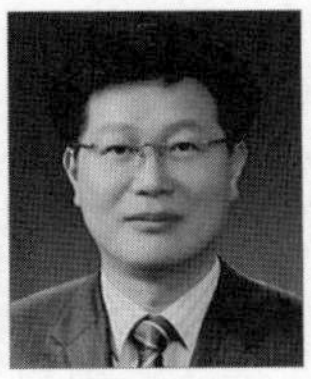

[생]1962·5·2 [본]김녕(金寧) [출]경북 김천 [주]경북 성주군 성주읍 성주로3200 성주군청 부군수실(054-932-0003) [학]1980년 김천고졸, 영남대 행정대학원 행정학과졸 [경]1981년 경북도 서기보 1988년 同서기 1996년 同기획관리실 기획관리 주사 2005년 포항시 근무(사무관), 경북도의회 사무처 근무, 경북도 인재양성과 근무, 同자치행정과 근무 2013년 同도시계획과장(서기관) 2015년 同안전행정국 자치행정과장 2015년 同자치행정국 자치행정과장 2015년 경북 성주군 부군수(현) [상]대통령표창(2010), 근정포장(2015) [종]불교

김세훈(金世君) KIM Se Hoon

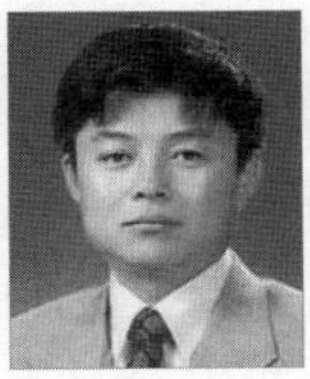

[생]1962·1·15 [본]의성(義城) [출]충남 논산 [주]대전 서구 관저동로158 건양대학교 관저캠퍼스 의과대학 생리학교실(042-600-6473) [학]충남대 의학과졸, 同대학원졸, 의학박사(충남대) [경]충남대 의학과 전임강사 1998~2007년 건양대 의과대학 생리학교실 조교수·부교수, 同의학교육학교실 교수 겸임 2007년 건양대 의과대학 생리학교실 교수(현) 2011~2014년 同의과대학장 2011~2013년 同보건복지대학원장 2014년 同교무처 고등교육평가연구팀 처장(현)

김세훈(金世勳) KIM Se Hoon

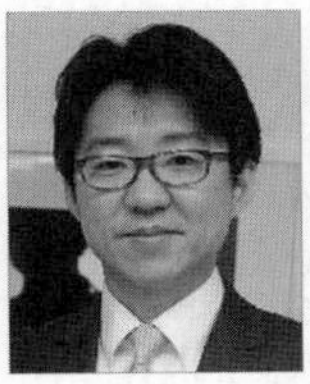

[생]1964·12·25 [주]부산 해운대구 센텀중앙로55 경남정보대학교 센텀산학캠퍼스14층 영화진흥위원회(051-720-4701) [학]1987년 홍익대 시각디자인학과졸 1990년 同시각디자인학과졸 1995년 미국 캘리포니아대 로스앤젤레스교 대학원 애니메이션과졸 2007년 영상예술학박사(중앙대) [경]1996년 한서대 영상미술학과 조교수 1999~2014년 세종대 만화애니메이션학과 조교수·부교수·교수 1999~2006년 스튜디오U.P.K 애니메이션팀 감독 1999~2001년 영화진흥위원회 한국애니메이션예술아카데미 교무운영위원 2003년 (사)영상기술학회 총무이사 2007년 KNP픽처스 사업총괄 총감독 2008~2009년 영화진흥위원회 비상임위원 2010~2014년 세종대 만화애니메이션학과장 2013~2015년 한국애니메이션학회 회장 2015년 영화진흥위원회 위원장(현)

김소선(金小仙·女) KIM So Sun

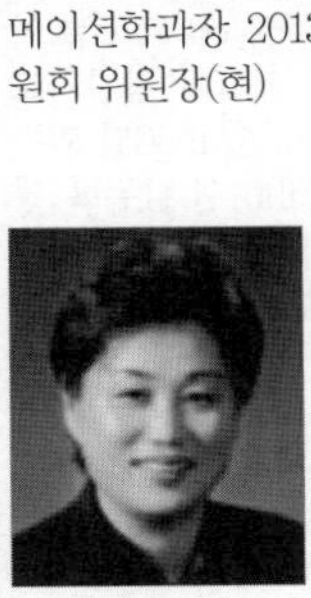

[생]1953·8·26 [출]경남 진주 [주]서울 서대문구 연세로50의1 연세대학교 간호대학 임상간호과학과(02-2228-3254) [학]1975년 연세대 간호학과졸 1985년 미국 메릴랜드대 대학원 간호학과졸 1993년 이학박사(연세대) 1997년 미국 조지워싱턴대 Poster-Master's Adult Nurse Practitioner과정 이수 2007년 미국 매사추세츠대 대학원 Poster's Gerontological Master Nurse Practitioner과정 이수 [경]1975~1977년 연세의료원 신촌세브란스병원 간호사 1978~1982년 미국 볼티모어 존스홉킨스병원 간호사 1993~2000년 연세대 간호대학 임상간호과학과 연구강사·전임강사·조교수·부교수 2000년 同간호대학 임상간호과학과 교수(현) 2000년 ICN 전문간호사제도특별위원회 자문위원(현) 2000년 성인간호학회지 논문심사위원(현) 2000~2005년 서울시간호사회 부회장 2000~2002년 성인간호학회 부회장 2002~2003년 同회장 2002~2004년 Sigma 간호학술지 논문심사위원 2004년 임상간호사회 논문심사위원(현) 2007년 연세대 간호대학원 교학부원장 2007년 대한간호협회 전문간호사특별위원회 위원(현) 2008~2012년 연세대 간호대학장 겸 간호대학원장 2010~2012년 서울시간호사회 회장 2011년 연세대 간호정책연구소장 2011~2016년 同간호대학원 임상간호전공 책임교수 2011년 WHO 2011APEDNN국제회의조직위원회 위원장 2011년 서울시 고령친화도시추진위원회 위원(현) 2012~2014년 세브란스병원 간호담당 부원장 2014년 서울시간호사회 회장(현) 2014년 대한간호협회 부회장(현) [저]'간호진단 전산 프로그램'(1997) '중환자간호'(1999) '성인간호학 上·下'(2000) '만성질환-영향과 중재'(2002) '사례로 풀어본 성인간호학'(2002) '질적연구방법론'(2005) '전문간호사의 역할과 정책'(2005) '신경계 중환자간호'(2007) [역]'초등학교 저학년 아동들의 안전사고발생 실태 및 관련요인 분석'(1999) '척추 후궁 환자의 표준 임상지침서 개발'(1999) '노인들의 안전사고 발생실태조사'(1999) '선천성심장병 아동이 인지한 어머니의 양육태도와 자아존중감과 학교생활 적응과의 관계'(2011, Journal of Korean Academy of Child Health Nursing) '일 병원의 대장절제술 환자를 위한 표준진료지침의 임상적용 효과와 변이분석'(2012, Asian Oncology Nursing) 'Learning needs of patients with heart failure a descriptive, exploratory study'(2013, JOURNAL OF CLINICAL NURSING)

김소영(金昭英·女) KIM So Young

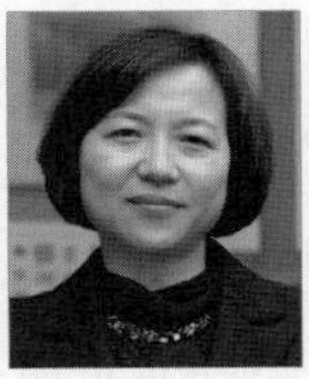

[생]1965·11·17 [본]김해(金海) [출]경남 창원 [주]서울 서초구 서초대로219 대법원 대법관실(02-3480-1110) [학]1984년 정신여고졸 1988년 서울대 법대졸 1993년 同대학원 법학과졸(석사) [경]1987년 사법시험 수석합격(29회) 1990년 사법연수원 수료(19기) 1990년 서울민사지법 판사 1992년 서울가정법원 판사 1994년 대전지법 판사 1997년 서울지법 판사 2001년 서울고법 판사 2002~2004년 법원도서관 조사심의관 겸임 2005년 대전지법 공주지원장 2006년 대법원 재판연구관 2008년 법원행정처 사법정책실 사법정책심의관·양형위원회 수석전문위원 2009~2010년 同정책총괄심의관 겸임 2011년 서울중앙지법 부장판사 2012년 대전고법 부장판사 2012년 대법원 대법관(현) [상]근정포장(2011) [종]불교

김소영(金昭英·女)

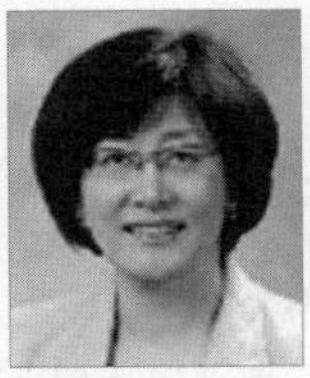

[생]1966·12·17 [출]충북 청주 [주]서울 용산구 청파로47길100 숙명여자대학교 경영학부(02-710-9836) [학]금옥여고졸 1990년 숙명여대 소비자경제학과졸 1999년 박사(성균관대) [경]한국문화관광정책연구원 책임연구원·문화산업정책실장 2005~2009년 숙명여대 경영학부 조교수 2008년 문화체육관광부 저작권위원회 위원 2009~2013년 숙명여대 경영학부 부교수 2010년 한국문화예술위원회 소외지역문화순회사업분야 책임심의위원 2010년 기술표준원 산업표준심의회 위원 2010년 숙명여대 기획처장 2012년 한국문화경제학회 부회장 2013~2016년 대통령 문화체육비서관 2016년 숙명여대 경영학부 부교수(현) [상]문화체육관광부장관표창(2004·2006·2010)

김소희(女) KIM Sohui

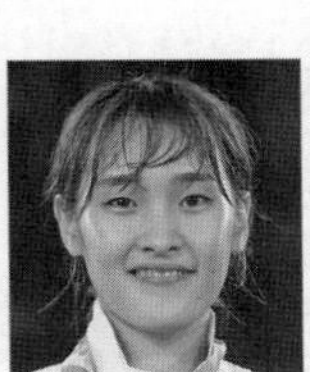

[생]1994·1·29 [출]충북 제천 [주]대구 동구 첨단로120 한국가스공사 태권도단(053-670-0114) [학]2012년 서울체고졸 2016년 한국체육대졸 [경]2011년 제20회 WTF 세계태권도선수권대회 46kg급 금메달 2013년 제21회 WTF세계태권도선수권대회 46kg급 금메달 2013년 제1회 세계태권도연맹 월드태권도그랑프리파이널 49kg 이하급 은메달 2014년 세계태권도연맹 그랑프리시리즈 49kg 이하급 동메달 2014년 제17회 인천아시안게임 여자태권도 46kg급 금메달 2016년 한국가스공사 태권도단 소속(현) 2016년 제31회 리우데자네이루올림픽 여자태권도 49kg급 금메달

김송연(金松連)

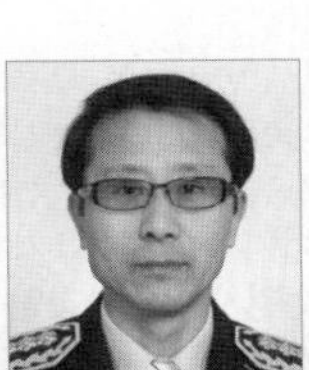

[생]1958·11·25 [주]서울 중구 퇴계로26길52 서울소방재난본부 안전지원과(02-3706-1600) [학]세한대 소방행정학과졸 [경]1983년 소방공무원 임용 2002년 서울종합방재센터 자원관리과장 2004년 서울 구로소방서 예방과장 2006년 서울소방재난본부 경리팀장 2010년 서울소방학교 교육지원과장(지방소방정) 2010년 서울 양천소방서장 2012년 서울 영등포소방서장 2014년 서울 구로소방서장 2016년 서울소방재난본부 안전지원과장(지방소방준감)(현)

김송일(金松一) KIM Song Il

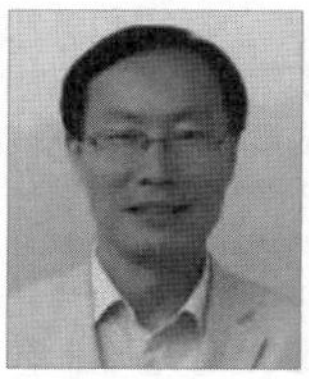

[생]1960·10·8 [본]광산(光山) [출]전남 화순 [주]서울 종로구 세종대로209 서울청사관리소 소장실(02-2100-4501) [학]1979년 조선대부속고졸 1986년 전남대 경제학과졸 1995년 국방대학원 안전보장학과졸 2002년 미국 미네소타대 행정대학원 행정학과졸 2008년 국방대 안보과정 수료 2009년 서울대 행정대학원 행정학과졸 2011년 同정보통신방송정책과정 수료 [경]1989년 행정고시 합격(33회) 1991년 총무처 소청심사위원회 행정사무관 1996년 同국내훈련과 행정사무관 1998년 행정자치부 행정능률과 행정사무관 1998년 국민고충처리위원회 서기관 2002년 同민원기획담당관실 서기관 2003년 제16대 대통령직인수위원회 국민제안센터 행정관 2003년 국무총리 수질개선기획단 환경관리팀장 2004년 중앙공무원교육원 교육1팀장 2005년 중앙인사위원회 정책홍보관리관실 재정기획관 2006년 同성과후생국 성과기획과장 2007년 同총무과장(서기관) 2007년 同총무과장(부이사관) 2008년 국방대 교육파견(부이사관) 2009년 대통령직속 친일반민족행위진상규명위원회 행정실장 2010년 UN거버넌스센터 협력국장(파견) 2011년 행정안전부 정보기반정책관실 부이사관 2012년 同자치경찰제실무추진단장(고위공무원) 2012년 전북도의회 사무처장 2014년 전주시 부시장 2014년 안전행정부 중앙공무원교육원 연구개발센터장 2014년 인사혁신처 중앙공무원교육원 연구개발센터장 2015년 행정자치부 정부통합전산센터 운영기획관 2016년 同정부서울청사관리소장(현) [종]기독교

김수갑(金銖甲) KIM Su Kab

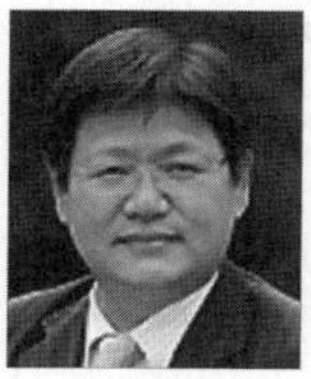

[생]1961·8·29 [본]의성(義城) [출]충북 괴산 [주]충북 청주시 서원구 충대로1 충북대학교 법과대학(043-261-2628) [학]1980년 충북고졸 1984년 충북대 법학과졸 1989년 서울대 대학원 법학과졸 1993년 법학박사(고려대) [경]1990~1996년 충북대·고려대·서울시립대·가톨릭대 강사 1990~1996년 고려대 법학연구소 연구원 1996~2005년 충북대 법대 조교수·부교수 1997~2000년 同고시원감 2001~2002년 미국 산타클라라대 방문교수 2002년 충북참여자치시민연대 정책위원·조례개혁특별위원장 2002년 충북도 지방공무원교육소청심사위원 2003~2005년 충북대 법학연구소장 2004년 충북도교육청 지방공무원소청심사위원 2004년 충북지방경찰청 집회·시위자문위원회 위원 2005년 충북대 법대 교수(현) 2005~2009년 同법무대학원장 겸 법과대학장 2006~2007년 한국비교공법학회 상임이사 2007~2008년 한국헌법학회 상임이사 2007년 충북지방노동위원회 차별시정담당 공익위원 2008년 충북도 행정심판위원회 위원 2011~2013년 충북대 법학전문대학원장 겸 법무대학원장 [저]'헌법다시보기(共)'(2005) '충북의 지역혁신 이렇게 추진하자(共)'(2005) [종]가톨릭

김수경(金水鏡·女) KIM Soo Kyung

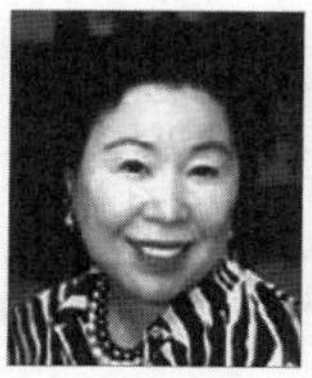

[생]1949·9·2 [출]부산 [주]서울 강남구 언주로337 동영문화센터7층 우리들생명과학(주) 회장실(02-2186-1314) [학]1972년 부산대 영어영문학과졸 1974년 同대학원졸 [경]1977년 '현대문학'에 시인 등단 1983년 열음사 사장, 同대표 1999년 (주)닥터즈메디코아 대표이사 2004년 수도약품공업 대표이사 회장 2008년 우리들생명과학 대표이사 회장(현) 2013년 뉴시스 이사(현) [저]시집 '어느 영원의 길이로' '제목없는 시' 수필집 '자연 그리고 삶'

김수경(金守經) KIM, SOO-KYOUNG

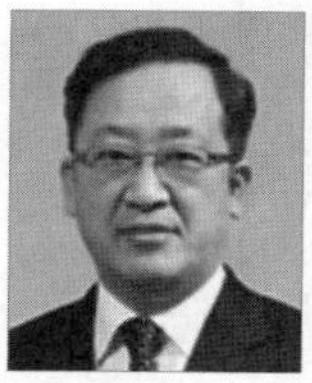

[생]1956·12·25 [출]인천 [주]경기 안양시 만안구 박달로236 (주)노루페인트 비서실(031-467-6005) [학]1975년 마포고졸, 인하대 고분자공학과졸, 미국 보스턴대 대학원졸(MBA) [경](주)대한페인트잉크 상무이사 2000년 (주)디피아이 상무이사 2002년 同전무이사 2007년 (주)노루페인트 부사장 2009~2016년 同대표이사 사장 2009년 (주)대한코일코팅 대표이사, (주)노루코일코팅 대표이사 2014년 한국표준협회 비상임이사 2016년 (주)노루페인트 각자대표이사 사장(현) [종]기독교

김수경(金秀京·女)

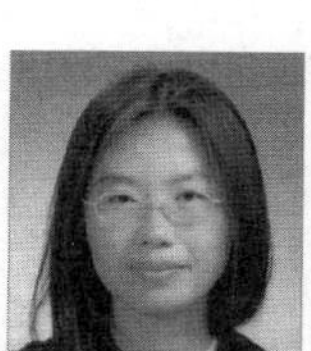

[생]1973·9·20 [출]광주 [주]부산 연제구 법원로31 부산가정법원(051-590-1114) [학]1991년 대입검정고시 합격 1996년 서울대 영어영문학과졸 [경]1998년 사법시험 합격(40회) 2001년 사법연수원 수료(30기) 2001년 제주지법 예비판사 2003년 同판사 2004년 수원지법 안산지원 판사 2007년 서울중앙지법 판사 2009년 서울서부지법 판사 2012년 서울중앙지법 판사 2015년 서울동부지법 판사 2016년 부산가정법원 부장판사(현)

김수곤(金秀坤) SOOKON KIM

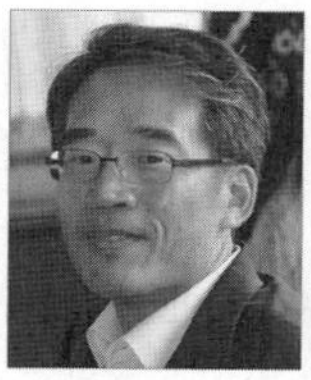

[생]1960·10·4 [본]김해(金海) [출]전남 장흥 [주]인천 중구 공항로424번길47 서울지방항공청(032-740-2101) [학]1979년 석산고졸 1983년 고려대 경영학과졸 1985년 서울대 행정대학원졸 [경]1998년 건설교통부 종합계획과 서기관 1998년 同광역교통기획단 특수시설과장 1999년 同대도시권광역교통기획단 교통운영과장 1999년 同기획관리실 국제협력담당관 1999년 세종연구소 파견 2001년 해외 파견 2001년 건설교통부 교통안전과장, 同광역교통정책팀장 2008년 국토해양부 교통정책실 광역도시도로과장 2009년 同교통정책실 광역도시도로과장(부이사관) 2010년 同자동차정책기획단장 2010년 同항공안전정책관(고위공무원) 2012년 인천지방해양항만청장 2013년 국토교통부 물류정책관 2015년 서울지방항공청장(현)

김수관(金秀官) KIM Su Gwan (子平)

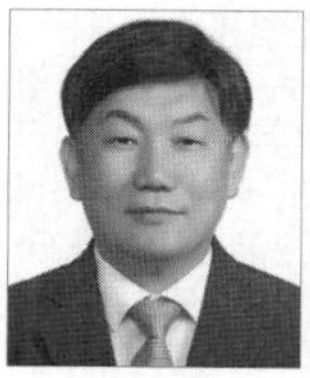

[생]1964·8·23 [본]김해(金海) [출]전남 해남 [주]광주 동구 필문대로303 조선대학교 치과대학(062-220-3819) [학]1983년 동신고졸 1989년 조선대 치의학과졸 1992년 同대학원졸 1998년 치의학박사(전남대) [경]1989~1993년 조선대 부속치과병원 구강악안면외과 수련의 1996~2007년 同치과대학 전임강사·조교수·부교수 1999년 同치과병원 구강악안면외과장 2001년 同치과병원 교육부장 2004년 同치과대학 부학장 2004년 대한악안면성형재건외과학회 학술대회장 2008년 조선대 치과대학 교수(현) 2009~2013년 同치의학전문대학원장 2009년 同치과병원 의료기기임상시험센터장(현) 2010년 同치과대학장 2012~2014년 대한레이저치의학회 회장(제9대), 조선대 치과대학 교육문화재단 이사장 2012년 세계초음파악안면수술학회(WAUPS) 부회장(현) 2012년 플랩리스임플란트학회 부회장(현), 대한치과감염학회 부회장 2014~2015년 대한국제임플란트학회(ICOI Korea) 회장(제7대) 2014년 치과의사협회 제29대 수련고시이사(현) 2014년 사단법인 자평 이사장(현) 2015년 (사)대한턱관절협회 회장(제6대)(현) 2015년 제5차 아시아턱관절학회(2017년에 개최) 학술대회장(현) 2016년 대한인공치아골유착학회 회장(제12대)(현) 2016년 대한치과감염학회 회장(제4대)(현) 2016년 조선대치과병원 병원장(현) [상]대한안면성형재건외과학회·대한구강악안면임플란트학회 학술상(2000), 한국보건산업진흥원 보건의료과학기술연구개발 우수연구자(2002), 일본 구강외과학회 학술상(2003), 한국보건산업진흥원 연구부문우수상(2003), 아시아두개안면외과학회 최우수포스터상(2004), 대한악안면성형재건외과학회 일웅상(2004), 백악학술상(2003), 보건산업기술대전 우수상(2003), 심계학술상(2004·2015), IBC '2000 Outstanding Intellectuals of the 21st Century'(2008), ABI 'Order of American Ambassdors'(2008), 대한인공치아골유착학회(KAO) 최우수포스터상(2009), 치예원학술상(2010), 연송치의학상 임상부문대상(2010), 자랑스러운 치호인상(2010), 광주시민대상(2010), 제1회 광주전남사회공헌대상 최우수상(2010), 글로벌보건산업기술유공 보건복지부장관표창(2011), 올해를 빛낸 CEO대상 사회공헌부문(2012), 국무총리표창(2013), 광주교총 교육공로상(2013), 제7회 대한민국 보건산업대상(2013), 연구개발특구진흥재단 이사장표창(2013), 대한치과의사협회표창(2014), 세계초음파악안면수술학회(WAUPS) 최우수포스터상(2015), 산업통상자원부장관표창(2015) [저]'치과환자의 응급처치 및 외과적 고려사항'(共) '임상의를 위한 치과 소수술(上·下)'(共) '발치를 쉽게 하는 방법' '치과국소마취학'(共) '임상 악기능 교합학'(共) '악골에 발생하는 낭종' '구강악안면영역의 외과적 술식' '치과위생사를 위한 치과응급처치'(共) '악안면 골절학' '악안면 기형학' '치과위생사를 위한 구강악안면외과학'(共) '치과소수술 아트라스' '개원의를 위한 구강악안면외과학' '치과총론' '임프란트 수술학' '악안면 성형외과학' '임상 치과 소수술' '상악동골이식술' 'Piezosurgery의 손 쉬운 사용' 등 69권 [역]'임상가를 위한 외과적 근관치료학' '치과 임프란트 수술 칼라아트라스' '골유도 재생술' '진단학' '재생의학과 조직공학' 등 18권 [종]기독교

김수권(金洙權) Kim Soo-Gwon

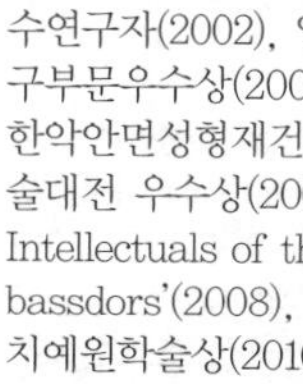

[생]1958·8·26 [주]서울 종로구 사직로8길60 외교부 인사운영팀(02-2100-7136) [학]1983년 고려대 정치외교학과졸 1990년 영국 런던대(SOAS) 연수 [경]1986년 외무고시 합격(20회) 1986년 외무부 입부 1991년 駐뉴욕 영사 1993년 駐코스타리카 1등서기관 1999년 駐이집트 1등서기관 2001년 駐독일 1등서기관 2003년 외교통상부 SOFA운영실장 2004년 同북미3과장 2004년 駐캐나다 참사관 2007년 駐멕시코 공사참사관 2008년 대통령 외교안보수석비서관실 파견 2010년 駐유엔대표부 공사 2012년 외교통상부 평화외교기획단장 2013년 외교부 평화외교기획단장 2013년 駐라오스 대사 2016년 駐핀란드 대사(현)

김수길(金秀吉) KIM Su Gil

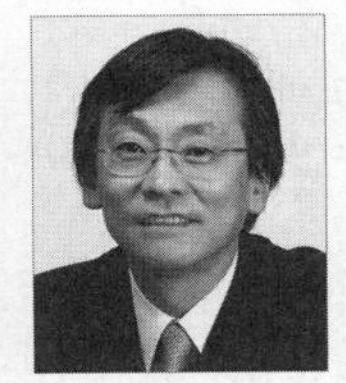

[생]1954·8·9 [본]전주(全州) [출]대구 [주]서울 마포구 상암산로48의6 JTBC 임원실(02-751-6205) [학]1973년 경기고졸 1978년 연세대 경영학과졸 [경]1977년 중앙일보 문화부·사회부·경제부 기자 1991년 미국 시카고대 연수 1994년 중앙일보 경제1부장 1996년 同국제부장 1996년 同미주총국 워싱턴특파원 1999년 同경제담당 에디터 2000년 금융발전심의회 위원 2002년 중앙일보 경제전문기자(부국장) 2003년 同기획담당 부국장 2003년 同편집국장 2005년 同편집국장(이사대우) 2006~2009년 同제작담당 상무 겸 편집인 2007~2011년 한국신문방송편집인협회 부회장 2007년 한국신문윤리위원회 이사 2009년 한국신문방송편집인협회기금 이사 2009년 중앙일보 부발행인 겸 신문제작총괄(상무) 2009년 同방송본부장 2009년 국가통계위원회 위원 2010년 중앙일보 부발행인 겸 방송본부장(전무) 2011년 同방송설립추진단 총괄본부장 2011년 JTBC 제작총괄 부사장 2011년 중앙일보 주필 2013년 JTBC 대표이사 부사장 2014년 同공동대표이사 사장(현) [상]2009 자랑스런 연세상경인상 학술·문화부문(2009), 연세언론인상(2011) [저]'금고가 비었습디다' '그래도 우리는 일본식으로 간다?'

김수남(金秀南) KIM Soo Nam

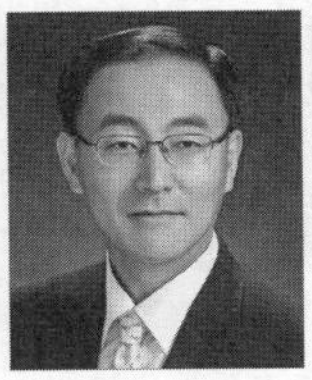

[생]1959·12·29 [출]대구 [주]서울 서초구 반포대로157 대검찰청 검찰총장실(02-3480-2001) [학]1978년 대구청구고졸 1982년 서울대 법대졸 1985년 同대학원 법학과졸 [경]1984년 사법시험 합격(26회) 1987년 사법연수원 수료(16기) 1987년 대구지법 판사 1990년 서울지검 검사 1992년 부산지검 울산지청 검사 1994년 법무부 검찰3과 검사 1997년 서울지검 검사 1999년 대구지검 부부장검사 2000년 광주지검 순천지청 부장검사 2001년 광주지검 공안부장 2002년 대검찰청 컴퓨터수사과장 2003년 同중수3과장 2004년 대구지검 형사2부장 2005년 서울중앙지검 형사4부장 2006년 법무부 정책홍보관리관 2007년 인천지검 2차장검사 2008년 서울중앙지검 3차장검사 2009년 법무부 기획조정실장 2009년 청주지검장 2010년 법무부 범죄예방정책국장 2011년 서울남부지검장 2012년 수원지검장 2013년 서울중앙지검장 2015년 대검찰청 차장검사 2015년 검찰총장(현) [상]근정포장(1996)

김수련(女)

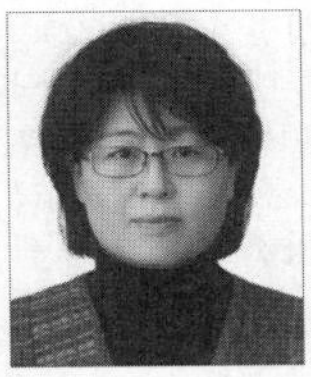

[생]1967 [주]경기 수원시 영통구 삼성로129 삼성전자(주) 메모리사업부 소재기술그룹(031-200-1114) [학]1985년 부산동여고졸 1989년 부산대 화학과졸 1991년 한국과학기술원(KAIST) 화학과졸(석사) 1997년 화학박사(한국과학기술원) [경]1996년 삼성전자(주) 메모리사업부 생산기술팀 근무 2006년 同Dow Chemical 재료개발담당 2010년 同인프라기술센터 생산기술팀 근무 2011년 同반도체연구소 소재기술팀 근무 2014년 同메모리사업부 소재기술그룹장(부장) 2015년 同메모리사업부 소재기술그룹장(상무)(현)

김수령(金秀鈴) KIM Soo Ryoung

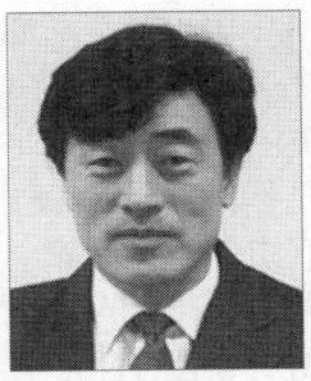

[생]1962·3·9 [출]경기 수원 [주]대전 유성구 문지로188 (주)LG화학 기술연구원 자동차전지개발센터(042-866-2883) [학]대성고졸, 고려대 금속공학과졸, 한국과학기술원(KAIST) 재료공학 석사, 재료공학박사(한국과학기술원) [경]LG화학 전지Tech Center장, 同전지Battery Tech Center장(수석부장) 2006년 同전지Battery Tech Center장(상무) 2009년 同전지사업부 PAC담당 상무 2012년 同기술연구원 자동차전지개발센터장(상무) 2013년 同기술연구원 자동차전지개발센터장(전무)(현) [종]기독교

김수목(金壽穆) KIM Soo Mok

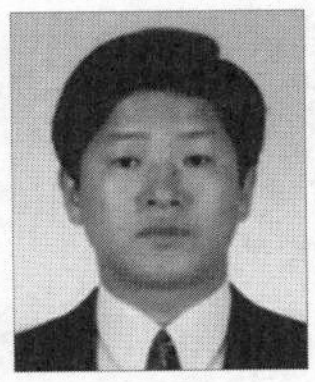

[생]1964·5·18 [출]경북 선산 [주]서울 서초구 서초대로74길11 삼성서초타워 삼성전자 법무팀(02-2255-3704) [학]1983년 대일고졸 1987년 서울대 사법학과졸 [경]1987년 사법시험 합격(29회) 1990년 사법연수원 수료 1990년 軍법무관 1993년 부산지검 울산지청 검사 1994년 부산지검 검사 1996년 서울지검 북부지청 검사 1999년 수원지검 검사 2000년 대검찰청 검찰연구관 2001년 광주지검 검사 2002년 同부부장검사 2002년 변호사 개업 2004년 삼성 기업구조조정본부 법무실 상무 2006년 삼성전자 법무실 전무대우 2010년 同법무실 부사장 2011년 同준법경영실 부사장대우 2014년 同법무팀 부사장대우(현)

김수문(金秀文)

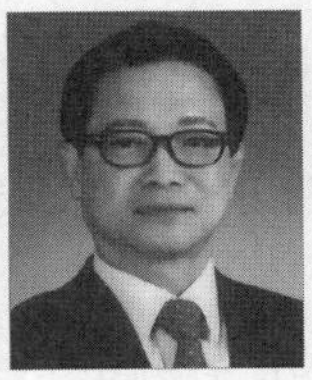

[생]1959·1·10 [주]경북 안동시 풍천면 도청대로455 경상북도의회(054-880-5429) [학]군위고졸, 경운대 건축학과졸 [경](주)유성 대표이사, 유성빌딩 대표(현), 한국전력공사 경북지사 무정전협의회 회장, (재)한빛장학회 이사, 민주평통 자문위원, 한국전기공사공제조합 신용평가위원회 위원, 의성군 안전관리자문단 부단장, 의성경찰서 보안협력위원회 위원장 2006년 경북 의성군의회 의원 2008년 同의장, 새마을의성군협의회 지회장, 대구지검 의성지청 범죄피해센터 이사장, 同의성지청 시민위원 2014년 경북도의회 의원(새누리당)(현) 2014·2016년 同건설소방위원회 위원(현) 2015년 초우회 회장 2016년 경북도의회 원자력안전특별위원회 위원(현) [상]행정자치부장관 감사패, 산업자원부장관 감사패, 한국전력공사 사장 감사패, 경북도지사표창, 한국전기공사협회장표창, 의성군수표창, 경북지방경찰청장 감사패, 의성경찰서장표창, 봉양면체육회장 감사패, 전국시·도의회의장협의회 우수의정 대상(2016)

김수민(金秀敏) KIM Soo Min

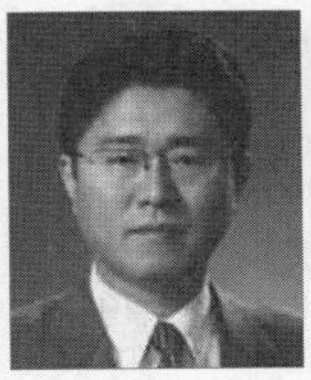

[생]1953·12·14 [본]전주(全州) [출]부산 [학]1972년 경기고졸 1977년 성균관대 법학과졸 1979년 同대학원 수료 [경]1980년 사법시험 합격(22회) 1982년 사법연수원 수료(12기) 1985년 부산지검 검사 1988년 대구지검 경주지청 검사 1989년 서울지검 검사 1993년 대검찰청 검찰연구관 1993년 창원지검 충무지청장 1995년 同통영지청장 1995년 법무부 공보관 1997년 대검찰청 공안4과장 1998년 사법연수원 교수 2000년 서울지검 형사5부장 2001년 대구지검 포항지청장 2002년 춘천지검 차장검사 2003년 부산지검 2차장검사 2004년 서울중앙지검 1차장검사 2005년 同2차장검사 2005년 대구고검 차장검사 2005년 법무부 보호국장 2007년 서울서부지검장 2008년 부산지검장 2009년 인천지검장 2009~2014년 법무법인 영진 대표변호사 2014년 방송통신심의위원회 6.4지방선거 선거방송심의위원장 2014~2016년 국가정보원 제2차장 [상]대통령표창 [종]기독교

김수민(金洙敏) KIM Soo Min

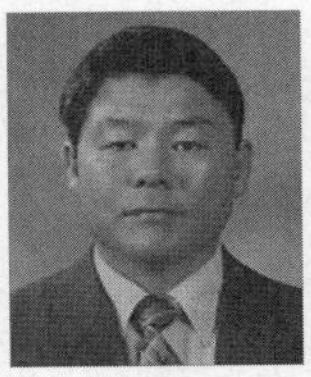

[생]1958·8·5 [출]대구 [주]경북 경산시 한의대로1 대구한의대학교 한방산업대학 한방식품약리학과(053-819-1427) [학]1981년 영남대 식품가공학과졸 1983년 同대학원 식품가공학과졸 1989년 식품가공학박사(영남대) [경]1985년 농수산물유통공사 연구원 1988년 한국식품개발연구원 선임연구원 1991년 경산대 생명자원공학부 식품영양학전공 교수 1995년 미국 Iowa State Univ. 방문교수 2002년 경산대 행정처장 2003년 대구한의대 한방산업대학 한방식품약리학과 교수(현) 2005~2011년 同중소기업산학협력센터장 2010년 同한방산업대학원장 2012~2013년 同한방산업대학장 2013년 同대학원장 겸 교육대학원장(현) 2014년 同한방산업대학원장(현), 同RIS약선식품브랜드화사업단장(현) 2015년 (사)한국지역특화산업협회 경북지부장(현) [저]'국내외 식품규격제도 및 식품 연구기관 현황 조사'(1995, 농어촌개발공사 종합식품연구원) 'KS표시허가 심사내용 및 방향-가공식품의 품질관리-공정관리'(1987, 농수산물유통공사 종합식품연구원) '선진국의 식품표준화 제도 운영현황'(1988, 한국식품개발연구원) '식품표준화 및 품질관리의 교육'(1989, 한국식품개발연구원) '농수축산 가공식품 표준화와 품질관리'(1989, 한국식품개발연구원) '현장식품공업의 품질관리'(1997, 대광문화사) '생명자원의 이해'(2002, 대구한의대) '식육과학(共)'(2004, 선진문화사)

김수민(金秀玟·女) KIM SUMIN

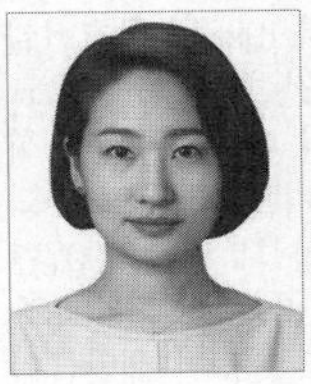

[생]1986·12·25 [주]서울 영등포구 의사당대로1 국회 의원회관727호(02-784-1534) [학]숙명여대 시각영상디자인과졸 [경]브랜드호텔 공동대표이사 2016년 국민의당 홍보위원장(현) 2016년 제20대 국회의원(비례대표, 국민의당)(현) 2016년 국민의당 가습기살균제문제대책특별위원회 위원(현) 2016년 국회 산업통상자원위원회 위원(현)

김수보(金壽甫) SOO BO KIM

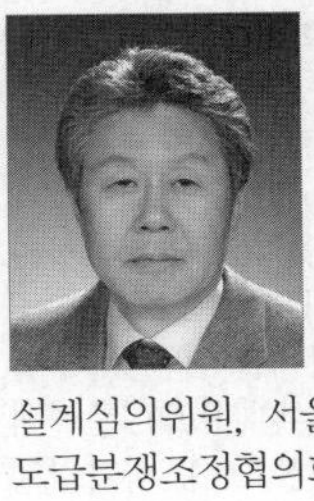

[생]1950·9·22 [본]김해(金海) [출]강원 춘천 [주]서울 송파구 송이로30길7 동일빌딩3층 (주)동일기술공사 사장실(02-3400-5602) [학]1969년 춘천고졸 1976년 한양대 토목공학과졸 1984년 건국대 대학원 토목공학과졸 2005년 공학박사(강원대) [경]1976~1980년 (주)유신설계공단 입사·과장 1980년 (주)동일기술공사 대표이사 사장(현), 대한상사중재원 중재위원, 건설교통부 중앙설계심의위원, 서울시 건설기술심의위원 2011~2013년 공정거래위원회 하도급분쟁조정협의회 위원 2014년 한국엔지니어링협회 서울지회장 겸 부회

장(현) 2014년 한국건설기술관리협회 부회장(현) 2014년 엔지니어링공제조합 운영위원장 겸 이사(현) [상]건설교통부장관표창(1999), 대전광역시장표창(2001), 한국기술사회 기술상(2003), 건설교통부장관표창(2003), 대통령표창(2004), 서울특별시 토목대상(2009), 엔지니어링공제조합 우수조합원상(2012), 은탑산업훈장(2013) [종]기독교

김수봉(金洙奉)

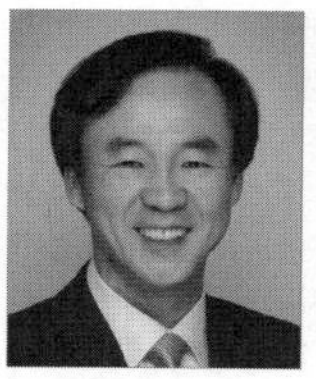

[생]1958·2·12 [학]1976년 배문고졸 1982년 동국대 전자계산학과졸 [경]1986년 보험감독원 입사 1996년 同검사통할국 근무 2004년 금융감독원 보험감독국 경영분석팀장 2005년 同보험계리실 계리팀장 2006년 同복합금융감독실 연금팀장 2007년 同총무국 인사팀장 2008년 同총무국 실장 2009년 同생명보험서비스국장 2010~2013년 同보험 및 IT담당 부원장보 2013~2016년 보험개발원 원장

김수봉(金修奉) Soo-Bong Kim

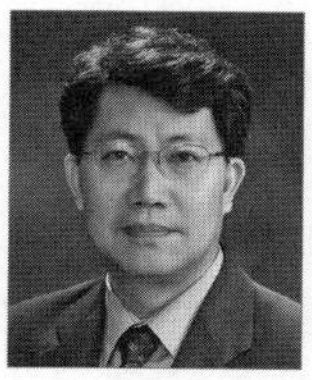

[생]1960·8·2 [본]김해(金海) [출]부산 [주]서울 관악구 관악로1 서울대학교 물리천문학부(02-880-5755) [학]1979년 동래고졸 1983년 서울대 물리학과졸 1985년 同대학원졸 1989년 물리학박사(미국 펜실베이니아대) [경]1985~1989년 미국 펜실베이니아대 연구조교 1989~1990년 同박사 후 연구원 1990~1992년 미국 미시간대 박사 후 연구원 1992~1996년 同전임연구원 1996~1998년 미국 보스턴대 조교수 1997~1998년 일본 고에너지연구소 초빙교수 1998년 서울대 물리학과 교수 2001년 LG 해외파견 연구교수 2002년 미국 과학정보연구원(ISI) '세계 최고 15인의 물리학자'에 선정 2004년 서울대 물리천문학부 물리학전공 교수(현) 2009년 同한국중성미자연구센터장(현) 2011년 국가교육과학기술 자문위원 [상]Asahi Prize(1987·1999), Rossi Prize(1989), 우수신진교수상(2002), 서울대 학술연구상(2008), 3·1문학상 학술상 자연과학부문(2014), 제10회 경암학술상 자연과학부문(2014) [저]'과학이 좋다 퀴즈가 좋다(共)'(2002) '과학, 그 위대한 호기심(共)'(2002)

김수산(金收山) KIM Su San

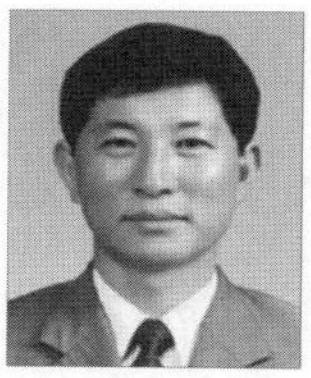

[생]1957·8·3 [본]전주(全州) [출]강원 속초 [주]강원 속초시 중앙로183 속초시청 부시장실(033-639-2205) [학]속초고졸, 동우대 행정과졸, 경동대 관광경영학과졸 [경]강원도 법무계장, 同관광기획계장, 同시정계장, 同기획계장, 속초시 금호동장, 同청호동장, 同북방항로지원사업소장, 同금호동장, 同조양동장, 同지역경제과장, 同관광과장, 同문화공보과장 2007년 同재난관리과 재난총괄담당 2008년 同관광개발과 지방행정사무관 2008년 同관광진흥과 관광사업담당 지방행정사무관 2010년 同공보관실 지방행정사무관 2012년 속초의료원 협력관 2013년 강원도 DMZ박물관장 2014년 同인재개발원 교육운영과장 2014년 同인재개발원 교육지원과장 2015년 강원도의회 사무처 기획행정전문위원 2016년 속초시 부시장(현) [상]국무총리표창

김수삼(金修三) KIM Soo Sam

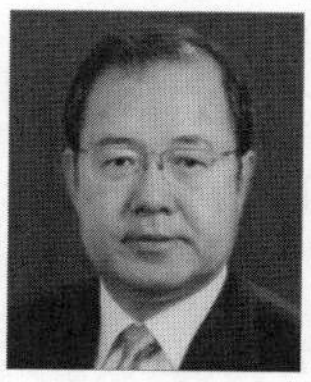

[생]1945·7·21 [본]김해(金海) [출]전남 목포 [주]경기 수원시 장안구 서부로2066 성균관대학교 대학원 u-city공학과(031-299-4256) [학]1963년 광주제일고졸 1969년 한양대 토목공학과졸 1974년 同대학원 토목공학과졸 1984년 지반공학박사(중앙대) [경]1969~1975년 한국수자원공사 근무 1976~1981년 선경건설 근무 1981~2001년 중앙대 토목공학과 교수 1989년 조달청 자문위원 1991년 한국토지개발공사 자문위원 1995년 현대건설 사외이사 1998년 금호건설(주) 사외이사 2001~2010년 한양대 토목공학과 교수·건설환경공학과 교수 2002년 대통령자문 지속가능발전위원회 위원 2003년 대한토목학회 회장 2003년 한양대 안산캠퍼스 부총장 2003년 한국공학기술단체중앙회 회장 2004년 한국공학한림원 부회장 2005년 한양대 대외협력부총장 2007년 동북아기반시설협회 회장 2008년 한국과학기술단체총연합회 부회장 2009년 한국건설문화원 이사장 2009년 한국공학한림원 이사 2009년 새만금위원회 위원 2009년 새만금사업추진기획단 환경분과위원장 2010년 토지주택연구원 초대원장 2010년 한양대 건설환경시스템학과 명예교수(현) 2011년 KORAIL 철도안전위원장 2011년 한국공학한림원 원로회원(현) 2011년 한국BIM학회 초대회장 2012년 성균관대 대학원 u-city공학과 석좌교수(현) 2013년 국제해양극지학회(ISOPE) 회장 2015년 포스코강판 사외이사(현) [상]건설교통부장관표창, 토목학회 학술상, 과학기술훈장 웅비장, 매일경제 선정 '한국최고 건설기술인', 한국공학한림원 일진상(2009), 지식경제부장관표창(2012) [저]'공학기술로 나라 살리자(共)'(1997) '시민의 도시'(1997) '서비스 산업의 국제경쟁력'(1997) '연약지반'(1997) '부실공사방지를 위한 정책 방향'(1998) '공학기술문화진흥정책'(1998) '준설, 매설기술(共)'(1999) '준설매립과 환경매립'(1999) '과학기술 계산을 위한 계산역학 입문'(1999) '국가경쟁력제고를 위한 건설엔지니어링 진흥 방안'(2000) '공학기술로 21세기 앞장서자'(2002) '미래를 위한 공학 실패에서 배운다'(2003) '건설/지반환경 기술자를 위한 오염지반 정화기술'(2003) '한국의 건설산업 그 미래를 건설하자'(2003) '다시 기술이 미래다'(2005) '건설산업, 왜 아직도 혁신인가?'(2010) '압밀의 이론과 실재'(2010) [종]기독교

김수섭(金水燮) KIM Soo Sup

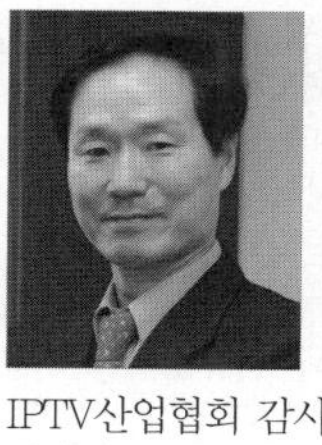

[생]1955·8·10 [본]김해(金海) [출]부산 [주]서울 강남구 논현로81길3 조세일보(02-3146-8250) [학]1974년 부산상고졸 1981년 숭실대 무역학과졸 1985년 同대학원 무역학과졸 [경]2000년 한국경제신문 사회부 차장 2001년 同건설부동산부장 2002년 同정치부장 2003년 同산업부 IT팀장 2004~2011년 한경닷컴 대표이사 사장 2005~2006년 한국온라인신문협회 회장 2008년 한국IPTV산업협회 감사 2011년 한경닷컴 고문 2012년 조세일보 회장(현) 2012년 (주)한라 사외이사(현) [종]불교

김수엽(金水燁) KIM, SOO-YEOP

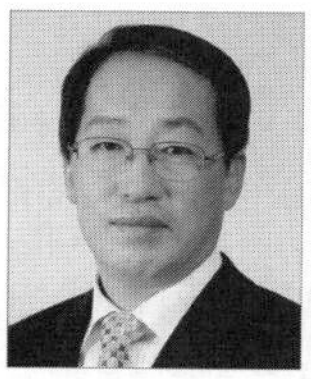

[생]1961·3·15 [주]서울 마포구 마포대로155 LG마포빌딩8층 LG히다찌 비서실(02-705-3700) [학]1980년 대구 달성고졸 1987년 경북대 전자공학과졸 2015년 숭실대 대학원 IT정책경영학과졸 2015년 同대학원 박사과정 중 [경]1987년 LG히다찌 기술부 개발과 입사 2009년 同딜리버리사업부장(상무) 2010년 同경영관리부문장(상무) 2013년 同스마트총괄본부장(상무) 2015년 同대표이사 사장(현)

김수영(金水英·女) KIM Soo Young

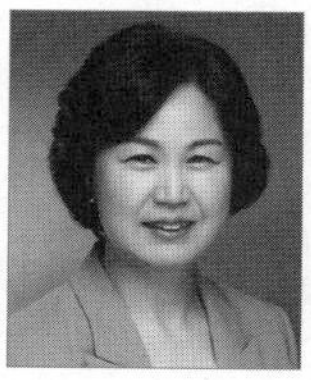

[생]1964·12·5 [출]서울 [주]서울 양천구 목동동로105 양천구청 구청장실(02-2620-3003) [학]1983년 금란여고졸 1988년 이화여대 국어국문학과졸 2003년 이화리더십개발원 수료, 사회복지학박사(숭실대) [경]1986년 이화여대총학생회 회장 1988년 (주)홍창 노동조합 교육부장(파업주도로 구속) 1989년 민청련 동부지부 교육부장 1992년 민주당 14대 대통령선거대책본부 부정선거대책위원회 조사부장 1993~1996년 이부영 국회의원 정책보좌역 1997~1999년 (주)남부두라 관리부장 1998년 의회를사랑하는사람들 중앙상임위원 1999년 여성정치세력민주연대 운영위원·정책위원 2000년 (주)루넷 인력홍보담당이사 2003년 여성정치세력민주연대 상임이사 2003년 국민통합개혁신당 추진위원회 여성부단장 2003년 열린우리당 여성팀 부팀장 2004년 同여성국장, 민주당 대표 여성특보 2011년 10·26재보선 서울시 양천구청장선거 출마(민주당), 숭실대 사회복지학과 겸임교수 2014년 서울시 양천구청장(새정치민주연합·더불어민주당)(현)

김수용(金洙容) KIM Soo Yong

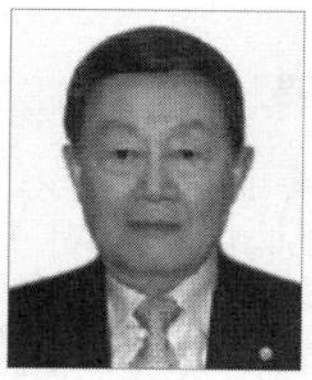

[생]1929·9·23 [본]안동(安東) [출]경기 안성 [주]서울 서초구 반포대로37길59 대한민국예술원(02-3479-7224) [학]1947년 안성농업학교 수료 1950년 서울사범학교 본과졸 [경]1951년 육군 통역장교 1956~1959년 국방부 군영화촬영소 근무 1958년 극영화 감독 1959년 예편(육군 대위) 1975년 서울예전·중앙대·경희대·단국대 강사 1981년 청주대 예술대 강사·부교수 1985~1998년 同교수 1989년 대한민국예술원 회원(영화·현) 1991년 몬트리올세계영화제 심사위원 1992년 일본 동경국제영화제 심사위원 1999~2005년 영상물등급위원회 위원장 2007~2009년 대한민국예술원 회장 2009년 국민원로회의 위원 2010년 미장센단편영화제 특별심사위원 [상]국방부장관표창(1958), 서울시 문화상(1965), 아시아영화제 감독상(1967), 대종상 감독상(1967), 예술원상(1990), 우암학술상(1994), 일본가톨릭영화상(1996), 한국기독교문화대상(1999), 은관문화훈장(1999) [저]'영화란 무엇인가(共)'(1986) '예술가의 삶'(1993) '영화를 뜨겁게 하는 것들'(1995) '나의사랑 시네마'(2005) [역]'영화영상의 이론'(1985) '5C-영화술'(1988) [작]'혈맥' '갯마을' '산불' '유정' '까치소리' '봄봄' '안개' '저 하늘에도 슬픔이' '사격장의 아이들' '토지' '화려한 외출' '만추' '웃음소리' '도시로 간 처녀' '허튼소리' '사랑의 묵시록' '침향' 등 극영화 109편 [종]불교

김수용(金秀勇) KIM Su-Yong

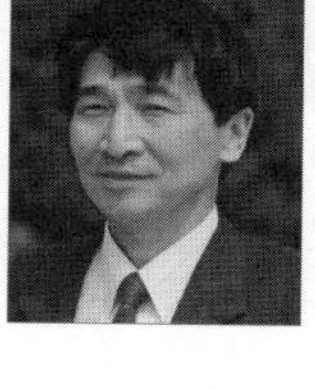

[생]1943·12·14 [본]도강(道康) [출]전북 군산 [주]서울 서대문구 연세로50 연세대학교(02-2123-2114) [학]1969년 서울대 독어독문학과졸 1971년 同대학원졸 1980년 문학박사(독일 뒤셀도르프대) [경]1981년 연세대 독어독문학과 조교수·부교수 1987~2009년 同독어독문학과 교수 2009년 同명예교수(현) 2015년 대한민국학술원 회원(독문학·현) [상]우호인문학상 외국문학부문(2010) [저]'파

우스트, 한편의 비극1'(2006, 책세상) '아름다움의 미학과 숭고함의 예술론'(2009) '아름다움과 인간의 조건'(2016) [역]'파우스트'(2006) '독일, 어느 겨울 동화'(2011) '루테치아'(2015) [종]불교

김수용(金水龍) KIM Soo Yong

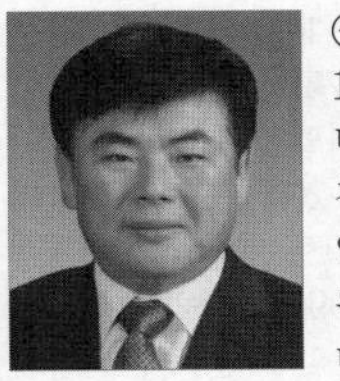

[생]1961·7·22 [출]경북 의성 [주]부산 연제구 중앙대로 1001 부산광역시의회(051-888-8153) [학]2009년 동아대 대학원 교육학과졸, 교육학박사(경상대) [경]부산진구청년연합회 회장, 부산진구생활체육회 이사, 부산시 산업재해장애인협회 자문위원, 한나라당 부산시당 홍보위원회 수석부위원장, 양정현대유치원 이사장(현), 박근혜 대통령경선후보 직능보좌역, 새누리당 부산시당 부위원장 2006년 부산시 부산진구의원선거 출마 2008~2010년 부산시의회 의원(재보선 당선, 한나라당) 2010년 부산시의원선거 출마(무소속) 2015년 부산시의회 의원(재선거 당선, 새누리당)(현) 2016년 同예산결산특별위원회 위원장(현) 2016년 同복지환경위원회 위원(현)

김수용(金守瑢) KIM Su Yong

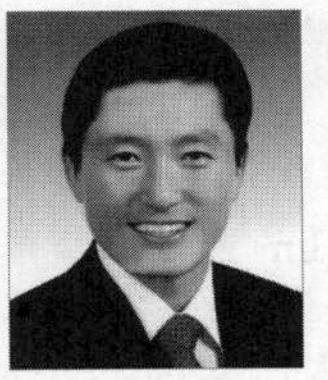

[생]1968·10·1 [본]김해(金海) [출]경북 영천 [주]경북 안동시 풍천면 도청대로455 경상북도의회(054-880-5393) [학]1994년 고려대 중어중문학과졸, 경북대 행정대학원 행정학과졸 [경]수덕예식장 대표, 영화초총동창회 부회장, 영천시상우회 기획차장, 완산동청년회 상임이사, 영천청년회의소 특우회원, 한나라당 영천시지부 청년위원, 한국자유총연맹 영천시 부지회장(현), 한나라당 경북도당 청년부위원장 2006·2010년 경북도의회 의원(한나라당·새누리당), 자연보호중앙협의회 중앙지도위원, 대한적십자사 중앙위원, 경북도청년연합회 자문위원, 경북도 소방행정자문위원 2012년 경북도의회 교육위원회 위원장 2013년 同예산결산특별위원회 위원 2014년 경북도의회 의원(새누리당)(현) 2014·2016년 同예산결산특별위원회 위원(현) 2014년 同건설소방위원회 위원 2016년 同농수산위원회 위원(현) 2016년 同정책연구위원회 위원(현)

김수웅(金秀雄) KIM Soo Woong

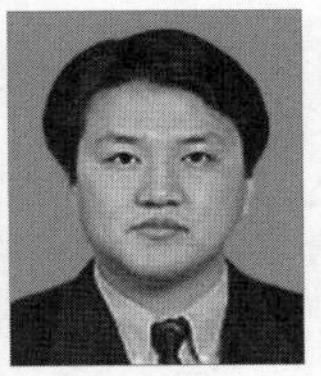

[생]1963·7·24 [출]부산 [주]서울 종로구 대학로101 서울대병원 비뇨기과(02-2072-2426) [학]1988년 서울대 의대졸 1992년 同대학원졸 1998년 의학박사(서울대) [경]1989년 서울대병원 비뇨기과 전공의 1993년 공중보건의 1996년 서울대 의대 비뇨기과학교실 교수(현) 2001~2003년 미국 Boston의대 비뇨기과 Research Fellow 2007~2009년 서울대병원 홍보담당 2014·2016년 同비뇨기과 과장(현) 2016년 同교육인재개발실장(현) 2016년 서울대 의과대학 비뇨기과학교실 주임교수(현)

김수원(金壽遠) KIM Soo Won

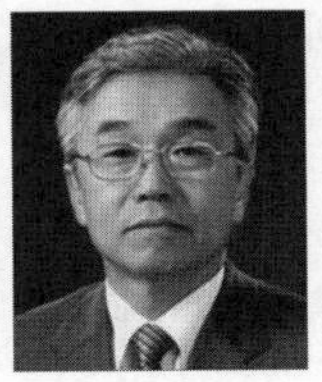

[생]1952·1·10 [본]함창(咸昌) [출]경북 영주 [주]서울 성북구 안암로145 고려대학교 공과대학 전기전자전파공학부(02-3290-3224) [학]1974년 고려대졸 1976년 同대학원졸 1983년 미국 텍사스A&M대 대학원 전기공학과졸 1987년 공학박사(미국 텍사스A&M대) [경]1978~1980년 단국대 전임강사 1987년 고려대 전기전자전파공학부 교수(현) 1992~1996년 정보통신부 자문위원·과학기술부 전문위원·통상산업부 전문위원 1993년 고려대 전자공학과 학과장 1995년 대통령자문 정책기획위원 1996~1997년 21C위원회 대통령자문위원 1999~2004년 고려대 BK21정보기술사업단장 2001~2006년 한국반도체연구조합 반도체혁신사업단장 2004~2008년 고려대 공학대학장·공과대학원장·한국산학연종합연구원장 겸임 2005~2008년 한국공학교육학회 부회장 2006~2007년 한국공과대학장협의회 회장 2008~2010년 대통령직속 국가과학기술위원회 위원 2015년 고려대 연구부총장(현) [상]국무총리표창(2002), 중소기업청·서울시 컨소시엄사업 공로상(2003), 대통령 근정포장(2006), 한국공학한림원 해동상(2006) [저]'전자회로' '자동차 전자공학' '전자회로실험' [역]'반도체디바이스' '디지털디자인' '전기전자공학 개론' [종]가톨릭

김수일(金洙一) KIM Soo Il

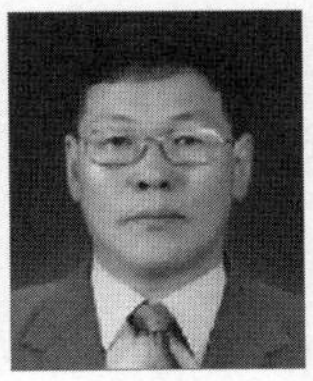

[생]1952·1·10 [본]김해(金海) [출]강원 영월 [주]서울 영등포구 은행로30 한국조리기계공업협동조합(02-780-2431) [학]1971년 제천고졸 1992년 한국방송통신대 영어과졸 [경]1980년 조달청 근무 2005년 同총무과 서기관 2006년 同국제물자본부 외자기기팀장 2008~2010년 충북지방조달청장 2011년 한국조리기계공업협동조합 전무이사(현)

김수일(金守一) KIM Soo Il (운거)

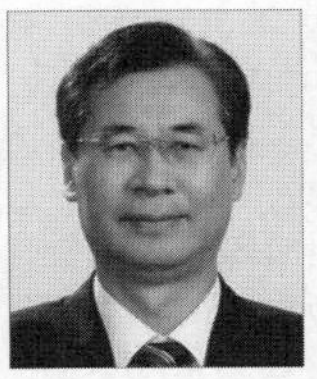

[생]1953·1·20 [본]김녕(金寧) [출]경북 상주 [주]경북 경산시 남천면 남천로730 대구외국어대학교 총장실(053-810-7000) [학]1972년 경남공고졸 1980년 한국외국어대 말레이시아·인도네시아어과졸 1987년 부산대 대학원 정치외교학과졸 1995년 말레이시아국립대 대학원 정치학박사과정 수료 2000년 정치학박사(한국외국어대) [경]1984~2007년 부산외국어대 인도네시아·말레이시아어과 교수 1988년 말레이시아 UKM대 교수 1989년 외무고시 출제위원 1993~2006년 駐韓인도네시아 명예영사 1994년 부산외국어대 동양어대학장 1996년 국제지역학회 회장 1999년 부산외국어대 국제경영대학원장 2000년 통일정책연구원 자문위원 2000년 대한상사중재원 중재위원 2000·2002년 부산아시아지원협의회 의장 2001년 전국대학원장협의회 회장 2001년 문화관광부 명예홍보대사 2002년 부산亞·太장애인경기대회 선수촌장 2003~2006년 국제PTP(People to People) 회장 2004년 통일부 정책자문위원 2004년 외교통상부 정책자문위원 2005~2006년 부산시장애인체육회 후원회장 2005~2006년 한국정치학회 부회장 2005년 대통령자문 동북아시대위원회 자문위원 2006년 在韓유엔기념공원(UNMCK) 홍보자문위원장 2007년 駐동티모르 대사 2009년 부산외국어대 동양어대 인도네시아·말레이시아어과 교수·명예교수(현) 2011~2013년 駐韓인도네시아대사관 고문 2010년 駐韓인도네시아관광청 대표(현) 2012년 부산인도네시아센터 이사장(현) 2015년 대구외국어대 총장(현) 2016년 산림청 정책자문위원회 위원장(현) [상]인도네시아 일등공로훈장(1998), 동티모르정부 일등공로훈장(2009) [저]'세계속의 인도네시아'(2000) '말레이시아 외교정책론'(2000) '글로벌 시대, 외국어로 성공하기'(2011) [종]기독교

김수일(金秀一) Kim Sooil

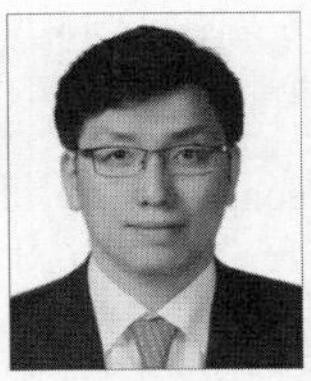

[생]1962·12·26 [주]서울 영등포구 여의대로38 금융감독원 임원실(02-3145-5328) [학]1981년 성동고졸 1988년 동국대 전자계산학과졸 1992년 연세대 대학원 전자계산학과졸 2013년 한양대 대학원 금융보험학 박사과정 수료 [경]1987~1992년 보험감독원 기획조정국·전산관리부·조사부 근무 1993~1998년 同전산관리실·검사2국·검사통할국 책임역 1999년 금융감독원 검사11국 선임검사담당 2000년 同정보관리국 팀장 2003년 同보험검사1국 팀장 2007년 同보험감독국 팀장 2008년 보험개발원 파견 2010년 금융감독원 보험조사실장 2010년 同보험계리실장 2011년 同기획조정국장 2013년 同총무국장 2014년 同기획·경영담당 부원장보, 同금융규제정비추진단장 2016년 同금융소비자보호처장(부원장)(현)

김수일(金秀鎰) KIM Soo Il

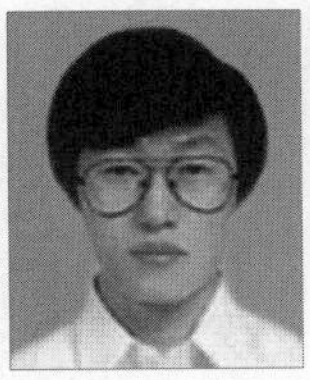

[생]1965·3·1 [출]경북 안동 [주]경기 부천시 원미구 상일로129 인천지방법원 부천지원(032-320-1202) [학]1983년 경일고졸 1987년 서울대 법학과졸 1989년 同대학원졸 [경]1989년 사법시험 합격(31회) 1992년 사법연수원 수료(21기) 1995년 대구지법 판사 1997년 同의성지원(청송군·군위군) 판사 1999년 수원지법 판사 2002년 해외 유학 2003년 서울지법 판사 2004년 서울고법 판사 2005년 대법원 재판연구관 2007년 창원지법 부장판사 2008년 사법연수원 교수(부장판사) 2010년 인천지법 부장판사 2011년 서울동부지법 부장판사 2013년 서울중앙지법 부장판사 2015~2016년 언론중재위원회 시정권고위원 2016년 인천지법 부천지원장(현)

김수장(金壽長) KIM Soo Jang (又川)

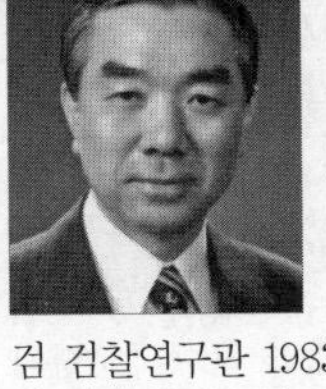

[생]1945·3·17 [본]울산(蔚山) [출]대전 [주]서울 서초구 서초대로266 한승아스트라빌딩11층 법무법인 을지(02-2055-3244) [학]1962년 대전고졸 1966년 서울대 법대졸 1969년 同사법대학원 수료 [경]1967년 사법시험 합격(8회) 1969~1972년 육군 법무관 1973~1978년 부산지검·마산지청·서울성북지청 검사 1978~1982년 법무부 검찰2과·제주지검·법무부 보호과 검사 1982년 대검 검찰연구관 1983년 대구지검 특수부장 1986년 인천지검 특수부장 1987년 서울지검 특수2부장 1988년 법무부 법무심의관 1989년 대검 중앙수사부 1과장 1990년 광주지검 순천지청장 1991년 서울지검 서부지청 차장검사 1992년 수원지검 차장검사 1993년 서울지검 의정부지청장 1993년 법무부 보호국장 1994년 同법무실장 1995년 전주지검장 1997년 창원지검장 1997년 법무부 교정국장 1998년 부산지검장 1999년 서울지검장 1999~2000년 변호사 개업 2000년 방송문화진흥회 이사 2000~2001년 중앙선거관리위원회 상임위원 2002년 변호사 개업, 법무법인 을지 변호사(현) 2003~2004년 검찰인사위원회 위원장 2004년 에스원 사외감사 [상]홍조근정훈장(1982) [종]불교

김수장(金秀壯) Kim Soojang

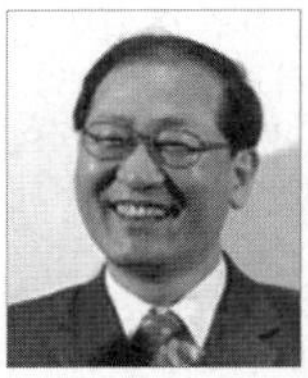

[생]1957·11·15 [출]서울 [주]서울 성동구 마장로210 한국기원 홍보팀(02-3407-3870) [경]1974년 프로바둑 입단 1976년 2단 승단 1977년 3단 승단 1978년 국수전 준우승 1979년 4단 승단 1981년 5단 승단 1983년 6단 승단 1985년 명인전 준우승 1986년 7단 1989년 바둑왕전 준우승 1991년 8단 승단 1993년 9단 승단(현) 1996년 바둑왕전 준우승 [상]기도문화상(1980), 신예기사상 [저]'창작사활'(1998, 한국기원) '이렇게 좋은 수가'(1998, 한국기원) '묘수풀이1·2'(1999, 한국기원)

김수정(金水正) Soo-Jung Kim

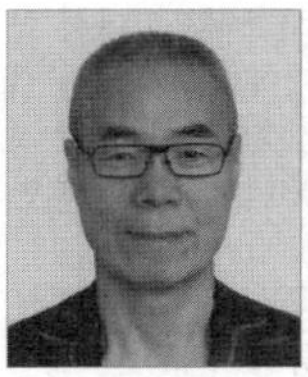

[생]1950·7·31 [출]경남 진주 [주]서울 강남구 선릉로431 SK허브1801호 (주)둘리나라(02-557-2151) [학]경산대 축산학과 자퇴, 인덕대학 애니메이션학과졸 [경]1975년 소년한국일보 신인만화공모 '폭우'로 만화가 등단 1984년 보물섬 4월호에 '둘리' 연재 시작 1995년 (주)둘리나라 설립·대표이사·이사(현) 1995년 우리나라 최초 만화둘리우표 발행 1996년 극장용 장편 애니메이션 '아기공룡 둘리' 총제작 감독 1997년 97서울국제만화페스티벌(SICAF) 조직위원회 자문위원 1998년 남북어린이어깨동무 이사 2000년 한국만화가협회 회장 2001년 '작은악마 동동' 연재 2005~2010년 인덕대 만화영상애니메이션학과 부교수 2007년 '2009아기공룡둘리' 애니메이션 총감독 2014년 '아기공룡둘리 극장판' 연출 [상]문화체육부 좋은만화영화상 대상(1996), 한국영상대상 애니메이션상(1996), 만화문화대상(1996), 영화평론가상(1997) [작]'1남4녀 막순이' '오달자의 봄' '홍실이' '볼라볼라' '날자 고도리' '신인부부' '아기공룡 둘리' '쩔그렁 쩔그렁 요요' '미스터 점보' '자투리반의 덧니들' '천상천하' '미스터 제로' '아리아리 동동' '꼬마 인디언 레미요' '소금자 블루스' '귀여운 쪼꼬미' '일곱개의 숟가락' '크리스탈유' '티처X' 'B.S돌리' [종]불교

김수정(金秀貞·女) KIM Soo Jeong

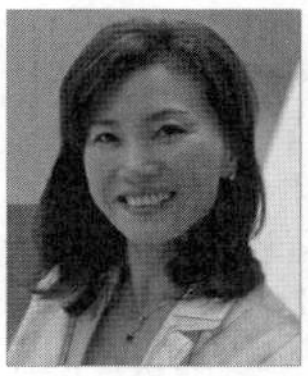

[생]1965·2·23 [출]대구 [주]서울 마포구 성암로267 문화방송 보도국 취재센터 기획취재부(02-789-0011) [학]이화여대 신문방송학과졸 2002년 同정책과학대학원 언론홍보학과졸 [경]1986년 MBC 입사 2002년 同아나운서국 아나운서2부 차장대우 2003년 同아나운서2부 차장 2003년 同아나운서1부 차장 2006년 同아나운서1부 부장대우 2007년 同아나운서국 뉴스·스포츠아나운서부장 2008년 同아나운서국 우리말담당 부장급 2009년 同편성본부 아나운서2부장 2010년 同아나운서실 부장 2010년 同기획조정실 정책협력부장 2012년 同경영지원국 총무부장 2012년 同특보 2012년 同경영지원국장 2013년 同홍보국장 2016년 同보도국 취재센터 기획취재부장(현) [상]이화언론인클럽 올해의 이화언론인상(2007), 이화여대 언론홍보영상학부를 빛낸 동창상(2010), 방송통신위원장표창 정책협력(2011) [작]MBC '우리말 나들이' '여기는 MBC' '나의사랑 어머니' '내 고향 좋을씨고' '청소년음악회' 'MBC 0시뉴스' 'MBC 뉴스투데이' MBC 라디오 '아침을 달린다 엄길청 김수정입니다' '전국퀴즈열전' 등 진행 [종]기독교

김수정(金秀貞·女) kim soojeong

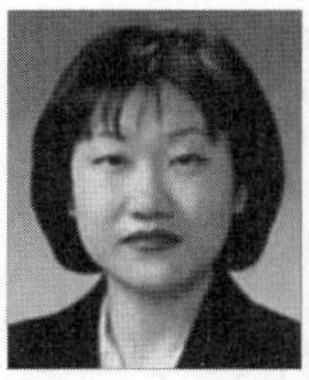

[생]1969·5·10 [본]안동(安東) [출]부산 [주]서울 서초구 서초중앙로157 서울중앙지방법원(02-530-1114) [학]1987년 부산 성모여고졸 1991년 서울대 사법학과졸 [경]1994년 사법시험 합격(36회) 1997년 사법연수원 수료(26기) 1997년 대구지법 판사 2001년 同김천지원 판사 2003년 同판사 2004년 의정부지법 고양지원 판사 2006년 대구지법 판사 2008년 대전지법 판사 2009년 대구고법 판사 2011년 대구지법 서부지원 판사 2012년 부산지법 부장판사 2014년 수원지법 부장판사 2016년 서울중앙지법 부장판사(현)

김수중(金樹中) KIM Soo Joong

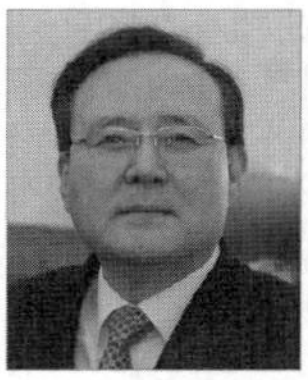

[생]1952·8·24 [본]광산(光山) [출]광주 [주]광주 동구 필문대로309 조선대학교 인문과학대학 국어국문학과(062-230-6516) [학]광주 동신고졸 1974년 조선대 국어국문학과졸 1985년 장로회신대 목회학과졸 1987년 同대학원 신학과졸 1988년 同대학원졸 1993년 문학박사(성신여대) [경]1978년 조선대 전임강사 1978년 5.18 광주민주화운동 참여로 해직 1987년 장로교회 목사 안수 1988년 조선대 복직 1988년 조선대 인문과학대학 국어국문학과 전임강사·조교수·부교수·교수(현) 1988~1990년 同신문방송사 국장 겸 주간 1992~1993년 同홍보과장 1996~1998년 同학생처장 2010~2012년 同교수평의회 의장 2015년 同부총장(현) [저]'신화와 문학정신' '예배와 설교 핸드북'(共) '고전소설과 문학정신'(2007, 태학사) '한국의 서사문학과 민속'

김수진(金洙鎭) KIM Soo Jin

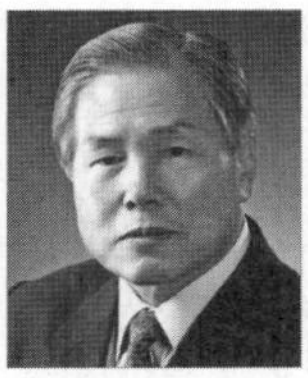

[생]1939·1·15 [본]예안(禮安) [출]경북 영주 [주]서울 관악구 관악로1 서울대학교(02-880-5114) [학]1957년 중앙고졸 1961년 서울대 문리대 지질학과졸 1963년 同대학원졸 1971년 지질학박사(서울대) 1974년 광물학박사(독일 하이델베르크대) [경]1964년 서울대 문리과대학 강사 1966년 인하공대 조교수 1968~1975년 서울대 문리대 전임강사·조교수 1972년 독일하이델베르크대 광물학연구소 연구원 1976년 서울대 자연과학대 부교수 1981~2004년 同지질과학과 교수 1981~1983년 국무총리 정책자문위원 1983~1987년 한국과학재단 연구개발심의위원 1986~1992년 한국광물학회 회장 1990~1992년 서울대 광물연구소장 1991~1995년 한국자원연구소 이사 1991~1996년 대한광업진흥공사 이사 1994년 대한민국학술원 회원(광물학·현) 1994년 한국과학기술한림원 정회원(현) 1994~1997년 한국자연연구소 부이사장 1995~2005년 문화재청 문화재위원 2000~2008년 서울대 석조문화재보존과학연구회 회장 2004~2006년 자연유산보존협회 회장 2004년 서울대 명예교수(현) 2009~2012년 한국석면아카데미 원장 2012년 대한민국학술원 자연과학부 회장 [상]광산지질학회상(1975), 대한민국학술원상(1976), 외무부장관표창(1978), 운암지질학상, 국제응용광물학회 우수논문상(1996), 홍조근정훈장(2004) [저]'층상망간광상'(영문) '광물학원론' '광물과학' '한국의 광물종' [종]기독교

김수진(金秀珍·女) KIM Soo Jin

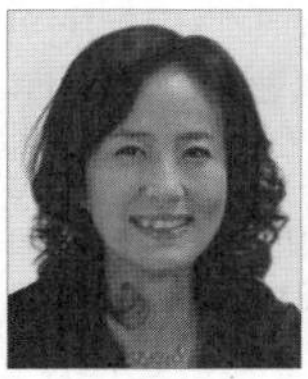

[생]1967·2·10 [본]김해(金海) [출]부산 [주]서울 서초구 강남대로212 보은빌딩9층 김수진·장세동법률사무소(02-532-0280) [학]1986년 문현여고졸 1990년 고려대 법학과졸 1996년 同대학원 법학과졸 [경]1992년 사법시험 합격(34회) 1995년 사법연수원 수료(24기) 1995년 변호사 개업(현) 1995~1996년 대한법률구조공단 부산지구 변호사 1996~1998년 부산여성정책자문회의 자문위원 2000년 대통령직속 여성특별위원회 소송지원변호위원 2000년 서울시 건설심의위원회 위원 2008년 소청심사위원회 비상임위원 2014년 법무부 사면심사위원회 외부위원(현) 2015년 대한변호사협회 감사(현) [저]'민사소송법' [종]기독교

김수찬(金秀燦) KIM Soo Chan

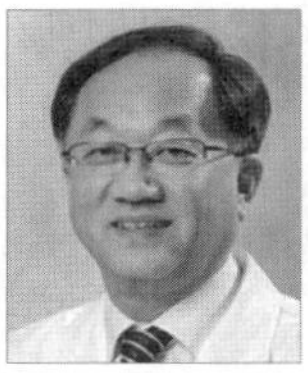

[생]1954·1·2 [본]청풍(淸風) [출]인천 [주]서울 강남구 언주로211 강남세브란스병원 피부과(02-2019-3362) [학]1978년 연세대 의대졸 1981년 同대학원 의학석사 1987년 의학박사(연세대) [경]1986~1999년 연세대 의대 피부과학교실 전임강사·조교수·부교수 1998년 미국 존스홉킨스의대 피부과 리서치 펠로우 2000년 연세대 의대 피부과학교실 교수(현) 2001~2003년 대한피부과학회 홍보이사 2008~2011년 제22차 세계피부과학회 사무총장 2011년 강남세브란스병원 피부실장 2011~2013년 대한피부과학회 학술위원장 2013년 강남세브란스병원 피부과장(현) 2013~2015년 대한피부연구학회 이사장 [상]대한피부과학회 제24회 동아학술상(1998), 대한피부연구학회 제4회 우암학술상(2002) [저]'피부과학(共)'(2005, 여문각) [종]기독교

김수찬(金守燦) KIM Soo Chan

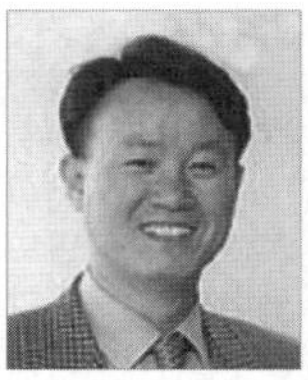

[생]1963·5·31 [출]경북 영주 [주]서울 중구 청파로463 한국경제신문 전략기획국 기획부(02-360-4029) [학]용문고졸 1988년 중앙대 영어영문학과졸 2003년 영국 카디프대 대학원 저널리즘과졸 [경]1988년 한국경제신문 입사 1988년 영어경제주간신문 The Korea Economic Weekly 기자 1997년 한국경제신문 편집국 국제부 기자 1999년 同편집국 유통부 기자 2001년 同편집국 사회부 기자 2002년 同편집국 사회부 차장대우 2008년 同편집국 사회부장 2009년 同편집국 오피니언부장 2010년 同전략기획국 기획부장 2014년 同전략기획국 기획부장 겸 디지털전략부장(부국장)(현)

김수창(金壽昌) KIM Soo Chang

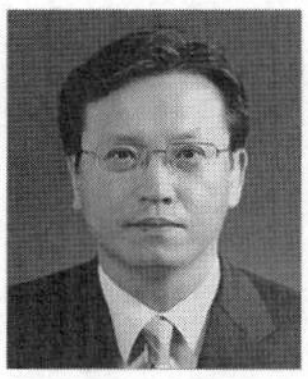

[생]1955·3·15 [출]서울 [주]서울 종로구 창덕궁1길13 원서빌딩4층 법무법인 양현(02-3782-5500) [학]1973년 경기고졸 1977년 고려대 법학과졸 1979년 同대학원졸 [경]1979년 사법시험 합격(21회) 1981년 사법연수원 수료(11기) 1981년 軍법무관 1984~2001년 법무법인 한미 변호사 1992년 대한상사중재원 중재위원(현) 2001년 법무법인 평산 대표변호사 2004년 하이닉스반도체 사외이사 2008년 법무법인 양헌 대표변호사(현)

김수천(金秀天) KIM Soo Cheon

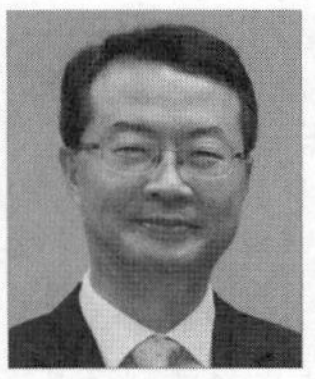

[생]1956 · 9 · 26 [출]부산 [주]서울 강서구 오정로443의83 아시아나항공(주) 임원실(02-2669-3843) [학]1975년 부산고졸 1982년 서울대 중어중문학과졸 [경]1988년 아시아나항공(주) 판매관리 · 국제선판매담당 1998년 同광저우지점장 2000년 同중국팀장, 서울지방노동위원회 사용자위원, 한국경영자총협회 고용평등위원회 위원 2004년 아시아나항공(주) 인사노무부문 이사 2005년 同HR부문 상무, 同여객영업부문 상무 2008년 同전무 2008~2013년 에어부산(주) 대표이사 사장 2013년 부산관광컨벤션포럼 이사 2014년 아시아나항공(주) 각자대표이사 사장(현) [상]재무부장관표창(1982), 대통령표창(1982), 홍조근정훈장(2005), 동탑산업훈장(2014), 한국경제신문 무역 · 운송부문 '대학생이 뽑은 올해의 최고경영자(CEO)'(2014) [종]불교

김수철(金秀哲) KIM Soo Cheol

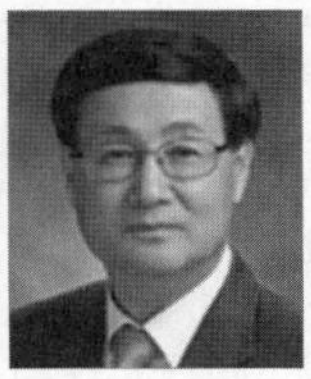

[생]1953·10·22 [본]김해(金海) [출]전남 목포 [주]서울 서초구 방배로35 전국버스회관6층 전국버스공제조합 이사장실(02-415-4111) [학]1972년 광주고졸 1976년 한양대 건축학과졸 1978년 서울대 환경대학원 환경계획학과졸 1997년 영국 런던대 교통연구센터(Centre for Transport Studies) 연수 2000년 공학박사(서울시립대) [경]1981년 국토개발연구원 책임연구원 1981년 단국대 강사 1983~1986년 한국과학기술원 시스템공학센터 교통연구부 선임연구원 1985년 원광대 강사 1986년 교통개발연구원(KOTI) 도시교통연구실 책임연구원 1989년 同도시교통연구실장(연구위원) 1993~2005년 경기도 도시교통정책심의위원회 위원 1997년 교통개발연구원 도로교통연구실장(연구위원) 1997년 同기획조정실장(연구위원) 1998년 대한교통학회 이사·고문(현) 1998~2002년 서울시 버스정책시민위원회 위원 1999년 교통개발연구원 광역교통·SOC지원단장(연구위원) 2000년 同교통계획연구부장(연구위원) 2001년 同국가교통DB센터장(선임연구위원) 2002년 同광역도시교통연구실 선임연구위원 2002~2005년 건설교통부 국가교통조정실무위원회 위원 2003년 교통개발연구원 국가교통DB센터장 2003년 同ITS연구센터장·국가교통핵심기술센터장 2003년 同광역도시교통연구실장(선임연구위원) 2003~2004년 국무조정실 국민의삶의질향상기획단 위원 2004년 교통개발연구원 기획조정실장(선임연구위원) 2005년 한국교통연구원 기획조정실장(선임연구위원) 2005년 同부원장 2005~2008년 국토해양부 중앙도시계획위원회 위원 2006~2009년 한국ITS학회 공동부회장 2006년 서울대총동창회 이사 2008년 국토해양부 장관 정책자문위원 2008년 한국교통연구원 종합교통연구본부장 2008년 同원장 직대 2008년 同국가교통조사분석사업단 본부장(선임연구위원) 2012년 同국가교통조사분석본부장(선임연구위원) 2013년 同감사실장 2013~2014년 同국가교통DB센터 선임연구위원 2014년 同명예연구위원 2015년 전국버스공제조합 이사장(현) [상]교통개발연구원장표창(1987), 교통부장관표창(1994), 경기도지사표창(2001), 국민훈장 목련장(2007) [종]기독교

김수학(金洙學) KIM Soo Hak

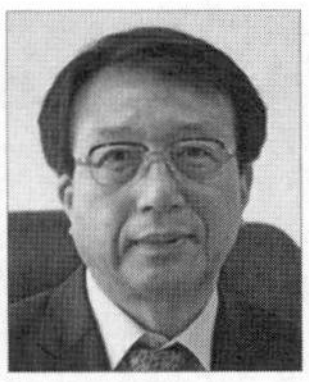

[생]1954·3·17 [본]김해(金海) [출]대구 [주]대구 수성구 동대구로351 법무빌딩301호 법무법인 중원(053-214-7000) [학]1972년 경북고졸 1977년 서울대 법대 법학과졸, 同대학원 수료 [경]1977년 사법시험 합격(19회) 1979년 사법연수원 수료(9기) 1979년 육군 법무관 1982년 대구지법 김천지원 판사 1984년 대구지법 판사 1988년 대구고법 판사 1990년 대구지법 영덕지원장 1991년 대구고법 판사 1994년 대구지법 김천지원장 1996년 대구지법 부장판사 1998년 同포항지원장 2000년 대구지법 부장판사 2001년 대구고법 부장판사 2005년 대구지법 수석부장판사 2005년 대구고법 수석부장판사 2008년 울산지법원장 2009년 대구지법원장 2011~2012년 대구고법원장 2012년 법무법인 중원 고문변호사, 同대표변호사(현) 2013년 (주)대구방송 사외이사(현) [종]천주교

김수한(金守漢) KIM Soo Han (一聲)

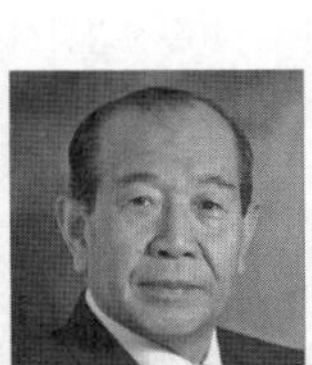

[생]1928·8·20 [본]안동(安東) [출]대구 [주]서울 영등포구 국회대로70길18 한양빌딩 새누리당(02-784-3033) [학]1944년 경북중 중퇴 1947년 대구중졸 1953년 영남대 법학과졸 2010년 명예 정치학박사(경남대) 2014년 명예 법학박사(영남대) [경]1959년 민권수호국민총연맹 조직부장 1960년 공명선거전국추진위원회 대변인 1961년 해운공사 감사역 1962년 민주당 정책위원장 1964년 對日굴욕외교반대투쟁위원회 대변인 1966년 신한당 대변인 1967년 제7대 국회의원(전국구, 신민당) 1969년 신민당 원내부총무 1970년 同대변인 1971년 제8대 국회의원(서울 영등포乙, 신민당) 1973년 제9대 국회의원(서울 관악, 신민당) 1979년 제10대 국회의원(서울 관악, 신민당) 1980년 신민당 서울시지부장 1985년 同부총재 1985년 제12대 국회의원(서울 관악, 신민당) 1985년 한·일의원연맹 부회장 1987년 통일민주당 창당준비위원회 부위원장 1988년 同중앙선거대책본부 부본부장 1989년 同중앙상무위원회 의장 1990년 민자당 당무위원 1990년 同관악乙지구당 위원장 1993년 한·일친선협회중앙회 회장 1994년 민자당 총재고문 1996년 제15대 국회의원(전국구, 신한국당·한나라당) 1996~1998년 국회의장 1998년 한나라당 상임고문 2007년 同상임고문단 의장 2007년 同국민승리위원회 위원장 2007년 同제17대 대통령선거 중앙선거대책위원회 상임고문 2010년 (사)김영삼민주센터 이사장(현) 2012년 새누리당 상임고문(현) 2012년 同상임고문단 의장(현) 2012년 同제18대 대통령선거 경선준비위원장 [상]일본 훈1등욱일대수장, 국민훈장 무궁화장 [저]'이런 장관은 사표를 내라' '김수한 국회의장 수상과 연설문집' [종]기독교

김수한(金壽漢) KIM Soo Han

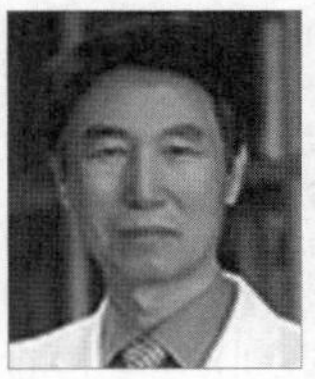

[생]1949 · 8 · 22 [출]전북 [주]광주 서구 군분2로8 광주새우리병원(062-603-8000) [학]1973년 전남대 의대졸 1978년 同대학원 의학석사 1985년 의학박사(전북대) [경]1981~1982년 원광대부속병원 신경외과 전문의 1982~2014년 전남대 의과대학 신경외과학교실 전임강사 · 조교수 · 부교수 · 교수 1987~1988년 일본 오사카시립대 의과대학 신경외과학교실 객원교수 1998~2004년 전남대병원 신경외과장 1999~2001년 대한척추신경외과학회 회장 2004~2007년 세계신경외과학회(WFNS)유치단 섭외위원장 2004~2009년 전남대 의과대학 신경외과학교실 주임교수 2011~2012년 대한신경외과학회 회장 2014년 광주새우리병원 제2척추진료부 원장(현) [상]대한신경외과학회 이헌재 학술상(2000), 대한신경외과학회 최우수 포스터상(2004), 대한신경외과학회 이인수학술상(2008), 옥조근정훈장(2014) [저]'신경과학(I)(共)'(2007) '척추학(共)'(2008) '신경과학(II)(共)'(2009)

김수현(金秀賢 · 女) KIM Soo Hyun

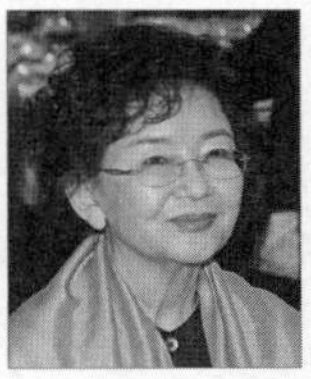

[생]1943 · 3 · 10 [출]충북 청주 [학]1961년 청주여고졸 1965년 고려대 국어국문학과졸 [경]1961년 고려신문 단편소설공모 당선 1968년 MBC 개국 7주년기념 라디오드라마 극본현상공모 '저 눈밭에 사슴이' 당선 데뷔 1968년 드라마 작가(현) 1987년 한국방송작가협회 이사장 1995년 同고문 2007년 (주)삼화네트웍스 집필담당 이사(비상근)(현) 2008년 한국방송협회 '대한민국대표작가' 선정 2009년 명예 제주도민(현) 2010~2012년 대검찰청 검찰정책자문단 자문위원 [상]한국방송대상 극본상(1972), 한국방송대상 최우수작품상(1975), 한국백상예술대상 극본상(1980 · 1981 · 2001), 청룡상, 제18회 한국방송작가상 드라마부문(2005), 서울드라마페스티벌 올해의 대한민국 대표작가(2008), 백상예술대상 드라마 작품상(2008), 무지개인권상(2010), 자랑스러운 고대인상(2012), 은관문화훈장(2012) [작]방송극본 '신부일기'(1975) '새엄마' '사랑과 진실'(1984) '사랑과 야망'(1987) '사랑이 뭐길래'(1991) '어디로 가나'(1992) '두여자'(1992) '산다는 것은'(1993) '옛날 나 어릴적에'(1993) '결혼'(1993) '작별'(1994) '목욕탕집 남자들'(1995) '강남가족' '모래성' '배반의 장미' '미워도 다시 한번' '상처' '유혹'(1996) '아버지와 딸'(1997) '사랑하니까'(1997) '불꽃'(2000) '부모님 전상서'(2004) '엄마가 뿔났다'(2008) '인생은 아름다워'(2010) '천일의 약속'(2011) '아버지가 미안하다'(2012) '무자식 상팔자'(2012) '세 번 결혼하는 여자'(2013) '그래, 그런거야'(2016)

김수현(金秀顯) KIM Su Hyun

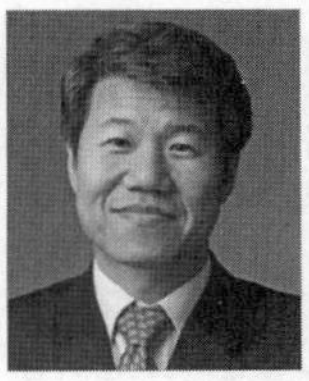

[생]1962·7·1 [주]서울 서초구 남부순환로340길57 서울연구원 원장실(02-2149-1000) [학]1980년 경북고졸 1984년 서울대 공대 도시공학과졸 1989년 同대학원 도시공학과졸 1996년 행정학박사(서울대) [경]1994~1999년 한국도시연구소 연구부장 1999년 서울시정개발연구원 연구위원·연구부장 2003년 대통령직속 빈부격차완화차별시정기획단 기획운영실장 2003년 대통령자문 정책기획위원 2005년 대통령 국민경제비서관 겸 국민경제자문회의 사무차장 2006년 대통령 사회정책비서관 2007~2008년 환경부 차관 2008년 세종대 공공정책대학원 교수(현) 2010년 서울시 성북구 생활구정위원장 2011년 서울시 희망서울 정책자문위원장 2012년 세종대 도시부동산대학원장 2014년 서울연구원 원장(현) [저]'주택, 도시, 공공성'(2000, 박영사) 'NGO란 무엇인가?'(2000, 아르케) '주택정책의 원칙과 쟁점'(2008, 한울출판사) '부동산은 끝났다'(2011) '저성장 시대의 도시정책'(2011) '주거복지의 새로운 패러다임'(2012)

김수형(金壽亨) KIM Soo Hyong

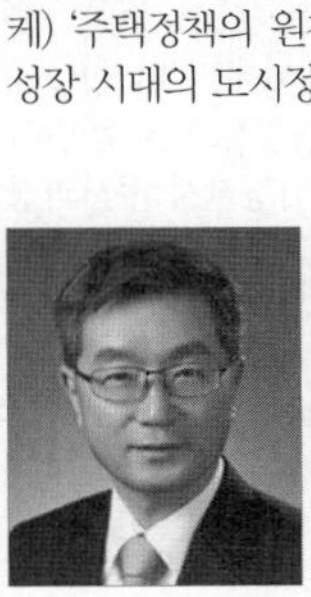

[생]1956 · 12 · 11 [출]서울 [주]서울 종로구 사직로8길39 세양빌딩 김앤장법률사무소(02-3703-1675) [학]1975년 경기고졸 1979년 서울대 법대졸 1986년 同법과대학원졸 2003년 同법과대학원 박사과정 수료 [경]1978년 사법시험 합격(20회) 1980년 사법연수원 수료(11기) 1982년 서울민사지법 판사 1983년 서울형사지법 판사 1985년 청주지법 판사 1987년 서울지법 동부지원 판사 1989년 서

울민사지법 판사 1993년 서울고법 판사 겸 대법원 재판연구관 1998년 수원지법 평택지원장 1999년 서울지법 서부지원 부장판사 2000년 서울행정법원 부장판사 2002년 부산고법 부장판사 2004~2008년 서울고법 부장판사 2008년 김앤장법률사무소 변호사(현) [종]기독교

김수홍(金壽洪) KIM Soo Hong

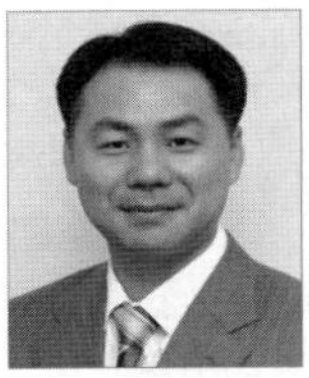

[생]1959·3·12 [주]인천 중구 인천대교고속도로3 인천대교(주) 임원실(032-745-8188) [학]미국 캘리포니아주립대 4년휴학, 명예 경영학박사(경남대), 한국무역협회 무역아카데미 글로벌물류비즈니스 최고경영자과정 수료 [경]1999~2000년 AGRA International 한국지사장 2000~2011년 AMEC Finance Asia 상임이사·AMEC Partner Korea 대표이사·AMEC Korea 대표이사·AMEC Group Ltd Korea Branch 대표·AMEC 한국총괄대표 2002년 에너지대사 자문위원 2005년 인천대교(주) 대표이사 사장(현) 2007년 인천세계도시축전조직위원회 상임자문위원 2007년 나눔과평화재단 설립·운영이사(현) 2009~2011년 인천유나이티드FC 이사 2009~2013년 인천시장학회 이사 2010년 경남대 석좌교수(현) 2010년 同한반도프로젝트개발연구소장(현) 2012년 대한변호사협회 지자체세금낭비조사특별위원회 상임자문위원 2015년 駐韓우간다 명예영사(현) [상]한·영 국회의원친선협회 공로상(2005), 영국 건설전문지 컨스트럭션 뉴스 선정 '경이로운 세계10대 건설상'(2005), 유로머니 베스트프로젝트 파이낸싱 부문상(2005), 은탑산업훈장(2009), 영국 국무부장관표창(2009), 동아TV 건설상(2009), 미국토목학회 선정 세계5대 우수건설프로젝트(2011), 매경미디어그룹 선정 대한민국 창조경제리더 혁신부문(2013), '대한민국 지속가능경영 대상' 기획재정부장관표창(2013), 한국의 영향력 있는 CEO 혁신경영부문대상(2014), 중앙일보 선정 한국을 빛낸 창조경영인(2014), IPMA 세계최우수프로젝트상 은상(2015), 금탑산업훈장(2015)

김수환(金洙奐) Kim Soo Hwan

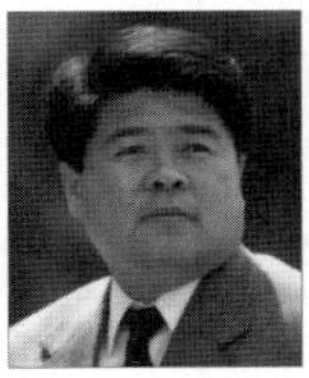

[생]1959·6·5 [본]김녕(金寧) [출]경남 의령 [주]충북 청주시 서원구 청남로2065 청주교육대학교 수학교육과(043-299-0742) [학]1977년 진주고졸 1982년 서울대 수학교육학과졸 1992년 한국교원대 대학원 수학교육학과졸 1996년 교육학박사(한국교원대) [경]1982년 강남여중 교사 1986년 영등포고 교사 1992년 영등포여고 교사 1993년 한국교육개발원 연구원 1996년 청주교육대 수학교육과 교수(현) 2004년 同학생처장 2004년 한국수학교육학회 편집이사 2008~2012년 청주교육대 총장 2012년 한국수학교육학회 부회장 2013년 한국초등수학교육학회 부회장 2014년 同충북지부장(현) 2014년 한국수학교육학회 회장(현) [저]'7차 교육과정에 의한 초등수학교육'(共) '방송통신고등학교 공통수학, 수학Ⅰ'(共) '과학고등학교 수학Ⅲ'(共) [역]'초등수학 학습지도의 이해'(共)

김수홍(金洙興) Kim Soo Hong

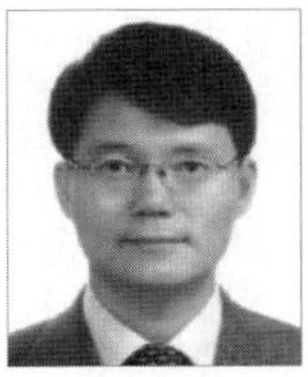

[생]1961·4·29 [출]전북 익산 [주]서울 영등포구 의사당대로1 국회사무처 국토교통위원회(02-788-2732) [학]1980년 이리고졸 1988년 한국외국어대 영어과졸 2001년 미국 오리건대 대학원 정책학과졸 [경]1990년 입법고시 합격(10회) 1990년 국회사무처 입법조사국 근무 1993년 同농림해양수산위원회 입법조사관 1996년 同의사국 의안담당 서기관 2001년 同농림해양수산위원회 입법조사관(부이사관) 2005년 同행정자치위원회 입법조사관(부이사관) 2006년 駐미국 공사참사관 2009년 국회사무처 문화체육관광방송통신위원회 입법심의관(부이사관) 2009년 同국제국장(이사관) 2011년 서울G20국회의장회의 실무기획단장 2012년 국회사무처 예산결산특별위원회 전문위원(이사관) 2013년 국회예산정책처 예산분석실장(관리관) 2015년 국회사무처 국토교통위원회 수석전문위원(차관보급)(현) [상]대통령표창(2004), 홍조근정훈장(2011)

김수희(金秀熙) KIM Su hui

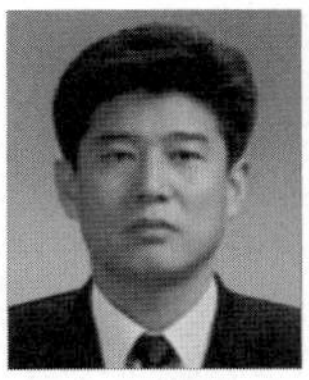

[생]1959 [주]대구 수성구 무학로227 대구지방경찰청 제2부(053-761-9713) [학]1978년 경북고졸 1987년 영남대 경제학과졸 2003년 경북대 대학원 행정학과졸 [경]1987년 경사 임관(특채) 1999~2007년 구미경찰서 수사과장(경정)·포항북부경찰서 수사과장·경북지방경찰청 수사1계장·경북지방경찰청 강력계장 2007년 경북지방경찰청 수사과장(총경) 2008년 경북 고령경찰서장 2009년 대구지방경찰청 수사과장 2010년 경북 경주경찰서장 2011년 대구남부경찰서장 2012년 금융정보분석원 파견 2013년 경기 부천원미경찰서장 2014년 경기 안산상록경찰서장 2014년 경남지방경찰청 제2부장(경무관) 2015년 대구지방경찰청 제2부장(경무관)(현)

김 숙(金 淑) KIM Sook

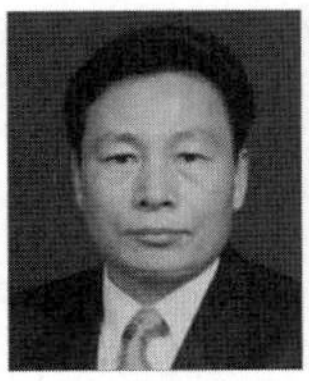

[생]1948·5·17 [출]전남 강진 [주]서울 서초구 반포대로 138 양진빌딩4층 법무법인 한백(02-596-5551) [학]1968년 광주제일고졸 1976년 서울대 법학과졸 [경]1977년 사법시험 합격(19회) 1979년 사법연수원 수료(9기) 1979년 청주지원 판사 1981년 수원지법 판사 1982년 서울지법 북부지원 판사 1984년 서울민사지법 판사 1986년 서울지법 동부지원 판사 1989년 춘천지법 속초지원장 1992년 대법원 재판연구관 1993년 대전지법 부장판사 1996년 인천지법 부장판사 1997년 서울지법 북부지원 부장판사 1998년 서울지법 부장판사 1999~2006년 변호사 개업 2001~2004년 국민고충처리위원회 위원 2006년 법무법인 한백 변호사(현) [상]국민훈장 동백장(2005) [종]불교

김숙자(金淑子·女) KIM Sook Ja (海琇)

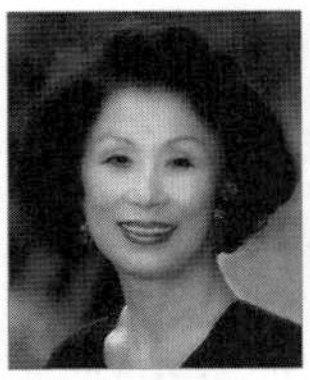

[생]1944·4·16 [본]개성(開城) [출]평북 신의주 [주]서울 성북구 삼선교로16길116 한성대학교 무용학과(02-760-4101) [학]1963년 덕성여고졸 1968년 수도여자사범대학 무용학과졸 1979년 세종대 대학원 무용학과졸 [경]1980·1983·1987년 창작무용 공연 1981~1989년 한성대 무용학과 조교수·부교수 1986년 서울아시안게임 문화예술축전 공연 1986년 한울무용단 예술감독(현) 1988년 서울국제무용제 공연 1988년 중요무형문화재 제27호(승무) 이수 1990~2009년 한성대 무용학과 교수 1991년 서울무용제 출연 1991년 서울·수원·대구·부산 등 김숙자창작춤 순회공연 1993년 러시아연방 해외공연 1994년 자연보호기금모금 김숙자 창작춤 공연 1998~2000년 한성대 예술대학장 2005~2009년 한국무용사학회 부회장 2006~2009년 한영숙춤보존회 회장 2006~2009년 무용교육발전추진위원회 상임이사 2009년 同상임고문(현) 2009년 대한민국예술원 회원(무용·현) 2009년 한성대 명예교수(현), 한국춤문화자료원 고문 [상]무용창작상(1969), 제2회 PAF예술상(2001), 교육부장관표창(2007), 환경부장관표창(2008), 한국문화예술교육진흥원 공로상(2009), 서울시 문화상 무용부문(2013) [종]기독교

김숙자(金淑子·女) KIM Sook Ja

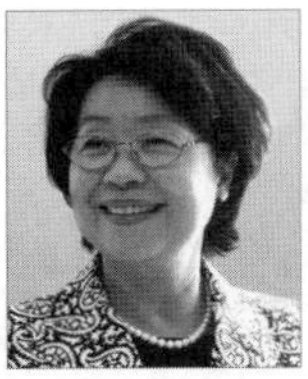

[생]1944·7·6 [출]서울 [주]서울 종로구 필운대로1길34 배화여자대학교 총장실(02-733-0055) [학]1966년 이화여대 법학과졸 1969년 同대학원졸 1983년 법학박사(연세대) [경]1984~2009년 명지대 법과대학 법학과 교수 1983~1999년 한국가정법률상담소 부소장 1992~2000년 한국여성정치연맹 부총재 1995년 명지대 여성·가족생활연구소장 1996년 同교수협의회장 1996년 중국 연변대 객좌교수(현) 1997~2011년 한국가정복지정책연구소 소장 1999년 명지대 법학연구센터 소장 2000년 한국민사법학회 부회장 2001~2004년 명지대 법정대학장 2003~2004년 전국법과대학장협의회 회장 2006년 중국 북경대 여성연구소 초빙연구원(현) 2007~2009년 명지대 사회교육대학원장 2008~2012년 법무부 변호사징계위원회 위원 2009~2010년 용문상담심리대학원대 부총장 2011년 배화여대 총장(제8대·9대)(현) 2014년 서울지역전문대학총장협의회 회장(현) [상]국민훈장 목련장(1994), 한국여성단체협의회 '김활란 여성지도자상'(2014) [종]기독교

김숙진(金淑鎭·女)

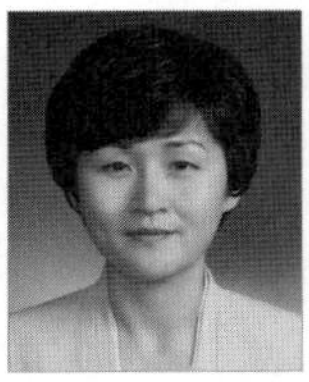

[생]1970·10·13 [출]경북 문경 [주]경기 의정부시 금오로 23번길22의49 경기북부지방경찰청 경무과(031-961-2121) [학]1988년 문경여고졸 1993년 경찰대졸(9기) 2002년 동국대 경찰행정대학원졸 [경]1993년 경위 임관 1993년 서울 강남경찰서 방범과 경위 2001년 경감 승진 2008년 서울지방경찰청 기동단 여경기동대장(경정) 2009년 서울 강동경찰서 정보과장 2010년 서울 수서경찰서 정보과장 2012년 경찰청 여성청소년과 청소년담당계장 2014년 강원지방경찰청 여성청소년과장 2015년 총경 승진 2015년 강원 홍천경찰서장 2016년 경기북부지방경찰청 경무과장(현) [상]장관표창(2010), 대통령표창(2012)

김숙현(金淑賢) KIM Sook Hyun

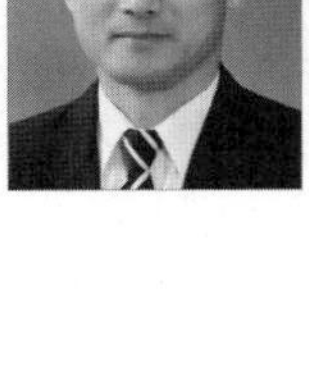

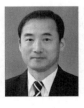

[생]1959·4·5 [주]울산 동구 방어진순환도로1000 현대중공업 임원실(052-202-2114) [학]해동고졸, 부산대 기계과졸 [경]현대중공업(주) 해양사업본부 상무보 2010년 同해양사업본부 상무 2014년 同해양사업본부 전무 2015년 同해양사업본부 대표(부사장)(현) [상]건설교통부장관표창(2005)

김숙희(金淑喜·女) KIM Sook He

생1937·7·30 본광산(光山) 출충남 천안 주서울 마포구 마포대로173 현대하이엘427호 한국식품영양재단(02-702-7758) 학1956년 이화여고졸 1960년 이화여대 가정학과졸 1962년 미국 Texas Womans Univ. 대학원 가정학과졸 1964년 이학박사(미국 Texas Womans Univ.) 경1964년 미국 Johns Hopkins Univ. 연구원 1965~1973년 이화여대 가정대 조교수·부교수 1971~1986년 同아시아식품영양연구소장 1973~1993·1995~2002년 同식품영양과 교수 1975년 미국 미네소타주립대 방문교수 1976년 대한YWCA연합회 명예이사(현) 1980년 대한가정학회 회장 1983~1989년 이화여대 가정대학장 1985~1989년 한국영양학회 회장 1986년 한국기독자교수협의회 회장 1989~2001년 세계영양학회 이사 1990년 한국식문화학회 회장 1990~2009년 미국영양학회 정회원 1991년 식생활문화학회 회장 1991년 대한YWCA연합회 부회장 1992년 同회장 1993~1995년 교육부 장관 1996~2007년 삼성언론재단 이사 1997~2003년 대한YWCA연합회 회장 1997~2001년 세계영양학회 부회장 1999~2001년 아시아영양학회 회장 2000~2014년 (재)한국식품영양재단 이사장 2001년 UN산하 WHO/FAO 세계열량권장량 공동설정위원 2002~2010년 호서대 특임교수 2002년 이화여대 명예교수(현) 2003~2010년 쌀사랑운동본부 본부장 2003~2009년 가정을건강하게하는시민의모임 이사장 2009년 同명예이사장(현) 2005~2008년 농림부 산하 농촌희망재단 이사장 2006년 유관순교육사업회 이사장(현) 2009년 대한노인회 고문(현) 2010~2013년 강남문화재단 이사장 2013년 천안국제웰빙식품엑스포 민간조직위원장 2014년 (재)한국식품영양재단 명예이사장(현) 상청조근정훈장, 자랑스런이화인상, 한국로레알·유네스코 여성생명과학기술진흥상 공로상 저'영양원리와 식이요법' '지방영양' 수필집 '어떻게 무얼 먹지' '먹는 즐거움·먹는 두려움' '영양학' '식생활과 건강' '식생활의 문화적 이해' 역'적응하는 인간' '유전자의 지혜' 종기독교

김숙희(金淑姬·女) Kim Sukhee

생1950·5·13 출경남 밀양 주경북 칠곡군 왜관읍 공단로8길61 삼성금속(054-972-6191) 학1968년 밀양여고졸 1972년 덕성여대 약학과졸 경1988년 삼성제침 경리부장 1991년 同전무이사 1996년 삼성금속 대표이사(현) 2010~2013년 한국여성경제인협회 대구경북지회장 상대구경북지방중소기업청장표창, 경북중소기업대상 우수상, 산업포장(2013), 무역의 날 5백만불 수출탑(2013)

김숙희(金淑姬·女) KIM Sook Hee

생1953·10·20 본김해(金海) 출부산 주서울 종로구 창경궁로263 우정타워8층 (사)국제아동청소년연극협회(ASSITEJ)(02-745-5862) 학1972년 성심여고졸 1976년 이화여대 불문학과졸 1978년 프랑스 파리제3대 연극학과 수료 1981년 이화여대 대학원 문학과졸 1991년 문학박사(이화여대) 경1997년 어린이문화예술학교 창립·공동대표 1985년 한국방송통신대 교육연구소 연구원 1992년 성신여대 강사 1992년 한국예술신학대 전임강사 1995년 한국공연예술원 상임이사 1997~2001년 성균관대 강사 2001~2003년 同예술학부 겸임교수 2003~2004년 미국 버지니아주립대 방문교수 2003년 국제장애어린이축제 조직위원장(현) 2004~2009년 성균관대 예술학부 초빙조교수 2009~2013년 서울 중구 구립실버뮤지컬단 단장 2010~2012년 한국교육연극학회 회장 2011~2013년 서울시교육청 문예체정책자문위원회 부위원장 2012년 문화예술교육 더베프 명예대표(현) 2012년 (사)국제아동청소년연극협회(ASSITEJ) 한국본부 이사장(현) 2012년 극동대 연극과 초빙교수(현) 2012년 한국문화예술정책포럼 부회장 2012년 서울시 중구 여성위원회 위원(현) 2012년 종로문화재단 이사(현) 2012년 장애축제 '극장으로 가는길' 예술감독·조직위원장(현) 2012년 빛소리친구들 이사(현) 2012년 한국연극인복지재단 이사(현) 2016년 아이들극장 예술감독(현) 상서울어린이연극상 제작상(2001), 서울어린이연극상 최우수작품상(2003·2005), 아시테지연극상(2006), 장애인먼저 실천상 대상(2008) 저'아르토의 극작품에 나타난 잔혹성' '마천루의 창을 닦아라' '마담 퀴리' '낙원을 찾아서' 역연출 '사이오의 광녀' '엥떼르메쪼' '우스꽝스러운 여인들' 제작·연출 '할아버지의 호주머니' '대지의 아이들' 제작 '할머니의 방'외 다수 종천주교

김숙희(女)

생1953·11·15 출서울 주서울 영등포구 버드나루로18길5 서울특별시의사회(02-2676-9751) 학1978년 고려대 의과대학졸 1988년 同대학원 의학 박사과정 수료 경1978~1984년 고려대의료원 산부인과 전임의 1984년 고려대 의과대학 산부인과학교실 외래교수(현) 1990년 김숙희산부인과의원 원장(현) 2000년 한국여자의사회 상임이사(현) 2006년 대한의사협회 정책이사 2015년 서울특별시의사회 회장(현) 2015년 대한의사협회 부회장(현) 상의학신문 의약사평론가상(2004)

김순경(金順卿) Kim Soon Kyung

생1957·4·12 주강원 원주시 배울로85 대한석탄공사 사업본부(033-749-0607) 학1977년 삼척공업고등전문학교 자원공학과졸 경1981년 대한석탄공사 입사 1997년 同장성광업소 철암생산부장 2001년 同안전감독팀장 2008년 同화순광업소 부소장 2009년 同도계광업소장 2011년 同장성광업소장 2012년 同사업본부장(상임이사)(현) 상지식경제부장관표창(1999·2003)

김순권(金舜權) KIM Soon Kwon

생1941·2·1 본김녕(金寧) 출경북 김천 주서울 관악구 국회단지7길34 경천교회(02-877-7065) 학경희대 영문과졸 1964년 장로회신학대 본과졸 1977년 미국 컬럼비아 선교대학원졸 1977년 이스라엘 성지연구원 수료 1988년 목회학박사(미국 샌프란시스코신학대) 경1963년 서울노회 홍익교회 전도사 1965~1980년 駐월남 맹호부대 군목·육군본부 군종감실 근무·육군 제3사관학교 군종참모·제1군단 군종참모(육군 군목) 1980년 예편(육군 중령) 1980년 국제기독교공동선교회의(CSI) 스위스본부이사·한국대표 1980~2011년 경천교회 담임목사 1990년 서울남노회 회장 1991년 예장통합(대한예수교장로회 통합)총회 공천위원장 1991·2000년 同총회 기구개혁위원장 1991·1993년 同총회 헌법개정위원장 1994년 아시아교회연합선교대회 준비위원장 1995년 예장통합총회 교육부장 1995년 서울관악노회 성서신학원장·성서신학원 이사장 1997년 기독공보 이사 1999년 한국기독교교회협의회(KNCC) 부회장 1999~2011년 대한성서공회 이사·이사장 2001년 KNCC 선교훈련원 운영위원장 겸 실행위원 2003~2004년 한국기독교교회협의회(KNCC) 회장 2003~2004년 대한예수교장로회총회 총회장 2006년 (재)CBS기독교방송 부이사장 2007~2009년 同이사장 2011년 경천교회 원로목사(현) 상관악문학상(1995), 광나루문학상(1997), 한국목양문학상(2001), 한국기독교문학상(2002) 저시집 '그래도 그손길 이루어'(1991) 외 4권, 칼럼수상집 '상한 마음을 달래며'(1990) 외 6권, 설교집 '그리스도의 편지가 되자'(1996) 외 2권 종기독교

김순권(金順權) KIM Soon Kwon

생1945·5·1 출울산 주경북 포항시 북구 흥해읍 한동로558 한동대학교 올네이션스홀4층(054-260-1111) 학1965년 울산농고졸 1969년 경북대 농학과졸 1971년 고려대 대학원 수료 1972년 미국 일리노이대 대학원 수료 1974년 농학박사(미국 하와이대) 경1971년 농촌진흥청 농업연구사보 1972년 미국 일리노이 Seed Foundation Inc. 연구원 1974년 농촌진흥청 옥수수육종 연구관 1976년 미국 하와이연구소 연구원 1979년 국제열대농업연구소(IITA) 옥수수육종 연구관 1987년 미국 하와이대 방문연구원 1987년 미국 아이오와주립대 방문연구원 1988~1995년 국제열대농업연구소 옥수수연구프로그램 책임연구관 1990년 농촌진흥청 해외명예연구관 1990년 미국 농학회 명예위원 1992~1995년 나이지리아옥수수협회 부회장 1992년 FAO Pan-Africa Striga 방제네트워크 지도위원 1992·1995년 노벨평화상 후보 1993년 IITA국제협의회 의장 1993~1995년 스웨덴 국제과학재단 자문위원 1995년 경북대 농과대학 석좌교수 1995~2001년 同국제농업연구소장 1995년 노벨생리학상 후보 1998년 국제옥수수재단 이사장(현), (주)닥터콘 대표(현) 1999년 대한적십자사 대북사업자문위원 2000년 '브리태니커연감'에 등재 2000년 경제정의실천시민연합 통일협회 이사 2000년 남북이산가족교류협의회 자문위원 2002년 경북대 농업생명과학대학 응용생명과학부 석좌교수 2010년 同명예교수(현) 2010년 한동대 석좌교수(현) 상녹조근정훈장(1977), 대통령표창(1982), 벨기에국왕 국제농업연구대상(1986), 이탈리아 국제기술개발상(1986), KBS 해외동포상(1993), 아프리카국가연합 농업연구상(1995), 만해평화상(1998), 홍콩 아시아혁신상 은상(2000), 일본 도쿄 Creation Award(2000), 영국 IBC국제명예훈장(2003), 미국 국제작물육종가상(2003), 남양주다산문화제 실용과학부문다산대상(2008) 저'검은대륙의 옥수수 추장'(1998) 역'한국에 적응하는 옥수수 교잡종 육성(수원19호)' '아프리카에 적응하는 옥수수 품종 육성(100여 품종)' '서중부아프리카에 적응하는 옥수수 교잡종 육성' 종기독교

김순규(金順圭) KIM Soon Kyu (曉田)

생1938·1·1 본경주(慶州) 출경북 경주 경1957년 경주고졸 1961년 경희대 정치외교학과졸 1980년 정치학박사(경희대) 경1964~1971년 경희대 전임강사·조교수 1969~1971년 공군대 교수 겸임 1971~1981년 경남대 정치외교학과 교수·교학처장·기획관리실장·사무국장 1972년 경남레크리에이션협회 회장 1974년 마산시교육회 회장 1978년 경남대 경영대학원장 1981년 제11대 국회의원(경주·월성·청도, 무소속) 1981년 의정동우회 대변인·

정책의장 1986~2003년 경남대 정치외교학과 교수 1986년 同국제학술교류위원장 1987~1989년 경남정치학회 회장 1990~1994년 경남대 대학원장 1992~1996년 동남일보 논설위원 1993년 대한민국헌정회 정책심의위원 1993년 베트남 호치민Open대 명예교수(현) 1996년 한국노동교육원 객원교수 1997년 21세기국제정경연구원 원장·이사장(현) 1999~2000년 동아시아국제정치학회 회장 1999~2001년 경남대 부총장 2003년 同명예교수 2004년 서울평화통일포럼 회장 2004년 한국지방정치연구원 원장, 서울신문 객원논설위원 2005~2009년 경남대 북한대학원 석좌교수 2010~2012년 경남신문 대표이사 회장, 한국신문협회 이사 2012년 (사)사회정화국민연합 공동대표(현) 2014년 새로운한국을위한국민운동 공동발기인(현) [상]대통령표창(1998), 황조근정훈장(2002) [저]'국민을 위한 정치,정의의 편에서서' '16인의 당수들' '정치학개론' '정치학의 이해' '현대국방론' '국방-외교의 이해(영문)' '민주주의론' '민주시민론' '국민윤리' '대학국민윤리' '국민윤리강론' '군축연구자료집' '군비통제론' '동북아 국제관계론' '신국제정치론' '신국제기구론' '신국제정치사' '현대국제정치학' '국제정치사상가평전' '생동하는 국내외의 정치환경' '정치와 매스컴' '세계정세와 이슈' '북한체제의 수립과정' '북한군사론' '김정일의 전모' 등 35권 [종]천주교

김순기(金舜基) KIM Soon Ki

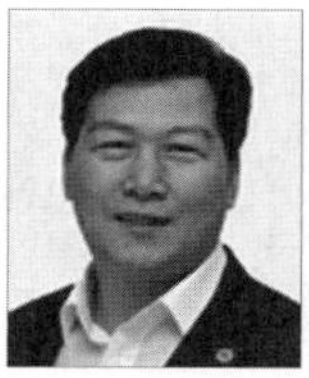

[생]1961·7·24 [본]김해(金海) [출]경남 [주]서울 영등포구 여의공원로13 한국방송공사 네트워크센터(02-781-1000) [학]영진고졸, 광운대 전자통신공학과졸 2011년 세종대 대학원 커뮤니케이션학과졸 [경]1987년 KBS 공채 입사 1987~1997년 同춘천방송총국 근무 1997년 同보도본부 뉴스센터 감독 2005년 同춘천방송총국 기술팀장 2007~2008년 同TV제작본부 TV편집기술팀장 2009년 同기술관리국 기술기획팀장 2010년 同뉴미디어·테크놀로지본부 미래미디어전략국 미래미디어운영부장 2011년 同제작리소스센터 보도기술국장 2014년 同제작기술센터 보도기술국장 2014년 同제작기술센터장 2016년 同네트워크센터장(현)

김순덕(金順德·女) Kim Sun Duk

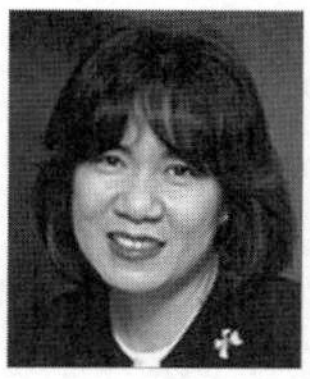

[생]1962·2·6 [출]서울 [주]서울 종로구 청계천로1 동아일보 논설위원실(02-2020-0340) [학]1984년 이화여대 영어영문학과졸 2001년 한양대 언론정보대학원 방송과졸 2005년 고려대 언론정보대학원 최고위과정 수료 [경]1983년 동아일보 입사 1984~1994년 同생활부·편집부·기획특집부·문화부 기자 1997년 同문화부 차장대우 1999년 同문화부 차장 1999년 同생활부 차장 2000년 同이슈부 차장 2002년 同논설위원 2007년 同편집국 부국장 2008~2010년 한국여기자협회 부회장 2008~2011년 동아일보 논설위원(부국장급) 2009년 한국연구재단 이사 2011년 동아일보 논설위원(국장급) 2013년 同논설위원실장(현) [상]대한언론상 논설부문(2005), 최은희 여기자상(2006), 이화언론인상(2007), 한국참언론인대상 문화부문(2009), (사)청권사 효령상 언론부문(2013), 중앙언론문화상 신문·출판부문(2014) [종]가톨릭

김순례(金順禮·女) KIM SOONRYE

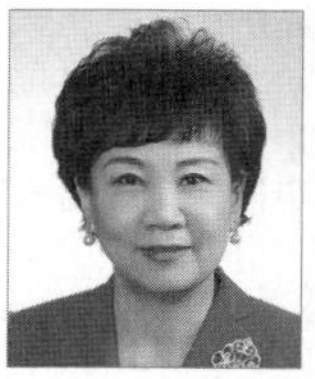

[생]1955·6·27 [출]서울 [주]서울 영등포구 의사당대로1 국회 의원회관327호(02-784-2890) [학]숙명여대 제약학과졸, 同대학원졸, 약학박사(숙명여대) [경]약사, 성남시약사회 회장, 同총회 의장 2010~2014년 경기 성남시의회 의원(비례대표, 한나라당·새누리당) 2013년 대한약사회 부회장 겸 여약사위원회 회장 2016년 제20대 국회의원(비례대표, 새누리당)(현) 2016년 국회 보건복지위원회 위원(현) 2016년 국회 여성가족위원회 위원(현) 2016년 국회 남북관계개선특별위원회 위원(현) 2016년 한국아동인구환경의원연맹(CPE) 회원(현) [상]성남시장표창(1991), 경기도약사회장표창(1994), 경기도민상(1995), 경기도지사표창(1997), 대한약사회장표창(1998), 성남모범시민상(2005), 경기약사대상(2006), 전국여약사대상(2008), 성남시 공로패(2009), 올해의 숙명인상(2016)

김순복(金順福) KIM Soon Bok

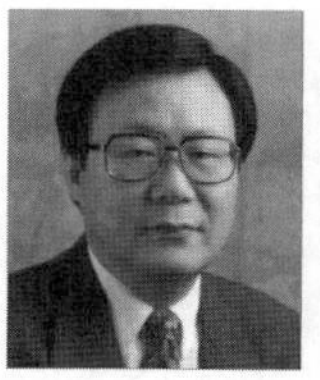

[생]1946·7·14 [본]안동(安東) [출]서울 [주]서울 강남구 도산대로1길62 강남출판문화센터304호 (주)애드밀 임원실(02-546-6070) [학]1974년 고려대 신문방송학과졸 2001년 同경영대학원 최고경영자과정 수료 [경]1973년 (주)신세계 입사, (주)신세계백화점 부장·이사대우·홍보담당 이사, (주)신세계 홍보담당 이사·상무이사 2002년 同경영지원실 홍보담당 부사장 2004~2005년 同상담역(부사장) 2005~2007년 성공회대 유통학과 겸임교수 2007년 (주)애드밀 대표이사 사장 2014년 同회장(현)

김순식(金順埴) Kim, Soon-Sig

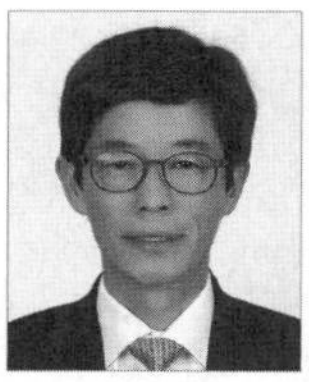

[생]1961·5·27 [출]경남 창녕 [주]부산 남구 문현금융로 30 BNK금융지주 경영지원본부(051-620-3000) [학]1980년 마산 용마고졸 1987년 창원문성대(舊 창원전문대) 세무학과졸 1993년 한국방송통신대 경영학과졸 [경]1980년 경남은행 입행 2003년 同종합기획부 부부장 2005년 同인사부 팀장 2007년 同양덕동지점장 2007년 同창원중앙지점장 2008년 同개인고객지원부장 2011년 同명곡지점장 2014년 同경영기획본부장 2015년 同업무지원본부 부행장보 2016년 BNK금융지주 경영지원본부장(상무)(현) [상]을지연습 유공직원포상(1996), 금융감독위원장표창(1998), 한국은행총재표창(2001), 우리금융지주 회장표창(2009)

김순열(金淳烈)

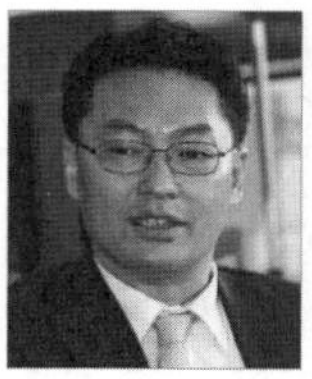

[생]1975·2·11 [출]전남 보성 [주]전남 장흥군 장흥읍 읍성로121의1 광주지방법원 장흥지원(061-860-1500) [학]1993년 동신고졸 1997년 한양대 법학과졸 [경]1997년 사법시험 합격(39회) 2000년 사법연수원 수료(29기) 2000년 광주지검 법무관 2003년 부산지법 판사 2006년 광주지법 판사 2009년 수원지법 안산지원 판사 2012년 서울행정법원 판사 2013년 대법원 재판연구관 2015년 광주지법·광주가정법원 장흥지원장(현)

김순영(金淳榮) KIM Sun Young

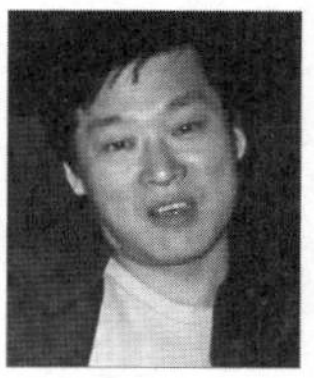

[생]1961·12·18 [본]경주(慶州) [출]서울 [주]서울 성북구 성북로24길3 극단 미연(02-762-3387) [학]1980년 중동고졸 1985년 한국외국어대 철학과 3년 중퇴 1994년 일본 와세다대 연극과 3년 중퇴 [경]1996~1998년 극단 神市 연출부 조연출 1998년 극단 美演 대표 겸 연출(현) 2006년 용인송담대 방송연예과 강사 [역]'Lost in Yonker's' '달님은 이쁘기도 하셔라' '연기가 눈에 들어갈때' [작]'삼류배우' '사랑의 방정식' '주인공' '경기소리극 진사랑' '씨앗' '낚시대장 서얼' 등 [종]불교

김순자(金順子·女) KIM Soon Ja

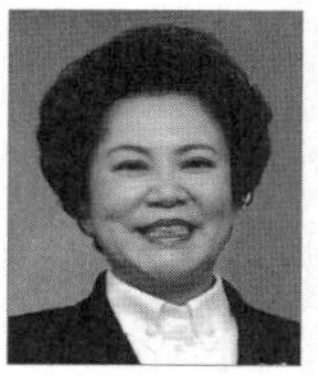

[생]1954·5·24 [출]인천 [주]경기 부천시 오정구 오정로134번길9의10 (주)한성식품 임원실(032-681-3830) [학]서울보건대학(現 을지대)졸 1991년 숭실대 중소기업대학원 수료 1998년 이화여대 여성경영자과정 수료 2000년 연세대 법무대학원 법무고위자과정 수료 2002년 고려대 언론대학원 최고위언론과정 수료 2002년 명예 식품공학박사(러시아 모스크바국립대) 2003년 고려대 식품산업최고경영자과정 수료 [경]1986년 (주)한성식품 창업·대표이사(현) 2000~2008년 연세대법무대학원총동문회 부회장 2002~2003년 국제로타리 제3640지구로타리클럽 회장 2002년 부천시탁구협회 회장 2002년 부천중부경찰서 행정발전위원 2002년 생거진천 신지식발전협회장 2003년 부천상공회의소 상임의원(현) 2003년 부천시 경제자문위원(현) 2003년 법무부 범죄예방위원 2003~2009년 (사)한국전통음식관광협회 부회장 2004년 법무부 범죄예방부천지역협의회 여성부회장 2004년 국회 문화관광산업연구회 특별회원 2005년 부천시 지식기반산업육성위원 2005년 러시아 모스크바국립대 객원교수, (사)부천사랑문화센터 이사장 2007년 농림부 선정 '김치 명인'(국내 최초) 2008~2010년 연세대법무대학원총동문회장 2009~2012년 세계김치협회 초대회장 2009년 (사)한국음식관광협회 고문(현) 2012년 (사)대한민국김치협회 회장(현) [상]우수중소기업인상(1996), 장영실과학산업 금상(2000), 국무총리표창(2000), 과학발명유공자상(2000), 연세대 법무대학원 김치관련 최우수 논문상(2000), 신지식특허인 선정(2001, 특허청), 철탑산업훈장(2002), 우수납세자표창(2003, 부천세무서), 한국전통음식중앙회 감사패(2003), 한국조리기능협회 감사장(2004), 문화관광부장관표창(2004·2007), 서산시장표창(2004), 2005국제요리경연대회 전통식품부문 금상(2005), 2005대한민국생산성대상 기술혁신부문 최우수상(2005), 농림부장관표창(2005), 올해의여성경영인상(2006, 한국인사조직학회), 2007국제요리경연대회 전통식품부문 금상(2007), 은탑산업훈장(2008)

김순진(金順辰·女) KIM Soon Jin

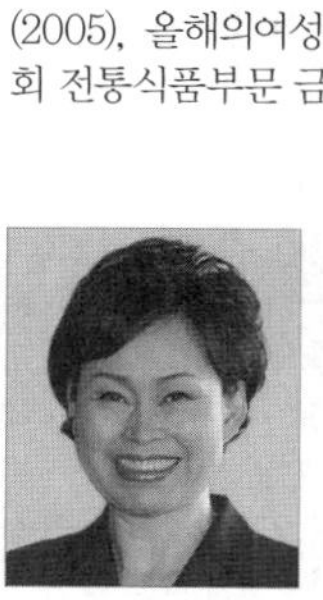

[생]1952·3·11 [출]충남 논산 [주]서울 강남구 강남대로98길11, 메트로빌딩 (주)지앤솔(02-535-0102) [학]1991년 숭실대 중소기업대학원 여성최고경영자과정 수료 1994년 미국 Cornell Univ. Professional Development Program 수료 1995년 연세대 생활환경대학원 외식산업고위자과정 수료 1996년 고입·대입검정고시 합격 1997년 서울대 보건대학원 외식산업최고경영자과정 수료 1999년 서울보건대학 전통조리과졸 2001년 우송대 관광경영학과졸 2003년

경원대 대학원 관광경영학과졸 2004년 명예 경영학박사(순천향대) 2006년 관광경영학박사(경원대) [경]1987년 (주)놀부 창업 1987~2011년 同대표이사 회장 1990~2012년 놀부장학회 회장 2000년 성라자로마을돕기회 운영위원 2001~2005년 한국상록회 총재 2001년 (사)물아껴쓰기운동중앙회 총재(현) 2001년 민주평통 자문위원 2002년 한국프랜차이즈협회 부회장 2002년 2002한일월드컵 세네갈서포터즈 회장 2002년 한국직능단체총연합회 수석부회장 2003년 (사)21세기여성CEO연합회 회장(현) 2004년 21세기CEO연합 설립 2005년 민주평통 상임위원(현) 2007년 (사)한국외식산업협회 상임회장 2008년 同공동대표(현) 2008~2011년 공정거래위원회 가맹점사업거래분쟁조정협의회 위원 2010년 (사)한국음식업중앙회 정책자문위원 2011년 (사)한국외식중앙회 정책자문위원 2011년 (주)지앤솔 회장(현) 2015년 (재)평통여성장학재단 이사장(현) 2012년 (주)놀부 회장 2012년 同명예회장(현) [상]한국프랜차이즈대상(1998), 여성부장관표창(2001), 산업포장(2002), 국무총리표창(2002), 지식경영대상(2002), 한국서비스경영 최고경영자상(2003), 환경부장관표창(2004), 자랑스런한국인대상(2004, 한국언론인연합회), 국가생산성대상 리더십부문상(2004), 한국유통대상(2004), 평생교육대상 개인학습부문대상(2005), 대통령표창(2005), 한국PL경영대상 최우수상(2005), 국가생산성대상 고객만족부문상(2005), 식품의약품안전청장표창(2006), 한국경제·한국소비자포럼 신뢰기업대상(2007), 국민훈장 동백장(2008), 봉사부자상(2010), 서울시장표창(2013)

김순진(金舜鎭) Kim Soonjin (鹿山)

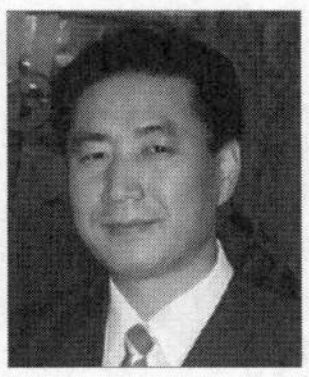

[생]1961·4·9 [본]안산(安山) [출]경기 포천 [주]서울 동대문구 난계로26길17호 삼우빌딩C동302호 도서출판 문학공원(02-2234-1666) [학]한국방송통신대 국어국문학과졸, 중앙대 예술대학원 수료 [경]포천종합고학생회 회장, 포천시 지방공무원 퇴직, 시인(현), 소설가(현), 수필가(현), 문학평론가(현), 아동문학가(현), 시섬문인협회 회장, 통일부 호국문예 백일장 심사위원, 대한결핵협회 백일장 심사위원, 수협중앙회 백일장 심사위원, 김포문예대학 강사, 포천문예대학 강사, 은평구문화센터 강사, 한국생산성본부 강사, 한국스토리문인협회 회장, 한국문인협회 회원, 2012년 은평문인협회 부회장·감사(현), 국제펜클럽 한국본부 회원(현), 한국시문학아카데미 회원(현), 한국현대시인협회 회원, 문화센터 시창작 강사 2003년 도서출판 문학공원 대표(현) 2004년 계간 스토리문학 발행인(현) 2011년 고려대 평생교육원 시창작 교수(현) 2014년 한국현대시인협회 이사·감사(현) 2015년 한국문인협회 이사(현) [상]수필춘추사 수필춘추문학대상(2013) [저]시집 '광대이야기'(1984) '복어화석'(2013) '박살이 나도 좋을 청춘이여'(2015) 외 7권 시론서 '좋은 시를 쓰려면'(2004) '효과적인 시 창작법'(2013) 수필집 '리어카 한 대'(2010) '껌을 나눠주던 여인'(2013) 장편소설집 '너 별똥별 먹어봤니'(2010) 문학평론집 '자아5, 희망5의 적절한 등식'(2011) 장편 그림동화 '태양을 삼킨 고래'(2012) [작]가곡 '국수나 한 그릇하러 가세' '겨울고향집' '사랑으로 가는 길' '제비꽃반지' '까치밥' '제주여 한라여' '초승달 미련'

김순철(金淳哲) KIM Soon Chul

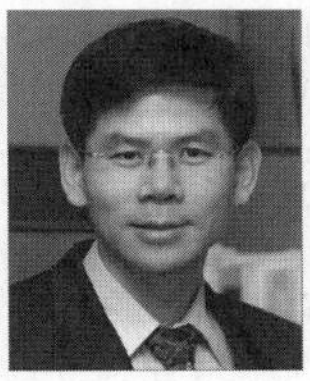

[생]1960·7·25 [출]전북 순창 [주]대전 서구 한밭대로713 나라키움대전센터14층 신용보증재단중앙회(042-480-4201) [학]1979년 순창고졸 1983년 전북대 경제학과졸 1985년 同대학원 경제학과졸 1987년 서울대 행정대학원졸 2001년 경제학박사(미국 미주리대) [경]1984년 행정고시 합격(27회) 1985년 경제기획원 공정거래실 거래과·하도급과 행정사무관 1989년 同심사평가국 투자기관2과 사무관 1990년 상공부 중소기업국 진흥과 사무관 1992년 同국제협력관실 사무관 1994년 상공자원부 통상정책국 국제협력과 사무관 1994년 同무역국 수출과 사무관 1996년 통상산업부 통상무역실 수출과 서기관 1997년 同중소기업정책관실 서기관 2001년 駐OECD 가이드라인이행팀 파견 2001년 국민경제자문회의 사무처 파견 2002년 산업자원부 생활산업국 생물화학산업과장 2003년 同무역투자실 수출과장 2004년 同무역투자실 수출입과장 2005년 同기획관리실 기획예산담당관 2005년 同생활산업국 섬유패션산업과장 2006년 同정책홍보관리본부 혁신기획팀장 2007년 중소기업청 정책홍보관리본부장 2008년 同기획조정관 2010년 駐중국 산둥성 중소기업협력관(파견) 2012~2014년 중소기업청 차장 2014년 중소기업연구원 정책자문위원(현) 2015년 신용보증재단중앙회 회장(현) 2015년 소상공인시장진흥공단 비상임이사(현)

김순태(金順泰) Kim Soon-tae

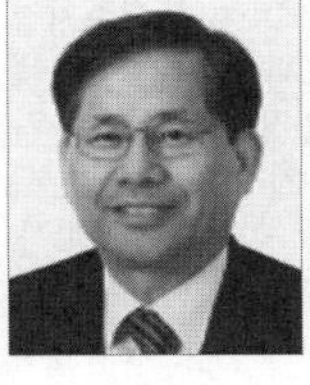

[생]1953·9·5 [본]김해(金海) [출]경북 칠곡 [주]경기 수원시 영통구 삼성로129 삼성전자(주) 임원실(02-2255-0114) [학]1981년 한국외국어대 포르투갈어과졸 1985년 포르투갈 리스본대 포르투갈어과졸 [경]1988년 외무부 입부 1988년 駐포르투갈 3등서기관 1993년 駐에콰도르 1등서기관 1999년 駐브라질 참사관 2002년 駐상파울루 영사 2003년 외교통상부 중남미지역협력과장 2004년 同중미과장 2006년 駐포르투갈 참사관 2007년 駐상파울루 총영사 2010~2013년 駐니카라과 대사 2014년 삼성전자(주) 중남미총괄 대외협력담당 고문(현) [상]에콰도르공화국 국민훈장(1997), 대통령표창(2001)

김순태(金順泰) Kim Soon Tae

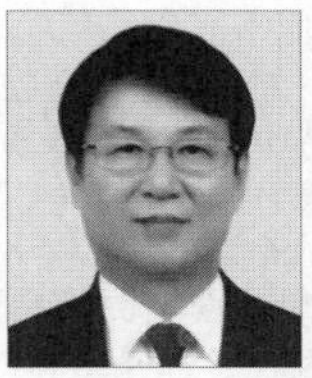

[생]1957·12·24 [주]전북 전주시 완산구 기지로120 한국국토정보공사 공간정보사업본부(063-906-5023) [학]1976년 한성고졸 1996년 서울산업대 산업경영학과졸 2001년 영국 노팅햄대 대학원 지리학과졸 2007년 서울대 대학원졸(지리학박사) [경]2002~2008년 행정자치부 지적과 사무관 2008년 국토해양부 국토정보제도과 사무관 2009년 同국토정보정책과 서기관 2011년 同국토지리정보원 공간영상과장 2011~2014년 駐베네수엘라 참사관 2014~2015년 국토교통부 국가공간정보센터장 2015년 한국국토정보공사(LX) 공간정보사업본부장(현) [상]국무총리표창(1991·1997), 재무부장관표창(1992), 부총리 겸 재정경제원장관표창(1997), 대통령표창(2006), 홍조근정훈장(2015)

김순택(金順鐸)

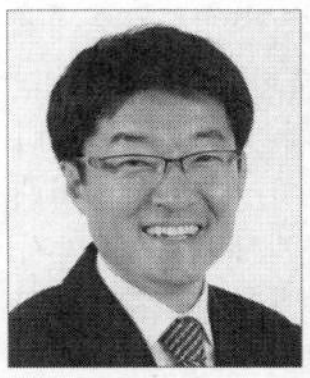

[생]1963·2·5 [출]경남 고성 [주]경기 수원시 장안구 정조로944 새누리당 경기도당(031-248-1011) [학]1982년 진해고졸 1990년 연세대 경영학과졸 [경]2003~2005년 김문수 국회의원 보좌관 2006~2007년 차명진 국회의원 보좌관 2009~2015년 경기도자원봉사센터 센터장 2012~2014년 한국자원봉사센터협회 회장 2013~2014년 한국자원봉사협의회 상임대표 2016년 제20대 국회의원선거 출마(경기 시흥시乙, 새누리당) 2016년 새누리당 시흥시乙당원협의회 운영위원장(현)

김순한(金淳漢)

[생]1974·1·27 [출]경북 봉화 [주]경기 안산시 단원구 광덕서로75 수원지방법원 안산지원(031-481-1114) [학]1992년 영주 중앙고졸 1997년 성균관대 법학과졸 [경]1996년 사법시험 합격(38회) 1999년 사법연수원 수료(28기) 1999년 육군 법무관 2002년 서울지법 북부지원 판사 2004년 서울중앙지법 판사 2006년 춘천지법 강릉지원 판사 2009년 인천지법 판사 2011년 서울중앙지법 판사 2012년 대법원 재판연구관 2014년 대구지법 부장판사 2016년 수원지법 안산지원 부장판사(현)

김순호(金淳浩) Snow Kim

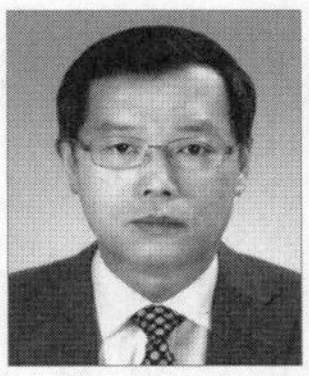

[생]1960·1·5 [본]경주(慶州) [출]인천 강화 [주]인천 남동구 정각로29 인천광역시청 경제산업국(032-880-4010) [학]1978년 인천고졸 2003년 인천대 일반행정과졸 2007년 미국 오리건주립대 대학원 도시계획학과졸 2012년 도시공학박사(한양대) [경]1979년 강화군청 공직 임용(7급 공채) 1996년 옹진군 문화관광과장 2000년 인천시 공보관실 근무 2003년 同도시계획과 근무 2007년 同과학기술과 근무 2008년 同도시계획과 사무관 2011년 인천경제자유구역청 신성장산업유치과장(지방서기관) 2012년 同공보담당관 2013년 인천시 안전정책과장 2015년 同사회적경제과장 2015년 강화군 부군수 2016년 인천시 경제산업국장 직대(현) [상]국가경제발전유공 장관표창

김순흥(金淳興) KIM Soon Heung

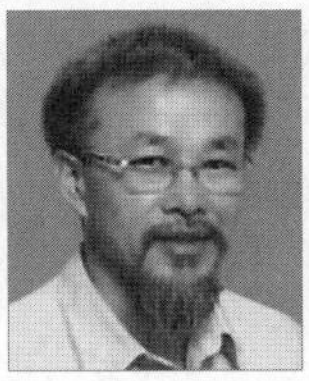

[생]1954·10·9 [본]광산(光山) [출]광주 [주]광주 남구 효덕로277 광주대학교 사회복지학부(062-670-2445) [학]1972년 광주제일고졸 1976년 연세대 사회학과졸 1983년 미국 노스캐롤라이나주립대 대학원졸 1988년 사회학박사(미국 아이오와대) [경]1976년 한국보건사회연구원 연구조교 1978~1980년 연세대 인구 및 보건개발연구소 연구조교 1988~1989년 미국 미네소타 위노나대 조교수 1989~1990년 同사회학과 부교수 1990~1994년 광주대 교양학부 부교수 1993~2004년 (사)광주사회조사연구소 소장 1994~1999년 광주대 사회복지학부 부교수 1995년 한국사회학회 이사 1999년 광주대 사회복지학부 교수(현) 2004년 한국조사연구학회 감사 2004~2008년 (사)한국사회조사연구소 이사장 2004년 同소장(현) 2005~2008년 국가청소년위원회 위원 2005년 (사)민족문제연구소 운영위원 겸 광주지부장 2007~2013년 법무부 광주소년원 보호소년처우심사위원 [저]'통계학 EXCEL'(共) '청소년생활통계연보(共)'(2003) '한국청소년의 삶과 의식구조(共)'(2003) '청소년생활통계연보(共)'(2004) '한국청소년의 삶과 의식구조(共)'(2004) 'SPSS 12.0 통계자료분석(共)'(2004) '사회복지조사방법(共)'(2005) '한국청소년의 삶 : 가정생활, 학교생활, 여가생활(共)'(2007) '한국청소년의 사회심리와 일탈행위(共)'(2007) '한국청소년의 가치관(共)'(2007)

김승곤(金昇坤) KIM Seung Gon (扶岩)

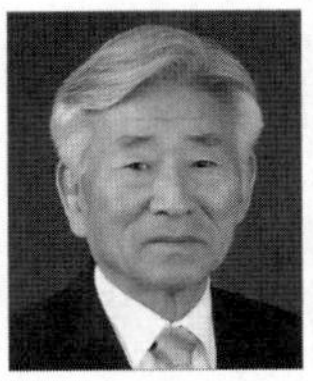

[생]1927·4·5 [본]김해(金海) [출]경남 의령 [주]서울 광진구 능동로120 건국대학교 국어국문학과(02-450-3114) [학]1952년 동래고졸 1960년 건국대 국어국문학과졸 1965년 同대학원졸 1978년 문학박사(건국대) [경]1953~1970년 신반중·명성여고 교사 1970~1980년 건국대 국어국문학과 전임강사·조교수·부교수 1981~1992년 同교수 1984년 同인문과학대학장 1985년 同문과대학장 1986년 한글학회 이사 겸 재단이사 1987년 건국대 총무처장 1989년 同충주캠퍼스 부총장 겸 지역개발대학원장 1990년 문화부 국어심의위원 1990년 국어연구원 국어심의위원 1990년 한글문화단체모두모임 이사 1991~1995년 호서대 대우교수 1993년 문화체육부 국어심의위원 1993~2003년 건국대 대우교수 1993년 외솔회 이사, 한말연구학회 회장 2003년 건국대 명예교수(현) 2004년 한말연구학회 명예회장(현) 2004년 한글학회 부회장 2007~2010년 同회장 2009~2011년 민주평통 자문위원 2009년 문화체육관광부 세종사업 자문위원 2009년 서울시 세종이야기 자문위원 2010년 한글학회 명예회장·명예이사 겸 재단이사(현) [상]건국대 대학원 학술상(1974), 서울시 교육공로상(1986), 국민훈장 석류장(1992), 대통령표창(1996), 외솔상 실천부문(2007), 세종문화상 학술부문(2009) [저]'일반음성학'(1976, 서울교문사) '한국어 조사의 통시적 연구'(1978, 서울대제각) '음성학'(1983, 정음사) '한국어의 기원'(1984, 건국대출판부) '우리말 토씨 연구'(1989, 건국대출판부) '한국어 통어론'(1991, 건국대출판부) '현대 나라말본'(1996, 박이정출판사) '현대 국어 통어론'(1999, 박이정출판사) '현대 표준말본'(2003, 한국문화사) '국어 토씨 어원과 용법-향가에서 1930까지'(2004, 도서출판역락) '토씨 '이/가'와 '은/는' 연구'(2005, 박이정출판사) '관형격조사 '의'의 통어적 의미 분석'(2007, 경진문화사) '21세기 우리말 때매김 연구'(2008, 경진문화사) '21세기 우리말본연구'(2009, 경진문화사) '국어 통어론'(2009, 경진문화사) '21세기 국어 이음씨끝 연구'(2009, 정인문화사) '논어 주석'(2009, 경진문화사) '21세기 국어 통어론 연구'(2009, 경진문화사) [역]'단어통어론'(1986)

김승곤(金承坤)

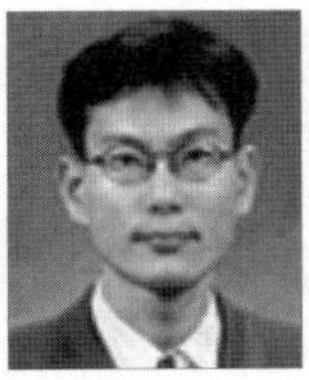

[생]1972·6·24 [출]전북 장수 [주]대전 서구 둔산중로78번길45 대전지방법원(042-470-1114) [학]1991년 관악고졸 1997년 서울대 법학과졸 [경]1996년 사법시험 합격(38회) 1999년 사법연수원 수료(28기) 1999년 대구지법 판사 2002년 인천지법 부천지원 판사 2006년 서울남부지법 판사 2009년 서울중앙지법 판사 2010년 특허법원 판사 2013년 대전지법 판사 2014년 대구지법 부장판사 2016년 대전지법 부장판사(현)

김승관(金承寬) KIM Seung Kwan

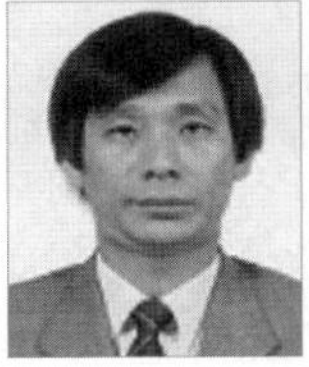

[생]1951·8·10 [본]나주(羅州) [출]전남 무안 [주]서울 구로구 공원로8길24 (주)백제약품 비서실(02-869-0211) [학]1978년 성균관대 철학과졸 [경]1989년 (주)백제에치칼약품 대표이사 사장 2001~2003년 학교법인 초당학원 이사, (주)백제약품 사장 2003년 同부회장(현)

김승국(金承國) Kim Seung Kook (小道)

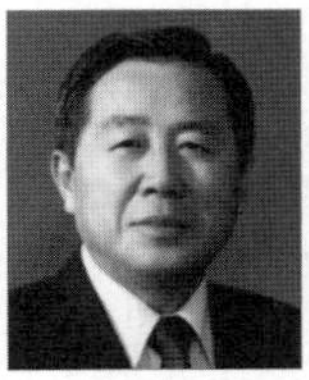

[생]1937·9·12 [본]강릉(江陵) [출]평남 강서 [주]경기 용인시 수지구 죽전로152 단국대학교 사범대학 특수교육과(031-8005-3802) [학]1956년 한영고졸 1960년 서울대 문리대학 심리학과졸 1966년 성균관대 대학원 심리학과졸 1983년 문학박사(성균관대) [경]1961~1968년 공군사관학교 교관 1969~1971년 인력개발연구소 적성검사과장·부장 1971~2003년 단국대 특수교육학과 교수 1978~2010년 한국뇌성마비복지회 이사 1980~1981년 단국대 총무처장 1982~2007년 아산재단 사회복지자문위원·위원장 1983~1984년 단국대 교무처장 1984~1987년 同사범대학장 1985~1999년 同특수교육연구소장 1985~1996년 한국특수올림픽위원회 위원장 1986~1990년 한국특수교육학회 회장 1988~1989년 대통령 장애자복지대책위원회 위원 1988~1998년 한국장애인복지체육회 이사 1991~1997년 노동부 장애인고용촉진위원회 부위원장 1992~1996년 단국대 교육대학원장 1993~2003년 한국장애인고용촉진공단 비상근이사 1996~2008년 아이코리아 이사 1996~1999년 문화체육부 한국표준점자제정자문위원회 부위원장 1997~1998년 단국대 특수교육대학원장 1997~1999년 同대학원장 1998~2000년 한국자폐학회 회장 1999~2002년 단국대 총장 2000~2010년 장애인편의시설설치시민촉진단 위원장 2000~2010년 문화관광부 국립국어원 한국표준수화규범제정추진위원장 2003~2008년 파라다이스복지재단 이사 2004~2012년 단국대 명예교수 2004~2005년 同총장 2004~2015년 학교법인 단국대 이사 2010~2011년 보건복지부 발달장애인지원정책기획단장 2015년 학교법인 단국대 상임이사(현) 2016년 단국대 석좌교수(현) [상]교육부장관표창(1978·1998), 정신박약 애호대상 연구부문대상(1987), 보건사회부장관표창(1987), 노동부장관표창(1997), 보관문화훈장(1998), 우정복지대상 교육부문(2000), 청조근정훈장(2003), 천원교육상 학술연구부문(2005), 한국장애인인권상(2008), 대한민국 청각장애교육 대상(2009) [저]'한국점자통일안'(1982·1988) '수화사전'(1983) '사회성숙도검사'(1985) '맹인용전자독서기 옵타콘'(1988) '장애자복지종합대책'(1989) '적응행동검사'(1990) '한글식 표준수화'(1991) '한국 표준수화'(1994) '특수교육학'(1995) '자폐아동교육'(1996) '교수활동평정척'(1999) '장애학생의 통합교육'(1999) '맹아동의 과학교육방법'(1999) '특수교육의 발전과 통합교육의 추진'(2003) '장애인의 언어와 사회통합'(2003) '특수교육 때문에'(2003) '한국수화사전'(2005) '한국어-스페인수화사전'(2005) '한국수화문형사전'(2007) '교통수화'(2007) '일상생활수화1'(2007) '법률수화'(2007) '수화로 하는 애국가·국기에 대한 맹세·한글날 노래'(2007) '한국어-미국수화사전'(2008) '한국수화1'(2008) '한국수화2'(2009) '의학수화'(2009) '정보통신수화'(2009) '일상생활수화2'(2009) '불교수화'(2010) '천주교수화'(2010) '기독교수화'(2010) '일상생활수화3'(2010) '한국수화에 의한 한국어 문법 교육'(2010) '한국수화3'(2010) '국어 교과 용어의 수화 표준화 연구-언어영역'(2010) '한국수화4'(2010) '발달장애인 지원 방안'(2011) '일상생활수화 4'(2012) '경제 용어의 수화'(2012) '한국수화 5'(2012) '일상생활수화 5'(2012) '정치 용어의 수화'(2012) 'IT 용어의 수화 표준화 연구'(2013) [역]'장애학생의 직업평가'(1994) '발달장애인 직업교육과정'(1997) '농인의 국제수화'(2003) [종]천주교

김승국(金承國) KIM SEUNG-KOOK

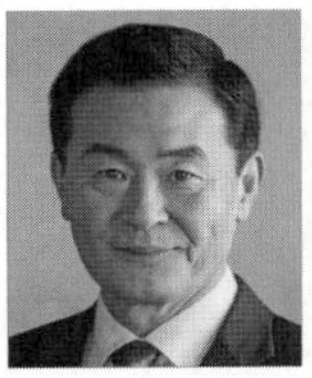

[생]1952·5·18 [출]인천 [주]경기 수원시 팔달구 행궁로11 (재)수원문화재단(031-290-3600) [학]1970년 양정고졸 1979년 국제대 영어영문학과졸 2003년 동국대 문화예술대학원졸 [경]1977~1979년 월간 '공간' 편집부 기자 1979~2009년 국립전통예술고 교원·교감 2001년 한국전통예술학회 이사(현) 2004~2007년 화성재인청복원사업회 집행위원장 2005~2012년 문화재청 문화재전문위원 2006년 문화관광부 전통예술정책수립TF 위원 2007년 (사)전통연희단체총연합회 이사(현) 2007~2009년 대한민국전통연희축제 자문위원 2007~2010년 부천무형문화엑스포 정책자문위원 2009~2010년 (사)전통공연예술연구소 소장 2009년 同이사(현) 2009년 (사)남사당보존회 이사장 2009~2011년 경기도 문화재위원 2009~2014년 황해도 문화재위원 2009~2014년 평안남도 문화재위원 2010~2013년 노원문화예술회관 관장 2011년 동국대 한국음악과 겸임교수(현) 2011~2015년 서울시 문화재위원회 위원장 2012년 대한민국전통연희축제조직위원회 조직위원 2012~2014년 공연예술경연대회 전통예술분야 평가위원 2012~2015년 (재)서울예술단 법인이사 2013~2016년 한국문화예술회관연합회 상임부회장 2013년 문화체육관광부 한-EU문화협력위원회 국내자문단위원(현) 2013년 한국문화예술위원회 책임심의위원 2013년 한국예술인복지재단 심의위원(현) 2013년 노원탈축제추진위원회 위원장 2013~2015년 (사)한국국악협회 법인이사 2014년 (재)국악방송 시청자위원회 위원(현) 2014년 한국문화원연합회 자문위원(현) 2014년 서울시 문화도시정책자문위원(현) 2014년 同국악발전협의회 위원(현) 2014년 안양문화재단 자문위원(현) 2015년 이북5도 문화재위원(현) 2015년 예술의전당 예술대상조직위원회 위원(현) 2015년 문화체육관광부 한국대표공연예술축제 평가위원(현) 2015년 예술경영지원센터 서울아트마켓 추진위원 2015년 인천시 문화재위원(현) 2015년 문화체육관광부 전통연희페스티벌 추진위원(현) 2016년 국립중앙극장 운영심의회 위원장(현) 2016년 경기도 문화재위원(현) 2016년 (재)수원문화재단 대표이사(현) [상]대한민국문화예술상 학술부문(2010), 제11회 문학세계문학상(2014), 대한민국가족지킴이 제5회 문화예술분야 올해의 사회공헌대상(2016) [저]'휴먼리더(共)'(2014, 한국리더스포럼) 시집 '잿빛 거리에 민들레 피다'(1999, 춘강) 시상집 '쿠시나가르의 밤'(2011, 휴먼앤북스)

김승규(金昇圭) KIM Seung Kyu

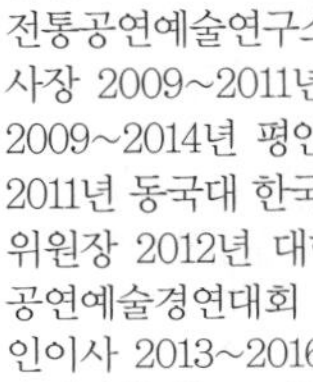

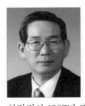

[생]1944·7·20 [출]전남 광양 [주]서울 강남구 테헤란로87길36 도심공항타워15층 법무법인 로고스(02-2188-2801) [학]1964년 순천 매산고졸 1968년 서울대 법대졸 [경]1970년 사법시험 합격(12회) 1972년 사법연수원 수료(2기) 1972년 공군 법무관 1975년 광주지검 검사 1978년 同목포지청 검사 1980년 인천지검 검사 1983년 서울지검 검사 1985년 광주지검 해남지청장 1986년 제주지검 차장검사 1987년 광주지검 형사2부장 1988년 법무부 보호과장 1992년 서울지검 형사5부장 1993년 광주지검 목포지청장 1993년 서울지검 북부지청 차장검사 1994년 수원지검 차장검사 1995년 서울지검 남부지청장 1996년 서울고검 검사(형사부장) 1997년 대전고검 차장검사(검사장 승진) 1998년 대검찰청 감찰부장 1999년 수원지검 검사장 2000년 대검찰청 공판송무부장 2001년 광주고검장 2001년 법무부 차관 2001~2004년 (재)아가페(민영교

도소 설립을 위한 법인) 이사 2002년 대검찰청 차장검사 2002년 부산고검장 2003~2004년 법무법인 로고스 대표변호사 2004~2005년 법무부 장관 2005~2006년 국가정보원 원장 2006년 법무법인 로고스 고문변호사(현) 2007년 (재)아가페전문위원회 위원장(현), 할렐루야교회 장로(현) [상]홍조근정훈장(1996), 황조근정훈장(2002), 청조근정훈장(2007) [저]'효율적인 벌과금집행' [종]기독교

김승기(金勝基) Kim Seung-ki

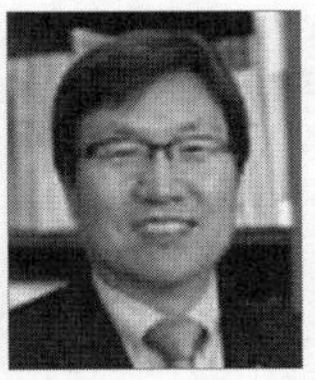

[생]1962·9·16 [주]서울 영등포구 의사당로1 국회사무처 보건복지위원회(02-788-2730) [학]서울대 경제학과졸, 同행정학과졸, 미국 오리건대 경제학과졸, 경제학박사(미국 오리건대) [경]1990년 입법고시 합격(10회) 1995년 국회사무처 재정경제위원회 입법조사관 1996년 同법제예산실 예산정책1과 서기관 1997년 同국회운영위원회 입법조사관, 국회예산정책처 예산정책3과장 2004년 同경제예산분석팀장 2005년 同경제예산분석팀장(부이사관) 2006년 국회사무처 재정경제위원회 입법조사관 2010년 同국회운영위원회 입법심의관 2010년 同보건복지위원회 전문위원(이사관) 2010년 同정무위원회 전문위원 2012년 同국제국장 2013년 同기획재정위원회 전문위원 2015년 同보건복지위원회 수석전문위원(차관보급)(현)

김승기 KIM SEUNG GI

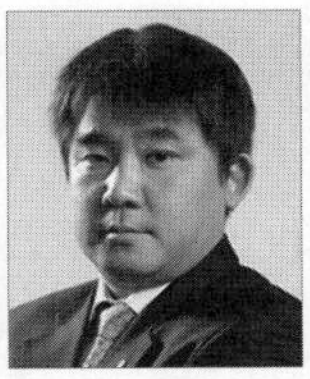

[생]1972·2·26 [주]경기 안양시 동안구 평촌대로389 안양체육관1층 안양 KGC 인삼공사(031-478-6600) [학]용산고졸, 중앙대졸 [경]1994년 삼성전자 입단 1999~2003년 삼보 엑서스 소속 2003~2005년 울산 모비스 피버스 소속 2005년 원주 동부 프로미 입단 2006년 同코치 2009~2015년 부산 KT 소닉붐 수석코치 2015년 안양 KGC인삼공사 수석코치 2015년 同감독 대행 2016년 同감독(현) [상]애니콜 프로농구 수비5걸상·우수수비상(2002)

김승남(金勝男) KIM Seung Nam

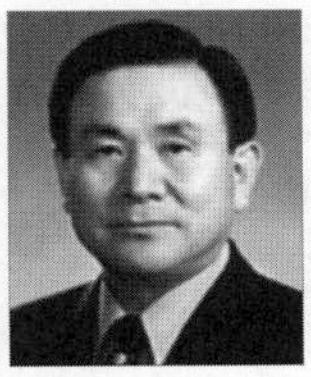

[생]1941·10·23 [본]광산(光山) [출]전남 화순 [주]서울 영등포구 선유로70 우리벤처타운9층 (주)조은시스템 비서실(02-2122-7501) [학]1963년 성균관대 경제학과졸 1975년 육군대학 75정규과정 수료 1978년 고려대 경영대학원 수료 1992년 同경영대학원 금융과정 수료 1995년 同언론대학원 언론과정 수료 1998년 同컴퓨터과학대학원 정보통신Whrton KMA CEO과정 수료 [경]1980년 61사단 179연대장 1983년 국방관리연구소 책임연구원 1984년 충북은행 안전관리실장 1991년 국제생명 이사 1994년 한신생명 상무이사 1994년 (주)조은시스템 대표이사 사장 1998년 (주)잡코리아 대표이사 사장 1999년 (주)조은시스템 대표이사 회장(현) 2001년 한국오리엔티어링연맹 회장 2006년 조은문화재단 이사장(현) 2008~2010년 국제피플투피플 한국본부 총재 2010년 굿소사이어티 이사(현) 2010년 이파란재단 이사(현) 2012~2016년 UN글로벌콤팩트 한국협회 부회장 2014년 한국정책재단 이사(현) [상]충무무공훈장, 미국 동성훈장, 인헌무공훈장, 국무총리표창 [저]'고맙습니다'(2007, 한국경제신문) '좋은 성공'(2010, 조은북스) [종]기독교

김승남(金承南)

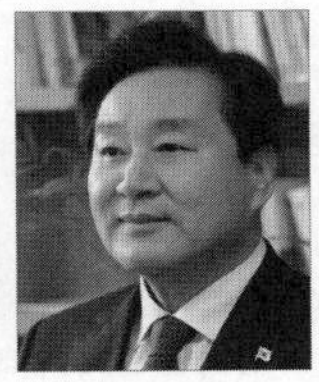

[생]1957·12·19 [출]경기 양평 [주]경기 수원시 팔달구 효원로1 경기도의회(031-8008-7000) [학]1976년 양평종합고졸 [경]한나라당 양평·가평지구당 사무국장, 양평군민포럼 초대회장, 양평군축구협회 부회장, (사)양평지역문제연구소 이사, 경기31개시군의장단협의회 감사 2006년 경기 양평군의원선거 출마, 한나라당 양평·가평당원협의회 사무국장, 한국자유총연맹 양평군지부 부지부장, 민주평통 양평군협의회 회장 2010~2014년 경기 양평군의회 의원(한나라당·새누리당) 2010·2012~2014년 同의장 2014년 경기도의회 의원(새누리당)(현) 2014년 同보건복지위원회 위원 2014~2015년 同예산결산특별위원회 위원 2016년 同기획재정위원회 위원(현) 2016년 同개발제한구역특별위원회 위원(현) 2016년 同제1연정위원장(현) [상]전국시·군자치구의회의장협의회 지방의정 봉사대상(2011)

김승대(金昇大) KIM Seung Dae

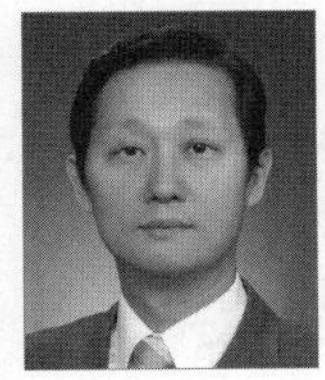

[생]1956·11·11 [본]경주(慶州) [출]경남 마산 [주]부산 금정구 부산대학로63번길2 부산대학교 법학전문대학원(051-510-3724) [학]1975년 경남고졸 1979년 서울대 법학과졸 1984년 同대학원 법학과졸 1988년 프랑스 국립사법관학교 연수 1996년 법학박사(서울대) [경]1981년 사법시험 합격(23회) 1983년 사법연수원 수료(13기) 1983년 서울지검 동부지청 검사 1986년 마산지검 진주지청 검사 1990년 부산지검 검사 1990년 법무부 송무심의관실 검사 1992년 同특수법령과 검사 1993년 서울지검 북부지청 검사 1993년 독일 연방법무부 파견(독일통일법연구) 1994년 서울고검 검사 1995년 헌법재판소 헌법연구관 1997년 수원지검 여주지청장 1997년 법무부 특수법령과장 1999년 서울지검 남부지청 형사6부장 2000년 변호사 개업 2001년 헌법재판소 헌법연구관 2002년 사법시험 출제위원 2004~2005년 헌법재판소 헌법연구부장 2005년 부산대 법학전문대학원 교수(현) 2012~2014년 同법학전문대학원장 [저]'통일헌법 이론' '러시아 헌법론' '헌법학강론' [종]가톨릭

김승덕(金勝德) KIM Seung Deog

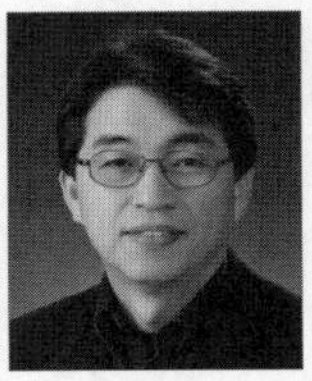

[생]1956·6·27 [본]광산(光山) [출]대구 [주]충북 제천시 세명로65 세명대학교 건축공학과(043-649-1326) [학]1974년 대구 계성고졸 1982년 계명대 건축공학과졸 1986년 성균관대 대학원 건축공학과졸 1991년 공학박사(일본 도쿄대) [경]1991년~1992년 일본 도쿄대 생산기술연구소 박사후연구원 1992~1993년 미국 Purdue대 항공우주공학과 객원연구원 1994~1995년 성균관대 과학기술연구소 특별연구원 1995~1996년 대한주택공사 주택연구소 책임연구원 1996~1997년 충북도 지방건설기술심의위원회 위원 1996~2010년 세명대 건축공학과 부교수 1998~2000년 충북도 건축위원회 위원 1998~2000년 제천시 건축위원회 위원 1998~2000년 한국전산구조공학회 편집위원회 위원 1999년 수양개선사유물전시관 현상공모작품 심사위원 1999년 제1회 충북건축문화상 심사위원 2000~2001년 (주)타이가 자문위원 2000~2002년 충북도 건축위원회 위원 2000~2002년 대한주택공사 설계자문위원회 자문위원 2000년 APCS 2000(Asian Pacific Conference on Shell and Spatial Structures)조직위원회 위원 2000년 KUMHO STRARCH 자문위원 2000년 제2회 충북건축상 심사위원 2001~2002년 대한건축학회 충북지회 평의원 2001년 국민체육진흥공단 자문위원 2001~2003년 한국쉘공간구조학회 총무이사·편집위원회 위원·재정위원회 간사 2001~2003년 한국시설안전기술공단 기술자문위원 2002년 경기도 지방건설기술심의위원회 심의위원 2002년 한국학술진흥재단 심사위원 2002~2004년 대한건축학회 논문편집위원회 상임심사위원 2003년 한국시설안전기술공단 정밀안전진단평가위원회 위원 2003년 서귀포시건설공사 설계자문위원 2003~2005년 한국강구조학회 편집위원회 학술분과위원 2003~2005년 한국쉘공간구조학회 연구개발담당이사·스페이스프레임구조위원회 위원장 2003년 부산아시아드주경기장 자문위원회 위원 2003~2005년 한국시설안전기술공단 기술자문위원 2003년 Invited Lecture IASS 2003 at Taipei Taiwan 2004~2006년 환경관리공단 기술위원 2004년 제주월드컵경기장 자문위원 2004년 한국학술진흥재단 심사위원 2004년 중국 북경교통대 토목건축공정학원 특별강연 2004~2006년 환경관리공단 환경기술평가 심의위원 2005~2007년 한국쉘공간구조학회 부회장 2005~2007년 한국시설안전기술공단 기술자문위원 2006~2009년 환경관리공단 기술위원 2006~2008년 대한건축학회 셀및공간구조분과 위원장 2006~2008년 한국건설기술연구원 심의위원 2006년 국제쉘공간구조학회 '국제학술회의 IASS 2012' 준비위원장 2007~2008년 청주지법 제천지원 조정위원 2007~2009년 한국공간구조학회 부회장 2007~2009년 한국시설안전기술공단 기술자문위원 2008~2014년 국제공간구조학회(IASS) 상임이사 2008년 한국건축구조기술사회 특별회원 2009년 환경관리공단 설계자문위원 2009~2011년 한국공간구조학회 부회장 2009년 단양군 설계자문위원회 위원 2009년 고척돔야구장건립 자문위원 2010년 세명대 건축공학과 교수(현) 2010년 'IASS 2010 at Shanghai China' Invited Speaker 2011~2012년 청주지법 제천지원 조정위원 2011~2013년 정밀점검및정밀안전진단평가위원회 위원 2011~2013년 한국공간구조학회 회장 2011년 중앙건축위원회 위원 2012년 Structural Engineers World Congress(SEWC) 이사 2012년 한국공간구조학회 대의원(현) 2013~2014년 청주지법 제천지원 조정위원 2014년 서울시 건설기술심의위원회 위원 [상]한국전산구조공학회 논문상(2000), 한국쉘공간구조학회 논문상(2006), 세명대 산학협력상(2012), 한국공간구조학회 우수논문상(2013), 세명대 교원업적평가 우수교원(2013), 세명대 교원업적평가 최우수교원(2014), 한국공간구조학회 학술상(2014) [저]'Shell構造의 理論 및 應用(共)'(1994, 한국전산구조공학회) 'Space Frame구조물의 구조해석, 설계 및 시공(共)'(1995, 한국전산구조공학회) '대공간 구조물의 해석 및 설계(共)'(1997, 한국전산구조공학회) '유한요소법의 이해와 응용(共)'(1995, 한국전산구조공학회) '쉘구조론(共)'(1998, 기문당) '대공간구조의 설계와 시공(共)'(2006, 한국전산구조공학회)

김승동(金承東) KIM Seung Dong

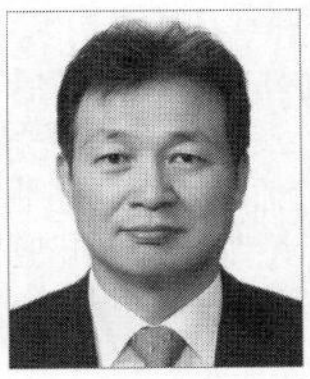

[생]1961·3·10 [본]안동(安東) [출]경북 의성 [주]서울 양천구 목동서로159의1 CBS 미디어본부 보도국 논설위원실(02-2650-7000) [학]대구 능인고졸, 영남대 법학과졸, 프랑스 파리정치고등연구원(Ecole Des Hautes Etudes Politiques) 1년 수학, 한국방송통신대 대학원 경영학과졸, 경남대 대학원졸(정치학박사) [경]1988년 CBS 입사 2003년 同보도국 경제부장 2006년 同대구방송본부 보

도제작국장 2008년 同경남방송 본부장 2009년 同특임국장 2010년 同마케팅본부장(상무대우) 2012년 同크리스천 리더스 아카데미(CEO 리더십 교육) 원장 2013년 同선교TV본부 특임국장 2014년 同콘텐츠본부 보도국 노컷뉴스팀 선임기자 2015년 同미디어본부 보도국 논설위원장(현), 세계결핵제로운동본부(북한어린이결핵퇴치운동본부) 이사(현), 극동문제연구소 객원연구위원(현), (사)아이코리아(구 새세대육영회) 이사회 감사(현), 한국신문방송편집인협회 이사(현), 한국방송기자클럽 운영위원(현), 단국대 교양교육대 교양학부 겸임교수(현) [종]기독교

김승두(金承斗) KIM Seung Doo

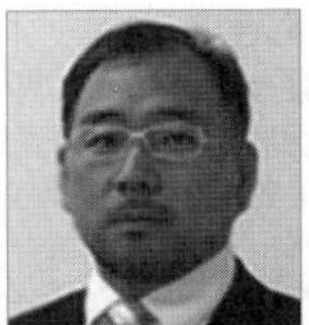

[생]1960 · 3 · 1 [출]경남 마산 [주]경기 의정부시 추동로 140 경기북부상공회의소빌딩2층 연합뉴스 경기북부취재본부(031-853-1414) [학]1979년 마산 경상고졸 1983년 경남대 경제학과졸 [경]1984년 연합통신 입사 1995년 同사진부 차장대우 1997년 同사진부 차장 1998년 연합뉴스 사진부 차장 2000년 同사진부 부장대우 2003년 同사진부 부장급 2006년 同사진부장 2006년 同사진부장(부국장대우) 2008년 同편집국 비주얼뉴스 에디터(부국장) 2011년 同암만단기연수특파원(국장대우) 2012년 연합뉴스TV 시청자센터장 2012년 연합뉴스 기사심의실 기사심의위원 2013년 同콘텐츠평가실 콘텐츠평가위원 2014년 同사진부 기획위원 2015년 同콘텐츠총괄본부 콘텐츠편집부 대기자 2015년 同경기북부취재본부 기자(국장대우)(현)

김승렬(金承烈) KIM, Seung Ryull

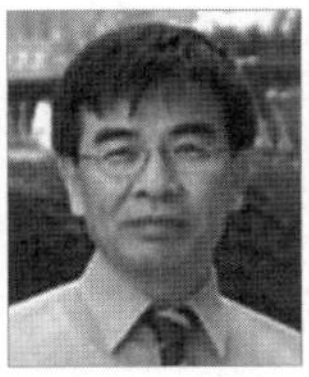

[생]1953 · 5 · 12 [출]광주 [주]경기 안양시 동안구 시민대로401 대륭테크노타운15차1004호 (주)에스코컨설턴트 비서실(031-467-4100) [학]1979년 한양대 공대 토목공학과졸 1987년 태국 아시아공과대(AIT) 대학원 공학과졸 1991년 공학박사(태국 AIT대) [경]1978~1994년 (주)대우엔지니어링 근무 1996년 (주)에스코컨설턴트 대표이사(현) 2007년 한국공학한림원 정회원(현) 2010~2012년 (사)한국터널지하공간학회 회장, 대한토목학회 부회장, 한국지반공학회 부회장 [상]정진기언론문화상 기술부문수상(2004), 토목대상 기술부문(2010), 서울시장표창, 건설교통부장관표창(3회), 은탑산업훈장(2013) [저]'터널'(2004) '터널의 이론과 실무(共)'(2007) '건설시공학(共)'(2009) '암밀의 이론과 실제(共)'(2010)

김승룡(金承龍) Kim Seung Ryong (慧潭)

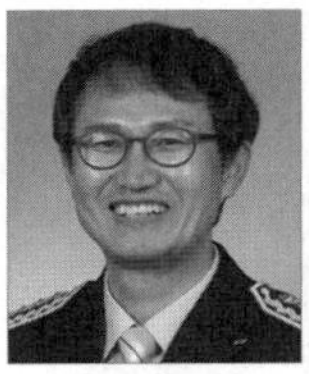

[생]1967 · 3 · 21 [본]김해(金海) [출]전북 익산 [주]경기 파주시 파주읍 통일로1564 파주소방서(031-956-9100) [학]1984년 원광고졸 1992년 한국외국어대 독어과졸 2002년 서울시립대 대학원 방재공학과졸 2009년 한양대 대학원 행정학 박사과정 수료 [경]1997년 소방공무원 임용(소방간부후보생 9기) 1997년 서울시 소방본부 예방과 근무 2000년 서울 송파소방서 소방행정과 행정팀장 2002년 서울 강남소방서 소방행정과 조사팀장 2002~2004년 행정자치부 소방혁신기획단 근무 2004~2006년 소방방재청 개청준비단 · 차장실 근무 2007~2009년 서울 마포소방서 예방과장 2009~2012년 소방방재청 소방정책국 예방대책계장 · 구급계장 2012년 전남도 소방본부 119종합상황실장 2014년 전남 해남소방서장 2015년 경기 파주소방서장(현) [상]행정자치부장관표창(2002), 국무총리표창(2011)

김승만(金承萬)

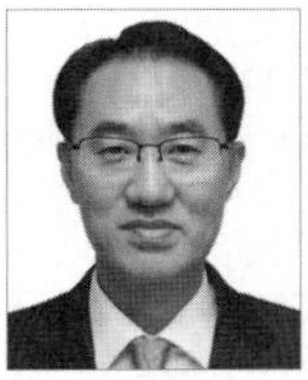

[생]1960 · 1 · 15 [주]서울 중구 명동11길19 전국은행연합회 (주)전은서비스 비서실(02-3705-5373) [학]1979년 강릉 명륜고졸 1983년 중앙대 영어영문학과졸 [경]1984년 전국은행연합회 입회 1997년 미주지역금융기관협의회(뉴욕) 파견 2003년 전국은행연합회 금융정보팀장 2006년 同경영지원팀장 2007년 同홍보실장 2009년 同경영지원부장 2010년 同홍보실장 2011년 전은서비스 전무이사 2013~2015년 전국은행연합회 상무이사 2016년 (주)전은서비스 대표이사(현)

김승모

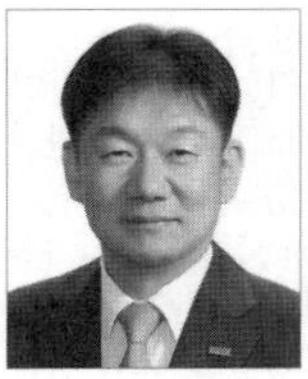

[생]1959 · 4 · 14 [주]부산 부산진구 범일로177 스카이오션빌딩 BNK저축은행(051-713-1211) [학]부산상고졸, 동아대 경영학과졸, 서강대 대학원 경제학과졸 [경]1977년 부산은행 입행 2008년 同당리지점장 2011년 同녹산중앙지점장 2013년 同지역본부장 2014년 同여신지원본부장(부행장보) 2015년 同영업지원본부장(부행장) 2015년 BNK금융지주 상무 2016년 BNK저축은행 대표이사(현)

김승민(金承民) KIM Seung Min

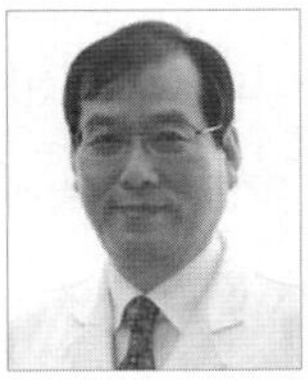

[생]1955 · 7 · 21 [출]서울 [주]서울 서대문구 연세로50의1 세브란스병원 신경과(02-2228-1604) [학]1979년 연세대 의대졸 1994년 고려대 대학원졸 1998년 의학박사(고려대) [경]1979~1983년 연세의료원 인턴 · 내과 전공의 1983~1986년 육군 軍의관 1986~2004년 연세대 의대 신경과학교실 전임강사 · 조교수 · 부교수 1990~1992년 同원주의대 신경과장 1992~1994년 미국 Mayo Clinic Research Fellow 2005년 연세대 의과대학 신경과학교실 교수(현), 대한근전도전기진단의학회 이사장, 대한임상신경생리학회 부회장, 말초신경근연구회 회장 2007~2011년 연세대 의과대학 신경과학교실 주임교수 2007~2011년 同세브란스병원 신경과장 2008~2010년 同뇌연구소장 2013년 대한신경과학회 이사장 2014 · 2016년 세브란스병원 뇌신경센터 소장(현) 2015년 연세대의료원 세브란스아카데미 소장 [상]지석영 의학상

김승배(金升培) Kim Seung-bae

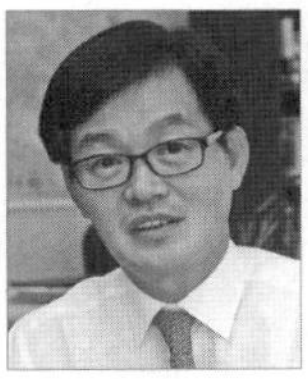

[생]1961·10·12 [출]경북 의성 [주]서울 강남구 봉은사로418 HS빌딩4층 (주)피데스개발 사장실(02-567-7700) [학]1983년 서울대 건축학과졸 2004년 건국대 대학원 부동산학과 재학中 [경]1983~2003년 (주)대우건설 주택사업담당 이사 2003년 주택주거문화연구소 소장 2004년 (주)주거사랑 대표이사 2005년 (주)피데스개발 대표이사 사장(현) 2009년 한국부동산개발협회 수석부회장(현) 2011년 대한주택건설협회 서울시회 부회장 2011년 (사)대한국토도시계획학회 이사 2012년 (사)건설주택포럼 부회장(현) [상]주택건설의 날 대통령표창(2011)

김승범(金承範) KIM SEUNG BEOM

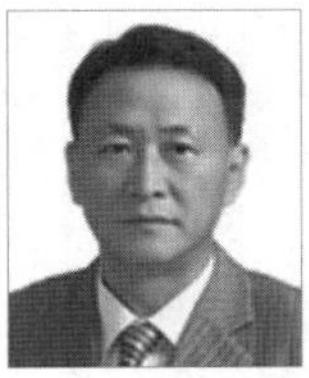

[생]1958·12·1 [본]경주(慶州) [출]제주 [주]제주특별자치도 제주시 연삼로402 연합뉴스 제주취재본부(064-727-4999) [학]1977년 제주 오현고졸 1985년 제주대 사회학과졸 [경]1985~1989년 제주신문 기자 1990~1994년 제민일보 기자 1994년 연합통신 서귀포주재 기자 1996년 同제주지사 기자 1998년 연합뉴스 제주지사 기자 2000년 同제주취재팀 차장대우 2002년 同서귀포주재 차장 2005년 同제주지사 부장대우 2009년 同제주취재본부 부장급 2009년 同제주취재본부장(부장급) 2012년 同제주취재본부장 2014년 同제주취재본부 기획위원(부국장대우) 2015년 同제주취재본부 선임기자 2015년 同제주취재본부장(현) [종]기독교

김승수(金承洙)

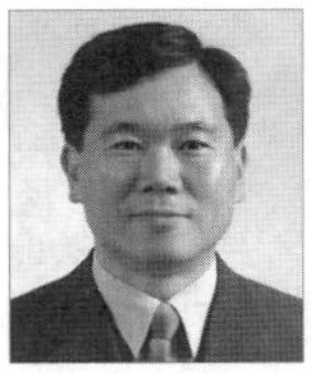

[생]1965·7·5 [출]경북 상주 [주]대구 중구 공평로88 대구광역시청 행정부시장실(053-803-2020) [학]영신고졸, 영남대 행정학과졸, 미국 노스캐롤라이나주립대 행정학과졸 [경]1988년 행정고시 합격(32회) 2000년 행정자치부 교육훈련과 서기관 2004년 同경비구난과장 2005년 지방분권지원단 파견 2006년 행정자치부 지방행정본부 지방혁신관리팀장 2007년 同지방행정본부 지방혁신관리팀장(부이사관) 2007년 同자치행정팀장 2008년 駐영국대사관 파견, 대통령 기획비서관실 선임행정관 2013년 경북도 기획조정실장 2014년 안전행정부 창조정부조직실 창조정부기획관 2014년 행정자치부 창조정부조직실 창조정부기획관 2015년 대구시 행정부시장(현)

김승수(金承洙) Kim Seungsu

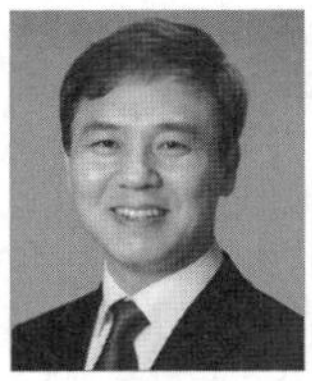

[생]1969 · 3 · 13 [출]전북 정읍 [주]전북 전주시 완산구 노송광장로10 전주시청 시장실(063-281-2001) [학]1987년 이리고졸 1996년 전북대 정치외교학과졸 2011년 同대학원 정치학과졸 [경]2004~2005년 전주시장 비서실장 2006~2007년 전북도지사 비서실장 2007~2009년 (사)전라북도자원봉사종합센터 이사 2007~2016년 전북대 초빙교수 2007~2009년 전북도 대외협력국장 2011~2013년 同정무부지사 2011~2013년 전북대 제34대 총동창회 부회장 2011~2013년 전북의제21추진협의회 공동대표 2011~2013년 전북도남북교류협력위원회 위원장 2011~2013년 전북도다문화가족지원협의체 위원장 2014년 전주시장(새정치민주연합 · 더불어민주당)(현) 2014~2016년 전국혁신도시협의회 회장 [저]'두근두근 전주36.5도'(2014)

김승업(金承業)

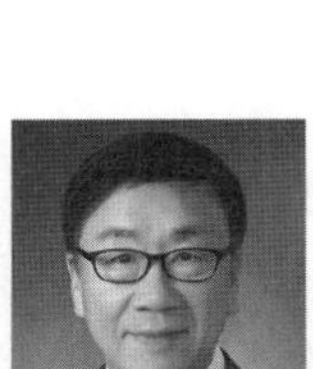

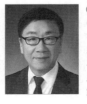

[생]1952 · 7 · 29 [주]서울 중구 퇴계로387 충무아트홀(02-2230-6606) [학]서강대 화학과졸 [경]1987~1998년 예술의전당 기획위원 2000~2005년 (재)세종문화회관 경영본부장 2005~2010년 (재)김해문화의전당 사장 2006~2011년 동아대 예술대학원 문화예술매니지먼트과 교수 2011~2014년 (재)영화의전당 초대 대표이사 2016년 (재)중구문화재단 충무아트홀 사장(현)

김승연(金昇淵) KIM Seung Youn

⊛1952·2·7 ⊕순천(順天) ⊕충남 천안 ㈜서울 중구 청계천로86 한화빌딩27층 한화그룹 회장실(02-729-1006) ⊕경기고졸 1974년 미국 멘로대 경영학과졸 1976년 미국 드풀대 대학원 국제정치학과졸 1996년 명예 경영학박사(서강대) ⊗1977~1978년 태평양건설 해외수주담당 이사 1978~1980년 同해외담당 사장 1980~1981년 한화그룹(舊 한국화약그룹) 관리본부장 1981년 同회장(현) 1982~1997년 대한아마추어복싱연맹 회장 1982~1998년 국제아마복싱연맹 부회장 겸 아세아지역 회장 1984~1993년 駐韓그리스 명예총영사 1985년 (주)한화이글스 구단주 1986년 한국능률협회 부회장 1986~1997년 아세아경기단체총연맹(GAASF) 회장 1990년 한미친선회 이사 1991년 전국경제인연합회 부회장 1992~1998년 경향신문 회장 1993~1997년 대한체육회 부회장 1993~1997년 아테네은행 회장 1994년 유엔한국협회 이사 1995~2001년 한국품질환경인정협회 회장 1996~2000년 헝가리 한화은행 회장 1996년 한국경영자총협회 부회장 1997년 아세아경기단체총연맹 명예회장 1997~2003년 성공회대재단 이사장 1998년 한·이스라엘상공회 명예회장 2000년 한일경제협회 부회장 2000~2002년 한화석유화학(주) 회장 2001년 한미교류협회 창립·초대회장 2002~2003년 대통령 특사 겸 경제통상대사 2002~2005년 대한생명보험(주) 대표이사 회장 2003~2004년 국제협력교류대사 2004년 유엔(UN)산하 유엔평화대학 개발위원장 2005~2007년 (주)한화 대표이사 회장 2006년 유엔한국협회 회장 2006년 대한올림픽위원회 고문 2007년 駐韓그리스 명예총영사, 한화갤러리아 대표이사, 드림파마 대표이사 2008~2014년 (주)한화 대표이사 회장 2008~2014년 한화건설 대표이사 회장 2008~2014년 한화L&C 대표이사 회장 2008~2014년 한화테크엠 대표이사 회장 2009~2014년 한화석유화학(주) 대표이사 회장 2009년 예술의전당 종신회원(현) 2009년 국제복싱발전재단(FBB) 초대 이사장(현) ⊗철탑·금탑산업훈장, 그리스 피닉스대훈장, 체육훈장 맹호장·맹호장·청룡장, 대한민국 체육상, 한국경영사학회 창업대상(2009), 백제문화제기여 감사패(2011) ⊛성공회

김승열(金承烈) KIM Sung Youl

⊛1961·2·9 ⊕경북 성주 ㈜서울 종로구 창덕궁1길13 원서빌딩3층 법무법인 양헌(02-595-2755) ⊕1983년 서울대 법학과졸 1992년 미국 보스턴대 법과대학원 국제금융법학과졸 2011년 미국 노스웨스턴대 School of Law졸(LL. M.) 2011년 서울대 법학전문대학원 JSD Candidate ⊗1982년 사법시험 합격(24회) 1984년 사법연수원 수료(14기) 1991년 미국 뉴욕주변호사시험 합격 1994~1995년 미국 New York 소재 Wharton & Garrison 법률사무소 근무 1994년 재무부 OECD 전문위원 1995년 대한상사중재원 중재인(현) 1998~2005년 한국자산관리공사 법률고문 1999~2000년 숙명여대 법학과 겸임교수 2001~2005년 문화일보 법률고문 2001년 대한상사중재원 조정위원(현) 2001년 신뢰성분쟁조정위원회 조정위원(현) 2002년 홍익대 법무대학원 강사 2005~2009년 법무법인 삼영 대표변호사 2006년 사법연수원 외래교수 2006년 공무원연금급여심의위원회 위원 2007년 통신위원회 약관심사위원회 위원 2009~2010년 기획재정부 공기업경영평가위원 평가위원 2009년 한국거래소 상장폐지실질심사위원회 위원 2009년 환경부 고문변호사(현) 2009년 한국문예학술저작권협회 고문변호사(현) 2010년 교육과학기술부 고문변호사 2010년 방송통신위원회 고문변호사 2010~2012년 대한변호사협회 이사 2010년 지식경제부 에너지정책전문위원회 위원 2010~2014년 경기도 고문변호사 2010년 법무부 변호사시험 국제거래법문제유형연구위원 2010년 同사법시험 제3차시험 면접위원 2011년 同이민정책위원 2011년 법무법인 양헌 대표변호사(현) 2012년 한국과학기술원 지식재산대학원 겸직교수(현) 2012년 감사원 행정심판위원(현) 2012년 보건복지부 고문변호사(현) 2014년 한국예탁결제원 청렴옴부즈맨(현) 2015~2016년 대한변호사협회 부회장 2015년 경향신문 사외이사(현) 2016년 대한특허변호사회 초대회장(현) 2016년 한국중재학회 부회장(현) 2016년 (사)대한중재인협회 부회장(현) 2016년 한국증권법학회 연구이사(현) 2016년 한국금융법학회 일반이사(현) 2016년 서울경제 골프매거진 '한국 10대 코스' 선정위원(현) ㉖'한국의 논단'(2014) '법률의 눈으로 바라본 사회와 경제'(2014) '지식재산금융과 법제도'(2015) '기업법률분쟁과 조정·중재'(2015) '문화와 법의 해석'(2015) '금융법실무-자동차리스금융·할부금융'(2016) '법과 교육'(2016) '법과 금융'(2016) '법과 정보통신'(2016) '법과 지방자치'(2016) '법과 환경'(2016) '골프와 법'(2016)

김승영(金承永) KIM Sung Young

⊛1949·6·25 ⊕김해(金海) ⊕경남 김해 ㈜부산 사상구 새벽로223번길94 (주)금영 비서실(051-867-2550) ⊕고입검정고시 합격, 동의대졸, 중앙대 국제경영대학원 경영학과졸, 국제학박사(부산대) ⊗(주)금영 대표이사 사장, 경찰서 청소년선도위원장, 부산시핸드볼협회 회장, KBS 부산방송총국 시청자위원장, 同시청자네트워크 공동대표, 부산상공회의소 조세금융분과위원장, 부산경영자협회 부회장, 민주평통 부산진구협의회장, 同중앙운영위원, 부산지법 조정위원, 양산 부산대학병원 발전후원회장, 부산지방국세청 체납조정위원, 부산대총동문회 수석부회장(현), 부산시체육회 부회장(현), 부산진구장학회 이사(현), 부산진구청 청소년예술학교 후원회장 2010년 KBS 부산방송총국 시청자네트워크 공동대표(현) 2011~2013년 부산대 경영대학원(AMP)총동문회 회장 2013년 (주)금영 회장(현), 한국전자정보진흥회 상임위원 2014년 同부회장(현) ⊗재정경제부·부산시장 성실납세자상, 국가산업발전 대통령표창, 국민훈장 동백장, 부산진구 봉사희생구민상, 자랑스런 부산대인(2014)

김승오(金昇悟·女) Kim Seungoh

⊛1971·11·16 ㈜대전 서구 청사로189 특허심판원 심판7부(042-481-5848) ⊕1995년 한양대 섬유공학과졸 1997년 서울대 대학원 섬유고분자공학과졸 1999년 변리사시험 합격(36회) 1999~2005년 특허법인 변리사 2005~2010년 특허청 근무(섬유 및 전자상거래분야 특허심사) 2010~2014년 同근무(지재권분야 FTA·미국협력·IP5협력 담당) 2014~2015년 同근무(바이오분야 특허심사) 2015년 同특허심판원 심판관(현)

김승옥(金承鈺) KIM Seung Ok

⊛1941·12·23 ⊕경주(慶州) ⊕일본 오사카 ⊕순천고졸, 서울대 불어불문학과졸 ⊗1962년 '한국일보' 신춘문예에 '생명연습'으로 소설가 등단, 소설가(현) 1967년 영화 '감자'로 감독 데뷔, 샘터사 편집장 겸 주간, 한국공연윤리위원회 윤리위원, 한국문인협회 회원, 한국크리스챤아카데미 근무, 세종대 인문과학대학 국어국문학과 교수, 한국소설가협회 회원(현) ⊗동인문학상(1964), 대종상 각본상(1968), 이상문학상(1976), 순천문학상(2006), 대한민국예술원상 문학부문(2012), 은관문화훈장(2014) ㉖'생명연습'(1962) '서울, 1964년 겨울'(1966) '김승옥 소설집'(1975) '60년대식'(1976) '강변부인'(1977) '무진기행'(1977) '내가 훔친 여름'(1980) '염소는 힘이 세다'(1980) '환상수첩'(1987) '다산성'(1987) '누이를 이해하기 위해서'(1991) '한밤중의 작은 풍경'(2004) '위험한 얼굴' 수필집 '싫을땐 싫다고 하라' 산문집 '내가 만난 하나님'(2007) ㉠'Mujin im Nebel' 'KOREANLSCHE LLTERATUR Ausgewahlte Erzahlungen' 'Voyage a Mujin' 'A la facon des annees soixante' 'LA SUR-PRODUCTIVITE' 'MIRCEA ELIADE' 'Antologia de la narrativa cotrana contemporanea' 'Les Grues' '韓國現代短篇小說選' 'Journey to Mujin' 'ORIENT IERUNGEN' 'CRNLE WRITERS SERIES' 'СЕЗОН ΔОЖΔЕЙ' '半拉姑娘' 'Viaje a Muyin, ciudad de la niebla' 외 ⊛기독교

김승우(金承佑) KIM Seung Woo

⊛1955·7·23 ⊕부산 ㈜대전 유성구 대학로291 한국과학기술원 기계공학과(042-869-3217) ⊕1974년 서울고졸 1978년 서울대 기계설계학과졸 1980년 한국과학기술원(KAIST) 기계공학과졸 1984년 공학박사(영국 크랜필드대) ⊗1984~1985년 한국과학기술원(KAIST) 기계공학과 선임연구원 1985년 同기계공학과 조교수·부교수·교수(현) 2011년 한국정밀공학회 회장 2012년 교육과학기술부 및 한국연구재단 선정 '2012년 국가과학자'-펨토초(femto second·1 펨토초는 1000조분의 1초)를 이용한 초정밀 계측 분야를 선도해온 공학자 2014년 한국공학한림원 정회원(현) ⊗한국정밀공학회 가헌학술상(2000), 매일경제신문 정진기언론문화상(2004), 한국광학회논문상(2005), 이달(10월)의 과학기술자상(2009), 세계측정의날 측정과학상(2010), 경암학술상 공학부문(2011)

김승우(金承禹) KIM Seung Woo

⊗1961·10·15 ⊕충남 아산시 신창면 순천향로22 순천향대학교 전자정보공학과(041-530-1369) ⊕1987년 연세대 전자공학과졸 1989년 同대학원 공학과졸 1994년 공학박사(연세대) ⊗1987년 대한전자공학회 정회원(현) 1988년 IEEE(The Institute of Electrical & Electronic Engineering) 정회원(현) 1989~1990년 삼성종합기술원 연구원 1990년 대한전기공학회 정회원(현), IFSA(International Fuzzy & System Association) 정회원(현) 1992년 일본 쓰쿠바대 로봇연구소 방문연구원 1992년 한국퍼지시스템학회 정회원(현) 1994년 제어자동화시스템공학회 정회원(현) 1994~1996년 순천향대 제어계측공학과 전임강사 1996~2000년 同전기전자공학과 조교수 1996~1998년 한국퍼지 및 지능시스템학회 교육이사 1998~1999년 미국 Case Western Reserve Univ. 방문교수 2000년 순천향대 정보기술공학부 부교수, 同전자정보공학과 교수(현) 2000년 대한전자공학회 학술위원회 간사, 순천향대 기획처장 2013년 同경영부총장(현) 2013년 同SIR센터장(현) 2016년 同SCH미디어랩스학장(현) 2016년 同스마트자동차학과 교수(현) 2016년 同PRIME대형사업단장(현) ⊗ICASE Best Paper Award(2005)

김승욱(金承昱) KIM Seung Wook

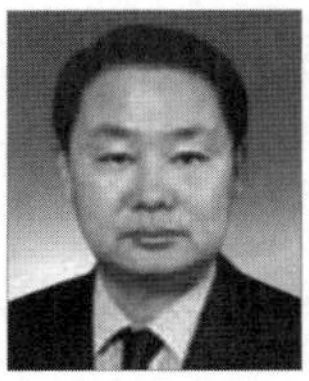

[생]1957·2·3 [주]서울 성북구 안암로145 고려대학교 공과대학 화공생명공학과(02-3290-3300) [학]1976년 보성고졸 1980년 고려대 화학공학과졸 1984년 同대학원 화학공학과졸 1989년 공학박사(영국 버밍햄대) [경]1986~1996년 수원대 교수 1996년 고려대 공과대학 화공생명공학과 교수(현) 2002~2003년 벨기에 Catholic Univ. of Lueven 방문교수 2009년 한국생물공학회 재무위원장·부회장·수석부회장 2013년 同회장 2014년 한국공학한림원 정회원(현)

김승욱(金承煜) KIM Seung Woog

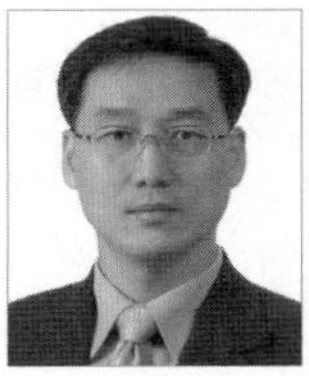

[생]1965·2·7 [본]강릉(江陵) [출]경기 용인 [주]서울 서초구 헌릉로13 대한무역투자진흥공사 인재경영실(02-3460-7038) [학]1983년 유신고졸 1990년 고려대 무역학과졸 2007년 핀란드 헬싱키경제대학 대학원 경영학과졸 [경]1991년 대한무역투자진흥공사 입사 1999년 同시장조사처 근무 2000년 同노동조합 파견 2001년 同외국인투자옴부즈만사무소 근무 2001년 同샌프란시스코무역관 근무 2005년 同인사팀 근무 2008년 同빈무역관장 2008년 同빈코리아비즈니스센터장 2012년 同총무팀장 2013년 同주력산업팀장 2013년 同전략마케팅본부 글로벌기업협력실 FTA사업팀장 2014년 同테헤란무역관장 2016년 同테헤란무역관장(현)

김승원(金升遠) KIM Seung Won

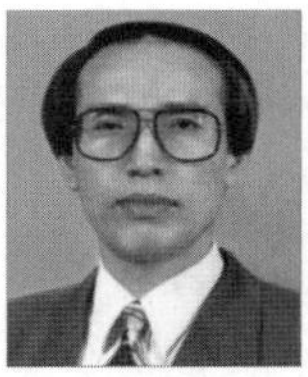

[생]1949·3·13 [출]경북 영주 [주]서울 용산구 한강대로 350 갑을상사 비서실(02-754-5400) [학]1970년 영남대 화학공학과졸 1996년 호주 Bond Univ. 비즈니스스쿨 수료 2001년 Meta-B경영연구원 대학원졸(MBA) [경]1973년 동국실업(주) 이사 1991년 同이사 1993~1999년 안양상공회의소 8·9·10대 상임의원 1994년 동국실업(주) 상무이사 1999년 同전무이사 2002년 同대표이사 2007~2013년 同대표이사 사장 2012년 갑을상사 총괄사장(현) 2013년 동국실업(주) 고문 [종]천주교

김승일(金承一) KIM Seung Il

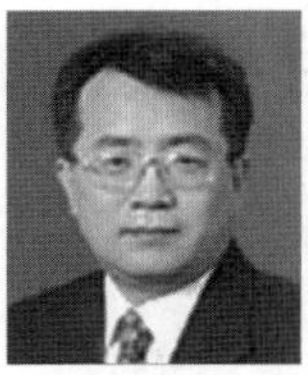

[생]1952·12·27 [출]경북 영주 [주]대구 달성군 논공읍 논공로664 이래오토모티브시스템(주)(053-610-2250) [학]경북고졸, 서울대 자동차공학과졸 [경]기아자동차(주) 승용설계3실장, 同P/T개발실장, 同LPM팀장, 同P/T개발센터담당 직대, 현대자동차(주) 승용디젤엔진개발실장(전무) 2004년 同설계센터장(부사장) 2006년 同차량개발2센터장 2007~2012년 기아자동차(주) 차량개발3센터장(수석부사장) 2008년 한국자동차공학회 회장 2009년 한국공학한림원 정회원(현) 2012년 기아자동차(주) 제품개발담당 수석부사장, 同고문 2014년 한국델파이(Kdac) 사장 2015년 이래오토모티브시스템(주) 사장 2016년 同부회장(현) [상]동탑산업훈장(2011)

김승정(金承貞·女)

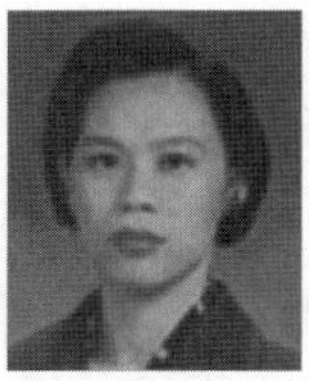

[생]1970·12·20 [출]전북 남원 [주]경기 부천시 원미구 상일로129 인천지방법원 부천지원(032-320-1114) [학]1988년 유일여고졸 1992년 성균관대 법학과졸 [경]1995년 사법시험 합격(37회) 1998년 사법연수원 수료(27기) 1998년 수원지법 예비판사 2000년 서울지법 판사 2002년 광주지법 판사 2005년 서울중앙지법 판사 2007년 서울서부지법 판사 2010년 서울고법 판사 2011년 대법원 재판연구관 2013년 전주지법 부장판사 2015년 인천지법 부천지원 부장판사(현)

김승제(金勝濟) KIM Seung Jae

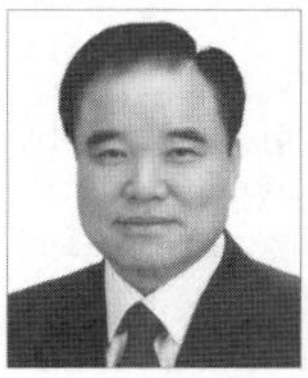

[생]1952·1·23 [출]충남 서천 [주]서울 양천구 오목로325 5층 (주)이스타코(02-2654-6812) [학]1977년 건국대 축산가공학과졸 2007년 한국방송통신대 경영학과졸 2008년 연세대 경영전문대학원 경영학과졸 [경]양천문화원 원장, 한국학원총연합회 부회장 1999년 (주)세진 대표이사 2001년 (주)스타코 대표이사, (주)스타코넷 대표이사 2002년 학교법인 국암학원 이사장(현) 2006년 (주)이스타코 대표이사(현) 2009~2011년 바르게살기운동중앙협의회 중앙회장 2014년 새누리당 서울구로구甲당원협의회 운영위원장(현) 2016년 제20대 국회의원선거 출마(서울 구로구甲, 새누리당) [상]산업자원부장관표창, 대통령표창(2006), 국민훈장 모란장(2007) [저]자전 에세이 '역경을 딛고 꿈과 희망으로'(2011) '희망의 그날'(2015)

김승조(金丞兆) KIM Seung Jo (順山)

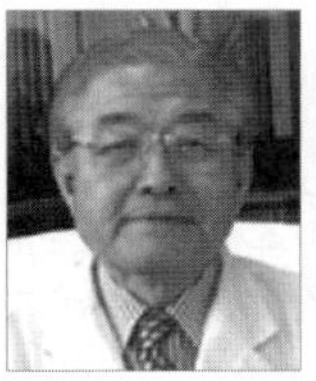

[생]1934·11·19 [출]경북 예천 [주]경기 성남시 분당구 돌마로42 한국과학기술한림원(031-726-7900) [학]1954년 경기고졸 1960년 가톨릭대 의대졸 1962년 同대학원졸 1969년 의학박사(가톨릭대) [경]1960~1964년 가톨릭대 의대부속 성모병원 인턴·레지던트 1965~1975년 同의학부 산부인과학교실 전임강사·부교수 1967년 대한산부인과학회 사무국장 1969년 미국 존스홉킨스대병원 산부인과 연구원 1970년 미국 록펠러대 생물의학부 연구원 1972년 미국 포드재단연구기금 책임연구원 1973년 가톨릭대 의학부 산부인과 주임교수 1975~1999년 同산부인과 교수 1976년 국제보건기구 자연피임법자문위원회 책임연구원 1984년 대한부인암학회 회장 1984년 대한자궁경부병리 및 질확대경학회 회장 1985년 세계산부인과학회 실행이사 1985년 대한산부인과학회 이사장 1986년 대한부인종양·콜포스코피학회 회장·명예회장(현) 1989~1992년 가톨릭중앙의료원 강남성모병원장 1993년 국제융모상피암학회 회장 1994년 가톨릭의과학연구원 원장 1995년 한국과학기술한림원 종신회원(현) 1998년 대한암학회 회장 1999년 대한암협회 부회장 2000년 분당차병원 원장 2002년 同의료원장 2006~2015년 同명예원장 2006년 국제융모성질환학회 회장 2009년 일본 산부인과학회 명예회원(현) [상]일본산부인과학회 특별표창(2009) [저]'부인과학' '자궁암근치술' '여성암홈케어' '자궁암광범위 자궁적출술' '부인암' '자궁경부 확대촬영진' '자궁경부 촬영진' [종]기독교

김승조(金承祚) Seung Jo Kim (金蘭)

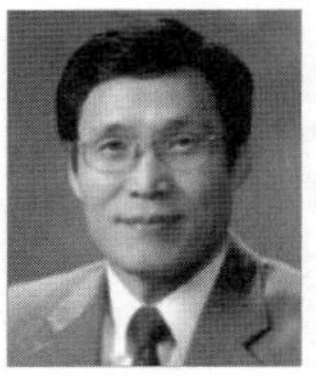

[생]1950·6·24 [본]선산(善山) [출]대구 [주]서울 관악구 관악로1 서울대학교 기계항공공학부(02-880-7388) [학]1969년 경복고졸 1973년 서울대 항공공학과졸 1981년 미국 텍사스대 오스틴교 대학원 항공우주공학과졸 1985년 항공우주공학박사(미국 텍사스대 오스틴교) [경]1973~1979년 국방과학연구소 선임연구원 1986~2011년 서울대 항공우주공학과 교수 1988~1992년 同공과대학 전자계산실장 1994~1997년 同기획실장 2004년 Institute of Physics(IOP) Fellow(현) 2004~2008년 한국산업응용수학회 회장 2005~2006년 한국복합재료학회 회장 2006년 한국항공우주산업 항공기술교수자문단장(현) 2007년 Microsoft HPC(High Performance Computing) Institute 소장(현) 2009년 한국항공우주학회 회장 2010년 미국항공우주학회(AIAA) Fellow(현) 2010년 교육과학기술부 정책자문위원회 부위원장 겸 대과학기술분과위원장 2011~2014년 한국항공우주연구원 원장 2014~2015년 서울대 기계항공공학부 우주항공공학전공 교수 2014~2015년 국가과학기술자문회의 자문위원 2015년 서울대 기계항공공학부 명예교수(현) 2016년 한국과학기술한림원 기획정책담당 부원장(현) [상]한국과학기술단체총연합회 우수논문상(1996·1998), 미국 Gordon Bell Prize(2001), Microsoft Leadership Award for Technical Computing(2007), 제1회 서울대 학술연구상(2008), 미국 텍사스대 자랑스런 동문상(2009), 과학기술훈장 혁신장(2013) [종]불교

김승종(金承鐘) KIM Seung Jong

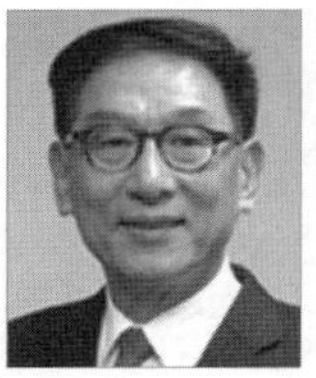

[생]1945·1·18 [출]서울 [주]경기 부천시 원미구 부천로 198번길18 경기콘텐츠진흥원(032-623-8000) [학]1965년 경남공고졸 1971년 연세대 교회음악과졸 1996년 同언론홍보대학원 신문방송학과졸 [경]1971년 중앙방송국 입사 1988년 한국방송공사(KBS) 예능국 쇼담당 차장 1991년 同예능제작국 부주간 1994년 同TV1국 주간 1994년 同TV2국 주간 1997~1999년 同KBS홀 운영국장 1999년 同시청자국장 2000년 同시청자센터 시청자주간 2001년 同시청자센터장 2002~2003년 同편성본부장 2003~2006년 아리랑TV TV방송본부장 2006~2007년 부총리 겸 과학기술부장관 정책자문관 2012~2015년 한국방송공사(KBS) 감사 2013~2015년 한국방송협회 감사 2016년 경기콘텐츠진흥원 이사장(현) [상]방송대상 대통령표창(1973)

김승종(金承鍾) KIM Seung Jong

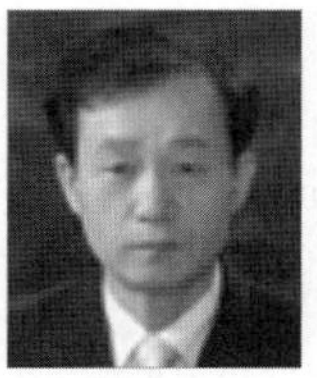

[생]1957·1·26 [출]경북 안동 [주]경기 안양시 만안구 양화로37번길34 연성대학교 군사학과(031-441-1076) [학]1982년 중앙대 문예창작학과졸 1984년 同대학원 문예창작학과졸 1988년 민족문화추진회(한국고전번역원) 국역연수원 연구부 졸업 1992년 문학박사(중앙대) [경]1985~2012년 안양과학대학 교양과 조교수·부교수·교수 2012~2014년 연성대 교양과·관광중국어과 교수, 同군사학과 교수(현) [저]'안서 김억의 시론연구' '삶과 언어' 시집 '머리가 또 가렵다'(1995, 시와 시학사)

김승종(金承鐘) Sean Seungjong KIM

(생)1970 · 3 · 10 (본)경주(慶州) (출)서울 (주)서울 용산구 이태원로266 서울파이낸스빌딩 TMG Search(02-796-9208) (학)1990년 경복고졸 1993년 서강대 경영학과졸(수석조기졸업) 2000년 미국 펜실베이니아대 와튼스쿨졸(MBA) (경)1994~1998년 Accenture Korea (前 Andersen Consulting) 컨설턴트 2001~2002년 SK 그룹 구조조정추진본부 In-House Consulting Team 컨설턴트 2002~2004년 Bain & Company Korea 컨설턴트 2005~2006년 (주)메트로신문 대표이사 사장 2006~2011년 콘페리인터내셔널 부사장 2011~2015년 콘페리인터내셔널 한국법인 대표이사 사장 2015년 TMG Search 대표(현) (상)헤럴드경제 대한민국CEO경영대상 무료신문부문(2005) (저)'Top MBA로 가는 길' (종)기독교

김승준(金承俊) Kim Seungjun

(생)1973 · 3 · 23 (출)경기 군포 (주)서울 성동구 마장로210 한국기원 홍보팀(02-3407-3800) (학)충암고졸 (경)1988년 입단 1990년 2단 승단 1992년 3단 승단 1994년 국기전 준우승 1995년 4단 승단 1996년 5단 승단 1998년 6단 승단 2000년 7단 승단 2003년 농심辛라면배 한국대표(한국 우승) 2003년 8단 승단 2005년 9단 승단(현) 2006년 전자랜드배 왕중왕전 백호부 준우승 2010년 제16회 광저우아시안게임 바둑국가대표팀 코치 (상)바둑문화상 신예기사상(1994) (종)기독교

김승진(金承鎭) KIM Seung Jin

(생)1939 · 1 · 23 (출)충남 천안 (주)서울 서초구 법원로3길22 영인빌딩2층 삼한합동법률사무소(02-536-6575) (학)1957년 서울대 사대부고졸 1962년 서울대 법과졸 (경)1961년 고등고시 사법과 합격(13회) 1962년 육군 법무관 1965~1975년 대전지법 · 서울형사지법 · 서울고법 판사 1975년 재판연구관 1977년 춘천지법 원주지원장 1979년 서울지법 동부지원 부장판사 1980년 서울민사지법 부장판사 1981년 서울고법 부장판사 1988년 광주지법원장 1991년 서울가정법원장 1992년 서울민사지법원장 1993년 사법연수원장 1993년 중앙선거관리위원회 위원 1993년 변호사 개업 1996~2005년 법무법인 삼한 대표변호사 2001~2002년 공적자금관리위원회 민간위원 2005년 법무법인 삼한 변호사 2006~2007 · 2009년 삼성고른기회장학재단 감사 2008년 삼한합동법률사무소 변호사(현) (종)천주교

김승진(金承塡) Seung Jin Kim

(생)1968 · 5 (주)서울 서초구 헌릉로12 현대자동차(주) 임원실(02-3464-1114) (학)서울대 국제경제학과졸, 경제학박사(미국 펜실베이니아대) (경)현대자동차(주) 경제분석실 · 자동차산업연구실담당 상무, 기아자동차 경영전략실장(전무), 현대자동차(주) 글로벌미래전략TFT장(전무) 2016년 同글로벌미래전략TF팀장(부사장)(현)

김승찬(金勝燦) KIM Seung Chan

(생)1959 · 12 · 20 (출)서울 (주)대구 동구 동대구로461 (재)대구경북디자인센터 원장실(053-740-0002) (학)1978년 우신고졸 1983년 중앙대 공예학과졸, 산업디자인학박사(경희대) (경)현대전자 디자인실장, (주)팬택앤큐리텔 디자인실장(상무보), 계원예술대 산업디자인과 교수 2014년 한국산업디자이너협회 부회장 2014년 (재)대구경북디자인센터 원장(현) (상)대통령표창(2005)

김승철(金承喆) KIM Seung Chul

(생)1951 · 6 · 2 (본)광산(光山) (출)광주 (주)경기 수원시 장안구 서부로2066 수성관(031-299-6903) (학)1970년 광주 사레지오고졸 1974년 성균관대 체육교육학과졸 1978년 同대학원 체육학과졸 1995년 스포츠심리학박사(국민대) (경)1974~2016년 성균관대 스포츠과학부 조교 · 전임강사 · 조교수 · 부교수 · 교수, 同스포츠과학과 교수 1983~1984년 미국 Univ. of Califonia Berkely 객원교수 1989~1994년 한국스포츠심리학회 상임이사 1993~2003년 한국대학스포츠위원회 위원 · 상임위원 1994~2001년 한국스포츠심리학회 부회장 1995년 일본 후쿠오카 하계유니버시아드대회 본부임원 1998~2002년 한국체육학회 이사 · 부회장 2001~2003년 (사)한국올림픽성화회 부회장 2001~2003년 KOC 올림픽아카데미위원회 위원 2001년 중국 북경 하계유니버시아드대회 본부임원 2001~2003년 한국스포츠심리학회 회장

2001~2010년 대한체육회 이사 2002~2003년 문화관광부 정책자문위원 2002년 대한민국체육상 심사위원 2003년 2003티르비시오동계유니버시아드대회 한국선수단장 2003~2012년 KT&G 복지재단 이사 2003년 민주평통 자문위원 2004~2007년 국민체육진흥공단 이사 2005년 성균관대총동창회 부회장(현) 2007~2008년 (사)한국올림픽성화회 회장 2008~2012년 체육인재육성재단 이사 2009~2010년 (사)한국체육학회 회장 2009년 대한대학스포츠위원회(KUSB) 부위원장(현) 2009~2014년 2014인천아시안게임 조직위원회 경기위원장 2009~2015광주하계유니버시아드 조직위원회 위원 2010년 대한아마추어복싱연맹 회장 직대 2011년 스포츠선진화포럼 상임대표(현) 2011 · 2016년 대한크리켓협회 회장(현) 2012년 2018평창동계올림픽조직위원회 자문위원 2013년 2013카잔하계유니버시아드대회 한국선수단장 2014~2015년 대한체육회 학교체육클럽스포츠지원위원회(현) 2016년 성균관대 산학협력단 LINC사업팀장 2016년 2018평창동계올림픽조직위원회 위원(현) (상)대한육상경기연맹 지도상(1983), 한국대학육상경기연맹 공로상(1985), 체육부장관표창(1986), 국무총리표창(1988), 한국대학육상경기연맹 지도상(1995), 성균관대총장표창(2000), 성균관대 교육업적우수상(2003), 대한체육회 공로상(2003), 부총리 겸 교육인적자원부장관표창(2006) (종)천주교

김승철(金昇喆) KIM Seung Cheol

(생)1957 · 1 · 6 (본)부안(扶安) (출)서울 (주)서울 양천구 안양천로1071 이대목동병원 산부인과(02-2650-5587) (학)1975년 경기고졸 1982년 서울대 의대졸 1991년 同대학원졸 1994년 의학박사(서울대) (경)1982~1983년 서울대병원 인턴 1983~1986년 육군 군의관(대위 예편) 1986~1990년 서울대병원 산부인과 전문의과정 수료 1990~1991년 삼성제일병원 산부인과장 1991~1993년 충북대 의대 산부인과학교실 조교수 1993~2002년 이화여대 의대 산부인과학교실 조교수 · 부교수 1996~1998년 同의대 교학부장 2000~2001년 미국 Univ. of Iowa Hospitals and Clinics 부인암연구소 Research Fellow 2002년 이화여대 의대 산부인과학교실 교수(현) 2002년 同목동병원 산부인과장 2007~2009년 同의대 산부인과학교실 주임교수 2007~2009년 同목동병원 의무부장 2008년 同여성암전문병원 준비위원장 2009~2011년 同여성암전문병원장 2009년 同부인암센터장 겸임 2009년 미국 세계인명사전 'Marquis Who's Who in the World'에 등재 2009~2011년 이화여대 목동병원장 2011~2015년 同여성암전문병원 부인종양센터장 2012~2013년 이화여대의료원 이화융합의학연구원장 2012년 同여성암정복특성화연구센터장(현) 2015년 同의료원장 겸 의무부총장(현) 2015년 대한산부인과학회 차기(2017년) 이사장(현) 2016년 서울 강서구 미라클메디특구협의회 회장(현) 2016년 대한병원협회 재무위원장(현) 2016년 대한부인종양학회 차기(2018년) 회장(현) (상)대한산부인과학회 우수논문상, 대한부인종양 · 콜포스코피학회 우수논문상, 일본 산부인과학회 회장상 국제부문, 대한비뇨산부인과학회 우수논문상, 대한산부인과학회 우수논문상(2014) (종)천주교

김승탁(金承卓) KIM SEUNG TACK

(생)1957 (출)제주 (주)경기 의왕시 철도박물관로37 현대로템(031-8090-8114) (학)제주제일고졸, 제주대 경영학과졸 (경)기아자동차(주) 경영전략실장(이사), 同글로벌경영전략실장(상무), 同유럽사업부장(전무) 2011년 현대자동차(주) 해외영업본부장(부사장), 현대모비스(주) 기획사업본부장(부사장), 同부품영업본부장(부사장) 2015년 현대로템(주) 대표이사 사장(현)

김승태(金承泰) KIM Seung Tae

(생)1955 · 8 · 17 (출)경북 울릉 (주)경북 군위군 효령면 치산효령로1610 (재)경북농민사관학교 교장실(054-383-6901) (학)1974년 울릉고졸 1997년 영진전문대 행정과졸 1999년 한국방송통신대 행정학과졸 2002년 경북대 행정대학원졸 (경)1975년 울릉군 남면 공무원 신규임용 1978~1981년 同내무과 행정계 · 감사계 근무 1981~1986년 同주택계장 · 평가계장 · 국토미화계장 1986~1993년 경북도 가축위생시험소 · 도로관리사업소 근무 1993~1995년 同예천군 문화공보실장 · 청도군의회 사무과장 1995~2004년 同새마을과 · 총무과 담당 2004~2006년 同의회사무처 전문위원 · 사회노인복지과장 · 총무과장 2006년 同감사관 2007년 지방혁신인력개발원 고위정책과정 교육파견 2008년 경북도 감사관 2009년 영천시 부시장 2011년 경북도 보건복지여성국장(부이사관) 2012년 同행정지원국장 2013년 경산시 부시장 2014년 (재)경북농민사관학교 교장(현) (상)국무총리표창(1999), 녹조근정훈장(2005), 홍조근정훈장(2014)

김승태(金勝泰) Steve, Kim

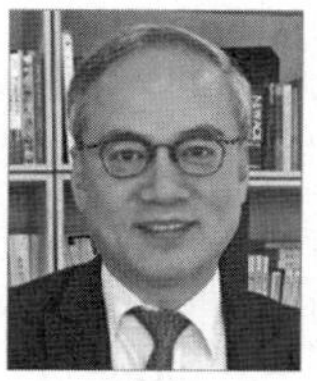

[생]1962·2·7 [주]경기 성남시 분당구 판교역로225의 20 시공테크(02-3438-0041) [학]1985년 고려대 문과대학 독문학과졸 [경]1992~1997년 (주)시공테크 관리부 과장·차장 2000년 同컨텐츠사업본부장 2001년 同포스코역사관 사업팀장(이사) 2013~2016년 同부사장 2013년 (주)시공문화 대표이사(현) 2015년 한국멀티미디어학회 부회장 2015년 한국실내디자인학회 부회장(현) 2016년 (주)시공테크 사장(현) 2016년 재외동포재단 제7기 자문위원(현) [저]'BEYOND TIME SPACE 도전 창조 그 이상을 향해'(2012)

김승택(金承澤) KIM Seung Taik

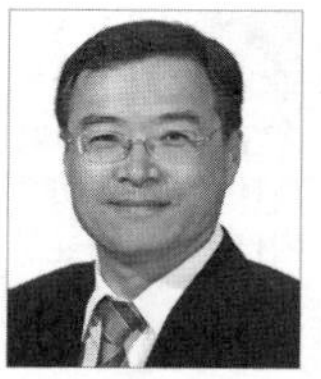

[생]1953·8·31 [본]안동(安東) [출]경남 진해 [주]충북 청주시 서원구 1순환로776 충북대병원 혈액종양내과(043-269-6354) [학]1972년 경기고졸 1978년 서울대 의대졸 1981년 同대학원 의학석사 1988년 의학박사(서울대) [경]1979~1983년 서울대 병원 내과 전공의 1983~1986년 육군 軍의관 1986~1988년 서울대병원 혈액종양내과 전임의 1987~1988년 서울대 의과대학 암연구소 특별연구원 1988~2010·2014년 충북대 의과대학 내과학교실 전임강사·조교수·부교수·교수(현) 1989~1991년 同의과대학장 1993~1994년 미국 워싱턴대 Senior Fellow 1999~2001년 충북대 의과대학장 2003~2006년 충북대병원 원장 2010~2014년 충북대 총장 [상]대한혈액학회 우수논문상(1998·1999·2004), 한국BRM학술상(1999), 대통령표창(2010)

김승택(金承澤) KIM Seong Teak

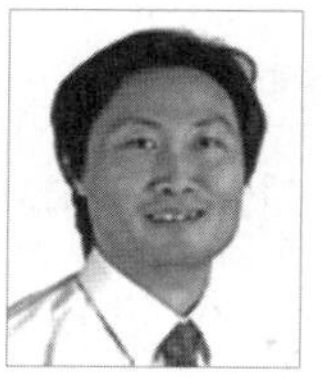

[생]1963·9·11 [출]경기 파주 [주]세종특별자치시 시청대로370 한국노동연구원 부원장실(044-287-6010) [학]1986년 연세대 경제학과졸 1988년 미국 일리노이대 어배나교 대학원 정치경제학과졸 1990년 미국 브라운대 대학원 경제학과졸 1997년 경제학박사(브라운대) [경]1997~2000년 산업연구원(KIET) 수석연구원 1998년 연세대 상경대학 강사 1999년 경희대 국제통상학부 강사 1999년 새정치국민회의 실업대책위원회 연구위원 1999년 중소기업기술경쟁력향상5개년계획 전문분과위원 2000~2007년 한국노동연구원(KLI) 연구위원 2001년 과학기술부 과학기술기본계획 과학기술인력부문 위원 2002~2003년 보건복지부 국민연금발전위원회 재정분석전문위원회 위원 2003~2007년 한국태평양경제협력위원회(PECC) 인적자원개발분과 간사 2003년 과학기술정책연구원 연구과제 평가위원 2003년 국민연금연구원 연구과제 평가위원 2003년 정보통신연구진흥원 연구과제 평가위원 2005~2007년 기획재정부 중앙성과관리자문단 위원 2007년 한국노동연구원 선임연구위원(현) 2007년 同국제협력실장 2008년 同사회정책연구본부장 2009년 同인적자원연구본부장 2012년 同연구관리본부장 2013년 성균관대 초빙교수 2016년 한국노동연구원 부원장(현) [저]'밀라노 프로젝트 개별사업의 평가 및 조정방안'(2000, 산업연구원) '종합인력개발기관의 육성방안 연구'(2001, 한국노동연구원) '근로자파견제도의 도입효과 평가 및 개선방안'(2002, 한국노동연구원) '민간인력서비스산업의 실태와 정책과제'(2003, 한국노동연구원) '노사관계의 안정 무엇이 문제인가?'(2003, 한국물가정보) '고용서비스선진화방안'(2004, 한국노동연구원) '공공·민간 직업안정기관 운영실태 및 개선과제'(2004, 한국노동연구원) '문화콘텐츠산업 인력구조 및 직무분석'(2004, 한국문화콘텐츠진흥원) '한·일 자유무역협정이 노동시장에 미치는 영향과 대응방안'(2004, 노동부) '노동시장 조기경보시스템 구축방안 연구'(2004, 노동부) '노동행정에 있어서 성과관리제도 도입방안'(2004, 노동부) '인력알선 및 인력공급서비스와 직업훈련서비스시장 개방에 대비한 대응방안 모색-WTO 서비스협상과 관련하여'(2004, 한국노동연구원) '자유무역협정(FTA) 추진으로 인한 노동관련 서비스 시장개방 압력에 대한 대책 및 협상전략 연구'(2004, 노동부) 'FTA가 노동시장에 미치는 영향'(2004, 한국노동연구원) '교대근무제 개편과 교육훈련 강화 등을 통한 고용창출 및 노동생산성 제고방안'(2004, 한국노동연구원) '노동비용과 임금수준의 국제비교'(2005, 한국노동연구원) '고용서비스의 개선 방향은 무엇인가?'(2005, 한국노동연구원) '영화·TV 스탭진의 고용실태 및 관련제도 연구'(2005, 노동부) '국내근로자 공급사업 실태조사 및 제도 개선방안'(2005, 노동부) '가격제도의 비전과 발전 방안'(2005, 한국노동연구원) '주5일근무제의 비용과 편익'(2005, 국회도서관) '일자리 창출과 벤처·중소기업의 육성'(2005, 한국물가정보) 'IT전문인력 활용실태조사'(2005, 정보통신부) '노동시장조기경보시스템(EWS) 지표 개발연구'(2006, 한국노동연구원) '민간고용서비스 활성화를 위한 합리화 육성방안'(2006, 한국노동연구원) '한일 FTA체결에 따른 고용정책 차원의 대응방안'(2006, 한국노동연구원) '무역자유화가 노동시장의 미치는 영향 분석'(2006, 한국노동연구원) 외 다수

김승표(金承杓) KIM Seung Pyo

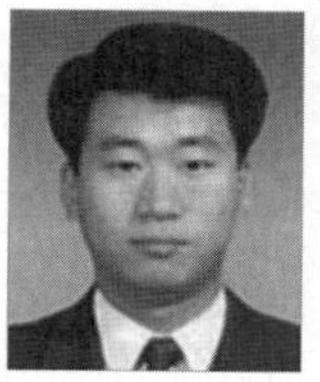

[생]1965·3·2 [본]김해(金海) [출]부산 [주]서울 서초구 서초중앙로157 서울고등법원(02-530-1114) [학]1983년 부산고졸 1987년 서울대 법과대학졸 1989년 同대학원 법학과 수료 [경]1988년 사법시험 합격(30회) 1991년 사법연수원 수료(20기) 1994년 서울민사지법 판사 1996년 서울가정법원 판사 1998년 창원지법 판사 1999년 同마산지법원 판사 2002년 서울고법 판사 2003년 대법원 재판연구관 2005년 서울중앙지법 판사 2006년 대전지법 서산지원장 2007년 대법원 재판연구관 2009년 인천지법 부장판사 2010년 서울동부지법 부장판사 2012년 서울중앙지법 제5민사부 부장판사 2014년 대전고법 청주재판부 부장판사 2016년 서울고법 부장판사(현)

김승학(金承學) KIM Seong Hak

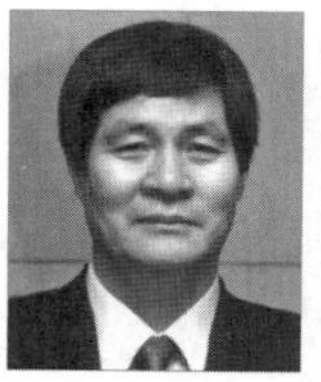

[생]1947·6·23 [출]경기 고양 [주]전북 익산시 웅포면 강변로130 웅포관광개발(주) 베어리버골프리조트 회장실(063-720-7000) [학]1990년 동국대 경영대학원 최고경영자과정 수료 1999년 한국체육대 대학원 최고경영자과정 수료 [경]1968년 프로골프 입문 1970년 미국 월드컵 한국대표(5위) 1971년 호주 멜버른월드컵 한국대표(7위) 1972년 스페인 월드컵 한국대표(8위) 1973년 아시안서키트 필리핀오픈 우승 1974년 아시안서키트 한국오픈 우승 1974년 필리핀마스터즈 준우승 1975년 그린골프 회장 1975~1988년 워커힐골프연습장 경영 1976년 PGA선수권 우승 1977년 필리핀월드컵 한국대표(8위) 1977년 오란씨오픈 우승 1978년 한국오픈 우승 1978년 홍콩오픈 우승 1979년 부산오픈 우승 1980년 삼양오픈 우승 1980년 PGA선수권 우승 1980년 콜롬비아월드컵 한국대표(13위) 1980년 한국프로골프협회(KPGA) 이사 1988년 同상무이사 1992년 同부회장 1994년 일동레이크GC 부회장 1996년 한국프로골프협회 수석부회장 1998년 KGM 대표이사 2000~2003년 한국프로골프협회 회장 2006년 웅포관광개발(주) 베어리버골프리조트 회장(현) [종]불교

김승학(金承學) KIM Seung Hak

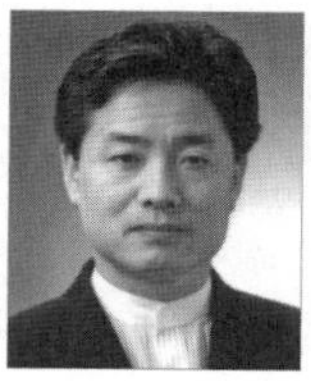

[생]1960·6·1 [본]김해(金海) [출]서울 [주]서울 영등포구 의사당대로1 국회사무처 방송제작과(02-788-3752) [학]1978년 서울 우신고졸 1985년 서울대 미학과졸 [경]1986~1996년 제일기획·삼성영상사업단 Q채널 차장 2000~2003년 한솔CSN 부장 2004년 국회사무처 방송제작담당관, 同방송제작과장(현)

김승한(金承漢) KIM Sung Han

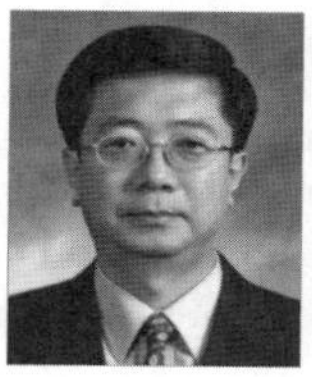

[생]1956·10·6 [출]부산 [주]서울 영등포구 은행로3 삼희익스콘벤처타워11층 (주)한창제지 비서실(02-3774-5304) [학]1975년 부산고졸 1979년 성균관대 독어독문학과졸 1985년 미국 노트르담대 경영대학원졸 [경]1989~1991년 (주)한창 대표이사 사장 1991~1995년 同기획조정실 사장 1995년 한창그룹 부회장, 네오웨이브(주) 이사 2003년 한창그룹 회장 2005년 (주)한창제지 회장(현)

김승협(金承協) KIM Seung Hyup

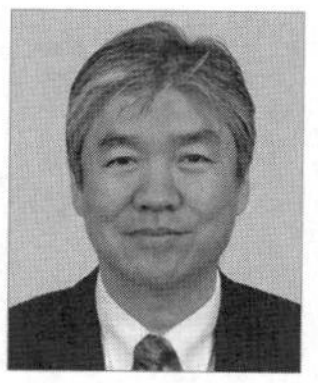

[생]1954·5·17 [출]서울 [주]서울 종로구 대학로101 서울대학교병원 영상의학과(02-2072-2114) [학]1973년 경기고졸 1979년 서울대 의대졸 1982년 同대학원 방사선과학졸 1988년 의학박사(서울대) [경]1979년 서울대병원 인턴 1980년 同진단방사선과 전공의 1983년 방사선과 전문의자격 취득 1983년 제주의료원 방사선과 공중보건전문의 1986년 한국보훈병원 방사선과 전문의 1987~1993년 서울대 의대 방사선과학교실 전임강사·조교수 1989년 미국 펜실베이니아주립대 방사선과 연수 1992년 대한초음파의학회 편집위원 1993년 서울대 의대 방사선과학교실 부교수·교수, 同의대 영상의학교실 교수(현) 1993년 대한방사선의학회 국제협력위원회 간사 1995년 대한초음파의학회 총무이사 1996년 Investigative Radiology Reviewer(현) 1996년 대한방사선의학회 편집위원(현) 1998년 서울대병원 진단방사선과 의무장 1999년 대한방사선의학회 국제협력위원회 간사 2000년 Korean Journal of Radiology 편집위원(현) 2000년 European Journal of Radiology Reviewer(현) 2001년 Asian Federation of Societies for Ultrasound in Medicine Councilor(현) 2002~2004년 서울대 의대 학생부학장 2004년 대한민국의학한림원 정회원(현) 2007~2010년 대한초음파의학회 이사장 2009년 세계초음파의학회 이사 2010~2013년 서울대병원 진료부원장 2011년 아시아복부영상의학회(ASAR) 총무이사(현) 2011~2012년 대한초음파의학회 회장 2012년 아시아초음파의학회 회장(현) 2013년 세계초음파의학회 부회장(현) 2015년 대

한영상의학회 회장(현) [저]'Radiology Illustrated : Uroradiology(共)'(2003) 'Radiology Illustrated : Gynecologic Imaging(共)'(2005) '비뇨생식기영상진단: 비뇨기영상(編)'(2009) '비뇨생식기영상진단: 부인과영상(編)'(2009) '비뇨생식기영상진단: 산과영상(編)'(2009) 'Radiology Illustrated : Uroradiology(2nd ed)'(2012)

김승호(金昇浩) KIM Seung Ho (中甫)

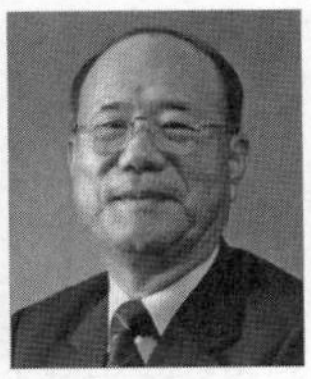

[생]1932·1·6 [출]충남 보령 [주]서울 종로구 창경궁로 136 보령그룹 회장실(02-708-8100) [학]1950년 숭문고졸 1965년 국학대 상학과졸 1966년 고려대 경영대학원졸 1991년 명예 경영학박사(중앙대) 2003년 명예 약학박사(충남대) 2007년 명예 의학박사(강원대) [경]한국종균협회 회장, 한국생명공학연구조합 이사장 1957년 보령약국 창업 1963~1975년 보령약품(주) 사장 1963~1991년 보령제약 대표이사 1977년 보령장업(주) 대표이사 1985년 한국제약협회 수석부회장 1986년 한국의약품수출입협회 이사 1987년 의약품성실신고회원조합 조합장 1987년 한국제약협회 부회장 1989년 세계大衆藥협회(WFPMM) 회장 1991년 한국제약협회 회장 1991년 보령그룹 회장(현) 1996년 한국생명공학연구조합 이사장 2004년 한국전문경영인학회 이사장 2008년 보령중보재단 이사장(현) 2009년 일본 타무라과학기술진흥재단 이사(현) [상]은탑산업훈장, 대통령표창, 국민훈장 모란장, 의약품 100만불수출탑, 프랑스 은장수훈, 한국능률협회 한국의 경영자상(2000), 다산경영상, 한국경영사학회 창업대상, 국민훈장 목련장, 자랑스러운 한국인 대상 의약품개발부문(2007), 한국바이오협회 공로패(2009), 기업경영대상(2010), 제42회 보건의날 국민훈장 무궁화장(2014) [저]회갑기념문집 '기회는 기다리지 않는다'(2000) '끝은 생각하지도 마'(2007) 'My dream, Healthy society'(2011) [종]불교

김승호(金承鎬) KIM Seung Ho

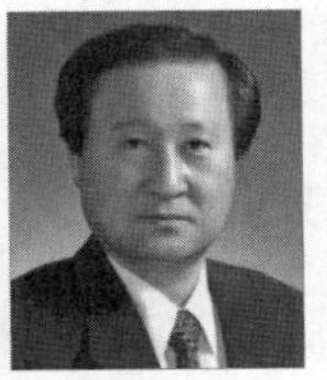

[생]1943·2·5 [본]경주(慶州) [출]함남 함흥 [주]충남 천안시 동남구 신부7길12 수석빌딩 법무법인 서도(041-554-3333) [학]1962년 경남고졸 1966년 서울대 법대졸 1970년 同대학원 수료 [경]1968년 사법시험 합격(9회) 1970년 軍법무관 1973년 대구지검 검사 1975년 부산지검 검사 1978년 광주지검 장흥지청 검사 1980년 청주지검 검사 1982년 수원지검 성남지청 검사 1983년 서울지검 영등포지청 검사 1985년 대구고검 검사 1986년 춘천지검 강릉지청 검사 1987년 부산지검 공판부 부장검사 1988년 同형사2부 부장검사 1988년 서울고검 검사 1989년 서울지검 의정부지청 부장검사 1991년 서울지검 송무부 부장검사 1992년 춘천지검 차장검사 1993년 창원지검 차장검사 1993년 대전지검 천안지청장 1995년 변호사 개업 2002년 아산시 고문변호사 2002년 법무법인 서도 대표변호사 2013년 同변호사(현) [종]불교

김승호(金承鎬) KIM Seung Ho

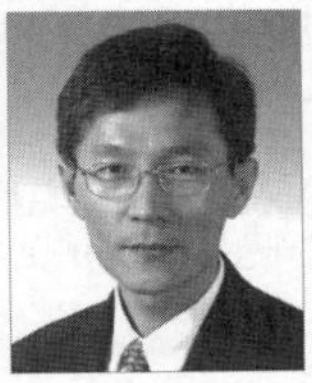

[생]1961·1·14 [주]서울 서초구 헌릉로13 대한무역투자진흥공사 인재경영실(02-3460-7038) [학]1985년 고려대 무역학과졸 1987년 同대학원 무역학과졸 [경]1971년 대한무역투자진흥공사 입사 1991년 同구아부 근무 1992년 同지역조사부 근무 1993년 同기획관리처 근무 1996년 同일본 도쿄무역관 근무 1999년 同마케팅지원처 근무 2000년 同구아중동팀 근무 2002년 同인도 뉴델리무역관 근무 2006년 同기획조정실 부장 2007년 同기획조정실 차장 2007년 중소기업특별위원회 파견 2008년 대한무역투자진흥공사 기획조정실 부장 2009년 同시카고무역관 수출인큐베이터운영팀장 2011년 同온라인마케팅팀장 2012년 同금융산업유치팀장 2014년 同부다페스트무역관장(현)

김승호(金勝鎬) KIM Seung Ho

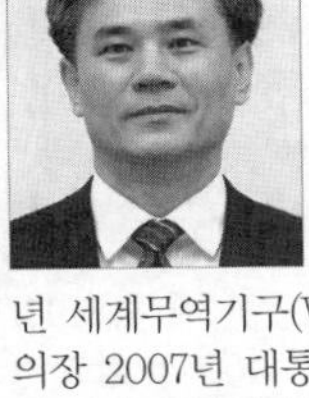

[생]1962·8·12 [출]전북 이리 [주]서울 종로구 사직로8길60 외교부 인사운영팀(02-2100-7136) [학]전북 대성고졸 1986년 서울대 외교학과졸 1993년 미국 델라웨어대 대학원 국제관계학졸 [경]1984년 외무고시 합격(18회) 1986년 외무부 입부 1997년 駐OECD대표부 1등서기관 2002년 외교통상부 구주통상과장 2003년 駐EU대표부 참사관 2004~2007년 駐제네바대표부 참사관 2006년 세계무역기구(WTO) 세이프가드(Safeguard, 긴급수입제한조치)위원회 의장 2007년 대통령비서실 파견 2008년 외교통상부 에너지자원협력과장 2008년 同지역통상국 심의관 2009년 駐벨기에 유럽연합공사 2013년 외교부 양자경제외교국장 2015년 駐이란 대사(현)

김승호(金勝鎬) KIM, Seung Ho

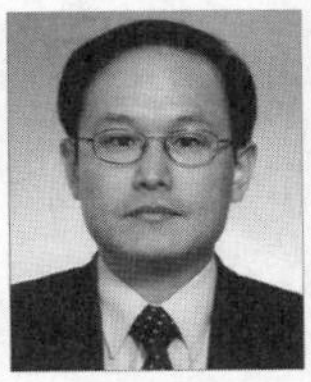

[생]1963·2·1 [본]경주(慶州) [출]강원 원주 [주]세종특별자치시 도움5로20 소청심사위원회 위원장실(044-201-8603) [학]원주고졸, 한양대 행정학과졸, 미국 인디애나대 대학원 행정학과졸 [경]1984년 행정고시 합격(28회) 2004년 중앙인사위원회 인사정책국 심사임용과장 2004년 同인사정책국 정책총괄과장 2005년 국외훈련파견(부이사관) 2007년 대통령비서실 파견(고위공무원) 2008년 중앙공무원교육원 교수(파견) 2008년 駐미국대사관 주재관 2010년 행정안전부 인사실 인력개발관 2011년 同인사기획관 2013~2014년 안전행정부 인사실장 2014년 인사혁신처 차장(고위공무원) 2015년 대통령 인사수석비서관실 인사혁신비서관 2016년 인사혁신처 소청심사위원회 위원장(차관급)(현) [상]대통령표창(2002), 근정포장(2003) [종]천주교

김승환(金承煥) KIM Seung Hwan

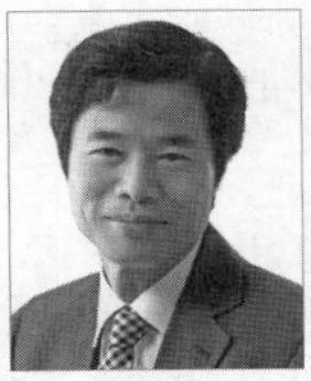

[생]1953·12·26 [본]영광(靈光) [출]전남 장흥 [주]전북 전주시 완산구 홍산로111 전라북도교육청 교육감실(063-239-3100) [학]1972년 광주상고졸 1976년 건국대 행정학과졸 1984년 고려대 대학원 법학과졸 1987년 법학박사(고려대) [경]1984~2001년 한일법과사회연구회 간사 1986년 고려대 법과대학 시간강사·법학연구소 연구원 1987년 충북대 사회과학대학 시간강사 1987~2010년 전북대 법학과 교수 1996~1997년 독일 트리어대 법과대학 객원교수 1998~2010년 전북평화와인권연대 공동대표 1999~2010년 전북지방노동위원회 심판담당 공익위원 1999~2002년 전주인권영화제 조직위원장 2004~2006년 전북지역혁신연구회 회장 2006~2008년 대통령소속 군의문사진상규명위원회 위원 2006~2009년 KBS 전주방송총국 '포커스 전북21' 진행 2008~2009년 한국헌법학회 회장 2009~2010년 전북대 법학전문대학원 교수, 전주항소법원설치추진위원회 공동대표, 교육개혁과교육자치를위한시민연대 집행위원 2010·2014년 전북도 교육감(현) [저]'신헌법-기본이론 및 객관식문제'(1998, 두성사) [역]'현대헌법재판론(共)'(1989, 법문사) [종]기독교

김승환(金昇煥) KIM Seunghwan

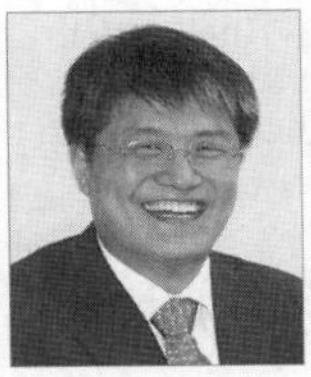

[생]1959·7·17 [본]김해(金海) [출]부산 [주]경북 포항시 남구 청암로77 포항공과대학교 물리학과(054-279-2085) [학]1977년 서울 양정고졸 1981년 서울대 물리학과졸, 同대학원졸 1987년 이학박사(미국 펜실베이니아대) [경]1990년 포항공과대 물리학과 교수(현) 1997·2005년 同뇌연구센터소장 1997년 한국뇌학회 이사 2004년 물리올림피아드조직위원회 실무간사 2004~2012년 아시아·태평양이론물리센터(APTCP) 사무총장 겸 이사 2005년 APEC Climate Center 감사 2007년 아시아·태평양물리학연합회(AAPPS) 부회장 2007~2009년 포항공과대 연구처장 2007~2008년 한국물리학회 부회장 2008~2010년 국가과학기술자문회의 수석전문위원 2009~2013년 계산뇌과학연구회 초대회장 2009~2014년 바른과학기술사회를위한국민연합 공동대표 2011~2014년 포항공과대 연구처장 겸 산학협력단장 2013~2014년 한국뇌연구협회 회장 2013~2014년 아시아태평양이론물리센터(APCTP) 소장 2014년 아시아·태평양물리학연합회(AAPPS) 회장(현) 2014~2016년 한국과학창의재단 이사장 2015년 유네스코 한국위원회 인문사회·자연과학분과위원회 위원장(현) 2015년 한국물리학회 회장(현) 2015년 국립광주과학관 비상임이사(현) 2015년 국립대구과학관 비상임이사(현) [상]올해를 빛낸 양정인상(2008), 동아일보 선정 '10년 후 한국을 빛낼 100인'(2011), 한국과학기자협회 올해의 과학자상(2013) [저]'세상은 꿈꾸는 자의 것이다(共)'(1996, 현암사) 'Stochastic Dynamics and Pattern Formation in Biological and Complex Systems(共)'(2000)

김승환(金昇煥) KIM Seung Hwan

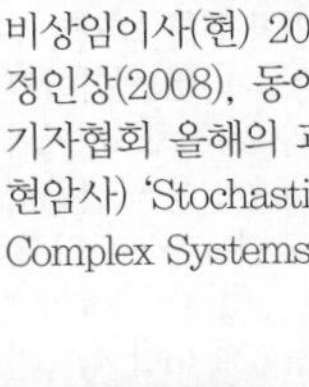

[생]1964·3·4 [출]강원 [주]서울 종로구 청계천로1 동아일보 경영전략실(02-2020-0619) [학]1983년 상문고졸 1987년 서울대 인문대 서양사학과졸 2000년 핀란드 헬싱키대 경제경영대학원졸 [경]1990~1994년 서울신문 기자 1994~1995년 한국경제신문 기자 1995~2002년 동아일보 정보과학부·산업부·사장실·경영전략실 기자 2000~2008년 산업자원부 E-biz대상 심사위원 2000년 동아닷컴 동아사이언스 이사(현) 2001년 디유넷 대표이사(현) 2002년 동아일보 경영전략실 미디어전략팀장 2005년 同경영전략실 경영총괄팀장 2008년 同경영전략실 경영총괄팀장(부장급) 2008년 同이지에듀 이사(현) 2010~2016년 한국신문협회 기조협의회 부회장 2011년 동아일보 경영전략실장(부국장급) 2011년 채널A 경영전략실장(현) 2015년 동아일보 경영전략실장 겸임(국장급)(현) 2016년 한국신문협회 기조협의회 이사(현)

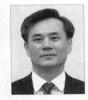

김승환(金昇煥) KIM, SEAN

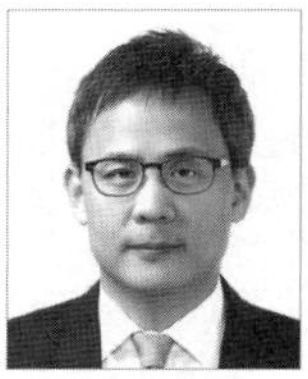

[생]1969·3·13 [주]서울 중구 청계천로100 (주)아모레퍼시픽그룹 임원실(02-709-5114) [학]연세대 경영학과졸, 미국 시카고대 대학원 MBA [경](주)아모레퍼시픽 경영전략팀장, 同기획혁신 담당, (주)아모레퍼시픽그룹 전략기획 Division장 2015년 同전략Unit장(전무)(현)

김승휘(金承輝) Kim Seung Hui

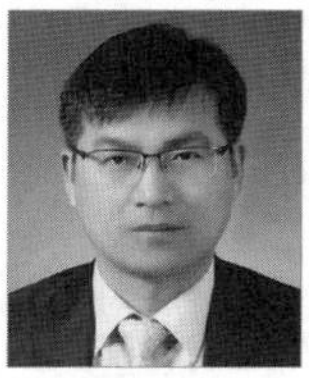

[생]1969·10·15 [출]전남 해남 [주]경남 거창군 거창읍 죽전1길31 창원지방법원 거창지원(055-940-7170) [학]1988년 살레시오고졸 1997년 서울대 법학과졸 [경]1998년 사법시험 합격(40회) 2001년 사법연수원 수료(30기) 2002년 광주고법 판사 2003년 광주지법 판사 2004년 同해남지원 판사 2006년 광주지법 판사 2010년 同순천지원 판사 2011년 광주고법 판사 2014년 광주지법 판사 2016년 창원지법 거창지원장(현)

김승희(金勝熙·女) KIM Seung Hi

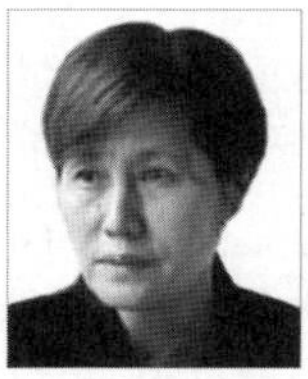

[생]1952·3·1 [출]광주 [주]서울 마포구 백범로35 서강대학교 국제인문학부(02-705-8802) [학]1974년 서강대 영어영문학과졸 1981년 同대학원 국어국문학과졸 1992년 국어국문학박사(서강대) [경]1973년 '경향신문' 신춘문예에 시 '그림속의 물로' 당선 1974년 월간 '여학생' 잡지사 근무 1974년 동인지 '1974' 창간 1975년 '문학사상' 편집부 근무 1983년 서강대 국어국문학과 강사 1992년 프랑스 파리 '한국시의 밤' 참가 1993년 미국 아이오와대 개최 '인터내쇼널라이팅프로그램' 참가 1994년 '동아일보' 신춘문예 소설 당선 1999년 미국 캘리포니아대 어바인교 한국학과 전임강사 1999년 서강대 국어국문학과 교수, 同국제인문학부 국어국문학전공 교수(현) 2013년 同국어국문학과장 [상]소월시문학상(1991), 고정희상(2003) [저]시집 '태양미사'(1979) '왼손을 위한 협주곡'(1983) '미완성을 위한 연가'(1987) '달걀 속의 생'(1989) 수필집 '고독을 가리키는 시계바늘'(1980) '벼랑의 노래'(1984) '33세의 팡세'(1985) '꿈꾸는 병'(1987) '바람아 멈춰라 내리고 싶다'(1989) '넝마로 만든 푸른꽃'(1990) '키 큰 사랑으로 살고 싶다'(1991) '스무살의 푸른시간'(1991) '안개주의보가 있는 인생이 아름답다'(1992) '사랑이라는 이름의 수선공'(1993) 대화집 '영혼은 외로운 소금밭'(1980) 산문집 '성냥 한 개피의 사랑'(1986) '수채화가 아닌 사랑으로'(1988) '세계문학기행'(1992) '단 한 번의 노래 단 한 번의 사랑'(1998) '너를 만나고 싶다'(2000) 시선집 '글씨의 촛불'(1988) '누가 나의 슬픔을 놀아주랴'(1991) 소설집 '꿈꿀 자유(1993) '산타페로 가는 사람'(1997) '왼쪽 날개가 약간 무거운 새'(1999) 시집 '빗자루를 타고 달리는 웃음'(2000) 평론집 '이상 시 연구'(1998) '현대시 텍스트 읽기'(2001) '냄비는 둥둥'(2006)

김승희(金承禧·女) Kim Seung Hee

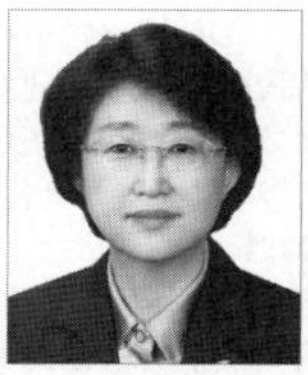

[생]1954·2·6 [본]안동(安東) [출]서울 [주]서울 영등포구 의사당대로1 국회 의원회관638호(02-788-2756) [학]1973년 경기여고졸 1978년 서울대 약학과졸 1980년 同대학원 약학과졸 1987년 화학박사(미국 노트르담대) [경]1988년 국립보건안전연구원 독성부 일반독성과 보건연구관 1989년 미국 국립독성연구소 파견 1991년 국립보건안전연구원 약리부 생화학약리과 근무 1996년 식품의약품안전본부 독성연구소 약리부 생화학약리과 근무 1997년 同독성연구소 약리부 생화학약리과장 1998년 식품의약품안전청 국립독성연구소 약리부 생화학약리과장 2001년 同병리부 종양병리과장 2001년 同일반독성부 위해도평가과장 2002~2004년 미국 국립보건원 파견 2004년 식품의약품안전청 국립독성연구원 유효성연구부 생명공학지원과장 2005~2008년 同국립독성연구원 독성연구부장(고위공무원) 2008년 同생물의약품국장 2009~2011년 식품의약품안전평가원장 2012~2013년 식품의약품안전청 차장 2015~2016년 식품의약품안전처장(차관급) 2016년 제20대 국회의원(비례대표, 새누리당)(현) 2016년 국회 보건복지위원회 위원(현) 2016년 국회 민생경제특별위원회 위원(현) [상]대통령표창(2006), 한국로레알유네스코 여성생명과학 진흥상(2010)

김승희(金承熙) Kim Seunghee

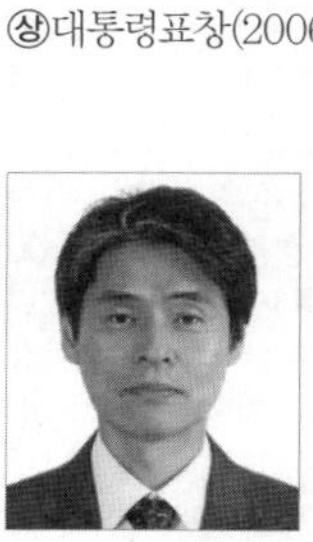

[생]1960·11·27 [주]전북 전주시 완산구 쑥고개로249 국립전주박물관(063-220-1001) [학]1990년 홍익대 대학원 미술사학과졸 [경]1992년 국립중앙박물관 미술부 학예연구사 1998년 同섭외교육과 학예연구사 2004년 국립경주박물관 학예연구실 학예연구관 2005년 국립중앙박물관 전시팀 학예연구관 2007년 同기획총괄과 학예연구관 2008년 국립경주박물관 학예연구실장 2011년 국립공주박물관장 2012년 국립중앙박물관 교육문화교류단 교육과장 2014년 同아시아부장 2016년 국립전주박물관장(현)

김시덕(金時德) KIM, SHI-DUG

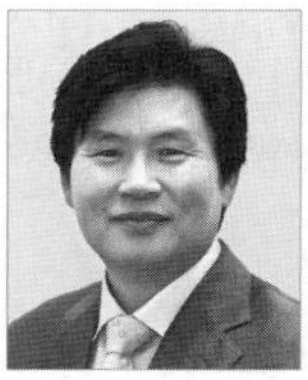

[생]1962·7·15 [본]의성(義城) [출]경북 안동 [주]서울 종로구 세종대로198 대한민국역사박물관 교육과(02-3703-9340) [학]1980년 안동농림고졸 1988년 안동대 민속학과졸 1991년 同대학원 민속학과졸 1999년 일본 오사카외국어대 일본어센터 일본어과정 수료 2007년 문화재학박사(고려대) [경]1988·1991년 국립문화재연구소 조사연구원 1989년 영남대 조사연구원 1990~1992년 안동대 민속학과 조교 1991년 국립민속박물관 연구원 1993~2002년 同학예연구사 1996년 과천시향토사·수원시사·안산시사 집필위원 1996~2009년 수원여자전문대학·가톨릭대·서울보건대학·성균관석전교육원·성균관대 유학대학원·중앙대 문화예술대학원·명지대 사회교육대학원 시간강사 1998~1999년 일본 국립민족학박물관 객원연구원(조교수) 2001~2003년 경기도박물관 경기도민속지·화성시사 집필위원 2002~2005년 산업자원부 기술표준원·표준협회 장례식장·화장장·봉안당묘지·혼례식장 표준화연구 2002~2009년 국립민속박물관 학예연구관 2003년 공무원연금관리공단 봉안당타당성 조사연구 2003~2005년 서울시 자연장모델·화장용품 연구 2007~2008년 한전아트센터 교양강좌 특별강사 2008년 대만 南華大學 특별초청강사 2008년 광주시 시사집필위원 2009년 국립어린이박물관 교육과장 2010년 문화체육관광부 대한민국역사박물관건립추진단 학예연구관 2011년 同대한민국역사박물관건립추진단 전시자료과장 2012년 대한민국역사박물관 전시운영과장 2014년 同교육과장(현) 2015년 서울시 문화재전문위원(현) [상]국립민속박물관장표창(1996), 근정포장(2013) [저]'장례학개론(共)'(2000, 한국장례문화학회) '산골문화(共)'(2004, 한국장묘문화개혁범국민협의회) '장례지도사입문(共)'(2004, 도서출판 대학서림) '중앙아시아의 유목민 뚜바인의 삶과 문화(共)'(2005, 국립민속박물관) '한국인의 일생(共)'(2005, 국립민속박물관·한국민속박물관회) '종교와 조상제사(共)'(2005, 민속원) '종교와 일생의례(共)'(2006, 민속원) '자연장모델에 관한 연구(共)'(2006, 서울시·생활개혁실천협의회) '종교와 그림(共)'(2008, 민속원) 'Current Issues on Korean Folklore(共)'(2009, 국립민속박물관) '왜 그럴까(共)'(2010, 교원) '호박돌우리문화07-이제가면 언제 오나'(2010, 웅진다책) '한국 역사민속학 강의(共)'(2010) '서울 민속의 현재와 미래(共)'(2010, 경인민속학회) '김수환추기경 선종'(2011, 국립민속박물관) '삼년상-소운 김시인'(2011, 국립민속박물관) '삼년상-화재 이우섭'(2011, 국립민속박물관) '한국의 상례문화-한국 유교식 상례의 변화와 지속'(2012, 민속원), 'INVISIBLE POPULATION(共)'(2012, Lexton Books) '조상제사 어떻게 지낼 것인가?(共)'(2012, 민속원) 'La Place des morts dans les megalopoles d' Asie orientale(共)'(2013, les Indes savantes) 등 다수

김시록(金時錄)

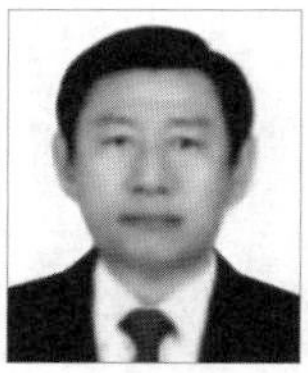

[생]1959·10·1 [본]경주(慶州) [출]충북 청주 [주]충북 청주시 서원구 남사로33 충북지방병무청(043-270-1201) [학]충북고졸, 해군사관학교졸(36기), 수원대 대학원 행정학과졸 [경]1982년 제6해병여단 소위 임관 2004년 제2해병사단 5연대장(대령) 2006년 해병대사령부 인사참모처장 2006년 국방부 인적자원개발과장 2009년 同계룡대근무지원단장(준장) 2010년 해병대사령부 참모장 2011년 同부사령관 2012년 제2해병사단장(소장) 2014~2015년 해병대사령부 부사령관(소장) 2016년 충북지방병무청장(일반직고위공무원)(현) [상]대통령표창(1999), 보국훈장 천수장(2009)

김시만(金時萬) KIM, SI-MAN

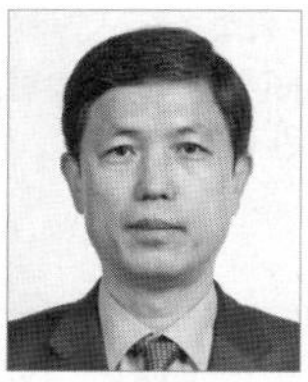

[생]1959·2·14 [본]의성(義城) [출]충북 제천 [주]부산 동구 충장대로351 부산지방해양항만청 부산항건설사무소 항만정비과(051-609-6770) [학]1977년 철도고졸 1984년 한양대 토목공학과졸 1995년 부산대 대학원 환경계획학과졸 [경]1976~1985년 철도청 근무 1985~2003년 부산시 근무 2003~2008년 同사하구 도시개발과장 2008년 해양수산부 항만국 시설사무관 2008~2009년 국토해양부 항만국 시설사무관 2009~2013년 同기획조정실 기술서기관 2013~2014년 해양수산부 항만국 기술서기관 2014년 제주특별자치도 해운항만과장 2016년 부산지방해양수산청 부산항건설사무소 항만정비과장(현) [상]근정포장(2003)

김시병(金時柄) KIM Sibyung

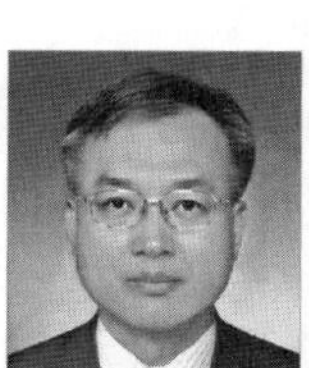

[생]1956·11·6 [출]경북 의성 [주]서울 중구 세종대로9길 42 부영빌딩 부영주택 임원실(02-3774-5500) [학]1974년 대구상고졸 1983년 건국대 경영학과졸 [경]1973년 한일은행 울산지점 입행 2000년 한빛은행 면목동지점장 2002년 同기업개선팀 수석관리역(부장) 2002년 우리은행 대기업여신담당 부장 겸 수석심사역 2007년 同본점기업영업본부장 2008년 同외환사업단장 2009~2011년 同IB본부장(집행부행장) 2013년 부영주택 대표이사 사장(현)

김시성(金是晟) KIM Si Sung

생1963·12·15 본경주(慶州) 출강원 속초 주강원 춘천시 중앙로1 강원도의회(033-249-5001) 학1982년 설악고졸 1990년 관동대 경영학과졸 경한나라당 속초시·고성군·양양군당협의회 정책실장, 국회 입법보좌관(4급), 속초시사회복지협의회 이사, 속초시생활체육협의회 부회장, 강원도문화예술진흥위원회 위원 2006·2010년 강원도의회 의원(한나라당·새누리당) 2006~2010년 同관광건설위원회 위원 2010~2012년 同운영위원장 2012년 同부의장 2014년 강원도의회 의원(새누리당)(현) 2014~2016년 同의장 2016년 同기획행정위원회 위원(현)

김시열(金時烈) KIM SI-YEOL

생1949·2·14 본김해(金海) 출대구 주대구 수성구 달구벌대로2397 누네안과병원 대구병원 원장실(1661-1175) 학1973년 경북대 의대 의학과졸 경1981년 대한안과학회 평의원 1983년 일본 경도대 의학부 안과학교실 연수 1985~1995년 경북대 의대 안과학교실 조교수·부교수 1985년 일본 안과학회 정회원(현) 1985년 한국망막학회 회원(현) 1994~2010년 경북대 의대 안과학교실 교수 1995년 미국 ARVD 회원 2001년 경북대병원 안과장 2001년 미국안과협회 국제회원(현), 유럽망막학회 회원(현) 2002~2004년 한국망막학회 회장 2004~2006년 대한안과학회 회장 2004~2006년 同이사장 겸 집행위원 2010년 경북대 명예교수(현) 2011년 누네안과병원 대구병원장(현) 저'망막'(2001) '안과학'(2006)

김시용(金時鏞) KIM Si Yong

생1954·11·24 주경기 수원시 팔달구 효원로1 경기도의회(031-8008-7000) 학통진고졸, 경희대 행정대학원 의회지도자과정 수료 경1991~1995년 초대 경기 김포군의회 의원, (사)김포사랑운동본부 부이사장, 한국청년회의소(JCI) 국제전무위원장, 김포청년회의소(JCI) 제17대 회장, 유정복 국회의원후원회 총무국장 2012년 새누리당 제18대 대통령선거 수도권대책본부 부본부장 2014년 경기도의회 의원(새누리당)(현) 2014·2016년 同안전행정위원회 위원(현) 2015년 同항공기소음피해대책특별위원회 위원(현) 2016년 同윤리특별위원회 간사(현) 상전국시·도의회의장협의회 우수의정대상(2016)

김시중(金始中) KIM Si Joong (溪丁)

생1932·8·19 본광산(光山) 출충남 논산 주서울 성북구 인촌로22길6의7 한국기초과학지원연구원 서울센터208호 과학기술포럼(02-920-0707) 학1951년 대전고졸 1955년 서울대 문리과대학졸 1957년 同대학원졸 1967년 이학박사(고려대) 경1955~1997년 고려대 화학과 조교·전임강사·조교수·부교수·교수 1967~1968년 미국 사우스캐롤라이나대 연구원1975~1980년 고려대 이학부장·氷球부장 1980~1983년 同조치원분교 학장 1983년 대한화학회 간사장 1983~1992년 한국과학기술단체총연합회 이사 1984~1986년 고려대 체육위원장 1987~1988년 同이과대학장 1987~1990년 同빙구부장 1987~1990년 과학기술처 기초연구종합심의위원 1987~1988년 대한화학회 무기화학분과 회장 1987년 제2차 아시아화학학술대회 사무총장 1988~1989년 고려대 서창캠퍼스 부총장 1988~1992년 문교부 중앙교육심의회 과학교육분과위원장 1990~1992년 한국과학기술단체총연합회 부회장 1990~1992년 한국과학단체총연합회 회장 1991~1992년 한국표준과학연구원 이사 1992년 한국과학기술단체총연합회 회장대행 1992년 세계한민족과학기술자공동협의회 의장 1993~1994년 과학기술처 장관 1994년 한국과학기술한림원 종신회원(현) 1995년 한국과학기술포럼 이사장(현) 1995~1997년 한국과학기술진흥재단 이사장 1996~2000년 광주과학기술원 이사장 1997년 고려대 명예교수(현) 1997~2007년 포항산업과학연구원 이사 1997년 제2차 국제거대고리화학학술회의 조직위원장 1997년 한국기초과학지원연구원 자문위원(현) 1999년 한국화학관련학회연합회 회장 2002~2005년 한국과학기술단체총연합회 회장 2004~2006년 대구경북과학기술연구원 이사 2005년 영남대 화학과 석좌교수 2005년 제38회 국제화학올림피아드후원회 회장 2008년 국제과학영재학회 명예회장(현) 2009~2013년 국민원로회의 위원 2010년 수당상 운영위원장(현) 2013년 (재)미래융합창조문화재단 이사장(현) 상대한화학회 학술진보상, 화학교육상, 국민훈장 석류장, 대한민국과학기술상 과학상, 청조근정훈장, 대한화학회 공로상, 자랑스런 고우체육인상, 자랑스런 대능인상, 在美한국과학기술인협회 공로상, 한국과학기술한림원상 저'과학논문작성법' '무기화학실험법' '자연과학개론' '화학결합' 역'무기화학' '착물화학' '일반화학'

김시중(是中) KIM Sie Joong

생1946·1·15 본광산(光山) 출서울 주서울 마포구 잔다리로64 육의당빌딩4층 한국섬유신문 대표이사실(02-326-3600) 학1964년 배재고졸 1971년 한양대 경기지도학과졸 1990년 경희대 신문방송대학원졸 경1971년 산업경제신문 편집국 기자 1973년 내외경제·코리아헤럴드 산업부 기자 1982년 한국섬유신문 발행인 겸 대표이사 회장(현) 1989년 한국전문신문협회 이사 1995~1997년 한국간행물윤리위원회 윤리위원 1997년 한국전문신문협회 수석부회장 1999년 (학)배재학당 재단이사 2004~2007년 배재학당총동창회 회장 2006~2010·2012~2014년 한국전문신문협회 회장 2014년 同명예회장(현) 상동암상, 대통령표창, 한국패션협회 코리아패션대상 공로상(2014)

김시진(金始眞) KIM SI-JIN

생1958·3·20 출경북 포항 주서울 강남구 강남대로278 (사)한국야구위원회(02-3460-4600) 학대구상고졸, 한양대졸 경1983년 삼성라이온스 프로야구단 입단·투수 1989년 롯데자이언츠 프로야구단 투수(10년간 통산 124승, 16세이브에 방어율 3.12기록) 1993년 태평양돌핀스 프로야구단 투수코치 1996년 현대피닉스 투수코치 1998년 현대유니콘스 프로야구단 투수코치 2007~2008년 同감독 2007~2008년 프로야구올스타전 서군 코치 2008~2012년 넥센히어로즈 프로야구단 감독 2010년 넥센타이어 서울지사 명예지사장 2010년 제16회 광저우아시안게임 야구국가대표 투수코치 2012~2014년 롯데자이언츠 프로야구단 감독 2014~2015년 부산은행 사직운동장지점 명예지점장 2015년 2015세계야구소프트볼연맹(WBSC) PREMIRE12 야구국가대표팀 전력분석팀장 2016년 한국야구위원회 경기운영위원회 위원(현) 2016년 同규칙위원회 위원(현) 2016년 2017월드베이스볼클래식(WBC) 야구국가대표팀 전력분석팀장(현) 상최다승·승률·골든글러브(1985), 프로야구 올스타전 MVP(1985), 최다승·골든글러브(1987), 프로야구 티켓링크 프로코치상(2000)

김시철(金是哲)

생1964·1·25 본경주(慶州) 출경기 동두천 주서울 서초구 남부순환로340길29 서울소방학교 인재개발과(02-2106-3701) 학1982년 의정부고졸 1987년 서울대 농생물학과졸 1989년 同자연대학원 식물학과졸 경1991년 녹십자 종합연구소 근무 1994년 내무부 소방간부후보생 1995년 同구급주임 1998년 서울소방학교 위험물교관 2001년 서울시 소방본부 인사담당 2004년 행정자치부 구조담당 2005년 서울종합방재센터 전산통신과장 2006년 소방방재청 구급계장 2008년 강남소방서 현장지휘대장 2009년 서울시 소방재난본부 안전교육팀장 2013년 同종합방재센터 종합상황실장 2014년 서울 서대문소방서장 2015년 서울 송파소방서장 2016년 서울시 소방학교 인재개발과장(현) 상대통령표창(2007)

김시철(金時徹) KIM Si Cheol

생1965·5·16 본광산(光山) 출서울 주서울 서초구 서초중앙로157 서울고등법원(02-530-1114) 학1984년 광성고졸 1988년 서울대 법과대학졸, 미국 버클리대 대학원 법학과졸 경1987년 사법시험 합격(29회) 1990년 사법연수원 수료(19기) 1990년 서울형사지법 판사 1992년 서울민사지법 판사 1994년 청주지법 판사 1997년 서울지법 서부지원 판사 1999년 미국 버클리대 장기연수 1999년 서울가정법원 판사 2002년 서울고법 판사 2002년 헌법재판소 파견 2004년 서울고법 판사 2005년 대전지법 홍성지원장 2006년 대법원 재판연구관 2009년 서울중앙지법 부장판사 2012년 수원지법 성남지원장 2013년 대전고법 청주재판부 부장판사 2014~2015년 사법연수원 수석교수 2014년 사법정책연구원 운영위원회 위원 2015년 서울고법 부장판사(현) 상한국법학원 법학논문상(2016) 저'언론관계소송(共)'(2007, 한국사법행정학회) '법원실무제요 가사Ⅰ·Ⅱ(共)'(2010, 법원행정처) '헌법판례해설Ⅰ(共)'(2010, 사법발전재단)

김시태(金時泰) KIM See Tae

생1957·11·17 출경북 의성 주울산 중구 종가로345 한국산업인력공단 임원실(052-714-8093) 학1975년 안동농림고졸 1986년 한국방송통신대 행정학과졸 2003년 한국기술교육대 대학원 산업인력개발학과졸 2010년 인력개발박사(한국기술교육대) 경1977년 효명종합고 교사 1979년 부산직업훈련원 교사 1982~1996년 한국산업인력공단 근무 1996~2003년 同비서실장·감사팀장 2003년 영주직업전문학교 원장 2005년 한국산업인력공단 인천지방사무소장 2006년 同서울지역본부 총무국장 2009년 同자격출제원 직업능력표준실장 2010년 同경영기획실장 2012년 同외국인력국장 2014년 同부산지역본부

장 2014년 同능력평가이사(현) 2014~2015년 同NCS센터 원장 직무대리 [상]대통령표창(2008) [종]기독교

김시평(金時平) kim si pyoung

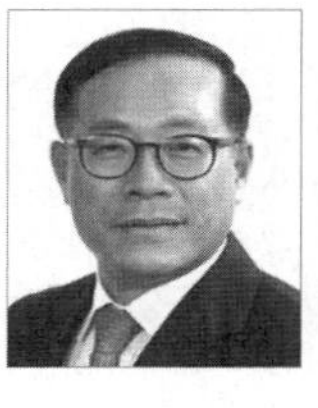

[생]1961 · 12 · 3 [출]전남 완도 [주]서울 서초구 헌릉로12 현대자동차그룹(02-3464-1114) [학]전남대 산업공학과졸, 울산대 대학원 경영학과졸 [경]현대자동차 경영지원1팀장(이사대우), 同기획지원팀장(이사), 同사업기획실장(이사), 同러시아공장(HMMR) 상무, 同앨라배마공장(HMMA) 상무, 同중국지원사업부장(전무) 2016년 현대자동차그룹 중국사천현대기아자동차 총경리(전무)(현)

김시현(金時顯) KIM Si Hyeon

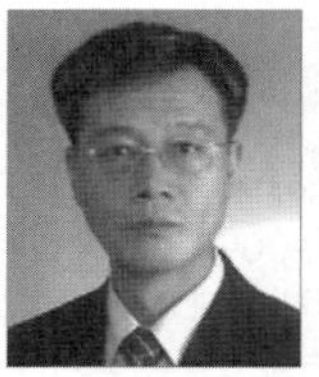

[생]1958 · 1 · 30 [본]안동(安東) [출]인천 [주]경기 의정부시 의정로20 KG빌딩 부사장실(031-828-1114) [학]1983년 인하대 기계공학과졸 1998년 同대학원 환경공학과졸 2014년 환경공학박사(부경대) [경]1983년 대한제작소 설계부 대리 1987년 한라중공업 환경사업부장 1999년 한라산업개발 수도처리사업부장 2006년 同연구소장(이사) 2009년 同인도법인장(상무) 2010~2013년 한국환경공단 물환경본부장 2014년 정보통신산업진흥원 정책자문관(태국 환경자원부 파견) 2015~2016년 경화엔지니어링 부사장 2016년 KG엔지니어링 부사장(현) [상]IR52 장영실상(1996), 이달의 엔지니어상(2003)

김시형(金是亨) KIM Si Hyeong

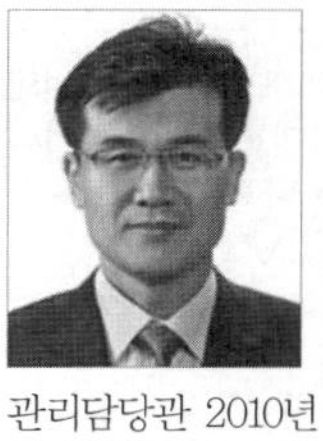

[생]1967·5·3 [주]대전 서구 청사로189 특허청 창조행정담당관실(042-481-5037) [학]1986년 경주고졸 1993년 부산대 법학과졸 [경]2003년 특허청 기획관리관실 인력관리담당관실 사무관 2004년 同기획관리관실 인력관리담당관실 서기관 2004년 同기획관리관실 혁신인사담당관실 서기관 2006년 同성과관리팀장 2008년 특허심판원 제1부 심판관(국외 훈련) 2010년 특허청 기획조정관실 행정관리담당관 2010년 특허심판원 심판관 2012년 특허청 산업재산정책국 산업재산인력과장 2012년 同대변인 2016년 同기획조정관실 창조행정담당관(현)

김시호(金時虎) KIM Si-ho

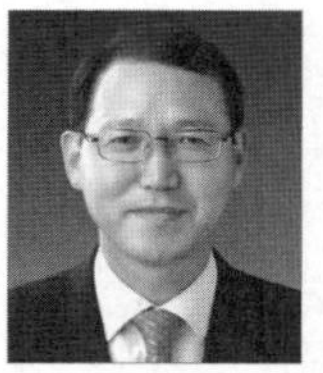

[생]1958·1·1 [본]의성(義城) [출]경북 안동 [주]전남 나주시 전력로55 한국전력공사 임원실(061-345-3003) [학]1976년 안동고졸 1984년 영남대 법학과졸 [경]1984년 한국전력공사 입사 1990년 同종합조정실 차장 2000년 同경북지사 기획관리실장 2002년 同영업본부 전력거래팀장 2007년 同해외사업본부 사업개발팀장 2010년 同기획본부 그룹경영지원처장 2012년 同감사실장 2012년 同대구·경북지역본부장 2013년 同비서실장 2014년 同영업본부장 2015년 同국내부사장(상임이사)(현) [상]산업자원부장관표창(2009), 대통령표창(2011) [종]기독교

김시홍(金始弘) KIM Si Hong (永步)

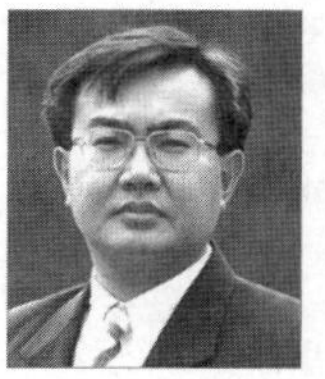

[생]1960 · 4 · 19 [본]김해(金海) [출]서울 [주]서울 동대문구 이문로107 한국외국어대학교 서양어대학 이탈리아어과(02-2173-3156) [학]1979년 서울 서라벌고졸 1983년 한국외국어대 이태리어과졸, 이탈리아 그레고리안대 사회학과졸, 同대학원 사회학과졸, 사회학박사(이탈리아 그레고리안대) [경]1990~1995년 서강대 · 가톨릭대 · 한국외국어대 강사 1996년 한국외국어대 조교수 · 부교수 1998~2008년 한국유럽학회 학술위원 · 섭외이사 · 총무이사 · 부회장 2000년 한국외국어대 국제지역대학원 교학부장 2004년 同서양어대학 이탈리아어과 교수(현) 2006~2009년 同EU연구소장 2009년 한국유럽학회 회장 2010~2011년 미국 델라웨어대 방문교수 2011년 한국외국어대 국제지역대학원 국제관계학과 교수 겸임(현), 한국외국어대-현대경제연구원 EU Centre 소장 2013년 한국외국어대총동문회 사무총장 2014년 한국외국어대 서울캠퍼스 학생복지처장 [저]'이탈리아사회연구 입문'(1995) '통합유럽과 유럽시민권'(2004) '유럽연합의 이해'(2005) '분권과 개혁'(2006) '유럽연합 학술용어사전'(2007) 'The Future of European Studies in Asia'(2008)

김시화(金是華) KIM Si Hwa

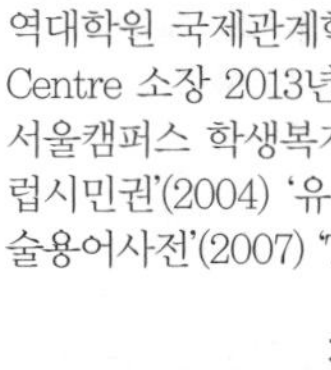

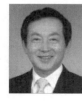

[생]1957 · 8 · 28 [출]경기 하남 [주]경기 하남시 하남대로776번길35 더불어민주당 하남지역위원회(031-791-2075) [학]1976년 남한고졸 2000년 한영신학대 기독교상담학과졸 2004년 한양대 지방자치대학원 지역개발학과졸 [경]1991~2002년 경기 하남시의회 의원 · 부의장 · 의장 1991년 민주평통 자문위원 2000년 하남시학교운영위원회연합회 회장 2000년 새천년민주당 하남지구당 부위원장 2002년 同하남시장 후보 2006년 민주당 하남시장 후보 2006~2010년 아셀건설 대표이사 2008년 국제기아대책협의회 하남시 총무이사(현) 2010~2014년 하남도시공사 사장, 남한고총동문회 이사, 하남시민회 부회장, 하남시 무한돌봄중합복지센터 운영위원, 하남시체육회 상임이사, 하남시민생안전후원회 이사, C&M경동케이블TV 지역채널 자문위원장(현), 한국통상정보학회 부회장, 하남시 시정발전위원회 경제분과위원장, 바르게살기운동 하남시협의회 자문위원, 하남시줄넘기연합회 고문(현), 환경하남의제21실천협의회 자문위원, 장애인미디어인권연대 하남시지회 감사(현), (사)지역발전연구소 이사(현) 2016년 더불어민주당 경기하남시지역위원회 위원장(현), 하남발전민주연구소 이사(현), 좋은사람들이함께하는아름다운세상포럼 고문(현), 경기도하남시장애인연합회 고문(현), 하남시사회복지사협회 고문(현), 동부초등학교총동문회 회장(현), 서울대총동문회 이사(현), 명지대총동문회 부회장(현) [상]행정자치부장관표창(1988), 올림픽기장(1988), 대통령표창(1994), 한국자유총연맹총재표창(1995), 경기도지사감사장(1999), 새천년민주당 김대중총재표창(2000), 경기도지사표창(2013) [저]'꼴망태'(2013, 글모아출판) [종]기독교

김시환(金時煥) KIM Si Hwan

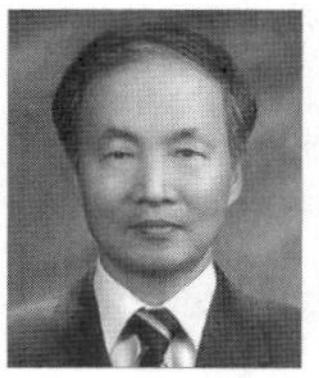

[생]1946 · 10 · 15 [출]경남 김해 [주]서울 성동구 왕십리로222 한양대학교 공과대학 원자력공학과(02-2220-2300) [학]1965년 부산공고졸 1970년 서울대 핵공학과졸 1975년 同대학원 핵공학과졸 1980년 공학박사(미국 랜실레어폴리테크닉대) [경]1970~1974년 한국전력(주) 근무 1974~1977년 한국원자력연구소 연구원 1980년 B&W(Babcock & Wilcox Company)社 Engineer 1982년 C-E(Combustion Engineering Inc)社 Principal Engineer 1984~2006년 한국원자력연구소 책임연구원 · 일체형원자로연구개발사업단장 1991~1996년 同원자로개발그룹장 1996년 同부소장 1997~2000년 국제원자력해수담수화 자문위원회(INDAG) 위원장 2005~2007년 한국원자력협회 회장 2007년 산업자원부 국가에너지전문위원회 갈등관리전문위원 2008년 울산대 초빙교수 2010~2013년 울산과학기술대 친환경에너지공학과 교수 2013년 한양대 공과대학 원자력공학과 특임교수(현) 2013년 국무총리직속 원자력안전위원회 전문위원 2013~2015년 한국원자력안전기술원 비상임이사 2014년 글로벌원자력전략연구소(GINIS) 초대 소장(현) [상]대통령표창, 국민훈장 목련장 [저]'핵공학개론' [종]기독교

김 신(金 信) KIM Shin

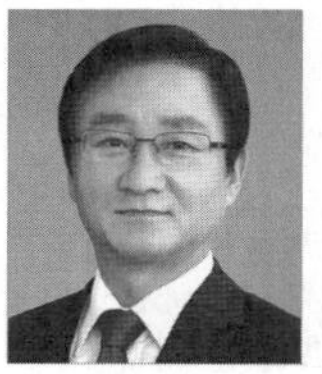

[생]1957 · 1 · 9 [출]강원 강릉 [주]서울 서초구 서초대로74길14 삼성물산(주) 사장실(02-2145-2003) [학]1975년 경기고졸 1979년 서울대 경영학과졸 1997년 미국 스탠퍼드대 경영대학원졸 [경]1979년 삼성그룹 입사 1986년 삼성물산(주) 미주지사 근무 1990년 同회장비서실 재무팀 근무 1998년 同경영지원실 금융팀장(부장) 2000년 同경영지원실 금융팀장(이사보) 2001년 同경영지원실 금융팀장(상무보) 2003년 同경영지원실 금융팀장(상무) 2006년 同전략기획실 금융팀 전무 2007년 同상사부문 경영지원실장(전무) 2010년 同상사부문 자원본부장(부사장) 2010년 同각자대표이사 사장(상사부문장)(현) 2014년 한일산업기술협력재단 비상임이사(현) [종]기독교

김 신(金 伸) KIM Shin

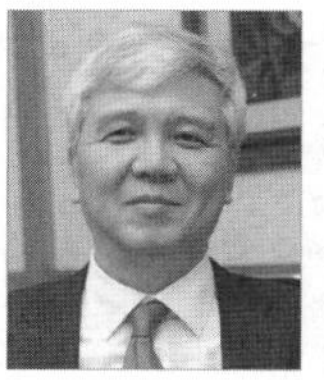

[생]1957 · 3 · 30 [출]부산 [주]서울 서초구 서초대로219 대법원 대법관실(02-3480-1100) [학]1976년 부산고졸 1980년 서울대 법대졸 [경]1980년 사법시험 합격(22회) 1982년 사법연수원 수료(12기) 1983년 부산지법 판사 1988년 同울산지원 판사 1990년 부산지법 판사 1993년 부산고법 판사 1996년 부산지법 판사 1998년 울산지법 부장판사 2000년 부산지법 부장판사 2004년 同동부지원 부장판사 2006년 부산고법 부장판사 2010년 부산지법 수석부장판사 2011년 부산고법 수석부장판사 2012년 울산지법원장 2012년 대법원 대법관(현) [저]'다시 시작할 수 있는 용기' [종]기독교

김 신(金 信) KIM Shin

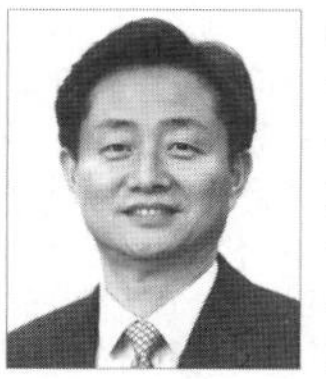

[생]1963 · 11 · 28 [출]전북 전주 [주]서울 영등포구 국제금융로2길24 SK증권 임원실(02-3773-8361) [학]해성고졸 1986년 서울대 경영학과졸, 연세대학원 경제학졸 [경]1987년 쌍용증권 입사, 同채원영업팀장, 굿모닝신한증권 근무 2004년 미래에셋증권 장외파생팀장, 同장외파생본부장 2007년 同전략기획본부장 2009년 同경영서비스부문장 2010년 同공동대표이사 부사장 2011년 同대표이사 부사장 2012~2013년 현대증권(주) 각자대표이사 사장 2014년 SK증권 대표이사 사장(현)

김 신(金 信) KIM Sin

생1968·2·4 출서울 주대구 수성구 동대구로364 대구지방검찰청 공안부(053-740-4306) 학1986년 마포고졸 1992년 서울대 법학과졸 경1995년 사법시험 합격(37회) 1998년 사법연수원 수료(27기) 2001년 울산지검 검사 2003년 대구지검 안동지청 검사 2004년 서울중앙지검 검사 2008년 대검찰청 연구관 2010년 대전지검 검사 2010년 同부부장검사 2011년 서울중앙지검 부부장검사 2012년 청주지검 영동지청장 2013년 대검찰청 공안2과장 2014년 법무부 공안기획과장 2015년 서울중앙지검 공안2부장 2016년 대구지검 공안부장(현) 상근정포장(2015) 종불교

김신곤(金信坤) KIM Shin Kon

생1961·8·2 출광주 주광주 동구 준법로7의12 광주지방법원조정센터(062-239-1271) 학1980년 광주제일고졸 1989년 전남대 법대졸 경1991년 사법시험 합격(33회) 1994년 사법연수원 수료(23기) 1994년 대한법률구조공단 변호사 1996년 변호사 개업 1997년 변리사 개업 2011년 광주지법조정센터 상임조정위원(현)

김신규(金信圭) Kim Shin Kyu

생1956·10·3 본김녕(金寧) 출경북 울진 주전남 무안군 청계면 영산로1666 목포대학교 법학과(061-450-2238) 학1978년 영남대 행정학과졸 1984년 부산대 대학원 법학과졸 1991년 법학박사(부산대) 경1987~1998년 목포대 법학과 전임강사·조교수·부교수 1992~1994년 독일 하이델베르크대 연구교수 1998년 목포대 법학과 교수(현) 2007~2008년 同도서관장 2009~2012년 同경영행정대학원장 2011년 목포지방해양안전심판원 비상임심판관, 목포지방해양항만청 징계위원(현), 전남도 행정심판위원, 同소청심사위원, 전남도교육청 행정심판위원, 同소청심사위원, 목포교도소·장흥교도소 징계위원, 대통령소속 사회통합위원회 전남지역위원, 사법시험·행정고시 출제위원, 한국형사법학회 이사, 한국비교형사법학회 법제이사(현), 한국형사정책학회 상임이사, 한국형사소송법학회 상임이사, 한국법무보호복지학회 부회장, 목포지역검찰실무연구회 회장, 광주지검 목포지청 수사심의위원, 목포경실련 공동대표(현), 경실련 전남협의회 상임대표, 한국교원단체총연합회 이사 2015년 사법시험 출제 및 채점위원(현) 2016년 한국법무보호복지학회 회장(현) 전'인권과 법'(2007) '법학개론'(2008) '형법총론'(2009) '여성과 법률'(2009) '형법각론'(2015) 종가톨릭

김신기(金新基) Kim Shin Gi

생1960·5·10 본경주(慶州) 출전북 남원 주경기 과천시 홍촌말로44 중앙선거관리위원회 선거정책실(02-502-6845) 학서울 대성고졸, 한국방송통신대 행정학과졸, 연세대 행정대학원 정치학과졸(석사) 경2006년 중앙선거관리위원회 전자선거기획과장 2009년 同정치자금과장 2010년 同선거정보화과장 2011년 同선거2과장(부이사관) 2012년 同선거1과장 2013년 同행정국장 2014년 同관리국장 2015년 미국 서던캘리포니아대 교육훈련 파견(이사관) 2016년 중앙선거관리위원회 선거정책실장(관리관)(현) 상홍조근정훈장

김신동(金信同) KIM Shin Dong

생1963·7·27 본김녕(金寧) 출인천 주강원 춘천시 한림대학길1 한림대학교 미디어커뮤니케이션학부(033-248-1912) 학1982년 광주고졸 1986년 고려대 신문방송학과졸 1988년 同대학원졸 1997년 언론학박사(미국 인디애나대) 경1990~1991년 중앙일보 뉴스위크국 제작위원 1996~1997년 미국 시카고 Independent Educational Consulting 대표 1998년 한림대 미디어커뮤니케이션학부 교수(현) 년 同사회과학연구소 언론정보연구실장 2000년 미국 다츠머스대 객원교수 2002년 호주 시드니 맥콰리대 객원교수 2003년 한림대 정보기술과문화연구소장 2011~2012년 同대외협력처장 2011~2012년 한국대학국제처장협의회장 2011년 EU 과학기술협력 국가조정관 상외무부장관표창 전'Contemporary Television' '방송론' '탐사보도' '언론의 산학협동' '한국과 세계의 언론인 교육'

김신복(金信福) KIM Shin Bok

생1947·4·29 본김해(金海) 출전남 신안 주경기 성남시 수정구 성남대로1342 학교법인 가천학원 이사장실(031-750-5092) 학1963년 목포고졸 1968년 서울대 사범대 교육학과졸 1970년 同행정대학원 행정학과졸 1972년 미국 피츠버그대 대학원졸 1973년 행정학박사(미국 피츠버그대) 경1969~1971년 문교부 장기종합교육계획심의회 연구조교 1973~1976년 한국교육개발원 정책연구실장 1975~1976년 제4차 경제개발5개년계획실무위원회 위원 1976~1978년 국민대 행정학과 조교수 1978~2012년 서울대 행정대학원 조교수·부교수·교수 1981~1984년 총무처·감사원·문교부 정책자문위원 1985~1987년 교육개혁심의회 실무위원장 1989년 미국 캘리포니아대 객원교수 1997~1998년 서울대 교무처장 1998년 한국교육행정학회 회장 1998~2002년 국무총리 정책평가위원회 간사위원 1998~2000년 서울대 행정대학원장 1999년 한국행정학회 회장 2000~2001년 한국학술단체연합회 회장 2000~2011년 경원학원 이사장 2001~2002년 교육인적자원부 정책자문위원장 2001년 한국정보통신기술인협회 회장 2002~2003년 교육인적자원부 차관 2006·2008~2010년 서울대 부총장 2010~2014년 도로교통공단 비상임이사 2011년 학교법인 가천학원 이사장(현) 2013년 한국사학진흥재단 비상임이사(현) 상대통령표창(1998), 20년근속 서울대총장표창(1999), 황조근정훈장(2004), 30년근속 서울대총장표창(2009), 미국 피츠버그대 전통의월계관상(2012) 전'政策學'(1983) '發展企劃論'(1991) '교육정책론'(1996) 종기독교

김신연(金信淵) KIM Shin Youn

생1952·10·6 출부산 주대전 중구 대종로373 한화이글스 대표이사실(042-630-8200) 학1970년 서울중앙고졸 1974년 연세대 경영학과졸 1981년 미국 오클라호마주립대 대학원졸 경1986년 한화종합화학(주) 차장 1987년 同부장 1995년 同이사, 同뉴욕지사 영업담당 이사 1999년 한화석유화학(주) 뉴욕지사장, 한화폴리드리머(주) 대표이사 사장 2015년 한화이글스 대표이사(현) 2015년 한화넥스트 대표이사 사장 상충남북부상공회의소 노사화합대상(2008)

김신연(金信延·女) KIM Shin Yon (여천)

생1953·4·19 본김해(金海) 출전남 무안 주서울 성동구 살곶이길200 한양여자대학교 비서인재과(02-2290-2366) 학1975년 숙명여대 국어국문학과졸 1985년 同대학원졸 1995년 문학박사(숙명여대) 경1991년 한국여성교양학회 이사 1991년 열상고전연구회 감사 1994~2004년 한양여자대학 여성인력개발과 전임강사·조교수·부교수 1996년 비교민속학회 감사 1996년 여성문제연구회 자문위원 1999년 한국문명학회 총무이사, 한국가톨릭문인협회 회원 2002년 한국여성단체협의회 출판공보위원 2003년 한양여대 예절서비스교육센터장 2005년 同여성인력개발과 교수, 同비서인재과 교수(현), 수필가(현) 2007년 서울시 중부여성발전센터 운영위원 2007년 한국구비문학회 감사 2008년 구리시건강가정지원센터 자문위원 2015년 한국문명학회 회장(현) 상후광문학상 수필부문(1998), 대통령표창(2013) 전'조선시대 규범서'(2000) '아동문학의 이해와 활용'(2001) '전통 생활 예절'(2001) '현대중국생활차'(2008) 수필집 '아침이면 기쁘리라'(1997) 종가톨릭

김신엽(金信燁) Kim shinyup

생1967·7·5 본김녕(金寧) 출전북 남원 주세종특별자치시 도움6로11 환경부 정보화담당관실(044-201-6410) 학1986년 완산고졸 1991년 전북대 컴퓨터공학과졸 2005년 연세대 대학원 환경공학과졸 경1991~1992년 환경처 시설기술국 측정분석과 주무관 1992~2004년 환경부 정보화담당관실 주무관 2005~2009년 전주지방환경청 화학물질관리과장(사무관) 2009년 환경부 기획조정실 정보화담당관실 사무관 2015년 同기획조정실 정보화담당관실 서기관 2016년 同기획조정실 정보화담당관(현) 상총무처장관표창(1996), 행정안전부장관표창(2011), 인사혁신처 대한민국 공무원상(2015)

김신영(金信瑛·女) Shinyoung Kim

생1957·10·1 주서울 동대문구 이문로107 한국외국어대학교 사범대학(02-2173-3093) 학1976년 이화여고졸 1980년 한국외국어대 인도어과졸 1982년 서울대 대학원 교육학과졸 1992년 미국 Univ. of Illinois at Urbana-Champaign 대학원 교육심리학과졸 경1989~1992년 미국 일리노이대 교육과정개발 및 평가연구소 연구조교(R.A.) 1992년 한국외국어대 사범대 강사 1993년 서울대 사범대 강사 1996년 한국교육개발원 연구원 1998년 한국교육과정평가원 책임연구원 1999년 한국외국어대 사범대학 교육학전공 교수(현) 2004~2007년 同사범대학장 2010~2011년 한국교육평가학회 회장 2010~2012년 한국외국어대 학생생활상담연구소장 2013~2015년 同교육대학원장 2014년 교육부 대학수학능력시험개선위원회 위원장(현) 전'통계방법'(학연사) '심리측정의 원리'(학연사) '차별적 문항기능'(교육과학사) '예비교사를 위한 교육평가'(학지사) 종기독교

김신윤(金信潤) Shin-Yoon Kim

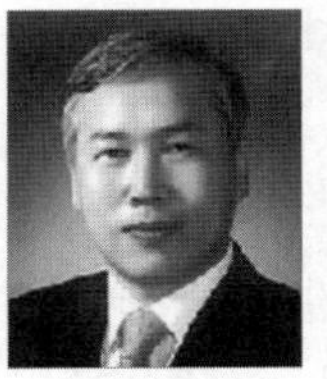

[생]1957·9·14 [본]김해(金海) [주]대구 중구 동덕로130 경북대학교병원 정형외과(053-420-5635) [학]경북고졸 1983년 경북대 의대졸 1986년 同대학원 의학과졸, 의학박사(영남대) [경]1993~2001년 경북대 의대 정형외과 조교수·부교수 1996~1998년 미국 피츠버그대 의대 메디칼센터 교환교수 2001~2013년 보건복지부지정 근골격계유전체연구센터장 2002년 경북대 의대 정형외과학교실 교수(현) 2005~2010년 경북대병원 정형외과 과장 2006년 경북대 의학전문대학원 정형외과학교실 교수(현) 2007~2013년 同의대 정형외과학교실 주임교수 2008~2010년 경북대병원 의료정책연구단장 2010~2011년 同진료처장, 대한정형외과학회 이사, 대한정형외과영문학회지 CIOS 편집위원장, 한국조직공학회 부회장, 대한정형외과연구학회 회장 [상]전국의과대학생 학술발표대회 우수상(1980), 대구광역시장표창(2003), 대한정형외과학회 학술상 임상부문(2006), 대한고관절학회 학술상(2008), 경북대 15년근속상(2008), SICOT Seoul 학술본상(2009), 경북대 학술상(2010), 국가우수연구개발 100선(2011) [종]기독교

김신일(金信一) KIM Shinil (河南)

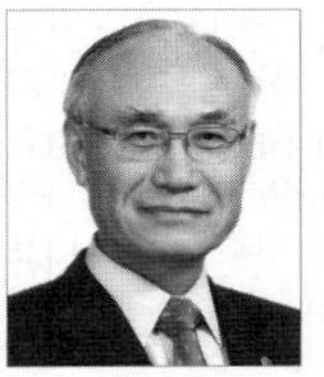

[생]1941·2·27 [본]경주(慶州) [출]충북 청주 [주]서울 관악구 관악로1 서울대학교 교육학과(02-880-7652) [학]1959년 청주고졸 1963년 서울대 사범대 교육심리학과졸 1965년 同대학원 교육학과졸 1978년 교육학박사(미국 피츠버그대) [경]1966년 중앙교육연구소 연구원 1967~1980년 서울여대 전임강사·조교수·부교수 1980년 서울대 교육학과 부교수 1987~2006년 同교육학과 교수 1990년 아·태지역평생교육기구 집행위원 1992년 한국사회교육협회 회장 1992~1997년 도산사상연구회 회장 1993년 서울대 교육행정연수원장 1993~2003년 교육개혁과교육자를위한시민회의 공동대표 1994년 중앙교육심의위원회 위원 1994~1998년 대통령자문 교육개혁위원 1994년 동아시아사회교육포럼 부의장 1995년 유네스코 한국위원 1997년 미국 노던일리노이대 객원교수 1998년 대통령자문 새교육공동체위원 1998~2002년 교육인적자원부 정책자문위원 1999년 한국사회교육학회 회장 1999년 한국평생교육학회 회장 2000년 과외교습대책위원회 위원 2000년 한국국제이해교육학회 회장 2000년 동아시아사회교육포럼 회장 2002년 서울대 교육연구소장 2002~2005년 흥사단 교육운동본부 초대상임대표 2002~2003년 교육인적자원부 대학설립심사위원장 2002~2005년 同시·도교육청평가위원장 2004~2006년 한국HRD학회 회장 2004~2006년 한국교육학회 회장 2005년 교육인적자원부 평생교육정책자문단장 2005년 자립형사립고제도협의회 위원장 2006년 서울대 교육학과 명예교수(현) 2006~2008년 부총리 겸 교육인적자원부 장관 2008년 국제성인평생교육명예의전당 회원 2010~2012년 UNESCO 국제교육상심사위원 2010~2015년 백석대 대학원 석좌교수 2011~2012년 대통령직속 사회통합위원회 위원 [상]홍조근정훈장(2006), 청조근정훈장(2009) [저]'교육사회학'(1985·1993·2000·2009·2015) '시민사회의 교육학'(1995) '평생교육학'(2000·2009) '학습사회의 교육학'(2005) [종]기독교

김신한(金信韓) Shin Han Kim

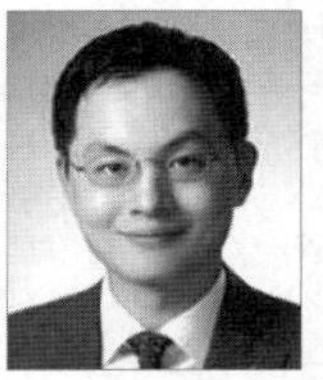

[생]1975·9 [주]서울 구로구 경인로662 디큐브시티 대성산업가스(주) 임원실(02-721-0800) [학]대일외국어고졸, 미국 엠허스트대(Amherst College) 물리학과졸, 미국 미시간대 대학원 컴퓨터공학과졸(석사) [경]삼성전자 근무, IBM 뉴욕 근무, 대성씨앤에스 이사 2006년 대성산업가스(주) 이사 2008년 同경영전략기획부 상무이사 2008년 그린에어(주) 대표이사(현) 2009년 대성산업가스(주) 전무이사 2012년 대성산업(주) 유통사업부 총괄부사장 2013년 대성산업가스(주) 부사장 2014년 同공동대표이사 사장(현)

김신호(金信鎬) KIM Shin Ho

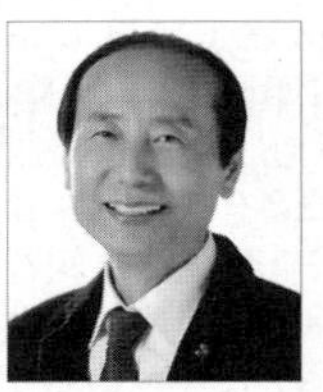

[생]1952·10·13 [본]경주(慶州) [출]충남 논산 [주]대전 서구 관저동로158 건양대학교 기초교양교육대학 인문융합교육학부(042-600-6310) [학]1970년 강경상고졸 1973년 공주교육대 초등교육과졸 1980년 숭전대 사범대학졸 1989년 미국 웨스턴일리노이대 대학원 교육학과졸 1992년 교육학박사(미국 아이오와대) [경]1978~1985년 초등교·중등교 교사 1994~2006년 공주교육대 교육학과 교수 1995년 한국청소년상담원 자문교수 1999년 공주교육대 학생생활연구소장 2001년 한국초등상담교육학회 이사 2002년 대전매일신문 교육전문위원 2002~2006년 대전시 교육위원 2004년 한국초등상담교육학회 회장 2005년 同고문 2006·2009·2010~2014년 대전광역시 교육감 2012~2014년 전국시도교육감협의회 부회장 2014·2015년 건양대 기초교양교육대학 인문융합교육학부 석좌교수(현) 2014~2015년 교육부 차관 2016년 새누리당 대전유성구乙당원협의회 운영위원장(현) 2016년 제20대 국회의원선거 출마(대전 유성구乙, 새누리당) [상]한국청소년연맹 대훈장(2011), 몽골정부 최고친선훈장(2013), 제2회 한남 송계교육상(2014) [저]'초등학교 인성교육'(1997) '아동 발달과 학습'(1999, 교육출판사) '한국교육 이대로 쓰러질 수 없다'(2001, 대교출판사) '21세기 한국교육의 방향'(2003, 대교출판사) [역]'열가지 교육쟁점의 조명'(1998, 원미사) [종]기독교

김신홍(金信洪) KIM Shin Hong

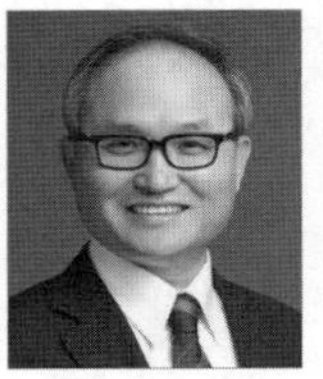

[생]1963·9·3 [본]김녕(金寧) [출]경북 풍기 [주]서울 강남구 테헤란로133 한국타이어(주) 비서실(02-2222-1064) [학]1982년 대구 경신고졸 1987년 경희대 산업공학과졸 1996년 삼성그룹 네덜란드지역전문가과정(Leiden University SA Program) 수학 [경]1989년 삼성전자(주) 합리화추진실 근무 1993년 同전략기획실 PI팀 근무 1997년 同경영혁신팀 SCM그룹 근무 2000년 조이인박스(주) 창업·대표이사(사장) 2003년 i2 테크놀로지코리아 상무 2005년 同전무, 同아태지역 전략컨설팅그룹(SCG) 총괄 2008년 대상(주) PI본부장 겸 SCM실장(상무) 2008년 한국SCM학회 이사(현) 2009~2010년 대한산업공학회 이사 2012년 LG패션(주) 경영혁신본부장(전무) 2014년 (주)LF 경영혁신본부장(전무) 2014~2016년 매일유업(주) 경영혁신본부장(부사장) 2016년 한국타이어(주) 전무(현) [상]관세청장표창(2010) [저]'작지만 강한 나라 네덜란드'(2002, 컬처라인)

김신희(金信姬·女)

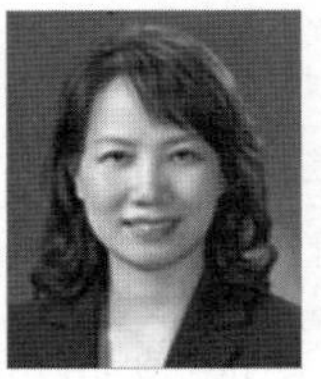

[생]1968·1·1 [출]경북 김천 [주]서울 종로구 종로5길86 서울지방국세청 송무국 송무3과(02-2114-3201) [학]1987년 김천여고졸 1992년 서울대 영어교육과졸 1995년 同대학원 외국어교육과졸 2009년 미국 뉴욕 포드햄대 법학전문대학원 법학과졸 [경]1999년 사법시험 합격(41회) 2002년 사법연수원 수료(31기) 2002년 서울지검 남부지청 검사 2004년 인천지검 부천지청 검사 2006년 대구지검 검사 2008~2011년 수원지검 성남지청 검사 2013~2015년 법무법인(유) 대륙아주 변호사 2015년 서울지방국세청 송무국 송무3과장(현)

김쌍수(金雙秀) KIM Ssang Su

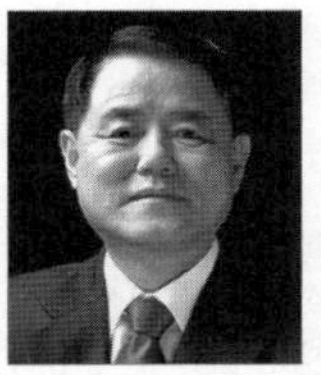

[생]1945·1·2 [본]김해(金海) [출]경북 김천 [주]대구 수성구 달구벌대로2310 DGB금융지주(053-740-7900) [학]1961년 김천 성의고졸 1969년 한양대 기계공학과졸 [경]1969년 럭키금성 입사 1986년 금성사 부장 1988년 同공장장 1988년 同이사 1993년 同키친웨어SBU장(상무이사) 1995년 (주)LG전자 전략사업단장(상무) 1996년 同리빙시스템사업본부장(전무이사) 1998년 同홈어플라이언스사업본부장(부사장) 2000년 同디지털어플라이언스사업본부장(부사장) 2001년 同사장 2003~2007년 同대표이사 부회장 2007년 LG마이크론 비상근이사 2007년 同이사회 의장 2008년 LG전자 고문 2008~2011년 한국전력공사 사장 2008년 대한전기협회 회장 2010~2011년 한국이산화탄소포집 및 저장협회(KCCSA) 초대회장 2013년 DGB금융지주 사외이사(현) [상]석탑산업훈장(1993), 창원상공대상(1998), 한국능률협회 지식경영 최고CEO상(2000), 대통령표창(Six Sigma혁신상)(2000), 동탑산업훈장(2000), 금탑산업훈장(2006), 러시아정부 친선훈장(2006), 한국전문경영인(CEO)학회 '한국을 빛내는 CEO Ⅲ' 선정(2011) [저]'5%는 불가능해도 30%는 가능하다'(2010, 한스미디어) [종]불교

김쌍우(金雙佑) KIM SSANG WOO

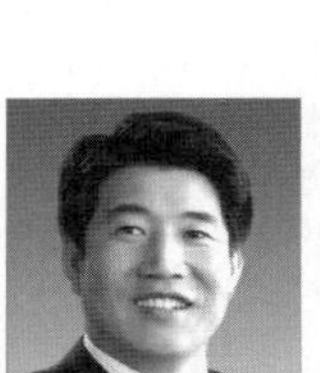

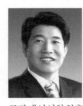

[생]1964·4·28 [본]경주(慶州) [출]부산 기장 [주]부산 연제구 중앙대로1001 부산광역시의회(051-888-8187) [학]장안종합고졸 1989년 부산대 국어국문학과졸 [경](주)글로벌넥스트 전무이사, 부산장안고총동창회 회장(현) 1999년 동부산농업협동조합 대의원, 한나라당 부산해운대·기장乙당원협의회 조직부장, 장안읍 새마을지도자, 기장군바르게살기협의회 이사, 同부회장, 기장군장애인연합회후원회 부회장, 고리원전 시민감시단장(현), 기장군핵폐기장반대대책위원회 조직부장, 부산대총동창회 이사(현), 한마음산악회 부회장, 부산시 건축심의위원(현) 2006·2010~2014년 부산시 기장군의회 의원(무소속·새누리당) 2006~2008년 同부의장 2013~2014년 同일자리창출특별위원회 위원장 2013년 부산경실련 부설연구소 추진위원 2014년 부산시의회 의원(새누리당)(현) 2014년 同해양도시소방위원회 위원 2014년 同원전특별위원회 부위원장 2015년 同도시안전위원회 위원 2015년 同예산결산특별위원회 위원 2015년 同문화관련행정조사특별위원회 위원 2016년 同운영위원회 위원(현) 2016년 同도시안전위원회 부위원장(현) [종]기독교

김안나(金安那 · 女) KIM An Na

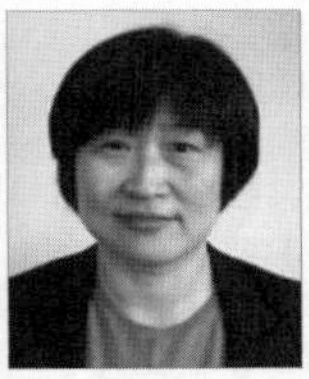

[생]1962 · 12 · 21 [출]제주 [주]서울 중구 장충단로84 민주평화통일자문회의 사무처 기획조정관실(02-2250-2331) [학]신성여고졸, 이화여대졸, 중앙대 대학원 경영학과졸 [경]1985년 공직 입문 2004년 민주평화통일자문회의 정책자문담당관실 사무관 2004년 同사무처 위원지원팀 사무관 2007년 同사무처 회의운영팀 서기관 2008년 同사무처 기획재정담당관 2009년 同사무처 운영지원담당관 2012년 同사무처 자문건의과장 2014년 同사무처 대변인(서기관) 2015년 同사무처 대변인(부이사관) 2016년 同기획조정관(현)

김안석(金安石) KIM AHN SEOK

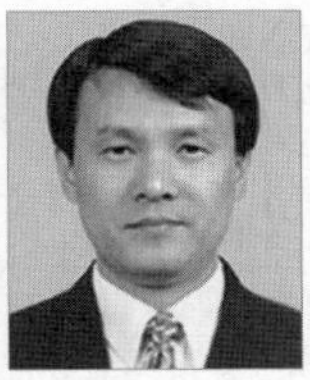

[생]1953 · 10 · 26 [본]김해(金海) [출]전남 강진 [주]서울 강남구 봉은사로454 금탁타워10층 (주)NOVA 사장실(02-2272-7313) [학]경기공전 수료, 건국대 경영학과졸, 미국 일리노이주립대 대학원 경영학과졸(MBA), 미국 뉴욕대(NYU) 대학원 경영학과 박사과정 수료, 경영학박사(미국 캘리포니아코스트대) [경]금호타이어 비전경영실 상무대우 1999년 금호산업(주) 비전경영실 상무대우 2001년 同비전경영실 상무 2002~2005년 한양대 경영대학원 겸임교수 2005년 금호아시아나그룹 전략경영본부 전략기획부문장(부사장) 2007~2010년 (주)대우건설 전략기획본부장(부사장) 2010년 일양ENC 사장 2011년 한양대 경영대학원 겸임교수 2011~2012년 OCI그룹 (주)DCRE 사장 2013년 (주)NOVA 사장(현) 2013년 건국대 경영대학 겸임교수(현) [종]기독교

김안식(金安植) KIM Ahn Shik (南天)

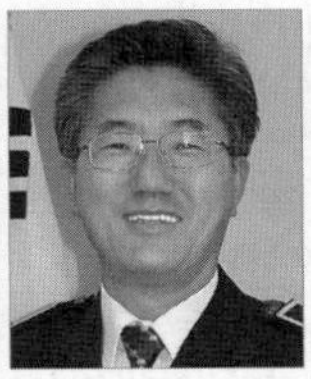

[생]1957 · 1 · 25 [본]경주(慶州) [출]경남 거제 [주]경기 안양시 동안구 경수대로508번길42 안양교도소(031-452-2181) [학]1976년 배재고졸 1980년 한국외국어대 법학과졸 1997년 미국 샘휴스턴주립대 대학원 형사사법학과졸, 교정학박사(경기대) [경]1986년 교정직 7급(교위) 합격 1987~1998년 안양교도소 · 영등포구치소 · 법무부 교정과 근무 1999년 법무부 교정과 교정관 2003~2004년 이라크 재건단 파견 2004년 법무부 수원구치소 명적과장 2006년 광주지방교정청 작업훈련과장(서기관) 2007년 법무부 보안경비과 서기관 2008년 수원구치소 부소장 2008년 경주교도소장 2009년 통일교육원 교육파견(서기관) 2010년 안동교도소장 2010년 경북북부제3교도소장 2011년 여주교도소장 2012년 서울남부교도소장 2013년 법무부 교정본부 보안과장 2014년 경북북부제1교도소장(고위공무원) 2016년 안양교도소장(고위공무원)(현) [종]기독교

김안제(金安濟) KIM An Je (草凡)

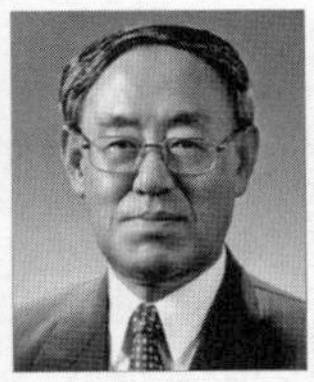

[생]1937 · 4 · 25 [본]경주(慶州) [출]경북 문경 [주]경기 고양시 일산동구 호수로358의39 동문굿모닝타워1차718호 한국자치발전연구원(031-925-3001) [학]1957년 안동사범학교졸 1962년 서울대 물리학과졸 1965년 同대학원 행정학과졸 1971년 미국 신시내티대 대학원 도시계획학과졸 1976년 지역경제학박사(미국 신시내티대) [경]1966년 서울대 행정대학원 조교 1972년 同전임강사 1973~1985년 同환경대학원 전임강사 · 조교수 · 부교수 1980년 同환경계획연구소장 1980년 국가보위비상대책위원회 경제과학분과 위원 1980년 同입법회의 내무위원회 전문위원 겸직 1985~2002년 서울대 환경대학원 교수 1986년 국토계획학회 회장 1986년 중앙도시계획위원 1986년 서울대 환경대학원장 1992년 내무부 지방행정연구원장 1992~1997년 지역개발연구사업심의위원회 위원장 1993년 대통령직속자문기구 행정쇄신위원회 위원 1995년 한국지방자치학회 회장 1997년 서울대 도시환경고위정책과정 주임교수 1998년 민간투자심의위원회 위원장 1998년 2002월드컵축구대회조직위원회 공동의장 1998년 한국자치발전연구위원회 위원장 1999~2004년 대통령소속 지방이양추진위원회 민간측 위원장 1999년 한국자치발전연구원 원장(현) 2001년 한국서화작가협회 총재 2002년 서울대 환경대학원 명예교수(현) 2003년 신행정수도건설추진자문위원회 위원장 2004년 신행정수도건설추진위원회 위원장 2005년 건국대 부동산대학원 석좌교수 2007년 학교법인 대양학원(세종대) 임시이사 2013년 문경시 미래정책기획단 고문(현) 2013년 민주평통 상임위원(현) 2016년 문경대 석좌교수(현) 2016년 국방부 군공항이전사업단 자문위원(현) [상]보국훈장 천수장, 弦玎국토개발상, 새마을훈장 근면장, 서울시 문화상, 국민훈장 동백장, 문경대상(2015), 전국시장 · 군수 · 구청장전국총회 지방자치대상(2015) [저]'지방자치론' '지역사회개발론' '환경과 국토' '도시행정론' '지역개발과 지방자치행정' '변동과 思素' '한국의 지방자치의 지역개발' '지방자치와 발전전략' '한국지방자치발전론' '한한국인의 삶과 발자취' '정보화시대 국토경영' '하늘의 뜻, 인간의 삶'(2005) '김안제 인생백서'(2007) '신편천자문'(2007) '사자성어 대사전'(2010) '오자성어집해'(2011) '상용한자 이천자문'(2012) '세종시 이야기'(2016) '안제백서'(2016) [종]불교

김애실(金愛實 · 女) KIM Aesil

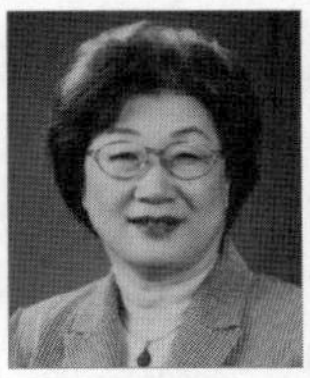

[생]1946 · 8 · 1 [본]청주(清州) [출]평북 강계 [주]서울 동대문구 이문로107 한국외국어대학교 경제학부(02-2173-3032) [학]1965년 경기여고졸 1972년 미국 하와이주립대 경제학 · 수학과졸 1974년 同대학원 경제학과졸 1977년 경제학박사(미국 하와이주립대) [경]1978~1980년 전남대 경제학과 교수 1980~2004 · 2008~2011년 한국외국어대 경제학부 교수 1993년 여성정책심의위원회 실무위원 1994년 한국외국어대 경상대학장 1994년 同사회과학대학장 1995~1997년 통계청 통계위원회 전문위원 1995~1999년 대통령직속 최저임금심의위원회 위원 1996년 민주평통 자문위원 1997~2004년 한국여성경제학회 회장 1998~1999년 국무총리실 정책평가위원회 위원 1999~2003년 중소기업청 여성기업활동촉진위원회 위원 2001~2003년 여성부 정책자문위원 2002년 대통령자문 국민경제자문회의 위원 2004~2008년 제17대 국회의원(비례대표, 한나라당) 2004~2006년 국회 여성가족위원장 2006~2008년 한나라당 제3정책조정위원장 2008년 同제18대 총선 공천심사위원 2008~2014년 (사)소비자교육지원센터 공동대표 2009~2012년 공공기관운영위원회 위원 2011년 마중물여성연대 공동대표 2011년 한국외국어대 경제학부 명예교수(현) 2014년 여성통일연구회 회장 2014년 마중물여성연대 고문(현) [상]국무총리표창(1997), 한국외국어대 모교를 빛낸 교수상(2011), 옥조근정훈장(2011) [저]'북한여성의 실태'(共) '한국가족정책의 이해'(共) [역]'남성들의 경제학을 넘어서'(共) [종]기독교

김양건(金良建) KIM Yang Gun

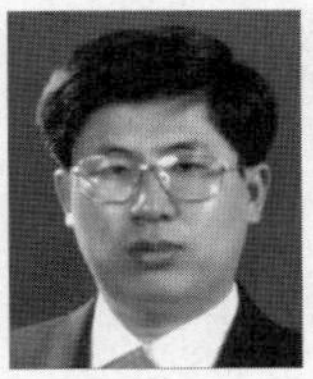

[생]1960 · 7 · 24 [본]김해(金海) [출]전북 남원 [주]서울 영등포구 의사당대로1 국회사무처 환경노동위원회(02-788-2284) [학]1979년 전주고졸 1984년 성균관대 사회학과졸 1986년 서울대 대학원 행정학과졸 2006년 미국 콜로라도대 대학원졸 [경]1994년 국회사무처 법제예산실 근무 1996년 同환경노동위원회 입법조사관 2002년 同법제실 법제3과장 2003년 同산업법제과장 2004년 미국 콜로라도대 연수 2006년 국회사무처 방송기획관실 기획편성담당관 2007년 同방송기획관실 기획편성담당관(부이사관) 2009년 同문화체육관광방송통신위원회 입법조사관 2011년 同예산결산특별위원회 입법심의관 2011년 전국경제인연합회 파견(부이사관) 2012년 국회사무처 정보위원회 입법심의관 2013년 同환경노동위원회 전문위원(이사관)(현) [종]기독교

김양국(金良國)

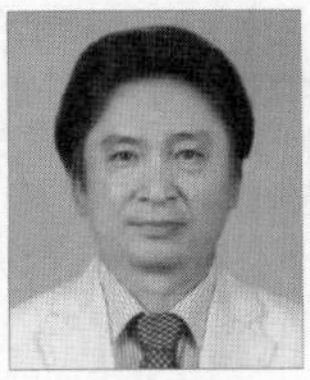

[생]1956 [주]경기 평택시 팽성읍 추팔산단1길23 추팔산업단지 (주)아이컴포넌트 대표이사실(031-719-4317) [학]1975년 경복고졸 1980년 한양대 고분자공학과졸 1983년 서울대 대학원 화학과졸 1992년 고분자공학박사(미국 미시간대) [경]1982~1985년 LG화학기술원 근무 1985~2000년 LS전선 근무 2000년 (주)아이컴포넌트 대표이사(현) 2010~2012년 한국화학공학회 부회장 2012년 한국고분자학회 부회장 2016년 한국공학한림원 정회원(화학생명공학분과 · 현)

김양권(金良權) Kim Yang kwon

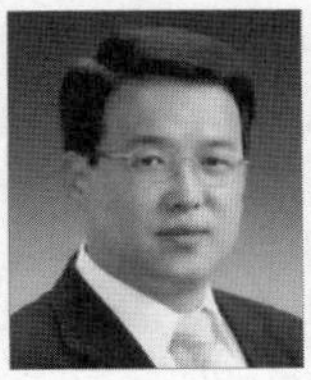

[생]1957 · 9 · 11 [주]경기 부천시 소사구 경인로266 한국LED플라즈마조명산업협동조합(032-668-7551) [학]1977년 덕수상고졸 1982년 숭실대 경영학과졸 [경]1984~2003년 (주)LG생활건강 근무 2004~2011년 (주)대한하이라이트 대표이사 2004년 (주)코하이 대표이사(현) 2014년 한국LED플라즈마조명산업협동조합 이사장(현)

김양규(金良奎) KIM Yang Gyu

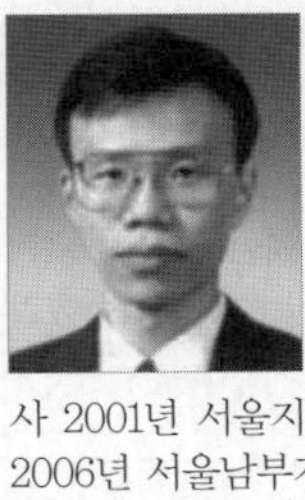

[생]1964 · 10 · 28 [출]충남 부여 [주]서울 양천구 신월로386 서울남부지방법원 부장판사실(02-2192-1047) [학]1982년 공주사대부고졸 1986년 고려대 법학과졸 [경]1990년 사법시험 합격(32회) 1993년 사법연수원 수료(22기) 1993년 창원지법 판사 1995년 同진주지원 판사 1996년 同사천시법원 판사 1997년 수원지법 평택지원 판사 1998년 同안성시법원 판사 2000년 同평택지원 판사 2001년 서울지법 판사 2003년 同남부지원 판사 2004년 서울고법 판사 2006년 서울남부지법 판사 2008년 대전지법 부장판사 2010년 인천지법 부장판사 2013년 서울남부지법 부장판사(현)

김양균(金亮均) KIM Yang Kyun (石泉·海亭)

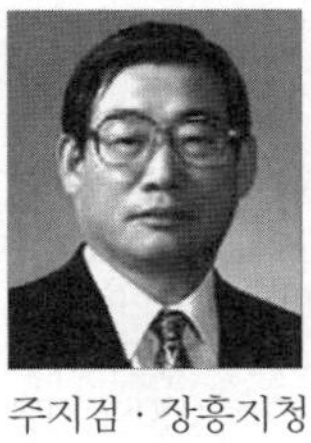

[생]1937·1·10 [본]광산(光山) [출]광주 [주]광주 동구 동명로110 법조타운417호 김양균법률사무소(062-233-1155) [학]1955년 광주고졸 1959년 전남대 법대졸 1973년 연세대 행정대학원 행정학과졸 1984년 행정학박사(한양대) 1997년 명예 법학박사(전남대) [경]1959년 고등고시 사법과 합격 1960년 관구(管區) 법무관 1961년 군단 법무관 1963년 육군정훈학교 교관 1964~1974년 광주지검·장흥지청·목포지청·서울지검 검사 1974년 대전지검 금산지청장 1974년 서울지검 의정부지청 검사 1977년 서울지검 검사 1978년 광주지검 부장검사 1979년 춘천지검 차장검사 1980년 청주지검 차장검사 1980년 광주지검 차장검사 1981년 제주지검 검사장 1982년 법무부 기획관리실장 1983년 광주지검 검사장 1985년 부산지검 검사장 1986년 광주고검 검사장 1987년 서울고검 검사장 1988~1994년 헌법재판소 재판관 1994년 변호사 개업(현) 1994년 한국공법학회 부회장 1998~2001년 누리문화재단 이사장 2000년 대한변호사협회 징계위원 2004~2013년 (주)금호산업 사외이사 2004년 충장공김덕령장군유적보전회 회장(현) 2007년 국제인권옹호한국연맹 이사(현) 2008~2010년 광주시정원로자문회의 의장 2008~2012년 대동문화포럼 이사장 2008년 광주한가람 이사장(현) 2009~2015년 광주선진교통문화범시민운동본부 대표회장 2012~2015년 2015광주U대회 대표고문 [상]황조근정훈장(1986), 청조근정훈장(1997) [저]'소년선도 보호지침해설' '소년범죄의 예방책에 관한 연구' '石泉 金亮均박사 화갑기념전집(1·2·3)' '법조인의 좌우명' '독립투사 방원 김용환선생의 살신성인의 생애' '석천의 낚시세상' [종]기독교

김양배(金良培) Yang Bae KIM

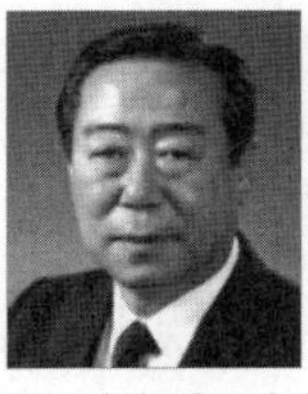

[생]1938·11·6 [본]김해(金海) [출]전남 곡성 [학]1957년 광주고졸 1963년 서울대 문리과대학 정치학과졸 [경]1966년 행정고시 합격 1968년 전북도 법무담당관 1969년 同기획감사실장 1970년 同지방과장 1973년 진안군수 1974년 전북도 내무국장 1978년 내무부 기획예산담당관·순천시장 1980년 전남도 기획관리실장 1981년 광주시장 1983년 전남도 부지사 1984년 민주정의당(민정당) 내무담당 전문위원 1985년 제12대 국회의원(전국구 민정당) 1985년 민정당 기획조정실장 1986~1988년 광주시장 1990~1991년 지방행정연구원 원장 1993년 대통령 행정수석비서관 1993~1994년 농림수산부 장관 1995년 민자당 국책자문위원 1995~1996년 보건복지부 장관 [상]홍조근정훈장, 황조근정훈장, 청조근정훈장 [종]기독교

김양보

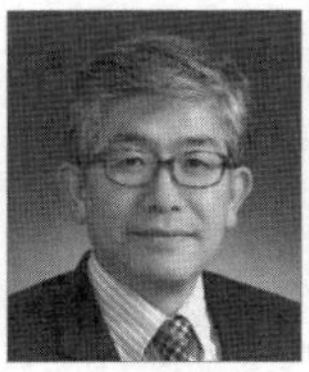

[생]1970 [주]제주특별자치도 제주시 문연로6 제주도청 환경보전국(064-710-6000) [학]제주 오현고졸, 인하대졸, 同대학원졸 [경]기술고시 합격 1997년 공무원 임용 2006~2011년 제주도 환경정책과장 2011~2013년 WCC총괄기획팀장 2013년 스위스 세계자연보전연맹(IUCN) 파견(지방기술서기관) 2016년 제주도 환경보전국장(현)

김양섭(金良燮) Yang Seob KIM

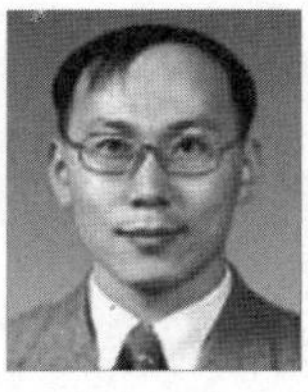

[생]1970·12·22 [출]전남 영암 [주]서울 마포구 마포대로174 서울서부지방법원(02-3271-1114) [학]1989년 목포덕인고졸 1995년 서울대 법학과졸 [경]1994년 사법시험 합격(36회) 1997년 사법연수원 수료(26기) 1997년 軍법무관 2000년 서울지법 서부지원 판사 2002년 서울지법 판사 2004년 제주지법 판사 2006년 창원지법 진주지원 판사 2008년 의정부지법 고양지원 판사 2009년 서울고법 판사 2010년 대법원 재판연구관 2012년 전주지법 부장판사 2014년 의정부지법 고양지원 부장판사 2016년 서울서부지법 부장판사(현)

김양수(金陽洙) Kim Yang Soo

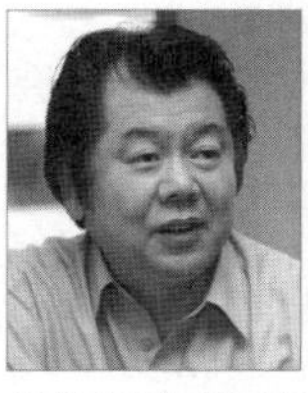

[생]1952·12·30 [출]서울 [주]서울 구로구 디지털로31길12 태평양물산빌딩19층 벽산엔지니어링 비서실(02-767-5566) [학]1966년 중앙고졸 1971년 한양대 공대졸 [경]Ciba-Geigy Senior-Chemist 한일신소재 상무이사, 벽산건설(주) 이사 1999년 벽산엔지니어링 ENG공사팀 상무이사 2002~2006년 同대표이사 사장 2009~2012년 벽산파워(주) 대표이사 사장 2011년 벽산엔지니어링 부회장(현) [종]기독교

김양수(金陽洙) Kim, Yang Su

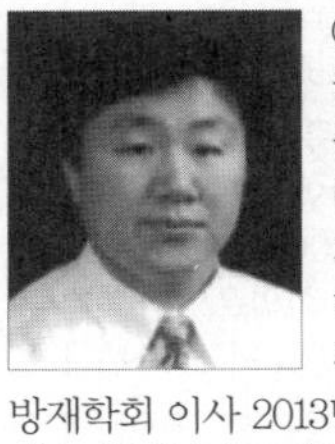

[생]1959·12·3 [출]강원 영월 [주]충남 공주시 금벽로551 금강홍수통제소(041-851-0501) [학]1980년 국민대 토목공학과졸 1982년 충북대 공학대학원졸 1990년 공학박사(인하대) [경]1997년 소방방재청 방재연구소 연구관, 同방재연구소 연구실장 2005년 건설교통부 한강홍수통제소 하천정보센터장 2011년 UN 태풍위원회 수문분과 부위원장 2012년 국토해양부 영산강홍수통제소장 2013년 한국방재학회 이사 2013년 국토교통부 영산강홍수통제소장 2014년 同금강홍수통제소장(시설연구관)(현) [상]국무총리표창(2005) [저]'수문학'(2012) [종]기독교

김양수(金良洙)

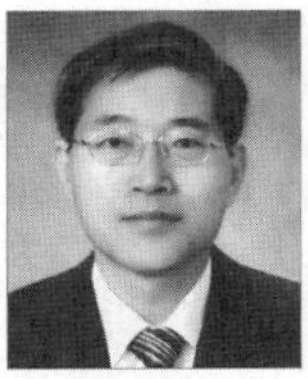

[생]1960·9·26 [출]전남 함평 [주]전남 영암군 영암읍 군청로1 영암군청 부군수실(061-470-2204) [학]1979년 광주살레시오고졸 1984년 전남대 정치외교학과졸 2005년 同행정대학원 행정학과졸 [경]1986년 공직 입문(7급 공채) 1990년 전남도 지역경제국 지역경제과·상무지원사업소 근무 2000년 함평군 엄다면장·문화관광과장 2004년 전남도 감사관 2005년 同문화예술과 영산강유적담당 사무관 2011년 同서울투자유치사무소장·국회 협력관(서기관) 2012년 행정안전부 광주통합전산센터 서기관 2013년 전남도 사회복지과장 2015년 전남도의회 입법지원관(의사담당관) 2015년 전남 영암군 부군수(현) [상]국무총리표창(2007), 대통령표창(2010), 대한민국지역사회복지대상(2014)

김양수(金亮秀) KIM Yang Soo

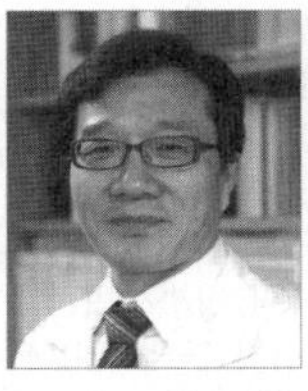

[생]1960·11·30 [본]김해(金海) [출]서울 [주]서울 송파구 올림픽로43길88 서울아산병원 감염내과(02-3010-3300) [학]1979년 배문고졸 1986년 서울대 의대졸 1994년 同대학원졸 1996년 의학박사(서울대) [경]1993~1995년 서울아산병원 전임의 1993년 울산대 의과대학 감염내과 전임강사·조교수·부교수·교수(현) 1998~2000년 미국 Tufts Univ. School of Medicine Center for Adaptation Genetics and Drug Resistance 연구원 2002년 항생제잘쓰기국제연대(APUA) 한국본부 사무총장 2002년 울산대 항균제내성미생물유전학연구센터 소장 2002~2014년 서울아산병원 감염내과 과장 [상]보건사회부장관표창(1991), 대한감염학회 학술상(2005) [저]'항생제 길잡이'(編) '감염질환'(編) '성인예방접종'(編) '의료기관의 감염관리'(編)

김양수(金良洙) KIM YANG SOO

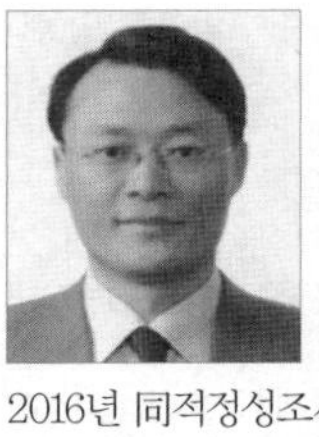

[생]1964·11·9 [본]김해(金海) [출]전남 해남 [주]대구 동구 이노밸리로291 한국감정원 적정성조사본부(053-663-8005) [학]서울 삼육고졸, 경희대 산업공학과졸, 연세대 대학원 도시계획학과졸 [경]2007년 한국감정원 천안지점 감정평가팀장 2008년 同천안지점장 2011년 同심사관리실장 2012년 同천안지점장 2014년 同부동산통계처장 2015년 同기획조정실장(1급) 2016년 同신사업본부장 2016년 同적정성조사본부장(현) [상]행정자치부장관표창(2001), 재정경제부장관표창(2004), 국토해양부장관표창(2010) [저]'부동산설계'(2004, 한국FPSB)

김양수(金良洙) Kim, Yang Soo

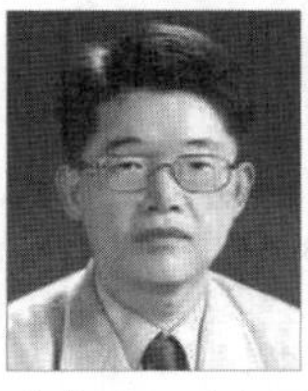

[생]1968·3·28 [출]전북 [주]세종특별자치시 다솜2로94 해양수산부 해양정책실(044-200-5200) [학]상산고졸, 고려대 사학과졸 [경]1991년 행정고시 합격(34회) 1998년 해양수산부 해양정책과 사무관 2000년 同해운정책과 사무관 2003년 同어업자원국 수산자원센터설립추진기획단 사무관 2003년 同행정관리담당관 2004년 同정보화담당관 2005년 同기획예산담당관 2005년 同국제협력담당관 2006년 同국제협력관실 국제협력팀장(부이사관) 2006년 대통령 산업정책비서관실 부이사관 2008년 마산지방해양항만청장 2008년 미국 연방해양대기청(NOAA) 파견(고위공무원) 2011년 교육 파견(고위공무원) 2013년 해양수산부 해양정책실 해양산업정책관 2014년 중앙공무원교육원 파견(고위공무원) 2014년 해양수산부 대변인 2016년 同해양정책실장(현)

김양수(金洋洙) KIM Yang Soo

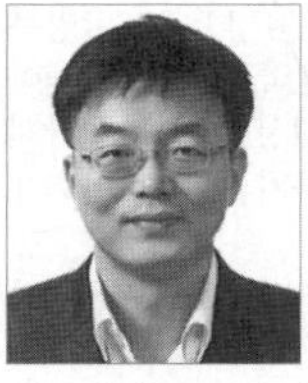

[생]1968·8·5 [출]전북 익산 [주]강원 속초시 법대로15 춘천지검 속초지청(033-630-4200) [학]1987년 원광고졸 1992년 서울대 법학과졸 [경]1997년 사법시험 합격(39회) 2000년 사법연수원 수료(29기) 2000년 수원지검 검사 2003년 제주지검 검사 2005년 인천지검 검사 2007년 서울중앙지검 검사 2012년 대구지검 검사 2013년 同부부장검사 2013년 서울중앙지검 부부장검사 2014년 수원지검 여주지청 부장검사 2015년 법무부 인권국 인권조사과장 2016년 춘천지검 속초지청장(현)

김양순(金良順·女) KIM Yang Soon

ⓢ1957·8·11 ⓑ김해(金海) ⓞ서울 ⓐ대전 유성구 동서대로125 한밭대학교 인문대학 영어영문학과(042-821-1323) ⓗ1976년 이화여고졸 1982년 한국외국어대 영어과졸 1985년 미국 위스콘신대 대학원 언어학과졸 1988년 언어학박사(미국 University of Wisconsin-Madison) ⓒ1988~1990년 한국외국어대·단국대 강사 1990년 한밭대 인문대학 영어영문학과 교수(현) 1995~1998년 同어학교육원장·시청각실장 1998년 同영어과 학과장 1999~2002년 同어학교육원장 1999년 한국현대언어학회 총무이사 2003~2005년 同편집위원장 2003~2007년 同부회장 2007~2008년 한밭대 영어과 학과장 2012~2014년 同인문대학장 2013~2015년 한국현대언어학회 회장 2016년 한밭대 영어영문학과장(현) ⓢ문화관광부 우수학술도서선정(2000), 대한민국학술원 우수학술도서선정(2003), 문화체육관광부 우수학술도서선정(2012) ⓐ'영어통사원리' 'Phase in the Theory of Grammar' '영어통사론강의' '영어통사론' 'A History of English Language' 'Guidelines: Current and Practical English' 'Practical English' 'Leetures on the Origins and Development of the English Language' '현대통사론특강' '최소주의 통사론 이해' '생물언어학과 Chomsky 이해' '통사구조의 습득' '초점과 생략 : 동시연산분석' '최소주의와 다위니즘' 'The Structure of Modern English' ⓔ'생물언어학' '장벽이론' '통사론이해' '영어통사론-영어전문가를 위한 문법' '제2언어통사론 습득' ⓡ가톨릭

김양식(金良植·女) KIM Yang Shik (初黃)

ⓢ1931·1·4 ⓑ경주(慶州) ⓞ서울 ⓐ서울 서초구 서초중앙로2길35 광림빌딩2층 인도박물관(02-585-2185) ⓗ1950년 숙명여고졸 1954년 이화여대 영어영문학과졸 1977년 동국대 대학원 인도철학과졸 ⓒ1969년 「월간문예」詩부문 수상·문단데뷔 1973년 제2차 세계시인대회 참석(중화민국 타이베이) 1973년 캐나다 문화재단 초청으로 한국문화재拓本展 개최 1974년 국제펜클럽 이사 1975년 제1차 아시아시인대회 참석(인도 마드라스) 1976년 제3차 세계시인대회참석(미국 볼티모어) 1981년 한·인도문화연구원 원장(현) 1981년 Tagore Society of Korea 회장(현) 1984년 인도 문화교류처 초청 세계시인대회 한국대표 1984~2006년 한국현대시인협회 이사 1986년 인도 발미키 시인대회 참석 1988~2002년 한국지역사회교육중앙협의회 이사 1988년 제52차 국제PEN대회 참석(서울) 1990년 한국여성문학회 자문위원(현) 1991년 인도 타고르대 초청 타고르학회 참석 1993년 제5차 아시아시인대회 참석 1994~1996년 한국지역사회교육강남협의회 회장 1994~1996년 이화여대동창문학회 회장 1996년 同고문(현) 1998년 제21차 국제시인대회 참석(벨기에) 1998~2013년 국제펜클럽 한국본부 이사 1998년 한국민족문학회 부회장 1998년 제17차 세계시인대회 참석(서울) 1999년 제22차 국제시인대회 참석(벨기에) 2001년 한국어머니농구회 회장 2002~2003년 대한농구협회 부회장 2005~2006년 서초문인협회 회장(제4대) 2007~2009년 갤러리샨티 대표 2011년 인도박물관 관장(현) 2011년 인도 타고르회의 참석(방콕) 2012년 제78차 국제PEN대회 참가(경주) 2012년 한국박물관협회 회원(현) 2013년 국제펜클럽 한국본부 고문(현) 2013년 인도문학예술원 연구명예회원(현) ⓢ월간문학 신인상(시부문)(1969), 세계시인대회 뮤즈상(1973), 한국현대시인상(1986), 허난설헌문학대상(1997), 제3회이화문학상(1999), 시와시론 문학상(2001), 인도 파드마슈리상(Padma-shri)(2002), 한국펜클럽 펜문학상(2002), 서초문학회 서초문학대상(2004) ⓐ시집 '井邑後詞' '初黃시집' '수코양이 한마리' '새들의 해돋이'(힌두어, 중국어) '서초동참새' 'Beyond Time & Space' 'Bird's Sunrise' 한영대역시집 '쓸쓸하지 않은 사람들'(러시아어) 시선집 '풀꽃이 되어 풀잎이 되어' 장편서사시 '은장도여, 은장도여'(중국어) 시전집 '석양이 눈부시어' '겨울로 가는 나무' '하늘 먼 자락에 구름 날리면' '아아, 어머니'(2014) 수필집 '세계시인과의 만남' '갠지스강물따라' '봄 여름 가을 그리고 겨울' ⓔ'타고르의 생애와 사상' '현대인도문학' '기딴자리' '저생달' '반딧불' 'R.타고르의 인생론 나는 바다가 되리라' '우체국' '봄의 윤회' '새들의 결혼' '비단황후' 개인시집번역 'かささきの 啼く 村'(1989, 일본 花神社) '初黃 金良植 詩集'(1997, 대만 創世紀社) 'O, INDIA'(1999, 인도 Ajanta Books International) '凜華の碑'(2005, 한림출판사) '天際の彼方に'(2009, 일본 成誌社) 'De ar aldrig ensamma'(2009, 스웨덴 Montus Forlag) ⓡ불교

김양옥(金良玉) KIM Yang Ok

ⓢ1954·12·24 ⓞ충남 공주 ⓐ서울 영등포구 국제금융로7가길13 여의도여자고등학교 교장실(02-3780-4300) ⓗ1972년 공주 영명고졸 1976년 공주사범대 국어교육학과졸 1984년 연세대 대학원 국어국문학과졸 ⓒ1976~1982년 예산 중앙고·고덕중 교사 1983년 서울 한성여고 교사 1993년 국립교육평가원 교육연구사 1998년 한국교육과정평가원 교육연구사 1999년 교육부 학교정책실 교원양성연수과 교육연구관 2000년 同교원정책과 교육연구관 2003년 서울시

교육청 중등교육과 장학관 2005년 서울 창덕여중 교장 2006년 교육인적자원부 교육과정정책과장 2006년 同초중등교육정책과장 2008년 교육과학기술부 학력증진지원과장 2009년 서울교육연구정보원 인성진로교육지원부장 2010년 서울강동교육지원청 학교지원국장, 서울시교육청 교원정책과장 2012년 同평생진로교육국장 2013년 서울강동교육지원청 교육장 2014년 서울 여의도여고 교장(현) ⓢ국무총리표창(1996), 대통령표창(2003), 국회의장표창(2009)

김양우(金陽雨) KIM Yang Woo

ⓢ1953·3·10 ⓞ전북 전주 ⓐ인천 남동구 남동대로774번길21 가천학원 의료원장실(1577-2299) ⓗ연세대 의대졸, 同대학원졸 1989년 의학박사(연세대) ⓒ1984~1988년 연세대 의대부속 신촌세브란스병원 성형외과 레지던트 1988~1993년 중앙길병원 성형외과 주임과장 1993~1996년 이화여대 의대 성형외과 조교수 1993년 同목동병원 성형외과장 1996~2013년 同의대 성형외과학교실 부교수·교수 1999년 중앙길병원 의무부장 2002년 同의료원 기획조정실장 2007~2009년 同목동병원장 2013년 가천대 의대 성형외과학교실 교수(현) 2013~2016년 同길병원 경영원장 2016년 同길병원 성형외과장 2016년 학교법인 가천학원 의료원장(가천대부속 동인천길병원·길한방병원 총괄)(현) ⓐ'성형외과학'

김양원(金良源) Kim, Yang-Won

ⓢ1965·10·19 ⓑ부안(扶安) ⓞ전북 부안 ⓐ전북 군산시 시청로17 군산시청 부시장실(063-454-2020) ⓗ1983년 전주 영생고졸 1988년 고려대 농업경제학과졸 2006년 미국 미시간대 대학원 도시계획학과졸 ⓒ1991년 행정고시 합격(35회) 1993년 전북도공무원교육원 교무계장 1996년 전북도 기획계장 2003년 同투자유치사무소장(서기관) 2004년 국외훈련 파견(미국 미시간주립대) 2006년 전북도 투자유치국 투자유치과장 2007년 同투자유치국장 2009년 교육파견(부이사관) 2009년 전북도 대외협력국장 2010년 同대외소통국장 2010년 한국개발연구원 교육파견(부이사관) 2013년 새만금군산경제자유구역청 산업본부장 2014년 전북도 문화체육관광국장 2014년 군산시 부시장(현)

김양제(金亮濟) KIM Yang Je

ⓢ1959·12·2 ⓑ경주(慶州) ⓞ충남 보령 ⓐ충북 충주시 수안보면 수회리로138 중앙경찰학교 교장실(043-870-2114) ⓗ1978년 충남고졸 1985년 경남대졸 1993년 한양대 행정대학원 경찰행정학과 수료 ⓒ1999년 경기 남양주경찰서 방범과장 2000년 서울 수서경찰서 방범과장 2001년 同형사과장 2002년 서울지방경찰청 경호계장 2006년 충남 예산경찰서장(총경) 2007년 충남 보령경찰서장 2008년 충남지방경찰청 경무과 총경(교육) 2009년 서울지방경찰청 경비2과장 2010년 서울 종로경찰서장 2010년 서울지방경찰청 101경비단 부단장 2011년 부산지방경찰청 제3부장(경무관) 2013년 서울지방경찰청 기동본부장 2013년 同차장(치안감) 2014년 충남지방경찰청장(치안감) 2015년 중앙경찰학교장(치안감)(현) ⓢ대통령표창(1992)

김양종(金良鍾) KIM Yang Jong

ⓢ1942·3·20 ⓗ1967년 한양대 경제학과졸 1982년 同대학원졸 1987년 체육학박사(한양대) ⓒ1976~1978년 한국대학축구연맹 이사 1983~1985년 대한축구협회 이사 1985~2005년 수원대 체육대학 교수 1987년 서울올림픽스포츠사회학 분과위원 1989~1992년 한국대학축구연맹 부회장 1989~1990년 수원대 예체능대학장 1990~1991년 同체육대학장 1990~1997년 한국스포츠사회학회 부회장 1991~1992년 수원대 총장 비서실장 1991~1993년 한국체육학회 이사 1994~1998년 한국학교체육연구회 회장 1995년 일본 후쿠오카하계유니버시아드대회 남자국가대표팀 총감독 1996년 수원대 기획실장 1997~2000년 한국스포츠사회학회 회장 2001년 중국 베이징 하계유니버시아드대회 부단장 겸 총감독 2001년 한국대학올림픽위원회(KUSB) 상임위원(현) 2002~2004년 한국체육학회 회장 2004~2005년 수원대 체육대학장 2005년 수원과학대학 학장 2009~2010년 同총장 2015~2016년 여주대 총장 ⓐ'체력관리'

김양진(金洋振) KIM Yang Jin

ⓢ1956·1·1 ⓞ경기 ⓐ서울 서초구 효령로275 BC카드(주) 감사실(02-520-4114) ⓗ1975년 휘문고졸 1980년 서울대 농업교육학과졸 ⓒ1983년 한일은행 입행 2003년 우리은행 런던지점장 2005년 同대방동지점장 2007년 同시너지팀장 2007년 同중앙기업영업본부장 2008년 同준법감시인 2009년 同업무지원본부장(집행부행장) 2011년 同업무지원 수석부행장 2011~2014년 同

수석부행장 2011년 우리금융지주 전무 겸임 2012~2014년 同미래전략본부 부사장 겸임 2015년 BC카드(주) 상임감사(현) [상]재정경제부장관표창(2003) [종]불교

김양평(金良枰) KIM Yang Pyoung

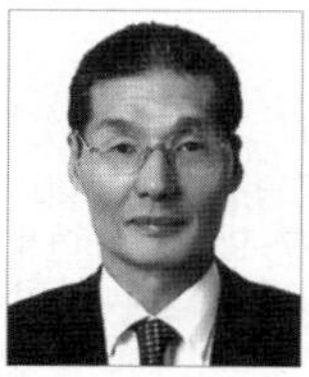

[생]1948·9·21 [본]김해(金海) [출]전남 여천 [주]경기 파주시 산업단지길139 (주)지엠피 비서실(031-940-3504) [학]1966년 여수수산고졸 1972년 조선대 기계공학과졸 [경]1972~1982년 광일농산(주) 전무이사, (주)이비코코리아 대표이사 사장 1985년 대산기계 대표 1986년 (주)대산프라스틱기계 대표이사 사장 1989년 (주)바인딩코리아 대표이사 1989~2008년 (주)지엠피 대표이사 사장 1990~1992년 한국사진작가협회 이사 1991년 (주)라미넥스 대표 2008년 (주)지엠피 대표이사 회장(현) [상]상공부장관표창(1990), 국민은행 유망중소기업 선정(1990), 국무총리표창(1991), 대통령표창(1992), 국세청장표창(1994), 중소기업협동조합중앙회장표창(1995), 한국경제신문 벤처기업금상(1996)

김양하(金亮夏) Kim Yang Ha

[생]1961·1·27 [출]대전 [주]부산 해운대구 센텀북대로60 20층 방송통신심의위원회 부산사무소(051-780-9101) [학]1987년 충남대 독어독문학과졸 1990년 중앙대 대학원 신문방송학과졸 [경]1990년 한국언론연구원 근무 1995년 종합유선방송위원회 근무 2003년 방송위원회 공보실장 2007년 同평가심의국 심의2부장 2008년 방송통신심의위원회 선거방송심의지원단장 2008년 同심의1국 광고심의1팀장 2009년 同방송심의실장 2011년 同통신심의국장 2012년 同통신심의국 전문위원 2013년 同광주사무소장 2015년 同부산사무소장(현)

김양한(金樑漢) KIM Yang Hann (연송제)

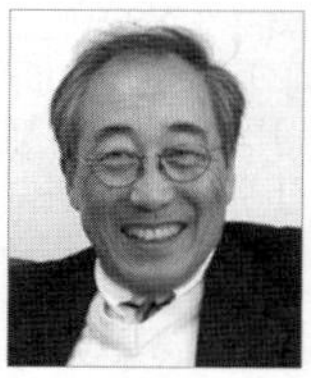

[생]1950·8·21 [본]광산(光山) [출]경북 의성 [주]대전 유성구 대학로291 한국과학기술원 기계공학과(042-350-3025) [학]1969년 서울고졸 1978년 서울대 조선공학과졸 1985년 기계공학박사(미국 매사추세츠공과대) [경]1984년 한국과학기술대 메카트로닉스과 부교수 1989~2015년 한국과학기술원(KAIST) 기계공학과 교수 1989~2000년 한국음향학회 교육 및 연구부문 위원장·이사 1992~1996년 한국소음진동공학회 논문편집이사 1996년 한국과학기술원 기계공학부장 1998~2000년 同학생처장 겸 학생생활상담소장 2003~2005년 同기계공학과장 2003~2007년 同BK사업단장 2004~2009년 同소음진동제어연구센터장 2005년 同문화기술대학원 교수 겸임 2006~2007년 同교육혁신본부장, 미국음향학회 석학회원 2015년 한국과학기술원 기계공학과 명예교수(현) [상]한국음향학회 학술상, 한국소음진동학회 강월논문상, 국제학술상, 미국음향학회 Acoustic Gallery 은상, 한국과학기술원(KAIST) 우수강의상, 기술 혁신상, 한국소음진동공학회 국제협력상, 미국음향학회(ASA) 로싱상(2015), 옥조근정훈장(2015) [저]'Fundamentals of Pneumatics for Automation'(1988) '음향학강의'(2005) 'Sound Propagation : An Impedance Based Approach'(2010, John Wiley and Sons) 'Sound Visualization and Manipulation'(2013, John Wiley and Sons) [종]천주교

김양현(金良炫) KIM Yang Hyun

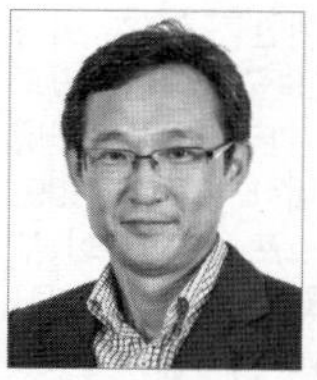

[생]1961·12·28 [출]광주 [주]광주 북구 첨단과기로208번길43 광주지방고용노동청(062-975-6220) [학]1981년 인성고졸 1988년 전남대 행정학과졸, 서울대 행정대학원졸 [경]1991년 행정고시 합격(35회) 2000년 노동부 노동조합과 서기관 2002년 同노정국 노정과 서기관 2002년 목포지방노동사무소장 2006년 노동부 근로기준국 퇴직급여보장팀장 2006년 同근로기준국 임금근로시간정책팀장 2007년 同노사정책국 노사관계법제팀장 2008년 同산업안전보건국 안전보건지도과장 2010년 고용노동부 노사정책실 안전보건정책과장(부이사관) 2010년 중부고용노동청 인천고용센터 소장 2011년 전남지방노동위원회 위원장 2015년 광주지방고용노동청장(현)

김양호(金良灝) KIM Yang Ho (靑話)

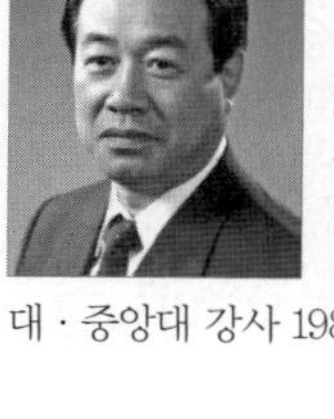

[생]1943·4·9 [본]전주(全州) [출]서울 [주]서울 서대문구 충정로53 골든타워빌딩203호 한국언어문화원(02-743-8288) [학]1963년 경기공고졸 1972년 동국대 법학과졸 1987년 同경영대학원졸 1996년 명예 철학박사(중국 遼寧大) 2007년 교육학박사(미국 컴벌랜드대) [경]1971년 한국언어문화원 원장(현) 1974년 국어교육학회 이사 1975년 월간 '언어문화' 발행인 1983~1991년 한양대·중앙대 강사 1988년 산업진흥연구소 이사 1990년 산업교육총협회 부회장 1990년 토스터마스터인터내셔날 코리아스피치클럽 회장 1992년 밝은가정협의회 이사(현) 1995년 중국 渤海大·遼寧大 명예교수 1996~2000년 한국산업교육연합회 회장 1996년 계간 '산업교육2000' 발행인 1998년 국민대 정치대학원 초빙교수 1999~2003년 중앙대 산업경영대학원 객원교수 1999년 민주평통 자문위원 1999~2010년 이화여대 평생교육원 교수 2001년 전국웅변협회 수석부총재(현) 2001~2009년 미국 세계인명사전 마르퀴스 후즈후(Marquis Who's Who) '언어교육자'에 등재 2001년 영국 국제인명센터(IBC) '21세기 탁월한 지성인'에 등재 2003년 영국 국제인명센터(IBC) '신화적인 현존인물'에 등재 2009년 영국 국제인명센터(IBC) '세계 100인 교육자'에 등재 2012년 평생교육시설 언어문화국제학교 대표이사(현) [상]서울시장표창(1962), 경북도지사표창(1966), 국방부장관표창, 공군참모총장표창(1969), 국민포장(2003), 국제평화상(2003) [저]'스피치대강좌'(1973) '대화의 심리작전'(1975) '언어교양대학'(1975) '강사의 화법'(1976) '스피치대백과사전'(1976) '산업훈련교육총론'(1977) '나도 할 말이 있어요'(1982) '화술과 비즈니스'(1987) '대중화술'(1987) '5분연설 10분대화'(1988) '설득은 이렇게 하라'(1991) '성공하는 사람은 생각이 다르다'(1997) '성공하는 비결은 엉뚱한데 있다'(2001) '상대를 움직이는 대화의 심리작전'(2001) '성공하는 직장인의 매너와 화법'(2002) '자기계발을 위한 135작전'(2003) '성공하는 사람은 화술이 다르다'(2006) '화술과 인간관계 전5권'(2006) '킹스 스피치'(2011) '그 말이 정답'(2011) '성공하는 사람은 스피치가 다르다'(2013) 등 44권 [역]'거부의 유산'(1975) '대중전략'(1975) '궤변화술'(1975) '거절의 기법'(1976) '보디랭귀지'(1976) '스피치기법'(1976) '판매에 불가능은 없다'(1981) '정상에서 만납시다'(1982) '인간심리의 함정'(1982) '지도에 없는 한국'(1987) '자기실현'(1988) '1분간 커뮤니케이션'(1989) '피플스마트'(1996) '자기대화'(1997) '자기대화 해결책'(1997) '성공한 리더 성공하는 리더십'(1997) '세일즈혁명'(2005) '변화의 힘'(2008) 등 32권 [작]오디오 테이프 6프로그램 : '성공의 메시지 12개'(1983) '조례훈화코스 12개'(1983) '인간관계코스 12개'(1984) '비즈니스코스 12개'(1984) '대중화술코스 12개'(1984) '인생대학코스 12개'(1984) 등 총72개 [종]불교

김양호(金良鎬) KIM YANG HO

[생]1959·2·10 [본]경주(慶州) [출]충북 옥천 [주]경기 수원시 팔달구 효원로1 경기도청 평가담당관실(031-8008-2450) [학]1977년 충남기계공업고졸 2000년 한국방송통신대 법학과졸 2004년 同평생교육대학원 행정학과졸(석사) [경]2012년 경기도 도서관과장 2013년 同창조행정담당관 2014년 지방행정연수원 교육파견 2015년 경기도 평가담당관(현)

김양호(金良鎬) KIM Yang Ho

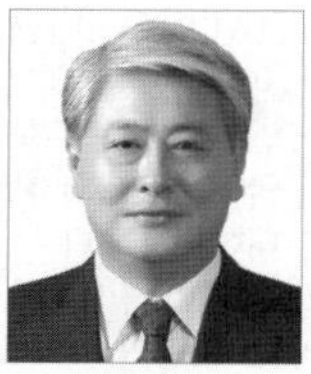

[생]1961·12·1 [본]삼척(三陟) [출]강원 삼척 [주]강원 삼척시 중앙로296 삼척시청 시장실(033-570-3201) [학]1980년 삼척고졸 1987년 강원대 법과대학 행정학과졸 [경]민자당 삼척시지구당 청년부장 1995~2006년 삼척시 비서실장 2006년 민주평통 자문위원 2006·2010~2014년 강원도의회 의원(한나라당·무소속) 2008~2010년 同기획행정위원장, 한나라당 강원도당 정책자문위원 2014년 강원 삼척시장(무소속)(현) [상]TV조선 '한국의 영향력 있는 CEO'(2015)

김양호(金亮澔)

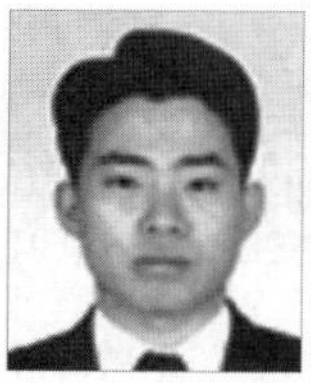

[생]1970·12·27 [출]서울 [주]경기 고양시 일산동구 장백로209 의정부지방법원 고양지원(031-920-6114) [학]1989년 숭실고졸 1994년 서울대 법학과졸 [경]1995년 사법시험 합격(37회) 1998년 사법연수원 수료(27기) 1998년 軍법무관 2003년 전주지법 남원지법 판사 2004년 대전지법 판사 2007년 청주지법 충주지원 판사 2009년 대전고법 판사 2010년 대전지법 판사 2011년 사법연수원 교수 2013년 제주지법 부장판사 2015년 의정부지법 고양지원 부장판사(현)

김양희(金羊姬·女) Kim Yang Hee

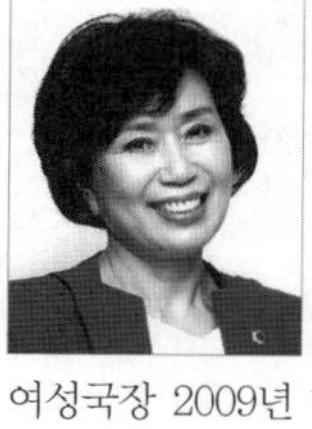

[생]1955·3·15 [본]안동(安東) [출]충북 청주 [주]충북 청주시 상당구 상당로82 충청북도의회(043-220-5002) [학]1973년 청주여고졸, 수도여자사범대학 사회교육과졸, 청주대 교육대학원 교육학과졸, 이학박사(고려대) [경]청주 일신여고·춘천 성수고·전주 완산여상 교사, 주성대 겸임교수, 충북도청소년활동진흥센터 소장 2006년 한나라당 충북도당 공천심사위원 2007년 충북도 복지여성국장 2009년 한나라당 충북도당 여성위원장 2010년 충북도의회 의원(비례대표, 한나라당·새누리당) 2011년 민주평통 청주시협의회 자문위원 2012년 새누리당 충북도당 대변인 2013~2014년 민주평통 충북지역회의 간사 겸 여성위원장 2014년 충북도의회 의원(새누리당)(현) 2014년 同교육위원회 위원 2014년 同예산결산특별위원회 위원 2014년 새누리당 전국여성지방의원협의회 공동대표 2015~2016년 同충북도당 부위원장 2015년 同중앙

여성위원회 부위원장(현) 2016년 충북도의회 의장(현) 2016년 전국시·도의회의장협의회 감사(현) [상]대통령표창(2013), 국제평화언론대상 자치의정공헌부문 대상(2013) [종]기독교

김양희(金亮希·女) KIM Yang Hee

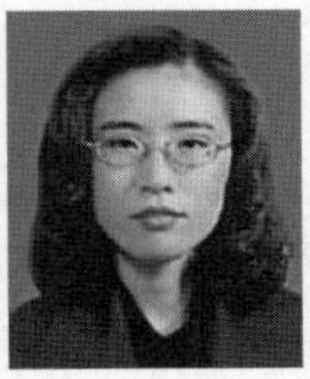

[생]1969·11·6 [출]전북 김제 [주]대전 서구 둔산중로78번길45 대전지방법원(042-470-1114) [학]1986년 기전여고졸 1991년 서울대 사법학과졸 [경]1993년 사법시험 합격(35회) 1996년 사법연수원 수료(25기) 1996년 서울지법 서부지원 판사 1998년 서울지법 판사 2000년 광주지법 판사 2003년 同순천지원 판사 2005년 수원지법 판사 2007년 서울중앙지법 판사 2008년 서울고법 판사 2010년 서울가정법원 판사 2013년 전주지법 부장판사 2015년 대전지법 부장판사(현)

김억곤(金億坤) KIM Ug Kon

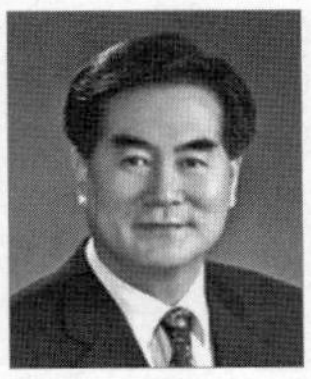

[생]1950·8·12 [본]김해(金海) [출]경남 양산 [주]경남 김해시 생림면 나전로161번길80 대원기계(주) 대표이사실(055-323-1080) [학]1969년 부산 개성고졸 1974년 동국대 경영학과졸 1995년 포항공대 최고경영자과정 수료 2002년 동국대 대학원 인사관리학과졸 [경]1973년 동국대 총학생회장 1975~2001년 범양상선(주) 해무부·총무부 근무·포항지점장·관리본부장·전무이사 2001~2004년 포스인터내셔날(주) 대표이사 2003년 인천항발전협의회 부회장 2005년 대원기계(주) 대표이사(현) 2008~2011년 한국생산기술연구원 비상임감사

김언호(金彦鎬) KIM Eoun Ho

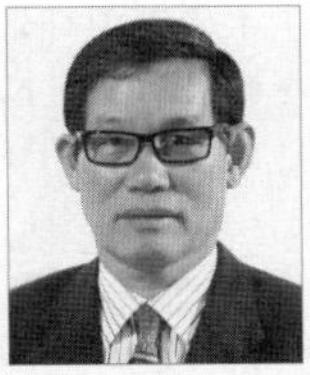

[생]1945·10·26 [출]경남 밀양 [주]경기 파주시 광인사길37 도서출판 한길사(031-955-2020) [학]1964년 부산상고졸 1968년 중앙대 신문학과졸 1970년 서울대 대학원 신문학과졸 [경]1968~1975년 동아일보 기자 1975년 동아자유언론실천운동 임원 1976년 도서출판 한길사 설립·대표 1984년 대한출판문화협회 이사 및 상무이사 1990년 한국출판협동조합 이사 1991년 (주)한길사 대표이사(현) 1991년 파주출판문화정보산업단지 문화정책위원장 1997년 서울출판인포럼 대표 1997~2005년 파주헤이리아트밸리건설위원회 이사장 1998~2002년 한국출판인회의 회장 1998년 도서출판 한길아트 대표(현) 1999년 경희대 언론정보대학원 겸임교수 1999년 북토피아 설립위원장 2002년 청암언론문화재단 이사 2005~2008년 한국문화예술위원회 위원 2008~2010년 동아시아출판인회의 의장 2009~2011년 파주출판도시입주기업협의회 회장 2011년 파주북소리축제조직위원회 위원장(현) 2011년 한국·중앙아시아스토리텔링위원회 위원장 2013년 파주출판도시문화재단 이사장(현) [상]중앙 언론문화상(출판부문), 대한민국 문화예술상 문화부문, 파주시문화상(2009), 옥관문화훈장(2011) [저]'출판운동의 상황과 논리' '책의 탄생' '책의 공화국에서'(2009) '한 권의 책을 위하여'(2012) '책들의 숲이여 음향이여'(2014) '세계서전기행'(2016)

김여송(金汝松) KIM Yeo Song

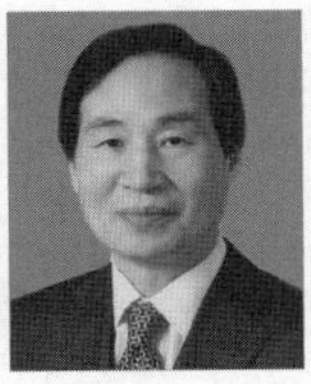

[생]1951·9·12 [출]전남 함평 [주]광주 동구 금남로238 광주일보 사장실(062-222-8111) [학]1975년 한국외국어대 경제학과졸 [경]1977~1987년 광주일보 사회부·정치부 기자 1987~1988년 同정치부 기자(서울) 1988~1992년 同정치부 차장 1992~1999년 同정치부장 1999~2002년 同편집국 정치담당 부국장 2000년 남북정상회담언론대표단 기자 2002~2012년 (주)광림 대표이사 사장 2012년 광주일보 대표이사 사장(현) 2012년 한국신문협회 이사 2013년 한국신문윤리위원회 이사(현) 2014년 한국신문협회 부회장(현) [상]한국외국어대 언론인상(2012) [종]가톨릭

김여수(金麗壽) KIM Yer Su

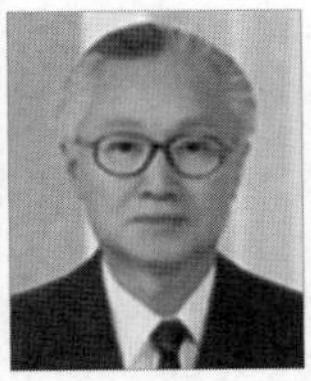

[생]1936·12·30 [본]청풍(清風) [출]황해 해주 [주]경기 남양주시 진접읍 광릉수목원로195 경희대학교 평화복지대학원(031-570-7012) [학]1959년 미국 하버드대 철학과졸, 同대학원졸 1966년 철학박사(독일 본대) [경]1966~1967년 합동통신 워싱턴지국장 1967~1971년 국가안전보장회의 전문위원 1971~1977년 성균관대 조교수·부교수 1974년 싱가포르국립대 방문교수 1977~1998년 서울대 철학과 조교수·부교수·교수 1980~1985년 유네스코총회 한국대표 1981년 한국정신문화연구원 기획조정실장 겸 철학연구실장 1981~1986년 한국분석철학회 회장 1982~1990년 하버드클럽 회장 1983년 유네스코 한국위원회 사회과학분과 부위원장 1990년 한국철학회 국제교류위원장 1993~1997년 세계철학회(FISP) 집행위원 1993년 서울대 철학사상연구소장 1995년 한국철학회 회장 1995년 유네스코본부 인문과학국장 1996~2000년 同철학윤리국장 1998년 세계철학자회의 부회장 2000년 한국정신문화연구원 초빙교수 2000~2004년 유네스코 한국위원회 사무총장 2002년 인문정책연구위원회 위원장 2003~2005년 문화재청 문화재위원 2003~2005년 문화재위원회 문화재제도분과위원장 2005~2010년 경희대 평화복지대학원 교수 2005~2007년 同NGO대학원장 2007~2014년 同미래문명원장 2010년 同평화복지대학원 객원교수(현) [저]'Cultural Policy in Korea' '정의의 철학'(共) 'The Role of University in National Development' '인문과학의 새로운 방향'

김 연(金 蓮·女)

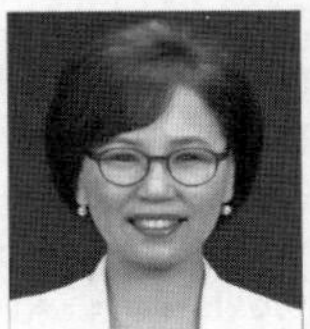

[생]1967·11·5 [주]충남 예산군 삽교읍 도청대로600 충청남도의회(041-635-5219) [학]천안여고졸, 경기대 영어영문학과졸, 유아교육학박사(경기대), 상담학박사(경기대) [경]민주당 충남도당 여성위원장, 미래사회연구원 원장(현), 경기대 강사(현), 행복한미래교육을위한시민운동본부 인성충효위원장(현) 2014년 충남도의회 의원(비례대표, 새정치민주연합·더불어민주당)(현) 2014·2016년 同문화복지위원회 위원(현) 2014년 同충청권상생발전특별위원회 위원 2015년 同예산결산특별위원회 위원 2016년 더불어민주당 충남도당 대변인(현) 2016년 충남도의회 백제문화유적세계유산 확장등재 및 문화관광활성화특별위원회 부위원장(현) [상]지방의원 매니페스토 약속대상(2015)

김연경(金軟景·女) KIM Yeonkoung

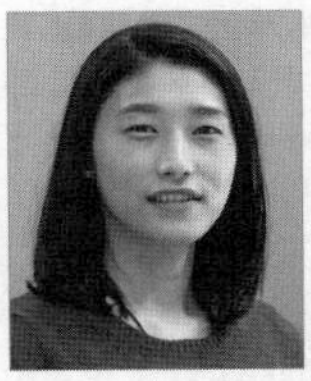

[생]1988·2·26 [본]김해(金海) [출]경기 안산 [학]2006년 한일전산여고졸 [경]2004년 제12회 아시아청소년여자배구선수권대회 청소년 대표 2005년 흥국생명 여자배구단 입단 2005년 제9회 세계유스선수권대회 청소년대표 2006년 세계여자배구선수권대회 국가대표 2006년 제15회 도하아시안게임 국가대표 2007년 V리그 올스타 2008년 여자프로배구 첫 2000득점자 2009~2011년 일본 JT마베라스 소속 2010년 AVC여자배구대회 국가대표 2010년 제16회 광저우아시안게임 은메달 2011년 터키 페네르바체 아즈바뎀·터키 페네르바체 유니버셜 소속(레프트)(현) 2011년 그랑프리 세계여자배구선수권대회 국가대표 2011년 제16회 아시아여자배구선수권대회 국가대표 2011년 여자배구월드컵 국가대표 2012년 제30회 런던올림픽 국가대표 2013년 이스탄불·경주세계문화엑스포2013 명예홍보대사 2013년 한국관광공사 명예홍보대사 2014년 그랑프리 세계여자배구대회 국가대표 2014년 제17회 인천아시안게임 금메달 2015년 터키 여자프로배구 수퍼컵 우승 2016년 2015~2016시즌 터키리그 결선 플레이오프 준우승 [상]KT&G V리그 최우수선수·신인상·득점상·공격상·서브상(2006), 챔피언결정전 최우수선수상(2006·2007), 프로배구 V리그 여자부 최우수선수·공격상(2008), 프로배구 V리그 여자부 MVP(2009), 프로배구 V리그 여자부 정규리그 서브상(2009), 일본 V리그 여자부 최우수선수상(2011), CEV 챔피언스리그 MVP·최다득점상(2012), MBN여성스포츠대상 최우수선수상(2012), 국제배구연맹(FIVB) 선정 제30회 런던올림픽 여자배구 최우수선수(MVP)(2012), 터키 여자프로배구 수퍼컵 최우수선수(MVP)(2015)

김연곤(金淵坤) KIM Youn Gon

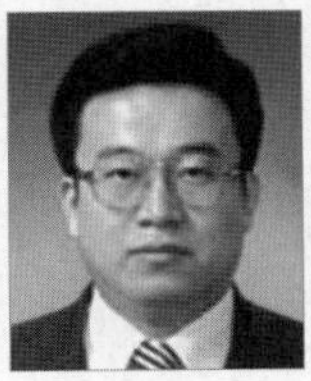

[생]1966·4·25 [출]부산 [주]경기 안산시 단원구 광덕서로73 수원지방검찰청 안산지청(031-481-4200) [학]1985년 부산 배정고졸 1989년 서울대 공법학과졸 [경]1992년 사법시험 합격(34회) 1997년 사법연수원 수료(26기) 1997년 대구지검 검사 1999년 대전지검 논산지청 검사 2000년 수원지검 검사 2002년 서울지검 북부지청 검사 2004년 대구지검 포항지청 검사 2006년 서울중앙지검 검사 2009년 대검찰청 연구관 2010년 서울서부지검 부부장검사 2010년 제주지검 부장검사 2011년 부산지검 외사부장 2012년 서울서부지검 공판부장 2013년 창원지검 형사2부장 2014년 수원지검 안양지청 부장검사 2015년 서울북부지검 형사3부장 2016년 수원지검 안산지청 부장검사(현)

김연동(金然東)

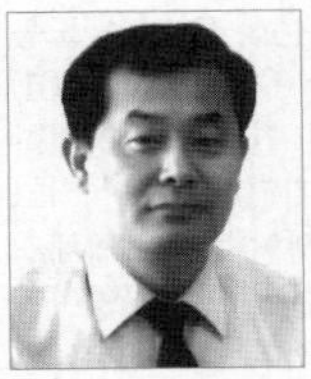

[생]1959·8·3 [주]강원 춘천시 중앙로1 강원도의회(033-256-8035) [학]관동대졸 [경]정선군 고한중 국어교사, (사)한국지체장애인협회 지회장, 민주평통 자문위원, 방폐장찬성유치위원회 공동대표, 새시대새정치연합 청년회장, 열린우리당 강원도당 정책위원, 同정동영 의장 특보 2006년 강원도의원선거 출마, 삼척시 장애인보호작업장 운영위원(현) 2014년 강원도의회 의원(새누리당)(현) 2014·2016년 同교육위원회 위원(현) 2016년 同운영위원회 위원(현) [종]기독교

김연명(金淵明) KIM Yeon Myung

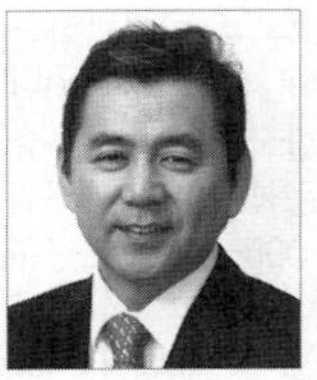

[생]1961·3·28 [출]충북 옥천 [주]세종특별자치시 시청대로370 한국교통연구원 항공교통본부(044-211-3099) [학]1980년 대전고졸 1985년 인하대 산업공학과졸 1987년 서울대 환경대학원 환경계획학과졸 1997년 교통공학박사(미국 Univ. of Maryland at College Park) [경]1997~2003년 교통개발연구원 항공교통연구실 연구위원 1998년 한국공항공단 외래강사 1998년 인하대 강사 1999년 단국대 강사 1999년 국가전문행정연수원 건설교통연수부 강사 1999~2009년 항공기소음대책위원회 실무위원 2000년 서울시립대 외래강사 2001년 한국항공대 외래강사 2003년 건설교통부 항공분과 평가위원장 2003~2010년 한국교통연구원 연구위원 2003년 同항공교통연구실장 2005년 서울대 환경대학원 객원교수 2008년 한국교통연구원 항공교통정보센터장 2008년 同항공교통연구실장, 국토해양부 항공정책심의위원회 위원, 同중앙건설심의위원회 위원 2010년 한국교통연구원 선임연구위원(현) 2010년 同항공정책기술연구본부장 2010~2012년 국토해양부 인재개발원 교수 2012년 한국교통연구원 항공정책·기술본부장 2013년 국토교통부 국토교통인재개발원 교수 2013년 OECD 파견(선임연구위원) 2016년 한국교통연구원 항공교통본부장(현) [상]국민포장(2011) [종]기독교

김연명(金淵明) KIM Yeon Myoung

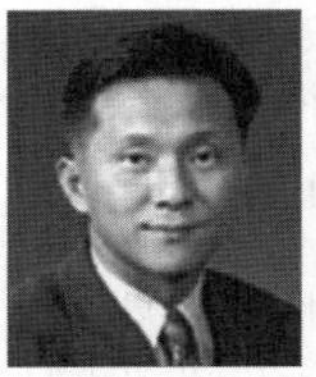

[생]1961·8·9 [본]경주(慶州) [출]충남 예산 [주]서울 동작구 흑석로84 중앙대학교 사회복지학부(02-820-5116) [학]1980년 제물포고졸 1986년 중앙대 문과대학 사회복지학과졸 1988년 同대학원 사회복지학과졸 1994년 사회복지학박사(중앙대) [경]2000년 중앙대 사회과학대학 사회복지학부 교수(현) 2000~2001년 한국사회복지학회 연구분과위원장 2001~2002년 보건복지부 의료보험통합추진위원회 위원 2003~2004년 참여연대 사회복지위원장 2005년 영국 LSE Asia Research Centre 방문연구원 2005~2006년 미국 워싱턴대 교환교수 2006년 보건복지부 국민연금발전위원회 위원 2006~2007년 한겨레신문 객원논설위원 2007~2009년 참여연대 상임집행위원장 2008~2010년 비판과대안을위한사회복지학회 회장 2008년 Policy & Politics 편집위원 2009~2013년 중앙대 사회개발대학원장 2010년 한국사회정책학회 부회장 2010년 한국사회복지학회 아시아학술교류위원장 2010년 미국 세계인명사전 'Marquis Who's Who in the World 2011년판'에 등재 2011년 미국 세계인명사전 'Marquis Who's Who in Asia 2012년판'에 등재 2011년 한국사회복지정책학회 회장 2015년 국회 공무원연금개혁특별위원회 국민대타협기구 위원 [저]'사회투자와 한국사회정책의 미래(編)'(2009) [역]'한국복지국가성격논쟁(編)'(2002)

김연배(金然培) KIM Yun Bae

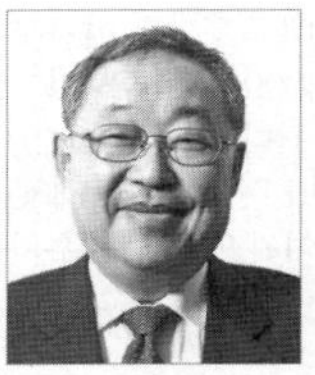

[생]1944·7·19 [출]경기 수원 [주]서울 중구 서소문로125 한화그룹 임원실(02-752-9330) [학]1963년 경기고졸 1968년 서울대 상과대학 경제학과졸 [경]1968년 한국화약(주) 입사 1981년 골든벨상사(주) 뉴욕지사장 1986년 한국화약(주) 재경담당 이사 1988년 제일경제연구소 이사 1996년 제일증권(주) 전무이사 1999년 한화그룹 구조조정본부장(사장) 2002년 한화증권(주) 부회장 2012년 한화투자증권(주) 부회장 2013년 한화그룹 비상경영위원회(금융부문 위원) 위원장 2014~2015년 한화생명보험(주) 대표이사 부회장 2015년 한화그룹 인재경영원 고문(현) [종]기독교

김연섭(金連燮) KIM Yeon Seob

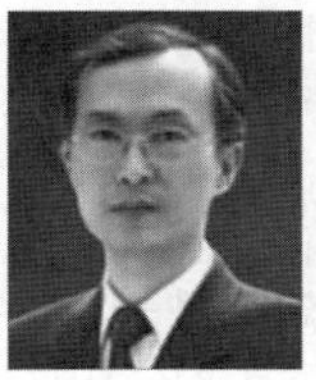

[생]1957·8·13 [주]경기 성남시 수정구 성남대로1342 가천대학교 한의과대학 한의예과(031-750-5420) [학]경희대 한의학과졸, 同대학원졸, 한의학박사(경희대) [경]경원대 한의학과 교수 2000년 同한의과대학장 2012년 가천대 글로벌캠퍼스 한의과대학 한의예과 교수(현) 2016년 同한의과대학장(현)

김연수(金連洙) KIM Yun Soo (東松)

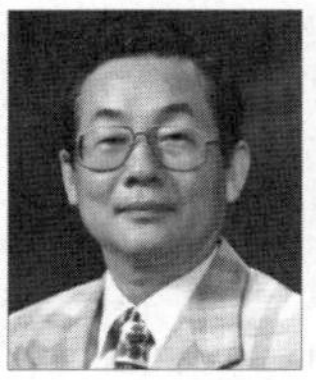

[생]1941·5·8 [본]김해(金海) [출]평북 운산 [주]서울 도봉구 도봉로683 동성제약(주) 부회장실(02-6911-3701) [학]1964년 성균관대 약학과졸 1983년 연세대 경영대학원 최고경영자과정 수료 1983년 중소기업진흥공단 최고경영자연수과정 수료 1988년 국제특허연수원 기업체경영자과정 수료 1988년 전국경제인연합회 전문경영인양성과정 수료 1989년 同최고경영자과정 수료 [경]1964년 국립의료원 약제과 근무 1964~1970년 보령제약(주) 근무 1970~1972년 동승약품상사 상무 1972~1977년 건풍제약(주) 무역개발부장 1977년 일양약품(주) 개발부장 1989~1991년 同이사·상무이사 1992~1997년 同개발담당 전무이사 1992년 대한약학회 이사 1995~1997년 한보케미칼(주) 대표이사 1996년 한국균학회 부회장 1997년 동성제약(주) 부사장 2000년 同부회장(현) 2007년 'International Who's Who 2007년판'에 등재 [상]러시아 공로훈장 [저]'지름길 영어회화' [종]기독교

김연수(金淵水) KIM Yeun Soo

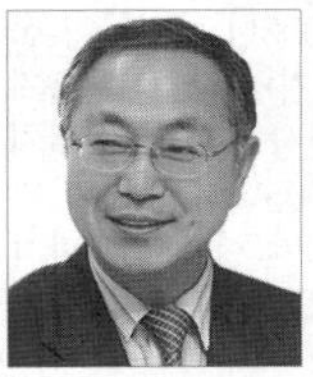

[생]1954·2·2 [출]경북 김천 [주]경북 경산시 한의대로1 대구한의대학교 교양교육원(053-819-1000) [학]1973년 대구고졸 1978년 영남대 경영학과졸 1982년 부산대 경영대학원 행정학과졸 [경]1980년 행정고시 합격(23회) 1988년 대구시 교통기획과장 1993년 同남구 총무국장 1995년 同중소기업담당관 1996년 同특수사업기획단장 1998년 同감사실장 1999년 同교통국장 2002년 同동구 부구청장 2003년 同동구청장 권한대행 2005년 국방대 파견 2006년 대구시 과학기술진흥실장 2006~2008년 同기획관리실장(일반직고위공무원) 2009년 同달서구 부구청장 2010~2013년 同행정부시장 2010년 대구시수영연맹 회장 2013년 대구한의대 교양교육원 객원교수(현) [상]체육부장관표창(1985), 홍조근정훈장(2002) [종]천주교

김연수(金淵秀) KIM Yeon Soo

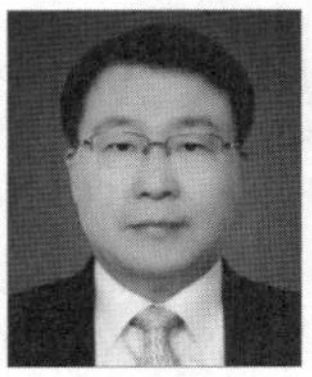

[생]1960·4·19 [출]부산 [주]서울 강남구 영동대로517 아셈타워24층 가온전선(주)(02-6921-3805) [학]1978년 브니엘고졸 1982년 부산대 기계공학과졸 2005년 경북대 대학원 경영학과졸 2009년 서울대 최고경영자과정 수료 [경]1985년 LG전선(주) 입사 2004년 LS전선(주) 통신생산담당 이사 2007년 同통신사업부장(상무), 同Global Business Group장(상무) 2011년 同통신솔루션사업본부장(전무) 2013년 同생산본부장(전무) 2015년 (주)LSI&D PMO총괄 부사장 2015년 슈페리어에식스 PMO부문장 2016년 가온전선(주) 대표이사 부사장(CEO)(현) [종]불교

김연수(金演洙) KIM Yon Su

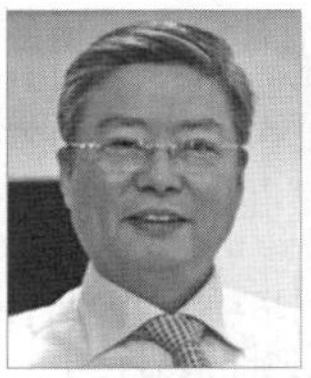

[생]1963·9·15 [출]서울 [주]서울 종로구 대학로101 서울대학교병원 신장내과(02-2072-2264) [학]영동고졸 1988년 서울대 의대졸 1993년 同대학원졸 1996년 내과학박사(서울대) [경]1990년 서울대병원 내과 전공의 1994년 同신장내과 전임의 1996년 미국 Harvard Medical School Fellow 1998년 보라매병원 내과 전담의 1999년 서울대 의대 내과학교실 조교수·부교수·교수(현) 2002년 미국 Harvard Medical School 교환교수 2006년 서울대병원 중앙실험실장 2006~2008년 대한신장학회 총무이사 2007년 대한이식학회 이사(현) 2008년 서울대병원 신장내과장 2008년 대한신장학회 학술이사 2010년 서울대병원 진료협력담당 겸 국제진료센터장 2012년 서울대 의대 의학교육실장 2012년 同의대 교육부학장 2014~2016년 同의대 교무부학장 겸 의학대학원 교무부원장 [상]미국이식학회 Young Investigator Award(1998), 서울대학교 우수교육상(2008), 대한신장학회 학술상(2011·2012), 서울대 의대 학술상(2011·2012) [저]'새콩팥과 살아가기'(2006) '만성신부전의 보전적 치료'(2007)

김연수(金姸秀·女) Kim Yeon Su

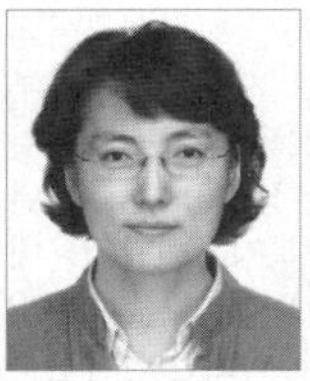

[생]1964·6·10 [주]서울 종로구 효자로12 국립고궁박물관 관장실(02-3701-7500) [학]서울대 대학원 고고미술사학과졸 [경]2005년 문화재청 궁중유물전시관 학예연구실장 2005년 同국립고궁박물관 전시홍보과장 2011년 同국립고궁박물관 유물과학과장 2013년 同국립문화재연구소 미술문화재연구실장 2014년 통일교육원 교육파견(과장급) 2015년 문화재청 문화재활용국 국제협력과장 2016년 국립고궁박물관장(현) [종]불교

김연식(金鍊寔) KIM Yeon Sik

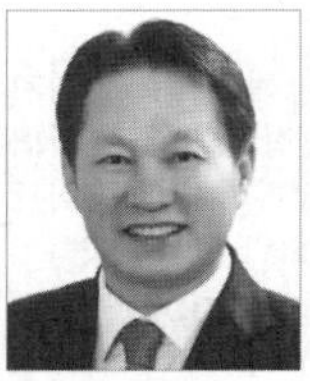

[생]1968·3·9 [본]삼척(三陟) [출]강원 삼척 [주]강원 태백시 태붐로21 태백시청 시장실(033-550-2001) [학]1986년 황지고졸 1992년 경남대 정치외교학과졸 2008년 연세대 대학원 정치학과졸 [경]강원일보 정치부 기자, 강원도기자협회 사무국장, 同부회장, KBS 춘천방송총국 정치해설위원 2006~2010년 강원도의회 의원(한나라당) 2006년 同한나라당 대변인, 강원관광대학 겸임교수, 강원자치재단 대표, 강원도의회 예산결산특별위원장, 한나라당 강원도당 부대변인 2010년 강원 태백시장(한나라당·새누리당) 2014년 강원 태백시장(새누리당)(현) [상]강원기자상, 한국의 최고경영인상 창조경영부문(2013), 자랑스러운 경남대인상(2016), 한국지방자치경영대상 지방재정혁신CEO상(2016) [저]정치에세이집 '비탈길 그 사람'(2008) '이장님 아들'(2013)

ㄱ

김연아(金妍兒 · 女) Yuna Kim

ⓢ1990 · 9 · 5 ⓞ경기 군포 ⓗ2006년 군포 도장중졸 2009년 군포 수리고졸 2013년 고려대 체육교육학과졸 2015년 同대학원 체육교육과 재학 중 ⓒ2002년 슬로베니아 트리글라브트로피대회 노비스부문(13세 이하) 금메달 2003년 크로아티아 골든베어대회 노비스부문(13세 이하) 금메달 2004년 국제빙상경기연맹(ISU) 주니어그랑프리 헝가리 금메달 2004년 同주니어그랑프리 차이나 은메달 2004년 同주니어그랑프리 파이널 은메달 2005년 同주니어세계선수권 은메달 2005년 同주니어그랑프리 슬로바키아 금메달 2005년 同주니어그랑프리 불가리아 금메달 2005년 同주니어그랑프리 파이널 금메달 2005년 제60회 한국피겨선수권 시니어부문 금메달 2006년 국제빙상경기연맹(ISU) 주니어세계선수권 금메달 2006년 同그랑프리 스케이터 캐나다 동메달 2006년 同그랑프리 트로페 에릭 봉파르 금메달 2006년 同그랑프리 파이널 금메달 2007년 同그랑프리 컵 오브 러시아 금메달 2007년 同그랑프리 파이널 금메달(2회 연속) 2007년 同세계선수권 동메달 2007년 同그랑프리 컵 오브 차이나 동메달 2007년 대한민국국가브랜드 '다이내믹 코리아' 홍보대사 2008년 국제빙상경기연맹(ISU) 세계선수권 금메달 2008년 同4대륙선수권 금메달 2008년 同그랑프리 스케이트 아메리카 금메달 2008년 同그랑프리 컵 오브 차이나 금메달 2008년 同그랑프리 파이널 금메달-총점 207.71(세계신기록) 2009년 同그랑프리 트로페 에릭 봉파르 금메달-총점 210.03(세계신기록) 2009년 同그랑프리 스케이트 아메리카 금메달 2009년 同그랑프리 파이널 금메달 2009년 한국방문의해 홍보대사 2009년 2018평창동계올림픽대회 유치위원회 홍보대사 2010년 밴쿠버 동계올림픽 여자싱글피겨스케이팅 금메달-총점 228.56(세계신기록) 2010년 국제빙상경기연맹(ISU) 세계선수권대회 은메달 2010년 유니세프 국제친선대사 2010년 서울시 글로벌홍보대사 2010년 한식세계화 홍보대사 2011년 국제빙상경기연맹(ISU) 세계선수권대회 준우승 2011년 2018평창동계올림픽대회조직위원회 집행위원(현) 2011년 2012인스부르크동계유스올림픽 홍보대사 2011년 2013평창동계스페셜올림픽 홍보대사 2012년 독일 도르트문트 NRW트로피대회 시니어여자싱글프리스케이팅대회 우승 2013년 국제빙상경기연맹(ISU) 세계선수권대회 우승 2013년 골든 스핀 오브 자그레브 우승 2013년 소치 동계올림픽 여자싱글피겨스케이팅 은메달(싱글프로그램 74.92점 · 프리스케이팅 144.19점 : 합계 219.11점) 2014년 현역 은퇴 2014년 세계헌법재판회의 제3차 총회 홍보대사 2014년 2018평창동계올림픽 홍보대사(현) 2015년 2016릴레함메르동계유스올림픽 홍보대사(현) 2016년 바보의나눔재단 '십시일반프로젝트' 나눔대사(현) ⓢ대한체육회 체육상-경기부문 최우수상(2007), 대한민국스포츠레저문화대상 특별상(2007), 한국방송카메라기자대상-올해의 굿뉴스메이커상(2007), 대한민국체육상 특별상(2007), 아시아뉴스네트워크(ANN) '한국의 우상' 선정(2008), 대한빙상경기연맹 피겨스케이팅부문 최우수상(2008), 대한민국대표브랜드대상 특별상(2008), 교육과학기술부 대한민국인재상(2008), 한국언론인연합회 스포츠부문 자랑스런 한국인대상(2008), 포브스코리아 '대한민국 파워 셀러브리티 40인' 1위 선정(2009), 대한민국광고대상-베스트모델상(2009), 대한민국체육상-경기부문 최우수상(2009), 대한체육회체육상 우수상(2009), 미국스포츠아카데미(USSA) 선정 '2010 올해의 여자선수'(2010), 미국여성스포츠재단 개인부문 '올해의 스포츠우먼' 선정(2010), 미국피겨스케이팅협회 선정 '가장 위대한 선수'(2010), 미국 TIME誌 선정 '세계에서 가장 영향력 있는 100인'(2010), 스포츠일러스트레이티드 선정 '2010 8명의 위대한 여성선수' 및 '가장 인상적인 스포츠선수 10인'(2010), 중국신화통신 선정 '2010 세계 Top10 스포츠선수'(2010), 시카고트리뷴 선정 '2010년을 빛낸 10명의 MVP'(2010), 포브스코리아 선정 '한국 최고의 유명인사'(2010), 월스트리트저널 선정 '아시아의 위대한 선수'(2010), 피츠버그타임즈 선정 '2010 올해의 선수'(2010), 미국 TIME誌 선정 'The Year in Review 2010' 및 '벤쿠버올림픽을 빛낸 5인'(2010), 在美동포리더십재단 선정 '자랑스러운 한국인'(2010), 미국 LA시의회 2010년 8월7일을 '김연아의 날'로 지정(2010), 미국 LA 명예시민(2010), 문화체육관광부 한국관광의 별 특별공로상(2011), 올해의 브랜드대상 특별상(2011), 국민훈장 모란장(2012), 2013 MBN 여성스포츠대상 3월 MVP(2013), 미국 스포츠아카데미(USSA) 선정 여자부문 '3월의 선수'(2013), 미국 스포츠아카데미(USSA) 선정 '올해의 여자 선수'(2013), 미국 월스트리트저널(WSJ) 선정 '아시아서 주목할 인물'(2014), 제19회 코카콜라체육대상 최우수상(2014), 자랑스러운 고대인상(2014), 제8회 포니정 혁신상(2014), 고려대 고우체육회 '자랑스런 고려대 체육인상'(2014), 국가브랜드대상 스포츠부문(2015), 체육훈장 청룡장(2016) ⓐ에세이집 '김연아의 7분 드라마'(2010, 중앙출판사) ⓒ광고모델활동 '샤프란'(2007, LG생활건강) '다이내믹 코리아'(2007, 국정홍보처) '아이비클럽'(2007 · 2008) '넥스케어'(2008, 3M) 'Art 디오스'(2008, LG전자) 'J.ESTINA'(2008 · 2009 · 2010 · 2011, 로만손) '뚜레쥬르'(2008, CJ푸드빌) '매일우유 ESL 저지방&칼슘'(2008, 매일유업) 'NIKE WOMAN : This is Love'(2008) '하하하 캠페인'(2008, 삼성그룹) '위스퍼'(2008, P&G) 'KB국민은행'(2008) '아이시스'(2009, 롯데칠성음료) 'Be white 연아스무디'(2009, 스무디킹) '애니콜 연아의 햅틱'(2009, 삼성전자) '현대자동차'(2009) '하우젠 바람의 여신 에어컨'(2009, 삼성전자) '라끄베르 연아 메이크업'(2009, LG생활건강) '요거트 퓨어'(2009 · 2010 · 2011, 매일유업) '홈플러스 : 연아와 함께 대

한민국 응원'(2010, 삼성TESCO) '하우젠 제로 에어컨'(2010, 삼성전자) '홈플러스 : 연아야 잘해'(2010, 삼성TESCO) '애니콜 옴니아2'(2010, 삼성전자)

김연우(金淵佑) KIM Yeoun Woo

ⓢ1967 · 9 · 22 ⓑ경주(慶州) ⓞ경북 영양 ⓙ경북 김천시 물망골길39 대구지방법원 김천지원(054-420-2114) ⓗ1986년 경안고졸 1990년 고려대 법학과졸 1991년 同대학원졸 ⓒ1991년 사법시험 합격(33회) 1994년 사법연수원 수료(23기) 1994년 軍법무관 1997년 대구지법 판사 2000년 同상주지원 판사 2002년 대구지법 판사 2005년 대구고법 판사 2007년 대법원 재판연구관 2009년 창원지법 부장판사 2010년 대구지법 영덕지원장 2012년 대구지법 부장판사 2016년 대구지법 · 대구가정법원 김천지원장(현)

김연일(金然日) KIM Yean Il

ⓢ1963 · 4 · 10 ⓙ전남 무안군 삼향읍 오룡길1 전라남도의회(061-286-8120) ⓗ동신고졸, 호남대 도시계획학과졸 ⓒ다인산업 대표이사 2000년 전남도 도정평가단원 2004~2010년 전남 영암경찰서 경찰행정발전위원 2006~2008년 영암군선거관리위원회 위원 2008~2009년 현대삼호중공업 사내협력업체협의회장 2010~2014년 전남 영암군의회 의원(민주당 · 민주통합당 · 민주당 · 새정치민주연합) 2010년 同부의장 2012년 同의장, 광주지법 목포지원 영암군법원 민사조정위원(현), 영암신문 명예기자단 자문위원(현) 2014년 전남도의회 의원(새정치민주연합 · 더불어민주당)(현) 2014년 同경제관광문화위원회 위원 2014 · 2016년 同FTA대책특별위원회 위원(현) 2016년 同경제관광문화위원회 위원장(현)

김연준(女)

ⓢ1974 · 8 · 21 ⓙ서울 종로구 세종대로209 금융위원회 전자금융과(02-2100-2976) ⓗ1993년 숙명여고졸 1997년 서울대 경영학과졸 2001년 同국제대학원 경제학과졸 ⓒ행정고시 합격(44회) 2002년 재정경제부 경제협력국 경협총괄과 행정사무관 2003년 同경제협력국 개발협력과 행정사무관 2006년 同금융정책국 금융허브기획과 행정사무관 2007년 同증권제도과 행정사무관 2008년 기획재정부 증권제도과 행정사무관 2008년 금융위원회 금융정책국 국제협력팀 사무관 2009년 일본 국립정책연구대학원 국외훈련(사무관) 2012년 금융위원회 중소서민금융정책관실 중소금융과 서기관 2014년 同금융소비자보호기획단 금융관행개선개선2팀장 2015년 同금융제도팀장 2016년 同전자금융과장(현)

김연창(金延昶) Kim Yon Chang

ⓢ1955 · 3 · 21 ⓞ경북 상주 ⓙ대구 중구 공평로88 대구광역시청 경제부시장실(053-803-2050) ⓗ대구 대륜고졸, 연세대 행정학과졸, 고려대 대학원 행정학석사과정 수료 ⓒ1979~2008년 국가정보원 근무(1급) 2008~2010년 하나대투증권 사외이사 2010년 인천국제도시개발 대표이사 2011년 대구광역시 경제부시장(현) 2015년 성서산단창의혁신포럼 공동대표(현) ⓢ보국훈장 국선장(2006)

김연철(金淵喆) Kim, Youn Chul

ⓢ1961 · 12 · 5 ⓞ서울 ⓙ서울 중구 청계천로86 (주)한화 임원실(02-729-1114) ⓗ1979년 여의도고졸 1986년 연세대 기계공학과졸 ⓒ1986년 (주)한국종합기계 입사 1999년 同항공기부품사업부 항공사업팀장 2005년 (주)한화 제조부문 항공우주사업팀 천안공장장 2007년 한화 유니버셜베어링스 법인장 2011년 同상무 2012년 (주)한화테크엠 대표이사 전무 2015년 (주)한화 기계부문 각자대표이사 전무 2016년 同기계부문 대표이사 부사장(현)

김연태(金然泰) KIM Yon Tae

ⓢ1945 · 12 · 6 ⓞ전북 익산 ⓙ서울 서초구 고무래로6의6 송원빌딩1층 법무법인 에이스 대표변호사실(02-555-9460) ⓗ1964년 이리상고졸 1969년 고려대 법대졸 1980년 미국 National Judicial College 연수 ⓒ1970년 사법시험 합격(12회) 1972년 사법연수원 수료(2기) 1973~1982년 서울형사지법 · 서울민사지법 · 전주지법 · 광주지법 · 서울형사지법 판사 1982년 광주고법 판사 1983년 서울고법 판사 1986년 광주지법 군산지원장 1989년 인천지법 부장판사 1990년 서울지법 북부지원 부장판사 1992년 서울형사지법 부장판사

1993년 대전고법 부장판사 1996년 사법연수원 수석교수 1998년 서울고법 부장판사 1999년 서울지법 북부지원장 2001년 전주지법원장 2003년 인천지법원장 2003년 광주고법원장 2005년 사법연수원장 2005년 중앙선거관리위원회 위원 2005년 법무법인 에이스 대표변호사(현) 2005~2009년 고려대 법대 초빙교수 2006~2008년 공적자금관리위원회 위원 2009년 고려대 법학전문대학원 겸임교수(현) [종]불교

김연태(金連泰) KIM Yeon Tae

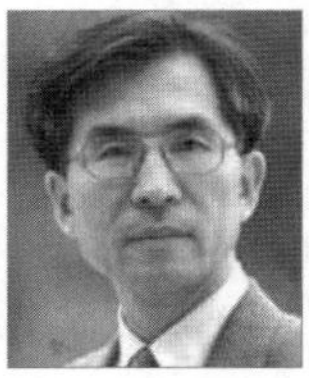

[생]1953 · 8 · 28 [출]경기 구리 [주]서울 노원구 공릉로232 서울과학기술대학교 건설시스템디자인공학과(02-970-6583) [학]1972년 대광고졸 1979년 연세대 공대 토목공학과졸 1984년 同대학원 토목공학과졸 1990년 공학박사(연세대) [경]1978년 기술고등고시 합격 1979년 현대건설 해외토목부 근무 1979~1989년 철도청 시설국 · 기획관리실 · 설계사무소 근무 1989~1992년 건설교통부 도로국 · 수자원국 · 교육원 · 건설시험소 근무 1992~2010년 서울산업대 구조공학과 교수 1998년 한국토지공사 기술심의위원 · 설계자문위원 1999년 해양수산부 신항만건설심의위원 1999년 한국재생공사 설계자문위원 2004~2006년 서울산업대 기획처장 2008년 同교무처장 2010년 서울과학기술대 건설시스템디자인공학과 교수(현) 2015년 同일반대학원장 겸 산업대학원장(현) 2016년 同교육부총장 겸임(현) [저]'구조물설계'

김연태(金連泰) Yeon-Tae Kim

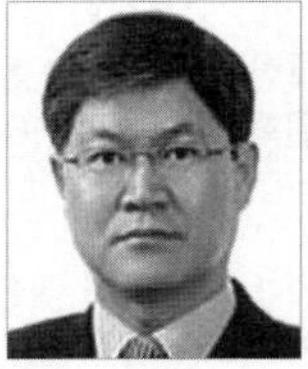

[생]1960 · 7 · 6 [출]서울 [주]서울 성북구 안암로145 고려대학교 법학관 신관421호(02-3290-1894) [학]1979년 홍대부고졸 1984년 고려대 법학과졸 1986년 同대학원 법학과졸 1994년 법학박사(독일 오스나브뤼크대) [경]1997년 고려대 법과대학 법학과 조교수 · 부교수 · 교수(현) 1998~1999년 기획예산위원회 경영진단조정위원회 위원 2000년 (사)한국공법학회 상임이사 2000년 한국환경법학회 상임이사 · 부회장 2000년 안암법학회 이사 2003~2005년 환경부 중앙환경보전자문위원회 위원 2006~2007년 법무부 법무자문위원회 행정소송법개정특별분과위원회 위원 2007년 서울시 행정심판위원회 위원 2008년 한국행정판례연구회 운영이사 2008~2010년 한국법제연구원 연구자문위원 2009년 국가인권위원회 행정심판위원회 위원 2009년 중앙행정심판위원회 비상임위원 2009년 고려대 법학전문대학원 교수(현) 2015년 경찰청 새경찰추진자문위원회 위원 [상]한국공법학회 학술장려상(2000) [저]'행정법사례연습'(2003, 홍문사) '행정법 I(共)'(2004, 법문사) '행정법 II(共)'(2004, 법문사)

김연하(金煉夏) KIM Yon Ha

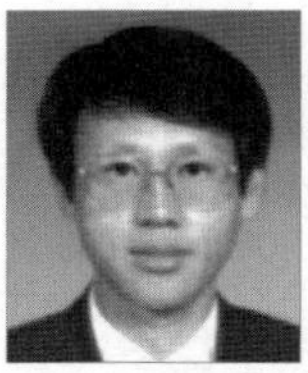

[생]1963 · 4 · 6 [출]경북 [주]서울 서초구 서초중앙로157 서울중앙지방법원(02-530-1114) [학]1983년 경신고졸 1989년 서울대 경제학과졸 [경]1991년 사법시험 합격(33회) 1994년 사법연수원 수료(23기) 1994년 부산지법 판사 1996년 同동부지원 판사 1998년 서울지법 의정부지원 판사 2000년 同의정부지원 포천군법원 판사 2001년 同남부지원 판사 2004년 서울중앙지법 판사 2006년 서울고법 판사 2007년 대법원 재판연구관 2009년 청주지법 부장판사 2011년 수원지법 안양지원 부장판사 2014년 서울중앙지법 부장판사(현)

김연학(金淵鶴)

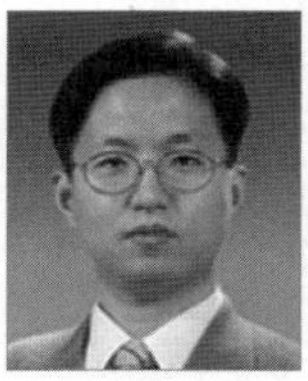

[생]1973 · 11 · 16 [출]충남 연기 [주]서울 서초구 서초대로219 대법원 법원행정처 인사총괄심의관실(02-3480-1100) [학]1992년 한밭고졸 1996년 서울대 법학과졸 [경]1995년 사법시험 합격(37회) 1998년 사법연수원 수료(27기) 1998년 軍법무관 2001년 서울지법 동부지원 판사 2003년 서울지법 판사 2005년 대구지법 판사 2009년 인천지법 인사담당관 2010~2011년 법원행정처 인사1심의관 겸임 2011년 서울고법 판사 2013년 광주지법 순천지원 부장판사 2013년 광주가정법원 순천지원 부장판사 겸임 2014년 대법원 재판연구관 2015년 인천지법 부장판사(현) 2015년 법원행정처 인사총괄심의관 겸임(현)

김연호(金淵鎬) KIM Yern Ho (石泉)

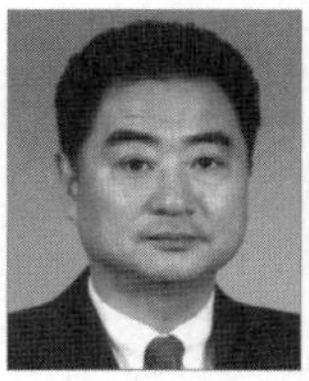

[생]1951 · 9 · 23 [출]서울 [주]서울 중구 남대문로5길37 삼화빌딩10층 삼화제지(02-754-7591) [학]1970년 경기고졸 1975년 서울대 화학공학과졸 1977년 同대학원졸 1979년 미국 뉴욕대 경영대학원졸 1986년 미국 보스턴대 대학원 경영학 박사과정 수료 [경]1979~1981년 상공부 차관비서관 1981~1982년 경원대 경영대학 전임강사 1986년 삼화실업 · 삼화제지 로얄금속공업 부사장 1989년 삼화제지 대표이사 사장 1997년 중앙케이블비전 회장 2008년 (주)삼화 회장(현) 2008년 삼화제지 회장(현) 2010~2016년 삼화모터스 회장 [종]기독교

김연호(金蓮鎬) KIM Yeon Ho

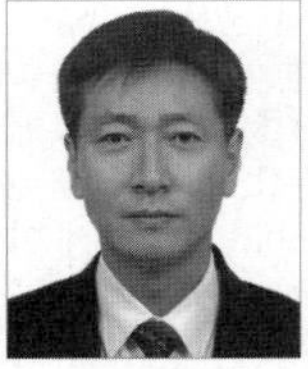

[생]1961 · 11 · 5 [출]대전 [주]대전 서구 청사로189 특허심판원 원장실(042-481-5007) [학]1989년 한국과학기술원(KAIST) 전자공학과졸 [경]2001년 특허청 특허심판원 제11부 심판관 2005년 同전기전자심사국 영상기기심사담당관 2007년 同정보통신심사본부 영상기기심사팀장(부이사관) 2009년 同심사품질담당관 2010년 특허심판원 심판장(고위공무원) 2011년 국제지식재산연수원 원장 2011년 특허심판원 심판장 2012년 특허청 전기전자심사국장 2013년 해외연수(고위공무원) 2014년 특허청 특허심사기획국장 2015년 특허심판원 심판6부 심판장, 同심판8부 심판장 2016년 同특허심판원장(현)

김연화(金連花 · 女) Kim Yeun Hwa

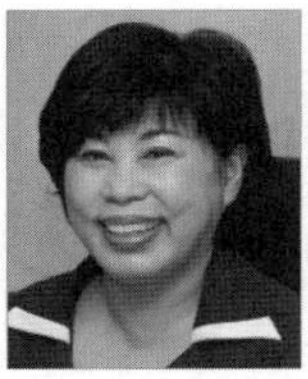

[생]1953 · 5 · 1 [본]김해(金海) [출]충북 [주]서울 마포구 독막로6길11 우대빌딩 (사)소비자공익네트워크(02-325-3300) [학]1971년 무학여고졸 1975년 동덕여대 가정학과졸 1987년 同대학원 가정관리학과졸 1992년 중앙대 대학원 가정학 박사과정 수료 2001년 서울대 행정대학원 고위정책과정 수료 [경]1975~1988년 문경여고 교사 1983~1986년 안동상지실업전문대학 가정과 강사 1984~1995년 동덕여대 가정학과 강사 1989~1995년 중앙대 사범대학 가정교육과 강사 1990~1994년 (사)한국부인회 소비자상담실장 1991년 민간소비자단체 실무위원장 1992~1993년 한국소비자보호원 정책심의위원 1992~1994년 同소비자교육 외래전문강사 겸 자문위원 1994~1999년 한국여성개발원 강사 1994~2015년 (사)한국소비생활연구원 원장 1995~2000년 공동체의식개혁국민운동협의회 여성정책의장 1996년 건국대 강사 1997~1999년 환경부 폐기물분과 자문위원 1998~2001년 한국재활용품제품사용촉진국민운동본부 공동대표 1998년 제2의건국범국민추진위원회 위원 1999~2001년 환경부 소음진동분과위원회 위원 1999년 보건복지부 의료보험약관심사위원 1999년 환경농업실천가족연대 공동대표 1999년 민주평통 자문위원 1999~2000년 이화여대 소비자인간발달학과 강사 2000년 금융감독원 분쟁조정위원(현) 2003~2006년 한국소비자보호원 비상임이사 2005년 방송위원회 상품판매방송심의위원회 위원 2008~2012년 한국거래소 자율분쟁조정위원 2008~2010년 한국소비자단체협의회 부회장 2009~2012년 국민연금공단 비상임이사 2009년 국회방송 자문위원(현) 2010년 한국소비자원 분쟁위원, 同정책자문위원회 위원(현), 국무조정실 민간위원협의회 위원(현) 2011~2014년 경찰위원회 위원 2011년 한국의약품안전관리원 설립위원회 위원 2012년 同비상임이사(현) 2012~2014년 한국소비자단체협의회 회장 2012년 건강보험심사평가원 비상임이사 2012년 보건복지부 자문 보건의료직능발전위원회 위원 2012년 국민연금공단 이사(현) 2013년 공정거래위원회 소비자정책위원회 위원(현) 2013년 국민행복기금 비상임이사(현) 2013~2016년 산업통상자원부 전기위원회 위원 2014년 同통상교섭민간자문위원회 위원(현) 2014년 연합뉴스TV(뉴스Y) 시청자위원회 부위원장(현) 2014년 국무총리소속 정보통신전략위원회 위원(현) 2014년 가축위생방역지원본부 비상임이사(현) 2015년 시청자미디어재단 비상임이사(현) 2015년 한국의료분쟁조정중재원 비상임이사(현) 2015년 (사)소비자공익네트워크 회장(현) 2016년 대통령직속 규제개혁위원회 행정사회분과 민간위원(현) [상]범시민사회단체연합 우호협력상(2014) [저]'소비생활과 세제'(1996, 신광문화사) '소비자 과학콘서트'(2009, 미래북) [종]기독교

김연화(金連和 · 女)

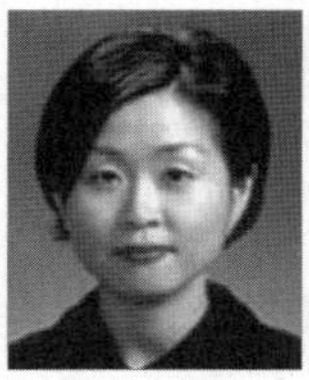

[생]1967 · 10 · 24 [출]경남 함양 [주]울산 남구 법대로14번길37 울산지방법원(052-228-8000) [학]1986년 정화여고졸 1990년 이화여대 법학과졸 [경]1996년 사법시험 합격(38회) 1999년 사법연수원 수료(28기) 1999년 서울지법 서부지원 판사 2001년 서울지법 판사 2003년 대전지법 논산지원 판사 2006년 인천지법 부천지원 판사 2009년 서울가정법원 판사 2011년 서울남부지법 판사, 서울서부지법 판사 2015년 울산지법 부장판사(현)

김연희(金衍希 · 女) KIM Yun-Hee

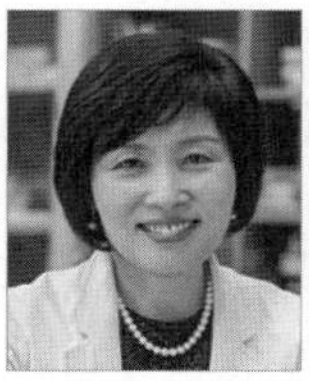

[생]1957 · 12 · 25 [본]김녕(金寧) [출]전북 익산 [주]서울 강남구 일원로81 삼성서울병원 재활의학과(02-3410-2824) [학]1975년 숙명여고졸 1982년 연세대 의과대학 의학과졸 1990년 同대학원 의학과졸 1996년 의학박사(연세대) [경]1982~1986년 전주예수병원 인턴 · 레지던트 1986~1992년 同재활의학과 주임과장 1988~1992년 北완주지역장애자재활사업 책임자 1992~2002년 전북대 의대 재활의학과학교실 전임강사 · 조교수 · 부교수 · 주임교수 · 진료과장 1996~1998년 미국 노스웨스턴의대 인지신경학 연구교수 1999~2002년 대한재활의학회 호남지회장 2002년 同이사 2002~2003년 포천중문의대 재활의학교실 부교수 2003년 대한재활의학회 학술용어심의위원장 2003

년 성균관대 의대 재활의학교실 교수(현) 2004년 한국뇌기능매핑학회 이사장 2005~2011년 성균관대 의대 재활의학과 주임교수 겸 삼성서울병원 재활의학과장 2005년 同대학원 인지과학협동과정 교수(현) 2007~2009년 대한뇌신경재활학회 이사장 2009년 同진료지침위원장(현) 2012년 삼성융합의과학원 겸직교수(현) 2012년 한국재활승마학회 초대회장(현) 2013년 대한신경조절학회 회장 2014년 同이사(현) 2014년 삼성서울병원 심뇌혈관병원 예방재활센터장(현) 2015년 대한뇌신경재활학회 회장(현) 2015년 성균관대 대학원 의료기기산업학과 겸직교수(현) [상]대한재활의학회 학술상(1997·2000·2002·2005), 지맨스뇌기능매핑학술상(2007), 국가연구개발 우수성과 100선(2009), 한국여의사회 JW중외학술대상(2015), 보건복지부장관표창(2015) [저]'재활의학전문의가 권하는 건강한 삶(共)'(2012, 중앙일보헬스미디어) '신경손상학'(2014) 등 [종]기독교

김열중(金說中) KIM Youl Jung

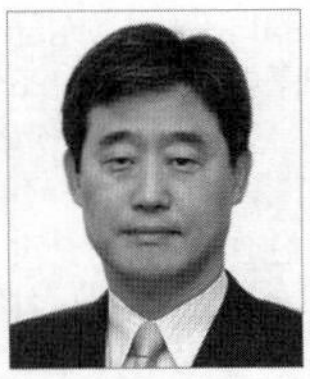

[생]1958·1·8 [주]서울 중구 남대문로125 대우조선해양 임원실(02-2129-0114) [학]1976년 경복고졸 1981년 서울대 경영학과졸 1986년 同대학원 경영학과졸 [경]1981년 한국산업은행 입행 2008년 同경영전략부장 2009년 산은금융지주 기획관리실장 2011년 KDB산업은행 종합기획부장 2012~2014년 同재무부문장(부행장) 2015년 대우조선해양 최고재무책임자(CFO·부사장)(현) [역]'노화·영성·종교'(2012, 도서출판 소화) [종]천주교

김열홍(金烈弘) KIM Yeul Hong

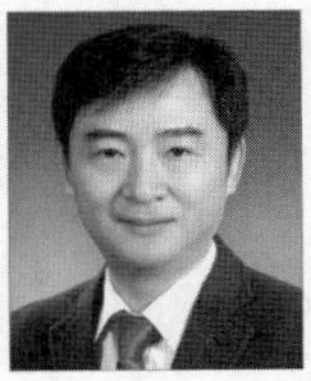

[생]1959·2·15 [본]김해(金海) [출]광주 [주]서울 성북구 인촌로73 고려대 안암병원 종양혈액내과(02-920-5569) [학]1977년 광주제일고졸 1983년 고려대 의대졸 1987년 同대학원졸 1994년 의학박사(고려대), 미국 MD Anderson Cancer Center 위장종양학 Post-Doc., 미국 MD Anderson Cancer Center 흉부종양학 Post-Doc. [경]1987년 軍의관 1990년 고려대 의대 내과학교실 임상강사 1992년 서울위생병원 내과 4과장 1993~1995년 미국 엠디앤더슨암센터 연구강사 1995년 고려대 의대 종양혈액내과학교실 조교수·부교수·교수(현) 1997년 同안암병원 혈액종양내과장 2001~2002년 同혈액종양내과 임상과장(분과장) 2001~2011년 보건복지부지정 폐암·유방암·난소암유전체연구센터 소장 2002년 고려대 안암병원 암센터 소장(현) 2002년 미국 MD Anderson Cancer Center 방문과학자 2004년 대한암학회 총무이사·편집부위원장·학술위원장(상임이사) 2005~2008년 한국임상암학회 총무이사 2007년 보건의료심사평가원 암질환심의위원회 위원 2007~2010년 대한내과학회 수련이사 2007~2010년 대한항암요법연구회 총무·위암분과위원장 2008년 한국유전체학회 운영위원장·부회장 2010~2012년 대한항암요법연구회 회장 2013년 한국유전체학회 회장 2016년 대한암학회 이사장(현) 2016년 KU-MAGIC연구원 정밀의료연구단장(현) [상]고려대의료원 학술상·우수상, 사노피아벤티스 학술상(2012), 근정포장(2014)

김 엽(金 燁) KIM Yub

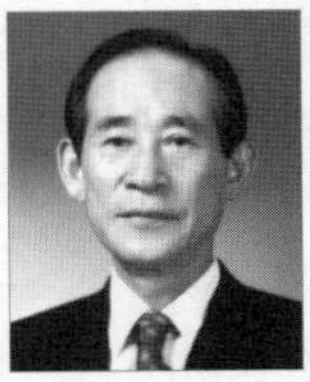

[생]1933·8·10 [본]안동(安東) [출]경북 청송 [주]충북 제천시 세명로65 대원교육재단 이사장실(043-646-1717) [학]1952년 안동고졸 1956년 경북대 사학과졸 1958년 同대학원졸 1982년 문학박사(영남대) [경]1964~1969년 경북대 문리대 조교수·부교수 1969~1984년 同인문대 교수 1977년 대만대 객원교수 1981년 경북대 도서관장 1983년 미국 하버드대 객원교수 1984~1988년 안동대학 학장 1991년 세명대학 학장 1993~1998년 세명대 총장 1999년 학교법인 대원교육재단 이사장(현) [상]국민훈장 무궁화장 [저]'중국 고대 연좌제도 연구' [종]기독교

김 영(金 泳) KIM Young (淸之)

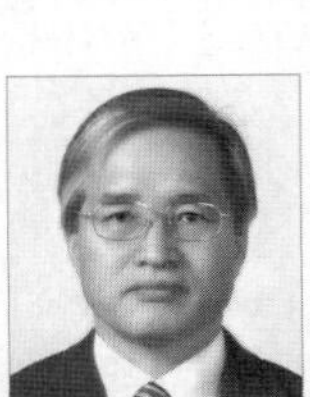

[생]1953·3·1 [본]경주(慶州) [출]경북 의성 [주]인천 남구 인하로100 인하대학교 사범대학 국어교육과(032-860-7847) [학]1970년 계성고졸 1977년 연세대 국어국문학과졸 1980년 同대학원 국어국문학과졸 1988년 문학박사(연세대) [경]1981~1991년 강원대 국어국문학과 조교수·부교수 1992년 인하대 사범대학 국어교육과 교수(현) 1996년 한국한문학회 국제교류이사 1996년 자락서당 훈장(현) 2000~2001년 중국 北京大 객원교수 2002년 인하대 교수협의회 부회장 2003년 한국한문학회 편집위원·평의원(현) 2003~2005년 한국고전문학회 국제교류이사 2004년 인하대 사범대학 국어교육과장 2005~2007년 한국우언문학회 회장 2006~2007년 인하대 사범대학장 2008~2011년 민족문학사연구소 및 민족문학사학회 대표 2008~2009년 영국 런던대 객원교수 2011~2013년 한국한문학회 회장 2011~2013년 인하대 교육대학원장 2011~2013년 한국투자지원재단 이사 2011~2013년 한국고전번역원 이사 2014년 인하대 교수회 의장 2014년 同대학평의원회 의장 2014~2016년 교수신문 논설위원 2014~2015년 한국사립대학연합회 이사 [저]'조선후기 한문학의 사회적 의미'(1993, 집문당) '민족문학사 강좌(共)'(1995) '논어를 읽는 즐거움'(1998) '망양록 연구'(2003) '한국의 우언'(2004) '문학지리 한국인의 심성공간'(2005) '한국한문학의 현재적 의미'(2008, 한울) '새 민족문학사 강좌(共)'(2008) '김영교수의 영국문화기행'(2010, 청아출판사) [종]천주교

김 영(金 榮) KIM Young

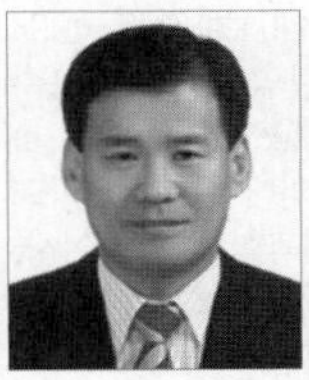

[생]1958·8·26 [출]전북 완주 [주]전북 전주시 덕진구 사평로20 법무법인 백제(063-255-0160) [학]1984년 전북대 법학과졸 1986년 同대학원졸 [경]1988년 사법시험 합격(30회) 1991년 사법연수원 수료(20기) 1991년 변호사 개업 2013년 전북지방변호사회 회장 2013년 전북대총동창회 회장(현) 2013~2014년 전북도 정무부지사 2014년 법무법인 백제 변호사(현)

김영걸(金永杰) KIM Young Keol

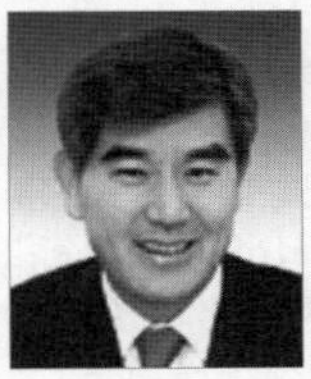

[생]1953·7·7 [본]광산(光山) [출]경기 광주 [주]서울 성북구 안암로145 고려대학교 건축학과(02-3290-3330) [학]1972년 국립철도고졸 1976년 고려대 토목공학과졸 1984년 서울대 환경대학원 환경계획학과 수료 1986년 미국 텍사스대 오스틴교 대학원 교통공학과졸 2007년 토목공학박사(서울시립대) [경]1979년 기술고시 합격(15회) 1993년 서울시 선유정수사업소장 1995년 同도시시설안전관리본부 안전관리실장 1996년 同건설안전본부 교량관리부장 1998년 同도로계획과장 2003년 同건설기획국장(부이사관) 2005년 同도시계획국장 2006년 同도시계획국장(이사관) 2006년 同지하철건설본부장 2008년 同도시기반시설본부장(관리관) 2009년 同균형발전본부장 2010~2011년 同행정2부시장 2010년 서울메트로 사장 겸임 2011년 고려대 건축학과 초빙교수(현) [상]녹조근정훈장, 고운문화상(2005), 황조근정훈장 [종]천주교

김영걸(金永杰) KIM Young Gul (梧水)

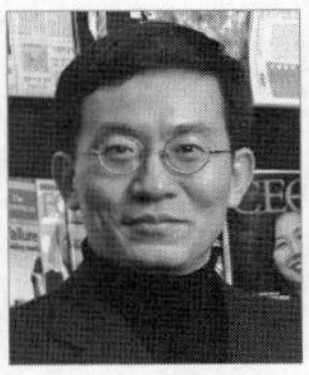

[생]1960·7·31 [본]김해(金海) [출]서울 [주]서울 동대문구 회기로85 한국과학기술원 정보미디어경영대학원(02-958-3614) [학]1979년 홍익고졸 1983년 서울대 산업공학과졸 1985년 同대학원졸 1990년 경영학박사(미국 미네소타대) [경]1990~1993년 미국 피츠버그대 조교수 1993년 한국과학기술원(KAIST) 경영대학·정보미디어경영대학원 교수(현) 1994~1995년 오리콤 신정보인프라구축 자문교수 1994년 매일유업 IT자문교수·CIO 1995년 삼성그룹 사장단 정보화교육 책임교수 1996~1999년 증권예탁원 전산고문 1997~2000년 홈쇼핑TV 자문교수 1999~2000년 하나은행 IT자문교수 2001~2002년 맥킨지코리아 KOREA IT전략보고서 자문교수 2001~2007년 한국과학기술원(KAIST) 지식경영연구센터장 2003~2007년 同Executive MBA 프로그램 책임교수 2007년 법무부 전국검사장혁신교육 주임교수 2009~2011년 한국과학기술원(KAIST) 경영대학 부학장 겸 정보미디어경영대학원장 2011~2013년 同정보미디어연구센터장 2012년 (주)대우인터내셔널 사외이사 2015년 신세계백화점 사외이사 [상]DSI 국제학술대회 최우수논문상(1997), 한국경영정보학회 최우수논문상(2002), 한국과학기술원 우수강의대상(2005), 한국지식경영학회 최우수논문상(2006), 대통령표창(2007) [저]'21세기 미래경영'(2000) '고객관계관리(CRM) 전략'(2009) '소크라테스와 CRM'(2011) [종]기독교

김영곤(金永坤) KIM Young Gon

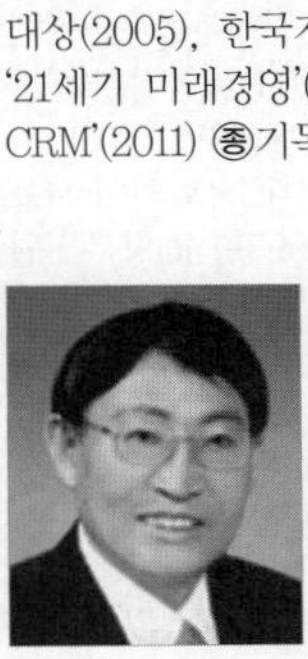

[생]1947·9·27 [본]김해(金海) [출]전북 익산 [주]광주 동구 필문대로309 조선대학교 생명과학과(062-230-6650) [학]1967년 이리고졸 1975년 조선대 사범대학 과학교육과졸 1977년 同대학원 생물학과졸 1990년 이학박사(미국 Univ. of New Mexico) [경]1975~1980년 조선대 과학교육과 조교·전임강사 1984년 미국 뉴멕시코대 Research Assistant 1990~1999년 조선대 생물학과 조교수·부교수 1991년 한국분자생물학회 정회원 1991년 한국미생물학회 정회원 1991년 한국생화학회 정회원 1991년 한국노화학회 평의원 1993년 International Society for Oxygen Free Radicals 정회원 1995~1996년 미국 노스캐롤라이나주립대 연구교수 1999~2013년 조선대 생물학과 교수 2002~2005년 미국 세계인명사전 'Marquis Who's Who in Medicine & Healthcare'에 등재 2005~2007년 미국 세계인명사전 'Marquis Who's Who in Science & Engineering'에 등재 2005년 '2000 Outstanding Intellectuals of the 21st Century'에 등재(영국 International Biographical Centre) 2005년 'Top 100 Scientists 2005'에 선정(영국 International Biographical Centre) 2006년 American Hall of Fame 선정(ABI) 2013년 조선대 생명과학과 명예교수(현) [상]교육감상, 문학세계 신인문학상, 베스트

칼럼상, 근정포장(2013) [저]'검인정교과서 고등학교 화학' '프리라디칼' '세포여행' '노화생물학' '유전자치료' '항산화제' '노화방지 클리닉' '보완대체의학'(2010) [작]시집 '내마음 속 뜰에 피는 여백' 칼럼집 '이슈프리즘' [종]기독교

김영곤(金榮坤) KIM Young Gon

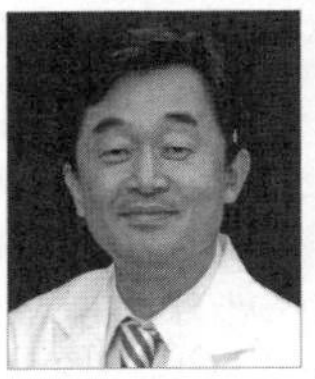

[생]1955·3·25 [본]김해(金海) [출]전북 [주]전북 전주시 덕진구 건지로20 전북대학교 의학전문대학원 비뇨기과학교실(063-250-1567) [학]1980년 전북대 의대졸 1984년 同대학원졸 1990년 의학박사(전남대) [경]1987~1994년 전북대 의대 비뇨기과학교실 전임강사·조교수 1990·1992년 미국 Southwestern Medical School at Dallas 연구원 1994~2006년 전북대 의대 비뇨기과학교실 부교수·교수, 대한비뇨기과학회 상임이사, 내비뇨기과학회 상임이사, 한국전립선관리협회 이사 2006년 전북대 의학전문대학원 비뇨기과학교실 교수(현) 2006~2012년 同부속병원 원장 2012년 전북도병원회 회장

김영관(金榮寬) Kim Young Gwan

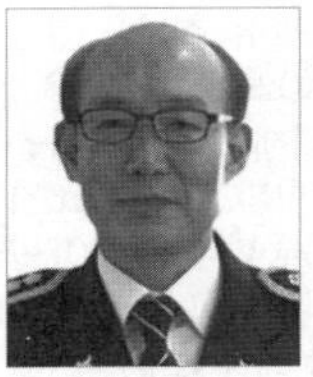

[생]1959 [출]강원 홍천 [주]강원 춘천시 동내면 세실로49 강원지방경찰청 정보과(033-252-9950) [학]1977년 원주 진광고졸 2012년 동우대학졸 [경]1982년 순경 임관 1994년 경위 승진 2000년 강원 고성경찰서 경무과장(경감) 2003년 同정보보안과장 2007년 강원 속초경찰서 생활안전과장(경정) 2008년 강원 춘천경찰서 정보과장 2010년 강원지방경찰청 청문감사담당관실 감찰계장 2015년 강원 고성경찰서장(총경) 2016년 강원지방경찰청 정보과장(현)

김영관(金映官) KIM Young-Kwan

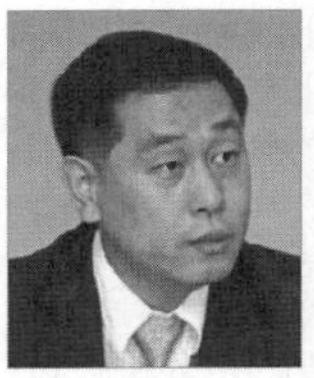

[생]1968·2·14 [출]경북 김천 [주]경기 과천시 관문로47 방송통신위원회 방송정책국(02-2110-1400) [학]1986년 김천고졸 1990년 서울대 신문학과졸 [경]1991년 행정고시 합격(35회) 2000년 정보통신부 공보관실 서기관 2002년 同공보관실 국제협력담당 서기관 2006년 국무조정실 규제신고센터 서기관 2007년 정보통신부 정책홍보관리본부 성과관리팀장 2008년 방송통신위원회 편성정책과장 2009년 同편성평가정책과장 2009~2011년 同방송채널정책과장 2009년 同신규방송사업정책TF팀 총괄팀장 2011~2013년 대통령직속 미래기획위원회 문화미디어국장 2013년 방송통신위원회 홍보협력담당관 2013년 同방송기반국장(고위공무원) 2015년 숙명여대 아태여성정보통신원 파견(고용휴직) 2016년 방송통신위원회 방송정책국장(현)

김영구(金榮龜) KIM Yung Koo

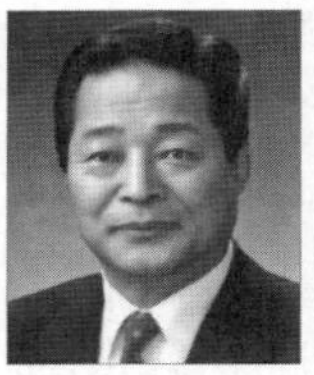

[생]1940·1·12 [본]김해(金海) [출]경남 함양 [주]서울 영등포구 국회대로70길18 한양빌딩 새누리당(02-3786-3000) [학]1958년 경기상고졸 1962년 동국대 경제학과졸 2000년 同행정대학원 행정학과졸 [경]1960년 유엔 한국학생협회(UNSA) 부회장 1970년 아세아청년지도자회의 한국위원회 부이사장 1979년 대한역도연맹 부회장 1979년 민주공화당 중앙위원회 청년분과 위원장 1981년 민정당 중앙위원회 청년분과위원장 1981년 제11대 국회의원(전국구, 민정당) 1985년 제12대 국회의원(전국구, 민정당) 1987년 민정당 원내부총무·청년자원봉사단 총단장 1988년 同총재 비서실장 1988년 제13대 국회의원(서울 동대문乙, 민정당·민자당) 1988년 민정당 중앙집행위원 1988년 한·터키 의원친선협회 회장 1990년 국회 재무위원장 1992년 제14대 국회의원(서울 동대문乙, 민자당·신한국당) 1992년 민자당 사무총장 1993년 同당무위원 1993년 同원내총무 1993년 국회 운영위원장 1995년 정무제1장관 1996년 제15대 국회의원(서울 동대문乙, 신한국당·한나라당) 1996~1998년 국회 국방위원장 1998년 한나라당 부총재 2000~2001년 제16대 국회의원(서울 동대문乙, 한나라당) 2003년 한나라당 운영위원 2004년 同지도위원 2006년 同상임고문 2012년 새누리당 상임고문(현) [상]청조근정훈장 [저]'새벽을 연 議政 열다섯해' '한국국회의 입법과정' [종]기독교

김영구(金永求) KIM Young Gu (虎岩)

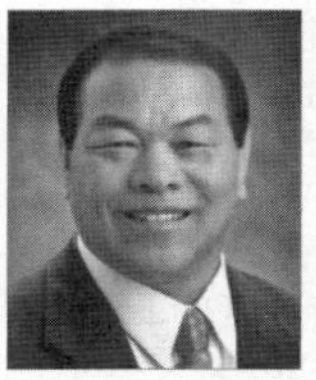

[생]1941·9·12 [본]광산(光山) [출]전북 정읍 [주]전북 전주시 완산구 장승배기로294 지성빌딩6층 지성주택건설 비서실(063-232-3811) [학]1961년 전주공고졸 1961년 전북대 농대 입학 1990년 충남대 행정대학원 최고관리자과정 수료 1991년 전북대 행정대학원 최고관리자과정 수료 1993년 중앙대 건설대학원 최고관리자과정 수료 1994년 원광대 행정대학원 최고관리자과정 수료 1997년 전북대 농대 명예졸업 2002년 명예 경영학박사(원광대) [경]1981년 (유)지성주택건설(舊 쌍용주택건설) 회장(현) 1992년 한국자유총연맹 전북지부 부회장 1993년 한국청소년연맹 운영위원장 1994년 새마을운동 전북지부 회장 1995년 한국자유총연맹 전북지회장 1995년 민자당 전북도지부 수석부위원장 1995년 전북도의회 의원 1997년 한나라당 전주덕진지구당 위원장 1999년 대한산악연맹 전북연맹 회장 2003년 한나라당 전북도지부 위원장 2004년 제16대 국회의원(전국구 승계, 한나라당) 2011~2013년 대한적십자사 전북도지사 회장 2013~2015년 민주평통 전북지역회의 부의장 2014년 새누리당 전북도당 국책자문위원회 위원(현) 2015년 전북도청소년단체협의회 회장(현) 2016년 새누리당 전북도당 원로자문회의 의장(현) [상]문교부·건설부·내무부·법무부·국방부장관 표창, 전주시민의 장, 대통령표창, 국민훈장 석류장 [저]자서전 '높은 산 푸른 솔아' '맨발로 지킨 약속' [종]불교

김영국(金榮國)

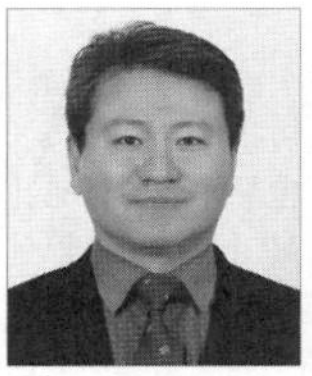

[생]1959·4·25 [출]충북 음성 [주]충북 음성군 음성읍 예술로34 학교법인 우정학원(043-872-2156) [학]1983년 성균관대 경영학과졸 1986년 서울대 대학원 경영학과졸 1991년 경영학박사(성균관대) [경]1991~1993년 성균관대 경영학과 강사 1993~2015년 신구대학 경영과 조교수 2016년 학교법인 우정학원(음성 한일중) 이사장(현) 2016년 제20대 국회의원선거 출마(충북 증평군·진천군·음성군, 국민의당) 2016년 국민의당 충북증평군·진천군·음성군지역위원회 위원장(현) [저]'삶의 향기가 가득한 책(共)'(1998, 평단문화사) '살 빠지는 그림최면'(1999, 정신세계사) '담배끊는 그림최면'(1999, 정신세계사) '집중력을 높이는 그림최면'(1999, 정신세계사) '5단계 자기최면법'(2000, 현대문학) '김영국교수의 시험잘보는 글미최면'(2000, 김영사) '전생여행 미래여행'(2001, 김영사) '자신감 생기는 그림최면'(2001, 김영사) '레드선 자기최면'(2001, 하서출판사) '살 빠지는 음악그림최면'(2004, 정신세계사) '내 운명 내가 바꾼다'(2005, 정신세계사) '사람마음 최면으로 잡아라'(2005, 동광미디어) '자신감 그 설레이는 느낌'(2009, 레드썬) '살빼는 만화최면(共)'(2015, 정신세계사)

김영국(金永局) KIM Young Kook

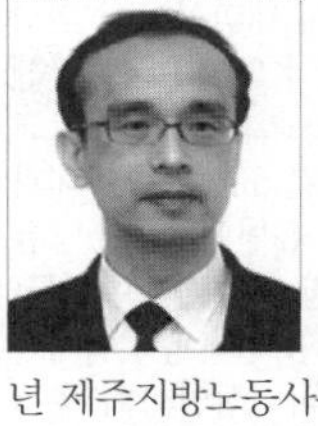

[생]1963·10·16 [출]광주 [주]세종특별자치시 한누리대로 422 고용노동부 운영지원과(044-202-7867) [학]1982년 광주일고졸 1986년 서울대 경영학과졸 1991년 同행정대학원졸, 법학박사(아주대) [경]1991년 행정고시 합격(35회), 노동부 근로기준과·고용정책과·훈련정책과 근무, 同노사조정과 근무, 同국제협력관실 국제협상기획단장, 부산지방노동청 관리과장, 미국 동서연구소 파견 2005년 제주지방노동사무소장 2006년 광주지방노동청 제주지청장 2006년 노동부 능력개발지원팀장 2008년 同고용정책실 고용서비스지원과장 2009년 同고용정책실 고용지원실업급여과장 2009년 同고용정책실 고용지원실업급여과장(부이사관) 2010년 고용노동부 최저임금위원회 상임위원(고위공무원) 2015년 대전지방고용노동청장 2016년 국립외교원 교육파견(고위공무원)(현)

김영권(金永權) KIM Young Kwon

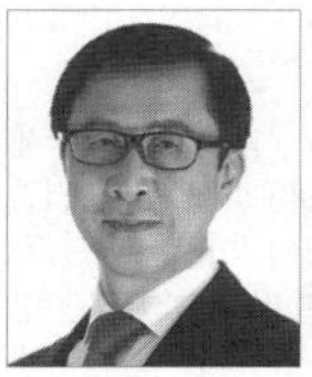

[생]1958·6·21 [출]서울 [주]서울 송파구 올림픽로299 대한제당(주) 임원실(02-410-6000) [학]1983년 연세대 응용통계학과졸 1987년 同경영대학원 경영학과졸 [경]1983년 대한제당(주) 입사, 同뉴욕지사장 2005년 同재경담당 상무 2008년 同재경담당 전무 2012년 同사업부문장(부사장) 2013년 同각자대표이사 부사장 2015년 同대표이사 사장(현)

김영규(金榮奎) KIM Young Gyoo (尤南)

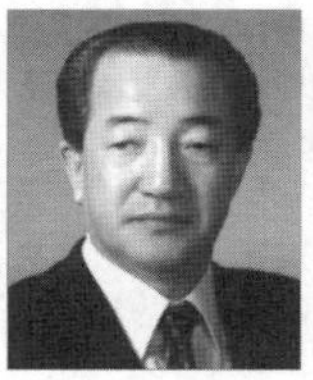

[생]1936·10·5 [본]김해(金海) [출]서울 [주]서울 중구 다동길30 삼덕빌딩4층 서룡통상(주) 대표이사실(02-778-3161) [학]1955년 경기고졸 1959년 서울대 경제학과졸 [경]1959~1961년 충주비료 근무 1962~1966년 (주)영풍 근무 1966~1974년 (주)화신산업 근무 1974년 (주)서룡통상 설립·대표이사(현)

김영규(金榮圭) KIM Young Q

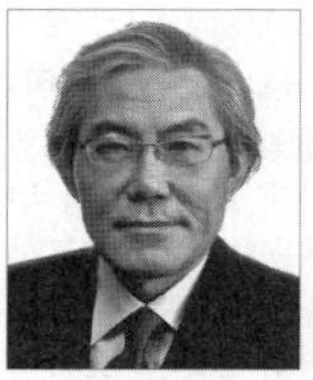

[생]1946·9·3 [출]경북 김천 [주]인천 남구 인하로100 인하대학교 사회과학대학 행정학과(032-860-7945) [학]1965년 경북고졸 1969년 서울대 법과대학졸 1983년 미국 Univ. of Southern California 대학원 행정학과졸(석사) 1985년 행정학박사(미국 Univ. of Southern California) [경]1969~1981년 한국은행 근무 1985년 인하대 사회과학대학 행정학과 교수(2001년 해직·2003년 복직), 同사회과학대학 행정학과 명예교수(현) 1987년 민주헌법쟁취국민운동 인천지역본부 공동대표 1989년 민주화를위한전국교수협의회 발기인·조직국장 1991년 민족주의민족통일인천연합 공동의장 1992년 인하대 사회과학

연구소장 1992년 민중대통령후보 백기완 선거운동본부 운영위원·비서실장 1993년 민중회의 운영위원 1994년 민중정치연합 운영위원·인천지역 대표 1995년 민주와진보를위한지식인연대 인천지부 대표 1996년 정치연대 운영위원·운영위원장 1997년 민주개혁을위한인천시민연대 공동대표 2000년 인하대 교수협의회장 2002년 사회당 인천시장 후보 2002~2003년 同대표 2002년 제16대 대통령후보 2003년 사회당 고문 2012년 노동당 고문 [저]'IMF공황, 개혁과 개방'(1998) '시장의 실패, 자본의 실패'(2000) '체게바라가 살아 한국에 온다면'(2001) '자본주의 경제학'(2004·2011) '정치경제학 I·II'(2005·2006) '이명박정권 비판 및 대안 I~III'(2008·2010)

김영규 KIM Young Kyu

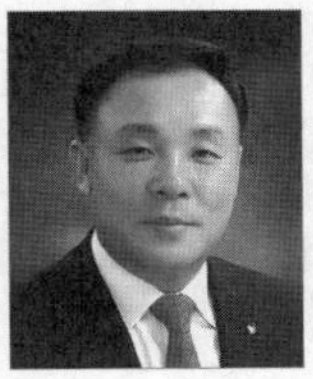

[생]1960·8·14 [출]전북 부안 [주]경기 화성시 마도면 평택시흥고속도로21 제2서해안고속도로(주) 임원실(1661-5688) [학]1979년 전주상고졸 [경]1979년 IBK기업은행 입행 2005년 同능곡지점장 2005년 同남동공단지점장 2008년 同남동공단기업금융지점장 2012년 同인천지역본부장 2013년 同기업고객본부장 2015년 同IB본부장(부행장) 2016년 제2서해안고속도로 대표이사(현)

김영규(金佾奎) KIM Young-Kyu

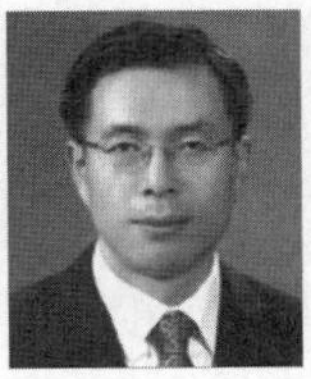

[생]1966·1·26 [출]전남 담양 [주]충남 홍성군 홍성읍 법원로40 대전지방검찰청 홍성지청(041-640-4301) [학]1984년 광주 인성고졸 1991년 고려대 법학과졸 2007년 전주대 대학원졸 2014년 고려대 법무대학원 조세법연구과정 수료 [경]1992년 사법시험 합격(34회) 1995년 사법연수원 수료(24기) 1995년 전주지검 검사 1997년 대전지검 홍성지청 검사 1998년 서울지검 검사 2001년 同의정부지청 검사 2002년 독일 막스플랑크 국제형사법연구소 연수 2004년 부산지검 검사 2006년 대전지검 검사 2007년 同부부장검사 2008년 대검찰청 연구관 2009년 광주지검 공판부장 2009년 同공안부장 2010년 대검찰청 공안3과장 2011년 수원지검 공안부장 2012년 법무연수원 교수 2013년 의정부지검 형사3부장 2014년 수원지검 부장검사(한국형사정책연구원 파견) 2015년 부산지검 동부지청 차장검사 2016년 대전지검 홍성지청장(현) [상]대통령표창(2012)

김영균(金永均) KIM Young Kyoon

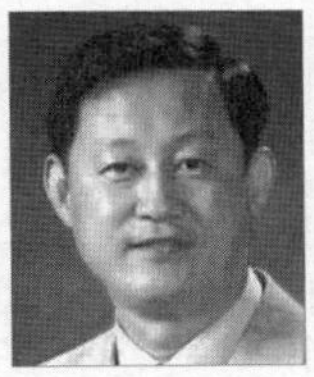

[생]1953·5·10 [본]김해(金海) [출]경북 영양 [주]경기 포천시 호국로1007 대진대학교 법학과(031-539-1784) [학]1972년 경안고졸 1985년 대구대 법학과졸 1988년 경북대 대학원 법학과졸 1996년 법학박사(경북대) [경]1979~1981년 한국도로공사 근무 1989~1996년 대구대·동국대·경일대·경북대·한국방송통신대·세명대·성결대 강사 1992년 엔아이시스템 감사 1996년 법률경제신문 논설위원 1997년 대진대 법학과 전임강사·조교수·부교수·교수(현), 가맹사업분쟁조정위원회 위원(1·2대), 공정거래위원회 시장구조분과·유통분과 자문위원 2010~2012년 대진대 법무행정대학원장 2013년 경기도 감사자문위원회 자문위원장 2013~2014년 공정거래위원회 규제개혁심의위원 2014년 同PF팀 심의위원 2014년 남양주시 인사위원회 위원(현) [상]공정거래위원장표창(2005) [저]'법학개론'(1999, 경인출판사) '어음수표법'(2008) '상법연습'(2008) '법률문서 작성의 이론과 실무'(2010, 동방문화사)

김영균(金鎣均) KIM Young Kyun

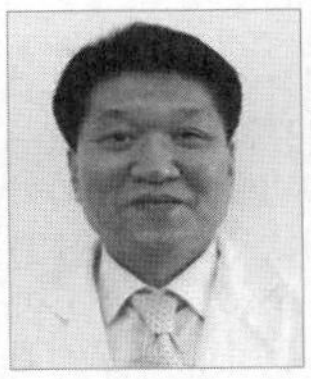

[생]1955·10·15 [출]부산 [주]부산 부산진구 엄광로176 동의대 한의과대학(051-850-8620) [학]1981년 원광대 한의학과졸 1986년 同대학원 한의학과졸 1989년 한의학박사(원광대) [경]1983~1990년 동래한의원 원장 1991년 동의대 한의과대학 한의학과 조교수·부교수·교수(현) 2000년 同한의과대학 한의학연구소장 2002년 同한의과대부속 울산한방병원장 2006년 同보건진료소장 2006~2010년 동의의료원 한방병원장 2012~2014년 동의대 한의과대학장 [역]'동의심계내과학'(1995)

김영균(金英均) KIM Young Kyoon

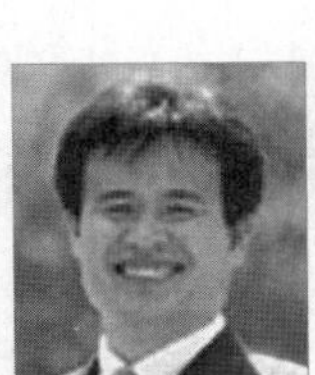

[생]1958·10·1 [본]김녕(金寧) [출]전북 익산 [주]서울 성북구 정릉로77 국민대학교 임산생명공학과(02-910-4825) [학]1977년 선린고졸 1985년 강원대 임산공학과졸 1987년 서울대 대학원 임산학과졸 1992년 공학박사(미국 캘리포니아대 버클리교) [경]미국 스크립스연구소 연구원, 1994년 국민대 임산생명공학과 조교수·부교수·교수(현) 1997~1999년 同산림과학연구소장 2002~2004년 농촌진흥청 임업연구단장 2005~2009년 국민대 바이오나노융합기술연구소장 2009~2011년 同산림과학대학장 2015년 同산림과학대학장(현) [종]기독교

김영균(金永均) KIM Young Kyun

[생]1960·10·30 [주]서울 송파구 올림픽로269 롯데쇼핑(주) 롯데마트 특화MD본부(02-2145-8000) [학]환일고졸, 성균관대 무역학과졸 [경]롯데쇼핑(주) 롯데마트 판매3부문장(이사대우), 同롯데마트 PB개발부문장 2012년 同롯데마트 PB개발부문장(상무) 2013년 同롯데마트 동남아본부장(상무) 2016년 同롯데마트 동남아본부장(전무) 2016년 同롯데마트 특화MD본부장(현)

김영기(金永基) KIM Young Ki

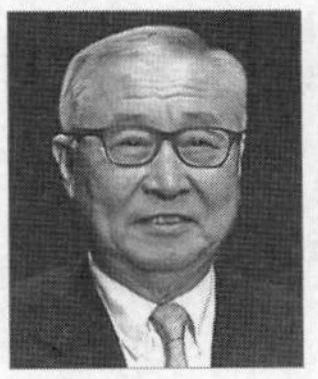

[생]1936·1·7 [본]김해(金海) [출]서울 [주]서울 강남구 도산대로110 한국프로농구연맹(KBL) 임원실(02-2106-3000) [학]1955년 배재고졸 1959년 고려대 법대 법학과졸 [경]1960년 農銀 입행 1963~1974년 중소기업은행 대리·과장 1971년 대한농구협회 이사 1974~1976년 중소기업은행 차장·지점장 1976~1982년 신용보증기금 총무·기획·업무개발 부장 1982년 同이사 1982년 대한체육회 이사·KOC 부위원장·대학스포츠위원장 1983~1989년 대한체육회 부회장 1984년 미국 LA올림픽 한국선수단 총감독 1985년 대한체육회 선수자격심의위원장 1985년 신용보증기금 상임감사 1985~1997년 대한농구협회 부회장 1988년 신용보증기금 전무이사 1991~1995년 신보창업투자(주) 사장 1997년 한국프로농구연맹(KBL) 전무이사 1999년 同부총재 2002~2004년 同총재 2004년 同고문 2014년 同총재(현) [상]대통령표창(1970), 국민포장(1971), 체육훈장 맹호장 [저]'갈채와의 밀애' [종]불교

김영기(金永起) KIM Young Ki

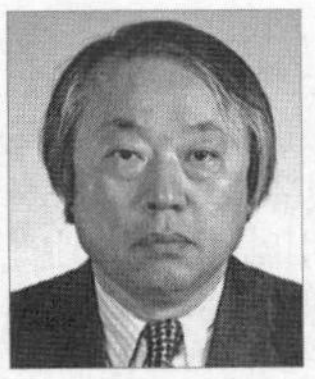

[생]1941·1·9 [본]안동(安東) [출]서울 [학]1960년 서울상고졸 1967년 서울대 응용미술학과졸 1974년 同환경대학원 조경학과졸 [경]1978년 유네스코 세계어린이해 디자인콩페그랑프리 1981~1988년 올림픽조직위원회 전문위원 1984~2005년 이화여대 조형예술대학 시각정보디자인과 교수 1994년 한국디자인학회 회장 2001~2005년 이화여대 디자인대학원장 2002~2003년 한국인포디자인협회 회장 2003~2005년 이화여대 조형예술대학장 2006~2008년 학교법인 계원학원(계원조형예술대학·계원예고) 이사장 2008년 계원조형예술대학 학장 2008~2010년 계원디자인예술대학 총장 2010~2014년 (사)한국문화산업R&D연구소 이사장 2015년 GEP 고문(현) [저]'한국인의 조형의식'(1991) '기질과 성향을 통해 본 한국미의 이해'(1998) '디자인 담론'(2002) [종]기독교

김영기(金榮基) Young-Kee Kim (麟德)

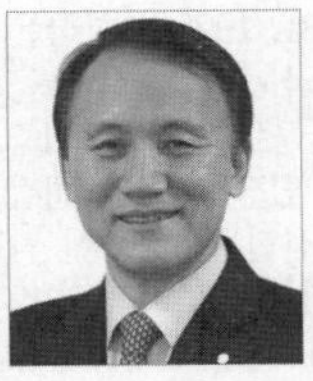

[생]1954·9·17 [본]김해(金海) [출]충남 예산 [주]서울 구로구 공원로70 (사)대한산업안전협회 회장실(02-860-7000) [학]1972년 예산고졸 1977년 서강대 경제학과졸 1995년 미국 Brigham Young대 대학원 경영학과졸 2011년 경영학박사(서울과학종합대학원) [경]1979년 (주)럭키 입사 1989년 LG그룹 기획조정실 부장 1996년 同회장실 인사팀장(이사) 1999년 同구조조정본부 인사지원팀장(상무) 1999년 중앙노동위원회 위원(현) 2000년 LG전자(주) HR부문장(부사장) 2004년 한국전자산업환경협회 회장 2007년 LG전자(주) CHO(부사장) 겸 지원부문장 2009년 同CRO(부사장) 2012~2014년 (주)LG CSR팀장(부사장) 2014년 자유와창의교육원 교수(현) 2014년 (사)대한산업안전협회 회장(현) [상]Outstanding Global Leader Award(2003), 은탑산업훈장(2004), 지속가능경영대상 국무총리표창(2010) [저]'노동조합의 사회적 책임(USR)과 조직성과'(2011) 'Union Social Responsibility'(2013) [역]'강력하게 돌아가는 조직으로 혁신하라'(2007, 리드리드출판) '전략적 HR 로드맵'(2009, 리드리드출판) '리더십코드'(2011, 나남) '책임의 시대(共)'(2013, 코스리) '그동안의 CSR은 왜 실패했는가(共)'(2014, 코스리) [종]천주교

김영기(金永基) KIM Young Kee

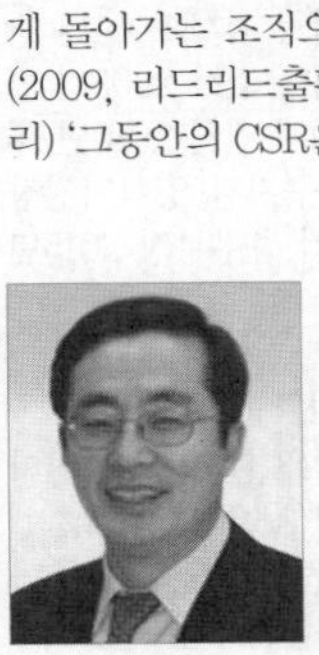

[생]1956·9·23 [본]연안(延安) [출]경북 상주 [주]서울 서초구 서초대로264 법조타워6층 세무법인 티앤피(02-3474-9925) [학]1983년 세무대학졸(1기) 1997년 중앙대 행정대학원졸 2004년 연세대 최고위정책과정 수료 2010년 서울대 법과대학 최고지도자과정(ALP) 수료 [경]1983년 국세청 종로세무서 법인세과 근무 1985년 同비서실 근무 1985년 재정경제부 세제실 조세정책과 근무 1993년 국세청 인사계 사무관 1995년 국무총리 제4조정실 조사심의관실 감사관 1995년 국세청 울산세무서 법인세과장 1995년 同중부세무서 직세과장 1998년 서울지방국세청 조사1국 팀장 2003년 국세청 직원고충담당관(서기관) 2003년 경희대 경영대학원 겸임교수 2005년 제주세무서장 2005년 국세청 국제세원정보TF팀장 2006년 同조사2과장 2006년 부천세무서장 2007년 국세청 정책홍보관리관실 통계기획팀장 2008년 同납세자보호과장 2009년 同법인납세국 법인세과장 2009년 同운영지원과장(부이사관) 2010년 중부지방국세청 조사1국장(고위공무원) 2011년 서울지방국세청 조사1국장

2012년 국세청 재산세국장 2013~2014년 同조사국장 2014년 세무법인 티앤피 대표이사 겸 대표세무사(현) [상]공무원 창안 금상(1993), 옥조근정훈장(1993) [작]'갑종근로소득세 반기납부제도 도입제안'(1993)

김영기(金英基·女) KIM Young Gi

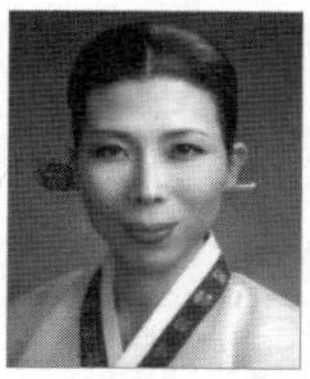

[생]1958·1·15 [본]경주(慶州) [출]경북 경주 [주]서울 마포구 백범로153의1 김영기 가곡연구소 [학]1977년 국립국악고졸 1981년 서울대 국악과졸 2000년 同대학원졸 [경]1973년 중요무형문화재 제30호 가곡 전수장학생 선정 1980년 同이수자 선정 1984년 同전수조교 선정, 서울시립국악관현악단 단원 2001년 중요무형문화재 제30호 가곡(여창 가곡) 예능보유자 지정(현), KBS 국악관현악단 연주원 1999년 월하여창가곡보존회 회장(현) 1996년 월하문화재단 이사(현) 2004년 서울대 강사(현), 한국예술종합학교 겸임교수·강사(현), 추계예술대 강사(현) 2016년 이화여대 초빙교수(현) [상]전국학생국악경연대회 기악독주 최우수상, KBS국악대상 수상(1982·1992·1999)

김영기(金暎基) KIM Young Ky

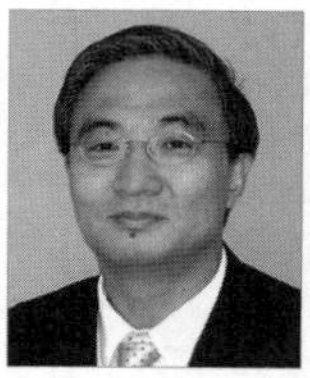

[생]1962·1·7 [출]서울 [주]경기 수원시 영통구 삼성로129 삼성전자(주) 임원실(031-279-3200) [학]1980년 경기고졸 1984년 서울대 전자공학과졸 1985년 미국 서던캘리포니아대 대학원졸 1990년 전자공학박사(미국 서던캘리포니아대) [경]1990~1993년 Hughes Network System Inc. Principal Engineer 1993년 삼성전자(주) 수석연구원 1994년 同기간네트워크사업부 Challenge그룹장 1998년 同연구임원 1999년 同통신연구소 CDMA2000시스템개발팀장 2000년 同연구임원(상무) 2002년 WEF선정 아시아차세대리더 18인 선정 2002년 삼성전자(주) 네트워크시스템개발팀장(상무) 2003년 同전무 2006년 同통신연구소 WiBro사업추진단장(부사장) 2007~2010년 同통신연구소 차세대시스템개발실장 2010년 방송통신위원회 기술자문위원 2010년 삼성전자(주) 네트워크사업부 신규사업개발팀장 2010년 同네트워크사업부장 2012년 同IM부문 네트워크사업부장(부사장) 2013년 同IM부문 네트워크사업부장(사장)(현) [상]삼성전자 발명포장 대상(1999), 장영실상(2002), 대통령표창(2002)

김영기(金暎基) Kim Yeong-gi

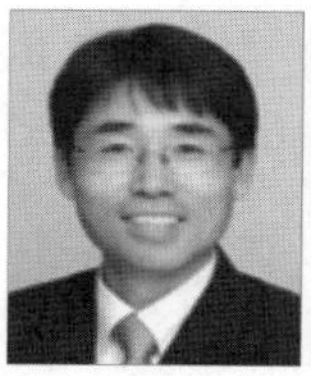

[생]1963 [주]서울 영등포구 여의대로38 금융감독원 임원실(02-3145-5321) [학]1981년 안동중앙고졸 1988년 영남대 경영학과졸 1999년 성균관대 대학원 경영학과졸 2004년 경영학박사(성균관대) [경]1981~1998년 한국은행 대구지점·감독기획국·여신관리국·금융개선국 근무 1999년 금융감독원 비은행감독국 근무 2002년 同조사연구국 근무 2003년 同조사연구국 팀장 2005년 同검사지원국 팀장 2007년 同여전감독실 팀장 2008년 同여신전문서비스실 팀장 2010년 同저축은행서비스국 팀장 2011년 同저축은행감독국 부국장 2012년 同상호여신전문감독국장 2014년 同감독총괄국장 2015년 同업무총괄담당 부원장보(현)

김영기(金榮基) KIM Young Ki

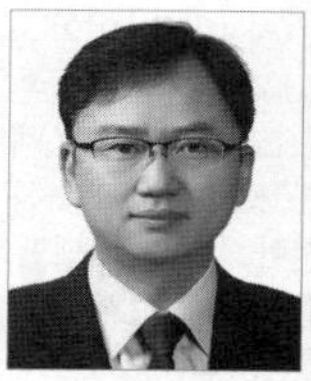

[생]1966·10·19 [출]충남 태안 [주]전북 전주시 덕진구 사평로25 전주지방검찰청(063-259-4200) [학]1984년 천안 중앙고졸 1992년 고려대 법학과졸 [경]1995년 사법시험 합격(37회) 1998년 사법연수원 수료(27기) 1998년 인천지검 검사 1999년 대구지검 의성지청 검사 2001년 광주지검 검사 2003년 창원지검 진주지청 검사 2005년 법무부 법무과 검사 2008년 서울중앙지검 검사 2010년 대전지검 부부장검사 2011년 대검찰청 연구관 2012년 대구지검 영덕지청장 2013년 대검찰청 디지털수사담당관 2014년 서울중앙지검 총무부장 2015년 同첨단범죄수사제2부장 2016년 전주지검 부장검사(현)

김영기(金寧基) KIM YOUNG KI

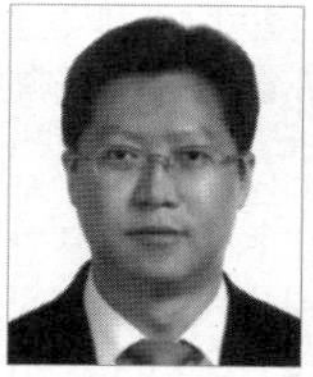

[생]1970·6·30 [본]함녕(咸寧) [출]서울 [주]전북 남원시 용성로59 전주지방검찰청 남원지청(063-633-3231) [학]1989년 강서고졸 1995년 연세대 법과대학졸 2000년 同대학원 법학과졸 2013년 법학박사(연세대) [경]1998년 사법시험 합격(40회) 2001년 사법연수원 수료(30기) 2001년 전주지검 검사 2003년 청주지검 충주지청 검사 2005년 서울남부지검 검사 2006년 서울중앙지검 특별수사2부 파견 2009년 대검찰청 연구관 2011년 청주지검 검사 2011년 제16차 국제검사협회(IAP)연례총회 한국대표단 2012년 한국거래소 시장감시본부 법률자문관(파견) 2014년 서울중앙지검 형사3부 검사 2015년 同첨단범죄수사1부 부부장검사 2016년 전주지검 남원지청장(현) [상]검찰총장표창(2004·2011), 특별수사우수사건 검사표창(2005) [종]기독교

김영길(金泳吉) Young-gil KIM

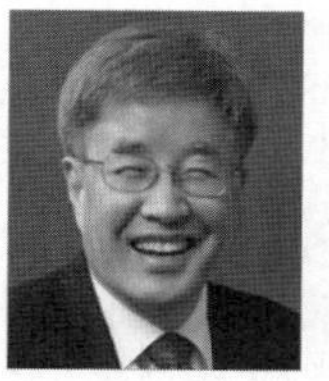

[생]1939·10·3 [본]의성(義城) [출]경북 안동 [주]서울 강남구 봉은사로325 유엔아카데믹임팩트 한국협의회(02-3443-3939) [학]1958년 서울대 사대부고졸 1964년 서울대 공대 금속공학과졸 1969년 미국 미주리주립대 대학원 금속공학과졸 1972년 재료공학박사(미국 뉴욕RPI공대) 2011년 명예 경영학박사(한국과학기술원) [경]1973~1974년 미국 국방성 육군연구소 연구원 1974~1976년 미국항공우주관리국(NASA) 루이스연구소 연구원 1978~1995년 한국과학기술원(KAIST) 재료공학과 교수 1995년 한국창조과학회 명예회장 1995~2013년 한동대 초대 총장 1998년 미국 전기문발행센터 선정 '20세기 영향력있는 지도자 500인' 2005년 한국과학기술원(KAIST) 이사 2007년 한국대학사회봉사협의회 이사 2008~2010년 국가교육과학기술자문회의 과학분과 위원장 2009년 유네스코 한국위원회 교육분과위원장 2009년 한국대학교육협의회 교육협력위원회 위원 2010~2011년 제14대 한국사립대학총장협의회 회장 2010년 한국대학교육협의회 부회장 2010년 한국교육개발원(KEDI) 미래교육기획위원회 위원장 2010년 한국국제협력단(KOICA) 자문위원(현) 2010년 미래경북전략위원회 위원장 2010년 학부교육선진화선도대학협의회(ACE) 회장 2010~2015년 한국공학교육인증원 원장 2011년 대학구조개혁위원회 위원 2011~2012년 한국대학교육협의회 회장 2012년 한국과학기술원(KAIST) 이사 2012년 유엔아카데믹임팩트 한국협의회 회장(현) 2014년 한국학중앙연구원 비상임이사(현) 2016년 한동대학교 명예총장(현) [상]NASA발명상(1976·1981), 미국 산업연구발명상(1981), 국민훈장 동백장(1982), 세종문화상(1986), 올해의 과학자상(1987), 기독교 선교대상 교육자부문(1999), 몽골 교육기여 공로훈장(2003), 한국기독교학술상(2004), 한남인돈문화상(2004) [저]'자연과학개론' [종]기독교

김영길(金永吉) KIM Young Gil

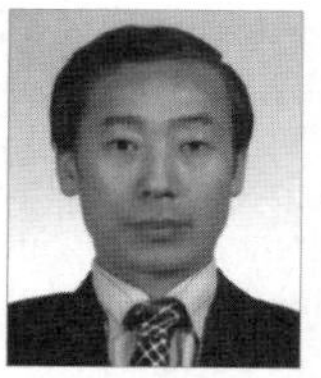

[생]1943·2·15 [본]김해(金海) [출]경남 진주 [주]경기 파주시 금정로50 2층 김영길법무사사무소(031-941-8477) [학]1961년 진주농림고졸 1986년 한국방송통신대 행정학과졸 1989년 국민대 행정대학원졸 1996년 연세대 언론홍보대학원졸 1996년 행정학박사(단국대) 1997년 고려대 언론홍보대학원졸 1999년 서울대 행정대학원졸 2000년 동국대 국제정보대학원졸 2001년 경북대 경영대학원졸 2001년 영남대 경영대학원졸 2002년 대구대 국제경영대학원졸 2002년 안동대 행정대학원졸 [경]1964~1983년 법무부·서울고검·서울지검·경남지방병무청 근무 1984~1986년 법무부 검찰국·법무실 근무 1986년 대검찰청 중앙수사부 근무 1987년 대통령비서실 파견 1992년 춘천지검 수사과장 1994년 서울지검 공안2과장 1995년 서울서부검찰청 수사과장 1996년 同조사과장 1997년 대검찰청 과학수사과장 1997년 부산고검 총무과장 1998년 춘천지검 사무국장 1999년 서울서부검찰청 사무국장 2000년 의정부검찰청 사무국장 2000년 부산지검 사무국장 2001년 대구고검 사무국장 2001년 한국행정사학회 부회장 2002~2003년 한국동북아경제학회 이사 2002년 수원지법 집행관 2003년 同안산지원 집행관 2004년 법무사사무소 개업(현) 2007~2012년 대한럭비협회 수석부회장 2010년 한양컨트리클럽 이사(현) 2013년 민주평통 자문위원(현) 2014~2016년 의정부지검 고양지청 형사조정위원 2014년 서울서부지검 형사조정위원(현) 2016년 의정부지검 고양지청 형사조정위원장(현) [상]법무부장관표창(1975·1977·1984), 대통령표창(1985), 서울시장표창(1987), 녹조근정훈장(1993), 황조근정훈장(2002), 의정부지법원장표창(2012) [저]'정보화사회와 리더십론'(1999) '맥 행정학(共)'(2000) 'Pass Net 행정학(共)'(2001) '행정학개론'(共) '현대조직의 리더행태에 관한 연구' [종]불교

김영길(金榮吉) KIM Young Kil

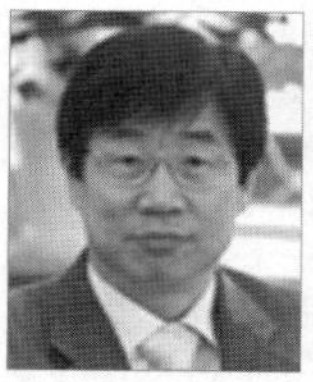

[생]1954·10·3 [출]부산 [주]경기 수원시 영통구 월드컵로206 아주대학교 정보통신대학 전자공학과(031-219-2364) [학]1978년 고려대 전자공학과졸 1980년 한국과학기술원(KAIST) 석사 1984년 공학박사(프랑스 E.N.S.T) [경]1977년 체신부 전기통신연구소 통신기좌 1984년 아주대 공대 전자공학과 조교수·부교수, 同정보통신대학 전자공학부 교수 2011년 同정보통신대학장 2012년 同정보통신대학 전자공학과 교수(현) 2016년 同IT융합대학원장(현) [저]'전기, 전자, 통신 직무연수 교재'(2002) '1정 자격연수교재 전기, 전자, 통신(2)'(2003) '부전공 자격연수 교재(2차)'(2004)

김영나(金英那·女) KIM Youngna

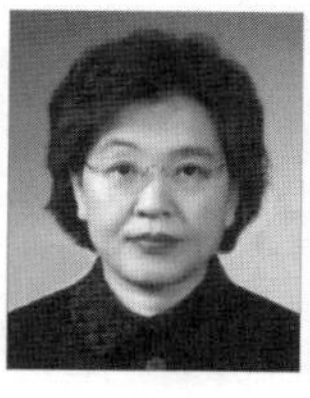

[생]1951·4·7 [본]전주(全州) [출]부산 [학]1969년 경기여고졸 1973년 미국 물렌버그대 미술과졸 1976년 미국 오하이오주립대 대학원 미술사학과졸 1980년 미술사학박사(미국 오하이오주립대) [경]1980년 덕성여대 교수 1981년 同박물관장 1990~1991년 일본 東京大 객원연구원 1993~1995년 서양미술사학회 회장 1995년 한국미술사교육연구회 회장 1995~2011·2016년 서울대 인문대학

고고미술사학과 교수 2001년 미국 하버드대 객원연구원 2001년 미술사와 시각문화학회 회장 2003~2005년 서울대 박물관장 2004년 한국박물관협회 이사 2006~2009년 한국근현대미술사학회 회장 2007 · 2009 · 2011년 문화재위원회 근대문화재분과 위원 2011~2016년 국립중앙박물관장(차관급) 2011~2016년 전쟁기념사업회 비상임이사 [상]石南미술이론상(2005), 제14회 한국미술저작상(2011) [저]'서양현대미술의 기원' '조형과 시대정신' '20세기의 한국미술' 'Tradition, Modernity and Identity' 'Modern and Contemporary Art in Korea'(英文) '20th Century Korean Art'(2005)

김영남(金永南) Kim Young Nam

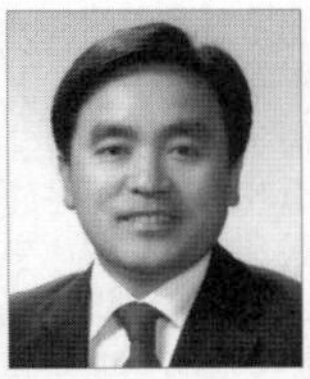

[생]1967 · 1 · 9 [본]김녕(金寧) [출]전남 신안 [주]광주 서구 내방로111 광주광역시의회(062-613-5111) [학]1985년 목포마리아회고졸 1992년 전남대 인문과학대학 독어독문학과졸 [경]도서출판 도토리나무 대표 2008~2010년 민주통합당 광주시당 조직국장 2010년 광주시의회 의원(민주당 · 민주통합당 · 민주당 · 새정치민주연합) 2010년 同행정자치위원장 2010년 신암초 운영위원장 2011년 박관현장학재단 이사(현) 2012년 광주시의회 산업건설위원회 위원 2012~2013년 同예산결산특별위원회 위원, 전남대총동문회 상임이사 2014년 광주시의회 의원(더불어민주당 · 무소속 · 국민의당 · 무소속)(현) 2014 · 2016년 同교육문화위원회 위원(현) 2014 · 2016년 同운영위원회 위원(현) 2015년 同윤리특별위원회 부위원장 2015년 同예산결산특별위원회 위원 2016년 광주시의회 더불어민주당 원내대표(현) [종]기독교

김영노(金泳魯)

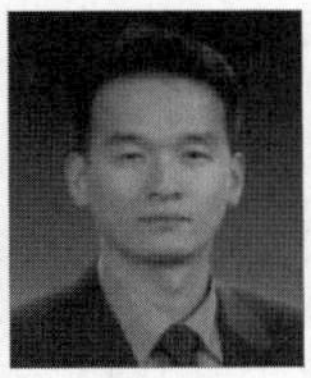

[생]1970 · 12 · 3 [주]세종특별자치시 갈매로477 기획재정부 세제실 산업관세과(044-215-4190) [학]서울 인헌고졸, 서울대 경제학과졸 [경]1998년 행정고시 합격(42회) 2007년 통계청 통계분석과장(서기관), OECD(경제개발협력기구) Senior Adviser, 기획재정부 조세법령개혁팀장 2016년 同세제실 산업관세과장(현)

김영달(金永達) YD Kim

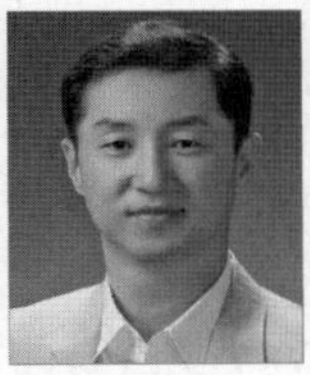

[생]1968 · 7 · 17 [출]대구 [주]경기 성남시 분당구 판교로344 아이디스타워 (주)아이디스홀딩스(031-723-5101) [학]1991년 한국과학기술원 전산학과졸 1993년 同대학원 전산학과졸(석사) 1998년 전산학박사(한국과학기술원) [경]1997년 (주)아이디스홀딩스 대표이사(현) 2004년 한국과학기술원(KAIST) 발전기금재단 이사(현) 2011년 벤처기업협회 부회장(현) [상]무역의날 대통령표창(2004), IMI경영대상 기술혁신부문(2005), 한국회계학회 투명회계대상(2007), 코스닥대상 최우수경영상(2008), 동탑산업훈장(2009), 한국경영학회 강소기업가상(2014)

김영대(金英大) KIM Young Tae

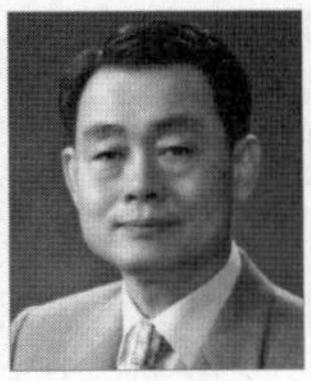

[생]1942 · 10 · 2 [출]대구 [주]서울 구로구 경인로662 디큐브시티오피스11층 대성 회장실(02-735-3417) [학]1961년 경북대사대부고졸 1965년 서울대 법대 행정학과졸 1970년 同경영대학원졸 [경]1970년 대성산업(주) 이사 1979~1993년 (사)한국-그리스협회 회장 1985~2014년 대성산업가스(주) 대표이사 회장 1985~2014년 한국캠브리지필터(주) 대표이사 회장 1987년 대성계전(주) 대표이사 회장(현) 1988년 대성산업(주) 대표이사 회장(현) 1988년 대성나찌유압공업(주) 대표이사 회장(현) 1989~2014년 대성씨앤에스(주) 대표이사 회장 2001년 전국경제인연합회 상임이사(현) 2002~2010년 서울대경영대학원동창회 회장 2003년 서울상공회의소 이사 2004~2011년 대한상공회의소 국제위원회 위원장 겸 ICC Korea 회장 2004~2005년 서울로타리클럽 회장 2005~2015년 한국상장회사협의회 부회장 2005~2007년 한국자원경제학회 회장 2006년 駐韓에콰도르 명예영사(현) 2007~2015년 학교법인 호서학원 이사 2008~2014년 국제상업회의소(ICC) Executive Board Membe 2010년 대성합동지주(주) 대표이사 회장 2011년 서울상공회의소 부회장(현) [상]서울대 경영인 대상(2010) [저]'구름속 구만리' [종]기독교

김영대(金榮大) KIM Young Dae

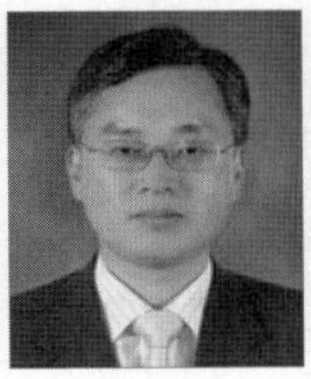

[생]1963 · 12 · 14 [본]의성(義城) [출]경북 청송 [주]서울 서초구 반포대로157 대검찰청 과학수사부(02-3480-2037) [학]1982년 대구 영남고졸 1986년 경북대 법학과졸 1991년 同대학원졸 [경]1990년 사법시험 합격(32회) 1993년 사법연수원 수료(22기) 1993년 청주지검 검사 1995년 대구지검 안동지청 검사 1997년 서울지검 검사 1999년 대구지검 검사 2001년 일본 중앙대 비교법연구소 연수 2002년 인천지검 검사 2004년 대구지검 검사 2005년 同부부장검사 2005년 대검찰청 혁신추진단 파견 2007년 창원지검 밀양지청장 2008년 법무연수원 교수 2009년 대검찰청 정보통신과장 2010년 서울중앙지검 첨단범죄수사2부장 2011년 대구지검 포항지청장 2012년 법무부 기획조정실 형사사법공통시스템운영단장 2013년 대검찰청 과학수사기획관 2014년 창원지검 차장검사 2015년 대구지검 제1차장검사 2015년 대검찰청 과학수사부장(검사장급)(현) [상]홍조근정훈장(2015)

김영덕(金暎德) KIM Young Duk

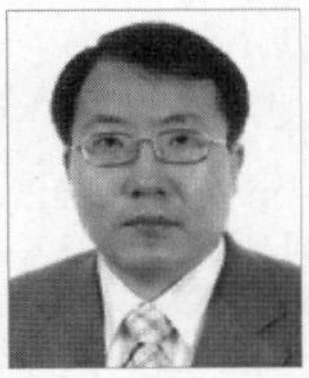

[생]1962 · 5 · 8 [본]김해(金海) [출]서울 [주]서울 서초구 서초대로255 법무법인 명덕(02-523-1437) [학]1980년 휘문고졸 1985년 단국대 법학과졸 1991년 同행정대학원 수료 [경]1992년 사법시험 합격(34회) 1994년 사법연수원 수료(24기) 1995년 변호사 개업 1996년 서울보증보험 법률고문 1997년 경기도의회 법률고문 2000년 서울보증보험 법무팀 상근변호사 2005년 도봉구 노인복지관 119 긴급장례단 법률고문 2007~2009년 법무법인 홍윤 대표변호사 2009년 서울신문 비상임감사 2010~2013년 (주)YTN 상근감사 2013년 법무법인 명덕 변호사(현) 2015년 방송통신심의위원회 제20대 국회의원선거방송심의위원회 위원 [저]'공무원시험대비행정법'(1994) [종]불교

김영도(金永棹) KIM Young Do

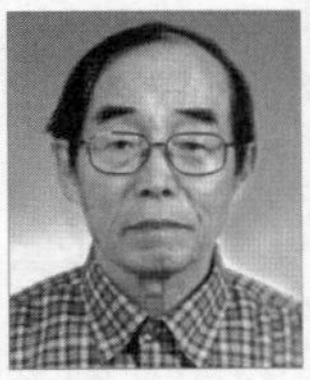

[생]1924 · 10 · 18 [본]김해(金海) [출]평북 정주 [주]서울 송파구 올림픽로424 제2체육관 대한산악연맹(02-414-2750) [학]1944년 평양고등보통학교졸 1956년 서울대 문리대 철학과졸 [경]1950~1955년 예편(육군 대위) 1955년 국회 사무총장실 근무 1956~1963년 육군사관학교 교수 · 성동고 교사 1963~1971년 민주공화당 사무국 근무 · 훈련부 교수차장 · 선전부 차장 · 선전부장 1971~1973년 同사무차장 · 기획조정실장 1973년 대한산악연맹 부회장 1973년 제9대 국회의원(통일주체국민회의, 유신정우회) 1976~1980년 대한산악연맹 회장 1977년 에베레스트원정대 대장(9월15일 정상 정복) 1978년 북극탐험대장 1981년 대한산악연맹 고문(현) 1982년 한국등산연구소 소장 2009년 同고문(현) [상]국민체육훈장 청룡장(1977) [저]'나의 에베레스트' '우리는 산에 오르고 있는가' '산의 사상' '등산시작' '우리는 왜 산에 오르는가' '산에서 들려오는 소리' '나는 이렇게 살아왔다' [역]'검은고독 흰고독' '죽음의 지대' '제7급' '아이스클라이밍' '알프스등반기' '14번째 하늘에서' '8000미터 위와 아래' '하늘과 땅사이' '나의 마음의 거울 13개' '내 생애의 산들' '세로토레' [종]기독교

김영동(金永東) KIM Young Dong (昇鶴)

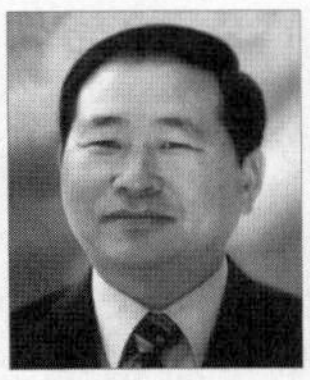

[생]1960 · 2 · 15 [본]나주(羅州) [출]전남 함평 [주]제주특별자치도 제주시 동광로31 아남빌딩4층 더불어민주당 제주도당(064-724-6400) [학]1979년 학다리고졸 1981년 송원공업전문대학졸 1999년 한국방송통신대 행정학과졸 2003년 연세대 행정대학원졸 [경]1985년 서울시지하철공사 근무 1987년 민주헌정연구회 이사 1987~1995년 평화민주당 총무국 부장 1995~2000년 새정치국민회의 총무국 부국장 1998~2002년 아 · 태평화재단 후원위원 2000~2004년 새천년민주당 연수국장 2001년 민주평통 자문위원(제9 · 10기) 2001년 에너지미래(주) 이사 2003년 대한실전무술협회 부회장 2004년 민주청년포럼 기획조정위원장 2006년 중청련 사무총장 2007년 민주당 국가전략연구소 사무처장 2008년 同전남도당 사무처장 2009년 (사)한국대중문화예술진흥회 이사 · 감사 2011년 민주당 생활정치국장 2011년 (주)세종에너지 이사 2011년 계간 '백두산문학'에 시인 등단 2011년 시인 2011년 백두산문인협회 부회장 2012년 국회 정책연구위원 2012년 민주통합당 대외협력국장 2013년 민주당 대외협력국장 2013년 민주정책연구원 정책관 2013년 민주평통 자문위원 2014~2015년 새정치민주연합 제주도당 사무처장 2015~2016년 더불어민주당 제주도당 사무처장 2016년 同제주도당 지방자치위원장(현)

김영동(金榮東) Kim Young Dong

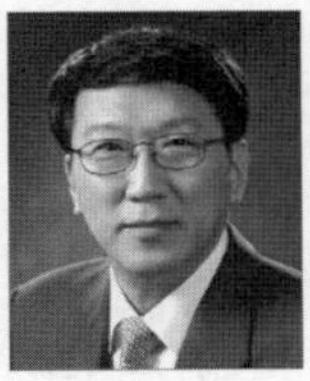

[생]1960 · 7 · 30 [출]대구 [주]서울 동대문구 경희대로26 경희대학교 이과대학 물리학과(02-961-0525) [학]1983년 서울대 물리학과졸 1985년 同대학원졸 1993년 고체물리학박사(미국 Univ. of Illinois at Urbana-Champaign) [경]1993~1994년 미국 일리노이대 연구원(PDRA) 1994~1995년 同방문교수 1994년 경희대 이과대학 물리학과 교수(현) 1998년 미국 North Carolina주립대 방문교수 2000년 일본 동북대 재료물성연구소 방문부교수 2000~2002년 (주)파이맥스 기술자문위원 2001년 한국기술벤처재단 전문위원 2001~2004년 창업보육센터 운영위원 2002~2003년 한국기술벤처재단 전문위원 2004~2006년 미국 Univ. of Illinois at Urbana-Champaign 방문교수 2005년 한 · 우크라이나 과학기술협력추진위원 2005~2006년 경

희대 이과대학 부학장 2005~2007년 同이과대학 물리학과장 2007~2008년 교육인적자원부 과학기술협력추진위원 2007년 국가지정연구실사업단계 평가 평가위원 겸 최종평가위원 2009년 법원 전문심리위원 2009~2011년 경희대 Fellow 교수 2009~2012년 同일반대학원 부원장 2010~2011년 同이과대학 발전위원 2012년 국가교육과학기술자문회의 전문위원 2012년 한국물리학회 응용물리분과장(현) 2013년 同기획부회장 2013년 경희대 서울캠퍼스 연구산학협력처장 겸 산학협력단장(현) 2015년 한국물리학회 IUPAP 소위원회 위원장(현) [상]한국과학기술단체총연합회 제15회 과학기술우수논문상(2005), 스포츠조선 선정 '미래 선도 혁신한국인'(2010), 한국진공학회 성원에드워드학술상(2012) [종]기독교

김영두(金英斗) KIM Young Doo

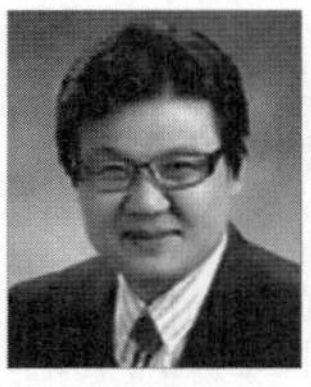

[생]1961·6·5 [출]강원 춘천 [주]서울 구로구 디지털로27길36 이스페이스빌딩7층 동우A&E 비서실(02-3282-9500) [학]2000년 중앙대 대학원 국제최고경영자과정 수료 [경]1980년 대원동화 동화애니메이터 1984년 세영동화 애니메이션 감독 1991년 동우동화 설립 1999~2012년 동우애니메이션 대표이사 2000년 부천대 애니메이션학과 강사, 한국애니메이션제작자협회 이사, 한국애니메이션예술인협회 이사 2001~2004년 한국문화콘텐츠진흥원 사외이사 2003년 同회장 2007년 同명예회장 2007년 한류정책자문위원회 위원 2009·2011년 서울국제애니메이션만화페스티벌(SICAF) 조직위원회 이사(현) 2009년 중국 하얼빈시 문화선업 고문 2009년 (사)한국애니메이션예술인협회 회장·명예회장(현), (사)한국애니메이션제작자협회 부회장·회장(현), 한국산업단지공단 디지털콘텐츠 미니클러스트 회장 2010~2013년 문화체육관광부 미래전략포럼 위원 2010년 서울산업단지미니클러스터 고문(현) 2012년 부산콘텐츠마켓조직위원회 이사(현) 2012년 광주 ACE Fair 이사(현) 2012년 동우A&E 대표이사(현) 2013년 구로디지털G-밸리경영자협의회 부회장(현) 2013년 한국콘텐츠공제조합 이사(현) [상]무역의날수출유공대통령표창(2004), 대한민국콘텐츠어워드 문화체육관광부장관표창(2009), 국가산업발전부문 지식경제부장관표창(2010), 지역산업진흥및산업발전 국무총리표창(2011), SICAF애니메이션 어워드(2014)

김영락(金永洛) Kim Young Lag

[생]1964·12·1 [본]김해(金海) [출]전남 완도 [주]광주 남구 중앙로87 광주방송 보도국(062-650-3232) [학]1983년 광주 동신고졸 1991년 한국외국어대 정치외교학과졸 [경]1991~1995년 여수MBC 보도국 근무 1995년 광주방송 입사 2002년 同보도국 기자 2004년 同보도국 차장대우 2008년 同보도국 보도제작부 차장 2010년 同보도국 보도제작부장 2012년 同보도국 취재부장 2012년 同광고사업국장 2014년 同보도국장(현) 2014년 同보도제작부장 겸임 [상]한국방송기자클럽 특별상(1995) [종]천주교

김영란(金英蘭·女) Kim, Young Ran

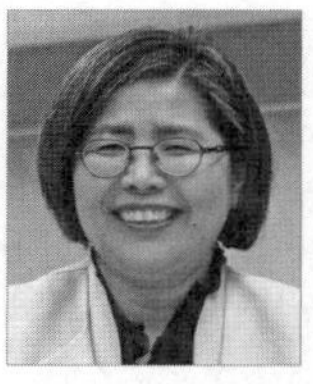

[생]1956·11·10 [본]김해(金海) [출]부산 [주]서울 마포구 백범로35 서강대학교 법학전문대학원(02-705-7833) [학]1975년 경기여고졸 1979년 서울대 법학과졸 1983년 同법과대학원졸 [경]1978년 사법시험 합격(20회) 1981년 사법연수원 수료(11기) 1981년 서울민사지법 판사 1983년 서울가정법원 판사 1986년 서울지법 동부지원 판사 1987년 부산지법 판사 1988년 수원지법 판사 1990년 서울지법 남부지원 판사 1991년 서울고법 판사 1992년 서울민사지법 판사 1993년 대법원 재판연구관 1998년 수원지법 부장판사 1999년 서울가정법원 부장판사 2000년 사법연수원 교수 2001년 서울지법 부장판사 2003년 대전고법 부장판사 2004~2010년 대법관 2010년 서강대 법학전문대학원 석좌교수 2011~2012년 국민권익위원회 위원장 2012년 서강대 법학전문대학원 석좌교수(현) [상]자랑스러운 경기인(2010) [저]'판결을 다시 생각한다'(2015, 창비)

김영래(金永來) KIM Young Rae

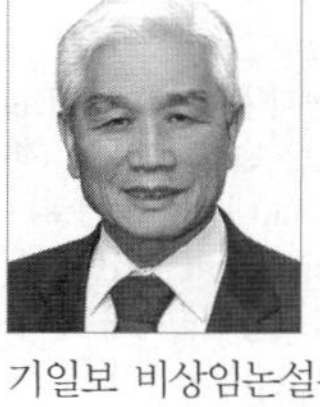

[생]1946·10·19 [본]강릉(江陵) [출]경기 여주 [주]경기 수원시 영통구 월드컵로206 아주대학교 사회과학대학 정치외교학과(031-219-2792) [학]1964년 중동고졸 1968년 연세대 정치외교학과졸 1978년 미국 서던캘리포니아대 대학원 정치학과졸 1981년 同대학원 정치학박사과정 수료 1986년 정치학박사(연세대) [경]1981~1991년 경남대 정치외교학과 전임강사·조교수·부교수 1991년 경기일보 비상임논설위원 1991~2010년 아주대 정치외교학과 교수 1991년 同학생처장 1995년 同평생교육원장 1995년 경제정의실천시민연합 조직위원장 1995년 同상임집행부위원장 1997년 미국 샌디에이고캘리포니아대 교환교수 1997년 경제정의실천시민연합 경기도협의회 공동대표 1998년 아주대 사회과학대학장 1998년 수원경제정의실천시민연합 공동대표 1998년 샘터야학 교장 2000년 한국NGO학회 공동대표 2000년 경기도선거관리위원회 위원 2001년 한국정치학회 회장 2001년 한국NGO학회 회장 2002년 아주대 교수협의회 의장 2003년 한국시민사회포럼 공동회장 2003년 수원시 정책자문위원장 2004년 경기도 선거방송토론위원장 2004년 일본 게이오대 연구교수 2004년 학교법인 단국대 이사 2005년 수원발전연구센터 소장 2005년 경기도선거구획정위원회 위원장 2005년 내나라연구소 소장·이사장(현) 2006년 시민운동정보센터 이사장(현) 2006년 한국매니페스토실천본부 상임공동대표 2006년 KBS 객원해설위원 2008년 한나라당 제18대 국회의원 공천심사위원 2008년 서울시 정책자문위원 2008년 한국학술진흥재단 사회과학발전위원 2009년 민주평통 자문위원 2009~2012년 국민권익위원회 투명신뢰사회실천을위한정책협의회 의장 2010~2014년 동덕여대 총장 2010~2014년 한국대학총장협회 감사 2013년 국민권익자문위원회 부패방지분과위원장(현) 2013년 국무총리자문 시민사회발전위원회 위원장(현) 2013~2014년 대한민국ROTC대학총장협의회 회장 2014년 아주대 사회과학대학 정치외교학과 명예교수(현) 2015년 대한민국ROTC 통일정신문화원 원장(현) [상]여주문화상(2001), 근정포장(2008), 자랑스러운 중동인(2010), 자랑스러운 USC동문상(2010), 연세정외인상(2010), 연세ROTC인상(2010), 청조근정훈장(2014) [저]'한국이익집단과 민주정치발전' '현대한국정치와 국가' '한국정치자금제도' '비정부조직(NGO)의 정치참여 비교연구' '한국정치 어떻게 볼 것인가' 'NGO와 한국정치' '매니페스토와 정책선거' [역]'현대정치학의 이해' [종]천주교

김영래(金英來) KIM Young Rae

[생]1958·9·1 [본]강릉(江陵) [출]강원 횡성 [주]대전 서구 청사로189 특허청 상표디자인심사국 상표심사2과(042-481-5302) [학]국립철도고졸, 충남대졸 [경]철도청 근무, 경제기획원 근무, 특허청 심사1국 상표2과 근무, 同심사기준과 행정사무관, 同국제상표심사팀 행정사무관 2007년 同상표디자인심사본부 국제상표심사팀 서기관 2007년 同상표디자인심사본부 디자인심사1팀 서기관, 同상표디자인심사국 서비스표심사과 서기관 2013년 同특허심판원 서기관 2016년 同상표디자인심사국 상표심사2과장(현)

김영록(金瑛錄) KIM Yung Rok

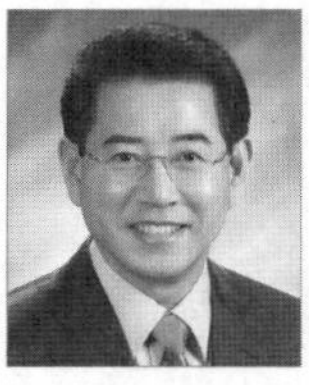

[생]1955·2·17 [본]경주(慶州) [출]전남 완도 [주]전남 무안군 삼향읍 후광대로274 더불어민주당 전남도당(061-287-1219) [학]1973년 광주제일고졸 1979년 건국대 행정학과졸 1987년 미국 시라큐스대 맥스웰대학원 행정학과졸 [경]1978년 행정고시 합격(21회) 1978~1990년 전남도 기획담당관실·서무과 근무 1990~1994년 내무부 총무과·행정과 근무 1994년 강진군수 1995년 완도군수·전남도지사 비서실장 1996년 전남도 경제통상국장 1998년 목포시 부시장 2000년 전남도 자치행정국장 2001년 同의회 사무처장 2001년 행정자치부 총무과장 2002년 국민고충처리위원회 조사2국장 2003년 국방대 입교 2004년 행정자치부 국가전문행정연수원 자치행정연수부장 2005년 同자치인력개발원 교수부장 2005년 同홍보관리관 2006~2008년 전남도 행정부지사, 동서교류협력재단 이사장, 목포대 겸임교수 2008년 제18대 국회의원(해남·완도·진도, 민주당·민주통합당) 2009~2011년 민주당 전남도당 윤리위원장 2011년 同구제역·AI 및 축산업대책특별위원회 간사 2011년 同원내부대표 2012~2016년 제19대 국회의원(해남·완도·진도, 민주통합당·민주당·새정치민주연합·더불어민주당) 2012년 국회 농림수산식품위원회 간사 2012년 민주통합당 제3정책조정위원장 2012년 同제18대 대통령중앙선거대책위원회 공명선거실천단장 2013년 同비상대책위원회 사무총장 2013~2014년 국회 농림축산식품해양수산위원회 간사 2014년 새정치민주연합 원내수석부대표 2014년 국회 운영위원회 간사 2014년 국회 기획재정위원회 위원 2015년 새정치민주연합 수석대변인 2015년 국회 예산결산특별위원회 위원 2015년 새정치민주연합 재벌개혁특별위원회 위원 2015년 더불어민주당 수석대변인 2015년 同재벌개혁특별위원회 위원 2016년 제20대 국회의원선거 출마(전남해남군·완도군·진도군, 더불어민주당) 2016년 더불어민주당 조직강화특별위원회 위원 2016년 同전남해남군·완도군·진도군지역위원회 위원장(현) 2016년 同전남도당 상임고문(현) [상]대통령표창(1991), 홍조근정훈장(2000), 미국 시라큐스대 한국총동문회 자랑스러운 동문상(2008), 법률소비자연맹 선정 국회 헌정대상(2013), 한국농업경영인중앙연합회 국정감사우수의원(2013), 건국대총동문회 '자랑스런 건국인'(2014) [저]'나를 키운 건 팔할이 바다였다'(2008) 자서전 '무릎걸음'(2011) '정치, 희망의 꽃을 피우다'(2014)

김영록(金永錄) KIM Young Rok

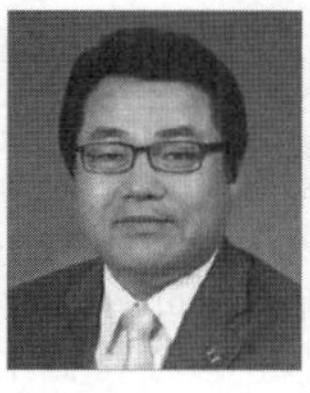

[생]1966·10·16 [주]광주 북구 북문대로84 2층 김영록세무회계사무소(062-522-0074) [학]광주 금호고졸, 세무대학 내국세학과졸(6기) [경]벌교세무서 근무, 서인천세무서 근무, 남인천세무서 근무, 남동세무서 등 근무 후 퇴직(1996년) 1997년 세무사시험 합격 1998년 세무회계사무소 개업(현), 광주·호남지방세무사회 부회장, 민주당 광주시당 당무감사국장, 광주지방세무사회 부회장 2013년 (사)우리민족 공동대표(현) 2015년 한국세무사회 상임이사(현) 2015년 광주지방세무사회 회장(현)

ㄱ

김영률(金泳律) Young-Yul Kim

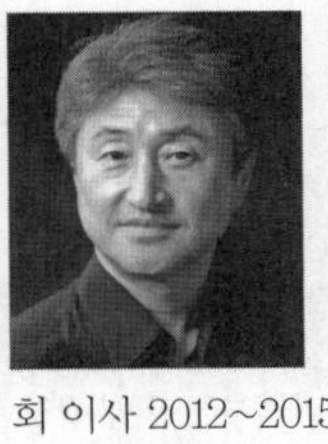

[생]1957·8·1 [본]경주(慶州) [출]서울 [주]서울 관악구 관악로1 서울대학교 기악과 49동315호(02-880-7966) [학]서울예고졸 1980년 서울대 기악과졸 1983년 미국 필라델피아 템플대 대학원졸 1989년 음악박사(미국 이스트먼음대) [경]서울대 음대 기악과 교수(현), 同인사위원 2006년 同음악대학 부학장, 同기악과 학과장 2010년 예술의전당 관악부문 자문위원 2012~2014년 국제호른협회 이사 2012~2015년 제주국제관악제 집행위원 2013~2014년 서울대 음악대학장 [상]Punto상(2000) [작]음반 모짜르트 '호른협주곡 1~4번' Romantic Wind Trios 'Reinecke&Herzogenberg Trio for Oboe, Horn and Piano' [종]천주교

김영린(金永麟) Yeong-Rin Kim

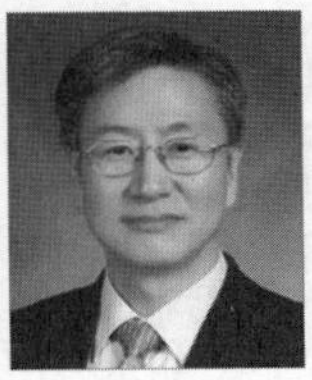

[생]1958 [출]서울 [주]서울 중구 통일로120 NH농협은행 임원실(02-2080-5114) [학]1977년 휘문고졸 1982년 성균관대 경제학과졸 1990년 경제학박사(미국 Univ. of Oregon) [경]1982~1999년 한국은행 입행·조사역·과장 1995년 IMF 경제분석관 1999년 금융감독원 국제감독국 과장 2001년 同외환감독국 팀장 2003년 同비은행감독국 팀장 2005년 同은행검사1국 팀장 2006년 同기획조정국 부국장 2009년 同감독서비스총괄국장 2011년 同거시감독국장 2013년 同업무총괄 부원장보 2014년 금융보안연구원 원장 2014년 금융보안포럼 회장 2015년 금융보안원 원장 2016년 NH농협은행 상근감사위원(현)

김영만(金榮晚) KIM Young Man

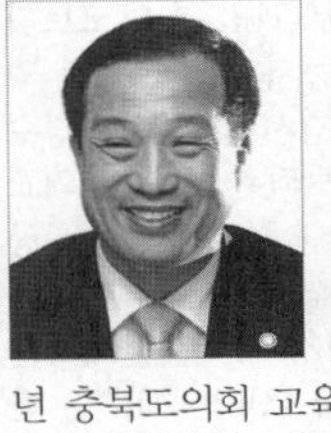

[생]1951·7·5 [본]김해(金海) [출]충북 옥천 [주]충북 옥천군 옥천읍 중앙로99 옥천군청 군수실(043-730-3001) [학]1970년 보문고졸 1974년 고려대 정치외교학과졸 1992년 同정책과학대학원 국제관계학과졸 [경]1977년 일신무역(주) 과장 1978~1984년 대전 청산고시학원·효성학원 영어강사 1981년 국회의원선거 출마(사회당) 1985~1991년 박준병 국회의원 입법보좌관 1991~1998년 충북도의회 교육사회위원회 전문위원·댐특별위원회 전문위원 2001년 同운영위원회·예산결산특별위원회·윤리특별위원회·조례정비특별위원회 전문위원 2002년 옥천군수선거 출마(한나라당) 2004년 한나라당 충북도당 부위원장 2006년 충북도의원선거 출마(무소속) 2010년 충북 옥천군수(자유선진당·민주통합당·민주당·새누리당) 2014년 충북 옥천군수(새누리당)(현) [상]대통령표창(1999), 행정자치부장관표창(2002), 지역농업발전선도인상(2015) [종]불교

김영만(金瑛晚) KIM Young Man

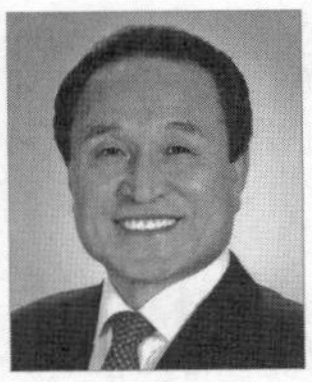

[생]1952·8·9 [출]경북 군위 [주]경북 군위군 군위읍 군청로200 군위군청 군수실(054-380-6001) [학]대건고졸, 경북대 대학원 농업개발학 재학 중 [경]1981년 대구지검 의성지청 상임청소년선도위원 1982년 대한통운 우보출장소 대표 1986년 (사)한국청년회의소 경북지구 회장 1987년 대구지법 의성지원 조정위원(현) 1990년 대구보호관찰소 보호위원 1991년 경북도의회 의원 1994년 새마을운동군위군지회 운영위원 1995년 군위군체육회 부회장 2006~2010년 경북도의회 의원(무소속) 2008~2010년 同농수산위원장 2014년 경북 군위군수(무소속·새누리당)(현)

김영만(金榮萬) KIM Yeong Mann

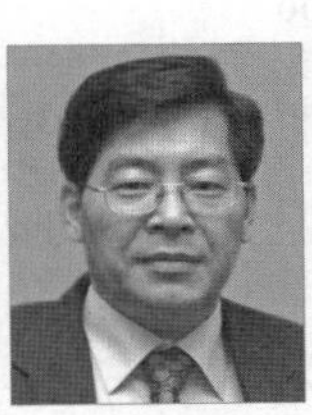

[생]1954·11·8 [출]전북 부안 [주]서울 강남구 테헤란로432 동부화재해상보험 경영지원실(02-3011-3140) [학]1973년 서울고졸 1977년 고려대 경영학과졸 [경]1980년 동부화재해상보험 입사 1991년 同광지점장 1994년 同상품개발팀장 1997년 同동부지점장 2002년 同안양지점장 2003년 同경영기획팀장 2005년 同경영기획팀장(상무) 2009년 同기획관리팀장(상무) 2010년 同경영지원실장 2011년 同경영지원실장(부사장)(현) [상]금융감독위원회 금융산업발전기여 공로상

김영만(金榮晚) KIM Young Man

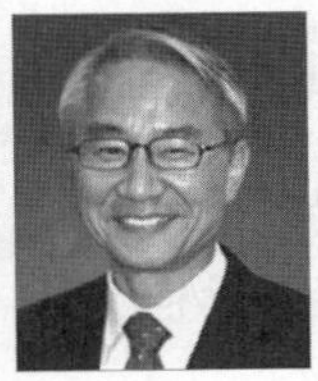

[생]1957·8·20 [본]김해(金海) [출]경남 하동 [주]서울 중구 세종대로124 서울신문 비서실(02-2000-9001) [학]1975년 진주고졸 1980년 고려대 노어노문학과졸 [경]1995년 서울신문 정치부 차장 1996년 同경제부장 1998년 同심의팀 부장 1998년 同행정뉴스팀장 1998년 대한매일 행정뉴스팀장 1999년 同편집국 부국장 2000년 同광고국장 2001년 同경영기획실장 겸 새사업추진단 부단장 2002년 同수석논설위원 2002년 同편집국장 2004년 서울신문 편집국장 2004년 同논설위원실장 2005년 한국신문방송편집인협회 부회장 2005년 서울신문 상임이사 2005년 스포츠서울21 전무이사 2005~2006년 同대표이사 사장 2007~2010년 경남도민프로축구단(경남FC) 대표이사 2008년 창원대 신문방송학과 초빙교수 2010년 국무총리소속 사행산업통합감독위원회 위원 2011~2014년 뉴스통신진흥회 이사 2011~2012년 위키트리 발행인 겸 사장 2012년 同부회장 2013년 민족화해협력범국민협의회 홍보위원장 2015년 서울신문 대표이사 사장(현) 2016년 한국신문협회 감사(현) [저]'칼국수와 함께 역사를 만드는 사람들' '실패하는 경제 성공하는 기업'(共)

김영만(金永晚) Kim Yeong Man

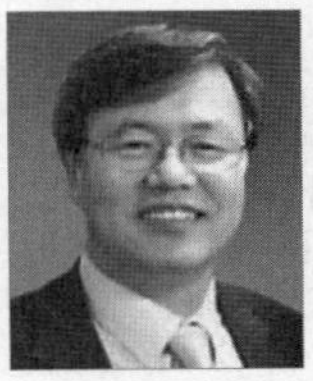

[생]1958·7·6 [본]김해(金海) [출]부산 [주]서울 송파구 송파대로260 KB저축은행 임원실(02-2146-8300) [학]해동고졸, 동아대 무역학과졸 2014년 同경영대학원 경영학과졸(석사) [경]2002~2006년 KB국민은행 금곡동지점장·구포지점장 2006~2010년 同e-비즈니스부장·온라인채널부장 2008~2009년 전국은행연합회 전자금융전문위원회 위원 2008~2010년 (사)금융보안연구원 OPT운영위원회 위원 2009~2010년 (사)금융결제원 전자금융위원회 2010~2013년 KB국민은행 중부산지역본부장·동부산지역본부장 2013년 부산시 남북교류협력위원회 위원 2014년 KB국민은행 인재개발원 교수 2015년 KB저축은행 대표이사 사장(현) [상]금융위원회 위원장표창(2008), 국무총리표창(2009), 부산시장표창(2013)

김영만(金榮萬) Kim, Young-Man

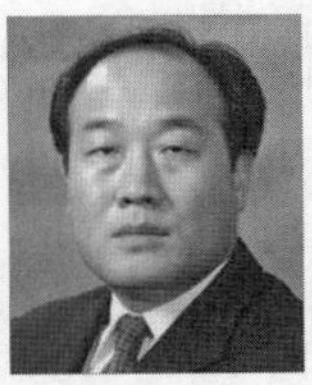

[생]1961·11·10 [출]전북 완주 [주]서울 양천구 목동중앙북로112 비엔엠홀딩스 임원실 [학]1980년 이리고졸 1988년 광운대 전자계산학과졸 2001년 경희대 국제법무대학원 국제법무지도자과정 수료 2001년 고려대 경영대학원 최고경영자과정 수료 2005년 중앙대 첨단영상대학원 영상공학과졸 [경]1988~1999년 LG LCD(주) 컨텐츠사업팀장 1999~2008년 한빛소프트 회장 2000년 벤처기업협회 부회장 2000년~2005년 (사)한국e스포츠협회 회장 2001~2004년 추계예술대 문화산업대학원 겸임교수 2001~2004년 (사)한국문화컨텐츠진흥원 이사 2003~2009년 한국게임산업진흥원 이사 2005~2007년 정보통신부 온라인디지털콘텐츠산업발전위원회 위원 2005~2007년 한국게임산업협회 회장 2005~2008년 문화관광부 정책자문위원회 위원 2005~2009년 조이임팩트 대표이사 2006~2007년 한국과학기술원 문화기술대학원 운영위원 2007년 同이사 2007년 방송통신위원회 규제개혁심의위원 2008~2010년 한국소프트웨어저작권협회 회장 2010년 티컴즈 회장 2011년 나우콤 사외이사 2013년 비엔엠홀딩스 대표이사(현) [상]보건복지부장관표창(2001), 문화관광부장관표창(2005), 산업포장(2006) [종]기독교

김영만(金榮滿) KIM Young Man

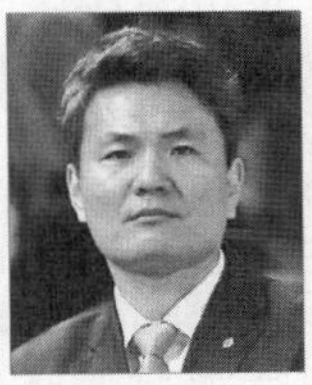

[생]1972·3·5 [주]서울 강남구 테헤란로432 원주 동부프로미(02-3011-3176) [학]1991년 마산고졸 1995년 중앙대졸 [경]1997년 기아자동차 농구단 입단 1997~2002년 부산 기아 프로농구단 소속 2002년 서울 SK 나이츠 입단 2002~2006년 창원 LG세이커스 소속 2006~2007년 원주 동부 프로미 소속 2007년 전주 KCC 이지스 입단 2007년 프로선수 은퇴 2007~2008년 중앙대 농구팀 코치 2008년 KB세이버스 여자프로농구단 코치 2008~2009년 KB세이버스 여자프로농구단 감독대행 2010년 원주 동부 프로미 코치 2014년 同감독대행 2014년 同감독(현)

김영명(金永明) Kim, young-myoung (石峴)

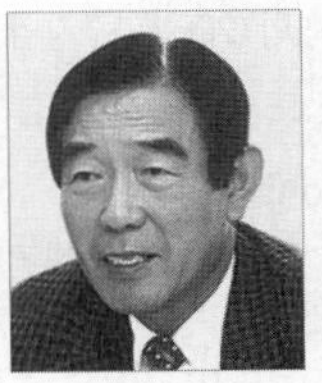

[생]1935·10·13 [본]황주(黃州) [출]평남 평양 [주]서울 성북구 화랑로11길35 김영명이비인후과(02-943-7562) [학]1954년 대광고졸 1960년 연세대 의대 의학과졸 1965년 同대학원 의학과졸 1972년 의학박사(연세대) [경]1960~1965년 연세대 세브란스병원 인턴·레지던트 수료 1968~1979년 同의대 전임강사·조교수·부교수 1976년 대한청각학회 회장 1979~1992년 연세대 의대 교수 1982~1988년 영동세브란스병원장 1984년 대한병원협회 감사 1986년 한·프랑스의사회 회장 1987년 대한병원협회 서울지부 부회장 1989년 대한의학교육학회 부회장 1989년 연세대 의대 교육계획위원장 1989년 독일 뮌헨대 교환교수 1991년 대한의학교육학회 회장 1991년 대한이비인후과학회 이사장 1992~1996년 이화여대 의무부총장 겸 의료원장 1993년 同목동병원장 겸임 1994~1997년 대한의학회 회장 1996~2002년 대한의학교육협의회 회장 1996~1998년 건국대 의대 교수 1996~1998년 同의무부총장 겸 의료원장 1998~2003년 연세대 초빙교수 1999년 김영명이비인후과 원장(현) [상]프랑스정부 공로훈장(1987) [종]기독교

김영명(金榮明) Young-Myoung Kim

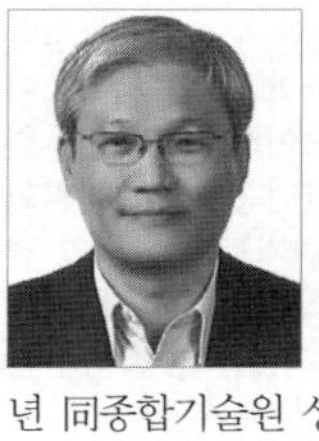

[생]1961 · 11 · 13 [본]김해(金海) [출]부산 [주]서울시 종로구 종로3길33 kt광화문빌딩 East (주)KT 창조경제추진단(02-3495-3770) [학]1980년 부산 배정고졸 1987년 성균관대 산업공학과졸 1989년 한국과학기술원 대학원 산업공학과졸 2001년 경영공학박사(한국과학기술원) [경]1989~1997년 (주)KT 통신망연구소 전임연구원 1997~2005년 同연구개발본부 부장 2005~2013년 同종합기술원 상무보 2005~2008년 한국정보통신기술협회(TTA) 운영위원 2006~2013년 한국산업기술재단 기술경영교과목개발총괄기획단 위원 2006년 정보통신부 IT미래기술전망위원회 위원 2006~2008년 同국민로봇사업단 및 RUPI추진위원회 운영위원 2007~2015년 포항공과대(POSTECH) 컴퓨터공학과 겸직교수 2007~2008년 산업자원부 전략기술개발사업 차세대로봇기술위원회 위원 2009~2010년 한국통신학회 KNOM 연구회 운영위원장 2009~2010년 방송통신위원회 클라우드서비스정책연구반 위원 2010~2011년 교육과학기술부 과학기술미래비전연구개발전략기획위원회 위원 2011~2014년 한국산업기술진흥협회(KOITA) TIM Alive 편집위원 2013~2015년 미래창조과학부 총괄 및 창조융합 CP 2014~2015년 (주)KT 융합기술원 상무 2014~2015년 한국정보통신기술진흥센터(IITP) R&D기획본부장 2015년 (주)KT 창조경제추진단장(현) [상]정보통신부장관표창(2004), 한국통신학회 해동기술상(2009), 과학기술포장(2013) [저]'TMN(Telecommunication Management Network)을 향한 첫걸음'(1994)

김영모(金永模) KIM Young Mo

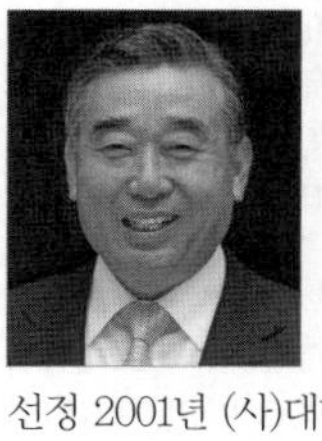

[생]1953 · 1 · 5 [출]서울 [주]서울 강남구 언주로30길10 김영모과자점(02-3462-3620) [학]1970년 대구고 중퇴 1995년 건국대 농축대학원 최고경영자과정 수료 [경]1970년 대구금강당제과 근무 1972년 서울보리수제과 근무 1977년 나폴레옹제과 근무 1979년 보리수제과 근무 1982년 김영모과자점 대표(현) 1998년 제과기능장 선정 2000년 수원여대 제과제빵과 외래교수 2001년 신지식인 선정 2001년 (사)대한제과협회 부회장 2003~2007년 同회장 2007년 기능한국인 제과1호 선정 2007년 대한민국제과명장 선정 2011~2012년 대한민국명장회 회장 [상]서울시 서초구청장표창(1993), 서울시 강남교육청 감사표창(2002), 서울시장표창(2003), 노동부장관표창(2003), 국민포장(2005), '김영모의 행복한 빵의 세계' 구어만드 월드쿡북대회 디저트책부문대상(2005), 'A Collection of Fine Baking' 미국 골드리본 인터내셔널쿡북대회 특별우수상, 장한한국인상(2006), 프랑스 농업공로상 메리뜨 아그리꼴(Merite Agricole)(2007), 노동부 '이달의 기능한국인' 선정(2007), 은탑산업훈장(2012), 기획재정부장관표창(2013), 기술인 '명예의전당' 헌액(2013) [저]'김영모의 빵 · 케이크 · 쿠키'(2002) '그 길은 아름답다' '맛있는 빵 · 케이크 · 쿠키 집에서 만들기' 'A Collection of Fine Baking'(2005) '빵굽는 CEO'(2005) '김영모의 행복한 빵의 세계'(2005) '홈베이킹 마스터 시리즈 김영모의 롤 · 치즈 · 파운드케이크 컬렉션'(2006) '꿈을 굽는 파티쉐'(2007) '스위트 로드'(2007) [종]기독교

김영모(金榮模) KIM Young Mo

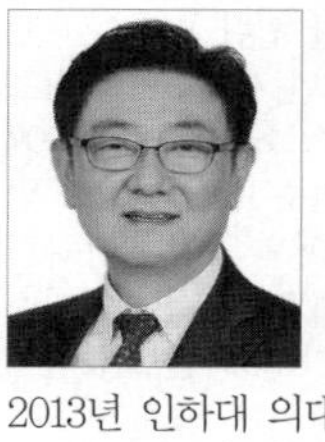

[생]1957 · 4 · 16 [주]인천 중구 인항로27 인하대학교병원 병원장실(032-890-2005) [학]1982년 연세대 의대졸 1988년 同대학원졸 1991년 의학박사(연세대) [경]미국 캘리포니아대 로스앤젤레스교 두경부외과 연수, 일본 구루메대 두경부외과 연수 1989년 인하대 의대 이비인후과학교실 교수(현) 2006년 同주임교수 2011년 대한두경부외과학회 회장 2011년 대한갑상선학회 부회장 2013년 인하대 의대 의무부총장 겸 의료원장(현) 2013년 同부속병원장(현) 2014~2016년 한국국제의료협회(KIMA) 부회장 2014년 (재)한국병원경영연구원 이사(현) 2016년 대한병원협회 의무위원장(현) [상]인천광역시장표창(2016) [저]'두경부외과학'(2000) '이비인후과학 두경부외과학'(2002) '구강암의 수술'(2003) '개정판 두경부외과학'(2005)

김영모(金永模) KIM Young Mo (遠宇)

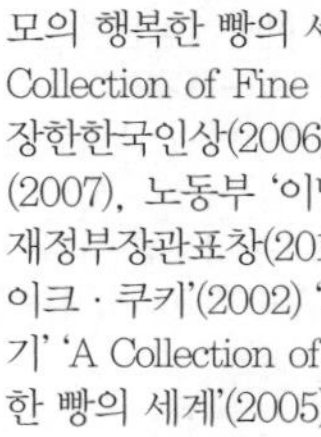

[생]1958 · 7 · 10 [본]선산(善山) [출]대구 [주]서울 중구 새문안로22 문화일보 광고국(02-3701-5540) [학]1977년 경기고졸 1982년 서강대 국어국문학과 중퇴 1986년 한신대 사회복지학과졸 [경]1982년 대구문화센터 사랑마당 기획실장 1986년 월간 '객석' 공연담당 1989년 토요신문 기자 1989~1993년 월간 「옵서버」 편집장 1993~1994년 세계일보 「세계와나」 편집장 1994년 문화일보 문화부 기자 1999년 同사회1부 사건팀장 2000년 同기획취재팀장 2000~2001년 한국기자협회 회장 2002~2003년 문화일보 기획관리국 기획2부장 2004년 同광고국장(현) 2004년 한국신문협회 광고협의회 이사 2009년 同광고협의회 부회장 2013년 同광고협의회 회장(현) 2013 · 2016년 한국신문윤리위원회 윤리위원(현) 2013년 (재)한국기자협회기금 이사장 [종]기독교

김영모(金榮謨) Kim Youngmo

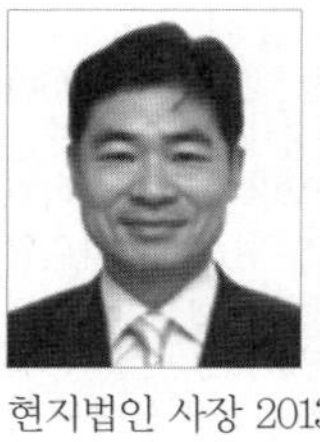

[생]1960 [출]서울 [주]서울 영등포구 은행로14 KDB산업은행 임원실(02-787-4000) [학]1983년 서울대 경영학과졸 1995년 미국 펜실베이니아주립대 경영대학원졸(MBA) [경]1983년 한국산업은행 입행 2002년 同런던지점 부부장 2006년 同기업금융2실 팀장 2007년 同발행시장실 팀장 2008년 同기업금융4실 총괄팀장 2009년 同기업금융2실 총괄팀장 2010년 同자금거래실장 2011년 同홍콩현지법인 사장 2013년 同국제금융부장 2014년 同리스크관리부문장(부행장) 2015년 同자본시장부문장(부행장) 2016년 同글로벌사업부문장(부행장)(현)

김영모(金英模)

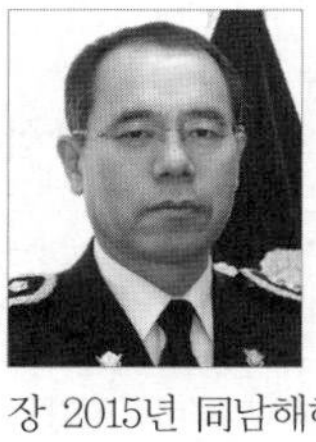

[생]1961 · 3 · 5 [출]경남 거제 [주]경남 창원시 마산회원구 무역로145 창원해양경비안전서(055-981-2000) [학]연세대 대학원 사법경찰행정학과졸(석사) [경]1985년 순경특채 2008년 해양경찰청 함정사업계장 2010년 同함정정비계장 2011년 同함정정비계장(총경) 2011년 同인사교육담당관 2012년 同평택해양경찰서장 2014년 同정보과장 2014년 국민안전처 해양경비안전본부 수상레저과장 2015년 同남해해양경비안전본부 상황담당관 2016년 同창원해양경비안전서장(현)

김영목(金永穆) Kim Young-mok (玄光)

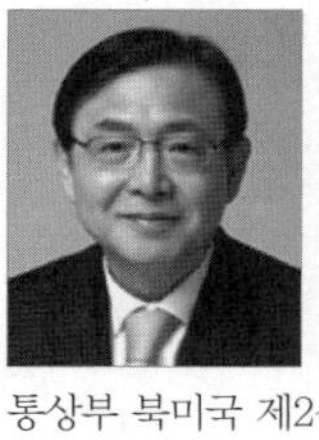

[생]1953 · 7 · 22 [본]김해(金海) [출]서울 [학]1971년 경기고졸 1976년 서울대 불어불문학과졸 1982년 프랑스 파리국제행정대학원(IIPA) 국제관계학과졸 [경]1976년 외무고시 합격(10회) 1977년 외무부 입부 1983년 駐코트디부아르 2등서기관 1989년 駐미국 1등서기관 1992년 외무부 북미1과장 1993년 駐싱가포르 참사관 1995년 경수로사업기획단 국제부장 · 단장 특별보좌관 1997년 외교통상부 북미국 제2심의관 1998년 同북미국 심의관 1999년 駐유엔대표부 공사 2002년 미국 콜롬비아대 국제정책대학원(SIPA) 방문연구원 2003~2005년 한반도에너지개발기구(KEDO) 사무처장 2006년 경기도 국제관계자문대사 2007년 駐이란 대사 2010~2012년 駐뉴욕 총영사 2012~2013년 한국수입업협회 상근부회장 2012년 새누리당 박근혜 대통령후보 통일외교특보 2013년 제18대 대통령직인수위원회 외교 · 국방 · 통일분과 전문위원 2013~2016년 한국국제협력단 이사장 [상]미국 뉴욕상공회의소 세계시민상, 미국 의회 표창 [종]천주교

김영목(金榮穆) KIM Young Mok

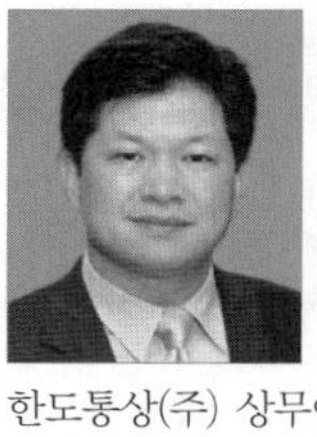

[생]1964 · 11 · 28 [출]충북 청주 [주]서울 동대문구 청계천로447 한국도자기리빙(주) 사장실(02-2250-3480) [학]1983년 인창고졸 1988년 미국 루이스앤드클라크대(Lewis and Clark Coll.)졸 1990년 미국 워싱턴대(Washington Univ.) 대학원졸 1991년 예술학박사(미국 뉴욕대) 2005년 고려대 경영대학원졸(MBA) [경]1991년 한국도자기(주) 입사 1993년 同이사 1994~1999년 한도통상(주) 상무이사 1999년 한국도자기(주) 상무이사 1999년 이화여대 강사 1999년 미국 Lewis and Clark Coll. 한국동문회장(현) 2002년 한국도자기(주) 전무이사 2004년 同부사장(현) 2006년 한국도자기리빙(주) 대표이사 사장(현) 2007년 고려대 경영대학원 ExecutiveMBA총교우회 회장 [종]기독교

김영무(金永珷) KIM Young Moo

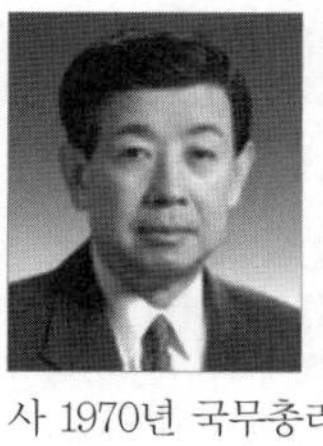

[생]1942 · 7 · 19 [본]김해(金海) [출]서울 [주]서울 종로구 사직로8길39 세양빌딩 김앤장법률사무소(02-3703-1017) [학]1960년 경기고졸 1964년 서울대 법학과졸 1966년 同대학원 법학과졸 1968년 미국 시카고대 대학원 법학과졸 1970년 법학박사(미국 하버드대) [경]1964년 사법시험 합격(2회) 1970년 미국 변호사시험 합격 1970년 미국 시카고베이크앤드매켓지합동사무소 변호사 1970년 국무총리 법무담당보좌관 1971~1973년 軍법무관 · 법제처 전문위원 1973년 김앤장법률사무소 설립 · 대표변호사(현) 1981년 재무부 외자도입심의위원 1982년 법무부 민상법개정심의위원 1986년 상공부 교통정책자문위원 1987년 상공부 무역위원회 무역위원 1989년 대통령자문 21세기위원회 위원 1991년 은행감독원 금융분쟁위원회 위원 1991년 증권관리위원회 비상임위원 1998년 한국통신 비상임이사 2000년 한국외환은행 행장후보추천소위원회 위원 2000년 대한변호사협회 21세기변호사위원회 위원 2001년 중앙일보 사외이사 [상]은탑산업훈장(1992), 대통령표창(2000 · 2007) [저]'The Unification of Korea through Disarmament' '해외증권발행의 법과 실무(共)'(1989, 한국경제신문사) '경영의 고도기법 M&A(共)'(1991, 중앙일보사)

김영무(金英武) KIM Young Moo

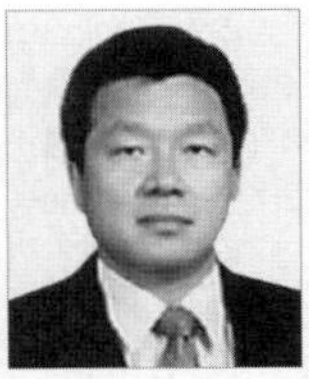

[생]1955·1·20 [주]서울 영등포구 국회대로68길17 한국선주협회(02-739-1551) [학]1977년 한국해양대 항해학과졸, 스웨덴 세계해사대학 대학원 해운경영학과졸 [경]한국선주협회 상무이사, 관세청 수출입통관물류시스템민관협의회 위원 2004년 (주)케이엘넷 비상근이사(현) 2008년 한국선주협회 전무이사 2016년 同상근부회장(현), 관세청 관세행정발전심의위원회 위원(현), 국토해양부 정책자문위원회 위원(현), 同중앙항만정책심의회 위원(현), 同자체평가위원회 위원(현)

김영무(金榮武) Kim Young-moo

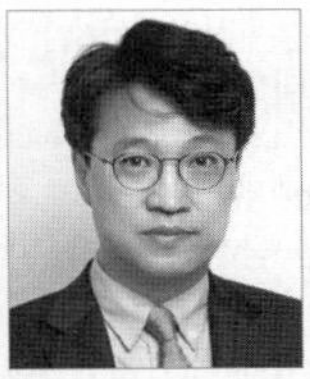

[생]1964·1·2 [본]의성(義城) [출]대구 [주]서울 종로구 사직로8길60 외교부 인사운영팀(02-2100-7136) [학]1982년 경기고졸 1986년 연세대 정치외교학과졸 1989년 同대학원 외교안보학과졸 [경]1988년 외무고시 합격(22회) 1988년 외무부 입부 1998년 駐일본 1등서기관 2002년 駐캄보디아 참사관 2004년 외교통상부 외무인사기획담당관실 제도계장 2005년 同자유무역협정지역교섭과장 2006년 同동북아통상과장 2007년 駐제네바 참사관 2009년 駐광저우 부총영사 2011년 외교통상부 자유무역협정정책국 심의관 2012년 同자유무역협정교섭국장 겸 동아시아FTA추진기획단장 2013년 산업통상자원부 통상교섭실 자유무역협정교섭관 겸 동아시아자유무역협정추진기획단장 2015년 駐제네바대표부 차석대사(고위공무원)(현) [상]근정포장(1998), 홍조근정훈장(2014)

김영문(金榮文)

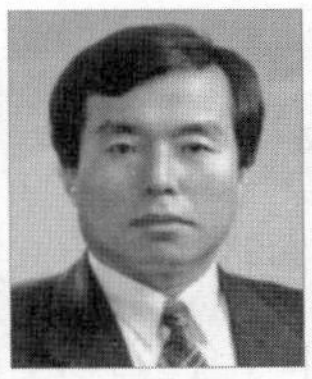

[생]1957 [주]서울 서초구 헌인릉1길83의9 서울특별시농업기술센터 소장실(02-6959-9373) [학]한국방송통신대 농학과 및 행정학과졸, 고려대 대학원 원예학과졸 [경]2013년 서울시농업기술센터 기술보급과장 2014년 同소장(현) 2014년 특·광역시농업기술센터소장협의회 회장(현) 2015년 전국농촌진흥기관 도시농업네트워크 회장(현) [상]장관표창(2000), 4H경진대회 우수 유공 서울시장표창(2006), 효행공무원 서울시장표창(2007), 직무 유공 서울시장표창(2012)

김영문(金榮文) KIM Young Moon

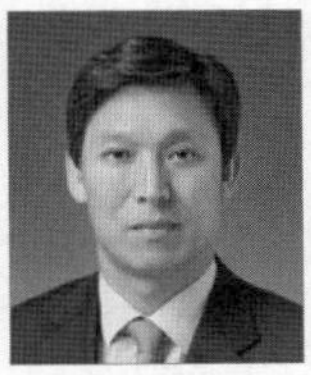

[생]1964·1·17 [본]경주(慶州) [출]울산 [주]서울 서대문구 충정로60 KT&G서대문타워10층 법무법인 지평(02-6200-1785) [학]1983년 경남고졸 1990년 서울대 법학과졸, 캐나다 브리티시컬럼비아대 방문연구과정 수료 [경]1992년 사법시험 합격(34회) 1995년 사법연수원 수료(24기) 1995년 부산지검 검사 1997년 창원지검 거창지청 검사 1998년 서울지검 서부지청 검사 2000년 캐나다 UBC 장기연수 2001년 대구지검 검사 2003년 법무부 법무과 검사 2005년 대통령 사정비서관실 행정관 2006년 서울중앙지검 검사 2007년 인천지검 부부장검사 2008년 서울고검 형사부 파견(검사직대) 2009년 대구지검 마약·조직범죄수사부장 2009년 수원지검 마약·조직범죄수사부장 2010년 법무부 보호법제과장 2011년 同법질서선진화과장 2012년 同범죄예방정책국 범죄예방기획과장 2013년 서울중앙지검 첨단범죄수사1부장 2014~2015년 대구지검 서부지청 부장검사 2015년 법무법인 지평 파트너변호사(현)

김영미(金姈美·女) KIM Young Me

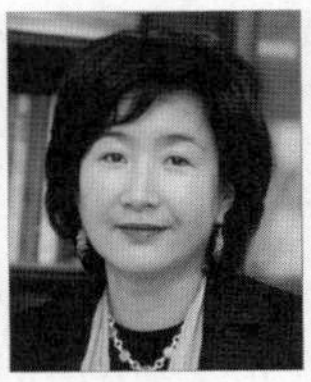

[생]1959·5·31 [본]경주(慶州) [출]서울 [주]서울 종로구 율곡로2길25 연합뉴스TV(02-398-3114) [학]1978년 혜화여고졸 1983년 이화여대 의류직물학과졸 2005년 한양대 언론정보대학원졸 [경]1998년 연합뉴스 문화부 차장 2000년 同과학정보부 부장대우 2000년 同여론매체부장(직대) 2003년 同문화부장 2003년 관훈클럽 감사 2004년 연합뉴스 기사심의위원(부장급) 2004년 한국여기자협회 부회장 2005년 연합뉴스 기사심의위원(부국장대우급) 2006년 同멀티미디어본부장(부국장대우급) 2007~2009년 이화언론인클럽 부회장 2007년 연합뉴스 멀티미디어본부장(부국장급) 2008~2012년 한국여기자협회 회장 2008년 연합뉴스 콘텐츠평가실장 겸 고충처리인 2009년 同전략사업본부장 2009년 同고충처리인 겸임 2009년 한국간행물윤리위원회 위원 2009년 한국신문방송편집인협회 감사 2010년 연합뉴스 전략사업본부장(국장대우) 2011년 同한민족센터 본부장(이사대우) 2012년 同정보사업국장(이사대우) 2012년 대법원 국민사법참여위원회 위원 2012년 국무총리실 산하 여성정책조정회의 위원(현) 2013~2015년 연합뉴스 논설위원실 주간(이사대우) 2013년 한국신문방송편집인협회기금 이사(현) 2013년 대통령소속 지방자치발전위원회 자문위원(현) 2014년 한국언론진흥재단 언론진흥기금관리위원회 위원(현) 2015년 연합뉴스TV 전무이사(현) [상]연세대 언론홍보대학원 최고위과정 총동창회 '2010 동문을 빛낸 인물'(2010), 한국언론인연합회 방송경영부문 한국참언론인대상(2016) [종]불교

김영미(金永美·女) PAK, Youngmi KIM

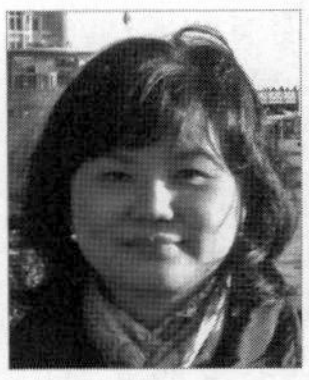

[생]1960·8·29 [본]김녕(金寧) [출]서울 [주]서울 동대문구 경희대로26 경희대학교 의과대학 생리학교실(02-961-0908) [학]1979년 숙명여고졸 1983년 서울대 약학과졸 1985년 同대학원졸 1991년 생화학분자생물학박사(미국 Purdue Univ.) [경]1991~1995년 미국 Stanford대 의과대학 Post-Doc. 1995년 同연구교수 1995~1996년 서울대 신의약품개발연구센터 연구원 1996~2002년 국립보건원 생명의학부 대사질환과장 2002~2007년 울산대 의과대학 아산생명과학연구소 부교수, 대한생화학분자생물학회 편집위원(현), 한국유전체학회 편집간사, 한국지질동맥경화학회 운영위원 2007년 경희대 의과대학 나노의약생명과학과 교수 2010년 同의과대학 생리학교실 교수(현) [상]과학기술부장관표창(2001), 유네스코 여성생명과학진흥상 약진상(2005), 유니베라 생명약학학술상(2009) [종]기독교

김영미(金英美·女) KIM Young Mi

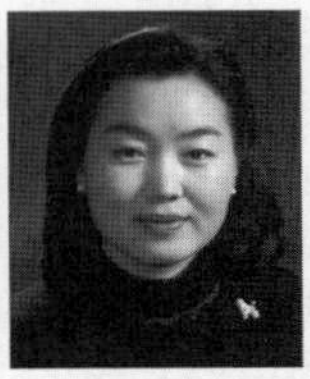

[생]1963·7·28 [출]서울 [주]서울 종로구 홍지문2길20 상명대학교 인문사회과학대학 행정학과(02-2287-5212) [학]1986년 상명대 행정학과졸 1988년 한국외국어대 대학원 행정학과졸 1993년 행정학박사(한국외국어대) [경]1994년 상명대 인문사회과학대학 행정학과 교수(현) 1997~2003년 서울시 정보화추진위원회 자문위원 1999년 경제정의실천연합회 정부개혁위원회 운영위원 2000~2003년 행정자치부 정책자문위원 2001년 문화관광부 자문위원 2002년 관세청 관세심의위원 2002~2004년 미국 Univ. of Oregon 대우교수 2004년 서울행정학회 양성평등특별위원장 2004년 국가보훈처 자문위원 2004년 대통령자문 정부혁신지방정부추진위원회 전문위원 2004년 한국지역정보화학회 여성정보위원장 2006년 상명대 신문방송국장 2007년 同학생복지처장 2007년 한국지역정보화학회 부회장 2007년 행정자치부 자문위원 2007년 한국행정연구원 객원연구원 2007년 관세청 자문위원 2008년 사이버커뮤니케이션학회 편집위원 2008년 한국행정학회 학술정보위원장·여성특별위원장(현) 2011년 한국해양과학기술진흥원 비상임이사, 여성가족부 정책자문위원(현), 산림청 자체평가위원장, 한국디지털정책학회 부회장(현) 2012~2015년 (재)한국문화정보센터 비상임이사 2012년 한국지역정보화학회 회장 2013년 안전행정부 정책자문위원 2013년 외교부 정책자문위원(현) 2013~2015년 대한지적공사 비상임이사 2014년 한국데이터사이언스학회 부회장 2014년 축산물품질평가원 비상임이사(현), 인사혁신처 자문위원(현) 2015년 한국국토정보공사 비상임이사(현) 2015년 상명대 인문사회과학대학장 겸 복지상담대학원장(현) [상]정보통신부장관표창(2005), 대통령표창(2007) [저]'정부와 여성참여'(2000, 법문사) '밀레니엄의 성정치학'(2001, 법문사) '행정학교육워크샵'(2002, 대영문화사)

김영민(金英民) KIM Young Min

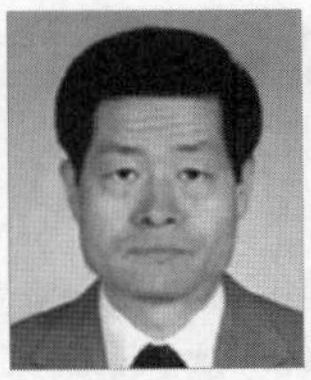

[생]1945·6·23 [출]서울 [주]서울 강서구 공항대로607 서울도시가스(주) 비서실(02-3660-8009) [학]1963년 경북사대부고졸 1970년 서울대 문리대학졸 1974년 미국 캘리포니아주립대졸 [경]1977년 대성산업(주) 차장 1978년 同개발부장 1979~1982년 대성광업개발(주) 이사 1979년 대성탄좌개발(주) 이사 겸임 1982년 同상무 1985년 同전무 1987년 대성자원(주)·대성광업개발(주) 부사장 1988년 대성산업(주) 부사장 1989년 同부동산개발본부장 1997~2000년 同사장 2000년 서울도시가스(주) 대표이사 회장 2003년 同회장(현) [종]기독교

김영민(金榮敏) KIM Youngmin

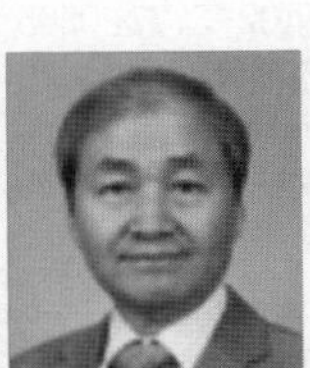

[생]1953·12·26 [본]김해(金海) [출]경기 옹진 [주]부산 금정구 부산대학로63번길2 부산대학교 사범대학 물리교육과(051-510-2687) [학]1974년 한영고졸 1978년 서울대 물리교육학과졸 1981년 同대학원졸 1991년 교육학박사(서울대) [경]1978~1981년 신림여중 교사 1981~1992년 한국교육개발원 책임연구원 1992~1997년 멀티미디어교육연구센터 부연구위원 1997년 부산대 사범대학 물리교육과 조교수·부교수·교수(현) 2008년 'Marquis Who's Who on Science and Engineering 2008년판'에 등재 2009년 미국 세계인명사전 'Marquis Who's Who in the World 2009년판'에 등재 2010년 영국 IBC '2008-2009 Outstanding Scientists 2000'에 등재 2012~2013년 동아시아과학교육학회 부회장 2013년 한국과학교육학회 회장 [상]교육부장관표창(1995), 한국과학교육학회 학술상(2009) [저]'물리교육학 연구'(2000) '비유론과 과학교육'(2001) '물리교육학총론1'(2001) '학생의 물리 오개념 지도'(2004) '물리 교재연구 및 학습지도론'(2005) '과학교육에서 비유와 은유 그리고 창의성'(2012) [종]기독교

김영민(金永敏) KIM Young Min

쟁1955·3·11 출서울 증부산 강서구 신항남로372 부산신항만(주) 사장실(051-601-8114) 핵1973년 경기고졸 1977년 연세대 경제학과졸 1981년 미국 노스이스턴대 경영대학원졸 경1977~1978년 대우실업 근무 1981년 씨티은행 근무 1998년 同뉴욕본점 Managing Director 2001~2003년 (주)한진해운 미국 Total Terminals International(미주터미널 운영법인) CEO 2004년 同관리본부장(부사장) 2004~2008년 同총괄부사장 2009~2013년 同대표이사 사장 2009년 세계선사협의회(WSC) 이사 2010~2011년 태평양노선안정화협의체(TSA) 의장 2011~2013년 한국선주협회 수석부회장 2011~2013년 발틱국제해운거래소(BIMCO) 집행이사 2016년 부산신항만(주) 대표이사 사장(현) 종기독교

김영민(金榮敏) KIM Young Min

쟁1958·7·26 출경북 상주 증강원 원주시 혁신로199 한국광물자원공사 사장실(033-736-5901) 핵1977년 함창고졸 1981년 경북대 행정학과졸 1983년 同행정대학원 석사과정 수료 1998년 미국 위스콘신대 메디스교 대학원졸 경행정고시 합격(25회) 1995년 통상산업부 세계무역기구담당과실 서기관 1998년 외국인투자지원센터 파견 1999년 산업자원부 구아협력과장 2000년 2002월드컵축구대회조직위원회 파견 2000년 駐벨기에 1등서기관 2003년 산업자원부 정책평가담당관 2004년 同기획예산담당관 2005년 同반도체전기과장 2006년 同수송기계산업과장 2006년 특허청 고객서비스본부장 2007년 同산업재산정책본부장 2008년 중앙공무원교육원 교육파견 2009년 특허청 산업재산정책국장 2010년 지식경제부 통상협력정책관 2011년 특허청 차장 2013~2015년 同청장 2015년 한국발명진흥회 고문 2015년 한국광물자원공사 사장(현)

김영민(金永敏)

쟁1959·4·14 출부산 증세종특별자치시 아름서길27 선박안전기술공단 운항관리본부(044-330-2206) 핵1978년 대동고졸 1982년 한국해양대 항해학과졸 2006년 연세대 상남대학원 e-SCM전문경영자과정 수료 경1989년 한진해운 운항관리부 운항관리담당 1995년 同구주본부 물류운항담당(독일 함부르크) 1998년 同해사본부 운항안전관리부장 2002년 同독일법인(세나토라인) 지중해지역본부장 2008년 同독일법인(세나토라인) BREMEN본사 등기임원 2009년 同캐나다 TORONTO지점 상무 2011년 同브라질법인 남미지역총괄 상무 2015년 선박안전기술공단 운항관리본부장(현)

김영민(金永民) KIM Young Min

쟁1959·11·4 邑김해(金海) 출부산 증경기 성남시 분당구 판교로255번길9의22 우림Wcity506의2호 (주)렉스틸 대표이사실(031-628-8010) 핵1978년 동성고졸 1987년 미국 일리노이주립대 정치학과졸 1996년 미국 뉴욕주립대 대학원 정치학과졸, 同대학원 정치학박사과정 수료 경1996~2001년 통일부 사무관 2002~2006년 (주)픽슨 미주법인장(전무이사) 2007~2009년 픽슨-암텍 대표이사 2009년 기획재정부 외신대변인 2012년 (주)넥스틸 대표이사(현) 생외무부장관표창(1998), 서울외신기자클럽 공로상(1999) 종기독교

김영민(金英敏) Kim Yung-Min

쟁1961·8·15 邑경주(慶州) 출경기 이천 증서울 영등포구 여의대로128 (주)LG 경영관리팀(02-3777-0505) 핵1980년 이천고졸 1987년 고려대 경제학과졸 1990년 同대학원졸 2001년 경제학박사(미국 Vanderbilt대) 경1990년 LG경제연구원 입사 1997년 同부연구위원 2004년 同산업기술그룹장(부장) 2005년 LG경영개발원 산업기술그룹장 겸 화학전략그룹장(상무) 2007년 同화학전략그룹장(상무) 2008년 同화학전략실장(수석연구위원) 2011~2012년 同사업전략실장 2011년 한국공학한림원 기술경영정책분과 정회원 2012년 LG경영개발원 사업전략부문장 2014년 (주)LG 경영관리팀장(전무)(현) 종기독교

김영민(金榮敏) KIM Young Min

쟁1967·1·25 증경기 화성시 동탄면 영천로38 (주)에스에프에이(031-379-7400) 핵대구고졸, 연세대 세라믹공학과졸, 한국과학기술원(KAIST) 무기재료공학과졸, 미국 컬럼비아대 비즈니스스쿨졸(MBA) 경Citigroup Global Markets Limited · Salomon Smith Barney Inc, Bain & Company 근무, (주)디와이에셋 전무이사 2009년 (주)에스에프에이 최고재무관리자(CFO) 2012년 同대표이사 사장(현) 2015년 STS반도체통신(주) 대표이사 겸임(현) 종기독교

김영민(金英敏) Young-Min Kim

쟁1970·4·13 증서울 강남구 압구정로423 (주)에스엠엔터테인먼트(02-6240-9800) 핵고려대 사회학과졸, 同경영대학원 경영학과 MIS전공 중퇴 경1999년 에스엠엔터테인먼트 입사 · 해외사업팀장 2001년 OnLine음악포털 판당고코리아 대표이사, (주)에스엠엔터테인먼트 온라인 · 일본사업총괄 이사 2005년 同대표이사 사장(현) 2007년 한류정책자문위원회 위원 2013년 KT뮤직 이사회 의장(현) 2015년 대통령소속 문화융성위원회 위원(현) 생대한민국문화콘텐츠해외진출유공자 대통령표창(2008), 제6회 아시아모델어워즈 국제문화교류 공로상(2011), 제48회 무역의날 공로패(2011), 매경이코노미 선정 올해의 CEO(2012), 매경미디어그룹 2013 대한민국 창조경제리더 글로벌부문(2013), 2014 한국의 영향력 있는 CEO 글로벌경영부문대상(2014)

김영배(金榮培) KIM Young Bae (瑞峰)

쟁1937·4·15 邑김해(金海) 출충남 금산 증서울 마포구 월드컵북로90 (주)듀켐바이오 회장실(02-332-7003) 핵1957년 금산고졸 1961년 중앙대 약학과졸 경1970~2002년 삼진제약(주) 대표이사 회장 1979~2004년 한국제약협회 이사 1980~2000년 대한약품공업협동조합 이사 1984~2007년 일진제약(주) 대표이사 회장 1988~1997년 한국의약품수출입협회 부회장 1995년 대한약학회 이사 1997~2000년 한국의약품수출입협회 회장 2003년 한국의약품수출입협회 고문 2007년 (주)듀켐바이오 대표이사 회장(현) 생생산성대상(1984), 대통령표창(1985), 국민포장(1986), 약의상(1990), 훌륭한 중앙인의 상(1996), 국민훈장 동백장(2000) 종불교

김영배(金英培) KIM Young Bae

쟁1954·11·12 邑김해(金海) 출전북 익산 증전북 전주시 완산구 효자로225 전라북도의회(063-280-4530) 핵1973년 남성고졸 2000년 원광대 행정대학원 최고정책관리자과정 수료 2007년 同정치외교학과졸 2009년 同대학원 정치외교학 석사과정 수료 경익산청년회의소 회장, 익산시체육회 부회장 · 전무이사, 함열읍번영회 회장, 익산시재석협회 회장, 익산시석재인연합회 회장, 전국돌문화축제위원회 위원장 2002 · 2006~2010년 전북 익산시의회 의원 2004년 同운영위원장, 同행정자치위원회 위원, 익산시체육회 학교체육협의회 위원장, 익산시 도시계획위원회 위원, 익산석산협회 회장, 법무부 범죄예방위원(현), 민주평통 자문위원(현), 익산문화원 이사 2010년 전북도의회 의원(민주당 · 민주통합당 · 민주당 · 새정치민주연합) 2010년 同산업경제위원회 간사 2010년 同버스운영체계개선을위한특별위원회 위원, 남성고총동창회 부회장(현), 원광대총동문회 부회장, 민주당 익산甲지역위원회 상무위원 2011년 민주통합당 익산甲지역위원회 상무위원 2012년 전북도의회 산업경제위원회 위원장 2014년 전북도의회 의원(새정치민주연합 · 더불어민주당)(현) 2014~2016년 同의장 2014 · 2016년 同환경복지위원회 위원(현) 2014~2015년 同윤리특별위원회 위원 2015년 민주평통 익산시협의회 회장(현) 생익산군민의장(1986), 전북도 경찰국장 감사패(1986), 체신부장관 감사패(1987), 전북도교육감 감사패(1987), 광주지방국세청장표창(1987), 국방부장관표창(1988), 전주지검 군산지청장 감사패(2000), 법무부장관표창(2003), 익산시장 감사패(2004)

김영배(金榮培) KIM, Young Vae

쟁1956·5·14 邑광산(光山) 출부산 증서울 마포구 백범로88 경총회관 한국경영자총협회(02-3270-7302) 핵1975년 부산고대부고졸 1979년 중앙대 경제학과졸 1986년 경제학박사(미국 조지아대) 2005년 서울대 법대 최고지도자과정 수료 경1979년 한국경영자총협회 입사 · 조사부 부참사 1987년 同조사부장 겸 부설 노동경제연구원 수석연구원 1992년 同정책본부장(조사담당 이사) 1996년 同정책본부장(상무이사) 2001년 同전무이사 2003년 同총괄 겸 부설 노동경제연구원 부원장 2004년 同상임부회장(현) 2005년 국민연금공단 비상임이사(현) 2012년 대통령직속 저출산 · 고령화사회위원회 위원 2013년 국민행복연금위원회 위원(사용자 대표) 2013년 국민건강보험공단 비상임이사 2013~2015년 근로복지공단 비상임이사 2014~2015년 한국경영자총협회 회장 직무대행 2014년 노사발전재단 공동이사장(현) 생근로자의 날 은탑산업훈장(2008), 자랑스런 중앙인상(2012), 자랑스런 증정인상(2015) 전'The effect of unemployment duration on re-employment earnings'(1986) '한국기업의 임금관리에 관한 연구'(1987) '한국기업의 승진관리에 관한 연구'(1987) '생산성 측정방안에 관한 연구'(1987) '임금과 성과배분'(1988) 'Flexible Wage System in Korea'(1990, World Bank) '경제발전과 적정임금'(1991) 종기독교

김영배(金榮培) Kim Young Bae

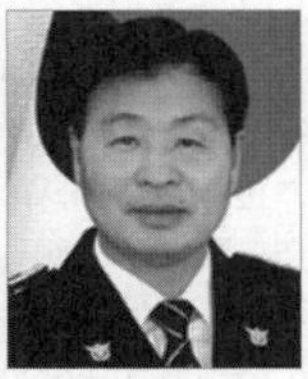

[생]1958·12·13 [출]충남 서산 [주]경기 성남시 중원구 금빛로2번길10 성남중원경찰서 서장실(031-8036-5321) [학]1977년 인천 송도고졸 1988년 인하대 행정학과졸 2004년 연세대 행정대학원 사법행정학과졸 2015년 한국국제연합봉사단 세종대왕 CEO Summit과정 수료 2015년 중국 칭화대 정책CEO과정 수료 [경]1988년 경찰 임용(경찰간부후보36기) 2010년 충남지방경찰청 정보통신담당관 2011년 총경 승진 2011년 충남 금산경찰서장 2011년 서울지방경찰청 202경비단장 2013년 同22경찰경호대장 2014년 서울 서초경찰서장 2015년 경찰청 경호과장 2016년 경기 성남중원경찰서장(현) [상]대통령표창(2008·2012)

김영배(金永培) KIM Young Bae

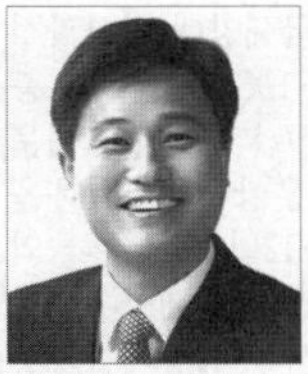

[생]1967·3·8 [본]김해(金海) [출]부산 [주]서울 성북구 보문로168 성북구청 구청장실(02-2241-3333) [학]1986년 부산 브니엘고졸 1991년 고려대 정경대학 정치외교학과졸 2001년 同정책대학원 도시 및 지방행정학과졸 2002년 미국 시라큐스대 맥스웰행정대학원 행정학과졸 2015년 고려대 대학원 정치외교학박사과정 수료 [경]대통령 정책조정비서관실 행정관, 대통령 정무기획비서관실 행정관, 대통령 민정비서관실 행정관 2007년 대통령자문 정책기획위원회 비서관 2007년 대통령 행사기획비서관 2010년 서울 성북구청장(민주당·민주통합당·민주당·새정치민주연합) 2011년 서울시구청장협의회 사무총장 2014년 서울시 성북구청장(새정치민주연합·더불어민주당)(현) 2015년 새정치민주연합 생활임금제추진단장 2015년 아동친화도시추진지방정부협의회 초대 회장(현) 2015년 더불어민주당 생활임금제추진단장(현) 2016년 자치분권민주지도자회의 상임공동대표(현) [상]2010 한국매니페스토 약속대상 선거공약서부문 대상(2010), 2013 서울석세스어워드 기초자치단체장부문 대상(2013), 다산목민대상 행정자치부장관표창(2016) [저]'작은 민주주의 친환경무상급식(共)'(2011) '동네 안에 국가 있다'(2013, 백산출판사) '작은 민주주의 사람의 마을'(2014, 너울북)

김영백(金榮伯) KIM Young Baeg

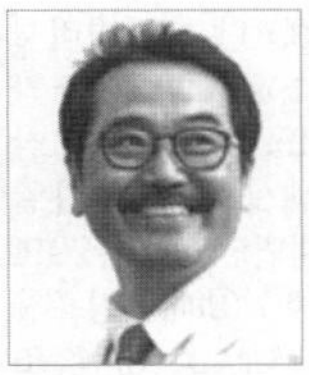

[생]1953·12·18 [본]김해(金海) [출]전북 [주]서울 동작구 흑석로84 중앙대학교 의과대학 신경외과학교실(02-6299-2065) [학]1979년 중앙대 의대졸 1983년 同대학원졸 1987년 의학박사(중앙대) [경]1990~1996년 중앙대 의과대학 신경외과학교실 조교수·부교수 1997년 同의과대학 신경외과학교실 교수(현) 2002~2005년 대한신경손상학회 상임이사 2005~2007년 중앙대병원 기획실장 2007~2012년 同신경외과 과장 2008~2013년 대한노인신경외과학회 부회장 2009년 대한신경외과학회 고시위원장(현) 2010~2011년 대한척추신경외과학회 회장 2011년 同고문(현) 2011~2013년 대한척추신기술학회 회장 2013년 대한민국의학한림원 정회원(현) 2013~2015년 대한노인신경외과학회 회장 [저]'신경외과학'(2004) '척추학(共)'(2008, 군자출판사) '나무와 디저트'(2013) [종]기독교

김영범(金英範) KIM Young Bum

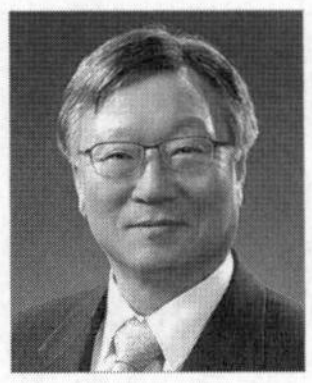

[생]1950·9·14 [출]부산 [주]서울 종로구 율곡로2길 7 서머셋팰리스4층 대성MDI 비서실(02-765-3003) [학]1969년 대광고졸 1974년 연세대 사학과졸 1982년 미국 아칸소주립대 경영대학원졸 [경]1984~1988년 ICOS-KOREA(주) 이사 1988년 대성산업(주) 이사 1988년 대성산소(주) 이사 1990년 同상무이사 1995년 대성산업(주) 공업가스사업부 전무이사 1997년 대성광업(주)·대성산소(주) 부사장 2001년 대성광업개발(주)·대성산업(주) 석회사업부 사장 2001년 대성광업개발(주) 대표이사 사장 2002년 한국광산장학회 이사 2006년 대성MDI 대표이사 회장(현) 2008년 대성지엠텍 회장(현) 2013년 한국광업협회 회장(현) [종]기독교

김영보(金榮珤·女) Kim Young Bo

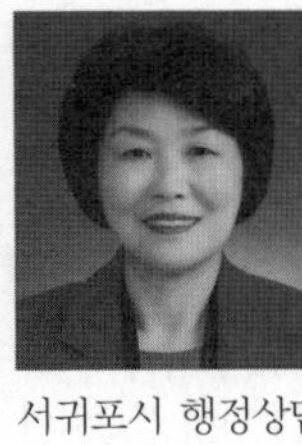

[생]1952·12·24 [주]제주특별자치도 제주시 문연로13 제주특별자치도의회(064-741-1975) [학]신성여고졸, 제주교육대학졸 [경]서귀북초등학교 교사, 법환새마을유아원 원장, 서귀포시교육청관내 학교어머니회장협의회 회장, 서귀포시새마을부녀회 회장, 서귀포시 생활의식개혁 추진위원장, 제주MBC 시청자위원회 위원, 제주지법 서귀포시법원 조정위원, 서귀포교육청 교육행정자문위원, 서귀포시 행정상담위원, 서귀포시여성단체협의회 회장, 서귀포시 여성정책위원회 위원장, 서귀포시여성회관 관장, 서귀포시평생학습센터 관장, 서귀포시여성발전연대 이사, 월드컵문화시민운동 서귀포시협의회 부회장, KBS 제주 시청자위원회 위원장, 제주특별자치도 교육발전협의회 위원, 새누리당 제주도당 부위원장, KCTV 제주방송국 방송자문위원, 유니세프 서귀포시후원회 위원(현), 민주평통 서귀포시협의회 부회장(현), 同제주지역 여성위원회 고문, 제주감사포럼 위원(현), 설문대여성문화센터 여성역사문화전시관 운영위원회 위원장(현), 제주특별자치도 공직자윤리위원회 위원(현) 2014년 제주특별자치도의회 의원(비례대표, 새누리당)(현) 2014년 同행정자치위원회 위원 2014년 同윤리특별위원회 위원 2014년 同인사청문특별위원회 위원 2014·2016년 同예산결산특별위원회 위원(현) 2016년 同윤리특별위원회 부위원장(현) 2016년 同운영위원회 위원(현) 2016년 同보건복지안전위원회 위원(현) [상]대한민국 환경창조경영대상 '지방자치의정대상'(2016)

김영복(金榮福) Yung Bok Kim

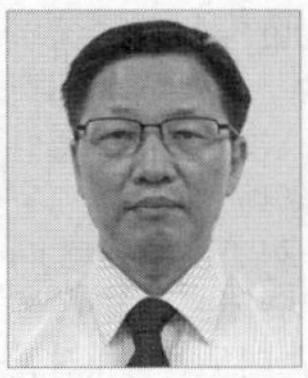

[생]1956·2·2 [본]김해(金海) [출]전남 장흥 [주]서울 광진구 능동로209 세종대학교 소프트웨어융합대학 컴퓨터공학과(02-3408-3236) [학]1974년 광주제일고졸 1978년 서울대 전기공학과졸 1981년 한국과학기술원(KAIST) 석사 1990년 공학박사(미국 일리노이공대) [경]1981년 현대건설 전산실 근무 1983년 현대전자 미국법인 과장 1986년 同선임연구원 1988~1990년 미국 일리노이공대 연구원 1990년 현대전자 산업전자연구소 수석연구원 1993년 同멀티미디어연구소 수석연구원 1996~1998년 同미디어연구소장·이사 1998년 정보통신부 객원교수 1999년 세종대 공과대학 컴퓨터공학과 교수 2000년 同소프트웨어융합대학 컴퓨터공학과 교수(현) 2000~2011년 同벤처창업보육센터 소장 2013~2014년 同컴퓨터공학과장 [상]현대그룹 정주영상 컴퓨터개발부문(1983) [종]기독교

김영복(金永福) KIM Young-Bok

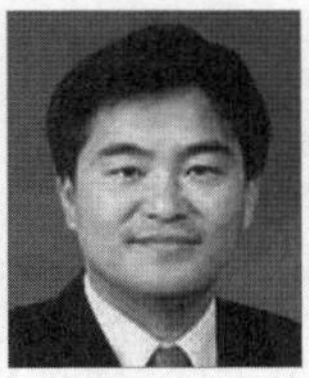

[생]1959·1·20 [출]경남 의령 [주]서울 종로구 종로1길36 대림산업(주) 임원실(02-2011-7114) [학]1977년 대광고졸 1981년 서울대 산업공학과졸, 숭실대 대학원졸, 同대학원 전자계산학과 박사과정 재학中 [경]대림산업 근무 1995년 서울증권 근무 1997년 대림정보통신 근무 1997년 同이사대우 1998년 同상무보 1999~2000년 同SI사업 교육센터담당 상무 2000년 아이씨티로 대표이사 사장 2002년 대림I&S 대표이사 사장 2011년 대림산업 경영지원본부담당 전무 2013년 同플랜트사업본부담당 전무, 同경영지원본부담당 전무(현)

김영삼(金英三) KIM Young Sam

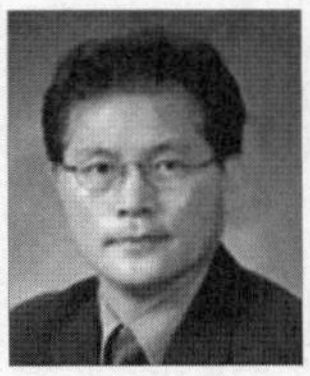

[생]1953·6·15 [출]부산 [주]부산 부산진구 엄광로176 동의대학교 법정대학 행정학과(051-890-1379) [학]1973년 경남고졸 1977년 서울대 지리교육과졸 1984년 同행정대학원졸 1992년 행정학박사(서울대) [경]1985년 동의대 법정대학 행정학과 교수(현) 1995년 미국 맥스웰 행정대학원 기술 및 정보정책연구소 객원연구원 1999~2005년 한국행정학회 학회정보화위원장 2002~2005년 同전자정부연구회장 2002년 동의대 중앙도서관장 2003~2005년 同지방자치연구소장 2003년 행정자치부 정부혁신전자정부분과위원 2004년 부산시도시혁신위원회 정보화분과위원장 2004~2005년 한국지방정부학회 연구위원장 2005~2008년 부산발전연구원 원장 2014년 애국지사강근호선생기념사업회 회장(현) [저]'행정학' '정보체계론' '새 행정학' '정보사회와 정보화정책'(共)

김영삼(金榮三) KIM Young Sam

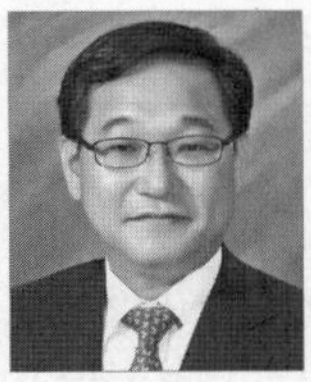

[생]1963·5·14 [본]김녕(金寧) [출]부산 [주]세종특별자치시 한누리대로402 산업통상자원부 산업기술정책관실(044-203-4500) [학]1982년 부산 동성고졸 1986년 서울대 경제학과졸 1992년 同행정대학원 경제학과 수료 1998년 미국 Univ. of Michigan 대학원 경제학과졸 [경]1986~1988년 중위 예편(ROTC 24기) 1989~1990년 한국장기신용은행 근무 1990~1991년 총무처·경기도·상공부 행정사무관시보 1991~1993년 상공부 지방공업과·공업배치환경과 근무 1994년 감사원 파견 1994~1996년 통상산업부 석유정책과·차관 비서관 1996~1998년 미국 유학 1998~2001년 산업자원부 산업기계과·자본재총괄과·아주협력과 근무 2001년 同인사계장 2002~2005년 駐상하이총영사관 상무관 2005년 산업자원부 신재생에너지과장 2006년 同신재생에너지팀장 2007년 同철강석유화학팀장 2007년 同철강화학팀장 2008년 지식경제부 유전개발과장(서기관) 2008년 同유전개발과장(부이사관) 2008년 同지역경제총괄과장 2010년 대통령자문 지역발전위원회 지역경제국장(고위공무원) 2011년 駐중국 공사참사관 2014년 산업통상자원부 투자정책관 2016년 同산업기반실 시스템산업정책관 2016년 同산업정책실 산업기술정책관(현) [상]중앙공무원교육원장표창(1990), 감사원장표창(1994), 대통령표창(2000), 산업포장(2015) [저]'메갈로폴리스 상하이'(共) [종]천주교

김영삼(金榮三) Kim Youngsam

⊜1974·12·10 ⊛서울 ㈜서울 용산구 새창로70 삼성래미안아파트 상가 403호(02-707-3507) ⊜1993년 프로 입단 1995년 비씨카드배 도전자결정전 진출 1997년 SK가스배 신예프로10걸전 준우승 2000년 농심신라면배 세계바둑최강전 한국대표 우승 2000년 5단 승단 2001~2002년 중국바둑리그 진출 2003년 6단 승단 2004년 7단 승단 2006년 한국바둑리그 한게임팀 출전 준우승 2008년 8단 승단 2011년 한국바둑리그 영남일보팀 감독 2011년 9단 승단(현) 2012년 한국바둑리그 정관장황진단팀 감독(현) 2016년 김영삼바둑학원 개원(현)

김영상(金永商) KIM, Young-Sang

⊜1957·1·26 ⊛부산 ㈜인천 연수구 컨벤시아대로165 ㈜포스코대우 사장실(02-759-2326) ⊜1975년 경남고졸 1980년 서울대 경영학과졸 ⊜1982년 ㈜대우 입사 1982년 同철강부 철강재 대외수출담당 1988년 同말레이시아 쿠알라룸푸르지사 근무 1992년 同철강1부 차장 1996년 同철강1부장 1999년 ㈜대우인터내셔널 캐나다 토론토지사장 2004년 同모스크바지사장 2006년 同모스크바지사장(상무) 2007년 同철강1본부장(상무) 2010년 同철강1본부장(전무) 2011년 同금속본부장(전무) 2013년 同영업3부문장(전무) 2014년 同영업1부문장(부사장) 2015년 同대표이사 사장 2016년 ㈜포스코대우 대표이사 사장(현)

김영석(金永錫) KIM Young Seok

⊜1951·10·13 ⊛의성(義城) ⊛경북 영천 ㈜경북 영천시 시청로16 영천시청 시장실(054-330-6002) ⊜1970년 성광고졸 1975년 육군사관학교졸(31기) 1989년 연세대 행정대학원 외교안보학과졸 2011년 명예 행정학박사(대구대) 2015년 명예 경영학박사(경일대) ⊜한나라당 박근혜대표 특보, 국가안보전략연구소 위원 2007~2010년 영천시장(재선거 당선, 한나라당), 동국대 사회대학 정치행정학부 겸임교수 2010년 경북 영천시장(한나라당·새누리당) 2014년 경북 영천시장(새누리당)(현) ⊛대한육상연맹 공로상(2010), 한국박물관협회 특별공로상(2011), 농협중앙회 지역농업발전선도인상(2011), 중앙일보 대한민국 경제리더대상(2012), 한국의 최고경영인상 글로벌경영부문(2013), TV조선 경영대상 경제활성화부분 경영대상(2014) ⊛천주교

김영석(金永錫) KIM Young Seok

⊜1954·3·31 ⊛광산(光山) ⊛충북 청원 ㈜서울 서대문구 연세로50 연세대학교 언론홍보영상학부 연희관304호(02-2123-2976) ⊜1977년 연세대 신문방송학과졸 1982년 미국 스탠퍼드대 대학원 커뮤니케이션학과졸 1985년 커뮤니케이션학박사(미국 스탠퍼드대) ⊜1984년 미국 스탠퍼드대 커뮤니케이션연구소 연구위원 1987~2006년 연세대 신문방송학과 조교수·부교수·교수 1989년 한국방송공사 자문위원 1996~2006년 연세대 대외협력처장 2002~2004년 同영상대학원장 2002년 同언론연구소장 2005~2006년 한국언론학회 회장 2006년 연세대 언론홍보영상학부 교수(현) 2006년 (재)조선일보미디어연구소 이사(현) 2006년 SBS문화재단 이사(현) 2007~2011년 사학분쟁조정위원회 위원 2008년 LG상남언론재단 이사(현) 2009~2011년 KBS 경영평가위원회 위원장 2010년 OBS(경인TV) 이사 2011년 국가정보화전략위원회 실무위원 2011~2015년 ㈜현대홈쇼핑 사외이사 2011년 콘텐츠산업진흥위원회 민간위원 2012년 2013평창동계스페셜올림픽세계대회 홍보전문위원회 위원장 2016년 연세대 행정·대외총장(현) ⊛연세언론인상(1998) ⊛'뉴미디어와 정보사회'(1987) '현대사회와 뉴미디어'(1988) '국제정보질서문화'(1990) '방송과 독립프로덕션'(1992) '언론학 원론'(1994) '정보사회와 우리'(1995) '여론과 현대사회'(1996) '멀티미디어와 정보사회(共)'(1997) '디지털미디어와 사회' '사회조사방법론: SPSS WIN 통계분석'(1999) '멀티미디어와 광고'(2001) '라디오의 미래'(2001) '디지털시대의 방송: 개념과 현황'(2001) '현대광고론'(2001) '현대신문론'(2002) '인터넷 언론과 법'(2004) '설득커뮤니케이션'(2005) ⊜'개혁의 확산'(2005) ⊛기독교

김영석(金英錫) KIM Young Suk

⊜1957·9·11 ⊛김해(金海) ⊛서울 ㈜대구 북구 대학로80 경북대학교 기계공학부(053-950-5580) ⊜1979년 한양대 기계공학과졸 1981년 서울대 대학원 기계설계학과졸 1986년 공학박사(일본 神戸大) ⊜1981년 한양대 강사 1986~1994년 포항제철 기술연구소 연구원·실장 1994~2003년 경북대 기계공학부 조교수·부교수 1998~1999년 同기계설계학과장 1999~2000년 同

대학원 기계공학과장 2000~2001년 미국 브라운대 객원교수 2003년 경북대 기계공학부 교수(현) 2003~2006년 同BK21사업기계기술연구사업단장 2006~2008년 同디지털메카트로닉스융합기술인력양성사업단장 2009년 한국소성가공학회 재무이사 2010~2013년 대구기계부품연구원 원장 2011년 한국소성가공학회 사업이사 2013년 同기술이사 2013년 ㈜화신 사외이사(현) ⊛'알기쉬운 재료역학'(1998) '연속체역학'(1999) '소성역학'(2003) 'MOT 관점에서 본 실전적 기술전략'(2007) '텐서와 연속체역학'(2014) '소성역학과 응용'(2014) ⊜'모터를 알기 쉽게 배운다'(1989) '컴퓨터원용 고체역학'(1996) ⊛불교

김영석(金榮錫) KIM Young Suk

⊜1959·2·25 ⊛김해(金海) ⊛충남 아산 ㈜세종특별자치시 다솜2로94 해양수산부 장관실(044-200-5000) ⊜1977년 천안고졸 1982년 경북대 행정학과졸 1997년 미국 시라큐스대 대학원졸 2010년 한국해양대 박사과정 수료 ⊜1983년 행정고시 합격(27회) 1984~1988년 총무처·해운항만청 사무관 1988~1990년 동해지방해운항만청 해무과장 1988년 인천지방해운항만청·서울올림픽조직위원회 파견 1990년 해운항만청 차장 비서관 1992년 同해운국 외항과·선원국 선원과 사무관 1993년 同문화·서기관 1998년 해양수산부 해양환경과장 1998년 駐영국 해양수산관 2001년 해양수산부 해양개발과장 2003년 대통령 산업정책비서관실 행정관 2005년 해양수산부 감사관 2006년 同홍보관리관 2006년 同해양정책국장 2007년 2012여수세계박람회유치위원회 기획홍보본부장 2008년 국토해양부 해양정책국장 2009년 부산지방해양항만청장 2011~2012년 2012여수세계박람회조직위원회 사무차장·국제관장 2013년 대통령 경제수석비서관실 해양수산비서관 2014년 해양수산부 차관 2015년 同장관(현) ⊛대통령 비서실장표창(2004), 한국해양소년단연맹 장보고대기장(2015) ⊛기독교

김영선(金英善) KIM Young Sun

⊜1955·3·30 ⊛경기 시흥 ㈜서울 중구 세종대로124 프레스센터8층 한·아세안센터(02-2287-1111) ⊜1978년 서울대 정치학과졸 1991년 일본 게이오대 대학원졸 ⊜1977년 외무고시 합격(11회) 1977년 외무부 입부 1984년 駐미국 2등서기관 1991년 대통령비서실 파견 1993년 외무부 북미2과장 1994년 駐이스라엘 참사관 1995년 駐이집트 참사관 1997년 駐일본 참사관 2001년 외교통상부 장관보좌관 2003년 駐레바논 대사 2006년 駐일본 공사 2009년 외교통상부 장관특별보좌관 2009년 同대변인 2011~2014년 駐인도네시아 대사 2015년 한·아세안센터 사무총장(현) ⊛대통령표창(1992), 레바논훈장(National Order of Cedar Grand Officer)(2006), 홍조근정훈장(2015)

김영선(金映宣·女) KIM Young Sun

⊜1960·5·16 ⊛선산(善山) ⊛경남 거창 ㈜경기 고양시 일산서구 중앙로1576 태진프라자902호 법무법인 한사랑(031-924-8071) ⊜1978년 신광여고졸 1985년 서울대 법과대학 공법학과졸 2000년 연세대 행정대학원졸 2002년 미국 아메리카대 법학전문대학원졸(LL.M.), 경영학박사(연세대) ⊜1988년 사법시험 합격(30회) 1990년 경제정의실천시민연합 입법위원 1991년 사법연수원 수료(20기) 1991년 YMCA시민중계실 운영위원 1992년 변호사 개업, 법무법인 한사랑 대표변호사(현) 1995년 대한출판문화협회 고문 1995년 강동종합법률사무소 개소 1996년 제15대 국회의원(전국구, 신한국당·한나라당) 1996년 신한국당 부대변인 1997년 한나라당 부대변인 1999년 同정무위원장 2002년 同수석부대변인 2002년 제16대 국회의원(전국구 승계, 한나라당) 2002년 국제지식포럼 대표의원 2003년 한나라당 제3정책조정위원장 2003년 同공동대변인 2003년 同제2사무부총장 2004년 제17대 국회의원(고양 일산乙, 한나라당) 2004~2006년 한나라당 최고위원 2006년 同대표 최고위원 2008년 제18대 국회의원(고양 일산서구, 한나라당·새누리당) 2008~2010년 국회 정무위원장 2010~2012년 한나라당 비상대책위원회 위원 2010년 아시아금융경제국제의원(APFEC) 초대 공동의장 2011~2015년 생활체육전국자전거연합회 회장 2012년 제19대 국회의원선거 출마(고양 일산서구, 새누리당) 2012~2013년 금융소비자연맹 회장 2013년 同고문 2014년 새누리당 고양일산서구당원협의회 운영위원장 2015년 (사)대한자전거연맹 고문(현) 2016년 새누리당 경기고양시丁당원협의회 운영위원장(현) 2016년 제20대 국회의원선거 출마(경기 고양시丁, 새누리당) ⊛대한변리사회·한국지식재산서비스협회·KAIST 주최 '2012 지식재산대상'(2012) ⊛'IT 미래 한국의 블루오션-푸른 바다로 가는 희망통신' 'R&D 첨단 한국으로 가는 행진곡- 과학기술, 미래한국을 열다' '과학기술의 미래 IT산업의 미래'(2011) '위기의 중심에서 바라본 금융산업의 미래'(2011) ⊛기독교

김영설(金榮卨) KIM Young Seol

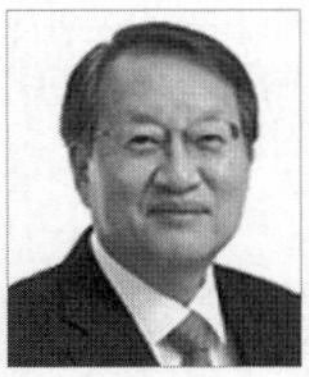

[생]1950·2·26 [본]김해(金海) [출]서울 [주]경기 성남시 수정구 수정로76 순천의료재단 정병원 내과(031-750-6000) [학]1967년 용산고졸 1973년 경희대 의대졸 1979년 同대학원졸 1981년 의학박사(경희대) [경]1973~1976년 軍의관 1976~1981년 경희대 의대 전공의 1981~2015년 同의대 내과학교실 교수 2003~2004년 대한비만학회 회장 2004년 경희대 동서의학대학원장 2004~2005년 경희의료원 동서의학연구소장, 同의학정보센터 소장, 경희대병원 원장 2005~2006년 대한내분비학회 이사장 2008~2010년 대한당뇨병학회 회장 2008~2015년 경희대 의학전문대학원 내과학교실 교수 2013년 同의학전문대학원장 겸 의과대학장 2015년 순천의료재단 정병원 내과 주임과장 겸 명예원장(현) [종]가톨릭

김영섭(金永燮) KIM Young Sup

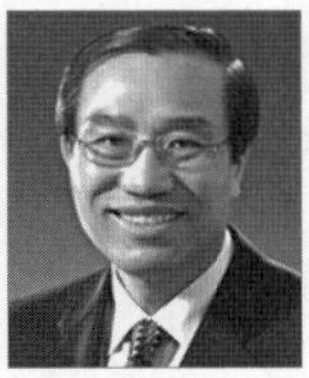

[생]1948·3·7 [본]김해(金海) [출]부산 [주]서울 강남구 테헤란로133 법무법인 태평양(02-3404-0309) [학]1966년 부산고졸 1970년 서울대 상대 경제학과졸 1973년 미국 시라큐스대 Maxwell School졸 [경]1969년 행정고시 합격(7회) 1970~1974년 경제기획원 예산국 근무 1974~1979년 대통령 경제비서실 근무 1981~1987년 재무부 증권2과장·투자진흥과장·금융정책과장 1990~1993년 同감사관·세제2심의관·세제1심의관 1993년 同이재국장 1994년 국회 재무위원회 수석전문위원 1994~1996년 재정경제원 금융정책실장 1996~1997년 관세청장 1997~1998년 대통령 경제수석비서관·비상경제대책위원회 위원 1998~2000년 금융통화위원회 위원 2000년 법무법인 태평양 고문(현) 2003~2006년 서강대 경영대학원 겸임교수 2008~2013년 하나은행 사외이사·감사위원장·이사회 의장 [상]홍조·황조근정훈장

김영섭(金榮燮)

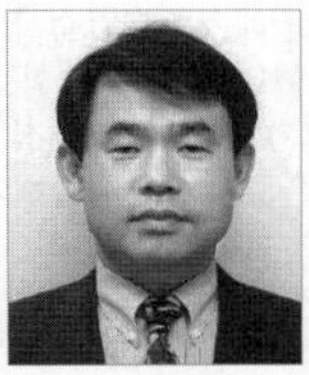

[생]1952·7·3 [출]경북 상주 [주]서울 중구 세종대로39 대한상공회의소 경영기획본부(02-6050-3401) [학]상주고졸, 고려대 법학과졸, 연세대 경영대학원졸 [경]1982년 대한상공회의소 근무 1999년 同기획팀장 2000년 同법규팀장 2003년 同지역협력팀장 2006년 同기획조정실장(이사부장) 2009년 同관리본부장(상무) 2013년 同경영기획본부장(상무) 2015년 同경영기획본부장(전무이사)(현) [상]철탑산업훈장(2016)

김영섭(金永燮) KIM Young Sup

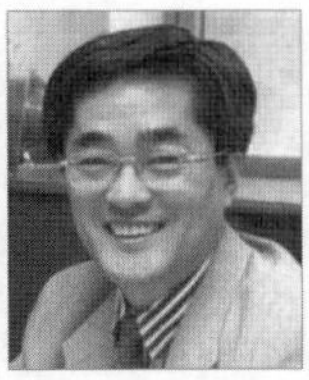

[생]1954·6·15 [출]경기 연천 [주]경북 포항시 북구 흥해읍 한동로558 한동대학교 전산전자공학부(054-260-1171) [학]1980년 연세대 전자공학과졸 1983년 미국 테네시대 대학원 컴퓨터공학과졸 1990년 공학박사(미국 앨라배마대) [경]1984~1987년 Dazix社 선임소프트웨어분석가 1987~1990년 Intergraph社 선임소프트웨어분석가 1987~1994년 同개발부장·상품및기술관리자 1994~1995년 同개연구개발부장 1995년 한동대 전산전자공학부 부교수·교수(현) 1995년 同전자계산소장 1995~1997년 同소프트웨어개발연구센터소장 1997~2009년 同GIS연구소장 1998~2000년 한국지리정보학회 Internet GIS분과 위원장·논문심사위원·이사 1998~2003년 한국개방형GIS연구회 이사·연구회지 편집위원 2002~2003년 한동대 대학원장 2003~2010년 同교무처장 2006~2008년 한국공간정보시스템학회 편집위원 2008~2012년 한동대 학사부총장 2009~2012년 OCWC 이사회 이사 2009~2010년 대통령직속 미래기획위원회 자문 2009년 교육과학기술부 고등교육미래비전수립자문위원 2010~2012년 한동대 상담대학원장·통번역대학원장·교육대학원장 2010~2012년 교육과학기술부 정책자문위원 2010~2012년 ACEC 사무국장 2011~2012년 KOCWC 회장 2011~2013년 대학교육협의회 국제화위원회 위원 2012~2014년 한동대 교목실장 [저]'Mastering Microsoft Visual Basic'(1996, Microsoft Corporation) 'Mastering Microsoft Visual Basic Fundamental'(1996, Microsoft Corporation) '업무시스템이용자과정'(1996, SERI)

김영섭(金榮燮) Kim Young Seup

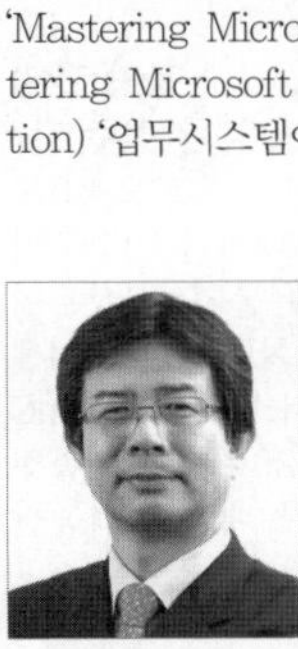

[생]1955·9·6 [출]경남 창원 [주]부산 남구 용소로45 부경대학교 총장실(051-629-5000) [학]1978년 부산수산대 어업학과졸 1981년 同대학원 수산물리학과졸 1992년 이학박사(일본 도쿄대) [경]1980~1992년 군산대 해양토목과 전임강사·조교수 1992~1996년 부산수산대 대기과학과 전임강사·조교수 1994~1996년 同해양과학대학 학생과장 1996년 同대기과학과장 1996~1997년 부경대 환경대기과학과 조교수 1996~1998년 同해양환경대학 부학장 1998~1999년 同대학원 환경대기과학과 주임교수 1998~1999년 同지구환경과학부 부교수 1998~1999년 同해양탐구교육원 행정부장 1999년 同환경·해양대학 공간정보시스템공학과 부교수·교수(현) 1999~2001년 同위성정보과학과장 2004~2007년 同교무처장 2007년 유비쿼터스위치기반서비스학회(LBS) 회장 2009~2012년 대한원격탐사학회 회장 2012·2016년 부경대 총장(제5·6대)(현) 2013년 한국수산산업총연합회 수석부회장(현) 2013~2015년 열린대학교육협의회(OCU 컨소시엄) 회장 2014년 극지해양미래포럼 공동대표(현) 2016년 부산창조경제혁신센터 이사장(현) 2016년 국제해양기관연맹(IAMRI) 의장(현) [상]교육과학기술부장관표창(2002), 국민포장(2003) [저]'바다의 이해' '지구유체역학' '해양목장' '원격탐사개론' [역]'지구유체역학' '해양목장' '원격탐사개론'

김영섭(金永燮) KIM Young Sub

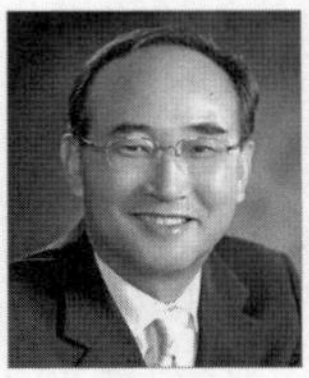

[생]1959·4·10 [출]경북 [주]서울 영등포구 여의대로24 FKI타워 LG CNS 임원실(02-2099-0114) [학]1977년 경북사대부고졸 1984년 고려대 경영학과졸 [경]럭키금성상사 회장실 감사팀장, 同총무1과장, 同부장, LG상사 미국법인 관리부장, LG그룹 구조조정본부 재무개선팀 부장, 同상무, (주)LG CNS 경영전략본부 경영관리부문장(상무) 2007년 同경영관리본부장(부사장) 2008년 同하이테크사업본부장(부사장) 2013년 同솔루션사업본부장(부사장) 2014년 (주)LG유플러스 경영관리실장(부사장) 2015년 LG CNS 대표이사 사장(현) 2016년 LG엔시스 대표이사 겸임(현) [종]천주교

김영세(金暎世) KIM Young Se

[생]1942·11·2 [주]서울 중구 무교로32 효령빌딩15층 우남케미칼해운 비서실(02-775-3344) [학]동성고졸, 명지대 행정학과졸, 동국대 정보산업대학원졸 [경]서울기업, 한국케미칼해운 부장, 同이사, 同상무이사, 同전무이사, 한국특수선 전무이사, 한국시바우라전자 대표이사 사장, 우남케미칼해운 대표이사 사장(현) [상]산업포장, 최고경영자대상(전국경제인연합회 부설 국제경영원)

김영세(金暎世) Young KIM

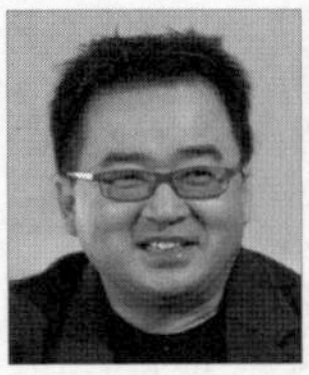

[생]1950·12·18 [출]서울 [주]경기 성남시 분당구 대왕판교로660 유스페이스1-A 401호 (주)이노디자인코리아(031-776-5000) [학]1969년 경기고졸 1974년 서울대 산업디자인학과졸 1976년 미국 일리노이대 산업디자인학과졸 1978년 同대학원 산업디자인학과졸 [경]1978~1979년 미국 멜 볼트 어소시에이트(Mel Boldte and Associates) 근무 1979~1980년 미국 하리 어소시에이트(Hari and Associates) 근무, 미국 두퐁(Du Pont) 디자인컨설팅 1980~1982년 미국 Univ. of Illinois 산업디자인과 교수 1983~1985년 미국 GVO 프로덕트 디자인매니저 1983년 미국 ID FOCUS 설립 1986년 미국 (주)이노디자인 설립 1999년 (주)이노디자인코리아 설립·대표이사(현) 2004년 중국 (주)이노디자인차이나 설립 2005년 광주디자인비엔날레 자문위원 2010년 상명대 디자인대학 석좌교수 2012~2015년 한국문화예술교육진흥원 비상임이사 2014년 상명대 미술대학 석좌교수(현) 2014년 경기 광명시 디자인고문(현) 2014년 민관합동제조혁신위원회 위원(현) [상]미국 산업디자이너협회(IDSA) IDEA 동상(1990), 미국 1990베스트프로덕트(1991), 일본 GD마크 획득(1991), 미국 산업디자이너협회(IDSA) IDEA 금상(1993), 한국산업디자이너협회(KAID) 한국산업디자인상 대상(1997·1998), 한국 Good Design전 대통령표창(1999), 미국 산업디자이너협회(IDSA) IDEA 은상(2000), 미국 베스트프로덕트(2000), 대한민국 디자인및브랜드대상 디자인공로부문(2001), 독일 Red Dot Design Award(2005), 미국 산업디자이너협회(IDSA) IDEA 은상(2005), 독일 IF디자인어워드(2007), 한국산업디자인상(KAID) 대상(2007), 옥관문화훈장(2012), 2013 대한민국 혁신대상 창조혁신상 특별상(2013) [저]'Digital Design A to Z'(2000) '디자인 사랑으로 출발하라'(2001) '12억짜리 냅킨 한 장'(2001) '트렌드를 창조하는 자 이노베이터'(2005) '이매지너'(2009) [작]'iriver의 IFP series' '삼성VM-C5000' 'iriver PMP100 series' 'iriver H300 series' 'iriver n1' '라네즈 슬라이딩 팩트' '삼성휴대폰 SGH-Z130' 'ACME Collection' 'Taeguk' Series TCL Florence 'Veron' 'iriver H10'

김영세(金泳世) KIM Young Se

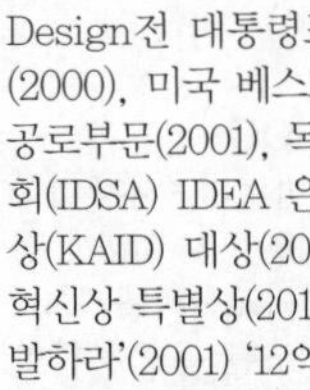

[생]1962·10·23 [본]고령(高靈) [출]울산 [주]서울 서대문구 연세로50 연세대학교 상경대학 경제학부(02-2123-2491) [학]1981년 중동고졸 1985년 연세대 경제학과졸 1987년 同대학원 경제학과졸 1992년 경제학박사(미국 UCLA) [경]1993~1994년 영국 케임브리지대 응용경제학과 연구교수 1994~1996년 영국 런던대 경제학과 조교수 1995~2003년 연세대 경제학과 조교수·부교수 1997~1998년 한국경제학회 사무차장 2002년 한국산업조직학회 사무국

장 2003년 연세대 상경대학 경제학과 교수, 同상경대학 경제학부 교수(현) 2004년 同상경대학 부학장 2006년 同경제학부장 2008년 同교무처 정책부처장 겸 교육개발지원센터 부소장 2009~2012년 同학부대학장 2010년 국가미래연구원 산업·무역·경영분야 발기인 2011년 예금보험공사 성과관리위원회 위원 2012~2014년 금융감독원 자문위원회 은행·비은행분과 위원 2012~2016년 연세대 기획실장 2013~2015년 공적자금관리위원회 민간위원 [상]연세학술상(1998), 매경이코노미스트상(2003), 기획재정부장관표창(2008), 매일경제 경제논문30주년 특별감사패(2015) [저]'미시경제학'(1998) '전략과 정보'(2002) '게임이론'(2006) [종]기독교

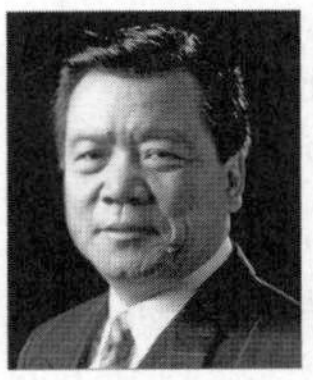

김영수(金榮洙) KIM Young Soo (月宇堂·靑玄)
[생]1941·9·27 [본]김해(金海) [출]경북 고령 [주]서울 서초구 서초대로334 브라운스톤709호 (주)건축국종합건축사사무소(02-3486-4161) [학]1961년 경북고졸 1965년 영남대 건축공학과졸 1989년 중앙대 건설대학원졸 1997년 명예 건축공학박사(러시아 모스크바대) [경]1971년 (주)건축국종합건축사사무소 대표이사(현) 1992년 서울시건축사회 회장 1996~1998년 대한건축사협회 회장 1998년 건설교통부 중앙도시계획위원 1999년 '99건축문화의해' 조직위원회 부위원장 2002년 한국효도회 부이사장 2002년 시대뉴스 논설위원 2004년 (사)대한민국국제문화교류협회 회장(현) 2007년 녹청년 상임공동대표(현) [상]서울시 건축상(1982), 대한건축사협회 공로상(1999), 석탑산업훈장(2000), 대한건축학회 작품상(2005) [저]칼럼집 '청산아 유수야'(1996) 작품집 '건축국30/60 김영수'(2002) '건설산업가치 재발굴(共)'(2005) '나, 나라, 이래서는,'(2015, 오성문화) [작]'세종국악당' '서울신탁은행 대구본부' '상경·동경 트윈빌딩' 등

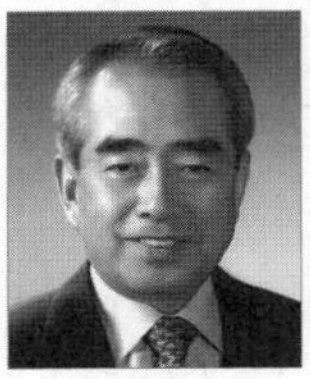

김영수(金榮秀) KIM Young Soo (昊齊)
[생]1942·5·10 [본]전주(全州) [출]인천 [주]서울 중구 동호로20길42 3층 (사)한국청소년문화연구소(02-737-9001) [학]1960년 서울고졸 1964년 서울대 법대졸 1967년 同사법대학원 수료 1988년 국방대학원 수료 2014년 명예 스포츠박사(몽골 몽골국립교육대) [경]1965년 사법시험 합격(5회) 1968년 駐월남사령부 군법회의 검찰관 1971년 서울지검 검사 1975년 법무부 검찰국 검찰3과 검사 1976년 육군 국방대학원 파견 1977년 서울지검 검사 1980년 수원지검 검사 1981년 청주지검 제천지청장 1982년 제주지검 차장검사 1983년 서울지검 의정부지청 부장검사 1985년 同북부지청 부장검사 1987년 서울지검 공안2부장 1988년 국가안전기획부 제2특보 1990~1992년 同제1차장 1992년 청소년문화연구소 소장 1992년 제14대 국회의원(전국구, 민자당) 1993~1995년 대통령 민정수석비서관 1995~1997년 문화체육부 장관 1997년 (사)한국청소년문화연구소 이사장(현) 1997년 변호사 개업 1998~2003년 민주평통 체육청소년분과위원장 1999~2003년 한국박물관회 회장 2000년 한국페스티발앙상블 이사(현) 2000년 한국문화연구재단 이사장 2001~2007년 헌법재판소 자문위원 2001~2005년 예술의전당 후원회장 2002년 월드컵축구대회조직위원회 부위원장 2004~2008년 한국농구연맹(KBL) 총재 2009년 연세대 석좌교수 2010년 대종상영화제 조직위원장 2011년 춤의날조직위원회 위원장 2011년 광화문문화포럼 회장 2011년 사단법인 우남소사이어티 이사장 2014년 인천아시아경기대회조직위원회 위원장 [상]황조근정훈장(1995), 청조근정훈장(1997), 올해의 자랑스러운 서울인(2009), 올림픽골든스타훈장 금장(2014), 관악대상(2015), 체육훈장 청룡장(2016) [저]'발상을 바꾸자 세상을 바꾸자'(1995) [종]기독교

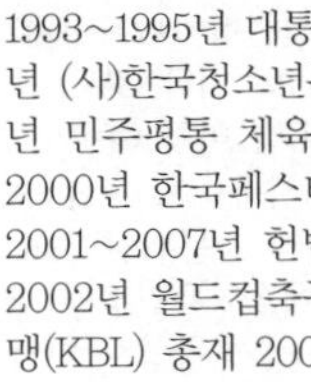

김영수(金英秀) KIM YOUNG-SOO
[생]1957·1·14 [주]서울 마포구 백범로35 서강대학교 정치외교학과(02-705-8398) [학]1979년 서강대 정치외교학과졸 1981년 同대학원 정치외교학과졸 1992년 정치학박사(서강대) [경]1981~1985년 육군사관학교 교수 1985~1993년 서강대·숙명여대·인천교대 강사 1992~1993년 서강대 사회과학연구소 연구원 1993~1996년 제주대 교수 1994~1999년 한국지역연구협의회 편집위원 1996년 북한연구학회 이사·상임이사 1996년 통일부 정책자문위원(현) 1997~1998년 성균관대 정치외교학과 강사 1998년 서강대 정치외교학과 조교수·부교수·교수(현) 2002년 민주평통 상임위원 2004년 일본 게이오대 법학부 초빙교수 2008년 대통령실 외교안보자문위원 2008~2009년 서강대 기획처장 2010년 북한연구학회 회장 2010~2014년 통일교육위원협의회 운영위원 2011년 한국국제정치학회 부회장 2011~2013년 서강대 교학부총장 2012년 국가정보학회 부회장(현) 2013~2014년 서강대 정치외교학과장 2013~2016년 북한이탈주민지원재단 비상임이사 2014년 통일부 정책자문위원장(현) 2014년 국방부 정책자문위원(현) 2015년 민주평통 상임위원(통일정책위원장)(현) [상]서강대 총장상(1979), 육군사관학교장표창(1981), 대통령표창(2001), 국민훈장 석류장(2004), 통일부장관상(2010), 전경련 국제경영원 선정 최우수강연상(2016) [저]'한국 내셔널리즘의 전개와 글로벌리즘(共)'(2006, 백산서당) '세계화 정보화 시대 국가-시민사회와 정체성(共)'(2006, 이매진) '제주특별자치도 남북교류협력 로드맵(共)'(2006, 신아문화사) '북한의 미래와 딜레마(共)'(2011, 법문사)

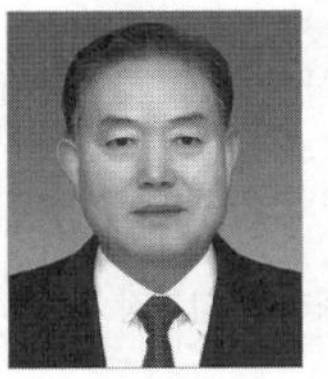

김영수(金榮秀) KIM Young Soo
[생]1957·3·23 [본]광산(光山) [출]부산 [주]부산 부산진구 새싹로174 부산시설공단 경영본부(051-860-7610) [학]1977년 덕원공고졸 2005년 영산대 법률학과졸, 부경대 경영대학원졸 [경](사)송정동문화관광발전협의회 회장, 송정초 운영위원장, 해운대구 새마을지회장 1998·2002년 부산시 해운대구의회 의원 2006·2010~2014년 부산시의회 의원(한나라당·새누리당) 2010년 同창조도시교통위원회 위원장 2012년 同창조도시교통위원회 위원 2013년 同예산결산특별위원회 위원 2015년 부산시설공단 운영본부장(상임이사) 2015년 同경영본부장(상임이사)(현)

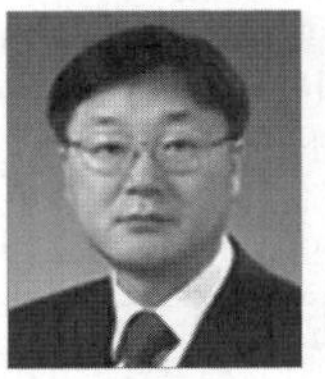

김영수(金永壽) KIM Young Soo
[생]1960·3·26 [출]충남 금산 [주]경북 경산시 대학로280 영남대학교 정치행정대학 정치외교학과(053-810-2645) [학]1979년 대전고졸 1987년 성균관대 정치외교학과졸 1990년 서울대 대학원 정치학과졸 1997년 정치학박사(서울대) [경]1999~2000년 서울대 사회과학연구원 한국정치연구소 선임연구원 2000~2003년 일본 동경대 법학부 객원연구원 2003~2008년 국민대 일본학연구소 책임연구원 2008~2010년 영남대 정치외교학과 부교수 2009년 한국정치학회 편집이사 2009년 한국정치사상학회 총무이사 2010~2013년 대통령 연설기록비서관 2013년 영남대 정치행정대학 정치외교학과 부교수(현) 2014년 同통일문제연구소장(현) 2014년 대구통일교육협의회 부회장(현) 2015년 영남대 신문방송사 주간 겸 출판부장(현) [상]한국정치학회 학술상(2006), 제32회 월봉저작상(2007), 제6회 매경비트학술상(2008), 홍조근정훈장(2012) [저]'건국의 정치 : 여말선초 혁명과 문명 전환'(2006, 이학사) '변용하는 일본형시스템: 현장보고(共)'(2008) '세종 리더십의 형성과 전개(共)'(2009) '세종리더십이야기(共)'(2010) '독도영유권 확립을 위한 연구 2(共)'(2010)

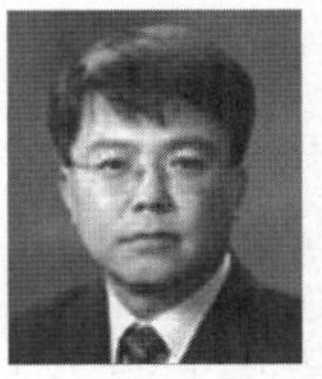

김영수(金永壽) KIM Young Soo
[생]1960·10·25 [출]서울 [주]서울 서초구 서초중앙로157 서울중앙지방법원(02-530-1114) [학]1979년 배재고졸 1983년 서울대 법대졸 1985년 同대학원 법학과졸 [경]1983년 사법시험 합격(25회) 1987년 사법연수원 수료(16기) 1988년 대전지법 판사 1991년 同천안지원 판사 1993년 수원지법 판사 1996년 서울지법 판사 1998년 同북부지원 판사 1999년 서울고법 판사 2002년 대구지법 부장판사 2004~2006년 사법연수원 교수 2006년 춘천지법 강릉지원장 2008~2010년 서울중앙지법 부장판사 2010년 변호사 개업 2015년 서울중앙지법 민사단독전담 판사(현)

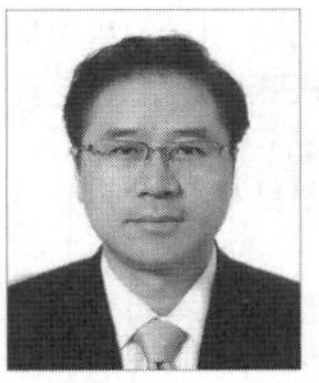

김영수(金永洙) KIM Young-Soo
[생]1961·6·18 [출]인천 [주]경기 의왕시 철도박물관로37 현대로템(주) 중기사업본부(031-8090-8002) [학]부평고졸, 인하대 기계공학과졸, 정밀공학박사(일본 도호쿠대) [경]현대모비스 우주기술연구부장 2006년 (주)로템 선행연구팀장(이사) 2007년 현대로템(주) 전기전자연구담당 이사, 同중기연구부문장(상무) 2013년 同중기연구부문장(전무) 2014년 同중기사업본부장(전무)(현) [상]산업자원부장관표창(2001), 대통령표창(2003), 한국방위산업학회 자랑스러운 방산인상(2013) [역]'로켓공학'(2004, 경문사) [종]천주교

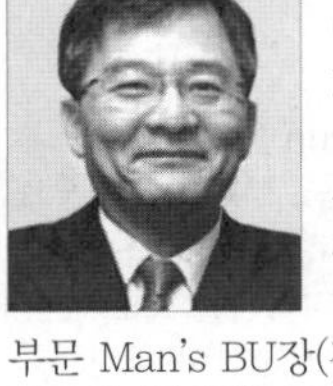

김영수(金英洙) KIM Young Su
[생]1961·7·5 [출]충북 청주 [주]서울 강남구 광평로281 (주)네파 비서실(080-854-0114) [학]1980년 청주고졸 1987년 충북대 경영학과졸 [경]1987년 FnC코오롱(주) 입사 2003년 同K/S BU장(상무보) 2004년 同상무이사 2007~2008년 同스포츠BU장 겸 유통BU장(상무이사) 2009년 同스포츠BG장 겸 패션잡화BU장 겸 IM센터담당 임원(전무) 2010년 코오롱인더스트리(주) FnC부문 Man's BU장(전무) 2012년 同유통사업BU장(전무) 2012년 同유통전략본부장(전무) 2014년 同유통전략본부 고문 2015년 (주)네파 영업총괄부사장(현)

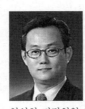

김영수(金永秀) KIM Young Soo

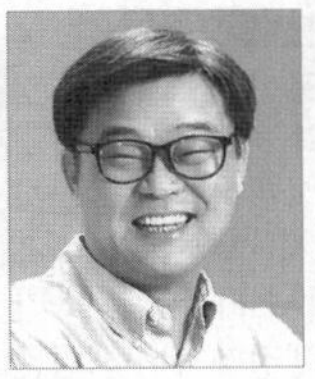

[생]1962·8·2 [주]서울 중구 정동길21의15 한국교육과정평가원 원장실(02-3704-3875) [학]1990년 미국 오리건대 사회학과졸 1992년 미국 애리조나주립대 대학원 사회학과졸 1996년 사회학박사(미국 스탠퍼드대) [경]1996~1998년 한국개발연구원 국민경제교육연구소 전문연구위원 1998~2000년 순천향대 국제문화과 전임강사 2000~2015년 서강대 사회학과 조교수·부교수·교수 2004~2008년 同입학처장 2013년 제18대 대통령직인수위원회 국정기획조정분과 전문위원 2013년 대통령직속 규제개혁위원회 민간위원 2013~2015년 서강대 입학처장 2015년 한국교육과정평가원 원장(현)

김영수(金英壽) KIM Young Soo

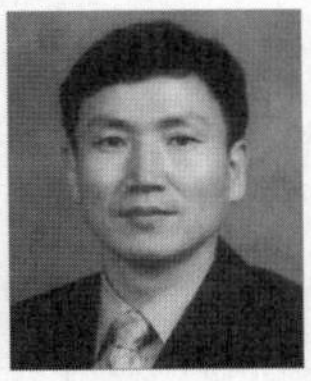

[생]1962·9·5 [본]광산(光山) [출]광주 [주]세종특별자치시 시청대로370 산업연구원 지역발전연구센터(044-287-3049) [학]1980년 광주제일고졸 1984년 고려대 정경대학 경제학과졸 1990년 同대학원 경제학과졸 2003년 도시계획학박사(서울시립대) [경]1991년 한국주택은행 근무 1991년 산업연구원 지역발전연구센터 연구위원 1998년 한국산업단지공단 연구자문위원 2001년 문화관광부 문화산업단지지정 심의위원 2003~2014년 고려대 정책대학원 강사 2004~2005년 대통령자문 정책기획위원회 수석전문위원 2005~2006년 Regional Research Institute(미국 West Virginia Univ.) Visiting Scholar 2007년 국가균형발전위원회 국가균형발전사업 평가위원 2014년 산업연구원 지역발전연구센터 소장(현) 2015년 同선임연구위원(현) [저]'지식기반경제에서의 지역혁신체제 구축모형(共)'(2001, 산업연구원) '지역산업의 생산성과 결정요인 분석'(2002, 산업연구원) '지역별 산업집적의 구조와 집적경제분석(共)'(2003, 산업연구원)

김영수(金榮洙)

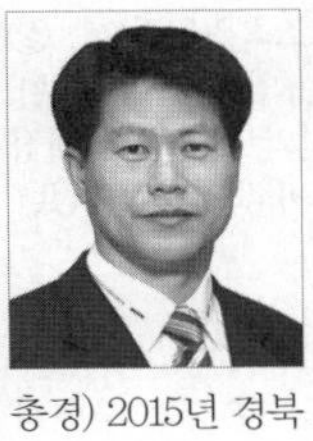

[생]1965·6·20 [출]경북 안동 [주]대구 수성구 무학로227 대구지방경찰청 경비교통과(053-804-7061) [학]대구 대건고졸 1987년 경찰대졸(3기), 경북대 행정대학원 행정학과졸 [경]2004년 대구동부경찰서 경비교통과장 2005년 대구서부경찰서 정보보안과장 2007년 대구지방경찰청 경비교통과 교통계장 2009년 同생활안전과 질서계장 2010년 同생활안전과 생활안전계장 2014년 同생활안전과장(총경) 2015년 경북 고령경찰서장 2016년 대구지방경찰청 경비교통과장(현)

김영수(金映秀) Kim Young Soo

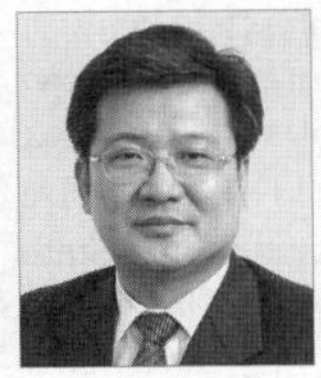

[생]1965·9·7 [본]고령(高靈) [출]부산 [주]서울 영등포구 의사당대로1 국회본관 326호(02-788-2050) [학]1984년 부산 동성고졸 1991년 서울대졸 [경]1991년 현대아산 입사 1999~2002년 同전략기획팀장 2002~2005년 현대자동차 마케팅지원팀장 2005~2016년 현대아산 관광경협본부장(상무) 2016년 국회 대변인(현)

김영수(金泳秀) KIM Young Soo

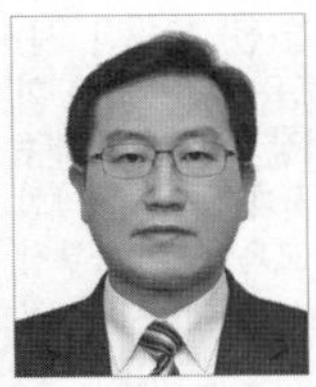

[생]1966·1·22 [본]고령(高靈) [출]부산 [주]충남 아산시 신창면 황산길100의50 경찰대학 치안정책연구소 치안정책연구부(041-968-2016) [학]1984년 동래고졸 1988년 고려대 법학과졸 1998년 부산대 행정대학원 행정학과 수료 [경]1993년 행정고시 합격(36회) 1993년 공보처 해외공보관실 근무 1995년 동래경찰서 경비과장(경정) 1996년 부산 금정경찰서 수사과장 1998년 부산지방경찰청 외사과 외사2계장 1999년 경찰청 정보1과 근무 2000년 同공보1계장·공보2계장 2002년 울산지방경찰청 경비교통과장(총경) 2003년 문경경찰서장 2004년 경북지방경찰청 생활안전과장 2004년 서울지방경찰청 국회경비대장 2005년 경기 광주경찰서장 2006년 경찰청 혁신기획단 발전전략팀장 2007년 서울 남대문경찰서장 2008년 대통령 치안비서관실 행정관 2009년 경찰청 혁신기획단장(경무관) 2009년 駐미국 주재관 2012년 경찰청 수사구조개혁단장 2012년 同대변인 2014년 서울지방경찰청 경무부장 2014년 경찰청 경무관(공로연수파견) 2015년 경찰대학 치안정책연구소 치안정책연구부장(현) [상]대통령표창

김영수(金永洙) KIM Young Su

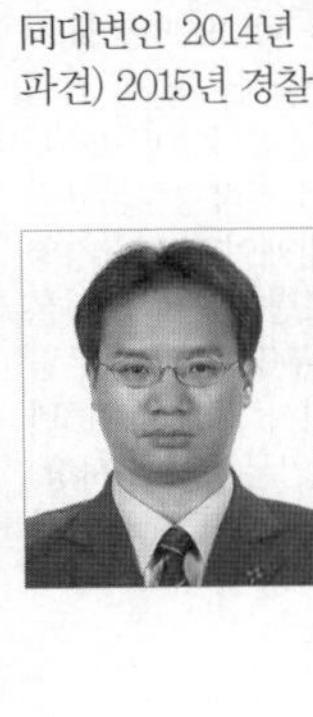

[생]1966·10·16 [본]광산(光山) [출]전북 부안 [주]세종특별자치시 다솜로261 국무조정실 인사과(044-200-2146) [학]1985년 부천고졸 1992년 서울시립대 행정학과졸 [경]1992년 행정고시 합격(36회) 1993년 국무총리행정조정실 경제·일반행정담당 사무관 1996년 1997 무주·전주 동계유니버시아드 조직위원회 파견 1997년 국무조정실 경제담당 사무관 2000년 同총괄담당 서기관 2003년 대통령비서실 행정관(파견) 2006년 駐시드니총영사관 영사(문화홍보관) 2009~2010년 국무총리실 재정정책과장·경제총괄과장 2010년 同사회정책총괄과장(부이사관) 2013년 국무조정실 사회조정실 사회정책총괄과장 2014년 同국정과제관리관실 국정과제총괄과장 2015년 중앙공무원교육원 교육파견(고위공무원) 2015년 국무조정실 개발협력정책관(현) [상]근정포장(2013) [종]천주교

김영수(金英洙) Young Soo Kim

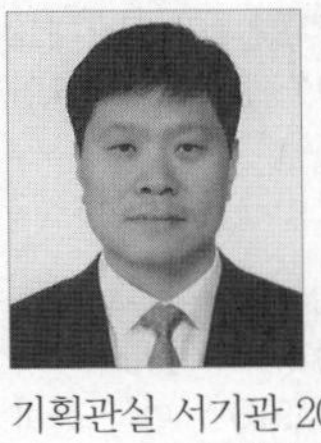

[생]1969·5·7 [본]연안(延安) [출]강원 홍천 [주]서울 종로구 세종대로209 행정자치부 장관비서실(02-2100-3007) [학]1987년 춘천고졸 1991년 서울대 사회교육과졸 1997년 同행정대학원 행정학과졸 [경]1996년 행정고시 합격(40회) 1996년 지방고시 합격(2회) 1997~2003년 총무처·문화관광부·행정자치부 행정사무관 2004년 중앙인사위원회 기획예산담당관실 서기관 2005년 同재정기획관실 서기관 2007년 同정책홍보관리실 서기관, 同혁신인사기획관실 서기관 2008년 행정안전부 기획조정실 국제협력팀장 2009년 同국가기록원 정책기획과장 2010년 OECD 대한민국정책센터 파견 2011년 중앙공무원교육원 기획협력과장 2012년 행정안전부 미래정보화과장 2013년 안전행정부 전자정부국 스마트서비스과장 2014년 同전자정부지원과장 2014년 행정자치부 전자정부국 지역정보지원과장 2016년 同장관 비서실장(부이사관)(현)

김영숙(金英淑·女) KIM Young Sook

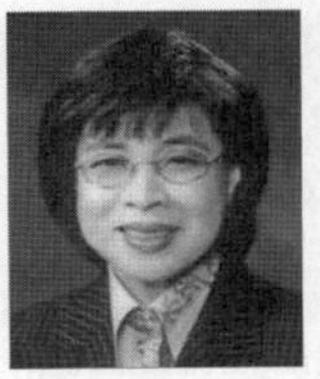

[생]1943·1·20 [본]김해(金海) [출]충북 영동 [주]서울 영등포구 의사당대로1 대한민국헌정회(02-757-6612) [학]1962년 서울사범학교졸 1965년 명지대 가정학과졸 1988년 숙명여대 교육대학원 유아교육학과졸 1997년 고려대 교육대학원 교육문화최고위과정 수료 2006년 성균관대 경영대학원 최고경영자과정(W-AMP) 수료 2008년 숭실대 대학원 평생교육학 박사과정 수료 [경]1986~1991년 서울시교육청 장학사 1994년 교육부 교육연구관 1999년 서울 성북교육청 교육장 2000년 서울교육대총동창회 고문 2000년 충북영동군민회 고문 2002년 전국초등여자교장협의회 회장 2002년 전국초·중·고교장협의회 회장단 2004~2008년 제17대 국회의원(비례대표, 한나라당) 2004년 국회 좋은교육연구회 대표 2004년 국회 남북관계발전특별위원회 위원 2004년 한나라당 운영위원회 위원 2006년 同중앙윤리위원회 위원 2006년 국회 교육위원회 위원 2006년 국회 여성가족위원회 간사 2006~2008년 한나라당 원내부대표 2007년 同이명박대통령후보 중앙선거대책위원회 교육직능위원장 2007년 국회 운영위원회 위원(예결소위원장) 2007~2009년 한국여자야구연맹 초대회장 2007년 국제로타리클럽 무궁화RC 회장 2008년 한나라당 국책위원회 여성위원회 부위원장 2011년 同직능특별위원회 부위원장 2011~2013년 대한민국헌정회 이사 2012년 새누리당 국책위원회 여성위원회 부위원장 2013년 대한민국헌정회 여성위원회 부위원장 2015년 同이사(현) [상]대한교육연합회장표창(1978), 서울대총장표창(1980), 대통령표창(1981), 서울교육대학장상(1983), 교육부장관표창(1990), 서울교육상(2003), 자랑스런 영동군민대상(2003), 황조근정훈장(2004), 자랑스런 서울교대인상(2005) [저]'더불어 사는 사람(共)'(교육부) '유아교육활동 180일(共)'(교육부) '김영숙의원 국정감사 첫농사'(2004, 세원문화사) '국회의원 김영숙의 좋은 교육 만들기'(2005, 세원문화사) '김영숙의원 교육살리기 국정감사 두번째 이야기'(2006, 세원문화사) '여자가 공부해서 뭐하나'(2007, 해피스토리) '교육지킴이 김영숙의원 국정감사 세번째 이야기'(2007, 세원문화사) [종]천주교

김영순(金榮順·女) KIM Young Soon

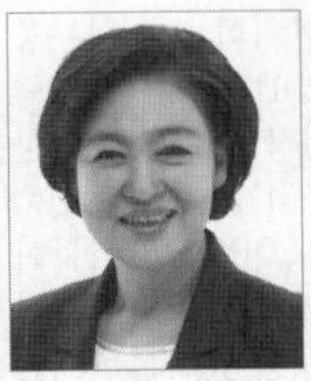

[생]1949·7·15 [본]김해(金海) [출]충북 음성 [주]서울 중구 수표로22의21 그린코리아포럼(02-318-2253) [학]1969년 서울사대부고졸 1973년 이화여대 정치외교학과졸 1990년 고려대 정책과학대학원 수료 1997년 한양대 대학원 정치외교학과졸 2001년 정치학박사(한양대) [경]1988년 통일민주당 여성국장 1990년 민자당 여성2국장 1991년 同대표최고위원 여성정책보좌역 1992년 同중앙연수원 교수 1993년 同여성국장 1993년 정무제2장관실 보좌관 1995년 정무제2차관 1995년 민자당 중앙연수원 부원장 1996년 신한국당 중앙연수원 부원장 1997년 同부대변인 1997·2002년 한나라당 부대변인 1997~2003년 대전대 경영행정대학원 객원교수 1999년 일본 와세다대 정치학과 연구교수 1999년 대한가족보건복지협회 부회장 1999~2004년 IPPF ESEAOR COUNCIL(세계가족보건연맹 아시아태평양·오세아니아지역 이사회) 이사(한국대표) 2003~2005년 (사)전문직여성클럽 한국연맹 회장 2006~2010년 서울시 송파구청장(한나라당) 2010~2013년 인구보건복지협회 회장 2010~2011년 대통령 여성특보 2010~2013년 아이낳기좋은세상운동본부 공동대표, (사)그린코리아포럼 상임대표(현) 2016년 제20대 국회의원선거 출마(서울 송파구乙, 무소속) [상]황조근정훈장(1996), 한국여성단체협의회 창립50주년특별상(2009), 제1회 한국기후보호리더대상 공공부문(2009), 대한민국휴먼대상 보건복지부장관표창(2009), 올해의 구청장부부상(2010) [저]'최초는 짧고 최고는 길다'(2009, 위즈덤하우스) [종]기독교

김영순(金永淳) KIM Young Soon

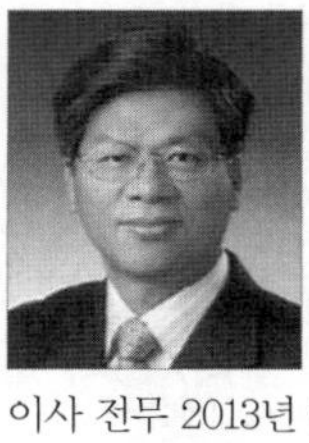

[생]1955·10·20 [출]서울 [주]서울 금천구 벚꽃로88 (주)롯데알미늄 비서실(02-801-8009) [학]한양공고졸, 인하공전 전자공학과졸 [경]동양정밀공업 근무, 한국원양공고 근무 1982년 롯데산업 입사 1995년 캐논코리아비즈니스솔루션(주) 제조부장 1998년 同솔루션생산본부 부본부장 겸 연구소장 2001년 同솔루션생산본부장(이사) 2010년 同솔루션부문 전무이사 2013년 (주)롯데알미늄 대표이사 전무 2013년 (주)롯데기공 대표이사(현) 2016년 (주)롯데알미늄 대표이사 부사장(현) [종]기독교

김영식(金永植) KIM Yung Sik

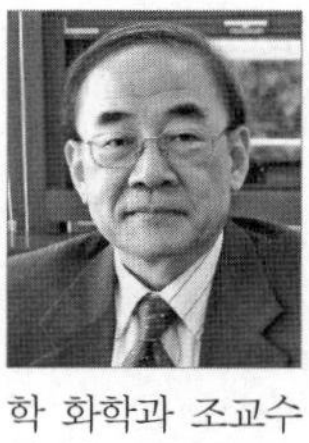

[생]1947·12·26 [본]청주(淸州) [주]서울 관악구 관악로1 서울대학교 동양사학과(02-880-6637) [학]1965년 경기고졸 1969년 서울대 화학공학과졸 1970년 미국 하버드대 대학원졸 1973년 이학박사(미국 하버드대) 1976년 미국 프린스턴대 대학원졸 1980년 역사학박사(미국 프린스턴대) [경]1973년 미국 하버드대 연구원 1973년 미국 Battelle연구소 연구원 1977~2001년 서울대 자연대학 화학과 조교수·부교수·교수 1982년 미국 프린스턴대 객원교수 1987년 서독 Humboldt재단 연구원 1994년 한국과학기술한림원 정회원·종신회원(현) 1999~2002년 국제동아시아과학기술의학사학회 회장 1999~2000년 한국과학사학회 회장 2001~2013년 서울대 동양사학과 교수 2006~2010년 서울대 규장각한국학연구원장 2009년 문화재위원회 동산분과·근대문화재분과 위원 2013년 서울대 동양사학과 명예교수(현) 2013~2015년 문화재위원회 근대문화재분과위원장 [상]경암학술상 인문·사회부문(2011), 옥조근정훈장(2013) [저]'과학사(共)'(1992) '역사와 사회속의 과학'(1994) '대학개혁의 과제와 방향(共)'(1996) '한국근현대사회와 과학(共)'(1998) '과학사신론(共)'(1999) 'Current Perspectives in the History of Science in East Asia(共)'(1999) 'The Natural Philosophy of Chu Hsi, Philadelphia American Philosophical Society'(2000) '과학혁명-전통적 관점과 새로운 관점'(2001) 'Language Problems in Modern Sciences(共)'(2001) 'Linguistic Challenges in the Modern Sciences: First Movement(共)'(2002) '한국의 과학문화-그 현재와 미래(共·編)'(2003) '朱熹的自然哲學'(2003) '주희의 자연철학'(2005) '과학, 인문학 그리고 대학'(2007) '과학, 역사, 그리고 과학사'(2008) '인문학과 과학-과학기술시대 인문학의 반성과 과제'(2009) '유가전통과 과학'(2013, 예문서원) '동아시아 과학의 차이'(2013, 사이언스북스) '정약용의 문제들'(2014, 혜안) [역]'중세의 과학(共)'(1992) '근대과학의 구조(共)'(1992) '막스 플랑크(共)'(1992) '인간 주자(共)'(1996) '중국의 과학과 문명: 사상적 배경'(1998)

김영식(金永植) KIM Young Shik

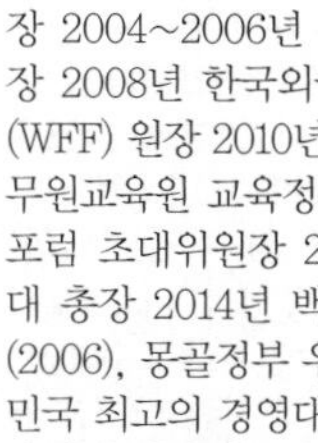

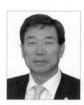

[생]1951·5·2 [본]김해(金海) [출]경남 거제 [주]서울 서초구 방배로9길23 백석예술대학교 비서실(02-520-0641) [학]1969년 거제고졸 1979년 부산대 사회복지학과졸 1987년 서울대 행정대학원졸 2000년 교육학박사(미국 피츠버그대) [경]1979년 행정고시 합격(22회) 1990년 강원대 총무과장 1990년 대통령비서실 교육담당 행정관 1993년 교육부 감사과장 1994년 同대학행정지원과장 1996년 同교육정책총괄과장 1997년 同대학교육정책관 1997년 부산시교육청 부교육감 1999년 교육부 고등교육지원국장 2001년 대전시교육청 부교육감 2002년 교육인적자원부 평생직업교육국장 2003년 同기획관리실장 2004~2006년 同차관 2006~2008년 한국대학교육협의회 7대 사무총장 2008년 한국외국어대 교육대학원 석좌교수 2009~2011 세계미래포럼(WFF) 원장 2010년 (사)APEC국제교육협력원(IACE) 이사장 2010년 중앙공무원교육원 교육정책자문위원회 부위원장 2011년 부산공적개발원조(ODA)포럼 초대위원장 2011~2013년 한국국제대 총장 2014~2016년 백석문화대 총장 2014년 백석예술대 총장(현) [상]대통령표창(1987), 황조근정훈장(2006), 몽골정부 우정훈장(2006), '한국경제를 빛낸 인물' 선정(2014), 대한민국 최고의 경영대상(2015), 대한민국 글로벌리더대상(2016) [저]'교육의 틀 바꿔야 대한민국이 산다'(2010, 매일경제신문) [종]기독교

김영식

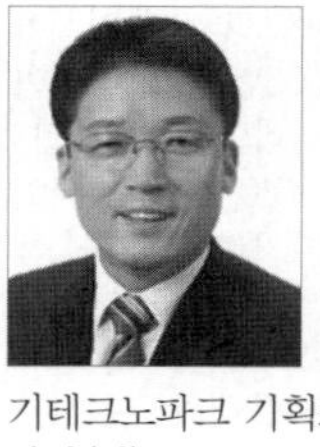

[생]1954·1·6 [출]경북 안동 [주]경기 양평군 양평읍 경강로2401 양평공사 사장실(031-770-4020) [학]1972년 안동고졸 1993년 한국방송통신대 국어국문학과졸 2008년 아주대 경영대학원 경영학과졸(석사) [경]1979년 성남시 근무(공직 입문) 2005년 경기도 관광문화산업과장 2007~2008년 同재난총괄과장 2009~2011년 同감사관실 감사담당관 2012년 양평군 부군수 2013년 경기테크노파크 기획조정본부장 2014년 양평지방공사 사장 2015년 양평공사 사장(현)

김영식(金永植) Young Sik Kim

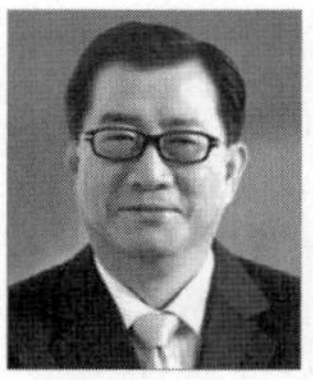

[생]1957 [주]서울 용산구 한강대로92 LS용산타워4층 삼일회계법인(02-3781-3131) [학]제물포고졸, 고려대 경영학과졸, 미국 하버드대 경영대학원 최고경영자과정 수료, 경영학박사(국민대) [경]1978년 삼일회계법인 입사 1989~1991년 同독일 프랑크프루트지사 근무, 同부대표 2008년 同감사대표 2012년 학교법인 고려중앙학원 감사(현), 한국공인회계사회 홍보이사, 행정자치부 책임운영기관평가위원회 위원, CJ문화재단 비상임감사, (사)BBB코리아 감사(현), 에쓰오일과학문화재단 감사(현), CJ나눔재단 비상임감사(현) 2014년 삼일회계법인 부회장(현) 2016년 同차기(2016년12월) 최고경영자(CEO) 겸 회장(현) [상]재정경제부장관표창(2003), 한국공인회계사 개인부문 감사대상(2003), 대통령표창(2004)

김영식(金英植) KIM Young Sik

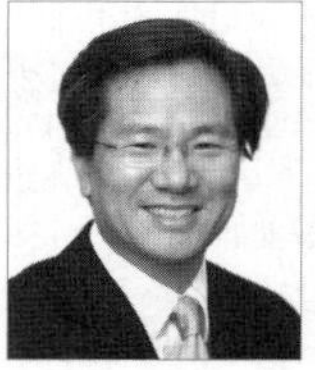

[생]1957·12·25 [본]대구(大邱) [출]서울 [주]서울 송파구 올림픽로43길88 서울아산병원 가정의학과(02-3010-3811) [학]1982년 서울대 의대졸 1985년 同대학원 보건학과졸 1992년 예방의학박사(서울대) [경]1989~2000년 울산대 의과대학 가정의학교실 전임강사·조교수·부교수 1989~1990·1994~2000년 서울아산병원 가정의학과 과장 1995~1996년 미국 존스홉킨스대 임상역학 Post-Doc. 1997년 약물시판후조사연구회 회장(현) 1998~2014년 보건복지부 중앙약사심의위원 2000년 울산대 의과대학 가정의학교실 교수(현) 2003~2007년 국가암관리사업지원단 암예방조기검진사업위원 2005~2009년 울산대 의과대학 교수협의회장 2007년 대한약물역학위해관리학회 부회장(현) 2008~2014년 대한임상건강증진학회 회장 2010~2013년 질병관리본부 검진기준및질관리반 검진항목평가분과위원 2011~2013년 대한가정의학회 이사장 2012년 보건복지부 국가건강검진제도개선 자문위원 2014년 2018서울세계가정의학회(WOCA) 학술대회 조직위원장(현) [상]보건복지부장관 표창(2010) [저]'의학자 114인이 내다보는 의학의 미래(共)'(2003) '한국인의 평생건강관리 개정판(共)'(2003) '한국인의 건강증진 개정판(共)'(2004) '최신 가정의학(共)'(2007) '제3판 한국인의 평생건강관리(共)'(2009) [종]기독교

김영식(金英植) KIM Yeung-Shik

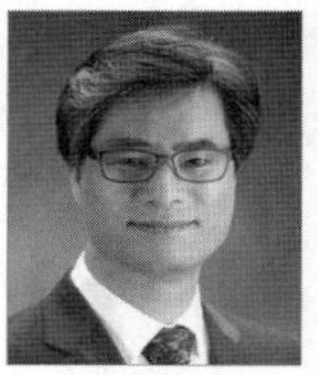

[생]1959·7·18 [본]경주(慶州) [출]대구 [주]경북 구미시 대학로61 금오공과대학교 총장실(054-478-7001) [학]1982년 영남대 기계공학과졸 1984년 同대학원 기계공학과졸 1988년 미국 아이오와대 대학원 기계공학과졸 1992년 공학박사(미국 펜실베이니아주립대) [경]1992년 미국 Pennsylvania State Univ. 연구원 1993~1994년 한국원자력연구소 선임연구원 1994년 금오공대 기계공학부 교수 2000~2001년 미국 Virginia Polytechnic Institute and State Univ. 교환교수 2004~2009년 금오공대 창업보육센터 소장 2005~2007년 대구경북창업보육협의회 회장 2008년 (사)창업보육협회 회장 2009~2011년 (사)창업진흥원 이사장 2011년 국가교육과학기술자문회의 과학기술분야 수석전문위원 2011~2013년 아시아창업보육협회 수석부회장 2011~2012년 국가교육과학기술자문회의 자문위원 2013년 금오공대 총장(현) 2013년 (사)경북산학융합본부 이사장(현) 2013~2015년 아시아창업보육협회(ABBI) 회장 2014~2016년 학부교육선진화선도대학(ACE)협의회 회장 2015년 지역중심국·공립대학교총장협의회 회장(현) 2014~2016년 한국대학교육협의회 부회장 2016년 同이사(현) [상]산업자원부장관표창(2007), 교육과학기술부장관표창(2010), 벤처창업대전 대통령표창(2012), 한국대학신문 대학대상 교육콘텐츠부문(2014)

김영식(金英植) KIM Young Sik

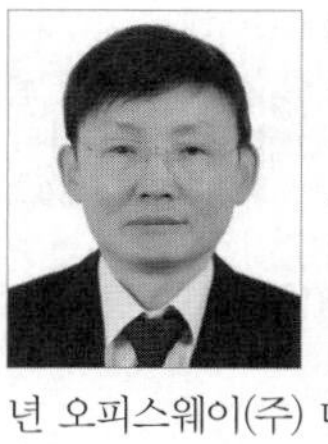

[생]1959·10·18 [출]대전 [주]경기 시흥시 공단1대로379번길74 시화4나402 태림포장공업(주) 비서실(031-499-3333) [학]1978년 환일고졸 1984년 한양대 경영학과졸 [경]1987년 신무림제지(주) 입사 1993년 同경영정보팀장(대리) 1996년 同경영기획팀장(차장) 1998년 同기획관리팀장 1998년 중국 무화목업유한공사 부사장 겸임 1998년 신무림제지(주) 기획관리팀장(부장) 2001~2006년 오피스웨이(주) 대표이사 2004~2006년 신무림제지(주) 전략경영본부장(이사) 겸임 2006년 무림오피스웨이 대표이사 2006년 무림페이퍼 전략경영본부장(이사) 2007년 同전략기획본부장(상무) 2009~2011년 同전략기획본부장 겸 경영지원본부장(전무) 2010년 무림SP 전략기획본부장 2010년 무림P&P 전략기획본부장(전무) 2011년 무림인터내셔널 대표이사 2011~2013년 무림그룹 전략기획본부장·경영지원본부장 2013년 同영업본부장(부사장) 겸임 2015년 태림포장공업(주)·동일제지·(주)월산·동원제지 대표이사 사장 겸임(현) [종]불교

김영식(金泳植)

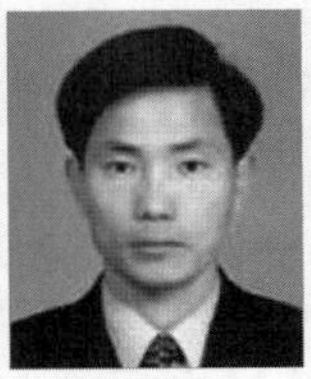

[생]1967 · 12 · 29 [출]전남 함평 [주]광주 동구 준법로7의 12 광주지방법원(062-239-1114) [학]1986년 송원고졸 1990년 연세대 행정학과졸 [경]1998년 사법시험 합격(40회) 2001년 사법연수원 수료(30기) 2001년 광주지법 판사 2002년 광주고법 판사 2003년 광주지법 판사 2004년 同목포지원 판사 2005년 수원지법 안산지원 판사 2008년 서울남부지법 판사 2010년 서울행정법원 판사 2012년 서울남부지법 판사 2014년 서울고법 판사 2016년 광주지법 부장판사(현)

김영신(金英信 · 女) Kim Young Shin

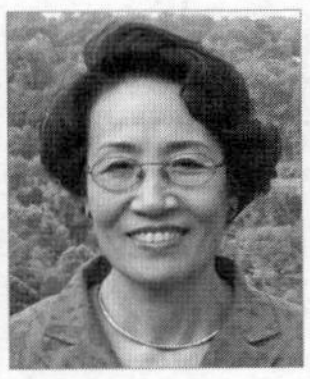

[생]1943 · 3 · 11 [본]김해(金海) [출]전북 김제 [주]경기 성남시 수정구 성남대로1342 가천대학교 글로벌캠퍼스 언론영상광고학과(031-750-5262) [학]1961년 군산여고졸 1965년 고려대 법학과졸 2000년 성균관대 언론정보대학원 언론매체학과졸 [경]1965년 조선일보 기자 1975년 합동통신 기자 1980년 연합통신 기자 1989년 同생활부장 1992년 同라디오뉴스부 부장급 1993년 同문화부장 1993년 정무2장관실(現 여성부) 여성정책심의실무위원회 위원 1994~1996년 한국여기자클럽 회장 1994~1998년 대통령자문 정책기획위원회 위원 1995년 연합통신 부국장대우 뉴스속보부장 1995~1999년 보건복지부 중앙보육위원회 위원 1995~1999년 민주평통 자문위원 1996~1999년 정무2장관실(現 여성부) 성차별개선위원회 위원 1996~2000년 한국간행물윤리위원회 심의위원 1996~1998년 서울시 서울여성위원회 위원 1996년 연합통신 방송뉴스부 부국장대우급 1997년 同부국장대우 조사부장 1998년 연합뉴스 편집국 부국장 1999년 同논설위원 2000년 同출판국장 직대 2000~2003년 감사원 부정방지대책위원회 위원 2000~2002년 경찰청 경찰위원회 위원 2000~2001년 연합뉴스 출판국 고문(국장급) 2001년 세종대 신문방송학과 겸임교수 2001년 경원대 신문방송학과 겸임교수 2001~2003년 여성부 · 교육인적자원부 정책자문위원 2002~2006년 감사원 국민감사청구심사위원회 위원 2002~2008년 중앙선거관리위원회 위원 2004~2012년 경원대 신문방송학과 초빙교수 2009~2013년 대통령직속 사회통합위원회 위원 2012년 가천대 글로벌캠퍼스 언론영상광고학과 초빙교수(현) [상]제7회 최은희여기자상(1990), 국민훈장 동백장(1998) [저]'주요 선진국의 여성정책과 남녀평등법 제도(共)'(2000) [종]기독교

김영신(金映伸 · 女) KIM Young Seen

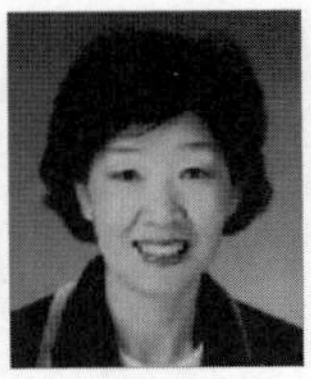

[생]1952 · 11 · 5 [출]서울 [주]대전 유성구 대학로99 충남대학교 소비자생활정보학과(042-821-6846) [학]1971년 숙명여고졸 1976년 서울대 가정관리학과졸 1978년 同대학원 소비자학과졸 1991년 소비자학박사(서울대) [경]1980~1993년 충남대 가정교육과 전임강사 · 조교수 · 부교수 1992~1993년 캐나다 브리티쉬콜롬비아대 객원교수 1993년 충남대 소비자생활정보학과 교수(현) 1994~1995년 미국 오하이오주립대 교환교수 1997~1999년 충남대 생활과학연구소장 1997~1999년 同가정대학장 1999년 한국수자원공사 비상임이사 1999~2009년 관세청 관세심사위원 2000년 한국소비자학회 회장 2003년 한국소비문화학회 공동회장 2006년 금융감독원 자체평가원 2007~2009년 기획재정부 공공기관경영 · 혁신평가위원 2007년 산업자원부 전기위원회 소비자대표위원 2009~2012년 한국소비자원 원장 2009년 국가경쟁력강화위원회 위원 2009년 물가정책자문위원회 위원 2009년 금융감독평가위원회 위원 2012~2015년 대법원 공직자윤리위원회 위원 2013년 소비자정책위원회 위원장(현) [상]대통령표창(2004), 충남대 최우수강의교수(2004), 대전시 경제과학대상(2007) [저]'소비자상담의 이해'(2001) '알기쉬운 가계경제학'(2005) '새로쓰는 소비자와 시장환경'(2007) '소비자 법과 정책'(2007) '소비자트렌드의 이해'(2009)

김영신(金榮信) KIM Young Shin

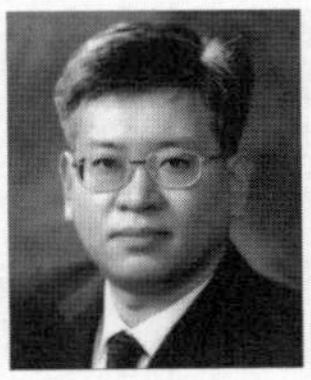

[생]1962 · 5 · 1 [본]김해(金海) [출]충북 청주 [주]서울 동대문구 청계천로447 한국도자기(주) 비서실(02-2250-3423) [학]1981년 명지고졸 1985년 한국외국어대 무역학과졸 1989년 미국 포틀랜드대 대학원 경영학과졸 2000년 국제산업디자인대학원대 IDAS New Millennium Course 수료(2기) [경]1990년 한국도자기(주) 종합기획실 차장 1991년 同감사(이사) 1992년 同상무이사 1994년 同부사장 1995년 수안보파크호텔 대표이사 2004년 한국도자기(주) 대표이사 사장(현) 2014년 한국표준협회 비상임이사(현) [상]대통령표창(2007) [종]기독교

김영신(金榮信) Youngsin Kim

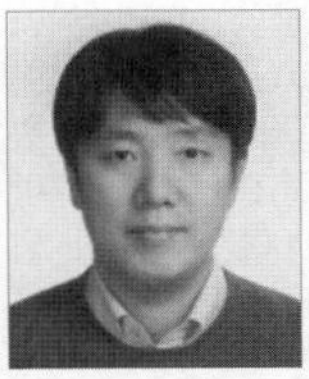

[생]1968 · 11 · 6 [본]김해(金海) [출]충남 논산 [주]대전 서구 청사로189 중소기업청 중견기업정책국(042-481-6810) [학]1986년 대전 대성고졸 1994년 한국외국어대 행정학과졸 2002년 미국 뉴욕주립대 대학원 경제학과졸(석사) [경]1993년 행정고시 합격(37회) 1994년 총무처 수습사무관 1995년 공보처 해외홍보관 기획과 사무관 1997년 同장관 수행비서 1998년 중소기업청 공보담당관실 사무관 2000년 미국 뉴욕주립대 유학파견 2002년 중소기업청 정책총괄과 사무관 2004년 同기업환경개선과 사무관 2005년 同구조개선과 서기관 · 산업자원부 전출 2005년 캐나다 천연자원부 에너지효율실 파견 2008년 중소기업청 기업협력과 서기관 2008년 국가경쟁력강화위원회 민관합동규제개혁추진단 총괄조정팀장(파견) 2010년 중소기업청 규제영향평가과장 2011년 同공공구매판로과장 2012년 同기획조정관실 기획재정담당관(부이사관) 2013년 同대변인 2014년 부산 · 울산지방중소기업청장(고위공무원) 2015년 국방대 교육파견 2016년 중소기업청 중견기업정책국장(현) [상]근정포장(2013) [종]기독교

김영애(女)

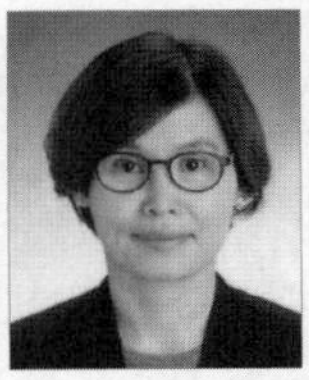

[생]1964 · 2 · 23 [출]대구 [주]대구 중구 공평로88 대구광역시청 보건복지국(053-803-2120) [학]1983년 경화여고졸 1989년 경북대 의학과졸 1995년 계명대 대학원 방사선과졸 2003년 예방의학박사(계명대) [경]1996년 대구 달성군보건소 근무(의무5급 특채) 2000~2006년 同소장 2006~2010년 대구 중구보건소장 2010년 대구시 보건과장 2014년 同보건복지국장(현) [상]국무총리표창(2003), 대통령표창(2012)

김영옥(金英玉 · 女) KIM Young Ok

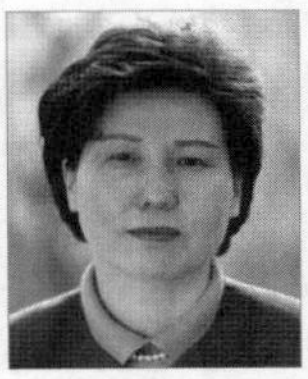

[생]1955 · 4 · 19 [본]부안(扶安) [출]전북 전주 [주]광주 북구 용봉로77 전남대학교 유아교육과(062-530-2363) [학]1978년 이화여대 교육학과졸 1980년 同대학원졸 1986년 교육학박사(미국 밴더빌트대) [경]1987년 전남대 유아교육과 교수(현) 1987~1990년 광주시교육청 · 전남도교육청 장학위원 1991년 미국 보스턴대 객원교수 1993~1997년 한국유아교육학회 이사 겸 광주 · 전남지회장 1995년 기독교광주방송 객원해설위원 1996년 미국 밴더빌트대 객원교수 1997년 광주시 시정정책자문위원 1998년 광주MBC 칼럼니스트 1999~2001년 삼성복지재단 광주어린이집 교사연수원장 2001년 한국유아교육학회 부회장 2002년 전남대 유아교육과정 2002년 교육인적자원부 시도교육청 평가위원 2003~2005년 한국유아교육학회 회장 2004년 교육인적자원부 주요업무 평가위원 2004년 同교육과정심의위원 2004년 대통령자문 고령화 및 미래사회위원회 전문위원 2004~2008년 세계어린이교육기구(OMEP) 한국위원회장 2005년 (사)새세대육영회 연수원 자문교수 2005년 한국학술진흥재단 학술연구심사평가위원 2005년 한국유아교육학회 이사 2013년 교육부 중앙유아교육위원회 위원(현) 2013~2015년 同중앙유아교육위원회 부위원장 겸임 2014년 한국교원교육학회 수석부회장 2015년 한국교원교육학회 회장 [상]Kappa Delta Pi Award(1986), 보건복지부장관표창(2010), 한국열린유아교육학회 학술상(2011), 올해의 자랑스런 밴더빌트대 동문(2014), 대통령표창(2014) [저]'탁아연구'(共) '유아사회교육'(共) '아이들의 생각에 날개를 달아주자' '세계의 보육제도'(共) '영유아보육개론'(共) '유아를 위한 부모교육' '대답을 기다리자' '유아를 위한 다문화 교육' '사회 · 표현 · 탐구적 놀이'(共) '영유아발달과 교육'(共) '유아사회교육의 통합적 운영'(共) '유아교육학탐구'(共) '유아를 위한 견학활동'(共) '유아협동활동의 현장적용'(共) '유치원행사활동 계획'(共) '한국현대유아교육사'(共)

김영옥(金永玉) KIM Young Ok

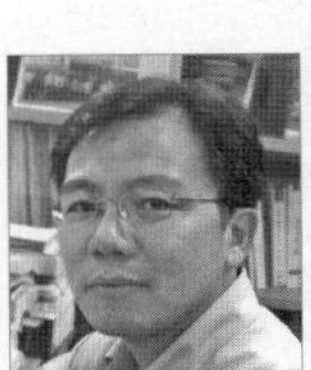

[생]1962 · 8 · 25 [본]김해(金海) [출]전북 부안 [주]충북 청주시 흥덕구 오송읍 오송생명2로187 식품의약품안전처 바이오생약국 바이오의약품정책과(043-719-3302) [학]1981년 청주고졸 1985년 원광대 약학과졸 1987년 同대학원 위생제약학과졸 2000년 위생제약학박사(원광대) [경]1987년 국립보건원 약품부 생물약품과 보건연구사 1996년 식품의약품안전본부 의약품안전평가실 약품화학과 근무 1997년 同약품규격과 근무 1998년 식품의약품안전청 약품규격과 근무 2001년 同의약외품과 연구관 2007년 同의약품평가부 품질동등성평가팀장 2008년 同의약품안전국 의약품평가부 품질동등성평가팀장 2009년 식품의약품안전평가원 의료제품연구부 심사과학과장 2010년 식품의약품안전청 위해예방정책국 임상제도과장 2012년 同바이오생약국 화장품정책과장 2013년 식품의약품안전처 바이오생약국 화장품정책과장 2015년 同바이오생약국 바이오의약품정책과장(부이사관)(현)

김영옥(金榮鈺·女) Kim Young Ok

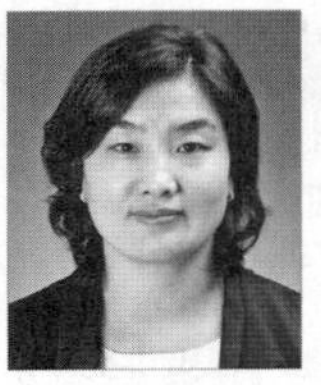

[생]1969·11·13 [본]김해(金海) [출]서울 [주]경기 용인시 기흥구 금화로82번길20 루터대학교(031-679-2409) [학]1996년 러시아 모스크바국립국제관계대(MGIMO) 법학과졸 1997년 同대학원 국제법학과졸 2002년 법학박사(러시아 모스크바국립국제관계대) 2003년 서울대 법과대학 국제통상법전문가과정 수료 [경]1997년 러시아연방 변호사 자격 취득 1997~2001년 러시아 모스크바국립국제관계대 한국학과 전임강사 2002~2004년 서울대 외교학과 국제문제연구소 연구교수 2004~2006년 아주대 법학과 조교수 2006~2008년 외교통상부 통상교섭본부 자유무역협정국 통상전문관 2008~2010년 법무법인 세종 SeniorForeign Legal Consultant 2010~2011년 미국 워싱턴대 로스쿨 초빙교수 2011~2015년 법무법인 미르 구성원변호사 2004년 駐러시아대사관 법률자문(현) 2004~2005년 민주평통 자문위원 2012년 한국무역협회·코트라·법제처 자문위원(현) 2015년 루터대 총장(현) [저]'한국과 러시아 무역 분쟁의 이해와 해결'(2005) '러시아의 선택'(2006) 'Law and Development Perspective on International Trade Law'(2011) [종]기독교

김영용(金永龍) KIM Young Yong

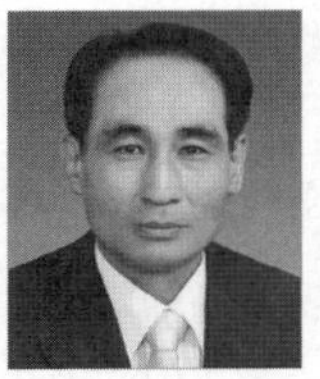

[생]1951·9·14 [본]김해(金海) [출]전남 해남 [주]광주 북구 용봉로77 전남대학교 경제학부(062-530-1548) [학]1970년 광주일고졸 1974년 서울대 금속공학과졸 1981년 고려대 대학원졸 1985년 경제학박사(미국 오하이오주립대) [경]1974~1981년 국방과학연구소 과학기술장교·연구원 1985~1987년 同선임연구원 1987년 전남대 경제학과 전임강사·조교수·부교수 1993~1994년 미국 켄터키대 방문교수 1998년 전남대 경제학부 교수(현) 1999~2001년 미국 텍사스A&M대 방문교수 2003년 한국하이에크소사이어티 회장 2009~2011년 한국경제연구원 원장 2014~2015년 새누리당 보수혁신특별위원회 위원 [상]전국경제인연합회 자유경제출판문화상 [저]'의료면허제 비판과 대안'(1997, 자유기업센터) '헌법재판소 판례연구(共)'(2003, 자유기업원) '생활 속 경제'(2010) [종]기독교

김영우(金永雨)

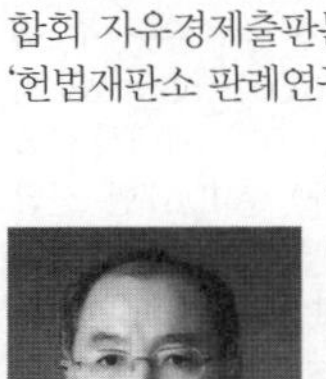

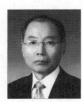

[생]1957·3 [본]김해(金海) [출]경북 상주 [주]경북 안동시 강남로152 경상북도교육연구원 원장실(054-840-2100) [학]문경종합고졸 1988년 한국방송통신대 행정학과졸 1991년 경희대 교육대학원 교육학과(교육행정)졸 2002년 한국방송통신대 법학과졸 [경]1977~1999년 경북 문경시內 교사 1999~2004년 상주교육청 장학사 2004~2005년 문경 용흥초 교감 2005~2010년 울릉교육청·안동교육청·문경교육청 장학사 2010~2013년 상주시 중모초·문경시 점촌초 교장 2013~2016년 경상북도교육청 문경교육지원청 교육지원과장 2016년 경상북도교육연구원 원장(현)

김영우(金榮瑀)

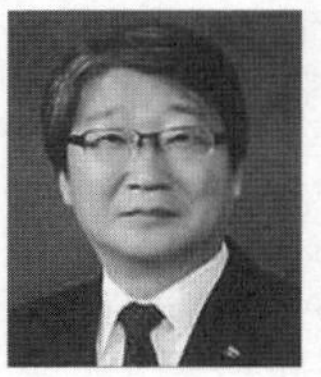

[생]1959·3·22 [주]대전 동구 중앙로242 한국철도시설공단 임원실(042-607-3026) [학]부산고졸 1981년 부산대 공대 기계공학과졸, 서울과학기술대 철도전문대학원 석사, 경영학박사(단국대) [경]1979년 기술고시 합격(16회), 부산지방철도청 기계과장, 한국고속철도건설공단 차량국장, 同중부사무소 시운전처장, 한국철도시설공단 경영혁신단장, 同기획조정실장, 同수도권본부장, 同품질안전단장, 同기획혁신본부장 2014년 同부이사장(현)

김영우(金永祐) Kim young woo

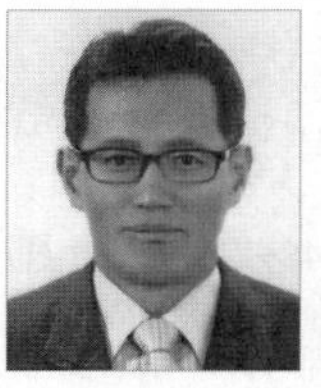

[생]1963·12·22 [본]광산(光山) [출]전북 고창 [주]전남 광양시 중동로22 광양세관(061-797-8400) [학]1982년 고창고졸 1984년 세무대학 관세학과졸 1992년 동아대 행정학과졸 2014년 한국해양대 대학원 국제관세학과졸 [경]2009~2010년 관세청 조사감시국 외환조사과 사무관 2010~2011년 김해공항세관 통관지원과장 2011년 부산본부세관 조사총괄과장 2014년 同세관운영과장(서기관) 2016년 광양세관장(현)

김영우(金榮雨) KIM YOUNG WOO

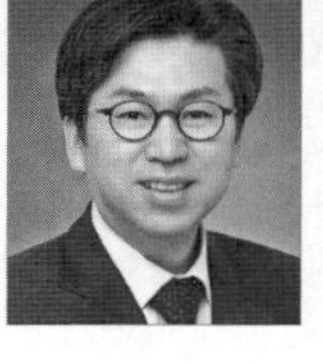

[생]1964·4·30 [본]김해(金海) [출]경기 포천 [주]경기 고양시 일산동구 일산로323 국립암센터 위암연구과(031-920-1212) [학]1988년 서울대 의대졸 1992년 同대학원 의학석사 1998년 의학박사(서울대) [경]1988년 서울대병원 인턴 1989년 同레지던트 1993년 공군 제7병원 의무대장 1996년 이대목동병원 외과 전임의 1999년 미국 메릴랜드대 Visiting Fellow 1997~1999년 이화여대 의대 외과학교실 전임강사 1999~2002년 同조교수 2002년 국립암센터 위암센터 전문의(현) 2005년 ASCO 정회원(현) 2006~2012년 국립암센터 위암연구과 책임연구원 2006~2012년 同위암센터장 2006년 대한위암학회 복강경위장관연구회 운영위원(현) 2007~2009년 국립암센터 위암연구과장 2007년 同이행성임상제1연구부장 2008~2010년 同암예방검진센터장 2009년 대한로봇위장관수술연구회(KRSG) 회장(현) 2010~2012년 대한임상종양학회 고시이사 2011년 국제위암학회 Editorial Board of the 'Gastric Cancer'(현) 2012~2013년 국립암센터 연구소 위암연구과장 겸 책임연구원 2014년 'World Journal of Surgery' Editorial Board(현) 2015년 'World Journal of Gastrointestinal Oncology' Associate Editor(현) 2015년 국제암대학원대 암관리정책학과 교수(현) 2016년 Korea Patients Blood Management Research Group (KPBM) President(현) [상]국제위암학회 The Best Poster of the Session Prize(2005), 산업기술평가원 지식경제부전략과제 우수성과상(2008), 유럽복강경외과학회(EAES) Best Poster Award(2008), 서울의대외과동문 젊은연구자상(2008), 대한암학회 우수연구자상(2009), 유럽복강경외과학회 최우수논문상(2011), 국립암센터 개원10주년기념 공로상(2011) [저]'Laparoscopic Gastectomy for Cancer, Standard Techniques and Clinical Evidences'(Springer) '위암 100문 100답'(2010, 국립암센터) '위암과 위장관질환'(2011, 대한위암학회) 'Laparoscopic Gastectomy for Cancer, Standard Techniques and Clinical Evidences'(2012, Springer)

김영우(金榮宇) KIM Young Woo

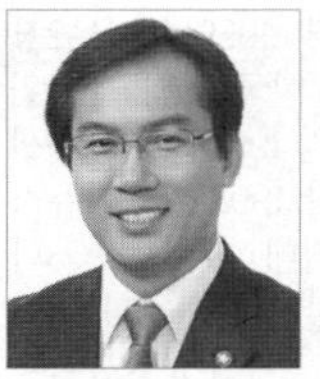

[생]1967·1·20 [출]경기 포천 [주]서울 영등포구 의사당대로1 국회 의원회관627호(02-784-1521) [학]1985년 경희고졸 1989년 고려대 정치외교학과졸 1991년 同대학원 정치외교학과졸 2007년 성균관대 국정관리대학원 박사과정 수료 [경]YTN 기자, 한나라당 정책기획위원, 한반도대운하연구회 운영위원, 한나라당 여의도연구소 정책자문위원 2007년 同이명박 대통령후보 중앙선거대책위원회 정책상황실 부실장 2007년 제17대 이명박 대통령당선인비서실 정책기획부 팀장, GSI(국제정책연구원) 정책국장 2008년 제18대 국회의원(포천시·연천군, 한나라당·새누리당) 2008년 국회 국방위원회 위원 2008년 국회 예산결산특별위원회 위원 2008년 국회 외교통상통일위원회 위원 2008년 한나라당 대표특보 2010년 同중앙교육원 부원장 2010년 同비상대책위원회 위원 2011년 同직능특별위원회 총괄기획단장 2011년 同제1사무부총장 2012년 새누리당 대변인 2012년 제19대 국회의원(포천시·연천군, 새누리당) 2012년 국회 외교통상통일위원회 위원, 한·불가리아의원친선협회 회장 2013·2014년 국회 외교통일위원회 위원 2013년 국회 남북관계발전특별위원회 여당 간사 2013년 국회 예산결산특별위원회 위원 2014년 국회 외교통일위원회 여당 간사 2014~2016년 새누리당 수석대변인 2014~2015년 同제2정책조정위원장 2014~2015년 同보수혁신특별위원회 위원 2016년 同포천시·가평군당원협의회 운영위원장(현) 2016년 제20대 국회의원(포천시·가평군, 새누리당)(현) 2016년 새누리당 혁신비상대책위원회 위원 2016년 국회 국방위원회 위원장(현) [상]국회를 빛낸 바른 언어상(2015), 전국청소년선플SNS기자단 선정 '국회의원 아름다운 말 선플상'(2015), 대한민국 혁신경영대상 정치신인부문(2015) [저]'김영우의 꿈'(2011) [종]가톨릭

김영욱(金永旭) KIM Young Wook

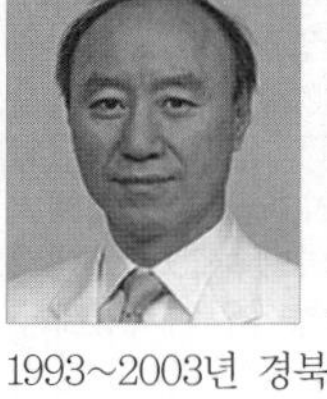

[생]1952·10·5 [출]경북 [주]서울 강남구 일원로81 삼성서울병원 외과(02-3410-3461) [학]1977년 경북대 의대졸 1980년 同대학원졸 1987년 의학박사(경북대) [경]1977~1982년 경북대병원 인턴·레지던트 1982~1985년 軍의관 1985~1989년 마산삼성병원 외과 전문의 1989~1991년 경북대 의대 조교수 1992~1993년 미국 Oregon Health Sciences University 임상조교수 1993~2003년 경북대 의대 부교수·교수 2000년 미국외과학회(FACS) 정회원(현) 2001~2003년 경북대병원 이식혈관외과 분과장 2001~2013년 대한혈관외과학회 학술위원장·이사장·회장 2003년 성균관대 의과대학 외과학교실 교수(현) 2005~2011·2015년 삼성서울병원 혈관외과장(현) 2007년 同심장혈관센터 혈관질환팀장 2008년 대한림프부종연구회 이사(현) 2008년 중앙약사심의위원회 전문가(현) 2008년 아시아혈관외과학회 회장(현) 2008년 대한림프부종연구회 이사(현) 2011~2013년 삼성서울병원 심장혈관센터장

김영욱(金永旭) KIM Young Uk

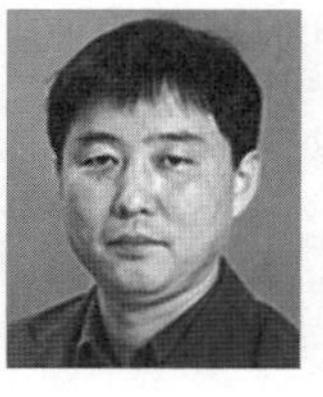

[생]1956·12·23 [본]월성(月城) [출]경북 영주 [주]대전 유성구 대학로291 한국과학기술원 문술미래전략대학원(042-350-4022) [학]1979년 서강대 신문방송학과졸 1997년 사회학박사(독일 지겐대) [경]1990~1994년 독일 지겐대 매체학과 연구원 1997~1998년 한국방송진흥원 객원연구위원 1999년 한국언론재단 선임연구위원 2004년 同미디어연구팀장 2004~2010년 지역신문발전

위원회 위원 2007년 한국언론재단 미디어연구실장 겸 미디어연구팀장, 同수석연구위원 2008~2010년 同미디어연구실장 2010년 한국신문협회 정책기획자문위원 2010~2014년 한국언론진흥재단 수석연구위원 2011~2013년 同연구교육센터장 2012년 한국과학기술원(KAIST) 과학저널리즘대학원 겸임교수 2015년 同문술미래전략대학원 과학저널리즘과정 연구교수(현) [저]'라디오방송 저널리즘의 현황과 가능성'(1998) '저널리즘의 객관성'(2002) [종]개신교

김영욱(金瑛郁) KIM Young Wook

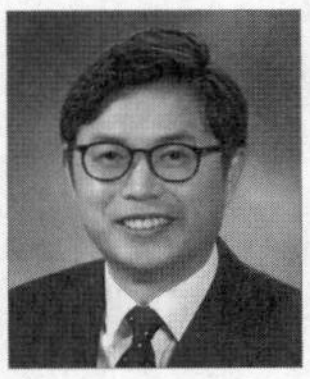

[생]1958 · 9 · 25 [본]청풍(淸風) [출]서울 [주]서울 동대문구 서울시립대로163 서울시립대학교 공과대학 신소재공학과(02-2210-2760) [학]1981년 연세대졸 1983년 한국과학기술원 대학원 재료공학과졸 1990년 재료공학박사(한국과학기술원) [경]1983년 한국과학기술원 연구원 1990년 한국과학기술연구원 세라믹스연구부 선임연구원 1993년 일본 무기재질연구소 객원연구원 1996년 서울시립대 공대 재료공학과 조교수 1999년 同재료공학과장 2002~2003년 캐나다 토론토대 방문교수 2005년 서울시립대 신소재공학과 교수(현) 2009년 한국세라믹학회 편집위원장 2010~2014년 서울시립대 공학교육혁신센터장 2013년 한국세라믹학회 이사 2015년 同부회장(현) 2016년 미국 세라믹학회 Fellow(석학회원)(현) [상]한국과학기술연구원 우수논문상(1990), 한국세라믹학회 양송포스터상(2005), 서울시립대 최우수연구교수상(2006), 한국세라믹학회 학술진보상(2006) 한국세라믹학회 양송논문상(2009), 대한금속재료학회 논문상(2010) [저]'세라믹실험'(1998, 반도출판사)

김영욱(金永旭) KIM YOUNG WOOK

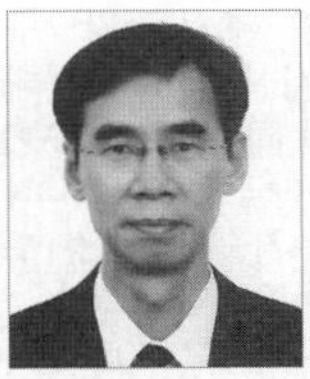

[생]1959 · 12 · 10 [본]진주(晋州) [출]전남 장성 [학]1978년 철도고졸 1989년 조선대 법학과졸 2003년 성균관대 대학원 공공정책 및 행정학과졸 [경]2005~2006년 환경부 토양지하수과 사무관 2007년 건설교통부 지역발전정책과 파견 2008년 환경부 자원순환정책과 사무관 2009년 한강유역환경청 재정계획과장 2010~2012년 환경부 자연정책과 사무관 2013년 同운영지원과 인사팀장 2015년 수도권대기환경청 기획과장 2015~2016년 한강유역환경청 유역관리국장(현) [상]환경처장관표창(1994), 모범공무원표창(1999) [종]천주교

김영욱(金暎郁) KIM Yung Wook

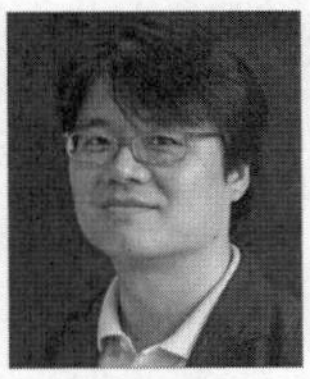

[생]1966 · 4 · 11 [출]경남 양산 [주]서울 서대문구 이화여대길52 이화여자대학교 언론홍보영상학(02-3277-2237) [학]중앙고졸 1990년 고려대 사학과졸 1996년 미국 플로리다대 대학원졸 1999년 매스커뮤니케이션박사(미국 플로리다대) [경]1989~1995년 롯데그룹 기획조정실 홍보광고담당, 미국 Ketchum 홍보회사 근무, 미국 플로리다대 커뮤니케이션연구센터 연구조교 · 강사, 미국 일리노이주립대 홍보인턴프로그램 지도교수 1999~2000년 同신문방송학과 조교수 2001년 이화여대 언론홍보영상학부 광고홍보학전공 조교수 · 부교수 · 교수(현), 미국 저널리즘학회 홍보분과위원회 간사 2008~2010년 이화여대 기획처 부처장 2011~2013년 同언론홍보영상학부장 겸 광고홍보학전공 주임교수 2012~2014년 한국헬스커뮤니케이션학회 회장 [상]한국PR협회 학술상(2001), 한국언론학회 우당신진학자상(2001) [저]'위기관리의 이해'(2002) 'PR커뮤니케이션'(2003)

김영욱(金映旭) Kim Young Wook

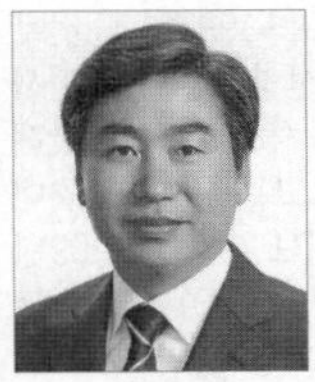

[생]1967 · 3 · 2 [본]경주(慶州) [출]경남 합천 [주]부산 연제구 중앙대로1001 부산광역시의회(051-888-8243) [학]1984년 경남 삼가고졸 1992년 부산수산대졸 2006년 부경대 산업대학원 식품산업공학과졸, 한국해양대 국제통상학 박사과정 수료 [경](주)해인교역 대표이사 , 한나라당 부산시당 청년위원장, 同전국위원, 부산진구생활체육협의회 인라인스케이팅연합회장, 세계해양포럼 기획위원, 북부산청년회의소(JC) 회장, 부산스쿼시연맹 부회장 2006 · 2010년 부산시의회 의원(한나라당 · 새누리당), 同윤리특별위원회 간사, 同동부산관광단지소위원회 간사, 부경대총동창회 이사, 부산시 도시계획위원회 위원, 부산진구체육회 이사 2010년 부산시의회 도시개발해양위원회 위원 2012년 同해양도시소방위원회 위원장, 同재난방재대책위원회 소위원장, 同새누리당 원내수석부대표, 새누리당 부산시당 부대변인, 뉴한국의힘 부산본부장 2014년 부산시의회 의원(새누리당)(현) 2014년 同해양도시소방위원회 위원장 2014년 同공기업특별위원회 위원장 2015년 同도시안전위원회 위원 2016년 同복지환경위원회 위원(현) 2016년 同부의장(현)

김영운(金英云) KIM Young Woon (遠峰)

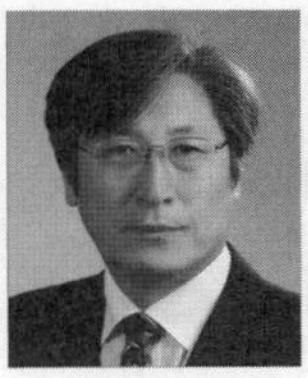

[생]1954 · 8 · 11 [본]김해(金海) [출]경북 칠곡 [주]서울 성동구 왕십리로222 한양대학교 음악대학 국악과(02-2220-2695) [학]1973년 국악고졸 1977년 서울대 음대 국악과졸 1985년 한양대 대학원졸 2004년 국어국문학박사(성균관대) [경]1977년 충남 서령고 교사 1979년 KBS 프로듀서 1985~1993년 강릉대 음악과 전임강사 · 조교수 · 부교수 1993~2006년 한국정신문화연구원 어문예술연구실 교수 1993년 同예술연구실장 1997년 同인문연구실장 겸 예술전공 주임교수 1997년 문화재 전문위원 1997~2008년 한국국악학회 상임이사 1998~2002년 한국민요학회 감사 · 부회장 · 회장 1998년 경기도 문화재전문위원 1999년 한국정신문화연구원 한국학정보센터소장 2005년 한국학중앙연구원 한국학대학원 어문예술연구실 교수 2005년 同한국학대학원장 2006~2009년 경기도 문화재위원 2007년 한양대 음악대학 국악과 교수(현) 2008~2012년 한국국악학회 편집위원장 2010~2012년 국악방송 이사 2010~2015년 서울시 문화재위원 2010~2012년 인천시 문화재위원 2010년 한국국악학회 부이사장 2013년 문화재청 무형문화재위원(현) 2015년 한국국악학회 이사장(현) 2015년 (재)정동극장 비상임이사(현) [상]관재국악상(2008), 난계악학대상(2009) [저]'한국의 고악보현황' '한국전통음악의 기보법 연구' '경기도의 향토민요(上 · 下)' '가곡' '경기민요' '가곡연창형식의 역사적 전개양상' [종]기독교

김영웅(金英雄)

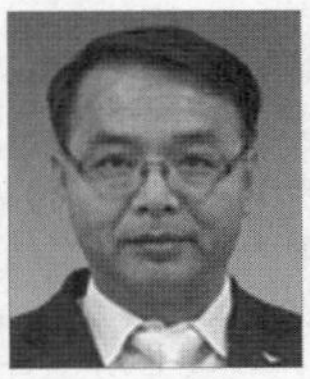

[생]1961 · 5 · 15 [출]충남 [주]인천 중구 공항로424번길47 인천국제공항공사 시설운영실(032-741-5026) [학]공주사대부고졸, 연세대 토목공학과졸, 同대학원 토목공학과졸 [경]2006년 인천국제공항공사 부지조성1팀장 2007년 同기술조정팀장 2010년 同공항계획그룹장 2010년 同공항시설처장 2011년 同공항건설단장 2012년 同시설운영실장 2013년 同시설본부장 2015년 同시설본부장 2015년 同운영본부장 2016년 同시설운영실장(현)

김영원(金英媛 · 女) KIM Young-Won

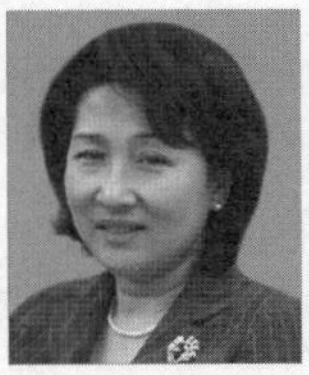

[생]1953 [본]청풍(淸風) [출]서울 [주]서울 종로구 인사동6길2 서호갤러리2층 동양미술사학회(02-723-1864) [학]1971년 이화여고졸 1976년 서울대 고고학과졸 1980년 同대학원졸 1995년 미술사학박사(서울대) [경]1976년 국립중앙박물관 미술부 학예연구관 1997~1999년 국립공주박물관장 1999~2001년 국립중앙박물관 건립추진기획단 전시과장 2001~2002년 국립광주박물관 학예연구실장 2002~2003년 국립제주박물관장 2004년 국립중앙박물관 미술부장 2008년 문화체육관광부 국립중앙박물관 미술부장, 同역사부장 2008~2010년 국립전주박물관장 2009년 문화재위원회 동산문화재분과 위원 2010~2013년 국립문화재연구소장(계약직고위공무원), 한국미술사학회 정회원(현) 2012~2013년 유네스코 한국위원회 문화분과 위원 2010~2013년 同아태무형유산센터 집행위원 2012~2013년 유네스코 한국위원회 문화분과 위원 2013년 동양미술사학회 회장 2015년 同감사(현) [상]한국미술사학회 우현학술상 우수상(2003), 국립중앙박물관 학술상(2008) [저]'조선백자' 'Punch'ong Stoneware' 'Korea Ceramic' 'Stad Antwerpen Snoeck-Ducaju & Zoon'(共) '조선전기 도자의 연구' '박물관 밖의 문화유산 산책'(共) '통일신라시대 한국교역과 자기의 출현'(共) '항해와 표류의 역사'(共) '조선시대 도자기' '계룡산 도자기'(共) '중국도자'(共) [역]'중국 도자사'

김영원(金榮源) KIM Young Won

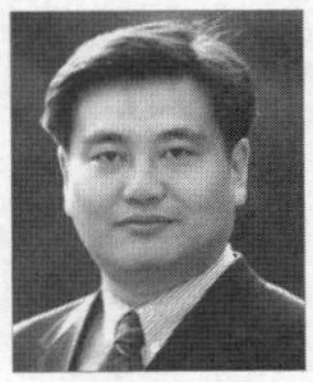

[생]1959 · 8 · 26 [출]서울 [주]서울 용산구 청파로47길100 숙명여자대학교 통계학과(02-710-9434) [학]1982년 성균관대 통계학과졸 1984년 서울대 대학원 계산통계학과졸 1989년 통계학박사(미국 조지아대) [경]1991년 숙명여대 통계학과 조교수 · 부교수 · 교수(현) 1992~1998년 한국통계학회 조사통계연구회 간사 1999 미국 조지아대 방문교수 2000~2005년 한국조사연구학회 편집위원 2003~2007년 해양수산부 수산통계자문위원 2004~2005년 한국통계학회 '응용통계연구' 편집위원 2005~2006년 同조사통계연구회장 2006~2012년 한국조사연구학회 '조사연구' 편집위원장 2006년 KBS · SBS 제4회 지방선거예측조사 자문교수 2007~2008년 KBS 선거방송여론조사 자문위원 2008~2013년 서울시행정서비스시민평가단 위원 2008~2009년 한국통계학회 총무이사 2008년 국가통계위원회 정책 · 경제분과 위원(현) 2009~2012년 한국은행 경제통계국 자문교수 2010년 KBS 선거방송여론조사 자문위원 2010~2014년 방송통신위원회 미디어다양성위원회 위원 2011~2012년 한국조사연구학회 부회장 2013~2014년 同회장 2014년 중앙선거여론조사공정심의위원회 위원장(현) 2014년 KBS 6.4지방선거여론조사 자문위원 [상]근정포장(2010) [저]'표본조사의 이해와 활용'(共) '인터넷 조사'(共) '조사방법의 이해'(共) [역]'통계조사방법-통계조사 실무자를 위한'

김영윤(金瑩允) KIM Young Yoon

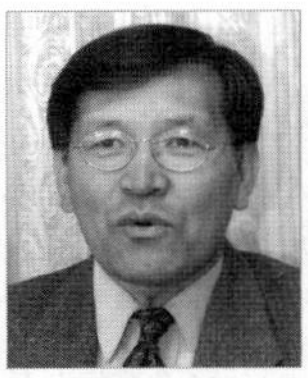

[생]1951·11·9 [본]김녕(金寧) [출]부산 [주]서울 도봉구 마들로724 한양수자인1104호 (사)남북물류포럼(02-2249-6674) [학]1975년 경희대 경제학과졸 1984년 독일 브레멘대 대학원 경제학과졸 1988년 경제학박사(독일 브레멘대) [경]1985~1989년 독일 브레멘 세계경제연구소 전임연구원 1989~2000년 서울시립대·동덕여대·경희대 강사, 민족통일연구원 정책연구실장, 통일연구원 정책연구실 연구위원 2003년 북한경제전문가100인포럼 회원(현) 2004년 통일연구원 북한경제연구센터 소장 2005년 (사)남북물류포럼 회장(현) 2006년 통일연구원 북한연구실 선임연구위원 2007년 同남북협력연구센터 선임연구위원 2008년 同대외협력실장 2010년 조선일보 DMZ취재팀 관광·경제부문 자문위원, 통일연구원 명예연구위원 2016년 더불어민주당 한반도경제통일특별위원회 위원(현) [저]'21세기 통일국가경영' '사회적 시장경제와 독일통일' '동서독 교류협력이 남북한에 주는 시사점' '국가연합사례와 남북한 통일과정'(2004) '북한의 농업부문 개혁 개방 정책과 남북협력방안(共)'(2005) [종]기독교

김영은(金映恩) KIM Young Eun

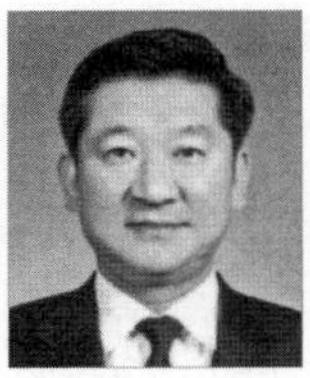

[생]1960·1·10 [본]경주(慶州) [출]제주 제주시 [주]경기 고양시 일산동구 호수로358의8 한국예탁결제원 나눔재단(031-900-7449) [학]1978년 경기고졸, 서강대 무역학과졸 [경]1985~1988년 외환은행 근무 1988~1996년 교보증권 법인영업부 근무 1996~2001년 살로먼스미스바니증권 이사 2001년 아이투신운용 마케팅본부장 2002년 뉴스테이트자산운용 마케팅본부장 2003~2007년 동부자산운용 상무 2008년 피닉스자산운용 부사장 2008년 산은자산운용 마케팅본부장(상무) 2009년 同마케팅본부장 겸 상품개발본부 총괄전무 2011~2013년 同부사장 2012~2013년 한국금융투자협회 전문인력운영위원 2014년 한국예탁결제원 나눔재단 심의위원(현) [종]천주교

김영익(金永翊) KIM Young Ick

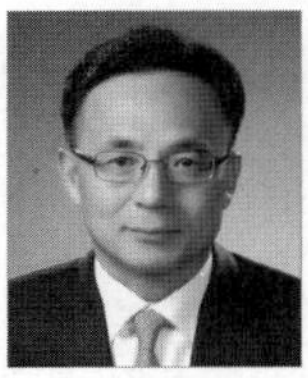

[생]1959·4·18 [본]광산(光山) [출]전남 함평 [주]서울 마포구 백범로 35 서강대학교 경제학부(02-705-8179) [학]1982년 전남대 경제학과졸 1985년 서강대 대학원 경제학과졸 1997년 경제학박사(서강대) 2000년 영국 Oxford대 Templeton Coll. Advanced Management과정 수료 [경]1988년 통신개발연구원 연구원 1988년 대신경제연구소 입사 1998년 KBS 1TV 경제전망대 고정출연 1998~2000년 불교방송 아침저널 고정출연 1999~2000년 동국대 경영대학원 강사 2001~2005년 대신경제연구소 투자전략실장 2001년 매경TV 증권와이드쇼 고정출연 2001년 오마이뉴스 '김영익의 경제이야기' 연재 2002년 이코노미21 '김영익의 투자칼럼' 연재 2002년 서울신문 명예논설위원 및 자문위원 2003년 한국경제TV '선택! 전략과 종목' 고정출연 2003년 서강대 경제대학원 강사 2003~2004년 중앙대 국제대학원 강사 2004~2015년 서강대 경제대학원 겸임교수 2004년 한국금융연수원 강사·겸임교수(현) 2004년 지방행정공제 자문위원 2005년 대신증권 리서치본부장(상무보) 2005년 공무원연금관리공단 자산운용위원회 위원 2006년 대신증권 대신경제연구소 사장 2007년 대한투자증권 리서치센터장(부사장) 2007~2010년 하나대투증권(주) 리서치센터장(부사장) 2008년 하나금융경영연구소 소장 2010~2013년 한국창의투자자문 마케팅리서치 대표 2015~2016년 서강대 경제대학원 교수 2016년 LG하우시스 사외이사(현) 2016년 서강대 경제학부 산학협력 중점교수(현) [상]매일경제·한국경제 Fn가이드 베스트 애널리스트선정(2002~2007), 서울경제 대한민국 증권대상(2004), 매경증권인상(2005), 자랑스러운 전남대 경영대인상(2016) [저]'프로로 산다는 것'(2006) '이기는 기업과 함께가라'(2011) '3년 후의 미래'(2014)

김영익(金英翼) KIM Yung Ik

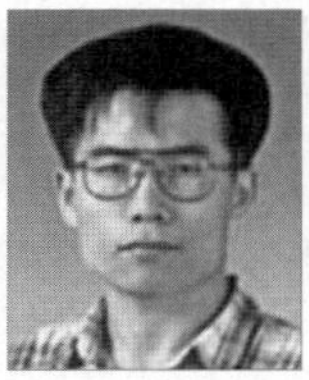

[생]1966·8·22 [출]충남 논산 [주]경기 안산시 단원구 광덕서로73 수원지방검찰청 안산지청(031-481-4200) [학]1984년 대전 충남고졸 1988년 성균관대 법학과졸 1995년 서울대 대학원 법학과졸 [경]1995년 사법시험 합격(37회) 1998년 사법연수원 수료(27기) 1998년 수원지검 검사 2000년 대전지검 홍성지청 검사 2002년 청주지검 검사 2004년 부산지검 동부지청 검사 2007년 서울남부지검 검사 2010년 인천지검 검사 2010년 同부부장검사 2011년 전주지검 군산지청 부장검사 2012년 부산지검 외사부장 2013년 대구지검 특별수사부장 2014년 수원지검 특별수사부장 2015년 서울북부지검 형사4부장 2016년 수원지검 안산지청 부장검사(현)

김영인(金榮寅) KIM YOUNG IN

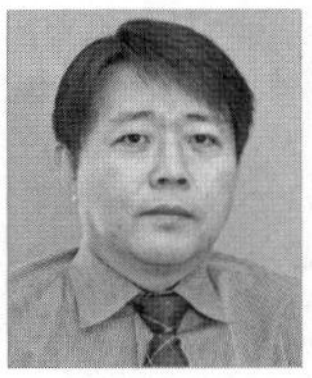

[생]1962·2·14 [본]김해(金海) [출]강원 홍천 [주]강원 춘천시 경춘로2350 연합뉴스 강원취재본부(033-252-7711) [학]1979년 홍천고졸 1985년 강원대 행정학과졸 [경]1988년 강원일보 입사 1991년 연합통신 입사 2001년 연합뉴스 원주주재 차장대우 2004년 同원주주재 차장 2007년 同원주주재 부장대우 2011년 同원주주재 부장급 2014년 同강원취재본부장(부국장대우)(현)

김영인(金永寅) KIM Yeong In

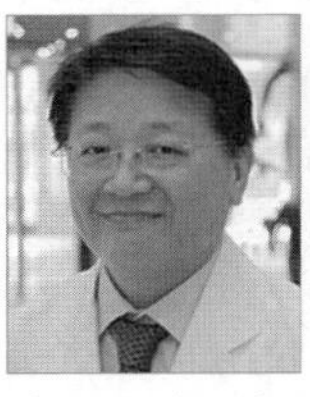

[생]1963·3·11 [출]전남 순천 [주]인천 서구 심곡로 100번길25 가톨릭관동대학교 국제성모병원 부원장실(032-290-3881) [학]1987년 가톨릭대 의대졸 1991년 同대학원졸 2000년 의학박사(가톨릭대) [경]1988~1992년 가톨릭대 인턴·수련의 1991~1994년 군산의료원 신경내과장 1994~1996년 가톨릭대 임상강사 1996~2009년 同의과대학 신경과학교실 전임강사·조교수·부교수 2001~2002년 미국 메이요클리닉 Research Fellow 2007~2012년 가톨릭대 서울성모병원 신경과장 2008~2012년 同의과대학 신경과학교실 주임교수 2009~2014년 同의대 신경과학교실 교수 2010~2011년 가톨릭중앙의료원 연구윤리사무국장 겸 서울성모병원 IRB 사무국장 2012~2013년 가톨릭대 성바오로병원장 2014년 가톨릭관동대 의과대학 신경과학교실 교수(현) 2014년 同국제성모병원 부원장 겸 수련교육부장(현) [종]천주교

김영일(金永日) KIM Young Il

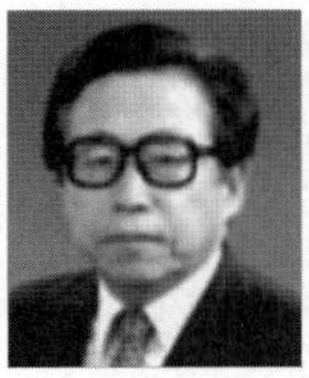

[생]1935·3·3 [본]언양(彦陽) [출]서울 [주]서울 강남구 언주로711 건설회관6층 (주)우일 비서실 [학]1952년 대구 계성고졸 1956년 경북대졸 1958년 同대학원졸 1968년 지형학박사(미국 UCLA) 1973년 미국 USC(LA) 최고경영자과정·CALTEC(pasadena) 기술관리과정 수료 [경]1968~1971년 미국 Wisconsin주립대 조교수·부교수 1971년 미국 Union Oil社 근무 1973~1982년 (주)경인에너지 대표이사 1981~1982년 인도네시아 Kodeco에너지 대표이사 1981~1982년 동력자원부 정책자문위원 1984년 (주)우일 회장(현) 1984년 (주)Wendy's Korea Inc 대표이사(현) 1986~1992년 한국석유개발공사 기술고문 1988~1992년 미국 UCLA한국동창회 회장 1992~2004년 Boeing Corp. 자문역 1992~2008년 BAE Corp. 자문역 1992년 駐韓파키스탄 명예총영사(현) 1993~1997년 한국가스공사 사외이사 2003년 UN한국협회 부회장(현) 2008~2011년 새만금코리아 고문 2012년 POSCO ict 신생에너지 자문역(현) 2014년 (주)UCSolution 회장(현) [상]서울올림픽기장, 자랑스러운 UCLA인(2008) [저]'한국 연안 석유부존자원' [역]'에너지의 내일' '지구의 온실효과와 그 영향' '한국인만 몰랐던 파랑아리랑'

김영일(金榮一) KIM Young Il

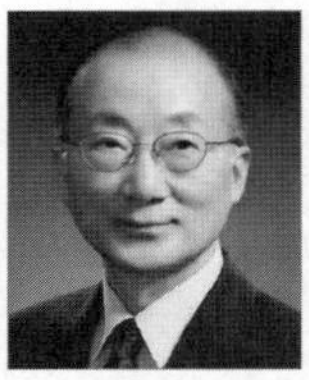

[생]1940·9·29 [본]김해(金海) [출]경남 진주 [주]서울 송파구 올림픽로35길137 한국광고문화회관9층 한국ABC협회(02-783-4983) [학]1959년 부산고졸 1964년 연세대 상경대학 경영학과졸 1990년 同행정대학원 고위정책과정 수료 1999년 同언론홍보대학원 언론홍보최고위과정 수료 [경]1965~1974년 합동통신 정치부·외신부·해외부 기자 1974년 同미국특파원 1981년 연합통신 해외부장 1982년 同정치부장 1985년 同편집국장 1988년 관훈클럽 총무 1988년 연합통신 이사대우 기획실장 1988년 同상무이사 1991~1997년 同전무이사 1992년 신문편집인협회 부회장 1993년 관훈클럽 신영연구기금 이사장 1993~1996년 YTN 전무이사 1997~1998년 연합통신 사장 1998년 국제언론인협회(IPI) 한국위원회 이사 1998년 국민일보 상임고문 1998년 同대표이사 사장 1998년 연세대언론인회 회장 1999년 국민일보 부회장 1999년 NTV 대표이사 2000년 국민일보 대표이사 회장 겸 발행인 2001년 넥스트미디어그룹 회장 2001년 스포츠투데이·파이낸셜뉴스 회장 겸임 2002년 프랑스 '코망데리' 와인기사(Knight of the Commanderie)(현) 2003년 스포츠투데이 고문 2003년 도산아카데미연구원 자문위원(현) 2004년 고려대 신문방송학과 초빙교수 2004년 스포츠투데이 회장 2005년 금호석유화학(주) 사외이사 2005년 대한올림픽위원회(KOC) 미디어위원장 2006년 대한언론인회 부회장 2006년 강원관광대학 이사장 2007년 한국ABC협회 상근부회장 2011~2014년 同회장 2014년 同고문(현) 2015년 풍석문화재단 고문(현) [상]연세언론인상, 대한병원협회 언론인상, 자랑스런 연세상경인상 학술·문화부문

김영일(金榮馹) KIM Young Iel

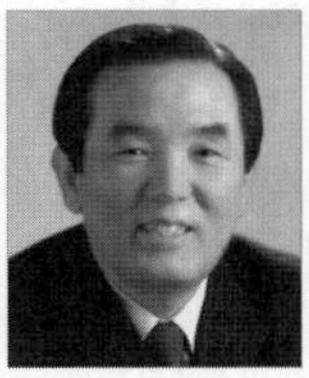

[생]1942·7·7 [본]김해(金海) [출]경남 김해 [학]1960년 경북사대부고졸 1965년 서울대 법과대학졸 1969년 同사법대학원졸 [경]1969~1972년 육군 법무관 1973년 부산지검 검사 1975년 서울지검 검사 1978년 법무부 검찰국 검사 1980년 서울지검 검사 1981년 대검 검찰연구관 겸 서울고검 검사 1982~1988년 대통령 사정비서관 1983년 서울고검 검사 1986년 서울지검 특수2부장 1987년 同제3차장검사 1988년 서울고검 검사 1988년 대통령 민정비서관 1990년 대통령 민정수석비서관 1991년 대통령 사정수석비서관 1992년 제14대 국회의원(김해, 민자당·신한국당) 1992년 민자당 당기위원 1995년 同정세분석위원장 1996년 제15대 국회의원(김해, 신한국당·한나라당) 1997년 신한국당 제1정책조정위원장 1997년 한나라당 기획조정위원장 1998년 同제1사무부총장 2000~2004년 제16대 국회의원(김해, 한나라당) 2000년 국회 건설교통위원장 2002~2003년 한나라당 사무총장 2002년 同대통령중앙선거대책위원회 총괄본부장 [상]홍조·황조근정훈장, 의정을 빛낸 인물상 [종]불교

김영일(金榮一) KIM Young Il

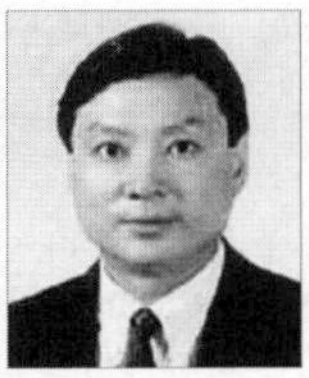

[생]1952·5·12 [본]김해(金海) [출]부산 [주]서울 강남구 역삼로7길21 평원빌딩3층 (주)태명실업 회장실(02-501-5511) [학]1971년 동아고졸 1979년 미국 뉴욕대 경영학과졸 1982년 고려대 경영대학원졸 1984년 미국 캘리포니아대 로스앤젤레스교(UCLA) 경영대학원졸 [경]1974년 성신화학(주) 이사 1976년 대원화성(주) 뉴욕주재원 1980년 성신양회공업(주) 상무 1982년 부산산업(주) 사장 2001년 (주)태명실업 사장 2010년 同회장(현) 2010년 부산산업(주) 회장(현) [종]불교

김영일(金泳日) KIM Young Il (昨倫)

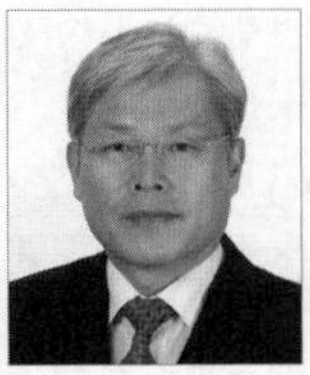

[생]1955·12·5 [본]청도(淸道) [출]경남 창녕 [주]부산 해운대구 센텀중앙로42 부산시청자미디어센터(051-749-9500) [학]1975년 동성고졸 1984년 한성대 사학과졸 1993년 한양대 행정대학원 행정학과졸 [경]1984~1995년 문화방송 보도국 기자 1995~1997년 부산방송 보도국 스포츠팀장 1998년 同기획스포츠팀장·정경부장·편성사업팀장 1999년 同부국장 겸 편성기획사업팀장 2000년 同보도국 부국장 2002년 同스포츠국장 2004년 同기획경영국장 2005년 同보도국장 2006년 (주)KNN 방송본부장 2007년 同경남본부장 2009년 同경남본부장(이사대우) 2009년 同방송본부장(이사) 2012년 同상무이사 2012~2015년 iKNN 사장 2015년 시청자미디어재단 부산시청자미디어센터장(현) [상]문화방송 공로상, 체육포장(2003), 부산시문화상 언론출판부문(2013) [종]가톨릭

김영일(金榮一)

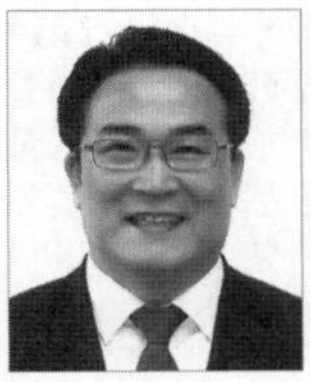

[생]1956·11·12 [본]김해(金海) [출]전북 익산 [주]전북 전주시 완산구 충경로102 새누리당 전북도당(063-287-2171) [학]1975년 이리고졸 1981년 원광대 법학과졸 2005년 한양대 행정대학원 경찰행정학과졸 2008년 원광대 대학원 형사법학 박사과정 수료 [경]2001~2004년 재정경제부 금융정보분석원 분석관 2004년 경찰청 수사국 지능범죄수사과 근무 2008년 전북지방경찰청 정보통신과장 2008년 전북 고창경찰서장 2010년 전북지방경찰청 생활안전과장 2011년 서울 강북경찰서장 2013년 경찰청 정보화장비기획담당관 2014~2015년 부천소사경찰서장 2015년 부천대 겸임교수 2016년 새누리당 익산甲당원협의회 운영위원장(현) 2016년 제20대 국회의원선거 출마(전북 익산시甲, 새누리당) [상]대통령표창(2011), 홍조근정훈장(2015)

김영일

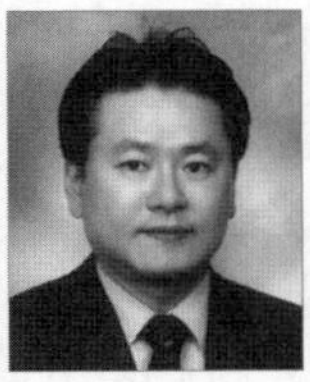

[생]1957 [출]경남 합천 [주]서울 영등포구 의사당대로1 국회입법조사처 정치행정조사심의관실(02-788-4508) [학]한국외국어대 이탈리아어과졸, 프랑스 파리제2대 대학원 신문방송학과졸, 정치학박사(프랑스 파리제2대) [경]1995~2000년 국회도서관 입법조사분석실 입법조사연구관 2000~2003년 국회사무처 예산정책국 예산분석관 2004~2007년 국회예산정책처 예산분석실 예산분석관 2007년 국회입법조사처 정치행정조사실 외교안보팀장 2013년 同정치행정조사실 정치의회팀장 2016년 同정치행정조사심의관(현)

김영일(金榮一) Young il, Kim (청암)

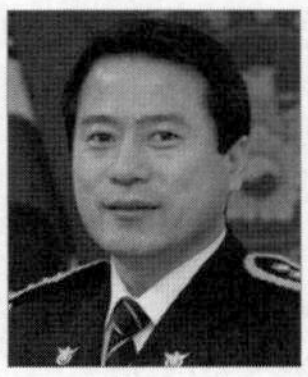

[생]1963·11·21 [본]김녕(金寧) [출]경남 밀양 [주]경남 거제시 진목1길2 거제경찰서(055-639-0210) [학]1981년 김해건설공고졸 1990년 동아대 법학과졸 2008년 同법무대학원 법학과졸 [경]2006~2012년 부산지방경찰청 정보과 정보계장 2013년 경남 거창경찰서장 2014년 경남지방경찰청 수사과장 2015년 경남 거제경찰서장(현) [종]불교

김영일(金永日) Kim Young-il

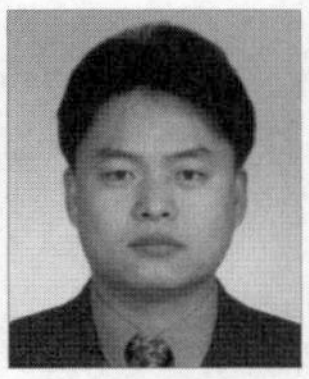

[생]1968·11·23 [본]광산(光山) [출]충남 홍성 [주]서울 종로구 세종대로209 통일부 교류협력국 남북경협과(02-2100-5837) [학]1989년 충남 홍성고졸 1996년 서울대 지리학과졸 2012년 중국사회과학원 국제관계학과졸(석사) [경]1997년 행정고시 합격(41회) 1999~2007년 통일부 행정사무관(남북회담·이산가족·북한분석·장관실 근무) 2007년 同통일교육원 서기관 2007년 同정책홍보본부 공보지원팀장 2008년 同대변인실 홍보담당관 2009년 同인도지원과장 2010년 同국외훈련 파견(과장급) 2012년 同교류협력국 사회문화교류과장 2014년 同북한이탈주민정착지원사무소(하나원) 교육훈련과장 2015년 同교류협력국 남북경협과장(현)

김영임(金永妊·女) KIM Young Yim

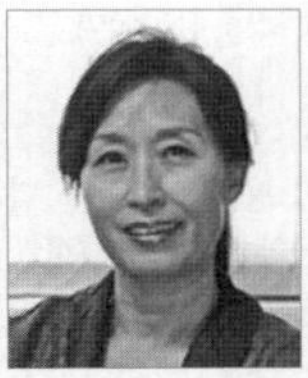

[생]1954·12·25 [본]광산(光山) [출]서울 [주]서울 종로구 대학로86 한국방송통신대학교 미디어영상학과(02-3668-4545) [학]1973년 경기여고졸 1978년 고려대 신문방송학과졸 1984년 미국 미시간주립대 대학원 커뮤니케이션학과졸 1995년 문학박사(고려대) [경]1978년 KBS 아나운서 1985년 한국언론학회 휴먼커뮤니케이션분과 회장 1992년 방송위원회 심의위원 1994년 미국 캘리포니아대 교환교수 1995년 EBS 편성위원 1998년 한국방송통신대 미디어영상학과 교수(현) 2004년 同교육매체개발원장 2006년 同이러닝센터 소장 2009~2010년 同산학협력단장 [저]'방송학개론'(1997, 한국방송통신대 출판부) '인간과 커뮤니케이션'(1998, 한국방송통신대 출판부) '미디어와 사회'(2001, 한국방송통신대 출판부) [역]'TV제작입문'(1996, 나남출판사)

김영임(金英任·女) KIM Young Im

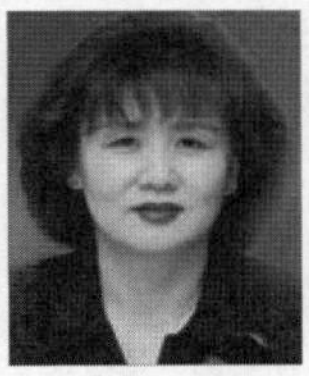

[생]1955·1·27 [주]서울 종로구 대학로86 한국방송통신대학교 간호학과(02-3668-4704) [학]숙명여고졸 1977년 서울대 의과대학 간호학과졸 1980년 同보건대학원 보건관리학과졸 1990년 간호학박사(서울대) [경]1981~1992년 한국보건사회연구원 책임연구원 1992년 한국방송통신대 간호학과 조교수·부교수·교수(현) 1998년 한국산업간호협회 부회장 1998년 한국학교보건학회 부회장 2001~2002년 미국 워싱턴대 간호대학 방문교수 2003년 한국산업간호협회 회장 2003~2006년 직업과여성건강연구회 부회장 2004~2007년 한국임상건강증진학회 부회장 2004년 한국학교보건학회 회장 2005년 노동부 정책자문위원 2006년 질병관리본부 총괄자문위원(현) 2007년 한국방송통신대 제주지역대학장 2007년 한국산업간호학회 논문심사위원(현) 2008년 교육과학기술부 교육과정심의회위원 2009년 한국산업간호학회 회장 2016년 한국방송통신대 자연과학대학장(현), 임상건강근지학회지 논문심사위원(현), 한국건강증진개발원 금연정책평가사업 평가위원(현) [상]보건사회부장관표창(1987), 행정자치부 대통령표창(2007) [저]'간호이론'(共) '가정간호'(共) '보건교육'(共) '환자와 가족을 위한 가정간호'(1997, 신광출판사) '간호이론'(1999, 한국방통대 출판부) '한국사회문제'(2002, 한국방통대 출판부) '간호학 특론'(2003, 한국방통대 출판부) '보건교과교육론'(2004, 현문사) '보건교육사를 위한 보건교육의 이론과 실제'(2005, 한국방통대 출판부) '보건관리자 금연지도사 양성'(2006, 한국산업간협회,금연운동협의회) '건강증진 이론과 적용'(2007, 한국방통대 출판부) '산업전문간호사'(2008, 군자출판사)

김영임(金榮姙·女) KIM Young Im

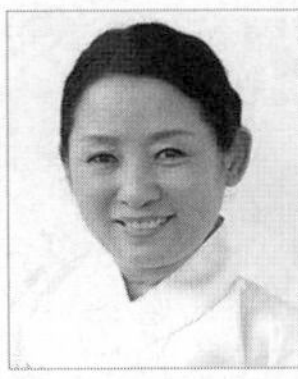

[생]1956 [출]서울 [주]서울 강남구 삼성로146길4의3 2층 (사)아리랑보존회(02-516-9661) [학]1973년 한국국악예술학교졸 [경]이창배에게 사사, 회심곡으로 민요가수 데뷔 1989년 김희조선생 고희기념 연주회(호암아트홀) 1996년 '효를 위한 음악회 부모은중송'(국립중앙극장 대극장) 1996년 우리노래 마당(호암아트홀) 1997년 국립국악관현악단 제7회 정기연주회-봄맞이 굿(세종문화회관 대강당) 1997년 김영임의 회심곡(호암아트홀) 1997년 경기·서도민요-우리노래의 아름다움(국립국악원 예악당) 1997년 김영임의 소리(세종문화회관) 1997년 김영임의 회심곡(부산시민회관) 1998년 신춘국악한마당-희망가(프라자호텔 그랜드볼룸) 1998년 사물놀이 한울림 특별공연(문예회관 대극장)

1999년 어버이날 孝콘서트(예술의전당 콘서트홀) 1999년 이웃사랑－김영임의 소리(음성꽃동네) 1999년 참여연대 창립5주년기념공연－가슴 시원한 신명 한판 휘나리(세종문화회관 대강당) 1999년 경기명창 김영임효잔치(탑골공원) 2000년 회심극(세종문화회관 대극장) 2004년 김영임 효 대공연(경희대 평화의 전당) 2007년 함평세계나비곤충엑스포 홍보대사 2010년 문화체육인 환경지킴이단 2013년 (사)아리랑보존회 이사장(현) 2013년 연천군 홍보대사 2015년 김영임 효 대공연(청양군 문예회관) 2015년 청양군 홍보대사(현) [상]문화공보부장관표창(1976), 전국민요경창대회 대상(1980), 제11회 국악대상 신인상 민요부문(1982), KBS국악대상 대상 민요부문(1995), 한국방송대상 국악인상(1997), 저축의 날 국민포장(2000), 대한민국 국회대상 올해의 국악인상(2009), 한국언론인연합회 자랑스러운 한국인 대상 국악예술부문(2013) [작]'회심곡 음반'(1979) '한국민요전집 대감놀이 음반'(1980) '대중민요1~4집 음반' '민요조 신작 가요집 음반' '현대화시킨 경기도 민요집 음반' '김영임 아리랑 음반'(1995) '회심곡CD 음반'(1997)

김영재(金榮載) KIM Young Jae

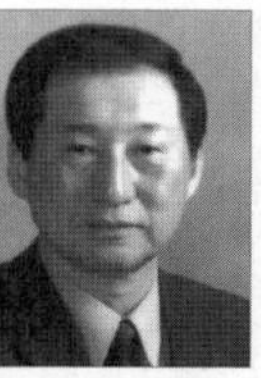

[생]1944·3·3 [본]선산(善山) [출]충북 괴산 [주]서울 종로구 창경궁로20길25 한신전선(주) 회장실(02-3672-2626) [학]1989년 미국 조지워싱턴대 행정경영대학원 수료 1994년 서울대 경영대학원 최고경영자과정 수료 1997년 한국과학기술원 테크노경영대학원 최고정보경영자과정 수료 [경]1969년 한신전선(주) 설립·대표이사 회장(현) 1988년 국제라이온스협회 309K지구 강일라이온스클럽 회장 1991년 한국전선공업협동조합 이사 [상]산업포장, 무역의 날 2천만불 수출탑(2013)

김영재(金泳宰) KIM Young Jae

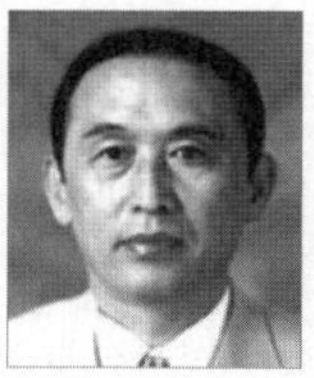

[생]1947·1·17 [본]경주(慶州) [출]경기 용인 [주]서울 남부순환로2374 한국예술종합학교 전통예술원(02-746-9750) [학]1967년 국악예술고졸 1971년 서라벌예대 음악과졸 1977년 경희대 음대 작곡과졸 1980년 同대학원졸 [경]1965년 서울시립국악관현악단 단원 1968년 리틀앤젤스 미국 순회공연 1971년 한국국악예술학교 교사 1972년 한국민속예술단원으로 일본 등 24개국 순회공연·연주 1975년 Little Angels악사로 10개국 순회연주 1982~1998년 전남대 예술대학 국악과 교수 1982년 세종대·서울예전·전남대 강사 1985년 전남도 문화재전문위원 1986년 아시안게임공개행사 음악작곡 1986년 전남도립남도국악단 운영위원·상임지도위원 1988년 무형문화재 제16호 거문고산조 예능보유자 후보 1990년 동아일보 창사기념 소연공연·미국 링컨센터 연주 1991년 환태평양일본해 국제예술제 참가 1992년 서울국악예고 이사장 1993년 상설무대 우리소리 대표 1999~2012년 한국예술종합학교 음악과 교수 2004~2005년 同전통예술원장 2010~2011년 同교학처장 2012년 同명예교수(현) 2013년 중요무형문화재 제16호 거문고산조 예능보유자 지정(현) [상]난계예술제 특상, 국민훈장 석류장(1973), 문교부장관표창, KBS국악대상 작곡상(1989), KBS국악대상 관악상 및 대상(2002), 대한민국문화예술상 음악부문(2004), 제22회 방일영국악상(2015) [저]'현금곡집' '가야금병창곡집'(1979) '김영재 해금창곡집'(1999) '김영재 거문고 창작곡집Ⅰ'(2002) '김영재 가야금창작곡집'(2002) '국악창작곡집'(2007) '김영재 거문고 창작곡집Ⅱ'(2011) 등 다수 [작]'현금곡 전집' '남도의 창' '그날이 오면' [종]불교

김영재(金映宰) KIM Young Jae

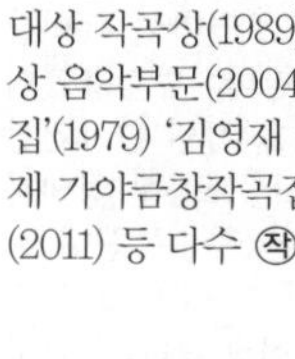

[생]1947·5·12 [본]선산(善山) [출]전남 강진 [주]서울 용산구 한강대로372 KDB생명타워18층 칸서스자산운용(주) 비서실(02-2077-5001) [학]1966년 광주제일고졸 1977년 성균관대 행정학과졸 1991년 중앙대 대학원 경영학과졸 1994년 미국 미시간주립대 VIP Program 수료 [경]1977년 한국투자공사 입사 1977~1986년 증권감독원 기업공시부·정보분석실·총무부·기업등록부·검사3부·검사2부·검사총괄부·지도부·재무관리부 근무 1986~1991년 同검사총괄부·검사2국·지도평가국 과장 1991년 同홍보실·검사3국 차장 1996년 同홍보실장 1996년 同기업등록국장 1996년 同기업재무국장 1998년 금융감독위원회 대변인 1999년 금융감독원 부원장보 2003~2004년 솔로몬신용정보 회장 2003~2004년 솔로몬상호저축은행 회장 2003~2004년 솔로몬AMC 회장 2004년 칸서스자산운용(주) 대표이사 회장(현) [상]증권감독원장표창(1981·1996), 재무부장관표창(1988)

김영재(金榮哉) KIM Young Jae

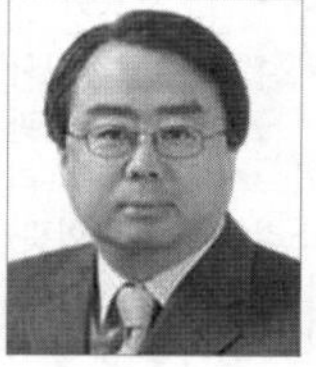

[생]1956·7·10 [주]충북 청주시 청원구 대성로298 청주대학교 정치안보국제학과(043-229-8254) [학]1980년 성균관대 정치외교학과졸 1983년 同대학원졸 1989년 정치학박사(미국 사우스캐롤라이나대) [경]1993~2014년 청주대 정치외교학과 조교수·부교수·교수 1997년 통일원 통일정책자문 1999년 한국국제정치학회 연구이사 1999년 외무·사법·행정고시 출제위원 1999년 국방부 정책자문위원 2000년 충청국제정치학회 회장 2001년 새천년포럼 사무총장 2004~2005년 한국정치외교사학회 부회장 2006년 청주대 국제교류처장 겸 한국어교육센터장 2006년 한국국제정치학회 이사 2006년 한국정치학회 이사 2006년 아태정치학회 상임이사 2014년 한국정치학회 회장 2014년 청주대 정치안보국제학과 교수(현) [상]청주대 사회과학학술상(2001) [저]'현대국제정치론(1991, 대왕사) '북한의 정치와 사회'(1994, 서울프레스) '북한의 국가성격 변용에 관한 연구'(2001, 한울) '북한의 이해'(2002, 법문사) 'Peace and Stability on the Korean Peninsula(2002, 예진) '현대국제정치의 이해'(2004, 오름) [역]'Peace Building on the korean Peninsula and the New World Order'(2005, 오름)

김영재(金榮宰) KIM Young Jae

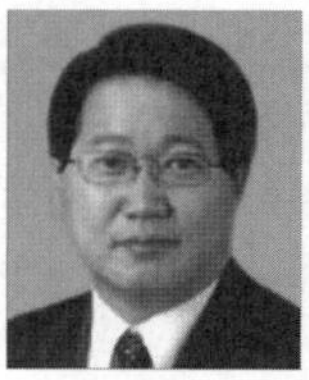

[생]1959·1·1 [출]서울 [주]경기 시흥시 소망공원로333 대덕전자(주) 비서실(031-599-8806) [학]1977년 동국대사대부고졸 1981년 서울대 공업화학과졸 1983년 한국과학기술원 화학과졸 [경]1980년 대덕전자(주) 입사, 同부장 1996년 同이사 1996~1997년 同상무, 대덕산업(주) 이사 1997년 대덕전자(주) 사업총괄 전무이사 2002년 同영업관리 전무이사 2002년 同부사장 2004년 同대표이사 사장(현) 2014년 한국공학한림원 정회원(현) [상]자랑스런 삼성인상 특별상(2014) [종]천주교

김영조(金英助) KIM Young Jo

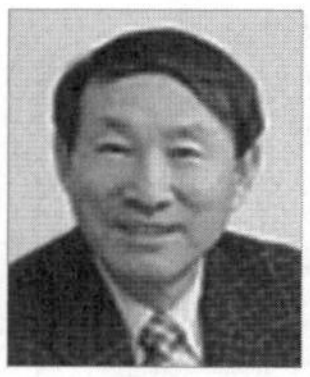

[생]1941·5·10 [출]부산 [주]경남 창원시 성산구 공단로675 나라엠앤디(주) 사장실(055-239-3600) [학]1959년 부산상고졸 1967년 부산대 기계공학과졸 1978년 경남대 대학원 경영학과졸 [경]1967년 (주)금성사 입사 1987년 同COMP사업부 이사 1990년 同냉장고사업부·COMP사업부 부장(이사) 1992년 LG전자(주) 생산기술센터장(상무이사) 1999년 나라엠앤디(주) 대표이사 사장(현) 2004년 나라플라테크(주) 대표이사 사장(현) 2005년 나라엠텍(주) 대표이사 사장(현)

김영조(金暎照) KIM YOUNG JO

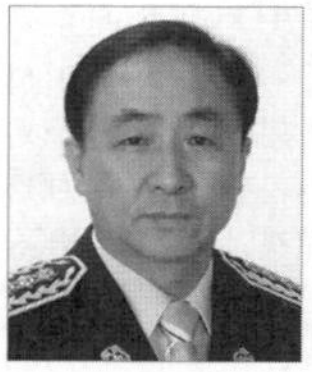

[생]1961·10·9 [출]강원 홍천 [주]강원 동해시 천곡로120 동해소방서(033-533-1119) [학]강원고졸, 삼척공업전문대학 기계과졸 [경]1985~2008년 강원 춘천소방서·홍천소방서·영월소방서 근무 2008년 강원도 소방본부 상황팀장 2010년 강원 영월소방서 소방행정과장 2012년 강원도소방학교 교육운영과장 2013년 강원도 소방본부 방호구조과 예방담당 2016년 강원 동해소방서장(현) [상]국무총리표창(2015)

김영종(金泳宗) KIM Young Jong

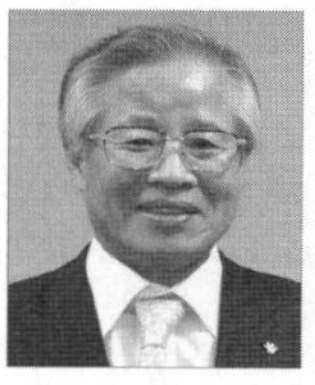

[생]1951·5·25 [본]김해(金海) [출]부산 [주]경북 경주시 동대로123 동국대학교 행정경찰공공학부(054-770-2302) [학]1969년 부산고졸 1974년 부산대 행정학과졸 1980년 서울대 행정대학원졸 1986년 행정학박사(동국대) [경]1973년 행정고시 합격 1974년 부산시 수출지원계장 1977~1985년 노동부 직업안정과장 1985~2013년 동국대 경주캠퍼스 행정학과 전임강사·조교수·부교수·교수 1992년 同법정대학장 1997년 경주지역발전협의회 회장 1997년 대구경북행정학회 회장 1998년 동국대 경주캠퍼스 지역개발대학원장 1998년 同사회문화교육원장 2002~2003년 同경주캠퍼스 부총장 2002년 한국정책과학학회 부회장 2005~2006년 동국대 사회과학대학원장 겸 법정대학장 2011~2012년 同경주캠퍼스 총장 2013년 同경주캠퍼스 행정경찰공공학부 교수(현) [저]'노사문제 이렇게 푼다'(1990, 형성 출판사) '행정철학'(1995, 법문사) '행정학'(1995, 법문사) [종]불교

김영종(金永樓) KIM Young Jong

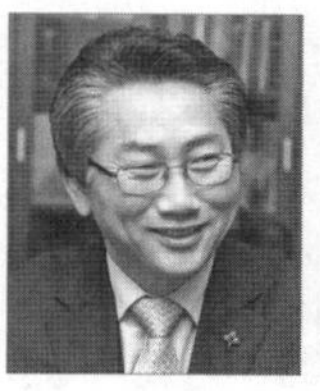

[생]1953·12·3 [본]광산(光山) [출]전남 곡성 [주]서울 종로구 삼봉로43 종로구청 구청장실(02-2148-1000) [학]1973년 조선대학교병설공업고등전문학교 건축과졸 1990년 서울산업대 건축공학과졸 1993년 홍익대 도시건축대학원 환경설계학과 수료 2001년 한양대 지방자치대학원졸(지방자치학석사) 2010년 同대학원 행정학과졸(행정학박사) [경]1985~2000년 중원종합건축사(주) 대표이사 1999~2009년 서울시 종로구 도시계획위원회 심의위원 2004~2007년 한국수자원공사 비상임이사 2010년 서울시 종로구청장(민주통합당) 2012~2014년 세계문화유산도시협의회 회장 2014년 서울시 종로구청장(새정치민주연합·더불어민주당)(현) 2015년 한양대 공공정책대학원 겸임교수 2015년 서울시구청장협의회 부회장(현) [상]국민훈장 석류장

(2007), 한국매니페스토 약속대상 우수사례부문 최우수상(2010), 한국건축문화대상 올해의 건축문화인상(2012), 시민일보 의정·행정대상 행정부문(2012·2013), 유권자시민행동 대한민국유권자대상(2014·2015), 대한민국도시대상 도시사회부문 특별상(2015) [저]'건축쟁이 구청장하기'(2012) [종]기독교

김영종(金永鍾) KIM Young Jong

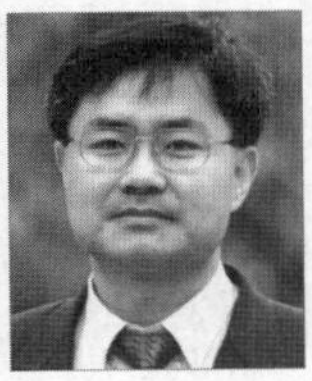

[생]1958·2·13 [출]경북 경산 [주]부산 남구 수영로309 경성대학교 사회복지학과(051-663-4543) [학]1976년 대구 계성고졸 1984년 경북대 사회학과졸 1986년 미국 텍사스주립대 대학원 사회복지학과졸 1989년 철학박사(미국 텍사스주립대) [경]1990년 경성대 사회복지학과 교수(현) 1996년 미국 텍사스주립대 객원교수 1999~2000년 한국사회복지학회 조사분과위원 1999~2001년 경성대 사회복지대학원 교학부장 1999~2002년 부산시도시개발공사 자문위원 1999~2001년 한국사회복지행정학회 연구위원장 2001년 同편집위원장 2001~2005년 부산시 사회복지위원 2001~2005년 한국자원봉사연합회 교육위원 2002~2006년 한국사회복지학회 편집위원 2002~2005년 부산MBC문화네트워크 운영위원 2003년 부산사회복지공동모금회 이사 겸 배분위원장 2003년 부산남구종합사회복지관 관장 2003~2006년 한국사회복지행정학회 부회장 2004~2007년 부산복지전화네트워크(사) 소장 2004~2007년 아름다운가게 운영위원 및 배분위원장 2005~2006년 한국사회복지교육협의회 교육분과위원장 2005~2007년 부산수영구지역사회복지협의체 공동의장 2005~2007년 부산여성취업지원네트워크 운영위원 2006년 한국사회복지행정학회 회장 2006년 한국사회복지학회 운영이사 2006~2007년 부산참여자치시민연대 사회복지보건위원회 위원장 2007년 행정자치부 지방행정혁신브랜드사업 지도자문교수 2007~2011년 부산지방노동위원회 공익위원 2007~2008년 기획예산처 사회통합정책관 2009~2011년 행정안전부 정부합동평가위원회 보건복지소위원장 2009~2011년 한국사회서비스학회 이사 겸 부회장 2009~2011년 경성대 사회과학연구소장 2010~2011년 일본재단 펠로우(Japan Foundation Fellow) & 일본복지대학 객원연구원 2010~2012년 한국사회복지학회 편집위원장 2014년 同회장 2015년 同법인이사(현) 2015년 경성대 법학대학장 2016년 同법정대학장(현) [저]'사회복지행정'(1998·2001, 학지사) '사회복지조사방법론'(1999, 학지사) '사회복지공동모금회의 배분사업 체계 분석과 협력관계 구축에 관한 연구'(2004, 사회복지공동모금회)

김영종(金暎鐘) KIM Young Jong

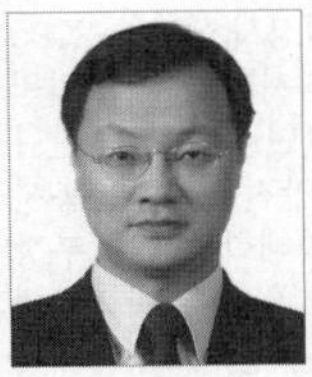

[생]1966·9·5 [출]강원 정선 [주]경기 안양시 동안구 관평로212번길52 수원지방검찰청 안양지청(031-470-4200) [학]1984년 건국대사대부고졸 1988년 한양대 법대졸 [경]1991년 사법시험 합격(33회) 1994년 사법연수원 수료(23기) 1994년 서울지검 검사 1996년 춘천지검 강릉지청 검사 1997년 서울지검 북부지청 검사 1999년 창원지검 검사 2001년 수원지검 검사 2003년 법무부 검찰국 검사 2005년 서울남부지검 검사 2005~2006년 미국 조지워싱턴대 연수 2006년 서울남부지검 부부장검사 2007년 춘천지검 강릉지청 부장검사 2007년 미국 리드신문기법 및 IPT 신문기법 연수 2008년 청주지검 영동지청장 2009년 서울중앙지검 부부장검사 2009년 대검찰청 첨단범죄수사과장 2010년 同범죄정보1담당관 2011년 서울중앙지검 첨단범죄수사1부장 2012년 부산지검 형사1부장 2013년 대검찰청 범죄정보기획관 2014년 수원지검 안산지청 차장검사 2015년 의정부지검 차장검사 2016년 수원지검 안양지청장(현) [상]검찰총장표창(1997), 모범검사상(2003)

김영주(金榮珠·女) Young Joo KIM

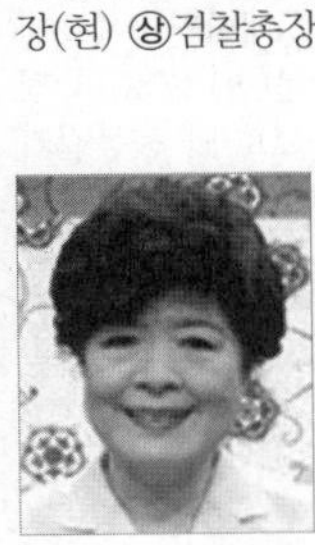

[생]1948·2·17 [본]수안(遂安) [출]대구 [주]서울 용산구 후암로57길57 절제회관 대한기독교여자절제회연합회 회장실(02-754-1707) [학]1965년 이화여고졸 1970년 서울대 미술대학졸 1973년 미국 크랜브룩대 미술대학원졸 [경]1973~2001년 미국·불란서·한국 등 개인전 16회 1980년 쌀롱 아트 씨크레전 초대 1982년 미국 하버드대학원 초청 아시아우수기독작가전 초대 1983~1989년 세계기독교여자절제회 부회장 2001년 코리아닷컴 부회장(현) 2005년 한국체코코메니우스학회 이사장(현) 2006년 대구도시가스 이사(현) 2006년 기독교미술협회 회원(현) 2006년 한국미술협회 회원(현) 2006년 대한기독교여자절제회 연합회장(현) 2006년 김영주상설개인전시실 전시(현) 2006년 세계기독교여자절제회 시민사회부장, 대성그룹 부회장(현) 2013년 세계기독교여자절제회 제3부회장 2016년 同수석부회장(현) [상]국제 입선·특선(1969·1978·1981), 크랜브룩 미술대학원 경매전 입상(1973), 중앙미술대전 특선(1978), 모나코왕실 주최 국제현대미술전 입상(1981), 일본 국제예술문화상 훈장 수장(2002)

김영주(金榮柱) KIM Young Joo

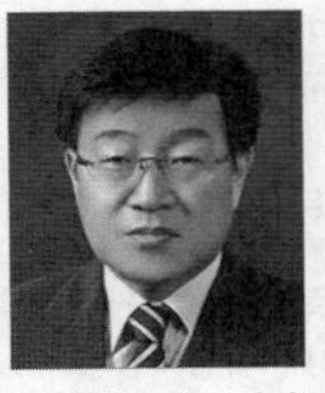

[생]1950·1·2 [본]경주(慶州) [출]서울 [주]서울 중구 통일로92 에이스타워 법무법인 세종(02-316-4695) [학]1968년 서울고졸 1975년 서울대 사회학과졸 1983년 미국 시카고대 대학원 경영학과졸 [경]1975년 행정고시 합격(17회) 1990년 경제기획원 방위예산담당관 1991년 대통령 사회간접자본투자기획단 파견 1992년 경제기획원 건설환경예산담당관 1993년 同교통체신예산담당관 1994년 同재정계획과장·예산정책과장 1995년 재정경제원 예산총괄과장 1996년 한국개발연구원(KDI) 파견 1997년 국가경쟁력강화기획단 파견 1998년 예산청 기획관리관 1999년 기획예산처 공보관 2000년 同사회예산심의관 2000년 同재정기획국장 2001년 대통령 정책비서관 2002년 대통령 기획조정비서관 2002년 재정경제부 차관보 2003년 대통령 정책기획비서관 2004년 대통령 정책기획수석비서관 2004년 대통령 경제정책수석비서관 2006년 국무조정실장(장관급) 2007~2008년 산업자원부 장관 2008년 법무법인 세종 고문(현) 2009~2011년 서울대 행정대학원 초빙교수 2009년 연세대 경제대학원 석좌교수(현) 2010년 SK이노베이션(주) 사외이사(현) 2012년 (주)케이씨텍 사외이사(현) [상]재무부장관표창, 국무총리표창, 홍조근정훈장, 청조근정훈장

김영주(金永柱) KIM Young Joo

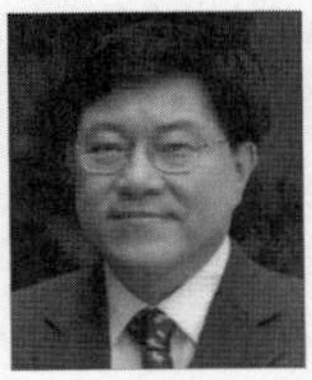

[생]1950·9·15 [본]김해(金海) [출]경남 남해 [주]광주 서구 천변좌하로266 (사)광주전남ICT협회(070-8854-8689) [학]1974년 서강대 무역학과졸 1990년 미국 캘리포니아대 로스앤젤레스교 대학원 경영학과졸 2001년 경영학박사(단국대) 2004년 한국생산성본부 최고경영아카데미 호남1기 수료 2006년 서울대 Global Leader Academy 1기 수료 2007년 한국예술종합학교 예술관광정책과정 5기 수료 2013년 광주과학기술원 테크노CEO프로그램 3기 수료 [경]1982~1991년 코오롱상사 LA지사 부장 1991~1996년 同이사 1994~1996년 신세기통신 기획담당 이사 1997년 코오롱그룹 기획조정실 정보통신사업팀장(이사) 1997~1998년 글로텔 상무이사 1998년 코오롱정보통신 정보기기산업본부장 겸 통신사업본부장(상무이사) 1999~2000년 라이거시스템즈 대표이사 2000~2001년 코오롱정보통신 전략기획담당 전무이사 2001~2002년 유니와이드테크놀러지 부사장 2002~2008년 광주정보·문화산업진흥원 원장 2003년 전남대 경영학부 겸임교수 2004~2008년 전국IT법률지원기관협의회 부회장 2004~2005년 지역IT진흥기관협의회 회장 2009~2011년 (주)광주광역정보센터 대표이사 사장 2011년 전남정보문화산업진흥원 원장 2012~2013년 목포대 사학과 겸임교수 2012년 동신대 공연전시기획학과 겸임교수(현) 2013년 (사)광주전남ICT협회 회장(현) [상]건설부장관표창(1981), 국무총리표창(2000), 대통령표창(2005), 산업포장(2010) [저]'문화만이 살 길이다–대한민국 문화산업 이야기'(2013) [종]기독교

김영주(金榮珠·女) KIM Young Joo

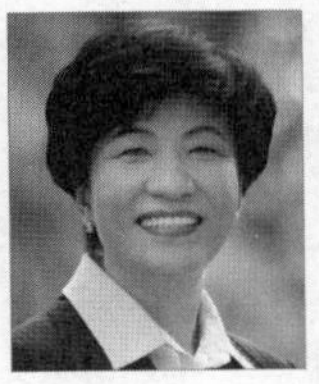

[생]1955·7·27 [본]김해(金海) [출]서울 [주]서울 영등포구 의사당대로1 국회 의원회관526호(02-784-2470) [학]1974년 무학여고졸 1997년 한국방송통신대 국어국문학과졸 2000년 서강대 경제대학원졸 [경]1985년 서울신탁은행 노동조합 여성부장 1990년 同노동조합 정책연구실장 1995년 전국금융노동조합연맹 부위원장 겸 여성복지·교육홍보국장 1996년 Social Asia Forum 한국위원 1998년 서울지방노동청 고용평등위원회 근로자위원 2000년 새천년민주당 노동특별위원회 부위원장 2000년 同시민사회위원회 부위원장 2001년 여성부 정책자문위원회 기획위원 2002년 새천년민주당 당무위원 2002년 同제16대 대통령선거대책위원회 국민참여운동본부 부본부장 2003년 대통령직인수위원회 사회문화여성분과 상근자문위원 2003년 청와대 노동TF Team 자문위원 2003년 열린우리당 사무처 총괄차장 2003년 同상임중앙위원 2003년 同당무위원 2003년 同전국노동위원회 위원장 2004~2008년 제17대 국회의원(비례대표, 열린우리당·대통합민주신당·통합민주당) 2004~2005년 열린우리당 원내부대표 2005년 同서울시당 중앙위원 2005년 同전국노동위원장 2006년 同사무부총장 2007년 同전국여성위원회 위원장 2008년 제18대 국회의원선거 출마(서울 영등포구甲, 통합민주당) 2008년 통합민주당 사무총장 2008년 同최고위원 2009년 민주정책연구원 이사 2012년 제19대 국회의원(서울 영등포구甲, 민주통합당·민주당·새정치민주연합·더불어민주당) 2012년 민주통합당 학력차별철폐및실태조사특별위원회 위원장 2012~2014년 국회 정무위원회 간사 2013년 민주통합당 비상대책위원장 비서실장 2013년 민주당 당무위원 2013년 同학력차별철폐및실태조사특별위원회 위원장 2013~2014년 국회 정치개혁특별위원회 위원 2014년 국회 환경노동위원회 위원장 2014~2015년 새정치민주연합 조직강화특별위원회 위원 2016년 제20대 국회의원(서울 영등포구甲, 더불어민주당)(현) 2016년 국회 정무위원회 위원(현) 2016년 더불어민주당 서울영등포구甲지역위원회 위원장(현) 2016년 同서울시당 위원장(현) 2016년 同최고위원(현) [상]국민포장(1996), NGO국정감사 우수의원(2004~2007·2012), 국

회사무처 선정 입법 및 정책개발 우수의원(2006~2007), 민주통합당 국정감사 우수의원(2012), 법률소비자연맹 선정 국회 헌정대상(2013·2014·2015·2016), 서강경제대상 사회경제인부문(2013) [종]불교

김영주(金瑛珠·女) Kim Young Ju

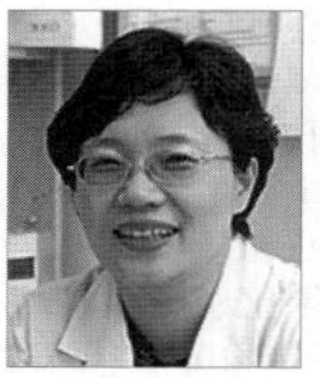

[생]1963·10·31 [본]의성(義城) [출]경기 안성 [주]서울 양천구 안양천로1071 이화여자대학교 목동병원 산부인과(02-2650-5029) [학]1988년 이화여대 의학과졸 1992년 同대학원 산부인과학과졸 1997년 산부인과학박사(이화여대) [경]1988~1993년 이화여대 의대 의료원 인턴·레지던트 1993년 서울대 의대 산부인과학교실 전임의 1993~1994년 이화여대 의대 의료원 산부인과 전임의사 1994년 同의대 산부인과학교실 전임강사·조교수·부교수·교수(현) 2002~2013년 이화여대부속 목동병원 모자센터장 2004~2011년 대한산부인과 초음파학회 이사 2007년 대한의학회지 심사위원 2008년 보건복지가족부 R&D사업 실무위원 2009년 영국 국제인명센터(IBC) 선정 '올해의 의학자' 2009년 건강보험심사평가원 비상근위원(현) 2010년 모태태아의학회 간행위원장(현) 2010~2013년 이대여대부속 목동병원 IRB팀장 2011~2013년 보건산업진흥회 Project Manager 2011년 소비자시민모임 모유수유위원(현) 2012년 대한산부인과학회 부편집위원장 2013~2015년 이대여대부속 목동병원 교육연구부장 2013년 대한산부인과학회 부대변인(현) 2015년 同편집위원회·고위험임신위원회 간사(현) 2015년 보건복지부 정책심의위원(현) [상]보건산업기술대전 우수상(2004), 태아의학회 학술상(2004·2009), 대한주산기학회 남양학술상(2011), 서울대 AHP병원경영고위자과정 은상(2013) [저]'임신중독증'(2002, 여문각) '산과학'(2007, 군자) [종]기독교

김영주

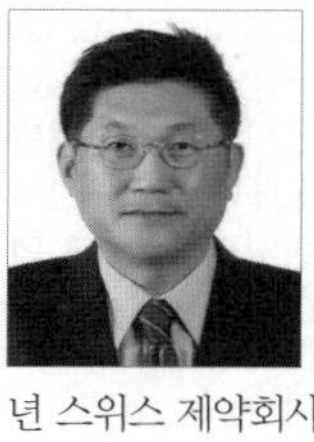

[생]1964·2·12 [주]서울 서대문구 충정로8 종근당 비서실(02-2194-0300) [학]고려대 미생물학과졸, 미국 롱아일랜드대 대학원 면역학과졸 [경]1993년 한독제약 소염진통제 및 항생제부문의 생산관리자(PM) 1995년 JW중외제약 항생제·항암제부문 마케팅담당자(BM) 1998년 영국 제약회사 스미스클라인비참 한국지사 항암제부문 마케팅담당(BM) 2000년 제약회사 '릴리' 영업마케팅본부장 2005년 스위스 제약회사 '노바티스' 한국지사 영업마케팅 총괄 2007년 머크세로노 부서장 2015년 종근당 대표이사 사장(현) [상]보건복지부장관표창(2015)

김영주

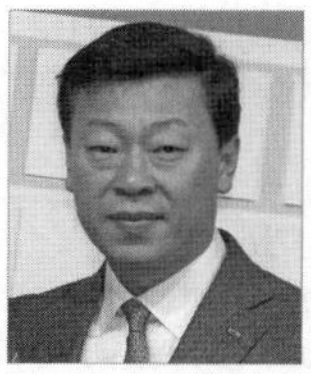

[생]1968·5·19 [주]경기 구리시 체육관로137의6 동진세무타운4층 구리 KDB생명 위너스(031-553-8394) [학]휘문고졸, 경희대졸 [경]기업은행 농구단 소속, 부산 KT 소닉붐 소속 1998년 경희대 농구부 객원코치 2000년 낙생고 농구부 코치 2000~2006년 춘천 우리은행 한새 코치 2007년 구리 KDB생명 위너스 코치 2010~2012년 同감독 2013년 윌리엄존스컵여자농구대표팀 감독 2014년 FIBA 세계여자농구선수권대회 국가대표팀 감독 2015년 구리 KDB생명 위너스 감독(현)

김영주(金永柱) KIM Yeong Joo

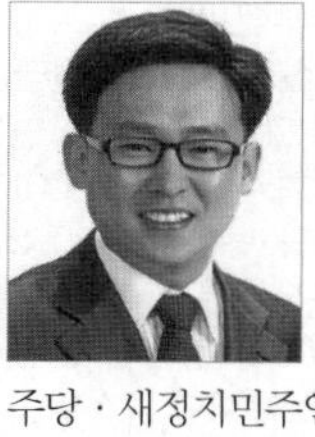

[생]1973·12·20 [본]광산(光山) [출]충남 공주 [주]충북 청주시 상당구 상당로82 충청북도의회(043-220-5076) [학]1991년 청주 금천고졸 2002년 충북대 전기전자공학과졸 [경]충북정치개혁추진위원회 집행위원, 충북평화통일포럼 운영위원, 생활정치네트워크 국민의힘 충북대표, 충북대총동문회 상임이사, 민주당 충북도당 정책실장 2010년 충북도의회 의원(민주당·민주통합당·민주당·새정치민주연합) 2010년 同행정문화위원회 부위원장 2012년 同대변인 2012년 同예산결산특별위원장 2012년 同건설소방위원회 위원 2012년 同청원청주통합지원특별위원회 위원 2014년 충북도의회 의원(새정치민주연합·더불어민주당)(현) 2014~2016년 同행정문화위원회 위원 2016년 同정책복지위원회 위원(현) 2016년 同예산결산특별위원회 위원(현) [상]민주평화통일자문회의 의장(대통령)표창 [종]천주교

김영준(金榮俊) KIM Young Jun

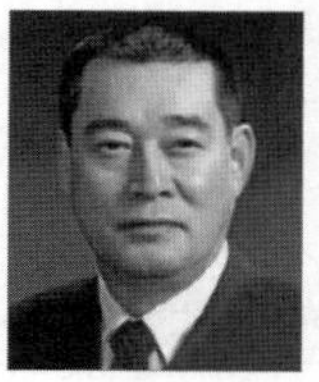

[생]1944·4·1 [본]김해(金海) [출]경남 [주]서울 종로구 인사동5길29 태화빌딩7층 성신양회(주)(02-739-9951) [학]1962년 경기공고졸 1972년 미국 수폴스(Sioux Falls)대 경영학과졸 [경]1973년 성신화학 입사 1975~1977년 同이사·상무이사 1977년 성신양회공업 상무이사 1978~1994년 진성레미컨 사장·부회장 1983년 성신양회공업 전무이사 1984년 코리아스파이서 사장 1986년 성신양회공업 사장 1990년 同부회장 1994년 성신그룹 회장 2000년 성신양회(주) 대표이사 회장(현) [상]동탑산업훈장(1987), 산업포장, 국민훈장 목련장(2015) [종]불교

김영준(金榮俊) KIM Young Joon (碧松)

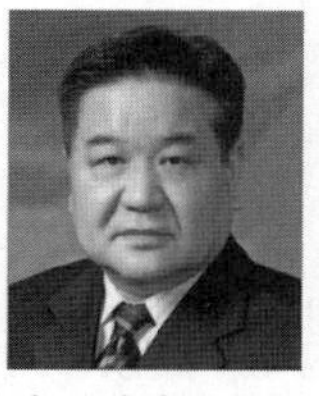

[생]1947·2·19 [본]광산(光山) [출]제주 제주시 [주]제주특별자치도 제주시 아란13길15 제주대학교병원 감사실(064-717-1050) [학]1965년 제주 오현고졸 1970년 제주대 상학과졸 1995년 同행정대학원 수료 1997년 일본 구주대 경제학부 연수 [경]1994년 제주도 법무담당관 1995년 同예산담당관 1996년 同재정경제국장 1997년 일본 구주대 경제학부 연수 1997년 제주도 정책기획관 1999년 국가전문행정연수원 연수 2000년 제주도 관광문화국장·광역수자원관리본부장 2001년 제주시의회 사무처장 2002년 제주시 부시장 2004년 제주도의회 사무처장 2006년 제주특별자치도의회 사무처장, 제주도 지방관리관(1급), 한나라당 제주도당 위원장(대행) 2012년 새누리당 제18대 대통령중앙선거대책위원회 제주도선거대책위원회 국민통합행복위원회 공동위원장 겸 제주도직능대책위원, 同제주도당 윤리위원장, 同제주도당 상임고문, 민주평통 자문위원(현), 대한민국ROTC중앙회 자문위원(현), (사)제주관광진흥회 이사장(현) 2015년 제주대병원 상임감사(현) [상]근정포장(1982), 대통령표창(1989), 홍조근정훈장(2004·2006) [종]불교

김영준(金寧俊) KIM Young Jun (陸山)

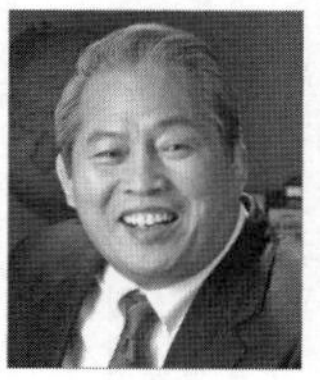

[생]1948·3·21 [본]김해(金海) [출]전북 부안 [주]경기 수원시 영통구 광교산로154의42 경기대학교 스포츠과학대학원(031-249-9065) [학]1967년 전주 영생고졸 1973년 한양대 경영학과졸 1975년 同경영대학원졸 2000년 이학박사(경기대) [경]1972~1974년 방콕아시안게임·뮌헨올림픽·테헤란아시안게임 레슬링 국가대표 선수 1972~1997년 대한주택공사 입사·홍보실장 1978년 同호남지사 서무과장·차량과장·후생과장 1980~1982년 대한레슬링협회 감사 1984년 KBS·MBC·SBS 레슬링해설위원 1984년 미국 LA올림픽 레슬링국가대표팀 감독 1986년 대한주택공사 경기지사 서무부장·후생부장·택지조사부장·홍보부장 1988~1991년 대한레슬링협회 이사 1991년 아시아레슬링선수권대회 선수단장 1994년 대한주택공사 전북지사 부지사장 1996년 同주택연구소 연구관리부장 1996~1998년 뉴한벗라이온스클럽 회장 1997년 대한주택공사 홍보실장 1997년 한나라당 이회창대통령후보 정치특보 1998년 경기대 체육학부 겸임교수 1998~2007년 한국학교체육학회 부회장 1999~2014년 KBS 스포츠해설위원 1999~2003년 在京영생고총동문회 회장 1999년 21세기국가경영연구회 이사 2000년 국민대 강사 2000년 경기대 총동문회 부회장 2001~2013년 同스포츠과학대학원 교수 2002년 세계한민족공동체재단 상임이사 2002년 전북체육인모임 회장 2003년 한국체육과학회 부회장 2003년 대한체육회 전임강사 2003~2005년 대한레슬링협회 부회장 2003년 매헌윤봉길의사기념사업회 지도위원 2003년 同상임위원 2003년 김영준스포츠문화원 원장(현) 2003년 한나라당 민원정책자문위원 2003년 어린이교통안전협회 안전운전교통봉사회중앙회 장학위원장 2003~2005년 경기대 스포츠과학대학원 교학부장 2004~2005년 전북동계올림픽위원회 운영위원 2005년 부안군 관광홍보대사(현) 2005~2007년 경기대 대학원교수협의회장 2006년 경기도생활체육협의회 자문위원 2006년 태권도성지조성전북추진위원회 위원 2006년 경기대 일반대학원 체육과동문회장 2006년 한나라당 오산시당원협의회 위원장 2006년 수원월드컵경기장관리재단 홍보대사 2006~2008년 오산시 지방재정계획심의위원회 위원 2007년 한나라당 상임전국위원회 위원 2007년 同경기도당 남부권본부장 2007년 어린이교통안전협회 안전운전교통봉사회중앙회 장학위원장 2007년 한민족문화협회 이사 2007년 경기일보 마라톤홍보대사 2008년 한나라당 경기도당 선임부위원장 2010년 경기대 스포츠과학대학원장 2011년 (사)연설인협회 총재 2012년 (사)대한건강체육진흥회 상임고문(현) 2012년 (사)경찰경호무도협회 상임고문(현) 2013년 경기대 명예교수(현) 2013년 한민족공동체재단 부총재(현) 2013년 윤봉길기념사업회 이사(현) 2014년 새누리당 오산시당원협의회 위원장 [상]대통령표창(1970), 체육부장관표창(1982), 체육훈장 맹호장(1984), 전북일보사 전북대상-체육부문(1996), 대한체육회 체육상 연구상(2002), 전북애향대상 본상(2005) [저]'강암 천자문' '빠떼루 없는 세상 만들기'(1997) '스포츠지도론'(2001) [종]기독교

김영준(金榮俊)

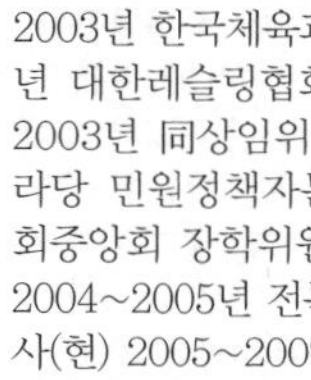

[생]1959 [출]부산 [주]부산 남구 문현금융로40 한국예탁결제원 예탁결제본부(051-519-1500) [학]동아대 무역학과졸, 同대학원 무역학과졸 [경]부산매일신문 금융담당 기자, 부산시 대외협력특별보좌관, 부산환경공단 경영이사 2016년 한국예탁결제원 예탁결제본부장(현)

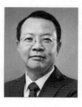

김영준(金榮俊) KIM YOUNG JUN

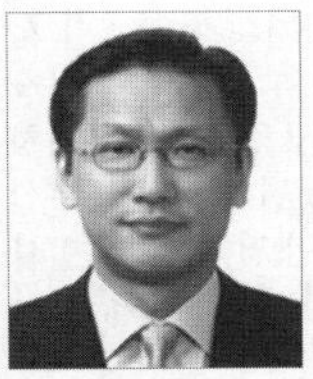

[생]1960 [주]서울 서초구 서초대로74길11 롯데BP화학(주) 임원실(02-6363-7705) [학]부산남고졸, 서울대 화학공학과졸, 同대학원 화학공학과졸 [경]1985년 LG화학 입사 1990년 바스프 마케팅 · 세일즈 매니저 1993년 루브리졸 마케팅 매니저 1994년 아서디리틀 부사장 2002년 현대오일뱅크 기획조정실장(전무) 2004년 머서매니지먼트 컨설팅 한국지사장 2009년 롯데쇼핑 경제연구소장(전무) 2012년 롯데상사 대표이사 2016년 롯데BP화학(주) 대표이사(현)

김영준(金英晙) KIM Young June

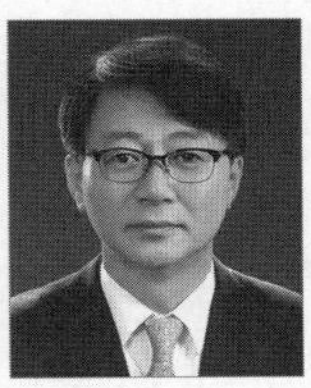

[생]1960 · 8 · 10 [본]김해(金海) [출]전북 군산 [주]서울 서초구 반포대로138, 양진빌딩 3층 김영준법률사무소(02-591-7200) [학]1978년 서울고졸 1983년 서울대 법학과졸 1985년 同대학원 법학과졸 [경]1986년 사법시험 합격(28회) 1989년 사법연수원 수료(18기) 1989년 軍법무관 1992년 서울지검 동부지청 검사 1994년 수원지검 여주지청 검사 1995년 인천지검 부천지청 검사 1996년 미국 듀크대 법대 연수 1999년 한국형사정책연구원 기획운영실장 1999년 대검찰청 검찰연구관 2002년 창원지검 부부장검사(駐미국대사관 법무협력관 파견) 2004년 전주지검 제1부장검사 2005년 서울서부지검 형사5부장 2006년 법무부 국제법무과장 2007년 同법무심의관 2008년 수원지검 여주지청장 2009년 同성남지청 차장검사 2009년 춘천지검 차장검사 2010년 수원지검 제1차장검사 2011년 법무연수원 연구위원 2012년 서울고검 공판부장 2013년 同차장검사 2013년 창원지검장 2015년 법무부 출입국 · 외국인정책본부장(검사장급) 2016년 변호사 개업(현) [상]대통령표창(1995)

김영준(金英俊) Kim Young-jun

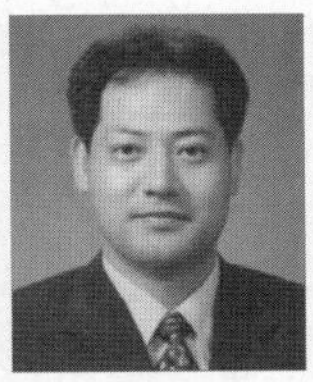

[생]1964 · 6 · 18 [출]부산 [주]서울 종로구 사직로8길60 외교부 국제경제국(02-2100-7614) [학]동국대 사대부고졸 1989년 서울대 외교학과졸 1995년 미국 조지아주립대 대학원 국제정치학과졸 [경]1990년 외무고시 합격(24회) 1990년 외무부 입부 1997년 駐구주연합 2등서기관 1998년 駐벨기에유럽연합 2등서기관 2000년 駐에티오피아 1등서기관 2005년 대통령비서실 파견 2006년 외교통상부 유럽연합통상과장 2008년 駐벨기에유럽연합 참사관 2011년 외교통상부 통상기획홍보과장 2013년 외교부 양자경제외교국 심의관 2015년 同다자경제외교국장 2015년 同국제경제국장(현)

김영준(金永埈) KIM Yeong Jun

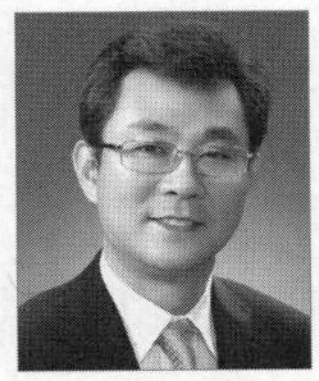

[생]1965 · 10 · 27 [본]경주(慶州) [출]경북 포항 [주]대구 수성구 동대구로351 법무빌딩 법무법인 중원(053-214-7000) [학]1984년 영남고졸 1989년 고려대 법학과졸 [경]1991년 사법시험 합격(33회) 1994년 사법연수원 수료(23기) 1994년 軍법무관 1997년 대구지법 판사 1999년 同영덕지원 판사 겸 영양군법원 판사 2002년 대구지법 판사 2006년 대구고법 판사 2008년 대구지법 판사 2009년 同서부지원 부장판사 2011년 대구지법 부장판사 2011년 변호사 개업 2011년 영남대 법학전문대학원 겸임교수(현) 2012년 법무법인 중원 변호사(현) 2012년 경북도 행정심판위원회 위원(현) 2012년 한국농어촌공사 자문변호사(현) 2015년 한국자산관리공사 자문변호사(현) 2015년 학교법인 영남학원 자문변호사(현)

김영준(金榮俊)

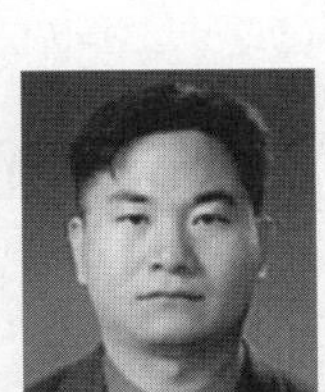

[생]1969 · 8 · 1 [출]전북 익산 [주]대구 수성구 동대구로364 대구지방검찰청 형사3부(053-740-4312) [학]1987년 이리고졸 1992년 서울대 법학과졸 [경]1997년 사법시험 합격(39회) 2000년 사법연수원 수료(29기) 2000년 수원지검 검사 2002년 청주지검 충주지청 검사 2004년 전주지검 검사 2006년 서울중앙지검 검사 2009년 의정부지검 고양지청 검사 2012년 제주지검 검사 2013년 同부부장검사 2014년 인천지검 부부장검사(법무연수원 교수 파견) 2016년 대구지검 형사3부장(현)

김영중(金榮中 · 女) KIM Young Choong

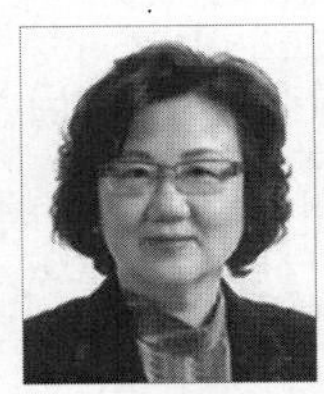

[생]1946 · 4 · 4 [출]서울 [주]서울 관악구 관악로1 서울대학교 약학과(02-880-7825) [학]1968년 서울대 약학과졸 1970년 미국 인디애나대 대학원졸 1976년 이학박사(미국 일리노이대 Urbana-Champaign교) [경]1968년 미국 인디아나대 조교 1970년 미국 일리노이대 연구조교 1976년 미국 플로리다대 연구원 1977년 이화여대 강사 1978~1988년 서울대 조교수 · 부교수 1988~2010년 同약대 약학과 교수 1989년 同약대부속 약초원장 1994년 한국과학기술한림원 정회원 · 종신회원(현) 1994~1995년 한국생약학회 부회장 1994년 대한약학회 편집위원장 1995년 한국생약학회 수석부회장 1997년 同회장 1997년 고려인삼학회 편집위원장 1999년 대한약학회 간사장 2001년 서울대 여교수협의회 부회장 2003년 同여교수협의회장 2003~2008년 서울대학교원임용양성평등추진위원회 위원 2003~2008년 서울대 인사위원회 위원 2004년 대한민국학술원 회원(약학 · 현) 2005~2010년 한국과학기술단체총연합회 부회장 2007~2011년 서울대 평의원회 위원 2008~2010년 전국약학대학약초원협의회 회장 2008~2011년 한국보건산업진흥원 이사 2009년 여성생명과학기술포럼 이사 2009~2010년 대한약학회 회장 2009년 교육과학기술부 약학대학정책자문위원회 위원장 2010년 서울대 약학과 명예교수(현) [상]한국생약학회 학술상(1998), 과학기술훈장 웅비장(2001), 경기여고 영매상(2001), 대한약학회 학술본상(2001), 한국과학재단 올해의 여성과학기술자상(2002), 약학신문 제26회 약학평론가상(2003), 제2회 로레알 여성생명과학상(2003), 삼성생명공익재단 제3회 비추미 여성대상 별리상(2003), 약학신문 동암 약의상(2004), 제1회 아모레퍼시픽 여성과학자상 과학대상(2006), 한 · 영여성과학자 글로벌 리더(2007), 서울대 우수연구상(2008), 자랑스러운 경기인상(2008), 한국생약학회 우수논문상(2008) [저]'영양과 성장유지(共)'(1982) '생약학(共)'(1988) '녹용(共)'(1994) '본초학(共)'(1994) '아름다움의 잣대(共)'(1994) '식물지(共)'(2001) '생약학(共)'(2006)

김영중(金永中) KIM, YOUNG-JOONG

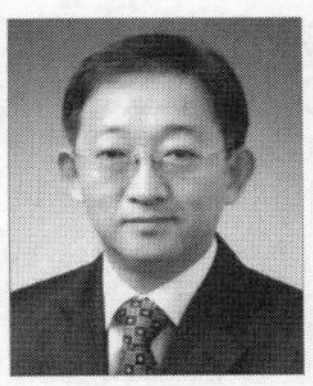

[생]1957 · 12 · 11 [주]대전 유성구 가정북로156 한국기계연구원 성과확산본부(042-868-7424) [학]1976년 서울대광고졸 1980년 서울대 조선공학과졸 1982년 同대학원 조선공학과졸 2005년 공학박사(충남대) [경]1982~1987년 한국기계연구원 구조연구부 연구원 1987~2005년 同선임연구원 2006년 同기계시스템안전연구본부 책임연구원(현) 2006년 미국 General Atomics Urban Maglev Lab. 방문연구원 2014년 전력산업기술기준(KEPIC) 기기검증기술위원회 기술위원(현) 2015년 한국기계연구원 원자력산업기기검증센터장(현) 2016년 同성과확산본부장 겸임(현) [상]한국기계연구원 공로상(1991), 한국기계연구원 연구개발상(2005), 국무총리표창(2009)

김영중(金英中) KIM YOUNG JUNG

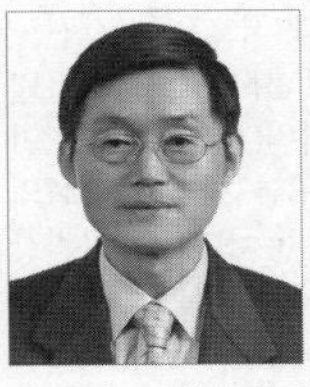

[생]1964 · 1 · 28 [본]광산(光山) [출]인천 [주]세종특별자치시 정부2청사로10 에스엠타워 국민안전처 임차청사8층 조사분석관실(044-205-6300) [학]1982년 인천 송도고졸 1986년 인하대 건축공학과졸 2000년 同교육대학원 교육학(기계금속)과졸 [경]1985년 기술고시 합격(21회), 문화공보부 · 노동부 근무 1994년 소방공무원 특채 임용 2004년 인천북부소방서장 2005년 인천중부소방서장 2006년 인천소방본부 소방행정과장 2007년 소방방재청 방호과 소방정 2008년 중앙소방학교 교육기획과장 2009~2010년 국무총리실 안전환경정책관실 근무 2010년 소방방재청 소방제도과 소방정 2011년 同소방산업과장 2012년 울산시 소방본부장 2014년 경기소방학교장 2015년 국민안전처 소방정책국 소방산업과장 2016년 同특수재난실 조사분석관(현) [상]대통령표창(1991), 근정포장(2012) [종]천주교

김영중(金暎中) Kim Young-Jung

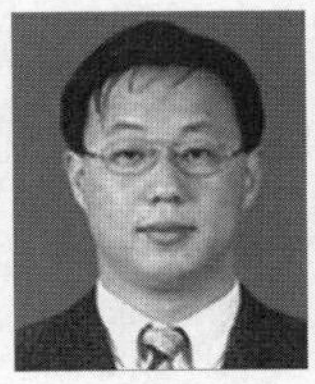

[생]1970 · 3 · 23 [본]광산(光山) [출]서울 [주]광주 북구 첨단과기로208번길43 전남지방노동위원회(062-975-6110) [학]1988년 광주 진흥고졸 1992년 서울대 경영학과졸 1994년 同행정대학원 행정학과졸, 박사(미국 콜로라도대) [경]1993년 행정자치부 행정사무관 시보 1994년 노동부 행정사무관 2001년 同고용정책과 사무관 2002년 경남지방노동위원회 사무국 서기관 2002년 노동부 고용정책심의관실 고용정책팀 서기관 2007년 사람입국 · 일자리위원회 파견, 노동부 양극화민생대책본부 계층이동촉진팀장 2008년 同지역고용개발팀장 2009년 同고용정책실 청년고용대책과장 2010년 同인력수급정책과장 2010년 고용노동부 인력수급정책과장 2011년 중부지방고용노동청 인천고용센터 소장 2012년 同인천고용센터 소장(부이사관) 2013년 교육파견(부이사관) 2014년 고용노동부 여성고용정책과장 2015년 전남지방노동위원회 위원장(현) [상]대통령표창(2000)

김영진(金永鎭) KIM Young Jin (새벗 · 수계)

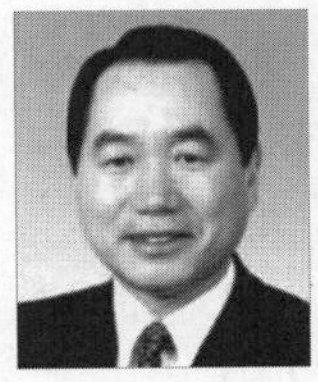

[생]1944 · 6 · 16 [본]안동(安東) [출]경북 예천 [주]경기 고양시 덕양구 덕은로60의12 (주)성서원(02-765-0011) [학]1963년 안동 경안고졸 1967년 국민대 경제학과졸 1977년 고려대 경영대학원졸 1980년 감리교신학대 대학원졸 [경]1972년 (주)성서원 설립 · 회장(현) 1981~2011년 월간 '새벗' 300호 · 400호 · 500호 발행인 1990년 대한출판문화협회 상무이사 1995~1997년 한국잡지협회 회장 1996년 뉴코리아CC챔피언 경기위원장 [상]문화공보부장관표창, 재무부장관표창, 동포문학상, 노산문학상, 한국간행물윤리상, 한국문학예술대상, 한국수필문학상, 한국기독교문학상, 대통령표창, 은관문화훈장 [저]시집 '초원의

꿈을 그대들에게'(1965, 동아출판사) '나를 부르는 소리' 수필집 '책한테 길을 물어'(1985, 현대문학) '금강산 맛있게 보기' '개성 맛있게 보기' '백두산 맛있게 보기' '열린문으로 들어가기'(1994, 국민일보) '책읽는 사람이 세계를 이끈다'(1995, 웅진지식하우스) '희망이 있으면 음악이 없어도 춤춘다'(2000, 웅진지식하우스) '별과 꽃과 사랑의 노래' '성경전장서시시집' 에세이 '백두산'(2011, 민음사) '365 에너지 충전소'(2013, 금강산) ⊚기독교

김영진(金永珍) KIM Young Jin

⊛1946 · 11 · 9 ⊜경남 고성 ㈜충남 당진시 석문면 보덕포로587 환영철강공업(주) 사장실(041-350-2500) ⊛1966년 마산고졸 1969년 서울대 금속공학과졸, 同대학원 과학 및 정책 최고연구과정 수료 ⊜1969년 극동철강(주) 입사 1974년 한국철강(주) 입사 1977~1981년 동국제강(주) 파견(과장) 1982년 한국철강(주) 기획조정실장 1987~1995년 同생산부장 1996년 同생산이사 겸 건설본부팀장 1998~2000년 同공장 생산이사 2000~2002년 同상무이사 부공장장 2002~2005년 환영철강공업(주) 대표이사 부사장 2005년 同태표이사 사장(현) ⊗석탑산업훈장(2006), 은탑산업훈장(2013) ⊚불교

김영진(金泳鎭) KIM Young Jin (鹿天)

⊛1947 · 11 · 17 ⊜도강(道康) ⊜전남 강진 ㈜서울 종로구 대로19 한국기독교회관601호 국제사랑재단(02-744-7607) ⊛1966년 강진농고졸 1980년 전남대 행정대학원 수료 1998년 고려대 자연자원대학원 수료 1998년 명예 농학박사(우크라이나 국립농업대) 1999년 명예 정치학박사(미국 루이지애나뱁티스트대) 1999년 고려대 노동대학원 수료 2001년 명예 정치학박사(용인대) 2003년 명예 경제학박사(조선대) ⊜1970~1980년 농협 근무 1971년 민주수호국민협의회 강진군 사무국장 1978년 기독교청년전남연합 회장 1979년 광주YWCA사건으로 투옥 1981년 기독교장로회청년회 전국회장 1982년 전국EYC 회장 1982년 광주5 · 18추모식사건으로 투옥 1983년 기독교교회협의회(NCC) 중앙위원 1984년 전남NCC인권위원회 총무 1985년 광주5 · 18복직복권추진위원회 사무국장 1987년 헌정민권회 전남副본부장 1987년 민주쟁취국민운동 전남본부 상임공동의장 1987년 평화민주당 창당발기인 1988년 제13대 국회의원(강진 · 완도, 평민당 · 신민당 · 민주당) 1990년 평민당 원내부총무 1991년 신민당 원내부총무 1991년 민주당 원내부총무 1992년 제14대 국회의원(강진 · 완도, 민주당 · 국민회의) 1994년 민족농업연구소 이사장(현) 1996년 제15대 국회의원(강진 · 완도, 국민회의 · 새천년민주당) 1996년 국민회의 농어민특별위원장 1996년 국회 한국 · 우크라이나의원친선협회 회장 1998년 국회 국가경영전략위원장 1998년 국회 농림해양수산위원장 2000~2003년 제16대 국회의원(전국구, 새천년민주당) 2000년 새천년민주당 농어민특별위원장 2000년 국제농림어업의원연맹 회장 2002년 조선대 경영대학원 겸임교수 2003년 농림부 장관 2003년 새만금범국민협의회 상임대표 2003년 세계기독의원연맹(WCPA) 회장 2003년 (사)대한민국국가조찬기도회 회장 2003년 세계한인교류협력기구(W-KICA) 창설 · 상임대표(현) 2003년 새천년민주당 당무위원 2004년 17대 총선출마(광주西乙, 새천년민주당), 국제사랑재단 창립 · 대표회장(현) 2007년 대통합민주신당 중앙위원 2008년 제18대 국회의원(광주西乙, 통합민주당 · 민주당 · 민주통합당) 2008년 민주당 당무위원, 한국 · 아프리카친선협회 회장, 한일기독의원연맹 대표회장 2008년 유네스코 아태지역교육의원연맹 수석부의장 2008년 한 · 일의원연맹 고문 2009년 (사)대한민국국가조찬기도회 회장 2009년 (사)18기록물유네스코세계기록유산등재위원장 2004년 해돋는마을 이사장 2010년 민주희망2012 상임대표 2012년 (사)2018평창동계올림픽지원범국민운동본부 총재 2012년 (사)광주5 · 18민주화운동 유엔유네스코세계문화유산 아카이브(국제전시관)설립위원회 이사장(현) 2013년 5 · 18역사왜곡대책위원회 위원장(현) 2013년 광주대 석좌교수(현) 2015년 새정치민주연합 고문 2016년 고려대 CEO과정 이사장(현) ⊗전국기독교농민회 기독농민대상, 피스코평화상(2000), 미국 워싱턴 세계평화봉사단 세계평화상(2000), 마틴루터킹 인터내셔널 그랜드마샬 추대(2000 · 2013), 마틴루터킹 국제평화상(2007), 우크라이나 건국공로훈장, 미주한인재단 자랑스런 한국인대상(2010), 제1회 한 · 흑갈등해소평화상(2013) ⊗'총ээ작전과 광주항쟁' '한국농업의 진단과 개혁과제' 'WTO시대 우리의 농업은' '전남 쌀 줄게, 개성인삼 다오'(2000) '오월의 하늘'(2010) '역경속에 핀 꿈'(2011) ⊚기독교

김영진(金永珍) KIM Yeong Jin

⊛1948 · 12 · 9 ⊜경주(慶州) ⊜경남 밀양 ㈜서울 서초구 서초대로40길41 대호아이알빌딩6층 법무법인 청림(02-596-8900) ⊛1968년 부산고졸 1972년 서울대 법대졸 ⊜1972년 사법시험 합격(14회) 1974년 사법연수원 수료(4기) 1975년 軍법무관 1977년 전주지검 검사 1979년 서울지검 검사 1982년 법무부 검찰국 검사 1984년 서울지검 검사 1987년 법무부 검찰국 고등검찰관 1988년 대통령 법률비서관 1989년 수원지검 형사2부장 1990년 부산지검 강력

부장 1991년 법무부 검찰3과장 1992년 同검찰1과장 1993년 서울지검 형사6부장 1993년 同형사2부장 1994년 대검 중앙수사부 수사기획관 1995년 서울지검 북부지청 차장검사 1996년 서울고검 검사 1997년 부산지검 제1차장검사 1998년 서울고검 검사 1998년 同송무부장 1999년 서울지검 서부지청장 1999년 제주지검 검사장 2000년 창원지검 검사장 2001년 법무부 법무실장 2002~2003년 대구지검장 2003년 변호사 개업 2005년 남해화학(주) 사외이사 2007년 삼성생명보험 사외이사 2008년 법무법인 청담 대표변호사 2011년 법무법인 청림 대표변호사(현) ⊚불교

김영진(金永珍) KIM Young Jin

⊛1954 · 4 · 5 ⊜김해(金海) ⊜전남 진도 ㈜전남 화순군 화순읍 서양로322 화순전남대병원 외과(061-379-7642) ⊛1973년 광주제일고졸 1979년 전남대 의대졸 1984년 同대학원 의학과졸 1989년 의학박사(전북대) ⊜1985년 전남대 의과대학 외과학교실 전임강사 · 조교수 · 부교수 · 교수(현) 2002~2004년 同의과대학 외과학교실 주임교수 2002~2004년 同병원 외과 과장 2004~2008년 화순전남대병원 암센터 소장 2004~2008년 전남대병원 암센터소장 2006~2008년 화순전남대병원 병원장 2008~2011년 전남대병원 병원장 2010년 대한대장항문학회 회장 2012~2014년 대한암학회 부회장 2015년 광주 하계유니버시아드선수촌 병원장 2015년 대한외과학회 회장(현) ⊗전남대병원 우수논문상(1995), 대한대장항문학회 에보트학술상(1997), 근정포장(2011) ⊗'응급의학'(1990) '대장항문학'(1991) '위암'(1999) '대장암'

김영진(金榮進) KIM Young Jin

⊛1954 · 6 · 2 ⊜김해(金海) ⊜전북 김제 ㈜서울 송파구 충민로66 가든파이브라이프F8021 (주)내집마련정보사 대표이사실(02-543-0114) ⊛1971년 중앙고졸 1980년 연세대 법학과졸 ⊜1984년 현대자동차 근무 1990년 (주)내집마련정보사 대표이사(현) 1996~2010년 연세대 사회교육원 부동산건설팅 책임강사, 건설주택포럼 이사 2003년 (주)올림픽개발 대표이사(현) 2008년 (주)숲속의요정 대표이사(현) ⊗연세대 사회교육원 공로패 ⊗'IMF 재테크' ⊚기독교

김영진(金暎鎭) KIM Young Jin

⊛1954 · 11 · 11 ⊜연안(延安) ⊜경남 의령 ㈜경기 과천시 코오롱로13 코오롱타워13층 코오롱패션머티리얼 감사실(02-3677-3745) ⊛1974년 대건고졸 1978년 육군사관학교 토목과졸 1991년 독일 카를스루에대 대학원 도시행정학과졸 2012년 정치학박사(경남대) ⊜2001년 감사원 감사교육원 행정과장 2003년 同특별조사국 제4과장 2005년 同특별조사국 제2과장(부이사관) 2005년 同사회복지감사국 제1과장 2007년 건설교통부 감사관 2008년 국토해양부 감사관 2009년 감사원 본부 근무(고위감사공무원) 2010년 同감사청구조사국 지역민원조사단장 2010년 同행정 · 안보감사국장 2011~2014년 한국토지주택공사 상임감사위원 2014년 코오롱패션머티리얼 상임감사(현)

김영진(金泳珍) Kim, Young Jin

⊛1956 · 1 · 6 ⊜연안(延安) ⊜광주 ㈜대전 유성구 대덕대로989번길111 한국원자력연구원 SFR원자로설계부(042-868-8729) ⊛1974년 광주일고졸 1979년 서울대 원자핵공학과졸 1981년 同대학원 원자핵공학과졸 1986년 핵공학박사(미국 Purdue Univ.) ⊜1979년 한국원자력연구소 연구원 1982~1986년 미국 퍼듀대 원자핵공학엔지니어 어시스턴트 1986~1990년 한국원자력연구소 선임연구원 1990~1999년 同실장(MOX · 신형로 노심설계 기술개발) 1999~2002년 同연구지원부장 2002~2005년 同하나로이용기술개발부장 2005~2006년 同하나로이용연구단장 2006년 한국원자력연구원 책임연구원(현) 2007~2008년 同원자력기초과학연구본부장 2010~2014년 同정읍방사선과학연구소장, 한국방사선산업학회 부회장 · 고문(현) ⊚불교

김영진(金寧珍) KIM Young Jin (楠石)

⊛1956 · 11 · 22 ⊜김해(金海) ⊜서울 ㈜서울 강남구 테헤란로132 (주)한독 회장실(02-527-5102) ⊛1975년 중앙고졸 1979년 연세대 경영대학 경영학과졸 1984년 미국 인디애나대 대학원졸(MBA) 1996년 미국 하버드대 Business School AMP 수료 1999년 한국과학기술원 AIM 수료 ⊜1996~2002년 한독약품(주) 대표이사 사장 1999~2007년 한국제약협회 부이사장 2006~2013년 (주)한독약품 대표이사 회장 2010년 미국 인디애나대한국동문회 회장 2010년 (사)한독협회 회장(현) 2011~2015년 연세대 상경 · 경영대학동창회 회장 2013년 (주)한독 대표이사 회장(현) 2015년 한독상공회의소 이사장(현) ⊗국무총리표창(2000),

한국능률협회 한국경영대상(2004), 한국경제신문 비전경영 CEO대상(2004), 동탑산업훈장(2005), 한국회계학회 투명회계대상(2009), 한국경영자총협회·전국경제인연합회 등 경제 5단체 주관 투명경영대상 우수상(2010), 미국 인디애나대 자랑스러운 동문인상(2010), 보건복지부 '아이낳기 좋은세상 운동 경진대회' 대통령표창(2010), 자랑스러운 연세상경인상(2015) ⓒ기독교

김영진

ⓢ1958 ⓙ제주특별자치도 제주시 조천읍 중산간동로601 제주도 상하수도본부(064-750-7700) ⓗ제주 한림공고, 제주대 산업대학원 수료 ⓖ1977년 공무원 임용 2012년 제주도 재난방재과 재난안전담당 지방시설사무관 2013년 同감사위원회 감사과 기술감사팀장 2015년 同국제자유도시건설교통국 국제자유도시계획과장 직대 2015년 同국제자유도시건설교통국 국제자유도시계획과장(지방기술서기관) 2016년 同국제자유도시건설교통국장 직대 2016년 同상하수도본부장(현)

김영진(金永珍) KIM Young Jin

ⓢ1959·8·23 ⓑ광산(光山) ⓞ충남 부여 ⓙ대전 서구 청사로189 특허청 특허심판원 심판10부(042-481-5840) ⓖ1977년 강경상고졸 1985년 충남대 전기공학과졸 2002년 同특허법무대학원 특허법무학과졸 ⓖ1986년 특허청 사무관 1991년 同심사4국 심사관(서기관) 1997년 독일 막스프랑크 지적재산권연구소 객원연구원 2000년 특허법원 기술심리관 2003년 특허청 특허심판원 심판관 2004년 同전기전자심사국 영상기기심사담당관 2005년 駐EU대표부(벨기에 브뤼셀) 특허관 2008년 특허청 반도체설계재산팀장 2009년 同정보통신심사국 영상기기심사과장 2010년 同전기전자심사국 전기심사과장(서기관) 2010년 同전기전자심사국 전기심사과장(부이사관) 2012년 외교안보연구원 교육파견(부이사관) 2013년 특허청 통신심사과장 2013년 同특허심사2국 가공시스템심사과장 2014년 특허심판원 심판10부 심판관 2015년 同심판10부 심판장(고위공무원)(현) ⓒ기독교

김영진(金永眞) KIM Young Jin

ⓢ1959·11·3 ⓞ경남 합천 ⓙ서울 강남구 테헤란로302 PCA생명보험(주) 임원실(02-6960-1718) ⓖ1977년 대아고졸 1985년 부산대 수학과졸 2002년 아주대 경영대학원졸 ⓖ1984년 교보생명 입사 1987년 한국알리코생명 입사 2004년 한국AIG생명(주) 부사장 2006년 일본 AIG에디슨생명 프라핏센터 담당임원, 同상품개발 담당임원, 同마케팅 담당임원 2007년 (주)AIG생명 보험부문 한국·일본지역본부 부사장 2009년 PCA생명보험(주) 대표이사 사장(현) ⓢ재무부장관표창

김영진(金榮鎭) KIM Young Jin (가우)

ⓢ1962·7·4 ⓑ김해(金海) ⓞ대전 ⓙ대전 동구 대학로62 대전대학교 법정대학(042-280-2329) ⓖ1981년 대전고졸 1985년 서울대 법대졸 1987년 국민대 행정대학원졸 1995년 미국 조지워싱턴대 법과대학원졸 2002년 법학박사(대전대) ⓖ1985년 공인중개사시험 합격 1986년 행정고시 합격(30회) 1987년 내무부 수습사무관 1990년 대전시 기획관리실 송무계장 1990년 同시정연구계장 1992년 同기획계장 1994년 同교통운영과장 1996년 미국 뉴욕주 변호사자격(국제변호사) 취득 1997년 대전시 문화체육국 국제협력과장 1999년 同기획관 2002년 대전대 법학과 겸임교수 2002년 (사)대전청소년문화원 이사장(현) 2002년 대전 서구청장선거 출마(한나라당) 2002년 충남대 겸임교수 2003년 대전장애인복지관협회 회장 2003년 대전시립장애인종합복지관 관장 2003년 특허청 정보공개심의위원 2004년 대전·충남지방병무청 자체평가위원장 2005년 한나라당 대전시당 대변인 2006년 (사)한국수상안전협회 회장, 대전고총동창회 부회장 2007~2010년 한나라당 대전시당 부위원장, 법무법인 세화 미국변호사, 대전대 법정대학 법학전공 교수(현), 同학부장 2015년 同사회과학대학장(현) ⓢ내무부장관표창(1992), 자랑스런 대전시민상(1996), 행정자치부장관표창(2000) ⓩ'캄보디아 투자 법제 해설과 실무(共)'(2007) ⓒ기독교

김영진(金永眞) KIM Young Jin

ⓢ1963·2·15 ⓑ광산(光山) ⓞ경북 안동 ⓙ서울 종로구 사직로8길39 세양빌딩 김앤장법률사무소(02-3703-1035) ⓖ1981년 경희고졸 1985년 고려대 법학과졸 2008년 同법무대학원 금융·법학과졸 ⓖ1989년 사법시험 합격(31회) 1992년 사법연수원 수료(21기) 1992년 서울지검 동부지청 검사 1994년 춘천지검 강릉지청 검사 1996년 서울지검 검사 1998년 부산지검 검사 2000년 서울지검 북부지청 검사 2000년 대검찰청 중앙수사부 공적자금비리합동단속반 파견 2002년 예금보험공사 부실채무기업특별조사단 파견 2004년 서울북부지검 부부장검사 2004년 미국 버클리대 연수 2005년 울산지검 형사3부장 2006년 서울중앙지검 부부장검사 2007년 청주지검 제천지청장 2008년 대검찰청 형사2과장 2009년 同조직범죄과장 2009년 서울중앙지검 강력부장 2010년 법무부 대변인 2011년 수원지검 안산지청 차장검사 2012년 대검찰청 범죄정보기획관 2013년 창원지검 차장검사 2014년 수원지검 제1차장검사 2015~2016년 법무연수원 연구위원 2016년 김앤장법률사무소 변호사(현) ⓩ'부실채무기업 특별조사단의 업무성과와 향후 과제'

김영진(金榮鎭) Kim, Young Jin

ⓢ1967·9·10 ⓙ서울 영등포구 의사당대로1 국회 의원회관840호(02-784-8410) ⓖ중앙대 경영학과졸 ⓖ중앙대 총학생회장 2011년 민주통합당 수원丙지역위원회 위원장 2011년 同원내대표 정책특보 2012년 제19대 국회의원선거 출마(수원시丙, 민주통합당) 2012년 민주통합당 정책위원회 부의장 2012년 同경기도당 수석대변인 2013년 민주당 수원시丙지역위원회 위원장 2013년 同경기도당 수석대변인 2013년 同정책위원회 부의장 2014년 새정치민주연합 경기도당 대변인 2014년 同수원시丙지역위원회 위원장 2015년 더불어민주당 경기도당 대변인 2015년 同수원시丙지역위원회 위원장(현) 2016년 제20대 국회의원(수원시丙, 더불어민주당)(현) 2016년 국회 안전행정위원회 위원(현) 2016년 국회 지방재정·분권특별위원회 간사(현)

김영진(金暎珍) Kim Yeong-Jin

ⓢ1967·11·11 ⓙ제주특별자치도 제주시 선덕로23 제주웰컴센터4층 제주특별자치도관광협회(064-741-8701) ⓖ1986년 제주중앙고졸 2007년 전남과학대졸 2008년 제주대 경영대학원 최고경영자과정 수료 ⓖ1996~2015년 (유)자유여행사 대표이사 2003년 탐라교통봉사대 자문위원(현) 2010~2012년 제주시관광축제추진협의회 위원 2011~2013년 제주대 관광·레저선도사업인재양성센터 사업추진위원 2011~2013년 (사)제주곶자왈 공유화재단 이사 2011~2014년 제36대 제주특별자치도지사 공약실천자문위원회 위원 2011~2013년 제주도세계평화의섬범도민실천협의회 자문위원 2011년 세계자연보전총회 범도민지원위원회 위원 2011년 (사)제주특별자치도관광협회 회장(현) 2011년 제주권공항인프라확충범도민추진협의회 공동대표(현) 2011년 (사)제주영상위원회 이사(현) 2012~2013년 제주관광학회 자문위원 2013년 제주국제자유도시개발센터 정책자문위원 2013년 제주특별자치도 장기기증활성화위원회 위원(현) 2013년 대한적십자사 제주지사 상임위원(현) 2014년 국제전기자동차엑스포조직위원회 자문위원(현) 2014년 제주지방 시민사법참여위원(현) 2014년 이중섭탄생100주년기념사업추진위원회 위원(현) 2015년 제주국제감귤박람회 조직위원회 위원(현) ⓢ제주대 경영대학원 제18기 최고경영자 최우수논문상(2008), 제주관광대상(2009), 국토해양부장관표창(2009), 문화체육관광부장관표창(2010), 대한적십자사 적십자회원유공자 은장(2014), 대한적십자사 적십자회원유공자 금장(2015), 2016년을 빛낼 도전한국인 대상(2016)

김영찬(金永燦) KIM Young Chan

ⓢ1951·10·1 ⓞ전북 전주 ⓙ서울 종로구 인사동5길29 태화빌딩7층 성신양회(주) 비서실(02-3782-7039) ⓖ1969년 전주고졸 1973년 고려대 경영학과졸 ⓖ1976년 한국산업은행 입행 1990년 同기업분석부 과장 1991년 同투자개발부 과장 1993년 同종합기획부 과장 1995년 同종합기획부 부부장 1997년 同싱가폴지점 부지점장 겸 현지법인 부사장 1999년 同자금거래실 부부장 2000년 同홍보실장 2002년 同투자금융실장 2003년 同기업금융3실장 2004년 同IT본부장(이사대우) 2005년 同투자금융본부장(이사) 2005년 同지역금융본부장(이사) 2006년 同기업금융본부장(이사) 2007~2008년 同기획관리본부장(이사) 2008년 성신양회(주) 부사장 2009~2013년 同대표이사 사장 2012~2014년 한국시멘트협회 회장 2013년 성신양회(주) 대표이사 부회장(현) ⓢ재무부장관표창, 경제기획원장관표창 ⓒ천주교

김영찬(金永璨) KIM Young Chan

ⓢ1954·10·11 ⓑ김녕(金寧) ⓞ전남 고흥 ⓙ서울 강남구 영동대로511 무역센터1801호 한국의약품수출입협회(02-6000-1841) ⓖ1972년 조선대부고졸 1977년 조선대 약학과졸 1992년 성균관대 대학원 산업보건학과졸 1997년 약학박사(동덕여대) ⓖ1981년 보건복지부 약정국 마약과 사무관 1983년 同약정국 약무제조과 근무, 국립의료원 근무 1993년 보건복지부 약정국 신약개발과·의약품관리과 근무 2000년 식품의약품안전청 의약품안전과 서기관 2001년

同의약품안전국 생물의약품과장 2003년 교육 파견 2005년 식품의약품안전청 의약품안전과장 2006년 同의약품본부 의약품안전정책팀장(부이사관) 2006년 광주지방식품의약품안전청장 2007년 부산지방식품의약품안전청장 2007년 식품의약품안전청 의약품본부장 2008년 同의약품안전국장 2008년 서울지방식품의약품안전청장 2009년 중앙공무원교육원 파견(고위공무원) 2010~2012년 경인지방식품의약품안전청장 2012년 (사)한국의약품수출입협회 상근부회장(현) 2014년 조선대약학대학수도권동문회 회장(현) [상]보건복지부장관표창(1990), 국무총리표창(1991), 대통령표창(2002) [종]기독교

김영찬(金永燦) Kim Young Chan

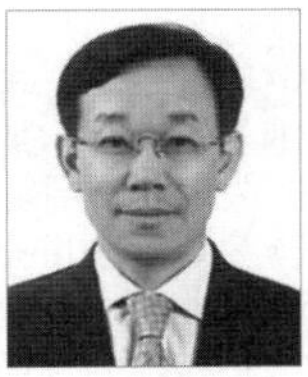

[생]1957·10·30 [주]서울 동대문구 정릉천동로102 FITI시험연구원(02-3299-8100) [학]1976년 충주고졸 1985년 서울과학기술대 전기공학과졸 1989년 숭실대 대학원 전기공학과졸 2003년 전기재료·대전력학박사(숭실대) [경]2011년 국가기술표준원 인증산업진흥과장 2015년 국립전파연구원 전파시험인증센터장 2016년 FITI시험연구원 원장(현)

김영찬(金永燦) KIM Young Chan

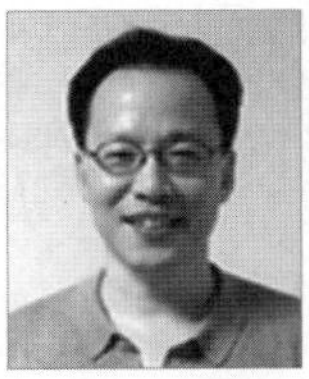

[생]1959·11·17 [출]서울 [주]서울 동대문구 이문로107 한국외국어대학교 미디어커뮤니케이션학부(02-2173-3066) [학]1984년 한국외국어대 스페인어과졸 1987년 미국 일리노이대 대학원 광고학과졸 2001년 커뮤니케이션학박사(미국 일리노이대) [경]2003년 한국언론진흥재단 객원연구위원 2003~2004년 한림대 언론정보학부 교수 2004~2012년 한국외국어대 언론정보학부 조교수·부교수·교수, 방송위원회 방송언어특별위원회 위원, 문화연대 미디어문화센터 부소장, 한국일보 '김영찬의 미디어비평' 칼럼 필자 2007~2010년 한국외국어대 언론정보연구소장, 한국언론학회 연구이사, 한국방송학회 편집이사 2011년 한국외국어대 교수학습개발원장, 한국언론학회 부회장 2012년 한국외국어대 대학원 교학처장 2013년 同미디어커뮤니케이션학부 교수(현) 2016년 同사회과학대학장(현) [저]'한국방송의 사회문화사'(共) '글로벌 미디어 환경의 수용과 문화정체성' '커뮤니케이션 연구와 방법'(共) '글로벌 시대 미디어 문화의 다양성'(共) '광고비평의 이해'(2004) [역]'미디어연구 질적방법론(共)'(2005)

김영찬(金永燦) KIM Young Chan

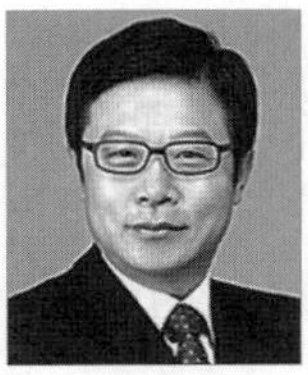

[생]1961·2·7 [주]서울 동대문구 서울시립대로163 서울시립대학교 교통공학과(02-6490-2821) [학]1983년 서울대졸 1985년 同대학원졸 1990년 공학박사(미국 텍사스A&M대) [경]1989년 한국교통문제연구원 연구원 1991년 교통개발연구원 선임연구원 1993~1996년 명지대 조교수 1996년 서울시립대 교통공학과 조교수·부교수·교수(현) 2011~2012년 법제처 국민법제관 2013년 Eastern Asia Sociert for Transportation Studies(EASTS). Board Member(현) 2014년 한국ITS학회 회장 2015년 同명예회장(현) 2015년 (사)대한교통학회 회장(현) [상]대한교통학회 학술상(2001), 대한교통학회 우수논문상(2003), 한국ITS학회 HTS-ITS학술상(2003), 대한교통학회 우수논문상(2007·2009)

김영찬(金永讚) KIM Young Chan (米筆)

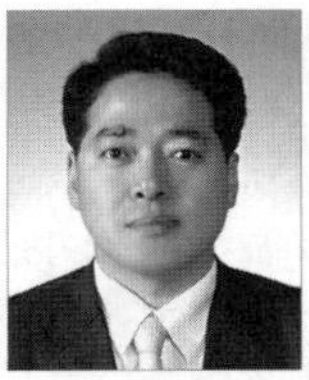

[생]1962·1·2 [본]경주(慶州) [출]부산 [주]부산 강서구 과학산단1로60번길31 부산테크노파크 기업지원단(051-974-9050) [학]1980년 동인고졸 1988년 부산대졸 2013년 同국제전문대학원졸(국제학석사), 기술사업정책학박사(부산대) [경]1988년 국제신문 사회1부 기자 1997년 同경제부 차장 1998년 同사회1부 차장 1998년 同정치부 차장 1999년 同편집국장석 차장 1999년 한국기자협회 부산시협회장 2000년 국제신문 기획특집팀장 2000년 同경제부장 직대 2000년 한국기자협회 부회장 2001년 국제신문 사회2부장 직대 2002년 同사회1부장 직대 2003년 同사회1부장 2003년 同체육부장 2004년 同국제부장 2005년 同전략기획실장 2008년 同기획실장 2010년 (재)부산테크노파크 기업지원단장(현) 2010~2013년 同지식재산센터장 2012년 부산시 지식재산위원회 위원(현) 2013년 同투자유치위원회 위원(현)

김영창(金榮昌) KIM Young Chang

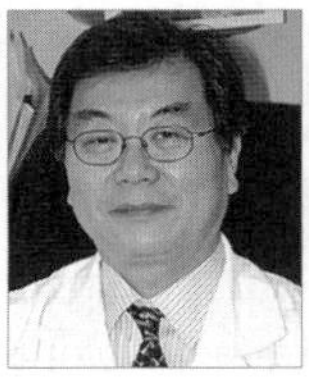

[생]1953·8·18 [출]서울 [주]서울 종로구 대학로1길10 연지드림빌203호 한국의학교육평가원(02-795-1591) [학]1982년 연세대 의대졸 1985년 同대학원졸, 의학박사(연세대) [경]1983년 순천향대 의대 소아청소년과학교실 교수(현) 1991~1992년 미국 하버드의대 보스턴아동병원 신경과 방문교수 2001~2007년 대한소아신경학회 교육수련위원장 2002~2003년 미국 텍사스A&M의대 의학교육실 International Fellow 2004년 한국의학교육평가원 방문평가단장 2006~2008년 순천향대 의대 의학교육학과장 2013년 한국의학교육평가원 전문역량평가단장 2016년 同원장(현) [저]'소아신경질환의 진단과치료' '고려의학' [종]기독교

김영창(金榮昌) Kim Young Chang

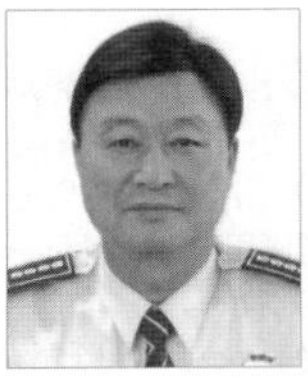

[생]1961·4·15 [출]전남 나주 [주]광주 광산구 용아로112 광주지방경찰청 형사과(062-609-2472) [학]전남대 정치외교학과졸, 同행정대학원 행정학과졸 [경]1988년 경위 임용(경찰간부후보 36기) 2011년 광주지방경찰청 보안과장 2011년 同청문감사담당관 2013년 전남 광양경찰서장 2014년 광주지방경찰청 경비교통과장 2015년 광주 북부경찰서장 2016년 광주지방경찰청 형사과장(현)

김영채(金泳采) KIM Young Chae

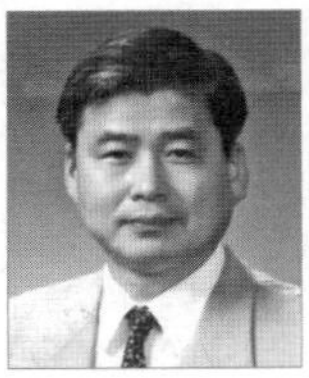

[생]1952·6·10 [본]김해(金海) [출]경북 금릉 [주]대구 수성구 달구벌대로2503 동일빌딩5층 안경회계법인 대구본부(053-741-7711) [학]1968년 성의상고졸 1972년 경희대 경영학과졸 1991년 국방대학원졸 [경]1974~1986년 국세청 근무 1986년 중부지방국세청 법인세과장 1987년 同총무과장 1988년 서울지방국세청 총무과 근무 1989년 홍천세무서장 1991년 駐뉴욕 총영사 1995년 서울지방국세청 소비세과장 1995년 同감사관 1996년 국세청 국제조세1과장 1998년 경인지방국세청 직세국장 1999년 대구지방국세청 직세국장 1999년 同조사1국장 2004년 회계사 개업 2005년 삼정회계법인 영남본부 대표 2013년 同영남본부 부회장 2015년 안경회계법인 대구본부 회장(현) [상]대통령표창(1986)

김영채(金鈴彩) Kim Young-chae

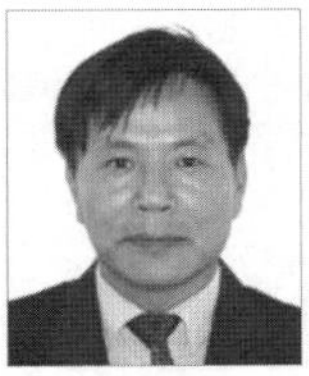

[생]1964·9·22 [주]서울 종로구 사직로8길60 외교부 인사운영팀(02-2100-7136) [학]1990년 한국외국어대 영어과졸 1994년 미국 펜실베이니아주립대 대학원 정치학과졸 [경]1990년 외무고시 합격(24회) 1990년 외무부 입부 1996년 駐샌프란시스코 영사 1999년 駐필리핀 1등서기관 2002년 경수로사업지원기획단 파견 2004년 駐네덜란드 참사관 2007년 외교통상부 재외국민보호과장 2008년 同동남아과장 2009년 駐싱가포르 참사관 2012년 駐남아프리카 공사 겸 총영사 2015년 駐리비아 대사(현)

김영천

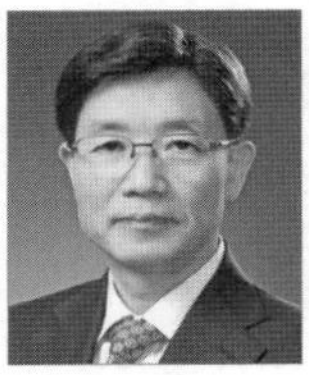

[생]1956 [주]인천 남동구 서창남순환로190의28 한빛초등학교 교장실(032-476-6161) [학]경인교대졸, 인하대 교육대학원졸 [경]인천구월초 교사, 인천시 동부교육청 장학사, 인천시교육청 교원인사과 장학사, 인천담방초 교감, 인천연화초 교감, 인천만수북초 교장, 인천시동부교육지원청 초등교육과장 2015년 인천시북부교육지원청 교육장 2016년 인천 한빛초 교장(현)

김영철(金永喆) KIM Young Chul

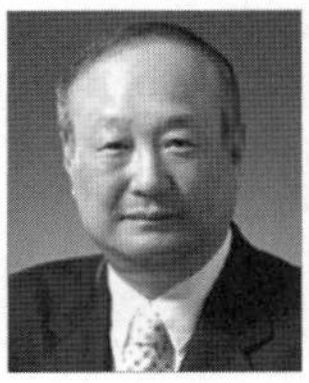

[생]1946·2·25 [본]일선(一善) [출]경북 김천 [주]서울 강남구 테헤란로133 한국타이어빌딩 법무법인 태평양(02-3404-0116) [학]1964년 경북사대부고졸 1968년 서울대 법대 법학과졸 1972년 同법과대학원졸 [경]1970년 사법시험 합격(11회) 1972년 사법연수원 수료(1기) 1972~1975년 육군 법무관 1975~1980년 전주지검·부산지검·서울지검 검사 1980~1982년 대검찰청 검찰연구관 1982~1983년 서울지검 검사 1982~1983년 일본 게이오대학 법학부 객원연구원 1983~1985년 대전지검 서산지청장 1985~1987년 법무부 관찰과장·조사과장 1987~1988년 인천지검 특수부장 1988~1989년 대구지검 형사2부장 1989~1990년 서울지검 남부지청 형사3부장 1990~1991년 서울지검 특수2부장 1991~1992년 同강력부장 1992~1993년 대검찰청 중앙수사부 제1과장 1993년 서울지검 북부지청 차장검사 1993~1994년 서울지검 제1차장검사 1993~1995년 同북부지청장 1995~1997년 부산고검 차장검사 1997~1998년 법무부 보호국장 1998~1999년 同법무실장 1999년 부산지검장 1999~2000년 대전고검장 2000~2001년 대구고검장 2001~2002년 법무연수원장 2002년 법무법인 태평양 고문변호사(현) 2002~2011년 삼성화재해상보험 사외이사 2003~2009년 중앙선거관리위원회 위원 2004~2014년 삼성생명공익재단 감사 2006~2011년 삼성화재해상보험 이사회 의장 2012~2013년 방송통신심의위원회 제18대 대통령선거 방송심의위원장 [상]홍조근정훈장, 황조근정훈장 [종]가톨릭

김영철(金泳哲) KIM Young Cheol (炅柰)

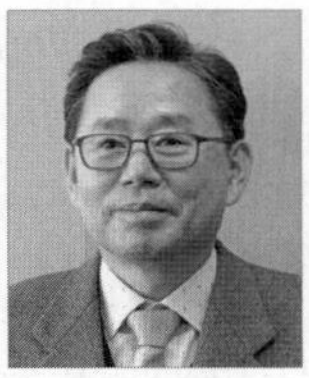

(생)1953·1·2 (본)경주(慶州) (출)제주 서귀포 (주)서울 광진구 능동로120 건국대학교 법과대학 법학과(02-2049-6047) (학)1971년 제주 오현고졸 1975년 건국대 법대졸 1988년 同대학원졸 1989년 스페인 마드리드국립대 장기연수 1996년 법학박사(건국대) (경)1975년 사법시험 합격(17회) 1977년 사법연수원 수료(7기) 1977년 육군 법무관 1980~1989년 부산지검·여주지청·수원지검·서울지검 검사 1989년 서울지검 고등검찰관 1989년 헌법재판소 헌법연구관 1991년 창원지검 진주지청 부장검사 1992년 대구지검 강력부장 1993년 同형사2부장 1993년 법무부 보호과장 1995년 서울지검 서부지청 형사2부장 1996년 同서부지청 형사1부장 1997년 서울지검 송무부장 1997년 同조사부장 1998년 춘천지검 차장검사 1999년 수원지검 1차장검사 2000년 서울고검 송무부장 2001년 同검사 2003년 변호사 개업 2003년 국민대 법학과 부교수 2004년 건국대 법과대학 법학과 부교수·교수(현) 2004~2007년 대종종합법률사무소 변호사 2005~2008년 건국대 법과대학장 2005~2008년 국회 법제사법위원회 자문위원 2006~2007년 전국법과대학장협의회 회장, 로스쿨법비상대책위원회 상임공동대표 2006년 건국대병원 irb위원(현) 2007~2008년 법조윤리협의회 위원 2008년 법학전문대학원협의회 이사 2008~2013년 CBS 객원해설위원 2008년 건국대 법학전문대학원 교수(현) 2009년 미국 Texas Tech Univ. 로스쿨 방문학자 2013년 민주평통 상임위원(현) 2013~2014년 건국대 법학연구소장 2014년 同기관생명윤리위원장(현) 2014~2016년 同행정대학원장 2014~2015년 민주평통 기획법제위원장 2015~2016년 대한변호사협회 남북교류협력소위원장 2015년 한반도인권과통일을위한변호사모임 통일위원장(현) (상)검찰총장표창, 홍조근정훈장(2000) (저)'법의 이해(共)'(2004) (종)천주교

김영철(金永喆) KIM Young Chol

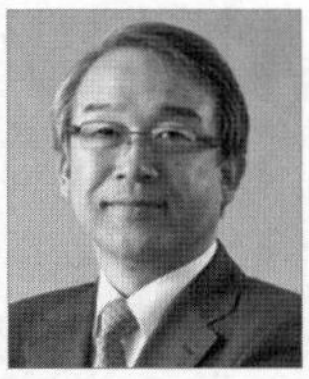

(생)1954·5·5 (본)김해(金海) (출)경남 김해 (주)서울 종로구 종로5길58 석탄회관빌딩 법무법인 케이씨엘(02-721-4220) (학)1974년 경기고졸 1978년 서울대 법학과졸 (경)1982년 변호사 개업 1982~1990년 김앤장법률사무소(KIM & CHANG) 변호사 및 변리사 1986년 국제지적재산보호협회(AIPPI)·국제라이센스협회(LES)·아시아 변리사협회(APAA) 회원 1990년 김&황법률특허사무소(Kim & Hwang) 개설 1991년 삼정법률특허사무소로 명칭 변경·변호사 1994~1996년 대한변리사회 감사 1995~1996년 변리사시험출제 및 채점위원 1996년 법무법인 케이씨엘과 통합 1996~2008년 법무법인 케이씨엘 변호사 1996년 서울대 법학연구소 지적재산권전문과정 강사 1997년 서울지방변호사회 지적재산권전문연수과정 강사 1998년 서울지법 민사조정위원(현) 1998년 국민대 산업재산권대학원 지적재산권과정 강사 2001년 사법시험 출제위원 2001년 대한변호사협회 지적재산권세미나 강사 2002년 국제변리사연맹(FICPI) 회원 2002년 국가전문행정연수원 국제특허연수부 지적재산권과정 강사(현) 2003년 서울대 산학협력재단 제1회 산학협력워크샵 강사 2007~2009년 서울지방변호사회 특허연수원장 2008년 법무법인 케이씨엘 대표변호사(현) 2008년 국제상표협회(INTA) 및 유럽상표협회(ECTA) 회원 2010년 법조협회 '법조' 지 논문심사위원(현) 2011년 한국CFO스쿨 경영자로스쿨 강사(현) 2015년 대한변호사협회 지식재산연수원장(현) 2016년 대한상사중재원 중재인(현) (상)정보통신부장관표창(2005) (저)'상표의 선정과 활용'(삼보가족, 1991) '특허권의 간접침해'(1992, 발명특허) (역)'미국과 일본에 있어서의 영업비밀: 비교와 전망'(1990, 법조) '특허침해와 균등론'(1990·1991, 월간 지적재산) '영업비밀보호법에 의한 소프트웨어의 보호'(1991, 발명특허) '가장 빠른 발명일자를 획득하는 미국특허출원방법'(1991, 특허와 상표) '상표의 번역과 음역'(1992, 발명특허) '선행기술도표이용법'(1993, 특허와 상표) (종)기독교

김영철(金永喆) KIM Young Chol

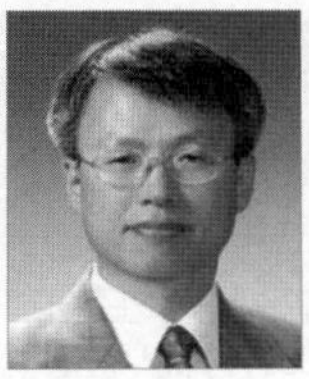

(생)1954·12·29 (본)김해(金海) (출)충북 보은 (주)충북 청주시 서원구 충대로1 충북대학교 전자정보대학 전자공학부(043-261-2475) (학)1975년 대전공고졸 1981년 고려대 전기공학과졸 1983년 서울대 대학원졸 1987년 공학박사(서울대) (경)1974~1987년 한국전력공사 근무 1984년 대한전기학회 편집위원 1988~1997년 충북대 전자공학과 조교수·부교수 1992년 미국 텍사스A&M대 연구교수 1997년 충북대 전기전자컴퓨터공학부 교수 2001년 미국 Vanderbilt Univ. 객원연구교수 2001년 미국 Tennessee State Univ. 객원연구교수 2004~2005년 대한전기학회 제어계측연구회장 2004년 제어로봇시스템학회 평의원(현) 2004~2006년 충북대 학연산공동기술연구원장 2009~2010년 대한전기학회 정보및제어부문 회장 2009~2010년 同부회장 2010~2012년 同도서관장 2010년 同전자정보대학 전자공학부 교수(현) (상)대한전기학회 학술상(1987), 제어자동화시스템공학회 고명삼학술상(2004), 대한전기학회 우수논문상(2008·2011), 국제학술대회 우수논문상(2009), 전력전자학회 우수영문논문상(2011), 대한전기학회 양흥석학술상(2011), 현대자동차 미래자동차기술공모전 무인자율주행차대회 준우승, 충북대 공적상(2012) (저)'회로이론(共)'(2006, 교보문고) '회로이론(共)'(2012, 퍼스트북) (종)가톨릭

김영철(金榮徹) KIM Young Chul

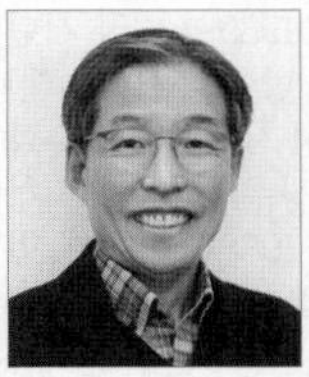

(생)1957·8·14 (본)김해(金海) (출)경남 김해 (주)서울 마포구 새창로7 SNU장학빌딩14층 서울특별시평생교육진흥원 원장실(02-719-6093) (학)1976년 대광고졸 1981년 서강대 국어국문학과 중퇴(4년) (경)1988년 한겨레신문 입사, 同문화부·사회부 기자, 同여론매체부 차장 1991년 同제3기 노동조합위원장, 전국언론노동조합연맹 부위원장 1995년 한겨레통일문화재단 설립준비위원장·통일문화재단 초대사무국장 1999년 한겨레신문 정치부·사회부 차장 2000년 同광고국 부국장 2001년 同스포츠레저부장 2003년 同콘텐츠평가실 평가위원 2004년 同편집국 편집기획위원 2005년 同논설위원 2006년 시민방송 RTV 상임이사 2007~2012년 同상임부이사장 2007년 한국방정환재단 이사 2009~2014년 한겨레통일문화재단 이사 2010년 (주)미디어알 대표이사 2012년 시민방송 RTV 이사장 2012년 민주통합당 손학규 대선예비후보 비서실장 2013년 동아시아미래재단 대표이사, 同이사(현) 2015년 서울시평생교육진흥원 원장(현) (저)'광화문에서 만납시다'(2004)

김영철(金榮哲) KIM, YOUNG CHUL (愚步)

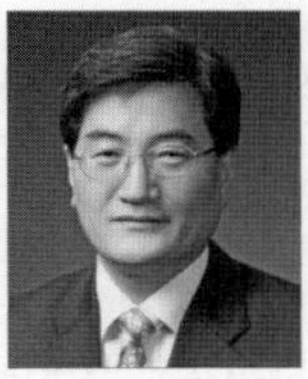

(생)1958·4·20 (본)김해(金海) (출)경북 김천 (주)부산 연제구 중앙대로1001 부산광역시청 시민안전국(051-888-2900) (학)1977년 대구 계성고졸 1984년 경북대 철학과졸 1987년 부산대 행정대학원졸 2009년 조계사 불교대학원 불교과정 수료 2011년 서울시립대 세무전문대학원졸 2014년 同세무전문대학원 박사과정 수료 (경)1984~1989년 부산 중구청 중앙동·총무과 근무 1989년 내무부 지방행정연수원 운영과 근무 1990~1991년 同행정관리담당관실·공기업과 근무 1991년 국립과학수사연구소 총무과 근무 1993~1997년 내무부 민방위기획과·공기업과·재정과 근무 1998~2001년 행정자치부 재정경제과 주무관·중앙공무원교육원 총무과 경리계장 2002~2006년 同세정과 세정정보계장·재정기획관실 예산팀장 2007~2008년 이북5도위원회 함경남도 사무국장 2009년 소방방재청 청장비서실장 2010년 同법무감사담당관, 同예방전략과장 2012년 안전행정부 지방재정세제실 공기업과장 2014년 대통령소속 지방자치발전위원회 행정지원과장 2015년 부산시 시민안전국장(현) (상)국무총리표창(1993), 행정자치부장관표창(2002), 근정포장(2005) (종)불교

김영철(金映徹) KIM Young Cheol

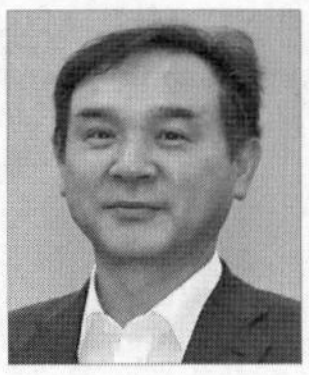

(생)1958·5·6 (주)제주특별자치도 제주시 조천읍 남조로 1717의35 제주특별자치도개발공사 사장실(064-780-3456) (학)제주제일고졸, 서울대 계산통계학과졸, 일본 도쿄대 대학원 농업경제학과졸, 농업경제학박사(일본 도쿄대) (경)쌍용정유 판매기획부 근무, 현대리서치연구소 마켓리서치부장, 크레티아컨설팅 마켓컨설팅부장, 한국능률협회컨설팅(KMAC) 전략HR본부장, 경희대 경영대학원 겸임교수 2008년 농심 인재원장, 同인재원 상담역, (주)농심 리더십센터장(상무)(현) 2014년 제주특별자치도개발공사 사장(현) (상)TV조선 '한국의 영향력 있는 CEO' 혁신경영부문(2016)

김영철(金永喆)

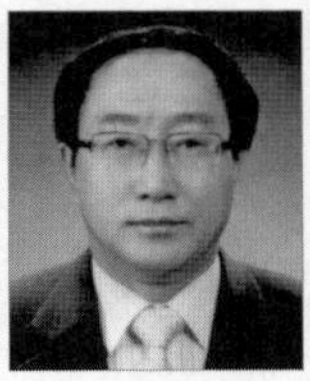

(생)1958·12·21 (출)충남 천안 (주)전북 남원시 산동면 요천로2311 서부지방산림청(063-620-4600) (학)1978년 천안중앙고졸 1986년 한국방송통신대 행정학과졸 1989년 한양대 행정대학원 도시행정학과졸 (경)공직 입문(9급), 산림청 사유림지원국 사유림지원과 사무관, 同산림보호국 산불방지과 사무관, 충남도 파견(사무관), 산림청 정책홍보관리관실 혁신인사기획관실·행정법무담당관실 사무관 2006년 同기획재정담당관실 예산담당 서기관 2010년 同대변인 2012년 同산림복지시설사업단 기획과장 2014년 同기획재정담당관 2016년 同서부지방산림청장(부이사관)(현)

김영철(金永哲) KIM Young Chul

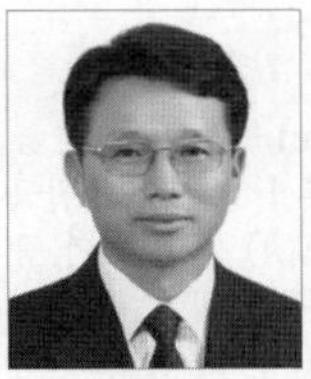

(생)1959·1·2 (본)김해(金海) (출)광주 (주)광주 북구 용봉로77 전남대학교 전자컴퓨터공학부(062-530-1755) (학)1977년 광주제일고졸 1981년 한양대 전자공학과졸 1987년 미국 디트로이트대 대학원 전기전자공학과졸 1993년 공학박사(미국 미시간주립대) (경)1993년 전남대 전자공학과 전임강사·조교수·부교수·교수, 同컴퓨터정보통신공학부 교수(현) 2015년 同제38대 교수회 회장(현) 2015년 同제16대 평의원회 의장(현) 2016년 전국국공립대학교수회연합회 상임회장(현) (상)SOC 설계발표대회 최우수논문상(2000), PSIVT 최우수논문상(2006) (저)'디지털시스템설계를 위한 VHDL'(1998, 홍릉과학출판사) (종)가톨릭

김영철(金永哲) KIM Young Cheol

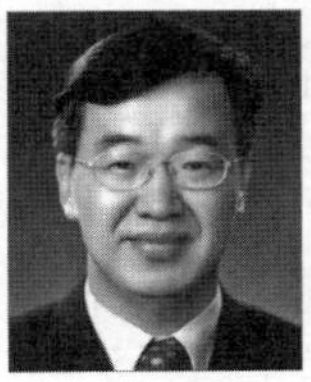

[생]1959·2·27 [출]서울 [주]서울 서초구 서초대로254 오퓨런스빌딩15층 법무법인 정세(02-581-4040) [학]1977년 마포고졸 1982년 서울대 법학과졸 1989년 미국 서던메소디스트대 법학대학원졸 1994년 법학박사(경희대) [경]1982년 사법시험 합격(24회) 1984년 사법연수원 수료(14기) 1985년 청주지검 검사 1987년 광주지검 목포지청 검사 1988년 서울지검 북부지청 검사 1988년 광운대 법학과 강사 1991년 법무부 국제법무심의관실 검찰관 1994년 서울지검 검사 1996년 부산지검 부부장검사 1997년 대검찰청 검찰연구관 1998년 춘천지검 원주지청장 1999년 서울고검 검사 2000년 사법연수원 교수 2002년 법무부 법무과장 2002년 同법무심의관 2003년 서울지검 형사6부장 2004년 인천지검 부천지청 차장검사 2005년 대전지검 천안지청장 2006~2007년 서울중앙지검 제1차장검사 2008~2010년 법무법인 정진 대표변호사 2010년 법무법인 정세 대표변호사(현) [저]'유엔 국제상거래법위원회 자료집' 'U.R협정의 법적고찰'

김영철(金榮鐵) Kim, Young Chul

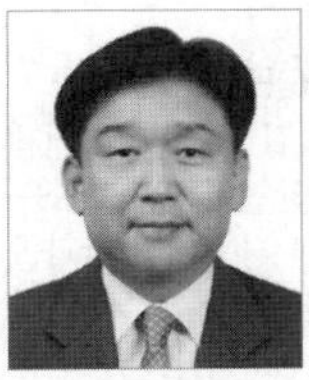

[생]1959·9·15 [출]서울 [주]서울 영등포구 의사당대로82 하나대투증권빌딩 하나UBS자산운용 사장실(02-3771-7946) [학]1977년 경신고졸 1981년 한양대 경영학과졸 [경]1989년 국민은행 강서본부 근무 1990년 同서교동지점 대리 1992년 하나은행 융자부 대리 1994년 同융자부 과장 1995년 同국제센터지점 차장 1998년 同강남역기업금융본부 기업금융전담역 2002년 同인천지점장 2003년 同리스크관리팀장 2004년 同신용관리팀장 2007년 同리스크관리본부장 2009년 同중기업영업2본부장 2011년 同영업추진3본부장(부행장보) 2012년 同리테일영업추진2본부장(부행장보) 2012년 同리스크관리그룹 총괄 부행장보 2014년 同심사그룹 총괄 부행장 2015년 하나UBS자산운용 부사장(현)

김영철(金永哲) KIM YOUNG CHUL

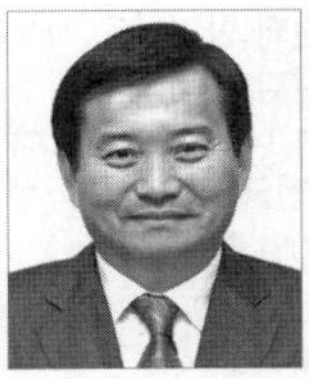

[생]1959·12·23 [주]전북 완주군 이서면 농생명로100 국립원예특작과학원 원예작물부(063-238-6030) [학]1992년 고려대 대학원 원예학과졸 2001년 농학박사(고려대) [경]1978년 해남군농촌지도소 농촌지도사 1992년 원예연구소 채소과 농업연구사 1998년 同채소과 농업연구관 2003년 농촌진흥청 연구운영과 원예운영관 2004년 국립원예특작과학원 원예기술지원과장 2008년 농촌진흥청 소득기술과장 2008년 同작목기술과장 2009년 국립원예특작과학원 인삼과장 2010년 同인삼약초가공팀장 2011년 同시설원예시험장장 2013~2016년 同원예작물부장(현) 2016년 同원예작물부 에너지절감사업단장(현) [상]모범공무원표창 [저]'주요 과채류 영양생리장해' 등 30여건

김영철(金榮澈) KIM Young Chul

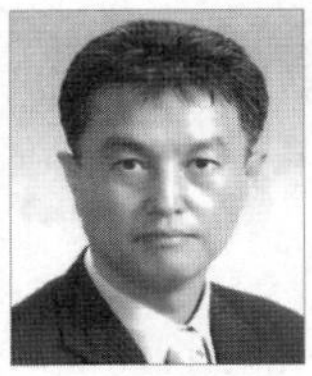

[생]1960·1·23 [주]경기 안양시 동안구 시민대로180 지스퀘어빌딩 대한시스템즈(주) 대표이사실(02-316-9160) [학]덕수상고졸, 인천대 경영학과졸, 동국대 행정대학원졸 [경]1977년 대한전선(주) 입사 1989년 同4급 승진 1995년 同과장 2001년 同재무관리팀장 2004년 同부장 2004년 同재경부문 부문장 2007년 同상무보 2010년 同재무그룹장 2010년 同재무구조개선팀장 2010년 옵토매직 대표이사 2011년 대한전선(주) 재무구조개선팀 실장 2011~2012년 (주)티이씨리딩스 대표이사, 무주기업도시(주) 대표 2012년 대한시스템즈(주) 대표이사(현)

김영철(金永喆) KIM Young Chul

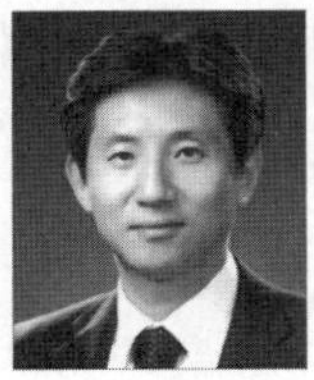

[생]1960·2·2 [출]서울 [학]1978년 숭문고졸 1985년 홍익대 화학공학과졸 1987년 同대학원 무역학과졸 [경](주)원림 영업부장, 同상무이사, 同대표이사 사장

김영철(金永哲) KIM Young Chul

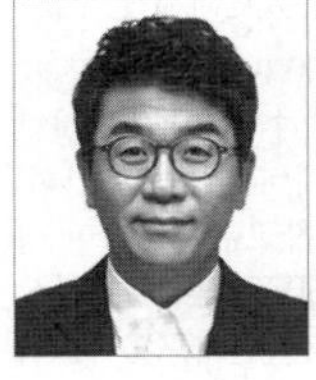

[생]1960·5·24 [출]서울 [주]전남 나주시 교육길35 한국콘텐츠진흥원 부원장실(061-900-6301) [학]1986년 중앙대 신문방송학과졸 1994년 同신문방송대학원 PR광고학졸 [경]1987~1995년 (주)LG애드 근무 1995~1997년 동진프로덕션 근무 1997~2000년 세종문화 제작부 감독 2000~2015년 트리트리 대표이사 2001년 동국대 광고홍보학과 겸임교수 2015년 한국콘텐츠진흥원 산업진흥부원장(현) [상]한국방송광고대상 우수상, 뉴욕페스티벌 파이널리스트, 한국광고대상 은상, 소비자가 뽑은 좋은 광고대상

김영철(金永撤) Kim Young-Chul

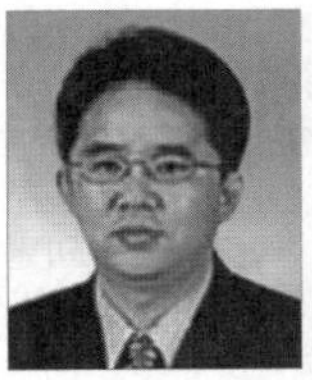

[생]1962·10·18 [출]부산 [주]서울 강남구 테헤란로431 SK테크엑스 임원실(02-6177-8000) [학]부산대 회계학과졸 [경]1987년 SK상사 근무 1999년 SK텔레콤 재무관리실 회계팀 근무 2000년 同전략기획실 기획조정팀 근무 2002년 同경영기획실 경영기획팀장 2004년 同재무관리실장(상무) 2008년 同FMC TF 담당 2008년 하나로텔레콤(주) 전략기획본부장 겸 구매관리실장(상무) 2008년 SK브로드밴드(주) 전략기획본부장(상무) 2009년 同전략기획실장(상무) 2010년 同경영지원부문장 겸 경영혁신실장(전무) 2011년 SK플래닛(주) OC추진센터장 2013~2014년 同코퍼레이트센터장 2015년 커머스플래닛 대표이사 2016년 SK테크엑스 대표이사(현)

김영철(金暎喆) KIM Young Chul

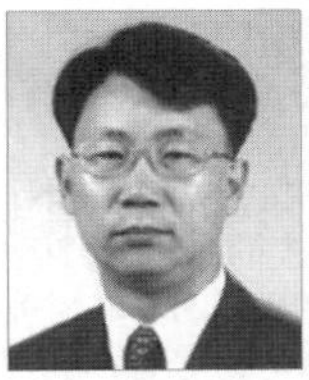

[생]1963·1·30 [출]강원 영월 [주]강원 춘천시 영서로 2854 강원도교육청 부교육감실(033-258-5210) [학]1988년 고려대 사범대학 교육학과졸 1994년 서울대 행정대학원 수료 2001년 미국 오하이오주립대 대학원 직업교육과졸 2004년 교육학박사(미국 오하이오주립대) [경]1989년 교육행정고시 합격(32회) 1990년 속초도서관 서무과장 1991~1995년 충남도교육청 의사법무계장·기획계장·충남도교육위원회 의사계장 1995~1999년 교육부 교육개혁추진기획단 홍보팀·조사통계과·과학기술과·학교정책총괄과 근무 1999년 경북대 경리과장 2004년 교육부 직업교육발전기획팀장 2005년 同산학협력과장 2005년 산업자원부 산업기술인력과장 2006년 교육인적자원부 정책총괄과장(서기관) 2007년 同정책총괄과장(부이사관) 2007년 同인적자원정책본부 정책총괄팀장 2007년 대통령비서실 행정관 2008년 교육과학기술부 교육분권화추진단장 2008년 프랑스 유네스코본부 파견(부이사관) 2011년 교육과학기술부 평생직업교육관(고위공무원) 2013년 강원대 사무국장 2015년 강원도교육청 부교육감(현)

김영춘(金榮春) KIM Young Choon

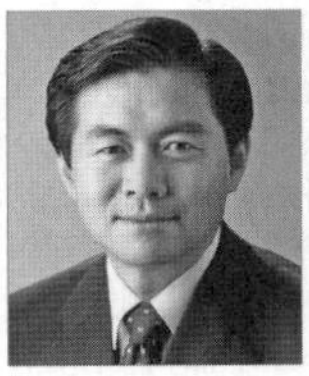

[생]1962·2·5 [본]김해(金海) [출]부산 [주]서울 영등포구 의사당대로1 국회 의원회관739호(02-784-1368) [학]1980년 부산동고졸 1988년 고려대 영어영문학과졸 1990년 同대학원 정치외교학과졸 1997년 건국대 경영대학원 최고경영자과정 수료 1999년 미국 컬럼비아대 동아시아연구소 수료 2002년 고려대 산업정보대학원 반도체최고위과정 수료 2003년 연세대 정보대학원 정보화최고위자과정 수료 2011년 한국방송통신대 일본학과 재학 중 [경]1984년 고려대 총학생회장 1987년 통일민주당 총재 비서 1993~1994년 대통령 정무비서관 1994년 민자당 서울성동구丙지구당 위원장·서울광진구甲지구당 위원장 1995년 신한국당 서울광진구甲지구당 위원장 1996년 同중앙연수원 부원장 1996~2008년 광진법률무료상담소 소장 1997~2003년 한나라당 서울광진구甲지구당 위원장 2000~2004년 제16대 국회의원(서울 광진구甲, 한나라당·무소속·열린우리당) 2001년 한나라당 대외협력위원장 2003년 윤봉길의사기념사업회 부회장 2003년 열린우리당 원내대변인 2003년 同국민참여운동본부장 2004년 同의장 비서실장 2004년 同서울시당 위원장 2004~2008년 제17대 국회의원(서울 광진구甲, 열린우리당·대통합민주신당·창조한국당) 2004년 열린우리당 기획원내수석부대표 2005년 同서울지역발전대책위원장 2005년 同신강령기초위원장 2005년 同비상집행위원 2006년 同윤리위원장 2007년 同최고위원 2007년 同사무총장 2007년 창조한국당 문국현대통령후보 선거대책위원회 공동본부장 2009~2016년 (사)인본사회연구소 소장 2010년 민주당 최고위원 2010년 同서민생활특별위원장 2011년 민주통합당 부산진구甲지역위원회 위원장 2012년 제19대 국회의원선거 출마(부산진구甲, 민주통합당) 2012년 부경대 정치외교학과 겸임교수 2013년 부산동고총동창회 회장 2013년 민주당 부산진구甲지역위원회 위원장 2014년 부산시장선거 출마(새정치민주연합) 2015년 새정치민주연합 부산시당 위원장 2015년 더불어민주당 부산시당 위원장 2015년 同부산진구甲지역위원회 위원장(현) 2016년 同제20대 총선 선거대책위원회 위원 2016년 제20대 국회의원(부산진구甲, 더불어민주당)(현) 2016년 더불어민주당 비상대책위원회 위원 2016년 국회 농림축산식품해양수산위원회 위원장(현) [상]국정감사우수상 [저]'내 손으로 바꾸는 정치'(2003, 새로운사람들) '신40대 기수론'(2006, 범우사) '사람의 정치학, 나라뒤집기'(2011, 청람) '대한민국 자전거&도보여행'(2011, 세상의모든책들) '김영춘의 부산 희망찾기'(2014) [종]천주교

김영탁(金永鐸) KIM Young Tak

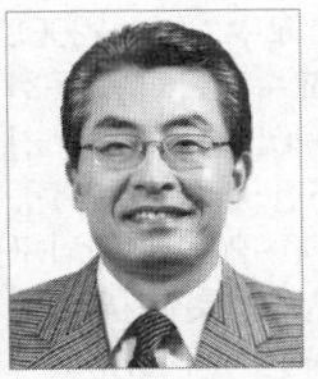

[생]1956·10·18 [주]서울 송파구 올림픽로43길88 서울아산병원 산부인과(02-3010-5591) [학]1981년 연세대 의대졸 1988년 同대학원졸 1992년 의학박사(연세대) [경]산부인과 전문의, 대한부인종양학회 사무총장, 세계부인종양학회 사무총장 1989년 울산대 의대 산부인과학교실 교수(현) 2001~2003년 전국교수협의회 사무총장 2003~2004년 미국 오하이오주립대 방문교수 2008년 서울아산병원 아산아카데미소장 2008년 同산부인과장 2009~2014년 同부인암센터 소장 2012년 同국제사업실장(현) 2015년 세계산부인과연맹(FIGO) 집행위원(현) [상]대한부인종양학회 최우수논문상, 일본 산부인과학회 최우수논문상

김영탁(金寧鐸) KIM Young Tark

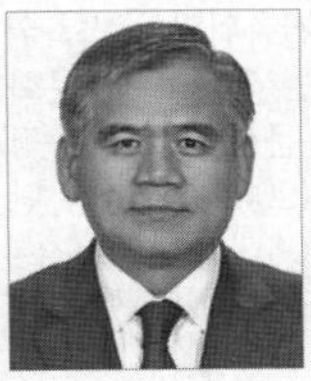

[생]1956·11·28 [본]김해(金海) [출]전북 [주]부산 사하구 사리로55번길16 동주대학교 총장실(051-200-3201) [학]1979년 중앙대 기계공학과졸 1981년 同대학원졸 1989년 공학박사(일본 교토대) [경]1985~1986년 일본 규슈공업대 연구원 1990~1995년 중앙대 기계설계공학과 교수 1996~2013년 同공대 기계공학부 교수 1997년 미국 토론토대 객원교수 1998년 산업기술진흥협회 국산신기술인정 심의위원 1998년 장영실상 심의위원 2000년 건설교통부 중앙건설심의위원 2001년 중앙대 대학원장보 2005~2007년 同기획조정실장 2007~2009년 同공과대학장 2011~2013년 同대학원장 2013년 동주대 총장(현) 2015년 중국 운남외사외어직업학원 명예총장(현) [저]'시스템 제어 이론' '메카트로닉스' [종]불교

김영태(金英泰) KIM Young Tae

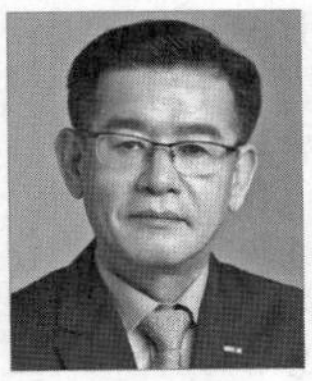

[생]1954·8·12 [주]서울 강남구 압구정로165 (주)현대백화점 비서실(02-3416-5213) [학]대전고졸, 숭전대 영어영문학과졸 [경](주)현대백화점 패션사품사업부 명품팀장, 同미아점 잡화가용팀장 2004년 同상품본부 패션담당 이사대우 2006년 同패션상품사업부장(이사) 2007년 同패션상품사업부장(상무) 2008년 同본점장(상무갑) 2010년 同대구점 프로젝트매니저(전무), 同대구지점장 2012년 同영업본부장 겸 영업전략실장(부사장) 2013년 同대표이사 사장(현), (주)현대송도개발 대표이사(현), (주)현대쇼핑 대표이사 (현), 한무쇼핑(주) 사내이사 겸직(현)

김영태(金永泰) KIM Young Tae

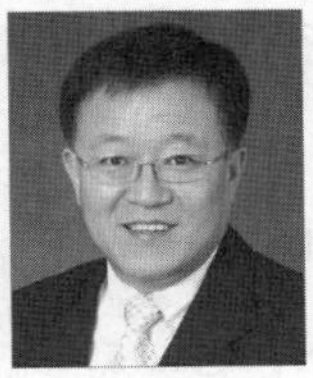

[생]1955·11·17 [출]부산 [주]서울 종로구 종로26 SK빌딩29층 SUPEX추구협의회 커뮤니케이션위원회(02-2121-1709) [학]1974년 마산고졸 1982년 서강대 경영학과졸 [경]1982년 SK(주) 입사 2000년 同상무, 同노사협력본부장(상무) 2007년 同홍보·기업문화실장(전무) 2008년 SK에너지(주) 탑팀코디네이션실장(전무) 2009년 同울산CLX 부문장 2009년 울산상공회의소 부회장 2010년 SK(주) 기업문화부문장 겸 SK아카데미 원장 2010~2013년 同대표이사 사장 2013년 SK그룹 SUPEX(Super Excellent)추구협의회 산하 커뮤니케이션위원회 위원장(사장) 2016년 同SUPEX(Super Excellent)추구협의회 산하 커뮤니케이션위원회 위원장(부회장)(현) [종]기독교

김영태(金榮泰) KIM Young Tae

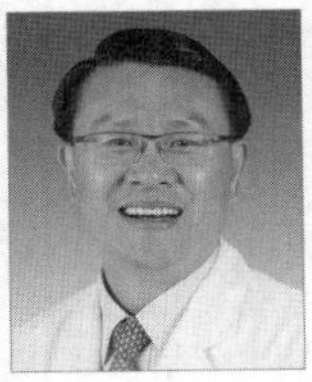

[생]1961·7·10 [출]서울 [주]서울 서대문구 연세로50의1 세브란스병원 산부인과(02-2228-2230) [학]1986년 연세대 의대졸 1989년 同대학원졸 1993년 의학박사(연세대) [경]1986~1991년 연세대의료원 인턴·산부인과 전공의 1991~1994년 논산백제병원 산부인과 제1과장 1996~2007년 연세대 의과대학 산부인과학교실 전임강사·조교수·부교수 1997년 덴마크 코펜하겐대 방문연구원 1998~2000년 대한산부인과내시경학회 총무이사 2000~2001년 미국 애리조나대 방문교수 2001~2002년 대한부인종양콜포스코피학회 총무이사 2002년 同학술위원 2005~2010년 연세대의료원 감사실장 2007년 연세대 의과대학 산부인과학교실 교수(현) 2007~2014년 세브란스병원 부인암전문클리닉팀장 2008~2015년 同산부인과장 2008년 대한부인종양학회 상임이사(현) 2010~2011년 연세대 의과대학 학생부학장 2011~2015년 同의과대학 산부인과학교실 주임교수 2014년 연세암병원 부인암센터장(현) 2015년 연세대 의대 여성생명의과학연구소장(현) [상]젊은과학자상(1997), 유한의학상 대상(1999), 대한부인종양콜포스코피학회 최우수논문학술상(2004), 대한부인종양콜포스코피학회 최우수논문구연상(2008), 대한부인종양콜포스코피학회 우수논문상(2009), 대한부인종양학술대회 학술대상(2013) [저]'신장학-제12장 임신과 신장'(1999) '생식내분비 및 불임학-제23장 호르몬요법과 암'(2005) '실용적 부인종양학-제4장 미세침윤 자궁경부암의 진단 및 치료'(2005) '부인과학-제26장 상피성 난소암'(2007) '부인과학(학생용교과서)-1장 해부학'(2008) '병원내부감사 실무'(2009) '산부인과학(지침과 개요)-1장 해부학, 제42장 난소암, 제46장 임신성융모성질환'(2010) '부인과 내시경학-12장 로봇 수술'(2011) '만성골반통-15장 자궁경부협착'(2013) '2014 창조경제 이끌 오피니언 리더 22-교육, 연구, 진료 이들의 경중은 없다. 정도만 있을 뿐이다.'(2013) [종]기독교

김영태(金英泰) Kim Young Tae

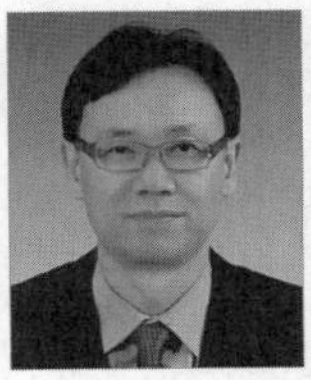

[생]1963·1·19 [본]김해(金海) [출]서울 [주]전북 정읍시 북면 3산단2길2 LS엠트론(주) CF사업부(063-530-4000) [학]대일고졸, 서울대 금속공학과졸, 일본 도호쿠대 대학원 재료공학과졸, 재료공학박사(일본 도호쿠대) [경]1985~2004년 LG전선(주) 중앙연구소 금속기술그룹장(수석연구원) 2005년 同중앙연구소 연구위원(이사) 2008년 LS엠트론 중앙연구소 연구위원(이사) 2009년 同연구소 연구위원(상무) 2010년 同회로소재사업부장(상무) 2013년 同CF사업부장(상무)(현) [상]장영실상(2009), 소재부품기술상 은탑산업훈장(2013), 장영실상(2015) [종]가톨릭

김영태(金暎泰) KIM Young Tae

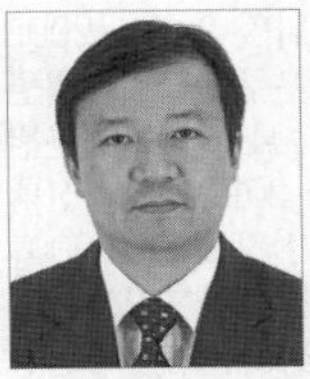

[생]1963·11·4 [본]김해(金海) [출]서울 [주]서울 종로구 대학로101 서울대병원 흉부외과(02-2072-3161) [학]1982년 동성고졸 1988년 서울대 의대졸 1993년 同대학원졸 1998년 의학박사(서울대) [경]2004년 서울대 의과대학 흉부외과학교실 교수(현) 2008~2010년 서울대병원 심폐기계중환자실장 2011~2012년 同암진료부문 기획부장 2012년 同흉부외과 과장(현) 2013년 서울대 의생명동물자원연구센터장(현) 2016년 서울대병원 중환자진료부장(현) [저]'Mycotic Infections of the Lung(共)'(2002) [종]기독교

김영태(金永泰) KIM Young Tae

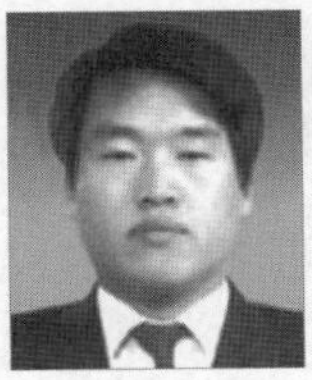

[생]1964·8·16 [출]충북 청주 [주]서울 서초구 반포대로158 서울고등검찰청(02-530-3114) [학]1983년 청주 청석고졸 1988년 서울대 법대졸 [경]1987년 사법시험 합격(29회) 1990년 사법연수원 수료(19기) 1990년 軍법무관 1993년 광주지검 검사 1995년 대전지검 홍성지청 검사 1996년 부산지검 검사 1998년 서울지검 남부지청 검사 2000년 전주지검 검사 2002년 同부부장검사 2002년 수원지검 성남지청 부부장검사 2003년 서울지검 부부장검사 2004년 서울중앙지검 부부장검사 2005년 창원지검 형사3부장 2006년 대전지검 형사3부장 2007년 서울북부지검 형사4부장 2008년 대전지검 형사2부장 2009년 법무연수원 연구위원 2009년 서울고검 형사부 검사 2011년 부산고검 창원지부 검사 2013년 서울고검 검사(현) 2014년 서울중앙지검 중요경제범죄조사팀 파견 2015년 同중요경제범죄조사단 파견 [상]홍조근정훈장(2015)

김영태(金甇太) KIM Young Tae

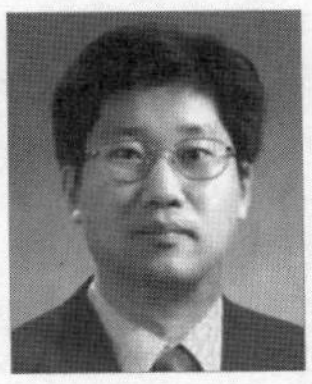

[생]1967·8·12 [본]안동(安東) [주]세종특별자치시 도움6로11 국토교통부 교통정책조정과(044-201-3804) [학]1986년 경기고졸 1991년 연세대 행정학과졸 1995년 서울대 대학원 행정학과졸 1998년 프랑스 파리제8대 대학원 도시 및 지역정책학과졸 2002년 정책학박사(프랑스 파리정치대) [경]1986~1987년 연세대 영자신문사 기자 1988년 서울올림픽 국제방송센터 유럽방송연맹 통역 겸 지원요원 1996년 국무총리 행정쇄신위원회 사무관 1996~2002년 해외교육 파견 2002년 건설교통부 국제협력과 행정사무관 2003~2005년 同주거복지과·공공주택과 행정사무관 2005년 同공공주택과 서기관 2005년 대통령자문 빈부격차차별시정위원회 서기관 2007년 건설교통부 복합도시개발팀장 2008년 국토해양부 산업입지정책과장 2008년 교육 파견 2008~2010년 국토해양부 해외건설과장 2010~2014년 駐미국대사관 참사관 2014년 국토교통부 행복주택개발과장 2015년 同교통정책조정과장(부이사관)(현) [상]국무총리표창(2004) [저]'주거복지 지원 및 전달체계 구축방안 연구(共)'(2004, 국토연구원) '프랑스 주거복지정책 100년의 교훈'(2006, 삼성경제연구소) '주거복지론(共)'(2007, 교문사) '해외건설, 이제는 전략이다'(2010, 삼성경제연구소) '프랑스의 도시계획 및 토지이용제도 연구'(2010, 국토연구원) [역]'세계 대도시의 발전전략'(2006, 경기개발연구원)

김영태(金英泰) Kim Young Tai

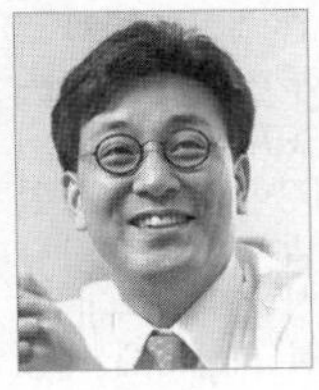

[생]1967·12·25 [본]김해(金海) [출]서울 [주]경기도 안산시 번영2로144 한샘 기획실(02-6908-3114) [학]1990년 서울대 경제학과졸 2008년 핀란드 헬싱키경제대 대학원졸(eMBA) 2011년 한국과학기술원 정보미디어(ATM) 최고경영자과정 수료 [경]1993년 한국장기신용은행 중견행원 1994년 매일경제신문 경제부·기획부·지식부·중소기업부 기자 2000년 코리아인터넷닷컴(주) 부사장

2001년 (주)케이랩 대표이사 2003년 (주)경인방송 보도국 기자 2004년 이종구 국회의원 선임보좌관 2005년 하이트맥주(주) 홍보담당 이사 2009년 同업무지원실장 겸 IT · 물류 · 법무 · 교육담당 상무이사 2012년 하이트진로(주) 전무이사 2013년 同법무 · 대외협력담당 전무이사 2013년 同업무혁신실장 겸 교육문화담당 전무이사 2014년 同경영혁신 · 경영지원 · 정보개발담당 전무이사 2015년 同총무팀담당 전무이사 2015년 한샘(주) 기획실 커뮤니케이션실장(상무)(현) [저]'신지식업그레이드51(共)'(1998, 청아출판사) '벤처창사AtoZ(共)'(1999, 한경PC라인) '토네이도마케팅(共)'(2001, 세종서적)

김영표(金永杓) KIM Young Pyo (水山子)

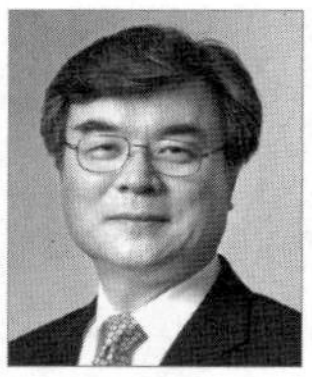

[생]1952 · 8 · 20 [본]김해(金海) [출]경남 남해 [주]전북 전주시 완산구 기지로120 한국국토정보공사 사장실(063-906-5021) [학]1975년 서울대 공대졸 1985년 태국 아시아과학기술원(AIT) 대학원 산업공학 · 경영학과졸 2000년 도시계획박사(경원대) [경]1979~2012년 국토연구원 연구원 · 책임연구원 · 연구위원 · 선임연구위원 1986~1999년 同전산실장 · 국토정보센터장 · GIS연구단장 1988~1989년 토지공개념연구위원회 위원 1993년 한국GIS학회 이사 · 부회장 1995~1999년 건설교통부 중앙토지평가위원 2000~2002년 한국GIS학회 회장 2000~2002년 과학기술부 국가우주개발전문위원 2002~2003년 미국 국립GIS센터 초빙연구원 2003~2004년 국토연구원 GIS연구센터장 2003년 국가측량심의회 심의위원 2004~2012년 우리산맥바로세우기포럼 상임대표 2005년 국토연구원 기획조정실장 2005~2007년 同연구혁신본부장 2006~2007년 기획예산처 균형발전영향평가단장 2006~2008년 서울대 총기성회 이사 2008~2010년 국토연구원 부원장 2008년 同원장 직대 2009년 한국토지주택공사설립위원회 위원 2009년 지식경제부 연구개발특구위원회 위원 2009년 국토해양부 유비쿼터스도시계획자문위원회 위원장 2013년 관동대 산학협력단 교수 2013~2015년 대한지적공사 사장 2015년 한국국토정보공사 사장(현) [상]국무총리표창(1992), 대통령표창(1999), 경제사회연구회 최우수보고서상(2005), 기획예산처장관표창(2006) [저]'GIS의 기초와 실제'(1999) '사이버국토구축전략' '한반도 산맥체계 재정립 연구'(2004) '상전벽해의 국토60년'(2008) '울릉도와 독도의 역사적 기록에 관한 연구'(2008) '고지도에 나타난 동해와 독도의 표기에 관한 실증연구'(2008) '알기 쉬운 연구방법론'(2009) '시간 공간 인간 그리고'(2009) [작]'수근목간매화도'(2004) [종]불교

김영표(金永杓) KIM Young Pyo

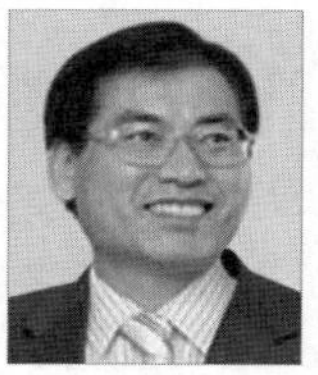

[생]1958 · 5 · 15 [출]경북 안동 [주]전남 나주시 빛가람로 760 한국방송통신전파진흥원 기획조정실(061-350-1300) [학]1976년 태백기계공고졸 1981년 영진전문대학 통신과졸 1984년 경기공업개방대학 전자과졸 1994년 인하대 대학원 경영학과졸 [경]정보통신부 전파방송관리국 전파감리과 사무관 2001년 同전파방송관리국 전파감리과 서기관, 同전산관리소 관리실장 2004년 창원우편집중국장 2005년 정부통합전산센터추진단 파견 2005년 정보통신부 전파연구소 전파환경연구과장 2006년 서인천우체국장 2007년 서울체신청 정보통신국장 2008년 광명우체국장 2010년 강동우체국장 2010년 여의도우체국장 2012년 동대문우체국장 2013년 미래창조과학부 국립전파연구원 전파시험인증센터장 2014년 한국방송통신전파진흥원 기획조정실장(현) [상]대통령표창(2001)

김영표(金泳杓) Young Pyo KIM

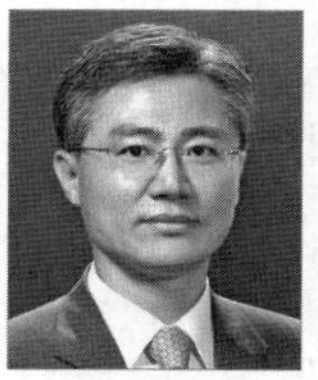

[생]1960 · 6 · 20 [본]김해(金海) [주]서울 강남구 테헤란로418 다봉타워2층 신한저축은행(02-6965-2100) [학]1987년 동국대 경영학과졸 1998년 서강대 경영대학원 수료 2011년 한국과학기술원(KAIST) 최고경영자과정 수료 2012년 서울대 최고경영자과정 수료 [경]1987년 신한은행 입행 1998년 同인사부 부부장 2001년 同화정지점장 2002년 同고객만족센터 부장 2004년 同PB사업부장 2005년 한국서비스경영학회 이사(현) 2009년 신한은행 시너지지원본부장 2011년 同마케팅지원그룹 전무 2011년 同마케팅지원그룹 부행장보 2012년 한국품질경영학회 이사(현) 2013~2014년 신한은행 리테일부문장 겸 영업추진그룹 부행장 2015년 신한저축은행 대표이사(현) [상]산업자원부장관표창(2004) [종]기독교

김영하(金英厦) KIM Young Ha (京山)

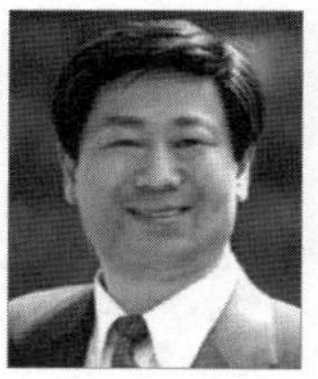

[생]1945 [본]김해(金海) [출]제주 제주시 [주]경기 용인시 수지구 죽전로152 단국대학교 건축대학 건축학과(031-8005-3698) [학]1966년 한림공고졸 1973년 단국대 건축공학과졸 1975년 일본 문부성 국비장학생 1978년 일본 와세다대 대학원졸 1983년 공학박사(일본 와세다대) [경]1980~1993년 단국대 공과대학 건축공학과 전임강사 · 조교수 · 부교수 1983년 일본 와세다대 이공학연구소 연구원 1983년 미국 하버드대 객원연구원 1993년 일본 와세다대 객원교수 1993~2010년 단국대 건축대학 건축학과 교수 2001~2003년 同교수협의회 회장 2001~2003년 한국사립대학교교수연합회 공동회장 2002~2014년 한국지역사회발전학회 회장 2004~2012년 대법원 건축심의위원 2004~2006년 대한건축학회 부회장 2005년 건설교통부 중앙건축위원회 위원 2006년 대한주택공사 기술위원 2006~2011년 강남구청 도시계획위원 2006년 송파구청 도시계획위원 2008년 同투자심의위원 2008~2010년 단국대 부동산 · 건설대학원장 2008년 국토해양부 중앙건축위원회 위원 2008년 제주국제자유도시개발센터 건축도시위원(현) 2009년 LH공사 기술위원(현) 2009년 용산구 도시계획위원 2009년 양천구 도시계획위원 2010~2014년 단국대 건축대학 건축학과 석좌교수 2012년 (사)한국그린빌딩협의회 녹색건축센터 상근심사단장(현) 2013년 국토교통부 중앙건축위원회 위원(현) 2014년 단국대 건축대학 명예교수(현) 2015년 제주특별자치도 도시계획위원부위원장(현) 2015년 서울 마포구 건축위원회 건축위원(현) [상]대한건축학회 우수논문상, 교육부총리 겸 교육부장관표창, 문화관광부표창, 한국과학기술단체총연합회 과학기술우수논문상, 단국대총장공로상(2010), 근정포장(2010) [저]'인간지장론 도시건축'(2004) '친환경 단지계획과 도시경관'(2005) '주거단지계획과 도시경관'(2006) '올래' '천도론'(2010) [역]'인간척도론' '마이크로 도시계획과 토지이용' '도시계획연구' '도시재생'(2010) [작]'월악산 관광도시 설계' '아름다운 집' '한림별장 설계' '양선홍빌딩' [종]기독교

김영하(金泳夏) KIM Young Ha

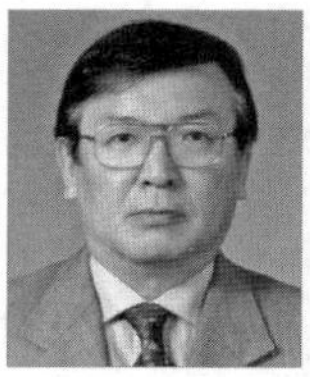

[생]1946 · 8 · 30 [본]의성(義城) [출]서울 [주]서울 성북구 화랑로14길5 한국과학기술연구원(02-958-6970) [학]1964년 경기고졸 1971년 서울대 문리대 화학과졸 1973년 同대학원 화학과졸 1978년 이학박사(독일 마르부르크대) [경]1973~1978년 한국과학기술연구원(KIST) 연구원 1978~1984년 同선임연구원 1981~1983년 미국 미시간분자연구소 연구교수 1983~2005년 한국과학기술연구원 책임연구원 1989년 同고분자화학연구실장 1994년 한국과학기술한림원 종신회원(현) 1996~1997년 한국과학기술연구원 고분자연구부장 1997~1998년 과학기술정책관리연구소 연구기획관리단장 2004년 한국고분자학회 회장 2004~2008년 세계생체재료학회연합회 회장 2005~2011년 광주과학기술원 신소재공학과 교수 2006년 한국생체재료학회 회장 2011~2013년 중앙대 화학과 초빙교수 2011년 한국과학기술연구원(KIST) 명예연구원(현) [상]대통령표창(1996), 상암고분자상(2000), 과학기술훈장(2003), 삼일문화기술상(2005), 일본 생체재료학회 Biomaterials과학공적상(2009), 인도 생체재료인공장기학회 Chandra P. Sharma상(2011) [저]'의료용 고분자 및 생체의료용 재료'

김영학(金榮鶴) KIM Young Hak

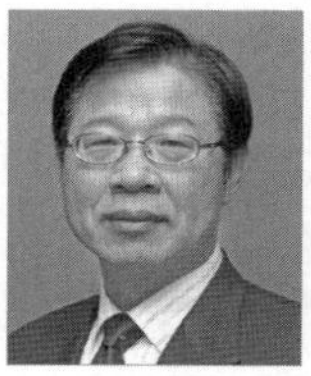

[생]1956 · 6 · 17 [출]강원 춘천 [주]서울 종로구 종로14 한국무역보험공사 사장실(02-399-6900) [학]1975년 대광고졸 1980년 연세대 법학과졸 1985년 미국 컬럼비아대 통상법과정 수료 2002년 핀란드 헬싱키대 경제경영대학원졸(MBA) 2007년 경영학박사(성균관대) [경]1980년 행정고시 합격(24회) 1981년 체육부 사회체육과 사무관 1981~1994년 상공부 비상계획관실 · 구주통상과 · 駐제네바대표부 상무관 · 통상정책과 · 국제협력관실 · 조사총괄과 사무관 1994년 상공자원부 통상정책과 서기관 1994~1998년 캐나다 국제무역위원회(CITT) 파견 1998년 산업자원부 국제협력과장 1998년 同기초소재산업과장 2000년 同수송기계산업과장 2001년 同투자정책과장 2002년 同투자정책과장(부이사관) 2003년 同총무과장 2004년 전기위원회 사무국장 2004년 국방대 파견 2005년 산업자원부 감사관 2005년 同감사관(이사관) 2006년 同에너지자원개발본부장 2006년 同에너지자원개발본부장(일반직고위공무원) 2007년 同기간제조산업본부장 2007년 同정책홍보관리본부장 2008년 지식경제부 기획조정실장 2008년 同산업경제실장 2009~2010년 同제2차관 2011~2013년 포스코경영연구소 사장 2013년 한국무역보험공사 사장(현) [상]동탑산업훈장(2009), 황조근정훈장(2011)

김영학(金英鶴) KIM Young Hak

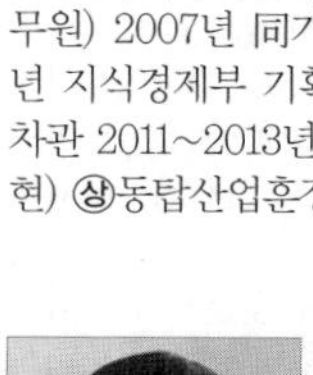

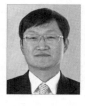

[생]1962 · 3 · 26 [주]서울 강남구 봉은사로135 현대약품(주) 임원실(080-024-5525) [학]원주고졸, 성균관대 산업공학과졸 [경]삼성전자(주) 디지털미디어 총괄그룹장 2008년 현대약품(주) 경영관리 총괄부사장 2009~2013년 (주)현대내츄럴 대표이사 사장 2013년 현대약품(주) 경영관리본부장(사장) 2014년 同대표이사 사장(현)

김영학(金永鶴)

생1966·10·10 출전남 해남 주서울 서초구 서초중앙로157 서울중앙지방법원(02-530-1114) 학광주고졸, 서울대 공법학과졸 경1992년 사법시험 합격(34회) 1995년 사법연수원 수료(24기) 1995년 인천지법 판사 1997년 서울지법 남부지원 판사 1999년 전주지법 군산지원 판사 2002년 서울지법 판사 2004년 수원지법 성남지원 판사 2006년 서울고법 판사 2008년 대법원 재판연구관 2010년 광주지법 부장판사 2011년 수원지법 성남지원 부장판사 2014년 서울동부지법 부장판사 2016년 서울중앙지법 부장판사(현)

김영한(金榮漢) KIM Young Han (三星·仙巖)

생1943·10·25 본김해(金海) 출충북 제천 주서울 마포구 백범로35 서강대학교 사학과(02-705-8325) 학1962년 서울고졸 1966년 서울대 문리대 사학과졸 1971년 同대학원 사학과졸 1983년 문학박사(서강대) 경1975~1984년 한양대 인문대학 사학과 전임강사·조교수·부교수 1984~2009년 서강대 문과대학 사학과 부교수·교수 1990~1991년 미국 일리노이대 객원연구교수 1993~1995년 서강대 교수협의회장 1994~1996년 역사학회 회장 1998~2000년 한국서양사학회 회장 1999년 서강대 도서관장 2001~2003년 同문학부 학장 2005~2007년 同대학원장 2005~2007년 전국대학원장협의회 회장 2005년 대한민국학술원 회원(서양사·현) 2009년 서강대 사학과 명예교수(현) 상한국출판문화상 저작상(1984), 황조근정훈장(2009) 저'르네상스의 유토피아사상'(1983) '르네상스 휴머니즘과 유토피아니즘'(1989) '불평등사상의 연구(共)'(1992) '서양의 지적운동Ⅰ(編)'(1994) '서양의 지적운동Ⅱ(編)'(1998) '전통사회에서의 종교와 반란(共)'(1997) '새천년의 한국문화, 다른 것이 아름답다(共)'(1999) '역사교육, 무엇을 어떻게 가르칠까(共)'(2000) '서양의 인문주의 전통(共)'(2001) '과학시대의 인문학'(2004) '한국역사학의 성과와 과제(共)'(2007) '인문학콘서트(共)'(2010) '한국의 서양사학60년, 서양사학회 50년'(2011) 역'나폴레옹'(1977) 종천주교

김영한(金瑩翰) Young Han Kim

생1952·8·21 출부산 주부산 사하구 낙동대로550번길37 동아대학교 공과대학 화학공학과(051-200-7723) 학1976년 동아대 화학공학과졸 1980년 한국과학기술원 화학공학과졸(석사) 1984년 공학박사(미국 라마대) 경1986년 동아대 공과대학 화학공학과 조교수·부교수·교수(현) 1992년 미국 펜실베이니아주 리하이대 방문교수 1996년 미국 테네시대 방문교수 2004년 한국화학공학회 홍보이사 2008년 同공정시스템부문위원장 2011년 제48회 변리사시험 출제위원 2014년 동아대 대학원장 2016년 同부총장(현) 상동아대 학술상(2002), 동아대 교내학술상 자연과학부문(2002), 부산과학기술협의회 부산과학기술상 공학부문(2008), 교육과학기술부 10회 중소기업 기술혁신대전 교육과학기술부장관표창(2009) 저'MATLAB 공정제어 공학'(2005, 아진) '신발용 고분자 소재'(2005, 신발전문인력양성사업단) 역'유기안료'(1981, 국제신문 출판국) '화학공정제어'(2001, 아진) 'Process Systems Analysis and Control'(2009, 맥그로힐코리아)

김영한(金榮翰) KIM Young Han

생1959·3·15 주서울 송파구 올림픽로326 송파구청 부구청장실(02-2147-2030) 학1978년 경복고졸 1986년 중앙대 사학과졸 1988년 同대학원졸, 미국 캔자스대 행정대학원졸, 행정학박사(서울시립대) 경1988년 행정고시 합격(31회) 2002년 서울시 시장실 정책비서관 2003년 同행정국 민원과장 2003년 同법무담당관 2004년 同심사평가담당관(서기관) 2005년 同여성정책담당관 2006년 同환경국 환경과장 2008년 同맑은환경본부 에너지정책담당관 2009년 同맑은환경본부 기후변화기획관 직대(부이사관) 2009년 同맑은환경본부 기후변화기획관 2012년 同시장 비서실장 2012년 同강동구 부구청장 2013~2014년 서울시립대 행정처장 2013~2014년 서울시 재무국장(지방이사관), 同지방이사관(교육파견) 2015년 서울시 송파구 부구청장(현)

김영한(金英漢·女) KIM Young Han

생1968·5·11 주서울 중구 덕수궁길15 서울특별시의회(02-3783-1711) 학연세대 공과대학 세라믹공학과졸 경(사)인터넷중독클리닉센터 소장, 월드비전 송파종합사회복지관 상담사(임상심리사) 2014년 서울시의회 의원(새정치민주연합·더불어민주당)(현) 2014~2016년 同보건복지위원회 부위원장 2014년 同싱크홀발생원인조사 및 안전대책 특별위원회 부위원장 2014~2015년 同예산결산특별위원회 위원 2015년 同메르스확산방지대책특별위원회 위원

2015년 同청년발전특별위원회 위원(현) 2015년 同서소문밖역사유적지관광자원화사업지원특별위원회 위원(현) 2015년 同지역균형발전지원특별위원회 위원(현) 2015년 同인권특별위원회 위원 2016년 同기획경제위원회 위원(현) 2016년 同운영위원회 위원(현) 상대한민국환경창조경영대상 지방자치의정대상(2016)

김영현(金永鉉) KIM Young Hyun

생1954·3·9 출부산 주서울 서초구 마방로68 (주)동원건설산업 비서실(02-589-4950) 학1981년 한양대 건축공학과졸, 同대학원 도시개발최고위과정 수료, 同경영대학원 AMP과정 수료 경1981년 (주)두산그룹 공채입사 1982년 (주)두산건설 근무 2000년 동원시스템즈(주) 입사, 同건설부문 기술업무총괄 임원 2010년 同대표이사 2011년 同각자대표이사 2014년 (주)동원건설산업 대표이사 부사장(현) 상KT공로상(1998), 한국산업안전공단이사장 우수상(건설부문)(2001), 한양대 도시대학원 최우수논문상(2007)

김영현(金永鉉) KIM Young Hyun

생1958·11·13 주서울 용산구 한강대로92 LS용산타워16층 삼일회계법인(02-709-0720) 학1985년 연세대 경영학과졸 2001년 홍익대 세무대학원졸 2003년 한양대 최고엔터테인먼트과정 수료 2004년 건국대 부동산CEO과정 수료 2009년 건국대 의료컨설팅최고경영자과정 수료 경1985년 삼일회계법인 입사 1989~1991년 일본 PwC Tokyo 근무 1998년 김대중대통령방일투자유치 사절단 1999년 APEC투자박람회 투자유치사절단 1999년 인천국제공항공사 자문위원 2002년 한국문화콘텐츠진흥원 콘텐츠아카데미 지도교수 2004~2008년 신용협동조합중앙회 감사위원 겸 전문이사 2007년 삼일회계법인 전무 2011년 중앙일보 위스타트운동본부 감사 2012년 새만금 투자자문위원(현) 2014년 (사)위스타트 감사(현) 2014년 삼일회계법인 중국팀장(전무)(현) 저'일본기업의 법인세신고 요령'(일문) '워크아웃 소개'(일문) '제주도 부동산개발사업 투자를 위한 투자환경 보고서'(2014) '중국기업의 한국투자 왜 증가하는가'(2014)

김영현(金永鉉)

생1967·8·26 출서울 주전북 정읍시 수성6로27 전주지방검찰청 정읍지청(063-570-4310) 학1986년 배명고졸 1991년 성균관대 법학과졸 경1997년 사법시험 합격(39회) 2000년 사법연수원 수료(29기) 2000년 수원지검 검사 2002년 창원지검 통영지청 검사 2004년 의정부지검 검사 2006년 서울중앙지검 검사 2009년 부산지검 동부지청 검사 2011년 서울동부지검 검사 2012년 금융감독원 파견 2013년 서울동부지검 부부장검사 2013년 인천지검 부천지청 부부장검사(금융감독원 파견) 2014년 서울중앙지검 부부장검사 2016년 전주지검 정읍지청장(현)

김영협(金英俠) KIM Young Hyub

생1951·10·19 주경기 수원시 팔달구 효원로1 경기도의회(031-8008-7000) 학한국방송통신대 행정학과졸 경부원주택건설 대표, 부천자치신문 논설주간, 인천지법 부천지원 범죄예방위원회 위원, 부천연사문화재단 운영이사, 민주평통 자문위원, 푸른부천21실천협의회 감사 2006년 경기도의원선거 출마(열린우리당), 부천호남향우회 사무총장, 부천시 원미구자전거활성화추진위원회 위원장 2014년 새정치민주연합 창당발기인 2014년 경기도의회 의원(새정치민주연합·더불어민주당)(현) 2014~2015년 同예산결산특별위원회 위원 2014년 同안전행정위원회 위원 2015년 同평택항발전추진특별위원회 위원(현) 2015년 同안전사회건설특별위원회 위원장(현) 2016년 同안전사회건설특별위원회 위원장 2016년 同운영위원회 위원(현) 2016년 同도시환경위원회 위원(현)

김영혜(金榮惠·女) KIM Yung Hay

생1959·9·24 출인천 주서울 중구 삼일대로340 국가인권위원회 상임위원실(02-2125-9607) 학1978년 인천 신명여고졸 1982년 고려대 법대졸 1985년 서울대 대학원 법학과 수료 경1985년 사법시험 합격(27회) 1988년 사법연수원 수료(17기) 1988년 수원지법 판사 1990년 서울지법 서부지원 판사 1992년 부산지법 판사 1995년 서울가정법원 판사 1995~1997년 미국 스탠포드대 연수 1998년 서울지법 판사 2000년 서울고법 판사 2002년 서울지법 판사 2003년 인천지법 부장판사 2006년 서울남부지법 부장판사 2006~2008년 세계여성법관회의(IAWJ) 이사 2007년 同부회장 2008년 서울중앙지법 부장판사

2009~2010년 법무법인 오늘 대표변호사 2009년 법치주의수호국민연대 공동상임대표 2010년 시민과함께하는변호사들 공동대표 2010년 대통령직속 미래기획위원회 위원 2010년 국가인권위원회 상임위원(차관급)(현) 2014년 여성가족부 사이버멘토링 공무원·공공기관분야 대표멘토(현) 2014년 아시아·태평양국가인권기구 고문방지대사(현) 2015년 한국양성평등교육진흥원 초빙교수(현)

김영호(金泳鎬) KIM Young Ho

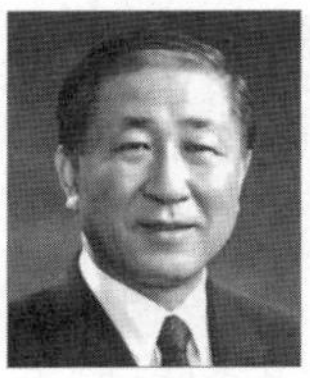

[생]1940·8·26 [본]김해(金海) [출]경남 합천 [주]서울 강남구 학동로402 천마빌딩707호 한국사회책임투자포럼 이사장실(02-738-1142) [학]1958년 대구상고졸 1962년 경북대 경제학과졸, 영남대 대학원졸 1988년 경제학박사(일본 오사카시립대) [경]1962~1967년 공군사관학교 교수부 경제학 전임강사·조교수 1967년 고려대·이화여대·연세대·서울대 강사 1971년 미국 하버드대·일본 아세아경제연구소 객원연구원 1973년 경북대 경제학부 교수 1984년 일본 동경대 객원교수 1985~1988년 일본 오사카시립대 교수 1989년 同경제경영연구소장 1992~1995년 일본 東京大 교수 1995년 중국 吉林大 객좌교수 1995~2000년 산업자원부 산업기술발전심의회 위원장 1995~2000년 아사히신문(朝日新聞) 21세기위원 1995~2006년 경북도21세기위원회 위원장 1996년 중국 北京大 객좌교수 1996년 경북대 인문사회과학연구원장 겸 지역개발연구소장 1996년 同테크노파크추진위원장 1996~1998년 국가과학기술자문회의 위원 1996~2000년 대구시 시정자문위원회 위원장 1997년 공정거래위원회 정책자문위원 1997년 문화관광부 정책자문위원 1997년 경북대 경상대학장 겸 경영대학원장 1997년 일본 경제학자 설문조사 '아담 스미스 이래 100대 세계 경제학자' 선정 1998년 제2의건국범국민추진위원회 위원 1998년 동북아평화센터 이사장 1999년 제3회 대한민국과학축전 추진위원장 1999년 일본 동경대 국제평가위원 1999년 경북대 환태평양연구소장 1999년 대구라운드 한국위원장 2000년 산업자원부 장관 2000년 노사정위원회 위원 2001년 중국 연변대 석좌교수 2002~2015년 (사)국채보상운동기념사업회 회장, 同명예이사장(현) 2003년 유한대학 학장 2005년 대구대 경영학과 석좌교수 2005년 한국CSR표준화포럼 회장 2006년 국제아세아공동체학회 공동대표(현) 2007년 한국사회책임투자포럼 이사장(현) 2007~2011년 유한대학 총장 2009년 한겨레신문 아세아미래포럼 공동위원장(현) 2010년 한일지식인회의 공동대표(현), 단국대 석좌교수 2012년 UN 생물다양성한국협회 이사장(현) 2015년 한국사회책임네트워크(KSRN) 공동대표(현) 2015년 한국학중앙연구원 한국학대학원 석좌교수(현) [상]다산경제학상(1992), 국민훈장 모란장(1998), 인간 상록수(2011) [저]'동아시아 공업화와 세계자본주의(日語)'(1988) '한일간 기술경제질서론(共)'(1998) '한국경제의 분석' '엔고에 따른 한일 산업구조조정과 기술이전' '한국의 2001년 설계(共)'(1998) 'Co-Design of East Asia After Financial Crisis'(2003) [종]기독교

김영호(金英浩) KIM Young Ho

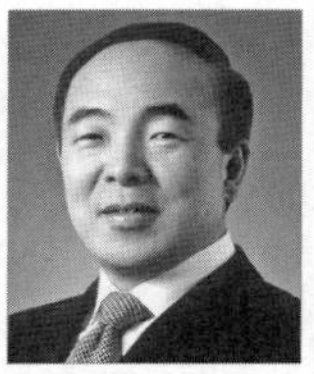

[생]1944·3·9 [출]서울 [주]서울 영등포구 은행로11 일신방직 회장실(02-3774-0211) [학]1963년 서울고졸 1966년 연세대 건축과 2년 수료 1971년 미국 뉴욕 프랫대(Pratt Institute) 건축학과졸 1987년 명예 박사(미국 뉴욕 프랫대) 2008년 명예 박사(숭실대) [경]1982~2001년 일신방직 대표이사 사장 1983~1987년 숭실대재단 이사장 1985~2001년 한·스페인협회 회장 1987년 현대미술관회 이사(현) 1987년 전국경제인연합회 이사 1989년 (주)신동 회장(현) 1994년 미국 뉴욕 프랫대재단 이사(현) 1997~2002년 대한방직협회 회장 1998년 한국건축가협회 이사·명예이사(현) 2000년 미국 뉴욕현대미술관(MoMA) 국제위원회 회원(현) 2001년 일신방직 대표이사 회장(현) 2001년 일신창업투자(주) 대표이사 회장(현) 2001년 한·이탈리아협회 회장(현) 2002~2004년 한국섬유기술연구소 이사장 2003년 한국메세나협회 부회장(현) 2004년 삼성문화재단 이사 2004~2012년 금호아시아나문화재단 이사 2013~2016년 예술의전당 비상임이사 [상]국무총리표창, 국민훈장 석류장, 한국경영대상 최우수기업상, 스페인 국민훈장 십자기사장, 대통령표창(1995), 독일 몽블랑 예술후원자상(2007), 대통령표창(2009), 이탈리아 공로훈장 코멘다토레(2009) [종]기독교

김영호(金榮豪) KIM Young Ho

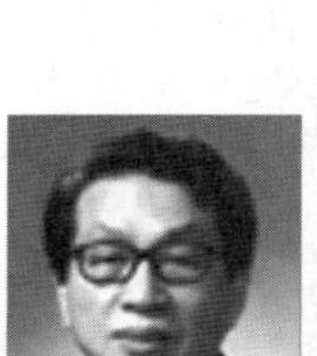

[생]1944·6·3 [출]대구 [주]서울 서대문구 통일로107의15 효곡빌딩601호 언론광장(02-720-3721) [학]1964년 경복고졸 1972년 경희대 법률학과졸 1994년 서울대 사법발전연구과정 수료 1995년 同행정대학원 국가정책과정 수료 [경]1972년 한국일보 경제부 기자 1981년 현대정공 총무과장 1984년 현대강관 수출부장 1988년 한국일보·주간한국·서울경제신문 차장 1988년 세계일보 경제부장 1991년 同논설위원 1996~2005·2008년 한국기자협회 '이 달의 기자상' 심사위원 1997년 세계일보 편집국장 1997년 同논설위원 1998년 순천향대 강사 1999년 신구대학 강사 1999년 미디어포럼 부회장 1999년 언론개혁시민연대 신문개혁특위 위원장 2000~2002년 방송발전기금관리위원회 회원 2000년 한양대 신문방송학과 강사 2002년 방송위원회 선거방송심의위원회 부위원장 2003년 미디어포럼 회장 2003~2006년 언론인권센터 부이사장 2003~2010년 언론개혁시민연대 대표 2003년 제17대 국회의원선거 선거기사심의위원 2004~2007년 지역신문발전위원회 위원 2005년 언론광장 공동대표(현) 2005~2008년 신문발전위원회 위원 2005~2008년 신문유통원 비상임이사 2005년 미디어포럼 고문 2007~2008년 학교법인 대양학원(세종대) 임시이사 2007년 방송위원회 제18대 총선 선거방송심의위원 2009~2012년 KBS 이사 2011~2012년 고려대 강사 2011년 한국외국어대 미디어커뮤니케이션학부 외래교수(현) [저]'경제의 현장'(1985) '관권경제 특혜경제'(1988) '와르르 공화국(IMF부른 정책실패 고발서)'(1998) '언론비평과 언론권력'(2003) '건달정치 개혁실패'(2004) '경제민주화시대 대통령'(2012) [종]천주교

김영호(金榮鎬) KIM Yong Ho (일봉)

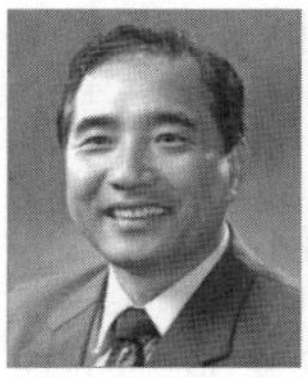

[생]1951·3·10 [본]김해(金海) [출]충남 부여 [주]서울 영등포구 영중로14길44 한유비엔에프 비서실(02-2261-1188) [학]1969년 경동고졸 1977년 서울대 농업생명과학대학 축산학과졸 1997년 영국 옥스포드대 최고경영자과정 수료 1998년 고려대 경영자과정 수료 [경]1977년 한국낙농 근무 1982년 천호동산 근무 1988~1998년 (주)퓨리나코리아 근무·전무이사 1998~2002년 (주)우성사료 대표이사 2000년 동물자원연구회 부회장 2002년 한유비엔에프 대표이사 사장(현) [상]한국능률협회 최고경영인상(1998) [종]천주교

김영호(金永浩) KIM Young Ho

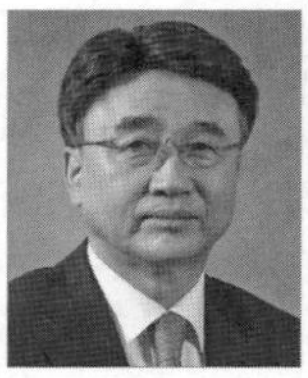

[생]1952·3·8 [출]서울 [주]대전 서구 배재로155의40 배재대학교 총장실(042-520-5201) [학]1978년 고려대 독어독문학과졸 1987년 독일 트리어대 대학원졸(사회학석사) 1989년 사회학박사(독일 트리어대) [경]배재대 미디어정보사회학과 교수 2001~2002년 同기획조정처장 2009~2010년 同사회대학장, 대전충남사회연구회 회장, 대전시 규제개혁위원, 교육과학기술부 대학교육개혁추진우수대학 평가위원 2010년 한독사회학회 회장 2011년 배재대 총장(현) 2011~2013년 한국대학평가원 대학평가인증위원회 부위원장 2011년 목요언론인클럽 언론인대상심사위원장(현) 2013~2015년 대전권대학발전협의회 공동의장 2013~2015년 대전인재육성장학재단 이사 2013년 안전하고행복한대전만들기 상임위원 2013년 대전장애인단체총연합회 고문(현) 2013~2015년 한국대학평가원 대학평가인증위원회 위원장 2013~2016년 한국대학교육협의회 이사 2014년 대전KBS 시청자위원회 위원장(현) 2014년 대전광역시 지역산업총괄위원회 위원(현) 2016년 통일교육위원 대전지역협의회 회장(현) 2016년 同중앙협의회 부의장(현) [저]'현대사회의 구조와 변동(共)'(1996) [역]'현대사회를 진단한다(共)'(2010) [종]개신교

김영호(金榮浩) KIM Young Ho

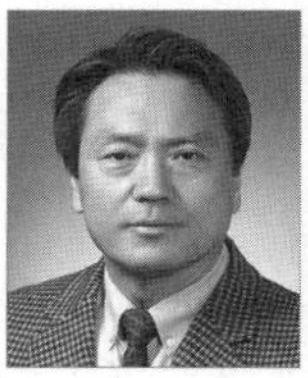

[생]1952·12·11 [출]충북 음성 [주]충남 천안시 충절로537 천안의료원 원장실(041-570-7200) [학]1971년 경복고졸 1978년 서울대 의대졸 1984년 同대학원졸 1987년 의학박사(서울대) [경]1972년 서울대 의대 학생회장 1985~1991년 서울서부병원 신경외과장 1986년 서울백병원 외래교수 1988~2016년 학교법인 우정학원(음성 한일중) 이사장 1992년 서울잠실병원 신경외과장 1993~2006년 증평 세림신경외과의원 원장 1995년 증평시민회 공동대표 1996~1998년 한국지방자치경영연구소 이사 1998년 증평의사회 회장 1998~2000년 증평자치단체추진위원회 부위원장 1999~2000년 충북농정포럼 이사 2002년 증평사회단체협의회 회장 2004년 증평문화원 부원장 2004년 증평괴산저널 논설위원 2005년 한나라당 충북도당 부위원장 2005년 同음성·진천·괴산·증평당원협의회 운영위원장 2005년 同증평군협의회장 2006년 충북 증평군수선거 출마(한나라당) 2006~2011년 청주의료원 원장 2010년 (사)전국지방의료원연합회 회장 2010년 대한병원협회 경영이사 2010년 북한이탈주민지원재단 이사 2015년 천안의료원 원장(현) [상]동양일보 신인문학상 수필부문 입상(2001)

김영호(金榮浩) KIM Young Ho

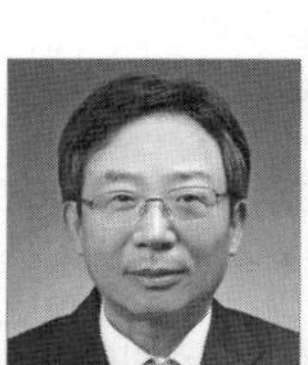

[생]1954·9·8 [본]김해(金海) [출]충북 충주 [주]충북 충주시 대학로50 한국교통대학교 총장실(043-841-5001) [학]1973년 서울고졸 1976년 성균관대 행정학과졸 1991년 미국 남가주대(USC) 대학원 행정학석사 2009년 명예 행정학박사(대불대) 2010년 행정학박사(성균관대) [경]1976년 행정고시 합격(18회) 1987년 서울올림픽조직위원회 언어자원담당관·사후인력담당관 1991년 총무처 교육훈련과장 1991년 同국외훈련과장 1992년 同장관 비서관 1994년 同

조직기획과장 1995년 駐미국대사관 행정참사관 1999년 국민고충처리위원회 조사2국장 2000년 국방대학원 파견 2001년 행정자치부 행정관리국장 2003년 충북도 행정부지사 2005년 대통령직속 정부혁신지방분권위원회 기획운영실장(비서관) 2006년 중앙인사위원회 상임위원 겸 사무처장 2008~2009년 행정안전부 제1차관 2009년 법무법인 세종 고문 2009년 중앙공무원교육원 겸임교수 2010~2013년 대한지적공사 사장 2010년 국무총리소속 행정업무조정위원회 위원 2013년 성균관대 겸임교수 2014년 한국교통대 총장(현) [상]근정포장(1986), 홍조근정훈장(2002), 2008 자랑스러운 성균인상(2009), 황조근정훈장(2012), 한국을 빛낸 창조경영대상(2013)

김영호(金永鎬) KIM Young Ho

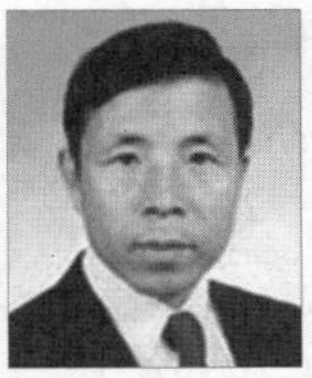

[생]1954·11·9 [본]선산(善山) [출]경남 창녕 [주]서울 관악구 관악로1 서울대학교 농업생명과학대학 응용생물화학부(02-880-4675) [학]1973년 성남고졸 1977년 서울대 농생물학과졸 1981년 同대학원 식물병리학과졸 1985년 농학박사(미국 아칸소대) [경]1981년 미국 아칸소대 조교 1985~1991년 한국인삼연초연구소 경작시험장 선임연구원 1991년 同특수연구부 선임연구원 1993년 미국 아칸소대 협동연구원 1994년 한국인삼연초연구원 원료연구부 선임연구원 1996~1999년 同원료연구부 책임연구원보 1999년 서울대 농업생명과학대학 응용생물화학부 조교수·부교수·교수(현) 2008년 同식물병원 원장 [상]한국인삼연초연구원 우수연구원상(1996·1997·1998), 한국연초학회 우수논문상(1997), 제13회 과학기술우수논문상(2003) [저]'수목병리학'(1999, 향문사) '한국 고추의 분자 유전과 육종'(2003, 서울대) '가드너 양성 기본교재'(2006, 산림청) [역]'식물병리학 제5판'(2004, 월드사이언스) '균류생물학 제4판'(2006, 월드사이언스) [종]기독교

김영호(金永晧) Kim Young ho

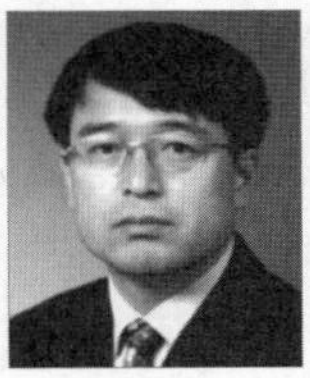

[생]1957·9·12 [본]광산(光山) [출]경북 영주 [주]서울 종로구 종로6 광화문우체국(02-3703-9000) [학]1976년 안동고졸 1999년 한국방송통신대 행정학과졸 [경]2009~2011년 우정사업본부 구미우체국장 2012년 同경주우체국장 2012~2013년 同정보화정책과장 2013년 同동서울우편집중국장 2014~2016년 同서울송파우체국장 2016년 同광화문우체국장(현) [상]모범공무원선발 국무총리표창(1996), 대통령표창(2007) [종]불교

김영호(金暎浩) Youngho Kim

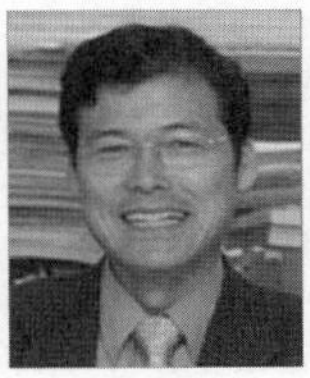

[생]1959·8·1 [본]안동(安東) [출]경남 진주 [주]서울 성북구 보문로34다길2 성신여자대학교 정치외교학과(02-920-7505) [학]1978년 진주고졸 1982년 서울대 사회과학대학 외교학과졸 1991년 미국 보스턴대 국제정치대학원 국제정치학과졸 1996년 국제정치학박사(미국 버지니아대) [경]1998~1999년 세종연구소 상임객원연구위원 1999년 성신여대 정치외교학과 교수(현) 2004~2006년 외교통상부 정책자문위원 2004~2008년 국가보훈처 현충시설물심의위원회 위원 2006년 동아일보 객원논설위원 2008~2010년 통일부 남북관계발전위원회 위원 2008~2010년 성신여대 교무처장 2008년 同연구처장 2011~2012년 대통령 통일비서관 2012년 외교통상부 인권대사 2013년 외교부 인권대사 [저]'한국전쟁의 기원과 전개과정'(2006, 성신여대 출판부) '대한민국건국의 재인식(共)'(2009, 기파랑) '대한민국과 국제정치'(2012, 성신여대 출판부)

김영호(金永浩)

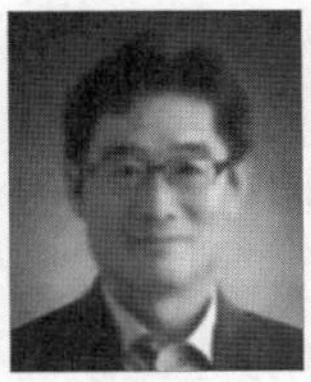

[생]1963·5·3 [주]서울 중구 소공로70 신한카드(주) 임원실(02-6950-1006) [학]1981년 영신고졸 1989년 한양대 정치외교학과졸 [경]1989년 LG신용카드 입사 2002년 LG카드 동대구지점장 2003년 同동대구채권지점장 2003년 同마산채권지점장 2004년 同부산채권지점장 2004년 同울산채권지점장 2005년 同서대구채권지점장 2006년 同수원지점장 2007년 同고객개발팀장 2007년 신한카드(주) 인사팀장 2009년 同영남본부장 2013년 同고객지원본부장 2013년 同브랜드전략본부장 겸 기획홍보팀장 2014년 同브랜드전략본부 상무 2015년 同브랜드전략BU 상무 2016년 同기획부문장(부사장)(현)

김영호(金永浩) KIM Young Ho

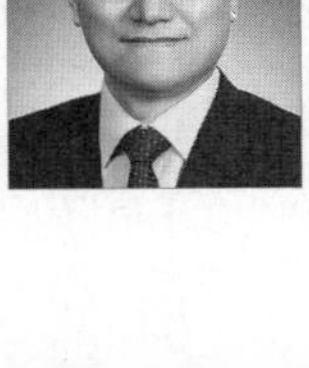

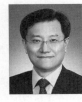

[생]1964·8·1 [출]충남 부여 [주]서울 강남구 테헤란로 238 대봉빌딩8층 법무법인 에이원(02-521-7400) [학]1983년 경성고졸 1990년 고려대 법과대학졸 2003년 미국 캘리포니아대 데이비스교 법과대학원졸(LL.M.) [경]1991년 사법시험 합격(33회) 1994년 사법연수원 수료(23기) 1994년 수원지검 검사 1996년 창원지검 진주지청 검사 1997년 부산지검 동부지청 검사 1999년 서울지검 검사 1999년 변호사 개업 1999~2000년 삼성물산 건설부문 법무팀장(이사보) 2000~2004년 삼성 기업구조조정본부 법무팀 담당임원(상무보) 2004~2005년 同법무실 담당임원(상무) 2005~2009년 삼성물산 건설부문 법무팀장(상무) 2010~2011년 同건설부문 법무팀장(전무) 2011~2013년 삼성테크윈 법무팀장(전무) 2013~2014년 법무법인 원 구성원변호사 2013~2015년 사단법인 선 이사 2015년 법무법인 에이원 변호사(현)

김영호(金永浩) Kim Yong Ho (安城)

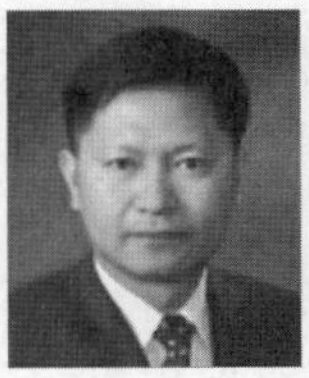

[생]1965·11·15 [본]광산(光山) [출]전남 화순 [주]서울 서초구 신반포로194 서울고속터미널9층 904호 금호고속(주)(02-530-6016) [학]1984년 광주 서석고졸 1992년 전남대 경영학과졸 1996년 중국 쓰촨대 중국어과 수료 2005년 연세대 대학원 금호MBA 수료 [경]1991년 금호고속(주) 입사 1996년 同해외사업팀 근무 1997~2002년 同항주금호 부총경리 2002년 同경영기획팀 근무 2006년 同길림금호 총경리 2008년 同심천신금호 총경리 2012년 同영업1팀장 2015년 同해외사업담당 상무 2016년 同고속해외담당 상무(현)

김영호(金暎豪) KIM Young Ho

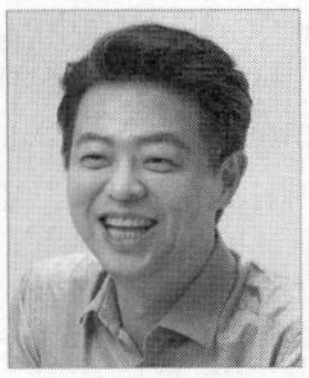

[생]1967·9·13 [본]김해(金海) [출]서울 [주]서울 영등포구 의사당대로1 국회 의원회관935호(02-784-4020) [학]1986년 마포고졸 1997년 중국 베이징(北京)대 국제정치학과졸 2001년 서강대 대학원 중국학과졸 [경]1994~1997년 在中교민지 한성월보 발행인, 북경대 한국총동문회 부회장 1999년 국민일보·스포츠투데이 기자 2001년 마산대 겸임교수 2003년 BKCLUB 대표 2003년 한중문화연구소 소장 2003년 법무법인 CHL 중국법률연구소 자문위원 2003년 한국외국어대 중국연구소 연구위원 2004년 제17대 국회의원선거 출마(서울 서대문구甲, 새천년민주당), 한중미래연구소 소장, 민주당 서울서대문구甲지역위원회 위원장, 同서울시당 대변인·총무위원, 한중미래포럼 공동대표 2008년 제18대 국회의원선거 출마(서울 서대문구乙, 통합민주당) 2012년 제19대 국회의원선거 출마(서울 서대문구乙, 민주통합당) 2012년 민주통합당 상근부대변인 2013~2014년 민주당 전국대의원대회 부의장 2013년 시민카페 '길' 운영위원장(현) 2015년 더불어민주당 서울서대문구乙지역위원회 위원장(현) 2016년 제20대 국회의원(서울 서대문구乙, 더불어민주당)(현) 2016년 국회 안전행정위원회 위원(현) 2016년 더불어민주당 사드대책위원회 간사(현) [종]천주교

김영화(金榮和·女) KIM Young Hwa

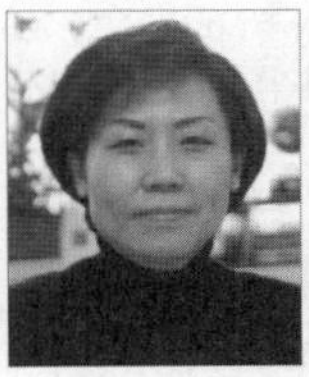

[생]1957·8·18 [본]김해(金海) [출]서울 [주]서울 마포구 와우산로94 홍익대학교 사범대학 교육학과(02-320-1845) [학]1976년 경기여고졸 1980년 서울대 교육학과졸 1983년 同대학원 교육학과졸 1987년 철학박사(미국 스탠퍼드대) [경]1980~1981년 화곡여중 교사 1988~2000년 한국교육개발원 선임연구위원·연구본부장 1998~1999년 국제노동기구(ILO) 제네바본부 수석연구원 2000년 홍익대 사범대학 교육학과 교수(현), 同취업진로지원센터 소장, 同학생상담센터 소장, 국무총리실 정부업무평가실무위원회 실무위원 2010~2012년 한국교육사회학회 회장 2016년 홍익대 교육대학원장 겸 사범대학장(현) [상]국민교육유공자상 [저]'한국교육의 현단계'(1989, 교육과학사) '노동과 불평등'(1990, 나남) '한국사회와 교육갈등'(1990, 양서원) '한국의 교육불평등 : 고등교육 팽창의 과정과 결과'(1993, 교육과학사) '시민의 교육학'(1995, 한길사) '아태지역 교육연구 핸드북'(2003, Kluwer Academic Publishers) '평생학습 사회에서의 인적자원 개발을 위한 사회적 파트너십 구축'(2003, 집문당) '가정과 또래집단에서의 초등학교 학생의 사회화 연구'(2004, 한국학술정보) '공교육 : 이념, 제도, 개혁'(2004, 원미사) '한국의 교육과 경제발전'(2004, 한국학술정보) '학습사회의 교육학'(2005, 학지사) '지역사회 교육개혁을 위한 시민사회조직의 참여'(2010, 집문당) '교육사회학'(2010, 교육과학사) [종]기독교

김영환(金永煥) KIM Young Hwan

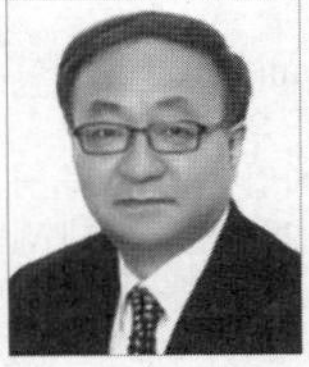

[생]1955·3·25 [출]서울 [주]서울 마포구 와우산로94 홍익대학교 총장실(02-320-1011) [학]1977년 서울대 자원공학과졸 1979년 同대학원 공학과졸 1987년 공학박사(미국 컬럼비아대) [경]1987~1992년 홍익대 공대 금속재료공학과 조교수·부교수 1988~2001년 산업표준심의회 비철부회 위원 1991~1994년 홍익대 전자계산소 전산부장 1992년 同신소재화학시스템공학부 교수(현) 1994~1999년 同교무처장 2000~2002년 미국 Columbia Univ. Adjunct Professor & Senior Research Associate 2002~2006년 홍익대 기획연구처장 2005년 ISO TC14 SC4 International Secretary 2006년 홍익대 산학협력단장 2011~2015년 同부총장 2015년 同대외협력담당 부총장 2015년 同총장(현)

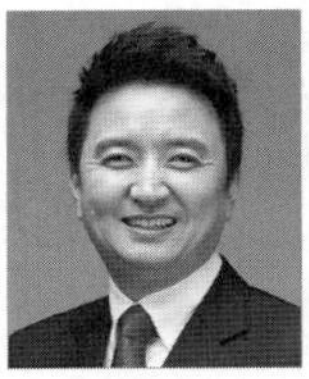

김영환(金榮煥) KIM Young Hwan
[생]1955·5·27 [본]일선(一善) [출]충북 괴산 [주]서울 마포구 마포대로38 국민의당(02-715-2000) [학]1973년 청주고졸 1988년 연세대 치대졸 2001년 同경제대학원졸 [경]1977년 긴급조치위반으로 2년간 투옥 1981~1986년 전기공사 주임·신축현장소장 1986년 '시인'·'문학의 시대'로 문단 데뷔 1988년 민주통일민중운동연합 정책실 차장 1989년 민족민주운동연구소 부소장 1992~1998년 치과의원 개원 1995년 통일시대민주주의국민회의 홍보위원장 1995년 민주당 6·27선거대책위원회 부대변인 1996년 제15대 국회의원(안산甲, 국민회의·새천년민주당) 1996년 국민회의 정세분석실장 1998년 同정세분석위원장 1998~2001년 한국아마추어천문학회 회장 1999년 새시대새정치연합청년회 중앙회장 2000~2004년 제16대 국회의원(안산시甲, 새천년민주당) 2000년 새천년민주당 홍보위원장 2000년 同대변인 2001~2002년 과학기술부 장관 2003년 새천년민주당 정책위원회 의장 2003~2004년 同상임중앙위원 2003~2004년 同대변인 2004년 e-믿음치과 대표원장 2005년 민주당 안산시상록구甲지역위원회 위원장 2006년 북촌포럼 설립 2008년 제18대 국회의원선거 출마(안산시 상록구甲, 무소속) 2009년 제18대 국회의원(안산시 상록구乙 재보선 당선, 민주당·민주통합당) 2010년 국회 지식경제위원장 2012~2016년 제19대 국회의원(안산시 상록구乙, 민주통합당·민주당·새정치민주연합·더불어민주당·국민의당) 2012·2014년 국회 정무위원회 위원 2013년 민주당 인재영입위원장 2014년 새정치민주연합 인재영입위원회 공동위원장 2015년 국회 메르스대책특별위원회 위원 2016년 국민의당 창당준비위원회 부위원장 2016년 同전략위원장 2016년 同인재영입위원장 2016년 同선거대책위원회 공동위원장 2016년 제20대 국회의원선거 출마(안산시 상록구乙, 국민의당) 2016년 국민의당 사무총장(현) 2016년 同안산시상록구乙지역위원회 위원장(현) [상]한국유권자운동연합 과학기술정보통신위원회 최우수상(1999), 환경운동연합 녹색정치인상(1999), 광주민주유공자 인정(2000), 한국여성유권자연맹 남녀평등정치인상(2000), 여성생명과학상 공로상(2002), 청조근정훈장(2003), NGO선정 최우수상임위원장(2010·2011), 민주통합당 선정 최우수상임위원장(2011), 전국소상공인단체연합회 초정대상(2011·2012), 동반성장위원회 감사패(2011), 바른과학기술사회실현을위한한국민연합 선정 최우수 과학기술국회의원(2011), 한국콘텐츠학회 정책대상(2011), 중소기업중앙회 중소기업지원대상(2011), 문화예술유권자연합회 선정 최우수상임위원장(2011), 한국과학기술단체총연합회 선정 과학기술분야 의정활동 우수의원(2011), NGO선정 국정감사우수의원(2012·2013) [저]시집 '따라오라 시여'(1988, 시인사) '지난날의 꿈이 나를 밀어간다'(1994, 실천문학사) '꽃과 운명'(2000, 푸른숲) '똥 먹는 아빠'(1997, 산하출판사) '불타는 바그다드의 어머니'(2003, 명상) '물왕리에서 우리가 마신 것은 사랑이었습니다'(2003, 명상) '돌관자여, 흐르는 강물에 갈퀴손을 씻으라'(2010, 생각의나무) '눈부신 외로움'(2010, 생각의나무) 과학동시집 '방귀에 불이 붙을까요?'(2001, 김영사) 수필집 '그대를 위한 사랑의 노래'(1996, 살림터) '홀로 선 당신이 아름답습니다'(1999, 중앙M&B) '원망(怨望)은 물에 새기고 사랑은 돌에 새기라'(2003, 명상) '최초에 도전하라'(2010, 생각의 나무) '지난날의 꿈이 나를 밀어간다'(2011, 쌤앤파커스) '나라를 살리는 10가지 생각창고'(2012, 쌤앤파커스) '두눈박이의 이력서'(2012, 작가세계) '잔도를 불태워라'(2013, 두리미디어) '상상력을 디자인하다'(2013, 블랙섭) 평론집 '덧셈의 정치, 뺄셈의 정치'(2006, 나무와 숲) [종]천주교

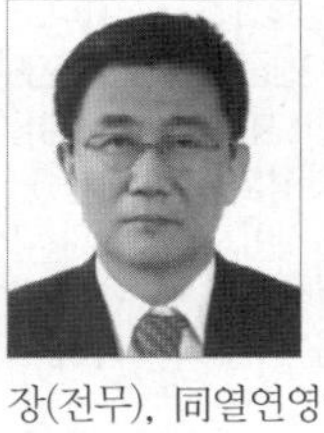

김영환(金榮煥)
[생]1957·1·8 [주]서울 서초구 헌릉로12 현대기아자동차빌딩 현대제철(주) 임원실(02-3464-6025) [학]제물포고졸, 인하대 무역학과졸 [경]1984년 현대제철(주) 입사 2004년 INI스틸(주) 당진공장 영업담당 이사대우 2005년 同당진공장 열연판매담당 이사대우 2006년 同열연판매담당 이사 2006년 현대제철(주) 열연판매담당 이사 2007년 同열연판매담당 상무 2009년 同열연판매실장(전무), 同열연영업실장 겸 중국사무소장(전무) 2012년 同영업본부장 겸 열연사업부장(부사장) 2013년 同영업본부장(부사장)(현) [상]동탑산업훈장(2014)

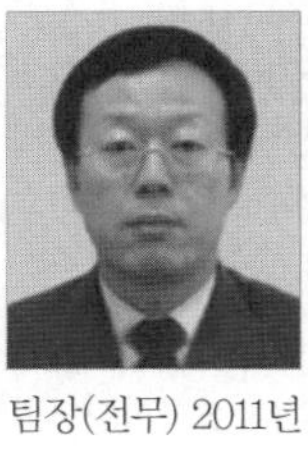

김영환(金英煥) KIM Young Hwan
[생]1958·12·14 [본]의성(義城) [출]경북 의성 [주]경북 구미시 3공단3로302 삼성전자(주) 무선사업부 제품기술팀(054-479-5770) [학]1976년 대륜고졸 1983년 경북대 전자공학과졸 [경]1983년 삼성전자(주) 입사, 同무선제조기술그룹장 2001년 同제조기술그룹장(상무보) 2004년 同무선사업부 제조기술팀장(상무) 2006~2007년 同무선사업부 개발3팀장(전무) 2007년 同무선사업부 제품기술팀장(전무) 2011년 同무선사업부 제품기술팀장(부사장)(현)

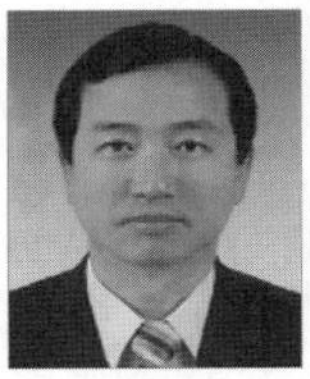

김영환(金榮煥) Kim Youngwhan
[생]1959·1·15 [출]울산 울주 [주]부산 부산진구 중앙대로955 부산광역시 상수도사업본부(051-669-4001) [학]1981년 부산대 기계공학과졸 1989년 同행정대학원 행정학과졸 1997년 미국 시라큐스대 대학원 환경공학과졸, 공학박사(부산대), 미국 Washington Univ. in St. Louis 박사후과정 수료 [경]1995년 부산시 상수도사업본부 덕산정수사업소장 1996년 해외 훈련 1998년 부산시 공업행정과장 2000년 同공업기술과장 2005년 부산시도시개발공사 업무이사 2006년 부산시 공보관(지방부이사관) 2006년 同남구 부구청장 2008년 중앙공무원교육원 교육파견 2009년 부산시 감사관 2010년 同환경국장 2010년 同환경녹지국장 2013년 同창조도시본부장 2014년 국방대 교육파견 2015년 부산시 상수도사업본부장(2급)(현)

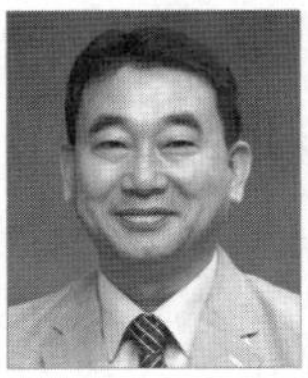

김영환(金榮煥) Kim Young Hwan
[생]1964·5·13 [출]경북 선산 [주]대구 수성구 무학로227 대구지방경찰청 보안과(053-804-7081) [학]오성고졸 1987년 경찰대졸(3기), 경북대 행정대학원졸 [경]1987년 경위 임용 2001년 경정 승진 2002년 대구 남부경찰서 경비교통과장 2004년 대구 서부경찰서 생활안전과장 2005년 대구지방경찰청 경비교통과 교통안전계장 2006년 同경비교통과 작전전경계장 2009년 同경비교통과 경비경호계장 2012년 同경비교통과장 2013년 경북 안동경찰서장 2014년 경북지방경찰청 홍보담당관 2015년 대구 북부경찰서장 2016년 대구지방경찰청 보안과장(현)

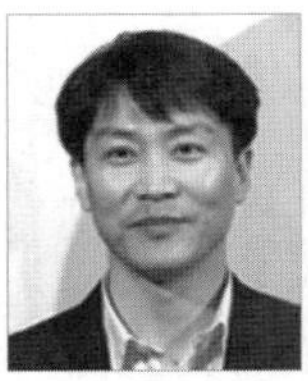

김영환(金英桓) Kim Youngwhan
[생]1970·12·21 [출]부산 [주]서울 성동구 마장로210 한국기원 홍보팀(02-3407-3850) [경]1987년 입단 1989년 2단 승단 1993년 3단 승단 1996년 4단 승단 1996년 진로배 한국대표 1998년 5단 승단 1998년 세계청소년바둑대회 우승 2000년 6단 승단 2001년 중국 바둑리그 진출 2003년 7단 승단 2005년 8단 승단 2007년 한국바둑리그 울산디아채 감독 2008년 한국바둑리그 울산디아채 감독 2008년 9단 승단(현) 2009년 한국바둑리그 바투 감독 2011~2012·2014년 한국바둑리그 KIXX 감독(현)

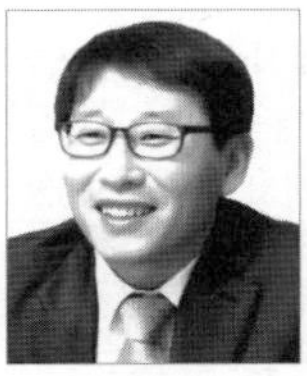

김영환(金永煥) KIM Young Whan
[생]1971·7·7 [본]안동(安東) [출]전북 전주 [주]경기 수원시 팔달구 효원로1 경기도의회(031-8008-7000) [학]1990년 전라고졸 1997년 고려대 문과대학 사회학과졸 2000년 미국 아이오와주립대 대학원 경제학과졸 [경]국제O&S 대표이사, 김현미 국회의원·김진표 국회의원·김성곤 국회의원 정책보좌관, 정동영 대통령후보 선거대책위원회 정책총괄팀장 2006년 경기도의원선거 출마(열린우리당) 2010년 경기도의회 의원(민주당·민주통합당·민주당·새정치민주연합) 2010~2012년 同경제투자위원회 간사 2011년 경기북부도의원협의회 간사 2012년 경기도의회 김문수도지사도정공백방지특별위원회 간사 2012년 同운영위원회 위원 2012년 同경제과학기술위원회 위원, 민주통합당 대변인 2014년 경기도의회 의원(새정치민주연합·더불어민주당)(현) 2014년 同경제과학기술위원회 위원 2014년 同예산결산특별위원회 위원 2016년 同기획재정위원회 위원(현) [종]기독교

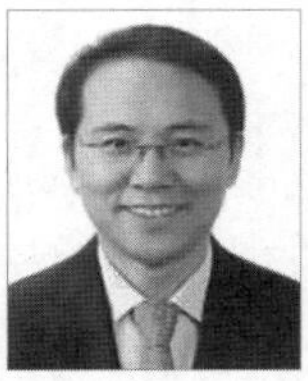

김영환(金英煥) Kim Younghwan
[출]전남 장흥 [주]광주 서구 경열로17번길12 광주·전남지방중소기업청(062-360-9116) [학]서울대 국제경제학과졸, 경제학박사(미국 컬럼비아대) [경]행정고시 합격(33회) 2005년 산업자원부 재정기획관실 서기관 2006년 同산업통상팀장 2006년 同투자유치팀장 2008년 同광물자원팀장 2008년 지식경제부 광물자원팀장, 同해외파견 2011년 同전기위원회 총괄정책과장 2011년 同전략시장정책과장 2012년 同전략시장정책과장(부이사관) 2013년 한국무역협회 FTA무역종합지원센터 파견 2014년 중소기업청 중견기업정책국 중견기업정책과장 2014년 同중견기업정책국장 2015년 광주·전남지방중소기업청장(현)

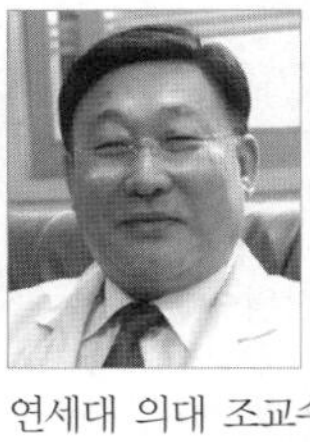

김영후(金永厚) KIM Young Hoo
[생]1944·5·29 [출]전남 해남 [주]서울 양천구 안양천로1071 이화여대부속 목동병원 정형외과(02-2650-5114) [학]1969년 연세대 의대졸 [경]1974년 연세대의료원 정형외과 전공의 1974~1975년 캐나다 토론토대 토론토웨스턴병원 및 소아병원 정형외과 전공의 1976~1979년 미국 시카고대병원 정형외과 전공의 1979~1980년 미국 하버드대부속 메사추세츠종합병원 Fellow 1983~1989년 연세대 의대 조교수·부교수 1989~1991년 미국 텍사스테크대 의대 정형외과 부교수 1996~1998년 포천중문의대 의학부 정형외과 교수 2003~2009년

이화여대 의대 정형외과학교실 교수, 同의료원운영 서울시 서남병원 인공관절센터 소장(현) 2009년 同의대 정형외과학교실 임상교수(현) 2010년 대한민국의학한림원 정회원(현) [상]연세의학상(1987), 대한정형외과학회 임상부문 학술본상(1987·2003), 만례재단상(1989·2001), 대한정형외과학회 임상부문 학술장려상(2002), 연세학술상(2003), 대한정형외과학회 Sicot'93 서울학술상 장려상(2004), 이화학술상(2005), 대한의사협회 한국의과학 신기술개발 및 발명품 선정(2005), American Hip Society 'John Charley Award'(2007), 대한정형외과학회 기초부문 학술본상(2008·2009), 미국인명정보기관(ABI) 히포크라테스상(2011), 국제관절재건학회 범태평양국제회의 범태평양 임상과학연구 우수상(2014), 대한고관절학회 최우수학술상(2015)

김영후(金永厚) KIM Young Hoo

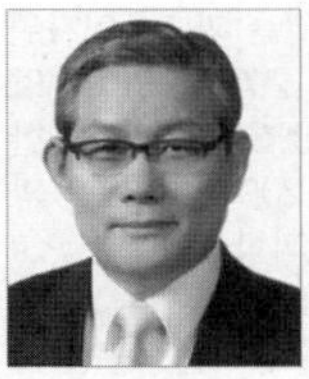

[생]1951·12·18 [출]전남 목포 [주]서울 마포구 마포대로49 성우빌딩13층 한국방위산업진흥회 임원실(02-3270-6002) [학]목포 문태고졸 1975년 육군사관학교졸(31기) 1979년 고려대 대학원 경영학과졸, 미국 해군대학원 행정과학과졸 2005년 경영학박사(경희대) [경]1975~1976년 제88여단 수색대대 소대장 1979~1981년 제1사단 12연대 중대장 1985년 육군본부 군수참모부 외자조변계획장교 1986년 제39사단 117연대 대대장 1988년 제31사단 군수참모 1989년 육군본부 군수참모부 사업계획장교 1990년 同군수참모부 사업통제장교 1992년 제6군단 군수참모 1994년 제11사단 13연대장 1995~1996년 제11사단 참모장 1997년 육군본부 군수참모부 계획예산과장 1998년 국방부 군수관리관실 군수협력수송과장 1999년 제7군단 참모장 2000년 육군사관학교 생도대장 2001년 육군본부 군수참모부 소요관리처장 2002년 同군수참모부 군수기획처장 2003년 제8사단장 2005년 육군본부 군수참모부장 2006년 제7기동군단장 2008년 제3군사령부 부사령관 2009~2010년 국방부 주한미군기지이전사업단장 2010~2012년 병무청장, 한국방위산업진흥회 방산교육센터장 2016년 同상근부회장(현) [상]육군참모총장표창, 합참의장표창, 국방부장관표창, 대통령표창, 보국훈장 삼일장·천수장·국선장

김영훈(金榮薰) KIM Young Hoon

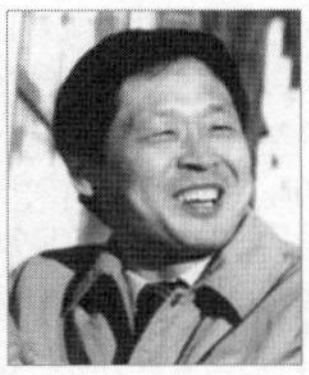

[생]1947·6·5 [본]김해(金海) [출]충남 청양 [학]1966년 영명고졸 1988년 공주교대졸 2002년 同대학원졸 2008년 문학박사(중부대) [경]1983년 '아동문예'에 '꿈을 파는 가게'로 아동문학가 등단, 아동문학작가(현), 한국아동문학회 부회장, 同지도위원(현), 충남아동문학회 회장, 대전교단문학회장, 쎄레 동인(현), 한국문인협회 이사(현), 대전 동광초 교장 2002년 공주대·중부대 강사, 대전 변동초 교장, 대전문인총연합회 회장(현), 문학시대문학대상 운영위원장(현), 계간 '한국문학시대' 발행인 겸 편집인(현) 2016년 대전고법 조정위원(현) [상]해강아동문학상(1984), 한국아동문학작가상(1993), 공산교육상 예술부문 본상(1996), 모범공무원표상(1997), 대전광역시문화상 문학부문(2006), 호서문학상(2008), 대한아동문학상(2009), 김영일문학상(2010), 천등아동문학상(2011) [저]'꿈을 파는 가게'(1983) '달섬에 닻을 내린 배'(1986) '솔뫼마을에 부는 바람'(1988) '바람과 구름과 달님'(1990) '공해는 정말 싫어요'(1991) '생활속의 발명이야기' '퉁소소리'(1993) '아기토끼의 달님'(2001) '꿀벌이 들려준 동화'(2003) '우리들의 산타클로스'(2003) 중편동화집 '별이 된 꽃상여'(2009) 단편동화집 '밀집모자는 비밀을 알고 있다'(2009) '동화를 만나러 동화숲에 가다'(2009) '마해송 동화의 주제연구'(2009, 정인) '솔뫼의 삶과 문학이야기'(2013, 오름) '익명의 섬에 서다'(2014, 청어) [작]'소나기'

김영훈(金英薰) Younghoon David Kim

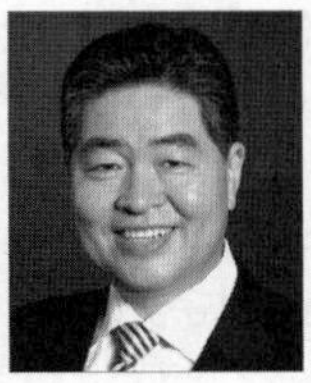

[생]1952·2·29 [본]수안(遂安) [출]대구 [주]서울 종로구 우정국로68 동덕빌딩12층 대성그룹 회장실(02-734-2500) [학]1971년 경기고졸 1975년 서울대 법대 행정학과졸 1981년 미국 미시간대 대학원 법학·경영학과졸 1984년 미국 하버드대 대학원 국제경제학과 Special Student 1987년 同대학원 신학과졸 [경]1981~1983년 Citibank Seoul, Assistant Manager 1988~1993년 대성산업(주) 상무이사 겸 그룹 기획조정실장 1990~1993년 창원기화기공업(주) 상무이사, 대성그룹 상무이사 1995~1997년 同부사장 1997~2000년 同기획조정실장(사장) 1997~2000년 창원기화기공업(주) 대표이사 사장 1997~2000년 대성정기(주) 대표이사 사장 1997~2001년 대성산업(주) 대표이사 사장 1997~2000년 경북도시가스(주) 대표이사 사장 1997~2005년 한국케이블TV 경기방송(주) 회장 1997~1998년 서울충정로로타리클럽 초대회장 1998~2010년 사랑의집짓기운동연합회(해비타트) 한국본부 이사 1999~2011년 APEC 기업자문위원 1999년 전국경제인연합회 이사 1999~2002년 APEC(아시아·태평양경제협력기구)산하 PEG(Partnership for Equitable Growth)위원회 임원 2000년 대성에너지(주)·경북도시가스(주) 대표이사 회장(현) 2000년 대성그룹 회장(현) 2000년 韓蒙경제협력위원회 위원장(현) 2001년 駐韓몽골명예영사 2001년 글로리아트레이딩(주) 대표이사 회장(현) 2002년 대성창업투자(주)·(주)대성·대성차이나(주) 회장(현) 2002년 한국능률협회 부회장 2002~2008년 제8대·9대 한국도시가스협회 회장 2002년 ASEM산하 AEBF(Asia-Europe Bussiness Forum) 한국위원 2002년 한·미재계회의 한국위원 2003년 전국경제인연합회 동북아특별위원회 위원 2004년 同문화산업특별위원회 위원장(현) 2005년 서울산업대 에너지환경대학원 명예 대학원장(현) 2005~2012년 대구시육상경기연맹 회장 2005~2011년 세계에너지협의회(WEC: World Energy Council) 아시아·태평양지역담당 부회장 2006년 코리아닷컴커뮤니케이션즈(주) 회장(현) 2006년 대구세계육상선수권대회 조직위원회 부위원장 2008~2011년 ABAC지속가능개발실무그룹(SDWG) 기후변화이슈 공동의장 2008년 문화체육관광부 민간정책자문기구 콘텐츠코리아추진위원장 2009년 대구은행 사외이사 2009년 2013대구세계에너지총회 조직위원회 수석부위원장 2009~2012년 한국문화산업교류재단 이사장 2009년 대성이앤씨(주) 회장(현) 2009년 대성홀딩스(주) 회장(현) 2011년 한중국제교류재단 자문위원(현) 2012~2016년 세계에너지협의회(WEC) 공동회장 2012년 2013대구세계에너지총회조직위원회 위원장 직대 2013년 同대외협력공동위원장 2015년 2015세계물포럼조직위원회 부위원장(현) 2016년 세계에너지협의회(WEC) 회장(현) [상]국세청장표창(2001), 한국능률협회 '대한민국녹색경영대상' 경영자부문 최고경영자상(2002), 한국능률협회 녹색경영대상 경영자부문대상(2002), PBEC(태평양경제협력기구)총회 환경상(2003), 동탑산업훈장(2005), 몽골 북극성훈장(2008), 문화체육관광부 문화컨텐츠위원회 위원장 공로상(2008), 체육훈장 맹호장(2012), 서상돈상(2014) [종]기독교

김영훈(金暎薰) KIM Young Hoon

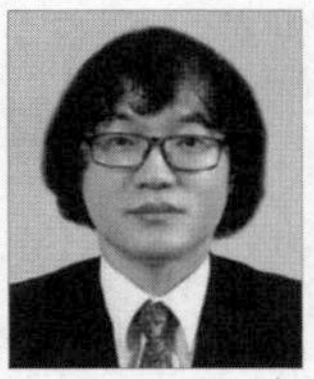

[생]1954·2·5 [출]서울 [주]충남 공주시 고분티로623의21 국립공주병원 원장실(041-850-5702) [학]1978년 서울대 의대졸 1987년 인제대 대학원졸 1990년 의학박사(인제대) [경]1980년 서울백병원 신경정신과 전공의 1984~1998년 인제대 의대 신경정신과학교실 전임강사·조교수·부교수 1995·2001년 同신경과학연구소장 1998~2016년 同의대 신경정신과학교실 교수 2003~2007년 同백인제기념임상의학연구소장 2003~2006년 대한생물치료정신의학회 회장 2003~2005년 대한노년신경정신약물학회 회장 2005년 부산진구 정신보건센터장 2005~2006년 대한정신약물학회 이사장 2007년 인제대 백인제기념임상의학연구소 연구부장 2008년 同대학원 부원장 2014년 대한신경정신의학회 이사장 2016년 국립공주병원 병원장(현) [저]'생식, 성의학 및 가족계획'(1998) '행동과학'(1998)

김영훈(金榮勳) KIM Young Hoon

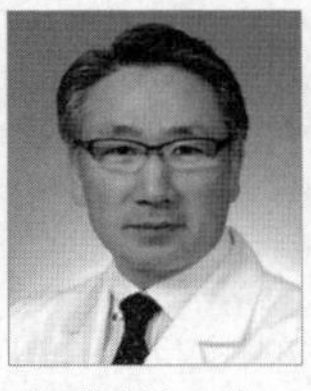

[생]1958·1·24 [주]서울 성북구 인촌로73 고려대학교 안암병원 순환기내과(02-920-5558) [학]1977년 고려대 의대졸 1985년 同대학원졸 1992년 의학박사(고려대) [경]1983~1987년 고려대병원 인턴·레지던트 1990~2002년 고려대 의대 내과학교실 임상강사·조교수·부교수 1996~1998년 미국 Cedars-Sinai병원 연구원·U-CLA Arrhythmia Research Fellow 2002년 고려대 의대 내과학교실 교수(현) 2004년 대한순환기학회 의료정보이사 2005년 아태심방세동심포지엄 조직위원장 2006~2008년 대한심장학회 재무이사 2008~2011년 同보험이사, 고려대 안암병원 순환기내과 과장 2010~2012년 대한심장학회 홍보이사 2012년 同학술이사 2012년 고려대 안암병원 순환기내과센터장 2014~2015년 同안암병원장 [상]미국 심장학회 Young Investigator Award, Honorable Mention, 바이엘쉐링임상의학상(2010) [저]'심장병과 부정맥' 'Momophasic Action Potentials' [역]'의사가 되기까지' [종]기독교

김영훈(金泳薰) KIM Young-Hoon

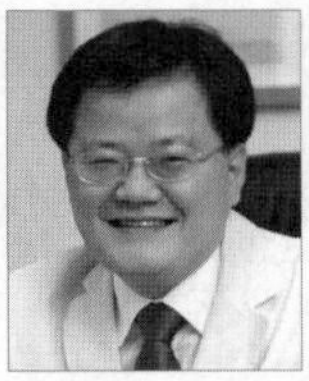

[생]1959·12·24 [본]김해(金海) [출]서울 [주]경기 의정부시 금오로115의14 가톨릭대학교 의정부성모병원 소아청소년과(031-820-3098) [학]1978년 경성고졸 1984년 가톨릭대 의대졸 1992년 同대학원 의학석사 1996년 의학박사(가톨릭대) [경]1988년 가톨릭대 중앙의료원 인턴 1989년 同중앙의료원 레지던트 1992~1994년 同강남성모병원 소아과 임상강사 1994년 同의대 소아과학교실 전임강사·조교수·부교수·교수(현) 1998~1999년 미국 베일러의대 소아신경학 방문조교수 1999년 가톨릭대 의정부성모병원 임상의학연구소장 2001년 同의정부성모병원 수련교육부장 2005~2009년 同의정부성모병원 진료부원장 겸 건강증진센터 소장 2007~2010년 대한소아신경학회 간행위원장 2008~2013년 한국가톨릭의료협회 해외의료선교단장 2009~2013년 가톨릭대 의정부성모병원장 2011년 국방부 의무자문관 2012년 의정부지법 민사조정위원 2013년 한국가톨릭의료협회 국내의료선교단장 2014년 폴리오박멸인증위원(현) 2015년 한국의료분쟁조정중재원 위원(현) [상]대한소아과신경학회 학술상(2002), 가톨릭대 소아과학교실 연구업적상(2007) 보건복지부장관표창(2016) [저]'GO BABY Ⅲ-발달편'(1997, 현민시스템) '간질의 모든 것'(2006) '닥터 김영훈의 영재두뇌만들기'(2008, 베가북스) '엄마가 모르는 아빠효과'(2009, 베가북스) '아이의 공부두뇌'(2012, 베가북스) '빨라지는 사춘기'(2012, 시드페이퍼) '두뇌성격이 아이 인생을 결정한다'(2013, 이다미디어) '공부의 욕'(2013, 베가북스) '아빠의 선물'(2014, 국민출판) '하루15분 그림책 읽어주기의

힘'(2014, 라이온북스) '머리가 좋아지는 창의력 오감육아'(2015, 이다미디어) '적기두뇌'(2015, 경향미디어) '4~7세 두뇌습관의 힘'(2016, 예담프랜드) ⊗천주교

김영훈(金永勳) KIM Young Hoon

⊗1963·1·14 ㈜울산 울주군 온산읍 산암로148 LS-Nikko동제련(주) 임원실(052-231-0114) ⓗ달성고졸, 영남대 기계공학과졸 ②LS-Nikko동제련(주) 생산담당 이사, 同생산공장장(이사) 2011년 同생산담당 상무 2011년 同제련소장 2012년 同상무(CTO) 2014년 同제련 사업부문장(상무) 2014년 同제련소장(전무)(현)

김영훈(金榮勳) KIM Yeong Hun

⊗1965·2·15 ㈜전북 익산 ㈜세종특별자치시 도움6로11 환경부 물환경정책국(044-201-6990) ⓗ경복고졸, 서울대 행정대학원졸 ②1994년 건설교통부 비상계획관, 한국건설기계정비협회 전무이사 2004년 국무조정실 규제개혁기획단 서기관 2005년 환경부 유해물질과장 2007년 건설교통부 지역발전정책팀장 2008년 국토해양부 지역정책과장 2008년 환경부 자원순환국 자원재활용과장 2009년 同물환경정책국 물환경정책과장 2009년 同물환경정책국 물환경정책과장(부이사관) 2010년 同녹색환경정책관실 정책총괄과장 2011년 同대변인(고위공무원) 2012년 미국 Oregon State Univ. 교육파견 2013년 환경부 한강유역환경청장 2015년 同물환경정책국장(현) ⊗홍조근정훈장(2015)

김영훈(金泳勳)

⊗1974·7·28 ㈜부산 ㈜대구 수성구 동대구로364 대구지방법원(053-757-6600) ②1992년 부산중앙고졸 1999년 서울대 법학과졸 ③1998년 사법시험 합격(40회) 2001년 사법연수원 수료(30기) 2001년 軍법무관 2004년 서울중앙지법 판사 2006년 서울가정법원 판사 2008년 부산지법 판사 2012년 의정부지법 고양지원 판사 2014년 대법원 재판연구관 2016년 대구지법 부장판사(현)

김영희(金永熙) KIM Young Hie

⊗1936·8·26 ㈜선산(善山) ㈜경남 거창 ㈜서울 중구 서소문로100 7층 중앙일보 국제문제대기자실(02-751-5700) ⓗ1956년 부산 가야고졸 1971년 미국 컬럼비아대 언론대학원 수료 1978년 미국 조지메이슨대 철학과졸 1988년 미국 미주리대 대학원 신문학과졸 ②1965~1971년 중앙일보 입사·외신부장 1971년 同워싱턴특파원 1978년 同논설위원 1983년 同편집국장 1984년 同이사대우 1985년 同이사 1986년 同수석논설위원 1990년 同상무이사 1992년 同출판사업본부장 겸임 1994년 삼성경제연구소 상무 1995년 중앙일보 국제문제大記者 1996~2001년 관훈클럽 총무, 관훈신영연구기금 이사장 1999~2003년 이화여대 겸임교수 2000년 중앙일보 전무이사 2000~2002년 (주)JMI 대표이사 2001~2003년 중앙일보 大記者(부사장대우) 2003년 同국제문제大記者(현) ⊗한국펜클럽 언론부문(편집)상(1987), 중앙언론문화상(1995), 언론학회상(1996), 위암 장지연상(1998), 올해의 외대언론인상(1999), 삼성언론상(2003), 고려대 언론대학원 언론문화인상(2003), 미디어발전공헌상 저널리즘부문(2010) ㉖'워싱턴을 움직인 한국인들'(1980, 문음사) '페레스트로이카 소련기행'(1990, 나남) '마키아벨리의 충고'(2003, 생각의나무) '평화의 새벽'(2003, 문학사상) '바빌로니아의 노래하는 갈대'(2003, 문학사상) '은행나무의 전설'(2005, 문학사상) 장편소설 '하렘'(2012) ⊗기독교

김영희(女)

⊗1970·3·4 ㈜서울 마포구 효창목길6 한겨레신문 편집국(02-710-0114) ⓗ1992년 서울대 고고미술학과졸 ②1993년 한겨레신문 입사 1999년 同사회부·국제부·씨네21·편집부 기자 2000년 同교육공동체부 기자 2001년 同문화부 기자 2003년 同문화생활부 기자 2004년 同편집국장석 기자 2009년 同산업팀 차장 2009년 同편집국 국제부문 국제뉴스팀장 2011년 同편집국 국제부장 2013년 同편집국 문화부장 2015년 同편집국 사회에디터(현) 2016년 한국여기자협회 총무이사(현)

김예동(金禮東) KIM Yea Dong (清石)

⊗1954·4·2 ㈜서울 ㈜인천 연수구 송도미래로26 극지연구소(032-770-8710) ⓗ1973년 서울고졸 1977년 서울대 지질학과졸 1981년 同대학원 지구물리학과졸 1983년 미국 노던일리노이대 대학원 박사과정 수료 1987년 지구물리학박사(미국 루이지애나주립대) 2005년 서울대 과학 및 정책최고연구과정 수료 ③1983년 미국 남극연구프로그램 남극현장조사 참여 1987년 한국해양연구원 선임연구원 1988·1992·1994년 한양대 지구해양학과 강사 1989년 국제남극과학위원회 지구물리분과위 한국대표 1989년 남극세종과학기지 제2차월동대장 1990년 서울대 지질학과 강사 1990~1991년 제4차 남극하계연구 참여 1991년 한양대 교육대학원 강사 1991~1992년 제5차 남극하계연구 참여 1991~1999년 한국남극과학위원회 위원 1992년 한국해양연구원 극지연구소 책임연구원 1992~1993년 제6차 남극하계연구대장 1993년 일본 극지연구소 초빙교수 1994년 제8차 남극하계연구대장 1995~1996년 남극세종과학기지 제9차 월동대장 1997~1999년 한국해양연구원 극지연구센터 부장 1998~2000년 대한지질학회 이사 2000년 해양수산부 해양과학기술위원회 위원 2000년 대한지구물리학회 이사 2000년 기상청 기상등연구개발사업 심의·실무위원회 위원 2001년 한국극지연구위원회 간사위원 2001년 과학기술부 국가지정연구실 '북극환경자원연구실' 연구책임자 2002년 국제북극과학위원회(IASC) 한국대표 2002년 북극 니알슨 과학운영자위원회(NySMAC) 한국대표 2002년 북극다산과학기지 설립 2002년 한국해양연구원 극지연구본부장 2003~2007년 同극지연구소장 2003~2008년 대한지구물리학회 회장 2004년 아시아극지과학위원회 의장 2004~2009년 과학기술연합대학원대 겸임교수 2004~2006년 아시아극지과학포럼(AFOPS) 회장 2004~2007년 국제남극활동운영자위원회(COMNAP) 집행위원 2005년 한국수자원공사 일반기술심의위원 2008년 한국해양수산기술진흥원 자문위원 2008년 일본 극지연구소 초빙교수 2009년 과학기술연합대학원대 극지과학전공 책임교수 2009년 남극대륙기지건설단장 2010~2014년 국제남극과학위원회(SCAR) 부회장 2012년 한국해양과학기술원 극지연구소 대륙기지건설단장 2012년 同극지연구소 책임연구원(현) 2013~2016년 同극지연구소장 ⊗국무총리표창(1996), 한국해양연구소 우수논문상(1999), 과학기술훈장 도약장(2003), 과학기술부·과학문화재단 선정 '닮고 싶고 되고 싶은 과학기술인 10인'에 선정(2005), 과학기술훈장 웅비장(2014) ㉖'남극과학(共)'(1991) '남극과 지구환경(編)'(2001) ㉕'환경변화와 인간의 미래(共)'(1997) ⊗천주교

김예산(金禮山) Kim Ye San

⊗1960·3·5 ㈜전남 신안 ㈜경기 고양시 덕양구 화중로104번길16 화정아카데미타워 동고양세무서 서장실(031-900-6200) ⓗ성남 효성고졸, 세무대졸(4기) ③1986년 공무원 임용(8급 특채) 1993년 경인지방국세청 국조과 근무 2002년 경기 이천세무서 법인세과 근무 2003년 중부지방국세청 총무과 인사계 근무 2007년 경기 용인세무서 조사과장 2007년 중부지방국세청 감사관실 감사2계장 2009년 경기 용인세무서 법인세과장 2011년 중부지방국세청 조사1국 1과 6팀장 2013년 同조사1국 1과 1팀장(서기관) 2014년 전남 해남세무서장 2015년 경기 동고양세무서장(현)

김예영(金禮英·女)

⊗1975·4·16 ㈜경북 문경 ㈜전북 전주시 덕진구 사평로25 전주지방법원(063-259-5400) ⓗ1994년 대원외국어고졸 1999년 서울대 법학과졸 ③1998년 사법시험 합격(40회) 2001년 사법연수원 수료(30기) 2001년 창원지법판사 2004년 의정부지법 판사 2006년 서울북부지법 판사 2008년 서울중앙지법 판사 2010년 서울서부지법 판사 2012~2014년 헌법재판소 파견 2014년 서울중앙지법 판사 2016년 전주지법 부장판사(현)

김예철(金禮喆)

⊗1964·11 ㈜서울 중구 소공로63 신세계그룹 임원실(02-727-1234) ⓗ1983년 전라고졸 1990년 연세대 경제학과졸 ③1989년 (주)신세계 입사 1997년 同인천점 MD팀 과장 2003년 同백화점부문 신규사업담당 부장 2009년 同경영지원실 기획담당 신세계포인트팀장(수석부장) 2010년 同이마트부문 마케팅운영담당 상무보 2011년 (주)이마트 경영지원본부 기획담당 상무보 2012년 신세계그룹 경영전략실 S.com총괄 영업담당 상무 2015년 同이마트부문 e-커머스총괄 영업담당 상무(현)

김오년(金五年)

⊗1959·7·16 ㈜경북 안동 ㈜경기 여주시 우암로110 여주소방서(031-887-7120) ⓗ안동고졸 ③1982년 소방공무원 임용 2004~2008년 대구소방본부 방호과·구조구급과 근무 2008~2011년 소방방재청 중앙119구조단 첨단장비팀·항공팀 근무 2011년 경남 거창소방서장 2013년 경기 연천소방서장 2015년 경기 여주소방서장(현) ⊗국무총리표창(2000), 대통령표창(2011)

김오성(金五星) Kim Oh Sung

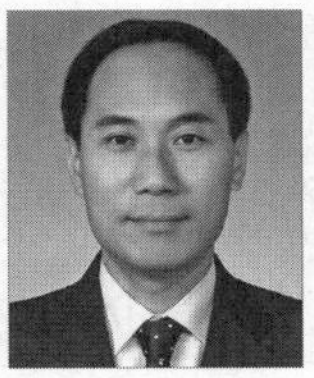

[생]1964·5·15 [본]김녕(金寧) [출]충남 아산 [주]서울 종로구 율곡로2길25 연합뉴스 마케팅국 TV마케팅부(02-398-3046) [학]1983년 서울 화곡고졸 1990년 동국대 사학과졸 [경]1991년 월간 맨즈라이프 기자 1991~1998년 문화일보 광고기획팀 근무 1998~1999년 월간 베스트일산 발행인 2000년 파이낸셜뉴스 광고국 차장 2002년 한겨레신문 광고국 부장대우 2004년 데일리줌 광고국 부국장대우 2005년 경향신문 광고국 부장 2008년 스포츠동아 광고국장 2009년 미디어윌M&B 광고국장 2010년 SBS미디어넷 광고국 부장 2011년 연합뉴스 마케팅국 TV마케팅부장(현) [상]국가보훈처장표창(1996), 한겨레신문 공로상(2003)

김오수(金汚洙) KIM Oh Soo

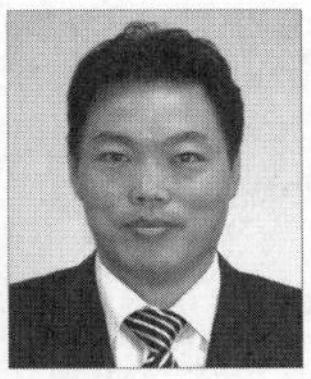

[생]1963·1·9 [출]전남 영광 [주]서울 도봉구 마들로747 서울북부지방검찰청 검사장실(02-3399-4200) [학]1983년 광주 대동고졸 1987년 서울대 법과대학 법학과졸 [경]1988년 사법시험 합격(30회) 1991년 사법연수원 수료(20기) 1994년 인천지검 검사 1996년 광주지검 장흥지청 검사 1997년 서울지검 남부지청 검사 1999년 부산지검 검사 2003년 수원지검 부부장검사 2004년 광주지검 공판부장 2005년 광주지검 장흥지청장 2006년 인천지검 특수부장 2007년 서울서부지검 형사5부장 2008년 대검찰청 범죄정보1담당관 2009년 서울중앙지검 특수1부장 2009년 춘천지검 원주지청장 2010년 수원지검 성남지청 차장검사 2011년 청주지검 차장검사 2012년 서울고검 검사 2012년 공정거래위원회 파견 2013년 부산지검 제1차장검사 2013년 서울고검 형사부장(검사장급) 2015년 대검찰청 과학수사부장(검사장급) 2015년 서울북부지검장(현) [종]가톨릭

김오영(金伍榮) KIM Oh Young

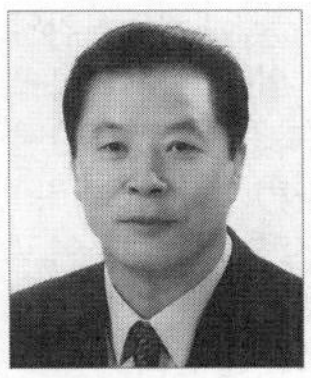

[생]1954·9·20 [출]경남 창원 [주]울산 중구 종가로395 한국동서발전(주) 감사실(070-5000-1031) [학]1973년 마산 창신고졸 2001년 경남대 행정학과졸 2004년 同행정대학원 행정학과졸 [경]논노 마산점 대표, 경남도레슬링협회 부회장, 경남도윈드서핑 이사, 마산시재향군인회 이사, (사)3·15의거기념사업회 이사, 민주평통 자문위원, 경남도체육회 이사, 경남FC 이사, 대한레슬링협회 이사 1991·1995·1998년 경남 마산시의회 의원 1991~2002년 同부의장, 경남대 행정대학원 총동창회장, 마산시생활체육협의회 회장, 경남도장애인체육회 부회장 2006·2010~2014년 경남도의회 의원(한나라당·새누리당) 2006~2010년 同경제환경문화위원장, 同새누리당 원내대표 2012~2014년 경남도의회 의장 2013~2014년 경남대 행정학과 석좌교수 2014~2016년 마산대 특임교수 2015~2016년 새누리당 경남도당 대변인 2016년 한국동서발전(주) 상임감사위원(현)

김오영(金娛永) KIM Oh Young

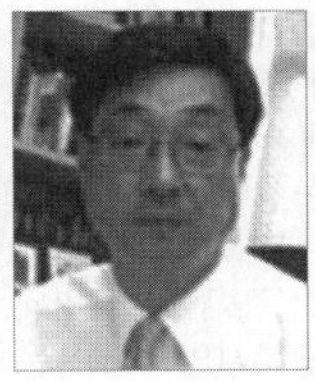

[생]1960 [주]경기 용인시 수지구 죽전로152 단국대학교 고분자시스템공학과(031-8005-3583) [학]1982년 서울대 공업화학과졸 1984년 同대학원졸 1994년 미국 매사추세츠대 대학원졸 1995년 공학박사(미국 매사추세츠대) [경]1982~1983년 서울대 공과대학 공업화학과 조교 1983~1989년 (주)효성 중앙연구소 선임연구원 1988년 同뉴욕사무소장 1989년 同경영기획실 과장 1995년 한솔기술원 수석연구원 1997년 단국대 공학부 고분자공학전공 교수, 同산학협력단 부단장 2008년 同산학협력단장 2008년 同고분자시스템공학과 교수(현) 2009~2011년 同죽전캠퍼스 연구처장 겸 산학협력단장 2011년 同죽전캠퍼스 기획조정실장 2013년 同비서실장 2016년 태광산업(주) 사외이사(현) 2016년 단국대 공과대학장(현) [상]국무총리표창(2004)

김옥경(金玉經) KIM Ok Kyung

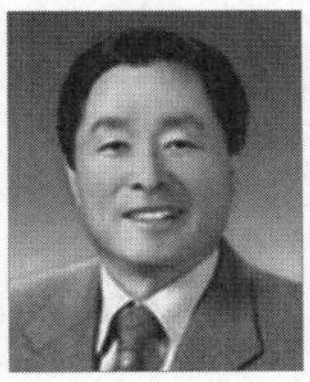

[생]1944·3·11 [본]경주(慶州) [출]경북 상주 [주]경기 성남시 분당구 황새울로319번길8의6 대한수의사회(031-702-8686) [학]1964년 경북 함창고졸 1972년 서울시립대 수의학과졸 1977년 서울대 행정대학원졸 1998년 축산경영학박사(건국대) [경]1973~1977년 농림수산부 국립농산물검사소 근무 1977~1982년 同동물검역소 근무 1982~1992년 同동물검역과장·가축위생과장 1992년 同동물검역소장 1996년 농림부 동물검역소장 1998년 同축산국장 1999~2003년 국립수의과학검역원 원장 2005년 대한수의사회 수석부회장 2010년 同회장(현) 2012년 축산물위해요소중점관리기준원 비상임이사 2012년 매일유업(주) 사외이사(현) 2012~2016년 (주)선진 사외이사 2014년 축산물안전관리인증원 비상임이사 [상]녹조근정훈장

김옥곤(金沃坤)

[생]1976·1·12 [출]경남 함안 [주]부산 연제구 법원로31 부산가정법원(051-590-1114) [학]1994년 마산고졸 1998년 한양대 법학과졸 [경]1998년 사법시험 합격(40회) 2001년 사법연수원 수료(30기) 2001년 공익 법무관 2004년 부산지법 판사 2007년 同동부지원 판사 2009년 부산지법 판사 2011년 창원지법 통영지원 판사 2012년 부산고법 판사 2014년 부산가정법원 판사 2016년 同부장판사(현)

김옥기(金玉基) KIM Ok Ki

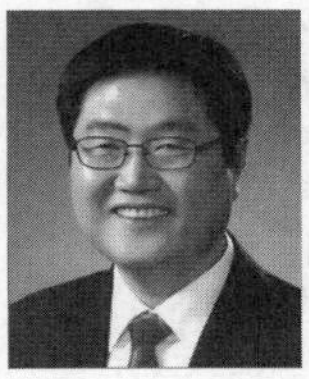

[생]1958·12·23 [본]김해(金海) [출]전남 나주 [주]전남 무안군 삼향읍 오룡길1 전라남도의회(061-344-6969) [학]성남서고졸, 광주대 행정학과졸 [경]2000년 광주일보 나주주재 차장대우 2001년 同나주주재 부장대우 2003년 同사회2부 나주주재 부장, 영산포청년회의소(JC) 회장, 나주교육진흥재단 이사, 무등일보 편집부국장, 나주시체육회 이사, 나주시생활체육회 사무국장, 나주문화원 이사 2006년 전남도의원선거 출마(무소속) 2010년 전남도의회 의원(민주당·민주통합당·무소속) 2010~2012년 同경제관광문화위원회 위원 2010년 同영산강프로젝트특별위원회 위원 2012년 同농수산위원회 위원 2012년 同FTA대책특별위원회 위원장 2014년 전남도의회 의원(무소속·국민의당)(현) 2014년 同예산결산특별위원회 위원장 2014년 同교육위원회 위원 2015년 同윤리특별위원회 위원 2016년 기획행정위원회 위원(현) [상]자랑스러운 광주대인상(2016)

김옥두(金玉斗) KIM Ok Doo

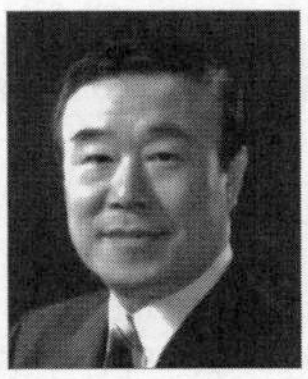

[생]1938·8·18 [본]경주(慶州) [출]전남 장흥 [주]서울 마포구 신촌로4길5의26 연세대학교 김대중도서관4층 김대중평화센터(02-324-7972) [학]1958년 목포해양고졸 1990년 고려대 정책과학대학원 수료 1994년 연세대 행정대학원 수료 1998년 한양대 공과대학 명예졸업 2001년 명예 행정학박사(목포해양대) [경]1983년 민주화추진협의회 운영위원 1985년 한국인권문제연구소 상임이사 1987년 헌정민권회 이사 1987년 평민당 총재비서실 차장 1987년 同대외협력위원장 직대 1987년 同대통령후보 경호실장 1988년 정치규제 12년만에 복권 1990년 평민당 조직담당 사무부총장 1991년 신민당 조직담당 사무부총장 1992년 민주당 대외협력위원회 부위원장 1992년 제14대 국회의원(전국구, 민주당·국민회의) 1994년 민주연합청년동지회 중앙회장 1994년 민주당 원내부총무 1996년 제15대 국회의원(장흥·영암, 국민회의·새천년민주당) 1998년 국민회의 지방자치위원장 1999년 同총재비서실장 2000년 새천년민주당 사무총장 2000~2004년 제16대 국회의원(장흥·영암, 새천년민주당) 2002~2004년 국회 남북관계발전지원특별위원장 2003년 새천년민주당 대표특보단장 2009년 김대중평화센터 이사(현) 2010~2011년 민주당 고문단 단장 2013년 김대중노벨평화상기념관 이사(현) 2015년 새정치민주연합 고문 2015년 대한민국헌정회 부회장(현) [상]자랑스러운 목포해양대인(2010) [저]'다시 김대중을 위하여'(1995, 살림터) '든든해요 김대중(日文)'(1998) 자전적에세이 '고난의 한길에서도 희망은 있다'(1999) [종]천주교

김옥랑(金玉浪·女) KIM Ock Rang

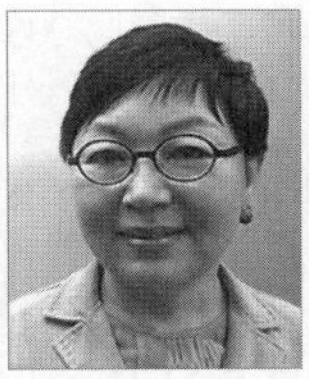

[생]1952·10·15 [출]대구 [주]서울 종로구 동숭길122 동숭아트센터(02-747-3928) [학]1984년 연세대 경영대학원 최고경영자과정 수료 2003년 성균관대 대학원 공연예술학전공 박사과정 수료 [경]1984년 동숭아트센터 대표이사(현) 1985년 꼭두극단 '낭랑' 창단·대표 1986년 꼭두극전문지 계간 '꼭두극' 발행인 겸 편집인 1988년 연극인훈련소 '아리 아카데미' 개관·대표 1991년 옥랑문화재단 이사장(현) 1994년 동숭씨네마텍 대표이사 2001년 한국민속박물관회 부회장 2002~2007년 단국대 산업경영대학원 예술경영학과 주임교수 2003년 세계박물관대회(ICOM2004) 조직위원회 상임위원, 동숭아트센터 씨어터컴퍼니 예술감독 2007년 국립민속박물관회 부회장(현) 2008년 유니마 한국본부(UNIMA-KOREA) 회장 2010년 꼭두박물관 관장(현) 2010년 내분비시기질환사업단 이사장 2015~2016년 단국대 문화예술대학원 석좌교수 [상]제26회 동아연극상 특별상, 제10회 서울국제여성영화제 공로상, 문화체육관광부장관표창(2009) [저]'한국의 나무꼭두'(1998) '문화예술공간과 문화연구'(2004) 'Art Cultural Space and the Cultural Studies'(2005) '한국의 꼭두'(2010)

김옥민(金沃玟) KIM Ok Min (간디)

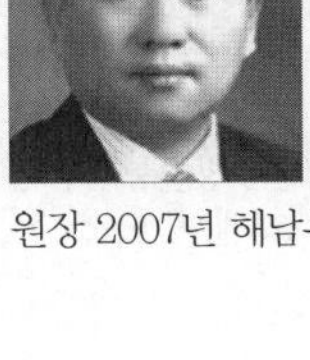

[생]1963·4·22 [본]김해(金海) [출]전남 해남 [주]전남 해남군 옥천면 해남로597 해남우리병원 원장실(061-530-7008) [학]1981년 조선대부고졸 1988년 조선대 건축공학과졸 1993년 원광대 의대졸 2001년 조선대 의과대학원졸 2004년 의학박사(조선대) [경]논산백제병원 인턴 1994~1997년 운봉의원 원장 2000년 서남대 부속남광병원 가정의학과 전문의 2000~2006년 해남혜민병원 원장 2007년 해남우리병원 원장(현)

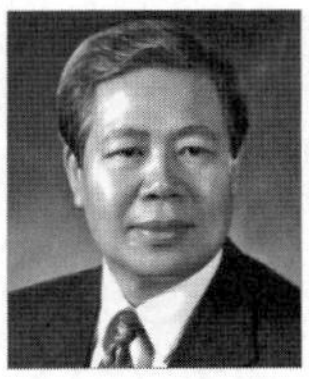

김옥선(金玉仙 · 女) KIM Ok Sun (巽石)
[생]1934 · 4 · 2 [본]광산(光山) [출]충남 서천 [학]1950년 정신여고졸 1954년 중앙대 정치학과졸 1969년 同사회개발대학원졸 1975년 同대학원 정치학 박사과정 수료 1984년 연세대 경영대학원 최고경영자과정 수료 1994년 일본 동경성서학원 수료 [경]1953년 에벤에셀모자원 설립 · 이사장 1955년 송죽학원(정의여중 · 정의여고 · 원의중) 이사장, 同명예이사장 1956년 정의여중 · 고 교장 1964년 원의중 교장 1966~1972년 신민당 부녀국장 1967년 제7대 국회의원(서천 · 보령, 신민당) 1970년 기독교방송 자문위원 · 실행위원 1973년 제9대 국회의원(부여 · 서천 · 보령, 신민당) 1974년 신민당 당기위원장 1975년 정신학원 이사장 1981년 교민사 발행인 · 회장 1982년 (재)랜드 이사장 1985년 신민당 정무위원 1985년 제12대 국회의원(부여 · 서천 · 보령, 신한민주당) 1987년 신한민주당 부총재 1992년 제14대 대통령 후보(무소속) 1993~1998년 일본 도쿄대 객원연구원 1996년 무당파국민연합 선거대책위원회 공동의장 1996년 同최고위원 1996년 미국 LA 기독교중앙방송국(CNS) 상임고문 1997년 대한민국헌정회 고문 · 이사 2002년 우리겨레당 창당준비위원장 2003년 '민주화운동관련자'로 인정 2005년 대한민국헌정회 부회장 2007년 同원로위원 [상]일본문화진흥회 사회문화공로훈장, 허균 · 허난설헌문학상, 황희문화예술상(청렴결백부문), 세계평화 십자대훈장(미국 링컨 세계평화재단) [저]'웅변연구' '빛과 소금의 삶-김마리아 생애' [역]네루전기 '역사의 교훈' [종]장로교

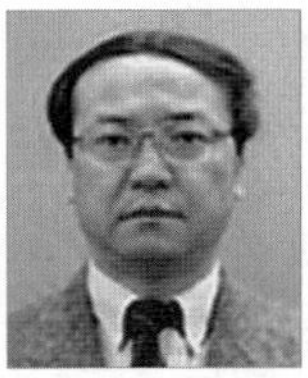

김옥신(金玉信) KIM Ok Sin
[생]1954 · 9 · 3 [본]광산(光山) [출]대구 [주]서울 강남구 테헤란로87길22 법무법인 한길(02-551-2211) [학]1973년 경기고졸 1977년 고려대 법대 법학과졸 1979년 同대학원 법학과졸 [경]1979년 사법시험 합격(21회) 1981년 사법연수원 수료(11기) 1981년 육군법무관 1984년 마산지법 판사 1987년 대전지법 천안지원 판사 1990년 수원지법 판사 1992년 서울고법 판사 1994년 서울민사지법 판사 1996년 서울지법 판사 1997년 제주지법 부장판사 1998~1999년 인천지법 부장판사 1999년 변호사 개업 2000년 제일화재해상보험(주) 고문변호사 2002년 서울보증보험(주) · 경인방송 · 유한대학 고문변호사 2002년 인천시선거관리위원회 위원 2003년 인천지방경찰청 법률지원 상담관 2003년 법무법인 한길 구성원변호사(현) 2009~2010년 국가인권위원회 사무총장 [종]기독교

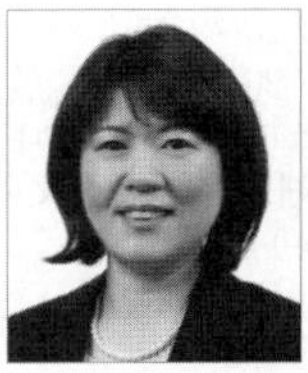

김옥연(金玉淵 · 女) KIM Oak Yeon
[생]1967 · 12 · 2 [출]대전 [주]서울 용산구 한강대로92 LS용산타워25층 한국얀센 비서실(02-2094-4500) [학]1986년 대전여고졸 1990년 서울대 약학과졸 1992년 同대학원 약학과졸 [경]1992~1996년 한국얀센 마케팅부 Product Manager 1996~1999년 Janssen Pharmaceutica Belgium, International Product Manager 1999년 한국얀센 Franchise Manager 2002년 同Marketing Manager 2004년 얀센-실락 아시아태평양지역 마케팅팀장 2006년 존슨앤드존슨 아태지역 제약부문 마케팅총괄 부사장 2007년 말레이시아얀센 사장 2011년 중국얀센 부사장 2012년 한국얀센 사장 겸 북아시아 총괄사장(현) 2013년 한국다국적의약산업협회(KRPIA) 이사 2014년 同부회장 2015년 同회장(현)

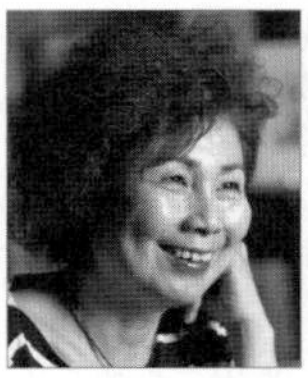

김옥영(金玉英 · 女) KIM Ok-young
[생]1952 · 12 · 24 [본]김해(金海) [출]경남 김해 [주]서울 영등포구 국회대로780 엘지에클라트1030호 스토리텔링연구소 온(070-8770-7900) [학]1972년 마산교육대졸 [경]1973년 「월간문학」에 '비오는 날'로 등단, 시인(현) 1973년 교사 재직 1975년 의협신보 기자 1982년 KBS TV다큐멘터리 「문학기행」으로 입문, 방송작가(현) 1992~1997년 한국방송작가협회 이사 1996년 서울다큐멘터리영상제 심사위원 1997~2008년 한국방송작가협회 부이사장 1999~2002년 서울여대 언론영상학과 겸임교수 2002~2008년 한국예술종합학교 영상원 방송영상과 겸임교수 2002~2004년 연세대 영상대학원 강사 2002~2003년 방송위원회 방송언어특별위원회 위원 2004~2005년 제1회 EBS국제다큐멘터리페스티벌 운영위원 겸 인디다큐멘터리페스티벌 조직위원 2004~2011년 전주영화제 JPM다큐멘터리 피칭 · 방송콘텐츠진흥재단 다큐멘터리 피칭 · EBS다큐멘터리페스티벌 피칭 · 방송통신위원회 국제경쟁력우수다큐멘터리사전제작지원작 심사 · 한국콘텐츠진흥원 다큐멘터리사전제작지원작 심사 · DMZ영화제 다큐멘터리사전제작지원작 심사 · I3DS페스티벌 3D어워드 심사위원 2007~2008년 방송위원회 보도교양심의위원 2008~2012년 한국방송작가협회 이사장 2009년 고려대 대학원 응용언어문화학협동과정 강사 2009~2011년 국회 방송자문위원회 부위원장 2010년 방송통신위원회 방송콘텐츠진흥정책자문위원회 자문위원 2010년 스토리텔링연구소 온 대표(현) 2011년 EBS 국제다큐멘터리페스티벌자문단 위원 2011년 국제농업박람회조직위원회 집행위원 2011~2013년 방송통신심의위원회 방송언어특별위원회 위원, 문화체육관광부 콘텐츠분쟁조정위원회 위원(현) 2014~2015년 예술인복지재단 예술인증명심의위원 [상]한국방송작가상(1992), 대한민국콘텐츠대상 문화체육관광부장관표창(2013), 코리아3D어워즈 작가상(2013), 방송통신위원회 방송대상특별상 방송작가상(2014) [저]시집 '어둠에 갇힌 불빛은 뜨겁다'(1979) [작]시 '누가 그대의 뒤를 부르랴' '혼례' '나의 평화주의' '켄터키 치킨' '수색' '우리는 아무것도 질문하지 않았다' 방송다큐멘터리 '사랑방중계' '한국의 미' 'KBS 다큐멘터리극장' '역사의 라이벌' 'KBS 10대문화유산 시리즈' '이제는 말할 수 있다' '인물현대사' '선인장 꽃피다'(KBS1TV) '서원-인재의 탄생' 특집다큐멘터리 '판소리기행' '광주는 말한다' '양자강'(8부작) '도시의 새'(2부작) '자본주의100년 한국의 선택'(6부작) '전쟁과 인간' '8.15의 기억-우리는 8.15를 어떻게 기억하는가?' '문화의 질주' '전향' '인간의 땅' '호찌민-코끼리를 이긴 호랑이' '창조도시'(2부작) 'YTN기획특집 진실' 드라마 '길위의 날들'(KBS TV문학관) EBS 3D다큐멘터리 '위대한 로마'(3부작) '천불천탑의 신비 미얀마'(3부작) 전시영상 '여수 엑스포 한국관 돔영상' '기후환경관 복합영상' UHD다큐멘터리 '패셔너블'(2부작) '거리의 피아노'

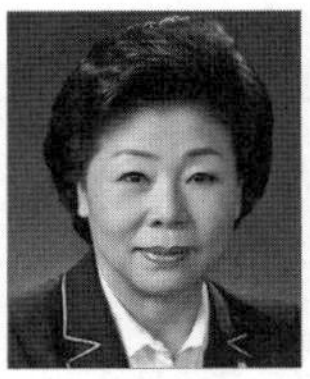

김옥이(金玉伊 · 女) KIM Ok Lee
[생]1947 · 12 · 2 [본]김해(金海) [출]대구 [주]강원 원주시 혁신로40 한국보훈복지의료공단 이사장실(033-749-3700) [학]1966년 대구여고졸 1986년 동아대 행정학과졸 2006년 동국대 행정대학원졸 [경]1988~1990년 육군여군단장(제15대) 2005년 한나라당 중앙위원회 여성분과 위원장 2006년 경기도의회 의원(비례대표, 한나라당) 2006년 同도시환경상임위원 2006년 한나라당 중앙위원회 상임전국위원 2007~2010년 한국재향여성군인협의회 회장 2008년 제18대 국회의원(비례대표, 한나라당 · 새누리당), 국회 국방위원회 위원, 국회 여성위원회 위원, 국회 독도특별위원회 위원, 한나라당 신종플루대책특별위원회 위원, 同북한핵도발대책특별위원회 위원, 同인권위원회 위원, 한 · 덴마크의원친선협회 부회장 2011년 한나라당 직능특별위원회 5그룹위원장 2011년 同중앙여성위원장 2013년 한국보훈복지의료공단 이사장(현) 2013~2016년 국민생활체육회 비상임이사 [상]대한민국 헌정대상(2011), 자랑스런 대구여고 동문상(2011), TV조선 '한국의 영향력 있는 CEO'(2015), 공감경영 CEO대상(2015), 대한민국 일하기 좋은 100대기업 최고경영자상(2015) [종]불교

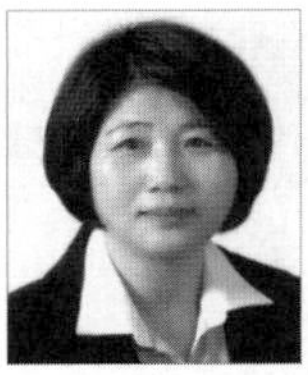

김옥자(金玉子 · 女) KIM Ok Ja
[생]1963 · 11 · 6 [주]광주 서구 내방로111 광주광역시의회(062-613-5013) [학]송정여상졸, 송원대학졸, 광주여대 사회복지학과졸 [경](사)한국노인장기요양기관협회 광산구지회 감사, (사)국제여성총연맹 한국본회 광주시 부회장(현), 사회적부모되기운동본부 운영위원(현), 첨단여성라이온스클럽 3부회장(현), (사)바르게살기운동 광산구협의회 자문위원(현) 2007년 대통합민주신당 제17대 정동영 대통령후보 선거대책위원회 광주시 여성위원장 2010년 더좋은세상 재가복지센터 대표(현) 2012년 민주통합당 제18대 문재인 대통령후보 선거대책위원회 여성본부장 2014년 새정치민주연합 전국여성위원회 부위원장 2014년 광주시의회 의원(새정치민주연합 · 더불어민주당 · 국민의당)(현) 2014년 同교육위원회 부위원장 2014~2015년 同예산결산특별위원회 위원 2015년 더불어민주당 전국여성위원회 부위원장 2016년 광주시의회 교육문화위원장(현) [상]전국시 · 도의회의장협의회 우수의정 대상(2016)

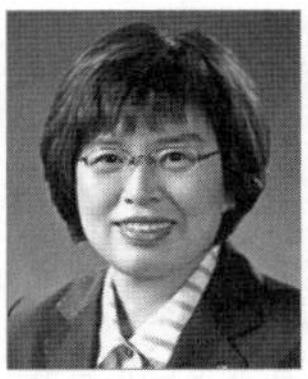

김옥정(金玉貞 · 女) Kim Ok Joung
[생]1959 · 7 · 29 [주]서울 중구 세종대로136 서울파이낸스센터6층 우리프라이빗에퀴티 대표이사실(02-6730-1200) [학]1977년 중앙여고졸 1981년 숙명여대 경제학과졸 [경]1981년 상업은행 입행 2002년 우리은행 중계본동지점장 2004년 同대치남지점장 2007년 同올림픽지점장 2009년 同외환사업단 부장 2011년 同강남2영업본부장 2013년 同WM사업단 상무 2014~2015년 同리스크관리본부장(집행부행장) 2016년 우리프라이빗에퀴티 대표이사(현) [상]지식경제부장관표창(2010)

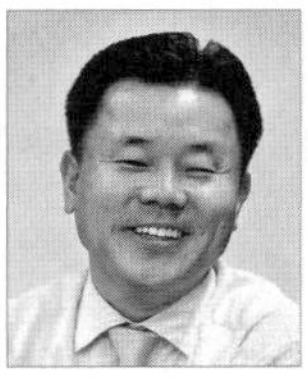

김옥조(金鈺祚) Kim Ok Jo
[생]1964 · 7 · 17 [본]밀양(密陽) [출]전남 영암 [주]광주 서구 상무대로924 광남일보 편집국(062-370-7007) [학]광주대동고졸 1991년 호남대 영어영문학과졸 2000년 전남대 대학원 미술학과졸 2005년 조선대 대학원 미학미술사학 박사과정 수료 [경]1991년 광주매일 문화부 기자 1995년 광남일보 문화부 차장대우 2000~2003년 전남대 · 조선대 · 호남대 강사 2002년 호남신문 문체부 차장대우 2004년 광남일보 문화교육부 차장 · 문화체육부장 2004년 한국기자협회

광남일보 지회장, 호남대 예술대 겸임교수 2006년 광남일보 사회부장 2006년 광주·전남기자협회 회장 2008년 광남일보 정치경제부장 2008~2009년 한국기자협회 부회장 2010년 광남일보 산업부장 2011년 同전략기획본부장(부국장) 2011년 同편집국 총괄부국장 2011년 同편집국장(현) 2011년 광주아시아문화중심도시조성지원포럼 위원(현), 한국미술협회 학술평론분과 위원 2014년 (사)광주전남언론인포럼 이사(현) [상]국무총리표창(1998), 전남예총 예술기자상(1999), 광주전남기자협회 올해의 기자상(2001), 한국기자협회 이달의 기자상(2004) [저]'비엔날레 리포트-현대미술의 현장을 찾아'(2001) '회색도시의 미소-전문기자가 쓴 환경미술이야기'(2003) '미술노트(共)'(2005)

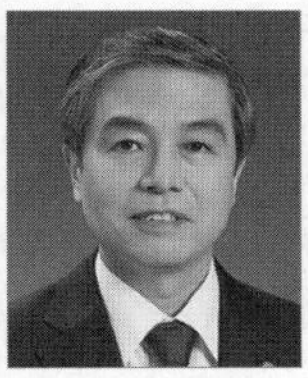

김옥찬(金玉贊) KIM Ok Chan
[생]1956·7·12 [주]서울 영등포구 국제금융로8길26 KB금융지주 임원실(02-2073-7114) [학]1975년 서울사대부고졸 1983년 연세대 법학과졸 2002년 핀란드 헬싱키경제경영대학원졸(경영학석사) [경]1982년 국민은행 입행 1984년 同자금부 근무 1990~1993년 同연수원·신탁증권부 근무 1994년 同싱가포르현지법인 근무 1997년 同국제기획부 근무 1999년 同자금증권부 증권운용팀장 2002년 同관악지점장 2004년 同방카슈랑스부장 2008년 同재무관리본부장 2010년 同재무관리그룹 부행장 2010년 同경영관리그룹 부행장·은행장 직무대행 2012년 한국CFO협회 이사 2013년 국민은행 은행장 직대 2013년 同경영고문 2014년 피치 부사장 2014~2015년 서울보증보험(주) 대표이사 사장 2016년 KB금융지주 최고운영책임자(COO·사장)(현) [상]매일경제 선정 '대한민국 글로벌 리더'(2015)

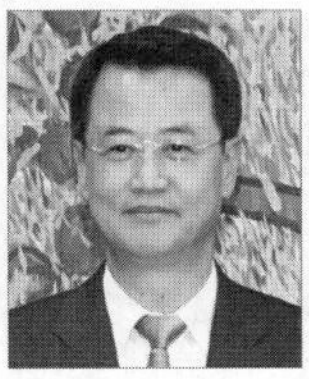

김옥채(金玉彩) Kim Ok-chae
[생]1960·4·2 [출]충북 청주 [주]서울 종로구 사직로8길 60 외교부 인사운영팀(02-2100-7136) [학]1982년 육군사관학교졸(38기) [경]1993년 외무부 입부 1993년 駐일본 2등서기관 1999년 駐일본 1등서기관 2005년 駐일본 참사관 2007년 駐일본 공사참사관 2013년 駐일본 공사 2016년 駐후쿠오카 총영사(현)

김옥환(金玉煥)
[생]1968·8·14 [출]충남 서산 [주]서울 광진구 아차산로404 서울동부지방검찰청 형사4부(02-2204-4315) [학]1987년 공주사대부고졸 1992년 한양대 법학과졸 [경]1996년 사법시험 합격(38회) 1999년 사법연수원 수료(28기) 1999년 공익 법무관 2002년 광주지검 검사 2004년 대전지검 논산지청 검사 2005년 수원지검 성남지청 검사 2007년 서울중앙지검 검사 2011년 대전지검 검사 2011년 同부부장검사 2012년 창원지검 진주지청 부장검사 2013년 대구지검 강력부장 2014년 수원지검 강력부장 2015년 同성남지청 부장검사 2016년 서울동부지검 형사4부장(현)

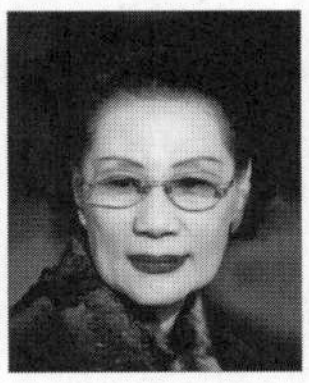

김온경(金昷慶·女) KIM On Kyung (淸和堂)
[생]1938·7·13 [본]김해(金海) [출]부산 [주]부산 동래구 금강로151번길80 (사)부산민속예술보존협회(051-555-0092) [학]1959년 부산 남성여고졸 1961년 덕성여대 국문학과졸 1979년 이화여대 대학원 한국무용과졸(체육학석사) 1986년 同대학원 박사과정 수료 [경]1983~2003년 신라대 예술대 무용과 교수 1986년 경남도 문화재위원 1990년 한국무용연구회 부이사장 1994년 부산시무형문화재 제10호 동래고무 예능보유자(현) 2000~2005년 한국무용협회 부산지회장 2002년 아시안게임 식전문화행사 전문위원 2002년 (사)금정문화원 부원장 2003년 금정무용원 원장 2009~2013년 부산민속예술보존협회 이사장 2009년 同동래고무보존회 회장(현) 2010년 부산무형문화재연합회 회장 [상]부산시 문화상, 문화관광부장관표창, 부총리 겸 교육인적자원부장관표창, 신라학술상, 부산예술상 [저]'한국민속무용 연구'(1982, 형설출판사) '부산·경남 향토무용 총론'(1991,도서출판 한국평론) '동래고무 총람'(1999, 미주기획) '부산춤 100년사'(2011, 부산민속예술보존협회) [작]무용작품명 '삶의 집념' '오작교' '곡두질' '영고' '날개' '한밝춤' '흑사리' '할미꽃 각시꽃' '광수무산자를 위하여' '할미광대' 등 [종]천주교

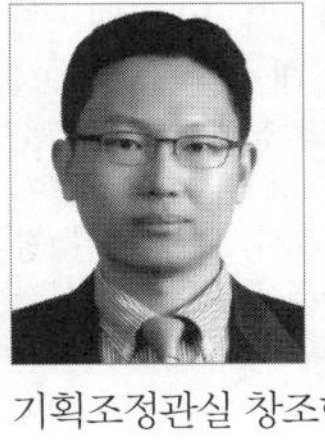

김완국(金完國) Wankuk Kim
[생]1973·2·15 [본]김녕(金寧) [출]서울 [주]세종특별자치시 다솜1로31 새만금개발청 투자전략국 교류협력과(044-415-1230) [학]1990년 성남고졸 1996년 연세대 행정학과졸 2010년 영국 셰필드대 대학원 도시계획과졸 [경]국토교통부 규제개혁법무담당관실 근무, 同물류산업과 근무, 同국제항공과 근무, 국무조정실 농림국토해양정책관실 근무 2014년 새만금개발청 대변인 2016년 同기획조정관실 창조행정담당관 2016년 同투자전략국 교류협력과장(현)

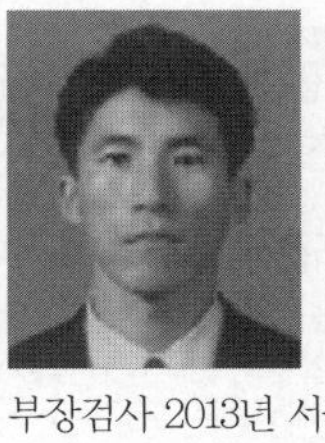

김완규(金完圭) KIM Wan Kyu
[생]1970·8·16 [출]전북 남원 [주]경기 안산시 단원구 광덕서로73 수원지방검찰청 안산지청(031-481-4200) [학]1988년 남원 성원고졸 1996년 한양대 법학과졸 [경]1997년 사법시험 합격(39회) 2000년 사법연수원 수료(29기) 2000~2002년 변호사 개업 2002년 전주지검 검사 2004년 춘천지검 강릉지청 검사 2006년 청주지검 검사 2008년 서울남부지검 검사 2011년 의정부지검 검사 2013년 同부부장검사 2013년 서울동부지검 부부장검사 2014년 전주지검 부부장검사 2015년 대구지검 김천지청 부장검사 2016년 수원지검 안산지청 부부장검사(현)

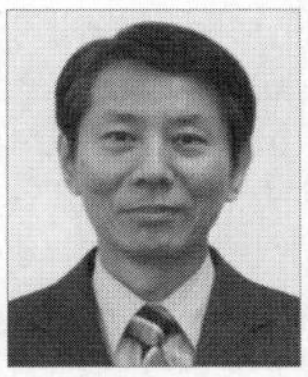

김완두(金晥斗) KIM Wan Doo
[생]1957·2·10 [본]김해(金海) [출]전북 전주 [주]대전 유성구 가정북로156 한국기계연구원 나노융합기계연구본부 나노자연모사연구실(042-868-7627) [학]1980년 서울대 공대졸 1982년 同대학원졸 1993년 공학박사(서울대) 2009년 서울대 최고산업전략과정 수료 [경]1982년 한국기계연구원 책임연구원 1989년 기계기술사 취득 1995~1996년 미국 퍼듀대 방문교수 2005년 한국기계연구원 미래기술연구부장 2008~2009년 同선임연구본부장 2008~2009년 대한기계학회 바이오공학부문 회장 2009년 한국기계연구원 나노융합·생산시스템연구본부 책임연구원 2010~2011년 국가과학기술위원회 운영위원 2011년 한국기계연구원 나노융합기계연구본부 나노자연모사연구실 책임연구원(현) 2011~2013년 국가과학기술위원회 거대공공기술전문위원회 전문위원 2012~2013년 대한기계학회 부회장 2015년 同차차기(2017년) 회장(현) 2016년 同수석부회장(현) [상]한국기계연구원 최우수연구상(금상)(2003), 과학기술부총리표창(2006), 대한기계학회 기술상(2008), 과학기술훈장 도약장(2008) [저]'자연을 닮은 발명품'(2008)

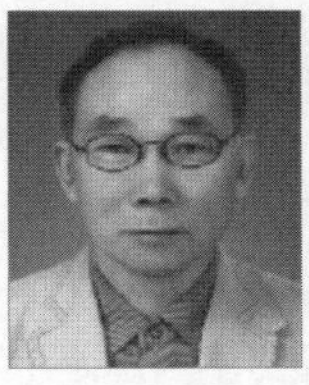

김완배(金完培) KIM Wan Bae
[생]1950·10·10 [본]선산(善山) [출]대구 [주]경북 안동시 석주로245 안동공예문화전시관 하회탈공방(054-843-5531) [경]하회탈공방 대표(현), 벨기에·일본·멕시코·캐나다·러시아 등 해외박물관에 하회탈 상설 전시, 미국 30여개 도시에서 하회탈 순회 전시 및 시연 개최, 미국 아이오와주 디모인시 명예시민 2005년 노동부 및 한국산업인력공단 선정 '목공예부문 명장' 2008~2012년 안동공예문화전시관 이사장

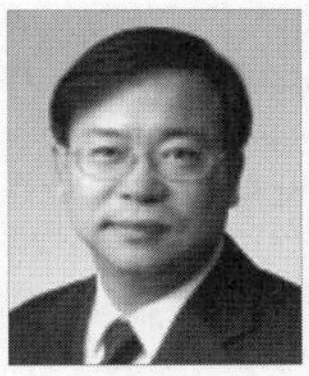

김완배(金完培) Kim, Wanbae
[생]1952·5·7 [본]김해(金海) [출]서울 [주]서울 관악구 관악로1 서울대학교 농경제사회학부(02-880-4723) [학]1971년 경기고졸 1975년 서울대 농경제학과졸 1977년 同대학원졸 1984년 농경제학박사(미국 Pennsylvania State Univ.) [경]1975~1977년 국립농업경제연구소 연구원 1979년 한국농촌경제연구원 연구원 1984년 중앙대 산업경제학과 교수 1991년 농업협동조합중앙회 자문위원 1995년 서울대 농경제사회학부 교수(현) 1997년 同북한농업연구소장 1998~2000년 재정경제부 세제발전심의위원 2001년 한국유기농업학회 상임이사 2002년 농어업농어촌특별대책위원회 분과위원장 2003년 서울대 농업생명과학대 교무부학장 2008년 경제정의실천시민연합 중앙위원회 부의장 2010~2012년 同중앙위원회 의장 2011년 국민농업포럼 공동대표·고문 2012년 농협재단 이사(현) 2015년 서울시농수산식품공사 비상임이사(현) 2016년 경제정의실천시민연합 공동대표(현) [저]'한국농업 이 길로 가야 한다'(共) '쌀: 어떻게 지킬 것인가'(共) '농산물유통: 진단과 처방' '북한농업연구백서'(2001) '통일한국의 농업(共)'(2004)

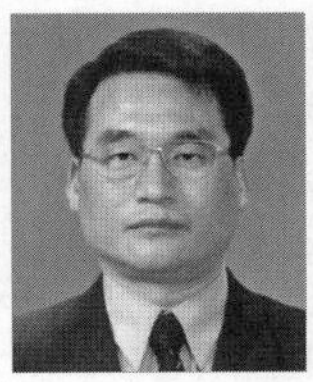

김완세(金完世) KIM Wan Se
[생]1953·3·15 [출]부산 [주]서울 성동구 왕십리로222 한양대학교 자연과학대학 수학과(02-2220-0891) [학]1976년 부산대 수학과졸 1978년 同대학원 수학과졸 1987년 이학박사(미국 앨라배마대) [경]1978년 동아대 수학과 시간강사·조교수·부교수 1997년 한양대 자연과학대학 수학과 교수(현) 2001년 대한수학회 사업이사, 부산경남수학회 부회장 2009~2010년 한국산업응용수학회 부회장

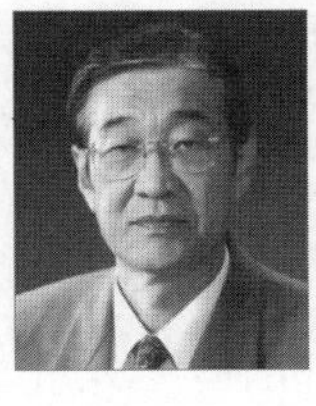

김완순(金完淳) KIM Wan Soon (一思)
[생]1935·8·28 [본]강릉(江陵) [출]서울 [주]서울 성북구 안암로145 고려대학교(02-3290-1114) [학]1954년 서울고졸 1959년 미국 로욜라대(Loyola Univ.)졸 1962년 미국 보스턴대 대학원 수료 1969년 경제학박사(미국 하버드대) [경]1967~1971년 국제통화기금(IMF) 조사역 1971~1973년 KDI 수석연구원 1973~2000년 고려대 경영대 경영학과 교수 1981~1983년 아시아개발

은행(ADB) 조사부 연구위원 1988년 국제경제학회 회장 1989~1992년 국제무역경영연구원 원장 1989년 상공자원부 무역위원장 1992년 한국재정학회 회장 1992년 고려대 경영대학원장 1994년 통상산업부 무역위원장 1995년 한국국제통상학회 회장·명예회장(현) 1995년 한국공공경제학회 회장 1998년 산업자원부 무역위원장 1999~2006년 KOTRA 외국인투자 옴부즈만 2000년 고려대 명예교수(현) 2004년 규제개혁위원회 위원 2006~2009년 세계경제연구원 상임고문 2008년 제17대 대통령직인수위원회 자문위원 2009년 경기도 FDI유치자문단 위원장 ❀석탑산업훈장(1987), 은탑산업훈장(1997) ㉯'재정학'(1975) '경제학'(1988) '국제경제기구론'(1997) ㉦천주교

김완주(金完柱) KIM Wan Joo

❀1942·4·17 ❀전남 구례 ㈜경기 남양주시 경강로27 (주)씨트리 비서실(031-560-7106) ㉢1961년 전주고졸 1969년 성균관대 약대졸 1975년 약학박사(서독 함브루크대) 2001년 명예 경영학박사(세종대), 한국과학기술원(KAIST) 벤처최고경영자과정 수료 ㉢1969년 서독 마인츠대 조교 1970~1975년 서독 함부르크대 조교 1975~1976년 독일 Schering제약 선임연구원 1976~1977년 미국 Cincinnati 약학대 Post-Doc. 1977~1984년 한국과학기술원(KAIST) 연구실장·교수 1984년 성균관대 약대 교수 1986년 한국화학연구소 유기화학연구부장 1990년 同신물질창출국책연구사업단장 1991~1993년 충남대 약학과 교수 1993년 한국화학연구소 의약연구부장 1993년 성균관대 약대 초빙교수 1995~1998년 한미약품 부사장 겸 한미정밀화학 대표이사 1998년 (주)씨트리 대표이사 회장(현), 同연구소장 2000~2004년 수원대 석좌교수 2002~2005년 한국바이오벤처협회 회장 2002년 독일 레겐스브르크시 한국대표부 대표 2005년 서울여대 겸임교수 2005년 전북대 초빙교수, 한국바이오벤처협회 명예회장(현) ❀과학기술원장표창(1983), 국민훈장 목련장(1984), 과학기술처장관표창(1989), 독일 레겐스브르크대 공로훈장 Bene Mereti(2002), 철탑산업훈장(2004) ㉯'스테로이드 화학'(1992) '생명과학과 벤처 비즈니스'(2001) ㉦천주교

김완주(金完柱) KIM Wan Ju

❀1946·5·25 ❀광산(光山) ❀전북 전주 ㈜전북 전주시 완산구 홍산로269 더불어민주당 전북도당(063-236-2161) ㉢1965년 전주고졸 1970년 서울대 정치학과졸 1972년 同행정대학원졸 1983년 미국 펜실베이니아대 대학원 도시계획학과졸 ㉢1973년 행정고시 합격(14회) 1974~1980년 전북도 총무계장·기획계장 1980~1986년 同통계담당관·상정과장 1986~1988년 내무부 지역정책과·재정과 계장 1988년 전북도 기획담당관 1989~1991년 고창군수 1991~1992년 대통령비서실 근무 1992~1994년 내무부 세제과장·감사과장 1994~1995년 남원시장 1996년 전북도 기획관리실장 1996년 同동계유니버시아드대회지원단장 1997~1998년 同국제행사지원단장 1998년 대한체육회 이사 1998~2002년 전주시장(국민회의·새천년민주당) 1998~2004년 전국시장군수협의회 회장 2001~2002년 전국시장군수구청장협의회 부회장 2001~2003년 지방이양추진위원회 위원 2002~2005년 대한체육회 이사 2002~2006년 전주시장(열린우리당) 2003~2004년 전국시장군수구청장협의회 지방분권추진특별위원장 2006·2010~2014년 전북도지사(열린우리당·대통합민주신당·민주당·민주통합당·민주당·새정치민주연합) 2006~2008년 전국시도지사협의회 부회장 2007년 대통합민주신당 정동영 대통령후보 중앙선거대책위원회 상임고문 2008년 민주당 당무위원 2010년 세계지방자치단체연합(UCLG) 아시아·태평양지역 집행위원 겸 이사 2011년 민주통합당 당무위원 2015년 새정치민주연합 국정자문회의 자문위원 2015년 同전북도당 상임고문 2015년 더불어민주당 전북도당 상임고문(현) ❀내무부장관표창, 총무처장관표창, 근정포장(1990), 전국시장·군수·구청장전국총회 지방자치대상(2015)

김완주(金完株) KIM, WAN-JOO

❀1963·4·27 ㈜대전 유성구 과학로62 한국원자력안전기술원 원자력비상대책실(042-868-0583) ㉢1987년 서울대 원자핵공학과졸 1989년 한국과학기술원(KAIST) 원자력공학과졸(석사) 1993년 원자력공학박사(한국과학기술원) ㉢2000년 한국원자력안전기술원 입원 2000년 同방사선평가실 근무 2004년 同원자로안전해석실 근무 2005년 同방재대책실 근무 2009년 同방사선비상보안대책실 근무 2012년 同방사선비상보안대책실장 2012년 同운영안전분석실 근무 2012년 同방사선안전평가실 근무 2013년 同방사선폐기물평가실 근무 2014년 同원자력비상대책실 근무 2016년 同원자력비상대책실장(현)

김완준(金完俊) KIM Wan Joon

❀1949·10·28 ❀의성(義城) ❀경북 의성 ㈜경북 경주시 알천북로1 경주예술의전당1층 경주문화재단 사무처(054-748-7722) ㉢1968년 대구상고졸 1972년 계명대 음대 성악과졸 1984년 同음악대학원졸 1989년 이탈리아 G.Rossini국립음악원 성악과졸, 이탈리아 Roma Art Accademia졸, Hugo Wolf음악원 Opera과졸, 오스트리아 Wiener International Summer Academy 수료 2001년 명예 예술학박사(러시아 극동예술대) ㉢1992~2003년 대구시립오페라단 예술감독 1993~2006년 대구예술대 성악과 교수 2003~2006년 대구오페라하우스 초대관장 2006~2014년 계명대 음악공연예술대학 성악과 교수 2006~2014년 同계명아트센터 관장 2011년 대구성악가협회 회장 2013년 대구경북성악가협회 명예회장(현) 2014년 경주문화재단 사무처장(상임이사)(현) 2014년 경주예술의전당 관장 겸임(현) 2014년 작곡가박태준추모사업회 회장(현) 2015년 한국공연예술포럼 공동회장(현) ❀대구시문화상, 대구예술대상, 백운예술상, 금복문화상, 자랑스런 대경인상 대상 ㉯'볼수록 재미있는 오페라'(2009) ㉦'내 마음의 노래' CD 1~4집 발간 ㉦가톨릭

김완중(金完中) KIM Wan Jung

❀1962·2·17 ❀광산(光山) ❀강원 고성 ㈜세종특별자치시 한누리대로402 국토교통부 중앙토지수용위원회 사무국(044-201-5303) ㉢1981년 속초고졸 1987년 서울대 정치학과졸, 호주 울런공대 대학원 정보관리학과졸 ㉢교통부 국제항공과 근무, 건설교통부 교통안전과 근무 2000년 同도시철도과 서기관 2003년 同육상교통기획과 서기관 2004년 강원도 건설교통협력관 2006년 건설교통부 교통안전팀장 2008년 국토해양부 대중교통과장 2008년 同물류항만실 항만민자계획과장 2009년 同물류항만실 항만투자협력과장 2011년 同항공정책실 국제항공과장(부이사관) 2013년 국토교통부 항공정책실 국제항공과장 2014년 同국제협력정보화기획단장 2015년 행정중심복합도시건설청 도시계획국 주택과장 2015년 세종연구소 파견 2016년 국토교통부 중앙토지수용위원회 사무국장(현)

김완중(金完重) Kim Wan-joong

❀1963·9·12 ❀전남 함평 ㈜서울 종로구 사직로8길60 외교부 재외동포영사국(02-2100-7564) ㉢1989년 한국외대 영어과졸 ㉢1990년 외무고시 합격(24회) 1997년 駐일본 2등서기관 1999년 駐미얀마 1등서기관 2001년 駐오사카 영사 2005년 국가안전보장회의 사무처 전략기획실 파견 2006년 駐뉴욕 영사 2007년 외교통상부 동아시아통상과장 2009년 駐페루 공사참사관 2012년 駐싱가포르 공사참사관 2015년 중앙공무원교육원 고위정책과정 파견 2016년 외교부 재외동포영사국장(현)

김완진(金完鎮) KIM Wan Jin

❀1931·8·26 ❀안동(安東) ❀충남 홍성 ㈜서울 서초구 반포대로37길59 대한민국학술원(02-3400-5220) ㉢1950년 중앙중졸 1954년 서울대 문리대 국어국문학과졸 1958년 同대학원 국어국문학과졸 1973년 문학박사(서울대) ㉢1958년 충남대 문리대 전임강사 1959년 단국대 전임강사 1961~1971년 서강대 전임강사·조교수·부교수·교수 1967~1969년 미국 하버드대 燕京학회 객원교수 1971~1979년 서울대 조교수·부교수 1975~1976년 일본 도쿄외국어대 부설 아시아·아프리카언어문화연구소 연구원 1979~1996년 서울대 국어국문학과 교수 1982년 대한민국학술원 회원(국어학·현) 1985년 서울대 한국문화연구소장 1987년 同인문대학장 1989년 국어국문학회 대표이사 1991년 국어학회 회장 1992년 언어학회 회장 1995년 서울대 대학원장 1996년 同명예교수(현) 1997년 한국정신문화연구원 객원교수 ❀세종문화상(1993), 국민훈장 동백장(1996), 동숭학술상(2001), 위암장지연상(2006) ㉯'국어음운체계의 연구' '중세국어聲調의 연구' '향가해독법연구' '음운과문자' '향가와 고려가요' ㉦천주교

김완하(金完河) KIM Wan Ha

❀1958·6·15 ❀김해(金海) ❀경기 안성 ㈜대전 대덕구 한남로70 한남대학교 국어국문·창작학과(042-629-7523) ㉢1985년 한남대 국어국문학과졸 1988년 同대학원 국어국문학과졸 1994년 국문학박사(한남대) ㉢1988년 한국언어문학회 회원(현) 1989년 한남대·침례신학대·대전대·배재대·우송대·을지의과대·건양대·대전신학대 강사 1990년 한남대 평생교육원 시창작과 교수 1997년 同인문과학연구소 전임연구원 1998년 침례신학대 국문학과 겸임교수 2000~2015년 한남대 문예창작학과 교수 2001년 한국문예창작회 지역이사 겸 총무이사, 同감사 2003년 시전문계간지 '시와 정신' 창간 2009~2010년 미국 UC버클리 객원교수 2012년 한국문예창작학회 부회장(현) 2012년 대전문학관 운영위원(현) 2013년 '버클리문학' 창간 2015년 고은문학연구소 소장(현) 2015년 한남대 국어국문·창작학과 교수(현) 2016

년 한국문예창작학회 자문위원(현) 2016년 대전고법 예술법정 자문위원(현) 2016년 미국 UC 버클리대 객원교수(현) [상]문학사상사 신인상(1987), 소월시문학상 우수상(2005 · 2006), 시와시학상 젊은시인상(2007), 대전시문화상(2010) [저]시집 '길은 마을에 닿는다'(1992) '그리움없인 저 별 내 가슴에 닿지 못한다'(1995) '네가 밟고 가는 바다'(2002) '허공이 키우는 나무'(2007) '어둠만이 빛을 지킨다'(2008, 천년의시작) '절정'(2013) 그 외 '한국 현대시의 지평과 심층'(1996) '중부의 시학'(1997) '현대문학의 이해와 감상(共)'(1998) '시창작이란 무엇인가(共)'(2003) '한국 현대시와 시 정신'(2004) '긍정적인 밥(共)'(2004) '현대시의 이해(共)'(2006) '시창작의 이해와 실제(共)'(2008, 한남대) '신동엽의 시와 삶'(2013) '김완하의 시 속의 시 읽기'(2014) '김완하의 시 속의 시 읽기 2'(2015) '우리시대의 시정신'(2015) [종]기독교

김완희(金完熙) KIM WAN HEE

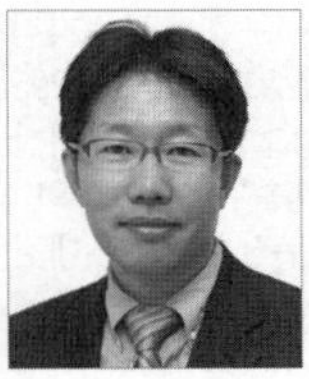

[생]1964 [주]세종특별자치시 다솜로261 국무조정실 정부업무평가실(044-200-2507) [학]서울대 경영학과졸, 同대학원 경영학과졸, 경영학박사(서울대) [경]가천대 경영대학 경영학과 교수 2014년 同휴직 2014년 한국조세재정연구원 공공기관연구센터 소장 2016년 국무조정실 정부업무평가실 평가관리관(국장급)(현)

김 왕(金 汪) KIM Wang

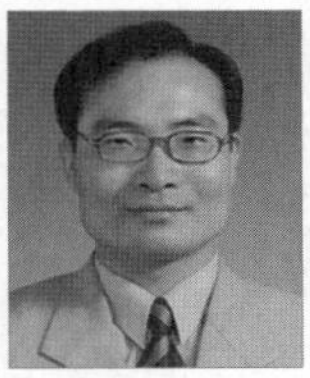

[생]1964 · 12 · 12 [본]울산(蔚山) [출]전남 순천 [주]세종특별자치시 한누리대로422 고용노동부 운영지원과(044-202-7867) [학]1988년 연세대 사회학과졸 2002년 미국 코넬대 대학원 노사관계과졸 [경]1989년 행정고시 합격(33회) 1990년 총무처 행정사무관 1991년 노동부 분석관리과 · 부녀소년과 사무관 1994년 同차관 비서관 1995년 안양지방노동사무소 산업안전과장 1996년 노동부 안전정책과 사무관 1997년 同산업안전국 서기관 2000년 同경제담당관, 해외연수 2002년 대통령비서실 삶의질향상기획단 파견 2003년 노동부 장관비서관 2004년 부천지방노동사무소장 2004년 국제노동기구(ILO) 파견 2007년 노동부 능력개발정책팀장 2008년 同노사협력정책국 노사협력정책과장 2009년 同노사협력정책국 노사협력정책과장(고위공무원) 2010년 고용노동부 노사정책실 노사협력정책과장 2010년 국제노동기구 파견(고위공무원) 2013년 고용노동부 산재예방보상정책국 산재예방정책과장 2014년 경기지방노동위원회 위원장 2016년 국가공무원인재개발원 교육파견(고위공무원)(현) [상]대통령표창(1997) [저]'주관식 사회학' [종]기독교

김왕복(金王福) Kim, Wang Bok (陽村)

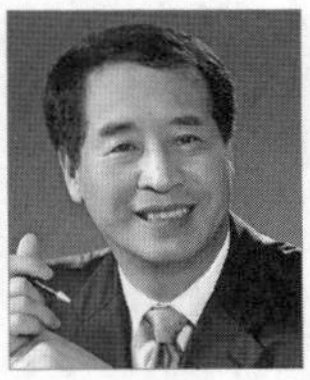

[생]1955 · 3 · 15 [본]김해(金海) [출]전남 담양 [주]전남 담양군 담양읍 죽녹원로152 전남도립대학교 총장실(061-380-8400) [학]1974년 광주제일고졸 1979년 성균관대 행정학과졸 1985년 미국 아이오와주립대 대학원졸 1987년 서울대 행정대학원졸 1997년 행정학박사(성균관대) [경]1977년 행정고시 합격(21회) 1979~1986년 서울시교육청 법무 · 관리 · 의사법무 · 전산계장 1987년 문교부 사무관 1991~1992년 목포대 총무 · 경리과장 1993년 한국학술진흥재단 기획실장 1993년 교육부 학사관리과장 1994년 同국제교육협력과장 1996년 同교육재정과장 1997년 同산업교육총괄과장 1997년 목포대 사무국장 1998년 광주시교육청 부교육감 1999년 교육부 교육자치지원국장 2001년 강원대 사무국장 2001년 駐미국대사관 교육관 2004년 교육인적자원부 감사관 2006년 同교육인적자원연수원장 2007년 同교원소청심사위원회 위원장 2008~2009년 교육과학기술부 교원소청심사위원회 위원장 2009~2010년 성균관대 · 서울과학기술대 초빙교수 2010~2014년 조선이공대 총장 2014년 광주광역시 교육감선거 출마 2014년 전남도립대 총장(현) [상]대통령표창, 근정포장(2009) [저]'미국의 교육제도와 교육정책의 수립 및 집행'(2004) [종]기독교

김왕식(金旺植) KIM Wang Sik

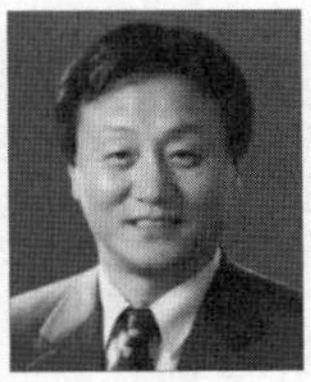

[생]1953 · 2 · 25 [본]김해(金海) [출]서울 [주]서울 서대문구 이화여대길52 이화여자대학교 사범대학 사회과교육과(02-3277-2709) [학]1971년 보성고졸 1980년 연세대 정치학과졸 1982년 同대학원 정치학과졸 1989년 정치학박사(미국 미주리대) [경]1982~1983년 연세대 사회과학연구소 연구원 1983년 한국과학기술원(KAIST) 시스템공학센터 연구원 1989~1990년 미국 Univ. of Missouri Columbia 정치학과 조교수 1990~1991년 연세대 강사 1991~2011년 이화여대 사범대학 사회생활학과 교수 1993년 同사범대학 교학부장 1995년 경제정의실천시민연합 정책위원 1995년 이화여대 이대학보사 주간 1997년 同국제대학원 겸임교수 1999~2001년 同사범대학 사회생활학과장 2001~2002년 일본 게이오대 법학부 방문교수 2003년 민족화해협력범국민협의회 정책위원 2003년 민주평통 상임위원 2004년 서울시 서대문구선거방송토론위원회 위원장 2006년 사이버커뮤니케이션학회 회장 2008~2009년 미국 존스홉킨스대 방문교수 2011년 이화여대 사범대학 사회과교육과 교수(현) 2012~2015년 대한민국역사박물관 초대관장 2013년 중앙공무원교육원 정책자문위원(현) 2013년 국립한글박물관 개관위원(현) 2016년 국가인권위원회 운영자문위원(현) [저]'한일 경제협력의 정치경제' '한국정치과정 : 제도의 운용과 정치과정' '남북한의 최고지도자'(共) '동아시아: 위기의 정치경제'(共) '국제기구와 한국외교'(共) '국제정치학의 새로운영역과 쟁점'(共) '국가 · 사회 · 정치민주화'(共) '한국현대정치사'(共) '한국정치과정론'(共) '중국 조선족의 정치사회화과정과 동화적 국민통합의방향'(共) '국제기구와 한국외교'(共) [역]'정치교육론' '민주주의' '비교정치학' [종]기독교

김왕제(金旺帝) (佳鄕)

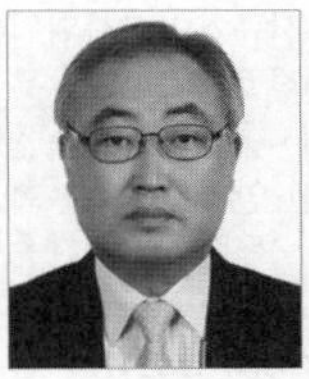

[생]1961 · 1 · 29 [출]강원 평창 [주]강원 춘천시 중앙로1 강원도청 기획조정실 교육법무과(033-249-2130) [학]1980년 강릉명륜고졸 1999년 한림전문대학졸 [경]1980년 강원 평창군 지방행정서기보, 同봉평면 면온출장소 근무 1989~2006년 강원도 감사관실 · 지방과 근무 2006년 강원 홍천군 자치혁신기획단장(지방행정사무관), 同의회 사무과 전문위원, 강원도 환경정책담당 2012년 同문화예술담당 2014년 同강원랜드협력관 2015년 강원 횡성군 기획감사실장(지방서기관) 2015년 강원 횡성군 부군수 2016년 강원도 기획조정실 교육법무과장(현) [상]국무총리표창(2003) [저]시집 '그리움이 가득한 길을 걸으며'(2002) '산책'(2004) '매혹'(2010) '거기 별빛 산천'(2015)

김외곤(金外坤) Kim, Oe-Gon

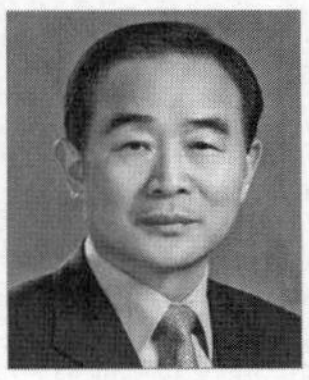

[생]1946 · 6 · 20 [본]김해(金海) [출]경남 함안 [주]서울 종로구 사직로130 적선빌딩 1001호 레이크힐스(02-736-8711) [학]1965년 마산고졸 1973년 한양대 건축공학과졸 [경]1995년 현대건설 건축사업본부 상무이사 1998년 (주)유창 부사장 1999년 삼성물산 건설사업본부 전무이사 2000년 同건설사업본부장(부사장) 2003년 同동남아담당 총괄부사장 2005년 (주)태영 건축사업본부장(부사장) 2007년 (주)태영건설 기술부문 총괄사장 2008년 同각자대표이사 사장 2014년 同부회장 보좌역 2016년 (주)레이크힐스 건설부문 부회장(현) [상]건설교통부장관표창(1995), 국무총리표창(1996), 석탑산업훈장(1997), KAIST K-CEO 8기 최우수논문상(2002), 대한건축학회 기술상(2007), 건축의 날 대통령표창(2009), 대한민국토목 · 건축기술대상 기술인부문 종합대상(2010) [종]천주교

김외숙(金外淑 · 女) KIM Oi Sook

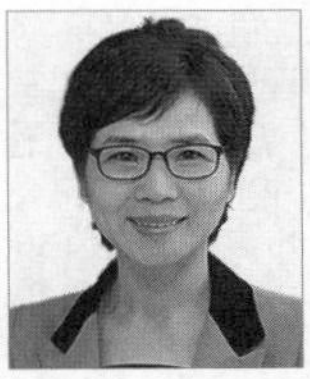

[생]1953 · 5 · 8 [출]경북 [주]서울 종로구 대학로86 한국방송통신대학교 생활과학과(02-3668-4646) [학]1976년 서울대 가정관리학과졸 1978년 同대학원 가정관리학과졸 1991년 소비자아동학박사(서울대) [경]1980~1982년 강원대 사범대학 전임강사 · 조교수 1982년 한국방송통신대 자연과학대학 가정학과 조교수 · 부교수 · 교수, 同생활과학과 교수(현) 1991~1992년 미국 Cornell Univ. 방문교수 1999~2000년 미국 Ohio State Univ. 방문교수 2005~2007년 한국가정관리학회 회장 2006~2008년 한국방송통신대 중앙도서관장 2008~2009년 대한가정학회 회장 2009~2013년 한국산업인력공단 비상임이사 2011~2012년 (사)한국가족자원경영학회 회장 2011~2016년 (사)가정을건강하게하는시민의모임 공동대표 2013~2014년 (재)한국건강가정진흥원 이사장 2015년 대통령직속 저출산 · 고령화사회위원회 위원(현) 2016년 (사)가정을건강하게하는시민의모임 이사장(현) 2016년 한국방송통신대 부총장(현) [상]홍조근정훈장(2013) [저]'가정학원론(共)'(1990) '가정관리학(共)'(1990) '한국가족정책의 이해(共)'(1996) '시간의 사용과 관리(共)'(2000) '生活時間と生活意識(共)'(2001) 'Cultural Life in Korea(共)'(2003) '소비자와 소비생활(共)'(2011) '여가관리(共)'(2010) '가사노동과 시간관리(共)'(2015) [역]'가족자원관리(共)'(1992) '가정철학(共)'(1996) '어떻게 살 것인가(共)'(1996)

김외철(金外喆)

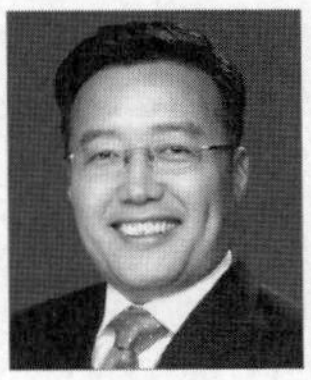

[생]1968 · 2 · 8 [출]경북 성주 [주]세종특별자치시 다솜로 261 국무총리 정무운영비서관실(044-200-2671) [학]1986년 달성고졸 1990년 경북대 사법학과졸 2002년 고려대 노동대학원 노동법학과 수료 [경]1991년 민주자유당 입당(공채1기) 2005년 한나라당 대구시당 사무부처장 2008년 同전략기획국장 2010년 同기획조정국장 2010년 국회 정책연구위원(1급 상당) 겸임 2011년 한나라당 원내행정국장 2012년 새누리당 제19대 국회의원 비례대표후보 2013년 제18대 대통령직인수위원회 정무분과 전문위원 2013년 새누리당 전략기획국장 2014년 국무총리 시민사회비서관(고위공무원) 2014년 국무총리 정무운영비서관 2015년 국무총리 정무기획비서관 2015년 국무총리 정무운영비서관(현)

김요셉(金요셉) KIM Yoseb (恩約)

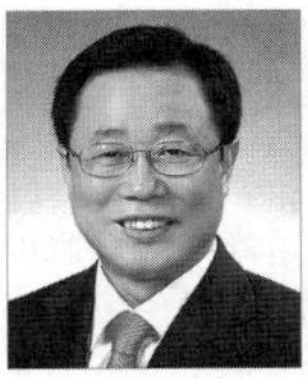

[생]1947 · 12 · 11 [출]전남 무안 [주]서울 광진구 뚝섬로43길7 선린교회(02-446-8017) [학]1975년 안양대졸 2001년 同신학대학원졸 2001년 명예 신학박사(미국 Faith Evangelical Luteran Seminary) [경]1976년 서울 선린교회 개척 · 담임교역자 1977년 목사 임직(대한예수교장로회총회(대신) 서울동노회) 1977년 서울 선린교회 담임목사(현) 1997년 대한예수교장로회총회(대신) 서울북노회장 2000년 同총회 서기 2001년 同부총회장 2002년 同총회장 2002년 한국교회신보 발행인 2002년 대한예수교장로회총회(대신) 교단통합대책위원회 위원장 2004년 한국기독교총연합회 사회위원장 2005 · 2009년 同공동회장 2005년 대한예수교장로회총회(대신) 군선교위원회 회장 2006~2016년 (사)인도선교협의회 이사장 2007년 한국기독교총연합회 신규가입심사위원장 2007년 同가입교단실사위원장 2007년 同법규개정위원장 2007년 同남북교회협력위원장 2008년 (주)기독교텔레비전(CTS) 법인이사(현) 2008년 한국기독교화해중재원 실행이사 겸 조정위원 2008~2010년 안양대총동문회 회장 2008~2009년 한국장로교총연합회 대표회장 2009~2016년 (재)찬송가공회 감사 2010년 안양대 평의회 의원 2012년 (사)한국교회연합 대표회장 2013년 (사)한국미래포럼 대표회장 2015년 (사)세계한인기독교총연합회 대표회장 2016년 (사)세계한국인기독교총연합회 법인이사장(현) 2016년 (사)통일연합종교포럼 대표회장(현) [상]한국기독교선교대상(2013) [저]'신약에 나타난 예수님의 기적들'(2006, 쿰람출판사) '신약에 나타난 예수님의 비유들'(2006, 쿰람출판사) '구약에 나타난 기적들'(2007, 쿰람출판사) '성경의 파노라마'(2011, 쿰람출판사) '구약인물설교 Ⅰ · Ⅱ'(2016, 도서출판 선교횃불) '부부는 평등하지 않다'(2016, 쿰람출판사) '신약인물설교'(2016, 도서출판 선교횃불) '성경에 나오는 동, 식물 비유설교'(2016, 도서출판 선교횃불) [종]기독교

김요한(金耀翰) KIM Yo Han

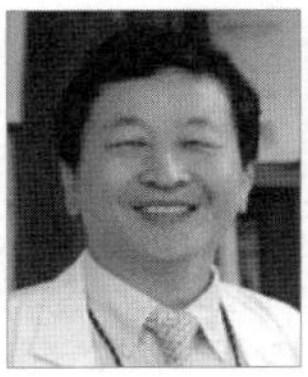

[생]1957 · 4 · 13 [주]충북 충주시 충원대로268 건국대학교 의학전문대학원 흉부외과학교실(043-840-8756) [학]고려대 의대졸, 同대학원졸, 의학박사(고려대) [경]건국대 의학전문대학원 흉부외과학교실 교수(현), 건국대병원 흉부외과장, 일본 구루메대 의대 심장외과 객원교수 2000~2002년 건국대병원 진료부장, 건국대 학술심의위원 2015~2016년 同충주병원장

김요환(金曜煥)

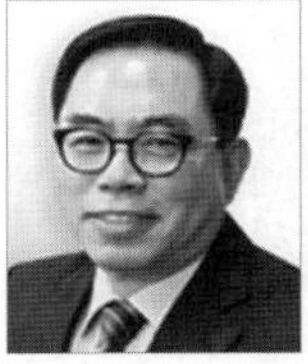

[생]1956 · 2 · 5 [출]전북 부안 [주]서울 종로구 사직로12길 25의3 월드투게더(02-429-4044) [학]경신고졸 1978년 육군사관학교졸(34기) [경]1999년 육군 제1사단 12연대장 2001년 육군 제1군단 작전참모 2002년 육군본부 정보작전참모부 부대계획과장 2003년 육군 제2군단 참모장 2004년 보병학교 교수부장 2005년 합동참모본부 전비태세검열차장 2006년 육군 제3보병사단장 2008년 육군본부 정보작전참모부장 2009년 수도군단장(중장) 2011년 육군 참모차장(중장) 2012년 육군 제2작전사령관(대장) 2014~2015년 육군 참모총장(대장) 2016년 월드투게더 제2대 회장(현) [종]기독교

김요환(金要煥) KIM Yo Hyan

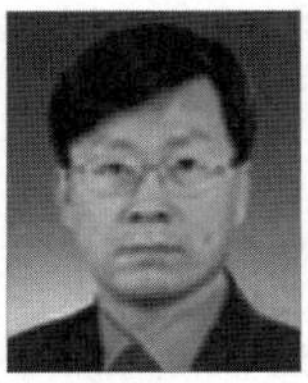

[생]1957 · 1 · 16 [본]김해(金海) [주]서울 영등포구 의사당대로1 국회사무처 특별위원회(02-788-2114) [학]1978년 서울시립대 도시행정학과졸 1987년 한양대 행정대학원졸 [경]국회사무처 농림해양수산위원회 입법조사관 2001년 同건설교통위원회 입법조사관 2005년 국회예산정책처 총무팀장(부이사관) 2006년 한국개발연구원 파견 2007년 국회사무처 의사국 의정기록관 2008년 同건설교통위원회 입법심의관 2008년 同문화체육관광방송통신위원회 입법심의관 2009년 중앙공무원교육원 파견(이사관) 2010년 국회입법조사처 기획관리관 2013년 국회사무처 국토해양위원회 전문위원 2013년 同국토교통위원회 전문위원 2014년 同특별위원회 수석전문위원(차관보급)(현) [종]천주교

김 용(金 龍) KIM Ryong (處容)

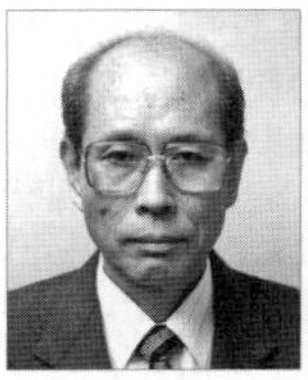

[생]1933 · 4 · 20 [본]경주(慶州) [출]서울 [주]서울 성동구 왕십리로222 한양대학교 올림픽체육관331호 한국무용사학회(02-2220-1334) [학]1951년 경주고졸 1957년 계림대 정치학과졸 1977년 동국대 행정대학원졸 [경]1957년 경주 동도국악원 국악사 1962~1980년 국립국악원 국악사 · 掌樂과장 · 樂士長 1964년 미국 · 일본 · 대만 · 홍콩 · 유럽 등 10여개국 공연 1971년 중요무형문화재 제39호 처용무(무용) 예능보유자 지정(현) 1980~1995년 한국문화재보호협회 부장 · 전문위원 1983~1987년 미국 일리노이주립대 예술대학 명예교수 1984년 88서울올림픽경기장 개장기념 행사취타대 지휘 1987년 처용무 氣功개발연구 1996년 명지대 동방무예센터 연구위원 1999년 숙명여대 전통문화예술대학원 겸임교수, 서울대 · 충남대 등 출강 2000년 경상대 출강(현) 2002년 한국무용사학회 고문 · 평생회원(현), 한국음악사학회 회원(현), 국악학회 회원(현) [상]문화공보부장관 공로표창, 서울정도 600주년기념 자랑스런 서울시민상 [저]'時用舞譜의 纂刊年代考' '時用舞譜속에 나타난 술어구성체제의 특징' '時用舞譜의 樂과舞와의 관계연구' [종]불교

김 용(金 瑢) KIM Yong

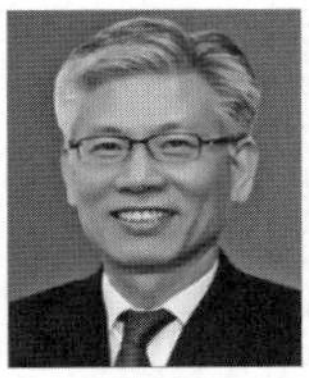

[생]1954 · 1 · 18 [본]도강(道康) [출]전북 부안 [주]서울 강남구 테헤란로87길36 도심공항타워14층 법무법인 로고스(02-2188-1038) [학]1972년 전주고졸 1976년 고려대 법학과졸 [경]1981년 사법시험 합격(23회) 1983년 사법연수원 수료(13기) 1985년 서울지검 검사 1986년 광주지검 해남지청 검사 1987년 인천지검 검사 1990년 광주지검 검사 1992년 서울지검 검사 1994년 광주고검 검사 1995년 광주지검 부부장검사 1996년 제주지검 부장검사 1997년 대전지검 서산지청장 1997년 광주지검 특수부장 1998년 대검찰청 공판송무과장 1999년 서울지검 북부지청 형사4부장 2000년 同북부지청 형사3부장 2000년 대검찰청 중수1과장 2002년 대전지검 홍성지청장 2003년 서울고검 검사 2004년 대구지검 포항지청장 2005년 의정부지검 차장검사 2006년 서울고검 검사 2006년 법무법인 로고스 변호사 2013년 同대표변호사(현) [상]홍조근정훈장(2005) [종]기독교

김 용(金 龍) KIM Yong

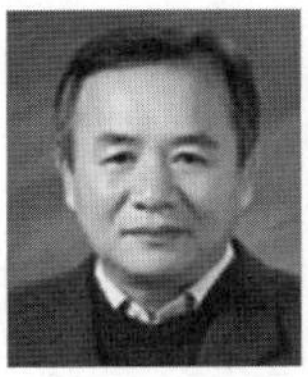

[생]1957 · 3 · 20 [출]서울 [주]서울 중구 필동로1길30 동국대학교 공과대학 전자전기공학부(02-2260-3720) [학]1981년 동국대 전기공학과졸 1983년 同대학원졸 1994년 공학박사(동국대) [경]1986~1990년 대림공업전문대 시간강사 · 전임강사 · 조교수 1994~1995년 대림대학 부교수 1995~1996년 대한전기학회 전기기기연구회 간사 1995년 동국대 공과대학 전자전기공학부 조교수 · 부교수 · 교수(현) 1996년 대한전기학회 학술위원 2002~2003년 대한전기학회 EMECS학회 편수이사 · 학술이사 2003년 조명전기설비학회 편수위원 [상]조명전기설비학회 논문상(2000), 전기학회 EMECS학회 우수논문상 · 공로상(2003), 대한전기학회 우수논문상(2005) [저]'전력전자'(1990, 동일출판사) '디지털논리와 회로설계'(1995, 문운당) '전력전자공학'(1997, 회중당) '전자기학의 이해'(1999, 웅보출판사) [역]'半導體電力變換回路'(1992, 동일출판사)

김 용(金 庸) KIM Yong (瑞農)

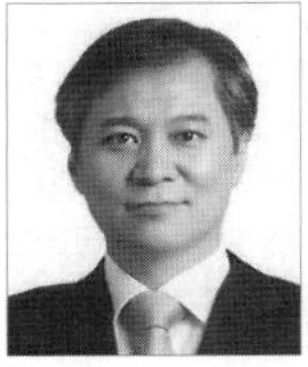

[생]1964 · 10 · 27 [본]김해(金海) [출]서울 [주]경기 수원시 장안구 정자로146 더불어민주당 경기도당(031-244-6501) [학]경복고졸 1990년 동국대 정치외교학과졸 1998년 성균관대 경제학과졸 2008년 연세대 행정대학원 정치학과졸 [경]1997년 제15대 김대중 대통령후보 파랑새유세단 광개토팀장 1998~2000년 (사)자치경영연구원 연구원 2000~2003년 내외환경뉴스 대표 2004~2005년 대통령 시민사회수석비서관실 · 민원제안비서관실 행정관 2007년 민주당 제17대 대통령중앙선거대책위원회 직능 · 특별위원회 실장, 同서울시당 직능위원회 부위원장, 국회 환경포럼 정책자문위원, 민주당 손학규 상임고문 정무특보, 소상공인경제정책연구소(KSEPI) 대표, (사)한국여성발명협회(KWIA) 전문위원 2012년 제19대 국회의원선거 출마(서울 광진구甲, 무소속) 2014~2015년 시사오늘 논설주간 2015년 새정치민주연합 경기도당 부대변인 2015년 대한불교조계종 제2교구본사 용주사 신도회 감사(현) 2015년 민주평통 자문위원(현), 화성도시개발정책연구원 원장 2015년 더불어민주당 경기도당 부대변인 2016년 同경기화성시甲지역위원회 위원장(현) 2016년 제20대 국회의원선거 출마(경기 화성시甲, 더불어민주당) [종]불교

김용갑(金容甲) KIM Yong Kap

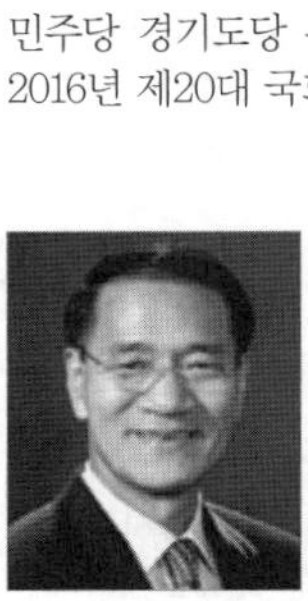

[생]1936 · 9 · 28 [본]김해(金海) [출]경남 밀양 [주]서울 영등포구 국회대로70길18 새누리당(02-3786-3000) [학]1957년 밀양농잠고졸 1961년 육군사관학교졸(17기) 1980년 국방대학원졸 1986년 미국 캘리포니아대 버클리교 수학 [경]1960~1961년 재무부 차관 1971~1974년 국제문제연구소 연구원 1980~1985년 국가안전기획부 감찰실장 · 기획조정실장 1986년 미국 버클리대 동아시아문제연구소 객원연구원 1986~1999년 대통령 민정수석비서관 1988~1989년 총무처 장관 1989년 민주개혁연구소 이사장 1989년 민주개혁범국민운동협의회 회장 1996년 제15대 국회의원(밀양, 무소속 · 신한국당 · 한나라당) 1996~2000년 한 · 과테말라의원친선협회 회장 2000년 제16대 국회의원(밀양 · 창녕, 한나라당) 2003년 한나라당 상임고문 2004~2008년 제17대 국회의원(밀양 · 창녕, 한나라당) 2005~2006년 국회 산업자원위원장 2012년 새누리당 상임고문(현) [상]화랑무공훈장(1967), 보국훈장 천수장(1981), 황조근

정훈장(1985), 체육훈장 맹호장(1988), 청조근정훈장(1990) [저]'김대중 정부 대북·안보정책 백서' '국가보안법을 이야기한다' '금강산 관광 백서' '고지가 바로 저긴데 예서 말수는 없다' 수필집 '아내 얼굴을 화장하는 남자' [종]불교

김용관(金容寬)

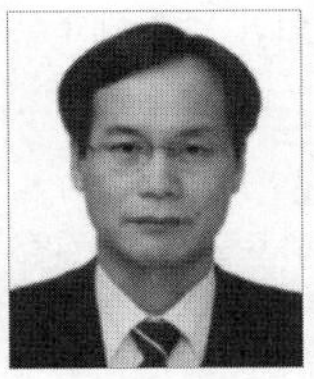

[생]1964·1·15 [출]전북 남원 [주]경기 의정부시 의정로 77 의정부세무서(031-870-4201) [학]진주 대아고졸 1984년 세무대학졸 [경]1984년 국세공무원 임용(8급 특채) 2007년 춘천세무서 납세자보호담당관(행정사무관) 2007년 국세공무원교육원 교수 2011년 국세청 징세법무국 법규과 사무관 2012년 同징세법무국 법규과 서기관 2014년 나주세무서장 2014년 중부지방국세청 징세과 서기관 2015년 의정부세무서장(현)

김용관(金容寬) KIM Yong Kwan

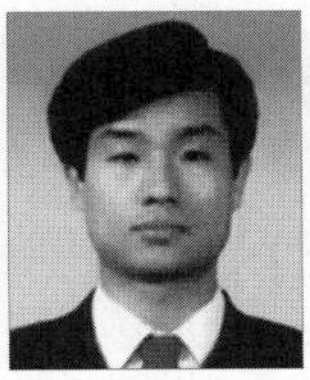

[생]1965·4·20 [출]전남 장흥 [주]서울 서초구 서초대로50길18 유성빌딩5층 법무법인 이헌(02-593-5585) [학]1984년 마포고졸 1988년 서울대 법학과졸 [경]1989년 사법시험 합격(31회) 1992년 사법연수원 수료(21기) 1992년 해군 법무관 1995년 서울지법 의정부지원 판사 1997년 서울지법 판사 1999년 제주지법 판사 2000년 광주고법 제주부 판사 2002년 서울행정법원 판사 2004년 서울고법 판사 2005년 대법원 재판연구관 2007년 同연구법관 2009년 의정부지법 고양지원 부장판사 2011년 서울남부지법 부장판사 2013~2016년 서울중앙지법 부장판사 2016년 법무법인 이헌 대표변호사(현) [상]청조근정훈장

김용관(金容寬) KIM Yongkwan

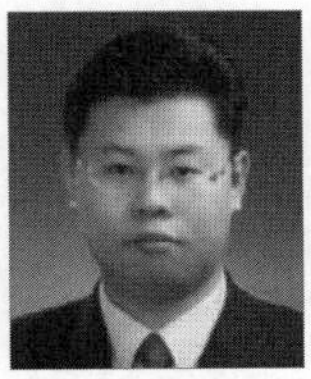

[생]1970·7·23 [본]경주(慶州) [출]충남 논산 [주]대전 서구 청사로189 산림청 해외자원협력관실(042-481-8841) [학]1989년 대성고졸 1993년 고려대 산림자원학과졸 1996년 同대학원 산림자원학과졸 2013년 산림자원학박사(고려대) [경]1997년 산림청 산지계획과 사무관 1998년 同산림경영과 사무관 1999년 同국유림경영과 사무관 2002년 同국제협력과 사무관 2002년 同산지관리과 서기관 2005년 북부지방산림관리청 춘천국유림관리소장 2006년 산림청 경영지원과장 2006년 同산림환경보호팀장 2007년 駐인도네시아대사관 농림수산관 겸 영사(1등서기관) 2009년 同농림수산관 겸 영사(참사관) 2011년 산림청 산지관리과장 2013년 同산림환경보호과장(서기관) 2014년 同산림환경보호과장(부이사관) 2015년 同해외자원협력관(고위공무원)(현) [종]불교

김용구(金容九) KIM Yong Koo

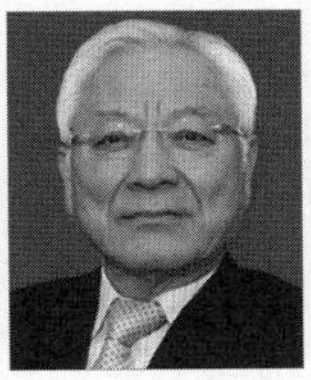

[생]1937·7·4 [본]광산(光山) [출]인천 [주]강원 춘천시 한림대학길1 한림대학교 한림과학원 원장실(033-248-2900) [학]1956년 서울고졸 1961년 서울대 문리과대학 외교학과졸 1964년 同대학원 외교학과졸 1979년 정치학박사(서울대) [경]1969~1972년 서울대 문리과대학 전임강사 1970~1971년 일본 동경동양문고 객원연구원 1972~1975년 서울대 문리과대학 조교수 1975~1984년 서울대 사회과학대학 외교학과 조교수·부교수 1984~2002년 同사회과학대학 외교학과 교수 1985년 同학생처장 1987~1989년 同국제문제연구소장 1987~1991년 同출판부장 1987~1988년 한국국제정치학회 회장 1993~1995년 서울대 사회과학대학장 1998~1999년 미국 캘리포니아대 샌타바버라교 교환교수 2002년 대한민국학술원 회원(국제정치학·현) 2002년 서울대 명예교수(현) 2003년 한림대 한림과학원 특임교수(현) 2005년 同한림과학원장(현) 2008년 근대한국외교문서편찬위원회 위원장 [상]옥조근정훈장(2002), 용재학술상(2010) [저]'전쟁과 평화'(1972) '소련국제법이론연구'(1979) '중소국제법이론 및 러시아 : 소련의 한말외교사 연구-문헌목록'(1979) '세계외교사 上'(1989) '세계외교사 下'(1990) '러시아 국제법'(1994) '한일외교미간극비사료총서'(1995) '러시아 국제법학의 전통'(1996) '한국 외교사 연구. 기본 사료 : 문헌 해제'(1996) '세계관 충돌의 국제정치학'(1997) '춤추는 회의. 비엔나 회의 외교'(1997) '세계관 충돌과 한말 외교사, 1866~1882'(2001) '영구평화를 위한 외로운 산책자의 꿈. 루소와 국제정치'(2001) 'The Five Years' Crisis, 1866~1871. Korea in the Maelstrom of Western Imperialism'(2001) '외교사란 무엇인가'(2002) '임오군란과 갑신정변 : 사대질서의 변형과 한국 외교사'(2004) '장 자크 루소와 국제정치'(2004) '세계외교사(크라운 판)'(2006) 'Korea and Japan. The Clash of Worldviews, 1868~1876'(2006) '만국공법'(2008) '거문도와 블라디보스토크. 19세기 한반도의 파행적 세계화 과정'(2009) '근대한국외교문서 1·2'(2009) '3.1운동과 1919년의 세계사적 의의'(2010) '근대한국외교문서 3·4·5'(2012) '약탈제국주의와 한반도. 세계외교사 흐름 속의 병인·신미양요'(2013) '근대한국외교문서 6·7'(2013) '근대한국외교문서 8·9·10·11'(2015) [역]'러시아 국제법사'(1982)

김용구(金容九) KIM Yong Gu

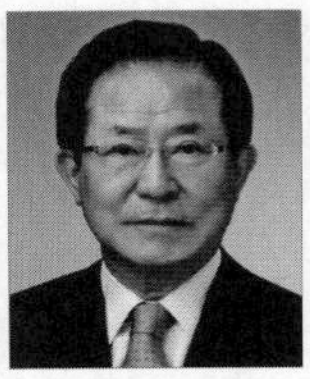

[생]1940·3·30 [본]광산(光山) [출]경북 안동 [주]서울 강남구 언주로710 성암빌딩8층 (주)신동 비서실(02-557-7744) [학]1959년 용문고졸 1963년 성균관대 법률학과졸 1999년 서울대 경영대학원 DMP(디지털경영자)과정 수료 2001년 고려대 경영대학원 글로벌e-최고경영자 수료 2001년 미국 U.C. Berkeley대 Hass Business School CEO프로그램 수료 2003년 숭실대 중소기업대학원 AMP과정 수료 2005년 서울대 환경대학원 CEO환경경영포럼과정 수료 2006년 명예 경영학박사(제주대) [경]1990년 (주)신동 대표이사 회장(현) 1996년 대한광업협동조합 이사장 1998년 중소기업협동조합중앙회 이사 2001년 중소기업개발원 명예원장 2003년 대한적십자사 남북적십자교류전문위원회 위원 2003년 同서울지사 상임위원 2003년 同RCY 서울시위원회 위원 2004~2006년 중소기업협동조합중앙회 회장 2004~2006년 중소기업국제협의회(ISBC) 한국위원회장 2004~2006년 중소기업진흥재단 이사장 2004년 중소기업연구원 이사장 2004년 민간남북경제교류협의회 공동의장 2004년 대통령자문 국민경제자문회의 자문위원 2004년 민족화해협력범국민협의회 공동의장 2004~2007년 중소기업중앙회 회장 2006년 제주대 초빙교수, 우즈베키스탄 상공회의소 명예고문(현) 2007~2011년 (사)중소기업동우회 회장 2008년 자유선진당 재정위원장 2008년 제18대 국회의원(비례대표, 자유선진당) 2008년 국회 지식경제위원회 위원 2010년 국회 기획재정위원회 위원 2011년 자유선진당 사무총장 2011~2013년 (사)중소기업진흥회 회장 [상]우즈베키스탄 대통령훈장(2011) [저]'중소기업이 흥해야 한국이 산다'(2004) '9988김용구의 4.0시대 중소기업이야기'(2012)

김용구(金容九) KIM Yong Ku

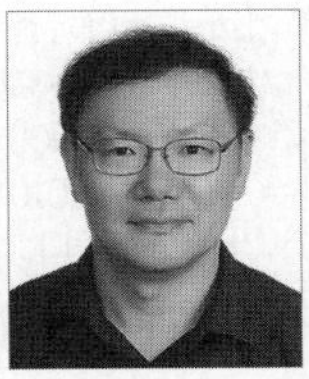

[생]1962·3·4 [출]서울 [주]경기 안산시 단원구 적금로 123 고려대학교 안산병원 정신과(031-412-5140) [학]1987년 고려대 의대졸 1994년 同대학원 의학과졸 1998년 의학박사(고려대) [경]계요병원 정신과장, 고려대 의과대학 정신과 임상강사, 同의과대학 정신과학교실 교수, 同의과대학 정신건강의학교실 교수(현), 同안산병원 정신과 전문의(현) 2016년 대한생물정신의학회 이사장(현) [상]환인정신의학상 학술상(2014) [저]'주요우울증'(2016)

김용국(金龍國) KIM Yong Goog

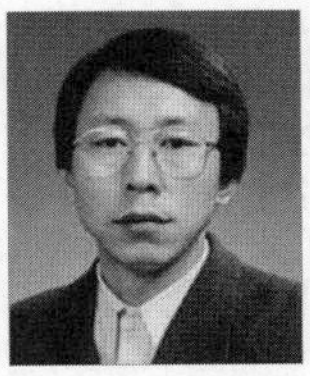

[생]1960·2·20 [본]순천(順天) [출]강원 횡성 [주]강원 홍천군 홍천읍 석화로93 홍천군청 부군수실(033-430-2203) [학]강원고졸, 강원대 행정학과졸 [경]홍천군청 근무, 강원도 농촌진흥원 근무, 同지역경제국 상공과 근무, 同동해출장소 총무과 근무, 同경제진흥과 근무, 同체육청소년과 근무, 同지역지원과 근무, 同기업지원과 근무 2004년 同환동해출장소 기획총괄과 개발사업담당 2006년 同기업유치과 유치전략담당 2008년 同투자유치사업본부 경제자유구역기획단 기획팀 지정기획담당 2013년 同경제자유구역청준비단 기획행정담당 2013년 同경제자유구역청 기획정책과 사무관 2014년 同경제자유구역청 기획정책과 근무(과장급) 2014년 同경제자유구역청 기업지원과장 2014년 同경제자유구역청 투자유치1과장 직대 2015년 同동해안권경제자유구역청 투자유치본부 투자유치1부장 2016년 강원 홍천군 부군수(현) [상]국무총리표창, 행정자치부장관표창

김용국

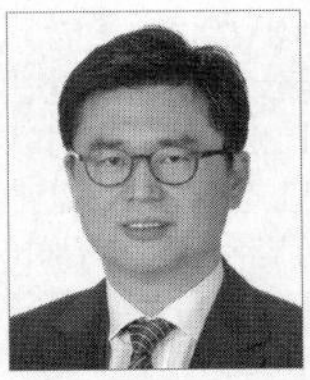

[생]1963·3·1 [주]서울 서초구 헌릉로13 인베스트코리아(1600-7119) [학]1981년 미국 세인트폴고졸 1985년 미국 하버퍼드대 수학·독일어학과졸 1987년 미국 미시간대 대학원 MBA(석사) [경]1988~1990년 Hoare Govett증권 Analyst 1990~1992년 W.I. Carr증권 Analyst 1993~1997년 SG Warburg증권 Associate Director 1997~2002년 CSFB증권 Director(Korea Sales Head) 2002~2010년 삼성증권 Managing Director(Head of Sales) 2010~2013년 스탠다드차타드증권 Managing Director(Head of Equity) 2013~2016년 Suigen Partners Partner(Investment Manager) 2016년 인베스트코리아 대표(현)

김용권(金容權) KIM Yong Kwon

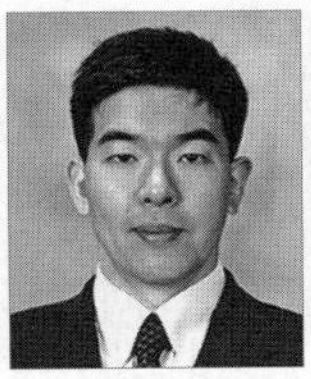

[생]1960·10·23 [주]서울 관악구 관악로1 서울대학교 전기정보공학부(02-880-7440) [학]1983년 서울대 전기공학과졸 1985년 同대학원 전기공학과졸 1990년 공학박사(일본 동경대) [경]1990~1992년 일본 히타치제작소 중앙연구소 연구원 1992~2002년 서울대 전기공학부 조교수·부교수 2002년 同교수 2003년 대한전기학회 조직위원 2012년 서울대 공과대학 전기정보공학부 교수(현)

2012~2015년 기초전력연구원 원장 [상]대한전기학회 학술상(2000), 삼성전자 제10회 휴먼테크 논문대상 은상(2003), 서울대 공과대학장 우수강의상(2008), 서울대 교육상(2011) [저]'마이크로 머신의 세계'(1995, 대영사) 'MEMS의 기술동향'(1999, 센서학회지) '마이크로시스템기술의 소개'(2000, 한국전산구조공학회) 'Optical MEMS에서의 액추에이터 응용'(2001, 전기전자재료학회지) 'MEMS 쌀알 크기의 초소형 전기기계'(2002, 전기공학정보사회)

김용규(金龍圭) KIM Yong Kyoo

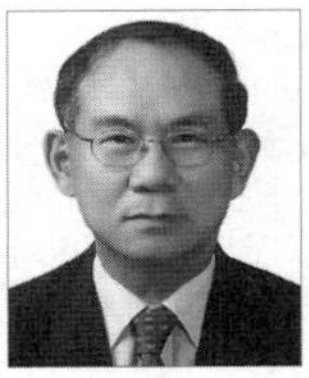

[생]1941 · 4 · 30 [본]김녕(金寧) [출]대구 달성 [주]서울 서초구 남부순환로2294길33 한국외교협회(02-2186-3601) [학]1961년 대구상고졸 1969년 연세대 정치외교학과졸 [경]1969년 외무부 입부 1972년 駐호주대사관 3등서기관 1977년 駐네팔대사관 1등서기관 1980년 외무부 중국담당관 1982년 駐일본대사관 참사관 1985년 외무부 동북아1과장 1987년 駐미국대사관 참사관 1990년 외무부 감사관 1991년 同통상국장 1992년 駐자메이카 대사 1996년 駐일본 공사 1998년 외교안보연구원 교수부장 1999년 외교통상부 기획관리실장 2000~2003년 駐네덜란드 대사 2004년 연세대 국제대학원 초빙교수 2004년 울산대 초빙교수 2004년 대성그룹 고문 2008년 한국외교협회 부회장 2011~2013년 同회장 2011~2012년 세이브더칠드런코리아 대표이사 2014년 한국외교협회 명예회장(현) [상]녹조근정훈장, 국무총리표창, 홍조근정훈장, 대통령표창 [종]기독교

김용규(金龍奎)

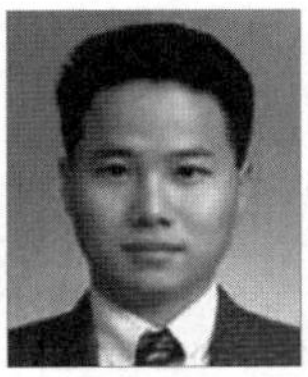

[생]1973 · 1 · 20 [출]전남 영광 [주]경남 창원시 성산구 창이대로669 창원지방검찰청 공판송무부(055-239-4308) [학]1991년 광주서석고졸 1996년 경희대 법학과졸 [경]1998년 사법시험 합격(40회) 2001년 사법연수원 수료(30기) 2001년 공익법무관 2004년 광주지검 검사 2006년 대전지검 홍성지청 검사 2008년 전주지검 검사 2010년 서울중앙지검 검사 2013년 인천지검 검사 2015년 同부부장검사 2016년 창원지검 공판송무부장(현)

김용균(金容鈞) KIM Yong Kyun (韓山)

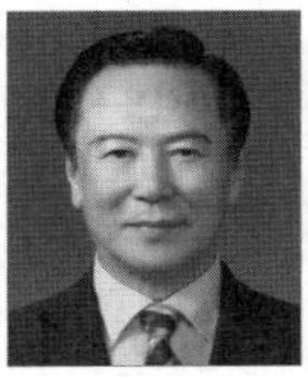

[생]1942 · 2 · 18 [본]광산(光山) [출]경남 합천 [주]서울 서초구 법원로3길15 이정빌딩3층 법무법인 세민(02-521-2005) [학]1960년 경기고졸 1964년 서울대 법과대학졸 1972년 미국 아메리칸대 대학원 정치학과졸 1974년 미국 조지워싱턴대 법학대학원졸 1977년 법학박사(미국 조지워싱턴대) 1993년 고려대 언론대학원 수료 [경]1967~1980년 육군 · 국방부 법무관 1970년 판사 · 검사 및 변호사 자격 취득 1979년 국방연구원 수석연구위원 1979~1988년 한국외국어대 헌법 · 한국정부론 강사 1980년 예편(중령) 1981~1984년 국회 문화공보위원회 전문위원 1981~1986년 방송심의위원회 위원 1984~1986년 변호사 개업 1985~1988년 공연윤리위원회 위원 1986년 국회 행정차장 1988년 민정당 부산동래乙지구당 위원장 1990년 체육부 차관 1991~1992년 체육청소년부 차관 1992년 헌법재판소 사무처장 1996년 자민련 경남거창 · 합천지구당 위원장 1996년 同경남도당 위원장 1996년 同당무위원 겸 사무부총장 1996~2005년 법무법인 진주 대표변호사 2000~2004년 제16대 국회의원(경남산청 · 합천, 한나라당) 2001~2003년 한나라당 법률지원단장 2002~2004년 국회 법제사법위원회 간사 2004~2005년 한나라당 제2사무부총장 2003년 대한국제법학회 부회장 2004~2006년 경남대 행정대학원 초빙교수 2005년 법무법인 비전인터내셔널 대표변호사 2008년 제18대 국회의원선거 출마(경남의령 · 함안 · 합천, 무소속) 2009년 대한민국헌정회 청소년국제협력위원장 2009년 대한민국재향군인회 법률고문 2009년 법무법인 영포 대표변호사 2012년 법무법인 세민 대표변호사(현) 2012년 신라문화보존회 이사장 2012년 신라김씨연합대종원 총재 2014년 한국교직원공제회 법률고문 2015년 대한민국헌정회 감사(현) 2016년 한나라당 제20대 국회의원 후보(비례대표 2번) [상]보국훈장 천수장, 황조근정훈장 [저]'한 · 미주둔군 지위협정의 이론과 운용' '젊은 수레바퀴' '국민을 위하여 역사를 위하여' '우리 헌법이 걸어온 길' [종]불교

김용균(金龍均) KIM Yong Kyun

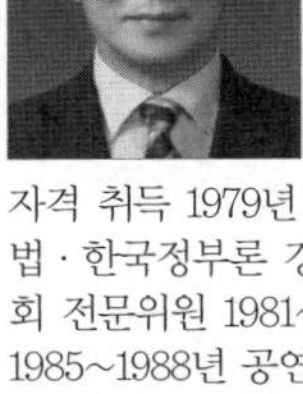

[생]1954 · 7 · 2 [본]김녕(金寧) [출]전북 익산 [주]서울 강남구 테헤란로92길7 바른빌딩 법무법인 바른(02-3479-2328) [학]1972년 남성고졸 1977년 서울대 법대 법학과졸 [경]1977년 사법시험 합격(19회) 1979년 사법연수원 수료(9기) 1979년 공군 법무관 1982년 서울지법 동부지원 판사 1984년 서울민사지법 판사 1986년 전주지법 군산지원 판사 1988년 서울형사지법 판사 1989년 서울고법 판사 1991년 대법원 재판연구관 1993년 청주지법 부장판사(대법원 재판연구관 파견) 1995년 서울지법 의정부지원 부장판사 1997년 서울지법 북부지원 부장판사 1998년 서울지법 부장판사 2000년 광주고법 부장판사 2002년 서울고법 부장판사 2006년 의정부지법원장 2008년 서울북부지법원장 2009~2010년 서울행정법원장 2009~2010년 서울가정법원장 겸임 2010년 법무법인 바른 변호사(현) 2010년 사회복지법인 밥상공동체(연탄은행) 홍보대사 2013~2015년 在京남성고총동창회 회장 2013~2015년 서울대 법학전문대학원 겸임교수 2015년 대법원 사실심충실화사법제도개선위원회 위원 2015년 서울중앙지법 시민사법위원회 위원장 [저]'소중한 인연' '숲길에서 부친편지'(미공간)

김용균(金容均) KIM Yong Kyun

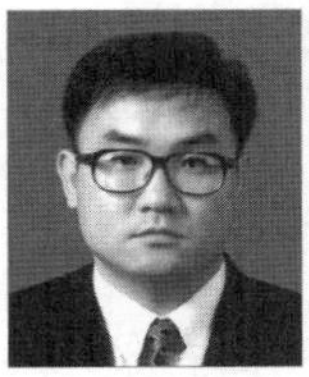

[생]1963 · 7 · 6 [출]경기 연천 [주]서울 종로구 종로5길86 서울지방국세청 성실납세지원국(02-397-2500) [학]배문고졸, 서울대 경제학과졸, 경제학박사(영국 런던대) [경]1992년 행정고시 합격(36회), 진주세무서 총무과장, 동울산세무서 재산세과장, 서부세무서 소득세과장, 국세청 국제협력계장, 同국제세원관리계장, 同법인세계장 2005년 국세청 국제세원관리담당관실 서기관 2006년 속초세무서장 2007년 서울지방국세청 국제거래조사국 국제조사3과장 2008년 同조사2국 2과장 2010년 대통령실 파견(부이사관) 2011년 국세청 감사담당관(부이사관) 2012년 중부지방국세청 징세법무국장(고위공무원) 2013년 국세공무원교육원장 2014년 서울지방국세청 조사2국장 2015년 同성실납세지원국장(현)

김용근(金容根) KIM Yong Geun

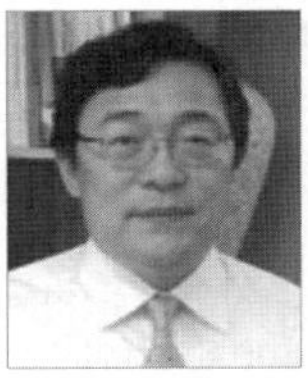

[생]1954 · 4 · 29 [본]광산(光山) [출]광주 [주]서울 동대문구 서울시립대로163 서울시립대학교 조경학과(02-6490-2842) [학]1973년 광주 동신고졸 1978년 서울시립대 농학과졸 1983년 서울대 환경대학원 환경조경학과졸 1990년 관광휴양학박사(미국 텍사스A&M대) [경]1990~1999년 동신대 전임강사 · 조교수 · 부교수 1993년 광주환경운동연합 연구위원, 무등산보호단체협의회 정책의원 1993년 정보화추진협의회 중앙위원 1994년 광주경실련 정책위원 1995~1997년 완도군 장보고축제 자문위원 1995~1997년 광주시환경연합 푸른광주21 중앙위원 1996~1997년 화순군 운주사축제 자문위원 1996~1999년 전남해양개발위원회 관광분과 자문위원 1996~1999년 장성군 백양사축제 자문위원 1997~1999년 전남해양엑스포 유치위원 겸 운영위원 1998년 동신대 기획처장 1999~2006년 서울시립대 건축도시조경학부 조교수 · 교수 2000년 문화관광부 관광도시평가위원 2000년 한강을사랑하는시민모임 역사문화분과 간사 2000년 국립공원제도개선시민위원회 정책위원 2001~2002년 서울 은평구 도시계획위원 2003~2004년 서울 서초구 건축위원 2004~2006년 서울시립대 중앙도서관장 2004~2008년 한국관광호텔업협회 등급심사위원 2005년 한국농촌공사 도비도농어촌개발 평가위원 2005~2006년 同1사1촌 전문가자문위원, 새만금사업지구 자문위원 2006~2008년 UNESCO ICOMOS 전문위원 2006년 농협중앙회 농촌사랑운동본부 농촌관광관련강사(현) 2006~2013년 농림수산식품부 정책용역심의위원 2006년 서울시립대 조경학과 교수(현) 2007년 한국환경생태학회 이사 2007~2012년 한국조경학회 수석부회장(상임이사) 2007~2010년 한국농촌관광학회 운영이사 2008년 서울시립대 조경학과장 2011년 경기개발공사 설계심의위원(현) 2011~2012년 한국농촌관광학회 회장 2011~2014년 서울시 설계기술심의위원 2011년 양주시 양평군 정책심의위원(현) 2012년 LH공사 설계심의위원(조경)(현) 2012년 수도권매립지관리공사 대림문화재단 이사(현) 2013년 한국농촌관광학회 고문(현) 2013년 농림축산식품부 정책용역심의위원(현) 2013년 농협중앙회 농촌사랑지도자연수원 자문위원(현) [저]'주민참여형 농촌마을가꾸기'(1998, 한국농촌공사) '서울 20C 변천사-서울시민의 여가생활 변천'(2001, 서울시정개발연구원) '농촌마을 어메니티 계획 메뉴얼'(2005, 농촌자원개발연구원) '주민참여형 농촌마을가꾸기'(2006, 한국농촌공사) '농촌사랑 1사1촌 교류프로그램 운영메뉴얼'(2006, 농협중앙회) '대한민국 선진농촌체험마을 사례 100선'(2010, 농림부) '마을공동사업의 이해와 갈등관리'(2011, 해남) [종]천주교

김용근(金容根) KIM Yong-Geun

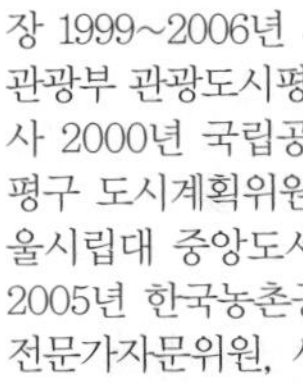

[생]1956 · 3 · 7 [출]전남 순천 [주]서울 서초구 반포대로25 자동차회관 한국자동차산업협회(02-3660-1811) [학]1974년 순천고졸 1980년 서울대 경제학과졸 1987년 同행정대학원 행정학과졸 [경]1979년 행정고시 합격(23회) 1983~1990년 해운항만청 · 상공자원부 사무관 1990년 산업자원부 서기관 1997년 통상산업부 국제기업담당관 1998년 미국 허드슨연구소 연수 2000년 산업자원부 산업정책과장 2002년 경수로사업지원기획단 건설기술부장 2003년 산업자원부 국가균형발전추진단 부단장 2004년 駐제네바대표부 주재관(파견) 2007년 산업자원부 산업정책관 2007년 同산업정책본부장 2008년 한국산업기술재단 이사장 2009~2013년 한국산업기술진흥원 원장 2013년 한국자동차산업협회 회장(현) 2014년 세계자동차산업협회(OICA) 회장(현) [저]'디지털제국의 흥망'(2000) '기술은 예술이다'(2013)

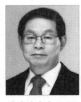

김용기(金容基) KIM Yong Ki

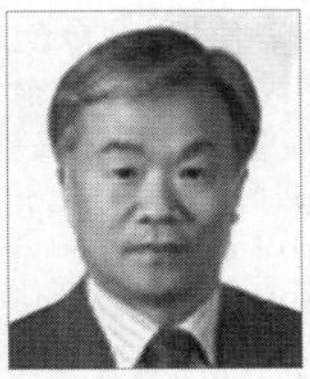

[생]1950·1·28 [출]경남 [주]부산 서구 보수대로7 김용기내과(051-245-7100) [학]1974년 부산대 의대졸 1977년 同대학원졸 1983년 의학박사(부산대) [경]1974~1979년 부산대 의대부속병원 수련의 1979~1982년 군의관 1979년 대한내과학회 회원(현) 1982년 대한핵의학학회 회원(현) 1982년 대한당뇨병학회 회원(현) 1982년 대한내분비학회 회원(현) 1982~2010년 부산대 의대 내과학교실 교수 2003년 同의과대학장 2007년 대한당뇨병학회 회장 2010년 김용기내과 원장(현) 2010년 대한내분비학회 회장 2010년 제8회 세계당뇨병연맹 서태평양학회 공동조직위원장 2012~2015년 부산대병원 비상임이사 [저]'당뇨병학'(共) '내분비학'(共) '임상비만학'(共) 등 10권

김용기(金龍基) Kim Yong-ki

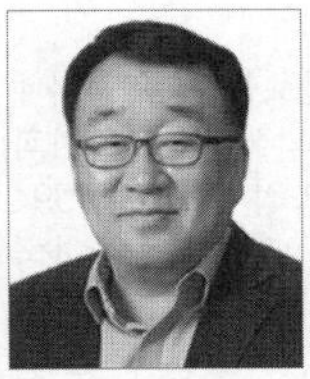

[생]1961·8·10 [주]서울 광진구 능동로76 나루아트센터 광진문화재단(02-2049-4700) [학]1979년 중앙고졸 1988년 건국대 법학과졸 2007년 서울대 행정대학원 국가정책과정 수료 2009년 고려대 대학원 생명환경과학 수료 2015년 건국대 대학원 의학전문 수료 2015년 단국대 대학원 문화예술학과졸 [경]1999~2015년 위니아트 대표 2005년 광진문화예술회관 나루아트센터 신축심의위원 2009년 서울대총동창회 이사(현) 2010~2014년 서울 중앙고 운영위원회 위원 2010년 同총교우회 부회장(현) 2010년 계원장학회 이사(현) 2012년 서울시 체육시설대관 심의위원장(현) 2013년 단국대 문화예술대학원 최고위과정 주임교수(현) 2013년 한국방송공사(KBS) 어린이창작동요제 심사위원(현) 2013년 초이스경제 문화담당 논설위원(현) 2014년 서울 중앙고 운영위원회 위원장(현) 2014~2015년 서울 광진구문화재단 운영심의위원회 위원 2015년 (사)한국청소년아웃워드바운드 이사장(현) 2015년 2015월드밸리댄스컨벤션 대회장 2015년 광진문화재단 사장(현) [상]중앙선거관리위원장표창(2013), 광진구청장표창(2013), 광진구 자원봉사 감사패(2014), YMCA 회원확대운동 공로상(2014), 광진구민대상 문화예술체육부문(2014), 스포츠서울 innovation기업&브랜드대상 혁신리더 공연문화부문(2015)

김용남(金勇男) KIM Yong Nam

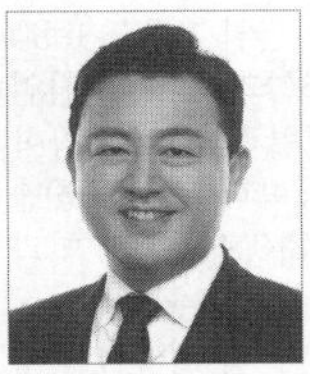

[생]1970·2·14 [출]경기 수원 [주]경기 수원시 영통구 중부대로316 법무법인 일호(070-4036-4110) [학]1988년 수원고졸 1993년 서울대 법과대학졸 2007년 고려대 대학원 법학과졸 [경]1992년 사법시험 합격(34회) 1995년 사법연수원 수료(24기) 1995년 공군 법무관 1998년 서울지검 검사 2000년 수원지검 여주지청 검사 2001년 광주지검 검사 2001~2002년 영국 캠브리지대 객원연구원 2004년 서울북부지검 검사 2007년 수원지검 부부장검사 2009년 법무부 장관정책보좌관 2009년 서울특별시장애인체육회 이사(현) 2010년 수원지검 공판송무부장 2010년 서울서부지검 공판부장 2011년 수원지검 안양지청 부장검사 2012년 새누리당 수원장안구당원협의회 운영위원장 2012년 제19대 국회의원선거 출마(수원甲, 새누리당) 2012년 법무법인 삼우 변호사 2012년 새누리당 중앙당 법률지원단 위원 2012년 同제18대 대통령중앙선거대책위원회 수원시선거대책위원회 공동위원장 2013년 법무법인 일호 대표변호사 2013년 경기화물자동차운송사업협회 고문변호사 2013년 예금보험공사 전담변호사 2013년 용인시 시정자문위원 2014~2016년 제19대 국회의원(수원시丙(팔달) 보궐선거, 새누리당) 2014년 국회 환경노동위원회 위원 2014~2015년 국회 군인권개선및병영문화혁신특별위원회 위원 2014년 새누리당 법률지원단 부단장 2014년 同통일위원회 수석부위원장 2015년 同아동학대근절특별위원회 위원 2015년 국회 예산결산특별위원회 위원 2015~2016년 새누리당 원내대변인 겸 공보담당 원내부대표 2015년 국회 운영위원회 위원 2015년 국회 공적연금강화와노후빈곤해소를위한특별위원회 위원 2015년 새누리당 국가간호간병제도특별위원회 위원 2016년 제20대 국회의원선거 출마(경기 수원시丙, 새누리당) 2016년 법무법인 일호 대표변호사(현) [상]대통령표창(2003), 유권자시민행동 대한민국유권자대상(2015) [저]'쾌도보수'(2014) [역]'감사의 힘'(2008) '두려워도 앞으로 한 걸음'(2012)

김용담(金龍潭) KIM Yong Dam

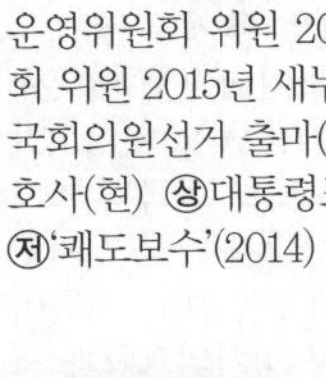

[생]1947·11·30 [본]연안(延安) [출]서울 [주]서울 서초구 서초대로42길54 건설기계회관3층 한국법학원 원장실(02-752-7481) [학]1966년 서울고졸 1970년 서울대 법대졸 1972년 同대학원졸 [경]1970년 사법시험 합격(11회) 1972년 사법연수원 수료(1기) 1972년 춘천지법 판사 1975년 제주지법 판사 1977년 서울지법 인천지원 판사 1978년 同남부지원 판사 1980년 서울민사지법 판사 1982년 서울고법 판사 1985년 대법원 재판연구관 1986년 부산지법 부장판사 1988년 사법연수원 교수 1990년 서울민사지법 부장판사 1992년 인천지법 수석부장판사 1993년 부산고법 부장판사 1995년 서울고법 부장판사 1998년 대법원 수석재판연구관 2000년 법원행정처 차장 2003년 광주고법원장 2003~2009년 대법관 2008~2009년 법원행정처장 겸임 2010년 법무법인 세종 대표변호사(현) 2012년 (사)한국법학원 원장(현) 2012~2014년 대통령직속 규제개혁위원회 위원장 2014년 법조공익모임 나우 이사장(현) 2014년 (사)나눔과이음 이사장(현) [상]청조근정훈장(2009), 상허(常虛)대상 법률부문(2012) [저]회고록 '김용담 대법관의 판결 마지막 이야기'(2009) [종]기독교

김용대(金容大) KIM Yong Dae

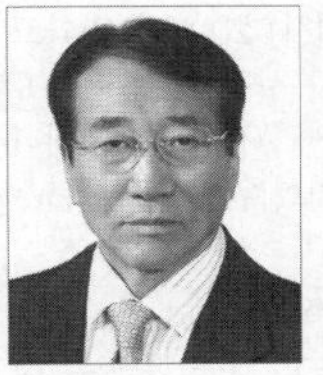

[생]1936·10·5 [출]부산 [주]서울 중구 남대문로63 해운센터빌딩22층 동방그룹 회장실(02-2190-8003) [학]1954년 김해농고졸 1958년 부산대 법학과졸 [경]1958~1963년 경남모직 근무 1972~1981년 한일카페트 판매 회장 1981년 (주)동방 대표이사 1985년 국제방직 대표이사 1988~1999년 항만운송협회 회장 1990년 동방그룹 회장(현) [상]은탑산업훈장 [종]불교

김용대(金龍大) KIM Yong Dae

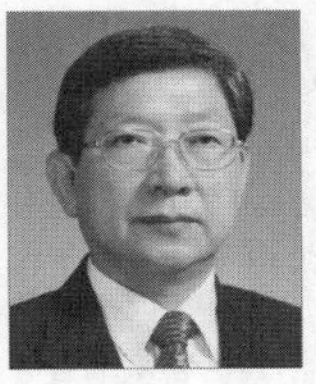

[생]1952·8·19 [본]의성(義城) [출]경북 고령 [주]경북 예천군 예천읍 도립대학길114 경북도립대학교 총장실(054-650-0101) [학]1971년 경북사대부고졸 1974년 경북대 행정학과졸 [경]1976년 행정고시 합격(18회) 1986년 내무부 세제과·지방기획과 사무관 1991년 경북도 기획담당관 1992년 영풍군수 1993년 대통령비서실 근무 1994년 내무부 세정과장·감사관실 행정과장 1997년 구미시 부시장 1999년 경주문화엑스포조직위원회 사무차장 2001년 대통령비서실 근무 2002년 국가전문행정연수원 파견 2002년 행정자치부 민방위재난관리국장 2003년 소청심사위원회 상임위원 2004~2008년 경북도 행정부지사 2009년 경북도립대 총장(현) 2013~2015년 대구·경북전문대학총장협의회 회장 [상]국무총리표창, 홍조근정훈장

김용대(金容大) KIM Yong Dae

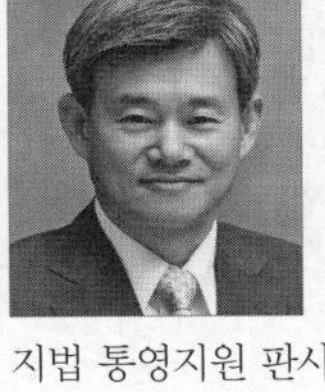

[생]1960·12·20 [본]광산(光山) [출]경북 칠곡 [주]서울 서초구 서초중앙로157 서울중앙지방법원 제50민사부 민사수석부장판사실(02-530-1907) [학]1979년 대구 심인고졸 1983년 서울대 법과대학졸 1985년 同대학원 법학과 수료 [경]1985년 사법시험 합격(27회) 1988년 사법연수원 수료(17기) 1988년 육군 법무관 1991년 서울지법 남부지원 판사 1993년 서울민사지법 판사 1995년 창원지법 통영지원 판사 1997년 부산고법 판사 1998년 서울지법 의정부지원 판사 1999년 同서부지원 판사 2000년 서울고법 판사 2000년 법원행정처 법정심의관 겸임 2003년 인천지법 부장판사 2004년 대전지법 부장판사 2006년 서울북부지법 부장판사 2007년 정보통신윤리위원회 비상임위원 2008년 서울중앙지법 부장판사 2011년 대전고법 부장판사 2012년 수원지법 수석부장판사 2013~2015년 서울고법 민사11부 부장판사 2014년 (사)한국정보법학회 공동회장(현) 2015년 서울중앙지법 민사수석부장판사(현) [종]불교

김용덕(金容德) KIM Yong Duk

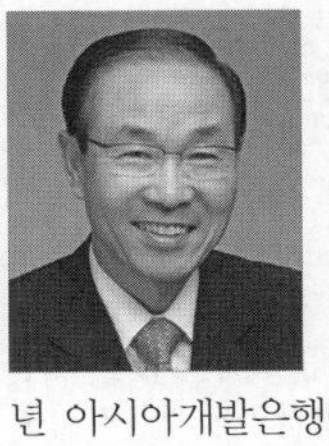

[생]1950·10·23 [본]김해(金海) [출]전북 정읍 [주]서울 중구 남대문로63 한진빌딩 본관11층 법무법인 광장(02-772-4320) [학]1969년 용산고졸 1974년 고려대 경영학과졸 1979년 미국 워싱턴대 경영대학원 PRBP금융과정 수료 1985년 필리핀 아테네오대 경영대학원졸(MBA) [경]1974년 행정고시 합격(15회) 1975~1982년 재무부 국제금융국·기획관리실·국세심판소 사무관 1982~1986년 아시아개발은행(ADB) 재무담당관(Treasury officer) 1989~1991년 금융거래실명제실시단 과장 1991년 국무총리 행정조정실 과장 1992~1994년 재무부 경제협력국·국제금융국 과장 1994년 재정경제원 통상과학예산과장 1996년 대통령 조세금융비서관실 행정관 1998년 대통령 법무비서관실 행정관 1998년 재정경제부 국제금융심의관 1999년 同국제금융국장 2001년 同국제업무정책관(차관보) 2003~2005년 관세청장 2005년 건설교통부 차관 2006년 대통령 경제보좌관 2007~2008년 금융감독위원회 위원장(장관급) 겸 금융감독원장 2008년 미국 캘리포니아대 버클리교 Visiting Scholar 2009년 법무법인 광장 고문(현) 2009년 고려대 경영대학원 초빙교수(현) [상]우수공무원 대통령표창(1987), 황조근정훈장(2001), 올해의 고대 경영인상(2007), 자랑스런 용산인상(2007), 고려대 석탑강의상(2010·2011·2012·2013·2014), 제33회 정진기언론문화상 경제·경영도서부문대상(2015) [저]'정부의 초일류화, 이젠 꿈이 아니다'(2005, 매일경제 출판부) '아시아 외환위기와 신국제금융체제'(2007, 박영사) '아주(亞洲) 외환위기와 국제금융신질서'(2009, 중국길림대학 출판부) '반복되는 금융위기-두개의 위기, 하나의 교훈'(2010, 삼성경제연구소) '금융이슈로 읽는 글로벌 경제'(2015, 삼성경제연구소) [종]가톨릭

김용덕(金容德) KIM Yong Duk

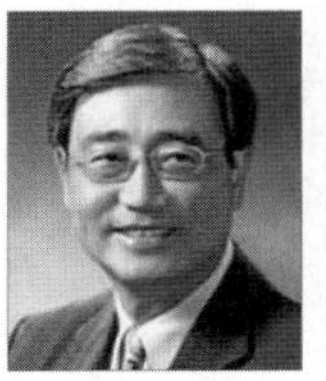

[생]1955 · 6 · 23 [출]서울 [주]서울 서초구 반포대로235 효성캐피탈(02-2018-0600) [학]1974년 서울고졸 1978년 한국외국어대 무역학과졸 [경]1978년 삼성그룹 입사 1979년 모간은행 서울지점 자금부 지배인 1985년 엥도수에즈은행 서울지점 자금부 총괄부장 1987년 同서울지점 여신담당 부장 1988년 삼성그룹 비서실 재무팀 국제금융담당 차장 1991년 삼성물산(주) 프로젝트금융팀장(부장) 1993년 同싱가폴현지법인 부법인장 1995년 삼성 동남아본사 금융담당 부장 1997년 同금융기획팀장(이사) 1998년 삼성생명보험(주) 해외투자팀장(이사) 2000년 외환코메르쯔투자신탁운용(주) 부사장 2004~2005년 同대표이사 사장 2005~2007년 뉴욕은행 대표이사, 한국스탠다드차타드캐피탈 대표이사 2009년 효성캐피탈 대표이사 사장(현) 2010년 삼성꿈장학재단 선정평가위원회 위원 [종]기독교

김용덕(金龍德) Kim Yong Deok

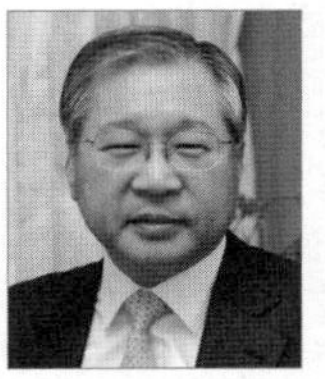

[생]1957 · 11 · 20 [출]서울 [주]서울 서초구 서초대로219 대법원 대법관실(02-3480-1100) [학]1976년 경기고졸 1980년 서울대 법대졸 1989년 同대학원 법학과졸 [경]1979년 사법시험 합격(21회) 1982년 사법연수원 수료(12기) 1982년 軍법무관 1985년 서울민사지법 판사 1987년 서울지법 동부지원 판사 1990년 춘천지법 영월지원 판사 1990년 해외 연수 1991년 대전지법 판사 1992년 청주지법 제천지원장 1993년 서울고법 판사 1993년 법원행정처 연구심의관 1994년 同법무담당관 1995년 同기획담당관 1996년 서울고법 판사 1997년 청주지법 부장판사 1999년 사법연수원 교수 2001년 서울지법 부장판사 2002년 법원행정처 법정국장 겸임 2004년 대전고법 부장판사 2005년 서울고법 부장판사 2005년 대법원 수석재판연구관 2010년 서울고법 부장판사 2010년 同수석부장판사 직대 2011년 법원행정처 차장 2012년 대법원 대법관(현) 2016년 중앙선거관리위원회 위원장 겸임(현) [저]'회사정리절차와 다수당사자의 채권관계' '민법주해'(共)

김용덕(金容德)

[생]1964 · 11 · 26 [출]충남 논산 [주]충남 홍성군 홍성읍 법원로38 대전지방법원 홍성지원(041-640-3100) [학]1983년 서대전고졸 1993년 서울대 법학과졸 [경]1995년 사법시험 합격(37회) 1998년 사법연수원 수료(27기) 1998년 전주지법 예비판사 2000년 同판사 2003년 대전지법 판사 2007년 청주지법 영동지원 판사 2008년 同제천지원 판사 2009년 특허법원 판사 2012년 대전지법 공주지원 판사 2013년 同부장판사 2016년 대전지법 · 대전가정법원 홍성지원장(현)

김용래(金容來) Kim Yong Rae

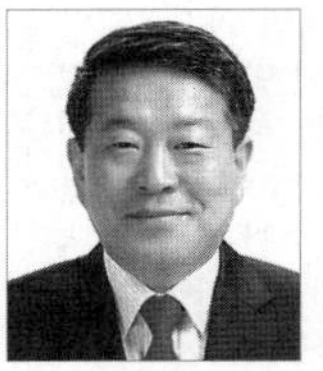

[생]1960 · 7 · 20 [주]강원 춘천시 중앙로1 강원도의회(033-646-5511) [학]강릉 명륜고졸, 강릉대 경영학과졸 [경]세림임업개발 대표, 강릉시번영회 부회장, 강릉중앙초 운영위원장(현), 명륜고총동문회 부회장(현), 강원도킥복싱협회 회장(현), 새누리당 중앙위원회 강원연합회 해외동포분과 위원장(현) 2014년 강원도의회 의원(새누리당)(현) 2014년 同운영위원회 위원 2014년 同교육위원회 부위원장 2016년 同새누리당 원내부대표(현) 2016년 同교육위원회 위원(현) [상]전국시 · 도의회의장협의회 우수의정 대상(2016)

김용래(金龍來) KIM Yong Rae

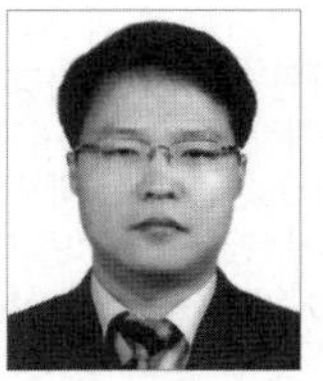

[생]1968 · 1 · 15 [본]강릉(江陵) [출]경북 영주 [주]세종특별자치시 한누리대로402 산업통상자원부 에너지산업정책관실(044-203-4250) [학]1986년 영락고졸 1991년 연세대 전기공학과졸 2004년 경영학박사(영국 리즈대 Business School) [경]1990년 기술고시 합격(26회) 1991년 총무처 수습사무관 1992년 동력자원부 전력수급과 · 에너지기술과 사무관 1996년 산업자원부 디지털전자산업과 사무관 2004년 同전력산업과 서기관 2004년 同기술사업화팀장 2006년 同자동차조선팀장 2007년 駐태국 참사관 2010년 지식경제부 가스산업과장(서기관) 2011년 同가스산업과장(부이사관) 2012년 同운영지원과장 2013년 산업통상자원부 운영지원과장 2014년 대한무역투자진흥공사 종합행정지원센터장 2015년 산업통상자원부 산업정책실 소재부품산업정책관 2016년 同에너지자원실 에너지산업정책관(현)

김용록(金容祿) KIM Yong Rok

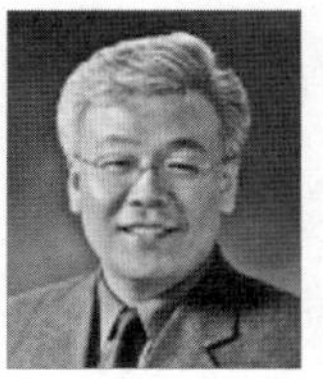

[생]1960 · 3 · 28 [주]서울 서대문구 연세로50 연세대학교 이과대학 화학과(02-2123-2646) [학]1982년 연세대 화학과졸 1984년 同대학원 화학과졸 1991년 화학박사(미국 펜실베이니아대) [경]1991~1992년 미국 펜실베이니아대 Post-Doc. 1993~2002년 연세대 화학과 조교수 · 부교수 1996년 일본 분자과학연구소 연구원 1999~2000년 한국표준과학연구원 객원연구원 2001~2004년 연세대 교육대학원 부원장 2002년 同이과대학 화학과 교수(현) 2005년 대한화학회 홍보부회장 2005~2011년 학술지 'Current Applied Physics' 편집위원 2006년 세계인명사전 'Marquis Who's Who'에 등재 2006~2009년 한국광과학회 상임이사 2007~2009년 연세대 이과대학 부학장 2007~2009년 그린바이오-나노융합기술연구회 부회장 2008~2009년 연세대 나노과학기술연구소장 2009~2013년 同BK21 나노바이오분자집합체사업단장 2011년 대한화학회 기획부회장 2011년 한국과학학술지 편집인협의회 출판윤리위원(현) 2012~2014년 연세대 이과대학장 겸 자연과학연구원장 2013~2014년 한국광과학회 학술지 'Rapid Communication in Photoscience' 편집위원장 2015년 同총괄편집위원장(현) 2015년 同부회장(현) 2015년 대한화학회 이사(현) 2016년 同물리분과회 회장(현) [상]대한화학회 공로상(1996 · 2001), 연세대 산학협력상(2003), 연세대 우수업적교수상(2003 · 2004), 연세대 장기근속상(2003), 대한화학회 SIGMA-ALDRICH 화학자상(2006), 대한화학회 부회장공로상(2006)

김용만(金容滿) Yong-Man Kim

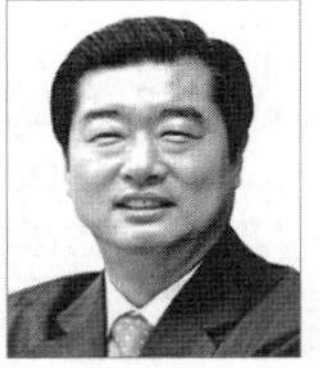

[생]1956 · 5 · 5 [주]서울 광진구 아차산로439 (주)김가네(02-454-1710) [학]2001년 연세대 외식산업고위자과정 수료 2002년 同프랜차이즈CEO과정 수료 [경]1994년 (주)김가네 대표이사(현) 1998~2005년 (사)한국프랜차이즈협회 부회장 2003~2004년 강남중앙라이온스클럽 회장 2005~2008년 (사)한국프랜차이즈협회 수석부회장 2005년 (사)한일외식문화교류협회 이사 2007 · 2008 · 2009~2012년 (사)한국프랜차이즈협회 회장 2008년 대한상공회의소 유통위원회 부위원장 [상]한국프랜차이즈대상 8년 연속 수상(2000~2007), 신지식인상(2006), 농림부장관표창, 한국프랜차이즈대상 산업자원부장관표창, 한국재능기부협회 선정 창조경영인상(2013)

김용민(金用民) Kim, Yongmin

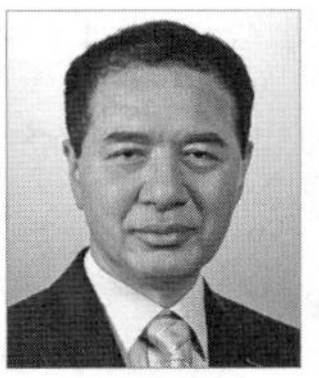

[생]1953 · 5 · 19 [출]제주 제주시 [주]경북 포항시 남구 청암로77 포항공과대학교 창의IT융합공학과(054-279-8886) [학]1975년 서울대 전자공학과졸 1979년 미국 Univ. of Wisconsin-Madison 대학원 전자공학과졸 1982년 전자공학박사(미국 Univ. of Wisconsin-Madison) [경]1982~1986년 미국 Univ. of Washington 전자공학과 조교수 1984년 同생명공학과 조교수 겸임 1986~1990년 同전자공학과 부교수 1988년 同생명공학과 · 컴퓨터공학과 부교수 겸임 1990~1999년 同전자공학과 교수 1990~1999년 同생명공학과 · 컴퓨터공학과 · 방사선의학과 교수 겸임 1999년 同생명공학과 · 전자공학과 교수 1999년 同컴퓨터공학과 · 방사선의학과 교수 겸임 1999~2007년 同생명공학과 학과장 2004~2007년 同생명공학과 W. Hunter and Dorothy L. Simpson 석좌교수 2005~2006년 IEEE(국제전기전자공학회) EMBS(의학 및 생물학협회) 회장 2009년 포항공과대(POSTECH) 전자과 석학교수 2011~2015년 同총장 2012년 同창의IT융합공학과 총괄책임자 2013~2014년 국가과학기술자문회의 자문위원 2015년 포항공과대(POSTECH) 창의IT융합공학과 교수(현) 2015년 미국 Univ. of Washington 연구원(파견) [상]조선일보 선정 Outstanding Young Korean(1990), 호암상 공학부문(2003), 미국 Univ. of Wisconsin-Madison College of Engineering 'Distinguished Achievement Award'(2005), IEEE EMBS 'William J. Morlock Award'(2011), 대한의용생체공학상(2011), 미국 워싱턴대 올해의 발명가상(2012) [저]'VLIW processor architecture and algorithm mapping for DSP applications'(共) 'Programmable Digital Signal Processors : Architecture, Programming and Applications(共)'(2002) 외 26권 [역]'Fully-programmable computing architecture for medical ultrasound machines(共)'(2010)

김용민(金容敏) KIM Yong Min

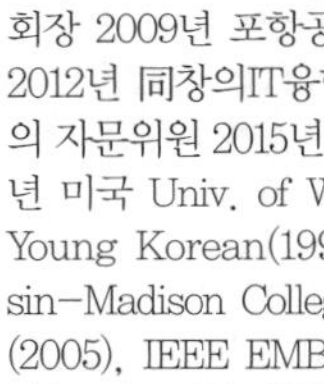

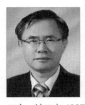

[생]1956 · 4 · 10 [본]남해(南海) [출]서울 [주]서울 동대문구 이문로107 한국외국어대학교 정치외교학과(02-2173-3227) [학]1975년 경기고졸 1980년 서울대 정치학과졸 1984년 同대학원 정치학과졸 1985년 미국 시카고대 대학원 정치학과졸 1993년 정치학박사(미국 시카고대) [경]1993~1995년 서울대 · 고려대 · 서강대 · 이화여대 강사 1996~2005년 한국외국어대 정치외교학과 조교수 · 부교수 1997~1999 · 2004~2006년 同정치외교학과장 1999~2001년 同정책과학대학원 교학부장 2003년 캐나다 브리티시컬럼비아대 방문교수 2003~2005년 한국외국어대 사회과학연구소장 2003~2005년 한국정치사상학회 총무이사 2005년 한국외국어대 정치외교학과 교수(현) 2007년 현대사상연구회 회장 2008~2009년 한국정치학회 부회장 2010년 미국 시카고대 방문교수 2011~2012년 同회장 2014~2016년 한국외국어대 사회과학대학장 [저]'현대정치학강의(共)'(2007, 명지사) '서양근대정치사상사 : 마키아벨리에서 니체까지(共)'(2007, 책세상) '정치학이해의 길잡이 제1권 : 정치사상(共)'(2008, 법문사) '좋은 삶의 정치사상(共)'(2014, 이학사) [역]'직관과 구성(共)'(1999, 나남출판) '서양정치철학사—장 자크 루소(共)'(2007, 인간사랑)

김용민(金龍民) KIM Yong Min

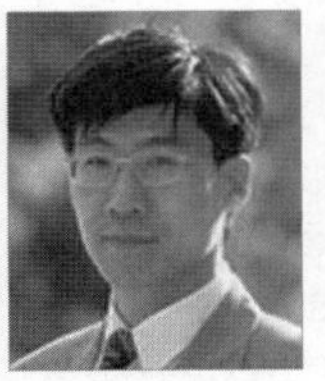

[생]1959·1·7 [주]서울 성북구 정릉로77 국민대학교 경영대학 경영학부(02-910-4538) [학]1982년 서울대 경영학과졸 1984년 同대학원 경영학과졸 1995년 경영학박사(미국 Univ. of Southern California) [경]1996년 국민대 경영대학 경영학부 교수(현), 同경영학부장 겸 경영연구소장 1996년 한국인사조직학회 회원·편집위원·이사 1996년 한국경영학회 회원 1998~2006년 HON(Human Oriented Network)연구소 상임이사 1998~2000년 한국노사관계학회 이사 1999~2005년 (주)빙그레 사외이사 2001년 한국전략경영학회 이사 2004년 한국직업능력개발원 기업체패널연구팀 자문교수 2004년 대덕전자(주) 사외감사 2004년 국민대 장기발전T/F 위원 2004~2006년 同대학종합평가 자체평가위원회 연구위원 2005년 기획예산처 평가팀장 2005~2006년 한국리더십학회 부회장 2012~2016년 국민대 경영대학장 2012년 同교무위원 2014~2016년 同경영대학원장 [저]'기업, 시장, 그리고 정치적 시각(共)'(1999, 국민대 출판부) '한국 기업지배구조의 현재와 미래(共)'(2000, 미래경영개발원) 'Judgment and Decision Making(共)'(2000, Cambridge University Press) '효과적인 경영승계관리(共)'(2006, 국민대 출판부) '경영자교체의 선행요인과 성과(共)'(2006, 국민대 출판부)

김용배(金容培) KIM Young Bae

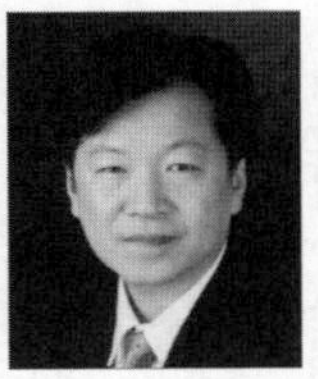

[생]1954·10·2 [본]교하(交河) [출]서울 [주]서울 서대문구 북아현로11가길7 추계예술대학교 음악학부(02-362-9966) [학]서울고졸 1976년 서울대 미학과졸 1979년 同대학원 피아노학과졸 1982년 미국 버지니아 Commonwealth Univ. 대학원졸, 미국 가톨릭대 대학원 피아노학박사과정 수료 [경]1990~2004년 추계예술대 음악학부 피아노과 부교수·교수 2002년 한국피아노학회 부회장 2004년 한국피아노듀오협회 부회장 2004~2007년 예술의전당 사장 2007년 추계예술대 음악학부 피아노전공 교수(현) 2011년 同기획처장(현) [상]미국 버지니아필하모닉오케스트라 Young Artist Competition 1위(1982), 제4회 Joanna Hodge Piano Competition 2위, 한국음악펜클럽 선정 이달의 음악가상(1985), 한국예술평론가협의회 선정 88최우수예술가 음악부문(1988), 자랑스러운 서울인상(2015) [저]'행복한 클라시쿠스(共)'(2012, 생각정원) [종]기독교

김용배(金容培) Kim Yong Bae

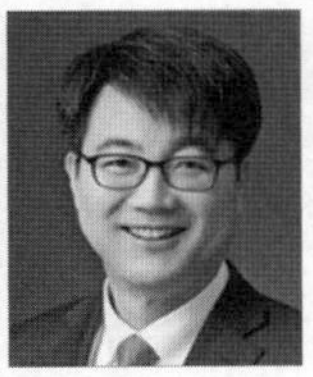

[생]1966·8·20 [출]전북 김제 [주]서울 서초구 서초대로74길4 삼성생명서초타워17층 법무법인(유) 동인(02-2046-0692) [학]1985년 전북 전일고졸 1991년 서울대 공법학과졸 1995년 同법과대학원졸 2000년 同대학원 법학과졸(석사) [경]1993년 사법시험 합격(35회) 1996년 사법연수원 수료(25기) 1996년 인천지법 판사 1998년 서울가정법원 판사 2000년 전주지법 판사 2003년 서울지법 판사 2004년 서울중앙지법 판사 2005년 서울서부지법 판사 2006년 서울고법 판사 2008년 서울북부지법 판사 2011년 광주지법 부장판사 2012년 수원지법 부장판사 2014년 법무법인(유) 동인 변호사(현) [종]기독교

김용범(金龍範) KIM Yong Beom

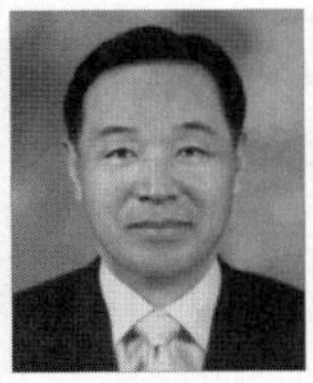

[생]1957·2·28 [출]전북 진안 [주]제주특별자치도 제주시 임항로154 제주해양경비안전서(064-766-2000) [학]1976년 진안종합고졸 2001년 제주한라대학 행정학과졸 [경]1981년 순경 공채, 해양경찰청 운영지원계장 2007년 同함정정비계장 2008년 同장비기술국 보급과장 2009년 서해지방해양경찰청 경무기획과장(총경) 2009년 남해지방해양경찰청 경무기획과장 2010년 속초해양경찰서장 2011년 남해지방해양경찰청 정보수사과장 2011년 제주지방해양경찰청 총경 2012년 완도해양경찰서장 2014년 남해지방해양경찰청 경비안전과장 2014년 국민안전처 남해해양경비안전본부 경비안전과장 2015년 同남해해양경비안전본부 기획운영과장 2016년 同제주해양경비안전서장(현)

김용범(金容範) KIM Yong Bom

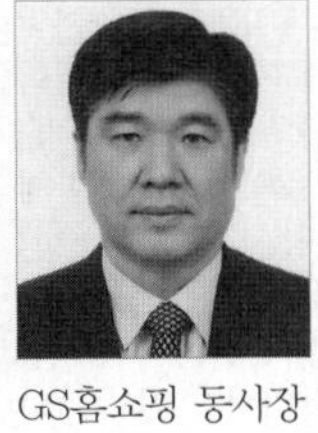

[생]1958·10·2 [본]광산(光山) [출]강원 영월 [주]대구 북구 노원로280 (주)NUC전자 사장실(053-665-5005) [학]서울 동북고졸, 고려대 영어영문학과졸 [경]LG 회장실 근무, LG상사 근무, (주)LG홈쇼핑 MD영업부문 상무 2005년 (주)GS홈쇼핑 생활건강사업부문 상무 2005년 同CATV사업부장(상무) 2008년 同해외사업부문장(상무) 2009~2011년 同중국사업부장(상무), 중국 중경 GS홈쇼핑 동사장 겸 총경리 2011년 (주)B&A SHOP 대표이사 사장 2013년 (주)NUC전자 사장(현) [종]불교

김용범(金龍範) Kim Yong Bum

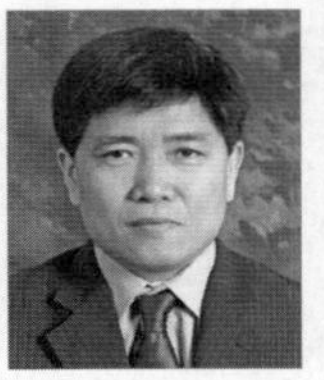

[생]1961·1·10 [주]서울 종로구 북촌로112 감사원 감사청구조사단(02-2011-2801) [학]1981년 명지고졸 1983년 경희대 건축공학과 수료 [경]1986년 7급 공채 합격 2006년 감사원 감사교육원 서기관 2009년 同자치행정감사국 총괄과 서기관 2011년 同감찰관실 감찰담당관 2012년 同공공기관감사국 제2과장 2014년 同심의실 조정1담당관(부이사관) 2016년 同운영지원과장 2016년 同감사청구조사단장(고위공무원)(현)

김용범(金容範) KIM Yong Beom

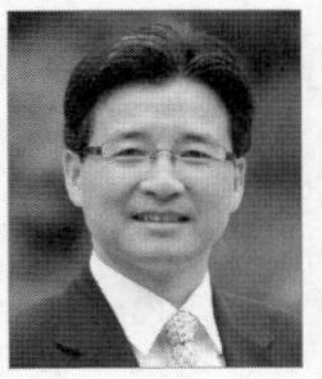

[생]1962·2·5 [본]광산(光山) [출]전남 무안 [주]서울 종로구 세종대로209 금융위원회 사무처장실(02-2100-2900) [학]1981년 광주 대동고졸 1985년 서울대 경제학과졸 1987년 同행정대학원 행정학과졸 1997년 경제학박사(미국 조지워싱턴대) [경]1986년 행정고시 합격(30회) 1987~1992년 재무부 사무관 1996년 재정경제원 사무관 1999년 재정경제부 증권제도과 서기관 2000년 세계은행 금융발전국 선임재무전문가 2004년 同아시아태평양실 선임재무전문가 2005년 재정경제부 은행제도과장 2006년 대통령비서실 파견(과장급) 2008년 대통령직속 국가경쟁력위원회 파견(국장급) 2009년 지식경제부 우정사업본부 보험사업단장(고위공무원) 2010년 대통령직속 G20정상회의준비위원회 국제금융시스템개혁국장 2010년 공적자금관리위원회 사무국장(고위공무원) 2012년 금융위원회 자본시장국장 2013년 同금융정책국장 2015년 同증권선물위원회 상임위원 2015년 同사무처장(현) [상]홍조근정훈장(2011) [저]'떠오르는 중국의 기관투자가(共)'(2004, 세계은행) 'Post-Crisis Growth and Development(共)'(2010, 세계은행) [역]'오너십 솔루션(共)'(2000, 푸른길) [종]기독교

김용범(金龍範) KIM Yong Beom

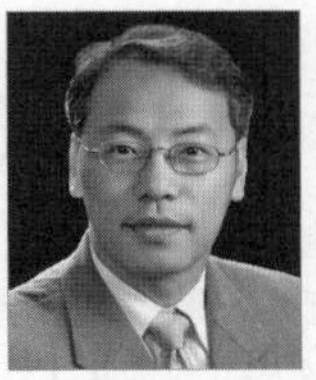

[생]1962·9·24 [출]서울 [주]인천 연수구 갯벌로92 (주)토비스 비서실(032-712-5100) [학]1986년 서울시립대 전자공학과졸 [경]1989~1995년 대우전자 주임연구원 1995~1998년 (주)현우맥플러스 개발부 책임연구원 1998년 同영상기기사업부 이사 1998년 (주)토비스 대표이사(현) 2010년 (주)아이디 대표이사 2015년 코스닥협회 이사(현) [상]인천시남동구청장 우수기업인상(2002), 대통령표창(2002), 한국무역협회 '한국을 빛낸 올해의 무역인상'(2014)

김용범(金容範) Kim Yong Beom

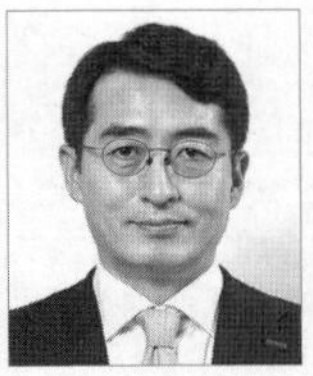

[생]1963·1·3 [출]경기 [주]서울 강남구 강남대로382 메리츠화재해상보험(주) 임원실(02-1566-7711) [학]한성고졸 1986년 서울대 경영학과졸 [경]1989년 대한생명보험 증권부 근무 1995년 CSFB fixed income trading desk 부장 1997년 同Global Emerging Market Group 이사 1998년 삼성화재해상보험 자산운용실 펀드운용부장 1999년 삼성투자신탁운용 채권운용팀장 2001년 同채권운용CIO 2001년 同주식·채권통합CIO 겸 운용전략실장(상무) 2005년 삼성증권 CM영업본부장(상무) 2011년 메리츠종합금융증권(주) 최고재무관리자(CFO·전무) 2011년 同부사장 2012~2015년 同대표이사 사장 2013년 (주)메리츠금융지주 최고운영책임자(COO·사장) 2014~2015년 同공동대표이사 사장 겸임 2015년 메리츠화재해상보험(주) 대표이사 사장(현)

김용범(金容範) KIM Yong Beom

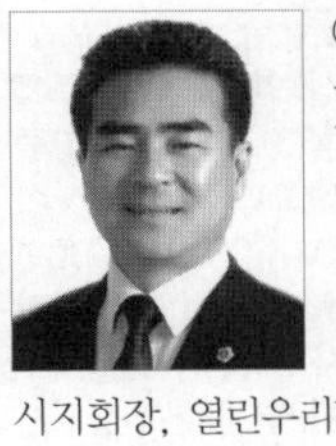

[생]1963·12·12 [출]제주 서귀포 [주]제주특별자치도 제주시 문연로13 제주특별자치도의회(064-741-1840) [학]남주고졸, 대구대 중어중문학과졸, 제주대 행정대학원 행정학과졸(석사), 同일반대학원 관광개발학과 박사과정 재학中 [경]서귀포시연합청년회 회장, 새정치국민회의 서귀포·南제주지구당 상무위원, 민주평통 자문위원, 서귀포문화원 이사, 지구환경보존운동본부 서귀포시지회장, 열린우리당 서귀포·남제주지구당 사무국장, 同제주도당 윤리위원, 同서귀포시지역위원회 운영위원, 4.3진상규명과명예회복을위한도민연대 공동대표, 제주미래전략산업연구회 위원(현), 제주복지공동체포럼 위원(현), 제주문화관광포럼 부대표(현) 2006년 제주도의원선거 출마(열린우리당) 2010년 제주특별자치도의회 의원(민주당·민주통합당·민주당·새정치민주연합) 2012년 同행정자치위원회 위원장 2014년 제주특별자치도의회 의원(새정치민주연합·더불어민주당)(현) 2014년 同인사청문특별위원회 위원 2014년 同문화관광스포츠위원회 위원 2015년 同예산결산특별위원회 위원 2016년 同보건복지안전위원회 위원장(현) 2016년 同FTA대응특별위원회 위원(현) 2016년 同제주특별법제도개선및토지정책특별위원회 위원(현), 제주특별자치도 유네스코등록유산관리위원회 위원(현), 제주특별자치도립예술단 운영위원(현) [상]위민의정대상 최우수상(2016)

김용복(金容福) kim yong bok

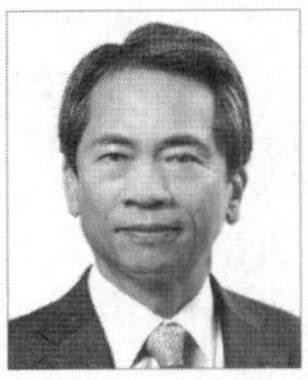

[생]1955·5·23 [본]순천(順天) [출]전남 [주]서울 서대문구 충정로60 NH농협생명 비서실(1544-4000) [학]1973년 순천고졸 1982년 전남대 법학과졸 [경]1982년 농협중앙회 입회 2005년 同심사실장 2007년 同광양시지부장 2008년 同개인마케팅부장 2009년 同전남지역본부장 2012년 NH농협은행 부행장 2013년 同여신심사본부장 2014년 우리아비바생명 대표이사 사장 2015년 NH농협생명 대표이사 사장(현) 2016년 경기 여주시 도전리 명예이장(현)

김용복(金瑢福) KIM Yong Bok

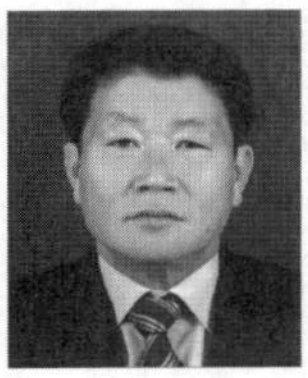

[생]1955·10·5 [출]강원 고성 [주]강원 춘천시 중앙로1 강원도의회(033-681-0889) [학]동광중졸 [경](사)수산업경영인토성면협의회 회장, 고성경찰서 행정발전위원, 강원도수협조합장협의회 회장, 고성군수산업협동조합 조합장(제10·11대), 새누리당 고성군 사무국장 2014년 강원도의회 의원(새누리당)(현) 2014·2016년 同농림수산위원회 위원(현)

김용복(金容福)

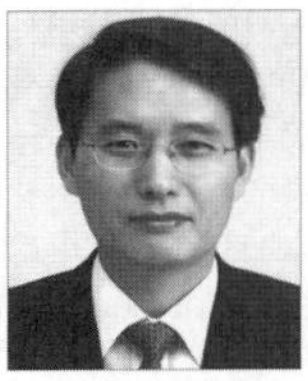

[생]1959·1·13 [주]서울 중구 세종대로110 서울특별시청 평생교육정책관실(02-2133-3900) [학]2006년 미국 콜로라도대 대학원 행정학과졸 [경]2008년 서울시 조직담당관 2009년 同여성정책담당관 2012년 同금천구 부구청장 2013년 同기후변화정책관 2013년 同원전하나줄이기추진단장 2014년 서울 서초구 부구청장 2015년 서울시 경제진흥본부 창조경제기획관(지방이사관) 2016년 同평생교육정책관(현)

김용봉(金龍鳳) KIM Yong Bong

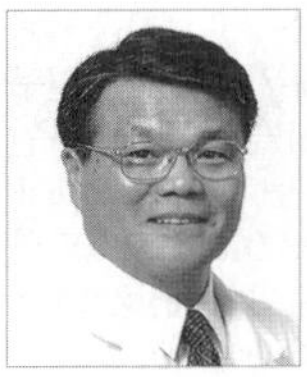

[생]1950·10·3 [본]김해(金海) [출]전북 전주 [주]서울 종로구 종로1길42 이마빌딩6층 일제강제동원피해자지원재단(02-721-1800) [학]1969년 용산고졸 1976년 서울대 의대졸 1978년 同대학원졸 1986년 의학박사(서울대) [경]1977~1981년 서울대병원 산부인과 레지던트 1984년 인제대 의대 산부인과학교실 교수 2002년 同서울백병원 수련부장 2003년 同서울백병원 부원장 겸 진료부장 2005~2011년 同서울백병원장 2008~2010년 국무총리소속 일제강점하강제동원피해진상규명위원회 위원장 2014년 일제강제동원피해자지원재단 이사장(현)

김용빈(金龍彬) KIM Yong Bin

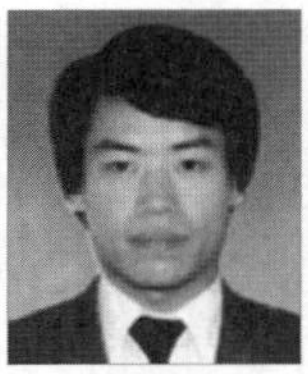

[생]1959·11·13 [본]선산(善山) [출]경기 포천 [주]서울 서초구 서초중앙로157 서울고등법원 행정11부(02-530-1245) [학]1978년 중경고졸 1983년 서울대 법대졸 1985년 同대학원 법학과 수료 [경]1984년 대법원 판례심사위원회 조사위원 1984년 사법시험 합격(26회) 1987년 사법연수원 수료(16기) 1990년 인천지법 판사 1992년 서울민사지법 판사 1994년 대전지법 공주지원 판사 1997년 서울지법 북부지원 판사 1999년 서울고법 판사 2000년 대법원 재판연구관 2002년 춘천지법 영월지원장 2003년 사법연수원 교수 2006년 서울중앙지법 부장판사 2009년 서울서부지법 수석부장판사 2010년 부산고법 부장판사 2011년 서울고법 행정11부 부장판사(현) [종]가톨릭

김용빈(金容彬) KIM Yong Bin

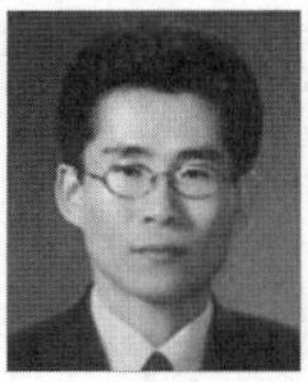

[생]1968·7·27 [출]전남 장흥 [주]부산 연제구 법원로15 부산지방검찰청(051-606-3300) [학]1987년 영훈고졸 1994년 서울대 영어영문학과졸 [경]1997년 사법시험 합격(39회) 2000년 사법연수원 수료(29기) 2000~2002년 변호사 개업 2002년 대전지검 검사 2004년 광주지검 검사 2006년 인천지검 부천지청 검사 2008년 서울서부지검 검사 2011년 울산지검 검사 2013년 同부부장검사 2013년 대구지검 서부지청 부부장검사 2014년 의정부지검 부부장검사 2015년 전주지검 군산지청 부장검사 2016년 부산지검 부부장검사(현)

김용빈(金用彬) KIM Yong Bin

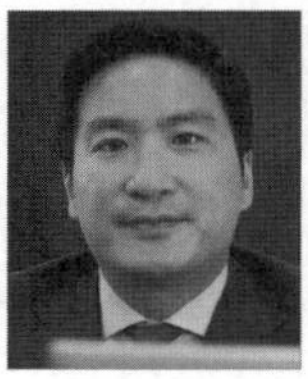

[본]김해(金海) [출]서울 [주]서울 서초구 강남대로581 푸른빌딩6층 한국테크놀로지(02-2106-7501) [학]1991년 서초고졸 1996년 일본 주오대 법학부졸 2000년 고려대 언론대학원 신문방송학과졸 [경]1997년 디엠지아이엔씨 대표 1998년 풍연 기획총괄 이사 2000년 아이닥아이엔씨 대표이사 2003년 시저스파트너스 대표이사 2004년 케이앤컴퍼니 대표이사 2006년 케이엔터테인먼트 대표이사 2008년 유라시아알앤티 부회장 2012년 한국테크놀로지 대표이사 부회장(현) 2016년 콘텐츠난다긴다 대표이사(현) 2016년 덕성여자대 특임연구교수(현) 2016년 이디 대표이사 부회장(현) [종]기독교

김용석(金容奭) KIM Yong Seok

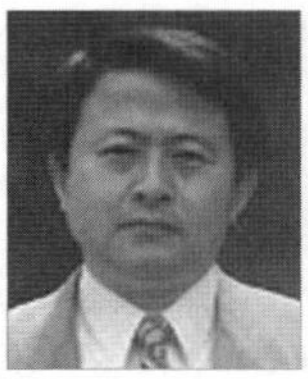

[생]1957·8·13 [주]서울 마포구 와우산로94 홍익대학교 공과대학 신소재공학과(02-320-1616) [학]1976년 서울대 금속공학과졸 1980년 한국과학기술원(KAIST) 재료공학과졸(석사) 1985년 재료공학박사(미국 MIT) [경]1991년 홍익대 공대 금속공학과 조교수·부교수 1997년 同공대 신소재공학과 교수(현) 2008~2009년 한국정보디스플레이학회 부회장 2008년 세계정보디스플레이학회(SID) Asia Program Chair 2015년 홍익대 공과대학장(현) 2016년 국제정보디스플레이학회 회장(현) [상]'Merck Award for outstanding Scientific Contribution'(2006) [저]'PDP Engineering(共)'(2007) 'PDP 공정 실습-PDP' '재료 과학과 공학(共)'(2007)

김용석(金容奭) KIM Yong Suk

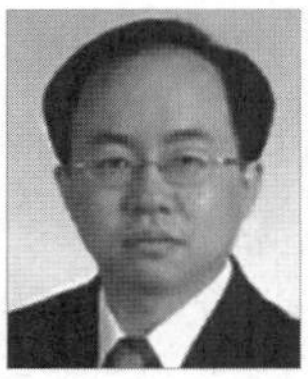

[생]1963·8·29 [출]서울 [주]서울 서초구 서초중앙로157 서울고등법원(02-530-1778) [학]1981년 휘문고졸 1985년 서울대 법대졸 [경]1984년 사법시험 합격(26회) 1987년 사법연수원 수료(16기) 1990년 서울지법 동부지원 판사 1991년 서울형사지법 판사 1994년 청주지법 판사 1997년 수원지법 성남지원 판사 1998년 서울고법 판사 1999년 법원행정처 기획담당관 겸 법무담당관 2000년 서울고법 판사 2002년 대전지법 서산지원장 2003년 대법원 재판연구관 2005년 서울동부지법 부장판사 2007년 서울중앙지법 부장판사 2010년 부산고법 부장판사 2011년 수원지법 수석부장판사 2012년 서울고법 부장판사(현)

김용석(金容奭) Kim Yong Seok

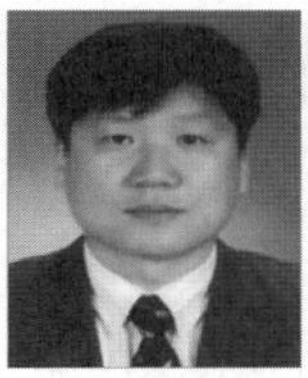

[생]1965·8·17 [본]김해(金海) [출]부산 [주]인천 서구 환경로42 국립환경과학원 물환경연구부 유역총량연구과(032-560-7353) [학]1984년 동천고졸 1991년 부산수산대 환경공학과졸 1996년 서울시립대 대학원 환경공학과졸 2002년 환경공학박사(일본 쓰쿠바대) [경]1993~2006년 국립환경과학원 환경연구사 2006~2012년 同환경연구관 2012년 同물환경연구부 유역총량연구과장(현) [상]환경부장관표창(2004)

김용석(金龍錫) KIM Yong Seog (石花)

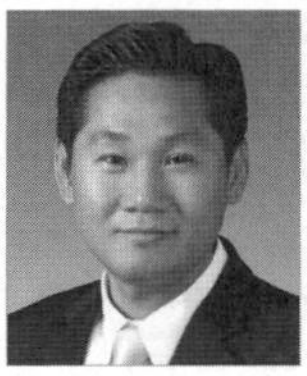

[생]1966·2·28 [본]광산(光山) [출]전남 장흥 [주]세종특별자치시 도움6로11 행정중심복합도시건설청 기반시설국(044-200-3200) [학]1983년 의정부고졸 1988년 성균관대 정치외교학과졸 1995년 고려대 대학원 행정학과졸 1998년 영국 크랜필드대 경영대학원졸 [경]1991년 행정고시 합격(35회) 1992년 총무처·교통부·국무총리실 사무관 1995년 건설교통부 안전정책과 사무관 1998년 同도시철도과 사무관 2000년 同수송물류정책과 서기관 2003년 同예산담당관실 총괄서기관 2004년 대통령자문 동북아시대위원회 물류과장 2005년 건설교통부 광역교통정책과장 2006년 同정책조정팀장 2006년 駐아제르바이잔대사관 건설교통관 2011년 국토해양부 대중교통과장 2013년 국토교통부 교통정책조정과장(부이사관) 2015년 同자동차안전 및 서비스선진화기획단장 2016년 행정중심복합도시건설청 기반시설국장(현) [상]국무총리표창(2002), 자랑스러운 해외건설 외교관상(2010), 근정포장(2012) [저]'카스피해 자원부국 아제르바이잔'(2011) [종]불교

김용석(金勇錫) Kim Yong Seok

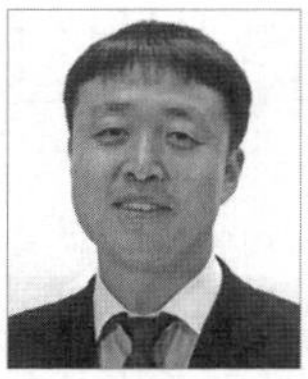

[생]1968·4·17 [본]경주(慶州) [출]전남 여수 [주]서울 중구 덕수궁길15 서울특별시의회(02-3783-1862) [학]1986년 여수고졸 1992년 서울대 인문대학 동양사학과졸 [경]경향신문 정치부·경제부·사회부 기자, 同산업부 차장, 同전략경영팀장, 국회 사무처 보좌관 2010년 서울시의회 의원(한나라당·새누리당) 2010년 同한나라당협의회 대변인 2010년 同문화체육관광위원회 위원 2010년 同예산결산특별위원회 위원 2012년 同운영위원회 부위원장 2014년 同문화체육관광위원회 부위원장 2014년 서울시의회 의원(새누리당·국민의당)(현) 2014년 同교육위원회 위원 2015년 同하나고등학교특혜의혹진상규명을위한행정사무조사특별위원회 부위원장(현) 2016년 同기획경제위원회 위원(현) 2016년 국민의당 제20대 총선 중앙당선거대책위원회 전략위원장 [상]이달의 기자상(3회), 전국시도의회의장협의회 우수의정대상(2014) [저]'유쾌한 반란'(2013)

김용석(金容錫) KIM Yong Suck

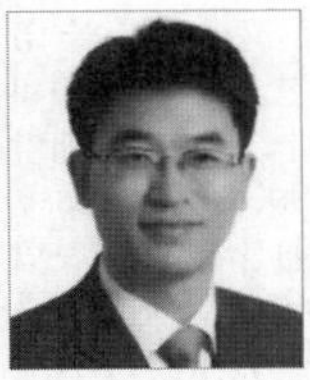

[생]1970·7·29 [본]김해(金海) [출]경남 사천 [주]서울 중구 덕수궁길15 서울특별시의회(02-3783-1586) [학]1989년 진주 동명고졸 1994년 경희대 사학과졸 2014년 서울시립대 도시과학대학원 도시행정학과졸 [경]1998~2010년 서울시 도봉구의회 의원(3선) 1996~2008년 김근태 국회의원 민원비서 2002~2004년 서울시 도봉구의회 의장(제4대) 2009년 민주당 서울시당 교육연수위원회 부위원장 2010년 서울시의회 의원(민주당·민주통합당·민주당·새정치민주연합) 2010년 同운영위원회 위원 2010년 同재정경제위원회 위원 2010년 同남북교류협력지원특별위원회 위원 2010년 同시의회개혁과발전특별위원회 위원 2010년 同시의회개혁과발전특별위원회 부위원장 2011년 同북한산콘도개발비리의혹규명행정사무조사특별위원회 위원 2011년 同예산결산특별위원회 부위원장 2012년 同재정경제위원회 부위원장 2012년 同정책연구위원회 위원 2012년 同독도영토주권수호 및 일제식민지피해자지원특별위원회 위원 2013년 同예산결산특별위원회 위원 2014년 서울시의회 의원(새정치민주연합·더불어민주당)(현), 더불어민주당 도봉甲지역위원회 사무국장(현) 2014년 서울시의회 기획경제위원회 위원장 2015년 同청년발전특별위원회 위원(현) 2015년 同하나고등학교특혜의혹진상규명을위한행정사무조사특별위원회 위원(현) 2016년 同행정자치위원회 위원(현) [상]시민일보 의정대상(2010), 지방의회 우수의정활동대상(2010), 새정치민주연합 서울시의원 다면평가 1등(2014), 한국청년유권자연맹 우수지방의원상(2014), 전국 시·도 의장단협의회 대한민국위민의정대상 최우수상(2016) [종]기독교

김용선(金容善) KIM Yong Sun (竹麓)

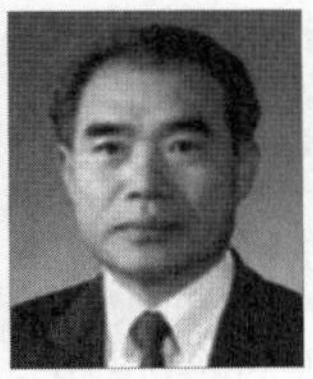

[생]1932·8·18 [본]김해(金海) [출]전남 구례 [주]광주 북구 대천로86 북구청소년수련관 별관1층 광주북구종합자원봉사센터 이사장실(062-269-1365) [학]1952년 광주사범학교졸 1957년 서울대 사범대 교육과졸 1977년 건국대 교육대학원졸 1984년 교육학박사(원광대) [경]1966년 전남대 문리대 전임강사 1969~1981년 同사범대 교육학과 조교수·부교수 1980년 同학보사 주간 1981~1997년 同교수 1982년 同학생생활연구소장 1986년 同출판부장 1990년 同교육문제연구소장 1990년 同교육대학원장 1993~2000년 도산학술연구원장 1994년 광주지방청소년위원회 위원 1995~2001년 광주흥사단회 회장 1996~2015년 대한노인회 전남연합회 노인지도자대학장 1998~2004년 남부대 총장 1998~2004년 민주평통 상임위원 2000년 우암학원 이사(현), 해룡학원 이사(현) 2001년 (사)광주북구종합자원봉사센터 이사장(현) 2004년 남부대 석좌교수(현) 2005~2015년 (사)광주시민방송 이사장 2007년 광주북구지역복지협의체 대표위원(현) [상]무등문화상, 성옥문화상, 국민훈장 동백장 [저]'신교육과정론'(共) '교육과정'(共) '인간과 가치'(共) [종]원불교

김용선(金容善) KIM Yong Seon

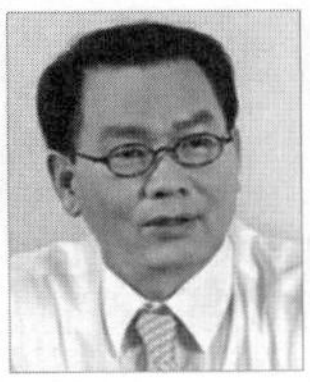

[생]1952·1·9 [출]전남 완도 [주]서울 용산구 이촌로352 신동아건설(주) 비서실(02-709-7135) [학]1972년 광주숭실고졸 1981년 전남대 토목공학과졸 1996년 서강대 경영대학 최고경영자과정 수료 [경]1981~1985년 한신공영(주) 근무 1986~1996년 (주)신우토목 대표이사 1996년 (주)일해토건 대표이사 2001년 신동아건설(주) 대표이사 회장(현) [상]동탑산업훈장(2009)

김용선(金龍善) Kim Yong Sun

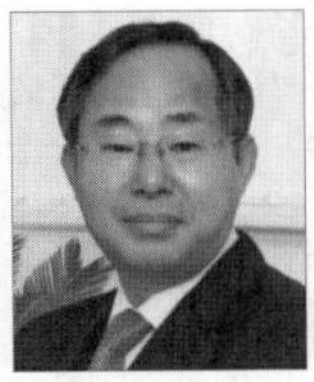

[생]1953·2·14 [출]서울 [주]경기 안양시 동안구 관평로170번길15 일송빌딩 한림대학교 일송생명과학연구소 소장실(031-380-1987) [학]1971년 경신고졸 1978년 가톨릭대 의대졸 1982년 중앙대 대학원졸 1989년 의학박사(미국 뉴욕주립대) [경]1981~1982년 가톨릭대 성모병원 내과 수련의 1982~1985년 미국 뉴욕주립연구소 박사후과정 1990년 한림대 의과대학 미생물학교실 부교수·교수(현) 1992~1994년 同의료원부설 한국노인종합연구소장 1994~2002년 同환경생명과학연구소장 2002년 대한바이러스학회 부회장 2002년 한림대 일송생명과학연구소장(현) 2004~2008년 同의과대학장 2004년 한국의학한림원 정회원(현) 2006년 대한바이러스학회 회장 2008~2014년 한림대 의무부총장 2015년 同의료원 국제화 및 연구강화위원장(현) 2016년 同의무부총장(현) [상]한탄상(2000), 일송논문지도상(2000), 농림부장관표창(2001), 국민포장(2006) [저]'필수바이러스학'(編) '임상미생물학'(編) '면역학'(共) '바이러스와 진균'(共) '의학의 최신동향 : 최신 유행 감염질환'(共) '최신 임상미생물학'(共) '감염학'(2013) '의학미생물학'(2014)

김용선(金容善) KIM YONG SUN

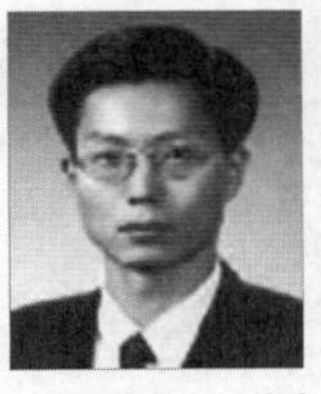

[생]1967·12·5 [본]광산(光山) [출]전남 고흥 [주]대전 서구 청사로189 특허청 산업재산정책국 산업재산정책과(042-481-5168) [학]1986년 전라고졸 1994년 서울시립대 도시행정학과졸 2003년 충남대 대학원 특허법무과졸 2005년 미국 워싱턴대 대학원 법학과졸 2006년 법학박사(미국 워싱턴대) [경]1994년 총무처 근무, 특허청 국제협력과담당관실·심사기준과 사무관 2000년 同청장 비서관 2003년 同심사1국 의장2심사담당관 2007년 同정보기획본부 정보개발팀장 2008년 同국제협력과장 2010년 특허심판원 심판관, 駐제네바대표부 참사관, 특허청 대변인 2013년 同산업재산정책국 산업재산정책과장(부이사관)(현) [상]근정포장(2008) [역]'WIPO 지식재산권편람(共)'(1999, 특허청) [종]가톨릭

김용섭(金容燮) KIM Yong Seop

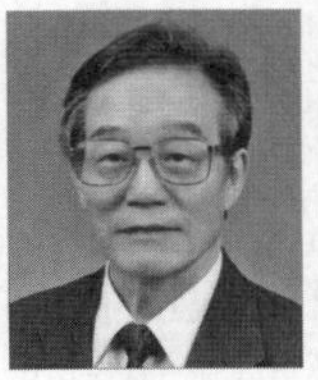

[생]1931·10·8 [출]강원 통천 [주]서울 서초구 반포대로37길59 대한민국학술원(02-3400-5220) [학]1955년 서울대 사범대 사학과졸 1957년 고려대 대학원졸 1983년 문학박사(연세대) [경]1959~1967년 서울대 사범대 시간강사·전임강사·조교수 1967~1975년 同문리대 사학과 교수 1975~1997년 연세대 문과대학 인문학부 교수 1977~1979년 한국사연구회 대표간사 1984~1985년 프랑스 파리제7대 방문교수 2000년 대한민국학술원 회원(한국사·현) [상]제11회 한국출판문화상 저작상(1971), 연세대학교 연세학술상(1977), 제1회 치암학술상(1984), 제17회 중앙문화대상 학술상(1991), 국민훈장 동백장(1997), 성곡학술문화상(2002), 용재상(2009) [저]'한국근현대농업사 연구-한말·일제하의 지주제와 농업문제' '한국중세농업사연구'(2000, 지식산업사) '역사의 오솔길을 가면서'(2011)

김용섭(金庸燮) KIM Yong Sup

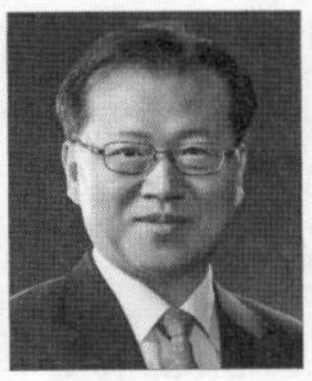

[생]1956·8·14 [출]부산 [주]서울 중구 남대문로63 한진빌딩 법무법인 광장(02-772-5949) [학]1975년 경기고졸 1979년 서울대 정치학과졸 1984년 同대학원 법학과 수료 [경]1984년 사법시험 합격(26회) 1987년 사법연수원 수료(16기) 1987년 인천지법 판사 1989년 서울가정법원 판사 1990년 서울민사지법 판사 1998년 서울지법 판사 1999년 서울고법 판사 1999년 법원행정처 공보관 2001년 서울고법 판사 2002년 춘천지법 부장판사 2003년 사법연수원 교수 2006년 서울중앙지법 부장판사 2007년 인천지법 부천지원장 2009년 특허법원 부장판사 2010년 同수석부장판사 2011~2012년 서울고법 부장판사 2012년 변호사 개업 2013~2015년 공적자금관리위원회 민간위원 2014년 법무법인 광장 변호사(현) 2015년 한국토지주택공사 법률고문(현) 2015년 한국유방암학회 법률고문 2016년 대한체육회 미래기획위원회 위원(현)

김용섭

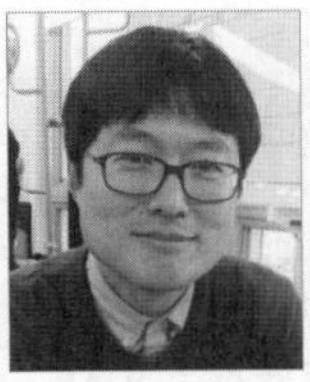

[생]1970 [주]세종특별자치시 갈매로388 문화체육관광부 체육정책실 체육정책과(044-203-3111) [학]서울대 불어불문학과졸 [경]1997년 행정고시 합격(41회), 駐프랑스대사관 주재관 2009년 대통령직속 미래기획위원회 파견(서기관) 2010년 국외훈련 파견 2012년 국립국악원 기획관리과장 2013년 2018평창동계올림픽조직위원회 파견(서기관) 2014년 문화체육관광부 예술국 시각예술디자인과장 2015년 同체육관광정책실 스포츠산업과장 2016년 同체육정책실 체육정책과장(현)

김용성(金容成) KIM Yong Sung

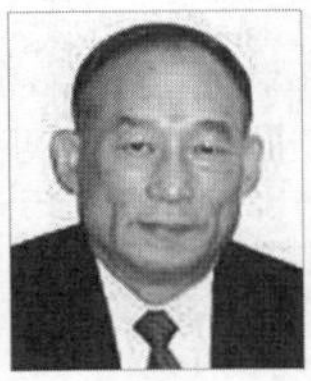

[생]1945·2·21 [본]광산(光山) [출]서울 [주]서울 서초구 남부순환로358길34 위너스빌딩4층 (주)메디코파마뉴스(02-576-6544) [학]서울고졸 1969년 서울대 약대졸 1999년 우석대 대학원 약학과졸 2002년 약학박사(우석대) [경]1971년 근화제약(주) 근무 1977년 신풍제약(주) 개발담당 이사 1996년 인하대 부속병원 약제부장 2001년 (주)알엑스콤 대표이사 2002년 (주)메디코파마뉴스 부사장 2005년 同편집인 겸 사장(현)

김용성(金容星) Kim, Yong Seong

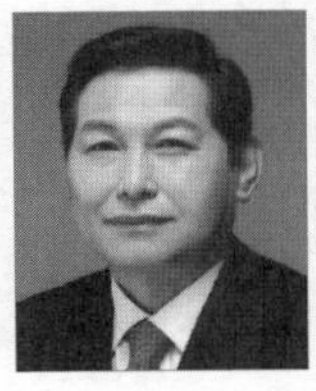

[생]1959·4·28 [본]광산(光山) [출]전남 고흥 [주]서울 마포구 마포대로38 일신빌딩16층 국민의당(02-715-2000) [학]1977년 연성공고졸 2002년 전남과학대학 태권도체육과졸 2014년 국민대 행정대학원 사회복지학과졸 [경]국회의원 노현송 사무장, 세계태권도연맹 국제심판 2010~2014년 서울시의회 의원(민주당·민주통합당·민주당·새정치민주연합) 2010년 同환경수자원위원회 위

원 2010년 同예산결산특별위원회 위원 2010년 同윤리특별위원회 위원 2010년 同독도수호특별위원회 부위원장 2011년 同음식물쓰레기자원선순환종합대책지원특별위원회 위원 2011년 同정책연구위원회 위원 2012~2014년 同환경수자원위원회 위원장 2012~2014년 同부모교육과행복가정네트워크특별위원회 위원 2014년 국민대 행정대학원 외래교수 2016년 국민의당 창당발기인 2016년 제20대 국회의원선거 출마(서울 강서구乙, 국민의당) 2016년 국민의당 서울강서구乙지역위원회 위원장(현) 📖대한민국 나눔실천 대상(2013), 대한민국 지자체우수시의원 대상(2013), 대한민국 인물대상(2014) 📚기독교

김용수(金龍秀) KIM Yong Soo

📍1956 · 9 · 19 📖경주(慶州) 📖서울 📖서울 성동구 왕십리로222 한양대학교 원자력공학과(02-2220-0467) 📖1975년 경복고졸 1983년 한양대 원자력공학과졸 1987년 同대학원 원자력공학과졸 1992년 원자력공학박사(미국 캘리포니아 버클리대) 📍1993~1994년 미국 국립로렌스버클리연구소 박사후 연구원 1994년 한양대 공과대학 원자력공학과 교수(현) 1999~2001년 同원전기기기술연구소장 2002~2005년 천주교 인권위원장 2002~2003년 천주교정의구현전국연합 상임대표 2004~2011년 (사)한국원자력기기검증협회 총무이사 겸 기술위원장 2004년 국제원자력기구(IAEA) 지정 원자로재료물성DB센터장(현) 2007~2009년 한양대 공과대학 시스템응용공학부장 2008~2010년 同공학교육혁신센터장 2009~2011년 한국방사성폐기물학회 총무이사 2011년 (주)HN에너테크 CTO(현) 2011~2013년 한양대 대외협력처장 2011년 한국공학교육인증원 대외홍보위원장 2012년 세계인명사전 마르퀴스 후즈후 등재 공학자(현) 2012년 (사)함께한대 봉사단 상임이사(현) 2013~2015년 한양대 사회봉사단장 2013~2016년 원전해체안전연구센터 센터장 2014년 한국원자력학회 부회장(현) 2015년 한양대 공과대학장 겸 공과대학원장(현) 📖미국 Univ. of California Regents Fellowship(1989~1990), 미국 J.H. Wheeler and E.H. Wheeler Fellowship(1990~1991), 미국 Josept A. Dias Scholarship(1991~1992), 한국원자력학회 학술상(2000), 한국원자력공로상(2014) 📝'지속가능한 세상을 위한 신의 마지막 제안'(2005) 📚천주교

김용수(金龍洙) KIM Yong Soo

📍1958 · 11 · 5 📖경남 창녕 📖서울 영등포구 양평로21길10 롯데제과(주) 임원실(02-2670-6114) 📖1977년 부산남고졸 1981년 고려대 농업경제학과졸 2004년 同대학원 경영학과졸 📍롯데제과(주) 인사교육과장, 同총무부장, 同기획실장 2004년 同기획담당 이사대우 2006~2008년 同기획 · 총무담당 이사 2008년 (주)롯데삼강 총무 · 구매담당 상무 2009년 同대표이사 상무 2010~2012년 同대표이사 전무 2011~2012년 (주)롯데햄 대표이사 2012년 롯데제과(주) 대표이사 부사장 2016년 同대표이사 사장(현)

김용수(金容秀) KIM Yong Su

📍1963 · 7 · 22 📖서울 📖경기 과천시 관문로47 미래창조과학부 정보통신정책실(02-2110-2800) 📖1982년 동성고졸 1986년 서울대 사법학과졸 1989년 同행정대학원졸 1995년 미국 컬럼비아대 법과대학원졸 1996년 미국 조지타운대 법과대학원졸 📍1987년 행정고시 합격(31회) 1996년 정보통신부 정보통신정책실 정책총괄과 서기관 1998년 同통신위원회 사무국 총괄과장 2000년 駐제네바대표부 1등서기관 2002년 정보통신부 기획관리실 법무담당관 2003년 同정보통신진흥국 통신경쟁정책과장 2004년 同정보통신진흥국 통신기획과장 2005년 同정책홍보관리실 혁신기획관(부이사관) 2006년 同정책홍보관리본부 혁신기획관 2006년 同장관 정책보좌관(고위공무원) 2008년 IBRD 파견 2010년 대통령실 선임행정관 2011년 방송통신위원회 국제협력관 2011년 同방송진흥기획관 2011년 同디지털방송전환추진단장 겸임 2013년 제18대 대통령직인수위원회 여성문화분과 전문위원 2013년 대통령 미래전략수석비서관실 정보방송통신비서관 2014년 미래창조과학부 정보통신방송정책실장 2015년 同정보통신정책실장(현) 📖대통령표창(1998), 녹조근정훈장(2005) 📝'Building Broadband-Strategies and Policies for Development'(2010, The World Bank)

김용수(金容守)

📍1964 · 6 📖서울 서초구 서초대로74길14 삼성물산(주) 임원실(02-2145-2114) 📖숭실고졸, 서강대 경영학과졸 📍1987년 삼성그룹 입사, 삼성물산(주) 재무팀 근무, 同경영관리팀 근무, 제일모직 경영관리팀 근무, 삼성물산(주) 기획팀장(상무) 2015년 同기획팀장(전무)(현)

김용숙(金容淑) kim yong sook

📍1956 · 9 · 21 📖광산(光山) 📖전북 고창 📖서울 영등포구 당산로139 장한빌딩4층 (사)전국지역신문협회(02-2632-1260) 📖명지대 경영학과졸, 동국대 대학원 신문방송학과졸(언론학석사) 📍1996년 TV서울 · (주)시사연합 대표이사(현) 2003년 (사)전국지역신문협회 중앙회장(현) 2005~2006년 뉴시스저널 편집고문 2006~2010년 (사)한국언론인연합회 부회장 2007년 경기도 김포시 제1호 명예시민(현) 2009년 서울지방병무청 정책자문위원장(현) 📖경찰청장표창(2006), 대한적십자사총재표창(2008), 민주평통사무처장표창(2011), 서울시장표창(2012), 자랑스런인물대상(2012), 국세청 모범납세자표창(2015) 📝'우리 헌법이 걸어온 길(共)'(1995, 광산) 📚기독교

김용순(金龍淳) Kim, Yong Soon

📍1956 · 10 · 1 📖광산(光山) 📖서울 📖서울 서초구 나루터로56 (주)아모텍 부사장실(02-544-1351) 📖1975년 서울고졸 1983년 서울대 불어과졸 2009년 한국과학기술원 최고경영자과정 수료 📍1982년 (주)한화 무역부문(前 골든벨상사) 입사 1993~1997년 同알마티 · 우루무치지사 근무 2009년 한화S&C(주) U-인프라사업본부장(상무) 2010년 同제조공공사업본부장 2013년 (주)아모텍 부사장(현)

김용순(金用淳) KIM Yong Soon

📍1957 · 3 · 28 📖서울 강서구 하늘길260 (주)대한항공 임원실(02-2656-7311) 📖중앙고졸, 고려대 정치외교학과졸, 미국 서던캘리포니아대 대학원 경영학과졸 📍2002년 (주)대한항공 중앙교육원 교육지원팀장 2003년 同경영전략본부 경영관리팀장 2005년 同미주지역본부 관리팀장(상무보) 2008년 同미주지역관리팀장(상무B) 2009년 同인재개발실장(상무B) 2010년 同인재개발실장(상무A) 2010년 同인력개발센터담당 · 항공의료센터담당 겸임 2013년 同인력관리본부 부본부장 겸 인재개발실장(전무A) 2014년 同인력관리본부장(전무A) 2015년 同HR부문총괄 전무A 2016년 同객실승무본부장(전무)(현)

김용승(金龍昇) KIM Yong Seung

📍1955 · 9 · 19 📖의성(義城) 📖대구 📖서울 종로구 청와대로1 대통령 교육문화수석비서관실(02-770-0011) 📖고려대 경제학과졸, 同대학원졸, 경제학박사(고려대) 📍1990년 가톨릭대 회계학과 교수 1997년 내무부 지방재정발전기획단 연구위원 1998~2016년 가톨릭대 경제학과 교수 1998년 행정자치부 지방공기업 경영평가위원, 同지방공기업선진화위원회 위원, 한국재정학회 총무이사, 한국경제학회 발간위원 2000년 가톨릭대 학생선발본부장, 同교무부처장 2010년 同학부교육선진화사업단장 2010~2011년 한국재정정책학회 회장 2011년 同명예회장 2011~2016년 가톨릭대 교학부총장 2012~2016년 同LINC사업단장 2012년 행정안전부 지방재정위기관리위원회 위원 2013년 안전행정부 지방공기업경영평가위원 2013년 同지방재정위기관리위원회 위원 2013년 전국대학교무처장협의회 회장 2015년 교육부 교육개혁추진협의회 공동의장 겸 총괄위원장 2016년 대통령 교육문화수석비서관(현)

김용승(金龍昇) KIM Yong Seung

📍1965 · 7 · 10 📖전남 고흥 📖서울 서초구 반포대로158 서울고등검찰청(02-530-3114) 📖1983년 동신고졸 1987년 고려대 법대졸 1990년 同대학원 법학과졸 2003년 국방대 대학원 안보과정 수료 2008년 미국 Fordham Law School 방문학자과정 수료 📍1990년 사법시험 합격(32회) 1993년 사법연수원 수료(22기) 1993년 軍법무관 1996년 부산지검 검사 1998년 전주지검 군산지청 검사 2000년 서울지검 검사 2002년 수원지검 검사 2005년 광주지검 순천지청 부부장검사 2006년 광주고검 검사 2007년 광주지검 공안부장 2008년 서울중앙지검 부부장검사(미국 해외연수) 2009년 인천지검 공안부장 2009년 대전지검 형사3부장 2011년 서울고검 검사 2011년 법무연수원 연구위원(파견) 2012년 서울북부지검 형사제2부장 2012년 서울고검 검사 2013년 광주지검 순천지청 차장검사 2014년 서울고검 검사 2015년 춘천지검 강릉지청장 2016년 서울고검 법률자문검사(현) 2016년 서울시 파견(현) 📖법무부장관 업무유공표창(2001) 📝'사기범죄 수사실무'(2012, 법무연수원) 📚기독교

김용식(金容植) KIM Yong Sik

셍1954 · 2 · 14 ㈜서울 서초구 반포대로222 서울성 모병원 정형외과(02-2258-2837) 학1980년 가톨릭 대 의대졸 1984년 同대학원졸 1991년 의학박사(가톨릭 대) 경2001년 가톨릭대 의대 정형외과학교실 교수(현) 2009~2010년 대한고관절학회 회장 2009~2010년 대 한정형외과연구학회 회장 2007년 IHS(International Hip Society) 회원(현) 2013년 AAHKS(미국인공관절 학회) 국제분과위원회 위원(현) 2005~2015년 ㈜코렌텍 이사 2008년 제 15차 아시아태평양정형외과학회의 사무총장 2014~2015년 대한정형외과 학회 이사장 생대한정형외과학회 Traveling Fellow(1995), 대한정형외과 학회 기초부문 학술본상(1996), 한국과학기술연합회 학술상(1997), 대한고 관절학회 장려상(1998), 가톨릭대 대학원 학술상(1998), 대한정형외과학회 학술상(1999), 대한정형외과연구학회 최우수논문상(1999 · 2002 · 2004), 대한정형외과학회 임상부문 학술본상(2001), 대한정형외과학회 MSD Fellow(2002)

김용식(金溶植) KIM Yong Sik

셍1954 · 9 · 5 ㈜서울 광진구 능동로120 건국대학교 건축공학과(02-450-3456) 학1977년 서울대 건축공 학과졸 1979년 同대학원 건축공학과졸 1989년 건축공 학박사(서울대) 경1979~1981년 ㈜삼신설계 입사 · 과장 1984~1987년 ㈜서울건축 과장 1988~1992년 서울기술연구소 대표 1992년 건국대 건축공학과 교수 (현) 2004년 同건축대학장 2005~2007년 同건축전 문대학원장 2013~2015년 同교학부총장 ㉄'건축위생 · 공조설비'(2002, 구미서관)

김용식(金容植) KIM Yong Sik

셍1956 · 10 · 6 ⓑ광산(光山) 출강원 화천 ㈜강원 춘 천시 백령로156 강원대학교병원 상임감사실(033-258-9310) 학1975년 명지고졸 1982년 강원대 농공학과 졸 2002년 同경영행정대학원 최고경영자과정 수료 경 1988년 강원일보 기자 1992년 강원도민일보 기자 2004 년 화천군배드민턴연합회 회장 2004~2012년 화천군 · 철원군 선거방송토론위원회 위원 2008 · 2012년 화천군 학교운영위원장협의회 회장 2008~2014년 화천군 미래인재육성위원회 위 원 2011년 화천군탁구연합회 회장(현) 2013년 강원도민일보 편집위원(부국 장급) 2014년 광산김씨강원도종친회 부회장 겸 화천군회장(현) 2015년 화천 군재향군인회 회장(현) 2015년 강원대총동창회 부회장 겸 화천군동문회장(현) 2015년 강원대병원 상임감사(현) 2015년 (사)공공기관감사협의회 회원(현) 종기독교

김용식(金容湜) Douglas Yongsig Kim

셍1957 · 1 · 3 ㈜경기 수원시 영통구 삼성로129 삼성전 자㈜ 생산기술연구소(031-209-7114) 학미국 뉴욕주 립대졸, 미국 미시간대 대학원졸, 공학박사(미국 퍼듀대) 경삼성전자㈜ 메카지능시스템연구소 근무, 同생산기 술연구소 장비기술연구팀장(연구위원) 2013년 同생산기 술연구소장(부사장)(현) 2015년 세메스㈜ 대표이사(현)

김용식(金龍植)

셍1957 · 4 · 21 ㈜경남 거제시 진목로1 거제소방서 (055-689-9200) 학1976년 진주 대아고졸 1983년 경 상대 농공학과졸 2003년 同행정대학원졸 경1987년 소 방위 임용(소방간부후보 5기) 1992년 지방소방경 승진 1996년 지방소방령 승진 1998년 경남도 소방본부 소방 행정계장 2005년 경남 창녕소방서장(지방소방정) 2007 년 경남도 소방본부 소방행정과장 2008년 경남 진주소 방서장 2010년 경남 사천소방서장 2012년 경남 통영소방서장 2014년 경남 함양소방서장 2016년 경남 거제소방서장(현)

김용연(金瑢淵) KIM Yong Yeon

셍1952 · 3 · 27 ⓑ김녕(金寧) 출부산 ㈜서울 종로구 새문안로76 금호아시아나본관13층 금호아시아나문화 재단 부사장실(02-6303-1901) 학1970년 경남상고졸 1974년 중앙대 사회사업학과졸 1994년 서울대 경영정 보대학원 수료(금호MBA) 경1976~1988년 대한항공㈜ 근무 1988~1996년 아시아나항공㈜ 캐빈서비스부 장 1997년 同고객만족실 이사 1999년 同공항서비스담당 상무 2000~2005년 同캐빈서비스담당 상무 2006년 금호아시아나문화재단

상무 2009년 同음악사업총괄(전무) 2011년 同부사장(현) 생건설교통부장관 표창 종천주교

김용완(金用完)

셍1955 출서울 ㈜부산 남구 문현금융로40 부산국제금 융센터(BIFC) 한국자산관리공사 경영본부(051-794-2111) 학1973년 배재고졸 1981년 연세대 경영학과졸 경 1981년 한국외환은행 입행 1981~2003년 同심사부 · 여신관리부 · 기업여신부 · 여신심사부 · 홍콩지점 근무 2003년 同남대문지점장 2004년 同둔촌동지점장 2006 년 同서잠실지점장 2006년 同구로디지털단지지점장 2007년 同신용기획부장 2007년 同여신심사부장 2008년 同기업전략영업본 부 ARM지점장 2009년 同중앙기업영업본부장 2011~2013년 외환캐피탈㈜ 대표이사 2013~2014년 한국외환은행 둔촌동지점 서민재무담당 상담사 2014년 한국자산관리공사 서민금융본부장(상임이사) 2016년 同경영본부장(상임이사)(현) 생대통령표창(2004)

김용우

㈜서울 용산구 이태원로22 합동참모본부(02-748-3000) 학1983년 육군사관학교졸(39기) 경국방부 합동 참모본부 신연합방위체제추진단장 2015년 육군 제1군 단장(중장) 2016년 합동참모본부 전략기획본부장(중장) (현)

김용욱(金容郁) KIM Yong Wook

셍1954 · 2 · 5 출서울 ㈜경북 경산시 진량읍 대구대로 201 대구대학교 사범대학 특수교육과(053-850-4179) 학1986년 미국 오리건대 전산학과졸 1988년 미국 네바 다대 대학원졸 1994년 특수교육학박사(미국 유타주립 대) 경1986~1988년 미국 네바다주립대 특수교육과 강 사 1991~1992년 미국 공군본부 프로젝트시스템전문가 1992~1995년 미국 유타주립대 연구교수 1995년 대구대 사범대학 특수교육과 교수(현) 2004~2006년 국립특수교육원 원장 2012년 한국특수교육문제연구소 소장(현) 2014년 대구대 특수과학문화교육인력양 성사업단장(현) 2014년 아태지적저널 편집위원장(현) 2014년 미국 세계인명 사전 'Marquis Who's Who' 2015판에 등재 생조선일보 인터넷공모대전 동 상(1997), 교육과학기술부장관 공로표창장(2006), 정보문화진흥상 국무 총리표창(2007) ㉄'개별화 교육 프로그램의 이론과 실제(共)'(2000, 대구대 출판부) '장애인과 정보화교육'(2000, 대구대 출판부) '교육방법과 교육공학 의 이론과 실제(共)'(2000, 대구대 출판부) '민주주의와 특수교육(共)'(2001, 특수교육) '함께하는 장애탐험(共)'(2002, 대구대 출판부) '학습장애아교육의 이론과 실제(共)'(2002, 대구대 출판부) '현장교육중심의 교육방법과 교육공 학(共)'(2003, 대구대 출판부) '교육방법과 교육공학의 이해(共)'(2003, 양서 원) '장애학생을 위한 특수교육공학의 활용(共)'(2005, 집문당) 'OECD 특수 교육 통계 및 지표(共)'(2005, 국립특수교육원) '예비교사를 위한 특수교육 각론(共)'(2006, 양서원) '예비교사를 위한 특수교육 교육과정(共)'(2006, 양 서원) '예비교사를 위한 특수교육총론(共)'(2006, 양서원) 'Reform, Inclu- sion and Teacher Education(Chapter 2 : Education Reforms in special Education)(共)'(2008, Routledge) '최신 특수아동의 이해(共)'(2009, 양서 원) '교사를 위한 특수교육입문: 통합교육(共)'(2009, 학지사) '특수)교육연 구방법론(共)'(2009, 청목출판사) '특수교육학용어사전(共)'(2009, 국립특수 교육원) '교육에서의 보편적설계'(2010, 시그마프레스) '특수교육공학'(2010, 학지사) '수학학습장애아교육'(2010, 대구대) '문제중심 수학학습장애아동교 육'(2013, 시그마프레스)

김용욱(金容煜) KIM, Yong Wook

셍1957 · 3 · 11 출서울 ㈜서울 중구 을지로100 파인애 비뉴 한화S&C㈜ 비서실(02-6313-3131) 학1976년 서울고졸 1980년 서울대 전기공학과졸 1996년 미국 하 버드대 경영대학원 최고경영자과정 수료 2007년 서울 대 세계경제최고전략과정 수료 경1983년 한국IBM 입 사 1990년 同영업기획본부 차장 1992년 同제조유통산업 영업본부 부장 1995년 同석유화학정유산업영업본부 부 장 1998년 同e-비지니스솔루션부장 2000년 同제조장치산업영업본부 실장 2002년 同제조장치산업영업본부장(상무) 2006년 同비즈니스파트너사업본 부 총괄본부장(전무) 2011년 同비즈니스파트너사업본부 총괄본부장(부사장) 2013년 同전략영업혁신본부 총괄부사장 2014년 한화S&C㈜ 대표이사(현) 종기독교

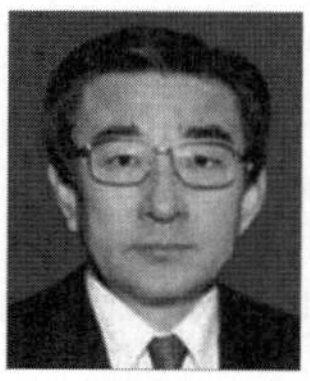

김용웅(金龍雄) KIM Yong Woong

[생]1942·5·19 [출]경남 남해 [주]충남 아산시 음봉면 아산온천로528의24 KB오토시스(주) 회장실(041-537-5345) [학]1961년 남해고졸 1991년 고려대 경영대학원졸 [경]1972년 부산 서부교통 부장 1977년 유신교통(주) 대표이사 1979년 강릉 동명실업 대표이사 1981년 (주)북구대우자판 대표이사 1983년 영남여객 대표이사 1985년 (주)한국베랄 대표이사 사장, 同회장 2002년 천안상공회의소 회장 2002~2012년 충남북부상공회의소 회장 2005년 대전MBC 경영자문위원장 2006년 대한상공회의소 부회장 2009년 충남도체육회 부회장 2009년 KB오토시스(주) 회장(현) 2010년 IP리더스클럽 회장 [상]자랑스러운 충남인상(2010), 충남북부상공회의소 공로패(2016) [종]불교

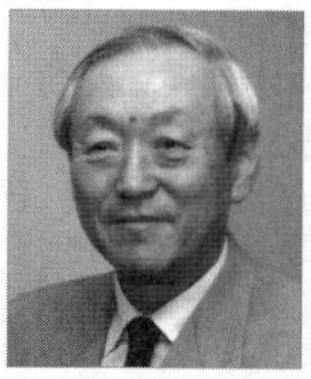

김용원(金容元) KIM Yong Won (如春)

[생]1935·7·20 [본]광산(光山) [출]서울 [주]서울 중구 삼일대로363 장교빌딩2306호 (주)도서출판 삶과꿈(02-756-0109) [학]1955년 경기고졸 1964년 서울대 법학과졸 1981년 미국 하버드대 대학원졸 [경]1959년 조선일보 기자 1966년 同경제부 차장 1967년 한국기자협회 회장 1968년 조선일보 경제부장 1973년 同편집국장 1974년 同논설위원 1975년 대우실업 전무이사 1979년 대우개발 부사장 1982년 (주)대우 기조실장(사장) 1983~1990년 대우전자 사장 1987년 대우전자부품 사장 겸임 1991년 대우경제연구소 회장 1991~2000년 서울마주협회 부회장 1991년 도서출판 삶과 꿈 사장(현) 1995년 한강포럼 회장(현) 1998년 한국기업메세나협의회 이사 1999년 한양로타리클럽 회장, (주)효성 사외이사, 조선일보 방일영문화재단 이사, 세종문화회관재단 이사 [상]마로니에 문화공로상, 금탑산업훈장(1989) [저]'골프는 인격이다'(1997) '10개월이면 당신도 싱글이 된다' [종]기독교

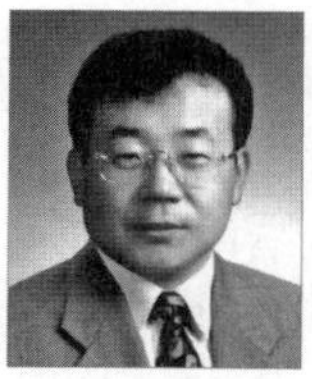

김용원(金容源) KIM Yong Won

[생]1956·10·25 [출]인천 [주]서울 강남구 봉은사로628 엘슨빌딩5층 (주)모컨스 사장실(02-553-4508) [학]1983년 인하대 전자공학과졸 1997년 서울대 행정대학원 정보통신정책과정 수료 [경]1983~1993년 삼보컴퓨터 근무 1993~1998년 나래이동통신 영업본부 입사·상무이사 1998년 (주)나래텔레콤 대표이사 사장 1998년 나래블루버드 프로농구단장 1999년 엘렉스컴퓨터 부사장 2000년 아이야닷컴 대표이사 2001년 (주)모컨스 대표이사 사장(현) 2004년 (주)털만코리아 대표이사 겸임(현) 2009년 KBL(프로농구연맹) 재정위원 [상]정보통신부장관표창(1997) [종]기독교

김용원(金龍源) KIM Yong Won

[생]1960·7·24 [주]서울 영등포구 선유로75 (주)GS리테일 임원실(02-2006-2050) [학]학성고졸, 건국대 섬유공학과졸 [경]2003년 LG유통 상무 2005년 GS리테일 편의점사업부 영업부문장 2009년 同전략부문장(상무) 2011년 同전략부문장(전무), 同수퍼마켓사업부 영업부문장(전무) 2013년 同정보서비스부문장(전무) 2015년 同경영정보부문장(부사장)(현)

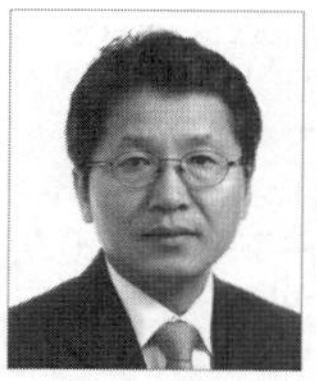

김용윤(金容允) KIM Yong Yoon

[생]1960·9·13 [본]광산(光山) [출]충북 청원 [주]대전 서구 대덕대로168번길64 연합뉴스 대전·충남취재본부(042-521-9700) [학]1978년 충남고졸 1985년 충남대 사회학과졸 2002년 한국체육대 대학원 체육학과졸 [경]1984년 연합통신 입사 1998년 同체육부 차장대우 1998년 미국 미주리대 저널리즘스쿨 연수 2000년 연합뉴스 스포츠레저부 차장·특신부 부장대우 2002년 同LA특파원 2005년 同국제뉴스부 근무(부장급) 2005년 同스포츠레저부장 2006년 同스포츠레저부장(부국장대우) 2008년 同논설위원 2009년 同한민족센터 부본부장(부국장급) 2011년 同정보사업국장 2012년 同경기취재본부장 2014년 同콘텐츠평가실 콘텐츠평가위원(국장대우) 2015년 同대전·충남취재본부 천안주재 국장대우 2015년 同대전·충남취재본부 천안·아산주재 국장대우(현) [종]가톨릭

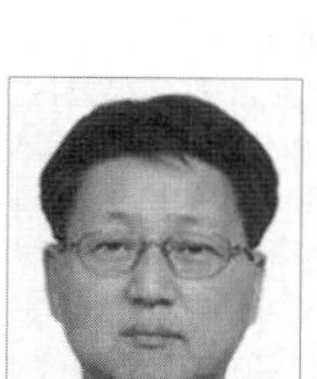

김용은(金容殷) KIM Yong Eun

[생]1958·2·22 [출]강원 춘천 [주]강원 춘천시 삭주로3 춘천시청 행정국(033-250-3302) [학]강원사대부고졸 [경]1976년 공직 입문, 춘천시 생물산업지원과 생물산업총괄담당, 同생물산업지원과장, 同조운동장, 同하이테크벤처지원사업단장 2007년 同지역경제과장 2008년 同기획예산과장 2010년 同미래사업단장 2011년 同농업기술센터 소장 2012년 同보건소장(서기관) 2013년 춘천도시공사 경영사업본부장 2014년 춘천시 경제국장 2015년 同행정국장(현) [상]국무총리표창, 내무부장관표창

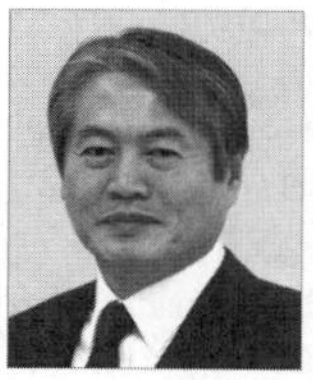

김용익(金容益) KIM Yong-Ik

[생]1952·8·22 [본]광산(光山) [출]충남 논산 [주]서울 영등포구 국회대로68길14 신동해빌딩 더불어민주당(1577-7667) [학]1971년 서울고졸 1977년 서울대 의대졸 1979년 同대학원 보건학과졸 1983년 의학박사(서울대) 1984년 영국 리즈대 대학원 보건학과졸 1998년 영국 런던대 보건대학원 보건정책학 박사후 과정 수료 [경]1984~2013년 서울대 의과대학 의료관리학교실 교수 1987년 인도주의실천의사협의회 회원(현) 1994~1996년 '의료보장 통합일원화와 보험적용 확대를 위한 범국민연대회의' 집행위원장 1998년 보건복지부 의료보험통합추진기획단 제1분과장 1998~1999년 同의약분업실행위원회 위원 1998~2012년 대한예방의학회 이사 1999년 '의약분업 실현을 위한 시민대책위원회' 자문위원 2003~2004년 보건복지부 공적노인요양보장추진기획단 위원장 2004~2006년 한국보건행정학회 회장 2004~2005년 대통령자문 고령화및미래사회위원회 위원장 2006~2008년 대통령 사회정책수석비서관 2010년 사람사는세상 노무현재단 상임운영위원(현) 2010~2012년 건강보험하나로시민회의 공동대표 2011년 민주통합당 보편적복지특별위원회 위원장 2011~2012년 서울대 의학연구원 의료관리학연구소장 2011~2012년 (사)한국미래발전연구원 원장 2012~2016년 제19대 국회의원(비례대표, 민주통합당·민주당·새정치민주연합·더불어민주당) 2013년 민주당 정책위원회 원내부의장 2013년 同제4정책조정위원장 2013년 同진주의료원정상화및공공의료대책특별위원회 위원장 2013년 국회 공공의료정상화를위한국정조사특별위원회 간사 2014~2015년 새정치민주연합 의료영리화저지특별위원회 위원장 2014년 국회 보건복지위원회 위원 2014년 새정치민주연합 공적연금발전TF 위원 2015년 국회 메르스대책특별위원회 야당 간사 2015년 새정치민주연합 총무본부 부본부장 2015년 同경제정의·노동민주화특별위원회 위원 2015년 국회 공적연금강화와노후빈곤해소를위한사회적기구 위원 2015~2016년 더불어민주당 총무본부 부본부장 2015년 同경제정의·노동민주화특별위원회 위원 2016년 同총선정책공약단 더불어민생교육복지본부 공동본부장 2016년 同민주정책연구원장(현) [상]황조근정훈장(2008), 경제정의실천시민연합 국정감사 우수의원(2014), 한국매니페스토실천본부 국정감사 우수의원(2015) [저]'지역사회 의학'(1988) '의료, 좀 더 알아둡시다'(1993) '의료, 이렇게 개혁합시다'(1994) '잘못 알려진 건강상식 100'(1994) '복지도시를 만드는 6가지 방법'(2010) '의료관리(교과서)'(2013)

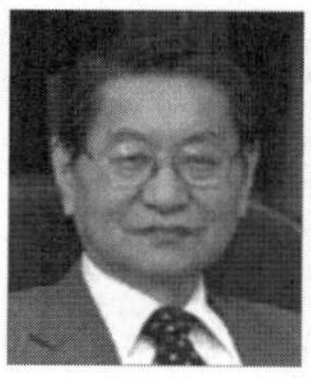

김용일(金勇一) KIM Yong Il

[생]1935·6·13 [본]김해(金海) [출]경북 상주 [주]서울 종로구 대학로103 서울대학교 의과대학 병리학교실(02-740-8273) [학]1955년 경북고졸 1961년 서울대 의과대학졸 1963년 同대학원졸 1968년 의학박사(서울대) [경]1967~2000년 서울대 의과대학 전임강사·조교수·부교수·교수 1992년 同부속병원 제2진료부원장 1995~1997년 대한병리학회 회장·대한소화기학회 회장·한국의학교육학회 회장 1996~2000년 WHO 西태평양지역의학교육협회 회장 1998년 서울대 의학교육연수원장 1998년 일본 국립암센터 연구원 1998년 대한민국학술원 회원(의학·현), 同자연과학부 제4분과회 회장 2000~2004년 가천의과대 총장 2000년 서울대 명예교수(현) 2003년 일본의학교육학회 명예회원 2004년 을지의과대 의과대학장 2005~2007년 을지대 총장 2008년 同명예총장 2009년 가천의과대 명예총장 2009년 한국아카이브스포럼 운영위원장(현) 2012년 가천대 명예총장(현) [상]대한의사협회 학술상(1975), 대한소화기협회 학술상(1989), 대한병리학회 학술상(1996), 서울대 의과대학동창회 학술상(2008), 한국어문상 특별상(2009) [저]'의학교육 평가'(1986) '임상윤리학'(編) '의학교육산책 : 배움과 가르침' '사례로 배우는 의학교육'(2000) '최신의과학 용어 사전(編)'(2008) [역]'21세기의 의사상'(1996) [종]천주교

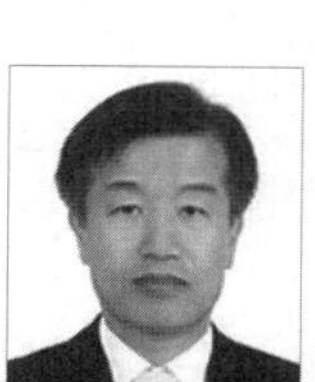

김용일(金龍逸) KIM Young Il

[생]1954·8·25 [출]광주 [주]광주 동구 동명로101의1 변호사회관2층 법무법인 바른길(062-232-0050) [학]1972년 광주고졸 1976년 고려대 법대졸 1978년 同대학원 법학과졸 [경]1976년 사법시험 합격(18회) 1978년 사법연수원 수료(8기) 1978년 육군 법무관 1981년 광주지법 순천지원 판사 1984년 광주지법 판사 1987년 同소년부지원 판사 1989년 광주고법 판사 1991년 대법원 재판연구관 1993년 광주지법 부장판사 1994년 同목포지원장 1996년 광주지법 부장판사 2000년 同순천지원장 2002년 광주지법 부장판사 2006년 전주지법 정읍지원장 2008~2009년 광주지법 부장판사 2009년 변호사 개업 2009년 법무법인 바른길 대표변호사(현) 2009년 학교법인 조선대 감사 [종]가톨릭

ㄱ

김용일(金龍一) KIM Yong Il

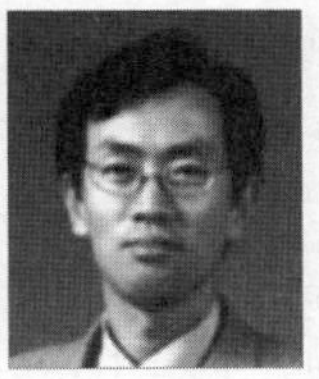

[생]1957·1·22 [본]김해(金海) [출]대구 [주]대구 달서구 달구벌대로1095 계명대학교 인문국제학대학 철학윤리학과(053-580-5691) [학]1976년 대구 달성고졸 1981년 계명대 철학과졸 1985년 同대학원 철학과졸 1992년 철학박사(독일 튀빙겐대) [경]1995년 계명대 인문대학 철학과 전임강사 1997년 同인문대학 철학윤리학과 조교수·부교수·교수 1999년 同신문사주간 겸 교육방송국장 2006~2010년 同학생처장 2006·2008년 同종합인력개발원장 2012년 同학생부총장 2015년 同인문국제학대학 철학윤리학과 교수(현) 2015~2016년 同대학원장 [상]교육부장관표창(1999) [저]'철학과 삶(共)'(1994) '해석학과 현대철학(共)'(1996) '하버마스의 비판적 사회이론(共)'(1996) '21세기 학문의 전망과 과제(共)'(1999) '정신문화와 기독교'(2000) [종]기독교

김용일(金勇日) KIM Yong Il

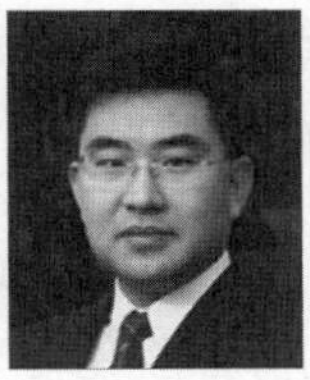

[생]1963·11·23 [주]서울 관악구 관악로1 서울대학교 건설환경공학부(02-880-7364) [학]서울대 도시공학과졸, 同대학원졸, 공학박사(서울대) [경]1988~1991년 국제측지학 및 지구물리학연맹 한국위원회 간사 1993~2007년 서울대 공과대학 토목공학과 도시공학전공 전임강사·조교수·부교수 1994년 한국GIS학회 편집위원·이사(현) 1994~1995년 총무처·행정자치부 출제위원 1995~1997년 과학기술처 과제평가위원 1995~1997년 국립지리원 측량심의위원회 위원 1995~1999년 국가지리정보시스템 표준화분과 위원 1997~1998년 미국 코넬대 원격탐사 및 GIS 방문교수 2000년 행정자치부 중앙지적위원(현) 2000년 한국위성항법시스템학회 이사(현) 2003~2007년 국가지리정보체계 총괄조정분과위원회 위원 2003~2008년 국가지리정보시스템 조정위원회 위원 2003년 서울대 공간정보센터장(현) 2003년 국립해양연구소 기술자문위원(현) 2006년 한국공간정보시스템학회 이사(현) 2006~2007년 국방기술품질원 국방과학기술수준조사 기술전문가 2006~2008년 서울대 건설환경종합연구소 연구부장 2007년 同공과대학 건설환경공학부 교수(현) 2007~2009년 대한원격탐사학회 운영위원장·총무이사 2007~2009년 국방과학연구소 연구개발자문위원 2009~2011년 서울대 공과대학 건설환경공학부장 2009~2011년 대한원격탐사학회 사업이사 2009~2013년 同대외협력이사 2009~2015년 한국지형공간정보학회 이사 2011~2013년 대한지적공사 비상임이사 2013~2014년 한국국토정보공사 비상임이사 2014년 대한원격탐사학회 선임부회장(현) 2015년 미래창조과학부 위성정보활용촉진위원회 위원(현) 2015년 한국연구재단 기초연구본부 공학단 전문위원(현) 2016년 한국측량학회 부회장(현) 2016년 국토교통부 차세대중형위성탑재체개발기술 자문위원(현) [상]한국측지학회 논문상(1999), 한국GIS학회 우수논문상(2001), 한국측량학회 우수논문상(2006)

김용일(金龍逸) Kim, Yongil

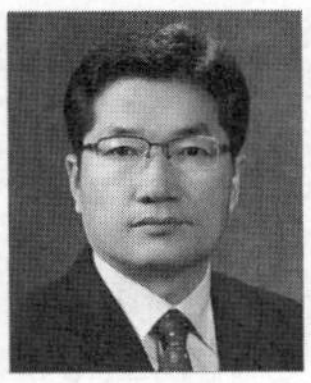

[생]1966·8·30 [본]김해(金海) [출]경남 남해 [주]서울 종로구 새문안로82 S타워 대통령소속 국민대통합위원회 홍보부(02-6262-2241) [학]1985년 진주고졸 1989년 서울대 외교학과졸 2003년 핀란드 헬싱키경제대 경영대학원졸(MBA) 2010년 서울대 기술경영경제정책대학원 수료 [경]1995년 행정고시 합격(39회) 2005년 정보통신부 정보통신진흥국 통신안전과 서기관 2006~2008년 同창원우체국장 2008~2010년 서울대 교육파견 2010년 방송통신위원회 방송정책국 지역방송팀장 2011년 同미디어다양성추진단 미디어기반정책과장 2012년 同방송정책국 방송채널정책과장 2013년 同방송정책국 방송지원정책과장 2014년 同이용자정책국 이용자정책총괄과장 2016년 대통령소속 국민대통합위원회 홍보부장(부이사관)(현) [상]대통령표창(2004)

김용재(金容載) KIM Yong-Jae

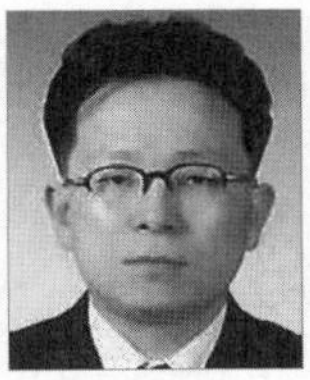

[생]1967·3·10 [주]서울 성북구 보문로34다길2 성신여자대학교 한문교육과(02-920-7642) [학]1991년 성균관대 유학과졸 1993년 同대학원 유학과졸 2002년 철학박사(성균관대) [경]1994~1996년 (재)성균관유교사상연구원 연구원 1997~2004년 전북산업대·성균관대·영산대·국립순천대·공주대·경기도교원연수원 강사 2002~2004년 BK21동아시아유교문화권교육연구단 Post-doc. 2002~2004년 성균관대 유학동양학부 기획위원·교재편찬위원 2003~2004년 동아시아학술원 유교문화연구소 인성예절교육연구실 연구위원 2004년 성신여대 한문교육과 교수(현) 2012년 同연구처장 2015년 同교무처장(현) [저]'한글세대를 위한 教養漢文(共)'(1998) 'N세대를 위한 유교철학 에세이(共)'(2001) '지금, 여기의 유학(共)'(2005)

김용제(金容濟) KIM Yong Je

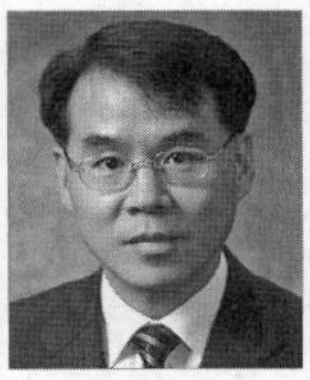

[생]1962·4·15 [주]경기 수원시 영통구 삼성로129 삼성전자(주) SRA연구소(031-200-1114) [학]마산고졸, 아주대 대학원 전자공학과졸 [경]삼성전자(주) 디지털미디어연구소 플랫폼솔루션팀 수석연구원 2005년 同디지털미디어연구소 플랫폼솔루션팀 상무보, 同DMC연구소 M/M연구팀장(상무) 2010년 同DMC연구소 M/M연구팀장(전무) 2014년 미국 세계인명사전 'Marquis Who's Who'에 등재 2015년 삼성전자(주) SRA연구소장(부사장)(현)

김용종(金龍鍾)

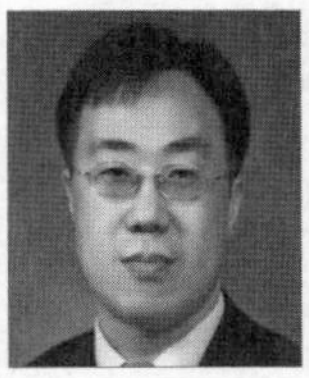

[생]1967 [출]서울 [주]서울 은평구 통일로757 서부경찰서 서장실(02-355-0954) [학]1989년 경찰대 행정과졸(5기) [경]2003년 경기 광명경찰서 경비교통과장 2004년 경기 고양경찰서 정보보안과장 2005년 서울지방경찰청 기동단 특수기동대 부대장 2006년 경찰청 정보국 정보2과 근무 2011년 同기획조정관실 근무 2012년 대전지방경찰청 경기교통과장·치안정책조정관 2013년 울산지방경찰청 청문감사담당관(총경) 2013년 강원 양구경찰서장 2015년 경찰청 기획조정관실 새경찰추진단 근무 2016년 서울 서부경찰서장(현)

김용주(金容杜) KIM Yong Joo

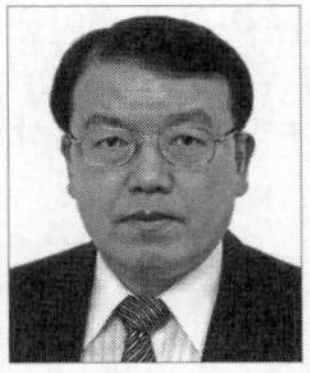

[생]1954·12·25 [본]광산(光山) [출]전남 순천 [주]경기 양주시 은현면 화합로1049의56 서정대학교 사회복지행정과(031-860-5081) [학]1973년 조선대부속고졸 1986년 경기대 법과대학 법학과졸 2003년 한양대 언론정보대학원 언론학과졸 2007년 법학박사(서울시립대) 2013년 한성대 행정대학원졸(사회복지학석사) [경]1986년 언론중재위원회 근무 1996년 同기획부장 1997년 同조사연구부장 1999년 同기획팀장 2000년 同기획실장 2003년 同중재심의실장 2005~2011년 同사무총장 2012년 서정대 사회복지행정과 교수(현) 2013년 한국광고자율심의기구 기사형광고심의위원회 위원(현) 2014~2015년 연합뉴스TV 시청자위원회 위원 2014년 경기대총동문회 회장(현) [상]대통령표창(2001), 국민훈장 동백장(2011)

김용주(金勇周) Yong-Joo Kim

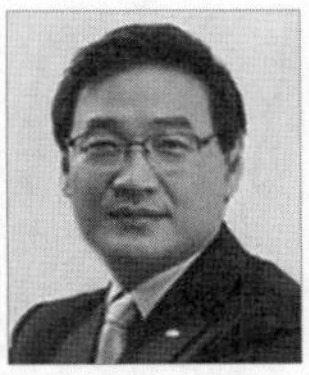

[생]1960·6·25 [출]부산 [주]서울 은평구 진흥로215 한국환경산업기술원 원장실(02-380-0501) [학]1987년 한국외국어대 화란어과졸 1989년 同대학원 경제학과졸, 경제학박사(한국외국어대) 1996년 영국 Univ. of York 대학원 환경경제학과졸 2004년 환경경제학박사(영국 뉴캐슬대) [경]1989~1992년 한국개발연구원(KDI) 연구원 1992~1995년 한국조세재정연구원 주임연구원 2004~2005년 고려대 연구전임강사 2005~2007년 대한상공회의소 지속가능경영원 부원장 2007~2014년 서울디지털대 경영학과 교수·기획처장·사이버교육원장 2014년 同부총장 2014년 한국환경산업기술원 원장(현) 2014년 유엔 10YFP 이사 및 아시아태평양지역 공동의장(현)

김용주(金容杜) Kim Yong Joo

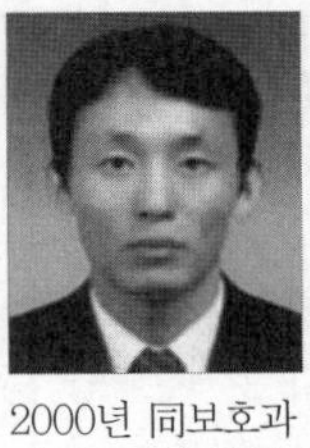

[생]1962·2·10 [출]울산 [주]대구 수성구 동대구로364 대구고등검찰청(053-740-3300) [학]1980년 부산 금성고졸 1988년 부산대 법대졸 [경]1988년 사법시험 합격(30회) 1991년 사법연수원 수료(20기) 1991년 서울지검 동부지청 검사 1993년 창원지검 충무지청 검사 1994년 인천지검 검사 1995년 부산지검 동부지청 검사 1997년 서울지검 의정부지청 검사 1999년 법무부 조사과 검사 2000년 同보호과 검사 2001년 서울지검 남부지청 검사 2002년 변호사 개업 2005년 인천지검 부부장검사 2006년 부산고검 검사 2007년 대구지검 형사4부장 2008년 수원지검 안산지청 부장검사 2009년 창원지검 형사1부장 2009년 대구고검 검사 2011년 부산고검 검사 2011~2012년 부산시 파견 2012~2014년 한국해양대 정책연구원 파견 2015년 대구고검 검사(현)

김용준(金容駿) KIM Yong Jun

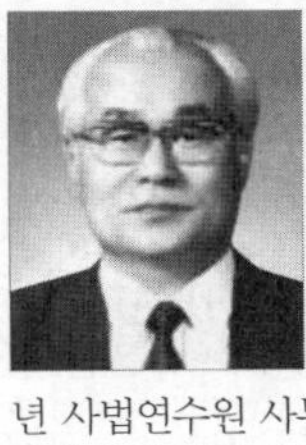

[생]1933·11·6 [본]의성(義城) [출]경북 의성 [주]서울 서초구 반포대로22길77 덕암빌딩301호 송죽법무사합동사무소(02-598-2211) [학]1952년 부산고졸 1956년 고려대 정법대졸 1977년 연세대 행정대학원졸 1985년 법학박사(연세대) [경]1960년 용인등기소 근무 1965~1978년 서울지법·법원행정처 근무 1978년 청주지법 사무국장 1979년 대구지법 사무국장 1981년 대구고법 사무국장 1982년 사법연수원 사무국장 1984년 법원공무원교육원 원장 1987~1993년 서울민사지법 집달관합동사무소 집달관 1990년 同집달관합동사무소장 1993년

법무사 개업 1997년 대한법무사협회 이사 1998년 서울고법 조정위원 2002년 송죽(松竹)법무사합동사무소 대표법무사(현) <상>녹조근정훈장(1977) <저>'판례예규 등기법총람' '등기공무원의 심사권에 관한 연구' '부동산 등기제도에 관한 연구' <종>기독교

김용준(金容俊) KIM Yong Joon

<생>1938 · 12 · 2 <본>광산(光山) <출>서울 <주>서울 영등포구 의사당대로97 교보증권빌딩4층 법무법인 넥서스(02-6335-3901) <학>1955년 서울고 2년 수료 1959년 서울대 법대졸 1967년 同법과대학원졸 1998년 명예 법학박사(대구대) 1998년 명예 법학박사(제주대) 1999년 명예 철학박사(명지대) <경>1957년 고등고시 수석합격(9회) 1960년 대구지법 판사(최연소: 만22세) 1961년 서울지법 판사 1966년 서울고법 판사 1969년 대법원 재판연구관 1970년 서울고법 판사 1973년 서울민사지법 부장판사 겸 사법연수원 교수 1975년 서울민사지법 부장판사 1977년 서울지법 남부지원 부장판사 1979년 서울가정법원 부장판사 1980년 광주고법 부장판사 1981년 서울고법 부장판사 1984년 서울가정법원장 1988년 대법관 1994년 헌법재판소 소장(2대) 2000~2010년 법무법인 율촌 상임고문 2001년 헌법재판소 자문위원장 2001년 청소년참사랑운동본부 명예총재 2002년 조선일보 독자권익보호위원회 초대위원장 2004년 대검찰청 공안자문위원회 위원장 2004년 사회복지공동모금회 회장 2011년 법무법인 넥서스 고문변호사(현) 2012년 새누리당 제18대 대통령중앙선거대책위원회 공동위원장 2012~2013년 제18대 대통령직인수위원회 위원장 2013년 국무총리 후보자 <상>청조근정훈장(1994), 국민훈장 무궁화장(2000), 제2회 대한민국법률대상 사법부문(2009), 대한변호사협회 한국법률문화상(2011) <종>기독교

김용준(金湧俊) Kim Young Jun

<생>1958 · 9 · 4 <본>능성(綾城) <주>서울 양천구 목동서로180 양천소방서(02-2655-1119) <학>시립대 도시과학대학원 방재공학과졸 <경>2007년 서울소방재난본부 예방과 검사지도팀장 2009년 同소방감사반 감사팀장 2010년 서울 강서소방서 소방행정과장 2011년 서울소방학교 인재개발과 전임교수 팀장 2012년 서울종합방재센터 상황총괄팀장 2014년 서울 은평소방서장 2016년 서울 양천소방서장(지방소방정)(현) <상>대통령표창(2007)

김용준(金鏞準) KIM Yong Joon

<생>1959 · 12 · 9 <주>서울 종로구 성균관로25의2 성균관대학교 경영전문대학원(02-760-0453) <학>중앙고졸 1982년 서울대 경영학과졸 1984년 미국 텍사스대 경영대학원졸 1989년 마케팅학박사(미국 노스웨스턴대) <경>1989년 캐나다 브리티시콜롬비아대 경영학과 조교수 1990년 중국 상하이교통대학 초빙교수 1991~1998년 성균관대 경영학부 부교수 1996년 중국 청화대 객좌교수 1998년 성균관대 경영전문대학원 교수(현) 2000년 e-삼성 차이나 부사장 2000~2001년 삼성 오픈타이드차이나 사장 2002년 성균관대 현대중국연구소장(현) 2003~2004년 同경영전문대학원 MBA Director 2008~2011년 (주)농심 사외이사, (주)이건 사외이사 2012~2014년 (주)LG패션 사외이사 겸 감사위원 2014년 한국국제경영학회 회장 2014년 (주)LF 사외이사 겸 감사위원(현) 2015~2016년 (사)한국마케팅학회 회장 2015년 (주)한독 사외이사(현) 2015년 성균관대 중국대학원장(현) <상>미국 텍사스대 대학원 Phi Kappa Phi, Beta Gamma Sigma, 미국 텍사스대 대학원 최우수졸업상 <저>'현대의 마케팅과학(共)' '마케팅전략기획(共)' '중국 일등기업의 4가지 비밀'(2013, 삼성경제연구소) '중국의 상업관행과 제도적 환경변화'(2014, 한국학술정보) '혁신의 시간(共)'(2016, 알에이치코리아) <역>'경쟁과 협력의 전략' <종>기독교

김용준(金容浚) KIM Yong Jun

<생>1964 · 7 · 29 <출>부산 <주>경기 수원시 장안구 경수대로1110의17 중부지방국세청 성실납세지원국(031-888-4420) <학>부산남고졸, 서울대 경영학과졸, 미국 시라큐스대 대학원 경제학과졸 <경>1992년 행정고시 합격(36회) 1993년 동래세무서 총무과장 1995년 창원세무서 부가가치세과장 1996년 남인천세무서 재산세과장 1997년 국세청 국제조세2과 행정사무관, 同법인세과 행정사무관 2004년 중부지방국세청 조사3국 서기관 2007년 駐워싱턴 주재관 파견 2009년 서울지방국세청 조사3국 조사3과장 2010년 서울 구로세무서장 2010년 국세청 국제협력담당관 2012년 同국제협력담당관(부이사관) 2014년 서울지방국세청 징세법무국장(고위공무원) 2014년 중앙공무원교육원 파견(고위공무원) 2015년 중부지방국세청 성실납세지원국장(현)

김용직(金容稷) KIM Young Jik (向川 · 茶西軒)

<생>1932 · 11 · 30 <본>광산(光山) <출>경북 안동 <주>서울 관악구 관악로1 서울대학교 국어국문학과(02-880-9019) <학>1954년 장충고졸 1958년 서울대 국어국문학과졸 1964년 同대학원 국어국문학과졸 1977년 문학박사(서울대) <경>1964년 단국대 국어국문학과 강사 · 전임강사 1968~1979년 서울대 국어국문학과 전임강사 · 조교수 · 부교수 1979~1998년 同국어국문학과 교수 1993~1997년 한국현대문학회 회장 1994~1996년 한국비교문학회 회장 1997~1999년 한국시학회 회장 1998년 서울대 명예교수(현) 2000~2005년 한국문학번역원 이사장 2002년 대한민국학술원 회원(한국현대문학 · 현), 同인문사회과학부 제2분과 회장 <상>현대문학상(1977), 도남국문학상(1979), 세종문학상(1987), 대한민국 문학상(1992), 3 · 1문화상(1997), 국민훈장 모란장(1998), 만해대상 학술부문(2009) <저>'한국현대시 연구'(1974) '현대시원론'(1988) '林和문학연구'(1991) '현대 한국문학의 사적 탐색'(1997) '한국문학의 비평적 성찰' '한국근대문학의 사적 이해' '한국근대시사(상 · 하)' '해방기 한국시문학사' '한국현대시사(1 · 2)' '전형기의 한국문예비평' '한국현대시인연구(上 · 下)' '김소월 전집' '이육사' '碧天集' '뿌리의 文化' <종>유교

김용직(金容直) KIM Yong Jick

<생>1955 · 11 · 18 <본>광산(光山) <출>경기 포천 <주>서울 종로구 종로5길58 석탄회관빌딩 법무법인 케이씨엘(02-721-4242) <학>1974년 경기고졸 1978년 서울대 법대졸 1980년 단국대 대학원 법학과 수료 1996년 서울대 공과대학 최고산업전략과정 수료 2006년 同경영대학원 최고경영자과정 수료 <경>1978년 행정고시 합격(22회) 1979~1980년 경제부처 및 강원도 수습사무관 · 동력자원부 행정사무관 1980년 사법시험 합격(22회) 1982년 사법연수원 수료(12기) 1982~1985년 공군 법무관 1985년 서울지법 동부지원 판사 1987년 서울형사지법 판사 1990년 춘천지법 원주지원 판사 · 서울민사지법 판사 1993년 서울고법 판사 1994년 대법원 재판연구관 재심위원 1997년 대전지법 부장판사 1999년 수원지법 부장판사 2000년 서울지법 동부지원 부장판사 2001~2008년 법무법인 케이씨엘(KCL) 변호사 2002~2004년 사법연수원 외래교수 2002년 신용협동조합중앙회 경영평가위원 2003~2010년 서울동부지법 조정위원 2004년 서울고검 항고심사위원 2005년 학교법인 고황재단 고문변호사 2005년 한국경쟁포럼 이사 2005년 (사)행복한동행 감사 2005년 대한상사중재원 중재인(현) 2006년 (사)한국자폐인사랑협회 회장(현) 2006년 행복나눔재단 감사(현) 2007~2010년 한국자산관리공사 경영관리위원 2008년 법무부 장애인차별시정심의위원회 위원(현) 2008~2010년 여수세계박람회조직위원회 재정법무자문위원장 2008~2013년 서울대 공대 객원교수 2008년 법무법인 케이씨엘 대표변호사(현) 2008년 (재)하나미소금융재단 감사(현) 2009년 국세청 국세심사위원 2010년 서울시 법률고문(현) 2010~2014년 학교법인 덕성학원 감사 2010년 학교법인 서울예술학원 이사(현) 2010년 소화장학재단 상임이사(현) 2011년 한국장애인개발원 이사(현) 2012~2015년 조세심판원 비상임심판관 2013년 바보의나눔재단 이사(현) 2013년 한국장애인단체총연맹 공동대표(현) 2015년 KEB외환나눔재단 이사(현) 2015년 대한변호사협회 부회장(현) 2015년 서울시 규제개혁위원회 위원장(현) 2015년 한국해양재단 감사(현) <상>스페셜올림픽 유공 체육포장(2013), 헌법재판소 모범국선대리인 표창(2013), 법조협회 법조봉사대상 대상(2014), 법조언론인클럽 '2015 올해의 법조인상'(2016) <저>'주석 민법(共)'(2001) <종>천주교

김용직(金容稙) KIM YONG JICK

<생>1959 · 6 · 1 <출>서울 <주>서울 종로구 세종대로198 대한민국역사박물관(02-3703-9210) <학>1983년 서울대 외교학과졸 1985년 同대학원 외교학과졸 1992년 정치학박사(미국 노스캐롤라이나대 채플힐교) <경>1986년 미국 노스캐롤라이나대 채플힐교 정치학과 연구조교 1992~1993년 한림대 강사 1993년 서울대 강사, 서강대 강사, 경희대 강사, 충북대 강사, 국민대 강사 1995년 공보처 해외공보관전문위원 1996년 성신여대 정치외교학과 교수(현) 2006년 국가보훈처 공적심사위원회 공적심사위원 2007~2009년 국가기록원 정책자문위원 2008~2009년 미국 클레어먼트맥켄나대 국제전략연구소 교환교수 2009년 성신여대 사회과학대학장 2009~2010년 진실화해를위한과거사정리위원회 상임위원 2011~2016년 한국정치학회 이사 2012~2014년 한국정치외교사학회 회장 2012~2014년 성신여대 동아시아연구소장 2012~2016년 한국국제정치학회 부회장 겸 이사 2016년 대한민국역사박물관 관장(현) <저>'한국근현대정치론'(1999, 도서출판 풀빛) '근대한국의 사회과학개념형성사(共)'(2009, 창비) '하와이에서 만주까지'(2009, 성신여대 출판부) '인문학콘서트 3권(共)'(2011, 이숲출판) '저서를 통해 본 이승만의 정치사상과 현실인식(共)'(2011, 연세대 출판부)

김용진(金容鎭) KIM Yong Chin (平山)

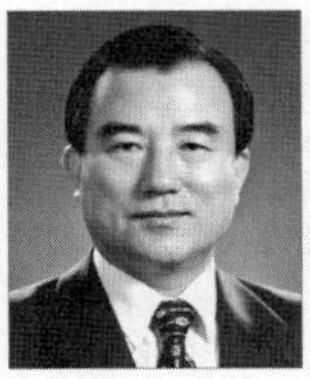

[생]1939·1·17 [본]안동(安東) [출]경북 상주 [학]1957년 김천고졸 1963년 서울대 문리과대학졸 1967년 同행정대학원졸 [경]1966년 행정고시 합격 1974년 서울지방국세청 개인세과장 1974년 이천세무서장 1975~1978년 국세청 조사지도·영업세·부가가치세과장 1978년 재무부 간접세담당관 1980년 관세공무원교육원 원장 1981년 관세청 기획관리관 1982년 국세심판소 상임심판관 1983년 국세청 징세심사국장 1984년 재무부 세제국장 1989년 민정당 재무수석전문위원 1990년 민자당 재무전문위원 1990년 재무부 세제실장 1993년 관세청장 1994년 재무부 차관 1995년 은행감독원장 1995년 민자당 국책자문위원 1996년 국무총리 행정조정실장 1996~1997년 과학기술처 장관 1997년 한국조세연구원 연구자문위원 1998년 한국산업리스·LG전자 사외이사 2000년 리젠트종합금융 사외이사 2001년 안건회계법인 상임고문 2003~2007년 (주)LG 사외이사 2005~2015년 한영회계법인 상임고문 [상]녹조·홍조·황조·청조근정훈장 [종]가톨릭

김용진(金溶鎭) KIM Yong Jin

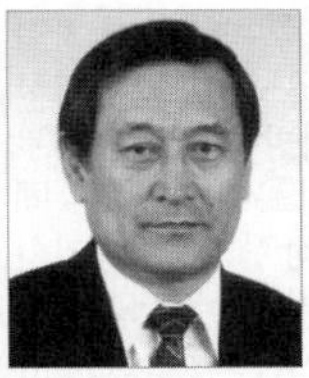

[생]1939·8·1 [본]경주(慶州) [출]경북 경주 [주]서울 양천구 목동서로225 대한민국예술인센터1019호 한국음악협회 이사장실(02-2655-3060) [학]1958년 대구 계성고졸 1963년 서울대 음악대학 국악과졸 1980년 경희대 대학원 음악과졸 [경]1972~2004년 한양대 국악과 교수 1976~1982년 서울시립국악관현악단 상임지휘자 1989~1995년 한양대 음악대학장 1997년 KBS국악관현악단 상임지휘자 1999~2003년 한양대 교육대학원장 2001년 한국음악협회 이사장(현) 2004~2005년 (재)세종문화회관 사장 2004년 한양대 음악대학 명예교수(현) 2009년 월드콰이어챔피언십조직위원회 위원장, 신악회(新樂會) 회장, 한국예술문화단체총연합회 부회장 [상]대한민국작곡상, 한국음악협회 한국음악상, 국민훈장 목련장, 광복56주년 대통령표창, 국민훈장 모란장, 서울시 문화상, KBS국악대전 특별공로상, 서울신문사 한국문화대상, 예총 예술문화상 공로상 [저]'시창과 청음' '국악기 해석'

김용진(金容珍) Kim, Yong Jin (관산)

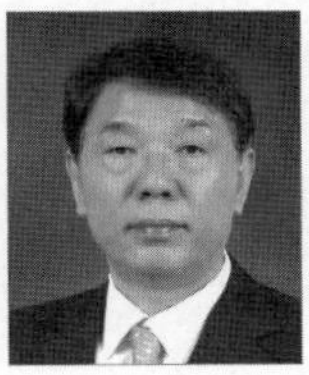

[생]1951·3·7 [본]광산(光山) [주]경기 부천시 소사구 호현로489번길28 부천세종병원 의학연구소(1599-6677) [학]1969년 남성고졸 1975년 서울대 의대졸 1978년 同대학원졸 1983년 의학박사(서울대) [경]1975~1980년 서울대병원 흉부외과 인턴·레지던트 1980~1983년 육군 軍의관·국군수도통합병원 흉부외과장 1983년 서울대병원 흉부외과 전임의사 1983~1995년 서울대 의대 흉부외과학교실 전임강사·조교수·부교수 1983~1985년 대한흉부외과학회 총무 1985~1986년 同감사 1986~1987년 미국 하버드의대 보스턴소아병원 연구원 1986~2005년 대한흉부외과학회 이사 1988~2006년 국방부 의무자문관 1991년 미국 하버드의대 소아병원 교환교수 1992~1994년 서울대병원 외과중환자실장 1993~2000년 同소아흉부외과장 1993년 대한순환기학회 평의원(현) 1994년 미국 흉부외과의사협회 회원(현)1994~1997년 이화여대병원 자문교수 1995년 호주 왕립멜번의대소아병원 교환교수 1995~2016년 서울대 의대 흉부외과학교실 교수 1999~2006년 건강보험심사평가원 중앙심사평가위원 2000년 미국 샌디에고의대 교환교수 2000~2004년 서울대병원 흉부외과장 및 의과대학 주임교수 2000~2005년 대한흉부외과 상임이사 및 학술위원장 2000~2002·2006~2008년 대한순환기학회 이사 2001~2002년 국방부 정책자문위원 2002년 아시아심혈관학회 이사 2003~2005년 대한소아심장학회 회장 2004년 대한민국의학한림원 정회원(현) 2006~2008년 세계선천성 및 소아심장외과학회 이사 2010년 아시아심장혈관학회 명예회원(현) 2011~2012년 대한흉부외과학회 회장 2016년 서울대 명예교수(현) 2016년 부천세종병원 의학연구소장(현) [상]이영균 학술상(1997), 중국 우의상(友誼賞)(2010), Medtronic 학술상(2010), St. Jude 공로상(2012) [저]'흉부외과 영역의 중환자 관리지침(共)'(1984) '중환자진료학 : 제47장 개심술후 환자관리' '심장외과학(共)'(2011, 고려의학) [종]기독교

김용진(金龍鎭) KIM Yong Jin

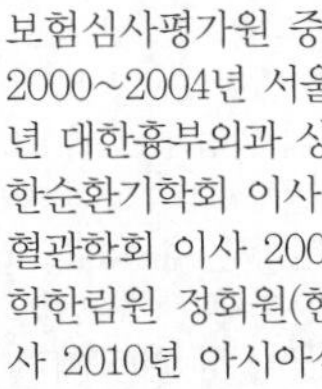

[생]1958·1·17 [본]광주(廣州) [출]서울 [주]서울 은평구 진흥로215 한국환경산업기술원 환경사업본부(02-380-0200) [학]1976년 철도고졸 1986년 국민대 경제학과졸 2004년 미국 듀크대 국제개발정책학졸 2007년 경기대 행정대학원졸 2012년 행정학박사(경기대) [경]1984년 행정고시 합격(28회) 1985년 경제기획원 공정거래실 사무관 1990~1994년 환경부 수질정책과·정책총괄과·폐기물정책과 사무관 1995년 同인사계장 1996년 同환경교육과장·소음진동과장 1997년 駐케냐대사관 환경관 2000년 환경부 법무담당관 2001년 同산업폐기물과장 2001년 同장관비서관 2001년 同수도정책과장 2002년 국무총리국무조정실 파견 2004년 미국 듀크대 파견 2005년 환경부 산업폐기물과장 2007년 同생활폐기물과장 2007년 同국제협력관실 해외협력담당관 2011년 同국립생태원건립추진기획단 부단장 2011년 同국립생물자원관 생물자원연구부장 2013~2015년 광주지방기상청장 2015년 한국환경산업기술원 환경사업본부장(상임이사)(현) [상]환경부장관표창(1992), 대통령표창(2013), 홍조근정훈장(2015)

김용진(金容振)

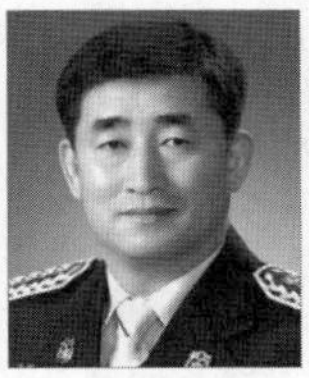

[생]1959·3·2 [출]경북 김천 [주]대구 달서구 학산로75 달서소방서 서장실(053-607-2201) [학]1977년 김천중앙고졸 1986년 충북대 축산학과졸 2006년 경북대 대학원졸 [경]1990년 소방위 임용(소방간부후보 6기) 1990년 경남 충무소방서 소방행정계장 1996년 대구 북부소방서 구조구급계장 2003~2006년 대구시소방본부 시민안전테마파크건립팀장(방호담당)·교육안전담당·소방감사담당·행정지원담당 2006년 대구 달성소방서 소방행정과장 2013년 대구시소방본부 119종합상황실장 2013년 대구 북부소방서장 2015년 대구시소방본부 대응구조과장 2016년 대구 달서소방서장(현) [상]행정자치부장관표창(2002), 대통령표창(2008)

김용진(金容珍) KIM YONG JIN

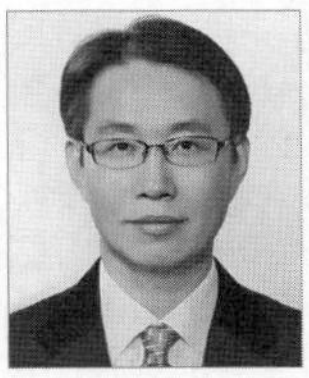

[생]1960·5·15 [본]광산(光山) [출]경북 울진 [주]부산 수영구 남천동로19번길28 수영세무서(051-620-9201) [학]후포고졸, 세무대학 내국세학과졸 2014년 고려대 정책대학원 세정학과졸 [경]1986년 서울 여의도세무서·관악세무서·서초세무서·마포세무서·역삼세무서 근무, 서울지방국세청 국제조세과·송무과·감사관실 근무, 국세청 조사국 근무 2006년 서울지방국세청 감사관실 근무 2010년 북인천세무서 부가가치세과장 2011년 국세청 법인납세국 원천세과 근무(서기관) 2016년 부산 수영세무서장(현) [상]국무총리표창(2008)

김용진(金用鎭) KIM Yong Jin

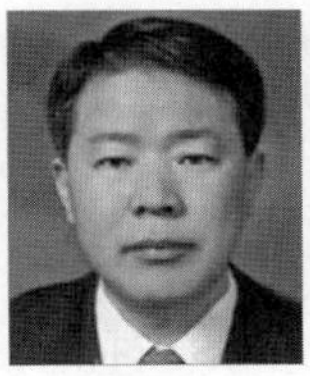

[생]1961·3·1 [주]대전 유성구 가정북로156 한국기계연구원 환경에너지기계연구본부(042-868-7475) [학]1983년 경북대 금속공학과졸 1985년 同대학원졸 2000년 공학박사(한국과학기술원) [경]1987년 한국기계연구원 신기능재료연구본부 책임연구원(현) 2005년 同신기능재료연구본부 분말재료연구센터장 2008년 同그린환경기계연구본부장 2014년 同환경에너지기계연구본부장(현)

김용진(金容振) KIM Yong Jin

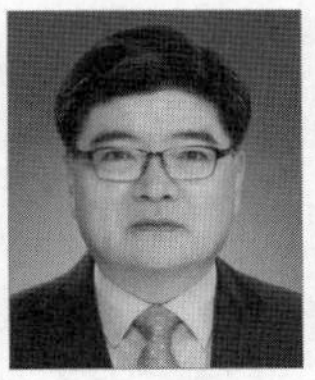

[생]1961·11·27 [출]경기 이천 [주]울산 중구 종가로395 한국동서발전(주) 사장실(052-700-5253) [학]1979년 청주 세광고졸 1986년 성균관대 교육학과졸 1997년 영국 버밍엄대 대학원 경제학 석사과정 수료 [경]1986년 행정고시 합격(30기) 1999년 기획예산위원회 정부개혁실 재정개혁단 서기관 1999년 기획예산처 정부개혁실 개혁기획팀 서기관 2000년 同공보관실 서기관 2002년 同사회기금과장 2003년 同복지노동예산과장 2005년 同공공혁신기획팀장 2006년 同공공혁신기획팀장(부이사관) 2007년 同정책총괄팀장 2007년 제17대 대통령직인수위원회 국가경쟁력강화특별위원회 실무위원 2008년 기획재정부 혁신인사과장 2009년 同장관비서실장 2009년 同대외경제국장(고위공무원) 2009년 駐영국 재경관 2012년 기획재정부 공공정책국 공공혁신기획관 2013년 同대변인 2014년 同예산실 사회예산심의관 2015년 대통령직속 지역발전위원회 지역발전기획단장 2016년 한국동서발전(주) 대표이사 사장(현)

김용집(金容集) KIM Yong Jyb

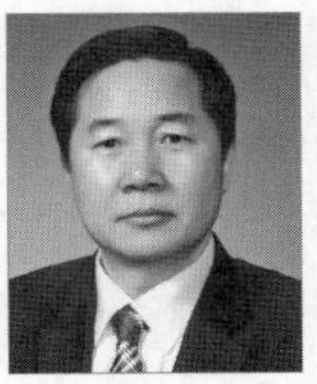

[생]1963·10·30 [주]광주 서구 내방로111 광주광역시의회(062-613-5112) [학]동신고졸, 전남대 행정학과졸 [경]전남매일신문 기자, 민주당 광주시당 정책실장, 同광주시당 조직국장, 광주지검 형사조정위원, 광주시민사회단체 공동대표, 성시화운동본부 실행위원, 함세아예술인협동조합 감사, (사)안전모니터봉사단 광주지부 부회장, 광주시 남구 의용소방대원 2006년 광주시 남구의원선거 출마 2014년 새정치민주연합 중앙당 부대변인 2014년 광주시의회 의원(비례대표, 새정치민주연합·더불어민주당)(현) 2014년 同환경복지위원회 위원장 2016년 同예산결산특별위원회 부위원장(현) 2016년 同교육위원회 위원(현) 2016년 同윤리특별위원회 위원(현) 2016년 同도시재생특별위원회 위원(현)

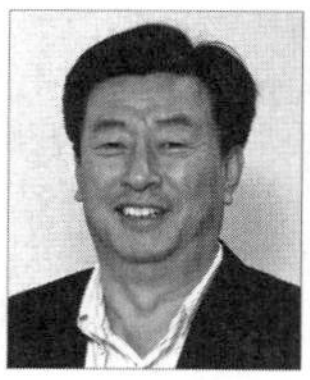

김용찬(金容粲) Kim Yong Chan
[생]1955·7·30 [본]광산(光山) [출]대전 [주]대전 중구 대종로550번길5 유원오피스텔4층 금강일보(042-346-8000) [학]1981년 단국대 건축공학과졸 1998년 목원대 대학원 도시공학과졸 [경]1994~2004년 아림건설(주) 대표이사 2010년 금강일보 회장(현)

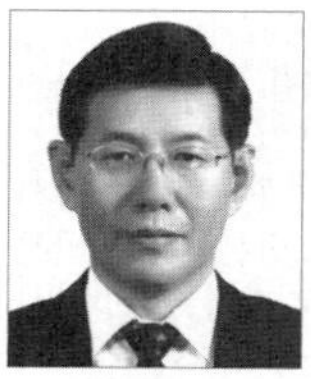

김용찬(金容讚) KIM Yong Chan
[생]1962·10·27 [출]충남 [주]충남 홍성군 홍북면 충남대로21 충청남도청 기획조정실(041-635-2100) [학]서대전고졸 [경]1992년 행정고시 합격(36회) 2002년 행정자치부 자치행정국 자치행정과 서기관 2003년 同자치행정국 민간협력과 서기관, 同행정혁신국 시민협력과 서기관 2006년 국가균형발전위원회 파견 2007년 행정자치부 단체교섭팀장 2008년 충남도 혁신정책기획관(부이사관) 2009년 同행정도시지원·도청이전추진본부장 2010년 행정안전부 선거의회과장 2011년 대통령비서실 근무(부이사관) 2014년 충남도의회 사무처장 2015년 충남도 기획조정실장(현) [상]홍조근정훈장(2015)

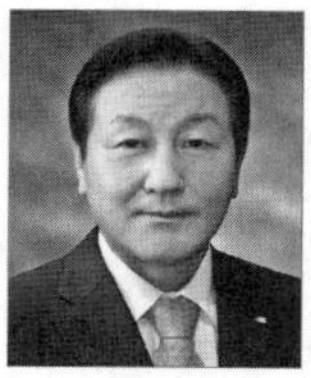

김용창(金用昶) KIM YONG CHANG
[생]1952·4·14 [출]경북 구미 [주]경북 구미시 1공단로6길144 (주)신창메디칼 비서실(054-463-2400) [학]2008년 경운대 의료경영학졸 2011년 안동대 경영대학원졸 [경]1988년 유신산업 대표(현) 1998년 (주)신창메디칼 대표이사(현) 1999년 제6·7·8·9·10·11·12대 구미상공회의소 상공의원 1999년 구미시이업종교류회 회장 2001년 구미국가산업단지중소기업협의회 초대·2대·3대 회장 2003년 구미시체육회 골프협회 회장 2007년 구미국가산업단지 초대 경영자협의회장 2008년 구미국제친선교류협회 회장 2008년 SC모터스(INFINITI자동차) 대표이사, 同회장(현) 2009년 신창모터스(NISSAN자동차) 대표이사, 同회장(현) 2009~2015년 구미상공회의소 제12·13대 회장 2012~2015년 경북도상공회의소협의회 회장 2012~2015년 대한상공회의소 부회장 [상]납세공로 국세청장표창(2005), 산업발전부문 산업자원부장관표창(2006), 자랑스런 도민상(2008), 철탑산업훈장(2012) [종]불교

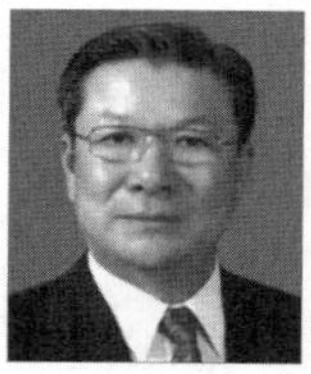

김용채(金鎔采) KIM Yong Chae (蓮谷)
[생]1932·10·5 [본]광산(光山) [출]경기 포천 [학]1958년 조선대 경제학과졸 1986년 연세대 행정대학원 수료 1996년 광운대 경영대학원 최고경영자과정 수료 2001년 명예 이학박사(용인대) [경]1962년 재무부·경제기획원 장관 특별보좌관 1963~1965년 민주공화당(공화당) 정책위원·청년분과위원장 1967년 대한태권도협회 회장(8단) 1968년 제7대 국회의원(전국구, 공화당) 1971년 국제외교협의회 회장 1972년 동방유량 사장 1973년 제9대 국회의원(연천·포천·가평·양평, 공화당) 1980년 서부트럭터미널 사장 1985년 제12대 국회의원(연천·포천·가평, 국민당) 1985년 국민당 원내총무 1987년 同전당대회 의장 1987년 신민주공화당 사무총장 1987년 同선거대책본부장 1988년 제13대 국회의원(서울노원乙, 신민주공화당·민자당) 1988년 신민주공화당 원내총무 1990년 남북국회회담 대표 1991년 국회 건설위원장 1992년 정무제1장관 1995년 자민련 노원乙지구당 위원장 1995년 同부총재 1996년 同상임고문 1996~1998년 서울시 노원구청장(자민련) 1997~1999년 자민련 부총재 1998년 同개혁추진위원장 1999년 국무총리 비서실장 2000년 한국토지공사 사장 2001년 건설교통부 장관 2001년 자민련 부총재 [상]중화민국 대수경성훈장(1976), 청조근정훈장(1993) [종]불교

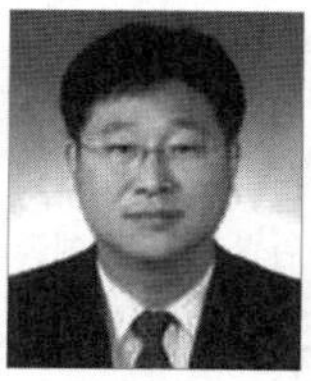

김용채(金用采) KIM Young Chae
[생]1965·5·21 [출]충남 천안 [주]세종특별자치시 한누리대로402 산업통상자원부 투자정책과(044-203-4070) [학]1984년 천안고졸 1991년 연세대 정치외교학과졸 [경]1993년 행정고시 합격 2002년 정보통신부 우정사업본부 총무과 국제협력담당 사무관 2002년 서기관 승진 2003년 부산금정우체국장 2004년 아시아태평양우편연합 파견 2006년 군산우체국장 2007년 전북체신청 사업지원국장 2007년 정보통신부 우정사업본부 우편사업단 물류기획관실 인터넷사업팀장 2008년 지식경제부 우정사업본부 인터넷사업팀장 2009년 同우정사업본부 우편사업단 물류기획관실 우편물류팀장 2009년 同지역특화발전특구기획단 특구운영1과장 2010년 同에너지관리과장 2011년 同무역구제정책팀장 2012년 同입지총괄과장 2013년 산업통상자원부 입지총괄과장 2014년 同투자정책과장(현)

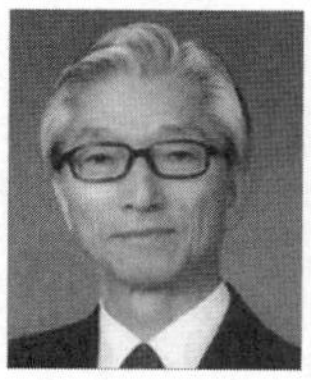

김용철(金容喆) KIM Yong Chul
[생]1924·12·17 [본]김해(金海) [출]경북 성주 [주]서울 동대문구 경희대로26 경희학원(02-961-0101) [학]1944년 경북중졸 1950년 서울대 법대졸 1989년 명예 법학박사(경희대) [경]1949년 변호사시험 합격(3회) 1951년 해군 법무관 1957년 예편(소령) 1957년 대구지법 판사 1960년 대구고법 판사 1962년 서울지법 부장판사 1964년 서울민사지법 부장판사 1966년 서울형사지법 부장판사 1968년 서울고법 부장판사 1973년 춘천지법원장 1975~1986년 대법원 판사 1981~1986년 법원행정처장 1981~1986년 헌법위원 1986~1988년 대법원장 1988~2011년 한양합동법률사무소 대표변호사 2006~2015년 학교법인 경희학원 이사장 2015년 同명예 이사장(현) [상]청조근정훈장, 수교훈장 광화대장, 화랑무공훈장, 국민훈장 무궁화장(2015) [종]불교

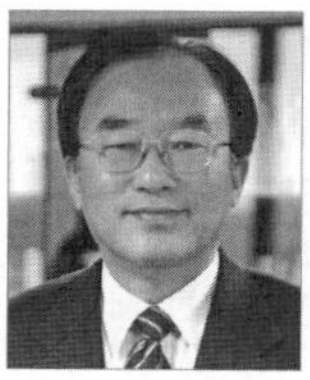

김용철(金容喆) Kim, Yong Chul
[생]1949·2·14 [본]나주(羅州) [출]전북 군산 [주]서울 광진구 능동로209 세종대학교 교양학부(02-3408-3546) [학]1967년 서울대사대부고졸 1971년 서울대 문리대 철학과졸 [경]1977년 문화방송 입사 1977~1993년 同사회부·정치부 기자, 同정치부 차장 1986~1987년 미국 조지타운대 수학 1993~1999년 문화방송 기획취재부장·TV편집1부장·사회부장·TV편집2부장 1999년 同문화과학부장 1999년 同해설위원 1999년 同보도국 부국장 2000년 同기획국장 2000년 同이사 겸 정책기획실장 2001년 춘천문화방송 사장 2003년 문화방송 전무 겸 시사제작본부장 2004~2005년 同부사장 2005~2006년 여의도클럽 회장 2007~2009년 (주)MBC애드컴 고문 2009년 대양학원(세종대) 임시이사 2010년 세종대 교양학부 석좌교수(현) 2012~2015년 방송문화진흥회 이사 [종]기독교

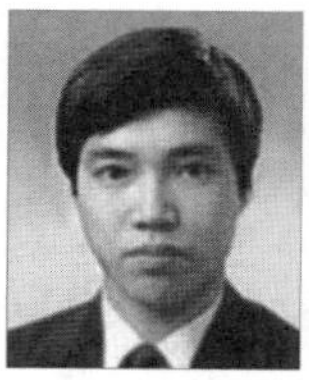

김용철(金容哲) KIM Yong Cheol
[생]1964·11·29 [출]전남 보성 [주]서울 서초구 강남대로193 서울행정법원(02-2055-8114) [학]1983년 광주 동신고졸 1987년 서울대 경영학과졸 1989년 同대학원 경영학과졸 [경]1993년 사법시험 합격(35회) 1996년 사법연수원 수료(25기) 1996년 서울지법 남부지원 판사 1998년 서울지법 판사 2000년 대전지법 천안지원 판사 2003년 서울지법 판사 2007년 서울고법 판사 2008년 대법원 재판연구관 2010년 서울동부지법 판사 2011년 대전지법 서산지원장 2013년 수원지법 성남지원 부장판사 2016년 서울행정법원 부장판사(현)

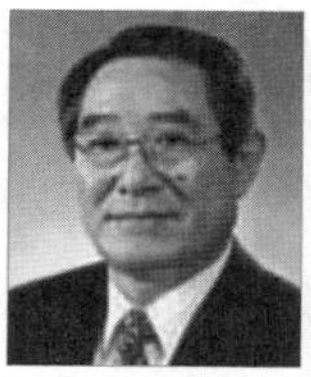

김용태(金瑢泰) KIM Yong Tae
[생]1935·12·25 [본]김해(金海) [출]경북 안동 [주]서울 영등포구 여의동로213 라이프오피스텔1011호 성천문화재단(02-786-6513) [학]1954년 대구 계성고졸 1958년 서울대 법대졸 [경]1963년 서울신문 정치부 기자 1963년 조선일보 정치부 기자 1970년 同정치부장 1973년 同편집부국장 1979년 同편집국장 1981년 제11대 국회의원(대구東·北, 민주정의당) 1981년 민주정의당(민정당) 경북지부 위원장 1982년 同대변인 1985년 제12대 국회의원(대구東·北, 민정당) 1985년 국회 재무위원장 1987년 민정당 정책위원회 부의장 1988년 제13대 국회의원(대구北, 민정당·민자당) 1988·1990년 국회 예결위원장 1992년 제14대 국회의원(대구北, 민자당) 1992년 민자당 정책위 의장 1992년 同원내총무 1992년 국회 운영위원장 1993년 민자당 당무위원 1994년 국회 예산결산특별위원장 1994~1995년 내무부 장관 1996년 신한국당 대구北乙지구당 위원장 1997~1998년 대통령 비서실장 2003년 성천문화재단 이사(현), 대경회 회장, 대구 계성고 이사 [상]서울시 문화상, 청조근정훈장 [저]'코메리칸의 낮과 밤' [종]천주교

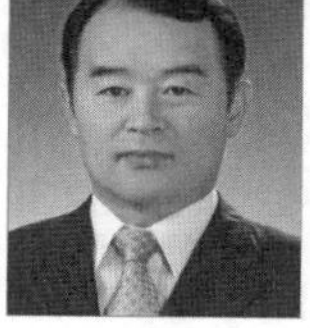

김용태(金龍泰)
[생]1958·1·9 [출]경북 청도 [학]1981년 육군사관학교졸(37기) 1993년 미국 하버드대 케네디스쿨 연수 1997년 미국 시라큐스대 맥스웰스쿨 행정학과졸 2011년 국방대학교 안보대학원 수료 2014년 경영학박사(한남대) [경]1988년 관세청 행정사무관 1990년 부산본부세관 수출과장 1997년 관세청 조사국 조사과 행정사무관 2001년 인천공항세관 세관운영과장(서기관) 2002년 관세청 심사정책과장 2003년 同마약조사과장 2004년 駐日한국대사관 관세관 2007년 관세청 수출입물류과장 2008년 同종합심사과장(부이사관) 2009년 부산본부세관 통관국장 2011년 同심사국장 2012년 인천본부세관 통관국장 2014년 울산세관장 2015~2016년 평택직할세관장

김용태(金容台) KIM Yong Tae

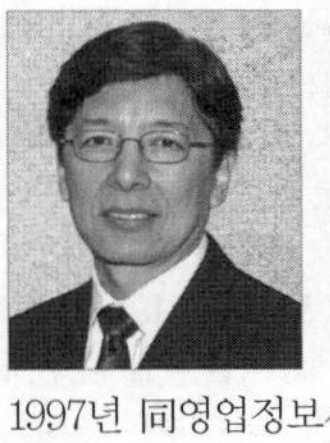

[생]1958·9·3 [출]서울 [주]서울 강남구 강남대로298 푸르덴셜생명보험(주)(02-2144-2485) [학]동성고졸 1982년 서울대 수학과졸 1989년 미국 웨스턴일리노이대 대학원졸(Computer Science 석사) 2002년 미국 스탠퍼드대 Business Management 수료 2012년 서울대 최고경영자과정 수료 [경]1985~1987년 보험감독원 근무 1989년 푸르덴셜생명보험(주) 과장 1992년 同전산부 차장 1997년 同영업정보시스템부장 1998년 同이사 2001년 同상무 2003년 同전무 2005년 同부사장 2014년 同COO(부사장)(현) [종]천주교

김용태(金容兌) Yongtae Kim

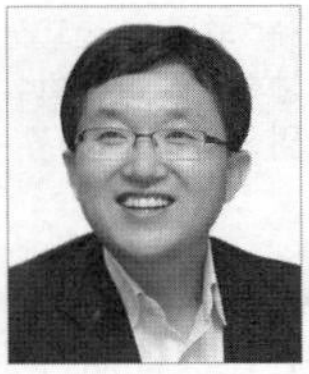

[생]1968·3·26 [본]광산(光山) [출]대전 [주]서울 영등포구 의사당대로1 국회 의원회관338호(02-784-5076) [학]대전고졸, 서울대 정치학과졸 [경]2003년 (주)알티캐스트 이사 2004년 한나라당 여의도연구소 기획위원 2004년 미국 존스홉킨스대 국제관계대학원(SAIS) 객원연구원 2007년 중앙일보 전략기획실 기획위원 2008년 제17대 대통령직인수위원회 기획조정분과 전문위원 2008년 제18대 국회의원(서울 양천구乙, 한나라당·새누리당) 2008년 한나라당 대표특보 2010~2011년 同원내부대표 2010년 국회 운영위원회 위원 2011년 한나라당 기획위원장 2012년 제19대 국회의원(서울 양천구乙, 새누리당) 2012년 국회 정무위원회 위원 2012년 새누리당 지역화합특별위원회 위원 2013년 국회 법안심사소위원회 위원 2013년 국회 예산결산특별위원회 위원 2014년 국회 정무위원회 여당 간사 2014년 새누리당 '새누리당을 바꾸는 혁신위원회' 위원 2014~2015년 同정책위원회 제3정책조정위원장 2014~2015년 同보수혁신특별위원회 위원 2015년 同정책위원회 부의장 2015년 同정책위원회 정무정책조정위원장 2015~2016년 同서울시당 위원장 2015~2016년 同핀테크특별위원회 위원 2016년 제20대 국회의원(서울 양천구乙, 새누리당)(현) 2016년 국회 정무위원회 위원(현) [상]전국청소년선플SNS기자단 선정 '국회의원 아름다운 말 선플상'(2015), 금융소비자보호대상 국회의정활동부문(2015) [저]'대한민국 생존의 조건'(2008) '팔도강산사거리'(2011) [종]기독교

김용필(金容必) KIM Yong Pil

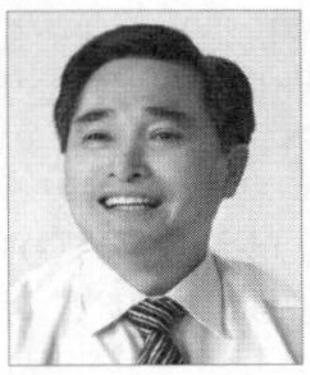

[생]1966·3·19 [본]광산(光山) [출]충남 서산 [주]충남 예산군 삽교읍 도청대로600 충청남도의회(041-635-5322) [학]1984년 안면고졸 1992년 안양대졸 1997년 총신대 신학대학원 석사과정 수료, 인하대 경영대학원졸 [경]대술평강교회 담임목사, 예산귀농학교 설립자, 예산군 학교운영위원회 부회장, 신양중 운영위원회 위원장 1997년 더불어살기생명농업운동 본부장 2006년 충남 예산군의원선거 출마(무소속) 2010년 충남도의회 의원(비례대표, 자유선진당·선진통일당·새누리당) 2010년 同운영위원회 위원 2012~2014년 同행정자치위원회 위원 2012년 선진통일당 충남도당 대변인, 새누리당 충남도당 부위원장 2012년 충남민간의탁사무심의위원회 위원 2012년 충남도의회 내포신도시건설지원특별위원회 부위원장 2014년 충남도의회 의원(새누리당·무소속)(현) 2014년 同농업경제환경위원회 위원 2014년 同예산결산특별위원회 위원 2014년 同내포문화권발전특별위원회 위원장 2016년 同교육위원회 위원(현) [종]기독교

김용하(金龍河) KIM Yong Ha

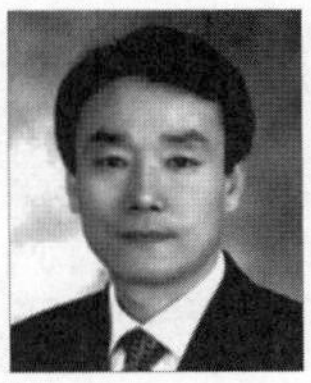

[생]1960·3·2 [본]삼척(三陟) [출]강원 삼척 [주]대전 서구 청사로189 산림청 차장실(042-481-4111) [학]1978년 강릉고졸 1983년 서울대 임학과졸 1985년 同대학원 임학과졸 1993년 미국 아이다호대 대학원 자연휴양학과졸 1995년 同대학원 자연휴양학박사과정 수료 2008년 농학박사(충남대) [경]1982년 기술고시 합격(18회) 1985년 산림청 입청 1997년 同자원조성국 산림환경과장 1999년 同임업정책국 임업정책과장 1999년 同사유림지원국 산림자원과장 2000년 同국유림관리국 국유림경영과장 2002년 同국유림관리국 산림문화과장 2004년 同산림정책국 산림정책과장 2004년 同산림항공관리소장 2005년 同동부지방산림청장 2008년 중앙공무원교육원 파견 2009년 산림청 국립수목원장 2012년 同해외자원협력관 2012년 同산림자원국장 2013년 同차장(현) [상]농림수산부장관표창(1990), 근정포장(1999), 홍조근정훈장(2012) [종]가톨릭

김용하(金龍夏) KIM Yong Ha

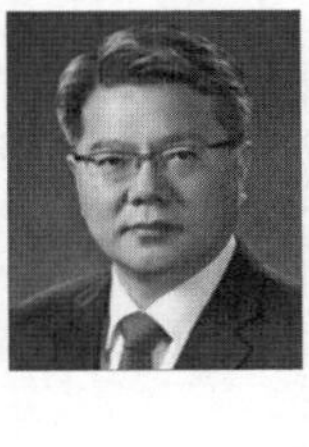

[생]1961·5·1 [본]김해(金海) [출]경북 영주 [주]충남 아산시 신창면 순천향로22 순천향대학교 글로벌경영대학 IT금융경영학과(041-530-1191) [학]1980년 배정고졸 1984년 성균관대 경제학과졸 1986년 同대학원 경제학과졸 1990년 독일 본대 연수 1993년 경제학박사(성균관대) [경]1981~1994년 한국개발연구원(KDI) 주임연구원 1992~1996년 국민연금재정추계전문위원회 자문위원 1994~1997년 한국보건사회연구원 부연구위원 1995년 국무총리실 삶의질기획단 전문위원 1997~1998년 삼성금융연구소 선임연구원 1998~2008년 순천향대 사회과학대학 경상학부 금융보험학전공 교수 1999년 공사연금제도개선실무위원회 위원 1999년 국민연금기금운용실무평가위원회 위원 1999년 한국사회보험연구소 소장 2003년 대통령자문 정부혁신지방분권위원회 재정세정전문위원 2007년 순천향대 건강과학대학원 교학부장 2008~2012년 한국보건사회연구원 원장 2008년 국민연금기금운용위원회 위원 2008년 한국경제60년사 편집위원회 위원 2008년 저출산고령사회위원회 위원 2009·2013년 사회보장심의위원회 위원(현) 2009년 국가보훈위원회 위원 2009년 보건의료발전계획수립을위한추진위원회 위원 2011년 한국재정정책학회 회장 2012~2015년 순천향대 글로벌경영대학 금융보험학과 교수 2014년 한국연금학회 회장 2014~2015년 순천향대 글로벌경영대학장 2014년 대통령직속 규제개혁위원회 위원(현) 2015년 국회 공무원연금개혁특별위원회 국민대타협기구 위원 2015년 대통령자문 국민경제자문회의 기초경제2분과 자문위원(현) 2016년 새누리당 제20대 총선 공직자후보추천관리위원회 위원 2016년 同중앙윤리위원회 위원(현) 2016년 순천향대 글로벌경영대학 IT금융경영학과 교수(현) [저]'보험과 리스크 관리(共)'(2006, 문영사)

김용학(金用學) KIM Yong Hak

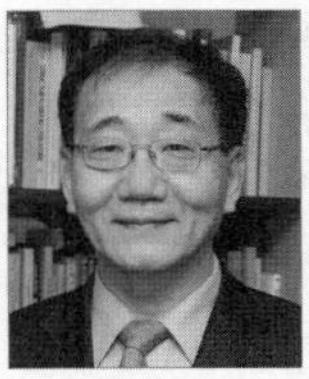

[생]1953·1·17 [출]서울 [주]서울 서대문구 연세로50 연세대학교 총장실(02-2123-2001) [학]1980년 연세대 사회학과졸 1984년 미국 시카고대 대학원 사회학과졸 1986년 사회학박사(미국 시카고대) [경]1984년 American J. of Sociology 편집위원 1987년 연세대 사회학과 교수(현) 1992년 同기획차장 1992년 同사회학과장 1994년 미국 시카고대 초빙교수 1996년 대통령자문 정책기획위원 1997년 국무총리실 청소년보호위원 1997~1998년 교육부 대학원위원회 위원 1998년 연세대 대학원 교학처장 2002~2004년 同입학관리처장 2004년 한국사회이론학회 부회장 2004년 한국사회학회 부회장 2005~2006년 연세대 학부대학장 2010~2012년 同사회과학대학장 겸 행정대학원장 2015년 삼성생명공익재단 이사(현) 2016년 연세대 총장(현) [상]미국 시카고대 최우수박사학위논문상(1986) [저]'생각 엮고 허물고 뒤집어라'(2011, 21세기북스)

김용학(金容鶴)

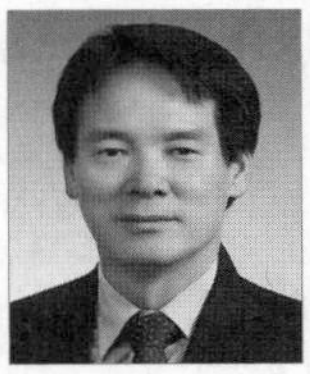

[생]1959·6·24 [출]전남 화순 [주]전북 전주시 완산구 관선3길14 전북지방병무청(063-281-3180) [학]1978년 광주 숭일고졸 1985년 조선대 경제학과졸 [경]1979년 병무청 9급 공무원 임용 1998년 同감사담당관실 근무 2005년 인천·경기지방병무청 징집과장(사무관) 2010년 병무행정기록전시관 추진단 사무관 2014년 병무청 민원상담소장(서기관) 2015년 同병역자원국 징병검사과장 2015년 同운영지원과장(부이사관) 2016년 전북지방병무청장(고위공무원)(현)

김용한(金容漢) KIM Yong Han

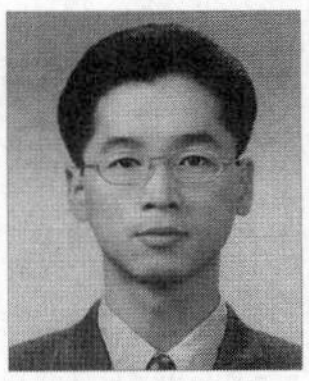

[생]1969·7·5 [출]경남 함양 [주]경기 수원시 영통구 월드컵로120 수원지방법원(031-210-1114) [학]1987년 대아고졸 1991년 한양대 법학과졸 [경]1994년 사법시험 합격(36회) 1997년 사법연수원 수료(26기) 1997년 서울지법 의정부지원 판사 1998년 인천지법 판사 1999년 서울지법 판사 2001년 창원지법 통영지원 판사 2004년 수원지법 판사 2007년 서울중앙지법 판사 2008년 서울고법 판사 2010년 대법원 재판연구관 2012년 부산지법 부장판사 2014년 수원지법 부장판사(현)

김용해(金容海) Kim Yong-hae

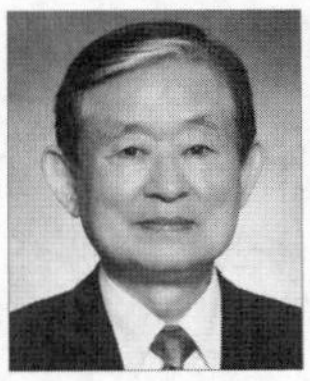

[생]1939·7·27 [주]대전 유성구 대학로291 한국과학기술원(042-350-2114) [학]1964년 일본 오카야마(岡山)대 화학과졸 1966년 일본 오사카(大阪)대 대학원 유기화학과졸 1969년 이학박사(일본 오사카대) [경]1971~1975년 미국 스탠퍼드대 NIH Fellow 1975~1978년 일본 쓰쿠바(筑波)대 방문교수 1978년 미국 스탠퍼드대 방문교수 1979~2002년 한국과학기술원(KAIST) 자연과학부 화학과 교수 2000년 同자연과학부장 겸 자연과학연구소장 2002~2004년 同석좌교수 2002~2003년 대한화학회 학술위원장 2004년 한국과학기술원(KAIST) 명예교수(현) 2007년 대한민국학술원 회원(유기화학·현) [상]KAIST 연구특별상(1996), KAIST 학술상(1999), 상허 학술대상(2000), 3.1문화상(2001), KAIST 학술대상(2003), 과학기술훈장 혁신장(2004) [저]'Organic Chemistry of Sulfur'(1982, Kyoto, Japan) 'Activation of Superoxide: Peroxysulfur Intermediate'(1990, Review on Heteroatom Chemistry) 'Bioaspect of disulfide'(1992, CRC, U.S.A.) 'Peroxides of Sulfur and Phosporous Compounds'(1992, John and Wiley Co., U.S.A.) 'International Union of Pure and Applied Fourth International Conference on Heteroatom Chemistry'(1997, Blackwell Science, U.K.) 'Sulfur and Phosphorous Peroxides'(2006, John and Wiely Co., U.S.A.)

김용헌(金庸憲) KIM Yong Hun

생1955·3·29 본영산(永山) 출충북 영동 주서울 종로구 북촌로15 헌법재판소 사무처장실(02-708-3456) 학1973년 서울고졸 1979년 서울대 법과대학졸 1991년 미국 워싱턴주립대 연수 경1978년 사법시험 합격(20회) 1981년 사법연수원 수료 1981년 서울민사지법 판사 1983년 서울형사지법 판사 1985년 전주지법 군산지원 판사 1987년 서울지법 동부지원 판사 1989년 서울민사지법 판사 1991년 서울고법 판사 겸 법원행정처 조사심의관 1993년 청주지법 영동지원장 1995년 서울고법 판사 1996년 전주지법 부장판사 1998년 사법연수원 교수 2001년 서울지법 부장판사 2003년 대전고법 부장판사 2005년 서울고법 부장판사 2006년 서울중앙지법 민사수석부장판사 2008년 서울고법 부장판사 2009년 同수석부장판사 2010년 대전지법원장 2010년 대전시 선거관리위원장 2011년 서울가정법원장 2012년 광주고등법원장 2013년 헌법재판소 사무처장(현) 저'미국사법제도론' 종불교

김용현(金龍顯)

생1959 주서울 용산구 이태원로22 합동참모본부 작전본부(02-748-3000) 학1982년 육군사관학교졸(38기) 경육군본부 비서실장, 제1군사령부 작전처장, 제17사단장, 합동참모본부 작전부장 2013년 육군 수도방위사령관(중장) 2015년 합동참모본부 작전본부장(현)

김용현(金容顯) Kim Yong-hyon

생1965·1·5 출경북 영천 주서울 종로구 사직로8길60 외교부 평화외교기획단(02-2100-8107) 학대구 대륜고졸 1989년 서울대 외교학과졸 경1990년 외무고시 합격(24회) 1990년 외무부 입부 1996년 駐케냐 2등서기관 1998년 駐미국 2등서기관 2003년 국가안전보장회의 사무처 행정관 2004년 駐중국 1등서기관 2007년 외교통상부 한미안보협력과장 2009년 駐뉴욕 영사 2012년 駐이라크 공사참사관(아르빌연락사무소장) 2014년 외교부 한반도평화교섭본부 부단장 2016년 同평화외교기획단장(현)

김용호(金龍浩) KIM Yong Ho

생1946·7·2 본김해(金海) 출경기 광주 주경기 구리시 동구릉로136번길90 구리농수산물공사(031-560-5100) 학2009년 서울산업대 행정학과졸, 경원대 경영대학원 수료, 한양대 최고지도자과정 수료 경남경장학회 이사, 남양주경찰서 청소년선도위원회 부위원장, 구리여중육성회 이사, 도림초 초대운영위원장, 구리중앙라이온스클럽 회장, 구리시체육회 이사 1995·1998·2002·2010~2014년 경기 구리시의회 의원(한나라당·새누리당) 1998년 同의장 2006년 경기 구리시장선거 출마(무소속), 구리시 토지공사·주택공사 부당이득금반환추진위원회 상임대표 2014년 경기 구리시장선거 출마(무소속) 2015년 구리농수산물공사 사장(현) 상최고시의원상(2004) 종기독교

김용호(金容浩) KIM Yong Ho (竹山)

생1952·3·16 본광산(光山) 출경북 주인천 남구 인하로100 인하대학교 사회과학부 정치외교학과(032-860-7969) 학1970년 경북고졸 1975년 서울대 정치학과졸 1979년 同대학원졸 1989년 정치학박사(미국 Univ. of Pennsylvania) 경1989~1991년 서울대·서강대·경희대·인하대·이화여대 강사 1991~1998년 외교안보연구원 조교수·부교수 1996년 영국 옥스퍼드대 초빙교수 1998~2002년 한림대 정치외교학과 교수 2002년 인하대 사회과학부 정치외교학과 교수(현) 2004년 한나라당 여의도연구소 이사 2006년 한국정치학회 회장 2006~2008년 인하대 사회과학대학장 겸 행정대학원장 2014년 중앙선거관리위원회 위원(현) 저'비교정치학 서설(共)'(1990) '현대정치경제학의 주요 이론가들'(2000) '한국정당정치의 이해'(2001) '한국정치자금제도'(2003) '정치개혁의 성공조건'(2003) '북한의 협상스타일'(2004) '한국권력구조의 이해'(2004) '17대 총선 현장 리포트'(2004) '인천광역시 의회사'(2005) '박정희시대와 한국현대사'(2007) '정치학 이해의 길잡이 7권 : 한국정치'(2008) '21세기 한국정치의 발전방향'(2009) 'Institutionalising Regions'(2010, APOPSIX) '헌법 개정의 정치'(2010, 인간사랑) '19대 총선 현장 리포트'(2012, 푸른길) '한국현대사(2013, 세종연구원) '4월혁명과 한국의 민주주의'(2015, 4.19혁명국민문화제위원회) '윤보선과 1960년대 한국정치'(2015, 한국학중앙연구원 출판부) '정당이 살아야 민주주의가 산다'(2015, 푸른길) 역'민주주의 이론 서설 : 미국민주주의의 원리(A Preface to Democratic Theory)'(1990) '한국 권력구조의 이해(共)'(2004) 종가톨릭

김용호(金容鎬) KIM Yong Ho (단비)

생1958·1·18 본광산(光山) 출서울 주서울 강남구 테헤란로87길36 도심공항타워16층 법무법인 로고스(02-2188-2811) 학1976년 경기고졸 1980년 서울대 법대졸 1982년 同대학원졸 1994년 연세대 특허법무대학원 수료 2001년 미국 스탠퍼드대 로스쿨 수료 경1979년 사법시험 합격(21회) 1982년 사법연수원 수료(12기) 1982년 軍법무관 1985년 수원지법 판사 1987년 서울지법 북부지원 판사 1990년 대전지법 홍성지원 판사 1992년 서울고법 판사 1992년 광주고법 판사 1993년 서울고법 판사 1994년 법원행정처 조사심의관 1996년 서울민사지법 판사 1997년 제주지법 부장판사 1999년 사법연수원 교수 2001년 서울지법 부장판사 2004년 서울중앙지법 부장판사 2005년 부산고법 부장판사 2006년 서울고법 부장판사 2007년 법무법인(유) 로고스 변호사 2010년 同대표변호사(현) 2015년 국무총리산하 경제·인문사회연구회 비상임감사(현) 저시집 '생명을 주소서' 수필집 '아빠는 판사라면서' 종기독교

김용호(金容琥) Kim Yong-ho

생1962·6·18 주서울 종로구 사직로8길60 외교부 인사운영팀(02-2100-7146) 학1986년 연세대 정치외교학과졸 1990년 프랑스 파리정치대학원 박사과정 수료 경1986년 외무고시 합격(20회) 1986년 외무부 입부 1991년 駐프랑스 2등서기관 1993년 駐카메룬 1등서기관 1998년 駐아일랜드 1등서기관 2002년 외교통상부 인사제도계장 2003년 同재외공관담당관 2004년 駐시애틀 영사 2007년 駐제네바 공사참사관 2009년 駐필리핀 공사 겸 총영사 2012년 동북아역사재단 정책기획실장 2013년 駐벨기에유럽연합 공사 겸 총영사 2016년 駐벨라루스 대사(현)

김용호(金溶浩) KIM Yong Ho

생1962·11·30 출경북 예천 주서울 서초구 서초대로280 태양빌딩8층 법무법인 이룸(02-3481-1100) 학1981년 신일고졸 1989년 연세대 법학과졸 2000년 홍익대 경영대학원 조세법학과졸(경영학석사) 2008년 연세대 법무대학원 조세법학과 수료 경1988년 사법시험 합격(30회) 1991년 사법연수원 수료(20기) 1991년 대구지검 검사 1993년 창원지검 진주지청 검사 1994년 대전지검 검사 1996년 서울지검 서부지청 검사 1998년 수원지검 검사 2000년 법무부 법무심의검사 2002년 서울중앙지검 검사 2003년 대전지검 부부장검사 2004년 광주지검 순천지청 부장검사 2005년 청주지검 영동지청장 2006년 사법연수원 교수 2007년 제49회 사법시험 출제위원(형법) 2008년 서울서부지검 형사4부장 2009년 同형사1부장 2009년 대전지검 홍성지청장 2010년 대구지검 서부지청 차장검사 2011년 대구고검 검사(한국형사정책연구원 파견) 2011~2012년 삼성화재보험 보험범죄자문위원회 위원 2012년 법무법인 이룸 대표변호사, 同변호사(현)

김용호(金勇昊) Kim Youn Ho

생1965·2·2 본김녕(金寧) 출경남 사천 주세종특별자치시 한누리대로422 고용노동부 정책기획관실(044-202-7101) 학1983년 대아고졸 1987년 서울대 경제학과졸 1990년 同대학원 행정학과졸 경2002년 기획예산처 정부개혁실 개혁기획팀 서기관 2003년 同재정개혁국 재정개혁1과 계장 2007년 同서기관 2007년 同재정운용협력과장 2008년 기획재정부 예산실 노동환경예산과장 2009년 同정책조정국 기업환경과장 2010년 同정책조정국 신성장정책과장 2010년 同본부 근무(과장급) 2012년 同공공정책국 민영화과장 2013년 同인재경영과장 2014년 同공공정책국 제도기획과장 2015년 통일교육원 교육파견 2016년 고용노동부 기획조정실 정책기획관(현)

김용호(金鎔浩) KIM Yong Ho

생1969·10·27 출대구 주서울 중구 퇴계로100 스테이트타워남산8층 법무법인 세종(02-316-4202) 학1988년 대구 경원고졸 1993년 서울대 법과대학 사법학과졸 경1993년 사법시험 합격(35회) 1996년 사법연수원 수료(25기) 1996~1999년 해군 법무관 1999년 수원지법 판사 2001년 서울지법 판사 2003년 부산지법 판사 2005~2006년 영국 런던대 방문교수 2007년 서울동부지법 판사 2008년 사법연수원 교수 2010년 서울고법 판사 2011년 춘천지법 부장판사 2011~2012년 강원대 법학전문대학원 초빙교수 2011~2012년 강원 양구군선거관리위원회 위원장 2012~2015년 인천지법 부장판사 2013~2015년 인천시선거관리위원회 위원장 2014년 인하대 법학전문대학원 초빙교수 2015년 법무법인 세종 파트너변호사(현)

김용호(金勇鎬)

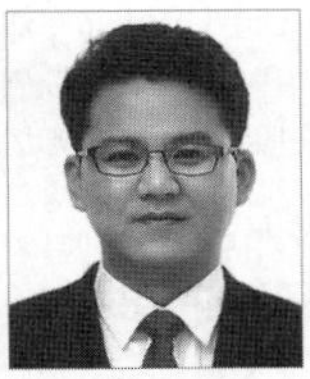

[생]1977·12·15 [주]전북 남원시 용성로60 법무법인 금양 남원분사무소(063-633-2288) [학]1993년 의정부고졸, 서울대 철학과졸 [경]사법시험 합격(49회), 사법연수원 수료(39기), 남원시 선거관리위원(현), 전주지법 남원지원 민사가사조정위원, 민주사회를위한변호사모임 회원, 한반도인권과통일을위한변호사모임 회원, 북한이탈주민지원변호사단, 마을변호사, 한국가정법률상담소 백인변호사단, 법무법인 금양 남원분사무소 대표변호사(현), 서남대 고문변호사, (재)순창건강장수연구소 감사, 전북지방변호사회 이사(현) 2016년 새누리당 남원시·임실군·순창군당원협의회 운영위원장(현) 2016년 제20대 국회의원선거 출마(전북 남원시·임실군·순창군, 새누리당) 2016년 새누리당 중앙당 수석부대변인(현) [상]법무부장관표창(2014), 대한변호사협회 청년변호사상(2015)

김용화 Kim Yong-Hwa

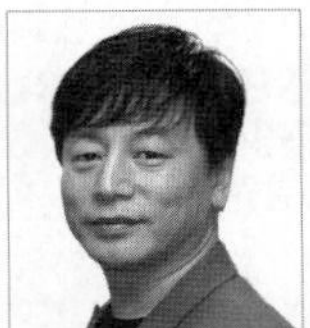

[생]1971·9·25 [출]강원 춘천 [주]경기 파주시 회동길37 의36 빈코에듀3층 덱스터(031-8070-2744) [학]2000년 중앙대 영화학과졸 [경]2000년 단편영화「자반고등어」로 영화감독 데뷔, 영화감독(현) 2010년 미장센단편영화제 심사위원 2011년 덱스터 대표(현) 2014년 경기도 혁신위원회 위원 2015년 대통령소속 문화융성위원회 위원(현) [상]대한민국영상대전 우수상(2000), 제42회 로체스터국제영화제 대상(2000), 제33회 휴스턴국제영화제 동상, 춘사대상영화제 최우수작품상(2009), 오늘의 젊은예술가상 영화부문(2009), 대종상영화제 감독상(2009), 청룡영화상 감독상(2009), 대통령표창(2015) [작]단편영화 '자반고등어'(2000) 장편영화 '오! 브라더스'(2003) '미녀는 괴로워'(2006) '국가대표'(2009) '미스터 고'(2013) '신과함께'(2017)

김용환(金龍煥) KIM Yong Hwan (靜岩)

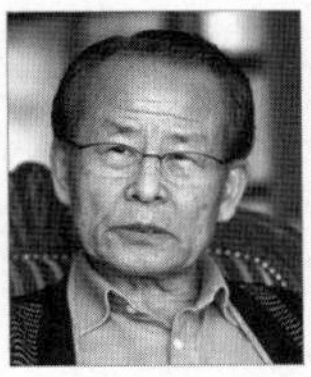

[생]1932·2·5 [본]경주(慶州) [출]충남 보령 [주]서울 영등포구 국회대로70길18 한양빌딩 새누리당(02-3786-3000) [학]1952년 공주고졸 1956년 서울대 법대졸 1999년 명예 경제학박사(미국 페어레이디킨스대) [경]1956년 고시행정과 합격 1956년 재무부 수습행정관 1966년 同이재국장 1968년 同세정차관보 1968년 농림부 농정차관보 1970년 대통령 외자관리담당비서관 1971년 대통령비서실장 보좌관 겸임 1972년 상공부 차관 1972년 재무부 차관 1973년 대통령 경제담당특별보좌관 겸 중화학공업추진위원회 기획단장 1973년 대통령 경제수석비서관 1974~1978년 재무부 장관 1987년 신민주공화당(공화당) 정책위 의장 1988년 제13대 국회의원(대천·보령, 공화당·민자당) 1990년 민자당 정책위원회 의장 1991년 아·태경제연구소 회장(현) 1992년 제14대 국회의원(대천·보령, 민자당·국민당·신민당·자민련) 1992년 국민당 최고위원 1995년 자민련 부총재 1996년 제15대 국회의원(보령, 자민련·희망의한국신당) 1996년 자민련 사무총장 1997년 同부총재 1997~1998년 비상경제대책위원회 위원장 1998~1999년 자민련 수석부총재 2000년 희망의한국신당 중앙집행위원회 의장 2000년 제16대 국회의원(보령·서천, 희망의한국신당) 2001~2004년 한나라당 국회의원 2001년 同국가혁신위원장 2002년 同보령·서천지구당 위원장 2002년 同대통령선거대책위원회 공동의장 2002년 반부패국회의원포럼(PFAC) 회장 2003년 한나라당 지도위원장 2004년 반부패국회의원포럼(PFAC) 명예회장 2005년 한나라당 상임고문 2012년 새누리당 상임고문(현) [상]청조근정훈장, 자유중국 수교훈장 [저]'임자, 자네가 사령관 아닌가'

김용환(金龍煥) KIM Yong Hwan

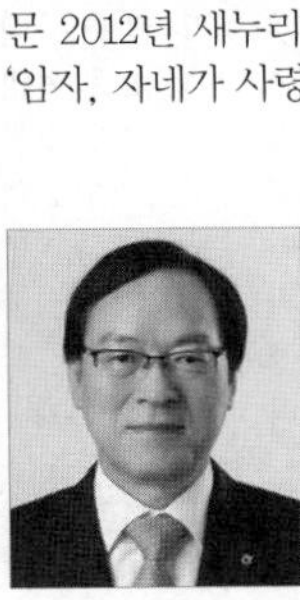

[생]1952·4·8 [출]충남 보령 [주]서울 중구 새문안로16 10층 NH농협금융지주 회장실(02-2080-5081) [학]1972년 서울고졸 1980년 성균관대 경제학과졸 1983년 연세대 대학원졸 1991년 미국 밴더빌트대 대학원졸 2003년 경영학박사(경희대) [경]1979년 행정고시 합격(23회) 1980년 총무처 수습행정관 1982년 재무부 기획관리실 근무 1983년 同국제금융국 외환정책과 근무 1988년 同증권국 증권정책과 근무 1989년 미국 벤더빌트대 해외유학 1991년 재무부 증권국 증권정책과·증권발행과 근무 1995~1998년 미국 증권관리위원회 파견 1999년 재정경제부 국민생활국 복지생활과장 2001년 금융감독위원회 공보담당관 2002년 同감독정책1국 증권감독과장 2004년 同공보관 2005년 同홍보관리관 2006년 同감독정책2국장 2007년 증권선물위원회 상임위원 2008년 금융감독위원회 상임위원 2008~2011년 금융감독원 수석부원장 2008~2011년 기업재무개선지원단 단장 겸임 2010~2011년 금융감독원 금융소비자자문위원장 2011~2014년 한국수출입은행장 2014년 한국금융연구원 초빙연구위원 2015년 NH농협금융지주 회장(현) [상]매일경제 선정 금융서비스부문 '대한민국 글로벌 리더'(2013), 제23회 다산금융상 공공금융 CEO상(2014), 2015 자랑스러운 성균인상 기업인부문(2016), 국제전자상거래창조협회(IECIA) 주관 ECI어워즈 '국제전자상거래혁신리더상'(2016), 자랑스러운 충청인 특별대상 경제부문(2016)

김용환(金容煥) KIM Yong Hwan

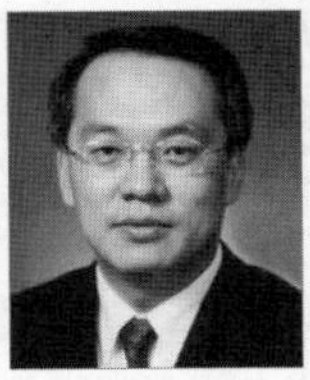

[생]1956·1·18 [출]경기 [주]서울 서초구 헌릉로12 현대자동차(주) 임원실(02-3464-0070) [학]인창고졸, 동국대 무역학과졸, 고려대 경영대학원졸 [경]현대자동차(주) HME법인장(이사대우), 기아자동차(주) 해외영업본부장(부사장) 2006년 현대자동차(주) 해외영업본부장(부사장) 2008년 同기획조정실담당 사장 2010년 同기획조정실담당 부회장(현) 2015년 현대건설 비상무이사(현) [상]금탑산업훈장(2010)

김용환(金龍煥) Kim yong hwan

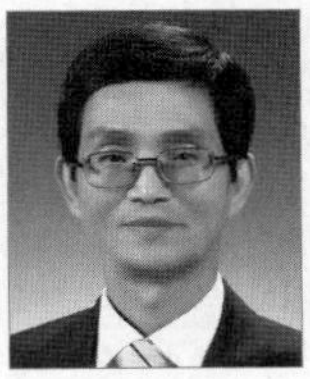

[생]1956·2·24 [본]김해(金海) [출]전남 광양 [주]인천 남구 매소홀로475번길53 인주초등학교 교장실(032-875-2606) [학]1973년 순천공고졸 1976년 인천교육대 국어과졸 1984년 인하대 경영학과졸 1987년 성균관대 교육대학원 국어교육과졸 [경]1977~2006년 초등학교 교사 2006년 연평초·중·고 교감 2009년 인천석암초등학교 교감 2012년 인천서흥초등학교 교장 2016년 인천인주초등학교 교장(현) [상]부총리 겸 교육인적자원부장관표창(2003) [저]'작문교육의 이론과 실제'(1988, 경기도교육연구원) [작]'아우성'(1975, 인천교대 교지) [종]천주교

김용환(金龍煥) KIM Young Hwan

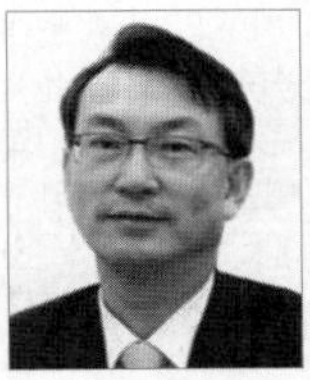

[생]1957·8·25 [주]서울 영등포구 국회대로66길9 NICE신용평가(주) 임원실(02-2014-6200) [학]1976년 신일고졸 1980년 서울대 수학교육과졸 1990년 연세대 대학원 공학과졸 [경]한국신용평가정보(주) 인터넷사업본부장, 同정보사업본부장(상무이사) 2008년 同전무이사, 同CB사업본부 전무 2010년 나이스신용평가정보 그룹CIO(전무) 2010년 (주)나이스디앤비 전무 2013~2015년 同대표이사 사장 2015년 NICE신용평가(주) 대표이사 사장(현)

김용환(金龍煥)

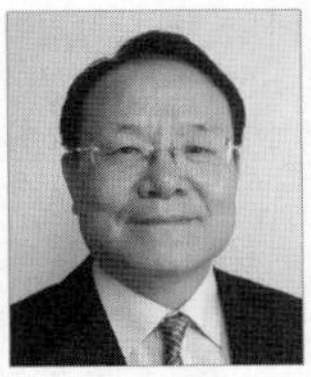

[생]1958 [주]서울 영등포구 여의대로24 (주)팜한농 임원실(02-3159-5500) [학]서울대 농화학과졸, 同대학원 농약화학과졸, 농약화학박사(서울대) [경]1998년 신젠타코리아 연구개발본부장·영업본부장 2008년 同대표이사 사장 2012년 신젠타 동북아시아지역 솔루션개발담당 사장 2015~2016년 제주대 생명공학부 석좌교수 2016년 (사)한국농약과학회 회장(현) 2016년 (주)팜한농 공동대표이사(현)

김용환(金溶煥) KIM Yong Hwan

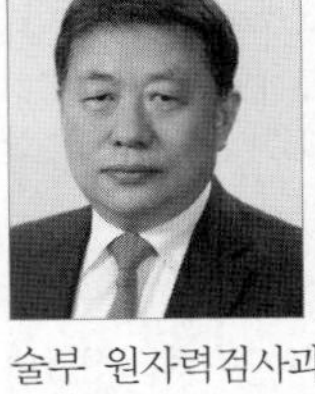

[생]1958·1·13 [본]경주(慶州) [출]서울 [주]서울 종로구 세종대로178 KT빌딩13층 원자력안전위원회 위원장실(02-397-7200) [학]1976년 경기고졸 1980년 서울대 공과대학 기계설계학과졸 1986년 영국 워릭대 대학원 기계공학과졸(석사) 1989년 공학박사(영국 워릭대) [경]1980~1990년 과학기술부 사무관·서기관 1990~1994년 대전Expo조직위원회 기술사업부장 1994년 과학기술부 원자력검사과장·원자력협력과장·원자력정책과장 1997년 同정책기획과장 1998년 同연구개발정책과장 1999년 同원자력정책관 1999년 同원자력안전심의관 2000년 駐오스트리아 과학참사관 2003년 과학기술부 원자력안전심의관 2004년 同기획조정심의관 2004년 同과학기술혁신본부 준비기획단장 겸임 2004년 同원자력국장 2005년 국가과학기술자문회의 사무처장 2006~2012년 국제핵융합로건설기구(ITER) 사무차장 2013년 국무총리직속 원자력안전위원회 상임위원 겸 사무처장 2016년 同위원장(차관급)(현) [상]국무총리표창(1990), 근정포장(1994), 홍조근정훈장(1996) [종]기독교

김용환(金容煥) KIM Yong Hwan

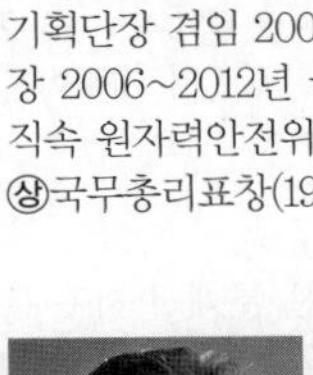

[생]1958·3·16 [출]전북 전주 [주]경기 군포시 한세로30 한세대학교 예술학부 음악학과(031-450-5257) [학]서울 중앙고졸 1980년 서울대 음대 기악과졸, 독일 마르부르크대 대학원 음악학과졸, 음악학박사(독일 마르부르크대) [경]1990~1991년 독일 헤센국립음악아카이브 연구원 1991년 독일 연방정부 대학교육과 국제발전프로그램 연구원 1993년 문화체육부 남북문화전략연구팀 상임연구위원 1994~2001년 한국예술종합학교 예술연구소 책임연구

원 1994년 서울대 미학과 시간강사 1994~2001년 한국서양음악학회 정회원 및 이사 1994~1999년 동아대 대학원 강사 1995~2000년 한국예술종합학교 음악원 강사 1996~1999년 한양대 음대 및 대학원 강사 1996~2000년 성신여대 음대 및 대학원 강사 1997년 문화체육부 남북문화분야 기획위원 2001~2007 · 2010~2012년 한세대 음악학부 교수 2002년 수리음악콩쿠르 자문위원 2003년 문예진흥원 심의위원 2007~2010년 대전문화예술의전당 관장 2012년 한세대 예술학부 음악학과 교수(현) [저]'윤이상 연구'(2001, 시공사) '서양음악사 100장면 2'(2002, 가람기획) '서양음악사 19세기음악'(2005, 음악세계) '서양음악사 18세기음악'(2006, 음악세계) [역]'오케스트라(共)'(2003, 음악세계)외 다수

김용환(金容煥) Yong Hwan KIM

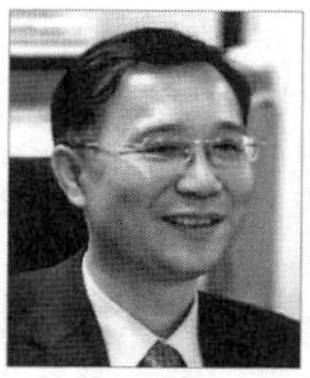

[생]1958 · 9 · 29 [본]김해(金海) [출]서울 [주]서울 중구 세종대로124 (사)한국언론인공제회(02-734-9377) [학]1977년 대신고졸 1982년 서울대 무역학과졸 [경]행정고시 합격(25회) 1999년 기획예산처 정보화기획팀장 2000년 同정보화담당관 2001년 同교육문화예산과장 2002년 同장관비서관 2003년 同재정개혁국 재정개혁2과장 2003년 同재정개혁국 재정개혁2과장(부이사관) 2003년 대통령비서실 파견 2004년 駐미국대사관 파견 2007년 기획예산처 재정정책기획관 2007년 同성과관리본부장 2008년 기획재정부 경제예산심의관 2009~2010년 同예산총괄심의관 2010년 대통령실 국정과제비서관 2012~2013년 문화체육관광부 제2차관 2013년 (사)한국언론인공제회 이사(현), 한국문화관광연구원 초빙연구위원(현) 2016년 호텔롯데 사외이사(현)

김용환 YONGHWAN KIM

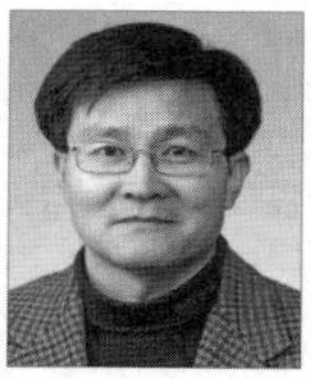

[생]1967 · 9 · 2 [주]서울 관악구 관악로1 서울대학교 공과대학 조선해양공학과(02-880-1543) [학]1987년 서울대 조선공학과졸 1989년 同대학원 조선공학과졸(조선유체전공) 1998년 조선공학박사(미국 매사추세츠공과대) [경]1989~1994년 대우조선 기술연구소 연구원 · 선임연구원 1998~2001년 American Bureau of Shipping(ABS) Technology Assistant Senior Engineer 2001~2004년 미국 Massachusetts Institute of Technology(MIT) Department of Ocean Engineering Research Scientist 2004년 서울대 공과대학 조선해양공학과 교수(현), 同공과대학 조선해양공학과장(현) 2008년 同로이드기금선박유탄성연구센터장(현) 2009년 同선박해양성능고도화연구사업단장(현) 2013년 同해양플랜트특성화대학사업단장 2013년 同BK21플러스 해양플랜트창의인재양성사업단장(현) 2015년 영국 왕립공학학술원 선정 '2015~2016 유명방문석학' [상]대한조선학회 송암상(2003), 신양학술상(2009), 대한조선학회 논문상(2013), 공학한림원대상 젊은공학자상(2014)

김용회(金龍會)

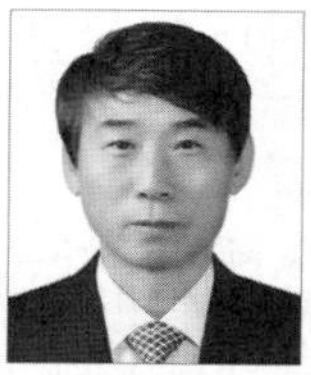

[생]1961 · 2 · 14 [주]경기 수원시 영통구 삼성로129 삼성전자(주) 임원실(031-200-1114) [학]휘문고졸 1983년 광운대 전자공학과졸 [경]삼성전자(주) 영상디스플레이사업부 구매팀 부장 2003년 同영상디스플레이사업부 회로구매그룹장 2007년 同영상디스플레이사업부 구매팀 상무보 2009년 同영상디스플레이사업부 구매팀 상무 2012년 同영상디스플레이사업부 구매담당 전무 2013년 同생활가전사업부 구매팀장(전무) 2015년 同생활가전사업부 구매팀장(부사장)(현)

김용훈(金容勳) KIM Yong Hoon

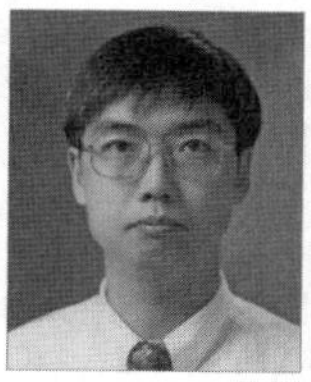

[생]1961 · 11 · 2 [출]대구 [주]경기 성남시 분당구 성남대로925번길41 파인벤처빌딩7층 (주)파인디지털 사장실(031-788-8800) [학]1980년 대건고졸 1984년 서울대 제어계측공학과졸 1986년 同대학원 제어계측학과졸 1993년 同대학원 제어계측학 박사과정 수료 [경]1989~1992년 (주)건인 근무 1992~1999년 (주)그림전자 대표이사 사장 1999년 (주)파인디지털 대표이사 사장(현)

김용훈(金龍勳) Kim Yong Hoon

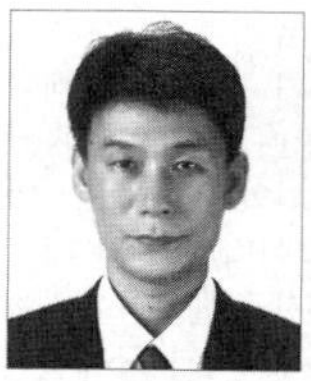

[생]1970 · 7 · 23 [본]함창(咸昌) [출]부산 [주]대전 서구 둔산중로69 특허법원 기술심리관실(042-480-1479) [학]해운대고졸, 한양대 원자력공학과졸 2000년 서울대 대학원 원자핵공학과졸 2004년 원자핵공학박사(서울대) [경]특허청 전기심사과 · 전자상거래과 심사관, 同정보기획과 사무관 2009년 同산업재산정책과 서기관 2013년 同특허심사기획과 서기관 2015년 특허심판원 심판제6부 심판관, 특허법원 기술심리관(파견)(현) [상]특허청 특허행정유공대상(2014) [종]천주교

김용휘(金容煇) Kim, Yong-Hui

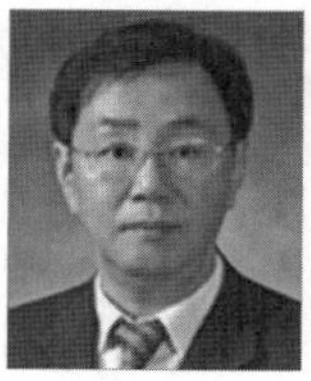

[생]1959 · 8 · 8 [주]충남 금산군 추부면 대학로201 중부대학교 관광보건대학 호텔외식산업학과(041-750-6717) [학]건국대졸, 同대학원졸, 농학박사(건국대) [경]2000년 대전 · 충남녹색연합 운영위원 2001년 중부대 관광보건대학 호텔외식산업학과 교수(현) 2001년 同학생복지처장 2003년 同입학홍보실장 2015년 同학생복지처장 2016년 同기획부총장(현) [저]'축산물 마케팅'

김용희(金容熙) Kim Yong Hi

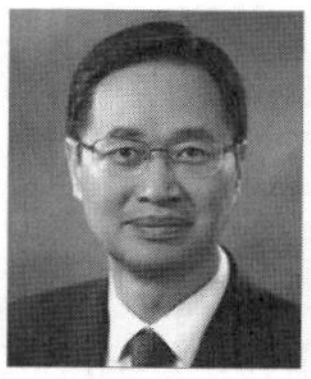

[생]1957 · 9 · 20 [본]광산(光山) [출]전북 정읍 [주]경기 과천시 홍촌말로44 중앙선거관리위원회 사무총장실(02-503-0522) [학]1987년 성균관대 행정학과졸 2003년 同행정대학원 행정학과졸 [경]2000년 중앙선거관리위원회 정치교육과 · 감사담당관실 서기관 2003년 同지도과장 2005년 同선거관리관 2006년 同전자선거추진단장 2008년 전북도선거관리위원회 사무국장(이사관) 2009년 중앙선거관리위원회 정당지원국장 2010년 同선거실장(관리관) 2012년 同사무차장 2013년 세계선거기관협의회(A-WEB) 사무총장(현) 2014년 중앙선거관리위원회 사무총장(장관급)(현) [상]중앙선거관리위원장표창(1992), 홍조근정훈장(2006) [종]천주교

김우갑(金宇甲) KIM Woo Kap (一顯)

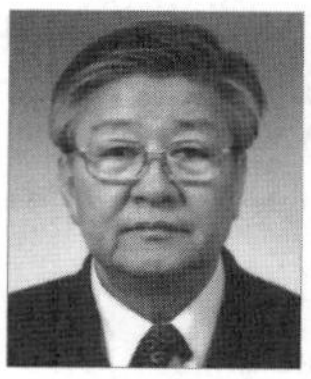

[생]1934 · 4 · 15 [출]경북 포항 [주]서울 성북구 안암로145 고려대학교(02-3290-1114) [학]1953년 경북고졸 1957년 고려대 생물학과졸 1959년 同대학원졸 1973년 이학박사(고려대) [경]1959~1964년 가톨릭대 의학부 전임강사 1964~1968년 고려대 조교수 · 부교수 1968~1999년 同생물학과 교수 1979~1981년 한국전자현미경학회 회장 1980년 고려대 학생처장 1981년 미국 노스캐롤라이나대 방문교수 1983년 고려대 과학도서관장 1986년 同교무처장 1988년 미국 뉴욕주립대 객원교수 1989년 고려대 이과대학장 1992년 기초과학지원연구소 서울분소장 1994년 고려대 부총장 1998년 고려인삼학회 회장 1999년 고려대 명예교수(현) 2015년 학교법인 동북학원 이사장 [상]고려인삼학회 학술상, 觀庭동물학상, 국민훈장 모란장 [저]'세포생물학' [종]천주교

김우경(金雨慶) KIM Woo Kyung

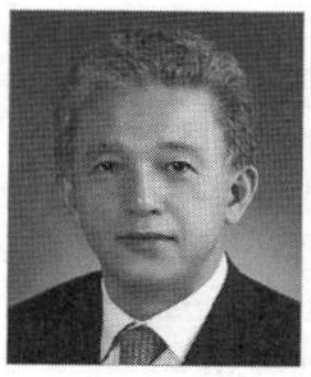

[생]1953 · 4 · 17 [출]경기 안양 [주]서울 성북구 인촌로73 고려대학교 의과대학 성형외과학교실(02-818-6697) [학]1972년 중앙고졸 1978년 고려대 의대졸 1984년 同대학원졸 1987년 의학박사(고려대) [경]1987~1997년 고려대 의대 성형외과학교실 전임강사 · 조교수 · 부교수 1990~1991년 미국 하버드대 교환교수 겸 Massachusetts General Hospital 연구원 1992~2004년 고려대 구로병원 성형외과장 1992~1998년 同의대 성형외과학교실 주임교수 1995년 同의대 제2의학과장 1997년 同의대 성형외과학교실 교수(현) 1997~2009년 同성형재건특수외과연구소장 2001~2003년 대한수부재건외과학회 이사장 2003~2005년 대한미세수술외과학회 이사장 2006~2008년 대한성형외과학회 이사장 2006~2008년 대한미세수술외과학회 이사장 2007~2009년 대한수부외과학회 이사장 2007년 대한민국의학한림원 정회원(현) 2009년 대한병원협회 기획이사 2009~2011년 고려대 의과대학 교원인사위원회 위원 2009~2013년 同구로병원장 2012~2016년 대한병원협회 재무위원장 2012~2014년 同부회장 2013~2015년 고려대 의무부총장 겸 의료원장 2014년 사립대의료원협의회 부회장 [상]도농교류농촌사랑대상 국무총리표창(2014), TV조선 경영대상(2014), 동아일보 한국의최고경영인상 리더십경영부문(2015) [저]'미세수술의 기법'(1998) '표준 성형외과학'(1999) '말초신경의 손상'(1999) '임상미세수술학'(2003) '하지 재건과 수부종양학'(2004, 최신의학사) '성형외과학 3판'(2004, 군자출판사) '수부피판과 손목질환의 최신지견'(2004, 최신의학사) '수부손상과 미세수술'(2005, 최신의학사) '미세수술기법 및 주관절 외과의 최신지견'(2006, 최신의학사) '최신 미세수술 및 수부외과'(2006, 최신의학사) '수부 건 및 조갑'(2007, 최신의학사) '주관절 질환과 미세수술의 최신 지견'(2008, 우리의학사) '표준 성형외과학 2판'(2009, 군자출판사) '수근부 손상과 수부의 미세재건술'(2009, 우리의학사) '주상골 손상과 미세재건술 비법'(2010, 우리의학사)

김우경(金佑卿) KIM Woo Kyung

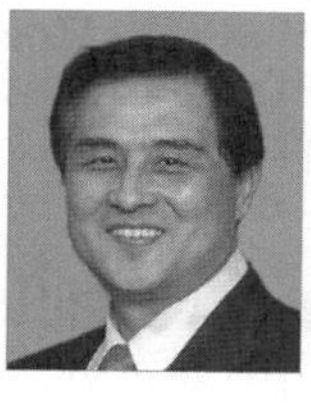

[생]1956 · 10 · 2 [본]김해(金海) [출]서울 [주]서울 서초구 법원로3길15 영포빌딩 법무법인 루츠(02-6010-9900) [학]1975년 서울고졸 1979년 한양대 법학과졸 1982년 同행정대학원졸 [경]1980년 사법시험 합격(22회) 1982년 사법연수원 수료 1982년 軍법무관 1985년 대구지검 검사 1988년 同경주지청 검사 1989년 법무부 조사과 검사 1991년 서울지검 검사 1993년 창원지검 밀양지청장

1994년 창원지검 형사2부장 1996년 인천지검 부천지청 형사2부장 1997년 부산지검 강력부장 1998년 대검 강력과장 1999년 서울지검 소년부장 2000년 同특수3부장 2001년 서울고검 검사 2002년 제주지검 차장검사 2003년 대구지검 포항지청장 2004년 변호사 개업 2005년 (사)청년의뜰 설립·상임대표(현) 2013년 법무법인 루츠 변호사(현) [종]기독교

김우남(金宇南) KIM Woo Nam

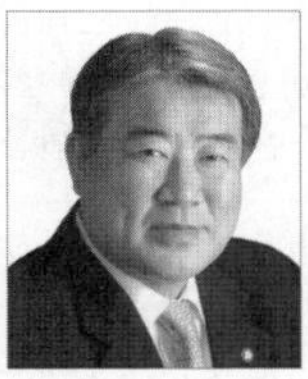

[생]1955·5·23 [본]광산(光山) [출]제주 북제주 [주]제주특별자치도 제주시 동광로31 더불어민주당 제주특별자치도당(064-724-6400) [학]1973년 세화고졸 1981년 제주대 경영학과졸 1985년 경희대 대학원 경영학과 수료 2015년 명예 농학박사(제주대) [경]1990년 민주산악회 제주도지부 조직국장 1993년 제주구좌청년회의소 회장 1997년 새정치국민회의 새시대새정치청년연합 지도위원 1998·2002~2004년 제주도의회 의원(새정치국민회의·새천년민주당) 2000년 同운영위원장 2002년 同부의장 2003년 새천년민주당 북제주지구당 부위원장 2004년 대한가족보건복지협의회 제주도지회장 2004년 제17대 국회의원(제주시·북제주군乙, 열린우리당·대통합민주신당·통합민주당) 2008년 제18대 국회의원(제주乙, 통합민주당·민주당·민주통합당) 2008년 통합민주당 제주도당 위원장 2008~2010년 민주당 제주도당 위원장 2008~2011년 同당무위원 2008년 同원내부대표 2010~2011년 同총괄기획 원내부대표 2011년 민주통합당 당무위원 2012~2016년 제19대 국회의원(제주乙, 민주통합당·민주당·새정치민주연합·더불어민주당) 2012~2013년 민주통합당 제주도당 위원장 2013년 국회 농림축산식품해양수산위원회 위원 2013년 민주당 해양수산특별위원회 위원장 2014~2016년 국회 농림축산식품해양수산위원회 위원장 2016년 더불어민주당 제주특별자치도당 위원장(현) [상]국정감사 NGO 모니터단 선정 국정감사 우수의원상(2009·2010·2011·2012·2013·2015), 수협중앙회 감사패(2011), 법률소비자연맹 선정 국회 헌정대상(2013), 한국환경정보연구센터 친환경베스트의원(2011·2012·2013·2014·2015), 한국농업경영인중앙연합회 우수국감의원 공로패(2014), 한국소비자협회 대한민국 소비자대상(2015), 한국산림기술인협회 감사패(2015), 제주도농업인단체협의회 감사패(2015), 전국청소년선플SNS기자단 선정 '국회의원 아름다운 말 선플상'(2015), 대한변호사협회 선정 '최우수 국회의원상'(2016), 법률소비자연맹 헌정대상(2016) [종]가톨릭

김우룡(金寓龍) KIM U Ryong

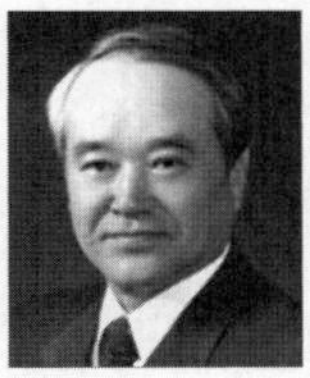

[생]1943·7·18 [본]함창(咸昌) [출]일본 [주]서울 마포구 독막로331 마스터즈타워빌딩1903호 방송통신연구원(02-701-5523) [학]1961년 중앙고졸 1966년 고려대 영어영문학과졸 1973년 서울대 신문대학원졸 1984년 미국 컬럼비아대 신문대학원졸 1987년 언론학박사(고려대) [경]1966년 시사영어사 편집기자 1969~1985년 문화방송 PD·영화부장·편성기획부장·심의위원·제작위원 1985년 수원대 신문방송학과 조교수 1987~1992년 한국외국어대 부교수 1988년 방송위원회 심의위원 1989년 종합유선방송추진위원회 법제도소위원장 1989년 방송제도연구위원회 뉴미디어분과 위원장 1991년 방송문화진흥회 이사 1992년 한국방송학회 회장 1992~2008년 한국외국어대 언론정보학부 교수 1993년 2000방송정책연구위원회 분과위원장 1993년 금강기획·현대방송 자문교수 1993년 행정쇄신위원 1994년 미국 UC Berkeley 교환교수 1995년 한국외국어대 정책과학대학원 주임교수 1997년 대통령선거방송토론위원회 위원 1998년 한국외국어대 언론정보연구소장 1999년 아세아사회과학연구원 이사 2001~2003년 한국외국어대 정책과학대학원장 2006~2008년 방송위원회 위원 2008~2009년 공정언론시민연대 공동대표 2008년 한양대 석좌교수 2008년 한국외국어대 명예교수(현) 2009년 미디어발전국민위원회 위원장 2009~2010년 방송문화진흥회 이사장 2011~2012년 한국경제TV 사외이사 2011년 21세기방송통신연구소 이사(현) 2011년 용인송담대 이사(현) 2013~2015년 방송통신위원회 방송통신정책고객대표자회의 의장 2015년 (사)방송통신연구원 원장(현) 2015년 (사)아세아사회과학연구원 이사장(현) [상]방송문화진흥 대상, 新산업경영대상, 경영문화대상, KIPA공로상, 교육과학기술부장관표창(2008), 자랑스러운 고대 문과대학인상(2010) [저]'TV프로듀서' '방송학 강의' '방송제작론' '뉴미디어개론' '케이블TV 원론' '커뮤니케이션 기본이론'(編) '매스컴 대사전'(共·編) '방송 대사전'(編) '뉴미디어시대의 방송문화' '한국방송론'(共) '방송과 독립프로덕션'(共) '현대사회와 매스미디어'(共) '방송광고론' '방송학 개론'(共) '방송경영론'(共) '현대방송학' '미디어 윤리' '텔레비전뉴스의 이해' '비언어적 커뮤니케이션론'(共) '세계방송의 거인들(共)'(2014) '통신의 역사—봉수에서 아이폰까지(共)'(2015) [작]'한국의 영상' '장학퀴즈' '스마일작전' '서울국제가요제' [종]기독교

김우상(金宇祥) Woosang Kim

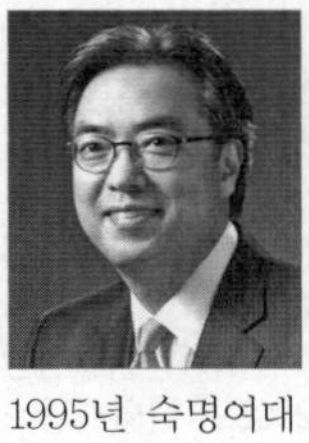

[생]1958·6·10 [출]부산 [주]서울 서대문구 연세로50 연세대학교 정치외교학과(02-2123-2952) [학]1977년 부산남고졸 1982년 한국외국어대 독일어과졸 1984년 미국 시라큐스대 대학원 정치학과졸 1988년 정치학박사(미국 로체스터대) [경]1987~1988년 미국 스탠퍼드대 후버연구소 연구원 1988~1994년 미국 텍사스A&M대 정치학과 조교수 1994~1995년 同부교수 1995년 숙명여대 정치외교학과 부교수 1998~2008년 아태안보협력위원회(CSCAP) 한국대표부 운영위원 1999~2000년 숙명여대 정치외교학과 교수 1999~2000년 국가안전보장회의(NSC) 정책전문위원 2000~2002년 연세대 정치외교학과 부교수 2000~2006년 同동서문제연구원 부원장 2001~2002년 同행정대학원 교학부장 2002~2003년 同정치외교학과 학과장 2002년 同정치외교학과 교수(현) 2003년 동아일보 객원논설위원 2003년 국가안전보장회의(NSC) 자문위원 2003~2005년 연세대 사회과학대학 부학장 2004~2006년 국회 입법지원위원 2004년 한국해로연구회(SLOC) 집행위원장 2005~2006년 외교통상부 자체평가위원 2005~2008년 한국정치학회 이사 2005~2008년 한국국제정치학회 이사 2006~2008년 연세대 동서문제연구원장 2006~2008년 대한민국 공군 정책발전자문위원 2008년 제17대 대통령직인수위원회 외교통일안보분과위원회 상임자문위원 2008년 제17대 대통령당선인 방미(美)특사 2008~2011년 駐호주 특명전권대사 2012~2013년 한국국제교류재단 이사장 [상]AFR매거진 '캔버라의 뛰어난 외교관 12인' 선정(2009) [저]'국제관계론 강의(共)(Ⅰ·Ⅱ)'(1997) '新한국책략'(1998) '외교정책의 이론과 이해'(1998) '21세기 동아시아와 한국'(1998) '동북아 재래식 군사력 평가'(1999) '21세기 미국패권과 국제질서'(2000) '동북아 전력구조와 한국의 우주항공력'(2000) '21세기 세계질서 : 변혁시대의 적응논리'(2003) '현대국제관계 이론과 한국'(2004) 등

김우석(金宇錫) KIM Woo Suk

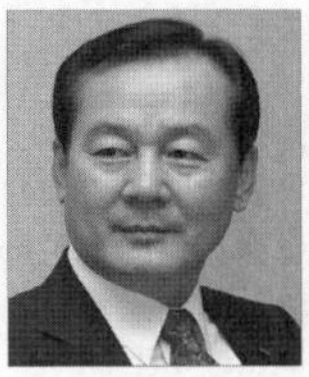

[생]1947·6·15 [본]함창(咸昌) [출]경북 영양 [주]서울 서초구 효령로380 해창빌딩 예일회계법인 회장실(02-2037-9200) [학]1965년 영양고졸 1969년 건국대 무역학과졸 1979년 미국 윌리엄스대 대학원 경제학과졸 1991년 경제학박사(필리핀 산토토마스대) 1994년 미국 UCLA 경영대학원 최고경영자과정 수료 2000년 서울대 행정대학원 국가정책과정 수료 2000년 국제산업디자인대학원대 뉴밀레니엄디자인혁신정책과정 3기 수료 2006년 서울대 경영대학 최고경영자과정 수료 [경]1969년 공인회계사시험 합격(1회) 1973년 행정고시 수석합격(14회) 1974년 중부세무서 조사과장 1975년 재무부 국고국 출자관리과 사무관 1976년 同국제금융국 국제금융과 사무관 1978년 同외환국 외환정책과 사무관 1981~1984년 대통령비서실 행정관(서기관) 1984년 재무부 이재국 산업금융과장 1987년 同국제금융국 국제금융과장 1988년 아시아개발은행(ADB) 이사보좌관 1991년 재무부 경제협력국 외자정책과장 1991년 同국제금융국 국제기구과장 1991년 同외환정책과장 1994년 한국금융연구원 초빙연구원 1994년 駐일본대사관 재경관(참사관) 1997년 재정경제부 금융정책실 심의관 1998년 同국제금융국장 1999년 同국고국장 1999년 세무대학 학장 2000~2003년 한국은행 감사 2003년 신용회복위원회 위원장 2005~2007년 한국자산관리공사 사장 2008년 예일회계법인 회장(현) 2009~2015년 (주)GS 사외이사 2011~2016년 BNK금융지주 사외이사 [상]재무부장관표창(1975·1980), 대통령표창(1985), 한국경영대상 혁신부문 최우수상(2005), 자랑스런 건국인상(2006) [저]'주관식 회계학(共)'(1974) '신회계원리(共)'(2000)

김우섭(金祐燮) Woo Seob Kim

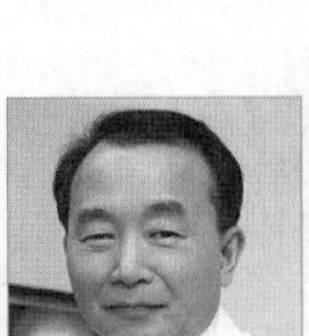

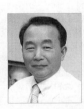

[생]1957·6·21 [본]의성(義城) [출]경북 [주]서울 동작구 흑석로102 중앙대학교병원 성형외과(02-6299-1627) [학]1984년 중앙대 의대졸 1988년 同대학원졸 1991년 의학박사(중앙대) [경]1989~1992년 울산대병원 성형외과 전문의 1990~1992년 울산대 의과대학 전임강사 1992~1993년 미국 하버드대 의대부속병원 성형외과 연구교수 2003년 중앙대 의대 성형외과학교실 교수(현) 2007년 대한성형외과학회 상임이사 2007년 건강보험심사평가원 비상근심사위원 2008년 대한미용성형외과학회 상임이사 2010~2011년 미국 하버드대 생명공학과 교환교수 2011년 중앙대 의대 성형외과학교실 주임교수(현) 2011년 同병원 성형외과장(현) 2014~2016년 同대외협력실장 2014~2016년 대한미용성형외과학회 이사장 [상]중앙대 업적우수대교수(2005), 대한성형외과학회 학술대회 학술상(2013) [종]기독교

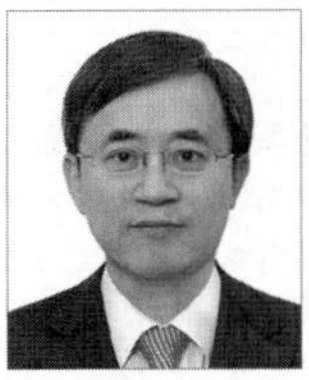

김우수(金又洙) KIM Woo Soo

[생]1966·6·25 [출]경북 김천 [주]대전 서구 둔산중로69 특허법원(042-480-1400) [학]1985년 구로고졸 1990년 서울대 법학과졸 1993년 同대학원 상법졸 2010년 고려대 대학원 헌법학 박사과정 수료 [경]1990년 사법시험 합격(32회) 1993년 사법연수원 수료(22기) 1993년 육군법무관 1996년 춘천지법 판사 1998년 同홍천군·인제군·양구군법원 판사 1999년 同판사 2000년 수원지법 성남지원 판사 2003년 서울지법 판사 2004년 서울고법 판사 2005년 헌법재판소 파견 2007년 대법원 재판연구관 2008년 춘천지법 강릉지원 부장판사 2009년 대법원 재판연구관(부장판사), 同재판연구관 2011년 인천지법 부장판사 2013년 서울중앙지법 부장판사 2016년 특허법원 부장판사(현) [종]기독교

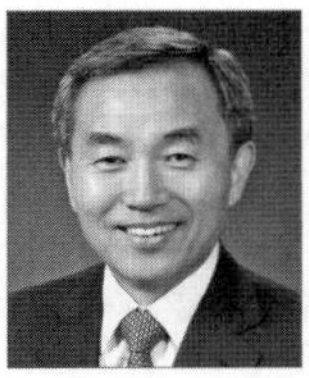

김우승(金于勝) Kim, Woo Seung

[생]1957·6·6 [출]서울 [주]경기 안산시 상록구 한양대학로55 한양대학교 기계공학과(031-400-5248) [학]1981년 한양대 기계공학과졸 1983년 同대학원 기계공학과졸 1986년 미국 노스캐롤라이나주립대 대학원 기계공학과졸 1989년 공학박사(미국 노스캐롤라이나주립대) [경]1991년 한양대 기계공학과 교수(현) 1992~1999년 정수장학회 지도위원 2004년 한양대 산학협력중심대학육성사업단장 2004년 同산학협력실장 2004년 대통령자문 교육혁신위원회 전문위원 2006년 한양대 창업보육센터 소장 2008년 同학연산클러스터사업단장 2008·2012년 同산학기획처장 2008~2010년 국가과학기술위원회 주력기간산업기술 전문위원 2011~2015년 한양대 산학협력단장 2011년 기초기술연구회 이사 2011~2015년 한국산학협력학회 초대회장 2011년 한국공학한림원 정회원(현) 2012년 (주)금호엔티 사외이사(현) 2014년 미래창조과학부 공과대학혁신위원회 위원(현) [상]한양대 수석졸업상(1981), 대한기계학회 남헌학술상(2000), 산업자원부장관표창(2005), 대통령표창(2008), 홍조근정훈장(2011), 한국공학한림원 일진상 산학협력증진부문(2013) [저]'공업열역학'(2000) [종]기독교

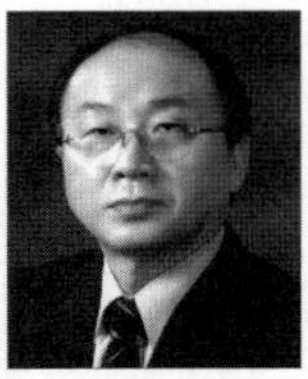

김우식(金雨植) KIM Woo Sik (湖岩)

[생]1940·1·26 [출]충남 공주 [주]서울 서대문구 연세로50 연세대학교 GS칼텍스 산학협력관403 창의공학연구원 이사장실(02-312-4871) [학]1957년 강경상고졸 1961년 연세대 공대 화학공학과졸 1965년 同대학원 화학공학과졸 1965년 성균관대 경영학과졸 1971년 미국 노스캐롤라이나주립대 대학원 산업공학과 수료 1975년 공학박사(연세대) 2003년 명예 경영학박사(고려대) [경]1961년 삼호방직 사원 1965~1968년 이정산업 대표 1965~2005년 연세대 공대 전임강사·조교수·부교수·교수 1975~1977년 同산업대학원 교학과장 겸 주임교수 1977~1980년 同화학공학과 학과장 1977년 화학공학회 총무이사 1979~1980년 중소기업진흥공단 자문위원 1980년 미국 Lehigh대 연구객원교수 1981~1984년 연세대 공대 교학과장 1983~1984년 한국장기신용은행 기술자문위원 1984~1986년 한국직업훈련관리공단 전문위원 1984~1986년 연세대 화학공학과 학과장 1985~1986년 同연세춘추 주간 1986~1988년 同연세춘추 및 신문방송국 편집인 1988~1989년 同학생처장 1988년 해태음료(주) 자문위원 1989~1990년 한국화학공학회 이동현상부문 위원장 1990년 과학기술처 세계화추진과학기술전문위원 1990년 상공부 생산기술연구원 총괄위원회 및 공업기반기술개발심의위원 1990~1992년 동력자원부 대체에너지기술개발 전문위원 1990~1992년 연세대 총무처장 1992년 한국화학공학회 감사 1993~1994년 한국공학기술학회 사업이사 1993~1995년 연세대 공대학장 1993~1994년 한국산학발전연구회 이사 1994~1995년 한국화학공학회 교육위원장 1994~1995년 전국공과대학장협의회 부회장 1994~1996년 한국산업인력관리공단 기술사심의 검정위원 1994년 상공자원부 공기반개발기획평가위원 겸 전문위원 1994년 한국공학기술학회 창립정회원 1995~1996년 同부회장 1995년 통상산업부 생산기술연구원 발전계획조정위원 1995~1997년 연세대 공학연구센터 본부장 1995~1997년 同산업대학원 공업경영전공 주임교수 1995년 (재)한국공학한림원 이사 1995~1998년 한국공학원 화학공학분과 위원장 1995~1997년 교육부 중앙산업교육심의위원장 1996년 한국화학공학회 부회장 1996~1998년 연세대 신에너지·환경시스템연구소장 1996년 한국공학기술학회 회장 1997년 동남아·태평양공학교육학회(AEESEAP) 부회장 1997년 교육부 대학원중점육성지원사업평가위원 1998~2000년 同지방대특성화사업평가위원장 1998년 LG-Caltex가스 사외이사 1998년 미국 캘리포니아대 교육대학원 연구객원교수 1998~2000년 연세대 대외부총장 1998년 LG환경안전연구소 고문 1998년 한국공학한림원 부회장 1999~2001년 대통령직속 국가과학기술자문위원 1999~2004년 한국공학교육인증원 원장 1999~2004년 전국과학정보기술인협회 공동회장 2000~2004년 연세대 총장 2000년 (재)한국대학가상교육연합 이사장 2000년 한국대학교육협의회 이사 2000년 성곡학술문화재단 이사 2000년 광주과학기술원 이사 2001년 (재)토지문화재단 이사 2002~2004년 한국대학교육협의회 회장 2004~2005년 대통령 비서실장 2005년 연세대 명예교수(현) 2006~2008년 부총리 겸 과학기술부 장관 2008년 한국과학기술원(KAIST) 초빙특훈교수 2008년 과학문화융합포럼 명예회장 2008~2009년 한국미래발전연구원 원장 2009년 과학문화융합포럼 이사장(현) 2009년 창의공학연구원 이사장(현) 2009년 사람사는세상 노무현재단 고문 겸 기금모금위원장 [상]연세학술상(1993), 대통령표창(1996), 한국교원단체총연합회 교육공로상(2002), 신산업경영원 경영문화대상(2003), 프랑스 와인작위·라랑드뽀므롤의 바이이기사(2003), 청조근정훈장(2005) [저]'화학공학요론(Ⅰ·Ⅱ)' '화학공학통론' '공업화학' '운동량열 및 물질이동론' [역]'이동현상론' '화학반응공학' [종]기독교

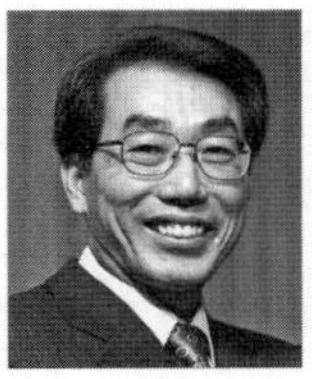

김우식(金禹埴) KIM Woo Sik

[생]1954·5·17 [출]경남 창녕 [주]인천 남동구 인주대로 914번길42 인천도시공사 사장실(032-260-5000) [학]1973년 대전고졸 1978년 충남대 전자공학과졸 1985년 同대학원 전자공학과졸 1993년 미국 미시간주립대 수료 2005년 고려대 최고위정보통신과정 수료 [경]1978년 기술고시 합격(14회) 1979~1982년 체신부 공무원교육원 사무관 1982년 한국통신 입사 1991년 同기술기준부장·나주전화국장 1992년 同통신망계획국장 1995년 同사업개발단 지능망개발국장 1996년 同무선사업본부 계획국장 1997년 同PCS사업실무추진위원회 사업준비반장 1999년 한국통신프리텔 상무이사 2000년 同전무이사 2001년 KTF 마케팅본부장(전무) 2001년 同경영지원총괄 전무 2002년 同부사장 2003년 KT 기술본부장(전무) 2003년 同영업본부장(전무) 2003~2005년 한국정보통신설비학회 회장 2004년 KT 마케팅본부장(전무) 2005년 同Business부문장(전무) 2005년 同부사장 2005년 KT파워텔 대표이사 사장 2009년 (주)KT 개인고객부문장(사장) 2009~2012년 KTcs 대표이사 2010~2012년 KT 부회장 2015년 인천도시공사 사장(현) [상]대통령표창(1998), 정보통신부장관표창, 은탑산업훈장(2004)

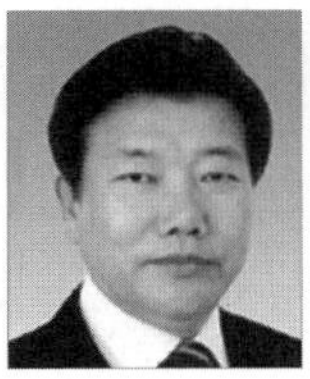

김우연(金禹鍊) KIM Woo Youn

[생]1960·10·2 [출]충남 서천 [주]대전 서구 둔산로100 대전광역시청 자치행정국(042-270-2150) [학]한밭대 경제학과졸 [경]2008년 행정안전부 인사기획관실 서기관 2010년 同지방행정연수원 인력개발1과장 2012년 同공무원단체담당관 2013년 안전행정부 공무원단체담당관 2014년 대전시 감사관 2015년 同자치행정국장(부이사관)(현)

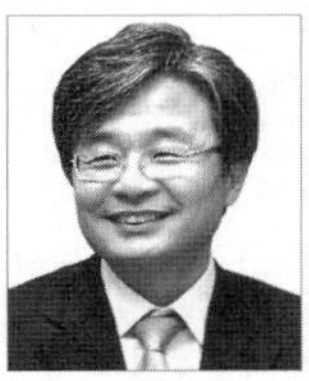

김우영(金宇榮) KIM Woo Young

[생]1969·8·5 [출]강원 강릉 [주]서울 은평구 은평로195 은평구청 구청장실(02-351-6000) [학]1988년 강릉고졸 1995년 성균관대 국어국문학과졸 [경]1992년 성균관대총학생회 부회장 1997년 장을병 국회의원 정책비서관 2002년 노무현재단 기획위원(현) 2003년 이미경 국회의원 입법보좌관 2005년 미국 캘리포니아주립대 객원연구원, 김영옥재미동포연구소 이사(현) 2010년 서울시 은평구청장(민주당·민주통합당·민주당·새정치민주연합) 2014년 서울시 은평구청장(새정치민주연합·더불어민주당)(현) 2014~2015년 서울시구청장협의회 사무총장 2015년 더불어민주당 서울시당 청년위원회 위원장(현) [상]자랑스런 대한국민 대상(2015), 대한민국 지방자치발전대상(2015) [저]'은평에 살고 싶은 101가지 이유'(2010) '은평에 살고 싶은 202가지 이유'(2013, 비타베아타) [종]기독교

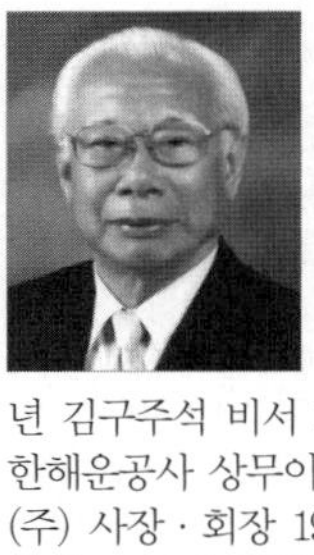

김우전(金祐銓) KIM Woo Chun (凡田)

[생]1922·2·12 [본]연안(延安) [출]평북 정주 [주]서울 영등포구 의사당대로38 광복회(02-780-0816) [학]1944년 일본 리츠메이칸대(立命館) 법학과 중퇴 1947년 고려대 법학과 중퇴 1948년 조선신문학원졸 1979년 서울대 경영대 최고경영자과정 수료 1996년 일본 리츠메이칸대(立命館)졸 1998년 명예학사(고려대) [경]1944년 독립운동 참여·광복군 입대·OSS본부 파견 1945~1949년 김구주석 비서 1952~1961년 한양운수(주) 입사·사장 1961~1964년 대한해운공사 상무이사 1961~1991년 신일중기 대표 1964~1968년 부산해운(주) 사장·회장 1964~1968년 부산시평북도민회 회장·이북5도민연합회 회장 1968년 합동선박(주) 전무이사 1969년 정주군 명예군수 및 정주군민회장 1969~1981년 광복회 이사·감사·사무국장 1969년 천구운수(주) 부사장 1973년 동방운수창고(주) 전무이사·부사장 1981년 신일중건설(주) 회장 1983년 연안김씨 장파대종회 회장 1990년 (주)서울아카데미 대표이사 회장 1992년 광복회 부회장 1997~2002년 민주평통 자문위원 1998년 제2의 건국범국민추진위원회 위원 1999~2001년 광복군동지회 회장 2003~2005

년 광복회 회장 2005년 同고문(현) 2005년 서울과학종합대학원대 교수 2008~2015년 동천 남상목의병장기념사업회 회장 2015년 광복군동지회 회장(현) [상]독립운동건국훈장 애국장(1990), 국민훈장 목련장(2001), 인제인성대상(2004), 소충·사선문화상 대상(2015) [저]'김구선생의 삶을 따라서'(1998, 교문사) '김구통일론'(1999, 고구려) '조국통일은 누가 할 것인가?'(2002, 고구려) '속편 김구선생의 삶을 따라서'(2012, 다인문화사) [종]기독교

김우정(金于楨)

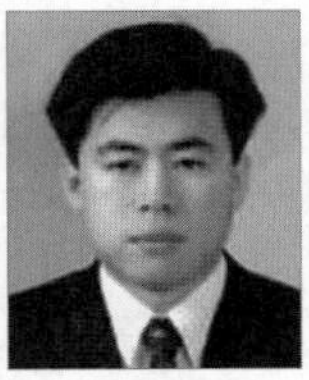

[생]1968·2·3 [출]전남 완도 [주]대전 서구 둔산중로78번길45 대전지방법원(042-470-1114) [학]1985년 동래고졸 1990년 연세대 법학과졸 [경]1997년 사법시험 합격(39회) 2000년 사법연수원 수료(29기) 2000년 광주지법 예비판사 2002년 同판사 2003년 同목포지원 판사 2004년 수원지법 안산지원 판사 2006년 서울북부지법 판사 2008년 서울중앙지법 판사 2010년 서울동부지법 판사 2012년 서울고법 판사 2014년 서울중앙지법 판사 2015년 대전지법 부장판사(현)

김우조(金宇照·女) KIM Woo Jo

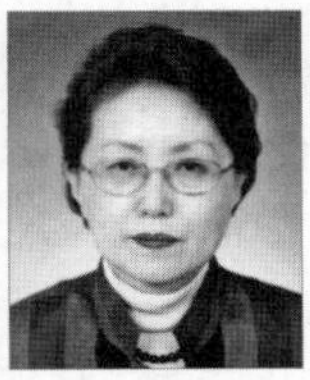

[생]1953·12·15 [본]전주(全州) [출]서울 [주]서울 동대문구 이문로107 한국외국어대학교 동양어대학 인도어과(02-2173-3219) [학]1972년 이화여고졸 1976년 한국외국어대 인도어과졸 1980년 인도 네루대 대학원 힌디문학과졸 1988년 문학박사(인도 비슈바바라티국립대) [경]1980~1994년 한국외국어대 동양어학부 인도어과 강사·전임강사·조교수·부교수 1994년 同인도어과 교수(현) 1996~2000년 한국인도학회 회장 2015년 한국외국어대 동양어대학장(현) [상]인도외무성 공로상(2007), 인도정부 공로상(2014) [저]'인도의 종파주의(共)'(2006, 한국외국어대 출판부) '인도의 사상가(共)'(2007, 한국외국어대 출판부) '한국어-힌디어사전(共)'(2008, 한국외국어대 출판부) [역]'나의 전장'(1985, 창작과 비평사) [종]기독교

김우종(金佑鐘) KIM Woo Jong (愚松)

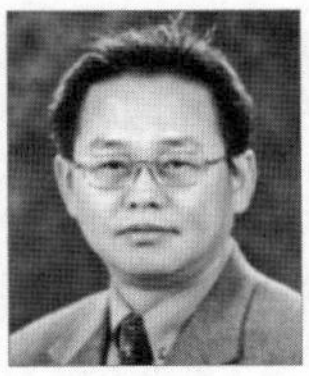

[생]1960·1·18 [본]김해(金海) [출]충북 제천 [주]세종특별자치시 도움6로11 행정중심복합도시건설청 기획조정관실(044-200-3010) [학]1977년 충북 제천농고졸 1989년 한국방송통신대 행정학과졸 2001년 호주 울런공대 대학원 경영학과졸(MBA) [경]1990년 행정고시 합격(34회) 1991~1996년 충북도 경제분석계장·공기업계장 1996~1999년 행정자치부 자치기획단·기획예산담당관실 근무 1999년 호주 교육파견 1999~2003년 중앙인사위원회 기획총괄과·정책지원과·인사심사과 서기관 2003년 同급여정책과장 2004년 同급여후생과장 2006년 국방대 파견 2007년 중앙인사위원회 능력발전과장 2008년 행정안전부 교육훈련과장 2008년 同지역발전과장 2008~2011년 駐우즈베키스탄 주재관 2011년 행정안전부 윤리복무관실 공무원단체담당관 2012년 충북도 문화관광환경국장 2013~2014년 충북 청원군 부군수 2014년 인사혁신처 복무제도과장 2015년 행정중심복합도시건설청 기획조정관(현) [상]엑스포성공개최 국무총리표창(1994), 동계유니버시아드유공 대통령표창(2007)

김우중(金宇中) KIM Woo Choong

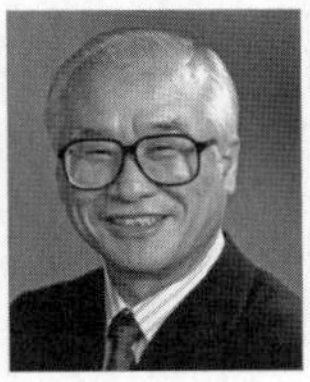

[생]1936·12·19 [본]광산(光山) [출]대구 [학]1956년 경기고졸 1960년 연세대 상경대 경제학과졸 1985년 명예경제학박사(연세대) 1986년 명예 경영학박사(고려대) 1988년 명예 공공봉사학박사(미국 조지워싱턴대) 1992년 명예 경제학박사(러시아 이코노믹아카데미) 1994년 명예 인문학박사(미국 사우스캐롤라이나대) 1995년 명예 경영학박사(콜롬비아 바제대) 1996년 명예 박사(루마니아 크라이오바대) 1997년 명예 법학박사(미국 보스톤대) 1997년 명예 철학박사(전남대) 1997년 명예 경제학박사(베트남 국립하노이대) [경]1960~1966년 한성실업 부장·이사 1967년 대우실업 상무이사 1970년 同사장 1976년 한국기계 사장 1976년 대우중공업 사장 1978년 새한자동차 사장 1978년 대우조선 사장 1979년 대우개발 사장 1979~1998년 전국경제인연합회 부회장 1979~1993년 한국무역협회 부회장 1980년 한국섬유산업연합회 부회장 1980년 한국중공업 사장 1980년 대한체육회 부회장 1981~1998년 대우그룹 회장 1981~1998년 한·일경제협의회 부회장 1982년 SAGOC 부위원장 1983년 한·아랍친선협회 회장 1983~1986년 대한요트협회 회장 1983~2000년 한국기원 총재 1985년 아시아요트연맹회 회장 1985년 SLOOC·SAGOC 위원 1986~1989년 한국섬유산업연합회 회장 1988~1992년 대한축구협회 회장 1989년 한국섬유산업연합회 명예회장 1991년 국제민간경제협의회(IPECK) 회장 1993~2000년 한·독협회 회장 1993년 한국섬유산업연합회 고문 1995년 심석학원 이사장 1996년 우즈베키스탄 세계경제외교대 명예교수 1996년 중국 항주대 명예고문 겸 명예교수 1997년 한국국제노동재단 이사장 1998~1999년 대우중공업·(주)대우·(주)대우자동차 대표이사 회장 1998년 평화와통일을위한복지기금재단 이사장 1999년 전국경제인연합회 회장 [상]금탑산업훈장, 한국의 경영자상, 수단국 오더오브투나일훈장, 국제상공회의소 국제기업인상, 마로니에기업문화상, 국민훈장 모란장, 파키스탄 의병훈장, 벨기에 대왕관훈장, 독일 십자공로훈장, 콜롬비아 명예대십자훈장, 프랑스 레지옹도뇌르훈장, 우즈베키스탄 듀스크리크훈장, 모로코국왕 최고영예훈장, 한국과학기술연구원 공로패(2009) [저]'세계는 넓고 할 일은 많다' '대화'(共) [종]기독교

김우진(金禹辰) KIM Woo Jin

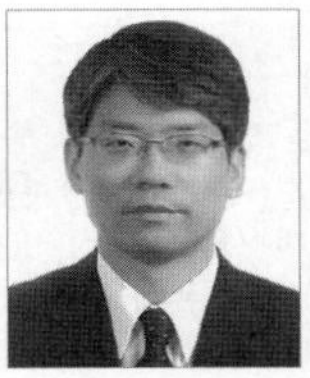

[생]1964·3·25 [출]서울 [주]서울 서초구 서초중앙로157 서울고등법원 제15민사부(02-230-1232) [학]1983년 경성고졸 1987년 서울대 법학과졸 1990년 同대학원졸 [경]1987년 사법시험 합격(29회) 1990년 사법연수원 수료(19기) 1990년 서울민사지법 판사 1992년 서울형사지법 판사 1994년 부산지법 동부지원 판사 1997년 서울지법 동부지원 판사 1999년 서울가정법원 판사 2000년 법원행정처 사법정책연구실 국제담당관 겸 서울고법 판사 2003년 서울고법 판사 2005년 광주지법 부장판사 2006년 대법원 재판연구관 2008년 서울동부지법 부장판사 2008년 대법원 양형위원회 운영지원단장(파견) 2010년 서울중앙지법 부장판사 2012년 서울서부지법 부장판사 2012년 특허법원 부장판사 2014년 서울고법 부장판사(현) [종]기독교

김우진(金優鎭) Kim Woo Jin

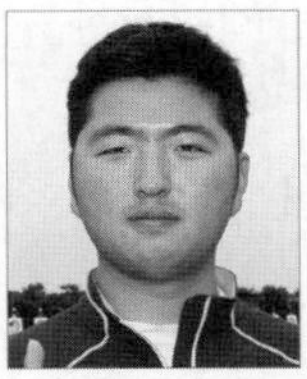

[생]1992·6·20 [출]충북 옥천 [주]충북 청주시 상당구 상당로155 청주시청 양궁단(043-200-2114) [학]2011년 충북체육고졸 2011년 주성대학 경호무도과 입학 [경]2009년 제3회 실내아시아경기대회 개인전 2위·단체전 1위 2010년 FITA양궁월드컵 개인전 금메달 2010년 광저우아시안게임 단체전 금메달·개인전 금메달(세계신기록: 예선1387점) 2011년 청주시청 소속(현) 2011년 2011세계양궁선수권대회 개인전 금메달·단체전 금메달 2012년 국제양궁연맹(FITA) 월드컵 남자부 금메달 2013년 제31회 대통령기 전국남녀양궁대회 개인전 금메달·은메달 2014년 세계양궁연맹(WA) 월드컵2차 남자부 개인전 동메달·단체전 금메달 2014년 제95회 전국체육대회 리커브 30m·50m·70m(합계 352점-세계신기록) 우승 2015년 세계양궁연맹(WA) 터키 안탈리아 월드컵2차 리커브 남자개인전 은메달·남자단체전 은메달·혼성팀전 금메달 2015년 광주 하계유니버시아드 양궁리커브 남자개인전 동메달·양궁리커브 남자단체전 금메달 2015년 세계양궁연맹(WA) 세계선수권대회 리커브 남자개인전 금메달·남자단체전 금메달 2015년 브라질 리우데자네이루올림픽 양궁테스트이벤트(프레올림픽) 리커브 남자개인전 금메달 2016년 콜롬비아 메데인 세계양궁연맹(WA) 월드컵 2차대회 리커브 혼성전 우승 2016년 터키 안탈리아 현대 양궁월드컵 3차대회 리커브 남자단체전 금메달 2016년 제31회 리우데자네이루올림픽 남자양궁 단체전 금메달 [상]한국페어플레이상 남녀단체부문(2011), 제16회 코카콜라체육대상 신인상(2011), 대한체육회체육상 우수상(2011)

김우창(金禹昌) KIM Woo Chang

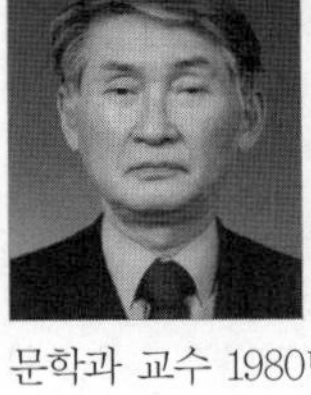

[생]1937·12·17 [출]전남 함평 [주]서울 성북구 안암로145 고려대학교(02-3290-1980) [학]1954년 광주고졸 1958년 서울대 영어영문학과졸 1961년 미국 코넬대 대학원 영어영문학과졸 1975년 문학박사(미국 하버드대) [경]1963~1974년 서울대 문리대학 영어영문학과 전임강사 1965년 '청맥' 誌에 '엘리어트의 예'로 등단 1969~1972년 미국 버팔로대 조교수 1974~2003년 고려대 영어영문학과 교수 1980년 미국 하버드대 방문연구원 1992년 영국 케임브리지대 방문연구원 1993년 일본 도쿄대 방문연구원 1995년 미국 하버드대 방문교수 1997년 일본 국제일본문화연구소 방문교수 2000년 서울국제문학포럼 조직위원장 2000~2002년 고려대 대학원장 2003년 同명예교수(현) 2004년 2005프랑크푸르트국제도서전 주빈국조직위원회 위원장 2006년 대한민국예술원 회원(문학·현) 2008~2013년 이화여대 이화학술원 석좌교수 [상]서울문화예술평론상(1981), 팔봉비평문학상(1993), 대산문학상(1994), 금호 학술상(1997), 고려대 학술상(1998), 한국백상출판문화상 저작상(2000), 녹조근정훈장(2003), 인촌상(2005), 경암교육문화재단 경암학술상(2015) [저]평론집 '궁핍한 시대의 시인' '지상의 척도' '문학의 비평'(編) 평론 '존재의 인식과 감수성의 존중' '주체의 형식으로서의 문학' '서정적 모더니즘의 경과' '괴로운 양심의 시대의 시-최근의 시 경향' '한국문학의 시간' '읽는 행위의 안과 밖' '대중문화 속의 예술교육' 에세이 '풍경과 마음'(2003) '시대의 흐름에 서서'(2005) '체험의 조형'(2013) '깊은 마음의 생태학'(2014, 김영사) '문화의 안과 밖 1: 풍요한 빈곤의 시대(共)'(2014, 민음사) '문학의 안과 밖 3: 예술과 삶에 대한 물음(共)'(2014)

김우철(金宇哲) KIM Woo Cheol

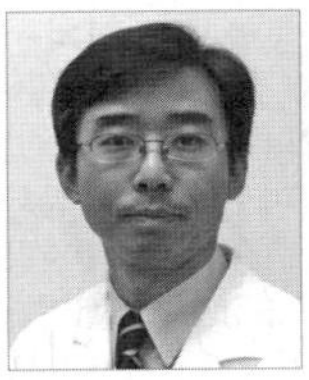

[생]1963 · 3 · 18 [주]인천 남구 인항로27 인하대학교병원 방사선종양과(032-890-3070) [학]1987년 연세대 의대졸 1997년 건국대 대학원졸 2001년 의학박사(인하대) [경]1990~1996년 연세대 세브란스병원 치료방사선과 전공의 · 전임의 1996~2008년 인하대 의과대학 방사선종양학교실 전임강사 · 조교수 · 부교수 2002년 同병원 방사선종양과장(현), 대한소아뇌종양학회 이사 2004~2005년 스웨덴 카로린스카의대 교환교수 2008년 인하대 의과대학 방사선종양학교실 교수(현) 2012년 인하대병원 외래진료부장 2013년 同적정진료지원실장 2015년 同의료혁신실장(현) [상]국무총리표창(2010)

김우철(金友哲) Kim, Woocheol

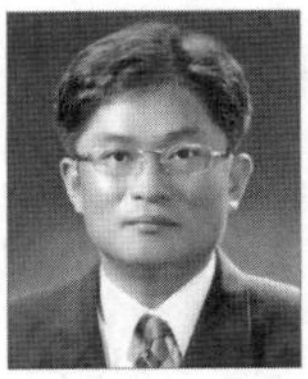

[생]1965 · 8 · 26 [본]경주(慶州) [출]충남 연기 [주]서울 송파구 올림픽로424 서울역사편찬원(02-413-9558) [학]1983년 대전동산고졸 1987년 고려대 사학과졸 1990년 同대학원 사학과졸(문학석사) 1999년 문학박사(고려대) [경]1986년 고려대 고대신문 편집국장 1989년 同고대신문 기획간사 1991~1992년 공군사관학교 교관 1992~1994년 同전임강사 2001~2004년 한중대 전임강사 2001~2004년同조교수 2009~2015년 同교양학과 부교수 2010년 한국고전번역원 번역위원(현) 2015년 서울역사편찬원 원장(현) [저]'조선후기 지방군제사'(2001, 경인문화사) '조선후기 정치 · 사회 변동과 추국'(2013, 경인문화사) '조선후기 지방사의 이해'(2013, 경인문화사) [역]'대한계년사 3 · 8 · 9'(2004, 소명출판) '여지도서 4~17 · 27~30'(2009, 디자인흐름) '승정원일기-영조대 13 · 37 · 60 · 79'(2011~2015, 한국고전번역원) '추안급국안 10~18 · 26~36 · 64~66 · 79~81'(2013~2014, 흐름출판사)

김우철(金禹哲) KIM Woo Cheol

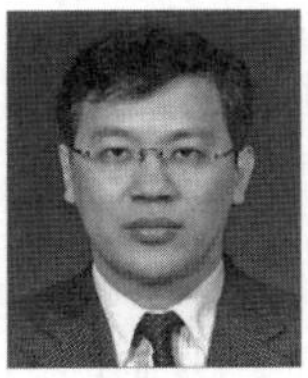

[생]1968 · 8 · 10 [본]나주(羅州) [출]충남 서천 [주]세종특별자치시 다솜2로94 해양수산부 항만국 항만기술안전과(044-200-5950) [학]1987년 서울 환일고졸 1991년 연세대 행정학과졸 [경]1991년 행정고시 합격(35회) 1993년 부산지방해운항만청 사무관 1996년 해양수산부 항만정책과 · 수산정책과 · 해양정책과 사무관 2000년 同해양정책과 서기관 2002년 同정보화담당관 2004년 同선원노정과장 2004년 부산지방해양수산청 환경안전과장 · 총무과장 2005년 해양수산부 연안해운과장 2007년 同해운물류본부 연안해운팀장 2008년 국토해양부 연안해운과장 2008년 同교통정책실 교통안전과장 2009년 同교통정책실 신교통개발과장 2011년 同해양정책국 해양환경정책과장 2012년 인천지방해양항만청 운영지원과장 2013년 해양수산부 해사안전국 해사안전시설과장(부이사관) 2014년 同국립해양조사원 운영지원과장 2015년 통일교육원 교육파견 2016년 해양수산부 항만국 항만기술안전과장(현)

김우택(金佑澤) KIM Woo Taek

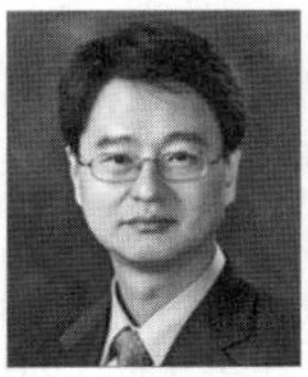

[생]1958 · 5 · 5 [주]서울 서대문구 연세로50 연세대학교 생명시스템대학 시스템생물학과(02-2123-2661) [학]1982년 연세대 생화학과졸 1984년 同대학원 생화학과졸 1988년 식물분자생물학박사(미국 워싱턴주립대) [경]1988~1990년 미국 워싱턴주립대 생물화학연구소 연구원 1990~1993년 미국 캘리포니아대 데이비스연구소 연구원 1994~2002년 연세대 생물학과 조교수 · 부교수 1996~1998년 농업진흥청 농업과학기술원 전문위원 1996~1998년 한국식물학회 상임이사 겸 편집간사, 한국신용보증기금 기술평가센터 심의위원 2002~2011년 연세대 생물학과 교수 2002년 국무총리산하 기초기술연구회 미래포럼기술 TRM위원회 위원 2002~2005년 (재)관정이종환교육재단 국외유학 장학생선발 심사위원 2005~2006년 한국학술진흥재단 한술연구심사평가위원 2005~2006년 한국식물과학협회 이사 2006~2008년 한국분자세포생물학회 농수산학분야 대의원 2006~2007년 한국식물학회 감사 겸 상임이사 2007~2008년 농림수산식품부 농림기술관리센터(ARPC) 생물자원 · 생명공학분야 전문위원 2008~2012년 한국분자세포생물학회 식물분자생물학분과장 2008년 인천시 지방공무원 임용필기시험 문제 출제위원 2008년 연세대 대학원 기능유전체협동과정 주임교수(현) 2008~2010년 한국식물학회 국제교류 위원장 겸 SCI등재위원장(상임이사) 2009~2010년 한국생물과학협회 이사 2010~2012년 한국연구재단 생명과학단 리뷰보드 2010~2012년 한국식물학회 부회장 2010~2013년 연세대 언더우드 특훈교수 2011년 同생명시스템대학 시스템생물학과 교수(현) 2012년 한국과학기술한림원 정회원(현) 2013~2014년 한국식물학회 회장 [상]한국식물학회 최우수학술논문상(2000), 연세대 우수업적교수상(2005), 제15회 과학기술우수논문상(2005), 연세대 최우수강의상(2006), 연세대 우수강의상(2007 · 2011), 과학재단 우수연구성과 50선 선정(2008), 연세학술상 최우수연구상(2009), 한국식물학회 학술발전상(2010), 연세대 우수업적실적표창(2010), 한국식물학회 최우수학술상(2012), 연세대 우수연구실적표창(2013) [저]'Molecular aspects of storage protein and starch synthesis in wheat and rice seeds(共)'(1989) 'History of the Discovery of ethylene as a plant growth substance(共)'(1998) '식물생리학(共)'(1999) [역]'문제로 배우는 캠벨 생명과학(共)'(2010, 바이오사이언스(주)) '생화학의 원리 (Principles of Biochemistry)(共)'(2015, 바이오사이언스(주)) '식물분자생명과학 (The Molecular Life of Plants)(共)'(2016, 월드사이언스(주))

김우택(金佑澤) WOODY KIM

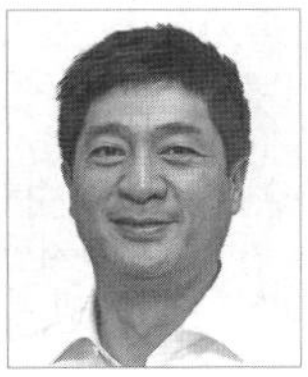

[생]1964 · 7 · 4 [본]김해(金海) [출]서울 [주]서울 강남구 언주로726 두산빌딩8층 (주)넥스트엔터테인먼트월드(02-3490-9316) [학]1984년 환일고졸 1988년 서울대 경영학과졸 1990년 미국 에모리대 대학원 경영학과졸 [경]1990년 삼성물산 뉴욕지사 근무 1996년 동양글로벌(주) 근무 1997년 (주)투니버스 부장 1999~2005년 메가박스씨네플렉스(주) 대표 2005~2008년 (주)미디어플렉스 대표이사 2008~2010년 (주)메가박스 대표이사 2011년 (주)넥스트엔터테인먼트월드(NEW) 대표(현) [상]제2회 문화콘텐츠 글로벌리더상(2009), 올해의 영화인상(2014) [종]기독교

김우한(金佑漢) KIM Woo Han

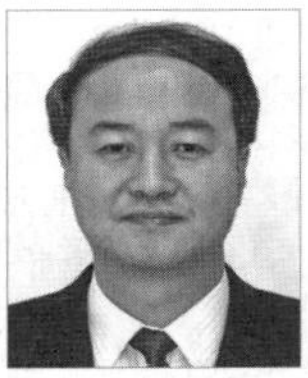

[생]1955 · 4 · 30 [본]선산(善山) [출]서울 [주]대전 유성구 대덕대로755 행정자치부 정부통합전산센터(042-250-5001) [학]1973년 경기공업전문학교 수료 1979년 성균관대 전자공학과졸 [경]1979~1982년 (주)한국전력 근무 1983~2001년 (주)데이콤 인터넷사업개발부문장(상무이사) 2001년 (주)한솔아이글로브 전무이사 2003년 한국정보보호진흥원 인터넷침해사고대응지원센터 본부장 2008년 (주)모바일 컨버전스 부사장 2010년 행정안전부 정부통합전산센터 운영기획관(고위공무원) 2012년 同정부통합전산센터장 2013~2014년 안전행정부 정부통합전산센터장 2014년 행정자치부 정부통합전산센터장(현) 2016년 국회 정보화추진위원회 위원 [상]산업포장(2000), 국무총리표창, 산업자원부장관표창, 체신부장관표창, 홍조근정훈장(2014)

김우현

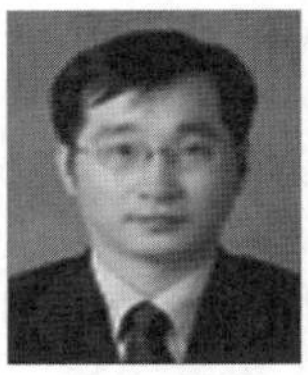

[생]1967 [주]경기 성남시 분당구 성남대로343번길9 SK주식회사C&C 재무본부(02-6400-0114) [학]경북대 경제학과졸 [경]1995년 (주)청구 재무팀 근무 1999년 (주)동산CG 재무부 근무 2000년 SK C&C OS지원팀 · 사장실 근무 2002년 同감사팀 근무 2009년 同Compliance팀장 2011년 同세무팀장 2013년 同자금팀장 2013년 同재무기획팀장 2015년 同기획본부장(상무) 2015년 SK주식회사 C&C 기획본부장(상무) 2016년 同재무본부장(상무)(현)

김우현(金宇鉉) Woo-Hyeon Kim

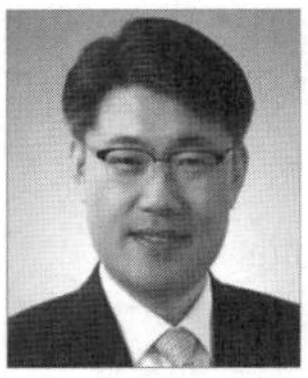

[생]1967 · 8 · 25 [출]전남 여천 [주]경기 과천시 관문로47 법무부 출입국 · 외국인정책본부(02-2110-4001) [학]1985년 광주제일고졸 1989년 고려대 법학과졸 [경]1990년 사법시험 합격(32회) 1993년 사법연수원 수료(22기) 1993년 軍법무관 1996년 수원지검 검사 1998년 광주지검 목포지청 검사 1999년 법무부 법무심의검사 2001년 서울지검 검사 2004년 광주지검 검사 2004~2005년 미국 Law School of Duke 연수 2005년 광주지검 부부장검사 2006년 대검찰청 검찰연구관 2007년 광주지검 장흥지청장 2008년 인천지검 공판송무부장 2009년 법무부 상사법무과장 2010년 同법무심의관 2011년 서울중앙지검 형사2부장 2012년 대검찰청 연구관 2012년 同형사정책단장 2013년 수원지검 성남지청 차장검사 2014년 전주지검 군산지청장 2015년 부산지검 제1차장검사 2015년 대구고검 차장검사(검사장급) 2016년 법무부 출입국 · 외국인정책본부장(현) [종]가톨릭

김우현(金佑鉉)

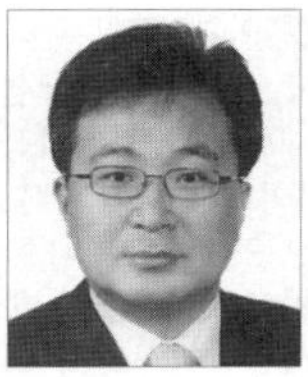

[생]1971 · 4 · 19 [출]경북 안동 [주]울산 남구 법대로14번길 37 울산지방법원(052-228-8000) [학]1989년 경안고졸 1999년 서울대 법학과졸 [경]1998년 사법시험 합격(40회) 2001년 사법연수원 수료(30기) 2001년 서울지법 예비판사 2003년 同남부지원 판사 2004년 서울남부지법 판사 2005년 대전지법 판사 2008년 인천지법 부천지원 판사 2010년 서울행정법원 판사 2012년 서울동부지법 판사, 국회 파견 2016년 울산지법 부장판사(현)

김우호(金尤鎬) Kim Woo-ho

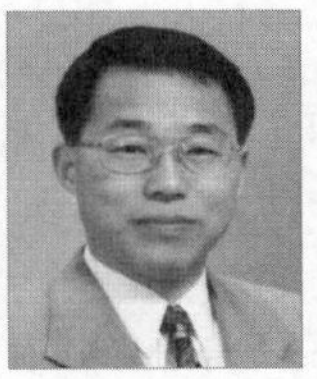

[생]1963·6·15 [주]세종특별자치시 한누리대로499 인사혁신처 인재개발국(044-201-8200) [학]전주고졸, 서울대 독어독문학과졸, 同행정대학원졸, 행정학박사(서울시립대) [경]1993년 행정고시 합격(37회) 2004년 행정안전부 프로세스혁신팀장 2005년 同성과관리팀장 2006년 대통령 인사수석비서관실 행정관 2008년 駐중국 주재관 2010년 안전행정부 인사실 인력기획과장(부이사관) 2012년 同인사실 심사임용과장 2014년 법무부 국적·통합정책단장(고위공무원) 2016년 인사혁신처 국가공무원인재개발원 교수부장 2016년 同인재개발국장(현)

김 욱(金 彧) KIM Wook

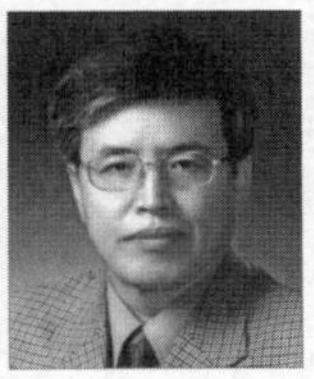

[생]1952·12·25 [출]대구 [주]충남 천안시 동남구 단대로119 단국대학교 자연과학대학 생명과학과(041-550-1010) [학]1976년 성균관대 생물학과졸 1983년 同대학원 동물학과졸 1987년 동물학박사(성균관대) [경]1986~1987년 군산대 생물학과 강사 1987~1988년 성균관대 생물학과 강사 1987~1988년 인하대 생물학과 강사 1988~1997년 단국대 조교수·부교수 1992~1993년 미국 애리조나대 연구조교 1994~2006년 한국유전학회 편집위원 1997년 단국대 자연과학대학 생명과학과 교수(현) 2000~2006년 한국법과학회 이사 2002~2007년 국립과학수사연구소 유전자감식자문위원 2004~2006년 한국유전학회 부회장 2010년 DNA신원확인정보데이터베이스관리위원회 위원(현) 2013~2015년 단국대 자연과학대학장 2014년 국무총리 한국DNA수사학회 회장(현) 2015년 단국대 천안캠퍼스 부총장(현) [저]'일반 생물학'(1990) '생물진화학'(1990) '초파리 유전학'(1993) '생명과학'(2001) '생명과학의 이해'(2002) '유전학실험서(共)'(2004) '미토콘드리아 DNA 변이와 한국인 집단의 기원에 관한 연구(共)'(2005) '교양으로 읽는 과학의 모든 것 1(共)'(2006) '우주와 인간 사이에 질문을 던지다 : 한국인은 어디에서 왔는가'(2007) '당신의 유전자는 안녕하십니까?'(2007) [역]'모건과 초파리'(1995) '유전자, 사랑 그리고 진화 : 성은 왜 만들어 졌을까?'(1998) '찰스다윈'(1999) '세포의 발견'(2000) 'DNA 연구의 선구자들'(2000) '40억 년 간의 시나리오'(2001) '생존의 한계'(2001) '웟슨과 크릭'(2002) '의학유전학'(2002)

김 욱(金 煜)

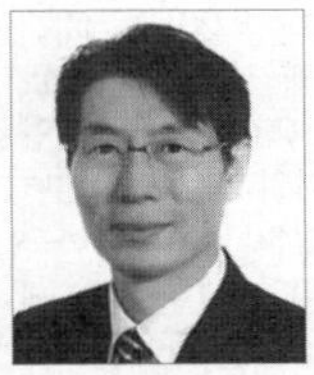

[생]1966·2·13 [주]서울 송파구 송파대로28길28 해양환경관리공단 기획조정실(02-3498-8500) [학]1998년 한국해양대 항해학과졸 2010년 스웨덴 World Maritime Univ. 대학원 해양환경관리과졸 [경]1988년 범양상선(주) 근무 1996년 대한해운(주) 근무 1997년 해양오염방제조합설립기획단 근무 1997년 해양오염방제조합 방제부 연수과장 2007년 해양환경관리공단설립기획단 총괄팀장 2008년 해양환경관리공단 기획팀장 2011년 同경영혁신팀장 2015년 同창조혁신실장 2016년 同기획조정실장(현) [상]해양오염방제조합 이사장표창(1998), 해양수산부장관표창(2005)

김욱규(金昱珪) Uk Kyu Kim

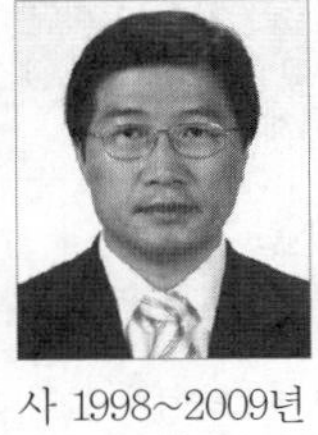

[생]1960·11·18 [본]김해(金海) [출]부산 [주]경남 양산시 물금읍 금오로20 부산대치과병원(055-360-5114) [학]1985년 부산대 치과대학졸 1989년 同대학원졸 1997년 치의학박사(부산대) [경]1985~1989년 부산대병원 전공의 1989~1992년 국군부산병원 군의관(치과부장) 1992~1997년 부산대 치과대학 외래시간강사 1992~1993년 부산춘해병원 치과 과장 1994~1997년 부산대병원 수술참석의사 1998~2009년 부산대 치과대학 구강악안면외과학교실 전임강사·조교수·부교수 2000년 일본 구주대 방문교수 2005년 부산대 치과대학 부학장 2007~2009년 同치과대학장 겸 치의학전문대학원장 2009년 同치의학전문대학원 구강악안면외과학교실 부교수·교수(현) 2014년 同치과병원장(현) 2015년 국립대치과병원장협의회 부회장(현) [상]대한악안면성형재건외과학회 기초의학논문상(2001), 미국 구강악안면외과학회 Scientific Poster Award(2002), 미국 구강악안면외과학회 Oral Abstract Presentation Award(2007), Marquis Who's Who Biography Listing(2009) [저]'악안면성형재건외과학'(2003) '치과국소마취학'(2004) [역]'치과치료의 진정요법'(2001) [종]기독교

김욱일(金旭日) Kim Wook Il

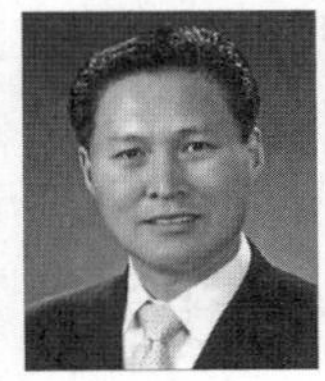

[생]1957·2·18 [본]김해(金海) [출]경북 김천 [학]1985년 성균관대 행정학과졸 2000년 핀란드 헬싱키대 경제경영대학원졸(MBA) 2011년 고려대 경영전문대학원 최고경영자과정 수료(70기) [경]1985년 한국주택은행 입행 2000년 국민은행·주택은행합병추진본부 신탁·자산관리팀장 2001~2002년 KIDB채권중개(주) 사외이사 2002~2003년 국민창업투자(주) 사외이사 2006년 KB국민은행 복권사업부장 2008년 同명동PB센터장 2010년 同PB사업본부장 2010년 同동대구지역본부장 2012~2013년 同경영자문역 2013~2014년 NICE평가정보 사외이사 2014~2016년 삼성생명보험(주) 방카슈랑스사업부 수석전문위원 2016년 국민TS 부대표(현) [상]한국주택은행장표창(1992), 은행연합회장표창(1996), 재정경제부장관표창(2001), 고유업무 유공 은행장표창장(2002) 등 [종]천주교

김욱준(金郁埈)

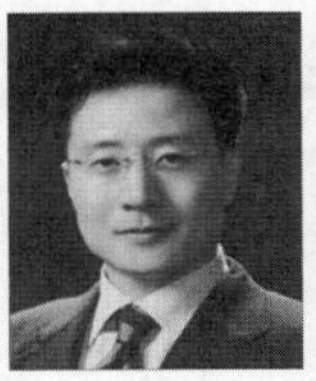

[생]1972·9·12 [출]서울 [주]서울 도봉구 마들로747 서울북부지방검찰청(02-3399-4200) [학]1991년 휘문고졸 1996년 서울대 법학과졸 [경]1996년 사법시험 합격(38회) 1999년 사법연수원 수료(28기) 1999년 육군 법무관 2000년 육군 고등검찰부 검찰관 2002년 서울지검 검사 2004년 대전지검 천안지청 검사 2006년 법무부 공공형사과 검사 2008년 서울서부지검 검사 2011년 同부부장검사 2012년 부산지검 동부지청 형사3부장 2013년 대구지검 상주지청장 2014년 광주지검 부부장검사(駐LA총영사관 파견) 2016년 서울북부지검 부부장검사(현) 2016년 법무부 검찰제도개선기획단장 겸임(현)

김운경(金運經)

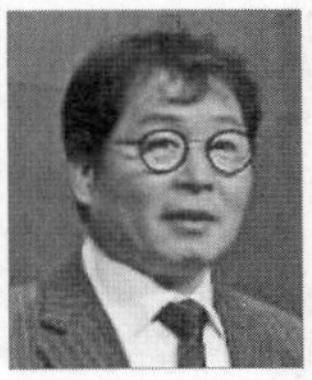

[생]1954·2·23 [주]서울 영등포구 국회대로750 금산빌딩4층 한국방송작가협회(02-782-1696) [학]1972년 동인천고졸 1979년 서울예술전문대 문예창작학과졸 [경]방송작가(현) 1981년 KBS 전설의 고향 '쌍불암'으로 데뷔 1996년 (사)한국방송작가협회 드라마부문 간사, 同이사 2016년 同이사장(현) [상]한국방송작가상 드라마부문(1995) [저]'낮에도 별은 뜬다'(2004, 시나리오친구들) '세월은 흐르는 것이 아니라 쌓이는 것이다(共)'(2014, 페이퍼로드) [작]방송극본 'KBS 1TV 회전목마'(1989) 'KBS 2TV 서울뚝배기'(1991) 'KBS 2TV 형'(1992) 'MBC 한지붕 세가족'(1994) 'MBC 서울의 달'(1994) 'SBS 옥이이모'(1995) 'KBS 파랑새는 있다'(1997) 'SBS 흐린날에 쓴 편지'(1999) 'SBS 도둑의 딸'(2000) 'MBC 죽도록 사랑해'(2003) 'KBS 2TV 황금사과'(2006) 'KBS 2TV 돌아온 뚝배기'(2008) 'MBC 짝패'(2011) 'JTBC 유나의 거리'(2014)

김운근(金沄根) KIM Woon Keun

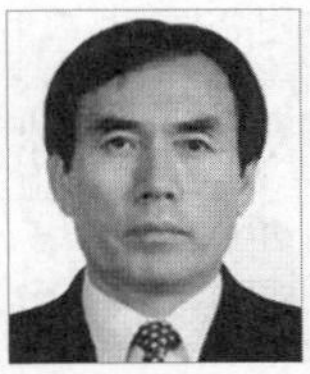

[생]1944·4·4 [본]김해(金海) [출]울산 [주]서울 용산구 이촌로223의13 농업기술진흥관3층 (사)통일농수산정책연구원(02-790-0201) [학]1975년 고려대 대학원 농업경제학과졸 1986년 농업경제학박사(고려대), 미국 노스캐롤라이나주립대 대학원 수료 [경]1970년 농촌진흥청 농업기술연구소 근무 1975년 국립농업경제연구소 근무 1978년 농수산부 근무 1982년 한국농촌경제연구원 농업사연구실장·수석연구위원 1984~1991년 단국대·명지대·건국대·성균관대 강사 1989년 한국농촌경제연구원 토지경제실장 1990년 同농업구조개선실장 1992년 同북방농업실장 1994년 同국제농업연구부장 겸 북한연구팀장 1998년 同북한농업연구센터 부장 1999년 同북한농업연구센터장 2002년 同농림기술관리센터 소장 2002년 한국농업정책학회 회장 2003년 (사)통일농수산정책연구원 원장(현) 2003년 북한경제전문가100인포럼 회원 2009년 민주평통 자문위원 [저]'북한의 농업 개황' '북한의 임업과 수산업 개황' [종]불교

김운미(金雲美·女) KIM Un Mi

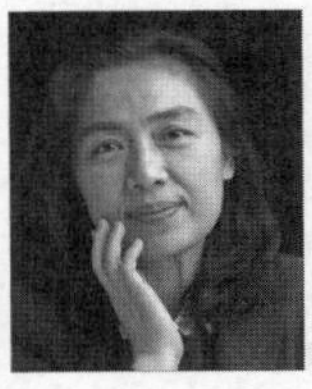

[생]1957·1·13 [본]경주(慶州) [출]대전 [주]서울 성동구 왕십리로222 한양대학교 무용학과(02-2220-1310) [학]1981년 한양대 무용과졸 1984년 서울대 대학원 체육교육학과졸 1991년 이학박사(한양대) [경]1980~1982년 대전 성모여고 교사 1986~1992년 한양대 시간강사 1989~1991년 서강대 시간강사 1990~1991년 한국교원대 시간강사 1992년 한양대 무용학과 교수(현) 1994~2003년 세계무용연맹 한국본부 이사 1995년 중요무형문화재 제27호 '승무' 이수 2005년 한국무용학회 상임이사 2005년 한양대 우리춤연구소장(현) 2008년 同사회봉사단 지도교수 2009년 한국춤문화자료원 부원장(현) 2009년 한국무용사학회 회장(현) 2013년 문화재위원회 무형문화재분과 위원(현) 2013~2016년 한국문화예술위원회 위원 2014년 한양대 예술·체육대학장 겸 올림픽체육관장(현) 2014년 무용역사기록학회 공동회장(현) [상]유네스코 한국위원회 공로패(1996), 교수업적평가우수교수상(1999), 보훈문화상(2001), 국제무용학술논문상(2004), PAF 주목할 춤단체상(2007), 제16회 대한민국연예예술상 안무가상(2010) [저]'무용교육이란 무엇인가'(1996) '한국교육무용사'(1998, 한학문화사) '2003 한국춤의 동향/ 다양한 시도들이 행해진 한국춤의 해'(2004) [역]'무용교수법과 교육과정 설계'(2005) '무용교육이란 무엇인가-개정판'(2003) [작]'호양방' '누구라도 그러하듯이' '흰옷' '조선의 눈보라' '온달' '푸리' '1919' '함' '블랙홀에의 여행'(1997) '천년의 춤, 그향기를 찾아서'(2004) '그 한여름'(2005) '한국의 숨을 찾아서'(2005) '축제'(2005)

김운용(金雲龍) KIM Un Yong (允谷)

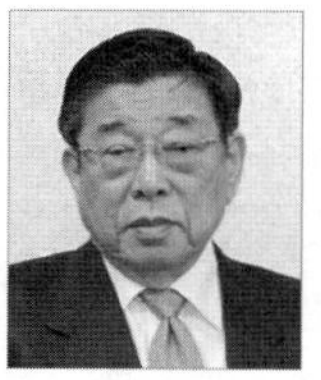

[생]1931·3·19 [본]김녕(金寧) [출]대구 [주]서울 영등포구 63로40 라이프오피스텔717호 김운용닷컴(02-3775-2565) [학]1949년 경동고졸 1960년 연세대 정치외교학과졸 1961년 同대학원 정치학과졸 1963년 同대학원 박사과정 수료 1964년 미국 조지워싱턴대 대학원 수료 1976년 법학박사(미국 메리빌대) 1990년 명예 박사(US 스포츠아카데미) 1991년 명예 정치학박사(연세대) 1996년 명예 박사(러시아 레닌그라드대) 1997년 명예 체육학박사(한국체육대) 1998년 명예 정치학박사(원광대) 1999년 명예 이학박사(용인대) 1999년 명예 박사(몽고기술국립과학대) 1999년 명예 철학박사(전북대) [경]1961년 내각수반 의전비서관 1962년 동덕여대 강사 1963~1968년 駐미국·駐유엔·駐영국 참사관 1968~1974년 대통령경호실 보좌관(차장) 1968년 영문학술지「코리아업저버」 이사장 1971~1991·1998~2001년 대한태권도협회 회장(10단) 1973~2004년 국기원 원장 1973~2004년 세계태권도연맹 총재 1974년 대한체육회 부회장 겸 KOC 부위원장·명예총무 1980~1996년 월드게임 회장 1982년 SLOOC 부위원장 1986~1988·2001~2005년 국제올림픽위원회(IOC) 위원 1986년 국제경기연맹총연합회(GAISF) 회장 1986~2005년 IOC TV·RADIO 분과위원장 1988~2002년 同집행위원 1990년 서울평화상 위원 1990년 대통령 특사 1992~1996·2003~2005년 IOC 부위원장 1993~2002년 대한체육회 회장 겸 KOC 위원장 1994년 IOC 올림픽박물관 이사 1994년 올림픽아프리카재단 이사장 1994년 1997무주전주동계유니버시아드대회 조직위원장 1995년 1999용평동계아시안게임조직위원회 위원장 1995~2001년 2002부산아시안게임조직위원회 위원장 1996년 국제교류대사 1996년 월드게임 종신명예회장 1997년 통일고문회의 고문 1998년 대한아마추어복싱연맹 회장 2000~2003년 새천년민주당 상임고문 2000~2004년 제16대 국회의원(전국구, 새천년민주당) 2001년 국회 한미포럼 회장 2003년 국회 스포츠정책포럼 회장 2003년 새천년민주당 2010평창동계올림픽유치지원위원회 위원장 2007~2014년 2014인천아시안게임조직위원회 고문 2007년 일본 게이오대 법학부 방문교수 2008년 2013하계유니버시아드대회유치위원회 명예위원장 2009년 조선대 석좌교수(현) 2009~2012년 미국 아메리칸스포츠대 명예총장 2009년 국기원 명예이사장 2009년 대한체육회(KOC) 고문(현) 2010년 대한태권도협회(KTA) 명예회장(현) 2010년 2015광주하계유니버시아드대회조직위원회 고문(현) 2010년 김운용닷컴 대표(현) 2011년 명지대 석좌교수(현) 2012년 미국 인명정보기관(ABI) 세계명예의전당에 등재 2015년 국민대 석좌교수(현) 2016년 '2017 무주세계태권도선수권대회' 조직위원회 명예위원장(현) [상]황조근정훈장(1961), 대한민국 체육상(1972), 체육훈장 청룡장(1986)·맹호장, 국민훈장 모란장, 이탈리아 지휘기사훈장, 화랑무공훈장, 은성화랑무공훈장, 코트디부아르 체육훈장, 아르헨티나 최고수교훈장, 벨기에 레오폴드2세훈장, 프랑스 국가공로훈장, 스페인 최고공로훈장, 스페인 수교훈장, 모나코 체육훈장, 서울시 문화상, 필리핀대통령 공로훈장, 일본 게이오대 특별체육공로상(2010), 대한체육회 스포츠영웅 선정·명예의 전당에 헌액(2015), 국기원 자랑스러운 태권도인상 국기장(2015) [저]'태권도교본'(韓·英) '위대한 올림픽(韓·英·日·中)'(1989) '더 넓은 세계를 향하여'(1995) '세계를 향한 도전'(2002) '현명한 사람은 선배에게 길을 찾는다'(2009, 중앙북스) '김운용이 만난 거인들'(2014, 중앙북스) [종]기독교

김운호(金雲鎬) Kim Woon Ho

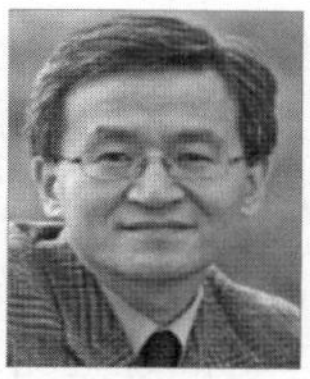

[생]1957·6·6 [본]경주(慶州) [출]강원 양양 [주]서울 동대문구 경희대로26 경희대학교 공공대학원 시민사회NGO학과(02-961-9429) [학]1980년 경희대 경영학과졸 1983년 同대학원졸 1993년 경영학박사(경희대) [경]1989년 경희대 인류사회재건연구원 연구원 1997년 同아태연구원 조교수 1998년 同국제경영학부 조교수 1998년 '99서울NGO세계대회' 조직위원회 프로그램기획단장 1999~2011년 경희대 NGO대학원 교수 2002년 사회복지공동모금회 기획분과실행위원(현) 2004~2013년 경희대 대외협력처장 2011년 同공공대학원 시민사회NGO학과 교수(현) 2012년 同성금캠페인 통합사무국 사무총장(부총장급) 2012년 아름다운재단 배분분과위원(현) 2013년 경희대 경희미래위원회 사무총장 2015년 서울NPO지원센터 운영위원(현) 2015년 국제개발협력민간협의회 조직위원회 위원(현) 2016년 생명보험사회공헌위원회 위원(현) [종]기독교

김운환(金沄桓) KIM Woon Hwan (一松)

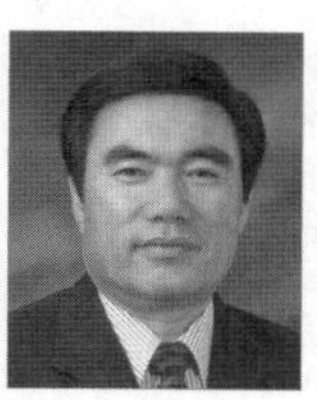

[생]1946·12·13 [본]김해(金海) [출]울산 [학]1968년 울산공고졸 1972년 동아대 정치외교학과졸 1976년 同경영대학원 수료 [경]일송문화장학회 회장, 울산국악관현악단 단장, 새운주택 대표 1987년 통일민주당(민주당) 울주군 선거대책위원장 1988년 제13대 국회의원(전국구, 민주당·민자당) 1988년 민주당 부대변인 1988년 同울산中지구당 위원장 1992년 제14대 국회의원(부산 해운대, 민자당·신한국당) 1993~1997년 대한씨름협회 회장 1994년 민자당 부산시지부장 1995년 同조직위원장 1995년 대한주택건설사업협회 고문 1996년 제15대 국회의원(부산 해운대·기장甲, 신한국당·국민신당·국민회의·새천년민주당) 1997년 국민신당 부산시지부장 1998년 국민회의 부산해운대·기장甲지구당 위원장 2000년 새천년민주당 총재특보 2000~2003년 同부산해운대·기장甲지구당 위원장 [상]국민포장 [종]불교

김 웅(金 雄)

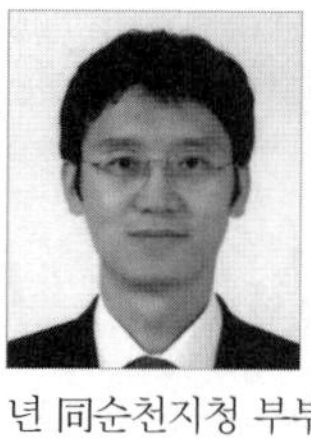

[생]1970·5·5 [출]전남 순천 [주]경기 용인시 기흥구 구성로243 법무연수원 용인분원 대외연수과(031-288-2254) [학]1988년 순천고졸 1993년 서울대 정치학과졸 [경]1997년 사법시험 합격(39회) 2000년 사법연수원 수료(29기) 2000년 인천지검 검사 2002년 창원지검 진주지청 검사 2004년 서울중앙지검 검사 2006년 법무부 법무심의관실 검사 2008년 광주지검 순천지청 검사 2013년 同순천지청 부부장검사 2013년 서울남부지검 부부장검사 2014년 서울중앙지검 부부장검사 2015년 광주지검 해남지청장 2016년 법무연수원 용인분원 대외연수과장(현)

김웅서(金雄西) KIM Woong Seo

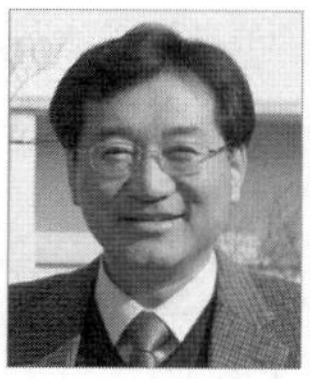

[생]1958·4·11 [본]강릉(江陵) [출]서울 [주]경기 안산시 상록구 해안로787 한국해양과학기술원(031-400-6217) [학]1977년 서울 양정고졸 1981년 서울대 생물교육과졸 1984년 同대학원 해양학과졸 1993년 해양생태학박사(미국 뉴욕주립대 스토니브룩교) [경]1986~1990년 미국 뉴욕주립대 연구조교 1990~1992년 미국 New York Sea Grant 연구원 1993~1995년 한국해양연구소 Post-Doc. 1993~2001년 서울대·건국대·고려대·서강대 강사 1995~1999년 한국해양연구원 선임연구원 1996년 IOC WESTPAC 한국대표 1998년 APEC ANZECC 한국대표 1998년 북태평양해양과학기구(PICES) 해양생물위원 1999년 한국해양연구원 책임연구원 2000~2002년 한국환경생물학회지 편집위원 2001~2015년 Ocean and Polar Research 편집위원 2005~2012년 국제해양광물학회(IMMS) 이사 2005~2008년 한국해양연구원 해양자원연구본부장 2005년 과학기술연합대학원대(UST) 교수(현) 2006년 한국해양학회지 편집위원 2007~2011년 국제해저기구(ISA) 법률기술위원 2008~2012년 여수세계박람회조직위원회 자문위원 2008년 한국해양연구원 여수세계박람회 TF팀장 2009년 同여수엑스포지원단장 2011년 同선임연구본부장 2011~2013년 한국간행물윤리위원회 좋은책 선정위원 2012년 한국해양과학기술원 제1부원장, 과학기술홍보대사(현) 2013년 한국해양과학기술원 책임연구원(현) 2014년 국립해양박물관 설립위원 2014~2015년 한국해양학회 부회장 2014~2015년 한국해양정책학회 부회장 2014년 한국자연환경보전협회 부회장(현) 2014년 '자연보존' 편집장(현) 2014년 미국 세계인명사전 'Marquis Who's Who in the World'에 등재 2014년 해양실크로드탐험대 대장 2015년 영국 세계인명사전 IBC에 등재 2016년 한국해양학회 회장(현) 2016년 한국해양과학기술협의회 부회장(현) 2016년 국립해양생물자원관 교육위원(현) [상]동탑산업훈장(2013) [저]'해양생물'(1997) '바다는 왜'(2000) '바다에 오르다'(2005) '포세이돈의 분노'(2010) '해양과학기술의 현재와 미래(編)'(2012) '물과 땅이 만나는 곳, 습지'(2014) [역]'동물플랑크톤 생태연구법'(1996) '바다는 희망이다-21세기를 위한 해양보전'(2002) '아름다운 바다'(2003) '난파선의 역사'(2003) '미래동물대탐험'(2004) '빙하기'(2006) '바다의 비밀'(2010) '호모 아쿠아티쿠스'(2013) '잠수정의 세계'(2015)

김웅용(金雄鎔) KIM, UNG-YONG

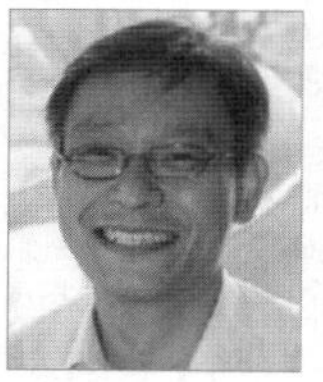

[생]1962·3·8 [본]수안(遂安) [출]서울 [주]경기 의정부시 호암로95 신한대학교 교양학부(031-870-3777) [학]1966년 한양대 물리학과 특별입학 1970년 충북대 물리학과졸 1974년 미국 콜로라도주립대 대학원 열물리학·핵물리학과 석·박사과정 수료 1985년 충북대 토목공학과졸 1989년 同대학원 수공학과졸 1994년 수공학박사(충북대) [경]1974~1978년 미국 항공우주국(NASA) 선임연구원 1973~1980년 기네스북에 세계 최고 지능지수 보유자로 등재, 국토환경연구소 연구위원, 연세대·충북대 강사 1999~2002년 한국과학기술원 대우교수 2002~2006년 국토환경연구소 연구위원 2005년 충북개발공사 보상팀장 2006년 미국 세계인명사전 'Marquis Who's Who in the World' 23판에 등재 2006년 영국 국제인명센터(IBC) 선정 '21세기 우수 과학자 2000'(2000 Outstanding Intellectuals of the 21th Century) 2006년 미국 인명연구소(ABI) '21세기 위대한 지성'(Great Minds of the 21st Century)에 선정 2006년 영국 국제인명센터(IBC) 토목 및 환경공학분야의 '올해의 국제교육자'(International Educator of the Year)에 선정 2006년 同종신부이사장(현) 2007년 충북개발공사 단지조성팀장 2009년 同사업계획부장 2011년 同기획홍보부장 2012~2014년 同사업처장 2014년 신한대 교양학부 교수(현) 2014년 同경기북부개발연구원 부원장(현) [상]영국 국제인명센터 국제공로훈장(International Order of Merit, 2006) [저]'별한테 물어봐라'(1966) '세계의

천재'(1966) '글자의 안에 우주가 있다'(1970) '수문학 문제풀이'(2004) '수문학연습'(2004) 倒'폐수처리공정설계'(2006)

김웅진(金雄鎭) KIM Ung Jin

생1953·7·31 본김해(金海) 출서울 주서울 동대문구 이문로107 한국외국어대학교 사회과학대학 정치외교학과(신교수연구동307호)(02-2173-3077) 학1972년 경기고졸 1976년 한국외국어대 정치외교학과졸 1979년 미국 신시내티대 대학원 정치외교학과졸 1982년 정치학박사(미국 신시내티대) 경1985년 한국외국어대 사회과학대학 정치외교학과 조교수·부교수·교수(현) 1996년 한국정치학회 이사 1997년 미국 신시내티대 방문연구원 1997년 영국 Exeter대 Leverhulme Fellow 1999~2005년 한국국제정치학회 이사·편집이사·명예이사 2002~2004년 한국외국어대 사회과학대학장 2005년 비교민주주의연구센터 소장(현) 2012~2014년 한국외국어대 정치행정언론대학원장 (재'정치학 연구방법론'(2005, 명지사) '현대 정치학이론의 발전'(2007, 인간사랑) '과학 패권과 과학민주주의'(2009, 서강대 출판부) '피지 : 정적과 혼돈의 섬'(2009, 이담북스) '인과모형의 설계'(2011, 한국외국어대 출판부) 옙 '비교정치론 강의1 : 비교정치연구의 분석논리와 패러다임'(1992, 한울) '비교정치론 강의2 : 제3세계의 정치변동과 정치경제'(1992, 한울) 종기독교

김 원(金 洹) KIM Won

생1943·3·10 본김해(金海) 출서울 주서울 종로구 대학로12길53 (주)건축환경연구소 광장(02-744-8225) 학1961년 경기고졸 1965년 서울대 건축공학과졸 1973년 네덜란드 로테르담바우센트룸연구소졸 경1976년 (주)건축환경연구소 광장 대표(현) 1976년 도서출판 광장 대표(현) 1982년 건축대전 초대작가 1982년 인테리어디자이너협회 회장 1987년 한국건축가협회 이사 1988~2002년 김수근문화재단 사무국장 1994년 한국건축가협회 명예이사(현) 1996년 서울건축학교 운영위원장 1998년 건국대 건축대학원 겸임교수 2003년 NGO푸른나라를생각하는전문가회의 대표(현) 2007년 문화재위원회 사적분과 위원 2009년 김수근문화재단 이사장 2009년 한국인권재단 후원회장(현), 사단법인 봄(독일 카리타스 대북지원사업법인) 이사장(현) 2013년 내셔널트러스트 공동대표(현) 2013년 서울생태문화포럼 공동대표(현) 상건축가협회 작품상(10회), 석탑산업훈장 (재)건축평론집 '우리시대의 거울'(1975) 건축수상집 '한국 현대건축의 이해'(1976) '빛과 그리고 그림자'(1982) '金洹건축작품집'(1983) 작'마천루' '건축이 없는 건축' '건축예찬' 쩍'쎈뿔수도원' '독립기념관 마스터플랜' '국립국악당' '통일연수원' '수협중앙회관' '종합촬영소' '광주가톨릭대학' 등 설계 종천주교

김 원(金 苑) Kim Won

생1958·2·1 주경기 성남시 수정구 성남대로1342 가천대학교 소프트웨어학과(031-750-5517) 학중국 동해대졸, 同국립정치대 대학원졸 경1995~2012년 경원대 소프트웨어설계경영학과 전임강사·조교수·부교수·교수 2009·2012년 同IT부총장 2011년 同수석부총장 2012년 가천대 소프트웨어설계·경영학과 교수 2014년 同소프트웨어설계·경영학과 석좌교수 2015년 同소프트웨어학과 석좌교수(현) 2015년 同소프트웨어중심대학사업단장(현) (재'사기열전의 법연구' '중국어회화교재'

김 원(金 沅) KIM Won

생1958·3·5 본울산(蔚山) 출서울 주서울 종로구 종로33길31 (주)삼양홀딩스 비서실(02-740-7015) 학1977년 중앙고졸 1981년 연세대 화학과졸 1986년 미국 유타대 대학원 재료공학과졸 1987년 同대학원 산업공학과졸 경1988년 (주)삼양사 입사 1994년 同이사 1997년 同전무이사, 同연구개발본부장 1999년 同부사장 2001년 同대표이사 COO(사장) 2003년 한국멕시코경협위원회 위원장(현) 2011년 (주)삼양홀딩스 대표이사 부회장(현) 2012년 서울상공회의소 상공의원·부회장(현) 2016년 대한상공회의소 국제통상위원회 위원장(현) 종불교

김원갑(金元甲) Won-Kab, KIM

생1952·10·25 출경남 양산 주서울 종로구 율곡로2길25 현대종합상사 임원실(02-390-1114) 학1971년 부산고졸 1976년 성균관대 경영학과졸 1997년 홍익대 세무대학원졸 1999년 고려대 대학원 최고경영자과정 수료 경1978년 현대건설(주) 경리부 입사 1995년 현대그룹 종합기획실 재무팀 이사 1997년 현대산업개발 상무이사 1999년 현대자동차 재경사업부 전무이사 2001년 위아(주) 부사장 2002년 현대하이스코(주) 부사장 2003~2005년 同대표이

사 사장 2003년 글로비스(주) 감사 2005년 현대하이스코(주) 대표이사 부회장 2009년 한국철강협회 강관협의회 부회장 2011년 현대하이스코(주) 상근고문 2011~2015년 同부회장 2015년 同상근고문 2015년 현대제철 상근고문 2016년 현대종합상사 총괄부회장(현) 2016년 현대씨앤에프 총괄부회장 겸임(현) 상석탑산업훈장(2004), 자랑스러운 성균언론인상 대외부문(2013)

김원경(金元經) KIM Won Kyung

생1948·1·1 본경주(慶州) 출대구 주대구 중구 동성로1길16 호산교육재단 이사장실(053-421-1661) 학1966년 경북사대부고졸 1972년 가톨릭대졸 1978년 고려대 경영대학원 수료 1997년 미국 서던캘리포니아대 경영대학원졸 1999년 同대학원 경영학박사과정 수료 경1983년 대구시조정협회 부회장 1984~1992년 대구청구라이온스클럽 회장 1986년 정암장학재단 이사 1987~1993년 대구빙상경기연맹 회장 1987~1996년 청운학원 이사장 1991년 호산교육재단 이사장 2000~2008년 경산1대학 총장 2000년 국제인권옹호 한국연맹 대구시·경북도본부 상임위원 2002년 同부위원장(현) 2005년 안전생활실천시민연합 대구본부 공동대표(현) 2008년 호산교육재단 이사장(현) 상세계평화백애운동기구 세계평화공로상

김원경(金圓暻) KIM Won Kyong

생1967·8·3 본김해(金海) 출대구 주경기 수원시 영통구 삼성로129 삼성전자(주) 임원실(031-200-1114) 학1986년 대구 대륜고졸 1990년 고려대 법학과졸 1997년 미국 조지타운대 대학원 법학과졸(LL.M.) 1998년 미국 존스홉킨스대 국제대학원 국제관계학과졸 경외무고시 합격(24기) 1990년 외무부 기획관리실 외무사무관 1995년 同조약국 국제협약과 외무사무관 1998년 同북미통상과 외무사무관 2001~2004년 駐미국 1등서기관 2004년 駐세르비아 참사관 2005년 외교통상부 통상전략과장 2006년 同자유무역협정(FTA)지역교섭과장 2006년 同한미FTA협상총괄팀장 2007년 同통상교섭본부장 보좌관 2008년 대통령 경제수석비서관실 행정관 2009년 외교통상부 통상법무과장 2009~2011년 駐미국 참사관 2012년 삼성전자(주) 미주법인 상무 2013년 同글로벌마케팅실 담당임원(전무) 2014년 同워싱턴사무소장(전무) 2014년 同북미총괄 대외협력팀장(전무)(현)

김원구(金元久) KIM Won Goo

생1959·5·24 본김해(金海) 출대구 주대구 북구 노원로169 (재)한국안광학산업진흥원(053-350-7800) 학1978년 대륜고졸 1982년 서울대 경영학과졸 1985년 同대학원 경영학과졸 2004년 경영학박사(계명대) 경김원구세무회계사무소 대표공인회계사(현), (주)도들샘 감사, 대구경실련 집행위원장, 남대구세정협의회 회장 2010년 대구시의회 의원(한나라당·새누리당) 2011년 同예산결산특별위원회 위원장 2012년 同행정자치위원회 위원장 2014~2016년 대구시의회 의원(새누리당) 2014~2016년 同경제환경위원회 위원 2014~2016년 同예산결산특별위원회 위원 2016년 (재)한국안광학산업진흥원 원장(현)

김원규(金元圭) KIM Won Kyu

생1958·5·26 본김녕(金寧) 출경남 진해 주세종특별자치시 시청대로370 산업연구원 신성장산업연구실 미래산업팀(044-287-3186) 학1977년 명지고졸 1983년 한국외국어대 무역학과졸 1986년 서울대 대학원 국제경제학과졸 1993년 경제학박사(미국 위스콘신대 메디슨교) 경1983년 한국개발연구원 연구원 1987년 한국신용정보(주) 근무 1994년 현대경제사회연구원 연구위원·금융연구실장 1996년 산업연구원 연구위원 1999년 同산업동향분석실장 2000년 同산업계량분석실장 2001년 同산업계량분석실 선임연구위원 2001년 산업자원부 장관자문관 파견 2004년 산업연구원 산업경제연구실장 2010년 서울대 대학원 협동과정 기술경영경제정책전공 객원교수 2010년 산업연구원 중소벤처기업연구실 선임연구위원 2013년 同미래산업연구실 선임연구위원 2014년 同신성장산업연구실 미래산업팀 선임연구위원(현) (재'기업파산예측모형 연구(共)'(1995) 'KIET 경기모형과 산업별 경기지수(共)'(1997) 'KIET 거시경제모형 및 산업별 수출입모형(共)'(1998) '중소제조업 경기 및 경영환경지수(共)'(2000) '한국산업의 생산성 분석(共)'(2000) '산업구조 전망을 위한 산업계량모형의 설정과 추정(共)'(2002) '연구개발투자의 효율성 분석(共)'(2003) '혁신역량 강화를 위한 연구개발투자의 효율성 제고 방안(共)'(2005) '정부규제와 경제적 성과(共)'(2007) '성장잠재력 확충을 위한 투자 활성화와 일자리 창출 전략(共)'(2008) '환경정책에 따른 오염배출 감축활동과 경제성장 간의 관계(共)'(2010) '대·중소기업 간 총요소생산성 및 연구개발투자효과 비교분석'(2011) '녹색경쟁력과 생산성 간이 관계 연구(共)'(2011) '중소기업 연구개발 인력정책의 성과 및 과제(共)'(2012) '대·중소기업 간 생산성 파급효과에

관한 연구(共)'(2012) '기업규모별 산업기술인력 부족률 현황 및 분석'(2013) '기업규모별 연구개발투자 효과분석'(2013) '대형유통업체 구매협상력의 효과분석(共)'(2013) '제조업에서 중소기업의 규모와 고용성장(共)'(2013)

김원규(金元圭) KIM Won Kyu

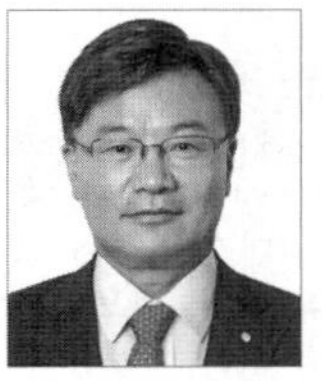

[생]1960·5·17 [출]대구 [주]서울 영등포구 여의대로60 NH투자증권 비서실(02-768-7001) [학]1979년 대구상고졸 1985년 경북대 경영학과졸 [경]1985년 LG투자증권 입사, 우리투자증권(주) 중부지역담당 상무보 2006년 同강남지역담당 상무보 2007년 同연금신탁영업담당 상무보 2008년 同연금신탁영업담당 상무 2010년 同WM사업부 대표 겸 WM영업1본부장(상무) 2010년 同WM사업부 대표(전무) 2013년 同Wholesale사업부 대표(전무) 2013~2014년 同대표이사 사장 2014년 한국거래소 투자매매·중개업자대표 비상임이사 겸 감사위원(현) 2015년 NH투자증권 대표이사 사장(현) 2016년 한국금융투자협회 비상근부회장(현) [상]매경증권대상 증권부문 공로상(2016)

김원기(金元基) KIM One Ki (仁山)

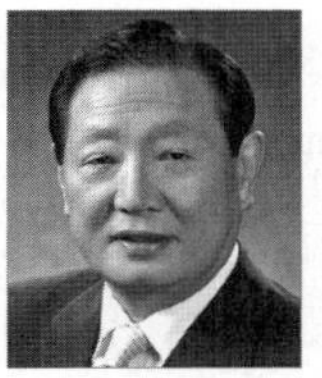

[생]1937·2·16 [본]도강(道康) [출]전북 정읍 [주]서울 영등포구 국회대로68길14 신동해빌딩11층 더불어민주당(1577-7667) [학]1955년 전주고졸 1960년 연세대 정치외교학과졸 1965년 서울대 신문대학원 수료 2004년 명예 정치학박사(숭실대) 2005년 명예 정치학박사(전북대) 2009년 명예 행정학박사(전주대) [경]1960~1976년 동아일보 기자 1976년 同조사부장 겸 안보통일연구위원 1979년 제10대 국회의원(정읍·김제, 신민당) 1979년 신민당 원내부총무 1981년 제11대 국회의원(정읍·고창, 민한당) 1983년 민한당 정치훈련원장 1987년 헌정민권회 부이사장 1988년 제13대 국회의원(정주·정읍, 평민당·신민당·민주당) 1988년 평민당 원내총무 1990년 同총재 정치담당특보 1990년 국회 문화교육체육위원장 1991년 신민당 총재 정치담당특보 1991년 同사무총장 1991년 국회 교육체육청소년위원장 1991년 IPU 평양총회 대표 1991년 민주당 사무총장 1992년 제14대 국회의원(정주·정읍, 민주당) 1992년 민주당 최고위원 1993년 同당무위원 1993년 同광주특별위원회 위원장 1995년 同부총재·상임고문·공동대표 1996년 국민통합추진회의 공동대표 1997년 국민회의 상임고문 1998~1999년 제2기 노사정위원회 위원장 2000년 새천년민주당 고문 2000~2004년 제16대 국회의원(정읍, 새천년민주당·열린우리당) 2000년 새천년민주당 최고위원 2001년 同상임고문 2002년 同노무현 대통령후보 정치고문 2002년 同중앙선거대책위원장 2002년 同당개혁특위 위원장 2003년 열린우리당 창당준비위원회 상임위원장 2004년 同최고상임고문 2004년 대통령 정치특별보좌관 2004~2008년 제17대 국회의원(정읍, 열린우리당·무소속·열린우리당·대통합민주신당·통합민주당) 2004~2006년 국회 의장 2007년 열린우리당 상임고문 2007년 대통합민주신당 대통령중앙선거대책위원회 최고고문 2008~2011년 민주당 상임고문 2011~2013년 민주통합당 상임고문 2013~2014년 민주당 상임고문 2014~2015년 새정치민주연합 상임고문 2015년 더불어민주당 상임고문(현) [상]독립신문상(1967), 자랑스러운 연정인(延政人)(2004), 자랑스런 연세인상(2005), 자랑스러운 전고인상(2007) [저]'北洋개척사' '비화 제1공화국' '믿음의 정치학'(1993) [종]기독교

김원기(金元基) Kim Won Ki

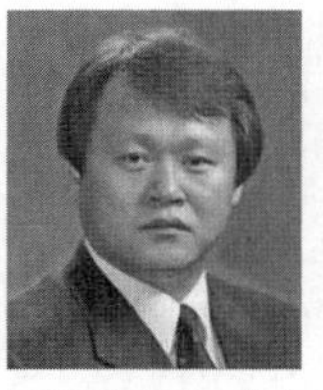

[생]1955·8·3 [출]경북 [주]서울 중구 정동길41의11 중명전2층 문화유산국민신탁(02-732-7524) [학]1974년 한영고졸 2009년 한국방송통신대 행정학과졸 [경]1978년 국립현대미술관 근무 1982~1986년 문화공보부 총무과 근무 1995~1997년 2002월드컵유치위원회 근무 2003년 문화재청 문화재정책과 근무 2006년 同기획재정담당관 2008년 同근대문화재과장 2010년 同궁능문화재과장 2011년 同천연기념물과장 2011년 同보존정책과장(부이사관) 2013년 同문화재정책국 정책총괄과장 2013~2014년 同문화재활용국장(고위공무원) 2015년 문화유산국민신탁 상임이사(현) [상]대통령표창(1994), 녹조근정훈장(2007) [종]불교

김원기(金源基) Kim Won-key

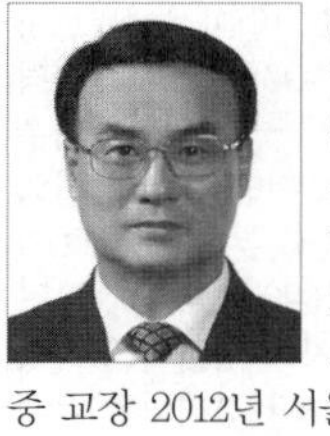

[생]1955·8·13 [본]광산(光山) [출]전북 고창 [주]서울 중랑구 신내로23길57 원묵중학교 교장실(02-2094-9801) [학]1973년 남성고졸 1978년 원광대 영어교육학과졸 1981년 전북대 교육대학원 영어교육학과졸 2006년 백석대 대학원 교육행정학과졸 [경]1996년 서울고 교사 2004년 서울 경일중 교감 2006년 서울 성북교육청 장학사 2008년 서울 압구정고 교감 2010~2014년 서울 인왕중 교장 2012년 서울서부지검 검찰시민위원 2013년 서울시 서대문구 인사위원회 부위원장(현) 2013~2015년 서울국공립중학교장회 회장 2013~2015년 한국국공립중학교장회 회장 2014년 서울 원묵중 교장(현) 2014년 서울학교안전공제회 이사(현) 2015년 중랑교육발전협의회 부회장(현) 2015년 서울중앙지검 검찰시민위원회 위원(현) 2015년 서울시 교육지원심의위원회 위원(현) [상]교육인적자원부장관표창(1997) [저]'대입수능 기본영어'(1996, 청색출판사) '단숨에 잡는 TOEIC영어 단어숙어집1'(1998, 박문각) '단숨에 잡는 TOEIC영어 단어숙어집2'(1998, 박문각) [종]기독교

김원기(金元基) KIM Won Ki

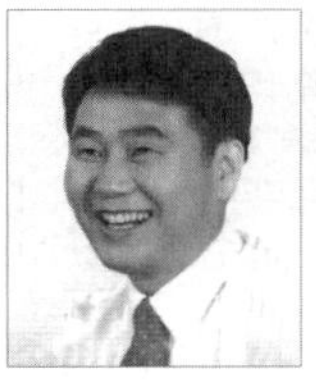

[생]1964·1·27 [본]경주(慶州) [출]전북 정읍 [주]경기 수원시 팔달구 효원로1 경기도의회(031-8008-7000) [학]광주대 무역학과졸, 동국대 행정대학원 복지행정학과졸, 행정학박사(건양대) [경]경기도 민방위소양교육강사, 바르게살기운동중앙회 부회장, 통일부 통일교육위원, 의정부시 평생교육비전센터장, 한국능력교육개발원 연구교수 2012~2014년 경기도의회 의원(재보선 당선, 민주통합당·민주당·새정치민주연합) 2012년 同여성가족평생교육위원회 위원 2012년 同접경지역발전특별위원회 위원 2012년 同의회입법활동지원위원회 위원 2014년 경기도의회 의원(새정치민주연합·더불어민주당)(현) 2014~2016년 同간행물편찬위원회 위원장 2014·2016년 同안전행정위원회 위원(현) 2016년 同개발제한구역특별위원회 간사(현) 2016년 同정보화위원회 위원장(현) [상]국무총리표창(2000) [종]기독교

김원길(金元吉) KIM Won Kil

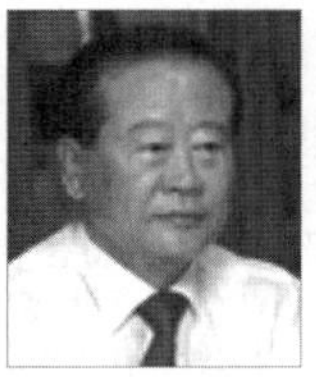

[생]1939·7·22 [출]충남 논산 [주]서울 마포구 독막로6길17 코스모스벽지(주) 비서실(02-334-0171) [학]1958년 동도공고졸 1962년 명지대 사회생활학과졸 1989년 고려대 경영대학원 수료 1995년 중앙대 건설대학원 건설최고경영자과정 수료 1996년 서울대 환경대학원 도시환경고위정책과정 수료, 고려대 대학원 AMP과정 수료(27기), 同언론대학원 최고위과정 수료(4기), 同대학원 ICP 수료(1기), 홍익대 세무대학원 수료(2기), 同미술대학원 수료(2기) [경]1970~1980년 유신광택인쇄사 대표 1975~1980년 (사)한국청년회의소 서울성북청년회의소 회장, 신한국당 중앙위원회 건설분과 부위원장 1985년 코스모스벽지(주) 회장(현) 1988년 서울 양천구 자문위원장 1989년 신한국당 서울양천甲지구당 수석부위원장 1990년 서울시 자문위원 2005년 중앙대 건설대학원 서울ACMP총동문회 회장 [상]대통령표창

김원길(金元吉) KIM Won Gil (烜石)

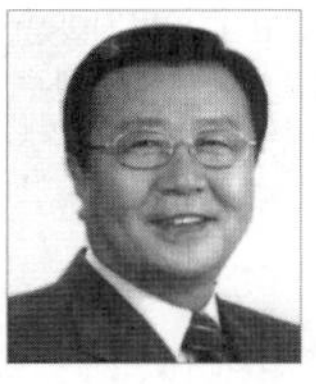

[생]1943·1·2 [본]강릉(江陵) [출]서울 [주]서울 영등포구 국회대로70길19 대하빌딩507호 국민희망서울포럼(02-780-7008) [학]1961년 경기고졸 1968년 서울대 상대 경제학과졸 [경]1967~1982년 대한전선 입사·부사장 1982~1985년 미국 Wesco Inc. 상담역 1985년 청보식품 사장 1990년 중앙증권신문 사장 1992년 제14대 국회의원(서울도봉乙, 민주당·국민회의) 1992년 민주당 정책위원회 부의장 1995년 국민회의 환경특별위원장 1996년 제15대 국회의원(서울강북甲, 국민회의·새천년민주당) 1997~1999년 국민회의 정책위원회 의장 1998년 한국서화작가협회 총재·고문 1999년 국민회의 총재특보 1999년 한국백혈병지원센터 명예이사장 1999~2012년 한국여자농구연맹(WKBL) 총재 2000년 새천년민주당 당무위원 2000년 同총재특보 2000~2002년 제16대 국회의원(서울강북甲, 새천년민주당·한나라당) 2000년 새시대전략연구소 이사장 2001~2002년 보건복지부 장관 2002년 새천년민주당 사무총장 2004~2005년 생활경제TV 회장 2006년 탑코리아 회장 2012년 국민희망포럼 상임고문(현) 2012년 국민희망서울포럼 상임대표(현) [상]청조근정훈장(2003), 제7회 인물대상 체육진흥대상(2009) [저]'정책을 세일즈하는 사람'(2002) [종]기독교

김원남(金原南) KIM Won Nam

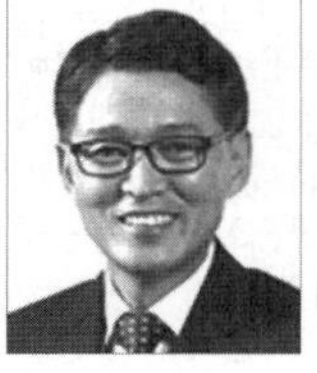

[생]1960·3·16 [출]강원 [주]경기 파주시 월롱면 공수물길130 (주)탑엔지니어링 임원실(031-956-3300) [학]한양대 물리학과졸 [경]LG반도체 선임연구원 2003~2012년 (주)탑엔지니어링 대표이사 2009년 (주)파워로직스 대표이사(현) 2012년 (주)탑엔지니어링 공동대표이사 겸임(현) [상]대한민국코스닥대상 최우수테크노경영상(2004)

김원덕(金元德) KIM Won Duck

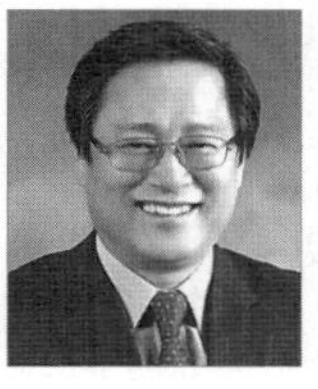

[생]1959·6·8 [출]강원 강릉 [주]경북 김천시 혁신2로40 한국건설관리공사 임원실(02-3440-8715) [학]1977년 강릉고졸 1987년 건국대 정치외교학과졸, 정치외교학박사(건국대) [경]건국대·강릉대 강사 1998년 대통령직인수위원회 경제2분과 행정관, 국회 정책연구위원회 위원, 민주평통 자문위원, 주간 '영동매거진' 집필위원, 강릉시민사회연구소 소장, 자민련 정책전문위원, 同강원도지

부 사무처장, 同정책국장 2000년 同총무국장 2001년 同강릉지구당 위원장, 한나라당 강릉지구당 상근부위원장, 同강원도당 대변인, 강릉라이온스클럽 회장, 율곡적십자봉사회 부회장, 민족통일협의회 강릉시지부 자문위원, 강원도루지·봅슬레이경기연맹 이사 2006년 강원도의원선거 출마(무소속), (주)넝쿨에듀 대표이사, 새누리당 부대변인 2014년 한국건설관리공사 사장(현) 2015년 在京강릉고총동문회 회장(현) [상]글로벌 자랑스런 한국인·세계인대상 지자체공헌부문 대상(2016) [저]'한국분단보고서' '여운형의 민족통일전선 연구' [종]불교

김원득(金源得)

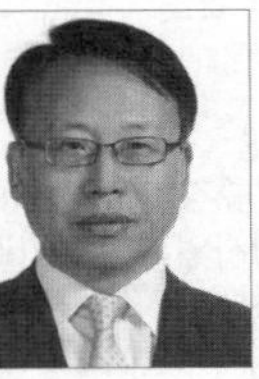

[생]1960·4·1 [주]세종특별자치시 도움4로13 보건복지부 사회복지정책실(044-201-3100) [학]경북고졸, 경북대졸, 서울과학기술대 IT정책전문대학원졸(정책학박사) [경]1987년 행정고시 합격(30회), 국무총리실 문화노동정책관, 同사회총괄교육정책관, 국무조정실 사회복지정책관 2014년 보건복지부 사회복지정책실장(현)

김원민(金元民) KIM Won Min

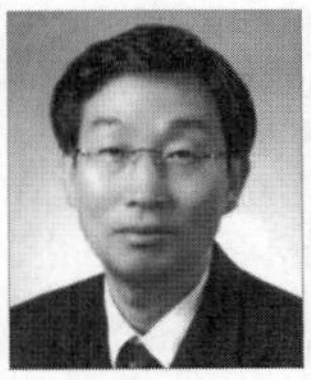

[생]1958·3·20 [출]서울 [주]서울 영등포구 대림로244 한국상하수도협회(02-3156-7777) [학]휘문고졸 1981년 고려대 경제학과졸 1986년 충남대 행정대학원 관리자과정 수료 1994년 미국 일리노이주립대 대학원 경제학과졸 [경]1981년 행정고시 합격(24회) 1991년 환경처 법무담당관 1994년 환경공무원교육원 서무과장 1995년 환경부 지구환경과장 1996년 同자연생태과장 1997년 同음용수관리과장 1998년 同대기관리과장 1999~2001년 UNEP(유엔환경계획) 파견 2002년 환경부 행정관리담당관 2002년 同환경정책국 환경경제과장 2003년 同국제협력관실 해외협력담당관 2005년 대통령비서실 사회정책 선임행정관 2006년 환경부 국립생물자원관건립추진기획단장 2007년 해양수산부 해양정책본부 해양환경기획관 2008년 국토해양부 해양정책국 해양환경정책관 2009년 금강유역환경청장 2010~2011년 환경부 중앙환경분쟁조정위원장 2011~2014년 한국과학기술연구원 상임감사 2016년 한국상하수도협회 상근부회장(현) [상]총무처장관표창(1988), 홍조근정훈장(2004)

김원배(金元培) KIM Wuen Bae

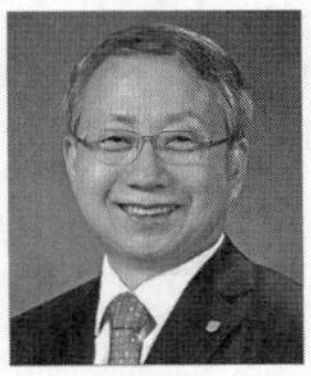

[생]1949·5·19 [본]김해(金海) [출]경북 선산 [주]서울 영등포구 국제금융로20 율촌빌딩 방송문화진흥회(02-780-2491) [학]1973년 영남대 경제학과졸 1977년 한국외국어대 대학원 무역학과졸 1985년 무역학박사(홍익대) [경]1980~2014년 목원대 무역학과 전임강사·조교수·부교수·교수 1983~1986년 한국무역학회 이사 1987~1989년 목원대 산업경영연구소장 1991년 한국무역협회 감사 1992~1994년 목원대 사회과학대학장 1995년 대한상사중재원 중재인(현) 1996~1997년 미국 일리노이대 교환교수 1997년 한국무역학회 부회장 1997~1998년 중부무역학회 부회장 1997~2004년 한국국제상학회 부회장 1997~1999년 목원대 교수협의회 회장 1998~1999년 대전·충남북사립대학교수협의회 회장 1998~1999년 국제무역학회 회장 1999~2001년 목원대 대학원장 1999~2002년 국제무역학회 고문 2000년 관세사시험 출제위원 2001~2003년 목원대 기획처장 2001~2003년 ROTC대전충남지구회 부회장 2002년 목원대 부총장 2002년 同총장 직대 2003년 영상아카데미 운영위원 2005~2006년 한국국제상학회 수석부회장·회장 2005년 한국무역통상학회 회장 2006년 한국국제상학회 회장 2007년 同명예회장(현) 2007~2008년 국제와이즈멘 한국서부지구 총재 2007~2009년 관세청 과세전적부 심사위원 2008년 ROTC 대전충남지구회 회장 2010~2014년 목원대 총장 2010~2013년 한국무역교육인증원 이사장 2011년 대전CBS 시청자위원장 2011~2013년 대전크리스찬리더스클럽 회장 2012년 중도일보 독자권익위원장 2013년 대전출입국관리사무소 이민통합위원회 위원 2013년 방송문화진흥회 이사(현) 2014년 통일교육위원 대전협의회 회장 2014년 목원대 무역학과 명예교수 2015년 대전CBS 고문(현) [상]외대인상 사회공헌상(2011), 국무총리표창(2011), 황조근정훈장(2014) [저]'신용장론' '무역실무연습' '국제금융론' '무역계약과 서류작성' '최신무역영어' '국제금융의 이해' '국제통상의 이해' [종]기독교

김원범(金源汎)

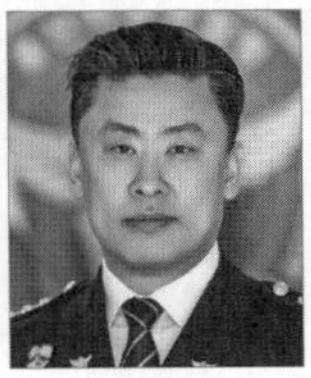

[생]1968 [출]경북 안동 [주]경북 청송군 청송읍 월막1길5의15 청송경찰서 서장실(054-870-2211) [학]1987년 안동경일고졸 1991년 경찰대 법학과졸(7기) [경]1991년 경위 임관 2006년 경정 승진 2014년 서울지방경찰청 2기동단장(총경) 2015년 충남지방경찰청 경비교통과장 2015년 울산지방경찰청 경비교통과장 2016년 경북 청송경찰서장(현)

김원선(金元善) Wonsun Kim

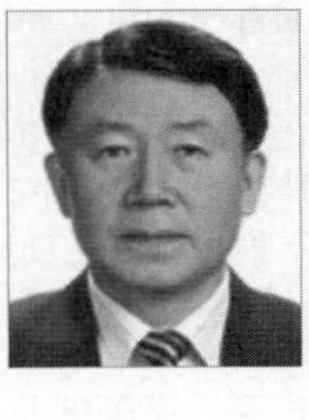

[생]1952·10·12 [본]광산(光山) [출]서울 [주]서울 마포구 백범로35 서강대학교 생명과학과(02-705-8453) [학]서울대 생물학과졸, 미국 Illinois대 대학원졸 1985년 이학박사(미국 Illinois대) [경]1986년 서강대 생명과학과 교수(현) 2005~2007년 同총무처장 2008~2009년 同자연과학대학장, 同사무처장 2010~2011년 한국유전학회 회장 2012년 한국생물과학협회 회장

김원섭(金源燮) KIM WON SUP

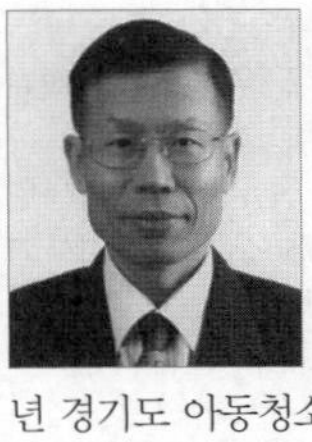

[생]1959·7·30 [본]김해(金海) [출]경기 화성 [주]경기 수원시 장안구 경수대로1150 경기도인재개발원(031-290-2000) [학]1978년 유신고졸 1997년 한국방송통신대 법학과졸 [경]2001년 안양시 신촌동장 2005년 경기도 세정과 세무심사 계장 2006년 同예산담당관실 복지환경예산 계장 2008년 同감사담당관실 감사총괄계장 2011~2012년 경기과학기술진흥원 경영지원실장 2012년 경기도 아동청소년과장 2013년 경기도의회 예산정책담당관 2013년 경기사랑봉사회 회장(현) 2014년 경기도 감사담당관 2014년 同감사총괄담당관 2016년 경기도인재개발원 원장(현) [상]국무총리표창(1992·1999), 대통령표창(2008) [종]기독교

김원수(金垣洙) KIM Won Soo

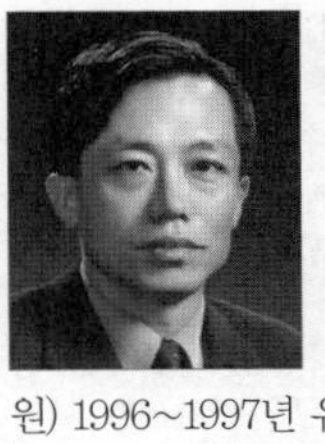

[생]1956·3·1 [본]광산(光山) [출]서울 [학]1979년 서울대 법학과졸 1986년 미국 존스홉킨스대 국제문제대학원졸, 미국 스탠퍼드대 법과대학원 국제법학박사과정 수료 [경]1978년 외무부 입부 1978~1983년 同조약과·총무과 근무 1983년 駐미국 2등서기관 1986~1989년 외무부 북미과 근무·同인사계장 1989년 駐인도 참사관 1992년 외무부 조약과장 1994년 미국 스탠퍼드대 연수(방문연구원) 1996~1997년 유엔 안전보장이사회 한국교체대표 1996~1999년 駐유엔대표부 참사관 1999년 ASEM(아시아·유럽정상회의)준비기획단 기획총괄부장 2000년 대통령 국제안보비서관 2002년 대통령 외교통상비서관 2003년 미국 스탠퍼드대 연수 2004년 외교통상부 정책기획관 2006년 同장관 특별보좌관 2007년 UN 사무총장 특별보좌관 겸 사무총장비서실 차장(사무차장보급) 2015년 UN 고위군축대표 직무대행(현) [상]근정포장 [종]기독교

김원수(金遠守)

[생]1964·6·25 [출]경남 김해 [주]부산 연제구 법원로31 부산지방법원(051-590-1114) [학]1982년 검정고시 합격 1993년 동아대 법학과졸 [경]1994년 사법시험 합격(36회) 1997년 사법연수원 수료(26기) 1997년 부산지법 판사 2000년 창원지법 밀양지원 판사 2002년 창원지법 판사 2005년 부산지법 판사 2006년 부산고법 판사 2009년 부산지법 판사 2012년 울산지법 부장판사 2015년 부산지법 부장판사(현) 2015년 부산 동래구선거관리위원회 위원장(현)

김원술(金源述)

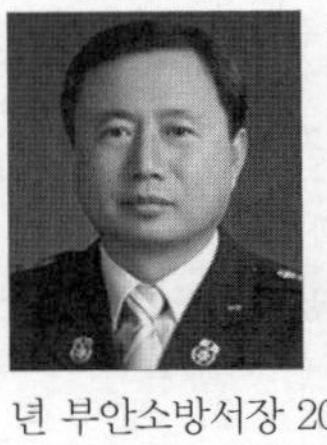

[생]1960·3·16 [출]경남 사천 [주]전북 전주시 완산구 효자로225 전북도 소방본부 119종합상황실(063-280-3880) [학]한국방송통신대졸 [경]2002년 국무총리실 안전관리개선기획단 근무 2004년 행정자치부 소방행정과 근무 2006년 소방방재청 재난전략상황실 근무 2007년 부안소방서장 2010년 전북도 소방안전본부 대응구조과장 2012년 군산소방서장 2012년 무진장소방서장 2014년 부안소방서장 2016년 전북도 소방본부 119종합상황실장(현) [상]국무총리표창(1999), 근정포장(2003)

김원식(金元植) KIM Won Sik

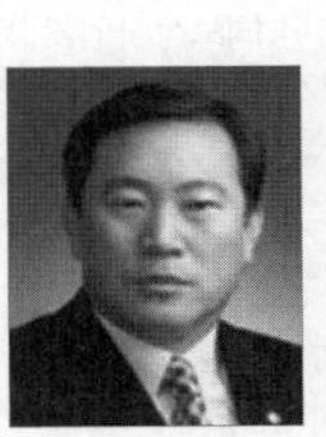

[생]1955·2·7 [본]경주(慶州) [출]충남 부여 [주]대전 중구 계룡로832 중도일보(042-220-1001) [학]1995년 대전대 경영대학원 수료 2000년 공주대 행정대학원 수료 2011년 배재대 민족공동체지도자과정 수료(1기) [경]1994년 (주)성원레미콘·(주)부원건설 설립·대표이사, 同회장(현) 1994~1999년 대한체육회 충남도역도연맹 회장 2001년 충청매일신문 대표이사 2003~2013년 중도일보 사장 2010년 한국신문윤리위원회 이사(현) 2010년 전국신문협회 감사 2011년 충남장애인체육회 부회장(현) 2012~2013년 충남대 예술CEO과정 2기 회장 2013~2015년 한국디지털뉴스협회 감사 2013년 중도일보 회장(현) 2014년 브릿지경제신문 회장(현) 2015년 在田부여군민회 회장(현) 2016년 한국신문협회 이사(현) [종]기독교

김원식(金元植) KIM Wonshik

ㅤ생1956·10·23 출서울 주충북 충주시 충원대로268 건국대학교 국제비즈니스대학 경영경제학부(043-840-3464) 학1975년 경동고졸 1980년 서강대 경제학과졸 1982년 同대학원 경제학과졸 1988년 경제학박사(미국 텍사스A&M대) 경1982~1984년 한국개발연구원(KDI) 연구원 1983년 삼육대 강사 1988~2013년 건국대 사회과학대학 경제학과 교수 1992년 한국노동연구원 고용보험연구기획단 연구위원 1994년 건국대 학보사 편집인 겸 주간 1995년 노동부 고용보험전문위원 1995년 미국 Univ. of Minnesota 방문교수 1997년 국민연금제도개선기획단 전문위원 1998년 미국 Arizona State Univ. 방문교수 2001년 21세기근로복지연구회 회장 2002년 노동부 근로자복지정책전문위원 2003년 산업자원부 노사관계자문단 위원 2003년 한국고용정책학회 수석부회장 2004년 한국사회보장학회 부회장 2006년 공무원연금개혁위원회 위원 2008년 건국대 충주캠퍼스 기획조정처장 2008~2009년 同사회과학대학장 2009년 한국사회보장학회 회장, 바른사회시민회의 정책위원장 2009년 국민연금심의위원회 위원 2009년 대통령 사회정책수석비서관실 자문위원 2009년 국민건강보험공단 자문위원 2010년 同건강보험정책심의위원회 위원 2010년 보건복지부 자체평가위원회 위원 2011년 대통령직속 사회통합위원회 위원 2011년 고용보험위원회 위원 2011년 한국사회복지공제회 설립위원 겸 감사 2011년 한국연금학회 초대회장 2012년 경제사회발전노사정위원회 위원 2012년 同세대간상생위원회 위원장 2012년 국민연금심의위원회 위원 2012년 대통령 고용복지수석비서관실 자문위원 2012년 고용보험평가전문위원회 위원장 2012년 미국 템플대 풀브라이트재단 선임연구교수 겸 방문교수 2013년 보건복지부 자체평가위원회 위원 2013년 건국대 국제비즈니스대학 경영경제학부 경제학전공트랙 교수(현) 2014년 한국재정학회 회장·명예회장(현) 2014년 공무원연금제도개선위원회 위원 2015년 국회 공적연금강화사회적기구 위원 2015년 한국연구재단 자문위원(현) 2015년 보건복지부 국민연금정책위원회 위원(현) 2016년 同건강보험정책심의위원회 위원(현) 상노동부장관표창(2009), 국민연금공단 창립23주년 공로패(2010) ㉠'외국의 고용보험제도'(1990, 한국노동연구원) '21세기 한국보건의료정책 개혁방향(共)'(2002, 한국의학원) '기업연금의 도입과 국민연금과의 관계설정(共)'(2002, 국민연금관리공단) '1세기 노사정위원회 정책과제(共)'(2002, 노사정위원회) '선택적 근로자 복지제도 이해'(2003, 도서출판 홍) '국회의원 공제제도의 도입에 관한 연구(共)'(2003, 한국의학발전연구회) '고령화의 경제적 파급효과와 대응과제(共)'(2004, 한국경제연구원) '근로시간단축과 정책과제(共)'(2004, 한국노동연구원) '경제상식의 허와 실(共)'(2005, 굿인포메이션) '21세기 대한민국 선진화 국정과제(共)'(2007, 한반도선진화재단) '지속가능한 평생복지사회의 구축'(2008, 한반도선진화재단) 외 다수 ㉡'재정학과 시장경제'(시그마프레스)

김원식(金源植) KIM Won Sik

ㅤ생1958·9·15 출충북 청주 주서울 중구 남대문로63 한진빌딩 본관3층 뷰티한국(070-4949-1908) 학1983년 한양대 신문방송학과졸 경한국일보 근무 1999년 서울경제신문 광고국 영업2부장 2000년 同광고국 영업총괄 및 기획부장, 同광고국 총괄부장 2003년 한국일보 광고국 부국장 2004년 스포츠한국 부국장 2006~2011년 同광고마케팅국장 2009년 同경영지원실장 겸임 2011년 同이사대우 경영기획실장 겸 광고국장 2011년 同경영기획실장 겸 광고국장(이사) 2011년 한국일보 사업국장(이사) 2011년 뷰티한국 대표이사(현)

김원식(金元植) Kim won sik (명진)

ㅤ생1964·1·31 본김해(金海) 출서울 주서울 송파구 오금로111 한국감정원 수도권본부(02-2187-4100) 학용산고졸, 숭실대 섬유공학과졸, 同대학원 섬유공학과졸 경2006년 한국감정원 일산지점 팀장 2007년 同강릉지점장 2008년 同일산지점장 2011년 同보상사업처장 2012년 同경영관리실장 2013년 同경기지역본부장 2014년 同신사업본부장 2016년 同수도권본부장(현) 종불교

김원식(金源植)

ㅤ생1967·3·1 주세종특별자치시 조치원읍 군청로87의16 세종특별자치시의회(044-300-7173) 학한밭대졸, 공주대 경영행정대학원 경영학석사과정 재학中 경원측량설계사무소 대표(현), 조치원중 운영위원, 세종특별자치시법원 민사조정위원, 세종라이온스클럽 회장, 세종특별자치시생활체육태권도연합회 회장 2014년 세종특별자치시의회 의원(새정치민주연합·더불어민주당)(현) 2014년 同산업건설위원회 부위원장 2014·2016년 同운영위원회 위원(현) 2016년 同산업건설위원회 위원(현) 2016년 同제2부의장(현)

김원용(金垣龍)

ㅤ생1959·6·23 출전남 보성 주부산 연제구 연제로12 부산지방국세청 조사2국(051-750-7806) 학순천고졸, 한국방송통신대 경영학과졸 경1979년 국세청 공무원 임용(9급), 동마산·마산·충무·서부산·부산진·동래·동부산·울산·부산진·김해세무서 근무, 부산지방국세청 감사관실 감찰계장 2009년 제주세무서 운영지원과장(행정사무관) 2011년 부산지방국세청 조사1국 조사4과장 2012년 同조사1국 조사3과장 2013년 同조사1국 조사2과장(서기관) 2015년 부산 수영세무서장 2016년 부산지방국세청 조사2국장(현)

김원웅(金元雄) KIM Won Wung

ㅤ생1944·3·8 본의성(義城) 출중국 중경 주서울 용산구 청파로51길8 단재신채호선생기념사업회(02-765-0151) 학1962년 대전고졸 1974년 서울대 정치학과졸 1980년 대만 국립정치대 대학원 정치학과졸 경1972년 공화당 공채시험 합격 1974년 새세대문제연구회 조직부 차장 1975년 공화당 해외국 간사 1980년 同청년국장 1980~1986년 상덕장학회 이사장 1981년 민정당 창당준비위원 1982~1986년 同정책국 부국장·조직국 부국장 1986년 同헌법특별위원회 행정국장·청년국장 1988년 同국책연구소 상근연구위원 1990년 사회정책연구소장 1992년 제14대 국회의원(대덕, 민주당) 1993년 민주당 대전시지부장 1993년 同정책위원회 부의장 1994년 계간 '환경과 생명' 편집위원 1995년 민주당 원내수석부총무 1996년 同당무위원 1996년 대전대덕지구당 위원장 1996년 국민통합추진회의 대변인 1996년 한양대 객원교수 1997년 식당 夏爐冬扇 대표 1997년 한나라당 이회창대통령후보 정무특보 1998년 대전대 겸임교수 2000년 (사)단재신채호선생기념사업회 회장(현) 2000~2012년 (사)해외입양인연대 이사장 2000~2004년 제16대 국회의원(대덕, 한나라당·개혁국민정당·열린우리당) 2001~2008년 백범정신실천겨레연합 공동대표 2003년 개혁국민정당 대표 2004~2008년 제17대 국회의원(대덕, 열린우리당·대통합민주신당·통합민주당) 2004년 국회 윤리특별위원회 위원장 2006~2008년 同통일외교통상위원장 2006~2011년 조선왕실의궤환수위원회 공동대표 2007년 대통합민주신당 정동영대통령후보 통일외교통상특보단장 2008~2011년 민주당 대전대덕지역위원회 위원장 2010년 대전시장선거 출마(민주당) 2011년 항일독립운동가단체연합회 회장(현) 2012년 조선의열단기념사업회 회장(현) 2014년 사회적협동조합 허준약초학교 이사장(현) 2015년 민주주의국민행동 공동대표(현) 상환경운동연합 녹색정치인상(2000), 국회의장표창(2001) ㉠'지방자치, 어떻게 참여할 것인가'(1988) '현대를 연 사상가들'(1991) '교육백서'(1993·1994·1995) '의원님들 요즘 장사 잘 돼요?(共)'(1997) 'SOFA백서'(2000) 'DTV전송방식 백서'(2002) '간도백서'(2004)

김원일(金源一) KIM Won Il

ㅤ생1942·3·15 본함창(咸昌) 출경남 김해 주서울 서초구 반포대로37길59 대한민국예술원(02-3479-7223) 학1960년 대구농림고졸 1962년 서라벌예술전문대졸 1968년 영남대 국어국문학과졸 1984년 단국대 대학원 국어국문학과졸 경1968~1985년 국민서관 주간·상무이사·전무이사 1991~1993년 국제펜클럽 한국본부 인권위원회장 1993~2005년 계간 '동서문학' 주간 1993~1995년 중앙대 예술대학 문창과 강사 1995년 계원조형예술전문대 이사 1996~1999년 한국문학번역금고 이사 1997~2000년 한국번역원 초대이사 1998년 계원조형예술전문대 이사 1998~2005년 한국현대문학관 관장 2008년 대한민국예술원 회원(소설·현) 2010년 순천대 석좌교수(현) 상한국소설문학상, 대한민국 문학상, 대통령상, 한국창작문학상, 현대문학상(1974), 동인문학상(1984), 이상문학상(1990), 우경문화예술상(1992), 황순원문학상(2002), 대한민국 문화예술상-문학부문(2002), 이수문학상(2003), 만해문학상(2005), 은관문화훈장(2012), 대산문학상 소설부문(2014) ㉠'알제리아'(1966) '어둠의 혼'(1973) '잠시 눕는 풀'(1975) '오늘 부는 바람'(1976) '절망의 뿌리'(1976) '진토'(1977) '노을'(1978) '도요새에 관한 명상'(1979) '어둠의 사슬'(1980) '불의 제전'(1983) '환멸을 찾아서'(1984) '바람과 강'(1985) '어둠의 축제'(1986) '겨울 골짜기'(1987) '마당 깊은집'(1989) '늘푸른 소나무'(1992) '마추피추로 가는길'(1994) '아우라지로 가는 길'(1996) '그곳에 이르는 먼길' '물방울 하나 떨어지면'(2004) '바람과 강(영어·불어·독일어·스페인어)'(2005) '푸른혼'(2005) '전갈'(2007) '오마니별'(2008) '김원일 소설전집(全3권)'(2009) '불의 제전(5권)'(2010, 강) '아들의 아버지 : 아버지의 시대, 아들의 유년'(2013, 문학과 지성사) 산문집 '김원일의 피카소'(2004) 종기독교

ㄱ

김원일(金元日) KIM Won Il

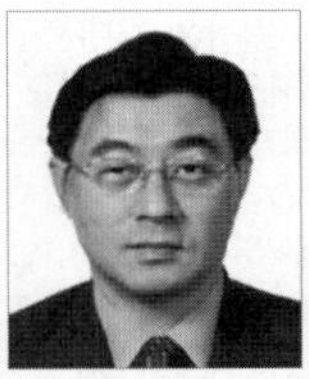

[생]1959·8·8 [출]서울 [주]서울 서초구 헌릉로12 현대자동차(주) 상품전략본부 본부장실(02-3464-1114) [학]경성고졸, 연세대 기계공학과졸 [경]현대자동차(주) 전략조정2팀 이사대우 2005년 同상품운영전략팀장(이사) 2007년 同상품운영전략팀장(상무) 2007년 同상품기획실장(상무) 2008년 同남양연구소 제품기획팀 상무 2009년 同남양연구소 제품기획팀 전무, 同상품전략총괄본부 전무 2011년 同상품전략본부장(부사장)(현)

김원일(金元日) KIM Won Il

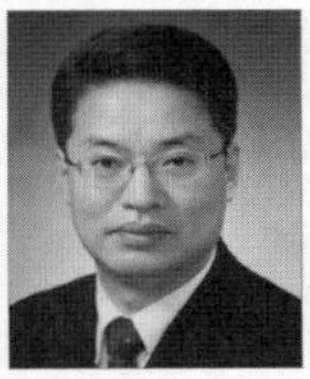

[생]1963·1·1 [출]부산 [주]경기 안양시 동안구 엘에스로 127 LS산전(주) 임원실(02-2034-4330) [학]1980년 부산상고졸 1985년 부산대 회계학과졸 [경]1985년 LG산전(주) 입사 1998년 同부장 2003년 同경영기획담당 2004년 同경영혁신담당 이사 2005년 同경영혁신담당 이사 2005년 LS산전(주) 경영혁신담당 상무 2008년 同전략기획담당 상무(CSO) 2010년 同재경전략부문장(CFO·상무) 2011년 同재경전략부문장(CFO·전무) 2012년 同경영관리부문장(CFO·전무) 2013년 同CFO부문장(CFO·전무) 2014년 同융합사업본부장(CFO·전무) 2016년 同대표이사 부사장 겸 전력인프라사업본부장(현) [종]기독교

김원종(金源鐘) KIM Won Jong

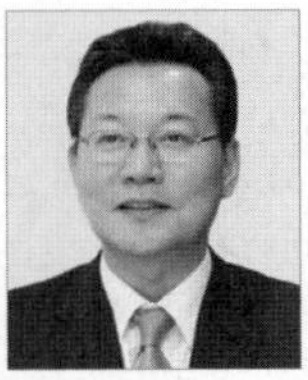

[생]1964·6·27 [출]부산 [주]서울 영등포구 국제금융로 10 한국IBM 비서실(02-3781-7114) [학]1983년 부산고졸 1987년 연세대 행정학과졸 2007년 서울대 최고경영자과정 수료 [경]1990년 한국IBM(주) 서비스기획팀 입사 1992년 同서비스사업본부 서비스영업대표 1996년 同서비스사업본부 네트워크서비스팀장 1998년 同서비스사업본부 서비스마케팅팀장 1999년 同아시아태평양지역본부 IBM Global Services, Regional Offering Executive 2002년 同서비스사업본부 전략기획 및 마케팅팀 실장 2003년 同특수서비스사업본부 실장 2003년 同특수서비스사업본부장(상무보) 2004년 同SMB 총괄본부장(상무) 2006년 同SMB 총괄임원(전무) 2008년 同글로벌테크놀로지서비스(GTS) 대표(전무), 同대표(부사장) 2013년 IBM 미국본사 성장시장스마터시티담당 전무 2013년 同미국본사 성장시장스마터시티담당 대표 2013년 한국IBM 산업가치창조부 총괄부사장 2014년 同고객영업총괄 수석부사장(현)

김원주(金沅柱) KIM Won Joo

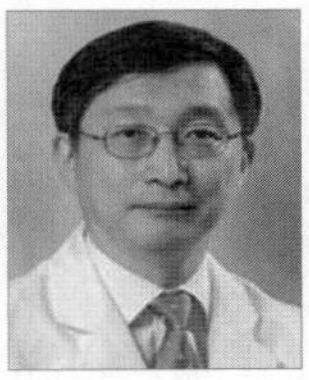

[생]1963·6·24 [주]서울 강남구 언주로211 강남세브란스병원 신경과(02-2019-2370) [학]1988년 연세대 의대졸 1991년 同대학원졸 1995년 의학박사(연세대) [경]1988~1992년 세브란스병원 인턴·신경과 전공의 1997~2002년 연세대 의과대학 신경과학교실 전임강사·조교수·부교수 1998~2000년 대한신경과학회 재무이사 2012년 연세대 의과대학 신경과학교실 교수(현) 2016년 강남세브란스병원 신경과장(현) 2016년 연세대의료원 발전기금강남부국장(현) [저]'중환자 치료학'(2008, 신흥메드싸이언스) '임상간질학'(2009) '제17판 해리슨 내과학'(2010)

김원중(金元中) KIM WON-JOONG

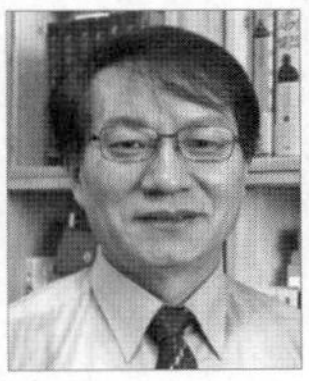

[생]1964·9·25 [주]경기 용인시 수지구 죽전로152 단국대학교 사범대학 한문교육과(031-8005-3791) [학]1986년 충남대 중어중문학과졸 1988년 同대학원 중어중문학과졸 1995년 중어중문학박사(성균관대) [경]건양대 중어중문학과 전임강사·조교수·부교수·교수 1992~2001년 한국중국인문학회 편집위원 1999~2000년 대만 중앙연구원 국문연구소 2004년 중국학회 연구이사 2008년 한국중국문화학회 부회장(현) 2013~2016년 대통령소속 문화융성위원회 인문정신문화특별위원회 인문학위원 2014년 단국대 교양기초교육원 교수 2014년 同사범대학 한문교육과 교수(현) 2015년 교육부 한국학진흥사업위원회 위원장(현) 2016년 충청유교문화원 건립 총괄계획가(MP)(현) [저]'허사대사전'(2003) '중국시와 시인 송대편'(2004) '혼인의 문화사'(2007) '사기본기'(2010) 고전 경구모음집 '고전에서 찾은 서른의 성공 마흔의 지혜'(2010, 위즈덤하우스) '사기 성공학'(2012, 민음사) 외 [역]'김원중 교수의 청소년을 위한 사기'(2010, 민음인) '사기세가'(2010) 외

김원진(金元辰) Kim Weon-jin

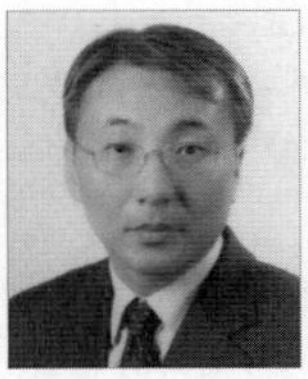

[생]1960·8·12 [주]서울 종로구 사직로8길60 외교부 인사운영팀(02-2100-7141) [학]1983년 연세대 경영학과졸 [경]1983년 외무고시 합격(17회) 1983년 외무부 입부 1990년 駐일본 2등서기관 1993년 駐파푸아뉴기니 1등서기관 1998년 駐말레이시아 1등서기관 2000년 駐일본 1등서기관 2004년 국가안전보장회의(NSC) 사무처 파견 2005년 외교통상부 아시아태평양국 동북아1과장 2006년 駐중국 공사참사관 2010년 외교안보연구원 글로벌리더십과정 교육파견 2011년 행정안전부 국제행정발전지원관 2013년 駐일본 공사 2014년 駐캄보디아 대사(현) [상]홍조근정훈장(2012)

김원찬(金元燦) Won Chan, Kim

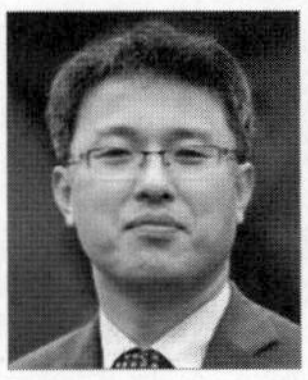

[생]1962·11·27 [본]청주(淸州) [출]전남 강진 [주]경남 진주시 진주대로501 경상대학교 사무국(055-772-0114) [학]1981년 전주고졸 1985년 서울대 교육학과졸 2000년 영국 리즈대 대학원 교육학과졸 2007년 교육학박사(동국대) [경]1984년 행정고시 합격(28회) 1985~1997년 교육부 교육시설과·외자사업과·교원정책과·교육정책담당관실·전문대학행정과 근무 1997년 강릉대 근무 1998년 영국 리즈대 파견 2000년 교육부 재외동포교육담당관(과장) 2001년 교육인적자원부 평가관리과장 2003년 同대학행정지원과장 2003년 同대학정책과장 2004년 同학술연구진흥과장 2005년 同교육복지정책과장 2005년 한국체육대 총무과장(부이사관) 2006년 전남대 초빙교수 2007년 한국해양대 사무국장 2007년 충주대 사무국장 2008년 한국방송통신대 사무국장 2009년 경기도교육청 기획관리실장(고위공무원) 2011년 전남도교육청 부교육감 2013년 교육 파견(고위공무원) 2014년 제주특별자치도교육청 부교육감 2014년 제주장애인체육회 부회장 2014년 경기도교육청 제1부교육감 2016년 경상대 사무국장(현) [상]대통령표창(1995) [종]기독교

김원태(金元泰) KIM Won Tae

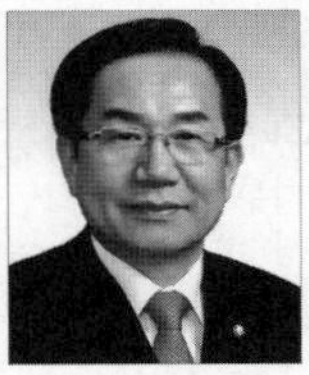

[생]1948·9·7 [주]충남 예산군 삽교읍 도청대로600 충청남도의회(041-635-5215) [학]강경상고졸 [경]논산중앙감리교회 장로(현), 강경상고총동창회 논산동창회장, LPG충천소 운영 2012년 새누리당 제18대 대통령중앙선거대책위원회 국민소통본부 부본부장, 同충남도당 수석부위원장 2014년 충남도의회 의원(비례대표, 새누리당)(현) 2014·2016년 同문화복지위원회 위원(현) 2015년 同윤리특별위원회 위원장 2015년 同3농혁신등정책특별위원회 위원 2015년 同예산결산특별위원회 위원 2015년 민주평통 계룡시협의회장(현), 판암IC LPG충천소 대표(현), 신도안장로교회 장로(현) 2016년 충남도의회 운영위원회 부위원장(현) [종]기독교

김원태(金元泰) KIM, Wontae

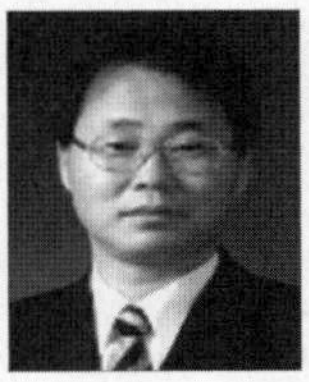

[생]1951·11·8 [본]김해(金海) [출]경북 포항 [주]서울 송파구 충민로10 가든파이브툴관7층B-10호 (사)한국토지보상관리회(02-557-8004) [학]부산 동성고졸 1979년 동아대 법학과졸 1982년 부산대 행정대학원졸 1991년 미국 링컨토지정책연구소 '부동산조세와 토지정책의 상호작용' 수료 1999년 캐나다 The Canadian College of English Language과정 수료 2005년 캐나다 국제용지협회 제51회 연수과정 수료 2005년 법학박사(서울시립대) [경]1978년 부산은행 입사(공채수석) 1979년 한국감정원 입사 1981년 공인감정사 합격 1983~1985년 부산경상대학 강사 1998년 건설교통부 감정평가제도개선기획단 위원 1998~2007년 한국감정원 천안지점장 2000년 건설교통부 감정평가사자격시험 출제위원 2003~2004년 국립환경연구원 토지보상강사 2007~2009년 건설교통부 감정평가사징계위원회 위원 2007~2010년 한국감정원 기획본부장(상임이사) 2008년 국토해양부 감정평가사시험위원회 위원 2008~2009년 기획재정부 정부소유주식매각가격산정자문위원회 위원 2008년 국무총리실 국민권익위원회 보상심의위원회 위원 2009년 기획재정부 국유재산정책자문위원회 위원 2012년 새누리당 제18대 대통령중앙선거대책위원회 직능총괄본부 감정평가사대책위원장 2013~2016년 중앙토지수용위원회 위원 2013년 한양대 공공정책대학원 부동산공법 겸임교수(현) 2013년 (사)한국토지보상관리회 상임부회장(현) 2014년 새누리당 정책위원회 자문위원(현) 2014년 한국수자원공사 감사위원장(비상임이사)(현) 2016년 한국토지보상관리회 회장(현) [상]재무부장관표창(1987), 건설교통부장관표창(1996·2004) [저]'토지보상연구' [종]불교

김원택(金元澤) Wontaik Kim (흑파)

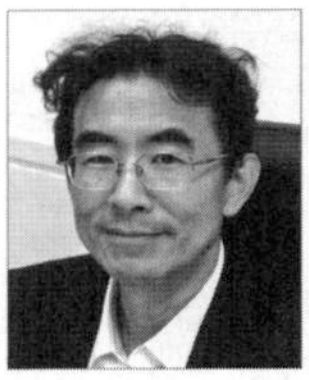

[생]1951·1·24 [본]김해(金海) [출]부산 [주]서울 종로구 대학로57 홍익대학교 국제디자인전문대학원(02-3668-3811) [학]1969년 경기고졸 1973년 서울대 기계공학과졸 1975년 미국 브라운대 대학원 기계공학과졸(석사) 1978년 공학박사(미국 미시간대) 2002년 핀란드 헬싱키경제경영대학원 국제디자인경영학과졸(MBA) [경]1978년 미국 GE 스텀터빈사 터빈성능 엔지니어 1980년 GE CORP R&D CEGETER 엔지니어 1984년 GE Aircraft Engines 선행엔진디자인 그룹매니저 1989년 삼성항공 엔진사업본부 대우이사 1990년 同항공우주연구소 연구위원(이사) 1994년 삼성첨단기술연구소장 1995년 삼성디자인연구원 원장 1997년 제일제당 디자인센터장 1999~2004년 국제디자인전문대학원대 디자인경영 주임교수 2001년 同문화연구소장 2002년 FID연구원 대표(현) 2004년 홍익대 국제디자인전문대학원 디자인경영학과 주임교수(현) 2005년 HCI학회 부회장 2006년 한국인포디자인학회 회장 2009년 세계미래학회 Fellow member(현) 2014년 (사)디자인엔지오 이사장(현) 2016년 한국뉴욕주립대 석좌교수(현) [상]한국정보과학회 공로상(2008), 대한민국 공공디자인 우수상(2008) [저]'새로운 디자인 파라다임의 발견'(2002) [종]기독교

김원하(金源河) Kim Won Ha

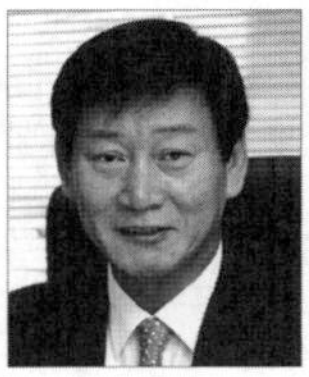

[생]1956·2 [출]서울 [주]경기 부천시 부천로139 한화저축은행 임원실(032-657-5000) [학]1975년 경기고졸 1979년 한국외국어대 스페인어과졸 [경]2001년 한화건설 입사 2007년 同기획실장 2009년 同국내영업본부장(전무) 2013년 同기획재무총괄 전무 2014년 同경영지원실장(전무) 2014년 한화저축은행 대표이사 전무(현)

김원호(金源鎬) KIM Won Ho

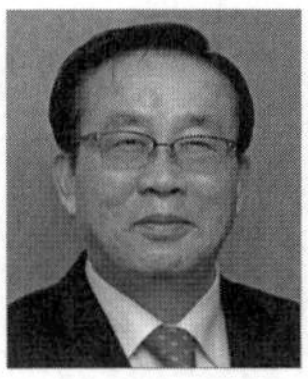

[생]1945·12·24 [출]전북 옥구 [주]서울 중구 을지로65 SK텔레콤(주) 임원실(02-6100-2114) [학]1963년 경복고졸 1972년 고려대 정치외교학과졸 1983년 미국 인디애나대 신문대학원 수료 [경]1972년 동양통신 정치부 기자 1981~1987년 연합통신 정치부 기자·LA특파원 1987년 同외신부 차장 1989년 同정치부 차장 1991년 同정치부 부장대우 1993년 同정치부장 1996년 同논설위원 1996~1998년 KBS 제1라디오 정치대담 1997년 연합통신 편집국 부국장 1998년 同논설위원실 수석심의위원 1998년 연합뉴스 논설위원실 수석심의위원 1999년 同기사심의실장 직대 1998~2000년 2002월드컵축구대회조직위원회 자문위원 1999년 대한적십자사 홍보자문위원 1999년 관훈클럽 운영위원 1999년 연합뉴스 영문뉴스국장 직대 2000년 同영문뉴스국장 2000년 同이사대우 논설위원실장 2000년 한국프레스클럽 운영위원 2001~2003년 한국신문방송편집인협회 이사 2001~2003년 연합뉴스 이사대우·영문뉴스국 고문 2003~2005년 한국신문방송편집인협회 부회장 2003년 한국신문윤리위원회 이사 2003~2006년 (주)연합인포맥스 대표이사 사장, 고려대 언론학부 초빙교수 2008~2010년 실크로드재단 초대이사장 2010~2013년 (사)한국디지털미디어산업협회 회장 2013년 SK텔레콤(주) 고문(현)

김원호(金元晧) KIM Won Ho

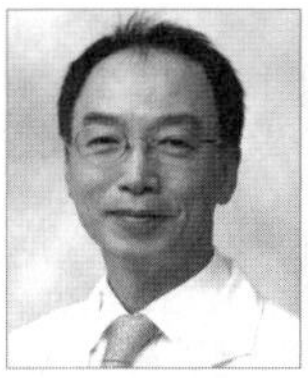

[생]1955·7·20 [출]대구 [주]서울 서대문구 연세로50의1 세브란스병원 소화기내과(02-2228-1951) [학]1980년 연세대 의대졸 1983년 同대학원 의학과졸 1992년 의학박사(연세대) [경]1980년 연세대 세브란스병원 인턴 1981년 同내과 레지던트 1984년 軍의관 1987~2001년 연세대 의과대학 내과학교실 전임강사·조교수·부교수 1992년 同소화기병연구소 상임연구원 2001년 同의과대학 내과학교실 교수(현) 2002년 대한항공의학협회 부회장 2004~2006년 세브란스병원 기획관리실장 2008년 연세대의료원 발전기금사무국장 2011년 세브란스병원 소화기병센터 내시경검사실장 2013~2014년 대통령 의무실장 2013~2015년 대한소화기학회 이사장 2014년 한독 사외이사(현) 2014~2015년 연세대의료원 이싱검진센터추진단장 2015년 세브란스병원 소화기병센터 소장 [상]대한소화기학회 최우수논문상 [저]'염증성장질환을 이겨나가는 113가지 지혜(共)'(1998) '염증성장질환'(1999) '근거중심의 소화기병학'(2002) '알기쉬운 궤양성대장염(共)'(2002) '알기쉬운크론병'(2003) '소화기내시경학'(2004) '대장암 가이드북'(2007) [역]'Gastroenterological Endoscopy'(2004)

김원호(金元鎬) KIM Won Ho

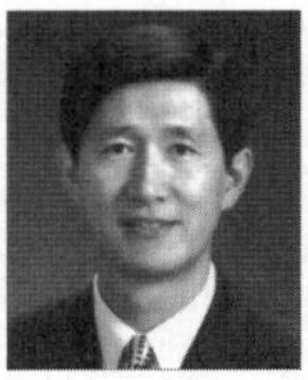

[생]1958·1·10 [본]김해(金海) [출]서울 [주]서울 동대문구 이문로107 한국외국어대학교 국제지역대학원(02-2173-2911) [학]1976년 양정고졸 1980년 한국외국어대 서반아어과졸 1987년 서울대 대학원 법학과졸 1992년 국제지역학박사(미국 텍사스 오스틴대) [경]1983~1990년 연합통신 사회부·외신부 기자 1990~1992년 멕시코 아메리카스대 조교수·부교수 1993년 연합통신 외신부 기자 1994~1997년 대외경제정책연구원 중남미실장 1996~2014년 한중남미협회 사무총장 1996년 한국라틴아메리카학회 상임이사 1997년 대외경제정책연구원 미주경제실장 2001년 미국 노스캐롤라이나대 교환교수 2001년 미국 라틴아메리카학회 아태분과 공동위원장 2002~2003년 대외경제정책연구원 연구조정실장 2002~2005년 한국라틴아메리카학회 부회장 2004~2006년 대외경제정책연구원 세계지역연구센터 소장 2004~2007년 同선임연구위원 2006~2010년 한국라틴아메리카학회 회장 2006년 한국소비자원 정책자문위원(현) 2007~2008년 아시아대양주라틴아메리카학회 회장 2007년 한국외국어대 국제지역대학원 부교수 2008~2010년 同국제지역대학원 부원장 2009년 同국제지역대학원 교수(현) 2010~2013년 同국제지역대학원장 2011~2013년 아시아중남미협력포럼(FEALAC) 비전그룹 의장 2011~2015년 한미경제연구소(KEI) 이사 2014~2015년 미국 존스홉킨스대 국제학대학원(SAIS) 풀브라이트 교환교수 2015년 한국외대 미래위원회 위원장, 同국제협력전략센터 소장(현) [상]대통령표창(1979), 브라질 리우브랑쿠 수교훈장(2000) [저]'북미의 작은거인 멕시코가 기지개를 켠다' '중남미의 신경제질서와 우리의 경제협력 정책방향' '미주지역 경제통합의 전망과 한국의 대응과제' [종]기독교

김원환(金元煥) Kim Won Hwan

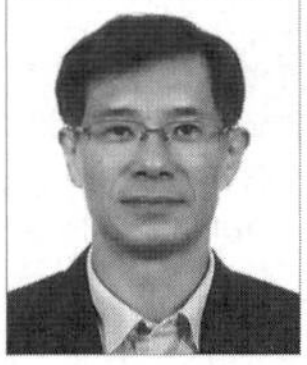

[생]1965·8·25 [출]경남 [주]서울 서대문구 통일로87 경찰청 보안국 보안1과(02-3150-2291) [학]1983년 울산학성고졸 1987년 경찰대 법학과졸 [경]1987년 경위 임용(경찰대학 3기) 2009년 경남 남해경찰서장(총경) 2010년 경기지방경찰청 청문감사담당관 2011년 경찰청 인사과장 2011년 경찰대 치안정책연구소 근무·운영지원과 교육 2011년 경찰대 학생과장 2013년 서울 동작경찰서장 2014년 경찰청 경비국 위기관리센터장 2016년 同보안국 보안1과장(현) [상]대통령표창, 국무총리표창, 경찰청장표창 등 총 27회, 근정포장(2014)

김위정(金煒靜) KIM WI JUNG

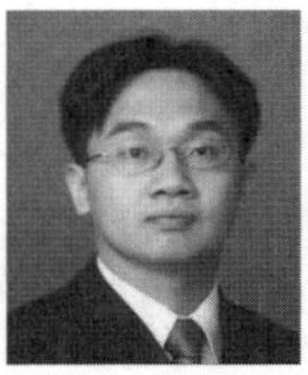

[생]1974·10·24 [본]의성(義城) [출]서울 [주]세종특별자치시 갈매로477 기획재정부 국고국 출자관리과(044-215-5170) [학]1993년 여의도고졸 1999년 고려대 무역학과졸 2013년 영국 버밍엄대 대학원 사회정책학과졸 [경]1999년 행정고시 합격(43회) 2001~2003년 중소기업청 정보화지원과·창업지원과 사무관 2003년 기획예산처 예산실 예산제도과 사무관 2004년 同노동여성예산과 사무관 2005년 同양극화민생대책본부 사무관 2007~2008년 대통령비서실 정책실장실 행정관 2008년 기획재정부 공공정책국 제도기획과 서기관 2009년 同정책총괄과 서기관 2010~2011년 同인재경영과 서기관 2011~2013년 해외연수(영국 버밍엄대) 2013~2015년 대통령직속 국민대통합위원회 국민통합기획단과장 2015년 기획재정부 공공정책국 제도개선팀장 2016년 同국고국 출자관리과장(현) [종]기독교

김위철(金渭哲) Kim, Wee-chul

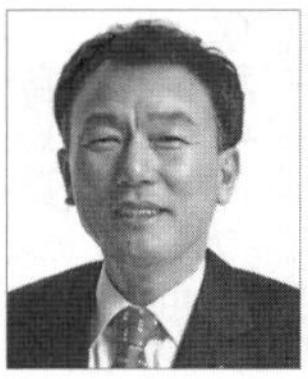

[생]1955·7·29 [출]부산 [주]서울 종로구 율곡로75 현대엔지니어링(주) 사장실(02-2134-1002) [학]1974년 경성고졸 1981년 고려대 화학공학과졸 [경]1981년 현대중공업(주) 입사 1985년 현대엔지니어링(주) 화공사업부 근무 2004년 同상무보 2008년 同영업본부장(전무) 2009년 同화공플랜트사업본부장(전무) 2010년 同부사장 2011년 同대표이사 사장(현) [상]은탑산업훈장(2010)

김위한(金渭漢) KIM Wi Han

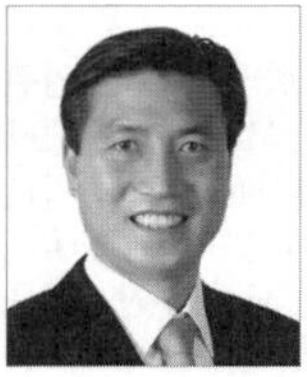

[생]1971·8·30 [학]안동고졸, 숭실대 정치외교학과졸 [경]민주당 경북도당 청년위원장, 同안동시지역위원회 위원장, 국민생활체육경북도축구연합회 운영위원, 경북도축구협회 이사(현), 열린우리당 안동시지역위원회 청년위원장 2006년 경북 안동시의원선거 출마 2014년 경북도의회 의원(비례대표, 새정치민주연합·더불어민주당)(현) 2014~2015년 同예산결산특별위원회 위원 2014·2016년 同기획경제위원회 위원(현) 2015년 同조례정비특별위원회 부위원장(현) 2015년 새정치민주연합 경북도당 예산결산위원회 위원 2015년 더불어민주당 경북도당 예산결산위원회 위원 2016년 경북도의회 운영위원회 위원(현) 2016년 同윤리특별위원회 위원(현)

김유경(金有鏡) Kim You Kyung

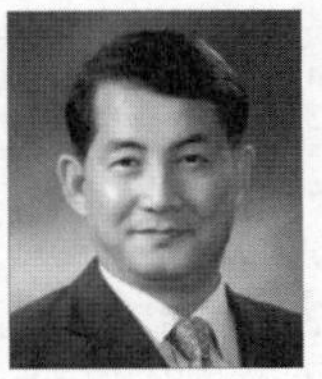

[생]1958 · 6 · 15 [본]김해(金海) [출]부산 [주]서울 동대문구 이문로107 한국외국어대학교 미디어커뮤니케이션학부(02-2173-3115) [학]1977년 인창고졸 1985년 한국외국어대 신문방송학과졸 1989년 미국 하와이주립대 대학원 커뮤니케이션학과졸 1996년 매스컴학박사(미국 시라큐스대) [경]1984~1987년 LG애드 근무 1989~1991년 중앙일보 미주본사 차장 1996~1997년 LG애드 해외광고팀 부장 1996~1997년 한국방송통신대 교수 1997년 한국외국어대 신문방송학과 조교수 2002년 同언론정보학부 부교수 · 교수, 同미디어커뮤니케이션학부 교수(현) 2003년 同홍보실장 2006~2007년 同언론정보연구소장 2008~2009년 한국광고학회 회장 2009년 국가브랜드위원회 위원 2010년 한국외국어대 언론정보연구소장 2010~2012년 同사회과학대학장 2012년 한경아카데미 공공브랜드아카데미 원장 2012년 한국외국어대 국가브랜드연구센터장(현) 2014년 同국제교류처장 2014년 서울브랜드추진위원회 위원(현) 2014년 국가브랜드추진위원회 위원(현) 2015년 한국외국어대 대외부총장(현) [상]한국언론학회 우수논문귄장상(1997), 한국광고학회 우수논문상(2002 · 2005) [저]'인간과 커뮤니케이션'(共) '글로벌시대의 국제광고' '글로벌 광고' '마케팅 차별화의 법칙' '정보화시대의 미디어와 문화'(共) '단순함의 원리' '글로벌마케팅커뮤니케이션' '국가브랜드의 전략적관리' [역]'글로벌 광고'(共) '글로벌시대의 국제광고론'(共) '국가브랜드, 국가이미지' '국가브랜드 전략' [종]기독교

김유경(金栖炅) Kim, Yukyung

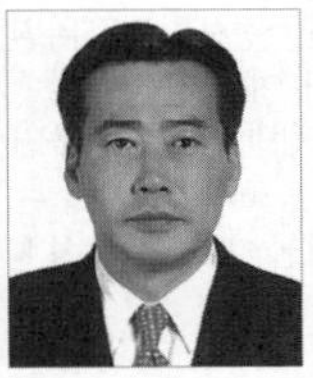

[생]1962 · 7 · 28 [주]서울 중구 세종대로67 삼성증권 부산 · 경남권역(02-2020-8000) [학]1981년 부산대사대부고졸 1987년 부산대 영어영문학과졸 [경]1987년 동방생명보험 입사 1992~1993년 삼성생명보험 미국지역 전문가 1993~1999년 삼성생명보험 · 삼성증권 근무 2000년 삼성증권 장충지점장 2001년 同목동지점장 2003년 同도곡지점장 2004년 同서울주식전문지점장 겸임 2005년 同영업부장 2008년 同대전지점 총괄지점장 2010년 同분당지점 총괄지점장 2011년 同삼성타운지점 총괄지점장 2012년 同강남1사업부장 2012년 同감사실장(상무) 2014년 同스마트사업부장(상무) 2015년 同부산 · 경남권역장(상무)(현)

김유경(金裕卿 · 女) KIM Yu Kyung

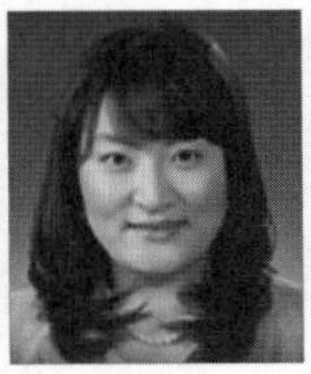

[생]1965 · 8 · 7 [출]서울 [주]경북 경산시 하양읍 금락로5 대구가톨릭대학교 디자인대학 패션디자인과(성마르타관 413호)(053-850-3529) [학]1984년 숙명여고졸 1988년 이화여대 패션디자인과졸 1991년 同대학원 패션디자인과졸 1993년 이탈리아 밀라노 마랑고니의상예술학교(Istituto artistico dell'abbigliamento Marangoni)졸, 의류환경학박사(연세대) [경]1994년 이탈리아 밀라노 Alessandra Macchi · Luigi Ciocca s.r.l 스타일리스트 1995년 Moda in 트렌드 · 바잉담당 컨설턴트 1997년 계명대 패션학부 조교수 2001~2003년 이화여대 장식미술과 조교수 2003년 대구가톨릭대 생활과학부 패션산업학전공 부교수 2005년 同생활과학대학 패션산업학과 교수 2007년 同자연대학 패션산업학과 교수 2010년 同디자인대학 패션디자인과 교수(현), 한국디자인문화학회 이사(현), 인터패션아티스트협회 부회장, 대구신진디자이너 육성지원사업 운영위원(현) 2013년 국제패션일러스트레이션공모전 운영위원(현) 2014년 한국기초조형학회 이사(현) 2014~2016년 (사)인터패션아티스트협회(IFFA) 회장 2014년 한국브랜드디자인학회 이사(현) 2015년 한국의류산업학회 이사(현) 2016년 (사)인터패션아티스트협회(IFFA) 감사(현) [상]제7회 대한민국 패션대전 대통령상, 대한민국 섬유패션디자인경진대회 대상 [저]'이탈리아패션산업의 경쟁력 원천'(2000) '패션과 섬유(共)'(2000) 'DESIGN IDEA BANK'(2002) 'Fashion Styling'(2012) 'Fashion Design Research n Plannig'(2013) [작]'대구 텍스타일 아트 도큐멘타 2003'(2003), '대구하계유니버시아드대회 기념 패션아트전 및 패션쇼'(2003) [종]천주교

김유곤(金愈坤)

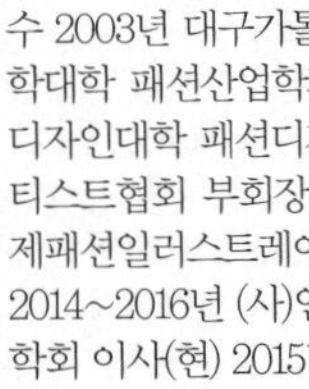

[생]1958 · 3 · 3 [주]전북 고창군 해리면 명사십리로817 전라북도수산기술연구소 소장실(063-290-6631) [학]1979년 군산수산전문대학 증식학과졸 [경]1983~1990년 고창군 해양수산과 근무 1990~1992년 전북도 해양수산과 근무 1992~1994년 김제시 수산과 근무 1994~2012년 전북도 해양수산과 근무 2012~2013년 전북도수산기술연구소 기술지원담당 2013~2014년 전북도 해양수산과 연안환경담당 2014~2015년 전북도수산기술연구소 수산질병센터장 2016년 同소장(현) [상]고창군수표창(1984 · 1985 · 1989), 수산청장표창(1991 · 1999 · 2008), 해양수산부장관표창(1991 · 1999 · 2008), 수산인력개발원장표창(1993 · 2011 · 2013), 지방행정연수원장표창(1993 · 2011 · 2013), 전북도지사표창(1995 · 2003), 국무총리표창(2004 · 2010), 근해안강망수협장 감사패, 군산시수협장 감사패, 부안수협장 감사패, 한국수산업경영인연합회 감사패, 한국해양수산 신지식인연합회 감사패

김유근(金有根) Kim You-Geun (智田)

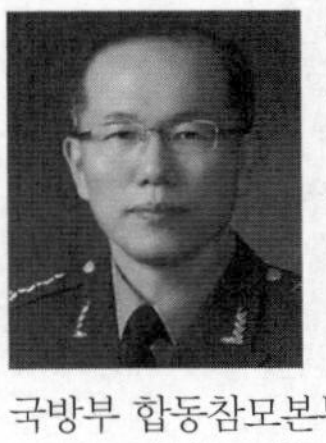

[생]1957 · 6 · 22 [본]경주(慶州) [출]충북 청주 [주]서울 송파구 오금로460 국방과학연구소(02-3400-2721) [학]충북 청석고졸, 육군사관학교졸(36기), 경남대 경영대학원졸(석사), 아주대 정보통신대학원 박사과정 재학中 [경]2003~2004년 육군 제8사단 10연대장 2004~2005년 대통령경호실 군사관리관 2006~2008년 육군본부 전략기획처장(준장) 2009~2010년 제8사단장(소장) 2011년 국방부 합동참모본부 작전기획부장 2012~2013년 8군단장(중장) 2014년 육군 참모차장(중장) 2014~2015년 국방부 합동참모차장(중장), 국방과학연구소 전문연구위원(현) [종]기독교

김유미(金由美 · 女) Kim You Mee

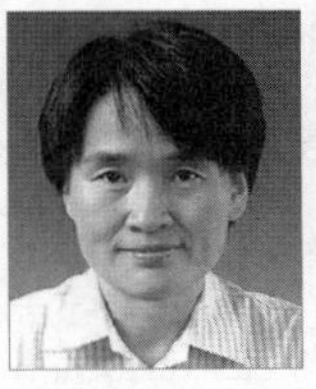

[생]1958 · 2 · 25 [주]경기 용인시 기흥구 공세로150의20 삼성SDI 소재R&D센터(031-8006-3100) [학]대전여고졸, 충남대 화학과졸, 同대학원 화학공학과졸 [경]1996년 삼성SDI(주) 전지사업팀 개발그룹 근무, 同폴리머전지그룹 근무 2005년 同전지본부 개발팀 연구위원(상무보) 2006~2007년 同전지사업부 개발팀장(상무보) 2008년 同전지사업부 개발팀장(상무) 2008년 同전지사업부 개발1팀장(상무) 2010년 同전지사업부 개발팀장(상무) 2010년 同전지사업부 Cell사업팀 개발팀장(상무) 2011~2012년 同중앙연구소장(전무) 2011년 同CTO(전무) 2013년 同자동차전지사업부 개발팀장(전무), 同소형전지사업부 개발실장(전무) 2015년 同소재R&D센터장(부사장)(현)

김유성(金裕盛) KIM Yoo Sung

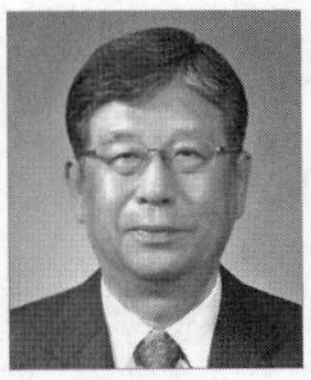

[생]1940 · 9 · 24 [본]김해(金海) [출]서울 [주]서울 관악구 관악로1 서울대학교 법과대학(02-880-7534) [학]1959년 서울고졸 1964년 서울대 법대졸 1968년 일본 도쿄대 대학원 외국인연구생과정 수료 1979년 미국 서던감리교대 대학원졸 1980년 미국 캘리포니아대 버클리교 대학원 수료 2002년 법학박사(일본 큐슈대) [경]1969~1972년 서울대 법학연구소 전임강사 1972~2006년 同법대 전임강사 · 조교수 · 부교수 · 교수 1985년 일본 東京大 법학부 교환교수 1995~1998년 노사관계개혁위원회 공익위원 1996~1998년 행정쇄신위원회 공익위원 1996~2000년 중앙노동위원회 공익위원 1997~1999년 한국노동법학회 회장 1998~2000년 서울대 법과대학장 2000~2001년 미국 Harvard Law School 방문연구원 2006년 서울대 법대 명예교수(현) 2006~2007년 중앙노동위원회 위원장(장관급) 2008~2015년 세명대 총장 2014년 바른사회운동연합 공동대표(현) [상]30년 공로표창(1997), 국민훈장 동백장(1998), 홍조근정훈장(2006) [저]'ILO가입에 따르는 법률상의 제문제'(共) '한국방송통신대학 교재' '노동법 Ⅰ · Ⅱ'(1992) '한국사회보장법론'(2000) '사회보장법'(共) [종]기독교

김유성(金裕成) KIM Yoo Sung

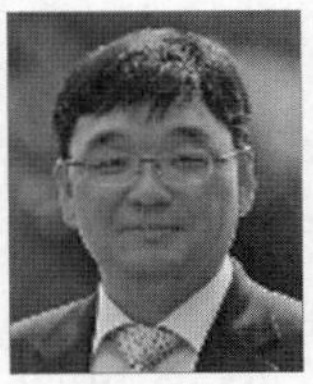

[생]1964 · 3 · 23 [출]인천 [주]인천 남구 인하로100 인하대학교 정보통신공학과(032-860-7450) [학]1986년 인하대 전산학과졸 1988년 한국과학기술원 대학원 전산학과졸 1992년 공학박사(한국과학기술원) [경]1990년 삼성전자(주) 컴퓨터부문 주임연구원, 인하대 정보통신공학과 교수(현) 1996년 미국 퍼듀대 전산학과 방문연구원 1998~2000년 인하대 전산정보실 시스템부장 2014~2015년 同정보통신처장 [저]'컴퓨터개론' '컴퓨터개론'(1997, 정익사) 'Advanced Transaction Models and Architectures'(1997) [역]'시스템 소프트웨어'

김유숙(金裕叔 · 女) KIM Yoo Sook

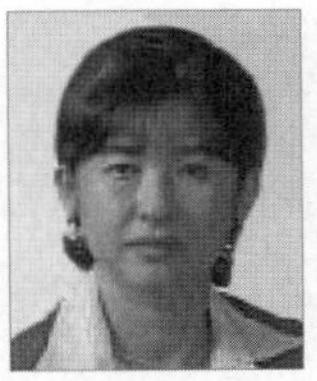

[생]1960 · 10 · 3 [출]서울 [주]서울 강남구 역삼로221 한국여성경제인협회 임원실(02-369-0900) [학]명성여고졸 1983년 연세대 화학과졸 1994년 화학박사(미국 캘리포니아대) [경]1982~1984년 (주)쥬리아 연구소 연구원 1984~1986년 (주)애경 중앙연구소 연구원 1989년 미국 샌디에이고대 화학과 Teaching Assistant 1991년 同화학과 Research Assistant 1994년 同화학과 Post-Doc. 1995~1996년 한국표준과학연구원 화학 · 방사선부 Post-Doc. 1996~1997년 한국자원연구소 자원탐사부 위촉연구원 1997년 同자원탐사부 선임연구원 1998년 한국지질자원연구원 국제협력실장 2005년 대덕연구개발특구 지원본부 사업총괄팀장 2007년 중소기업청 국제협력과장, 同해외시장과장 2010년 한국산업기술미디어문화재단 사업본부장 2012~2016년 한국여성공학기술인회 부회장 2013년 한국엔지니어클럽 부회장(현) 2013년 한국여성경제인협회 상근부회장(현) 2013년 (재)여성기업종합지원센터 사무총장(현) [상]이달의 과학기술인상(2003), 과학기술포장(2011)

김유승(金有承) KIM You Seung

생1949 · 12 · 24 본해풍(海豊) 출서울 주서울 성북구 화랑로14길5 한국과학기술연구원(02-958-5114) 학1968년 경기고졸 1974년 서울대 문리대학 화학과졸 1982년 이학박사(미국 몬태나주립대) 경1977~1979년 한국과학기술연구소 연구원 1979년 미국 Montana State Univ. 연구조교 1982년 미국 Univ. of California. Berkeley Post-Doc. 1983년 미국 Harvard Univ. Post-Doc. 1985~1990년 한국과학기술연구원(KIST) 선임연구원 1987~1989년 보건사회부 중앙약사심의위원 1990~2006년 한국과학기술연구원(KIST) 책임연구원 1992년 同유기화학제2연구실장 1992년 고려대 이과대 객원교수 1993~1996년 한양대 객원교수 1994~1995 · 2001년 대한화학회 이사 1995~1997년 서강대 객원교수 1997~1999년 한국과학기술연구원(KIST) 생화학물질연구센터장 1997~1999년 경희대 객원교수 1999년 이화여대 객원교수 1999~2000년 한국과학기술연구원(KIST) 생체과학연구부장 2000~2002년 同부원장 2001년 21C생명공학정책기획단 위원 2001~2003년 21세기프론티어연구개발사업추진위원회 위원장 2002년 대한화학회 총무부회장 2002~2005년 한국과학문화재단 과학기술엠배서더 2003~2006년 한국과학기술연구원(KIST) 원장 2003~2006년 국제과학기술협력재단 이사 2004~2005년 국가과학기술자문회의 자문위원 및 공공기술회의분과 위원장 2004~2006년 한국파스퇴르연구소 이사 2006년 한국과학기술연구원(KIST) 생화학물질연구센터 석좌연구원 2007년 同생체과학연구본부 석좌연구원, 同명예연구원(현) 2011~2014년 대구경북첨단의료산업진흥재단 이사장 2011~2014년 한국과학기술단체총연합회 부회장 상대한화학회 공로상(1991 · 1995), 대한화학회 포스터 발표상(1995 · 1999 · 2000), 과학기술훈장 웅비장(2003), 대한민국CEO리더십대상 R&D경영부문(2013)

김유식(金有植) Yousik Kim

생1967 · 2 · 16 본경주(慶州) 출충남 서산 주경기 과천시 관문로47 미래창조과학부 과학기술전략회의지원단(02-2110-2560) 학1985년 선인고졸 1993년 서울대 건축학과졸 1995년 同대학원 건축공학과졸 2009년 영국 서섹스대 대학원 과학기술정책학과졸 경1999년 기술고시 합격(35회) 2000~2007년 과학기술부 사무관 2008~2012년 교육과학기술부 서기관 2013~2015년 미래창조과학부 연구성과실용화팀장 · 미래성장전략과장 · 창조경제진흥과장 2015년 同과학기술정책조정과장 2016년 同과학기술전략회의지원단 근무(과장급)(현) 상국무총리표창(2005), 녹조근정훈장(2015)

김유열(金裕烈) KIM Yoo Yoel

생1962 · 2 · 17 주서울 강남구 남부순환로2748 한국교육방송공사 학교교육본부(02-526-2000) 학1983년 유신고졸 1988년 서울대 동양사학과졸 경2000년 EBS 기획팀장 2002년 同TV제작1국 기획특집팀 차장 2005년 同콘텐츠사업본부 뉴미디어팀장 2009년 同제작본부 지식정보팀장 2010년 同편성센터 편성기획부장 2011년 同콘텐츠기획센터 편성기획부장 2014년 同정책기획센터 정책기획부장 2015년 同학교교육본부장(현)

김유영(金有瑩) KIM Yoo Young

생1945 · 2 · 2 출서울 주서울 중구 을지로245 국립중앙의료원 알레르기내과(02-2260-7265) 학경기고졸 1969년 서울대 의대졸 1976년 同대학원졸 1980년 의학박사(서울대) 경1992~2010년 서울대 의대 내과학교실 교수 1995년 대한알레르기학회 이사장 1996년 서울대병원 알레르기내과 분과장 1996년 同알레르기검사실 소장 1998년 同내과 과장, 아시아 · 태평양천식및알레르기학회 회장, 한국천식알레르기협회 회장(현), 국제천식학회 부회장 2010년 서울대 명예교수(현) 2010년 을지의과대 석좌교수 2011년 세계천식학회 회장 2011년 국립중앙의료원 알레르기내과장(현) 상세계흉부질환학회 젊은연구자상, 과학기술훈장 도약장, 국민훈장 석류장(2010), 자랑스러운 경기인상(2014)

김유임(金有任 · 女) KIM You Im

생1965 · 1 · 10 본광산(光山) 출전남 곡성 주경기 수원시 팔달구 효원로1 경기도의회(031-8008-7000) 학1982년 안양여고졸 1988년 이화여대 정치외교학과졸 2009년 연세대 행정대학원 공공정책학과졸 경YMCA 시민중계실 상담부장, 한국여성민우회 자문위원, 소비자보호단체협의회 홍보출판간사, 고양여성민우회 환경소비자위원장 1998 · 2002~2006년 경기 고양시의회 의원, 同사회산업위원장, 고양외국인노동자상담소 이사, 고양여성민우회 정책

위원장, 열린우리당 벤처산업육성위원회 부위원장 2006년 여성정치세력민주연대 이사 2006년 경기 고양시장선거 출마(열린우리당), 민주당 경기도당 대변인 2010년 경기도의회 의원(민주당 · 민주통합당 · 민주당 · 새정치민주연합) 2010~2012년 同여성가족평생교육위원회 위원장 2012년 同보건복지공보위원회 위원, 고양시 마을기업 · 사회적기업추진단장 2014년 경기도의회 의원(새정치민주연합 · 더불어민주당)(현) 2014~2016년 同부의장 2014년 同농정해양위원회 위원 2015년 한국현대문화포럼 자문위원(현) 2015년 새정치민주연합 여성리더십센터 소장 2015년 더불어민주당 여성리더십센터 소장(현) 2016년 경기도의회 경제과학기술위원회 위원(현) 상의정행정대상 광역지방의원부문(2010) 저'가정문화가꾸기'(共)(1991) '향락과 소비추방운동 보고서'(1999) '경기도 여성의 건전한 사회참여를 위하여'(2003)

김유정(金婑姃 · 女) KIM Yoo Jung

생1957 · 11 · 14 출대구 주경기 화성시 봉담읍 와우안길17 수원대학교 법정대학 언론정보학과(031-220-2594) 학1976년 경북여고졸 1980년 이화여대 사회학과졸 1984년 연세대 대학원 신문방송학과졸, 미국 플로리다주립대 대학원 매스컴학과졸 1994년 매스컴학박사(미국 플로리다주립대) 경1994~1995년 연세대 언론연구소 연구원 1995~1998년 종합유선방송위원회 연구위원 1998~2004년 수원대 신문방송학과 전임강사 · 조교수 2004년 同법정대학 언론정보학과 부교수 · 교수(현) 2005~2007년 정보통신윤리위원회 위원 2005~2008년 신문발전위원회 위원 2008~2009년 한국여성커뮤니케이션학회 회장 2009~2011년 방송통신위원회 위원 2009년 한국정보화전략위원회 실무위원 저'컴퓨터 매개 커뮤니케이션' '사이버문화와 여성'(共) '개인 · 관계 · 사회'(共) '디지털 수용자'(共) '인터넷방송의 새 규제방안 연구' '불건전정보 유통 및 이용실태 조사' '성인의 유해문화 노출 실태 조사' '디지털 촌수 변화하는 인간관계' 역'어린이 · 청소년대상 폭력 오락물 마케팅 분석 I · II' '디지털시대의 법제이론' '어린이 청소년 미디어'

김유정(金有正) KIM Yoo Jung

생1959 · 10 · 23 출서울 주서울 서초구 헌릉로13 대한무역투자진흥공사 인재경영실(02-3460-7000) 학1978년 덕수상고졸 1984년 한국외국어대 아랍어과졸 경1987년 대한무역투자진흥공사 입사 2006년 同기획조정실 예산팀장 2006년 同KOTRA아카데미 연구위원 2007년 통일교육원 통일미래지도자과정 교육파견 2007년 대한무역투자진흥공사 KOTRA아카데미 연구위원 2008년 同경기국제보트쇼전담반 부반장 2008년 (주)한국국제전시장 파견 2008년 대한무역투자진흥공사 바그다드무역관장 2008년 同바그다드코리아비즈니스센터장 2010~2012년 同싱가포르 수출인큐베이터운영팀장 2012년 同글로벌인재사업단 글로벌취업부장 2013년 同종합행정지원센터 외국기업고충처리단장 2015년 同카이로무역관장(현)

김유정(金裕貞 · 女) Kim Yoo-Jung

생1969 · 1 · 18 출광주 주서울 서대문구 통일로107의39 (재)동아시아미래재단(02-364-9111) 학1987년 광주 살레시오여고졸 1991년 이화여대 법정대학 정치외교학과졸 2002년 서강대 공공정책대학원 사회정책학과졸 2007년 성균관대 국정관리대학원 행정학박사과정 수료 경1991년 신민주연합당 창당발기인 1991년 同이우정 수석최고위원 비서 1991~1993년 민주당 정치연수원 교무부장 · 기획부장 1993~1995년 同여성위원회 사업부장 1995~1997년 새정치국민회의 지방자치위원회 부국장대우 1997년 同제15대 대통령선거기획단 국장 1998~2002년 대통령비서실 행정관 2006년 (사)환경분쟁연구소 이사 2007~2008년 민주당 여성국장 2008년 제18대 국회의원(비례대표, 통합민주당 · 민주당 · 민주통합당) 2008년 통합민주당 원내부대표 2008~2009년 민주당 대변인 2008년 성균관대총동창회 부회장 2008~2009년 국회 독도영토수호대책특별위원회 위원 2008~2010년 국회 행정안전위원회 위원 2009년 한 · 슬로바키아의원연맹 부회장 2009년 한 · 터키의원연맹 이사 2009년 한 · 멕시코의원연맹 이사 2010년 (사)아시아정당국제회의(ICAPP)의원연맹 정회원 2010년 (사)여성정치세력민주연대 고문 2010년 민주당 제5회 전국동시지방선거중앙선거대책위원회 대변인 2010년 국회 교육과학기술위원회 위원 2010년 국회 여성가족위원회 위원 2010~2011년 국회 운영위원회 위원 2010~2011년 민주당 원내부대표 2011년 同제6정책조정위원장 2011년 민주통합당 원내부대변인 2011년 同원내부대표 2011 · 2012년 同대변인 2012년 同손학규 대선예비후보캠프 대변인 2013년 새정치민주연합 정책위원회 부의장, (재)동아시아미래재단 이사(현) 2014년 (사)한국여성정치연맹 이사 2016년 TV조선 '이것이 정치다' 진행(현) 상대통령표창(2000), 21세기 한국인상 정치공로부문(2008), 정기국회 국정감사 우수의원(2009 · 2010 · 2011), 대한민국 헌정상 우수상(2011) 저'유정(裕貞)'(2011)

김유진(金유진) KIM Eu Gene

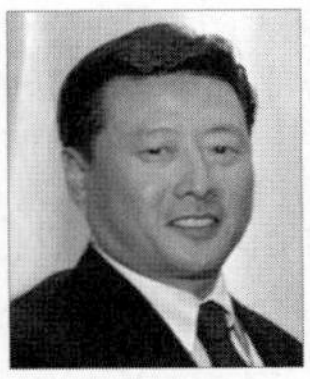

[생]1961·8·12 [출]서울 [주]인천 연수구 벤처로87 (주)휴니드테크놀러지스 회장실(032-457-6010) [학]1980년 미국 베버리고졸 1984년 미국 서던캘리포니아대 경영학과졸 [경]1983~1989년 Multinational Trading Co. 대표이사 1989~1998년 한남전자산업(주) 대표이사 1998~2006년 Defense Korea Industries Ltd. 대표이사 2002~2011년 (주)휴니드테크놀러지스 대표이사 회장 2011년 同회장(현) [상]한국품질경영학회 한국품질경영인대상(2006) [종]기독교

김유철(金裕喆) Kim Yu Cheol

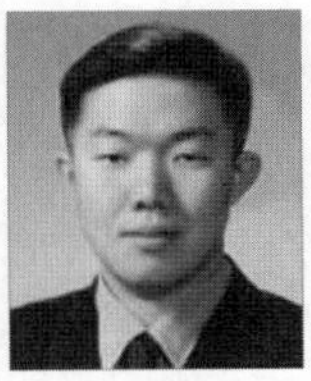

[생]1969·8·5 [출]서울 [주]서울 서초구 반포대로157 대검찰청 공안부 공안2과(02-3480-2330) [학]1988년 현대고졸 1993년 서울대 법학과졸 [경]1996년 사법시험 합격(38회) 2000년 사법연수원 수료(29기) 2000년 서울지검 검사 2002년 청주지검 충주지청 검사 2003년 수원지검 성남지청 검사 2005년 대구지검 검사 2008년 법무부 공안기획과 검사 2009년 수원지검 검사 2012년 대검찰청 연구관 2014년 울산지검 공안부장 2014년 서울남부지검 형사6부장 2015년 대검찰청 공안3과장 2016년 同공안2과장(현)

김유항(金裕恒) KIM Yoo Hang

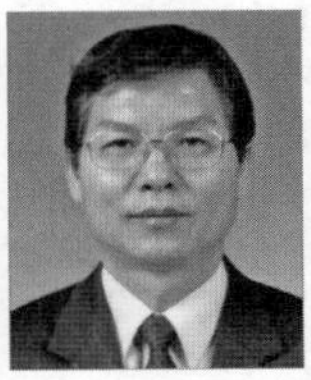

[생]1945·4·29 [본]청풍(淸風) [출]서울 [주]경기 성남시 분당구 돌마로42 아시아과학한림원연합회 사무총장실(031-710-4622) [학]1962년 서울고졸 1966년 서울대 공대 화학공학과졸 1972년 이학박사(미국 네바다주립대) [경]1968~1972년 미국 네바다대 조교 1972~1981년 인하대 화학과 조교수·부교수 1980년 프랑스 Nantes대 연구교수 1981~2010년 인하대 자연과학대학 화학과 교수 1982~1986년 同대학원 교학부장 1986년 同국제협력실장 1987~1989년 미국 플로리다대 객원교수 1990년 인하대 교무처장 1994년 同기획처장 1994년 한국과학기술한림원 정회원(현) 1994년 전국대학기획처장협의회 부회장 1998년 대한화학회 물리화학분과 회장 1999년 同교육홍보위원장 1999년 인하대 자연과학대학장 2001~2003년 同부총장 2005~2006년 대한화학회 학술위원회 위원장 2010년 한국과학기술한림원 정책연구센터 소장 2011년 인하대 자연과학대학 화학과 명예교수(현) 2011~2013년 한국과학기술한림원 총괄부원장 2012~2016년 아시아과학한림원연합회 사무총장 2013~2016년 한국과학기술한림원 이사 2014년 한국에너지기술연구원 비상임감사(현) 2016년 아시아과학한림원연합회(AASSA) 회장(현) [상]국방부장관상, 서울대총장상, 참모총장표창, 자랑스러운 서울인상(2009), 황조근정훈장(2010) [저]'대학화학' '일반화학' '일반화학실험' [역]'물리화학연습' '물리화학' '물리화학실험' '과학철학'

김유환(金裕煥) KIM Yoo Hwan

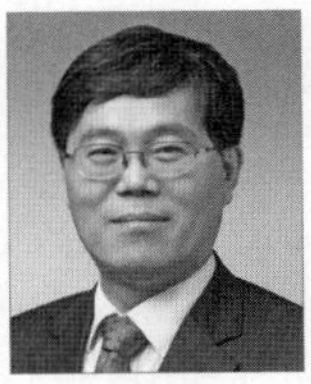

[생]1959·8·16 [본]일선(一善) [출]경북 경주 [주]서울 서대문구 이화여대길52 이화여자대학교 법학전문대학원(02-3277-3932) [학]1982년 서울대 법학과졸 1984년 同대학원졸 1992년 법학박사(서울대) [경]1988~1994년 한남대 법정대학 전임강사·조교수 1989~1994년 기독교윤리실천운동 대전실무책임자(대표) 1992~1994년 한남대 법정대학 법학과 학과장 1993~1994년 同법정대학 교학부장 1994~1999년 기독교윤리실천운동 기획위원 1994~2001년 중앙대 법과대학 조교수·부교수·교수 1995~2011년 경제정의실천시민연합 시민입법위원회 위원 1996~1998년 중앙대 법학과 학과장 겸 법과대학 교학부장 2000년 미국 Univ. of Washington 객원교수 2001년 이화여대 법과대학·법학전문대학원 교수(현) 2003~2004년 행정법이론실무학회 회장 2004년 미국 미시간대 객원교수 2004~2008년 대통령소속 규제개혁위원회 위원 2004년 이화여대 기획처 부처장 2005~2009년 법제처 법령해석심의위원회 위원 2006~2008년 한국개발연구원(KDI) 국제정책대학원대학교 갈등조정협상센터 자문위원 2006~2008년 행정자치부 정책자문위원회 위원(지방행정분과위원장) 2006~2011년 국제법률봉사기구 Advocates Korea 이사 2007~2008년 국방부 갈등관리위원회 위원 2007~2010년 사회복지법인 열매나눔재단 감사 2008~2010년 이화여대 학생처장 2008~2010년 同생활협동조합 이사장 2008년 한국행정연구원 객원연구위원 2009년 국방부 정책자문위원 2009년 지방자치법학회 부회장(현) 2010~2012년 감사원 행정심판위원회 위원 2011년 한국교육법학회 부회장(현) 2011년 경제정의실천시민연합 시민입법위원회 위원장 2011~2013년 법제처 국민법제관 2011~2013년 한국법제연구원 원장 2011~2015년 미국 세계인명사전 마르퀴즈 후즈후 등재 2012~2014년 세계입법학회(IAL) 이사 2013년 동아시아행정법학회 이사(현) 2015년 한국규제법학회 회장(현) 2015년 대학설립심사위원회 위원(현) 2016년 한국지방자치법학회 회장(현) 2016년 교육부 사학분쟁조정위원회 위원(현) [상]특허청 국제특허연수원 Best Teacher(1993), 한국공법학회 학술장려상(1996), 이화여대 강의우수교수상(2003), 대통령근정포장(2007) [저]'행정절차법 제정연구(共)'(1996, 법문사) '한국법의 이해(共)'(1996, 두성사) '지방자치법주해(共)'(2004, 박영사) '주석 행정소송법(共)'(2004, 박영사) '공공갈등관리의 이론과 기법(共)'(2005, 도서출판 논형) '공공갈등 : 소통, 대안 그리고 합의형성(共)'(2007, 르네상스) '國外行政立法的公衆參與制度(共)'(2008, 中國法制出版社) '행정법과 규제정책'(2012, 법문사) '행정법판례강의 제3판'(2016, 율곡출판사) '현대행정법강의'(2016, 법문사) [종]기독교

김　윤(金　潤) Youn KIM

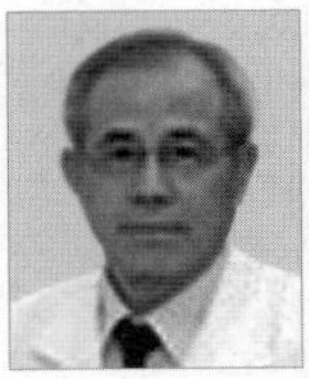

[생]1943·9·1 [본]경주(慶州) [출]충남 [주]충북 청주시 상당구 쇠내로16 효성병원(043-221-5000) [학]1961년 대전고졸 1964년 서울대 의대졸 1971년 同대학원졸 1977년 의학박사(서울대) [경]1968~1969년 서울대병원 인턴 1969~1973년 서울대병원 신경외과 전공의 수련·신경외과 전문의 취득 1973~1976년 육군 군의관 1976~2009년 충남대 의대 신경외과학교실 전임강사·조교수·부교수·교수 1985년 同의대 교무과장 1990년 충남대병원 병원교육연구실장 1993~1995년 同병원장 1995~2007년 충남도선거관리위원회 위원 1997~2000년 공군본부 의무자문관 1998년 충남대 신경외과장·주임교수 1998년 同신경외과장 겸 주임교수 2000년 군의무자문관(민주화운동관련 상이자의 장애등급판전 검진전문의) 2002~2005년 한국과학기술총연합회 대의원 2002~2003년 대한신경외과학회 회장, 同충청지회장(1~5대), 대한뇌혈관외과학회 운영위원(현) 2004~2006년 공군본부 의무자문관 2009년 충남대 의학전문대학원 명예교수(현) 2009년 효성병원 원장(현) 2011년 충북학교안전공제회 이사(현)

김　윤(金　鈗) KIM YOON

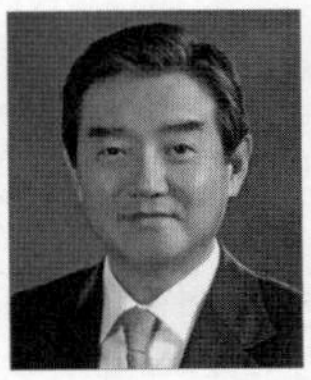

[생]1953·2·24 [본]울산(蔚山) [출]부산 [주]서울 종로구 종로33길31 (주)삼양홀딩스 회장실(02-740-7063) [학]1971년 경복고졸 1979년 고려대 경영학과졸 1983년 미국 몬터레이국제연구학교 경영전문대학원졸(MBA) [경]1978~1981년 (주)반도상사 근무 1983~1985년 미국 Louis Dreyfus Co. 근무 1985년 (주)삼양사 입사 1989년 同이사 1991년 同상무이사 1993년 同대표이사 전무 1995년 同대표이사 부사장 1996년 同대표이사 사장 1998~2012년 (주)경방 사외이사 1999~2004년 (주)신도리코 사외이사 2000년 (주)삼양사 대표이사 부회장 2001년 전국경제인연합회 부회장(현) 2003년 한국능률협회 부회장(현) 2004년 한국경영자총협회 부회장(현) 2004~2011년 (주)삼양사 대표이사 회장 2005~2014년 한일경제협회 부회장 2009년 한국메세나협의회 부회장(현) 2011년 (주)삼양홀딩스 대표이사 회장(현) 2012년 BIAC(Business and Industry Advisory Committee to the OECD) 한국위원회 위원장(현) 2014년 한일경제협회 회장(현) 2014년 한일산업기술협력재단 이사장(현) 2014년 청소년희망재단 이사장(현) [상]제1회 한국을 빛낸 CEO(2005), 금탑산업훈장(2007), 제45회 한국의 경영자상(2013) [종]불교

김　윤(金　潤) Kim Yun

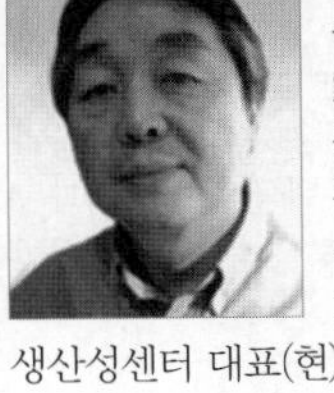

[생]1954·10·12 [본]전주(全州) [출]서울 [주]서울 마포구 토정로254 사무센터4층 사무생산성센터(02-704-2172) [학]1972년 서울고졸 1978년 서울대 문리대학졸 1986년 미국 서던캘리포니아대 아넨버그대학원 커뮤니케이션과졸 [경]1978~1980년 (주)삼양사 홍보실 근무 1986~1987년 미국 마이크로인포사 컨설턴트 1988~1990년 한국표준협회 전임컨설턴트 1990년 사무생산성센터 대표(현) [종]가톨릭

김윤경(金允經) Kim, Yoon-Kyung

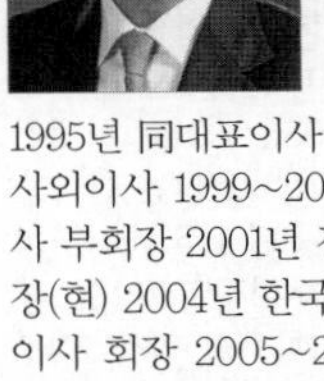

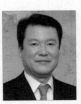

[생]1965·9·9 [본]경주(慶州) [출]충남 공주 [주]세종특별자치시 갈매로477 기획재정부 국제금융협력국(044-215-8700) [학]1984년 충남고졸 1988년 서울대 경제학과졸 1991년 同행정대학원 행정학과졸 [경]행정고시 합격(33회) 1994년 재무부 국제금융국 국제금융과 사무관 1994년 재정경제원 금융정책실 외화자금과 사무관 2001년 재정경제부 국제금융국 국제금융과 서기관 2006년 同재정기획과장 2007년 同국제금융국 금융협력과장 2008년 기획재정부 예산실 행정예산과장 2009년 同국제금융국 국제금융과장 2010~2011년 대통령직속 G20정상회의준비위원회 대변인(부이사관) 2011~2012년 외교안보연구원 파견(부이사관) 2012년 기획재정부 국제금융협력국 국제금융협력기획관 2013년 고용휴직(국장급) 2015년 기획재정부 국제금융정책국 국제금융심의관 2016년 同국제금융협력국장(현) [상]근정포장(2010)

김윤곤(金潤坤) Youn-Gon, Kim

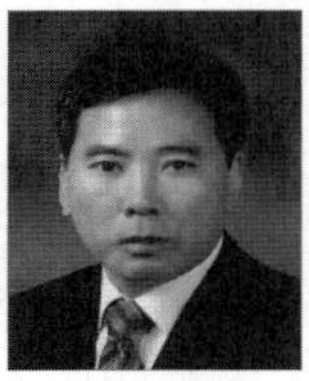

[생]1960 · 5 · 23 [본]청도(淸道) [출]전북 고창 [주]광주 서구 내방로111 광주광역시의회 사무처(062-613-5140) [학]1979년 전남고졸 1985년 전남대 행정학과졸 [경]2006~2010년 진실 · 화해를위한과거사정리위원회 집단희생조사국 조사팀장 2012년 광주시의회 사무처 입법정책담당관(현)

김윤광(金潤光) KIM Yoon Kwang (仁石)

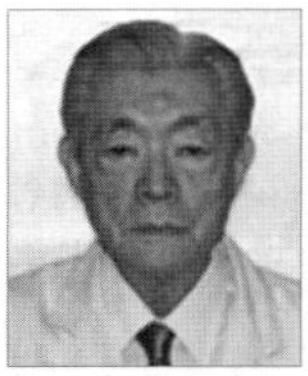

[생]1921 · 1 · 12 [본]진주(晉州) [출]평남 순천 [주]서울 영등포구 여의대방로53길22 성애의료재단 회장실(02-840-7106) [학]1943년 평양제3공립중졸 1949년 평양의대졸 1968년 의학박사(우석의대) [경]1949년 평양의대 연구원 1951년 유엔 제8240부대 타이거여단 병원장 1954~1957년 육군 논산훈련소 의료행정장교, 중위 전역 1957년 논산성애의원 개원 1965년 수도의대 병리학연구원 1968년 서울성애의원 개원 1982~2011년 성애의료재단 이사장 1986년 고려대 가정의학과 외래교수 1990~2011년 광명의료재단 이사장 1990년 북방권교류협의회 부총재 1995년 한 · 몽골교류협회 부회장 1997~2001년 서울시 영등포구 공직자윤리위원회 위원장 1997년 윤혜복지재단 이사장, 同명예회장 1999년 몽골복지재단 사랑의재단 명예회원(외국인 1호) 2000~2011년 대한병원협회 윤리위원장 2002년 駐韓몽골 인천 · 광명 명예영사(현) 2002~2005년 민주평통 영등포구협의회 수석부회장 2010년 서울 영등포구 명예구청장(현) 2011년 성애의료재단 회장(현) [상]대통령표창(1983 · 1993 · 1997), 대한병원협회 중외박애상(1997), 국민훈장 모란장(1999), 몽골 친선훈장(1999), 수교훈장 흥인장(2001), 몽골 북극성훈장(2004), 국민훈장 무궁화장(2010) [저]'오직 감사할 뿐입니다'(2000) '발전하는 몽골유목민'(2008, 우진애드컴)

김윤규(金潤圭) KIM Yoon Kyu

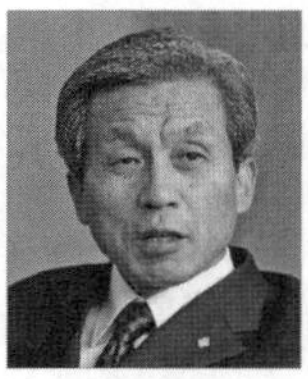

[생]1944 · 4 · 15 [출]서울 [주]서울 강남구 논현로71길6 영신빌딩4층 (주)아천글로벌코퍼레이션 임원실(02-554-0356) [학]1962년 성동공고졸 1969년 서울대 공대 기계학과졸 2004년 명예 경영학박사(한성대) [경]1969년 현대건설(주) 입사 1983년 同이사 1984년 同상무이사 1989년 同전무이사 1993년 同부사장 1997년 대한배구협회 부회장 1998년 현대 남북경협사업단장 1998~2001년 현대건설(주) 대표이사 1999~2005년 현대아산(주) 대표이사 사장 1999년 한국능률협회 부회장 1999~2001년 한국건설CALS협회 회장 1999년 한국엔지니어클럽 부회장 1999년 한국건설경제협의회 부회장 2000년 대한상공회의소 부회장 2000년 대한건설협회 부회장 2000년 현대건설(주) 이사회 의장 2003년 현대여자농구단 구단주 2003~2006년 한국공학한림원 이사 2005년 현대아산(주) 대표이사 부회장 2005년 同부회장 2005~2007년 민주평통 서울지역 부의장 2005~2007년 同서울평화통일포럼 대표 2006년 (주)아천글로벌코퍼레이션 회장(현) 2007년 샤인시스템 이사회 의장 [상]금탑 · 석탑 · 동탑산업훈장, 국무총리표창, 대통령표창, 예원 통일문화 화해협력대상

김윤규(金允圭) KIM Yoon Kyoo

[생]1961 · 5 · 27 [주]서울 중구 덕수궁길15 서울특별시청 서소문별관 재무국 세무과(02-2133-3381) [학]1980년 부산사대부고졸 1986년 부산대 경제학과졸 1990년 서울대 대학원 행정학과졸 1997 미국 Univ. of Denver 부동산 및 건설관리 수료 [경]1990년 서울시교육청 근무 2004년 서울시 마케팅담당관 2007년 同경쟁력강화본부 생활경제담당관 2009년 同주택국 주택정책과장 2010년 同주택본부 주택정책과장 2012년 同한강사업본부 총무부장 2013년 同행정국 서기관 2014년 同재무국 세무과장(현)

김윤근(金允根) KIM Yoon Keun

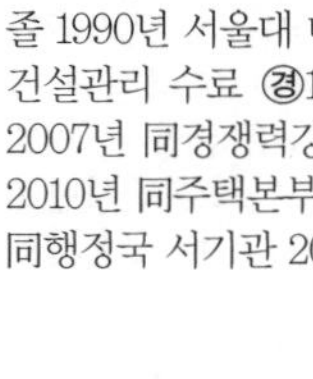

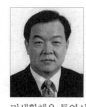

[생]1959 · 10 · 15 [출]경남 통영 [주]경남 창원시 의창구 상남로290 경상남도의회(055-211-7000) [학]1979년 국립통영수산전문대학 기관학과졸 2005년 경상대 해양과학대학 해양생물이용학부졸, 同경영대학원 경영학과졸 [경]1991년 경남어업인후계자협의회 사무처장 1993년 통영 · 고성지역발전연구소 사무국장 1996~2000년 신한국당 · 한나라당 통영 · 고성지구당 청년부장 1999년 국민생활체육 통영시배구연합회 회장 2002 · 2006 · 2010년 경남도의회 의원(한나라당 · 새누리당) 2004년 同농수산위원회 위원장 2006~2008년 同건설소방위원회 위원장, 통영시생활체육회 회장 2010년 경남도의회 농해양수산위원회 위원 2014년 경남도의회 의원(새누리당)(현) 2014~2016년 同의장 2014~2016년 전국시 · 도의회의장협의회 부회장 2016년 경남도의회 남부내륙철도조기건설을위한특별위원회 위원(현) 2016년 同농해양수산위원회 위원(현) [상]농림수산부장관표창, 경남도지사표창, (사)전국지역신문협회 광역의원부문 의정대상(2015) [종]불교

김윤근(金潤根) Yoon-Keun, Kim

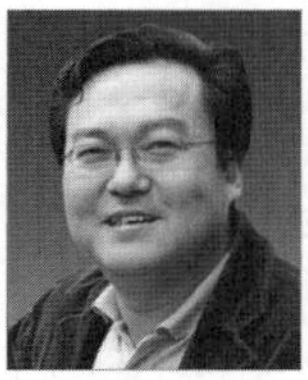

[생]1963 · 2 · 1 [주]서울 양천구 안양천로1071 이대목동병원(02-2650-2946) [학]1987년 서울대 의대졸 1995년 同대학원 의학석사 1997년 의학박사(서울대) [경]1987년 대한나관리협회 제주지부 공중보건의 1990년 서울대병원 인턴 1991년 同내과 전공의 1995년 同전임의 1997년 서울대 의학연구원 알레르기 및 임상면역연구소 연구원 1999~2005년 同의과대학 내과학교실 조교수 · 부교수 2000년 대한천식 및 알레르기학회 간행위원 2002~2003년 미국 예일대 Visiting Professor 2006~2014년 포항공대 생명과학과 교수 2014~2015년 이화여대의료원 이화융합의학연구원장 2014~2015년 同연구중심병원추진단장 2014년 이화여대 의학전문대학원 의학과 임상교수(현)

김윤덕(金胤德 · 女) KIM Yun Duk (素泉)

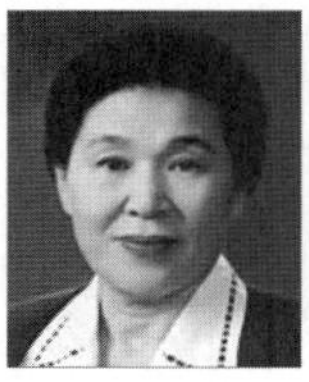

[생]1936 · 7 · 15 [본]김해(金海) [출]전남 신안 [학]1956년 목포여고졸 1964년 성균관대 법률학과졸 1966년 同대학원 법학과졸 [경]1963년 민정당 부녀부 차장 1967년 신민당 부녀부장 1971년 同부녀국장 1971년 제8대 국회의원(전국구, 신민당) 1971~1980년 제8 · 9 · 10대 국회 보건사회위원회 간사 1973년 제9대 국회의원(나주 · 광산, 신민당) 1973년 소비자문제연구소장 1974년 신민당 복지위원장 1974년 한국적십자사 조직위원장 1976년 공연윤리위원회 부위원장 1979년 제10대 국회의원(나주 · 광산, 신민당) 1980~1994년 한국부인회 이사 · 이사장 1984년 민한당 당무위원 1985년 생활문화연구원 원장 1987년 민정당 국책평가위원 1989~1992년 한국여성개발원 원장 1991년 사랑의장기기증운동본부 총재 1992~1998년 한국여성지도자협의회 회장 1992년 인간교육개발원 이사장 1993년 민자당 당무위원 1995년 광주사건보상위원회 위원 1996~1997년 정무제2장관 1996년 한국장애인단체총연합회 명예회장 1997~1998년 국민신당 최고위원 1998년 국민회의 지도위원 1998~2015년 한국여성지도자연합 총재 1998년 한국문화포럼 고문 [상]황조근정훈장, 대한민국무궁화대상 장한어머니부문(2008) [저]'농촌가정의 자녀교육' [종]기독교

김윤덕(金潤德) KIM Youn Duck

[생]1961 · 4 · 17 [출]강원 춘천 [주]경기 용인시 수지구 디지털벨리로81 디지털스퀘어6층 (주)다우기술 비서실(070-8707-1000) [학]1980년 배문고졸 1984년 중앙대 컴퓨터공학과졸 1986년 同대학원 컴퓨터공학과졸 [경](주)다우기술 영업부문 상무이사, 同전무 2013년 同부사장 2015년 同대표이사 부사장(현)

김윤덕(金潤德) KIM Yun Duk

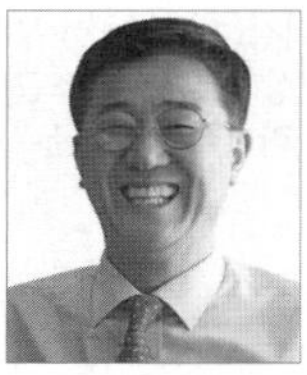

[생]1966 · 5 · 23 [출]전북 부안 [주]전북 전주시 완산구 홍산로269 더불어민주당 전북도당(063-236-2161) [학]1984년 전주 동암고졸 1993년 전북대 상대 회계학과졸 [경]1998년 한국청년단체협의회 전북의장 2000년 한국청년연합회 전주지부장 2000년 시민행동21 공동대표 2003년 개혁국민정당 전주완산지구당 위원장 2003년 전북지역개혁신당연대회의 공동대표 · 대변인 2003년 시민행동21 자문위원 2003년 참여시민전주비전연구소 대표 2003년 열린우리당 전북도지부 정책위원 2006~2010년 전북도의회 의원(열린우리당 · 통합민주당 · 민주당), 노무현재단 기획위원(현) 2008년 전주시통합배구연합회 회장, 더좋은민주주의연구소 부소장 2010년 전북도경제통상진흥원 원장 2012~2016년 제19대 국회의원(전주 완산甲, 민주통합당 · 민주당 · 새정치민주연합 · 더불어민주당) 2012년 국회 문화관광산업연구포럼 책임연구위원 2013년 더좋은민주주의연구소 소장(현) 2013년 국회 교육문화체육관광위원회 위원 2013년 국회 예산결산특별위원회 위원 2013년 전북대동창회 장기발전위원장(현) 2014년 국회 국토교통위원회 위원 2014년 새정치민주연합 원내부대표 2014~2015년 同정치혁신실천위원회 위원 2015년 국회 정치개혁특별위원회 위원 2016년 더불어민주당 전북도당 총선기획단장 2016년 同전북전주시甲지역위원회 위원장(현) 2016년 제20대 국회의원선거 출마(전북 전주시甲, 더불어민주당) 2016년 더불어민주당 조직강화특별위원회 위원 2016년 더불어포럼 대표(현) 2016년 전주 민들레학교(대안학교) 교장(현) [상]전국소상공인단체연합회 초정대상(2013), 유권자시민행동 대한민국유권자대상(2015) [저]'한옥마을에서 본 한류'(2013, 삶과지식) [종]기독교

김윤모(金允模) KIM Yoon Mo

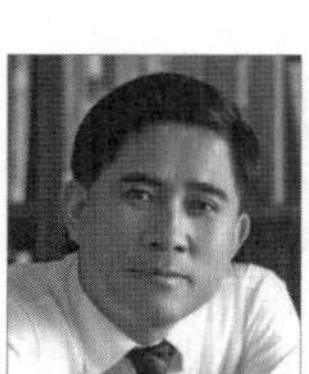

[생]1959 · 10 · 12 [출]부산 [주]서울 송파구 정의로8길 9 6층 AJ캐피탈파트너스(주) 대표이사실(02-6240-0483) [학]1978년 대동고졸 1983년 고려대 통계학과졸 2003년 미국 하와이대 HELP과정 수료 2004년 미국 보스턴대 대학원 경영학과졸 [경]1983~1984년 조흥은행 수출입업무 1984~1989년 한미은행 신탁부 · 영업부 근무 1998~1999년 하나은행 종합기획부 구포지점장 1999~2000년 하나증권(주) 기업금융팀장 2000~2002년 同이사

2002~2004년 同투자은행본부장(상무) 2004년 同상무 2007년 HFG IB증권 상무 2008년 하나IB증권(주) 자본시장본부장(전무) 2008년 리딩투자증권 투자은행(IB)부문 대표(부사장) 2009~2011년 솔로몬투자증권 대표이사 사장 2012년 KTB프라이빗에쿼티 부회장 2013년 同고문 2014~2015년 AJ인베스트먼트파트너스(주) 대표이사 2015년 AJ캐피탈파트너스(주) 대표이사(현)

김윤배(金允培) KIM Yoon Bae (羅軒)

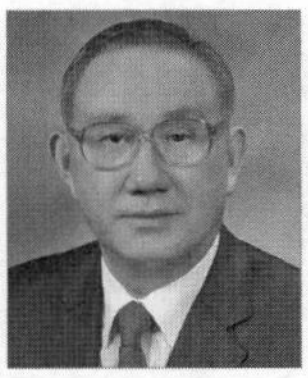

[생]1943 · 5 · 29 [본]김해(金海) [출]충남 보령 [주]서울 종로구 우정국로68 동덕빌딩8층 세한국제특허법률사무소(02-733-9991) [학]1966년 서울대 농업생명과학대학 농공학과졸 1974년 同환경대학원 환경계획학과졸 2007년 同국제대학원 GLP과정 수료 [경]1964년 서울대 향토개척단장 1965~1968년 육군 보병사단 보병대대 소총소대장 · 중화기중대 부중대장 · 보병대대 군수참모장교 · 보병대대 중대장 1968~1971년 동아건설(주) · 토지개량 조합연합회 · 농업진흥공사 근무 1969~1973년 원자력청 · 상공부특허국 · 과학기술처 행정수습 1971년 변리사시험 합격(10회) 1973년 세한국제특허법률사무소(Kims and Lees) 대표변리사(현) 1975~2000년 대한상공회의소 산업재산권 상담역 1985년 대한상사중재원 중재인(현) 1985~2000년 한국상품모조방지위원회 부위원장 1987~1997년 특허청 부정경쟁심의위원 1987~1992년 과학기술처 컴퓨터프로그램 심의위원 1988~1990년 대한변리사회 부회장 1990~1996년 한국국제산업재산권보호협회(AIPPI KOREA) 회장 1993~2003년 아세아변리사회 국제본부 상품모조방지위원장 1994~1997년 국제라이센싱협회 국제본부 특허기술라이센싱위원장 1996~2002년 한국라이센싱협회(LES-KOREA) 회장 2000~2001년 국제라이센싱협회(LES International Inc.) 집행임원 겸 부회장 2001~2004년 同Pan Asian Committee 위원장 2002~2009년 한국국제지적재산권보호협회(AIPPI KOREA) 회장 2006년 국제라이센싱협회(LES International Inc.) 서울총회 조직위원장 2008년 AIPPI 제43차 서울 · 인천총회(World Intellectual Property Congress) 조직위원회 위원장 2008~2010년 국제지적재산권보호협회(AIPPI INTERNATIONAL) 부회장 2010~2012년 同회장 2013~2014년 (사)한국산업보안연구학회 회장 [상]서울대 상록문화상(1965), AIPPI AWARD OF MERIT(1997, Vienna), Licensing Executive Society International Award of Achievement(2004, Boston), 아시아변리사협회 공로상(APAA Enduring Award)(2011, Manila), AIPPI Award of member of honour(2013, Helsinki) [저]'특허관리' '공업소유권 용어해설집' '특허전담부서 업무지침서' '지적소유권 상담사례집' '지적재산관리' '기업비밀보호대책 실무지침서' 'Current Trends in Counterfeiting Practices and Intellectual Property System in Korea'(영문판) '기업내지적재산 관리실무' '영업비밀보호사례집'(1996, 대한상공회의소) '세계 212개국에 대한 상표등록 가이드'(2004, 한국무역협회) 'THE INDUSTRIALIZATION OF KOREA (1962 TO 2002) FROM THE PATENTING AND LICENSING PERSPECTIVE(영문판)'(2006, JOHN WILEY & SONS, INC. New York) '글로벌 시대의 지식자산과 정보전쟁'(2007, 집문당) '세계 219개국에 대한 상표등록가이드'(2010, 집문당) '산업보안학(共)'(2011, 박영사)

김윤배(金潤培) KIM Yoon Bae (禾川)

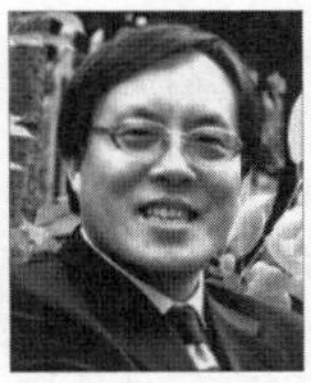

[생]1955 · 12 · 23 [본]도강(道康) [출]전남 강진 [주]경기 포천시 호국로1007 대진대학교 예술대학 디자인학부(031-539-2050) [학]1974년 목포상고졸 1985년 홍익대 시각디자인학과졸 1988년 同대학원졸 1995년 호주 RMIT Univ. 산업디자인학과 수료 2004년 미술학박사(홍익대 대학원 시각디자인전공졸) [경]1985년 디자인303 제작실장 1986년 경기도 문화공보실 홍보사무관 1987~1990년 서울시 올림픽기획단 전문위원 1990~1994년 한국국제협력단 홍보실장 1994~1997년 초당대 산업디자인학과 조교수 1997년 대진대 예술대학 디자인학부 교수(현) 1997년 同디자인학부장 1998년 경기북부상공회의소 산업디자인연구소장 1999년 하남국제환경박람회 전문위원 2000~2004년 대한민국산업디자인전람회 초대작가 2000년 대한민국미술대전 심사위원장 2003~2006년 대진대 예술대학장 2004년 교육인적자원부 미술교과서교육과정 자문위원 2004년 한국조형예술학회 부회장 2004년 대한민국디자인대전 초대디자이너 2005년 대한민국산업디자인전 심사위원, 한국시각정보디자인협회 부회장 2007년 홍익커뮤니케이션디자인포럼 회장 · 명예회장 2007~2010년 대진대 산학능력개발원장 2010~2013년 한국미술협회 부이사장 2010 · 2011 · 2014년 대한민국미술대전 운영위원 겸 심사위원 2011년 대진대 대진혁신디자인센터장(현) 2012~2014년 同문화예술전문대학원장 겸 예술대학장 2013~2015년 (사)한국융복합산업협회 회장 2015년 한국상품문화디자인학회 회장(현) [상]중소기업진흥공단이사장표창, 대한민국문화콘텐츠대전 은상, 체육부장관표창, 대진대 이사장상, 대진대 총장상(3회), 한국노동교육원장표창, 경기산업디자인협회 감사패(2회), 국무총리표창(2014) [저]7차 교육과정 고등학교 교과서 '미술과 생활' '컴퓨터 그래픽 실무' '시각이미지 읽고 쓰기'(미담북스) '디자인 발상 이론과 실제(共)'(2011, 태학원) [작]'김윤배꽃그림전' '개인전 2회' '대한민국산업디자인전' 등 단체전 200회 출품

김윤배(金倫培) KIM Yun Bae

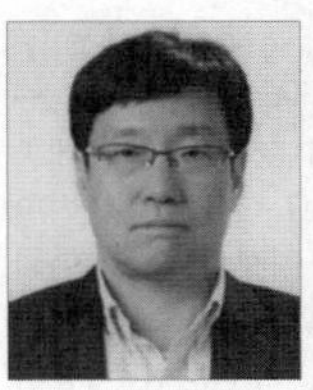

[생]1959 · 6 · 14 [주]경기 수원시 장안구 서부로2066 성균관대학교 시스템경영공학과(031-290-7600) [학]1982년 성균관대 산업공학과졸 1987년 미국 플로리다대 대학원 산업공학과졸 1990년 미국 랜실레어폴리테크닉대 대학원 제조공학과졸 1992년 공학박사(미국 랜실레어폴리테크닉대) [경]1983~1984년 (주)포항종합제철 시스템개발실 기간직사원 1992~1993년 미국 New Mexico Tech. 수학과 조교수 1993~1995년 한국통신연구개발원 통신망연구소 선임연구원 1995~2003년 성균관대 산업공학과 조교수 · 부교수 2001년 한국과학기술원 테크노경영대학원 교환교수 2001~2002년 미국 RPI 교환교수 2004년 성균관대 시스템경영공학과 교수(현) 2005~2006년 同시스템경영공학과정 2006년 同기숙사 학사장 2013~2015년 한국시뮬레이션학회 회장 2015년 同고문(현) 2016년 성균관대 학사처장 겸 식물원장(현)

김윤배(金潤培) Kim Yoon Bae

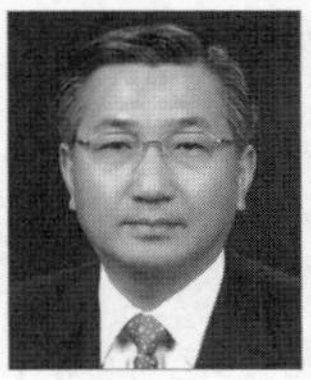

[생]1959 · 7 · 23 [출]충북 청주 [주]충북 청주시 상당구 상당로143번길16 학교법인 청석학원(043-256-6681) [학]1978년 청주고졸 1982년 고려대 정치외교학과졸 1987년 청주대 대학원졸 1995년 정치학박사(영국 HULL대) [경]2001~2014년 청주대 총장 2002년 학교법인 청석학원 이사(현) 2002년 충북개발연구원 이사 2003년 한국국제정치학회 명예이사(현) 2003년 충북도체육회 부회장(현) 2003년 충북테크노파크 이사(현) 2004년 국제PTP 세계본부 이사 2007년 대한적십자사 충북지사 상임위원 2008년 한국정치학회 명예이사(현) 2008년 충북장애인체육회 부회장 2010년 통일교육위원협의회 위원 2010년 同충북협의회장 2012년 공군 정책발전자문위원 2012~2014년 충북지역총장협의회 회장 2012년 한국대학교육협의회 이사 2013~2014년 한국사립대학총장협의회 부회장 [저]'Towards Korean Reunification : Historical Background and Political Realities'(1995) 'Peace Building on the Korean Peninsula and the New World Order'(2005) [종]불교

김윤상(金潤相) Yoon Sang Kim

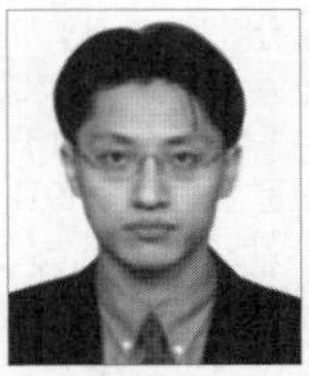

[생]1969 · 12 · 28 [출]부산 [주]세종특별자치시 갈매로477 기획재정부 인사과(044-215-2252) [학]서울대 경영학과졸, 同행정대학원 행정학과졸, 경제학박사(미국 미시간주립대) [경]2002년 기획예산처 제도관리과 서기관 2003년 同투자관리과 서기관 2005년 국가인적자원위원회 준비반 파견 2005년 공공기관지방이전추진단 파견(과장급) 2006년 기획예산처 민자사업지원팀장 2007년 재정경제부 경제협력국 개발협력과장 2008년 기획재정부 예산실 지역예산과장 2009~2011년 駐유엔대표부 주재관 2011년 기획재정부 재정정책국 재정제도과장 2012년 同경제예산심의관실 지식경제예산과장 2013년 同복지예산과장 2014년 同예산정책과장 2015년 同예산총괄과장(부이사관) 2016년 한국외국어대 교육파견 2016년 駐미국 주재관(부이사관)(현)

김윤석(金銳錫) Yoon-Suk Kim

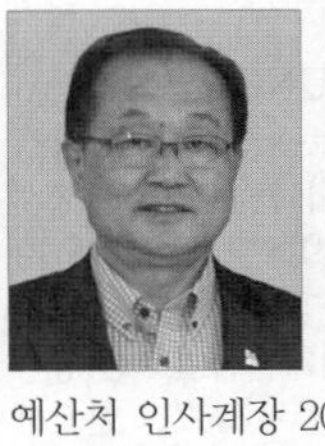

[생]1953 · 1 · 10 [출]전남 해남 [주]광주 동구 천변우로369 대원빌딩 2015광주하계유니버시아드대회 조직위원회(062-616-3114) [학]1973년 검정고시 합격 1977년 한국방송통신대 행정학과졸 2004년 미국 Stanford Univ. 연수 [경]1980년 7급 공채시험 합격 1981~1994년 경제기획원 예산실 · 물가정책국 근무 1994~1998년 재정경제원 금융정책실 은행제도과 · 보험제도과 근무 1998년 기획예산처 인사계장 2000년 同2010EXPO유치기획팀장 2002년 同행정기금과장 2003년 同기획예산담당관 2003년 국외직무훈련(미국 스탠포드대) 2005년 기획예산처 산하기관정책과장 2006년 同재정감사기획관 2007년 同홍보관리관 2007년 同재정정책기획관 2007년 광주시 정무부시장 2008~2010년 同경제(정무)부시장 2009년 2015광주하계유니버시아드유치위원회 사무총장 2009~2016년 대한체육회(KOC) 국제위원회 위원 2010년 2015광주하계유니버시아드조직위원회 사무총장(현) [상]녹조근정훈장(1999), 한국체육기자연맹 공로상(2016)

김윤석(金允錫) Kim Yoon Seok

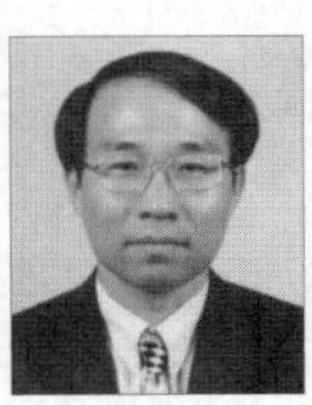

[생]1966 · 4 · 1 [출]충북 단양 [주]서울 용산구 이태원로22 국방부 駐韓미군기지이전사업단 기획지원부(1577-9090) [학]제천고졸, 청주대 행정학과졸 [경]행정고시 합격(33회) 2012년 국방부 기획조정관 2013년 同계획예산관 2015년 同보건복지관 2016년 同駐韓미군기지이전사업단 기획지원부장(현)

김윤선(金允善) KIM Yoon Sun (卓良)

⊛1927 · 2 · 9 ⊛경주(慶州) ⊜함남 함흥 ㈜서울 종로구 평창문화로27 비전빌딩1층 범한서적 회장실(02-733-2011) ⊛1945년 함남중졸 1954년 한양대 공대졸 1968년 성균관대 경영행정대학원 수료 ⊛1955년 범한서적상사 대표 1958년 범한서적 대표이사 1979년 한국도서관협회 이사 1984년 한국외서협회 회장 2005년 범한서적(주) 회장(현) ⊛서울시장표창, 국민훈장 석류장 ⊛기독교

김윤섭

⊛1958 ⊜전북 정읍 ㈜전북 장수군 장수읍 호비로10 장수군청 부군수실(063-350-2205) ⊛1976년 전북 정읍 농고 축산학과졸 1995년 대졸(농학사) ⊛1978~1983년 정읍시 근무 1983~2004년 전라북도 농정부서 근무 2004년 同전북투자유치사무소 정책팀장 2005~2006년 익산시 성당면장 · 농산과장 2006년 전북도 농업정책과 농업경영담당 사무관 2009년 同농산유통과 친환경농업담당 사무관 2010년 同의회사무처 산업경제전문위원(서기관) 2013년 지방행정연수원 교육 파견 2014년 전북도 농업정책과장 2016년 전부 장수군 부군수(현)

김윤섭(金倫燮) KIM Yoon Sup

⊛1961 · 7 · 13 ⊜전북 완주 ㈜서울 마포구 상암산로76 YTN 마케팅국(02-398-8000) ⊛전북대 법대 행정학과졸, 연세대 언론홍보대학원 수료 ⊛1987년 서울광고 매체국 전파팀장 1994년 YTN 광고사업국 운행팀장 1997년 同마케팅1부 차장 2003년 同미디어국 매체관리팀장(부장대우) 2005년 同마케팅1부장 2008년 同마케팅국 마케팅1팀장(부국장대우) 2010년 同마케팅국 마케팅기획팀장 2013년 同총무국장(국장대우) 2015년 同마케팅국장(현) ⊛문화관광부장관표창(2003) ⊛기독교

김윤성(金潤成) KIM Yoon Soung (閑石)

⊛1926 · 3 · 24 ⊛안동(安東) ⊜서울 ㈜서울 서초구 반포대로37길59 대한민국예술원(02-3479-7223) ⊛1938년 계성보통학교졸 ⊛1948년 교통부 장관비서 1949년 서울신문 출판월간부 차장 1957년 연합신문 문화부장 1959년 성심여고 교사 1961년 재건국민운동본부 편수과장 1965년 어문각 출판부장 1970년 경향신문 출판국장 1971년 한국문인협회 상임이사 1974년 대한공론 '새마을' 주간 1981~1983년 한국예술문화단체총연합회 부회장 1981년 대한민국예술원 회원(시부문 · 현) 1981~1984년 '현대문학' 주간 1983~1986년 한국문인협회 부이사장 1986년 월간 '문학정신' 주간 1990~1995년 대한민국예술원 문학분과 회장 ⊛한국문학가협회상(1955), 월탄문학상(1970), 새마을훈장(1975), 대한민국예술원상(1980), 대한민국 문화예술상(1981), 민족문학상(1995), 보관문화훈장(1996), 청마문학상(2001) ⊛'제2의 운명'(1953) '계절의 문학'(1959) '사랑이 지나간 상처'(1965) '적과 흑(스탕달)'(1971) '그리이스 로마신화'(1977) ⊛시집 '바다가 보이는 산길' '예감' '애가' '자화상' '돌의 계절' '돌아가는 길' '깨어나지 않는 꿈' '저녁노을' '김윤성 시선' '바다와 나무와 돌' '영원한 되풀이' 등

김윤성(金胤成) KIM YOON SUNG

⊛1959 · 11 · 12 ⊜서울 ㈜서울 종로구 종로33 동양생명보험(주) 임원실(1577-1004) ⊛서라벌고졸, 연세대 수학과졸 ⊛동양생명보험(주) 입사 1997년 同계리팀 차장 2000년 同상품개발부장 2003년 同마케팅전략팀장 2004년 同CM영업팀장 2005년 同신채널사업부장(상무보) 2007~2012년 同경영기획담당 상무 2007년 한국보험계리사회 이사(현) 2012년 동양생명보험(주) CS본부장(전무)(현)

김윤세(金侖世) Kim, Yoon-Se (鶴林)

⊛1955 · 6 · 2 ⊛언양(彦陽) ⊜충남 논산 ㈜경남 함양군 수동면 수동농곡길23의26 (주)인산가 임원실(055-963-9991) ⊛사서삼경 · 제자백가 독학 1980년 한국고전번역원 부설 고전번역교육원 연수부졸 1987년 同연구부졸 2000년 서울대 행정대학원 국가정책과정 수료 2001년 한국과학기술원 최고벤처경영자과정 수료 2002년 同최고정보경영자과정 수료 2006년 전주대 문화경영아카데미 수료 ⊛1981~1989년 佛敎신문 편집부 기자 · 차장 1987년 세계 최초 죽염제조업체 (주)인산가 대표이사 회장(현) 1991~1993년 월간 시사종합지 '時事春秋' 발행인 겸 편집인 1995년 월간 '신토불이건강' 발행인 겸 편집인 1995년 월간 '인산의학' 발행인 겸 편집인(현) 1997~2011년 한국죽염공업협동조합 이사장 2002~2006년 함양군상공협의회 회장 2004~2012년 전주대 대체의학대학 객원교수 2005~2006년 민중의술살리기 부산 ·

울산 · 경남연합 회장 2007년 주간 '함양신문' 회장(현) 2011~2014년 (사)거창 · 합천 · 함양 범죄피해자지원센터 이사장 2012년 지식경제부 · 한국표준협회 주관 명품창출CEO포럼 부회장 2012년 경남벤처산업협회 부회장, 경남벤처기업협회 부회장(현) 2012년 국민생활체육회 이사(현) 2012년 광주대 대체의학과 교수 2013년 산업통상자원부 · 한국표준협회 주관 명품창출CEO포럼 부회장(현) 2014~2016년 광주대 생명건강과학과 교수 2016년 국민건강연대 공동대표(현) 2016년 전주대 대체의학대학원 객원교수(현) ⊛불교출판문화상(1991), 문화관광부장관표창(2002), 한국표준협회 중소기업부문 신기술으뜸상 최우수상(2003), 지식경제부장관표창(2011), 한국신지식인협회 신지식경영인대상(2011), 검찰총장표창(2011), 미래지식경영원 한국재능나눔대상(2012), 벤처산업발전유공 지식경제부장관표창(2012), 법무부장관표창(2012), 미래지식경영원 대한민국창조경영인상(2013), 한국창조경영인협회 2015신창조인 선정(2015) ⊛'죽염요법' '김윤세의 신토불이 건강' '병 주는 별 약주는 별' '仁山쑥뜸요법' '心身건강 천자문' '마음밭에 道의 꽃 피던 날' '한 생각이 癌을 물리친다' '내 안의 의사를 깨워라' ⊛'東師列傳' ⊛불교

김윤수(金潤洙) KIM Yoon Soo

⊛1936 · 2 · 11 ⊛김해(金海) ⊜경북 영일 ㈜경북 경산시 대학로280 영남대학교(053-810-3319) ⊛1955년 경북고졸 1961년 서울대 문리대 미학과졸 1966년 同대학원 미학과졸 ⊛1966~1976년 효성여대 · 대구대 · 서울대 강사 1973~1976년 이화여대 전임강사 1978~1981년 '창작과 비평' 편집위원 1979~1980년 영남대 사범대 부교수 1980~1987 · 1993 · 1998년 중앙미술대전 심사위원 1981~1982년 서울미술관장 1983~1998년 '창작과 비평' 발행인 겸 대표 1984~2001년 영남대 미대 회화과 교수 1988년 민족예술인총연합 공동의장 1989~1991년 영남대 미대학장 1992년 同교무처장 1993~1995년 민주평통 상임위원 1995년 전국민족미술인연합 의장 1999~2003년 문화개혁시민연대 공동대표 1999~2003년 창작과비평사 대표이사 회장 2000~2004년 한국민족예술인총연합 이사장 2001년 영남대 명예교수(현) 2002년 광주비엔날레 UNESCO상 심사위원장 2003년 베이징비엔날레 한국미술특별전 조직 2003년 대만판화비엔날레 심사위원 2003~2008년 국립현대미술관장 2004년 중국심천수묵비엔날레 운영위원 2005년 문화재청 문화재위원 2011~2013년 '희망2013 승리2012 원탁회의' 멤버, (주)창비 발행인 ⊛프랑스정부 문화예술공로훈장(2010) ⊛'한국현대회화사' ⊛'현대회화의 역사'

김윤수(金潤秀) KIM Yoon Soo

⊛1941 · 8 · 20 ⊜서울 ㈜서울 영등포구 영등포로358 서울대운병원(02-841-0876) ⊛1961년 서울고졸 1967년 고려대 의대졸 1970년 同대학원 의학석사 1975년 同의학박사(고려대) ⊛1979년 서울정형외과 원장 1987년 서울대운병원 원장(현) 1996년 대한골절학회 부회장 1998~1999년 서울지검 의료자문위원 1999년 대한정형외과개원의협의회 회장 2000년 대한병원협회 홍보위원장 2004~2007년 고려대 의대 교우회장 2008~2012년 서울시병원회 회장 2012~2014년 대한병원협회 회장 2015년 同명예회장(현) 2016년 아시아병원연맹(AHF) 회장(현) ⊛대통령표창(1995)

김윤수(金允洙) KIM Yun Soo

⊛1946 · 7 · 9 ⊜제주 ⊛1961년 제주굿 사사 1981년 제주칠머리당굿 발표공연 1987년 제주칠머리당굿 이수생 1988년 서울올림픽 성화봉송맞이 공연 1995년 중요무형문화재 제71호 제주칠머리당영등굿(무가) 예능보유자 지정(현) 1996년 전국무용제 개막공연 1997년 광주비엔날레 무형문화재 축제공연 1998년 일본 오사카 공연 2001년 한라문화재민속놀이 걸궁심사위원 2002년 월드컵 문화행사 공연 2003년 탐라문화재 무형문화재공개행사 공연 ⊛한국예술문화단체총연합회 무가경창대회 장려상(1985), 한국민속예술경연대회 대통령상(1990), 전국민속경연대회 문화체육부장관표창(1994), 한라문화재 걸궁부문 지도 최우수상(2000), 제주도 신지식인(2001) ⊛불교

김윤수(金允壽) KIM Yoon Soo

⊛1947 · 10 · 10 ⊛청풍(淸風) ⊜서울 ㈜서울 영등포구 국제금융로10 OneIFC빌딩29층 뉴욕멜론은행 비서실(02-6137-0010) ⊛1966년 경기고졸 1971년 서울대 정치학과졸 1984년 미국 터프츠대 프레처법학대학원졸 1989년 국제경제학박사(미국 터프츠대) ⊛1971년 한국외환은행 입행 1980년 同과장 1986년 同차장 1992~2000년 同국제본부부본부장 · 국제금융조사역 · 자본시장부장 · 국제영업부장 2000~2003년 同상무 겸 재무본부장 · 미주지역본부장 2003~2006년 고려대 초빙교수 2007년 뉴욕멜론은행 한국대표(현) ⊛재무부장관표창 ⊛가톨릭

김윤수(金潤受) KIM Yoon Soo

생1949·8·11 본김해(金海) 출광주 주광주 북구 용봉로77 전남대학교 농업생명과학대학 산림자원학부(062-530-2093) 학1967년 광주고졸 1971년 전남대 임학과졸 1976년 同대학원졸 1983년 농학박사(오스트리아 빈 농과대) 경1984~1993년 전남대 농대 조교수·부교수 1987년 서독 뮌헨대 초빙교수 1988년 미국 Maine대 방문교수 1989년 전남대 교무부처장 1991년 스웨덴 농업과학대학 초빙교수 1992년 뉴질랜드 임업연구원 방문연구원 1993년 프랑스 국립과학연구센터 초빙연구원 1994~2014년 전남대 산림자원조경학부 임산공학과 교수 1994~1996년 同기획연구실장 1997~1999년 국제목재학회誌 편집위원 1998년 국제목재과학아카데미 종신Fellow(현) 1998년 제4차 태평양지역목재해부학대회 조직위원장 2001년 한국과학기술한림원 정회원·종신회원(현) 2001~2003년 한국과학재단 전문위원 2005~2007년 전남대 대학원장 2006~2008년 한국목재공학회 회장 2006년 국제임업연구연합 목재보존연구회 코디네이터 2008~2012년 전남대 총장 2010년 국가과학기술위원회 전문위원 2011년 대학구조개혁위원회 위원 2011~2012년 전국국공립대총장협의회 회장 2012~2015년 기초과학연구원 자문위원 2014년 대한민국학술원 회원(임산목재공학·현) 2014년 전남대 농업생명과학대학 산림자원학부 명예교수(현) 상과학기술우수논문상, 한국목재공학상, 독일 1등십자공로훈장(2014), 청조근정훈장(2014) 저'임산화학실험서'(共) '목질바이오매스'(共) 'New Horizons in Wood Anatomy'(編) '木林保存科學'(共) 'Secondary Xylem Biology'(2016, Elsevier) 'Academic Press'(2016) 종천주교

김윤수(金胤秀) KIM YUN SU

생1963·11·2 본경주(慶州) 출서울 주서울 마포구 매봉산로75 DDMC빌딩8층 KT스카이라이프 임원실(02-2003-3221) 학1982년 명지고졸 1986년 서울대 경제학과졸 1988년 同대학원 경제학과졸 1995년 경제학박사(서울대) 경2007년 KTF 대외협력부문 정책개발팀장 2007~2009년 同사업협력실장(상무보) 2009년 KT CR부문 공정경쟁담당(상무보) 2011년 同전략기획실 경영기획담당(상무) 2013년 同충남고객본부장(상무) 2014년 同Customer전략본부장(상무) 2015년 KT스카이라이프 운영총괄 부사장(현) 종기독교

김윤식(金允植) KIM Yoon Shik

생1936·8·10 출경남 김해 주서울 서초구 반포대로37길59 대한민국예술원(02-3479-7223) 학1955년 마산상고졸 1959년 서울대 사범대학 국어교육과졸 1962년 同대학원졸 1976년 문학박사(서울대) 경1965년 현대문학 추천 '문학사 방법론 서설'로 평론가 등단 1968~1979년 서울대 국어국문학과 전임강사·조교수·부교수 1979~2001년 同교수 2001년 同명예교수(현) 2001년 대한민국예술원 회원(문학·현) 2001년 명지대 국어국문학과 석좌교수 2007~2009년 대한민국예술원 문학분과 회장 2012년 황순원학회 고문 상한국출판문화상 저작상, 현대문학상, 대한민국문학상 평론부문(1987), 김환태평론문학상(1990), 팔봉비평문학상(1991), 편운문학상(1993), 요산문학상(1994), 황조근정훈장, 대산문학상(2002), 만해대상(2003), 수당상 인문사회부문(2011), 황순원문학연구상(2012), 제1회 소나기마을문학상 문학연구상(2012), 제1회 이승휴문학상 문학부문(2014), 서울대 자랑스러운 서울대인(2016) 저'한국근대문예비평사연구' '한국근대문학사상사' '박영희 연구' '이상 연구' '이광수와 그의 시대' '염상섭 연구' '임화 연구' '한국현실주의소설 연구' '한국현대문학사상사론' '한국현대비평가연구' '발견으로서의 현대문학사' '초록빛 거짓말, 우리 소설의 정체' '우리 소설과의 대화' '아! 우리 소설 우리 작가들' '미당의 어법과 김동리의 문법' '오늘의 작가·오늘의 작품' '거리재기의 시학' '앞에서의 곡예:황순원 소설의 창작방법론' '내가 읽은 박완서'(2013, 문학동네) '문학사의 라이벌 의식'(2013, 그린비)

김윤식

생1947 주인천 중구 신포로15번길64 인천문화재단 대표이사실(032-455-7109) 학1966년 제물포고졸 1975년 연세대 국어국문학과졸 경1984~1995년 (주)영진공사 비서실장 1987년 '현대문학'으로 등단 2005~2011년 한국문인협회 인천시지회장 2006~2009년 한국예술문화단체총연합회 인천시연합회 부회장 2008~2010년 인천문화재단 이사 2010~2014년 인천시 도시계획위원회 위원 2010년 인천시 중구선거관리위원회 위원(현) 2012년 인천시 문화예술진흥위원회 위원(현) 2012년 同시사편찬위원회 위원(현) 2013년 인천문화재단 대표이사(현) 2016년 한국광역문화재단연합회 등록이사(현) 상인천시문화상 문학부문(2003), 인천시 문화예술분야 표창(2006) 저'고래를 기다리며'(1994, 문학아카데미) '간추린 인천사(共)'(1999) '도시와 예술의 풍속화-다방'(2012, 한겨레출판)

김윤식(金允式) KIM Yun Seek

생1947·8·10 본경주(慶州) 출서울 주서울 영등포구 국제금융로2길37 대오빌딩902호 (주)신동에너콤(02-761-6530) 학1966년 경복고졸 1970년 성균관대 경영학과졸 1984년 同무역대학원졸 2004년 명예 철학박사(우즈베키스탄 니자미종합대) 2005년 명예박사(우즈베키스탄 세계경제외교대학) 경1970~1972년 삼성그룹 근무 1973~1978년 부국교역상사 근무 1978년 신동무역상사 설립·대표이사(현) 1983년 (주)신동에너콤 설립·대표이사(현) 1986년 서울청년회의소 회장 1990~1992년 한·중우호협회 상무이사 1992년 한국무역대리점협회 부회장 1993년 한·우즈벡친선협회 회장(현) 1998년 駐마다가스카르공화국 명예영사(현) 1998년 전국ROTC중앙회 부회장 2000년 전국중소기업신지식인협의회 회장 2000~2004년 제16대 국회의원(경기 용인乙, 새천년민주당·한나라당·무소속) 2000년 한국무역협회 이사 2000년 새천년민주당 중소기업특위 위원장 2002년 신용정보집중화정책기획단 단장 2004~2006년 경원대 겸임교수 2004년 중소기업중앙회 정책위원 2010년 성균경영인포럼 회장 상무역의날 수출 500만불탑, 대통령표창, 우즈베키스탄정부 친선우호훈장(2005), 성균경영인상(2010), 삼우당 섬유패션대상 특별공로상(2014) 저'사랑보다 먼 길'

김윤식(金允植) KIM Yun Sik

생1954·11·22 본김해(金海) 출전남 주서울 서대문구 충정로53 골든타워빌딩3층 에스엠신용정보 임원실(02-3277-9000) 학1975년 영암고졸 1982년 전남대 영어영문학과졸 2013년 연세대 행정대학원 최고위정책과정 수료 2014~2015년 한국생산성본부 미래경영CEO북클럽 수료(15·16기) 2015년 同법정관리인감사양성과정 수료 경1982년 대한생명보험(주) 입사 1982~1986년 同영업소장 1986~1994년 同보상영업기획부 대리·과장·차장 1994~1999년 同지점장(4개지점) 1999년 同영업기획부장 2001~2002년 同경인지역본부장 겸 영업전략담당 상무 2003~2011년 서울신용평가정보 신용관리사업본부장(전무이사) 2011년 솔로몬신용정보 마케팅총괄본부장(전무이사) 2013년 同대표이사 2014~2015년 신용정보협회 부회장 2016년 솔로몬신용정보 부회장 2016년 에스엠신용정보 부회장(현) 상재무부장관표창(1990), 산업통상부·미래창조과학부·동아일보 선정 한국의최고경영인상 고객가치경영부문(2014) 종기독교

김윤식(金允植) KIM Yun Sig

생1966·3·25 출전남 무안 주경기 시흥시 시청로20 시흥시청 시장실(031-310-2004) 학1983년 광주 석산고졸 1990년 연세대 중어중문학과졸 2005년 同행정대학원 지방자치 및 도시행정학과졸 경1992년 제정구 국회의원 비서관 1995~1998년 경기도의회 의원 2007년 행정자치부 장관정책보좌관, 지방자치실무연구소 연구원, (사)남북민간교류협의회 사무총장, 대통령직속 국가균형발전위원회 자문위원, 시흥교육문화센터 대표, 경북대 사회과학연구원 선임연구원, 민주당 정책위원회 부의장, 생활정치연구소 이사 2009년 경기 시흥시장(재·보궐선거 당선, 민주당) 2010년 경기 시흥시장(민주당·민주통합당·민주당·새정치민주연합) 2014년 경기 시흥시장(새정치민주연합·더불어민주당)(현) 2016년 경기도시장군수협의회 회장(현) 상한국매니페스토실천본부 선거공약 최우수상(2010), 전국지역신문협의회 행정대상(2010), 장애인미디어인권연대 인권대상(2011), 시민일보 행정대상(2011·2012), 한국경제 공공부문 '올해의 CEO 대상'(2013), 법률소비자연맹 민선5기 우수지방자치단체장공약대상(2014), 한국매니페스토실천본부 민선5기 전국시장군수구청장공약이행 및 정보공개종합평가 최우수등급(2014), 전국시장·군수·구청장전국총회 지방자치특별상(2015), kbc광주방송 목민자치대상 기초자치단체장상(2015), (사)대한민국가족지킴이 대한민국실천대상 지역혁신교육부문(2015), 한국정책학회 지방자치단체부문 정책상(2016), 농협중앙회 지역농업발전선도인상(2016) 저'거침없이 꿈꾸고 거짓없이 살다'(2014, 동녘) '새로운 미래는 쉬워가지 않는다'(2014, 도서출판 시룬) 종기독교

김윤신(金潤信) KIM Yoon Shin

생1949·10·16 본김해(金海) 출전북 군산 주서울 성동구 왕십리로222 한양대학교 의과대학 직업환경의학교실(02-2220-0692) 학1967년 서울대 사대부고졸 1972년 성균관대 화학과졸 1975년 서울대 보건대학원졸 1978년 보건학박사(일본 도쿄대) 1985년 환경학박사(미국 텍사스주립대) 경1979년 충남대 의대 예방의학교실 전임강사 1980년 미국 텍사스주립대 객원연구원 1983년 미국 하버드대 초청연구원 1984~1986년 미국 텍사스주립대 보건대학원 조교수대우 1986년 서울대 보건대학원 국민보건연구소 특별연구원 1986~1991년 한양대 의과대학 산업의학교실 부교수 1989~2014년 同의과대학 환경 및 산업의학연구소장 1991~2012년 同의과대학 산업의학교실 교

수 1992년 同병원 산업보건센터장 1994년 교육부 중앙교육심의회 과학기술교육분과위원 1996년 세계보건기구(WHO) 국제전자파연구 자문위원 2001년 한국보건통계학회장 2002년 한국대기환경학회장 2004년 한국실내환경학회장 2011년 국제실내공기학회 석좌회원(Fellow)(현) 2012~2015년 한양대 의과대학 직업환경의학교실 교수(현) 2012~2014년 同고령사회연구원장 2012년 아·태실내환경보건연구소 소장(현) 2013년 한국생애설계협회 초대회장·명예회장(현) 2015년 한양대 의과대학 직업환경의학교실 명예교수(현) 2015년 건국대 환경공학과 석좌교수(현) 2015년 한국국제보건의료재단 이사(현) [상]홍조근정훈장(2008) [저]'인간이란 무엇인가'(共) '대기오염개론'(共) '실내환경과학' '대기환경개론'(共) '실내환경과학특론'(2010) [종]기독교

김윤영(金允榮) KIM Yoon-Yung

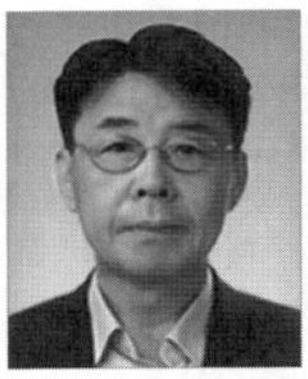

[생]1955·12·28 [출]서울 [주]서울 중구 세종대로17 WISE타워10층 신용회복위원회(02-6362-2011) [학]1974년 경기고졸 1978년 서울대 지질과학과졸 1989년 미국 카네기멜론대 대학원 경영학과졸(MBA) [경]1979년 한국수출입은행 입사 1984년 同자금부 조사역 1990년 同경제협력기금부 심사역(대리) 1994년 同워싱턴사무소장 1998년 同해외투자연구소 조사역(차장) 2000년 同자금부 조사역 2003년 同자금부 팀장 2004년 同국제금융부 팀장 2005년 同두바이사무소장 2008년 同기획부장 2009년 同국제금융부장 2009~2012년 同자금본부장(부행장) 2012년 한국자산관리공사 서민금융본부장(상임이사) 2014년 신용회복위원회 위원장(현) 2016년 서민금융진흥원 초대 원장(현) [상]대통령표창(2013)

김윤영(金潤榮) Kim, Yoon Young

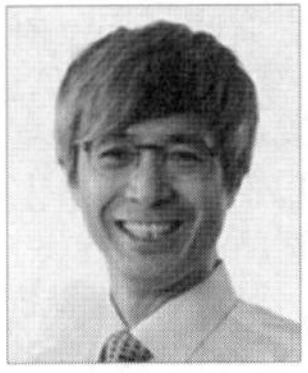

[생]1959·1·15 [출]부산 [주]서울 관악구 관악로1 서울대학교 공과대학 기계항공공학부(02-880-7154) [학]1981년 서울대 기계설계학과졸 1983년 同대학원 기계설계학과졸 1989년 공학박사(미국 Stanford Univ.) [경]1989년 미국 스탠포드대 Research Associate 1991~2001년 서울대 공과대학 기계항공공학부 조교수·부교수 1993~1994년 기아자동차 고문교수 1997년 미국 Stanford Univ. 방문교수 2001년 서울대 공과대학 기계항공공학부 교수(현) 2001년 'Int'l of Journal of Solids and Structures' Editor 2002년 과학기술부 산하 멀티스케일설계창의연구단 단장 2003년 한국소음진동공학회 학술이사 2004년 대한기계학회 논문집 편집인 2005년 과학재단 대표적우수연구성과50선 선정 2008년 The Asian Pacific Association for Computational Mechanics Council(APACM) 위원(현) 2009~2012년 대한기계학회 논문지 편집위원장 2009~2012년 서울대 차세대자동차연구센터장 2009년 한국과학기술한림원 정회원(현) 2010~2012년 대한기계학회 CAE 및 응용역학부문 회장·사업이사 2014년 同부회장 2015년 同수석부회장 2016년 同회장(현) [상]한국소음진동공학회 학술상, 한국전력공사 지원 전력기술기초연구 최우수과제 수상, MBC 창작동화 대상, 대한민국기술대상(2005), 산업자원부장관표창(2005), 대한기계학회학술상(2006) [저]기계전공서적 '탄성이론과 응용' 장편동화 '우면산의 비밀'

김윤영(金潤榮·女)

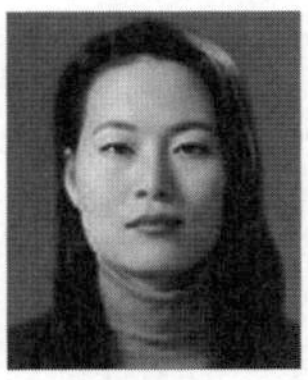

[생]1969·7·5 [출]부산 [주]대전 서구 둔산중로78번길45 대전지방법원(042-470-1114) [학]1987년 대구 효성여고졸 1993년 서울대 법학과졸 [경]1997년 사법시험 합격(39회) 2000년 사법연수원 수료(29기) 2000년 법무법인 태평양 변호사 2005~2007년 국세청 과세품질혁신위원회 위원 2007년 사법연수원 법관임용연수 2008년 부산지법 판사 2011년 부산고법 판사 2013년 부산지법 판사 2016년 대전지법 부장판사(현)

김윤옥(金潤玉·女) Kim, Yoon-Ok

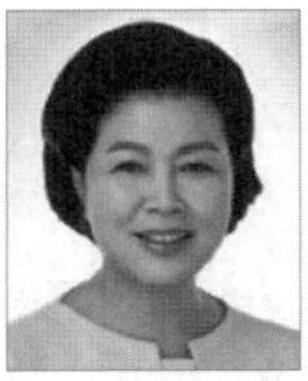

[생]1947·3·26 [출]대구 [학]대구여고졸 1970년 이화여대 보건교육과졸 1995년 同여성최고지도자과정 수료 1996년 연세대 고위여성지도자과정 수료 [경]2002년 연세대 고위여성지도자과정총동문회 회장 2008~2013년 대통령 영부인 2008년 다문화가족사랑걷기모금축제 명예대회장 2008년 대한암협회 명예회장 2008년 국제백신연구소(IVI) 한국후원회 명예회장 2008년 문화체육관광부 한국방문의해조직위원회 명예위원장 2009년 한식세계화추진단 명예회장 2009년 한국박물관개관100주년기념사업추진위원회 명예위원장 2010년 출산장려국민운동본부 명예총재 2010년 국립중앙박물관회 명예회장 2010년 예술의전당 명예후원회장 2011년 제8회 국제장애인기능올림픽대회조직위원회 명예회장 2011년 제주도세계7대자연경관 선정 범국민추진위원회 명예회장 2011년 사회복지공동모금회 명예회장 [상]덴마크 대십자훈장(2011), 무궁화대훈장(2013) [종]기독교

김윤원(金允源) KIM, Yoon-Won (취산)

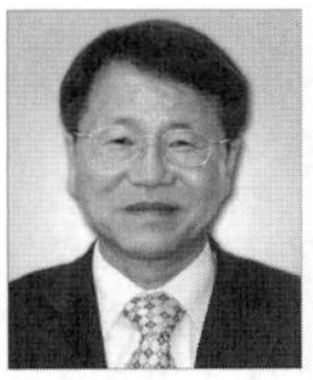

[생]1955·10·21 [본]상산(商山) [출]경북 김천 [주]강원 춘천시 한림대학길1 한림대학교 의과대학 미생물학교실(033-248-2633) [학]1974년 김천고졸 1981년 서울대 의대졸 1985년 同대학원졸 1987년 의학박사(서울대) [경]1981~1984년 공중보건의사 1986~1997년 한림대 의과대학 미생물학교실 전임강사·조교수·부교수 1988~1990년 캐나다 캘거리대 의과대학 방문교수 1993~2012년 대한미생물학회 편집위원 1993~1994·2011년 이후 미국 세계인명사전 Marquis Who's Who in the World에 7회 등재(바이러스억제물질 발견) 1997년 한림대 의과대학 미생물학교실 교수(현) 1997~2003년 同의과학연구소장 1997~1999년 同교수평의원회 부의장·의장 2000~2012년 (주)이뮨메드 대표이사 2000~2013년 중앙약사심의위원회 위원 2012~2013년 대한미생물학회 부회장 2012년 (주)이뮨메드 학술개발이사, 同이사회 의장(현) 2014~2015년 대한미생물학회 회장 2014~2015년 한국미생물학회연합 회장 [상]동신스미스클라인상(1990), 강원과학기술대상(2016) [저]'전자파가 생체에 미치는 영향' '하이브리도마에서 분비하는 바이러스 억제물질' 'Insights From Animal Reproduction, 181~205, chapter8'(2016) [역]'BT 산업의 성공전략'(2007) '간호미생물학(외피보유 DNA바이러스 외)'(2008) 'Kuby 면역학(6판)'(2008) '의학미생물학(6판, 항바이러스 요법)'(2009) '간호미생물학'(2011) '의학미생물학(7판, 항바이러스제)'(2014) '간호미생물학(3판)'(2014) 'Kuby 면역학(7판)'(2014)

김윤일(金潤一) KIM Yoon Il

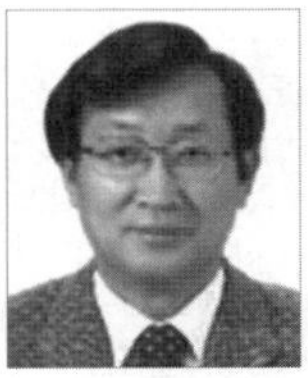

[생]1952·8·13 [출]충남 [주]강원 강릉시 범일로579번길24 가톨릭관동대학교 공과대학 건축공학과(033-649-7543) [학]1970년 경복고졸 1978년 한양대 건축공학과졸 1980년 同대학원 건축공학과졸 1989년 공학박사(한양대) [경]1981~1985년 한양대·강원대·단국대 강사 1985~2014년 관동대 건축학부 교수 1991~1992년 미국 캔사스대 방문연구교수 1994·1996년 기술고등고시 및 승진고시 출제 및 문제 선정위원 1995년 강원도 지방건설기술심의위원회 위원 1997년 강릉시 건축위원회 위원 1997년 평창군 건축위원회 위원 1997년 시설안전공단 자문위원 1997년 同정밀안전진단교육훈련 위촉교수 1998년 건설교통부 건축사자격시험문제 출제위원 2005~2007년 관동대 국토방재대학원장 겸 공과대학장 2010년 (사)대한건축학회 강원지회장 2011년 관동대 공학교육인증지원센터장 겸 공학교육혁신센터장 2013년 同일반대학원장 2014~2015년 가톨릭관동대 창의융합공과대학 건축공학과 교수 2014~2015년 同일반대학원장 2016년 同공과대학 건축공학과 교수(현) [상]교육과학기술부장관표창(2012) [저]'철근콘크리트 구조실험'(2000) '한국구조물진단학회'(2001) '철근콘크리트 구조'(2002) [종]기독교

김윤제(金允濟) KIM Youn Jea

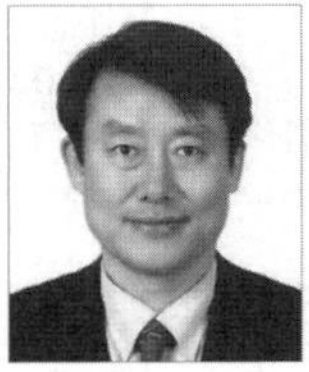

[생]1960·12·26 [주]경기 수원시 장안구 서부로2066 성균관대학교 기계공학부(031-290-7448) [학]1982년 성균관대 기계공학과졸 1987년 미국 뉴욕주립대 버펄로교 대학원 기계공학과졸 1990년 기계공학박사(미국 뉴욕주립대 버펄로교) [경]1990~1991년 미국 뉴욕주립대 강사 및 연구원 1991~1995년 한국원자력연구소 선임연구원 1994년 캐나다 원자력공사 공동연구원 1995년 성균관대 기계공학부 조교수·부교수·교수(현) 1996년 기술표준원 품질인증심사위원 1997년 산업자원부 산업표준심의회 심의위원 1997~1998년 한국원자력연구소 위촉연구원 2009~2011·2015년 성균관대 입학처장 2012년 한국자동차안전학회 총무이사(현) 2012년 IJFMS(International Journal of Fluid Machinery and Systems) Associate Editor(현) 2013년 同부회장 2015년 同회장(현) 2015년 한국유체기계학회 회장

김윤주(金潤周) KIM Yoon Joo

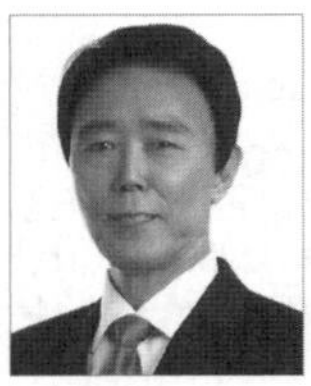

[생]1948·7·3 [본]의성(義城) [출]경북 예천 [주]경기 군포시 청백리길6 군포시청 시장실(031-392-3000) [학]1963년 예천 용문초졸 1991년 숭실대 노사관계대학원 수료 2011년 명예 행정학박사(한세대) [경]1977~1993년 범양냉방 노조위원장(4선) 1993~1998년 한국노동조합총연맹 경기중부지역 의장 1996~1998년 同중앙위원 1995년 바른언론을위한안양·군포·의왕시민연합 공동대표 1995년 환경복지군포시민기구 대표 1998·2002년 경기 군포시장(국민회의·새천년민주당·열린우리당) 2002년 (사)동북아평화연대 자문위원 2005년 연해주민족학교설립 공동추진위원회 위원장 2006년 경기 군포시장선거 출마(열린우리당) 2010년 경기 군포시장(민주당·민주통합당·민주당·새정치민주연합) 2014년 새정치민주연합 정책위원회 부의장 2014년 경기 군포시장(새정치민주연합·더불어민주당·국민의당)(현) [상]대통령포상(1985), 석탑산업훈장(1996), 한국지방자치경영대상 최고경영자상(2003),

한국의최고경영인상 윤리경영부문(2013), 유권자시민행동 대한민국유권자대상(2015) [종]불교

김윤중(金允中) KIM Youn Joong

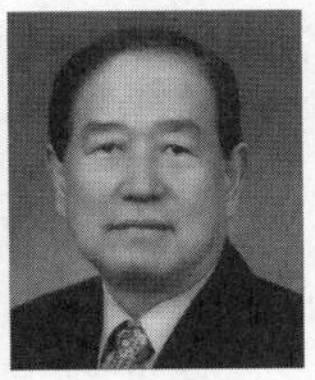

[생]1942·7·24 [본]광산(光山) [출]전남 순천 [주]서울 서초구 반포대로18길40 르네상스빌딩906호 삼원기업(주) 회장실(02-598-6257) [학]순천고졸, 서강대 경영학과졸, 고려대 경영대학원졸, 숭실대 중소기업대학원졸, 서강대 경영대학원졸, 무역학박사(전주대) [경]삼원기업(주) 전무이사, 삼화기업(주) 전무이사, 삼원콘크리트공업(주) 대표이사, 한국원심력콘크리트공업협동조합 이사, 삼원기업(주) 대표이사, 민주평통 서초구협의회장, 삼원콘크리트공업(주) 부회장, 삼원기업(주) 대표이사 사장 1990년 同대표이사 회장(현), 在京광주전남향우회 회장 2012년 G20동반성장연구소 회장 2013년 광산김씨대종회 회장(현) [상]산업훈장, 자랑스러운 전남인상(2016) [종]기독교

김윤진(金侖昣·女)

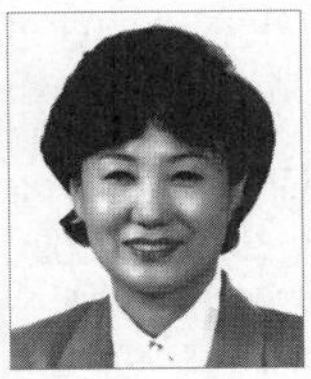

[생]1959·7·9 [주]경기 수원시 팔달구 효원로1 경기도의회(031-8008-7000) [학]양일고졸, 송호대 사회복지과졸 [경]지방공무원 근무, 새누리당 경기도당 여성부장 2014년 경기도의회 의원(비례대표, 새누리당)(현) 2014~2016년 同교육위원회 위원 2015년 同수도권상생협력특별위원회 위원(현) 2016년 同농정해양위원회 위원(현)

김윤철(金潤哲) KIM Yun Cheol

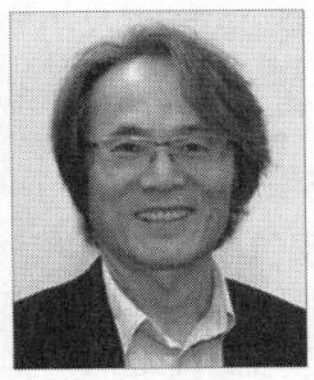

[생]1949·9·11 [출]서울 [주]서울 용산구 청파로373 국립극단(02-3279-2201) [학]1968년 용산고졸 1972년 서울대 사범대학 영어교육과졸 1981년 중앙대 예술대학원 연극영화학과졸 1986년 문학박사(미국 Brigham Young대) [경]1989년 세종대 영어영문학과 교수 1990년 한국연극평론가협회 회장 1994~2015년 한국예술종합학교 연극원 연극학과 교수 1994년 국제연극평론가협회 부회장 2007~2010년 한국예술종합학교 연극원 연극학과장 2008·2010~2012년 국제연극평론가협회(IATC) 회장 2009~2014년 (재)명동정동극장 비상임이사 2010~2011년 한국예술종합학교 연극원장 2013~2014년 국립예술자료원 원장 2014년 (재)국립극단 예술감독(현) [상]올해의 연극평론가상(1995), 여석기연극평론가상(2005) [저]'우리는 지금 추학의 시대로 가는가' '영미극작가론'(共) '영미희곡연구'(共) '혼돈과 혼종의 경계에서' '동시대 미국 희곡 분석 I·II' [역]'연극개론' '산 연기' '극마당 : 기호로 본 극'(共) '영미 실험, 전통극 모음 : 마로위츠 햄릿 외' '아서 밀러 희곡집' [종]기독교

김윤태(金潤泰) Kim, Yoon Tae

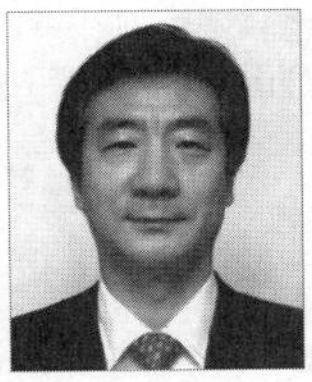

[생]1956·2·29 [주]서울 마포구 마포대로78 KB데이타시스템 임원실(02-3215-6000) [학]1975년 대구고졸 1979년 서강대 경영학과졸 1996년 미국 플로리다대 대학원 경영학과졸 [경]1983년 KDB산업은행 입행 2008년 同M&A실장 2009년 同기업금융4실장 2011년 同리스크관리본부장 2013~2014년 同투자금융부문장(부행장) 2015년 KB데이타시스템 대표이사 사장(현) [상]자랑스러운 서강경영인상(2016)

김윤태(金侖兌) KIM Yun Tae

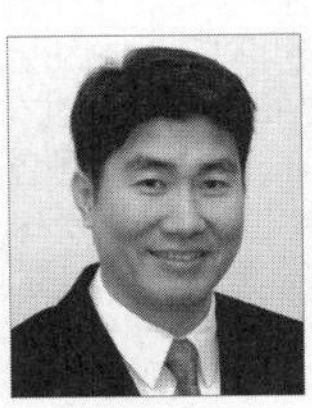

[생]1965·7·3 [본]광산(光山) [출]전북 군산 [주]세종특별자치시 세종로2511 고려대학교 사회학과(044-860-1256) [학]1982년 군산고졸 1989년 고려대 사회학과졸 1993년 영국 케임브리지대 대학원졸 1998년 영국 런던대 런던정치경제대학(LSE) 사회학박사 [경]1993년 영국문화원 Fellowship 1998~2000년 고려대 아세아문제연구소 선임연구원 2000~2002년 국회 정책연구위원 2003년 국회 도서관장 2003년 영국 런던대 버벡칼리지 객원연구원 2004~2007년 건양대 교양학부 초빙교수 2008년 고려대 인문대학 사회학과 교수(현) 2008년 同대학원 사회복지학과 교수 겸임(현) 2010~2012년 한국사회여론연구소 소장 2011년 독일 베를린자유대 초빙교수 2012년 고려대 공공정책연구소 사회정책연구센터 소장(현) 2012~2013년 한국사회복지정책학회 부회장 2016년 제20대 국회의원선거 출마(전북 군산시, 더불어민주당) 2016년 더불어민주당 전북군산시지역위원회 위원장(현) [저]'제3의 길, 토니 블레어와 영국의 선택'(1999) '재벌과 권력'(2000) '변화의 바람: 급변하는 현대사회와 정치'(2002) '소프트 파워의 시대'(2003) '사회학의 발견'(2006) '교양인을 위한 세계사'(2007) '자유시장을 넘어서'(2007) 'Bureaucrats and Entrepreneurs'(2008) '복지국가 정치동맹'(2011, 밈) '캠퍼스 밖으로 나온 사회과학'(2011, 휴머니스트) '새로운 세대를 위한 사회학 입문'(2012, 휴머니스트) '한국의 재벌과 발전국가'(2012, 한울) '내 아이가 살아갈 행복한 사회(共)'(2012, 한권의책) '안철수를 생각한다(共)'(2012, 알렙) '빈곤(共)'(2013, 한울아카데미) '한국정치, 어디로 가는가(共)'(2014, 한울아카데미) '사회적 인간의 몰락'(2015, 이학사) '불평등 한국, 복지국가를 꿈꾸다(共)'(2015, 후마니타스) [역]'현대사회학 이론'(共)

김윤하(金允廈) KIM Yoon Ha

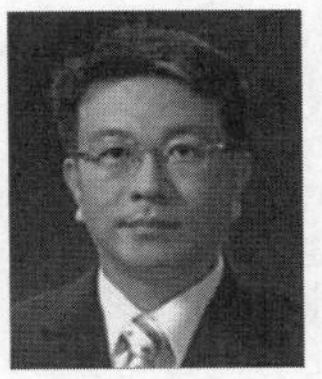

[생]1961·1·17 [주]광주 동구 제봉로42 전남대학교병원 산부인과(062-220-5021) [학]1978년 제주제일고졸 1985년 전남대 의대졸 1989년 同대학원졸 1996년 의학박사(전남대) [경]1985~1986년 전남대병원 인턴 1986~1990년 同산부인과 전공의 1990~1993년 전남 담양동산병원(공중보건의) 산부인과장 1993~1994년 전남대 의대 조교 1995~2001년 同의대 산부인과학교실 전임강사·조교수 1996~1997년 미국 Wake Forest Univ. School of Medicine 교환교수 2001년 전남대 의대 산부인과학교실 부교수·교수(현) 2004년 전남대병원 진료지원실장 2009~2011년 同의료질관리실장 2009~2013년 전남대 의대 산부인과장 2011~2013년 전남대병원 홍보실장 2011~2015년 광주해바라기아동센터 소장 2013~2015년 전남대병원 진료처장 2014년 同원장 직대 2014년 대한모체태아의학회 부회장 2016년 同수석부회장 겸 연구회장(현) [상]대한주산의학회 학술상(1999·2002), 전남대병원 우수논문상(2000), 대한주산의학회 우수논문상(2004·2009), 대한모체태아의학회 우수논문상(2011), 광주지검장표창(2012), 보건복지부장관표창(2012)

김윤해(金允海) KIM Yun Hae

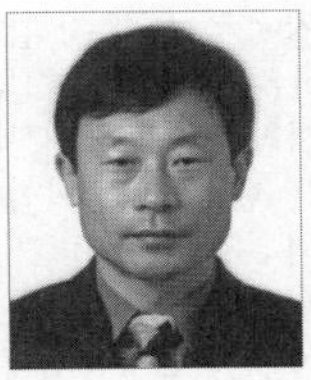

[생]1961·6·19 [출]경북 [주]부산 영도구 태종로727 한국해양대학교 기계공학부(051-410-4355) [학]1979년 영신고졸 1983년 한국해양대 기관학과졸 1987년 同대학원 재료공학과졸 1990년 일본 도쿠시마대 대학원 정밀기계공학과졸 1993년 기계공학박사(일본 큐슈대) [경]1993~2015년 한국해양대 기계소재공학과 교수, 同조선기자재공학부 교수 1997~1999년 同기계소재공학부장 1997년 미국 국립표준과학연구소 초청연구교수 1998년 부산시지방건설기술 심의위원 1999년 한국박용기관학회 편집위원 2000년 한국해양대 조선해양기자재연구센터 부소장·소장 2001년 한국기계산업진흥회 심의위원 2001년 부산테크노파크 분소장 2004년 일본 도쿠시마대 초청연구교수 2008년 한국해양대 공학교육혁신센터장 2009년 아시아공학교육국제학술회 창립자 및 초대의장 2010년 한국해양공학회 편집위원장(현) 2011년 한국공학교육학회 부회장·부산경남 초대지회장 2014~2015년 한국해양대 학생처장 2014년 제7회 첨단소재의개발과성능에관한국제학술회의 의장 2014년 (사)한국그린캠퍼스협의회 회장(현) 2015~2016년 한국해양대 교무처장 2015년 同기계공학부 교수(현) 2016년 同총장 직무대리 [상]국방부장관표창, 한국박용기관학회 최우수논문상, 부산시장표창, 미국 국립표준연구소 연구우수상, 장영실상(2003) 교육과학기술부장관표창(2011), 부산·울산지방중소기업청장표창(2014) [저]'최신 기계재료학' '최신 공기압' '창의성공학'(문운당) [역]'경계형 수치해석법' [종]기독교

김윤호(金潤浩) KIM Youn Ho

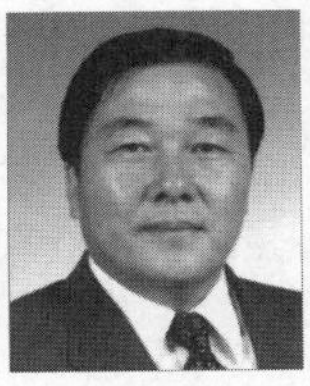

[생]1947·12·22 [주]서울 강남구 역삼로114 현죽빌딩13층 법무법인 태웅(02-3453-0044) [학]1965년 광주제일고졸 1969년 서울대 법학과졸 [경]1972년 사법시험 합격(14회) 1974년 사법연수원 수료(4기) 1976년 부산지검 검사 1986년 광주고검 검사 1987년 전주지검 남원지청장 1988년 서울지검 검사 1989년 대검찰청 감찰2과장 1991년 부산지검 형사4부장 1993년 서울지검 서부지청 형사1부장 1995년 서울지검 형사3부장 1995년 서울고검 검사 1996년 전주지검 군산지청장 1997년 대전고검 검사 1998년 부산지검 동부지청장 1999~2000년 서울고검 검사 2000~2003년 한국소비자보호원 소비자분쟁조정위원장 2003년 변호사 개업, 반석합동법률사무소 변호사 2007~2010년 법무법인 태웅 대표변호사 2010년 同고문변호사(현)

김윤호(金允鎬) Yun-ho KIM

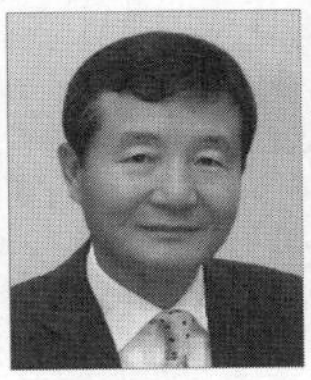

[생]1950·5·24 [주]경기 김포시 대곶면 소래로71 한국씰마스타(주) 대표이사실(031-983-7700) [학]1970년 경복고졸 1978년 연세대 화학공학과졸 [경]대우엔지니어링 설계팀 과장, 한국씰마스타(주) 이사 1985년 同대표이사(현) [상]국민포장(2004), 국세청장표창(2005), 교육과학기술부 및 한국산업기술진흥협회 중소기업부문 올해의 테크노CEO상(2008), 연세공학인상(2009)

김윤환(金潤煥) KIM Yoon Hwan (代山)

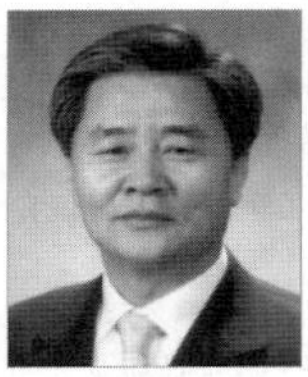

[생]1949·10·23 [본]김녕(金寧) [출]경남 함안 [주]부산 부산진구 서면문화로10 (주)영광도서 대표이사실(051-816-9506) [학]2001년 한국방송통신대 일본학과졸 2005년 부산외국어대 경영대학원 경영학과졸 2007년 부산대 국제전문대학원졸 2012년 경영학박사(동아대) [경]1968년 (주)영광도서 대표이사(현) 1985년 국제청소년회의소 참의원 1987년 부산시 시정자문위원 1987년 JCI 부산시지구 회장 1988년 (사)한국JC 중앙부회장 1989~1992년 부산시체육회 이사 1993년 (사)목요학술회 부회장(현) 1994년 부산을가꾸는모임 공동대표(현) 1996년 (재)부산진구장학회 상임이사(현) 1998년 영광독서문화신서 발행인(현) 1998년 (주)도서출판 영광도서 대표이사(현) 2000년 부산상공회의소 상임의원 2001~2014년 在釜山함안군향우회 선임부회장 2003년 부산시민서포터즈 사무총장(현) 2003년 새마을운동 부산진구지회장 2003년 김녕김씨부산종친회 고문 2004년 부산불교실업인회 회장(현) 2004년 이웃사랑을파는 '나눔의 가게' 대표 2005년 향토기업사랑시민연합 공동대표(현) 2006년 국제신문 부사장 2006년 同비상임고문 2006년 부산고법 민사조정위원 2006년 묘광선원 원장(현) 2007년 부산외국어대 AMP총동창회 회장 2007년 한국방송통신대 부산지역대학총동문회장 2008년 (사)한국소비문화학회 영구회원(현) 2009~2015년 부산시새마을회 회장 2009년 낙동강사랑연대 회장 2009년 부산문화재단 이사 2012년 부산상공회의소 감사(현) 2012년 (사)한국마케팅관리학회 부회장(현) 2013~2015년 민주평통 부산진구협의회장 2013년 안전문화운동추진 부산시협의회 기획운영위원 2014년 부산ITU전권회의 범시민지원협의회 부회장 2014년 한·아세안특별정상회의 범시민지원협의회 부회장 2014~2015년 在釜山함안군향우회 회장 2015년 동아대 경영학박사동문회 회장(현) 2015년 새마을운동중앙회 감사(현) 2016년 내사랑부산운동추진협의회 공동회장(현) [상]충무시교육장 감사패(1975), 국제청년회의소 JCI표창(1980), 대한출판문화유공자표창, 부산시장표창(1984·1987·2009), 대한출판문화협회 전국서점경영인상 대상(1987), 부산진세무서장표창(1991), 내무부장관표창(1992), 한국출판문화협회 올해의 자랑스런 서점대상(1995), 전국직능독서대학 최우수상(1995), 새마을포장(1999), 부산진구의회 의장표창(2001), 한국간행물윤리상 독서진흥상(2003), 새마을훈장 협동장(2005), 경찰청장 감사패(2007), 부산시민산업대상(2007), 부산산업봉사대상(2007), 부산시우수기업인 선정(2007), 행정안전부장관 감사장(2008·2012), 부산시 성실납세자표창(2008), 자랑스러운 시민상 대상(2009), 우리문화상(2010), 자랑스러운 함안인상(2011), 자랑스러운 방송대인상(2011), 아름다운 납세자상(2011), 대한불교조계종 포교대상 공로상(2011), 자랑스러운 부산진구 구민상(2011), 자랑스러운 김녕인상(2012), 자랑스러운 동아대 동아인상(2013), 부산문화대상(현대예술)(2013), 국민훈장 동백장(2014), 함안군민상 출향인부문(2016) [저]'조직활동을 통한 자기개발-그래도 우리는 믿는다(共)'(1987) '나의 선생님(共)'(1997) '천천히 걷는자의 행복'(1998) '종이거울 보기 40년'(2008) '서른에 법구경을 알았더라면'(2011) [종]불교

김윤희(金允熙) KIM Yun Hee

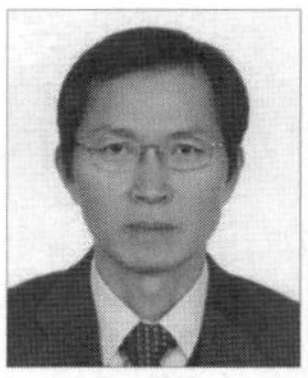

[생]1958·12·3 [본]김해(金海) [출]서울 [주]인천 서구 거월로61 수도권매립지관리공사 자원순환기술연구소(032-560-9570) [학]서울시립대 대학원 환경공학과졸(석사) [경]1987~2000년 환경관리공단 근무·부장 2001~2007년 수도권매립지관리공사 조사연구팀장(부장급)·매립관리팀장·매립시설팀장 2007년 同매립관리처장 2009년 同기술지원실장 2010년 同녹색기술연구센터장 2012년 同맑은환경실장 2013년 同중국사업장 부사장(해외파견) 2014년 同자원순환기술연구소장(본부장급)(현) [상]환경부장관표창(2005), 국무총리표창(2007)

김율리(女) Youl-Ri Kim

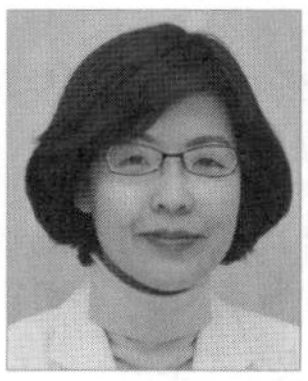

[생]1971·1·26 [주]서울 중구 마른내로9 서울백병원 정신건강의학과(02-2270-0063) [학]1990년 연세대 의대졸 2003년 同대학원졸 2005년 의학박사(연세대) [경]1998~2002년 연세의료원 전공의 2002~2003년 삼성서울병원 임상전임의 2003~2004년 영국 런던 킹스칼리지 연구원 2005년 인제대 의과대학 정신건강의학과 교수(현), 同서울백병원 정신건강의학과 섭식장애클리닉 전문의(현), 인제대 섭식장애정신건강연구소장(현), 세계보건기구(WHO) 산하 정신질환국제진단기준(ICD-11) 개정실무위원(현) 2011년 세계정신의학회(WPA) 성격장애분야 상임위원 2016년 국제섭식장애학회(Academy for Eating Disorders) 석학회원(종신직·현) [상]한국과학기술단체총연합회 우수논문상(2005), 보건복지부장관표창(2014) [역]'한입씩, 조금씩 나아가는 법'(2006) '비만의 인지행동치료적 접근'(2006)

김은경(金銀慶·女) KIM Eunkyoung

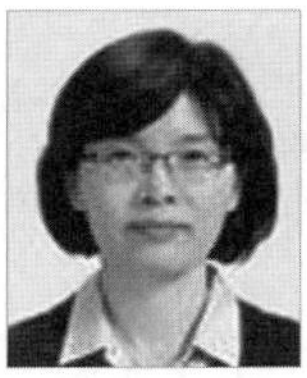

[생]1959·1·8 [주]서울 서대문구 연세로50 연세대학교 공과대학 화공생명공학과(02-2123-5752) [학]1982년 연세대 화학과졸 1984년 서울대 대학원 화학과졸 1990년 유기광화학박사(미국 휴스턴대) [경]1983~1985년 한국과학기술원 응용화학부 연구원 1990~1992년 미국 휴스턴대 화학과 객원조교수 1992~1994년 한국화학연구원 전도성고분자 Post-Doc.·화학소재연구부 책임연구원·화학소재연구부 팀장·화학소재연구부장 2002~2004년 과학기술부 여성과학기술정책자문위원회 위원 2004년 연세대 공과대학 화공생명공학과 교수(현) 2006~2008년 한국과학재단 이사 2006~2011년 서울시 바이오융합산업혁신클러스터사업단장 2007년 한국연구재단 선도연구센터(ERC) 패턴직접형능동폴리머소재센터장(현) 2009~2010년 교육과학기술부 과학기술장기비전위원회 위원 2012~2013년 한국화상학회 편집위원장 2013~2016년 호주 퀸즈랜드대 Azobisisobutyronitrile(AIBN·개시제) 명예교수 2013년 일본 시바대 방문교수 2013~2014년 서울시 산학연정책위원회 위원 2013~2014년 연세대 미래융합연구원 부원장 2013년 同언더우드국제대학 특훈교수(현) 2014년 한국고분자학회 'Macromolecular Research' 편집위원장 2014년 연세대 연구처장 겸 산학협력단장 2014년 同기술지주회사 대표이사 겸임(현) 2015년 한국고분자학회 전무이사 2015년 한국광과학회 상임이사(현) 2015년 미래창조과학부 나노소재기술개발사업추진위원회 위원(현) [상]과학기술부 제1회 여성과학기술자상(2001), 한국화학연구원 연구업적우수팀(2002), 일본화상학회 회장특상(2006), 연세대 우수연구실적표창(2007), 연세대 우수업적교수상(2008), 제4회 아모레퍼시픽 여성과학자상 대상(2009), 한국고분자학회 삼성고분자학술상(2014) [저]'나노과학과 나노기술 사전'(2004) 'Optical loss of photochromic polymer films(共)'(2003) 'Fluorescent Photochromic Diarylethene Oligomers(共)'(2003) '유기 광변색 스위치'(2007)

김은기(金銀基)

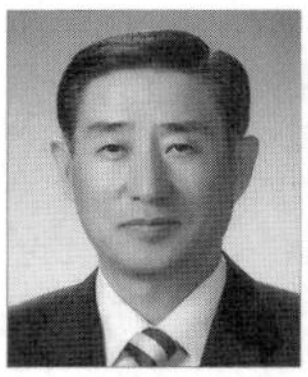

[생]1952·9·24 [출]충남 장항 [주]대전 서구 혜천로100 대전과학기술대학교 총장실(042-580-6101) [학]1970년 군산고졸 1974년 공군사관학교졸(22기) 1984년 미국 해군대학원 물리학과졸 1986년 공군대학 고급지휘관 및 참모특별과정 수료 2003년 국제정치학박사(경기대) 2003년 서울대 행정대학원 국가정책과정 수료 2003년 경남대 북한대학원 민족공동체지도자과정 이수 2006년 고려대 행정대학원 최고관리과정 수료 2008년 명예 경영학박사(한남대) [경]2000년 공군 제1전투비행단장 2002년 합동참모본부 교리훈련부장 2003년 한미연합사령부 정보참모부장 2003년 공군중앙교회 장로 2005년 공군본부 기획관리참모부장(소장) 2005년 공군 참모차장(중장) 2006년 국방부 국방정보본부장 2007~2008년 공군 참모총장(대장) 2007년 한국기독군인연합회 회장 2009~2011년 극동방송 사장 2014~2015년 공군사관학교총동창회 회장 2016년 대전과학기술대 총장(현) [상]대통령공로표창(1996), 미국 공로훈장(Legion of Merit, 2000), 보국훈장 천수장(2001), 보국훈장 국선장(2006), 국제경영대상(IBA) 아시아최고경영자상(2008) [저]'독수리같이 비상하라'(2009) [종]기독교

김은동(金垠東) KIM Eun Dong

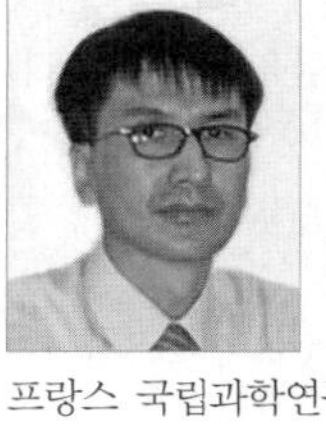

[생]1958·12·5 [본]안동(安東) [출]경남 양산 [주]경남 창원시 성산구 불모산로10번길12 한국전기연구원 미래전략실(055-280-1070) [학]1976년 부산중앙고졸 1980년 부산대 재료공학과졸 1982년 同대학원졸 1985년 재료공학박사(한국과학기술원) [경]1982년 한국과학기술원 조교(겸임연구원) 1985년 同전기전자공학부 연수연구원 1986~1988년 한국전기연구소 선임연구원 1989년 프랑스 국립과학연구센터 똘루즈전기공학연구소 연구원 1990년 한국전기연구소 선임연구원 1992년 同기능재료연구실장 1993년 同전력용반도체연구팀장 1997년 同전기재료연구부장 1999년 同전력반도체연구그룹장 2001년 한국전기연구원 재료응용연구단장 2005년 同R&DB정책실장 2008년 同재료연구단 전문위원 2009년 同재료응용연구본부 에너지반도체연구센터장 2011년 同재료응용연구본부장 2011년 同창의원천연구본부장 2014년 同미래전략실장(현) [상]산업기술대전 은상(1997), 국무총리표창(2002), 창원시문화상(2006), 과학기술훈장(2007) [종]불교

김은미(金恩美·女) KIM Eun Mee

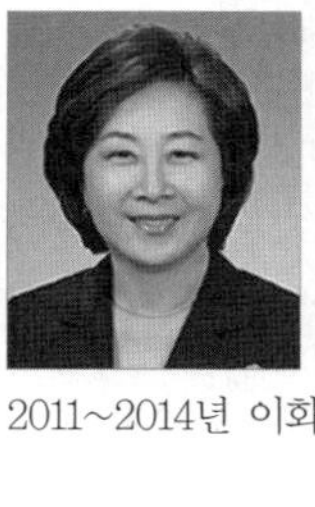

[생]1958·9·10 [주]서울 서대문구 이화여대길52 이화여자대학교 국제대학원 국제학과(02-3277-3400) [학]1981년 이화여대 사회학과졸 1983년 미국 브라운대 대학원 사회학과졸 1987년 사회학박사(미국 브라운대) [경]1997~2001년 이화여대 국제대학원 부교수 2001~2005년 同국제교육원장 2002년 同국제대학원 국제학과 교수(현) 2008~2010년 대통령직속 규제개혁위원회 위원 2011~2014년 이화여대 국제대학원장 2011년 同국제개발협력연구원장(현)

2011~2012년 국제개발협력학회 회장 2013~2016년 삼성전자(주) 사외이사 2015년 이화여대 국제대학원장(현) [저]'Big Business, Strong State : Collusion and Conflict in South Korean Development, 1960-1990'(1997) '경제위기의 사회학 : 개발국가의 전환과 기업집단 연결망(共)'(2005) '한일FTA와 대기업의 직면과제(共)'(2006) '다문화 사회, 한국(共)'(2009) 'Engagement with North Korea : A Viable Alternative(共)'(2009)

김은미(金銀美 · 女) KIM Eun Mi

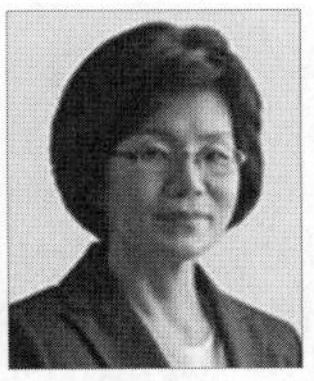

[생]1960 · 6 · 22 [출]광주 [주]서울 강남구 테헤란로92길7 바른빌딩 법무법인 바른(02-3479-2339) [학]1979년 광주 경신여고졸 1983년 이화여대 법학과졸 1991년 한양대 법학대학원 법학과 수료 [경]1991년 사법시험 합격(33회) 1994년 사법연수원 수료(23기) 1994년 서울지법 남부지원 판사 1996년 서울지법 판사 2002년 미국 조지워싱턴대 방문교수 2003~2007년 삼성카드 준법감시실장(상무) 2007~2009년 성균관대 법학전문대학원 교수 2009~2014년 공정거래위원회 심판관리관(국장급) 2013년 공공데이터제공분쟁조정위원회 위원(현) 2014년 법무법인 바른 변호사(현) 2015년 서울중앙지법 조정위원(현) 2015년 법무부 치료감호심의위원회 위원(현) 2015년 국회예산정책처 예산분석 자문위원(현) 2016년 법제처 법령해석심의위원회 위원(현) [저]'한국식 동의의결 제도'(2011, 성균관대 출판부) '과징금의 취소'(2011, 사법발전재단) '불공정'거래'행위의 의미'(2011, 사법발전재단)

김은석(金恩石) Kim, Eun-seok

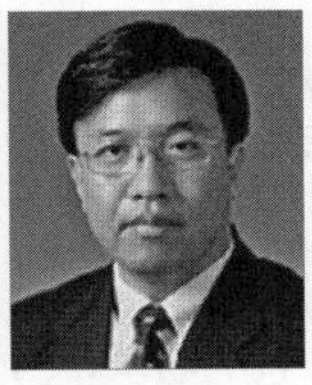

[생]1958 · 1 · 16 [출]제주 [주]제주특별자치도 제주시 일주동로61 제주대학교 교육대학(064-754-4822) [학]1981년 한양대 사학과졸 1983년 同대학원 사학과졸 1995년 문학박사(한양대) [경]1987~2008년 제주교육대 사회과교육과 전임강사 · 조교수 · 부교수 · 교수 1992~1994년 同학보사주간 2000년 同전자계산소장 겸 기획실장 2001~2003년 同학술정보원장 2003년 同초등교육연수원장, 아세아방송국 시청자위원, 제주도여성특별위원회 위원, 제주국제자유도시 실무위원, KBS 제주방송총국 객원해설위원 2008년 제주대 교육대학 사회과교육과 교수, 同교육대학 초등사회과교육전공 교수(현) 2008년 同교학처장 2009~2011년 同부총장 겸 교육대학장 2010년 제주특별자치도 문화재위원회 제1분과위원장 2013~2014년 제주문화예술재단 이사장 [저]'현대사회문제론' '서양의 지적운동' '클리오와 함께하는 제주' '개인주의적 아나키즘' '우물이 있는 집'

김은선(金恩瑢 · 女) KIM Eun Sun

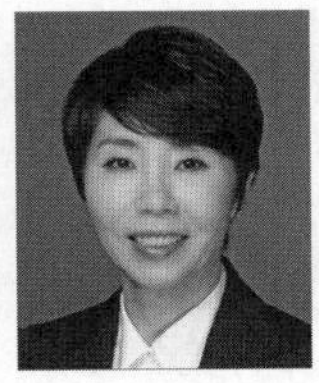

[생]1958 · 3 · 25 [본]경주(慶州) [출]서울 [주]서울 종로구 창경궁로136 보령그룹 부회장실(02-708-8199) [학]1982년 성심여대 한방식품영양학과졸 1998년 연세대 경영대학원졸, 고려대 언론대학원 최고위언론과정 수료 [경]1986년 보령제약(주) 입사 1986년 (주)킴즈컴 대표이사(현), 비알네트콤 대표이사(현) 1997년 보령제약(주) 비서실장(부사장) 2000년 同회장실 사장 2001년 同부회장 2001년 보령그룹 부회장(현) 2009년 한국제약협회 부회장 2009년 보령제약(주) 회장 2009년 同대표이사 회장(현) 2010 · 2012년 한국제약협회 일반의약품위원장 2012~2014년 아 · 태지역대중약협회(APSMI) 회장 2013년 駐韓에콰도르 명예영사(현) 2012년 한국무역협회 부회장(현) [상]서울과학종합대학원대 자랑스러운 원우상(2010), 포브스 아시아판 선정 '아시아 파워 여성 기업인 50인'(2015), 동탑산업훈장(2016) [종]불교

김은선(金銀瑄)

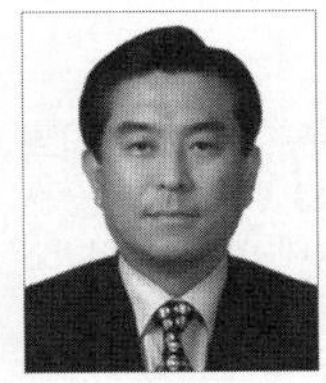

[생]1959 [출]서울 [주]서울 용산구 이태원로55길60의16 삼성문화재단(02-2014-6990) [학]경성고졸, 성균관대 경영학과졸 [경]1989년 삼성BP화학 입사 1995년 同경영지원팀장 2004년 同경영지원팀장(상무보) 2007년 同경영관리담당 상무, 삼성문화재단 근무 2010년 同총괄대표이사 전무 2013년 同총괄대표이사 부사장(현)

김은성(金銀星) KIM Eun Sung

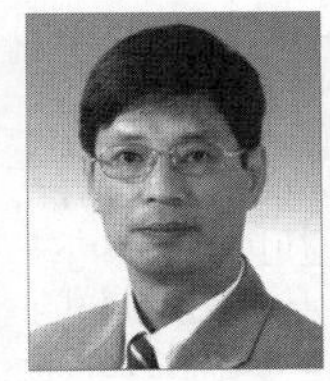

[생]1959 · 1 · 19 [출]전남 여수 [주]인천 중구 공항로271 인천국제공항역 대한무역투자진흥공사 글로벌바이어지원 사무소(032-740-2601) [학]1977년 목포고졸 1984년 전남대 행정학과졸 [경]1985년 대한무역투자진흥공사(KOTRA) 입사 1989년 同두바이무역관 근무 1996년 同나이로비무역관 근무 1996년 同하라레무역관장 2000년 同하노버EXPO전담반 근무 2002년 同시드니무역관 근무 2006년 同고객지원팀장 2006년 同고객센터장 2007년 同중아CIS팀장 2008년 同오클랜드무역관장 2011년 同고객감동팀장 2012년 同중소기업협력팀장 2013년 同스톡홀름무역관장 2016년 同글로벌바이어지원 사무소장(현) [종]천주교

김은성(金垠成) KIM EUN SUNG

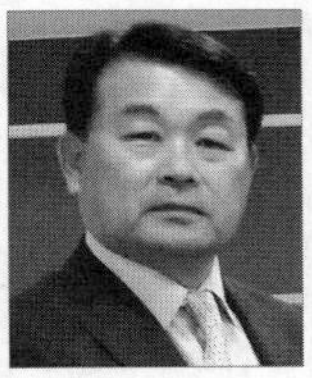

[생]1961 · 2 · 1 [주]서울 중구 남대문로90 12층 SK네트웍스(주) 임원실(070-7800-2114) [학]1980년 서대전고졸 1985년 한양대 경영학과졸 [경]1985년 (주)선경 자원관리기획과 입사 1985년 同농수사업농산물팀 근무 1988년 同식량곡물과 근무 1990년 同아주방콕지사 대리 1995년 同개발식료사업부 과장 1995년 同화학1 합성수지1팀 과장 1997년 同화학본부 합성수지1팀장 1998년 (주)SK 화학본부 합성수지1팀장 1999년 同안트워프지사 차장 2002년 同안트워프지사장 2003년 同프랑크푸르트지사장 2006년 SK네트웍스(주) 화학본부 기초유화팀장 2007년 同화학본부장(상무) 2010년 SK그룹 GLDP(Global Leadership Development Program) 파견 2011년 SK네트웍스(주) 자원BHQ장 2012년 同상사부문장(부사장) 2016년 同비상근고문(현)

김은성(金垠成) KIM Eun Sung

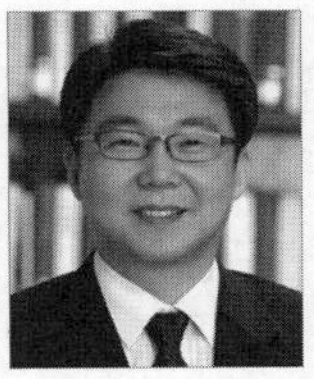

[생]1971 · 5 · 24 [출]서울 [주]서울 광진구 아차산로404 서울동부지방법원(02-2204-2114) [학]1990년 한영고졸 1994년 서울대 법대 사법학과졸 [경]1993년 사법고시 합격(35회) 1996년 사법연수원 수료(25기) 1996년 軍법무관 1999년 서울지법 서부지원 판사 2001년 서울지법 판사 2003년 청주지법 영동지원 판사 2006년 수원지법 판사 2008년 서울고법 판사 2010년 서울중앙지법 판사 2011년 전주지법 부장판사 2012년 한양대 법학전문대학원 겸임교수 2012년 한국외국어대 법학전문대학원 겸임교수 2012년 사법연수원 교수 2013~2014년 서울대 겸임교수 2013년 고려대 겸임교수 2014년 수원지법 부장판사 2014년 의정부지법 부장판사 2015년 서울동부지법 부장판사(현) [저]'보험재판실무편람'(2007, 보험재판실무편람집필위원회)

김은숙(金恩淑 · 女) KIM Eun Sook

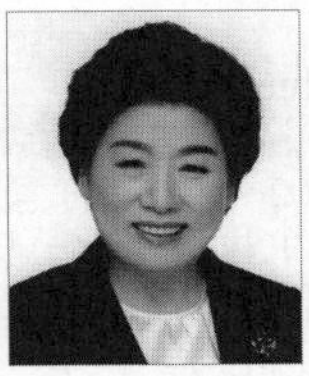

[생]1945 · 4 · 11 [출]경남 고성 [주]부산 중구 중구로120 중구청 구청장실(051-600-4001) [학]1964년 부산여고졸 1968년 부산대 약학대학 약학과졸 1990년 동의대 행정대학원 행정학과졸 [경]부산시 부녀복지과장, 同여성정책과장, 同가정복지국장, 同보건복지여성국장, 부산시여성단체협의회 회장, 부산여성총연대 상임공동대표, 민주정의당 부산시지부 여성부장, 한나라당 부산中 · 東지구당 부위원장, 부산국제건축문화재조직위원회 자문위원, 부산발전연구원 여성정책자문위원, 민주평통 자문위원 2006년 부산시 중구청장선거 출마(한나라당) 2007년 부산시 중구청장(재 · 보궐선거 당선, 한나라당) 2010년 부산시 중구청장(한나라당 · 새누리당) 2014년 부산시 중구청장(새누리당)(현) 2016년 부산중구장애인체육회 회장(현) [상]한국여성단체협의회 창립 50주년 특별상(2009), 부산장애인총연합회 감사패(2010), 2010 한국매니페스토 약속대상 선거공약부문우수상(2010), 대한민국 자랑스런시민대상 문화 · 복지발전공로 대상(2012), 대한약사회 약사금장(2014), 전국시장 · 군수 · 구청장전국총회 지방자치특별상(2015) [종]불교

김은숙(金恩淑 · 女) Kim Eun Suk

[생]1965 · 8 · 25 [본]김해(金海) [출]강원 영월 [주]세종특별자치시 갈매로408 교육부 특수교육정책과(044-203-6569) [학]1984년 강릉여고졸 1988년 이화여대 특수교육학과졸 2001년 同대학원 특수교육학과졸 2015년 특수교육학박사(이화여대) [경]1988~2001년 연세재활학교 · 서울맹학교 특수교사 2002~2003년 한국복지대 교육연구사 2004년 국립특수교육원 교육연구사 2012년 同교육연구관 2015년 교육부 특수교육정책과장(현)

김은식(金恩植) KIM Eun Shik (无阮)

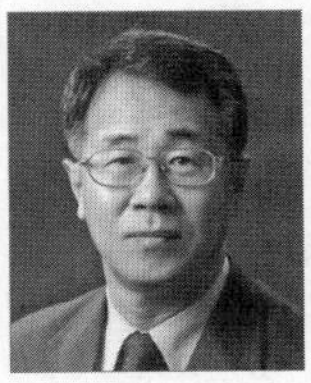

[생]1954 · 5 · 28 [본]안동(安東) [출]전남 곡성 [주]서울 성북구 정릉로77 국민대학교 산림환경시스템학과(02-910-4814) [학]1981년 서울대 임학과졸 1983년 同대학원졸 1985년 미국 예일대 대학원 임학 · 환경학과졸(석사) 1988년 임학 · 환경학박사(미국 예일대) [경]1991년 국민대 산림환경시스템학과 조교수 · 부교수 · 교수(현), 한국장기생태연구위원회 위원장 2003~2005년 국민대 삼림과학대학장 2004년 국제생태학회 사무총장 겸 이사(현) 2005~2006년 미국 브라운대 방문교수 2006~2008년 국민대 성곡도서관장 2008년 동아시아 · 태평양지역국제장기(長期)생태연구(ILTER)네트워크 위원장(현) 2009~2010년 한국생태학회 회장 2010년 동아시아생태학회 회장 2011년 한국생태관측대네트워크 위원장(현) 2012년 아시아 · 태평양지역생물다양성관측네트워크 공동위원장(현) 2014년 GEO BON 자문위원(현) [상]10년 뒤

한국을 빛낼 100인 선정(2011), 국민대 우수교수상(2011) [저]'산림생태학' '한국의 환경비전 2050' 'Ecological Issues in a Changing World' '생태복원공학' 'Beautiful Wildflowers in Korea' '그래서 나는 실험실 불을 끌 수 없었다' [역]'대기정화 식수지침'

김은애(金銀愛 · 女) KIM Eun Ae

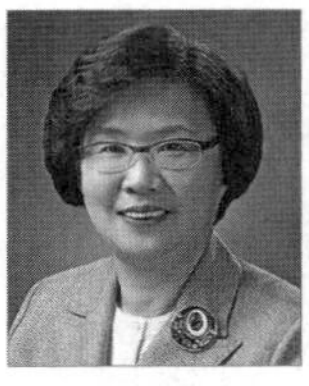

[생]1952 · 9 · 10 [출]서울 [주]서울 서대문구 연세로50 연세대학교 생활과학대학 의류환경학과(02-2123-3103) [학]1975년 서울대 의류학과졸 1977년 同대학원 의류학과졸 1984년 섬유과학박사(미국 메릴랜드대) [경]1985년 연세대 의생활학과 조교수 · 부교수, 同생활과학대학 의류환경학과 교수(현) 1991~1992년 미국 North Carolina State Univ. 객원연구원 1992~1996년 연세대 교육대학원 가정학교육전공 주임교수 1995~1998년 同의류과학연구소 부소장 1995~1997년 同생활과학대학 의류환경학과장 1997년 일본 문화여대 객원연구원 1997년 산업표준심의회 심의위원 1998년 한국의류학회 피복과학분과 운영위원 1999~2003년 연세대 의류과학연구소장 2000년 섬유의류연구정보센터 정보제공위원 2003년 연세대 생활과학연구소장 2004년 한국과학문화재단 과학기술앰배서더(Ambassador) 2007년 한국의류학회 편집위원장 2009년 同부회장 2011~2013년 同회장 2014년 대한가정학회 회장 2016년 同감사(현) [상]교육과학기술부장관표창(209), 한국의류학회 우수논문발표상(2011) [저]'기초피복 위생학(共)'(1994, 경춘사) '의류소재의 이해와 평가'(1997, 교문사) '패션소재 기획과 정보(共)'(2000, 교문사) '한국의류학회 30년사'(2006, 한국의류학회) '특수소재 봉제품의 품질관리(共)'(2008, 교문사) 외

김은옥(金銀玉)

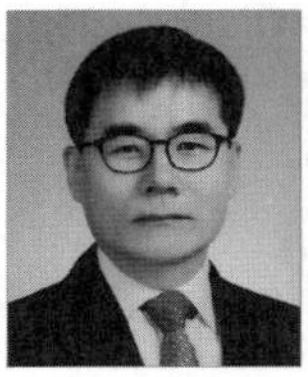

[생]1959 [주]세종특별자치시 한누리대로499 인사혁신처 창조법무담당관실(044-201-8140) [학]중앙대 철학과졸 [경]공무원 임용(7급 공채) 2012년 행정안전부 광주정부통합전산센터 운영총괄과장 2014년 안전행정부 중앙공무원교육원 총무과장 2014년 인사혁신처 기획조정관실 창조행정담당관 2015년 同기획조정관실 창조법무담당관 2016년 同기획조정관실 창조법무담당관(부이사관)(현)

김은정(金恩玎 · 女) KIM Eun Jung

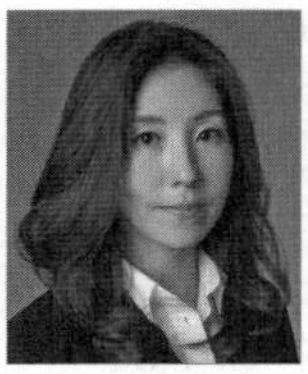

[생]1969 · 10 · 31 [출]서울 [주]서울 종로구 창경궁로136 보령빌딩14층 보령메디앙스(주) 임원실(02-740-4219) [학]1988년 성심여고졸 1992년 가톨릭대 경영학과졸 1995년 미국 세인트루이스대 대학원 경영학과졸 [경]1994년 보령제약 입사 1997년 보령메디앙스(주) 근무, 同모자생활과학연구소장, 同전무이사 2003년 同부사장 2006년 同패션유통사업본부 부사장 2009년 同부회장(현)

김은주(金恩珠 · 女) KIM Eun Joo

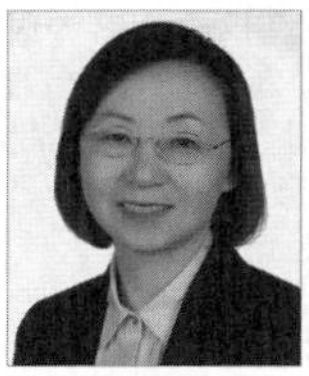

[생]1960 · 9 · 24 [출]부산 [주]서울 종로구 율곡로2길25 연합뉴스 한민족센터(02-398-3114) [학]1984년 서울대 불어불문학과졸 1986년 同대학원 신문학과졸 1994년 프랑스 파리3대학 커뮤니케이션학과 수학 2012년 언론학박사(성균관대) [경]1986년 연합뉴스 해외부 · 생활부 · 특집부 · 외신부 기자 1998년 同파리특파원 2002년 同문화부 부장대우 2004년 同문화부 대중문화팀장 2005년 同문화부장 2006년 한불수교120주년 자문위원 2007년 연합뉴스 논설위원 2008년 同논설위원(부국장대우) 2009년 同국제뉴스2부 기획위원(부국장대우) 2011년 同국제국 해외에디터(부국장급) 2012년 同논설위원 2012년 누리과정발전포럼 위원(현) 2013년 국무조정실 산하 유보통합추진위원회 민간위원(현) 2014년 연합뉴스 콘텐츠평가실장(부국장급) 2014~2015년 同고충처리인 2014년 여성가족부 사이버멘토링 언론인분야 대표멘토 2014년 연합뉴스 콘텐츠평가실장(국장대우) 2015년 同한민족센터 본부장(현) 2015년 한국영상자료원 비상임이사(현) 2015년 국무조정실 재외동포정책위원회 민간위원(현) 2015년 한국건강가정진흥원 비상임이사(현) 2016년 연합뉴스 한민족센터본부 한민족사업부장 겸임(현) [상]제31회 최은희여기자상(2014) [저]'한국의 여기자, 1920~1980'(2014, 커뮤니케이션북스)

김은주(金恩珠 · 女) Kim Eunjoo

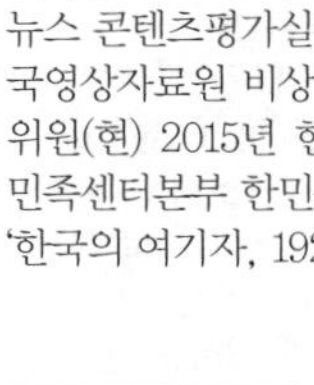

[생]1962 · 10 · 8 [출]경기 양평 [주]경기 고양시 일산동구 일산로341 한국경진학교 교장실(031-931-7810) [학]1985년 이화여대 특수교육과졸 1993년 同대학원 특수교육과졸 2008년 특수교육학박사(이화여대) [경]1985~1989년 수원서광학교 교사 1990~1994년 서울여의도초교 교사 1994~1996년 서울정진학교 교사 1996년 국립특수교육원 교육연구사 2004년 同정보운영과장 · 연수과장 2004~2009년 교육인적자원부 특수교육지원과 교육연구관 · 장학관 2009년 교육과학기술부 특수교육과장 2011년 국립특수교육원 원장 2011년 한국특수교육학회 이사 2011년 한국특수교육총연합회 이사 2012년 한국직업능력개발원 진로 · 직업정보자문위원회 위원 2013년 국가평생교육진흥원 대한민국평생학습대상선정위원회 위원 2014년 한국경진학교 교장(현) [상]교육부장관표창(2000), 교육인적자원부장관표창(2006), 대통령표창(2010) [저]'특수교육 교과교육론(共)'(2010, 양서원) '특수교육법해설(共)'(2010, 교육과학사) '특수학생의 과학교육(共)'(2011, 블록미디어) '지적장애아교육(共)'(2012, 학지사) [종]기독교

김은준(金恩俊) Eunjoon Kim

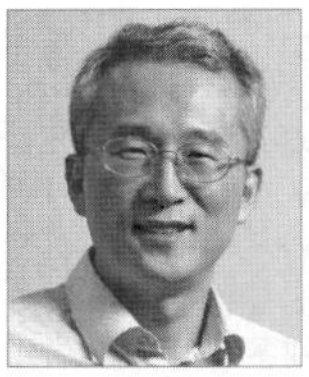

[생]1964 · 1 · 20 [주]대전 유성구 대학로291 한국과학기술원 생명과학과(042-350-2633) [학]1986년 부산대 약학과졸 1988년 한국과학기술원 생물공학과졸(석사) 1994년 약학박사(미국 미시간주립대) [경]1988~1991년 생명공학연구소 유전자은행 연구원 1995~1997년 미국 Havard Medical School Post-Doc. 1997~2000년 부산대 약학과 조교수 2002년 한국과학기술원(KAIST) 생명과학과 조교수 · 부교수 2011~2014년 同석좌교수 2012년 기초과학연구원 시냅스뇌질환연구단장(현) 2014년 한국과학기술원(KAIST) 생명과학과 교수(현) [상]과학기술부 선정 젊은과학자상(2005), BPS Award(생명약학 우수논문상)(2005), 인촌상-자연과학부문(2012), 한국대학총장협회 우수학위 지도교수상-생물학분야대상(2012), 포스코 청암과학상(2013) 미래창조과학부 · 한국과학기술기획평가원 국가연구개발 우수성과(2013), 2014 올해의 KAIST인(2015)

김은중(金恩中) KIM Eun Joong

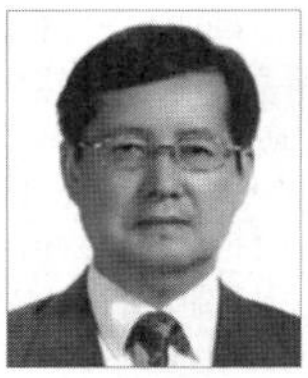

[생]1959 · 1 · 20 [주]서울 종로구 사직로8길60 외교부 인사운영팀(02-2100-7136) [학]1981년 서울대 독어독문학과졸 1987년 미국 터프츠대 플래쳐스쿨 국제관계학과졸 [경]1981년 외무고시 합격(15회) 1981년 외무부 입부 1988년 駐로스앤젤레스 영사 1994년 駐러시아 1등서기관 1999년 외교통상부 동구과장 1999년 駐독일 참사관 2002년 駐러시아 참사관 2004년 외교통상부 의전심의관 2007년 국회사무처 파견 2008년 외교통상부 유럽국장 2010년 미국 조지타운대 외교연구원 파견 2011년 駐우크라이나 대사 2014년 대전시 국제관계대사 2016년 駐루마니아 대사(현) [상]녹조근정훈장(2003)

김은혜(金恩慧 · 女) KIM Eun Hye

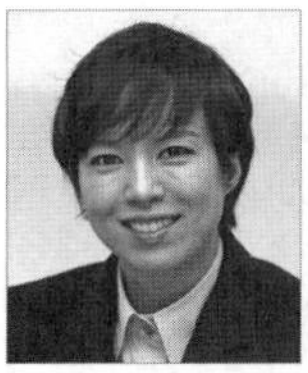

[생]1971 · 1 · 6 [출]서울 [주]서울 중구 퇴계로190 MBN(02-2000-3129) [학]1989년 정신여고졸 1993년 이화여대 신문방송학과졸 [경]1993년 MBC 사회부 경찰기자 1996년 同정치부 국회 · 총리실 출입기자 1999년 同뉴스데스크 앵커 2000년 同아침뉴스 앵커 2002년 同보도국 경제부 한국은행 출입기자 2002년 同경영관리국 인력개발부 기자(해외교육자) 2003년 同보도국 뉴스편집2부 기자 2003년 同뉴스24 앵커 2004년 同뉴스투데이 앵커 2004년 대검 초대 명예검사 2005년 MBC 보도국 뉴스편집센터 2CP(차장대우) 2006~2008년 同보도국 뉴스편집2부 차장 2008년 대통령 제1부대변인(외신담당) 2009년 대통령 부대변인(외신담당) 2009~2010년 대통령 제2대변인 2010년 (주)KT 그룹콘텐츠전략담당 전무 2010년 同GMC전략실장(전무) 2012년 同커뮤니케이션실장(전무) 2014년 (주)매일방송(MBN) '뉴스&이슈' 앵커(현) 2015년 同특임이사(현) [상]한국기자협회 이달의 기자상(1994), 한국기자협회 특종상(1999), 이화여대 자랑스러운 언론홍보영상인상(2000), 아시아소사이어티 코리아센터 '여성 리더상'(2011) [저]'나는 감동을 전하는 기자이고 싶다'(2001, 비전코리아) '아날로그 성공모드'(2006, 순정아이북스) [종]불교

김은호(金銀浩) KIM Eun-ho

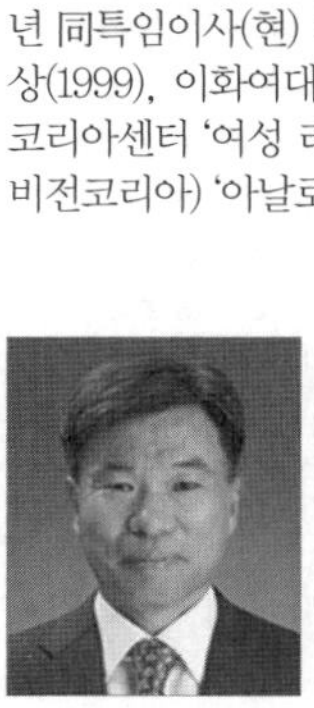

[생]1958 · 11 · 23 [출]경남 밀양 [주]서울 종로구 사직로130 김앤장법률사무소(02-3703-1189) [학]1984년 성균관대 경제학과졸 1989년 서울대 행정대학원졸 [경]1983년 행정고시 합격(27회) 1985~1993년 재무부 국고국 · 증권국 · 보험국 사무관 1993~1994년 부천 · 동부세무서 과장 1994~1998년 국세청 전산실 계장 1998년 서울지방국세청 국제조세1과 서기관 1999년 국세청 기획1계장 2000년 김천세무서장 2001년 창원세무서장 2002년 중부지방국세청 조사3국 조사3과장 2003년 국세청 정보개발2담당관 2004년 同조사3과장 2005년 同조사2과장 2006년 同조사1과장(부이사관) 2006년 同심사2과장 2007년 부산지방국세청 조사1국장 2008년 서울지방국세청 납세자보호담당관 2010년 同세원분석국장(고위공무원) 2010년 미국 국세청 파견 2011년 서울지방국세청 조사2국장 2011년 국세청 기획조정관 2012~2013년 부산지방국세청장 2013~2015년 광교 세무법인 회장 2015년 김앤장법률사무소 고문(현) 2015년 아시아신탁 사외이사(현) 2016년 오리온 사외이사(현) [상]녹조근정훈장(2005)

김은홍(金殷弘) KIM, EUN-HONG

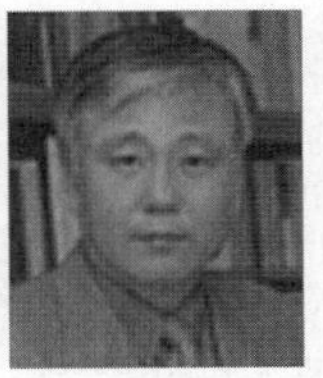

[생]1956·4·6 [본]김해(金海) [출]전북 전주 [주]서울 성북구 정릉로77 국민대학교 경영대학 기업경영학부(02-910-4552) [학]1975년 서울고졸 1979년 서울대 경영학과졸 1981년 한국과학기술원 산업공학과졸(석사) 1986년 경영과학박사(한국과학기술원) [경]1982년 한국과학기술원 조교 1986~1991년 국민대 회계학과 전임강사·조교수 1988년 同회계학과장 1991~2002년 同정보관리학과 조교수·부교수·교수 1992년 同경영대학원 교학부장 1994년 미국 일리노이대 객원교수 2000~2004년 국민대 기획처장 2002~2007년 同e-비즈니스학부 교수 2007년 同경영대학 경영학부 교수 2010년 同경영대학 기업경영학부 교수(현) 2014~2016년 同대학원장 2014~2016년 同기획부총장 2014년 同특성화추진단장 [저]'사용자중심의 경영정보시스템'(1998) '경영정보학개론'(1999) '21C 중소기업의 진로'(2000)

김은환(金銀煥)

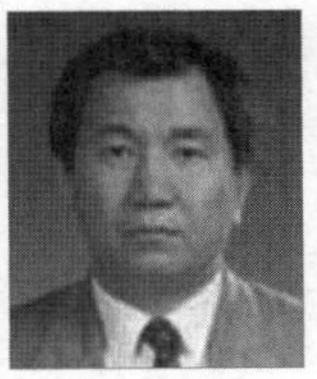

[생]1956·12·12 [출]충남 태안 [주]인천 남구 매소홀로 388 경인일보 인천본사(032-861-3207) [학]1982년 경희대졸 2001년 연세대 언론홍보대학원졸 [경]경인일보 지방부 기자 1989년 同지방부 차장 1991년 同사회2부 차장 1994년 同사회2부장 1996년 同정경2부장 1997년 同정경3부장 2001년 同정경팀장 2002년 同인천본사 정경부장 2003년 同인천본사 편집제작국장 2009년 同편집국장 2010년 同인천본사 편집경영본부장 2012년 同인천본사 사장(현) [상]한국기자대상(1995)

김을동(金乙東·女) KIM Eul Dong

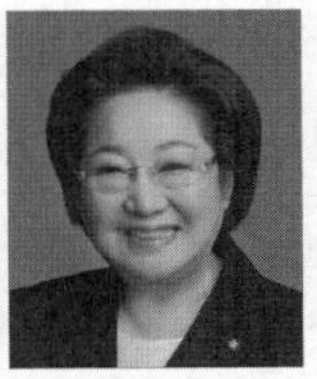

[생]1945·9·5 [본]안동(安東) [출]서울 [주]서울 강남구 봉은사로129 B1층 103호 백야김좌진장군기념사업회(02-780-8877) [학]1963년 풍문여고졸 1963년 중앙대 정치외교학과 중퇴 1995년 고려대 자연과학대학원 수료 1999년 이화여대 여성최고지도자과정 수료 [경]탤런트(현) 1967년 동아방송 성우 1971년 TBC 탤런트 1980년 KBS 탤런트 1988년 KBS극회 부회장 1989년 한국방송연예인노조 집행위원 1991년 대한독립유공자협회 이사 1995년 서울시의회 의원 1996년 자민련 서울종로지구당 위원장 1996년 同중앙위원회 부의장 1997년 同서울시지부 부위원장 1998년 백야김좌진장군기념사업회 회장(현) 1998년 우석대 겸임교수 2002년 한중우의공원 유한공사 대표이사 2002년 자민련 성남수정지구당 위원장 2002년 한나라당 이회창 대통령후보 문화특보 2003년 同성남수정지구당 위원장 2004년 同여성대표 운영위원 겸 상임운영위원 2004년 대한독립군가선양회 회장, (사)한양여성팔각회 회장, 한민족운동단체연합 공동의장 2008~2012년 제18대 국회의원(비례대표, 친박연대·미래희망연대·새누리당) 2009~2016년 독립기념관 비상임이사 2012~2016년 제19대 국회의원(서울 송파구丙, 새누리당) 2012~2013년 새누리당 원내부대표 2012~2014년 한국여자야구연맹 회장 2012~2014년 새누리당 중앙여성위원장 2013년 국회 미래창조과학방송통신위원회 위원 2014년 국회 정무위원회 위원 2014~2016년 새누리당 최고위원 2015년 同역사교과서개선특별위원회 위원장 2016년 제20대 국회의원선거 출마(서울 송파구丙, 새누리당) 2016년 새누리당 제20대 총선 서울권선거대책위원장 [상]국정감사 우수의원상(2011·2012), 대한민국 국회의원 의정대상(2013), 전국청소년선플SNS기자단 선정 '국회의원 아름다운 말 선플상'(2015) [저]'김을동과 세 남자이야기'(2011, 순정아이북스) [작]TV드라마 'TBC 하얀장미'(1973) 'KBS 새벽' 'KBS 해돋는 언덕'(1989) 'KBS 역사는 흐른다'(1989) 'KBS 남자는 외로워'(1994) 'SBS 장희빈'(1995) 'KBS 서궁'(1996) 'KBS 용의 눈물'(1996) 'SBS OK 목장'(1997) 'SBS 파도'(1999) 'MBC 며느리들'(2001) 'KBS 반올림3'(2006) 'MBC 김치 치즈 스마일'(2007) 'KBS 며느리 전성시대'(2007) 출연영화 '가슴깊게 화끈하게'(1981) '나는 할렐루야 아줌마였다'(1981) '영자의 전성시대2'(1982) '춤추는 달팽이'(1982) '불새의 늪'(1983) '저 하늘에도 슬픔이'(1984) '영자의 전성시대 87'(1987) '그 마지막 겨울'(1988) '모래성'(1989) '발바리의 추억'(1989) '영심이'(1990) '사랑은 지금부터 시작이야'(1990) '가보면 알거야'(1990) '별이 빛나는 밤에'(1991) '미란다'(1995) '내츄럴시티'(2003) '마파도'(2005) '카리스마 탈출기'(2006) '마파도2'(2007) 연극 '아내란 직업의 여인' '해마' 뮤지컬 '간도아리랑' 국극 '호동왕자' 등 [종]불교

김응권(金應權) KIM Eung Kweon

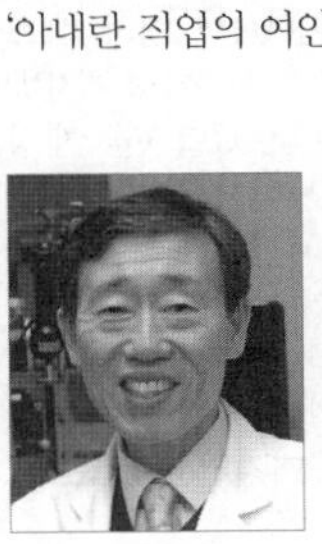

[생]1955·9·14 [출]인천 [주]서울 서대문구 연세로50의1 세브란스 안이비인후과병원 안과(02-2228-3577) [학]1980년 연세대 의대졸 1983년 同대학원졸 1989년 의학박사(연세대) [경]1980~1984년 연세대 세브란스병원 인턴·안과 레지던트 1984~1987년 육군 군의관 1987년 연세대 의과대학 안과학교실 연구강사·전임강사·조교수·부교수·교수(현) 1999~2001년 콘텍트렌즈연구회 간행편집이사 2003~2005년 한국백내장굴절수술학회 회장 2008년 연세대의료원 의과학연구처장 2012년 세브란스병원 안이비인후과병원 안과 과장 2012·2014년 연세대 의대 각막이상증연구소장(현) 2012년 세브란스병원 안이비인후과병원 진료부장 2014~2015년 同안이비인후과병원 안과 과장 2014~2016년 연세대 의대 안과학교실 주임교수 [상]일간보사 Topcon 안과 학술상(2005), 대한의학협회 의과학상, 서울시의사회 의학상 우수상 [저]'각막'(1999, 일조각) '안과학'(2002, 일조각) '굴절교정수술'(2005, 한국백내장굴절수술학회)

김응권(金應權) KIM Eung Gweon

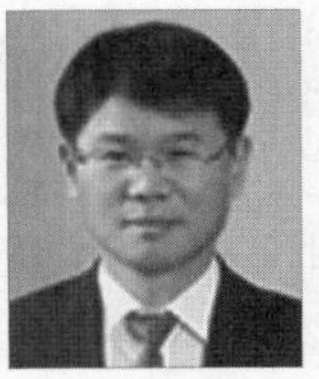

[생]1962·3·11 [본]경주(慶州) [출]충북 보은 [주]전북 완주군 삼례읍 삼례로443 우석대학교 총장실(063-290-1001) [학]1980년 청주고졸 1985년 서울대 사회교육과졸 1987년 同행정대학원졸 2001년 철학박사(미국 아이오와대) [경]1984년 행정고시 합격(28회) 1985년 총무처 수습사무관 1986~1990년 충북도교육청 근무 1990~1995년 교육부 교직과·의무교육과·대학학무과 근무 1996년 同총무과 인사계장 1997년 同조사통계과장 1998년 미국 파견 2001년 교육인적자원부 대학행정지원과장 2003년 同국제교육협력담당관 2003년 同국제교육협력과장 2004년 同교육예산담당관 2005년 同재정기획관(국장) 2005년 同부총리 겸 장관 비서실장 2007년 충남대 사무국장 2007년 駐미국대사관 공사참사관 2011년 교육과학기술부 대학선진화관(고위공무원) 2011년 同대학지원실장 2012~2013년 同제1차관 2014년 우석대 총장(현) 2014~2016년 한국과학창의재단 비상임이사 2014~2015년 감사원 감사혁신위원회 위원 [상]대통령표창(1995)

김응규(金應圭) KIM Eung Kyu

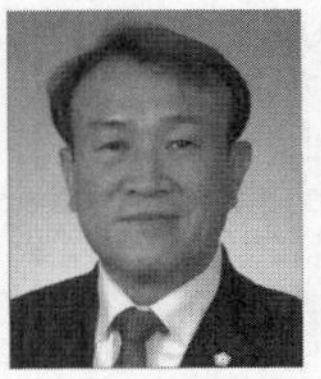

[생]1955·7·29 [주]충남 예산군 삽교읍 도청대로600 충청남도의회(041-635-5319) [학]단국대 행정대학원 도시행정학과졸, 호서대 경영대학원 국제경영학과졸, 공주대 대학원 산림자원및조경학과 수료, 선문대 대학원 행정학박사과정 수료 [경]충무영재외국어학원 원장, 아산엔지니어링 대표, 한국자유총연맹 아산시지부장 2002·2006·2010~2014년 충남 아산시의회 의원(한나라당·새누리당) 2004년 同운영위원장 2010년 同부의장 2012~2014년 同의장 2014년 충남도의회 의원(새누리당)(현) 2014·2016년 同운영위원회 위원(현) 2014년 同건설해양소방위원회 부위원장 2015~2016년 同안전건설해양소방위원회 부위원장 2015·2016년 同농업경제환경위원회 위원(현) 2015년 同예산결산특별위원회 위원 2015년 同윤리특별위원회 위원 [상]법무부장관표창(2013)

김응규(金應奎) KIM Eung Kyu

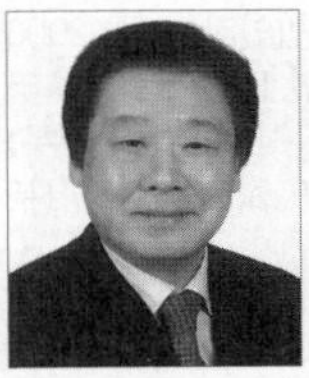

[생]1956·2·16 [출]경북 [주]경북 안동시 풍천면 도청대로 455 경상북도의회(054-880-5459) [학]김천고졸 1982년 중앙대 사회복지학과졸 2000년 대구가톨릭대 대학원 사회복지학과졸 [경]세심천사우나 대표, 한진관광 김천점 대표, 김천대 실버케어보건복지학과 외래교수 1991년 김천청년회의소 회장 1991~1995년 경북 김천시의회 의원·운영위원장 1992년 김천시육상경기연맹 회장 1992~2010년 학교법인 석문학원 감사 1995년 민자당 김천지구당 사무국장 1998·2002·2006~2010년 경북도의회 의원(한나라당) 2006~2008년 同운영위원장 2010년 김천시장선거 출마(무소속) 2014년 경북도의회 의원(무소속)(현) 2014~2015년 同예산결산특별위원회 위원 2014~2016년 同교육위원회 위원 2015년 국제친선연맹 회장(현) 2016년 경상북도의회 의장(현)

김응상(金應祥) KIM Eung Sang

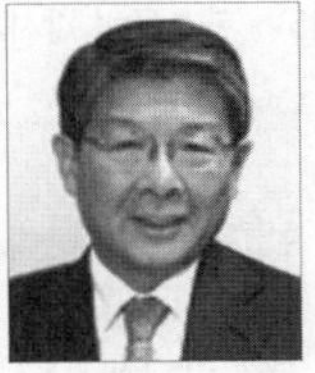

[생]1952·10·3 [출]부산 [주]경기 안양시 동안구 학의로 282 금강펜테리움IT타워 A동18층 (주)한농화성 임원실(031-388-0141) [학]1971년 경복고졸 1976년 고려대 경영학과졸 [경]1975년 (주)한농 입사 1980년 (주)한정화학 이사 1985~1987년 同상무이사 1987~1995년 (주)한농 비상임이사 1987년 (주)한정화학 전무이사 1992년 同대표이사 부사장 1994~1995년 同대표이사 사장 1997~2014년 (주)한농화성 대표이사 사장·회장 2014년 同각자대표이사 회장(현)

김응석(金應錫) KIM Eung Suk

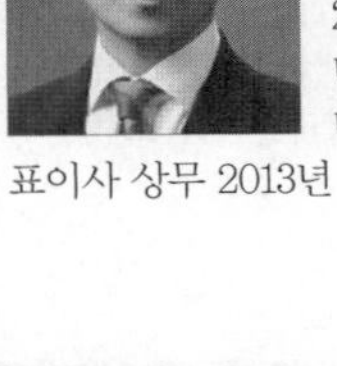

[생]1968·7·7 [출]서울 [주]경기 성남시 분당구 판교역로 241번길20 미래에셋벤처타워11층 미래에셋벤처투자(주) 비서실(031-780-1440) [학]1987년 대성고졸 1991년 연세대 전기공학과졸 1996년 同대학원 전기공학과졸 [경]2002년 미래에셋벤처투자(주) 이사 2006년 (주)다음커머스 비상근감사 2007년 (주)디앤샵 비상근감사 2007년 미래에셋벤처투자(주) 투자본부장(상무보) 2008년 同대표이사 상무 2013년 同대표이사 사장(현)

김응수(金應秀) KIM Eung Soo

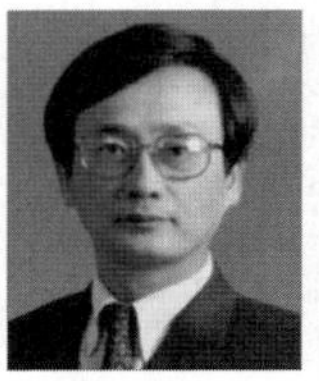

[생]1958 · 10 · 24 [주]경기 수원시 영통구 광교산로154의 42 경기대학교 신소재공학과(031-249-9764) [학]1984년 연세대 요업공학과졸 1986년 同대학원 요업공학과졸 1991년 공학박사(연세대) [경]1986~1991년 연세대 부설 산업기술연구소 연구원 1990~1991년 同공대 세라믹공학과 시간강사 1991년 同산업기술연구소 선임연구원 1991~2002년 경기대 공대 재료공학과 전임강사·조교수·부교수 1995~1996년 미국 일리노이대 어배나교 Materials Research Laboratory 객원연구원 2002년 경기대 공대 신소재공학과 교수(현) 2002년 한국세라믹학회 총무운영위원 2003년 한국화학관련연합회 이사 2010~2011년 전자부품연구원 전문위원 2011년 한국세라믹학회 수석운영이사 2011~2013년 경기대 산학협력단장 겸 연구처장 2015~2016년 同연구처장·산학협력단장·출판부장 겸임 2016년 同공과대학장 겸 건설·산업대학원장(현) 2016년 한국세라믹학회 학계부회장(현)

김응수

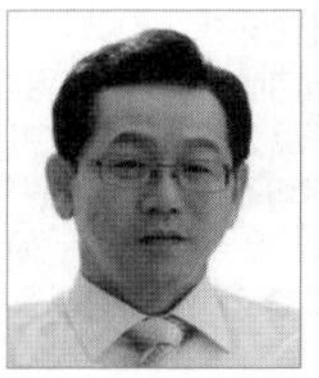

[생]1966 · 1 · 13 [주]서울 중구 퇴계로18 대우재단빌딩15 (사)한국MICE협회(02-3476-8325) [학]1984년 청주상고졸 1990년 청주대졸 2012년 중앙대 예술대학원 CEO 최고경영자과정 수료 [경]1984~2002년 국민은행 근무 2003~2005년 신한은행 근무 2007년 (주)프리미엄패스 인터내셔널 대표이사(현) 2014년 (사)한국MICE협회 회장(현) 2014년 한국관광협회중앙회 부회장(현) 2014년 서비스산업총연합회 부회장(현) 2014년 MPI 한국지부 대표(현) 2014년 서울시 일자리위원회 위원(현) 2015년 경기도마이스산업지원협의회 위원(현) 2015년 인천시마이스산업지원협의회 위원(현) 2015년 2018평창동계올림픽 사후활용방안 자문위원(현) 2015년 (재)정동극장 비상임이사(현) 2015년 중국 사천성관광홍보대사 2016년 부산One-Asia페스티벌추진위원회 위원(현), 호서대 특임교수(현), 이화여대 국제회의센터 전문위원(현) [상]한국을 빛낸 대표브랜드 대상(2011), 중앙대 예술대학원 한류최고경영자상(2012), 대한민국 신지식경영대상(2012), 한국을 이끄는 혁신리더(2013), 관광진흥유공 국무총리표창, 문화체육관광부장관표창(2015)

김응식(金應植) KIM Eung Sik

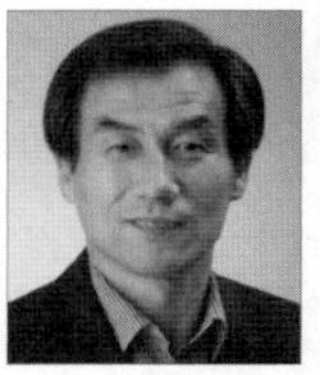

[생]1958 · 6 · 28 [출]서울 [주]서울 강남구 논현로508 GS타워16층 GS파워(주) 임원실(02-2005-4000) [학]1977년 장훈고졸 1982년 연세대 화학공학과졸 1984년 同대학원 화학공학과졸 [경]1985년 LG칼텍스정유(주) 입사 1998년 同원유기획팀장 2003년 同원유·제품부문장(상무) 2005년 GS칼텍스(주) 싱가폴현지법인장(상무) 2006년 同싱가폴현지법인장(전무) 2008년 同원유수급운영본부 전무 2009년 同S&T전략실장(전무) 2011년 同윤활유사업본부장(전무) 2011년 同윤활유사업본부장(부사장) 2014년 同Supply&Trading본부장(부사장) 2015년 GS파워(주) 대표이사 사장(현) [종]기독교

김의겸(金宜謙)

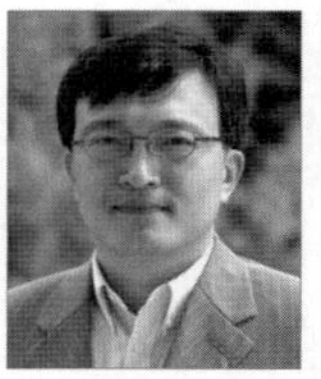

[생]1963 · 5 · 22 [주]서울 마포구 효창목길6 한겨레신문 편집국(02-710-0114) [학]1988년 고려대 법학과졸 [경]1990년 한겨레신문 입사 1999년 同국제부 기자 2001년 同정치부 기자 2003년 同미디어사업본부 한겨레21부 기자 2007년 同정치부 기자 2008년 同편집국 정치부문 정치팀장 2009년 同편집국 문화부문 편집장 2010년 同편집국 정치부문 선임기자 2011년 同편집국 사회부장 2012년 同편집국 정치사회에디터 2013년 同논설위원 2015년 관훈클럽 감사 2015년 한겨레신문 편집국 선임기자(현)

김의곤(金義坤) KIM Eui Kon

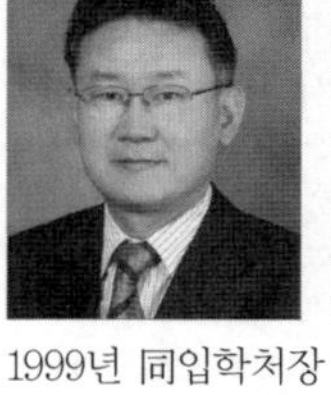

[생]1955 · 7 · 18 [출]서울 [주]인천 남구 인하로100 인하대학교 정치외교학과(032-860-7966) [학]1980년 연세대 정치외교학과졸 1982년 미국 뉴욕주립대 대학원 국제정치학과졸 1988년 정치학박사(미국 뉴욕주립대) 2006년 명예 국제관계학박사(몽골국립대) [경]1987년 미국 뉴욕주립대 강사 1989년 연세대 강사 1990~1999년 인하대 조교수·부교수 1999년 同정치외교학과 교수(현) 1999년 同입학처장 2003년 同국제관계연구소장 2005년 同교무처장 2010년 한국국제정치학회 회장 2010년 인하대 사회과학대학장 겸 정책대학원장 2011·2014년 미국 세계인명사전 'Marquis Who's Who 2012·2015판'에 등재 [저]'미래학입문'(1992) '미국정치의 과정과 정책'(1994) '현대국제정치이론'(1996) '한국의 외교정책'(1998) '미국외교정책'(1998) '현대국제정치이론(증보판)'(2000) '정치학'(2001) '동북아 신질서: 경제협력과 지역안보'(2004) [역]'소련 외교정책론' '사회주의 정치경제학'

김의구(金義求) KIM Eui Gu

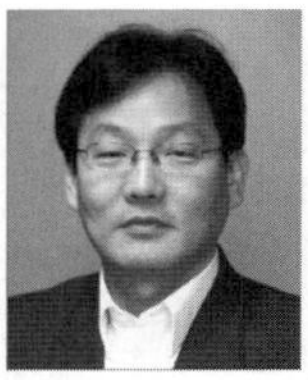

[생]1962 · 1 · 9 [본]안동(安東) [출]경북 [주]서울 영등포구 여의공원로101 국민일보 경영전략실(02-781-9234) [학]1984년 서울대 철학과졸 1987년 同대학원 철학과졸 [경]1990년 국민일보 사회부 기자 1993년 同경제부 기자 1996년 同사회부 기자 1998년 同국제부 기자 2000년 同정치부 기자 2004년 同정치부 차장 2005년 同사회부 차장 2005년 同탐사기획팀장 2006년 同국제부장 2008년 同교육생활부장 2009년 同정치부장 직대 2009년 同사회2부장 2010년 同정치부장 2011년 同논설위원 2012년 同논설위원(부국장대우) 2013년 同정치·국제담당 부국장 2014년 同편집국 정치국제센터장 2014년 同편집국 정치·국제·기획담당 부국장 2016년 同경영전략실장(현) [상]한국기자협회 이달(11월)의 기자상(1992), 한국기자협회 이달(7월)의 기자상(1996), 한국기자협회 이달(2월)의 기자상(2006), 관훈언론상(2007)

김의도(金義道) KIM Yi Do

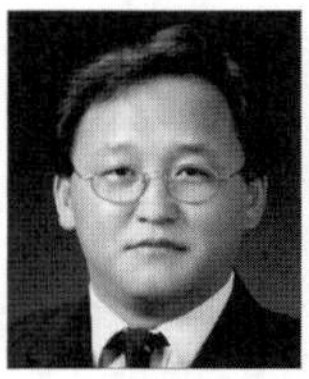

[생]1960 · 9 · 8 [본]충주(忠州) [출]강원 양구 [주]강원 춘천시 후석로462번길22 강원도민일보 마케팅본부(033-260-9500) [학]1979년 춘천한샘고(舊춘성고)졸 1987년 강원대 법학과졸 [경]1988년 강원일보 기자 1992년 강원도민일보 편집부 기자 1993년 同문화부 기자 1994년 同문화부 차장 1997년 同편집부 차장 1998년 同사회부 차장 1999년 同횡성주재 사회2부장대우 2001년 同사회부장 2003년 同편집국 부국장 2006년 同영서본부 취재부 국장(국장대우) 2007년 同광고국장 2011년 同마케팅본부 광고국장(이사) 2012년 同편집국장 겸 뉴미디어국장(이사) 2015년 同마케팅본부장 겸 독자국장(이사)(현) 2016년 同출판국장 겸임(현) [종]불교

김의도(金義道) KIM Eyi Do

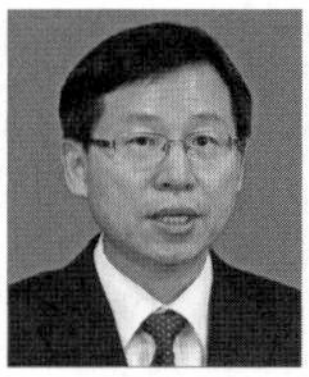

[생]1965 · 12 · 25 [출]경북 의성 [주]서울 종로구 세종대로209 통일부 기획조정실(02-2100-5681) [학]대구 경신고졸, 서울대 농경제학과졸 1999년 同대학원 행정학과졸 [경]1988년 행정고시 합격(32회) 1999년 통일부 정보분석실 서기관 2001년 경수로사업지원기획단 파견 2004년 통일부 교류협력국 교역과장 2005년 同교류협력국 남북교역과장 2006년 同남북경제협력국 남북교역팀장 2006년 同남북경제협력국 남북경협1팀장 2007년 통일교육원 파견 2008년 통일부 남북회담본부 회담관리과장 2008년 同인도협력국 인도협력기획과장 2009년 同인도협력국 이산가족과장 2009년 同통일정책협력관(고위공무원) 2012년 중앙공무원교육원 교육파견 2013년 통일부 남북출입사무소장 2013년 同대변인 2014년 同남북회담본부 회담운영부장 2016년 同남북회담본부 상근회담대표 2016년 同북핵·평화TF팀장 겸임 2016년 同기획조정실장(현)

김의범(金毅凡)

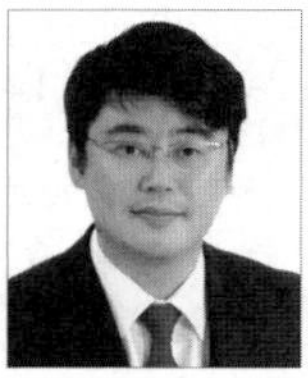

[생]1974 · 7 · 3 [주]경기 수원시 팔달구 효원로1 경기도의회(031-8008-7000) [학]중앙대 산업창업경영대학원졸(경영학석사), 同대학원 창업학 박사과정 재학 중 [경](주)백성 대표이사, 한국청년회의소 경기지구 회장, (재)한국청년정책연구원 이사, 새누리당 청년위원회 부위원장, 同경기도당 청년위원장, 국민생활체육전국야구연합회 이사 2014년 경기도의회 의원(비례대표, 새누리당)(현) 2014년 同보건복지위원회 위원 2014년 同새누리당 부대표 2014년 새누리당 중앙청년위원장 2015년 경기도의회 항공기소음피해대책특별위원회 위원(현)

김의섭(金義燮) KIM Eui Seob

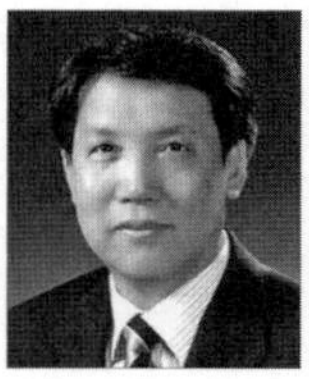

[생]1953 · 8 · 1 [출]서울 [주]대전 대덕구 한남로70 한남대학교 경제학과(042-629-7604) [학]1971년 성남고졸 1975년 고려대 농업경제학과졸 1980년 同대학원 경제학과졸 1997년 경제학박사(영국 레스터대) [경]1979년 한국개발연구원 연구원 1981년 한남대 경제학과 교수(현) 1990년 同경제연구소장 1993~1994년 영국 레스터대 공공경제학연구소 객원연구원 1996년 한국지방재정학회 이사 1998~1999년 한남대 지역개발대학원장 1999년 한국재정정책학회 부회장 1999년 대전참여연대 정책위원장 2000년 한국재정정책학회 회장 2001~2003년 한남대 경상대학장 2005~2006년 한국지방재정학회 감사 2008~2009년 한남대 인재개발처장 2008년 同국가시험지원센터장 2010~2012년 同산학협력단장 2011~2013년 한국지방재정학회 회장 2012년 한국지방세연구원 자문위원 [저]'지역 산업정책과 지방 중소기업의 육성'(1997) '한국의 재정지출 팽창'(2002) '경제학 등대지기(共)'(2007) [종]기독교

ㄱ

김의성(金義盛) KIM Eui Seong
[생]1967·5·16 [본]김해(金海) [출]경남 김해 [주]세종특별자치시 도움5로20 법제처 법령해석국(044-200-6700) [학]1985년 부산 동성고졸 1989년 서울대 사법학과졸 2006년 미국 콜로라도주립대 대학원 행정학과졸 [경]1991년 행정고시 합격(35회) 1993년 법제처 행정심판관리관실 사무관 1997년 국회사무처 법제실 파견 1998년 법제처 경제법제국 법제관실 서기관 2001년 同행정심판관리국 경제행정심판담당관 2003년 同사회문화법제국 법제관 2004년 장기 국외훈련 2006년 법제처 법제지원단 법제관 2007년 同경제법제국 법제관 2009년 同운영지원과장(부이사관) 2010년 대통령 법무비서관실 행정관 2011년 법제처 사회문화법제국 법제심의관(고위공무원) 2012년 同행정법제국 법제심의관 2014년 헌법재판소 연구부 법제연구관 파견 2015년 법제처 사회문화법제국장 2016년 同법령해석국장(현) [상]법제처장표창(1995), 대통령표창(2003)

김의승(金意承) Kim, Eui Seung
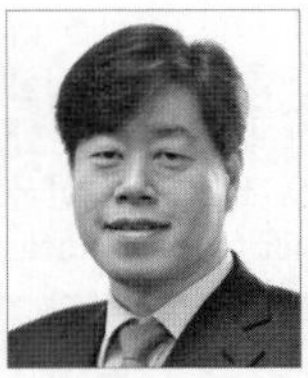
[생]1966·1·22 [본]의성(義城) [출]경북 안동 [주]서울 중구 덕수궁길15 서울특별시청 관광체육국(02-2133-2501) [학]1984년 안동 경안고졸 1990년 고려대 행정학과졸 1993년 서울대 행정대학원 정책학과졸(행정학석사) 2009년 미국 포틀랜드주립대 대학원 행정학과졸(MPA) [경]1992년 행정고시 합격(36회) 1993년 총무처 행정사무관시보 1996년 서울시 용산구 건설관리과장 1997년 同용산구 기획예산과장 2000년 同용산구 총무과장 2000년 同행정과 민간협력팀장 2002년 同행정과 행정팀장 2005년 同시장 정책비서관 2006년 同심사평가담당관 2009년 同행정과장 2010년 同인사과장 2012년 同경제진흥실 경제정책과장 2014년 同경제진흥실 일자리기획단장 직대(부이사관) 2014년 同행정국장 2015년 同관광체육국장(현) [상]녹조근정훈장(2012)

김의식(金義植) KIM Ue Sig
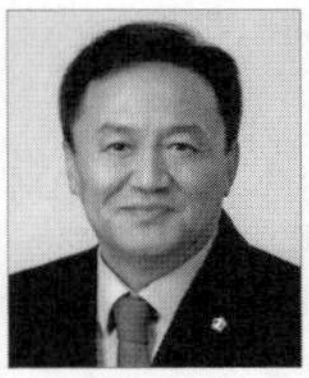
[생]1955·6·29 [본]김해(金海) [출]경북 고령 [주]대구 중구 공평로88 대구광역시의회(053-803-5064) [학]2007년 경일대 도시정보지적공학과졸 [경](주)이화엔지니어링 대표이사, 티에치건설(주) 대표이사 1997년 가야종합건설(주) 대표이사, 대구서부경찰서 행정발전위원, 한나라당 대구시당 부위원장, 대구서부소방서 의용소방대장, 경일대총동창회 부회장, 대구 신흥초총동창회 회장 2006·2010년 대구시의회 의원(한나라당·새누리당), 同2011대구세계육상선수권대회지원특별위원회 위원장 2009년 2011대구세계육상선수권대회조직위원회 집행위원 2009년 한나라당 여의도연구소 경제정책자문위원, 대구행복주거복지센터장 2010~2012년 대구시의회 문화복지위원장 2012년 同대구·경북상생발전특별위원회 위원장 2012년 同행정자치위원회 위원, 대구서구종합사회복지관 운영위원장 2012년 새누리당 제18대 대통령중앙선거대책위원회 부산서구선거대책위원장 2014년 대구시의회 의원(새누리당)(현) 2014~2016년 同부의장 2014년 同기획행정위원회 위원 2014년 同윤리특별위원회 위원 2016년 同건설교통위원회 위원(현) 2016년 同윤리특별위원회 위원장(현) [상]대구가톨릭사회복지회 감사패(2010), 대구시생활체육회 감사패(2010)

김의옥(金義玉·女)
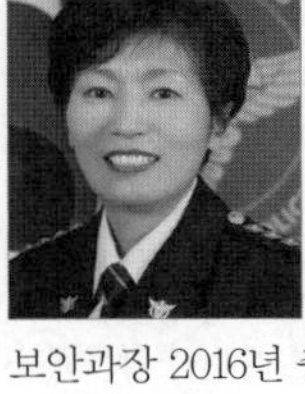
[생]1961·8·25 [주]충남 금산군 금산읍 인삼로201 금산경찰서(041-750-031) [학]대전여상졸, 대덕대 경찰행정학과졸 [경]1983년 순경 임용(공채) 2006년 충남 연기경찰서 생활안전과장 2007년 대전동부경찰서 생활안전과장 2007년 대전지방경찰청 인사계장 2012년 同외사계장 2014년 同경무계장 2015년 치안정책과정 입교 2015년 대전지방경찰청 치안지도관 2015년 충북지방경찰청 보안과장 2016년 충남 금산경찰서장(현)

김의재(金義在) KIM Eui-Jae (栢甫)
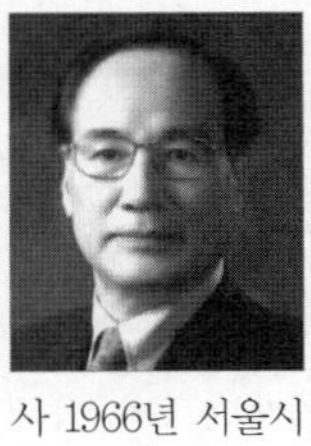
[생]1937·6·21 [본]김해(金海) [출]충남 보령 [주]서울 성동구 고산자로356 대한적십자사 서울지사(02-2290-6612) [학]1956년 서울사대부고졸 1962년 서울대 법대 행정학과졸 1972년 미국 콜로라도주립대 수자원관리과정 수료 1973년 미국 노스캐롤라이나주립대 신흥공업국 환경관리과정 수료 1989년 경희대 행정대학원졸 1993년 행정학박사(서울시립대) [경]1962년 한국전력공사 입사 1966년 서울시 사무관 1975년 同동대문구 민방위국장 1977년 同마포구 총무국장 1977~1980년 同공원과장·도로관리과장·총무과장 1980년 同수도국 업무과장 1982년 同재무재정기획과장 1982년 同기획관리실 예산담당관 1983년 同투자관리관 1986년 同동작구청장 1988년 同성북구청장 1989년 同감사관 1991년 同시민생활국장 1992년 同청소사업본부장 1993년 同공무원교육원장 1993년 同상수도사업본부장 1994년 同기획관리실장 1995년 同행정제1부시장 1996년 국가보훈처 차장 1998~1999년 同처장 1999년 자민련 경기시흥지구당 위원장 1999년 제15대 국회의원(시흥 보궐선거 당선, 자민련) 1999년 자민련 원내부총무 겸 정책조정위원장 2001년 한양대 겸임교수 2002년 대아건설 상근고문 2003년 同부회장 2003~2009년 (사)사육신현창회 이사장 2003~2006년 경남기업(주) 회장 2005년 駐에리트리아 명예영사(현) 2005~2009년 대한적십자사 서울지사 부회장 2006년 (사)한국도시정비전문관리협회 고문(현) 2008~2009년 (주)대명종합건설 상임고문 2010년 대한적십자사 서울지사 상임운영위원(현) 2015년 서울시우회 회장(현) 2015년 대한민국헌정회 이사(현) [상]녹조근정훈장(1982), 홍조근정훈장(1995), 황조근정훈장(2000) [종]불교

김의정(金宜正·女) KIM Eui Jung (명원)
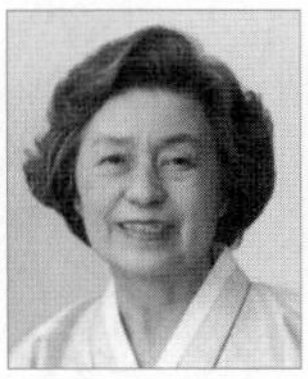
[생]1941·12·29 [본]김해(金海) [출]대구 [주]서울 종로구 경희궁1길23 명원문화재단 임원실(02-742-7190) [학]1959년 서울예술고졸 1961년 이화여대 음대 3년 수료 1963년 미국 오클라호마대 2년 수료 1966년 미국 Meredith대 3년 수료 1998년 이화여대 여성고위경영자과정 수료 1998년 명예 문학박사(카자흐스탄 국립여자사범대) 2000년 명예 문학박사(성균관대) [경]1968년 동양통신 국제국 기자 1970년 (사)자생회 이사 1974년 학교법인 국민대 이사 1995년 예술의전당 이사 1995년 국립현대미술관 이사 1995년 명원문화재단 이사장(현) 1995년 조계사신도협회 수석부회장 1995년 불교TV 이사 1995년 한국다도총연합회 총재 1996년 만해사상실천선양회 공동대표 1997년 대한불교조계종 중앙신도회 상임부회장 1997년 (사)대한무궁화중앙회 후원회장 1997년 민족정기헌창탑 홍보위원장 1997년 여성신문 이사 1998년 궁중복식연구원 이사 1998년 (사)사랑의친구들 이사 1999년 (사)한일여성친선협회 이사 1999년 아시아전통혼례문화교류협의회 한국대표 2001년 서울시무형문화재 제27호 궁중다례의식 보유자 지정(현) 2004년 대한민국차품평대회 대회장 2004년 국립민속박물관후원회 부회장 2005년 대한불교조계종 중앙신도회장 2008년 세계불교도우의회(WFB, World Fellowship of Buddhists) 부회장 2008년 한국다문화센터 공동대표 2011년 국립민속박물관회 회장(현) 2011년 해외문화재귀환환영위원회 위원장(현) 2011년 사회적기업활성화 전국네트워크 공동대표 2011년 국외소재문화재재단 설립위원회 2011년 한국다도총연합회 총재(현) 2011년 서울시 문화재찾기시민위원장(현) 2015년 대한불교조계종 조계사 신도회 회장(현) [상]부총리 겸 경제기획원장관표창(1981), 대통령표창(1998), 문화관광부장관표창(1998), 한국언론인연합회 자랑스러운 한국인 대상(2005), 서울시문화상 문화재부문(2009), 옥관문화훈장(2011) [저]'한국의 차문화와 궁중다례' '茶 알고 마시면 맛과 향이 더욱 깊어집니다' '명원다례' '명원 생활 다례' '명원 다화 1~8권' '차의 선구자 명원 김미희'(2010, 학고재) [종]불교

김의준(金義埈) Euijune Kim
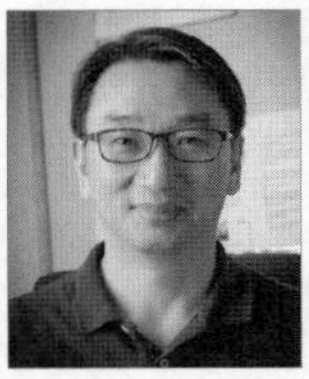
[생]1962·11·10 [출]서울 [주]서울 관악구 관악로1 서울대학교 농업생명과학대학 농경제사회학부(02-880-4742) [학]1985년 연세대 건축공학과졸 1987년 同대학원 도시계획과졸 1991년 지역경제학박사(미국 Cornell Univ.) [경]1987년 연세대 공대 산업기술연구소 연구원 1991~1995년 국토개발연구원 책임연구원 1995~1996년 同연구위원 1996~2004년 연세대 공대 도시공학과 조교수·부교수·교수 2005년 서울대 농업생명과학대학 농경제사회학부 교수(현) 2006년 ARS(Annals of Regional Science) 편집위원장(Editor) 2006~2013년 한국연구재단 BK21범국가 및 지역분석전문가양성사업팀장 2013년 同BK21플러스지역계량분석전문인력사업팀장(현) 2014~2015년 동부건설(주) 사외이사 겸 감사위원 2014년 (사)한국지역학회 회장 2015년 International Journal of Urban Science 편집위원장(현) [상]건설교통부장관표창(2004), 대한국토도시계획학회 우수논문상(2004·2007·2008), 국토연구원 국토연구최우수논문상(2009·2015), 한국지역학회 학술상(2011), 제9회 도시의 날 도시학술상 국토교통부장관표창(2015), 제33회 국토학회 학술상 우수논문상(2016) [저]'지역도시경제학'(2015, 홍문사) [종]기독교

김의창(金義昌) KIM Yei Chang
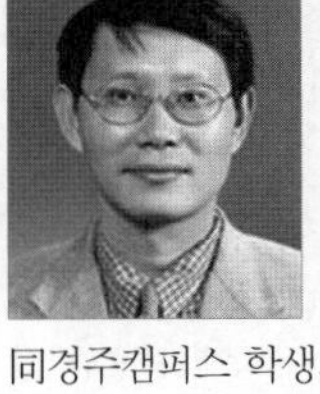
[생]1959·9·13 [출]서울 [주]경북 경주시 동대로123 동국대학교 경영계열 경영학부(054-770-2345) [학]1978년 장훈고졸 1983년 동국대 수학과졸 1986년 同대학원 전산학과졸 1992년 공학박사(동국대) [경]1991년 동국대 전자상거래학과 전임강사·조교수·부교수 1999~2001년 同연구소장 1999~2002년 (주)카인정보 대표이사 2002년 동국대 경영계열 경영학부 교수(현) 2005~2006년 同경주캠퍼스 학생처장 2006년 국제e-비즈니스학회 상임이사, 同수석부회장 2009~2011년 동국대 경주캠퍼스 학사지원본부장 2014년 同경주캠퍼스 인재개발처장 2015년 국제e-비즈니스학회 회장 2016년 동국대 경주캠퍼스 차세대디지털미디어센터장(현) [상]국제e-비니지스학회 학술상(2012) [저]'정보관리론' '정보처리개론' '전자상거래 이해' 'C 언어' [종]불교

김의환(金義桓) KIM Euy Whan

❸1960 · 9 · 1 ❹경북 안동 ㈜세종특별자치시 도움5로20 국민권익위원회 고충처리국(044-200-7301) ❺1980년 중동고졸 1988년 고려대 사회학과졸 1997년 미국 오하이오주립대 대학원 공공정책학과졸 ❻1989~1991년 한국소비자보호원 근무 1990년 행정고시 합격(34회) 1991년 총무처 수습사무관 1992년 국가보훈처 제대군인정책관실 근무 1995년 미국 유학 1997년 공정거래위원회 기업결합과 근무 1998년 同국제업무과 근무 2002년 부패방지위원회 대외협력과장 2005년 同심사관 2005년 국가청렴위원회 신고심사국 심사관 2006년 同심사본부 심사기획관(서기관) 2007년 同심사본부 심사기획관(부이사관) 2007년 제17대 대통령직인수위원회 국민성공정책제안센터 실무위원 2008년 대통령 중소기업비서관실 선임행정관 2008년 대통령 홍보기획관실 선임행정관 2010년 국민권익위원회 본부 근무(고위공무원) 2011년 同부패방지국장 2012년 중앙공무원교육원 교육파견 2013년 국민권익위원회 행정심판국장 2014년 同고충처리국장(현) ❼천주교

김의환(金義煥) KIM Eui Hwan

❸1962 · 1 · 12 ❹의성(義城) ❹경북 성주 ㈜서울 종로구 사직로8길39 세양빌딩 김앤장법률사무소(02-3703-4601) ❺1980년 성광고졸 1985년 서울대 법대 사법학과졸 ❻1984년 사법시험 합격(26회) 1987년 사법연수원 수료(16기) 1987년 사단 검찰관 1988년 수도방위사령부 검찰관 1990년 수원지법 판사 1992년 서울지법 남부지원 판사 1994년 광주지법 목포지원 판사 1996년 미국 Duke대 연수 1997년 인천지법 판사 1998년 서울지법 판사 1999년 서울고법 판사 2000년 대법원 재판연구관 2000년 미국 주법원센터(NCSC) 연수 2004년 수원지법 부장판사 2006년 서울행정법원 부장판사 2009년 특허법원 부장판사 2011~2013년 서울고법 부장판사 2011년 (사)한국행정판례연구회 섭외이사(현) 2011년 사법시험 3차 면접위원 2012~2013년 법원실무제요 행정분과 위원장 2013년 김앤장법률사무소 변호사(현) 2013년 중앙행정심판위원회 행정심판사건 자문위원(현) 2014년 한국방송공사 법률고문(현) ❼'형법각칙(共)'(2006, 한국사법행정학회) '행정소송의 이론과 실무(共)'(2008, 사법연구지원재단) '행정소송 I · II(共)'(2008, 한국사법행정학회) ❼천주교

김이수(金二洙) KIM Yi Su

❸1953 · 3 · 24 ❹청주(淸州) ❹전북 고창 ㈜서울 종로구 북촌로15 헌법재판소 헌법재판관실(02-708-3311) ❺1972년 전남고졸 1976년 서울대 법과대학졸 1977년 同대학원 공법학과 중퇴 1991년 미국 텍사스대 연수 ❻1977년 사법시험 합격(19회) 1979년 사법연수원 수료(9기) 1979년 軍법무관 1982년 대전지법 판사 1984년 同홍성지원 판사 1986년 대전지법 판사 1987년 수원지법 판사 1989년 서울고법 판사 1991년 대법원 재판연구관 1992년 서울고법 판사 1993년 서울민사지법 부장판사 1993년 전주지법 정읍지원장 1996년 사법연수원 교수 1999년 서울지법 부장판사 2000년 특허법원 부장판사 2002~2006년 서울고법 부장판사 2003년 통신위원회 위원 2006년 청주지법원장 2008년 인천지법원장 2009년 서울남부지법원장 2010년 특허법원장 2011~2012년 사법연수원장 2012년 헌법재판소 재판관(현) ❼기독교

김이수(金珥壽) Kim Lee Su

❸1958 · 5 · 3 ❹삼척(三陟) ❹강원 속초 ㈜경기 안양시 동안구 관평로170번길22 한림대학교 성심병원 외과(031-380-5933) ❺1985년 중앙대 의대졸 1992년 同대학원졸 1995년 의학박사(중앙대) ❻1993~2006년 한림대 의대 외과학교실 전임강사 · 조교수 · 부교수 1998~2000년 한국유방암학회 간사 2000~2002년 미국 M.D. Anderson Cancer Center 연수 2000~2002년 미국암연구학회(AACR) Associate Member 2002년 미국암연구학회(AACR) Active Member(현) 2002~2004년 대한암학회 학술위원 2002~2004년 한국유방암학회 학술 및 보험위원회 위원 2002~2004년 대한외과학회 의료보험위원회 간사 2003~2005년 한국유방암학회 의료보험이사 2004년 한국의사국가고시 출제위원 2004~2006년 대한내분비외과학회 학술위원 2005년 한림대 성심병원 유방내분비암센터장(현) 2005~2006년 대한임상종양학회 기획위원 2006년 한림대 의과대학 외과학교실 교수(현) 2006~2008년 대한내분비외과학회 의료심사이사 2006~2008년 대한외과학회 기획위원 2006~2009년 한국감시림프절연구회 수련이사 2007 · 2008 · 2010년 한국의사국가고시 출제위원 2007년 한림대 성심병원 유방내분비외과장 2007~2009년 한국유방암학회 진료권고안제1위원장 2007~2011년 한국유방암학회지 부편집장 겸 심사위원 2007~2010년 대한두경부종양학회 편집 및 심사위원 2007년 JKMS(Journal of Korean Medical Science) 심사위원(현) 2007년 대한외과학회 연강학술상 심사위원(현) 2008~2012년 대한림프

부종학회 정보이사 2008~2010년 대한외과학회 학술위원 2009~2011년 한국유방암학회 재무이사 2009~2011년 Journal of Breast Cancer 부편집장 2010년 대한임상종양학회 임상시험위원장 2010~2012년 대한갑상선내분비외과학회 보험이사 2010~2012년 대한외과학회 의료심사위원 2010~2012년 同보험위원 2011~2013년 한국유방암학회 임상시험위원장 2011년 Breast Cancer Research and Treatment 심사위원(현) 2011년 British Journal of Cancer 심사위원(현) 2012년 Biochimie 심사위원(현) 2012년 대한갑상선내분비외과학회 무임소이사 2012년 한림대 성심병원 진료부원장 2012년 대한림프종학회 부회장 2013년 대한외과학회 고시위원 2013년 한림대 의과대학 외과학교실 주임교수 2013년 同성심병원 외과 과장 2013년 한국유방암학회 부회장 2014년 American Journal of Breast Cancer Research 편집위원(현) 2014년 대한림프부종학회 회장(현) 2015년 Journal of Clinical Oncology 편집위원(현) 2016년 대한갑상선내분비외과학회 이사장(현)

김이숙(金二淑 · 女) PAULA KIM

❸1959 · 12 · 12 ❹김녕(金寧) ❹전남 보성 ㈜서울 서초구 서초대로74길51 롯데골드로즈216호 이코퍼레이션(주) 사장실(070-7566-5222) ❺이화여대 영어영문학과졸, 미국 밴더빌트대 대학원졸 ❻1982~1984년 한국IBM 근무 1988~1990년 미국 Vanderbilt Univ. Medical Center Mktg & Communication Dept. System Analyst 1991년 한국IBM 유통영업지사 Systems Engineer 1994년 한국아이시스(주) PC DOCS 사업부장 1997년 한국파일네트(주) 영업총괄이사 1999년 이코퍼레이션(주) 대표이사(현) 2000년 (사)한국인터넷기업협회 부회장 2009년 국제피플투피플 한국본부 이사 2014년 이화여대 경영대학 겸임교수(현) ❼'CEO 코치의 비밀'(2001, 좋은책만들기)

김이원 Kim Lee Won

❸1958 ❹경북 청송 ㈜전북 완주군 이서면 오공로12 한국전기안전공사 임원실(063-716-2114) ❺영남공고졸, 서울과학기술대 전기공학과졸, 광운대 정보컨텐츠대학원 전자정보통신공학과졸 ❻1985년 한국전기안전공사 입사, 同전기안전연구원 연구기획과장, 同전기안전기술교육원 교수, 同기술사업처 검사부장, 同경기지역본부 기술진단부장, 同안전관리처 재난안전부장 2013년 同인천지역본부장 2013년 同미래전략실장 2014년 同기술사업처장 2015년 同기술이사(현)

김이주(金二柱) KIM YEE JOO

❸1965 · 9 · 20 ❹김해(金海) ❹전남 함평 ㈜충북 청주시 서원구 1순환로1047 충북남부보훈지청(043-285-3211) ❺1984년 전남고졸 1991년 조선대 경영학과졸 1993년 전남대 행정대학원 행정학과졸 ❻1985년 공무원 임용(9급) 1985년 국가보훈처 근무 2008년 사무관 승진 2014년 국가보훈처 나라사랑정책과 서기관 2016년 同충북남부보훈지청장(현)

김이탁(金利柝) KIM Ei Tak

❸1969 · 9 · 27 ㈜세종특별자치시 도움6로11 국토교통부 주택정책과(044-201-3383) ❺1987년 서울 광성고졸 1992년 서울대 경제학과졸 ❻2000년 건설교통부 기획담당관실 사무관 2003년 同기획담당관실 서기관 2006년 同복합도시개발팀장 2007년 同민자사업팀장 2008년 국토해양부 민자사업팀장 2008년 同주택시장제도과장 2009년 同주택토지실 주택건설공급과장 2011년 同국토정책국 지역정책과장 2011년 同운영지원과장 2012년 同운영지원과장(부이사관) 2013년 국토교통부 운영지원과장 2013년 미국 교육파견 2015년 국토교통부 주택정비과장 2016년 同주택정책과장(현) ❸고운문화상 창의부문(2009)

김이태(金二泰) KIM I Tae

❸1966 · 4 · 18 ❹경남 하동 ㈜경기 수원시 영통구 삼성로129 삼성전자(주) IR그룹(031-200-1114) ❺1985년 마산 경상고졸 1990년 서울대 경영학과졸 1992년 同경영대학원졸 ❻행정고시 합격(36회) 1994년 총무처 수습사무관 1994년 재무부 사무관 1995년 재정경제원 세제실 국제조세과 사무관 1997년 同차관실 사무관 1998년 미국 미주리대 연수 2001년 재정경제부 국제금융국 국제금융과 사무관 2002년 서기관 승진 2003년 재정경제부 외화자금과 서기관 2002년 미국 IMF 파견 2006년 재정경제부 복지경제과장 2007년 대통령비서실 파견 2008년 기획재정부 국제금융국 국부운용과장 2009년 同제금융국 금융협력과장 2010년 同제금융국 외화자금과장 2011년 同국제금융국 국제금융과장(부이사관) 2012년 국제통화기금(IMF) 통화자본시장국 어드바이저(부이사관) 2016년 삼성전자 IR그룹 상무(현)

김이택(金利澤) KIM Yi Taek

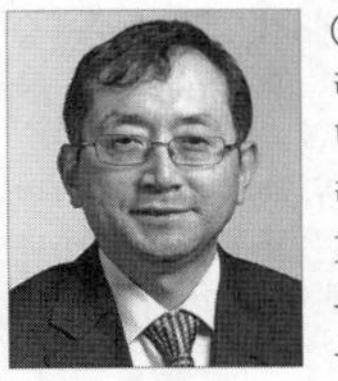

[생]1961·10·8 [출]인천 [주]서울 마포구 효창목길6 한겨레신문 논설위원실(02-710-0121) [학]1986년 서울대 공법학과졸 [경]1986년 한국일보 사회부 기자 1988년 한겨레신문 입사 1999년 同사회부 기자 2000년 同민권사회1부 차장 2001년 同민권사회2부 차장 2002년 同정치부 차장 2003년 同사회부장 2005년 同뉴스총괄담당 부국장 2006년 同국내담당 편집장 2006년 同편집국 어젠다팀장 2007년 同편집국 기획담당 부국장 2008년 법조언론인클럽 부회장 2009년 한겨레신문 편집국 수석부국장 2010년 관훈클럽 편집위원 2011년 한겨레신문 논설위원 2014년 同편집국장 2016년 同논설위원(현)

김이형(金利炯) Lee Hyung Kim

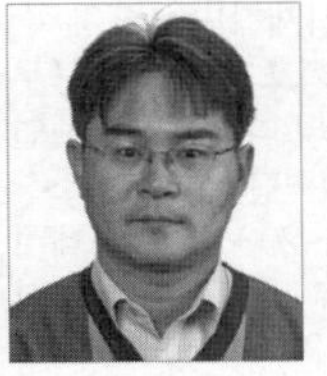

[생]1969·12·11 [출]경남 산청 [주]충남 공주시 공주대학로 56 공주대학교 공과대학 건설환경공학부(041-521-9312) [학]1994년 고려대 토목환경공학과졸 1996년 同대학원 환경공학과졸 1998년 미국 UCLA 대학원 환경공학과졸 2002년 환경공학박사(미국 UCLA) [경]1995~1997년 고려대 환경기술정책연구소 연구원 2001~2013년 한국도로공사 녹색경영자문위원회 위원 2002~2003년 미국 UCLA Post-Doc. 2003년 공주대 공과대학 건설환경공학부 조교수·부교수·교수(현) 2003~2005년 환경관리공단 환경신기술평가심의위원 2003~2005년 한국물환경학회 평의원 및 편집위원(국문 및 영문) 2004~2005년 한국습지학회 편집위원 2005~2006년 한국공학교육학회 편집위원 2006~2013년 교육인적자원부 BK21 비점오염방재전문인력양성사업팀장 2006~2016년 환경부 비점오염원관리분과위원회 위원 2007년 금강유역관리연구센터 유역환경연구위원회 연구위원(현) 2007년 미국 세계인명사전 'Marquis Who's Who'·미국 인명정보기관(ABI)·영국 케임브리지 국제인명센터(IBC)에 등재 2007년 국제과학자(International Scientist of the Year for 2007) 선도과학자(Leading Scientists of the World 2007)에 선정 2008년 세계100대과학자(Top 100 Scientists 2008)에 선정 2008년 IBC 명예의전당(Hall of Fame)에 헌정 2008~2010년 환경부 중앙환경보전자문위원회 물분과위원회 위원 2008년 한국도로공사 환경자문위원회 위원 2009년 同설계자문위원회 위원 2009년 국토해양부 환경영향평가계획서심의위원회 위원 2009~2012년 同4대강살리기 자문위원회 위원 2009~2013년 한국철도시설공단 녹색철도자문위원회 위원 2010년 한국환경공단 생태하천기술지원센터 전문가자문위원 2011년 민주평통 자문위원(현) 2011~2015년 환경부 금강수계 오염총량관리 조사연구반 위원 2012~2015년 한국환경공단 설계자문위원회 위원 2013~2014년 한국수자원공사 일반기술심의위원회 위원 2013년 환경부 '가축분뇨관리포럼' 위원 2013~2015년 同중앙환경보전자문위원회 물분과위원회 위원 2013~2015년 同비점오염저감사업 자문위원 2013~2015년 同환경영향평가 자연경관심의위원회 위원 [상]한국철도학회 추계학술대회 우수논문상(2004), 한국물환경학회 우수논문상(2006), 한국습지학회 논문상(2007), 대통령표창(2015)

김이환(金貳煥) KIM Yi Hwan (月湖)

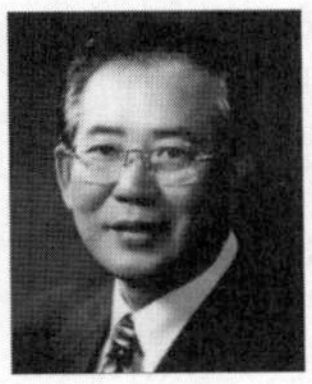

[생]1942·4·5 [본]경주(慶州) [출]충남 서천 [주]서울 영등포구 버드나루로7길7 카보드동우빌딩 한국베트남문화교류협회 임원실(02-511-3321) [학]1960년 대전 보문고졸 1964년 중앙대 신문방송학과졸 1969년 同대학원 신문방송학과 수료 1975년 서울대 신문대학원졸 1991년 고려대 정책과학대학원 수료 1995년 서강대 경영대학원 수료 1995년 서울대 행정대학원 수료 1999년 고려대 언론대학원 최고위과정 수료 2000년 경희대 NGO대학원 최고위과정 수료 2005년 언론학박사(성균관대) [경]1966년 롯데그룹·롯데삼강 홍보실장 1980년 연합통신 국장 1992년 아남그룹·아남반도체 사장 2004년 한국광고주협회 상근부회장 2013~2016년 방송통신위원회 방송광고균형발전위원장 2013년 (사)한국베트남문화교류협회(KOVECA) 상임고문(현) [상]국민포장(1996), 한국광고인대상(1997), 중앙언론문화상(1998), 한국PR대상(1998), 한국언론대상 공로부문(2002), 화관문화훈장(2007), 산업포장(2014) [역]'시각적 사고(共)'(1989) '101가지 PR전략'(1997) '101가지 동기부여'(1998) '의욕적인 사람으로 만들어주는 101가지 방법'(1998) [종]기독교

김이환(金二換) KIM IEE HWAN

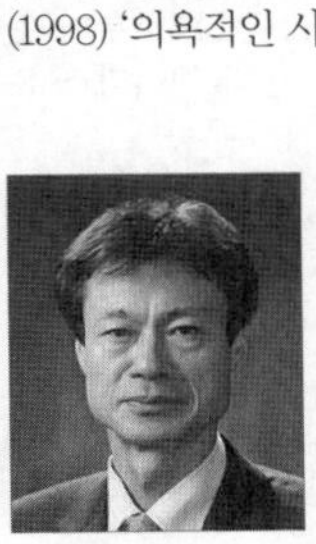

[생]1957·6·23 [본]경주(慶州) [출]충북 청주 [주]서울 서초구 바우뫼로37길37 한국산업기술진흥협회(02-3460-9002) [학]1976년 청주고졸 1980년 서울대 기계공학과졸 1982년 한국과학기술원(KAIST) 기계공학졸(석사) 1992년 공학박사(미국 Case Western Reserve Univ.) [경]1982년 과학기술처 입사 1995~1998년 과학기술부 장관비서관·기술협력3과장 1998년 同연구개발정책실 연구개발1담당관 1999~2002년 駐영국대사관 과학기술담당 1등서기관(과학관) 2002년 과학기술부 기초과학인력국 과학기술인력과장 2003년 同연구개발국 연구개발기획과장 2003년 同연구개발국 연구개발기획과장(부이사관) 2004~2005년 대통령 산업정책비서관실 행정관 2005~2006년 과학기술부총리 비서실장(고위공무원) 2006~2007년 과학기술부 감사관 2007~2008년 국가과학기술자문회의 사무처장 2008년 교육과학기술부 기초연구정책관 2009년 同과학기술정책기획관 2009~2010년 대통령 교육과학문화수석비서관실 과학기술비서관 2010~2011년 한국과학기술연구원 자문위원 2012년 한국산업기술진흥협회 상임부회장(현) 2013~2015년 한국과학창의재단 비상임이사 2015년 포항산업과학연구원 사외이사(현) [상]홍조근정훈장(2008) [종]가톨릭

김익래(金翊來) KIM Ik Rae

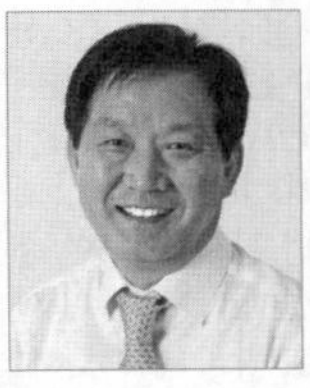

[생]1950·12·16 [본]강릉(江陵) [출]강원 강릉 [주]경기 용인시 수지구 디지털벨리로81 디지털스퀘어7층 (주)다우데이타(070-8707-3000) [학]1969년 경복고졸 1974년 한국외국어대 영어과졸 1978년 연세대 경영대학원졸 2001년 명예 경영학박사(한국외국어대) [경]1976년 한국IBM 입사 1981년 (주)큐닉스 근무 1986~2000년 (주)다우기술 대표이사 사장 1988년 소프트웨어산업발전 민간위원 1990년 (주)옴니테크 대표이사 1992년 (주)다우데이타시스템 대표이사 1995~2000년 한국벤처기업협회 부회장 1996년 유망정보통신기업협회 부회장 1997~2002년 (주)다반테크 대표이사 2000년 (주)다우기술 회장, 同비상근이사 2000년 국민은행 사외이사 2000년 한국ASP산업컨소시엄 위원장 2002년 키움닷컴증권(주) 고문 2003년 同이사 2003년 同이사회 의장, 엘렉스컴퓨터 회장 2007년 키움증권(주) 이사회 의장(현) 2008년 同회장(현) 2013~2014년 웅진홀딩스 사외이사 2015년 (주)다우데이타 대표이사(현) [상]벤처기업상 우수상, 동탑산업훈장, 재무부장관표창(1993)

김익수(金益洙) KIM Ik Soo (교은)

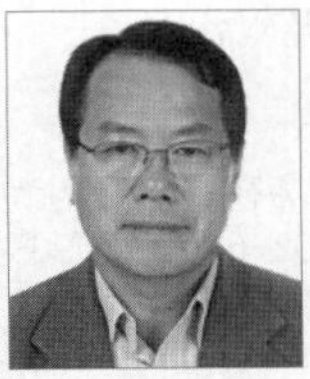

[생]1956·5·5 [본]김해(金海) [출]경남 거창 [주]서울 종로구 새문안로5가길32 생산성빌딩1층 한국생산성본부인증원(02-738-9001) [학]1973년 거창종합고졸 1985년 한밭대 금속공학과졸 1988년 한양대 대학원 금속공학과졸 [경]1977년 국립공업기술원 금속과 공업연구원 1987년 同공업연구관 1993~1995년 총무처 국비유학(일본 통상성 나고야공업기술연구소) 1996년 경기지방중소기업청 기술지원과장 2003년 산업자원부 기술표준원 전기응용과장 2004년 同기술표준원 소재부품표준과장 2006년 同기술표준원 기계건설표준팀장 2008년 지식경제부 기술표준원 기계건설표준과장 2008년 同기술표준원 신기술인증지원과장 2009~2010년 同기술표준원 계량측정제도과장 2010~2013년 한국화학융합시험연구원(KTR) 부원장 2013년 한국생산성본부인증원(KPCQA) 원장(현) [상]산업포장(2010) [종]천주교

김익영(金益榮) KIM Ick Young

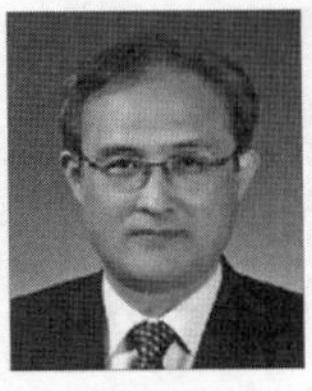

[생]1957·12·17 [주]서울 성북구 안암로145 고려대학교 생명과학대학 생명과학부(02-3290-3947) [학]1980년 고려대 농화학과졸 1985년 同대학원 농화학과졸 1990년 농학박사(고려대) [경]1990~1991년 고려대 자연자원연구소 연구원 1991~1997년 미국 국립보건연구원(NIH) 연구원 1997~2003년 고려대 생명과학대학 생명과학부 조교수·부교수 2003년 同교수(현), (주)서린바이오사이언스 사외이사 2005~2007년 한국과학재단 생명과학전문위원 2015년 고려대 생명과학대학장 겸 생명환경과학대학원장(현)

김익주(金翊柱) KIM Ik Joo

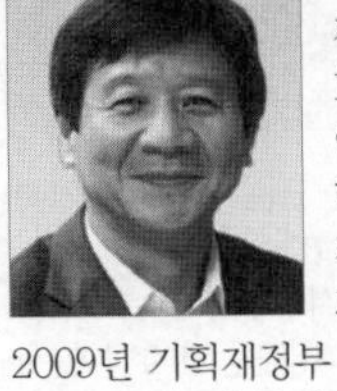

[생]1960·11·25 [출]서울 [학]경동고졸 1983년 서울대 경제학과졸 1999년 영국 버밍엄대 대학원 경제학과졸 [경]1982년 행정고시 합격(26회) 1983년 재무부 국고국·이재국·세제실 행정사무관 1997년 영국 버밍엄대 유학 2001년 재정경제부 산업경제과장 2002년 同외환제도과장 2004년 同외화자금과장 2005년 同국제금융과장 2007년 국민경제자문회의 사무처 금융물류국장 2009년 기획재정부 국제금융국장 2011~2013년 同무역협정국내대책본부장 2013~2016년 국제금융센터 원장 [상]홍조근정훈장(2013) [종]기독교

김익진(金益鎭) KIM Ik Jin

[생]1962·12·23 [본]영산(永山) [출]경북 상주 [주]서울 마포구 상암산로76 YTN 경영본부(02-398-8000) [학]1988년 서울대 국어국문학과졸 [경]1987년 KBS 기자 1994년 YTN 뉴스편집부 차장대우·차장 2004년 同보도국 편집1팀장 2004년 同보도국 편집2팀장 2005년 同보도국 사회1부장 2006년 同보도국 뉴스기획팀장 2007년 同보도국 국제부장 2008년 YTN라디오 뉴스3팀장 2009년 YTN 보도국 취재부국장 직대 2009년 同보도국 취재부국장(부국장대우) 2010년 同총무국장 2011년 同경영기획실장 2015년 同보도본부장 2016년 同경영본부장(현)

김익태(金益泰)

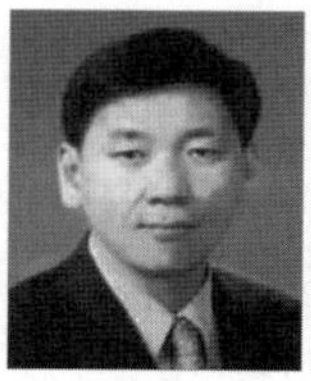

[생]1964·2·24 [본]김해(金海) [주]서울 강남구 테헤란로 114 삼성세무서(02-3011-7201) [학]전주 신흥고졸 1984년 세무대학졸(2기), 고려대 경영대학원 수료 [경]1984년 국세공무원 임용(8급 특채) 2011년 서울지방국세청 조사4국 서기관 2012년 同조사3국 서기관 2013년 서광주세무서장 2014년 동고양세무서장 2014년 서울지방국세청 조사1국 조사2과장 2015년 서울 삼성세무서장(현)

김익현(金益鉉) KIM Ik Hyun

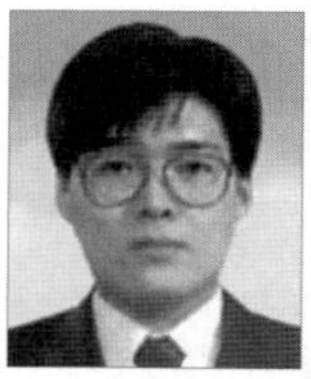

[생]1965·6·25 [본]풍산(豊山) [출]서울 [주]인천 남구 소성로163번길17 인천지방법원(032-860-1113) [학]1984년 휘문고졸 1988년 서울대 법대졸 [경]1987년 사법시험 합격(29회) 1990년 사법연수원 수료(19기) 1990년 서울지법 남부지원 판사 1992년 서울민사지법 판사 1994년 춘천지법 원주지원 판사 1997년 서울지법 남부지원 판사 1999년 서울지법 판사 2003년 서울고법 판사 2005년 서울가정법원 부장판사 2010년 서울북부지법 부장판사 2012년 서울중앙지법 부장판사 2015년 서울남부지법 부장판사 2016년 인천지법 부장판사(현)

김익호(金翊鎬)

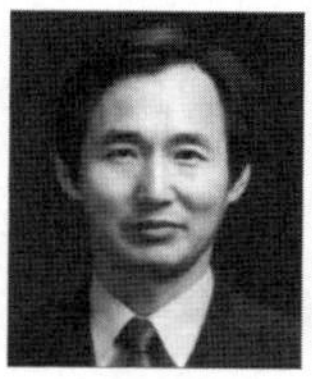

[생]1959 [주]경기 의정부시 청사로1 경기도청 북부청사 축산산림국(031-8030-3400) [학]경북대 대학원 농학과졸 [경]1992년 기술고시 합격(28회) 2004년 경기도 농업과학기술원 종자보급소장 2005년 同농업기술원 종자관리소장 2007년 同북부청사 농정과장 2008년 同농업정책과장 2013년 同농정해양국장 2015년 장기훈련 파견(지방부이사관) 2016년 경기도 축산산림국장(현)

김익환(金翼桓) Kim Ik Hwan

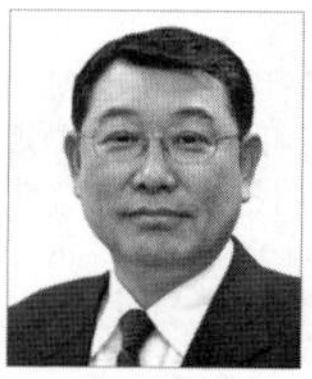

[생]1950·1·25 [본]김해(金海) [출]강원 홍천 [주]강원 원주시 세계로2 한국광해관리공단(033-902-6302) [학]1968년 춘천고졸 1972년 성균관대 상학과졸 [경]1977년 현대그룹 입사 1986년 현대정공 근무 1995년 고려산업개발 이사 1997년 현대산업개발 사업개발·홍보담당 이사 1999년 同사업개발·홍보담당 상무 2000년 기아자동차 홍보실장(상무) 2001년 同전무이사 2001~2005년 기아타이거스 대표이사 2003년 기아자동차 홍보실장(부사장) 2004년 同홍보담당 겸 국내영업본부장(부사장) 2005년 同대표이사 사장 2005년 同고문 2006년 현대·기아자동차 인재개발원장(사장급) 2007년 기아자동차(주) 부회장 2008년 同대표이사 부회장 2009년 同고문 2009년 在京춘천고총동창회 회장 2010~2012년 서울메트로 사장 2014년 한국광해관리공단 이사장(현) [상]현대그룹 노무관리상(1995), 100억불 수출의 탑(2005), 자랑스러운 경영대학 동문상(2011)

김익환(金翊煥) KIM Ick Hwan

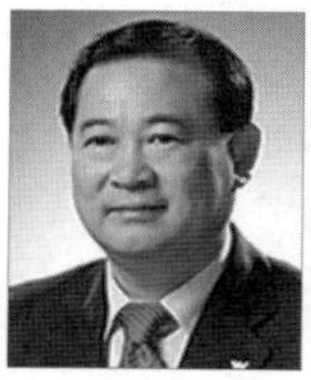

[생]1958·12·15 [출]충북 음성 [주]충북 보은군 장안면 우진플라임로100 (주)우진플라임 비서실(043-540-9000) [학]2005년 성균관대 정치외교학과졸, 同대학원 경영학과졸 [경]1975~1979년 일광유압기계(주) 근무 1980~1985년 고려유압기계(주) 근무 1985년 (주)우진세렉스 대표이사, (주)우진플라임 대표이사(현) 2012년 인천무역상사협의회 회장 [상]국무총리표창(1998), 대한민국에너지대상 경영자상(2000), 자랑스러운 중소기업인(2001), 산업포장(2001), 500만불 수출의탑, 산업자원부장관표창(2003), 대통령표창(2005), 인천시 무역유공자상(2005), 인천시 중소기업인대상(2006), 금탑산업훈장(2012)

김익환(金益煥) KIM Ik Hwan

[생]1970·6·12 [출]전남 담양 [주]경기 수원시 영통구 월드컵로120 수원지방법원(031-210-1114) [학]1988년 광주고졸 1994년 서울대 법학과졸 1996년 同대학원졸 [경]1996년 사법시험 합격(38회) 1999년 사법연수원 수료(28기) 1999년 해군 법무관 2002년 수원지법 판사 2004년 서울중앙지법 판사 2006년 춘천지법 속초지원 판사 2010년 서울고법 판사 2012년 서울중앙지법 판사 2014년 광주가정법원 부장판사 2016년 수원지법 부장판사(현)

김 인(金 寅) Kim In

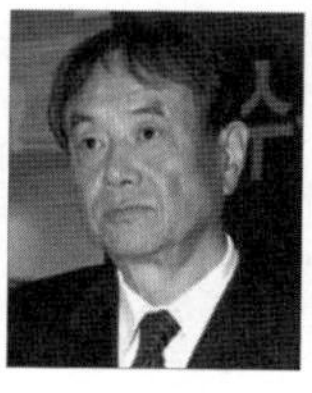

[생]1943·11·23 [출]전남 강진 [주]서울 성동구 마장로 210 한국기원 홍보팀(02-3407-3870) [학]1957년 덕수중졸 [경]1958년 프로바둑 입단 1959년 2단 승단 1960년 3단 승단 1961년 4단 승단 1962년 渡日·木谷도장 입문 1964년 5단 승단 1965년 국수전 우승(6연패) 1965년 패왕전 우승(7연패) 1966년 6단 승단·왕위전 우승(7연패) 1967년 최고위전 우승 1968년 왕좌전 우승 1968년 최강전 우승 1968년 청소년배 우승 1968년 최고위전 준우승 1969년 명인전 우승 1969년 7단 승단 1969년 제2기 명인전 우승 1969년 제3기 왕위전 준우승 1971년 제12기 최고위전 우승 1972년 제13기 최고위전 우승 1974년 8단 승단 1974년 왕위전 우승 1974년 제1기 백남전 우승 1974년 최고위전 준우승 1975년 백남전 준우승 1975년 왕위전 준우승 1977년 왕위전 준우승 1977년 기왕전 우승 1979년 최강자전 준우승 1983년 9단 승단(현) 1986년 박카스배 준우승 1997년 한국기원 이사(현), 同명예 부이사장, 세계사이버기원 이사 [상]기도문화상 '감투상'(1983)

김 인(金 仁) Kim In

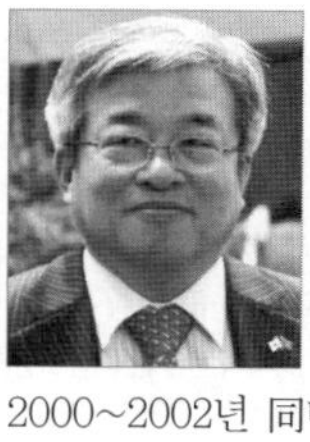

[생]1960·11·19 [주]경기 성남시 수정구 대왕판교로 825 한국국제협력단 임원실(031-740-0114) [학]대전고졸, 한남대 지역개발학과졸, 연세대 대학원 국제경영학과졸, 한경대 대학원 농업경제학박사과정 수료 [경]1986~1989년 서울올림픽대회조직위원회 근무 1989~1991년 국제민간경제협의회(現 대외경제정책연구원) 근무 1997~2000년 한국국제협력단 태국사무소장 2000~2002년 同비서실장·홍보실장·인사실장 2002~2004 同인도네시아사무소장 2004~2007년 同봉사사업부장·경제개발부장 2007~2010년 同필리핀사무소장 2010~2011년 同국제개발협력센터장 2011~2014년 同베트남사무소장 2014년 同전략기획이사(현)

김인겸(金仁謙) KIM In Kyeom

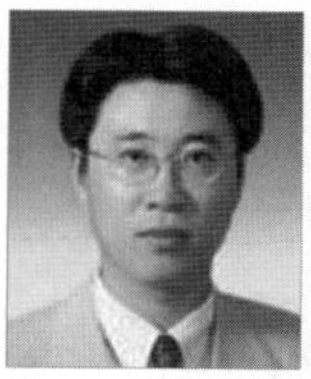

[생]1963·10·31 [본]김해(金海) [출]서울 [주]서울 서초구 서초중앙로157 서울고등법원(02-530-1267) [학]1982년 광성고졸 1986년 서울대 법학과졸 1988년 同대학원 법학과졸 [경]1986년 사법시험 합격(28회) 1989년 사법연수원 수료(18기) 1989년 공군 법무관 1992년 서울형사지법 판사 1994년 서울민사지법 판사 1996년 전주지법 군산지원 판사 1998년 광주고법 판사 1999년 서울지법 동부지원 형사2부 판사 2000년 서울고법 판사 겸 법원행정처 송무심의관 2003년 국회 파견 2004년 제주지법 수석부장판사 2005년 대법원 재판연구관 2007년 법원행정처 사법정책심의관 2008년 同윤리감사관 2009년 서울중앙지법 윤리감사관 2010년 同민사합의14부 부장판사 2011년 서울고법 춘천재판부 제1행정부·제1형사부 부장판사 2013년 수원지법 수석부장판사 2014년 서울고법 부장판사(현)

김인경(女) KIM In Kyung

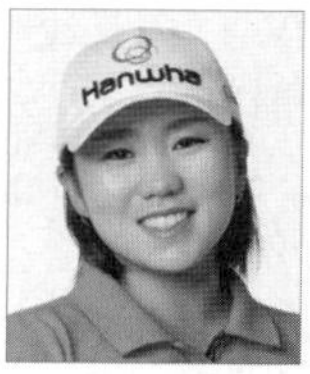

[생]1988·6·13 [학]2008년 한영외국어고졸 [경]2001년 월간 골프헤럴드&세계주니어골프연맹컵 1위 2002년 A-Class Open Thailand 1위 2003~2004년 국가대표 상비군 2005년 미국 주니어 골프랭킹 1위 2005년 KLPGA 동양메리츠금융클래식 아마추어 1위 2005년 KLPGA CJ 나인브릿지클래식 아마추어 1위 2005년 국제주니어골프투어(IJGT)챔피언십 우승 2005년 국제주니어골프투어(IJGT)토너먼트 우승 2005년 US여자주니어골프선수권대회 우승 2006년 미국여자프로골프(LPGA) 퀄리파잉스쿨 공동1위 2006년 IJGT토너먼트 우승 2007년 LPGA투어 웨그먼스LPGA 2위 2008~2015년 하나금융그룹 후원계약 2008년 LPGA투어 US여자오픈 공동3위 2008년 LPGA투어 롱스드럭스 챌린지 우승 2009년 LPGA투어 J골프 피닉스 인터내셔널 3위 2009년 LPGA투어 미켈롭 울트라오픈 2위 2009년 LPGA투어 스테이트팜 클래식 우승 2009년 LPGA투어 US여자오픈 공동3위 2009년 유럽여자프로골프투어(LET) 오메가 두바이 레이디스 마스터스 우승 2010년 LPGA투어 제이미 파 오웬스 코닝클래식 공동2위 2010년 LPGA투어 로레나오초아 인비테이셔널 우승 2011년 LPGA투어 혼다 LPGA타일랜드 공동3위 2011년 LPGA투어 KIA 클래식 공동3위 2011년 LPGA 하나·외환 챔피언십 홍보대사 2011년 LPGA투어 에비앙 마스터스 공동3위 2011년 LPGA투어 로레나 오초아 인비테이셔널 공동2위 2012년 LPGA투어 크래프트 나비스코 챔피언십 2위 2013년 LPGA투어 KIA 클래식 2위 2013년 LPGA투어 US여자오픈 2위 2014년 유럽여자프로골프 투어(LET) ISPS 한다 레이디스 유러피언 마스터스 우승 2014년 LPGA투어 포틀랜드 클래식 2위 2015년 한화골프단 소속(현) 2015년 LPGA투어 롯데 챔피언십 3위 2016년 유럽여자프로골프투어(LET) ISPS한다 레이디스 유러피언 마스터스대회 우승 2016년 LPGA투어 레인우드 클래식 우승

김인곤(金仁坤) Kim, In Kon

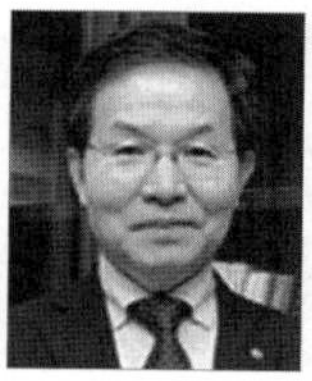

[생]1958·1·4 [출]전남 [주]울산 중구 종가로345 한국산업인력공단 임원실(052-714-8004) [학]1976년 광주고졸 1984년 단국대 경제학과졸 1987년 연세대 대학원 행정학과졸 2001년 영국 킬대 대학원 경영학과졸 2010년 경영학박사(영국 킬대) [경]1988년 행정고시 합격(32회) 1996년 노동부 고용정책실 고용정책과 서기관 1997년 광주지방노동청 직업안정과장 1997년 同노사협력과장

1999~2000년 노동부 실업대책추진단장 2002년 경기지방노동청 관리과장 2003년 노동부 고용정책실 고용지원과장 2004년 同고용정책실 청년고령자고용과장 2005년 同국제협력국 국제노동정책팀장 2006~2007년 同근로기준국 비정규직대책팀장 2007년 同근로기준국 임금근로시간정책팀장(부이사관) 2007~2010년 ILO 고용정책국 Technical Specialist 2010년 고용노동부 노사정책실 안전보건정책과장 2011~2012년 경제사회발전노사정위원회 운영국장(고위공무원) 2012년 한국기술교육대 고용노동연수원 교육협력관 2012~2015년 인천지방노동위원회 위원장 2015년 한국산업인력공단 능력개발이사(현) [상]근정포장(1999)

김인규(金仁圭) KIM In Kyu

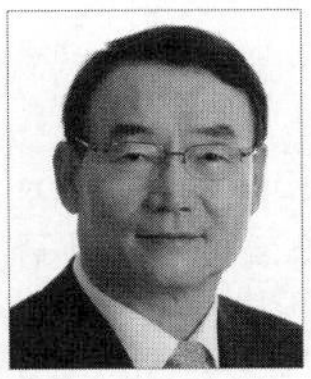

[생]1950·2·5 [본]김해(金海) [출]서울 [주]서울 서초구 효령로161 2층 (사)한국장애인재활협회(02-3472-3556) [학]1968년 경기고졸 1973년 서울대 정치학과졸 1977년 同대학원 정치학과졸 2003년 고려대 언론대학원 최고위과정 수료 2007년 언론학박사(성균관대) [경]1973년 KBS 입사(공채 1기) 1973~1995년 同외신부·사회부·정치부 기자·기획보도실 특집부 차장·정치부 차장·정치부장·뉴욕지국장·워싱턴특파원 1995년 同정치부장 1996년 同보도국 취재주간 1997년 同보도국장 1998년 同부산방송총국장 1999년 同정책기획국장 1999년 同뉴미디어센터장 2000년 同특임본부장 2001~2003년 同뉴미디어본부장 2001년 국회 방송자문위원 2003~2006년 KBS 편성제작본과 이사 2003년 고려대 언론대학원 석좌교수 2004년 한국방송기자클럽 부회장 2005~2016년 (사)한국장애인재활협회 부회장 2005~2006년 한국방송학회 부회장 2007년 성균관대 언론정보대학원 초빙교수 2007년 한나라당 제17대 대통령선거 중앙선거대책위원회 방송전략팀장 2008년 이명박 대통령당선자 언론보좌역 2008~2009년 (사)한국디지털미디어산업협회 초대회장 2009~2012년 한국방송공사(KBS) 대표이사 사장 2009~2012년 한국지상파디지털방송추진협회(DTV코리아) 회장 2009~2012년 한국방송협회 회장 2010년 보건복지부 휴먼네트워크협의회 공동위원장 2010~2012년 한국전쟁기념재단 부이사장 2010년 G20정상회의준비위원회 민간위원 2010~2011년 아시아태평양방송연맹총회(ABU) 부회장 2011년 콘텐츠산업진흥위원회 민간위원 2011~2013년 아시아태평양방송연맹(ABU) 회장 2012년 한국방송협회 부회장 2012~2015년 한국전쟁기념재단 이사장 2013년 문화일보 드라마 칼럼니스트 2014년 대한언론인회 상담역(현) 2015년 (주)CJ오쇼핑 사외이사 겸 감사위원(현) 2016년 (사)한국장애인재활협회 회장(현) 2016년 한국프로골프협회(KPGA) 자문위원회 위원(현) [상]국회의장표창(1983), 교육부장관표창(1999), 대통령표창(2000), 일맥문화대상 사회봉사상(2010), 올해의 자랑스러운 한국인 대상-방송언론부문(2010), 서울대언론인대상(2011), 중앙언론문화상(2011), 국제 에미상 공로상(2012), 은탑산업훈장(2013), 아시아태평양방송연맹(ABU) 공로패(2014), 서울대총동창회 제18회 관악대상 참여부문(2016) [저]'지금 녹음하자는거요?' '그 해 겨울은 뜨거웠다'(2004) '방송인 김인규의 공영방송특강'(2005) '드라마 스캔들'(2013) [종]기독교

김인규(金寅圭) Kim In Kyu

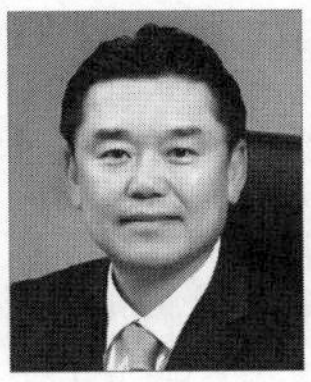

[생]1962·11·16 [출]서울 [주]서울 강남구 영동대로714 하이트진로(주) 임원실(02-3219-0114) [학]1981년 배재고졸 1989년 연세대 수학과졸 2012년 同경영대학원 MBA [경]1989년 하이트맥주(주) 입사 2007년 同상무보 2008년 同상무 2009년 同전무 2010년 同부사장 2011년 同사장 2011년 同영업총괄 사장 2012년 同관리총괄 사장 2013년 同영업·관리총괄 사장(현)

김인규(金寅圭) KIM In Kyu

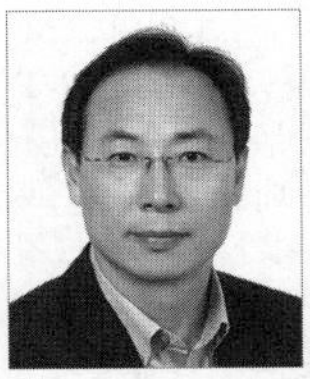

[생]1963·11·15 [출]경북 영덕 [주]서울 영등포구 여의대로128 LG트윈타워 LG전자(주)(02-3777-1114) [학]영남대 기계공학과졸, 부산대 대학원 지능기계시스템공학과졸, 기계공학박사(부산대), 미국 선더버드국제경영대학원졸(MBA) [경]1986년 금성사(주) 공채입사 2002년 LG전자 창원 전기연구소 그룹장 2005년 同에어컨연구소 기술그룹장 2006년 同에어컨연구소 B2B개발 그룹장 2007년 同에어컨사업부 B2B PBL 2009년 同에어컨사업본부 연구소장 2010년 同AC본부 엔지니어링 팀장(상무) 2010년 한국냉동공조협회 이사 2010년 국토해양부 지능형건축물위원회 운영위원 2010년 기계설비협의회 제도개선위원 2010년 한국지열에너지학회 부회장 2010년 한국에너지기후변화학회 이사 2010년 LG전자(주) AC본부 CAC Engineering팀장(상무) 2010년 同AE사업본부 품질경영팀장(상무) 2012년 同AE본부 품질경영담당 상무 2013년 同시스템에어컨엔지니어링담당 상무 2014년 同터키생산법인장(상무) 2016년 同자문역(현)

김인도(金寅燾) KIM In Do

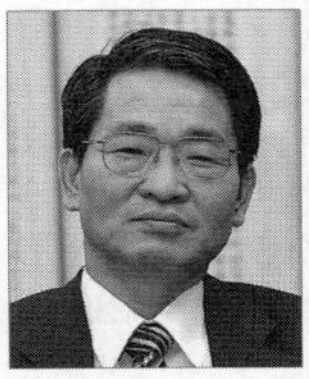

[생]1950·10·25 [본]김해(金海) [출]울산 [주]부산 부산진구 엄광로176 동의학원 이사장실(051-890-1001) [학]1969년 서울고졸 1974년 연세대 정치외교학과졸 1980년 同경영대학원 경영학과졸 1985년 미국 앨라배마 A&M대 대학원 경제학과졸 1991년 경제학박사(미국 노던일리노이대) [경]1991~2003년 동의대 경제학과 교수 1995~1999년 同기획실장 2000년 同부총장 2003~2006년 同총장 2006~2010년 학교법인 동의학원 상임이사 2009년 동의대 일반대학원 경제학과 석좌교수 2010년 학교법인 동의학원 이사장(현) [저]'금융정보시스템론'(1997) '경제경영수학'(1998) '금융시스템과 정보이론' 'CRM에서 CRE로' '경제경영학의 이해' [종]불교

김인석(金仁錫) KIM In Suk (裕苑)

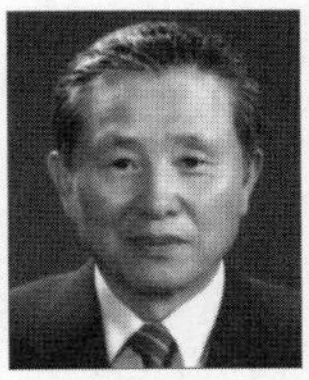

[생]1935·3·20 [출]전북 익산 [주]서울 구로구 디지털로34길55 코오롱싸이언스밸리306호 삼화이엔지(주) 비서실(02-3473-3042) [학]1955년 이리 남성고졸 1961년 전북대졸 1965년 연세대 대학원 특허법무고위자과정 수료 1994년 명예 공학박사(전북대) [경]1961~1967년 대한석탄공사 근무 1967년 대한광업진흥공사 근무 1971~1978년 아남산업(주) 근무 1978년 삼화저항기제작소 경영 1981~2003년 삼화기연(주) 대표이사 1993년 삼화전기 천진유한공사 회장 2003년 삼화이엔지(주) 대표이사(현) [상]산업포장, 동탑·은탑산업훈장, 100만불 수출의탑 [저]'전자식 과전류계전기' '전자식 한류기' '발명가로 성공하는 길' [종]기독교

김인석(金仁奭) KIM Ihn Seok

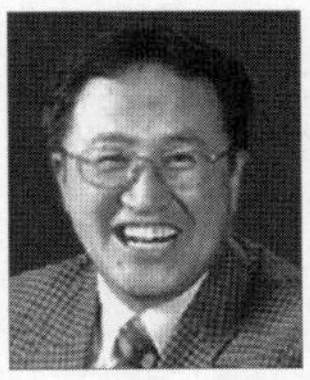

[생]1947·8·4 [출]서울 [주]경기 용인시 기흥구 덕영대로1732 경희대학교 전자전파공학과(031-201-2523) [학]1967년 경희대 전파공학과졸 1982년 캐나다 오타와대 대학원졸 1990년 공학박사(캐나다 오타와대) [경]1982년 Com Dev Satellite System Technical Staff 1992년 경희대 전파공학과 조교수 1996년 同전파공학과 부교수 1998년 미국 IEEE MTT(논문심사위원)(현) 2001~2007년 경희대 전자정보학부 교수 2005~2015년 IEC CISPR B분과 위원장 2005~2008년 과학기술부 한국EMC 기준전문위원 2007~2012년 경희대 전자전파공학과 교수 2008~2013년 교육과학기술부 한국EMC 기준전문위원 2012년 경희대 전자전파공학과 명예교수(현) 2013년 미래창조과학부 한국EMC 기준전문위원(현) [상]교육과학기술부장관표창(2012) [저]'새로 쓴 전자기학'(2007, 청문각) [종]기독교

김인석(金仁錫) Kin In Seog

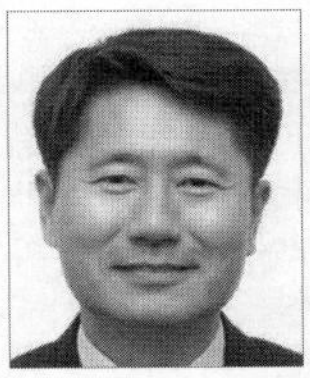

[생]1961·1·3 [주]서울 영등포구 여의대로128 LG트윈타워 (주)LG 전자부문 경영관리팀(02-3777-1114) [학]부산남고졸, 부산대 경영학과졸 [경]1984년 금성사 입사 2004년 LG전자 DA경영기획팀장(상무) 2006년 同유럽경영관리팀장(상무) 2012년 同MC경영관리담당(전무) 2012년 (주)LG 전자부문 경영관리팀장(전무) 2015년 同전자부문 경영관리팀장(부사장)(현)

김인선(金寅善) Kim, Insun

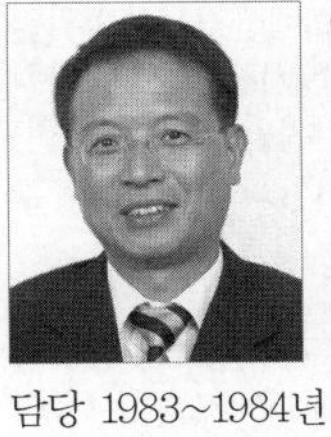

[생]1956 [출]서울 [주]대전 유성구 과학로169의84 한국항공우주연구원 부원장실(042-860-2020) [학]1975년 경동고졸 1980년 서울대 항공공학과졸 1986년 미국 텍사스주립대 대학원 항공우주공학과졸(석사) 1991년 항공우주공학박사(미국 노스캐롤라이나주립대) [경]1980~1981년 (주)대한항공 항공기(Airbus-300) 정비담당 1981~1983년 (주)대림산업 플랜트 설계 및 시공담당 1983~1984년 (주)한국전력기술 발전소설계 담당 1991~2003년 한국항공우주연구원 선임연구원·책임연구원 2002~2004년 한국과학기술원(KAIST) 겸직교수 2003~2013년 한국항공우주연구원 발사체열공력팀장 2008~2013년 同나로호발사준비 관리책임자 2013~2014년 同책임연구원 2014년 同부원장(현) [상]국무총리표창(2003), 과학기술훈장 혁신장(2013)

김인섭(金仁燮) KIM In Sub (東泉)

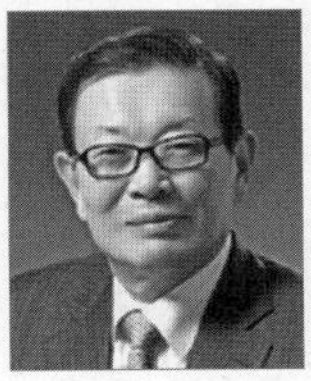

[생]1936·8·28 [출]충북 영동 [주]서울 강남구 테헤란로133 한국타이어빌딩 법무법인 태평양(02-3404-0111) [학]1955년 영동고졸 1961년 고려대 법대졸 1963년 서울대 사법대학원 수료 [경]1962년 고등고시 사법과 합격(14회) 1963년 서울지법 인천지원 판사 1965~1971년 서울민사지법·서울형사지법·대전지법 판사 1972년 서울고법 판사 1974년 대법원 재판연구관 1977년 서울민사지법 부장판사 겸 사법연수원 교수 1980~1990년 사법연수원 자문위원 겸

강사 1980년 변호사 개업(법무법인 태평양 설립) 1981~1998년 연합통신 법률고문 1983~1985년 감사원 정책자문위원회 위원 1984~1985년 대한변호사협회 이사 1984년 조달청 법률고문 1985~1988년 서울지방변호사회 이사 1986년 법무법인 태평양 대표변호사 1986~1987년 노동부 산업재해심사위원회 위원 1991~1998년 한국은행 금융분쟁조정위원회 위원 1992년 종합유선방송위원회 위원 1998~2004년 연합뉴스 법률고문 1998년 국세청 법률고문 1999년 미국 하와이 East-West Center 객원연구원 2001년 조흥은행 백년재단 이사회 이사, 법무법인 태평양 명예 대표변호사(현) 2008~2012년 (재)굿소사이어티 이사장 [상]석탑산업훈장 [종]기독교

김인성(金仁成) Kim, In Seong

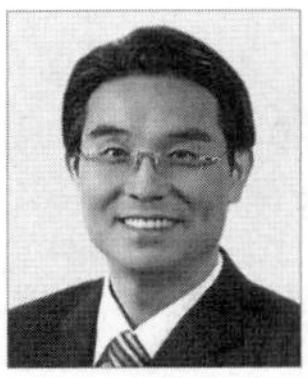

[생]1966·2·18 [본]김해(金海) [출]부산 [주]서울 중구 을지로6 재능교육빌딩 한국국제보건의료재단 사무총장실(02-6910-9010) [학]부산경남고졸, 서울대 사범대졸, 연세대 행정대학원 재학中 [경]한나라당 박근혜 대표최고위원 공보비서, 同정책위원회 심의위원, 국회 정책연구위원 2006년 한나라당 경기도당 고양일산乙선거전략대책위원장 2006~2010년 경기도의회 의원(한나라당) 2007년 한나라당 전국중앙청년위원장, 경기도의회 교육위원회 위원, 同간행물편찬위원회 위원, 同남북교류추진특별위원회 위원, 고양시 교육도시추진위원회 위원, 제2킨텍스건립추진단 자문위원, 한국자유총연맹 고양시지부 자문위원, 민주평통 자문위원 2013년 보건복지부 장관정책보좌관 2015년 한국국제보건의료재단 사무총장(현)

김인수(金仁洙) KIM In Soo

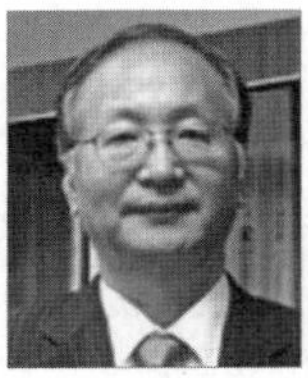

[생]1946·2·16 [출]서울 [주]서울 서초구 서초중앙로 157 서울법원조정센터(02-530-1955) [학]1964년 경기고졸 1968년 서울대 법학과졸 [경]1970년 사법시험 합격(12회) 1972년 사법연수원 수료(2기) 1973년 軍법무관 1975년 서울가정법원 판사 1977년 서울민사지법 판사 1977년 서울형사지법 판사 1979년 서울지법 남부지원 판사 1980년 춘천지법 원주지원 판사 1982년 서울지법 남부지원 판사 1983년 서울고법 판사 1985년 대법원 재판연구관 1986년 부산지법 부장판사 1989년 사법연수원 교수 1991년 서울민사지법 부장판사 1993년 서울형사지법 부장판사 1993년 부산고법 부장판사 1994년 부산지법 수석부장판사 1996년 서울고법 부장판사 1997년 공직자윤리위원회 위원 2000년 서울지법 동부지원장 2002년 광주지법원장 2004~2005년 서울행정법원장 2005년 법무법인 광장 변호사 2005~2013년 同고문변호사 2013년 서울중앙지법조정센터 상임조정위원 2016년 同상임조정위원장(현)

김인수(金仁洙)

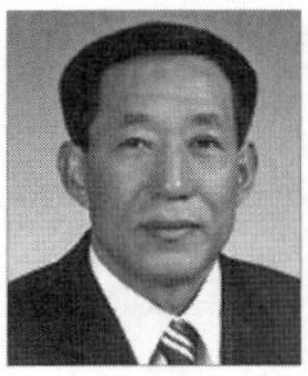

[생]1953·10·1 [출]충북 보은 [주]충북 청주시 상당구 상당로82 충청북도의회(043-220-5093) [학]1973년 보은농고졸 1998년 한국방송통신대 중퇴 1998년 대전대 경영대학원 수료, 영동대 레저스포츠학과졸 [경]보은군문화원 사무국장, 보은군축구협회 회장, 보은청년회의소 회장, 생활체육보은군협의회 부회장, 충북도야구협회 부회장 1995·1998~2002년 충북 보은군의회 의원 1997년 同부의장 2006~2010년 충북도의회 의원(열린우리당·대통합민주신당·통합민주당) 2014년 충북도의회 의원(새누리당·무소속·더불어민주당)(현) 2014년 同산업경제위원회 위원 2014·2016년 同예산결산특별위원회 위원(현) 2015년 同예산결산특별위원회 위원장 2016년 同산업경제위원회 위원(현) 2016년 더불어민주당 충북도당 농어민지원위원회 위원장(현) [상]대한민국재향군인회장표창, 문교부장관표창, 충북도지사표창 [종]불교

김인수(金仁洙) KIM In Soo

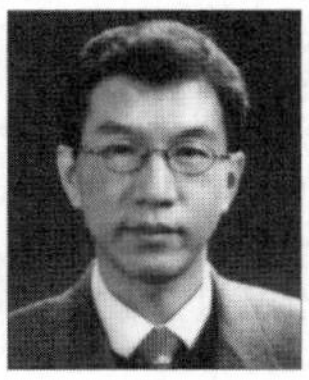

[생]1955·8·2 [출]서울 [주]서울 서대문구 충정로13 삼창빌딩경영(주) 대표이사실(02-392-6611) [학]1979년 서울대 건축학과졸 1984년 고려대 경영대학원졸 [경]1980~2011년 (주)삼창텔레콤 대표이사 1980~1992년 삼창광업개발(주) 대표이사 부사장 1994년 서서울케이블TV 이사 1994년 운암지질학상운영위원회 이사장(현) 2012년 삼창빌딩경영(주) 대표이사(현) [상]과학기술처장관표창

김인수(金仁洙) KIM In Soo

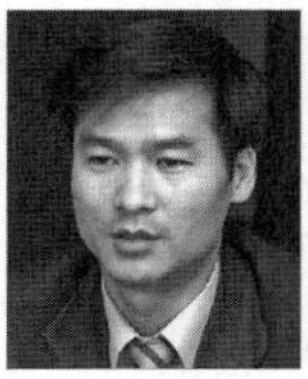

[생]1964·2·10 [본]경주(慶州) [출]경기 화성 [주]세종특별자치시 도움5로20 국민권익위원회 부위원장실(044-200-7011) [학]수원 수성고졸 1986년 단국대 행정학과졸 1998년 서울대 행정대학원 행정학과졸 [경]1985년 행정고시 합격(29회) 1986년 체신부 입부 1992년 同전산망과 사무관 1994년 정보통신부 정보통신정책실 정보망과 사무관 1995년 同정책총괄과 사무관 1996년 同기술기획과 서기관 1999년 同기술정책과 서기관 1999년 국외 훈련 2002년 광주우편집중국장 2002년 정보통신공무원교육원 교학과장 2003년 정보통신부 국제협력관실 국제기구담당관 2004년 同정보통신협력국 국제기구과장 2004년 同통신위원회 사무국장 2006년 同총무과장 2006년 同총무팀장 2007년 법제처 행정심판관리국 심판심의관(고위공무원) 2008년 국민권익위원회 행정심판심의관 2009년 同행정심판국 행정심판심의관 2010년 중앙공무원교육원 교육파견(고위공무원) 2011년 국민권익위원회 행정심판국장 2011년 同권익제도기획관 2013년 제18대 대통령직인수위원회 법질서·사회안전분과 전문위원 2013년 국민권익위원회 권익개선정책국장 2013년 同중앙행정심판위원회 상임위원 2014년 同기획조정실장 2014년 同부위원장 겸 사무처장(차관급)(현) [상]근정포장(1996), 홍조근정훈장(2012) [종]기독교

김인수 KIM In Soo

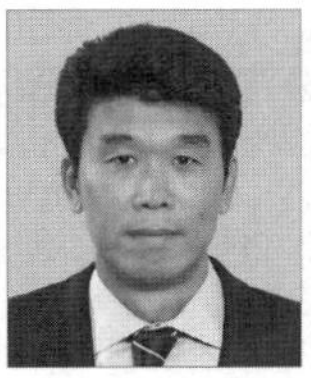

[생]1971·3·2 [주]제주특별자치도 서귀포시 일주서로 166의31 제주유나이티드(064-738-0934) [학]1991년 금호고졸 1995년 호남대졸 [경]1995~1997년 프로축구 전북 다이노스 축구단 소속 1997~2000년 프로축구 전북현대 다이노스 소속 2000~2002년 프로축구 전북 현대 모터스 소속 2011년 U-19 청소년대표팀 코치 2011년 FIFA U-20 남자 월드컵 국가대표팀 코치 2014년 프로축구 대구 FC 코치 2015년 프로축구 대구 FC U-18 선수단 감독 2015년 프로축구 포항 스틸러스 수석코치 2016년 프로축구 제주 유나이티드 감독(현)

김인숙(金仁淑·女) KIM In Sook (慧垠)

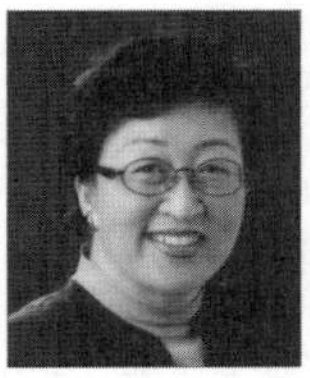

[생]1945·9·17 [본]청풍(淸風) [출]서울 [주]서울 강남구 논현로97길19의6 B동105호 서림에이앤씨 비서실(02-309-8888) [학]1964년 숙명여고졸 1969년 연세대 공대 건축공학과졸 1985년 同산업대학원 건축공학과졸 [경]1969~1973년 대한주택공사 건축연구실 기수 1979~1981년 (주)한성 기술개발부 계장 1982~1988년 우림콘크리트공업(주) 기술영업부 실장 1988~1994년 효성드라이비트(주) 기술영업부장 1994~1996년 동해엔지니어링(주) 기술영업 상무 1995~1997년 한국건축가협회 이사 1997~2001년 한내엔지니어링(주) 대표이사 1999~2003년 한국여성건축가협회 회장 2000~2002년 대한건축학회 이사 2001~2005년 대한건축가협회 이사 2001년 건설교통부 중앙건축위원 2003년 한국여성건축가협회 명예회장 2005년 서림에이앤씨 회장(현) [종]불교

김인숙(金仁淑·女) Kim In Sook (貞明)

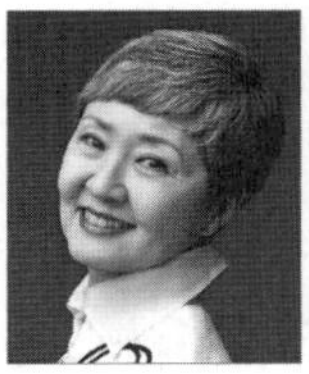

[생]1953·1·12 [본]김해(金海) [출]대구 [주]서울 은평구 갈현로4길26의2 서울기독대학교 무용학과(02-380-2807) [학]1971년 진명여고졸 1975년 이화여대 무용과졸(故홍정희 교수에게 사사) 1984년 세종대 대학원졸(김정욱 교수에게 사사) 1985년 일본 Tokyo City Ballet Company 수료 1986년 미국 New York Univ. Summer Session 수료 1999년 이학박사(한양대) [경]2000년 서울기독대 무용학과 교수(현), 同기획관리처장·학생복지처장·학술정보관장·평생교육원장·무용학과장, 한국문화예술위원회 중앙위원, 예술강사 서울지역위원장, 同제주지역위원장, (사)한국발레협회 부회장, (사)한국발레연구학회 부회장, 무용교육발전추진위원회 사무국장, (사)한국무용협회 무용대상 운영위원, (사)대한무용학회 상임이사, 한국무용예술학회 이사, (사)한국교육무용교육학회 이사, (사)한국무용협회 무용대상 운영위원, 강동 스프링댄스페스티벌 조직위원, 무용교육혁신위원회 부위원장(현), (사)한국무용교육학회 상임이사(현), 김인숙그랑발레단 예술감독(현) 2013~2016년 (사)한국발레협회 회장 2013년 대한민국발레축제 조직위원회 위원장(현) 2016년 (사)한국발레협회 명예회장(현) [상]무용콩쿨개인무 금상(1983), (사)한국발레연구학회 아카데미상(2007), (사)한국발레협회 무용가상(2008), 한국문화예술교육진흥원 공로상(2009), (사)한국발레협회 대상(2010), 스포츠조선 자랑스런 혁신 한국인상(2011), 서울기독대 강의평가우수교수표창(2011), 문화체육관광부장관표창(2013) [저]'기독교와 무용'(1994, 하나글방) [역]'서양무용의 역사(編)'(1995) '동양의 전통무용'(1997) [작]'그리움'(1983) '9월의 정'(1983) '비상'(1986) '파키타'(1986) '세의자'(1986) 'BILL T.JONES and ARNIE ZANE'(1986) 'Subway'(1987) '人間의 都市'(1988) '영혼의 고백'(1990) '욕망이라는 이름의 전차'(1990) '블랑슈의 환상'(1996) '그 땅에 살게 하소서'(1996) '봄의 제전'(1998) '야누스'(2002) '5월의 신부'(2003) '사랑하는 영혼만이 행복하다'(2004) '탄생'(2004) '피에타의 꽃길'(2005) '봄, 여름, 가을, 겨울로의 여행'(2006) '불의 숲으로의 여행'(2006) '환희의 소나타'(2006) '사마리아의 샘물'(2007) '생명의 물감'(2008) '사랑의, 사랑에 의한, 사랑을 위한 발레'(2009) '10주년 In The Beginning'(2010) '가을밤의 Promenade'(2011) '유리바다'(2012) '2013 K-Ballet World'(2013) '파샤의 정원'(2013) '2014 K-Ballet World'(2014) [종]기독교

김인술(金仁述) KIM In Sul

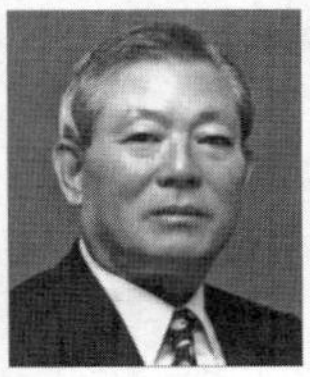

[생]1940·9·25 [출]서울 [주]충남 천안시 동남구 목천읍 학수소사길219 연합정밀(주) 비서실(041-620-3110) [학]1962년 한양대 기계공학과졸 [경]1975년 연합전선(주) 상무 1978년 同부사장 1980년 연합정밀(주) 대표이사 부사장 1986년 同대표이사 사장, 同회장(현)

김인식(金仁植) KIM In Sik

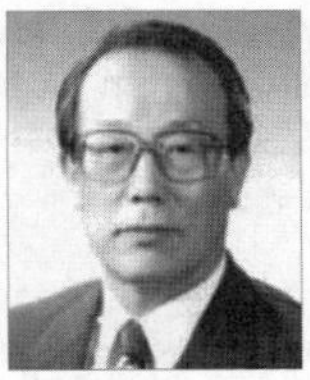

[생]1936·1·25 [본]김해(金海) [출]서울 [주]서울 강남구 논현로134길11 한국건설품질연구원 이사장실(02-501-5561) [학]1956년 경동고졸 1962년 서울대 공대 토목과졸 [경]1962년 서울시 건설국 토목과 근무 1972년 同지하철건설본부 공사계장 1977년 同수도국 수원과장 1978~1980년 同건설국 도로과장·도로국장 직대 1981년 同건설관리국장 1983년 同종합건설본부 공정관리실장 1984년 同도시국장 1986년 국방대학원 파견 1987년 서울시 상하수국장 1988년 同건설관리국장 1989~1990년 同종합건설본부장 1992년 (주)신성 사장 1996년 한국건설품질관리연구원 원장 1998년 시설안전진단협회 회장 2000·2004년 한국건설품질연구원 이사장(현) 2001년 (주)쌍용엔지니어링 회장 [상]대통령표창, 홍조근정훈장 [종]불교

김인식(金寅植) KIM In Sik

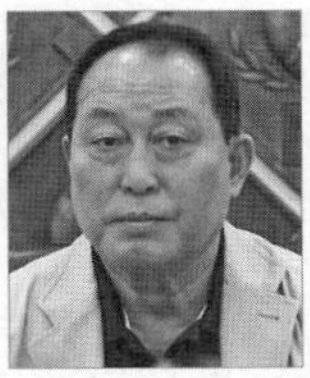

[생]1947·5·1 [본]경주(慶州) [출]서울 [주]서울 강남구 강남대로278 한국야구위원회(KBO)(02-3460-4600) [학]1965년 배문고졸 [경]1965년 크라운맥주 야구단 선수 1969~1972년 한일은행 야구단 투수 1973~1985년 배문고·상문고·동국대 야구부 감독 1986년 프로야구 해태 타이거즈 수석코치 1990~1992년 프로야구 쌍방울 레이더스 감독 1994~1997년 프로야구 OB 베어즈 감독 1995년 한국시리즈 우승 1997~2003년 프로야구 두산 베어스 감독 2000년 시드니올림픽 국가대표팀 코치 2000년 한국시리즈 준우승 2001년 한국시리즈 우승 2002년 부산아시안게임 국가대표팀 야구감독(금메달) 2004~2009년 프로야구 한화 이글스 감독 2006년 월드베이스볼클래식(WBC) 국가대표 감독(4강 진출) 2006년 한국시리즈 준우승 2008~2009년 제2회 월드베이스볼클래식(WBC) 국가대표팀 감독(준우승) 2009년 프로야구 한화 이글스 고문 2010년 광저우아시안게임 야구대표팀 기술위원장 2010년 (사)일구회 부회장 2010년 한국야구위원회(KBO) 기술위원장 겸 규칙위원장(현) 2015년 세계야구소프트볼연맹(WBSC) 주관 '2015 프리미어 12' 국가대표팀 감독·우승 2016년 2017 월드베이스볼클래식(WBC) 기술위원장 2016년 (사)일구회 고문(현) 2016년 2017 월드베이스볼클래식(WBC) 대표팀 감독(현) [상]일구회 마구마구일구상 대상(2009), 조아제약 프로야구대상 공로상(2009), 한국야구위원회 공로패(2009), 한국야구위원회 공로상(2010), 프로야구 30주년 공로상(2011), 조아제약 프로야구대상 공로상(2014), 대한민국체육상 공로상(2015), 일구회 넷마블마구마구일구상 대상(2015), 동아스포츠대상 특별상(2015), 조아제약 프로야구대상 공로상(2015), 플레이어스 초이스 어워드 공로상(2015)

김인식(金仁植) KIM In Sik

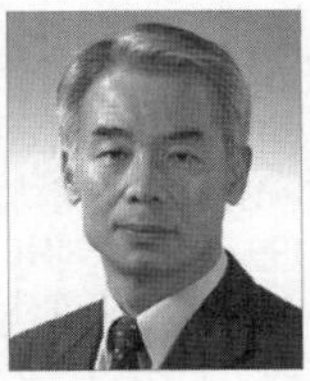

[생]1949·10·25 [출]서울 [주]경기 성남시 수정구 대왕판교로825 한국국제협력단 이사장실(031-7400-239) [학]1968년 서울사대부고졸 1973년 서울대 독어독문학과졸 1991년 미국 서던캘리포니아대 경영대학원졸 [경]1980년 대한무역투자진흥공사(KOTRA) 몬로비아무역관장 1985년 同킹스톤사무소장 1988년 同전북무역관장 1991년 同기획관리부 조직망과장 1993년 同취리히무역관장 1996년 同경영전략부장 1996년 同경남무역관장 1997년 同베를린무역관장 2000년 同기업투자유치팀장 2001년 同투자전략팀장 2002년 同구주지역본부장 겸 프랑크푸르트무역관장(상임이사) 2003년 同무역진흥본부장(상임이사) 2004년 同해외마케팅본부장(상임이사) 2005~2008년 KINTEX 사장 2006년 UFI 아시아지역 이사 2016년 한국국제협력단(KOICA) 이사장(현)

김인식(金仁植)

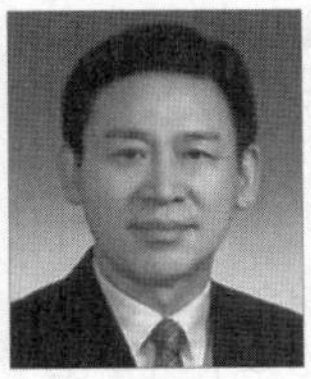

[생]1955·11·4 [출]강원 원주 [주]강원 원주시 동부순환로183 TBN한국교통방송 강원본부(033-749-0114) [학]1972년 원주고졸 1977년 강원대 국어교육과졸 [경]1980년 원주MBC 아나운서 1995년 同보도국 보도취재팀장 2002년 同방송제작국장 2012년 연세대 사회교육개발원 외래교수 2012년 상지영서대 경영학과 초빙교수 2013년 상지대 언론정보학부 초빙교수 2014년 TBN한국교통방송 강원본부장(현)

김인식(金仁植·女) KIM In Sik

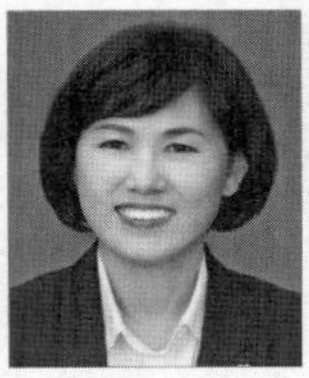

[생]1957·9·9 [본]경주(慶州) [출]대전 [주]대전 서구 둔산로100 대전광역시의회(042-270-5001) [학]주성대학 사회복지학과졸, 한밭대 경영학과졸 2012년 충남대 행정대학원 행정학과졸 [경]열린우리당 대전시당 상무위원, 한국웅변연합회 대전시 회장, 대전시자원봉사연합회 이사, 대한어린이집 이사장 2006~2010년 대전시의회 의원(비례대표, 열린우리당·통합민주당·민주당), 同윤리특별위원회 부위원장 2008년 통합민주당 대전시당 상무위원 2008년 同대전시당 여성위원장 2008년 민주당 대전시당 상무위원 2008년 同대전시당 여성위원장 2009년 대전시의회 운영위원회 위원 2009년 同교육사회위원회 부위원장 2009년 同예산결산특별위원회 부위원장 2009년 同윤리특별위원회 부위원장 2010년 대전시의회 의원(민주당·민주통합당·민주당·새정치민주연합) 2011년 민주통합당 대전시당 여성위원장 2012년 대전시의회 부의장 2014년 대전시의회 의원(새정치민주연합·더불어민주당)(현) 2014~2016년 同의장 2015~2016년 전국시·도의회의장협의회 사무총장 2016년 대전시의회 교육위원회 위원(현) [상]대전장애인인권포럼 장애인정책 우수의원상(2011), 지방의원 매니페스토 약속대상(2015), 대한민국 유권자 대상(2016) [종]기독교

김인영(金仁泳) KIM In Young

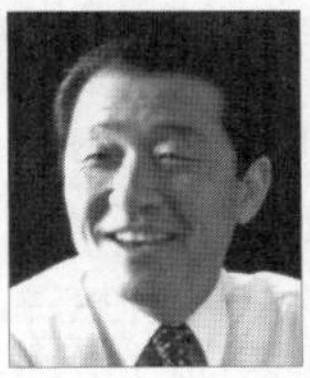

[생]1939·12·26 [본]연안(延安) [출]황해 벽성 [학]1958년 수원고졸 1962년 중앙대 경제학과졸 1990년 서울대 행정대학원 수료 [경]1977년 수원청년회의소 회장 1978~2008년 인영약품(주) 대표이사 1981년 민주정의당(민정당) 경기1지구당 부위원장·수원시 사회정화위원장 1983년 同경기도지부 운영위원 1987년 경기도 도정자문위원 1987년 경기일보 창업준비위원장 1988년 제13대 국회의원(수원甲, 민정당·민자당) 1990년 민자당 정책조정실 부실장 1992년 제14대 국회의원(수원권선甲, 민자당·신한국당) 1992~2000년 환경보건문제연구소 이사장 1993년 민자당 원내부총무 1993년 한·구주의원외교협의회 부회장 1996년 제15대 국회의원(수원권선, 신한국당·한나라당·국민회의·새천년민주당) 1997년 한나라당 경기도지부 위원장 1998년 국회 정보위원장 1998년 경기일보 고문 2000년 새천년민주당 당무위원 2000년 同수원권선지구당 위원장, 경기일보 비상임이사 [상]국무총리표창, 국민훈장 목련장 [종]불교

김인영(金仁泳)

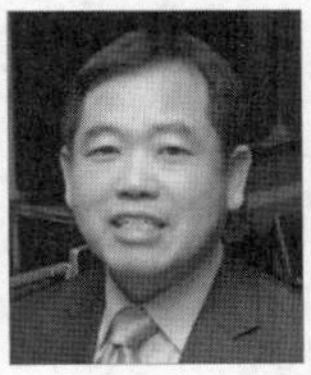

[생]1958·2·12 [출]전북 [주]서울 영등포구 여의공원로13 KBS 보도본부(02-781-1000) [학]검정고시 합격 1982년 경희대 정치외교학과졸 1984년 同대학원 정치학과졸, 정치학박사(경희대) [경]2000년 한국방송공사(KBS) 국제부 기자 2001년 同보도본부 해외지국 방콕특파원 2003년 同라디오 '안녕하십니까 김인영입니다' 진행 2004년 同보도본부 라디오뉴스제작팀 기자 2009년 同보도본부 보도국 행정복지팀장, 同보도본부 탐사제작팀장 2012년 同보도본부 보도국 인터넷뉴스 주간 2014년 同이사회 사무국장 2014년 同강릉방송국장 2015년 同보도본부장(현) 2015~2016년 경희언론인회 회장

김인영(金仁榮) KIM In Young

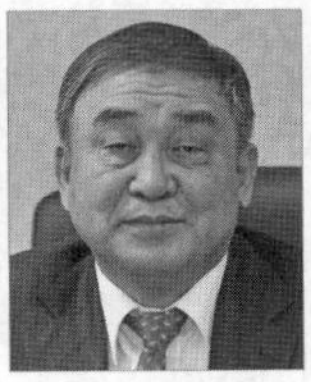

[생]1961·7·9 [출]강원 삼척 [주]서울 영등포구 국회대로70길18 공감신문(02-784-5945) [학]강원 삼척고졸, 서울대 신문학과졸 [경]1988년 서울경제신문 기자 2001년 同뉴욕특파원 2004년 同편집국 경제부 부장대우 2005년 同편집국 금융부장 2007년 同편집국 국제부장(부국장대우) 2008년 同총괄부국장 2009년 同편집국장 2011년 同이사 2011~2014년 同대표이사 사장 2012~2014년 서울경제TV(SENTV) 대표이사 사장 2014~2015년 경제투데이 대표이사 사장 2014~2015년 포커스신문 대표이사 사장 겸임 2016년 공감신문 대표이사 사장(현) [저]'박태준보다 나은 사람이 되시오'(1994, 자작나무) '재벌 때문에 나라 망하겠소'(1995, 한국문원) '월스트리트 제국주의'(2000, FKI미디어) '전쟁 이후의 미국 경제' (2003, 21세기 북스)

김인욱(金仁旭) KIM In Wook

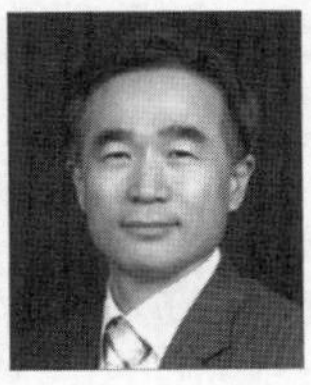

[생]1954·1·29 [출]경기 양평 [주]서울 서초구 서초중앙로157 서울고등법원 부장판사실(02-530-1020) [학]1973년 서울고졸 1977년 서울대 법학과졸 1979년 同대학원 법학과 수료 [경]1983년 사법시험 합격(25회) 1985년 사법연수원 수료(15기) 1986년 광주지법 순천지원 판사 1988년 광주지법 판사 1991년 수원지법 판사 1994년 서울지법 북부지원 판사 1996년 서울지법 판사 1998년 서울고법 판사 2000년 서울지법 판사 2001년 광주지법 부장판사 2003년 수원지법 안산지원 부장판사 2005년 서울중앙지법 부장판사 2008년 서울행정법원 수석부장판사 2009년 대전고법 부장판사 2010년 서울고법 부장판사(현)

김인원(金仁源) KIM In Won

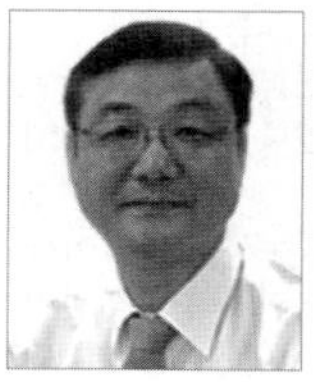

[생]1957·6·25 [출]경북 문경 [주]서울 중구 소공로94 OCI스페셜티(주) 대표이사실(02-751-2210) [학]1976년 여의도고졸 1983년 서강대 화학과졸 [경]한불화학(주) 부장, 동우반도체약품(주) 감사, 동양화학그룹 이사, 동양제철화학 상무이사 2003년 iTV 감사 2007년 동양제철화학 사업2본부장(전무) 2009년 (주)OCI 관리총괄부사장 2012년 OCI스페셜티(주) 대표이사 사장(현)

김인원(金仁垣) KIM Inwon

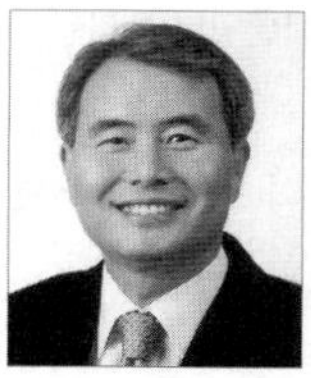

[생]1962·12·10 [출]전북 남원 [주]서울 서초구 법원로 15 정곡빌딩서관517호 법무법인 서울센트럴(02-537-4100) [학]1980년 우신고졸 1984년 성균관대 법학과졸, 同대학원 법학과졸 [경]1989년 사법시험 합격(31회) 1990년 사법연수원 연수(21기) 1992년 인천지검 검사 1994년 광주지검 순천지청 검사 1996년 광주지검 검사 1998년 법무부 송무과 검사 2000년 서울지검 검사 2002년 제주지검 검사 2004년 同부부장검사 2005년 대전지검 홍성지청 부장검사 2006년 사법연수원 교수 2007년 법무연수원 교수 2008년 미국 스탠포드대 로스쿨 Visiting Scholar 2009년 서울북부지검 형사4부장 2009년 同형사3부장 2010년 변호사 개업 2011년 법무법인 서울센트럴 대표변호사(현) 2016년 제20대 국회의원선거 출마(서울 성북구乙, 국민의당) 2016년 국민의당 서울성북구乙지역위원회 위원장(현) [저]'눈 크게 떠도 코 베가는 세상'(2012)

김인자(金仁子·女) Rose-Inza KIM (壽園)

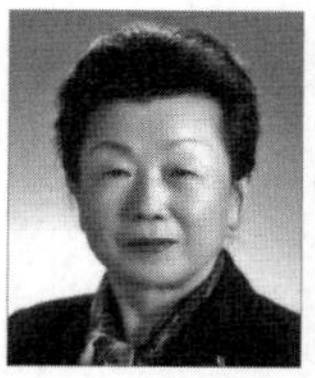

[생]1932·8·17 [본]안동(安東) [출]서울 [주]서울 영등포구 경인로71길70 벽산디지털밸리 605호 한국심리상담연구소(02-790-9361) [학]1951년 경기여고졸 1958년 미국 세인트메리대 생화학과졸 1965년 미국 시카고로욜라대 대학원졸 2005년 명예 인문학박사(미국 시카고로욜라대) [경]1960년 한국국제가톨릭부인회 부회장 1960~1978년 서강대 전임강사·조교수·부교수 1970~1974년 가톨릭여성연합회 회장 1973년 서강대 여학생감 1977년 同학생생활상담실장 1978~1997년 同교양과정부 교수 1981년 민주평통 자문위원 1981년 한·이스라엘친선협회 부회장 1983년 전문직여성클럽연맹 공보분과위원장 1985년 평통 여성분과위원장 1986년 전문직여성클럽연맹 서울클럽 회장 1986년 한국심리상담연구소 소장(현) 1992년 한국가족치료학회 회장 1993년 한국대학상담학회 회장 1993년 서강대 교양과정부장 1996년 同평생교육원장 1997년 同명예교수(현) 2002년 한국좋은인간관계학회 회장·이사장 2008년 대인긍정심리교육재단 이사장(현) 2009~2011년 용문상담심리대학원대 총장 [상]국민훈장 동백장(1985) [저]'사람의 마음을 여는 열쇠 8가지' '엄마도 그럴 때가 있었지' '열린 부모 신나는 아이들' '현실요법과 선택이론' '처음 살아보는 오늘'(2008) [역]'적응심리' '동기유발' '인간관계와 자기표현' '효과적인 부모역할 훈련' '부모역할 배워지는 것인가' '현실요법의 적용' '당신의 삶은 누가 통제하는가' '다이어트는 이제 그만'(共) '행복의 심리' '긍정적 중독'(共) '섬유근육통' '긍정심리학(共)'(2006, 물푸레) '긍정심리학 프라이머(共)'(2010, 물푸레) '긍정심리학의 입장에서 본 성격강점의 덕목과 분류(共)'(2009, 한국심리상담연구소) [종]천주교

김인재(金仁在) KIM In Jae

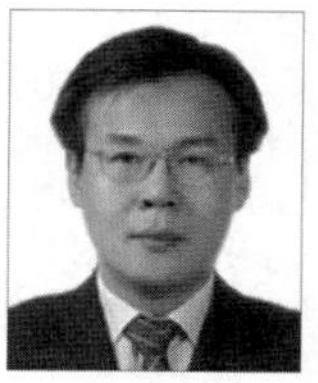

[생]1959·2·11 [출]전남 무안 [주]인천 남구 인하로100 인하대학교 법학전문대학원(032-860-8967) [학]1982년 서울대 법학과졸 1984년 同대학원 법학과졸 1996년 법학박사(서울대) [경]1991~1996년 한국법제연구원 선임연구원 1996~2006년 상지대 법학과 전임강사·조교수·부교수 1997년 학술단체협의회 연구위원장 1998년 민주주의법학연구회 기획위원장 1999년 상지대 사회과학연구소장 2001년 월간 '노동법률' 편집위원(현) 2001년 민주평통 자문위원 2003년 학교법인 상지학원 사무국장 2003년 노사정위원회 특수형태근로종사자특위 공익위원 2004년 전국민주노동조합총연맹 정책연구위원 정책자문위원 2006년 국가인권위원회 인권정책본부장 2007년 인하대 법학전문대학원 교수(현) 2011~2013년 민주주의법학연구회 회장 2011년 인천시 분쟁조정위원회 위원(현) 2012년 同노사민정협의회 위원(현) 2013~2014년 학술단체협의회 상임대표 2014년 인천시 지방노동위원회 공익위원(현) 2014~2015년 한국노동법학회 회장 2014~2015년 한국사회보장법학회 회장 2015년 인하대 법학전문대학원장 겸 법과대학장(현) [저]'한반도 시대와 민주공동체'(2000) '노동법강의'(2002, 법문사) '장애우법률입문'(2004, 장애우권익문제연구소) '전력산업의 공공성과 통합적 에너지 관리'(2007, 도서출판 노기연) '2006 노동법의 쟁점'(2007, 한국노동연구원) '국가에너지 정책과 한국의 천연가스산업 연구'(2008, 노기연) '노동법의 이론과 실제-신인령선생님 정년기념논문집'(2008, 박영사) '전력산업 구조개편과 수직 통합의 경제학'(2010, 사회평론) '동북아 항공산업과 한국 허브공항의 발전 전망'(2010, 한모임) '노동법'(2011, 오래) '더불어 행복한 민주공화국'(2012, 폴리테이아) 'GLOBAL LEGAL ISSUES 2012 [1]'(2012, 한국법제연구원) '노동법(제2판)'(2013, 도서출판 오래)

김인재(金仁在) KIM In Jae

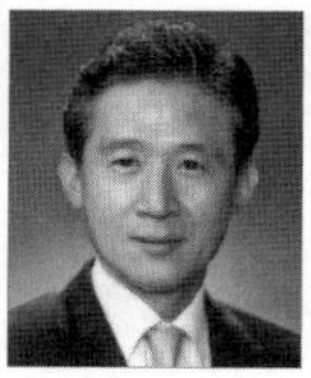

[생]1959·9·13 [주]서울 송파구 올림픽로43길88 아산사회복지재단 사무총장비서실(02-3010-2501) [학]1978년 동국대사대부고졸 1985년 한국외국어대 서반아어과졸 [경]1984년 현대건설 입사 1986~1996년 현대그룹 명예회장비서실 부장 1996~2001년 현대전자 영업·마케팅 담당임원(상무) 2001~2010년 하이닉스반도체 영업·마케팅 담당임원(상무) 2010~2013년 同미주법인장(전무) 2013~2014년 현대중공업 홍보실장(전무) 2014년 同서울사무소장 겸 기획실 커뮤니케이션팀장(전무) 2015년 아산사회복지재단 사무총장(현)

김인제(金麟濟) KIM In Jea (芝石)

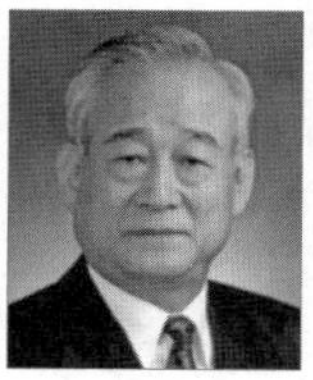

[생]1932·1·19 [본]경주(慶州) [출]충북 영동 [주]대전 동구 대학로62 대전대학교 이사장실(042-255-3595) [학]1951년 대전사범학교졸 1959년 충남대 법학과졸 1975년 법학박사(충남대) [경]1963년 충남대 문리대 전임강사 1965~1977년 同법경대 조교수·부교수 1977~1981년 同법대 교수 1981~1989년 대전대학 학장 1985년 충남도 도정자문위원장 1985년 법무부 상법개정심의위원 1988년 한국상사법학회 부회장 1989~1997년 대전대 법학과 교수 1989년 일본 熊本大 교환교수 1991년 대전대 대학원장 1993년 대전시 한밭도서관 운영위원장 1995~2001년 대전시 소청심사위원장 1997~2001년 대전대 총장 1998~2002년 대전시 제2의건국범국민추진위원장 1999~2001년 민주평통 자문위원 2000~2001년 대전시 규제개혁위원장 2000년 한국상사법학회 고문 2001년 충남대총동창회 고문(현) 2005~2006년 국민중심당 대전시당 창당준비위원장 2006~2007년 同대전시당 대표 2008년 대전대 이사장(현) [상]국민훈장 목련장(1986), 교육부장관표창(1994), 국민훈장 동백장(1997), 행정자치부장관표창, 청조근정훈장(2001) [저]'법학개론(共)'(1982) '국제거래법론(共)'(1993) '국제사법(共)'(1995) '대학교육 40년 나의 발자취'

김인제(金仁濟) KIM In Je

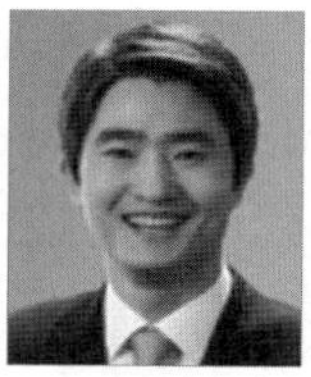

[생]1973·12·21 [주]서울 중구 덕수궁길15 서울특별시의회(02-3783-1686) [학]성균관대 국정관리대학원 행정학 석사 [경]2014년 서울시의회 의원(새정치민주연합·더불어민주당)(현) 2014년 同도시계획관리위원회 위원 2014년 同예산결산특별위원회 위원 2014년 同도시건축공동위원회 위원 2014년 同기금운영심의위원회 위원 2014년 同서울시민디자인위원회 위원 2014·2016년 同남북교류협력지원특별위원회 위원(현) 2015년 同하나고등학교특혜의혹진상규명을위한행정사무조사특별위원회 위원(현) 2015년 새정치민주연합 전국청년위원회 부위원장 2015년 더불어민주당 전국청년위원회 부위원장(현) 2016년 서울시의회 도시계획관리위원회 부위원장(현) 2016년 同의회역량강화TF 위원(현) 2016년 同서부지역광역철도건설특별위원회 위원(현) 2016년 同장기미집행도시공원특별위원회 위원(현) 2016년 同서울메트로사장후보자인사청문특별위원회 위원(현) 2016 년 서울시 도시계획위원회 위원(현) 2016년 同도시건축공동위원회 위원(현)

김인종(金仁宗) KIM In Jong (木山)

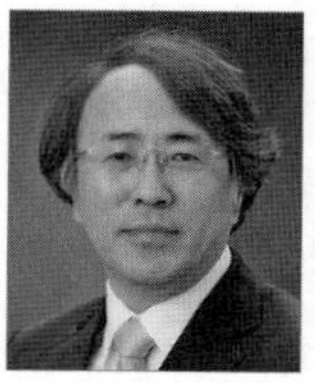

[생]1958·9·6 [출]전북 익산 [주]전북 익산시 익산대로 514 원광보건대학교 총장실(063-840-1113) [학]원광대 원불교학과졸, 同대학원 불교학과졸 1992년 철학박사(원광대), 한서대 대학원 노인복지학과졸, 문학박사(한서대) [경]원광보건대학 사회복지과 교수, 同기획조정처장 2007~2011년 同9대 총장 2010년 한국전문대학교육협의회 이사 2011~2015년 원광보건대 10대 총장 2013년 한국전문대학교육협의회 감사 2015년 원광보건대 11대 총장(현) [종]원불교

김인주(金仁住)

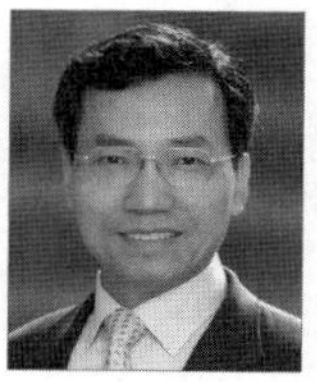

[생]1958·7·26 [주]서울 영등포구 은행로14 KDB금융지주 임원실(02-369-2151) [학]1976년 서울고졸 1980년 서울대 영어영문학과졸 1994년 미국 밴더빌트대 경영대학원 경영학과졸(MBA) [경]1982년 한국산업은행 입행 1991년 同국제영업부 대리(4급) 1994년 同종합기획부 대리 1996년 同국제영업부 과장 1999년 同자금거래실 팀장(3급) 2002년 同런던지점 팀장 2003년 同금융공학실 팀장 2005년 同국제금융부 팀장(2급) 2009년 KDB금융지주 뉴욕지점장(1급) 2012년 同기획관리실장 2013년 同전략담당 부사장(CSO·최고전략책임자)(현)

김인주(金仁宙) KIM In Ju

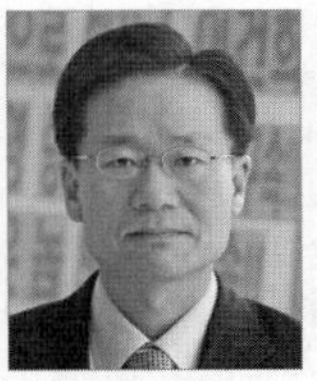

[생]1958 · 12 · 13 [출]경남 김해 [주]서울 서초구 서초대로74길4 삼성생명서초타워 삼성경제연구소(02-3780-8000) [학]1976년 마산고졸 1980년 서울대 산업공학과졸 1982년 한국과학기술원 산업공학과졸 [경]1980년 제일모직(주) 입사 1990년 삼성그룹 비서실 재무담당 과장 1997년 同이사 1998년 同상무이사 1999~2004년 同기업구조조정본부 재무팀장(전무 · 부사장 · 사장) 2004년 同기업구조조정본부 차장(사장) 2006년 同전략기획위원회 위원 2006년 同전략기획실 전략기획지원팀장(사장) 2008년 삼성전자(주) 상담역 2010년 삼성카드 고문 2011~2014년 (주)삼성선물 사장 2014년 삼성경제연구소 전략담당 사장 2016년 同상담역(현)

김인준(金仁埈) KIM In June

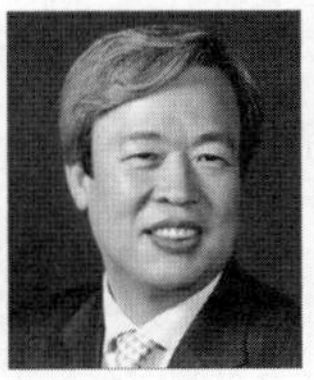

[생]1948 · 6 · 30 [본]김녕(金寧) [출]경기 화성 [주]서울 관악구 관악로1 서울대학교 경제학부(02-880-6389) [학]1967년 경기고졸 1970년 서울대 상대 2년 수료 1972년 미국 다트머스대 경제학과졸 1979년 경제학박사(미국 하버드대) [경]1978~1979년 미국 하버드대 국제문제연구소 연구원 1980~1990년 서울대 사회과학대 국제경제학과 조교수 · 부교수 1980년 재무부 자문위원 1986년 미국 다트머스대 교환교수 1987~1999년 선물학회 회장 1990~2013년 서울대 사회과학대학 경제학부 교수 1990년 同연구부처장 1990년 재무부 금융발전심의위원회 위원 1994~1998년 금융통화운영위원회 위원 1994년 재정경제원 금융발전심의위원회 위원 1997~1999년 한국선물학회 회장 1997년 한국금융학회 부회장 1998~2000년 한국경제학회 이사 1998년 국제경제학회 이사 1999년 미국 하버드대 초빙교수 2001년 한국금융학회 회장 2002~2004년 서울대 사회과학대학장 2004~2005년 금융발전심의회의 민간위원장 2005~2008년 한국투자공사 운영위원장 2009년 한국경제학회 회장 2009~2011년 서울대 금융연구원장 2010년 국민경제자문회의 민간위원 2010~2013년 KB국민은행 사외이사 2010년 한국경제학회 명예회장(현) 2011~2012년 국민경제자문회의 부의장 2011~2013년 KB국민은행 사외이사(이사회 의장) 2013년 서울대 경제학부 명예교수(현) 2014년 국제금융센터 이사회 의장 [상]녹조근정훈장 [저]'국제경제론'(1997 · 1998) '태평양시대와 한국'(共) '자본자유화론'(1995) '국제금융론'(2004) '국제금융―이론과 한국현실적용' '대한민국, 경제학에게 길을 묻다'(2009, 중앙북스) '위기극복 경제학'(2013, 율곡출판사) 'Overcoming Financial Crises'(2013, SNUPRESS)

김인중(金仁中) KIM In Joong

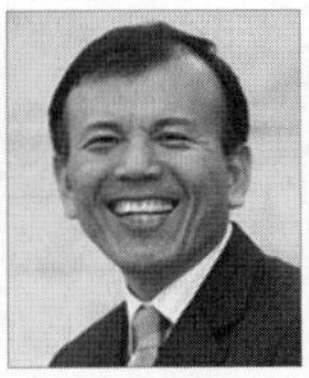

[생]1948 · 7 · 7 [출]경기 시흥 [주]경기 안산시 상록구 석호공원로8 안산동산교회(031-400-1105) [학]경복고졸, 서울대 사범대학 불어교육과졸, 총신대 대학원졸 [경]1979~2015년 안산동산교회 전도사 · 강도사 · 담임목사 1993년 학교법인 동산학원(안산동산고) 이사장, 안산시기독교연합회 회장, 교회갱신을위한목회자협의회 공동회장, 한국교회미래를준비하는모임 대표회장, 한국셀교회사역네트워크(KCCMN) 공동회장, 한국기독교귀순동포정착지원협의회 대표회장, 국제기아대책기구 이사, 총신대 운영이사, 세계성시화운동본부 총재 2015년 안산동산교회 원로목사(현) [저]'셀이 살아나는 이야기' '나는 행복한 전도자' '백절불굴 크리스천' '안산동산고 이야기' [종]기독교

김인중(金仁中 · 女) Kim In Jung

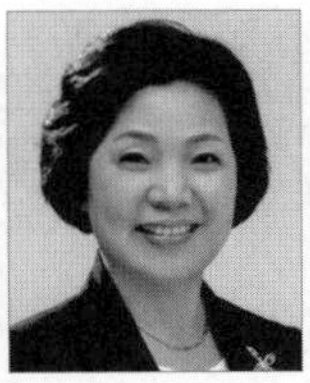

[생]1948 · 9 · 5 [주]경북 안동시 풍천면 도청대로455 경상북도의회(054-880-5339) [학]경북대 경영대학원 경영학과졸 [경]농협중앙회 경북지역본부 여성복지팀장, NH개발 경북북부지사장, 경북도립대 행정복지계열 겸임교수, 한나라당 경북도당 양성평등위원장, 새누리당 경북도당 여성위원장, 同운영위원회 부위원장 2012년 새누리당 제18대 대통령선거 경북도당 선대위 여성본부장, 한국가정법률상담소 안동지부 이사(현), 경북북부범죄피해자지원센터 이사 2014년 경북도의회 의원(비례대표, 새누리당)(현) 2014년 同운영위원회 위원 2014년 同행정보건복지위원회 부위원장 2014년 경북대총동창회 이사(현) 2016년 경북도의회 문화환경위원회 위원(현) 2016년 同정책연구위원회 위원(현) [상]제12회 의정 · 행정대상 광역지방의원부문 의정대상(2015)

김인창(金仁昌)

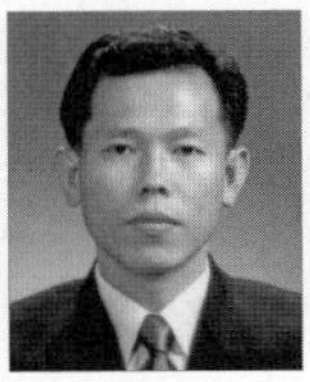

[생]1966 · 11 · 8 [출]제주 [주]세종특별자치시 정부2청사로10 에스엠타워 국민안전처 해양경비안전본부 수상레저과(044-204-7051) [학]성산수산고졸, 목포해양대 항해학과졸, 동국대 법학과졸, 연세대 행정대학원졸 [경]1994년 경위 임관(경찰간부 후보 42기) 2003년 포항해양경찰서 해상안전과장 2010년 해양경찰청 정보2계장 2013년 동해지방해양경찰청 경비안전과 상황담당관 2014년 국민안전처 해양경비안전본부 해양항공과장(총경) 2015년 同동해해양경비안전본부 포항해양경비안전서장 2016년 同제주해양경비안전본부 경비안전과장 2016년 同해양경비안전본부 수상레저과장(현)

김인철(金仁哲) KIM In Chul

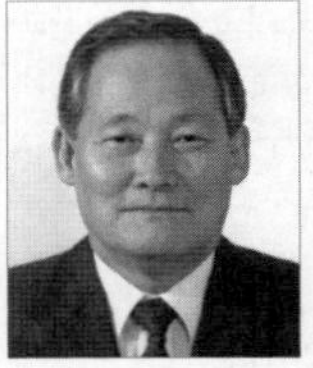

[생]1938 · 4 · 16 [출]경기 수원 [주]경기 이천시 신둔면 이장로311번길197의73 한국관광대학 노인전문병원(031-644-9131) [학]1957년 수원농림고졸 1963년 가톨릭대 의대졸 1967년 同대학원졸 1971년 의학박사(가톨릭대) 1976년 미국 뉴욕 NYU Medical Center 외과 수련의 1980년 일본 동경 암센터 연수 1986년 영국 캠브리지대 Addenbrooke's병원 외과 연수 1986~1987년 일본 순천당대 외과 연수 [경]1968~1983년 가톨릭대 의대 전임강사 · 조교수 · 부교수 1980~1992년 同강남성모병원 외과 과장 1983~2003년 同의대 외과학교실 교수 1985~1989년 서울시의사회 부회장 1990년 가톨릭대 가톨릭중앙의료원 기획실장 1992~1996년 同강남성모병원장 1992~1998년 同의대 외과학교실 주임교수 1995년 대한병원협회 부회장 1996년 가톨릭대 의과학연구원장 1999~2001년 대한병원협회 경영이사 1999~2001년 가톨릭대 의무부총장 겸 가톨릭중앙의료원 의무원장 2000~2003년 대학의학회 부회장 2000년 사립대학교의료원장협의회 회장 2001년 대한병원협회 정책담당 부회장 2002~2003년 대한외과학회 회장 2003년 가톨릭대 의대 명예교수 2004~2010년 한국관광대학 총장 2008년 同노인전문병원장(현) [상]옥조근정훈장(2003) [저]'복부외과의 실제'(1994) '최신외과학'(1995) '외과의 최신지견'(2003) '한국의 학술연구' '외과연구사'(2004) [종]천주교

김인철(金仁哲) KIM In Chul

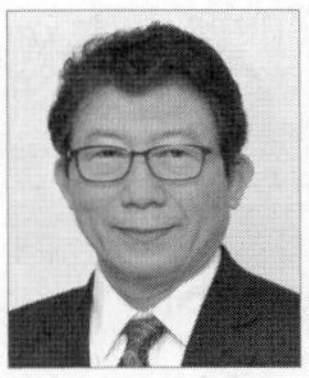

[생]1948 · 10 · 22 [출]경남 [주]서울 종로구 성균관로25의2 성균관대학교 경제대학 경제학과(02-760-0945) [학]1967년 배재고졸 1973년 성균관대 경제학과졸 1976년 미국 켄트주립대 대학원 경제학과졸 1981년 국제경제학박사(미국 시카고대) [경]1981년 미국 콜로라도대 경제학과 교수 1982년 한국개발연구원 연구위원 1983~1987년 재무부 장관 자문관 1988~2014년 성균관대 경제학과 교수 1996년 인천21세기연구센터 원장 1997년 인천발전연구원 원장 1998년 미국 아메리칸대 교환교수 1999년 성균관대 한국산업연구소장 2001~2003년 同대외협력처장 2001년 한국선물학회 회장 2003년 한국국제통상학회 회장 2005~2007년 한국공공정책학회 회장 2009년 한국국제경제학회 부회장 2009~2010년 同회장 2012년 한국석유공사 이사회 의장 2013년 한국경제학회 회장 2014년 성균관대 경제대학 경제학과 명예교수(현) 2014~2015년 한국금융투자자보호재단 비상임이사장 2014년 2017몽펠르랭소사이어티(MPS) 서울총회조직위원회 프로그램위원(현) 2015년 대한무역투자진흥공사(KOTRA) 외국인투자옴부즈만(현) [상]한국경제학회 청람학술상(1988), 국무총리표창(2014) [저]'김인철의 생활경제'(1992) '경제발전론'(1998) '국제금융경제학'(2000) '국제무역경제학'(2000) '한국경제의 선택'(2001) [종]기독교

김인철(金仁喆) KIM In Chull

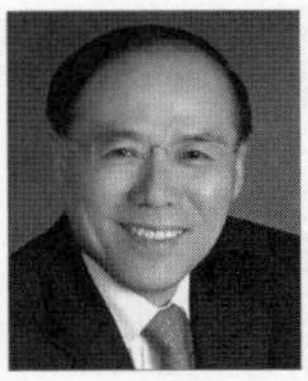

[생]1951 · 7 · 7 [출]경남 [주]경기 고양시 일산동구 일산로323 국립암센터 시스템통합적항암신약개발사업단(031-920-1087) [학]용산고졸, 1974년 서울대 약학과졸 1977년 同대학원졸 1985년 약학박사(미국 일리노이대) [경]미국 록펠러Foundation 연구원, 미국 Duke대 의대 연구원, Glaxo제약사 책임연구원, (주)LGCI 생명과학기술연구원 의약개발연구소장(상무), (주)LG생명과학 의약품사업부문 사업개발담당 상무 2005년 同의약품영업본부장(부사장) 2006년 同대표이사 사장 2010년 同고문 2011년 국립암센터 시스템통합적항암신약개발사업단장(현) [상]대한민국CEO그랑프리 의약품부문(2009), 대통령표창(2011) [종]천주교

김인철(金仁喆) Kim, In Chul

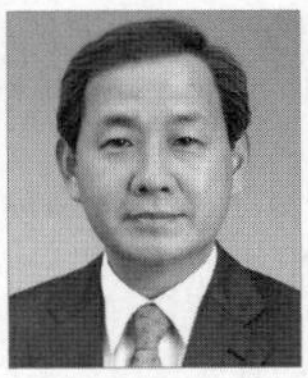

[생]1957 · 6 · 22 [본]분성(盆城) [출]경남 마산 [주]서울 동대문구 이문로107 한국외국어대학교 총장실(02-2173-2001) [학]1976년 용산고졸 1980년 한국외국어대 행정학과졸 1984년 同대학원 행정학과졸 1988년 정치학박사(미국 델라웨어대) [경]1988년 한국외국어대 행정학과 교수(현) 1994년 호주 캔버라대 단기 초빙교수 1995 · 1996 · 2005년 미국 델라웨어대 계절학기 강의교수 1996년 미국 존스홉킨스대 정치학과 초빙교수 Fulbright Research Fellow 2002~2004년 한국외국어대 기획조정처장 2006년 재정경제부 혁신지원위원회 위원장 2007~2008년 한국외국어대 정치행정언론대학원장 2008~2010년 同서울캠퍼스 교무처장 2008~2010년 대검찰청 감찰위원회 감찰위원 2009~2011년 한미교육문화재단 이사 2010년 한국정책학회 회장 2010~2011년 한국외국어대 대외부총장 2010~2011년 국가교육개혁협

의회 위원 2010~2011년 정부업무평가위원회 위원 2010~2011년 서울예술학원 재단이사 2011~2013년 감사원 감사위원(차관급 정무직) 2013년 한국풀브라이트총동문회 회장(현) 2014년 한국외국어대 총장(현) 2014~2015년 (재)한국·아랍소사이어티 이사장 [상]대한민국무궁화대상 교육부문(2015) [저]'행정학세미나'(2006, 한국외국어대 정책과학대학원) '행정학조사방법론'(2006, 한국외국어대 정책과학대학원) '조직론'(2006, 한국외국어대 정책과학대학원) '한국정부와 민주행정(共)'(2006, 다산출판사) '정부평가의 이해와 실제(共)'(2007, 대영문화사) '새정부의 광역별 지역 현안(共)'(2008, 바른정책연구원) [종]기독교

김인철(金仁喆) KIM In Chul

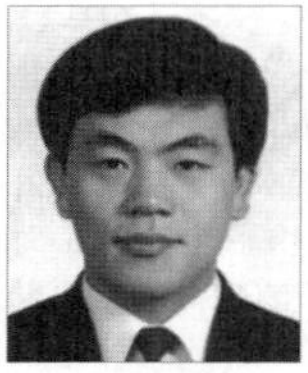

[생]1965·6·1 [주]서울 중구 세종대로110 서울특별시청 대변인실(02-2133-6200) [학]서울대 대학원 행정학과졸 [경]1988년 행정고시 합격(32회) 1989년 총무처 임용(행정사무관) 2002년 서울시 행정관리국 지방서기관 2003년 同교통국 버스체계개선반장 2005년 同복지건강국 건강도시추진단장 2006년 同대변인실 언론담당관 2006년 同복지건강국 노인복지과장 2009년 同복지국 복지정책과장 2010년 同일자리창출대책추진단장 2010년 同성동구 부구청장(지방부이사관) 2012년 同기획조정실 경영기획관 2013년 同지방부이사관(해외훈련) 2014년 同대변인(지방부이사관) 2015년 同대변인(지방이사관)(현)

김인철(金仁澈) Kim In-chul

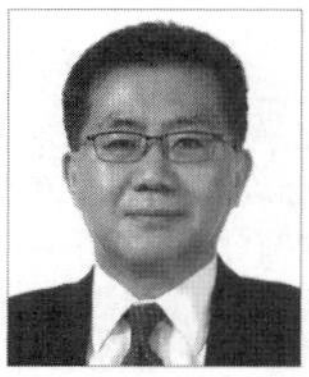

[생]1965·10·20 [주]서울 종로구 사직로8길60 외교부 인사운영팀(02-2100-7140) [학]1987년 서울대 경제학과졸 1990년 한국외국어대 대학원 서반아어과졸 [경]1989년 외무고시 합격(23회) 1995년 駐국제연합(UN) 2등서기관 1998년 駐콜롬비아 1등서기관 2003년 駐프랑스 1등서기관 2005년 외교부 조약과장 2007년 駐보스턴 영사 2010년 駐아르헨티나공사 참사관 2013년 외교부 국제법률국 심의관 2014년 同국제법률국장 2016년 駐제네바 차석대사(현)

김인택(金仁澤)

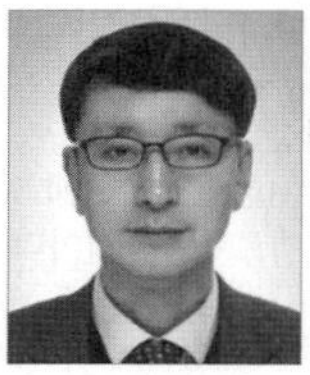

[생]1957·1·12 [주]경기 용인시 수지구 포은대로388 한국에너지공단 임원실(031-265-5004) [학]숭실대 대학원 전기공학과졸 [경]2008년 에너지관리공단 지방이전홍보관건립팀장 2011년 同전북에너지기후변화센터장 2012년 同녹색건축센터장 2013년 同건물수송에너지실장 2015년 同수요관리이사(상임이사) 2015년 한국에너지공단 수요관리이사(상임이사)(현)

김인택(金仁澤) KIM In Taek

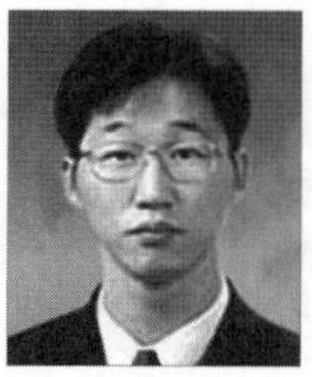

[생]1970·4·21 [출]경북 봉화 [주]경기 여주시 현암로21의12 수원지방법원 여주지원(031-880-7500) [학]1989년 경북 봉화고졸 1996년 경북대 법대졸 2004년 同대학원 수료 [경]1994년 사법시험 합격(36회) 1997년 사법연수원 수료(26기) 1997년 서울지법 서부지원 판사 1999년 서울지법 판사 2001년 창원지법 밀양지원 판사 2004년 의정부지법 고양지원 판사 2007년 서울중앙지법 판사 2008년 서울고법 판사 2010년 대법원 재판연구관 2012년 제주지법 부장판사 2015년 수원지법 여주지원장(현)

김인한(金仁漢) KIM In Han

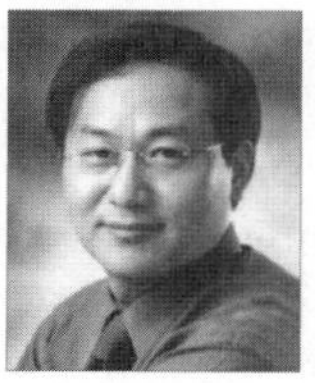

[생]1964·11·12 [본]김녕(金寧) [출]서울 [주]경기 용인시 기흥구 덕영대로1732 경희대학교 건축학과(031-201-2926) [학]1983년 서울 대성고졸 1988년 서울대 건축공학과졸 1991년 미국 Carnegie-Mellon대 대학원 건축계획 및 CAD학과졸 1994년 건축학박사(영국 Strathclyde대) [경]1991년 영국 Strathclyde대 Research Fellow 1995년 영국 웨일즈대 Research Associate 1996년 경희대 건축학과 교수(현) 2002년 국무조정실 국가정보화평가위원 2003년 미국 세계인물사전 'Marquis Who's Who in Science and Engineering'에 등재 2003년 국제표준화기구(ISO TC184/SC4 T22) 건설분야 부의장 2004~2009년 (사)STEP센터 회장 2010년 한국빌딩스마트협회 부회장(현) 2011~2013년 싱가포르 건설성 BIM(빌딩정보모델링) 국제자문위원 2012년 한국CAD·CAM학회 제9대 편집이사, 同사업이사(현) 2012~2013년 대한건축학회 이사 [저]'건축설계 전산론' '건축분야를 위한 CAD 실습과 응용' 'CAD 실습과 응용' '디자인 정보론'(共) '국가정보화백서' '개방형 BIM의 구현과 통합설계'(2009, APP) [역]'디자인 정보론'(1997) [종]기독교

김인현(金仁顯) KIM In Hyeon

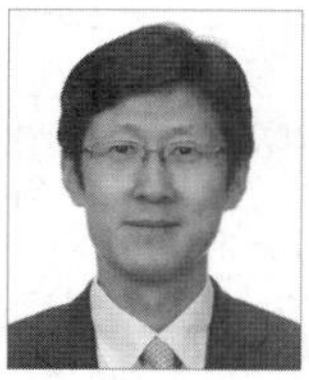

[생]1959·8·5 [본]안동(安東) [출]경북 영덕 [주]서울 성북구 안암로145 고려대학교 법학전문대학원(02-3290-2885) [학]1982년 한국해양대 항해학과졸 1996년 고려대 대학원 법학과졸 1999년 법학박사(고려대) 2004년 미국 텍사스대 대학원 법학과졸 2005년 고려대 법학과졸 [경]1982~1993년 일본 산코라인 근무(항해사·선장) 1995년 김앤장법률사무소 근무 1999년 목포해양대 해상운송시스템학부 전임강사·조교수·부교수 1999년 중앙해양안전심판원 심판변론인(현) 2000년 국제해사기구법률위원회 한국대표단 2003~2009년 유엔운시트랄운송법회의 한국대표단 2003년 한국해법학회 편집이사 2007년 부산대 법학과 부교수 2007년 대법원 전문심리위원(현) 2008년 대한상사중재원 중재인(현) 2009년 고려대 법학전문대학원 교수(현), 한국해법학회 수석부회장 2012년 싱가폴국립대(NUS) 법과대학 Fellow 겸 방문교수 2013년 고려대 법학전문대학원 부원장 2014년 인천항만공사 항만위원(현) 2016년 한국해법학회 회장(현) [상]근정포장(2003), 국제거래법학회 심당학술상(2014), 고려대 석탑연구상(2016) [저]'해상법 연구'(2002, 삼우사) '해상법'(2003) '해상교통'(2003) '보험해상법'(2003) '해상법 연구 II'(2008, 삼우사) '공저 보험해상법'(2008, 박영사) '해상교통법 제3판'(2011, 삼우사) '해상법 제3판'(2011, 법문사) 'Transport Law in South Korea'(2011, Kluwer) '선박충돌법'(2013, 법문사) '해상법 제4판'(2015, 법문사)

김인호(金仁浩) KIM In Ho (心石)

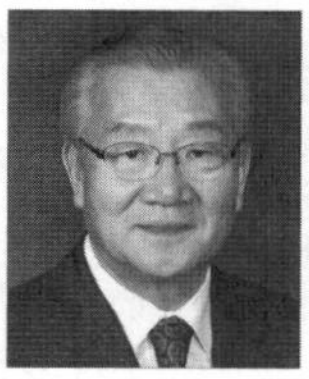

[생]1942·9·24 [본]김해(金海) [출]경남 밀양 [주]서울 강남구 영동대로511 한국무역협회 비서실(02-6000-5000) [학]1960년 경기고졸 1966년 서울대 법대졸 1973년 미국 시라큐스대 맥스웰대학원졸 1988년 국방대학원 안보과정졸 1995년 고려대 언론대학원 최고경영자과정 수료 [경]1966년 행정고시 합격(4회) 1967년 경제기획원 사무관 1975년 同행정관리담당관 1976년 駐시카고총영사관 경제협력관 1980년 경제기획원 물가총괄과장 1982년 한국개발연구원(KDI) 파견 1984년 해외협력위원회 투자협력관 1985년 경제기획원 물가정책국장 1989년 同경제기획국장 1989년 同차관보 1990년 同대외경제조정실장 1992년 환경처 차관 1993년 한국소비자보호원 원장 1994년 철도청장 1996년 공정거래위원회 위원장(장관급) 1997년 대통령 경제수석비서관(장관급) 1999년 국가경영전략연구원 원장 2000~2001년 (주)와이즈인포넷 회장 2001년 법무법인 세종 부설 시장경제연구원 운영위원장·고문 2004~2007년 (재)중소기업연구원 원장 2008년 (재)시장경제연구원 이사장(현) 2010~2013년 소비자정책위원회 민간위원장 2015년 한국무역협회 회장(현) 2016년 한국수입협회 고문(현) [상]홍조근정훈장(1987), 황조근정훈장(1993) [저]'경쟁이 꽃피는 경제'(1997, 공정거래위원회) '시장으로의 귀환'(1999, 국가경영전략연구원) '시장원리와 한국의 경제운용'(2008, 중소기업연구원) '길을 두고 왜 길 아닌 데로 가나'(2010, 시장경제연구원) [종]기독교

김인호(金仁浩) KIM In Ho

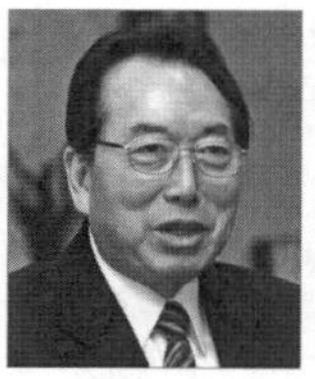

[생]1943·4·20 [출]충남 보령 [주]서울 마포구 만리재옛길23 금성출판사 사장실(02-2077-8027) [학]충남 홍성고졸, 숭실대 농촌사회학과졸 [경]삼화인쇄 이사, 양지사 대표이사, 명지문화사 대표이사, 그래픽아트 대표이사, 금성출판사 대표이사 사장(현) 1997년 학습자료협회 이사(현) 1997년 한국검정교과서 이사(현) 2000년 同발행조합 대표(현) [상]책의 날 기념 출판유공자 문화관광부장관표창(2004), 향토예비군 육성·발전 공로 서울특별시장표창(2006), 납세자의 날 대통령표창(2007), 책의 날 기념 출판유공자 국무총리표창(2009), 바른교육인상 교육과학기술부장관표창(2011)

김인호 KIM In Ho

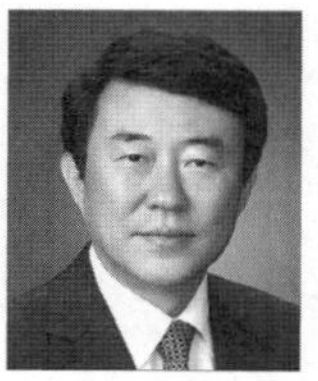

[생]1955·10·7 [주]대전 유성구 유성우체국 사서함35호 국방과학연구소(042-822-4271) [학]1974년 서울고졸 1978년 서울대 원자핵공학과졸 1980년 同대학원 원자핵공학과졸 1988년 원자핵공학박사(서울대) [경]1979년 국방과학연구소(ADD) 입소 1991~1992년 미국 캘리포니아대 버클리교 방문연구원 1999년 과학기술부 국가연구개발 평가위원 2000년 국방과학연구소(ADD) 기술연구본부 3부 11팀장 2007년 同제4기술연구본부 2부장 2011년 同제4기술연구본부장 2011~2014년 한국군사과학기술학회 이사 2014년 한국방위산업학회 연구위원장(부회장)(현) 2014년 국방과학연구소(ADD) 부소장 2015년 한국공학한림원 일반회원(현) 2016년 국방과학연구소(ADD) 소장(현) [상]국방과학금상(2004), 올해의 ADD인상(2010), 보국훈장 천수장(2015)

김인호(金仁鎬) KIM In Ho

생1956·1·8 본김녕(金寧) 출경남 합천 주서울 서초구 언남길51(1층) 법률사무소 길(02-575-0511) 학1974년 경남고졸 1978년 서울대 법과대학졸 경1977년 사법시험 합격(19회) 1980년 사법연수원 수료(10기) 1980년 軍법무관 1983년 서울지검 검사 1985년 독일 뮌헨대 종합형사법연구소 연수 1987년 법무부 법무실 검사 1989년 서울지검 검사 1991년 창원지검 고등검찰관 1992년 법무부 특수법령과장 1994년 부산지검 특수부장 1996~1998년 대검찰청 환경과장·형사과장·중수2과장·중수1과장 1998년 서울지검 특수2부장 1999년 대전지검 천안지청장 2000년 서울고검 검사 2000년 제주지검 차장검사 2001년 부산지검 2차장검사 2002년 서울고검 검사 2003년 서울지검 고양지청장 2004년 대구고검 부장검사 2006년 광주고검 수석부장검사 2008년 서울고검 부장검사 2010년 광주고검 부장검사(법무부 정책연구과정 파견) 2012년 법률사무소 길 변호사(현) 2013년 법무법인 로텍 고문변호사 전'독일의 형사실무' '독일의 사법경찰제도' '북한법의 고찰(Ⅰ·Ⅱ)' '통일 독일 및 동구제국의 몰수재산 처리 개관' 종기독교

김인호(金仁浩) KIM In Ho

생1959·6·5 출충남 논산 주서울 동작구 현충로65 국립서울현충원 원장실(02-826-6233) 학1977년 서라벌고졸 1982년 서울시립대 건축공학과졸 1989년 서울대 대학원 건축학과졸 1993년 건설경영학박사(영국 레딩대) 경1982년 기술고시 합격(17회) 1982년 국방부 시설국 시설과 유지보수담당관 1983년 공군 시설장교 군복무 1986년 국방부 시설국 시설과 신영담당관 1990년 해외 파견 1992년 국방부 시설국 건설관리과 기술정책담당관 1993년 한국국방연구소 군시설 건설관리연구원 1993년 국방부 시설국 건설관리과 기술정책담당관 1995~1998년 同시설국 건설기술과장 1996년 동국대 산업기술대학원 강사 1996년 한양대 경영대학원 강사 1997년 단국대 산업기술대학원 강사 1999년 국방부 군사시설국 건설기술과장 2001년 국방대 파견 2002년 국방부 군사시설국 환경과장 2005년 同시설기획과장(부이사관) 2007년 同감사관 2008년 同駐韓미군기지이전사업단 사업지원부장 2008년 同駐韓미군기지이전사업단 기획지원부장(고위공무원) 2010년 同군사시설기획관 2012년 중앙공무원교육원 교육파견(고위공무원) 2013년 국방부 기획조정실 기획관리관 2016년 同감사관 직대 2016년 국립서울현충원 원장(현) 상문화부 선정 우수학술도서(1998) 전'세계화시대의 한국군시설 어디로 가야 하는가'(1995) '건설경영마인드'(1997) '건설사업의 리스크관리'(2001) '변화경영전략'(2007) '건설경영과 의사결정전략'(2008, 문화체육관광부 우수학술도서)

김인호(金仁鎬) KIM In Ho

생1964·12·15 본경주(慶州) 출강원 양양 주강원 춘천시 후석로462번길22 강원도민일보 미디어본부 편집국(033-260-9200) 학강릉고졸 1991년 경희대 국어국문학과졸 경1992년 강원일보 편집국 기자 1992년 강원도민일보 편집국 기자 1999년 同정치부 차장 2001년 同정치부장 직대 2002년 同정치부장 2004년 同사회1부장 2005년 同정치부장 2008년 同편집국 부국장 겸 정치부장 2009년 同정치·지역사회담당 부국장 겸 지역사회부장 2012~2015년 同편집부국장(국장대우) 2015년 강원도 행복한강원도위원회 지역경제분과 위원(현) 2015년 강원도민일보 미디어본부 편집국장 겸 뉴미디어국장(현)

김인호(金仁鎬) KIM In Ho

생1967·5·24 본김해(金海) 출전남 영암 주서울 중구 덕수궁길15 서울특별시의회(02-3702-1209) 학2009년 고려대 법무대학원 지방자치법학과졸 경VIP홈쇼핑 CEO, 고려대 지방자치법학연구회 이사 2002년 새천년민주당 제16대 대통령중앙선거대책위원회 부위원장 2006년 서울시의원선거 출마(열린우리당) 2010년 서울시의회 의원(민주당·민주통합당·민주당·새정치민주연합) 2010년 同재정경제위원회 부위원장 2011년 同윤리특별위원회 위원 2011년 同정책연구위원회 위원 2011년 同예산결산특별위원회 위원 2012년 同인권도시창조를위한서울특별시의회인권특별위원회 위원 2012년 同지하철9호선 및 우면산터널등민간투자사업진상규명특별위원회 위원장 2012년 同재정경제위원회 위원장 2012년 중국 상해대 법학원 객좌교수(현) 2013년 서울시의회 남북교류협력지원특별위원회 위원 2014년 서울시의회 의원(새정치민주연합·더불어민주당)(현) 2014~2015년 同윤리특별위원회 위원 2014~2016년 同부의장 2014~2016년 同행정자치위원회 위원 2015년 同청년발전특별위원회 위원(현) 2016년 同교통위원회 위원(현) 상지방자치 의정대상(2014), 서울시립대 감사패(2015), (사)대한민국가족지킴이 대한민국실천대상 의정활동정책부문(2015), 범시민사회단체연합 선정 '올해의 좋은 정치인'(2015) 종기독교

김인환(金仁煥) KIM In Whan

생1946·5·10 출경북 경주 주서울 동작구 사당로143 총신대학교(02-3479-0322) 학1974년 총신대 신학과졸 1975년 同신학대학원졸 1980년 미국 Westminster신학교 대학원졸 2000년 철학박사(영국 Univ. of Wales) 경1982~2011년 총신대 신학과 교수 1984~1985년 同신학과장 1991년 同교무처장 1992~1994년 同평생교육원장 1994~1996년 同신학과장 1997년 同교무처장 1997~2000·2002~2004년 同부총장 1998~1999년 기독신문 논설위원 2003년 개혁신학회 구약학회장 2004~2007년 동작복지재단 이사장 겸 대표이사 2004~2008년 총신대 총장 2006~2008년 대학교육협의회 이사 2006~2008년 신학대학총장협의회 회장 2006~2010년 개혁신학회 회장 2007~2009년 (사)한국대학법인협의회 이사, 세계개혁주의협의회 이사, 同신학위원회 위원 겸 신학교육위원회 위원 2011년 총신대 신학과 명예교수(현) 2014~2016년 대신대 총장 상(사)한국기독교문화예술원 문화교육부문(2007), 자랑스런 신학자상(2007) 전'십일조 생활을 해야만 하는가?'(2001) 역'하나님의 나라'(1994) '성경 해석학'(1995) 종기독교

김인환(金仁煥) KIM In Hwan (회송)

생1946·6·26 본개성(開城) 출서울 주서울 성북구 안암로145 고려대학교(02-3290-1114) 학1965년 용산고졸 1969년 고려대 국어국문학과졸 1971년 同대학원졸 1982년 문학박사(고려대) 경1974년 경상대 전임강사 1979~2011년 고려대 국어국문학과 조교수·부교수·교수 1990년 同학생처장 2000년 同교무처장 2003~2005년 同문과대학장 2011년 同명예교수(현) 2015년 동인문학상 종신심사위원(현) 상팔봉비평문학상, 김환태비평문학상, 대산문학상 평론부문(2008), 김준오시학상(2012) 전'문학과 문학사상'(1978) '상상력과 원근법'(1993) '동학의 이해'(1994) '비평의 원리'(1999) '기억의 계단'(2001) '다른 미래를 위하여'(2003) '글쓰기 방법'(2005) '문학교육론'(2006) '한국고대시가론'(2007) '의미의 위기'(2007) '주역2006 '현대시란 무엇인가'(2011, 현대문학) 역'에로스와 문명' '언어교육론' '주역'

김인환(金仁煥) KIM In Hwan

생1954·9·21 출인천 주서울 강남구 테헤란로516 동일방직(주) 비서실(02-2222-3073) 학1973년 성동고졸 1977년 인하대 섬유공학과졸 경동일방직(주) 인천·장항공장장(상무이사), 同생산본부 상무이사 2010년 同대표이사 부사장(현)

김인환(金仁煥) Kim, In-Hwan

생1959·4·3 주경남 진주시 동진로33 경남과학기술대학교 융합기술공과대 기계공학과(055-751-3354) 학진주고졸 1982년 부산대 기계설계학과졸 1989년 同대학원 기계공학과졸 2004년 공학박사(한국해양대) 경진주산업대 기계설계공학과 교수 2010년 경남과학기술대 융합기술공과대학 기계공학과 교수(현), 同대학원장, 同산업복지대학원장 2016년 同총장 직대(현) 전'산업기계 시스템 공압 제어기술'(2006)

김인환(金仁煥) KIM In Hwan

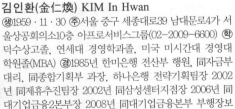

생1959·11·30 주서울 중구 세종대로39 남대문로4가 서울상공회의소10층 아프로서비스그룹(02-2009-6600) 학덕수상고졸, 연세대 경영학과졸, 미국 미시간대 경영대학원졸(MBA) 경1985년 한미은행 전산부 행원, 同자금부 대리, 同종합기획부 과장, 하나은행 전략기획팀장 2002년 同제휴추진팀장 2002년 同삼성센터지점장 2006년 同대기업금융2본부장 2008년 同대기업금융본부 부행장보 2009년 同기업영업그룹소속 부행장보 2009~2012년 同중국유한공사법인장 2012~2013년 하나금융지주 부사장 2014~2016년 하나생명보험(주) 대표이사 사장 2016년 아프로서비스그룹 부회장(현) 2016년 OK캐피탈 대표이사 겸임(현)

김인환(金仁煥)

생1968·1·12 출경북 예천 주대구 달서구 성서4차첨단로25 (주)맥스로텍 비서실(053-584-6540) 학1990년 영남이공대학 전기제어과졸 2011년 同기계공학과졸(학사) 2016년 경북대 경영대학원졸 경1990년 대공ENG 대표 2001년 (주)가우스 대표이사 2003년 아진기계공업(주) 대표이사(CEO) 2006년 (주)맥스로텍 대표이사(현) 2013~2015년 (사)대구경북첨단벤처기업협회 회장 2013

년 대구성서산업단지관리공단 감사(현) [상]지식경제부장관표창(2008), 중소기업청장표창(2010 · 2011), 대통령표창(2012), 대구지방국세청장표창(2012)

김인회(金仁會)

[생]1964 · 6 · 25 [주]서울 종로구 종로3길33 (주)KT 광화문빌딩 East 비서실(031-727-0114) [학]수성고졸 1987년 서울대 국제경제학과졸, 한국과학기술원(KAIST)경영학과졸(석사) [경]1989년 삼성전자(주) 경리과 근무, 同일본본사 경영기획팀 부장 2005년 同일본본사 경영기획팀 상무보 2009년 同일본본사 경영기획팀 상무 2009년 삼성코닝정밀소재 상무 2010~2013년 삼성중공업 자문역(상무) 2014년 (주)KT 재무실장(CFO · 전무) 2015년 同비서실 2담당 전무 2015년 同비서실장(부사장)(현)

김인후(金仁厚) Kim In Hoo

[생]1958 · 11 · 21 [출]경남 마산 [주]경기 고양시 일산동구 일산로323 국립암센터 국제암대학원대학교 대학원(031-920-2751) [학]1977년 서울고졸 1984년 서울대 의대졸 1986년 同대학원 생화학과졸 1989년 생화학박사(서울대) [경]1984년 대한생화학분자생물학회 대의원 1986~1998년 동아대 의대 생화학교실 전임강사 · 조교수 · 부교수 1989년 미국 Laboratory of Molecular Biology NCI(National Cancer Institute) · NIH(National Institutes of Health) Special Volunteer 1990년 미국 Laboratory of Chemical Biology NIDDK · NIH 객원연구원 1998~2001년 미국 베일러의대 세포생물학과 조교수 1998~2000년 동아대 의대 생화학교실 교수 2001~2005년 국립암센터 연구소 기초과학연구부장 2001~2006년 同연구소 분자종양학연구과 책임연구원 2003~2005년 同연구소 분자종양학연구과장 2005년 同암실험자원연구과장 2005~2006년 同연구소장 2006년 同연구소 기초과학연구부 암유전체연구과장 2007년 同연구소 융합기술연구부 분자영상치료연구과장 2009년 同연구소 융합기술연구부장 2011년 同연구소장 2013년 同국제암대학원대 대학원장(현) [상]보건복지부장관표창(2010) [저]'최신의과학용어사전'(2006, 주식회사 녹십자) '암정보'(2006, 국립암센터) 'RNA therapeutics'(2010, Springer)

김 일(金一) KIM Il

[생]1970 · 8 · 16 [본]김해(金海) [출]서울 [주]서울 금천구 가산디지털1로212 코오롱디지털타워 애스턴빌딩 (주)솔고바이오메디칼 비서실(02-2082-7700) [학]1989년 문일고졸 1996년 연세대 응용통계학과졸 2006년 서울대 공과대학 최고산업전략과정 수료(35기) [경]1996~1999년 현대전자 메모리사업부 해외영업팀 근무 2000~2002년 일본 미즈호메디칼 해외영업부 근무 2002년 (주)솔고바이오메디칼 부장 2010년 同대표이사 사장(현)

김일곤(金一坤) KIM Il Kon

[생]1950 · 10 · 7 [본]김해(金海) [출]광주 [주]서울 성동구 왕십리로222 한양대학교 인문과학대학 영어영문학과(02-2220-0754) [학]1968년 광주제일고졸 1974년 한국외국어대 영어과졸 1976년 同대학원 영어과졸 1984년 미국 Univ. of California San Diego 대학원 언어학과졸 1990년 영어학박사(한국외국어대) [경]1979~1995년 한양대 인문과학대학 영어영문학과 전임강사 · 조교수 · 부교수 1992년 同영어영문학과 학과장 1995년 미국 하버드대 언어학과 객원교수 1995년 한양대 인문과학대학 영어영문학과 교수 1997년 同인문학부장 2000~2004년 同국제어학원장 2001~2004년 Hanyang-Oregon TESOL 원장 2005년 미국 Univ. of Oregon 언어학과 객원교수 2006~2008년 한양대 인문과학대학장 2010~2011년 同대학원장 2012~2014년 同학술정보관장 2016년 同인문과학대학 영어영문학과 명예교수(현) [상]한국외국어대 졸업 최우수 이사장상 [저]'영문독해'(1987, 고려원) 'Korean Clause Structure'(1990) '영문독해연습501'(1998, 넥서스) '영문독해연습501플러스'(2005, 넥서스) '영문법 기초탈출(共)'(2006, YBMSISA) 'Essential 영문독해연습501(共)'(2007, 넥서스) '간호영어회화(共)'(2009, 은하출판사) '영문독해연습501플러스(개정3판)'(2014, 넥서스) 'The Complete English Grammar Book'(2014, 길벗이지톡) [종]기독교

김일곤(金日坤) KIM Il Gon

[생]1957 · 3 · 17 [출]경남 마산 [주]서울 송파구 올림픽로 240 MBC플레이비(주)(1544-5110) [학]1986년 경남대 경제학과졸, 同대학원 경영학과졸 [경]1983년 마산MBC 편성국 R편성부 근무 1985년 同보도국 취재부 근무 1987년 同보도국 편집부 근무 1989년 同보도국 취재부 근무 1996년 同보도국 취재팀 차장대우 1999년 同방송제작국 보도팀 차장 2001년 同보도국 보도부장 2003년 同보도제작부장 2005년 同보도국장 2008년 同보도제작국장 2008년 同전략기획실 기획편성팀 부국장 2010년 同홍보심의팀장(부국장) 2010년 同본부장 2011년 MBC경남 창원본부장 2011년 同방송본부장 2012년 同경영기술국 경영관리부 자회사설립추진단장 2013년 同일본지사장 2013년 同상무이사 2016년 MBC플레이비(주) 이사(현) [상]대통령표창

김일곤(金日坤) KIM Il Gon

[생]1957 · 4 · 8 [출]충남 [주]경남 창원시 의창구 창원대학로 20 창원대학교 자연과학대학 물리학과(055-213-3423) [학]연세대 물리학과졸, 同대학원졸, 이학박사(연세대) [경]창원대 자연과학대학 물리학과 교수(현) 2015년 同자연과학대학장(현) 2015년 同보건대학원장 겸임(현)

김일권(金日權) KIM IL Kwon

[생]1955 · 1 · 26 [본]김녕(金寧) [출]대구 [주]서울 종로구 사직로130 적선현대빌딩8층 나라감정평가법인(02-6360-1109) [학]1973년 대륜고졸 1981년 영남대 경영학과졸 [경]감정평가사(현) 1981~1991년 한국감정원 과장 1991년 나라감정평가법인 이사 2007년 同대표이사 2007~2008년 한국감정평가협회 부회장 2008년 나라감정평가법인 부회장(현)

김일섭(金一燮) KIM Il Sup

[생]1946 · 7 · 1 [출]부산 [주]서울 서대문구 신촌로203 서울과학종합대학원 총장실(070-7012-2744) [학]1964년 경기고졸 1969년 서울대 경영학과졸 1981년 同대학원 경영학과졸 1991년 경영학박사(서울대) [경]1971년 삼일회계법인 입사 1972년 한국공인회계사 자격취득 1982~1991년 서울대 강사 1982년 미국 공인회계사 자격취득 1982~1988년 공인회계사시험 출제위원 1983~1990년 정부투자기관경영평가단 계량간사 1994~1995년 행정쇄신위원회 실무위원 1994~1998년 한국공인회계사회 부회장, 세계회계사연맹 이사 1995~1997년 세계화추진위원회 위원 1995~1996년 한국회계학회 부회장 1996~1999년 삼일회계법인 부회장 1997년 금융개혁위원회 위원 1998~2000년 한국공기업학회 회장 1998~2002년 규제개혁위원회 위원 · 간사 1999~2002년 한국회계연구원 초대원장 2002~2006년 이화여대 경영학과 전임교수 2002~2005년 同경영부총장 2002~2004년 한국이사협회 부회장 2002년 FPSB · 한국FP협회 이사(현) 2003~2006년 신한지주 사외이사 2004~2006년 LG전자 사외이사 2004~2006년 다산회계법인 대표이사 2006~2009년 삼성고른기회장학재단 감사 2006~2011년 딜로이트안진회계법인 회장 2006~2013년 학교법인 유한학원 이사장 2009~2011년 삼성고른기회장학재단 이사 2010~2013년 중앙공무원교육원 교육정책자문위원장 2011~2014년 한국형경영연구원 원장 2012년 서울과학종합대학원(aSSIST) 총장(현) 2014년 포스코 사외이사(현) 2014년 (주)삼천리 사외이사(현) 2016년 한국프로골프협회(KPGA) 자문위원회 위원(현) [상]국방부장관표창(1969), 대통령표창(1987), 국민훈장 동백장(1997), 삼일저명교수상(2004) [저]'한국기업의 성공조건'(1992) '중소기업의 성공조건'(1993) '서비스기업의 성공조건'(1993) '세계로 가는 우리경영'(1995) [종]기독교

김일수(金日秀) KIM Il Su

[생]1946 · 8 · 26 [본]경주(慶州) [출]강원 강릉 [주]서울 성북구 안암로145 고려대학교 법과대학(02-3290-1114) [학]1965년 강릉고졸 1969년 고려대 법학과졸 1976년 同대학원 법학과졸 1983년 법학박사(독일 뮌헨대) [경]1970년 사법시험 합격(12회) 1972년 사법연수원 수료(2기) 1974년 변호사 개업 1983~2011년 고려대 법학과 조교수 · 부교수 · 교수 1988년 법제처 정책자문위원 1989~1998년 경제정의실천시민연합 상임집행위원 1989년 한국형사정책학회 부회장 1993년 기독공보 · 기독신문 칼럼니스트 1993~1995년 Humboldt재단 한국훔볼트회 사무총장 1994~2009년 한국낙태반대운동연합 대표 1994~1996년 KNCC 인권위원회 전문위원 1996~1997년 경제정의실천시민연합 입법위원장 1996~1998년 고려대 법대학장 1998~1999년 경제정의실천시민연합 상임집행위원장 1998~2000년 고려대 법무대학원장 1998~2000년 同법학연구원장 1999년 사법개혁추진위원회 위원 1999년 저작권심의조정위원회 위원 1999~2003년 정보통신윤리위원회 분과위원장 2000~2003년 경제정의실천시민연합 부의장 2000~2005년 KBS 객원해설위원 2000~2001년 한국형사법학회 회장 2001~2002년 한국기독교생명윤리위원회 부위원장 2001년 한국기독교총연합회 사형폐지위원회 공동대표 2002~2009년 (사)기독교윤리실천운동 공동대표 2002년 한국보호관찰학회 회장 2003년 한국기독교생명윤리위원회 위원

장 2003년 검찰개혁자문위원회 위원장 2003~2005년 국무총리 행정심판위원 2003년 Advocates Korea 부총재 2003~2005년 한국훔볼트회 회장 2004년 검경수사권조정자문위원회 위원장 2005년 동아일보 독자인권위원장 2005년 정보통신윤리위원회 부위원장 2005~2007년 법무부 정책위원회 위원장 2005년 同통합형사법체계구축기획단 자문위원장 2006년 同교정행정자문위원회 초대위원장 2007년 중국 무한대학 법학원 겸직교수(현) 2009~2012년 경찰위원회 위원장 2010~2014년 한국형사정책연구원 원장 2011년 고려대 법과대학 명예교수(현) [상]홍조근정훈장 [저]'법 · 인간 · 인권'(1990 · 1992 · 1996) '새벽을 여는 가슴으로'(1991) '사랑과 희망의 법'(1992) '개혁과 민주주의'(1992) '韓國刑法 Ⅰ~Ⅴ'(1992 · 1996 · 1994 · 1997) '새로쓴 형법총론'(2002 · 2003) '형법각론' '형법학원론' '형사소송법' 칼럼집 '개혁과 민주주의'(1996) '법은 강물처럼'(2002) '좋은 나라 꿈꾸는 작은 소금이야기'(2003) '우리시대의 자화상'(2003) [역]'형사정책과 형법체계'(1984) '법철학'(1996) [종]기독교

김일수(金一洙) Il-Soo Kim

[생]1957 · 3 · 16 [주]부산 부산진구 새싹로1 부산은행 부전동지점 9층 BNK캐피탈(051-665-1000) [학]1976년 경남상고졸 1983년 동아대졸 [경]1983년 부산은행 입행 2003년 同사상지점장 2006년 同법조타운지점장 2010년 同부산시청지점장 2011년 同지역본부장 2012년 同부행장보 2013년 同부행장 2015년 BS금융지주 부사장 2015년 BNK금융지주 부사장 2016년 BNK캐피탈 대표이사(현)

김일수(金日秀) KIM Il Soo

[생]1960 · 7 · 28 [출]경북 구미 [주]경북 안동시 풍천면 도청대로455 경상북도청 인재개발정책관실(054-880-3050) [학]대구농림고졸, 한국방송통신대 법학과졸, 대구대 사회개발대학원졸 [경]2004년 성주군 수륜면장 2006년 경북자연환경연수원 관리과장 2006년 경북도 기획조정본부 예산팀 예산운영지도담당 2012년 同환경해양산림국 해양개발과장 직대 2013년 同의회 사무처 운영전문위원 2014년 同안전행정국 새마을봉사과장 2015년 경북 군위군 부군수 2016년 경북도 인재개발정책관(현)

김일수(金日洙) KIM Il Soo

[생]1961 · 1 · 11 [본]광산(光山) [출]부산 [주]부산 부산진구 엄광로176 동의대학교 공과대학 신소재공학과(051-890-1715) [학]1983년 연세대 요업공학과졸 1985년 同대학원졸 1988년 독일 클라우스탈공대 대학원졸(공학디플롬) 1991년 공학박사(독일 클라우스탈공대) [경]1991~1992년 독일 클라우스탈공대 비금속연구소 연구원 1993년 동의대 공과대학 신소재공학과 조교수 · 부교수 · 교수(현) 1999~2001년 同부학장 2001~2005년 同입학홍보처장 2011년 同교양교육원장 2013~2014년 同교무처장 겸 학생서비스센터장 2014년 同부총장(현) [상]한국산업인력관리공단 감사패(1997) [저]'화공재료'(1996, 형설출판사) '재료공학입문'(1997, 반도출판사) '그림으로 본 건설재료'(1997, 진영문화사) '재료공학개론'(1998, 반도출판사) '창의곡학과 특허'(2002) '탄화규소연구동향'(2003, WonMoon press) [역]'대학물리학'(2003, 광림사) [종]기독교

김일수(金日洙) KIM IL-SOO

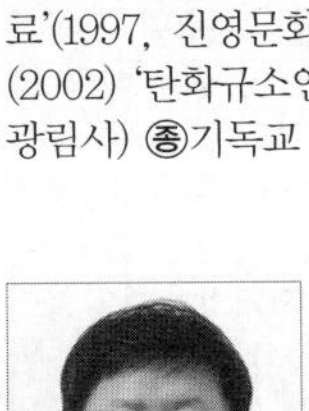

[생]1962 · 6 · 2 [본]김해(金海) [출]강원 원주 [주]대전 서구 청사로189 조달청 자재장비과(070-4056-7236) [학]1981년 원주고졸 1989년 성균관대 전자공학과졸 [경]2011년 부산지방조달청 자재구매과장 2012년 조달청 쇼핑몰단가계약팀장 2012년 同쇼핑몰기획과장 2013년 同외자구매과장 2014년 관세청 관세국경감시과장 2015년 조달청 자재장비과장(현)

김일수(金鎰洙) Kim Il Soo

[생]1962 · 7 · 20 [출]전북 부안 [주]경기 의정부시 청사로1 경기도청 북부소방재난본부(031-849-2800) [학]1984년 군산대 물리학과졸 1998년 한양대 환경대학원졸 [경]1984년 소방장 임용(특채) 1999년 행정자치부 월드컵기획단 근무 2004년 전북 부안소방서장 2007년 소방방재청 과학화기반팀 근무 2010년 충청소방학교 교장 2012년 소방방재청 방호조사과장 2013년 同중앙119구조단장 2013년 同중앙119구조본부장 2014년 국민안전처 중앙119구조본부장(소방준감) 2015년 경기도 북부소방재난본부장(현) [상]근정포장(2002)

김일순(金馹舜) KIM Il Soon

[생]1937 · 2 · 26 [본]청송(靑松) [출]함남 함흥 [주]서울 송파구 오금로58 잠실I-SPACE빌딩1002호 한국골든에이지포럼(02-333-5071) [학]1955년 서울고졸 1961년 연세대 의대졸 1968년 미국 존스홉킨스대 보건대학원졸 1974년 미국 일리노이주립대 대학원 수료 1975년 의학박사(연세대) 1996년 명예 의학박사(몽골 국립대) [경]1962~1965년 육군 군의관 1968~1978년 연세대 의대 전임강사 · 조교수 · 부교수 1978~2002년 同예방의학과 교수 1981년 연세의료원 기획조정실장 1983년 연세대 인구 및 보건개발연구소장 1985년 同의과대학장 1985년 아시아기독의대협의회(ACCMA) 회장 1985년 대한예방의학회 회장 1987년 연세대 보건대학원장 1987년 한국역학회 회장 1988~2010년 한국금연운동협의회 회장 1992~1996년 연세대 의무부총장 겸 의료원장 1995년 한국기초의학협의회 회장 1996년 의료개혁위원회 부위원장 1998년 연세대 보건대학원 국민건강증진연구소장 1999년 보건복지부 보건의료기술연구기획평가단장 2000년 (주)헬스로드 대표이사(현) 2000~2002년 보건복지부 보건의료기술정책심의위원장 2002년 연세대 명예교수(현) 2002년 한국건강증진학회 회장 2002년 대통령자문 의료제도발전특별위원회 위원장 2006~2009년 대한인체조직은행 이사장 2009년 한국골든에이지포럼 공동대표회장(현) 2010년 한국금연운동협의회 명예회장(현) 2014년 연세대재단 감사(현) 2015년 (사)사전의료의향서실천모임(사실모) 공동대표(현) 2015년 (사)참행복나눔운동 공동대표(현) [상]연세대 올해의 교수상(1987), 국민훈장 모란장, 녹조근정훈장, Kazue McLaren Leadership Achievement Award, WHO International Recognition Medal for Tobacco Free Society, 보건협회 보건대상, 보건복지부ICEF 암예방공로상, 석천과학자상 대상(2015) [저]'지역사회의학' '역학개론' '의료윤리' '역학적 연구방법' '새롭게 알아야 할 의료윤리' '의료윤리의 네가지 특성' [역]'죽음을 파는 회사' '지역사회 의학' [종]기독교

김일순(女)

[생]1959 [주]제주특별자치도 제주시 문연로6 제주도청 총무과(064-710-6214) [학]제주여고졸, 제주대 일반대학원 박사과정 수료 [경]1978년 공무원 임용 2011년 제주시 주민생활지원국 여성가족과장(지방행정사무관) 2013년 제주도 문화관광스포츠국 문화정책과 문화재관리담당 지방행정사무관 2014년 同국제자유도시본부 평화협력과 평화사업담당 지방행정사무관 2014년 同보건복지여성국 복지청소년과 복지정책담당 지방행정사무관 2016년 同총무과장(지방행정서기관)(현)

김일식(金逸植) KIM Il Sik

[생]1951 · 11 · 28 [출]경남 합천 [주]서울 서초구 남부순환로2159 (주)사조오양 임원실(02-3470-6030) [학]1970년 동아고졸 1978년 부산수산대 식품공학과졸 [경]대림수산(주) 영업본부 상무 2007년 同전무 2008년 사조대림(주) 영업본부장(전무) 2010년 同영업본부장(부사장) 2011년 (주)사조오양 대표이사 2012년 同대표이사 사장(현) 2012~2015년 (주)사조남부햄 대표이사 2016년 (주)사조대림 대표이사 겸임(현)

김일윤(金一潤) KIM Il Yun (원석)

[생]1938 · 12 · 17 [본]경주(慶州) [출]경북 경주 [주]경북 경주시 태종로188 학교법인 원석학원(054-748-2621) [학]1958년 경주고졸 1967년 한국외국어대 영어과졸 1969년 연세대 교육대학원 수료 1992년 동국대 대학원 경제학과졸 1995년 명예 정치학박사(러시아 국립하바로브스크대) 2002년 경영학박사(중앙대) 2002년 명예 교육학박사(몽골 국립사범대) [경]1971~1977년 학교법인 경흥학원 설립 · 이사장 1973년 원석장학회 이사장(현) 1981~2008년 학교법인 원석학원 설립 · 이사장 1981~2008년 서라벌대학 설립 · 이사장 1982년 신라고 설립 1985년 제12대 국회의원(경주 · 월성 · 청도, 민한당 · 국민당) 1987년 UNESCO 한국위원회 위원 1987~2008년 경주대 설립 · 이사장 1988년 경주YMCA 이사장 1988년 제13대 국회의원(경주, 민정당) 1989년 국제라이온스협회 354-A지구 총재 겸 한국지구 의장 1992~1993년 경주대 총장 1996년 제15대 국회의원(경주甲, 무소속 · 신한국당 · 한나라당) 1996년 한국 · 브라질의원친선협회장 1996년 국회 라이온스의원연맹 회장 1998년 국제라이온스협회 국제이사 1998년 국회 건설교통위원장 2000년 제16대 국회의원(경주, 한나라당) 2002~2010년 경주중 · 고총동창회장 2003년 국회 대구하계유니버시아드대회지원특별위원회 위원장 2003~2005년 국제사회봉사의원연맹 회장 2005년 同명예회장(현) 2005~2006년 경주대 총장 2006~2009년 경주김씨중앙종친회 총재 2008년 제18대 국회의원(경주, 친박연대 · 무소속) 2008년 학교법인 원석학원(경주대 · 서라벌대학 · 신라고) 학원장(현) 2011년 세계수도문화연구회 공동대표(현) 2011년 한국예술원 이사장(현), 학교법인 경흥학원 학원장(현) 2015년 대한민국헌정회 부회장(현) [저]'남산의 옥돌처럼' '고속철아 내 무덤을 밟고 가라' [종]천주교

김일응(金日應) Kim Ileung

[생]1969·11·15 [주]서울 종로구 사직로8길60 외교부 인사운영팀(02-2100-7136) [학]1988년 안양고졸 1996년 한국외국어대 불어과졸 [경]1999년 외무고시 합격(33회), 駐탄자니아대사관 1등서기관, 駐프랑스대사관 1등서기관, 아프가니스탄 지방재건팀(PRT) 참사관, 駐유엔대표부 참사관 2015년 외교부 중동1과장 2016년 駐이라크 참사관(현) [상]대통령표창(2011) [저]'우리는 모두 울고 있는 아이를 본 적이 있다'(共)(2012, 공감의 기쁨)

김일재(金日載) KIM Il Jae

[생]1960·12·25 [출]전북 순창 [주]전북 전주시 완산구 효자로225 전라북도청 행정부지사실(063-280-2010) [학]서울 숭실고졸 1987년 서울대 정치학과졸 1994년 미국 인디애나대 행정환경대학원졸 [경]1987년 행정고시 합격(31회), 국외 훈련(미국 농무성 국제교육훈련원), 대통령 정책기획비서관실 행정관, 대통령 사회정책비서관실 행정관, 행정자치부 조직기획팀장, UN 경제사회처 파견 2009년 진실화해를위한과거사정리위원회 파견(고위공무원) 2009년 전북도 기획관리실장 2010년 행정안전부 기획조정실 행정선진화기획관 2011년 同기획조정실 정책기획관 2013년 안전행정부 인사실 인력개발관 2014년 同인사기획관 2014년 행정자치부 인사기획관 2015년 전북도 행정부지사(현) [상]녹조근정훈장(2002), 홍조근정훈장(2012) [저]'인터넷시대의 미국인사행정론'(2003)

김일주(金日柱) KIM Il Joo

[생]1933·5·7 [본]경주(慶州) [출]함남 단천 [주]경기 시흥시 동서로1262 (재)한국지도자아카데미(031-405-6001) [학]1954년 휘문고졸 1958년 건국대 정치외교학과졸 1982년 명예 철학박사(대만 중화학술원) 1996년 중앙대 사회개발대학원졸 2000년 명예 법학박사(건국대) [경]1954년 한국농촌문화연구회 설립·회장 1957년 건국대 총학생회장 1959년 농민교육원장·교수 1975년 한국농촌문화연구회 이사장 1977년 새마을교육원 원장 1981~1989년 건국대 총동문회장 1994년 민자당 안양乙지구당 위원장 1995년 나사렛신학대 객원교수 1997년 제15대 국회의원(안양 만안구 보궐선거, 자민련) 1998년 자민련 정치연수원장 1998년 同외국인투자상담위원장 1999년 同제3정책조정위원장 2000년 同안양만안지구당 위원장 2001년 역사를사랑하는모임 고문 2001년 (재)한국지도자아카데미 원장(현) 2005년 (재)북한이탈주민후원회 회장 2007년 건국대원로회 의장 2010~2013년 북한이탈주민지원재단 이사장 2011년 (사)북한민주화위원회 상임고문 2015년 대한민국헌정회 이사(현) [상]새마을훈장 협동장(1979) [저]'진실과 용기' '인간다운 삶, 인간본위의 정치' '월간 농민문화'(1969~1980, 창간·발행) 등 [종]기독교

김일주(金一柱) KIM IL JOO

[생]1952·9·6 [본]울산(蔚山) [출]전북 전주 [주]경기 성남시 중원구 중앙동774 (사)환태평양문화연구원(031-732-4488) [학]1970년 전주고졸 1980년 고려대 정치외교학과졸 1985년 同대학원 정치외교학과졸 1991년 정치학박사(고려대) [경]1981년 한국정신문화연구원 연구원 1991년 고려대 평화연구소 책임연구원 1992~1993년 한성대 행정학과 전임강사 1992년 (사)환태평양문화연구원 이사장(현) 1992년 고려대교우회 상임이사(현) 1993년 미국 미시간주립대 초빙교수(Visiting International Scholar) 1994~1995년 고려대 교육대학원 객원조교수 1994년 한국정치학회 이사 1994~2002년 고려대 교우회보 편집위원 1995~1996년 同아세아문제연구소 연구조교수 1995~1996년 한국국제정치학회 이사 1996~2005년 학교법인 웨스터민스터 신학대학원 감사 1997년 한나라당 총재 사회교육담당특보 2005년 경원대 초빙교수 2005년 안암라이온스 부회장(현) 2009년 한국정치학회 이사(현) 2009~2013년 (사)건국대통령이승만박사기념사업회 사무총장 2009년 고려대 교육대학원 겸임교수(현) 2015년 올바른북한인권법과통일을위한시민모임(올인통) 공동대표(현) [저]'루카치사상 연구'(1982, 고려원) '자본주의사회와 국가(共)'(1987, 도서출판 한울) '지령 : 청계천 한복판에 쇠말뚝을 박아라'(2007, 청미디어) [역]'비교정치학의 새 방향'(1987, 도서출판 삼중당) [종]기독교

김일중(金一中) KIM Il Joong

[생]1947·1·26 [본]광산(光山) [출]전북 익산 [주]경기 과천시 별양상가로2 그레이스빌딩12층 (주)천일 상임고문실(02-558-1001) [학]1965년 남성고졸 1970년 서울대 토목학과졸 1981년 미국 뉴욕 폴리테크닉대 대학원 교통계획·공학과졸 [경]1974년 기술고시 합격(10회) 1994년 건설교통부 기술정책과장 1998년 한강홍수통제소장 1998년 건설교통부 대도시권광역교통기획단 교통시설국장 1999년 중앙공무원교육원 파견 1999년 원주지방국토관리청장 2001년 건설교통부 도로국장 2002년 同중앙토지수용위원회 상임위원 2002년 同대도시권광역교통정책실장 2003년 同차관보 2004~2008년 전문건설공제조합 이사장 2009년 (주)천일기술단 상임고문, (사)교통투자평가협회 회장(현) 2011년 (주)천일 상임고문(현) 2012년 건설산업교육원 이사장(현) [상]홍조근정훈장(2001)

김일중(金一中) KIM Il Chung

[생]1951·8·21 [본]광산(光山) [출]대전 [주]서울 중구 필동로1길30 동국대학교 사회과학대학(02-2260-3104) [학]1975년 연세대 응용통계학과졸 1979년 미국 캔자스대 대학원 경제학과졸(경제학석사) 1984년 경제학박사(미국 캔자스대) [경]1975년 한국산업은행 조사부 행원 1982~1985년 미국 뉴욕주립대 포츠담분교 경제학과 조교수 1985~1993년 동국대 무역학과 조교수·부교수 1993~2016년 同사회과학대학 국제통상학전공 교수 1995~1999년 환경공무원교육원 강사 1997~1999년 한국환경경제학회 회장 1999년 일본 교토대 초빙교수 2001~2005년 환경부 중앙환경보전위원회 위원 2001~2004년 국무총리실 수질개선기획단 물관리정책민간위원회 위원 2002~2004년 서울시 청계천복원시민위원회 시민의견분과위원장 2003년 일본 중앙대 초빙교수 2004~2014년 (사)환경정의 공동대표 2005년 동국대 생태환경연구센터장 2006~2008년 국가에너지위원회 위원 2007~2011년 동국대 국제화추진단장 2007년 기후변화포럼 공동대표 2009·2013년 환경부 중앙환경보전자문위원회 위원(GUS) 2010~2014년 동아시아환경자원경제학회 부회장, 기후변화협약당사국총회(COP18) 유치위원회 위원 2012년 한국환경한림원 부회장(현) 2014~2015년 동아시아환경자원경제학회 회장 2014년 (사)환경정의 고문 2014년 한국환경공단 비상임이사(현) 2016년 (사)환경정의 이사장(현) 2016년 동국대 사회과학대학 국제통상학전공 명예교수(현) [상]국민훈장 목련장(2006), 자랑스러운 캔자스대 동문상(2013)

김일천(金一天) KIM Il Chun

[생]1959·1·10 [출]부산 [주]서울 마포구 월드컵북로434 상암IT타워 CJ CGV(주) 임원실(02-371-6505) [학]1977년 부산고졸 1984년 부산대 영어영문학과졸 [경]삼성물산(주) 근무 2003년 CJ홈쇼핑(주) 해외사업담당 상무, 同영업마케팅실장(상무) 2003년 同문화사업부장(상무) 2005년 同패션·뷰티사업부장(상무) 2007년 CJ CGV 대표이사 상무 2008년 CJ푸드빌 대표이사 상무 2009년 同대표이사 2010년 同고문 2014년 CJ오쇼핑 글로벌사업본부장(부사장) 2015~2016년 同대표이사 2016년 CJ CGV(주) 마르스엔터테인먼트그룹인수추진단장(현)

김일태(金逸泰) IL TAE KIM (命江)

[생]1956·12·7 [본]김해(金海) [출]전남 담양 [주]광주 북구 용봉로77 전남대학교 경제학부(062-530-1550) [학]1975년 광주제일고졸 1980년 서울대 산업공학과졸 1982년 同대학원 산업공학과졸 1984년 고려대 대학원 경제학과졸 1989년 경제학박사(미국 조지아대) [경]1982~1986년 국토개발연구원 연구원 1990년 전남대 경제학과 교수, 同경제학부 교수(현) 1997년 미국 조지아대 객원교수 2004년 중국 푸단대 객원교수 2005~2006년 미국 퍼듀대 방문교수 2008~2009년 전남대 경영대학장 2009~2010년 한국경제통상학회 회장 2009~2011년 한국컨테이너부두공단 선임비상임이사 2009년 미국 데이비드출판사 편집위원(현) 2013년 고용노동부 지역맞춤형일자리창출지원사업 평가자문위원 2014년 국토교통부 중앙부동산평가위원회 위원(현) 2015년 한국지역경제학회 회장 2015년 국토교통부 중앙도시계획위원회 위원(현) 2016년 대통령직속 지역발전위원회 평가자문단 위원(현) [상]건설교통부장관표창(2006), 용봉학술상(2010), 광주광역시민대상 학술대상부문(2012), 대통령표창(2013), 국세청장표창(2016) [저]'시카고학파의 경제학(共)'(1994, 민음사) '지방재정구조분석(共)' '경제학의 이해(共)' '광주경제지도(共)'(2012, 전남대 출판부) [역]'기업이론 : 조직의 경제학적 접근방식'(共) [종]기독교

김일태(金一泰) Kim Iel Tae

[생]1957·12·24 [출]경북 [주]서울 영등포구 여의대로38 금융감독원 감사실(02-3145-5324) [학]1975년 김천고졸 1979년 육군사관학교 기계공학과졸 1996년 일본 유통경제대학 대학원 사회학과졸 [경]1979년 육군 소위 임관 1997년 감사원 제2국 제5과 감사관 2002년 同제4국 제2과 감사관 2002년 同제6국 제1과 감사관 2003년 同자치행정감사국 제6과 감사관 2007년 同자치행정감사본부 제3팀장 2007년 同자치행정감사국 제3과장 2009년 同사회·문화감

사국 제3과장 2010년 同자치행정감사국 제1과장 2010년 경찰청 감사관(경무관급) 2013년 감사원 사회·복지감사국장 2013년 同사회·문화감사국장 2014년 同공직감찰본부장(관리관) 2014년 금융감독원 감사(현) [상]홍조근정훈장(2014)

김일평(金一枰) KIM Il Pyeong

[생]1964·8·3 [본]김해(金海) [출]전남 순천 [주]세종특별자치시 도움6로11 국토교통부 공공기관지방이전추진단(044-201-4503) [학]1983년 순천고졸 1987년 서울대 토목공학과졸 1992년 同환경대학원 도시계획학과졸 2008년 교통계획박사(홍익대) [경]1988~1995년 인천시·환경처·건설교통부 근무 1995년 건설교통부 도로정책과 근무 1999년 서울지방국토관리청 도로계획과장 2000년 익산지방국토관리청 하천국장 2001년 국무총리실 수질개선기획단 수자원과장 2002년 건설교통부 도로구조물과장 2003년 駐인도네시아대사관 건설교통관 2006년 건설교통부 건설환경팀장 2007년 同도로건설팀장 2008년 국토해양부 간선도로과장 2008년 同교통정책실 도로정책과장 2009년 同건설수자원정책실 기술정책과장 2009년 同건설수자원정책실 기술정책과장 2009년 대통령자문 지역발전위원회 지역개발국장(고위공무원) 2010년 익산지방국토관리청장 2012년 국토해양부 국토정책국 도시정책관 2013년 중앙공무원교육원 교육파견 2014년 국토교통부 도로국장 2016년 同공공기관지방이전추진단 부단장(현) [상]근정포장 [종]천주교

김일한(金日漢) KIM Il Han

[생]1954·11·22 [본]안동(安東) [출]서울 [주]서울 종로구 대학로101 서울대병원 방사선종양학과(02-2072-2528) [학]1973년 경기고졸 1979년 서울대 의대졸 1991년 의학박사(서울대) [경]1987년 서울대 의대 방사선종양학교실 교수(현) 1987년 서울대병원 방사선종양학과 겸직교수(현) 1991년 미국 스탠퍼드대 연구원 1997년 대한방사선방어학회 총무이사 1998년 대한방사선종양학회 총무이사 2000~2002년 제1차 아세아·오세아니아방사선방호학회 국제학술대회 사무차장 2002~2004년 대한암학회 총무이사 2002~2016년 同상임이사 2003~2010년 서울대 대학원 방사선응용생명과학협동과정 겸임교수 2004~2012년 同의대 방사선종양학교실 주임교수 2004~2012년 同병원 방사선종양학과장 2008~2009년 국제방사선수술학회 2009-ISRS국제학술대회 공동조직위원장 2008~2016년 대한암학회 편집위원장 2008~2016년 同SCIE학술지 Cancer Research and Treatment 편집인 2009~2011년 서울대 방사선의학연구소장 2009~2011년 대한방사선종양학회 이사장2010~2011년 대한소아뇌종양학회 회장 2010~2014년 서울대 대학원 방사선응용생명과학협동과정 주임교수 2011~2013년 방사선의학포럼 회장 2012년 서울대 융합과학기술대학원 방사선융합전공 겸무교수(현) 2013~2016년 국제방사선방호위원회(ICRP) 제3차 국제심포지엄 조직위원장 2014~2015년 대한방사선방어학회 회장 2014년 원자력연합 운영위원장 2015년 원자력안전위원회 전문위원(현) 2015년 대한민국의학한림원 정회원(현) 2016년 대한암학회 회장(현) [상]대한치료방사선과학회 학술상(1987), 대한암연구재단 학술상(2006), 대한암학회 공로상(2012·2016) [종]가톨릭

김일현(金溢鉉) Kim, Il-hyun

[생]1952·2·1 [출]울산 [주]울산 남구 중앙로182 울산광역시의회(052-229-5024) [학]1972년 남창고졸 [경]울산시생활체육회 이사, 중울산농협 이사 2011년 울산시의회 의원(재보선 당선, 한나라당·새누리당) 2011년 同산업건설위원회 위원 2011년 울산시 지방재정심의위원회 위원 2011년 同대중교통개선위원회 위원 2011년 同국제도시화추진위원회 위원 2011년 同물가대책위원회 위원 2011년 同외국인주민지원협의회 위원 2011년 同시민대상 심사위원 2012년 울산시의회 예산결산특별위원장 2014년 울산시의회 의원(새누리당)(현) 2014·2016년 同산업건설위원회 위원장(현) [종]불교

김일호(金壹浩) KIM Il Ho

[생]1968·5·17 [본]상주(尙州) [출]강원 영월 [주]대전 서구 청사로189 중소기업청 소상공인정책국(042-481-4532) [학]제천고졸, 성균관대 기계공학과졸, 영국 버밍햄대 경영대학원졸(MBA) [경]1993년 기술고시 합격(29회), 중소기업청 기술개발과·조사평가과·기술정책과·창업지원과 근무, 同경영정보화혁신팀장, 同소상공인정책과장(서기관) 2011년 同소상공인정책과장(부이사관) 2011년 대전·충남지방중소기업청장 2013년 중소기업청 생산기술국 생산혁신정책과장 2013년 산업통상자원부 산업정책실 섬유세라믹과장 2014년 중소기업청 중견기업정책국장(고위공무원) 2014~2015년 휴직 2015년 중소기업청 소상공인정책국장(현) [종]기독교

김일환(金日煥) Kim Ilhwan

[생]1956·4·28 [출]울산 울주 [주]서울 성동구 마장로210 한국기원 홍보팀(02-3407-3870) [경]1974년 입단 1976년 2단 승단 1980년 3단 승단 1981년 4단 승단 1983년 5단 승단 1986년 6단 승단 1993년 7단 승단 1995년 8단 승단 1998년 9단 승단(현) 2001년 입신연승최강전 준우승 2004년 돌씨앗배 준우승 2005~2006년 한국기원 연구생 사범 2007년 전자랜드배 왕중왕전 준결승 2011년 가백프로바둑 대표(현)

김일환(金一煥) KIM Il Hwan

[생]1962·1·11 [출]충북 충주 [주]대전 동구 계족로447 대전지방국토관리청 청장실(042-670-3204) [학]충주고졸 1985년 서울대 공대 건축학과졸 1995년 同대학원졸 1997년 미국 콜로라도대 대학원 경영학과졸 [경]1988년 기술고시 합격(24회) 1990년 건설부 기술관리관실 사무관 1991년 대전엑스포 파견 1994년 건설교통부 주택도시국 주택관리과 사무관 1995년 미국 연수 1999년 건설교통부 도시정책과 사무관 2003년 서울대 기술합동과정 파견 2005년 건설교통부 도로국 도로정책과 민자도로사업팀장 2005년 同민자사업팀장 2006년 同광역도로팀장 2007년 同주거환경팀장 2008년 국토해양부 주택토지실 주택정비과장 2009년 同국토정책국 건축기획과장 2010년 同국토정책국 건축기획과장(부이사관) 2011년 同주택토지실 신도시개발과장 2012년 행정중심복합도시건설청 근무(고위공무원) 2013년 同공공건축추진단장 2015년 대전지방국토관리청장(현)

김일흥(金日興) KIM Il Heung

[생]1955·8·6 [출]경남 마산 [주]서울 서대문구 충정로29 (주)동아닷컴 임원실(02-360-0400) [학]1978년 경희대 전자공학과졸 [경]1979년 동아일보·동아방송국 입사 2000년 동아일보 전산기획팀장(부장) 2004년 同경영전략실 전산기획팀장(부국장급) 2007년 (주)동아닷컴 이사, 同IT센터본부장 2009~2016년 同대표이사 사장 2011~2016년 한국온라인신문협회 회장 2016년 (주)동아닷컴 경영자문역(현) [상]경희언론인상(2009) [종]가톨릭

김임권(金任權) KIM IM KWEON

[생]1949·12·16 [출]경남 남해 [주]서울 송파구 오금로62 수산업협동조합중앙회(02-2240-2000) [학]1975년 부산수산대졸 수산경영학과졸 2005년 서울대 해양정책최고과정 수료 [경]1998년 (주)혜승수산 설립·대표이사(현) 2006~2015년 대형선망수산업협동조합 조합장(제16·17대) 2013~2015년 부산CBS 운영이사장 2015년 수산업협동조합중앙회 회장(현) 2015년 수협재단 이사장(현) 2015년 국제협동조합연맹(ICA) 수산위원회 위원장(현) 2015년 한국수산산업총연합회 회장(현) [상]기획재정부장관표창(2013), 은탑산업훈장(2014), 대한민국 해양대상(2015), 여성인재육성부문 대상(2016) [종]기독교

김임수(金任守) Kim Im Soo

[생]1958·10·9 [주]경남 사천시 사남면 공단1로78 한국항공우주산업(주) 개발사업관리본부(055-851-1000) [학]1977년 마산고졸 1982년 서울대 항공공학과졸 [경]1988년 삼성항공 우주연구기술부 경력입사 2001년 한국항공우주산업(주) T-50기술종합팀 부장 2003년 同미주법인장 2007년 同선행연구담당 2009년 同전기체설계담당 2010년 同고정익체계담당 상무 2011년 同고정익개발본부장(상무) 2015년 국가과학기술심의회 공공·우주전문위원회 위원(현) 2015년 한국항공우주산업(주) 개발사업관리본부장(전무)(현)

김자동(金滋東) KIM, JA DONG

[생]1929·10·17 [본]안동(安東) [출]중국 상해 [주]서울 중구 세종대로21길49 오양수산빌딩305호 대한민국임시정부기념사업회(02-3210-0411) [학]1949년 보성고졸 1950년 서울대 법학과 수료 [경]1953~1958년 조선일보 기자 1961년 민족일보 기자 1961년부터 약40년간 각종 개인사업 및 집필·번역 2004년 대한민국임시정부기념사업회 회장(현) [저]'상하이 일기'(2012) [역]'한국전쟁의 기원(브루스 커밍스 저)' '레닌의 회상(크루프스카야 저)' '모택동 전기(한수인 저)'

김자인(金자인 · 女) Kim Jain

[생]1988 · 9 · 11 [본]경주(慶州) [출]브라질 상파울루 [주]서울 강남구 테헤란로312 비젼타워4층 올댓스포츠(02-553-2070) [학]2007년 일산동고졸 2012년 고려대 체육교육학과졸 2013년 同대학원 스포츠심리학과 재학中 [경]2005~2013년 노스페이스 클라이밍팀 선수 2010년 춘천월드레저경기대회 홍보위원 2010년 IFSC(국제스포츠클라이밍연맹) 클라이밍 월드컵대회(벨기에) 리드 1위 2010년 IFSC 클라이밍 월드컵대회(중국) 리드 1위 2010년 IFSC 클라이밍 월드컵대회(슬로베니아) 리드 1위 2010년 IFSC 락 마스터대회(이탈리아) 리드 1위 2011년 올댓스포츠 계약 · 소속(현) 2011년 IFSC 클라이밍 월드컵대회(밀라노) 볼더링 1위 2011년 IFSC 클라이밍 월드컵대회(프랑스) 리드 1위 2011년 IFCS 클라이밍 세계선수권대회(이탈리아) 리드 2위 2011년 IFSC 클라이밍 월드컵대회(중국) 리드 1위 2011년 IFSC 클라이밍 월드컵대회(벨기에) 리드 1위 2011년 IFSC 클라이밍 월드컵대회(슬로베니아) 리드 1위 2011년 IFSC 클라이밍 월드컵대회(스페인) 리드 1위 2012년 스포츠클라이밍 아시아선수권대회 종합 우승(8회 연속 우승) 2012년 IFSC 스포츠 클라이밍 세계선수권대회 종합 우승(한국 최초) 2012년 IFSC 클라이밍 월드컵대회(벨기에) 리드 1위 2012년 IFSC 클라이밍 월드컵대회(미국) 리드 1위 2012년 IFSC 클라이밍 월드컵대회(목포) 리드 1위 2012년 여성가족부 사이버멘토링 대표멘토 2013년 IFSC 클라이밍 월드컵대회(프랑스) 리드 1위 2013년 월드게임(콜롬비아) 리드 2위 2013년 이탈리아 아르코 락마스터 리드 2위 2013년 IFSC 클라이밍 월드컵3차대회(벨기에) 리드 1위 2013년 IFSC 클라이밍 월드컵4차대회(러시아) 리드 1위 2013년 IFSC 월드컵7차대회(프랑스) 리드 1위 2014년 IFSC 클라이밍 월드컵1차(중국) · 2차(프랑스)대회 리드 1위 2014년 IFSC 클라이밍 세계선수권대회(스페인) 리드 1위 2014년 국제스포츠클라이밍연맹(IFSC) 리드대표 선수위원(현) 2014년 IFSC 8차 리드 월드컵대회(슬로베니아) 여자부 은메달 2015년 IFSC 클라이밍 월드컵2차(프랑스) · 5차(벨기에)대회 리드 1위 2015년 국민안전처 홍보대사(현) 2015년 IFSC 클라이밍 리드 월드컵6차(중국)대회 1위 2016년 울주세계산악영화제 홍보대사(현) [상]여성신문 '미래를 이끌어 갈 여성지도자상'(2012), 대한산악연맹을 빛낸 50인 선정(2012), MBN 여성스포츠대상 최우수상(2013)

김자혜(金慈惠 · 女)

[생]1951 · 11 · 1 [주]서울 중구 명동11길20 한국소비자단체협의회(02-774-4050) [학]1970년 숙명여고졸 1974년 이화여대 사회학과졸 1978년 同대학원 사회학과졸 [경]2001~2013년 (사)소비자시민모임 사무총장 2002~2007년 대통령자문 농업특별위원회 위원 2002~2013년 건강심사평가원 중앙평가위원 2007~2008년 소비자분쟁조정위원회 위원 2009~2010년 한국소비자원 비상임이사 2009~2012년 금융감독원 금융분쟁조정위원 2010~2012년 대통령 사회통합수석비서관실 자문위원 2013년 보건복지부 국민연금기금운용위원(현) 2013년 의료분쟁중재조정원 자문위원(현) 2013년 (사)소비자시민모임 회장(현) 2013년 한국소비자단체협의회 이사 2014년 同부회장 2014년 대법원 양형위원회 자문위원 2014~2016년 한국신문윤리위원회 윤리위원 2015년 의료기관평가인증원 제도자문위원(현) 2015년 국민건강보험공단 비상임이사(현) 2016년 한국소비자단체협의회 회장(현) [상]국민훈장 목련장(2014)

김자호(金自浩) KIM Ja Ho

[생]1945 · 12 · 10 [출]서울 [주]서울 중구 동호로20다길16 간삼건축종합건축사사무소(02-745-7161) [학]1965년 중앙대 공대 건축공학과졸 [경]1972~1979년 TOKYU ARCHITECTS & ENGINEERS INC 근무 1979~1981년 (주)정림건축종합건축사사무소 근무 1981~1983년 일양건축연구소 대표 1983년 (주)간삼파트너스 종합건축사사무소 대표이사, (주)간삼건축종합건축사사무소 회장(현) 1986~1990년 중앙대 건축공학과 강사 1998~2001년 同겸임교수 1998~2002년 2002월드컵조직위원회 시설자문위원 2004년 대한건축학회 부회장 2006년 同참여이사(현) 2015년 중앙대총동창회 회장(현) [상]한국건축가협회 장려상(1988), 대전시 건축상(1996), 건축물환경가꾸기 동상(1996), 한국건축문화대상 본상(1997), 서울시 건축상 은상(1998), POSCO강구조학회 금상(1998), 서울시 건축상(2002), 한국건축문화대상 입선(2002), 서울사랑시민상 건축상 장려상(2006), 인천시 건축상 우수상(2006), 한국건축문화대상 우수상(2006), 과학기술부장관표창(2007), 자랑스러운 중앙인상(2012), 대구시 건축상 금상(2010) [저]'농담하는 CEO'(2009) 사진 에세이집 '행복한 사전'(2014, 북산)

김장겸(金張謙)

[생]1961 · 5 · 8 [본]김해(金海) [출]경남 창원 [주]서울 마포구 성암로267 문화방송 보도본부(02-789-0011) [학]1979년 마산고졸 1985년 고려대 농경제학과졸 1989년 同대학원 신문방송학과졸 1996년 영국 카디프대 대학원졸 [경]1987년 문화방송(MBC) 입사 2000년 同보도국 국제부 차장대우 2001년 同정치부 차장대우 2002년 同TV편집2부 차장대우, 同런던특파원 2008년 同사건팀장 2008년 同보도국 국제팀장 2009년 同보도국 네트워크부장 2009년 同보도국 사회1부장 2010년 同생활과학부장 2011년 同보도본부 정치부장 2013년 同보도국장 2015년 同보도본부장(현) 2015년 대법원 양형위원회 위원(현)

김장곤(金莊坤) KIM Jang Kon

[생]1938 · 11 · 11 [본]김해(金海) [출]전남 나주 [주]서울 영등포구 의사당대로1 대한민국헌정회(02-757-6612) [학]1956년 목포고졸 1959년 고려대 임학과 중퇴 1966년 연세대 경영대학원 수료 [경]1961년 다도공민중 설립 · 교장 1971년 신민당 김대중 대통령후보 보좌역 1977년 통일당 정책연구실장 1984년 민주화추진협의회 기획실장 1987년 농민생존권문제연구소 소장 1990년 민주당 창당준비위원회 사무차장 1991년 同서울성동乙지구당 위원장 1992년 제14대 국회의원(나주시 · 나주군, 민주당 · 국민회의) 1995년 국민회의 정책위원회 부의장 1996년 21세기농업연구원 원장 1996~1998년 국민회의 지방자치위원회 부위원장 1997년 대한민국헌정회 정책연구실장 1998~2001년 한국원자력문화재단 이사장 1998년 국민회의 윤리위원회 부위원장 2001~2005년 한국수력원자력(주) 상임고문 2001년 민주화추진협의회동지회 공동대표 2002년 민주화추진협의회 부회장(현) 2005년 대한민국헌정회 운영위원 2007~2009년 同이사 2009년 同운영위원회 부의장 2013년 同이사 2015년 同감사(현) [저]'한국농업진단' 'IMF 한국농업' '원자력문화21' [종]불교

김장구(金章求)

[생]1970 · 8 · 16 [출]경북 의성 [주]광주 동구 준법로7의12 광주지방법원(062-239-1114) [학]1988년 대구 계성고졸 1993년 서울대 법학과졸 1998년 同대학원졸 [경]1997년 사법시험 합격(39회) 2000년 사법연수원 수료(29기) 2000년 대구지법 예비판사 2002년 同판사 2003년 인천지법 부천지원 판사 2006년 서울서부지법 판사 2009년 서울중앙지법 판사 2012년 서울고법 판사, 서울북부지법 판사 2015년 광주지법 부장판사(현)

김장국(金壯國) Kim Jang Guk

[생]1961 · 6 · 26 [출]전북 완주 [주]광주 서구 상무중앙로114 랜드피아303호 연합뉴스 광주 · 전남취재본부(062-373-1166) [학]1979년 전주 해성고졸 1983년 전북대 경제학과졸 2001~2002년 미국 클리블랜드대 연수 [경]1986년 연합통신 입사(5기) 1986~1997년 同전주주재 · 외신2부 · 경제2부 · 전국부 기자 1997년 同전국부 차장대우 1998년 연합뉴스 지방1부 차장대우 1999년 同산업부 차장대우 2000년 同산업부 차장 2002년 同산업부 부장대우 2003년 同인터넷뉴스부 부장대우 2005년 同산업부장 2008년 同뉴미디어국 부국장(부국장대우) 2009년 同편집국 특별취재팀 에디터 2010년 同충북취재본부장 2011년 同통합뉴스국장(부국장급) 2012년 同기획조정실장 2013년 同정보사업국장 2014년 同정보사업국장(국장대우) 2015년 同광주 · 전남취재본부장(현)

김장근(金長根) KIM Jang Keun

[생]1958 · 7 · 20 [본]함창(咸昌) [출]전북 남원 [주]인천 연수구 갯벌로124 (사)글로벌녹색경영연구원 녹색경영CEO아카데미(032-765-0077) [학]인천대 도시행정과졸, 한국방송통신대 행정학과졸, 인천대 행정대학원 사회복지학과졸 [경]부평구 공보계장, 同서무계장, 同기획계장, 同부평3동장, 同문화공보실장 2004년 인천시 경제정책과 팀장, 인천경제자유구역청 기획국 기획정책과 정책개발담당, 同기획국 기획정책과 기획담당 2008년 인천시 체육진흥과장 2010년 同총무과 서기관 2010년 同감사관 2013년 同보건복지국장(부이사관) 2014년 인천발전연구원 파견 2015년 인천시 아트센터인천운영준비단장(이사관), (사)글로벌녹색경영연구원 녹색경영CEO아카데미 원장(현) [상]경인봉사대상, 내무부장관표창, 정부모범공무원표창(1999), 대통령표창(2012), 홍조근정훈장(2015)

김장수(金章洙) Kim Jang-soo

[생]1948 · 2 · 26 [본]광산(光山) [출]광주 [주]서울 종로구 사직로8길60 외교부 인사운영팀(02-2100-7146) [학]1967년 광주제일고졸 1971년 육군사관학교졸(27기) 1988년 국방대학원 안보과정 수료 1989년 연세대 행정대학원졸 2008년 명예 행정학박사(건양대) [경]1971년 보병 소위 임관 1989년 7사단 5연대장 1993년 수도방위사령부 작전처장 1994년 육군사관학교 생도대장 1996년 제1군사령부 작전처장 1997년 6사단장 2000년 합동참모본부 작전부장 2001년 7군단장 2003년 합동참모본부 작전본부장 2004년 韓美연합사 부사령관(대장) 2005년 육군 참모총장(대장) 2006~2008년 국방부 장관 2008~2012년 제18대 국회의원(비례대표, 한나라당 · 새누리당) 2008년 국회 국방위원회 위원 2010년 한나라당 국가안보점검특별위원장 2011년 同정책위원회 외교통상 · 통일 · 국방분야 부의장 2011년 同최고위원 2012년 새누리당 국민행복추진위원회 국방안보추진단장 2012년 건양대 석좌교수 2013년 제18대 대통령직인수위원회 외교 · 국방 · 통일분과 간사 2013~2014년 국가안보실장(장관급) 2014년 국가안전보장회의(NSC) 상임위원장 겸임 2015년 駐중국 대사(현) [상]보국훈장 천수장(1996), 보국훈장 국선장(2002), 미국 공로훈장(2006), 레지옹도뇌르 훈장(2007), 프랑스 보국훈장 통일장(2008), 미국 국방부 공로훈장(2008) [종]기독교

김장식(金壯植)

[생]1963 · 2 · 28 [출]충북 보은 [주]대전 중구 대종로550번길5 금강일보 편집국(042-346-8000) [학]1981년 운호고졸 1989년 건국대 정치외교학과졸 [경]1990년 대전매일 문화체육부 기자 · 사회부 차장 · 정치부 차장 2001년 同광고기획부장 겸 남부본부 취재부장 2002년 同기획조정실 부장 2003년 同행정부장 2004년 同경제부장 2005년 충청투데이(제호변경) 경제1부장 2006년 同정치부장 2008년 同문화사업국장 · 충북본사 편집국장 2009년 同논설실장 2010년 금강일보 충남본부장 2012년 同편집국장 2014년 同편집국장(상무이사) 2015년 同충남 · 내포본부장(상무이사) 2016년 同편집국장 겸 충남본부장(상무이사)(현)

김장실(金長實) KIM Jang Sil (錦山)

[생]1956 · 3 · 15 [출]경남 남해 [학]1974년 경남공고졸 1979년 영남대 행정학과졸 1981년 서울대 행정대학원졸 1992년 정치학박사(미국 하와이대) [경]1979년 행정고시 합격(23회) 1980년 총무처 수습행정관 1981~1985년 문화공보부 보도과 · 조사과 사무관 1985년 대통령 사정비서관실 행정관 1987년 대통령 정무비서관실 행정관 1989년 미국 하와이대 연수 1992년 문화부 비상계획관실 서기관 1993년 문화체육부 어문과장 1994년 대통령 정무비서관실 국장 1996년 대통령 비서실장 보좌관 1997년 대통령 정치특보 보좌관 1998년 문화관광부 공보관 1999년 국립중앙도서관 지원연수부장 2000년 중앙공무원교육원 파견 2001년 문화관광부 예술국장 2003년 한국예술종합학교 사무국장 2005년 국무조정실 교육문화심의관 2006년 문화관광부 종무실장 2008~2009년 문화체육관광부 제1차관 2009~2012년 예술의전당 사장 2009~2010년 코리안심포니오케스트라 이사장 2009~2012년 (사)한국문화예술회관연합회 회장 2010년 국립현대무용단 이사 2012~2016년 제19대 국회의원(비례대표, 새누리당) 2012~2014년 새누리당 대외협력위원장 2012~2016년 대한장애인농구협회 회장 2012~2015년 국민생활체육회 부회장 2013년 국회 교육문화체육관광위원회 위원 2013년 2014인천세계휠체어농구선수권대회조직위원회 위원장 2014년 새누리당 세월호사고대책특별위원회 위원 2014년 국회 안전행정위원회 위원 2014년 국회 예산결산특별위원회 위원 [상]홍조근정훈장(1998), 행정자치부장관표창(2000), 대한민국 국회의원 의정대상(2013), 복지TV 자랑스러운 대한민국 복지대상 나눔부문(2015), (사)대한민국가족지킴이 대한민국실천대상 의정활동 문화체육관광부문(2015) [저]'한국대중가요의 정치사회학'(2010, 민음사) [종]불교

김장연(金丈淵) KIM Jang Yeon

[생]1957 · 12 · 21 [출]서울 [주]서울 종로구 돈화문로58 (주)삼화페인트공업 사장실(02-765-3641) [학]1976년 서울 신일고졸 1980년 서울대 화학공학과졸 1988년 연세대 경영대학원졸 [경]1983년 (주)삼화페인트공업 입사 1986년 同기획실장 1989년 同이사 1993년 同상무이사 1993년 (주)추코쿠삼화페인트공업 대표이사 1994년 (주)삼화페인트공업 대표이사 사장(현) [상]대통령표창 [종]천주교

김장욱(金壯昱)

[생]1966 · 5 · 24 [주]서울 구로구 디지털로31길61 (주)신세계I&C 비서실(02-3397-1100) [학]1984년 여의도고졸 1988년 서울대 컴퓨터공학과졸 1990년 한국과학기술원(KAIST) 전산학과졸(석사) 1995년 미국 UC Berkeley 대학원 경영학과졸 [경]1995년 보스턴컨설팅그룹 이사 2000년 소프트뱅크벤처코리아 부사장 2001년 Valmore Partners 대표이사 2007년 SK텔레콤 글로벌사업본부장 2012년 SK플래닛 LBS사업부장(상무) 2013년 신세계그룹 전략실 기획팀 사업기획II 부사장 2014년 同최고정보관리책임자(CIO)(현) 2015년 (주)신세계I&C 대표이사(현)

김장주(金嶂柱) Jang-Joo Kim

[생]1955 · 5 · 7 [본]연안(延安) [출]전북 임실 [주]서울 관악구 관악로1 서울대학교 재료공학부(02-880-7893) [학]1973년 전주고졸 1977년 서울대 화학공학과졸 1980년 同대학원졸 1986년 공학박사(미국 스탠퍼드대) [경]1977년 삼양사 근무 1986~1987년 SRI International Post-Doc. 1987~1996년 한국전자통신연구소 선임연구원 · 책임연구원 1997년 광주과학기술원 신소재공학과 교수 1998년 同도서관장 2003년 서울대 재료공학부 교수(현) 2008년 한국과학기술한림원 정회원(현) 2012~2015년 LG화학 사외이사 [상]한국전자통신연구소 우수연구원상(1996), 삼성전자 휴먼테크 논문대상(2009), 한국과학기술한림원 덕명한림공학상(2013)

김장주(金章周) KIM Jang Joo

[생]1964 · 10 · 10 [출]경북 영천 [주]경북 안동시 풍천면 도청대로455 경상북도청 행정부지사실(054-880-2010) [학]1982년 포항고졸 1989년 성균관대 행정학과졸 [경]1990년 행정고시 합격(34회) 1997년 경북도 기획계장 2000년 同정보통신담당관 2002년 同새마을과장 2003년 同공보관 2004년 同기획관 2005년 同비서실장 2005~2007년 영천시 부시장, (주)경축 사외이사 2007년 駐중국 통상주재관(파견) 2008년 경북도 새경북기획단장 2009년 同보건복지여성국장(지방부이사관) 2010년 행정안전부 지역희망일자리추진단장 2010년 同지방행정국 민간협력과장 2011년 同정부청사관리소 청사기획관 2012년 同지역녹색정책관 2012년 대통령실 파견(고위공무원) 2013~2014년 안전행정부 중앙공무원교육원 기획부장 2014년 국립외교원 교육파견(고위공무원) 2014~2015년 경북도 기획조정실장 2015년 행정자치부 지방세제정책관 2016년 경북도 행정부지사(현) [상]홍조근정훈장(2009)

김장진(金璋鎭) KIM Jang Jin

[생]1955 · 4 · 1 [출]경남 [주]경남 거제시 거제대로3370 대우조선해양(주) 사업본부장실(055-735-0025) [학]마산고졸, 부산대졸 [경]대우조선해양(주) 수석부장 2007년 同해양프로젝트관리1전담 상무 2011~2013년 성진지오텍 대표이사 2013년 포스코플랜텍 고문 2013년 대우조선해양(주) 사업관리부문장(전무) 2015년 同사업본부장(전무)(현)

김장현(金璋顯) Kim Jang Hyun (牧垠)

[생]1956 · 5 · 10 [본]안동(安東) [출]경북 봉화 [주]경기 성남시 분당구 불정로268 동국대학교 분당한방병원(031-710-3724) [학]1974년 서울 성남고졸 1980년 경희대 한의학과졸 1982년 同대학원졸 1988년 한의학박사(경희대) 1999년 서울대 보건대학원 보건의료정책최고관리자과정 수료 [경]1986~1989년 한독의료재단병원 한방진료부장 1993년 동국대 한의과대학 한의학과 조교수 · 부교수 · 교수, 同한의과대학 한방소아과학교실 교수(현) 1994~1998년 同서울캠퍼스 보건진료소장 1998~2003년 同분당한방병원장, 同분당한방병원 한방부인소아과 의사 1999년 한방병원협회 중앙수련위원장 2002~2004년 대한한방소아과학회 회장 2004년 대한한의학회 부회장 2004~2010년 경희대총동창회 이사 2006~2010년 서울대총동창회 이사 2006~2010년 대한한의학회 회장 2007년 대한한의사협회 회장 직대 2007~2009년 동국대 한의과대학장 2007~2009년 同경주한방병원장 2008년 대한한의사협회 부회장 2010년 동국대 일반대학원 한의학과 교수(현) 2010년 대한한의학회 명예회장(현) 2011~2013년 한국한의학교육평가원 이사 2011년 식품의약품안전청 의료기기제도개선분과 위원 2011년 세계중의약학회연합회(WFCMS) 회장고문(현) 2011~2013년 보건의료인국가시험원 한의사시험위원회 위원장 2012~2015년 동국대 분당한방병원장 2012년 대한한방병원협회 수석부회장(현) 2013년 황송노인종합복지관 운영위원(현) 2013년 식품의약품안전처 의료기기제도개선분과 위원(현) 2016년 대한한의학회 대의원총회 의장(현)

[상]보건복지부장관표창(2000) [저]'실용동서의학임상총서'(2002) '동의소아과학'(2002) '소아수기의학'(2002) '고려인삼의 이해'(2008) '생활 속의 고려인삼'(2010) '한방소아청소년의학'(2010)

김장호(金章鎬) KIM Jang Ho

[생]1952 · 10 · 26 [본]경주(慶州) [출]경남 밀양 [주]서울 용산구 청파로47길100 숙명여자대학교 경제학부(02-710-9505) [학]1970년 동아고졸 1977년 고려대 경제학과졸 1981년 미국 노스웨스턴대(Northwestern Univ.) 대학원 경제학과졸 1985년 경제학박사(미국 노스웨스턴대) [경]1977~1979년 한국개발연구원 연구원 1985년 숙명여대 경제학부 조교수 · 부교수 · 교수(현) 1988년 한국노동연구원 초빙연구위원 1989~2002년 경제정의실천시민연합 노동위원장 · 상임집행위원회 부위원장 1992년 한국노동경제학회 상임이사 1995년 미국 Western Michigan Univ. 교환교수 1999년 노사정위원회 상무위원 겸 경제소위원장 1999~2002년 노동아카데미 회장 2001~2003년 한국노동경제학회 회장 2002년 노동부 최저임금위원회 위원 2002~2005년 중앙노동위원회 공익위원 2003년 숙명여대 경제경영연구소장 2003~2006년 한국직업능력개발원 원장 2004~2005년 대통령자문 정책기획위원회산하 사람입국신경쟁력특별위원회 위원 2004~2005년 대통령자문 고령화 및 미래사회위원회 위원 2004년 대통령자문 정책기획위원회 위원 2005년 유네스코 한국위원회 교육분과 위원 2005년 대통령자문 저출산고령사회위원회 위원 2005년 대통령자문 사람입국일자리위원회 위원 2005년 교육인적자원부 정책자문위원회 위원 [상]노사협력공로상(2002), 동탑산업훈장(2004) [저]'한국의 지역경제(共)'(1991) '자동화와 고용'(1991) '미국의 근로자복지제도'(1997) '한국노동경제론1, 2'(1999) '사회합의제도와 참여민주주의(共)'(2000) '신노사문화 정립방안에 관한 조사연구(共)'(2000) 'Employment and Industrial Relations in Korea'(2003) '노동의 미래와 신질서(共)'(2003) '해외자동차산업 노사관계사 연구(共)'(2003) '한국의 인적자원(編)'(2005) '인적자원입국 비전과 전략(共)'(2005) 'New Paradigm of Human Resources Development(ed)'(2005)

김장호(金章浩)

[생]1958 · 3 · 15 [주]서울 중구 청계천로24 한미은행빌딩 씨티그룹글로벌마켓증권(02-3705-0600) [학]경북고졸, 영남대 경영학과졸, 고려대 대학원 경영학과졸 [경]1982년 한국은행 근무, 금융감독원 검사지원국 부국장, 同비서실장, 同총무국장 2010~2011년 同중소서민금융업서비스본부장(부원장보) 2015년 씨티그룹글로벌마켓증권 상근감사(현)

김장호(金璋鎬) KIM Jang Ho

[생]1969 · 3 · 11 [본]선산(善山) [출]경북 구미 [주]서울 종로구 세종대로209 행정자치부 지방재정세제실 재정정책과(02-2100-3503) [학]1994년 경북대 경제학과졸 1998년 同행정대학원 수료 2002년 한국개발연구원(KDI) 국제정책대학원 정책학과졸 2003년 미국 오하이오주립대 공공정책학과졸 [경]1995년 지방고시 합격(1회) 1996년 경북도 구미시 근무 2000년 同경제통상실 국제통상과 근무 2004년 同경제통상실 투자유치과 근무 2005년 同기획관실 기획계장 2006년 同투자통상본부 투자유치팀장 2008년 同투자통상국 투자유치과장 2010년 同새경북기획단장 2010년 울진군 부군수 2011년 경북도 미래전략기획단장 2012년 행정안전부 지방행정국 선거의회과 서기관 2012년 同복무담당관 2013년 안전행정부 윤리복무관실 복무담당관 2014년 同지방재정정책관실 교부세과장 2014년 행정자치부 지방재정세제실 교부세과장 2015년 同지방재정세제실 재정정책과장 2016년 同지방재정세제실 재정정책과장(부이사관)(현) [상]공무원컴퓨터활용능력대회 우수상(2000), 근정포장(2008)

김장환(金章煥) Billy KIM

[생]1934 · 7 · 25 [출]경기 수원 [주]서울 마포구 와우산로56 극동방송 이사장실(02-320-0103) [학]1958년 미국 봅존스대(Bob Jones)졸 1975년 명예 신학박사(미국 Trinity대) 1984년 명예 신학박사(미국 South West대) 1986년 명예 신학박사(미국 캠벨대) 1992년 명예 문학박사(미국 Wheaton대) 1993년 명예 문학박사(명지대) 2004년 명예 인문학박사(미국 댈러스침례신학대) 2007년 명예 법학박사(서울기독대) 2009년 명예 목회학박사(미국 Belavon대) 2010년 명예 철학박사(침례신학대) 2010년 명예 신학박사(미국 캘리포니아침례신학교) 2010년 명예 신학박사(미국 Biola대) 2012년 명예 신학박사(미국 Asbury대) 2012년 명예 경영학박사(부산외국어대) 2013년 명예 신학박사(미국 Bluefield college) 2013년 명예 신학박사(미국 Carson-Newman대) 2014년 명예 철학박사(백석대) [경]1959년 미국 단테제1침례교회에서 목사 안수 1960년 수원 중앙침례교회 목사 · 원로목사(현) 1966~1993년 한국YFC(Youth For Christ) 회장 1970년 아세아방송 설립준비위원장 1976~2001년 同이사장 1977~2008년 극동방송 사장 1982년 침례교세계대회 준비위원장 1988년 명지학원 이사장 · 명예이사장(현) 1993년 한국YFC(Youth For Christ) 명예이사장(현) 2000~2005년 세계침례교연맹(BWA) 총회장 2009년 극동방송 이사장(현), 국민일보 이사(현), 한국기독교총연합회 명예회장(현) [상]국민훈장 동백장, 국민훈장 무궁화장, 국제라이온스 인도주의 봉사대상, 美교민 제정100주년 기념대상(2007), 캄보디아정부 외교관계증진부문 최고훈장(2009), 외교부장관표창(2014) [저]설교집 '오늘의 양식' '목양의 들' '능력주시는 자 안에서' '힘을 다하여' '하나님과 함께 모든 일에 넉넉히 이기라' 자서전 '그를 만나면 마음에 평안이 온다(上·下)' [종]기독교

김장회(金璋會)

[생]1964 [출]충북 청주 [주]서울 종로구 사직로8길60 외교부 인사운영팀(02-2100-7141) [학]청석고졸, 고려대 행정학과졸, 미국 텍사스 오스틴대 대학원 행정학졸 [경]1993년 행정고시 합격(37회) 2003년 행정자치부 자치제도과 서기관 2003년 충북도 기획관 2005년 충북 진천군 부군수, 대통령 사회정책비서관실 행정관(파견) 2008년 행정안전부 시군세과장 2008년 同회계공기업과장 2010년 同주민과장 2012년 同자치행정과장 2013년 안전행정부 자치행정과장(부이사관) 2014년 충북도 기획관리실장(고위공무원) 2015년 행정자치부 본부근무(고위공무원) 2015년 駐캐나다 총영사(현)

김장훈(金長勳) KIM JANG HOON

[생]1962 · 1 · 22 [본]김해(金海) [출]전남 신안 [주]강원 강릉시 동해대로3310 강원동부보훈지청(033-610-0606) [학]2015년 연세대 행정대학원 공공정책학과졸 [경]국가보훈처 기념사업과 근무 2009년 同6.25전쟁60주년사업추진기획단 근무 2011년 同나라사랑정책과 근무 2012년 同대변인실 근무 2015년 同대변인실 서기관 2015년 대구지방보훈청 총무과장 2016년 강원동부보훈지청장(현)

김재건(金載建) KIM Jae Kun

[생]1952 · 2 · 22 [출]경기 [주]서울 강서구 양천로131 한국공항(주) 임원실(02-2660-3114) [학]제물포고졸 1979년 고려대 영어영문학과졸 [경]1978년 대한항공 입사, 同사우디아라비아 제다지점 근무, 同미국 뉴욕지점 근무 1998년 同인도네시아 자카르타지점장, 同서울여객지점 판매1팀장 2005년 同동남아노선팀장 2007년 同LCC T/F팀장(상무) 2008~2013년 (주)진에어 대표이사 2013년 한국공항(주) 경영지원본부장(전무) 2014년 同대표이사(현)

김재경(金在庚) KIM Jae Kyung

[생]1961 · 10 · 10 [본]안동(安東) [출]경남 진주 [주]서울 영등포구 의사당대로1 국회 의원회관1008호(02-784-0054) [학]1980년 진주고졸 1984년 경상대 법학과졸 1987년 서울대 대학원 법학과(경제법전공)졸 [경]1987년 사법시험 합격(29회) 1990년 사법연수원 수료(19기) 1990년 청주지검 검사 1992년 창원지검 거창지청 검사 1993년 부산지검 검사 1995년 서울지검 검사 1997년 변호사 개업 1998년 변호사 등록변경(진주) 2003년 민주평통 자문위원 2003~2004년 진주미래연구소 소장 2004년 제17대 국회의원(경남 진주시乙, 한나라당) 2004년 국회 법제사법위원회 · 윤리특별위원회 위원 2006년 한나라당 제1정책조정위원장 2008년 제18대 국회의원(경남 진주시乙, 한나라당 · 새누리당) 2008~2010년 국회 기획재정위원회 위원 2008~2009년 한나라당 경남도당 위원장 2009년 同법률지원단장 2010년 국회 지식경제위원회 간사 2011년 한나라당 인권위원장 2011년 국회 기후변화대응 · 녹색성장특별위원회 한나라당 간사 2012년 제19대 국회의원(경남 진주시乙, 새누리당) 2012년 국회 정무위원회 위원 2012년 국회 예산결산특별위원회 위원 2014년 국회 지방자치발전특별위원회 위원 2014년 새누리당 원내대표선거관리위원회 위원장 2014~2015년 국회 윤리특별위원회 위원장 2014~2015년 국회 미래창조과학방송통신위원회 위원 2014~2016년 새누리당 재외국민위원회 중남미지역본부장 2015년 국회 법제사법위원회 위원 2015년 국회 예산결산특별위원회 위원장 2016년 제20대 국회의원(경남 진주시乙, 새누리당)(현) 2016년 국회 미래창조과학방송통신위원회 위원(현) 2016년 국회 정치발전특별위원회 위원(현) [상]한국언론사협회 대한민국우수국회의원대상 특별대상(2014), 세계언론평화대상 국회의정활동부문 대상(2015) [저]'큰 바위 얼굴을 찾아서'(2003) '진주를 지키는 등 굽은 소나무' '이야기 좀 할까요' '2009 우리 경제는' '산업강국으로 가는 길' '의연(毅然)'(2011)

김재관(金在寬) KIM Jae Kwan (技松)

[생]1958·8·3 [본]고령(高靈) [출]대구 [주]대구 중구 공평로88 대구광역시의회(053-803-5010) [학]영남고졸, 대구대 경영학과졸, 영남대 경영대학원 경영학과졸 [경]경북도료상사 대표(현), 월배발전협의회 회원, 월배초 75년사편찬위원회 위원장, 월배초 총동창회 회장, 대구대 총동창회 부회장 2006~2008·2010~2014년 대구시 달서구의회 의원(한나라당·새누리당), 한나라당 대구 달서乙당원협의회 부위원장 2013~2014년 대구시 달서구의회 의장 2014년 대구시의회 의원(새누리당)(현) 2014년 同문화복지위원회 위원 2016년 同운영위원회 위원장(현) 2016년 同기획행정위원회 위원(현) 2016년 전국시·도의회운영위원장협의회 감사(현) [종]불교

김재광(金在光) Kim, Jae-Kwang

[생]1961·10·5 [출]경북 김천 [주]경북 문경시 당교로225 문경시청 부시장실(054-552-6006) [학]영남대 행정대학원졸 [경]1981년 경북 청도군청 공무원 임용 1991년 경북도 전입 2006년 同공보관실 사무관 2009년 同농수산국 사무관 2013년 전국시도지사협의회 기획관리국장(서기관) 2014년 경북도 기업노사지원과장 2015년 同농업정책과장 2016년 경북 문경시 부시장(현) [상]국무총리표창(1999), 대통령표창(2008) [종]천주교

김재구(金在龜) KIM Jae Gu

[생]1966·7·1 [출]강원 인제 [주]서울 서초구 반포대로158 서울고등검찰청(02-530-3114) [학]1984년 경문고졸 1991년 서울시립대 법학과졸 [경]1992년 사법시험 합격(34회) 1995년 사법연수원 수료(24기) 1995년 서울지검 서부지청 검사 1997년 전주지검 군산지청 검사 1998년 창원지검 검사 1998년 춘천지검 영월지청 검사 1999년 서울지검 검사 2002년 수원지검 검사 2004년 울산지검 검사 2006년 서울북부지검 검사 2007년 同부부장검사 2008년 대검찰청 연구관 2009년 광주지검 특수부장 2010년 부산지검 특수부장 2011년 의정부지검 형사4부장 2012년 춘천지검 부장검사 2013년 서울북부지검 형사3부장 2014년 서울동부지검 형사2부장 2015년 청주지검 제천지청장 2016년 서울고검 검사(현) 2016년 법무연수원 용인분원 교수 겸임(현)

김재권(金在權) KIM Jae Kwon

[생]1952·12·26 [본]청도(淸道) [출]부산 [주]경기 용인시 처인구 중부대로1074 용인경량전철(주) 임원실(031-329-3500) [학]1980년 동아대 토목공학과졸 1994년 연세대 대학원 토목공학과졸 2003년 토목공학박사(연세대) 2005년 서울대 행정대학원 최고정책과정 수료 2009년 同법과대학원 최고위과정 수료 [경]1999년 동아건설산업(주) 이사·기술담당 고문 2001년 삼성물산(주) 건설부문 상무, 한국방재협회 이사, 한국철도학회 이사, 대한환경공학회 이사, 한국SM학회 부회장, 한국터널공학회 부회장, 대한토목학회 이사, 한국기술사회 이사, 한국재난관리표준학회 이사, 건설안전포럼 위원, KTX경제권포럼 위원, 한국지반환경공학회 부회장, 해양항만공학회 부회장, 한국암반공학회 부회장, 대한상사중재원 중재인(현), 한국폐기물학회 부회장 2007년 두산건설 인프라BG 부사장, 경기철도(주) 사장 2013년 용인경량전철(주) 대표이사(현) 2016년 한국기술사회 회장(현) [상]철탑산업훈장, 건설기술상(제15회·토목부문), 한국암반공학회 기술상, 일본VE협회장 장려상, 한국지반환경공학회 기술상, 건설교통부장관표창, 동아대 자랑스런 동아인상, 건설기술교육원장표창, 연세대 공학인상

김재권(金在權) KIM Jae Kweon

[생]1958·11·8 [본]경주(慶州) [출]경북 영천 [주]경기 안산시 단원구 해봉로38 (주)유니켐 임원실(031-491-3751) [학]1977년 신녕상업고졸 1987년 동아대 무역학과졸 2001년 성균관대 경영대학원 회계학과졸 2008년 서울대 CFO전략과정 수료 [경](주)진양 부장, 한국폴리우레탄공업(주) 감사, 종광건설(주) 부사장, (주)유니켐 감사, 同부사장(현) [종]천주교

김재권(金在權) Kim, Jae Gweon

[생]1961·12·15 [본]경주(慶州) [출]경북 고령 [주]서울 강서구 하늘길210 김포공항세관(02-6930-4900) [학]1981년 대구 대륜고졸 1983년 세무대학졸 [경]1983~1995년 관세청·인천본부세관·수원세관·울산세관·안산세관 근무 1996~2008년 재정경제부 관세제도과·산업관세과 근무 2009~2014년 부산본부세관 심사총괄과장·관세청 감찰과장 2014년 청주세관장 2016년 김포공항세관장(현)

김재규(金才奎) KIM Jae Kyu (雅元)

[생]1948·6·7 [본]김녕(金寧) [출]전남 순천 [주]광주 서구 월산로245번길2 (사)문화마케팅전략개발(062-511-8848) [학]1968년 조선대학교부속고졸 1972년 조선대 법과대학졸 2003년 同대학원 신문방송학과졸 [경]1976년 전일방송 PD 1980년 KBS 광주방송총국 프로듀서 1992년 同여수방송국 방송부장 1994년 同TV2국 차장 1997년 同광주방송총국 편성제작국장 1999년 광주방송 보도제작국장 2001년 同보도제작국 상임이사 2002~2004년 同제작본부장(상임이사) 2004년 광주문화예술진흥위원회 위원 2005~2007년 광주비엔날레 사무총장 2008~2011년 (사)문화마케팅전략개발 회장 2010~2015년 광주영어FM방송 사장, 광주문화재단 이사(현) 2013년 광주사회복지공동모금회 부회장(현) 2015년 (사)문화마케팅전략개발 대표(현) [상]프로그램 기획상·작품상, 재무부장관표창, 재정경제부장관표창, 국민포장 [종]천주교

김재규(金在圭) KIM Jea Kyu

[생]1962·7·8 [출]전남 고흥 [주]서울 서대문구 통일로87 경찰청 경무담당관실(02-3150-2121) [학]1982년 순천고졸 1986년 경찰대졸(2기) 1999년 연세대 행정대학원졸 [경]1999년 서울 영등포경찰서 수사과장 2000년 서울지방경찰청 수사2계장 2001년 同수사3계장 2003년 同사이버범죄수사대장 2007년 同홍보담당관실 홍보계장 2007년 전남지방경찰청 경비교통과장(총경) 2008년 교육 파견 2009년 경찰청 사이버테러대응센터장 2009년 강원 삼척경찰서장 2011년 강원 동해경찰서장 2011년 경찰청 수사국 사이버테러대응센터장 2013년 경찰대학 경찰학과장 2014년 서울 종암경찰서장 2015년 서울지방경찰청 홍보담당관 2015년 同홍보담당관(경무관) 2015년 중앙공무원교육원 교육파견(경무관)(현) [상]대통령표창(2005)

김재근(金載根) KIM Jae Geun

[생]1957·11·3 [본]김해(金海) [출]충남 예산 [주]서울 강남구 남부순환로2706 차우빌딩 EBS미디어(주)(02-529-5566) [학]1976년 홍성고졸 1978년 충북대 2년 수료 1985년 한국방송통신대 행정학과졸 2002년 연세대 경영대학원 마케팅과졸 [경]1981년 한국교육개발원(KEDI) 총무부 근무 1991년 교육방송 인사부 차장 1993년 同행정관리부 차장 1994~1997년 同운영관리부장 1997년 한국교육방송원 운영관리부장 1997년 同총무국 총무팀장 2000년 同총무국 국장직대 2000년 한국교육방송공사 총무국장 2002년 同사업국 행정위원 2003년 同사업국장 2005년 同광고사업팀장 2007년 同정책기획센터장 2007년 同콘텐츠전략본부장 2009년 同콘텐츠전략본부 출판운영팀 사업위원 2010년 同심의시청자부 시청자위원 2013~2015년 同디지털통합사옥건설단장 2015년 EBS미디어(주) 대표이사(현) [상]교육부장관표창(1990) [종]가톨릭

김재근(金在根) KIM Jae Keun

[생]1960·8·8 [본]김해(金海) [출]충남 금산 [주]세종특별자치시 한누리대로2130 세종특별자치시청 대변인실(044-300-2610) [학]1978년 금산고졸 1987년 충남대 국어국문학과졸 [경]1988년 대전일보 입사 1996년 同사회부 차장 1998년 同정치행정부 차장대우 1999년 同경영기획부 차장 2000년 同문화체육부 차장 2001년 同경제과학부 부장대우 2002년 同경제과학부장 2003년 同사회부장 2003년 同편집국 기획취재부장 2004년 한국기자협회 대전·충남협회 회장 2005년 대전일보 자치행정2부장 2006년 同행정팀장 겸 행정2부장, 同정치행정부장 겸 충남도청팀장 2006년 同경제부 부국장대우 2008년 同경영지원국 국장대우 겸 기획사업단장 2008년 同충북취재본부장 2009년 同대전일보60년사 편찬위원(국장급) 2010년 同미디어연구소장 겸 지령2만호 준비위원장 2011년 同논설실장 겸 미디어연구소장 2012년 同논설실장 겸 포럼국장 2012~2014년 同세종취재본부장 겸 포럼국장 2014년 同논설위원 2015년 同편집국 취재1부장 2015년 세종특별자치시 대변인(현)

김재동(金載東) Kim Jaedong

[생]1958·11·26 [본]김해(金海) [출]경남 [주]강원 춘천시 강원대학길1 강원대학교 자원에너지시스템공학과(033-250-6256) [학]1981년 서울대 자원공학과졸 1983년 同대학원졸 1988년 공학박사(서울대) [경]1985~1987년 서울대 공대 조교 1988년 (재)자원산업연구원 선임연구원 1989~2000년 강원대 자원공학과 전임강사·조교수·부교수 1996년 스웨덴 왕립공과대학 연구교수 2000~2015년 강원대 자원공학과 교수 2002~2009년 同지구환경공학부 지구시스템공학전공 주임교수 2006~2007년 同서울본부장 2006~2008년

대한화약발파공학회 부회장 2011년 지식경제부 패키지자원개발협의회 위원장 2012~2013년 강원대 공과대학부속 산업기술연구소장 2012~2013년 한국자원공학회 부회장 2013~2014년 한국암반공학회 회장 2016년 강원대 자원에너지시스템공학과 교수(현) [저]'응용암석역학'(1997)

김재련(金在蓮·女) KIM Jae Ryon

[생]1972·11·20 [출]강원 강릉 [주]서울 서초구 서초중앙로26길13 법무법인 온세상(02-599-7700) [학]1991년 강릉여고졸 1996년 이화여대 법학과졸 2002년 보험연수원 연수 2007년 명지대 산업대학원 이민학과졸(석사) [경]2000년 사법시험 합격(42회) 2003년 사법연수원 수료(32기) 2003~2004년 법률사무소 나우리 변호사 2003년 여성법률상담소 상담변호사 2003년 컴퓨터니트 고문변호사 2003년 여성의전화 상담변호사 2003년 가정법률상담소 상담변호사 2003년 한국성폭력상담소 상담변호사 2003년 중앙아동학대예방센터 자문변호사 2003년 경기아동학대예방센터 자문변호사 2003년 서울시 성매매관련 '다시함께' 프로젝트법률지원단 운영위원 2003년 한부모가정연구소 자문위원 2004년 서울 동작구 고문변호사 2004년 법률사무소 로피아 개업·변호사 2004~2007년 드림씨티케이블방송 '김재련의 법률이야기' 출연 2004년 서울 동작구 규제개혁위원장 2004년 법무법인 베스트 변호사 2007~2013년 법무법인 다온 변호사 2008년 동작어린이집연합회 자문변호사 2009년 한부모가정사랑회 이사 2009년 한국성폭력위기센터 이사·법률자문위원 2009년 대한변호사협회 인권위원회 위원 2009년 同인권위원회 이주외국인법률지원위원회 부위원장 2009년 서울지방경찰청 여성·아동대책자문위원 2010년 대검찰청 성폭력범죄전문가 2011년 여성·아동폭력피해중앙지원단 수퍼바이저 2011년 대한변호사협회 다문화소위원회 위원장 2013~2015년 여성가족부 권익증진국장 2015년 법무법인 온세상 대표변호사(현) 2015년 한국양성평등교육진흥원 폭력예방교육 전문강사(현) 2015년 육군본부 병영문화혁신 자문위원(현) 2015년 한국성폭력위기센터 이사(현) 2015년 서울해바라기센터 운영위원(현) 2015년 여성·아동폭력피해중앙지원단 모니터링위원회 위원(현) 2015년 한국건강가정진흥원 비상임이사(현) 2015년 서울시 다시함께상담센터 법률·의료전문지원단(현) 2015년 일본군위안부피해자문제진상규명 및 기념사업추진민관TF 위원(현) 2016년 여성가족부 다문화가족정책위원회 위원(현) 2016년 국방부 특수임무수행자 보상심의위원회 위원(현) 2016년 중앙행정심판위원회 비상임위원(현) 2016년 (재)화해·치유재단 이사(현) 2016년 여성신문사 편집위원(현) [상]한국성폭력상담소 공로상(2011), 대한변호사협회 표창(2011), 한국한부모가정사랑회 감사패(2011), 한국성폭력상담소 감사장(2011), 여성신문 미래를 이끌어갈 여성지도자상(2012), 여성가족부장관표창(2012), 육군참모총장 감사패(2015)

김재룡(金在龍) KIM Jae Ryong

[생]1952·2·21 [출]경북 [주]대구 중구 달성로56 계명대학교 동산의료원 진단검사의학과(053-250-7221) [학]1978년 경북대 의학과졸 1982년 同대학원 의학과졸 1990년 의학박사(경북대) [경]1978~1979년 경북대병원 인턴 1979~1983년 同레지던트 1983~1986년 군복무(해군) 1986~1988년 계명대 동산병원 진단검사의학과 전임강사 1988~1992년 同조교수 1992~1997년 同부교수 1993~1994년 미국 케이스웨스턴 리저브대 연수 1997년 계명대 의대 진단검사의학교실 교수(현), 同동산병원 진단검사의학과장, 同부원장, 同동산의료원 기획정보처장 2008~2009년 同경주동산병원장 2013년 同동산의료원 사무처장 2016년 同동산의료원 경영지원처장(현) [저]'임상병리학(共)'(1994, 고려의학) '진단검사의 활용(共)'(2006, 서울의학사) 'Evidence Based Laboratory Medicine(共)'(2007, 한길)

김재명(金載明) Jaemyoung, Kim

[생]1953·3·21 [출]강원 강릉 [주]부산 남구 수영로309 경성대학교 디지털미디어학부(051-663-5108) [학]서울예고졸 1979년 한양대 미술교육과졸 1981년 同대학원 응용미술과졸 2007년 이학박사(한양대) [경]1979년 (주)공간연구소 디자이너 1980년 한양대 사범대 조교 1981~1984년 우송정보대 전임강사 1984~1987년 우송공업대 조교수 1988~1999년 상지대 생활미술과 부교수 2000년 경성대 디자인학부 교수 2004년 同디지털디자인전문대학원 교수 2005년 同기획조정처장 2005~2008년 同디지털디자인전문대학원장 2006년 同BK21사업팀장 2008~2011년 부산디자인센터 원장 2013~2014년 Red dot Award 심사위원 2013년 경성대 디지털미디어학부 교수(현) 2013년 세계디자인올림피아드 심사위원(현) [상]교육부장관상 금상(1977), 대한민국산업디자인전 특선(1978·1980), 한국디자인학회 공로상(2003), 한국디지털디자인협의회 공로상(2007), 한국디지털콘텐츠학회 공로상(2007), 서울예술고 모교를빛낸동문상(2008), 564돌 한글날 기념 부산시장표창(2010) [저]'Graphic Design Workshop Problems & Solutions'(2003) [역]'정보의 공유와 통합'(2000) [작]'2004 코리아시각디자인페스티발 VIDAK 정기회원전'(2004, 한국시각정보디자인협회·한국디자인진흥원) 'Life and Environmental Design-LOVE'(2006, Asia-Pacific Society of Design/태국) 'Vernacular-love story'(2007, 한국디지털디자인협의회·아시아퍼시픽디자인협회/인도) '한국디지털디자인협의회 회원전-공(空)-ZERO'(2007, 한국디지털디자인협의회) '부산영상애니메이션포럼 국제초대전'(2007, 경성대 제1미술관)

김재무(金在武) KIM Jae Moo

[생]1960·2·15 [출]전남 광양 [주]전남 무안군 삼향읍 후광대로274 더불어민주당 전남도당(061-287-1219) [학]1979년 진산종합고졸 2000년 순천제일대 경영과졸 [경]광양시태인동청년회 회장 1996년 동광양청년회의소 회장 1998년 전남지구청년회의소 회장 1998~2000년 전남도 제2의건국범국민추진위원회 상임위원 2002·2006·2010~2014년 전남도의회 의원(새천년민주당·민주당·대통합민주신당·통합민주당·민주당·민주통합당·민주당) 2004~2006년 同교육사회위원장 2005~2009년 광양시새마을지회 회장 2006~2008년 전남도의회 부의장 2009년 민주당 전남도당 수석부위원장, 同중앙당 중앙위원, 전남신용보증재단 이사, 전남도의회 여수세계박람회지원특별위원회 위원, 광명시체육회 고문, 광양만권경제자유구역청조합회의 의장, 광양시경제인협회 부회장, 전남지역경제인협회 부회장, 동광양JC 전남지구 회장, 광양시배구협회 회장, 태인장학회 이사 2012~2014년 전남도의회 의장 2014년 전남 광양시장선거 출마(새정치민주연합) 2016년 더불어민주당 전남광양시·곡성군·구례군지역위원회 위원장(현) 2016년 同전남도당 선거관리위원장(현) 2016년 同전남도당 상임부위원장(현) [상]대통령표창, 자랑스런 전남인상 [종]불교

김재문(金載文) KIM Jae Mun

[생]1959·11·30 [본]김해(金海) [출]경북 김천 [주]대전 서구 청사로189 특허청 특허심사3국 디스플레이기기심사팀(042-481-5758) [학]1978년 김천고졸 1983년 경남대 전자공학과졸 1985년 영남대 대학원 전자공학과졸 1996년 전자공학박사(영남대) [경]1993년 중소기업청 공업연구사 1996~2006년 특허청 전기전자심사국 전자심사과 심사관 2006년 同전기전자심사국 전기심사과 서기관 2010년 同정보통신심사국 영상기기심사과장 2013년 同특허심판원 심판10부 심판관 2014년 同특허심사3국 디스플레이기기심사팀장(현)

김재민(金在珉) KIM Jae Min (本然)

[생]1938·6·18 [본]안동(安東) [출]강원 강릉 [주]서울 광진구 능동로209 세종대학교 호텔관광대학(02-3408-3546) [학]1957년 강릉상고졸 1963년 고려대 법경대학 상학과졸 1968년 同경영대학원졸 1988년 경영학박사(인하대) [경]1981~1989년 세종대 관광경영학과 조교수·부교수·관광경영학과장 1984~1991년 서울시 시정자문위원·관광문화분과 위원 1988~1989년 한국관광산업연구소 소장 1990~2003년 세종대 호텔관광경영학부 교수 1994~2004년 교통부·문화관광부·호텔업 등급심사위원 1998~1999년 UNDP 환경보전차원의 백두산·장백산관광계발계획 연구위원 1998~2002년 한국호텔관광학회 회장 1999~2005년 문화관광부 호텔경영사 자격시험위원 2001~2003년 세종대 관광대학원장 2002~2004년 문화관광부 컨벤션기획사 자격시험위원 2003년 세종대 호텔관광대학 명예교수(현) 2005년 인천시도시개발공사 관광분야 설계심사위원 2009~2013년 환경부 환경표지 전문위원 2009~2014년 호텔업등급 심사위원 2013년 국회 기후변화포럼 회원(현), 한국경영학회 영구회원(현), 한국호텔관광학회 평생회원(현) [상]국무총리표창(2003) [저]'호텔경영관리'(1969, 교학사) '현대호텔경영론(共)'(1981, 남양문화사) '관광계획·개발론'(1996, 대왕사) '관광경영학 이론과 실제'(2002, 웃고문화사) '관광경영론'(2003, 일신사) '관광자원개발론'(2003, 대왕사) '신호텔경영론'(2005, 대왕사) '신관광경영론'(2010, 대왕사) '새호텔경영론(New Hotel Management)(共)'(2012, 대왕사)

김재민(金宰民) KIM Jae Min

[생]1958·5·23 [출]대구 [주]경기 구리시 경춘로153 한양대학교구리병원 원장실(031-560-2114) [학]1976년 서울 중앙고졸 1983년 한양대 의대졸 1990년 同대학원졸 1993년 의학박사(한양대) [경]1987~1991년 한양대병원 전공의 1991~1996년 건국대 의대 신경외과학교실 전임강사·조교수 1996~2003년 한양대 의대 신경외과학교실 조교수·부교수 2000년 同구리병원 응급실장 2003년 同의대 신경외과학교실 교수(현) 2003년 同구리병원 신경외과장 2009년 同구리병원 교육연구부장 2011년 同구리병원 부원장 2012년 同구리병원 치

과 과장 겸임 2013~2014년 대한뇌혈관외과학회 회장 2015년 한양대 구리병원장(현) 2016년 대한신경외과학회 회장(현) [상]대한신경외과학회 뇌혈관 최우수 논문상(2002 · 2009) [저]'뇌종양학개론 제10권'(2002)

김재백(金載栢) KIM Jae Baek

[생]1953 · 12 · 10 [출]경북 의성 [주]서울 서초구 남부순환로337가길43의9 GL빌딩4층 (사)한국말산업중앙회(02-594-7744) [학]서울고졸, 서울대 경영학과졸, 연세대 언론홍보대학원 방송영상과졸 [경]1979년 조흥은행 기획조사부 근무 1981년 同국제영업부 근무 1981년 MBC 기획실 근무 1986년 同기획실 차장대우 1988년 同경영관리실 차장 1990년 同총무국 차장 1991년 SBS 총무부장 1992년 同인사부장 1997년 同방송센터건설국장 직대 1998년 同총무국장 직대 겸 건설부장 1998년 同관리본부장 겸 인사1팀장 1999년 同국장대우 사장특별보좌역 2000년 同국장급 사장특별보좌역 2003년 同방송지원본부장(이사) 2004년 同기획본부장(이사) 2005년 SBS프로덕션 상임상담역 2007년 SBS 방송지원본부장(이사) 2007~2014년 서울시장애인체육회 이사 2008년 SBS 방송지원본부장(상무이사) 2009~2012년 同신사옥건설단장(상무이사) 2011년 한국말산업중앙회 부회장(현) 2013년 방송문화미디어텍(MBC이코노미) 회장

김재범(金宰範) KIM Jaebum (漢無)

[생]1950 · 11 · 7 [본]김해(金海) [출]전남 나주 [주]서울 서초구 논현로87 (사)한미협회(02-589-0005) [학]1969년 광주제일고졸 1973년 한국외국어대 서반아어과졸 1975년 영국 옥스포드대 대학원 외교관과정 수료 1991년 국방대학원 국제관계학과 수료 2001년 중앙공무원교육원 고위정책과정 수료 2002년 미국 아태안보연구소(APCSS) 관리과정 수료 2005년 同고위관리과정 수료 2006년 한림국제대학원대 글로벌리더십과정 수료 2009년 국제영어대학원대졸 [경]1973년 외무부 입부 1977년 駐사우디아라비아 3등서기관 1979년 駐콜롬비아 2등서기관 겸 영사 1984년 駐미국 정무서기관 1989년 국방대학원 파견 1991년 외무부 문화협력1과장 1991년 미주기구(OAS) 파견 1993년 駐우루과이 참사관 1996년 駐브라질 공사참사관 1998년 한반도에너지개발기구(KEDO) 파견 2001년 중앙공무원교육원 파견 2002년 아시아태평양안보연구센터(APCSS) 파견 2002년 駐우루과이 대사 2005년 연세대 정치외교학과 겸임교수 2005년 외교통상부 본부대사 2006년 연세대 국제학대학원 외교특임교수 2007~2009년 국세공무원교육원 초빙교수 2007년 외교안보연구원 명예교수 2008년 한국외교협회 대국민외교홍보사업추진단원 2010년 同정책위원(현) 2011년 국제정책연구원 이사 겸 부원장(현) 2013년 (사)한미협회 이사 겸 사무총장(현) [상]근정포장(1983), 홍조근정훈장(2007)

김재범(金宰範) KIM Jae Bum

[생]1953 · 9 · 10 [출]서울 [주]경기 안산시 상록구 한양대학로55 한양대학교 언론정보대학 신문방송학과(031-400-5414) [학]1972년 중앙고졸 1976년 한양대 신문학과졸 1983년 미국 오클라호마대 대학원 커뮤니케이션학과졸 1987년 커뮤니케이션학박사(미국 뉴욕주립대) [경]1987년 KBS 방송문화연구소 비상임연구위원 1988년 한양대 언론정보대학 신문방송학과 교수(현) 1993년 방송개발원 방송정책연구위원 1993년 방송위원회 심의위원 1994년 유선방송위원회 심의위원 1994~1999년 그린훼밀리운동연합 사무총장 1996년 국제연합환경계획(UNEP) 한국위원회 사무총장(현) 1997년 가톨릭 매스컴위원회 이사(현) 1998년 미국 오리건대 교환교수 1999년 한국언론정보학회 회장 1999년 그린훼밀리운동연합 부총재 2000년 에너지절약시민운동 공동대표 2003~2005년 한양대 언론정보대학장 2004년 한국방송학회 회장 2007~2009년 한국광고홍보학회 회장 2007년 UNEP-Eco Peace Leadership Center 이사 2010년 Eco Peace Leadership Center 이사(현) 2007년 자연환경국민신탁 자문위원 2008 · 2010~2012년 한양대 언론정보대학원장 [상]대통령표창(1997), 유엔환경상 글로벌500(1998) [저]'언론과 부정부패'(共) [역]'미디어경영론' '녹색공동체를 위한 실천' '커뮤니케이션 이론 및 조사실습' [종]가톨릭

김재복(金在福) KIM Jai Bok

[생]1942 · 3 · 20 [본]김해(金海) [출]충북 충주 [주]경기 김포시 월곶면 김포대학로97 김포대학교 총장실(031-999-4103) [학]1962년 충주사범학교졸 1966년 연세대 교육학과졸 1975년 경희대 행정대학원 개발행정학과졸 1984년 교육학박사(동국대) [경]1964~1971년 서울 창천 · 금옥초 교사 1971년 중앙교육연구소 연구원 1973년 한국교육개발원 책임연구원 1982~2001년 인천교육대 교육학과 교수 1988년 同초등교육연구소장 1989년 同교무처장 1989년 교육인적자원부 교육과정심의위원 1994~1995년 국립교육평가원 대학수학능력시험 평가위원 및 부위원장 1996년 미국 데이튼대 교환교수 1996~1998년 한국교육과정학회 회장 1997년 인천교육대 기획연구처장 1998년 同교육대학원장 1998년 전국교육대학교교육대학원장협의회 회장 1999~2001년 인천발전연구원 이사 2000~2001년 인천일보 객원논설위원 2001년 인천교육대 총장 2001~2005년 민주평통 자문위원 2002년 태양학원(경인여대) 이사 2003~2007년 경인교육대 교육학과 교수 2003~2004년 同총장 2003~2004년 전국교육대학교총장협의회 회장 2003~2005년 교육인적자원부 정책자문위원회 교원정책분과 위원장 2004년 연세대총동문회 부회장 겸 인천지회장 2005년 한국교육학회 부회장 2007~2011년 동서남북포럼 이사장 2008년 경인교육대 명예교수(현) 2014년 한국교육개발원 동문회장(현) 2015년 김포대 총장(현) [상]황조근정훈장(2007) [저]'수업전략' '미술과의 수업과 평가' '통합교육과정의 이론과 적용' '인지 · 정의 · 기능학습을 위한 전략' '교육과정의 통합적 접근' '영재교육' '교과교육원리' '교육과정 운영론' '교육학의 이해' '통합교육과정' [역]'수업모형' '효과적인 학교와 교사' [종]기독교

김재복(金在福) Kim Jae Bok

[생]1959 · 9 · 12 [주]서울 종로구 새문안로76 금호타이어 RE영업본부(02-6303-8080) [학]광주제일고졸, 한국외국어대 아랍어과졸 [경]금호타이어 해외영업지원팀장, 同중남미지역장, 同법인장, 同북미지역본부장(상무보), 금호아시아나그룹 미주전략경영본부장(상무보) 겸임 2011년 금호타이어 북미지역본부장(상무) 2013년 同한국영업본부장(상무) 2015년 同한국영업본부장(전무), 同RE영업본부장(전무)(현) [상]산업자원부장관표창(2007) [종]기독교

김재복(金在馥) KIM Jae Bok

[생]1960 · 11 · 5 [본]김해(金海) [출]대구 [주]서울 강남구 테헤란로87길36 도심공항타워 법무법인 로고스(02-2188-2814) [학]1978년 대구 능인고졸 1982년 고려대 법학과졸 2008년 고려대 생명환경대학원 생명환경최고위과정 수료 [경]1982년 사법시험 합격(24회) 1984년 사법연수원 수료(14기) 1985년 軍법무관 1989년 수원지법 판사 1993년 대구지법 판사 1995년 同소년부지원장 1995년 대구고법 판사 1996년 서울고법 판사 1997년 헌법재판소 헌법연구관 겸임 1999년 서울지법 판사 2000년 청주지법 부장판사 2002년 서울지법 동부지원 부장판사 2003년 미국 윌리암앤메리대 연수 2004년 서울동부지법 부장판사 2005~2008년 서울중앙지법 부장판사 2008년 법무법인 로고스 변호사(현) [종]기독교

김재복 KIM JAE BOCK

[생]1967 · 3 · 6 [주]서울 서초구 헌릉로260 서울특별시어린이병원 원장실(02-570-8100) [학]중앙대 의예과졸, 同대학원 소아과학과졸, 의학박사(중앙대) [경]1998년 서울아산병원 소아청소년과 임상의 1999년 영등포성애병원 소아청소년과장 2001년 광명성애병원 소아청소년과장 2005년 경기 파주시보건소 의사 2007년 경기 군포시보건소 의사 2010년 서울시어린이병원 진료부 의사 · 진료부장 2015년 同원장(현)

김재봉(金在鳳) KIM Jae Bong

[생]1945 · 4 · 4 [본]김해(金海) [출]경남 합천 [주]서울 중구 세종대로124, 15층 프레스센터 언론중재위원회(02-397-3114) [학]1967년 중앙대 신문학과졸 [경]1968년 중앙일보 기자 1980년 同사회부 차장 1986년 同총무부장 1987년 법무부 대변인 1989년 세계일보 사회부장 1991년 同사회부장(부국장대우) 1991년 문화일보 사회부장(부국장대우) 1993년 同부국장 1998년 同국장대우 1999년 同논설위원 2000년 同편집국 차장 2001년 同국장대우 논설위원 2002년 同수석논설위원 2003년 법무법인 세종 고문 2006년 문화일보 사외이사 2009년 방송통신심의위원회 보도교양방송특별위원장 2010년 중앙매스컴사우회 회장 2014년 언론중재위원회 중재위원 2015년 同부위원장(현)

김재상(金在湘) KIM, Jaesang

[주]서울 서대문구 이화여대길52 이화여자대학교 자연과학대학 분자생명과학부(02-3277-3414) [학]1987년 미국 하버드대 화학과졸 1996년 생물학박사(미국 매사추세츠공대) 2002년 공학박사(미국 캘리포니아공대) [경]이화여대 자연과학대학 분자생명과학부 생명과학전공 교수(현) 1996~2002년 미국 캘리포니아공대 대학원 박사 · 연구원 2016년 한국연구재단 신약 · 차세대바이오분야 단장(현)

김재섭(金在燮) KIM Jae Seop

ⓢ1961·2·18 ⓑ영광(靈光) ⓞ전남 장흥 ⓟ경남 창원시 성산구 정동로162번길40 두산공작기계(주) 사장실(055-600-4900) ⓗ1978년 광주제일고졸 1983년 서울대 공대 기계설계학과졸 ⓔ대우종합기계 공기생산·생산담당 이사부장, 두산기상연대유한공사 법인장(상무) 2005년 두산인프라코어(주) 상무 2008년 同기획조정실장(전무) 2009년 同공기자동화BG장(전무) 2011년 同공작기계BG장(부사장) 2013년 同공작기계BG장(사장) 2013년 同오퍼레이션본부장(사장) 2016년 두산공작기계(주) 대표이사 사장(현) ⓩ불교

김재성(金在成) KIM Jai Sung

ⓢ1946·9·30 ⓑ김해(金海) ⓞ충북 청원 ⓟ인천 남구 인중로5 정산빌딩9층 기호일보(032-761-0007) ⓗ1965년 제물포고졸 1970년 한양대 신문방송학과졸 ⓔ1988~1991년 의정평론 지방부장 1992~1995년 항도신문 대표 1995년 기호일보 교육문화부장 2001~2006년 인천장애우권익문제연구소 이사 2001년 기호일보 편집부국장 2001년 同문화교육부 부국장, 同논설위원 2009년 인천개항역사문화원 자문위원, 대한결핵협회 인천지사 운영위원(현) 2010년 기호일보 편집국장 2011년 同논설주간 겸 이사(현) ⓐ'인천교육 현장보고서'(2010) ⓩ기독교

김재수(金在水) KIM Jae Soo

ⓢ1957·2·20 ⓑ김녕(金寧) ⓞ경북 영양 ⓟ세종특별자치시 다솜2로94 농림축산식품부 장관실(044-201-1014) ⓗ1974년 경북고졸 1978년 경북대 상경대학 경제학과졸 1984년 서울대 행정대학원 행정학과졸 1988년 미국 미시간주립대 대학원 경제학과졸 2001년 경제학박사(중앙대) ⓔ1977년 행정고시 합격(21회) 1978년 국세청 행정사무관, 농림수산부 기획예산과·유통과 행정사무관 1990년 同농어촌복지담당관(서기관) 1991년 同통상협력1담당관 1992~1994년 경제협력개발기구(OECD) 파견 1994년 농림수산부 행정관리담당관 1994년 同시장과장 1997년 同국제농업국 국제협력과장(부이사관) 1997년 同유통정책과장 1998년 同식량정책과장 1999년 同농업정책과장 1999년 농촌진흥청 종자관리소장 2000년 중앙공무원교육원 파견 2001년 농림부 농업정보통계관 2001년 同농산물유통국장(이사관) 2003년 駐미국 참사관 2006년 駐미국 참사관(고위공무원) 2007년 농림부 농업연수원장 2007년 국립농산물품질관리원 원장 2008년 농림수산식품부 기획조정실장 2009~2010년 농촌진흥청장 2010년 아시아농식품기술협력이니셔티브(AFACI) 초대 공동의장 2010~2011년 농림수산식품부 제1차관 2011~2016년 한국농수산식품유통공사(aT) 사장 2012~2014년 경북도 농식품정책자문관 2016년 농림축산식품부 장관(현) ⓐ대통령표창(1989·2016), 근정포장(1998), 홍조근정훈장(2002), 중앙인사위원회 위원장표창(2006), 황조근정훈장(2011), 프랑스 농업식품수산영토관리부장관 기사(Chevalier)훈장(2012), 미국 연방하원 찰스 랭글 의원 감사패(2014) 대한민국CEO리더십대상 글로벌경영부문 최고CEO(2014), 대한적십자사 감사패(2015), 중국검험인증그룹유한회사(CCIC) 감사패(2015), 해양수산부장관표창(2016), 대한민국 여성인재경영대상 개인부문 대상(2016), 駐韓키르키즈공화국 대사관 감사패(2016) ⓩ'식품산업에서 희망을 찾는다'(2002, 농민신문사) '한국의 원예산업' '채소종자산업이 한국농업을 살린다(共)'(2001, 이진) '우리식품 미국시장 공략하기'(2004, 한라) '미국농업정책과 한국농업의 미래'(2005, 백산출판사) '한국음식 세계인의 식탁으로'(2006, 백산출판사) '식품산업의 현재와 미래'(2007, 백산출판사) 'Korean Agriculture and Trade' '농업의 대반격'(2014, 프리뷰) ⓩ기독교

김재수(金在洙·女)

ⓢ1966·1·15 ⓟ서울 영등포구 국회대로68길14 더불어민주당 공보국(02-1577-7667) ⓗ이화여대 독어독문학과졸 ⓔ국회 정책연구위원(2급 상당), 더불어민주당 공보실장 2016년 同제20대 국회의원 후보(비례대표 32번) 2016년 同공보국장(현)

김재승(金載承) KIM, Jae Seung

ⓢ1965·12·14 ⓞ서울 ⓟ서울 강남구 테헤란로133 법무법인(유) 태평양(02-3404-0199) ⓗ1984년 명지고졸 1988년 서울대 법대졸 2001년 미국 조지타운대 Law School졸(LL.M.) ⓔ1990년 사법시험 합격(32회) 1993년 사법연수원 수료(22기) 1993년 軍법무관 1996년 수원지법 성남지원 판사 1998년 서울지법 판사 2000년 제주지법 판사 2003년 광주고법 제주부 판사 2004년 서울고법 판사 2006년 대법원 재판연구관 2008년 부산지법 부장판사 2009~2012년 인천지법 부천지원 부장판사 2012년 법무법인(유) 태평양 변호사(현)

김재식(金在植) Jay S. Kim (山圃·송산)

ⓢ1935·10·2 ⓑ경주(慶州) ⓞ경북 고령 ⓟ대구 중구 국채보상로93길5 동서노화기전연구소(053-554-2234) ⓗ경북중졸 1954년 경북고졸 1960년 경북대 의대졸 1965년 同대학원 의학과졸 1970년 의학박사(경북대) ⓔ1960~1966년 대구통합병원 軍의관(육군 대위) 1966~1980년 경북대 의대 임상병리학교실 조교·전임강사·조교수·부교수 1971~1973년 미국 노스캐롤라이나대 뉴하노버병원 연수, 하네만의대 몬마스메디칼센터 연구원 1975년 일본 NIH·도쿄대 연수 1980~2001년 경북대 의대 임상병리학교실 교수 1980년 미국 뉴욕주립버팔로대 교환교수 1989년 대한임상검사정도관리학회 회장 1990년 대한병리학회 회장 1991년 세계병리학회 한국대표 1992년 아시아임상병리학술대회 대회장 1992년 경북대 의과대학장 1996년 同동서의학연구회장 1996년 세계핵전예방의사연맹 한국지부 이사 2001년 동서노화기전연구소 소장(현) 2001년 경북대 의대 명예교수(현) 2002년 경주김씨대구시종친회 회장 2003년 영남병원 임상병리과장·명예원장, 지역의역사연구회 회장, 대구 곽병원 자문교수(현), 대구 영광의원 전문의(현) ⓐ柳韓의학학술상 최우수상(1984), 국무총리표창(1992), 교육부장관표창(1997), 홍조근정훈장(2001), 대한진단검사의학회 및 임상검정도관리협회 공로상, 제4회 대한민국독도문예대전 특별상(2014), 제23회 기초의학학술대회 최우수포스터상(2015) ⓩ'Lecture Note on Clinical Pathology(共)'(1986) '臨床微生物學槪論'(1989) '512原色최신의학대백과사전(共)'(1991) '의미생물학개론'(1992, 학문사) '임상병리학개론'(1994, 학문사) '경북대의대 정년기념집'(2001) ⓕ'면역학용어사전(編)'(1989) '최신진단과 치료'(共) '임상병리학(共)'(1994) ⓐ정년기념 개인수필집 '사랑과 낭만과 자유'(2001, 그루출판사) '사랑과 낭만과 자유 그리고 건강'(2014) ⓩ개신교

김재식(金在植) KIM Jae Sik

ⓢ1951·9·1 ⓑ광산(光山) ⓞ서울 ⓟ서울 용산구 한강대로23길55 현대산업개발(주) 비서실(02-2008-9138) ⓗ1970년 양정고졸 1974년 고려대 법학과졸 ⓔ1978년 현대건설 입사, 同과장 1993년 현대산업개발(주) 근무 2005년 同관리본부 공사관리·자재·법무담당 상무 2010년 同법무감사실장(전무) 2011년 同영업본부장(부사장) 2012년 同최고재무책임자(CFO) 겸 경영기획본부장(부사장) 2014년 同대표이사 CFO 부사장 2015년 同대표이사 사장(현) 2015년 호텔아이파크(주) 사내이사(현)

김재식(金在植) KIM Jae Sik

ⓢ1966·2·20 ⓑ경주(慶州) ⓞ전북 옥구 ⓟ서울 강남구 테헤란로507 미래에셋생명보험(02-6030-4717) ⓗ1985년 충북 운호고졸 1989년 서강대 경영학과졸 2008년 同경영대학원 재무관리과졸 ⓔ동양화재 근무, 한남투자신탁 근무, 한누리투자신탁 근무, 同중앙종합금융과장, 미래에셋증권(주) 자산운용본부장 2005년 同자산운용본부장(상무보) 2005년 同자산운용본부장(상무) 2006년 同자산운용사업부문장(상무) 2008년 同자산운용사업부문장(전무) 2008년 同자산운용본부장(전무) 2009년 同에쿼티트레이딩본부장(전무) 2009년 同고리스크관리책임자(CRO·전무) 2011년 同주식파생센터장 2012년 미래에셋생명보험 자산운용부문 대표 2016년 同가치경영총괄 부사장(현) ⓩ기독교

김재신(金載信) KIM Jae Sin

ⓢ1952·1·7 ⓞ인천 ⓟ서울 중구 소공로94 OCI(주) 임원실(02-727-9500) ⓗ1976년 고려대 화학공학과졸 ⓔ(주)동양화학공업 경영기획팀장 1997년 同인천공장 부공장장(이사) 1999년 同인천공장 부공장장(상무) 2004년 (주)동양제철화학 포항공장장(전무) 2009년 (주)OCI 케미칼사업본부장(전무) 2010~2013년 同케미칼사업본부장(부사장) 2012년 (주)OCISE 대표이사 겸임(현) 2013년 OCI(주) 사업총괄 사장(현)

김재신(金在信) KIM Jae Shin

ⓢ1957·5·30 ⓞ전북 ⓟ서울 종로구 사직로8길60 외교부 인사운영팀(02-2100-7146) ⓗ1979년 고려대 정치외교학과졸 1981년 同대학원 정치외교학과 수료 1982년 일본 게이오대 연수 ⓔ1980년 외무고시 합격(14회) 1984년 駐일본 2등서기관 1989년 駐미얀마 1등서기관 1992년 외무부 동북아1과 근무 1994년 同장관실 비서관 1995년 駐미국 1등서기관 1998년 외교통상부 의전1담당관 2000년 同동북아과장 2002년 駐중국 참사관 2003년 駐일본 참사관 2005년 국가안전보장회의 파견 2006년 대통령비서실 파견 2007년 외교통상부 아시아태평양국장 2007년 同동북아시아국장 2008년 대통령 외교비

서관 2010년 외교통상부 차관보 2012년 駐독일 대사 2015년 駐필리핀 대사(현) [상]홍조근정훈장(2008)

김재신(金在信) KIM, Jae-Shin

[생]1968·6·6 [본]영광(靈光) [출]서울 [주]세종특별자치시 다솜3로95 공정거래위원회 기업거래정책국(044-200-4300) [학]화곡고졸, 성균관대 경제학과졸, 한국개발연구원(KDI) 국제정책대학원 MBA, 미국 미시간주립대 대학원 재무관리과졸(석사) [경]1990년 행정고시 합격(34회), 통계청 근무, 공정거래위원회 정책국 총괄정책과 서기관 2004년 同위원장 비서관 2007년 同혁신성과팀장 2007년 駐EU 참사관, 공정거래위원회 기획조정관실 기획재정담당관 2012년 同카르텔총괄과장(부이사관) 2013년 同경쟁정책국 경쟁정책과장 2015년 同기업거래정책국장(현) [상]대통령표창(2012) [종]기독교

김재억(金在億) KIM, JAE-OK

[생]1944·4·27 [본]울산(蔚山) [출]전남 장성 [주]서울 종로구 종로33길31 (재)양영재단(02-740-7012) [학]1964년 광주고졸 1966년 서울대 사범대 수료 1969년 경희대 경제학과졸 1998년 홍익대 세무대학원 세무학과졸 [경]공인회계사 및 세무사자격 취득 1969년 삼양사 입사 1992년 同회계부 이사대우, 삼양중기(주) 감사, 신한제분(주) 감사, 삼양데이타시스템(주) 감사 1994년 (주)삼양사 회계부 경영기획실 이사 1996년 同상임감사 겸 감사실장(부사장) 1999년 (재)수당재단 상임감사(현) 1999년 (재)양영재단 상임감사(현) 2004년 인촌기념회 이사, 휴비스(Huvis) 감사, 삼양중기(주) 비상임감사 2008~2013년 (주)삼양홀딩스 상임감사 2013년 삼양그룹 상임고문(현) [저]'세무의사 결정론'(1986) '세무관리론'(1988)

김재열(金在烈) KIM JAE YOUL

[생]1946·5·13 [본]진주(晋州) [출]부산 [주]서울 강남구 테헤란로152 SK(주) 비서실(02-6205-4846) [학]1965년 경남고졸 1974년 고려대 철학과졸 1981년 同대학원 철학과졸 1989년 철학박사(고려대) 2008년 명예박사(몽골국립대) [경]1974~2011년 한국고등교육재단 사무총장 1985~2011년 학교법인 영남학원 이사 1989~2011년 고려대 특임교수 1999~2011년 전국경제인연합회 사회공헌위원회 운영위원 2000~2004년 한국외국어대 이사 2001년 중국 요녕대학 명예교수(현) 2002~2011년 아시아 7국 17개기관의 아시아연구센터 이사장 2002년 중국 복단대학 명예교수(현) 2004년 중국 산동대학 이사 겸 명예교수(현) 2004년 중국 전매대학 명예교수(현) 2004~2011년 Beijing Forum 조직위원회 위원장 2005~2011년 Shanghai Forum 조직위원회 위원장 2006년 중국 연변대학 명예교수(현) 2006년 중국 청화대학 고문교수(현) 2007~2011년 Hanoi Forum 조직위원회 위원장 2008~2011년 한국학중앙연구원 이사 2008~2010년 산업기술연구회 정책자문위원 2010년 중국 남개대학 객좌교수(현) 2011년 고려대 석좌교수(현) 2011년 Beijing Forum 국제고문단 단원(현) 2011년 Shanghai Forum 국제고문단 단원(현) 2011~2014년 SK그룹 부회장 2013~2014년 同동반성장위원회 위원장 2014년 한국외국어대 이사(현) 2015년 SK(주) 고문(현) [상]캄보디아정부 명예훈장(2005), 중국 북경대 110주년기념 우수공헌상(2008), 중국 교육부 국제학술교류공헌상(2009)

김재열(金載悅) KIM Jae Yeol

[생]1954·8·8 [본]김해(金海) [출]경북 영덕 [주]충남 부여군 규암면 백제문로367 한국전통문화대학교 총장실(041-830-7114) [학]1977년 서울대 고고학과졸 1987년 同대학원 고고미술사학과졸 1994년 同대학원 고고미술사학박사과정수료 [경]서울대 강사, 국립중앙박물관 학예연구원, 문화재 전문위원 1998년 호암미술관 부관장 2003~2007년 삼성문화재단 상무 2008~2009년 경기도박물관 관장, 문화재위원회 동산분과 위원 2014년 한국전통문화대학 총장(현) [상]우현학술상(1988), 자랑스런 박물관인상(1998), 대통령표창(2002) [저]'고려백자의 발생과 편년' '중국으로 건너간 고려자기' '백자, 분청사기 1·2권' [역]'중국의 청화자기'

김재열(金載烈) KIM Jae Yeol

[생]1962·4·3 [출]부산 [주]충남 논산시 대학로119 건양대학교 마케팅비즈니스학과(041-730-5472) [학]1986년 부산외국어대 경영학과졸 1989년 서강대 대학원졸 1997년 경영학박사(서강대) [경]1991년 건양대 경영정보관광학부 조교수·부교수·교수, 同글로벌경영학부 교수, 同마케팅비즈니스학과 교수(현), 同경영정보관광학부장 2000년 대한회계학회 상임이사 및 편집위원 2002~2003년 미국 University of Texas at Dallas 교환교수 2006~2009년 논산시세무소이의신청심의위원회 위원 2006년 논산시 소비자정책심의위원(현) 2010년 건양대 취업매직센터장 2015년 한국경영교육학회 편집위원장 2015년 대한회계학회 부회장(현) 2015년 同편집위원 겸 등재관리위원장(현) 2016년 한국경영교육학회 부회장 겸 한국연구재단등재위원장(현) [상]한국경영교육학회 우수논문상(2002) [저]'테마로 엮는 경영이야기' '재미있는 회계 여행' '디지털시대의 경영관리기법'(2001, 박영사) '원가관리회계실무'(2004, 건양대 매직센터) '새로운 한국의 원가관리'(2005, 홍문사) '사용자 중심의 원가회계'(2005, 박영사) '사용자 중심의 관리회계 개정판(2판)'(2006, 박영사) '공공부문 BSC 사례집'(2007) '이공계 학생들을 위한 회계관리 실무'(2008, 박영사) '알기쉬운 공학회계'(2011, 박영사) '공대생을 위한 기초회계'(2011, 박영사) '초보자 중심의 기초회계'(2013, 유원북스) '비전공자를 위한 교양회계'(2015, 유원북스) '알기쉬운 교양기초회계'(2015, 유원북스) [종]불교

김재열(金載烈) KIM Jae Youl

[생]1968·10·14 [출]서울 [주]서울 용산구 이태원로222 (주)제일기획 임원실(02-3780-2114) [학]1991년 미국 웨슬리안대 국제정치학과졸 1993년 미국 존스홉킨스대 대학원 국제정치학과졸 2000년 미국 스탠퍼드대 경영대학원졸(MBA) [경]2000~2001년 미국 e-Bay 근무 2001년 동아닷컴 대표 2002년 제일기획 Global전략담당 상무보 2003년 제일모직 경영기획담당 상무보 2004년 同전략기획실 상무 2005년 同경영관리실 경영기획담당 상무 2009년 同경영관리실 경영기획담당 전무 2010년 同경영관리실 경영기획담당 부사장 2010년 대한빙상경기연맹 국제부회장 2011~2016년 同회장 2011년 2018평창동계올림픽대회조직위원회 부위원장 2011년 제일모직 경영기획총괄 사장 2011~2014년 삼성엔지니어링 경영기획총괄 사장 2012년 대한체육회 부회장(현) 2013~2014년 소치 동계올림픽한국선수단 단장 2014년 자카르타 아시아경기대회 아시아올림픽평의회(OCA) 위원(현) 2014년 (주)제일기획 스포츠사업총괄 사장(현) 2015년 2017삿포로동계아시아경기대회 아시아올림픽평의회(OCA) 위원(현) 2016년 2022베이징동계올림픽대회 국제올림픽위원회(IOC) 조정위원회 위원(현) 2016년 2018평창동계올림픽대회조직위원회 국제부위원장(현) 2016년 국제빙상경기연맹(ISU) 집행위원(현) [상]체육훈장 맹호장(2012)

김재영(金在榮) KIM Jae Young

[생]1956·9·2 [본]의성(義城) [출]경북 영주 [주]경북 김천시 혁신6로17 교통안전공단 철도항공교통안전본부(054-459-7014) [학]1976년 공군항공과학고졸 1995년 한국방송통신대 법학과졸 1998년 한국항공대 대학원졸 [경]2007년 부산지방항공청 안전운항국장 2008년 서울지방항공청 관제통신국장 2009년 국토해양부 항공정책실 항공관제과장 2011년 同운항정책과장(부이사관) 2013년 국토교통부 항공정책실 운항정책과장 2013년 서울지방항공청장 2014년 교통안전공단 철도항공본부장(상임이사) 2014년 同기획본부장(상임이사) 2016년 同자동차안전연구원장(상임이사) 2016년 同철도항공교통안전본부장(상임이사)(현) [상]건설교통부장관표창(2003), 국무총리표창(2005), 홍조근정훈장(2014) [종]기독교

김재영(金載英) Kim Jaeyoung

[생]1957·8·15 [출]광주 [주]광주 동구 준법로7의12 광주지방법원(062-239-1114) [학]1977년 광주제일고졸 1985년 서울대 법학과졸 [경]1986년 사법시험 합격(28회) 1989년 사법연수원 수료(18기) 1989년 광주지법 판사 1991년 同장흥지원 판사 1993년 同판사 1997년 同담양·곡성·화순군법원 판사 1998년 同판사 1999년 광주고법 판사 2002년 광주지법 판사 2004년 同장흥지원장 2006년 同부장판사 2008년 同가정지원장 2010년 전주지법 군산지원장 2012년 광주지법 부장판사 2014년 광주가정법원장 2016년 광주지법 부장판사(현) [종]천주교

김재영(金才英) KIM Jae Young

[생]1966·10·5 [출]전북 정읍 [주]경기 과천시 관문로47 방송통신위원회 운영지원과(02-2110-1350) [학]1985년 군산제일고졸 1990년 서울대 사회학과졸, 同행정대학원 수료 [경]행정고시 합격(34회), 국무총리실 행정쇄신위원회 위원, 서대문우체국 업무과장, 정보통신부 정보통신정책과·정책총괄과·총무과 근무 2001년 춘천우체국장 2003년 정보통신부 우정사업본부 경영기획실 재무관리과장 2005년 同우정사업본부 금융사업단 보험기획과장 2007년 同미래정보전략본부 정보통신인프라정책팀장(서기관) 2008년 방송통신위원회 이용자네트워크국 심결지원팀장 2009년 同방송통신융합정책실 평가분석과장 2009년 同디지털방송정책과장 2010년 同방송운영총괄과장 2011년 미래기획위원회 파견 2011년 방송통신위원회 규제개혁법무담당관(

부이사관) 2012년 同운영지원과장 2013년 대통령 홍보기획비서관실 파견(부이사관) 2014년 국방대 교육파견(고위공무원) 2015년 방송통신위원회 방송기반국장 2016년 정보통신정책연구원 파견(고용휴직)(현) [상]대통령표창(1999), 근정포장(2013) [종]기독교

김재영(金宰永) KIM Jae Young

[생]1968·2·7 [출]서울 [주]대전 유성구 대학로99 충남대학교 언론정보학과(042-821-6374) [학]1986년 서울 장훈고졸 1990년 성균관대 철학과졸 1994년 同대학원 신문방송학과졸 1996년 미국 아이오와대 대학원 신문방송학과졸 1999년 신문방송학박사(미국 서던일리노이대) [경]1999~2001년 MBC 전문연구원 2000~2003년 세종대 신문방송학과 전임강사·조교수 2002~2003년 한국방송학회 총무이사 2003년 충남대 언론정보학과 조교수·부교수·교수(현) 2012년 同신문방송사 주간 2014년 방송통신위원회 지역방송발전위원회 위원(현) [저]'Sorting Out Deregulation' '인터넷 시대의 새로운 정치환경과 언론: 제16대 총선에서 언론과 정치집단의 인터넷 활용 분석'(2000, 한국언론재단) '인터넷언론과 법'(2004, 한국언론재단) '사이버 생활양식에서 공공성 문제'(2005, 철학과 현실사) '현대 사회와 매스커뮤니케이션'(2006, 한울)

김재옥(金在玉·女) KIM Jai Ok

[생]1946·4·28 [출]서울 [주]경기 과천시 새술막길10의13 태양빌딩5층 한국기후환경네트워크(02-503-2284) [학]1965년 이화여고졸 1969년 이화여대 사회학과졸 1985년 同대학원 사회학과졸 [경]1983~2001년 소비자문제를연구하는시민의모임 사무총장 겸 상임이사 1985년 소비자보호단체협의회 이사 1991~1993년 정무제2장관 여성정책실무위원 1992년 국제농약행동망(PAN AP) 집행이사(현) 1994년 방송위원회 광고심의위원 1996~1999년 서울여대·이화여대·덕성여대 강사 1997년 KBS 시청자위원 1997년 쓰레기문제해결을위한시민운동협의회 공동대표, 자원순환사회연대 공동대표(현) 1998~2000년 환경부 민간환경단체정책협의회 의장 1999년 금융감독원 분쟁조정위원 1999년 언론중재위원회 위원 2000년 대통령자문 규제개혁위원회 위원 2001~2013년 (사)소비자시민모임 회장 2003~2007년 국제소비자기구(Consumer International) 이사 2003~2007년 UN 지속가능한발전위원회 NGO실행이사회 아시아지역 대표 2004년 한국디지털위성방송(주) 사외이사 2005~2007년 대통령소속 의료산업선진화위원회 위원 2006년 국제표준화기구(ISO) 소비자정책위원회 의장 2008·2010년 농업협동조합중앙회 사외이사 2008년 한국신문윤리위원회 위원 2008년 기후변화센터 공동대표(현) 2010년 한국소비자단체협의회 회장·이사 2010년 국립중앙의료원 비상임이사(현) 2010년 지식경제부 전기위원회 위원 2011~2014년 국제소비자기구(CI) 부회장 2013~2015년 (사)소비자시민모임 이사 2013년 한국기후환경네트워크 상임대표(현) 2013년 녹색성장경제위원회 위원(현) 2014~2015년 국민경제자문위원회 위원 2015년 (사)에너지컨슈머 회장(현) 2015년 소상공인시장진흥공단 비상임이사(현) 2015년 국제소비자기구(CI) 집행이사 겸 멘토(현) [상]여성동아대상(1993), 국민포장(1995), 국민훈장 목련장(2008) [저]'소비자를 위한 협동사회(共)'(1981) '협동조합론(共)'(1982) '소비자 운동(共)'(1987) '소비사회학(共)'(1997) '한국소비자 운동(共)'(2002) '환경호르몬이 뭔가요?(共)'(2004) '기후변화가 뭔가요?(共)'(2009) '석유시장(共)'(2013) '시장을 바꿔야 생명이 산다(共)'(2014) [역]'백악관의 소비자정책'(1986) '소비자교육'(1986) '지구자원과 환경(編)'(1997) [종]천주교

김재옥(金宰玉) Kim Jae Ok

[생]1963·9·24 [주]서울 서초구 마방로68 (주)동원F&B 사장실(02-589-3777) [학]금호고졸, 전남대 공법학과졸, 핀란드 헬싱키경제경영대학원 수료 [경](주)동원F&B CF사업부장, 同식품사업본부장(상무) 2013년 同식품사업부문장(부사장) 2014년 同제조본부장(부사장) 2015년 同총괄부사장 2015년 同대표이사 사장(현)

김재옥(金宰玉)

[생]1966·4·16 [출]경북 영덕 [주]서울 서초구 반포대로 158 서울중앙지방검찰청 공안1부(02-530-4306) [학]1985년 대구 오성고졸 1989년 고려대 법학과졸 [경]1994년 사법시험 합격(36회) 1997년 사법연수원 수료(26기) 1997년 광주지검 검사 1998년 창원지검 통영지청 검사 2000년 서울지검 검사 2004년 대구지검 검사 2006년 대검찰청 연구관 2008년 대구지검 서부지청 검사 2009년 서울서부지검 부부장검사 2009년 국가정보원 파견 2011년 창원지검 거창지청장 2012~2015년 대구지검 부부장검사(駐일본대사관 파견) 2015년 대검찰청 공안1과장 2016년 서울중앙지검 공안1부장(현)

김재완(金在浣) KIM Jaewan

[생]1958·7·27 [본]김해(金海) [출]부산 [주]서울 동대문구 회기로85 고등과학원 계산과학부(02-958-3779) [학]1985년 서울대 물리학과졸 1993년 이학박사(미국 휴스턴대) [경]1993년 미국 Texas Center for Superconductivity Post-Doc. 1994~2002년 Samsung Advanced Institute of Technology Principal Investigator 계산과학팀장 2000~2002년 Korea Advanced Institute of Science and Technology 연구부교수 2002년 고등과학원 계산과학부 교수(현) 2007년 同계산과학부 학부장 2009~2010년 同부원장 겸 원장 직대 2013년 同Open KIAS Center장(현) [저]'양자컴퓨터' [종]천주교

김재용(金在鏞) KIM Jae Yong

[생]1951·7·5 [본]김해(金海) [출]경북 안동 [주]서울 강남구 남부순환로3183 한국가스전문검사기관협회(02-3411-2967) [학]1970년 서울 휘문고졸 1976년 고려대 화학과졸 1986년 경희대 경영대학원 산업안전관리학과졸 2005년 한국방송통신대 경영학과졸 [경]1980년 한국가스안전공사 입사 1995년 同기술기준처장 1999년 同기획조정실장 2003년 同기술지도처장 2006년 同경기지역본부장 2006년 同기술안전이사 2009년 同가스안전교육원장 2010~2016년 대명IT 부사장 2015년 (사)한국가스전문검사기관협회 회장(현) [상]대통령표창(1999), 근정포장(2008)

김재우(金在祐) KIM Jay Woo (해주)

[생]1944·2·24 [본]안동(安東) [출]경남 마산 [주]서울 서초구 서초중앙로41 한국코치협회(02-563-8798) [학]1962년 경북사대부고졸 1967년 고려대 경영학과졸 1994년 서울대 행정대학원 국가정책과정 수료 1995년 한국과학기술원 최고정보경영자과정 수료 2002년 연세대 경제대학원졸 [경]1967년 삼성물산(주) 입사 1973년 同런던지점장 1975년 同중동지점장 1981년 同특수사업본부장(상무) 1981년 이라크 관민통상사절단장 1984년 삼성중공업(주) 건설중장비사업본부장(전무) 1989~1996년 삼성항공(주) KFP산업본부장(부사장) 1992년 삼성물산(주) 자원개발사업본부장 1997년 벽산건설(주) 대표이사 사장 1998~2005년 (주)벽산 대표이사 사장 1998년 대한상사중재원 이사 2003년 대한상사중재인협회 부회장 2005년 (주)벽산 부회장 2006~2008년 아주그룹 건자재사업부문 부회장 2009~2013년 김재우기업혁신연구소 소장 2010년 (사)한국코치협회 회장(현) 2010~2013년 방송문화진흥회 이사장 [상]산업포장(1981), 철탑산업훈장(2000), 고대경영인상(2002), 제9회기업혁신대회 최우수CEO상 대통령표창(2002), 디지털경영대상(2005), 국민훈장 동백장(2007) [저]'누가 그래 우리회사 망한다고!!'(2001) '거봐! 안 망한다고 했지!!'(2003) 'CEO 김재우의 30대 성공학(Think Big Act Fast)'(2006) '지금, 다시 시작할 수 있다'(2011, 비전과리더십) [종]기독교

김재우(金載雨) Kim Jae-woo

[생]1967·10·13 [본]김해(金海) [출]서울 [주]서울 서대문구 연세로50 연세대학교 의과대학 생화학분자생물학교실(02-2228-0837) [학]1986년 경성고졸 1992년 연세대 의대졸 1995년 同대학원졸 1998년 의학박사(연세대) [경]1992년 연세의료원 세브란스병원 인턴 1993~1998년 연세대 의대 생화학분자생물학교실 조교·강사 1998~2001년 국군서울지구병원 생화학과장 겸 연구실장 2001~2008년 연세대 의대 생화학-분자생물학교실 전임강사·조교수 2004~2006년 미국 Johns Hopkins Univ. School of Medicine 박사후과정 연구원 2008년 연세대 의대 생화학·분자생물학교실 부교수·교수(현) 2008~2010년 同의대 교무부장 2009~2014년 同WCU프로젝트 융합오믹스의생명과학과 부교수·교수 2010~2011년 연세의료원 의과학연구처 지원부처장 [상]연세대 의대 우수업적교수상(2009·2011·2014), 연세대 의대 올해의 교수상(2011) [종]천주교

김재우(金宰佑) KIM, Jae-woo

[생]1974·3·6 [본]광산(光山) [출]부산 [주]서울 종로구 사직로8길60 외교부 문화외교국 문화예술협력과(02-2100-7554) [학]1993년 해운대고졸 1998년 고려대 법학과졸 2004년 미국 조지타운대 대학원 법학과졸(LL.M.) [경]1997년 외무부 입부 1997년 同여권과 사무관 1998~2002년 軍 복무 2002~2003년 외교통상부 통상정보지원팀·조약과 사무관 2005년 同국제협약과·군축비확산과 서기관 2009년 駐네덜란드대사관·駐헤이그국제기구대표부 1등서기관 겸임 2012년 駐벨라루스대사관 참사관 2014년 외교부 국제법규과·중동2과 서기관 2015년 외교부 문화외교국 문화예술협력과장(현)

김재욱(金在旭) KIM Jae Wook (牧泉)

[생]1942 · 6 · 16 [본]경주(慶州) [출]서울 [주]서울 서대문구 연세로50 연세대학교 의과대학 산부인과학교실(02-2228-2230) [학]1960년 중앙고졸 1966년 연세대 의대졸 1974년 同대학원졸 1978년 싱가포르대 대학원 M.MD과정 수료 1979년 의학박사(연세대) 1997년 연세대 대학원 보건환경고위정책과정 수료 [경]1975~1988년 연세대 의대 전임강사 · 조교수 · 부교수 1979년 일본 동경암센터 방사선치료기 연수 1982년 미국 텍사스대 M.D. ANDERSON 암센터 연구원 1988~2007년 연세대 의대 산부인과학교실 교수 1992~1996년 세브란스병원 진료부원장 1996~2000년 同산부인과장 1998~2000년 대한비뇨부인과학학회 회장 · 골반재건학회 회장 1998년 대한산부인과내시경학회 회장 2000년 미국 부인암학술지 Gynecologic Oncology 편집위원 2000년 대한부인종양 · 콜포스코피학회 회장 2007년 연세대 의대 산부인과학교실 명예교수(현) 2007~2010년 관동대 명지병원장 2011~2013년 제일병원 원장 2012년 대한병원협회 학술이사 2012~2013년 대한산부인과학회 회장 [상]대한산부인과학회 학술상(1979), 연세학술상(1993), 일본 산부인과학회 국제학술부문 최고학술상(2005), 옥조근정훈장(2007) [저]'산과학, 부인과학' '부인종양학' [종]기독교

김재욱 KIM Jae Wook

[생]1963 · 9 · 23 [주]서울 성북구 안암로145 고려대학교 경영학과(02-3290-1941) [학]고려대 경영학과졸 1985년 同경영대학원졸 1987년 미국 Purdue대 대학원 경영학졸 1994년 경영학박사(미국 Illinois대) [경]고려대 경영학과 교수(현) 1997년 同경영대학원 유통전문경영자과정 주임교수 1997년 중소기업청 중소유통시책자문위원회 자문위원 1998년 보건복지부 의약품유통개혁기획단 위원 1998년 한국유통학회 이사 1999년 한국로지스틱스학회 상임이사 1999년 한국SCM민관합동추진위원회 위원 1999년 한국프랜차이즈협회 자문교수 2015년 고려대 입학처장(현) 2015년 대한제강(주) 사외이사(현)

김재웅(金載雄) KIM Jae Woong

[생]1957 · 5 · 15 [출]대구 [주]서울 영등포구 당산로122 우미빌딩 은사행정사사무소(02-2634-6777) [학]1976년 경북고졸 1980년 영남대 법학과졸 2000년 핀란드 헬싱키경영대학원졸(MBA) [경]1980년 한국외환은행 입행 1988년 同여의도지점 대리 1995년 同뉴욕지점 과장 1998년 同국외심사실 과장 겸 심사역 1999년 同감사실 검사역 2001년 同대구지점 부문장 2002년 同여신기획부 차장 겸 선임심사역 2004년 同신용기획부 팀장 겸 수석심사역 2005년 K.E.B.O.C. 파견 2008년 한국외환은행 글로벌상품개발부장 2010~2012년 同글로벌상품본부장 2012~2015년 외환펀드서비스(주) 감사 2015년 은사행정사사무소 대표(현) [상]은행연합회장표창(1992), 한국외환은행장표창(2005)

김재웅(金在雄) Jae-Woong Kim

[생]1958 · 7 · 25 [본]양근(楊根) [출]경기 화성 [주]서울 마포구 백범로35 서강대학교 국제인문학부(02-705-8941) [학]1980년 서울대 교육학과졸 1985년 同대학원 교육행정학과졸 1991년 교육행정학박사(미국 Univ. of Illinois at Urbana-Champaign) [경]1982~1994년 한국교육개발원 연구원 · 책임연구원 1994~1996년 교육개혁위원회 상임전문위원 1994~2001년 한국방송통신대 조교수 · 부교수 2001년 서강대 국제인문학부 교육문화학전공 부교수 · 교수(현), 同교육대학원 교육공학-교육행정융합전공 주임교수(현) 2006~2008년 한국열린교육학회 회장 2008년 서강대 교수학습센터 부소장 2010~2011년 한국교육정치학회 회장 [상]육군참모총장표창(1980), 국민포장(1996) [저]'유치원교육 공교육화'(1996) '열린교육 펼쳐지는 꿈'(1996) '정보교육'(1997) '교육개혁의 정치학'(1998) '평생교육행정(共)'(2003) '교육행정 및 학교경영의 이해(共)'(2007) '홈스쿨링의 정치학'(2010) [종]기독교

김재웅(金在雄) KIM Jai Woung

[생]1958 · 9 · 10 [출]경기 고양 [주]서울 종로구 종로5길86 서울지방국세청(02-397-2202) [학]송도고졸, 세무대학졸(1회) [경]1983년 8급 공채, 재정경제부 소득세제과 · 법인세제과 · 재산세제과 근무 1998년 서인천세무서 법인세과장 1999년 국세청 법인세과 근무 2001년 同원천세과 근무 2005년 同원천세과 서기관 2005년 同소득파악인프라추진단 파견 2007년 김해세무서장 2008년 국세공무원교육원 교수과장 2009년 국세청 부가가치세과장 2010년 同소득지원과장(부이사관) 2011년 同조사국 조사2과장 2011년 同차세대국세행정시스템추진단장 2012년 同전산정보관리관(고위공무원) 2014년 국세공무원교육원장 2014년 중부지 방국세청장 2015년 서울지방국세청장(현) [종]기독교

김재원(金載元) Jaewon, Kim

[생]1960 · 2 · 1 [본]김해(金海) [출]서울 [주]경북 김천시 혁신로269 한국전력기술(주) 플랜트본부(054-421-3007) [학]서울 인창고졸, 성균관대 토목공학과졸, 同대학원 토목공학과졸 [경]1985년 한국전력기술(주) 입사 2006년 同당진화력 7 · 8호기 건설설계기술용역 사업책임자 2010년 同모로코 JORF LASFAR석탄화력발전 설계기술용역 사업책임자 2011년 同터키 투판벨리석탄화력발전소 설계기술용역 사업책임자 2013년 同EPCM BG장 2014년 同플랜트사업개발처장 2014년 同플랜트본부장(전무이사/상임이사)(현) [상]대통령표창(2008) [종]기독교

김재원(金在源) KIM JAE WON

[생]1960 · 9 · 8 [출]충남 홍성 [주]전북 전주시 완산구 유연로180 전북지방경찰청 청장실(063-280-8113) [학]1979년 충남 홍주고졸 1987년 고려대 독어독문학과졸 [경]2005년 강원 양구경찰서장(총경) 2006년 충남 홍성경찰서장 2007년 서울지방경찰청 기동단 2기동대장 2008년 서울 도봉경찰서장 2010년 서울지방경찰청 홍보담당관 2010년 同교통지도부 교통관리과장 2010년 경찰청 대변인실 홍보담당관 2011년 同대변인(경무관) 2012년 강원지방경찰청 차장 2013년 인천지방경찰청 1부장 2014년 서울지방경찰청 기동본부장(경무관) 2015년 전북지방경찰청장(치안감)(현) [상]대통령표창(2000), 근정포장(2007), 홍조근정훈장(2015) [저]'공감의 힘'(2010, 행복을만드는세상) [종]불교

김재원(金載元) KIM JAI WON

[생]1961 · 1 · 15 [출]서울 [주]서울 중구 소공로51 우리은행 기관고객본부(02-2002-3000) [학]1978년 대구상고졸 1982년 서울대 경영학과졸 [경]1982년 상업은행 입행 2003년 우리은행 투자금융본부 수석부부장 2003년 同명동종금지점장 2005년 同삼일로지점장 2007년 同개인전략1팀부장 2008년 同인천국제공항지점장 2009년 同재무기획부장 2011년 同서대문영업본부장 2012년 同본점영업본부장 2014년 同자금시장사업단 상무 2015년 同기관고객본부장(집행부행장)(현)

김재원(金在元) KIM Jae Won

[생]1963 · 2 · 10 [출]경남 사천 [주]세종특별자치시 갈매로388 문화체육관광부 체육정책실(044-203-2803) [학]1981년 경남 진주고졸 1985년 서울대 법과대학 공법학과졸 [경]행정고시 합격(30회) 1992년 문화부 예술진흥국 · 문화산업국 행정사무관 1994년 문화체육부 문화정책국 문화정책과 행정사무관 1996년 同관광국 관광기획과 서기관 1996년 세계관광기구(WTO) 파견 1998년 문화관광부 기획예산담당관실 서기관 1999년 대통령비서실 행정관 2001년 문화관광부 문화산업국 게임음반과장 2002년 스페인 네브리하대 국외훈련 2004년 문화관광부 문화산업국 출판신문과장 2004년 同문화미디어국 문화미디어산업진흥과장 2005년 同장관 비서관 2006년 同정책홍보관리실 혁신인사기획관(부이사관) 2006년 국립현대미술관 기획운영단장 2007년 문화관광부 문화산업본부 문화미디어진흥단장 2008년 제17대 대통령직인수위원회 사회교육문화분과위원회 전문위원 2008년 문화체육관광부 콘텐츠정책관 2009년 同LA문화원장 2012년 同문화예술국 예술정책관 2013년 국립외교원 파견(국장급) 2013년 문화체육관광부 문화콘텐츠산업실 콘텐츠정책관 2014년 同해외문화홍보원장 2015년 同체육관광정책실장 2016년 同체육정책실장(고위공무원)(현) [상]대통령표창(1995), 홍조근정훈장(2015)

김재원(金載元) KIM Jae Weon

[생]1964 · 10 · 9 [본]김해(金海) [출]경기 양평 [주]서울 종로구 대학로103 서울대암병원 부인암센터 산부인과(02-2072-3199) [학]1982년 인천 선인고졸 1988년 서울대 의대졸 1997년 同대학원 의학석사 2001년 의학박사(서울대) [경]1988~1989년 서울대병원 인턴 1989~1990년 백령적십자병원 공중보건의 1990~1992년 한국건강관리협회 경기지부 공중보건의 1992~1998년 서울대병원 산부인과 전공의 · 전임의 1998~2001년 서울대 의대 산부인과학교실 전임강사 · 조교수 · 부교수 · 교수(현) 2001~2003년 미국 MD Anderson Cancer Center 연수 2002년 대한산부인과내시경학회 총무보 2004년 대한산부인과학회 간사 2004~2005년 대한의학레이저학회 보험이사 2004~2006년 대한부인종양콜포스코피학회 사무총장 2008년 벨기에 Leuven Hospital at Gasthuisberg 연수 2012년 독일 베를린 Charite Campus Virshow-Klinikum 연수 2016년 서울대병원 산부인과 과장(현) [상]대한부인종양콜포스코피학회 학술상(1999), 대한부인종양콜포스코피학회 최우수 포스터상(2001), 일본산부인과학회 56th JSOG IS Aaward(2004) [저]'산부인과학'(1999, 군자출판사) '가정의학'(2001, 서울대 출판부) '부인과 내시경학'(2003, 대한산부인과내시경학회)

김재원(金在原) Kim, Jae Won

[생]1964 · 12 · 20 [본]김녕(金寧) [출]경북 의성 [학]1983년 대구 심인고졸 1988년 서울대 공법학과졸 1990년 同행정대학원졸 [경]1987년 행정고시 합격(31회) 1988년 총무처 행정사무관 1988년 서울올림픽조직위원회 사무관 1989년 내무부(경북도) 사무관 1992년 국무총리실 행정사무관 1994년 사법시험 합격(36회) 1997년 사법연수원 수료(26기) 1997년 부산지검 검사 1999년 대구지검 포항지청 검사 2000년 서울지검 검사 2002년 변호사 개업 2004~2008년 제17대 국회의원(군위 · 의성 · 청송, 한나라당) 2005~2006년 한나라당 기획위원장 2007~2008년 同정보위원장 2007년 同박근혜대표 선거대책위원회 기획단장 · 대변인 2007~2013년 법무법인 한중 변호사 2008년 중국 베이징대 국제대학원 객원교수 2008년 불교방송 '김재원의 아침저널' 진행 2008년 (재)새정책연구소 소장 2009년 영남대 법학전문대학원 객원교수 2010년 중국 복단대학 한국연구센터 객원연구원 2010년 국회 의정활동강화자문위원회 위원 2011~2012년 한나라당 법률지원단장 2012~2016년 제19대 국회의원(군위 · 의성 · 청송, 새누리당) 2012년 국회 농림수산식품위원회 여당 간사 2012년 새누리당 제18대 대통령중앙선거대책위원회 국민행복추진위원회 총괄간사 2013년 대한컬링경기연맹 회장 2013년 국회 농림축산식품해양수산위원회 위원 2013년 새누리당 전략기획본부장 2013년 국회 국가정보원개혁특별위원회 간사 2014~2015년 새누리당 원내수석부대표 2014년 국회 운영위원회 여당 간사 2014년 국회 보건복지위원회 위원 2015년 대통령정무특별보좌관 2016년 대통령 정무수석비서관 [상]NGO 모니터단 선정 국정감사 우수의원(2004 · 2005 · 2006 · 2007), 민주신문사 21세기 한국인상 정치부문 [저]'라디오스타'(2011, 미래를소유한사람들) '진보 보수 마주보기'(2011, 미래를소유한사람들)

김재육(金在陸) Kim Jae Yuk

[생]1957 · 12 · 12 [주]서울 중구 퇴계로24 SK해운(주) 전략경영부문장실(02-3788-8324) [학]광주제일고졸, 한국해양대 항해학과졸 1987년 한국외국어대 대학원 해운경영학과졸 [경]SK해운(주) 싱가폴현지법인장, 同전략기획담당 임원, 同총괄임원, 同마케팅부문장(전무) 2013년 同전략경영부문장(부사장)(현)

김재윤(金載允) KIM Jae Yoon

[생]1935 · 4 · 20 [출]충남 [주]서울 서초구 서초대로52길 42 (주)한림제약 비서실(02-3489-6121) [학]선린상고졸 1963년 국제대 경제학과졸 [경]1973~1974년 한림약국 대표 1974~1980년 한림상사 대표 2003년 (주)한림제약 대표이사 회장(현), YTN 비상근이사 2008년 同대표이사 사장 직대 2011년 한국제약협동조합 이사 [상]산업포장, 제2회 자랑스런 선린기업인상(2004)

김재율(金在律) KIM Jae Yool

[생]1949 · 7 · 2 [출]전남 [주]광주 북구 용봉로77 전남대학교 자연과학대학 물리학과(062-530-3356) [학]1966년 전남 해남고졸 1970년 전남대 물리학과졸 1975년 同대학원 입자물리학과졸 1986년 이학박사(고려대) [경]1979~1991년 전남대 사범대 물리교육과 조교수 · 부교수 1984년 미국 페르미국립가속기연구소 공동연구원 1992~2014년 전남대 자연과학대학 물리학과 교수 1994년 미국 오하이오주립대 객원교수 1999년 한국물리학회 입자물리분과위원 2000년 전남대 학생처장 2002~2004년 同기초과학생물자원연구원장 2002년 同기초과학연구소장 2004년 중성미자(Neutrino)의 질량존재 입증 2006년 한국원자력안전기술원 광주방사능측정소장(현) 2014년 전남대 자연과학대학 물리학과 연구석좌교수(현) [상]일본물리학회 논문상(2003), 전남대 용봉학술상(2003), 광주시민학술대상(2006), 홍조근정훈장(2014) [저]'물리학'(1992) '일반물리학(1 · 2)'(1996)

김재율(金在律) KIM Jae Ryol

[생]1957 · 10 · 20 [주]서울 종로구 종로1길36 대림산업(주) 임원실(02-2011-7114) [학]서울 경동고졸 1980년 한양대 화학공학과졸 [경]1984년 (주)LG화학 입사 2003년 同중국 용싱(Yongxing)공장장(수석부장) 2005년 同중국 보하이(Bohai)법인장(상무) 2008년 同중국 용싱(Yongxing)법인장(상무) 2010년 同ABS/EP사업부장(전무) 2011년 同고문 2014년 대림산업(주) 석유화학사업부 각자대표이사 부사장 2016년 同석유화학사업부 각자대표이사 사장(현)

김재익(金在益) Kim Jae-ik

[생]1960 · 7 · 13 [본]김해(金海) [출]전북 남원 [주]인천 남동구 정각로29 인천광역시청 문화예술과(032-440-5036) [학]1979년 철도고졸 1987년 인천대 경영학과졸 2007년 인하대 대학원 국제통상학과졸 [경]2001년 인천시 부평구 갈산1동장 · 산곡1동장 2004년 同혁신분권담당관실 혁신지원팀장 2007년 同기업지원과 기업지원팀장 2008년 인천아시아경기대회조직위원회 문화행사팀장 2010년 인천시 자치행정과 자치행정팀장 2011년 同경제수도정책관실 창업지원팀장 2013년 同다문화정책과장 2013년 同서울사무소장 2014년 특별사법경찰과장 2016년 同문화예술과장(현)

김재일(金在一) KIM Jae Il

[생]1959 · 1 · 18 [주]충남 천안시 동남구 망향로201 단국대학교병원 신경과(041-550-3988) [학]1984년 서울대 의대졸 1992년 同대학원 의학석사 1998년 의학박사(서울대) [경]1987~1988년 서울대병원 인턴 1988~1991년 同신경과 레지던트 1991~1993년 경상대 의대 전임강사 · 조교수 1994~2002년 단국대병원 신경과장 1994~2002년 단국대 의대 신경과학교실 조교수 · 부교수 1996년 대한평형의학회 이사 2002년 단국대 의대 신경과학교실 교수(현) 2009년 대한평형의학회 회장 2009년 단국대병원 뇌졸중클리닉 소장(현) 2013년 同부원장 2014~2016년 同진료부원장 2013년 단국대 일반대학원 운동의학과 교수 겸임(현) 2016년 同의과대학장(현) [저]'신경과학'(1998) '어지러움'(1999) '신경과학'(2005) '임상평의학'(2005)

김재일(金載一) Kim Jae Il

[생]1959 · 10 · 23 [본]김해(金海) [출]부산 [주]광주 북구 첨단과기로123 광주과학기술원 생명과학부(062-715-2494) [학]1985년 부산대 화학과졸 1987년 同대학원 생화학과졸 1992년 생화학 및 구조생물학박사(일본 도쿄대) [경]1986~1988년 럭키중앙연구소 연구원 1993~1997년 일본 미쯔비시생명과학연구소 Research Associate 1997~1998년 일본 東京대 약학부 문부교관조수 1998~2015년 광주과학기술원(GIST) 생명과학부 조교수 · 부교수 · 교수 2005년 '우리 몸의 세포에서 외부의 자극을 감지하는 센서의 위치가 세포막 바깥쪽에 있다는 사실'을 규명하여 영국의 과학저널 '네이처'에 연구논문 게재 2015년 광주과학기술원(GIST) 특훈교수(현)

김재정(金載晶) Kim Jaejeong

[생]1963 · 11 · 2 [출]서울 [주]세종특별자치시 한누리대로402 정부세종청사701호 중앙토지수용위원회 상임위원실(044-201-5301) [학]1982년 홍익대사대부고졸 1986년 서울대 사법학과졸 1990년 同대학원 경영학과졸 1995년 미국 위스콘신대 대학원 경영학과졸 [경]2002년 건설교통부 주택도시국 국토체계개편팀장(서기관) 2002년 同기획관리실 법무담당관 2004년 同신행정수도건설실무지원단 지원과장 2005년 同혁신팀장 2006년 同국토균형발전본부 국토정책팀장 2006년 同국토균형발전본부 국토정책팀장(부이사관) 2007년 대통령비서실 파견 2008년 국토해양부 대변인 2008년 同국민임대주택건설기획단장(국장급) 2009년 대통령직속 녹색성장위원회 녹색성장기획단 녹색생활지속발전팀장(고위공무원) 2010년 국토해양부 주택토지실 토지정책관 2012년 국립외교원 파견(고위공무원) 2013년 국토교통부 도시정책관 2013년 同주택정책관 2016년 同건설정책국장 2016년 同중앙토지수용위원회 상임위원(현) [상]근정포장(2004), 홍조근정훈장(2014) [저]'주택저당증권(MBS)의 이해'(2004, 보성각)

김재준(金在俊) KIM Jae Jun

[생]1960 · 5 · 20 [주]서울 강남구 일원로81 삼성서울병원 소화기내과(02-3410-3409) [학]1985년 서울대 의대졸 1994년 同대학원 의학석사 1999년 의학박사(서울대) [경]1985~1986년 서울대병원 인턴 1986~1989년 軍의관 1989~1994년 서울대병원 전공의 · 전임의 1994년 삼성서울병원 소화기내과 전문의(현) 1997~2007년 성균관대 의대 내과학교실 소화기내과분과 조교수 · 부교수 1999~2000년 미국 베일러의학대(Baylor College of Medicine) 연구원 2005~2012년 삼성서울병원 소화기내과장 2007년 성균관대 의대 소화기내과학교실 교수(현) 2007~2008년 대한Helicobacter 및 상부위장관연구학회 총무이사 2007~2009년 대한위암학회 부회장 2008년 대한Helicobacter 및 상부위장관연구학회 무임소이사 2014년 대한상부위장관 · 헬리코박터학회 회장(현) 2012년 삼성서울병원 건강의학센터장 2015년 대한소화기학회 평의원(현) 2016년 삼성서울병원 암병원 위암센터장(현)

김재준(金載準) Jae-Joon Kim

[생]1962·12·3 [출]충남 [주]서울 영등포구 여의나루로76 한국거래소 코스닥시장본부(02-3774-9501) [학]충남대 경영학과졸, 연세대 최고경영자과정 수료 [경]1987년 증권거래소 입사 2005년 한국증권선물거래소 유가증권시장본부 종합시황총괄팀장 2006년 同시장감시본부 시장감시부장 2007년 同시장감시본부 시장감시지원부장 2008년 同경영지원본부 임원부속실장 2008년 同비서실장 2009년 한국거래소 비서실장 2010년 同전략기획부장 2012년 同경영지원본부 본부장보 2013년 同파생상품시장본부 본부장보 2014년 同신사옥조성단장 2014년 同코스닥시장본부장(상임이사) 겸 코스닥시장위원장(현) [상]증권거래소 이사장표창(1990·1991·1996·2002·2005), 재정경제원장관표창(1997)

김재중(金宰中) KIM Jae Jung (白水)

[생]1960·4·11 [출]충북 청주 [주]충북 청주시 서원구 충대로1 충북대학교 법과대학 법학부(043-261-3585) [학]1979년 청주고졸 1984년 한양대 법학과졸 1989년 同대학원졸 2004년 법학박사(충북대) [경]1983년 사법시험 합격(25회) 1985년 사법연수원 수료(15기) 1989년 변호사 개업 2001년 청주지방변호사회 부회장 2003~2005년 同회장 2006년 충북대 법과대학 법학부 교수(현) 2013년 同법학전문대학원장 [저]'형벌제도 개선방안'(2008, 한국학술정보) '형설재판론'(2010, 진원사)

김재중(金載中) KIM Jae Joong

[생]1961·10·25 [출]서울 [주]충북 음성군 맹동면 용두로 54 한국소비자원 부원장실(043-880-5530) [학]1980년 서울 인창고졸 1985년 서울대 국제경제학과졸 1987년 同행정대학원 행정학과졸 [경]행정고시 합격(31회) 1998년 공정거래위원회 독점국 기업결합과 서기관 2005년 同정책국 국제협력과장 2007년 同심판관리관실 심결지원1팀장 2007년 同기업결합팀장 2008년 同경쟁정책국 시장분석과장 2008년 同카르텔정책과장 2009년 同운영지원과장(부이사관) 2009년 OECD 대한민국정책센터 경쟁정책본부장 2010년 국방대 파견 2011년 공정거래위원회 시장구조개선정책관(고위공무원) 2013년 同시장감시국장 2015년 同서울지방공정거래사무소장 2016년 한국소비자원 부원장(현)

김재진(金在晋) KIM Jae Jin

[생]1945·12·20 [본]풍산(豊山) [출]경북 안동 [주]서울 서초구 서초대로49길15 대산빌딩402호 김재진·박진철 법률사무소(02-533-8777) [학]1964년 서울 경동고졸 1969년 서울대 법대졸 [경]1970년 사법시험 합격(12회) 1972년 사법연수원 수료(2기) 1973년 서울형사지법 판사 1975년 서울민사지법 판사 1977년 청주지법 충주지원 판사 1979년 서울형사지법 판사 1982년 서울지법 남부지원 판사 1983년 서울고법 판사 1985년 대법원 재판연구관 1986년 부산지법 부장판사 1989년 수원지법 성남지원 부장판사 1990년 서울지법 동부지원 부장판사 1992년 서울민사지법 부장판사 1993년 대전고법 부장판사 1996년 서울고법 부장판사 2000년 同수석부장판사 2001년 울산지법원장 2003년 청주지법원장 2004~2005년 부산고법원장 2005년 변호사 개업(현) 2012~2014년 동양증권(주) 사외이사 [종]기독교

김재진(金栽鎭) Jae-Jin Kim

[생]1958·10·9 [본]함창(咸昌) [출]인천 [주]세종특별자치시 시청대로336 한국조세재정연구원 조세연구본부(044-414-2229) [학]1977년 환일고졸 1981년 서강대 경제학과졸 1992년 미국 Michigan State Univ. 대학원 경제학과졸 1996년 경제학박사(미국 Michigan State Univ.) [경]1983~1984년 (주)대한투자금융 사원 1992~2006년 Consortium on Development Studies Research Associate 1995년 미국 미시간주립대 Dean's Office Research Associate 1996~1997년 미국 미시간주립대 'VIP Program' Associate Director 1997~2000년 미국 미시간주정부 Jobs Commission Research Director 1997~2006년 미국 미시간주립대 VIPP in Korea Director 1997~2007년 미국 미시간주립대 Adjunct Professor 1997년 한국조세재정연구원 조세연구본부 선임연구위원(현) 1999~2001년 대통령비서실 삶의질향상기획단 재정·조세팀장 2002~2004년 국세청 기준경비율심의회 심의위원 2002~2003년 부패방지위원회 전문위원 2003년 제16대 대통령직인수위원회 경제1분과 자문위원 2003~2004년 대통령비서실 빈부격차·차별시정기획단 조세팀장 2003~2004년 국민건강보험발전위원회 보험재정전문위원 2003~2004년 대통령자문 빈부격차·차별시정위원회 조세팀장 2005년 행정자치부 정부혁신관리평가단 평가위원 2005·2006년 기획예산처 산하기관공동평가단 평가위원 2005~2007년 국민건강보험공단 자격징수자문위원 2006·2007~2008년 행정자치부 정부혁신관리평가단 평가위원 2006~2008년 국세청 고소득자영업자과세혁신추진단 자문위원 2007~2008년 대통령자문 양극화·민생대책위원회 사회통합전문위원 2008년 제17대 대통령직인수위원회 자문위원 2008년 미래기획위원회 미래비전작업총괄T/F 위원 2009~2016년 국회입법조사처 조사분석지원위원 2009~2010년 미국 Univ. of Southern California 교환교수 2011년 대통령소속 국가정보화전략위원회 T/F 위원 2011~2012년 경제사회발전노사정위원회 고용과사회안전망위원회 위원 2011~2013년 국세청 기준경비율심의위원 2013~2015년 한국조세재정연구원 조세연구본부장 2013~2015·2016년 대통령직속 저출산·고령사회정책운영위원회 지속발전분과위원(현) 2014~2016년 한국세무학회 부회장 2014~2015년 보건복지부 사회서비스발전포럼 민간위원 2014년 (사)한국조세연구포럼 부회장(현) 2015년 국세청 세무사자격심의위원회 위원(현) 2015년 코스닥협회 회계·세무 자문위원(현) 2016년 한국지방세학회 부회장(현) 2016년 사회보장제도 신설·변경협의회 위원장(현) [상]서강대총장표창(1981), 연대장표창(1981·1983), 미국 미시간주립대 'Global Young Scholars Grant'(1995), 대통령비서실장표창(2004), 기획재정부장관표창(2007), 대통령표창(2007), 국세청장표창(2013) [종]가톨릭

김재진(金載軫) KIM Jae Jin

[생]1961·10·28 [본]울산(蔚山) [출]서울 [주]서울 강남구 언주로211 강남세브란스병원 정신건강의학과(02-2019-3341) [학]1987년 서울대 의대졸 1991년 同대학원졸 2002년 의학박사(서울대) [경]1987~1988년 서울대병원 인턴 1988~1991년 同레지던트 1991~1994년 인곡자애병원 공중보건의 1994년 충북대병원 전문의 1994~1996년 충북대 의대 신경정신과학교실 전임강사·조교수 1997~1999년 미국 Univ. of Iowa 교환교수 2000~2002년 서울대 인간생명과학연구단 조교수 2002년 연세대 의과대학 정신과학교실 임상조교수·부교수·교수(현) 2004년 대한정신분열병학회 재무이사·기획이사·총무·부이사장, 대한조현병학회 부이사장(현) 2004년 대한뇌기능매핑학회 총무이사·재무이사·연구이사·기획이사 2008년 강남세브란스병원 정신건강의학과 전문의(현) 2010·2012·2014년 同정신건강의학과장 2014~2016년 同홍보실장 2016년 同부원장(현) [상]애보트 학술상(2002), 폴얀센 박사 정신분열병 연구학술상(2003), 중앙정신의학논문상(2005) [저]'신경심리평가'(1996) '임상신경인지기능 검사집'(1997) '뇌와 기억 그리고 신념의 형성'(2004) '뇌영상과 정신의 이해(共)'(2007, 중앙문화사) '의학적 상상력의 힘(共)'(2010, 21세기북스) '뇌를 경청하라'(2010, 21세기북스)

김재찬(金在燦) KIM Jae Chan

[생]1952·10·15 [출]전남 장흥 [주]서울 강동구 상일로10길36 세종텔레콤 감사실(1688-1000) [학]고려대 경영학과졸, 서강대 대학원 수료, 서울대 세계경제최고전략과정 수료 [경]1991년 증권감독원 검사3국 부국장 1994년 同홍보실장 직대 1995년 同기업등록국 부국장 1996년 同기업등록국장 1997년 同홍보실장·기업재무국장 1999년 금융감독원 감독국장 2000년 同자산운용감독국장 2000년 同은행검사3국장 2001년 同공시감독국장 2002년 同증권검사국장 2003년 同인력개발실 교수 2005년 코스닥상장법인협의회 상근부회장 2009~2011년 코스닥협회 상근부회장 2011~2012년 同상임고문 2011~2012년 (주)에스에너지 감사 2011년 법무법인 태평양 고문 2012~2015년 서일회계법인 고문 2014~2015년 온세텔레콤 상근감사 2015년 세종텔레콤 상근감사(현) [상]재정경제부장관표창, 제2회 헤럴드경제 상생코스닥대상 특별상(2011)

김재찬(金在燦) KIM Jae Chan

[생]1952·10·29 [본]안동(安東) [출]충북 괴산 [주]서울 동작구 흑석로102 중앙대학교병원 안과(02-6299-1665) [학]1968년 휘문고졸 1977년 중앙대 의대졸 1980년 同대학원졸 1986년 의학박사(중앙대) [경]1986~1996년 중앙대 의대 안과학교실 조교수·부교수 1991~1993년 미국 뉴욕 로체스터 의대·마이애미 Bascom-Palmer Eye Institute 교환교수 1996년 중앙대 의대 안과학교실 교수(현) 1985년 안과학회 정회원(현) 1998년 미국 ARVO(시발전연구회) Member(현) 1998년 뉴욕과학학회 회원(현) 2001~2011년 중앙대 용산병원 안과 과장 2001~2007년 同임상연구소장 2002년 미국 세계인명사전 'Marquis Who's Who'에 등재 2003~2005년 한국콘택트렌즈회 회장 2004~2006년 한국외안부질환회 회장 2007~2011년 미국 세계인명사전 'Marquis Who's Who' 의학부문 등재 2010년 영국 국제인명센터(IBC) '2010 세계100대 의학자'로 선정 2010년 ABI(American Biographical Institute) 세계인명사전 등재 2010년 EBS 명의 선정 2013년 대한민국의학한림원 정회원(현) [상]제1회 의학신문 주관 우수논문상 및 중앙대 우수연구 교수상(2005), 중앙대 개원기념일 우수연구자상(2009), 톱콘 안과학술상(2010) [저]'Bascom Palmer Atlas of Ophrualmology' '각막' '안과학' [역]'각막책 및 백내장교과서'(共) '양막교과서' [종]불교

김재창(金在昌) KIM Jae Chang

⊛1940 · 1 · 15 ⊛풍산(豊山) ⊛경북 봉화 ㈜서울 용산구 한강대로205 용산파크자이오피스텔 D동933호 한국국방안보포럼(02-2071-8766) ⊛1962년 육군사관학교졸(18기) 1966년 서울대 전자공학과졸 2002년 국제정치학박사(미국 플렛처대) ⊛합동참모본부 작전기획국장, 6군단장, 국방부 정책실장, 합동참모본부 제1차장 1993~1994년 한 · 미연합사령부 부사령관 겸 지상군구성군 사령관, 한국기독장교연합회 회장 1999~2002년 국방개혁위원회 위원장 2003년 한미안보연구회 회장(현) 2003~2011년 연세대 국제대학 겸임교수 2006년 한국안보포럼 공동대표 2007년 (사)한국국방안보포럼(KODEF) 공동대표(현) 2013년 국가안보자문단 국방 및 안보분야 자문위원(현) 2014년 대통령직속 통일준비위원회 외교안보분과위원회 민간위원(현) ⊛자랑스러운 육사인賞(2016) ⊛기독교

김재천(金在千) KIM Jae Cheon

⊛1952 · 7 · 14 ⊛김해(金海) ⊛대구 ㈜경기 성남시 분당구 판교로255 판교이노밸리 E동401호 코스맥스(주) 임원실(031-789-3201) ⊛경복고졸, 서울대 공업화학과졸 ⊛LG생활건강(주) 중국통합법인장, 同화장품사업부 인적판매부문장, 同화장품해외영업본부장, 同상무, 코카콜라음료(주) 코카콜라음료사업부장(상무) 2010~2012년 LG생활건강(주) CPO(전무) 2014년 코스맥스(주) 상근감사 2015년 同각자대표이사 사장(현) ⊛천주교

김재천(金在天) KIM Jae Chun

⊛1953 · 12 · 20 ⊛대구 ㈜부산 남구 문현금융로40 한국주택금융공사 사장실(051-663-8023) ⊛경북고졸 1977년 서울대 경제학과졸 1985년 경제학박사(미국 하와이대) ⊛1977년 한국은행 입행 1980년 同조사제1부 특수연구실 근무 1985년 同조사제1부 일반경제과 조사역 1987년 同조사제1부 통화금융1과 조사역 1992년 同조사제1부 통화금융과장 1997년 同총재보좌관 1998년 同정책기획부 부부장 1999년 同정책기획국 정책총괄팀장 2002년 同뉴욕사무소 근무 2004년 同금융시장국장 2004년 연합인포맥스 자문위원 2005년 한국은행 조사국장 2009~2012년 同부총재보 2012~2014년 한국주택금융공사 부사장 2012년 연세대 겸임교수 2014년 한국주택금융공사 사장(현)

김재철(金在哲) KIM Jae Chul

⊛1935 · 4 · 7 ⊛안동(安東) ⊛전남 강진 ㈜서울 서초구 마방로68 동원산업빌딩18층 동원그룹 회장실(02-589-3101) ⊛1954년 전남 강진농고졸 1958년 부산수산대 어로학과졸 1977년 고려대 경영대학 최고경영자과정 수료 1978년 서울대 경영대학 최고경영자과정 수료 1981년 미국 하버드대 최고경영자과정 수료 1987년 명예 수산학박사(부산수산대) 2001년 명예 경영학박사(고려대) 2001년 명예 경영학박사(한국외국어대) 2008년 명예 문학박사(조선대) ⊛1963년 동화선단 선장 1964년 고려원양어업 수산부장 1968년 同이사 1969년 동원산업(주) 설립 1979년 (재)동원육영재단 이사장(현) 1982~1996년 동원증권 사장 1985~1991년 한국수산회 초대회장 1989년 동원그룹 회장(현) 1990~1992년 한국원양어업협회 회장 1990~1994년 미국 하버드대 비즈니스스쿨(HBS) 한국동창회장 1991~1992년 서울청소년지도육성회 회장 1993~1998년 대통령자문기관 행정쇄신위원회 위원 1996년 중국 산둥성 웨이하이시 경제고문(현) 1997~2005년 하나은행 사외이사 1998~2000년 해양문화재단 이사장 1998~2010년 해양경찰청 발전자문위원회 초대위원장 1999~2000년 기업지배구조개선위원회 위원장 1999년 한일경제협의회 고문(현) 1999년 한국경영과학회 고문(현) 1999년 산학협력재단 이사(현) 1999~2006년 한국무역협회(KITA) 회장(23 · 24 · 25대) 1999~2006년 한국종합전시장(COEX) 회장 1999~2006년 대한상사중재원 이사장 1999~2005년 국민경제자문회의 자문위원 1999~2002년 한국학술진흥재단 이사 1999~2011년 (재)해상왕장보고기념사업회 이사장 2000~2006년 한미경제협의회(KUSEC) 회장 2000~2006년 세계무역센터협회(WTCA) 이사 2001~2002년 국민경제자문회의 부의장 2001~2003년 민족화해협력범국민협의회 후원회장 2001~2004년 예술의전당 이사 2003년 이화여대 경영대 겸임교수(현) 2003~2004년 동원금융지주(주) 회장 2004~2006년 고구려재단 이사 2004~2008년 고려중앙학원 이사 2005~2015년 (재)세종연구소 이사 2005년 부경대 명예총장(현) 2005~2015년 한국선진화포럼 이사 2005~2011년 광주과학기술원 이사장 2005~2010년 하나금융지주 사외이사 2006~2009년 한국무역협회(KITA) 명예회장 2006~2007년 2012여수세계박람회유치위원회 위원장 2008~2010년 해군발전자문위원회 초대위원장 2011년 駐韓뉴질랜드 명예영사(현) 2012년 경동대 명예총장 2012년 (사)세계해양포럼조직위원회 초대조직위원장(현) 2015년 (사)지식재산포럼 고문(현) 2016년 한국선진화포럼 고문(현) ⊛한국의 경영자상(1987, 한국능률협회), 금탑산업훈장(1991), 인촌상

(1995), 국민훈장 모란장(1998), 벨기에 국왕 훈장(2001), 한국전문경영인학회 한국CEO대상(2001), 제1회 자랑스러운 부경인상(2001), 한국경영학회 경영자대상(2002), 한국경영인협회 가장존경받는기업인상(2003), 한국언론인협회 자랑스런 한국인대상(2005), 아시아유럽학회 글로벌CEO대상(2005), 페루 대통령 기사공로훈장(2005), 칠레 산업최고훈장(2006), 21세기 경영인클럽 올해의 21세기 경영인대상(2006), 일본 욱일중광장(旭日中光章)(2007), 국민훈장 무궁화장(2008), 자랑스러운 고대인상(2008), ERNST&YOUNG 최우수기업가상 대상(2009), 한국경영사학회 창업대상(2009), 세네갈 국가공로훈장(2013), 고려대 크림슨어워드(2015) ⊛'거센 파도를 헤치고'(실업계高 2학년 국어교과서 수록 · 1975~1988) '남태평양에서'(初4학년 국어교과서 수록 · 1989~1996) '바다의 보고'(中2학년 국어교과서 수록 · 1996~2001) '지도를 거꾸로 보면 한국인의 미래가 보인다'(2000, 김영사) '지도를 거꾸로 보면 한국인의 미래가 보인다'(高독서, 한국지리교과서 수록 · 2007~2014) '바다의 보고'(中1학년 국어교과서 수록 · 2010~2012) '김재철 평전'(2016, 21세기북스/공병호著)

김재철(金載哲) KIM Jae Chul

⊛1955 · 7 · 12 ⊛전북 ㈜서울 동작구 상도로369 숭실대학교 공과대학 전기공학부(02-820-0647) ⊛1979년 숭실대 공과대학 전기공학과졸 1983년 서울대 대학원졸 1987년 공학박사(서울대) ⊛1983~1988년 경기개방대 · 숭실대 전기공학과 강사 1987~1988년 현대엔지니어링 위촉연구원 1988년 숭실대 공과대학 전기공학과 조교수 · 부교수 · 교수(현) 1995~1998년 同전기공학과장 1999년 기초전력연구원 전력계통실장 2001~2003년 기초전략공학공동연구소 교육기획팀장 2002~2003년 한국조명전기설비학회 사업이사 2002년 대한전기학회 재무이사 2002년 同보호제어연구회 기술이사 2002~2004년 전기위원회 소속 전력계통전문위원 2002~2003년 환경부 국립생물자원관 건립위원 2006년 숭실대 생산기술연구소장 2012~2013년 同공과대학장 2012~2015년 기초전력연구원 비상임감사 2014~2015년 (사)한국조명전기설비학회 회장 2014년 아남전자(주) 사외이사(현) 2015년 숭실대 자원부총장(현) ⊛한국조명설비학회 학술상(1995 · 2000), 대한전기학회 학술상(1999) · 논문상(2003), 한국과학기술단체총연합회 과학기술우수논문상(2000)

김재철(金載哲) KIM Jae Chul

⊛1957 · 8 · 19 ⊛김해(金海) ⊛부산 ㈜부산 남구 용소로68 한국교통방송 부산본부(051-610-5001) ⊛1976년 경남고졸 1982년 동아대 행정학과졸, 부산대 국제전문대학원졸 ⊛1999년 부산MBC 보도국 차장 2002년 同보도국 편집부 부장대우 2003년 同보도국 정경부장 2004년 同보도국 편집제작부장 2011년 同광고사업국장 2011년 同보도국 동부산취재단장, 同총괄본부장 2015년 한국교통방송(TBN) 부산교통방송 본부장(현) ⊛불교

김재철(金在哲) KIM Jae Cheol

⊛1960 · 5 · 17 ⊛경남 양산 ㈜울산 남구 중앙로206 농업협동조합중앙회 울산지역본부(052-226-4500) ⊛학성고졸, 부산대 경영학과졸, 한국외국어대 대학원 국제금융학과졸 ⊛1987년 농업협동조합중앙회 울주군지부 입사, 同중앙본부 신탁부 근무, 同상호금융자금부 근무, 同자금운용부 근무, 同울산지역본부 금융부본부장 2008년 NH투자증권 상품운용본부장(상무) 2012년 농협금융지주 시너지추진부장 2013년 同감사부장 2014년 NH농협은행 국제업무부장 2015년 농업협동조합중앙회 울산지역본부장(현)

김재철(金在哲) KIM Jae Chul

⊛1960 · 7 · 20 ⊛강원 ㈜경기 안산시 단원구 목내로119번길79 반월공단15블럭3호 (주)에스텍파마 임원실(031-494-3431) ⊛1978년 동북고졸 1983년 고려대 화학과졸 ⊛1996년 (주)에스텍파마 대표이사(현) 2010년 코스닥협회 이사 2012년 同부회장 2016년 同수석부회장(현) ⊛한국생산성본부 올해의 CEO상(2009), 은탑산업훈장(2012)

김재철(金在喆)

⊛1964 · 2 · 5 ⊛전남 장흥 ㈜서울 종로구 종로5길86 서울지방국세청 조사3국 조사3과(02-2114-4298) ⊛순천고졸 1986년 세무대학졸 ⊛1986년 세무공무원 임용(8급 특채) 1998년 서울지방국세청 조사1국 근무 2004년 국세청 감사관실 근무 2007년 서기관 승진 2011년 국세청 징세법무국 세원홍보과 근무 2014년 서기관 승진 2015년 전남 목포세무서장 2016년 서울지방국세청 조사3국 조사3과장(현)

김재철(金在喆) Kim, Jae Chul

[생]1965·9·5 [출]전남 구례 [주]경기 과천시 관문로47 방송통신위원회 이용자정책국 통신시장조사과(02-2110-1530) [학]1984년 숭일고졸 1991년 성균관대 신문방송학과졸 1994년 同대학원 언론홍보학과졸 2007년 언론학박사(성균관대) [경]1990~1991년 코래드 근무 1991~2002년 방송위원회 심의실 직원·홍보부 차장·감사실 차장·행정1부(지상파방송부) 차장·기금운영부 차장 2003년 同방송진흥국 진흥정책부장 2004년 同기획관리실 대외협력부장 2007년 同매체정책국 뉴미디어부장 2008년 방송통신위원회 방송운영과장(서기관) 2009년 同방송운영총괄과장 2010년 同기획조정실 국제협력담당관 2012년 同기획조정실 국제협력담당관(부이사관) 2012년 대통령직속 국가브랜드위원회 기업·IT국장 2013년 방송통신위원회 방송기반총괄과장 2013년 정보통신정책연구원(KISDI) 연구위원 2014년 방송통신위원회 방송정책국 미디어다양성정책과장 2015년 同이용자정책국 통신시장조사과장(현) [상]대통령표창(2012) [저]'한국의 방송산업 통계'(2008) '한국의 미디어 법제와 정책해설'(2014)

김재춘(金載春) Gim, Chaechun

[생]1963·9·12 [출]광주 [주]서울 서초구 바우뫼로1길35 한국교육개발원 원장실(02-3460-0200) [학]광주 서석고졸 1986년 서울대 사범대학 교육학과졸 1988년 同대학원 교육학과졸 1996년 교육학박사(미국 UCLA) [경]1996~1997년 한국교육개발원 연구원 1998~2000년 한국교육과정평가원 책임연구원 2000년 영남대 사범대학 교육학과 교수(현) 2008~2011년 세계교과서학회 아시아대표이사 2011~2012년 영남대 대학원 부원장 2013년 제18대 대통령직인수위원회 교육·과학분과 전문위원 2013~2015년 대통령 교육문화수석비서관실 교육비서관 2015년 교육부 차관 2016년 한국교육개발원 원장(현) 2016년 교육부 정책자문위원회 학교교육개혁분과 위원장(현) [저]'예비 현직교사를 위한 교육과정과 교육평가(제3판)(共)'(2005) '교실수업 개선을 위한 교수학습활동의 이론과 실제(共)'(2005) 'Caught in the Web or Lost in the Textbook?(共)'(2006) '교육과정'(2012, 교육과학사)

김재학(金載學) KIM Jae Hak

[생]1948·9·27 [출]서울 [주]경남 창원시 성산구 공단로 473번길57 하이젠모터(주) 비서실(070-7703-3000) [학]1966년 경기고졸 1970년 서울대 기계공학과졸 1973년 미국 MIT 대학원 기계공학과졸 1977년 공학박사(미국 캘리포니아대 버클리교) 1986년 미국 하버드대 경영전문대학원졸(MBA) [경]1971년 미국 MIT 연구조교 1974년 미국 캘리포니아대 연구조교 1977년 同연구원 1977년 한국중공업 입사 1980년 한국과학기술원(KAIST) 강사 1982년 한국중공업 기술부 본부장 1986년 同종합기획실장 1990년 同기술본부장 1992년 IBRD 중국·몽고에너지산업분야 기술고문 1995년 포스코건설 부사장(상임이사) 1997~1998년 서강대 국제대학원 산학협력교수 1999년 한국중공업 수석부사장 2001년 두산중공업(주) 대표이사 수석부사장 2001년 (주)효성 부사장 2001~2003년 아주대 경영대학원 겸임교수 2001~2014년 한국공학한림원 정회원 2002년 대한기계학회 부회장 2003년 (주)효성중공업 PG장 겸 전력PU장 2004년 (주)효성 대표이사 사장 2004~2007년 한국기계산업진흥회 부회장 2004~2007년 전기산업진흥회 부회장 2006~2007년 신재생에너지학회 부회장 2008년 하이젠모터(주) 대표이사 사장(현) 2009년 在한국하버드대경영대학원동문회 회장 2009년 한국기계산업진흥회 감사(현) 2009년 한국전기산업진흥회 감사(현) 2010년 모션컨트롤산업협의회 초대회장 2010년 국립합창단 이사장(현) 2010년 창원엔지니어클럽 회장 2014년 한국공학한림원 원로회원(현) 2014년 서울대공과대학총동문회 수석부회장 2015년 同회장(현) [종]기독교

김재현(金在炫) Kim Jae Hyun (曉堂)

[생]1957·8·10 [본]김해(金海) [출]경남 산청 [주]충남 공주시 공주대학로56 공주대학교 사범대학 화학교육과(041-850-8281) [학]1975년 진주고졸 1979년 서울대 사범대학 화학교육과졸 1981년 한국과학기술원 대학원 화학과졸 1989년 이학박사(한국과학기술원) [경]1981~1983년 과학기술부 사무관 1983~2011·2014년 공주대 사범대학 화학교육과 교수(현) 1993~1994년 미국 위스콘신주립대 교환교수 1995~1997년 멀티미디어학습타이틀연구회 회장 1995~1998년 정보통신부 초고속전문위원회 위원 1995~1998년 공주대 멀티미디어연구소장 1996~1998년 同과학교육연구소장 1998~2001년 同기획연구실장 2002~2003년 대한화학회 화학교육지 편집위원장 2004~2006년 교육인적자원부 교육과정심의위원 2005년 포럼글로컬 회장 2006~2010년 공주대 총장 2007~2008년 전국국공립대학교총장협의회 부회장 2008~2010년 한국대학교육협의회 감사 2008~2010년 호서지역총장협의회 회장 2008~2010년 서울대사범대학동창회 이사 2008~2010년 세계한인언론인연합회 자문위원 2009~2010년 한국대학교육협의회 대학평가인증위원회 위원 2009~2010년 KAIST총동문회 부회장, 국제교류협력단(KOICA) 자문위원 2010년 진주시 자문위원 2011~2014년 한국화학연구원 원장 [상]대한화학회 교육진보상(1989), 대한민국 과학콘텐츠대상 최우수상(2004), 서울대 사범대학동문회 '자랑스런 동문'(2006), KAIST 총동문회 '올해의 동문'(2007), 재외동포신문 선정 '2009년 올해의 인물'(2010) [저]'고등학교 고급화학(共)'(1997) '고등학교 화학실험(共)'(1997) '일반화학실험(共)'(1999) '가상현실과 과학교육(共)'(2001) '원격교육과 평가(共)'(2002) '포럼글로컬(共)'(2004) '화학교재 연구 및 지도(共)'(2004) 'ICT활용 과학교육(共)'(2005) [종]기독교

김재협(金在協) KIM Jai Hyup

[생]1954·7·28 [출]대구 [주]서울 강남구 테헤란로92길7 바른빌딩 법무법인 바른(02-3479-7540) [학]1974년 대구고졸 1982년 서울대 법학과졸 1984년 同대학원 법학과졸 2004년 법학(언론방송법)박사(프랑스 엑스마르세유대) [경]1983년 사법시험 합격(25회) 1986년 사법연수원 수료(15기) 1986년 대전지법 판사 1989년 同서산지원 판사 1990년 同천안지원 판사 1993년 수원지법 판사 1997년 서울고법 판사 1999년 대법원 재판연구관 2002년 수원지법 부장판사 2005년 서울중앙지법 부장판사 2006~2008년 서울서부지법 부장판사 2008년 법무법인 바른 변호사(현) 2014년 (사)한국언론법학회 회장

김재형(金在亨) KIM Jay Hyung

[생]1959·3·2 [출]대구 [주]세종특별자치시 남세종로 263 국개발연구원 공공투자관리센터(044-550-4153) [학]1983년 서울대 경제학과졸 1985년 同대학원 경제학과졸 1993년 경제학박사(미국 시카고대) [경]1994년 국토개발연구원 책임연구원 1994년 한국개발연구원(KDI) 전문연구원 1995~1996년 UN 컨설턴트 1996년 한국개발연구원(KDI) 부연구위원 1996~1997년 재정경제부 국민경제교육 전문위원 1998년 건설교통부 공공사업효율화추진단 전문위원 2000년 한국개발연구원(KDI) 연구위원 2000~2003년 同공공투자관리센터 소장 2003~2005년 세계은행 선임이코노미스트 2005년 한국개발연구원(KDI) 민간투자지원실장 2005년 同선임연구위원 2006~2012년 同공공투자관리센터 소장 2007년 교육부 자문위원 2007년 감사원 자문위원 2008년 한국재정학회 이사 2009년 국방부 민간자원활용위원회 위원 2010년 UN 유럽경제위원회 자문위원 2012년 한국개발연구원(KDI) 공공투자관리센터 선임연구위원(World Bank 파견)(현) [상]동탑산업훈장(2015) [종]기독교

김재형(金在亨) KIM Jae Hyoung

[생]1960·8·14 [주]경기 성남시 분당구 구미로173번길 82 분당서울대병원 영상의학과(031-787-7602) [학]1979년 한영고졸 1985년 서울대 의대졸 1990년 同대학원 의학과졸 1996년 의학박사(서울대) [경]1986~1989년 서울대병원 방사선과 레지던트 1989년 부천세종병원 방사선과장 1989~2003년 경상대 의대 방사선과학교실 전임강사·조교수·부교수·교수 1993~1994년 미국 듀크대학병원 장기연수 2003년 서울대 의대 방사선과학교실 부교수 2005년 同의대 영상의학교실 교수(현), 분당서울대병원 진단방사선과장, 同영상의학과장 [상]대한방사선의학회 최우수학술상(1997), AOCNHNR annual meeting Second Prize of Bracco Award(1999)

김재형(金載亨) KIM Jae Hyung

[생]1965·1·23 [출]전북 임실 [주]서울 서초구 서초대로 219 대법원(02-3480-1100) [학]1983년 명지고졸 1987년 서울대 법학과졸 1991년 同대학원 법학과졸 1997년 법학박사(서울대) [경]1986년 사법시험 합격(28회) 1989년 사법연수원 수료(18기) 1989~1992년 공군 법무관 1992년 서울지법 서부지원 판사 1994년 서울민사지법 판사 1995년 서울지법 판사 1995~2006년 서울대 법과대학 전임강사·조교수·부교수 1999년 독일 뮌헨대 객원교수 2003~2004년 미국 컬럼비아대 로스쿨 Visiting Scholar 2003년 금융감독원 금융분쟁조정위원 2006~2016년 서울대 법과대학 교수·법학전문대학원 교수 2008년 전자거래분쟁조정위원 2008년 법무부 '동산, 채권 등의 담보에 관한 법률' 제정위원 2009~2014년 同민법개정위원 2011년 同'채무자 회생 및 파산에 관한 법률' 개정위원 2010년 한국법학원 저스티스 편집위원장 2012년 의료분쟁조정위원 2015년 법무부 법무자문위원회 위원 2016년 대법원 대법관(현) [상]철우언론법상(2005), 한국법학원 논문상(2007), 홍조근정훈장(2011)

[저]'민법주해(共)'(1997) '광고와 저작권 : 외국의 법과 제도(共)'(1997) '근저당권연구'(2000) '금융거래법강의2(共)'(2001) '기업회생을 위한 제도개선방향'(2001) '민법론1'(2004) '민법론2'(2004) '도산법강의(共)'(2005) '통합도산법(共·編)'(2006) '한국법과 세계화(共)'(2006) '민법론3'(2007) '계약법(共)'(2010) '민법론4'(2011) '주석민법 : 저당권(共)'(2011) '언론과 인격권'(2012) '판례소법전(共·編)'(2012) '민법총칙(共)'(2013) '채무불이행과 부당이득의 최근 동향(共·編)'(2013) '물권법(共)'(2014) '민법론5'(2015) '민법판례분석'(2015) '판례민법전(編)'(2016) [역]'유럽계약법원칙 제1·2부'(2013)

김재형(金栽亨)

[생]1969·4·29 [출]충북 청원 [주]서울 서초구 서초중앙로157 서울고등법원(02-530-1114) [학]1986년 대전 대성고졸 1991년 고려대 법학과졸 1994년 同대학원졸 [경]1995년 사법시험 합격(37회) 1998년 사법연수원 수료(27기) 1998년 軍법무관 2001년 서울지법 북부지원 판사 2003년 서울지법 판사 2005년 부산지법 판사 2008년 의정부지법 판사 2009년 서울고법 판사 2011년 대법원 재판연구관 2013년 청주지법 부장판사 2014년 서울고법 판사(현)

김재호(金在鎬) KIM Jae Ho (藕堂)

[생]1930·4·20 [본]김해(金海) [출]전남 광양 [주]전남 광양시 제철로1655의251 (주)남양항운 회장실(061-791-4715) [학]1950년 순천중졸 1955년 서울대 법대 행정학과졸 1961년 同행정대학원졸 1970년 일본 東京大 대학원 수료 1975년 미국 미주리대 대학원 수료 [경]1960년 원자력원장 비서관 1962~1966년 여천군수·장성군수·강진군수 1966년 전남도 산업국 양정과장 1968년 駐일본 수산관 1970년 전남도지방공무원교육원 원장 1971년 여수시장 1973년 헌법위원회 사무국 행정과장·실장 1981년 제11대 국회의원(여수·광양·여천, 민주정의당) 1983년 민주정의당(민정당) 의식개혁추진본부 부본부장 1985년 同중앙집행위원 1985년 제12대 국회의원(여수·광양·여천, 민정당) 1985년 한·일의원연맹 부간사장 1987년 민정당 중앙위원회 부의장·지자제특위 위원장 1989년 (주)건영 비상임고문 1991~1993년 건영통상 사장, 가락김씨중앙종친회 부회장 1993년 (사)한·일친선협회 이사 1995년 (주)남양항운 회장(현) 2003년 대한민국헌정회 이사 2006년 이스라엘법인 세계기독신도연맹 총재 2008년 대한민국건국기념사업회 수석부회장·상임고문 2009년 대한민국헌정회 고문(현), 한국·이스라엘친선회 회장(현), 이스라엘법인 세계기독신도연맹 이사장(현) 2011년 광양시 홍보대사 2011년 여수세계박람회 홍보대사 2014년 (사)한·일친선협회중앙회 수석부회장 2015년 同이사장(현) [상]홍조근정훈장, 미국 국제학사원 세계평화상(2003), 링컨평화상 [종]기독교

김재호(金在浩) KIM Jae Ho (鮮山)

[생]1936·12·26 [본]안동(安東) [출]서울 [주]서울 서초구 반포대로222 가톨릭대학교 의과대학(02-2258-7114) [학]1953년 강원 춘천사범학교졸 1957년 서울대 사범대학 생물학과졸 1960년 가톨릭 의대졸 1962년 同의과대학원졸 1967년 의학박사(가톨릭의대) [경]1963년 육군 군의관 1966~1978년 가톨릭대 의대 안과학교실 전임강사·조교수·부교수 1970년 미국 존스홉킨스대 안과 연구원 1975년 일본 東京大 객원교수 1978~2001년 가톨릭대 의대 안과학교실 교수 1980년 同강남성모병원 진료부장 겸 안과 과장 1986년 同강남성모병원장 1988년 안과학회 이사장 1988년 가톨릭대 의대 안과학교실 주임교수 1988~1994년 가톨릭중앙의료원 임상의학연구소장 1989년 인공수정체연구회 회장 1994~1999년 가톨릭대 대학원장 1994~2002년 가톨릭안과연구재단 설립·이사장 1995년 한국외안부연구회 회장 1996년 한국콘택트렌즈연구회 회장 1998~2001년 강남성모병원 안이비인후과센터 소장 2002년 가톨릭대 명예교수(현) 2002년 인제대 서울백병원 21세기안과병원장 2002년 선산안과연구재단 이사 2005~2010년 명동안과 원장 2010~2016년 명동성모안과 원장 [상]의사신문 의학본상, 국민훈장 동백장, 柳韓의학저작상, 국제안과학술대회(ICIMRK) APIIA 금메달, 제10차 한일안과학회 특별공로패, 자랑스런 카톨릭의대인상(2006), 태준안과 봉사상(2007), 미국백내장굴절수술학회(ASCRS) '명예 회원상'(Hornored Guest Awards)(2013), 미국백내장굴절수술학회(AS-CRS) '명예의 전당상'(2013) [저]'안과학'(1970, 수문사) '각막이식'(1975, RIMSK) '광학기기' '눈의 건강' '각막굴절수술의 역학적 이해'(共) '결막과 각막(編)'(1996) 'Refractive Surgery'(1997) 'RGP콘택트렌즈'(1998, 현문사) '각막'(1999, 일조각) '백내장'(2002, 일조각) 수필 '사랑의 흰 지팡이'(2002, 메디칼업저버) '안과현미수술학'(중국어판) [역]'안외상'(共) '임상안저아트라스' '자기폐쇄창 백내장수술' '안과-Current Diagnosis & Treatment' [종]천주교

김재호(金在浩) KIM Jae Ho

[생]1945·2·13 [본]청도(淸道) [출]평북 신의주 [주]경기 성남시 분당구 판교로697 (주)제이앤이 사장실(031-709-8500) [학]1963년 경복고졸 1969년 연세대 경영학과졸 1971년 서울대 경영대학원졸 [경]대한무역투자진흥공사 방콕 및 프랑크푸르트 무역관, (주)진도 전무이사, 同독일브레멘주정부 한국사무소대표, (주)금비 사외이사 1995년 (주)제이앤이 대표이사 사장(현) [상]자랑스런 기업인상(2001), 경기중소기업대상(2005) [종]기독교

김재호(金載鎬) KIM Jae Ho

[생]1955·6·14 [주]대전 유성구 대학로79 충남대학교 법과대학(042-821-5829) [학]1978년 충남대 법학과졸 1980년 同대학원 법학과졸 1989년 법학박사(충남대) [경]1978~1982년 충남대 법학과 조교 1982년 충남도·대전시공무원교육원 외래교수 1982~1990년 대전실업전문대학 법률과 전임강사·조교수·부교수 1992년 충남대 법대 조교수·부교수·교수(현) 1994~2000년 충남도 행정심판위원회 위원 1994~2005년 충남지방경찰청 국가대테러전문위원 1999~2003년 대전시 규제개혁위원회 위원 2000년 대전지법 법조윤리위원 2000~2004년 대전시교육청 행정심판위원 2002년 충남도 규제개혁위원회 위원 2003년 문화재청 문화재위원회·규제심사위원회 위원 2004년 재정경제부 국유재산관리정책자문위원 2004년 한국토지공법학회 부회장 2004~2005년 한국비교공법학회 부회장 2004~2005년 한국환경법학회 부회장 2005~2006년 한국공법학회 부회장 2005~2006년 충남대 법과대학장 2009~2011년 한국지방자치법학회 회장 2016년 同도서관장(현) [저]'현대생활과 법'(1999)

김재호(金在浩) KIM Jae Ho

[생]1957·3·23 [본]김해(金海) [출]부산 [주]부산 금정구 부산대학로63번길2 부산대학교 전자공학과(051-510-2450) [학]1976년 부산 동아고졸 1980년 부산대 전자공학과졸 1982년 한국과학기술원 대학원 산업전자공학과졸 1990년 공학박사(한국과학기술원) [경]1988~1992년 삼성전자 정보통신연구소 책임연구원 1991~2002년 부산대 전자공학과 조교수·부교수 1992~1993년 삼성전자(주) 정보통신연구소 자문교수 1995년 부산경남통신학회 이사 1996년 LG전자 자문교수 1996년 신호처리합동학술대회 학술위원장 1997년 同운영위원장 1997년 현대전자 자문교수 1998~2000년 (주)엠아이 연구소장 1998~2000년 벤처기업협회 부산지부장 1998년 부산시 문화예술진흥위원 1999년 부산대 창업지원단장 직대 1999~2001년 同창업지원단 정보통신창업보육센터장 2000~2006년 (주)엠아이 기술대표이사 2000~2002년 부산대 멀티미디어교육원장 2002년 同전자공학과 교수(현) 2002~2009년 한국방송공학회 부산경남지회장 2002년 동남네트워크 이사(현) 2006~2007년 부산대 BK21 영상·IT 산학공동사업단장 2006~2008년 同대학원 전자공학과장 2006~2008년 同전자전기통신공학부장 2006년 同컴퓨터및정보통신연구소 전자통신연구부장 2007년 同문화컨텐츠개발원장 2014년 국공립대학교교수연합 공교육복특별위원장(현) 2015년 부산대 대학평의회 의장 2015년 同교수회장 [상]대한전자공학회 공로상(1997), TI DSP디자인컨테스트 대학원부 은상(2000), 제2차 SoC 설계경진대회 입상(2006), 한국디자인학회 우수논문상(2009·2010), 한국멀티미디어학회 우수논문상(2010) [저]'모의시험기와 8051 마이크로프로세서'(1997) [종]기독교

김재호(金在浩) KIM Jae Ho

[생]1961·2·3 [본]김해(金海) [출]서울 [주]서울 중구 서소문로117 (주)KAL호텔네트워크 임원실(02-2656-7363) [학]관악고졸, 고려대 법학과졸, 미국 매사추세츠대 경영대학원졸(MBA) [경](주)대한항공 경영기획담당 상무, 同여객노선영업담당 상무, 同구주중동지역본부장(상무), 同경영전략본부장(전무) 2015년 (주)KAL호텔네트워크 대표이사(현) [종]가톨릭

김재호(金宰浩) KIM Jae Ho

[생]1962·2·21 [출]경북 청도 [주]서울 강남구 테헤란로92길7 법무법인(유) 바른(02-3479-7839) [학]1980년 서울 중앙고졸 1985년 서울대 법학과졸 [경]1984년 사법시험 합격(26회) 1987년 사법연수원 수료(16기) 1987~1989년 서울지법 북부지원 판사 1989~1991년 서울민사지법 판사 1991~1993년 춘천지법 강릉지원 판사 1993~1995년 서울지법 남부지원 판사 1995~1997년 서울지법 판사 1997~1998년 서울가정법원 판사 1998~2012년 법무법인(유) 바른 변호사 2003년 방송위원회 보도교양제2심의위원회 위원 2012~2014년 법무법인(유) 바른 대표변호사 2016년 同경영대표(변호사)(현) [종]기독교

김재호(金在晧)

[생]1963 · 2 · 24 [주]서울 서초구 서초대로74길14 삼성물산(주) Building사업부 빌딩PM본부(02-2145-2114) [학]대성고졸, 서울대 건축학과졸 [경]2010년 삼성물산(주) 건설부문 건축견적팀장 2011년 同건설부문 건축기술실장 2012년 同건설부문 빌딩엔지니어링본부장(상무) 2015년 同Building사업부 빌딩PM본부 러시아 Lakhta Center PM(전무) 2015년 同Building사업부 빌딩PM본부 말레이시아 KL 118 Tower PM(전무)(현)

김재호(金載昊) KIM Jae Ho

[생]1963 · 12 · 4 [출]서울 [주]강원 춘천시 공지로284 춘천지방법원(서울고법 춘천재판부)(033-259-9000) [학]1982년 경성고졸 1986년 서울대 법대졸 [경]1989년 사법시험 합격(31회) 1992년 사법연수원 수료(21기) 1992년 수원지법 판사 1994년 서울민사지법 판사 1996년 부산지법 동부지원 판사 1999년 서울지법 판사 2001년 同남부지원 판사 2003년 서울고법 판사 2005년 서울서부지법 판사 2007년 대전지법 서산지원장 2009년 의정부지법 고양지원 부장판사 2011년 서울동부지법 부장판사 2013년 서울중앙지법 부장판사 2015년 수원지법 평택지원장 2016년 서울고법 춘천재판부 부장판사(현)

김재호(金載昊) KIM Jae Ho

[생]1964 · 12 · 5 [본]울산(蔚山) [출]서울 [주]서울 종로구 청계천로1 동아일보 사장실(02-2020-0060) [학]1983년 서울 경복고졸 1988년 미국 보스턴대 경영학과졸 1990년 미국 테네시대 경영대학원졸 [경]1991~1993년 금성사 대리 1994년 일본 아사히신문 연수 1995년 동아일보 기획실 기자 1996년 同편집국 기자 1998년 同이사대우 1999년 同사장실장(상무) 2000년 同신문담당 전무 2001년 同경영담당 대표이사 전무 2006~2008년 同대표이사 부사장 겸 인쇄인 2006년 화정평화재단 이사(현) 2008년 동아일보 대표이사 사장 겸 발행인(현) 2009년 한국신문협회 부회장 2009~2011년 동아일보 방송설립추진위원회 공동위원장 2010~2014년 한국신문협회 회장 2010년 G20정상회의준비위원회 민간위원 2011~2014년 채널A 대표이사 회장 2012년 학교법인 고려중앙학원 이사장(현) 2013~2014년 한국언론진흥재단 비상임이사 2014년 채널A 대표이사 사장(현) 2014년 한국신문협회 이사(현) 2016년 同고문 겸임(현) [상]제2회 아름다운 마음상(2008)

김재호(金載浩) KIM Jae Ho

[생]1967 · 7 · 14 [출]전북 군산 [주]대구 달서구 장산남로40 대구지방검찰청 서부지청(053-570-4200) [학]1986년 이리고졸 1993년 고려대 법학과졸 [경]1997년 사법시험 합격(39회) 2000년 사법연수원 수료(29기) 2000년 부산지검 동부지청 검사 2002년 청주지검 제천지청 검사 2003년 서울지검 검사 2004년 서울중앙지검 검사 2006년 수원지검 여주지청 검사 2008년 서울남부지검 검사 2012년 전주지검 검사 2013년 同부부장검사 2013년 사법연수원 교수 2015년 대전지검 서산지청 부장검사 2016년 대구지검 서부지청 부장검사(현)

김재홍(金在洪) KIM Jae Hong

[생]1950 · 1 · 3 [본]개성(開城) [출]전북 익산 [주]경기 과천시 관문로47 방송통신위원회 부위원장실(02-2110-1220) [학]1967년 남성고졸 1976년 서울대 정치학과졸 1979년 同대학원졸 1987년 정치학박사(서울대) 1996년 미국 하버드대 니만펠로십 수료 [경]1978~1980년 동아일보 기자 1980년 신군부 강제해직 1982~1987년 서울대 대학신문사 편집국장 1983~1987년 同정치학과 강사 1988년 동아일보 기자(복직) 1993년 同정치부 차장 1998~2001년 同논설위원 1998~2001년 한국기자협회 기자상심사위원 1998년 국방부 정책자문위원 1998년 국정홍보처 정책자문 겸 평가위원 1999년 관훈클럽 운영위원 겸 계간 '관훈저널' 주간 2000년 국가보훈처 보훈문화상 심사위원 2000년 중앙인사위원회 인사정책자문위원 2001~2014년 경기대 정치전문대학원 교수, 同정치전문대학원장 2003년 오마이뉴스 논설주간 2003년 국가안보회의 정책자문위원 2003년 통일부 정책자문위원 2003년 대통령자문 정책기획위원 2003년 한국정치평론연구회 초대회장 2004년 열린우리당 공직후보자자격심사위원 2004~2008년 제17대 국회의원(비례대표, 열린우리당 · 대통합민주신당 · 통합민주당) 2004년 한국신문윤리위원회 위원 2004년 (사)한민족아리랑연합회 이사장 2004년 국회 정치커뮤니케이션연구회 회장(대표의원) 2004~2008년 의병장 이강년선생기념사업회 회장 2006년 국회 문화관광위원회 간사 겸 법안심사소위원장 2013년 민주당 대선평가위원회 간사위원 2014~2015년 방송통신위원회 상임위원(차관급) 2014년 同방송평가위원회 위원장(현) 2014년 同시청자권익보호위원회 위원장(현) 2014년 同방송콘텐츠상생협의체 의장(현) 2014년 한중방송콘텐츠정책라운드테이블 수석대표(현) 2015년 방송통신위원회 부위원장(현) [상]관훈언론상(1993), 오마이뉴스 특별상(2012) [저]'이데올로기와 반이데올로기'(1982) '한국정당과 정치지도자론'(1992) '군부와 권력'(1993) '군1:정치장교와 폭탄주'(1994) '군2:핵개발 극비작전'(1994) '운명의 술 시바스'(1994) '대통령의 밤과 여자'(1994) '박정희의 유산'(1998) '우리시대의 정치와 언론'(2007) '누가 박정희를 용서했는가'(2012) '박정희의 후예들'(2012) '박정희 유전자'(2012) 등 [종]기독교

김재홍(金載弘) Jae-hong Kim

[생]1955·1·22 [본]김해(金海) [출]경남 진주 [주]서울 관악구 관악로1 서울대학교 수의과대학(02-880-1250) [학]1978년 서울대 수의과대학졸 1987년 同대학원졸 1992년 수의학박사(서울대) [경]1981~2006년 국립수의과학검역원 질병연구부장·방역과장·조류질병과장·조류바이러스성질병 연구실장 2007년 서울대 수의과대학 조류질병학전공 교수(현) 2008~2009년 한국가금학회 수석부회장 2009~2011년 同회장 2011~2014년 대한수의학회 이사장 2013~2015년 대한인수공통전염병학회 회장 2015년 서울대 수의과대학장(현) 2015년 2017세계수의사대회 조직위원회 위원장(현) 2016년 전국수의과대학협회 회장(현)

김재홍(金宰弘) KIM Jae Hong

[생]1958 · 5 · 23 [본]경주(慶州) [출]대구 [주]서울 서초구 헌릉로13 대한무역투자진흥공사 사장실(02-3460-7000) [학]1976년 서울 중앙고졸 1981년 한양대 행정학과졸 1984년 서울대 행정대학원 행정학과졸 1989년 미국 위스콘신대 대학원졸 2010년 행정학박사(한양대) [경]1982년 행정고등고시 합격(26회) 1983년 법제처 사무관 1987년 특허청 사무관 1990년 상공부 사무관 1994년 통상산업부 사무관 1995년 同서기관 1996년 同법무담당관 1997년 캐나다 경제연구소 파견 1999년 외국인투자지원센터 파견 2000년 산업자원부 산업기술국 산업기술개발과장 2002년 同자원정책실 에너지산업심의관실 석탄산업과장 2003년 同생활산업국 디지털전자산업과장 2004년 同균형발전정책담당 서기관 2005년 同부이사관 승진 2006년 국방대학교 파견 고위공무원 편입 2007년 국가균형발전위원회 파견 2008년 국무총리국무조정실 경제조정관실 산업심의관 2008년 지식경제부 투자정책관 2009년 同정책기획관 2010년 同신산업정책관 2011년 同성장동력실장 2013~2014년 산업통상자원부 제1차관 2014년 대한무역투자진흥공사(KOTRA) 사장(현) [상]대통령표창(1993), 녹조근정훈장(2003) [종]천주교

김재홍(金宰弘) KIM Jae Hong

[생]1958·12·6 [본]김해(金海) [출]전남 목포 [주]서울 성북구 안암로145 고려대학교 생명과학대학 생명과학부(02-3290-3452) [학]1977년 보성고졸 1981년 고려대 생명과학과졸 1983년 한국과학기술원 생물공학과졸 1991년 이학박사(미국 Rutgers대) [경]1994년 미국 하버드대 연구교수 1995~1999년 한림대 조교수 1999~2001년 광주과학기술원 생명과학과 부교수 2001년 고려대 생명과학대학 생명과학부 부교수·교수(현) [상]Schering-Plough Fellowship(1990), Smith-Kline Fellowship(1991), 고려대 생명과학부 최우수교수상 [종]기독교

김재홍(金宰弘) Kim Jae Hong

[생]1959 · 1 · 5 [본]광산(光山) [출]경남 통영 [주]울산 남구 대학로93 울산대학교 사회과학부 행정학전공(052-259-2413) [학]1983년 서울대 서양사학과졸 1985년 경상대 행정학과졸 1988년 미국 카네기멜론대 대학원 정책학과졸 1993년 정책및도시계획박사(미국 카네기멜론대) [경]1993~1994년 서울시정개발연구원 초빙책임연구원 1994~2003년 울산대 행정학과 조교수 · 부교수 1999~2001년 同기획처장 2002~2003년 영국 Univ. of Oxford 객원연구원 2003년 울산대 사회과학부 행정학전공 교수(현) 2004~2006년 울산지역환경기술개발센터 센터장 2008년 울산대 울산학연구소장 2010~2011년 서울대 객원연구원 2013~2015년 지역발전위원회 공공기관이전및도시환경전문위원 2014~2015년 울산대 사회과학대학장, 국가균형발전위원회 정책기획전문위원 2015년 한국지역학회 회장 2015년 국토교통부 중앙산업단지계획심의위원(현) [상]Charlse M. Tiebout Prize(1992), 한국학술원 우수학술도서(2003 · 2011), 국토연구우수논문상(2008), 대한국토도시계획학회 우수논문상(2014) [저]'통영지지연구'(2005) '울산의 시민의식과 생활양식'(2005) '주거입지선택, 주거이동 및 주택수요'(2005) '울산시민의 환경의식'(2005) '환경자원의 경제적 가치측정'(2006) '사회적 약자계층에 대한 실태분석 및 정책방안'(2011) 'Residential Location Choice: Models and Applications'(2012) '지역도시경제학'(2015)

김재홍(金載洪) KIM, JAE HONG

[생]1964·12·25 [본]경주(慶州) [출]경남 진양 [주]서울 종로구 율곡로2길25 연합뉴스 마케팅국 마케팅부(02-398-3114) [학]부산 브니엘고졸, 연세대 행정학과졸 1990년 同국제학대학원 행정학과졸 [경]1993년 연합뉴스 기자 2007~2010년 同워싱턴 특파원 2012년 연합뉴스 TV(뉴스Y) 보도국 경제부장 2014년 연합뉴스 편집국 소비자경제부 기자(부장급) 2015년 同마케팅국 마케팅부장(현) [저]'미국중앙은행 금리결정의 비밀'(2004, 휘즈프레스)

김재홍(金宰弘) KIM Jae Hong

[생]1975·7·19 [본]경주(慶州) [출]서울 [주]경북 경주시 태종로516 서라벌대학교 총장실(054-770-3533) [학]1994년 상문고졸 2001년 연세대 경제학과졸 2003년 미국 시카고대 국제관계학과졸(석사) 2006년 정치학박사(연세대) [경]국회의원 비서관(별정직 5급), 연세대 BK21 한반도평화거버넌스사업팀 박사과정 연구원, 서라벌대 국제관광경영과 겸임교수, 同경찰경호행정과 교수, 同경찰경호행정과장, 同평생교육원 팀장, 同기획처 대외협력팀장 2009년 同제13대 총장(현), 한국정치학회 정회원(현), 한국대학스포츠총장협의회 감사 2010년 학교법인 상문학원 감사 2011년 연세대 상경경영대학 동창회 부회장(현) 2012년 상문고총동문회 부회장, 경북도 말산업발전자문위원회 위원 [종]천주교

김재화(金在化) KIM Jae Hwa

[생]1954·7·7 [출]경북 상주 [주]서울 중구 남대문로81 롯데쇼핑(주) 정책본부 개선실(02-771-2500) [학]대구상고졸, 경기대 회계학과졸 [경]롯데제과(주) 기획실 부장, 同조사담당 상무 2005년 (주)롯데기공 지원본부장(상무) 2008년 롯데유통사업본부 본부장(상무) 2009년 同본부장(전무) 2010~2011년 (주)롯데로지스틱스(주) 대표이사 전무 2011년 롯데쇼핑(주) 정책본부 개선실장(전무) 2012년 同정책본부 개선실장(부사장) 2015년 同정책본부 개선실장(사장)(현)

김재환(金才煥) Jaehwan Kim

[생]1961·7·25 [본]풍천(豊川) [출]경기 파주 [주]인천 남구 인하로100 인하대학교 기계공학과(032-860-7326) [학]1980년 인천기계공고졸 1985년 인하대 공대 기계공학과졸 1987년 한국과학기술원 기계공학과졸(석사) 1995년 공학박사(미국 펜실베이니아주립대) [경]1987~1991년 (주)신도리코 기술연구소 주임연구원 1996년 인하대 공대 기계공학과 조교수·부교수·교수(현) 1998년 국제학술지 'Smart Materials and Structures' 편집위원·부편집인(현) 1999년 SPIE's International Conference on Smart Materials and Structures 학술대회 공동조직위원장(현) 2001~2002년 미국 NASA Langley연구소 초청과학자 2003~2012년 과학기술부 지정 EAPap Actuator 창의연구단장 2009년 인하대 인하펠로우교수(현) 2012년 국제학술지 'Smart Nano-systems in Engineering and Medicine' 부편집인(현) 2012년 국제학술지 'Int. J. Precision Engineering and Manufacturing' 편집인(현) 2012년 국제학술지 'Actuators' 편집위원(현) 2012년 한국과학기술한림원 정회원(현) 2014년 한국공학한림원 일반회원(현) 2015년 미래창조과학부·한국연구재단지정 미래복합재창의연구단 단장(현) [상]The 8th International Conference on Motion and Vibration Control(MOVIC) Award(2006), 한국과학재단 선정 대표적 우수연구성과 50선 인증(2006), 인하대 우수연구상(2007), 인천시 과학기술상 대상 과학부문(2008), 제22회 과학기술 우수논문상(2012), 한국정밀공학회 현송학술상(2013) [저]'나노소재(共)'(2006) 'Cellulose: Molecular and Structural Biology(共)'(2007) 'Graphene-Based Polymer Nanocomposites in Electronics(共)'(2015) 'Ionic Polymer Metal Composites (IPMCs): Smart Multi-Functional Materials and Artificial Muscles(共)'(2015) 'Smart Materials and Actuators : Recent Advances in Material Characterization and Applications(共)'(2016, Biopolymer Composites in Electronics) [역]'기계설계(共)'(2005) [종]기독교

김재환(金才煥) KIM Jae Hwan

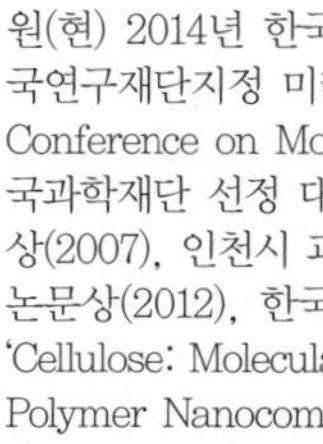

[생]1964·9·15 [출]충남 홍성 [주]서울 강남구 테헤란로92길7 법무법인(유) 바른(02-3479-2685) [학]1983년 공주대 사대부고졸 1987년 서울대 법학과졸 1989년 同대학원 법학과졸 2003년 同법과대학 전략적기업경영의법률과세무과정 수료 2009년 충남대 평화안보대학원 최고위과정 수료 2014년 서울대 공과대학 최고산업전략과정(AIP) 수료 [경]1990년 사법시험 합격(32회) 1990년 행정고시 합격(34회) 1993년 사법연수원 수료(22기) 1993년 인천지법 판사 1995년 서울가정법원 판사 1997년 청주지법 옥천군법원 판사·영동지원 판사 겸 옥천군법원 판사 2000년 대전지법 홍성지원 판사 2002년 서울지법 판사 2004년 서울고법 판사 2006년 대법원 재판연구관 2008년 대전지법 부장판사 2010~2012년 수원지법 부장판사 2011~2012년 언론중재위원회 위원 2012~2014년 서울북부지법 부장판사 2014년 법무법인(유) 바른 변호사(현)

김재환(金宰煥) Kim, Jae Hwan

[생]1968·11·29 [주]세종특별자치시 갈매로477 기획재정부 협력총괄과(044-215-8710) [학]1987년 경기고졸 1994년 연세대 경영학과졸 2009년 미국 아메리칸대 Law school졸(Master of Law) [경]1993년 행정고시 합격(37회) 1994~1995년 총무처 행정사무관 시보 1995~1997년 동울산세무서 총무과장·재산세과장 1997년 재정경제원 기획관리실 법무담당관실 사무관 2000년 재정경제부 금융정책국 증권제도과·보험제도과 사무관 2003년 同국고국 국고과 사무관 2004년 同기획관리실 혁신기획관실 혁신팀장·인사팀장 2006~2010년 World Bank Group(IBRD) 이사 보좌관(Ad-visor) 2010~2011년 대통령직속 G20정상회의준비위원회 개발협력과장 2011~2012년 IBRD Senior Economist 2012년 기획재정부 장기전략국 경쟁력전략과장 2013년 同미래사회정책국 사회정책과장 2014년 同국제금융협력국 국제통화협력과장 2015년 同국제금융협력국 거시협력과장 2016년 同국제금융협력국 협력총괄과장(부이사관)(현)

김재훈(金在燻) JAE HOON, KIM (益重)

[생]1953·9·3 [본]계림(鷄林) [출]경북 영천 [주]충남 천안시 동남구 단대로119 단국대학교 천안캠퍼스 링크사업단(041-550-1801) [학]1972년 영천고졸 1974년 한국방송통신대 행정학과졸 2000년 서강대 경영대학원 가톨릭경영자과정 수료 2005년 단국대 정책경영대학원 고위관리자과정 수료 [경]1976년 한화호텔 앤드 리조트 근무 1978~1994년 한화그룹 비서실 부장 1995년 한화케미칼(주) 이사 1999년 한화증권 이사 2000년 한화자산운용(주) 이사 2002년 同상무이사 2004년 학교법인 북일학원 사무국장 2011~2014년 (주)한화갤러리아 상무이사 2014년 단국대 링크사업단 교수(현) [종]천주교

김재훈(金載勳) KIM Jae Hoon

[생]1956·2·25 [본]김해(金海) [출]전북 고창 [주]서울 중구 남대문로63 한진빌딩 법무법인 광장(02-772-4440) [학]1975년 전주고졸 1980년 서울대 법학과졸 1992년 미국 코넬대 법과대학원졸 [경]1981년 사법시험 합격(23회) 1983년 사법연수원 수료(13기) 1983~1986년 육군 법무관 1986~2012년 법무법인 광장 변호사 1992년 미국 뉴욕주 변호사시험 합격 1993~2008년 사법연수원 강사 1993~2005년 국제특허연수원 강사 1994년 대한상사중재원 중재위원(현) 2001~2007년 문화관광부 법률고문 2006년 ICC Korea 국제중재위원회 위원(현), 서울대 법학전문대학원 겸임교수(현) 2011~2013년 법제처 법령해석심의위원회 위원 2012년 법무법인 광장 대표변호사(현) [종]기독교

김재훈(金在勳) KIM Jae Hoon

[생]1958·2·23 [출]울산 [주]울산 북구 매곡산업로21 (주)힘스 임원실(052-203-9027) [학]학성고졸, 울산대 기계공학과졸 [경]1983년 현대중공업(주) 입사, 同경영지원본부 조선구매부 부서장 2006년 同경영지원본부 구매담당 이사대우 2007년 同PEARL GTL현장지원총괄 상무 2013년 同경영지원본부 전무 2013~2014년 울산현대축구단 단장 2014년 현대중공업(주) 안전·경영지원본부 전무 2015년 同부사장 2015년 (주)힘스 대표이사 사장(현)

김재훈(金哉勳) KIM Jae Hoon

[생]1961·1·17 [본]김해(金海) [출]충남 논산 [주]서울 종로구 사직로8길60 외교부 인사운영팀(02-2100-7136) [학]1980년 대전고졸 1985년 서울대 경제학과졸 1989년 同행정대학원졸 2003년 미국 미주리대 대학원 경제학과졸 [경]1988년 행정고시 합격(32회), 기획예산처 행정사무관 1999년 중앙인사위원회 파견(서기관) 2000년 기획예산처 개혁기획팀 서기관 2004년 신행정수도건설추진지원단 파견(서기관) 2005년 기획예산처 사회재정1과장 2006년 同노동여성재정과장 2007년 同총괄기획팀장(부이사관) 2008년 미래기획위원회 미래기획단 파견(부이사관) 2009년 기획재정부 재정기획과장 2009~2011년 대통령 국정과제비서관실 행정관 2012~2014년 고용노동부 정책기획관(파견) 2014년 국회 예산결산특별위원회 파견 2015년 駐영국 공사참사관(현) [종]기독교

김재훈(金載勳) KIM Jae Hoon

[생]1969·6·15 [출]경북 성주 [주]서울 서초구 반포대로 158 서울고등검찰청(02-530-3114) [학]1988년 대구고졸 1993년 서울대 법학과졸 [경]1992년 사법시험 합격(34회) 1995년 사법연수원 수료(24기) 1998년 서울지검 검사 2000년 대구지검 상주지청 검사 2001년 대구지검 검사 2003년 同김천지청 검사 2004년 법무부 법무심의관실 검사 2006년 서울남부지검 검사 2007년 同부부장검사 2008년 국가경쟁력강화위원회 파견 2009년 대구지검 공판부장 2009년 同공안부장 2010년 대검찰청 범죄정보2담당관 2011년 서울중앙지검 공판2부장 2012년 同형사제7부장 2013년 수원지검 부부장검사 2013년 법무부 검찰제도개선T/F팀장 겸임 2013년 서울고검 검사 2014년 춘천지검 부장검사 2015년 서울고검 검사(국가정보원 파견)(현)

김재휴(金在烋) KIM Jae Hyu

[생]1953·10·19 [주]전남 화순군 화순읍 서양로330 화순노인전문병원 부속실(061-379-6114) [학]1978년 전남대 의대졸 1984년 同대학원 의학석사 1990년 의학박사(전북대) [경]1986년 남광병원 신경외과 과장 1988년 서울올림픽 의무감독관 1990~1991년 미국 텍사스주립대 신경외과 연구원 1993년 대한신경손상학회 상임이사·고문, 전남대 의과대학 신경외과학교실 교수(현) 2003년 대한의료감정학회 상임이사 2003~2004년 대한정위기능신경외과학회 회장 2010~2011년 호남간질학회 회장 2010~2011년 대한말초신경학회 회장 2008~2013년 제15차 WFNS 한국유치단 홍보위원회 부위원장 2011년 대한소아신경외과학회 특별이사 2012~2013년 대한신경외과학회 호남지회장 2015년 同화순노인전문병원장(현) [상]대한신경외과학회 이헌재 학술상(2000), 대한신경외과학회 이인수 학술상(2008) [저]'개체발달학(共)'(2009) '신경과학(I·II)(共)'(2009)

김재흥(金載興)

[생]1959·1·23 [주]경기 수원시 영통구 삼성로130 삼성SDI(주) 임원실(031-8061-5114) [학]대전고졸, 숭실대 전자공학과졸 [경]삼성전자(주) 시스템LSI사업부 생산기획팀장, 同시스템LSI사업부 글로벌운영팀장, 同시스템LSI사업부 영업3그룹장(상무), 삼성SDI(주) 전자재료사업부 구미사업장 공장장(전무), 同전자재료사업부 구미사업장 공장장(부사장) 2014년 同전자재료사업부 반도체소재사업팀장(부사장)(현)

김재희(金在熹) KIM Jaihie

[생]1953·9·1 [출]서울 [주]서울 서대문구 연세로50 연세대학교 공과대학 전기전자공학과(02-2123-2869) [학]1972년 경동고졸 1979년 연세대 전자공학과졸 1982년 미국 Case Western Reserve Univ. 대학원 전자공학과졸 1984년 공학박사(미국 Case Western Reserve Univ.) [경]1984년 연세대 공대 전기전자공학과 조교수·부교수·교수(현) 1986~1987년 IEEE Korea Section 및 Region 10 Conference Secretary 1991~1993년 대한전기학회 편집위원 1993~1998년 전문가시스템학회 이사·부회장 1996~1999년 한국공학기술학회 편집이사·국제이사 1998년 대한전자공학회 편집이사·재무이사·학술이사·부회장 1998년 삼성 휴먼테크 Computing Technology부 심사위원장 1998~1999년 연세대 전기전자전파공학과장 1998~2000년 同교수평의회 부의장 1998~1999년 국방부 정보정책자문위원 1999~2000년 한국통신학회 편집이사 2000~2002년 생체인식연구회 책임자 2000~2002년 연세대 정보통신처장 2001년 한국생체인식협의회 기술분과위원장 2001~2002년 전국정보전산원장협의회 상임이사 2002~2003년 산업자원부 응용S/W상임평가위원장 2002~2011년 과학기술부 및 한국과학재단 지정 생체인식연구센터 소장 2004년 대한전자공학회 부회장 2004년 한국공학한림원 정회원(현) 2006~2013년 한국인터넷진흥원 바이오인증위원회 위원장 2007년 한국바이오인식포럼 의장 2008년 대한전자공학회 회장 2009년 同명예회장(현) 2009~2012년 同포상위원회 위원장 2011년 연세대 생체인식연구센터 소장(현) 2012년 한국바이오인식협의회 명예회장 2013년 (주)제일모직 사외이사 2014년 삼성SDI(주) 사외이사(현) [종]기독교

김재희(金哉希·女) Jaehee Kim

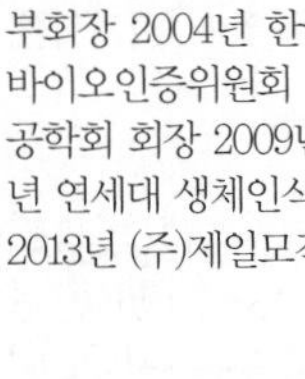

[생]1964·12·23 [출]서울 [주]서울 도봉구 삼양로144길33 덕성여자대학교 자연과학대학 정보통계학과(02-901-8334) [학]1983년 수도여고졸 1987년 서울대 계산통계학과졸 1989년 同대학원졸 1994년 통계학박사(미국 텍사스A&M대) [경]덕성여대 자연과학대학 정보통계학과 교수(현), 국가통계위원회 위원 2013~2014년 사회보장통계위원회 위원장 2013~2014년 사회보장실무위원회 위원 2016년 문화체육관광부 여론집중도조사위원회 위원(현) [상]국가연구개발 우수성과100선(2013) [저]'다변량 통계분석'(2005, 교우사)'(R을 이용한)통계 프로그래밍 기초'(2008, 자유아카데미) '다변량 통계분석'(2008, 교우사) '통계학의 제문제와 방법'(2011, 한국방송통신대 출판부) 'R을 이용한 회귀분석'(2012, 자유아카데미) 'R을 이용한 통계적 실험설계 및 분석'(2013, 자유아카데미) 'R을 이용한 생존분석 기초'(2016, 자유아카데미) [역]'R을 이용한 응용 다변량 분석 입문'(2014, 교우사) [종]천주교

김점준(金点俊) KIM Jeom Jun

[생]1965·1·14 [출]광주 [주]서울 중구 장충단로84 민주평화통일자문회의 사무처 통일정책자문국(02-2250-2289) [학]1984년 광덕고졸 1989년 전남대 행정학과졸, 同행정대학원 수료 [경]2003년 민주평통 사무처 혁신기획담당관 2005년 同사무처 운영기획팀장 2008년 同사무처 남부지역과장(부이사관) 2009년 同사무처 기획조정관(고위공무원) 2010년 同사무처 통일정책자문국장 2012년 同사무처 기획조정관 2016년 同사무처 통일정책자문국장(현)

김 정(金 正) KIM Jung

[생]1943·6·28 [본]언양(彦陽) [출]서울 [주]서울 중구 서소문로141 한화손해보험빌딩7층 한화그룹 비서실(02-316-7032) [학]1962년 경기고졸 1966년 서강대 경제학과졸 1971년 일본 조치대(上智大) 대학원 경제학과졸 1976년 경제학박사(일본 조치대) [경]1977년 국제경제연구원 수석연구원 1984년 산업연구원 수석연구원 1986년 골든벨재팬 대표이사 1989년 한화재팬 대표이사 1997년 駐일본 한국기업연합회장 1999~2005년 (주)한화유통(갤러리아백화점) 사장 2000~2005년 (주)동양백화점 대표이사 2000~2005년 한·이탈리아 민간경제협력위원회 위원장 2002~2004년 한국백화점협회 회장 2002~2013년 대한사격연맹 회장 2005~2007년 (주)한화유통 상근고문 2007년 (주)한화그룹 상근고문(현) 2009~2013년 대한체육회 이사 2013~2015년 대한사격연맹 회장 [상]대통령표창(1996), 일본정부 욱일중수장 수훈(2009) [저]'경영조직과 컴퓨터' [종]천주교

김 정(金 政) KIM Jeong

[생]1970·6·1 [주]서울 강남구 언주로721 서울본부세관 조사국(02-510-1114) [학]1989년 창원고졸 1995년 고려대 통계학과졸 2000년 서울대 행정대학원 수료 [경]2000년 행정고시 합격(44회) 2001년 부산세관 통관심사국 심사관, 同심사국 심사관, 관세청 혁신기획관실 행정사무관, 同기획조정관실 기획재정담당관실 행정사무관 2008년 同기획조정관실 기획재정담당관실 서기관 2008년 同기획조정관실 창의혁신담당관실 서기관 2009년 국무총리실 정책현장평가팀 파견 2010년 관세청 교역협력과장 2011년 駐중국대사관 파견 2014년 관세청 수출입물류과장 2014년 同대변인 2016년 서울본부세관 조사국장(현)

김정각(金廷珏) KIM Jeong Kag

[생]1969·4·25 [본]김녕(金寧) [출]충북 진천 [주]세종특별자치시 도움5로19 우정사업본부 보험사업단(044-200-8600) [학]1987년 청주고졸 1991년 서울대 경제학과졸 1994년 同대학원 경제학과 수료 2000년 한국방송통신대 법학과졸 2006년 미국 미시간주립대 경영대학원 금융학과졸 2007년 한국개발연구원(KDI) 국제정책대학원 정책학과졸 [경]1992년 행정고시 합격(36회) 2000년 금융감독위원회 은행감독과 사무관 2001년 同기획행정실 총무과 사무관 2003년 同감독정책2국 증권감독과 서기관 2007년 同자산운용감독과장 2007년 기획예산처 경영지원4팀장 2008년 대통령직속 국가경쟁력강화위원회 파견(서기관) 2009년 금융위원회 정책홍보팀장 2009년 대통령비서실 파견(부이사관) 2012년 금융위원회 자산운용과장 2013년 同산업금융과장 2014년 同행정인사과장 2015년 同중소서민금융정책관 2015년 미래창조과학부 우정사업본부 보험사업단장(현)

김정곤(金正坤) KIM Jung Gun

[생]1954·8·15 [본]김해(金海) [출]서울 [주]경기 화성시 삼성1로5길46 (주)기가레인 임원실(031-233-7325) [학]1973년 서울 경복고졸 1977년 성균관대 경영학과졸 1981년 미국 서던캘리포니아대 대학원 경영학과졸 [경]1975년 행정고시 합격(17회) 1976~1986년 조달청 외자국·동력자원부 근무 1986~1988년 동력자원부 행정관리담당관 1988~1991년 同자원개발국 국제협력과장 1991~1992년 同전력수급과장·원자력발전과장 1992년 同자원개발국 에너

지관리과장 1995년 대통령경제비서실 사무관 1995년 통상산업부 총무과장 1995~1997년 同비서관·감사관 1997년 同무역조사실장 1998~1999년 중앙공무원육원 파견 1999년 특허청 부이사관·정보자료관 1999~2000년 同관리국장 2000년 산업자원부 공보관 2000년 연우엔지니어링(주) 대표이사 사장 2000년 메카텍스(주) 대표이사 사장 2002년 (주)닷컴씨오케이알 각자 대표이사 사장 2004~2005년 (주)솔트론 각자대표이사 사장 2004년 아즈플러스홀딩스(주) 대표이사 사장, (주)한원텔레콤 사외이사 2005년 세안아이티(주) 대표이사 사장 2005~2007년 (주)유비프리시젼 대표이사 2007년 (주)기가레인 회장(현)

김정곤(金正坤) KIM Jung Gon

[생]1957·4·22 [본]김해(金海) [출]충남 [주]대전 대덕구 한남로70 한남대학교 외국어문학부 프랑스어문학전공(042-629-7345) [학]한남대 불어불문학과졸, 프랑스 리옹제2대 대학원 불문학과졸, 불문학박사(프랑스 리옹제2대) [경]1994년 한남대 강사 1995~2004년 同불어불문학과 조교수·부교수 2004~2015년 同문과대학 프랑스어문화학과 교수 2005~2008년 同인돈학술원장 2008~2012년 同기획조정처장 2010~2011년 전국대학기획처장협의회 회장, 대중서사학회 이사(현), 대학교육역량강화사업 관리위원, 대전시교육청 인사위원 2012~2013년 한남대 교양융복합대학장 2015년 同외국어문학부 프랑스어문학전공 교수(현) [저]'유럽문화와 예술'(2014) 외 다수 [역]'프랑스 사회와 문화'(2004) '호모아카데미쿠스'(2005) [종]기독교

김정곤(金廷坤) junggon Kim

[생]1957·10·31 [본]김해(金海) [출]서울 [주]서울 광진구 능동로120 건국대학교 건축대학 A동604호(02-450-3451) [학]1977년 서울 중앙고졸 1981년 서울대 건축공학과졸 1983년 同대학원졸 1986년 미국 펜실베이니아대 대학원졸 2005년 공학박사(서울대) [경]1986~1987년 Herbert Newman 건축사무소 근무 1987~1989년 Cesar Peli 건축사무소 근무 1989~1992년 Tai Soo Kim Partners 근무 1992~1997년 T.S.K. 건축사사무소 설계자문 1995년 건국대 건축대학 건축공학과 조교수·부교수·교수 2000년 同건축대학 교수(현) 2008~2010년 同건축전문대학원장 겸 건축대학장, 한국교육시설학회 부회장, 한국BIM학회 부회장 2011년 서울시 공공건축가(현) 2012~2014년 행정중심복합도시 디자인자문위원 2016년 대통령직속 국가건축정책위원회 위원(현) [상]서울오페라하우스 국제아이디어설계경기 최우수상(2005) [저]'건축학개론'(2003) [작]'국민생명 미래원' 'LG 대덕연구소'

김정곤(金正坤)

[생]1971·1·15 [주]경기 과천시 홍촌말로44 중앙선거관리위원회 행정국(02-523-6481) [학]서울시립대 행정학과졸, 서울대 행정대학원 행정학과졸 [경]행정고시 합격(41회) 1999년 중앙선거관리위원회 정치자금과 사무관 2005년 同지도과 서기관 2008년 同법무팀장 2009년 서울 구로구선거관리위원회 사무국장 2011년 중앙선거관리위원회 국제협력담당관 2013년 同국제선거부장(부이사관) 2014년 세계선거기관협의회(A-WEB) 사무국장 2015년 중앙선거관리위원회 홍보국장 2016년 同행정국장(현) [상]대통령표창(2012)

김정곤(金正坤)

[생]1972·11·24 [출]경북 포항 [주]인천 남구 경원대로881 인천가정법원(032-860-1006) [학]1991년 재현고졸 1995년 고려대 법학과졸 [경]1996년 사법시험 합격(38회) 1999년 사법연수원 수료(28기) 1999년 대한법률구조공단 근무 2002년 울산지법 판사 2005년 인천지법 판사 2007년 서울중앙지법 판사 2010년 서울고법 판사 2012년 서울가정법원 판사 2014년 대전지법 부장판사 2016년 인천가정법원 부장판사(현)

김정관(金正寬) KIM Jung Gwan

[생]1959·8·13 [출]부산 [주]서울 강남구 영동대로511 한국무역협회 부회장실(1566-5114) [학]1977년 경남고졸 1982년 서울대 경영학과졸 1984년 同대학원 경영학과졸(석사) 1987년 한국과학기술원 경영과학과졸(석사) 1993년 미국 일리노이대 대학원 경제학과졸(석사) 2012년 경제학박사(한국산업기술대) [경]1980년 행정고시 합격(24회) 1982~1995년 마산세무서 총무과장·동력자원부 차관비서관·국제협력과·정밀화학과·해외자원과·자원정책과·창업지원과 사무관 1995년 통상산업부 중소기업기술지원담당관실 서기관 1996년 OECD·IEA 파견 2000년 산업자원부 제도정비팀장 2000년 同수입과장 2001년 同전력산업구조개혁단 구조개혁팀장 2001년 同전기위원회 총괄정책과장 2003년 대통령직인수위원회 파견 2003년 산업자원부 자원정책과장(부이사관) 2005년 국가균형발전위원회 클러스터국장 2006년 산업자원부 지역산업균형발전기획관(일반직고위공무원) 2007년 同에너지자원개발본부장 2008년 지식경제부 에너지산업정책관 2009년 同에너지자원실장 2011년 同제2차관 2012~2015년 삼성생명보험(주) 사외이사 2014년 법무법인 태평양 고문 2014년 (주)LG상사 사외이사 2015년 한국무역협회 상근부회장(현)

김정구(金廷九) KHIM Zheong Goo

[생]1947·12·10 [본]광산(光山) [출]부산 [주]대전 유성구 유성대로1689번길70 기초과학연구원(IBS) 강상관계물질연구단(042-878-8114) [학]1971년 서울대 전기공학과졸 1973년 同대학원 물리학과졸 1978년 이학박사(미국 Notre Dame대) [경]1978년 미국 위스콘신대 연구원 1979년 미국 아이오와주립대 연구원 1980~2013년 서울대 자연과학대학 물리학과 조교수·부교수·교수 1985년 미국 아이오와주립대 방문교수 1987~1989년 서울대 반도체공동연구소 연구부장 1990년 同자연과학종합연구소 부소장 1990~2001년 한국과학재단 기초연구단장 2003년 한국물리학회 이사 2004~2008년 한국과학재단 이사 2007년~2008년 한국물리학회 회장 2008년 과학기술청년학회 부회장 2013년 기초과학연구원(IBS) 강상관계물질연구단(CCES) 자문교수(현) [상]옥조근정훈장(2013) [저]'대학기초 물리학'(1983)

김정권(金正權) Kim Jeong Kweon

[생]1960·1·12 [본]김해(金海) [출]경남 김해 [학]1979년 김해고졸 1994년 고려대 정책과학대학원 수료 2003년 인제대 국제경영통상학과졸 2005년 同경영대학원 경제통상학과졸 [경]1995·1998·2002~2004년 경남도의회 의원(한나라당) 1996년 김해YMCA 창립발기인·이사 1997년 낙동강살리기 경남대책본부장 2000~2002년 경남도의회 교육사회위원장 2002~2004년 同부의장 2004년 한나라당 경남도당 부위원장 2005년 제17대 국회의원(김해甲 보궐선거, 한나라당) 2006~2007년 한나라당 지방자치위원장 2008~2012년 제18대 국회의원(김해甲, 한나라당·새누리당) 2008~2009년 한나라당 공보담당 원내부대표 2010년 同중앙교육원장 2010년 국회 행정안전위원회 위원 2011년 한나라당 직능특별위원회 지역특별위원장(경남) 2011년 同사무총장 2011년 同조직강화특별위원장 2012년 제19대 국회의원선거 출마(김해甲, 새누리당) 2013~2014년 경남발전연구원 원장 2014년 경남 김해시장선거 출마(새누리당) [상]녹색의원상(1997), 여성디딤돌상(1998), 경남포럼 자랑스런 경남인상(2000), 바른사회시민회의 국정감사 우수의원(2006), 국감NGO모니터단 선정 국감우수의원(2008), 동료의원들이 뽑은 베스트 국감의원(2010) [저]'올곧은 공동체를 위하여' '희망을 노래한다' '김정권의 희망 이야기-처음처럼' '김정권의 희망 이야기-호루라기' '정치하기 참 잘했습니다'(2011, 블루프린트) [종]기독교

김정규(金楨圭) KIM Jung Kyu

[생]1946·1·1 [출]경남 창원 [주]충북 음성군 맹동면 원중로1390 한국가스안전공사 감사실(043-750-1000) [학]마산고졸 1972년 동아대 기계공학과졸 1977년 일본 慶應大 대학원졸 1980년 공학박사(일본 慶應大) [경]1980~1998년 한양대 기계공학부 조교수·부교수 1991년 일본 동경대 방문교수 1994~1996년 한국산업기술진흥협회 국산신기술인정심사위원 1995~1997년 과학기술처 국산신기술심사위원 1998~2011년 한양대 기계공학부 교수 2000년 대한기계학회 재료 및 파괴부문위원장 2002~2003년 同부회장 2005년 同회장 2007년 한국가스안전공사 비상임이사 2011년 한양대 명예교수(현) 2014년 한국가스안전공사 상임감사(현) [상]한국과학기술단체총연합회 과학기술우수논문상(1993), 대한기계학회 학술상(1997) [저]'재료역학(共)'(1996·1999) '기계재료'(1997) '기계재료학'(2005) [역]'재료역학' '파괴역학' [종]천주교

김정규(金正圭)

[생]1955·9·6 [출]경남 하동 [주]경남 사천시 삼상로85 사천교육지원청 교육장실(055-830-1501) [학]1974년 대아고졸 1978년 경상대 사범대학 수학교육과졸, 同교육대학원 교육철학과졸 [경]1978년 고성 하일중 교사 1987~1995년 전국교직원노동조합 진주지회 조직부장 1996~1999년 同진주지회장 1998년 합법교원노조 경남준비위원장 2000년 전국교직원노동조합 경남지부 국공립중등위원회 위원장, 진주 명신고 교사, 전국교직원노동조합 경남지부장, 경상남도교육연구정보원 교육연구부장 2016년 경남도교육청 사천교육지원청 교육장(현)

김정균(金政均) Jungkyun Kim

[생]1973·10·16 [본]상산(商山) [출]서울 [주]대전 서구 청사로189 특허청 산업재산정책국 산업재산활용과(042-481-5258) [학]1992년 남강고졸 1997년 서울대 인류학과졸 2013년 미국 인디애나대 행정대학원 정책학과졸 [경]1996년 행정고시합격(40회) 1998~2005년 특허청 사무관 2006~2009년 同서기관 2010~2014년 同청장 비서관·산업재산인력과장·정보관리과장 2015년 同산업재산정책국 산업재산활용과(현)

김정근(金正根) KIM Jeong Keun

[생]1957·2·7 [출]경북 문경 [주]경기 성남시 분당구 판교로332 SK가스(주) 임원실(02-6200-8114) [학]문경종고졸, 고려대 경영학과졸 [경]SK에너지 가스사업팀장, 同가스사업부장 2005년 SK가스(주) 영업본부장(상무), 同가스사업부문장(상무) 2010년 同가스사업부문장(전무) 2014년 同대표이사 사장(현)

김정근(金正根) KIM Jung Keun

[생]1960·2·20 [본]김녕(金寧) [출]강원 [주]경기 성남시 분당구 대왕판교로700 코리아바이오파크A동9층 (주)오스코텍 비서실(031-628-7666) [학]1984년 서울대 치의학과졸 1986년 同대학원 생화학과졸 1991년 치의학박사(서울대) [경]1984~1986년 서울대 조교 1989~2003년 단국대 치대 생화학교실 교수 1992~1994년 미국 하버드대 의대 교환교수 1995~1996년 한국생체재료연구소 소장 1995~1996년 국제원자력기구(IAEA) RCA Project National Coordinator 1998년 (주)오스코텍 대표이사(현) 2000~2012년 한국바이오협회 이사 [상]보건산업진흥원 벤처부문 산업대상(2006) [종]가톨릭

김정기(金正起) KIM Cheong Ki

[생]1944·1·18 [본]김해(金海) [출]대전 [주]전북 전주시 완산구 팔달로163 기업은행4층 (사)동학농민혁명기념사업회(063-232-1894) [학]1962년 대전고졸 1966년 서울대 무역학과졸 1971년 同사학과졸 1975년 同대학원졸 1996년 문학박사(서울대) [경]1976~1979년 서울대·청주대·청주여자사범대 강사 1979~1988년 청주사범대 국사교육과 교수 1981년 同도서관장 1983년 同호서문화연구소장 1988~2005년 서원대 역사교육과 교수 1992년 同교무처장 1995년 同도서관장 2000~2003년 同총장 2004~2006년 제주4·3연구소 이사장·이사 2004년 (사)동학농민혁명기념사업회 이사장 2005년 친일반민족행위진상규명위원회 비상임위원 2005년 제주교육대 총장 2006년 (사)동학농민혁명기념사업회 고문(현) 2008~2009년 제주대 부총장 2009년 서원대 총장 [저]'조선의 청국정책'(2000)

김정기(金正基) KIM Jung Ki

[생]1954·6·27 [출]대구 [주]서울 용산구 한강대로23길 55 현대산업개발 임원실(02-2008-9114) [학]휘문고졸, 연세대 토목공학과졸 [경]1978년 (주)현대건설 입사, 同토목환경사업본부 상무 2013년 현대엔지니어링(주) 인프라사업본부장(전무) 2015년 현대산업개발 인프라환경·플랜트사업본부장(부사장)(현) [상]행정자치부장관표창 [종]불교

김정기(金正基) KIM Jung Ki

[생]1955·3·19 [본]당악(唐岳) [출]전북 정읍 [주]서울 강남구 강남대로442 법무법인 대성(02-3453-0574) [학]1974년 전북 전주고졸 1979년 서울대 법대졸 1981년 同대학원 법학과 수료 [경]1982년 사법시험 합격(24회) 1984년 사법연수원 수료(14기) 1985년 육군 법무관 1988년 서울지검 동부지청 검사 1990년 춘천지검 강릉지청 검사 1992년 서울지검 검사 1994년 수원지검 검사 1996년 광주지검 부부장검사 1997년 서울고검 검사 1997년 전주지검 남원지청장 1998년 대검찰청 연구관 1999년 광주지검 특수부장 2000년 인천지검 형사4부장 2001년 同형사3부장 2002년 서울지검 남부지청 형사4부장 2003년 同남부지청 형사1부장 2004년 광주지검 순천지청 차장검사 2005년 서울고검 검사 2006년 서울서부지검 차장검사 2007년 서울고검 공판부장 2008년 同차장검사 2009년 제주지검장 2009년 대검찰청 마약조직범죄부장 2009~2016년 법무법인 다담 대표변호사 2014년 중앙선거관리위원회 위원(현) 2016년 법무법인 대성 변호사(현)

김정기(金鼎基) Kim, Jung Kee

[생]1955·9·30 [출]강원 강릉 [주]경기 안산시 상록구 한양대학로55 한양대학교 언론정보대학 신문방송학과(031-400-5415) [학]1979년 한양대 신문학과졸 1982년 同대학원졸 1986년 커뮤니케이션학석사(미국 뉴욕주립대 버펄로교) 1992년 커뮤니케이션학박사(미국 켄트주립대) [경]1987~1991년 미국 켄트주립대 연구조교·강의조교 1994년 한양대 언론정보대학 신문방송학과 전임강사·조교수·부교수·교수(현) 1994~1998년 同신문방송학과장 1997년 同언론광고정보학부장 1998~2000년 同안산캠퍼스 기획조정처 부처장 2005~2009년 同언론정보대학장 2005~2009년 同커뮤니케이션연구센터장 2006~2008년 언론중재위원 2006년 방송통신융합추진위원회 민간위원 2008~2009년 한국언론학회 회장 2009년 한국언론진흥재단 설립추진단장 2010년 SBS '김정기의 뉴스비평' 진행 2010년 한국언론진흥재단 신문위기극복대토론회 위원장 2010~2011년 미국 웨스트버지니아대 커뮤니케이션학과 연구교수 2012년 방송통신위원회 미디어다양성위원회 위원장 2012~2016년 한양대 언론정보대학원장 2012~2014년 同창의성&인터랙션연구소장 [상]미국 켄트주립대 박사학위논문상(1993), 한국언론학회 신진소장학자 논문상(1995), 방송문화진흥회 방송분야 논문상(1997), 근정포장(2016) [저]'뉴미디어시대의 새로운 시청자 교육(共)'(1997) '매스미디어와 수용자(共)'(1999) '국민정서와 뉴스-신문뉴스보도의 10가지 문제점'(1999) '한국시청자의 텔레비전 이용과 효과 연구'(2004) '디지털 방송 미디어론(共)'(2005) '미디어 사회(共)'(2006) '소셜미디어 연구(共)'(2012, 커뮤니케이션북스) '나를 좋아하게 하는 커뮤니케이션'(2012, 인북스)

김정기(金正基) KIM Jung Gi

[생]1956·1·8 [본]광산(光山) [출]경북 영천 [주]경기 안양시 동안구 임곡로29 대림대학교(031-467-4700) [학]1975년 경북고졸 1979년 서울대 사범대졸 1981년 同대학원졸 2005년 미국 뉴욕대 대학원졸 2011년 명예 교육학박사(선문대) [경]1997년 교육부 총무과장(부이사관) 1998년 경북도교육청 부교육감 1999년 교육부 공보관 1999년 同교원정책심의관 2001~2003년 교육인적자원부 국제교육정보화기획관(이사관) 2002년 한국교육학술정보원 이사 2003년 한국교육개발원 파견 2004년 교육인적자원부 교육자치심의관 2004년 同교육복지심의관 2004년 국가전문행정연수원 교육행정연수부장 2005년 교육인적자원부 교육인적자원연수원장 2006년 同평생학습국장 2007년 同차관보 2008년 선문대 부총장 2008~2010년 대통령 교육비서관 2010~2013년 한국교직원공제회 이사장 2013~2014년 위덕대 총장 2015년 대림대 이사(현) [종]불교

김정기(金正基) KIM Jung Ki

[생]1958·5·4 [출]충북 청주 [주]경남 거창군 거창읍 거창대학로72 경남도립거창대학 총장실(055-254-2702) [학]1976년 검정고시 합격 1982년 충북대 사회과학대학 행정학과졸 1982년 서울대 보건대학원 중퇴 1996년 정치과학박사(미국 휴스턴대) [경]1984~1988년 충북대 사회대학 학생과·정치외교학과 조교 1988~1993년 미국 휴스턴대 정치과학과 교육조교 1993~1994년 미국 Raymond Duch & Associate 연구조교 1996~2014년 창원대 행정학과 교수 1997~1999년 同행정학과장 직대 2001~2002년 미국 콜롬비아대 파견교수 2002~2004년 창원대 사회과학연구소장·행정대학원 부원장 2005~2006년 미국 캘리포니아대 파견교수 2006~2007년 창원대 국제교류센터 소장 2009~2010년 미국 휴스턴대 파견교수 2013~2014년 미국 예일대 파견교수 2014년 창원대 다문화진흥원장 2014년 경남도립거창대 총장(현) [상]미국무공훈장(ARCOM)(1984), 중앙선거관리위원장표창(2012)

김정기(金正基) Kim, Jeong Kee (巨路)

[생]1960·7·11 [본]경주(慶州) [출]경남 거제 [주]서울 강남구 테헤란로317 법무법인 대륙아주(02-3016-5293) [학]1990년 미국 뉴욕주립대 정치학과 최우수졸업 1991년 同대학원 정치학 박사과정 수료 2000년 법학박사(미국 마케트대) [경]2000년 미국 변호사(현) 2000~2003년 한국사이버대 총장 2003~2008년 법무법인 백상 고문변호사 2004년 제17대 국회의원선거 출마(서울 노원丙, 한나라당) 2004~2008년 한나라당 서울노원丙지구당 위원장 2005~2008년 同정치대학원 교수 2006~2009년 중국 북경대 동방학연구원 연구교수 2007년 한나라당 제17대 대통령후보 국제위원장 2007년 同제17대 대통령선거 서울시선거대책위원회 조직본부장 2007년 同제17대 대통령선거 서울필승대회 준비위원장 2008~2011년 駐상하이 총영사 2009~2010년 2010 상하이엑스포 대한민국정부 대표 2010~2014년 중국 남경대학 국제경제연구소 객좌교수 2011~2016년 법무법인 영진 법률고문 2013~2015년 고려대

로스쿨 최고위과정(KNA) 초빙교수 2013~2015년 성결대 교양교직학부 석좌교수 2015년 한국예탁결제원 국제펀드위원회 자문위원(현) 2016년 대한경영교육학회 자문위원(현) 2016년 법무법인 대륙아주 중국총괄 고문변호사(현) 2016년 국민대 정치대학원 특임교수(현) 2016년 한남대 경제학부 중국경제통상학전공 예우교수(현) [상]미국 뉴욕주립대 John Marburger 총장상(최우수졸업)(1990), 미국 CALI Excellence for the Future Award(2000), 매헌윤봉길의사기념사업회 공로패(2009) [저]'대학생을 위한 거로영어연구(전10권)'(1983, 거로출판) '나는 1%의 가능성에 도전한다'(2002, 조선일보) '한국형 협상의 법칙'(2004, 도서출판 청년정신) '미래형 리더의 조건'(2007, 도서출판 오름) '中文版英語詞綴詞典'(2009, 新東方) '中文版英語詞根詞典'(2009, 新東方) '中文版我挑戰1%可能性'(2010, 上海外國語大學出版社) '꿈꾸는 리더가 아름답다'(2011, 형설라이프) '中文版英語詞組詞典'(2012, 新東方) [종]기독교

김정기(金政起) KIM JEONG KI

[생]1963·11·27 [출]충북 제천 [주]경기 이천시 부발읍 경충대로2091 SK하이닉스(주) 대외협력본부 커뮤니케이션실(031-630-4114) [학]중동고졸, 서강대 신문방송학과졸, 同언론대학원졸 [경]미국 미시간대 PR Visiting Scholar 2007~2009년 SK그룹 회장비서실 부장 2009~2012년 同홍보실 팀장 2013년 SK이노베이션(주) 홍보실장 2014년 SK그룹 SUPEX(Super Excellent)추구협의회 커뮤니케이션위원장실 임원(상무급) 2015년 SK하이닉스(주) 대외협력본부 커뮤니케이션실장(상무)(현)

김정기(金正基) Kim Jeoungkee

[생]1969·12·20 [본]경주(慶州) [출]충남 천안 [주]세종특별자치시 다솜3로95 공정거래위원회 경쟁정책국 기업진단과(044-200-4330) [학]1988년 천안북일고졸 1995년 서울대 경영학과졸 2003년 미국 국제경영대학원졸(MBA) [경]1995~2001년 공정거래위원회 기업집단과·조사1과 근무 2001년 미국 국제경영대학원 파견 2003년 공정거래위원회 정책국 국제협력과 사무관 2006년 同기획홍보본부 혁신인사기획팀 서기관 2007년 同카르텔정책국 제조카르텔과장 2009년 세종연구소 국정과제연수과정 파견 2010년 공정거래위원회 카르텔정책국 카르텔조사과장 2010년 同카르텔정책국 국제카르텔과장 2011년 同소비자정책국 소비자안전정보과장 2014년 同서울사무소 경쟁과장 2015년 同경쟁정책국 기업집단과장 2016년 同경쟁정책국 기업집단과장(부이사관)(현) [종]천주교

김정기(金楨琪) KIM Jung Ki

[생]1970·6·15 [본]김녕(金寧) [출]대구 [주]서울 종로구 세종대로209 행정자치부 조직기획과(02-2100-4410) [학]대구 경상고졸, 경북대 행정학과졸 [경]1997년 행정고시 합격(41회) 2009년 중앙공무원교육원 전문교육과장 2010년 행정안전부 조직실 민원제도과장, 미국 조지아대 칼빈슨연구소 국외 훈련, 정부3.0브랜드과제발굴홍보단장 2014년 행정자치부 조직진단과장 2016년 同조직기획과장(부이사관)(현)

김정길(金正吉) KIM Jung Kil (省堂)

[생]1937·4·28 [출]전남 신안 [주]서울 동대문구 이문로107 한국외국어대학교 법과대학(02-2173-2114) [학]1958년 조선대부속고졸 1963년 고려대 정치외교학과졸 1965년 서울대 사법대학원 수료 1986년 법학박사(한양대) [경]1963년 사법시험 합격(2회) 1966년 육군본부 법무관 1969~1981년 광주지검 장흥지청·서울지검 성북지청·서울지검 영등포지청·광주지검 순천지청·서울지검 검사 1981년 광주고검 검사 1982년 부산지검 형사2부장 1983년 사법연수원 교수 1985년 수원지검 부장검사 1986년 서울지검 공판부장 1987년 전주지검 차장검사 1987년 광주지검 차장검사 1988년 부산지검 제1차장검사 1989년 서울지검 제3차장검사 1990년 同서부지청장 1991년 광주고검 차장검사 1992년 전주지검장 1993년 광주지검장 1993년 수원지검장 1994년 광주고검장 1995~1999년 변호사 개업 1998년 LG전선 사외이사 1999~2001·2002년 법무부 장관 2002년 변호사 개업 2007년 한국외국어대 법과대학 석좌교수(현) 2010년 조선대부속고총동문회 명예회장(현) 2016년 (사)대한민국을생각하는호남미래포럼 이사장(현) [상]홍조·황조·청조근정훈장 [저]'부가가치세법정해' '부가가치세법의 이론과 실제' '끝나지 않는 아름다운 도전'

김정길(金正吉) KIM Chung Gil

[생]1940·11·6 [본]김해(金海) [출]서울 [주]강원 춘천시 남산면 한치로69의67 송곡대학교 부속실(033-260-3600) [학]1959년 서울 배재고졸 1963년 연세대 법학과졸 1973년 同행정대학원 행정학과졸 1979년 서독 BONN대 대학원 수학 1988년 정책학박사(건국대) [경]1964~1967년 기독교교회청년의회 회장, 한국기독교감리교총연합회 회장 1964~1967년 한국기독교총연합회(NCC) 회장, 세계교회협의회 한국대표 1965년 기독교세계신문사 편집국장 1967~1971년 공화당 중앙당 청년차장 1969년 청년회의소 기획실장·감사 1971~1977년 문교부 학사지도담당관(과장급) 1971~1977년 경기대 강사 1976~1981년 駐서독대사관 교육참사관(국장급) 1980년 문교부 담당관(국장급) 1981년 제24회 세계올림픽유치 문교부 대표 1982년 국무총리실 사회정화위원회 전문위원 1983~1984년 문교부 생활지도장학관(국장급) 1984년 서울대 재외국민교육원장 1984년 한국기독교감리회 장로 취임 1984~1990년 한국해양청소년잠수연맹 회장 1985~1989년 사회정화위원회 위원 겸 제4부장(1급) 1989년 국무총리실 국외연수기획단장 1990~2004년 연세대 총동문회 이사 및 부회장 1990년 하나로국민운동중앙회 회장 1990년 문교부 국외연수실장(학술진흥재단 파견) 1992년 민자당 교육전문위원(지명차출) 1993년 대통령직인수위원회 위원 1993년 교육부 교원징계재심위원회 위원장(1급차관보) 1993~1997년 경희대 겸임교수 1995년 아태국제공과대학원(AIT) 재단이사 1995년 교육부 국제교육진흥원장(관리관) 1996년 (사)자연보호중앙회 운영위원장 겸 고문 1997년 교육부 국립교육평가원장(차관급) 1997년 한국교과서연구원 설립·이사장 1997~1998년 (주)국정교과서 대표이사 사장 1998년 경희대 대학원 겸임교수 1999년 천안대 교수(정책학) 1999년 同국제대학원장 2000년 同부총장 2002년 同학술정보관장 2002~2013년 송호대학 이사 2002년 연세대 법대총동문회 회장 2005년 사월회 부이사장 2005년 국제기독교언어문화협의회 부회장 2005~2009년 배화여자대학 학장 2005년 한국대학신문 고문 2006년 CEO매거진 편집고문 2006년 한국전문대학교육협의회 부회장 2006년 서울지역전문대학장회 회장 2006~2008년 (사)자연보호중앙협의회 자문위원장 2007~2010년 국방부 육군본부 자문위원 2007~2010년 한국전문대학교육협의회 회장(12·13대) 2008~2010년 교육부 교육진흥원 자문위원 2009~2012년 배화여자대학 총장(6·7대) 2010년 필리핀 마닐라시 명예시민(현) 2011년 (사)사월회 공동의장 2011년 서울중앙감리교회 원로장로(현) 2011년 同담임목사 직무대행 2011~2015년 학교법인 관악학원재단 고문 2012년 글로벌코리아포럼 공동대표(현) 2012~2013년 민주평통 자문위원 2012년 송곡대 명예총장(현) 2012~2013년 연세대 졸업재상봉협의회 전체대표 2013년 (사)4월회 부회장 2013~2014년 오구동창회 회장 2013년 유엔세계문화재위원회·국가조찬기도회·세계기독교연맹 고문 및 이사(현) 2014년 (사)4월회(한국4.19이념계승발전회) 회장(현) 2014년 연세대 총동문회 고문(현) [상]육군 참모총장표창(1961), 공로훈장(1963), 국민포장(1974), 대통령표창(1978), 국민훈장 목련장(1980), 사회정화위원장표창(1983), 홍조근정훈장(1988), 황조근정훈장(2003), 백석학술원 공로상 [저]'한국 학생운동의 역사' '세계 각국 대학생운동의 성격과 방향' '세계 청소년정책 비교' '이데올로기와 정치교육정책' '한국 정치교육정책론' '지역경제 활성화를 위한 정책방향' '정보화정책을 위한 행정서비스의 품질평가체계에 관한 연구' '장애인복지정책방향과 정책결정과정에 대한 평가'(2004) '참여정부의 지방분권정책에 관하여'(2004) 외 다수 [종]기독교

김정길(金廷吉) KIM Jeong Gil (修庵)

[생]1944·4·20 [본]김해(金海) [출]대구 [주]대구 수성구 동대구로23 (주)TBC대구방송 비서실(053-760-1877) [학]1962년 대구사대부고졸 1964년 대구교대졸 1969년 경북대 법학과졸 1985년 중앙대 신문방송대학원졸, 언론학박사(계명대) [경]1969년 매일신문 기자 1979년 同사회부 차장 1982년 同기획부장 직대 1982년 同체육부장 1983년 同주간부장 1986년 同문화부장 1987년 남미매일신문 부사장 1988년 매일신문 주간부장 1989년 同편집부국장대우 주간부장 1991년 同사업국 부국장 1993년 同사업국장 직대 1996년 同서울지사장 겸 상무이사 1998년 21C생활문화정책연구원 원장 1999~2001년 대구문화예술회관 관장 2001년 매일신문 부사장 2007년 학교법인 경북교육재단(대구외국어대) 관선이사장, 매일신문 명예주필, 대구방송(TBC) 사외이사 2010~2012년 대구예술대 총장 2011년 대구사진비엔날레 조직위원장 2011년 경북도 독도정책자문관 2012~2013년 대구문화재단 대표이사 2013년 대구예술대 명예총장 2013년 (주)TBC대구방송 대표이사 사장(현) [상]경북도 문화상, 한국기자상, 서울언론인클럽 언론상, 가톨릭언론대상, 대구예술인상, 자랑스런 대구경북인 대상, 대구교육대총동창회 자랑스런 대구교대인상(2015) [저]'YS 왜 못말려' '갈대의 자유' '소를 때려야 수레가 간다' 'TC 1000년의 DNA' '블루하우스 GAG' [역]'성모님이 사랑한 병사들' '로사리오' [종]천주교

김정길(金正吉) KIM Jung Kil

생1945 · 5 · 28 본김해(金海) 출경남 거제 학1964년 부산 동아고졸 1970년 부산대 문리대졸 1989년 서울대 행정대학원 수료 2004년 명예 정치학박사(부산대) 2005년 명예 경제학박사(조선대) 경1970년 부산대 총학생회장 1974~1976년 국회의원 비서관 1974~1979년 중앙노트산업사 대표 1979~1980년 삼성철강 대표 · 부일유통 전무이사 1979~1984년 새부산수퍼마켓 대표 1984년 민주화추진협의회 상임운영위원 1985년 제12대 국회의원(부산 중 · 동 · 영도, 민주한국당 · 신한민주당) 1987년 민주당 정책심의회 부의장 1988년 제13대 국회의원(부산 영도, 민주당) 1988년 민주당 원내수석부총무 1990년 同원내총무 1992 · 1995년 同최고위원 1993년 同당무위원 1996년 同부산 중 · 동지구당 위원장 1996년 同부총재 1997년 국민회의 부총재 1998년 행정자치부 장관 1999년 대통령 정무수석비서관 2000년 새천년민주당 부산영도지구당 위원장 2003년 열린우리당 상임중앙위원 2004년 同상임고문 2004~2008년 대한태권도협회 회장 2004년 열린우리당 잘사는나라운동본부장 2004~2005년 경희대 행정대학원 객원교수 2005~2008년 대한체육회 회장 겸 대한올림픽위원회(KOC) 위원장 2005~2008년 민족화해협력범국민협의회 상임의장 · 상임고문 2006~2008년 대통령 통일고문 2007~2011년 2011대구세계육상선수권대회조직위원회 고문 2007~2008년 2014인천아시아게임조직위원회 위원장 2008년 중국 베이징대 동북아연구소 객좌연구원 2010년 부산시장 선거 출마(민주당) 2010~2011년 경희대 행정대학원 객원교수 2010년 민족평화복지포럼 공동대표 2010~2011년 민주통합당 고문 2012년 同부산진구乙지역위원회 위원장 2012년 제19대 국회의원선거 출마(부산진구乙, 민주통합당) 상청조근정훈장 저'지구촌시대의 한국'(共) 상'우리의 가을은 끝나지 않았다'(1978, 효석출판사) '공무원은 상전이 아니다'(1998, 베스트셀러출판사) '3인행-사람의 숲을 거닐다'(2006, 돋을새김) '공무원은 상전이 아니다-개정판'(2009, 행복한책읽기) '김정길의 희망'(2011, 행복한책읽기) 종가톨릭

김정남(金正男) KIM Jung Nam

생1940 · 12 · 7 본김해(金海) 출강원 삼척 학1962년 성균관대 영어영문학과졸 1968년 서울대 신문대학원 수료 경1965년 대구매일신문 기자 1978년 同정치부장 1980년 同논설위원 1981년 제11대 국회의원(동해 · 태백 · 삼척, 민주정의당) 1981년 민주정의당(민정당) 홍보선전분과 위원장 1983년 同의식개혁본부 부본부장 1985년 同강원도지부장 1985년 제12대 국회의원(동해 · 태백 · 삼척, 민정당) 1986년 민정당 국책조정위원회 상근위원 1987년 同대변인 1988년 同삼척지구당 위원장 1992년 제14대 국회의원(삼척, 통일국민당 · 무소속 · 민자당 · 자민련) 1996년 자민련 삼척지구당 위원장 1997년 同전당대회 의장 2001년 同부총재 종천주교

김정남(金政南) KIM Jeong Nam

생1952 · 10 · 26 본강릉(江陵) 출강원 동해 주서울 강남구 테헤란로432 (주)동부화재해상보험 사장실(02-3011-3004) 학1971년 북평고졸 1979년 동국대 행정학과졸, 고려대 경영대학원 최고경영자과정 수료, 서울대 인문대학 최고지도자인문학과정(AFP) 수료 경(주)동부화재해상보험 상무 2004년 同경영지원실장 2005년 同신사업부문장(부사장) 2009년 同개인사업부문 총괄부사장 2010년 同대표이사 사장(현) 상남녀고용평등 국민포장(2012), 한국표준협회 한국서비스대상 유공자상 최고경영자상(2014), 대한민국 금융대상 손해보험대상(2014), 대한민국 고객충성도 최고경영자(2016) 종기독교

김정덕(金定德) KIM Chung Duk

생1942 · 4 · 15 본김해(金海) 출전남 장흥 주서울 강남구 테헤란로305 한국기술센터15층 한국공학한림원(02-6009-4000) 학1960년 광주제일고졸 1964년 육군사관학교졸 1968년 미국 조지아공대 대학원졸 1971년 공학박사(미국 조지아공대) 경1968~1975년 육군사관학교 전기공학과 강사 · 조교수 1975~1982년 국방과학연구소 연구실장 겸 전자통신사업단장 1982년 한국전자기술연구소 소장 1985년 금성전기(주) 기술연구소 소장 1987~1991년 한국전자통신연구원 반도체기술연구단장 겸 기억소자개발사업본부장 · 무선통신개발단장 · 부소장 1991년 전자부품종합기술연구소 소장 1995~1997년 과학기술처 연구개발조정실장 1997년 과학기술정책관리연구소 자문위원 1998~1999년 하나로통신(주) 부사장 1999~2004년 한국과학재단 이사장 2000년 한국기술혁신학회 회장 2002년 (사)과학교육진흥회 이사 2002년 新아시아경제기술연맹 이사 2002년 한국공학한림원 정회원 2003년 몽골 후레정보통신대 명예교수 2004년 한양대 석좌교수 2006년 한국공학한림원 원로회원(현) 상보국훈장 삼일장(1976), 국민훈장 동백장(1979) 저'기초전기전자공학(共 · 編)' '최신회로망이론(共 · 編)' '제어공학개정판(共 · 編)' 종천주교

김정도(金正道) KIM Jeong Do

생1963 · 10 · 8 출대구 주대구 수성구 동대구로364 대구지방법원 형사2부(053-757-6544) 학1982년 대구 성광고졸 1986년 한양대 법학과졸 1988년 同대학원졸 경1987년 사법시험 합격(29회) 1990년 사법연수원 수료(19기) 1993년 대구지법 판사 1996년 同경주지원 판사 1998년 대구고법 판사 2001년 대구지법 판사 2005년 同김천지원장 2007년 대구지법 부장판사 2011년 同가정지원장 2011년 대구가정법원 선임부장판사 2013년 대구지법 서부지원장 2015년 同제2형사부 부장판사(현)

김정두(金政斗) KIM Jeong Du

생1949 · 3 · 6 본김해(金海) 출경기 주서울 광진구 능동로209 세종대학교 기계항공우주공학부 기계공학과(02-3408-3770) 학1973년 단국대 공대 기계공학과졸 1975년 同대학원 기계공학과졸 1984년 공학박사(단국대) 경1980~1981년 독일 맨하임개발연구소 객원연구원 1982년 기계제작기술사 자격취득 1984~2000년 한국과학기술원 기계공학부 전임강사 · 조교수 · 부교수 · 교수 1986~1987년 독일 다름슈타트공대 기계공학과 교환교수 1991년 한국공작기계학회 편집이사 1995년 일본 오사카대 초정밀가공연구소 객원교수 1995년 한국공작기계학회 부회장 2000년 세종대 기계항공우주공학과 교수, 同기계항공우주공학부 기계공학과 교수 2000년 同과학기술원장 2000년 同생산기술연구소장(현) 2001~2002년 同과학기술대학원장 2010년 광화문CBMC 회장(현) 2014년 세종대 기계항공우주공학부 기계공학과 대우교수(현) 2014년 한국승강기안전관리원 비상임이사(현) 상대한기계학회 학술상(1993), 한밭발전경제대상(1995), 대통령표창(1997), 석탑산업훈장, 산업기술혁신상, 한국과학기술원 학술상, 한국기술사회 기술상 저'선반공작법'(1982, 성안당) 'NC 기계공작법'(1983, 학문사) '선반공작법'(1983, 한국이공학사) 'NC 공작기계 가공'(1983, 창기대) '기계가공'(1988, 과기대) 종기독교

김정란(金正蘭 · 女) KIM Jeong Ran

생1953 · 1 · 6 출서울 주강원 원주시 상지대길83 상지대학교 문화콘텐츠학과(033-730-0286) 학1970년 서울 성심여고졸 1976년 한국외국어대 불어과졸 1986년 문학박사(프랑스 Univ. de Grenoble III) 경1976년 CBS 보도국 아나운서실 근무 1976년 '현대문학'으로 등단, 시인(현) 1977년 동서문화사 편집부 근무 1978년 프랑스 에어프랑스 발권과 근무 1987년 강원대 불문과 강사 1989년 상지대 인문사회과학대학 문화콘텐츠학과 조교수 · 부교수 · 교수(현), '시운동' 동인 2006~2009년 방송문화진흥회 이사 상백상출판문화상 번역부문 대상(1998), 소월시문학상 대상(2000) 저'슈베르트' '20세기 문학비평' '초현실주의' '모래톱' '어느 개의 죽음에 대하여' '누보레알리즘' 시집 '다시 시작하는 나비'(1989) '매혹 혹은 겹침'(1992) '그 여자, 입구에서 가만히 뒤돌아보네'(1997) '스타카토 내 영혼'(1999) '용연향'(2001) 오디오시집 '사이렌 사이키'(1999) 산문집 '말의 귀환'(2001) 평론집 '비어있는 중심-미완의 시학'(1993) '거품 아래로 깊이'(1998) '영혼의 역사'(2001) '한국현대여성시인'(2001) '연구색 글쓰기'(2001) 역'람세스' '아발론연대기' '소크라테스와 헤르만 헤세의 점심' '아서王 이야기'

김정래(金正來) KIM Jung Rae

생1954 · 3 · 1 출강원 강릉 주울산 중구 종가로305 한국석유공사 사장실(052-216-2034) 학1972년 중앙고졸 1976년 서울대 경영학과졸 1978년 한국과학기술원(KAIST) 산업공학과졸 경1976년 현대건설 입사, (주)현대중공업 근무, (주)현대석유화학 근무, (주)현대정유 기획팀장(이사) 1998년 同기획팀장(상무) 2000년 同기획팀장(전무), 현대중공업(주) 기획담당 전무, 同부사장 2012년 (주)현대종합상사 사장 2013~2014년 (주)현대중공업 엔진 · 전기전자 · 건설장비 · 그린에너지사업 총괄사장 2014~2015년 한국건설기계산업협회 회장 2014~2015년 건설기계부품연구원 이사장 2015~2016년 서울대 경영대학 겸임교수 2016년 한국석유공사 사장(현) 2016년 세계석유회의 한국위원회 회장(현)

김정렬(金正烈)

생1959 · 1 · 20 주충북 청원군 강내면 태성탑연로250 한국교원대학교 초등교육과(043-230-3537) 학1981년 경상대 영어교육학과졸 1984년 서울대 대학원 언어학과졸 1985년 언어학박사(서울대) 1991년 언어학박사(미국 하와이대 마노아교) 경1988~1991년 Executive Communicative Systems, Inc. 상임연구원 1992~1996년 한국해양대 전임강사 · 조교수 1996~2003년 한국교원대 초등교육과 영어전공 조교수 · 부교수 2003년 同초등교육과 교수(현) 2004~2006년 同기획실장 2004 · 2005년 한국교육과정평가원 외국어기획위원 2004~2006

년 한국초등영어교육학회 부회장 2005년 한국학술진흥재단 심사위원 2005년 한국교육학술정보원 심사위원 2006~2008년 한국교원대 초등교육학과장 2006년 경남도교육청 평가위원 2006년 한국교육과정평가원 외국어부위원장 2006~2008년 한국영어교육학회 부회장 2008년 한국교원대 종합교육연수원 부원장 2013년 한국외국어교육학회 회장 · 명예회장(현)

김정렬(金正烈) KIM Jeong Ryeol

[생]1961 · 9 · 17 [본]경주(慶州) [출]충남 서천 [주]세종특별자치시 도움6로11 국토교통부 도로국(044-201-3873) [학]1988년 한국방송통신대 행정학과졸 1997년 영국 웨일즈대 대학원졸 [경]1988년 행정고시 합격 1989년 중앙공무원교육원 사무관 1990년 교통부 차량과 사무관 1994년 同관광기획과 사무관 1997년 건설교통부 해외건설과 사무관 1998년 同교통안전과 서기관 2000년 同주택도시국 도시관리과 서기관 2002년 同기획관리실 예산담당관실 서기관 2002년 同주택도시국 국토체계개편팀장 2003년 대통령 국민경제자문회의 정책분석과장 2004년 건설교통부 신도시기획단 기업도시과장 2005년 同기업도시기획과장 2005년 同정책홍보관리실 예산총괄팀장 2006년 同생활교통본부 도시교통팀장 2008년 국토해양부 도시광역교통과장 2008년 同국토정책국 도시환경과장 2009년 同국토정책국 도시환경과장(부이사관) 2009년 同국토정책국 녹색도시과장 2009년 同지역정책과장 2010년 同공공기관지방이전추진단 기획국장(고위공무원) 2012년 경기도 도시주택실장 2013년 국토교통부 정책기획관 2013~2015년 同공공주택건설본부 공공주택건설추진단장 2015년 교육 파견 2016년 국토교통부 도로국장(현) [상]국무총리표창(2000), 근정포장(2006) [저]'자동차 손해배상보장제도 해설'(2001) [종]원불교

김정렴(金正濂) KIM Chung Yum (又明)

[생]1924 · 1 · 3 [본]경주(慶州) [출]서울 [학]1941년 강경상고졸 1944년 일본 오이타(大分)대 經專졸 1959년 미국 클라크대(Clark Univ.) 대학원졸 1995년 명예 법학박사(미국 클라크대) [경]1944년 조선은행 입행, 한국은행 기획조사과장 1956년 同조사부 차장 1958년 재무부 이재국장 1961년 한국은행 뉴욕사무소장 1962년 駐미국대사관 공사 1962년 재무부 차관 1964년 한 · 일회담 대표 1964년 상공부 차관 1966년 재무부 장관 1967년 상공부 장관 1969년 대통령 비서실장 1979~1980년 駐일본 대사 1986~1995년 商友會 회장 1999~2013년 박정희대통령기념사업회 회장 [상]국민훈장 무궁화장, 청조근정훈장, 수교훈장 광화장, 일본 勳一等旭日大綬章 [저]'한국경제정책 30년사-金正濂 회고록' '한국경제の발전' '한강의 기적と박대통령' '한국경제騰飛的奧秘' '한강기적與박정희'(中文) '아, 朴正熙-김정렴정치 회고록' 'Policymaking on the Front Lines, Memoirs of Korean Practioner, 1945~1979' '최빈국에서 선진국 문턱까지' [종]불교

김정례(金正禮 · 女) KIM Chung Rye (義堂)

[생]1927 · 11 · 12 [본]경주(慶州) [출]전남 담양 [주]서울 송파구 올림픽로35가길11 한국여성유권자연맹(02-423-5355) [학]1947년 담양여고 수료(특별강습과) [경]1947년 조선민족청년단총본부 여성부 지방조직책 1949년 국립학도중앙훈련소 교관 1950년 여자청년단총본부 조직국장 1959년 자유당 중앙부상임위원 1960~1961년 여성주보 사장 1969~1980년 여성유권자연맹중앙본부 위원장 1973년 범여성가족법개정촉진회 부회장 1980년 입법회의 의원 1981년 제11대 국회의원(서울 성북, 민주정의당) 1981년 민주정의당(민정당) 중앙집행위원 · 중앙위원회 부의장 1982~1985년 보건사회부 장관 1985년 민정당 중앙집행위원 1985년 제12대 국회의원(서울 성북, 민정당) 1988년 민정당 서울성북甲지구당 위원장 1988년 同총재 상임고문 1988년 同중앙집행위원 1990~1995년 민자당 상임고문 1990년 同서울성북甲지구당 위원장 1990년 同당무위원 1990년 한국여성정치연맹 초대총재 1997년 同명예총재 1998~2000년 한나라당 상임고문 2001~2005년 대한민국헌정회 부회장 2006년 (사)철기이범석장군기념사업 부회장 2008~2009년 同회장 2009년 대한민국헌정회 원로회원(현), 한국여성유권자연맹 고문(현) [상]여성운동 공로상, 서울시장표창, 청조근정훈장, 체육훈장 청룡장, 국민훈장 목련장, 춘강상 여성지도자상(2002), 김활란 여성지도자상(2005), 비추미여성대상 해리상(2012) [종]기독교

김정록(金正錄) Kim, Jung Rok

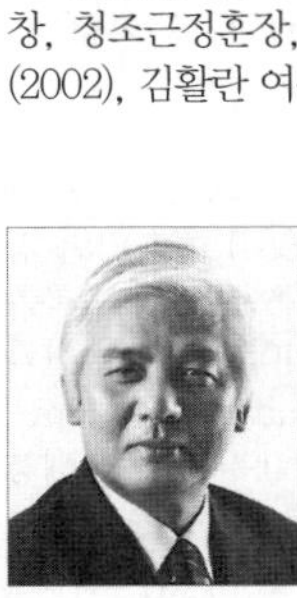

[생]1951 · 6 · 22 [출]전남 화순 [학]1970년 숭일고졸 1994년 중앙대 사회개발대학원 최고경영자과정 수료 2007년 전주비전대 경영정보학과졸 2012년 서울대 행정대학원 국가정책과정 수료 2014년 전주비전대학 컴퓨터정보공학과졸 2014년 서강대 경제대학원 경제학석사과정 재학中 [경]1993~1994년 (주)세일그룹 대표이사 2000년 (주)씨피엘대표이사 2001~2013년 (사)한국지체장애인협회 이사 · 중앙회장 2006년 인덕학교 이사 2012~2016년 제19대 국회의원(비례대표, 새누리당) 2012년 국회 보건복지위원회 위원 2013년 새누리당 중앙장애인위원회 위원장 2014~2015년 同원내부대표 2014~2016년 同서울강서甲당원협의회 운영위원장 2014년 국회 운영위원회 위원 2014~2015년 국회 남북관계 및 교류협력발전특별위원회 위원 2015년 새누리당 국가간호간병제도특별위원회 위원 [상]국립정신지체특수학교 한국선진학교장 감사패(2006), 중소기업경영대상(2006), 국회의장 인권상(2006), 산업자원부장관표창(2007), 중소기업청장표창(2008), 보건복지가족부장관표창(2009), 국민훈장 모란장(2011), 법률소비자연맹 선정 국회 헌정대상(2013), 한국입법학회 대한민국 입법대상(2014), 유권자시민행동 대한민국유권자대상(2015), 복지TV 자랑스러운 대한민국복지대상 나눔부문(2015), 글로벌기부문화공헌대상 정당인 봉사부문(2015) [종]기독교

김정린(金正麟) KIM Jeong Lin (석천)

[생]1949 · 10 · 6 [본]김해(金海) [출]울산 [주]서울 송파구 백제고분로75 올림피아빌딩 (주)대경씨티산업개발 임원실(02-416-7977) [학]1969년 경주고졸 1976년 한양대졸 [경]홍일실업 전무, 同대표, 한국프라스틱공업 대표, (주)대경산업 대표, (주)덕인공영 대표이사(현), (주)시티앤씨티플랜 대표이사 2012년 (주)대경씨티산업개발 대표이사(현) [종]천주교

김정림(金正林) KIM Jeong Rim (淸陽)

[생]1946 · 2 · 4 [본]경주(慶州) [출]제주 남제주 [주]경기 안산시 상록구 한양대학로55 한양대학교 과학기술대학 응용화학과(031-400-5459) [학]1966년 제주 오현고졸 1968년 제주교육대졸 1972년 한양대 화학과졸 1978년 同대학원 화학과졸 1981년 화학박사(한양대) [경]1973년 제주 오현고 교사 1976~1991년 한양대 화학과 조교 · 전임강사 · 조교수 · 부교수 1983년 일본 교토대 화학연구 방문교수 1986년 독일 지겐(Siegen)대 방문교수 1990년 대한화학회 Bulletin誌 편집위원 1991~2011년 한양대 응용화학전공 교수 1999년 同이과대학장 2001~2002년 同과학기술대학장 2004~2006년 안산환경기술개발센터장 2005~2006년 소비자시민모임 운영위원장 2011년 한양대 응용화학과 명예교수(현) [상]백남 학술상(1990), 옥조근정훈장(2011) [저]'물리화학실험'(1999, 자유아카데미) [역]'물리화학'(2005, 자유아카데미) [종]불교

김정만(金正晩) KIM Joung Man

[생]1954 · 11 · 27 [출]서울 [주]서울 강서구 금낭화로154 한국문화관광연구원(02-2669-9801) [학]1978년 경희대 정치학과졸 1980년 연세대 대학원 경영학과졸 1986년 관광경영학박사(미국 조지워싱턴대) [경]1978년 한국관광공사 근무 1986년 경희호텔전문대학 조교수 1989~2000년 경희대 경영대학원 조교수 · 부교수 · 교수 1993년 한국호텔경영학회 부회장 2000~2016년 경희대 호텔관광대학 관광학과 교수 2001년 同사회교육원 관광경영학과 주임교수 2003~2005년 한국관광학회 회장, 同고문(현) 2007~2011년 경희대 관광대학원장 2011~2013년 同서울캠퍼스 부총장 2016년 한국문화관광연구원 원장(현) [저]'관광영어독본'(1986) '관광학개론'(1997) '시민의식과 한미관계' [종]기독교

김정만(金正晩) KIM Jeong Man

[생]1961 · 9 · 26 [출]충남 당진 [주]서울 서초구 서초중앙로157 서울중앙지방법원 파산수석부장판사실(02-530-1114) [학]1980년 광주고졸 1984년 건국대 법학과졸 1986년 同대학원졸 [경]1986년 사법시험 합격(28회) 1989년 사법연수원 수료(18기) 1989년 軍법무관 1992년 광주지법 판사 1994년 同순천지원 판사 1996년 광주지법 판사 1997년 인천지법 판사 1998년 서울지법 의정부지원 판사 · 의정부지원 포천군 판사 2000년 同북부지원 판사 2001년 서울고법 판사 2003년 서울지법 판사 2004년 전주지법 제1형사부장 2006년 사법연수원 교수 2009년 서울중앙지법 부장판사 2011년 수원지법 성남지원장 2012년 광주고법 부장판사 2013~2015년 대법원장 비서실장 2013년 서울고법 부장판사 2016년 서울중앙지법 파산수석부장판사(현)

김정명(金正明) GIM Jeong Myung (雲谷)

[생]1954 · 8 · 4 [본]의성(義城) [출]서울 [주]경기 용인시 처인구 명지로116 명지대학교 예술체육대학 체육학부(031-330-6303) [학]1973년 용산고졸 1982년 서울대 사범대학 체육교육학과졸 1984년 미국 오하이오주립대 대학원 스포츠경영학과졸 1989년 몸철학박사(미국 오하이오주립대) [경]1989~1992년 한국청소년연구원 책임연구원 1989~1992년 서울대 · 동덕여대 · 숙명여대 · 인하대 강사 1992년 명지대 체육학부 사회체육학전공 조교수 · 부교수 · 교수(현) 1994년 한국청소년개발원 심의위원 1997~1998년 한국사회체육학회 이사 1998년 미국 오하이오주

립대 교환교수 2000년 (재)가톨릭청소년회 이사(현) 2001~2005년 명지대 용인캠퍼스 학생지원처장 2004년 한국여가문화학회 이사(현) 2004~2008년 한국정신과학학회 이사 2005~2006년 미국 나로파대학 교환교수 겸 겸임교수 2006~2011년 세계레저기구(WLO) 이사 2008~2013년 독립기념관 이사 2009~2010년 한국정신과학학회 이사 겸 편집위원장 2010년 미국 클렘슨대 교환교수 2011년 세계레저기구(WLO) Senior Fellow 2014년 명지대 예술체육대학장 겸 예술체육연구소장(현) [상]체육부장관표창(1992) [저]'청소년활동론(共)'(2004) '부자유친 로드 맵'(2004) '청소년수련시설운영모델연구'(2005) '체육철학연습'(2005) '명백한 운명인가 독선과 착각인가(共)'(2008)(영문) '예술지성-소마의 논리'(2016) [역]'여가학의 초대(共)'(2005) '몸으로 떠나는 여행'(2007) '부드러운 움직임의 길을 찾아- 토마스 하나의 생명의 몸'(2013) [종]가톨릭

김정명(金正明) Jeong myung Kim

[생]1978 · 8 · 22 [출]서울 [주]서울 종로구 세종대로209 금융위원회 행정인사과(02-2100-2756) [학]1997년 의정부고졸 2002년 서울대 경영학과졸 2014년 영국 켄트대 대학원 경영학과졸(MSc) [경]2003~2008년 재정경제부 사무관 2008년 금융위원회 사무관 2012년 서기관 승진 2015년 금융위원회 금융현장지원단 현장지원팀장 2016년 코리안리재보험 파견(현)

김정미(金禎美 · 女)

[생]1964 · 6 · 22 [주]경기 고양시 덕양구 통일로140 삼송테크노밸리B동 베트올(주)(02-2219-3456) [학]이화여대 생물학과졸, 서울대 대학원 보건관리학 석사(역학 전공), 약리독성학박사(미국 텍사스대 오스틴캠퍼스) [경]미국 MIT 박사 후 연구원, 국립보건원 보건연구사, (주)바이오메드랩 연구소장, (주)이수화학 사업기획탐장, (주)이수앱지스 진단사업팀장, 이화여대 WISE거점센터 운영위원, 숭실대 생명정보학과 겸임교수 2006년 베트올(주) 설립 · 대표이사 겸 연구소장(현), 지식경제기술혁신평가단 평가위원(현) 2014~2015년 새누리당 보수혁신특별위원회 위원, 미래창조과학부 여성과학기술인육성위원회 위원(현) [상]제9회 여성창업경진대회 중소기업청장표창(2008), WISE멘토링 프로그램 창의활동상(2008), 경기우수중소벤처기업표창(2009), WISE 공로상(2009), 대한민국창업대전 우수상(2010), 무역의 날 백만불 수출의 탑(2012), WISET 공로상(2013), 미래창조과학부장관표창(2014)

김정민(金政民) Kim Jung Min

[생]1957 · 1 · 17 [출]대구 [주]서울 강남구 테헤란로230 인호IP빌딩 15층 IBK신용정보 비서실(02-3469-2700) [학]1975년 덕수상고졸 1981년 성균관대 경제학과졸 1983년 서울대 행정대학원졸 1997년 경제학박사(미국 뉴욕주립대) [경]1981년 행정고시 합격(24회) 1989년 경제기획원 예산실 사무관 2002년 기획예산처 정보화담당관 2003년 同재정기획실 사회재정2과장(서기관) 2003년 同사회재정1과장 2004년 同기획관리실 혁신인사담당관(부이사관) 2005년 同예산실 교육문화예산과장 2005년 국제부흥개발은행(IBRD) 공공정책관 2007년 교육인적자원부 기반구축지원관 2008년 교육과학기술부 정책조정기획관 2010년 기획재정부 디지털예산회계기획단장(고위공무원), 同재정관리협력관 2011년 국무총리실 세종특별자치시지원단장(고위공무원 가급) 2013년 IBK신용정보 대표이사 사장(현) [상]홍조근정훈장(2005)

김정민(金正民) KIM Cheong Min

[생]1958 · 5 · 28 [출]경기 시흥 [주]충북 청주시 청원구 대성로298 청주대학교 인문대학 영어영문학과(043-229-8380) [학]1977년 용산고졸 1984년 한국외국어대 독일어과졸 1986년 同대학원 독일어과졸 1991년 문학박사(독일 콘스탄츠대) [경]1986년 서울시립대 강사 1992~1994년 청주대 독어독문과 전임강사 1995년 서울여대 강사 1995~2003년 청주대 독어독문과 조교수 · 부교수 2002년 체코 프라하대 초빙교수 2003년 청주대 인문대학 유럽어문학부 독어독문학전공 교수, 同인문대학 영어영문학과 교수(현) [저]'Bindung und Inkorporation'(1992) '대학독일어'(1999, 청주대 출판부) [역]'Deutch fur Studenten'(1999) '독일어 문장구조의 이해'(2002, 유로서적) [종]기독교

김정민(金廷玟 · 女) Kim, Jung Min

[생]1973 · 5 · 14 [출]대전 [주]제주특별자치도 제주시 남광북5길3 제주지방법원(064-729-2000) [학]1992년 경기여고졸 1996년 서울대 사법학과졸 [경]1997년 사법시험 합격(39회) 2000년 사법연수원 수료(29기) 2000년 서울지법 서부지원 판사 2002년 서울지법 판사 2004년 창원지법 판사 2005년 서울중앙지법 판사 2007년 수원지법 판사 2011년 서울가정법원 판사 2012년 서울고법 판사 2013년 사법연수원 교수 2015년 제주지법 부장판사(현)

김정민(金政珉)

[생]1974 · 12 · 6 [출]대구 [주]대전 서구 둔산중로78번길 45 대전지방법원(042-470-1114) [학]1993년 경문고졸 1998년 서울대 사법학과졸 [경]1997년 사법고시 합격(39회) 2000년 사법연수원 수료(29기) 2000년 육군 법무관 2003년 수원지법 판사 2005년 서울중앙지법 판사 2007년 울산지법 판사 2011년 수원지법 판사 2013년 대법원 재판연구관 2016년 대전지법 부장판사(현)

김정배(金貞培) KIM Jung Bae (約軒)

[생]1940 · 8 · 1 [본]김해(金海) [출]서울 [주]경기 과천시 교육원로86 국사편찬위원회 위원장실(02-500-8211) [학]1960년 휘문고졸 1964년 고려대 사학과졸 1967년 同대학원 사학과졸 1970년 미국 하와이대 대학원 인류학과 수학 1975년 문학박사(고려대) 2000년 명예 경영학박사(연세대) 2001년 명예 역사학박사(우크라이나 국립키예프대) 2003년 명예 박사(일본 와세다대) 2009년 명예 교육학박사(한서대) 2010년 명예 상학박사(대만 문화대) [경]1964~1966년 ROTC 임관 · 육군소위 전역 1970~1977년 고려대 문과대학 한국사학과 전임강사 · 조교수 · 부교수 1977~2005년 同한국사학과 교수 1980~1981년 미국 하버드대 연경학회 객원교수 1982~2003년 국사편찬위원회 위원 1982년 프랑스 파리제7대학 초빙교수 1983~1984년 고려대 교무처장 1986~1988년 同문리대학장 겸 경상대학장 1990~1992년 古代학회 회장 1990~1992년 고려대 서창캠퍼스 부총장 1992년 학술진흥재단운영위원회 위원장 1992~1994년 러시아 연해주 발해유적발굴단장 1992~1994년 고려대 부총장 1995~1997년 한국사연구회 회장 1997~2001년 단군학회 회장 1997~2001년 문화재위원회 위원 1997~2001년 한국암각학회 회장 1998~2002년 고려대 제14대 총장 1998~2002년 한국대학교육협의회 부회장 1998~2004년 (재)성곡학술문화재단 이사 2000~2010년 (재)한국디지털교육재단 이사 2001~2013년 (재)인촌기념회 이사 2002년 단국학회 명예회장 2004~2006년 고구려연구재단 이사장 2004~2007년 제18회 인촌상 운영위원장 2005~2006년 고려대 명예교수 2006~2008년 극동학원 이사장 2006~2009년 학교법인 고려중앙학원 이사 2008~2011년 한국학중앙연구원 제14대 원장 2009~2013년 호암재단 이사 2009~2012년 학교법인 고려중앙학원 제14대 이사장 2009년 중국 연변대 명예교수(현) 2011년 중국 해양대 한중협력 고문(현) 2011년 중국 남경대 명예교수(현) 2011~2013년 학교법인 동북학원 이사장 2011~2013년 국립대학법인 서울대 이사 2012~2016년 (사)가산불교문화연구원 이사장 2013~2015년 문화재위원회 위원장 2015년 국사편찬위원회 위원장(차관급)(현) [상]대한민국ROTC중앙회 자랑스런 ROTCian상(1998), 청조근정훈장(2005), 인촌상 교육부문(2007), 한민족문화예술대상 문학부문(2010), 효령상 문화부문(2011) [저]'한국민족문화의 기원'(1973, 고려대 출판부) '한국 古代史論의 新조류'(1979, 고려대 출판부) '한국고대의 국가기원과 형성'(1986, 고려대 출판부) '북한이 보는 우리역사(編)'(1989) '북한의 우리 고대사 인식(編)'(1991) '북한의 고대사 연구와 성과(編)'(1994) '발해국사(編)'(1998) '몽골의 암각화'(1998, 열화당) '한국고대사와 고고학'(2000, 도서출판 신서원) 정년퇴임기념서 '한국고대사 입문'(2006, 신서원) '고조선에 대한 새로운 해석'(2010, 고려대 민족문화연구원) [역]'현대고고학'(1979, 열화당) '고고학 발달사'(1993, 신서원)

김정복(金井復) KIM Jung Bok

[생]1946 · 2 · 16 [본]경주(慶州) [출]부산 [주]서울 강남구 논현로79길72 올림피아센터3층 세무법인 하나(02-2009-1600) [학]1964년 부산고졸 1970년 부산대 상학과졸 [경]1980년 마산세무서 법인세과장 1990년 강릉세무서 서장 1992년 서울지방국세청 정보관리과장 1993년 국세청 기획예산담당관 1995년 삼성세무서 서장 1996년 국세청 총무과장 1998년 同법인세과장 1999년 同국제조세국장 1999년 서울지방국세청 조사3국장 2001년 국세청 기획관리관 2002년 부산지방국세청장 2004~2005년 중부지방국세청장 2005년 국가보훈처 차장 2007~2008년 국가보훈처장(장관급) 2008년 세무법인 하나 회장(현) [상]녹조근정훈장(1983), 황조근정훈장(2005)

김정봉(金正奉) Kim Jeong Bong

[생]1958 · 2 · 3 [출]충북 청원 [주]세종특별자치시 조치원읍 군청로87의16 세종특별자치시의회(044-300-7172) [학]충남대 경제학과졸, 同대학원 경제학과 수료 [경]부용산건재 대표, 부용면바르게살기운동위원회 위원장, 부강중 운영위원장 2010~2012년 충북 청원군의회 의원(무소속) 2010~2012년 同운영위원장 2012년 세종특별자치시의회 의원(무소속) 2012년 同운영위원장 2014년 세종특별자치시의회 의원(무소속)(현) 2014년 同산업건설위원회 위원 2014 · 2016년 同운영위원회 위원(현) 2016년 同행정복지위원회 위원(현) [상]전국시 · 도의회의장협의회 우수의정 대상(2016) [종]불교

김정삼(金楨三) KIM Jeong Sam

[생]1960 · 10 · 25 [본]김녕(金寧) [출]강원 정선 [주]서울 관악구 난곡로30길61 강원인재육성재단 상임이사실(02-856-3559) [학]강릉고졸 1983년 서울대 사범대학 지리교육과졸, 캐나다 캘거리대 대학원 도시지리학과졸 [경]1982년 행정고시 합격(26회) 1991년 강원도 송무계장 1993년 同의회 계장 1997년 同지역계획과장 1998년 同국제협력실장 2000년 同기획관 2001년 同관광문화국장 2002년 동해시 부시장 2003년 국방대 파견 2004년 강원도 환경관광문화국장 2005년 同자치행정국장 2007년 同의회사무처장 2007년 대통령자문 정책기획위원회 기획운영국장 2008년 국립방재교육연구원 원장 2010년 행정안전부 지방행정연수원 기획지원부장(고위공무원) 2011년 同제도정책관실 정책관 2012년 同지방행정연수원장 2013~2015년 강원도 행정부지사 2015년 강원인재육성재단 상임이사(현) 2015년 강원학사 원장(현) [종]기독교

김정삼(金正三) KIM Jeong Sam

[생]1970 · 9 · 23 [출]제주 [주]경기 과천시 관문로47 미래창조과학부 홍보담당관실(02-2110-2041) [학]1989년 오현고졸 1994년 연세대 전자공학과졸 2008년 캐나다 브리티시컬럼비아대 대학원 경영학과졸 [경]1993년 기술고등고시 통신직 합격(29회), 정보통신부 전파연구소 통신기술담당관실 근무, 同전파방송관리국 주파수과 근무, 同전파방송관리국 방송위성과 근무, 同정보화기획실 초고속정보망과 근무, 전남체신청 정보통신국장, 국가과학기술자문회의 파견 2008년 방송통신위원회 전주전파관리소장 2008년 同기획조정실 정보전략팀장(기술서기관) 2009년 同주파수정책과장 2012년 APT 파견 2013년 미래창조과학부 인터넷신산업팀장 2014년 미래창조과학부 디지털콘텐츠과장 2016년 同홍보담당관(부이사관)(현)

김정석(金挺石) KIM Jung Suk

[생]1961 · 2 · 8 [출]서울 [주]서울 강남구 논현로175길49 광림교회 담임목사실(02-2056-0710) [학]1979년 거창고졸 1987년 서울신학대졸 1989년 감리교신학대 신학대학원졸 1994년 미국 에즈베리신학교 대학원 목회학과졸 1997년 목회학박사(미국 에즈베리신학교) [경]1985년 서울 광림교회 교육전도사 1987년 에덴교회 담임전도사 1992년 목사 안수(기독교대한감리회 중부연회) 1994년 기독교대한감리회 정회원 1996년 서울 광림교회 선교목사 1996년 한국목회연구원 총무 2001년 서울 광림교회 담임목사(현) 2015년 영국 케임브리지대 웨슬리하우스 국제이사(현) [저]'하나님이 만지시면 낫지않을 상처가 없다.' 'I Will Make Your Life' '완전한 복 : 팔복에 담긴 천국의 비밀' [종]기독교

김정석(金貞錫) Kim Jung Seok

[생]1966 · 8 · 5 [본]의성(義城) [출]인천 [주]부산 남구 문현금융로40 부산국제금융센터(BIFC) 창조전략개발원(051-794-2920) [학]1985년 인천 송도고졸 1992년 성균관대 행정학과졸 [경]1993년 SK생명보험(주) 입사 1997년 同경영기획팀 대리 1999년 한국자산관리공사 입사 2003년 同인사부 과장 2010년 同투자금융부 팀장 2010년 캠코선박운용(주) 파견(상임이사) 2012년 한국자산관리공사 경기지역본부 팀장 2014년 同창조전략개발원장 직대 2015년 同창조전략개발원장(현) [상]재정경제부장관표창(2007)

김정선(金正善) KIM Jung Sun

[생]1951 · 12 · 19 [출]부산 [주]서울 영등포구 당산로237 그린빌402호 (주)보진재 사장실(02-2679-2351) [학]1970년 서울 경복고졸 1974년 서울대 응용수학과졸 [경]1977년 제일합섬 근무 1978~1991년 대우자동차 입사 · 부장 1991년 (주)보진재 상무이사 1992년 同대표이사 사장(현)

김정선

[생]1962 [출]충북 영동 [주]대구 달성군 화원읍 비슬로 2625 대구교도소(053-632-4501) [학]서대전고졸, 충북대 사회학과졸 [경]1988년 교정간부 임용(30기) 2008년 서울구치소 보안과장 2009년 안양교도소 부소장 2010년 서울지방교정청 총무과장 2010년 해남교도소장 2011년 강릉교도소장 2012년 법무부 분류심사과장 2013년 군산교도소장 2015년 서울지방교정청 총무과장 2015년 대전교도소장(고위공무원) 2016년 대구교도소장(현)

김정선(金靜鮮 · 女) KIM Jung Sun

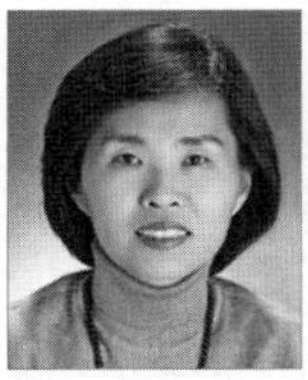

[생]1962 · 10 · 24 [주]부산 사상구 가야대로360번길15 동서대학교 임상병리학과(051-320-1798) [학]1988년 이화여대 제약학과졸 1990년 同대학원 생약학과졸 1997년 약학박사(미국 럿거스주립대) [경]1997~2000년 신라대 · 부산대 · 동아대 강사 2001년 동서대 임상병리학과 교수(현) 2007~2008년 대한여성과학기술인회 총무이사 2007~2008년 생명과학회 간사, 교육과학기술부 과학기술앰배서더 2008~2013년 동서대 보건의료계열학부장 2015년 국가과학기술심의회 생명 · 의료전문위원회 위원(현) 2015~2016년 동서대 인사평가처장 2016년 同제2부총장(현)

김정섭(金廷燮) KIM Jeong Sub

[생]1949·5·20 [출]경기 김포 [주]인천 남구 소성로166의1 학일빌딩2층 김정섭법률사무소(032-861-0099) [학]1966년 인천 제물포고졸 1970년 서울대 법대졸 [경]1973년 軍법무관시험 합격(2회) 1973~1984년 육군본부·군사령부 감찰관, 사단·군단 법무참모 1985년 변호사 개업(현) 1988년 인하대 강사 1990년 인천소년교도소 교화협의회장 1991년 인천서부경찰서 고문변호사 1992년 김포시 법률고문 1995년 인천지방변호사회 부회장 1999~2001년 同회장 2001년 LG화재해상보험 고문변호사 2001~2003년 대한변호사협회 감사 2002년 인천시선거관리위원회 위원 2005~2013년 인천시선거방송토론위원회 위원 2005~2010년 인천시공직자윤리위원회 위원장, 인천시행정심판위원회 위원장, 경인여대 관선이사(이사장 직대) 2007년 인천일보 대표이사 2008~2016년 (사)세계국선도연맹 이사장 2009~2016년 인천일보 회장 2010년 통일부 통일교육위원 겸 인천협의회장 2013년 인천시선거방송토론위원회 위원장 2016년 (사)세계국선도연맹 도정회의 자문위원(현) [상]대통령표창(2011), 국민포장(2014) [종]기독교

김정섭(金正燮) KIM Jeong Sup

[생]1960 · 2 · 27 [본]김해(金海) [출]인천 [주]서울 종로구 율곡로2길25 연합뉴스 편집국 전국부(02-398-3414) [학]1978년 장훈고졸 1986년 중앙대 신문방송학과졸 [경]1990년 연합뉴스 의정부주재 기자 1991년 同수원지사 기자 2002년 同고양주재 차장 2005년 同고양주재 부장대우 2006년 同안양주재 부장대우 2008년 同편집국 전국부 부장대우 2009년 同편집국 전국부 부장급 2009년 同경기북부취재본부장 2012년 同경기북부취재본부장 2014년 同전국부 기획위원(부국장대우) 2015년 同편집국 전국부 선임기자(현)

김정섭(金廷燮)

[생]1969 · 7 · 22 [주]서울 용산구 이태원로22 국방부 계획예산관실(1577-9090) [학]반포고졸, 서울대 정치학과졸, 미국 하버드대 대학원 정책학과졸, 국제관계학박사(영국 옥스퍼드대) [경]행정고시 합격(36회), 국방부 조직관리담당관, 대통령국가안보실 행정관, 국방부 방위사업혁신TF총괄팀장, 국립외교원 교육파견 2016년 국방부 기획조정실 계획예산관(고위공무원)(현)

김정수(金正秀) KIM Jeung Soo

[생]1937·12·3 [본]경주(慶州) [출]경남 함안 [학]1956년 경남 마산상고졸 1961년 부산대 약대졸 1968년 同경영대학원 수료 1983년 서울대 행정대학원 수료 1993년 고려대 자연자원대학원 수료 1994년 명예 정치학박사(부산대) 1995년 연세대 언론홍보최고과정 수료 1999년 미국 하버드대 연수 2001년 명예 경영학박사(원광대) [경]1960년 부산대 총학생회장 1968년 부산시약사회 회장 1979년 대한약사회 부회장 1981년 제11대 국회의원(부산진甲乙, 무소속) 1982년 민권당 정책위의장·원내대책위원장·사무총장 1983년 同부총재 1984년 민주화추진협의회 상임운영위원 1985년 제12대 국회의원(부산진, 신한민주당) 1985년 신한민주당(신민당) 원내수석부총무 1987년 통일민주당(민주당) 창당발기인 1987년 同원내수석부총무 1988년 同정무위원 1988년 제13대 국회의원(부산진乙, 민주당·민자당) 1989년 민주당 사무총장 1989년 同총재특보 1990년 보건사회부 장관 1990년 세계보건기구 부의장 1992년 제14대 국회의원(부산진乙, 민자당·신한국당) 1993년 민자당 당무위원 1993년 국회 과학기술정책연구회장 1994년 민자당 부산시지부장 1995년 국회 국제경기지원특별위원장 1996년 제15대 국회의원(부산진乙, 신한국당·한나라당·무소속) 1996년 국회 21세기해양정책연구회장 1997년 정치발전협의회 공동의장 1997년 한나라당 이회창 대통령후보 특보단장 2000~2009년 한국제약협회 회장 2000~2009년 한국희귀의약품센터 이사장 2000년 원불교중앙교의회 의장 2002~2005년 한국에이즈퇴치연맹 총재 2005년 영국 국제인명센터(IBC) '케임브리지 인명록' 2005년판에 등재 2010년 한미약품 고문 [상]건국포장, 청조근정훈장(1991) [종]원불교

ㄱ

김정수(金正洙) KIM Jung Soo

생1941·5·14 출경북 청도 주서울 서초구 사임당로 17길90 서초롯데캐슬84 김정수법률사무소(02-2055-2333) 학1959년 경북고졸 1964년 서울대 법대졸 1969년 同대학원졸 경1967년 사법시험 합격(7회) 1969년 육군 법무관 1972~1980년 서울민사지법·서울지법 북부지원·대전지법 홍성지원·서울형사지법 판사 1980년 서울고법 판사 1981년 법원행정처 감사민원담당관 겸임 1982년 대구지법 부장판사 1984년 서울민사지법 부장판사 겸 사법연수원 교수 1985년 서울민사지법 부장판사 1985~1987년 법원행정처 법정국장 겸임 1990년 서울형사지법 부장판사 1991년 대구고법 부장판사 1992년 서울고법 부장판사 1993년 변호사 개업(현) 1995년 청도김氏 서울중부종친회장 1996년 대한상사중재원 중재인 1996년 국무총리 행정심판위원 2000년 방송위원회 상품판매방송심의위원장 2001~2003년 대한변호사협회 법제이사 2001년 사법시험 관리위원 2008년 서울지방변호사회 법관평가위원회 초대 위원장 ㈜'어음할인에 관한 小考'

김정수(金晶洙) KIM Jung Soo

생1947·10·8 출광산(光山) 본서울 주서울 서대문구 북아현로11가길7 추계예술대학교(02-364-7555) 학1968년 국립국악고졸 1971년 서울대 국악과졸 1973년 同대학원 국악학과졸 경1973년 국립국악원 연구원 1980~2013년 추계예술대 대금전공 교수 1982년 한국정악원 이사 1982년 한국창작음악연구회 회장(현) 1984년 KBS국악관현악단 악장 1987년 同국악관현악단 국악 인사위원 1988년 한국청소년국악관현악단 창단연주회 지휘 1988년 서울올림픽성화봉송 추천 국악대공연 지휘 1988년 한국청소년국악관현악단 단장(현) 1994년 KBS국악관현악단 자문위원 1996년 세계피리페스티벌 추진위원, 한국국악교육학회 감사, 同이사, 충북도 난계국악관현악단 고문, 국악성지조성위원회 추진위원 1997년 제4329주년 개천절 경축식 지휘 1998년 제5회 전국국악관현악축제 지휘 1999년 제69회 춘향제 국악관현악축제 지휘 2002년 추계예대 교육대학원장 2009년 한국음악가협회 부이사장(현) 2009~2014년 대금연구회 이사장 2013년 추계예술대 명예교수(현) 2015년 대금연구회 명예회장(현) 생KBS 국악대상(1998), KBS 국악대상 공로패(1999), 문화관광부장관표창

김정수(金正洙) KIM Jeong Soo

생1951·4·28 출인천 주인천 서구 환경로42 국립환경과학원 교통환경연구소(032-560-7600) 학육군3사관학교 군사학과졸 경2007년 국립환경과학원 지구환경연구소장 2009년 同기후대기연구부 대기환경연구과장 2010년 同교통환경연구소장(현)

김정수(金正洙) KIM Jung Soo

생1951·5·21 출광주 주서울 서대문구 통일로107의39 사조산업(주) 임원실(02-3277-1710) 학1970년 광주제일고졸 1974년 부산수산대 어업학과졸 경사조산업 소속 선장, 同수산본부총괄 전무이사 겸 감사위원 2006년 사조산업 부사장 2006~2008년 사조CS(주) 대표이사 부사장 2009~2013년 同대표이사 사장 2013년 사조산업(주) 대표이사(현) 생철탑산업훈장(2010) 종천주교

김정수(金正洙) KIM Jung Soo (仁山)

생1953·1·8 본경주(慶州) 출충남 주충남 공주시 공주대학로56 공주대학교 사범대학 체육교육과(041-850-8337) 학1976년 공주사범대 체육교육과졸 1978년 충남대 교육대학원 체육교육과졸 1988년 이학박사(한양대) 경1976~1978년 남성중 교사 1981년 갈산중 교사 1989년 공주대 사범대학 체육교육과 교수(현) 1996~1997년 일본 쓰쿠바대 연구교수 1996~1998년 同스포츠과학연구소장 2003년 同생교육원장 2005년 同외국어교육원장 2006~2007년 同체육부장 겸 체육교육과장 2012년 한국운동생리학회 회장 2012~2016년 공주대 안보과학대학원장 생대한적십자사총재표창(1993·2010), 보건복지부장관표창(1994·2003·2011), 대한적십자사재감사패(1995), 충남도지사공로패(1997), RCY지도유공장 금장(2013) ㈜'스포츠의학(共)'(2000) '건강과 운동처방' '지명의 유래를 찾아서'(2001) '체육수업과 운동의 이해(共)'(2003) '스포츠 트레이닝'(2013) 'Effects of Cigarette Smoking on Serum Antioxidant Status and Lipid Peroxidation in Teenage Girls in Korea(共)'(2003) 'The Effects Moderate Aerobic Exercise on Serum IgE and Cytokine Levels of Adolescents with Type 1 Allergic Symptoms(共)'(2009) 역'스포츠 의학의 이론과 실제'(2012)

김정수(金正鉄) KIM Jeong Soo

생1955·3·17 출경북 청도 주서울 서초구 서초대로74길14 삼성물산(주) 임원실(02-2145-3481) 학1974년 동래고졸 1980년 부산대 무역학과졸 경삼성물산(주) 상사부문 화학전자재료UNIT장, 同상사부문 전자재료본부장 겸 전자재료1사업부장(상무) 2008년 同상사부문 전무 2010~2011년 (주)호텔신라 부사장 2012년 삼성물산(주) 미주 부사장(현)

김정수(金柾秀) KIM Jung Su

생1961·6·26 출광주 주광주 북구 서강로1 서영대학교 총장실(062-520-5006) 학1979년 서울 대성고졸 1983년 조선대 경제학과졸 1990년 미국 애리조나주립대 대학원 도시경제학과졸 1994년 경제학박사(세종대) 2000년 명예 정치학박사(중국 하얼빈대) 경1997년 한국청년회의소(JC) 광주지구 회장 1998년 새천년민주당 연청 광주시지부 회장 1998년 同청년위원회 부위원장 2000년 중국 북경대 객원교수 2000년 중국 하얼빈대 객원교수 2000년 아·태평화재단후원회 중앙위원 2000년 민주평통 상임위원·자문위원 2000년 제2의건국범국민추진위원회 위원 2000년 21세기통일포럼 회장 2000년 무등일보 사장 2003년 同회장(현) 2004~2011년 서강정보대학 총장 2011년 서영대 총장(현) 생한국JC중앙회장표창, 광주시장표창, 행정자치부장관표창, 연세대행정대학원 최고위인상(2014) ㈜'DJ노믹스와 새천년 광주비전'

김정수(金晶秀) KIM Jung Soo

생1963·6·15 출서울 주서울 영등포구 은행로11 일신방직(주) 사장실(02-3774-0102) 학1984년 미국 LA Rolling Hills고졸 1989년 미국 비올라대(Biola Univ.) 상학과졸 1992년 미국 페퍼딘대 대학원 경영학과졸 경일신방직(주) 이사 1997년 同영업담당 상무 1997년 同부사장 2001년 同대표이사 사장(현) 2004년 대한방직협회 회장 2010년 한국섬유산업연합회 이사장(현) 종기독교

김정수(金廷修·女) KIM Jung Soo

생1964·3·26 출서울 주서울 성북구 오패산로3길104 삼양식품(주) 사장실(02-940-3305) 학1982년 서울예고졸 1987년 이화여대 사회사업학과졸 경삼양식품(주) 수석부사장, 同사장(현), 삼양농수산(주) 이사 2012년 내추럴삼양(주) 이사(현)

김정수(金正洙) Kim, Jeong Soo

생1966·1·25 출서울 주서울 서대문구 서소문로21 한국케이블TV방송협회 사무총장실(02-735-6511) 학1988년 서울대 신문학과졸 경1992~2000년 종합유선방송위원회 차장 2003년 방송위원회 정책2부장 직대 2005년 同뉴미디어부장 2007년 同매체정책국 전문위원 2008년 방송통신위원회 방송운영과 기획담당 2009년 대통령실 파견(서기관) 2009~2012년 애니플러스 부사장 2010년 방송통신위원회 방송운영총괄과 총괄담당 2012년 한국케이블TV방송협회 미디어국장 2013년 同사무총장(현) 2014년 방송통신심의위원회 6.4지방선거 선거방송심의위원

김정숙(金貞淑·女) KIM Jung Sook

생1946·8·21 출김해(金海) 출전남 나주 학1965년 전주여고졸 1969년 고려대 교육학과졸 1984년 이화여대 대학원 교육학과졸 1988년 교육학박사(미국 조지워싱턴대) 2008년 명예 정치학박사(단국대) 경1979년 한성병원 행정원장 1980~1990년 민정당 안양甲지구당 위원장 1985년 평통 자문위원 1989년 한국여성정치문화연구소 설립·이사장(현) 1990년 민자당 여성2분과위원장 1990년 경기생활체육문화센터 회장 1992년 민자당 부대변인 1993년 정무제2장관실 차관 1993~2003년 아·태지역여성정치센터 부총재 겸 동아시아지역 대표 1994년 전북대 초빙교수 1995년 신한국당 부대변인 1995년 한국관광포럼 회장 1996년 제14대 국회의원(전국구 승계, 신한국당) 1996년 미국 하버드대 방문교수 1997년 신한국당 총재 여성특보 1998년 제15대 국회의원(전국구 승계, 한나라당) 1998년 국회 여성특별위원회 위원장 1998~2004년 한나라당 여성위원장 1999년 한국국제정치학회 명예이사 2000~2004년 제16대 국회의원(전국구, 한나라당) 2000년 국제존타(Zonta International) 26지구 국제위원장 2000년 同서울1클럽 이사 2000년 21세기여성정치연합 상임대표(현) 2000~2002년 유네스코 한국위원회 교육분과위원 2002~2003년 한나라당 최고위원 2002

년 同대통령선거대책위원회 부위원장 2002~2006년 한국걸스카우트연맹 부총재 2002년 미국 조지워싱턴대 한국총동창회장 2003~2004년 한나라당 여성위원장 2003년 아·태 여성정치센터(CAPWIP) 총재(현) 2004~2006년 한나라당 지도위원 2004년 고려대 초빙교수 2005년 (사)한국공공자치연구원 이사 2006~2011년 한국걸스카우트연맹 총재 2006년 한국간행물윤리위원회 위원 2006년 한국청소년단체협의회 부회장 2006년 미국 조지워싱턴대 교육대학원 이사 2007년 정보통신윤리위원회 비상임위원 2008~2009년 한국간행물윤리위원회 제2심의위원회 위원장 2009~2015년 (사)한국여성단체협의회 회장 2009~2015년 민족화해협력범국민협의회 상임의장 2009년 대통령자문 통일고문회의 고문 2009년 세계여성단체협의회(ICW) 이사 2009~2016년 경제사회발전노사정위원회 공익위원 2009년 여성가족부 여성가족정책총괄위원(현) 2010~2011년 연합뉴스 수용자권익위원회 위원 2012~2015년 세계여성단체협의회(ICW) 수석부회장 2012~2014년 아시아태평양여성단체연합(FAWA) 회장 2015년 대한민국헌정회 이사(현) 2015년 세계여성단체협의회(ICW) 회장(현) [상]황조근정훈장(1994), 국민훈장 무궁화장(2006), 삼성행복대상 여성선도상(2015), 올해의 자랑스러운 GWU인(2015), 대중문화예술상 은관문화훈장(2016) [저]'여성과 정치Ⅰ·Ⅱ' '새 선거법과 여성후보 선거전략' [종]기독교

김정숙(金貞淑 · 女)

[생]1954 · 12 · 26 [주]경북 안동시 풍천면 도청대로455 경상북도의회(054-973-9396) [학]경북과학대학 사회복지과졸, 한국방송통신대 행정학과졸 [경](사)경북지체장애인협회 칠곡군지회장, (사)칠곡군장애인협회 대표이사, 민주평통 자문위원, 칠곡군자원봉사센터 운영위원회 위원, 칠곡군일자리창출대표자협의회 위원, 국민연금공단 복지연계지원서비스위원회 의원, 칠곡경찰서 장애인성폭력대책지원협의회 위원, 칠곡군사회복지협의체 대표위원, 아모레카운셀러 대표(현) 2014년 경북도의회 의원(비례대표, 새누리당)(현) 2014 · 2016년 同예산결산특별위원회 위원(현) 2014 · 2016년 同행정보건복지위원회 위원(현) 2016년 同운영위원회 위원(현) 2016년 同정책연구위원회 위원(현) [상]제12회 의정 · 행정대상 광역지방의원부문 의정대상(2015)

김정숙(金貞淑 · 女) KIM Joung Sook

[생]1959 · 1 · 18 [출]충북 괴산 [주]서울 양천구 안양천로 1071 이화여자대학교 목동병원 여성건진센터 · 건강증진센터(02-2650-5922) [학]1983년 이화여대 의대졸 1985년 同의과대학원졸 1995년 의학박사(고려대) [경]1983~1984년 김포군 보건소 관리의사 1985~1988년 인제대 의대부속 서울백병원 인턴 · 진단방사선과 전공의 1988~1989년 춘천도립병원 진단방사선과 과장 1989~2009년 인제대 의대부속 상계백병원 영상의학과 책임교수(과장) 1995~1996년 캐나다 밴쿠버 Vancouver General Hospital, Clinical Fellow 2007년 인제대 의대부속 상계백병원 홍보실장 2009년 同영상의학과학교실 교수 2009년 이화여대 목동병원 여성건진센터 · 건강증진센터 소장(현) 2009년 同목동병원 건진의학과장(현) [상]인제대학원대학교 최우수학술상(2007) [저]'호흡기영상의학기초'(2004, 의학출판사) '알기쉬운 흉부X선 판독법'(2008, 한국의학) 'CT와 함께 보는 흉부X선 아틀라스'(2008, 한국의학)

김정숙(金禎淑 · 女) Jeung Sook Kim

[생]1961·8·24 [본]김해(金海) [출]서울 [주]경기 고양시 일산동구 동국로27 동국대학교 일산병원 영상의학과(031-961-7820) [학]1987년 이화여대 의대졸(학사) 1990년 경희대 의과대학원졸(석사) 1998년 의학박사(경희대) [경]2000년 대한영상의학회 논문심사위원(현) 2001~2002년 미국 UCHSC(Univ. of Colorado Health Sciences Center) 연수 2005년 동국대 의대 영상의학과 교수(현) 2005~2006년 대한흉부영상의학회 고시수련 상임이사 2005~2008년 대한영상의학회 고시위원 2005~2008년 ACTR(Asian Congress of Thoracic Radiology) Liaison and Relation Committee 위원장 2009년 환경부 석면관리전문가포럼 건강영향조사 및 피해구제부문 실무T/F 전문위원 2010년 근로복지공단 자문의사(현) 2010년 한국환경공단 석면피해구제업무 자문위원 2011년 한국산업안전보건공단 산업안전보건연구원 진폐정도관리 교육강사(현) 2011~2012년 동국대 일산병원 교육연구부장 2011~2014년 한국환경공단 석면피해구제심사위원 2011년 대한흉부영상의학회 산하 석면질환연구회 회장(현) 2012년 환경부 생활공감환경보건R&D 상세기획위원 2012년 同석면안전관리위원회 위원 2013년 한국의료방사선안전관리협회 대의원(현) 2015년 미국 세계인명사전 'Marquis Who's Who in the World 2015판'에 등재 2015년 영국 케임브리지 국제인명센터(IBC, International Biographic Centre) '21세기 탁월한 2000명의 지식인(2000 Outstanding Intellectuals of the 21st Century)' 등재 2015년 한국환경공단 석면피해구제판정위원장(현) [상]환경부장관표창(2014) [저]'흉부영상진단 CT(共)'(2009, 군자출판사) 'Imaging of lung cancer(共)'(2012, 군자출판사) '흉부영상진단 CT 개정판(共)'(2014, 군자출판사)

김정숙(金貞淑 · 女)

[생]1967 · 12 · 5 [출]광주 [주]서울 서초구 강남대로193 서울행정법원(02-2055-8114) [학]1986년 광주 경신여고졸 1990년 고려대 법학과졸 [경]1992년 사법시험 합격(34회) 1995년 사법연수원 수료(24기) 1995년 서울지법 남부지원 판사 1997년 서울지법 판사 1999년 광주지법 판사 2001년 同영광군 · 장성군 법원 판사 2002년 서울지법 동부지원 판사 2004년 서울동부지법 판사 2005년 서울행정법원 판사 2007년 서울고법 판사 2009년 서울가정법원 판사 2010년 광주지법 부장판사 2012년 수원지법 안양지원 부장판사 2015년 서울행정법원 행정6부 부장판사(현)

김정식(金貞植) Kim Chung Shik

[생]1929 · 1 · 16 [출]서울 [주]경기 시흥시 소망공원로335 (주)대덕전자 비서실(031-599-8806) [학]1946년 함남 조선전기공고졸 1956년 서울대 전자통신학과졸 2002년 명예 공학박사(광운대) [경]1958년 (주)대영전자공업 대표이사 1965년 (주)대덕산업 대표이사 1972년 (주)대덕전자 회장(현) 1979년 대한전자공학회 부회장 1985년 HIROSE KOREA(주) 감사 1986년 (주)대덕GDS 회장(현) 1993년 한국통신산업협회 이사 1994년 한국정보산업연합회 부회장 2006년 서울대 · 한국공학한림원 선정 '한국을 일으킨 엔지니어 60인', 해동과학문화재단 이사장(현) [상]석탑산업훈장, 상공부장관표창, 국무총리표창, 새마을포장, 동탑산업훈장, TDX1000만회선돌파유공표창, 금탑산업훈장, 제11회 관악대상 참여부문(2009), 서울대 발전공로상(2009), 인촌상 산업기술부문(2010) [종]천주교

김정식(金定植) KIM Jung Sik

[생]1948 · 10 · 27 [출]경북 김천 [주]충북 제천시 숭문로57 제천서울병원 원장실(043-642-7606) [학]1974년 서울대 의대졸 1984년 의학박사(서울대) [경]1984년 제천서울병원 원장(현) 1988년 단양서울병원 원장 1990년 同이사장 1996년 대한병원협회 감사 2012년 同이사 2016년 同상임고문(현) [상]보건복지부장관표창, 대전지방국세청장표창, 국민포장

김정식(金正湜) KIM Jung Sik

[생]1953 [출]경북 예천 [주]서울 서대문구 연세로50 연세대학교 상경대학 경제학부(02-2123-2490) [학]연세대 경제학과졸, 同대학원졸, 경제학박사(미국 클레어몬트대) [경]미국 클레어몬트대 경제정책연구소 연구원, 연세대 상경대학 경제학부 교수(현), 영국 Cambridge대 국제학연구원 객원교수, 한국은행 조사국 및 국제국 자문교수, 미국 하버드대 경제학과 객원교수, 연세대 상경대학 부학장, 금융위원회 자체평가위원장, 예금보험공사 자문위원, 기획재정부 경제정책자문위원 2009~2011년 한국국제금융학회 회장 2011~2012년 금융위원회 금융발전심의회 위원장 2011~2014년 한국광물자원공사 비상임이사 2012년 한국국제경제학회 회장 2012~2015년 국무총리산하 경제 · 인문사회연구회 비상임이사 2012~2014년 연세대 상경대학장 겸 경제대학원장 2014~2015년 한국경제학회 회장 2014~2016년 NH농협은행(주) 사외이사 2014년 금융감독자문위원회 위원장(현) 2015년 아시아금융협회 회장(현) 2016년 NH-Amundi자산운용 사외이사(현) [상]니어학술상(2014) [저]'접경지역 내 남북경제특구 설치방안'(1999, 통일부) '대일청구권 활용사례연구, 지역연구회 시리즈'(2000, 대외경제정책연구원) '서울무역산업의 성장, 서울 상공업사'(2001) 'Monetary and Exchange Rate Arrangement in East Asia'(2004, 대외경제정책연구원) '한국의 학술연구(경제학)'(2005, 대한민국학술원)

김정식(金正植) KIM Jung Sik

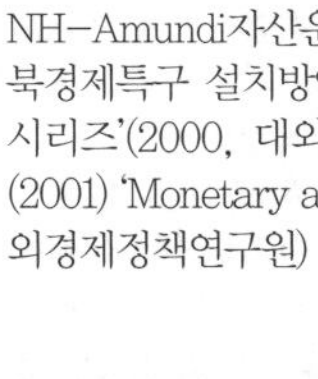

[생]1955 · 10 · 27 [출]충남 예산 [주]서울 서대문구 통일로97 경찰위원회(02-3150-3117) [학]1975년 서울 배문고졸 1979년 한국항공대 항공경영학과졸 1984년 서울대 행정대학원졸 [경]1986년 행정고시 합격(30회) 1990년 수원경찰서 수사과장(경정) 1992년 서울 중랑경찰서 정보과장 1994년 경찰청 정보2과 분석담당 1997년 인천지방경찰청 방범과장(총경) 1998년 대통령 치안비서실 행정관 2000년 서울 수서경찰서장 2002년 서울지방경찰청 경무과 총경 2002년 同정보관리부 정보2과장 · 정보1과장 2003년 경찰청 정보국 총경 2004년 행정자치부 장관 치안정책관(경무관) 2005년 경찰청 기획정보심의관 2006년 충남지방경찰청장(치안감) 2006년 경찰청 정보국장 2009~2010년 경찰대학장(치안정감) 2010~2015년 순천향대 경찰행정학과 석좌교수 2011년 同법과학대학원장 2013~2015년 同산학협력부총장 2015년 경찰위원회 상임위원(차관급)(현) [상]대통령표창(1999), 녹조근정훈장(2003)

김정식(金貞植)

[생]1959 [출]전남 완도 [주]강원 동해시 이원길156 동해해양경비안전본부 기획운영과(033-680-2016) [학]해군2사관학교졸 [경]1989년 경위 임관(경찰간부 후보 37기) 2008년 해양경찰청 인력개발담당관(총경) 2009년 완도해양경찰서장 2010년 통일교육원 교육 파견 2011년 해양경찰청 전략사업과장 2011년 통영해양경찰서장 2012년 해양경찰청 치안정책관 2014년 同경비안전과장 2015년 同중부해양경비안전본부 태안해양경비안전서장 2016년 同동해해양경비안전본부 기획운영과장(현) [상]재정경제부장관표창(2003), 기획예산처장관표창(2009), 근정포장(2011)

김정식(金正植) Kim Jeong Sik

[생]1960·6·17 [출]전북 남원 [주]부산 금정구 오륜대로126번길62 부산소년원 원장실(051-515-6565) [학]1985년 전북대 대학원 수학과 수료 [경]2013년 법무부 울산보호관찰소장 2015년 同부산소년원장(현)

김정실(金貞實·女) KIM Jung Sil

[생]1955·5·22 [출]서울 [주]경기 성남시 분당구 대왕판교로644번길49 한컴타워9층 (주)한컴시큐어 비서실(031-622-6014) [학]1977년 덕성여대 가정학과졸 2001년 명예 사회복지학박사(세종대) [경]1984년 파이버먹스 설립 1993년 자일랜사 설립 1996년 나스닥 상장 1999년 와이즈내일인베스트먼트 투자심의위원회 회장 2000년 매일경제IBI 대표이사 사장 2005년 소프트포럼 대표이사 사장, (주)매경IBI 대표이사, SF인베스트먼트 대표이사, 소프트포럼(주) 회장(등기이사) 2011년 한글과컴퓨터 회장(현) 2015년 (주)한컴시큐어 회장(등기이사)(현) [상]국민훈장 동백장

김정애(金貞愛·女) KIM Jung Ae (仁海)

[생]1936·1·23 [본]선산(善山) [출]서울 [주]서울 마포구 성지길46 독립유공자복지회관401호 3·1여성동지회(02-322-5981) [학]1954년 경기여고졸 1958년 고려대 정치학과졸 1960년 同대학원졸 [경]1965년 중앙여중·고 교사 1971~1993년 3·1여성동지회 문화부 차장·부장·이사·부회장 1988년 중앙여중 교무부장 1988~1990년 고려대여자교우회 회장 1990년 同고문(현) 1993~1997년 3·1여성동지회 회장 1995·1997·1999·2001·2003~2005년 민주평통 자문위원 1995년 남북해외여성독립운동가연석회의 총재 1997~2010년 3·1여성동지회 명예회장 1997년 류관순열사기념유족장학회 회장(현) 2001~2014년 류관순열사기념사업회 이사 2010~2013년 3·1여성동지회 회장 2013년 同명예회장(현) 2014년 류관순열사기념사업회 법인이사·고문(현), 유석조병옥선생기념사업회 회장직무대행(현) [상]문교부장관표창, 국민훈장 석류장, 3·1여성상 [저]'3·1여성동지회의 역사와 우리의 나아갈 길' '여성독립운동 자료1'(編) '한국여성독립운동사'(編) '3·1여성22년사'(編) '3·1여성45년사' [종]감리교

김정애(金貞愛·女) Kim Jeong Ae

[생]1947·1·14 [출]부산 [주]부산 금정구 중앙대로2001번길12의1 (사)동초제판소리보존회 부산·경남지회(051-512-1616) [학]부산 영도여중 수료 [경]1962년 중고제 김창옥선생으로부터 사사 1977년 한국국악협회 영도지회 판소리학원 설립·대표 1978~2002년 부산무대예술제 출연·연출·구성 1978·2000~2016년 한국국악협회 부산지회장 1983년 한국예술문화단체총연합회 부산지회 간사 1985년 오정숙선생으로부터 중요무형문화재 제5호 동초제 사사 1990~1999년 부산영도상공회의소 연수원·부산시공무원교육원·부산수산공무원교육원·개금여중·부산아카데미보육원·브니엘예술고·부산중앙도서관·부산 사직중·연산여중 강사 1990년 한국예술문화단체총연합회 부산지회장 1993년 중요무형문화재 제5호 동초제 전수조교 1999년 한국국악협회 부산지회장 직대 2000년 금정문화원 문화예술연구소 부소장 2000년 중요무형문화재 제5호 판소리 춘향가 이수자 2000년 (사)동초제판소리보존회 부산·경남지회장(현) 2001년 창신대 음악과 강사 2002년 금정문화원 운영위원·이사 2003년 부산대 국악학과 강사 2003년 부산 금정구 문화예술인협의회 국악협회 회장(현) 2004년 한국예술문화단체총연합회 부산연합회 감사 2004년 부산시학생교육문화회관 교원직무연수 강사 2011~2015년 부산예술대학 전통연희과 강사 [상]부산시장 감사장, (사)한국국악협회 부산지회 공로패, 한국예술문화단체총연합회 부산지회장 공로상

김정언(金正彦) KIM Jeong Eon

[생]1966·6·15 [주]충북 진천군 덕산면 정통로18 정보통신정책연구원 ICT전략연구실(043-531-4340) [학]1989년 고려대 경제학과졸 1992년 同대학원 경제학과졸 2003년 경제학박사(미국 아이오와주립대) [경]1993~1998년 기아경제연구소 선임연구원 2003~2005년 한국과학기술기획평가원 선임연구원 2005~2007년 정보통신정책연구원(KISDI) 책임연구원 2007년 同연구위원 2007년 同IT산업정책그룹장 2008년 同정보통신산업연구실장, 同미래융합연구실 IT전략연구그룹장 2014년 同ICT산업연구실장 2016년 同ICT전략연구실장(선임연구위원)(현) [상]국무총리표창(2016)

김정열(金廷烈) KIM Chung Yul

[생]1959·2·26 [본]김해(金海) [출]강원 홍천 [주]서울 종로구 율곡로2길25 연합뉴스 정보사업국 DB부(02-398-3114) [학]1978년 여의도고졸 1986년 숭실대 영어영문학과졸, 고려대 경영대학원 수료 [경]1988년 연합통신 입사(7기) 1999년 연합뉴스 텔리레이트부 차장 2005년 同텔리레이트부 부장대우 2006년 同정보사업부 부장대우 2006년 同뉴미디어사업부 부장대우 2006년 同DB센터 부장 2010년 同DB부 부장급 2011년 同DB부장(부국장대우) 2014년 同DB부장(부국장급) 2016년 同DB부 부국장급(현) [상]한국신문협회상(1995)

김정영(金正永)

[생]1974·4·1 [출]경남 창녕 [주]경기 수원시 팔달구 효원로1 경기도의회(031-8008-7000) [학]의정부공고졸, 서울산업대 토목공학과졸, 고려대 공학대학원 공학과졸 [경](주)효성기술단 대표이사, 송림건설 운영이사(현), 의정부중·공고총동문회 이사, 의정부지검 시민검찰위원회 위원, 의정부시재향군인회 이사, 의정부문화원 이사, 한나라당 지방자치안전위원회 위원, 전국풋살연합회 의정부지부 부회장(현), 의정부시야구연합회 이사(현), 경기 의정부시의회 건설분야 자문위원, 통일부 통일교육위원, 의정부시 주민참여예산위원회 도시건설분야 부위원장, 민주평통 자문위원, 同의정부시협의회 청년분과위원장 2012년 새누리당 제18대 대통령중앙선거대책위원회 의정부甲정당사무소장, 同의정부甲당원협의회 사무국장(현) 2013년 의정부청년회의소 회장 2014년 경기도의회 의원(새누리당)(현) 2014년 同예산결산특별위원회 위원 2014년 同문화체육관광위원회 위원 2015년 경기도 경기연정실행위원회 위원(현) 2016년 경기도의회 건설교통위원회 위원(현) 2016년 同윤리특별위원회 위원(현) [상]최우수 롬회장상

김정오(金正梧) KIM Jeong-Oh

[생]1956·11·20 [본]경주(慶州) [출]서울 [주]서울 서대문구 연세로50 연세대학교 법학전문대학원(02-2123-3012) [학]연세대 법학과졸 1982년 同대학원졸 1986년 미국 Univ. of Wisconsin-Madison 대학원 법학과졸 1990년 법학박사(미국 Univ. of Wisconsin-Madison) [경]1990~1993년 연세대·홍익대·서울시립대 강사 1993~2002년 연세대 법학과 조교수·부교수 1993년 同법학연구소 부소장 1998년 同사회교육원 교학부장 2000년 미국 조지타운대 객원교수 2002년 연세대 교무차장 2002년 同법과대학 법학과 교수(현) 2002년 컴퓨터프로그램보호위원회 위원 2005년 정보통신윤리위원회 전문위원 2006~2010년 한국법철학회 회장 2008~2012년 정립회관 운영위원장 2008~2012년 건강보험심사평가원 진료정보심사위원 2008~2012년 한국법사회학회 회장 2010~2012년 연세대 기획실장 2011년 동아시아법과사회국제학술대회 조직위원장 2012~2014년 연세대 의료법윤리학연구원 원장 2012년 同법학전문대학원 교수(현) 2016년 同법과대학장·법학전문대학원장·법무대학원장 겸임(현) [상]정보통신부장관표창 [저]'현대법철학의 흐름' '응용법철학' '법학개론' '현대사회사상과 법' '한국의 법문화' '자유주의의 가치들'(編) [역]'근대사회에서의 법' '코드 : 사이버공간의 법이론' [종]기독교

김정옥(金正鈺) KIM Jeong Ok

[생]1932·2·11 [본]김해(金海) [출]광주 [주]서울 서초구 반포대로37길59 대한민국예술원(02-3479-7224) [학]1950년 광주서중졸 1955년 서울대 문리대 불문학과졸 1958년 프랑스 파리소르본느대 불문학·영화학과졸 [경]1959~1972년 중앙대 강사·조교수·부교수 1964년 극단「민중극장」대표 1966년 극단「자유극장」예술감독(현) 1968년 한·프랑스협의회 사무국장 1972~1996년 중앙대 영화과 교수 1972년 국제극예술협회(ITI) 한국본부 사무국장 1974년 同한국본부 부위원장 1980년 연극협의회 이사장 1981년 국제극예술협회(ITI) 국제본부 집행위원 1981년 민주평통 자문위원 1984년 국제극예술협회(ITI) 한국본부

회장 1985년 중앙대 예술대학장 1987년 영화감독 데뷔 1988년 공연윤리위원 1989~1995년 국제극예술협회(ITI) 국제본부 부회장 1991년 한국연극연출가협회 이사 1991년 대한민국예술원 회원(연극·현) 1993년 영화학회 회장 1995년 국제극예술협회(ITI) 국제본부 회장 1996년 중앙대 예술대학원장 1997년 同명예교수(현) 1999년 국제극예술협회(ITI) 한국본부 이사 2000~2003년 한국문화예술진흥원 원장 2002년 ITI 세계본부 명예회장(현) 2004년 얼굴박물관 관장(현), 서울국제공연예술제 이사장 2011~2013년 대한민국예술원 회장 ⓡ한국일보 연극·영화 연출상(1964), 동아연극상 연출상(1978), 서울시 문화상(1983), 대한민국 문화예술상(1985), 프랑스정부 문화훈장(1985), 예술문화대상(1989), 금호예술상(1990), 대한민국예술원상(1993), 최우수 예술인상(1995), 동랑연극상(1998), 은관문화훈장(1998), 일민문화상(1998), 일본 닛케이 아시아상(1998), 프랑스 예술문화훈장 '코망도르'(2002) ⓦ'나의 연극교실' '영화예술론' '시인이 되고싶은 광대' '연극적 창조의길' '第三영화전개' ⓩ연출 '대머리 여가수' '무엇이 될고하니' '타이피스트' '따라지 향연' '바람 부는 날에도 꽃은 피고' '이름 없는 꽃은 바람에 지고' '수탉이 안 울면 암탉이라도' '그리고 그들은 죽어갔다' '노을을 날아가는 새들' '미아왕' '그녀의 억척어멈'

김정옥(金正玉) KIM Jung Ok (白山)

ⓢ1941·8·29 ⓑ경주(慶州) ⓞ경북 문경 ⓐ경북 문경시 문경읍 새재로579(054-571-0907) ⓗ문경서중졸 ⓖ1984년 영남요업 대표(현) 1987년 일본 도쿄 경왕백화점 전시회 출품 1991년 대한민국 도예부문 명장 선정 1993년 일본 나고야 명철백화점 전시회 출품 1995년 문경라이온스클럽 회장 1996년 일본 오사카 개인전 1996년 미국 스미스소니언 국립박물관 상설전시 1996년 중요무형문화재 제105호 사기장 기능보유자 지정(현) 1997년 부산 태화백화점 개인전 1999년 문경대학 명예교수(현) 2002년 대한민국무형문화재보존협회 부이사장 2002년 전승공예대전 심사위원 2002년 명장선정 심사위원 2006년 독일 베를린 개인전 2014년 부여한국전통문화대 초빙교수(현) 2014년 계명대 초빙교수(현) ⓡ문경문화상, 경북도 문화상, 전승공예대전 특별상, 대통령표창, 철탑산업훈장, 민족예술대상(2003), 자랑스런 한국인대상(2007) ⓩ'도선불이' ⓨ불교

김정옥(金貞玉·女)

ⓢ1965·2·5 ⓞ전남 담양 ⓐ부산 연제구 법원로15 부산지방검찰청 사무국(051-606-4542) ⓗ서울여상졸, 동국대 영어영문학과졸 ⓖ1992년 행정고시 합격(36회), 국내 첫 여성검찰사무관 임명 1994년 서울지검 강력부 근무 2000년 서울지검 서부지청 형사부 근무 2000년 同특수1부 여성범죄전담수사반 팀장 2001년 법무부 보호과 서기관 2002년 인천지검 사건과장 2003년 서울동부지검 공안과장 2005년 서울남부지청 검사 직무대리 2005년 同공판과장 2006년 서울중앙지검 피해자지원과장 2008년 인천지검 집행과장 2009년 同조사과장 2011년 대검찰청 집행과장(부이사관) 2012년 수원지검 안산지청 사무국장 2014년 춘천지검 사무국장(고위공무원) 2015년 중앙공무원교육원 교육파견(고위공무원) 2016년 부산지검 사무국장(현)

김정완(金貞完) KIM Jeong Wan

ⓢ1954·1·7 ⓑ선산(善山) ⓞ광주 ⓐ광주 북구 용봉로77 전남대학교 법학과(062-530-2232) ⓗ1976년 전남대 법학과졸 1978년 同대학원졸 1990년 법학박사(전남대) ⓖ1984년 전남대 법학과 전임강사·조교수·부교수·교수(현) 1990~1992년 同법과대학 교무과장 1991~1995년 광주지방국세청 국세이의신청조정위원 1993년 전남대 학생과장 1994년 사법시험 출제위원 1995년 미국 Santa Clara 로스쿨(캘리포니아주) 방문교수 1998~2000년 전남대 법대부설 법률상담소장 2000년 同법학과장 2001년 同기획협력처 부처장 2003년 同법과대학 부학장 2003년 同고시원장 2005년 지방대학혁신역량강화사업(누리사업) 선정평가위원 2005년 한국기업법학회 부회장(현) 2006~2008년 전남대 생활관장 2006~2007년 광주지법 민사 및 가사조정위원 2007년 변리사시험 출제및채점위원 2008~2009년 전남대 기획처장 2012~2013년 同법학전문대학원장 ⓩ'법학의 현대적 동향'(2004, 경세원) '보건의료법의 현대적 과제'(2006, 도서출판 Fides) '지식재산권법(共)'(2010, 전남대 출판부) ⓨ천주교

김정완(金庭完) KIM Jung Wan

ⓢ1957·11·6 ⓞ서울 ⓐ서울 종로구 종로1길50 더케이트윈타워 A동 매일유업(주) 회장실(02-2127-2001) ⓗ1976년 서울 보성고졸 1983년 경희대 경영학과졸 ⓖ1986년 매일유업(주) 입사 1992년 同상무이사 1994년 同부사장 1997년 同대표이사 사장 2008년 同대표이사 부회장 2010년 同대표이사 회장(현)

김정완(金正完)

ⓢ1962 ⓞ경남 고성 ⓐ경남 창원시 의창구 상남로289 경남지방경찰청 여성청소년과(055-233-2248) ⓗ1981년 경남 마산중앙고졸 1988년 경상대 법학과졸 1990년 同대학원 법학과졸 ⓖ1991년 경위 임용(경찰간부후보 39기) 2012년 경남지방경찰청 홍보담당관(총경) 2013년 경남 고성경찰서장 2014년 경남지방경찰청 홍보담당관 2015년 同형사과장 2015년 경남 마산동부경찰서장 2016년 경남지방경찰청 여성청소년과장(현)

김정용(金晶鏞) KIM Cheong Yong

ⓢ1959·3·5 ⓞ광주 ⓐ경기 평택시 중앙로338 굿모닝병원 원장실(031-659-7700) ⓗ서울대 의대졸, 同대학원졸 1993년 의학박사(서울대) ⓖ1988~1990년 태능성심병원 과장 1991~2001년 조선대 의대 일반외과 전임강사·조교수·부교수·교수, 일본 국립암센터 근무, 영국 St. Mark's Hospital 연수, 미국 Mayo Clinic Research Fellow, 대한대장항문병학회 학술이사, 대한외과학회 편집위원 2001년 굿모닝병원 원장(현)

김정우(金正優) KIM Jung Woo

ⓢ1946·8·19 ⓞ서울 ⓐ서울 서대문구 충정로8 (주)종근당홀딩스 임원실(02-2194-0300) ⓗ1965년 부산고졸 1969년 서울대 약대졸 1973년 同대학원 약제학과졸 1981년 약제학박사(중앙대) 1993년 고려대 국제대학원 최고국제관리과정 수료 ⓖ1983년 미국 미네소타대 대학원 약제학 Post-Doc. 1988년 (주)종근당 생산담당 이사 1993년 同공장장 겸 연구소 자문위원(상무이사) 1994년 同중앙연구소장(상무이사) 1997년 同건설본부장(상무이사) 1999년 同해외사업본부장 겸 종합연구소 부소장(전무이사) 1999~2003년 정보화학 대표이사 사장 2001년 (주)종근당바이오 부사장 2003년 (주)종근당 대표이사 사장 2008~2012년 同경영실 사장 2009년 한국제약협회 부회장 2010년 同연구개발위원장 2012~2015년 (주)종근당 대표이사 부회장 2012년 한국제약협회 부이사장 2012년 同임상개발위원장, 同국제협력위원장 2013년 (주)종근당홀딩스 대표이사 부회장(현) ⓡ산업포장(1990), 한국약제학회 학술장려상(1995), 보건복지부 공로상(1997), 20세기 한국100대기술상(1999), 7천만불 수출의탑(1999), 석탑산업훈장(2009) ⓨ불교

김정우(金正羽) KIM Jung Woo

ⓢ1948·9·1 ⓞ부산 ⓐ충남 천안시 동남구 수신로739 (주)오스템 대표이사실(041-559-2500) ⓗ1967년 부산상고졸 1971년 서울대 상학과졸 ⓖ행정고시 합격(13회) 1973~1976년 국세청 사무관 1976~1992년 대우중공업·대우정밀·대우자동차 판매본부장 1999년 (주)윤영 부사장 2002~2005년 同대표이사 사장 2005년 (주)오스템 대표이사(현) ⓨ불교

김정우(金廷祐) KIM James Woo

ⓢ1962·6·1 ⓞ미국 뉴욕 ⓐ인천광역시 부평구 부평대로233 한국지엠 임원실(032-520-2114) ⓗ1984년 미국 캘리포니아대 로스앤젤레스교(UCLA) 경제학과졸 1992년 미국 하버드대 대학원 경영학과졸(MBA) ⓖ1983~1988년 IBM Wang Laboratories 근무 1988~1990년 Com Systems Inc. 총괄매니저 1992~1995년 AT&T 마케팅 총괄 1995~1999년 Vivien International Inc. CEO 1999~2001년 Corcoran.com, Inc., CEO 2001~2005년 Palisades Advisors Lic., 대표 2005~2009년 (주)오버추어 코리아 대표이사 사장 2006년 오버추어 아시아지역총괄 사장, 오버추어재팬 대표이사 2007~2009년 야후코리아 한국비즈니스총괄 대표이사 사장 겸임 2009~2015년 (주)한국마이크로소프트 대표이사 사장 2014년 주한미국상공회의소(AMCHAM) 회장(현) 2015년 한국지엠 최고운영책임자(COO) 겸 사장 2016년 同대표이사 사장(현)

김정우(金政祐) KIM Chungwoo

ⓢ1968·6·18 ⓑ김해(金海) ⓞ강원 철원 ⓐ서울 영등포구 의사당대로1 국회 의원회관817호(02-784-2417) ⓗ1986년 신철원종합고졸 1992년 서울대 국제경제학과졸 2007년 同행정대학원졸 2011년 정책학박사(영국 브리스톨대) ⓖ1996년 행정고시 합격(40회) 1996~2006년 총무처·정보통신부·기획예산처 행정사무관 2006~2011년 기획예산처·기획재정부 서기관 2011년 국무총리실 국정과제관리과장 2012년 한·인도네시아 경제협력사

무국 근무 2014년 기획재정부 국고국 계약제도과장 2015~2016년 세종대 행정학과 조교수 2015~2016년 同행정학과장 2015년 새정치민주연합 유능한경제정당위원회 지역경제위원장 2015~2016년 국회예산정책처(NABO) 재정포럼 회원 2015~2016년 대통령직속 지역발전위원회 선도사업평가위원 2015~2016년 기획재정부 국고보조사업평가위원 2016년 더불어민주당 총선정책공약단 재원조달팀 간사 2016년 同군포시甲지역위원회 위원장(현) 2016년 제20대 국회의원(군포시甲, 더불어민주당)(현) 2016년 더불어민주당 정책위원회 부의장(현) 2016년 국회 안전행정위원회 위원(현)

김정욱(金晶煜)

[생]1957 · 7 · 8 [본]의성(義城) [출]경남 마산 [주]경기 고양시 일산동구 호수로596 MBC플러스미디어(031-995-0011) [학]1976년 경남고졸 1985년 연세대 지질학과졸 [경]1984년 MBC 입사 1990년 同TV제작국 근무 1994년 同예능2팀 근무 1995년 同예능1팀 근무 1996년 同예능2팀 근무 2000년 同예능국 4CP 2000년 同예능국 전문프로듀서(차장) 2002년 同TV제작2국 프로듀서3 전문프로듀서(부장대우) 2003년 同예능국 프로듀서3 프로듀서(부장대우) 2005년 同프로듀서7 부장 2005년 同특임3CP(부장) 2005년 同예능국 3CP(부장) 2006년 同예능국 2CP(부장) 2008년 同예능국 예능2CP, 同예능프로그램개발부 부장 2011년 同예능2국 부국장 2011년 同예능2국 기획제작1부장 겸 한류콘텐츠제작TF팀장 2012년 同예능2국장 2013~2015년 同예능1국장 2015년 MBC플러스미디어 방송이사(현) [종]기독교

김정욱(金鼎郁)

[생]1963 · 5 · 1 [출]서울 [주]서울 서초구 법원로10 정곡빌딩 남관202호 김정욱법률사무소(02-536-3322) [학]1982년 영일고졸 1991년 서울대 법학과졸 [경]1991년 사법시험 합격(33회) 1994년 사법연수원 수료(23기) 1994년 대전지법 판사 1996년 同서산지원 판사 1998년 수원지법 판사 2001년 서울지법 판사 2003년 同남부지원 판사 2005년 서울고법 판사 2007년 서울행정법원 판사 2009년 대전지법 서산지원장 2011~2015년 수원지법 부장판사 2015년 변호사 개업(현)

김정욱(金政郁) Kim Jeong Wook

[생]1964 · 10 · 2 [출]서울 [주]경기 용인시 기흥구 공세로150의20 삼성SDI(주) 임원실(031-8006-3100) [학]고려대 경영학과졸, 한국과학기술원(KAIST) 경영과학과졸 [경]2006년 삼성전자(주) 동남아마케팅팀장(상무보), 삼성디지털이미징(주) 전략마케팅팀 연구위원 2010년 삼성전자(주) 디지털이미징전략마케팅팀 연구위원(상무) 2012년 삼성SDI(주) 자동차전지사업부 마케팅팀장(상무) 2013년 同자동차전지사업부 마케팅팀장(전무) 2014년 同중대형전지사업부 마케팅팀장(전무)(현)

김정운(金柾運)

[생]1962 · 9 · 20 [주]서울 중구 삼일대로340 나라키움저동빌딩7층 4 · 16세월호참사특별조사위원회 행정지원실(02-6020-3814) [학]1981년 부평고졸 1985년 서울대 무역학과졸 1987년 同행정대학원 행정학과졸, 경제학박사(미국 미주리주립대) [경]행정고시 합격(29회) 1987년 총무처 5급 공채 1988년 동해세관 세무과장 1989년 관세청 평가협력국 세관협력과장 1993년 재무부 국제금융국 국제금융과 사무관 1994년 재정경제원 예산실 간접자본예산1담당관실 사무관 1999년 재정경제부 국고국 국고과 서기관 2004년 同회수관리과장 2005년 대통령비서실 파견 2007년 재정경제부 경제정책국 인력개발과장 2008년 기획재정부 경제정책국 인력정책과장 2009년 외교안보연구원 교육파견 2010~2014년 駐홍콩총영사관 영사 2014년 부산지방조달청장(고위공무원) 2015년 조달청 전자조달국장 2015년 4 · 16세월호참사특별조사위원회 행정지원실장(현)

김정운(金正運) KIM Jeong Woon

[생]1967 · 10 · 15 [출]경기 이천 [주]서울 서초구 서초중앙로157 서울중앙지방법원(02-530-1114) [학]1986년 검정고시 합격 1991년 고려대 법학과졸 1993년 同대학원졸 [경]1992년 사법시험 합격(34회) 1995년 사법연수원 수료(24기) 1998년 부산지법 판사 2002년 수원지법 판사 2005년 서울중앙지법 판사 2006년 서울고법 판사 2008년 헌법재판소 파견 2010년 청주지법 부장판사 2012년 수원지법 형사12부 부장판사 2014년 同행정2부 부장판사 2015년 서울중앙지법 부장판사(현)

김정원(金正源) KIM Joung Won

[생]1937 · 12 · 13 [본]김해(金海) [출]서울 [주]서울 광진구 능동로209 세종대학교(02-3408-3045) [학]1955년 경기고졸 1958년 미국 하버드대 정치학과 수학 1962년 미국 컬럼비아대 정치학과졸 1967년 국제정치학박사(미국 존스홉킨스대) 1973년 법학박사(미국 하버드대) [경]1968년 미국 핀치대 부교수 1969년 미국 록허스트대(Rockhurst Coll.) 부교수 1970년 미국 컬럼비아대 공산권문제연구소 상임연구원 1970년 미국 하버드대 법대 동아시아 법학연구소 연구원 1973~1976년 미국 머지 · 로스 · 가스리&알렉산더합동법률사무소 변호사 1974년 미국 뉴욕한인회장 겸 미주한인회 총연합회 이사장 1977년 미국 케인&金합동법률사무소 변호사 1980년 미국 켐블&金합동법률사무소 변호사 1987년 민주당 총재특보 1988~1994년 한국정경연구소 소장 1990년 민자당 총재특보 1993년 국가안전기획부 제2차장 1994년 한국미래학회 회장 1994년 한 · 중포럼 회장 1995년 외무부 본부대사 1996~1998년 한국국제교류재단 이사장 1998년 경남대 북한대학원 초빙교수 1998~2001년 세종대 교수 1998년 同정보통신대학원장 1998년 대한상사중재원 중재인(현) 1999년 세종대 교육대학원장 2001년 同석좌교수(현) 2001년 한국국제변호사협회 회장 [저]'분단한국사' '격동기의 한국' '한국외교발전론' [종]기독교

김정원(金鼎元) KIM Chung Won

[생]1938 · 2 · 13 [본]중화(中和) [출]서울 [주]경남 창원시 의창구 창이대로45 창원파티마병원 피부과(055-270-1300) [학]1957년 서울 휘문고졸 1964년 가톨릭대 의대졸 1974년 의학박사(가톨릭대) [경]1977년 국제피부과연맹 회원(현) 1987~2003년 가톨릭대 의대 피부과학교실 교수 1987년 대한피부과학회 이사장 1988년 同알레르기 · 접촉피부염연구분과 위원장 1989년 유럽알레르기 · 임상면역학회 회원 1989년 대한알레르기학회 서울지부장 1992년 대한피부과학회 부회장 · 대한알레르기학회 이사장 1998년 대한의진균학회 회장 1998년 대한피부과학회 회장 2000년 아토피연구위원회 위원장 2000년 대한알레르기학회 회장 2004~2010년 창원파티마병원 의무원장 2010년 同피부과장(현) [상]근정포장 [종]천주교

김정원(金正元) KIM Jung Won

[생]1965 · 1 · 16 [출]서울 [주]서울 종로구 북촌로15 헌법재판소 선임부장연구관실(02-708-3456) [학]1983년 용산고졸 1987년 서울대 법학과졸 1989년 同대학원 법학과졸 [경]1987년 사법시험 합격(29회) 1990년 사법연수원 수료(19기) 1990년 전주지법 군산지원 판사 1992년 전주지법 판사 1994년 인천지법 판사 1998년 서울가정법원 판사 2000년 서울지법 판사 2002년 서울고법 판사 2004년 서울서부지법 판사 2005년 광주지법 부장판사 2006년 춘천지법 부장판사 2007년 사법연수원 교수 2009년 서울중앙지법 부장판사 2012년 서울북부지법 부장판사 2012년 헌법재판소 선임부장연구관(현)

김정원(金正原) Kim, Jeong Won

[생]1967 · 11 · 29 [주]경기 과천시 관문로47 미래창조과학부 지능정보사회추진단(02-2110-2144) [학]1986년 서울동북고졸 1990년 서울대 정치학과졸 1993년 同행정대학원졸 2000년 미국 Harvard Univ. 케네디스쿨졸 [경]정보통신부 정보통신진흥국 통신경쟁정책과 서기관 2003년 남부산우체국장 2003년 정보통신부 정보통신기반보호대응팀장 2004년 同정보화기획실 정보보호산업과장 2005년 同정보통신협력국 국제기구과장 2006년 同정보통신협력본부 국제기구팀장 2007년 同통신위원회 통신시장감시팀장 2008~2010년 미래기획위원회 파견(부이사관) 2011년 방송통신위원회 뉴미디어정책과장 2012년 同조사기획총괄과장 2013년 同이용자정책총괄과장 2013년 대통령 정보방송통신비서관실 행정관 2014년 대통령 정보방송통신비서관실 선임행정관(고위공무원) 2015년 UN 아태정보통신교육원(APCICT) 파견 2016년 미래창조과학부 서울전파관리소장 2016년 同지능정보사회추진단 부단장(고위공무원)(현) [상]대통령표창(2004)

김정일(金正一) KIM Jeong Il

[생]1939 · 12 · 25 [본]김해(金海) [출]전남 여수 [주]서울 구로구 경인로3가길10의14 현송교육문화재단(02-2612-7150) [학]1958년 여수고졸 1964년 서울대 금속공학과졸 1991년 同공대 최고산업전략과정 수료 1995년 미국 로욜라대 최고경영자과정 수료 [경]1964년 일신제강(주) 입사 1978년 同이사 1981년 同상무이사 1982년 동부제강(주) 인천제강소장(상무이사) 1988년 同인천제강소장(전무이사) 1992년 同냉연사업부장(전무이사) 1995년 同부사장 1996년 同아산

만공장 건설본부장(부사장) 2000년 同사업부 총괄담당 부사장 2002년 同대표이사 사장 2004~2006년 同대표이사 부회장 2006년 同고문 2007~2014년 (사)동북아산업교류협회 상임위원장 2008년 현송문화재단 이사장 2010년 현송교육문화재단 이사장(현) [상]석탑산업훈장, 동탑산업훈장, 장영실상, 금속재료상(2005) [종]기독교

김정일(金定鎰)

[생]1958·10·13 [출]대구 [주]경북 상주시 상산로233 상주시청 부시장실(054-537-6005) [학]대구 대륜고졸, 영남대 지역사회개발학과졸, 경북대 행정대학원 도시행정학과졸, 同일반대학원 행정학 박사과정 수료 [경]1983년 지방행정공무원 임용 1983년 영천군 새마을과·재무과·고경면·청통면·농업과 근무 1987년 경북도 공무원교육원·문화예술과·부녀복지과·지역경제과·공보관실 근무 1999년 同공무원교육원·공보관실·자치행정과·해양개발과·농업정책과 근무(사무관) 2009년 同농수산국 식품유통과장(서기관) 2009년 대통령직속 사회통합위원회 지역분과팀장(파견) 2010년 경북도 농수산국 식품유통과장 2011년 同보건복지여성국 보건정책과장 2012년 同행정지원국 인재양성과장 2012년 同환경해양산림국 녹색환경과장 2012년 울진군 부군수 2014년 교육 파견 2015년 경북도 인재개발정책관 2015년 同환경산림자원국장 2016년 경북 상주시 부시장(현) [상]행정자치부장관표창(2000), 대통령표창(2000)

김정일(金正一) Kim Jeong Il

[생]1961·5·30 [출]부산 [주]경기 의왕시 철도박물관로 176 한국철도기술연구원 연구경영본부(031-460-5152) [학]1980년 부산 혜광고졸 1987년 동의대 건축공학과졸 [경]1991~1997년 한국기계연구원 근무 1997년 한국철도기술연구원 근무·수석연구원(현) 2005년 '문학21'을 통해 시인 등단(현) 2009~2014년 농업진흥청 농업생명연구단지조성 자문위원 2010년 한국철도기술연구원 연구시설건설단장 2010년 국토교통과학기술진흥원 기술인증심사위원회 위원(현) 2011~2014년 국토교통부 철도기술전문위원회 철도시설1분과(건축) 위원 2012~2015년 한국환경공단 설계자문위원회 위원 2014~2015년 한국철도기술연구원 건설안전관리단장 2014~2016년 새만금개발청 설계자문위원회 위원 2014년 국토교통부 중앙건설기술심의위원회 위원(현) 2014년 충북도 명예도민(현) 2015년 국토교통과학기술진흥원 국토교통R&D평가위원회 위원(현) 2015년 한국철도기술연구원 연구경영본부장(현) [상]부총리 겸 과학기술부장관표창(2007), 안전행정부장관표창(2014)

김정일(金楨一)

[생]1966 [주]세종특별자치시 절재로180 인사혁신처 인재정보기획관실(044-201-8050) [학]서울대 법학과졸, 미국 리하이대 대학원 경영학과졸(MBA) [경]1988년 행정고시 합격(32회) 1989~1999년 서울시청 근무, 엑센츄어 상무, 타워스왓슨(前 Watson Wyatt) 상무, (주)피앤피파트너스 대표 2015년 인사혁신처 인재정보기획관(현)

김정일(金正鎰) KIM JEONG-IL

[생]1969·3·22 [본]안동(安東) [출]대구 [주]세종특별자치시 한누리대로402 산업통상자원부 에너지자원정책과(044-203-5120) [학]1988년 대구 경원고졸 1994년 서울대 경영학과졸 2002년 미국 캘리포니아대 버클리교 대학원 경영학과졸 [경]1995년 행정고시 합격(38회) 1996년 통상산업부 행정사무관 1996년 同구주통상담당관실·산업정책과·장관실·투자진흥과·디자인브랜드과·석유산업과·미주협력과 근무 2004년 同무역투자실 국제협력과 근무 2005년 산업자원부 홍보관리관실 홍보지원팀장 2006년 국가균형발전위원회 파견 2006년 산업자원부 산업구조팀장 2007년 同구미협력팀장 2008년 지식경제부 정보통신산업과장 2012년 同반도체디스플레이과장 2013년 산업통상자원부 산업정책실 전자부품과장 2014년 同통상정책국 미주통상과장 2015년 同통상정책국 미주통상과장(부이사관) 2016년 同에너지자원실 에너지자원정책과장(현) [종]천주교

김정자(金貞子·女) KIM Jung-Ja

[생]1936·10·30 [본]의성(義城) [출]대구 [주]서울 은평구 진흥로225 한국양성평등교육진흥원 이사장실(02-3156-6100) [학]1955년 경남여고졸 1959년 부산대 영어영문학과졸 1979년 이화여대 대학원졸 1998년 문학박사(이화여대) [경]1979~1987년 이화여대·숙명여대·서울여대 강사 1983년 문교부 아동복지부문 교과서 편찬위원 1983년 한국여성개발원 수석연구원 1985년 경제기획원 제6차 경제사회발전5개년계획 여성개발부문 계획위원 1990년 한국여성개발원 부원장 1990~1994년 중앙아동복지위원회 부위원장 1990~1991년 경제기획원 제7차 경제사회발전5개년계획 여성개발부문 공동위원장 1990~1991년 임상사회사업연구회 회장 1992~1995년 노동부 중앙근로여성위원회 위원 1992~1996년 중앙아동복지위원회 부위원장 1993년 한국여성개발원 원장 1993~1995년 유네스코한국위원회 집행위원 1993~1995년 노동부 최저임금심의위원회 위원 1993~1995년 보건사회부 '1994년 세계가정의해 기념사업지원협의회' 위원 1994~2006년 삼성생명공익재단 이사 1994년 한국사회복지학회 부회장 1994~1995년 외무부 UN창립50주년기념 한국위원회 이사 1994~1996년 노동부 고용정책심의회 위원 1994~1996년 보건복지부 중앙아동복지위원회 위원 1995~2005년 한국영유아보육학회 이사 1995~1996년 정무제2차관 1996~1997년 삼성복지재단 자문위원 1997년 삼성생명공익재단 이사 1997년 부산대 초빙교수 1998~2000년 서울시립대 운영위원 1998년 신라대 초빙교수 1998년 계명대 겸임교수 2001~2003년 한국사회복지사협회 수석부회장 2001~2003년 가톨릭대 사회복지대학원 겸임교수 2001~2011년 삼성생명공익재단 주관 비추미여성대상운영위원회 운영위원 및 최종심사위원 2001년 자광재단 이사 2001~2011년 녹색연합 녹색사회연구소 이사장 2002년 21C한중교류협회 부회장(현) 2010~2013년 서울시여성가족재단 이사장 2010~2016년 (사)미래여성네트워크 회장 2011년 한국방정환재단 이사(현) 2013년 코피온 이사(현) 2013년 한국양성평등교육진흥원 이사장(현) 2016년 (사)미래여성네트워크 이사(현) [상]유공자표창(1991), 황조근정훈장(1997), 국민훈장 목련장(2012), 삼성생명공익재단 삼성행복대상 여성선도상(2013) [저]'사회복지실천과 윤리(共)'(1993) '사회복지윤리와 철학(共)'(2003) [역]'임상사회사업 기술론(共)'(1991) '노인복지의 이해(共)'(1992) '임상사회복지 사정분류체계(共)'(2000, 임상사회연구회) '가족학대·가정폭력(共)'(2001, 이대사회복지연구회) '가족복지실천론(共)'(2001, 이대사회복지연구회) '가족폭력 사정과 실제(共)'(2003, 이대사회복지연구회) [종]불교

김정재(金汀才·女) Kim, Jungjae

[생]1966·2·15 [본]경주(慶州) [출]경북 포항 [주]서울 영등포구 의사당대로1 국회 의원회관909호(02-784-6831) [학]포항여고졸, 이화여대 정치외교학과졸, 同대학원 국제정치학과졸, 법학박사(미국 프랭클린피어스법과대학원) [경](사)포항미래연구원 곰솔 원장, 한나라당 중앙여성위원회 기획분과 위원장, 제7·8대 서울시의회 의원(한나라당·새누리당), 同문화체육관광위원장, 새누리당 부대변인 2016년 同포항시북구당원협의회 운영위원장(현) 2016년 제20대 국회의원(포항시 북구, 새누리당)(현) 2016년 새누리당 원내대변인(현) 2016년 국회 미래창조과학방송통신위원회 위원(현) 2016년 국회 운영위원회 위원(현)

김정주(金正宙) KIM Jung Ju

[생]1968·2·22 [출]서울 [주]제주특별자치도 제주시 1100로3198의8 (주)NXC(064-745-6000) [학]1986년 서울 광성고졸 1988년 일본 상지대(上智大) 국제학과정 수료 1991년 서울대 컴퓨터공학과졸 1993년 한국과학기술원 전산과졸 1996년 同대학원 전산학박사과정 수료 [경]1994년 '바람의 나라' 개발 시작 1994년 (주)넥슨 창립 1999년 (주)엠플레이 설립 1999년 (주)넥슨 일본 현지법인 설립 2001년 (주)모바일핸즈 설립·대표이사 2005년 (주)넥슨 대표이사 2006년 (주)NXC 대표이사(현) 2011년 한국과학기술원 바이오 및 뇌공학과 겸임교수 [상]벤처창업대전 벤처활성화유공부문 석탑산업훈장(2012)

김정중(金正中) Jung Joong Kim

[생]1943·3·20 [본]광산(光山) [출]충남 논산 [주]서울 강남구 언주로650 한국건설기술인협회(02-3416-9121) [학]1961년 대전고졸 1966년 한양대 공과대학 건축공학과졸 1996년 서울대 공과대학원 최고산업전략과정 수료 2000년 한국과학기술원 테크노경영대학원 최고정보경영자과정 수료 2002년 세종대 세계경영대학원 수료 [경]1969~1977년 (주)한국전력 발전소 건설현장 근무 1977년 현대산업개발(주) 삼천포화력발전소 건설현장 근무 1982년 同사우디아라비아주재 중역 1987년 同기술연구소장 1991년 同건축담당중역 2000년 同건축본부장 2002년 同영업본부장 2002~2003년 건설교통부 중앙건설기술심의위원회 위원 2002~2004년 한국건설기술연구원 신기술심사위원 2004년 현대산업개발(주) 사장 2006~2009년 同대표이사 사장 2009~2010년 한국주택협회 회장 2010년 현대산업개발(주) 부회장 2011년 同고문 2012년 同상담역(비상근) 2013년 한국건설기술인협회 회장(현) [상]수출유공자상(1983), 우수경영자상(1995·1996), 한양대 자랑스러운 한양인상(2004), 금탑산업훈장(2005), 대전고 올해의 대능인상(2006) [종]천주교

김정중(金政中) KIM Jung Joong

[생]1966·3·16 [출]광주 [주]강원 강릉시 동해대로3288의18 춘천지방법원 강릉지원(033-640-1000) [학]1985년 배문고졸 1989년 서울대 법과대학 사법학과졸 [경]1994년 사법시험 합격(36회) 1997년 사법연수원 수료(26기) 1997년 서울지법 남부지원 판사 1999년 서울지법 판사 2001년 춘천지법 강릉지원 판사 2004년 서울행정법원 판사 2006년 서울서부지법 판사, 서울고법 판사 2012년 대법원 재판연구관 2015년 춘천지법 강릉지원장(현)

김정중(金政中)

[생]1971·3·11 [출]전북 무주 [주]전남 순천시 왕지로21 광주지방법원 순천지원(061-729-5114) [학]1990년 전주 완산고졸 1999년 서울대 사법학과졸 [경]1998년 사법시험 합격(40회) 2001년 사법연수원 수료(30기) 2001년 인천지법 예비판사 2002년 서울고법 예비판사 2003년 서울지법 판사 2004년 수원지법 판사 2005년 부산지법 판사 2008년 서울행정법원 판사 2010년 서울가정법원 판사 2012년 서울동부지법 판사 2014년 대법원 재판연구관 2016년 광주지법 및 광주가정법원 순천지원 부장판사(현)

김정진(金正鎭) KIM Chung-Jin

[생]1956·11·24 [본]의성(義城) [출]경남 [주]경기 파주시 탄현면 얼음실로40 (재)경기영어마을 총장실(031-956-2134) [학]1974년 경북고졸 1981년 경북대 행정학과졸 [경]1980년 행정고시 합격(24회) 1981년 공무원 임용 1992년 경기도 법무담당관 1993년 同교통기획과장 1994년 同지역계획과장 1996년 同기획관 1996년 내무부 지방행정연수원 기획부 기획과장 1998년 여주군 부군수 1999년 행정자치부 행정능률과장 2001년 同세정과장 2006년 대통령소속 친일반민족행위진상규명위원회 행정실장(부이사관) 2009년 세종연구소 교육파견 2010년 김포시 부시장 2010년 경기도 환경국장 2011년 의정부시 부시장 2013년 황해경제자유구역청 행정개발본부장 2014년 (재)경기영어마을 총장(현) [상]총무처장관표창(1991), 녹조근정훈장(2000)

김정철(金正哲) KIM Jeong Cheol

[생]1957·9·27 [주]서울 중구 을지로29 삼성화재해상보험(주) 임원실(02-758-4980) [학]대구고졸, 영남대 경영학과졸, 미국 조지아대 대학원 보험계리학과졸 [경]1994년 (주)삼성생명보험 입사, 同뉴욕사무소장 2004년 同뉴욕사무소장(상무보) 2007년 同경영관리팀장(상무) 2009년 삼성화재해상보험 계리RM팀장(상무) 2010년 同경영기획팀장(상무) 2011년 同금융일류화추진팀 전무 2012년 同기업경영3사업부 전무 2012년 同기업영업본부장(전무) 2013년 同일반보험본부장(부사장)(현)

김정철(金政喆) Kim Jung Chul

[생]1959·11·12 [본]김해(金海) [출]부산 [주]서울 종로구 율곡로75 (주)현대건설 건축사업본부(02-746-3504) [학]마산고졸, 서울대 건축공학과졸, 한양대 공학대학원졸, 공학박사(경희대) [경](주)현대건설 카타르 라스라판C복합화력발전소공사 상무보, 同건축사업본부 상무, 한국건설관리학회 이사, 한국건축시공학회 이사 2011년 대한건축학회 이사(현) 2011년 (주)현대건설 기획본부장(상무) 2012년 同기획본부장 겸 연구개발본부장 겸임(전무) 2014년 同기획본부장(부사장) 2014년 同건축사업본부장(부사장)(현) [상]문교부장관표창(1971), 과학기술훈장 진보장(2010) [종]기독교

김정탁(金正鐸) KIM Jeong Tak

[생]1954·7·1 [출]서울 [주]서울 종로구 성균관로25의2 성균관대학교 신문방송학과(02-760-0396) [학]1973년 경기고졸 1977년 성균관대 신문방송학과졸 1982년 미국 미주리주립대 대학원졸 1984년 언론학박사(미국 미주리주립대) [경]1976~1979년 중앙일보·동양방송 기자 1985년 성균관대 사회과학대학 신문방송학과 교수(현) 1995년 문화일보 편집자문위원 1997년 CBS 시청자위원 1998년 성균관대 교수평의회 부의장 1998년 한국언론학회 저널리즘분과위원장 1998년 서울시 도시계획위원회 위원 1999~2005년 성균관대 언론정보대학원장 1999년 KBS 객원해설위원 2000년 MBC 시청자위원 2000년 월간 '에머지새천년' 편집위원 2000년 월드컵홍보기획위원회 위원 2009년 언론중재위원회 시정권고위원회 위원 2010~2014년 미래에셋증권 사외이사 2011년 한국광고자율심의기구 기사형광고심의위원회 위원 2012년 한국언론학회 회장 2012~2014년 한국언론진흥재단 비상임이사 2013~2014년 성균관대 사회과학대학장 [상]세계커뮤니케이션학회(WCA) 최우수논문상(2015) [저]'설득의 광고학' '설득의 심리학' '언론공화국' '한국언론사회론' '새로운 커뮤니케이션 정책연구' '이미지 파워' '굿바이 구텐베르크'(2000) '기호의 광고학'(2000) '광고크리에이티브론'(2004, 미진사) '한국인의 의사소통사상을 찾아서'(2004, 한울아카데미) '禮와藝' '노자공맹에서 맥루한까지'(2004, 월간 넥스트) '현(玄), 노장의 커뮤니케이션'(2010)

김정태(金定泰) KIM Jeong Tae

[생]1940·1·1 [출]부산 [주]부산 수영구 수영성로43 (사)수영고적민속예술보존협회(051-752-2947) [경]1978년 중요무형문화재 제62호 좌수영어방놀이 입문 1979년 좌수영어방놀이 연례발표공연 1984년 일본 히비야공원에서 공연 1984년 좌수영어방놀이 이수자 선정 1989년 同전수조교 선정 2002년 중요무형문화재 제62호 좌수영어방놀이(악사) 예능보유자 지정 2002년 월드컵 축하공연 2008년 중요무형문화재 제62호 좌수영어방놀이(악사) 명예 예능보유자(현)

김정태(金正泰) Kim Jung-Tai

[생]1952·2·11 [출]부산 [주]서울 중구 을지로55 하나은행별관빌딩15층 하나금융지주 회장실(02-2002-2030) [학]1971년 경남고졸 1980년 성균관대 행정학과졸 [경]1994년 하나은행 송파지점장 1996년 同서면지점장 1997년 同중소기업부장 1998년 同지방지역본부장 2000년 同가계영업점총괄본부장 2001년 同부행장보 겸 가계고객사업본부장 2002년 同부행장 겸 지원본부장 2002년 同영남사업본부담당 부행장 2003년 同가계고객사업본부 부행장 2005년 同가계금융그룹 총괄·가계고객사업본부장(부행장) 2005년 하나금융지주 부사장 2006년 대한투자증권(주) 대표이사 사장 2007년 하나대투증권 대표이사 사장 2008년 해외 연수 2008~2012년 하나은행장 2008년 하나금융그룹 개인금융BU(Business Unit) 부회장 겸임 2011년 (사)국립중앙박물관회 회장(현) 2012년 하나금융지주 대표이사 회장(현) 2014년 신금융연맹(New Finance Union) 이사(현) 2015년 KEB하나은행 비상임이사(현) [상]대한민국CEO그랑프리 은행부문(2009), 자랑스러운 성균인상(2009), 대한민국 최우수프라이빗뱅크(PB)상(2010), 자랑스러운 성균언론인상 대외협력부문(2010), 매경미디어그룹 대한민국 창조경제리더 가치부문(2013), 국방부장관 감사패(2013), 2014 여성소비자가 뽑은 베스트 금융CEO(2014), 럭스멘 기업인상(2015), 한국협상학회 2015 대한민국 협상대상(2015)

김정태(金正泰) KIM Jung Tae

[생]1955·4·10 [출]부산 [주]울산 남구 중앙로201 울산광역시의회(052-229-5027) [학]1974년 성지공고졸, 울산대 정책대학원 재학 중 [경]대한적십자사 태화강봉사회장, 수암동 주민자치위원장 2010년 울산시의회 의원(한나라당·새누리당) 2010~2012년 同교육위원회 위원 2012년 同행정자치위원회 위원, 동평초 운영위원장 2014년 울산시의회 의원(새누리당)(현) 2014년 同운영위원회 위원장 2014년 同행정자치위원회 위원 2015년 전국시·도의회운영위원장협의회 감사 2016년 울산시의회 환경복지위원회 위원(현)

김정태(金丁泰)

[생]1957·3·1 [출]인천 [주]서울 강남구 삼성로511 골든타워 코람코자산신탁 비서실(02-787-0178) [학]1975년 제물포고졸 1979년 서울대 법학과졸 1995년 미국 펜실베이니아대 와튼스쿨 MBA과정 수료 2007년 중국 베이징대 경제학원 금융학 고급연수과정 수료 [경]1984~1989년 은행감독원 근무·한국은행 국제금융부 행원 1989~1998년 동화은행 차장 1998~2012년 예금보험공사 팀장·부장·이사 2001~2005년 제일은행 사외이사 2004~2006년 푸르덴셜투자증권 사외이사 2012~2015년 나라신용정보 대표이사 사장 2016년 코람코자산신탁 경영부문 대표이사 사장(현)

김정태(金廷泰) KIM Jeong Tae

[생]1957·11·15 [주]대구 달서구 성서공단로11길32 대구기계부품연구원 원장실(053-608-2002) [학]1979년 경북대 금속공학과졸 1982년 한국과학기술원 재료공학과졸(석사) 1992년 재료공학박사(한국과학기술원) [경](주)두산중공업 연구소재개발센터장(상무) 2010~2012년 同기술연구원 미래사업기술센터장 2012년 同자문위원 2012~2013년 창원대 금속신소재학과 겸임교수 2013년 대구기계부품연구원 원장(현) [상]IR52 장영실상, 두산중공업사장표창

김정태(金正泰) KIM Choung Tae (訥軒)

(생)1963·1·18 (본)김해(金海) (출)경북 포항 (주)서울 중구 덕수궁길15 서울특별시의회(02-3783-1696) (학)성동기계공고졸, 중앙대 문리과대학 사학과졸, 同대학원 사학과졸 (경)중대신문 편집국장, 민주평통 영등포구협의회 간사장, 제15대 국회의원 정책비서관, 제16·17·18대 국회의원 입법보좌관, (재)한국마약퇴치운동본부 홍보전문위원, 사회복지법인 송천한마음의집 운영위원, 바른선거시민모임중앙회 이사, 의약전문저널 '비즈앤이슈' 편집국장, 민주당 서울시당 재건축재개발특별위원장 2010년 서울시의회 의원(민주당·민주통합당·민주당·새정치민주연합) 2010년 同운영위원회 위원 2010년 同환경수자원위원회 위원 2010년 同여성특별위원회 위원 2010년 同해외문화재찾기특별위원회 위원 2011년 同북한산콘도개발비리의혹규명행정사무조사특별위원회 위원 2011년 同윤리특별위원회 위원 2011년 同예산결산특별위원회 위원 2012년 同도시계획관리위원회 위원 2012년 同저탄소녹색성장및중소기업지원특별위원회 위원 2012년 同최고고도지구합리적개선특별위원회 위원 2012년 민주통합당 정책위원장 2013년 민주당 정책위원장 2013년 서울시의회 윤리특별위원회 위원 2013년 同예산결산특별위원회 위원 2013년 同학교폭력대책특별위원회 위원 2013년 同사립학교투명성강화특별위원회 위원 2013년 同민간단체지원사업점검특별위원회 부위원장, 서울시 도시계획정책 자문위원(현) 2014년 새정치민주연합 정책위원장 2014년 서울시의회 (새정치민주연합·더불어민주당)(현) 2014년 同도시계획관리위원회 부위원장 2014년 同예산결산특별위원회 부위원장 2015년 同한옥지원특별위원회 부위원장 2016년 同도시계획관리위원회 위원장(현) (상)매니페스토대상(2012·2013·2014), 뉴스메이트 선정 '2012 한국을 이끄는 혁신리더'(2012), 지방의원 매니패스토경진대회 최우수상(2013)

김정태(金正泰) KIM Jeong Tae

(생)1965·11·15 (본)경주(慶州) (출)경남 거창 (주)경기 과천시 관문로47 미래창조과학부 정보통신정책실 정보활용지원팀(02-2110-2970) (학)1984년 거창 대성고졸 1988년 서울대 영어영문학과졸 (경)1995년 종합유선방송위원회 근무 2000년 방송위원회 기획부 조사관 2003년 同비서실 선임조사관 2005년 同정책2부장 2007년 同법제부장 2008년 방송통신위원회 방송정책국 지상파방송과장(서기관) 2009년 同지상파방송정책과장 2010년 同전파연구소 이천분소장 2010년 캐나다 파견(서기관) 2013년 미래창조과학부 정보화전략국 지능통신정책과장 2013년 同다부처협업기획과장 2013년 同과학기술진흥과장 2015년 국립과천과학관 운영지원과장 2016년 同고객창출과장 2016년 미래창조과학부 정보통신정책실 정보활용지원팀장(현) (저)'방송법 해설(디지털시대)'(2005·2007·2013) (역)'매클루언의 이해'(2007) (종)기독교

김정택(金正澤) KIM Jung Taek

(생)1947·10·20 (본)월성(月城) (출)경북 포항 (주)서울 마포구 백범로35 서강대학교(02-705-8556) (학)1975년 서강대 철학과졸 1978년 고려대 대학원 심리학과졸 1984년 미국 Boston College(Weston School of Theology)졸 1988년 심리학박사(미국 세인트루이스대) (경)1979~2001년 서강대 교양과정부 전임강사·조교수·부교수 1989년 同학생생활상담연구소장 1991년 同교양과정부장 1997~1999년 한국심리유형학회 회장 2003~2004년 서강대 교목처장 2004~2008년 同교육대학원장 2004~2005년 한국상담심리학회 회장 2004년 同이사장 2006~2013년 서강대 심리학과 교수 2009~2010년 同일반대학원장 2010~2011년 同교학부총장 2013년 同명예교수(현) 2013~2016년 학교법인 서강대 이사 (상)교육과학기술부장관표창(2013) (저)'상담이론' '성격이론' '가족상담' 'MBTI와 가족이해' 등 (역)'가족치료 : 핵심개념과 실제적용'(2007) '가족치료 : 개념과 방법'(2008) '서로 다른 천부적 재능들' (종)가톨릭

김정학(金貞鶴) KIM Jeong Hak

(생)1953·1·2 (출)부산 (주)인천 남구 소성로163번길17 인천지방법원(032-860-1113) (학)1971년 경남고졸 1975년 서울대 법학과졸 (경)1986년 사법시험 합격(28회) 1989년 사법연수원 수료(18기) 1989년 인천지법 판사 1991년 서울지법 남부지원 판사 1993년 창원지법 충무지원 판사 1996년 서울지법 서부지원 판사 1998년 同판사 2000년 同북부지원 판사 2001년 서울고법 판사 2003년 서울가정법원 판사 2004년 부산지법 부장판사 2006년 수원지법 부장판사 2007년 대법원 연구법관 2008년 서울서부지법 부장판사 2010년 서울중앙지법 부장판사 2013년 서울서부지법 부장판사 2015년 인천지법 부장판사(현)

김정학(金政鶴) KIM, JEONG HAK

(생)1959·7·22 (본)상산(商山) (출)대구 (주)서울 마포구 월드컵북로54길12 DMS빌딩10층 국악방송 한류정보센터(02-300-9980) (학)1977년 영남고졸 1982년 영남대 영어영문학과졸 1985년 同대학원 영문학과 수료 (경)1989~1995년 BBS불교방송 프로듀서·제작부 차장 1991~1993년 한국방송프로듀서연합회 부회장 1995~2000년 TBC대구방송 프로듀서·FM팀장·편성팀장 2000~2002년 LA미주한국일보 뉴미디어국장 2003년 한·캐나다 수교40주년 행사기획단장 2004~2008년 LA라디오코리아 편성국장·본부장 2008~2013년 영남대 천마아트센터 총감독 2010년 2011대구세계육상선수권대회 문화기획위원 2013년 2013경주문화엑스포 자문위원 2013년 국악방송 한류정보센터장(현), 同방송제작부장 겸임(현) (상)제20회 한국방송대상(1993), 제4회 행원문화상(1995), 관해문화재단 언론상(1999), 이달의 최고 프로듀서상(2015), 이 달의 최고 프로그램상(2015) (저)'취재수첩 : 일연선사로 팔만대장경을 본다'(1998, 페이지원) (역)'숨어있는 샘(Hidden Spring)'(2010, 바움출판사) (종)불교

김정한(金禎漢) Jeong Han Kim

(생)1956·8·28 (본)안동(安東) (출)충남 홍성 (주)인천 연수구 갯벌로156 한국생산기술연구원 뿌리산업기술연구소(032-850-0201) (학)1983년 인하대 금속공학과졸 1987년 미국 콜로라도광업대(Colorado School of Mines) 대학원 금속공학과졸 1993년 금속재료공학박사(미국 콜로라도광업대) (경)1985~1993년 미국 콜로라도광업대 Welding & Joining Research Center, Research Assistant 1995년 한국생산기술연구원 선임연구원 1998년 同수석연구원(현) 1998~1999년 同청정생산공정팀장 2000~2008년 대한안전경영과학회 이사 2000년 同종신회원(현) 2001~2005년 한국생산기술연구원 용접접합연구팀장 2003~2004년 대한용접·접합학회 기술이사 2004~2006년 한국생산기술연구원 SMT센터장 겸 직무기피해소사업단장 2004~2008년 同마이크로조이닝센터장 2004~2005년 조선대 겸임교수 2005~2006년 대한용접·접합학회 사업이사 2005~2007년 한국생산기술연구원 생산기반기술본부장 겸 인천연구센터 소장 2005~2008년 同자동차부품클러스트사업단장 2005~2012년 한국마이크로조이닝연구조합 운영위원 2006~2008년 서울산업대 겸임교수 2006~2008년 대한금속재료학회 기술이사 2006~2008년 한양대 겸임교수 2007~2008년 한국생산기술연구원 국제협력단장 2007~2008년 대한용접·접합학회 기술이사 2008년 과학기술연합대학원대(UST) 겸임교수(현) 2008~2011년 한국생산기술연구원 미국기술협력센터장 2012년 同뿌리산업진흥센터 소장 2012~2014년 한국마이크로조이닝연구조합 사업이사 2012년 대한용접·접합학회 IIW2014준비위원회 간사위원(현) 2013년 同종신회원(현) 2013년 同부회장(현) 2015년 한국생산기술연구원 뿌리산업기술연구소장(현) (상)정부주요정책개발 국무총리표창(2003), 대한용접·접합학회 기술상(2006), 대한용접·접합학회 공로상(2014) (역)'신용접공학'(共) (종)천주교

김정한(金鼎翰) KIM Jeong Han

(생)1962·7·20 (출)서울 (주)서울 동대문구 회기로85 고등과학원 계산과학부(02-958-2551) (학)1985년 연세대 이과대학 물리학과졸 1987년 同대학원 수학과졸 1993년 수학박사(미국 럿거스대 뉴브런스윅교) (경)1993~1997년 AT&T 벨연구소 선임연구원 1996~1997년 미국 프린스턴대·프린스턴고등연구원 객원교수 1996~1997년 미국 카네기멜론대 부교수 1997~2007년 마이크로소프트연구소 수석연구원 2006~2008년 연세대 이과대학 수학과 교수 2007년 同언더우드교수 2008~2011년 국가수리과학연구소 소장 2011~2013년 연세대 이과대학 수학과 교수 2013년 고등과학원(KIAS) 계산과학부 교수 2013년 同계산과학부 학부장(현) 2016년 한국과학기술한림원 정회원(이학부·현) (상)플커슨상(1997), 과학기술부 및 과학문화재단 선정 '닮고 싶고 되고 싶은 과학기술인 10인' 학술분야(2007), 경암학술상 자연과학분야(2008)

김정함(金貞咸) Kim Jeong Ham

(생)1962·1·25 (주)경기 평택시 중앙로273 평택소방서(031-8053-6123) (경)2010년 경기 연천소방서장 2011년 경기 포천소방서장 2013년 경기 송탄소방서장 2016년 경기 평택소방서장(현)

김정행(金正幸) KIM Jung Haeng (月浦)

[생]1943 · 12 · 7 [출]경북 포항 [학]1961년 대구 대건고졸 1965년 대한유도대 유도학과졸 1976년 건국대 행정대학원졸 1992년 명예 체육학박사(중국 성도체육대) 1996년 명예 행정학박사(경기대) 1997년 이학박사(일본 일본대) 2001년 명예 체육학박사(몽골 울란바토르 몽골종합체육연구소) 2003년 명예 체육학박사(대만 국립체육대) 2003년 명예 이학박사(대만 국립체육대) 2003년 명예 이학박사(중국 문화대) 2007년 명예 체육학박사(중국 후난사범대) 2010년 명예 체육학박사(러시아 레츠카프트대) 2012년 명예 체육학박사(스페인 카밀로호세셀라대) 2013년 명예 국제경영학박사(일본 벳부대) [경]1970~1986년 대한유도대 전임강사 · 조교수 · 부교수 1976년 국가대표 유도코치 1981년 유도대 학생처장 1986년 同교수 1986년 아시아유도연맹 · 세계유도연맹 경기위원장 1986년 국립수사연구소 교수 1987년 유도대 무도연구소장 1989년 대한유도회 전무 1990년 용인대 기획실장 1992~1995년 대한유도회 부회장 1992년 용인대 부총장 1994~2014년 同총장 1995~2013년 대한유도회 회장 1997~2002년 대한체육회 부회장 1998년 방콕아시안게임 한국선수단장 1999~2012년 대한무도학회 초대회장 2000~2006년 아시아유도연맹 부회장 2002년 세계주니어유도선수권대회 조직위원장 2003년 약속지키기운동본부 초대총재 2003~2011년 동아시아유도연맹 회장 2004년 아시아체육교류연맹 이사장 2005~2013년 대한체육회 부회장 2005년 범태평양유도연맹 회장 2006년 아시아유도연맹 회장 2007~2011년 同부회장 2008년 베이징올림픽 한국선수단장 2009~2014년 2014인천아시아경기대회조직위원회 부위원장 2010년 국제유도연맹 올림픽솔리다리티위원회 위원 2010년 한나라당 문화예술체육특별위원회 부위원장 2011년 국제유도연맹(IJF) 집행위원 2012년 同마케팅위원 2013~2016년 대한체육회 회장 2016년 同공동회장 [상]대한민국 체육상, 체육훈장 백마장 · 청룡장, IOC훈장 은장, 몽골 NOC올림픽훈장, 스페인올림픽위원회 특별공로상(2010), 한국언론인연합회 자랑스러운 한국인 대상 체육진흥부문(2013) [저]'유도정복술' '유도의 훈련방법' '대학체육' '유도개론' '유도지도서' '유도지도법' '유도의본 Ⅰ · Ⅱ' [역]'체육원리' '동서체육사상의 만남' '유도챔피언' '무도론'

김정헌(金正憲) Kim Jeong Heon

[생]1966 · 5 · 5 [출]인천 [주]인천 남동구 정각로29 인천광역시의회(032-440-6023) [학]1991년 인하대 정치외교학과졸 [경]영종동청년연합회 회장, 인천 중구 바르게살기협의회 부회장, 인하대총동창회 부회장(현), 인천 중구 생활체육협의회 고문(현), 인천 중구 새마을협의회 이사 2006~2010년 인천시 중구의회 의원 2008~2010년 同부의장 2010년 인천시의회 의원(한나라당 · 새누리당), 同산업위원회 간사, 민주평통 자문위원(현) 2012년 새누리당 인천시당 대변인, 同인천시당 민원위원회 부위원장 2014년 인천시의회 의원(현)(새누리당) 2014년 同산업경제위원회 위원 2014~2015년 同예산결산특별위원회 위원 2016년 同산업경제위원회 위원장(현)

김정호(金政鎬) KIM Jeong Ho

[생]1946 · 6 · 16 [본]경주(慶州) [출]서울 [주]세종특별자치시 남세종로263 한국개발연구원 국제정책대학원(044-550-1045) [학]1964년 서울 경동고졸 1970년 미국 캘리포니아대 버클리교 정치학과졸 1973년 同대학원졸 1987년 도시 및 지역개발학박사(미국 미시간대) [경]1971년 미국 버클리대 도시 및 지역개발연구소 연구조원 1973년 미국 샌프란시스코시 도시계획원 1977년 同지역계획조사관 1978년 同오클랜드시 재개발국 경제개발계획조정관 1986년 미국 미시간주 앤아버시 도시정보국 도시주택정책자문 1988년 국토개발연구원 주택 및 토지연구실장 1988년 同주택 및 건설경제연구실장 1990년 同주택연구실장 1990~1992년 세계은행 주택정책자문위원 1990~1999년 국토개발연구원 선임연구위원 1994년 同건설교통연구실장 1994년 한국주택학회 회장 1998년 국토개발연구원 주택도시연구센터장 1999년 국토연구원 부원장 2001년 同지역도시연구실 선임연구위원 2002년 同SOC건설경제실장 2003년 한국개발연구원(KDI) 국제정책대학원 초빙교수(현) 2005년 건설교통부 토지부담금제 자문위원회 위원장 2005년 대한부동산학회 회장 2006~2010년 강원발전연구원 원장 2010년 국토해양부 도시건축정책포럼 총괄자문위원 2010~2011년 강원도립대 총장 2011년 국토해양부 교통영향평가위원 [상]국무총리표창, 미국 미시간대한국동문회 자랑스런 동문상(2011) [저]'샌프란시스코시 남동지역의 종합개발전략' '주택수요에 관한 연구' '한국의 토지세제 개편방안 연구' '건설경기예측에 관한 연구' '80년대 주택정책평가와 향후 정책방향' '주택생산 구조분석' '전환기의 주택정책 방향 모색' '주택금융제도 개선에 관한 연구' '주택개발 및 공급체계의 개선방향' '주택정책의 회고와 전망'

김정호(金定鎬) Kim Jung Ho

[생]1952 · 4 · 4 [본]의성(義城) [출]전남 해남 [주]서울 마포구 동교로177 한국세정신문 사장실(02-338-1131) [학]1971년 광주제일고졸 1978년 서울대 경영학과졸 1985년 연세대 대학원 경영학과졸 1989년 심리학박사(서울대) [경]1980년 한국세정신문 기획실장 2006년 同발행인 겸 편집인(현) 2007년 同대표이사 사장(현)

김정호(金正鎬) KIM Jeong Ho

[생]1953 · 10 · 10 [본]상산(商山) [출]경기 강화 [주]서울 서초구 명달로9길6 재정빌딩 환경농업연구원(02-3472-8830) [학]1978년 서울대 농대졸 1983년 일본 오비히로축산대 대학원졸 1986년 농학박사(일본 京都大) [경]1978~1980년 서울대 농대 조교 1986년 한국농촌경제연구원 연구위원 1988년 同토지경제실장 1992년 同농업경영실장 1998년 同동향분석실장 2000년 同농정분석실장 2001년 농민신문 객원논설위원(현) 2002년 한국농업정책학회 이사(현) 2002년 한국농촌경제연구원 신농업농촌특별연구단장 2002~2013년 同농업발전연구부 선임연구위원 2002~2005년 대통령자문 농어업 · 농어촌특별대책위원회 전문위원 2003~2005년 한국농업경제학회 이사 2003~2008년 농촌진흥청 중앙농업산학협동심의회 전문위원 2003년 통계청 통계품질심의위원회 위원 2003년 농림부 농업정보통계심의위원회 위원 2004년 同농지전용조정심의위원회 위원 2005년 同예산자문위원회 위원 2006년 한국농촌경제연구원 농업구조센터장 2007년 한국축산경영학회 회장 2007~2008년 한국농촌경제연구원 부원장 2008~2010년 한국공학한림원 농산업경쟁력위원회 위원 2008년 한국농촌경제연구원 농림기술관리센터 소장 2009~2010년 同농업관측정보센터장 2009~2012년 국토해양부 토지이용규제심의위원회 위원 2014년 (사)환경농업연구원 원장(현) 2014년 농림수산식품교육문화정보원 비상임감사(현) [상]대통령표창(1993) [저]'축산경영학'(1992) '고향이 되살아난다'(1996) '농업전문경영인을 위한 농업경영'(2006) '농업법인은 한국 농업의 활로'(2008) '한국 농업 미래 비전'(2012) '가족농연구'(2012) [역]'농업의 새물결'(1991) '지방자치 시대의 지역농업계획론'(1998) [종]천주교

김정호(金正浩) Kim, Chung-Ho

[생]1956 · 2 · 8 [출]서울 [주]서울 서대문구 연세로50 연세대학교 경제대학원(02-2123-5496) [학]1975년 서울고졸 1979년 연세대 경제학과졸 1984년 서울대 환경대학원 수료 1988년 경제학박사(미국 Univ. of Illinois, Urbana-Champaign) 2003년 법학박사(숭실대) [경]1981~1984년 한국산업경제연구원 연구원 1988년 한국지방행정연구원 주임연구원 1990~1997년 한국경제연구원 연구위원 1991년 한국주택학회 학술위원장 1996년 한국경제연구원 규제연구센터 실장 1997~2000년 자유기업센터 법경제실장 2000년 자유기업원 부원장 2000~2006년 내외(헤럴드)경제신문 객원논설위원 2003년 자유기업원 원장 직대 2004~2012년 同원장 2006년 서울대 겸임교수 2008~2010년 대통령직속 규제개혁위원회 민간위원 2010년 대통령소속 사회통합위원회 이념분과 위원 2011~2013년 포퓰리즘입법감시단 공동대표 2012년 연세대 경제대학원 특임교수(현) 2013년 프리덤팩토리 대표(현) [상]템플턴자유상(2006) [저]'한국의 토지이용규제'(1995) '갈등하는 본능'(1997) '한국법의 경제학'(1997) '토지세의 경제학:미신과 현실'(1997) '한국 민법의 경제학적 분석'(2003) '사이버 공간의 법경제학'(2004) '왜 우리는 비싼 땅에서 비좁게 살까'(2005) '땅은 사유재산이다'(2006) '블라디보스토크의 해운대행버스'(2007) '누가 소비자를 가두는가'(2007) '비즈니스 마인드 셋'(2011, 아이이펍) '다시 경제를 생각한다'(2012) 'K-POP, 세계를 춤추게 하다'(2013, FKI미디어) '법, 경제를 만나다'(2014) [역]'법'(1997) '7천만의 시장경제 이야기'(2004) '오픈소스 소프트웨어에 관한 정부정책'(2004)

김정호(金正皓) KIM Jeong Ho

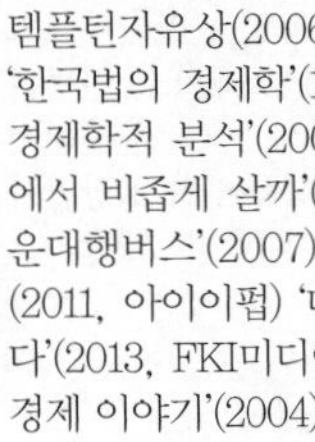

[생]1956 · 9 · 2 [본]충주(忠州) [출]서울 [주]서울 성북구 안암로145 고려대학교 법과대학 법학과(02-3290-1886) [학]1975년 중앙고졸 1982년 고려대 법학과졸 1987년 독일 쾰른대 대학원 법학과졸 1990년 법학박사(독일 쾰른대) [경]1990년 고려대 법대 법학과 강사 · 조교수 · 부교수 · 교수(현) 1993년 행정고시 시험위원 1994년 공인회계사 시험위원 1997년 독일 쾰른대 객원교수 1998년 영국 옥스퍼드대 객원연구원 1999년 사법고시 시험위원 1999년 대한상사중재원 중재인(현) 2002년 입법고시 시험위원 2004년 사법고시 시험위원 2005~2007년 주식백지신탁심사위원 2006년 한국경영법률학회 부회장 2006년 대한상사법학회 국제이사 2009년 미국 버클리대 법대 방문교수 2010년 한국경영법률학회 수석부회장 2010년 대한상사법학회 부회장 2010년 고려대 법학연구원장, 매일경제 객원논설위원 2012년 (사)한국경영법률

학회 회장 2016년 (사)한국상사법학회 회장(현) [저]'상법사례입문' '상법강의 上·下'(1999·2000) '국제거래법'(2002) '상법연습'(2003, 법문사) '상법총칙상행위법'(2008) '어음수표법'(2010, 법문사) '회사법'(2010, 법문사)

김정호(金精鎬) KIM Jung Ho

[생]1958·1·25 [출]강원 춘천 [주]서울 서초구 반포대로21 (주)서울제약 비서실(02-3470-2300) [학]1973년 성수고졸 1984년 강원대 농학과졸 [경]1983년 (주)대웅제약 입사, 同상무이사 2007~2008년 同OTC사업본부장(전무) 2009~2013년 JW중외제약 입사·의약사업본부장(전무) 2014년 CMG제약 대표이사 2015년 (주)서울제약 대표이사 사장(현)

김정호(金正浩) KIM Jeong Ho

[생]1958·9·10 [출]서울 [주]서울 서대문구 연세로50 세브란스병원 진단검사의학과(02-2228-2448) [학]1983년 연세대 의대졸 1986년 同대학원졸 1995년 의학박사(연세대) [경]1990~2004년 연세대 의대 임상병리학 조교수·부교수 1995년 미국 워싱턴의대 연구원 2001년 대한임상검사정도관리협회 TDM분과위원장 2004년 연세대 의대 진단검사의학교실 교수(현), 강남세브란스병원 진단검사의학과 과장 2006년 대한진단검사의학회 편집이사·위원 2012년 세브란스병원 진단검사의학과 전문의(현) 2013년 연세대 의대 진단검사의학교실 주임교수(현) 2013년 세브란스병원 진단검사의학과장(현) 2013~2015년 대한진단검사의학회 이사장 [종]기독교

김정호(金正浩) KIM Jung Ho

[생]1960·8·23 [본]김해(金海) [출]서울 [주]서울 중구 청파로463 한국경제신문(02-360-4451) [학]1979년 서울 충암고졸 1987년 한양대 신문방송학과졸 2002년 미국 UC San Diego 국제관계대학원(IRPS) 전문가과정 수료 [경]1999년 한국경제신문 산업1부 기자 2000년 同경제부 기자 2001년 同경제부 차장대우 2001년 해외 연수 2002년 한국경제신문 대기업팀 차장대우 2003년 同대기업팀장 2004년 同산업부장 2005년 同경제부장 2008년 同편집국 부국장대우 겸 한경닷컴 온라인뉴스국장 2010년 同편집국장 2011년 同수석논설위원 2012~2015년 同수석논설위원 겸 광고국장(이사대우) 2012~2015년 전기위원회 위원 2015년 한국경제신문 수석논설위원 겸 광고국장(이사)(현) 2016년 한국신문협회 광고협의회 부회장(현) [상]한양언론인회 한양언론인상(2012) [저]'21세기 21가지 대예측(共)'(1999)

김정호(金靖鎬) KIM Jeong Ho

[생]1962·1·18 [출]광주 [주]서울 강남구 테헤란로317 동훈타워 법무법인(유) 대륙아주(02-563-2900) [학]1980년 서울 신일고졸 1984년 서울대 법대졸 1986년 同대학원 법학과졸 [경]1986년 사법시험 합격(28회) 1989년 사법연수원 수료(18기) 1989년 육군 법무관 1992년 수원지법 판사 1994년 서울형사지법 판사 1996년 광주지법 순천지원 판사 1997년 同순천지원 광양시·구례군법원 판사 1998년 광주고법 판사 1999년 서울지법 판사 1999년 독일 프라이부르크 막스플랑크연구소 연수 2000년 서울고법 판사 2001년 헌법재판소 연구관 2003년 서울고법 판사 2004년 대전지법 형사6부 부장판사 2006년 수원지법 부장판사 2008년 서울중앙지법 부장판사 2011년 서울북부지법 부장판사 2012~2013년 同수석부장판사 2013년 법무법인(유) 대륙아주 변호사(현)

김정호(金正琥) KIM JungHo

[생]1962·2·10 [주]서울 종로구 인사동7길32 (주)SK건설 건축영업2본부(02-3700-7114) [학]수성고졸, 한국외국어대 경제학과졸, 서울대 대학원 농업경제학과졸, 미국 서던캘리포니아대 대학원 경영학과졸(MBA) [경]SK해운 근무, SK(주) 근무, SK텔레콤 근무, (주)SK건설 인력실장(상무), 同기업문화실장(상무), 同상무(GLDP교육 파견), 同건축기획·사업관리본부장(상무) 2014년 同건축마케팅사업관리본부장(상무) 2014년 同건축영업2본부장(상무) 2016년 同건축영업2본부장(전무)(현)

김정호(金政鎬) KIM JUNG HO

[생]1962·6·15 [본]김해(金海) [출]울산 [주]서울 중구 동호로330 CJ제일제당 전략기획실(02-6740-1114) [학]서울사대부고졸, 경제학박사(성균관대) [경]롯데 경제연구실 근무, CJ(주) 경영연구소 근무 2006년 同기획팀 기획담당 상무 2007년 CJ제일제당 전략기획팀 상무, 同경영연구소 상무 2011년 CJ(주) 기획팀 식품담당 상무 2013년 CJ제일제당 전략기획실장(부사장대우)(현)

김정호(金正浩) Kim, Jung Ho

[생]1967·8·19 [출]인천 [주]부산 연제구 법원로15 부산지방검찰청 형사4부(051-606-4313) [학]1986년 제물포고졸 1992년 연세대 법학과졸 [경]1997년 사법고시 합격(39회) 2000년 사법연수원 수료(29기) 2000년 인천지검 부천지청 검사 2002년 대전지검 공주지청 검사 2003년 부산지검 동부지청 검사 2005년 인천지검 검사 2009년 서울서부지검 검사 2011년 사법연수원 교수 2014년 서울중앙지검 부부장검사 2015년 창원지검 공안부장 2016년 부산지검 형사4부장(현)

김정화(金正和) Kim, Jeong-hwa

[생]1969·1·21 [출]부산 [주]서울 종로구 세종대로209 정부서울청사4층 대통령직속 지역발전위원회 정책홍보관실(02-2100-1145) [학]1988년 동인고졸 1994년 부산대 기계공학과졸 2006년 미국 카네기멜론대 대학원 MSIT 과정졸 [경]1994년 기술고시 합격(30회) 2004년 산업자원부 전자상거래총괄과 서기관 2007년 同투자정책팀 서기관 2007년 한국형헬기개발사업단 파견 2008년 지식경제부 정보통신활용과장 2010년 미국 소프트웨어연구소 파견(서기관) 2012년 지식경제부 방사성폐기물과장 2013년 산업통상자원부 에너지자원실 원전환경과장 2014년 同산업정책실 전자부품과장 2016년 대통령직속 지역발전위원회 정책홍보관(부이사관)(현)

김정환(金正煥) KIM Jeong Hwan

[생]1954·9·21 [본]경주(慶州) [출]서울 [주]울산 동구 방어진순환도로1000 현대중공업 조선사업본부(052-202-2034) [학]1973년 경기고졸 1978년 서울대 조선공학과졸 [경]1999년 현대중공업(주) 특수선 이사 2004년 同특수선설계담당 상무 2008년 同생산기획및품질경영부 상무 2009년 同특수선부문 총괄전무 2012년 同엔진기계사업본부장(부사장) 2014년 同조선사업본부장(부사장) 2014년 同특수선사업부 부사장 2015년 同조선사업본부 대표(사장)(현) [상]장영실상, 대한조선학회 충무기술상(2005), 보국훈장 삼일장(2011) [종]불교

김정환(金汀煥) KIM Jeong Hwan

[생]1958·1·27 [출]서울 [주]경기 수원시 영통구 삼성로129 14층 삼성전자(주) 인사팀(031-200-1114) [학]1975년 용산고졸 1981년 한국외국어대 포르투갈어과졸 [경]삼성전자(주) 마케팅전략팀 부장 2003년 同글로벌마케팅실 마케팅전략팀장(상무보) 2005년 同스페인판매(SESA)법인장(상무) 2010년 同스페인판매(SESA)법인장(전무) 2011년 同영상디스플레이 Enterprise Business팀장(전무) 2014년 同중남미총괄 전무(현)

김정환(金正煥) Jeong-hwan KIM

[생]1967·11·14 [출]경남 합천 [주]세종특별자치시 한누리대로402 산업통상자원부 시스템산업정책관실(044-203-4300) [학]1986년 서울 배재고졸 1990년 서울대 경제학과졸 2001년 경제학박사(미국 미주리대) [경]1989년 행정고시 합격(33회) 1992년 상공부 산업정책국 산업진흥과 사무관 1994년 同산업기술국 산업기술진흥과 사무관 1994년 통상산업부 산업정책국 산업기술개발과 사무관 1995년 同자원정책실 자원정책과 사무관 1998년 미국 미주리대 교육훈련 2001년 산업자원부 무역투자실 투자정책과 서기관 2003년 APEC에너지연구센터 파견 2006년 산업자원부 석탄산업과장 2006년 同석탄산업팀장 2007년 同지식서비스팀장 2008년 지식경제부 지식서비스과장 2008년 同반도체디스플레이과장 2009년 대통령실 파견(부이사관) 2010~2011년 지식경제부 정보통신총괄과장 2011년 중소기업청 기획조정관 2013년 산업통상자원부 기술표준원 지식산업표준국장 2013년 同국가기술표준원 제품안전정책국장 2015년 同기획조정실 정책기획관 2016년 同산업기반실 산업기술정책관 2016년 同산업기반실 시스템산업정책관(현)

김정환(金政煥) Jung Hwan KIM

[생]1970·3·30 [본]경주(慶州) [출]서울 [주]세종특별자치시 도움6로11 환경부 정책홍보팀(044-201-6040) [학]1988년 서울 중동고졸 1997년 아주대 환경공학과졸 [경]2009년 환경부 운영지원과 인사팀장 2010년 同온실가스관리팀장 2012년 국외훈련 2013년 국립환경과학원 연구전략기획과장 2014년 환경부 온실가스종합정보센터 감축목표팀장 2015년 同환경기술경제과장 2015년 同정책홍보팀장(현) [상]대통령표창

김정환 Kim Junghwan

[생]1983 · 9 · 2 [주]경기 하남시 미사대로505 국민체육진흥공단 경륜 · 경정사업본부 운영지원팀(031-790-8205) [학]한국체육대졸 [경]2002년 아시아청소년펜싱선수권대회 남자사브르 개인전 3위 2005년 SK텔레콤 국제그랑프리펜싱선수권대회 남자사브르 우승 2006년 한국실업연맹회장기펜싱대회 남자사브르 우승 2007년 국제그랑프리펜싱대회 남자사브르 개인전 3위 2007년 폴란드펜싱월드컵A급대회 남자사브르 개인전 금메달 2008년 부다페스트국제그랑프리대회 남자사브르 단체전 금메달 2009년 아시아펜싱선수권대회 남자사브르 금메달 2010년 광저우아시안게임 남자사브르 단체전 은메달 2011년 국민체육진흥공단 펜싱팀 소속(현) 2012년 국제월드컵A급선수권대회 남자사브르 단체전 우승 2012년 제30회 런던올림픽 남자사브르 단체전 금메달 2013년 세계펜싱선수권대회 남자사브르 단체전 동메달 2014년 제17회 인천아시안게임 남자사브르 개인전 은메달 · 단체전 금메달 2015년 아시아펜싱선수권대회 남자사브르 단체전 금메달 · 개인전 금메달 2016년 제31회 리우데자네이루올림픽 남자사브르 개인전 동메달 [상]코카콜라 체육대상 5월 MVP(2007)

김정회(金廷會) KIM JEONG HOI

[생]1958 · 7 · 24 [출]전북 [주]서울 강남구 테헤란로326 역삼아이타워12층 (주)동양건설산업(02-3420-8000) [학]1977년 전주고졸 1984년 전북대 농공학과졸 [경]한신공영 이사 2008년 (주)동양건설산업 SOC담당 상무보, 同토목사업본부장(상무) 2014년 同대표이사 2015년 同건설사업본부장(부사장)(현)

김정효(金貞孝 · 女) KIM Jung Hyo

[생]1958 · 9 · 22 [출]강원 춘천 [주]서울 서대문구 이화여대길52 이화여자대학교 사범대학 초등교육과(02-3277-2814) [학]1981년 이화여대 초등교육과졸 1985년 同대학원 교육학과졸 1994년 교육학박사(미국 오하이오주립대) [경]1982~1985년 서울 동북초 교사 1992년 아세아연합신학대학원 교육연구원 자원연구원 1995년 이화여대 사범대학 초등교육과 조교수 · 부교수 · 교수(현) 2002년 한국초등교육학회 총무이사 2003년 중국 연변과학기술대 교환교수 2006~2014년 이화여대사범대학부속초 교장 2008년 교육과학부 초등도덕교과서 심의위원 2015년 한국초등교육학회 회장(현) [저]'교실아동의 사회적 관계'(2000) '한국 근대 초등교육의 성립'(2005) '초등교육이란 무엇인가-현상학적 접근'(2005) [역]'토론학습의 이론과 실제'(1997)

김정훈(金正薰) KIM, JUNG-HOON

[생]1957 · 11 · 3 [본]김해(金海) [출]부산 [주]서울 영등포구 의사당대로1 국회 의원회관716호(02-784-0680) [학]1976년 부산고졸 1987년 한양대 법학과졸 [경]1989년 사법시험 합격(31회) 1992년 사법연수원 수료(21기) 1998~2001년 부산시 고문변호사 1999~2005년 부산안전생활실천시민연합 공동대표 2001~2003년 대한변호사협회 인권위원 2004년 제17대 국회의원(부산시 남구甲, 한나라당) 2004~2008년 국회 정무위원회 한나라당 간사 2005~2007년 한나라당 정보위원장 2005년 (사)한국 · 쿠웨이트친선협회 회장 2006년 한 · 중앙아시아경제협력포럼 회장 2007년 한 · 미얀마경제교류협회 회장 2007년 중국 흑룡강성 목단강시 우호선전대사 2007~2008년 제17대 대통령취임준비위원회 자문위원 2007~2008년 한나라당 원내부대표(공보담당) 2008년 한 · 사우디의원친선협회 이사 2008년 한 · 쿠웨이트의원친선협회 부회장 2008년 한 · 일의원연맹 미래위원장 2008년 제18대 국회의원(부산시 남구甲, 한나라당 · 새누리당) 2008년 국회 지식경제위원회 위원(예산담당) 2009~2010년 국회 정보위원회 위원 2009~2010년 국회 운영위원회 한나라당 간사 2009~2010년 한나라당 원내수석부대표 2009년 글로벌패션포럼 대표 2009년 해외자원건설포럼 대표 2010년 국제평화기념사업회 이사장 2010~2011년 한나라당 부산시당 위원장 2010~2011년 同대표최고위원 특보단장 2010년 대통령 특사(콜롬비아) 2010년 남부아프리카 경제사절단장 2011년 남미산업협력사절단 단장 2011년 한나라당 정책위 선임부의장 2011~2012년 국회 정치개혁특별위원회 한나라당 간사 2011년 한나라당 전국위원회 부의장 2012년 제19대 국회의원(부산시 남구甲, 새누리당) 2012~2014년 국회 정무위원회 위원장 2012년 국회 해외동포무역경제포럼 대표의원 2013년 대통령 특사단장(미국) 2014년 국회 정무위원회 위원 2015년 대한민국재향군인회 안보정책 자문위원 2015~2016년 새누리당 정책위원회 의장 2016년 同제20대 총선 부산 · 경남권선거대책위원장 2016년 제20대 국회의원(부산시 남구甲, 새누리당)(현) 2016년 국회 산업통상자원위원회 위원(현) [상]국정감사 NGO 모니터단 우수의원(2004 · 2005 · 2008 · 2009), 바른사회시민회의 국정감사 우수의원(2007 · 2009), 대한민국 헌정우수상(2011), 대한민국 재향군인회 향군대휘장(2011), 대한민국 자랑스런 시민대상(2012), 국정감사NGO모니터단 선정 우수상임위원회 위원장(2012 · 2013), 중소기업중앙회 중소기업지원대상(2013) [저]'국민생활안전에 관한 고찰' '민원제도의 개선방안' '미래평화'(2011) '세계와 악수하다'(2013) [종]불교

김정훈(金楨薰)

[생]1960 [출]충남 금산 [주]대전 서구 둔산대로117번길128 KBS 대전방송총국(042-470-7202) [학]대전고졸, 성균관대 신문방송학과졸 [경]1986년 한국방송공사(KBS) 입사(13기) 2000년 同보도본부 사회2부 기자(차장) 2001년 同보도국 차장 2002년 同정치부 차장 2004년 同대외정책 부주간(부장급) 2004년 同보도본부 국제팀 LA 특파원 2008년 同보도본부 국제팀 기자 2008년 同보도본부 사회팀장 2009년 同보도본부 보도국 정치외교팀장 2011년 同정책기획본부 남북협력기획단장 2012년 관훈클럽 감사 2013년 한국방송공사(KBS) 정책기획본부 법무실장 2015년 同대전방송총국장(현)

김정훈(金正勳) KIM Jung Hun

[생]1961 · 1 · 23 [출]광주 [주]세종특별자치시 시청대로336 한국조세재정연구원 재정연구본부(044-414-2300) [학]1983년 고려대 경제학과졸 1993년 경제학박사(미국 인디애나대) [경]1995년 한국지방행정연구원 책임연구원 1997년 한국조세연구원 전문연구위원 2000년 同연구위원, 同연구2팀장 2003년 同연구조정부장 2004년 同재정연구실장 2004년 디지털예산회계시스템추진기획단 자문위원 2006~2013년 한국조세연구원 재정연구본부장 2006~2013년 同선임연구위원 2013년 한국조세재정연구원 재정연구본부장(현)

김정훈(金政勳) KIM Jeong Hoon

[생]1961·7·1 [본]선산(善山) [출]서울 [주]서울 송파구 올림픽로43길88 서울아산병원 신경외과(02-3010-3559) [학]1980년 동국대사대부고졸 1986년 서울대 의대졸 1991년 同대학원졸 1996년 의학박사(고려대) [경]1986~1991년 서울대병원 수련의·신경외과 전공의 1991년 국군 서울지구병원 신경외과장 1994년 서울중앙병원 신경외과 전임의 1996~2007년 울산대 의대 신경외과학교실 전임강사·조교수·부교수 1998~1999년 미국 하버드대 부속 MGH 방문교수 2007년 울산대 의대 신경외과학교실 교수(현) [상]서울대병원 우수전공의상 [종]기독교

김정훈(金政勳) KIM Jung Hoon

[생]1961 · 8 · 15 [주]경북 경산시 대학로280 영남대학교 새마을국제개발학과(053-810-2686) [학]1984년 영남대 건축공학과졸 1991년 서울대 환경대학원 환경계획학과졸 2001년 도시및지역계획학박사(영국 뉴캐슬대) [경]1990~2010년 국토연구원 국토정보센터 연구위원 2009년 국토해양부 U-City계획 자문위원 2010년 영남대 새마을국제개발학과 교수(현) 2010년 국가미래연구원 국토 · 부동산 · 해운 · 교통분야 발기인 2011년 경제인문사회연구회 기획평가위원 2012년 경북도 도시계획위원 2012년 국가행복추진위원회 지역발전추진단 추진위원

김정훈(金正勳) KIM Jung Hoon

[생]1963 · 12 · 10 [출]충북 제천 [주]서울 종로구 사직로8길31 서울지방경찰청(02-720-4400) [학]1986년 경찰대졸(2기), 아주대 경영대학원 경영학과졸, 경영학박사(경기대) [경]1986년 경위 임용 1995년 경정 승진 2005년 제주지방경찰청 해안경비단장 2006년 총경 승진 2006년 충북지방경찰청 청문감사담당관 2006년 경기지방경찰청 경비과장 2007년 경기 평택경찰서장 2008년 경기지방경찰청 제3부 정보과장 2009년 경기 용인경찰서장 2011년 서울지방경찰청 핵안보기획팀장 2011년 경찰청 핵안보기획단장(경무관) 2012년 同치안정책관 2013년 서울지방경찰청 정보관리부장 2014년 경찰청 경무인사기획관(치안감) 2015년 충북지방경찰청장(치안감) 2016년 서울지방경찰청장(치안정감)(현)

김정희(金貞希 · 女) KIM Jeong Hee

[생]1957 · 10 · 7 [주]경북 안동시 경동로1375 안동대학교 생활환경복지학과(054-820-5639) [학]1980년 경북대 가정교육학과졸 1988년 同대학원 가정학과졸 1995년 가정학박사(경북대) [경]1980~1990년 대구 정화여중 · 고 교사 1992~1993년 동의대 · 대구대 강사 1994~2005년 안동대 가정관리학과 전임강사 · 조교수 · 부교수 2000~2001년 同기획연구부실장 2002년 경북도 물가대책위원회 위원(현) 2004~2015년 대구녹색소비자연대 공동대표 2005년

안동대 생활환경복지학과 교수(현) 2006년 한국소비자정책교육학회 부회장 2007년 경북지방소비자정책위원회 위원(현) 2007~2009년 한국소비문화학회 부회장 2008~2012년 대구소비자단체연합회 회장 2008~2009년 한국소비자업무협회 사무총장 2009년 한국소비문화학회 회장 2009년 한국소비자업무협회 수석부회장 2009년 안동대 기획처장 2010년 한국소비자업무협회 회장 2010년 한국소비자학회 부회장 2010년 한국소비자문화학회 고문(현) 2011년 한국소비자업무협회 관련학과협의회장 2011년 공정거래위원회 대구지방공정거래사무소 자문위원(현) 2012~2013년 한국소비자정책교육학회 회장 2013년 한국소비자업무협회 고문(현) 2014~2016년 안동대 생활과학대학장 [상]경북도지사표창(2007), 대구직할시장표창(2012), 홍조근정훈장(2014) [저]'정보사회의 소비자와 시장'(2004) '소비자의사결정로드맵'(2006) '소비자주권시대의 소비자교육'(2008) '생활경제와 소비자트렌드'(2010)

김정희(金正熙) Jeong Hee Kim

[생]1968·5·4 [본]김해(金海) [출]전남 함평 [주]세종특별자치시 도움6로11 국토교통부 건설정책국 건설경제과(044-201-3504) [학]전남대 행정학과졸, 도시계획학박사(영국 뉴캐슬대) [경]1994년 중앙공무원교육원 근무 1995년 건설교통부 제주항공관리사무소 과장 1996년 同도시관리과 근무 1998년 同개발제한구역제도개선팀 근무 2003년 同육상교통기획과 서기관 2006년 同국토정책과 서기관 2006년 재정경제부 경제자유구역기획단 개발지원과장(파견) 2007년 同혁신팀장 2008년 국토해양부 도시규제정비팀장 2009년 駐리비아대사관 파견(1등서기관) 2011년 지역발전위원회 파견 2013년 국토교통부 녹색도시과장 2014년 同건설정책국 건설경제과장(현)

김정희(金政姬·女) KIM Jung Hee

[생]1970·8·24 [출]서울 [주]세종특별자치시 다솜2로94 농림축산식품부 운영지원과(044-201-1261) [학]1989년 서울 영동여고졸 1993년 이화여대 법학과졸 [경]행정고시 합격(38회) 1996년 농림부 법무담당관실·국제협력과 사무관 1999년 同농업정책과 서기관 2003년 同유통정책과 서기관 2004년 同기획예산담당관실 서기관 2005년 同총무과장 2006년 同경영인력과장 2008년 농림수산식품부 농촌산업과장(서기관) 2009년 同품종보호심판위원회 상임위원 2009년 해외연수(서기관) 2011년 농림수산식품부 수산정책과장 2012년 同수산정책과장(부이사관) 2013년 同지역개발과장 2013년 농림축산식품부 지역개발과장 2014년 同농촌정책과장 2016년 국방대 파견(고위공무원)(현)

김제남(金霽南·女) KIM Je Nam

[생]1963·6·12 [출]경기 가평 [주]서울 영등포구 국회대로70길7 정의당 생태에너지부(02-2038-0103) [학]1983년 덕성여대 사학과졸 [경]핵없는사회를위한공동행동 공동집행위원장, 녹색연합 사무처장, 同녹색에너지디자인운영위원장, 통합진보당 4대강사업심판·복원화특별위원장, 同탈핵에너지전환특별위원장 2012~2016년 제19대 국회의원(비례대표, 통합진보당·진보정의당·정의당) 2012년 국회 지식경제위원회 위원 2012·2015년 국회 여성가족위원회 위원 2012년 국회 아이들에게핵없는세상을위한국회의원연구모임 대표 2013년 국회 산업통상자원위원회 위원 2013~2015년 정의당 원내대변인 2013년 同중소상공인자영업자위원회 위원장 2014~2015년 국회 운영위원회 위원 2014년 정의당 탈핵에너지전환위원회 위원장 2014~2015년 국회 정부 및 공공기관등의해외자원개발진상규명을위한국정조사특별위원회 위원 2015~2016년 정의당 원내수석부대표 2015년 同서울은평구지역위원회 위원장(현) 2016년 제20대 국회의원선거 출마(서울 은평구乙, 정의당) 2016년 정의당 생태에너지부 본부장(현) [상]경제정의실천시민연합 국정감사 우수의원(2014), 선플운동본부 '국회의원 아름다운 말 선플상'(2014)

김제락(金濟洛) Kim, Je Rak

[생]1956·6·10 [본]예안(禮安) [출]경북 영주 [주]서울 영등포구 은행로30 중소기업중앙회 인력지원본부(02-2124-3019) [학]1976년 송곡고졸, 고려대 노동대학원 경영학과졸 [경]1996년 중앙노동위원회 사무국 행정사무관 1999년 수원지방노동사무소 근로감독과 사무관 2002년 노동부 노사정책국 노사조정과 서기관 2003년 대구지방노동청 산업안전과장 2004년 경인지방노동청 근로감독과장 2006년 同노사지원과장 2007년 중앙노동위원회 법무지원팀장 2007년 대구지방노동청 구미지청장 2008년 노동부 근로기준국 근로조건지도과장 2009년 同산업안전보건국 산재보험과장 2010년 고용노동부 노사정책실 산재보험과장(부이사관) 2011년 중부지방고용노동청 경기지청장 2012년 同청장(일반직고위공무원) 2013년 대전지방고용노동청장 2013년 중소기업중앙회 인력지원본부장(현) 2013년 고용노동부 최저임금위원회 사용자위원(현) [상]근정포장(2013)

김제리(金濟理) Kim Je Rry

[생]1960·5·20 [본]김해(金海) [출]전남 [주]서울 중구 덕수궁길15 서울특별시의회(02-3783-1776) [학]1986년 방송통신고졸 2005년 한국방송통신대 행정학과졸 2008년 연세대 행정대학원졸 2010년 명지대 사회복지대학원졸 [경]민주평통 자문위원(현) 1995~1998년 서울시 용산구의회 의원, 한나라당 서울용산구당원협의회 운영위원, 同서울시당 홍보위원회 용산지회장, 경의선및용산구철도지하화추진위원회 간사 1998년 서울시의원선거 출마 2002·2006~2010년 서울시 용산구의회 의원 2005년 삼성전자 서비스C·S 강사, 서울시 용산구의회 운영위원장 2006~2008년 同복지건설위원장 2010년 서울시의회 의원(한나라당·새누리당) 2010~2012년 同운영위원회 부위원장 2010~2012년 同환경수자원위원회 위원 2010·2012년 同예산결산특별위원회 위원 2010~2011년 同CNG버스안전운행지원특별위원회 위원 2011~2012년 同장애인특별위원회 위원 2011~2012년 同안전관리및재난지원특별위원회 위원 2012~2014년 同인권도시창조를위한서울특별시의회인권특별위원회 위원 2012년 同도시계획관리위원회 부위원장 2012~2014년 同최고고도지구합리적개선특별위원회 부위원장 2012년 同도시재정비위원회 위원 2012년 同저탄소녹색성장및중소기업지원특별위원회 위원 2012년 同윤리특별위원회 위원 2013년 同학교폭력대책특별위원회 위원 2013년 同건축정책위원회 위원 2013~2014년 同서소문밖역사기념및보전사업추진특별위원회 부위원장 2013년 同2018평창동계올림픽지원및스포츠활성화를위한특별위원회 부위원장 2014년 同동남권역집중개발특별위원회 위원 2014년 서울시의회 의원(새누리당·더불어민주당)(현) 2014~2016년 同환경수자원위원회 위원 2014~2015년 同예산결산특별위원회 위원장 2015년 同서소문밖역사유적지관광자원화사업지원특별위원회 위원(현) 2015년 同항공기소음특별위원회 위원(현) 2016년 同장기미집행도시공원특별위원회 위원(현) 2016년 同교통위원회 위원(현) 2016년 同서울메트로사장후보자인사청문특별위원회 위원(현) [상]시민일보 제3·11회 의정대상, 나눔대상 고용노동부장관표창(2011), 전국시·도의회의장협의회 우수의정 대상(2016) [종]가톨릭

김제식(金濟植) KIM Je Sik

[생]1957·7·10 [출]충남 서산 [학]1976년 인천 제물포고졸 1982년 서울대 법학과졸 [경]1982년 사법시험 합격(24회) 1984년 사법연수원 수료(14기) 1985년 부산지검 검사 1987년 전주지검 남원지청 검사 1988년 서울지검 남부지청 검사 1991년 대구지검 검사 1993년 서울지검 검사 겸 법무부 검찰국 검사 1994년 법무부 검찰3과 검사 1996년 광주고검 검사 1997년 대검찰청 검찰연구관 1998년 대전지검 논산지청장 1999년 사법연수원 교수 2001년 법무부 특수법령과장 2002년 서울지검 공판1부장 2003년 同형사7부장 2003년 대전지검 형사1부장 2004년 광주지검 목포지청장 2005년 수원지검 안산지청 차장검사 2006년 광주지검 차장검사 2007~2008년 부산지검 동부지청장 2008년 변호사 개업 2010~2012년 법무법인 동인 구성원변호사 2012~2014년 변호사 개업 2012년 대한법률구조공단 비상임감사 2014년 서산YMCA 법률상담위원 2014~2016년 제19대 국회의원(서산·태안 보궐선거, 새누리당) 2014~2016년 국회 보건복지위원회 위원 2014~2015년 새누리당 중앙윤리위원회 윤리관 2014년 同법률지원단 부단장 2015년 同원내부대표 2015년 국회 운영위원회 위원 2015년 국회 미래창조과학방송통신위원회 위원 2015년 국회 동북아역사왜곡대책특별위원회 위원 2015년 국회 예산결산특별위원회 위원 2015~2016년 새누리당 충남도당 위원장 2015년 同국가간호간병제도특별위원회 위원 [상]근정포장, 국정감사 우수위원(2014) [저]'2중구속에 관한 소고' [역]'법무部'

김제욱(金濟郁)

[생]1971·4·22 [출]강원 원주 [주]경남 창원시 성산구 창이대로681 창원지방법원(052-228-8000) [학]1989년 대성고졸 1996년 한양대 법학과졸 [경]1999년 사법시험 합격(40회) 2001년 사법연수원 수료(30기) 2001년 전주지법 판사 2003년 대전지법 판사, 수원지법 판사 2009년 서울중앙지법 판사 2012년 서울동부지법 판사 2013년 법원행정처 윤리감사1심의관 겸임 2014년 同윤리감사기획심의관 2015년 서울중앙지법 판사 2016년 창원지법 부장판사(현)

김조영(金祖榮) KIM Jo Young (明德)

[생]1948·12·29 [본]경주(慶州) [출]부산 [주]부산 부산진구 중앙대로605 춘해병원 이사장실(051-270-0304) [학]1967년 경기고졸 1974년 부산대 의대졸 1982년 연세대 대학원졸 1985년 의학박사(연세대) [경]1982년 연세의료원 전임강사 1983년 부산춘해병원 신경외과장·기획실장 1984년 연세대 의대 신경외과 외래조교수·춘해대 부교수 1986년 연세대 의대 신경외과 외래부교수 1986년 부산남천로터리클럽 회장 1990~2001년 춘해병원장 1993년 춘해학원 이사장

1993년 춘해보건대 이사장(현) 1998년 연세대 의대 신경외과 외래교수 2001년 춘해병원 이사장(현) [상]군진의학상(1977), 대통령표창(2007) [종]기독교

김조원(金照源) KIM Jo Won

[생]1957·6·22 [본]경주(慶州) [출]경남 진양 [주]서울 광진구 능동로120 건국대학교 경영전문대학원(02-450-0505) [학]1976년 진주고졸 1980년 영남대 행정학과졸 1992년 성균관대 대학원 경영학과졸 1995년 미국 인디애나대 대학원 행정학과졸 2000년 경영학박사(건국대) [경]1978년 행정고시 합격(22회) 1979년 총무처·교통부 행정사무관 1985년 감사원 사무관 1992년 同서기관 1995년 同제5국 제6과장 1998년 同제6국 제4과장 2000년 同제7국 제1과장 2000년 同제4국 제3과장 2002년 同제1국 제1과장 2003년 同국가전략사업평가단장 2005년 대통령 공직기강비서관 2006~2008년 감사원 사무총장 2008년 영남대 행정대학원 석좌교수 2008년 진주산업대 총장 2010~2012년 경남과학기술대 총장 2013년 건국대 경영전문대학원 석좌교수(현) 2013년 (사)한국지적장애인복지협회 이사(현) 2015년 새정치민주연합 당무감사원장 2015년 더불어민주당 당무감사원장(현) [상]근정포장(1991), 홍조근정훈장(2003), 황조근정훈장(2008) [종]불교

김 종(金 鍾) Kim-Jong (水天·G.bell)

[생]1948·5·19 [본]광산(光山) [출]전남 나주 [주]광주 남구 대남대로185 한국방송광고진흥공사빌딩5층 언론중재위원회(062-676-0360) [학]살레시오고졸, 조선대 국어국문학과졸 1989년 문학박사(경희대) [경]시인 겸 화가 겸 서예가(현) 1972년 조선대 총학생회장 1974~1994년 조선대 국어국문학과 교수, 同신문사 주간교수 1976년 중앙일보 신춘문예 詩 당선 1990년 일본 동지사대 외국인 교수(유학) 1992~1997년 경희대·서울여대 대학원·호남대 대학원·광주교대 등 강사 1993~1999년 '예술광주' 편집주간·편집인 1996~2008년 동신대 국어국문학과 겸임교수 1996~2001년 광주시문인협회 회장·1996 '문학의 해' 광주시조직위원장 1996~1999년 광주예술단체총연합회 수석부회장 1997~2011년 KBC광주방송 이사 겸 시청자위원 2001~2012년 한국문화예술지 '정신과 표현'에 '화첩일기' 연재(40회) 2001~2010년 국제펜클럽 한국본부 광주위원장 2001~2012년 同한국본부 '펜문학' 편집위원 2001~2010년 광주서구문화원 원장 2002~2013년 한국문화원연합회 이사 2002년 '우리문화' 편집위원(현) 2002년 한국문화원연합회 자문위원(현) 2003~2004년 광주국제영화제조직위원회 상임부회장 2003년 광주시 5미8경 선정위원 2003~2009년 무등일보 편집자문위원장 2004~2005년 살레시오중·고 총동문회장 겸 개교50주년기념대축제대회장 2004~2007년 한국문인협회 이사 2007년 대한민국동양서예협회 초대작가, 한국추사 서예대전 초청작가 2009년 광주전남미술사 편찬위원장 2010~2014년 국제펜클럽 한국본부 광주위원회 명예회장 2010~2013년 광주시문화원연합회 회장·광주문화재단 이사, 국제펜클럽 한국본부 '펜문학' 주간·편집인 겸 간행위원장(현), '대한문학'·'문장21'·광주예술인회 '소나무' 편집주간(현) 2014년 언론중재위원회 위원(현) 2014년 백호임제문학상 운영심사위원장(현), 「광주김치대축제도록」 편찬위원·책임집필위원 2015년 제26회 추사 김정희선생 전국휘호대회 심사위원, 한국추사서예대전 초청작가 [상]월간문학 신인상(1971), 제11회 현산문학상 본상(1992), 제3회 민족시가 대상(1993), 제2회 백제문학상(1994), 광주문학상(1994), 광주예술문화대상(1995), 제10회 표현문학상(1995), 한국시조문학상(1999), 제1회 새천년한국문학대상(2000), 황산고두동문학상(2001), 신동아미술제대상(2001), 정소파시조문학상(2001), 현대시조문학상(2003), 광주시 서구민상(2003), 제10회 영랑문학대상(2005), 제3회 대한문학대상(2006), 제21회 광주시민대상 문화예술부문(2007), 제24회 국제펜한국문학상(2008), 고운 최치원문학상 대상(2010), 문화훈장 화관장(2013), 한국가사문학대상(2014) [저]'전환기의 한국현대문화사'(1983) '식민지시대의 시인 연구(共)'(1984) '우리시와 종교사상(共)'(1990) '삼별초, 그 황홀한 왕국을 찾아서(상·하)'(1994) '바다는 방패가 있다'(2002) '문병란 시 연구(編)'(2000) '무등산이 된 화가-허백련·오지호(共)'(2012) 등 9권, 시집 '장미원'(1977) '밀불'(1981) '우리가 정말로 살아있다는 것은'(1983) '더 먼곳의 그리움'(1992) '방황보다 먼곳에 던져둔 세월'(1992) '춘향이가 늙어서 월매 되느니'(1995) '배중손 생각'(2001) '물총새의 부리'(2002) '궁금한 서쪽'(2009) '그대에게 가는 연습'(2010) '독도시집'(2011, 대한민국 시인125인 시집 감수) '간절한 대륙'(2016, 가사시집) 등 11권 [역]'한밤의 소년'(1983) [작]3000책 이상의 표지화와 '오늘의 한국 대표수필 100인선' 등 30여 권의 책에 그림을 그렸음

김 종(金 鍾) Chong KIM

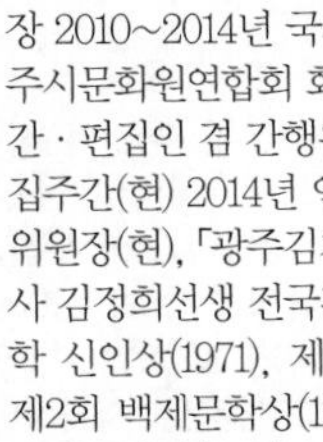

[생]1961·9·5 [출]서울 [학]1980년 광성고졸 1986년 한양대 신문방송학과졸 1988년 미국 Western Illinois Univ. 대학원 스포츠경영학과졸 1991년 스포츠경영학박사(미국 Univ. of New Mexico) [경]1991~1994년 OB베어스 프로야구단 기획홍보과장 1995~2005년 수원대 체육학부 부교수 1996~2003년 스포츠서울 칼럼리스트 1998~2002년 2002월드컵조직위원회 마케팅전문위원 1999~2001년 한국체육학회 국제·홍보이사 1999~2000년 국민체육진흥공단 체육과학연구원 협동연구원 1999~2002년 한국체육학회 국제·홍보이사 1999~2003년 International Journal of Sport Management Review Board Member 2000~2013년 아시아체육학회 사무총장 2001~2007년 한국스포츠정보학회 상임이사 2001~2004년 대한체육회 선수자격심의위원회 부위원장 2003년 국무조정실 관광스포츠산업활성화 T/F위원 2005~2013년 한양대 스포츠산업학과 교수 2005~2011년 同스포츠산업학과장 2005~2013년 同예술·체육대학장 2005년 문화체육관광부 스포츠산업진흥T/F 위원 2005~2006·2008~2010년 체육과학연구원 객원연구원 2005~2007년 대한올림픽위원회 미디어위원회 위원 2005~2013년 (사)한국스포츠산업협회 실무부회장 2006~2007년 문화체육관광부 정책자문위원 2006~2007년 (사)한국스포츠산업경영학회 부회장 2007~2008년 한국스포츠산업진흥포럼 운영위원장 2008~2013년 (사)한국야구발전연구원 원장 2009~2013년 아시아스포츠산업협회 회장 2010년 2015광주하계유니버시아드대회조직위원회 위원 2010년 체육인재육성재단 이사 2010~2013년 사행산업통합감독위원회 위원 2011~2013년 한국체육학회 부회장 2011년 Journal of Sport Management Review Board Member(현) 2011~2013년 한국스포츠산업경영학회 부회장 2011~2013년 한국스포츠미디어학회 회장 2013~2016년 문화체육관광부 제2차관 2014년 스포츠공정위원회 위원장 2014년 문화체육관광부 장관 대행 2015~2016년 스포츠혁신위원회 위원장 2015~2016년 유네스코(UNESCO) 국제스포츠반도핑협약 당사국회의 부의장 [상]국무총리표창(2004) [저]'스포츠 마케팅 어떻게 할 것인가?'(1997, 보경문화사) '스포츠 파이낸싱'(2002, 케이보스) '김종 칼럼집 프로스포츠 경영전략'(2003, 케이보스) 'MANAGING FOOTBALL AN INTERNATIONAL PERSPECTIVE'(2010) '스포츠 비즈니스 3.0'(2012) '스포츠는 돈이다'(2012)

김종각(金鍾珏) KIM Jong Gak

[생]1939·10·5 [출]경남 [주]부산 부산진구 중앙대로621번길624 (주)동일 비서실(051-645-3994) [학]경남 함안고졸, 서울대 경영대 수료 [경]1979~1981년 산정주택 대표이사 사장 1981~1983년 동원개발 부사장 1983년 동일주택 대표이사 회장 1997년 부산상공회의소 특별위원, 同부회장 2003~2006년 대한건설협회 부산지회장, (주)동일 대표이사 회장(현) 2008년 (주)에어부산 이사(현) [상]은탑산업훈장(1999)

김종갑(金鍾甲) KIM Jong Kap

[생]1951·8·10 [본]의성(義城) [출]경북 안동 [주]서울 서대문구 충정로23 풍산빌딩10층 한국지멘스 비서실(02-3450-7001) [학]1969년 대구상고졸 1974년 성균관대 행정학과졸 1983년 미국 뉴욕대 Stern경영대학원 경영학과졸 1993년 미국 인디애나대 대학원 경제학과졸, 同대학원 경제학박사과정 수료 2006년 행정학박사(성균관대) [경]1975년 행정고시 합격(17회) 1976~1987년 상공부 행정사무관 1983~1989년 성균관대 강사 1987년 공업진흥청 공보담당관 1987년 상공부 통상협력담당관 1989년 미국 허드슨연구소 객원연구원 1994년 상공자원부 통상정책과장 1995년 통상산업부 무역위원회 조사총괄과장 1996년 同미주통상과장 1997년 同통상협력국장 1998년 산업자원부 국제산업협력국장 1999년 同산업정책국장 1999년 同산업기술국장 2001년 同산업정책국장 2003년 同차관보 2004년 특허청장 2006~2007년 산업자원부 제1차관 2007~2010년 (주)하이닉스반도체 대표이사 사장 2010년 同이사회 상임이사 겸 의장 2011년 (주)효성 사외이사 2011년 한국지멘스 대표이사 회장(현) 2014년 윤경SM포럼 공동대표(현) 2014년 바른사회운동연합 이사(현) 2016년 한독상공회의소 이사장(현) [상]상공부장관표창(1984), 대통령표창(1985), 황조근정훈장(2006), 월간CEO 선정 2007베스트CEO 10인, 월간조선 선정 대한민국경제리더대상 혁신경영부문(2007), 세계반도체장비재료협회 아키라이노우에상(2009), 아시아유럽미래학회 선정 글로벌CEO대상(2014) [저]'공공기술이전성과의 영향요인분석'(2005)

김종경(金宗經) KIM Jong Kyung

[생]1953·12·21 [본]경주(慶州) [출]충북 청주 [주]대전 유성구 대덕대로989번길111 한국원자력연구원 원장실(042-868-2120) [학]1980년 미국 뉴욕주립대 버팔로교 원자력공학과졸 1982년 미국 미시간대 대학원 원자력공학과졸(석사) 1986년 同대학원 원자력공학과졸(박사) 2006년 우크라이나 국가 명예박사(National Academy of Sciences) [경]1986~1987년 한국에너지연구소 유치과학자 1987년 한양대 원자력공학과 조교수·부교수·교수(현) 1990~1991년 미국 MIT 원자력공학과 Visiting Scientist 1993년 중앙교육평가원 국비유학생선발 공학계열 심사위원장 1993~2014년 OECD NEA(국제원자력데이터뱅크) 한국담당 연락관 1996년 한국과학기술단체총연합회 대의원(현)

1998~2009년 'J. of Radiation Physics and Chemistry' 국제전문학술지 논문심사위원 1999~2002년 교육부 BK21 핵심연구센터장 2000년 'Nuclear Technology' 국제전문학술지 논문 Peer Reviewer(현) 2000~2001년 미국 미시간대 원자력 및 방사선과학과 Visiting Professor 2000~2003년 미국 원자력학회 원자로물리분과위원회 위원 2000~2009년 교육과학기술부·한국과학재단 ERC(우수공학연구센터) 방사선안전신기술연구센터 소장 2001~2003년 한국원자력학회 학술지편집위원장 2002~2006년 한반도에너지개발기구(KEDO) 원자력안전자문위원회(NSAG) 부위원장 2002~2007년 과학기술부 원자력연구개발기금운용심의회의 위원 2002~2008년 한국원자력안전기술원 이사 2003~2005년 한국원자력학회 부회장 2003~2007년 대한방사선방어학회 부회장 2004~2005년 미국원자력학회 한국지회 회장 2005~2006년 국가원자력연구개발중장기계획 방사선이용진흥기획위원장 2006~2008년 한국방사선연구연합회 부회장 2006~2010년 아시아·대양주방사선방호학회(AOARP) 회장 겸 집행위원회(EC) 위원장 2006~2013년 한국동위원소협회 이사 겸 부회장 2007~2013년 기초기술연구회 기획평가위원(제5기~7기) 2008~2009년 한국원자력의학포럼 초대회장 2008~2011년 지식경제부·에너지기술평가원 원전방사선안전향상연구센터장 2008년 국제방사선방호연합회(IRPA) 집행위원(EC)(현) 2009~2010년 OECD·NEA 세계의료용동위원소안정적공급을위한고위급위원회(HLG-MR) 한국대표 2009~2011년 대한방사선방어학회 부회장 2009~2013년 산업통산부 방사성폐기물관리기금운용심의회 위원 2009~2013년 同원자력발전전문위원회 위원 2009~2011년 한국원자력연구원 하나로연구용원자로운영위원장 2009~2014년 한양대 방사선안전신기술연구소장 2010~2013년 국가원자력위원회·원자력진흥위원회 위원 2010~2013년 지식경제부 원자력발전전문위원회 위원 2011~2014년 세계동위원소기구(WCI) 사무총장 2012~2014년 아랍에미리트 원자력공사 Brakah NPP건설 원자력안전점검자문위원회(NSRB) 위원 2012~2014년 아랍에미리트 칼리파대 원자력프로그램국제자문위원회 위원 2012년 한국원자력학회 수석부회장 2013~2014년 同회장 2014년 한국원자력연구원 원장(현) 2014년 한국과학기술단체총연합회 이사(현) 2014년 한국원자력협력재단 이사장(현) 2014년 미래창조과학부 연구개발특구위원회 위원(현) 2014년 한국원자력의학원 비상임이사(현) 2014년 대한민국최고과학기술인상 종합심사위원 2015년 한국전력 국제원자력대학원대학교(KINGS) 개방직 이사(현) 2016년 국제방사선방호연합회(IRPA) 부회장(현) [상]한국과학기술단체총연합회 과학기술우수논문상(2005), 한국원자력학회 학술상(2008), 과학기술훈장 웅비장(2013) [저]'Scintillator Crystals, Radiation Dectectors & Instruments on Their Base(共)'(2004) 'Inorganic Scintillators for Modern and Traditional Application(共)'(2005) [종]기독교

김종관(金鍾寬) KIM Jong Kwan

[생]1948·5·17 [출]전남 [주]전북 군산시 서수면 동군산로 1095 (주)동우 임원실(063-450-2000) [학]전북대 대학원졸 [경](주)한일연료 대표이사, 화성산업(주) 감사, (주)동우 생산본부장(이사) 2014년 同대표이사(현) [종]기독교

김종구(金鍾求) KIM Jong Koo (栖州)

[생]1941·7·7 [본]김해(金海) [출]충남 아산 [주]서울 서초구 서초대로49길18 상림빌딩5층 법무법인 여명(02-532-3101) [학]1959년 대전고졸 1963년 서울대 법학과졸 1966년 同사법대학원 수료 1997년 고려대 컴퓨터대학원 수료 1998년 서울대 대학원 법학과졸 2001년 법학박사(동국대) [경]1966년 육군 사단 검찰관 1968년 육군본부 고등군법회의 법무사 1969~1979년 대전지검·인천지청·정읍지청·서울지검 검사 1979년 법무부 검찰1과 검사 1981년 同보호국 심사과장·검찰1과장 1982년 서울지검 동부지청 부장검사 1985~1987년 서울지검 총무부장·형사3부장 1987년 수원지검 차장검사 1988년 서울지검 제3차장검사 1989년 同제1차장검사 1990년 同동부지청장 1991년 법무부 기획관리실장 1992년 대전지검 검사장 1993년 법무부 검찰국장 1993년 서울지검 검사장 1994년 법무부 차관 1995년 서울고검장 1997~1998년 법무부 장관 1998년 변호사 개업 1998년 홍익대 초빙교수 2001년 동국대 법학과 겸임교수 2006~2010년 검찰동우회 회장 2008년 법무법인 여명 고문변호사(현) 2008~2009년 2009안면도국제꽃박람회 조직위원장 2009~2011년 한국형사소송법학회 초대 회장 2014년 KT 사외이사(현) [상]홍조근정훈장, 황조근정훈장, 청조근정훈장 [저]'수사기록의 열람·등사와 증거개시'(1999) '형사사법 개혁론-새로운 패러다임의 비교법적 고찰'(2002) '검찰제도론'(2011) [종]가톨릭

김종구(金種求) KIM Jong Gu (圭峰)

[생]1954·5·9 [본]경주(慶州) [출]전북 정읍 [주]서울 영등포구 가마산로562 모든벤처타운402호 아시아사랑나눔(02-844-1101) [학]1974년 전북 태인고졸 2002년 호원대 경영학과졸 2004년 연세대 행정대학원 정책학과졸 2007년 명예 박사(몽골국립대) 2008년 서울대 경영대학원 최고감사인과정 수료 2009년 행정학박사(경원대), 명예 박사(키르기즈스탄 법학대학원) 2010년 서울대 경영대학원 최고경영자과정(AMP) 수료 [경]1979~1999년 동성수출포장·대한신호(주) 대표이사 1991년 서울 영등포구의회 의원 1991년 同행정재무위원장 1991년 민주평통 자문위원 1995·1998년 서울시의회 의원(국민회의·새천년민주당) 1995년 同윤리특위 위원장 1998년 同행정자치위원장 2001년 同운영위원장 2001년 전국광역의회시도운영위원장협의회 회장 2002년 새천년민주당 노무현대통령후보 서울영등포乙 총괄본부장 2003년 시민일보 논설위원 2003년 영등포정책포럼 회장 2004년 同국가경쟁력강화특위 위원장 2004년 제17대 국회의원선거 출마(서울 영등포乙, 열린우리당) 2005년 한국수자원공사 이사 2005년 호원대 겸임교수 2005년 열린우리당 국정자문위원 2006년 전국소년소녀가장돕기중앙회 회장 2006년 한전기공(주) 감사 2007~2009년 한전KPS(주) 감사 2007년 (사)아시아사랑나눔 설립자 겸 총재(현) 2008년 몽골 울란바토르시 서울주재 명예시장 2009~2011년 대한생명보험(주) 상근감사위원 2012년 민주통합당 당무위원 2012년 同대외협력위원장 2012년 同제18대 대통령중앙선거대책위원회 조직부본부장 2013년 駐韓키르키즈스탄 명예영사(현) 2016년 제20대 국회의원선거 출마(서울 영등포구乙, 국민의당) 2016년 국민의당 서울영등포구乙지역위원회 위원장(현) [상]국가포장(1999), 국민훈장 석류장(2006), 몽골건국 800주년 기념훈장(2007), 몽골 친선외교훈장(2011), 키르기즈스탄정부 외교훈장(2014) [저]'대통령과 함께 한 사람(共)'(1999) '어려운 회의진행 나도 할 수 있다'(2001) '전력산업 구조개편에 따른 평가' [종]기독교

김종구(金鍾求) KIM Jong Gu

[생]1957·9·1 [출]전북 전주 [주]서울 마포구 효창목길6 한겨레신문 논설위원실(02-710-0121) [학]한국외국어대 정치외교학과졸 [경]1985년 연합통신 기자 1988년 한겨레신문 민권사회부 기자 1999년 同한겨레21부장 2001년 同민권사회부장 2002년 同정치부장 2003년 同논설위원 2004년 한국신문방송편집인협회 남북교류위원회 위원 2006년 한겨레신문 편집국 수석부국장 2006년 同미디어사업단장 2007년 관훈클럽 편집위원 2007년 한겨레신문 편집국장 2009년 同논설위원(현) 2015년 한국신문윤리위원회 윤리위원(현) [상]한국참언론인대상 사회부문(2007)

김종구(金鍾九)

[생]1959·1·10 [본]의성(義城) [출]경북 문경 [주]경북 성주군 성주읍 성주순환로251 성주경찰서 서장실(054-930-0210) [학]문경종합고졸, 부경대 경영학과졸, 부산대 행정대학원졸 [경]1987년 경찰 임용(경사 특채) 2006년 부산 동부경찰서 생활안전과장(경정) 2008년 부산 사하경찰서 보안과장 2015년 경북지방경찰청 수사과장(총경) 2016년 경북 성주경찰서장(현)

김종국(金鍾國) KIM Chong Kook

[생]1943·8·2 [출]경기 [주]서울 관악구 관악로1 서울대학교 약학대학(02-880-9867) [학]1966년 서울대 약학과졸 1968년 同대학원졸 1975년 약학박사(미국 미네소타주립대) [경]1968~1975년 미국 Univ. of Minnesota 조교·강사 1975~1976년 미국 퍼듀대 Post-Doc. 1976년 Invenex Pharmaceutical Co. 공정개발부장 1978~2008년 서울대 약학과 교수 1980년 WHO Workshop 'Drug Quality Control' Kualalumpur Malaysia 한국대표 1981년 보건사회부 중앙약사심의위원 1989년 대한약학회 신약개발국제학술대회 조직위원회 사무총장 1990년 同편집위원장 1994년 한국과학기술한림원 정회원 1997년 서울대 종합약학연구소장 1998년 한국약제학회 부회장 1999년 한국생화학회 감사 2000년 한국약제학회 회장 2001년 식품의약품안전청 국립독성연구소 연구조정위원회 자문위원 2003년 한국과학기술한림원 종신회원(현), 同부원장 2005~2006년 대한약학회 회장 2005년 진양제약 사외이사 2008년 서울대 약학대학 명예교수(현) 2008~2014년 인제대 약학대학 석좌교수 2010~2014년 同약학대학장 [상]과학기술우수논문상(1994), 대한약학회 학술본상(1995), 약업신문사 약의상(1996), 대한약사회 약사금탑(1997), 근정포장(2008) [저]'물리약학 실습'(1990) '물리약학, 물리약학분과학회'(1994) '생물학적 동등성의 이해(共)'(2006) [역]'생물약제학과 임상약물속도론'(1991)

김종국(金鍾國) KIM Jong Kuk

[생]1956·1·5 [본]김해(金海) [출]서울 [주]서울 성북구 안암로145 고려대학교 미디어학부(02-3290-5147) [학]1974년 서울 신일고졸 1981년 고려대 경제학과졸 [경]1982년 문화방송 경제부 기자 1984년 同보도제작국 보도특집부 기자 1987년 同경제부 기자 1989년 同보도제작국 보도특집부 기자 1990년 同보도국 TV편집1부 기자 1991년 同보도국 경제부 기자 1995년 同사회문화팀 기자 1996년 同보도국 경제부 차장 1998년 同LA특파원 2000년 同사회부 부장대우 2000년 同경제부장 2001년 同정치부장 2003년 同보도국 부국장 2005년 同논설위원 2007년 同보도국 선임기자 2008년 同기획조정실장 2010년 同대표이사 사장 직대 2010년 마산문화방송 사장 겸 진주문화방송 사장 2012년 대전문화방송 사장 2013~2014년 문화방송(MBC) 대표이사 사장 2013~2014년 한국방송협회 부회장 2015년 고려대 미디어학부 기금교수(현) [작]자연다큐멘터리 '한국의 물고기'(1985) 시베리아 보도특집 '툰드라의 봄'(1989)

김종권(金鍾權) Kim Jong-Kwon

[생]1960·4·1 [출]충남 아산 [주]대전 배재로123 대전지방조달청 청장실(070-4056-8301) [학]1979년 충남 아산고졸 1981년 천안공업전문대 기계과졸 2001년 한밭대 기계공학과졸 2003년 충남대 산업대학원졸 [경]2010년 조달청 시설사업국 공사관리팀 근무 2012년 同국제물자국 외자장비과 근무 2014년 同품질관리단 자재품질관리과 근무 2014년 부산지방조달청 자재구매과장 2015년 同조달품질원 납품검사과장 2016년 同국제물자국 외자구매과장 2016년 대전지방조달청장(현) [상]장관급표창(2001), 국무총리표창(2004)

김종규(金鍾圭) KIM Chong Kyu (庸民)

[생]1927·12·11 [출]경남 마산 [학]1946년 마산상고졸 1949년 연희대 전문부 상과졸 1957년 미국 미주리대 신문학과 수학 [경]1949년 한국은행 입행 1952년 조선일보 기자 1954~1964년 한국일보 편집부국장·동화통신 편집국장 1964~1968년 한국일보 사장·신문회관 이사장 1966년 대일청구권자금관리위원회 위원 1967년 유엔총회 한국대표 1968년 駐월남 대사 1969년 駐호놀룰루 총영사 1971년 駐이란 대사 1974~1980년 서울신문 사장·한국신문협회 회장 1976년 대한적십자사 조직위원 1976년 연세암센터 이사 1978년 연강재단 이사 1981년 방송위원회 위원 1982~1985년 대한체육회 부회장 1983~1985년 KOC 상임위원 겸 서울아시안게임조직위원회(SAGOC) 부위원장 1984년 남북체육회담 수석대표 1985년 현대중전기 사장 1986년 대한알루미늄 사장 1987년 연합통신 사장 1987년 서울올림픽대회조직위원회(SLOOC) 위원 겸 서울올림픽보도방송협의회 공동의장 1988년 서울올림픽보도본부 본부장 1989년 KOC 상임위원 겸 문화위원장 1991년 同부위원장 1993년 同남북체육교류대책위원장 겸임 1997~2013년 同고문 1998~2001년 문화일보 사외이사 [상]황조근정훈장, 이란 호마윤1등훈장, 체육훈장 맹호장 [저]'주변머리 없는 남자' [역]'토마스 제퍼슨' [종]천주교

김종규(金宗圭) KIM Jong Kyu (近巖)

[생]1939·3·11 [본]김녕(金寧) [출]전남 무안 [주]서울 종로구 비봉길2의2 삼성출판박물관(02-394-6544) [학]1958년 목포상고졸 1964년 동국대 경제학과졸 1969년 부산대 경영대학원 최고경영자과정 수료 1990년 서울대 경영대학원 최고경영자과정 수료 1993년 고려대 언론대학원 최고위과정 수료 2000년 同컴퓨터과학기술대학원 수료 [경]1965년 (주)삼성출판사 부산지사장 1980년 同전무이사 1982년 同부사장 1987년 同대표이사 1988년 삼성출판인쇄 대표이사 1989년 경찰청 경승단 중앙후원회장 1990년 한국茶문화협회 부회장 1990년 한국박물관협회 부회장 1990년 삼성출판박물관 관장(현) 1990~2008년 코아토탈시스템 이사 1990년 한국서지학회 부회장 1991년 문화체육부 한국문화학교교육협의회장 1992년 (주)삼성출판사 회장 1993년 한·일협회 부회장 1997년 민학회 회장 1998년 세종문화상 심사위원 1999~2007년 한국박물관협회 회장 1999년 국민일보 편집자문위원 2001년 민주평통 자문위원 2002년 대종상영화제 자문위원 2004년 서울세계박물관대회조직위원회 공동위원장 2004~2010년 국립중앙박물관 문화재단 이사장 2004년 한국서지학회 고문(현) 2004년 추사김정호선생기념사업회 고문 2005년 호암상 심사위원 2005년 (사)세계직지문화협회 부회장 2005년 서울시 문화재위원 2005년 월간미술대상 심사위원 2007년 한국박물관교육학회 고문(현) 2007년 한국박물관협회 명예회장(현) 2007년 한국전통공예UN전시조직위원회 조직위원장 2008년 국립중앙도서관 고서위원회 위원(현) 2008년 인천역사홍보관 건립자문위원 2008년 한국박물관개관100주년기념사업추진위원회 부위원장 2009년 문화유산국민신탁 이사장(현) 2009년 대한민국역사박물관건립위원회 위원 2012~2015년 대한불교조계종 '불교포럼' 공동대표 2012년 광화문문화포럼 회장 2012년 대한불교조계종 중앙신도회 고문(현) 2012년 국립현대미술관 고문 2013년 철도박물관 운영위원회 위원장 2014년 무형유산창조협력위원회 위원 2015년 민주평통 자문위원(현) [상]서울시장표창(1986), 올림픽기장(1988), 문화부장관표창(1990), 대통령표창(1991), 한국출판학회상(1994), 국민훈장 모란장(1995), 삼균학회 학술공로상(2001), 월드컵기장(2002), 명원차문화 대상(2002), 일맥문화대상 문화예술상(2004), 고려대 고언대상(2006), 고운문화예술인상 예술인상(2010), 은관문화훈장(2011), 자랑스러운 박물관인상(2012) [종]불교

김종규(金宗奎) KIM Jong Gyu

[생]1951·11·8 [본]광산(光山) [출]전북 부안 [주]전북 부안군 부안읍 당산로91 부안군청 군수실(063-580-4202) [학]전주 영생고졸 1977년 전주대 법학과졸 1984년 同대학원 법학과졸 2006년 同대학원 법학 박사과정 수료 [경]청소년적십자 전북도 의장, 전주대 총학생회장, 전라중 교사, 전주영생여상 교사, 부안사랑나눔회 회장 2002년 부안 팡숑팡숑연구소 이사장 2002~2006년 전북 부안군수(무소속) 2006년 전북 부안군수선거 출마(무소속), 전주대 객원교수, 호원대 초빙교수, (사)전북사랑나눔 공동대표 2007년 전북 부안군수선거 출마(재·보궐선거, 무소속), 부안경제발전포럼 상임공동대표, 한민족경제비전연구소 전북본부 사무총장 2010년 전북 부안군수선거 출마(무소속) 2012년 제19대 국회의원선거 출마(전북 고창·부안, 무소속) 2014년 전북 부안군수(무소속)(현) 2014년 전국시장·군수·구청장협의회 군수대표(현) 2015년 전북요트협회 회장(현) [상]한국관광산업학회 한국관광산업대상 관광상품부문(2015) [종]기독교

김종근(金鍾根) Kim Jong-geun

[생]1960·10·6 [출]충북 충주 [주]제주특별자치도 제주시 문연로6 제주특별자치도청 국제관계대사실(064-710-2900) [학]청주고졸 1984년 한국외국어대 아랍어과졸 1986년 서울대 대학원 행정학과졸 1990년 영국 옥스퍼드대 대학원 국제정치경제학과졸 [경]1984년 외무고시 합격(18회) 1984년 외무부 입부 1992년 駐일본 2등서기관 1995년 駐잠비아 1등서기관 2000년 駐호주 1등서기관 2002년 외교통상부 중동과장 2004년 국무조정실 파견 2005년 정부혁신세계포럼준비기획단 파견 2005년 駐아랍에미리트 참사관 2008년 외교통상부 아프리카중동국 심의관 2009년 同아프리카중동국장(고위공무원) 2011~2014년 駐에티오피아 대사 2014년 제주특별자치도 국제관계대사(현)

김종근(金鍾根)

[생]1973·5·28 [출]전남 구례 [주]경남 통영시 용남면 동달안길67 창원지방검찰청 통영지청(055-640-4200) [학]1992년 순천고졸 1997년 서울대 법학과졸 [경]1997년 사법시험 합격(39회) 2000년 사법연수원 수료(29기) 2000년 공군 법무관 2003년 서울지검 검사 2004년 서울중앙지검 검사 2005년 수원지검 여주지청 검사 2007년 대구지검 검사 2010년 서울동부지검 검사 2010~2012년 방송통신위원회 파견 2013년 서울동부지검 부부장검사 2013년 서울중앙지검 부부장검사 2014년 사법연수원 교수 2016년 창원지검 통영지청 부장검사(현)

김종기(金鍾基) KIM Jong Ki

[생]1941·1·18 [본]김해(金海) [출]경북 고령 [학]1959년 대구 계성고졸 1966년 경북대 법대 정치학과졸 1971년 성균관대 무역대학원 수료 [경]1975년 동아정경 부사장 1976년 신민당 중앙상무위원·정책위원 1979년 제10대 국회의원(달성·경산·고령, 신민당) 1981년 제11대 국회의원(달성·고령·성주, 민주정의당) 1983년 민정당 중앙위원회 경제개발분과 위원장 1985년 同정책위원회 부의장 1985년 제12대 국회의원(달성·고령·성주, 민정당) 1987년 민정당 중앙위원회 부의장 1988년 제13대 국회의원(전국구, 민정당·민자당) 1988년 국회 농림수산위원장 1993~2000년 한국정치발전연구회 사무총장 1997년 자민련 당무위원 2000년 한국정치발전연구회 부이사장 2000년 자민련 부총재 2001년 同전당대회 의장 2013~2015년 대한민국헌정회 부회장 [저]'농어촌이 잘 살아야 한다' [종]천주교

김종기(金宗紀) KIM Chong Ki

[생]1959·5·12 [출]부산 [주]울산 남구 법대로85 명진빌딩3층 법무법인 해강(052-221-4900) [학]1978년 동인고졸 1982년 서울대 법학과졸 [경]1983년 사법시험 합격(25회) 1985년 사법연수원 수료(15기) 1986년 해군 법무관 1989년 부산지법 판사 1991년 同울산지원 판사 1993년 부산지법 판사 1996년 부산고법 판사 1999년 부산지법 동부지원 판사 겸 소년부지원장 2001년 울산지법 부장판사 2003년 부산지법 부장판사 2007년 창원지법 부장판사 2009~2011년 울산지법 수석부장판사 2011년 법무법인 해강 대표변호사(현)

김종길(金宗吉) KIM Jong Gil (石霞)

[생]1926 · 11 · 5 [본]의성(義城) [출]경북 안동 [주]서울 서초구 반포대로37길59 대한민국예술원(02-3479-7223) [학]1945년 대구사범학교졸 1950년 고려대 영어영문학과졸 [경]1954~1958년 경북대 전임강사 · 청구대 조교수 1958~1963년 고려대 문과대 영어영문학과 조교수 · 부교수 1961년 영국 셰필드대에서 연구 1963~1992년 고려대 문과대 영어영문학과 교수 1969년 국제PEN대회 참가 1974년 고려대 출판부장 · 도서관장 1974년 대학출판협회 회장 1979년 고려대 문과대학장 1979년 세계시인대회 기조연설 1980년 국제현상학회 주제발표 1984~1985년 영국 케임브리지대에서 연구 1988년 한국시인협회 회장 1990년 한국현대영미시학회 회장 1992년 고려대 영문학과 명예교수 1993년 대한민국예술원 회원(詩 · 현) 1995년 한국T.S.엘리어트학회 회장 1999년 제18차 국제Ezra Pound학회 참가 2000년 서울국제문학포럼 참가 2001년 한국T.S.엘리어트학회 창립10주년 특강 2004~2007년 대한민국예술원 부회장 2005년 서울국제문학포럼 참가 [상]목월문학상(1978), 국민훈장 동백장(1992), 인촌상(1996), 은관문화훈장(1998), 대한민국예술원상(2000), 孤山문학대상, 陸史시문학상, 청마문학상(2007), 만해대상 문학부문(2009), 이설주문학상(2011) [저]시론집 '시론'(1965) '진실과 언어'(1974) '시에 대하여'(1986) 'The Darling Buds of May' '시와 시인들'(1997) '시와 삶 사이에서'(2005) 시집 '성탄제'(1969) '河回에서'(1977) '황사현상'(1986) '천지현황'(1991) '달맞이꽃'(1997) '해가 많이 짧아졌다'(2004) '해거름 이삭줍기'(2008) '그것들'(2011) 수필집 '산문'(1986) [역]'폭풍의 언덕' '20세기 영시선'(1954) 'Slow Chrysanthemums'(1987) 'The Snow Falling on Chagall's Village'(1998)

김종길(金鍾吉)

[생]1967 · 4 · 13 [출]경남 합천 [주]경남 창원시 진해구 진해대로719 회계사무소 선경(055-547-6900) [학]1987년 부산상고졸 1991년 고려대 경영학과졸, 창원대 행정대학원 법학과졸, 경영학박사(건국대) [경]공인회계사 합격(25회) 1990~1997년 산동회계법인 회계사 1997년 진해희망의집 감사 1997년 김종길회계사사무소 대표 1998~2002년 창원대 세무학과 강사 2000~2002년 진해시 지방세과세적부 심사위원 2000~2011년 부산경제진흥원 감사 2001~2002년 두산중공업 연수원 강사 2005년 진해청년회의소 회장 2008~2010년 동서대 경영학부 감사 2002년 노무현 대통령후보 진해선거대책본부장 2010~2012년 성산회계법인 대표 2012년 회계사무소 선경 대표(현) 2012년 민주통합당 부대변인 2013~2014년 민주당 경남도당 지방선거기획단장 2014년 건국대 겸임교수 2015년 더불어민주당 정책위원회 부의장 2016년 同창원시진해구지역위원회 위원장(현) 2016년 제20대 국회의원선거 출마(창원시 진해구, 더불어민주당)

김종대(金鍾大) KIM Jong Dae

[생]1948 · 11 · 24 [본]김해(金海) [출]경남 창녕 [주]부산 연제구 법원로28 부산법조타운빌딩 법무법인 국제(051-463-7755) [학]1967년 부산고졸 1972년 서울대 법학과졸 [경]1973년 軍법무관 임용시험 합격 1974년 공군 법무관 1975년 사법시험 합격(17회) 1977년 사법연수원 수료(7기) 1979년 부산지법 판사 1981년 마산지법 진주지원 판사 1983년 부산지법 판사 1987년 대구고법 판사 1988년 부산고법 판사 1990년 대법원 재판연구관 1991년 마산지법 충무지원장 1992년 창원지법 충무지원장 1993년 부산지법 부장판사 1997년 同울산지원장 1998년 부산지법 부장판사 1999년 부산고법 부장판사 2000년 부산지법 수석부장판사 2002년 同동부지원장 직대 2004년 부산고법 부장판사 2005년 同수석부장판사 2005년 창원지법원장 2006~2012년 헌법재판소 재판관 2011년 同헌법실무연구회 회장 2012년 법무법인 국제 고문변호사(현) 2013~2014년 시원공익재단 이사장 2014~2015년 (재)부산문화재단 이사 2015~2016년 국회 공직자윤리위원회 위원장 [저]'이순신장군 평전' '내게는 아직도 배가 열두 척이 있습니다'(2004) '이순신, 신은 이미 준비를 마치었나이다'(2012, 시루) [종]원불교

김종대(金鍾大) KIM JONG DAE

[생]1954 · 8 · 9 [주]대전 유성구 가정로218 한국전자통신연구원 나오융합소자부문실(042-860-6114) [학]1982년 경북대 공대 전자공학과졸 1984년 同대학원 전자공학과졸 1994년 공학박사(미국 뉴멕시코대) [경]1984~1989년 한국전자통신연구원 연구원 1984년 대한전자공학회 정회원(현) 1989~1994년 미국 뉴멕시코대 연구 및 강의 1995~2012년 한국전자통신연구원 팀장 · 부장 · 그룹장 · 소장 2002년 미국전기전자학회(IEEE) Senior Member(현) 2003~2007년 과학기술부 테라급나노소자개발사업 평가위원 2004~2006년 국가연구개발사업 조사 · 분석 · 평가위원 2005년 과학기술부 양성자가속기 사업기획 · 평가위원 2005년 한국전기전자학회 이사 · 부회장(현) 2005년 나노기술영향 평가위원 2005년 제2기 나노기술종합발전계획 연구위원 2006년 정보통신연구진흥원 고객모니터링위원(현) 2008년 나노산업기술연구조합 이사(현) 2008~2010년 교육과학기술부 테라급나노소자개발사업 평가위원 2009~2010년 지식경제부 산업원천기술개발사업반도체분야 기획실무위원장 2012년 한국전자통신연구원 창의경영기획본부장 2013년 同융합기술연구부문 소장 2014년 同나노융합소자부문 연구위원(현) [상]정보통신부장관표창(2005), 대한전자공학회 해동상(2007), 한국전기전자학회 공로상(2008), 특허청 특허등록실적우수표창(2009), 지식경제부장관표창(2010), 반도체산업진흥 국무총리표창(2010)

김종대(金鍾大) Kim, Jong-dae

[생]1966 · 4 · 19 [본]김녕(金寧) [출]경북 영덕 [주]대구 수성구 신천동로136 대구한의대학교 한의과대학 한의예과 폐계내과학교실(053-770-2122) [학]1990년 대구한의대 한의학과졸 1992년 同대학원 한의학과졸 1997년 한의학박사(경희대) [경]1993~2003년 경산대 한의학과 강사 · 전임강사 · 조교수 · 부교수 1998~2000년 同부속 구미한방병원 교육연구부장 2000~2003년 同부속 대구한방병원 교육연구부장 겸 5내과장 2003~2005년 대구한의대 한의학과 부교수 2003년 同한의학과장 겸 대학원 한의학과장 2004~2005년 미국 미네소타주립대 방문교수 2005년 대구한의대 한의과대학 한의예과 폐계내과학교실 교수(현) 2005년 同대구한방병원 진료부장 2005~2007년 同구미한방병원장 2007년 同한의과대학장 2007~2010년 同대구한방병원장 2010~2013년 同의료원 한방임상시험센터장 2015년 미국 세계인명사전 'Marquis Who's Who in the World 2016년판'에 등재 [종]천주교

김종대(金鍾大) KIM JONGDAE

[생]1966 · 11 · 13 [주]서울 영등포구 의사당대로1 국회 의원회관549호(02-784-7612) [학]청주고졸, 연세대 상경대학 경제학과졸 [경]1993~2000년 제14 · 15 · 16대 국회 국회의원(국방위원회) 보좌관 1997~1998년 제15대 대통령직인수위원회 안보분과 행정관 2002~2003년 제16대 대통령직인수위원회 국방 전문위원 2003~2005년 대통령 국방보좌관실 행정관 2005~2007년 국무총리비상기획위원회 혁신기획관 2007년 국방부장관 정책보좌관, 외교안보지 '디펜스21+' 발행인 겸 편집장, CBS 객원해설위원, 흥사단 정책자문위원 2015년 정의당 예비내각 국방개혁부 장관 2016년 제20대 국회의원(비례대표, 정의당)(현) 2016년 정의당 원내대변인(현) 2016년 同외교안보부 본부장(현) 2016년 국회 국방위원회 위원(현) 2016년 국회 남북관계개선특별위원회 위원(현)

김종덕(金鍾德) KIM Jong Duk

[생]1953 · 4 · 11 [출]경기 평택 [주]경남 창원시 마산합포구 경남대학로7 경남대학교 사회학과(055-249-2180) [학]국립철도고졸 1977년 서강대 신문방송학과졸 1981년 서울대 대학원 사회학과졸 1993년 문학박사(서울대) [경]1981~1982년 농촌경제연구원 연구원 1982~1995년 경남대 사회학과 전임강사 · 조교수 · 부교수 1992년 경남사회연구소 소장 1994년 미국 버클리대 방문교수 1995~2016년 경남대 사회학과 교수 2000년 국제슬로푸드 심사위원 2003~2004년 미국 미주리대 방문연구교수 2007~2013년 (사)슬로푸드문화원 부이사장 2008~2010년 경남대 문과대학장 2008~2010년 同인문과학연구소장 2010년 同심리사회학부장 2011~2013년 한국농촌사회학회 회장 2013년 (사)슬로푸드문화원 이사장 2014년 국제슬로푸드한국협회 초대 회장(현) 2014년 한식재단 비상임이사(현) 2016년 경남대 사회학과 명예석좌교수(현) [저]'원조의 정치경제학' '농업사회학' '슬로푸드 슬로라이프' '먹을거리위기와 로컬푸드' '어린이 먹을거리 구출대작전' '비만 왜 사회문제가 될까?' '음식문맹자' '음식시민을 만나다' [역]'사회조사의 기초' '맥도날드 그리고 맥도날드화' '슬로푸드 맛있는 음식 이야기' '로컬푸드' '슬로푸드 맛있는 혁명' '미래를 여는 소비'

김종덕(金鍾德) KIM Jong Deok

[생]1957 · 3 · 28 [출]충북 청주 [주]서울 마포구 와우산로94 홍익대학교 미술대학 시각디자인과(02-320-1902) [학]1976년 경동고졸 1984년 홍익대 공예과(그래픽디자인전공)졸 1987년 미국 Art Center College of Design Film&Video과졸(학사) 1989년 同석사(MFA) 2009년 언론정보학박사(서울대) [경]1988~1991년 미국 Zephy Film Group Director 1988~1989년 미국 NBC 영상감독 1991~2014 · 2016년 홍익대 미술대학 시각디자인과 교수(현) 1993~1996년 (주)영상인 대표감독 1994~1997년 한국시각정보디자인협회 영상분과 위원장 1998년 한국디자인학회 이사 1999~2001년 한국시각정보디자인협회 사무총장 2000~2005년 (주)보라존 대표이사 2001~2003년 한국데이터방송

협회 회장 2002년 KBS 자문위원 2005~2007년 아시아디지털아트앤디자인학회 회장 2006~2014년 홍익대 영상대학원장 2007~2010년 SBS 방송그래픽자문위원 2008~2009년 한국디자인단체총연합회 부회장 2009~2012년 홍익대 광고홍보대학원장 2010~2011년 (사)한국디자인학회 회장 2013년 同편집위원장 2014~2016년 문화체육관광부 장관 [상]한국광고대상 제과부문대상(1992), SBS광고대상 의류부문대상(1993), SICAF광고애니메이션부문 대상(1996), 영국 SHOT 아시아TV-CCF 최우수상(1996), 한국디자인학회 학술상(2003), 홍익대총동문회 자랑스런 홍익인상(2015) [저]'영상디자인'(1993, 도서출판 안그라픽스) '디자인사전(共)'(1994, 도서출판 안그라픽스) '영상디자인(共)'(1997, 한국미술연구소) '어도비 애프터이펙트'(1998) '디자인사전(共)'(2000) '디지털컨버전스(共)'(2003, 커뮤니케이션북스) '2010-2011 디자인백서(共)'(2012) [역]'영상디자인' '어도비 애프터이펙트'

김종두(金鍾斗) KIM Jong Do

[생]1955·4·23 [본]김해(金海) [출]경북 [주]경북 경산시 하양읍 하양로13의13 대구가톨릭대학교 경영학과(053-850-3438) [학]1979년 연세대 경영학과졸 1981년 경북대 대학원 경영학과졸 1991년 경영학박사(경북대) [경]1981~1984년 육군3사관학교 전임강사 1985~1990년 효성여대 사범대학 전임강사·조교수 1991년 대구효성가톨릭대 사범대학 부교수 1995년 同경영학과 부교수, 대구가톨릭대 경영학과 교수(현) 2003~2004년 同입학처장 2007년 同경영학과장 2009~2011년 同경상대학장 2016년 同일반대학원장(현) [종]가톨릭

김종득(金鍾得) KIM Jong Duk

[생]1951·6·29 [본]김해(金海) [출]경남 창녕 [주]대전 유성구 대학로291 한국과학기술원 생명화학공학과(042-350-3921) [학]1974년 서울대 화학공학과졸 1976년 한국과학기술원 대학원 화학공학과졸 1982년 공학박사(미국 플로리다대) [경]1976년 한국과학기술연구원 연구원 1982~1993년 한국과학기술원 조교수·부교수 1989년 미국 위스콘신대 방문교수 1993년 한국과학기술원 생명화학공학과 교수(현) 1993년 同과학영재교육연구소 연구위원 1995년 同국제협력실장 1998~2000년 同신기술창업지원단장 2003년 同과학영재교육연구원장 2006년 한국공학한림원 정회원(현) 2010년 한국과학기술원 에너지환경연구센터 소장(현) 2011년 同대학평의회 부의장 [상]대전시 과학진흥상(2011), 한국공업화학상(2013) [저]'계면현상론'(2000) '석유화학공업'(共) '에멀젼과분산'(2015)

김종래(金鍾來) KIM Jong Lae

[생]1962·3·21 [주]울산 남구 중앙로201 울산광역시의회(052-229-5028) [학]국민대 정치대학원 정치학과졸 [경]울산스피치리더십센터 원장(현), 무거동체육회·관문축구회·희망나눔봉사회 고문(현), 울산시 시정홍보위원장 2002년 지방선거장애인연대 울산지역본부장, (사)한국웅변인협회 울산시지회장, 한나라당 중앙위원 2006~2010년 울산시 남구의회 의원(비례대표) 2008~2010년 同운영위원장 2012년 새누리당 박근혜 대통령후보 특보 겸 홍보위원장 2014년 울산시의회 의원(새누리당)(현) 2014년 同행정자치위원회 위원 2014년 同원전특별위원회 위원 2016년 同교육위원장(현)

김종량(金鍾亮) KIM Chong Yang

[생]1950·9·4 [출]서울 [주]서울 성동구 왕십리로222 학교법인 한양학원 이사장실(02-2220-0005) [학]1968년 서울사대부고졸 1972년 연세대 교육학과졸 1979년 미국 뉴욕대 대학원졸 1983년 교육학박사(미국 컬럼비아대) 1994년 명예 인문학박사(러시아 극동문제연구소) 1996년 명예 교육학박사(미국 메리빌대) 2000년 명예 인문학박사(일본 와세다대(早稻田大)) 2002년 명예 법학박사(일본 東海大) [경]1984~2011년 한양대 교육공학과 교수 1984년 대한야구협회 부회장 1984년 한양대 기획조정처장 1985년 한국교육공학연구회 회장 1989년 한양대 학술원장 1991년 同부총장 1992년 국제인권옹호한국연맹 부회장·회장(현) 1993~2011년 한양대 총장 1993년 대한올림픽위원회(KOC) 부위원장 1994~2010년 대한대학스포츠위원회(KUSB) 위원장 1994년 그린훼밀리그린스카우트 이사 1995년 사립대학총장협의회 부회장 1995년 95유니버시아드대회 한국선수단장 1996년 대학사회봉사협의회 부회장 1998년 제2의건국범국민추진위원회 위원 1999~2015년 국제대학스포츠연맹(FISU) 집행위원 2003년 국가과학기술자문회의 자문위원 2011~2013년 대통령직속 사회통합위원회 위원 2011년 학교법인 한양학원 이사장(현) [상]미국 미시간주립대 글로벌코리아어워드상(1997), 국민훈장 모란장(2002), 몽골건국800주년기념 대통령훈장(2006), 독일정부 십자공로훈장(2008), 청조근정훈장(2011), 미국 컬럼비아대 사범대학 선정 '2013 자랑스러운 동문상'(2013), 한국언론인연합회 '자랑스런 한국인대상' 교육발전부문 종합대상(2014) 연세대총동문회 '자랑스러운 연세인'(2016) [저]'수업공학의 이론 및 실제'(1991) '대학평생교육 활성화방안 연구'(2000) '국제화시대 한국교육의 과제'(2007) [역]'수업체제설계' 'Digital 경제를 배우자' [종]기독교

김종량(金宗亮) KIM Jong Ryang

[생]1958·3·9 [주]서울 중구 세종대로124 한국방송광고진흥공사 기획조정실(02-731-7131) [학]한국외국어대 영어교육학과졸 [경]2000년 한국방송광고공사 비서실장 직대 2001년 同비서실장(부장) 2002년 同조사검증부장 2003년 同기획정책실 경영전략부장 2005년 同기획정책실 경영전략부장(국장대우) 2006년 同경영혁신팀장(국장대우) 2007년 同광고교육원장 2008년 교육 파견 2009년 한국방송광고공사 미래전략국장 2012년 한국방송광고진흥공사 감사실장 2012년 同광고인프라국장 2014년 同기획조정실장(현)

김종량(金鍾亮) Jong Ryang Kim

[생]1963·9·21 [주]경기 성남시 분당구 판교로310 SK케미칼 화학연구소(02-2008-7830) [학]1982년 진주고졸 1986년 서울대 공업화학과졸 1988년 同대학원 공업화학과졸 1999년 공업화학박사(미국 케이스웨스턴리저브대) [경]1987년 SK케미칼 입사 2010년 同화학연구소 연구위원 2011년 同화학연구1실장 2012년 同화학연구소장(상무) 2016년 同화학연구소장(전무)(현) [상]친환경내열 Copolyester(Ecozen)개발 10대 신기술상

김종렬(金鍾烈) KIM Jong Yul

[생]1948·12·29 [출]부산 [주]부산 부산진구 동성로144 대한적십자사 부산지사(051-801-4000) [학]1968년 부산고졸 1975년 부산대 영어영문학과졸 1986년 同대학원 행정학과졸 2003년 경제학박사(동의대) [경]1975년 부산일보 입사 1976년 同정경부 기자 1981년 同사회부 기자 1986년 同제2사회부 기자 1987년 同제2사회부 차장·생활특집부 차장 1988년 同정경부·사회부 차장 1990년 同경제부장 1991년 同사회부장 1993년 同정경부장 1994년 同편집국 부국장 겸 정치부장 1995년 同편집국 부국장 1998년 同편집국장 1998년 민주평통 자문위원 1999년 부산일보 이사대우 2000년 同이사 2002년 同상무이사 2006~2012년 同대표이사 사장 2006년 부산국제장애인협의회 후원회장(현) 2006년 부산복지네트워크 대표이사(현) 2007~2012년 한국신문협회 부회장 2007년 한국디지털뉴스협회 부회장, 해양산업발전협의회 대표이사장, 부산사회복지공동모금회 회장 2009~2012년 한국지방신문협회 회장 2010년 부산사회복지공동모금회 고문 2013년 미래창조포럼 이사장(현) 2013년 부산시체육회 고문(현) 2013년 대한적십자사 부산지사 회장(현) 2015년 한국남부발전(주) 감사자문위원장(현) 2016년 (사)부산영화영상산업협회 이사장(현) [상]자랑스러운 부산대인상(2005), 부산시문화상(2005) [저]'인터넷신문의 수익모델분석과 발전방안' '지방자치시대와 지방신문의 역할' [종]기독교

김종률(金鍾律) KIM Jong Ryul

[생]1963·1·5 [출]전남 순천 [주]서울 서초구 반포대로158 서울고등검찰청(02-530-3114) [학]1981년 순천고졸 1985년 서울대 사법학과졸 1996년 미국 조지워싱턴대 연수 [경]1984년 사법시험 합격(26회) 1987년 사법연수원 수료(16기) 1987년 軍법무관 1990년 대구지검 검사 1992년 춘천지검 속초지청 검사 1993년 법무부 조사과 검사 1996년 서울지검 남부지청 검사 1999년 광주지검 부부장검사 2000년 광주고검 검사 2001년 춘천지검 부장검사 2002년 수원지검 공판송무부장 2002년 법무연수원 연구위원 2004년 대검찰청 과학수사과장 2005년 同과학수사1담당관 2006년 서울남부지검 형사1부장 2007년 법무연수원 연구위원 2008년 전주지검 군산지청장 2009년 서울고검 검사 2010년 법무연수원 파견 2012년 대전고검 검사 2015년 서울고검 검사(현) [저]'수사심리학'

김종률(金鍾律) Kim, Jong Ruel

[생]1967·5·21 [주]세종특별자치시 도움6로11 환경부 상하수도정책관실 수도정책과(044-201-6350) [학]1986년 부산 대동고졸 [경]2003년 환경부 수질보전국 유역제도과 사무관 2004년 同환경서기관, 同대기보전국 대기관리과장 2005년 同기획관리실 혁신인사관리실 서기관 2007년 駐OECD대표부 1등서기관 2011년 환경부 자원순환국 폐자원에너지팀장 2011년 同녹색환경정책관실 녹색기술경제과장 2013년 同자연보전국 자연자원과장 2013년 同자연보전국 생물다양성과장 2015년 同기획조정실 창조행정담당관 2016년 同상하수도정책관실 수도정책과장(현)

김종립(金鍾立) KIM Jong Ripp

생1956 · 10 · 23 종서울 주서울 마포구 마포대로155 LG마포빌딩 (주)HS애드 사장실(02-705-2502) 학1975년 서울 휘문고졸 1982년 연세대 신문방송학과졸 1988년 同언론대학원졸 경1982년 (주)LG애드 입사 1987년 同광고기획4팀 국장 1996년 同이사대우 1998년 同광고기획2담당 상무보 · 광고4본부장(상무보) 2000년 同광고기획담당 상무 2001년 同광고기획부문 부사장 2008년 (주)HS애드 부사장(COO) 2009년 (주)LBest 대표이사 2009년 (주)HS애드 대표이사 사장(현) 2010년 (주)지투알 대표이사(현) 2014년 한국공예디자인문화진흥원 비상임이사(현) 상한국방송광고대상, 한국광고대상 마케팅금상, 대통령표창, 국민포장, 중앙대 제25회 중앙언론문화상 PR · 광고부문(2013) 종기독교

김종립(金鍾立) KIM Jong-Lib

생1960 · 6 · 30 본김해(金海) 출충북 제천 주서울 영등포구 여의공원로101 CCMM빌딩 한국능률협회컨설팅(KMAC) 임원실(02-3786-0540) 학1979년 제천고졸 1984년 한양대 산업공학과졸 1997년 同대학원 산업공학과졸 2007년 미국 Univ. of Pennsylvania 와튼스쿨 최고경영자과정 수료 경1983~1989년 한국화약(주)근무 1989년 (사)한국능률협회 입사 1990년 한국능률협회컨설팅 창립 · 품질경영팀장 1992년 同CS경영사업부장 1995년 同CS경영본부장 1998년 한국고객만족경영학회 이사장(현) 1998년 국립품질아카데미 CS분과위원 1998년 국무조정실 국가정책평가위원회 전문위원 1998년 철도청 고객중심경영분야 정책평가자문위원 1999년 관세청 · 통계청 정책평가자문위원 2000년 한국능률협회컨설팅 TCS부문 대표 2000년 한양대 공과대학 시스템응용공학부 겸임교수 2002년 미국골프협회(USGA) 정회원 2002년 한국소비자평가연구원 원장(현) 2003년 한국경영공학회 이사장(현) 2003년 한국능률협회컨설팅 대표이사(현) 2003~2005년 한국능률협회비즈니스스쿨 대표이사 2006년 한국능률협회미디어 대표이사(현) 2007년 창의서울포럼 시정부문 위원 2008년 한국능률협회 부회장(현) 2014년 한국고객만족경영학회 이사장(현) 전'미래는 존경받는 기업을 원한다'(2005, 한국능률협회) 'First to Best'(2008, KMAC) 'Soft Power'(2009, KMAC) 역'고객만족경영 추진법'(1991) '넘버원 Excellent Company'(1991) '공장체질 개혁을 위한 20가지 포인트'(1994) 'Brand Management 전략과 실천'(1999)

김종만(金鍾萬) Jong Man KIM

생1947 · 9 · 30 본김해(金海) 출경남 통영 주경북 울릉군 북면 현포2길127 동해연구소 울릉도 · 독도해양과학기지(054-791-8401) 학1966년 통영수산고졸 1972년 부산수산대 증식학과졸 1974년 同대학원 수산생물학과졸 1984년 수산학박사(일본 東京大), 서울대 행정대학원 과학기술정책과정 수료 경1974~1980년 한국과학기술원 해양연구소 선임연구원 1980~1981년 일본 東京大 해양연구소 연구원 1984~2007년 한국해양연구원 책임연구원 1987~1988년 미국 국립해양대기청 연구원 1990년 제5차 WESTPAC/IOC 한국대표 1990~1992년 한국해양연구원 연구부장 1992~2003년 노동부 기술자격제도심의위원회 전문위원 1992년 건국대 강사 1993~1995년 한국해양연구소 선임연구부장 1994~1998년 수산청 · 해양수산부 수산특정연구개발사업 전문위원 1995~1997년 환경부 중앙환경보전자문위원회 자연환경분야 위원 1996~1999년 한국전력공사 환경영향평가 자문위원 · 해양수산부 수산특정연구개발사업 전문위원 · 농림부 농림수산기술관리센터 전문위원 1997~1999년 상명대 겸임교수 1999~2000년 한국양식학회 회장 1999년 해양수산부 기르는어업추진기획단 자문위원 1999~2000년 국회 환경포럼 정책자문위원 2000년 과학기술부 국가연구개발사업평가단 평가위원 2001년 새천년민주당 수산발전정책기획단 위원 2001~2002년 한국해양연구원 남해연구소장 2003년 한국어류학회 회장 2004년 한국해양연구원 동해연구기지설치추진단장 2005~2012년 노동부 국가기술자격정책심의위원회 전문위원 2005~2009년 대통령직속 농어업 · 농어촌특별대책위원회 상임위원, 한국해양연구원 바다목장화연구사업단장 2007~2008년 (재)경북해양바이오산업연구원 원장 2008년 한국해양연구원 해양생물자원연구부 책임연구원 2009~2012년 同동해연구소 동해특성연구부 연구위원 2009~2012년 안동대 생명공학과 초빙교수 2012~2013년 한국해양과학기술원 해양생태연구부 명예연구위원 2014년 同동해연구소 울릉도 · 독도해양연구기지대장 2014년 同동해연구소 울릉도 · 독도해양과학기지대장(현) 상과학기술처장관표창(1989 · 1990), 대통령표창(1995 · 1996), 철탑산업훈장(2004) 전'물고기의 세계'(1985) '한국산어명집'(2000) 종천주교

김종만(金鍾萬) Kim jong man (종갑)

생1957 · 9 · 16 본김해(金海) 출경남 밀양 주울산 남구 중앙로201 울산광역시청 물류택시과(052-229-3370) 학한국방송통신대 행정학과졸 경2003~2006년 울산 울주군 과장 2007~2014년 울산시 계장 2015년 同산업입지과장(서기관) 2016년 同물류진흥과장 2015년 同물류택시과장(현) 상행정자치부장관표창(1998), 대통령표창(2008)

김종만(金鍾萬)

생1962 · 4 · 5 출대전 주충남 공주시 관광단지길34 국립공주박물관 관장실(041-850-6311) 학1984년 충남대 사학과졸 2004년 문학박사(충남대) 경1984~1987년 국립부여박물관 근무 2002년 同학예연구실장 2008년 국립전주박물관 학예연구실장 2012년 국립광주박물관 학예연구실장 2014년 국립공주박물관장(현)

김종무(金鍾武) KIM Jong Mu

생1955 · 2 · 19 출부산 주울산 남구 중앙로201 울산광역시의회(052-229-5039) 학1973년 부산정보관광고졸 경G.C.S 밝은사회광명클럽 부회장, 3720지구 호암로타리클럽 부회장, 부성산업 대표, 울산시 남구생활체육협의회 이사, 울산시 남구 지역보건의료심의위원, 민주평통 자문위원, 선암동주민자치위원회 고문, 선암동바르게살기위원회 위원장, 인라인스케이트 울산시 남구연합회장, 한나라당 중앙위원 2002~2006 · 2006~2010년 울산시 남구의회 의원, 同내무위원회 간사 2006~2008년 同부의장 2010년 울산시의회 의원(한나라당 · 새누리당) 2010~2012년 同운영위원장 2011~2012년 전국시 · 도의회운영위원장협의회 부회장 2014년 울산시의회 의원(새누리당)(현) 2014년 同교육위원회 위원 2016년 同산업건설위원회 위원(현)

김종문(金鍾文)

생1963 · 8 · 16 출전북 완주 주서울 강북구 도봉로117 도봉세무서(02-944-0201) 학신일고졸, 세무대학 내국세학과졸(2기) 경1997년 국세청 조사3과 근무 2003년 同정보개발1과 근무 2008년 중부지방국세청 납보 · 조사상담계장 2009년 국세청 소득1 · 2계장 2014년 부산지방국세청 개인납세1과장 2015년 도봉세무서장(현)

김종문(金鍾文) KIM Jong Moon

생1967 · 3 · 25 출충남 천안 주충남 예산군 삽교읍 도청대로600 충청남도의회(041-635-5223) 학복일고졸, 호서대 경영학과졸, 공주대 테크노전략대학원졸 경천안시 탁구협회 회장, 미락식품 대표(현) 2010년 충청남도의회 의원(민주당 · 민주통합당 · 민주당 · 새정치민주연합), 同정치민주연합 원내대표 2012년 同행정자치위원회 위원 2014년 충남도의회 의원(새정치민주연합 · 더불어민주당)(현) 2014~2015년 同교육위원회 위원 2015년 同예산결산특별위원회 위원 2016년 同의회운영위원회 위원장(현) 2016년 同행정자치위원회 위원(현)

김종문(金鍾文) KIM Jong Mun

생1968 · 11 · 12 출충남 공주 주서울 서초구 서초중앙로157 서울중앙지방법원(02-530-1114) 학1987년 영락고졸 1991년 서울대 법학과졸 경1991년 사법시험 합격(33회) 1993년 사법연수원 수료(23기) 1994년 軍법무관 1997년 청주지법 판사 2000년 同보은군 · 괴산군법원 판사 2001년 인천지법 판사 2004년 서울동부지법 판사 2006년 서울고법 판사 2008년 서울중앙지법 판사 2009년 전주지법 부장판사 2010년 인천지법 부장판사 2013년 서울동부지법 부장판사 2016년 서울중앙지법 형사항소4부장판사(현)

김종문(金鍾文) Jong-moon, Kim

생1971 · 8 · 21 본김해(金海) 출경남 양산 주세종특별자치시 다솜로261 국무조정실 농림국토해양정책관실(044-200-2229) 학1990년 부산사대부고졸 1994년 고려대 행정학과졸 2003년 서울대 행정대학원졸 2005년 미국 듀크대 대학원 국제개발학과(International Development)졸 2007년 서울대 행정대학원 정책학박사 과정 中 경1993년 행정고시 수석합격(37회) 1994년 국무총리 행정조정실 경제조정관실 사무관 1996년 해군 복무 1999년 국무조정실 규제

개혁조정관실 사무관 2000년 국무조정실장 비서관 2001년 국무조정실 총괄조정관실 사무관 2002년 同기획수석조정관실 서기관 2004년 同심사평가조정관실 사회복지과장 2004년 해외 유학(미국 듀크대) 2006년 국무조정실 심사평가조정관실 e-평가과장 2007년 제17대 대통령직인수위원회 기획조정분과위원회 실무위원 2008년 대통령 기획조정비서관실 행정관 2009년 LA총영사관 문화홍보관 2012년 국무총리실 제주특별자치도정책관실 총괄기획과장 2013년 국무조정실 국정과제관리관실 국정과제총괄과장 2014년 同국정과제관리관실 국정과제총괄과장(부이사관) 2014년 同기획총괄정책관실 기획총괄과장 2015년 同농림국토해양정책관(고위공무원)(현) [상]대통령표창(2009)

김종미(金鍾美·女) KIM Jong Mi

[생]1959·9·14 [주]강원 춘천시 강원대학길1 강원대학교 영어영문학과(033-250-8150) [학]1981년 전북대 영어교육과졸 1983년 미국 서던캘리포니아대 대학원 언어학과졸 1986년 언어학박사(미국 서던캘리포니아대) [경]1987년 강원대 영어영문학과 교수(현) 1989년 덴마크 코펜하겐대 언어학과 교환학자 1996년 한국음성과학회 이사 1997~1998년 미국 캔자스주립대 전자공학과 방문교수 2003년 미국 매사추세츠공과대 교환교수 2013년 강원대 국제어학원장(현) [상]한국음성과학회 논문우수상(2003) [저]'Phonology and Syntax of Korean Morpholog'(1986) 'Spoken English for College Students Ⅰ'(1988) 'Spoken English for College Students Ⅱ'(1990) 'Dictionary of English Linguistics'(1990) 'Spoken English for College Students'(1996) 'Understanding English Linguistics'(1997·1999)

김종민(金鍾民) KIM Jong Min

[생]1949·2·15 [본]김해(金海) [출]충북 영동 [주]서울 마포구 성암로189 중소기업DMC타워16층 한국콘텐츠공제조합(02-3151-9000) [학]1968년 경기고졸 1972년 서울대 법대졸 1973년 同행정대학원 이수 1980년 미국 미네소타대 험프리대학원졸 2009년 명예 행정학박사(관동대) [경]1972년 행정고시 합격(11회) 1972~1985년 총무처 근무 1986~1989년 서울올림픽조직위원회 근무 1989년 세기문화사 근무 1991년 중앙공무원교육원 교수부장 1992년 총무처 의정국장 1994년 대통령 행정비서관 1995년 대통령 공직기강비서관 1996~1998년 문화체육부 차관 1998년 한림대 객원교수 1999~2001년 세계도자기엑스포조직위원회 조직위원장 2002~2004년 경기관광공사 초대 사장 2005~2007년 한국관광공사 사장 2005~2007년 국가이미지개발위원회 위원 2007~2008년 문화관광부 장관 2008~2013년 한화증권 사외이사 2008~2009년 한국예술종합학교 석좌교수 2009년 대한바둑협회 고문 2010~2011년 인천대 석좌교수 2010~2012년 게임문화재단 이사장 2010~2014년 강원발전연구원 원장 2011~2014년 평창동계올림픽조직위원회 집행위원 2012년 일송학원 개방이사(현) 2012~2014년 중소기업중앙회 콘텐츠산업특별위원장 2013년 한국콘텐츠공제조합 이사장(현) 2014년 사회적협동조합 '이음' 이사장(현) [상]근정포장(1983), 체육훈장 거상장(1989), 금탑산업훈장(2002), 일본능률컨설팅 글로벌최고경영자대상(2006), 한국관광학회 한국관광진흥대상(2006), 한겨레이코노미 한국의 최고경영자대상(2007) [저]게임문화칼럼 '시대의 담론, 게임 엑소더스'(2012, 게임문화재단)

김종민(金鍾玟) KIM Jong Min

[생]1954·3·17 [주]충남 서천군 마서면 금강로1210 국립생태원 생태조사평가본부(041-950-5371) [학]1978년 한국과학기술원졸 [경]1978~1987년 미원(주) 기술연구소 선임연구원 1982~1983년 일본 KYOTA대 연수(UNESCO 응용미생물연구과정 연구원) 1987~1988년 충북대·서원대 강사 1988~1991년 독일 국립생물공학연구소(GBF) 객원연구원 1991년 KIST 환경연구센터 외래선임연구원 1991~1994년 서울대·이화여대·중앙대·성신여대 강사 1993~1994년 한국환경기술개발원 위촉책임연구원 1994년 환경관리공단 촉탁사원(환경부 환경정책실 파견) 1994년 국립환경연구원 환경연구관 2005년 同환경미생물과장 2009년 同생태평가과 연구관(과장급) 2012년 同국립습지센터장 2013년 同자연자원과 연구관 2013년 국립생태원 생태보전연구본부장(상임이사) 2016년 同생태조사평가본부장(상임이사)(현)

김종민(金鍾民) KIM Jong Min

[생]1964·5·12 [출]충남 논산 [주]서울 영등포구 의사당대로1 국회 의원회관536호(02-784-5920) [학]1982년 서울 장훈고졸 1992년 서울대 국어국문학과졸 [경]구국학생연맹사건으로 구속 1993년 내일신문 기자 1996년 자유기고가 1999년 시사저널 정치부 기자 2003년 대통령 정무기획 행정관·국정홍보 행정관·홍보기획 행정관 2004년 대통령 상근부대변인 2004년 대통령 대변인 2005년 대통령 총무비서관실 근무 2005~2008년 대통령 국정홍보비서관 2010년 민주당 안희정 충남도지사후보 대변인 2010~2011년 충남도 정무부지사 2012년 제19대 국회의원선거 출마(논산시·계룡시·금산군, 민주통합당) 2014년 새정치민주연합 논산시·계룡시·금산군지역위원회 위원장 2015년 더불어민주당 충남논산시·계룡시·금산군지역위원회 위원장(현) 2016년 제20대 국회의원(충남 논산시·계룡시·금산군, 더불어민주당)(현) 2016년 더불어민주당 조직강화특별위원회 위원(현) 2016년 同청년일자리TF 위원(현) 2016년 국회 기획재정위원회 위원(현) 2016년 국회 예산결산특별위원회 위원(현) 2016년 국회 지방재정·분권특별위원회 위원(현) 2016년 더불어민주당 정책위원회 부의장(현) [저]'사람세상, 2012'(2012)

김종민(金鍾玟) KIM JONG MIN

[생]1970·6·10 [본]김해(金海) [출]충남 아산 [주]충남 아산시 남부로370의15 아산경찰서(041-538-9321) [학]1988년 대전 대성고졸 1993년 경찰대 법학과졸(9기) 2015년 同치안정책과정 수료(32기) [경]1993년 충남지방경찰청 제610전경대·제1기동대 소대장 1995년 서울 도봉경찰서 수사과 조사반장 1999년 서울지방경찰청 감사담당관실 근무 2001년 광주남부경찰서 방순대장·고흥경찰서 청문감사관 2003년 경찰청 감찰담당관실 감찰반장 2007년 경북 경주경찰서·안동경찰서 생활안전과장 2008년 서울지방경찰청 제3기동단 7기동대장 2009년 경찰청 생활안전국 여성청소년과 청소년계장 2011년 同생활안전국 생활안전과 지역경찰계장 2015년 대전지방경찰청 여성청소년과장(총경) 2015년 제주지방경찰청 제주해안경비단장 2016년 충남 아산경찰서장(현)

김종배(金鍾培) KIM Jong Bae

[생]1950·10·25 [본]김해(金海) [출]경남 고성 [주]서울 중구 남대문로63 한진빌딩본관18층 법무법인 광장(02-772-4840) [학]1969년 경남고졸 1974년 성균관대 경영학과졸 1976년 서울대 경영대학원 경영학과졸 1985년 미국 오리건대 경영대학원졸 2005년 한국예술종합학교 문화예술최고경영자과정 수료 [경]1974년 한국산업은행 입행 1979~1989년 同인사부·업무부·자금부 대리 1989년 同자금부 과장 1994년 同홍콩사무소 겸 산은아주금융유한공사 부사장 1997년 한국산업은행 외화자금 부부장 1998년 同홍보실장 2000년 同종합기획부장 2002년 同인사부장 2003년 同기획관리본부장(이사) 2004년 同컨설팅본부장(이사) 2005년 同기업금융본부장(이사) 2006~2009년 同부총재 2009년 법무법인 광장 고문(현) 2013년 KDB나눔재단 감사(현) [상]대통령표창(1992) [종]불교

김종백(金鍾伯) KIM Jong Baek

[생]1955·1·27 [본]김해(金海) [출]서울 [주]서울 강남구 테헤란로87길36 도심공항타워14층 법무법인(유) 로고스(02-2188-1010) [학]1973년 경복고졸 1977년 서울대 법대졸 [경]1978년 사법시험 합격(20회) 1980년 사법연수원 수료(10기) 1981년 대구지법 판사 1983년 同안동지원 판사 1985년 인천지법 판사 1989년 서울지법 동부지원 판사 1991년 서울고법 판사 1994년 서울민사지법 판사 1996년 대전지법 천안지원 부장판사 1997년 同천안지원장 1998년 수원지법 부장판사 1999년 서울지법 동부지원 부장판사 2000년 서울지법 부장판사 2002년 부산고법 부장판사 2004년 서울고법 부장판사 2009년 제주지법원장 2010~2012년 인천지법원장 2010년 인천시선거관리위원회 위원장 2012~2013년 특허법원장 2012~2013년 대전고등법원장 겸임 2013년 법무법인(유) 로고스 고문변호사(현) [상]대전시 명예시민(2013) [종]가톨릭

김종범(金鍾範) KIM Jong Bum (湖靜)

[생]1961·3·7 [본]김해(金海) [출]대전 [주]서울 성북구 정릉로77 국민대학교 행정정책학부(02-910-4437) [학]1983년 국민대 행정학과졸 1986년 미국 조지워싱턴대 대학원 정치학과졸 1989년 정책학박사(미국 조지워싱턴대) [경]1986~1988년 미국 조지워싱턴대 연구조교 1989~1990년 한국과학기술연구원 과학정책연구평가센터 선임연구원 1989년 국민대·한양대 시간강사 1991~2000년 국민대 행정학과 조교수·부교수 1992~1995년 同행정학과장 1993~1995년 同사회과학대학 교학부장 1995~1996년 한국과학기술원 전임대우교수 1995~1997년 국민대 행정대학원 교학부장 1996~1997년 일본 도쿄대 객원교수 1998년 정보통신부 정보보호센터 전문위원 2000년 국민대 행정학과 교수, 同행정정책학부 행정학전공 교수(현) 2001년 同사회과학연구소장 2006~2008년 同행정대학원장 2007년 한국행정학회 정책학연구회 회장(현) 2008년 포럼 정책공방 대표(현) 2009년 미래방사선핵심기술거점화사업 예비타당도조사 자문위원(현), 국가고시위원(행시·사시·외시

출제 · 선정 · 채점 · 면접위원) 2013~2014년 (사)지역정보화학회 회장 [저]'技術移轉의 環境과 戰略에 관한 韓 · 日 比較 硏究'(1990) '기술혁신과 정부역할 정립을 위한 연구'(1992) '정보통신연구개발체제의 재정립 방안에 관한 연구'(1993) '과학기술정책론'(1993) '가족, 사회, 법의 변동'(1995) '제14대 국회의정활동평가보고'(1996) '한국 정치의 재성찰(共)'(1996) '한눈에 보는 21세기 트렌드'(1996) '김영삼 정부의 국정 평가 및 차기 정부의 정책과제'(1998) '한국 기술혁신의 이론과 실제'(2002) '한국의 기술혁신전략'(2002) '2002 공직자 시책교육'(2002) '주민자치센터운영과정'(2003) [종]가톨릭

김종범(金鍾範) KIM Jong Bum

[생]1970 · 12 · 3 [출]전북 임실 [주]인천 남구 소성로163번길49 인천지방검찰청 외사부(032-860-4404) [학]1989년 전주고졸 1997년 연세대 법학과졸 [경]1996년 사법시험 합격(38회) 1999년 사법연수원 수료(28기), 서울지검 의정부지청 검사 2001년 춘천지검 속초지청 검사 2002년 전주지검 검사 2004년 인천지검 검사 2006년 서울동부지검 검사 2010년 부산지검 검사 2010년 국민권익위원회 파견 2011년 부산지검 부부장검사 2012년 서울중앙지검 부부장검사 2013년 전주지검 군산지청 부장검사 2014년 광주지검 특별수사부장 2015년 수원지검 형사4부장 2016년 인천지검 외사부장(현)

김종부(金鍾富) KIM Jong Boo

[생]1955 · 6 · 25 [출]전북 익산 [주]대구 북구 노원로280 (주)엔유씨전자 회장실(053-665-5050) [학]1972년 전북 남성고졸 1978년 숭전대 경영학과졸 [경]1978~1984년 한일내쇼날 대표 1984~1990년 운천금형 대표 1990~1997년 엔유씨전자 대표 1997년 (주)엔유씨전자 대표이사 회장(현) 1998년 유니스클럽 이업종교류회장 1999~2002년 (사)벤처기업대구 · 경북지역협회 회장 1999년 (사)산학경영기술연구원 이사 2000년 (사)대구 · 경북이업종교류연합회 수석부회장 2000~2002년 미래와만나는사람들의모임 회장 2000~2003년 중소기업청 창업보육센터 사업자선정위원 2001~2003년 경북중소기업지원기관협의회 위원 2001~2002년 대구지검 학교폭력예방지도분과위원회 선도강연위원 2001년 (사)한국전기제품안전진흥원 이사(현) 2005년 중소기업혁신협회 대구경북지부장 2008년 한국무역협회 부회장(현) 2009년 한국과학기술정보연구원 대구경북지회장 겸 전국수석부회장 대구중소기업혁신협회 대구경북지부 고문(현) 2015년 (사)산학연구원 이사장(현) 2016년 한국과학기술정보연구원 대구경북지회장 겸 전국회장(현) [상]대통령표창(2002), 벤처경영자대상(2002), 은탑산업훈장(2005) [종]기독교

김종빈(金鍾彬) KIM Jong Bin

[생]1947 · 9 · 16 [본]김녕(金寧) [출]전남 여천 [주]서울 강남구 영동대로511 아셈타워22층 법무법인 화우(02-6003-7096) [학]1967년 여수고졸 1971년 고려대 법대졸 1997년 명지대 대학원 법학과졸 [경]1973년 사법시험 합격(15회) 1975년 사법연수원 수료(5기) 1976년 육군 법무관 1978년 대전지검 검사 1981년 대구지검 상주지청 검사 1983년 서울지검 동부지청 검사 1985년 법무부 보호국 · 검찰국 검사 1986년 미국 워싱턴연방검찰청 연수 1987년 전주지검 정읍지청장 1988년 서울지검 검사(헌법재판소 파견) 1990년 수원지검 강력부장 1991년 부산지검 조사부장 1993년 서울지검 북부지청 특수부장 1993년 서울지검 송무부장 1994년 同형사4부장 1995년 인천지검 부천지청 차장검사 1996년 대전지검 차장검사 1997년 광주지검 순천지청장 1998년 인천지검 차장검사 1998년 대검찰청 중앙수사부 수사기획관 1999년 광주고검 차장검사(검사장) 2000년 전주지검장 2001년 법무부 보호국장 2002년 대검찰청 중앙수사부장 2003년 同차장검사 2003년 검찰인사위원회 위원 2004년 서울고검장 2005년 검찰총장 2005년 변호사 개업 2006~2009년 고려대 법대 초빙교수 2007년 2012여수세계박람회 명예홍보대사 2008년 (주)GS Caltex문화재단 이사(현) 2008년 GS건설 사외이사 2008년 (주)큐엔텍코리아 사외이사 2009~2013년 고려대 법학전문대학원 겸임교수 2009년 법무법인 화우 고문변호사(현) 2010년 대한상사중재원 중재인(현) 2011~2015년 동양강철 사외이사 2012년 대한불교조계종 봉은사 신도회장 2012년 CJ오쇼핑 사외이사(현) 2013년 조선대 석좌교수(현) 2015년 알루코 사외이사(현) [상]법무부장관표창(1986), 홍조근정훈장(1999), 황조근정훈장, 대한민국무궁화대상 법조계부문(2007) [종]불교

김종빈(金鍾彬) KIM Jong Bin

[생]1964 · 11 · 24 [주]경기 성남시 분당구 판교로255번길 62 (주)크루셜텍(031-8060-3000) [학]중동고졸, 인하대 전자공학과졸 [경](주)LG전자 PDP사업부 상무이사, 연암공업대학 겸임교수, (주)크루셜텍 사업총괄 부사장 2014년 同사업총괄 각자대표이사(현) 2014년 크루셜패키지(주) 대표이사 겸임(현) 2014년 호서대 겸임교수(현)

김종상(金鍾祥) KIM Jong Sang (佛心 · 甘泉)

[생]1937 · 1 · 17 [본]김해(金海) [출]경북 안동 [학]1955년 안동사범학교졸 1977년 연세대 교육대학원 수료 [경]1955~1969년 경북 상주 외남초 · 상영초 교사 1957년 상주글짓기연구회 회장 1966년 한국어린이신문지도협회 회장 1969~2007년 서울 유석초 교사 · 교감 · 교장 1970년 (사)색동회 이사 1975년 교육개발원 교육체제개발 연구위원 1978년 문교부 국민학교 교가 작사위원 1980년 교육개발원 국정교과서(국어)연구 · 집필위원 1980년 서울서부교육청 국어교과연구회장 1982년 한국문예교육연구회 회장 1983년 문교부 재미한인학교 교육용교재 검토위원 1985년 한국생활작문연구회 회장 1986년 한국글짓기지도회 회장 1987년 서울대 재외국민교육원 '한국어' 심의위원 1990년 한국아동문학가협회 회장 1991년 (사)한국어문회 지도위원 1992년 한국시사랑회 창립회장 1993년 국민독서진흥회 '책읽는 나라 만들기' 추진위원 1995~2004년 국제펜클럽 한국본부 이사 1995년 (사)어린이문화진흥회 부회장(현) 1995년 한국동요동인회 회장 1995년 한국불교아동문학회 회장 1996년 한국불교청소년문화진흥회 부이사장(현) 1999~2004년 명지대 인문대학원 및 특수대학원 강사 2001~2004년 국제펜클럽 한국본부 이사 및 심의위원 2001~2005년 (사)한국문인협회 이사 2001년 한국시사랑회 명예회장(현) 2002년 한국동시문학회 고문(현) 2004년 아동잡지 「어린이세계」 편집위원 2004년 종합교양지 「아름다운 사람들」 상임편집위원 2005년 국제펜클럽 한국본부 수석부이사장 2007년 (사)한국어문능력개발연구원 상임이사 2009년 주간 「새문학신문」 주필 2010년 (사)한국육필문예보존회 육필문예연감 편찬고문 [상]대통령표창(1980), 경향사도상(1985), 어린이문화대상(1992), 대한민국 문학상(1992), 대한민국 동요대상(1995), 대한민국 5 · 5문학상(1996), 세종아동문학상, 방정환문학상(1996), 이주홍아동문학상(2001), 청하문학대상(2003), 인동대학 자랑스러운 동문상(2003), 김영일아동문학상(2005), 제4회 21세기한국문화인대상 문학부문(2006), 제27회 펜문학상(2011), 제34회 한국동시문학상(2012), 소월문학상 본상(2012), 제48회 소천아동문학상(2016) [저]창작동시집 '흙손엄마'(1964) '어머니 그 이름은'(1974) '우리 땅 우리 하늘'(1979) '해님은 멀리 있어도'(1982) '하늘빛이 쌓여서'(1984) '어머니 무명치마'(1985) '하늘 첫동네'(1986) '땅덩이 무게'(1987) '생각하는 돌멩이'(1992) '매미와 참새'(1993) '나무의 손'(1995) '꽃들은 무슨 생각할까'(2004) '숲에 가면'(2008, 섬아이) '우주가 있는 곳'(2015, 청개구리) '손으로 턱을 괴고'(2016, 푸른사상) 동시선집 '날개의 씨앗'(1996, 오늘어린이) '꿈꾸는 돌멩이'(2010, 예림당) '산 위에서 보면'(2013, 타임비) 동화집 '아기해당화의 꿈'(1998, 학원출판공사) '연필 한 자루'(1998, 학원출판공사) '나뭇잎 배를 탄 진딧물'(1998, 학원출판공사) '엄마 따라서'(2000, 도서출판 꿈동산) '사람을 만들어요'(2000, 한국비고츠키) '모두모두 잘 해요'(2000, 한국비고츠키) '부엉이 오남매'(2001, 한국비고츠키) '꼬리가 없어졌어요'(2001, 한국비고츠키) '쉿, 쥐가 들을라'(2002, 예림당) '멍청한 도깨비'(2011, 파란정원) '왕비의 보석목걸이'(2011, 섬아이) '좀생이 영감님의 하루떡값'(2013, 타임비) [종]불교

김종상(金鍾相) KIM Jong Sang

[생]1946 · 9 · 1 [본]연안(延安) [출]인천 [주]서울 서초구 서초대로355 메이플라워멤버스빌2층201호 세일회계법인(02-523-5500) [학]1965년 동산고졸 1969년 서울대 법학과졸 1987년 경희대 경영대학원졸 2001년 경영학박사(건국대) [경]행정고시 합격(6회) 1973~1983년 국세청 행정사무관 1983년 세무공무원교육원 주임교관 1985년 서울지방국세청 소비세과장 1986년 국세청 기획예산담당관 1988~1992년 성동 · 남대문 · 여의도세무서장 1992년 국세청 부가가치세과장 1992년 중부지방국세청 재산세국장 1993년 서울지방국세청 간세국장 1993년 국세청 기획관리관 1995년 서울지방국세청 재산세국장 1996년 중앙공무원교육원 파견 1997년 국세청 재산세국장 1998년 부산지방국세청장 1999년 세일회계법인 대표(현) 1999년 한국조폐공사 사외이사 2003년 KT 사외이사 2005년 同이사회 의장 2005~2009년 한국이사협회총동문회 초대회장 2006년 남북교류협력추진협의회 위원 [상]근정포장 [저]'부가가치세 실무 해설'(1982) '원천징수 실무해설'(1985) 'Guide to Korean Taxes(共)'(1990) [작]'국세청사람들'(2001, 매일경제신문) '세짜이야기'(2003, 한국세정신문) [종]천주교

김종서(金鍾瑞) KIM Jong Seo

[생]1938 · 2 · 15 [출]서울 [주]서울 서초구 효령로341 인산빌딩 (주)세보엠이씨 비서실(02-2046-7918) [학]1958년 서울사대부고졸 1963년 서울대 경제학과졸 1990년 同경영대학원 최고경영자과정 수료 [경]1963~1975년 대한화섬(주) 근무 1978~2000년 세보기계(주) 설립 · 대표이사 사장 1993년 정화학원 감사 1998~2005년 대한설비건설협회 감사 1998~2001년 세보엔지니어링(주) 설립 · 대표이사 사장 2000년 (주)세보엠이씨 대표이사 회장(현) 2001~2005년 (주)에스비테크 각자대표이사 사장, (주)하나엠텍 이사 2013년 (주)원캔네트웍스 사내이사(비상근)(현) [상]상공부장관표창, 은탑산업훈장(2000), 국세청장표창, 무역의 날 1천만불 수출탑(2013)

김종서(金鍾瑞) KIM Chong Suh

[생]1952·8·10 [본]김녕(金寧) [출]서울 [주]서울 관악구 관악로1 서울대학교 인문대학 종교학과(02-880-6242) [학]1971년 경복고졸 1976년 서울대 종교학과졸 1980년 미국 California대 대학원 종교학과졸 1984년 철학박사(미국 California대) [경]1984~1993년 한국정신문화연구원 교수 1988년 미국 Harvard대 객원교수 1993년 서울대 인문대학 종교학과 교수(현) 1993년 同종교학과장 1999년 미국 California대 객원교수 2000년 서울대 종교문제연구소장 2003~2005년 한국종교학회 회장 2006~2007년 일본 도쿄대 객원학자 2009~2011년 서울대 중앙도서관장 2009년 대통령소속 도서관정보정책위원회 위원 2011~2014년 (사)서울대출판문화원 원장 2011년 문화체육관광부 공직자종교차별자문위원회 위원장 2014~2016년 서울대 교육부총장 겸 대학원장 2016년 대통령소속 문화융성위원회 인문정신문화특별위원회 위원장(현) [저]'비교종교학'(1988) '현대 신종교의 이해'(1996) '종교사회학'(2005, Sociology of Religion) '서양인의 한국종교연구'(2006, Western Studies of Korean Religions) [역]'현대종교학담론'(1993) '미로의 시련'(2011) [종]기독교

김종서(金鐘西)

[생]1964·10·26 [출]강원 [주]인천 중구 공항로424번길 47 인천국제공항공사 운항서비스본부(032-741-5138) [학]1983년 춘천기계공고졸 1991년 강원대 기계공학과졸 2011년 한국항공대 대학원 항공경영학과졸 [경]1991년 인천국제공항공사 입사 2000년 同수하물운영팀장 2002년 同수하물건설팀장 2009년 同운송시설처장 2010년 同상황관리센터장 2012년 同항공보안처장 2013년 同기계처장 2016년 同운항서비스본부장(현)

김종석(金鍾錫) KIM CHONG Suk

[생]1952·7·12 [출]서울 [주]서울 성북구 인촌로73 고려대학교 안암병원 외과(02-920-5866) [학]1976년 고려대 의과대학졸 1982년 同대학원졸 1985년 의학박사(고려대) [경]1989~1991년 미국 UCLA research fellow 1995년 일본 Cancer Institute Hospital 위암분야 연수 1996년 독일 Technish Munchen University 위암분야 연수 1996년 대한외과학회 학술위원 1998년 同총무이사 2000년 同감사, 고려대 의과대학 외과학교실 교수(현) 2002~2004년 식품의약품안전청 중앙약사심의위원회 신약분과위원회 의료용구 임상평가 소분과위원회 위원 2002~2006년 同중앙약사심의위원회 약효 및 의약품 등 안전대책분과위원회 의약품 소분과위원회 위원 2002~2007년 대한위암학회 이사 2002~2004년 고려대 암연구소 임상연구2부장 2004년 일본 Kureme University Associate Professor 2004~2005년 의용생체공학회 이사 2004~2006년 대한외과학회 의료심사위원 2004~2009년 식품의약품안전청 의료기기위원 2005년 고려대 안암병원 외과 과장 2006~2008년 국민연금관리공단 장애심사위원 2006~2010년 대한암학회 이사 2006~2008년 대한외과학회 수련위원장 2008~2010년 고려대 의과대학 외과학교실 주임교수 2010~2012년 대한외과학회 이사장 2014~2015년 同회장

김종석(金鍾奭) KIM Jong Suk

[생]1953·2·22 [본]연안(延安) [출]경북 상주 [주]대구 달성군 논공읍 논공로597 (주)평화홀딩스 회장실(053-610-8503) [학]1970년 대구고졸 1974년 인하대 금속공학과졸 2013년 명예 경영학박사(대구가톨릭대) [경]1987년 (주)평화산업 대표이사 사장 1989년 (주)평화기공 대표이사 회장 1991년 (주)평화오일씰공업 대표이사 회장 1993년 대구지방경찰청 대구경북범죄예방위원회 운영위원 2001년 대구경영자총협회 부회장 2004년 (주)평화산업 대표이사 회장(현) 2006년 한국표준협회 비상근부회장 2006년 (주)평화홀딩스 대표이사 회장(현) 2007년 대구상공회의소 부회장 2011년 대구경북과학기술원(DGIST) 기금관리위원회 외부위원 2014년 한국표준협회 비상근부회장(현) [상]대통령표창(1992), 제9회 경제정의 기업상(2000), 산업포장(2004), 금탑산업훈장(2014) [종]천주교

김종석(金鍾奭) KIM Jong Seok

[생]1955 [본]김해(金海) [출]서울 [주]서울 영등포구 의사당대로1 국회 의원회관320호(02-784-6430) [학]1974년 경기고졸 1978년 서울대 경제학과졸 1983년 미국 프린스턴대 대학원 경제학과졸 1984년 경제학박사(미국 프린스턴대) [경]1984~1987년 미국 다트머스대 경제학과 전임강사 1988~1991년 한국개발연구원(KDI) 연구위원 1991~2015년 홍익대 경영학부 교수 1992~1997년 경제정의실천시민연합 정책연구위원 1993~1997년 재정경제원 정부투자기관경영평가단 위원 1993~2000년 한국공기업학회 이사 1995~1997년 홍익대 대외협력부장 1995~1998년 규제연구회 회장 1995~1997년 케냐공화국 정부자문관 1997~2007년 행정개혁시민연합 상임집행위원 겸 정부개혁연구소장 1998~2000년 공정거래위원회 정책평가위원회 민간위원장 1999년 기독교방송 객원해설위원 2000년 한국전력공사 비상임이사 2000년 기획예산처 기금운용평가단 평가위원 2000년 미국 다트머스대 경제학과 교환교수 2000·2004~2006년 대통령직속 규제개혁위원회 민간위원 2002년 동아일보 객원논설위원 2004년 한국규제학회 회장 2006~2007·2010~2015년 바른사회시민회의 공동대표 2006년 (사)뉴라이트재단 이사 2006~2009년 외교통상부 통상교섭자문위원 2007~2009년 한국경제연구원 원장 2013~2015년 홍익대 경영대학장 2014~2015년 대통령직속 규제개혁위원회 위원 2015~2016년 새누리당 여의도연구원장 2015년 同노동시장선진화특별위원회 위원 2016년 同총선기획단 위원 2016년 同제20대 총선 중앙선거대책위원회 공약본부장 2016년 제20대 국회의원(비례대표, 새누리당)(현) 2016년 국회 정무위원회 위원(현) 2016년 국회 남북관계개선특별위원회 위원(현) 2016년 한국아동인구환경의원연맹(CPE) 회원(현) [상]전국경제인연합회 시장경제대상 기고부문 대상(2014) [저]'경제규제와 경쟁정책' '정부규제개혁' [역]'맨큐의 경제학' [종]기독교

김종석(金鍾碩) Kim Jong-seok

[생]1958·12·22 [주]서울 종로구 사직로8길60 외교부 인사운영팀(02-2100-7136) [학]1982년 부산대 불어불문학과졸 [경]1986년 외무부 입부 1990년 駐카메룬 행정관 1995년 駐모로코 2등서기관 1998년 駐몬트리올 영사 2000년 駐알제리 1등서기관 2004년 駐세네갈 1등서기관 2007년 駐탄자니아 참사관 겸 駐콩고민주공화국 대사대리 2009년 외교통상부 국유재산팀장 2012년 駐가봉 공사참사관 2012년 駐적도기니 대사대리 겸 총영사 2015년 駐튀니지 대사(현)

김종석(金鍾石)

[생]1966·9·6 [주]경기 수원시 팔달구 효원로1 경기도의회(031-8008-7000) [학]조선대부고졸, 전남대 인문과학대학 국어국문학과졸 [경]도서출판 '아침이슬' 대표, 월간 '말' 기자, 계간 '당대비평' 편집장 2008년 대통합민주신당 제17대 대통령선거선거대책위원회 기획조정팀 메세지팀장, 민주통합당 부천소사지역위원회 사무국장, 同김상희 국회의원 보좌관 2012년 경기도의회 의원(재보선 당선, 민주통합당·민주당·새정치민주연합) 2014년 경기도의회 의원(새정치민주연합·더불어민주당)(현) 2014년 同건설교통위원회 위원 2014~2016년 同안전사회건설특별위원회 위원장 2015년 同장기미집행도시공원특별위원회 위원(현) 2016년 同안전사회건설특별위원회 위원(현) 2016년 同운영위원회 위원장(현) 2016년 同농정해양위원회 위원(현) 2016년 전국시·도의회운영위원장협의회 사무총장(현) [상]전국시·도의회의장협의회 우수의정 대상(2016)

김종선(金鍾先) KIM JONG SEON

[생]1963·2·2 [출]서울 [주]서울 종로구 세종대로163 현대해상화재보험 전략채널부문(1588-5656) [학]1981년 장훈고졸 1988년 서강대 경제학과졸 [경]1999년 현대해상화재보험(주) 신마케팅추진TFT장 2000년 同인터넷마케팅부장 2001년 同신채널사업부장 2004년 同기획실장 2007년 同기획실장(상무보) 2008년 同경영기획담당 상무보 2010년 同인사총무지원본부장 겸 경영기획담당 상무대우 2012년 同인사총무지원본부장 겸 경영기획담당 상무 2013년 同경인지역본부장(상무) 2015년 同개인보험부문장(상무A) 2016년 同개인보험부문장(전무) 2016년 同전략채널부문장(전무)(현)

김종선(金鍾瑄) KIM JONG SUN

[생]1963·3·21 [본]도강(道康) [출]전남 강진 [주]세종특별자치시 정부2청사로13 국민안전처 홍보담당관실(044-205-1212) [학]1982년 전남 동신고졸 1989년 전남대 사회학과졸 1999년 고려대 경영대학원 경영정보학과졸 [경]1990년 아시아경제신문 편집국 기자 1993년 삼익건설(주) 홍보팀장 1995년 시마텍(주) 기획부장 2001년 드림사이트코리아(주) 기획홍보부장 2005~2014년 소방방재청 대변인실 온라인대변인 2014년 국민안전처 홍보담당관실 온라인대변인(현) [상]국무총리표창(2013) [저]'위기탈출119(共)'(2010, 매경출판) [종]기독교

김종섭(金鍾燮) KIM Jong Sup

⊛1947·11·27 ⊚서울 ㈜서울 강남구 학동로171 삼익악기 회장실(070-7931-0600) ⊛1966년 서울 동성고졸 1970년 서울대 사회복지학과졸, 同대학원 최고경영자과정 수료 ⊚1972년 ㈜대한항공 근무 1975년 신생산업사 대표 1979년 ㈜신생플랜트 입사 1982~1997년 同대표이사 회장 1997년 ㈜스페코 대표이사 회장(현) 2002년 ㈜삼익악기 대표이사 회장(현), 서울대총동창회 부회장(현), 대한민국ROTC중앙회 명예회장(현) 2010년 코피온(COPION) 회장 2010~2011년 청소년적십자(RCY)사업후원회 회장 2012년 코피온(COPION) 명예총재·이사장(현) 2012년 서울대최고경영자과정(AMP)총동창회 회장(현) 2014년 대한적십자사 부총재(현) ⊛국무총리표창, 자랑스러운 ROTCian상(2009), 서울대총동창회 관악대상 협력상(2010), 서울대 발전공로상(2013)

김종섭(金鍾涉) KIM Jong Seob

⊛1960·11·3 ⊚울산 ㈜경북 구미시 구미대로58 삼성SDI㈜ 전자재료사업부(054-479-3113) ⊛1983년 숭실대 화학공학과졸 1987년 한국과학기술원(KAIST) 화학공학 석사 1994년 화학공학박사(한국과학기술원) ⊚1994~1998년 제일모직 근무 1998~2000년 삼성종합화학 전자재료연구팀 근무 2000년 제일모직 전자재료부문 전지소재팀장 2003년 同전해액개발팀장 2004년 同수지·합성그룹장 2006년 同수지·합성담당 임원 2010년 同구미사업장 공장장 2011년 同구미사업장 공장장(전무) 2012년 同제조팀 전무 겸임 2013년 同중앙연구소장(전무) 2014년 삼성SDI㈜ 전자재료사업부 분리막사업팀장(전무), 同전자재료사업부 전무(현)

김종성(金鍾成) KIM Jong Sung

⊛1955·5·26 ⊚광주 ㈜서울 강남구 역삼로175 ㈜로케트전기 임원실(02-3451-5800) ⊛1971년 용산고졸 1977년 성균관대 체육학과졸 ⊚1977년 동양방송 기자 1980년 ㈜로케트전기 상무이사 1981년 同전무이사 1984년 同대표이사 부사장 1989년 同사장 1994년 同회장(현) ⊚제23회 수출의날 공로상(1986, 대한상공회의소), 산업포장(1988), 국무총리 우수KS업체대상(1989), 노사문화 우수기업 고용노동부장관표창(2011), 녹색경영상 대통령표창(2011), 금탑산업훈장(2012) ⊚불교

김종성(金鍾聲) KIM Jong Sung

⊛1958·10·23 ⊚충북 단양 ㈜서울 양천구 목동동로233 방송회관 방송통신심의위원회 권익보호국(02-3219-5114) ⊛1984년 한국외국어대 중국어과졸 ⊚1995년 방송위원회 연구조정부 차장 1996년 同광주사무소장 1997년 同라디오부장 2002년 同심의2부장 2002년 同행정1부장 2003년 同심의1부장 2004년 同심의운영부장 2005년 同대구사무소장 2007년 세종연구소 국정과제연수과정 교육파견 2008년 방송통신심의위원회 심의1국 지상파방송심의팀장 2009년 同부산사무소장 2011년 국방대 파견 2011년 방송통신심의위원회 방송심의국장 겸 선거방송심의지원단장 2012년 同조사연구실장 2013년 同대구사무소장 2015년 同부산사무소장 2015년 同권익보호국장(현) ⊚교육부장관표창(1995)

김종성(金鍾晟) KIM Jong Sung (순원)

⊛1959·2·19 ⊚청주(淸州) ⊚전남 강진 ㈜서울 서초구 마방로68 ㈜동원산업 임원실(02-589-3205) ⊛1977년 인천고졸 1981년 고려대 경제학과졸 1991년 경남대 경영대학원 경영학과졸(석사) 1997년 고려대 경영대학원 유통산업전문가과정 수료 2008년 동원-연세대 Intensive MBA과정 수료 2010년 한국무역협회-인하대 GLMP(물류최고경영자과정) 수료 2011년 경영학박사(호서대) ⊚동원F&B 상근감사, 同경영지원실장(상무이사) 2009년 ㈜동원산업 물류본부장(전무이사) 2012년 同물류본부장(부사장)(현) 2013년 동원냉장㈜ 대표이사 겸임(현) ⊚무역의날 산업포장(2011)

김종수(金宗秀) KIM Jong Su

⊛1954·5·26 ⊚서울 ㈜서울 종로구 창경궁로296의12 가톨릭대학교 신학과(02-740-9714) ⊛1982년 가톨릭대 신학부졸 1989년 이탈리아 로마성안셀모대 박사과정 수료 ⊚1982~1983년 서울홍제동 본당 보좌신부 1982년 사제 서품 1983~1984년 서울명동 주교좌성당 보좌신부 1989년 세계성체대회 전례특별위원회 위원 1989년 천주교 공덕동교회 주임신부 1991년 가톨릭대 강사, 同신학과 부교수(현) 1993~1996년 한국천주교주교회의 사무차장 1996~2002년 同사무총장 1997~2001년 同대희년주교특별위원회 총무 1997~2002년 교황청 전

교기구 한국지부장 2006~2015년 로마 한인신학원 원장 ⊚국민훈장 동백장(2002) ⊚'성당건축과 전례' '왜 저렇게 하지' ⊚천주교

김종수(金宗壽) Most Rev. Augustinus Kim, D.D.

⊛1956·2·8 ⊚대전 ㈜대전 동구 송촌남로11번길86 천주교 대전교구청(042-630-7780) ⊛1978년 서울대 국사학과졸 1984년 同대학원 국사학과졸 1987년 가톨릭대 신학과졸 1994년 이탈리아 로마성서대 대학원 성서학과졸 ⊚1989년 사제 서품 1989~1990년 천주교 대전교구 논산 부창동 본당 보좌신부 1994~1997년 同대전교구 해미본당 주임신부 1997~2007년 대전가톨릭대 교수·학생처장·교리신학과장 2007~2009년 同총장 2009년 천주교 대전교구 보좌주교(현) 2009년 주교 서품 2009~2010년 천주교주교회의 복음화위원회 위원장 2009~2010년 천주교주교회의 선교사목주교위원회 위원 2010년 同전례위원회 위원장(현) 2010년 同교리주교위원회 위원(현)

김종수(金鍾洙) KIM Chong Su

⊛1956·10·16 ⊚서울 ㈜경기 파주시 광인사길153 도서출판 한울(031-955-0606) ⊛1975년 경기고졸 1981년 서울대 동양사학과졸 2000년 동국대 언론정보대학원 출판잡지학과졸(석사) ⊚1980년 도서출판 한울 대표(현) 1990~2002년 한국출판협동조합 이사 1995년 대한출판문화협회 상무이사 1996년 한국출판연구소 이사 1997년 성공회대 신문방송학과 겸임교수(현) 2002~2008년 한국출판협동조합 이사장 2007년 ㈔출판유통진흥원 회장(현) 2010년 한국출판연구소 이사장(현) 2012년 동국대 언론정보대학원 겸임교수(현) ⊚한국출판협동조합 올해의 출판경영인상(1995), 문화체육부장관표창(1997), 중앙대 언론문화상(2000), 천주교주교회의 매스컴위원회 '한국가톨릭 매스컴상'(2004) ⊚'유럽 도서유통의 일 고찰' ⊚기독교

김종수(金鍾秀) KIM Jong Soo

⊛1957·3·22 ⊚경남 창녕 ㈜서울 서초구 서초중앙로156 서초동현빌딩4층 법무법인 솔론(02-592-9933) ⊛1975년 부산 금성고졸 1979년 경북대 법학과졸 1981년 서울대 대학원 법학과졸 ⊚1983년 사법시험 합격(25회) 1985년 사법연수원 수료(15기) 1986년 광주지검 검사 1988년 대전지검 천안지청 검사 1990년 서울지검 검사 1992년 법무부 관찰과 검사 1994년 인천지검 검사 1995년 同부천지청 검사 1995년 일본 一橋大 객원연구원 1996년 창원지검 검사 1998년 서울지검 동부지청 부부장검사 1999년 창원지검 진주지청 부장검사 2000년 부산고검 검사 2002년 대구지검 형사4부장 2003년 인천지검 부천지청 부장검사 2004년 대구지검 안동지청장 2005년 서울고검 검사 2005년 대전지검 형사1부장 2006년 서울고검 검사 2008년 광주고검 검사 2008년 법무법인 솔로몬 공동대표변호사 2009년 법무법인 솔론 대표변호사(현)

김종수(金鍾洙)

⊛1960·1·2 ⊚서울 ㈜서울 중구 남대문로90 SK네트웍스 화학사업부(070-7800-2114) ⊛배재고졸, 고려대 기계공학과졸 2008년 同경영대학원졸(석사) ⊚1987년 SK에너지㈜ 입사, 同수도권영업팀장, 同직매팀장(부장), 同에너지·환경담당 임원, 同Compliance실장, SK이노베이션㈜ 홍보실장(상무) 2013년 SK에너지 인천complex 커뮤니티지원협력실장, SK인천석유화학 대외협력실장(상무) 2016년 SK네트웍스 화학사업부장(상무)(현)

김종수(金鍾洙) KIM JONGSOO

⊛1962·9·22 ⊚김해(金海) ⊚충북 제천 ㈜전북 전주시 완산구 서학로95 국립무형유산원 무형유산진흥과(063-280-1460) ⊛1985년 중앙대 사학과졸 2008년 동국대 문화예술대학원 문화재학과졸 2013년 문학박사(충남대) ⊚1987~1994년 총무처 근무 1994~2004년 문화체육관광부 행정사무관 2004~2005년 국무총리실 정책상황실 행정사무관 2005~2009년 문화체육관광부 행정사무관 2009~2014년 문화재청 근무 2014년 同발굴제도과 서기관 2016년 국립무형유산원 무형유산진흥과장(현) ⊚대통령표창(1998), 국무총리표창(2000)

김종수(金鍾秀) KIM Jong Soo

⊛1965·6·28 ⊚서울 ㈜서울 강남구 테헤란로92길7 법무법인(유) 바른(02-3479-7506) ⊛1984년 인창고졸 1988년 서울대 법대 공법학과졸 1991년 同대학원 법학석사과정 수료 2005년 미국 캘리포니아웨스턴대 School of Law 비교법학석사과정 수료(M.C.L.) ⊚1990년 사법시험 합격(32회) 1993년 사법연수원 수료(22기) 1993년 軍법무관 1996년 대구지검 검사 1998년 대전지검 서산지청 검사

1999년 울산지법 판사 2002년 수원지법 판사 2006년 서울고법 판사 2008년 서울중앙지법 판사 2009년 대전지법 부장판사 2009년 충남도 공직자윤리위원회 위원장 2010년 춘천지법 부장판사 2011~2012년 인천지법 부장판사 2011년 인천 연수구선거관리위원회 위원장 2012년 법무법인(유) 바른 변호사(현)

김종수(金鐘秀) KIM Jong Soo

(생)1966·8·6 (출)경남 밀양 (주)대구 수성구 동대구로345 대구지방법원(053-757-6600) (학)1985년 밀양고졸 1995년 부산대 법학과졸 (경)1997년 사법시험 합격(39회) 2000년 사법연수원 수료(29기) 2000년 창원지법 판사 2002년 부산지법 판사 2006년 同가정지원 판사 2008년 부산지법 판사 2010년 부산고법 판사 2012년 창원지법 마산지원 판사 2015년 대구지법 부장판사(현)

김종수(金鍾秀) Kim Jong-su

(생)1967·12·4 (출)경북 의성 (주)경북 안동시 풍천면 도청대로455 경상북도청 농축산유통국(054-880-3300) (학)1986년 정동고졸 1990년 경북대 농학과졸 1994년 同대학원 농학과졸 (경)1997년 제3회 지방고등고시·제33회 국가기술고등고시 합격 1998년 지방농업사무관 임용 1999~2009년 경북도 의성군 신평면장·경북도 농정과·국제통상과·통상외교팀·농업정책과 근무 2009년 경북도 FTA농축산대책과장(지방기술서기관) 2010년 同농업정책과장 겸 영천경마공원건설지원단장 2012년 (재)문화엑스포 행사기획실장 2013년 경북 영천시 부시장 2015년 경북도 대변인(부이사관) 2015년 同복지건강국장 2016년 同농축산유통국장(현)

김종숙(金宗淑·女) Jongsoog Kim

(생)1969·12·18 (출)서울 종로구 청와대로1 대통령 여성가족비서관실(02-770-0011) (학)1992년 이화여대 경제학과졸 1994년 同대학원 경제학과졸 2001년 경제학박사(미국 위스콘신대 메디슨교) (경)2000년 미국 위스콘신대 강사 2002~2007년 한국여성개발원 노동통계연구부 연구위원 2002년 소비문화학회 회원 2003년 성신여대 강사 2004년 이화여대 정책대학원 강사 2006년 한국여성개발원 고급여성인력혁신전략센터 소장 2007년 한국여성정책연구원 연구위원 2007년 同인적자원연구실장 2008~2009년 同일·가족연구실장 직대 겸 일·가족양립센터장 직대 2010년 同여성인력정책센터장 2011년 同여성일자리·인재센터 연구위원 2013~2015년 同여성일자리·인재센터장 2013년 한국고용정보원 비상임이사 2015년 대통령직속 저출산·고령화사회위원회 위원 2015~2016년 한국여성정책연구원 여성고용·인재연구실 여성고용연구센터장 2015년 고용노동부 최저임금위원회 공익위원 2016년 대통령 고용복지수석비서관실 여성가족비서관(현) (저)'여성산업기술인력의 전략적 활용방안'(2002) '여성노인의 사회참여 실태와 대책'(2002) '여성 청년층 집단의 취업이행 실태와 정책과제'(2002) '무급노동의 국민소득계정 통합: 해외사례와 국내정책방안'(2003) '여성인적자원 협력망 구축을 위한 기초연구'(2003) '한국여성의 노동이동'(2003) '지속적인 경제성장을 위한 여성일자리 창출방안'(2003) '중소제조업 여성인력활용방안'(2003) '여성의 재무관리 능력제고를 위한 연구'(2004)

김종술(金鍾述) KIM Jong Sool

(생)1947·8·23 (출)광산(光山) (출)광주 (주)서울 구로구 디지털로33길1 에이스테크노8차610호 대일E&C(02-2025-7594) (학)1966년 광주제일고졸 1973년 서울대 전기공학과졸 1991년 미국 위스콘신대 대학원졸(석사) (경)1973년 대한석유공사 근무 1977년 한국카프로락탐(주) 과장 1982년 코리아엔지니어링(주) 차장 1983년 한국가스공사 검사부장 1984년 同프랑스 파리사무소장 1986년 同건설사업부 전기과장 1988년 同중앙통제소장 1991년 同기술개발부 기술총괄과장 1992년 同생산공급부장 1993년 同사업개발부장·사업계획부장 1995년 同연구개발원장 1997년 同중부사업본부장 1997년 同생산본부장(전무) 1999~2003년 同부사장 2003년 同사장 직대 2003년 국제가스연맹(IGU) 이사 2004~2005년 한국가스연맹 사무총장 2005~2009년 대성그룹 상임고문 2009년 대일E&C 연구원장(현)

김종술(金鍾述)

(생)1967·11·16 (출)충남 청양 (주)세종특별자치시 도움4로9 국가보훈처 제대군인국 제대군인지원과(044-202-5750) (학)1985년 남대전고졸 2010년 선문대 사회복지대학원 사회복지학과졸 (경)1999~2004년 국방부 기획총괄과 정부업무평가담당 2004~2006년 국립대전현충원 참배행사담당 2007~2011년 국가보훈처 대전지방보훈청 홍성보훈지청 보상과장·보훈과장 2011~2015년 국가

보훈처 나라사랑교육과 나라사랑교육담당 2015년 대전지방보훈청 청주보훈지청장 2016년 同충북남부보훈지청장 2016년 同제대군인국 제대군인지원과장(현) (상)근정포장(2016)

김종승(金鍾承)

(생)1958·2·24 (출)충북 (주)대전 유성구 과학로80의67 한국조폐공사 임원실(042-870-1005) (학)1976년 청주기계공고졸 1988년 대전산업대 전자계산학과졸 1995년 同대학원 전자계산학과졸 2003년 한국정보통신대 대학원 정보통신공학과졸 (경)2008년 한국조폐공사 ID사업단장 2010년 同차기주민증사업단장 2012년 同화폐본부 인쇄처장 2012년 同기술연구원 위조방지센터장 2013년 同조달실장 2014년 同기술·해외이사(현)

김종승(金鍾承)

(생)1963·6·28 (주)서울 서초구 강남대로331 광일빌딩2층 한국투자증권 강남지역본부(02-399-7908) (학)1982년 장충고졸 1988년 고려대 경영학과졸 2006년 한국과학기술원(KAIST) Executive MBA졸(석사) (경)1988~2005년 동원증권(舊 한신증권) 입사·근무 2005년 한국투자증권(주) 근무 2008년 同개인고객전략부 상무보 2010년 同영업전략부서장(상무보) 2012년 同WM사업본부장(상무) 2013년 同중부지역본부장(상무) 2016년 同강남지역본부장(전무)(현)

김종식(金鍾植) KIM Jong Sik

(생)1950·10·20 (본)김해(金海) (출)전남 완도 (주)광주 서구 내방로111 광주광역시청 경제부시장실(062-613-2020) (학)1970년 목포 문태고졸 1976년 성균관대 행정학과졸 1983년 서울대 행정대학원졸 2001년 전남대 대학원 행정학 박사과정 수료 (경)1981년 행정고시 합격(24회) 1995년 완도군 부군수 1997년 영암군 부군수 1998년 신안군 부군수 2000~2002년 목포대 지역개발학과 겸임교수 2001~2002년 목포시 부시장 2002·2006·2010~2014년 전남 완도군수(새천년민주당·열린우리당·대통합민주신당·통합민주당·민주당·민주통합당·민주당·새정치민주연합) 2010년 전국시장군수구청장협의회 군수대표 2011~2012년 同대변인 2011~2013년 한국슬로시티시장군수협의회 초대회장 2014년 국제슬로시티 대사 2016년 광주시 경제부시장(현) (상)한국지방자치경영대상 최고경영자상(2008), 한국지방자치경영대상 환경안전부문 대상(2009), 올해의 신한국인 대상(2011), 국제슬로우시티연맹 공로상(2014) (저)'창조의 길을 열다'(2014, 심미안) (종)기독교

김종식(金鍾植) KIM Jong Shik

(생)1952·6·16 (본)김해(金海) (출)경북 청도 (주)충북 제천시 백운면 운학리75 세계기독교박물관 관장실(043-651-0191) (학)1971년 청도 이서고졸 1978년 계명대 국어국문학과졸 1990년 폴란드 바르샤바대 폴란드어연수과정 수료 2002년 이스라엘 텔아비브대 판히브리어과정 수료 (경)1978년 대한무역투자진흥공사(KOTRA) 입사 1982년 同오만 무스카트무역관 근무 1984년 同이집트 카이로무역관 근무 1988년 同기획관리부 근무 1989년 同폴란드 바르샤바무역사무소 창설요원 1992년 同전시부 해외전시2과장 1993년 同기획관리부 예산과장 1995년 同뉴질랜드 오클랜드무역관장 1998년 同감사실 검사역 1999년 同마케팅지원처 국제박람회부장 2000년 송파로타리클럽 국제봉사위원장 2001년 대한무역투자진흥공사(KOTRA) 이스라엘 텔아비브무역관장 2004년 중소기업특별위원회 전문위원 2006년 대한무역투자진흥공사(KOTRA) 울산무역관장 2008년 同해외사업지원단 울산지역TF장 2009년 세계기독교박물관 관장(현) 2010~2015년 순복음강남신학교 교수 (상)상공부장관표창(1992), 뉴질랜드 아시아인 최고상(1997), 대통령직속 중소기업특별위원장표창(2005) (저)'이스라엘 성지 365'(2009) (역)'유대인은 왜'(2008) (종)기독교

김종식(金淙植)

(생)1955·1·13 (출)전남 나주 (주)서울 서초구 태봉로114 한국교원단체총연합회 사무국(02-570-5500) (학)2004년 고려대 언론대학원 언론최고위과정 수료 2005년 서울대 행정대학원 국가정책과정 수료 (경)1982년 중앙일보 입사 1989년 서울문화사 입사 1992년 한국교원단체총연합회 입사 2006년 법무부 범죄예방법사랑 위원회(현) 2010년 한국교육신문사 사업본부장 2010년 同복지관리본부장 2011년 한국교원단체총연합회 사무국 조직본부장 2013년 同교권본부장 2013년 한국교육신문사 편집출판본부장 2013년 법제처 국민법

제관 2013년 서울대총동창회 이사(현) 2014~2015년 한국교육신문사 사장 2015년 한국교원단체총연합회 사무총장(현) 2015년 전국재해구호협회 감사(현) 2015년 민족화해협력범국민협의회 집행위원(현) [상]교육부장관 감사패(1994), 한국교육방송원장 감사패(1998), 한국교육방송공사 사장감사패(2000 · 2007), 법무부 범죄예방전국연합회장표창(2007), 수원지검 성남지청장표창(2014)

김종식(金鍾植)

[생]1964 [출]서울 [주]경기 안성시 알미산로140 안성경찰서(031-8046-0321) [학]1982년 서울 영일고졸 1986년 경찰대 법학과졸(2기) [경]1986년 경위 임용 1996년 경감 임용 2004년 경정 임용 2005년 안양경찰서 정보보안과장 2006년 안산단원경찰서 정보보안과장 2008년 경기지방경찰청 보안계장 2013년 대전지방경찰청 치안지도관(총경) 2014년 同112종합상황실장 2014년 제주서부경찰서장 2015년 제주지방경찰청 112종합상황실장 2016년 경기 안성경찰서장(현)

김종신(金鍾信) Kim Jong Sin

[생]1954 · 9 · 26 [본]김해(金海) [출]경남 함양 [주]서울 영등포구 국제금융로8길25 주택건설회관4층 대한주택건설협회 비서실(02-785-3913) [학]1973년 함양고졸 1986년 국제대 경제학과졸 2009년 건국대 부동산대학원 경영관리학과졸 [경]1981~1987년 건설부 수원국도관리사무소 근무 1987~2001년 건설교통부 본부 근무 2001~2002년 국무총리실 파견 2002년 건설교통부 주택정책팀 근무 2006년 同판교주택분양상황실장 2007년 同주택공급TF팀장 2007~2009년 국무총리실 제주프로젝트2과장(파견) 2009~2010년 영주국도관리사무소 소장 2010~2011년 국토해양부 녹색도시건설과장 2011년 대한주택건설협회 정책상무이사(현) [상]국무총리표창(1992), 대통령표창(2005), 홍조근정훈장(2011) [종]불교

김종양(金鍾陽) Kim Jong Yang

[생]1961 · 10 · 30 [본]김해(金海) [출]경남 창원 [학]1980년 마산고졸 1985년 고려대 경영학과졸 1996년 서울대 행정대학원 행정학과졸 2004년 경찰학박사(동국대) [경]1985년 행정고시 합격(29회) 2004~2005년 서울성북경찰서장 2005~2006년 대통령비서실 행정관 2007~2010년 駐LA 경찰주재관 2010년 서울지방경찰청 보안부장 2010년 경찰청 핵안보정상회의 준비단장 2011년 同외사국장 겸 인터폴중앙사무국장 2012년 경남지방경찰청장 2012~2015년 인터폴(국제형사경찰기구) 집행위원 2013년 경찰청 기획조정관 2014~2015년 경기지방경찰청장(치안정감) 2015년 인터폴(국제형사경찰기구) 집행위원회 아시아지역 부총재(현) [상]홍조근정훈장(2014)

김종열(金鍾烈) KIM JONG YEUL

[생]1961 · 1 · 26 [본]김해(金海) [출]경남 마산 [주]대전 서구 청사로189 관세청 차장실(042-481-7610) [학]1980년 마산상고졸 1987년 성균관대 무역학과졸 1990년 서울대 대학원 경제학과졸 2000년 영국 맨체스터대 대학원 경제학과졸 [경]1990년 행정고시 합격(33회) 1993년 경제기획원 심사평가총괄과 1994년 국무총리실 행정조정실 1996년 재정경제원 대외경제국 지역협력과 2000년 재정경제부 경제협력국 국제경제과 서기관 2001년 同경제협력국 경협총괄과 서기관 2002년 UN개발계획(UNDP) 근무, 재정경제부 경제협력국 남북경협과장 2007년 同세제실 관세국 산업관세과장 2008년 기획재정부 세제실 산업관세과장 2009년 同세제실 조세분석과장 2010년 同세제실 재산세제과장(부이사관) 2011년 OECD 대한민국정책센터 조세본부장 2012년 대통령실 파견 2013년 중앙공무원교육원 교육파견(고위공무원) 2014년 고용노동부 기획조정실 정책기획관 2016년 기획재정부 관세국제조세정책관 2016년 관세청 차장(현)

김종영(金鍾永) KIM JONG YOUNG

[생]1959 · 2 · 19 [본]부안(扶安) [주]서울 서초구 서초중앙로157 서울중앙지방법원 민사국(02-530-2100) [학]1979년 수성고졸 1986년 건국대 법학과졸 [경]1997년 법원행정고시 합격(15기) 2002년 법원행정처 기획조정실 근무 2004~2006년 법원공무원교육원 형사실무 강사 2009년 법원행정처 재판사무국 근무 2011년 법원공무원교육원 형사실무 교수 2014년 서울고법 형사과장 2015년 서울중앙지법 민사국장(현)

김종영(金種永)

[생]1973 · 3 · 3 [주]경북 안동시 풍천면 도청대로455 경상북도의회(054-880-5439) [학]포항고졸, 경북대 정치외교학과졸 [경]포항고 OB축구회 부회장, 독도수호문화예술협회 상임최고위원, 포항시육상연맹 부회장, 새누리당 직능특별위원회 위원, 연일향토청년회 상임부회장, 한국학부모총연합 포항지회장, 연일읍체육회 부회장, 포항시바르게살기협의회 청년회 부회장 2014년 경북도의회 의원(새누리당)(현) 2014년 同운영위원회 위원 2014년 同교육위원회 부위원장 2014년 同독도수호특별위원회 위원 2016년 同건설소방위원회 위원(현) 2016년 同정책연구위원회 위원(현)

김종오(金鍾五) KIM Jong Oh

[생]1956 · 8 · 7 [본]김해(金海) [출]서울 [주]서울 양천구 안양천로1071 이대목동병원 정형외과(02-2650-5022) [학]1975년 신일고졸 1981년 고려대 의대졸 1991년 의학박사(고려대) [경]1993년 이화여대 의과대학 정형외과학교실 조교수 · 부교수 · 교수(현) 1995~1997년 독일 Hambung Endo-clinic 인공관절학 연수 1998년 이대목동병원 정형외과 과장 1998년 영국 Charily instute 인공관절연구소 연수 2002년 미국 Clevland Case Western Reserve Univ. 연수 2015년 대한골절학회 회장

김종오(金鍾五) KIM Jong Oh

[생]1961 · 4 · 25 [본]김해(金海) [출]경남 의령 [주]강원 삼척시 동양길20 동양시멘트(주) 비서실(033-571-7000) [학]진주고졸, 연세대 화학공학과졸, 한국과학기술원(KAIST) 화학공학과졸(석사), 화학공학박사(한국과학기술원) [경]1989년 동양시멘트(주) 입사, 同기술연구소 근무, 同종합조정실 조사분석팀 근무, 同기술관리부 기술관리차장, 同삼척공장 품질관리실 차장, 同엔지니어링팀장, 同해외사업팀장, 同품질관리팀장, 同삼척공장 크링카생산2팀장(부장), 同삼척공장 생산담당 상무보 2010년 同삼척공장 생산담당 상무 2012년 同삼척공장 생산담당 전무 2013~2014년 同대표이사 부사장 2013년 삼척상공회의소 회장 2014년 한국시멘트협회 회장 2015년 (주)삼표 고문 2015년 동양시멘트(주) 부사장(현) [저]'삼상유동층에서의 유체역학' '열전달 및 물질전달특성에 관한 연구'

김종오(金鍾五)

[생]1969 · 5 · 26 [출]전남 순천 [주]전남 순천시 왕지로19 광주지방검찰청 순천지청(061-729-4200) [학]1987년 순천고졸 1992년 한국외국어대 영어과졸 [경]1998년 입법고등고시 합격(15회) 1998년 사법시험 합격(40회) 2001년 사법연수원 수료(30기) 2001년 서울지검 서부지청 검사 2003년 대전지검 서산지청 검사 2005년 청주지검 검사 2008년 광주지검 검사 2010년 서울중앙지검 검사 2012~2014년 공정거래위원회 파견 2014년 인천지검 검사 2015년 同부부장검사 2016년 광주지검 순천지청 부장검사(현)

김종우(金鍾佑) Kim Jong Woo

[생]1961 [출]서울 [주]서울 종로구 종로390 케이티스빌딩 웅진식품(주) 임원실(02-3668-9000) [학]연세대 경영학과 1년 재학, 미국 뉴욕대 경영학과졸, 미국 미시간대 대학원 경영학과졸 [경]1986년 씨티은행 근무 2005년 필립모리스 대만 대표이사 2006~2007년 디아지오 아시아태평양 영업총괄 사장 2007~2013년 디아지오코리아 북아시아 대표이사 2015년 웅진식품(주) 대표이사 사장(현)

김종우(金鍾佑) KIM Jong Woo

[생]1963 · 11 · 25 [주]서울 종로구 세종대로209 통일부 남북협력지구발전기획단 기획총괄과(02-2100-5666) [학]서울대 행정대학원졸 [경]통일부 정책홍보실 정책총괄팀 사무관 2006년 同정책홍보실 정책총괄팀 서기관 2007년 同남북회담사무국 회담기획3팀장 2007년 同남북회담본부 사회문화회담팀장 2008년 同나들섬TF팀장 2009년 同이산가족과장 2009년 同정책홍보과장 2010년 同인도지원과장 2013년 同남북회담본부 회담2과장 2014년 대통령비서실 파견(부이사관) 2015년 통일부 남북협력지구발전기획단 기획총괄과장(현)

김종우(金鍾佑)

[생]1970·7·9 [출]서울 [주]서울 서초구 서초중앙로157 서울고등법원(02-530-1114) [학]1989년 동국사대부고졸 1994년 서울대 공법학과졸 [경]1995년 사법시험 합격(37회) 1998년 사법연수원 수료(27기) 1998년 서울지법 의정부지원 판사 2000년 서울가정법원 판사 2002년 대구지법 판사 2005년 서울서부지법 판사 2007년 서울중앙지법 판사 2009년 서울서부지법 판사 2010년 서울고법 판사 2011년 대법원 재판연구관 2013년 춘천지법 강릉지원 부장판사 2014년 서울고법 판사(현)

김종욱(金鍾旭) KIM JONG UK

[생]1952 · 1 · 23 [주]전남 순천시 장명로6 순천상공회의소(061-741-5511) [학]1970년 마산고졸 1974년 고려대 지질학과졸 [경]1986~1994년 대주토건(주) 전무이사 1994년 죽암건설(주) 대표이사 1997~2000년 우석종합건설 대표 1999년 (주)죽암기계 대표이사(현) 2000~2003년 두림개발(주) 대표이사 2000년 제이에이건설(주) 대표이사 2002년 순천경제정의실천시민연합 지도위원(현) 2002~2003년 순천제일대 부설지역발전연구소 운영위원 2004년 순천세무서 세정자문위원(현) 2010년 죽암건설(주) 대표이사(현) 2012년 순천시인재육성장학회 후원회장(현) 2014년 전남도체육회 부회장(현) 2015년 (사)숲속의전남 이사장(현) 2015년 법무부 법사랑위원회 전남동부지역연합회 회장(현) 2015년 순천상공회의소 회장(현) [상]석탑산업훈장(2011), 농어촌공사 농어촌행복대상(2014), 2014 고소득쌀생산분야 전남도지사표창(2014)

김종욱(金鍾旭) KIM Jong Wook

[생]1956 · 7 · 4 [본]김해(金海) [출]충남 아산 [주]서울 송파구 양재대로1239 한국체육대학교 생활체육대학 사회체육학과(02-410-6813) [학]1973년 온양고졸 1979년 한양대 체육학과졸 1983년 同대학원 체육학과졸 1997년 이학박사(한양대) [경]1979년 신림중 교사 1984년 한국체육대 사회체육학부 사회체육학전공 교수, 同생활체육대학 사회체육학과 교수(현) 1985년 대한카누연맹 시설이사 1987년 국가대표 카누부 코치 1990년 한국체육대 사회체육학과장 1992년 한국사회체육학회 부회장 1993년 한국체육대 생활체육연구소장 1993년 한국스포츠교육학회 상임이사 1996년 한국체육대 체육학과장 1999년 同대학원 주임교수 2001년 '2002학년도 중등학교 교사 임용후보자선정 경쟁시험' 출제위원장 2002년 한국스포츠교육학회 부회장 · 고문, 同자문위원(현) 2003년 한국체육대 사회체육학부장 2003년 同학술정보원장 2005년 同교무처장 2007년 同대학원장 2009~2013년 同총장 2009~2013년 대한체육회 이사 2009년 제5회 홍콩동아시아대회 대한민국 대표 선수단장 2009년 대한장애인체육회 이사 2011년 제7회 아스타나-알마티 동계아시아경기대회 대한민국 대표선수단장 2012년 제30회 런던올림픽 대한민국선수단 부단장 [상]서울특별시장표창(1987), 교육부장관표창(1992), 근정포장(2006), 교육공로대상(2008), 대한민국체육상(2011) [저]'카누경기'(1987) [역]'실전골프스윙입문'(2001)

김종욱(金鍾煜)

[생]1958 · 8 · 12 [출]서울 [주]인천 남구 학익소로30 인천구치소(032-868-8771) [학]충암고졸, 동아대 법학과졸 [경]1990년 공무원 임용 2013년 원주교도소장 2014년 법무부 복지과장 2015년 同교정기획과장(서기관) 2016년 同교정기획과장(부이사관) 2016년 인천구치소장(고위공무원)(현)

김종욱(金宗煜) KIM Jong Wook

[생]1963 · 4 · 25 [출]광주 [주]광주 광산구 첨단중앙로182번길12 첨단우리병원 대표원장실(062-970-6003) [학]1981년 광주 진흥고졸 1989년 전남대 의대졸 1995년 同대학원졸 2003년 의학박사(전남대) [경]1998~2002년 성바오로병원 정형외과 과장 2002~2006년 광주우리병원 원장 2006년 첨단우리병원 대표원장(현) [종]기독교

김종욱(金鍾煜) KIM Jong Wook

[생]1967 · 9 · 27 [출]서울 [주]서울 중구 덕수궁길15 서울특별시의회(02-3783-1706) [학]1986년 한성고졸 1990년 고려대 사범대학 교육학과졸 [경]1992년 코오롱 종합연수원 근무 1994년 Net Space 대표 1998년 민족화해협력범국민협의회 연수부장 1999년 전대협동우회 기획부장 2002년 새천년민주당 노무현 대통령후보 중앙선거대책위원회 Reading Korea 조직2팀장 2004년 이인영 국회의원 특별보좌역 2004년 열린우리당 서남권발전기획단 사무국장 2004년 同서울시당 교육특별위원회 부위원장 2004년 6 · 5재보선 서울시의원선거 출마(열린우리당) 2005년 열린우리당 서울시당 상무위원 2006년 서울시의원선거 출마(열린우리당), 변화경영연구원 전략담당 대표 2010년 서울시의회 의원(민주당 · 민주통합당 · 민주당 · 새정치민주연합) 2010년 同운영위원회 위원 2010년 同교육위원회 위원 2010년 同친환경무상급식지원특별위원회 위원장 2010년 同민주당 정무부대표 2011년 민주당 이인영 최고위원 정무특보 2011년 서울시의회 예산결산특별위원회 위원 2011년 同장애인특별위원회 위원 2012년 同인권도시창조를위한서울특별시의회인권특별위원회 위원 2012년 同교육위원회 위원 2012년 同정책연구위원회 위원 2012년 서울시립대 입학제도개선기획단 공동기획단장 2013년 서울시의회 예산결산특별위원회 부위원장 2014년 서울시의회 의원(새정치민주연합 · 더불어민주당)(현) 2014년 同기획경제위원회 위원 2015년 同항공기소음특별위원회 위원(현) 2015년 同하나고등학교특혜의혹진상규명을위한행정사무조사특별위원회 위원(현) 2015년 同지역균형발전지원특별위원회 위원(현) 2016년 同더불어민주당 원내대표(현) 2016년 同문화체육관광위원회 위원(현)

김종운(金鍾雲) KIM Jong Woon

[생]1957 · 6 · 23 [출]서울 [주]서울 강남구 선릉로514 성원빌딩 메트라이프생명보험(주) 회장실(02-3469-9668) [학]1975년 서울 양정고졸 1979년 고려대 경영학과졸 1986년 미국 캘리포니아대 버클리교 경영대학원 경영학과졸(MBA) [경]1981년 체이스맨하탄은행 서울지점 근무 1983년 미국 가주외환은행 LA 근무 1986년 메트라이프 지점장 1989~1998년 메트라이프생명보험(주) Sr. Manager 1998년 同이사 1998년 同영업담당 상무이사 1999년 同전무이사 2001년 同부사장, 同수석부사장 2009년 同대표이사 사장 2014년 同회장(현) 2014년 同이사회 의장(현) 2014~2016년 메트라이프코리아재단 이사장 [종]기독교

김종운(金種云) KIM Jong Wun

[생]1957 · 7 · 21 [출]전남 [주]경기 과천시 코오롱로11 코오롱 감사실(02-3677-3114) [학]1983년 한성고졸 1983년 중앙대 식품공학과졸 1985년 同경영대학원 국제경영학과졸 1991년 국제경영학박사(중앙대) 2005년 미국 페퍼다인대 대학원졸(MBA) [경]1983년 한일은행 입행 1999년 한빛은행 신정1동지점장 2001년 同비서실장 2003년 우리은행 LA지점장 2007년 同홍보팀장 2009년 同준법감시인 2011년 同리스크관리본부 부행장 2013년 우리금융지주 시너지추진본부장(부사장) 2013년 우리자산운용 준법&리스크본부 총괄부사장 2014년 키움투자자산운용 고문 2015년 코오롱 상근감사(현) [상]재정경제부장관표창(2006), 행정자치부장관표창(2007)

김종웅(金鍾雄) KIM JONG WOONG (玉山)

[생]1949 · 11 · 25 [본]김녕(金寧) [출]경북 영덕 [주]서울 강북구 오현로31길172 (주)진웅산업(02-423-1131) [학]1968년 동아고졸 1972년 건국대 법학과졸 1982년 同대학원 행정학과졸 1994년 서울대 행정대학원 국가정책과정 수료 1994년 고려대 대학원 국제정보통신과정 수료 1997년 同대학원 최고위정책과정 수료 1998년 연세대 언론홍보대학원 수료 2000년 동국대 국제정보대학원 수료 2005년 행정학박사(건국대) [경]1980년 (주)진웅산업 회장(현) 1991~1995년 서울시의회 의원 1991년 在京대구경북도민회 부회장(현) 1998~2002년 전국시군구의장협의회 회장 2006년 건국대 겸임교수(현) 2011년 한나라당 중앙위원회 부의장 2011년 同중앙위원회 한나라포럼 대표, 同재정위원 2011년 송파발전연합회(16개시 · 도 향우회연합) 회장(현) 2012년 새누리당 중앙위원회 지도위원 2012년 (사)미래전략연구소 이사(현) 2012년 새누리당 제18대 대통령중앙선거대책위원회 직능총괄본부 특별직능본부장 · 정치쇄신본부장, 서울희망포럼 부대표(현) 2014년 새누리당 서울시당 부위원장(현) 2014~2016년 서울 송파구 영남향우회 회장 2014년 대통령소속 국민대통합위원회 위원(현) 2015년 새누리당 중앙위원회 부의장(현) [상]서울시장표창, 석탑산업훈장(1989), 법무부장관표창, 중소기업대상(1998), 동탑산업훈장(2004) [저]'그날을 위하여'(2004, 진원출판사) '아직 넘어야 할 언덕이 있다'(2008, 학진출판사) '경험 지혜 그리고 미래-김종웅 에세이 & 컬럼'(2013, 문학바탕) [종]천주교

김종원(金鍾源) KIM Jhong Won

[생]1931 · 10 · 25 [본]김녕(金寧) [출]부산 [주]서울 서초구 반포대로37길59 대한민국학술원(02-3400-5220) [학]1950년 경남고졸 1954년 서울대 법대 법학과졸 1957년 同대학원 형법과졸 1976년 법학박사(서울대) [경]1958~1961년 서울대 법과대 강사 1959~1974년 경희대 법대 전임강사 · 조교수 · 부교수 · 교수 1967~1977년 한국형사법학회 상임이사 1970년 제12회 사법시험 2차

심사위원 1974년 한양대 법정대 교수 1977~1997년 성균관대 법대 법학과 교수 1977~1987년 한국형사법학회 회장 1979~1999년 법무부 법무자문위원회 위원 1980년 성균관대 2부교학처장 1981~1984년 同법정대학장 1982년 同법대학장 1983~1988년 법제처 정책자문위원회 위원 1983년 일본형법학회 명예회원(현) 1985~1992년 법무부 형사법개정특별심의위원회 소위원회 위원장 1986년 헌정제도연구위원회 위원 1987년 한국형사법학회 고문(현) 1995년 대한민국학술원 회원(형법·현), 同인문사회과학부 제4분과회 회장 1996년 독일 Goettingen대 객원교수 1997년 성균관대 법대 명예교수(현) 1998~2000년 경희대 객원교수 2011~2013년 대한민국학술원 인문·사회과학부회 회장 [상]국민훈장 목련장(1997) [저]'형법각론(上)'(1965, 법문사) '목적적 행위론과 형법이론'(2013, 성균관대 출판부)

김종원(金鍾源) KIM Jong Won

[생]1941·10·2 [출]충남 홍성 [주]서울 성북구 정릉로10길 17 도원교통(주) 대표이사실(02-914-9023) [학]광천상고졸, 고려대 정책대학원 수료, 성균관대 행정대학원 수료, 국민대 경영대학원 수료 [경]1983년 도원교통(주) 대표이사(현) 1986년 민주평통 상임위원 1987년 고려대 정책대학원 동문회 회장 1989년 한국자유총연맹 성북구지부장 1991~1995년 서울시의회 의원 1994년 한국보이스카우트연맹 성북지구 위원장 2003~2009년 서울시버스운송사업조합 이사장 2006~2009년 전국버스운송사업조합연합회 회장 2007~2009년 전국교통단체총연합회 회장 2010년 경성여객 대표이사(현) [상]국민훈장 목련장(2002), 제15회 교통봉사상 대상(2005)

김종원(金鍾元) KIM Jong Won

[생]1955·4·12 [본]의성(義城) [출]경기 평택 [주]대전 유성구 가정로152 한국에너지기술연구원 수소연구실(042-860-3442) [학]1973년 평택고졸 1978년 연세대 화학공학과졸 1980년 한국과학기술원졸 1987년 화학공학박사(한국과학기술원) [경]한국동력자원연구소 연구원, 한국에너지기술연구소 에너지환경연구부 연구원 1987년 한국에너지기술연구원 책임연구원 2003년 同고효율수소에너지제조·저장·이용기술개발사업단장 2007~2009년 한국수소및신에너지학회 회장 2010년 同고문, 한국에너지기술연구원 수소연료전지연구단 책임연구원 2013년 同수소연구실 책임연구원(현) [저]'수소에너지'(2003) '수소에너지'(2005) '알기쉬운 수소에너지'(2005) '수소경제핵심기술동향'(2008) '수소에너지의이해'(2011) '수소연료전지-현황과 비전'(2013) [종]기독교

김종원(金宗元) Kim Jong Won

[생]1959·3·19 [출]경남 [주]서울 중구 을지로11길15 동화빌딩3층 우리신용정보 대표이사실(02-2262-5800) [학]1978년 부산상고졸 [경]1977년 상업은행 입행 2005년 우리은행 녹산공단지점장 2008년 同부산경남기업영업본부 기업영업지점장 2010년 同모라동지점장 2011년 同부산경남동부영업본부장 2012년 同부산경남기업영업본부장 2013년 同경남영업본부장 2014~2015년 同부동산금융사업본부 집행부행장 2015년 우리신용정보 대표이사(현)

김종원(金鍾元) KIM Chong Won

[생]1959·7·12 [출]경북 청송 [주]경기 안양시 동안구 시민대로254 국토연구원 부원장실(031-380-0112) [학]1982년 영남대 경제학과졸 1984년 서울대 환경대학원 환경계획학과졸 1997년 자원경제학박사(미국 West Virginia Univ.) [경]2005~2009년 건설교통부 전략환경평가위원 2006년 국가균형발전위원회 국가균형발전사업평가위원 2011년 국무총리실 재난관리개선 민관합동 T/F위원 2011년 국토연구원 수자원·국토방재연구센터장 2012~2013년 同국토환경·수자원연구본부장 2012년 국토교통부 중앙하천관리위원(현) 2014~2015년 국토연구원 국가도시방재연구센터장 2015년 同부원장(현) [저]'물위기의 시대 우리나라 수자원정책(共)'(2000, 환경정의시민연대)

김종원(金鍾源) KIM Jong Won

[생]1961·1·23 [출]서울 [주]서울 강남구 일원로81 삼성서울병원 진단검사의학과(02-3410-2705) [학]1979년 경동고졸 1985년 서울대 의대졸 1990년 同대학원 임상병리학과졸 1992년 서강대 대학원 정보처리학과 수료 1993년 임상병리학박사(서울대) [경]1985~1990년 서울대병원 인턴·임상병리과 전공의 1990년 同임상병리과 전임의 1990~1993년 충북대 의대 임상병리과 전임강사·조교수 1992~1994년 미국 신시내티의대 박사후연구원 1994년 삼성서울병원 진단검사의학과 전문의(현) 1997~2000년 성균관대 의대 진단검사의학과 조교수 2000년 同의대 진단검사의학과 부교수·교수(현) 2008~2011년 삼성서울병원 진단검사의학과장 2009~2011년 삼성유전체연구센터장 2012년 보건복지부지정 희귀대사질환 차세대선별진단 및 치료기술개발중계연구센터장(현) [상]대한정도관리협회 한일약품학술상(1998), 과학기술우수논문상(2004), 대한진단검사의학회 우수논문상(2012), 학술상(2013), 대한정도관리협회 정도관리대상(2012), 보건복지부장관표창(2014) [저]'현장검사의 이론과 실제'(2000)

김종원(金鍾源) KIM Jong Won

[생]1962·9·10 [본]경주(慶州) [출]전북 [주]경기 안양시 동안구 흥안대로70 전일빌딩3층 네오디지틀닷컴 사장실(02-3473-2100) [학]단국대 전자공학과졸, 同대학원졸 [경]대한전선(부) 근무, DWNT 부사장, 삼지전자(주) 디지털사업담당 상무이사, 성원정보통신 사장 2007년 네오디지틀닷컴 대표이사 사장(현) [종]천주교

김종원(金鍾沅) KIM Jong Won

[생]1964·6·7 [본]김해(金海) [출]서울 [주]서울 서초구 서초중앙로157 서울중앙지방법원(02-530-1114) [학]1983년 영동고졸 1988년 고려대 법학과졸 [경]1990년 사법시험 합격(32회) 1993년 사법연수원 수료(22기) 1993년 軍법무관 1996년 광주지법 판사 1998~2001년 同목포지원 판사, 同함평군·영암군·무안군법원 판사 2001년 변호사 개업 2006년 대전고법 판사 2008년 수원지법 판사 2009년 전주지법 부장판사 2010년 의정부지법 부장판사 2013년 서울남부지법 부장판사 2015년 서울중앙지법 부장판사(현)

김종윤(金鍾潤) KIM Jong Yoon

[생]1940·10·20 [본]연안(延安) [출]경기 파주 [주]서울 강남구 논현로507 성지하이츠3차오피스텔815호 김종윤사학연구실(02-6677-6071) [학]1961년 덕수상고졸 1964년 침례신학대졸 1986년 건국대 경영대학원 최고경영자과정 수료 [경]1963년 한국비판신문 기자 1964년 한국일보 기자 1970년 유성전설(주) 전무 1984년 한국상고사학회 학술위원 1986년 건국대 경영대학원학술회 부회장 1986년 한국경영대학원전국연합회 사무총장 1988년 한모임회 이사·감사·부회장 1989년 도서출판「다물」대표 1990년 한국어문협의회 총무이사 겸「어문춘추」편집인 1993년 국정회·正社協 공동대표 1993년 세계일보 조사위원, 연안김씨大宗會 '大宗會報' 편집인 및 부회장 1994년 한민족다물사상연구소 대표 1995년 한국수필문학진흥회 이사 1996년 한국고대사연구회·조선민족사학회 공동대표 1996년 大東夷문화연구회 발기인·총무이사 1997년 조선민족사연구회 김종윤사학연구실 대표(현) 1998년 전국한자교육추진총연합회 상임집행위원(현) 1998년 重峰 趙憲선생기념사업회 연구자문위원(현) [저]'역사의 고향' '에세이 잡학전서' '한중여록' '러시아 여행기' '대륙은 침묵한다' '新講 한국고대사' '고대 조선사와 근조강역 연구' '한국인에게는 역사가 없다' '이 사람을 보라 전3권' '인물로 본 한반도 朝鮮史의 허구 上·下' [역]'은봉야사별록'(共) '해제본죽서기년' '해제본 산해경·목천자전' '해제본 고려도경' '완역 선화봉사高麗圖經'

김종윤(金鍾潤) KIM Jong Yoon

[생]1972·8·3 [본]선산(善山) [출]서울 [주]세종특별자치시 한누리대로422 고용노동부 기획재정담당관실(044-202-7026) [학]1990년 구정고졸 1996년 서울대 사회복지학과졸 [경]2009년 고용노동부 양산지청장 2010년 同고용전략과장 2011년 同고용보험정책과장 2013년 대통령비서실 파견 2014년 고용노동부 규제개혁법무담당관 2015년 同기획조정실 기획재정담당관 2016년 同기획조정실 기획재정담당관(부이사관)(현)

김종의(金鍾義) KIM Jong Eui

[생]1941·2·10 [본]김해(金海) [출]부산 [주]서울 구로구 안양천로537길16 백광산업(주) 회장실(02-2612-0061) [학]1959년 경남고졸 1965년 서울대 공대 섬유공학과졸 1969년 미국 캘리포니아대 화학공학과졸 1970년 同대학원졸(MS) 1971년 미국 컬럼비아대 경영대학원졸(MBA) [경]1971년 서울미원(주) 상무 1972년 同전무이사 1975~1978년 P.T 미원 인도네시아 대표이사 1978년 미원통상(주) 대표이사 1984년 同회장 1999년 백광산업(주) 회장(현) [상]대통령표창(1978)

김종인(金鍾仁) KIM Chong In

ⓢ1940·7·11 ⓑ울산(蔚山) ⓞ서울 ⓐ서울 영등포구 의사당대로1 국회 의원회관404호(02-784-8870) ⓗ1958년 서울 중앙고졸 1969년 독일 뮌스터대졸 1972년 경제학박사(독일 뮌스터대) ⓒ1973년 서강대 경상대 교수 1979년 서독 쾰른대 객원교수 1980년 국가보위비상대책위원회 재무분과위원 1980년 입법회의 경제제1 및 예결위원회 전문위원 1981년 제11대 국회의원(전국구, 민정당) 1982년 민정당 정책연구소 경제1연구실장 1983년 同국책연구소 정책연구실장 1985년 同정책조정실 부실장 1985년 제12대 국회의원(전국구, 민정당) 1985년 민정당 국책조정위원회 상근위원 1987년 사회개발연구소 소장 1988년 민정당 국책연구소 부소장 겸 국책조정위원회 간사 1989년 국민은행 이사장 1989~1990년 보건사회부 장관 1990년 대통령 경제수석비서관 1992년 제14대 국회의원(전국구, 민자당·무소속), 대한발전전략연구원 이사장(현) 2004년 새천년민주당 상임중앙위원 2004~2008년 제17대 국회의원(비례대표, 새천년민주당·민주당·통합민주당) 2004년 새천년민주당 비상대책위원회 부위원장 2005년 同부대표 2005년 민주당 부대표 2006년 同지방선거기획단장 2008~2010년 국회의장직속 헌법연구자문위원회 위원장 2010년 헌법재판소 자문위원 2011~2013년 한국외국어대 국제지역대학원 석좌교수 2012년 새누리당 국민행복추진위원회 위원장 겸 경제민주화추진단장 2013~2015년 가천대 경영대학 석좌교수 2015년 건국대 경제학과 석좌교수(현) 2016년 더불어민주당 비상대책위원회 대표 2016년 同더불어경제선거대책위원회 위원장 2016년 제20대 국회의원(비례대표, 더불어민주당)(현) 2016년 국회 기획재정위원회 위원(현) ⓢ보국훈장 천수장, 청조근정훈장, 독일 1등십자공로훈장(2008) ⓩ'재정학'

김종인(金鍾仁) KIM Jong In

ⓢ1952·7·7 ⓑ김해(金海) ⓞ충남 천안 ⓐ서울 서초구 서초대로74길4 법무법인 동인(02-2046-0658) ⓗ1971년 경복고졸 1975년 서울대 법대졸 ⓒ1980년 사법시험 합격(22회) 1982년 사법연수원 수료(12기) 1982년 부산지검 검사 1985년 마산지검 거창지청 검사 1986년 서울지검 남부지청 검사 1988년 대구지검 검사 1990년 서울지검 검사 1991년 대검찰청 중수부 파견 1992년 서울지검 검사 1993년 춘천지검 속초지청장 1995년 대구지검 특수부장 1997년 인천지검 특수부장 1998년 서울지검 북부지청 형사5부장 1999년 법무부 보호과장 2000년 서울지검 형사4부장 2001년 한국갱생보호공단 이사 2001년 춘천지검 강릉지청장 2002년 부산지검 동부지청 차장검사 2003년 서울지검 북부지청 차장검사 2004년 수원지검 2차장검사 2005년 同1차장검사 2005년 대검찰청 마약·조직범죄부장 2006년 전주지검장 2007년 대검찰청 감찰부장 2008년 대구지검장 2009년 서울동부지검장 2009년 법무법인 동인 변호사(현) 2014년 국무총리산하 경제·인문사회연구회 비상임이사(현) ⓢ불교

김종인(金鍾仁) KIM Jong In

ⓢ1963·3·28 ⓑ김해(金海) ⓞ부산 ⓐ서울 송파구 올림픽로269 (주)롯데쇼핑 롯데마트 임원실(02-2145-8500) ⓗ혜광고졸, 서울대 경제학과졸 ⓒ(주)S-Oil 정책연구팀 선임, (주)롯데쇼핑 롯데마트 기획팀장, 同롯데마트 기획부문장, 同롯데마트 해외사업부문장, 同롯데마트 전략본부장(상무) 2012년 同롯데마트 전략본부장(전무) 2014년 同롯데마트 중국본부장(전무) 2015년 同롯데마트 대표이사 부사장(현) 2015년 롯데그룹 기업문화개선위원회 위원(현) ⓢ기독교

김종인(金鐘燐)

ⓢ1970·9·16 ⓞ인천 남동구 정각로29 인천광역시의회(032-440-6375) ⓗ한양공고졸 ⓒ在인천충남도민회 제14대 사무총장, 청라고운영위원회 위원장(현) 2015년 인천시의회 의원(재선거 당선, 새정치민주연합·더불어민주당)(현) 2015·2016년 同교육위원회 위원(현) 2016년 同운영위원회 위원(현) 2016년 同예산결산특별위원회 부위원장(현) 2016년 同윤리특별위원회 위원(현)

김종중(金鍾重) KIM Jong Joong

ⓢ1956·7·7 ⓞ경북 영주 ⓐ서울 서초구 서초대로74길11 삼성전자(주) 미래전략실 전략1팀(02-2255-3300) ⓗ1976년 중앙고졸 1983년 고려대 경영학과졸 ⓒ1984년 삼성그룹 입사, 삼성생명보험(주) 동부본부 영업팀담당 부장 2001년 삼성전자(주) 삼성기업구조조정본부 재무팀 상무보 2003년 同삼성기업구조조정본부 재무팀 상무 2006년 同삼성기업구조조정본부 재무팀 전무 2006년 삼성 전략기획실 전략지원팀 전무 2008년 삼성전자(주) 업무지원실장 2009년 同업무지원실장(부사장) 2010년 삼성정밀화학 대표이사 사장 2011년 삼성전자(주) DS부문 경영지원실장 2012년 同미래전략실 전략1팀장(사장)(현)

김종진(金鍾振) KIM Jong Jin

ⓢ1959·8·24 ⓑ김해(金海) ⓞ서울 ⓐ서울 강남구 테헤란로505 서울종합예술실용학교(02-3430-1352) ⓗ1978년 서울고졸 1985년 한국외국어대 터키어과졸 2007년 한국과학기술원(KAIST) 최고경영자과정 수료 2010년 한국외국어대 정책과학대학원 신문방송학과졸 ⓒ1984~1995년 문화방송 TV제작국 제작2부 근무 1995~1999년 음악전문 CATV KMTV 기획·연출 및 편성·제작총괄 부장 2000~2004년 사회복지공동모금회 행사·이벤트분과 위원장 2000년 음악전문 CATV m.net 편성제작국장 2001년 同방송본부장 2001년 (주)뮤직네트워크 상무이사 2003년 (주)엠.스톰 대표이사 2004년 CJ Media 라인 대표 2005년 同음악사업본부장 상무 겸 CJ Music 대표이사 2006년 젊은제작자연대 상임고문 2007년 (주)엠넷미디어 대표이사 2007년 (주)예당엔터테인먼트 미디어사업부문 대표 2008년 同대표이사 2009년 (주)SM엔터테인먼트 고문 2011년 (주)제이제이와피디들 대표이사 2012년 서울시 축제심의위원장 2012년 서울예술직업전문학교 학장 2014년 (사)함께하는음악저작인협회 CEO(전무이사) 2015년 서울종합예술실용학교 부학장 겸 홍보처장(현) 2016년 (주)아이에치라 총괄프로듀서(현) ⓢ국무총리표창(2001), 문화관광부장관표창(2007) ⓩ연출 'MBC 토요일 토요일은 즐거워' '쇼!뮤직탱크'(1995~1999) 'H.O.T 콘서트'(1998) '젝스키스 콘서트'(1998) 'H.O.T 콘서트'(1999) '젝스키스 콘서트'(1999) '유승준 콘서트'(1999) '핑클 콘서트'(1999) 'H.O.T 메인 스타디움 콘서트'(1999) '조성모 콘서트'(1999) '조성모 콘서트'(2000) 'H.O.T 북경 콘서트'(2000) '젝스키스·핑클 콘서트'(2000) 'S.E.S 콘서트'(2000) '서태지 EErie-Taiji-People-Fest-2002 콘서트'(2002) '세븐 콘서트'(2003) 'One Concert'(2003) '신화 콘서트'(2003) '신승훈 My Funny Valentain 콘서트'(2004) 기획·연출 'Showking. M'(2000) 'Prime Concert'(2000) '2000 m.net Music Video Festival'(2000) '2001 m.net Music Video Festival'(2001) '2002 m.net Music Video Festival'(2002) 'mnet Music Video Festival'(2004) '일본 동경 레인보우 콘서트'(2005) 'mnet Music Video Festival'(2005) 'M. countdown in Japan'(2006) '제4회 L.A헐리웃볼 음악대축제'(2006) 'L.A 이문세 독창회'(2006) 총연출 '제4회 Asia Song Festival'(2007) 총연출·기획 '제5회 Asia Song Festival'(2008) '종합편성채널4사 합동개국쇼'(2011) '대한민국대중문화예술시상식'(2011·2012·2013) '드림콘서트'(2012·2013) '경주한류슈퍼콘서트'(2012) '평창동계올림픽유치기념축하쇼'(2012) '정전60주년기념평화음악회'(2013) 'APAN스타어워드'(2013·2014)

김종진(金鍾珍) KIM Jong Jin

ⓢ1959·11·4 ⓞ경남 하동 ⓐ경기 안양시 동안구 시민대로187 유엔식량농업기구 한국협회(031-440-9080) ⓗ1978년 여의도고졸 1982년 고려대졸 1988년 미국 오클라호마주립대 대학원졸 ⓒ1997년 농림부 농촌인력과 과장 1998년 同투자심사담당관 1999년 同식량정책과장 2001년 同농업정책과장 2003년 同부이사관(농어업농어촌특별대책위원회 파견) 2003년 미국 미주리대 방문연구원 2005년 駐제네바대표부 공사참사관 2008년 농림수산식품부 국제농업국장(고위공무원) 2009년 同국제협력국장 2010년 유엔식량농업기구(FAO) 아시아·태평양지역총회 의장 2010년 농림수산식품부 통상정책관 2013년 유엔식량농업기구(FAO) 남남협력재원동원국장(현)

김종진(金種振)

ⓢ1962·11·27 ⓞ전북 전주 ⓐ서울 영등포구 여의공원로13 KBS 심의실(02-781-1301) ⓗ전주고졸, 한국외국어대 화란어과졸, 서강대 언론대학원졸 ⓒ2000년 한국방송공사(KBS) 보도국 편집기자 2001년 同보도국 편집차장 2002년 同런던특파원(차장) 2005년 同1TV뉴스제작팀 차장 2006년 同보도본부 국제팀 차장 2009년 同보도본부 보도국 인터넷뉴스팀장 2010년 同보도본부 보도국 인터넷뉴스부장 2011년 同보도본부 보도국 사회1부장 2012년 同방송문화연구소장 2014년 同보도본부 디지털뉴스국장 2014년 同보도본부 해설위원(국장급) 2014년 서울브랜드추진위원회 위원 2016년 한국방송공사(KBS) 심의실장(현) ⓢ녹십자 언론상(1992), 바른말 보도상(1994)

김종찬(金鍾讚)

ⓢ1960·12·2 ⓞ경기 수원시 팔달구 효원로1 경기도의회(031-8008-7000) ⓗ고려대 교육대학원 교육학과졸 ⓒ안양학원연합회 회장, 국회의원 이종걸 교육특별보좌관, 민주평통 자문위원, 시사어학원 원장 2004년 6·5재보궐선거 안양시의원선거 출마 2006년 경기 안양시의원선거 출마 2015년 더불어민주당 경기도당 민생복지특별위원회 위원장(현) 2016년 경기도의회 의원(보궐선거 당선, 더불어민주당)(현) 2016년 同여성가족교육협력위원회 위원(현) 2016년 同예산결산특별위원회 위원(현)

김종창(金鍾昶) KIM Jong Chang (靑湖)

[생]1948·10·13 [본]김해(金海) [출]경북 예천 [주]서울 동대문구 회기로85 한국과학기술원 경영대학(02-958-3437) [학]1967년 경북 대창고졸 1971년 서울대 상대졸 1985년 미국 워싱턴대 대학원 경제학과졸 2003년 명예 경영학박사(중부대) [경]1970~1976년 경제과학심의회의 사무관 1976년 재무부 사무관 1982~1992년 同기획예산담당관·손해보험과장·투자진흥과장·금융정책과장·총무과장 1992~1995년 駐영국대사관 재경관 1996년 재정경제원 국제금융증권심의관 1996년 同국민생활국장 1998년 증권선물위원회 상임위원 1999년 금융감독위원회 상임위원 2000년 금융감독원 부원장 2001~2004년 중소기업은행장 2003년 이화여대 겸임교수 2004~2006년 금융통화위원회 위원 2006~2008년 법무법인 광장 고문 2008~2011년 금융감독원장 2008~2011년 금융위원회·금융감독원산하 기업재무개선지원단장 겸임 2013년 한국과학기술원 경영대학 금융전공 초빙교수(현) 2013년 아시아나항공(주) 사외이사 겸 감사위원(현) 2014년 (사)청소년금융교육협의회 회장(현) 2015년 (주)삼천리 사외이사(현) 2016년 전국시·도의회운영위원장협의회 부회장(현) [상]대통령표창(1980), 홍조근정훈장(1997), 은탑산업훈장(2002), 다산금융상 최고경영자 대상(2003), 대한민국 고객만족경영대상 최고경영자상(2003) [저]'그레이트뱅크'(2006) [종]천주교

김종천(金鍾川) KIM Jong Cheon

[생]1968·7·22 [출]충남 금산 [주]대전 서구 둔산로100 대전광역시의회(042-270-5014) [학]충남기계공고졸 1990년 중경공업전문대학 전자과졸, 충남대 평화안보대학원 국제학과 재학 중 [경](주)윈스텝엔터테인먼트 대표이사, 민주당 대전시당 무상급식추진특별공동위원장, (사)한국행정공공연구원 능력개발연구위원 2010년 대전시의회 의원(민주당·민주통합당·민주당·새정치민주연합) 2010년 同대전의정발전연구회 간사 2010년 同미래도시연구회 간사 2010년 민주당 대전시당 청년위원장 2010년 대전시생활축구연합회 고문(현) 2011년 대전시 서구 리틀야구단장(현) 2012년 대전시의회 복지환경위원장 2013년 전국유·청소년축구연맹 중앙부회장 겸 대전지회장(현) 2014년 대전시의회 의원(새정치민주연합·더불어민주당)(현) 2014년 同산업건설위원장 2014년 대전시·베트남 빈증성 국제친선교류협회 회장(현) 2016년 대전시의회 운영위원회 위원장(현) 2016년 同행정자치위원회 위원(현) 2016년 同예산결산특별위원회 위원(현) 2016년 전국시·도의회운영위원장협의회 부회장(현) [상]자랑스런 대한민국시민대상 대상(2014), 중소기업중앙회 대전·세종·충남지역회장 감사패(2016), 전국시·도의회의장협의회 우수의정 대상(2016)

김종철(金鍾澈) KIM Chong Chol

[생]1944·9·2 [본]김해(金海) [출]충남 연기 [주]서울 종로구 자하문로5길37 그린빌라1층 동아자유언론수호투쟁위원회 [학]1964년 서울 동성고졸 1968년 서울대 문리대학 국어국문학과졸 [경]1967년 동아일보 기자 1975년 同해직 1984년 민중문화운동협의회 창설·공동대표 1985년 민주통일민중운동연합 대변인 1988년 同사무처장 1988년 한겨레신문 논설위원 1998년 同논설간사·편집부국장 1998년 연합통신 사장 1998~2000년 연합뉴스 사장 2000년 연합P&M 사장 겸임 2000년 연합인포맥스 회장 겸임 2000년 한국신문협회 감사 2000년 아시아·태평양통신사기구(OANA) 부의장 2004~2005년 (주)성전기획 회장 2008년 (재)광장 재단이사(현) 2013년 동아자유언론수호투쟁위원회 위원장(현) 2014년 자유언론실천재단 초대이사장(현) [저]'저 가면 속에는 어떤 얼굴이 숨어있을까' '아픈 다리 서로 기대며' '지역감정 연구'(共) 에세이 '마침내 하나됨을 위하여' '당신의 종교는 옳은가'(2011, 21세기북스) 인문학 총서 '문화의 바다로'(2011, 21세기북스) [역]'프랑스 혁명사' '인도의 발견' '말콤 엑스'(共)

김종철(金鍾喆) KIM Chong Chul (白山)

[생]1952·1·15 [본]김해(金海) [출]부산 [주]서울 종로구 대학로103 서울대학교 치과대학 소아치과학교실(02-2072-3395) [학]1977년 서울대 치의학과졸 1980년 同대학원졸 1986년 치의학박사(서울대) [경]1977~1980년 서울대병원 수련의 1983~1986년 남서울병원 과장 1986년 서울대 치대 소아치과학교실 교수(현) 1988~1989년 미국 UCLA 치대 방문교수 2004년 학교법인 동원육영회 이사 2007~2008년 서울대 치과대학장 겸 치의학대학원장 2016년 학교법인 동원육영회 이사장(현) [저]'小兒齒科學'(1978) '小兒矯正學'(1988)

김종철(金鍾哲) KIM Jong Chul

[생]1955·10·29 [출]경남 [주]경기 평택시 경기대로1286 명성빌딩510호 아모레퍼시픽 송탄점(031-611-2940) [학]1974년 마산고졸 1980년 부산대 경영학과졸 [경]1980년 (주)태평양 입사 1997년 同인력개발원 부원장 1999년 同유통사업부장 2003년 同생활부문 상무 2005년 同MassBeauty부문 부사장 2006년 同건강부문장 겸임 2007년 同매스뷰티&설록부문 부사장 2009년 아모레퍼시픽 송탄점 사장(현)

김종철(金鍾徹) KIM Jong Chul

[생]1961·5·29 [출]전북 진안 [주]전북 전주시 완산구 효자로225 전라북도의회(063-280-4514) [학]2008년 전주대 경영대학원 중소기업학과졸 [경]1995~2005년 대한주택관리(주) 대표이사 2002·2006~2010년 전북 전주시의회 의원 2008~2010년 同운영위원장 2009년 정동영 국회의원 사무국장 2010년 전북도의회 의원(민주당·민주통합당·민주당·새정치민주연합) 2010~2012년 同용역과제심의위원회 위원 2011년 同녹색성장위원회 위원 2011년 同예산결산특별위원회 위원 2012년 同운영위원회 위원 2014년 전북도의회 의원(새정치민주연합·더불어민주당·국민의당)(현) 2014·2016년 同행정자치위원회 위원(현) 2014~2015년 同예산결산특별위원회 위원장 [상]전국시·도의회의장협의회 우수의정 대상(2016)

김종철(金鍾哲) KIM Jong Cheol

[생]1967·4·13 [본]김해(金海) [출]강원 춘천 [주]세종특별자치시 한누리대로422 고용노동부 고용정책실 여성고용정책과(044-202-7470) [학]1986년 춘천고졸 1990년 고려대 사회학과졸 1998년 서울대 행정대학원졸 2002년 미국 코넬대 노사관계대학원졸 [경]1993년 행정고시 합격(37회) 1995~1997년 국가보훈처 춘천보훈지청 보훈과장·본부 제대군인정책과 근무 1997~2005년 고용노동부 여성고용과·국제협력과·장애인고용과 사무관 및 서기관 2005~2007년 SK(주) 인사노사담당부장(파견) 2007~2010년 고용노동부 비정규직대책홍보단장·특수형태근로종사자보호입법추진단장·근로기준국 퇴직급여보장팀장·임금복지과장 2010~2013년 同駐제네바대표부 고용노동관(ILO 담당) 2013년 대구지방고용노동청 대구고용센터 소장 2015년 고용노동부 고용정책실 여성고용정책과장(현)

김종철(金鍾哲) KIM Jong Chul

[생]1968·5·5 [출]전북 고창 [주]전남 나주시 금천면 그린로60 농식품공무원교육원(061-338-1001) [학]1986년 경성고졸 1990년 서울대 경제학과졸 1996년 同행정대학원 행정학과졸 [경]2006년 농림부 농업협상과장 2007년 同정주지원과장 2008년 농림수산식품부 소득정책과장(서기관) 2008년 同기획조정관실 정책평가팀장 2009년 同기획조정관실 정책평가팀장(부이사관) 2009년 同농촌정책국 농촌정책과장 2010년 농업연수원 교육기획과장 2010년 농림수산식품부 국제협력총괄과장 2011년 同농업정책과장 2012년 同농림수산검역검사본부 영남지역본부장 2013년 농림축산식품부 농림축산검역본부 영남지역본부장 2013~2015년 농촌진흥청 국립농업과학원 농식품자원부장 2016년 同국립농업과학원 농업생명자원부장 2016년 농림축산식품부 농식품공무원교육원장(현)

김종철(金鐘喆) KIM Jong Chul

[생]1969·7·26 [출]대구 [주]세종특별자치시 한누리대로402 산업통상자원부 철강화학과(044-203-4280) [학]1988년 서울 대원고졸 1997년 서울대 서어서문학과졸 2012년 서울과학종합대학원 박사과정 수료 [경]1996년 행정고시 합격(40회) 1998년 통상산업부 입부·산업표준정보과·아주협력과 사무관, 駐중국대사관 상무관, 산업자원부 산업정책과 서기관, 지식경제부 인사팀장, 기획재정부 무역협정국내대책본부 사업지원팀장(파견) 2012년 지식경제부 경제자유구역기획단 정책기획팀장 2013년 산업통상자원부 전력진흥과장 2015년 同철강화학과장(현) [상]외교통상부장관표창(2004), 대통령표창(2005)

김종철(金鍾哲)

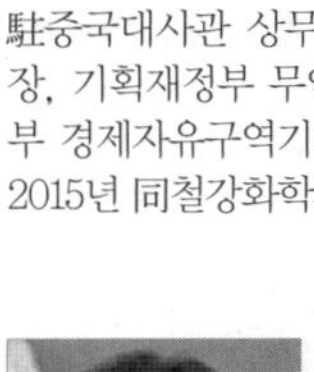

[생]1970·1·28 [출]경남 함양 [주]강원 속초시 도리원길 93 속초경찰서(033-633-3333) [학]명신고졸, 한국외국어대 영어과졸 [경]1997년 경위 임용(경찰간부후보 45기), 경찰청 외사국·기획과·정보국 근무, 駐호치민총영사관 경찰영사, 서울지방경찰청 정보관리부 정보1과 정보2계장 2015년 강원지방경찰청 여성청소년과장 2016년 강원 속초경찰서장(현) [상]녹조근정훈장(2012)

김종춘(金鍾春) KIM Jong Chuen

[생]1961·3·1 [출]경기 양주 [주]서울 서초구 헌릉로13 대한무역투자진흥공사 인재경영실(02-3460-7036) [학]1980년 의정부고졸 1988년 한국외국어대 불어과졸 1998년 고려대 국제대학원 지역연구학과졸 [경]1988년 대한무역투자진흥공사(KOTRA) 입사 1997년 同파리무역관 근무 2000년 同기획조정실 근무 2003년 同리스본무역관장 2006년 同기획조정실 경영혁신부장 2006년 同기획조정실 경영혁신팀장 2008년 同부다페스트무역관장 2008년 同부다페스트코리아비즈니스센터장 2011년 同홍보팀장 2012년 同50주년사업단장 2012년 同홍보실장 2013년 同워싱턴무역관장 2016년 同북미지역본부장(현)

김종춘(金鍾春)

[생]1968·2·7 [출]전북 정읍 [주]전북 전주시 완산구 홍산남로29의11 경복궁빌딩6층 법무법인 금양(063-229-2738) [학]1986년 이리고졸 1991년 서울대 법학과졸 [경]1991년 사법시험 합격(33회) 1994년 사법연수원 수료(23기) 1994년 軍법무관 1997년 전주지법 판사·김제시법원 판사 2000년 同군산지원 판사 2002년 전주지법 판사 2003년 광주고법 판사 2006년 전주지법 판사 2009년 同남원지원장 2011년 전주지법 부장판사 2012~2014년 同수석부장판사 2014년 변호사 개업 2014년 법무법인 금양 대표변호사(현) 2016년 전북도야구·소프트볼협회 회장(현)

김종칠(金種七)

[생]1969·2·21 [출]전북 남원 [주]대전 서구 둔산중로78번길15 대전고등검찰청(042-470-3000) [학]1987년 전주고졸 1992년 서울대 공법학과졸 1997년 同대학원 법학과 수료 [경]1994년 사법시험 합격(36회) 1997년 사법연수원 수료(26기) 1997년 軍법무관 2000년 서울지검 남부지청 검사 2001년 전주지검 군산지청 검사 2003년 청주지검 검사 2005년 제주지검 검사 2008년 대전지검 검사 2009년 同부부장검사 2011년 대검찰청 연구관 2012년 청주지검 부장검사 2014년 수원지검 안산지청 부장검사 2015년 법무연수원 교수 2016년 대전고검 검사(현)

김종태(金鍾泰) Kim Jong Tae

[생]1949·3·16 [출]경북 상주 [주]서울 영등포구 의사당대로1 국회 의원회관452호(02-784-3190) [학]1968년 상주고졸 1972년 육군3사관학교졸(6기) 1990년 한국방송통신대 경영학과졸 1992년 동국대 대학원 방위산업학과졸 2012년 행정학박사(수원대) [경]1995년 육군 제50보병사단 122연대장 2001년 육군 제2야전군사령부 관리처장 2003년 육군3사관학교 생도대장 2004년 육군 제15보병사단 사단장 2005년 육군 교육사령부 전력발전부장 2008년 육군 교육사령부 부사령관(소장) 2008~2010년 국군 기무사령관(중장) 2010년 예편(육군 중장) 2010년 대통령직속 국가안보총괄점검회의 위원, 한국군사문제연구원 연구위원, 한국교통대 명예석좌교수 2012년 제19대 국회의원(경북 상주시, 새누리당) 2012년 국회 국방위원회 여당 간사 2014년 국회 농림축산식품해양수산위원회 위원 2014~2015년 새누리당 기획위원장 2014~2015년 국회 군인권개선및병영문화혁신특별위원회 위원 2015~2016년 새누리당 원내부대표 2015년 국회 운영위원회 위원 2015~2016년 새누리당 경북도당 윤리위원장 2016년 제20대 국회의원(경북 상주시·군위군·의성군·청송군, 새누리당)(현) 2016년 국회 국토교통위원회 위원(현) [상]대통령표창(4회), 보국훈장 삼일장(1987), 보국훈장 천수장(2005), 보국훈장 국선장(2010), 향군 대휘장(2010) [저]'군과 국가발전'(2011)

김종택(金宗澤) Kim Jong-taek (峨林)

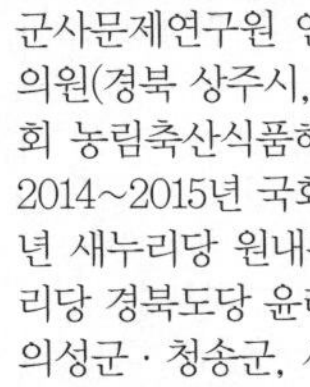

[생]1939·5·24 [본]선산(善山) [출]경남 거창 [주]대구 북구 대학로80 경북대학교 사범대학 국어교육과(053-950-5821) [학]1958년 영남고졸 1962년 경북대 사범대학 국어교육과졸 1964년 同대학원 국어학과졸 1977년 문학박사(경북대) [경]1962~1965년 영남고 교사 1966~1978년 대구교대 교수 1979년 경북대 사범대학 국어교육과 부교수 1982~2004년 同교수 1985~1987년 한국어문학회 회장 1987~1989년 경북대 부설중등교원연수원장 1989년 同신문사 주간 1992~1994년 同출판부장 1995~1997년 同사범대학장 1995~1997년 同교육대학원장 2002~2004년 한국지명학회 회장 2004년 경북대 명예교수(현) 2010~2016년 한글학회 회장 [상]대구시문화상 학술상(2000), 황조근정훈장(2004) [저]'국어의미론'(1971) '국어화용론'(1981) '국어어휘론'(1992) '조선의 여인' 외 다수 [작]시집 '만촌동 수탁'(1999) 산문집 '아흡살이 가는 길'(1999)

김종표(金鍾表) KIM Jong Pyo

[생]1941·12·26 [출]경남 밀양 [주]서울 서초구 원터6길5 (사)한국지방자치발전연구원(02-2235-6415) [학]1960년 부산고졸 1964년 부산대 법대졸 1971년 일본 와세다대 대학원 수료 1979년 행정학박사(단국대) [경]1974~1985년 단국대 법정대학 전임강사·조교수·부교수 1977~1978년 미국 애리조나주립대·미국 서던캘리포니아대 교환교수 1985~1997년 단국대 행정학과 교수 1985~1997년 同사회과학연구소장 1987~1991년 同사회과학대학장 1993년 同교수협의회장 1997년 (사)한국지방자치발전연구원 원장(현), 대한교육연합회 사무총장, 문교부·내무부·총무처·서울시·체육부 정책자문위원회 위원, 한국행정학회 이사, 한국정치학회 이사, 한국지방자치학회 상임이사, 부정부패추방시민연합 공동대표, KAIST EMDEC 벤처지원센터 자문위원 [저]'현대지방행정론' '지방자치구역론' '신지방행정론' '지방자치론'

김종필(金鍾泌) KIM Jong Pil (雲庭)

[생]1926·1·7 [본]김해(金海) [출]충남 부여 [학]1944년 공주중졸 1948년 서울대 사범대학 교육학부 수료 1949년 육군사관학교졸(8기) 1963년 명예 법학박사(미국 훼어리디킨슨대) 1964년 명예 법학박사(미국 롱아일랜드대) 1966년 명예 법학박사(중앙대) 1966년 명예 문학박사(미국 웨스트민스터대) 1974년 명예 철학박사(홍익대) 1992년 명예 정치학박사(미국 유타주립대) 1995년 명예 과학박사(미국 오레곤과학기술원) 1998년 명예 경제학박사(동의대) 1998년 명예 법학박사(명지대) 1998년 명예 교육학박사(공주대) 1998년 명예박사(일본 규슈대) [경]1958년 육군본부 정보참모부 기획과장 1961~1963년 초대 중앙정보부장 1963년 예편(육군 준장) 1963년 민주공화당(공화당) 창당준비위원장 1963년 제6대 국회의원(부여, 공화당) 1963년 공화당 의장 1967년 제7대 국회의원(부여, 공화당) 1968년 의원직 사퇴 1970년 공화당 총재 수석상임고문 1971~1973년 同부총재 1971년 제8대 국회의원(부여, 공화당) 1971~1975년 국무총리 1973년 제9대 국회의원(전국구, 유신정우회) 1974년 5·16민족상 이사장 1974년 일요화가회 명예회장(현) 1976년 한·일의원연맹 초대회장 1977년 한·일친선협회 한국측 초대회장 1979년 제10대 국회의원(부여·서천·보령, 공화당) 1979년 공화당 총재 1979년 5·16민족상 총재 1980년 공직 사퇴 1987년 신민주공화당 총재 1987년 同대통령후보 1988년 제13대 국회의원(부여, 신민주공화당·민자당) 1990년 민자당 최고위원 1992년 제14대 국회의원(부여, 민자당·자민련) 1992년 민자당 대표최고위원 1993년 同대표위원 1995~1997년 자유민주연합(자민련) 총재 1996년 제15대 국회의원(부여, 자민련) 1997~2001년 자민련 명예총재 1998년 국무총리 서리 1998~2000년 국무총리 2000~2004년 제16대 국회의원(전국구, 자민련) 2000~2004년 한·일의원연맹 회장 2000년 월드컵축구의원연맹 회장 2001~2004년 자민련 총재 2016년 '한국 근현대사 예술사 구술채록사업' 원로예술인 생애사 구술자 선정 [상]미국 동성훈장(1954), 동성충무무공훈장(1955), 중국 大綬寶鼎勳章(1961), 1등보국훈장 통일장(1963), 이탈리아 공로훈장(1966), 파라과이 공로대훈장(1966), 베트남 보국1등훈장(1966), 청조근정훈장(1971), 아이티 은십자명예대훈장(1972), 일본 勳一等旭日大勳章(1973), 일본 修交勳章光化大章(1974), 적십자대장 태극장(1975), 가봉 적십자대훈장(1975), 칠레 대훈장(1975), 아르헨티나 대십자훈장(1978), 사우디아라비아 압둘아지르왕훈장(1998), 프랑스 공로훈장대십자장(1999), 자랑스러운 육사인賞(2016) [저]'JP칼럼'(1971) 'JP화첩(Ⅰ)'(1971) '새 역사의 고동'(1980) 'JP화첩(Ⅱ)'(1987) 화보집 '운정(雲庭) 김종필'(2015) [종]기독교

김종필(金鍾泌) KIM Jong Pil

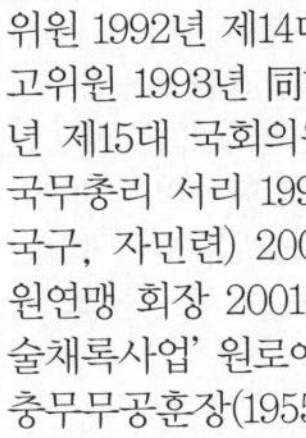

[생]1962·10·28 [출]대구 [주]서울시 강남구 테헤란로133 법무법인(유) 태평양(02-3404-0171) [학]1981년 대구 달성고졸 1985년 경북대 법학과졸 1986년 同대학원 법학과 수료 [경]1986년 사법시험 합격(28회) 1989년 사법연수원 수료(18기) 1989년 육군 법무관 1992년 서울지법 의정부지원 판사 1994년 서울민사지법 판사 1996년 전주지법 군산지원 판사 1998년 광주고법 판사 1999년 서울지법 판사 2001년 서울고법 판사 2002년 대법원 재판연구관 2004년 대구지법 부장판사 2006년 사법연수원 교수 2008~2011년 서울행정법원 부장판사 2011~2014년 법무법인(유) 태평양 변호사 2012년 국민연금공단 대체투자위원회 외부위원 2012~2015년 대한상사중재원 중재인 2012년 해양경찰청 자문변호사 2012년 국세청 규제개혁위원회 위원 2012년 고려대 법학전문대학 겸임교수 2014~2015년 대통령 법무비서관 2015년 법무법인(유) 태평양 변호사(현) 2015년 법제처 법령해석심의위원회 위원(현)

김종필(金鍾弼) kim jong pil

[생]1962·12·2 [주]충남 예산군 삽교읍 도청대로600 충청남도의회(041-635-5226) [학]전북기계공고졸, 경남대 전기공학과졸, 한서대 정보산업대학원 행정학과졸 [경]대림산업 근무, 노동부 근로감독관, (주)애향전기 대표이사, 서산시자율방범연합대 자문위원(현), 새누리당 중앙위원회 행정자치분과 부위원장 2012년 민주평통 자문위원(현) 2014년 충남도의회 의원(새누리당)(현) 2014~2016년 同운영위원회 부위원장 2014~2016년 同문화복지위원회 위원 2015~2016년 同내포문화권발전특별위원회 위원 2015~2016년 同3농혁신등정책특별위원회 위원 2015년 同운영위원회 위원(현) 2016년 同행정자치위원회 부위원장(현)

김종필(金鐘必)

[생]1971·3·15 [출]전남 화순 [주]서울 서초구 서초중앙로148 김영빌딩13층 법무법인 율우(02-3482-0500) [학]1989년 창평고졸 1994년 한양대 법학과졸 [경]1995년 사법시험 합격(37회) 1998년 사법연수원 수료(27기) 1998년 공익법무관 2001년 광주지검 검사 2003년 同순천지청 검사 2005년 법무부 검찰3과 검사 2006년 서울남부지검 검사 2006년 군의문사진상규명위원회 파견 2010년 수원지검 검사 2010년 서울중앙지검 부부장검사 2012년 광주지검 장흥지청장 2013년 부산지검 특수부장 2014~2015년 대검찰청 기획조정부 정보통신과장 2015년 법무법인 율우 대표변호사(현)

김종하(金鍾河) KIM Jong Ha

[생]1934·8·10 [본]김해(金海) [출]경남 창원 [주]서울 영등포구 국회대로70길18 한양빌딩 새누리당(02-3786-3000) [학]1953년 동래고졸 1957년 서울대 정치학과졸 1972년 미국 컬럼비아대 신문대학원 수료 [경]1956년 한국일보 기자 1959~1960년 자유신문 기자·도쿄특파원 1962년 서울신문 기자 1965년 신아일보 정경부 차장 1966~1973년 同정치부장·편집부국장 1973년 국회의장 비서실장 1979년 제10대 국회의원(통일주체국민회의, 유신정우회) 1979년 유정회 대변인 1981년 제11대 국회의원(창원·진해·의창, 한국국민당) 1981년 한국국민당 대변인 1983년 同총재 국회담당특보·원내총무 1985년 미국 버클리대 객원연구원 1990년 (주)한양 고문 1992년 제14대 국회의원(창원甲, 민주자유당) 1993년 민주자유당 당무위원 1994년 同경남도지부 위원장 1995년 국회 국제경쟁력강화특별위원장 1996년 신한국당 경남도지부 위원장 1996년 제15대 국회의원(창원甲, 신한국당·한나라당) 1997년 국회 건설교통위원장 1998년 한나라당 중앙위원회 의장 2000~2004년 제16대 국회의원(창원甲, 한나라당) 2000년 한나라당 경남도지부 위원장 2000~2004년 한·일의원연맹 부회장 2001~2002년 국회 부의장 2004~2012년 한나라당 상임고문, 대한민국헌정회 부회장, 同원로위원(현) 2012년 새누리당 상임고문(현) [종]기독교

김종하

[생]1970 [주]서울 강남구 학동로343 한국퀄컴(주) 임원실(02-530-6970) [학]1993년 경희대 전자공학과졸 [경]1993~1999년 삼성전자(주) 반도체사업부 근무 1999~2000년 인텔코리아 근무 2000년 퀄컴CDMA테크놀로지코리아 근무 2011년 퀄컴CDMA테크놀로지 한국지역 영업총괄(VP of QCT) 부사장 2015년 퀄컴CDMA테크놀로지코리아 오퍼레이션부문 사장 2016년 한국퀄컴(주) 고문(현)

김종학(金鐘鶴) Jonak KIM

[생]1954·2·4 [본]김해(金海) [출]서울 [주]서울 광진구 능동로209 세종대학교 회화과(02-3408-3254) [학]1972년 서울예고졸 1980년 서울대 서양화과졸 1987년 同교육대학원졸 [경]1980~1981년 서울 영란여중 교사 1994~1997년 성균관대·성신여대·덕성여대 강사 1998년 동아미술제 심사위원 1999년 대한민국미술대전 심사위원 1999년 세종대 회화과 교수(현), 대학미술협의회 회장 2009년 2009아시아프 총감독 2009~2013년 세종대 예체능대학장 [상]대한민국미술대전 특선, 동아미술상, 토탈미술대상, 제23회 이중섭미술상(2011) [종]기독교

김종학(金鍾鶴) KIM, JONGHAK

[생]1963·5·3 [본]김해(金海) [출]경기 여주 [주]세종특별자치시 도움6로11 국토교통부 주택건설공급과(044-201-3364) [학]1983년 경기 수성고졸 1993년 한국방송통신대 행정학과졸 1998년 인하대 대학원 교통경제학과졸(석사) [경]2012년 국무조정실 제주지원위원회 산업진흥과장 2014년 세종연구소 파견 2015년 국토교통부 공공기관지방이전추진단 지원정책과장 2016년 同주택건설공급과장(현)

김종한(金鍾翰) Kim, Jong-Han

[생]1959·11·1 [출]경남 의령 [주]부산 연제구 중앙대로1001 부산광역시의회(051-888-8175) [학]동래고부설방송통신고졸, 동의대 경영학과졸, 同대학원 경영학과졸 [경]전국중앙청년회 초대회장, 한국자유총연맹 부산시 동구지회장(현), 국제라이온스협회 355-A지구 총재, 민주평통 자문위원, 부산시생활체육회 이사, 대한전문건설협회 부산지회 감사(현), 부산시 동구문화원 부원장(현), 同범일4동주민자치위원회 위원(현) 2005년 법무부 범죄예방부산지역협의회 운영위원(현) 2014년 부산시의회 의원(새누리당)(현) 2014년 同운영위원회 위원 2014년 同행정문화위원회 부위원장 2015년 同경제문화위원회 부위원장 2016년 同교육위원회 위원(현) 2016년 同예산결산특별위원회 위원(현) [상]국민훈장 석류장, 국민훈장 동백장, 대통령포장, 대통령표창(2회), 장관표창(3회), 전국시·도의회의장협의회 우수의정 대상(2016)

김종한(金鍾翰) Kim Jonghan

[생]1961·10·24 [본]연안(延安) [출]경북 영주 [주]부산 남구 수영로309 경성대학교 상경대학 경제금융물류학부(051-663-4411) [학]1984년 경북대 경제학과졸 1986년 同대학원 경제학과졸 1993년 경제학박사(경북대) [경]1990~1997년 경북대·계명대·대구효성가톨릭대 강사 1992~1994년 대구시 시사편찬위원회 집필위원 1993~1997년 사단법인 대구사회연구소 연구위원 1997~1998년 일본 교토대 대학원 경제학연구과 연구원 1998~2000년 경성대 경제통상학부 전임강사 1998년 일본 교토대 대학원 경제학연구과 초빙교수 1998~2001년 한국지역사회학회 총무이사 2000년 일본 오사카경제법과대학 아시아경제연구소 객원연구원 2000년 경성대 디지털비지니스학부 디지털경제전공 교수, 同상경대학 경제금융물류학부 교수(현) 2001~2002년 同기획조정부처장 2003년 한국산업노동학회 편집위원 2003년 경성대 경제학과장 2003년 부산시 도시혁신위원 2004~2005년 미국 웨스트버지니아대 방문교수 2006~2008년 경성대 글로벌비즈니스인력혁신센터 소장 2006~2010년 부산시 고용심의회 위원 2007년 부산지방노동위원회 위원(현) 2010년 부산시노사민정협의회 자문위원(현) 2010년 고용노동부 옴부즈만 위원(현) 2012~2016년 부산고용포럼 상임대표 2012~2013년 미국 포틀랜드주립대학 방문교수 2014~2016년 경성대 경영대학원장 겸 상경대학장 2014~2016년 한국지역고용학회 회장 2016년 경성대 산업개발연구소장(현) [상]근정포장(2009) [저]'기업민주주의와 기업지배구조(共)'(2002) '지역혁신과 부산지역의 산업네트워크(共)'(2004) '새정치경제학 방법론 연구(共)'(2005) '부산경제:현황과 과제(共)'(2006)

김종해(金鍾海) KIM Jong Hae (池峯)

[생]1941·7·23 [본]김해(金海) [출]부산 [주]서울 마포구 신수로59의1 문학세계사(02-702-1800) [학]1959년 부산해동고졸 [경]1963년 '자유문학' 誌에 시 당선·문단 데뷔 1965년 경향신문 신춘문예 詩당선 1968~1976년 정음사 편집부 근무 1971년 외솔회 '나라사랑' 편집자 1972년 시지 '심상' 편집위원 1977년 '문학예술사' 주간 1977년 한국시인협회 사무국장·심의위원·심의위원장 1979년 '문학세계사' 대표(현) 1986년 대한출판문화협회 이사 1987~1996년 경향문학인회 회장 1995~2001년 민주평통 자문위원·상임간사 2002년 계간 '시인세계' 발행인(현) 2004~2006년 한국시인협회 회장 2006년 同평의원(현) [상]현대문학상(1982), 한국문학작가상(1985), 문화부장관표창(1992), 한국시인협회상(1995), 공초문학상(2002), 보관문화훈장(2009), PEN문학상(2010) [저]'누구에게나 봄날은 온다'(2008) '우리들의 우산'(2012) '눈송이는 나의 각을 지운다'(2013, 문학세계사) '모두 허공이야'(2016, 북레시피) [작]시집 '인간의 악기' '신의 열쇠' '왜 아니 오시나요' '천노, 일어서다' '항해일지' '바람부는 날은 지하철을 타고' '무인도를 위하여' '별똥별' '풀' '어머니, 우리 어머니' '봄꿈을 꾸며' '

김종헌(金鍾憲) KIM CHONGHEON

[생]1950·1·8 [출]경북 칠곡 [주]대구 중구 서성로20 대구평화방송 사장실(031-251-2600) [학]광주가톨릭대 신학대학 신학과졸 [경]1977년 천주교 계산성당 보좌신부 연수 1978년 同계산성당 보좌신부 1979~1981년 연학·성신고 교사 1981~1985년 바티칸 로마교황청립 성음악대 유학 1985~1986년 천주교 반야월성당 주임신부 1986~1988년 대구가톨릭대 유스티노교정 교수 1988~1993년 同효성교정 교수 1991~2001년 미국 미국가톨릭대 음악대학 유학 2000~2003·2008년 대구가톨릭음악원장(현) 2002~2010년 천주교 대구대교구 교회음악 담당신부 겸임 2003~2007년 同성김대건성당 주임신부 2008~2010년 同태전성당 주임신부 2010~2014년 한티 피정의집 관장 2014년 대구평화방송 사장(현)

ㄱ

김종혁(金鍾赫) KIM Chong Hyuk

⊗1962·10·19 ⊜경기 강화 ㈜서울 마포구 상암산로 48의6 JTBC 보도부문(02-751-6000) ⓗ마포고졸, 고려대졸 ⓔ1987년 중앙일보 입사 1999년 同편집국 사회부 기자 2000년 同편집국 국제부 차장대우 2001년 同편집국 정치부 차장 2003년 同편집국 국제부 워싱턴특파원(차장) 2006년 同편집국 정책사회부 정책사회데스크(부장대우) 2007년 同편집국 사회부문 부에디터 2008년 同편집국 사회부문 에디터 2008년 관훈클럽 운영위원(회계) 2008년 중앙일보 편집국 문화스포츠부문 에디터 2009년 同국장 대리 겸 행정국장 2010년 同중앙SUNDAY 편집국장 2012년 同편집국장 2014년 同마케팅본부장(상무보) 2015년 JTBC 보도부문 대기자(현) ②한국기자상(1994), 고대언론인교우회 '장한 고대언론인상'(2013) ㉤'백그라운드 브리핑'(2007) '김대중 다시 정권교체를 말하다'(2012)

김종혁(金鍾赫) KIM Jong Hyeok

⊗1966·10·19 ⊜경북 영천 ㈜경북 포항시 북구 법원로181 대구지방법원 포항지원(054-250-3050) ⓗ1985년 대구 계성고졸 1989년 연세대 법학과졸 ⓔ1994년 사법시험 합격(36회) 1997년 사법연수원 수료(26기) 1997년 광주지법 판사 1999년 同목포지원 판사 2001년 同담양군법원 판사 2002년 광주지법 판사 2005년 대구지법 판사 2008년 대구고법 판사 2010년 대구지법 서부지원 판사 2012년 부산지법 동부지원 부장판사 2014년 대구지법·대구가정법원 포항지원 부장판사(현)

김종현(金鍾炫) Kim Jong Hyun

⊗1951·11·20 ⊜김해(金海) ⊜경북 의성 ㈜부산 영도구 와치로194 고신대학교 아동복지학과(051-990-2296) ⓗ1979년 동아대 영어영문학과졸 1984년 부산대 교육대학원 교육학과졸 1992년 특수교육학박사(대구대) ⓔ1977~1992년 부산농아학교 교사 1992~1994년 우석대 전임강사 1994년 고신대 아동복지학과 조교수·부교수·교수(현) 2003~2005년 同대학원장 2005~2008년 同교육대학원장 2005년 한국언어치료학회 부회장·이사(현) 2010~2012년 고신대 교무처장 2012년 同교육대학원장 2014년 同기획처장 2016년 同교학부총장(현) ㉤'특수유아교육' '특수아동교육' '구화교육' '통합교육' '조음장애치료' '조기언어치료' ⓒ기독교

김종현(金鍾顯) KIM Jong Hyun

⊗1956·11·15 ⊜청산(靑山) ⊜서울 ㈜서울 영등포구 국제금융로2길25 ㈜한진해운 컨테이너선운영본부(02-3770-6114) ⓗ배재고졸, 한국외국어대 러시아어학과졸, 한국해양대 산업대학원 물류학과졸 ⓔ㈜한진해운 영업계획팀장, 同서울판매지점 수출1팀장 2002년 同구주지역본부 마케팅팀장 2005년 同함부르크지점장(상무보) 2007년 同북유럽지역담당 상무보 2008년 同부산판매지점장(상무보) 2009년 同감사실장(상무보) 2010년 同컨테이너선BU 영업계획팀장 겸 지원그룹장(상무) 2012년 同동서남아지역본부장(상무) 2016년 同동서남아지역본부장(전무) 2016년 同컨테이너선운영본부장(전무)(현) ⓒ기독교

김종현(金鍾賢) KIM Jong Hyun

⊗1958·11·7 ㈜부산 서구 구덕로225 동아대학교 중국·일본학부(051-200-8731) ⓗ1982년 한국외국어대 중국어과졸 1985년 대만 국립대만대 대학원졸 1993년 문학박사(성균관대) ⓔ1986~1995년 동아대 중어중문학과 전임강사·조교수·부교수 1995년 同중국학과 교수, 同국제학부 중국학전공 교수 1995~1997년 중국현대문학학회 이사 2004~2014년 ㈜더베이직하우스 사외이사 2005년 동아대 국제교류교육원장 2008년 同대외협력처장 겸 국제교류교육원장 2009년 同중국학과장 2011년 한국공자아카데미연합회 회장 2014~2015년 새정치민주연합 부산시당 공동위원장 2016년 국민의당 선거관리위원회 위원장 2016년 동아대 중국·일본학부 교수(현) ㉤'개혁 개방 이후의 중국문예이론' '12억이 사는 나라' '중국현실주의문학론' '노신의 문학과 사상'

김종현(金鍾炫) KIM Jong Hyun

⊗1958·11·10 ⊜광산(光山) ⊜전남 목포 ㈜서울 용산구 한강대로252 우리빌딩6층 뉴스웨이(02-799-9700) ⓗ1978년 목포고졸 1984년 연세대 중어중문학과졸 ⓔ1986년 매일경제신문 입사 2000년 同사회1부장 2001년 同사회1부장 직대·월드컵팀장(부장대우) 2002년 同금융부장 직대 2003년 同이코노믹리뷰 편집국장 2004년 머니투데이 산업담당 전문기자(부국장)

2004~2006년 同편집국 부국장 겸 산업부장 2006~2007년 아시아경제신문 편집국장 2007년 同상무이사 겸 편집국장 2008년 同전무이사 겸 편집국장 2009년 同편집인 겸 부사장 2010년 이투데이 전무 겸 편집국장 2010년 同부사장 겸 편집국장 2012년 뉴스웨이 대표이사 겸 발행인(현) ②한국기자상(1998), 한국언론대상(1999), 삼성언론대상(2000) ㉤'21세기 승자의 길'

김종현

⊗1959 ㈜서울 영등포구 여의대로128 LG화학 자동차전지사업부(02-3777-1114) ⓗ서울 성남고졸, 성균관대 경제학과졸, 캐나다 맥길대 대학원 경영학과졸 ⓔ1993년 LG 회장실 부장 2000년 LG화학 혁신지원담당 상무 2001년 同회로소재사업담당부장(상무) 2003년 同경영기획담당 상무 2004년 同경영전략담당 상무 2006년 同고무·특수수지사업부장(상무) 2009년 同소형전지사업부장(전무) 2013년 同자동차전지사업부장(부사장)(현)

김종현(金鍾玄)

⊗1960·7·10 ㈜인천 남동구 예술로149 인천시립예술단 합창단(032-438-7773) ⓗ1982년 중앙대 음악과졸 1988년 同대학원 작곡과졸 1995년 음악박사(미국 미시간주립대) ⓔ2002~2015년 미국 린치버그대 교수 겸 대학원 음악과장, 同콘서트콰이어·코랄유니온 지휘자, 미국 합창지휘자연합회 고등학교 Honor합창단 지휘자, 미국 유타주 딕시주립대 콘서트콰이어 음악감독 겸 지휘자, 미국 워싱턴 솔로이스트 앙상블 지휘자, 인천·대전·순천시립합창단 객원 지휘자 2015년 인천시립예술단 합창단예술감독(현) ②난파합창제 대상, 서울음악제 실내악부문

김종현(金鍾鉉) KIM JONG HYUN

⊗1961·1·18 ⊜충북 제천 ㈜서울 종로구 율곡로2길25 연합뉴스 논설위원실(02-398-3114) ⓗ1980년 제천고졸 1985년 충북대 영어영문학과졸 2005~2006년 미국 노스캐롤라이나대 연수 ⓔ1989년 연합뉴스 입사 1999년 同경제부 기자 2001년 同차장대우 2002년 同차장 2006년 同편집국장석 부장대우 2006~2009년 同경제부장 2009년 同국제뉴스3부 근무(부장급) 2010년 同도쿄지사장(부장급) 2012년 同도쿄지사장(부국장대우) 2013년 同국제뉴스3부 기획위원 2013년 同마케팅국 부국장 2013년 同전략사업국 부국장 겸임 2013년 同전략사업국장 2013년 同마케팅국장 2014년 同편집국 경제담당 부국장 2015년 同경영지원국장 2015년 同논설위원실장(현)

김종현(金宗炫) KIM Jong Hyun

⊗1961·12·26 ⊜서울 ㈜서울 금천구 가산로9길109 ㈜황금에스티 사장실(02-850-9710) ⓗ1980년 경희고졸 1984년 한양대 기계공학과졸 1986년 미국 조지아공대 대학원 기계공학과졸 1990년 기계공학박사(미국 조지아공대) ⓔ1984~1990년 미국 조지아공대 기계공학부 연구원 1992~1993년 한양대 대학원 강사 1998년 ㈜황금에스티 상무이사 1998년 同대표이사 사장(현) 2000~2003년 ㈜애니스틸닷컴 대표이사 2000년 ㈜이상네트웍스 대표이사 2004년 同회장(현) 2006년 한국디지털미디어고 이사장(현) ㉤'Simulation of Micro Segregation during Binary Alloy Solidification' ⓒ기독교

김종현 KIM Jonghyun

⊗1985·7·21 ⊜전남 무안 ㈜경남 창원시 중앙대로151 창원시청 사격팀(055-212-2114) ⓗ2004년 광주체육고졸, 동국대 체육학과졸 ⓔ창원시청 사격팀 소속(현) 2010년 제50회 세계사격선수권대회 50m 복사 단체전 은메달 2010년 광저우아시안게임 10m 공기소총 단체전 동메달·50m 소총복사 단체전 금메달·50m 소총3자세 단체전 금메달·50m 소총3자세 개인전 은메달 2011년 제31회 전국실업단사격대회 50m 소총 복사 개인전 우승·단체전 우승 2011년 제20회 경찰청장기전국사격대회 50m 소총 3자세 금메달·소총 3자세 단체전 금메달·소총 일반부 금메달·소총 일반부 단체전 금메달 2012년 제30회 런던올림픽 50m 소총 3자세 은메달 2014년 제17회 인천아시안게임 50m 소총 3자세 단체전 은메달 2015년 한국실업사격연맹회장배 전국사격대회 50m 소총 3자세 우승(한국신기록 및 비공인 세계신기록 : 463.1점) 2015년 제13회 아시아사격선수권대회 50m 소총 3자세 단체전 금메달·50m 소총 복사 단체전 금메달·50m 소총 3자세 개인전 금메달(아시아 신기록 : 462.0점) 2016년 제31회 리우데자네이루올림픽 남자 50m 소총 복사 은메달

김종형(金鍾衡) KIM Jong Hyung

(생)1957·4·8 (본)의성(義城) (출)경북 안동 (주)서울 강서구 하늘길78 한국공항공사 경영지원본부(02-2660-2203) (학)1975년 대구공고졸 1982년 영남대 영어영문학과졸 (경)1982~1984년 경북 무산중 교사 1985년 한국공항공사 입사 1996년 同국제협력팀장 2003년 同인사부장 2006년 同경리부장 2006년 同비서실장 2009년 同서울지역본부 운영단장 2010년 同대구지사장 2012년 同부산지역본부장 2014년 同서울지역본부장 2014년 同경영지원본부장(상임이사)(현) (상)외무부장관표창(1986), 건설교통부장관표창(1998)

김종형(金鍾亨) KIM Jong Hyung

(생)1966·1·13 (출)경북 구미 (주)서울 서초구 법원로15 정곡빌딩서관 법무법인 서울센트럴 비서실(02-532-6100) (학)1984년 대구 성광고졸 1992년 성균관대 법학과졸 (경)1995년 사법시험 합격(37회) 1996년 사법연수원 수료(27기) 1998년 부산지검 검사 2000년 창원지검 밀양지청 검사 2001년 대구지검 검사 2003년 서울지검 서부지청 검사 2004년 서울서부지검 검사 2005년 창원지검 검사 2008년 인천지검 검사 2010년 同부부장검사 2011년 대구지검 공판부장 2012년 전주지검 부장검사 2013년 서울북부지검 공판부장 2014~2015년 인천지검 부천지청 부장검사 2015년 법무법인 서울센트럴 공동대표변호사(현)

김종호(金宗鎬) KIM Chong Hoh (東軒)

(생)1935·11·30 (본)경주(慶州) (출)충북 괴산 (주)서울 영등포구 의사당대로1 대한민국헌정회(02-757-6612) (학)1955년 청주고졸 1959년 서울대 법대졸 1962년 同대학원졸 1989년 명예 법학박사(벨기에 몬스대) 1999년 명예 법학박사(청주대) (경)1971년 내무부 지방국 재정과장 1973년 同새마을담당관 1974년 대통령 정무비서관 1978년 내무부 지방행정차관보 1980년 충북도지사 1980년 내무부 차관 1981년 제11대 국회의원(전국구, 민주정의당) 1981년 국회 내무위원장 1981년 한·벨기에의원친선협회장 1983년 국회 예결특위 위원장 1983~1988년 성균관대 이사장 1985년 제12대 국회의원(괴산·진천·음성, 민주정의당) 1985년 국회 예결특위 위원장 1986~1987년 내무부 장관 1988년 제13대 국회의원(괴산, 민주정의당·민자당) 1989년 국회 세계잼버리지원특위 위원장 1991년 민자당 원내총무 1991년 국회 운영위원장 1991·1994~1997년 세계스카우트의원연맹 총재·명예총재 1992년 제14대 국회의원(괴산, 민자당·신한국당) 1992년 정무제1장관 1993·1995년 민자당 정책위 의장 1993년 동방문화경제교류협회 회장 1994년 민자당 충북도지부위원장 1996년 신한국당 정책위 의장 1996년 제15대 국회의원(괴산, 신한국당·한나라당·자유민주연합) 1996년 국회 정보위원장 1998~2001년 자유민주연합(자민련) 부총재 2000~2004년 제16대 국회의원(전국구, 자민련) 2000년 자민련 총재 권한대행 2000~2002년 국회 부의장 2001년 자민련 상임고문 2002~2004년 同부총재 2008년 친박연대 제18대 국회의원 후보(충북 증평·진천·괴산·음성), 대한민국헌정회 부회장, 同원로위원(현) (상)홍조·황조·청조근정훈장, 새마을훈장 협동장, 벨기에 대십자훈장, 스카우트 무궁화장 금장, 브론즈울프훈장 (저)'새마을운동과 지도이념' '위민선정 素描' '동헌수신 요람' (역)'당태종' (종)천주교

김종호(金鍾鎬) KIM Jong Ho

(생)1953·1·23 (본)김해(金海) (출)경남 함양 (주)서울 중구 새문안로22 문화일보 논설위원실(02-3701-5033) (학)1970년 진주고졸 1977년 고려대 철학과졸 2003년 서강대 언론대학원졸 (경)1979년 월간 '뿌리깊은 나무' 기자 1986년 월간경향 기자 1989년 세계일보 월간부 차장대우 1991년 문화일보 학술문화부 차장대우 1993년 同문화1부 차장 1995년 同문화부 차장 1997년 同문화부 부장대우 1998년 同문화부장 1999년 同논설위원 2001년 同편집국 국장석 부장 2002년 同편집국 부국장대우 2002년 同논설위원 2002년 同편집국 부국장 2004년 同편집국장 2005년 同논설위원 2010년 同논설실장 2012년 同논설위원(현) (상)장한고대언론인상(2005), 한국참언론인대상(2006) (저)'문화로 읽는 한국사회'(2003) '문화 타임라인'(2012)

김종호(金宗澔) KIM Jong Ho

(생)1953·2·13 (출)서울 (주)서울 종로구 율곡로75 현대건설(주) 플랜트사업본부(02-746-2131) (학)경동고졸, 서울대 기계공학과졸 (경)현대건설(주) 부장 1999년 同이사대우·이사·상무보 2003년 同기전사업본부 상무 2006년 同플랜트사업본부 상무 2008년 同플랜트사업본부 전무 2009년 同플랜트사업본부장(전무) 2010년 同전력사업본부장(부사장) 2011년 현대씨엔아이 대표이사 2011년 현대건설(주) 플랜트사업본부장(부사장)(현)

김종호(金鍾浩) KIM Jong Ho

(생)1953·7·26 (출)서울 (주)서울 강남구 봉은사로24길10 우담빌딩 (주)창·민우구조컨설턴트(02-2085-7114) (학)1972년 경복고졸 1977년 서울대 건축학과졸 1994년 同대학원 건축구조학과졸 (경)1978~1989년 (주)서울건축 건축구조팀장 1988년 한국기술사회 정회원·이사(현) 1989~1996년 건축구조연구소 '민우' 소장 1994년 성균관대 강사 1995년 건설공무원교육원 강사 1996년 건축구조기술사사무소협의회 감사 1997년 (주)창·민우구조컨설턴트 대표이사(현) 1998년 한국건축구조기술사회 총무이사 1998년 건설교통부 중앙건축위원 1998년 국방부 특별건설기술심의위원 2000년 경기대 건축전문대학원 겸임교수 2004년 경희대 토목건축과 겸임교수 2006~2008년 (사)한국건축구조기술사회 회장 (상)한국강구조학회 POSCO 강구조 작품상·강구조학회 기술상(2001), 과학기술부 이달(5월)의 엔지니어상(2004), 대한건축학회상(2005), 전산구조공학회 기술상(2005) (저)'인천국제공항 아시아나 행거' 'SK그룹 을지로 사옥' (종)기독교

김종호(金鍾浩) KIM Jong Ho

(생)1956·3·6 (출)충북 괴산 (주)서울 노원구 공릉로232 서울과학기술대학교 총장실(02-970-6000) (학)1978년 서울대 기계공학과졸 1980년 한국과학기술원 대학원 기계공학과졸 1986년 공학박사(한국과학기술원) (경)1980~1983년 한국종합기계(주) 기술부 대리 1983~1985년 한국과학기술원 생산공학과 조교 1985~2010년 서울산업대 금형설계학과 조교수·부교수·교수 1990~1991년 덴마크 Technical Univ. of Denmark Post-Doc. 1995~1995년 일본 요코하마대 방문교수 1999~2001년 서울산업대 기획실장 2001년 중소기업청 산업기술평가원 평가위원(현) 2002년 인천시 중소기업기술단 지도위원 2002년 교육부 대학재정지원사업 평가위원 2004~2008년 한국생산기술연구원 생산기반혁신기술개발사업 총괄운영위원 2004~2006년 서울산업대 교무처장 2004~2006년 同산학협력단장 겸임 2006년 서울테크노파크 이사(현) 2006~2007년 한국대학교육협의회 대학종합평가위원 2007~2009년 지식경제부 전략기술개발사업 기술위원 2008~2010년 서울산업대 공과대학장 2008~2009년 同공학교육혁신센터 및 공학교육혁신거점센터장 2010~2015년 서울과학기술대 기계시스템디자인공학과 제품설계금형공학프로그램 교수 2013~2015년 同교수평의회 교무학생분과위원장 2015년 同총장(현) (저)'프레스 금형 설계'(1987, 서울산업대학) '기구학'(1988, 서울산업대학) '금형설계'(1998, 교육부)

김종호(金鍾鎬) KIM Jong Ho

(생)1957·6·20 (출)충남 홍성 (주)서울 서초구 서초대로74길4 삼성중공업(주) 임원실(02-3458-7000) (학)1976년 홍성고졸 1984년 숭실대 전자공학과졸 (경)1983년 삼성전자(주) 자재관리팀 근무 1988년 同정보부문사업본부 생산관리부 담당과장 1991년 同단말기시스템사업본부 경영혁신부 담당과장 1992년 同DATA통신사업부 생산관리팀 담당차장 1995년 同무선제조부 담당부장 2001년 同무선제조그룹담당 상무보 2004년 同무선제조그룹 제조팀장(상무) 2006년 同무선제조팀장(전무) 2007년 同글로벌제조팀장(전무) 2009년 同무선사업부 글로벌제조센터장(전무) 2010년 同무선사업부 글로벌제조센터장(부사장) 2010년 同제조기술센터장(부사장) 2013년 同세트제조담당사장 2013년 同무선사업부 글로벌제조센터장 2015년 同창조경제지원센터장 겸임 2016년 삼성중공업(주) 생산부문장(사장)(현) (상)자랑스런 삼성인상(2006), 금탑산업훈장(2015)

김종호(金宗浩) Kim Jongho

(생)1962·1·20 (본)김해(金海) (출)부산 (주)서울 종로구 북촌로112 감사원 공공기관감사국(02-2011-2370) (학)1980년 부산중앙고졸 1984년 서울대 법학과졸 1986년 단국대 행정대학원 행정학과졸 (경)행정고시 합격(제37회) 1994~1995년 총무처 행정사무관 1995~1998년 문화체육부 행정사무관 1998~2003년 감사원 5국 6과·4국 3과·4국 5과 부감사관 2004~2007년 同심사2과 감사관·대통령비서실 파견 2007~2008년 대통령비서실 파견(과장급) 2008년 국외훈련 2010~2012년 감사원 감사교육과장·공공기관감사국 제1과장(부이사관)·재정경제감사국 제1과장(부이사관) 2012년 국회 예산결산특별위원회 파견(고위감사공무원) 2013년 감사원 교육감사단장 2014년 同지방건설감사단장 2015년 同비서실장 2016년 同공공기관감사국장(현)

ㄱ

김종호(金鍾皓) KIM Jong Ho

[생]1962 · 5 · 11 [본]김해(金海) [출]서울 [주]서울 동대문구 경희대로26 경희대학교 정경대학 행정학과(02-961-9352) [학]1981년 명지고졸 1985년 고려대 사회학과졸 1988년 미국 펜실베니아대 대학원 사회학과졸 1993년 정책학박사(미국 시라큐스대) [경]1993~2003년 경희대 정경대학 행정학과 조교수 · 부교수 2003년 同교수(현) 2003년 교육인적자원부 정책자문위원 2005~2009년 경희대 사회과학부장, 한국행정학회 이사, 한국정책학회 이사, 한국정책분석평가학회 이사, 한국정착과학학회 이사, 한국조직학회 부회장, 경희대 행정문제연구소 소장, 행정자치부 정부혁신관리위원회 위원, 서울시 투자심의위원회 위원 2011~2016년 기획재정부 성과평가위원 2014년 한국정책분석평가학회 회장 2015년 경희대 감사행정원장(현) [저]'현대행정학의 이해'(대영문화사) '현대사회와 행정'(형설출판사) '지역복지네트워크'(경희대 출판국) '국가정보보호법의 필요성과 기본방향'(경희대 출판국) '비교행정강의'(경희대출판국) '비교행정'(법문사) '정책평가론'(법문사)

김종호(金鍾鎬) KIM Jong Ho

[생]1965 · 12 · 2 [출]서울 [주]대전 서구 청사로189 병무청 병역자원국(042-481-2920) [학]1983년 양정고졸 1987년 고려대 법학과졸 1989년 同대학원 법학과졸 1997년 미국 위스콘신대 메디슨교 대학원 공공행정학과졸 [경]1989년 행정고시 합격(33회) 2000년 병무청 징병검사과장 2000년 同병무혁신팀장 2001년 同행정법무담당관 2002년 대전 · 충남지방병무청 징병관 2003년 국방대 안보과정 교육파견 2004년 병무청 병역정책과장(부이사관) 2005년 同기획예산담당관 2005년 同재정기획관 2006년 同총무과장 2006년 대전 · 충남지방병무청장 2008년 대구 · 경북지방병무청장 2010년 광주 · 전남지방병무청장 2012년 인천 · 경기지방병무청장 2012년 병무청 사회복무국장 2014년 고용휴직(고위공무원) 2016년 병무청 병역자원국장(현)

김종호(金鍾浩) KIM Jong Ho

[생]1967 · 2 · 15 [출]부산 [주]부산 연제구 법원로31 부산고등법원(051-590-1114) [학]1985년 동래고졸 1989년 서울대 법학과졸 [경]1989년 사법시험 합격(31회) 1992년 사법연수원 수료(21기) 1992년 공군 법무관 1995년 수원지법 판사 1997년 서울지법 판사 1999년 춘천지법 원주지원 판사 2000년 同횡성군 판사 2000년 횡성군 선거관리위원장 2001년 수원지법 판사 2001년 미국 콜롬비아대 연수 2003년 사법연수원 교수 2005년 서울고법 판사 2007년 부산지법 동부지원 부장판사 2008년 대법원 재판연구관 2010년 수원지법 부장판사 2011년 서울서부지법 부장판사 2013년 서울중앙지법 부장판사 2015년 광주고법 부장판사 2016년 부산고법 부장판사(창원지법 소재지 근무)(현) [상]금탑산업훈장

김종호(金鍾晧)

[생]1972 [출]대구 [주]대전 서구 청사로189 관세청 정보기획과(042-481-776) [학]대구 영진고, 경북대 경영학과졸 [경]행정고시 합격(40회) 2006년 관세청 조사총괄과 서기관 2006년 同조사감시국 조사총괄과 서기관 2007년 同성과관리담당관 2010년 同국제협력과장 2014년 同수출입물류과장 2016년 同정보기획과장(부이사관)(현)

김종호

[생]1994 · 7 · 18 [출]울산 [주]충북 괴산군 괴산읍 문무로 85 중원대학교 양궁부(043-830-8114) [학]2013년 충북체고졸 2016년 중원대 레저스포츠학과 재학 중(4년) [경]2011년 제17회 아시아양궁선수권대회 컴파운드 남자단체전 은메달 2013년 제18회 아시아양궁선수권대회 컴파운드 남자단체전 은메달 2014년 세계대학양궁선수권대회 컴파운드 남자단체전 금메달 2014년 제17회 인천아시안게임 남자양궁 국가대표 2015년 세계양궁연맹(WA) 터키 안탈리아 월드컵2차 컴파운드 남자개인전 금메달 · 남자단체전 동메달 2015년 광주 하계유니버시아드대회 컴파운드 남자개인전 · 남자단체전 · 혼성전 금메달(3관왕) 2015년 세계양궁연맹(WA) 세계선수권대회 컴파운드 혼성팀전 금메달 2016년 2016세계대학양궁선수권대회 컴파운드 남자개인전(50M) 우승 · 컴파운드 남자단체전(50M) 우승 · 컴파운드 혼성팀전(50M) 우승(3관왕)

김종환(金鍾煥) KIM Jong Hwan (月潭)

[생]1946 · 3 · 12 [본]김해(金海) [출]강원 원주 [학]원주 대성고졸 1969년 육군사관학교졸(25기) 2007년 정치학박사(경남대) [경]1979년 3사단 작전보좌관 1980년 수도경비사령부 비서실장 1981년 6사단 2연대 4대대장 1983년 26사단 작전참모 1985년 同참모장 1987년 同73연대장 1989년 육군본부 작전참모부 작전과장 1990년 1군단 작전참모 1992년 同참모장 1993년 육군본부 군사연구실장 1993년 3군사령부 작전처장 1995년 제7사단장(소장) 1997년 합동참모본부 작전부장 1998년 5군단장(중장) 1999년 국방부 정책보좌관 2001년 1군사령관(대장) 2003~2005년 합참의장(대장) 2005년 육군사관학교총동창회 부회장 · 수석부회장 2013~2015년 同회장 [상]월남동성무공훈장(1972), 인헌무공훈장(1973), 대통령표창(1985), 보국훈장 삼일장(1989), 보국훈장 천수장(1996), 보국훈장 국선장(1999), 미국 공로훈장(2002), 터키 최고공로훈장(2004), 미국 최고공로훈장(2004), 러시아 최고군사외교공로훈장(2005), 보국훈장 통일장(2005) [종]천주교

김종환(金鍾煥) KIM Jong Hwan

[생]1957 · 7 · 13 [출]서울 [주]대전 유성구 과학로291 한국과학기술원 전기및전자공학부(042-350-3448) [학]서울고졸 1981년 서울대 전자공학과졸 1983년 同대학원 전자공학과졸 1987년 전자공학박사(서울대) [경]1988년 한국과학기술원(KAIST) 전기및전자공학과 교수, 同전기및전자공학부 교수(현) 1992~1993년 미국 퍼듀대 교환교수 1996년 세계로봇축구연맹(FIRA) 창립 · 집행위원장 1998년 국제로봇올림피아드 회장(현) 1999년 한국우주정보소년단 부총재 1999년 중국로봇축구협회 명예회장 1999년 대한로봇축구협회 회장(현) 1999년 세계로봇축구연맹(FIRA) 회장(현) 2000년 한국과학기술원 마이크로로봇설계교육센터장 2003년 同지능로봇연구센터장 [상]춘강학술상, 자랑스런 한국인상, KAIST 공로상(1997) [저]'로봇축구공학'(2002) 'Soccer Robotics'(2003) '인터넷 기반 퍼스널 로봇(共)'(2004) [작]'볼 조인트를 이용한 보행 로봇의 발 센서 입력장치'(2007) 등 국내 · 외 특허 23건 출원

김종환(金鐘煥) KIM Jong Whan

[생]1967 · 5 · 30 [출]전북 고창 [주]충남 천안시 서북구 성거읍 석문길95 넥스콘테크놀러지(주) 비서실(041-620-4100) [학]1989년 유한대학 전자과졸 1992년 서울산업대 전자공학과졸 2006년 한국기술교육대 대학원 산업기술공학과졸 [경]1987~1996년 삼화기연(주) 기업부설연구소 연구원 1996년 동양기연(주) 공동창업, 동양알엔디(주) 상무이사 2001년 넥스콘테크놀러지(주) 연구소장(이사) 2005~2015년 同대표이사 사장 2010년 코스닥협회 이사 2016년 넥스콘테크놀러지(주) 부회장(현) [상]충남벤처대상(2005)

김종회(金鍾會) KIM Jong Hoi

[생]1955 · 12 · 26 [출]경남 고성 [주]서울 동대문구 경희대로26 경희대학교 문과대학 국어국문학과(02-961-0450) [학]1975년 진주 동명고졸 1982년 경희대 국어국문학과졸 1985년 同대학원졸 1989년 국문학박사(경희대) [경]1983~2000년 일천만이산가족재회추진위원회 과장 · 사무국장 · 사무총장 1988~2002년 경희대 국어국문학과 강사 · 조교수 · 부교수 1988년 문학사상誌에 '삶과 죽음의 존재양식'으로 평론가 등단 1997년 민주평통 자문위원 1998년 남북이산가족교류협의회 사무국장 1999년 시사랑문화인협의회 상임이사(현) 2000년 제2의건국범국민추진위원회 위원 2000년 통일부 정책자문위원 2002년 경희대 문과대학 국어국문학과 교수(현) 2002년 통일문화연구원 원장 2003년 경희대 교수협의회 서울캠퍼스 대표 2003년 한국문학평론가협회 상임이사 2005 · 2011 · 2013~2015년 국제한인문학회 회장 2007년 경희대 국제한인문학연구센터 소장(현) 2009년 同개교60주년준비위원회 사무총장 2009~2014년 同문화홍보처장 2009년 한국문학평론가협회 회장(현) 2012년 황순원문학촌 소나기마을 촌장(현) 2012년 황순원학회 부회장(현), 황순원기념사업회 집행위원장(현), 이병주기념사업회 사무총장(현) 2015년 한국아동문학연구센터 소장(현) 2016년 한국비평문학회 회장(현) 2016년 토지학회 회장(현) [상]국토통일원장관표창, 체육청소년부장관표창, 한국문학평론가협회상, 통일부장관표창, 시와시학상 평론상, 김환태평론문학상, 경희문학상 [저]'현실과 문학의 상상력'(1990) '위기의 시대와 문학'(1996) '문학과 사회'(1997) '황금 그물에 갇힌 예수'(1997) '문학과 전환기의 시대정신'(1997) '기독교문학의 발견'(1998) '북한 문학의 이해'(1999) '사이버문학의 이해'(2001) '문학의 숲과 나무'(2002) '문화통합의 시대와 문학'(2004) '설화가 유래된 곳을 찾아가는 우리나라 옛이야기'(2005) '광야-범우비평판 한국문학(이육사 편)'(2005) '대중문화와 영웅신화'(2010) '오독(誤讀)'(2011) [종]기독교

김종회(金鍾懷) Kim Jong Hoe

[생]1965·8·24 [출]전북 김제 [주]서울 영등포구 의사당대로1 국회 의원회관726호(02-784-2704) [학]원광대 법학과졸, 성균관대 유학대학원 문학과졸, 한의학박사(원광대) [경]학성강당 이사장(현), 성균관대총동문회 이사(현), 새정치민주연합 정책위원회 부의장, 원광대 한의과대학 겸임교수, 민주평통 자문위원, KBS전주방송총국 시청자위원회 위원 2016년 국민의당 창당발기인 2016년 同전북도당 부위원장(현) 2016년 제20대 국회의원(김제시·부안군, 국민의당)(현) 2016년 국민의당 김제시·부안군지역위원회 위원장(현) 2016년 국회 농림축산식품해양수산위원회 위원(현) 2016년 국회 예산결산특별위원회 위원(현) 2016년 국민의당 대외협력담당 원내부대표(현) [저]'청곡관견'(2003, 도서출판 동경) '태격정로'(2005, 도서출판 동경) '대한민국이 미래다'(2010, 김&정)

김종훈(金鍾勳) KIM Jong Hoon

[생]1949·9·24 [본]김해(金海) [출]경남 거창 [주]서울 강남구 테헤란로87길36 도심공항타워빌딩9층 한미글로벌(주) 비서실(02-3429-6301) [학]1968년 서울사대부고졸 1973년 서울대 건축학과졸 2001년 서강대 경영대학원졸(MBA) 2005년 서울대 대학원 건축학 박사과정 수료 [경]1973년 (주)한샘건축연구소 근무 1977년 한라건설 근무 1979년 (주)한양 쿠웨이트 Hyatt Conference Center 현장소장 1984년 삼성물산 건설부문 말레이시아 KLCC 현장소장 1996~2008년 한미파슨스(주) 대표이사 사장 1998~2012년 한국CM협회 이사·부회장 2003년 한국건설관리학회 부회장·고문(현) 2005~2006·2008~2013년 매일경제 100대 CEO 선정 2006년 건설산업비젼포럼 공동대표(현), 한국공학한림원 정회원(현), 사회복지법인 '따뜻한 동행' 이사장(현), 중부재단 이사, 홈플러스 e-파란재단 이사, 광운대 건축학과 겸임교수 2010년 (사)CEO지식나눔 이사(현) 2011년 가족친화포럼 공동대표(현) 2011년 한미글로벌(주) 대표이사 회장(현) [상]건설단체총연합회 건설경영대상(2001), 체육포장(2002), 문화관광부장관표창(2002), 한국경제신문 훌륭한일터상(2003·2004·2005·2006·2007·2008·2009), 매일경제신문 부즈앨런 지식경영대상(2004), 디지털지식경영대상 전경련 회장상(2005), 대한상공회의소 기업혁신대상 금상 국무총리표창(2005), 한경·웨슬리퀘스트 대한민국BSC대상(2006), 한국사회복지협의회 한국자원봉사대상 우수상(2006), 국가생산성대상 국무총리표창(2007), 전국경제인연합회 국제경영원(IMI) 지식경영부문 경영대상(2008), 제7회 공정거래의 날 국무총리표창(2008), 2008자랑스런 한국인 건설발전부문 대상(2008), 제2회 피터드러커혁신상 CEO부문(2008), 대한민국CEO그랑프리 서비스부문(2009), 지식경제부 지속가능경영대상 최우수상(2009), 2009전국자원봉사자대회 국무총리표창(2009), 한국을 빛낸 창조경영대상 미래경영부문(2009·2010), 한국노사협력대상 우수상(2010), 한국공학한림원 대상(2013), 은탑산업훈장(2015) [저]'미국 건설산업 왜 강한가'(共) '영국 건설산업의 혁신전략과 성공사례'(共) '한국 건설산업 大解剖'(共) '우리는 천국으로 출근한다'(2010, 21세기북스) [작]'상암월드컵구장 건설사업관리(CM)' '수원월드컵경기장' '부산신항만' '국립과학관' '삼성전자 정보통신연구소' '타워팰리스' '현대I-PARK' '삼성코닝 심천공장' '중국 Holiday Plaza' 등 프로젝트 CM 수행 [종]기독교

김종훈(金宗壎) KIM Jong Hoon

[생]1952·5·5 [출]대구 [학]1970년 경북사대부고졸 1975년 연세대 경영학과졸 [경]1974년 외무고시 합격(8회) 1974년 외무부 입부 1979년 駐프랑스 3등서기관 1981년 駐어퍼볼타 2등서기관 1985년 서울올림픽조직위원회 파견 1987년 駐캐나다 참사관 1990년 외무부 特典담당관 1991년 同의전담당관 1993년 駐미국 참사관 1996년 외무부 의전심의관 1997년 同국제경제국 심의관 1998년 駐제네바 공사 2000년 외교통상부 통상교섭본부 지역통상국장 2002년 駐샌프란시스코 총영사 2004년 아·태경제협력체(APEC) 고위관리회의(SOM) 의장 2006년 한·미자유무역협정(FTA)협상 한국측 수석대표 2007~2011년 외교통상부 통상교섭본부장(장관급) 2010년 유엔 ESCAP총회 의장 2012~2016년 제19대 국회의원(서울 강남구乙, 새누리당) 2012~2013·2014년 새누리당 국제위원회 위원장 2014년 국회 통상관계대책특별위원회 간사 2014년 국회 정무위원회 위원 2014년 국회 산업통상자원위원회 위원 2015년 새누리당 인재영입위원회 위원 2016년 제20대 국회의원선거 출마(서울 강남구乙, 새누리당) 2016년 한국다문화센터 레인보우합창단 이사장 [상]홍조근정훈장(1992), 녹조근정훈장(2006), 한국철강협회 감사패(2010), 자랑스러운 연세인상(2011), LG디스플레이 감사패(2011), 범시민사회단체연합 선정 '올해의 좋은 국회의원'(2014·2015), 아시아·유럽미래학회 글로벌CEO 외교통상부문대상(2015)

김종훈(金鍾熏) KIM Jong Hoon

[생]1954·8·18 [출]경북 김천 [주]서울 구로구 디지털로 272 한국자동차품질연합(02-852-9082) [학]1973년 김천고졸 1982년 국민대 정치외교학과졸 [경]1982년 (주)쌍용 입사 2000년 한국소비자보호원 생활안전팀장 2003년 同분쟁조정1국 공산품팀장 2005년 同분쟁조정1국장 2006년 同소비자안전센터 생활안전팀장 2007년 한국소비자원 상담지원팀장, 同자동차부문 조사위원 2011년 한국자동차품질연합 대표(현) [상]국무총리표창(2000), 대통령표창(2009) [저]'초보자를 위한 자동차 상식백과'(2001) '자동차 인체를 만나다'(2011) 등 [종]불교

김종훈(金種勳) KIM Jong Hoon

[생]1955·3·28 [출]전북 남원 [주]전북 전주시 덕진구 건지로20 전북대병원 소화기외과(063-250-1581) [학]1973년 전주고졸 1980년 전북대 의대졸 1986년 同대학원졸 1989년 의학박사(전북대) [경]1980~1981년 전북대병원 수련의 1981년 軍의관 1984~1988년 전북대병원 일반외과 전공의 1988~1989년 전주영동병원 일반외과장 1989~2001년 전북대 의대 전임강사·조교수·부교수 1992년 일본 동경국립암센터 연수(견습의) 1999~2000년 미국 조지워싱턴대 연수 2000년 전북대 의학전문대학원 소화기외과 교수(현) 2013~2014년 대한대장항문학회 회장

김종훈(金宗勳) KIM Jong Hoon

[생]1957·6·22 [출]전북 옥구 [주]서울 서초구 법원로15 김종훈법률사무소(02-3477-0577) [학]1976년 경복고졸 1980년 서울대 법학과졸 1989년 同대학원 법학과졸 [경]1981년 사법시험 합격(23회) 1983년 사법연수원 수료(13기) 1983년 육군 법무관 1986년 인천지법 판사 1988년 서울가정법원 판사 1990년 서울민사지법 판사 1991년 서울지법 서부지원 판사 1994년 서울고법 판사 1996년 서울지법 판사 1996년 변호사 개업 2000년 감사원 부정방지대책위원회 위원 2000년 서울지법 조정위원 2003년 '대북송금의혹 사건' 특별검사보 2006년 대법원장 비서실장 2008년 변호사 개업(현) 2011~2015년 롯데손해보험(주) 사외이사 겸 감사위원

김종훈(金鍾勳) KIM Jong Hoon

[생]1964·7·3 [주]서울 영등포구 의사당대로1 국회 의원회관745호(02-784-9630) [학]1983년 경주 문화고졸 2008년 울산대 국어국문학과졸 [경]1988년 울산노동자문화운동연합 사무국장 1989년 노동자문화단체 '울림터' 대표 1989년 전국노동자문화운동단체협의회 부의장 2002년 민주노동당 울산시동구지구당 부위원장 2002~2006년 울산시의회 의원(민주노동당) 2006·2010년 울산시 동구청장선거 출마(민주노동당) 2011~2014년 울산시 동구청장(재보선 당선, 민주노동당·통합진보당) 2014년 울산시 동구청장선거 출마(통합진보당) 2016년 제20대 국회의원(울산시 동구, 무소속)(현) 2016년 국회 산업통상자원위원회 위원(현) 2016년 국회 윤리특별위원회 위원(현) [저]'사람이 좋다'(2014)

김종훈(金鍾熏) KIM Jong Hoon

[생]1967·6·22 [본]김녕(金寧) [출]전북 진안 [주]세종특별자치시 다솜2로94 농림축산식품부 식량정책관실(044-201-1801) [학]1986년 전라고졸 1990년 한양대 법학과졸 1993년 同행정대학원 수료 [경]1992년 행정고시 합격(36회) 1993~1994년 농림수산부 수습사무관 1994~2000년 同행정사무관 2000년 농림부 협동조합과 서기관 2001년 同기획예산담당관실 서기관 2003년 同협동조합과장 2004년 同투자심사담당관 2004년 同장관비서관 2005년 同농지과장 2006년 同품종보호심판위원회 상임위원(과장급) 2006년 미국 교육연수 2008년 농림수산식품부 기획재정담당관 2009년 同기획재정담당관(부이사관) 2009년 同녹색성장정책관(고위공무원) 2009년 농림수산식품기술기획평가원 비상임이사 2010년 농림수산식품부 대변인(고위공무원) 2010년 同식량원예정책관 2011년 同식량정책관 2011년 해외 파견(고위공무원) 2012년 농림수산식품부 농수산식품연수원장 2013년 농림축산식품부 농식품공무원교육원장 2013년 同농업정책국장 2015년 同식량정책관(현) [상]대통령표창(1999) [종]기독교

김종휘(金鐘徽) KIM Jong Hwi

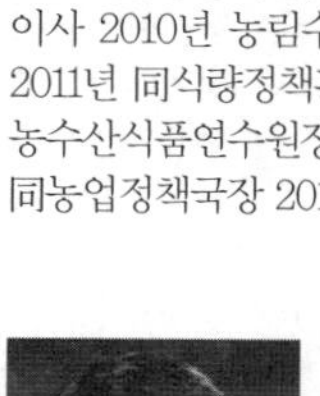

[생]1966·3·5 [본]광산(光山) [출]경북 안동 [주]인천 남구 소성로185번길28 명인빌딩303호 법무법인 명문(032-861-6300) [학]1984년 안동고졸 1988년 한양대 법학과졸 1991년 同대학원졸 [경]1990년 사법시험 합격(32회) 1993년 사법연수원 수료(22기) 1993년 軍법무관 1996년 인천지검 검사 1998년 대구지검 안동지청 검사 1999년 부산지검 검사 2001년 서울지검 검사 2003년 인천지

검 부천지청 검사 2005년 同부천지청 부부장검사 2006년 대전지검 서산지청 부장검사 2007년 사법연수원 교수 2009년 인천지검 공판송무부장 2009년 법무법인 명문 구성원변호사 2011년 同대표변호사(현)

김종희(金鍾熙) KIM, JONG-HEE

생1965·4·18 출경북 청송 주서울 서대문구 통일로 107의39 동아시아미래재단(02-364-9111) 학1983년 부산 덕원고졸 1990년 서울대 토목공학과졸 1995년 同대학원 토목공학과졸 2000년 공학박사(서울대) 경1986년 학생운동관련 투옥(1년6개월) 1991년 토목설계회사 삼우기술단 근무 2000~2004년 현대산업개발 근무 2003년 경제정의실천시민연합 과학기술위원 2003년 개혁국민정당 과학기술위원 2003년 국민통합개혁신당 창당추진위원회 과학기술특별위원 2003년 열린우리당 과학기술특별위원 2003년 수지시민연대 운영위원 2003년 SOC건설경제연구원 원장 2003년 도시환경연구소 대표·소장 2003년 열린우리당 경기용인乙지구당 정책위원 2004~2005년 대통령자문 동북아시대위원회 자문위원 2004년 제17대 국회의원선거 출마(경기 용인乙, 열린우리당) 2006~2007년 대통령자문 건설기술·건축문화선진화위원회 위원 2008년 제18대 국회의원선거 출마(용인수지, 통합민주당) 2011년 민주통합당 경기용인丙지역위원회 위원장 2015년 더불어민주당 경기용인丙지역위원회 위원장 2016년 국민의당 중앙정책위원회 부의장 2016년 제20대 국회의원선거 출마(경기 용인시丁, 국민의당) 2016년 동아시아미래재단 사무총장(현) 종기독교

김좌열(金佐烈) KIM Joa Yul

생1959·5·24 본김해(金海) 출경북 의성 학1978년 심인고졸 1982년 영남대 식품공학과졸 1986년 고려대 경영대학원 수료 경1986년 한국국민당 기획국 차장 1988년 국회의원 비서관 1992년 나라사랑실천운동본부 본부장 1993년 경북대동일보 정치부 차장 1999년 신경북일보 정치부장 겸 서울지사장 2000년 경북일보 정치부장 겸 서울지사장, 同편집국장 2007년 한나라당 이명박 대통령당선자 대변인실 자문위원 2008년 대통령실 선임행정관 2009년 특임장관실 제2조정관 2010~2011년 同제1조정관 2011~2015년 대구대 산학협력단 교수 2012년 공정사회실천연대 공동대표(현) 2014년 여의도연구원 정책자문위원(현) 종불교

김주광(金周光) KIM Ju Kwang

생1954·6·10 본경주(慶州) 출경기 이천 주서울 도봉구 해등로166 북서울농협 임원실(02-908-2011) 학1970년 덕수상고졸, 한국방송통신대 경영학과졸 경농업협동조합중앙회 서울지역본부 차장, 同춘천시지부 차장, 同강원농협지역본부 부본부장 2007년 同예금자보호기금 사무국장 2008년 同농업금융부장 2008년 同기획실장 2010년 同구조개혁추진단장(상무대우) 2010~2013년 同교육지원담당 상무 2013년 북서울농협 상임이사(현) 종기독교

김주남(金周南) KIM Joo Nam

생1952·10·4 본청풍(淸風) 주서울 서대문구 이화여대2길46 서울과학종합대학원(070-7012-2937) 학1971년 경복고졸 1977년 서울대 불어교육과졸 1988년 연세대 대학원 경제학과졸 2006년 경영학박사(관동대) 2007년 네덜란드 Univ. of Twente 경영학 박사과정 수료 경1982년 대한무역투자진흥공사(KOTRA) 스위스 근무 1987년 同테헤란사무소장 1990년 同전북무역관장 1991년 同무공30년사건간전담반 부반장 1992년 同상품개발부 경공업과장 1994년 同헬싱키무역관장 1997년 同투자진흥처 투자기획부장·투자유치부장 1998년 同산업지원처장 1998년 同투자협력처장 1999년 同카이로무역관장 2003년 同아카데미원장 2005년 同해외마케팅본부장 2005년 同전략마케팅본부장(상임이사) 2007~2008년 同북미지역본부장 겸 뉴욕무역관장(상임이사) 2008년 서울과학종합대학원 교수(현) 2014년 국가브랜드진흥원 초대원장 2016년 同이사장(현) 상상공부장관표창(1984·1988·1992), 대통령표창(1999), 산업포장(2008) 저'재미없는 글로벌이야기'(2012, IWELL) 종가톨릭

김주덕(金周德) KIM Joo Deuk

생1936·9·11 본경주(慶州) 출충남 천안 주경기 의왕시 원골로59 한국한센복지협회 회장실(031-452-7091) 학1955년 광주고졸 1961년 연세대 의대졸 1964년 同대학원 의학과졸 1972년 의학박사(연세대) 경1961~1964년 선명회 특수피부진료소 의사 1968~1989년 同특수피부진료소 및 유준의과학연구소 의사 1968~1978년 연세대 의대 전임강사·조교수·부교수 1972~1975년 대한

나관리협회 강원지부 부속의원 진료자문위원 1975~1976년 프랑스 Lille-Pasteur연구소 연구원 1976년 대한나학회 이사장 1977~1984년 연세대 의대 미생물학교실 주임교수 1978~1980년 대한나학회 부회장 1978~2002년 연세대 의대 미생물학교실 교수 1980년 한국종균협회 이사 1980~2005년 대한나관리협회 이사 1982년 독일 Goethe대 세균학연구소 연구원 1985~1987년 연세대 원주의대 교수 겸 학장 1986~1987년 중의과대학 중앙연구실장 1988~1990년 대한나학회 회장 1989~1990년 대한면역학회 회장 1992년 대한미생물학회 부회장 1993~1994년 同자문위원, 연세대 의과대학 명예교수(현) 2006년 대한한센복지협회 부회장 2016년 同회장(현) 상내각수반표창(1963), 보사부장관감사표창(1973), 황조근정훈장(2002) 저'의학미생물학'(共) '면역학'(共) 종기독교

김주덕(金周德) KIM Joo Duck

생1953·8·13 출경기 포천 주서울 서초구 법원로3길25 태홍빌딩4층 법무법인 태일(02-3481-4200) 학1972년 대전고졸 1976년 서울대 법대졸 1986년 미국 워싱턴대 수료 1995년 법학박사(경희대) 경1977년 사법시험 합격(19회) 1979년 軍법무관 1982년 서울지검 검사 1985년 대전지검 강경지청 검사 1986년 대구지검 검사 1987년 법무부 검찰제2과 검사 1990년 서울지검 동부지청 검사 1991년 청주지법 제천지청장 1992년 대전고검 검사 1993~1994년 대전지검 특수부장·형사1부장 1994년 대검찰청 환경과장 1996년 서울지검 서부지청 형사3부장 1997년 同서부지청 형사2부장 1997년 同총무부장 1998년 同공판부장 1998년 변호사 개업, 법무법인 태일 변호사(현) 2004년 여성부 남녀차별개선위원회 비상임위원 2004년 대검찰청 공안자문위원회 위원 2006~2008년 경희대 법대 겸임교수 2009년 법치주의수호국민연대 공동상임대표(현) 2010년 대한변호사협회 법학전문대학원평가위원회 특별위원장 2011년 同사무총장 2011년 대한공증인협회 부회장(현) 저'암행어사 출두요' 종기독교

김주섭(金周燮) KIM Joo Seob

생1960·12·30 출서울 주세종특별자치시 시청대로370 한국노동연구원 고용정책연구본부(044-287-6305) 학1992년 한양대 경제학과졸 1998년 경제학박사(미국 아이오와주립대) 경1998~1999년 미국 아이오와주립대 Post-Doc. 1999~2001년 한국직업능력개발원 책임연구원 2001~2005년 한국노동연구원 부연구위원 2003~2005년 同연구조정실장 2005~2007년 同연구위원 2008~2011년 同연구관리본부장 2009년 同고용정책연구본부 선임연구위원(현) 상신한은행 학술경연대회 장려상(1990)

김주성(金周成) KIM Joo Song (暖光)

생1947·1·22 본경주(慶州) 출경북 봉화 주서울 중구 을지로66 KEB하나은행(1599-1111) 학1965년 봉화고졸 1971년 연세대 철학과졸 1994년 미국 하버드대 비즈니스스쿨 수료 경1973년 코오롱상사 입사 1977년 코오롱그룹 회장비서실 근무 1981년 同인사팀장 겸 총무팀장 1983년 同회장 비서실장 1989년 同기획조정실장 1991~2006년 하나은행 사외이사 1994년 (주)코오롱 전무이사 1996년 동해리조트개발 사장 1997년 코오롱개발 사장 1997년 코오롱호텔 사장 겸임 1997~2008년 중앙노동위원회 사용자위원 1998~2003년 (주)코오롱 구조조정본부 사장 2000~2005년 전국경제인연합회 감사 2000~2008년 공공기술연구회 이사 2002~2005년 전국경제인연합회 기업경영협의회 회장 2003~2004년 코오롱그룹 부회장 2003~2010년 이화여대 겸임교수 2005년 세종문화회관 사장 2008~2010년 국가정보원 기획조정실장 2012~2015년 외환은행 이사회 의장 2015년 KEB하나은행 사외이사 겸 이사회 의장(현) 종불교

김주성(金周晟) Kim, Joo Sung (한빛)

생1952·1·25 본청풍(淸風) 출대전 주충북 청주시 흥덕구 강내면 태성탑연로250 한국교원대학교 일반사회교육과(043-230-3627) 학1971년 경기고졸 1976년 한국외국어대 프랑스어과졸 1978년 서울대 행정대학원 행정학과졸 1990년 미국 Univ. of Texas at Austin 대학원 정치철학과졸(정치학박사) 경1991~2012·2016년 한국교원대 일반사회교육과 교수(현) 1993년 정치철학연구회 창립회장 1995년 한국정치사상학회 창립이사 1998~2000년 한국교원대 교수협의회장 2000년 한국정치학회 사상분과 위원장 2004~2006년 한국교원대 제2대학장 2010~2012년 한국동양정치사상사학회 회장 2011년 한국장학재단 명예홍보대사(현) 2011년 유니세프 한국위원회 세계시민교육자문위원(현) 2012~2016년 한국교원대 총장 2013년 21세기정치학회 이사 2013년 한국동양정치사상사학회 고문(현) 2013년 서울신문 칼럼

위원 2013~2016년 한국교원단체총연합회 비전 및 과제선정위원회 위원 2014~2016년 충북지역총장협의회 회장 2014~2016년 한국대학교육협의회 이사 2016년 한국선진화포럼 이사(현) [상]자랑스런 외대인상(2014) [저]'한국정치경제학이론(共)'(1993, 신유문화사) '현대사회와 정의(共)'(1995, 철학과현실사) '한국의 자유민주주의(共)'(1999, 인간사랑) '이상국가론(共)'(2004, 연세대 출판부) '페어 소사이어티(共)'(2011, 한국경제신문사) '한국민주주의의 기원과 미래(共)'(2011, 시대정신) [역]'직관과 구성'(1999, 나남출판) [작]'김주성 한글 서예전 도록'(1999)

김주성(金桂成) KIM Ju Sung

[생]1957·6·11 [본]광산(光山) [출]전북 부안 [주]경기 수원시 팔달구 효원로1 경기도의회(031-8008-7000) [학]2015년 초당대 사회복지학과졸 [경]1996년 수원 글벗문고 대표 1999년 율전문고 대표(현) 2004년 수원시 새마을문고 이사 2005년 경기대 발전자문위원회 위원 2005~2009년 국민생활체육전국볼링연합회 부회장 2005~2009년 국회의원 심재덕후원회 부회장 2006~2007년 수원구치소교정협의회 부회장 2006~2007년 한국청소년운동연합 경기도지부 지도위원장 2006년 경기도의원선거 출마(열린우리당) 2010~2014년 경기도의회 의원(민주당·민주통합당·민주당·새정치민주연합) 2010년 同4대강사업검증특별위원장, 민주당 사회복지위원회 부위원장, 同경기도당 윤리위원, 同수원시장안구지역위원회 부위원장, 경기도의회 도시환경위원회 위원, 同윤리위원회 위원 2012~2014년 同건설교통위원회 위원 2013~2014년 同민자도로검증·운영특별위원회 위원장 2013년 同민주당 부대표 2014년 경기도의회 의원(새정치민주연합·더불어민주당)(현) 2014~2016년 同교육위원회 위원장 2016년 同농정해양위원회 위원(현)

김주성(金周星) KIM Ju Sung

[생]1958·2·18 [출]충남 예산 [주]경기 안산시 상록구 안산대학로155 안산대학교 총장실(031-400-6902) [학]1978년 신흥대학 임상병리학과졸 1986년 서경대 일어일문학과졸 1989년 중앙대 대학원 보건학과졸 1995년 건국대 대학원 수의학과졸 [경]1978~1979년 신흥보건전문대학 조교 1982~1988년 경희대부속병원 임상병리사, 안산대 임상병리과 교수 2006~2010년 同임상병리과학과장 2011년 同총장(현)

김주성(金桂成) KIM Joo Sung

[생]1964·11·25 [주]서울 강남구 테헤란로152 강남파이낸스센터 서울대병원 강남센터(02-2112-5500) [학]1989년 서울대 의과대학졸 1993년 同대학원 의학과졸 1999년 의학박사(서울대) [경]1989년 서울대병원 인턴 1990년 同내과 전공의 1995년 국군서울지구병원 내과 실장 1997년 서울대병원 내과 전임의 1999년 서울대 의과대학 내과학교실 전임강사·조교수·부교수·교수(현) 2000년 American Gastroenterological Association 회원 2010년 서울대병원 기획조정실 기획부실장 2012년 同강남센터 부원장(현) [상]대한의학협회장상(1989), 대한소화기학회 학술상(1999), 아시아-태평양소화기학회 Young Clinician Award(2000), 대한소화기학회 학술상(2002), 대한소화기내시경학회 학술상(2002), FASEB Conference young Investigator Award(2004) [저]'최신지견 내과학'(1996) '김정룡 소화기계질환'(2000)

김주성(金鑄城) KIM Joo Sung

[생]1966·1·17 [출]강원 양양 [주]서울 종로구 경희궁길46 대한축구협회 심판운영실(02-2002-0707) [학]1982년 중앙고졸 1986년 조선대졸, 한양대 교육대학원졸 2001년 이학박사(경성대) 2003년 국제축구연맹(FIFA) 행정가과정 수료 [경]1986년 올림픽 대표팀 선수 1987년 부산대우로얄즈프로축구단 입단 1992~1994년 독일 분데스리가 보훔 선수생활 1995~1999년 부산 대우로얄즈프로축구단 소속 86·90·94년 월드컵 대표선수 1999년 은퇴, MBC 축구해설위원, 대한축구협회 대외협력국 국제전문위원 2005년 同국제부장 2005년 同기술위원 2008년 同국제부장, 同국제국장 2011~2015년 아시아축구연맹(AFC) 경기위원회 위원 2011년 동아시아축구연맹 사무총장 2012년 국제축구연맹(FIFA) U-20월드컵조직위원회 위원 2012년 대한축구협회 사무총장 2013년 同기술교육실 교육총괄팀 국장 2014년 同심판운영실장(현) 2015년 2019 아랍에미리트(UAE) 아시아축구연맹(AFC) 아시안컵조직위원회 심판위원회 위원(현) [상]K-리그 신인왕, 아시아최우수선수(MVP), 다이너스티컵 MVP, K-리그 베스트11 및 MVP

김주수(金疇洙) KIM Choo Soo (也松)

[생]1928·5·15 [본]경주(慶州) [출]평남 성천 [주]서울 서대문구 연세로50 연세대학교 법과대학(02-2123-2987) [학]1946년 경성사범학교졸 1953년 서울대 법과대학 법학과졸 1956년 同대학원 법학과졸 1970년 법학박사(경희대) [경]1957~1965년 경희대 법과대학 전임강사·조교수·부교수 1965~1975년 同법과대학 교수 1975~1981년 성균관대 법정대학 교수 1981~1993년 연세대 법과대학 법학과 교수 1981~1987년 한국가족법학회 회장 1985년 연세대 법률문제연구소장 1987년 한국가족법학회 명예회장(현) 1988~1998년 국제가족법학회 이사 1988년 연세대 교수평의회 의장 1989년 同법과대학장 1990~1996년 법무부 국적법개정특별분과위원회 위원장 1993~1999년 同민법개정특별분과위원회 위원장 1994년 연세대 법과대학 명예교수(현) 1994~2008년 경희대 법과대학 객원교수 1995년 국무총리 여성정책심의위원회 민간위원 [상]한국법률문화상(1971), 국민훈장 목련장(1993) [저]'친족상속법' '혼인법 연구' '주석 친족상속법' '민법개론' '민법총칙' '채권총론' '채권각론' '주석 판례가족법' '한국가족법과 과제' '주석대한민국친족법(일본어)' '주석대한민국상속법(일본어)' '주석민법(친족법)' '주석민법(상속법)' '논점민법판례연습(민법총칙·물권·채권총론)' [종]기독교

김주수(金周秀) KIM Joo Soo

[생]1952·5·10 [본]청풍(淸風) [출]경북 의성 [주]경북 의성군 의성읍 군청길31 의성군청 군수실(054-830-6001) [학]1971년 대구상고졸 1976년 성균관대 경제학과졸 1981년 同대학원졸 1992년 미국 위스콘신대 대학원졸 2003년 성균관대 대학원 경제학 박사과정 수료 2008년 고려대 최고위정보통신과정(ICP) 수료 [경]1975년 행정고시 합격(18회) 1976년 총무처 행정사무관 1996년 농림부 식량정책심의관 1998년 국방대학원 파견 1999년 농림부 유통정책국장 1999년 同농산물유통국장 2000년 同축산국장 2001년 同농업정책국장 2001년 대통령 농림해양수산비서관 2003년 농림부 차관보 2004년 同차관 2005년 경북대 초빙교수 2006~2011년 서울시농수산물공사 사장 2006~2014년 농수산무역대학 학장 2007년 경희사이버대 외래교수 2011년 세계도매시장연맹(WUWM) 이사 2012~2014년 성균관대 경제학과 초빙교수 2014년 경북 의성군수(새누리당)(현) 2014년 세계유교문화재단 이사 2016년 同이사장(현) [상]근정포장(1985), 홍조근정훈장(1998), 세계도매시장연맹 마켓어워즈(2008), 일본능률협회 글로벌경영 공기업부문 대상(2008), 한국경제신문 고객감동경영(2009), 2009글로벌리더상(2009), TV조선 '한국의 영향력 있는 CEO'(2015·2016), '한국을 빛낸 창조경영인대상' 미래경영부문(2016), 신지식인상(2016) [종]기독교

김주신(金周臣) KIM Ju Sin

[생]1956·2·6 [주]경기 성남 분당구 판교로255번길21 (주)만도 임원실(02-6244-2114) [학]경복고졸, 한양대 기계공학과졸 [경]현대중공업(주) 근무, 만도기계(주) 상용공장 개발부장 겸 기술연구소 제동연구소장, (주)만도 상무 2008년 同평택본부장(전무) 2010년 同부사장 2012년 同CTO(사장) 2014년 同MDA총괄 사장(현) 2014년 한국공학한림원 회원(현) [상]자동차의날 대통령표창(2014) [종]기독교

김주연(金柱演) KIM Joo Youn (이촌)

[생]1941·8·18 [본]광산(光山) [출]서울 [주]서울 용산구 청파로47길100 숙명여자대학교 독어독문학과(02-710-9342) [학]1960년 서울고졸 1964년 서울대 문리대 독어독문학과졸 1968년 同대학원 독어독문학과졸 1969년 서독 프라이부르크대 수학 1981년 문학박사(서울대) [경]1966년 '문학' 誌에 문학평론 당선 1976년 한국독어독문학회 총무이사 1978~1986년 숙명여대 문과대 조교수·부교수 1986년 서독 뒤셀도르프대 객원교수 1987~2006년 숙명여대 독어독문학과 교수 1987년 同독일어권문화연구소장 1988년 同사무처장 1989년 한국독어독문학회 부회장 1998년 同회장 2006년 숙명여대 명예교수(현) 2009~2012년 한국문학번역원 원장 2011년 대한민국예술원 회원(문학·현) 2011~2013년 숙명여대 석좌교수 [상]金煥泰 평론상(1990), 우경문화저술상(1991), 팔봉비평문학상(1995), 보관문화훈장(2004) [저]연구서 '독일시인론'(1983, 열화당) '독일문학의 본질'(1991, 민음사) '독일 비평사'(2006, 문학과지성사) 문학평론서 '상황과 인간'(1969, 박우사) '문학비평론'(1973, 열화당) '나의 칼은 나의 작품'(1975) '변동사회와 작가'(1979, 문학과지성사) '새로운 꿈을 위하여'(1983, 지식산업사) '문학을 넘어서'(1986, 문학과지성사) '문학과 정신의 힘'(1990, 문학과지성사) '김주연평론문학선'(1992, 문학사상사) '문학, 그 영원한 모순과 더불어'(1993, 현대소설사) '뜨거운 세상과 말의 서늘함'(1994, 솔) '사랑과 권력'(1995, 문학과지성사) '가짜의 진실 그 환상'(1998, 문학과지성사) '디지털욕망과 문학의 현혹'(2002, 문이당) 'Brennende Wirklichkeit kalte theorie'

(2004, Munchen indicium) '근대논의 이후의 문학'(2005, 문학과지성사) '인간을 향하여 인간을 넘어서'(2006) '그림책 문학읽기'(2011, 루덴스) '미니멀투어 스토리만들기'(2012) '사라진 낭만의 아이러니'(2013, 서강대 출판부) (역)'아홉시 반의 당구'(1972, 문예출판사) '파란꽃'(1973, 샘터사) '카타리나 블룸의 잃어버린 명예'(1979, 한길사) '아도르노의 문학이론'(1985, 민음사) '이별없는 세대'(1987, 문학과지성사) '문학과 종교'(1997, 분도출판사) '베르길리우스의 죽음'(2001, 시공사) 'Unter den Menschen ist eine Insel' (종)기독교

김주연(金柱然) KIM Joo Yun

(생)1962 · 1 · 5 (본)상산(商山) (출)서울 (주)서울 마포구 와우산로94 홍익대학교 미술대학 산업디자인과(02-320-1934) (학)1980년 경기고졸 1984년 홍익대 건축학과졸 1986년 同산업미술대학원 실내디자인과졸 1989년 미국 시카고예술대 실내건축대학원 수료 1991년 미국 코넬대 대학원 실내디자인과졸 2001년 건축학박사(국민대) (경)1992~1996년 계원예술대 교수 1996년 홍익대 미술대학 산업디자인과 교수(현) 1998~2012년 아시아태평양공간디자이너협의회(APSDA) 한국대표 2004~2005년 미국 Pratt Institute 연구교수 2006~2013년 한국디자인학회 이사 2007~2009년 홍익대 미술디자인공학연구소장 2007~2009년 同공공디자인연구센터 소장 2007~2008년 서울 종로구 대학로 디자인서울거리 Master Planner 2007~2012년 세계실내건축가연맹(IFI) 운영이사 2008~2010년 파주운정지구 공공디자인 Master Planner 2009~2011년 한국공간디자인학회 부회장 2010년 Studio Button Design Director(현) 2011년 G20 국회의장회의장 자문위원 2011~2012년 핵안보정상회의장 자문위원 2011~2012년 여수세계엑스포 전시설계분야 전시감독 2011~2012년 한국실내건축가협회(KOSID) 회장 2015년 문화체육관광부 문화도시심의위원회 위원(현) 2016년 미술디자인공학연구소 소장(현) 2016년 한국공간디자인단체총연합회 부회장(현) 2016년 홍익대 디자인콘텐츠대학원장(현) (상)제1 · 4회 대한민국건축대전 우수상(1982 · 1985), 천년의 문 현상설계 입선(백남준 공동작업 · 2000), 새천년환경디자인세계대회 공로상(2001), 서울시청광장 현상공모 우수상(2003), 서울시장표창(2003), 광주비엔날레 광장디자인 공모 당선(2004), 한국실내건축가협회 공로상(2004), IFI 2007 총회유치 부산시장 감사장(2004), 한국실내건축가협회 공로상(2006), 월간 MARU 마루디자인어워드(2006), 월간 인테리어 명가명인상(2006), 대한민국실내건축 최우수작품상 건설교통부장관상(2006), 세계실내디자인대회 성공기여 부산시장표창(2007), 한국실내건축가협회 갈메상(2008), 한국실내건축가협회 골든스케일디자인어워드 특별상(2010), 국제공간디자인전 우수작품상(2011), 외교통상부장관 감사장(2012), (사)한국디자인단체총연합회 공로상(2012), DFA Design For Asia Award 우수상 Hong Kong(2015?)?, 대한민국디자인대상 국무총리표창(2015) (저)'환경디자인 기초'(1996, 한국교육개발원) '재미있는 실내디자인 이야기'(1998, 기문당) '환경디자인 응용'(1998, 한국교육개발원) '공간 속의 디자인 디자인 속의 공간'(2003, 효형출판) '건축의 거인들 초대받다'(2009, 나비장) '증강현실도시디자인'(2010, 디자인플럭스) '김주연'(2010, 안그라픽스) (역)'20세기 실내디자인'(1998, 시공사) '건축제도'(2005, 도서출판 국제) '실내건축의 역사'(2005, 시공사) '좋은 인테리어의 10가지 원칙'(2014, 시공사) (작)인사동 광주요 매장 인테리어디자인(1999), 천년의 문 현상설계 계획안(백남준 공동작업)(2000), 경기고 100주년 기념관 '백년회랑' 전시디자인(2001), SK Telecom 미래경영연구원 회의실 강단부 디자인(2003), 광주 비엔날레 광장 디자인(2004), 서호미술관 개인전 'Space Code 8'(2004), 영락교회 '한경직 목사님 기념관' 인테리어 디자인(2005), SK Telecom Coex TTL zone Space Identity 및 인테리어 디자인(2005), 국립민속박물관 옥외 Signage System 기획 및 설계(2006), 현대백화점 압구정본점 공용공간 디자인 컨설팅(2006), 삼성물산 래미안 외관 Identity 기획 및 설계(2006), 서천군 Amentiy 서천 Communication Desigh 컨설팅 및 기본계획(2006), KT 광화문 복합문화공간 T샘 Space Identity 및 인테리어디자인(2006), 대학로 디자인 서울 거리조성사업 기본 및 실시설계(2008), 가락시장 통합디자인 및 색채계획(2008), 파주신도시(운정 · 운정3지구) 가로시설물 통합디자인 수립용역(2009), 인천 송도 '팝콘' 스트리트 마켓 디자인(2010), 대양상선 오피스 인테리어 디자인(2010), 제4회 전국환경예술디자인대전 Design For China · Xian · China-중국미술가협회(2010), '꿈의 미술실' 인테리어 디자인- 안산 호동초 · 서울 양진초 · 전주 동북초 · 안양 귀인초(2011~2013), NCsoft R&D센터 어린이집 인테리어디자인(2013) (종)기독교

김주영(金周榮) KIM Joo Young

(생)1939 · 1 · 26 (출)경북 청송 (주)서울 중구 동호로268 파라다이스그룹 임원실(02-2277-9852) (학)1957년 대구농림고졸 1962년 서라벌예술대학 문예창작과졸 (경)1971년 월간문학에 소설 '휴면기'로 문단데뷔, 소설가(현) 1976년 경향신문에 장편소설 '목마 위의 여자' 연재 1979년 서울신문에 '객주' 연재 1983년 중앙일보에 '활빈도' 연재 1988년 한국일보에 '화척' '중국기행' 연재 1989~2005년 파라다이스문화재단 상임이사 1991년 동아일보에 '야정' 연재

1995년 서울신문에 '아프리카기행' 연재 1999년 중앙일보에 '아라리 난장' 연재 2001년 노무현 대통령당선자 취임사준비위원회 위원 2002~2015년 동인문학상 종신심사위원 2003년 문학사랑 이사장(현) 2004년 열린우리당 공직후보자자격 심사위원 2004년 중앙일보 라이팅 코치 2004년 환경부 환경홍보대사절 2005~2013년 파라다이스문화재단 이사장 2009~2012년 한국문학번역원 이사 2010~2012년 한국문화예술위원회 위원 2010년 상주시 홍보대사 2012~2016년 한국예술인복지재단 이사장 2013년 대통령소속 국민대통합위원회 기획분과 위원장 2013년 (주)파라다이스그룹 고문(현) 2014년 대한민국예술원 회원(소설 · 현) (상)월간문학 신인상(1971), 한국소설문학상, 유주현문학상, 대한민국문학상, 이산문학상(1996), 대산문학상(1998), 이무영문학상(2001), 김동리문학상(2002), 가천환경문학상(2007), 은관문화훈장(2007), 인촌상-인문사회문학부문(2011), 김만중문학상(2013) (저)'목마 위의 여자' '도둑견습' '나를 아십니까' '위대한 악령' '바다와 우산' '즐거운 우리집' '가까스로 태어난 남자' '객주'(1981) '겨울새'(1983) '아들의 겨울'(1985) '천둥소리'(1986) '활빈도'(1987) '고기잡이는 갈대를 꺾지 않는다'(1989) '화척'(1995) '야정'(1996) '어린날의 초상' '홍어' '아라리 난장' '외촌장 기행'(2001) '여자를 찾습니다'(2001) '거울속 여행'(2001) '멸치'(2002) '모범사육'(2003) '달나라 도둑'(2009, 비채) '빈집'(2010, 문학동네) '고향 물길을 거닐며'(2012, 김영사) '잘가요 엄마'(2012, 문학동네)

김주영(金珠暎 · 女) kim joo young

(생)1962 · 9 · 21 (출)경기 고양시 일산동구 일산로323 국립암센터 연구소(1588-8110) (학)1986년 고려대 의대졸 1989년 同대학원졸 1993년 의학박사(고려대) (경)1986~1987년 고려대부속병원 수련의 1987~1990년 同전공의 1990~1992년 同임상강사 1992~1993년 서울대병원 임상강사 1993~1995년 서울시동작보건소 전문의 1995~2000년 가천의대 길병원 방사선종양학과장 · 조교수 2000~2002년 영국 Peterson Institute 임상연구원 2002~2003년 가천의대 길병원 주임교수 2003년 국립암센터 양성자치료센터 전문의(현) 2003~2007년 同자궁암센터 의사 2004~2012년 同자궁암연구과 책임연구원 2007년 同자궁암센터 전문의(현) 2009~2011년 同자궁암센터장 2009년 同소아암센터 전문의(현) 2010~2014년 同방사선의학연구과 영년제책임연구원 2011~2014년 同양성자치료센터장 2012~2014년 同방사선의학연구과장 겸 책임연구원 2012년 同방사선종양학과장 2014년 同방사선의학연구과장 겸 수석연구원(현) 2014년 국제암대학원대 시스템종양생물학과 겸임교수(현) 2014년 국립암센터 이행성임상제2연구부장 2016년 同연구소장(현) (상)Wellcome Trust Travelling Research Fellowship(2000), 가천의대 논문상(2003), 제5회 김진복암연구상(2011)

김주영(金周泳) KIM Juyoung

(생)1962 · 11 · 10 (출)서울 (주)서울 마포구 백범로35 서강대학교 경영대학 경영학부(02-705-8891) (학)1985년 고려대 경영학과졸 1987년 同대학원 경영학과졸 1992년 미국 미시간대 대학원 통계학과졸 1993년 경영학박사(미국 미시간대) (경)미국 미시간대 강의조교, 고려대 기업경영연구소 연구원, 국민대 경영학부 교수, 한국소비자학회 상사(현) 2007년 서강대 경영대학 부교수 2010년 同경영대학 경영학부 교수(현), 한국프랜차이즈학회 부회장, 한국유통학회 고문(현), 디지털융합연구원 연구위원(현), 메타비경영연구원 연구위원(현) 2015년 서강대 경영학부학장 겸 경영전문대학원장(현) 2015년 기아자동차 마케팅자문위원 2015년 신세계백화점 사외이사(현) 2015년 동반성장위원회 동반성장지수 실무위원(현) (상)Milton & Josephine Kendrick Hward(1992), Beta Gamma Sigma(1993), 최우수논문상(1999), 공로상(2005), 최우수 논문심사자상(2005 · 2006)

김주영(金柱永) KIM Joo Young

(생)1965 · 2 · 19 (본)상산(商山) (출)서울 (주)서울 서초구 서초중앙로24길27 G-five Central Plaza 법무법인 한누리(02-537-9500) (학)1983년 영동고졸 1987년 서울대 사법학과졸 1992년 同법과대학원 수료 1995년 미국 시카고대 법학대학원졸(LL.M.) (경)1986년 사법시험 합격(28회) 1989년 사법연수원 수료(18기) 1989년 육군 8사단 검찰관, 변호사 개업, 국민회의 증권선진화제도정책기획단 자문위원, 세계은행 자본시장선진화연구반 위원 1992~1997년 김앤장법률사무소 변호사 1995년 미국 캘리포니아 Williams Woolley 법률사무소 변호사, 여의도투자자권익연구소장, 지구촌합동법률사무소 변호사 1997~2002년 참여연대 경제민주화위원회 실행위원 겸 부소장 1999~2001년 민주사회를위한변호사모임 경제정의위원장 2000~2003년 좋은기업지배구조연구소장 2000년 법무법인 한누리 대표변호사(현) 2005년 밀알복지재단 이사(현) 2006~2011 · 2014년 한국기업지배구조원 연구위원회 위원(현) 2010년 국민연금의결권행사전문위원회 위원 2013년 대검찰청 사건

평정위원회 위원(현) [상]서울지방변호사협회 표창(2002), 비지니스위크 선정 Stars of Asia(2003), 공정거래위원장표창(2004), 세계경제포럼 선정 Young Global Leaders(2006) [저]'한국재벌개혁론(共)'(1999) '지주회사와 법,소화(編)'(2008)' '개미들의 변호사, 배짱기업과 맞장뜨다'(2014, 문학동네) [종]기독교

김주완(金周完) Kim Ju-wan

[생]1958 · 8 · 17 [본]청풍(淸風) [출]충북 제천 [주]경기 고양시 일산동구 호수로550 사법정책연구원 사무국(031-920-3511) [학]1980년 대입자격검정고시 합격 1988년 한국방송통신대 법학과졸 1999년 세명대 대학원 행정학과졸 [경]2001~2002년 대법원 감사관실 근무 2007~2012년 청주지법 · 제천지원 사무과장 · 서울남부지법 사법보좌관 2013~2014년 법원공무원교육원 교수 · 수석교수 2015년 사법정책연구원 사무국장 겸 연구심의관(현) [상]근정포장(2014) [종]불교

김주완(金柱完) KIM Joo Wan

[생]1964 · 1 · 4 [본]김해(金海) [출]경남 남해 [주]경남 창원시 마산회원구 삼호로38 경남도민일보 출판미디어국(055-250-0100) [학]경남상고졸 1990년 경상대 국어국문학과졸, 경남대 대학원 기록관리학 석사과정 수료 [경]1990년 진주신문 기자 1992년 경남매일 기자 1999년 경남도민일보 창간추진위원회 기획홍보팀장 1999년 同시민사회부 차장 2001년 同지역여론부 여론매체팀장 2003년 同편집국 Weekly경남부장 직대 2003~2004년 同노조전임 차장 2005년 同시민사회부장 · 인터넷팀장 2007년 同자치행정부장 2009년 同편집국 뉴미디어부장, 100인닷컴 대표 2010년 경남도민일보 편집국장 2014년 同출판미디어국장(이사)(현) [상]경남기자협회 경남기자상(1997 · 1998), 이달의 기자상(1997), 한국신문방송인클럽 언론대상(1998) [저]'마산 · 창원역사읽기(共)'(2004) '토호세력의 뿌리'(2005) '대한민국 지역신문기자로 살아가기'(2007) '김주완이 만난 열두 명의 고집 인생'(2014, 피플파워)

김주원(金主圓) KIM Joo Won (田山)

[생]1948 · 10 · 10 [출]전북 전주 [주]전남 영광군 백수읍 성지로1357 영산선학대학교 총장실(061-350-6015) [학]1967년 전주고졸 1971년 원광대 원불교학과졸 [경]1967년 원불교 출가 1980년 원불교 교정원 기획실 과장 1982년 同교정원 교화부 과장 1986년 同교정원 교화부 차장 1989년 同동전주교당 교무 1990년 同종로교당 교무 1992년 同중앙중도훈련원 교무 1994~2000년 同교정원 총무부장 2000~2003년 同교정원 교화부원장 2000년 同정수위단원 2003~2006년 同경기인천교구장 2006년 同정수위단원 2006년 同종사 서훈 2007~2009년 同중도훈련원장 2009~2012년 同교정원장 2012년 同정수위단원(현) 2012년 영산선학대 총장(현)

김주원(金周源) KIM Ju Won

[생]1958 · 10 · 6 [출]충북 제천 [주]서울 영등포구 의사당대로88 한국투자증권빌딩8층 한국투자금융지주(주) 사장실(02-3276-4204) [학]1976년 청주상고졸 1982년 성균관대 경영학과졸, 고려대 대학원 경영학과졸 [경]1985년 동원증권 입사, 동원그룹 경영관리실장 1999년 同기획실장 2000년 同이사 2001년 동원창업투자 대표이사 사장 2001~2006년 한국투자파트너스(주) 대표이사 사장 2006년 한국투자금융지주(주) 이사 2006년 同총괄부사장 2008~2012년 한국투자운용지주(주) 대표이사 2011년 한국투자금융지주(주) 사장(현)

김주원(金周原) KIM Joo Weon

[생]1961 · 2 · 15 [본]김해(金海) [출]경남 창원 [주]대구 수성구 동대구로364 대구지방검찰청 제1차장검사실(053-740-3300) [학]1980년 경복고졸 1990년 서울대 사법학과졸 2002년 미국 노스캐롤라이나주립대 연수 [경]1991년 사법시험 합격(33회) 1994년 사법연수원 수료(23기) 1994년 춘천지검 검사 1995년 부산지검 울산지청 검사 1997년 서울지검 북부지청 검사 1999년 부산지검 동부지청 검사 2001년 서울지검 검사 2004년 전주지검 검사 2005년 국회 법제사법위원회 파견 2006년 전주지검 부부장검사 2007년 법무부 인권옹호과장 2008년 창원지검 밀양지청장 2009년 대검찰청 피해자인권과장 2010년 서울남부지검 형사5부장 2011년 서울중앙지검 금융조세조사2부장 2012년 광주지검 형사1부장 2013년 대구지검 경주지청장 2014년 수원지검 성남지청 차장검사 2015년 대전지검 천안지청장 2016년 대구지검 제1차장검사(현) [상]홍조근정훈장(2014) [종]천주교

김주원(金周元) KIM Ju Won

[생]1962 · 8 · 21 [본]경주(慶州) [출]강원 삼척 [주]서울 서초구 서초중앙로154 화평빌딩401호 김주원법률사무소(02-596-1800) [학]1981년 춘천고졸 1985년 서울대 법대졸 [경]1984년 사법시험 합격(26회) 1987년 사법연수원 수료(16기) 1990년 광주지법 판사 1992년 同목포지원 판사 1994년 인천지법 판사 1997년 미국 Columbia대학 law school visiting scholar 1998년 서울지법 판사 1999년 서울고법 판사 2002년 전주지법 군산지원 부장판사 2004년 인천지법 부천지원 부장판사 2006년 서울남부지법 부장판사 2008~2010년 서울중앙지법 부장판사 2010년 변호사 개업(현)

김주원(金姝沅 · 女) KIM Joo Won

[생]1977 · 5 · 8 [본]김해(金海) [출]부산 [주]서울 강북구 도봉로76가길 성신여자대학교 무용예술학과(02-920-7870) [학]1997년 러시아 볼쇼이발레학교졸 [경]1998년 국립발레단 입단 1998~2012년 同수석 무용수 1998년 국립발레단 '해적'으로 주역 데뷔 1999년 '지젤' '신데렐라' '돈키호테' 주역 2000~2001년 국립발레단 '스타르타쿠스' '백조의호수' '호두까기 인형' 주역 2002년 국립발레단 일본 순회공연 · 일본 신국립극장 발레단의 '돈키호테'에 객원 주역으로 초청공연 2002년 2002한일월드컵 홍보대사 2006년 루마니아 부카레스트 국립오페라발레단 정기공연 '백조의 호수'에 주역으로 초청출연 2007년 오스트레일리아 퀸스랜드발레단 국제페스티벌 초청공연 2010년 뮤지컬 컨택트 공연 2010년 러시아 볼쇼이발레단 '로미오와 줄리엣' 객원 주역으로 초청공연 2011년 MBC 댄싱위드더스타시즌1 심사위원 2012년 同시즌2 심사위원 2012년 러시아 브누아 드 라 당스 심사위원 2012년 성신여대 융합문화예술대학 무용예술학과 교수(현) 2012년 국립발레단 게스트 프린시펄 2014년 유니버설발레단 상임객원수석무용수 [상]한국발레협회 신인상(2000), 러시아 모스크바 국제발레콩쿠르 여자 동상(2001), 문화관광부 장관상(2002), 한국발레협회상 프리마 발레리나상(2002), 문화관광부 오늘의 젊은 예술가상(2004), 러시아 브누아 드 라 당스 최고여성무용수상(2006), 더 뮤지컬 어워즈 여우신인상(2010) [작]대표작 '스파르타쿠스' '백조의 호수' '호두까기 인형' '로미오와 줄리엣' '지젤' '돈키호테' '환타지발레 바리' '신데렐라' '파키타' '해적' '에스메랄다' '파우스트' '카르멘' '잠자는 숲속의 미녀' '그랑파 클라식' '차이코프스키 파드되' '탈리스만'

김주윤(金周胤) KIM Choo Yoon

[생]1953 · 2 · 2 [본]안동(安東) [출]경북 울진 [주]서울 종로구 새문안로68 흥국생명보험(주) 임원실(02-2002-7000) [학]서울중앙고졸 1982년 서울대 경영학과졸 [경]한국일보 편집국 기자 1981년 한양투자금융 입사, 하나은행 전자금융팀장 2000년 제일은행 e-뱅킹부장 2004년 同e-서비스단 상무 2005년 한국스탠다드차타드(SC)제일은행 e-서비스부 상무 2007년 Standard Chartered Bank HO Group Head Alternative Chnnels Singapore 2008년 同프론트라인 가치향상팀 상무 2008년 흥국생명보험(주) 전무이사 2009~2010년 同대표이사 2014년 흥국자산운용 사외이사 2014년 흥국생명보험(주) 대표이사(현)

김주이(金珠伊 · 女)

[생]1970 · 7 · 10 [출]충남 금산 [주]서울 종로구 세종대로209 행정자치부 기획재정담당관실(02-2100-3202) [학]1992년 이화여대 경영학과졸 [경]1996년 공무원 임용(행정고시 36회) 2003년 행정자치부 지방세정담당관실 서기관 2006년 국무조정실 기업애로해소센터 사무국 서기관 2007년 행정자치부 성과관리팀장 2008년 해외 파견 2011년 행정안전부 조직실 제도총괄과장 2013년 제18대 대통령직인수위원회 법질서 · 사회안전분과 실무위원 2013년 안전행정부 교육훈련과장 2014년 同지방재정정책관실 공기업과장 2014년 행정자치부 지방재정세제실 공기업과장 2015년 同지방재정세제실 공기업과장(부이사관) 2016년 同기획재정담당관(현)

김주일(金周一) KIM Ju Il

[생]1941 · 1 · 8 [출]대전 [주]대전 중구 선화로82 금성건설(주) 대표이사실(042-253-2121) [학]1959년 용산고졸 1963년 연세대 건축공학과졸 1986년 충남대 행정대학원 최고관리자과정 수료 2002년 명예 경영학박사(충남대) [경]1980년 금성건설(주) 설립 · 대표이사(현) 1981~1987년 대한체육회 충남하키협회장 1983년 대한건설협회 충남지회장 1989년 대전지방노동위원회 위원 1993년 한국자유총연맹 대전시지회장 1993년 민주평통 자문위원 1994~2000년 대전상공회의소 부회장 1996년 세계자유연맹 세계총회 한국대표 1997

ㄱ

년 국제로타리클럽 제3680지구 총재 2000~2006년 대전상공회의소 회장 2000~2006년 대한상공회의소 부회장 2000년 대전인력은행 원장 2001년 대전시체육회 부회장 2002년 KOC 위원 2003년 대전문화방송 경영자문위원장 2003~2006년 대전경륜장건립자문위원회 위원 2005~2006년 충남도체육회 부회장 2012년 대한건설협회 대전시회 대의원(현) ⊗재무부장관표창(1987), 법무부장관표창(2회), 국무총리표창(1990), 국민포장(1996), 국세청장표창(1997), 석탑산업훈장(2010) ⊗천주교

김주평(金周枰) Ju Pyung, Kim

⊗1953 ⊗경기 ⊗경기 용인시 기흥구 용구대로2469번길164 (주)에스에스오토랜드(1588-1521) ⊗원주고졸, 공주대사범대학졸, 연세대 산업대학원 산업정보학과졸 ⊗1991년 삼성화재해상보험(주) 총무부장 1996년 同영남권보상담당 1997년 同영남권보상담당 이사보 1998년 同지방권보상담당 이사보 1998~2000년 삼성화재손해사정서비스(주) 기획관리담당 이사 2000~2001년 렌투어 대표이사 2001년 (주)에스에스오토랜드 대표이사(현) 2004~2006년 카티비 대표이사 2011년 서울특별시자동차대여사업조합 이사장(현) 2015년 한국렌터카사업조합연합회 회장(현)

김주필(金冑弼) KIM Joo Pil (구양)

⊗1943 · 10 · 10 ⊗경주(慶州) ⊗황해 연백 ⊗서울 중구 필동로1길30 동국대학교 생명과학과(02-2260-8733) ⊗1963년 배재고졸 1967년 서울대 문리대학 동물학과졸 1971년 同대학원졸 1984년 이학박사(동국대) ⊗1971~1986년 충북대 · 한국방송통신대 · 동국대 · 단국대 강사 1990~2000년 동국대 응용생물학과 조교수 · 부교수, 미국 Smithonian Institution 객원연구원 1998년 중국 Hebei Normal 겸임교수(현) 1998년 중국 장사 Hunan Normal대 겸임교수(현) 2000년 동국대 바이오환경과학과 교수 · 석좌교수 2004년 거미수목원 '아라크노피아' 원장, 주필거미박물관 관장(현), 한국거미연구소 소장, 동국대 생명과학과 석좌교수(현) 2011년 서울대 자연과학대학 총동창회장(현) 2012년 한국과학문화교육단체연합회 이사, 同부회장(현) ⊗'표준생물' '일반생물학' '생명과학' '환경생물학' '원색한국거미도감' '거미이야기' '성의과학' '논거미의 연구' 등 다수 ⊗불교

김주필(金周弼) KIM Ju Pil

⊗1969 · 1 · 7 ⊗충남 공주 ⊗대구 수성구 동대구로364 대구지방검찰청 형사4부(053-740-4445) ⊗1988년 충남고졸 1995년 연세대 법학과졸 ⊗1998년 사법시험 합격(40회) 2001년 사법연수원 수료(30기) 2001년 부산지검 검사 2003년 전주지검 군산지청 검사 2005년 대전지검 검사 2007년 同홍성지청 검사 2009년 서울중앙지검 검사 2012년 청주지검 검사(헌법재판소 파견) 2015년 서울중앙지검 부부장검사 2016년 대구지검 형사4부장(현) ⊗기독교

김주하(金柱夏 · 女) KIM Ju Ha

⊗1973 · 7 · 29 ⊗경주(慶州) ⊗서울 ⊗서울 중구 퇴계로190 MBN(02-2000-3513) ⊗이화여고졸, 이화여대 과학교육학과졸, 한양대 대학원 언론정보학과졸 ⊗1997년 MBC 입사 1997~2004년 同아나운서국 아나운서, MBC TV '퀴즈! 탐험여행' · 라디오(AM) '새벽이 아름다운 이유' 등 진행 1999년 MBC 아침뉴스 '굿모닝 코리아' · '아침뉴스 2000' 앵커 2000년 MBC 시사정보 프로그램 '피자의 아침' MC(여성앵커로 아침뉴스 첫 단독진행) 2000년 MBC '9시 뉴스데스크' 앵커 2004년 同보도국 사회2부 기자 2004년 한국국제기아대책기구 홍보대사 2005년 MBC 보도국 경제부 기자 2007년 同보도국 국제부 기자 2007년 同보도국 문화부 기자 2007년 同주말9시 '뉴스데스크' 첫 여성 단독 앵커 2007년 여성가족부 홍보대사 2008년 문화방송 마감뉴스 '뉴스24' 앵커 2012년 同보도국 앵커 2013~2015년 同뉴미디어국 인터넷뉴스부 기자 2015년 한국양성평등교육원 폭력예방교육 전문강사(현) 2015년 (주)매일방송(MBN) '뉴스8' 앵커 겸 특임이사(현) ⊗한국아나운서대상 앵커상(2002), 제16회 기독교문화대상 방송부문(2002), 프로들이 선정한 우리분야 최고의 앵커우먼 선정(2003), 올해의 이화언론인상(2005), 특종상(2005), 산업자원부 코리아브랜드 컨퍼런스(2007), 세계경제포럼(WEF) 선정 올해의 '차세대 지도자(Young Global Leader)'(2008), 한국언론인연합회 참언론인상(2008), 코리아 대표 브랜드 여자 앵커 부문(2008), 닮고 싶은 국내 여성 5년 연속 1위(2009), 재외동포 언론인이 가장 만나고 싶은 언론인 1위(2009), 가장 신뢰하는 언론인 4위(2009, 시사인 조사), 대학생이 뽑은 대표 앵커 1위(2009), The women of time award '올해의 여성'(2009), 산업정책연구원 '코리아 슈퍼 브랜드' 여자 앵커 부문 1위(2009), 자랑스러운 한양언론인상(2015) ⊗'안녕하세요. 김주하입니다'(2007) ⊗기독교

김주한(金柱漢) Kim Joo-han

⊗1961 · 11 · 27 ⊗경주(慶州) ⊗경북 경주 ⊗서울 종로구 청와대로1 대통령 과학기술비서관실(02-770-0011) ⊗1981년 대구공고졸 1985년 한양대 전기공학과졸 1995년 同대학원 전자공학과 수료 1997년 영국 맨체스터대 대학원 과학기술정책학과졸 ⊗1985년 사무관 시보 임용 1989~1990년 체육청소년부 청소년시설과 사무관 1990~1994년 과학기술처 기술개발국 · 기술진흥국 사무관 1994~1995년 정보통신부 초고속정보통신망구축기획단 파견 1997년 과학기술처 화공생물연구조정관실 사무관 1997년 同우주항공연구조정관실 서기관 1998년 과학기술부 원자력국 원자력정책과 서기관 2001년 同과학기술정책실 정책총괄과 서기관 2002년 同지방과학진흥과장 2003년 同행정법무담당관 2004년 同정보화법무담당관 2004년 同구주기술협력과장 2006년 同과학기술정책국 종합기획과장 2008년 교육과학기술부 연구정책과장 2009년 同정책조정지원과장 2010년 同대구경북과학기술원건설추진단장(고위공무원) 2010년 공주대 산학협력단 연구협력본부장 2011년 국립과천과학관 전시연구단장 2012년 국립외교원 파견 2013년 미래창조과학부 과학기술정책국장 2013년 同통신정책국장 2014년 국립중앙과학관장 2016년 미래창조과학부 과학기술전략본부장 2016년 대통령 과학기술비서관(현) ⊗대통령표창(2001)

김주항(金周恒) KIM Joo Hang

⊗1951 · 11 · 16 ⊗서울 ⊗경기 성남시 분당구 야탑로59 분당차병원 종양내과(031-780-4837) ⊗1976년 연세대 의대졸 1980년 同대학원졸 1987년 의학박사(연세대) ⊗1984~1998년 연세대 의대 내과학교실 전임강사 · 조교수 · 부교수 1988~1990년 미국 국립암연구소(NCI/NIH) 연수 1998~2015년 연세대 의대 내과학교실 교수 2003년 同혈액종양내과장 2005년 同암센터 진료부장 2005~2013년 同암연구소장 2005~2013년 同폐암전문클리닉팀장 2007~2008년 대한폐암학회 부회장 2009년 한국유전자세포치료학회 회장 2011년 한국임상암학회 회장 2015년 차의과대 종양내과 교수(현) 2015년 분당차병원 종양내과 과장(현) ⊗연세의료원 공로상(20000, 미국 유전자치료학회 우수연구상(2002), 연세대 의과대학 우수업적 교수상(2007), 연세대 의과대학 연구업적 우수상(2008), 한국산업기술평가원 우수성과상(2008), 미국 유전자치료학회 우수논문상(2012), 홍조근정훈장(2013) ⊗'유전자치료'(2003) '의학자 114인이 내다보는 의학의 미래'(2003) '종양학'(2003) ⊗'암'(2005)

김주헌(金柱憲) KIM Joo Hun

⊗1952 · 6 · 6 ⊗경북 상주 ⊗경기 성남시 분당구 대왕판교로395번길8 신성FA 부회장실(031-788-9200) ⊗1970년 충주고졸 1980년 고려대 화학공학과졸 ⊗가람문화사 대표 1983년 (주)신성이엔지 입사 1994년 同이사 1997년 同상무이사 1999년 同전무이사 2000년 同부사장 2001~2007년 同대표이사 사장, 신성FA 부회장 2013년 同대표이사 부회장(현) ⊗대통령표창(2002)

김주현(金住炫) KIM Joo Hyun

⊗1950 · 1 · 29 ⊗김해(金海) ⊗전남 광양 ⊗서울 영등포구 의사당대로22 이룸센터5층 한국장애인개발원(02-3433-0600) ⊗1968년 서울고졸 1973년 연세대 경영학과졸 1983년 미국 아이오와대 대학원 행정학과졸 1998년 행정학박사(중앙대) ⊗1973년 행정고시 합격(13회) 1976~1986년 내무부 행정사무관 1986년 산림청 근무 1986년 전남 구례군수 1989년 전남 무안군수 1989~1994년 내무부 행정과장 · 지도과장 · 교육훈련과장 · 연수원 교무과장 1994년 순천시장 1995년 전남도 기획관리실장 1999년 중앙공무원교육원 교수부장 1999년 행정자치부 복무감사관 2000년 同지방재정세제국장 2001년 대통령 공직기강비서관 2002년 중앙공무원교육원 원장 2003~2004년 행정자치부 차관 2005~2008년 한국지방행정연구원 원장 2006년 대통령소속 지방이양추진위원회 위원 2006년 대통령자문 국가균형발전위원회 위원 2007년 한양대 겸임교수 2008~2011년 독립기념관 관장 2012~2016년 사회복지공동모금회 사무총장 2015년 한국장애인개발원 비상임이사(현) ⊗녹조근정훈장(1989), 홍조근정훈장(2000), 자랑스런 연세상경인(2003)

김주현(金注鉉) KIM Joo Hyun

⊗1952 · 10 · 11 ⊗울산 ⊗경북 포항시 남구 동해안로6261 포스코 임원실(054-220-0114) ⊗1971년 경복고졸 1980년 서강대 영어영문학과졸 1983년 미국 아이오와주립대 대학원 경영학과졸 1989년 경영학박사(미국 애리조나주립대) ⊗1987년 미국 아이오와주립대 강사 1988년 미국 Journal of Financial Research 부편집위원 1989년 고려종합경제연구소 선임연구위원 1991년 행

정규제완화민간자문위원회 금융산업분과 자문위원 1992~1999년 현대경제사회연구원 경영본부장 1997 · 2005년 한국재무학회 상임이사 1998년 한국증권학회 편집위원 겸 이사 1999년 PBEC 한국실무위원 1999년 OECD정책자문기구(BIAC) 한국위원 2000년 현대경제연구원 경영전략본부장(전무) 2000년 대통령자문 지속가능발전위원회 실무위원 2001~2003년 현대경제연구원 부원장 2003년 同부사장 2004~2014년 同대표이사 원장 2004년 대한상공회의소 남북경협위원 2005년 서울YWCA 자문위원 2006년 전국경제인연합회 경제정책위원회 자문위원 2006년 서강대 시장경제연구소 자문위원 2006년 월간 넥스트 편집위원 2006년 글로벌인재포럼 자문위원 2007년 YTN 시청자위원 2007년 한국경제연구학회 이사 2007년 대한상공회의소 자문위원(현) 2008년 Fortune Korea 편집자문위원 2009년 한국경제연구학회 부회장 2012년 국가인권위원회 정책자문위원 2014년 현대경제연구원 고문 2014년 대통령직속 통일준비위원회 경제분과위원회 위원장 2015년 (주)포스코 사외이사(현) 2015년 (주)한국경제TV 사외이사(현) [저]'선물시장개론' '주가지수선물의 활용전략' '21세기 한국기업의 한국증권시장론(共)'(1997, 삼영사) '허브한반도(共)'(2003, 거름) '재무관리의 핵심전략'(2004, 청림출판) '기업의 사회적 책임'(2004) '대한민국 경제지도(총괄집필)'(2009, 원앤원북스) [역]'이사회대변혁(共)'(2000, 21세기북스) '지식경영'(共) 'WINNING 위대한 승리'(2005, 청림출판) 'SQ 사회지능'(2006) '앨빈토플러 청소년 부의 미래'(2007, 청림출판) [종]기독교

김주현(金周顯) KIM Joo Hyeon

[생]1958 · 8 · 10 [출]서울 [주]서울 중구 소공로51 우리금융경영연구소(02-2125-2360) [학]1977년 중앙고졸 1981년 서울대 경제학과졸 1984년 同대학원 경영학과졸 1991년 미국 워싱턴대 대학원 경영학과졸(MBA) [경]행정고시 합격(25회) 1983년 총무처 수습행정관(5급) 1984년 국세청 남부산세무서 근무 1985년 재무부 국세국 관세협력과 근무 1987년 同증권국 자금시장과 · 증권정책과 근무 1988년 同관세국 관세정책과 근무 1988년 同국제금융국 국제기구과 근무 1989년 미국 워싱턴대 해외유학 1991년 재무부 경제협력국 외자정책과 근무 1993년 同이재국 은행과 근무 1994년 同금융국 금융총괄과 근무 1996년 재정경제원 금융정책실 금융제도담당관실 서기관 2001년 금융감독위원회 감독정책1국 감독정책과장(서기관) 2003년 同감독정책1국 감독정책과장(부이사관) 2004년 同기획행정실 혁신행정과장 2005년 同홍보관리관(국장) 2006년 중앙공무원교육원 파견 2007년 금융감독위원회 기획행정실장 2007년 同감독정책2국장 2007년 제17대 대통령직인수위원회 경제1분과위원회 전문위원 2008년 금융위원회 금융정책국장 2009년 同증권선물위원회 상임위원(1급) 2009~2012년 同사무처장 2012~2015년 예금보험공사 사장 2013~2015년 국제예금보험기구협회(IADI) 집행위원 2016년 우리금융지주 우리금융경영연구소 대표이사(현) [상]한국경제신문 대한민국공공경영대상 신뢰경영부문(2013)

김주현(金柱賢) KIM Ju Hyon

[생]1961 · 5 · 31 [출]대구 [주]서울 서초구 서초중앙로157 서울고등법원(02-530-1114) [학]1979년 달성고졸 1983년 한양대 법대졸 [경]1982년 사법시험 합격(24회) 1984년 사법연수원 수료(14기) 1985년 공군 법무관 1988년 서울민사지법 판사 1990년 서울지법 남부지원 판사 1992년 창원지법 거창지원 판사 1995년 대구고법 판사 겸 헌법재판소 헌법연구관 1996년 서울고법 판사 겸 헌법재판소 헌법연구관 1999년 서울지법 판사 2000년 대구지법 안동지원장 2001년 사법연수원 교수 2004년 서울서부지법 부장판사 2006년 서울중앙지법 부장판사 2007년 부산고법 부장판사 2008년 인천지법 수석부장판사 2009년 서울고법 부장판사 2014년 同수석부장판사 2014년 광주지법원장 2016년 서울고법 부장판사(현)

김주현(金周賢) KIM Ju Hyun

[생]1961 · 9 · 14 [출]서울 [주]서울 서초구 반포대로157 대검찰청 차장검사실(02-3480-2000) [학]1980년 서울 서라벌고졸 1985년 서울대 법대 사법학과졸 1988년 同대학원 수료 1998년 미국 UC버클리대 로스쿨 석사(LL.M) [경]1986년 사법시험 합격(28회) 1989년 사법연수원 수료(18기) 1989년 서울지검 검사 1991년 대전지검 천안지청 검사 1993년 대구지검 검사 1995년 법무부 검찰2과 검사 1997년 서울지검 검사 2001년 대전지검 부부장검사 2001년 대구지검 안동지청장 2002년 대검찰청 연구관 2003년 同특수수사지원과장 2004년 同혁신기획과장 2006년 법무부 검찰과장 2008년 서울중앙지검 형사1부장 2009년 법무부 대변인 2009년 서울중앙지검 제3차장검사 2010년 수원지검 안양지청장 2011년 대전지검 차장검사 2012년 법무부 기획조정실장 2013년 同검찰국장 2015년 同차관(고등검사장급) 2015년 대검찰청 차장검사(고등검사장급)(현) 2016년 同검찰개혁추진단장(현)

김주형(金柱亨) KIM Joo Hyung

[생]1955 · 7 · 3 [본]청도(淸道) [출]경남 합천 [주]서울 영등포구 여의대로128 LG경제연구원 원장실(02-3777-0401) [학]1974년 경북고졸 1978년 서울대 경제학과졸, 同대학원 경제학과졸 1988년 경제학박사(미국 위스콘신대) [경]1977년 산업연구원 연구원 1983년 同책임연구원 1989년 럭키금성경제연구소 연구위원 1993년 LG경제연구원 경제연구1실장 1995년 同이사 1998년 同경제연구센터장(상무) 2000년 LG투자증권 리서치센터장 2002년 同Wholesale사업부장(상무) 2003년 LG경제연구원 연구조정실 상무 2006년 (주)LG 경영관리팀장(부사장) 2007년 LG경제연구원 원장(부사장) 2013년 同원장(사장)(현)

김주호(金柱昊)

[생]1965 · 10 · 3 [출]부산 [주]부산 연제구 법원로31 부산고등법원(051-590-1114) [학]1984년 부산 낙동고졸 1988년 서울대 법학과졸 [경]1990년 사법시험 합격(32회) 1993년 사법연수원 수료(22기) 1993년 부산지법 판사 1996년 창원지법 판사 1996년 同진해시법원 판사 1996년 부산지법 판사 2003년 부산고법 판사 2006년 부산지법 판사 2008년 울산지법 부장판사 2010년 부산지법 부장판사 2013년 창원지법 통영지원장 2015년 대전고법 부장판사 2016년 부산고법 부장판사(현)

김주호(金主鎬) KIM Joo Ho

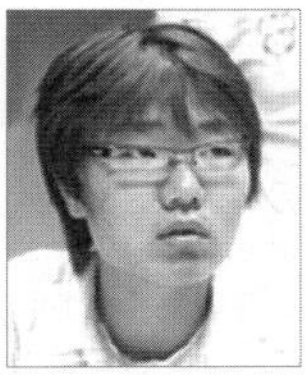

[생]1984 · 12 · 5 [주]서울 성동구 마장로210 한국기원 홍보팀(02-3407-3800) [경]권갑용 8단 문하생 1999년 입단 2001년 2단 승단 2002년 3단 승단 2002년 오스람코리아배 신예연승최강전 준우승 2003년 4단 승단 2004년 전자랜드배 왕중왕전 준우승 2004년 5단 승단 2006년 7단 승단 2008년 8단 승단 2010년 9단 승단(현)

김주환(金周煥) KIM Ju Hwan

[생]1961 · 5 · 14 [본]경주(慶州) [출]충남 논산 [주]대전 유성구 유성대로1689번길125 한국수자원공사 K-water연구원(042-870-7501) [학]1979년 배재고졸 1986년 인하대 공과대학 토목공학과졸 1988년 同대학원졸 1993년 공학박사(인하대) [경]1993~1994년 인하대 토목공학과 박사후 연구원 1994년 수자원시스템연구원 근무 1994년 한국수자원공사 입사 2002~2004년 同수자원연구소 상하수도연구부 책임연구원 2004년 同수자원연구원 상하수도연구소 관로팀 수석연구원 2005년 대한토목학회 수공분과위원 2007~2009년 한국수자원학회 상하수도분과위원장 2009년 同평의원 2009년 한국수자원공사 K-water연구원 수석연구원 2014년 同K-water연구원 연구위원(현) 2014년 同상하수도연구소장(현) [상]건설교통부장관표창(2001), 자랑스런 상하수도인 장관표창(2007) [저]'유수율제고 매뉴얼'(2007) '상수도관망 기술진단 매뉴얼'(2007) '상수도관망 최적관리 기술안내서'(2010) '도송수시설 기술진단 가이드북'(2010) [종]기독교

김주훈(金周勳) KIM Joo Hoon

[생]1956 · 11 · 3 [출]서울 [주]세종특별자치시 남세종로263 한국개발연구원(044-550-4126) [학]1979년 서울대 경제학과졸 1981년 同대학원 경제학과졸 1989년 경제학박사(미국 워싱턴대) [경]1989년 한국개발연구원 전문연구원 1990년 同부연구위원 1997년 同연구위원 2000년 同장기비전팀장 2002년 同선임연구위원 2003년 同기획조정실장 2004년 同선임연구위원 2006년 同산업 · 기업경제연구부장 2008~2009년 기획재정부 장관자문관 2009년 한국개발연구원 산업 · 기업경제연구부 선임연구위원 2010년 同부원장 2013년 同산업 · 서비스경제연구부장 2014년 同경제정보센터 소장(현) 2016년 同수석이코노미스트겸임(현) [저]'지역별 경기지수 개발 연구'(2000) '새로운 산업정책방향의 모색'(2000) '동북아 경제환경 변화와 대응전략 : 중국을 중심으로'(2001) '지역특화산업의 효율적 추진방안 연구'(2001) '한국통신의 시장환경 변화와 대응방안' '기업간 분업의 효율성 제고와 중견기업의 역할'

김 준(金 準) KIM Joon

[생]1957 · 3 · 10 [출]서울 [주]서울 성북구 안암로145 고려대학교 생명과학부(02-3290-3442) [학]서울대 미생물학과졸, 同대학원졸, 이학박사(미국 캘리포니아대 버클리교) [경]미국 하버드대 의대 연구원, 고려대 생명과학부 조교수 · 부교수 · 교수(현) 2010년 同방사선안전관리센터장(현) 2013~2015년 한국연구재단 생명과학단장 [상]한국미생물학회 초대학술대상(2011), 미래창조과학부장관표창(2015) [종]기독교

김 준(金 俊) KIM Jun

❸1961 · 7 · 22 ㈜서울 종로구 종로26 SK빌딩 SK에너지(주)(02-2121-5114) ❺경동고졸, 서울대 경영학과졸, 同대학원 경영학과졸 ❸1987년 유공(現 SK이노베이션) 입사, SK(주) Lottert사업팀장, 同Cashbag Commerce팀장, (주)SK네트웍스 S-Movilion본부장, SK(주) 물류 · 서비스실장 2012년 同사업지원팀장, 同SUPEX(Super Excellent)추구협의회 사업지원팀장 2015년 SK에너지(주) 에너지전략본부장(전무) 2015년 同대표이사 사장(현)

김 준(金 畯) KIM Joon

❸1963 · 9 · 19 ❀서울 ㈜서울 영등포구 영중로15 타임스퀘어3층 (주)경방 비서실(02-2638-6043) ❺1982년 서라벌고졸 1986년 고려대 화학과졸 1988년 미국 브라운대 대학원 화학과졸 1992년 화학박사(미국 브라운대) ❸(주)경방 차장, 同부장, 同이사, 同상무 2001년 同전무이사 2004년 同부사장, (주)한강케이블 이사, (주)경방어패럴 이사, (주)그로웰텔레콤 사외이사, (주)브이소사이어티 감사 2007~2016년 (주)경방 대표이사 사장 2013년 대한방직협회 회장(현) 2015년 국제면화협회(ICA) 이사회 이사(Associate Director)(현) 2016년 SK이노베이션 사외이사(현) 2016년 (주)경방 대표이사 회장(현) ❸산업포장(2015) ❻기독교

김준경(金俊經) KIM Joon Kyung

❸1956 · 4 · 10 ❀경주(慶州) ❀서울 ㈜세종특별자치시 남세종로263 한국개발연구원 원장실(044-550-4001) ❺1975년 경기고졸 1980년 서울대 계산통계학과졸 1984년 미국 캘리포니아주립대 대학원졸 1988년 경제학박사(미국 캘리포니아주립대) ❸1988년 미국 버지니아주립대 조교수 1990~2008년 한국개발연구원(KDI) 선임연구위원 1996년 미국 컬럼비아대 동아시아연구소 초빙교수 1998~2000년 대통령자문 정책기획위원 1999년 한국개발연구원 거시경제팀장 2000~2002년 미국 하와이대 초빙교수 2002년 한국개발연구원 연구조정실장 2003년 同금융경제팀장 2004년 同거시금융경제연구부장 2004년 재정경제부 금융발전심의위원회 위원 2005년 한국씨티은행 사외이사 2006년 한국개발연구원 부원장 2007년 同거시 · 금융경제연구부장 2007년 제17대 대통령직인수위원회 기획조정분과위원회 전문위원 2008년 대통령 경제수석비서관실 금융비서관 2008년 한국개발연구원(KDI) 국제정책대학원 교수 2013년 同원장(현) 2014년 국무총리소속 정보통신전략위원회 민간위원(현) 2014년 대통령직속 통일준비위원회 위원(현)

김준경(金俊璟) KIM Jun Kyung

❸1957 · 5 · 16 ❀서울 ㈜전북 완주군 봉동읍 추동로92 한국과학기술연구원(KIST) 전북분원(063-219-8400) ❺1980년 서울대 섬유공학과졸 1982년 同대학원 섬유공학과졸 1990년 공학박사(미국 Western Washington대) ❸1982~1985년 한국과학기술연구원(KIST) 연구원 1990~1991년 미국 미시간대 연구원 1991년 한국과학기술연구원 고분자하이브리드연구센터 책임연구원 2004~2006년 同재료연구부장 2008년 同전북분원장 2010년 同재료연구부 책임연구원 2010년 同연구부원장 겸 대외부장 2010~2011년 同기술정책연구소장 2011년 同부원장 2012년 同광전하이브리드연구센터 책임연구원 2014년 同전북분원장(현)

김준경(金俊經) KIM Jun Kyoung

❸1961 · 7 · 16 ❀서울 ㈜서울 영등포구 선유로75 GS강서타워11층 (주)GS리테일 임원실(02-2006-2060) ❺1979년 싱가포르 아메리카고졸 1984년 고려대 경영학과졸 1986년 미국 오하이오주립대 대학원 경영학과졸 ❸(주)LG유통 구조본부 사업조정팀 부장, 同전략1부문 부장 2005년 GS리테일 신규사업담당 상무 2006년 同사업개발팀장(상무) 2013년 同전략부문장(전무)(현) 2015년 同개발사업부문장 겸임(현) ❻불교

김준곤(金焌坤) KIM Jun Gon

❸1955 · 2 · 2 ❀경북 청도 ㈜대구 수성구 국채보상로846 청구성조타운상가동301호 법무법인 아성(053-742-7374) ❺1974년 대구상고졸 1982년 경북대 법정대학 법학과졸 2000년 대구가톨릭대 대학원 중국학과졸 ❸1982~1984년 한국외환은행 근무 1988년 사법시험 합격(30회) 1991년 사법연수원 수료(20기) 1991년 변호사 개업 1993년 경제정의실천시민연합 집행위원 · 조직위원장 1994년 대구환경운동연합 집행위원 1998~2002년 대구시선거

관리위원회 위원 1999년 대구지방변호사회 상임이사(홍보이사) 1999년 김천세무서 과세적부심사위원 2000년 반부패국민연대 대구본부 운영위원장 2000년 수성경찰서 행정발전위원회 행정분과 위원장 2002년 대통령소속 의문사진상규명위원회 제1상임위원 2002년 법무법인 삼일 대표변호사 2003년 대통령직인수위원회 국민참여센터 자문위원 2003년 대구지하철참사인정사망심사위원회 위원장 2003년 대구지하철참사추모사업추진위원회 위원장 2003년 대통령직속 국가균형발전위원회 자문위원 2003년 열린우리당 중앙위원 2003년 同대구시지부 부지부장 2004년 同대구 · 경북경제살리기운동본부 부본부장 2004년 17대 총선출마(대구달서甲, 열린우리당) 2005년 대통령 사회조정2비서관 2005~2006년 대통령 사회조정1비서관, 한국주택금융공사 비상임이사 2008~2010년 진실화해를위한과거사정리위원회 상임위원 2011년 법무법인 아성 대표변호사(현) 2012년 제19대 국회의원 후보(대구 달서구甲, 민주통합당) ❸황조근정훈장(2002) ❻기독교

김준교(金俊敎) KIM Jun Kyo

❸1955 · 3 · 16 ❀서울 ㈜경기 수원시 장안구 경수대로893 (주)KT스포츠 비서실(031-258-1000) ❺1978년 중앙대 시각디자인과졸 1982년 同대학원 시각디자인과졸 ❸1983~1987년 진주실업전문대학 전임강사 1987~1994년 건국대 예술대 강사 1987~1990년 경남대 산업미술과 강사 1987~1993년 인덕전문대학 부교수 1987~2004년 중앙대 예술대학 시각디자인학과 강사 · 조교수 · 부교수 2001년 同예술대학보 2004~2016년 同디자인학부 시각디자인전공 교수 2005~2007년 同제2캠퍼스 학생지원처장 2007~2009년 同예술대학장 2013년 同예체능부총장 2014~2016년 同안성부총장 2015~2016년 同안성캠퍼스 발전기획단장 2016년 (주)KT스포츠 대표이사 사장(현) ❸조선일보광고대상 문화공보부장관표창, 보건사회부장관표창 ❷'생활속의 디자인(시청각 매체)'(2001, 하나로통신 사이버교육원) 'e-book 출판산업과 디자이너'(2002) ❷'Design Management Review 2003'(2003) ❷'한국의 이미지'(2006, 미국 캘리포니아) 등 100여 차례 작품 전시

김준교(金俊敎) Joon-kyo Kim

❸1962 · 4 · 9 ❀인천 ㈜서울 종로구 종로5길68 코리안리재보험(주) 임원실(02-3702-6005) ❺1998년 서강대 경영학과졸 ❸1988년 코리안리재보험(주) 입사 2004년 同기획관리실 기획전략팀장 2008년 同경리부장 2012년 同기획관리실장 2013년 同기획관리실 · 경리부 · 자산운용실총괄 상무대우 2015년 同기획관리실 · 경리부 · 자산운용실 총괄상무 2016년 同기획실 · 경영지원팀 · 자산운용팀 · 재무계리팀 총괄상무(현)

김준구

❸1966 · 8 · 29 ㈜서울 종로구 사직로8길60 외교부 북미국(02-2100-7380) ❺1985년 영동고졸 1989년 서울대 외교학과졸 ❸1992년 외무고시 합격(26회) 2009년 외교부 북미2과장 2010년 同장관보좌관 2011년 同기획재정담당관 2012년 駐미국 공사참사관 2015년 외교부 장관보좌관 2016년 同북미국 심의관(현)

김준규(金畯圭) KIM Joon Gyu (空明 · 松田)

❸1955 · 10 · 28 ❀서울 ㈜서울 강남구 영동대로517 아셈타워 법무법인(유) 화우(02-6003-7529) ❺1979년 서울대 법과대학졸 1988년 미국 미시간대 법대 수료 1988년 미국 컬럼비아대 법대 연수 2011년 미국 UIUC 법대 연수 ❸1979년 사법시험 합격(21회) 1981년 사법연수원 수료(11기) 1981년 軍법무관 1984년 서울지검 남부지청 검사 1987년 광주지검 장흥지청 검사 1988년 서울지검 북부지청 검사 1989년 법무부 국제법무심의관실 검사 1991년 서울지검 고등검찰관 1993년 청주지검 제천지청장 1993년 대검찰청 검찰연구관 1994년 駐미국 법무협력관 1997년 수원지검 특수부장 1997년 同형사3부장 1998년 법무부 국제법무과장 1999년 同법무심의관 2000년 서울지검 형사6부장 2000년 同형사2부장 2001년 창원지검 차장검사 2002년 인천지검 제2차장검사 2003년 수원지검 1차장검사 2004년 광주고검 차장검사 2005년 법무부 법무실장 2007년 대전지검장 2008년 국제검사협회(IAP) 부회장 2008년 부산고검장 2009년 대전고검장 2009~2011년 검찰총장 2012년 변호사(김&어소시에이션스(Kim&associations) 개업 2013년 한국전쟁기념재단 정전60주년기념사업추진위원회 위원 2014~2016년 NH농협금융지주(주) 사외이사 2014년 법무법인(유) 화우 대표변호사(현) 2015년 현대글로비스(주) 사외이사(현) ❸미국 미시간대한국동문회 자랑스런 동문상(2011), 청조근정훈장(2012) ❷'New Initiatives on International Cooperation in Criminal Justice (형사사법 분야 국제협력에 관한 새로운 방향 모색)(共)'(2012 · 英文) ❻기독교

김준기(金俊起) KIM Jun Ki

(생)1944·12·4 (본)강릉(江陵) (출)강원 동해 (주)서울 강남구 테헤란로432 동부그룹 비서실(02-3484-1001) (학)1964년 경기고졸 1973년 고려대 경제학과졸 (경)1969년 미륭건설(現 동부건설) 창업·대표이사 1971년 동부고속 대표이사 1972년 동부상호신용금고(現 동부저축은행) 대표이사 1982년 동부투자금융(現 동부증권) 회장 1982년 서울상공회의소 상임의원 1983년 해외건설협회 이사 1983년 한국자동차보험(現 동부화재) 회장 1983년 전국경제인연합회 이사 1984년 동부제강(現 동부제철) 회장 1985년 고려대 교우회 부회장 1986년 동부석유화학 회장 1988년 동부문화재단 이사장 1989년 동부생명보험 회장 1997년 동부정보기술(現 동부CNI) 회장 1997년 동부한농화학 회장 2002년 동부전자(주)(現 동부하이텍) 회장 2005~2012년 전국경제인연합회 부회장 2005년 동부그룹 회장(현) (상)수출의날 은탑산업훈장(1977), 제1회 건설의날 금탑산업훈장(1981), 한국경영학회 경영자대상(2008)

김준기(金畯基) KIM Joon Ki

(생)1951·12·28 (출)경남 남해 (주)서울 서초구 반포대로 222 서울성모병원 암병원(02-2258-2873) (학)1976년 가톨릭대 의대졸 1980년 同대학원졸 1986년 의학박사(가톨릭대) (경)1976년 대한의학협회 회원(현) 1981년 대한외과학회 회원(현) 1989~1991년 미국 콜로라도대 의대 외과학교실 객원조교수 1992~1997년 가톨릭대 의대 외과학교실 부교수 1993년 대한소화기내시경학회 평생회원(현) 1995년 아시아내시경복강경학회 정회원(현) 1996년 대한대장항문학회 평생회원(현) 1996년 대한내시경복강경외과학회 평생회원(현) 1996년 미국결장직장외과학회 정회원(현) 1996년 미국위장관내시경외과학회 정회원(현) 1997년 가톨릭대 의대 외과학교실 교수(현) 1999~2005년 同성빈센트병원 외과장 2000~2009년 대한대장항문학회 복강경대장수술연구회 회장 2001~2003년 가톨릭대 성빈센트병원 외래진료부장 2004~2006년 同의대 대장항문학과장 2006~2008년 대한내시경복강경학회지 편집장 2010~2015년 가톨릭대 서울성모병원 최소침습 및 로봇수술센터장 2010년 대한대장항문학회 감사 2010~2012년 대한내시경복강경외과학회 이사장 2012년 아시아내시경복강경학회 운영위원(현) 2013년 일본 내시경학회 명예회원(현) 2013년 최소침습수술트레이닝 초대 센터장 2015년 가톨릭대 서울성모병원 암병원장(현) (저)'외과의 최신지견(共)'(2003, 의학문화사) '대한대장항문학회 복강경수술연구회 백서'(2005, 의학문화사) '복강경 대장수술'(2009, 바이오메디북)

김준기(金俊基) KIM JOON KEE

(생)1961·5·25 (주)서울 중구 세종대로110 서울특별시청 안전총괄본부(02-2133-8000) (학)1979년 서울 배문고졸 1984년 연세대 토목공학과졸 1986년 同대학원 토목공학과졸 1995년 미국 오리건주립대 대학원 Master of Science (석사) 1997년 공학박사(미국 오리건주립대) (경)1984년 기술고등고시 합격(20회) 1986~1988년 인천시 도로보수계장·시설계획과장 1988년 서울시 종합건설본부 토목1부 근무 1991년 同기술심사담당관·토목심사계장 1998년 同정보화기획단 지리정보2담당 2001년 同지리정보담당관 2003년 同도로관리과장 2004년 미국 텍사스주 교통국(TxDOT) 파견 2006년 서울시 교통운영과장 2008년 同시설계획과장 2008년 同도시계획과장 2009년 대통령실 국토해양비서관실 행정관 2011년 서울시 균형발전추진단장 2011년 同도시기반시설본부 시설국장 2013년 同상수도사업본부 부본부장 2014년 同도시기반시설본부 도시철도국장 2015년 同안전총괄본부장(현) (상)홍조근정훈장(2014)

김준기(金俊基)

(생)1962·1·7 (주)서울 중구 청계천로30 예금보험공사 비서실(02-758-0028) (학)서울 숭실고졸, 고려대 경영학과졸, 미국 캘리포니아대 샌디에이고교 IRPS대학원 GLI과정 수료 (경)2009년 예금보험공사 홍보실장 2010년 同리스크관리2부장 2011년 同저축은행정상화부장 2014년 同인사지원부장 2015년 우리은행 비상무이사(현) 2015년 예금보험공사 상임이사(현)

김준기(金晙基) KIM Joon Gi

(생)1965·5·13 (주)서울 서대문구 연세로50 연세대학교 법학전문대학원(02-2123-4181) (학)미국 컬럼비아대 정치학과졸, 연세대 대학원 정치학과졸 1992년 국제경제법학박사(미국 조지타운대) (경)1995~1998년 홍익대 경영대학 조교수 1998~2007년 연세대 국제학대학원 조교수·부교수 2003~2007년 同힐스거버넌스연구센터장 2004~2005년 싱가포르국립대 법과대학 객원부교수 2005년 연세대 국제학대학원 부원장 2007년 同국제처장 2007년 同법학전문대학원 부교수·교수(현) 2010년 미국 플로리다대 법학전문대학원 객원교수 2011년 법무법인 윌머해일 국제중재그룹 주재학자 2013년 세계은행 산하 국제투자분쟁해결센터(ICSID) 중재위원(현) 2015년 미국 조지타운대 법학전문대학원 객원교수(현) 2016년 연세대 국제처장(현) (저)'WTO 분쟁해결제도의 이행과정 연구'(2002) '국제경제법(共)'(2006)

김준기(金俊基) KIM Jun Ki

(생)1965·6·13 (본)경주(慶州) (출)서울 (주)서울 영등포구 의사당대로1 국회예산정책처 처장실(02-2070-3001) (학)1987년 영국 런던대 경제학과졸 1989년 미국 하버드대 대학원졸 1996년 정책학박사(미국 하버드대) (경)1993~1996년 미국 하버드대 Harvard Institute for International Development Program Director 1997~2015년 서울대 행정대학원 전임강사·조교수·부교수·교수 2000~2001년 한국행정학회 총무이사 2000~2001년 한국비영리학회 학술위원장 2005~2007년 대통령직속 정책기획위원회 위원 2009~2010년 서울대 행정대학원 부원장 2010~2012년 同국제협력본부장 2010~2013년 안전행정부 중앙분쟁조정위원회 위원 2012~2014년 서울대 행정대학원장 2015년 국회예산정책처장(현) (상)대통령표창(2007) (저)'세계화시대의 국가정책'(2004, 박영사) '정부와 NGO'(2006, 박영사) '정부규모의 신화와 현실'(2007, 법문사) '국가운영 시스템'(2008, 나남출판사) '공기업정책론'(2014, 문우사)

김준기

(출)강원 평창 (주)제주특별자치도 제주시 1100로2894의78 제주도립미술관(064-710-4282) (학)홍익대 대학원 예술학과졸, 同대학원 미술학 박사과정 수료 (경)예술과학연구소 소장, 지리산프로젝트 예술감독 1998년 가나아트센터 전시기획담당 2006년 부산비엔날레 전시기획팀장 2007년 부산시립미술관 큐레이터 2010년 대전시립미술관 학예연구실장 2016년 제주도립미술관장(현)

김준동(金準東) June Dong Kim

(생)1961·8·27 (본)안동(安東) (출)서울 (주)세종특별자치시 시청대로370 대외경제정책연구원 부원장실(044-414-1028) (학)1984년 서울대 경제학과졸 1987년 미국 Chicago대 대학원졸(경제학석사) 1991년 경제학박사(미국 Chicago대) (경)1991년 대외경제정책연구원 정책연구실 책임연구원 1994년 同정책연구실 부연구위원 1996년 同정책연구실 연구위원 1998년 同투자정책실장 2002년 同무역투자정책실 선임연구위원 2003년 同무역투자정책실 DDA연구팀장 2005년 외교통상부 통상교섭본부 다자통상협력관 2007년 대외경제정책연구원 WTO팀 선임연구위원 2009년 同협력정책실장 2010년 관세청 옴부즈맨 2014년 대외경제정책연구원 무역통상실장 2014년 同기획조정실장 2015년 同기획조정본부장 2015년 同부원장(현) (저)'글로벌화 시대에서의 수출과 해외직접투자' '우리나라 외국인직접투자의 추가개방방안'

김준묵(金俊墨) KIM Joon Mook

(생)1957·1·22 (출)경기 (주)경기 용인시 처인구 중부대로1331번길6의18 (주)프락시스 임원실(02-562-1800) (학)명지대 경영학과졸, 고려대 대학원 노동법과졸, 同노동대학원 최고지도자과정 수료 (경)도서출판 미래사 대표, 도서출판 미래M&B 근무, (주)미래M&A 대표이사 2001~2005년 (주)한국문화진흥 대표이사 사장, (주)한국신문제작 대표이사 2011년 스포츠서울 대표이사 회장 2012년 세종문화회관 이사 2012~2013년 스포츠서울 회장 2013~2014년 同미디어사업담당 이사 2013년 (주)프락시스 대표이사(현)

김준봉(金俊奉) KIM Jun Bong

(생)1959·9·9 (출)경북 상주 (주)전남 나주시 문화로227 한국농수산식품유통공사(061-931-1114) (학)2000년 상주대 생명자원과학대학 축산학과졸 2016년 경북대 과학기술대학원 축산학과졸 (경)2003~2006년 (사)한국농업경영인상주시연합회 회장 2005년 민주평통 자문위원(현) 2009~2010년 (사)한국농업경영인경북도연합회 회장 2011~2014년 (사)한국농업경영인중앙연합회 회장 2011~2014년 농수축산연합회 상임대표 2011년 (주)한국농어민신문 대표이사 회장, 同사외이사(현) 2011년 (주)ATV한국농림수산방송 대표이사 회장 2011~2014년 국무총리실 농림어업인삶의질향상및농산어촌지역개발위원회 위원 2011년 (사)한국협동조합연구소 이사(현) 2011년 (사)통일농수산 이사 2011~2014년 기획재정부 자유무역협정(FTA) 국내대책위원회 민간위원 2011년 대통령실 국민소통비서관실 정책자문위원 2011~2014년 농업정책자금관리단 비상임이사 2011~2015년 농협경제지주 비상임이사 2011~2015년

건강보험심사평가원 비상임이사 2011~2015년 농림수산식품교육문화정보원 비상임이사 2011년 식생활교육국민네트워크 이사(현) 2012년 한중FTA중단 농수축산비상대책위원회 상임대표 2014~2015년 국민건강보험공단 비상임이사 2014년 농업정책보험금융원 비상임이사(현) 2015년 한국농수산식품유통공사 비상임이사(현) 2015년 아임쇼핑 사외이사(현) [상]농림부장관표창, 동탑산업훈장(2015)

김준상(金俊相) Kim Jun Sang

[생]1956·7·1 [출]울산 [주]서울 강남구 테헤란로203 서울인터내셔널타워 현대모비스 품질본부(02-2018-6639) [학]경희고졸, 광운대 전자공학과졸 [경]2004년 현대자동차(주) 품질전략팀장(이사대우), 同울산공장 컴퓨터센터장(이사대우), 同울산공장 컴퓨터센터장(이사) 2008년 同울산공장 컴퓨터센터장(상무) 2009년 同품질총괄본부장(전무), 현대모비스 품질본부장(전무) 2012년 同품질본부장(부사장)(현) [상]국무총리표창(2009)

김준상(金俊尙) Kim Jun-Sang

[생]1966·9·20 [출]대구 [주]서울 관악구 관악로1 서울대학교 기술경영경제정책대학원(02-880-8386) [학]서울대 정치학과졸 2000년 공학박사(서울대) [경]1988년 행정고시 합격(31회) 1997년 정보통신부 전파기획과 서기관 1998년 서울대 공과대학원 교육파견(박사과정) 2003년 대통령비서실 서기관 2005년 정보통신부 전파방송정책국 방송위성과장 2006년 同방송위성팀장 2006년 同정책홍보관리본부 혁신기획관(부이사관) 2008년 방송통신위원회 운영지원과장(부이사관) 2008년 同방송통신융합정책실 방송운영관(일반직고위공무원) 2009년 同방송진흥기획관 2009~2013년 同방송정책국장 2009~2011년 同신규방송사업정책TF팀 실무반장 2009년 同미디어다양성추진단장 겸임 2013년 제18대 대통령직인수위원회 경제2분과 전문위원 2013~2016년 고용휴직 2013년 서울대 기술경영경제정책대학원 객원교수(현)

김준석(金峻奭) Kim, Junseok

[생]1970·4·23 [본]삼척(三陟) [출]서울 [주]세종특별자치시 다솜2로94 해양수산부 정책기획관실(044-200-5110) [학]1993년 서울대 정치학과졸 2006년 영국 카디프대 대학원 해사정책학졸 [경]1992년 행정고시 합격(36회) 1994년 인천지방해운항만청 항무담당 사무관 1998~2001년 해양수산부 국제협력관실·어업자원국·기획관리실 사무관 2001년 同자원관리과 서기관 2003년 부산지방해양수산청 선원해사과장·해양수산부 행정법무담당관 2004년 해양수산부 해운물류국 항만물류과장 2007년 2012여수세계박람회유치팀장 2008년 국토해양부 항만유통과장 2008년 同규제개혁법무담당관 2011년 同물류항만실 물류정책과장 2012년 同물류항만실 물류정책과장(부이사관) 2013년 해양수산부 해운물류국 해운정책과장 2013년 同기획조정실 기획재정담당관 2014년 同해양정책실 해양산업정책관(고위공무원) 2015년 同기획조정실 정책기획관(현) [상]대통령표창(2003), 근정포장(2010)

김준성(金準成) KIM Jun Sung

[생]1952·5·5 [출]전남 영광 [주]전남 영광군 영광읍 중앙로203 영광군청 군수실(061-350-5206) [학]2001년 광주대 토목공학과졸 2009년 호남대 산업경영대학원졸 [경]1997년 해양엑스포 전남도 유치위원 2002년 정주라인온스클럽 회장 2003년 영광군법원 민사조정위원 2003년 전남지역경제인협회 이사 2004년 영광군생활체육회 회장 2005년 심지종합건설(주) 대표이사 2006~2010년 전남 영광군의회 의원 2006~2008년 同운영위원장 2008년 同부의장 2008년 광주대총동창회 부회장(현) 2010년 전남 영광군의회 의장 2010년 전남지방경찰청 경찰발전위원 2010년 민주당 전남도당 상무위원 2014년 전남 영광군수(무소속·더불어민주당)(현) [상]한국전문인대상 농업부문상(2015), 국제언론인클럽 글로벌 자랑스런 한국인대상 지방자치발전공헌부문(2015)

김준수(金埈守) Kim Joon-soo

[생]1960·4·14 [주]서울 종로구 새문안로3길30 KB국민카드 리스크관리본부(02-6936-2205) [학]1979년 배재고졸 1988년 한국외국어대 독일어과졸 1994년 중앙대 국제경영대학원졸 [경]1982년 KB국민카드 입사 2008년 同동아미디어지점장 2010년 同카드심사부장 2011년 同회원심사부장 2012년 同채권관리부장 2013년 同지원본부 상무 2013년 同마케팅본부장(상무) 2013년 同리스크관리본부장(상무) 2014년 同기획본부장(전무) 2016년 同리스크관리본부장(전무)(현)

김준식(金俊植) KIM, Joon Sik

[생]1954·1·11 [본]광산(光山) [출]광주 [주]경기 화성시 정남면 만년로905의80 일진제강 비서실(031-220-6988) [학]1972년 광주제일고졸 1980년 서울대 금속공학과졸 2006년 한국과학기술원 테크노경영대학원졸(MBA) [경]1981년 포항종합제철(주) 입사 2001년 同광양제철소 제강부장 2003년 (주)포스코 경영기획실장 2006년 同기획재무부문 투자사업실장(상무대우) 2007년 同생산기술부문 기술개발실장(상무) 2009년 同마케팅부문 공정품질서비스실장(상무) 2009년 한국철강협회 강구조센터 회장 2010~2011년 (주)포스코 탄소강사업부문 광양제철소장(전무) 2012년 同스테인리스사업부문장(부사장) 2012~2013년 국제스테인리스스틸포럼(ISSF) 회장 2013~2014년 (주)포스코 대표이사 사장 2013년 同성장투자사업부문장 겸임 2014년 同상임고문 2016년 일진제강 대표이사 사장(현) [상]한국산업기술진흥협회 과학기술포장(2009) [종]천주교

김준식(金準植) KIM Jun Sik

[생]1955·6·15 [본]의성(義城) [출]서울 [주]서울 동대문구 회기로37 한국국방연구원 국방운영연구센터 기획관리연구실(02-961-1665) [학]1974년 서울중앙고졸 1979년 숭실대 산업공학과졸 1981년 한국과학기술원 대학원 산업공학과졸 1994년 산업공학박사(한국과학기술원) [경]1981년 한국국방연구원 자원관리연구부 연구원 2001년 同국방운영연구센터 기획관리연구실 책임연구위원(현) 2001년 同자원관리연구부장 2003~2005·2008년 同자원관리연구센터장 2009년 同국방운영연구센터장 2010년 同국방운영연구센터 기획관리연구실장 [상]보국훈장(2003) [종]기독교

김준식(金俊植) KIM Jun Sig

[생]1956·5·28 [출]서울 [주]인천 서구 심곡로100번길25 가톨릭관동대학교 국제성모병원 원장실(032-290-2836) [학]1983년 연세대 의대졸 1999년 건국대 대학원 의학석사 2002년 의학박사(고려대) [경]1990~1993년 서울기독병원 외과과장 1993년 승창외과의원 원장 1994~2005년 인하대 응급의학과 임상강사·조교수·부교수 1998~2000년 대한응급의학회 수련이사 2000~2002년 同섭외이사 2003년 同대의원 2003~2007년 대한임상독성학회 총무이사 2003~2005년 대한임상노인의학회 고시이사 2005년 同총무이사, 인하대병원 응급의학과장 2006~2014년 인하대 의과대학 응급의학교실 주임교수·교수 2007~2011년 대한임상독성학회 이사장 2009~2011년 대한응급의학회 감사·부회장 2011~2015년 대한임상독성학회 회장 2014년 가톨릭관동대 의과대학 응급의학교실 교수(현) 2014년 同국제성모병원 원장(현) 2014~2015년 대한응급의학회 회장 2015년 가톨릭관동대 의무부총장(현) [저]'응급의학 응급의료 시리즈'(1997, 군자출판사) '외상학'(2001, 군자출판사) '응급노인의학'(2003, 한우리) '증례로 본 임상노인의학'(2007, 의학문화사) [역]'전문 응급처치학(共)'(1998, 대학서림) '전문손상응급처치학(共)'(2007, 대학서림) 'Clinical Sports Medicine 스포츠의학(共)'(2011, 한솔의학)

김준식(金俊植) KIM Jun Shik

[생]1958·2·28 [출]인천 [주]경기 수원시 팔달구 월드컵로310 프로축구 수원 삼성 블루윙즈(031-247-2002) [학]1976년 인천고졸 1983년 고려대 신문방송학과졸 [경]삼성전자(주) 홍보팀 부장 2003년 同상무보 2006년 同기획홍보팀담당 상무 2008년 同업무지원실 상무 2009년 同업무지원실 전무 2009년 同DMC홍보팀장(전무) 2010년 同커뮤니케이션팀장(전무) 2011년 同커뮤니케이션팀장(부사장), 同고문 2015년 한국PR협회 회장(현) 2016년 프로축구 수원 삼성 블루윙즈 대표이사(현) [종]천주교

김준식(金俊植) KIM Jun Sik

[생]1966·5·20 [출]경남 진주 [주]서울 서초구 남부순환로2493 대동공업(주) 부회장실(02-3470-7301) [학]1985년 보성고졸 1991년 고려대 경영학과졸 [경]대동USA 회장, 대동공업(주) 기획조정실장, 同본부장 1998년 同전무이사, 同부사장, 同대표이사 부회장(현) 2007년 대동금속(주) 이사

김준연(金俊淵) KIM Jun Yeon

[생]1962 · 12 · 1 [주]세종특별자치시 도움6로11 행정중심복합도시건설청 공공건축추진단 공공시설건축과(044-200-3320) [학]1981년 인성고졸 1985년 전남대 건축공학과졸 1989년 同대학원 건축계획과졸 1996년 영국 그리니치대 대학원 도시건축학 박사과정 수료 [경]1991년 건설부 건축사무관 2005년 건설교통부 주거복지본부 신도시개발팀 서기관 2008년 국토해양부 공공기관지방이전추진단 혁신도시2과장 2008년 同공공기관지방이전추진단 도시개발과장 2010년 서울지방항공청 공항시설국장 2010년 국토해양부 건설안전과장 2011년 同공항안전과장 2013년 국토교통부 공항안전환경과장 2013년 同국가공간정보센터장 2014년 同공공주택개발과장 2016년 행정중심복합도시건설청 공공건축추진단 공공시설건축과장(서기관) 2016년 同공공건축추진단 공공시설건축과장(부이사관)(현) [상]근정포장(2001), 건설교통부장관표창(2005)

김준연(金俊淵) KIM Jun Yeon

[생]1964 · 8 · 20 [주]경기 수원시 팔달구 효원로1 경기도의회(031-8008-7000) [학]국제디지털대 경영학과졸, 중앙대 산업 · 창업경영대학원 기업경영학과졸 [경](주)한국포장디자인 대표(현), JCI-KOREA 경기지구 대외정책실장, 용인시 기흥구 동백파출소 생안안전협의회 회장, 동백어정라이온스클럽 회장, 용인시 상하동체육회장, 용인시장애인후원협의회 부회장, 유네스코 세계기록유산 '직지' 홍보대사 2014년 새정치민주연합 정책조정위원회 부위원장 2014년 同경기도당 발기인 2014년 경기도의회 의원(새정치민주연합 · 더불어민주당)(현) 2014 · 2016년 同안전행정위원회 위원(현) 2014년 同더불어민주당 부대표 2015년 同평택항발전추진특별위원회 위원(현) 2015년 同수도권상생협력특별위원회 간사(현) 2016년 同예산결산특별위원회 위원(현) 2016년 同개발제한구역특별위원회 간사(현) 2016년 同간행물편찬위원회 위원(현)

김준연(金俊淵)

[생]1964 · 8 · 22 [출]경북 안동 [주]경기 부천시 원미구 상일로127 인천지방검찰청 부천지청(032-320-4000) [학]1983년 달성고졸 1987년 서울대 법과대학졸 1989년 同대학원졸 [경]1993년 사법시험 합격(35회) 1996년 사법연수원 수료(25기) 1996년 서울지검 서부지청 검사 1998년 수원지검 평택지청 검사 1999년 대구지검 검사 2001년 인천지검 검사 2003년 서울동부지청 검사 2006년 법무부 인권과 검사 2008년 대구지검 검사 2009년 同부부장검사 2010년 대검찰청 연구관 2011년 법무부 인권조사과장 2012년 부산지검 형사5부장 2013년 인천지검 부천지청 부장검사 2014년 법무연수원 교수 2015년 법무부 인권정책과장 2016년 인천지검 부천지청 차장검사(현)

김준영(金峻永) KIM Jun Young

[생]1951 · 9 · 25 [출]경북 상주 [주]서울 종로구 성균관로25의2 성균관대학교 경제학과(02-760-0430) [학]1970년 경동고졸 1975년 성균관대 경제학과졸 1984년 경제학박사(미국 미네소타대) 2011년 명예 법학박사(대만 국립정치대) [경]1973년 행정고시 합격(14회) 1974~1977년 내무부 행정사무관 1984년 한국경제연구소 선임연구위원 1989년 성균관대 경제학과 교수(현) 1992년 미국 하버드대 객원교수 1998년 성균관대 기획실장 1998년 同기획조정처장 1998년 재정경제부 세제발전심의위원 2000년 성균관대 교무처장 2001년 한국재정학회 회장 2002년 한국재정 · 공공경제학회 회장 2003년 성균관대 교무처장 겸 대학교육개발센터장 2004~2006년 同기획처장 2006년 우진플라임 사외이사(현) 2007~2010년 성균관대 인문사회과학캠퍼스 부총장 2007년 대우증권 사외이사 2007년 한국공항공사 비상임이사 2009~2010년 성균관대 대외협력처장 겸임 2011~2014년 同총장 2011년 상주시 미래정책연구위원회 위원장 2012년 한국대학교육협의회 부회장 2013년 한국사립대학총장협의회 회장 2013년 서울그린캠퍼스협의회 초대회장 2014~2015년 한국대학교육협의회 회장 2014년 대통령직속 통일준비위원회 통일교육자문단 자문위원 2015년 삼성생명보험(주) 사외이사(현) 2016년 국무총리산하 경제 · 인문사회연구회 이사장(현) [저]'신거시경제이론'(共) '합리적기대 거시경제학' '한국경제의 거시계량분석'(共) '거시경제학'

김준영(金准永) Kim Joon Young

[생]1970 · 1 · 30 [출]경기 평택 [주]서울 종로구 사직로8길31 서울지방경찰청 22경찰경호대(02-725-8384) [학]1989년 평택 신한고졸 1993년 경찰대졸(9기) [경]1993년 경위 임용, 경찰청 혁신계장 2010년 同예산계장 2013년 서울지방경찰청 치안지도관(총경) 2014년 강원지방경찰청 홍보담당관 2014년 同화천경찰서장 2015년 국립과학수사연구원 행정지원과장 2016년 서울지방경찰청 22경찰경호대장(현)

김준우(金俊佑) KIM Joon Woo

[생]1956 · 10 · 2 [본]경주(慶州) [출]강원 고성 [주]강원 춘천시 공지로255 춘천도시공사 사장실(033-262-3159) [학]춘천고졸, 한국방송통신대 행정학과졸, 강원대 대학원 행정학과 재학 중 [경]1999년 춘천시 생물산업지원과장 2000년 同체육진흥과장, 同주민자치추진단장, 同후평2동장 2004년 同총무과장 2007년 춘천시설관리공단 파견 2008년 춘천시 농업기술센터 소장 2010년 同수질관리사업단장 2011년 同상하수도사업본부장 2012년 同복지국장 2013년 同경제국장 2014년 同안전행정국장 2014~2015년 同행정국장 2015년 춘천도시공사 사장(현) [상]내무부장관표창, 체육부장관표창 [종]불교

김준우(金俊佑)

[생]1973 [출]대구 [주]경기 수원시 장안구 경수대로1110의17 중부지방국세청 조사3국 조사2과(031-250-5604) [학]협성고졸, 서울대 경제학과졸 [경]2003년 행정고시 합격(47회) 2006년 국세공무원교육원 교수 2007년 국세청 혁신기획관실 사무관 2009년 서울지방국세청 국제거래조사국 사무관 2010년 캐나다 유학 2013년 국세청 소비세과 사무관 2014년 同소비세과 서기관 2015년 상주세무서장 2016년 중부지방국세청 조사3국 조사2과장(현)

김준일(金俊一) Joon-Il, Kim

[생]1952 · 8 · 15 [출]대구 [주]서울 서초구 서초대로46길25 (주)락앤락 비서실(02-520-9521) [학]한국방송통신대 행정학과졸 [경]1978년 국진화공(現 락앤락) 설립, 하나코비(주) 대표이사 회장 2003년 (주)락앤락 회장 2006년 (사)한국주방생활용품진흥협회 회장 2012년 (주)락앤락 각자대표이사 회장 2014년 同대표이사 회장(현) 2016년 (재)아시아발전재단 초대 이사장(현)

김준일(金俊逸) KIM Jun Il

[생]1957 · 11 · 10 [학]1979년 서울대 경제학과졸 1984년 미국 브라운대 대학원졸 1988년 경제학박사(미국 브라운대) [경]1987~1988년 미국 Bryant대 경제학 강사 1988~1991년 미국 캘리포니아주립대 경제학과 조교수 1992~2001년 한국개발연구원 선임연구위원 겸 거시경제팀장 1997~1998년 부총리 겸 재정경제원장관 자문관 1998~1999년 재정경제부장관 자문관, 중소기업은행 사외이사 2002년 국제통화기금(IMF) 부과장(Deputy Division Chief) 2011년 한국은행 경제연구원장 겸 수석이코노미스트 2012~2015년 同부총재보 2015년 국제통화기금(IMF) 어드바이저(현)

김준철(金俊哲)

[생]1955 · 2 · 16 [주]서울 종로구 창경궁로296의12 가톨릭대학교 신학과(02-740-9714) [학]1994년 신학박사(이탈리아 그레고리안대) [경]1986년 사제 수품 1994년 신정동성당 주임신부 1995년 가톨릭대 신학과 교수(현) 1995년 천주교 서울대교구 선교국장 2000년 수서동성당 주임신부 2005년 쌍문동성당 주임신부 2010년 안식년 2011~2012년 중견사제연수 2012년 돈암동성당 주임신부 2015년 한국천주교주교회의 사무처장(현) 2015년 한국천주교중앙협의회 사무총장 겸임(현) 2016년 교황청전교기구 한국지부장(현) [역]'새로운 가톨릭 복음선교'(1997, 분도출판사) '선교학 입문'(2001, 분도출판사) '선교와 복음의 토착화'(2008, 성바오로출판사) '사제의 영성'(2012, 들숨날숨)

김준태(金浚泰)

[생]1961 · 2 · 7 [출]경기 수원 [주]경기 수원시 팔달구 효원로1 경기도청 수자원본부(031-8008-6900) [학]서울디지털대 부동산학과졸 [경]1979년 공무원 임용(지방건축기원보) 1998년 남양주시 주택과장 2002년 경기도 문화관광국 관광과 관광지도담당 2006년 구리시 건설도시국장(지방시설서기관) 2008년 경기도 교통도로국 교통과장 2009년 同도시주택실 신도시개발과장 2010년 同의회사무처 도시환경전문위원 2013년 同도시주택실 융복합재생과장 2013년 同도시주택실 도시재생과장 2014년 同건설본부장(지방부이사관) 2015년 지방행정연수원 교육파견 2016년 포천시 부시장 2016년 경기도 수자원본부장(현)

김준하(金俊夏) KIM, Jun-ha

[생]1965·10·10 [본]김해(金海) [주]세종특별자치시 다솜3로95 공정거래위원회 운영지원과(044-200-4178) [학]1984년 대구 성광고졸 1988년 서울대 경제학과졸 1990년 同행정대학원 정책학과졸 [경]1993년 행정고시 합격(37회) 1994년 총무처 행정사무관 1995년 동해세관 감시과장 1996년 부산세관 감시국 감시과장 1997년 관세청 정보관리관실 사무관 1998년 서울세관 심사국 심사관 1998년 공정거래위원회 경쟁국·기획관리관실 사무관 2005년 국무조정실 파견 2006년 공정거래위원회 위원장 비서관 2009년 同시장구조개선정책관실 기업결합과장 2011년 同시장감시국 제조업감시과장 2014년 同운영지원과장(현)

김준한(金俊漢) KIM Joon Han (恒烏)

[생]1949·8·25 [본]광산(光山) [출]경북 안동 [주]경북 안동시 영가로16 경상북도문화콘텐츠진흥원(054-841-1451) [학]1970년 안동고졸 1986년 한국방송통신대 농학과졸 1990년 중앙대 신문방송대학원졸 2008년 서울대 경영대학 문화콘텐츠글로벌리더과정 수료 [경]1990년 EBS 통신교육국장 1991년 同심의위원 1992년 同방송기획조정실장 직대 1993년 同라디오제작국장 1994년 同제작지원국장 1995년 同교육제작국장 1998년 同교양제작국장 1998년 同교육제작국장 2000년 同심의위원(국장대우) 2001년 同사업국장 2002년 同사업국 위원(국장대우) 2003년 同심의실장 2003년 同정책기획실장 2005년 同시청자참여실 심의평가팀 심의위원(국장대우) 2008년 한국문화콘텐츠진흥원 전략기획본부장 2009~2012년 (재)안동영상미디어센터 이사장 2009년 영남대 음악대학 겸임교수 2010년 경상도 문화콘텐츠정책포럼 위원장 2012~2014년 同정책위원장 2012년 경북도문화콘텐츠진흥원 원장(현) 2012~2015년 한국교육방송공사(EBS) 비상임이사 2012년 한국스토리텔링연구원 고문(현) 2013년 뮤지컬 '450년 사랑(사모)'·'락-나라를 아느냐'·'왕의 나라' 연출 겸 총감독 2013년 이스탄불-경주세계문화엑스포 기획위원(현) 2013년 안전행정부 지방경쟁력포럼 위원 2014년 경북도의료관광협의회 회장(현) 2015년 전국지역문화사업지원기관협의회 회장(현) [종]기독교

김준한(金俊翰) Joon Han Kim

[생]1965·8·24 [주]경기 수원시 영통구 삼성로130 삼성종합기술원 본관동 6층 IP출원그룹(031-8061-3900) [학]1989년 연세대 전기공학과졸, 同대학원 전기공학과졸 1995년 전기공학박사(연세대) [경]1996년 미국 Univ. of Minnesota 전기공학과 박사 후 연구원 2003~2005년 특허법인 다래 파트너 변리사 2006~2012년 삼성전자(주) 종합기술원 IP출원그룹 출원파트장 2012년 同종합기술원 IP출원그룹장(상무)(현)

김준헌(金準憲) KIM Joon Hun

[생]1955·12·11 [본]김해(金海) [출]충북 괴산 [주]경남 창원시 의창구 충혼로91 창원문성대학 세무회계학과(055-279-5114) [학]운호고졸, 인하대 금속공학과졸, 창원대 경영대학원졸 2015년 同대학원 경영학박사과정 수료 [경]1981년 한국중공업(주) 입사 1998년 同중제관 공장장(부장) 1999년 두산중공업(주) 터빈·발전기품질관리부장 2004년 同발전BG 터빈공장장 2005년 同발전BG 터빈·발전기 생산담당 상무 2007년 同발전BG 품질담당 상무 2009년 同발전BG 품질·EHS담당 상무 2010년 同발전BG·운반설비BU장(상무) 2011년 同EPC 품질·EHS 상무 2012년 同COO품질총괄 전무 2013~2015년 同자문 2015년 창원문성대학 세무회계학과 외래교수(현) 2016년 PAN-KOREA중공업 부사장(현) [상]산업자원부장관표창(2002) [종]불교

김준현(金準鉉) KIM Jun Hyun

[생]1967·8·6 [주]경기 수원시 팔달구 효원로1 경기도의회(031-8008-7000) [학]서울 오산고졸, 한신대 철학과졸 [경]노무현재단 기획위원회 위원(현), 김포시시민참여위원회 기획·홍보위원 2014년 경기도의회 의원(새정치민주연합·더불어민주당)(현) 2014년 同경제과학기술위원회 위원 2014년 同새정치민주연합 원내대변인 2014년 同남북교류특별위원회 위원 2014년 경기도 노사민정협의회 위원(현) 2014년 同과학기술진흥위원회 위원 2014년 同가구산업발전위원회 위원 2014년 (사)김포여성의전화 전문위원(현) 2014년 김포교육자치협의회 운영위원(현) 2015년 경기도의회 더불어민주당 원내대변인(현) 2015년 同안전사회건설특별위원회 위원(현) 2015년 同항공기소음피해대책특별위원회 위원(현) 2016년 同경제민주화특별위원회 위원장(현) 2016년 同경제과학기술위원회 간사(현) 2016년 同예산결산특별위원회 위원(현) 2016년 同노동자인권보호특별위원회 위원(현)

김준형(金俊亨) KIM Jun Hyung

[생]1957·2·21 [출]서울 [주]경기 용인시 기흥구 덕영대로 1732 경희대학교 교육대학원(031-201-2341) [학]1979년 서울대 전자공학과졸 1984년 한국과학기술원 산업전자공학과졸 1989년 전기 및 전자공학박사(한국과학기술원) [경]1984~1991년 DACOM 행정전산사업단 TX안전화팀장 1991~1996년 덕성여대 전산학과 교수 1992년 同전산학과장 1992년 同전자계산소장 1992~1993년 한국과학기술원 대우교수 1992~1994년 한국정보과학회 편집위원 1993년 정보처리학회 종신회원 1995년 덕성여대 기획부처장 1996~2002년 교육인적자원부 정보화지원담당관 1999년 내외경제신문 '뉴밀레니엄 리더' 선정 2002~2005년 경희대 교육대학원 부교수 2002~2003년 경희사이버대학 학장 2003~2005년 교육정보미디어학회 부회장 2005년 경희대 교육대학원 교수(현) 2005년 同취업진로지원처장 2009~2013년 同교육대학원장 [상]체신부장관표창(1992), 교육인적자원부장관표창

김준호(金俊鎬) KIM Joon Ho (麗泉)

[생]1929·11·29 [본]상산(商山) [출]전북 군산 [주]서울 서초구 반포대로37길59 대한민국학술원(02-3400-5220) [학]1950년 전주사범학교졸 1955년 서울대 사범대 생물학과졸 1957년 同대학원 식물학과졸 1965년 이학박사(서울대) [경]1958~1968년 공주사범대 교수 1969년 서울대 교양과정부 부교수 1972~1973년 중앙전매기술연구소 연구위원 1975~1995년 서울대 자연과학대 생물학과 교수 1979~1980년 미국 미네소타대 객원교수 1981년 서울대 치의예과 학과장 1981~1983년 同식물학과장 1982~1984년 한국식물학회 회장 1986년 일본 요코하마국립대 객원교수 1988~1990년 한국생태학회 회장 1989~1996년 (사)한국자연보존협회 학술위원 1990년 (사)자연보호중앙협의회 이사 1992년 중앙환경분쟁조정위원회 전문위원 1993년 (사)전국환경관리인연합회 고문 1994년 한국생물과학협회 회장 1995년 서울대 명예교수(현) 1996년 한국환경교육협회 부회장 1996년 대한민국학술원 회원(생물학·현) 1997년 환경운동연합 고문 [상]충남도 문화상(1965), 서울대 10년 근속표창(1980), 서울대 20년 근속표창(1990), 대통령표창(1993), 국민훈장 목련장(1995), 청관대상 학술상(2011) [저]'덩굴식물'(1993) '현대생태학'(1993) '고급생태학'(1995) '문명 앞에 숲이 있고 문명 뒤에 사막이 남는다'(1995) '현대생태학실험서'(1996) '五訂일반생물학'(1997) '대나무'(2000) '한 삶을 學問과 더불어'(2000) '한 삶을 自然과 더불어'(2000) '개정 환경과학'(2002) [종]불교

김준호(金濬浩) KIM Choon Ho (凡裕)

[생]1931·12·17 [본]김해(金海) [출]함남 홍남 [주]서울 강남구 테헤란로51길18 광진빌딩5층 코리아나투어여행(주) 대표이사실(02-318-6417) [학]1951년 경기고졸 1956년 서울대 법대졸 1961년 필리핀 필리핀국립대 대학원 수료 1963년 미국 하버드대 경영대학원 수료 [경]1956~1969년 우리은행·하나은행·국민은행 근무 1961~1965년 전국금융노동조합창립조직책·상임부위원장 겸 국제부장 1961~1963년 한국노동조합총연맹 창립조직위원·중앙위원 1969년 통일원 홍보담당관(2급) 1969년 서울중앙YMCA 감사 1971년 국제와이즈맨아시아대회 사무총장 1971~1973년 고려대 노동문제연구소 강사·연구원 1973년 駐서독 수석공보관 1975년 駐태국 공보관 1976년 문화공보부 홍보조사연구관 1978년 KBS 방송위원 1982년 성영산업상사 사장 1985년 (주)이스턴관광 회장·코리아비지니스월드 고문 1989년 코리아나투어여행(주) 대표이사 회장(현) 1989년 서울대 기독교동문회장 1989~2006년 운송신문 고문 1992년 정무제1장관 자문위원 1993년 시정신문사 논설고문 1994년 이북5도 서호지구 구민회장 1996년 제일경제신문 논설고문 1999년 코리아나국제투자자문 대표이사 회장(현) 1999년 한국문예학술저작권협회 부회장, 同재무고문 2000~2004년 한국복사전송권관리센터 감사 2001~2004년 MORGAN STANLEY REK 고문 2002~2003년 Cushman and Wakefield(Rockerfellor그룹) 회장 2004년 Doran Capital Partners 상임고문·고문이사·부회장 2005~2010년 한국기독교성결교회 聖老會 총무이사·재무이사·부회장·회장 [상]통일원장관표창, 문화공보부장관표창, 공화당총재표창, 서독 구텐베르그 銅像, 서독 아데나워 은메달표창, 미국 군사고문단 공로표창 [저]'등불의 주장'(編) 등 [종]기독교

김준호(金俊鎬) KIM Joon Ho

[생]1957·8·28 [출]서울 [주]경기 이천시 부발읍 경충대로 2091 SK하이닉스 임원실(031-630-4114) [학]1976년 신일고졸 1982년 고려대 법학과졸 [경]1982년 사법시험 합격(24회) 1984년 사법연수원 수료(14기) 1985년 서울지검 검사 1987년 대전지검 천안지청 검사 1988년 서울지검 동부지청 검사 1991년 법무부 보호과 검사 1993년 부산지검 검사 1996년 서울고검 검사 1997년 대검 검찰연구관 1997년 광주지검 해남지청장 1998년 법무부 검찰국 검사 1999년 대검 과

학수사과장 2000년 同컴퓨터수사과장 2001년 同중수3과장 2002년 서울고검 검사 2002년 광주고검 검사 2003년 부산지검 형사2부장 2003년 법무부 정책기획단 부장검사 2004년 SK(주) 윤리경영실장(부사장) 2008년 SK에너지(주) CMS(Corporate Management Service) 사장 2008년 SK홀딩스 윤리경영실장 2011년 SK텔레콤 GMS(Global Management Service) 사장 2011년 한국IT비즈니스진흥협회 회장 2011년 한국e스포츠협회 회장 2011년 SK텔레콤 Corporate Center장 2012년 SK하이닉스 Corporate Center총괄 부사장 2013년 同Corporate Center 사장 2015년 同경영지원부문장(사장)(현) [종]천주교

김준호(金浚鎬) KIM Joon-Ho

[생]1960·5·12 [출]충남 부여 [주]서울 영등포구 의사당대로143 한국금융투자협회(02-2003-9000) [학]1979년 공주대사대부고졸 1983년 동국대 도시행정학과졸 1986년 同대학원 행정학과졸 2009년 행정학박사(광운대) [경]1984년 행정고시 합격(28회) 1985년 체신부 행정사무관 1998년 정보통신부 우정국 국제우편과장 2000년 同전파방송관리국 전파감리과장 2002년 同정보화기획실 인터넷정책과장 2003년 同정보화기획실 정보화기반과장 2005년 同정보화기획실 정보이용촉진과장(부이사관) 2005년 同정보화기획실 기획총괄과장 2006년 전북체신청장(일반직고위공무원) 2007년 전남체신청장 2007년 미국 캘리포니아주정부 파견 2010년 방송통신위원회 중앙전파관리소장 2011년 대통령실 방송통신 선임행정관 2012년 방송통신위원회 방송통신융합정책실장 2013~2015년 미래창조과학부 우정사업본부장 2015년 한국금융투자협회 자율규제위원회 위원장(현) [상]체신부장관표창(1991), 대통령표창(1995), 정보통신부장관표창(2005)

김준호(金準浩) Kim Jun Ho

[생]1964·6·5 [본]김해(金海) [출]전북 남원 [주]전북 전주시 덕진구 기린대로418 전북일보 편집국(063-250-5560) [학]1983년 전라고졸 1990년 전북대 법학과졸 [경]1991년 전북일보 입사 1991~2012년 同정치부·사회부·지방부·경제부 기자 2012년 同편집국 정치부장 2013년 同편집국 사회부장 2014년 同편집국 정치부 기자 2016년 同편집국 정치부장 2016년 同편집국장(현) [저]'새만금의 탯줄 만경강·동진강(共)'(2003)

김중곤(金重崑) KIM Joong Kon

[생]1952·4·4 [본]경주(慶州) [출]서울 [주]서울 종로구 대학로101 서울대학교어린이병원 소아청소년과 류마티스분과(02-2072-2114) [학]1976년 서울대 의대졸 1979년 同대학원졸 1987년 의학박사(미국 뉴욕주립대) [경]1976년 서울대병원 인턴 1977년 同소아과 레지던트 1981년 이화여대 의대 소아과 전임강사 1988~2000년 서울대 의과대학 소아과학교실 전임강사·조교수·부교수 1991년 Immunology Div. Robert S Nobel Foundatio, Post-Doc. 1992년 Dept. of Pathology, Medical School Washington Univ. Post-Doc. 1994년 서울대병원 임상의학연구소 연구개발부장·중앙연구실험부장 2000년 서울대 의과대학 기획조정실장 2000년 同의과대학 소아과학교실 교수(현) 2002년 同의과대학 교무부학장 2004년 同재정위원회 위원 2005년 대한면역학회 부회장 2006년 同회장 2006년 대한소아임상면역학회 회장(현) 2009년 강원대병원 원장 2009년 한국도핑방지위원회 위원장 2010년 질병관리본부 희귀난치성질환센터 센터장 2010~2012년 대한류마티스학회 회장 2010년 천주교서울대교구 생명위원회 학술연구위원(현) 2012년 서울대인권센터 운영위원(현) 2014~2015년 대한소아과학회 회장 2015년 질병관리본부 예방법종피해보상전문위원회 위원장(현) [상]보건복지부장관표창(2012) [종]가톨릭

김중구(金仲九) KIM Joong Koo

[생]1942·3·24 [출]경기 평택 [주]서울 서초구 동작대로204 신동아종합건설(주) 대표이사실(070-8277-2810) [학]1964년 한양대 공대 건축공학과졸 1987년 同행정대학원졸 1988년 서울대 경영대학원 최고경영자과정 수료(AMP 25기) [경]1977년 신동아종합건설(주) 대표이사(현) 1991~2005년 민주평통 자문위원 1992년 서울지방경찰청 자문위원(현) 1994~1999년 (주)한국CABLETV 은평방송 회장 1995~2005년 민주평통 상임위원 1996~2008년 (사)해외한민족연구소 이사 1997년 민주평통장학회 이사(현) 1999~2009년 민족통일중앙협의회 이사 2002~2008년 한양대 건축장학회 이사 2002~2011년 학교법인 청남학원 이사장 2006~2009년 한양대총동문회 부회장 2008년 대한건설협회 윤리위원장(현) 2008년 (사)해병대전략연구소운영위원회 위원(현) 2009~2011년 대한하키협회 수석부회장 2009~2012년 다솜둥지복지재단 이사 2010년 한국건설중앙산업연구원 이사 2011년 (재)건설기술교육원 이사(현) [상]대통령표창(1996), 국민훈장 동백장(1999), 환경문화상(1999), 금탑산업훈장(2009)

김중권(金重權) KIM Joong Kwon (珍松)

[생]1939·11·25 [본]김해(金海) [출]경북 울진 [학]1959년 후포고졸 1963년 고려대 법대졸 1969년 서울대 사법대학원 수료 1980년 감리교신학대 대학원졸 2000년 명예정치학박사(영남대) [경]1967년 사법시험 합격(8회) 1969년 軍법무관 1972년 청주지법 판사 1975년 서울지법 수원지원 판사 1977년 同영등포지원 판사 1979년 대구지법 영덕지원장 1980년 대구지법·서울고법 판사 1980년 변호사 개업 1981년 제11대 국회의원(영덕·청송·울진, 민주정의당) 1981년 민주정의당(민정당) 인권옹호분과 위원장 1985년 제12대 국회의원(영덕·청송·울진, 민정당) 1985년 민정당 정책위원회 부위원장 1988년 제13대 국회의원(울진, 민정당·민자당) 1988년 민정당 사무차장 겸 중앙집행위원 1990년 국회 법제사법위원장 1992년 대통령 정무수석비서관 1993~1997년 단국대 교수 1993년 일본 도쿄대 법학부 객원교수 1998~1999년 대통령비서실장 1999년 새천년민주당 창당준비위원회 부위원장 2000년 同최고위원 2000년 同대표최고위원 2001년 同상임고문 2005년 대만 명전대학 종신영예교수(현) 2005년 법무법인 에이스 고문변호사 2009년 법무법인 양헌 고문변호사 [상]청조근정훈장 [저]'한국경제의 선택' '아침의 메아리' '헌법과 정당' 자전적 에세이 '꿈꾸는 자가 창조한다' [종]기독교

김중권(金重權) KIM Jung Kwon

[생]1961·3·15 [출]부산 [주]서울 동작구 흑석로84 중앙대학교 법학전문대학원(02-820-5424) [학]1985년 고려대 법학과졸 1988년 同대학원졸 1993년 법학박사(고려대) 2001년 독일 뮌헨대 법과대학 방문연구 2010년 미국 인디애나대 블루밍턴교 법과대학원 방문연구 [경]1995~2004년 충북대 법학과 조교수·부교수 2004년 중앙대 법학전문대학원 교수(현) 2005년 한국의약품법규학회 법률이사 2007~2014년 한국행정판례연구회 재무간사·총무이사 2007년 한국지방자치법학회 연구이사·부회장 2007년 한국공법학회 기획이사 2008년 한국행정판례연구회 이사 2009~2010년 한국공법학회 총무이사 2011~2013년 헌법재판소 헌법연구위원 2011년 비교공법학회 학술이사 2011년 KFDC법제학회 부회장(현) 2011년 중앙대 법학도서관장 2011년 대법원 특별소송실무연구회 회원(현) 2011년 서울행정법원 행정실무연구회 특별회원(현) 2011~2013년 한국환경법학회 감사 2011년 법제처 국민법제관(현) 2013년 비교공법학회 부회장(현) 2013~2015년 중앙대 법학전문도서관장 2014년 한국공법학회 부회장 2014년 한국국가법학회 부회장(현) 2014년 한국행정법학회 총무이사 2014년 한국법제연구원 자문위원(현) 2015~2016년 중앙대 법학전문대학원장 2016년 한국공법학회 회장(현) 2016년 사학조정분쟁위원회 위원(현) 2016년 대법원 행정재판발전위원회 위원(현) [상]한국공법학회 학술장려상(2002), 충북대 우수학술상(2002), 중앙대 업적우대교수(2006·2007·2008), 중앙대 학술상(2007), 제14회 법학논문상(2010), 대한민국학술원 우수학술도서 선정(2011), 대한민국학술원 우수학술도서 선정(2014) [저]'세법(共)'(1998) '지방자치법주해(共)'(2004) '공연예술과 법'(2006) '조선시대의 규범이론과 규범체계(共)'(2006) '행정법기본연구'(2008, 법문사) '유럽화된 독일 행정절차법에 관한 연구'(2008, 한국법제연구원) '행정소송Ⅰ·Ⅱ(共)'(2008) '행정법기본연구Ⅰ'(2008) '행정법기본연구Ⅱ'(2009) '행정법기본연구Ⅲ'(2010) '부동산법제(共)'(2011, 한국방송통신대 출판부) '행정법기본연구Ⅵ'(2013) '행정법'(2013) [역]'분야별 중요판례분석'(2007, 법률신문사)

김중권(金重權) Kim, Joong-kwon

[생]1965·12·10 [출]경북 포항 [주]경북 구미시 송정대로55 구미시청 부시장실(054-480-6005) [학]1983년 포항고졸 1987년 경북대 행정학과졸 [경]행정고시 합격(38회) 1995~1996년 내무부 행정사무관 2005년 경북도 지역산업진흥과장 2006년 미국 미주리주립대 파견 2008년 경북도 독도수호대책팀장 2009년 同과학기술과장 2011~2013년 울진군 부군수 2013년 지방행정연수원 고위정책과정 파견 2014년 경북도의회 총무담당관 2014년 경북도 일자리민생본부장 2015년 同자치행정국장 2016년 경북 구미시 부시장(현) [상]녹조근정훈장(2011)

김중규(金重圭) KIM Joong Kyu

[생]1956·3·26 [본]김해(金海) [출]경북 의성 [주]세종특별자치시 금남면 용포로58 세종의소리 대표이사실(044-904-5151) [학]1974년 동성고졸 1983년 충남대 사학과졸 2002년 목원대 광고언론홍보대학원졸 [경]1983년 대전일보 정경부 기자 1987년 同금산주재 기자 1988년 同경제부 차장 1990년 同경제부장 직대 1992년 同사회부장 1995년 同정치부장 1998년 同경제부장 1999~2001년 同기획관리실 부국장급 부실장 2001년 同사업부국장 겸임 2003년 목원대 광고언론홍보학과 겸임교수 2005년 디트News24 대표이사

겸 편집국장 2005년 同대표이사, 한국지역인터넷신문협의회 회장, 한국인터넷신문협회 부회장 2010~2011년 디트News24 편집위원 2010~2012년 학교법인 감리교학원 이사 2011년 온라인신문 '세종의소리' 대표이사(현) 2012~2013년 충남대 겸임교수 2014년 세종사회복지공동모금회 운영위원 겸 배분분과위원장(현) [상]올림픽기장(1998), 대전시 문화상-언론부문(2010) [저]'민중의 숨결' '이들이 차세대다' '윤전기를 세우십시오' '대전,충남 언론 100년'(共) [종]불교

김중균(金重均) KIM Joong Kyun

[생]1958·3·21 [주]부산 남구 용소로45 부경대학교 수산과학대학 생물공학과(051-629-5866) [학]1981년 한양대 공업화학과졸 1983년 同대학원 화학공학과졸 1986년 미국 미주리주립대 대학원 생물화학공학과졸 1991년 공학박사(미국 미주리주립대) [경]1994~1998년 한국수산학회 편집위원 1992년 부경대 수산과학대학 생물공학과 조교수·부교수·교수(현) 1996~1999년 해양산업개발연구소(ERC) 과제관리실장 1997~1999년 한국생물공학회 부산경남지부간사 1998~1999년 부경대 생물공학과장 1998~1999년 同지방대특성화사업단 운영위원 1998~1999년 同기술사업단 운영위원 1998~2000년 同산업대학원 생물산업공학과 주임교수 1998~1999년 同수산과학대학 부학장 1998~1999년 한국수산학회 재무간사 1999~2000년 해양산업개발연구소(ERC) 기획부장 2000~2001년 한국생물공학회 뉴스지 편집이사 2001~2002년 미국 미주리주립대 방문교수 2003~2005년 경남과학기술대상 심사위원 2005년 한국해양바이오학회 간사장 2010년 同부회장 2014~2016년 부경대 수산과학대학장 겸 글로벌수산대학원장 [저]'"Bioremediation" in Encyclopedia of Agricultural, Food, and Biological Engineering'(2003, Dekker) 'Fetilizers : properties, applications and effects'(2008, Nova Science Publishers) 'Environmental Biodegradation Research Focus'(2008, Nova Science Publishers)

김중근(金中根) KIM Joong Keun

[생]1952·5·6 [본]김해(金海) [출]부산 [주]서울 중구 무교로 32 효령빌딩1202호 셀맥인터내셔널(02-318-6616) [학]1971년 경기고졸 1977년 서울대 무역학과졸 2004년 미국 조지타운대 연수 [경]1978년 외무고시 합격(12회) 1978년 외무부 입부 1980년 駐코트디브와르 2등서기관 1985년 駐LA 영사 1990년 駐미국 1등서기관 1993년 駐체코 참사관 1995년 외무부 의전담당관 1996년 同통상2과장 1997년 駐제네바대표부 참사관 2000년 외교통상부 지역통상국 심의관 2001년 KEDO 신포경수로건설단지(북한) 대표 2005년 한국국제협력단 재난복구지원본부장 2005년 외교통상부 통상교섭조정관 2007년 駐싱가포르 대사 2010년 고려대 국제부 외교겸임교수 2010~2012년 駐인도 대사 2012~2015년 IBK연금보험 감사 2013년 국방부 정책자문위원(현) 2013~2014년 서강대 국제대학원 겸임교수 2014년 제주평화연구원 감사(현) 2015년 셀맥인터내셔널 경영고문(현) [상]황조근정훈장, 대통령표창(2013) [역]'지성과 감성의 협상기술(Mind and Heart of the Negotiators)'(2007) [종]천주교

김중래(金重來) KIM Joong Rae

[생]1954·10·25 [본]강릉(江陵) [출]강원 양양 [주]강원 강릉시 강릉대로369의13 강원도민일보 영동본사(033-652-7000) [학]1975년 춘천농고졸 1992년 강릉대 경영정책대학원 수료 2010년 강릉영동대학 사회복지학과졸 [경]1978년 강원일보 입사 1986년 同광고부 차장 1990년 同영동총지사 업무부장 겸 광고부장 1992년 강원도민일보 영동본부 광고부장 1995년 同부국장 1997년 同영동본부 국장 2000년 同영동본부 부본부장 2003년 同영동본부장 2003년 강원지구JC 특우산악회 회장 2003년 강릉시체육회 이사(현) 2003년 가정법률상담소 강릉지부 이사 2004년 강원도민일보 영동본부장(이사대우) 2005년 同영동본부장(이사) 2012년 同영동본부장(상무) 2016년 同영동본사 상무이사(현) [상]대한적십자사총재 공로패, 한국청년회의소중앙회장 특별표창, 한국신문협회상, 국회 재경위원장 감사패 [종]불교

김중로(金中魯) KIM JOONGRO

[생]1950·10·27 [주]서울 영등포구 의사당대로1 국회 의원회관922호(02-784-9160) [학]1974년 육군사관학교졸(30기), 연세대 행정대학원 행정학과졸 [경]1974년 육군 소위, 육군3사관학교 교수부장, 육군 보병70사단장 2006년 예편(육군 준장), 동국대 경영대학원 겸임교수 2016년 국민의당 창당발기인 2016년 제20대 국회의원(비례대표, 국민의당)(현) 2016년 국민의당 제2정책조정위원장(현) 2016년 국회 국방위원회 간사(현)

김중만(金重晩) KIM Jung Man

[생]1954 [출]강원 철원 [주]서울 강남구 압구정로452 5층 스튜디오벨벳언더그라운드 [학]프랑스 솔레고졸, 프랑스 국립응용미술대 서양화과 중퇴 [경]프랑스잡지사 프리랜서, 스튜디오벨벳언더그라운드 대표(현) 2010년 2010안양공공예술프로젝트(APAP) 홍보대사 2010년 G20 성공기원 스타서포터즈 2010년 플랜코리아 홍보대사 2010년 한국국제협력단 홍보대사 2012년 제4회 DMZ국제다큐멘터리영화제 조직위원 [상]프랑스 ARLES국제사진페스티발 젊은작가상(1977), 패션사진가상(2000), 모델라인 2002베스트드레서 백조상(2002), 마크 오브 리스펙트상(2009) '한국패션100년어워즈 포토부문상'(2011) [저]'불새' '넋두리' '인스턴트 커피' '동물왕국' '아프리카 여정' '애프터 레인' '네이키드 소울' '오키드' 등

김중배(金重培) KIM Joong Bae

[생]1934·3·26 [본]김해(金海) [출]광주 [주]서울 서대문구 통일로107의15 효곡빌딩601호 언론광장(02-720-3721) [학]1953년 광주고졸 1957년 전남대 법대졸 [경]1957~1963년 한국일보·민국일보 기자 1963년 동아일보 기자 1968년 同사회부 차장 1971년 同사회부장 1973년 同논설위원 1986년 同논설위원(이사대우) 1989년 同출판국장(이사) 1990년 同편집국장 1991년 同조사연구실장 1992년 한겨레신문 이사 1993년 同편집위원장 1993~1994년 同사장 1994~2001년 참여민주사회시민연대 공동대표 1994~2001년 한국사회과학연구소 이사장 1998~2001년 언론개혁시민연대 상임대표 2001~2003년 문화방송 사장 2002년 국제언론인협회(IPI) 한국위원회 이사 2004년 언론광장 상임대표(현) [상]서울언론인클럽 신문칼럼상, 위암언론상, 한국언론학회상, 심산상(2015) [저]'민초여 새벽이 열린다' '민은 졸인가' '새벽을 위한 증언' '하늘이여 땅이여 사람들이여' '미디어와 권력'

김중석(金重石) KIM Joong Seok

[생]1953·8·25 [본]경주(慶州) [출]강원 양구 [주]강원 춘천시 후석로462번길22 강원도민일보 임원실(033-260-9002) [학]1971년 춘천고졸 1978년 강원대 농화학과졸 [경]1977년 강원일보 입사 1987년 한국기자협회 강원지부장 1988년 강원일보 정경부장 1989년 同정치부장 1992~1994년 강원도민일보 정경부장·지방부장 1994년 同편집부국장 겸 정치부장 1995년 同편집국장대우 정치부장 1997년 同편집국장 2000년 同기획본부장(이사) 2000년 同편집·기획이사 겸 기획본부장 2002년 同편집기획담당 상무이사, 지방분권운동 대변인, 국가균형발전위원회 전문위원, 한국기자상 심사위원, 한국신문방송편집인협회 이사, 한국신문협회 지방신문발전위원회 전문위원, 한국지역혁신교육원 객원교수, 국토정중앙개발 추진위원장, 지역언론개혁연대 감사, 전국지방신문협의회 간사, 대한석탄공사 이사 2006년 강원도민일보 상무이사 겸 기획본부장 2007년 同대표이사 사장(현) 2009년 민주평통 자문위원(현) 2012년 강원도지방분권추진위원회 위원장(현) 2013년 전국지방신문협의회 회장(현) 2013년 대통령소속 지방자치발전위원회 자문위원(현) 2014년 전국시도지사협의회 지방분권특별위원(현) 2015년 지방분권개헌국민행동 공동의장(현) 2015년 한국신문협회 이사(현) [상]한국신문상(1986), 광희문화상(2004), 국민훈장 목련장(2007), 지방자치대상(2015) [저]'지방분권과 지방언론'(2004) '지역혁신과 지역신문'(2006) '감자바위깡론'(2007) '거꾸로 본 지방'(2012) [종]천주교

김중섭(金重燮)

[생]1958 [주]서울 동대문구 경희대로26 경희대학교 문과대학 국어국문학과(02-961-9105) [학]1981년 경희대 문과대학 국어국문학과졸 1985년 同대학원 국어국문학과졸 1995년 문학박사(경희대) [경]1993~1996년 경희대 언어교육연구원 전임연구원 1996~1998년 同국제교육원 조교수 1996~2004년 교육부 국제교육교류 심의위원 1996~2006년 한국어원학회 섭외이사 1997~1998년 학술진흥재단 한국어능력시험 평가위원 겸 출제위원 1997~2005년 국제한국어교육학회 연구위원·편집이사·부회장·감사 1998년 경희대 농구부 행정감독(현) 1998~2003년 同국제교육원 교학부장 겸 한국어교육부장 1998~2005년 同교육대학원 한국어교육전공 주임교수 1998년 문화관광부 국어정책과 한국어세계화추진기반구축사업연구 자문위원 2000~2006년 경희대 국제교육원 부교수·교수 2000~2002년 한국어세계화추진위원회 공동연구원 2001~2002년 경희대 홍보위원 2002~2006년 한국어세계화추진위원회 책임연구원 2003~2015년 경희대 국제교육원장 2003~2005년 이중언어학회 편집위원 2003~2005년 정보통신부 차세대통신지도자과정운영에관한자문위원회 자문위원 2005년 한·중우호협회 이사(현) 2005~2007년 이중언어학회 부회장 겸 편집위원장 2006~2007년 국제한국어교육학회 편집위원 2006~2008년 한국어교육기관대표자협회 서울·경기지역 부회장 2006~2008년 경희대총동문회 이사 2006~2008년 ROTC중앙회 상임이사

2007년 경희대 문과대학 국어국문학과 교수(현) 2008~2012년 한국어교육기관대표자협의회 회장 2008년 세계한인언론인협회 자문위원(현) 2009년 재외동포언론인협의회 자문위원(현) 2009년 국어국문학회 어문교육전공 이사(현) 2009~2011년 국제한국어교육학회 회장 2009~2010년 세계한국어교육자대회 자문위원 2009년 문화체육관광부 세계한국어교육자대회 자문위원(현) 2010년 한글학회 자문위원(현) 2011년 한국어교원자격심사위원회 위원(현) 2011년 한국어문화연구센터 센터장(현) 2011년 한국국제협력단(KOICA) 지구촌체험관 자문위원(현) 2011년 교육과학기술부 외국인유학생유치관리역량평가인증위원회 위원 2012년 문화체육관광부 한류문화진흥위원회 자문위원(현) 2012년 다문화교류네트워크 이사(현) 2012년 세종학당재단 이사(현) 2013년 국립국어원 한국어교원자격심사위원회 위원장(현) 2013년 세계백신면역연합(GAVI) 한국사무소 연락대표 2013년 안전행정부 지구촌새마을운동 자문위원 2013~2015년 경희대 대외협력처장 2014년 한국다문화교육학회 이사(현) 2014년 한국국제협력단(KOICA) 홍보전문위원(현) 2014년 경희대 총동문회 장학분과위원회 부위원장(현) 2014년 한국학중앙연구원 해외한국학 심의위원(현) 2015년 경희대 총장실장(현) 2015년 미국 세계인명사전 'Marquis Who's Who in the World 2016년판'에 등재 ❸교육부장관표창(1991), 경희대 총장표창(2006), 경희대총동문회 공로상(2006), 일본 외무대신표창(2009), 문화체육관광부장관표창(2009 · 2011), 베트남정부 문화교육교류훈장(2010), 한국국제협력단(KOICA) 감사패(2010), 미국 한국어진흥재단 감사패(2011), 태국 치앙라이라자팟대 감사패(2012), 교육과학기술부장관표창(2013), 경희대 목련상(2013) ❹'한국어 초급 1'(2000) '안녕하세요. 반갑습니다(共)'(2001) '관광한국어(중국어판)(共)'(2002) '혼자 공부하는 한국어 초급 1, 2(共)'(2004) '혼자 공부하는 한국어 중급 1, 2(共)'(2004) '한국어 교육의 이해(共)'(2004) '한국어교육론(共)'(2005) '학부 유학생을 위한 한국어 말하기'(2006) '한국어 나비 초급 1(共)'(2007) '한국어 교육의 이해-개정판'(2008) '유학생을 위한 한국어 말하기-개정판(共)'(2008) '한국어 나비 초급 2(共)'(2007) '베트남인을 위한 초급 한국어 회화(共)'(2008) '러시아인을 위한 초급 한국어 회화(共)'(2008) '유학생을 위한 한국어 듣기(共)'(2010) '한국어 교육의 이해-신개정판(共)'(2010) 'Korean Conversation Dictionary : for Foreigners, English-Korean'(2010) '전화 한국어 초급 (1)~(5)(共)'(2010) '사회 통합 프로그램을 위한 한국어 초급 1, 2(共)'(2010) '맞춤 한국어 5, 6(共)'(2011) '맞춤 한국어(교사용-지침서) 5, 6(共)'(2011) '맞춤 한국어 1~6(태국어권)(共)'(2012) '맞춤 한국어 1~6(스페인어권-교사용 지침서)(共)'(2013, 교육과학기술부) '맞춤 한국어 1~6(스페인어권)(共)'(2013, 교육과학기술부) '세상, 아름다운 사랑과 만나다'(2014, 도서출판 하우) '한국어 교육의 이해-수정증보판'(2014, 도서출판 하우) '경희한국어 1, 2, 3(말하기 · 듣기 · 쓰기 · 읽기 · 문법)(共)'(2014, 도서출판 하우)

김중수(金仲秀) Kim Choongsoo

❸1947 · 6 · 6 ❷경주(慶州) ❸서울 ㈜강원 춘천시 한림대학길1 한림대학교 총장실(033-248-1001) ❹1966년 경기고졸 1973년 서울대 경제학과졸 1979년 경제학박사(미국 펜실베이니아대) ❸1973년 한국개발연구원 연구원 1976년 미국 펜실베이니아대 워튼계량경제연구소 연구원 1979년 미국 오하이오주립대 인적자원연구소 수석연구원 1985~1988년 한국개발연구원 연구위원 1989년 국민경제제도연구원 부원장 1991년 한국개발연구원 부설 국민경제연구소장 1993년 대통령 경제비서관 1995년 OECD 가입준비사무소장(駐프랑스대사관 공사) 1997년 부총리 겸 재정경제원장관 특보 1997~1998년 한국조세연구원 원장 1998~2007년 경희대 아태국제대학원 교수 1998~2000년 同아태국제대학원장 2002~2005년 한국개발연구원(KDI) 원장 2003~2005년 대통령자문 국민경제자문회의 위원 2004~2006년 대통령자문 정책기획위원회 위원 2007~2008년 한림대 총장 2008년 대통령 경제수석비서관 2008~2010년 駐OECD대표부 대사 2010~2014년 한국은행 총재 2010년 금융통화위원회 의장 2012~2014년 국제결제은행(BIS) 아시아지역협의회(ACC) 의장 2014~2015년 미국 펜실베이니아대 방문교수 2015년 한국은행 고문 2016년 한림대 총장(현) 2016년 (사)춘천국제물포럼 이사장(현) ❸국민포장(1987), 국민훈장 목련장(1992) ❹'Youth and the Military Service'(1982) '주택보급현황과 당면과제'(1984) '국민연금제도의 기본구상과 경제사회 파급효과'(1986) 'Macroeconomic Policy and Adjustment in Korea 1970~1990'(1994) ❸기독교

김중수(金重洙) KIM Jung Soo

❸1960 · 4 · 17 ❷광산(光山) ❸광주 ㈜서울 송파구 올림픽로424 올림픽회관501호 대한배드민턴협회(02-422-6173) ❹1979년 광주 동신고졸 1982년 조선대졸 1993년 同대학원졸 ❸1977 · 1980 · 1984년 배드민턴 국가대표 1995~2006년 전남 화순군청 배드민턴 감독 2002~2010 · 2012~2013년 국가대표 배드민턴 감독 2013~2016년 대한배드민턴협회 전무이사 2013년 同경기력향상위원회 위원 · 위원장(현) 2013년 同스포츠과학기술위원회 위원장 2015년 아시아배드민턴연맹 부회장(현) ❸체육훈장 백마장(1986), 대통령표창(1989), 체육훈장 청룡장(2002)

김중순(金重洵) KIM Choong Soon

❸1938 · 5 · 28 ❷경북 봉화 ㈜서울 종로구 북촌로106 고려사이버대학교 총장실(02-6361-1901) ❹1957년 서울 중앙고졸 1961년 연세대 법학과졸 1963년 同대학원 법학과졸 1968년 미국 에모리대 대학원 사회학과졸 1972년 인류학박사(미국 조지아대) ❸1971~1980년 미국 테네시대 조교수 · 부교수 1981~1991년 同사회학과 및 인류학과장 · 교수 1988년 서울대 연구교수 1990년 일본 弘前大 객원교수 1991~2001년 미국 테네시대 석학교수 겸 기업인류학과 교수 1993년 이탈리아 록펠러재단 상임학자 1993~1994 · 1998년 연세대 초빙교수 2001년 미국 테네시대 명예교수(현) 2001~2007년 서울시 디지털미디어시티(DMC) 기획위원 2001~2010년 한국디지털대 총장 2002년 한국디지털교육재단 이사 2003~2007년 학교법인 고려 · 중앙학원 이사 2004년 전국경제인연합회 문화산업특별위원회 자문위원(현) 2007년 미국 테네시주지사 명예자문위원 2008~2011년 학교법인 진명정진학원 이사 2008년 연세대동문회 상임이사(현) 2009년 학교법인 고려중앙학원 이사(현) 2009년 한국법사회학회 고문(현) 2010년 고려사이버대 총장(현) 2015년 미국 테네시주 친선대사(현) ❸인촌상 특별상(1998), 테네시대 100주년 기념 특별학자상(2000), 제5회 자랑스러운 연세법현상(2006), 올해를 빛낸 중앙인상(2006) ❹'One Anthropologist, Two Worlds : Three Decades of Reflexive Fieldwork in North America and Asia'(2002) '내 안의 두 세계 : 30년 간 북미와 아시아를 오간 한 인류학자의 이야기'(2003) 'Kimchi and IT'(2007) 'Voices of Foreign Brides'(2011) 'Way Back into Korea'(2014) '한국 · 한국인 · 한국문화'(2015) '같은 공간, 다른 시간'(2015)

김중양(金重養) KIM Joong Yang

❸1945 · 7 · 2 ❷강화(江華) ❸평남 평원 ㈜서울 종로구 비봉길64 이북5도위원회 평안남도지사실(02-2287-2621) ❹1964년 용산고졸 1969년 서울대 법학과졸 1985년 同행정대학원졸 1991년 미국 서던캘리포니아대 행정대학원 수료 1998년 행정학박사(단국대) ❸1972년 행정고시 합격 1976년 총무처 고시계장 1982년 同복무담당관 1986년 同고시1과장 1987년 同인사과장 1988년 국무총리실 심의관 1991년 중앙공무원교육원 기획부장 1993년 同교수부장 1994년 총무처 능률국장 1996년 同인사국장 1998년 행정자치부 소청심사위원회 상임위원 2001년 同국가전문행정연수원장 2002~2003년 同소청심사위원장 2003년 대구지하철참사수습 중앙특별지원단장 2003~2004년 영산대 행정학과 객원교수 2003~2006년 한국행정연구원 원장 2004년 국제행정교육기관연합회(IASIA) 이사 2005년 문화재청 문화재위원 2007~2011년 영산대 법경대학장 2010년 국가경쟁력강화위원회 위원 2011년 영산대 법경대학 행정학과 교수 2015년 同공직인재학부 교수(현) 2015년 민주평통 자문위원(현) 2015년 이북5도위원회 평안남도 행정자문위원 2016년 同평안남도지사(차관급)(현) ❸홍조근정훈장(2003), 황조근정훈장(2004) ❹'공무원법(共)'(2000, 박영사) '한국 인사행정론'(2002, 법문사) '공무원 연금제도(共)'(2004, 법우사) '명산에 오르면 세상이 보인다'(2010, 한국문학세상) ❹'중국 공무원제도'(2006) ❸불교

김중욱(金重旭)

❸1964 · 6 · 14 ❸서울 ㈜경남 통영시 무전5길20의9 통영세무서(055-640-7201) ❹서울 마포고졸 1984년 세무대학졸(2기), 한양대 대학원 세무행정학과졸 ❸1984년 국세공무원 임용(8급 특채) 2008년 서울지방국세청 조사3국 조사1과 근무 2011년 국세청 전산정보관리실 근무 2014년 同전산기획담당관실 서기관 2015년 서울지방국세청 조사4국 조사관리과 서기관 2015년 통영세무서장(현) ❸대통령표창(2002), 국무총리표창(2006), 기획재정부장관표창(2014)

김중웅(金重雄) KIM Joong Woong (瑞泉)

❸1941 · 11 · 7 ❷광산(光山) ❸서울 ❹1960년 경기고졸 1964년 서울대 법대졸 1975년 경제학박사(미국 클라크대), 고려대 언론대학원 최고위언론과정 수료 ❸1975년 국무총리실 중화학공업기획단 기획관 1976~1980년 재무부 국제협력관 · 외화자금과장 · 금융정책과장 1980~1987년 한국개발연구원 선임연구위원 · 금융재정실장 1985년 세계은행 고문 1985년 경향신문 논설위원 1986~1994년 행정심판위원회 위원 1987~1994년 한국신용정보(주) 사장 1987~1998년 금융산업발전심의위원회 위원 1988년 중앙경제신문 논설위원 1990년 월간조선 자문위원 1991년 KBS 객원해설위원 1994~2003년 현대경제연구원 원장 1996~1998년 현대환경연구원 원장 1997년 비상경제대책위원회 자문위원 2001년 한빛은행 사외이사 2003년 대한상공회의소 조세금융위원회 위원장 2004년 현대경제연구원 대표이사 회장 2006~2008

년 현대증권(주) 회장 2008~2012년 대한상공회의소 금융위원회 위원장 2012~2015년 KB국민은행 사외이사 2013~2015년 同이사회 의장 [상]녹조근정훈장(1976), 자유경제 출판문화상(1998) [저]'한국의 금융정책' '대외거래 자유화와 한국경제' '전환기의 한국경제' '세계경제 환경변화와 당면과제' '세계화와 新인본주의' '새로운 경제를 열다 : 인본자본주의와 한국경제'(2013, 청림출판) [종]불교

김중위(金重緯) KIM Zoong Wie (聾巖)

[생]1939·10·28 [본]의성(義城) [출]경북 봉화 [주]서울 영등포구 국회대로70길18 한양빌딩 새누리당(02-3786-3000) [학]1957년 양정고졸 1962년 고려대 정치외교학과졸 1969년 同대학원 정치외교학과졸 1997년 명예 행정학박사(대구대) [경]1965년 (재)한국정경연구소 연구원 1968년 월간 '사상계' 편집장 1969년 玄民 유진오박사 비서관 1970년 동립산업진흥(주) 기획부장·감사·상임이사 1977~1980년 문화공보부 홍보연구관 1979~1984년 고려대·명지대 강사 1981년 민주정의당 법제사법·내무담당 전문위원 1983년 총무처 정책자문위원 1984년 민주정의당 외무·국방담당 전문위원 1984년 국토통일원 정책자문위원 1984년 국방부 정책자문위원 1985년 同정책국장 겸 부대변인 1985~1988년 제12대 국회의원(전국구, 민정당) 1987년 국회 헌법개정특별위원회 위원 1987년 민정당 국책연구소 정책연구실장 1987년 同대통령선거대책본부 대변인 1988~1992년 제13대 국회의원(서울 강동乙, 민정당·민자당) 1988년 제13대 대통령취임준비위원회 위원 1988년 민정당 대변인 1988년 同정책조정실장 1989~2005년 고려대교우회 상임이사 1990년 민자당 서울시지부 위원장 1991년 고려대 노동문제연구소 자문위원 1992년 同민족사관정립특별위원회 위원장 1992~1996년 제14대 국회의원(서울 강동乙, 민자당·신한국당) 1992년 민자당 김영삼대통령후보 정무보좌역 1992~2000년 국회 가톨릭신도의원회 회장 1993년 국회 예산결산특별위원장 1993년 민자당 당무위원 1993년 대통령 특사 1993년 유네스코 한국위원회 위원 1993년 의성김씨 수도권종친회 회장 1994~2000년 국회 도시문제연구회장 1994년 한·스리랑카의원친선협회 회장 1994~1996년 양정중·고총동창회 회장 1994~1995년 환경부 장관 1995년 강동문인회 명예회장 1996~2000년 제15대 국회의원(서울 강동乙, 신한국당·한나라당) 1996년 한국·남아프리카공화국의원친선협회 회장 1996년 신한국당 서울시지부장 1996년 국회 제도개선특별위원장 1996년 UNEP(UN환경계획) 부총재(현) 1996년 신한국당 서울시지부 위원장 1997년 同정책위 의장 1997년 同경제종합대책특별위원회 위원장 겸 국회3당경제종합대책특별위원회 위원장 1997년 국회 정치개혁입법특별위원회 위원장 1997년 대한민국상이군경회 고문 1997년 한나라당 서울시지부 위원장 1997년 同서울시선거대책위원회 위원장 1998년 同당무위원 1998년 同지방자치특별위원회 위원장 1998년 국회 정무위원장 1998년 월간 '수필문학'을 통해 문단에 등단 1999년 국회 암벽제정의원모임 회장 2000년 한나라당 서울강동乙지구당 위원장 2000년 계간 '문학마을' 이사장 2001년 한국문인협회 자문위원(현) 2002년 한나라당 서울시장선거대책위원회 위원장 2002년 同지도위원 2002년 한국수필문학회 이사(현) 2004년 국제펜클럽 회원(현) 2004년 비교문화연구소 대표(현) 2005~2009년 의성김씨대종회 회장 2006년 (사)강우규의사동상건립추진위원회 위원장 2007년 고려대 정책대학원 초빙교수 2007년 글로벌코리아포럼 공동대표 2007년 대한민국헌정회 편집위원회 의장 2007년 월간 '문학저널'을 통해 시인으로 등단 2007년 대전일보·경남일보·경북신문·월간헌정·월간문학저널·문학과현실 칼럼집필 2007년 한나라당 상임고문 2008년 심산김창숙선생기념사업회 회장 2010년 국회 의정활동강화자문위원회 위원 2012년 새누리당 상임고문(현) 2012년 대한민국헌정회 영토문제연구특위 위원장(현) 2013년 국제펜클럽 고문(현) 2013년 환경복지연대 명예회장 2013년 광복회 회원(현) 2013년 월간 헌정 편집위원(현) 2013년 월간 문학저널 총괄회장(현) 2014년 한국자유총연맹 자문위원장 2015년 독립기념관 이사(현), 월간 '순국' 편집고문(현), (사)광화문포럼 이사장(현) [상]청조근정훈장(1996), 순수문학지 '좋은문학' 대상(2006), 문학저널 신인문학상(2007), 고려대 정경대학 자랑스런 정경인상(2007), 환경문학대상(2011), 익재문학상 수필부문(2014) [저]'반정치와 정당의 위기(編)'(1979) '비지배의 정치론'(1979) '의회주의의 몰락(編)'(1980) '자유는 자유롭게'(1987) '정치와 반정치(編)'(1987) 수필집 '목소리를 낮추어서'(1990) '산너머 산이지만'(1992) '순간을 위하여 영원을 위하여'(1996) '순간을 위하여 영원을 위하여(증보판)'(2000) '마음의 티끌을 닦으며'(2003) '눈총도 총이다'(2013) [역]'사회과학이란 무엇인가'(1981) '부와 빈곤(共)'(1982) '권력과 부패'(1982) [종]천주교

김중하(金仲夏)

[생]1957·7·22 [주]대구 달서구 성당로187 대구광역시 종합복지회관 관장실(053-312-3119) [학]계명대 정책개발대학원 행정학과졸 [경]2014년 대구시 민생사법경찰과장(사무관) 2015년 同민생사법경찰과장(서기관) 2016년 同종합복지회관장(현)

김중헌(金重憲) Kim, Jung-Heon

[생]1969·9·15 [출]경북 경주 [주]전북 무주군 설천면 무설로1482 태권도진흥재단(063-320-0114) [학]신라고졸, 용인대졸, 미국 미네소타주립대 대학원 스포츠경영학과졸, 스포츠마케팅학박사(미국 미네소타주립대) [경]1999~2004년 미국 미네소타주립대 강의(태권도·골프 등) 2005년 용인대 무도대학 태권도학과 교수(현) 2007년 同국제스포츠&무도마케팅(ISMM)센터 소장 2008년 대한무도학회 편집위원장·기획이사·학술이사·국제이사(현), 한국골프학회 국제이사 2008년 한국스포츠산업경영학회 사업이사 2010~2012년 용인대 태권도대학원 태권도학과장 2010~2015년 아시아태권도연맹 사무총장 2014년 용인대 대외협력실장 2015년 태권도진흥재단 사무총장(현) 2016년 한국스포츠산업경영학회 부회장(현)

김중현(金重賢) KIM Jung Hyun

[생]1955·7·8 [출]서울 [주]서울 서대문구 연세로50 연세대학교 화공생명공학과(02-2123-2759) [학]동성고졸 1978년 연세대 화학공학과졸 1982년 同대학원 화학공학과졸 1987년 화학공학박사(미국 Lehigh대) [경]1987년 Emulsion Polymer Institute 선임연구원 1991~2009·2010년 연세대 화공생명공학과 교수(현) 1994년 한국화학시험연구원 전문위원 1998년 통상산업부 공업기반기술심의위원 1998년 특허청 특허심의위원 1998년 연세대 화공·생명공학부장 2001년 산업자원부 산업표준심의회 전문위원 2001~2007년 연세대 나노특성화연구단장 2004~2006년 同연구처장 2004년 同산학협력단장 2005년 서울시 산학연포럼 회장 2006년 한국초계임학회 학술부회장 2008년 국가과학기술위원회 사회기반기술위원회 위원장 2008년 녹색기술위원회 위원 2008년 기획재정부 재정정책자문위원 2009~2010년 교육과학기술부 제2차관 2012년 한국전력공사 사외이사 2012년 웅진씽크빅 사외이사(현) 2012년 한국과학기술기획평가원 비상임이사 [상]중소기업청 제1회 실험실창업경연대회 우수상(1999), 연세대 무악학술상(2002), 한국공업화학회 우수논문상(2002·2003·2004·2006), 연세대 연구업적 최우수교원(2003·2004·2005), 연세대 우수연구실적표창(2007·2010), 황조근정훈장(2012), 한국공업화학상(2012) [종]천주교

김중호(金中浩)

[생]1957·8·20 [출]경북 안동 [주]경기 성남시 분당구 안양판교로1207 한국석유관리원 경영이사실(031-789-0281) [학]1976년 배문고졸 1979년 인하공업전문대 화학공학과졸 1991년 광주대 문헌정보학과졸 2010년 서강대 e-경영전문대학원 수료 [경]1984~2004년 한국석유관리원 입사·전북출장소장 2005년 同시험기술처 시험총괄팀장 2007년 同호남지사장 2009년 同감사실장 2012년 同대구경북본부장 2014년 同수도권남부본부장 2015년 同경영이사(현) 2016년 同이사장 직무대행(현) [상]산업자원부장관표창(2004), 전남도지사표창(2008), 지식경제부장관표창(2009)

김중확(金重確) KIM Jung Hwak

[생]1956·9·9 [본]경주(慶州) [출]부산 [주]부산 연제구 법원로28 부산법조타운1208호 법무법인 정인(051-911-6161) [학]1975년 부산고졸 1980년 서울대 법학과졸 [경]1984년 사법시험 합격(26회) 1987년 사법연수원 수료(16기) 1987년 부산중부경찰서 보안과장 1989년 부산영도경찰서 수사과장 1992년 경찰청 기획과 분석계장 1995년 駐시카고총영사관 경찰주재관 1998년 인천 강화경찰서장 1999년 경찰청 기획정보과장 2000년 서울 관악경찰서장 2001년 경찰청 수사과장 2003년 부산지방경찰청 차장 2003년 駐워싱턴 주재관 2006년 경찰청 외사경찰혁신기획단장 2007년 경기지방경찰청 차장 2008년 경남지방경찰청장 2009년 부산지방경찰청장 2010년 경찰청 수사국장 2010년 법무법인 정인(正人) 변호사(현) 2015년 대한적십자사 부산지사 법률고문(현) [상]대통령표창(1998), 근정포장(2005) [종]기독교

김중회(金重會) KIM Jung Hoe

[생]1949·9·19 [출]강원 춘천 [주]서울 중구 통일로10 연세빌딩20층 현대오일뱅크(주) 임원실(02-2004-3000) [학]1968년 대광고졸 1977년 연세대 법학과졸 [경]1977~1994년 한국은행 입행·부산지점·춘천지점·금융개선지도실 사무관(5급) 1981년 同연수부·인사부·여신분석국·검사제1국·감독기획국 서기관(4급) 1988년 同검사제4국·총무국·금융지도국 부이사관(3급) 1994년 同검사제1국·광주지점·검사제3국 이사관(2급) 1999년 금융

감독원 검사제3국 · 인력개발실장(1급) 2000년 同비은행검사1국장 2001년 同총무국장 2002년 同부원장보 2003~2007년 同은행 · 비은행담당 부원장 2007년 법무법인 김앤장 고문 2008년 농협중앙회 사외이사 2008~2010년 KB금융지주 사장 2008~2010년 同코퍼릿센터장 겸임 2008년 국민은행 사외이사 2010년 KB자산운용 부회장 2010년 현대카드 고문 2013~2014년 (주)STX 사외이사 겸 감사위원 2015년 현대오일뱅크(주) 사외이사 겸 감사위원(현) [종]기독교

김중효(金重孝) KIM Chung Hyo

[생]1954 · 9 · 21 [출]경북 상주 [주]서울 서초구 바우뫼로27길2 일동생활건강(주) 임원실(02-526-3545) [학]1973년 대륜고졸 1977년 중앙대 약학과졸 1993년 同산업경영대학원졸 2013년 同대학원 약학과졸(약물학전공) [경]1979년 일동제약(주) 입사 1996년 同부장 2000년 同이사대우 2005년 同구매담당 상무 2011년 同기획조정실장(상무) 2014년 同기획조정실장(전무) 2016년 일동생활건강(주) 대표이사 사장(현) [종]기독교

김지강(金知康) KIM, JI GANG

[생]1964 · 1 · 10 [본]경주(慶州) [출]경기 평택 [주]전북 완주군 이서면 농생명로100 국립원예특작과학원 저장유통연구팀(063-238-6500) [학]1982년 인천고졸 1986년 충북대 원예학과졸 1995년 고려대 대학원 식품공학과졸 2006년 식품공학박사(일본 히로시마대) [경]1992~2007년 농촌진흥청 원예연구소 연구사 2001~2003년 미국 USDA 식물과학연구소 방문연구원 2007년 농촌진흥청 원예연구소 연구관 2008년 국립원예특작과학원 연구관 2013년 同저장유통연구팀장 2014년 한국수확후관리협회 부회장(현) 2015년 한국원예학회 부회장(현) 2016년 제4차 국제원예학회 아시아학술대회 위원장(현) 2016년 국립원예특작과학원 저장유통과장(현) [상]국무총리표창(2006) [저]'과일, 채소 맛있고 싱싱하게'(2004, 부민문화사) '신선편이 농식품 산업 및 품질관리'(2007, 세명문화사) 'Biotechnology: Applications for improved quality of human life'(2012, Intech) [종]기독교

김지미(金芝美 · 女) KIM Ji Mi

[생]1940 · 7 · 15 [출]대전 [학]덕성여고졸 1997년 명예 박사(러시아 국립영화대학) [경]1958년 영화 '황혼열차'로 데뷔 1987~1995년 (주)지미필름 설립 · 대표 1993년 한국에이즈연맹후원회 회장 1994년 청룡영화상 본선 심사위원장 1995~2000년 한국영화인협회 이사장 1996년 대종상영화제 집행위원장 1998년 스크린쿼터사수범영화인 비상대책위원회 공동위원장 1999년 영화진흥위원회 위원 2010년 영화인 명예의 전당 헌액 2015년 대한민국예술원 회원(영화 · 현) [상]아시아영화제 여우주연상(2회), 파나마국제영화제 여우주연상(1974), 대종상 여우주연상(3회), 한국백상예술대상 연기상(2회), 시카고영화제 세계평화메달상(1985), 한국영화평론가협회 여우주연상(1987), 한국연극영화상 여우주연상(1987), 대종상 여우조연상(1988), 보관문화훈장(1997), 춘강상(1998), 영평상 공로상(2000), 서울시문화상(2000), '올해의 여성영화인상' 공로상(2014), 대중문화예술상 은관문화훈장(2016) [작]'티켓' '명자 아끼꼬 쏘냐' '아메리카 아메리카' '추억의 이름으로' '불의 나라' '아낌없이 주련다' '물의 나라' '서울만신' 제작영화 '별아 내가슴에' '황혼열차' '카츄샤' '밀회' '요화 배정자' '춘희' '동심초' '이별' '에미' '너의 이름은 여자' '이조시인 잔혹사' '토지' '길소뜸' '잡초' 등 다수

김지민(金知民) KIM Ji Min

[생]1954 · 9 · 5 [출]충남 홍성 [주]전남 무안군 청계면 영산로1666 목포대학교 공과대학 건축학과(061-450-2721) [학]1972년 홍성고졸 1980년 단국대 건축과졸 1982년 同대학원졸 1992년 공학박사(단국대) [경]1983~1989년 목포대 조경학과 전임강사 · 조교수 1986년 전남도 문화재위원회 전문위원 1989년 목포대 공과대학 건축학과 조교수 · 부교수 · 교수(현) 1989년 전남도 건설기술위원 1990~1991년 목포대 공대 교무과장 1996년 同도서문화연구소장 1996~1998년 미국 콜로라도주립대 연구교수 1997~1999년 문화관광부 문화재전문위원 2012~2014년 목포대 산업기술대학원장 2013~2016년 대통령직속 국가건축정책위원회 위원 2014~2016년 대한건축학회 부회장 2014~2016년 대한건축학회지회연합회 회장 2016년 대한건축학회 참여이사(현) [저]'한길歷史기행' '해남군의 문화유적' '전남의 鄕校' '진도군의 문화유적' '전남의 書院 · 祠宇' '장흥군의 문화유적' '나주시의 문화유적' '강진군의 문화유적' '남서해 도서지역의 전통가옥마을' '고흥군의 문화유적' '장흥 방촌' '한국의 유교건축'

김지배(金智培) KIM Chi Bae

[생]1950 · 2 · 6 [출]경기 옹진 [주]경기 김포시 고촌읍 아라육로78 송암에치칼(031-986-8690) [학]1970년 제물포고졸 1974년 서울대 약학대학 제약학과졸 [경]1975년 (주)중외제약 입사 1982~1984년 同약사과장 1985~1987년 同차장 1988~1992년 同개발부장 1993~1994년 同개발담당 이사 1995년 同개발담당 상무이사 1999년 同연구개발본부장 2000년 同전무이사 2001년 同마케팅본부장 2004년 同부사장 2008년 同대표이사 부사장 2009년 同개발본부장 부사장 2010년 중외신약 고문 2011년 JW중외신약(주) 고문 2011~2013년 송암약품 고문 2013년 송암에치칼 대표(현)

김지석(金志錫) KIM Ji Suk

[생]1959 · 9 · 15 [출]대구 [주]서울 마포구 효창목길6 한겨레신문 논설위원실(02-710-0141) [학]1977년 경북고졸 1984년 서울대 철학과졸 [경]1984년 서울신문 기자 1988년 한겨레신문 기자 1998년 同여론매체부장 1999년 同편집국장석 부장 2000년 同국제부장 2003년 同논설위원 2005년 同논설위원실장 2006년 同논설위원 2009년 同논설위원실장 2011년 同콘텐츠평가실장 2013년 同논설위원(현) [저]'모스크바는 눈물을 흘리지 않는다'(共)

김지석(金志錫) KIM Ji Seok

[생]1989 · 6 · 13 [출]서울 [주]서울 성동구 마장로210 한국기원 홍보팀(02-3407-3870) [경]권갑용 6단 문하생 2003년 입단 2005년 2단 승단 2006년 3단 승단 2007년 4단 승단 2007년 5단 승단 2008년 세계마인드스포츠게임 남자단체전 금메달 2009년 물가정보배 프로기전 우승 2009년 6단 승단 2009년 천원전 준우승 2010년 7단 승단 2012년 8단 승단 2013년 GS칼텍스배 우승 2013년 9단 승단(현) 2013년 올레배 우승 2014년 제4회 초상부동산배(한 · 중 최정상권 7인 단체전) 우승 · GS칼텍스배 우승 · 삼성화재배 월드바둑마스터스 우승 2014년 LG배 준우승 2015년 제19회 LG배 준우승 2015년 중국주최 초청하세배 준우승 2016년 제1회 엘리트마인드게임스 바둑부문 남자단체전 우승 [상]2009 바둑대상 다승상 · 승률상 · 연승상(2010), 한국바둑리그 MVP(2012), 바둑대상 우수기사(2013), 2014 바둑대상 최우수기사(MVP)(2014)

김지수 Kim, Ji Soo

[생]1964 · 7 · 19 [주]경기 성남시 분당구 구미로173번길 82 분당서울대병원 신경과(031-787-7463) [학]1992년 서울대 의대졸 1997년 同대학원 의학석사 2003년 의학박사(서울대) [경]1997년 서울대병원 신경과 전공의 · 전문의 1997~1998년 미국 UCLA Neurotology Fellowship 1998년 USC+LAC Hospital Neuro-ophthalmology Fellowship 1998~2000년 캐나다 Univ. of Toronto Toronto Western Hospital Neuro-ophthalmology Fellowship 2000~2003년 제주대 의대 신경과학교실 전임강사 · 조교수 2003~2013년 서울대 의과대학 신경과학교실 전임강사 · 조교수 · 부교수 2012~2016년 분당서울대병원 신경과장 2013년 서울대 의대 신경과학교실 교수(현) 2014~2015년 분당서울대병원 진료지원센터장 2015년 同경영혁신실장(현) [상]캐나다 Univ. of Toronto Barford Fellowship Award(1998 · 1999), 서울대병원 SCI IF상 우수상(2005), 서울대병원 SCI IF상 장려상(2006), Barany Society Young Scientist Award(2006), 대한평형의학회 우수연구자상(2006), 서울대 우수연구상(2007), 서울대 우수업적교수상 연구부문(2008), 아시아신경안과학회 최우수포스터상(2008), 분당서울대병원 누적IF최우수상(2008), 분당서울대병원 불곡의학상 최우수상(2010), 분당서울대병원 불곡의학상 장려상(2011), 할파이크-닐렌상(2014), 서울대 학술연구상(2015), 과학기술훈장 진보장(2016)

김지수(金智洙) Kim, Jisu

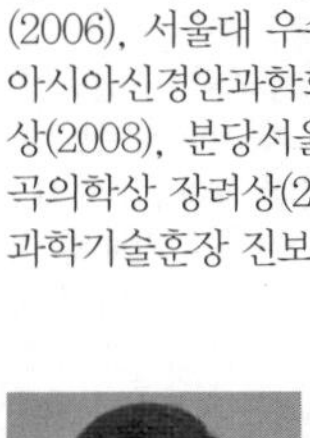

[생]1969 · 1 · 11 [본]김녕(金寧) [주]대전 서구 청사로189 특허청 운영지원과(042-481-5009) [학]1987년 충남고졸 1993년 연세대 화학공학과졸 2001년 충남대 대학원 법학과졸 2008년 미국 워싱턴대 대학원 LL.M.과정 수료 [경]1996년 기술고시 임용(30회) 1996~2000년 특허청 화학분야 특허심사관 2000년 同심판장 보좌관 2003년 同심사조정과 서기관 2004~2006년 서울중앙지법 특허조사관 2006년 특허청 화학생명공학심사본부 주무서기관 2006~2007년 同특허심판원 심판관 2007~2009년 미국 유학 2009년 특허심판원 수석심판관 2010년 특허청 환경에너지심사과장 2012년 同심사협력과장 2013년 同특허심사기획국 특허심사제도과장(서기관) 2014년 同특허심사기획국 특허심사제도과장(부이사관) 2016년 국가지식재산위원회 파견(부이사관)(현) [상]근정포장(2015)

김지수(金志修·女) JI Soo Kim

[생]1970·3·18 [출]서울 [주]경남 창원시 의창구 상남로 290 경상남도의회(055-211-7322) [학]1993년 덕성여대 약학대학졸 2012년 同문화산업대학원 임상약학과졸 2014년 경성대 약학대학원 약학 박사과정 수료 [경]2011~2014년 하나됨을위한늘푸른삼천 운영이사 2013년 민주당 전국여성위원회 부위원장 2013년 同정책위원회 부의장 2013년 노무현재단 경남지역위원회 운영위원(현) 2013년 경성대 약학대학 외래교수 2014년 새정치민주연합 전국여성위원회 부위원장 2014년 同정책위원회 부의장 2014년 경남도의회 의원(비례대표, 새정치민주연합·더불어민주당)(현) 2014년 同기획행정위원회 위원 2014년 同도청소관 예산결산특별위원회 부위원장 2014년 경남직업문화센터 이사 2015년 새정치민주연합 경남도당 대변인 2015년 同경남도당 무상급식대책위원장 2015년 더불어민주당 경남도당 대변인(현) 2015년 同경남도당 무상급식대책위원장 2016년 경남도의회 교육위원회 위원(현) [상]경상남도의정회 선정 '자랑스런 도의원'(2015) [종]가톨릭

김지숙(金芝淑·女)

[생]1968·4·29 [출]대구 [주]경북 김천시 물망골길39 대구지방법원 김천지원(054-420-2114) [학]1986년 대구 신명여고졸 1990년 이화여대 법학과졸 [경]1996년 사법시험 합격(38회) 2000년 사법연수원 수료(29기) 2000년 수원지법 판사 2002년 서울지법 판사 2004년 서울중앙지법 판사 2005년 대구지법 판사 2009년 서울서부지법 판사 2011년 서울중앙지법 판사 2012년 서울고법 판사 2014년 서울가정법원 판사 2016년 대구지법·대구가정법원 김천지원 부장판사(현)

김지식(金智植)

[생]1969·1·4 [주]경북 안동시 풍천면 도청대로455 경상북도의회(054-880-5126) [학]고아고졸(10회), 구미대학 산업경영정보학과졸, 경북대 사회체육학과졸 [경]구미시 임오동청년회 회장, 구미시 임오동체육회 회장, 금오중총동창회 회장, 구미소방서 부패방지위원, 한나라당 구미시甲당원협의회 운영위원장, 금오중총동창회 회장, 구미소방서 부패방지위원회 위원, 구미시 임오동재향군인회 회장, 구미시 상림지구대생활안전협의회 부위원장, 순천향대병원 홍보대사, 임오새마을금고 이사 2014년 경북도의원선거 출마(새누리당) 2016년 경북도의회 의원(보궐선거 당선, 새누리당)(현) 2016년 同교육위원회 위원(현)

김지암(金址岩)

[생]1965·1·22 [본]경주(慶州) [출]경북 고령 [주]서울 종로구 종로5길86 서울지방국세청 조사3국 조사1과(02-2114-4121) [학]1983년 현풍고졸 1986년 세무대학 내국세학과졸 2003년 한국방송통신대 경영학과졸 [경]1986~1998년 서울 종로세무서·성동세무서·서울지방국세청 조사1국 근무 1998~2008년 기획재정부 세제실 근무 2008년 국세공무원교육원 교수 2011년 국세청 개인납세국 서기관 2012년 헌법재판소 파견 2014년 중부지방국세청 조사4국 조사3과장 2015년 경기 화성세무서장 2016년 서울지방국세청 조사3국 조사1과장(현) [상]재정경제부장관표창(2001), 행정자치부장관표창(2007) [저]'상속세 및 증여세 실무해설(共)'(2016, 영화조세통람) [종]기독교

김지연(金芝娟·女) KIM Ji Yeon

[생]1942·10·22 [본]김해(金海) [출]경남 진주 [주]서울 용산구 소월로109 남산도서관2층 한국소설가협회(02-703-9837) [학]1962년 진주여고졸 1971년 서라벌예대학 문예창작과졸 [경]1967년 매일신문 신춘문예에 소설 당선 1968년 「현대문학」誌 소설추천, 경남일보 문화부 차장, 마산제일여고 교사, 의사신문 취재부 차장, 펜문학지 편집위원, 교통평론지 편집위원 1990~1996년 중소기업연수원·공무원연수원 강사 1993년 국제펜클럽 한국본부 이사 1995~1999년 성신여대·동덕여대 문예창작과 강사 1996년 한국여성문학인회 부회장 1997년 한국소설가협회·저작권협회·전송권협회 이사(현) 1997년 은평문인협회 회장 1998년 은평문화원 부원장 1999~2002년 사단법인 남북문화교류협회 부회장 2000~2002년 방송위원회 연예오락제1심의위원 2001~2004년 경원대 문예창작과 겸임교수 2003년 민주평통 자문위원(현) 2004년 한국문인협회 부이사장 2008~2010년 한국여성문학인회 회장 2009년 문예학술저작권협회 이사·부회장 2012년 한국소설가협회 부이사장 2016년 同이사장(현) [상]한국소설 문학상(1984), 南冥문학상(1991), 펜문학상(1995), 月灘문학상(1996), 은평문화예술대상(1997), 한국문학상(2003), 예총예술문화대상, 유주현문학상(2006) [작]소설집 '산울음' '산배암' '산정' '산가시내' '씨톨' '씨톨2' '씨톨3' '촌남자' '아버지의 臟器' '야생의 숲' '살구나무 숲에 트는바 람' '히포크라테스의 연가' '흑색병동' '불임여자' '자매의 성' '어머니의 고리' '두여자' '양철지붕의 담쟁이' '고리' '돌개바람' '정녀' '욕망의 늪' '논개' '산막의 영물' '늑대별'(2009) '산죽' '생명의 늪 上·下'(2009) '명줄'(2011) 콩트집 '사나이 대장부' '잘난남자' 수필집 '생의 부초가 되기싫거든' '그대 내영혼되어' '배추뿌리'

김지연(金志姸) KIM Ji Yeon

[생]1973·5·26 [본]김해(金海) [출]강원 춘천 [주]세종특별자치시 도움6로11 환경부 상하수도정책관실 토양지하수과(044-201-7186) [학]경기과학고졸, 한국과학기술원(KAIST)졸, 同토목공학과졸(석사) [경]금강유역환경관리청 특정분석과장, 同방지시설업무담당, 대구지방환경청 측정분석과 실무관 2012년 원주지방환경청 기획과장 2013년 환경부 환경정책실 기후대기정책과 온실가스관리TF팀장(서기관) 2016년 同상하수도정책관실 토양지하수과장(현) [종]기독교

김지영(金智英·女) KIM Ji Young

[생]1949·9·22 [본]의성(義城) [출]전북 [주]서울 강남구 테헤란로7길22 한국과학기술회관 신관309호 (재)한국여성과학기술인지원센터(02-6411-1000) [학]1973년 서울대 식품영양학과졸 1976년 미국 시카고대 대학원졸 1981년 분자생물학박사(미국 시카고대) [경]1984~1989년 한국과학기술원 유전공학센터 선임연구원 1989~2015년 경희대 유전공학과 부교수·교수 2004~2005년 여성생명과학기술포럼 회장 2005~2007년 경희대 생명과학대학장 2007년 한국생화학분자생물학회 이사 2008~2009년 한국여성과학기술단체총연합회 회장 2009년 한국생화학분자생물학회 감사 2010년 한국여성과학기술단체총연합회 명예회장(현) 2011년 同고문 2014년 한국과학기술단체총연합회 이사(현) 2015년 경희대 유전공학과 명예교수(현) 2016년 (재)한국여성과학기술인지원센터(WISET) 이사장(현) [상]올해의 여성과학기술자상 진흥부문(2010), 과학기술훈장 혁신장(2011) [종]천주교

김지영(金芝榮) KIM Ji Young

[생]1951·3·24 [본]언양(彦陽) [출]충남 예산 [주]서울 송파구 올림픽로426 올림픽회관 대한체육회(02-2144-8092) [학]1978년 서울대 독어독문학과졸 1992년 호주국립대 대학원 국제정치학과졸 [경]1978년 외무고시 합격(12회) 1978년 외무부 입부 1980년 駐이탈리아 3등서기관 1982년 駐리비아 2등서기관 1987년 駐호주 1등서기관 1991년 駐오스트리아 1등서기관 1993년 외무부 외교사료과장 1994년 同주한공관 담당관 1995년 행정조정실 파견 1997년 駐미얀마 참사관 2000년 駐뉴욕 부총영사 2002년 외교안보연구원 교수부담당 심의관 2003년 駐호치민 총영사 2006년 외교통상부 인천국제공항연락실장 2007년 同외교문서공개예비심사단장 2007~2010년 駐교황청 대사 2010~2011년 외교통상부 본부대사 2011년 대한체육회(KOC) 국제위원장(현) 2014~2015년 국제올림픽위원회(IOC) 문화교육위원 2015년 아시아올림픽평의회(OCA) 문화위원회 위원(현) [역]'예수 그리스도의 부활'(2010, 가톨릭출판사) [종]가톨릭

김지영(金志榮) Ji Young Kim

[생]1953·2·13 [본]예안(禮安) [출]경북 영주 [주]경북 영주시 풍기읍 동양대로145 동양대학교(054-630-1114) [학]1972년 서울 동성고졸 1979년 성균관대 국어국문학과졸 1994년 미국 클리블랜드주립대 커뮤니케이션과정 수료(1년) 2003년 성균관대 언론정보대학원졸 [경]1979년 문화방송·경향신문 입사 1980년~1993년 경향신문 사회부·정치부기자 1991년 同노조위원장 1993년 한국신문윤리위원회 위원 1993~1998년 한국기자협회 이달의기자상 및 한국기자상 심사위원 1994~1997년 경향신문 사회부·국제부·정치부 차장 1997년 同논설위원 1998년 同사회부장 1998년 대검찰청 검찰제도개혁위원회 위원 1999년 경향신문 경제부장 2001년 숙명여대 언론정보학과 겸임교수 2002년 한국앰네스티 언론위원장 2003년 경향신문 편집부국장 2003년 同편집국장 2004~2006년 同신문편집인(상무보) 2006년 홍익대 대학원 매체학 겸임교수 2007~2009년 언론중재위원회 서울제4중재부 중재위원 2007~2015년 한국신문윤리위원회 심의위원 2008~2010년 한국가톨릭언론인협의회 회장, 국제앰네스티 한국지부 이사 2009년 가톨릭주교회의 자문위원 2009년 서울YMCA 디지털문화위원(현) 2010년 SBS 시청자위원 2012년 KBS 뉴스옴부즈먼위원 2012~2015년 한국교육방송공사(EBS) 비상임이사 2015~2016년 한국신문윤리위원회 심의실장 2015년 포털뉴스제휴평가위원회 위원 2016년 동양대 초빙교수(현) [상]한국언론대상(2002), 성균언론대상(2003), 한국어문상(2012) [저]'피동형 기자들'(2011, 효형출판사) [종]천주교

김지영(金志映 · 女)

[생]1965 · 12 · 11 [출]대구 [주]서울 서초구 서초중앙로157 서울중앙지방법원(02-530-1114) [학]1984년 예일여고졸 1988년 서울대 법학과졸 1991년 同대학원졸 [경]1990년 사법시험 합격(32회) 1993년 사법연수원 수료(22기) 1993년 부산지법 동부지원 판사 1996년 同판사 1997년 수원지법 판사 2001년 서울지법 동부지원 판사 2004년 서울동부지법 판사 2005년 서울중앙지법 판사 2006년 서울고법 판사 2008년 서울북부지법 판사 2009년 대전지법 부장판사 2011년 수원지법 부장판사 2013년 서울동부지법 부장판사 2015년 서울중앙지법 민사항소8부장판사(현)

김지영(金志英 · 女) KIM Ji Young

[생]1978 · 7 · 26 [출]서울 [주]서울 서초구 남부순환로 2406 예술의전당 서예관4층 국립발레단(02-587-6161) [학]1997년 러시아 바가노바발레학교졸 [경]1997년 국립발레단 입단 1997년 러시아 스투트가르트 발레단 '노트르담의 꼽추' 주역으로 데뷔 1998년 일본 아시안아트페스티벌 한국대표로 도쿄시티발레단과 합동공연 1999년 문화관광부 주최 '한국을 빛낸 발레스타' 공연 1999년 영국 엘리자베스여왕 방한시 KBS 환영음악회 초청공연 2000~2001년 국립발레단 '유리 그리가로비치 3부작' 스파르타쿠스 · 백조의호수 · 호두까기인형 주역, 同수석무용수 2002년 네덜란드 국립발레단 입단 2009년 국립발레단 수석무용수(현) 2011년 同부설 발레아카데미 교장(현) [상]USA국제발레 콩쿠르 여자동상(한국인최초)(1998), 프랑스 파리국제발레무용 콩쿠르듀엣 1위(1998), 한국발레협회 신인상(1998), 문화훈장 화관장(1999), 러시아 카잔 국제발레콩쿠르 여자은상 및 베스트예술상, 한국발레협회 프리마 발레리나상(2001), 네덜란드 알렉산드라 라디우스상(2007), 한국춤비평가상 춤연기상(2013)

김지용(金志容)

[생]1968 · 5 · 23 [출]충남 부여 [주]서울 서초구 반포대로 158 서울중앙지방검찰청 공판2부(02-530-4090) [학]1986년 공주사대부고졸 1994년 성균관대 법학과졸 [경]1996년 사법시험 합격(38회) 1999년 사법연수원 수료(28기) 1999년 대전지검 검사 2001년 춘천지검 강릉지청 검사 2003년 서울지검 검사 2004년 서울중앙지검 검사 2005년 광주지검 목포지청 검사 2007년 서울동부지검 검사 2011년 대검찰청 연구관 2012년 미국 Duke대 로스쿨 Visiting Scholar 2012년 수원지검 부부장검사 2013년 대구지검 영덕지청장 2014년 同특별수사부장 2015년 同부부장검사(법무연수원 대외연수과장 파견) 2016년 서울중앙지검 공판2부장(현) [상]검찰총장표창(2003) [저]'증권사범 수사실무(共)'(2005, 대검찰청)

김지은(金志銀 · 女)

[생]1969 · 10 · 8 [주]서울 마포구 성암로267 문화방송 심의국(02-789-0011) [학]반포고졸, 서울대 독어교육학과졸, 홍익대 대학원 예술학과졸 [경]1992년 MBC 아나운서국 입사 2001년 MBC '출발 비디오여행' 진행 2002년 同'장수보감' 진행 2003년 同'즐거운 문화읽기' 진행 2004년 同'용기100배 희망100배', 同'TV 장학퀴즈 진행' · '뉴스이브닝 앵커' · '뉴스와이드 앵커' · '뉴스데스크 앵커' · '사랑이 있는 곳에 김지은입니다' · '김C 스타일 미술관 가는길' 등 진행 2008년 同아나운서국 아나운서1부 차장대우 2011년 同아나운서국 코이카협력부장 2012년 同정책협력부장 2012년 同기획홍보본부 기획국장 2013년 同문화사업국장 2014년 同미래방송연구실장 2014년 한국국제협력단(KOICA) 홍보전문위원(현) 2014년 MBC 매체전략국 미래방송연구소장 2016년 同심의국장(현) [저]'서늘한 미인'(2004) '예술가의 방'(2008) [역]'욕망, 죽음, 그리고 아름다움'

김지인(金知仁) Jee-In Kim

[생]1958 · 12 · 29 [주]서울 광진구 능동로120 건국대학교 정보통신대학 인터넷미디어공학과(02-450-3540) [학]1978년 서울대 컴퓨터공학과졸 1982년 한국과학기술원(KAIST) 전산학과졸(석사) 1993년 공학박사(미국 펜실베이니아대) [경]1982~1987년 금성통신연구소 의료기기개발 연구원 1995~2000년 건국대 컴퓨터공학과 교수 2001~2015년 同정보통신대학 인터넷미디어공학부 교수 2005년 同대학원 신기술융합학과 교수 2008~2010년 同교무처장 2015년 同정보통신대학 인터넷미디어공학과 교수(현) 2015~2016년 한국정보과학회 회장 2015~2016년 한국정보기술학술단체총연합회 회장 2016년 건국대 정보통신대학원장 겸 정보통신대학장(현)

김지자(金智子 · 女) CHIJA Kim Cheong (佳仙)

[생]1941 · 1 · 19 [본]경주(慶州) [출]충남 연기 [주]서울 서초구 서초중앙로96 서울교육대학교(02-3475-2114) [학]1959년 서울대사대부고졸 1963년 서울대 사범대학 교육학과졸 1967년 同교육대학원졸 1974년 철학박사(국립필리핀대) [경]1963~1970년 동아일보 기자 1974년 미국 인구협회 한국사무소 수석연구원 1976~1981년 가족계획연구원 수석연구원 1981~1992년 서울교육대 전임강사 · 조교수 · 부교수 1989~1993년 한국여성평생교육회 초대 회장 1992~2006년 同교육학과 교수 1997~1999년 同학생생활연구소장 1998~2000년 한국걸스카우트 서울시연맹장 2006년 서울교육대 명예교수(현) [상]국무총리표창(2006) [저]'지역사회개발'(共) '사회교육학개론'(共) '사회교육방법론'(共) '미래를 위한 가정교육'(共) '여성평생교육의 이론과 실제'(共) [역]'자기주도학습의 길잡이' '사회교육과 발전' '노년기 성인교육 : 원리 및 접근'(共) [종]기독교

김지철(金枝喆) KIM Jie Chul

[생]1948 · 7 · 5 [출]서울 [주]서울 광진구 광장로5길25의1 장로회신학대학교 이사장실(02-450-0706) [학]1972년 서울대 무역학과졸 1977년 장로회신학대 대학원 신학과졸 1987년 신학박사(독일 튀빙겐대) [경]1977~2003년 장로회신학대 신학과 전임강사 · 조교수 · 부교수 · 교수 1997년 한반도평화연구원 이사장(현) 1998년 한국성서학연구소 소장 2003년 서울소망교회 담임목사(현) 2013년 한국리더십학교 이사장(현) 2013년 장로회신학대 이사 2015년 同이사장(현) [저]'복음과 문화'(1992, 현대신학연구소) '내가 너를 기뻐하노라'(1995, 두란노) '마가의 예수'(1995, 한국성서학연구소) '고린도전서'(1999, 대한기독교서회) '영혼의 혁명을 일으키시는 성령'(2006, 두란노) '하나님의 계명'(2009, 두란노) '예수님의 기도'(2009, 두란노) '네게 복을 주리라'(2011, 두란노) '결혼, 사랑의 신비'(2011, 청림출판) '지혜수업'(2012, 아드폰테스) '인생선물'(2013, 아드폰테스) '내 영혼의 고백'(2014, 두란노) '내가 만물을 새롭게 하노라'(2014, 아드폰테스) '미명의 그리스도인'(2015, 아드폰테스) '예수, 내게 묻다'(2016, 두란노사원) [종]기독교

김지철(金知哲) KIM Ji Chol

[생]1951 · 10 · 10 [출]충남 천안 [주]충남 홍성군 홍북면 선화로22 충청남도교육청 교육감실(041-640-7010) [학]천안고졸 1974년 공주사범대 영어교육과졸 1988년 단국대 교육대학원 영어교육학과 수료 [경]1976~2006년 태안여중 · 성환고 · 천안여고 · 천안중 · 합덕농고 · 덕산고 · 천안공고 · 천안중앙공고 · 천안북중 · 천안신당고 영어교사, 전국교직원노동조합 충남지부장, 천안아산환경운동연합 감사 2006~2009년 충남도교육위원회 교육위원, 천안학교급식협의회 상임대표, (사)색동회 충남 · 천안지회장, 광덕산환경교육센터 운영이사, 한국백혈병소아암협회 충청지부 이사, 선문대 겸임교수 2010~2014년 충남도의회 교육위원회 교육의원 2010~2012년 同교육위원회 부위원장 2014년 충남도 교육감(현) 2014년 충남도교육청 교육사랑장학재단 이사장(현)

김지철(金知徹) KIM Ji Cheol

[생]1967 · 7 · 20 [출]울산 [주]서울 서초구 서초중앙로157 서울중앙지방법원(02-530-1114) [학]1986년 부산 낙동고졸 1994년 부산대 법학과졸 [경]1994년 사법시험 합격(36회) 1997년 사법연수원 수료(26기) 1997년 부산지법 판사 2000년 창원지법 판사 2002년 수원지법 여주지원 판사 2005년 서울중앙지법 판사 2007년 서울북부지법 판사 2008년 서울고법 판사 2010년 대법원 재판연구관 2012년 부산지법 부장판사 2013년 인천지법 부천지원 부장판사 2016년 서울중앙지법 형사8단독 부장판사(현)

김지하(金芝河) KIM Young Il

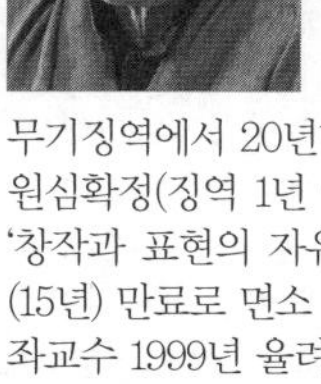

[생]1941 · 2 · 4 [출]전남 목포 [학]1959년 중동고졸 1966년 서울대 미학과졸 1993년 명예 문학박사(서강대) [경]1964년 한 · 일회담 반대로 투옥 1969년「황톳길」·「녹두꽃」·「들녘」으로 시인 등단 1970년 반공법 위반(五賊사건)으로 투옥 1974년 民靑學聯사건 주모자로 기소 1974년 사형선고 1974년 무기징역으로 감형 1975년 출감 1975년 옥중수기「고행 1974」와 관련 재구속(반공법 위반) 1978년 무기징역에서 20년형으로 감형 1980년 형집행정지로 석방 1982년 五賊사건 원심확정(징역 1년 · 자격정지 1년 · 집행유예 2년) 1984년 사면복권 1985년 '창작과 표현의 자유에 대한 문학인 401선언' 1990년 반공법위반 재판시효(15년) 만료로 면소 1994년 계간「그물코」대표 1999년 명지대 문예창작과 석좌교수 1999년 율려학회 초대회장 2001~2004년 명지대 국어국문학과 석좌교수 2003년 '세계생명문화포럼-경기 2003' 공동추진위원장 2004년 한국

예술종합학교 석좌교수 2005년 영남대 교양학부 석좌교수 2007~2014년 동국대 생태환경연구센터 석좌교수 2008년 원광대 원불교학과 석좌교수 2014년 건국대 대학원 석좌교수 2015년 동강시스타 동강산수문화원 초대 이사장(현) [상]아시아·아프리카작가회 LOTUS상(1975), 국제시인회 위대한시인상(1981), 정지용문학상(2002), 제17회 만해문학상(2002), 제100회 대산문학상(2002), 오스트리아 브루노크라이스키 인권상, 공초문학상, 제10회 만해대상 평화부문(2006), 경암학술상 예술부문(2010), 제2회 민세상 사회통합부문(2011), 협성문화재단 제3회 협성사회공헌상 특별상(2013) [저]산문집 '남녘땅 뱃노래'(1985) '동학 이야기'(1994) '밥'(1995) '틈'(1995) 시집 '황토'(1970) '타는 목마름으로'(1982) '오적'(1993) '김지하 시선집'(1993) '대설 南1-5권'(1994) 기타 '생명의 가치'(1995) '미학강의 예감에 가득찬 숲 그늘'(1999) '김지하의 화두'(2003) '못난 시들'(2009) '시 삼백'(2010, 자음과모음) '흰그늘의 산알 소식과 산알의 흰그늘'(2010, 천년의시작) '시김새'(2012) 수묵시화첩 '절 그 언저리' 회고록 '흰 그늘의 길' 산문선집 '생명'(1992) '생명학'(2003) '흰 그늘의 미학을 찾아서'(2005) 소근소근 김지하의 세상이야기 시리즈 '방콕의 네트워크'(2009) '촛불 횃불 숯불'(2009) '새 시대의 율려, 품바품바 들어간다'(2009) '디지털 생태학'(2009) 경제에세이 '춤추는 도깨비'(2010) [종]기독교

김지한(金知漢) KIM JEE HAN

[생]1964·8·14 [본]경주(慶州) [출]서울 [주]서울 영등포구 여의대로60 NH투자증권 IC사업부(02-768-7000) [학]1983년 대성고졸 1989년 연세대 행정학과졸 [경]2004년 LG투자증권 선물옵션영업팀장 2008년 우리투자증권 해외영업팀장 2009년 同Prime Service Group장 2012년 同Prime Brokerage사업본부장 2015년 NH투자증권 Prime Brokerage본부장 2016년 同IC사업부 대표(상무)(현)

김지헌(金志憲) KIM Ji Hon

[생]1969·12·22 [출]광주 [주]서울 광진구 아차산로404 서울동부지방검찰청 형사3부(02-2204-4314) [학]1988년 광주 숭일고졸 1997년 서울대 경영학과졸 [경]1996년 사법시험 합격(38회) 1999년 사법연수원 수료(28기) 1999년 부산지검 검사 2001년 인천지검 부천지청 검사 2003년 서울지검 의정부지청 검사 2004년 의정부지검 검사 2005년 대전지검 검사 2008년 서울중앙지검 검사 2010년 한국거래소 파견 2011년 서울중앙지검 부부장검사 2012년 수원지검 성남지청 부부장검사 2012년 춘천지검 강릉지청 부장검사 2014년 법무부 인권조사과장 2015년 춘천지검 영월지청장 2016년 서울동부지검 형사3부장(현)

김지현(金知鉉) KIM Ji Hyun

[생]1953·12·28 [출]경기 파주 [주]서울 강남구 영동대로 714 하이트홀딩스 사장실(02-520-3294) [학]1972년 경기상고졸 1992년 광주대 회계학과졸 2000년 연세대 최고경영자과정 수료 [경]1978년 조선맥주(주) 입사, 同재경팀 근무, 同기획팀 근무 1992년 同부장 1997년 同이사 1998년 하이트맥주(주) 감사 2000년 同재경팀 전무 2003년 同전략기획팀 전무 2005년 同부사장 2007년 同대표이사 사장 2011년 하이트진로(주) 사장 2011년 하이스코트 사장 2012년 하이트홀딩스 대표이사 사장(현) [상]한국일보 존경받는 대한민국CEO대상 제조부문(2008)

김지형(金知亨) KIM Ji Hyung

[생]1954·7·2 [출]서울 [주]충북 제천시 바이오밸리3로30 코스맥스바이오(주) 임원실(043-645-8671) [학]1973년 숭문고졸 1977년 성균관대 약학과졸 [경]1979년 (주)대웅제약 입사, 同이사 1999~2003년 同개발담당 상무이사 2003년 현대약품공업(주) 개발업무총괄 부사장 2008년 (주)대웅제약 개발본부 부사장 2009년 알피코프 대표이사 2016년 코스맥스바이오(주) 대표이사(현) [상]산업통상자원부장관표창(2013)

김지형(金知衡) KIM, Ji-Hyung

[생]1958·4·22 [출]전북 부안 [주]서울 서대문구 충정로6 KT&G 서대문타워10층 법무법인 지평(02-6200-1828) [학]1975년 전주고졸 1980년 원광대 법과대학졸 2012년 명예 법학박사(원광대) [경]1979년 사법시험 합격(21회) 1981년 사법연수원 수료(11기) 1981년 해군 법무관 1984년 서울지법 동부지원 판사 1986년 서울민사지법 판사 1989년 전주지법 정주지원 판사 1989년 독일 괴팅겐대 연수 1991년 광주고법 판사 1992년 서울고법 판사, 헌법재판소 헌법연구관, 광주지법 순천지원 부장판사, 사법연수원 교수 1995년 서울지법 부장판사 1996년 광주지법 순천지원 부장판사 1998년 사법연수원 교수 2001년 서울지법 부장판사 2003년 특허법원 부장판사 2003년 서울고법 부장판사 2003년 대법원장 비서실장 겸임 2005년 사법연수원 연구법관 2005~2011년 대법원 대법관 2012~2014년 법무법인 지평지성 고문변호사 2012년 원광대 법학전문대학원 석좌교수(현) 2013~2015년 한국신문윤리위원회 위원장 2014년 법무법인 지평 고문변호사(현) 2014~2015년 국세청 조세법률고문 2014년 삼성전자백혈병문제조정위원회 위원장(현) 2016년 구의역사고진상규명위원회 위원장, 대한상사중재원 중재인(현) [저]'노동법해설'(1993) '근로기준법해설'(1995) '근로기준법 주해'(2010, 박영사) '노동조합 및 노동관계조정법 주해(共)'(2015, 박영사) 'Labor Laws of the Republic of Korea(共)'(2015, 한림출판사)

김지홍(金志鴻) KIM Jee Hong

[생]1955·1·24 [출]서울 [주]서울 서대문구 연세로50 연세대학교 경영대학 경영학과(02-2123-2517) [학]1973년 경기고졸 1977년 연세대 경영학과졸 1982년 미국 인디애나대(Indiana Univ. at Bloomington) 경영대학원졸 1987년 회계학박사(미국 U.C Berkeley) [경]1987~1989년 미국 New York Univ. 조교수 1989년 연세대 경영대학 경영학과 부교수·교수(현) 2004년 산업자원부 무역위원회 비상임위원 2006~2008년 연세대 경영연구소장 2007~2009년 금융감독원 회계서비스본부장(전문심의위원), 한국회계정보학회 회장, 同고문 2010~2011년 한국회계학회 회장 2010년 예금보험공사 부실금융책임심의위원회 위원 2010년 (주)노루페인트 사외이사(현) 2010년 한국기업평가(주) 사외이사(현) [상]한국공인회계사회 최우수논문상(1997), 한국회계학회 우수논문상(2001), 대통령표창(2007) [저]'자본시장과 회계정보'(1993) '중급회계'(1997) [종]기독교

김지홍(金址鴻) KIM Ji Hong

[생]1956·6·8 [출]서울 [주]세종특별자치시 남세종로263 한국개발연구원(KDI) 국제정책대학원(044-550-1011) [학]1975년 경기고졸 1979년 서울대 경제학과졸 1982년 미국 하버드대 경영대학원졸 1987년 경영학박사(미국 버클리대) [경]고려대 경영대학원 강사, 서울시립대 경영대학 강사, 한국개발연구원 부연구위원, (주)국민은행 사외이사, 한양대 경상학부 교수 2002년 금융발전심의회 은행분과위원회 위원 2002년 아남반도체 사외이사, 동아팜텍 감사 2003년 한국개발연구원(KDI) 국제정책대학원 국제경영전공 교수(현) 2014년 (주)한진해운 사외이사 겸 감사위원 2016년 한국전력공사 사외이사(현) [저]'경영학의 이해'(1999)

김지환(金智煥) KIM Ji Hwan

[생]1944·3·13 [주]전남 순천시 제일대학길17 순천제일대학교 총장실(061-740-1234) [학]1972년 성균관대 사회심리학과졸 1977년 同대학원졸 1992년 심리학박사(성균관대) [경]1972~1974년 중앙청소년회관 상담실장 1974~1978년 병무청 선병연구위원회 연구위원 1981년 전북대·충북대·성균관대·국민대 시간강사 1984~2009년 충남대 심리학과 조교수·부교수·교수, 同사회과학대학장 2007~2008년 同교무처장 2009년 同명예교수(현) 2014년 순천제일대 총장(현)

김지환(金智煥) Kim, Ji Hwan

[생]1958·7·7 [본]당악(唐岳) [출]전남 나주 [주]서울 관악구 관악로1 서울대학교 공과대학 기계항공공학부(02-880-7383) [학]1977년 보성고졸 1982년 서울대 공대 항공우주공학과졸 1984년 同대학원 항공우주공학과졸 1989년 공학박사(서울대) [경]1983년 서울대 공대 항공공학과 조교 1989년 인하대 공대 항공우주공학과 강사 1989~1991년 미국 메릴랜드대 항공우주공학위원회 연구원 1992~2003년 서울대 항공우주공학과 조교수·부교수 2002년 교육인적자원부 고등교과서용도서(항공기부문) 심의위원 2003년 항공사고조사위원회 자문위원 2003년 서울대 공과대학 기계항공공학부 우주항공공학전공 교수(현) 2005년 한국복합재료학회 총무이사 2009~2011년 서울대 항공우주신기술연구소장 [역]'Engineering Mechanics : Dynamics'(2004, 범한서적) [종]천주교

김지환(金知煥) KIM Ji Hwan

[생]1980·8·2 [본]경주(慶州) [출]서울 [주]경기 수원시 팔달구 효원로1 경기도의회(031-8008-7650) [학]중앙대 토목공학과졸, 서울시립대 국제도시과학대학원 석사과정 재학 중, 새정치경기아카데미 지방자치과정 1기 수료 [경]삼환기업(주) 프로젝트관리전문가, 서울중앙지검 파랑마니또 위촉위원, 새정치실천연합 성남지부 청년위원장, 한국매니페스토실천본부 참여위원(현) 2014년 경기도의회 의원(새정치민주연합·더불어민주당·국민의당)(현) 2014년 同건설교통위원회 위원 2014년 同새정치민주연합 부대표 2014~2016

년 同안전사회건설특별위원회 간사 2014·2016년 同도시교통위원회 위원 (현) 2015년 새정치민주연합 경기도당 청년위원장 2015년 경기도의회 버스요금조사소위원회 간사 2015년 同생실천위원회 위원 2015년 同청년일자리창출특별위원회 위원(현) 2015년 새정치민주연합 전국청년위원회 운영위원 2015~2016년 경기도의회 더불어민주당 부대표 2015년 同안전사회건설특별위원회 위원(현) 2015~2016년 더불어민주당 경기도당 청년위원장 2015~2016년 同전국청년위원회 운영위원 2016년 국민의당 성남시분당구乙지역위원회 위원장(현) (상)한국매니페스토 광역의원 최우수상(2014), 대한민국 가치경영대상 의정행정부문(2015)

김지훈(金志勳) KIM Ji Hoon (湖山)

(생)1933·12·10 (본)제주 (주)제주특별자치도 제주시 한북로97 재흥건설(주) 회장실(064-746-2553) (학)1953년 제주 오현고졸 1957년 제주대 영어영문학과졸 1972년 서울대 신문대학원 언론인교육과정 수료 (경)1959년 제주신보 기자 1962년 KBS 제주방송 기자 1970년 제주신문 사회부장 1975년 同체육부장 1978년 同편집부국장 1980년 해직 1982년 (주)서해 이사 1989년 제주신문 논설위원 1990년 제민일보 대표이사 1993년 同부회장 1997년 同사장 1999년 재흥건설(주) 회장(현) 2000년 제주언론인클럽 부회장 2004~2010년 同회장 (상)제주도 문화상 언론부문, 송하언론상

김지흥(金知興) KIM, JI-HEUNG

(생)1959·4·1 (본)경주(慶州) (출)충북 영동 (주)경기 수원시 장안구 서부로2066 성균관대학교 화학공학부(031-290-7247) (학)1977년 부산남고졸 1981년 서울대 공업화학과졸 1983년 한국과학기술원 대학원졸 1991년 고분자화학박사(미국 랜실레어폴리테크닉대) (경)한국과학기술연구소 연구원, 미국 매사추세츠대 연구원, 일본 東京理科大 생명과학연구소 객원연구원, 호주 퀸즈랜드대 객원교수 1992년 성균관대 화학공학과 교수 2009년 同화공학부 교수(현) (역)'기초고분자과학'(2000) (종)기독교

김 진(金 鎭) KIM Jin

(생)1961·1·22 (출)강원 춘천 (주)서울 송파구 마천로1 LG전자체육관 창원 LG 세이커스(02-2005-5823) (학)신일고졸, 고려대졸 (경)1983년 삼성전자 농구단 입단 1995년 상무 농구단 코치 1996년 동양 오리온스 코치 2000년 同감독 대행 2001~2007년 대구 오리온스 감독 2002년 제14회 부산아시안게임 농구국가대표팀 감독 2002년 '2001~2002 KBL 정규리그' 우승 2003년 '2002~2003 KBL 정규리그' 우승 2007~2009년 서울 SK 나이츠 감독 2009년 同기술고문 2010년 KBL 기술위원 2011년 창원 LG 세이커스 감독(현) 2014년 '2013~2014 KBL 정규리그' 우승 (상)'2001~2002시즌 KBL 정규리그' 감독상(2002), 부산 아시안게임 금메달(2002), 스포츠서울 2002프로농구 대상, '2002~2003 KBL 정규리그' 감독상(2003), 스포츠투데이 디지털LG 프로농구 대상, 일간스포츠 아디다스 프로농구대상 지도자상, 스포츠조선 LG 플래트론 프로농구 대상, KBL 애니콜 프로농구 감독상, '2013~2014시즌 KBL 정규리그' 감독상(2014)

김진겸(金眞謙) KIM Gene Kyum

(생)1959·6·5 (출)서울 (학)서울대 사회과학대학졸, 미국 펜실베이니아대(Univ. of Pennsylvania) 경제학과졸, 미국 시카고대(Univ. of Chicago) 경영대학원졸(MBA), 서울대 사회계열 재학中 (경)1982~1985년 미국 퍼스트내셔널 시카고은행(First National Bank of Chicago) 근무 1986~1992년 노무라증권 미국현지법인 수석부사장 1992~1999년 미국 호라이즌투자자문 사장 1999~2001년 신한증권·한빛증권 이사 2001~2004년 한가람투자자문 사장 2004~2007년 Credit Suisse Securities 전무 2007~2011년 SC제일은행 글로벌마켓본부 부행장 2011년 스탠다드차타드은행 글로벌마켓 동북아지역 헤드 2011~2015년 스탠다드차타드그룹 범중화권·북아시아지역본부 자본시장담당 총괄헤드 2015년 아시아증권산업금융시장협회(ASIFMA) 이사회 의장(현)

김진경(金振鏡) KIM Jin Kyung

(생)1975·2·10 (출)경기 시흥 (주)경기 수원시 팔달구 효원로1 경기도의회(031-8008-7000) (학)연세대 행정대학원 지방자치 및 도시행정전공 재학中 (경)백원우 국회의원 정책보좌역, 통합민주당 교육문화특별위원회 부위원장 2008·2010년 경기도의회 의원(통합민주당·민주당·새정치민주연합) 2012년 同도시환경위원장, 서울대 국제캠퍼스유치특별위원회 부위원장, 경기도 건축

문화심사위원, 푸른경기21실천협의회 의원 2014년 경기도의회 의원(새정치민주연합·더불어민주당)(현) 2014~2016년 同문화체육관광위원회 위원 2016년 同안전행정위원회 위원(현) 2016년 同예산결산특별위원회 위원(현) (종)기독교

김진곤(金津坤) KIM Jin Kon

(생)1954·4·5 (주)경기 고양시 덕양구 항공대학로76 한국항공대학교 항공우주 및 기계공학부(02-300-0174) (학)1976년 고려대 기계공학과졸 1979년 인하대 대학원 기계공학과졸 1984년 기계공학박사(프랑스 국립항공기계대(ENSMA)) (경)1980~1990년 한국항공기술연구소 선임연구원 1990년 한국항공대 기계설계학과 교수, 同항공우주 및 기계공학부 교수(현) 2003년 재한국추진공학회 편집위원 2014년 同대학원장 겸 공과대학장(현)

김진곤(金進坤) KIM Jin Kon

(생)1957·12·5 (본)김해(金海) (출)경남 창원 (주)경북 포항시 남구 청암로77 포항공과대학교 화학공학과(054-279-2276) (학)1980년 서울대 화학공학과졸 1982년 한국과학기술원(KAIST) 화학공학과졸(석사) 1990년 화학공학박사(미국 Polytechnic Univ.) (경)1985~1990년 미국 Polytechnic Univ. 연구원 1990년 同Post-Doc. 1991년 LG케미칼 선임연구원 1993년 포항공과대 화학공학과 교수(현) 1994년 국제고분자가공학회 한국대표 2000년 미국 Massachusetts at Amherst 방문교수 2004년 포항공과대 지능형 블록공중합체 자기조립연구단장(현) 2009년 미국물리학회 석학회원(Fellow)(현) 2010년 한국과학기술한림원 정회원(현) 2011년 포항공과대 포스텍 펠로우(Postech Fellow)(현) 2012~2015년 LG화학(주) 사외이사 2015년 (주)LG하우시스 사외이사 겸 감사위원(현) (상)과학기술자상(2003), 과학기술 우수논문상(2005), 삼성고분자학술상(2006), KAIST 올해의 동문상(2007), 자랑스러운 대구·경북인상(2007), 자랑스러운 포스테키안상(2010), 대한민국특허대전 금상(2010) (종)기독교

김진곤(金辰坤) KIM Jin Gon

(생)1965·3·6 (주)서울 서초구 반포대로201 국립중앙도서관 기획연수부(02-590-0511) (경)2003년 문화관광부 종무실 종무1과 서기관 2006년 同예술국 전통예술팀장 2007년 同관광산업본부 관광산업팀장 2008년 문화체육관광부 장관비서관 2008년 해외문화홍보원 해외홍보과장 2009년 문화체육관광부 문화콘텐츠산업실 저작권정책과장 2010년 同문화콘텐츠산업실 저작권정책과장(부이사관) 2010년 駐중국 한국문화원장(부이사관) 2016년 문화체육관광부 종무2담당관 2016년 국립중앙도서관 기획연수부장(현)

김진구(金鎭九) KIM Jin Goo

(생)1957·9·16 (본)김녕(金寧) (출)경남 김해 (주)서울 종로구 세종대로209 통일부 개성공단남북공동위원회 사무처(02-2100-5953) (학)1977년 부산상고졸 1978년 고려대 정경대학 중퇴 1987년 한국방송통신대 경제학과졸 1990년 고려대 정책과학대학원 도시및지방행정전공(행정학석사) 1997년 중국 베이징대 국제관계학원 국제정치전공졸(법학석사) (경)2002년 통일부 인도지원국 인도지원기획과 서기관 2004년 同사회문화교류국 이산가족과 서기관 2005년 同사회문화교류국 지원기획과장 2006년 同사회문화교류국 지원협력1팀장 2006년 동북아시대위원회 과장(파견) 2007년 통일교육원 교육운영팀장 2008년 통일부 북한이탈주민정착지원사무소 교육훈련2과장 겸 하나원 분원장 2009년 교육 파견 2010년 통일부 북한이탈주민정착지원사무소 교육훈련2과장 겸 하나원 분원장 2012년 강원도 통일협력관(파견) 2014년 통일부 남북출입사무소 출입총괄과장 2014년 同한반도통일미래센터장(부이사관) 2016년 同개성공단남북공동위원회 사무처장(고위공무원)(현)

김진구(金秦求) Jin-Goo, Kim

(생)1963·8·14 (본)연안(延安) (출)서울 (주)서울 광진구 능동로120의1 건국대학교병원 정형외과(02-2030-7070) (학)1982년 경복고졸 1990년 서울대 의대졸 1996년 인제대 대학원 의학석사 1999년 의학박사(인제대) (경)1995~1996년 한국병원 정형외과장 1997~2015년 인제대 의대 정형외과학교실 전임강사·조교수·부교수·교수 2002~2003년 미국 피츠버그대 교환교수 2011~2014년 대한관절경학회 총무 2011~2015년 인제대 서울백병원 부원장 겸 진료부장 2012~2015년 同스포츠메디컬센터 소장 2015년 건국대 의

학전문대학원 정형외과학교실 교수(현) ⓢ대한관절경학회 최우수논문상(2005 · 2008), 일본정형외과 해외논문상(2006), 대한슬관절학회 학술상(2006), 대한슬관절학회 최우수논문상(2009), 대한선수트레이너 베스트닥터상(2010), 인제대학교 서울백병원 최우수논문상(2012 · 2014), 인제대학교 최우수학술상(2013), 대한스포츠의학회 제마의학상(2013), 대한슬관절학회 영문학술지 최다피인용상(2014), 대한스포츠학회 최우수연제상(2015) ⓢ기독교

김진구(金鎭久) KIM Jin Goo

ⓢ1965 · 6 · 14 ⓑ김녕(金寧) ⓞ전북 익산 ⓙ경기 안산시 단원구 번영2로81 (주)산성피앤씨 대표이사실(031-499-8547) ⓗ1989년 서울대 외교학과졸 ⓔ1993~1997년 한보철강공업(주) 과장, (주)산성 상무이사 2002년 (주)산성피앤씨 상무이사 2004 · 2016년 同대표이사 부회장(현) 2004년 (주)리더스코스메틱 대표이사(현) 2012~2016년 (주)산성앨엔에스 대표이사 부회장 ⓢ불교

김진국(金鎭國) KIM Jin Kook

ⓢ1952 · 9 · 9 ⓑ경주(慶州) ⓞ서울 ⓙ서울 강남구 논현로650의1 하이빌딩4층 (주)컨슈머인사이트 대표이사실(02-6004-7600) ⓗ1978년 고려대 대학원 심리학과졸 ⓔ1982~1988년 전남대 교수 1996~1999년 (주)J.D Power Korea 대표 2000년 (주)에프인사이드 대표 2005~2015년 (주)마케팅인사이트 대표이사 2014년 장훈장학회 회장(현) 2015년 (주)컨슈머인사이트 대표이사(현) ⓩ'한국자동차품질백서'(2002 · 2003 · 2004 · 2005 · 2006 · 2007 · 2008 · 2009 · 2010) ⓥ'고객만족 서비스 품질의 측정과 개선'(2001)

김진국(金鎭國) Kim, Jin Kook

ⓢ1959 · 11 · 30 ⓑ김녕(金寧) ⓞ경남 ⓙ서울 중구 서소문로100 중앙일보(02-751-5800) ⓗ1977년 밀성고졸 1985년 서울대 정치학과졸 2001년 한양대 언론대학원 수료 2011년 고려대 최고위언론과정 수료 ⓔ1985년 중앙일보 외신부 · 정치부 기자 1996년 同정치부 차장 1996년 同시사월간WIN 차장 1998년 同교육사업팀장 1999년 同정치부 차장 2003년 同논설위원 2004년 同정치부 부장대우 2004~2014년 정치평론학회 이사 2006년 중앙일보 논설위원 2007년 同편집국 국제부문 에디터 2008년 同편집국 정치 · 국제부문 에디터 2008년 同편집국장 대리 겸임 2009년 관훈클럽 운영위원(서기) 2009년 중앙일보 논설위원 2010년 관훈클럽 총무(57대) 2010년 중앙일보 논설위원실장 2012년 同논설위원실장(이사대우) 2012년 국립대학법인 서울대 재경위원(현) 2013~2015년 한국신문방송편집인협회 부회장 2013~2014년 다산연구소 이사 2013년 중앙일보 논설주간(이사) 2014년 同대기자(상무보)(현) 2014년 관훈클럽 신영연구기금 이사(현) 2014년 경찰위원회 비상임위원(현) 2015년 정치평론학회 부회장(현) 2015년 관악언론인회 회장(현) 2015년 한국신문방송편집인협회기금 이사(현) ⓢ특종상(1992), 제8회 한국참언론인대상 정치부문(2012), 서울대 언론인대상(2014)

김진국(金鎭國) Jin-Kook Kim

ⓢ1962 · 8 ⓙ서울 종로구 인사동5길41 (주)하나투어 비서실(02-2127-1985) ⓗ1989년 한국외국어대 영어과졸 2001년 서강대 경영대학원 경영학과졸 ⓔ1989년 캐세이퍼시픽항공 입사 2004년 (주)하나투어 전략기획실 입사 2009년 同글로벌경영관리본부장(이사) 2014년 同글로벌경영관리본부장(전무) 2016년 同대표이사 사장(현) ⓢ한국IR협의회 Best IRO상(2007)

김진국(金晋局) KIM Jin Kook

ⓢ1963 · 11 · 11 ⓞ전남 보성 ⓙ서울 서초구 서초중앙로148 김영빌딩 8층 법무법인 해마루(02-536-5437) ⓗ1981년 전남고졸 1985년 서울대 사법학과졸 1987년 同대학원 사법학과졸 ⓔ1987년 사법시험 합격(29회) 1990년 사법연수원 수료(19기) 1990년 변호사 개업 2000년 법무법인 내일 대표변호사 2001년 간행물윤리위원회 심의위원 2003년 서울지방변호사회 사업이사 2003년 서울지방노동위원회 공익위원 2003년 방송위원회 심의위원 2005~2007년 대통령 법무비서관 2007년 법무법인 해마루 대표변호사(현) ⓢ기독교

김진권(金鎭權) KIM Jin Kwon

ⓢ1950 · 2 · 8 ⓞ전북 남원 ⓙ서울 서초구 서초대로74길4 법무법인(유) 동인(02-2046-0677) ⓗ1968년 전주고졸 1972년 서울대 행정학과졸 ⓔ1977년 사법시험 합격(19회) 1979년 사법연수원 수료(9기) 1979년 부산지법 판사 1984년 同울산지원 판사 1985년 서울민사지법 판사 1987년 서울지법 의정부지원 판사 1988년 수원지법 판사 1989년 서울고법 판사 1991년 대법원 재판연구관 1993년 창원지법 부장판사 1996년 수원지법 평택지원장 1997년 서울가정법원 부장판사 1998년 서울지법 부장판사 2000년 광주고법 부장판사 2002년 서울고법 부장판사 2006~2008년 대전지법원장 2006~2008년 대전시선거관리위원회 위원장 겸임 2008년 수원지법원장 2009년 서울동부지법원장 2009년 중앙선거관리위원회 위원 2010년 대전고법원장 2011~2013년 서울고법원장 2013년 법무법인(유) 동인 대표변호사(현)

김진규(金鎭圭)

ⓢ1961 · 2 · 1 ⓞ충북 ⓙ서울 영등포구 국제금융로2길17 티에이케이정보시스템(주) 대표이사실(02-3279-8149) ⓗ1980년 서울 배명고졸 1985년 성균관대 경영학과졸 1987년 同대학원 경영학과졸(석사) ⓔ1988년 삼성물산 입사 1996년 새한그룹 종합기획실 인사과장 1998년 (주)새한 인사과장 2001년 도레이첨단소재(주) 신문화추진TF팀장 2004년 同인사기획팀장 2011년 同인사담당 이사 2013년 同인사담당 상무보 2014년 同인사지원본부장(상무보) 2016년 티에이케이정보시스템(주) 대표이사 사장(현)

김진규(金鎭奎) Kim Jin-Kyu

ⓢ1963 · 10 · 29 ⓞ서울 ⓙ전남 나주시 교육길35 한국콘텐츠진흥원 문화기술진흥본부(061-900-6050) ⓗ1981년 서울고졸 1985년 한국항공대 전자공학과졸 2005년 아주대 경영대학원졸, 미국 UCLA 앤더슨 매니지먼트스쿨 Global Media Leader Cultivation Program 수료, 미국 NYU Stern Media Entertainment Program 수료, 서울대 문화콘텐츠GLA과정 수료 2013년 문화콘텐츠학박사(한국외국어대) ⓔ1984년 삼성그룹 입사 · 전략기획그룹장 2000년 아이아이커뮤니케이션 대표 2001년 한국문화콘텐츠진흥원 입사, 同기획혁신팀장 2006년 同산업진흥본부장 겸 창작지원센터장 2008년 同산업진흥본부장 2009년 한국콘텐츠진흥원 전략콘텐츠본부장 2010년 同산업정책실 본부장 2011년 同차세대콘텐츠산업본부장 2012년 同게임 · 차세대콘텐츠본부장 2013년 同CT개발본부장 2014년 同심사평가지원단장 2015년 同CT개발사업실장 2016년 同문화기술진흥본부장(현) ⓩ'문화마케팅성공스토리'(共)(2011) '콘텐츠산업의 비즈니스 모델과 전략'(2013)

김진규(金鎭圭) KIM Jin Gyu

ⓢ1966 · 4 · 5 ⓙ인천 남동구 정각로29 인천광역시의회(032-440-6056) ⓗ1988년 단국대 체육대학 체육학과졸 ⓔ(유)나이브메디칼 대표이사 2008년 인천원당로타리클럽 회장 2009년 인천시 검단3동 주민자치위원장 2010~2014년 인천시 서구의회 의원(민주당 · 민주통합당 · 민주당 · 새정치민주연합) 2014년 인천시의회 의원(새정치민주연합 · 더불어민주당)(현) 2014 · 2016년 同산업경제위원회 위원(현) 2014~2015년 同예산결산특별위원회 위원 2014~2015년 同윤리특별위원회 부위원장 2016년 同예산결산특별위원회 위원장(현)

김진균(金震均) KIM Jin Kyun

ⓢ1945 · 3 · 6 ⓞ서울 ⓙ서울 관악구 관악로1 서울대학교 건축학과(02-880-7058) ⓗ1963년 경기고졸 1968년 서울대 건축학과졸 1980년 미국 MIT 대학원 건축학과졸 1994년 공학박사(서울시립대) ⓔ1974년 울산대 건축학과 교수 1981~2010년 서울대 건축학과 교수 1998~2000년 서울시 건축위원 2000~2002년 대한주택공사 설계자문위원 2000~2003년 서울시 건축분쟁조정위원회 위원 2000년 매일경제 주관 '좋은 아파트' 선정위원 2002년 한국교육시설학회 회장 2002~2004년 대한건축학회 회장 2003년 백남준미술관 현상설계국제공모전 심사위원 2003~2004년 한국건축단체연합회(FIKA) 회장 2003~2005년 건설교통부 중앙건축위원회 위원 2004년 신행정수도건설추진위원회 자문위원 2004년 초고층건설기술개발연구단 단장 2004~2010년 (사)한국건축학교육인증원 원장 2004년 대한건축학회 자문위원 · 참여이사(현) 2010년 서울대 건축학과 명예교수(현) ⓢ국무총리표창(1999), 대한건축학회 공로상(2000), 한국교육시설학회 공로상(2003), 경기도 건축문화상(2003), 토목건축기술인부문 최우수상(2007) ⓩ대표작 '단국

대학교 죽전캠퍼스 마스터 플랜 및 본관, 학생회관' '한국전력공사 강릉지사' '한국전력공사 전남지사' '서울대 엔지니어하우스' '서울대연구공원 마스터플랜 및 인큐베이터건물' 등 [종]천주교

김진기(金鎭琪) KIM Jin Ki

[생]1948·7·26 [출]경남 마산 [주]서울 금천구 가산디지털1로145 에이스하이엔드타워3차17층 중앙G&E(1670-0579) [학]1967년 경기고졸 1972년 서울대 경영학과졸 1974년 미국 캘리포니아대 버클리교 경영대학원졸 [경]1975년 일신제강 근무 1977년 고려대 강사 1978~1981년 삼성그룹 비서실 차장·부장 1981~1987년 삼성전자 수출기획부장·해외관리담당·해외마케팅담당 1987년 同수출담당 이사 1992~1995년 同프랑스법인장·구주총괄상무 1996년 同전무이사 1999년 앤더슨컨설팅 Korea 고문 2000~2002년 중앙일보에듀라인 대표이사 2001~2006년 조인스닷컴(주) 대표이사 2001~2002·2004~2005년 한국온라인신문협회 회장 2005~2006년 同감사 2006년 중앙일보 뉴미디어 총괄사장 2009년 중앙G&S 대표이사 2011년 중앙G&E 대표이사(현) [종]기독교

김진기(金鎭基) KIM Jin Ki

[생]1949·5·10 [출]경북 경산 [주]대구 수성구 동대구로 355 범어빌딩4층 법무법인 삼일(053-743-0031) [학]1967년 경북고졸 1971년 서울대 법대졸 [경]1972년 사법시험 합격(14회) 1974년 사법연수원 수료(4기) 1975년 육군 법무관 1977년 부산지법 판사 1979년 대구지법 경주지원 판사 1981년 同판사 1984년 同소년부지원장 1985년 同영덕지원장 1985년 대구고법 판사 1988년 대법원 재판연구관 1990년 부산지법 부장판사 1991년 대구지법 부장판사 1995년 同경주지원장 1996년 부산고법 부장판사 1997~2003년 대구고법 부장판사 1999~2001년 대구지법 수석부장판사 직대 2003년 同법원장 2005~2007년 대구고법원장 2007~2011년 변호사 개업 2011~2015년 대구지법조정센터 상임조정위원장 2015년 법무법인 삼일 고문변호사(현)

김진덕(金鎭德) KIM Jin Deog

[생]1957·8·5 [주]서울 강남구 테헤란로223 큰길타워12층 한국도시가스협회 임원실(02-555-9693) [학]전주상고졸, 전주대 무역학과졸, 경원대 대학원 행정학과졸, 행정학박사(가천대) [경]오리엔트시계공업(주) 근무, 전북도시가스(주) 근무, 한국가스공사 열린공기업위원회 위원, 서울시 에너지위원회 위원, 한국가스안전공사 ISO 인증운영위원회 위원, 한국도시가스협회 전무(현), 마라톤복지법인 이사(현), 한국천연가스차량협회 이사(현), 한국가스학회 이사, 서울시 기후변화기금 심의위원(현), 한국가스안전공사 기술기준위원회 일반도시가스·충전사업 및 가스사용분과위원회 위원(현), 한국가스안전공사 가스보일러안전포럼 위원(현), 한국가스공사 천연가스요금심의위원(현), 한국가스안전공사 퓨즈콕안전관리포럼 위원(현), 同중압도시가스배관정밀안전진단평가위원회 위원(현) 2016년 한국가스학회 부회장(현) [상]산업자원부장관표창 [종]기독교

김진덕(金鎭德) KIM Jin Deok

[생]1969·10·25 [본]김녕(金寧) [출]경북 봉화 [주]인천 남동구 경인로545 인천도시농업네트워크(032-201-4549) [학]제물포고졸 1993년 인하대 화학과 제적 [경]1996년 민족의화해와평화를위한인천지역종교인협의회 간사 1999년 (사)내일청소년문화마당 설립·사무국장 2001~2010년 전국청소년단체연대회의 집행위원 2001년 인천시민이함께만드는어린이날행사 '어깨동무 내동무' 집행위원장 2001~2004년 십정동어깨동무공부방 운영위원장 2003년 (사)지역복지센터 '나눔과함께' 감사 2004년 6.15공동선언4돌기념남북공동행사우리민족대회 자원봉사단장 2004~2010년 십정동어깨동무공부방 교장 2006~2010년 인천청소년지도사협의회 회장 2006~2010년 (사)지역복지센터 '나눔과함께' 운영이사 2006~2010년 (사)청소년인권복지센터 '내일' 상임이사 2006년 인천시의원선거 출마(민주노동당) 2007~2011년 인천도시농업네트워크 대표 2008~2011년 인천의제21 녹색소비와경제분과 위원 2011~2013년 인천남동구자원봉사센터 소장 2011년 인천도시농업네트워크 사업단 '텃밭' 이사 2011년 同운영위원장(현) 2014년 인천도시농업시민협의회 대표(현) 2015년 생태텃밭협동조합 이사장(현) 2015년 (사)전국도시농업시민협의회 감사 2016년 (사)전국도시농업시민협의회 상임대표(현) [상]청소년육성공로상(1990·2001·2007) [종]가톨릭

김진도(金鎭都) Kim Jin Do

[생]1950·3·11 [출]경북 영덕 [주]경북 경산시 공단8로 191 (주)기풍(054-856-1600) [학]1968년 대구 계성고졸 1974년 용인대 유도학과졸, 경영학박사(용인대) [경]1977년 기풍섬유 설립·사장 1995년 건우기계 설립·사장 1997년 (주)기풍 설립·대표이사 사장(현) 1999~2015년 (사)대한유도회 부회장 1999년 영국 버밍험 유도선수권대회 단장 2002년 대구·경북견직물조합 이사 2003년 일본 동경 JINGORO KANO CUP 유도대회 단장 2004년 일본 후쿠오카 국제유도대회 단장 2006년 카타르 도하 아시안게임 본부 임원 2007년 중국 북경 세계월드컵 단장 2008년 일본 동경 JINGORO KANO CUP 유도대회 단장 2009년 일본 도쿄 그랜드슬램국제유도대회 단장 2015년 (사)대한유도회 회장(현) [상]1천만달러 수출의탑(1997), 통상산업자원부장관표창(1999), 부총리 겸 재정경제부장관표창(2003), 대한체육회 체육상(2005), 모나코 몽골리아 IOC위원훈장(2006)

김진동(金鎭東) KIM Jin-Dong

[생]1968·2·19 [출]충남 서천 [주]서울 서초구 서초중앙로 157 서울중앙지방법원(02-530-1114) [학]1986년 동국대사대부고졸 1990년 고려대 법학과졸 [경]1993년 사법시험 합격(35회) 1996년 사법연수원 수료(25기) 1996년 공익법무관 1999년 전주지법 판사 2001년 同남원지원 장수군·순창군법원 판사 2002년 서울지법 의정부지원 판사 2004년 의정부지법 판사 2005년 서울중앙지법 판사 2007년 서울고법 판사 2009년 대법원 재판연구관 2011년 전주지법 부장판사(사법연구) 2011년 대구지법 부장판사 2013년 수원지법 부장판사 2016년 서울중앙지법 형사합의27부장판사(현)

김진동(金振童)

[주]세종특별자치시 한누리대로402 산업통상자원부 운영지원과(044-203-5068) [학]서울대 수학과졸, 미국 컬럼비아대 대학원 국제관계학과졸 [경]1997년 외무고시 합격(31회) 1997년 외무부 입부 1997~2005년 외무부 및 외교통상부 아중동국·외교정책실·다자통상국 근무 2005~2010년 駐제네바대표부 1등서기관·駐모로코대사관 참사관 2010~2013년 외교통상부 국제경제국·G20정상회의준비위원회·대통령 국제경제보좌관실 근무 2012년 외교통상부 세계무역기구과장 2013년 산업통상자원부 세계무역기구과장 2014년 駐제네바대표부 참사관(현) 2016년 세계무역기구(WTO) 보조금상계조치위원회(Committee on Subsidies and Countervailing Measures) 의장(현)

김진만(金辰滿) Jin-Man Kim

[생]1959·10·2 [본]강릉(江陵) [출]서울 [주]경기 안양시 만안구 안양로111 경기벤처연성대학교센터909호 축산물안전관리인증원(031-390-5201) [학]1978년 한영고졸 1984년 고려대 식품공학과졸 1988년 同대학원 식품미생물 및 가공학과졸(석사) 2000년 식품과학박사(미국 캔자스주립대) [경]2004년 건국대 축산식품공학과 교수(현) 2004년 식품의약품안전처 축산물위생심의위원회 심의위원(현) 2004년 同식품위생심의위원회 심의위원(현) 2004년 同건강기능식품심의위원회 심의위원(현) 2004년 (사)한국소비자단체협의회 자율분쟁조정위원회 조정위원(현) 2008년 식품의약품안전처 유전자재조합식품 등 안전성평가자료 심사위원(현) 2010년 미국 세계인명사전 'Marquis Who's Who in the World 2010'에 등재 2010년 영국 세계인명사전 'International Biographical(IBC)'에 등재 2011년 미국 세계인명사전 American Biographical Institute(ABI)에 등재 2011~2013년 (사)한국동물약품협회 기술자문위원 2012~2015년 건국대 농식품안전인증센터장 2013~2015년 同축산물수출연구소장 2013년 농림축산검역본부 수출검역지원협의회 닭고기분과위원장(현) 2014년 식품의약품안전처 규제개혁특별자문단 식품분과위원장(현) 2015년 한국유산균학회 회장(현) 2015년 축산물안전관리인증원 원장(현) [상]농림수산식품부장관표창(2008), 한국과학기술단체총연합회 과학기술우수논문상(2011), 국무총리표창(2012), 식품의약품안전처장표창(2014) [저]'식품이물의 이해와 안전대책'(2011, (사)식품안전연구원) [종]기독교

김진만(金鎭萬) Jinman Kim

[생]1969·8·1 [본]경주(慶州) [출]충남 연기 [주]서울 중구 세종대로110 서울특별시청 행정국 인사과(02-2133-5700) [학]1988년 충남고졸 1993년 서울대 사회복지학과졸 2009년 미국 샌디에이고주립대 대학원 행정학과졸 [경]1994년 행정고시 합격(37회) 1995~1996년 서울 동작구 환경과장·흑석2동장 1996~1999년 공군 장교 복무 1999년 서울 동작구 사회복지과장 2001년 서울시 국

제협력담당관실 국제회의팀장 2002년 同마케팅담당관실 마케팅기획팀장 2005년 同홍보담당관실 홍보기획팀장 2006년 서울시립대 교무과장 2008년 미국 파견 2010년 서울시 경쟁력강화본부 국제협력담당관 2012년 同기획조정실 평가담당관 2014년 同시민소통기획관실 시민소통담당관 2015년 同시민소통기획관실 시민소통담당관(부이사관) 2016년 국립외교원 교육파견(현) ❸대통령표창(2006) ❽기독교

김진면(金進勉) KIM Jin Myun

❷1956 · 4 · 18 ❸강원 춘천 ❹서울 서초구 명달로6 휠라코리아(주) 사장실(02-3470-9504) ❺1974년 춘천고졸 1986년 성균관대 화학공학과졸 1996년 미국 FTT 패션마케팅 수료 2001년 연세대 생활환경대학원 패션산업정보학과졸 ❻1987년 삼성물산 입사 2004년 제일모직(주) 빈폴전략담당 상무보 2007년 同패션부문 WISH컴퍼니장(상무) 2009년 同남성복컴퍼니장(상무) 2010년 同패션사업2부문장(전무) 2012년 同패션사업1부문장(전무) 2013년 同빈폴사업부문장(전무) 2013년 삼성에버랜드 자문역 2014년 제일모직(주) 자문역 2014년 연세대 생활환경대학원 객원교수 2015년 휠라코리아(주) 대표이사 사장(현)

김진모(金鎭模) KIM Jin Mo

❷1966 · 1 · 25 ❸충북 청주 ❹서울 양천구 신월로390 서울남부지방검찰청 검사장실(02-3219-4200) ❺1984년 청주 신흥고졸 1988년 서울대 법대졸 2000년 미국 스탠퍼드대 로스쿨 연수 ❻1987년 사법시험 합격(29회) 1990년 사법연수원 수료(19기) 1990년 軍법무관 1993년 서울지검 검사 1995년 부산지검 울산지청 검사 1997년 법무부 법무심의관실 검사 1999년 서울지검 검사 2002년 부산지검 부부장검사 2002년 대전지검 공주지청장 2004년 서울중앙지검 부부장검사 2005년 대검찰청 마약과장 2006년 서울동부지검 형사6부장 2007년 대구고검 검사 2008년 국가정보원 파견 2009년 서울고검 검사(법무부 정책기획단장 파견) 2009년 대통령 민정2비서관 2012년 부산지검 제1차장검사 2013년 광주고검 차장검사 2013년 대검찰청 기획조정부장(검사장급) 2015년 同검찰미래발전위원회 위원 2015년 인천지검장 2015년 서울남부지검장(현)

김진방(金鎭邦) KIM Jin Bang

❷1958 · 5 · 15 ❸인천 남구 인하로100 인하대학교 경제학과(032-860-7782) ❺1982년 서울대 경제학과졸 1985년 同대학원 경제학과졸 1990년 경제학박사(미국 듀크대) ❻1990~1994년 미국 캘리포니아대 조교수 1994년 인하대 경제학과 부교수 · 교수(현) 2004년 同산업경제연구소장 2015년 同경상대학장(현) ❸홍조근정훈장(2007) ❼'미국 사회의 지적 흐름'(1998) '한국5대재벌백서(共)'(1999) '한국재벌개혁론(共)'(1999) '국조조정의 정치경제학과 21세기 한국경제(共)'(2000) '미국 자본주의 해부(共)'(2001) '유럽 자본주의 해부(共)'(2003) '재벌의 소유구조(共)'(2005) '재벌의 소유구조 통계(共)'(2005) '세계화 시대 한국 자본주의(共)'(2007) '경제의 교양을 읽는다(共)'(2009) 'Chaebol policy for suppression of economic power concentration'(2013, 기획재정부) ❽'20세기의 역사'(2000)

김진배(金鎭培) Kim Jin Bae

❷1965 · 12 · 4 ❸경주(慶州) ❸충북 청주 ❹서울 종로구 창경궁로110 중앙선거관리위원회 선거연수원(02-764-0211) ❺1984년 충북 미원고졸 1988년 단국대 법학과졸 ❻2008년 속초시선거관리위원회 사무국장 2010년 강원도선거관리위원회 지도과장 2011년 법제처 파견 2012년 중앙선거관리위원회 상임위원 비서관 2013년 선거연수원 제도연구부장 2014년 同시민교육부장 2015년 同교수기획부장(부이사관) 2016년 同원장(현) ❸중앙선거관리위원장표창(1998), 대통령표창(2006)

김진범(金鎭範) KIM Jin Bom

❷1955 · 11 · 27 ❸김녕(金寧) ❸경남 창녕 ❹경남 양산시 물금읍 부산대학로49 부산대학교 치의학전문대학원 예방치과학교실(051-510-8223) ❺1979년 서울대 치과대학 치의학과졸 1982년 同대학원 치의학과졸 1989년 치의학박사(서울대) ❻1982~1989년 보건복지부 국립보건원 훈련부 구강보건학담당관 1989~1991년 신구전문대학 학과장 및 조교수 1991년 부산대 치과대학 예방치과학교실 교수 1997~1999년 同치과대학 부학장 1998년 同치과대학 예방치과학교실 주임교수 1983~1993년 보건복지부 구강보건사업협의회 위원 2006~2007년 대한구강보건학회 회장 1991년 부산대 치의학전문대학원 예방치과학교실 교수(현) 2008~2014년 同치과대학발전재단 이사장 2011~2015년 보건복지부 수돗물불소농도조정사업기술지원단장 2012~2014년 (사)한국산업구강보건원 이사장 2014~2016년 대한치과보험학회 회장 2016년 국제치과연구학회 한국지부 차기(2017년) 회장(현) ❸보건복지부장관표창(1984 · 2009) ❼'2009년 합천군 구강보건실태조사(共)'(2009) '울산광역시 남구 구강보건실태조사(共)'(2009) '진주시 구강보건사업 활성화방안'(2009) '최신예방치학실습(共)'(2009) '치과진료건강보험관리(共)'(2011) ❽'불소와 구강건강(共)'(2002) '충치예방을 위한 불소의 활용'(2003) '담배를 끊으세요(共)'(2003) '와타나베식 잇솔질요법으로 치아건강, 전신건강을!'(2011) ❽불교

김진범(金鎭範) KIM Jin Peom

❷1958 · 1 · 8 ❹서울 종로구 인사동7길32 SK건설(주) 임원실(02-3700-9046) ❺경기고졸, 서울대 법학과졸, 싱가포르대 경영대학원 재정학과졸 ❻SK글로벌 근무, SK건설(주) 기획실장(상무) 2008년 同기업문화부문장 · 이사회 사무국장 · Cadereyta TF ED(전무) 겸임 2011년 同국내개발사업추진단장 겸 Cadereyta TFT ED(전무) 2012년 同국내개발사업추진단장 겸 Cadereyta TFT ED(부사장) 2013년 同건축주택사업부문장 겸 Cadereyta TFT ED(부사장)(현)

김진봉(金振鳳) KIM Jin Bong

❷1934 · 5 · 13 ❸강릉(江陵) ❸서울 ❹서울 용산구 한강대로256 (주)수인더스트리 회장실(02-798-6321) ❺1958년 한양대 경영학과졸 1969년 연세대 경영대학원졸 1975년 경영학박사(중앙대) ❻1963년 민주공화당 의장 비서역 · 중앙상무위원 1969년 경희대 조교수 1969년 현대경제 논설위원 1971년 민주공화당 부총재보좌역 1971년 국무총리 정무비서관 1971년 명지대 부교수 1973년 제9대 국회의원(통일주체국민회의, 유신정우회) 1979~1999년 명지대 경영학과 교수 1986년 同경상대학장 1987년 명지실업전문대 학장 1989년 명지대 부총장 1990 · 1993년 同정보산업대학원장 1995년 (주)수인더스트리 회장(현) 1999~2002년 명지대 명예교수 ❸홍조근정훈장, 대통령표창 ❼'新재무관리론'(1969) '최신 재무관리론'(1975) '재무분석론' ❽기독교

김진부(金鎭富) KIM Jin Boo

❷1956 · 7 · 20 ❸경남 진주 ❹경남 창원시 의창구 상남로290 경상남도의회(055-211-7394) ❺검정고시 합격 1991년 진주전문대 경영과졸 2005년 진주산업대(경남과학기술대) 기계공학과졸 ❻1987년 진양군4H후원회 사무국장 1991년 진양군체육회 이사 1991~1994년 경남 진양군의회 의원 1998년 경남 진주시의회 의원 2006~2010년 경남도의회 의원(한나라당) 2006년 同건설소방위원회 위원 2008~2010년 경제문화환경위원회 위원 2010년 경남도의원선거 출마(미래연합) 2012년 새누리당 제18대 대통령선거 경남도대책위원회 진주乙지역본부 국민공감본부장 2014년 경남도의회 의원(새누리당)(현) 2014년 同건설소방위원회 위원 2016년 同남부내륙철도조기건설을위한특별위원회 위원장 2016년 同건설소방위원회 위원장(현)

김진삼(金鎭三) KIM Jin Sam

❷1951 · 12 · 5 ❸김녕(金寧) ❸대구 ❹경북 경산시 대학로280 영남대학교 국제통상학부(053-810-2755) ❺대건고졸 1974년 영남대 무역학과졸 1976년 同대학원 무역학과졸 1990년 경영학박사(단국대) ❻1977년 대구대 무역학과 교수 1981년 영남대 상경대학 국제통상학부 교수(현) 1996년 미국 워싱턴대 경제학과 객원교수 1997년 영남대 산경연구소장 2004~2006년 同상경대학장 2005년 (사)한국무역학회 회장 · 고문 2007년 (사)영상(嶺商)아카데미학회 회장 2013~2015년 영남대 교학부총장 2014~2015년 同특성화사업추진본부장 2016년 同총장 직대(현) ❸(사)한국무역학회 학술상(2003), 근정포장(2005) ❼'국제무역의 이해' '실효보호이론과 실증분석에 관한 연구' '무역학개론(共) '무역법규'(共)

김진상(金鎭相) KIM Jin Sang

❷1948 · 7 · 19 ❸전남 장흥 ❹광주 동구 동명로110 법조타운206호 법무법인 서석(062-226-7400) ❺1968년 광주제일고졸 1975년 고려대 법학과졸 ❻1984년 사법시험 합격(26회) 1987년 사법연수원 수료(16기) 1987년 광주지법 판사 1989년 同해남지원 판사 1990년 同판사 1996년 광주고법 판사 1999년 전주지법 남원지원장 2001년 광주지법 부장판사 2002년 同목포지원장 2004년 同민사7부 부장판사 2011년 법무법인 서석 대표변호사(현)

김진석(金鎭爽) KIM Jin Seok (灌草)

[생]1953·10·1 [본]삼척(三陟) [출]강원 삼척 [학]춘천고졸, 강원대 경영학과졸, 고려대 경영대학원졸, 중앙대 국제경영대학원 최고경영자과정 수료, 서울대 행정대학원 국가정책과정 수료, 미국 Univ. of Taxas, Dallars 상급석유재무과정 수료 [경]1975~1977년 고려대부설 기업경영연구소 전임연구원 1979년 한국석유공사 석유사업부장, 同석유정보처장, 同기획조정실장(상임이사), 영국 KCCL사 법인장 2002~2007년 국제에너지기구 국제분쟁중재위원 2004~2006년 한국석유공사 해외개발본부장(상임이사) 2007년 同고문 2008~2012년 DSME E&R 대표이사 2012~2013년 대우조선해양 고문 [상]통상산업부장관표창(1997), 한국재무경영대상 중기업부문(2011), 한국재무경영대상 대기업부문 재무혁신대상(2012) [종]천주교

김진석(金鎭碩) KIM Jin Suk

[생]1956·3·27 [본]울산(蔚山) [출]경남 진주 [주]경남 진주시 진주대로501 경상대학교 농업생명과학대학 식품자원경제학과(055-772-1843) [학]1975년 진주고졸 1981년 경상대 농업생명과학대학 농업경제학과졸 1985년 서울대 대학원 농업경제학과졸 1992년 경제학박사(서울대) [경]1981년 한국농촌경제연구원 유통경제실 연구원 1987년 同책임연구원 1992년 진주산업대 농업경제학과 교수 1993~2013년 경상대 농업생명과학대학 농업경제학과 교수 1994년 경남도 농업산학협동심의회 전문위원 1996~2000년 경상대 농업경제학과장 겸 대학원 주임교수 1996년 한국그린크로스 연구위원 1999년 경남도의회 의정자문위원 2002년 경남도 농정심의회 심의위원 2003년 농협중앙회 경남지역본부 운영자문위원 2002~2003년 일본 나고야대 대학원 국제개발연구과 객원교수 2003년 경상대 학생생활취업지원센터 소장 2004년 同농식품마케팅연구교육센터장 2004년 同농업생명과학연구원 운영위원 2004년 同농업생명과학대학 교수회장 2004년 농림부 산지유통정책협의회 위원 2010~2012년 경상대 농업생명과학대학장 2012년 진주시 정책자문교수단 자문교수(현) 2012~2014년 한국식품유통학회 회장 2013년 경상대 농업생명과학대학 식품자원경제학과 교수(현) 2014년 도농상생네트워크 상임대표(현) [저]'식량과 인간'(共) 'e-Business와 경영혁신'(共) '식품유통관리전략'(共) '21세기 마케팅 트랜드와 정책방향'(共) '자원경제와 투자분석'(2013) '농식품산업의 나아갈 길'(2014)

김진석(金振爽) KIM Jin Seok

[생]1959·2·28 [본]김해(金海) [출]대구 [주]서울 마포구 월드컵북로396 CJ헬로비전 임원실(1855-1000) [학]1977년 대구 계성고졸 1985년 고려대 산업공학과졸 2000년 핀란드 헬싱키대 대학원졸(MBA) 2002년 서강대 대학원 최고경영자과정 수료 [경]1985년 (주)데이콤 연구원 1988년 同시스템본부 개발3부 근무 1992년 同데이터망사업본부 기업서비스부 과장 1993년 同EDI사업본부 고객지원부 과장 1995년 同전자거래사업본부 운영부 팀장 1997년 同기업정보통신사업본부 정보N/W사업팀 파트장 1998년 同인터넷데이터센터장(상무보) 2000년 (주)한국인터넷데이터센터 상무 2006년 (주)데이콤 e-Biz사업부장(상무) 2006년 (주)LG데이콤 e-Biz사업부장(상무) 2007년 同컨버전스사업부장(상무) 2007년 CJ헬로비전 사업전략실장 2008년 同마케팅실장 2011년 同운영총괄 부사장대우 2013년 同대표이사(부사장대우) 2016년 同공동대표이사(현) [상]데이콤 공적상(1987), 정보통신부장관표창(1997), 산업자원부장관표창(2004), 방송통신위원장표창(2013)

김진석(金鎭錫)

[생]1966·5·9 [출]경남 밀양 [주]서울 서초구 서초중앙로157 서울고등법원 판사실(02-530-1114) [학]1984년 부산고졸 1992년 서울대 법대 사법학과졸 [경]1993년 사법시험 합격(35회) 1996년 사법연수원 수료(25기) 1996년 수원지법 판사 1998년 서울지법 판사 2000년 창원지법 진주지원 판사 2001년 同남해군법원 판사 2002년 同진주지원 판사 2003년 서울지법 판사 2007년 법원행정처 민사정책심의관, 서울고법 판사 2011년 부산지법 부장판사 2012년 서울고법 판사(현) [상]서울지방변호사협회 선정 '2014년 우수법관'(2015)

김진선(金振兟) KIM Jin Sun (石虛)

[생]1946·11·10 [본]강릉(江陵) [출]강원 동해 [학]1965년 북평고졸 1974년 동국대 행정학과졸 2001년 명예 행정학박사(관동대) 2005년 명예 정치학박사(강원대) [경]1974년 행정고등고시 합격(15회) 1975~1980년 원호처 보상담당 사무관, 강원도 노정계장·지역계획계장·관광계장, 국무총리실 특정지역기획단 과장 1980~1982년 내무부 개발국 지역계획계장·지방국 지방기획2계장 1982년 강원도 기획담당관 1984년 영월군수 1985~1991년 지방행정연수원 조사과장·내무부 법무담당관·기획예산담당관·교부세과장·재정과장 1991년 강릉시장 1992년 강원도 기획관리실장 1994년 내무부 지방행정연수원 교수부장 1994~1995년 부천시장 1995~1998년 강원도 행정부지사 1998~2002·2002~2006·2006~2010년 강원도지사(한나라당) 1999년 한양대·동국대 겸임교수 2001년 지방이양추진위원회 위원 2002~2007년 평창동계올림픽유치위원회 집행위원장 2004년 국가균형발전위원회 위원 2005년 캐나다 앨버타대 명예교수 2005년 중국 길림대 고문교수 2006~2008년 전국시도지사협의회 회장 2008년 국가경쟁력강화위원회 위원 2008년 중국 인민대 객좌교수 2008년 동국대 행정대학원 객원교수(현) 2009~2010년 2018평창동계올림픽유치위원회 공동위원장 2010~2011년 평창동계올림픽유치 특임대사 2010~2012년 한림대 객원교수 2011년 대통령 지방행정특보 2011년 한나라당 2018평창동계올림픽유치특별위원회 위원장 2011~2014년 2018평창동계올림픽조직위원회 위원장 2012년 새누리당 최고위원 2012~2016년 (사)율곡연구원 이사장 2013년 제18대 대통령취임준비위원회 위원장, 대한민국월남전참전자회 고문 [상]대통령표창(1986), 황조근정훈장(1997), 대한민국재향군인회 공로휘장(1998), 한국청소년연맹 청소년대훈장(1999), 환경운동연합 녹색공무원상(2000), 한국보이스카우트연맹 무궁화금장(2000), 대한적십자사 총재표창(2001), 한국관광학회 관광진흥대상(2001), 한국여성단체협의회 우수지방자치단체 감사패(2005), 자황컵 체육대상 공로상(2005), 자랑스런 동국인상(2007), 예총예술문화상 특별공로상(2010), DMZ평화상 특별공로상(2010), 율곡대상 공로상(2011), 강원도민회 자랑스러운강원인(2011), 체육훈장 청룡장(2012), 스포츠서울 제17회 코카콜라 체육대상 공로상(2012) [저]'21세기 강원의 선택'(1998) '지방의 비전과 도전'(2006) '새 농어촌 건설운동'(2006) '김진선의 이야기 국가론'(2010) '자장면과 2851원'(2010) 사진집 '소(牛)'(2008) [종]불교

김진선(金進銑) Kim Jin Seon

[생]1956·9·14 [주]대전 유성구 대덕대로1227 한국가스기술공사 기술사업본부(042-600-8000) [학]1974년 서라벌고졸 1976년 홍익공업전문대학졸 1986년 한국방송통신대 대학원 경영학과졸 2006년 서울대 행정대학원 정보통신방송과 수료 [경]1980년 수산청 시설국 어선과 근무 1982년 상공부 기계공업국 조선과 근무 1991년 同기계소재공업국 조선과 근무 2000년 산업자원부 자본재산업국 수송기계산업과 근무 2004년 同기술표준원 기술표준기획부 기술정보신뢰성과장 2006년 同기술표준정책부 표준기반혁신팀장 2008년 지식경제부 남북경협정책과장 2010년 同무역위원회 무역조사실 덤핑조사팀장 2012년 同무역위원회 무역조사실 덤핑조사팀장(부이사관) 2012년 한국공작기계산업협회 전무 2013년 同상근부회장 2015년 한국가스기술공사 기술사업본부장(상임이사)(현) [상]수산청장표창(1980), 상공부장관표창(1983), 대통령표창(1995)

김진선(金鎭先) KIM JIN SEON

[생]1957·5·23 [출]경기 용인 [주]경기 남양주시 평내로25 남양주소방서 서장실(031-590-0120) [학]수원고졸, 강남대 사회복지학과졸, 초당대 소방행정학과졸, 경희대 행정대학원 수료 [경]1981년 지방소방사 공채임용 2006년 경기도소방학교 교학과 교수연구담당 2007년 경기 광주소방서 소방행정과장 2009년 경기도 재난안전본부 방호예방과 장비관리담당 2011년 경기도소방학교 교육행정팀장 2015년 남양주소방서장(현) [상]최우수교수요원표창(2011), 대통령표창(2013)

김진섭(金鎭燮) KIM JIN-SEOB

[생]1953·10·3 [본]경주(慶州) [출]충남 예산 [주]서울 강남구 테헤란로151 역삼하이츠빌딩17층 법무법인 서울제일(02-568-3789) [학]1975년 예산농전 토목과졸 1978년 단국대 법학과졸 1989년 미국 육군법무관학교 대학원졸(LL.M.) 1999년 고려대 행정대학원 최고관리자과정 1기 수료 2002년 법학박사(단국대) 2003년 서울대 행정대학원 국가정책과정 55기수료 2005년 연세대 법무대학원 고위관리과정 22기수료 [경]1978년 군법무관 임용시험 합격(3회) 1980년 사법연수원 수료(법무3기) 1980년 육군 법무관 1983년 同고등군사법원 군판사 1985년 同특전사령부 법무참모 1990년 한미연합사령부 법무실장 1991년 육군 고등검찰부장 1992년 합동참모본부 법무실장 1996년 육군 3군사령부 법무참모 1998년 同법무감(육군준장) 2000년 국방부 법무관리관(육군소장) 2003년 同정책자문위원 2005년 법무법인 서울제일 대표변호사(현) 2005년 한국안보포럼 상임이사 2006년 성우회 법률분과위원장 2007년 대한변호사협회 공보위원 2008년 재향군인회 감사 2009년 (사)예산 모현사업회장 2011년 국가보훈처 국립묘지 안장심의위원 2011년 국제로타리 새서울로타리 클럽회장 [상]대통령표창(1998), 보국훈장 천수장(2000), 미국공로훈장(2002) [종]가톨릭

김진섭

[출]경북 안동 [학]경북고졸, 경북대 행정학과졸 [경]국가안전기획부 공채, 국가정보원 북한정보단장, 同북한정보국장, 국가안보실 정보융합비서관 2016년 국가정보원 제1차장(현)

김진성(金珍星) KIM Jin-Sung

[생]1954 · 9 · 30 [주]서울 성북구 안암로145 고려대학교 KU-MAGIC 연구원(02-3290-1027) [학]1980년 고려대 농업경제학과졸, 미국 Kansas대 대학원 경제학과졸 1988년 경제학박사(미국 Kansas대) [경]1982~1988년 미국 캔자스대 강의조교 · 강사 1988~1989년 미국 페리스주립대 조교수 1989~1991년 교보투자자문(주) 연구위원 1991~2009년 고려대 생명과학대학 식품자원경제학과 교수 1997~1998년 미국 캔자스대 초빙교수 2002년 고려대 대외협력처장 2003~2006년 同총무처장 2007~2008년 캐나다 브리티시컬럼비아대 방문교수 2009~2013년 하나고 교장 2014년 우송대 솔브릿지 국제경영대학원장 겸 교수 2015년 고려대 KU-MAGIC(Korea University Medical Applied R&D Global Initiative Center) 연구원장(현) 2015년 同석좌교수(현) [상]국민훈장 동백장(2003)

김진수(金鎭洙) KIM Jin Soo (鏡巖)

[생]1949 · 5 · 5 [본]김녕(金寧) [출]경남 합천 [주]서울 강남구 언주로711 법무법인 주원(02-6710-0300) [학]1968년 진주고졸 1974년 육군사관학교졸 1991년 영국 리즈대 대학원 보건행정학과졸 2005년 공학박사(강원대) [경]1980년 보건사회부 사무관 1986년 대통령비서실 파견 1991년 보건사회부 기획관리실 행정관리담당관 1993년 同아동복지과장 1994년 同식품관리과장 1996년 同대구지방청장 1997년 보건복지부 의료관리과장 1998년 同보건관리과장 1999년 同복지자원과장 1999년 同복지지원과장 2000년 식품의약품안전청 대전지방청장 2001년 同대구지방청장 2002년 同기획관리관 2005년 부산지방식품의약품안전청장 2007년 광주지방식품의약품안전청장 2008년 한국보건산업진흥원 전략개발본부장 2009~2010년 同기획이사 2010~2011년 경상대 식약대학원 교수 2012~2014년 명지전문대학 보건의료정보과 교수 2013년 법무법인 주원 고문(현) 2014년 옳고바른마음쓰기 범국민운동본부 중앙위원 [상]대통령표창(1986), 근정포장(1992) [저]'식품안전 위기와해법'(2006, 금석출판사) '보건사업관리학'(2014, 보문각) [종]기독교

김진수(金軫洙) KIM Jin Soo

[생]1952 · 1 · 14 [출]대구 [주]서울 중구 덕수궁길15 서울특별시의회(02-3783-1811) [학]1971년 대구 계성고졸 1975년 중앙대 경영학과졸 2002년 고려대 정책대학원졸 2009년 서울시립대 대학원 행정학 박사과정 수료 [경]코오롱상사 근무, 코오롱아트스텍 대표 1991 · 1995 · 1998~2002년 서울 강남구의회 의원, 同재무위원장, 同운영위원장 1993년 바르게살기운동 강남구협의회 부회장 1998~2000년 서울 강남구의회 부의장 2000년 강남구재향군인회 회장 2002 · 2006 · 2010년 서울시의회 의원(한나라당 · 새누리당) 2004년 同도시관리위원장 2006년 同운영위원장 2008~2010년 同부의장 2008~2010년 同건설위원회 위원 2010년 同운영위원회 위원 2010년 同한나라당협의회 대표의원 2010년 同환경수자원위원회 위원 2012년 同부의장 2013년 同예산결산특별위원회 위원 2014년 서울시의회 의원(새누리당)(현) 2014~2016년 同새누리당 원내대표 2014~2016년 同문화체육관광위원회 위원 2014 · 2016년 同남북교류협력지원특별위원회 위원(현) 2015~2016년 同조례정비특별위원회 위원 2016년 同교육위원회 위원(현) 2016년 同부의장(현) [상]서울시장표창(1990), 대통령표창(1992) [종]천주교

김진수(金振洙) KIM Jin Soo

[생]1956 · 9 · 27 [본]광산(光山) [출]충남 [주]서울 서대문구 연세로50 연세대학교 사회복지대학원(02-2123-6209) [학]1975년 경동고졸 1983년 한국외국어대졸 1987년 오스트리아 빈국립대 사회경제학과졸 1990년 同대학원졸 1992년 사회경제학박사(오스트리아 빈국립대) [경]1992~1995년 한국보건사회연구원 책임연구원 1994년 보건복지부 자문위원 1994년 국민연금관리공단 자문위원 1995~2003년 강남대 사회복지학부 교수 1996~1998년 행정쇄신위원회 전문위원 1996년 국민복지개선기획단 전문위 1999년 자영자소득파악위원회 전문위원 1999년 근로복지공단 사외이사 2000년 공무원연금관리공단 운영위원 2000년 경제정의실천시민연합 사회복지위원회 위원장, 同위원(현) 2003년 연세대 사회복지학과 교수 2004년 국민연금관리공단 사외이사 2004~2011년 보건복지부 자체평가위원회 위원 2004년 노동부 자문위원 2004년 연세대 사회복지대학원 교수(현) 2006년 경제정의실천시민연합 사회복지위원장 2008년 한국사회보장학회 회장 2009년 한국사회복지정책학회 회장 2010년 고용노동부 자문위원 2011년 서울 마포구사회복지협의체 민간위원장(현) 2012년 근로복지공단 정책자문단(현) 2012년 고용노동부 산재보험재심사위원회 심사위원 2013년 同고용보험심사위원회 심사위원(현) 2015년 同산재보험및예방위원회 위원(현) 2015년 연세대 사회복지대학원장(현) 2015년 同자원봉사센터장 겸임(현) [상]대통령표창 [저]'사회보험과 노동운동' 'Labour Relations in Korea' '사회보장론'(共) '제3의길과 사회복지'(共) '21세기 사회복지정책'(共) 'The State of Social Welfare in Asia'(2007) 'Asian Association for Social Welfare, Securing the future for old age in Europe'(2008) 'Asian Association for Social Welfare, Understanding European social policy'(2008) 'Asian Association for Social Welfare' 'Asian Association for Social Welfare' '사회복지법제(共)'(2013) '한국의 사회복지 2015-2016'(2015) '한국사회 정의 바로세우기'(2015) '마포구 사회복지지표 2016'(2016) [종]가톨릭

김진수(金鎭秀) KIM Jin Soo

[생]1957 · 2 · 23 [출]경기 용인 [주]서울 마포구 독막로324 (주)동서 임원실(02-701-5050) [학]중앙고졸, 한국외국어대 아랍어과졸, 미국 하버드대 최고경영자과정(AMP) 수료 [경](주)동서 상무이사, 同식품사업부문장(전무이사) 2014년 同식품사업부문총괄 부사장(현) [종]기독교

김진수(金珍洙) Jinsoo Kim

[생]1958 · 10 · 25 [출]경기 안양 [주]서울 종로구 청와대로1 대통령 보건복지비서관실(02-770-0011) [학]1987년 미국 롱아일랜드대 경제학과졸 1991년 미국 노스캐롤라이나주립대 대학원 경제학과졸 1996년 경제학박사(미국 휴스턴대) [경]국민건강보험공단 건강보험정책연구원 연구조정실장(선임연구위원), 한국보건사회연구원 연구위원 2012년 제18대 대통령직인수위원회 고용복지분과위원 2013년 국민행복의료기획단 위원 2014년 보험약가제도개선협의체 위원 2014년 대통령 고용복지수석비서관실 보건복지비서관(현) [상]보건복지부장관표창(2007) [역]'Handbook of Medical Informatics : 보건정보학 개론'(2000, 현문사)

김진수(金鎭洙)

[생]1958 · 11 · 29 [출]강원 속초 [주]경기 과천시 교육원로118 국가공무원인재개발원 연구개발센터(02-503-8020) [학]속초고졸, 고신대 신학과졸, 한국방송통신대 행정학과졸, 연세대 대학원 행정학과졸 [경]7급 공채, 중앙인사위원회 정책담당관 2004년 同위원장 비서관 2005년 同비서실장 2006년 同능력발전과장 2007년 同전략팀장 2008년 同총무과장 2008년 행정안전부 복무과장(서기관) 2010년 同성과급여기획과장, 대통령 인사비서관실 파견(부이사관) 2013년 행정중심복합도시건설청 기획조정관 2014년 인사혁신처 인력개발국장 2015년 同인재개발국장 2016년 同국가공무원인재개발원 연구개발센터장(현)

김진수(金珍洙)

[생]1959 · 1 · 25 [출]전북 정읍 [주]서울 광진구 능동로120 건국대학교 행정대학원(02-450-3114) [학]1998년 건국대 법학과졸 2003년 연세대 행정대학원 지방자치 및 도시행정학과졸 2006년 행정학박사(건국대) [경]1987~1995년 아메리칸엑스프레스카드 노조위원장 1992~1994년 전국외국기업노동조합협의회 의장 1998~2007년 바른재건축실천전국연합회 회장 1998년 주거환경신문 발행인(현) 2000년 한국산업경제기술연구원 이사장(현) 2004년 건설교통부 도시정비자문위원 2004년 국토해양부 도시정비주거환경토론위원 2004년 건국대 행정대학원 도시및지역계획학과 주임교수(현) 2004년 주거환경연합 사무총장(현) 2004년 서울시 중구 도시정비과 자문위원(현) 2006년 중소기업청 시장경영지원센터 자문위원(현) 2007년 건설교통부 주거환경포럼 위원 2007~2008년 한나라당 서울중랑구甲당원협의회 운영위원장 2009년 서울시 강동구 도시계획위원(현) 2009년 서울시 공공관리재건축정책위원(현) 2010년 국민권익위원회 위원 2011년 중랑발전포럼 위원장 2011년 하남시 도시계획위원회 위원(현) 2016년 새누리당 서울중랑구甲당원협의회 운영위원장(현) 2016년 제20대 국회의원선거 출마(서울 중랑구甲, 새누리당)

김진수(金珍洙) Kim Jin Soo

[생]1960·7·27 [출]전북 전주 [주]전북 전주시 완산구 홍산로245 서광빌딩2층 전북창조경제혁신센터(063-220-8901) [학]1979년 전주고졸 1985년 서울대 전자계산기공학과졸 1996년 연세대 대학원 전자계산학과졸 [경]1988~2000년 한국IBM 근무 2000~2006년 시스코시스템즈코리아 상무 2007~2010년 대상정보기술 대표이사 2014~2015년 전북테크노파크 정책기획단장 2015년 전북창조경제혁신센터장(현)

김진수(金璡洙) KIM Jin Soo

[생]1961·7·18 [출]경남 고성 [주]부산 동구 중앙대로365 부산일보 임원실(051-461-4114) [학]부산 혜광고졸, 부산대 영어영문학과졸 [경]1989년 부산일보 편집국 기자 1999년 同사회부·체육부·경제부·사회부 기자 2001년 同편집부 기자 2002년 同제2사회부 차장대우 2003년 同사회부 차장 2004년 同정치부 차장 2006년 同탐사보도팀장 2007년 同편집국 스포츠부장 2008년 同마케팅2부장 2010년 同사회부장 2010년 同경제부장 2012년 同편집국장 2014년 同편집국장(이사대우) 2014년 同이사대우 2015년 同이사(현)

김진수(金進洙) KIM Jin Soo

[생]1963·10·20 [출]충북 옥천 [주]서울 서초구 서초대로269 부림빌딩3층 김진수법률사무소(02-594-8700) [학]1982년 남대전고졸 1986년 서울대 법대졸 1988년 同대학원 법학과졸 [경]1988년 사법시험 합격(30회) 1991년 사법연수원 수료(20기) 1991년 수원지검 검사 1993년 춘천지검 영월지청 검사 1994년 서울지검 북부지청 검사 1996년 부산지검 검사 1998년 법무부 송무과 검사 2000년 서울지검 검사 2003년 울산지검 부부장검사 2004년 부산지검 동부지청 형사3부장 2005년 대전지검 공안부장 2006년 사법연수원 검찰교수실 교수 2008년 대검 감찰2과장 2009년 서울북부지검 형사2부장 2009년 同형사1부장 2010년 광주지검 목포지청장 2011년 전주지검 차장검사 2012~2014년 서울고검 검사 2012~2013년 국민권익위원회 파견 2014년 변호사 개업(현)

김진수(金晋秀) Jin-Soo Kim

[생]1964·5·29 [본]김해(金海) [출]경기 수원 [주]서울 관악구 관악로1 서울대학교 화학부 기초과학연구원 유전체교정연구단(02-880-9327) [학]1983년 제물포고졸 1987년 서울대 화학과졸 1989년 同대학원 생화학과졸 1994년 생화학박사(미국 위스콘신대 메디슨교) [경]1994년 Howard Hughes Medical Institute·Massachusetts Institute of Technology Research Associate 1997년 삼성생명과학연구소 연구책임자 1999~2010년 (주)툴젠 대표이사 2002년 과학혁신포럼 '아시아의 주목해야 할 10대 생명공학회사' 선정 2005년 서울대 화학부 교수(현) 2014년 기초과학연구원(IBS) 유전체교정연구단장(현) [상]과학기술부 이달(6월)의 과학기술자상, 미국 보스턴 신약개발기술2001 최우수기술발표상, 특허청 제38회 발명의날 발명진흥유공자표상(2003)

김진숙(金眞淑·女) KIM Jin Sook

[생]1956·9·14 [본]청풍(淸風) [출]서울 [주]대전 유성구 유성대로1672 한국한의학연구원 한의약융합연구부(042-868-9465) [학]동덕여대 약학과졸, 서울대 대학원졸, 이학박사(독일 본대) [경]중앙약사심의위원회 위원, 한국한의학연구원 한약연구부 선임연구원 2005~2008년 同한약제제연구부 수석연구원 2007년 '당뇨병을 예방하는 한약 복합물질' 개발 2007년 미국 세계인명사전 'Marquis Who's Who' 과학 및 공학분야에 등재 2008년 한국한의학연구원 한약제제연구부장 2008년 영국 국제인명센터(IBC : International Biographical Centre) '2008·2009 탁월한과학자 2000명'에 선정 2008년 미국 인명연구소(ABI : American Biographical Institute) '21세기위대한지성(Great Mind of the 21st Century)'에 선정 2008년 영국 국제인명센터(IBC) 'Top 100 Scientists 2008'에 선정 2009~2011년 한국한의학연구원 한의융합연구본부장 2009~2011년 同당뇨합병증연구센터장 2011년 同한약연구본부 한의신약개발그룹 책임연구원 2015년 同한의약융합연구부장 2016년 同한의학융합연구부 책임연구원(현) [상]탁월한 여성 지도상(The Outstanding Female Executive Award(2008), 미국 명예의 메달(American Medal of Honor)(2008), 과학기술훈장 도약장(2014) [종]기독교

김진숙(金辰淑·女) KIM Jin Sook

[생]1964·4·21 [출]서울 [주]충북 진천군 덕산면 교연로 780 법무연수원 연구위원실(043-531-1600) [학]1982년 휘경여고졸 1987년 연세대 법학과졸 1991년 同법과대학원졸 [경]1990년 사법시험 합격(32회) 1993년 사법연수원 수료(22기) 1993년 서울지검 검사 1995년 인천지검 부천지청 검사 1997년 서울지검 서부지청 검사 1998년 광주지검 검사 2000년 제주지검 검사 2001년 법무부 여성정책담당관 2003년 광주지검 순천지청 검사 2005년 同순천지청 부부장검사 2006년 대검찰청 부공보관(부장검사) 2008년 사법연수원 교수 2010년 법무부 정책기획단 검사 2010년 서울고검 검사 2011~2012년 서울중앙지검 여성아동범죄조사부장 2012년 방송통신위원회 미디어다양성위원회 위원 2012년 서울서부지검 형사1부장 2013년 서울고검 검사 2014년 대검찰청 미래기획단장 겸 형사정책단장 2015년 전주지검 차장검사 2016년 법무연수원 연구위원(현)

김진술(金鎭述) kim jin sul

[생]1957·8·29 [출]전북 부안 [주]전북 전주시 완산구 효자로225 전라북도청 자치행정국 총무과(063-280-4231) [학]1976년 부안고졸 2007년 전주대 경영학과졸 [경]1980~1982년 전북 옥구군 옥구면(現 전북 군산시) 근무(지방행정서기보) 2008년 전북도 식품산업과 식품산업기획담당 2010년 전북도의회 사무처 총무담당 2011년 전북도 세무회계과장 2012년 同대외협력과장(지방서기관) 2013년 교육 파견 2014년 전북도 차세대식품과장 2014년 同관광총괄과장 2015년 전북 고창군 부군수 2016년 전북도 복지여성보건국 노인장애인복지과장 2016년 전북도체육회 파견(지방서기관)(현)

김진억(金鎭億) KIM Jin Eok

[생]1956·2·15 [출]경북 상주 [주]서울 서초구 헌릉로 13 대한무역투자진흥공사 감사실(02-3460-7100) [학]1973년 선린상고졸 1980년 동국대 경영학과졸 1982년 同대학원 경영학과졸 2006년 경영학박사(동국대) 2010년 고려대 언론대학원 최고위과정 수료 [경]1980년 장기신용은행 입행 1993~1999년 同경영지원부장·대치역지점장·구로지점장 1999년 KB국민은행 청약사업부장·충무로지점장·방이동지점장 2008년 同중부영업본부장 2009년 同서대구영업본부장 2010년 同안양영업본부장 2011~2013년 同경영자문역 2012~2015년 경기대 경영학과 교수 2015년 대한무역투자진흥공사(KOTRA) 감사(현) [상]재부무장관표창(1984), 재정경제원장관표창(1996), 건설부장관표창(2003)

김진영(金鎭永) Kim Jin Young

[생]1951·12·10 [출]경북 울진 [주]서울 중구 덕수궁길 15 서울특별시의회(02-3783-1801) [학]한양대 지방의회정책발전과정 수료 [경]서울시 서초구 반포2동 새마을협의회·방위협의회·주민자치위원회 고문, 서울시 서초구 건축심의위원, 한나라당 국제통일분과 부위원장, 同중앙당 천주교우회 감사, 同최병렬 국회의원 특별보좌역, 민주평통 서초구협의회 간사장 1995·1998·2002·2006~2010년 서울시 서초구의회 의원 1999년 同결산검사위원장 2001년 同예산결산특별위원장 2002~2004년 同운영위원장 2004~2006년 同부의장 2006~2008년 同의장 2010년 서울시의회 의원(한나라당·새누리당) 2010~2012년 同교통위원회 위원 2010~2011년 同독도수호특별위원회 위원 2012~2014년 同건설위원회 위원 2013~2014년 同예산결산특별위원회 부위원장 2014년 서울시의회 의원(새누리당)(현) 2014년 同도시안전건설위원회 위원장 2016년 同도시안전건설위원회 위원(현) 2016년 同새누리당 부대표(현) [상]대통령표창, 민주평통 사무총장 공로상, 서울시장표창, 국회 코리아 파워리더 대상(2015) [종]천주교

김진영(金鎭泳) KIM Chin Young

[생]1952·3·15 [본]김해(金海) [출]전남 강진 [주]경기 성남시 분당구 야탑로205번길8 (재)국제원산지정보원(031-600-0701) [학]1969년 경복고졸 1974년 서울대 문리과대학 철학과졸 1975년 同행정대학원 수료 1990년 미국 밴더빌트대 대학원졸 [경]1973년 행정고시 합격(14회) 1974~1978년 조달청 물자조정국·외자국·중요물자국 행정사무관 1978~1987년 재무부 국고국·증권보험국 행정사무관 1987년 同국세심판소 조사관 1991년 OECD 파견 1993년 재무부 관세협력과장 1994~1996년 재정경제원 복지생활과장·소비자정책과장 1996년 한국조세연구원 파견 1998년 관세청 광주본부세관장 1999년 同감사관 2000년 同정보협력국장 2001년 同심사정책국장 2001년 同조사감시국장

2002년 同인천공항세관장 2003~2004년 同대구경북본부세관장 2004년 한국조세연구원 파견 2005~2008년 한국관세사회 상근부회장 2008~2015년 무역관련지식재산권보호협회(TIPA) 상임부회장 2014년 (사)글로벌공공개발연구원 이사장(현) 2014년 (재)국제원산지정보원 비상임이사(현) 2016년 키움인베스트먼트 비상임감사(현) [상]재무부장관표창(1982), 근정포장(1986), 홍조근정훈장(2000) [종]천주교

김진영(金振英) KIM Jin Young

[생]1953·6·25 [본]안동(安東) [출]충북 충주 [주]서울 마포구 마포대로63의8 한국방재협회(02-3472-8063) [학]1972년 충주고졸 1983년 경기대 공과대학졸 1986년 연세대 공학대학원졸 2003년 同대학원 박사과정 수료 2007년 한양대 공과대학 유비쿼터스최고위과정 수료 2010년 공학박사(인하대) [경]1979년 건설부 수자원국 하천계획과 근무(총무처 7급 공채) 1986년 同수자원국 방재과 근무(토목 6급), 한국방재협회 부회장, 한국방재학회 부회장 1991년 내무부 방재과·재해대책과 근무(토목 6급) 1994년 同방재과 근무(토목 5급) 1999년 행정자치부 재해대책과 시설서기관 1999년 대통령비서실 수해방지대책기획단 시설서기관 2000년 행정자치부 재해대책담당관 2002년 同지역진흥과장 2004년 同지역균형발전과장·균형발전팀장 2005년 同균형발전팀장(부이사관) 2006년 소방방재청 재정기획팀장 2007년 인천시 종합건설본부장 2008년 同도시계획국장 2010년 월간 한국수필에 '생명의 물 어머니'로 등단 2011년 인천도시개발공사 부사장 2011년 한국하천협회 감사(현) 2011~2012년 인천시 정무부시장 2012년 인천시수필가협회 회장(현) 2013~2014년 인천상공회의소 상근부회장 2013년 가천대 초빙교수(현) 2014년 한국방재협회 회장(현) 2014년 경기도 사전재해영향성검토위원회 위원(현) 2014년 국토교통부 중앙하천관리위원회 위원(현) 2014년 서울시 안전관리위원회 위원(현) [상]건설부장관표창(1980·1985), 대통령포장(1990), 녹조근정훈장(1995), 대통령표창(2000), 행정자치부장관표창(2003), 황조근정훈장(2006), 인천광역시장표창(2009), 한국수필 신인상(2010), 행정안전부장관표창(2010) [저]'수해대책 100포인트' '도전으로 매질하고 혁신으로 담금질하라' '변화, 창조, 미래 Compensation' [종]천주교

김진영(金珍英) Kim, Jin Young

[생]1955·10·5 [본]광산(光山) [출]제주 [주]제주특별자치도 제주시 제주대학로66 제주대학교 사회학과(064-754-2787) [학]1974년 제주 오현고졸 1981년 고려대 사회학과졸 1984년 同대학원 사회학과졸 1993년 문학박사(고려대) [경]1986~1997년 제주대 사회학과 전임강사·조교수·부교수 1993년 고려대 객원교수 1996년 미국 미시간대 객원교수 1997년 제주대 사회학과 교수(현) 2006~2008년 同인문대학장 2008년 러시아 사회과학학술원 정회원(현), 제주도 여성특별위원회 여성정책총괄분과위원장 2011~2012년 (사)제주학회 회장 2013년 同이사장(현) [저]'정보기술과 화이트칼라노동'(1994) '제주사회론(共)'(1995) '제주사회론2(共)'(1998) '한국사회의 계급연구(共)'(1999) '전환기 제주의 의식과 제주정신(共)'(2000) '현대사회학의 이해(共)'(2000) '제주사회와 사회복지(共)'(2006) [역]'현대자본주의와 중간계급(共)'(1986) [종]가톨릭

김진영(金鎭永)

[생]1958·6·13 [출]경남 창원 [주]전남 나주시 문화로227 한국농수산식품유통공사 비서실(061-931-0100) [학]1977년 덕수상고졸 1985년 경남대 경제학과졸 2010년 고려대 대학원 생명환경최고위과정 수료 [경]1985년 한국농수산식품유통공사 입사 1987년 同기획관리실 근무 1990~2000년 同총무처·비서실 근무 2000~2009년 同해외전략부장·마케팅지원부장 2009~2011년 同해외마케팅처장·수출전략처장 2011년 同도쿄aT센터 지사장 2014년 同식품산업처장 2014년 同부사장 겸 기획이사(현) [상]장관표창(1993·2003)

김진영(金晋永) Kim Jin Young

[생]1963·9·30 [본]김해(金海) [출]부산 [주]울산 남구 돋질로86 삼호빌딩 울산신문 편집이사실(052-273-4300) [학]중앙대 대학원 국어국문학과졸 [경]1989~1993년 경상일보 사회부 기자 1993~1997년 국제신문 사회부 기자 1997~1999년 同정치부 기자 1999~2002년 同편집1부 기자 2003년 서울경제신문 편집국·사회문화부 기자 2007년 울산신문 편집국 편집부국장·취재본부장 2008~2010년 同편집국 취재본부장 2010년 同편집국장(현) 2014년 同편집이사(현) [저]'논리로 푸는 대입논술'(2002)

김진영(金眞英·女) Kim Jin Young

[생]1977·12·28 [본]김해(金海) [출]대구 [주]부산 연제구 중앙대로1001 부산광역시의회(051-888-8253) [학]2005년 부산대 대학원 토목공학과졸 2014년 同대학원 사회환경시스템공학박사과정 수료 [경](사)센텀시티발전협의회 기획실장, (주)경성컨설턴트 토목기술이사, (사)여성정책연구소 사무국장, 민주평통 해운대지부 자문위원, 한나라당 부산시당 차세대여성위원회 부위원장 2010~2014년 부산시 해운대구의회 의원(한나라당·새누리당) 2012년 同운영위원회 위원 2012년 同주민도시보건위원회 위원, 부산대 사회환경시스템공학부 강사, 울산대 공과대학 건설환경공학부 건설환경공학전공 겸임교수(현) 2014년 부산시의회 의원(새누리당)(현) 2014년 同윤리특별위원회 위원(현) 2014년 同창조도시교통위원회 위원 2015년 同해양교통위원회 위원(현) [상]2011매니페스토약속대상 우수상 기초의원부문(2012), 2012매니페스토약속대상 대상 기초의원부문(2013), 2013매니페스토약속대상 최우수상 기초의원부문(2014)

김진오(金振吾) KIM Jin Oh

[생]1952·6·20 [출]경북 포항 [주]경기 의정부시 녹양로44 삼형빌딩201호 김진오법률사무소(031-877-2300) [학]1972년 경복고졸 1976년 서울대 법대졸 [경]1982년 사법시험 합격(24회) 1984년 사법연수원 수료(14기) 1985년 서울지검 남부지청 검사 1987년 마산지검 진주지청 검사 1988년 수원지검 검사 1991년 대전지검 검사 1993년 서울지검 검사 1995년 同의정부지청 검사 1997년 부산고검 검사 1998년 대전지검 천안지청 부장검사 1999년 同공안부장 2000년 서울지검 의정부지청 형사3부장 2001년 同의정부지청 형사2부장 2002년 서울고검 검사 2003년 대전고검 검사 2003년 대구고검 검사(법제처 파견) 2005년 서울고검 검사 2006년 부산고검 검사 2008년 서울고검 검사 2010~2012년 광주고검 검사 2012년 변호사 개업(현) [종]불교

김진오(金鎭吾) KIM Jin Oh

[생]1962·3·22 [출]전남 무안 [주]광주 서구 운천로89 CBS 광주방송본부(062-376-8700) [학]1980년 광주 진흥고졸 1987년 고려대 신문방송학과졸 [경]1998년 CBS 보도제작국 정치부 차장 2003년 同보도제작국 부장 2004년 同보도국 사회부장 2004년 同워싱턴특파원(부장), 同보도국 국제팀 부장 2008년 同정치부장 2010년 同미디어본부 해설위원장 2010년 同광주방송본부장 2011년 同보도국장 2012년 同미디어본부 보도국장 2014년 同콘텐츠본부 보도국 선임기자 2016년 同광주방송본부장(현) [상]한국기자상(1994) [저]'캔커피 시대의 기자수첩' [종]기독교

김진오(金眞旰) KIM Jin Oh

[생]1968·7·25 [출]서울 [주]경남 창원시 마산합포구 완월동7길16 창원지방법원 마산지원(055-240-9300) [학]1987년 휘문고졸 1991년 서울대 사법학과졸 1997년 同대학원 법학과 수료 [경]1998년 사법시험 합격(40회) 2001년 사법연수원 수료(30기) 2001년 수원지법 성남지원 판사 2003년 서울지법 판사 2004년 서울중앙지법 판사 2005년 춘천지법 영월지원 판사 2008년 서울중앙지법 판사 2011년 서울동부지법 판사 2013년 서울중앙지법 판사 2014년 대법원 재판연구관 2016년 창원지법 마산지원 부장판사(현)

김진용(金進龍) Kim Jin Yong

[생]1952·3·15 [주]부산 연제구 중앙대로1001 부산광역시의회(051-888-8205) [학]김해농공고졸 1978년 경남공업전문대 식품영양과졸 [경]부산대사대부속초등학교 운영위원장, 국민건강보험공단 북부산지사 자문위원, 부산시 강서구생활체육협의회 이사, 대한적십자사 후원회 회원(현), 부산시 강동구바르게살기위원회 부위원장, 민주평통 자문위원, 대사교회 시무장로, 부산시의장단협의회 부회장, 김해국제공항 소음대책위원회 위원, 부산강서기독교인연합회 회장(현), 서부산발전자문위원회 위원(현) 2002·2006·2010~2014년 부산시 강서구의회 의원(한나라당·새누리당), 同예산결산특별위원장, 同조례심사특별위원장 2008~2010년 同부의장 2010~2012년 同의장 2010년 부산시구·군의장협의회 부회장 2014년 부산시의회 의원(새누리당)(현) 2014년 同해양도시소방위원회 위원 2014년 同윤리특별위원회 위원 2015·2016년 同도시안전위원회 위원(현) 2016년 同운영위원회 위원(현) 2016년 同지방분권특별위원회 위원(현) [종]기독교

김진용(金鎭用) KIM Jin Yong

[생]1956 · 2 · 15 [출]서울 [주]서울 서초구 명달로94 (주)삼성출판사 사장실(02-3470-6853) [학]1975년 휘문고졸 1979년 서울대 기계설계학과졸 1994년 고려대 언론대학원 수료 [경]1979년 삼성언어연구원 대표이사 1980년 (주)삼성출판사 상무이사 1986년 (주)아트박스 대표이사 1992~2000년 (주)삼성출판사 대표이사 사장 1995년 한국방문판매업협회 부회장 2000~2002년 (주)nSF 대표이사 사장 2000년 대한트라이애슬론연맹 부회장 2002년 (주)삼성출판사 대표이사 사장(현) 2009~2012 · 2013~2016년 대한트라이애슬론연맹 회장 2013년 국민생활체육회 재정위원(현) 2016년 대한트라이애슬론연맹 명예회장(현) [상]산업포장(2001), 국무총리표창(2006), 서울시 문화상 문화산업부문(2015)

김진용(金進鏞) KIM Jin Yong

[생]1961 · 8 · 5 [출]서울 [주]인천 서구 경명대로322 LG전자(주) VC사업본부 IVI사업부(032-723-1813) [학]배명고졸, 서울대 전자공학과졸, 미국 아이오와주립대 대학원 전기공학과졸 [경]LG전자(주) 연구위원, 同DM본부 DMP연구소장(상무) 2009년 同BS사업본부 시큐리티사업팀장 겸 BS연구소장(전무) 2010년 同BS사업본부 솔루션사업부장(전무) 2011년 同HE사업본부 CD&S사업부장(전무) 2012년 同HE사업본부 Car&Media사업부장(전무) 2013년 同HE사업본부 Car사업부장(전무) 2013년 同VC본부 IVI사업부장(전무) 2015년 同VC본부 IVI사업부장(부사장)(현)

김진우(金鎭佑) KIM Jin Woo

[생]1932 · 1 · 22 [본]김녕(金寧) [출]충남 예산 [주]서울 서초구 매헌로99 (사)매헌윤봉길의사기념사업회(02-577-9932) [학]1950년 예산농고졸 1956년 서울대 법대졸 2015년 명예행정학박사(한서대) [경]1956년 고시사법과 · 고시행정과 합격 1956년 軍법무관 1960년 서울지법 수원지원 판사 1960년 대전지법 판사 1963년 서울민사지법 판사 1965년 서울형사지법 판사 1966년 서울고법 판사 겸 대법원 재판연구관 1969년 대전지법 부장판사 1970년 서울민사지법 부장판사 1973년 서울형사지법 부장판사 1975년 서울지법 인천지원장 1975~1981년 서울고법 부장판사 1981년 변호사 개업 1988~1997년 헌법재판소 재판관 1991년 추사기념사업회 회장 1997년 변호사 개업 1998년 법무법인 삼흥 공동대표변호사 2014년 (사)매헌윤봉길의사기념사업회 회장(현) [상]법률문화상(1979), 황조 · 청조근정훈장(1981) [종]불교

김진우(金鎭雨) KIM Jin Woo

[생]1947 · 12 · 22 [본]영광(靈光) [출]충남 태안 [주]서울 강남구 논현로566 강남차병원 내분비내과(02-3468-3000) [학]1975년 경희대 의과대학졸 1977년 同대학원졸 1986년 의학박사(경희대) 1989년~1990년 캐나다 캘거리의대 연수 [경]1980~1995년 경희대 의과대학 내분비내과학교실 임상강사 · 조교수 · 부교수 1989년 캐나다 캘거리대 당뇨병연구소 연구원 1995~2012년 경희대 의과대학 내분비대사내과학교실 교수 2000~2004년 同동서의학전문대학원장 2002년 대한당뇨병학회 부회장 2005년 경희의료원 동서종합건진센터 소장 2005~2009년 경희대 의학전문대학원장 겸 의과대학장 2008~2009년 전국의학전문대학원협의회 회장 2011년 대한당뇨병학회 회장 2012년 차의과학대 차움의원 내과 전문의 2015년 同강남차병원 내분비내과 교수(현) [상]대한내과학회 · 대한당뇨병학회 학술상(1983 · 1984 · 1986), 대한의사협회 보령의료봉사상(2002) [저]'임상분자생물학기법' '임상내분비학역사' '분자의학 연구기법' '당뇨병치료의 최신지견' [역]'성공하는 의사의 휴먼릴레이션'(2006) [종]기독교

김진우(金鎭禹) KIM Jin Woo

[생]1954 · 2 · 5 [본]김해(金海) [출]부산 [주]인천 연수구 송도과학로85 연세대학교 글로벌융합기술원(032-749-5844) [학]1973년 부산고졸 1977년 서울대 농경제학과졸 1979년 同행정대학원졸 1995년 미국 콜로라도대 대학원 경제학과졸(석사) 1998년 경제학박사(미국 콜로라도대) [경]1980~1986년 한국동력자원연구소 선임연구원 1986년 에너지경제연구원 에너지구조개편팀장, 同선임연구위원, 同전력연구단장 1996~1998년 미국 콜로라도대 경제학과 강사 2002년 에너지경제연구원 연구조정실장 2004년 同동북아에너지연구센터장 2005년 同네트워크산업연구단장 2007년 同전력 · 가스연구실장 2009년 同에너지정보통계센터 소장 2010~2013년 同원장 2011~2013년 한국자원경제학회 회장 2014년 에너지경제연구원 석좌연구위원 2014년 연세대 글로벌융합기술원 특임교수(현) [상]지식경제부장관표창(2009), 국가경쟁력대상 공공기관 · 경제연구기관부문(2010), 한국전기문화대상(2011), 국민훈장 동백장(2012), 대한민국 경제리더대상 R&D경영부문(2012), 대한민국 글로벌리더 녹색성장부문(2013), 산업통상자원부장관표창(2015) [저]'실시간 전기요금에 대한 수요자 반응'(1998) [종]천주교

김진우(金振宇) Kim Jinwoo

[생]1962 · 1 · 13 [주]서울 서대문구 연세로50 연세대학교 경영대학 613호(02-2123-3528) [학]1986년 연세대 경영학과졸, 미국 캘리포니아주립대 로스앤젤레스교 대학원 경영학과졸 1991년 미국 카네기멜론대 대학원졸 1993년 정보시스템학(HCI)박사(미국 카네기멜론대) [경]1993~1994년 미국 카네기멜론대 Research Scientist 1994년 연세대 경영대학 조교수 · 부교수 · 교수(현) 1998년 同인지과학협동과정 실무교수(현), (주)SBSi Content Hub 사외이사 2002~2003년 UC Irvine Computer Science Department Visiting Associate Professor 2005년 (주)SBS콘텐츠허브 사외이사(현) 2007년 연세대 인지과학연구소장 2007년 同경영대학 부학장 2010년 미국 매사추세츠공과대(MIT) 슬로안경영학과 교환교수 2011~2013년 (주)다음커뮤니케이션 사외이사 2011년 연세대 기술경영협동과정 주임교수(현) 2012~2014년 同학술정보원장 2012~2014년 한국HCI학회 회장 2013년 2015 ACM SIG CHI 조직위원장 2016년 연세대 경영연구소장(현) [저]'인터넷비즈니스.com'(1997) 'Digital Contents'(2002) 'Human Computer Interaction 개론'(2005) 'Digital Fun'(2007) '퓨전'(2007) '경험디자인'(2014)

김진우(金鎭佑)

[생]1963 · 9 · 21 [출]부산 [주]제주특별자치도 제주시 문연로18 제주지방경찰청 청문감사담당관실(064-798-3116) [학]1983년 부산 성도고졸 1987년 경찰대졸(3기) [경]1987년 경위 임관 2009년 제주지방경찰청 보안과장 2010년 부산지방경찰청 경비과장 2010년 경남 양산경찰서장 2011년 부산지방경찰청 경비과장 2013년 경남 산청경찰서장 2014년 울산지방경찰청 정보화장비담당관 2015년 울산중부경찰서장 2016년 제주지방경찰청 청문감사담당관(현)

김진우(金鎭宇) KIM Jin Woo

[생]1964 · 12 · 10 [출]대전 [주]서울 광진구 아차산로404 서울동부지방검찰청 사무국(02-2204-4000) [학]대전고졸, 서울대 공법학과졸, 미국 인디애나대 법과대학원졸(석사) [경]1992년 법무부 검찰사무관 임용 1993년 대검 마약과 수사사무관 1994년 서울지검 강력과 근무 1995년 同동부지청 수사과 근무 1996년 同공안2과 근무 1997년 대검 과학수사과 근무 1999년 서울지검 수사2과 근무 1999년 검찰총장 비서실 근무 2000년 대구지검 안동지청 사무과장(검찰수사서기관) 2002년 서울지검 동부지청 집행과장 2003년 해외 파견(미국 인디애나 법과대학원) 2005년 서울중앙지검 증거물과장 2006년 同조직범죄수사과장 2008년 同검사 직대 2009년 同총무과장(검찰부이사관) 2010년 전주지검 사무국장(고위공무원) 2011년 중앙공무원교육원 파견(고위공무원) 2012년 대구지검 사무국장 2013년 서울북부지검 사무국장 2014년 수원지검 사무국장 2015년 서울동부지검 사무국장(현)

김진욱(金振郁) KIM Jin Wook

[생]1957 · 9 · 12 [주]서울 광진구 능동로120 건국대학교 경제학과(02-450-3618) [학]1980년 한양대 물리학과졸 1983년 한국외국어대 대학원졸 1990년 경제학박사(프랑스 파리1대) [경]1990~1994년 프랑스 파리1대 연구원 1995년 서울시정개발연구원 책임연구원 1995년 건국대 경제학과 조교수 · 부교수 · 교수(현) 2000년 한국동북아경제학회 사무차장 2001~2003년 同총무이사 2004년 同출판이사 2016년 건국대 상경대학장(현) [저]'경제학요론' '인간 행위의 경제학' '국가위기의 극복사례와 시사점' '프랑스경제' '계층간 갈등상태에서 최적소득세'

김진욱(金鎭旭) KIM Jin Wook

[생]1958 · 5 · 11 [본]김녕(金寧) [출]경북 의성 [주]경북 울진군 울진읍 울진중앙로28 울진경찰서(054-782-7000) [학]서울대 행정대학원졸, 미국 케이스웨스턴리저브대 로스쿨(Law School) 법학석사 2006년 경찰대학 치안정책과정 수료 2012년 법학박사(목포대) [경]1988년 입법고시 합격(8회) 1988~1992년 국회사무처 입법조사관 1990년 행정고시 합격(34회) 1992~1995년 정무제1장관실 정당 · 언론 · 정책 · 국회담당관 1999년 해양경찰청 특채(경정) 1999년 포항해양경찰서 정보수사과장 2003년 행정자치부 파견 2004년 목포해양경찰서 수사과장 2005년 해양경찰청 법무팀장 · 수사과장(총경), 同국제위기담당관 2007년 완도해양경찰서장 2008년 해양경찰청 국제협력담당관 2008년 캐나

다 벤쿠버해양경찰 파견 2009년 서해지방해양경찰청 경무기획과장 2010년 동해해양경찰서장 2011년 해양경찰청 장비기술국 장비과장 2012년 同국제협력담당관 2012년 태안해양경찰서장 2013~2014년 해양경찰청 외사과장(총경) 2014년 인천지방경찰청 수사2과장 2016년 경북 울진경찰서 서장(현) [상]국무총리표창(2004), 근정포장(2012) [저]'형법학연구'(2000) [종]기독교

김진욱(金鎭旭)

[생]1960·8·5 [출]경북 영천 [주]경기 수원시 장안구 경수대로893 수원케이티 위즈 파크 kt 위즈(1899-5916) [학]천안북일고졸, 동아대졸 [경]1984년 프로야구 OB 베어스 입단 1992년 프로야구 쌍방울 레이더스 입단 1993년 프로야구 대만 준궈베어스 입단 1998~1999년 분당 중앙고 감독 2000~2004년 구리 인창고 창단감독 2007년 프로야구 두산 베어스 코치 2007~2011년 同2군 투수코치 2011년 同1군 투수(불펜)코치 2011~2013년 同감독 2013년 프로야구 한국시리즈 준우승 2016년 프로야구 kt 위즈 감독(계약금포함 3년간 총액 12억원)(현)

김진웅(金鎭雄) GIM, Jin-Woong

[생]1955·7·11 [본]김녕(金寧) [주]서울 종로구 사직로8길 39 세양빌딩 김앤장법률사무소(02-3703-1339) [학]미국 조지워싱턴대 대학원 조세법학과졸 [경]국세청 근무, 재정경제부 국세심판원 근무, 국세청 국세공무원교육원 강사(현) 2001년 김앤장법률사무소 조세전문위원 겸 세무사(현), 중소기업중앙회 벤처기업특별위원회 위원, 니트젠 테크놀러지스(주) 사외이사, 베르나바이오(주) 감사 [작]신문, 잡지 등 조세칼럼 다수

김진웅(金眞雄) KIM Jin Woong

[생]1964·2·1 [주]경기 이천시 부발읍 경충대로2091 SK하이닉스(주) NAND개발본부(031-630-4114) [학]전주신흥고졸, 서울대 금속학과졸, 재료학박사(한국과학기술원) [경](주)하이닉스반도체 상무보 2008년 同Flash 공정담당 상무 2012년 同Flash공정담당 전무 2012년 SK하이닉스(주) FLASH공정그룹 전무 2013년 同FlashTech개발본부장(전무) 2014년 同NAND개발본부장(전무)(현)

김진원(金陳元) KIM Jin Won

[생]1950·2·27 [출]충남 보령 [주]서울 양천구 목동서로 161 SBS 사장실(02-2113-3002) [학]1968년 홍성고졸 1975년 서강대 신문방송학과졸 1985~1986년 미국 조지타운대 연수 [경]1975~1980년 동아방송 정치부·사회부 기자 1980년 KBS 기자 1981~1989년 MBC 사회부 기자·TV편집1부·정치부 차장대우 1989년 同보도제작국 보도특집부 차장 1991년 서울방송 부장대우 1991년 同국제부장 1995년 同사회부장 1996년 同정치부장 1996년 同뉴욕특파원 1998년 同스포츠국장 1998년 同보도국장 2000년 SBS 보도본부 국장급 보도총괄CP 2003년 同해설위원실장 2004년 해외 연수 2005년 SBS 보도본부장(이사) 2007~2011년 한국신문방송편집인협회 이사 2007~2009년 SBS 보도본부장(상무) 2010~2013년 同상임상담역(상무) 2013년 SBS미디어홀딩스 대표이사 사장 2015년 SBS 경영총괄 공동대표이사 사장(현) 2015년 지상파유에이치디방송추진협회 이사(현) 2015년 한국방송협회 부회장(현) 2016년 한국민영방송협회 회장(현) [상]서강언론상(2005), 한국참언론인대상 방송진흥부문(2007), 상허대상 언론부문(2008) [종]기독교

김진원(金鎭源) KIM Jin Won

[생]1955·4·29 [본]삼척(三陟) [출]강원 삼척 [주]서울 성북구 안암로145 고려대학교 노어노문학과(02-3290-2133) [학]삼척고졸 1981년 고려대 노어노문학과졸 1983년 독일 하이델베르크대 대학원 슬라브어학과졸 1987년 문학박사(독일 보쿰대) [경]1987~1992년 고려대 노어노문학과 조교수·부교수 1988~1996년 슬라브학회 편집이사 1991~1996년 노어노문학회 연구이사 1992년 고려대 노어노문학과 교수(현) 1992~1994년 교육부 교육과정심의위원 1995~1996년 이중언어노학회 총무이사 1996~1998년 교육부 교육과정심의위원 2003~2005년 고려대 국제어학원 제2외국어교육실장 2006~2008년 同러시아·CIS 연구소 소장 2007~2009년 同신문사 주간 2007~2010년 同국제어학원 운영위원 2007~2011년 서울시 인문장학기획위원 2009~2011년 한·러 다이어로그 사무국장 [저]'러시아 언어학 연구의 방법과 과제'(1995, 한신문화사) '러시아어 연구'(2000, 고려대 출판부) '러시아어학의 이해'(2003, 에듀넷) '러시아어'(2005, 고려대출판부) '우크라이나-한국어 사전'(2007, 문예림) '러시아어 문법'(2007, 고려대 출판부) [역]'번역이론의 방법'(2005, 고려대 출판부)

김진원(金鎭元) KIM JIN WON

[생]1958·5·6 [본]경주(慶州) [출]경기 광주 [주]경기 수원시 팔달구 효원로1 경기도청 언론협력담당관실(031-8008-2680) [학]2008년 경희대 대학원 경영학과졸 [경]2012~2013년 대통령소속 사회통합위원회 대외협력팀장(지방서기관) 2013년 경기도 해양항만정책과장 2015년 同언론협력담당관(현)

김진유(金鎭裕) KIM Jin Yoo

[생]1956·4·1 [출]경기 화성 [주]서울 서초구 서초대로 64길9 화이트정보통신(주) 대표이사실(02-3474-2980) [학]숭실대 전산학과졸, 연세대 경영대학원졸 [경]한국과학기술연구원 시스템공학센터 근무, 한국산업정보기술원 기획실장, 화이트정보통신(주) 대표이사(현), 웨티즌 대표이사 겸임(현) [상]대통령표창(2008), 연세대 MBA경영인상(2011) [종]기독교

김진윤(金振潤) KIM, JIN-YUN

[생]1952·5·26 [본]강릉(江陵) [주]서울 서초구 강남대로 351 청남빌딩16층 아주프론티어(주)(02-3475-9823) [학]1970년 경남고졸 1975년 고려대 사회학과졸 1998년 미국 보스턴대 경영대학원졸 [경]1977~1984년 (주)대우건설 과장 1984~1985년 아주산업 부장 1985~1999년 경남기업(주) 개발담당 이사 1999~2001년 한일건설(주) 개발담당 상무이사 2003~2008년 CMI테크놀러지 대표이사 2005~2013년 아주복지재단 이사 2007~2008년 한일건설(주) 사외이사 2009~2012년 同대표이사 사장 2015년 아주프론티어(주) 대표이사(현) [종]기독교

김진윤(金鎭潤) KIM Jin Yun

[생]1958·1·15 [본]김녕(金寧) [출]경북 영천 [주]경북 경산시 하양읍 대경로61 (사)한국정치발전연구원 원장실(053-851-1050) [학]1981년 영남대 정치외교학과졸 1987년 同대학원 정치학과졸 1994년 정치학박사(영남대) [경]1991~2007년 (사)한국정치발전연구원 연구위원·책임연구원 1997~1999년 대구미래대학 경찰행정과 겸임교수 2000~2001년 경일대 교양학부 겸임교수 2002~2003 대한정치학회 편집이사 2004~2006년 대구대 국제관계학과 겸임교수 2008년 (사)한국정치발전연구원 원장(현) 2008~2010년 경북도 새마을정책보좌관 [저]'墨子政治思想에 있어서 利의 意義'(1993) '사회와 사상'(1994) '유묵의 정치사상'(1997) 'Demos와 Kratos'(1998) '민주주의와 정치'(2001)

김진의(金鎭義) Jihn Eui Kim

[생]1946·7·30 [본]김녕(金寧) [출]전남 구례 [주]서울 관악구 관악로1 서울대학교 물리천문학부(02-880-6587) [학]1971년 서울대 화학공학과졸 1975년 물리학박사(미국 로체스터대) [경]1975년 미국 브라운대 연구원 1977년 미국 펜실베이니아대 연구원 1980~1990년 서울대 물리학과 조교수·부교수 1983년 스위스 CERN 초빙연구원 1987~1988년 미국 미시간대 방문교수 1990년 서울대 물리학과 교수, 同자연대학 물리천문학부 교수 1995년 同연구처장 1997년 미국 하버드대 객원교수 1998~1999년 고등과학원 교수 2006년 '국가석학 지원사업 대상자(물리학분야)'에 선정 2011년 서울대 물리천문학부 명예교수(현) 2011~2013년 광주과학기술원 석좌교수 [상]한국과학상 대상(1987), 호암상 과학기술부문(1992), Humboldt Research Award(2001), 과학기술훈장 혁신장(2002), 대한민국 최고과학기술인상(2003), 서울대총동창회 관악대상 영광상(2010) [저]'게이지이론과 입자의 기본상호작용' 'Quarks and Leptons from Orbifolded Superstring' [종]기독교

김진일(金鎭逸) KIM Jin Il

[생]1953·2·1 [출]경기 화성 [주]서울 강남구 테헤란로 440 (주)포스코 임원실(02-3457-0069) [학]용산고졸, 서울대 금속공학과졸 [경]1975년 포항제철(주) 입사(공채 8기), 同포항 제강부장, 同포항 공정출하부장, 同PI실장, (주)포스코 상무대우, 同PI실·6시그마실·PI지원실담당 상무 2005년 同혁신부문 상무 2006년 同마케팅부문 수요개발실·수주공정실·제품기술실담당 전무 2008년 同베트남프로젝트추진반 전무 2009년 同포항제철소장(부사장) 2010년 同탄소강사업부문장(부사장) 2011~2014년 (주)포스코켐텍 대표이사 사장 2014년 (주)포스코 대표이사 사장(철강생산본부장 겸임)(현) 2015년 한국공학한림원 정회원(재료자원공학·현) 2015년 포스코 비상경영쇄신위원회 윤리·의식분과 위원장(현)

김진천(金鎭千) KIM Jin Cheon

[생]1955·3·18 [출]대구 [주]서울 송파구 올림픽로43길 88 서울아산병원 외과(02-3010-3499) [학]1980년 서울대 의대졸 1984년 同대학원 의학과졸 1989년 의학박사(서울대) [경]1980~1985년 서울대병원 전임의 1986~1987년 서울국군지구병원 외과 과장 및 진료부장 1988~1989년 서울대병원 임상강사(전임강사대우) 1989~2000년 울산대 의대 외과학교실 전임강사·조교수·부교수 1992~1993년 미국 하버드대 의대 종양생물학 연구전임의 겸 강사 1997년 영국 옥스포드대 분자의학연구소 초청교수 2000년 울산대 의대 외과학교실 교수(현), 同주임교수 2003~2005년 서울아산병원 암센터 소장 2005~2007년 아산생명과학연구소 소장 2005년 대통령자문 의료산업선진화위원회 전문위원 2008~2012년 서울아산병원 외과 과장 2014년 대한대장항문학회 회장 [상]연강학술상 외과학부문(2008)

김진철(金鎭喆) KIM Jin Cheol

[생]1952·11·21 [출]부산 [주]부산 해운대구 센텀서로 66 (주)디오 비서실(051-745-7777) [학]1971년 경남고졸 1978년 경북대 문리학과졸 [경]1980~1983년 공영토건(주) 외자부 근무 1984~1987년 한도포장기계 대표 1988~2000년 동서기계(주) 대표이사 사장 2000년 (주)디에스아이 대표이사 회장 2008년 (주)디오 대표이사 회장(현) [상]국무총리표창(2000), 한국포장기계대상(2000), 대통령표창(2003)

김진철(金鎭哲) KIM Jin Chul (仁齋)

[생]1954·3·28 [출]서울 [주]서울 강남구 강남대로310 유니온센터18층 혜성산업(주) 비서실(02-569-1114) [학]1973년 이란 Tehran Community High School졸 1977년 미국 펜실베이니아주 리하이대(Lehigh Univ.) 토목공학과졸 2001년 연세대 최고경영자과정 수료 2007년 서울과학종합대학원 최고경영자과정 수료 2009년 홍익대 국제디자인대학원 디자인최고경영자과정 수료 [경]1977년 현대건설(주) 입사 1982년 예편(공군 중위) 1982년 현대건설(주) 복직·과장 1986년 혜성전선(주) 이사 1989년 (주)가인인터내셔널 설립·대표이사 사장(현) 1992년 혜성산업(주) 설립·대표이사 사장(현) 1995년 (주)한국할로겐 대표이사 사장(현) 2002~2013년 서울시사이클연맹 회장 2003년 서울신사로타리클럽 회장 2005~2014년 한·일 합작법인 KOTOBUKI KOREA 사장 2009년 서울시체육회 이사 2010년 대한사이클연맹 훈련강화위원장 2012년 대한체육회 생활체육위원회 위원 2013년 서울시체육회 부회장(현) [상]중소기업문화대상(2009), 제61회 서울시문화상 체육분야(2012) [종]천주교

김진철(金鎭哲)

[생]1963·7·2 [출]충남 아산 [주]인천 남구 소성로163번길17 인천지방법원 제13형사부(032-860-1704) [학]1982년 배재고졸 1986년 서울대 공법학과졸 [경]1995년 사법시험 합격(37회) 1998년 사법연수원 수료(27기) 1998년 서울지법 북부지원 판사 2000년 서울지법 판사 2002년 대구지법 판사 2005년 의정부지법 판사 2007년 서울중앙지법 판사 2009년 서울남부지법 판사 2010년 서울고법 판사 2012년 서울북부지법 판사 2013년 대전지법 부장판사 2015년 인천지법 부장판사(현)

김진철(金鎭徹) KIM Jin Chul

[생]1966·12·30 [주]서울 중구 덕수궁길15 서울특별시의회(02-3783-1551) [학]김제고졸 [경]망원시장 사무총장 2014년 서울시의회 의원(비례대표, 새정치민주연합·더불어민주당)(현) 2014·2016년 同기획경제위원회 위원(현) 2014~2015년 同예산결산특별위원회 위원 2015년 同청년발전특별위원회 위원(현) 2015년 同항공기소음특별위원회 위원(현) 2015년 同윤리특별위원회 위원(현) 2016년 同서부지역광역철도건설특별위원회 위원(현) [상]전국시·도의회의장협의회 우수의정 대상(2016)

김진춘(金振春) KIM Jin Choon

[생]1957·1·15 [본]강릉(江陵) [출]강원 강릉 [주]경기 가평군 설악면 미사리로324의211 청심신학대학원대학교(031-589-1521) [학]1976년 강릉고졸 1981년 한양대 물리학과졸 1993년 물리학박사(미국 Univ. of Minnesota) 1995년 미국 Unification Theological Seminary 대학원 종교교육학과졸(석사) [경]1995~2002년 선문대 신학대학 전임강사·조교수 1995년 同신학대학원 교학과장 1996~2000년 同신학대학장 1997~2001년 同천안캠퍼스 성화하숙 관장 2000~2001년 同신학부장 2000~2003년 청심신학대학원대 추진위원장 2004~2014년 同총장 2014년 同명예교수(현) [저]'원리강론 요약 훈독차트식 강의안 제1권(共)'(1999, 성화사) '원리강론 요약 훈독차트식 강의안 제2권(共)'(2000, 성화사) '성약시대 청평역사와 축복가정의 길(共)'(2000, 성화사) '통일원리연구 시리즈 7권'(2001~2003) '천지인참부모님의 8대교재교본 요결'(2011) [종]통일교

김진태(金鎭太) KIM Jin Tae

[생]1952·8·15 [본]김해(金海) [출]경남 사천 [학]1975년 서울대 법대 법학과졸 1978년 同대학원 법학과 수료 [경]1982년 사법시험 합격(24회) 1984년 사법연수원 수료(14기) 1985년 광주지검 순천지청 검사 1987년 서울지검 동부지청 검사 1989년 부산지검 검사 1990년 법무부 법무심의관실 검사 1992년 서울지검 검사 1995년 대검찰청 검찰연구관 1997년 수원지검 여주지청장 1998년 서울고검 검사 1999년 인천지검 특수부장 2000년 대검찰청 환경보건과장 2001년 同범죄정보1담당관 2002년 同중수2과장 2003년 서울지검 형사8부장 2004년 춘천지검 강릉지청장 2005년 인천지검 2차장검사 2006년 부산지검 1차장검사 2007년 대구고검 차장검사 2008년 청주지검장 2009년 대검찰청 형사부장 2009년 서울북부지검장 2010년 대구지검장 2011년 대전고검장 2012년 서울고검장 2012~2013년 대검찰청 차장검사 2012~2013년 同총장 권한대행 2013년 법무법인 인(仁) 고문변호사 2013~2015년 검찰총장 [상]황조근정훈장(2011) [저]'달을 듣는 강물'(1996) '물속을 걸어가는 달-증보판'(2004) '흘반난(吃飯難), 밥 먹기 어렵다'(2016, 불광출판사) [종]불교

김진태(金珍泰) Kim, Jin Tae

[생]1955·10·30 [출]서울 [주]경기 부천시 오정구 산업로104번길14 동부라이텍(주) 임원실(032-670-3000) [학]1974년 중앙고졸 1979년 서울대 금속공학과졸 1981년 同대학원 금속공학과졸 1990년 재료공학박사(미국 미시간대) [경]1990년 미국 미시간대 객원연구원 1991년 삼성전자(주) 입사, 同반도체부문 상무 2009~2010년 同LED부문 상무 2012년 동부라이텍(주) 생산기술본부총괄 부사장(현) 2013~2014년 同최고운영책임자(COO) 겸임

김진태(金鎭泰) KIM JINTAE

[생]1959·4·13 [본]김해(金海) [출]전북 전주 [주]전북 임실군 임실읍 호국로1601 전라북도보건환경연구원(063-290-5201) [학]1978년 전주해성고졸 1982년 전북대 사범대학 생물교육학과졸 1984년 同대학원 생물학과졸 1995년 이학박사(전북대) [경]1992~1995년 전북대 생물교육과 조교 1998~2000년 산업곤충연구소 연구관 2001~2011년 전북환경운동연합 간사·사무차장·사무처장 2012년 전북도보건환경연구원 원장(현) [저]'한반도에서 사라져가는 동물들'(1999) '만경강 동식물'(2006) '고산지역 생물들'(2007)

김진태(金鎭台) KIM Jin Tae

[생]1964·10·13 [본]김녕(金寧) [출]강원 춘천 [주]서울 영등포구 의사당대로1 국회 의원회관437호(02-784-3760) [학]1983년 춘천 성수고졸 1987년 서울대 법대 공법학과졸 [경]1986년 사법시험 합격(28회) 1989년 사법연수원 수료(18기) 1989년 국군 기무사령부 법무관 1992년 부산지검 동부지청 검사 1994년 대구지검 의성지청 검사 1995년 서울지검 검사 1997년 창원지검 검사 1999년 서울지검 북부지청 검사 2001년 同북부지청 부부장검사 2001년 전주지검 남원지청장 2002년 서울지검 부부장검사 2003년 춘천지검 부장검사 2004년 수원지검 공판송무부장 2005년 법무연수원 기획과장 2006년 대검찰청 조직범죄과장 2007년 서울중앙지검 부장검사 2007년 과거사정리위원회 파견 2008년 춘천지검 원주지청장 2009년 서울고검 검사 2009년 변호사 개업 2010년 한국여성정책연구원 감사 2012년 제19대 국회의원(춘천시, 새누리당) 2012·2014년 국회 법제사법위원회 위원 2013년 새누리당 기획법률담당 원내부대표 2014~2015년 국회 예산결산특별위원회 위원 2015년 새누리당 정책위원회 법제사법정책조정위원회 부위원장 2015~2016년 同인권위원장 2016년 제20대 국회의원(춘천시, 새누리당)(현) 2016년 국회 법제사법위원회 간사(현) 2016년 새누리당 강원도당 위원장(현) [상]NGO모니터단 국정감사 우수의원(2012), 법률소비자연맹 선정 국회 헌정대상(2013), 대한변호사협회 선정 '최우수 국회의원상'(2016), 대한민국평화·안보대상 의정발전공헌부문 대상(2016), 제3회 팔마대상(2016)

김진표(金振杓) KIM Jin Pyo (金鎭華)

[생]1947·5·4 [본]김녕(金寧) [출]경기 수원 [주]서울 영등포구 의사당대로1 국회 의원회관437호(02-784-3760) [학]1966년 경복고졸 1971년 서울대 법대졸 1988년 미국 위스콘신대 대학원 공공정책학과졸 1993년 국방대학원 수료 2005년 명예 행정학박사(미국 컴벌랜드대학) [경]1974년 행정고시 합격(13회) 1975년 재무부 사무관 1983년 영월세무서장 1985년 재무부 세제국 소비세·재산세제·조세정책과 과장 1992년 조세연구원 설립 책임관(파견·부이사관) 1993년 재무부 세제총괄심의관 1994년 재정경제원 국세심판소 상임심판관 1995년 同대외경제국 심의관 1996년 同공보관 1996년 同부총리 비서실장 1997년 同금융정책실 은행보험심의관 1998년 同세제실 재산소비세·세제총괄심의관 1998년 ASEM 준비기획단 사업추진본부장 1999년 재정경제부 세제실장 2001년 同차관 2002년 대통령 정책기획수석비서관 2002년 국무총리 국무조정실장 2002년 제16대 대통령직인수위원회 부위원장 겸임 2003~2004년 부총리 겸 재정경제부 장관 2003년 연합인포맥스 자문위원 2004년 제17대 국회의원(수원시 영통구, 열린우리당·대통합민주신당·통합민주당) 2005~2006년 부총리 겸 교육인적자원부 장관 2007년 열린우리당 정책위 의장 2007년 同경기도당 위원장 2007년 대통합민주신당 정책위 의장 2007년 同정동영 대통령후보 중앙선거대책위원회 직능특별위원장 2007년 열린우리당 정책위 의장 2007년 대통합민주신당 정책위 의장 2008년 同정부조직개편특별위원장 2008년 제18대 국회의원(수원시 영통구, 통합민주당·민주당·민주통합당) 2008~2010년 민주당 최고위원 2008년 同당무위원 2010년 同평창동계올림픽유치지원특위 위원장 2010년 同참좋은지방정부위원장 2011~2012년 同원내대표 2012년 민주통합당 민생안정본부장 2012~2014년 제19대 국회의원(경기 수원시丁, 민주통합당·민주당·새정치민주연합) 2012년 국회 국방위원회 위원 2013년 민주통합당 대선공약실천위원장 2013년 민주당 민생안정본부장 2014년 경기도지사선거 출마(새정치민주연합) 2014~2015년 새정치민주연합 국정자문회의 의장 2014년 同정책엑스포조직위원회 위원장 2015년 아주대 공공정책대학원 초빙교수 2015년 더불어민주당 국정자문회의 의장(현) 2016년 同경기수원시戊지역위원회 위원장(현) 2016년 同더불어경제선거대책위원회 공동부위원장 겸 경기도선거대책위원회 위원장 2016년 제20대 국회의원(경기 수원시戊, 더불어민주당)(현) 2016년 국회 국방위원회 위원(현) 2016년 국회 예산결산특별위원회 위원(현) 2016년 국회 지방재정·분권특별위원회 위원장(현) [상]홍조근정훈장(1992), 녹조근정훈장(1992), 청조근정훈장(2002), 법률소비자연맹 선정 국회 헌정대상(2013), 미국 위스콘신대 한국총동문회 '자랑스런 위스콘신대 동문상'(2015) [저]'한국경제 희망있다' '대한민국 최고의 공무원'(2009) '뚜벅걸음이 세상을 바꾼다(共)'(2011, 책보세) '정치를 왜 합니까?'(2013) '줄탁'(2013) [종]기독교

김진표(金鎭杓) KIM Jin Pyo

[생]1964·12·25 [본]김해(金海) [출]경북 군위 [주]울산 중구 성안로112 울산지방경찰청 제1부장실(052-210-2131) [학]부산 금성고졸 1987년 경찰대졸(3기) [경]1996년 부산진경찰서 경비과장 1997년 同교통과장 2000년 경찰청 경무기획과 교육고시담당 2006년 경북지방경찰청 정보통신담당관 2007년 경북 울진경찰서장 2008년 경북지방경찰청 홍보담당관 2008년 서울지방경찰청 제3기동대장 2009년 경기 광주경찰서장 2011년 경찰청 외사수사과장 2011년 서울 도봉경찰서장 2013년 서울지방경찰청 보안1과장 2014년 同경무과장(경무관) 2014년 부산지방경찰청 제1부장(경무관) 2015년 울산지방경찰청 제1부장(경무관)(현) [상]근정포장(2014)

김진하(金振夏) KIM Jin Ha

[생]1960·3·8 [출]강원 양양 [주]강원 양양군 양양읍 군청길1 양양군청 군수실(033-670-2201) [학]1979년 양양고졸 2003년 한국방송통신대 국어국문학과졸 2010년 강릉원주대 경영정책과학대학원 행정학과졸 [경]1980년 양양군 양양읍사무소 근무 1988년 강원도농촌진흥원 근무 1994년 강원도 내무국 문화체육과 근무 2005년 同자치행정국 총무과 전략산업사무관 2006년 同미래기획과 미래산업사무관 2006년 양양군 투자유치사업단장 2007년 同경제진흥과장 2008년 同경제도시과장 2009년 同문화관광과장 2010년 同현남면장 2011년 새누리당 양양군당원협의회 사무국장 2014년 강원 양양군수(새누리당)(현)

김진한(金晉漢) KIM Jin Han

[생]1952·3·1 [출]경남 마산 [주]서울 송파구 양재대로1239 한국체육대학교 특수체육교육과(02-410-6955) [학]1974년 서울교대 초등교육과졸 1981년 경기대 무역학과졸 1986년 세종대 대학원 교육학과졸 1992년 교육학박사(세종대) [경]1974~1982년 초등학교 교사 1982~1997년 고등학교 교사 1989~1997년 한국체육대 강사 1991~1997년 세종대·서울산업대 강사 1996~1997년 경희대·용인대 강사 1997~2003년 한국체육대 특수체육교육과 전임강사·조교수 2003년 同교수(현) 2003년 同기획실장 2010년 한국성인교육학회 회장 2015년 한국체육대 교학처장(현) [상]교육인적자원부장관표창 [저]'교육학개론'

김진한(金振漢) KIM Jin Han

[생]1956·7·8 [출]경북 영주 [주]서울 강남구 테헤란로317 동훈타워11층 법무법인 대륙아주(02-3016-5202) [학]1975년 안동고졸 1987년 국민대 법학과졸 1990년 서울대 보건대학원졸 2005년 同법대 최고지도자과정 수료 2010년 同과학기술혁신최고전략과정(SPARC) 수료 [경]1990년 사법시험 합격(32회) 1993년 사법연수원 수료(22기) 1993년 변호사 개업 1996~2000년 경찰종합학교 강사 1999년 법무법인 아주 대표변호사, 서울지방변호사회 인권위원회 위원 2000년 중소기업협동조합법개정특별위원회 위원, 호성종합건설(주) 대표이사 직대, 국민대 행정대학원 강사, 경제정의실천시민연합 상담자문위원, 한국장애인사격연맹 회장, 한국도로공사 투자심의위원장 2006~2008년 학교법인 오산학원 재단이사장 2007년 서울지방변호사회 심사위원장, 경찰청 중앙징계위원회 위원 2007년 하이트문화재단 이사(현) 2009~2012·2016년 법무법인 대륙아주 대표변호사(현) 2010~2012년 연합자산관리(주) 사외이사, 백혈병소아암협회 이사(현) 2012~2014년 농협은행 사외이사 2012년 한국마사회 상벌위원장(현) 2012년 同기부심의위원회 위원(현) 2013~2016년 법무법인 대륙아주 고문변호사 2013년 서울경제신문 감사 2016년 강원랜드 투자심의위원회 위원(현) [상]해양수산부장관표창 [저]'안락사의 보건의과학적 고찰'(1990) '채무명의로서의 집행증서'(1993) '부실채권시장 전반에 대한 이해증진을 위한 시장현황 및 개념정리'(파산재단의 환가를 중심으로)'(2003) '파산관재업무 실무편람'(2005)

김진한

[생]1957·6·1 [출]경북 문경 [주]경북 구미시 구미대로350의27 모바일융합센터2층 경북창조혁신센터(054-470-2614) [학]1975년 경북대사대부고졸 1982년 부산대 전기기계공학과졸 1991년 경북대 산업대학원 전자재료공학과졸 [경]2002년 삼성전자(주) 광소재팀 연구위원(상무) 2003년 同광소재사업팀 연구위원(상무) 2006년 삼성광통신 공장장(상무) 2010년 세계인명사전 Marquis Who's Who in the World 등재 2013년 삼성전자(주) 무선개발실 연구위원(전무) 2014년 경북창조경제혁신센터장(현) [상]삼성전자 생산성 동장(1994), 삼성그룹 기술상 은상(2000)

김진항(金鎭恒) KIM Jin Hang

[생]1952·2·4 [본]김녕(金寧) [출]경북 성주 [주]서울 동대문구 왕산로81 두산베어스타워604호 안전모니터봉사단중앙회(070-4617-2574) [학]육군사관학교졸(30기) 1983년 연세대 대학원 행정학과졸 1993년 미국 육군대학원(U.S ARMY WAR COLLEGE)졸 2011년 국제정치학박사(경기대) [경]1996~1998년 합동참모본부 군사전략과장 2002~2004년 제12보병 사단장 2004~2005년 육군교육사령부 교육훈련부장 2004년 건국56주년 국군의날 행사 제병지휘관 2005~2007년 육군 포병학교장 2007년 육군협회 지상군연구소 자문위원 2007년 한국전략문제연구소 객원연구원 2007~2008년 한국안보문제연구소 부소장 2008년 행정안전부 재난안전실장 2010년 한국지방행정연구원 석좌연구원, 공무원연금공단 고객업무본부장(상임이사), 전국안전모니터봉사단연합회 회장, 한국안보문제연구소 부설 한국전략아카데미 원장, 서울시립대 도시과학대학원 방재공학과 겸임교수 2013년 안전모니터봉사단중앙회 회장(현) 2015년 건국대 대학원 초빙교수(현) [상]보국훈장 삼일장(1998), 보국훈장 천수장(2003) [저]'전략이란 무엇인가?'(2006) '화력마비전'(2007) '김진항장군의 전략이야기'(2011) '경쟁의틀을 바꿔라'(2011) '세월 호를 넘어 멋진 세상으로'(2014) [역]'전략은 어떻게 만들어지나(Making Strategy)'(2000) [종]불교

김진현(金鎭炫) KIM Jin Hyun (景石)

[생]1936·1·2 [본]경주(慶州) [출]경기 안성 [주]경기 수원시 광교로109 한국나노기술원4층 파크시스템스(031-546-6804) [학]1954년 양정고졸 1958년 서울대 사회학과졸 1973년 미국 하버드대 Nieman Fellow과정 수료 1995년 명예 공학박사(광운대) 1995년 명예 경제학박사(고려대) [경]1957~1966년 동아일보 기자·차장 1967~1980년 同논설위원·경제부장·편집부국장·동아방송 보도국장 1968년 관훈클럽 총무 1977~1980년 서울언론문화클럽 초대 이사장 1981~1984년 한국경제연구원 수석연구위원·부원장 1985~1990년 동아일보 논설주간 1988년 IPI 회원 1989~1990년 신영언론연구기금 이사장 1990~1993년 과학기술처 장관 1993년 한호재단 이사장 1993~1997년 유니세프 한국위원회 부회장·공동체의식개혁국민운동협의회 공동의장 1994

년 동해연구회 회장 1994년 한국그린크로스 공동의장 1994년 바른경제동인회 회장 1994~1996년 한국경제신문 회장 1994년 서울시 21세기위원장 1994년 정보화추진협의회 의장 1995년 세계화추진위원회 공동위원장 1995년 국가정보연구회 회장 1995년 제헌국회의원유족회 회장 1995~1999년 서울시립대 총장 1996년 우리민족서로돕기운동본부 공동대표 1997년 한국해양수산개발원 이사장 1997년 환경운동연합 공동대표 1998년 통일고문 1998~2007년 한국과학기술기획평가원 이사장 1998년 장준하선생기념사업회 회장 1999~2001년 문화일보 사장 · 회장 1999년 아시아신문재단(PFA) 한국위원회 회장 2000년 IT전략연구원 이사장 2000년 세계평화포럼 이사장(현) 2000년 국제정보경영연구원 이사장 2000년 서울대총동창회 부회장 2001년 바른사회를위한시민회의 공동대표 · 고문 2001~2010년 한국무역협회 수석객원연구원 2005~2016년 民世안재홍(安在鴻)선생기념사업회 회장 2005년 (주)KT&G 사외이사 2006년 미래와경제 자문위원장 2006~2012년 포니정장학재단 이사장 2008~2010년 대한민국건국60주년기념사업추진위원회 집행위원장 2008년 서울팝스오케스트라 이사장 2008년 녹색성장포럼 대표 2009년 대통령자문 통일고문회의 고문 2009년 한미비전협회 이사장 2009~2012년 대한민국역사박물관건립위원회 위원장 · 개관위원장 2011년 울산과학기술대(UNIST) 이사장 2012년 (주)파크시스템스 고문(현) 2014년 새로운한국을위한국민운동 상임대표(현) [상]독립신문기념상(1967), 대통령표창(1977), 청조근정훈장(1994), 국민훈장 무궁화장(1998) [저]'한국주식회사' '한국경제학의 諸문제'(共) 'Quasi,Tax Burden on Firms in Korea' '한국의 선택' '한국은 어디로 가고 있는가' '한국은 어떻게 가야 하는가' '한인, 삶의 조건과 미래'(編) '해양 21세기'(共) '일본친구들에게 정말로 하고 싶은 이야기'(2006) [역]'방관자의 모험' '자본주의와 사회주의' '민주자본주의의 장래' '민주주의와 민간조정기구' '자본주의 정신과 반자본주의 심리' '소명으로서의 기업'

김진현(金鎭賢) Kim Jin Hyun

[생]1960 · 2 · 4 [출]경북 의성 [주]경북 의성군 의성읍 군청길31 의성군청 부군수실(054-830-6005) [학]1978년 경북 경안고졸 1980년 경북공업전문대 전자공학과졸 [경]1980년 경북 의성군 점곡면 근무(행정 9급 공채) 1992년 경북도 전출 2005년 同산림자원종합개발사업소 관리과장(행정 5급) 2008년 同공보관실 홍보관리담당 2008년 대구경북경제자유구역청 파견 2009년 경북도 기획조정실 예산담당관실 예산총괄담당 2013년 同대변인실 홍보기획담당 2014년 同기획조정실 예산담당관(서기관) 2016년 경북 의성군 부군수(현) [상]국무총리표창(1998), 녹조근정훈장(2014) [종]기독교

김진현(金震炫) Kim Jin Hyun

[생]1960 · 3 · 27 [출]경북 영풍 [주]서울 중구 동호로330 CJ제일제당 소재사업부문(02-6740-3700) [학]1979년 마산고졸 1984년 서울대 경영학과졸 [경]제일제당 근무, (주)CJ39쇼핑 이사 2005년 CJ(주) 글로벌전략팀장(상무) 2007년 CJ제일제당 동남아본사 상무, 同동남아본부 부사장 2011년 同소재사업부문장(부사장)(현)

김진현(金辰玹) KIM Jin Hyeon

[생]1965 · 11 · 13 [출]충남 아산 [주]서울 서초구 서초대로74길4 삼성생명서초타워 법무법인(유) 동인(02-2046-0664) [학]1984년 서울 경문고졸 1988년 서울대 경영학과졸 2006년 미국 캘리포니아주립대 샌디에이고캠퍼스(UCSD) 국제대학원(IRPS) 연수, 서울대 최고산업전략과정 수료 [경]1992년 사법시험 합격(34회) 1995년 사법연수원 수료(24기) 1995년 부산지법 판사 1997년 同울산지원 판사 1999년 수원지법 판사 2002년 서울중앙지법 판사 2004년 서울동부지법 판사 2006년 서울고법 판사 2008년 대법원 재판연구관 2010년 청주지법 부장판사 2011년 수원지법 평택지원 부장판사 2014~2016년 서울중앙지법 부장판사, 안성시 선거관리위원회 위원장 2016년 법무법인(유) 동인 구성원변호사(현)

김진현(金珍賢) KIM Jin Hyeon

[생]1969 · 2 · 15 [출]대구 [주]세종특별자치시 노을6로8의14 국세청 인사과(044-204-2200) [학]대구 영진고졸, 연세대 경제학과졸 [경]1996년 경산세무서 총무과장 1997년 영주세무서 직세과장 1998년 국세심판원 조사관 2000년 서울지방국세청 조사3국 4과장 2001년 국세청 소득세과 1계장 2006년 서울지방국세청 총무과 서기관 2007년 국세청 소득지원과 1계장 2008년 예산세무서장 2010년 동안양세무서장 2010년 국세청 소득세과장 2012년 同조사국 조사1과장 2013년 同감사담당관(서기관) 2014년 同감사담당관(부이사관) 2015년 중부지방국세청 납세자보호담당관 2015년 미국 국세청 파견(고위공무원)(현) [종]기독교

김진형(金鎭衡) KIM Jin Hyung

[생]1949 · 3 · 27 [본]경주(慶州) [출]서울 [주]경기 성남시 분당구 대왕판교로712번길22 글로벌R&D센터 연구동 5층 지능정보기술연구원 원장실(031-8020-8700) [학]1971년 서울대 공과대학졸 1979년 미국 캘리포니아대 시스템공학과졸 1983년 전산학박사(미국 캘리포니아대 로스앤젤레스교) 2002년 미국 Stanford대 경영대학원 Business School 단기연수 [경]1973~1976년 한국과학기술연구소 전산실 연구원 1978년 미국 UCLA 연구조교 1981년 미국 HUGHES인공지능센터 선임연구원 1985~2013년 한국과학기술원 전산학과 조교수 · 부교수 · 교수 1989년 미국 IBM WATSON연구소 초빙연구원 1991년 한국과학기술원 인공지능연구센터 부소장 · 소장 1994년 환태평양인공지능국제학술대회(PRICAI) 상임이사회 사무총장 1995~1999년 연구개발정보센터(KORDIC) 소장 1997~1998년 인지과학회 회장 2000년 동명정보대 상임고문 2002~2003년 삼성SDS 자문교수 2005년 한국정보과학회 회장 2006~2013년 한국과학기술원 소프트웨어정책연구센터 소장 2009년 국가정보화추진위원회 지식정보전문위원장 2009년 (사)앱센터 이사장(현) 2010년 국가미래연구원 과학기술 · 방송통신분야 발기인 2011년 대한의료정보학회 회장 2013~2016년 미래창조과학부 소프트웨어정책연구소 초대소장 2013년 국무총리소속 국가과학기술심의회 민간위원 2013년 국무총리소속 공공데이터전략위원회 공동위원장(현) 2014년 국무총리소속 정보통신전략위원회 민간위원(현) 2016년 영산대 명예총장(현) 2016년 지능정보기술연구원 원장(현) [상]과학기술처 연구개발상(1989 · 1992), 녹조근조훈장(2001), IT서비스학회 평생공로상(2007), 대통령표창(2010), 제5회 대한민국인터넷대상 공로상(2010), 제1회 비트학술상 최우수상(2012), 동탑산업훈장(2015)

김진형(金鎭炯) KIM Jin Hyung

[생]1959 · 10 · 23 [본]선산(善山) [출]서울 [주]부산 강서구 녹산산단335로8 부산지방중소기업청 청장실(051-601-5101) [학]1978년 서울 경동고졸 1983년 서울대 무역학과졸 1985년 同대학원 무역학과졸 2003년 법학박사(미국 워시본대) [경]1987년 행정고시 합격(31회) 1988~1992년 경제기획원 예산실 사무관 1992~1998년 상공부 · 통상산업부 · 산업자원부 사무관 1998~2000년 중소기업청 서기관 2000~2004년 同기술지도과장 · 국제협력과장 · 서울지방중소기업청 지원총괄과장 2005년 대통령직속 중소기업특별위원회 총괄조정팀장 2006년 중소기업청 소상공인지원단 소상공인지원과장 2006년 同기술지원국 기술정책과장 2006년 同기술경영혁신본부 기술혁신정책팀장 2007년 同감사팀장 2008년 同현장애로대책단 부단장 2008년 同정책자문관 2009년 同경영지원국장 2010년 중앙공무원교육원 교육파견(고위공무원) 2011년 경기지방중소기업청장 2012~2013년 대통령 중소기업비서관 2013년 중소기업청 중소기업정책국장 2015년 부산 · 울산지방중소기업청장 2016년 부산지방중소기업청장(현) [상]대통령표창(1999), CALI(The Center for Computer-Assisted Legal Instruction) Future Award(2003) [종]기독교

김진형(金鎭炯) KIM Jin Hyoung

[생]1960 · 9 · 21 [주]충북 청주시 상당구 상당로82 충청북도청 행정국(043-220-2352) [학]서울대 정치학과졸 [경]1999년 청주시 재정경제국 경제과 실업대책반장 2000년 同기획행정국 지역정보과장 2000년 충북도 국제통상과 국제2담당 2003년 同총무과 교육고시담당 2004년 同기획관실 확인평가담당 2005년 同경제통상국 경제과 경제담당 2007년 교육 파견 2009년 충북도 균형발전국 균형정책과장 2010년 同행정국 총무과장 2010년 청원군 부군수 2011년 충북도 공보관 2012년 同정책기획관 2013년 충북경제자유구역청 충주지청장 2014년 교육 파견(부이사관) 2015년 제천시 부시장 2016년 충북도 행정국장(현) [상]대통령표창(2001)

김진형(金鎭亨 · 女) KIM Jin-Hyung

[생]1960 · 11 · 30 [출]경기 화성 [주]서울 종로구 율곡로2길25 연합뉴스 콘텐츠평가실(02-398-3114) [학]1984년 한국외국어대 영어과졸 1992년 서강대 대학원 신문방송학과졸 1993년 미국 버클리대 저널리즘스쿨 연수 [경]2000년 연합뉴스 국제경제부 부장대우 2002년 同특신부장 2006년 同런던특파원(부국장대우) 2009년 同국제뉴스2부 기획위원 2009년 同논설위원실 논설위원 2010년 同해외국 부국장 2011년 同한민족센터 부본부장 겸 다문화부장(국장대우) 2012년 同국제국 해외에디터 2013년 同한민족센터 본부장 2013~2015년 국무총리실 다문화가족정책위원회 위원 2014년 연합뉴스 한민족센터 본부장(국장) 2015년 同콘텐츠평가실 콘텐츠평가위원(현) [상]대통령표창(2015) [저]'꿈의 세계가 눈앞에(共)'(1992, 연합통신) '어니언 잭'(2011, 기파랑)

김진형(金晋亨) KIM Jin Hyoung

[생]1970·11·24 [출]전남 영광 [주]서울 강남구 테헤란로92길7 법무법인(유) 바른(02-3479-2664) [학]1988년 광주 동신고졸 1992년 서울대 법대졸 [경]1991년 사법시험 합격(33회) 1994년 사법연수원 수료(23기) 1994년 軍법무관 1997년 수원지법 판사 1999년 서울지법 판사 2001년 창원지법 통영지원 판사 2004년 서울남부지법 판사 2005년 서울고법 판사 2007년 서울행정법원 판사 2009년 광주지법 부장판사 2010년 인천지법 부장판사 2013~2015년 서울남부지법 부장판사 2015년 법무법인(유) 바른 변호사(현)

김진호(金珍浩·女) Kim Jin Ho

[생]1961·12·1 [출]경북 예천 [주]서울 송파구 남부순환로7061 한국체육대학 체육학과(02-410-6881) [학]1984년 한국체육대졸 1986년 同대학원졸 2001년 체육학박사(명지대) [경]베를린 세계양궁선수권대회 단체전 금메달·개인종합 금메달, 폰타아라세계양궁선수권대회 단체전 은메달, 서울세계양궁선수권대회 단체전 은메달·개인종합 동메달, 로스앤젤레스 올림픽대회 은메달, 롱비치 세계양궁선수권대회 단체전 금메달·개인종합 금메달, 방콕 아시아양궁경기대회 개인전 금메달·단체전 은메달, 뉴델리 아시아양궁경기대회 개인전 은메달·단체전 금메달, 서울아시아경기대회 단체전 금메달 1989년 한국체육대 체육학과 양궁전공 전임강사·조교수·부교수·교수(현) 2011년 同스포츠과학대학 체육학과장 2013~2016년 국민생활체육회 비상임이사 2016년 대한체육회 비상임이사(현) [상]체육훈장 청룡장, 체육훈장 백마장(1979), 대통령표창(1982), 올림픽100주년기념 IOC공로상, 한국여성스포츠회 여성지도자상(2009) [저]'고등학교 양궁' 'ARCHERY'

김진호(金振鎬) KIM Jin Ho

[생]1964·12·10 [출]인천 강화 [주]서울 종로구 종로5길86 서울지방국세청 조사4국(02-2114-4506) [학]강화고졸 1985년 세무대졸(3기) [경]1985년 공무원 임용(특채8급) 2005년 국세청 조사국 근무 2006년 서울지방국세청 조사4국 근무 2007~2008년 국세청 차장실 근무 2008년 서울지방국세청 조사4국 근무 2014년 강원 강릉세무서장 2015년 서울지방국세청 조사4국 조사관리과장(현)

김진홍(金鎭洪) KIM Jin Hong

[생]1941·7·10 [출]경북 청송 [주]경기 동두천시 쇠목길413 두레수도원(031-859-9003) [학]1966년 계명대 철학과졸 1974년 장로회신학대 대학원졸 1996년 명예 철학박사(계명대) 2001년 명예 신학박사(미국 킹 College) [경]1971년 청계천 활빈교회 창립 1976년 두레공동체 설립·대표(현) 1979년 두레마을 설립 1996년 在중국동포문제시민대책위원회 위원장 1997년 두레교회 설립·담임목사 1998년 제2의건국범국민추진위원회 위원 2001년 계명기독학원 이사장 2004년 (주)솔고바이오 사외이사 2005~2010년 뉴라이트전국연합 상임의장 2007년 제17대 대통령직인수위원회 취임준비위원회 자문위원 2011년 두레수도원 원장(현) [상]대산농촌문화대상 농촌구조개선부문 대상(1992), 대한적십자사 적십자봉사장 금장(1995), 4·19 문학상(2006) [저]'새벽을 깨우리로다'(1982) '성서한국·통일한국·선교한국'(1994) '바닥에서 날아도 하늘을 본다'(1996) '성공한 개혁, 실패한 개혁'(1996) '고난을 이기는 열두달'(1997) '황무지가 장미꽃 같이 1·2·3'(1999) '성경의 경제와 경영'(2001) '두레공동체의 정신과 비전'(2002) 외 다수 [종]기독교

김진홍(金鎭洪) KIM Jin Hong

[생]1955·2·20 [본]김녕(金寧) [출]전남 순천 [주]서울 동작구 흑석로84 중앙대학교 공과대학 사회기반시스템공학부 건설환경플랜트공학과(02-820-5893) [학]1975년 중앙고졸 1983년 서울대 토목공학과졸 1985년 同대학원 수공학과졸 1990년 공학박사(일본 도쿄대) [경]1985~1991년 대우엔지니어링(주) 토목사업부 과장 1991~1994년 농어촌진흥공사 농공기술연구소 책임연구원 1994~1999년 광주대 공과대학 토목공학과 조교수 1996년 일본 도쿄대 방문연구교수 1999년 중앙대 공과대학 건설환경공학과 조교수·부교수·교수 2011년 同공과대학 사회기반시스템공학부 건설환경플랜트공학과 교수(현) [상]토목의날 대한토목학회장표창(2000), 한국수자원학회 학술상(2001), 중앙대 업적우대교수(2002), 한국수자원학회 학술발표회 우수논문상(2004), 환경부장관표창(2004), 한국수자원학회 공로표창(2005), 대한토목학회표창(2006), 소방방재청장표창(2007), 대한환경공학회 최우수논문상(2007), 한국물학술단체연합회 학술상(2009), 행정안전부장관표창(2009) [종]불교

김진홍(金鎭洪) KIM Jin Hong

[생]1957·2·15 [주]서울 영등포구 국회대로62길25 교육시설재난공제회(02-781-0100) [학]1975년 한양공고졸 1980년 연세대 토목공학과졸 1991년 독일 슈투트가르트대 대학원 지역환경인토목학과졸 2002년 충북대 대학원 건설관리학과 박사과정中 [경]1980년 과학기술부 원자력국 원자력안전과 서기관 2003년 同과학기술정책실 조사평가과 서기관 2003년 同과학기술정책실 과학기술인복지과장 2007년 同원자력국 원자력정책과장 2008년 교육과학기술부 원자력정책과장 2009년 군산대 사무국장 2010년 중앙공무원교육원 파견(고위공무원) 2011년 순천대 사무국장 2012년 안동대 사무국장 2013~2015년 부경대 사무국장 2015년 교육시설재난공제회 회장(현)

김진홍(金震洪) kim, jin-hong

[생]1957·11·17 [주]부산 연제구 중앙대로1001 부산광역시의회(051-888-8225) [학]배문고졸, 동아대 관광경영학과졸, 동의대 대학원 부동산학과졸 [경]하이트맥주(주) 과장, 동일중앙초 운영위원장, 한나라당 부산시 수정1동 자문위원장, 부산시 수정새마을금고 전무, 부산시새마을금고 실무책임자협의회 부회장, 부산시 수정1동방위협의회 위원, 同수정1동선거관리위원회 위원, 부산시 동구배드민턴연합회 부회장(현), 부산시 동구체육회 이사(현) 2006~2007년 부산시 동구의회 의원 2006~2007년 同부의장 2014년 부산시의회 의원(새누리당)(현) 2014년 同기획재경위원회 부위원장 2014년 同운영위원회 위원 2015년 同기획행정위원회 부위원장 2016년 同기획행정위원회 위원(현) 2016년 새누리당 부산시당 부위원장(현) [상]전국시·도의회의장협의회 우수의정 대상(2016)

김진홍(金鎭弘) KIM Jin Hong

[생]1960·4·17 [출]인천 [주]서울 영등포구 여의공원로101 국민일보 논설위원실(02-781-9288) [학]1983년 서강대 역사학과졸 [경]1988년 국민일보 사회2부 기자 1992년 同정치부 기자 2000년 同정치부 차장대우 2002년 同정치부 차장 2003년 同정치부장 직대 2005년 同논설위원 2006년 同편집위원 2007년 同논설위원 2009년 同논설위원(부국장대우) 2010년 同논설위원(부국장) 2010년 同편집국 정치·기획담당 부국장 2010년 同편집기획부장 겸임 2011년 同편집국 정치·기획담당 부국장 겸 편집기획부장 2011년 同편집국 정치·기획담당 국장대우 겸 편집기획부장 2011년 同논설위원(국장대우) 2014년 同수석논설위원 2016년 同논설위원실장(현) [상]서강언론동문회 서강언론인상(2014)

김진홍(金晋弘) KIM Jheenong

[생]1969·9·6 [본]경주(慶州) [출]서울 [주]서울 종로구 세종대로209 금융위원회 은행과(02-2100-2955) [학]1986년 우신고졸 1993년 서울대 경제학과졸 1998년 同행정대학원 행정학과졸 2006년 미국 오리건대 대학원 경제학과졸 2015년 중앙대 대학원 경제학 박사과정 수료 [경]1994년 한국은행 근무, 행정고시 합격(40회) 1998년 행정자치부 수습사무관 1999~2001년 과학기술부 근무 2001년 재정경제부 종합정책과·정책조정과·인력개발과 근무 2004년 휴직(미국 오리건대 유학) 2006~2008년 재정경제부 보험제도과 근무 2008~2009년 금융위원회 산업금융과 근무 2009~2011년 대통령실 행정관 2011년 금융위원회 정책홍보팀장 2012년 同전자금융과장 2013년 同자산운용과장 2014년 同보험과장 2015년 同행정인사과장 2016년 同행정인사과장(부이사관) 2016년 同은행과장(현) [종]불교

김진환(金振煥) KIM Zin Hwan

[생]1948·8·18 [본]강릉(江陵) [출]충남 부여 [주]서울 서초구 태봉로114 한국형사정책연구원 원장실(02-575-5281) [학]1967년 경기고졸 1971년 서울대 법대졸 1977년 同대학원 법학과졸 1983년 독일 프라이부르크대 박사과정 수료 2003년 법학박사(한양대) [경]1972년 사법시험 합격(14회) 1974년 사법연수원 수료(4기) 1975년 공군 법무관 1977년 대구지검 검사 1980년 서울지검 북부지청 검사 1981년 법무부 보호국 검사 1983년 同검찰국 검사 1986년 수원지검 여주지청장 1987년 서울지검 고등검찰관 1989년 대검찰청 기획과장 1990년 부산지검 특수부장 1991년 사법시험위원·행정고등고시위원 1991년 법무부 검찰2과장 1992년 서울지검 동부지청 특수부장 1993년 법무부 검찰1과장 1993년 서울지검 형사4부장 1994년 대통령 법률비서관 1995년 부산지검 차장검사 1996년 동아대 법대 및 대학원 강사 1997년 서울지검 제2차장검사 1998년 同북부지청장 1999년 同남부지청장 1999년 대검찰청 총무부장 2000년 同기획조정부장 2000년 대구지검장 2002년 법무부 검찰국장 2002년 서울지검장 2002년 대구고검 차장검사 2003년 법무연수원 기획부장 2004~2015년 법무법인 충정 대표변호사·고문변호사 2004년 (주)GS홀딩스 사외이사 2004

년 검찰동우회 이사(현) 2005~2011년 同편집위원장 2006년 한국형사판례연구회 회장 2007년 한국비교형사법학회 회장 2008년 세계경영연구원(IGM) 700인CEO클럽 회장 2008년 대한변호사협회 이사 2010년 대한상사중재원 중재인 2011년 한국포렌식학회 회장 2012년 대한공증인협회 회장 2012년 국제공증인협회(UINL) 아시아지역 회장 2013년 한국형사소송법학회 회장 2013년 독일 프라이부르크대한국총동문회 회장 2015년 한국형사정책연구원 원장(현) 2016년 서울대 법과대학동창회 회장(현) [상]법무부장관표창(1978), 근정포장(1982), 홍조근정훈장(1990), 국제검사협회 공로상(2002) [저]'新체계해설 형법' '新체계해설 형사소송법' '역사에 묻고 미래에 답하다' [종]가톨릭

김진환(金鎭換) KIM Jin Hwan

[생]1956 · 12 · 24 [출]인천 [주]서울 서초구 남부순환로 2477 JW신약 비서실(02-2109-3301) [학]1975년 동인천고졸 1982년 건국대 낙농학과졸 [경]현대약품공업(주) 병원영업총괄 부사장 2006~2009년 同의약사업본부장(부사장) 2010년 중외신약 대표이사 부사장 2011년 JW중외신약(주) 대표이사 부사장 2013~2016년 同대표이사 사장 2016년 JW신약(주) 대표이사 사장(현) 2016년 JW바이오사이언스 대표이사 겸임(현) [종]천주교

김진환(金振煥) KIM Jin Hoan

[생]1966 · 6 · 24 [본]강릉(江陵) [출]강원 홍천 [주]강원 춘천시 동내면 세실로49 강원지방경찰청 형사과(033-252-4599) [학]홍천고졸, 경찰대학졸(6기) [경]강원지방경찰청 감사담당관실 근무, 同기동2중대장, 횡성경찰서 방범과장, 同방범교통과장, 인제경찰서 청문감사관, 원주경찰서 조사계장, 속초경찰서 수사과장, 정선경찰서 수사과장, 강원지방경찰청 수사2계장, 원주경찰서 수사과장 2007년 강원지방경찰청 수사과 수사1계장 2014년 同수사과 강력계장(총경) 2014년 경북지방경찰청 여성청소년과장 2015년 강원 정선경찰서장 2016년 강원지방경찰청 형사과장(현) [상]내무부장관표창, 경찰청장표창

김진회(金珍會) KIM Jin Hoi

[생]1959 · 7 · 6 [주]서울 광진구 능동로120 건국대학교 동물생명과학대학(02-450-3687) [학]1986년 건국대 축산학과졸 1989년 일본 경도대 대학원 분자발생학과졸 1992년 분자발생학박사(일본 경도대) [경]1992년 일본 경도대 박사 후 연구원 1993년 미국 North Carolina State Univ. 박사 후 연구원 1994~1997년 건국대 동물자원연구소 박사 후 연구원 1997년 가톨릭대 의대 의과학연구원 박사 후 연구원 1998~2002년 경상대 농대 축산학부 조교수 2001년 축산기술연구소 겸임연구원 2002년 경상대 바이오그린돼지사업단장 2002~2006년 同농업생명과학대학 동물자원과학부 낙농학전공 부교수 2004년 '항암 치료를 받은 뒤 불임현상이 나타나는 체내 메커니즘'을 최초로 밝혀냄 2005년 '복제동물이 조기 사망하는 메커니즘'을 최초로 규명함 2006년 건국대 동물생명과학대학 동물생명공학전공 교수(현) 2012년 同산학협력단장 2014~2016년 同동물생명과학대학장 [상]건국 학술상(2015) [저]'동물 유전공학'(1996) '신고 가축번식학'(1996) '포유류의 생식생물학'(2001) '세포배양 노트'(2001)

김진흥(金鎭興) kim jin heung

[생]1959 · 7 · 10 [출]경기 화성 [주]경기 성남시 중원구 성남대로997 성남시청 부시장실(031-729-2010) [학]한국방송통신대졸, 서울대 행정대학원졸, 행정학박사(서울시립대) [경]1989년 행정고시 합격(33회), 대통령비서실 선임행정관, 국무조정실 행정심의관 2003년 수원시 영통구청장 2006년 행정자치부 분권지원팀장 2007년 同지방인사여성제도팀장(부이사관) 2008년 국토해양부 공공기관지방이전추진단 근무 2008년 경기도 환경국장 2010년 세종연구소 파견 2011년 경기 화성시 부시장 2014년 경기 안산시 부시장 2015년 경기 고양시 제1부시장 2016년 경기 성남시 부시장(현) [상]대통령표창

김진희(金珍希 · 女) KIM Chin Hi

[생]1964 · 12 · 13 [출]강원 원주 [주]강원 원주시 한지공원길151 (사)한지개발원(033-734-4739) [학]1987년 연세대 문리대학 영어영문학과졸 [경]원주시민연대 대표, 원주한지문화제 집행위원장, (사)한지개발원 이사(현) 2010년 강원도의회 의원(민주당) 2010년 원주시민연대 운영위원(현) 2012년 민주통합당 원주甲지역위원회 위원장 2012년 제19대 국회의원선거 출마(강원 원주甲, 민주통합당) 2012년 민주통합당 전국여성위원회 부위원장 2013년 민주당 원주甲지역위원회 위원장 2013년 同전국여성위원회 부위원장 2014년 새정치민주연합 전국여성위원회 부위원장

김진희(金珍姬 · 女) CHIN HI KIM

[생]1969 · 7 · 20 [본]경주(慶州) [출]충북 제천 [주]서울 강남구 테헤란로115 서림빌딩12층 유미특허법인(02-3458-0700) [학]1992년 고려대 이과대학 생물학과졸 [경]1996년 변리사시험 합격 1996~1997년 장용식특허법률사무소 변리사 1998~2000년 목특허법률사무소 변리사 2000년 유미특허법인 파트너 변리사(현), 한국상표디자인협회 이사 [저]'고급직무교육과정 교재(디자인 및 상표전략)(共)'(2000) '미국상표법 및 제도에 관한 분석 및 시사점'(2006)

김집중(金集中) Kim Jip Joong

[생]1958 · 9 · 2 [출]전남 화순 [주]광주 서구 내방로111 광주광역시청 정책기획관실(062-613-2110) [학]1976년 서울 서라벌고졸 1988년 호남대 행정학과졸 [경]광주시 기획관실 근무 2001년 同경제정책과 근무 2002년 同혁신평가담당관 2008년 同노인복지과장 2009년 同관광진흥과장 2012년 同교통정책과장 2014년 同시민협력관 2014년 同의회사무처 총무담당관(지방부이사관) 2015년 지방행정연수원 교육파견(지방부이사관) 2016년 광주시 기획조정실 정책기획관(지방부이사관)(현)

김차규(金次奎) KIM Cha Gyu

[생]1959 · 12 · 20 [주]서울 서대문구 거북골로34 명지대학교 인문대학 사학과(02-300-0573) [학]1984년 영남대 사학과졸 1990년 프랑스 Paris대 대학원졸 1995년 서양사학박사(프랑스 Paris대) [경]1996년 명지대 인문대학 사학과 조교수 · 부교수 · 교수(현) 2000년 한국서양중세사학회 편집이사 · 국제이사 2014년 명지대 박물관장(현) 2016년 同문화예술대학원장(현) [저]'서양중세사강의'(2003, 느티나무) '지중해, 문명의 바다를 가다'(2005, 한길사) '동서 교역의 교차로'(2006, 웅진씽크빅) '유럽중심주의 세계사를 넘어 세계사들로'(2009, 푸른역사) [역]'로마제국사'(1999, 한길사) '중세이야기'(2001, 새물결)

김차동(金次東) KIM Cha Dong

[생]1955 · 6 · 26 [출]부산 [주]대전 유성구 엑스포로123번길27의5 연구개발특구진흥재단 이사장실(042-865-8802) [학]1975년 동래고졸 1983년 한양대 상경대학 국제무역학과졸 1992년 경제학박사(호주 국립대) [경]1981년 행정고시 합격(25회) 1995년 과학기술처 법무담당관 1995~1997년 대통령비서실 파견(과학기술행정관) 1997~2001년 駐경제협력개발기구(OECD)대표부 주재관(과학기술참사관) 2001년 과학기술부 과학기술인력과장 2002년 同연구개발기획과장 2003~2004년 同연구개발국장 2004년 국방대학원 파견 2005년 과학기술부 공보관 2005년 同홍보관리관 2005~2008년 同과학기술협력국장 2008년 교육과학기술부 인재육성지원관 2009년 同인재정책실장 2010~2011년 同기획조정실장 2011~2012년 국가과학기술위원회 상임위원(차관급) 2012~2013년 한양대 기술경영대학원 석좌교수 2013년 (재)연구개발성과지원센터 이사장 2013년 연구개발특구진흥재단 이사장(현) 2014년 대덕기술사업화포럼 공동회장(현) [상]대통령표창(1993), 한 · EU협력상 책임감상(2007), 홍조근정훈장(2009), 황조근정훈장(2012)

김차수(金次洙)

[생]1964 · 8 · 1 [주]서울 종로구 청계천로1 동아일보 편집국 국장실(02-2020-0114) [학]고려대 신문방송학과졸 [경]1999년 동아일보 정치부 기자 2000년 同문화부 차장대우 2002년 同정치부 차장대우 2002년 同정치부 차장 2004년 同문화부 차장 2005년 同문화부장 2006년 同정치부장 2007년 同편집국 통합뉴스센터장(부국장급) 2008년 同방송사업본부장 겸임 2011년 同편집국 부국장 2011년 同방송설립추진단 보도본부장 2011년 채널A 보도본부장(국장급) 2013~2015년 한국신문방송편집인협회 감사 2013년 동아일보 편집국장(현) [상]고대언론인교우회 '장한 고대언론인상'(2015)

김 찬(金 燦) KIM Chan

[생]1949 · 9 · 1 [출]서울 [주]경기 수원시 권선구 효원로228 김찬병원(1577-8858) [학]1969년 경복고졸 1977년 연세대 의대졸 1995년 전북대 대학원 의학과졸 1997년 의학박사(전북대) [경]1987~1990년 연세대 원주의대 연구강사 1990~1994년 同원주의대 조교수 1990~1991년 일본 관동체신병원 연수 1994년 연세대 원주의대 신경통증클리닉 부교수 1994~1996년 세란병원 신경통증과장 1994년 연세대 의대 외래교수 1996~2000년 김찬신경통증클리

닉 원장 2000년 아주대 의대 마취통증의학교실 교수 2000년 同병원 신경통증클리닉 전문의 2000년 同병원 마취통증의학과 전문의 2006년 대한통증학회 회장 2007년 아주대 의대 마취통증의학교실 주임교수 2008년 同의료원 마취통증학과 과장 2009년 대한통증연구학회 회장 2011년 기찬신경통증클리닉 대표원장 2014년 김찬병원 대표원장(현) (상)대한통증학회 학술상(2006) (저)'통증 무엇이든 물어보세요'(1998) '김찬 교수의 통증치료 건강법'(2007)

김 찬(金 燦) KIM Chan

(생)1956 · 8 · 6 (출)서울 (주)서울 중구 세종대로21길52 디지털조선일보 대표이사실(02-3701-2808) (학)1975년 경복고졸 1980년 서울대 기계공학과졸 (경)1987~1991년 LG전자 소프트웨어과장 1991~1996년 조선일보 차장 1997년 디지털조선일보 전산국장 · 뉴미디어연구소장 · 이사 2001년 同상무이사 2003년 同대표이사(현) 2005년 한국온라인신문협회 부회장

김 찬(金 燦) KIM Chan

(생)1961 · 6 · 7 (본)충주(忠州) (출)서울 (주)서울 중구 후암로98 STX남산타워 (주)STX 사업부문(02-316-9652) (학)영훈고졸 1985년 서강대 경영학과졸, 同대학원 경영학과졸 (경)대우증권 테헤란밸리지점장, 同상무보 2010년 同기업금융본부장(상무) 2012~2013년 (주)STX 재무본부장(전무) 2013년 同사업부문장(전무)(현) (종)기독교

김찬경(金粲經)

(생)1957 · 2 · 20 (주)서울 서대문구 충정로53 골든타워빌딩3층 에스엠신용정보 대표이사실(02-3277-9253) (학)1976년 휘문고졸 1985년 중앙대 경제학과졸 (경)1988~2003년 삼성카드 관리부장 2003~2004년 론스타 허드슨코리아 부사장 2004년 솔로몬신용정보 전무 2016년 同대표이사 2016년 에스엠신용정보 대표이사(현)

김찬규(金燦奎) KIM Charn Kiu (東石)

(생)1932 · 4 · 1 (본)의성(義城) (출)경북 안동 (주)서울 동대문구 경희대로26 경희대학교 법과대학(02-961-0938) (학)1955년 서울대 법대졸 1957년 同대학원졸 1966년 네덜란드 헤이그국제법아카데미졸(Diploma) 1974년 법학박사(경희대) (경)1959~1964년 건국대 전임강사 · 조교수 1964~1970년 경희대 조교수 · 부교수 1968년 외교안보연구원 연구위원 1970~1997년 경희대 법학과 교수 1970년 同학생처장 1975년 세계국제법협회 한국본부 부회장 1976년 경희대 교양학부장 1977년 국제법학회 부회장 1978년 경희대 법대학장 1980년 국제평화연구소 부소장 1981년 경희대 행정대학원장 1982 · 1988년 미국 듀크대 교환교수 1985년 경희대 기획관리실장 1986년 대한국제법학회 회장 1987년 경희대 대학원장 1989년 세계국제법협회 한국본부 회장 1991년 국방부 정책자문위원 1995년 국제해양법학회 부회장 1997년 경희대 법학과 명예교수(현) 1998년 외교통상부 · 해양수산부 정책자문위원, 학교법인 경희학원 이사, 국제상설중재재판소(PCA) 재판관, 해양경찰청 국제해양법위원회 위원, 외교통상부 독도정책자문위원회 위원 2010년 同부위원장 2010년 국제해양법학회 회장 2012년 同명예회장(현) 2013년 대한국제법학회 명예회장(현) (상)국민훈장 동백장 (저)'국제기구론' '미국법정 투쟁사' '新독일어강좌' '법학원론' '판례중심국제법' '국제법개설' '객관식국제법' '북한국제법연구'

김찬기(金燦起) KIM Chan Ki

(생)1968 · 12 · 17 (본)김해(金海) (출)충북 충주 (주)대전 유성구 문지로105 전력연구원 송변전연구소 디지털변전변환 HVDC팀(042-865-5873) (학)1991년 서울산업대 전기공학과졸 1993년 중앙대 대학원 전기공학과졸 1996년 공학박사(중앙대) (경)1996년 전력연구원 차세대전력기술그룹 선임연구원, 미국 전기전자공학회(IEEE) 선임회원(현), 同부편집장(현) 2000 · 2005년 미국 세계인명사전 'Marquis Who's Who' 등재 2006년 국제전기표준회의(IEC) 분과위원장(현) 2009년 전력연구원 차세대전력기술그룹 책임연구원(부장) 2009년 同송변전연구소 디지털변전변환 HVDC팀 책임연구원(부장)(현) (상)국제인명센터 '21세기 우수과학자 2000명' 선정(2000), 국제인명센터 '100대 공학자' 선정(2005 · 2006), IEEE Industrial Electronics Society 학술상(2005) (저)'전기전자공학개론'(2002) '계장제어'(2003) '직류송전'

김찬돈(金燦敦) KIM Chan Don

(생)1959 · 10 · 7 (출)청도(淸道) (출)대구 (주)부산 연제구 법원로31 부산고등법원(051-590-1114) (학)1978년 대구능인고졸 1983년 영남대 법학과졸 1985년 同대학원 법학과졸 (경)1984년 사법시험 합격(26회) 1987년 사법연수원 수료(16기) 1990년 대구지법 판사 1994년 同경주지원 판사 1996년 同판사 겸 소년부지원장 1997년 대구고법 판사 1999년 대구지법 판사 2000년 대법원 재판연구관 2002년 대구지법 부장판사 2002년 同영덕지원장 2004년 同부장판사 2006년 同포항지원장 2008년 同부장판사 2009년 대구고법 부장판사 2010~2012년 대구지법 수석부장판사 2010~2012년 경북도 선거관리위원장 2012~2016년 대구고법 부장판사 2015~2016년 법원도서관장 겸임 2016년 부산고법 부장판사(현) 2016년 부산지법 부장판사 겸임(현)

김찬석(金燦錫) KIM, Chan-Souk

(생)1963 · 12 · 26 (출)서울 (주)충북 청주시 상당구 대성로298 청주대학교 언론정보학부 광고홍보학전공(043-229-8304) (학)1981년 서울 한영고졸 1988년 중앙대 정치외교학과졸 1990년 同대학원 정치외교학과졸 2004년 언론학박사(중앙대) (경)1990~1993년 한국과학재단 홍보과 · 국제협력과 근무 1993~1996년 제일기획 근무 1996~1997년 미국 연수 1997~2000년 인천국제공항공사 해외홍보직 근무 2000~2001년 제일기획 PR팀 차장 2001~2005년 한국씨티은행 홍보이사 2005년 청주대 언론정보학부 광고홍보학전공 교수(현) 2005년 사랑의열매 사회복지공동모금회 홍보위원 2008년 문화체육관광부 정책홍보자문위원 2010년 청주대 학생취업지원실장 2010년 G20 정상회의준비위원회 홍보자문위원 2014년 국제전기통신연합(ITU) 전권회의(Plenipotentiary Conference) 홍보분야 자문위원 2015년 한겨레교육문화센터 한겨레PR전문가과정 책임교수(현) 2015년 한국무역협회 무역아카데미 해외마케팅PR과정 책임운영교수(현) 2015년 (사)한국PR학회 회장(현) (상)통일원장관표창(1988), 제일기획 우수상(1995), 인천국제공항공사 사장상(1999), 씨티은행 '이달의 Service Star'(2001 · 2003), 한국언론학회 학술상(2008) (저)'혼자서도 할 수 있는 비영리PR' '기업PR 책임자의 권한' (종)가톨릭

김찬수(金贊秀) Kim Chan-Soo

(생)1958 · 9 · 10 (본)경주(慶州) (출)제주 서귀포 (주)제주특별자치도 서귀포시 돈내코로22 난대아열대산림연구소(064-730-7200) (학)1976년 제주 제일고졸 1981년 제주대 식물학과졸 1984년 同대학원 식물학과졸 1998년 생물학박사(제주대) (경)1987~1998년 산림청 임목육종연구소 남부육종장 연구사 1998~2002년 同임업연구원 제주임업시험장 연구사 2002년 同임업연구원 임목육종부 유전생리과 연구사 2002~2004년 同임업연구원 산림유전자원부 유전자원과 연구사 2004~2011년 同국립산림과학원 난대산림연구소 연구관 2012~2014년 同국립산림과학원 난대산림연구소 연구관 2014년 同국립산림과학원 난대아열대산림연구소장(현) (상)국무총리표창(2000), 환경부장관표창(2008) (저)'제주지역의 임목유전자원(共)'(2007, 국립산림과학원) '제주지역의 야생버섯(共)'(2009, 국립산림과학원) '제주화산섬과 용암동굴 거문오름(共)'(2009, 한라일보사) '제주세계자연유산 그 가치를 빛낸 선각자들(共)'(2009, 제주특별자치도) 'Ligneous flora of Jeju island(共)'(2010, 국립산림과학원) '멸종위기종 및 주요생물자원의 염색체(共)'(2011, 국립생물자원관) '한라산이야기(共)'(2013, 국립산림과학원) '천연자원의 보고, 곶자왈(共)'(2013, 국립산림과학원) '선흘곶자왈의 역사문화자원(共)'(2014, 국립산림과학원) '한라산 구상나무(共)'(2015, 국립산림과학원)

김찬영(金贊榮) KIM Chan Young

(생)1954 · 3 · 10 (본)김해(金海) (출)강원 홍천 (주)강원 원주시 북원로2475 강원도민일보 원주본사(033-746-8002) (학)1972년 춘천고졸 1976년 강원대 법학과졸 (경)1990년 강원일보 편집부장 1991년 同특집부장 1991년 강원도민일보 편집 · 교열부장 1994년 同편집부국장 1996년 同편집부국장 겸 종합편집부장 1997년 同국장대우 편집부국장 겸 기획실장 직대 1998년 同제작국장 겸 기획실장 2000년 同총무국장 겸 제작국장 2002년 同이사 · 총무국장 2003년 同이사 · 광고국장 2005년 同출판국장 겸 제작국장(이사) 2007년 同영업담당 상무이사 2011년 同마케팅본부장 겸 독자국장(상무이사) 2015년 同서울본부장(전무이사) 2016년 同원주본사 부사장(현) (상)한국편집기자상 (저)'강원향토대관' (종)천주교

김찬영

⊛1956 ⊛경기 수원 ㈜경기 수원시 장안구 장안로134 수원시시설관리공단(031-240-2824) ⊕수성고졸 ⊚1980년 공직 입문(수원시청) 2007년 수원시 체육청소년과장·체육진흥과장 2009년 同공보담당관 2010년 同보육아동과장 2012년 同문화관광과장 2013년 同박물관사업소장(서기관) 2014년 同팔달구청장 2015년 수원시시설관리공단 문화복지본부장·경영사업본부장 2016년 同이사장(현) ⊛문화체육부장관표창(2008)

김찬오(金燦五) KIM Chan O (一安)

⊛1953·7·30 ⊛전주(全州) ⊚경북 안동 ㈜서울 노원구 공릉로232 서울과학기술대학교 안전공학과(02-970-6375) ⊕1978년 한양대 전기과졸 1981년 同대학원졸 1986년 공학박사(한양대) ⊚1978~1981년 현대건설㈜ 근무 1982~1987년 경기공업개발대·한양대 강사 1985~1987년 경기공업개발대 전임강사 1987~1995년 서울산업대 산업안전공학과 조교수·부교수 1988~1990년 한양대 산업대학원·동국대 행정대학원 강사 1995~2010년 서울산업대 안전공학과 부교수·교수 2001년 同교무처장 2003년 同총장 직대 2004년 소방방재청·행정안전부·NSC·감사원 정책자문위원 2010년 서울과학기술대 안전공학과 교수(현) 2012년 소방방재청 정책자문위원장 2013년 안전행정부 정책자문위원회 안전관리분과위원장 2013~2014년 同중앙안전관리민관협력위원회 위원 2013~2016 한국승강기안전관리원 비상임이사 2014년 국민안전처 정책자문위원(현) 2014년 同중앙안전관리민관협력위원회 위원(현) 2014년 (사)한국승강기학회 회장(현) 2015년 국무총리직속 세월호지원본부모위원회 추모위원(현) ⊛근정포장(2015) ㉖'전기안전공학'(1995) '안전공학'(2011)

김찬우(金澯又) KIM Chan Woo

⊛1960·12·25 ⊚경남 진주 ㈜서울 종로구 사직로8길60 외교부(02-2100-7521) ⊕1979년 진주고졸 1984년 한국외국어대 영어과졸 1989년 서울대 행정대학원 행정학과 수료 1990년 영국 옥스퍼드대 외교관과정 연수 1991년 영국 케임브리지대 대학원 정치학과졸 ⊚1984년 외무고시 합격(18회) 1984년 외무부 입부 1985~1988년 해군 장교 복무 1988~1993년 외무부 국제연합과·경제기구과 근무 1993~1998년 駐덴마크·필리핀대사관 근무 1998년 외교통상부 환경협력과 근무 2001년 同정보화담당관 2002년 同환경협력과장 2003~2006년 駐OECD대표부 참사관 2006년 외교통상부 환경과학협력관 2007년 同기후변화·에너지TF팀장 2008년 환경부 국제협력관 2008년 람사르협약 당사국총회 교체의장 2008년 同상임위원장 2009년 환경부 기획조정실 국제협력관 2011년 駐케냐 대사, UN-Habitat·UNEP 상주대표회의 의장 2014년 국립외교원 교육파견(국장급) 2015년 외교부 북극협력대표(현) ⊛외무부장관표창(1995·2001), 근정포장(2010) ㉖'21세기 환경외교'(2006, 상상커뮤니케이션) ㉵'포스트 2012 기후변화 협상'(2010, 에코리브르) ⊛기독교

김찬욱(金讚煜) KIM Chan Wook

⊛1936·1·19 ⊛김해(金海) ⊚서울 ㈜경기 단원구 별망로66 시화공단4바302호 에스엔케이폴리텍㈜(031-432-8061) ⊕1955년 서울고졸 1959년 서울대 기계공학과졸 ⊚1959년 공군사관학교 교관 1962~1975년 유공 근무·同생산부장 1975년 제철화학부사장 1978년 同사장 1979년 풍국정유 대표이사 1985년 코람프라스틱 대표이사 1990년 이수화학 대표이사 1991년 이수세라믹 대표이사 1995년 한국정밀화학공업진흥회장 1995년 이수전자 대표이사 1995~1998년 同대표이사 부회장 1996~2000년 이수화학 부회장 2000년 S-OiL㈜ 고문 2003년 S&K POLYTEC㈜ 고문(현) 2008년 미래우학재단 이사장(현) 2012년 씨앤비선교회 이사장(현) ⊛대통령표창, 과학기술상, 철탑산업훈장 ⊛기독교

김찬일(金燦一) KIM Chan Il

⊛1961·1·28 ㈜서울 마포구 와우산로94 홍익대학교 미술대학 회화과(02-320-1920) ⊕1986년 홍익대 회화과졸 1990년 同대학원 회화과졸 1994년 미국 뉴욕주립대(New York State Univ.) 회화과졸 1995년 同대학원 판화과졸 ⊚1991~1992·1996~2002년 홍익대 강사 1999~2003년 연세대 겸임교수 2001~2002년 성신여대 강사 2003년 홍익대 미술대학 회화과 전임강사·조교수·부교수·교수(현) 2006년 同기숙사감 2006년 오리진미술협회 부회장 2006년 단원미술대상전 운영위원회 심사위원 2006~2007년 서울시 심사위원 2007년 추계예술대 채점위원 2008년 세종대 채점위원 2012~2014년 홍익대 미술디자인교육원장 ⊛KCAF 한국현대미술제 초대작가상(2006)

김찬종(金燦鍾) KIM Chan Jong

⊛1957·9·30 ⊛경주(慶州) ⊚전북 익산 ㈜서울 관악구 관악로1 서울대학교 사범대학 지구과학교육과(02-880-9092) ⊕1976년 전주고졸 1980년 서울대 지구과학교육학과졸 1984년 同대학원 지질과학졸 1989년 철학박사(미국 텍사스 오스틴대) ⊚1984년 방배중 교사 1991~1994년 국립교육평가원 조교수 1994~2004년 청주교육대 전임강사·조교수·부교수 1998~2000년 同학생생활연구소장 2003~2006년 국제지구과학교육학회 부회장 2003~2006년 미국 과학교육학회지학술지 포상위원 2004년 서울대 사범대학 지구과학교육과 부교수·교수(현) 2006~2010년 국제지구과학교육학회(IGEO) 회장 2007~2009년 서울대 과학교육연구소장 2009~2011년 同미래사회과학교육BK21 사업단장 2010~2014년 국제지구과학교육학회(IGEO) 부회장 2014~2016년 서울대 사범대학 기획부학장 2016년 한국지구과학회 회장(현) 2016년 서울대 사범대학장(현) ⊛한국지구과학회 학술상(2003), 한국과학교육학회 학술상(2006), 한국과학교육학회 논문상(2010), 한국과학기술단체총연합회 우수논문상(2011) ㉖'과학학습평가(共)'(1991) '지구과학교육론(共)'(1999) '과학교육학개론(共)'(1999) '지구과학개론(共)' '고교 공통과학(共)' '고교 지구과학Ⅰ·Ⅱ(共)' '중학교 과학(共)' '고1 차세대 과학교과서'(共) '비형식 과학학습의 이해(共)'(2010) '포트폴리오 교수학습 및 평가'(2012) ㉵'과학교육과정 국제비교연구'(1997) ⊛천주교

김찬중(金贊中) KIM Chan Joong

⊛1964·4·7 ⊚충북 옥천 ㈜서울 서초구 반포대로158 서울중앙지방검찰청(02-530-3114) ⊕1982년 청주 세광고졸 1986년 중앙대 법학과졸 ⊚1992년 사법시험 합격(34회) 1995년 사법연수원 수료(24기) 1995년 인천지검 검사 1997년 청주지검 영동지청 검사 1999년 광주지검 검사 2000년 수원지검 성남지청 검사 2002년 서울지검 검사 2004년 서울중앙지검 검사 2005년 대전지검 검사 2007년 同부부장검사 2008년 서울동부지검 부부장검사 2009년 춘천지검 강릉지청 부장검사 2009년 춘천지검 부장검사 2010년 서울남부지검 공판부장 2011년 전주지검 부장검사 2012년 수원지검 안산지청 부장검사 2013년 인천지검 부천지청 부장검사 2014년 서울남부지검 형사2부장 2015년 대구지검 영덕지청장 2016년 서울중앙지검 부장검사(현)

김찬형(金燦衡) KIM Chan Hyung

⊛1961·3·10 ⊚서울 ㈜서울 서대문구 연세로50의1 세브란스병원 정신건강의학과(02-2228-1625) ⊕1980년 서울고졸 1986년 연세대 의대졸 1990년 同대학원졸 1996년 의학박사(연세대) ⊚1987년 연세의료원 정신과 전공의 1990년 청주의료원 정신과장 1993~1997년 연세대 의대 정신과학교실 강사·전임강사 1997~2007년 同의대 정신과학교실 조교수·부교수 2000~2002년 미국 Vanderbilt대 의대(테네시주 내쉬빌 소재) 정신과 교환교수 2008년 연세대 의대 정신과학교실 교수(현) 2009~2015년 세브란스정신건강병원 원장 2016년 세브란스병원 정신건강의학과장(현) 2016년 연세대 의대 정신과학교실 주임교수(현) ⊛국제신경정신약리학회 Rafelson Fellowship Award(1996), 연세대 우수업적교수상(2005), 대한정신약물학회 릴리학술상(2005), 대한신경정신의학회 GSK학술상(2007), 대한불안의학회 보령학술상(2009), 환인정신의학상 공로상(2014) ㉖'정신분열증(共)'(1996) '최신정신의학(共)'(1999) '정신분열병 클리닉 제 2권. 정신분열병과 기분장애의 공통점과 차이점(編)'(2000, 중앙문화사) ㉵'정신치료입문(共)'(1993, 하나의학사) ⊛기독교

김찬흡(金粲洽) KIM Chan Heup (南軒)

⊛1933·9·29 ⊛광산(光山) ⊚제주 북제주 ⊕1953년 제주농고졸 1957년 제주대 국어국문학과졸 ⊚1957년~1970년 고교 교사 1970년~1975년 제주도교육위원회 장학위원·제주도교육연구원 연구사 1975년~1982년 고교 교감 1982년~1994년 고교 교장 1994년 북제주교육청 교육장 1997년~1998년 제주도교육연구원 원장 1998년~2002년 제주도 교육위원 1999년~2011년 제주교육박물관 운영협의회장 2002년 제주도 문화재위원 2003년 북제주문화원 초대원장 2004년~2010년 독립기념관 자료수집위원 2008년~2011년 제주도유형문화재 제1분과위원장 2008년 제주향토연구회 회장(현) 2010~2013년 제주도교육의정회 제3대 이사장 ⊛국무총리표창(1979), 국민훈장 동백장(1998), 탐라문화상 문화예술부문(2000), 제주도문화상 교육부문(2003) ㉖'20세기 제주인명사전' '제주항일인사실기' '제주사 인명사전' '제주애월읍명감'(2011, 제주향토연구회) '제주향토문화사전'(2014) ㉵'역주 탐라지'(共) ⊛천주교

김 창(金 昶) KIM Chang

[생]1964·6·7 [출]서울 [주]서울 서초구 서초대로254 오퓨런스빌딩1010호 김창법률사무소(02-583-8400) [학]1983년 경기고졸 1987년 서울대 법과대학졸 [경]1989년 사법시험 합격(31회) 1992년 사법연수원 수료(21기) 1992년 서울지검 서부지청 검사 1994년 대구지검 경주지청 검사 1996년 인천지검 검사 1998년 서울지검 동부지청 검사 2000년 광주지검 목포지청 검사 2002년 서울지검 검사 2004년 인천지검 부천지청 부부장검사 2005년 수원지검 평택지청 부장검사 2006년 광주지검 해남지청장 2007년 부산지검 공안부장 2008년 서울남부지검 형사6부장 2009년 대검찰청 감찰2과장 2009년 同감찰1과장 2010년 서울중앙지검 형사2부장 2011년 춘천지검 원주지청장 2012년 울산지검 차장검사 2013년 광주지검 순천지청장 2014년 부산지검 제1차장검사 2015~2016년 법무연수원 연구위원 2016년 변호사 개업(현) [상]홍조근정훈장(2013)

김창경(金昌經) Chang Kyung Kim

[생]1959·4·23 [출]서울 [주]서울 성동구 왕십리로222 한양대학교 신소재공학부(02-2220-0409) [학]1982년 서울대 금속공학과졸 1984년 同대학원 금속공학과졸 1991년 재료공학박사(미국 MIT) [경]1991~1996년 미국 MIT 연구원 1996~1997년 同책임연구원 1997년 한양대 신소재공학부 교수(현), 대한금속·재료학회 대외협력담당이사, 산업자원부 대학산업기술지원단장, 과학기술부 나노통합과학기술연구단장 2007년 박근혜 대통령후보 캠프 직능총괄본부 부단장 2008년 대통령 과학비서관 2009년 대통령 과학기술비서관 2010~2012년 교육과학기술부 제2차관 2010년 한국연구재단 이사 2011년 한국공학한림원 재료자원공학분과 정회원(현) 2011년 서울대 이사 2012년 기초과학연구원 정책자문위원 2013년 한국산업기술진흥원 비상임이사 2013년 한국연구재단 비상임이사 2014년 한국과학창의재단 비상임이사 2014년 광주과학기술원 비상임이사(현) [상]과학기술훈장 웅비장(2010)

김창곤(金彰坤) KIM Chang Kon

[생]1949·7·14 [본]경주(慶州) [출]충북 제천 [주]서울 송파구 백제고분로478 순창빌딩5층 한국전파기지국(주) 회장실(02-2077-3100) [학]광운전자공고졸 1977년 한양대 전자공학과졸 1988년 同산업대학원 전자계산학과졸 2002년 전자공학박사(한양대) [경]1976년 기술고시 합격 1978~1982년 체신부 기계시설과·통신진흥과 근무 1984년 同통신진흥과장 1988년 同정보통신과장 1991년 同통신기획과장 1993년 同통신기술심의관 1994년 미국 콜롬비아대 연수 1995년 정보통신부 기술심의관 1997년 同전파방송관리국장 1999년 同정보통신지원국장 2000년 同정보통신정책국장 2000년 同기획관리실장 2001년 同정보화기획실장 2003~2004년 한국정보보호진흥원 원장 2004~2005년 정보통신부 차관 2005년 법무법인 태평양 고문 2005년 한국전산원 원장 2006~2008년 한국정보사회진흥원 원장 2006년 국가과학기술자문회의 위원 2007년 한국공학한림원 전기전자정보공학과 정회원(현) 2007년 유네스코 한국위원회 정보·커뮤니케이션분과 위원 2007년 민주평통 자문위원 2008~2010년 건국대 석좌교수 2008~2011년 (주)LG텔레콤 고문 2010년 (주)LG유플러스 고문 2011년 한국네트워크산업협회 초대회장 2011~2015년 한국디지털케이블연구원(KLabs) 원장 2011년 한양대 석좌교수 2014~2015년 ICT융합네트워크 초대회장 2015년 한국전파기지국(주) 회장(현) [상]근정포장(1984), 황조근정훈장(1997), 자랑스런 한양인상(2000), 올해의 정보통신대상(2006), 올해의 21세기 대상 경영문화부문 대상(2007) [저]'정보통신 서비스정책'(2004) '미리 가본 유비쿼터스 세상'(2008) '융합화시대의 정보통신'(2010) [종]기독교

김창구(金昌求) Kim, Chang-Goo

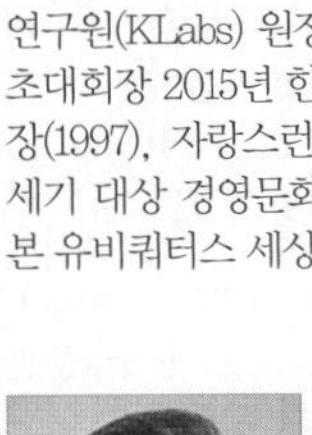

[생]1960·6·11 [출]경남 창원 [주]경남 창원시 마산회원구 3.15대로642 경남은행 동부영업본부(055-290-8000) [학]1986년 경남대 회계학과졸 [경]1986년 경남은행 입행 1995년 同융자팀 심사역 2004년 同야음동지점 선임심사역(CMO) 2007년 同병영지점장 2008년 同울산업무부장 2009년 同서성동지점장 2011년 同지사공단지점장 2012년 同녹산지점장 2014년 同중부2본부장 직대 2014년 同리스크관리본부장 2016년 同동부영업본부장(현) [상]을지연습 포상(1995)

김창권(金昌權) KIM Chang Kwon

[생]1958·9·10 [출]대구 [주]서울 중구 을지로5길26 롯데자산개발(주) 비서실(02-2086-3023) [학]연세대 법학과졸 [경]1986년 한국산업은행 입행 1986년 同부산지점 근무 1987년 同인사부 근무 1989년 同국제금융부·국제투자부 근무 1991년 한국산업증권 경영지원실 근무 1995년 同런던사무소 근무 1996년 同채권인수부 근무 1997년 한국자산관리공사 해외자산유동화부 팀장 2000~2003년 모건스탠리프로퍼티즈 부실채권및부동산투자담당 상무이사, 삼정 KPMG FAS(Financial Advisory Service) 부동산본부장(전무이사) 2007년 롯데자산개발(주) 대표이사 전무 2011년 同대표이사 부사장(현)

김창규(金昌圭) KIM Chang Kyu

[생]1954·12·29 [본]청도(淸道) [출]서울 [주]서울 서초구 잠원로24 반포자이플라자501호 연이산부인과(02-596-0202) [학]1973년 서울고졸 1979년 연세대 의대졸 1986년 同대학원졸 1996년 의학박사(연세대) [경]1982~1986년 연세대 세브란스병원 인턴·레지던트 1986~1989년 同의대 산부인과교실 연구강사 1989년 연이산부인과 원장(현) 1990년 연세대 의대 산부인과 외래교수 1997~2000년 미국 보스턴의대 유전센터 초청연구교수 1997년 세계태아학회 상임이사(현) 2005년 미국 사이판 명예대사(현) 2008년 경남대 극동문제연구소 연구위원 2013년 북악산포럼 대표(현) 2013년 세계지리평화협의회 회장(현) 2013년 홍콩 태아게놈연구소 한국소장(현) 2013년 도서출판 연이 대표(현) 2013년 2018평창동계올림픽대회조직위원회 자문위원 2013년 시인 등단(현) [상]유한의학상 학술상(1989) [저]'280일간의 행복한 태교여행' '나의 삶, 나의 이야기1, 2'

김창규(金昌圭) KIM Chang Gyu

[생]1955·12·20 [주]서울 서대문구 충정로8 (주)종근당(02-2194-0300) [학]운호고졸, 충북대 축산학과졸 [경](주)종근당 남부지점장, 同도매팀 부장, 同인천지점장, 同이사보 2006년 同상무 2010년 同의약본부장(상무) 2011년 同의원본부장(전무) 2016년 同부사장(현) [종]불교

김창규(金昶圭) Kim Chang-gyu

[생]1958·11·1 [주]서울 종로구 사직로8길60 외교부 인사운영팀(02-2100-7136) [학]1982년 고려대 행정학과졸 1984년 同대학원 국제법학과 수료 1991년 미국 육군성 Defense Language Institute 연수 [경]1984년 외무고시 합격(18회) 1984년 외무부 입부(외무고시 18회) 1993년 駐카자흐스탄 1등서기관 1995년 駐영국 1등서기관 1999년 외교통상부 인사제도계장 2002년 同구주1과장 2002년 駐독일 참사관 2004년 駐러시아공사 참사관 2008년 駐벨라루스 공사 2010년 외교안보연구원 글로벌리더십과정 파견 2011년 대법원 외무협력관(파견) 2012년 駐키르기즈 대사 2015년 駐아제르바이잔 대사(현)

김창규(金昌奎) Kim Changgyu

[생]1961·4·1 [주]경남 창원시 의창구 상남로290 경상남도의회(055-211-7350) [학]부산해양고졸 [경]대우조선공업(주) 근무(16년), 대우조선 노동조합 대의원, 同노동조합 회계감사, (주)대우투어 대표, 경남전세버스운송사업조합 부이사장, 거제시전세버스협의회 회장, 마전초 운영위원장, 거제시학교운영위원회 위원장, 새누리당 경남도당 부위원장 2013년 경남도의회 의원(보궐선거 당선, 새누리당) 2013년 同농해양수산위원회 위원 2014년 경남도의회 의원(새누리당)(현) 2014~2016년 同농해양수산위원회 위원장 2016년 同남부내륙철도조기건설을위한특별위원회 위원 2016년 同건설소방위원회 위원(현)

김창규(金昌圭) Chang Kyu KIM

[생]1964 [출]경남 [주]세종특별자치시 한누리대로402 산업통상자원부 운영지원과(044-203-5063) [학]장충고졸, 서울대졸 [경]1987년 행정고시 합격(31회) 2002년 산업자원부 무역투자실 국제협력투자심의관실 국제협력기획단장 2004년 同무역투자실 국제협력투자심의관실 국제협력과장 2004년 미국 샌프란시스코 한국무역관 파견 2007년 산업자원부 자동차조선팀장(서기관) 2008년 同자동차조선팀장(부이사관) 2008년 지식경제부 수송시스템산업과장 2009년 대통령자문 국가경쟁력강화위원회 파견(부이사관) 2010년 중앙공무원교육원 파견(일반직고위공무원) 2011년 지식경제부 전략시장협력관 2013년 산업통상자원부 무역투자실 투자정책관 2014년 同통상정책국장 2015년 駐워싱턴 공사참사관(파견)(현)

김창규(金倉圭)

[생]1969·9·13 [주]경북 안동시 풍천면 도청대로455 경상북도의회(054-880-5303) [학]약목고졸, 경일대 행정학과졸 [경]새누리당 칠곡·성주·고령 청년위원장 2014년 경북도의회 의원(새누리당)(현) 2014년 同기획경제위원회 위원 2016년 同기획경제위원회 부위원장(현) 2016년 同운영위원회 위원(현) 2016년 同독도수호특별위원회 부위원장(현) 2016년 同정책연구위원회 위원(현)

김창균(金昌均) KIM Chang Kyoon

[생]1961·5·18 [출]서울 [주]서울 중구 세종대로21길33 조선일보 편집국(02-724-5114) [학]1984년 서울대 경제학과졸 1986년 同대학원 경제학과졸 [경]1988~2002년 조선일보 입사·사회부 기자·경제부·국제부 기자·워싱턴특파원·정치부 기자 2002년 同정치부 차장대우 2005년 同논설위원 2009~2011년 同정치부장 2011년 同논설위원 2013년 관훈클럽 운영위원(서기) 2013년 조선일보 편집국 정치·방송담당 에디터 2014년 同편집국 사회부장(부국장) 2015년 同편집국장(현) [상]한국언론인연합회 한국참언론인대상(2006)

김창균(金昌均) Kim Chang Kyun

[생]1964·12·7 [주]서울 영등포구 은행로14 KDB산업은행 홍보실(02-787-6079) [학]1983년 영동고졸 1988년 서강대 경영학과졸 [경]1988년 KDB산업은행 입행 1991년 同기업금융2부 행원 1997년 同투자금융부 대리 1999년 同자금거래실 대리 2002년 同싱가포르지점 차장 2006년 同자금거래실 외화유가증권 팀장 2012년 同트레이딩센터 파생금융영업단장 2014년 同런던지점장 2016년 同금융공학실장 2016년 同홍보실장(현)

김창균(金昌均) KIM Chang Kyun

[생]1970·9·18 [본]김해(金海) [출]부산 [주]세종특별자치시 다솜2로94 해양수산부 해사산업기술과(044-200-5830) [학]1989년 부산 충렬고졸 1993년 고려대 행정학과졸 2004년 미국 워싱턴대 대학원 해양정책학과졸 [경]1993년 행정고시 합격(36회) 1996년 부산지방해양수산청 항무과·항만운영과 근무 1997년 해양수산부 행정관리담당관실 근무 2000년 同국제협력담당관실 근무 2000~2002년 同항만운영개선과 근무 2005년 同인천항만공사설립기획단 부단장 2005년 인천지방해양수산청 항만물류과장 2007년 해양수산부 국제협력관실 통상협력팀장 2007년 국제해사기구(IMO) 파견 2010년 국토해양부 녹색미래전략담당관 2011년 同항만투자협력과장 2013년 해양수산부 해운물류국 항만물류기획과장(서기관) 2014년 同해운물류국 항만물류기획과장(부이사관) 2014년 同해사안전국 해사산업기술과장(현)

김창근(金昌根) Chang Geun Kim

[생]1950·9·11 [본]김해(金海) [출]서울 [주]서울 종로구 종로26 SK빌딩 SK이노베이션 회장실(02-2121-5114) [학]1968년 용산고졸 1972년 연세대 경영학과졸 1991년 미국 Southern Califonia Univ. 대학원 경영학과졸(MBA) [경]1974년 (주)선경합섬 울산공장 관리부 노무과 입사 1976년 同울산공장 관리부 경리과 근무 1977년 同자금부 자금과 근무 1981년 同자금부 자금과장 1982년 同자금부 외환과장 1987년 同자금부장 1993년 (주)선경인더스트리 관리본부장 1994~2001년 선경제약(주) 감사 1994년 선경그룹 경영기획실 전략서비스1담당 겸 재무팀 대우이사 1995~2001년 YC&C 감사 1995~2001년 기업파이낸스(주) 비상임이사 1996년 선경그룹 경영기획실장(이사) 2000년 SK(주) 구조조정추진본부 재무팀장(전무) 2000년 同구조조정추진본부장(사장) 겸 재무지원부문장(부사장) 2001년 공정거래협회 이사 2002~2004년 SK(주) 대표이사 사장 2002년~2013년 (재)자유경제원 이사 2004년 전국경제인연합회 국제산업협력단 이사 2004년 SK케미칼(주) 부회장 2005~2013년 同대표이사 부회장 2005년 전국경제인연합회 중소기업협력센터 이사 2006년 한국경영자총협회 부회장 2006년 21세기경영인클럽 부회장 2012년 SK그룹 SUPEX(Super Excellent)추구협의회 의장(현) 2013년 同SUPEX(Super Excellent)추구협의회 산하 인재육성위원회 위원장 겸임(현) 2013년 SK이노베이션(주) 회장(현) [상]대통령표창(2005), 자랑스런 연세상경인상(2007), '올해의 21세기 경영인' 경영대상(2009)

김창기(金昌基) KIM Chang Gi

[생]1955·7·15 [본]의성(義城) [출]경북 영덕 [주]서울 마포구 상암산로34 DMC디지털큐브빌딩13층 (주)조선뉴스프레스 사장실(02-724-6875) [학]1974년 경북고졸 1981년 서울대 외교학과졸 [경]1981년 조선일보 사회부 기자 1984년 同정치부 기자 1989~1992년 同워싱턴특파원 1993년 同정치부 차장대우 1997년 同정치부 차장 1998년 同독자부장 직대 1999년 同정치부 부장대우 2000년 同정치부장 2001년 同국제부장 2003년 同국제부장(부국장대우) 2004년 同논설위원 2004년 同편집국 부국장 2006년 관훈클럽 총무 2006년 조선일보 편집국장 2008년 세계결핵제로운동본부 이사(현) 2008년 농협재단 이사(현) 2009년 조선일보 논설위원 2009~2010년 한국신문방송편집인협회 부회장 2009년 관훈클럽 신영연구기금 이사 2010~2014년 육군본부 정책자문위원 2010년 (주)조선뉴스프레스 대표이사 사장(현) 2010~2014년 (사)동해연구회 부회장 2011~2015년 조광프린팅 대표이사 겸임 2012년 한국신문협회 출판협의회장(현) 2013년 외교부 정책자문위원(현) 2014년 관훈클럽 신영연구기금 이사장(현) 2014년 조선일보 사외이사(현)

김창기(金昌基) KIM Chang Ki

[생]1967·3·24 [출]경북 봉화 [주]경기 수원시 장안구 경수대로1110의17 중부지방국세청 징세송무국(031-888-4340) [학]대구 청구고졸, 서울대 국제경제학과졸 [경]1993년 행정고시 합격(37회) 1995년 제주세무서 총무과장, 同부가세과장 1997년 국세청 징세심사국 징세과 징세4계장 1998년 서울 강서세무서 법인세과장, 국세공무원교육원 부가·징수담당 교수 2001년 국세청 원천세과 원천2계장·원천1계장 2007년 同서기관 승진 2007년 미국 유학(일리노이주립대) 2009년 안동세무서장 2010년 서울지방국세청 조사2국 조사2과장 2011~2012년 국세청 세정홍보과장 2012년 대통령 인사비서관실 행정관 2013년 국세청 공정과세추진기획단 근무(부이사관) 2014년 부산지방국세청 징세법무국장 2014년 미국 국세청 파견(고위공무원) 2015년 중부지방국세청 징세송무국장(현)

김창길(金昌吉) Chang Gil Kim

[생]1961·5·10 [주]전남 나주시 빛가람로601 한국농촌경제연구원(061-820-2001) [학]1983년 성균관대 농학사 1985년 同대학원 경제학과졸 1995년 미국 일리노이대 대학원 농업경제학과졸 1997년 농업경제학박사(미국 오클라호마주립대) [경]2005~2013년 OECD 농업·환경정책위원회 부의장 2011년 국가온실가스통계관리위원회 위원(현) 2012년 한국농촌경제연구원 자원환경연구부장 2013~2014년 同기획조정실장 2013년 OECD 농업·환경정책위원회 의장(현) 2014년 기획재정부 중기재정협의회 농림해양분과 위원장(현) 2014년 기상청 기후자문협의회 위원(현) 2015년 IPCC(WGII) 기후변화·식량안보 전문가 2016년 한국농식품정책학회 이사(현) 2016년 한국유기농업학회 상임이사(현) 2016년 한국농촌경제연구원 원장(현) [저]'농업환경자원정보의 정책적 활용방안'(2008) '기후변화에 따른 농업부문 영향 분석과 대응전략'(2009) '유기농업 실천농가 경영 및 유통체계 개선방안 연구'(2010) '농업·농촌부문 녹색성장 추진전략 개발'(2011) '기후변화가 식량공급에 미치는 영향분석과 대응 방안'(2012) '한국농업 미래비전 : 21세기 선진국형 산업을 향하여'(2013) '지속가능한 농업시스템 구축 연구'(2014) '양분총량제 도입방안 연구'(2015) '2015년 농업환경분야 OECD 연구동향 분석 및 대응방안'(2015) '농업부문 기후변화 적응 수단의 경제적 효과 분석'(2016)

김창남(金昶南) KIM Chang Nam

[생]1954·6·11 [본]강릉(江陵) [출]강원 강릉 [주]서울 동대문구 경희대로26 경희대학교 언론정보대학원(02-961-0560) [학]1981년 고려대 문과대학 중어중문학과졸 1990년 미국 Kent State Univ. 대학원 정치학석사 1995년 정치학박사(미국 Kent State Univ.) [경]1980~1981년 고려대 총학생회 운영위원장(총무부장) 1992~1994년 미국 Kent State Univ. 정치학과 강사 1998년 경희대 언론정보대학원 교수(현) 2006년 전국포럼연합 공동대표 겸 대변인(현) 2007년 독도수호국제연대 독도아카데미 교수(현) 2007~2015년 (사)한국선거컨설턴트협회 상임대표 2009~2012년 경희대 언론정보대학원 부원장 2009~2011년 민주평통 안보국제협력위원회 상임위원 2009년 고려대 석주회 감사 2012년 밝은사회실천전국교수연합 공동대표 2013~2015년 민주평통 통일교육위원회 간사(상임위원) 2014년 한국자유총연맹 자유통일연구소 정책연구위원(현) 2014~2015년 민주평화통일지원재단 탈북대학생 지도교수 2014년 한국주관성연구학회 주관성연구편집위원(현) 2015년 (사)한국정치컨설턴트협회 상임대표(현) 2015년 민주평통 통일교육홍보위원회 상임위원(현) 2016년 경희대 언론정보대학원장(현) 2016년 同소통문화연구소장(현) [상]범금융기관유변대회 재무부장관상(1982), 범보험업계웅변대회 보험공사사장상(1982) [저]'현대선거정치캠페인론'(2000, 나남출판) '정치커뮤니케이션의 이해(共)'(2004, 커뮤니케이션북스) '선거캠페인의 원리와 실행전략'(2007, 나남출판) '선거캠페인 커뮤니케이션'(2014, 커뮤니케이션북스) '정치와 커뮤니케이션'(2015, 커뮤니케이션북스) '선거캠페인의 핵심원리'(2016, 커뮤니케이션북스) [종]기독교

김창달(金昌達) KIM Chang Dal (容山)

[생]1934·4·20 [본]김해(金海) [출]경북 영덕 [주]서울 강남구 영동대로513 코엑스 420호 마이벤처파트너스(주) 임원실(02-6000-7431) [학]1953년 포항고졸 1957년 서울대 상과대학졸 1973년 미국 롱아일랜드대 대학원졸 2003년 한국과학기술원 테크노경영대학원졸 [경]1957~1978년 한국은행 입행·외환관리부 차장·1급조사역 1978년 아세아종합금융 부사장 1981년 한국

기술개발 전무 1984~1992년 同사장 1984~1996년 한국능률협회 부회장 1989~1996년 산업기술진흥협회 부회장 1989~1996년 정보산업연합회 부회장 1990~1994년 아·태지역개발금융기구협의회 회장 1991~1996년 한국산업기술진흥협회 장영실상 심사위원 1991~1996년 프레지던트클럽 회장 1992~1994년 세계개발금융기구협의회 회장 1992~1996년 한국종합기술금융 사장 1996년 同고문 1998년 한국경제전략연구원 이사·고문(현) 2000년 마이벤처파트너스(주) 회장 2014년 同상근고문(현) [상]동탑산업훈장(1989), 한국경영자상(1991) [저]'Merchant Banking' '국제금융시장론' '하이텍시대의 기업경영' '벤처기업의 개발과 육성' [종]천주교

김창덕(金暢德) Kim, Chang-Duck

[생]1953·9·27 [출]서울 [주]서울 성북구 인촌로73 고려대학교 안암병원 소화기내과(02-920-6558) [학]1977년 고려대 의대졸 1980년 同대학원 의학과졸 1986년 의학박사(고려대) [경]1977~1982년 고려대 부속병원 인턴·내과 레지던트 1982~1985 육군 군의관 1985~1997년 고려대 의대 전임강사·조교수·부교수 1989~1991년 미국 Rochester의대 연구원 1991년 일본 Kyoto적십자병원 연구원 1997년 고려대 의대 내과학교실 교수(현) 2007년 同교수의회 부의장, 대한소화기내시경학회 부이사장 2009~2011 同이사장 2009~2011년 고려대 안암병원장 2011년 同의료원 내과 주임교수 2011년 대한대학병원협회 감사 2011~2013년 대한소화기학회 회장 [저]'활동성 식도위정맥류출혈의 내시경적 변화치료에 관한 임상적 고찰'

김창덕(金昌德) KIM Chang Duk (耕田)

[생]1957·1·30 [본]광주(廣州) [출]서울 [주]서울 노원구 광운로20 광운대학교 건축공학과(02-940-5194) [학]1975년 서울고졸 1979년 서울대 건축학과졸 1987년 미국 미시간대 대학원졸 1992년 공학박사(미국 미시간대) [경]1978~1986년 극동건설(주) 근무 1987~1991년 미국 미시간대 연구조교 1991년 광운대 건축공학과 교수(현) 1997년 예술의전당 자문위원(현) 2001~2003년 광운대 관리처장 2001~2005년 건설교통부 중앙건축위원 2001년 대한주택공사 자문위원, 同설계심의위원 2005~2008년 전국문예회관 자문위원 2005년 대한상사중재원 중재인(현) 2016년 광운대 환경대학원장 겸 공과대학장(현) [상]해외건설협회장표창(1986), 한국건설관리학회 우수논문상(2003) [저]'건축재료학(共)'(1995) '건축·인테리어시간표현사전(共)'(1995) '건축학전사(共)'(1997) '건설관리 및 경영(共)'(1997) '미장공사 핸드북(共)'(1997) '건축시공'(2003) [종]천주교

김창락(金昌樂) KIM Chang Rak

[생]1957·12·5 [주]서울 중구 남대문로81 롯데쇼핑(주) 임원실(02-771-2500) [학]서울고졸, 성균관대 섬유공학과졸 [경]롯데쇼핑(주) 백화점사업본부(롯데백화점) 영등포점장, 同백화점사업본부 남성스포츠부문장(상무) 2010년 同백화점사업본부 영업본부장(상무) 2013년 同백화점사업본부 영업1본부장(전무) 2016년 同백화점사업본부 상품1본부장(전무)(현)

김창래(金昌來) KIM Chang Rae

[생]1953·12·2 [본]의성(義城) [출]서울 [주]서울 강남구 테헤란로87길36 도심공항타워빌딩11층 한미글로벌(주) 임원실(070-7118-1501) [학]서울사대부고졸, 서울대 무역학과졸 [경](주)대우 싱가폴법인 대표, 同플랜트사업본부장, (주)대우인터내셔널 산기플랜트사업본부장(전무) 2005년 同기계1본부장(전무) 2007년 同무역2부문장(부사장) 2009년 同중국지역 부사장 2010년 한미파슨스 해외사업총괄 사장 2011년 한미글로벌(주) 해외사업총괄 사장 2014년 同마케팅총괄 사장 2015년 同사업총괄 사장(현) [상]산업포장(2006)

김창로(金昌魯)

[생]1952·1·18 [출]대전 [주]서울 양천구 목동동로233 한국방송회관11층 한국항공우주산업진흥협회 임원실(02-761-1101) [학]대전고졸 1974년 연세대 경영학과졸 1995년 영국 버밍엄대 대학원 국제학과졸 2007년 경영학박사(숭실대) [경]1977년 행정고시 합격(21회), 통상산업부 수출과장 1998년 산업자원부 무역정책실 수출과장 1999년 세종연구소 파견 2000년 산업자원부 생활산업국 화학생물산업과장, 同산업표준품질과장 2003년 同기초소재산업과장 2004년 대구·경북지방중소기업청장 2006년 서울지방중소기업청장 2007~2010년 한국생활환경시험연구원 원장 2010년 한국석유화학공업협회 상근부회장 2012~2013년 한국석유화학협회 상근부회장 2014년 한국항공우주산업진흥협회 상근부회장(현) [상]대통령표창, 홍조근정훈장

김창룡(金昌龍) KIM Chang Ryong

[생]1957·4·5 [본]김녕(金寧) [출]경북 울릉 [주]경남 김해시 인제로197 인제대학교 신문방송학과(055-320-3526) [학]1976년 대구 계성고졸 1985년 건국대 축산대학 낙농학과졸 1987년 영국 런던 시티대 언론대학원졸 1993년 언론학박사(영국 카디프대) [경]1987~1988년 AP통신사 서울특파원 1988~1995년 국민일보 편집국 기자 1997~1999년 한국언론연구원 연구위원 1998년 SBS 칼럼니스트 1999년 KBS 부산방송총국 시사프로그램 진행 1999~2011년 인제대 언론정치학부 조교수·부교수 2001~2005년 同신문사 편집인 겸 주간 2001·2007년 同국제인력지원연구소장 2004년 同대외교류처장 직대 2006~2009년 언론중재위원회 중재위원 2006년 방송위원회 보도교양심사위원 2008~2010년 인제대 특별자문위원 2009~2010년 同방송국 주간 2010·2012~2013년 同대외교류처장 2011년 同신문방송학과 교수(현) 2013년 同국제교육원장(현) 2015년 연합뉴스 수용자권익위원회 위원(현) [상]국무총리표창(2005) [저]'인터뷰, 그 기술과 즐거움'(1994) '보도의 진실, 진실의 오보'(1994) '정치커뮤니케이션, 그 성공과 실패'(1996) '법을 알고 기사 쓰기'(1997) '새로운 정부의 PR방안연구'(1998) '실전 취재보도론'(1999) '매스커뮤니케이션의 이해'(2002) '매스컴과 미디어 비평'(2004) '청렴한국, 아름다운 미래'(2006) '인터넷시대, 실전취재보도론'(2006) '언론법제론'(2008, 방송문화총서) '내인생의 성공학(2009, 인당리더십) '무엇이 내가슴을 뛰게 하는가'(2011, 이지출판) '여론이 선거를 결정한다'(2014, 이지출판) '성공, 실패가 준 선물'(2015, 이지출판)

김창룡(金昌龍) KIM Chang Yong

[생]1964·11·18 [본]경주(慶州) [출]경남 합천 [주]서울 서대문구 통일로97 경찰청 인사기획계(02-3150-2431) [학]부산 가야고졸 1988년 경찰대학 법학과졸(4기) [경]1988년 경위 임용 1992년 경감 승진 1998년 성남 중부경찰서 경비과장(경정) 1999년 서울지방경찰청 기동단 행정과장(경정) 2000년 서울 남대문경찰서 청문감사관(경정) 2001년 서울 노원경찰서 정보과장 2003년 서울지방경찰청 정보관리부 근무(경정) 2006년 부산지방경찰청 외사과장(총경) 2007년 충남 연기경찰서장 2008년 경찰청 정보1과장 2009년 駐상파울로총영사관 영사(경찰주재관) 2012년 서울 은평경찰서장 2013년 경찰대학 학생과장 2014년 서울지방경찰청 여성청소년과장(경무관) 2014년 경남지방경찰청 제1부장 (경무관) 2015년 경찰청 본부 근무(경무관) 2015년 외교부 파견(현) [상]근정포장(2004) [종]불교

김창민(金昌民) KIM Chang Min

[생]1953·9·7 [본]김해(金海) [출]경남 진주 [주]경기 고양시 일산동구 일산로323 국립암센터 간담췌암연구과(031-920-1602) [학]1978년 서울대 의대졸 1981년 同대학원졸 1988년 의학박사(서울대) [경]1978~1983년 서울대병원 인턴·레지던트 1983~1986년 육군 군의관(대위) 1986~2000년 원자력병원 소화기내과장 1988~1989년 미국 국립보건원·국립암연구소 객원연구원 1989~1990년 미국 Jerome H. Holland연구소 연구원 1994년 원자력병원 분자종양학연구실장 1997년 同교육수련부장 1999년 同기획실장·진료부장 2000~2004년 국립암센터 연구소장 2001~2006년 同간담췌암연구과장 2001~2003년 同간암센터장 2006년 同간암센터 연구원 2007년 同간담췌암연구과 수석연구원(현) 2008~2009년 대한간암연구회 회장 2011~2013년 대한간학회 이사장 [상]국민포장(2008) [저]'The HIV tat gene induces epidermal hyperplasia in vivo and transforms keratinocytes in vitro.'(1991, The Humana Press Inc.) 'A transgenic mouse model of HBV-related hepatocellular carcinoma.'(1997, Churchill Livingstone Inc) 'Characterization of monoclonal antibodies produced by hybridoma cell lines prepared against hepatiti'(1998, Kluwer Academic Publishers. Ne) '원발성 간암의 역학, 자연경과 및 원인(간담췌외과학)'(2000, 의학문화사) '간세포암의 병인'(2000, 일조각) '간세포암의 바이러스성 병인'(2001, 대한소화기학회) '암 정복의 현주소'(2006, 국립암센터)

김창배(金昌培) Kim Chang Bae

[생]1948·4·13 [출]서울 [주]서울 강남구 강남대로354 혜천빌딩5층 한국석유유통협회(02-555-8322) [학]1967년 용산고졸 1971년 서울대 지질학과졸 1982년 미국 뉴욕주립대 대학원졸 [경]1977년 행정고시 합격(18회) 1978~1985년 동력자원부 해외자원과 사무관 1985년 同법무담당관(서기관) 1987~1989년 국회 동력자원위원회 정부측 입법조사관 1989~2002년 산업자원부 석유산업과장·가스산업과장·전력산업과장 1996년 부이사관 승진 2002~2006년 특허청 국제특허연수원장·심판장 2004년 이사관 승진 2006~2010년 전기공사공제조합 부이사장 2011년 한국석유유통협회 상근부회장(현) [상]근정포장

김창범(金昌範) KIM Chang Bum

[생]1955·9·5 [본]김녕(金寧) [출]부산 [주]서울 중구 청계천로86 한화빌딩 한화케미칼(주) 임원실(02-729-2220) [학]1974년 동아고졸 1980년 고려대 통계학과졸 [경]1981년 한화그룹 입사 1999년 한화석유화학(주) 화성사업부 영업이사 2002년 同PE사업부장(상무) 2005년 同PVC사업부장(상무) 2008년 同PVC사업부장(전무) 2008년 한국바이닐환경협의회 회장 2008년 (주)한화석유화학 중국 닝보법인장(전무) 2010년 한화케미칼(주) 중국 닝보법인장(전무) 2010년 한화L&C(주) 전략사업부문 공동대표이사 2011년 同대표이사 부사장 2013년 同대표이사 사장 2014년 한화첨단소재 사장 2014년 한화그룹 비상경영위원회 제조부문 위원 2014년 한화케미칼(주) 대표이사 사장(현) [종]기독교

김창범(金昌範) Kim Chang-beom

[생]1960·2·2 [출]서울 [주]서울 중구 세종대로110 서울특별시청 국제관계대사실(02-2133-6170) [학]1982년 서울대 영어영문학과졸 1986년 미국 존스홉킨스대 대학원졸 [경]1981년 외무고시 합격(15회) 1981년 외무부 입부 1987년 駐일본 2등서기관 1993년 駐파키스탄 1등서기관 1995년 대통령비서실 파견 1998년 駐미국 1등서기관 2001년 외교통상부 안보정책과장 2002년 同북미3과장 2002년 駐인도네시아 참사관 2005년 국무조정실 파견 2006년 외교통상부 혁신인사기획관 2007년 同평화체제교섭기획단장 2008~2012년 대통령 의전비서관 2012년 駐벨기에 유럽연합(EU) 대사 2015년 외교부 유라시아친선특급단장 2015년 서울시 국제관계대사(현)

김창범(金昌範)

[생]1969·2·17 [출]경북 상주 [주]세종특별자치시 도움5로20 법제처 법제지원국(044-200-6750) [학]덕원고졸, 서울대 사회학과 수석졸업, 同행정대학원 수료 [경]1991년 행정고시 합격(35회) 1999년 법제처 경제법제국(서기관) 2001년 同법제기획관실 법령총괄담당관실(서기관) 2002년 同법제기획관실 법제정보담당관 2003년 同사무문화법제국 법제관(서기관) 2006년 同경제법제국 법제관(서기관) 2009년 同기획조정관실 기획재정담당관 2010년 同행정법제국 법제관 2011년 同행정법제국 법제관(부이사관) 2011년 한국지방세연구원 파견(부이사관) 2013년 법제처 기획조정관실 법제정책총괄담당관 2013년 同경제법제국 법제심의관(고위공무원) 2014년 대통령 민정수석비서관실 법무비서관실 행정관 2016년 법제처 법제지원국장(현)

김창보(金昶寶) KIM Chang Bo

[생]1959·7·10 [본]김해(金海) [출]제주 북제주 [주]서울 서초구 서초중앙로157 서울고등법원(02-530-1114) [학]1978년 제주제일고졸 1982년 서울대 법학과졸 [경]1982년 사법시험 합격(24회) 1985년 사법연수원 수료(15기) 1985년 軍법무관 1988년 서울지법 북부지원 판사 1990년 서울민사지법 판사 1992년 제주지법 판사 1995년 광주고법 판사 1996년 서울고법 판사(환경사건 전담재판장) 1998년 대법원 재판연구관 2000년 제주지법 부장판사 2002년 서울지법 남부지원 부장판사 2004년 서울남부지법 부장판사 2005년 서울중앙지법 부장판사 2007년 광주고법 부장판사 2008년 수원지법 수석부장판사 2009년 서울고법 민사부 부장판사(공정거래사건 전담재판장) 2011년 同행정부 부장판사 2013년 同민사부 부장판사 2014년 제주지법원장 2014년 제주도 선거관리위원회 위원장 2016년 서울고법 형사4부장판사(현)

김창석(金昌錫) KIM Chang Suk

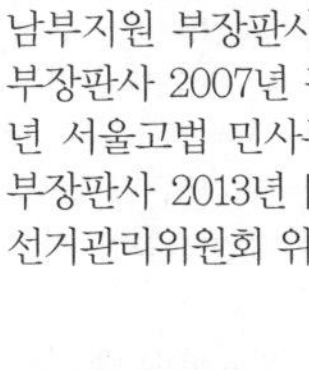

[생]1956·3·2 [본]나주(羅州) [출]충남 보령 [주]서울 서초구 서초대로219 대법원 대법관실(02-3480-1100) [학]1975년 휘문고졸 1979년 고려대 법대졸 1981년 同대학원 법학과 수료 [경]1981년 사법시험 합격(23회) 1983년 사법연수원 수료(13기) 1983년 육군 법무관 1986년 전주지법 판사 1988년 同정주지원 판사 1990년 전주지법 판사 1992년 수원지법 판사 1994년 서울지법 남부지원 판사 1995년 서울고법 판사 1997년 서울지법 판사 1999년 대구지법 부장판사 2000년 수원지법 부장판사 2003년 서울행정법원 부장판사 2006년 대전고법 수석부장판사 2006년 서울고법 부장판사 2012년 법원도서관장 겸임 2012년 대법원 대법관(현) [종]기독교

김창선(金昌善) Kim, Chang-Sun

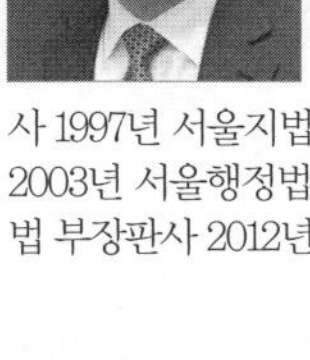

[생]1959·2·8 [본]연일(延日) [출]인천 [주]인천 남동구 남동대로765번길44 연합뉴스 인천취재본부(032-439-3450) [학]1977년 인천고졸 1983년 한양대 기계공학과졸 1985년 고려대 사회학과졸 2011년 가천대 대학원 영상커뮤니케이션학과졸 [경]1988년 연합뉴스 입사 1992년 同인천취재본부 근무(차장·부장급·부국장대우) 2014년 同인천취재본부장(부국장급) 2015년 同인천취재본부 선임기자(현)

김창선

[생]1960 [주]제주특별자치도 제주시 문연로6 제주도청 해양수산국(064-710-3200) [학]성산수고졸, 경희대 행정대학원졸(석사) [경]1979년 공무원 임용 2008년 제주도 해양수산국 해양자원과 해양개발담당 지방해양수산사무관 2011년 同해양수산국 해양개발과장 2011년 同해양수산국 해양개발과장(지방기술서기관) 2013년 同해양수산국 수산정책과장 2015년 同해양수산연구원장 2016년 同해양수산국장(현)

김창섭(金昌燮) Kim, Chang Sup

[생]1953·5·27 [출]전남 해남 [주]경기 부천시 신흥로256 한신빌딩2층 두레세무법인 부천1지점(032-329-6100) [학]고려대사대부고졸, 한국방송통신대 경영학과졸 [경]1982년 대구지방국세청 근무 1987년 재정경제부 세제실 근무 1996년 국세심판원 근무 2006년 국세청 근무 2006년 서기관 승진 2007년 중부지방국세청 조사3국 서기관 2008년 충남 보령세무서장 2009년 충남 천안세무서장 2009년 중부지방국세청 부가소비세과장 2010년 同신고관리과장 2010~2011년 부천세무서장 2011년 세무사 개업 2012년 두레세무법인 부천1지점 대표세무사(현)

김창성(金昌星) KIM Chang Sung (東川)

[생]1932·1·20 [본]김해(金海) [출]경북 포항 [주]서울 서대문구 서소문로21 충정타워빌딩13층 전방(주) 비서실(02-2122-6014) [학]1951년 경기고졸 1957년 일본 와세다(早稻田)대 상과졸 1961년 미국 일리노이대 대학원 경제학과졸 [경]1963년 전남방직 이사 1964년 同상무이사 1968년 同전무이사 1972년 전방(주) 부사장 1974~1991년 同사장 1983년 대한배구협회 부회장 1985년 한국상업은행 비상임이사 1987년 대한방직협회 부회장 1988년 한국경영자총협회 부회장 1991~1998년 전방(주) 회장 1992년 한국섬유산업연합회 부회장 1993년 대한방직협회 회장 1995년 同고문 1997~2004년 한국경영자총협회 회장 1998년 전방(주) 명예회장(현) 2000년 노사정위원회 위원(사용자대표) 2004년 한국경영자총협회 명예회장, 同고문(현), (사)박정희대통령기념사업회 이사 [상]대통령표창, 은탑산업훈장, 자랑스런 와세다인상 [종]천주교

김창수(金昌壽) KIM Chang Soo

[생]1945·12·5 [출]경남 거창 [주]서울 송파구 백제고분로69 애플타워11층 (주)삼우종합건축사사무소 임원실(02-3400-3003) [학]1964년 거창고졸 1968년 고려대 건축공학과졸 1997년 同산업정보대학원 건축공학과졸 [경]1970년 예편(중위) 1970년 고려대 건축재료연구실 근무 1974년 중앙개발(주) 근무 1976년 (주)삼우설계 대표소장 1987년 대한건축학회 이사 1988년 한국건축가협회 이사·재정위원장 1995년 대한건축가협회장상 심사위원 1995년 한국건설감리협회 윤리위원장 1996년 한국건축가협회 건축대전심사위원 1997년 대한건축사협회 설계표준화위원장 1998년 한국건축가협회 부회장 2004년 (주)삼우종합건축사사무소 부회장·회장(현) 2008년 한국건축가협회 회장 2011년 대통령직속 국가건축정책위원회 민간위원 [상]대통령표창, 한국건축문화대상 본상, 서울시장표창, 대구시건축상 은상, 화관문화훈장(2010) [종]기독교

김창수(金昶洙) KIM Chang Soo

[생]1949·9·20 [본]광산(光山) [출]전남 목포 [주]서울 중구 덕수궁길15 서울특별시의회(02-3783-1606) [경]마포구 주민생활국장, 同건설교통국장, 민주당 서울마포구甲지역위원회 수석부위원장 2010년 서울시의회 의원(민주당·민주통합당·민주당·새정치민주연합) 2010~2012년 同도시관리위원회 위원 2010~2011년 同해외문화재찾기특별위원회 위원 2011·2013년 同예산결산특별위원회 위원 2012년 同인권도시창조를위한서울특별시의회인권특별위원회 위원 2012년 同환경수자원위원회 위원 2012년 同도시외교지원특별위원회 위원 2013년 同사립학교투명성강화특별위원회 위원 2014년 서울시의회 의원(새정치민주연합·더불어민주당)(현) 2014년 同교육위원회 위원 2014년 同윤리특별위원회 위원장 2015년 同예산결산특별위원회 위원(현) 2016년 同행정자치위원회 위원장(현) [상]대한민국 유권자 대상(2013·2016)

김창수(金昌秀) KIM Chang Soo

[생]1953·12·10 [출]서울 [주]서울 중구 후암로98 STX 남산타워22층 동부제철(주) 임원실(02-3450-8007) [학]1972년 경기고졸 1977년 서울대 경영학과졸 [경]1994~2000년 쌍용양회 경영·기획재무팀장, 동부제강 경영기획담당 부사장 2005년 同경영지원실장(CFO·부사장), 同아산만공장 부공장장(부사장) 2007년 同기획관리실장(부사장) 2008년 동부제철(주) 경영지원실 전략기획담당 부사장 2008년 同경영관리팀장(부사장) 2011년 同경영기획담당 부사장 2012년 同경영지원실장(부사장) 2014년 同경영지원실장 겸 대표이사 2015년 同대표이사 사장(현)

김창수(金彰洙) KIM Chang Soo

[생]1955·1·20 [본]경주(慶州) [출]대전 [주]서울 서초구 서초대로74길11 삼성생명보험(주) 비서실(02-751-8800) [학]1973년 충남고졸 1977년 고려대 경영학과졸 2004년 同대학원 경영학과졸 [경]1982년 삼성물산 입사 1982년 同관리본부 근무 1986년 삼성그룹 비서실 인사팀 근무 1994년 삼성 동남아본사(싱가폴) 근무 1998년 同감사팀장(이사) 2000년 同인사담당(상무) 2003년 에스원 특수사업기획실장(전무) 2007년 삼성물산 기계플랜트본부장(전무) 2009년 同기계플랜트본부장(부사장) 2011년 삼성화재해상보험(주) 대표이사 사장 2012년 대전 삼성화재블루팡스프로배구단 구단주 2013년 삼성생명보험(주) 대표이사 사장(현) [상]여성소비자가 뽑은 베스트 금융CEO(2014) [종]천주교

김창수(金昌洙) KIM Chang Soo

[생]1955·2·13 [본]경주(慶州) [출]대전 [주]대전 대학로62 대전대학교 정치미디어학과(042-280-2114) [학]1973년 대전고졸 1977년 서울대 정치학과졸 [경]1981~1999년 조선일보 정치부·사회부 차장 1989~1999년 독일 베를린자유대 동아시아연구소 객원연구원 1989~1990년 조선일보 노조위원장 1989~1990년 전국언론노동조합연맹 부위원장 1999~2004년 대덕포럼 공동대표 2004~2006년 제8대 대전시 대덕구청장(열린우리당) 2005~2006년 자치분권대전연대 상임대표 2007년 자유선진당 대전대덕구당원협의회 위원장 2008년 同대변인 2008년 제18대 국회의원(대전 대덕, 자유선진당·무소속) 2008년 선진과창조의모임 원내수석부대표 2008년 국회 문화체육관광방송통신위원회 위원 2008~2012년 한·필리핀의원친선협회 회장 2008~2010년 한·이란의원친선협회 이사 2009~2010년 자유선진당 원내수석부대표 2009~2010년 同세종시백지화저지비상대책위원회 대변인 2010년 同세종시여론조작진상특별위원회 위원장 2010~2011년 한·이란의원친선협회 사무총장 2010년 국회 사법제도개혁특별위원회 위원 2010년 자유선진당 사무총장 2010년 同세종시특별위원회 위원장 2011년 국회 민생대책특별위원회 위원 2011년 국회 예산결산특별위원회 위원 2015년 대전대 정치미디어학과 초빙교수(현) 2016년 제20대 국회의원선거 출마(대전 대덕구, 국민의당) [저]'법관과 재판'(1987) '클린킴이 본 좋은 세상'(2000) '꼴찌를 부탁해'(2011) [종]천주교

김창수(金昌洙) KIM Chang Soo

[생]1955·3·1 [출]강원 속초 [주]강원 태백시 대학길97 강원관광대학교 대외부총장실(033-550-6101) [학]속초고졸, 경원대 경영학과졸, 동국대 대학원 공안행정학과졸 [경]1986년 경찰간부 후보(34기), 경기지방경찰청 제1부 교통과 안전계장, 평택경찰서 경무과장 2008년 충북지방경찰청 생활안전과장 2009년 강원 고성경찰서장 2010년 경기지방경찰청 홍보담당관 2011년 강원지방경찰청 경비교통과장 2011년 태백경찰서장 2013년 강원지방경찰청 보안과장 2014~2015년 속초경찰서장 2016년 강원관광대 대외부총장(현)

김창수(金昌洙) KIM Chang Soo

[생]1955·6·23 [주]부산 금정구 부산대학로63번길2 부산대학교 무역학부(051-510-2574) [학]1974년 경남고졸 1981년 부산대 무역학과졸 1983년 同대학원 경제학과졸 1991년 경제학박사(미국 Rutgers대) [경]1993~1997년 부산대 아시아문제연구소 연구조정실장 겸 운영위원 1994~2010년 同국제무역학과 조교수·부교수·교수 1995년 미국 메릴랜드대 공공정책대학원 Fellow 1997년 부산대 국제지역문제연구소 연구조정실장 1997년 同국제전문인력양성사업단 국제교류부장 1998년 일본 Ritsumeikan대 국제관계학부 객원교수 1998~2001 부산대 국제대학원 부원장 2001~2002년 일본 히로시마대 대학원 국제협력연구과 객원교수 2002~2005년 부산대 TradeIncubator사업단장 2005~2006년 同무역국제학부장 2006~2008년 同국제전문대학원장 2006·2008년 同국제지역문제연구소장 2008~2011년 同평생교육원장 2010년 同무역학부 교수(현) 2011~2013년 同대외교류본부장 2013년 同무역학부장 2013년 부산은행 사외이사(현) 2014년 (주)BS금융지주 사외이사 2015년 (주)BNK금융지주 사외이사(현) [저]'환황발해경제권'(1994) '중국기업의 소유형태별 경영특성'(1998) '국제통상론'(1999) '지역산업발전론'(1999) 'Korean SMEs Toward New Millennium-Status and Prospects'(2000)

김창수(金昌秀) KIM Chang Soo

[생]1958·6·12 [본]김해(金海) [출]서울 [주]강원 원주시 연세대길1 연세대학교 정경대학 경영학부(033-760-2331) [학]1983년 연세대 경영학과졸 1985년 同대학원졸 1991년 경영학박사(미국 Univ. of Wisconsin-Madison Finance) [경]1985년 한국방송통신대·연세대 강사 1986년 미국 IBM Programmer Analyst 1991년 미국 Univ. of Wisconsin-Madison 강사 1991~1995년 미국 세인트존스대 조교수 1995년 연세대 정경대학 경영학부 교수(현) 2004~2006년 同원주캠퍼스 기획처장 2010년 한국재무관리학회 부회장 2013~2014년 한국증권학회 회장 2013년 연세대 아시아러닝센터장 2014년 同빈곤문제국제개발연구원장(현) [상]연세대 우수업적교수, 쌍용투자증권주최 대학생모의주식투자지도 은상, 한국재무학회 우수논문상, 연세대 연구우수교수 [저]'스톡옵션과 보상설계'(2000·2001, 신론사) 'EVA중심의 재무관리'(2008, 신론사)

김창수(金昌洙) KIM Chang Soo

[생]1958·7·1 [출]경북 칠곡 [주]대구 북구 중앙대로612 CBS 대구방송본부(053-426-8001) [학]1976년 계성고졸 1983년 경북대 불어불문학과졸 [경]1998년 기독교방송 대구방송본부 보도제작국장 2000년 同편성제작국 방송위원 2001년 同대구방송본부 보도제작국장 2004년 同경남방송본부장 2006년 同울산방송본부장 2010년 同부산방송본부장 2014년 同선교TV본부 선교위원 2014년 同대구방송본부장(현)

김창수(金昌洙) Kim, Chang-Soo

[생]1958·8·28 [본]김해(金海) [출]경기 화성 [주]서울 동작구 흑석로84 중앙대학교 총장실(02-820-5011) [학]1977년 남양고졸 1984년 중앙대 경영학과졸 1988년 미국 플로리다인터내셔널대(FIU) 경영대학원 경영학과졸 1993년 경영학박사(미국 플로리다인터내셔널대) [경]1989~2010년 미국 회계학회 정회원 1991년 미국 플로리다인터내셔널대(FIU) 회계학과 강사 1994년 중앙대 사회과학대학 경영학부 조교수·부교수·교수(현) 2000년 同교수협의회 총무 2000~2012년 한국금융연수원 신용분석과정담당 외래교수 2002년 미국 플로리다인터내셔널대(FIU) 교환교수 2004~2005년 한국회계학회 상임이사(교육개발분과위원장) 2005~2006년 기획예산처 정부산하기관 경영평가단 위원 2005~2006년 교육인적자원부 대학구조개혁위원회 실무위원 2006~2007년 재정경제부 산하기관 경영(혁신)평가단 위원 2006~2009년 한국도로공사 사외이사 겸 감사위원 2006~2007년 정부혁신지방분권위원회 재정세제분야 전문위원 2006~2009년 건설교통부·국토해양부 대중교통평가위원 2007~2009년 중앙대 기획조정실장 2007~2015년 同인적자원개발전략연구소장 2008~2011년 대한경영학회 부회장 2009~2011년 중앙대 기획관리본부장 2009년 同총무처장 2010~2011년 교육과학기술부 국립대학통합심사위원회 위원 2011~2012년 한국회계정보학회 부회장 겸 학술대회조직위원장 2011~2013년 Allianz Global Investors Korea 사외이사 겸 감사위원 2011~2013년 교육과학기술부·교육부 대학구조개혁위원회 위원 2012년 대통령직속 국가교육과학기술자문회의 자문위원 2012~2013년 교육과학기술부장관 정책자문회의 고등교육분야 자문위원 2013~2014년 교육부 대학발전기획단 자문위원 2013~2015년 관세청 자체평가위원회 위원장 2013년 중앙대 경영경제부총장 2014~2015년 同행정부총장 2014~2015년 전국대학교부총장협의회 회장 2014년 한국회계정보학회 회장 2015~2016년 한국항공우주산업(주) 사외이사·감사위원·이사선임위원장 겸임 2016년 중앙대 총장(현) [상]중앙대 Teaching Award(2007) [저]'한국회계비전의 정립과 구현전략'(2002) '해운기업경영론'(2009, 박영사) '특수회계(5판)'(2015, KBI) '리스회계실무'(2015, KBI)

김창수(金昌秀) KIM Chang Soo

[생]1961·4·18 [출]서울 [주]서울 강남구 언주로541 11층 (주)F&F 비서실(02-520-0102) [학]1980년 동성고졸 1986년 연세대 경영학과졸 [경]1985년 (주)삼성출판사 근무 1986년 (주)아트박스 이사 1992년 同대표이사 사장 1992년 (주)에프앤에프유통 대표이사 사장 1998년 (주)삼성출판사 패션사업부 대표이사 사장 1998년 (주)베네통코리아 대표이사 사장 2000~2002년 엔에스

에프 각자대표이사 사장 · 대표이사 사장 2002년 F&F 대표이사 사장(현), (주)삼성출판사 비상근이사 2004년 (주)루코스 대표이사 사장 2005년 (주)라팔레트코리아 대표이사 사장, (주)한국시스맥스 대표이사, (주)시티사운드 대표이사

김창식(金昶植) KIM Chang Shik (仁山)

[생]1929 · 12 · 25 [본]김해(金海) [출]전남 강진 [주]서울 종로구 새문안로5길13 변호사회관303호 법무법인 대종(02-723-9806) [학]1967년 국민대 법학과졸 1968년 서울대 사법대학원 수료 1978년 同행정대학원 발전정책과정 수료 [경]1953년 보통고시 합격 1955년 국무원 사무국 주사 1956년 고등고시 예비고시 합격 1961년 총무처 사무관 1962년 고등고시 행정과 합격(14회) 1963년 사법시험 합격(2회) 1964년 총무처 법무관 1968년 同총무과장 1970~1976년 同총무국장 · 행정관리국장 · 연금국장 1976년 同기획관리실장 1978년 同소청심사위원장 1979년 同차관 1980년 대통령 정무수석비서관 · 정무제2수석비서관 1982년 전남도지사 1984년 내무부 차관 1985년 민주평통 사무총장 1987년 총우회 회장 1990년 교통부 장관 1991년 변호사 개업 1991년 법무법인 대종 대표변호사 1991년 민족통일중앙협의회 의장 1996~2001년 남도학숙 원장 2000년 서울지법 민사조정위원, 古下기념사업회 이사 2011년 同이사장 2012년 법무법인 대종 고문변호사(현) [상]녹조 · 홍조 · 청조근정훈장, 국무총리표창, 대통령표창

김창엽(金昌燁) KIM Chang Yeop

[생]1960 · 6 · 16 [출]대구 [주]서울 관악구 관악로1 서울대학교 보건대학원 보건학과(02-880-2722) [학]1984년 서울대 의대졸 1987년 同보건대학원졸 1993년 보건학박사(서울대) [경]1990~1991년 서울대병원 가정의학 전임의 1993~2002년 서울대 의대 의료관리학교실 전임강사 · 조교수 · 부교수 1994~1999년 한국보건의료관리연구원 비상임연구위원 1994~1997년 대한의학회 수련교육위원 1997~1998년 한국의료QA학회 총무이사 1997~2000년 대한의학회 보건정책위원 1998년 InterRAI Group Fellow 1999년 대한의료법학회 이사 1999~2001년 서울대병원 의료관리학과장, 국민건강보험공단 사회보장연구센터 소장 2002년 보건복지부 장관 자문관, 세계건강형평성학회 집행이사, 미국 하버드대 보건대학원 Takemi Fellow 2002년 서울대 보건대학원 보건학과 부교수 · 교수(현) 2002년 대한예방의학회 학술부장 2006~2008년 건강보험심사평가원 원장 2010~2012년 시민건강증진연구소 소장 2011년 비판과대안을위한건강정책학회 회장(현) 2012년 시민건강증진연구소 이사장(현) 2013년 국제보건의료학회 이사장 2014년 보건행정학회 부회장 [상]대통령표창(2000) [저]'나는 '나쁜' 장애인이고 싶다(編)'(2002, 삼인) '빈곤과 건강(編)'(2003) '미국의 의료보장'(2005) '보건의료개혁의 새로운 모색(編)'(2006, 한울) '일차보건의료와 보건진료원제도(共)'(2011, 서울대 보건대학원) '무상의료란 무엇인가(共)'(2012, 이매진) '한국의 노숙인(共)'(2012, 서울대 출판문화연구원) '의료관리(共)'(2013, 서울대 출판문화연구원) '건강할 권리: 건강 정의와 민주주의'(2013, 경희대 후마니타스) '노숙문제의 현실과 대응: 한국과 일본의 비교(共)'(2014, 서울대 출판문화연구원) '소셜 이슈 분석과 기회 탐색(共)'(2015, 에딧더월드) '전환기 한국, 지속가능발전 종합 전략(共)'(2015, 한울아카데미) '불평등 한국, 복지국가를 꿈꾸다(共)'(2015, 후마니타스) '한국의 건강 불평등(共)'(2015) '참 좋은 의료공동체를 소개합니다(共)'(2015) [역]'건강정책의 이해'(2016)

김창옥(金昌玉) Kim, Chang Ok

[생]1958 · 8 · 10 [출]경북 상주 [주]제주특별자치도 제주시 문연로35 제주문화방송 사장실(064-740-2114) [학]아주대 경영학과졸 [경]1984년 MBC 입사 2002년 同아나운서2부 부장대우 2004년 同아나운서2부장 2008년 同아나운서국장 2009~2010년 同편성국 아나운서실장 2013년 대전문화방송 대표이사 사장 2015년 제주문화방송 대표이사 사장(현)

김창옥(金昌玉)

[생]1961 · 6 [주]서울 영등포구 국제금융로8길10 한국증권금융 경영지원본부장실(02-6908-8403) [학]성균관대 경영학과졸 [경]1980년 한국증권금융 입사 2006년 同부산지점장 2009년 同신탁부문장 2010년 同총무부문장 2011년 同강남지점장 2012년 同우리사주부문장 2013년 同총무부문장 2014년 同부산지점장 2015년 同신탁본부장(상무) 2016년 同경영지원본부장(상무)(현)

김창용(金昌容) KIM Chang Yeong

[생]1959 · 12 · 18 [출]충북 영동 [주]경기 수원시 영통구 삼성로129 삼성전자(주) DMC연구소(031-200-1114) [학]1985년 한국항공대 항공기계공학과졸 1997년 한국과학기술원(KAIST) 기계공학 석사 1998년 제어공학박사(한국과학기술원) 2004년 서울대 자연과학대학 과학정책최고과정 수료 [경]1987년 삼성종합기술원 입사 2009년 글로벌3DTechnology포럼 회장 2010년 삼성전자(주) 종합기술원 Future IT연구소장 2011년 同종합기술원 부사장 2011년 IS&T Honorary Member(현) 2012년 삼성전자(주) DMC연구소장(부사장)(현) 2013년 3D융합산업협회 회장(현) 2013년 대한전자공학회 산업체부회장(현) 2016년 한국BEMS(Building Energy Management System)협회 회장(현) [상]자랑스런 삼성인상 기술상(2003), '삼성 Fellow' 선정(2006), 대한민국기술대전 대통령표창(2006), 과학기술포장(2015), 대한전자공학회 해동상 기술상(2015)

김창우(金昌宇) KIM Chang Woo

[생]1955 · 4 · 28 [본]의성(義城) [출]강원 삼척 [주]서울 강남구 테헤란로7길22 과학기술회관신관501호 한국기술사회(02-2098-7101) [학]1978년 한양대 전기공학과졸 1998년 미국 Univ. Polytechnic 대학원 시스템공학과졸(석사) [경]예편(공군 중위), 과학기술처 원자력국 근무 1974년 同영광원자력발전소 사무관, 同안전심사관실 원자력협력담당 사무관, 同원자로과 사무관, 同원자력정책과 사무관 1994년 同장관 비서실장 1999년 한반도에너지개발기구(KEDO) 부부장 1999~2000년 과학기술부 원자력통제과장 · 방사선안전과장 2000년 同원자력안전과장 2001년 同원자력방재과장 2002년 同원자력협력과장 2003년 同기초과학지원과장 2004년 同기초연구지원과장(부이사관) 2006년 同과학기술인육성과장 2007년 同우주기술심의관 2008년 중앙공무원교육원 교육파견 2009년 제23차 IAEA 핵융합에너지컨퍼런스조직위원회 사무총장 2010~2015년 한국과학기술정보연구원 국가나노기술정책센터 소장 2011~2016년 (사)과학사랑희망키움 이사 2011년 한국나노연구협의회 이사(현) 2011년 과우회 이사(현) 2015년 한국기술사회 상근부회장(현) [상]과학기술부장관표창(1984), 홍조근정훈장(2009) [종]천주교

김창원(金滄原) KIM Chang Won

[생]1968 · 6 · 22 [본]해주(海州) [출]전북 남원 [주]서울 중구 덕수궁길15 서울특별시의회(02-3702-1400) [학]고명상고졸, 관동대 미술학과졸, 삼육대 대학원 사회복지학 석사과정 재학 중 [경]1994~1996년 (주)인터비젼 그래픽디자인 · 이벤트기획 팀장 1996~2002년 (주)프로젝트 씨마 과장 2004년 동화마루 강남점 영업이사 2004~2014년 동화마루강남 대표 2004년 유인태 국회의원 입법보좌역 2004년 (사)참여정치실천연대 이사 2002~2003년 개혁국민정당 서울도봉乙지구당 위원장 2005년 함께하는도봉연대 운영위원 2005년 국악공연기획 기획이사, 민주당 서울도봉乙지역위원회 운영위원 · 노동위원장 2014년 서울시의회 의원(새정치민주연합 · 더불어민주당)(현) 2014~2016년 同문화체육관광위원회 위원 2014~2015년 同예산결산특별위원회 위원 2014 · 2016년 同남북교류협력지원특별위원회 위원(현) 2015년 同하나고등학교특혜의혹진상규명을위한행정사무조사특별위원회 위원(현) 2015년 자치분권민주지도자회의 공동대변인(현) 2015년 새정치민주연합 '서울시장을 지키는 민생실천위원회' 도봉乙 위원장 2015년 서울시의회 청년발전특별위원회 위원(현) 2015년 同항공기소음특별위원회 위원(현) 2015년 同서소문밖역사유적지관광자원화사업지원특별위원회 위원(현) 2015년 同하나고등학교특혜의혹진상규명을위한행정사무조사특별위원회 위원(현) 2015년 더불어민주당 '서울시장을 지키는 민생실천위원회' 도봉乙 위원장(현) 2016년 서울시의회 보건복지위원회 부위원장(현) 2016년 同서울시설관리공단이사장후보자인사청문특별위원회 부위원장 [종]천주교

김창윤(金昌潤) KIM Chang Yoon

[생]1954 · 12 · 12 [출]대구 [주]경북 경산시 대학로280 영남대학교 의과대학 예방의학교실(053-810-2114) [학]경북고졸 1980년 경북대 의학과졸 1983년 同대학원졸 1990년 의학박사(경북대) [경]1988~1989년 순천향대 전임강사 1989~1999년 영남대 의대 전임강사 · 조교수 · 부교수 1999년 同의과대학 예방의학교실 교수(현) 2002년 한국역학회 이사 2010~2011년 영남대 의과대학 의학도서관장 2016년 同환경보건대학원장(현) [저]'예방의학'(2004)

김창은(金昌恩) KIM Chang Eun

[생]1955·9·12 [본]김해(金海) [출]부산 [주]경기 용인시 처인구 명지로116 명지대학교 공과대학 산업경영공학과(031-330-6447) [학]1979년 고려대 산업공학과졸 1982년 미국 텍사스A&M대 대학원졸 1986년 공학박사(미국 텍사스A&M대) [경]1987년 명지대 산업시스템공학부 교수, 同산업공학과 교수, 同산업경영공학과 교수(현) 1992~1993년 일본 아시카가공업대 경영공학과 방문교수 1994~1998년 명지대 공대 교학과장 1996년 한국보전공학회 국제교류이사 1997년 산업안전관리공단 자문위원 1998~1999년 명지대 교수협의회장 1998~2000년 同산업기술연구소장 1998~2000년 同산업공학과 학과장 및 대학원 주임교수 1998년 同창업보육센터장 2002년 오라클솔루션연구회 회장 2004년 한국품질경영학회 이사 2005년 한국보전학회 학술담당 부회장 2016년 (사)한국경영공학회 회장(현) [저]'안전공학론'(1996) '물류관리'(1999) '신 설비관리'(1999) '경제성 공학의 원리'(1999) '산업공학과 경영'(2000) 'e-비지니스와 확장형ERP'(2000) '식스시그마 100문 100답'(2004) 'e-비즈니스 시스템'(2004) '경영혁신'(2005) 'ERP와 경영혁신'(2008) [역]'직업교육훈련 제도의 개혁과정'(1999) [종]기독교

김창일

[생]1951·2·10 [출]부산 [주]충남 천안시 동남구 만남로43 (주)아라산업 비서실(041-551-5100) [학]1966년 휘문고졸 1972년 경희대 경영학과졸 [경]2002년 아라리오갤러리 대표(현) 2003년 (주)아라산업 회장(현) 2006~2014년 아트 뉴스(The Art news) 선정 '세계 톱 200 컬렉터'(9년연속) 2016년 세계적 권위 미술매체 아트넷(Artnet) 선정 '세계 100대 컬렉터'

김창일(金昌日) KIM Chang Il

[생]1960·7·13 [주]서울 동작구 흑석로84 중앙대학교 전자전기공학부(02-820-5334) [학]1984년 중앙대 전기공학과졸 1986년 同대학원 전기공학과졸 1993년 공학박사(중앙대) [경]1993~1995년 한국전자통신연구소 Post-Doc. 1995~1997년 안양대 전기공학과 전임강사·조교수 1997~2001년 중앙대 전기전자제어공학부 조교수 2002~2006년 同전자전기공학부 부교수 2004년 한국전기전자재료학회 기획이사 2006년 중앙대 전자전기공학부 교수(현) 2013~2014년 同정보대학원장 2013년 同공과대학장 2013~2014년 한국전기전자재료학회 부회장 2016년 중앙대 교무처장(현)

김창종(金昌種) KIM Chang Jong (盤石)

[생]1943·8·2 [본]경주(慶州) [출]전남 순천 [주]서울 동작구 흑석로84 중앙대학교 약학대학 병태생리학교실(02-820-5593) [학]1963년 순천고졸 1967년 중앙대 약학과졸 1969년 同대학원졸 1976년 同대학원 생리학·병리학 수료 1980년 약학박사(중앙대) [경]1969~1988년 중앙대 약학대학 조교·전임강사·조교수·부교수 1981년 보건사회부 중앙약사심의위원 1984~1985년 강원대·숙명여대 약학대학 강사 1985년 한국생약학회 재무간사 겸 이사 1986년 중앙대 교학부장 1988~2010년 同약학대학 병태생리학교실 교수 1989년 이화여대 약학대학 강사 1990년 한국약제학회 이사 1990~2010년 대한약학회 병태생리학분과 회장 1991년 미국 토마스제퍼슨의대 내과 객원교수 1993년 중앙대 약학대학장 1994년 의약사평론가협회 부회장 1995·2000~2002년 중앙대 의약식품대학원장 1995년 한국약학대학협의회 회장 1995~1999년 대한약학회 간사장·부회장 1996년 한국과학기술단체총연합회 이사 1997년 한국의·약사평론가회 부회장(현) 1997년 학술진흥재단 운영위원 1998년 경희대 약학대학 강사 1998년 보건복지부 희귀의약품위원장 1999~2002년 대한약학회 회장 겸 이사장·감사 2000년 한국보건공정서협회 감사 겸 이사(현) 2000년 한국희귀의약품센터 이사(현) 2001~2005년 보건의료국가고시원 이사 2002~2003년 대통령자문 약사제도개선 및 보건산업발전특별위원회 위원장 2005~2008년 한국과학기술단체총연합회 부회장 2010~2016년 (재)한국마약퇴치본부 고문·이사 2010년 중앙대 약학대학 병태생리학교실 명예교수(현) 2010년 한국공정서협회 감사 2010년 在京순천중고장학재단 상임이사(현) 2011~2016년 한국동물의약품협회 고문 2012년 한국약학교육평가원 감사 2014년 중앙대대학원동문회 회장(현) 2014~2015년 在京순천향우회 수석부회장 [상]대한약학회 학술상(1991), 약사평론가 기장(1995), 한국제약협회장표창(1995), 대한약학회 약학교육상(2001), 대한약사회 약사연구부문 약사금탑(2001), 약국신문 '2002년을 빛낸 인물상' 선정(2002), 약업신문 동암약의상(2003), 보건복지부장관표창(2003), 서울시 문화상(2005), 자랑스런중앙인상(2006) [저]'유기화학'(1975) '인체 생리학'(1978) '최신 병태생리학'(1987) '임상 약학'(1999) '건강과 약'(2000) '21세기 약학교육발전방안'(2000) '병태생리학 Ⅰ, Ⅱ'(2004) '병태생리학(I) 일반병리학 제5개정'(2006) '병태생리학(I) 각론 제5개정'(2006) [종]천주교

김창종(金昌鍾) KIM Chang Jong

[생]1957·3·20 [본]선산(善山) [출]경북 구미 [주]서울 종로구 북촌로15 헌법재판소 재판관실(02-708-3456) [학]1975년 대구 영신고졸 1979년 경북대 법학과졸 1982년 同대학원 법학과졸 [경]1980년 사법시험 합격(22회) 1982년 사법연수원 수료(12기) 1982년 육군 법무관 1985년 대구지법 판사 1990년 同경주지원 판사 1992년 대구고법 판사 1995년 대구지법 판사 1996년 同의성지원장 1997년 대구지법 부장판사 2001년 同김천지원장 2003년 대구지법 부장판사 2005년 대구고법 부장판사 2009년 대구지법 수석부장판사 2010년 대구고법 수석부장판사 2012년 대구지법원장 2012년 대구시선거관리위원회 위원장 2012년 헌법재판소 재판관(현)

김창주(金昌周) KIM Chang Joo

[생]1956·12·21 [본]김해(金海) [출]충남 공주 [주]대전 유성구 가정로218 한국전자통신연구원 전파기술연구부 스마트전파모니터링연구실(042-860-6284) [학]1980년 한국항공대졸 1988년 한국과학기술원 대학원 전기전자과졸 1993년 공학박사(한국과학기술원) [경]1999년 한국전자통신연구원 모뎀기술연구부장 2003년 同전파방송연구소 전파기반연구부장 2004년 同디지털방송연구단 전파기술연구그룹장 2008년 同방송통신융합연구부문 전파기술연구부장 2011년 同주파수융합연구팀장 2012년 同스펙트럼공학연구팀 책임연구원 2014년 同전파신호분석연구실 책임연구원 2016년 同전파기술연구부 스마트전파모니터링연구실 책임연구원(현) [상]국무총리표창(2006), 대통령표창(2009), 특허청 지식영상(2010) [저]'훤히 보이는 전파기술'(2009)

김창주(金昌周) KIM, Chang-Ju

[생]1958·3·16 [본]남양(南陽) [출]대구 [주]서울 동대문구 경희대로26 경희대학교 의과대학 생리학교실(02-961-0407) [학]1976년 대구 대건고졸 1984년 경희대 의대졸 1986년 同대학원 의학석사 1990년 의학박사(경희대) [경]1990~2004년 경희대 의대 생리학교실 전임강사·조교수·부교수 2001~2008년 同대학원 의학과 주임교수 2004년 同의대 생리학교실 교수(현) 2013년 同대학원 의학과 학과장(현) 2015년 同의과대학 부학장(현) 2015년 同대학원 교무부원장(현) [상]경희대 고황의학상 은상(4회)·동상(2002)

김창준(金昌俊) KIM Chang Joon

[생]1944·7·13 [본]김해(金海) [출]광주 [주]광주 서구 상무대로961 (자)자유이엔씨 비서실(062-382-3124) [학]1968년 전남대 수의과대학 수의학과졸 1970년 서울대 보건대학원 2년 수료 [경]1974~1981년 로켓트건전지(주) 총무이사 1998~2000년 전남도배드민턴협회 회장 1998~2000년 전남도체육회 상임이사 1998~2005년 전기신문사 회장 1998~2005년 한국전기공사협회 회장 2001~2005년 산업자원부 전기위원회 위원, 광주시 동아시아경기대회 유치위원장, (자)자유이엔씨 회장(현) 2004~2005년 亞洲·太平洋 전기공사협회연합회(FAPECA) 회장 2004~2005년 전국ROTC총동우회 부회장 2008~2016년 광주시생활체육회 회장, 광주상공회의소 상임의원, 대한적십자사 광주·전남지사 상임위원 2011년 광주시환경시설공단 이사회 의장(현), 광주시 빛고을노인건강타운 이사 2012년 국민생활체육회 부회장 2014~2016년 한국자산관리공사 비상임이사 2016년 광주시생활체육회 고문(현) [상]국무총리표창(1999), 은탑산업훈장(2003), 광주시민대상 체육분야(2011), 대한민국체육대상(2012)

김창준(金昌俊) C.J KIM

[생]1955·10·8 [출]부산 [주]서울 종로구 새문안로92 광화문오피시아빌딩10층 법무법인 세경(02-734-6374) [학]서울고졸 1978년 서울대 법학과졸 1980년 同대학원졸 1999년 경희대 대학원 법학과졸 2004년 법학박사(경희대) [경]1979년 사법시험 합격 1981년 사법연수원 수료(11기) 1984~1997년 변호사 개업 1991~1992년 영국 로펌 Sinclair Roche & Temperley 자문변호사 1993년 대한상사중재원 중재인(현) 1997년 법무법인 세경 설립·대표변호사(현) 2007년 서울고법 민사 및 가사조정위원(현) 2008~2015년 한국해법학회 부회장 2009년 한국보험법학회 부회장 2012년 국민권익위원회 보상심의위원(현) 2015년 한국보험법학회 회장(현) 2016년 한국해법학회 고문(현)

김창진(金昌辰) KIM Chang Jin (星江)

[생]1953·5·5 [본]김해(金海) [출]전남 목포 [학]1971년 목포고졸 1974년 서울교육대졸 1980년 국제대 국어국문학과졸 1982년 경희대 대학원 국어국문학과졸 1991년 문학박사(경희대) [경]1980~1985년 상일여고 교사 1983년 교육부 한문과교육과정 심의위원 1986~1993년 경희대·서울교대·서울시립대·강남대 강사 1988년 경희대 민속학연구소 연구원 1994~2007년 초당대 교양학과 전임강사·조교수·부교수 1994년 同교학부처장 및 신문사 주간 1998년 한국민속학회 이사 2000년 무안문화원 이사 2001년 「문예사조」수필 신인상 수상·등단 2002년 초당대 교양학과장 2002년 한국문인협회 회원 2004년 한국어바르고아름답게말하기운동본부 사무국장 2005년 행정자치부 행정혁신평가위원 2007년 초당대 교양학과 교수, 同교양교직학부 교수 2008~2011년 同중앙도서관장 2008년 한국한자한문교육학회 부회장, 한국교육문화융복합학회 부회장(현) [상]서울관악구청장표창(한국어교육공로자, 2008), 교육부장관표창(2013) [저]'한국의 산촌민속'(共) '한국의 점복'(共) '우리글 우리말'(共) '한국의풍수문화'(共) '교양인을 위한 한자'(共) '흥부전'(2005) '배비장전'(2008) '변강쇠전'(2009) '두껍전'(2009) '탑 명심보감'(2010) '한글전용은 違憲이다'(2013) [역]'務安(무안) 關聯(관련) 備邊司謄錄(비변사등록)'(2012) [종]천주교

김창진(金昌鎭) Kim Chang Jin

[생]1955·8·28 [본]의성(義城) [출]대구 [주]대전 유성구 과학로125 한국생명공학연구원 산업바이오소재연구센터(042-860-4332) [학]1978년 서울대 식품공학과졸 1982년 同대학원 농학과졸 1987년 농학박사(서울대) [경]1982~1986년 생명공학연구소 연구원 1986년 일본 이화학연구소 항생물질연구실 초빙연구원 1986~1991년 생명공학연구소 선임연구원 1991년 同항생물질연구실책임연구원 1991년 일본 이화학연구소 분자구조해석연구실 초빙연구원 1994~2000년 신물질탐색연구회장 2001년 한국생명공학연구원 책임연구원(현) 2005년 과학기술연합대학원대 교수(현) 2006년 한국과학기술한림원 정회원(현) 2007~2008년 방선균생물학연구회 회장 2007~2008년 생물농약연구회 회장 2007년 한국생명공학연구원 연구발전협의회장 2011년 同생명자원인프라사업본부장 [상]한국미생물생명공학회 학술장려상(1996), 중국 운남성정부 채운상(2007), 한국미생물생명공학회 수라학술상(2008) [종]기독교

김창진(金昌珍)

[생]1959·2·8 [출]경북 영덕 [주]강원 강릉시 율곡로2705 강원영동병무지청(033-649-4201) [학]1976년 영덕종합고졸 1980년 한국방송통신대 중퇴 [경]1979년 병무청 공무원 임용 2005년 同선병국 병역조사팀장 2006년 대구경북지방병무청 동원과장 2008년 병무청 감사담당관실 근무 2012년 대전충남지방병무청 운영지원과장 2013년 병무청 기획조정관실 근무 2014년 대구경북지방병무청 징병관 2016년 병무청 대변인 2016년 강원영동병무지청장(현)

김창현(金昌鉉) KIM Chang Hyun

[생]1959·1·4 [출]서울 [주]제주특별자치도 제주시 애월급 도치돌길385 제주전파관리소(064-740-2801) [학]1977년 영동고졸 1981년 서울대 신문학과졸 1988년 미국 뉴욕주립대 대학원 커뮤니케이션학과졸 [경]1983년 한국방송광고공사 근무 1994년 종합유선방송위원회 해외부장 1995년 同심의기획부장 1997년 同정보교양부장 1997년 同심의기획부장 1998년 同평가관리부장 2000년 방송위원회 기획관리실 법제부장 2003년 同정책총괄부장 2005년 同광주사무소장 2008년 방송통신위원회 국제협력관실 국제기구담당관(서기관) 2009년 同시청자권익증진과장 2010년 同중앙전파관리소 전파관리과장 2011년 同중앙전파관리소 전주전파관리소장 2013년 미래창조과학부 중앙전파관리소 전주전파관리소장 2015년 同중앙전파관리소 제주전파관리소장(현) [역]'미디어랩'(共) '케이블TV 광고전략'

김창현(金昌鉉)

[생]1960·3·21 [출]충북 영동 [주]충북 괴산군 괴산읍 임꺽정로90 괴산군청 부군수실(043-830-3006) [학]충주고졸, 청주대 법학과졸, 충북대 대학원 법학과졸 [경]1978년 공무원 임용(공채·지방행정서기보) 2004년 충북도 의회사무처 의사담당관실 입법담당 2006년 同기획관리실 법무통계담당관실 근무 2007년 同감사관실 조사담당 2009년 同행정국 총무과 인사팀장 2011년 同자치연수원 도민연수과장(서기관) 2012년 同보건복지국 식품의약품안전과장 2012년 同감사관 2015년 同의회사무처 의사담당관 2016년 충북 괴산군 부군수(현)

김창현(金昌炫) KIM Chang Hyun

[생]1960·11·18 [출]서울 [주]서울 영등포구 신길로1 한림대학교 강남성심병원 신경외과(02-829-5175) [학]1986년 중앙대 의대졸 1990년 同대학원졸 2001년 의학박사(중앙대) [경]1997~2002년 강남성심병원 수련교육부 학생담당 교수 2002년 한림대 의대 신경외과학교실 교수(현) 2002~2003년 미국 Cleveland Clinic Foundation 연구원 2003~2008년 강남성심병원 고객감동위원회 교육관리팀장 2006~2007년 同홍보위원장 2007~2008년 同보험위원장 2008~2010년 同진료부원장, 한림대의료원 보험TFT팀장, 대한신경외과학회 경인지회 감사 2012년 한림대 동탄성심병원 신경외과장 2013년 同강남성심병원 신경외과장(현), 同강남성심병원 뇌신경센터장(현) [상]Might Hallym 2006 Best Practice 경진대회 포스터부문 우수상(2006) [종]불교

김창현(金昌顯) Kim, Chang Hyun

[생]1963·6·25 [주]경기 파주시 문산읍 문향로46 문산우체국 사서함17호 남북회담본부 남북연락과(031-950-9318) [학]서라벌고졸, 연세대 행정학과졸, 경남대 북한대학원 정치학과졸 [경]통일부 교류협력국 사무관 2005년 同교류협력국 교류협력총괄과 서기관 2006년 同남북경제협력국 경협전략팀장 2007년 同남북회담본부 경제회담팀장 2008년 同인도협력국 이산가족과장 2009년 세종연구소 국정과제연수과정 교육파견 2010년 통일부 남북회담본부 회담지원과장 2012년 同통일정책실 정착지원과장 2013년 同정세분석국 정치군사분석과장 2014년 同남북회담본부 남북연락과장 2016년 同남북회담본부 남북연락과장(부이사관)(현)

김창현(金昌鉉)

[생]1968·9·13 [출]울산 [주]강원 춘천시 공지로284 춘천지방법원(033-259-9000) [학]1987년 학성고졸 1991년 서울대 지리학과졸 [경]1993년 행정고시 합격(36회) 1998년 사법고시 합격(40회) 2001년 사법연수원 수료(30기) 2001년 울산지법 판사 2005년 의정부지법 판사 2009년 서울동부지법 판사 2012년 서울북부지법 판사 2016년 춘천지법 부장판사(현)

김창형(金昶亨)

[생]1970·1·19 [출]경남 창원 [주]경기 고양시 일산동구 장백로209 의정부지방법원 고양지원(031-920-6114) [학]1988년 부산 중앙고졸 1993년 서울대 법학과졸 2005년 同대학원 법학과졸 [경]1996년 사법고시 합격(38회) 1999년 사법연수원 수료(28기) 1999년 서울지법 의정부지원 판사 2001년 서울지법 판사 2003년 부산지법 판사 2006년 서울남부지법 판사 2008년 서울중앙지법 판사 2010년 서울고법 판사 2012년 서울동부지법 판사 2014년 부산지법 부장판사 2016년 의정부지법 고양지원제1형사부장판사(현)

김창호(金昶澔) KIM Chang Ho

[생]1956·11·15 [출]경북 울진 [주]경기 수원시 영통구 광교산로154의42 경기대학교 융합교양대학(031-249-9283) [학]1975년 서울 배문고졸 1983년 서울대 철학과졸 1985년 同대학원 철학과졸 1991년 철학박사(서울대) [경]1994년 중앙일보 학술전문기자 1999~2000년 同기획취재팀장 2002~2005년 同전문위원 겸 논설위원 2005~2008년 명지대 디지털미디어학과 교수 2005~2008년 국정홍보처장 2012년 제19대 국회의원선거 출마(성남 분당甲, 민주통합당) 2012년 민주통합당 제18대 대통령중앙선거대책위원회 지식기반사회특별위원장, 경기대 융합교양대학 교수(현) [상]이달의 기자상(1997), 삼성언론상(2004) [저]'한국사회변혁에서의 철학논쟁(編)'(1989, 사계절) '마르크스주의와 인간론(共)'(1991, 죽산) '내가 아는 것이 진리인가(共)'(1995, 웅진) '이성은 언제나 정당한가(共)'(1996, 웅진) '철학 청바지 1, 2, 3(共)'(2005, 웅진) '다시 진보를 생각한다'(2009, 동녘) '공감의 정치를 꿈꾸는 남자'(2011, 미래인) [역]'헤겔의 변증법적 연구(共)'(1983, 풀빛) '마르크스의 인간관'(1984, 동녘) '페레스트로이카와 철학논쟁(編)'(1990, 녹진)

김창화(金昌華) Gim Changhwa

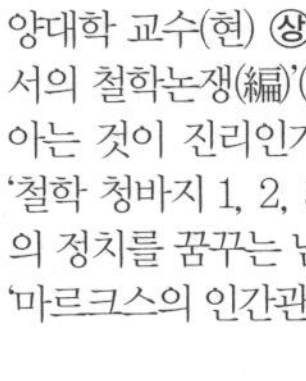

[생]1955·8·10 [본]안동(安東) [출]경북 영주 [주]충남 천안시 동남구 상명대길31 상명대학교 예술대학 연극학과(041-550-5266) [학]1972년 중앙고졸 1980년 고려대 물리학과졸 1982년 동국대 대학원 연극영화학과졸 1991년 철학박사(독일 뮌헨대) [경]1973년 고려대 극예술연구회 회장 1974년 대학연극인연합회 회장 1983년 극단 '한울' 창단 1983~1991년 同대표 1992~1994년 공연과이론을위

한모임 대표 1993년 국제극예술협회 한국본부 이사 1995년 同주체적문화발전분과 이사 1995년 한국연극학회 총무이사 1995~1999년 상명대 연극예술학과 교수 1995년 同연극학과 초대 학과장 1996년 극단 '독립극장' 대표 1997년 한국연극교육학회 이사 1998~2000년 한국비교연극학회 회장 1999년 상명대 공연학부 연극전공 교수 1999년 同공연학부장 2000~2002년 국립창극단 자문위원 2001년 한국고전희곡학회 이사 2001년 공연문화산업연구소 상임이사 2002년 한국교육연극학회 이사 2003년 미국 Univ. of the Incarnate Word 대 교환교수 2004년 문화방송 시청자평가위원 2004년 상명대 예술대학 연극학과 교수(현) 2006~2007년 同예술대학장 2007년 문화관광부 국고지원 공연예술평가위원 2007년 국립중앙극장 무대예술인자격검정 문제은행개발위원 2007년 예술경영지원센터 평가위원 2008~2010년 한국교육연극학회 회장 2009년 헤롤드핀터페스티벌 집행위원장 2009년 제2회 남해섬축제 예술감독 2009년 제7회 서울과학축전 자문위원 2009년 중등임용고사 출제위원 2010년 세계교육연극학회 정회원 2010년 상명대 영어강의활성화대책위원회 위원장 2010년 한국연극연출가협회 이사 2011년 한국문화예술교육진흥원 연극분야 중앙위원 2011년 남해섬축제 예술교육감독 2011년 수원화성연극제 집행위원 2011년 극단 창작기획 대표(현) 2012년 국제극예술협회(ITI) 한국본부 부회장 2013년 공연과이론을위한모임 대표 2013년 백민역사연극원 이사 2014년 한국연극협회 정책개발위원장, 국제극예술협회 세계희곡작가포럼 부회장 [저]'동시대 연극의 새로운 이해'(1998, 상명대 출판부) '한국에서의 서양연극'(1999, 소화출판사) '독백과 대화'(1999, 집문당) '청소년을 위한 연극교육'(2003, 문음사) [역]'오레스테스'(1994, 평민사) '입센희곡선집'(2010, 열린책들) '중국의 장벽'(2014, 지만지) '빵집'(2015 지만지) [작]'역사의 강' '도산 안창호' [종]불교

김창환(金昌煥) KIM Chang Hwan

[생]1952·2·12 [본]의성(義城) [출]대구 [주]경기 수원시 장안구 장안로54 씨에이치케미칼 회장실(031-253-2317) [학]1974년 대구고졸, 경북대 응용화학과졸 1988년 아주대 대학원 환경공학과졸 [경]1975~1993년 제일약품 공장장, 안국약품(주) 생산담당 상무이사, 同생산담당 전무이사 2008년 同생산담당 부사장 2011~2013년 (주)바이오메드랩 공동대표이사 사장 2013년 씨에이치케미칼 회장(현) [상]식품의약품안전청장표창(2003) [종]불교

김창환(金昌煥) KIM Chang Hwan

[생]1961·6·13 [본]김해(金海) [출]인천 [주]서울 서초구 바우뫼로1길35 한국교육개발원 교육조사통계연구본부(02-3460-0426) [학]1984년 연세대 영어영문학과졸 1986년 同대학원졸 1993년 교육학박사(독일 튀빙겐대) [경]1994~1996년 연세대·경희대 시간강사 1996~1998년 창신대학 전임강사 1998년 한국교육개발원 연구위원 1998년 同교육통계·정보연구본부 교육통계연구센터 선임연구위원 2003년 同교육통계정보센터 소장 2004~2005년 同기획처장 2007년 同교육통계센터 소장, 同인재통계정보본부장 2013·2016년 同교육조사통계연구본부장(현) 2015~2016년 同지방교육재정연구특임센터 소장 [상]교육인적자원부장관표창(2004), 기획예산처장관표창(2004) [저]'교육의 철학과 역사'(1999) '헤르바르트'(2001) '인본주의 교육사상' '인재강국 독일의 교육' [종]기독교

김창회(金昌會) KIM Chang Hoe

[생]1955·5·28 [본]안동(安東) [출]경기 평택 [주]충남 아산시 신창면 순천향로22 순천향대학교 유니토피아관 U1004호(041-530-1151) [학]1978년 연세대 신문방송학과졸 2012년 同언론홍보대학원졸(저널리즘전공 석사) [경]1982년 연합통신 입사·해외부·사회부·경제1부·경제2부 기자 1985년 미국 볼티모어 선 인턴 근무(미국 알프레드 프랜들리 프레스펠로) 1996년 연합통신 경제부 차장 2000년 연합뉴스 런던특파원 2003년 同국제뉴스국 기획위원 2003년 同편집국 부국장대우 정보과학부장 2004년 同편집국 부국장대우 경제부장 2005년 同편집국 경제담당 부국장 2006년 同정보사업국장 2009~2011년 同국제·업무담당 상무이사 2010년 한국디지털미디어산업협회 이사 2010년 스마트TV포럼 이사(운영위원) 2011년 연합뉴스TV 창사준비위원회 부위원장 2011~2013년 연합뉴스TV(뉴스Y) 전무이사 2013년 순천향대 신문방송학과 초빙교수(현) [저]'당신은 이제 유티즌'(共) '총성없는 3차대전 표준전쟁'(共)

김창효(金昌孝) KIM Chang Hyo

[생]1941·12·5 [본]김해(金海) [출]경남 [주]서울 관악구 관악로1 서울대학교 원자핵공학과(02-880-7204) [학]1966년 서울대 원자핵공학과졸, 同대학원졸 1972년 공학박사(미국 MIT) [경]1972년 한국원자력연구소 연구관 1973~2007년 서울대 원자핵공학과 교수 1983년 미국 원자력학회 회원(현) 1990~1994년 서울대 공과대학 기획실장 1994년 한국과학기술한림원 종신회원(현) 1995~1997년 기초전력공학공동연구소부설 안전센터장 1995~1997년 한국원자력학회 회장 1996년 한국공학한림원 정회원 1999년 원전정보설계기술센터장 2005년 한국공학한림원 명예회원(현) 2006년 미국 원자력학회 Fellow 2007년 원자력위원회 민간위원 2007년 서울대 원자핵공학과 명예교수(현) [상]녹조근정훈장(2007)

김창휘(金彰輝) Kim, Chang Hwi

[생]1948·3·11 [출]서울 [주]서울 광진구 자양로45 한국보건의료인국가시험원(02-2087-8888) [학]1966년 경복고졸 1973년 경희대 의대졸 1976년 同대학원 의학석사 1985년 의학박사(경희대) [경]1981~2013년 순천향대 의과대학 교수 1995~2001년 보건복지부 예방접종심의위원회 위원 1999~2001년 한국소아감염병학회 회장 2000~2006년 대한의학회 고시위원 2003~2014년 대한의사협회 고시실행위원 2006~2007년 순천향대 의과대학장 2006~2009년 대한소아과학회 이사장 2007~2013년 보건복지부 신의료기술평가위원회 위원·제1분과 위원장 2008~2013년 질병관리본부 예방접종심의위원회 결핵분과위원장 2012년 同국가홍역퇴치인증위원회 위원(현) 2013년 순천향대 의과대학 명예교수(현) 2014~2015년 대한의학회 고시운영위원 2015년 한국보건의료인국가시험원 원장(현) [상]홍조근정훈장(2006)

김창희(金昌熙) KIM Chang Hee

[생]1948·11·3 [출]제주 [주]제주특별자치도 제주시 애월읍 평화로2715 제주관광대학교 이사장실(064-740-8805) [학]1967년 제주 오현고졸 1971년 제주대 원예학과졸 1985년 영남대 대학원 환경관리학과졸 1997년 명예 경영학박사(경기대) [경]1980년 대구보건대학 부교수 1988~1993년 배영출판사 대표 1991·1995년 학교법인 제주교육학원 이사장 1993~1995년 제주관광대 부교수 1999년 同학장 2004년 同이사장(현) [상]교육부장관표창

김창희(金昌禧) KIM Chang Hee

[생]1953·5·23 [출]제주 [주]서울 강서구 양천로57길10의10 서울제주특별자치도민회(02-3662-2650) [학]제주 오현고졸, 제주대 경영학과졸, 同대학원 경영학과졸 2012년 명예 경영학박사(제주대) [경]1982년 현대자동차(주) 입사, 현대자동차써비스(주) 이사 1986년 현대자동차(주) 제주지역본부 상무 1999년 同제주지역본부장(전무) 겸 해피리조트(주) 대표이사 2005년 현대자동차(주) 제주지역본부장(부사장) 2005년 (주)엠코 대표이사 사장 2005~2008년 해비치리조트(주) 대표이사 2006~2008년 해비치컨트리클럽(주) 대표이사 2008년 (주)엠코 대표이사 부회장 2009~2011년 현대엠코(주) 대표이사 부회장 2009년 해비치리조트(주) 고문 2009년 해비치컨트리클럽(주) 고문 2011년 현대자동차그룹 현대건설인수단장 2011년 현대건설(주) 대표이사 부회장 2011~2012년 건설공제조합 운영위원 2011년 현대건설(주) 고문, (주)비엠아이 대표이사(현), 제주특별자치도양궁협회 회장(현) 2016년 서울제주특별자치도민회 회장(현) [종]불교

김창희(金昌熙) KIM Chang Hee

[생]1963·3·13 [본]김해(金海) [출]서울 [주]서울 서초구 반포대로158 서울고등검찰청 송무부(02-530-3400) [학]1982년 영일고졸 1986년 서울대 공법학과졸 2000년 영국 케임브리지대 법대 방문학자과정 수료 [경]1990년 사법시험 합격(32회) 1993년 사법연수원 수료(22기) 1993년 부산지검 울산지청 검사 1994년 서울지검 검사 1997년 대구지검 검사 1999년 수원지검 검사 2002년 서울지검 동부지청 검사 2002년 외교통상부 통상교섭본부장 법률자문관 2004년 서울동부지검 검사 2005년 同부부장검사 2005년 대검찰청 검찰연구관 2007년 대구지검 의성지청장 2008년 대검찰청 피해자인권과장 2009년 同공안2과장 2009년 同공안1과장 2010년 서울중앙지검 형사7부장 2011년 부산지검 형사2부장 2012년 청주지검 충주지청장 2012년 대구지검 서부지청 차장검사 2013년 대검찰청 공안기획관 2014년 서울서부지검 차장검사 2015년 인천지검 부천지청장 2016년 서울고검 송무부장(현) [저]'식품범죄연구'(1995) '노사관계 주요쟁점 및 수사사례'(2002) '공직선거법 벌칙해석'(2010) [종]천주교

김채규(金采奎) KIM Chae Jyu

[생]1962·4·10 [본]김해(金海) [출]전남 화순 [주]세종특별자치시 도움6로11 국토교통부 자동차관리관실(044-203-3201) [학]1982년 전남공고졸 1991년 숭실대 행정학과졸 2000년 서울대 행정대학원 행정학과졸 [경]1991년 행정고시 합격(35회) 2002년 건설교통부 토지정책과 서기관 2002년 同고속철도건설기획단 건설기획과 서기관 2003년 환경부 환경정책국 환경평가과 서기관 2004년 국민경제자문회의 정책분석실 정책조사관 2005년 건설교통

부 공공기관지방이전추진단 종전시설관리팀장 2006년 同산업입지정책팀장 2007년 미국 미주리주정부 파견(서기관) 2009년 국토해양부 주택토지실 토지정책과장 2011년 同건설경제과장(부이사관) 2013년 국토교통부 건설정책국 건설경제과장 2013년 同공공기관지방이전추진단 기획국장(고위공무원) 2014년 국방대 파견(고위공무원) 2015년 새만금개발청 투자전략국장 2016년 국토교통부 자동차관리관(국장급)(현)

김채옥(金彩玉) Kim Chae Ok (雨田)

[생]1943·2·11 [본]부안(扶安) [출]전북 부안 [주]서울 성동구 왕십리로222 한양대학교 물리학과(02-2220-0910) [학]1966년 한양대 물리학과졸 1973년 同대학원졸 1981년 이학박사(한양대) [경]1981~2008년 한양대 자연과학대 물리학과 교수 1982·1985·1987년 이태리 ICTP연구소 방문연구원 1985·1989년 한양대 학생처 부처장 1988~1990년 미국 서던일리노이대 대우교수 1991년 한양대 물리학과 학과장 1994년 同대학발전위원장 1994년 한국물리학회 사업간사 1995년 한양대 자연과학연구소장 1995년 한국물리학회 응집물질물리분과위원장 1995년 국가핵융합연구개발위원회 위원 1995년 대학종합평가위원회 위원 1996~1998년 학술진흥재단 이학분과 위원(물리학분야 위원장) 1997년 교육개혁추진위원회 위원장 1997~1999년 한양대 기획조정처장 1997~1998년 同가상대학연구위원장 1997년 전국기획처장협의회 회장 1997년 서울시 지방고시출제위원 1998년 한양대 교육개혁추진위원장 1999~2004년 同서울캠퍼스 사회교육원장 2000년 한국교육개발원 학점인정심의위원 2001년 한국물리학회 부회장, 국제올림피아드 사무총장 2004~2006년 한국물리학회 회장 2004~2006년 한양대 자연과학대학장 2007~2010년 한국현장과학교육학회 초대회장 2008년 한양대 물리학과 명예교수(현) 2009~2012년 기초기술연구회 전문위원 2010년 경찰청 장비위원회 위원(현) 2016년 한국과학기술인협회 부회장(현) 2016년 부안김씨 서울종친회 회장(현) [상]한양대학교총장표창(1973), 국무총리표창(1984), 보건복지부장관표창(2000), 영유아육성감사장, 한국물리학회 감사패, 서울사랑시민문화상 기초과학분야(2005), 황조근정훈장(2008), 한국과학기술총연합회 공로상(2008), 한국물리학회 교육대상(2008), 성봉물리학상(2012), 과학기술훈장 혁신장(2014) [저]'일반물리학'(1977·1987·1988) '대학물리' [역]'고체물리학' [종]기독교

김채해(金埰海) KIM Chae Hae

[생]1960·1·21 [출]경북 월성 [주]대구 수성구 동대구로 376 범어숲화성파크드림에스상가205호 김채해법률사무소(053-755-3000) [학]1980년 대구 계성고졸 1988년 부산대 법학과졸 [경]1987년 사법시험 합격(29회) 1990년 사법연수원 수료(19기) 1990년 대구지법 판사 1994년 同경주지원 판사 1996년 대구지법 판사 1997년 同영천군법원 판사 1998년 대구지법 판사 겸 소년부지원장 2000년 대구고법 판사 2003년 대구지법 판사 2005년 同부장판사 2006년 同경주지원장 2008~2012년 대구지법 부장판사 2011년 언론중재위원회 위원 2012~2014년 대구지법 포항지원장 2014년 변호사 개업(현)

김척수(金拓洙) Kim Cheog Su

[생]1962·5·5 [출]경남 남해 [주]부산 수영구 황령대로 497 새누리당 부산시당(051-625-6601) [학]남해수산고졸, 통영수산전문대 해양경찰시스템학과졸, 경상대 해양경찰시스템학과졸, 同대학원 해양생산공학과 수료, 동아대 대학원 행정학과졸 [경](주)광양해운 대표이사, 한나라당 부산시당 부위원장 2010~2014년 부산시의회 의원(한나라당·새누리당), 同예산결산특별위원회 위원, 부산 하단-사상간도시철도유치추진위원회 추진위원, 부산시 산업입지심의회 위원, 同재정계획심의위원회 위원, 同민간투자사업심의위원회 위원 2012년 새누리당 부산시당 부위원장 2012년 同부산사하甲당원협의회 운영위원장 2012년 부산시의회 기획재경위원회 위원 2012년 同윤리특별위원회 부위원장 2014년 새누리당 중앙당 부대변인 2015년 부산시 대외협력분야 정책고문(현) 2016년 새누리당 부산사하구甲당원협의회 운영위원장(현) 2016년 제20대 국회의원선거 출마(부산 사하구甲, 새누리당)

김천문(金千文)

[생]1965·12·15 [주]제주특별자치도 제주시 문연로13 제주특별자치도의회(064-741-1933) [학]남주고졸, 탐라대졸, 제주국제대 사회복지대학원 사회복지학과 재학中 [경]기로회요양원 원장, 제주특별자치도 연합청년회 회장, 제주특별자치도 학교운영위원장협의회 회장, 서귀포시 씨름협회 회장, 서귀포시 효돈동 장애인지원협의회 회장 2014년 제주특별자치도의회 의원(새누리당)(현) 2014년 同농수축경제위원회 위원 2014·2016년 同FTA대응특별위원회 위원(현) 2016년 同보건복지안전위원회 위원(현)

김천수(金天秀) KIM Cheon Soo

[생]1960·3·29 [본]김해(金海) [출]충북 괴산 [주]서울 종로구 성균관로25의2 성균관대학교 법학전문대학원(02-760-0619) [학]1977년 청주고졸 1982년 서울대 법대졸 1984년 청주대 대학원 법학과졸 1986년 서울대 대학원 법학과졸 1988년 법학박사(서울대) [경]1988~1999년 대구대 법대 사법학과 전임강사·조교수·부교수 1997년 호주 Univ. of Sydney 방문교수 1994년 대구대 홍보비서실장 1999년 同법학부 교수 2000년 同법과대학장 2000년 한국비교사법학회 이사 2000년 한국스포츠법학회 이사 2001~2009년 성균관대 법과대학 법학과 교수 2002년 한국상품학회 이사 2007년 미국 노스캐롤라이나주립대 방문교수 2009년 성균관대 법학전문대학원 교수(현) 2012~2013년 미국 오리건대 법과대학 방문교수 2015년 대한의료법학회 회장(현) [저]'변호사책임론'(共)(1998) '진료에 대한 설명과 동의의 법리'(1999) '사례중심법학입문'(1999) '민법개정안의견서'(2002) '물권'(2009, 한국민사법학회) [종]기독교

김천수(金千洙)

[생]1961·5·3 [출]전북 익산 [주]대전 유성구 한우물로 66번길6 대전교도소(042-544-9301) [학]전북대 법학과졸 [경]1987년 교정간부 임용(29기) 1993년 사무관 승진 2009년 대전교도소 총무과장(서기관) 2010년 안양교도소 부소장 2011년 장흥교도소장 2012년 목포교도소장 2013년 해남교도소장 2014년 광주지방교정청 총무과장 2015년 홍성교도소장 2015년 대구교도소장(고위공무원) 2016년 대전교도소장(현)

김천수(金泉壽) Michael KIM

[생]1963·12·15 [출]서울 [주]서울 용산구 이태원로222 제일기획(주) 임원실(02-3780-2499) [학]1982년 영동고졸 1987년 고려대 신문방송학과졸 [경]1987년 (주)제일기획 입사 1994년 同광고1팀 근무 1995년 同LA지점장 1998년 同미국법인장 2003년 同상무보 2006년 同미국법인장(상무) 2006~2008년 同글로벌전략그룹장(상무) 2008년 同The i 본부장(상무) 2009년 同미주법인 전무 2010년 同글로벌부문장(COO) 겸 전무 2011년 同글로벌부문장(COO) 겸 부사장 2013년 同캠페인부문장(COO) 겸 부사장 2015년 同글로벌부문장(COO) 겸 부사장 2015년 同상근고문(현) [상]'칸' 국제광고제 동사자상(1992) [종]천주교

김천수(金泉秀) KIM Chon Soo

[생]1964·4·20 [출]전북 전주 [주]인천 남구 인하로100 인하대학교 법학전문대학원(032-860-8802) [학]1982년 전주 해성고졸 1986년 서울대 사법학과졸 [경]1986년 사법시험 합격(28회) 1989년 사법연수원 수료(18기) 1989년 軍법무관 1992년 부산지법 판사 1995년 同울산지원 판사 1999년 수원지법 판사 2001년 서울고법 판사 2002년 대법원 재판연구관 2004년 인천지법 부장판사 2008~2010년 서울서부지법 부장판사 2010년 변호사 개업 2011년 법무법인 율평 고문변호사 2012년 인하대 법학전문대학원 교수(현) 2012~2016년 중부지방국세청 범칙조사심의위원 2013년 법제처 법령해석심의위원회 해석위원(현) 2014년 인천시 행정심판위원회 위원(현) 2014년 대한상사중재원 중재인(현) 2014년 한국공정거래조정원 가맹사업거래분쟁조정협의회 위원(현) 2015년 공정거래위원회 경쟁정책자문위원(현) 2016년 인천광역시의회 입법·법률고문(현)

김천식(金千植) KIM Chun Sig

[생]1956·9·2 [본]김해(金海) [출]전남 강진 [주]서울 종로구 새문안로69 민족화해협력범국민협의회 통일공감포럼(02-761-1213) [학]서울 양정고졸 1983년 서울대 정치학과졸 1989년 同행정대학원졸 2014년 북한학박사(북한대학원대) [경]1984년 행정고시 합격(28회) 1992년 통일원 정책과장 1993년 대통령 외교안보수석비서관실 과장 1996년 통일원 남북회담사무국 기획과장 1996년 同통일정책실 정책2담당관 1998년 통일부 통일정책실 정책총괄과장 2002년 同남북회담운영부장 2005년 同교류협력국장 2008년 同통일정책실장(고위공무원) 2011~2013년 同차관 2013~2016년 서울대 통일평화연구원 특임연구원 2016년 민족화해협력범국민협의회 통일공감포럼 공동대표(현) [상]대통령표창(1992), 홍조근정훈장(2001), 고운문화상 봉사부문(2009)

김천식(金天植) Kim Cheon Sik

[생]1963·11·6 [본]중화(中和) [주]서울 영등포구 여의나루로77 JB금융지주 홍보부(02-2128-2723) [학]1983년 배재고졸 1990년 홍익대 경제학과졸 [경]2010~2011년 전북은행 서울분실장 2012년 同자금부장 2013~2014년 同서울업무실장 2015년 JB금융지주 홍보실장 2015년 同사회공헌실장 2016년 同홍보부장(현)

김천제(金天濟) KIM Cheon Jei

[생]1951·10·12 [출]서울 [주]서울 광진구 능동로120 건국대학교 상허생명과학대학 축산식품생물공학전공(02-450-3684) [학]1977년 건국대 축산가공학과졸 1979년 同대학원졸 1984년 농학박사(독일 Giessen대) [경]1977년 건국축산식품 공장장 1984~1985년 독일 연방식육연구소 연구원 1986~1995년 건국대 축산가공학과 조교수·부교수 1991년 한국과학재단 동물자원연구센터 편집실장 1993년 건국대 축산가공학과장 1995년 교육부 도서편찬심의위원 1995년 한국축산식품학회 편집위원장 1995~2003년 건국대 축산가공학과 교수 1996년 同학생처장 1998년 한국축산식품학회 간사장 1999년 미국 North Carolina Ctate Univ. 파견교수 2000년 한국전통음식연구소 이사 2000년 교육부 고등교육정책자문위원 2000~2003년 건국대 대외협력처장 2002년 한국발명개발원 이사 2003년 국립수의과학검역원 가축위생연구관 2003년 건국대 축산식품생물공학과 교수(현) 2006~2009년 同농축대학원장 2006~2007년 한국축산식품학회 회장 2008~2010년 세계식육과학기술대회(ICoMST) 공동대회장 2008~2013년 농림축산식품부 닭고기수출사업단 부단장 2008~2013년 식생활안전시민운동본부 공동대표 2009~2010년 서울시승마협회 이사 2009년 식육과학문화연구소 소장(현) 2010~2015년 한국마필산업연구소 소장 2015년 국가과학기술자문회의 자문위원 2016년 한국과학기술한림원 정회원(농수산학부·현) [상]한국축산식품학회 학술상(2003·2006·2007), 국무총리표창(2005), 과학기술우수논문상(2009) [저]'식육의 냉장과 냉동'(1990, 한국종축개량협회) '식육의 과학과 이용'(1991, 선진문화사) '즉석제조 육가공기술'(1993, 축산시험장) '축산물 등급판정사 교육교제'(1993, 한국종축개량협회) '냉동식품의 이론과 실제'(1994, 유림문화사) '식육제조 기술 교육II'(1994, 축협중앙회) '식육·육제품의 과학과 기술'(2003, 선진문화사) '즉석식육가공·유통교재'(2008, 건국대 식유과학문화연구소)

김천주(金天柱·女) KIM Chun Joo

[생]1933·9·16 [본]안동(安東) [출]평북 정주 [주]서울 중구 남대문로30 상동빌딩603호 한국여성소비자연합(02-752-4227) [학]1953년 경기여고졸 1957년 이화여대 문리대 사회사업학과졸 1958년 同대학원 사회사업학과 수료 [경]1969~1978년 대한주부클럽연합회 총무 1978~1985년 同사무처장 1981~1988년 무악새마을유아원 원장 1985~1991년 대한주부클럽연합회 회장 1986년 평통 정책자문위원 1986~1988년 한국소비자단체협의회 부회장 1987년 소비자보호원 소비자분쟁심의위원 1987년 한국여성단체협의회 회장 직대 1988년 민주화합추진위원회 위원 1990년 공익광고협의회 위원 1992~2014년 대한주부클럽연합회 회장 1993년 경찰위원회 위원 1995~1998년 서울시의회 의원 2000~2002·2008·2009~2010년 한국소비자단체협의회 회장 2002년 조달청 클린조달위원회 위원장 2010년 음식문화개선범국민운동본부 공동대표 2014년 (사)한국여성소비자연합 회장(현) [상]국민훈장 동백장·모란장, 인촌상 공공봉사부문(2010) [종]기독교

김천주(金天柱) KIM Chun Joo

[생]1957·3·29 [출]경기 화성 [주]서울 강남구 테헤란로607 캐논코리아비즈니스솔루션(02-3450-0801) [학]삼괴종합고졸, 중앙대 전자공학과졸, 연세대 경영전문대학원 최고경영자과정 수료, 중앙대 산업경영대학원졸 [경]2004년 롯데캐논 경영기획실 이사 2006년 캐논코리아비즈니스솔루션(주) 영업본부장 2007년 同경영기획실 상무 2008년 同대표이사(현) 2011년 한일산업기술협력재단 비상임이사(현) 2014년 인천본부세관 일일 명예세관장 2015년 한국AEO진흥협회 회장(현) [상]산업자원부장관표창, 철탑산업훈장(2008·2012), 대통령표창(2010·2016), 3억달러 수출의탑(2011), 대한민국 녹색경영대상 장관표창(2012), 제38회 국가품질경영대회 국무총리표창 서비스혁신상(2012), 대한민국브랜드스타 복합기부문 브랜드가치 1위(2013), 전국소상공인대회 육성공로 산업통상자원부장관표창(2014), 한국회계정보학회 한국투명경영대상(2014), 대한민국소비자대상 사무용복합기부문(2015)

김천태(金天泰) Kim, Chun Tae

[생]1959 [주]전남 목포시 신지마을1길75 국립목포병원 원장실(061-280-1109) [학]1988년 순천향대 의대졸 1993년 충남대 보건대학원 보건학과졸 1996년 영남대 대학원 의학과졸 2003년 의학박사(영남대) 2006년 서울사이버대 사회복지학과졸 [경]1988년 국립공주결핵병원 공중보건의사 1991~2002년 국립마산병원 흉부내과장 1991년 미국 존스홉킨스대·미시간대 연수 1998년 보건복지부 보건증진국 방역과 서기관 2001년 영남대 의대 예방의학교실 외래교수(현) 2002~2006년 국립소록도병원 의료부장 2006~2011년 국립부곡병원 내과과장·알코올병동장·약제과장 2011~2016년 국립마산병원 원장 2016년 국립목포병원 원장(현)

김천휘(金天暉) KIM Chun Hwey

[생]1954·12·14 [본]청풍(淸風) [출]서울 [주]충북 청주시 서원구 충대로1 충북대학교 자연과학대학 천문우주학과(043-261-3139) [학]1974년 용산고졸 1979년 연세대 천문기상학과졸 1982년 同대학원 천문학과졸 1989년 이학박사(연세대) [경]1982년 국립천문대 항성은하연구실 천문연구사 1985년 同위치천문연구실 천문연구관·실장 1986년 천문우주과학연구소 천문계산연구실 천문연구관·실장 1991년 한국표준과학연구원 천문대 광학관측연구실 선임연구원 1993년 충북대 자연과학대학 천문우주학과 조교수·부교수·교수(현) 2002년 한국우주과학회 학술이사 2008년 同부회장 2008년 충북대 천문대장 2011년 한국우주과학회 회장 2012년 한국지구과학학회 연합회장 2014년 충북대 기초과학연구소장(현) [상]과학기술처장관표창, 한국과학기술단체총연합회 우수논문상, 폴란드 교육부장관표창(2002), 한국우주과학회 학술대상(2011·2012) [저]'An Atlas of O-C Diagrams of Eclipsing Binary Stars'(2001) [종]기독교

김 철(金 哲) Kim Cheol

[생]1946·3·25 [주]울산 중구 태화로175 (주)성전사 대표이사실(052-243-7785) [학]1963년 울산공고졸 1995년 동국대 사회과학대학원졸 2000년 연세대 경영대학원 최고경영자과정 수료 2004년 단국대 산업경영대학원 문화예술최고경영자과정 수료 2007년 미국 조지워싱턴대 정치·경제·외교CEO과정 수료 2009년 명예인문학박사(필리핀 Univ. of Perpetual Help System Laguna) [경](주)성전사 대표이사(현) 2000~2008년 울산중구문화원 원장 2002년 외솔 최현배선생기념사업추진위원회 위원장 2003~2012년 울산상공회의소 부회장 2004년 랑제문화장학재단 이사장(현) 2004~2005년 국제로타리 3720지구 총재 2005~2008년 한국문화원연합회 울산시지회장 2005~2008년 태화루복원추진범시민모임 공동대표 2006~2014년 법무부 범죄예방위원회 울산·양산지역협의회장 2006~2009년 KBS 울산방송국 시청자위원장 2007년 푸른장학재단 이사장 2008년 태화루복원자문위원회 위원장 2009~2011년 울산박물관건립자문위원회 위원장 2010년 MBC 울산방송국 시청자자문위원장 2010년 울산시교육발전협의회 회장(현) 2011년 울산전기·ITCEO포럼 회장 2011년 울산박물관 초대 운영위원장 2011~2013년 민주평통 부의장(울산지역대표) 2012~2015년 울산상공회의소 회장, 울산시인성교육범국민실천연합회 상임대표(현) 2015년 울산대 전기공학부 겸임교수(현) [상]울산광역시장표창(1998), 산업자원부장관표창(1999), 국민훈장 석류장(2001), 연세대 경영대상 총장표창(2001), 대한민국 CEO대상-전문건설부문(2004), 모범납세자 국세청장표창(2008), 지식경제부장관표창(2011)

김 철(金 哲) KIM Chul

[생]1951·2·20 [출]서울 [주]서울 서대문구 연세로50 연세대학교 문과대학 국어국문학과(02-2123-2282) [학]1974년 연세대 국어국문학과졸 1981년 同대학원졸 1985년 문학박사(연세대) [경]1986년 '문학의 시대'에 '운명과 의지-토지를 중심으로'로 평론가 등단 1985~1996년 한국교원대 전임강사·조교수·부교수 1989~1996년 실천문학 편집위원 1996년 연세대 국어국문학과 부교수 1999~2016년 同문과대학 국어국문학과 교수 2003~2004년 미국 캘리포니아대 샌디에이고교 교환교수 2016년 연세대 문과대학 국어국문학과 명예교수(현) [저]'잠없는 시대의 꿈'(1987, 문학과지성사) '구체성의 시학'(1993, 실천문학사) '국문학을 넘어서'(2001, 국학자료원) '문학속의 파시즘'(2001, 도서출판 삼인) '국민이라는 노예'(2005, 도서출판 삼인) '해방전후사의 재인식'(2006, 책세상) '복화술사들'(2008, 문학과 지성사) [역]'언더우드 부인의 조선견문록'(2008, 도서출판 이숲)

김 철(金 徹) KIM Cheol

[생]1961·5·25 [출]서울 [주]경기 성남시 분당구 판교로310 SK케미칼(주) 임원실(02-2008-2008) [학]용문고졸 1983년 서울대 경제학과졸 1989년 영국 런던대(LSE) 대학원 경제학과졸 [경]2000~2002년 SK(주) 석유사업마케팅전략팀장 2003년 同E&M전략팀장(상무) 2004~2007년 SK경영경제연구소 기업연구실장(상무) 2004~2007년 SK(주) 투자회사관리실 상무 겸임 2006~2007년 SK(주) E-Bong Project담당 상무 2007년 SK에너지(주) 사업지원실 상무 2008~2009년 同석유개발사업부장 2010년 同자원개발본부장 겸임 2011년 SK(주) 사업개발부문장(전무) 2011~2013년 同Global&Growth추진단 전무 2012년 SK홀딩스 프로젝트추진팀장(전무) 2013년 SK케미칼(주) 수지사업본부장 2014년 同대표이사 사장 2015년 同공동대표이사 사장(현)

김 철(金 徹) Chul Kim

[생]1962·6·13 [본]강화(江華) [출]서울 [주]서울 노원구 동일로1342 인제대학교 상계백병원 재활의학과(02-950-1145) [학]연세대 의대졸, 同대학원졸, 의학박사(고려대) [경]1987~1991년 연세대 의대 영동세브란스병원 인턴·재활의학과 전공의 수료 1994년 同재활의학과 연구강사 1994년 인제대 상계백병원 재활의학과 전임강사·조교수·부교수·교수(현) 1995년 同상계백병원 재활의학과장(현) 2000년 同상계백병원 심장재활클리닉 소장(현) 2000~2012년 대한재활의학회 학회사 편찬위원장 2001~2002년 미국 메이요클리닉 심장혈관센터 리서치펠로우 2005~2008년 인제대 상계백병원 홍보실장, 대한임상통증학회 이사장, 대한신경근골격초음파학회 초대 총무이사, 미국재활의학회 회원, 미국심폐재활협회 회원 2010~2012년 질병관리본부 심뇌재활전문분과 위원 2011년 대한심장호흡재활의학회 이사장(현) 2011~2013년 건강보험심사평가원 비상근심사위원 2012년 미국심폐재활협회 종신회원(FAACVPR) 2012~2014년 대한재활의학회 학술위원장 2012년 국민연금공단 자문의사(현) 2012년 식품의약품안전처 의료기기임상전문가위원(현) 2015년 대한신경근골격초음파학회 회장(현) [종]기독교

김 철(金 哲) Kim Cheol

[생]1963·6·29 [주]서울 중구 삼일대로358 신한생명보험(주) 임원실(02-3455-4213) [학]1981년 전남 예당고졸 1985년 전주대 경영학과졸 [경]1990년 신한생명보험(주) 입사 1997년 同목포영업국 육성팀장 1998년 同광주영업국 육성실장 1998년 同목포지점장 2000년 同광주지점장 2004년 同탐라지점장 2007년 同영업기획부장 2009년 同중앙사업단장 2010년 同중앙사업본부장 2011년 同TM사업본부장 2011년 同미래사업본부장 2012년 同ACE본부장 2013년 同부사장보 2015년 同부사장(현)

김 철(金 哲) KIM Cheol

[생]1964·3·18 [본]김해(金海) [출]전남 곡성 [주]서울 서초구 법원로15 정곡빌딩 서관304호 김철법률사무소(02-599-8668) [학]1982년 광주고졸 1987년 서울대 법학과졸 [경]1992년 사법시험 합격(34회) 1995년 사법연수원 수료(24기) 1995년 법무법인 동서 변호사 1998년 법무법인 광장 변호사 1999년 서울지검 북부지청 검사 2000년 광주지검 해남지청 검사 2002년 인천지검 검사 2004년 서울중앙지검 검사 2007년 부산지검 부부장검사 2008년 부산고검 파견 2009년 부산지검 공판부장 2009년 광주지검 마약·조직범죄수사부장 2010년 대구고검 검사 2012년 서울고검 검사 2012년 변호사 개업(현) [종]기독교

김철경(金喆慶) KIM Chul Kyung

[생]1955·3·1 [본]김녕(金寧) [출]서울 [주]서울 동대문구 안암로6 대광고등학교 교장실(02-940-2202) [학]1980년 성균관대 화학공학과졸 1996년 고려대 대학원 환경공학과졸 2001년 공학박사(성균관대) [경]1980~1999년 쌍용정유(S-OIL) 환경담당 연구원 1996~2000년 성균관대 대학원 생물화공연구실 선임연구원 1999년 KMPRC(해양환경) 특수사업팀장 1999~2000년 광주대 환경공학과 겸임교수 2000~2002년 신흥대 환경관리과 초빙교수 2000~2001년 신성대 신소재화학과 외래교수 2001~2002년 오산대 외래교수 2002년 녹색미래환경연구소 소장 2002~2011년 목원대 응용화학공학부 조교수·부교수 2004년 자연환경신문사 자문위원 2004년 한국EHS평가학회 편집이사 2004년 에너지관리공단 총괄규격위원회 위원 2005년 대한위생학회 편집이사 2011년 목원대 공대 디자인소재공학부·신소재화학공학과 교수, 생체환경과학기술연구센터 위원 2013년 대광고 교장(현) [상]동력자원부장관표창 [종]기독교

김철교(金哲敎) KIM Cheol Kyo

[생]1958·8·25 [출]서울 [주]서울 용산구 한강대로109 한국로봇산업협회(02-780-3060) [학]1977년 신일고졸 1981년 한양대 통신공학과졸 1983년 연세대 대학원 전자공학과졸 [경]삼성 기업구조조정본부 경영진단팀 임원 2003년 同기업구조조정본부 경영진단팀 상무 2006년 삼성전자(주) 생산기술연구소 생산기술혁신팀장(상무) 2007년 同생산기술연구소장(전무) 2010년 同생산기술연구소장(부사장) 2011~2015년 삼성테크윈 대표이사 사장 2014년 한국로봇산업협회 회장(현) 2015~2016년 한화테크윈(주) 보안·정밀제어부문 각자대표이사 사장

김철구(金哲求)

[생]1955·9·7 [주]울산 남구 용잠로353 (주)GS엔텍 임원실(052-231-7300) [학]부산대 화학기계학과졸 [경]2005년 두산중공업(주) 화력해외사업관리담당 상무, 同발전프로젝트준비팀장(상무) 2009년 同전무 2012년 同EPC BG PC·공사총괄 임원(전무) 2015년 (주)GS엔텍 대표이사(현)

김철균(金喆均) KIM Cheol Kyun

[생]1962·12·25 [본]김해(金海) [출]서울 [주]서울 강남구 테헤란로501 (주)포워드벤처스(1577-7011) [학]1987년 연세대 경제학과졸 2002년 서울대 IT벤처산업(CMO)과정 수료 2003년 한국콘텐츠아카데미 CEO과정 수료 2003년 한국문화콘텐츠진흥원 전문인력CEO해외연수과정 수료 2004년 한국외국어대 M&A전문가과정 수료 2007년 호서대 벤처전문대학원 문화산업경영학과 수료, 숭실대 IT정책경영 석·박사통합과정 재학 중 [경]1988년 데이콤 DB개발본부 천리안기획팀 근무 1989년 신세계백화점 동방점 근무 1990년 한국경제신문 뉴미디어국 근무 1991년 KT하이텔 고객지원실장 1994년 나우콤 C&C(콘텐츠&커뮤니티)팀장 1999년 드림라인(주) 사업팀 부장 2001년 하나로드림(주) 포탈사업본부장(상무) 2005년 同대표이사 2006년 (주)다음커뮤니케이션 동영상플랫폼본부장(부사장) 2007년 同대외협력담당 부사장 2008년 (주)오픈아이피티비 대표이사 2008년 대통령 국민소통비서관 2009년 대통령 뉴미디어홍보비서관 2010년 대통령 뉴미디어비서관 2011년 (사)한국IT정책경영학회 상임고문(현) 2011~2012년 한국과학창의재단 이사 2011~2012년 한국교육학술정보원 원장 2012년 새누리당 제18대 대통령중앙선거대책위원회 SNS(소셜네트워크서비스)본부장 2014년 (주)포워드벤처스(SNS를 활용한 전자상거래 사이트 '쿠팡' 운영) 고문 2015년 同부사장 2016년 同고문(현) 2016년 (사)한국인터넷전문가협회 회장(현) [상]정보통신부장관표창(2007), 인터넷에코 공로상(2011, 인터넷에코어워드)

김철년(金喆年) KIM Chull Yun

[생]1954·2·6 [출]경남 마산 [주]경남 통영시 광도면 공단로940 성동조선해양(주) 비서실(055-647-7000) [학]1972년 마산고졸 1979년 부산대 조선공학과졸 2011년 同대학원 조선해양공학과졸 [경]1978년 삼성중공업(주) 입사, 同기본설계담당 부장 2001년 同기술영업팀장(상무보) 2005년 同기본설계1팀장(상무) 2009년 同기본설계총괄 전무 2012년 同기본설계2담당 전무 2013년 同기술개발실장(부사장) 2013년 同사업2부장(부사장) 2014년 同자문역 2015년 성동조선해양 대표이사 사장(현) [상]충무기술상(2003), 산업포장(2006), 대한민국 10대 기술상(2006), 장영실상(2007), 정진기언론문화상 대상(2013)

김철래(金喆來) Kim cheol rae

[생]1959·5·6 [주]강원 강릉시 강릉대로33 강릉시청 부시장실(033-640-5005) [학]1977년 천호상고졸 1989년 관동대 행정학과졸 2005년 강릉대 대학원 경영학과졸 [경]1979년 공무원 임용(9급 공채) 2003년 강릉시 경포동장 2006년 강원도 환동해출장소 기획총괄과 총무담당 2006년 同국제협력실 투자유치2담당 2007년 同산업경제국 기업유치과 투자유치1담당 겸 투자기획담당 2008년 同환경관광문화국 관광진흥과 관광개발담당 2008년 同환경관광문화국 관광진흥과 관광정책담당 2010년 同환경관광문화국 관광진흥과 관광마케팅담당 2011년 同투자유치사업본부 미래사업개발과장 2013년 同문화관광체육국 체육진흥과장 2015년 同의회사무처 의정관 2016년 강원 강릉시 부시장(현) [상]대통령표창(2001·2010), 한국공항공사 사장표창(2011)

김철리(金哲理) Chul Lee Kim

[생]1953·12·31 [본]의성(義城) [출]서울 [주]경기 수원시 팔달구 효원로307번길20 경기도문화의전당 경기도립극단 예술단장실(031-230-3300) [학]서강대 신문방송학과졸, 성균관대 대학원 공연예술학과졸 [경]한국연극협회 이사, 서울연극협회 이사 2004~2005년 수원화성국제연극제 예술감독, 국립극단 예술감독, 국제극예술협회 한국본부 이사, 한국연극연출가협회 부회장, 예술경영지원센터 이사, 한국공연예술축제협의회 회장 2006~2010년 서울국제공연예술제 예술감독 2011~2013년 서울시립극단 단장, 아시아문화의전당 자문위원, 여수엑스포 자문위원, 한국예술종합학교 연극원 겸임교수 2012~2013년 예술의전당 공연감독 2013~2014년 수원화성국제연극제 예술감독 2015년 경기도립극단 예술단장(현) [상]제12회 영희연극상(1987), 제26회 백상예술대상 신인연출상(1990), 제15회 서울연극제 번역상(1991), 제

29회 동아연극상 연출상(1993), 제33회 백상예술대상 연출상(1997), 제7회 한국뮤지컬대상 연출상(2001), 대한민국 연극대상 특별상(2010) [작]'심판'(카프카 작) '굿닥터'(닐 사이먼 작) '보이체크'(게오르그 뷔히너 작) '당통의 죽음'(게오르그 뷔히너 작) '욕탕의 여인들—스티밍'(넬 던 작) '산불'(차범석 작) '검찰관'(고골 작) '리차드 3세'(셰익스피어 작) '위비왕'(알프레드 자리 작) '시라노 드 베르쥬락'(에드몽 로스땅 작) '봄날'(이강백 작) '자전거'(오태석 작) '뼈와 살'(이강백 작) '일출'(조우 작) '이 세상 끝'(장정일 작) '타이터스앤드러니쿠스'(셰익스피어 작) '심벨린'(셰익스피어 작) 뮤지컬 '듀엣' '틱틱붐' '카바레' '시카고' 등 연출

김철모(金喆模) KIM CHEOL MO

[생]1960·1·5 [본]의성(義城) [출]전북 정읍 [주]전북 전주시 완산구 효자로225 전라북도청 안전정책관실(063-280-2780) [학]1978년 호남고졸 1991년 한국방송통신대 행정학과졸 2001년 전북대 대학원 행정학과졸 2006년 同대학원 행정학 박사과정 수료 [경]1979~1988년 정읍군 고부면·내무과 근무 1988~1991년 전북도 공무원교육원·문화공보담당관실·문화예술과 근무 1991년 同내무국 지방과 근무 1995년 同총무과 근무 2003년 同법무담당관실 송무담당(사무관) 2003년 임실군 주민복지과장 2004년 전북도 비상대책담당·영상산업담당 2007년 同인사담당·예산담당 2010년 同예산과장(서기관) 2013년 同행정지원관 2014년 同대외협력국 정무기획과장 2015년 지방행정연수원 고위정책과정 교육파견 2016년 전북도 도민안전실 안전정책관(현) [상]내무부장관표창(1993), 국무총리표창(1995·2000), 제13회 설중매문학 신인상(2007), 기획재정부장관표창(2008·2012), 대통령표창(2009·2014), 대한민국 베스트 작가상(2010), 대한민국 디지털 문학대상 시문학상(2012) 등 [저]시집 '그리운고향 지사리'(2008, 한국문학세상) '또 하나의 행복'(2009, 한국문학세상) '봄은 남쪽바다에서 온다'(2012, 한국문학세상) '꽃샘추위에도 꽃은피고'(2014, 한국문학세상) [작]개인사진전 '자투리 속에 바람을 걸다'(2008, 전주 더 스토리 뮤지엄) [종]천주교

김철민(金哲玟) KIM CHEOL MIN

[생]1957·2·15 [출]전북 진안 [주]서울 영등포구 의사당대로1 국회 의원회관1019호(02-784-2135) [학]1975년 검정고시 합격 1991년 한밭대 건축공학과졸, 한양대 산업경영대학원 최고경영자과정 수료, 안산공과대학 사회교육원 최고경영자과정 수료 2008년 한양대 산업디자인대학원 경영학과졸 [경](주)안산종합건축사사무소 대표건축사, 안산시건축사협회 회장, 민주당 안산상록乙지역위원회 위원장 직대, 경희대 AMP안산총동문회 회장, 안산중앙라이온스클럽 회장, 안산늘푸른야학교 후원회장, 국제라이온스354B지구 부총재, 민주당 중앙당 지방자치부위원장, 상록신용협동조합 이사장, 안산육상경기연맹 회장, 환경운동연합 자문위원, 안산경실련 자문위원, 참안산(시민운동) 공동대표, 민주당 경기도당 중소기업특별위원장, 법무부 범죄예방위원회 상록지구자문위원, 상록경찰서 선진질서위원장 2010~2014년 경기 안산시장(민주당·민주통합당·민주당·새정치민주연합·무소속) 2010년 안산투명사회협약실천협의회 공동대표 2010년 (재)안산문화재단 이사장 2010년 (재)경기테크노파크 부이사장 2010년 (재)안산시청소년수련관 이사장, (재)에버그린21 이사장 2010년 안산시체육회 회장 2010년 안산시 시민소통위원장 2014년 경기 안산시장선거 출마(무소속) 2016년 더불어민주당 안산시상록구乙지역위원회 위원장(현) 2016년 제20대 국회의원(안산시 상록구乙, 더불어민주당)(현) 2016년 더불어민주당 서민주거TF 위원(현) 2016년 同을지로위원회 위원(현) 2016년 국회 농림축산식품해양수산위원회 위원(현) 2016년 국회 예산결산특별위원회 위원(현) [상]한국매니페스토실천본부 기초단체장공약이행 및 정보공개평가 최우수상(2012), 한국경영자치대상 녹색환경부문(2013), 다문화사회공헌 특별상(2013), 경기도사회복지대상(2014) [저]'꿈꾸는 도시, 안산'(2010, 도서출판 AJ) '희망의 도시, 안산'(2013, 도서출판 지성의샘) [종]기독교

김철민(金哲民) KIM Chul Min

[본]김녕(金寧) [출]서울 [주]서울 용산구 서빙고로139 국립한글박물관 관장실(02-2124-6211) [경]2002년 문화관광부 공보관실 서기관 2006년 국립중앙박물관 교육홍보팀장 2007년 문화관광부 관광산업본부 관광산업팀장 2007년 同관광산업본부 국제관광팀장 2008년 문화체육관광부 관광산업국 국제관광과장 2008년 同문화콘텐츠산업실 전략콘텐츠산업과장 2009년 해외문화홍보원 외신홍보팀장 2009년 문화체육관광부 문화콘텐츠산업실 문화산업정책과장 2009년 同문화콘텐츠산업실 문화산업정책과장(부이사관) 2011년 同관광산업국 관광레저기획관 2012년 국외 파견 2013년 국무총리소속 사행산업통합감독위원회 사무처장 2014년 문화체육관광부 관광정책관 2016년 同문화콘텐츠산업실 저작권정책관 2016년 한국저작권보호원설립추진단 위원(현) 2016년 국립한글박물관장(현)

김철범(金喆凡) KIM Chul Beom

[생]1961·10·27 [주]부산 남구 수영로309 경성대학교 문과대학 한문학과(051-663-4272) [학]1984년 성균관대 한문교육학과졸 1986년 同대학원졸 1992년 문학박사(성균관대) [경]1988~1993년 성균관대·상지대 강사 1994년 경성대 문과대학 한문학과 전임강사·조교수·부교수·교수(현), 同사회봉사센터소장, 同하나교육복지센터소장 2013년 同학생지원처장 2014년 同학무부총장·교육연구처장·교직부장·연구윤리센터소장 겸임, 同학무부총장 겸 기획부총장(현)

김철섭(金徹燮) Kim, cholsop

[생]1965·2·24 [본]의성(義城) [출]경북 예천 [주]대구 북구 옥산로65 북구청 부구청장실(053-665-2011) [학]1982년 강릉고졸 1989년 경북대 역사교육학졸 2003년 미국 시라큐스대 대학원 행정학과졸 [경]1991~1995년 대구 성당중 교사 1996년 대구시 서구 도시관리과장 1999년 대구시 사무관 2006년 同섬유패션과장 2008년 同경제정책과장 2012년 同정책기획관 2014년 지방행정연수원 파견(부이사관) 2015년 대구시 대변인 2016년 대구시 북구청 부구청장(현) [상]대통령표창(2010)

김철성(金哲聖) KIM Chul Sung

[생]1950·7·5 [본]연안(延安) [출]서울 [주]서울 성북구 정릉로77 국민대학교 자연과학대학 나노전자물리학과(02-910-5609) [학]1968년 승문고졸 1972년 연세대 물리학과졸 1974년 同대학원졸 1982년 이학박사(연세대) [경]1977~1980년 공군사관학교 물리학과 전임강사·조교수 1980~1989년 국민대 물리학과 조교수·부교수 1984~1987년 同교육대학원 물리학과 주임교수 1984년 이탈리아 국제이론물리학센터 Visiting Scientist 1987~1988년 미국 The Johns Hopkins University 연구교수 1989년 국민대 테크노과학부 나노전자물리전공 교수, 同자연과학대학 나노전자물리학과 교수(2015년 퇴직) 1991년 同기초과학연구소장 1993~2001년 同공동실험기기센터 소장 1994년 同자연과학대학 학부장 1997~2001년 한국자기학회 편집이사·총무이사 1997~1999년 한국물리학회 재무간사 2001년 연세대 방문연구교수 2002년 '뫼스바우어 센트리클럽'에 국내최초로 등재 2003~2004년 한국물리학회 이사 2004~2006년 국민대 자연과학대학장 2005~2006년 한국물리학회 부회장 겸 새물리편집위원장 2005~2006년 한국자기학회 부회장 겸 학술위원장 2007~2008년 同회장 2007년 ISAMMA국제학술회의 조직위원장 2007년 한국과학기술한림원 정회원(현) 2007~2009년 AMC2008국제학술회의 총괄위원장 2009~2010년 한국물리학회 감사 2011년 同이사 2015년 국민대 자연과학대학 나노전자물리학과 명예교수(현) [상]한국물리학회 논문상(1991), 한국자기학회 우수논문상(2002), 한국자기학회 강일구상(2004), 영국 국제인명센터 Living Science Award(2004), 미국 인명정보기관 World Lifetime Achievement Award(2004), 과학기술우수논문상(2004), 한국물리학회 학술상(2005), 국민대 연구업적 최우수 교수상(2009) [저]'대학물리실험'(1982) '일반물리실험'(2001) [역]'기초물리학'(1982) '과학의 개척자들'(1992) '물리학(physics)'(1996) '물리학의 이해(The physics of everyday phenomena'(1999) '알기쉬운 생활속의 물리(How things work the physics of everyday life)'(2000) [종]기독교

김철수(金哲洙) KIM Tschol Su (琴浪)

[생]1933·7·10 [본]일선(一善) [출]대구 [주]서울 동작구 흑석로13 한국헌법연구소(02-825-7741) [학]경북중졸 1956년 서울대 법대졸 1960년 서독 뮌헨대 수료 1967년 미국 하버드대 법학대학원 수료 1971년 법학박사(서울대) [경]1962~1998년 서울대 법대 강사·조교수·부교수·교수 1967~1974년 중앙일보 논설위원, 대법원 사법행정개선제도심의위원회 위원 1973년 미국월셔어변호사회 명예회원 1980~2003년 민주평통 자문위원 1983~1997년 한국교육법학회 회장 1986~1988년 한국공법학회 부회장 1989년 同회장·고문(현) 1989~2000년 청소년정책자문위원회 위원 1990~2009년 헌법재판소 자문위원회 위원 1990년 한국법학교수회 회장 1990~1992년 법무부 정책자문위원 1991~1999년 세계헌법학회 한국지회장 1991년 한국헌법연구소 소장 1993~2007년 한국법률구조공단 이사 1996년 대한민국학술원 회원(헌법·현) 1998년 서울대 명예교수(현) 1998~2004년 세계헌법학회 부회장 1999~2000년 탐라대 총장 2000~2003년 한국방송공사 이사 2000년 유기천선생기념출판문화재단 이사(현) 2002~2013년 명지대 석좌교수 2002년 한국헌법연구소 이사장(현) 2004년 무애문화재단 이사장 2008~2009년 국회의장직속 헌법연구자문위원회 고문 2014년 국회의장직속 헌법개정자문위원회 위원장 [상]한국일보 출판문화상(1988), 한국법률문화상(1992), 국민훈장 모란장(1993), 월간 '고시계' 감사패(1998), 서울대 재직 36년 공로상(1998), 자랑스러운 서울법대인(2006), 제2회 대한민국법률대상 학술부문(2009), 제

15회 관악대상 참여부문(2013) [저]'현대 헌법론' '비교 헌법론'(上) '헌법학'(上·下) '신한국 헌법요론' '헌법총람' '위헌법률 심사제도론' '신판 헌법학 개론' '법과 정치' '헌법이 지배하는 사회를 위하여' '헌법 개설' '한국 헌법사' '법과 사회정의' '헌법학 신론' '한국헌법' '정치개혁과 사법개혁' '법과 정치' '헌법과 교육' '입헌주의의 정착을 위하여'(2003) '한국정치와 통일의 헌법(일본어)'(2003) '독일 통일의 정치와 헌법'(2005) '제19판 헌법학개론'(2007) '학설·판례헌법학(上·下)'(2008) '헌법개정 과거 미래'(2008) '학설·판례헌법학(上·中·下)'(2009) '제20판 헌법학신론'(2010) '법과 정의 복지'(2012, 진원사) '헌법과 정치'(2012, 진원사) '헌법정치의 이상'(2012) '제21판 헌법학신론'(2012) '제13판 헌법개설'(2013, 박영사) '새 헌법개정 이렇게'(2014, 진원사)

김철수(金喆壽) Chulsu KIM (賢谷)

[생]1941·1·26 [본]청풍(淸風) [출]서울 [주]서울 서대문구 충정로23 풍산빌딩14층 리인터내셔널법률사무소(02-2279-3631) [학]1958년 경기고 중퇴 1964년 미국 터프츠대 정치학과졸 1967년 미국 매사추세츠주립대 대학원 정치학과졸 1973년 정치학박사(미국 매사추세츠주립대) 1997년 명예법학박사(미국 매사추세츠주립대) 2006년 명예 법학박사(미국 프랭클린피어스법대) [경]1969년 미국 세인트로렌스대 조교수 1972년 외교연구원 전문위원 1973~1979년 상공부 시장3과장·수출1과장 1979년 同통상진흥관 1980년 同통상진흥국장 1981년 민정당 정책국장 1982년 同상공담당 전문위원 1984년 상공부 제1차관보 1990년 특허청장 1991년 무역진흥공사 사장 1993~1994년 상공자원부 장관 1995년 외무부 국제통상대사 1995~1999년 세계무역기구(WTO) 사무차장 1997년 연세대 국제대학원 특임교수 1999년 세종대 경제무역학과 교수 1999년 同대학발전담당 부총장 1999년 세종연구원 원장 2001년 세종대 대학원장 2001~2005년 同총장 2005년 리인터내셔널법률사무소 상임고문(현) 2005년 무역투자연구원 이사장(현) 2006년 두산인프라코어(주) 사외이사 2007년 한국품질표준선진화포럼 회장 2007~2013년 신품질포럼 위원장 2008~2010년 학교법인 중앙대 이사 2009~2015년 저탄소녹색에너지기금위원회 위원장 2013~2016년 (사)사회적책임경영품질원 회장 2015년 에쓰오일(주) 사외이사(현) 2015~2016년 학교법인 중앙대 이사장 [상]홍조근정훈장(1981), 황조근정훈장(1991), 미국 디킨슨대 벤자민러쉬상(1993), 수교훈장 광화장(1995), 미국 뉴욕 한국협회 James Van Fleet상(1995), 한국협상학회 한국협상대상(1996), 한국국제통상학회 국제통상인대상(2004) [저]'통상을 넘어 번영으로 : 경제발전과 한국의 통상'(2014, 좋은땅) [종]가톨릭

김철수(金喆洙) KIM Chul Soo (笑民)

[생]1944·3·23 [본]김제(金堤) [출]전북 김제 [주]서울 관악구 남부순환로1636 양지종합병원(02-887-6001) [학]1962년 이리고졸 1969년 전남대 의과대학졸 1973년 서울대 대학원 의학과졸 1976년 의학박사(고려대) 1992년 행정학박사(단국대) 1992년 미국 조지워싱턴대 행정대학원 수료 1998년 연세대 행정대학원 행정학과졸 2000년 법학박사(경희대) [경]1978년 양지병원 이사장(현) 1980~1989년 경희대 외래교수 1985년 한림대 외래교수 1988년 한양대 외래교수 1991~1993년 의계신문 발행인 1992~2000년 단국대 행정대학원 보건행정학 강사 1994~2000년 경기대 행정대학원 대우교수 1995~1998년 한나라당 중앙위원회 보건복지분과위원장 1997년 민주평통 관악구협의회장 1997년 한나라당 서울관악乙당원협의회 운영위원장 2000~2005년 전국중소병원협의회 회장 2001년 고려대 의대 외래교수(현) 2002년 대한병원협회 부회장 2002~2007년 한국항공우주의학협회 회장 2002년 한국병원협동조합 이사장 2002년 가톨릭대 외래교수 2004년 제17대 국회의원선거 출마(서울 관악구乙, 한나라당) 2004~2005년 한나라당 정치발전위원회 위원장 2006~2008년 대한병원협회 회장 2006~2008년 한국의학교육협의회 회장 2007년 한나라당 재정위원장 2008년 제18대 국회의원선거 출마(서울 관악구乙, 한나라당) 2008년 대한병원협회 명예회장(현) 2008년 한나라당 서울관악乙당원협의회 운영위원장 2010~2015년 대한에이즈예방협회 회장 2010년 한나라당 재정위원장 2013년 민주평통 운영위원(의료봉사단장)(현) 2014~2015년 한국자유총연맹 부총재 2016년 새누리당 제20대 국회의원 후보(비례대표 18번) [상]국민훈장 목련장, 보건복지부장관표창, 재무부장관표창, 국민훈장 모란장(2009), 한미중소병원상 봉사상(2009) [저]'내과학' '현대인의 성인병 극복' '성인병원 모든 것' '김철수 박사의 성인병 완전정복' '현대인을 위한 성인병 극복' '아가리쿠스 버섯균사체' '가슴열고 보는 세상은 흐르는 강물이다' '꿈은 좌절속에 피는 꽃' [종]기독교

김철수(金哲洙) KIM Chul Soo

[생]1947·3·8 [본]김해(金海) [출]서울 [주]서울 성북구 정릉로77 국민대학교 공업디자인학과(02-910-4601) [학]1966년 서울대사대부고졸 1971년 서울대 미대 응용미술학과졸 1973년 同대학원졸 [경]1971~1990년 대한민국산업디자인전 추천작가 1976~2012년 국민대 조형대학 공업디자인학과 전임강사·조교수·부교수·교수 1983년 대한민국산업디자인전 심사위원 1984년 한국인더스트리얼디자이너협회(KSID) 부이사장 1986년 국민대 조형대학장 1986년 同환경디자인연구소장 1987년 제17회세계잼버리대회 디자인계획담당 1988년 국민대 테크노디자인전문대학원 퓨전디자인학과 교수, 同인더스트리얼디자인랩 교수 1991년 대한민국산업디자인전 초대작가 1992~1995년 국민대 총무처장 1994년 한국디자인학회 부회장 1995년 산업디자인포장개발원 이사 1997년 국민대 디자인대학원장 1998~2004년 同예술대학장 1998년 현대종합목재 사외이사 1998년 국민대 종합예술연구소장 2000년 현대자동차 디자인고문 2002~2004년 국민대 종합예술대학원장 2004~2005년 한국산업디자이너협회 회장 2010~2012년 국민대 부총장 2012년 同공업디자인학과 명예교수(현) 2012년 2014인천장애인아시아경기대회조직위원회 디자인위원장 [상]대한민국산업디자인전 대통령표창(1969·1970·1982·2002), 서울시건축상(2002), 한국스카우트연맹 공로훈장(2002), 황조근정훈장 [종]기독교

김철수(金鐵水) KIM Chul Soo (샛별·대평)

[생]1949·7·30 [본]김해(金海) [출]전남 함평 [주]전남 함평군 함평읍 신기산길55 샛별문학관內 월간아동문학사(061-324-0203) [학]1968년 효성고졸 1970년 서울기독대 교육학과졸 1976년 필리핀 유니온대 신학대학원졸 1977년 그리스도신학대 수료 1989년 신학박사(미국 스윗워터신학대) 1996년 문학박사(미국 서던캘리포니아신학대) 2005년 기독교교육학박사(미국 솔로몬대) 2007년 국제디지털대 사회복지학과졸 2009년 초당대 행정대학원 사회복지학과졸 [경]1980년 샛별문학회 회장 1981년 월간 기독교교육 아동문학상 동시부문 입상 1983년 한국시학 신인상 시 부문 당선 1984년 월간 '문학'에 등단 1985년 한국아동문학회 상임이사 1986년 호남교육신문 편집국장 1988년 한국문인협회 중앙대의원·함평지부장, 한국기독교아동문학가협회 회장 1988년 월간 '아동문학' 사장(현), 도서출판 '샛별' 대표, 중국 문예잡지 '도라지' 명예사장 1994년 전남매일 논설위원 1996년 호남교육신문 주필 1997년 나라일보 논설위원 1999년 경찰연합신문 주필 1999년 한국장로문인회 부회장 2000~2006년 한국아동문학회 부회장 2000~2007년 계간 '크리스찬 문학' 발행인, 同이사장 2000~2007년 '월드 크리스찬' 발행인 2000~2006년 미국 솔로몬대 이사 겸 문창과 주임교수 2002~2012년 한국사립문고협회 상임고문 2004~2007년 한국문인협회 감사 2006년 한국아동문학회 지도위원 2006년 미국 솔로몬대 예술대학장 2007년 미국 남가주국제대 총장 2008년 전남도민일보사 사장, 同논설주간 2009년 국제와이즈멘 함평샛별클럽 초대회장 2009년 미국 솔로몬대 예술대학원장 2010~2013년 同예술대학장, 同한국학장(현) 2010년 기독타임스 사장(현) 2011년 국가조찬기도회 광주광역시지회 이사 겸 집행위원 부회장(현) 2012년 한국아동문학회 부회장, 국제복지문화신문 사장(현), 현대경찰신문 주필(현), YBC연합방송 논설위원(현), 한국찬송가위원회 가사전문위원(현), 국제민간인자격협회 교육원장(현) 국제펜클럽 한국본부 이사(현) 2013년 同한국본부 전남지역위원회 초대 회장(현) 2014년 샛별힐링타운 이사장(현) 2014~2016년 한국아동문학회 수석부회장 2016년 한국장로문인회 자문위원(현) [상]기독교아동문학신인상(1981), 전남아동문학상(1983), 월간문학신인상(1984), 전남향토문화공로상(1985), 전남문학상(1988), 동양문학상(1989), 한국아동문학작가상(1991), 한국기독교문학상(1994), 한국녹색문학대상(1995), 세계계관시인상 정의대상(1997), 문화관광부장관표창(1998), 환경부장관표창(1998), 한국글사랑문학상(2002), 한국장로문학상(2003), 한국아동문학 창작상(2008), 김영일아동문학상(2009), 미국 로스엔젤레스 명예시민증 수득(2011), 미국 로스엔젤레스시 '우정의 증서'(2011), 제1회 한민족문화대상 언론문화부문(2011), 미국 대통령 봉사상(2012), 미주한인기업가협회 공로상(2012), 천등아동문학상 대상(2015) [저]'아랫물이 맑아야 윗물이 맑다' '가시나무 대통령' '나비야 나비야'(1994) '아는 고통 모르는 행복'(1997) '지구를 치료하는 약사'(1999) '호루라기 안불면 휘파람도 못분다'(2001) '인간신호등'(2004) '우산장수 할아버지'(2005) '두발자전거'(2005) '옹달샘'(2008) '30, 60 금강수'(2009) '내일을 여는 이야기'(2010) '꽃제비'(2010) '물은 비에 젖지 않는다'(2010) '오늘을 사는 지혜'(2011) '물은 99도C에서 끓지 않는다'(2012) '미래를 보는 거울'(2012) '오 해피 데이'(2012) '행복한 사람이 성공한다'(2013) '머리로 사는 사람, 가슴으,로 사는 사람'('(2014) '거꾸로 보면 세상이 보인다'(2016) [종]기독교

김철수(金哲洙) KIM Cheol Soo

[생]1950·1·20 [주]대구 달서구 달구벌대로1095 계명대학교 도시학부 도시계획학전공(053-580-5247) [학]1972년 홍익대 도시계획학과졸 1975년 同대학원졸 1985년 공학박사(홍익대) [경]1978~1980년 홍익대 환경개발연구원 수석연구원 1981~1997년 계명대 도시공학과 전임강사·조교수·부교수 1997~2015년 同도시계획학과 교수 2013년 同건축학대학장 2015년 同도시계획학과 명예교수 2016년 同도시학부 도시계획학전공 명예교수(현) [상]대한국토·도시계획학회 학술상(2011) [저]'서양도시계획사(共)'(2004, 보성각) '도시공간의 이해'(2006, 기문당) '단지계획'(2007, 기문당) '현대도시계획'(2008, 기문당) '도시공간계획사'(2009, 기문당) '세계의 도시공간문화를 보다'(2015, 기문당)

김철수(金喆守) KIM Chul Soo

[생]1951 · 9 · 17 [본]김해(金海) [출]부산 [주]인천 동구 방축로217 인천광역시의료원 부속실(032-580-6000) [학]1970년 경기고졸 1977년 서울대 의대졸 1985년 同대학원 의학석사 1994년 의학박사(서울대) [경]1984~1996년 인제대 의대 전임강사 · 조교수 · 부교수 1987~1989년 미국 듀크대병원 연구원 1993년 미국 네브라스카대 메디컬센터 방문교수 1993년 미국 프레드허친슨암연구소 전임의사 1994년 대한암학회 학술위원 1996~2014년 인하대병원 혈액종양내과장 1996~2016년 인하대 의대 내과학교실 교수 1996~2016년 同암센터장 2002년 한국조혈모세포은행 운영위원(현) 2002년 항암요법연구회 운영위원 2004년 대한혈액학회 보험이사 2005년 한국림프종연구회 위원장 2006년 한국임상암학회 이사(현) 2009년 한국임상암학회 부회장 2009년 대한조혈모세포이식학회 회장 2012년 한국지혈혈전학회 회장 2013년 서울혈액종양연구회 회장 2016년 인천광역시의료원 의료원장(현) [상]수당연구상(2003), 대한혈액학회 우수논문상(2004) [저]'Bone Marow Transplantation-Current Controversies' '암의 백과' '혈액학' [역]'머크-진단 및 치료' '해리슨 내과학'

김철수(金喆洙) Kim Chul Soo

[생]1955 · 3 · 5 [출]경남 사천 [주]경기 시흥시 소망공원로5 시화공단2바101호 KG ETS(주) 임원실(031-499-2525) [학]1980년 영남대 기계공학과졸 [경]1984년 KG케미칼(주) 근무, 同온산공장장(이사), 同부천공장장(상무) 2010년 KG ETS 상무이사 2013년 同대표이사 전무 2013년 同대표이사 부사장 2016년 同고문(현)

김철수(金鐵洙) KIM Cheol Soo

[생]1963 · 12 · 11 [본]김해(金海) [출]경남 양산 [주]서울 종로구 종로3길33 (주)KT 광화문빌딩East Customer부문(031-727-0114) [학]1980년 마산고졸 1984년 서울대 공대 산업공학과졸 1986년 한국과학기술원(KAIST) 경영과학과졸(석사) [경]1988년 한국과학기술원 연구원 1989년 엔더슨컨설팅 컨설턴트 1994년 동양텔레콤(주) 부장 1998년 PWC Director 1999년 LG텔레콤 정보기술원장(상무) 2001년 同동부사업본부장(상무) 2003년 同제2사업본부장(상무) 2005년 同제1사업본부장(상무) 2006~2007년 同제1사업본부장(부사장) 2008년 同비즈니스개발부문장(부사장) 2010년 (주)LG유플러스 영업부문장(부사장) 2010년 同컨버젼스사업단장 2011년 同부사장 2014년 (주)KT 고객최우선경영실장(전무) 2015년 同Customer부문장(부사장)(현) [종]불교

김철수(金哲秀) Kim Chul Soo

[생]1970 · 3 · 4 [출]광주 [주]서울 마포구 마포대로174 서울서부지방검찰청 형사2부(02-3270-4833) [학]1988년 광주 숭일고졸 1995년 서울대 사법학과졸 [경]1995년 사법시험 합격(37회) 1998년 사법연수원 수료(27기), 해군 법무관 2001년 서울지검 검사 2003년 수원지검 여주지청 검사 2004년 미국 산타클라라대 장기연수 2005년 법무부 검찰3과 검사 2008년 서울북부지검 검사 2010년 同부부장검사 2010년 영국 국제비교법연구소 장기연수 2011년 춘천지검 강릉지청 부장검사 2012년 駐로스앤젤레스총영사관 법무협력관 2014년 법무부 국제법무과장 2016년 서울서부지검 형사2부장(현)

김철순(金喆純)

[생]1966 · 4 · 9 [주]세종특별자치시 다솜2로94 농림축산식품부 원예산업과(044-201-2231) [학]1992년 영남대 농학과졸 2012년 일본 동북대 대학원 농업경제학과졸 [경]1992년 농림축산식품부 채소과 · 농산과 농업주사보, 同통상협력과 · 친환경농업과 농업주사, 同혁신인사기획관실 · 행정관리담당관실 농업사무관, 同원예산업과 기술서기관 2016년 同원예산업과장(현)

김철영(金哲榮) KIM CHUL YOUNG

[생]1957 · 3 · 3 [본]예안(禮安) [출]경북 안동 [주]서울 강남구 테헤란로410, 금강타워18층 한국캐피탈(02-6206-0001) [학]1977년 대구 계성고졸 1984년 서울대 경영학과졸 [경]1983년 산은캐피탈 총무부 입사 1986년 同업무부 대리 1991년 同수원주재원(과장급) 1993년 同홍콩현지법인 파견(이사) 1997년 同영업3부 팀장 겸 자금부 부부장 2000년 同홍보팀장 겸 비서팀장 2003년 同재무관리실장 2009년 同경영관리부본부장(상무보) 2009~2012년 同기획관리본부장(상무) 2014년 한국캐피탈 대표이사 사장(현)

김철영(金哲榮) KIM Chul Young

[생]1964 · 9 · 20 [출]경기 여주 [주]충북 청주시 흥덕구 옥산면 과학산업1로16 미래나노텍(주) 비서실(043-710-1200) [학]1983년 배재고졸 1991년 광운대 전자계산학과졸 2013년 고려대 공과대학원 미세소자공학과졸 [경]1990~1995년 삼성SDI(주) 종합연구소 선임연구원 1995~2000년 중앙일보 경영기획실 근무 2002년 미래나노텍(주) 대표이사 사장, 同대표이사 회장(현) 2010~2011년 (사)벤처기업협회 이사 2010~2013년 지식경제부 부품소재선진화포럼 위원 2010년 동청주세무소 세정발전자문위원회 위원(현) 2011년 (사)벤처기업협회 부회장 2011년 동반성장위원회 업종별실무위원회 위원(현) 2011년 지식경제부 나노융합산업협력기구 운영위원 2011년 청주상공회의소 의원(현) 2011년 한국중견기업연합회 이사 2011년 동아일보 '10년 뒤 한국을 빛낼 100인-꿈꾸는 개척가분야' 선정 2012~2013년 지식경제부 소재부품전략위원회 전문위원 2012년 한국표준협회 명품창출CEO포럼 정회원(현) 2013년 산업통상자원부 부품소재선진화포럼 위원(현) 2013년 同소재부품전략위원회 전문위원(현) 2013년 미래창조과학부 나노융합산업협력기구 운영위원(현) 2013년 (재)한국청년기업가정신재단 이사(현) 2013년 서울세계도로대회 조직위원회 조직위원(현) 2013년 한국디스플레이산업협회 부회장(현) 2013년 한국중견기업연합회 부회장(현) 2014년 (사)벤처기업협회 수석부회장(현) [상]벤처기업대상 대통령표창(2006 · 2009), 전자제품기술대상 동상(2007), Technology Fast 50 Korea 2007 대상(2007), 5천만달러 수출의탑(2008), 7천만달러 수출의탑(2009), 코스닥시장 히든챔피언(2010), 1억달러 수출의탑(2010), 대한민국 IT Innovation대상 지식경제부장관표창(2010), 충북도 착한기업상(2011), 벤처활성화 유공 동탑산업훈장(2012), 2억달러 수출의탑(2012), 코스닥시장 공시우수법인(2013), 제7회 EY 최우수기업가상-IT부문(2013) [종]기독교

김철완(金哲完) KIM Chul Wan (松泉 · 顯山)

[생]1956 · 10 · 5 [본]김해(金海) [출]서울 [주]충북 진천군 덕산면 정동로18 정보통신정책연구원 국제협력연구실(043-531-4350) [학]1980년 성균관대 영어영문학과졸 1982년 미국 Stevens Institute of Technology Hobken N.J 대학원 경영과학과졸 1990년 경영학박사(미국 펜실베이니아대 와튼스쿨) [경]1978~1980년 동천사(주) 대표이사 1989~1994년 미국 Georgia Institute Technology 경영대 조교수 1994년 통신개발연구원 연구위원 1996년 정보통신정책연구소 경영전략연구실 연구위원 2002년 정보통신정책연구원 개도국정보격차해소교육훈련센터 소장 2005년 同정보통신북한연구센터 소장 2006~2009년 同정보통신협력연구실장 2007년 同국제협력연구실 선임연구위원(현) 2013년 방송통신위원회 남북방송통신교류추진위원회 위원(현) 2014년 미래창조과학부 ICT전문위원회 위원(현) [상]정보통신부장관표창(2003), 국무총리표창(2004), 정보통신정책연구원장표창(2006 · 2007) [저]'Exercises in Marketing Research' 'Comprehensive Cases' 'Questions and Answers' 'Prentice-Hall' [종]불교

김철용(金哲用) Chul Yong Kim

[생]1974 · 10 · 18 [주]대구 달서구 월배로80길50 농업회사법인 다산(주)(02-2263-1006) [학]경북대 경상대학 경제학과졸, 同국제대학원 지역학과 수료 [경](사)한 · 키르기즈친선교류협회 사무국장 2012년 민주통합당 대구달서丙지역위원회 위원장 2012년 제19대 국회의원 후보(대구 달서丙, 민주통합당) 2012년 민주통합당 부대변인 2013년 민주당 대구달서丙지역위원회 위원장 2013년 농업회사법인 다산(주) 대표(현) 2014~2015년 새정치민주연합 대구달서丙지역위원회 위원장 2014년 (사)한 · 키르기즈친선교류협회 회장(현) [종]기독교

김철우(金哲佑)

[생]1968 · 7 · 2 [출]전남 [주]인천 연수구 원인재로138 연수경찰서(032-453-0763) [학]1986년 광주 대동고졸 1990년 경찰대 행정학과졸(6기) [경]1990년 경위 임용 1996년 경감 승진 2003년 경정 승진 2004년 인천중부경찰서 생활안전과장 2004년 인천지방경찰청 수사1계장 2004년 인천 부평경찰서 수사과장 2006년 인천지방경찰청 기획예산계장 2009년 同감찰담당 2013년 광주지방경찰청 수사과장 2014년 전남 장흥경찰서장(총경) 2015년 인천지방경찰청 여성청소년과장 2016년 인천 연수경찰서장(현)

김철웅(金哲雄) Kim Cheolung

[생]1963·5·8 [본]김해(金海) [출]제주 [주]제주특별자치도 제주시 월랑로39 노형펠리체 제주매일 편집국(064-742-4500) [학]제주대 어문학과졸 2003년 중앙대 언론대학원 언론학과졸(석사) 2006년 영국 Coventry Univ. 대학원졸(MBA), 관광개발학박사(제주대) [경]1991년 제민일보 입사 1994년 同사회부 기자 1998년 同경제부 기자 2000년 同정치부 차장, 同서울지사 차장 2003년 同제2사회부 차장 2004년 同경제부 부장대우 2008년 同서울지사장 2009년 同광고국장, 同서귀포지사장, 同편집부국장 2011년 同편집국장 2012년 한국지역언론인클럽(KLJC) 부회장(현) 2013년 제민일보 논설위원 겸 동부지사장 2014년 제주매일 편집국장(현)

김철원(金哲源) KIM, Chulwon

[생]1958·1·4 [출]서울 [주]서울 동대문구 경희대로26 경희대학교 호텔관광대학 컨벤션경영학과(02-961-0816) [학]1982년 성균관대 독어독문학과졸 1991년 연세대 대학원 경영학과졸 1995년 미국 조지워싱턴대 경영대학원졸 1999년 관광학박사(미국 텍사스A&M대) [경]1985~1995년 한국관광공사 과장 1999~2002년 한국관광연구원 책임연구원 2002~2003년 계명대 경영대학 관광경영학과 조교수 2003년 경희대 호텔관광대학 컨벤션경영학과 조교수·부교수·교수(현) 2006년 세계관광기구 편집위원장(현) 2009~2015년 경희대 호텔관광대학장 2009~2011년 한국컨벤션학회 회장 2010년 경희대 BK21플러스 창의형마이스통합인재양성단 사업단장(현) 2011년 한국관광학회 편집위원장 2012~2014년 한국콘텐츠진흥원 비상임이사 2012~2015년 서울관광마케팅(주) 사외이사 2013~2015년 한국관광학회 영문편집위원장 2013~2015년 경희대 관광대학원장 2014년 국제전기통신연합(ITU) 전권회의(Plenipotentiary Conference) 행사분야 총괄자문위원 2016년 (사)한국지식경영학회 회장(현) [종]기독교

김철인(金哲麟) Kim Chulin

[생]1969·2·4 [주]경기 수원시 팔달구 효원로1 경기도의회(031-8008-7000) [학]효명고졸, 상지대 경영학과졸, 평택대 사회개발대학원 사회복지학과졸 [경]하늘채산악회 회장, 송탄역 무료급식소장, 한국사회복지관협회 부장, 부락종합사회복지관 부장, 송탄푸드뱅크·평택푸드마켓 2호점 소장, 국제대학 영유아보육학과 외래강사, (사)한국미래복지문화원 대표이사(현), 사랑의열매 평택자원봉사단장(현), 효사랑노인복지센터·요양보호사교육원 원장, 장안대 사회복지학과 외래강사, 새누리당 평택甲지역위원회 홍보위원장 2012년 同제18대 대통령중앙선거대책위원회 행복실천본부 부본부장 2014년 경기도의회 의원(새누리당)(현) 2014년 同도시환경위원회 위원 2015년 同평택항발전추진특별위원회 간사(현) 2015년 同장기미집행도시공원특별위원회 위원(현) 2016년 同보건복지위원회 위원(현) 2016년 同예산결산특별위원회 위원(현) [상]경기도지사표창, 국회의원표창

김철주(金喆柱) KIM Cheal Zoo (월암)

[생]1957·10·5 [본]나주(羅州) [출]전남 무안 [주]전남 무안군 무안읍 무안로530 무안군청 군수실(061-450-5207) [학]목포고졸 1981년 조선대 약학대학 약학과졸, 초당대 대학원졸 2015년 명예 행정학박사(목포대) [경]전남약국 대표, 무안군새교육공동체 회장, 전남도약사회 부회장 1990년 무안군약사회 부회장, 同회장 1993년 무안청년회의소 회장 1994년 국회의원 한화갑 정책특별보좌관 1995~1998년 전남도 교육위원 2004·2006년 전남도의회 의원(새천년민주당·민주당·중도통합민주당·통합민주당) 2012년 전남 무안군수(보궐선거 당선, 민주통합당·민주당·새정치민주연합) 2014년 전남 무안군수(새정치민주연합·더불어민주당)(현) [상]전남도지사표창(2002), 월간중앙 2016 대한민국CEO리더십대상 가치창조부문(2015), 지방자치행정대상(2016) [종]기독교

김철주(金鐵湊) Kim, Cheol-Ju

[생]1959·8·23 [주]전북 전주시 덕진구 백제대로567 전북대학교 자연과학대학 화학과(063-270-3419) [학]1981년 전북대 화학과졸 1983년 同대학원 화학과졸 1990년 이학박사(전북대) [경]1991~1997년 전북대 자연과학대학 화학과 전임강사·조교수 1997년 同자연과학대학 화학과 부교수·교수(현) 2002~2004년 미국 오크리지국립연구소 방문연구원 2005~2007년 전북대 자연과학대학 과학기술학부장 2006~2008년 同자연과학대학 수의예학과장 2007~2009년 同iHERB누리사업단 사업팀장 2009~2010년 同자연과학대학 부학장 2013~2014년 同종합인력개발원장 2015년 同자연과학대학장(현)

김철주(金鐵柱) KIM Chul Joo

[생]1963·1·11 [본]청풍(淸風) [출]서울 [주]경기 용인시 기흥구 강남로40 강남대학교 사범대학 교육학과(031-280-3684) [학]1981년 여의도고졸 1986년 미국 미주리대 교육학과졸 1987년 同대학원 교육학과졸 1992년 교육학박사(미국 조지아대) [경]1992~1993년 강원대·세종대·한림대·한양대 강사 1994년 강남대 사범대학 교육학과 조교수·부교수·교수(현), 同교육대학원 교육부장 2008년 同사범대학장 2011~2015년 同일반대학원장 2013~2014년 同사회복지전문대학원장 직대 2014년 同교육대학원장 겸 사범대학장(현) [상]교육부총리표창(2008) [저]'효율적인 교수방법의 탐구'(1999) '교육공학의 동향과 새로운 교육'(2001, 지샘출판사) [역]'훌륭한 지도자를 키워낸 '25의 장학금'(2005, 첨탑) '교수개발모델의 탐구'(2007, 강남대 출판부) [종]기독교

김철주(金哲周) KIM Chul Ju

[생]1963·11·23 [본]의성(義城) [출]대구 [주]서울 종로구 청와대로1 대통령 경제금융비서관실(02-770-0011) [학]1982년 대구 청구고졸 1986년 서울대 경제학과졸 1990년 同행정대학원 행정학과 수료 1995년 미국 조지아주립대 대학원졸 [경]1985년 행정고시 합격(29회) 1986년 총무처 수습사무관 1987년 재무부 저축심의관실 사무관 1988년 同경제협력국 외자관리과 사무관 1991년 同국제금융국 외환정책과 사무관 1993년 同기획관리실 행정관리담당관실 사무관 1995년 재정경제원 경제정책국 종합정책과 사무관 1996년 同경제정책국 산업경제과 사무관 1996년 同경제정책국 인력개발과 사무관 1996년 서기관 승진 1998년 재정경제부 경제정책국 인력개발과 서기관 1999년 同경제정책국 종합정책과 서기관 2001년 아시아개발은행(ADB) 이코노미스트 2005년 재정경제부 경제분석과장 2006년 同종합정책과장 2008년 대통령 교육과학문화수석비서관실 선임행정관(국장) 2009년 기획재정부 장관정책보좌관 2010~2012년 세계은행(World Bank) 선임 이코노미스트 2012년 기획재정부 공공정책국장 2013년 同경제정책국장 2014년 同기획조정실장 2016년 대통령 경제수석비서관실 경제금융비서관(현) [상]대통령표창(1999)

김철준(金哲俊) KIM Chul Joon

[생]1952·9·18 [출]서울 [주]서울 강남구 테헤란로132 (주)한독약품 비서실(02-527-5363) [학]서울대 의대졸 1985년 同대학원 보건학과졸, 의학박사(서울대) [경]1981~1989년 서울대병원 가정의학과 전문의·전임의 1989년 한림대 의대 조교수 1990~1994년 울산대 의대 부교수 1990~1994년 서울중앙병원 가정의학과장 겸 운동의학센터 소장 1994년 한국MSD 의학부 학술담당 부사장 1997년 한국제약의학회 회장 1998년 서울대 의대 초빙교수 2006년 (주)한독약품 연구개발본부장(부사장) 2006년 同Scientific Affairs(의약학술) 담당임원 겸임 2009년 同대표 2010년 同대표이사 사장 2013년 (주)한독 대표이사 사장(현) [상]대한스포츠의학회 학술상(1989), 보건복지부장관표창(2001) [저]'성인병과 운동'(1992) [종]기독교

김철진(金澈珍) KIM Cherl Jin

[생]1958·5·10 [본]김해(金海) [출]경남 진주 [주]경기 시흥시 산기대학로237 한국산업기술대학교 스마트에너지연구소(031-8041-1000) [학]1976년 진주고졸 1980년 한양대 전기공학과졸 1983년 同대학원졸 1991년 공학박사(한양대) [경]1980~1982년 한국전력공사 기술원 1991~1995년 한국생산기술연구원 실장 1995년 한라대 전기공학부 교수 2000~2001년 同학생처장 2006~2014년 同공과대학 제어계측공학과 교수 2011년 미국 세계인명사전 마르퀴즈 후즈후(Marquis Who's Who) 2011년판에 등재 2011년 영국 국제인명센터(IBC) '21세기 주목할 만한 지식인' 선정·2011년 세계 100대 교육자·세계 100대 공학자 등재 2011년 영국 국제인명센터(IBC) '2011년 올해의 국제교육자' 선정 2015년 한국산업기술대 에너지·전기공학과 교수(현) 2015년 同스마트에너지연구소 교수(현) [저]'전기전자계측' '전력전자공학' '전기공학의 기초'

김철진(金鐵鎭) KIM Chul Jin

[생]1959·8·29 [출]서울 [주]강원 원주시 학성길67 원주문화방송 사장실(033-742-4191) [학]1978년 경복고졸 1984년 성균관대 신문방송학과졸 [경]1987년 MBC 기획특집부 근무 1988년 同라디오 제작1부 근무 1989년 同라디오편성부 MD 1990년 同FM방송부 근무 1991년 同심의실 R심의부 근무 1992년 同편성국 프로그램개발팀 근무 1993년 同편성기획부 근무 1993년 同문화정보팀

근무 1994년 同다큐멘터리팀 · 사회교양팀 근무 1995년 同생활정보팀 근무 1996년 同사회교양팀 근무 2000년 同교양제작국 교양1차장 2002년 同시사제작2국 시사제작 특임1차장 2003년 同특임CP(부장대우) 2004년 同시사교양3 CP(부장대우) 2005년 同1CP 부장대우 2006년 同4CP(부장급) 2007년 同'휴먼다큐' 특임CP(부장) 2008년 同시사교양국 4CP(부장) 2009년 同시사교양국 시사교양1부장 2011년 同편성제작본부 시사교양국 시사교양2부장 2012년 同교양제작국장 2012년 同시사제작국장 2014~2015년 同편성제작본부장 2015년 원주문화방송 대표이사 사장(현)

김철하(金喆河) KIM Chul Ha

[생]1952 · 1 · 7 [출]경남 창원 [주]서울 중구 동호로330 CJ제일제당(02-6740-3000) [학]1970년 양정고졸 1975년 서울대 미생물학과졸, 고려대 대학원 발효화학과 수료 [경](주)미원 부장 · 이사 1997년 대상(주) 이사 1999년 同군산지점 발효사업본부장(이사), 同발효생산본부장(상무) 2005~2006년 同바이오사업총괄 겸 중앙연구소장(전무) 2007년 CJ제일제당 바이오연구소장(부사장) 2009년 同바이오BU장 2010년 同바이오사료총괄 부사장 2011년 同대표이사 총괄부사장 2013년 同대표이사 사장 2013년 CJ그룹 경영위원회 위원(현) 2014년 (재)식품안전상생협회 이사장(현) 2014년 CJ제일제당 공동대표이사 사장 2015년 한국무역협회 비상근부회장(현) 2016년 CJ제일제당 대표이사 부회장(현) [상]한국경제신문 음식료부문 '대학생이 뽑은 올해의 최고경영자(CEO)'(2014)

김철호(金澈鎬) KIM Chul Ho (가솔)

[생]1946 · 12 · 26 [본]김해(金海) [출]전북 정읍 [주]서울 구로구 디지털로26길 5 서울디지털1단지 에이스타이엔드타워1013호 (주)미디어토스(02-2631-3259) [학]1966년 정읍농고졸 1974년 건국대 농업교육학과졸 1977년 연세대 경영대학원 석사과정 수료 [경]1976~1980년 경향신문 기자 1980~1995년 문화방송(MBC) 정치부 · 경제부 · TV편집1부 기자 · 사회부 차장 1996년 同보도국 뉴스투데이 편집부장 1996년 同경제부장 1997년 同뉴스데스크 편집부장 1999년 同문화과학부장 2000년 同보도국 부국장 2001년 同해설위원 2001년 同편성특보(국장) 2003~2004년 同보도위원 2005년 (주)미디어토스 대표이사 사장(현) [저]'광대, 타임머신을 타다'(2016)

김철호(金澈鎬)

[생]1950 · 12 · 10 [출]서울 [주]서울 종로구 종로38 서울글로벌센터13층 (사)아이팩조정중재센터(IIPAC)(02-3789-1990) [학]1969년 미국 일리노리이주 Mt. Morris High School졸 1970년 경기고졸 1974년 서울대 외교학과졸 1975년 미국 하버드대 로스쿨 석사 1978년 법학박사(미국 컬럼비아대) 2014년 서울대 국제대학원 글로벌협상조정최고위과정(GNMP) 수료 [경]미국변호사(현) 1980~1982년 미국 LA 법률회사 Kindel & Anderson 구성원변호사 1982~2001년 미국 LA 법률회사 Swarts & Swarts 파트너변호사 및 법률자문위원 2000~2002년 서울대 국제대학원 초빙교수 2002~2004년 同경영대학 초빙교수 2003~2014년 미국 노스웨스턴대 로스쿨 법학석사학위프로그램 주임교수 2004~2014년 한국과학기술원(KAIST) 테크노경영대학원 초빙교수 2005~2014년 (주)아메리칸바리뷰(American Bar Review) 설립 2006~2014년 한국과학기술원(KAIST) 경영대학 '경영과 법 연구센터' 공동센터장 · 공동책임교수 2009~2014년 同지식재산대학원 책임교수 · 법률자문위원 · 총장 법률자문역 2010년 세계지적재산권기구(WIPO) IP이러닝컨텐츠협력사업 자문위원 2010년 특허청 글로벌IP이러닝센터설립 자문위원 2014년 (사)아이팩조정중재센터(IIPAC, International IP ADR Center) 설립 · 회장(현) [저]'지식재산경영(Intellectual Property Management)' '어떤 사람이 원하는 것을 얻는가'(2014, 토네이도 출판)

김철호(金哲鎬) Kim, Cheol-Ho

[생]1954 · 9 · 19 [출]인천 [주]경기 안산시 상록구 해안로787 한국해양과학기술원 해양물리연구본부 해양순환 · 기후연구센터(031-400-6128) [학]1978년 서울대 해양학과졸 1980년 同대학원 해양물리학과졸 1996년 이학박사(일본 Kyushu대) [경]1983~1985년 성균관대 토목공학과 조교 1986~1991년 한국해양연구원 선임연구원 1994~1997년 일본 Kyushu대 응용역학연구소 조수 1997년 한국해양연구원 해양환경연구본부 책임연구원 1998년 同해양역학연구실장 1998~1999년 한양대 지구해양과학과 강사 2002~2005년 한국해양연구원 해양기후 · 환경연구본부장 2014년 한국해양과학기술원 해양관측기술 · 자료본부장 2014년 同물리연구본부장 2015년 同해양물리연구본부 해양순환 · 기후연구센터 연구원(현) [상]공공기술연구회 이사장표창(2005), 이달의 KORDI인상(2011) [종]기독교

김철호(金哲鎬) KIM Cheol Ho

[생]1955 · 7 · 24 [본]안동(安東) [출]서울 [주]경기 성남시 분당구 구미로173번길82 분당서울대병원 순환기내과(031-787-7009) [학]1974년 경기고졸 1980년 서울대 의대졸 1989년 同대학원졸 1993년 의학박사(서울대) [경]1980~1988년 서울대병원 내과 전공의 · 순환기내과 전임의 1988년 서울대 의대 내과학교실 외래강사 1990~1998년 同의대 내과학교실 임상강사 · 임상조교수 1992년 미국 미네소타주 메이요클리닉 심혈관연구소 연구원 1993~1998년 시립보라매병원 내과 과장 1997년 同교육연구실장 1998~2006년 서울대 의대 내과학교실 조교수 · 부교수 2001년 분당서울대병원 진료기획처장 2003년 同기획조정실장 2003~2005년 同내과 과장 2003~2006년 同노인의료센터장 2004~2006년 同교육연구실장 2006년 서울대 의대 내과학교실 교수(현) 2008년 분당서울대병원 노인의료센터장(현) 2013~2016년 同진료부원장 2015년 대한고혈압학회 이사장(현) [종]기독교

김철호(金喆浩) KIM CHUL HO

[생]1958 · 7 · 4 [출]전남 영광 [주]부산 강서구 대저로89번길11 부산보호관찰심사위원회(051-580-3007) [학]1977년 풍생고졸 1985년 건국대 법학과졸 1992년 연세대 행정대학원 사법공안과졸 [경]1985년 법무부 기획관리실 기획예산담당관실 행정주사보 1987년 同기획관리실 기획예산담당관실 행정주사 1991년 同수원보호관찰소 · 인천보호관찰소 · 대구보호관찰소 보호사무관 1999년 同대전보호관찰소 홍성지소장 2001년 同인천보호관찰소 보호사무관 2004년 同수원보호관찰소 관호과장(서기관) 2005년 同서울동부보호관찰소장 · 의정부보호관찰소장 2011년 同대전보호관찰소장(부이사관) 2013년 同서울소년분류심사원장(고위공무원) 2015년 同부산보호관찰심사위원회 상임위원(현) [상]법무부장관표창(1988), 대통령표창(2008) [종]기독교

김철홍(金鐵弘)

[생]1960 · 7 · 21 [주]서울 서초구 강남대로327 14층 KB캐피탈 리스크관리본부(02-3475-3532) [학]1979년 영남상고졸 2007년 성균관대 정치외교학과졸 2009년 한국외국어대 대학원 국제금융학과졸 [경]1978년 주택은행 입행 2004년 국민은행 노사협력팀장 2005년 同총무부장 2007년 同서여의도영업부장 2012년 同서부산지역본부장 2013년 同경남지역본부장 2015년 KB신용정보 부사장 2016년 KB캐피탈(주) 리스크관리본부장 겸 여신관리본부장(부사장)(현)

김철환(金喆煥) Chul Hwan, KIM

[생]1961 · 1 · 10 [본]경주(慶州) [출]경북 문경 [주]경기 수원시 장안구 서부로2066 성균관대학교 정보통신대학 전자전기공학부(031-290-7124) [학]1982년 성균관대 전기공학과졸 1984년 同대학원 전기공학과졸 1990년 공학박사(성균관대) [경]1990~1992년 제주대 공대 전기공학과 전임강사 1992~2001년 성균관대 전기전자 및 컴퓨터공학부 조교수 · 부교수 1997년 同전기공학과장 1997~1999년 영국 Univ. of Bath 방문학자 1998년 기술신용보증기금 평가위원 1998년 교육부 교과서편찬위원 1999년 대한전기학회 연구조사위원 2001년 성균관대 정보통신대학 전자전기공학부 교수(현) 2006년 대한전기학회 국제이사 2007년 성균관대 전력IT인력양성센터장 2012년 대한전기학회 기획정책이사 2013년 同총무이사 2014년 同재무이사 2015년 同기획정책이사 [저]'회로이론' '계측공학' '전기공학개론' [종]가톨릭

김철환(金鐵煥) KIM Chul Hwan

[생]1962 · 8 · 18 [출]대전 [주]세종특별자치시 도움6로11 국토교통부 공공기관지방이전추진단 기획총괄과(044-201-4456) [학]1980년 우신고졸 1988년 고려대 산업공학과졸 [경]2002년 건설교통부 육상교통국 자동차관리과 사무관 2002년 同육상교통국 자동차관리과 서기관 2004년 신행정수도건설추진단 파견 2006년 서울지방항공청 관리국장 2006년 건설교통부 제도개혁팀장 2007년 환경부 자연보전국 국토환경보전과장 2008년 국토해양부 자동차관리과장 2008년 同물류항만실 연안해운과장 2009년 同항공정책실 항공산업과장 2009년 同해양정책국 해양환경정책관실 해양환경정책과장 2010년 교육파견(서기관) 2012년 국토해양부 공공기관지방이전추진단 기획총괄과장 2013년 국토교통부 공공기관지방이전추진단 기획총괄과장(서기관) 2014년 同공공기관지방이전추진단 기획총괄과장(부이사관)(현) [상]대통령표창

김철휘(金喆諱) Kim Chul Hwi

⊛1959 · 3 · 2 ⊛김녕(金寧) ⊛경북 청송 ㈜세종특별자치시 다솜로261 국무총리 연설비서관실(044-200-2714) ⊛안동고졸, 충북대졸, 한양대 대학원 박사과정 수료 ⊛대통령비서실 선임행정관, 여성부 기획예산담당관, 국무총리실 홍보기획비서관 · 고용식품의약정책관 2013년 국무총리 연설비서관(현) ⊛홍조근정훈장(2013) ⊛'통하는 말 통하는 글'(2015, 행복에너지) ⊛기독교

김철흥(金哲興)

⊛1962 · 6 · 20 ⊛광주 ㈜세종특별자치시 도움6로11 국토교통부 공공주택추진단 공공주택정책과(044-201-4504) ⊛1987년 전남대 법대졸 ⊛1993년 공무원시험 합격(5급 공채) 1994년 건설부 법무담당관실 사무관 1995년 건설교통부 주택정책과 · 국제협력과 · 종합계획과 사무관 1999년 同사회간접자본기획과 사무관 2005년 재정경제부 경제자유구역기획단 서기관 2006년 건설교통부 임대주택팀장 2007년 同정책홍보관리실 법무지원팀장 2008년 국토해양부 국토정책국 도시재생과장 2009년 同교육파견(서기관) 2012년 同항만지역발전과장(부이사관) 2013년 국토교통부 국토도시실 기업복합도시과장 2014년 同공공주택건설본부 공공주택총괄과장 2016년 同공공주택추진단 공공주택정책과장(현)

김 청(金 淸) KIM Chong

⊛1937 · 9 · 11 ⊛함남 원산 ㈜서울 마포구 양화로156 LG팰리스빌딩17층1717호 청원이화학㈜ 회장실(02-333-1387) ⊛1955년 배재고졸 1959년 한국외국어대 러시아어과졸 ⊛1959년 경제통신사 기자 1960년 중앙청 등사실장 1961년 한국외국어대 총동문회장 1962년 철도방송 회장 1968년 청원이화학 대표이사 1988년 제아린아세아 회장 1988년 진로유통 상임고문 1990년 진로그룹 상임고문 1991~2006년 청원이화학 대표이사 회장 1999년 원산시민회 회장 1999년 민주평통 상임위원 2001년 중앙정보처리㈜ 회장 2005년 민주평통 이북5도 부의장 2006~2008년 이북5도위원회 함경남도지사 2007년 同위원장, 청원이화학㈜ 대표이사 회장(현)

김청룡(金淸龍) Kim, Chung Ryong

⊛1960 · 11 · 9 ㈜서울 강동구 올림픽로48길7 ㈜NH무역 비서실(02-2255-2300) ⊛1978년 대건고졸 1986년 경북대 농업경제학과졸 1989년 서울대 대학원 농업경제학과 수료 2002년 아주대 대학원 경영학과졸 ⊛1986년 농업협동조합중앙회 입사 1993년 同조사부 조사역 2002년 同가락공판장 부장장 2004년 同비서실 비서역 2009년 ㈜농협유통 경영기획부장 2011년 농업협동조합중앙회 공판도매분사(現 청과사업단) 단장 2014~2015년 ㈜농협유통 사장 2015년 ㈜NH무역 대표이사 사장(현) ⊛농협중앙회 공적상(1995 · 1997), 농림부장관표창(2004), 농협중앙회 우등상(2008), 농협중앙회 공로상(2010), 농림축산식품부장관표창(2013), 석탑산업훈장(2015)

김청수(金淸壽) KIM Chung Soo

⊛1957 · 6 · 27 ⊛김해(金海) ⊛서울 ㈜서울 송파구 올림픽로43길88 서울아산병원 비뇨기과(02-3010-3734) ⊛1977년 서울 남강고졸 1983년 서울대 의대졸 1987년 同대학원 의학과졸 1993년 의학박사(서울대) ⊛1983~1987년 서울대병원 인턴 · 비뇨기과 전공의 1987~1990년 육군 군의관 1990년 서울아산병원 전임의 1991년 울산대 의대 비뇨기과학교실 교수(현) 1995년 미국 듀크대 의대 비뇨기과 전임의 2006~2009년 대한전립선학회 회장 2007년 서울아산병원 기획조정실장 2009~2013년 同비뇨기과장 2010년 同전립선센터 소장 2011~2012년 아시아 · 태평양전립선학회 회장 2011~2015년 서울아산병원 아산생명과학연구원장 ⊛'전립선암' '신장암의 진료규약' ⊛가톨릭

김청수(金淸水) Kim Cheong Soo

⊛1973 · 8 · 6 ⊛경북 경주 ㈜서울 중랑구 중랑역로137 서울지방경찰청 지능범죄수사대(02-700-4343) ⊛1992년 경주고졸 2000년 영남대 사법학과졸 ⊛2001년 사법시험 합격(43회), 사법연수원 수료(33기) 2012년 서울 수서경찰서 총경 2013년 경찰청 특수수사과장 2014년 경북 문경경찰서장 2015년 서울지방경찰청 총경(국무조정실 파견) 2016년 同지능범죄수사대장(현)

김청택(金淸澤) KIM Cheong Tag

⊛1963 · 1 · 14 ⊛경주(慶州) ⊛부산 ㈜서울 관악구 관악로1 서울대학교 사회과학대학 심리학과(02-880-6076) ⊛1980년 동래고졸 1985년 서울대 심리학과졸 1987년 同대학원 심리학과졸 1990년 同대학원 심리학 박사과정 수료 1998년 심리학박사(미국 Ohio State Univ.) ⊛1998년 서울대 사회과학대학 심리학과 및 인문과학대학 인지과학협동과정 조교수 · 부교수 · 교수(현) 2004~2008년 同심리과학연구소장 2009년 同사회과학대학 교무부학장 2012년 同자유전공학부 교무부학장 2013~2014년 한국조사연구학회 부회장 2013~2015년 서울대 아시아연구소 부소장 2015년 한국조사연구학회 회장(현)

김청현(金淸鉉) KIM CHUNG-HYUN

⊛1961 · 12 · 20 ⊛김해(金海) ⊛부산 ㈜세종특별자치시 갈매로408 교육부 감사관실(044-203-6070) ⊛1980년 경남고졸 1984년 서울대 법학과졸 1988년 단국대 행정대학원졸 ⊛1988년 사법시험 합격(30회) 1991년 사법연수원 수료(20기) 1991년 부산지검 검사 1993년 수원지검 여주지청 검사 1994년 수원지검 검사 1996년 대구지검 검사 1998년 서울지검 검사 2000년 인천지검 검사 2003년 부산지검 부부장검사 2004년 수원지검 여주지청 부장검사 2005년 수원지검 부부장검사(국가정보원 파견) 2007년 인천지검 공안부장 2008년 서울중앙지검 공판2부장 2009년 同형사7부장 2009년 수원지검 형사1부장 2010년 인천지검 형사부장 2011년 서울고검 검사 2011~2012년 서울시 사법정책보좌관 2013년 대구고검 검사 2014년 서울고검 검사 2015년 교육부 감사관(현) ⊛홍조근정훈장(2011)

김청환(金淸煥) KIM Cheong Hwan

⊛1959 · 5 · 18 ⊛광주 ㈜서울 중구 동호로249 ㈜호텔신라 면세유통사업부(02-2230-5081) ⊛1977년 광주제일고졸 1981년 서울대 경영학과졸 ⊛1983년 삼성물산㈜ 입사, 同프랑크푸르트지사 관리담당 · 프로세스혁신팀 근무, 同인터넷전략실 근무, 同상사부문 전략기획실 사업개발팀장 2003년 同상사부문 기획팀 기획담당 상무보 2006년 同상사부문 기획실 신사업담당 상무 2009년 同전략사업본부 그린에너지사업부 상무 2010년 同상사부문 전무 2011년 同그린에너지본부장 2011년 ㈜호텔신라 전무 2012년 同면세유통사업부 사업기획본부장(전무) 2013년 同면세유통사업부 MD본부장(전무) 2014년 同면세유통사업부 영업본부장(전무) 2015년 同면세유통사업부 사업부장(부사장)(현) ⊛기독교

김춘근(金椿根) KIM Chun Keun

⊛1961 · 3 · 7 ㈜서울 종로구 새문안로76 금호아시아나본관 금호건설 비서실(02-6303-0114) ⊛남성고졸, 전북대 건축학과졸, 연세대 대학원 건축학과졸 ⊛무애서로종합건축 근무, 남광건축사무소 근무, 금호산업 건축 · 해외사업본부 건축기획담당 상무보, 한국건축시공학회 총무, 금호산업 건축기획 · CS담당 상무 2012년 同건축기획담당 상무 2013년 同건축공사담당 상무 2014년 同건축사업담당 상무 2016년 금호건설 전무(현)

김춘남(金春男) KIM Choon Nam

⊛1955 · 2 · 23 ⊛청주(淸州) ⊛전북 부안 ㈜경기 용인시 처인구 용인대학로134 용인대학교 교육대학원(031-8020-2607) ⊛1979년 동국대 사학과졸, 同대학원 사학과졸 1995년 사학박사(동국대) 1998년 청계서당 수료 ⊛1987년 용인대 교양학부 전임강사 · 조교수 · 부교수 1998~2002년 同전통문화연구소장 1998년 同교양학부장 2001년 同교양학부 교수 2001~2002년 同박물관장 2005년 同교육대학원 교수(현), 同신문방송국 주간, 서울시 고시출제위원 2008~2009년 중국 천진외국어대 교환교수 2011~2013년 용인대 도서관장 ⊛'우리역사와 문화' '한국사' '동양의 역사와 문화' '동서양 문화사' ⊛불교

김춘래(金春來) KIM CHUN RAE

⊛1971 · 10 · 15 ㈜충북 청주시 흥덕구 오송읍 오송생명2로187 식품의약품안전처 의약품관리총괄과(043-719-2651) ⊛1990년 이리고졸 1994년 원광대 약학과졸 1996년 同대학원 약학과졸 ⊛1996~1998년 식품의약품안전본부 근무 1998~2001년 광주지방식품의약품안전청 · 대전지방식품의약품안전청 의약품감시과 근무 2001~2006년 식품의약품안전청 생물의약품과 · 의약품관리과 근무 2007~2008년 대전지방식품의약품안전청 의약품감시과장 2008~2013년 식품의약품안전청 의약품정책과 · 바이오의약품정책과 사무관 2013년 식품의약품안전처 바이오의약품정책과 사무관 2014년 同의약품관리총괄과 서기관 2015년 同의약품허가특허관리과장 2015년 同의약품관리총괄과장(현)

김춘배(金春培)

[생]1962 [출]전북 정읍 [주]서울 종로구 삼일대로30길22 종로세무서(02-760-9200) [학]전라고졸 1983년 세무대학졸(1기) [경]1983년 중부세무서 임용(8급 특채) 2007년 중부지방국세청 조사3국 사무관 2007년 서울지방국세청 조사2국 사무관 2009년 국세청 개인납세국 부가가치세과 사무관 2011년 同개인납세국 부가가치세과 서기관 2013년 여수세무서장 2014년 안양세무서장 2014년 중부지방국세청 조사1국 조사2과장 2015년 서울 동작세무서장 2016년 서울 종로세무서장(현)

김춘선(金春善) KIM Choon Sun

[생]1955 · 3 · 15 [출]서울 [주]인천 남구 인하로100 인하대학교 아태물류학부(032-860-8222) [학]1973년 경기고졸 1977년 서울대 지리학과졸 1980년 同환경대학원 수료 1995년 영국 맨체스터대 대학원 경제학과졸 2012년 도시계획학박사(가천대) [경]1977년 행정고시 합격(21회) 1982년 동력자원부 공보관실 행정사무관 1983년 해외협력위원회 파견 1986~1991년 경제기획원 대외경제조정실 · 예산실 행정사무관 1991년 공정거래위원회 공동행위과장 1993년 국외 훈련(영국 맨체스터대) 1995년 국가경쟁력강화기획단 파견 1998년 아시아 · 유럽정상회의준비기획단 파견 1999년 재정경제부 행정관리담당관 1999년 同경제정책국 조정1과장 2001년 국무총리국무조정실 일반행정심의관 2002년 재정경제부 재경금융심의관 2002년 국무조정실 재경금융심의관 2002년 기획예산처 공공관리단장 2003년 해양수산부 해양정책국장 2005년 인천지방해양수산청장 2005년 인천항만공사 항만위원 2006년 해양수산부 어업자원국장 2008년 국토해양부 물류항만실장 2008~2009년 2012여수세계박람회조직위원회 기획조정실장 2009~2011년 한국장학재단 전무이사 2011~2014년 인천항만공사 사장 2015년 인하대 아태물류학부 초빙교수(현) 2015년 同물류대전문대학원 초빙교수(현)

김춘섭(金春燮) KIM Chun Sub

[생]1959 · 1 · 9 [본]김해(金海) [출]충남 청양 [주]경기 과천시 관문로47 정부과천청사 경비대(02-2110-5843) [학]한세대 법무대학원 경찰학과졸 [경]경찰간부 후보(37기) 1998년 광명경찰서 경비교통과장 1999년 수원중부경찰서 형사과장 2001년 화성경찰서 경무과장 2002년 경기지방경찰청 폭력계장 2004년 同광역수사대장 2006년 강원지방경찰청 청문감사담당관(총경) 2007년 강원 고성경찰서장 2008년 속초경찰서장 2009년 강원지방경찰청 생활안전과장 2010년 경기지방경찰청 기동대장 2010년 일산경찰서장 2011년 경기지방경찰청 제2부 형사과장 2013년 안양동안경찰서장 2014년 경기지방경찰청 형사과장 2014년 同경무과 지도관 2015년 충북지방경찰청 보안과장 2015년 경기지방경찰청 보안과장 2016년 同과천청사경비대장 2016년 경기남부지방경찰청 과천청사경비대장(현)

김춘수(金春洙) KIM Choon Soo

[생]1950 · 5 · 20 [본]김해(金海) [출]서울 [주]서울 중구 덕수궁길15 서울특별시의회(02-3783-1916) [학]1971년 광운전자고졸 2008년 경기대 경영학과졸 [경]1984년 국회 정책연구위원 1986~2000년 국회 입법보좌관 2002년 서울시의회 의원 2004년 同지역균형발전지원특별위원장 2004~2006년 同한나라당협의회 부회장 2006년 서울시의원선거 출마(무소속) 2010~2014년 서울시의회 의원(한나라당 · 새누리당) 2010~2012년 同건설위원회 위원 2010~2012년 同시의회개혁과발전특별위원회 위원 2011~2012년 同장애인특별위원회 위원 2012~2014년 同건설위원회 위원장 2014년 대한민국반려동물문화협의회 회장(현) 2015년 서울시의회 의원(재선거 당선, 새누리당)(현) 2015~2016년 同보건복지위원회 위원 2016년 同장기미집행도시공원특별위원회 위원(현) 2016년 同도시안전건설위원회 부위원장(현) [저]'세상 한가운데 불을 지피다' '물안개 걷히면서' '민족 지도자의 사상' '가슴으로 쓰고 마음으로 새긴 김춘수의 세상이야기'(2014, 신원출판사) [종]천주교

김춘수(金春洙) KIM Chun Soo

[생]1966 · 1 · 3 [출]전북 완주 [주]경기 안양시 동안구 관평로212번길52 수원지방검찰청 안양지청(031-470-4200) [학]1984년 원광고졸 1990년 서울대 경영학과졸 1993년 同대학원 법학과 수료 [경]1996년 사법시험 합격(38회) 1999년 사법연수원 수료(28기) 1999년 춘천지검 검사 2001년 대전지검 논산지청 검사 2002년 수원지검 검사 2004년 서울서부지검 검사 2006년 창원지검 통영지청 검사 2008년 서울동부지검 검사 2011년 의정부지검 고양지청 검사 2011년 同고양지청 부부장검사 2012년 서울중앙지검 부부장검사 2013년 창원지검 통영지청 부장검사 2014년 부산지검 형사4부장 2015년 서울남부지검 공판부장 2016년 수원지검 안양지청 부장검사(현)

김춘수(金春洙)

[생]1975 · 12 · 20 [출]충북 진천 [주]충남 서산시 공림4로24 대전지방법원 서산지원(041-660-0600) [학]1994년 청주 신흥고졸 1999년 고려대 법학과졸 [경]1997년 사법시험 합격(39회) 2001년 사법연수원 수료(30기) 2001년 軍법무관 2004년 서울동부지법 판사 2006년 서울중앙지법 판사 2008년 청주지법 판사 2011년 수원지법 안산지원 판사 2014년 대법원 재판연구관 2016년 대전지법 · 대전가정법원 서산지원 부장판사(현)

김춘순(金瑃淳) KIM CHUN SOON

[생]1963 [본]광산(光山) [출]충남 논산 [주]서울 영등포구 의사당대로1 국회사무처 예산결산특별위원회(02-788-2736) [학]1983년 대전 보문고졸 1987년 연세대 사회과학대학 행정학과졸 1997년 미국 코넬대 대학원 노사관계학과졸 2013년 행정학박사(성균관대) [경]1988년 입법고시 합격(8회) 1995년 미국 코넬대 대학원 연구조교 1998년 국회사무처 정무위원회 입법조사관 2002년 同기획조정실 기획예산담당관 2004년 同총무과장 2005년 의정연수원 교수 2005년 미국 콜로라도대 정책대학원 객원교수 2007년 국회사무처 국제국장 2008년 同정무위원회 전문위원 2009년 同예산결산특별위원회 전문위원 2011년 국회예산정책처 예산분석실장(관리관) 2013년 한국의회학회 기획총괄위원장(현) 2013년 국회사무처 재정개혁특별위원회 수석전문위원 2013년 同예산결산특별위원회 수석전문위원(차관보급)(현) 2013년 국회 홍보출판위원회 위원(현) 2013년 한국정책분석평가학회 부회장(현) 2013년 한국공공관리학회 부회장(현) 2013년 '국회보' · '예산정책연구' 편집위원 2015년 한국정책학회 운영부회장(현) [상]국회의장표창(1999), 근정포장(2004), 박사학위 우수논문 성균관대총장표창, 홍조근정훈장(2014) [저]'국가재정 이론과 실제'(2012, 박영사) '비교예산제도론'(2014, 대명출판사) '국가재정 이론과 실제(개정판)'(2014, 학연문화사)

김춘식(金春植)

[생]1954 · 6 · 17 [출]서울 [주]대전 유성구 가정로218 한국전자통신연구원 감사실(042-860-6114) [학]1976년 서울대 전자공학과졸 1979년 同대학원 법학과졸 1991년 경영학박사(미국 스탠퍼드대) [경]1992~2004년 KT 마케팅기획본부 근무 1997~1998년 미국 컬럼비아대 교환교수 2004~2007년 방송위원회 방송정책실장 2008~2015년 경민대 인문사회계열 e-비즈니스경영과 교수 2015년 한국전자통신연구원(ETRI) 상임감사(현)

김춘식(金春植) KIM Choon Sik

[생]1965 · 8 · 15 [출]강원 영월 [주]서울 동대문구 이문로107 한국외국어대학교 사회과학대학 미디어커뮤니케이션학부(02-2173-3212) [학]1983년 제천고졸 1987년 한국외국어대 신문방송학과졸 1989년 同대학원 신문방송학과졸 1998년 언론학박사(한국외국어대) [경]1996~1999년 한국외국어대 신문방송학과 강사 1998~1999년 동덕여대 방송연예과 강사 1999년 목원대 광고홍보학과 전임강사 1999년 한국외국어대 부설 언론정보연구소 초빙연구원 2000~2001년 한신대 광고홍보학과 조교수 2001년 한국외국어대 신문방송학과 조교수 2003년 同신문방송학과장 2004~2013년 同사회과학대학 언론정보학부 부교수 · 교수 2004~2005년 同언론정보학부장 2006년 同홍보실장 2011~2013년 同언론정보연구소장 2013년 同사회과학대학 미디어커뮤니케이션학부 교수(현) 2016년 同정치행정언론대학원장(현) [저]'Socio-communication structure among political actors on the web in South Korea(共)'(2004) 'Functional analysis of televised political spots and debates in Korean presidential elections(共)'(2004) '대통령선거와 정치광고'(2005) '미디어 정치시대의 미디어와 선거법(共)'(2005) '한국의 뉴스미디어 2007(共)'(2007) '소셜미디어에서 온라인 정치담론의 특성(共)'(2010) '저널리즘의 이해(共)'(2010) [역]'미디어효과이론(共)'(2010)

김춘옥(金春玉 · 女) KIM Chun Ok (硯泉)

[생]1946 · 3 · 9 [본]김해(金海) [출]대구 [주]서울 종로구 동숭길122 동숭아트센터3층 마을미술프로젝트추진위원회(02-744-9170) [학]경북여고졸 1968년 서울대 회화과졸 1981년 세종대 대학원 동양화과졸 [경]1981~2013년 개인전 39회 개최 1987~1991년 현대미술초대전(국립현대미술관) 1988년 88올림픽기념 현대미술초대전(국립현대미술관) 1991~1993년 대한민국 종교미술큰잔치(예술의전

당 미술관) 1994년 서울국제현대미술제(국립현대미술관) 1997년 싸롱도톤느 한국화특별전(파리 에펠브랑리 에스파스) 1998년 베세토 국제 서화초대전(동경 강호박물관) 1998년 동아미술대전 심사위원 1999년 유네스코 미로미술관 초대 '한국의 빛깔전'(파리 미로미술관) 2000년 새천년 대한민국의 희망전(국립현대미술관) 2000년 화랑미술제(예술의전당) 2001년 서울미술대전(서울시립미술관) 2001년 독도사랑전(서울갤러리) 2002년 대한민국미술대전 조직위원 · 심사위원장 · 운영위원장 2003년 同운영위원 2003년 2003드로잉의 새로운 지평전(덕수궁미술관), 서울시 원로중진작가초대전(국립현대미술관), KIAF 서울국제미술제(COEX인도양홀) 2004년 한국현대작가초대전(서울시립미술관 남서울분관) 2005년 CIGE중국국제화랑박람회(중국 북경 China World Trade Center) 2006년 한국화여성작가회 회장 2006년 한중현대미술전(중국 로우순 미술관하얼빈 · 금호미술관) 2007년 ACAF NY 아시안 컨템포러리아트페어뉴욕(미국 뉴욕 pier92 at 52nd Street) 2008년 EUROP'ART Geneva Arts Fair(스위스 제네바 Palexpo) 2009년 ST-ART2009(스트라스부르그아트페어)(프랑스 스트라스부르그 Wacken Exhibition Center) 2010년 ART ASIA MIAMI (미국 마이애미 Art Asia Miami Parvilion) 2011년 ART CHICAGO(미국 시카고 The Merchandise Mart), KOREA ART SHOW(미국 뉴욕 2011 첼시 La.Venue), (사)한국전업미술가협회 이사장, 同자문위원장, 세종문화회관 이사, 인하대 · 단국대 강사, 서울시 미술장식품 심의위원, 국립현대미술관 운영위원, 同작품매입심의위원, 서울시립미술관 운영위원, 서울시 문화상 심사위원, 문화체육관광부 마을미술프로젝트(2010 · 2011 · 2012 · 2013 · 2014 · 2015) 추진위원장(현), (사)한국미술협회 수석부이사장, 인하대 겸임교수, 서울예술대 외래교수, 한국화여성작가회 고문 2014년 (재)아름다운 맵(Maeulmisul Art Project) 이사장(현) [상]문화공보부 신인예술상-동양화부 장려상(1965), 동아미술상(1982), 중앙미술대전 장려상(1983), 한국문학예술 신인상-시 부문(1995), 동아미술제 초대작가상(2002), 옥관문화훈장(2003), 한국예술문화단체총연합회 예술문화상 미술부문 대상(2012) [저]시집 '빛 속을 나는 새' [종]천주교

김춘진(金椿鎭) KIM Choon Jin

[생]1953 · 1 · 24 [본]경주(慶州) [출]전북 부안 [주]전북 전주시 완산구 홍산로269 더불어민주당 전북도당(063-236-2161) [학]1969년 전주고졸 1976년 경희대 치대 치의학과졸 1981년 同대학원 치과보철학과졸 1984년 치의학박사(경희대) 2002년 보건학박사(인제대) [경]1986~2008년 경희대 · 한림대 외래교수 1994~1996년 한국과학기술연구원 신소재책임연구원, 전주고 · 북중총동창회 부회장 1995~2001년 고려대 외래교수 1998~2002년 김대중대통령 치과주치의 2004년 제17대 국회의원(고창 · 부안, 열린우리당 · 대통합민주신당 · 통합민주당) 2004~2008년 국회 보건복지위원회 위원 2008년 제18대 국회의원(고창 · 부안, 민주당 · 민주통합당) 2008~2012년 국회 교육과학기술위원회 위원 2008~2009년 국회 예산결산특별위원회 위원 2008~2012년 유니세프 국회친구들 공동대표 2010~2011년 민주당 무상급식추진특별위원회 위원장 2010~2011년 同제6정책조정위원회 위원장 2012~2016년 제19대 국회의원(고창 · 부안, 민주통합당 · 민주당 · 새정치민주연합 · 더불어민주당) 2012년 국회 농림수산식품위원회 위원 2012~2013년 국회 예산결산특별위원회 위원 2012년 국회 농림어업 및 국민식생활발전포럼 공동대표 2012년 국회 선플정치위원회 공동위원장 2013년 국회 농림축산식품해양수산위원회 위원 2014~2016년 국회 보건복지위원회 위원장 2015년 국회 메르스대책특별위원회 위원 2015년 아시아태평양지역 국제보건국회의원포럼 초대의장 2015년 새정치민주연합 전북도당 위원장 직대 2016년 제20대 국회의원선거 출마(전북 김제시 · 부안군, 더불어민주당) 2016년 더불어민주당 전북김제 · 부안지역위원회 위원장(현) 2016년 同전북도당 위원장(현) 2016년 同최고위원(현) [상]보건대상(2000), 국무총리표창(2002), 국세청장표창(2002), 공동선 의정활동상(2009), 유니세프 감사패(2010), 대한민국 헌정대상(2011), 국회도서관이용 최우수의원(2011 · 2012 · 2013 · 2014 · 2015 · 2016), 수협중앙회 감사패(2013), 법률소비자연맹 선정 국회 헌정대상(2013), 대한민국 산림환경대상 입법부문(2013), 자랑스러운 경희인상(2014), 한국언론사협회 대한민국우수국회의원대상 특별대상(2014), 전국NGO단체연대 선정 올해의 닮고 싶은 인물(2015), 대한민국 의정혁신대상(2015), 전국청소년선플SNS기자단 선정 '국회의원 아름다운 말 선플상'(2015), (사)대한민국가족지킴이 대한민국실천대상 의정활동 보건복지부문(2015), 대한민국 입법대상(2015), 대한민국 국회의원 의정대상(2016), 자랑스런 전고인상(2016) [저]'모두를 위한 밥상'(2011) [종]천주교

김춘학(金春學) KIM Chun Hak (浩泉)

[생]1956 · 11 · 5 [출]대구 [주]서울 서초구 남부순환로2271 CJ건설(주)(02-2017-1000) [학]1975년 대구고졸 1983년 영남대 건축과졸 2013년 건축공학박사(고려대) [경]1983년 삼성그룹 입사 1989년 새한 유럽공장설립 슈퍼바이저 1991년 삼성엔지니어링 근무 2002년 삼성중공업 건설사업부 상무 2008~2011년 同건설사업부 전무 2011년 CJ건설(주) 대표이사 부사장 2016년 同대표이사 총괄부사장(현) 2016년 CJ(주) 창조경제추진단장(총괄부사장) 겸임(현)

김춘호(金春鎬) KIM Choon Ho (怡丁)

[생]1957 · 12 · 2 [본]안동(安東) [출]경기 이천 [주]인천 연수구 송도문화로119 한국뉴욕주립대학교 총장실(032-626-1004) [학]1976년 경동고졸 1981년 서강대 화학공학과졸 1986년 공학박사(미국 존스홉킨스대) 1999년 연세대 언론홍보대학원 언론홍보최고위과정 수료 2004년 IMI MBA과정 수료 2006년 同Chief Marketing Officer 과정 수료 [경]1986~1997년 한국에너지기술연구소 화석연료팀장 · 선임연구원 · 책임연구원 1994~1997년 (주)조선비료 기술고문 1996~1998년 충남대 공대 겸임교수 1996년 국제연합(UN) 경제사회이사회(ECOSOC) 전문위원 1997년 국민회의 총재특보 1997년 同대전유성지구당 위원장 1998~2007년 산업자원부 전자부품종합기술연구소장 겸 전자부품연구원 원장(초대 · 2 · 3대) 1998~2000년 (사)과학교육진흥회 사무총장 1999년 중국 연변과학기술대 겸임교수(현) 2002년 전기전자재료학회 부회장 2003년 대통령직인수위원회 경제2분과위원회 자문위원 2003년 신성장산업정책평가위원회 위원장 2004~2008년 한국산업기술평가원 이사 2004~2006년 한국전기전자학회 회장 2005년 한국정보처리학회 부회장 2007~2010년 건국대 신기술융합학과 교수 2007~2010년 同대외협력부총장 겸 유비쿼터스정보기술연구원장 2008~2013년 도산CEO포럼 상임대표 2009~2011년 법무법인 다래 고문 2010년 한국뉴욕주립대 총장(현) 2011~2014년 가온미디어(주) 사외이사 2012~2015년 한국과학기술원 이사 2015년 대한적십자사 부총재(현) [상]한국산업기술대전 국무총리표창(1998), 대한민국특허기술대전 동상(1999), 대통령표창(2002), 대한민국기술대전 은상(2003), 과학기술훈장 웅비장(2005), 제5회 대한민국참교육대상 글로벌교육발전부문 대상(2014) [저]'엔지니어가 바라본 명품 한국'(2009, 생각의 나무) [종]기독교

김춘호(金春蝴)

[생]1965 · 2 · 26 [출]경남 사천 [주]서울 양천구 신월로386 서울남부지방법원(02-2192-1114) [학]1982년 진주고졸 1986년 서울대 법대졸 [경]1993년 사법시험 합격(35회) 1996년 사법연수원 수료(25기) 1996년 서울지법 남부지원 판사 1998년 서울지법 판사 2000년 창원지법 통영지원 판사 2003년 서울지법 판사 2004년 서울중앙지법 판사 2005년 서울서부지법 판사 2006년 서울고법 판사 2008년 서울동부지법 판사 2011년 청주지법 부장판사 2013년 의정부지법 부장판사 2015년 서울남부지법 부장판사(현)

김춘환(金椿煥) KIM Choon Hwan

[생]1949 · 3 · 11 [출]전북 익산 [주]서울 영등포구 은행로 54 (주)신한 비서실(02-369-0030) [학]1967년 경신고졸 1976년 중앙대 사회사업학과졸 1986년 미국 데니스부동산대학졸 2001년 고려대 경영대학원 최고경영자과정 수료 [경]1980~1989년 미국 Innovative Financing Group 이사 1989~1992년 미국 Annandale Security Inc 이사 1992~1995년 미국 SDC LLC 부사장 1995~2001년 미국 S&K Development Co.LLP 사장, (주)에스엔드케이월드코리아 회장 2001년 同대표이사(현) 2001년 (주)신한 대표이사 회장(현) 2004년 (사)한국중견기업연합회 부회장 2006년 건설공제조합 여의도지점 3 · 4대의원 2008년 (주)미지엔리조트 회장 [상]대한민국글로벌경영인대상 해외건설부문(2008) [종]기독교

김충관(金忠琯) KIM Chung Kwan

[생]1951 · 12 · 20 [출]경남 창원 [주]경남 창원시 의창구 중앙대로151 창원시청 제2부시장실(055-225-2020) [학]1970년 마산고졸 1978년 경남대 경제학과졸 1990년 同대학원 경제학과졸 [경]삼성정공(주) 대표이사, 한진기획대표, 소계동청년회 회장 1996년 창원시의회 의원, 同도시건설위원장 1996년 창원문성대학 경영정보학과 외래교수 2000년 서창원새마을금고 이사장 2000년 경남정보사회연구소 이사장 2002~2004년 경남도의회 의원(한나라당), 경남도민프로축구단 경영단장 2014년 창원시 제2부시장(현)

김충기(金忠基) KIM Choong Ki

[생]1942 · 10 · 1 [출]서울 [주]대전 유성구 대학로291 한국과학기술원 전기및전자공학부(042-350-3416) [학]1961년 경기고졸 1965년 서울대 공대 전기공학과졸 1967년 미국 컬럼비아대 대학원졸 1970년 공학박사(미국 컬럼비아대) [경]1970~1975년 미국 FAIRCHILD연구소 연구원 1975~2007년 한국과학기술원 전자전산학과 교수 1982년 한국전자기술연구소 연구부장 1991년 한국과학기술원 정보전자연구소장 1992년 同정보전자공학부장 겸임 1994년 同종합

기획본부장 1995~1998년 同부원장 1995년 미국 IEEE 펠로우(현) 1998년 현대전자 사외이사 2007년 한국과학기술원 전기및전자공학부 특훈교수(현) [상]호암상 공학부문(1993), 국민훈장 모란장

김충모(金忠模) KIM Choong Mo

[생]1963·8·5 [본]김해(金海) [출]서울 [주]세종특별자치시 한누리대로422 고용노동부 산재예방보상정책국 화학사고예방과(044-202-7752) [학]인천 선인고졸, 성균관대 행정학과졸, 서울대 행정대학원 정책학과 수료 [경]1996년 행정고시 합격(40회) 1998년 노동부 근로여성정책국 여성고용지원과 사무관 2000년 춘천지방노동사무소 산업안전과장 2001년 노사정위원회 사무관 2002년 근로기준국 근로복지과 근무 2003년 노동부 장관실 근무, 同기획관리실 법무담당관실 근무 2004년 미국 직무훈련 2007년 노동부 산업안전보건국 산업보건환경과 서기관, 同안전보건정책과 서기관 2010년 고용노동부 기획조정실 국제기구담당관 2012년 同산재예방보상정책국 서비스산재예방과장 2013년 同산재예방보상정책국 화학사고예방과장 2014년 공정거래위원회 건설용역하도급개선과장 2016년 고용노동부 산재예방보상정책국 화학사고예방과장(현) [종]기독교

김충배(金忠培)

[생]1946·5·22 [출]대전 [주]서울 노원구 화랑로564 화랑회관2층 육군사관학교총동창회(02-971-3064) [학]대전고졸 1970년 육군사관학교졸(26기) 1998년 서울대 최고경영자과정 수료 [경]1988년 기갑여단장 1989년 3군사령부 작전처 교육과장 1990년 5군단 작전참모 1993년 육군3사관학교 생도대장 1996~1998년 52사단장 1998년 1군단 지휘부 참모장 2000년 3사관학교장 2000~2002년 6군단장 2002년 국방부 정보본부장 2003~2004년 육군사관학교장 2004년 예편(육군 중장) 2005~2008년 한국국방연구원(KIDA) 원장 2005년 대통령자문 국방발전자문위원 2005년 육군사관학교총동창회 부회장 2009년 同사무총장 2009년 성우회 국제전략교류협회 회장 2009년 평화통일국민포럼 이사장 2015년 육군사관학교총동창회 제11대 회장(현)

김충선(金忠善) KIM Choong Sun (孤仙)

[생]1953·8·13 [본]광산(光山) [출]광주 [주]서울 서대문구 연세로50 연세대학교 물리학과(02-2123-8514) [학]1981년 연세대 물리학과졸 1984년 미국 인디애나대 대학원 물리학과졸 1988년 이학박사(미국 미국 위스콘신대) [경]1992년 연세대 이과대학 물리학과 조교수·부교수·교수(현) 1996~2002년 미국 미국 위스콘신대 Honorary Fellow 1996~2002년 국제이론물리연구소(ICTP) Associate Member 1998년 한국고등과학원 Associate Fellow 2004년 대만 대만 Univ. of Tsinghua 방문교수 [상]駐미국대사관 The Korean Honor Scholarship(1987), 일본 문부성 The Center of Excellence(COE) Fellowship(1996), 서암학술상(1999), 유럽 핵·입자물리연구소(CERN) Associate Fellowship(2002), 과학기술부·서울경제신문 선정 이달의 과학기술자상(2004), 연세대 학술대상(2004), 한국물리학회 학술상(2006), 연세대 연구업적우수교수상(2008·2013·2014), 연세대 우수강의교수상(2011), 대한민국 인물대상(2014) [저]'일반물리학'(1996) '현대물리학'(1996) [종]기독교

김충섭(金忠燮) Choongseop Kim

[생]1969·6·14 [본]김해(金海) [출]경남 마산 [주]서울 영등포구 의사당대로1 국회사무처 안전행정위원회(02-788-2156) [학]1987년 충암고졸 1996년 고려대 행정학과졸 2011년 미국 콜로라도주립대 대학원 행정학과졸 [경]2002년 입법고등고시 합격(18회) 2002년 국회사무처 예산결산특별위원회 입법조사관 2003년 同예산정책처설립준비기획단 기획예산담당 2004년 同보건복지위원회 입법조사관 2007년 同정보위원회 입법조사관 2011년 同예산결산특별위원회 입법조사관 2014년 同기획조정실 행정법무담당관(서기관) 2015년 同기획조정실 행정법무담당관(부이사관) 2015년 同안전행정위원회 입법조사관(현) [상]고려대총장표창(1995), 국회사무총장표창(2002·2008), 국회의장표창(2012) [종]불교

김충수(金忠銖) KIM Choong Soo

[생]1938·2·6 [본]의성(義城) [출]경북 의성 [주]서울 용산구 효창원로66길26 대정빌딩601호 (주)대정코리아 회장실(02-711-0326) [학]1957년 경북고졸 1961년 고려대 정경대 정치외교학과졸 1966년 同경영대학원 수료 [경]1973년 한국청년회의소 회장 1974년 제9대 국회의원(전국구, 유신정우회) 1976년 대한펜싱협회 회장 1976년 대한올림픽위원회 위원 1979년 공화당 정책위원회 부의장 1981년 한국필터산업(주) 회장 1989년 성남병원 이사 1990년 (주)대정코리아 회장(현)

김충수(金忠秀) KIM Choong Soo

[생]1953·1·3 [주]충남 보령시 옥마벚길10 (주)대천리조트 사장실(041-939-3600) [학]대전고졸 1977년 충남대 화학공학과졸 [경]국제상사 근무, 세종입시학원 원장, 대신동체육회 부회장, 만세보령대상심의위원회 위원, 보령경찰서 시민봉사위원회 사무국장, 보령시학원연합회 회장, 보령시농어촌발전심의위원회 위원, 보령시노인복지기금심의위원회 위원, 보령시교육청 교육행정자문위원, 보령시족구연합회 회장 1995·2002·2006~2010년 충남 보령시의회 의원, 同예산결산위원회 위원장 2004년 同부의장 2008~2010년 同의장 2010년 충남 보령시의회 의원 후보(한나라당) 2014년 (주)대천리조트 대표이사 사장(현)

김충식(金忠植) KIM Choong Sik

[생]1950·2·12 [본]김녕(金寧) [출]경남 창녕 [주]경남 창녕군 창녕읍 군청길1 창녕군청 군수실(055-530-1001) [학]남지고졸 1971년 육군3사관학교졸 1983년 육군대학졸 1990년 경남대 행정대학원 수료 [경]1982년 76훈련단 대대장 1988년 창녕군재향군인회 사무국장 1989년 한국자유총연맹 창녕군 운영위원 1991·1995·1998·2002~2006년 경남 창녕군의회 의원 1998~2000년 同의장 2006년 경남 창녕군의원선거 출마 2007년 경남 창녕군수(재·보궐선거 당선, 무소속) 2010년 경남 창녕군수(한나라당·새누리당) 2014년 경남 창녕군수(새누리당)(현) [상]국토해양부장관표창(2008), 올해의 지방자치CEO에 선정(2012), 제18회 한국지방자치경영대상 최고경영자상(2013), 제19회 한국지방자치경영대상 종합대상(2014), 한국의 영향력 있는 CEO선정 성장경영부문 대상(2016)

김충식(金忠植) Choong Seek Kim

[생]1954·2·8 [본]안동(安東) [출]전북 고창 [주]경기 성남시 수정구 성남대로1342 가천대학교 사회과학대학 언론영상광고학과(031-750-5008) [학]1972년 목포고졸 1977년 고려대 철학과졸 1992년 중앙대 신문방송대학원졸 2010년 언론학박사(일본 게이오대) [경]1978년 동아일보 입사 1993년 同편집부·사회부·정치부·기획특집부 기자 1995년 同정보과학부장 1997년 同문화부장 1998년 同사회부장 1999년 同논설위원 2001년 한국앰네스티 언론위원장 2002~2005년 동아일보 도쿄지사장 2004년 일본 도쿄대 객원교수 2005~2006년 동아일보 논설위원 2006년 가천의과학대 초빙교수 2006~2010년 가천길재단 기획조정실장 2006~2010년 가천의과학대 교수 겸 가천길재단 기획조정실장 2011년 가천대 경원캠퍼스 신문방송학과 교수 2011년 방송통신위원회 상임위원 2012~2014년 同부위원장 2014년 가천대 사회과학대학 언론영상광고학과 교수(현) 2016년 同대외부총장(현) [상]한국기자상(1983·1994) [저]'법에 사는 사람들'(共) '남산의 부장들' '목화밭과 그 일본인 : 외교관 와카마쓰의 한국 26년'(2015, 메디치)

김충영(金忠永) KIM Choong Young

[생]1957·4·11 [본]서흥(瑞興) [출]경남 창녕 [주]서울 성북구 안암로145 고려대학교 일어일문학과(02-3290-2145) [학]1976년 경동고졸 1985년 한국외국어대 일본어과졸 1994년 문학박사(일본 쓰쿠바대) [경]1994년 고려대 일어일문학과 조교수·부교수·교수(현) [저]'일본고전의 방랑문학'(1997, 고려대 출판부) '일본 어문학의 세계(編)'(2001, 도서출판 박이정) '모노가타리에서 하이쿠까지(共)'(2003, 글로세움) '한중일 문화코드읽기/비교문화 상징사전 소나무(共)'(2005, 도서출판 종이나라) '21세기 일본문학 연구(共)'(2005, 제이앤씨) '한중일 문화코드읽기/비교문화 상징사전 대나무(共)'(2006, 도서출판 종이나라) '한중일 문화코드읽기/비교문화 상징사전 국화(共)'(2006, 도서출판 종이나라) '일본문학 속의 여성(共)'(2006, 제이앤씨) '한중일 문화코드읽기/비교문화 상징사전 난초(共)'(2006, 도서출판 종이나라) '일본 고전문학의 배경과 흐름'(2007, 고려대 출판부) '풍자화전(風姿花傳)'(2008, 지만지) '일본 전통극의 이해'(2013, 지식을 만드는 지식)'(일본 고전문학에 나타난) 삶과 죽음(共)'(2015, 보고사) [종]기독교

김충용(金忠龍) Choong-Yong Kim

[생]1959·4·15 [출]서울 [주]대구 동구 동내로88 대구경북첨단의료산업진흥재단 실험동물센터(053-790-5700) [학]경희고졸, 건국대 수의학과졸, 同대학원 수의학과졸 1995년 의학박사(일본 도호쿠대) [경]한국화학연구원 안전성평가연구소 책임연구원 2008년 同안전성평가연구소 연구개발부장 겸 독성연구팀장 2008년 미국 워싱턴대 국가영장류센터 Visting Scholar 2009년 한국화학연구원 안전성평가연구소 영장류센터장, 同안전성평가연구소 동물실험윤리위원장 2011년 대구경북첨단의료산업진흥재단 실험동물센터장(현) [상]과학기술훈장 진보장(2012) [종]천주교

김충조(金忠兆) KIM Choong Joh (한길)

[생]1942·8·24 [본]김해(金海) [출]전남 여수 [주]서울 종로구 난계로247 서진빌딩303호 4월혁명고대(02-733-6419) [학]1960년 여수고졸 1965년 고려대 법대 법학과졸 [경]1962~2005년 한국화 개인전 5회 개최 1975년 여순산업신보사 논설위원 1978~1980년 同사장 1979~1981년 여흥장학회 회장 1980~1988년 한길화랑 대표 1984~1985년 근로농민당 정책위원회 의장·부총재 1987~1989년 민주쟁취국민운동 전남본부 공동의장 1988년 제13대 국회의원(여수, 평화민주당·신민당·민주당) 1989·1991년 민주연합청년동지회 중앙회장 1992년 제14대 국회의원(여수, 민주당·국민회의) 1992년 민주당 원내부총무 1993년 同당무위원 1993년 同정치연수원장 1995~1997년 국민회의 창당주비위원회 부위원장·연수원장 1996년 제15대 국회의원(여수, 국민회의·새천년민주당) 1997년 국민회의 사무총장·제15대 대선 김대중후보 선거대책본부장 1998~2000년 국회 윤리특별위원회 위원장 2000~2004년 제16대 국회의원(여수, 새천년민주당) 2000~2002년 새천년민주당 중앙위원회 의장 2000~2004년 한·스페인의원친선협회 회장 2001~2002년 국회 예산결산특별위원회 위원장 2001~2010년 (사)백범정신실천운동본부 상임공동대표 2002~2004년 국회 공직자윤리위원회 부위원장 2002년 (사)충·효·예 실천운동본부 상임고문(현) 2005~2007년 민주당 전국대의원대회 의장 2006년 도덕국가건설연합 지도위원(현) 2007년 민주당 선거대책위원회 위원장 2008년 통합민주당 최고위원 2008년 同공천심사위원 2008~2012년 제18대 국회의원(비례대표, 통합민주당·민주당·민주통합당) 2008~2012년 민주당 당무위원 2009년~2011년 국회고려대교우회 회장 2009~2010년 국회 정치개혁특별위원회 위원장 2010~2012년 국회 2012여수세계박람회지원특별위원회 위원장 2011~2012년 (사)한국전통무예총연합회 총재 2012~2013년 (사)한국평화미술협회 이사장 2012년 한국신맥회 고문(현) 2012년 대한민국미술대전 한국화부문 심사위원 2012년 제19대 국회의원 후보(전남 여수甲, 무소속) 2013년 4.19혁명정신선양회 고문(현) 2014년 4월혁명고대 상임부회장(현) 2014년 한국해양연안순찰대연합회 총재(현) 2015년 고려대 4.18의거기념탑건립추진위원장 2016년 한국태권패트롤봉사단 총재(현) [상]한국미술협회 자랑스런미술인상(2003), 대한민국무궁화대상 깨끗한정치인부문(2008), 대한민국환경문화대상 정치부문(2011) [저]'새벽을 열기 위한 신념의 불꽃' [종]기독교

김충지(金忠之) KIM Chung Ji

[생]1942·10·24 [출]부산 [주]경남 양산시 유산공단9길 22 에스텍(주) 비서실(055-370-2303) [학]1960년 경남상고졸 1969년 부산대 경영학과졸 [경]1971년 LG포스타입사 1981년 同관리이사 1987년 同대표이사 1998년 LG C&D 공동대표이사 1999년 LG정밀(주) 음향부품사업부장 1999년 에스텍(주) 대표이사 회장 2015년 同회장(현) [상]한국전자부품전 상공자원부장관상(1993), 장영실상(1994), 국무총리표창(2001), 근로자의 날 산업포장(2004)

김충한(金忠漢) KIM Choong Han

[생]1937·1·8 [본]안동(安東) [출]서울 [주]서울 강남구 영동대로511 트레이드타워2001호 (주)한국이앤엑스 비서실(02-551-0102) [학]1956년 서울사대부고졸 1966년 성균관대 법정대 법률과졸 1969년 고려대 경영대학원 수료 1984년 서울대 행정대학원 수료 1986년 연세대 행정대학원 고위정책과정 수료 1995년 고려대 언론대학원 수료 [경]1957년 한국일보 입사 1964년 同비서실장 1967년 同업무국 부국장·국장 1968년 同비서실장 1970년 同오사카지국장 1972년 同오사카지사장 1977년 同동경지사장 1979년 同이사 1983~1998년 同부사장 1992년 한국종합미디어 사장 1994년 설문걸장학재단 이사장(현) 1997년 한국근육병재단 이사장(현) 1998년 한국일보 상임고문 1998~2014년 (주)한국이앤엑스 회장 2001년 (사)순애원 이사 2012년 백상재단 이사(현) 2014년 대한언론인회 부회장(현) 2014년 (주)한국이앤엑스 대표이사 회장(현) [상]석탑산업훈장(2012) [저]'민의가 행정에 미치는 영향' [종]천주교

김충한(金忠瀚) KIM Chung Han

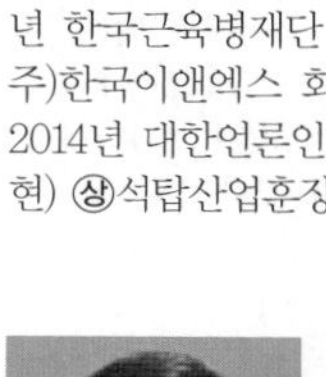

[생]1968·8·16 [출]서울 [주]서울 서초구 반포대로158 서울고등검찰청(02-530-3114) [학]1987년 자양고졸 1993년 고려대졸 [경]1992년 사법시험 합격(34회) 1995년 사법연수원 수료(24기) 1995년 공정거래위원회 행정사무관 1995년 변호사 개업 1998년 춘천지검 검사 2000년 대구지검 포항지청 검사 2002년 인천지검 검사 2004년 서울북부지검 검사 2007년 광주지검 부부장검사 2009년 창원지검 진주지청 부장검사 2009년 대전지검 공판송무부장 2010년 광주고검 전주지부 검사 2011년 의정부지검 고양지청 부장검사 2012년 부산고검 검사 2014년 서울고검 검사(현)

김충헌(金忠獻) Kim ChungHeon

[생]1949·4·1 [출]부산 [주]대전 중구 동서대로1337 충청신문 사장실(042-252-0100) [학]1976년 부산대졸 [경]충청일보 대전·충남본부장 2003년 충청매일신문 이사겸 총괄국장 2004년 중도일보 총괄이사 2014년 충청신문 부사장 2016년 同사장(현)

김충현(金忠顯) KIM Choong Hyun

[생]1965·12·25 [본]안동(安東) [출]경북 안동 [주]서울 종로구 율곡로194 동관11층 현대상선(주) 임원실(02-3706-5511) [학]경북고졸 1989년 서울대 경영학과졸 1995년 同대학원 경영학과졸 [경]부즈앨런 컨설턴트 2005년 LG전선(주) 전략기획부문장(상무) 2006년 LS전선(주) 전략기획부문장(상무) 2008년 同Cyprus법인장, 同고문 2014~2016년 현대상선(주) 현대전략기획본부 상무 2016년 同최고재무책임자(CFO) 2016년 同경영총괄 겸 재무총괄 부사장(현)

김충호(金忠浩) KIM Choong Ho

[생]1961·6·21 [출]경남 함양 [주]대전 서구 청사로189 관세청 감사관실(1577-8577) [학]1980년 대일고졸 1988년 고려대 경제학과졸 [경]행정고시 합격(34회) 2000년 국무총리국무조정실 산업심의관실 서기관 2000년 호주 해외훈련 2003년 국무총리국무조정실 산업심의관실 과장급 2005년 同조사심의관실 서기관 2007년 同규제개혁1심의관실 규제총괄과장 2007년 同규제개혁1심의관실 규제총괄과장(부이사관) 2008년 국무총리 정무기획비서관실 정무기획총괄행정관(부이사관) 2009년 국무총리 정무기획비서관실 기획총괄행정관 2009년 국무총리실 세종시기획단 조정지원정책관(고위공무원) 2010년 국무총리 정무기획비서관 2010년 국토연구원 선임연구위원 파견(고위공무원) 2011년 국무총리실 개발협력정책관 2012년 同평가총괄정책관 2013년 국무총리국무조정실 규제조정실 규제총괄정책관 2013년 관세청 감사관(현)

김충환(金忠環) KIM Choong Whan

[생]1954·3·9 [본]안동(安東) [출]경북 봉화 [주]서울 강동구 양재대로1666 삼익그린1차상가304호 평화통일연구원 이사장실(02-426-5656) [학]1972년 경복고졸 1977년 서울대 사회과학대학 정치학과졸 1979년 同행정대학원졸 1994년 행정학박사(서울시립대) 1999년 한국방송통신대 불어불문학과졸 2007년 연세대 행정대학원 최고위정책과정 수료(47기) [경]1978년 행정고시 합격(22회) 1980년 정무제1장관 비서관 1980년 정무장관실 국회담당관 1983년 서울올림픽준비단 기획담당관 1985년 서울올림픽조직위원회 등록과장 1988년 서울시 시장비서관 1991년 同통계담당관 1991년 민주당 원내기획실장 겸 국회 정책연구위원 1995~1998년 서울시 강동구청장(민주당·한나라당) 1995~1997년 서울시구청장협의회 공동총무 1996~1997년 전국시장군수구청장협의회 공동회장 1997~2000년 同사무총장 1998·2002~2003년 서울시 강동구청장(한나라당) 1998년 한국지방자치학회 운영이사 1998~2001 서울시구청장협의회 부회장 2000년 전국시장군수구청장협의회 수석부회장 2001년 同대변인 2001년 가톨릭대 행정대학원 겸임교수 2001년 창작수필에 '방생'으로 문단 등단 2002~2003년 서울시구청장협의회 회장 2002~2003년 전국시장·군수·구청장협의회 사무총장 2004년 제17대 국회의원(서울 강동甲, 한나라당) 2004년 한나라당 정부혁신지방분권위원회 부위원장 2004~2005년 同지방자치위원장 2005년 同서울시지부 재해대책위원장 2006~2008년 同원내부대표 2006년 同서울시당 위원장 직대 2006년 국회 윤리특별위원회 간사 2007년 한국사진지리학회 고문(현) 2007년 서울시립대도시과학대학원총동창회 회장(현) 2008년 제18대 국회의원(서울 강동甲, 한나라당·새누리당) 2008년 한나라당 기독인회 총무 2009~2010년 국회 외교통상통일위원회 간사 2010년 한나라당 서울시장경선후보 2010년 한국-방글라데시 친선포럼 회장 2011년 국회 외교통상통일위원회 위원장 2012년 평화통일연구원 이사장(현) 2012년 새누리당 국책자문위원회 외교통일분과 위원장(현) 2014년 세명컴퓨터고 이사장(현) 2015년 명지대 대학원 지방행정학과 교수(현) 2015년 대한민국헌정회 청소년국제분과위원장(정책연구위원)(현) [상]대법원장표창(1977), 국무총리표창(1986), 녹조근정훈장(1989), 대통령표창(2회)(1997), 한국을빛낸사람들 의정발전공로상(2010) [저]'우리는 지금 어디에 서 있나'(1991) '구청장, 구청장, 우리 구청장(共)'(1996) '살기좋은 강동으로 오세요'(1996) 수필집 '나의 삶 나의 꿈'(2003) '꿈을 향한 도전'(2010) [역]'지방자치시대의 도시행정가'(1990) [종]기독교

김충환(金忠煥)

[생]1958 · 3 · 30 [주]서울 종로구 와룡공원길20 남북회담본부 회담운영부(02-2706-1086) [학]1977년 영남고졸 1981년 영남대 행정학과졸 1996년 서울대 행정대학원 행정학과졸 [경]2001년 통일부 인도지원국 이산가족2과 사무관 2003년 同총무과 서기관 2004년 同공보관실 서기관 2006년 동북아시대위원회 파견, 통일부 사회문화교류본부 지원협력팀장 2007년 同남북경제협력본부 남북교역물류팀장 2008년 同남북교류협력국 교역지원과장 2008년 同남북회담본부 회담2과장, WHO 파견 2014년 통일부 남북회담본부 회담지원과장(부이사관) 2015년 同남북회담본부 회담기획부장 2016년 同남북회담본부 회담운영부장(현)

김충환(金忠煥) KIM, Chung Hwan

[생]1972 · 11 · 28 [본]경주(慶州) [출]서울 [주]세종특별자치시 도움4로13 보건복지부 창조행정담당관실(044-202-2255) [학]1991년 용산고졸 1998년 고려대 정치외교학과졸 2006년 스웨덴 쇠데르턴대 대학원 정치학과졸 2013년 가톨릭대 대학원 보건학박사과정 수료 [경]1997년 행정고시 합격(41회) 1998~2006년 통일부 사무관 2006년 보건복지부 사회정책과 사무관 2007년 同국제협력담당관실 서기관 2009~2010년 同보건의료정보과장 · 의약품정책과장 · 생명윤리안전과장 2011~2012년 대통령직속 미래기획위원회 근무 2012년 보건복지부 규제개혁법무담당관 2013년 駐스웨덴대사관 문화홍보관 2015년 보건복지부 복지급여조사담당관 2015년 同사회보장조정과장 2016년 同기획조정실 창조행정담당관(현) [종]기독교

김치동(金治東) KIM Chi Dong

[생]1954 · 12 · 25 [출]서울 [주]서울 동작구 남부순환로2017 한국엔지니어링협회(02-3019-3200) [학]1974년 서울 중동고졸 1981년 한국항공대 통신공학과졸 2002년 아주대 경영대학원졸 2004년 성균관대 국정대학원 박사과정 수료 [경]1986년 기술고시 합격(21회) 1995년 정보통신부 연구개발과 서기관 1996년 同정보통신지원국 통신업무과 서기관 1997년 同통신위원회 사무국장 1999년 同산업기술과장 2001년 同정보화기획실 초고속정보망과장 2003년 同정보통신진흥국 통신이용제도과장 2004년 同정보통신진흥국 통신이용제도과장(부이사관) 2005년 同정보화기획실 정보보호정책과장 2006년 同전파연구소장 2008년 전남체신청장 2008~2009년 지식경제부 우정사업본부 전남체신청장 2009년 同기술표준원 지식산업표준국장 2011년 엔지니어링공제조합 전무이사 2014년 한국엔지니어링협회 상근부회장(현)

김치백(金治伯) KIM Chi Baek

[생]1964 · 4 · 6 [주]경기 수원시 팔달구 효원로1 경기도의회(031-8008-7000) [학]풍생고졸, 건국대 산업디자인학과졸 [경]국회 신성장산업포럼 정책자문위원, 한국청소년운동연합 용인시 부지회장, 손학규 대통령 경선후보 경기동부팀장, 용인시축구센터 총무팀장 2007년 통합민주당 제17대 대통령선거 용인시 수지구 선거사무소장 同경기도당 공직후보자추천심사위원, 同경기도당 사무국장협의회 회장 2014년 경기도의회 의원(새정치민주연합 · 더불어민주당 · 국민의당)(현) 2014년 同교육위원회 위원 2016년 국민의당 경기용인시丁지역위원회 위원장(현) 2016년 경기도의회 농정해양위원회 위원(현) 2016년 同예산결산특별위원회 위원(현) 2016년 同개발제한구역특별위원회 위원(현)

김치봉(金致鳳) KIM Chi Bong

[생]1957 · 10 · 20 [출]경남 김해 [주]세종특별자치시 전의면 산단길22의15 콜마BNH(주) 임원실(044-860-4200) [학]1976년 마산고졸 1983년 경북대 농화학과졸 [경]1991~2004년 한국콜마(주) 연구소장(상무이사) 2004~2013년 (주)선바이오텍 대표이사 2013년 콜마BNH(주) 대표이사 사장(현) 2015년 미래창조과학부 세종창조경제혁신센터 창업대사(현) [상]무역의 날 5백만불 수출탑(2013), 과학기술포장(2015)

김치열(金致烈) KIM Chi Yel (봉전)

[생]1949·6·21 [본]광산(光山) [출]전남 고흥 [주]서울 강남구 봉은사로418 코스모스403호 한국수묵화창작회(02-542-4695) [학]1963년 고흥농고졸, 한국방송통신대 법학과졸, 고려대 법무대학원졸, 단국대 경영대학원 수료 [경]1968년 한국화 화가(현), 한국공인중개사회 회장, 서울시 강남구의회 제2대·4대 의원, 同운영위원장, 同예결위원장, 코리아나 대표(Fashion 전문제조업) 1995~2013년 (주)삼보기공 회장, 고려대 법무대학원 지방자치법학과 강사 2004년 정봉한국화연구소 소장(현) 2008~2013년 한양대 행정자치대학원 자치법학과 겸임교수 2009년 한국수묵화창작회 회장(현) 2010년 인사동문인화연구회 회장(현), (사)한국미술협회·동묵회·도우제 회원 2011년 (사)한국미술협회 한국화제2분과 분과위원(현) 2012년 강남미술협회 회원(현) [상]서울올림픽 봉사상, 장애인올림픽 지원장, 서울시장표창, 한국의정대상, 대한민국 부채예술대전 특선(2011), 동작구 미술대전 특별상(2011) [저]'지방의회 운영사례 실무'(2008) [종]천주교

김치영(金致榮) KIM CHI YOUNG

[생]1954 · 3 · 15 [본]김해(金海) [출]대구 [주]제주특별자치도 제주시 첨단로213의4 제주첨단과학기술단지 엘리트빌딩 제주국제자유도시개발센터 감사실(064-797-5503) [학]1972년 대구 대륜고졸 1976년 경북대 사회학과졸 [경]경북대 총학생회장, 제13 · 14 · 15 · 16대 국회 정책보좌관, 한나라당 보좌관협의회 회장(직선), 한 · 일 보좌관친선회 한국대표, 한 · 미의회청년지도자협의회(KNAAA) 한국대표, 여의도연구소 객원연구위원, 한나라당 이회창 대통령후보 청년위원장, 미래를준비하는청년연합 크린파워21 사무총장, 한 · 우즈베키스탄문화교류협회 이사, 대한민국입법정책연구회 부회장, 한나라당 최병렬 대표 특별보좌역, 同중앙위원회 청년분과위원회 수석부위원장, 대통령직인수위원회 자문위원, 인천국제공항공사 감사위원장, 박근혜 대통령경선후보 특별보좌역, 참좋은정책연구원 정책실장 2015년 제주국제자유도시개발센터(JDC) 상임감사(현) 2015년 공공기관감사포럼 부회장(현) 2016년 서울대 경영대학원 최고감사인과정 제17기 원우회장(현) [상]국회의장상, 내부감사혁신상, 대한리더십학회 리더십대상(2016) [종]천주교

김치용(金治勇) KIM Chi Yong

[생]1960 · 1 · 10 [본]울산(蔚山) [출]서울 [주]서울 서초구 마방길68 한국과학기술기획평가원(02-589-2814) [학]1985년 고려대 통계학과졸 1992년 同대학원 경영정보학과졸 2010년 과학관리학박사(고려대) [경]1985년 시스템공학센터 연구원 1988년 과학기술정책관리연구소 연구원 1993년 同선임연구원 2002년 한국과학기술기획평가원 사업평가실장 2005년 同투자기획팀장 2005년 同사업조정팀장, 同종합정보기획팀장 2008년 同지식확산단장 2008년 同투자조정본부장 2009년 同평가조정본부장 2010년 同예산정책실 정책위원(선임연구위원) 2012년 同경영관리단장 2013년 同정책기획본부장 2015년 同선임연구위원(현) [상]한국과학기술평가원 우수연구원 표창(1999), 과학기술부장관표창(2002), 과학기술훈장 진보장(2015)

김치용(金致龍) Chee Yong KIM

[생]1964 · 6 · 2 [출]경북 영일 [주]부산 부산진구 엄광로176 동의대학교 게임영상공학과(051-890-2270) [학]포항고졸 1991년 인제대 물리학과졸 1993년 同대학원 전산전자물리학과졸 2000년 전산전자물리학박사(인제대) [경]1990~2000년 인제대 컴퓨터디자인교육원 선임연구원 겸 실장 2000~2003년 부산정보대학 정보통신계열 전임강사 2000~2003년 同기획처 기획홍보팀장 2003년 동서대 디지털디자인학부 멀티미디어디자인학전공 조교수 2003년 同디지털영상디자인혁신센터 책임교수, 同영상정보대학 영상정보공학과 조교수 2006년 동의대 영상정보공학과 조교수 2008년 同영상미디어센터 소장 2009~2015년 同영상정보공학과 부교수 · 교수 2010년 同영상정보대학원 부원장 2014년 (사)한국멀티미디어학회 국제학술발표대회(MITA 2014) 조직위원장 2015년 동의대 ICT공과대학 게임영상공학과 교수(현) 2015년 (사)한국경제혁신연구원 초대원장(현) [상]한국디지털콘텐츠학회 우수논문상(2009) [저]'컴퓨터대백과 사전'(1999, 삼성당 출판사) '3D 애니메이션과 멀티미디어'(1999, 인제대 출판부) '컴퓨터그래픽시험예상문제'(2001, 미학사)

김치운(金致雲) KIM Chi Woon (구름)

[생]1938 · 1 · 2 [본]선산(善山) [출]대구 [주]서울 강남구 영동대로738 현대리버스텔201호 인터내셔널에이드코리아 대표실(02-3444-3855) [학]1956년 대구 계성고졸 1960년 부산수산대졸 1972년 영남대 대학원 행정학과졸 1979년 미국 서던캘리포니아대(USC) 행정대학원 연수 1990년 서울대 행정대학원 국가정책과정 수료 [경]1976년 올림픽종합운동장 건설본부 근무 1979년 서울시 문화재담당관 1981년 同비서실장 1982년 同인사과장 1985~1989년 구로구 · 성동구 · 강남구 부구청장 1989년 은평구청장 1992년 구로구청장 1993년 서울시 내무국장 1993년 同공무원교육원장 1994~1995년 同상수도사업본부장 1995~1998년 同시설관리공단 이사장 2000~2005년 계명대 행정학과 객원교수 2000년 인터내셔널에이드 한국본부 대표(현) [상]홍조근정훈장(1990), 간행물윤리상(1992), 책의 해 '책의 인물'(1993), 가장 문학적인 공직

자상(1996), 국민훈장 동백장(1997) ㉐'이름없이 빛도 없이' '어디든 가오리
다' ㉗'한국형 가족묘 창안' ㉢기독교

김치원(金致元) Kim Chi-won

㉢1962·6·3 ㉤울산 ㈜인천 남동구 예술로152번길
9 인천지방경찰청 청장실(032-455-2110) ㉣경주고
졸 1985년 경찰대학 행정학과졸(1기) ㉓1985년 경위 임
용 2004년 대통령 민정수석비서관실 공직기강비서관
2007년 분당경찰서장 2008년 서울지방경찰청 외사과장
2008년 관악경찰서장 2010년 경찰청 감사과장 2010년
울산지방경찰청 차장 2011년 대구지방경찰청 차장 2011
년 외교안보연구원 교육파견 2012년 인천지방경찰청 차장 2013년 경찰청
공감치안구현단장 2014년 同교통국장 2014년 同정보국장(치안감) 2014년
경북지방경찰청장 2015년 인천지방경찰청장(치안정감)(현)

김치중(金治中) KIM Chee Joong

㉢1955·12·11 ㉤광산(光山) ㉤서울 ㈜서울 강남구 테
헤란로92길7 바른빌딩13층 법무법인 바른(02-3479-
7801) ㉣1974년 양정고졸 1978년 서울대 법대졸 1981년
同대학원 법학과졸 ㉓1978년 사법시험 합격(20회) 1980
년 사법연수원 수료(10기) 1980년 육군 법무관 1983년 김
앤장법률사무소 변호사 1984년 인천지법 판사 1986년 서
울민사지법 판사 1989년 대구지법 김천지원 판사 1990년
미국 UC Berkeley Univ. 객원연구원 1991년 대구고법 판사 1992년 서울고법
판사 1993년 대법원 재판연구관 1996년 춘천지법 강릉지원 부장판사 1997년
同강릉지원장 1998년 수원지법 성남지원 부장판사 1999년 서울지법 동부지원
부장판사 2000년 서울행정법원 부장판사 2002년 특허법원 부장판사 2004
년 서울고법 부장판사 2005년 법무법인 바른 파트너변호사(현) 2007~2010년
KB금융지주 사외이사 2008년 고용노동부 법률고문(현) 2008~2010년 한국
철도공사 비상임이사 2012년 (주)안트로젠 사외이사(현) 2012년 현대유앤아
이(주) 사외이사 2013년 대한변호사협회 부회장(현) 2013년 한미지재소송컨
퍼런스 공동추진위원장 2013~2015년 대학평가인증위원회 위원 2014~2015
년 사법정책연구원 운영위원 2014~2015년 법관인사위원회 위원 ㉢가톨릭

김치현(金致賢) KIM Chee Hyun

㉢1955·12·6 ㉤대구 ㈜서울 서초구 잠원로14길
29 롯데건설(주) 비서실(02-3480-9114) ㉣1974년 대
구 계성고졸 1981년 영남대 무역학과졸 ㉓1982년 호텔
롯데 입사 1988~2002년 롯데그룹 경영관리본부 근무
2002년 롯데캐논 영업본부장(이사) 2006년 同경영기획
부문장(상무) 2006년 캐논코리아비즈니스솔루션(주) 영
업본부장(상무) 2008년 롯데건설(주) 해외영업본부장(
상무) 2009년 同해외영업본부장(전무) 2009~2011년 롯데알미늄 대표이사
전무 2011년 롯데쇼핑(주) 정책본부 운영실장(전무) 2012년 同정책본부 운
영실장(부사장) 2014년 롯데건설(주) 대표이사 사장(현) 2014년 대한건설협
회 회원부회장 2016년 同회원이사(현)

김칠두(金七頭) KIM Chil Doo

㉢1950·8·7 ㉤부산 ㈜충북 음성군 맹동면 이수로93
국가기술표준원 별관5층 한국인정지원센터(043-927-
1330) ㉣1968년 동래고졸 1972년 연세대 행정학과졸
1987년 미국 보스턴대 대학원 경영학과졸 ㉓1973년 행
정고시 합격(14회) 1983~1995년 상공부 산업정책국 지
방공업과장·駐호주대사관 상무관·상공자원부 금속과
장·전력정책과장 1995년 통상산업부 기획예산담당관
1997년 駐영국 참사관 2000년 산업자원부 생활산업국장 2001년 同무역투
자실장 2002년 同차관보 2003~2004년 同차관 2004~2008년 한국산업단
지공단 이사장, 주성엔지니어링 사외이사 2012년 제19대 국회의원선거 출
마(부산동래, 무소속), 숭실대 대학원 겸임교수(현) 2015년 (재)한국인정지
원센터 이사장(현) ㉢홍조근정훈장(1995), 황조근정훈장(2005), 한국생산성
학회 생산성CEO대상(2008) ㉐'부산의 경제혁신과 발전' '부산경제의 길'

김칠민(金七敏) KIM Chil Min

㉢1955·8·24 ㉤경남 ㈜대구 달성군 현풍면 테크노
중앙대로333 대구경북과학기술원 대학원(053-785-
6518) ㉣1975년 서강대 물리학과졸 1982년 同대학원
물리학과졸 1984년 이학박사(서강대) ㉓1986~2007
년 배재대 물리학과 전임강사·조교수·부교수·교수
2007~2015년 서강대 자연과학부 물리학과 교수 2015
년 대구경북과학기술원 대학원 신물질과학전공 교수(
현) 2015년 同연구처장(현) 2015년 同산학협력단장(현) 2015년 同마이크로
레이저융합연구센터장 겸임(현) ㉢대전시 이달의 과학기술인상(2003)

김칠봉(金七峰) KIM CHIL-BONG

㉢1952·8·19 ㉤경주(慶州) ㉤전남 완도 ㈜서울 강남
구 삼성로570 대한해운(주) 임원실(02-3701-0205) ㉣
1971년 인천 선인고졸 1987년 중앙대 회계학과졸 2008
년 서울대 경영대학 CFO전략과정 수료 ㉓1991년 대한
해운(주) 입사 2002년 同재무팀장(이사) 2005년 同재무
팀장(상무보) 2008년 (사)해성국제문제윤리연구소 감사
(현) 2009년 대한해운(주) 경영지원본부장(상무) 2010년
대한상공회의소 금융위원회 위원(현) 2011년 대한해운(주) 경영지원본부장(
전무이사) 2013년 同사장(현) ㉢천주교

김칠준(金七俊) KIM Chil Joon

㉢1960·10·30 ㉤광산(光山) ㉤전북 익산 ㈜경기
수원시 영통구 동수원로555 법무법인 다산(031-213-
2100) ㉣1973년 검정고시 합격 1981년 성균관대 법학
과졸 ㉓1987년 행정고시 합격(31회) 1987년 사법시험
합격(29회) 1990년 사법연수원 수료(19기) 1990년 변
호사 개업, 법무법인 다산 공동대표변호사, 민주사회를
위한변호사모임 회원(현), 경기지방노동위원회 공익위
원 2007년 국가인권위원회 사무총장 2009년 법무법인 다산 대표변호사(현)
2010년 민주사회를위한변호사모임 부회장 ㉢기독교

김쾌정(金快正) Quae Jung, KIM

㉢1947·5·7 ㉤경주(慶州) ㉤강원 강릉 ㈜서울 용산
구 서빙고로137 한국박물관협회 회장실(02-795-0959)
㉣1971년 고려대 사학과졸 1985년 同대학원 사학과졸
(문학석사) ㉓1971~1973년 육군 제3사관학교 국사 교관
1973~2004년 한독의약박물관 학예사·관장 1976년 한
국박물관협회 이사·수석부회장 1989~1991년 고려대
한국사 강사 1998~2006년 한국박물관학회 이사·부회
장 1999년 국제박물관협의회(ICOM) 이사·부위원장(현) 2014년 한국박물
관협회 회장(현) ㉢서울시장표창(1992), 문화관광부장관표창(2000), 한국박
물관협회 자랑스러운박물관인상(2004) ㉐'민간의약'(1997, 신유) '한국의 사
립박물관'(박물관학보) '한독의약박물관 도록' '허준박물관 도록' '한국박물관
협회 30년사'(2007, 한국박물관협회)

김 탁(金 踔) KIM Tak

㉢1962·5·18 ㉤전남 나주 ㈜전남 무안군 삼향읍 오
룡길1 전라남도의회(061-286-8230) ㉣1987년 목포대
사회과학대학 지역개발학과졸, 同경영행정대학원 행정
학과졸 ㉓목포기독교청년회 총무, 목포민주시민운동
협의회 지도위원, 전남도 청소년종합상담실장, 목포환
경운동연합 집행위원, 새천년민주당 목포지구당 홍
보기획실장 2002~2006년 전남 목포시의회 의원, 同
부의장, 목포포럼 사무국장, 박지원 국회의원 지역사무소 사무국장, 목포
신의주교류협력사업추진위원회 사무국장, 푸른목포21 공동의장, 목포신도
심축구연합회 회장 2006년 목포시의원선거 출마 2010년 전라남도의회 의원(
민주당·민주통합당·민주당·새정치민주연합) 2010~2011년 同영산강프
로젝트특별위원회 위원장 2012년 同경제관광문화위원회 위원 2013년 同
결산검사위원회 위원장 2014년 전남도의회 의원(새정치민주연합·더불어
민주당)(현) 2014년 同교육위원회 위원장 2016년 목포대총동문회 회장(현)
2016년 전남도의회 기획행정위원회 위원(현) 2016년 同예산결산특별위원
회 위원(현) ㉢한국환경정보연구센터 선정 '전국 지방의회 친환경 최우수
의원'(2015)

김태경(金太經)

㉢1959·4·8 ㉤충남 아산 ㈜제주특별자치도 제주
시 청사로59 제주지방조달청 청장실(070-4056-6901)
㉣서울 대성고졸, 서울과학기술대 전자계산학과졸 ㉓
1985년 공무원 임용 2012년 조달청 전자조달국 정보관
리과장 2014년 부산지방조달청 경영관리과장 2015년
조달청 전자조달국 물품관리과장 2016년 제주지방조달
청장(현)

김태경(金台暻) Kim Tae Kyung

㉢1961·3·12 ㉤경남 창녕 ㈜서울 강남구 테헤란로
317 동훈타워 법무법인(유) 대륙아주(02-3016-5385)
㉣1979년 대구 성광고졸 1984년 고려대 법학과졸 1989
년 미국 Franklin Pierce Law Center 대학원 지적
유권과 수료 1991년 서울대 법학연구소 사법발전연
구과정 이수 2010년 고려대 대학원 법학 박사과정 수
료 2010년 중앙대 사회개발대학원 주택및자산관리최

고경영자과정 수료 [경]1983년 사법시험 합격(25회) 1985년 사법연수원 수료(15기) 1986년 변호사 개업 1987년 변리사 등록 1989년 미국 특허청 · 저작권청 연수 1990년 미국 뉴욕주 변호사자격 취득 1998년 숙명여대 교수 2000년 부산지법 판사 2001년 부산고법 판사 2003년 수원지법 판사 2004년 대구지법 부장판사 2006년 수원지법 부장판사 2008~2010년 서울동부지법 부장판사 2010~2011년 변호사 개업 2011년 동성종합법률사무소 변호사 2011년 행정협의조정위원회 조정위원 2011년 민주평통 상임위원, 同자문위원(현) 2011년 국민생활체육회 감사 2011년 전문건설공제조합 운영위원 2012~2014년 법무법인 동성 대표변호사 2014년 법무법인(유) 대륙아주 변호사(현) 2014년 새만금개발청 고문변호사(현), 수서경찰서 청소년문화발전위원회 부위원장 겸 청소년선도심사위원회 위원(현) [상]서울시 강남구의회 의장표창(2014), 대통령표창(2014)

김태경(金台暻) Tae-Kyung Kim

[생]1961 · 7 · 6 [출]부산 [주]부산 강서구 과학산단1로60번길31 부산테크노파크 원장실(051-974-9001) [학]부산혜광고졸, 부산대 경제학과졸, 경제학박사(경성대) [경]부산매일 논설위원, 동남발전연구원 원장, 한국특허정보원 소장, 부경대 산학협력단 교수 2014년 부산테크노파크 원장(현)

김태광(金泰光) KIM Tae Kwang

[생]1964 · 1 · 25 [출]충남 예산 [주]대구 수성구 동대구로 364 대구고등검찰청(053-740-3300) [학]1982년 예산고졸 1986년 서울대 법학과졸 1988년 同대학원 법학과졸 [경]1989년 사법시험 합격(31회) 1992년 사법연수원 수료(21기) 1992년 서울지검 북부지청 검사 1994년 광주지검 목포지청 검사 1996년 수원지검 검사 1998년 춘천지검 검사 2000년 대검찰청 검찰연구관 2002년 서울지검 검사 2004년 청주지검 부부장검사 2005년 대전고검 검사 2006년 인천지검 부천지청 부장검사 2008년 법무연수원 교수 2009년 서울서부지검 공판송무부장 2009년 창원지검 형사1부장 2010년 서울고검 검사 2011년 광주지검 목포지청장 2012년 대전고검 검사 2014년 서울고검 검사 2016년 대구고검 검사(현)

김태권(金泰權)

[생]1972 · 5 · 18 [출]경남 함안 [주]서울 서초구 반포대로 157 대검찰청 강력부 마약과(02-3480-2290) [학]1991년 명신고졸 1996년 서울대 사법학과졸 [경]1997년 사법시험 합격(39회) 2000년 사법연수원 수료(29기) 2000년 공익 법무관 2003년 부산지검 검사 2005년 대전지검 서산지청 검사 2006년 인천지검 검사 2009년 서울중앙지검 검사 2012년 대검찰청 연구관 2014년 대구지검 포항지청 부장검사 2015년 부산지검 강력부장 2016년 대검찰청 마약과장(현)

김태규(金泰圭) Kim Tae Kyu

[생]1967 · 9 · 28 [본]경주(慶州) [출]경북 경주 [주]대구 수성구 동대구로345 대구지방법원(053-757-6554) [학]1985년 울산 학성고졸 1991년 연세대 법학과졸 1999년 同대학원 법학과졸 2002년 해사법학박사(한국해양대) 2005년 미국 인디애나대 로스쿨졸 [경]1996년 사법시험 합격(38회) 1999년 사법연수원 수료(28기) 1999~2004년 변호사 개업 2005~2006년 헌법재판소 헌법연구관 2007년 부산지법 판사 2009년 부산고법 판사 2011년 부산지법 판사 2014년 창원지법 판사 2015년 대구지법 부장판사(현) [종]가톨릭

김태균(金泰均) Kim Tae-Gyun

[생]1963 · 8 · 10 [주]전남 무안군 삼향읍 오룡길1 전라남도의회(061-793-7762) [학]순천공고졸, 동의대 산업공학과졸 2009년 조선대 경영대학원졸 [경]광양경제신문 발행인, 광양 중앙초 운영위원장, 동광양중 운영위원장, 태금중총동창회 회장, 순천공고총동창회 부회장, 동광양JC특우회 회장, 중마동체육회 상임부회장, 광양시상공인협의회 회장, 광양상공회의소 상공의원, 바르게살기운동 광양시협의회 부회장, 광양시환경운동연합 자문위원 2010년 전남 광양시의원선거 출마(민주당) 2012년 민주통합당 전남도당 지방중소기업발전특별위원회 위원장, LG전자 동광양점 대표 2014년 전남도의회 의원(새정치민주연합 · 더불어민주당)(현) 2014년 同경제관광문화위원회 위원 2015년 同예산결산특별위원회 위원 2016년 同여수세계박람회장사후활용특별위원회 위원(현) 2016년 同전라남도동부권산업단지안전 · 환경지원특별위원회 위원(현) 2016년 同기획행정위원회 위원(현)

김태균(金泰均) KIM Tae Kyun

[생]1964 · 10 · 27 [출]충남 천안 [주]경기 성남시 분당구 구미로173번길82 분당서울대학교병원 정형외과(031-787-7196) [학]1982년 천안북일고졸 1988년 서울대 의대졸 1996년 同대학원졸 1998년 의학박사(서울대) [경]1992~1996년 서울대병원 정형외과 전공의 1996~1997년 同연구전임의 1997~1999년 同슬관절외과 임상전임의 1999년 한림대 의과대학 정형외과 조교수 2000년 미국 루이빌 인공관절센터 임상전임의 2000년 미국 Johns Hopkins의대 정형외과 스포츠의학 연구전임의 2001~2002년 同의공학과 조직공학 연구전임의 2002년 서울대 의과대학 정형외과학교실 부교수, 同교수(현) 2013년 정형외과학 분야 최고수준 학술지 '임상정형외과와 관련연구(Clinical Orthopaedics and Related Research-CORR)' 부편집장 겸 초빙편집장(Guest Editor)(현) 2016년 同논설위원(현) [저]'학생을 위한 정형외과학'(1998, 군자출판사) '골절학'(2001, 군자출판사)

김태균(金泰均) Kim, Tae Kyun

[생]1968 · 6 · 6 [출]서울 [주]서울 중구 세종대로124 서울신문 편집국 경제정책부(02-2000-9161) [학]1993년 연세대 사학과졸 [경]1993년 서울신문 사회부 기자 1998년 대한매일 경제과학팀 기자 2000년 同편집국 디지털팀 기자 2001년 同편집국 경제부 기자 2005년 서울신문 편집국 사회부 기자 2007년 同편집국 산업부 기자 2008년 同편집국 경제부 기자 2010년 同편집국 온라인뉴스부장 2012년 同사회부 차장 2013년 同편집국 경제부장 2013년 同온라인뉴스국 온라인뉴스부장 2013년 同온라인뉴스국 연예영상팀장 겸임 2015년 同편집국 사회부장 2016년 同편집국 경제정책부장(현)

김태균(金泰均) KIM TAE KYOON

[생]1969 · 2 · 28 [본]안동(安東) [출]서울 [주]서울 중구 세종대로110 서울특별시청 정책기획관실(02-2133-6605) [학]1987년 경복고졸 1995년 연세대 행정학과졸 1997년 서울대 행정대학원 행정학과졸 2001년 호주 플린더스대 대학원 정책학과졸 2002년 同대학원 환경학과졸 [경]1994년 행정고등고시 합격(38회) 1996년 중앙공무원교육원 신임관리자과정 수료 1996년 서울시 사무관 2007년 同관광마케팅과장 2007년 同문화산업과장 2008년 同재정담당관 2011년 同여성정책담당관 2012년 同서울혁신기획관실 사회혁신담당관 2014년 同기획조정실 기획담당관 2015년 同기획조정실 기획담당관(부이사관) 2015년 同기획조정실 정책기획관 직대 2016년 同기획조정실 정책기획관(부이사관)(현) [상]국무총리표창(2005), 대통령표창(2013)

김태균(金泰均)

[생]1970 · 3 · 21 [출]경북 안동 [주]경북 김천시 물망골길39 대구지방법원 김천지원(054-420-2114) [학]1987년 대구대건고졸 1991년 고려대 법학과졸 [경]1999년 사법시험 합격(41회) 2002년 사법연수원 수료(31기) 2002년 대구지법 예비판사 2004년 同판사 2005년 同상주지원 판사 2007년 대구지법 판사 2009년 同서부지원 판사 2010년 대구지법 판사 2011년 인천지법 판사 2012년 서울고법 판사 2013년 대법원 재판연구관 2015년 대구지법 · 대구가정법원 김천지원 부장판사(현)

김태극(金泰克) KIM Tae Keuk

[생]1964 · 5 · 3 [출]경북 [주]서울 영등포구 여의대로24 FKI타워 LG CNS 전략사업부(02-2099-0114) [학]대일고졸, 서울대 산업공학과졸, 同대학원 산업공학과졸 [경]1990년 앤더슨컨설팅 경영자문 Senior Consultant 1994년 LG CNS(舊 LG-EDS시스템) 컨설팅부문 입사 2000년 同제조사업본부 전자사업부 생산지원담당 본부장 2002년 同하이테크사업본부 전자사업부 상무 2004년 LG전자(주) 업무혁신팀장(CIO) 2007년 同정보전략팀장 2009년 LG CNS 솔루션사업본부장(상무) 2010년 同솔루션사업본부장(전무) 2013년 同하이테크사업본부장(전무) 2015년 同하이테크사업본부장(부사장) 2016년 同전략사업부장(부사장)(현)

김태기(金兌基) KIM Tae Ki (하세)

[생]1950 · 7 · 12 [본]김녕(金寧) [출]경남 고성 [주]서울 마포구 연남로47 영진빌딩5층 (주)모두컴(02-3775-4020) [학]1970년 마산고졸 1977년 성균관대 신문방송학과졸 1996년 연세대 언론홍보대학원 언론홍보최고위과정 수료 [경]1976~1980년 TBC PD 1981~1991년 KBS PD 1992~2005년 (주)제3채널 대표이사 2001~2002년 EtN-TV 대표 2001~2003년 (사)독립제작사협회 회장

2002~2003년 (주)예당엔터테인먼트 회장 2003년 (사)독립제작사협회 고문(현) 2006~2010년 하남문화예술회관 관장 2012~2014년 서울현대전문학교 방송예술학부 석좌교수 2013~2015년 KIPA방송영상디렉터스쿨 원장 2016년 (주)모두컴 고문(현) [상]문화체육관광부장관표창(2015) [종]천주교

김태기(金兌基) KIM Tai Ki

[생]1956·2·19 [출]부산 [주]경기 용인시 수지구 죽전로 152 단국대학교 상경대학 경제학과(031-8005-3383) [학]1975년 경동고졸 1980년 서울대 경제학과졸 1986년 미국 아이오와대 대학원 경제학과졸 1988년 경제학박사(미국 아이오와대) [경]1988년 한국노동연구원 연구위원 1992년 김영삼 대통령후보 정책자문교수 1995년 대통령비서실 파견 1996년 노사관계개혁위원회 수석전문위원 1996년 단국대 상경대학 경제학과 교수(현) 1997년 이회창 대통령후보 정책자문교수 1997년 중앙노동위원회 위원 1997~2001년 대통령자문 정책기획위원 1998년 실업극복국민운동본부 감사 2000년 노사정위원회 근로시간단축특별위원 2001년 한국노동경제학회 상임이사 2002년 단국대 교무연구처장 겸 뉴미디어저널리즘센터 소장 2002년 同분쟁해결연구센터 소장 2003년 열린포럼 대표 2006년 한국산업인력공단 비상임이사 2011년 한국증권금융 사외이사 2011년 서울시노사정위원회 위원장 2012년 제19대 국회의원선거 출마(서울 성동甲, 새누리당) 2012년 한국노동경제학회 회장 2012년 새누리당 제18대 대통령중앙선거대책위원회 정책메세지단장 [저]'노사분규연구(共)'(1991) '단체교섭의 절차와 기법'(1993) '경쟁력과 노사관계'(1993) '근로조건제도개선방안연구'(1994) '제록스社의 인적자원관리와 노사관계 혁신'(1995) '1995년도 노동력 수급전망'(1995) '지식정보화 시대의 인적자원개발'(1996) '분쟁조정기법에 대한 연구'(1999) '학교를 위한 협상론(共)'(2001) '분쟁과 협상'(2007) '이제 다시 시작이다'(2008) '노동위원회와 노동분쟁해결시스템 개선방안 연구'(2009)

김태기(金泰起) Kim, Tae Ki

[생]1958·10·3 [출]경남 통영 [주]세종특별자치시 다솜2로 94 해양수산부 해양보전과(044-200-6020) [학]1978년 통영수산전문대 수산가공과졸 1987년 건국대 전자공학과졸 [경]1978~1991년 수산청 어정국·감사담당관실 근무 1991년 同어업진흥관실 국제협력담당 1998년 해양수산부 재정기획관실 사무관 2007년 同어업정책과 기술서기관 2010년 농림수산검역본부 수산물안전과장 2012년 국토해양부 동해어업관리단장 2013년 해양수산부 동해어업관리단장 2014년 同허베이스피리트피해지원단 지원총괄팀장 2016년 同해양보전과장(현)

김태년(金泰年) Kim, Tae-Nyoun

[생]1960·12·23 [출]대구 [주]대구 남구 현충로170 영남대학교의료원 부속실(053-623-8001) [학]1979년 영남고졸 1985년 영남대 의대졸 1988년 同대학원졸 1994년 의학박사(영남대) [경]1985~1986년 영남대병원 인턴 1986~1989년 同전공의 1989~1992년 군의관 1993년 영남대 의과대학 내과학교실 교수 1996~1998년 미국 미시간대 의과대학 소화기내과 연수 2003~2005년 영남대 교육연구부장 2003~2005·2009~2011년 同건강증진센터장 2007~2008년 同의과대학 부학장 2013~2014년 同병원장 2016년 同의과대학장·의학전문대학원장·의무부총장 겸 의료원장 직대(현)

김태년(金太年) KIM Tae Nyeon

[생]1965·3·20 [본]광산(光山) [출]전남 순천 [주]서울 영등포구 의사당대로1 국회 의원회관447호(02-784-4570) [학]1983년 순천고졸 1990년 경희대 행정학과졸 2004년 한국방송통신대 중어중문학과졸, 경희대 행정대학원 안보정책학과졸 [경]1987년 경희대 총학생회장 1993년 성남청년단체연합 의장 1993년 민주주의민족통일성남연합 공동의장 겸 집행위원장 1993년 범민족대회 성남준비위원회 사무처장 1995년 성남미래준비위원회 위원장 1996년 성남청년광장 회장 2000년 나눔과미래 대표 2002년 한국청년연합회 성남지부 대표 2002년 새천년민주당 노무현 대통령후보 성남국민참여운동본부 공동본부장 2002년 개혁국민정당 전국운영위원장 2002년 同전국집행위원 2002년 (사)디딤돌 부이사장 2003년 개혁국민정당 성남시수정구지구당 위원장 2003년 열린우리당 중앙위원 2003년 민주평통 자문위원 2004~2008년 제17대 국회의원(성남시 수정구, 열린우리당·대통합민주신당·통합민주당) 2007년 열린우리당 원내부대표 2008년 민주당 성남시수정구지역위원회 위원장 2008~2010년 同중소기업특별위원회 위원장 2008~2010년 (사)더좋은민주주의연구소 정책위원장 2009~2010년 시민주권모임준비위원회 사무총장 2010~2011년 민주당 비상대책위원회 위원 2011년 노무현재단 기획위원(현) 2012년 민주통합당 교육혁신특별위원회 위원장 2012년 同대표 비서실장 2012년 제19대 국회의원(성남시 수정구, 민주통합당·민주당·새정치민주연합·더불어민주당) 2013년 국회 교육문화체육관광위원회 위원 2013년 민주당 성남시수정구지역위원회 위원장 2013년 同경기도당 위원장 2014~2015년 새정치민주연합 경기도당 공동위원장 2014년 국회 교육문화체육관광위원회 야당 간사 2014년 새정치민주연합 조직강화특별위원회 위원 2015년 同제5정책조정위원장 2015년 국회 정치개혁특별위원회 야당 간사 겸 공직선거법심사소위원회 위원 2016년 제20대 국회의원(성남시 수정구, 더불어민주당)(현) 2016년 국회 기획재정위원회 위원(현) 2016년 국회 예산결산특별위원회 간사(현) 2016년 한국아동인구환경의원연맹(CPE) 회원(현) 2016년 더불어민주당 경기성남시수정구지역위원회 위원장(현) [상]대한민국 국회의원 의정대상(2013) [종]기독교

김태동(金泰東) KIM Tae Dong (好裕)

[생]1947·1·14 [본]안동(安東) [출]충남 부여 [주]서울 종로구 성균관로25의2 성균관대학교(02-760-0945) [학]1965년 경기고졸 1969년 서울대 상과대학 경제학과졸 1980년 미국 뉴욕주립대 대학원 경제학과졸 1987년 경제학박사(미국 예일대) [경]1976~1978년 국제경제연구원 책임연구원 겸 동향분석실 국제금융팀장 1982~1986년 미국 예일대 대학원 조교·강사 1987~1989년 미국 일리노이대 조교수 1989~2002년 성균관대 경제학부 교수 1989~1991년 MBC 라디오칼럼 진행 1990년 국무총리행정조정실 자문교수 1990년 한국국제경제학회 사무국장 1991년 同운영이사 1993년 한국금융학회 사무국장 1994년 同편집위원장 1994년 성균관대 무역학과장 1995년 경제정의실천시민연합 정책연구위원장 1997년 성균관대 무역연구소장 1998년 대통령 경제수석비서관 1998년 대통령 정책기획수석비서관 1999~2001년 대통령자문 정책기획위원회 위원장 2000~2001년 한국금융학회 회장 2002~2006년 한국은행 금융통화위원 2006~2012년 성균관대 경제학부 교수 2012년 同명예교수(현) 2016년 희망새물결 고문(현) [상]은탑산업훈장(1998), 청조근정훈장(2001) [저]'땅 투기의 대상인가 삶의 터전인가?(共)'(1989) '6共경제학'(1990) '새천년의 한국경제-개혁과 발전'(2000) '세계의 새천년 비전(共)'(2000) '문제는 부동산이야, 이 바보들아(共)'(2007) '비정상 경제회담(共)'(2016) [종]불교

김태랑(金太郎) KIM Tae Rang

[생]1943·10·1 [본]김해(金海) [출]경남 창녕 [학]1961년 대구 대건고졸 1968년 부산수산대졸 1970년 연세대 경영대학원졸 2000년 명예 경제학박사(부경대) [경]1970년 신민당 입당, 동양통신 근무, PAN Asia 편집장, Buyer's Guide 홍보실장, 해외교육연구원 원장, 한국유학협의회 회장 1976년 민주회복국민회의 부산·경남운영위원, 평화관광 대표 1988년 평민당 국제국장 1990년 同조직국장 1991년 민주당 김대중 총재비서실 차장 1992년 同정치연수원 부원장 1995년 同조순 서울시장후보 조직위원장 1995년 국민회의 창당조직위원회 부위원장 1996년 同지방자치위원회 부위원장 1997년 同연수원 부원장 1998년 同사무부총장 1998년 同6·4지방선거 부산·경남선거대책본부장·총재특보 1999년 제15대 국회의원(전국구 승계, 국민회의·새천년민주당) 1999년 국민회의 경남도지부장 직대 2000년 새천년민주당 총재특보 2000년 同밀양·창녕지구당 위원장 2000년 同경남도지부장 겸 당무위원 2002년 同최고위원 2003년 同인사위원장 2003년 열린우리당 상임중앙위원 2004년 제17대 국회의원선거 출마(비례대표, 열린우리당) 2006~2008년 국회 사무총장 2012년 광림 사외이사 2013년 민주당 당무위원 2015년 새정치민주연합 고문 [상]대통령표창 [저]'우리는 산을 옮기려 했다' [종]기독교

김태련(金泰蓮·女) KIM Tae Lyon

[생]1937·11·4 [출]경남 함안 [주]서울 송파구 충민로6길17 (사)아이코리아 회장실(02-413-1010) [학]1956년 서울사대부고졸 1960년 이화여대 심리학과졸 1962년 同대학원 심리학과졸 1981년 프랑스 파리대 대학원 수료 1982년 문학박사(성균관대) [경]1960~1980년 이화여대 심리학과 조교·전임강사·조교수·부교수 1964~2003년 同심리학과 교수 1976~1986년 同교육심리학과장 1976~2011년 전국주부교실중앙회 이사 및 부회장 1980~1981년 프랑스 특수교육 및 발달장애치료기관 초빙교수 1980~1984년 이화여대 사범대학 동창회장 1982년 한국어린이육영회 회장 1982~1985년 한국어린이교육협회 회장 1983~1984년 청주대 교환교수 1986~1988년 미국 UCLA 객원교수 1987~2002년 아이코리아(前새세대육영회/한국어린이육영회) 이사 1988~1990년 한국발달심리학회 회장 1988년 한국니일연구회 부회장 1988~1994년 이화여대 언어청각임상센터 소장 1992~1996년 한국심리학회 상벌위원장 1993~2001년 한국사회문화연구원 학술담당이사 1993년 여성심리학회 회장 1993~1995년 이화여대 사범대학장 1994년 교육부 중앙교육심의위원 1995년 UNESCO 한국위원회 교육분과위원 1995~2006년 YWCA연합회 실행위원 1995년 이화여대 이화인증원 초대원장 1995년 同교육대학원장 1995년 한국여성심리연구회 회장 1996년 한국심리학회 회장 1996년 한국자폐학회 회장 1996년 교육부 제7차교과과정 심의

위원 1997~2001년 이화여대부속중·고 교장 1997~2003년 문화관광부 간행물심의위원 1998~2003년 한국여성심리학회 회장 1998~2001년 대통령자문 정책기획위원 1998~2000년 한국자폐학회이사회 이사장 1999~2007년 한민족통일중앙여성협의회 이사 1999~2003년 한국발달지원학회 회장 1999~2003년 서울카운슬러협회 회장 2000년 성숙한사회가꾸기모임 공동대표 2000~2003년 선농여성전문인모임 회장 2000~2001년 금란중·고 교장 2002년 바른사회를위한시민회의 공동대표 2002년 한국어린이육영회 회장 2002년 (사)아이코리아 회장(현) 2003년 이화여대 명예교수(현) 2003년 인간발달복지연구소 이사장(현) 2003년 한국발달지원학회 이사장(현) 2004년 서울시 정신보건심의위원(현) 2004년 한나라당 여의도연구소 이사 2006년 YWCA연합회 행정위원 2009년 아리수 홍보대사(현) 2010년 성숙한사회가꾸기모임 상임공동대표(현) [상]홍조근정훈장(2001), 황조근정훈장(2003), 대한민국 혁신경영인 대상(2005), 자랑스런 서울사대부고인상(2006), 한국심리학회 공로패(2008), 교육과학기술부장관 바른교육인상(2012) [저]'그림좌절검사의 실시 및 채점 요령(성인용)'(1964) '일반심리학'(1967) '그림 좌절검사의 실시 및 채점 요령(아동용)'(1970) '효과적인 학습방법'(1973) '고교생활을 어떻게 할 것인가(編·共)'(1976) '일반심리'(1979) '신교육심리학'(1980) '첫아기 2년간'(1987) '발달심리학'(1987) '유아의 심리'(1995) '여성심리'(1996) '심리학개론'(1997) '통계분석법의 이해(編·共)'(1998) '성윤이는 내친구'(2000) '발달심리학'(2003) '발달장애심리학'(2003) '우리 아기랑 함께하는 24개월간의 이야기'(2005) [역]'젖먹이에게도 권리가 있다'(1973) '아동의 심리학적 발달'(1973) '나무 그림검사'(1985) '무엇이 우리를 두렵게 하는가'(1987) '성의 심리학'(1989) '교육학 심리학을 위한 통계분석법'(1992) '발달장애인을 위한 음악치료'(1994) '아동치료 접근'(1994) '무엇이 여성을 분노케 하는가'(1995) '남성의 폭력성에 관하여'(2002) '영재교육'(2003)

김태령(金兌昤·女) KIM Tae Ryung

[생]1963·9·22 [출]서울 [주]서울 종로구 세종대로152 일민미술관 관장실(02-2020-2050) [학]1986년 서울대 미술대학 조소학과졸 2009년 명지대 문화예술대학원 문화기획학과졸 [경]1996~2009년 일민미술관 기획실장(디렉터) 2001년 신문박물관 기획실장 2008년 인문학박물관 총괄책임 2010년 일민미술관 관장(현) 2013년 신문박물관 기획위원 2014년 同관장(현) [상]제14회 월간미술대상 장려상(2009) [작]전시기획 '딜레마의 뿔'(2007) '비평의 지평'(2009) 등 다수

김태롱(金泰瓏) KIM Tae Rong

[생]1933·10·19 [출]부산 [주]부산 수영구 수영성로43 (사)수영고적민속예술보존협회(02-3453-1685) [경]1973년 중요무형문화재 제62호 좌수영어방놀이 입문 1979년부터 좌수영어방놀이 연례발표공연 1980년 중요무형문화재 좌수영어방놀이 발표공연 1984년 일본 히비야공원에서 좌수영어방놀이 공연 1986년 중요무형문화재 제62호 좌수영어방놀이 이수자 선정 1992년 중국 길림성 조선족자치국 40주년 창립기념 공연 1994년 중요무형문화재 제62호 좌수영어방놀이 전수조교 선정 1996년 일본 오히타현 국제민속교류 공연 1998년 그리스 국제페스티벌 공연 1999년 대만 미아올린 국제가면축제공연 2000년 우크라이나 국제민속축제 공연 2002년 월드컵 축하공연 2002년 중요무형문화재 제62호 좌수영어방놀이(악사) 예능보유자 지정(현)

김태만(金泰晩) Kim, Tae Man

[생]1965·6·20 [본]영양(英陽) [출]경북 영덕 [주]대전 서구 청사로189 특허청 산업재산정책국(042-481-5167) [학]1983년 부산대사대부고졸 1987년 부산대 행정학과졸 1998년 서울대 행정대학원 정책학과졸 2003년 법학박사(미국 워싱턴대) [경]1991년 행정고시 합격(35회) 1992~1997년 특허청 정보기획과·출원과 사무관 1997년 同인사계장 1999년 同총무과 서기관 2000년 同정보개발과장 2001년 국외 훈련(미국 워싱턴대) 2003년 특허청 정보개발과장 2004년 同상표2심사담당관 2004년 同정보기획과장 2005년 駐미국대사관 특허관 2008년 특허청 행정관리담당관 2010년 同산업재산정책국 산업재산정책과장(부이사관) 2012년 특허심판원 심판1부 심판장(일반직고위공무원) 2014년 특허청 기획조정관 2016년 同산업재산정책국장(현)

김태백(金泰伯) KIM TAE BAEK

[생]1957·8·21 [출]전남 신안 [주]강원 원주시 건강로32 국민건강보험공단 장기요양상임이사실(033-736-3600) [학]문태고졸 1988년 동국대 경제학과졸 2010년 국방대 안보대학원 안보과정 수료 [경]2006년 국민건강보험공단 도봉지사장 2007년 同노인장기요양추진단장 2008년 同장기요양운영실장 2009년 同금천지사장 2011년 同수원서부지사장 2012년 同홍보실장 2013년 同광주지역본부장 2014년 同서울지역본부장 2014년 同장기요양상임이사(현) [상]보건복지부장관표창(1998·2003), 국민포장(2013)

김태병(金琫炳) KIM, Tae Byung

[생]1966·10·22 [출]서울 [주]서울 강남구 테헤란로317 동훈타워 법무법인 대륙아주(02-563-2900) [학]1985년 오산고졸 1989년 서울대 사법학과졸 1996년 서울대 대학원 법학석사과정 수료 2000년 미국 뉴욕대 대학원졸(LL.M.) 2003년 서울대 법과대학 국제통상법전문과정 수료 [경]1989년 사법시험 합격(31회) 1992년 사법연수원 수료(21기) 1992년 軍법무관 1995년 인천지법 부천지원 판사 1997년 서울가정법원 판사 2000년 미국 뉴욕대 연수 2000년 제주지법 판사 2001년 광주고법 제주부 판사 2003년 서울고법 판사 2005년 서울중앙지법 판사 2007년 광주지법 부장판사 2008년 수원지법 부장판사 2011년 서울서부지법 부장판사 2013년 서울대 총동창회 이사 2013~2014년 서울중앙지법 부장판사 2014~2016년 법무법인(유) 바른 변호사 2016년 법무법인(유) 대륙아주 변호사(현) 2016년 대한상사중재원 중개인(현)

김태보(金泰保) KIM Tae Bo

[생]1949·10·12 [본]김해(金海) [출]제주 [주]제주특별자치도 제주시 제주대학로102 제주대학교 경상대학 경제학과(064-754-3160) [학]1968년 제주제일고졸 1973년 중앙대 경제학과졸 1978년 서울대 환경대학원 도시계획학과졸 1990년 경제학박사(중앙대) [경]1978~1989년 제주대 경상대 경제학과 전임강사·조교수·부교수 1988년 同경상대학 경제학과장 1990~2015년 同경상대학 경제학과 교수 1990년 同지역발전연구소장 1990~2010년 한국은행 제주본부 자문교수 1990~2006년 한라일보 논설위원 1994년 제주대 관광산업연구소장 1996~1998년 同경상대학장 1996년 同경영대학원장 겸임 2001~2003년 同교무처장 2008~2009년 행정안전부정책 자문위원회 자문위원 2008~2009년 지역발전위원회 특별위원 2011년 한국사학진흥재단 사무총장 2015년 제주대 명예교수(현) [상]홍조근정훈장(2015) [저]'한국 지역경제론' '제주 경제발전론' '관광경제론' [종]불교

김태복(金泰福) KIM Tae Bok

[생]1952·5·7 [본]김해(金海) [출]서울 [주]서울 구로구 디지털로271 (주)청솔바이오텍 임원실(02-3281-0922) [학]1980년 동국대 산림자원학과졸 1991년 연세대 경영대학원졸 2002년 순천향대 최고경영자과정 수료 [경]1980~1996년 (주)종근당 원료사업부장 1997년 청솔약품(주) 대표이사 2001~2008년 한국원료의약품도매협회 회장 2002~2003년 한국도매협회 수출입분과위원장 2002~2003년 한·미얀마친선협회 업무총괄 수석부회장 2002~2004년 한국녹색운동본부 이사 2002~2013년 성산교회 장로 2004년 (주)청솔바이오텍 대표이사 회장(현) 2009~2010년 배명중고총동문회 회장(23대) 2013년 기독교대한감리회 분당지방 남선교회장 2015년 同분당지방 장로회장(현) [상]식품의약품안전청장표창(2003), 보건복지부장관표창(2008) [종]기독교

김태복(金泰福) KIM Tae Bog

[생]1960·4·19 [본]안동(安東) [출]강원 강릉 [주]경기 과천시 관문로47 법무부 정책기획관실(02-2110-3028) [학]강릉고졸, 한국외국어대 화란어학과졸 [경]국방부 근무, 경제기획원 근무, 재정경제원 근무, 기획예산처 근무, 법무부 감사관실 근무 2005년 同홍보관리관실 서기관 2006년 同혁신인사기획관실 서기관 2009년 同감사담당관 2012년 법무연수원 총무과장 2014년 법무부 기획조정실 창조행정담당관(부이사관) 2016년 同감사담당관 2016년 同기획조정실 정책기획관(고위공무원)(현)

김태석(金太石) KIM Tae Suk

[생]1955·1·21 [출]제주 북제주 [주]제주특별자치도 제주시 문연로13 제주특별자치도의회(064-741-1820) [학]제주 오현고졸, 제주대 행정학과졸 [경]제주북초등학교 총동창회 부회장(현), 오현고 총동창회 이사(현), 제주대 총동창회 이사(현), 신제주토산품 사장, 지역경제살리기 범도민대책위원회 공동대표(현), 학교폭력예방교실 모니터링사업단 단장(현), 제주시 지역경제분과 위원장, 신제주로타리클럽 총무, 제주도기념품산업혁신연구단 위원 2004년 6·5 재보선 제주시의원선거 출마(무소속), 민예품판매업협동조합 이사장 2006년 제주도의원선거 출마(열린우리당) 2010년 제주특별자치도의회 의원(민주당·민주통합당·민주당·새정치민주연합) 2010~2012년 同환경도시위원회 위원장 2012년 同교육위원회 위원 2012년 同제주문화관광포럼 의원 2014년 제주특별자치도의회 의원(새정치민주연합·더불어민주당)(현) 2014년 同환경도시위원회 위원 2014~2015년 同예산결산특별위원회 위원 2014

년 同인사청문특별위원회 위원 2016년 同운영위원회 위원장(현) 2016년 同윤리특별위원회 위원장(현) 2016년 同문화관광스포츠위원회 위원(현) 2016년 同제주특별법제도개선및토지정책특별위원회 위원(현) [종]불교

김태석(金泰碩) KIM Tae Seok

[생]1958·4·25 [출]경남 [주]서울 서초구 반포대로217 한국건강가정진흥원 이사장실(02-3479-7600) [학]1976년 동아고졸 1981년 부산대 경제학과졸 1988년 서울대 행정대학원 행정학과졸 1992년 미국 위스콘신대 대학원 정책학과졸 [경]1981년 행정고시 합격(24회) 1981년 총무처 수습사무관 1983년 조달청 충북지청 관리과장 1985년 정무제1장관실 사무관 1992년 정무제2장관실 사무관 1998년 대통령 여성정책비서관실 서기관 1999년 한국교원대 교무과장 2000년 여성특별위원회 정책조정관실 기획담당관 2001년 여성부 여성정책실 기획관리심의관 2002년 同권익증진국장(부이사관) 2003년 同기획관리심의관 2003년 同차별개선국장 2004년 同보육업무이관추진단장 2004년 同보육정책국장 2005년 미국 유타대 연수 2006년 여성가족부 여성정책본부장 2008년 여성부 기획조정실장 2010년 여성가족부 청소년가족정책실장 2010년 한국청소년활동진흥원 이사장 2011~2013년 여성가족부 차관 2013~2015년 한국외국어대 교육대학원 초빙교수 2015년 한국건강가정진흥원 이사장(현) [종]기독교

김태석(金泰錫) KIM Tai Suk

[생]1959·7·1 [본]김해(金海) [출]강원 횡성 [주]강원 춘천시 충열로83 강원도농업기술원 기술지원국(033-248-6004) [학]춘천농고졸, 연암축산원예대학 축산과졸, 한국방송통신대 농학과졸, 고려대 대학원 식량자원학과졸 [경]평창군농촌지도소 근무, 강원도농촌진흥청 청소년과 근무, 同기술지도국 지도기획과 근무, 同기술지원국 원예축산과 화훼계장, 同기술지원국 지도기획과 기획계장, 강원도농업기술원 기술지원부 지원기획과장 2009년 철원군농업기술센터 소장 2014년 강원도농업기술원 강소농현장지원단장 2016년 同기술지원국장(현) [상]농림부장관표창, 체육청소년부장관표창 [종]기독교

김태성(金泰成) Kim Tae Sung

[생]1960·7·14 [본]경주(慶州) [출]경북 경주 [주]대구 중구 공평로88 대구광역시청 인사과(053-803-2710) [학]1979년 경주고졸 2004년 경북과학대 사회복지과졸 2010년 한국방송통신대 법학과졸 2013년 경북대 정책대학원 사회복지학과졸 [경]2012년 대구시 조직관리담당 사무관 2013년 同예산총괄담당 사무관 2015년 同시민소통과장(서기관) 2016년 同인사과장(현)

김태송(金泰松) Tae Song Kim

[생]1959·7·19 [본]영산(永山) [출]충북 영동 [주]서울 성북구 화랑로14길5 한국과학기술연구원 뇌과학연구소 바이오마이크로시스템연구단(02-958-5564) [학]1982년 연세대 세라믹공학과졸 1984년 한국과학기술원(KAIST) 재료공학과졸(석사) 1993년 공학박사(한국과학기술원) [경]1984~1989년 대우통신(주) 대리 1994~1999년 한국과학기술연구원(KIST) 선임연구원 1997년 미국 미네소타대 전기과 MTL Lab. Post-Doc. 1999년 한국과학기술연구원 마이크로시스템연구센터 책임연구원 2000년 同마이크로시스템연구센터장 2004~2010년 지식경제부 지능형마이크로시스템개발사업단장 2007~2011년 한국MEMS연구조합 이사장 2009년 MicroTAS 2009 대회장 2011년 한국바이오칩학회 회장 2011년 ISMM 운영위원회 회장(현) 2011~2014년 한국과학기술연구원 바이오마이크로시스템연구단 책임연구원 2013년 同치매조기진단기술개발사업연구단장 2013년 同오픈리서치연구프로그램단장 2015년 同뇌과학연구소 바이오마이크로시스템연구단 책임연구원(현) [상]한국과학기술연구원(KIST) 선정 이달의 KIST인상(2002), 국무총리표창(2003), 제13회 한국공학한림원 젊은 공학인상(2009), 과학기술포장(2015) [종]가톨릭

김태수(金兌洙) KIM Tae Soo (一道·한길)

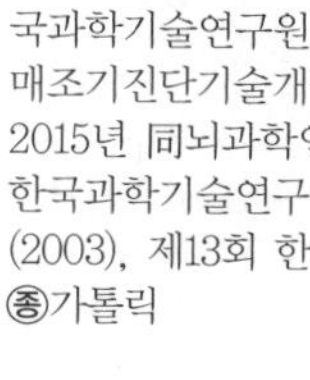

[생]1941·5·25 [본]서흥(瑞興) [출]충남 논산 [주]서울 강북구 도봉로225 (사)한국서화예술협회(02-989-8338) [학]1961년 전남공고졸 1979년 명지대 경영학과졸 1989년 동국대 교육대학원졸, 철학박사(인도 바라트대) [경]서화가(현), 시인(현), 서화개인전 16회 개최(한국 10회·미국 5회·중국 1회), 현대미술관초대작가, 대한민국미술대전 심사위원, 대한민국서예전람회 심사위원 겸 운영위원, 대한민국서예공모대전 심사위원장, 한·중·일국제서화교류전 한국대표, (사)한국서화예술협회 이사장(현) 1998년 중국 장가계서화원 고문(현) 2005~2011년 한국서화작품대전 운영위원장 2006~2009년 한국서화관(중국 장가계) 관장 2007년 '문학공간' 시조시인 등단 2010년 고려대 교육대학원 서예문화최고위과정 출강 2015년 중국 길수대 장가계학원 객좌교수(현), 중국 장가계 항공학원 객좌교수(현) [상]도쿄 국제미술대전 대상(1981), 원곡서예상(1984), 대한민국혁신경영인 예술부문 대상(2006), 아시아미술대상(2009), 일본ZEN전회 한일우호상 [종]불교

김태수(金泰洙) KIM TAE SOO (情愚堂)

[생]1954·9·3 [본]광산(光山) [출]전남 진도 [주]서울 마포구 월드컵로134 금수빌딩 (주)두승엔터프라이스 임원실(02-716-3913) [학]조선대병설공고전문학교졸, 명지대졸, 연세대 공학대학원졸, 숭실대 대학원 공학박사 [경]2003년 철도청 전철과장 2004년 同철도인력개발원장 2005년 한국철도공사 인재개발원장 2005년 同호남고속철도준비기획단장 2006년 중앙공무원교육원 고위자과정 교육파견 2007~2009년 숭실대 겸임교수 2009년 한국철도공사 정보기술단장 2010년 (주)두승엔터프라이스 대표이사(현) [상]모범공무원표창(1990), 녹조근정훈장(2004) [종]불교

김태수(金泰洙) KIM Tae Soo

[생]1957·9·7 [주]서울 중구 덕수궁길15 서울특별시의회(02-3783-1641) [학]상지대 행정학과졸 [경]서울 중랑구청장 비서실장, 민주당 서울중랑甲지역위원회 민원실장, 서영교 국회의원 정책특별보좌역, 면목경전철추진위원회 부위원장, 중랑협동조합포럼 상임이사, 在京중랑강원향우회 부회장 2014년 새정치민주연합 정책조정위원회 부위원장 2014년 서울시의회 의원(새정치민주연합·더불어민주당)(현) 2014·2016년 同교통위원회 위원(현) 2014~2015년 同의회개혁특별위원회 위원 2015~2016년 同인권특별위원회 위원 2015년 同항공기소음특별위원회 위원(현) 2015년 同예산결산특별위원회 위원(현) 2015년 수도권교통본부 조합회의 의장(현) 2016년 서울시의회 서울메트로사장후보자인사청문특별위원회 위원장(현) [상]대한민국을 빛낸 21세기 한국인상 지방자치의회 공로부문(2015)

김태수(金太洙)

[생]1962·7·27 [출]충북 청주 [주]경기 수원시 장안구 정자천로199 수원중부경찰서 서장실(031-299-5120) [학]충북 청주고졸, 인하대 행정학과졸, 한국방송통신대 법학과졸, 충북대 대학원 법학과졸, 경찰학박사(한세대) [경]1993년 경위 임용(경찰간부후보 41기) 2012년 경기지방경찰청 경무계장 2014년 同치안지도관 2014년 대전지방경찰청 생활안전과장 2014년 치안정책과정 교육파견 2015년 경기지방경찰청 교통과장 2016년 경기 수원중부경찰서장(현)

김태승(金泰承) KIM Tae Seung (유원)

[생]1945·3·16 [본]함창(咸昌) [출]경북 영주 [주]경기 수원시 영통구 광교산로154의42 경기대학교 문헌정보학과(031-249-9179) [학]1963년 경희고졸 1968년 연세대 문헌정보학과졸 1976년 同대학원졸 1990년 문학박사(성균관대) [경]1971~1984년 국방과학연구소 기술정보실장 1984년 숭전대 전임강사 1987~2010년 경기대 인문대 문헌정보학과 조교수·부교수·교수 1992년 한국도서관협회 감사 1994년 한국정보관리학회 회장 1997년 러시아 국립극동대 교환교수 1998년 경기대 인문예술대학장 2000년 同대학원장 2002~2004년 同교무처장 2005년 한국도서관협회 부회장 2006년 2006서울세계도서관정보대회 집행위원장 2007~2009년 한국도서관협회 회장 2007~2009년 대통령소속 도서관정보정책위원회 위원 2009~2012년 한국간행물윤리위원회 감사 2010년 경기대 명예교수(현) 2012~2015년 한국간행물윤리위원회 위원 2012년 同국내간행물소위원회 위원장(현) 2015년 同위원장(현) [상]한국도서관상, 문화관광부장관 공로상, 황조근정훈장 [저]'최신 정보검색론'(1992)

김태식(金台植) KIM Tai Shik

[생]1939·8·12 [본]경주(慶州) [출]전북 완주 [학]1958년 전주고졸 1962년 중앙대 경상대 경제학과졸 1964년 同대학원졸 1998년 명예 경제학박사(전북대) [경]1965년 국민경제연구원 연구위원 1966년 서울시 시정전문위원 1972년 한국정책연구소 연구실장 1976년 국회부의장 수석비서관 1977년 신민당 당수비서실장·중앙상무 위원 1981년 제11대 국회의원(전주·완주, 민주한국당) 1983년 민주한국당(민한당) 재정금융분과위원장 1986년 민주화추진협의회 상임운영위원 1987년 평화민주당(평민당) 전당대회 부의장 1988년 同정책위원

회 부위원장 1988년 제13대 국회의원(완주, 평민당·신민당·민주당) 1989년 평민당 대변인 1991년 同총재 비서실장 1991년 신민당 당무위원 1992년 제14대 국회의원(완주, 민주당·국민회의) 1992년 민주당 전북지부장 1993년 同원내총무 1993년 同당무위원 1995년 同사무총장 1996년 제15대 국회의원(완주, 국민회의·새천년민주당) 1996~1998년 국회 농림해양수산위원회 위원장 1996~2004년 한·호주의원친선협회 회장 1999년 만경강·동진강살리기운동연합회 회장 2000년 새천년민주당 당무위원 2000~2004년 제16대 국회의원(완주·임실, 새천년민주당) 2000년 갑오동학농민혁명연구회 회장 2002~2004년 국회 부의장 2002년 새천년민주당 전당대회 의장 2003년 同전국대의원대회 의장 2004년 성남미래발전연구회 회장 2011년 민주당 고문 2012년 제19대 국회의원선거 출마(전북 전주덕진, 무소속) [저]'역사의 부채에는 시효가 없다' '여의도심포니오케스트라컨덕터' 'WTO체제 한국농업의 진로' '한국경제의 허상과 실상' '인류와 함께하는 농업' '국가경쟁력 이제는 국회가 나설때다' [역]'인간경영'(레스 기브린) [종]기독교

김태식(金台植) KIM Tae Sik

[생]1946·11·25 [본]함녕(咸寧) [출]서울 [주]서울 강남구 논현로121길22 한국유나이티드제약(주) 임원실(02-512-9981) [학]1965년 서울고졸 1970년 한국외국어대 무역학과졸 [경]SK그룹 경영기획실 근무, SK케미칼 근무 1995년 한국유나이티드제약(주) 전무이사(현) [상]산업자원부장관표창, 노동부장관표창, 보건복지부장관표창, 충남도지사표창, 경찰청장표창, 제약산업출입기자단 BEST PR상(2010), 제38회 상공의 날 산업포장(2011), 행정안전부장관 감사장(2012)

김태식(金兌植) KIM TAE-SIG

[생]1957·8·30 [본]광산(光山) [출]전남 담양 [주]충남 서천군 마서면 금강로1210 국립생태원 경영지원실(041-950-5481) [학]1977년 광주공업고졸 1984년 전남대 화학공학과졸 2012년 한양대 대학원 조경학과졸 [경]1990~2000년 환경부 평가제도과·교통공해과·폐기물정책과·수질정책과 근무 2001년 同제주환경출장소장(사무관) 2002~2011년 同교통공해과·산업폐수과·자연정책과·국토환경정책과 사무관 2011년 同자원재활용과 서기관 2011~2012년 국토해양부 기업복합도시과 파견(서기관) 2012~2013년 경기도 환경협력관 2014년 국립생태원 생태교육처장 2016년 同경영지원실장(현) [상]국무총리표창(2011)

김태업(金泰業) KIM Tae Eop

[생]1968·8·27 [본]안동(安東) [출]경남 고성 [주]서울 양천구 신월로386 서울남부지방법원(02-2192-1114) [학]1987년 신흥고졸 1992년 서울대 법학과졸 [경]1993년 사법시험 합격(35회) 1996년 사법연수원 수료(25기) 1999년 전주지법 판사 2001년 同군산지원 판사 2003년 인천지법 판사 2007년 서울고법 판사 2008년 대법원 재판연구관 2011년 광주지법 부장판사 2012년 사법연수원 교수 2014년 인천지법 부천지원 부장판사 2014년 의정부지법 부장판사 2015년 서울남부지법 부장판사(현) [종]불교

김태엽(金泰燁)

[생]1960·7·14 [주]제주특별자치도 제주시 문연로6 제주특별자치도청 비서실(064-710-2001) [학]제주오현고졸, 제주대졸 [경]1987년 공무원 임용 2010년 제주특별자치도 인재개발원 교육운영담당 2011년 同민군복합형관광미항추진단 지원팀장 2014년 同축산분뇨악취개선추진팀장 2015년 同카지노감독관리추진팀장 2015년 국가평생교육진흥원 사무국장 2016년 제주특별자치도 관광정책과장(서기관) 2016년 同비서실장(현)

김태영(金泰榮) Kim Tae-young

[생]1949·1·13 [출]서울 [주]서울 용산구 이태원로29 한국전쟁기념관內 435-1호 한국전쟁기념재단(02-792-1950) [학]1968년 경기고졸 1973년 육군사관학교졸(29기), 서강대 독어독문학과졸, 독일 육군사관학교 수학 [경]1984년 육군 제15사단 26포병 대대장 1989년 합참의장 보좌관 1991년 육군 제8사단 포병연대장 1993년 육군 제56사단 참모장 1995년 합동참모본부 전략기획참모부 전쟁기획과장 1996년 대통령 외교안보수석비서관실 국방담당관 1997년 육군 제6군단 포병여단장 1998년 국방부 장관보좌관 2000년 육군 보병 제23사단장 2002년 육군본부 기획관리참모부장 2003년 국방부 정책기획국장 2004년 수도방위사령관(중장) 2005년 합동참모본부 작전본부장(중장) 2006년 육군 제1야전군사령관(대장) 2008~2009년 합참의장(대장) 겸 통합방위본부장 2009~2010년 국방부 장관 2011년 한국국방연구원 연구자문위원 2011~2016년 학교법인 한민학원(한민고) 이사장 2011년 국방NCW포럼 회장(현) 2012년 아주대 NCW학과 초빙교수(현) 2013년 한국전쟁기념재단 정전60주년기념사업추진위원회 위원 2016년 한국전쟁기념재단 이사장(현) [상]대통령표창, 보국훈장 통일장, 보국훈장 천수장, 조계종 불자(佛子)대상(2008), 자랑스런 서강인상(2009), 대한민국무궁화대상 국방부문(2015) [종]불교

김태영(金泰榮) Kim Tea Young

[생]1953·3·1 [출]경북 영천 [주]경북 경산시 하양읍 하양로13의13 대구가톨릭대학교 산학협력단(053-660-5551) [학]1971년 대구상고졸 2000년 경일대 경영학과졸 2002년 경북대 경영대학원 마케팅학과졸 [경]1970년 대구은행 입행 1996년 同원대3가지점장 1997년 同포항공단지점장 1999년 同성서남지점장 2000년 同기업영업추진부장 2003년 同여신관리부장 2005년 同여신기획부장 2006년 同영업지원본부장 2007년 同아파트금융본부장 2008~2012년 (주)카드넷 대표이사 2013년 대구가톨릭대 산학협력단 교수(현) 2013년 同평생교육원장(현) [상]대통령표창(2005)

김태영(金泰榮) Kim Tae Young

[생]1957·4·20 [주]경기 용인시 수지구 포은대로388 한국에너지공단 임원실(031-260-5003) [학]1976년 홍익사대부고졸 1984년 인하대 기계공학과졸 [경]2008년 에너지관리공단 지역전략실장 2010년 同녹색에너지협력실장 2011년 同경영전략실장 2011년 同충북지역본부장 2014년 同수요관리이사(상임이사) 2015년 同부이사장 겸 경영전략이사 2015년 한국에너지공단 부이사장 겸 경영전략이사(현) [상]산업자원부장관표창(2005), 대통령표창(2010)

김태옥(金泰玉) KIM Taeok (白川)

[생]1944·5·6 [출]경북 성주 [주]서울 강남구 영동대로702 화천회관빌딩8층 시호비전 회장실(02-3446-5001) [학]1982년 고려대 경영대학원 최고경영자과정 수료 1988년 건국대 행정대학원 부동산학과졸 1988년 연세대 경영대학원 최고경영자과정 수료 1993년 고려대 생명과학대학원 최고위과정 수료 1995년 행정학박사(가천대) 1999년 연세대 언론홍보대학원 최고위과정 수료 2000년 고려대 컴퓨터과학대학원 정보통신과정 수료 2001년 한국과학기술원 테크노경영대학원 최고정보경영자과정 수료 2002년 한국체육대 사회체육대학원 최고경영자과정 수료 2003년 한양대 국제관광대학원 최고엔터테인먼트과정 수료 2004년 서울대 환경대학원 CEO환경경영포럼 수료 2004년 전국경제인연합회 국제경영원 글로벌최고경영자과정 수료 2006년 순천향대 건강과학CEO과정 수료 2006년 서울과학종합대학원 4TCEO과정 수료 2006년 미국 Univ. of Pennsylvania The WhartonSchool CEO Institute 과정 수료 2007년 숙명여대 최고경영자과정 수료 2007년 서울과학종합대학원 TPCEO과정 수료 2008년 세종대 경영전문대학원 세계경영자최고위과정 수료 2008년 서울과학종합대학원 기후변화리더십과정 수료 2010년 IGM세계경영연구원 7SP최고경영자과정 수료 2011년 명예 경영학박사(순천향대) [경]1982년 한국보이스카우트 서울연맹 실행이사 1989년 (주)시호터미널 회장(현) 1989·1995년 (사)대한안경사협회 회장(제 9·12대) 1990년 한국안광학회 회장 1991년 대구산업정보대 교수, (주)시호비전 회장(현) 1995년 안경사국가고시 출제위원 1996년 서울송파甲선거관리위원회 위원 1997년 한성대 행정학과 객원교수 2002년 한국과학기술원 테크노경영자클럽 회장 2002년 한국체육대 사회체육대학원 최고경영자과정 동문회 회장 2003년 전국경제인연합회 국제경영원 글로벌최고경영자과정 동문회 회장, 제주도 명예도민(현) 2006년 순천향대 건강과학CEO과정 동문회 회장 2006년 서울대 총동문회 이사(제21대) 2006년 미국 Univ. of Pennsylvania The WhartonSchool CEO Institute 동문회 회장, (주)에스에이치엔터테이먼트 회장 2007년 숙명여대 최고경영자과정 동문회 회장 2008년 한양대 최고엔터테이먼트과정 총동문회 수석부회장, 고려대 경영전문대학원 총교우회 지도위원(현) 2008년 연세대 경영전문대학원 최고경영자과정 총동문회 수석부회장 2008년 세종대 경영전문대학원 A.G.M.P. 교수부장, 대한상공회의소 유통위원회 위원(현), 고려대 총교우회 제29대 상임이사(현), 한국과학기술원 경영대학 최고경영자과정(AIM) 총동문회 회장, 서울대 총동창회 종신이사(현), 연세대 경영전문대학원 최고경영자과정(AMP) 총동창회 회장, 민주평통 제15기 상임위원, (사)건국대통령이승만박사기념사업회 부회장, 초당대 안경광학과 객원교수 2010년 국제라이온스협회 354(韓國)-C(서울)지구 총재 2011년 同354(韓國)복합지구총재협의회 의장(제42대 2012년 시호반도체LED 회장(현) 2013년 민주평통 제16·17기 직능운영위원(현) 2013년 새누리당 재정위원회 부위원장(현) 2014년 한국자유총연맹 고문(현) 2014년 IBK기업은행 명예 홍보대사 2016년 울릉도·독도 명예주민 [상](사)대한

안경사협회 공로상(1998), 연세대 언론홍보대학원 공로상(1999), 한국과학기술원공로상(2001), 한국체육대 최고경영자상 대상(2003), 제1회 헤럴드경제 이코노미스트상 안경전문기업부문(2005), 전국경제인연합회 IMI 글로벌 최고경영자상 대상(2005), 전국경제인연합회 국제경영원 최우수동문상(2006), 순천향대 최고경영자상(2006), 삼성테스코(주) Best Partner Award(2006), 한국언론인연합회 안경부문 최고브랜드대상(2006), 전국경제인연합회 최우수경영인상(2006), 서울과학종합대학원 TPCEO 경영자상(2007), 서울종합과학대학원 공로상(2007), 연세대 최고경영대상 제조부문대상(2008), 제17회 대한민국문화대상(2009), 대한적십자사 헌혈유공장(2011), 제1회 국민추천포상 국민포장(2011), 지식경제부장관 최우수기업인표창(2009), 서울특별시장표창(2011), 외교통상부장관표창(2011), 농림수산식품부장관표창(2011), 보건복지부장관표창(2011), 한국일보·Fortune Korea '2011 한국 경제를 움직이는 인물 40人' 사회책임경영부문에 선정(2010), 중앙일보·JTBC '2014 한국경제를 움직이는 CEO' 사회책임경영부문에 선정(2014) [저]'안경원경영론'(청림출판사) '안경사법개론'(도서출판 대학서림) [종]불교

김태완(金兌完) Kim, Taewan

[생]1948·8·13 [본]서흥(瑞興) [출]경남 창녕 [주]대구 수성구 동대구로390 범어타워1207호 (사)한국미래교육연구원(053-741-5318) [학]1967년 서울고졸 1971년 서울대 사범대 교육학과졸 1977년 同교육대학원 교육학과졸 1983년 미국 미시간대(Univ. of Michigan) 대학원 교육사회학과졸 1988년 철학박사(미국 Univ. of Michigan) [경]1972년 상인천중 교사 1973년 공군기술고 교관 1974년 공군대학 학술교관 1977년 유네스코 한국위원회 청년원 지도교수 1982~1988년 미국 미시간대(Univ. of Michigan) Teaching Assistant·Research Assistant 1989~1992년 한국교육개발원 책임연구원·통일교육연구부장 1992~2013년 계명대 사범대학 교육학과 교수 2001년 同사범대학장 2002년 同유아교육대학원장, 대통령자문 교육개혁위원회 전문위원 2002년 한국교육재정·경제학회 회장 2006~2008년 계명대 교무처장 2009~2013년 한국교육개발원(KEDI) 원장 2010년 국무총리실 교육개혁협의회 민간위원 2012~2014년 한국과학창의재단 비상임이사 2014년 교육개혁포럼 회장(현) 2014년 대통령자문 학교폭력대책위원회 공동위원장(현) 2014년 (사)한국미래교육연구원 이사장 겸 원장(현) 2016년 교육부 정책자문위원회 지방교육재정개혁분과 위원장(현) [상]미국 Univ. of Michigan Best Dissertation Award(1988), 제42회 한국도서관상 단체상(2010), 교육부장관표창(2013) [저]'교육재정론'(1995) '교육학 대백과사전 : 고등교육재정'(1998) '글로벌시대의 교육'(2013) '한국교육의 미래전략(共)'(2016) [종]천주교

김태완(金泰完) Kim, Tae-wan

[생]1962·1·9 [본]김해(金海) [출]경북 상주 [주]서울 관악구 관악로1 서울대학교 공과대학 조선해양공학과 34동308호(02-880-1437) [학]1981 경기고졸 1985년 한양대 산업공학과졸 1987년 同대학원 산업공학과졸 1993년 미국 애리조나주립대 대학원 컴퓨터공학과졸 1996년 컴퓨터공학박사(미국 애리조나주립대) [경]1996~1999년 미국 (주)Siemens PLM Software 소프트웨어 엔지니어 1999~2001년 서울대 정밀기계설계공동연구소 특별연구원 2001~2003년 세종대 컴퓨터공학부 디지털콘텐츠학과 조교수 2001~2003년 同컴퓨터공학부 디지털콘텐츠학과장 2001~2005년 한국게임학회 총무이사 2003~2005년 한국멀티미디어학회 이사 2003년 서울대 공과대학 조선해양공학과 교수(현) 2004~2008년 한국컴퓨터그래픽스학회 기획이사 2007~2008년 한국산업응용수학회 편집이사 2008~2009년 대한조선학회 편집이사 2008~2009년 차세대융합기술연구원 기획조정실장 2008~2010년 지식경제부 산업·IT융합포럼 조선·IT분과위원회 위원장 2009~2010년 BK21 해양기술인력양성사업단 부단장 2009~2010년 한국산업응용수학회 대외협력이사 2009~2011년 한국 CAD/CAM학회 부회장 2010~2014년 서울대 경력개발센터 소장 2011~2014년 한국 CAD/CAM학회 감사 2012년 국제학술지 'Computer-Aided Design' 편집위원(현) 2012~2014년 서울대 관악사 사감 2014년 同공과대학 미래융합기술과정 주임교수(현) [상]가헌신도리코재단 가헌학술상(2006), 서울대 공대 우수강의상(2007·2008), 기획재정부장관표창(2010), 한국 CAD/CAM학회 공로상(2011), 서울대총장 공로패(2013), 서울대 관악사 사감 공로패(2014) [저]'Global Talent Program 일본: 최첨단기술편'(2011, 서울대 경력개발센터) 'Summer Global Talent Program 미국: 월스트리트 및 IT 기업편'(2011, 서울대 경력개발센터) 'Winter Global Talent Program 미국 워싱턴: 정치·외교편'(2012, 서울대 경력개발센터) 'Summer Global Talent Program 방콕: 국제기구·NGO편'(2013, 서울대 경력개발샌터) '서울대 아크로폴리스 토론 프로그램 2013년 활동집'(2014, 서울대 관악사) '서울대 커리어 기자단과 함께 하는 Career Stroy'(2014, 서울대 경력개발센터) 'SNU COMPASS A Complete Guide to Your Seoul Life'(2014, 서울대 관악사)

김태완(金泰完) Tae-Wan Kim

[생]1965·2·12 [본]경주(慶州) [출]부산 [주]서울 영등포구 의사당대로1 국회예산정책처 법안비용추계1과(02-788-4649) [학]연세대 경영학과졸, 미국 피츠버그대 대학원졸, 미국 텍사스A&M대 대학원 전산학과졸, 전산학박사(부산대) [경]행정자치부 전략기획과 전문위원, 同연구기획팀 전문위원, 同표준화팀 전문위원 2008년 행정안전부 정보자원정책과 전문위원, 국회예산정책처 예산분석실 법안비용추계1과 예산분석관(현) [상]행정자치부장관표창(2007)

김태우(金泰宇) Taewoo KIM

[생]1950·6·6 [출]대구 [주]서울 중구 필동로1길30 동국대학교 행정대학원(02-2260-3102) [학]1976년 영남대 경영학과졸 1981년 한국외국어대 통역대학원 한영과졸, 미국 몬트레이대 통역대학원 수료 1989년 미국 뉴욕주립대 대학원 정치학과졸 1989년 정치학박사(미국 뉴욕주립대) [경]1976~1979년 대우개발·대우실업 사원 1981~1983년 전국경제인연합회 국제부과장 1981~1984년 국제회의 동시통역사(한영) 1983~1984년 금성사 부장 1990~2011년 한국국방연구원 선임연구위원·책임연구위원 1993년 KBS 북핵관련 객원해설위원 1995~2001년 국제평화전략연구원 수석연구위원 1998년 세종연구소 상임객원연구위원 1999~2001년 국회 정책연구위원·경수로사업단 자문위원·민주평통자문회의 상임위원 2001년 한국국방연구원 대외협력실장 2004~2005년 경기대 정치대학원 겸임교수 2004~2006년 한국국방연구원 안보전략연구센터 군비통제연구실장 2006년 同국방정책연구실 국방정책연구원 2006~2007년 국회 북핵특별위원회 위원 2008~2009년 한국국방연구원 국방현안연구위원장(부원장급) 2008~2010년 국무총리실 정부업무평가위원 2010년 대통령직속 국방선진화추진위원회 군구조분과 위원장 2011~2012년 통일연구원 원장 2011년 공군 정책발전자문위원장 2011년 해병대 정책자문위원 2011년 해군 발전자문위원장 2012년 동국대 행정대학원 석좌교수(현) [저]'한국핵은 왜 안되는가'(1994, 지식산업사) 'Dealing With the North Korean Nuclear Problem(編)'(1995, 한울사) '저승바다에 항공모함 띄웁시다'(1999, 다물출판사) '미국의 핵전략 우리도 알아야 한다'(2003, 살림출판사) '주한미군 보내야하나 잡아야 하나'(2005, KIDA Press) '북핵 감기인가 암인가'(2006, 시대정신) 'Graham Allison, Nuclear Terrorism'(2004, Owl Books) [역]'핵테러리즘'(2007, 한국해양전략연구소) [작]세미나·토론회·공청회 등 발표 약 650건 [종]가톨릭

김태우(金泰佑) KIM Tae Woo

[생]1959·3·13 [주]서울 종로구 대학로101 서울대치과병원 치과교정과(02-2072-3817) [학]서울대 치의학과졸, 同대학원졸, 치의학박사(서울대) [경]1990년 서울대 치과병원 교정과 전임의사 1994~1996년 同치과대학 전임강사 1995~1997년 미국 워싱턴대 교환교수 1996~2004년 서울대 치과대학 조교수·부교수 2004년 同치과대학 치과교정학교실 교수(현) 2004년 同치과병원 치과교정과장 2010~2014년 대한치과교정학회 부회장 2014~2016년 同회장 2016년 同명예회장(현) [상]국무총리표창(1983)

김태우(金泰佑) Taewoo Kim

[생]1967·5·19 [본]김해(金海) [출]서울 [주]서울 영등포구 여의대로66 KTB자산운용(주) 임원실(02-788-8400) [학]1993년 연세대 경영학과졸 [경]1993~2000년 하나은행 주식 및 채권운용담당 2000~2004년 (주)미래에셋자산운용 주식운용팀장 2004년 피델리티자산운용(주) 포트폴리오 매니저 2006년 同한국주식투자부문 대표(전무) 2007~2014년 同피델리티펀드-코리아펀드(Fidelity Funds-Korea Fund) 운용자(전무) 2016년 KTB자산운용(주) 대표이사(현) [상]올해의 최고펀드매니저(2002), 한국펀드대상(2003) [종]기독교

김태우(金泰佑)

[생]1969·11·27 [출]서울 [주]강원 영월군 영월읍 영월향교1길53 춘천지방검찰청 영월지청(033-371-4200) [학]1988년 대일고졸 1995년 서울대 경영학과졸 [경]1997년 사법시험 합격(39회) 2000년 사법연수원 수료(29기) 2000년 인천지검 검사 2002년 춘천지검 속초지청 검사 2003년 대전지검 검사 2005년 전주지검 검사 2008년 법무부 형사법제과 검사 2010년 서울중앙지검 검사 2011년 법제처 파견 2013년 인천지검 부부장검사 2014년 대전지검 천안지청 부장검사 2015년 법무부 검찰국 형사법제과장 2016년 춘천지검 영월지청장(현)

김태웅(金泰雄) KIM Tae Ung

[생]1948·2·6 [출]서울 [주]경기 고양시 덕양구 동헌로 305 중부대학교 신문방송학과(031-8075-1501) [학]1966년 용산고졸 1976년 고려대 철학과졸 1982년 싱가포르국립대 수료 1992년 고려대 경영대학원 수료 2002년 한양대 언론정보대학원졸 [경]1975년 합동통신 해외경제부 기자 1984~1987년 연합통신 캐나다특파원 1992년 同과학부 차장 1994년 同경제3부 부장대우 1995년 同과학부장 1998년 同논설위원 1998년 연합뉴스 논설위원 1999년 同국제뉴스국 부국장 직대 2000년 同국제뉴스국장 직대 2003년 同출판국장 직대 2003년 同출판국장 2004년 同논설위원 2005년 同논설위원실 고문 2005~2008년 뉴스통신진흥회 사무국장 2009년 중부대 신문방송학과 겸임교수(현) 2016년 연합뉴스사우회 부회장(현) [상]대통령표창 [종]기독교

김태원(金兌原) KIM Tae Won

[생]1951·3·19 [본]김해(金海) [출]대전 [주]경기 고양시 일산서구 일중로67의4 고양시재향군인회(031-975-2784) [학]1968년 대전고졸 1975년 동국대 연극영화과졸 1979년 연세대 대학원 행정학과졸 [경]1981년 민주정의당 사무처 합격 1989년 同정책위원회 행정자치전문위원 1995년 국회 정책연구위원 1996년 여의도연구소 행정실장 1997년 신한국당 의원국장 1998년 한나라당 재정국장 1999년 同직능국장 2003년 同대표 특별보좌역 2005년 同중앙위 부의장 2006년 고양시재향군인회 자문위원장 2006년 장애인정보화협회 고문 2006년 한나라당 고양덕양乙당원협의회 운영위원장 2007년 同제17대 대통령중앙선거대책위원회 직능정책본부 부본부장 2007년 同전국위원회 상임전국위원 2008년 제18대 국회의원(고양 덕양乙, 한나라당·새누리당) 2009년 대통령 특사(EU·헝가리·덴마크·오스트리아) 2010년 한나라당 원내부대표 2011년 同경기도당 수석부위원장 2012~2016년 제19대 국회의원(고양 덕양乙, 새누리당) 2012~2013년 새누리당 제2사무부총장 2012년 국회 교육과학기술위원회 위원 2012년 국회 예산결산특별위원회 위원 2012년 새누리당 제18대 대통령중앙선거대책위원회 종합상황실 부실장 2013년 국회 미래창조과학방송통신위원회 위원 2013·2014~2015년 국회 국토교통위원회 위원 2014년 새누리당 중앙위원회 의장 2014년 同비상대책위원 2014~2015년 국회 예산결산특별위원회 위원 2014~2015년 국회 국민안전혁신특별위원회 여당 간사 2015년 국회 국토교통위원회 여당 간사 2015년 새누리당 국토교통정책조정위원장 2016년 同경기고양시乙당원협의회 운영위원장 2016년 제20대 국회의원선거 출마(경기 고양시乙, 새누리당) [상]한국과학기술단체총연합회 2012년도 대한민국 국회 과학기술우수의정상(2013), 법률소비자연맹 선정 국회 헌정대상(2013), 경제정의실천시민연합 국정감사 우수의원(2014), 한국언론사협회 대한민국우수국회의원대상 최고대상(2014) [종]기독교

김태유(金泰由) KIM Tai Yoo

[생]1951·3·20 [본]안동(安東) [출]부산 [주]서울 관악구 관악로1 서울대학교 기술경영경제정책대학원(02-880-7228) [학]1969년 경복고졸 1974년 서울대 자원공학과졸 1980년 미국 West Virginia대 대학원 경제학과졸 1983년 경제학박사(미국 Colorado School of Mines) [경]1983~1987년 미국 Iona대 경영시스템학과 조교수 1984~1985년 미국 Columbia대 Post Doc. 1992~1993년 미국 Arizona대 객원교수 1994년 국회 과학기술연구회 위원 1999~2001년 대한석탄공사 사외이사 2000년 한국기술혁신학회 수석부회장 2002년 정보통신부 심사평가위원회 위원장 2002~2003년 한국자원경제학회 회장 2003~2004년 대통령 정보과학기술보좌관 2003년 한국공학한림원 정회원(현) 2003년 한국과학기술한림원 정회원(현) 2005~2006년 외교통상부 에너지자원대사 2005~2013년 한국혁신학회 회장 2006~2007년 대한민국혁신포럼 공동위원장 2006~2007년 방송통신융합추진위원회 민간위원 겸 정책산업분과위원장 2006년 서울대 공과대학 산업공학과 교수(현) 2006년 同기술경영경제정책대학원 교수(현) 2006~2008년 국가에너지위원회 위원 2007~2008년 국방발전자문위원회 위원 2008년 한국전력공사 KEPCO발전전략포럼 위원 2008~2009년 바른과학기술사회실현을위한국민연합 공동대표 2009년 법무부 정책위원회 위원 2010~2011·2012~2014년 한국여성정책연구원 연구자문위원 2011~2012년 한국공학한림원 부회장 2014년 공군 정책발전자문위원(현) 2015년 SK가스(주) 사외이사(현) [상]서울대 훌륭한 공대교수상 교육상(1999), 한국공학한림원 기술정책상(2004), 과학기술훈장 혁신상(2006), 한전학술대상(2011) [저]'현대산업사회와 에너지(共)'(1992) '21세기 인간과 공학(共)'(1995) '환경·자원 정책론'(1996) '21세기 청색혁명과 해양환경정책론(共)'(2002) '정부의 유전자를 변화시켜라: 성공하는 정부의 新공직인사론'(2009, 삼성경제연구소) '국부의 조건'(2012) '은퇴가 없는 나라'(2013) 'Economic Growth'(2014) [역]'The Prize'(1993) 'The Resource Wars-자원의 지배(共)'(2002)

김태유(金泰裕) KIM Tae You

[생]1961·1·28 [주]서울 종로구 대학로101 서울대학교암병원 원장실(02-2072-2114) [학]1986년 서울대 의대졸 1994년 同대학원 의학과졸 1996년 의학박사(서울대) [경]1986~1987년 서울대병원 인턴 1987~1990년 육군 군의관 1990~1994년 서울대병원 내과 전공의 1994년 同혈액종양내과 전임의 1995년 원자력병원 혈액종양내과장 1998~2000년 미국 하버드대 Medical School 선임연구원 2000년 서울대 의대 내과학교실 조교수·부교수·교수(현) 2004~2005년 미국 플로리다대 방문교수 2007년 서울대병원 기획조정실 기획담당 2010~2015년 同진료부단장 2011~2015년 同암진료부장 2015년 서울대암병원 원장(현) [상]보령암학술상(2009), 광동 암학술상(2015)

김태윤(金泰潤) KIM Tae Yoon

[생]1952·10·2 [주]서울 서초구 헌릉로12 현대자동차(주) 인사과(02-3464-1114) [학]울산대 기계공학과졸 [경]1979년 현대자동차(주) 입사 2002년 同해외기술1팀장(이사대우) 2004년 同이사 2004년 同상무, 同북경현대기차 생산본부담당 상무 2008년 同북경현대기차 전무 2012년 중국 북경현대기아자동차 부사장 2014년 同총경리(부사장) 2015년 중국한국상회 회장(현) 2015년 중국 북경현대기아자동차 4·5공장건설담당 상근자문 2015년 현대자동차(주) 중국전략담당 사장(현)

김태윤(金泰潤) Tae-Yoon Kim

[생]1956·1·7 [본]김해(金海) [출]대구 [주]서울 서초구 반포대로222 서울성모병원 피부과(02-2258-6221) [학]1974년 경북고졸 1980년 가톨릭대 의대졸 1983년 同대학원졸 1989년 의학박사(가톨릭대) [경]1980~1989년 가톨릭대 의과대학 성모병원 레지던트·전임강사 1985년 미국 마운트시나이대병원 방문교수 1986년 미국 텍사스공대 화학과 박사후연구원 1986~1988년 同MD앤더슨암센터 면역학과 박사후연구원 1987년 미국피부연구학회 정회원(현) 1988년 세계피부연구학회 정회원(현) 1989년 울산해성병원 피부과장 1991~1998년 가톨릭대 의과대학 피부과학교실 전임강사·조교수 1993~1995년 대한광학회 간사 1994~1996년 대한알레르기학회 교육위원 1995~1999년 대한피부연구학회 재무이사·간행이사 1997년 일본피부연구학회 정회원(현) 1997~1999년 대한건선학회 학술이사 1998~2003년 가톨릭대 의과대학 부교수 1998~2005년 대한레이저학회 이사 1998~2008년 한국의학레이저학회 이사 2000년 미국피부과학회 정회원(현) 2000년 대한피부연구학회 이사(현) 2001년 아토피피부염학회 평위원(현) 2001~2003년 대한피부연구학회 총무이사 2001~2006년 가톨릭대 피부면역학연구소 국가지정연구소 총괄책임자 2001~2003년 대한건선학회 간행이사 2003년 가톨릭대 의과대학 피부과학교실 교수(현) 2003~2004년 세계광학회 조직위원 2004년 생화학·분자생물학회 회원간사 2004~2005년 대한건선학회 재무이사 2005~2007년 가톨릭대 창업보육심의위원회 선임위원 2005~2007년 同암연구소 운영위원 2005~2008년 해양수산부 정책심의위원 2005년 지식경제부 기획평가위원 2005년 서울시정개발연구원 기획평가위원 2005년 보건복지부 주요정책회의 위원·의료클러스터조성분과협의회 위원·기획평가위원 2005~2007년 대한건선학회 회장 2006년 생화학·분자생물학회 재무간사 2006년 가톨릭대 의과대학 BK21생명의과학사업단 운영위원 2006년 대한실험동물학회 대의원(현) 2006~2007년 가톨릭대 산학협력단 운영위원 2006~2009년 강릉해양바이오 운영위원 2006년 세계건선학회 학술위원 2007년 한국보건산업진흥원 보건의료기술평가위원 2007년 가톨릭대 산학협력단 창업보육심의위원 2007년 대한피부과학회 조직위원 2007~2009년 한국분자세포생물학회 산학연협력위원장 2007~2009년 한국생명공학연구협의회 운영위원 2007~2009년 식품의약품안전청 화장품심의위원 2007년 세계피부과 유치위원회 위원 2007~2008년 가톨릭대 임상연구심의위원 2008년 同성의교정 성의산학협력실운영위원 2008년 同2008교내연구사업 심사위원 2008년 보건복지가족부 한의약연구개발사업 신규과제선정평가위원 2008년 KISTEP BT분야 중장기계획 전문가 자문위원 2008년 한국과학재단 특정기초연구지원사업패널평가위원 2008년 한국분자세포생물학회 대의원(현) 2008년 가톨릭대 서울성모병원 의학윤리위원(현) 2008~2009년 同서울성모병원 임상연구심의위원 2008년 대한면역학회 재무운영위원장 2009년 한국노화학회 대의원(현) 2009년 생화학분자생물학회 설악학술토론회 위원장 2009년 제22차 세계피부과학회 조직위원 2009~2011년 보건복지가족부 전문위원 2009년 대한피부과학회 이사(현) 2010년 생화학분자생물학회 대의원(현) 2010년 해양바이오정책협의회 정책위원(현) 2011~2013년 대한피부연구학회 이사장 2011년 대한생화학분자생물학회 윤리위원 2012년 서울성모병원 연구부원장 2012년 가톨릭대 성의연구진흥실장 2013~2014년 생화학분자생물학회 이사 2013~2015년 한국연구재단 국제백신연구소 공동연구관리위원 2014년 Celgene 자문위원(현)

2015년 한국보건산업진흥원 보건신기술(NET) 전문분과위원(현) 2016년 대한민국의학한림원 회원인사위원회 위원(현) [상]우암학술상(2004, 대한피부연구학회), 한국생화학분자생물학회 학술대회 포스터상(2007), 대한건선학회 학술공로상(2011), 대한피부과학회 오현상(2012), 대한건선학회 KSP 건선학술상(2013), 대한피부과학회 최우수논문 은상(2014), 한국연구재단 선정 '기초연구 우수성과'(2014) [저]'응급의학(共)'(2000, 의학문학사) '대한천식 및 알레르기학(共)'(2001, 군자출판사) '피부과학(피부면역학)'(2001, 여문각) '아토피 피부염의 진단과 치료(共)'(2001) '건선의 병인과 치료 Update in Psoriaisi 건선(共)'(2006, MECCA) '안면 노화방지 로드맵(共)'(2006, 도서출판 대영) '피부과학 제5판(共)'(2008, 대한피부과학회) '임상진료지침(共)'(2011, 군자출판사) [역]'건선에 대한 100문 100답'(2006, 도서출판 신일상사) [종]천주교

김태읍(金泰邑) KIM Tae Eup

[생]1959·7·28 [출]전남 장성 [주]서울 마포구 효창목길6 한겨레신문 독자서비스국(02-710-0451) [학]고려대 사학과졸 [경]2000년 한겨레신문 증면 및 지면개편대책위원회 기자 2000년 同수도권판매1부장 2002년 同수도권판매부장 2003년 同미디어마케팅부장 2004년 同판매영업부장 2005년 同독자서비스국장 2005년 同판매국장 2007년 同마케팅본부장 2008년 同독자서비스국장(이사대우) 2011년 한국ABC협회 이사 2011년 한겨레신문 이사대우 2014년 同독자서비스국장(현)

김태응(金兌應) KIM Tae Eung

[생]1965·9·1 [출]서울 [주]세종특별자치시 도움5로20 국민권익위원회 권익개선정책국(044-200-7201) [학]1983년 환일고졸 1991년 성균관대 행정학과졸 2006년 同법학대학원졸 [경]1993년 행정고시 합격(37회) 1994년 법제처 법제조정실 사무관 1996~1997년 국무총리행정심판위원회 사무관 2001년 법제처 법제기획담당관실 서기관 2005년 同정책홍보관리실 정책홍보담당관 2008년 국민권익위원회 서기관 2008년 호주 직무훈련 2010년 국민권익위원회 행정심판국 환경문화심판과장 2011년 同행정심판국 행정심판총괄과장(부이사관) 2011년 同행정관리담당관 2013년 同제도개선총괄과장 2014년 同행정심판국 행정심판심의관(고위공무원) 2016년 同권익개선정책국장(현) [상]통일원장관표창(1997), 한글학회 '우리 말글 지킴이' 선정(2003)

김태의(金泰毅) KIM Tae Eui

[생]1960·11·16 [출]경기 부천 [주]강원 원주시 서원대로 412 강원지방우정청(033-749-2025) [학]철도고졸 1988년 성균관대 행정학과졸 [경]행정고시 합격(32회) 1989년 공직 입문 1998년 정보통신부 전파기획과 서기관 1999년 同초고속망구축과 서기관 2000년 김해우체국장 2002년 우정사업본부 전산관리소 업무과장 2005년 同금융사업단 예금과장 2005년 同예금사업과장 2007년 同예금사업단 예금사업팀장 2008년 同예금사업팀장 2009년 同우편사업단 우표팀장 2010~2011년 同우편정책팀장(부이사관) 2011년 국방대학원 파견(부이사관) 2012년 지식경제부 우정사업본부 우편사업단 물류기획관 2013년 미래창조과학부 우정사업본부 제주지방우정청장 2016년 同우정사업본부 강원지방우정청장(현) [상]근정포장(2015)

김태익

[생]1971·3·10 [출]대구 [주]대구 중구 공평로88 대구광역시청 경제기획관실(053-803-2590) [학]대구 대건고졸, 고려대 행정학과졸, 한국개발연구원 국제정책대학원 정책학과졸, 영국 에딘버러대 경영대학원 경영학과졸(MBA) [경]1999년 지방고시 합격(5회), 대구 남구 대덕문화전당관리소장, 대구시 과학기술진흥실 지식산업·연구개발·연구기반 사무관, 同문화체육관광국 문화예술과 문화시설·문화기획 사무관, 同문화체육관광국 교육학술팀장 2009년 대구경북경제자유구역청 유치1실장 2012년 대구시 경제통상국 고용노동과장 2015년 同창조경제본부 경제기획관(현)

김태일(金泰日) Taeil KIM

[생]1954·3·3 [본]안동(安東) [출]서울 [주]대전 유성구 동서대로125 한밭대학교 창의융합학과(042-821-1735) [학]1972년 경기고졸 1977년 서울대 공과대학 금속공학과졸 1979년 한국과학기술원 금속재료공학과졸(석사) 1986년 전자재료공학박사(미국 Carnegie Mellon대) [경]1979~1982년 대우자동차 엔진프레스본부 대리 1987년 미국 PCO Inc. Optoelectronics Div., MTS 1991년 삼성전자(주) 반도체총괄 부장 1992~1999년 삼성종합기술원 MD섹타(재료디바이스) 섹터장(상무) 1999년 삼성전자(주) 정보통신총괄 상무 2004~2007년 한국광기술원 원장 2007년 (주)파이컴 연구소장(CTO 전무) 2009~2011년 중소기업청 기술혁신국장 2011~2012년 대덕연구개발특구지원본부 전략기획단장 2012~2015년 한밭대 글로벌융합학부 창의융합학과 교수 2012~2014년 同산학협력단장 2014~2015년 전국대학교산학협력단장·연구처장협의회 회장 2015년 한밭대 창의융합학과 교수(현) [상]뉴미디어 기술대상(1999), 장영실상(2002), 대한재료금속학회 기술상(2007) [종]기독교

김태일(金台鎰) KIM Taeil

[생]1955·10·24 [출]경북 안동 [주]경북 경산시 대학로 280 영남대학교 정치외교학과(053-810-2641) [학]1973년 안동고졸 1982년 고려대 정치외교학과졸 1984년 同대학원졸 1992년 정치학박사(고려대) [경]1991~1992년 고려대 부설 평화연구소 연구원 1992년 민족통일연구원 책임연구원 1994년 영남대 정치외교학과 교수(현) 1995년 同총장 비서실장 1998~2004년 同통일문제연구소장 1999년 지방분권운동 대구·경북본부 상임위원 2004년 열린우리당 대구·경북총선기획단장 2004년 제17대 국회의원선거 출마(대구 수성甲, 열린우리당) 2005년 열린우리당 대구시당 위원장 2005년 한국수자원공사 사외이사 2005년 열린우리당 비상집행위원 2006년 同사무부총장 2007년 민생정치준비모임 사무처장 2008~2010년 영남대 정치행정대학장 2010년 민주당 수권정당을위한당개혁특별위원회 자문단장 2013년 同기초자치선거공천제도찬반검토위원장 2014년 민주당·새정치연합 신당창당추진단 위원 2014~2015년 대구경북학회 회장 2014년 대구시민단체연대회의 공동대표 2016년 同상임대표(현) 2016년 2.18안전문화재단 이사장(현) [저]'지역사회지배구조와 농민'(1990, 연구사) '지방자치제와 한국사회민주변혁'(1991, 민중사) '북한주민의 인성연구'(1992, 민족통일연구원) '조국통일을 위한 전민족대단결 10대 강령과 북한의 대남정책'(1993, 민족통일연구원) '우리시대의 정치(共)'(2003, 영남대) '새로운 북한읽기를 위하여(共)'(2004, 법문사) '1970년대 민중운동연구(共)'(2005, 민주화운동기념사업회) '日韓政治社會の比較分析'(2006, 慶應義塾大學出版會株式會社) '한국정치와 비제도적 운동정치(共)'(2007, 한울아카데미) [역]'국가와 정치이론'(1986, 한울) '민족해방운동사'(1998, 지양사)

김태정(金泰政) KIM Tae Joung

[생]1941·11·8 [본]영광(靈光) [출]부산 [주]서울 서초구 반포대로86 신원빌딩 (주)로시컴 임원실(02-3481-3700) [학]1959년 광주고졸 1964년 서울대 법대졸 1967년 同사법대학원졸 [경]1964년 사법시험 합격(4회) 1967년 해군법무관 1970~1981년 대구지검·춘천지검 강릉지청·서울지검 영등포지청·법무부 송무2과 검사 1981년 同송무1과장 1981년 서울지검 의정부지청 부장검사 1982년 대검 중앙수사부 3과장 1983년 同중앙수사부 1과장 1985년 서울지검 특수3부장 1986년 同특수1부장 1987년 同동부지청 차장검사 1988년 인천지검 차장검사 1989년 수원지검 차장검사 1990년 서울지검 제2차장검사 1991년 同동부지청장 1992년 법무부 기획관리실장 1993년 同보호국장 1993년 대검찰청 중앙수사부장 1994년 부산지검 검사장 1995년 법무부 차관 1997년 검찰총장 1999년 법무부 장관 2000~2010년 (주)로시콤 대표이사 2000~2010년 同법률구조재단 이사장 2002년 법무법인 코리아 대표변호사(현) 2010년 (주)로시컴 대표이사(현) 2010년 同법률구조재단 이사장(현) [상]홍조·황조근정훈장 [저]'정당의 해산에 관한 고찰' [종]기독교

김태정(金泰正) KIM Tae Jung

[생]1956·2·14 [출]서울 [주]경남 창원시 성산구 비음로 45 STX복지재단(055-284-2202) [학]1974년 경복고졸 1982년 국민대 행정학과졸 [경]1981년 (주)쌍용중공업 입사 2004년 STX엔진(주) 경영관리본부장 2005년 STX팬오션(주) 관리본부장(전무) 2007년 (주)STX 인력개발본부장 2010년 STX리조트 대표이사 2010년 STX조선해양 관리부문 부사장, 同경영조달 부사장 2013년 STX엔진(주) 총괄부사장 2014년 STX복지재단 사무국장(현)

김태주(金太柱) KIM Tai Joo

[생]1941·10·21 [본]김해(金海) [출]제주 [주]제주특별자치도 서귀포시 성산읍 난고로342의64 제주태양에너지발전(주) 임원실(064-743-8043) [학]1978년 제주실업전문대 전기학과졸 [경]1978년 제주MBC 송신소장 1984년 한국전기통신공사 송신소장 1988년 제주MBC 기술국 국장대우 1994년 同기술국장 1999년 동양정보통신 이사 2003년 국제방송교류재단 상임고문, 제주태양에너지발전(주) 대표이사(현) [종]기독교

김태주(金泰朱) Tae Joo KIM

[생]1964·9·14 [출]서울 [주]세종특별자치시 다솜로261 국무조정실 재정금융기후정책과실(044-200-2176) [학]1983년 상문고졸 1987년 서울대 경제학과졸 2001년 미국 미시간주립대 대학원졸 [경]1991년 행정고시 합격(35회) 2002년 재정경제부 기획관리실 기획예산담당관실 서기관 2003년 同세제실 국제조세과 서기관 2004년 국가균형발전위원회 파견 2005~2008년 駐상해총영사관 재경관 2009년 기획재정부 G20기획단 국제협력과장 2010년 대통령직속 G20정상회의준비위원회 국제기구개혁과장 2010년 기획재정부 세제실 부가가치세제과장 2011년 同세제실 국제조세협력과장 2011년 同세제실 국제조세제도과장 2012년 同조세기획관실 조세분석과장 2013년 同기획재정담당관 2014년 휴직(과장급) 2016년 국무조정실 경제조정실 재정금융기후정책관(고위공무원)(현)

김태준(金泰俊) KIM Tae Joon (鶴泉)

[생]1938·1·11 [본]김해(金海) [출]대구 [주]서울 영등포구 여의나루로53의1 대오빌딩11층 JA Korea 회장실(02-780-4150) [학]1957년 경북사대부고졸 1961년 서울대 법과대학졸 1984년 국방대학원 수료 1986년 동국대 행정대학원졸 [경]1965년 철도청 행정사무관 1967년 기획조정실 행정사무관 1970년 同서기관 1973년 상공부 산업기계과장 1978년 특허청 항고심판관·조사국장 1978년 국방부 방산1국장 1980년 상공부 방위산업국장 1981년 同기계공업국장 1985년 同전자전기공업국장 1987년 민정당 정책조정실 전문위원 1988년 특허청 항고심판소장 1990년 상공부 무역위원회 상임위원 1991년 同무역조사실장 1991년 同제2차관보 1992~1993년 특허청장 1993~1998년 한국수출보험공사 사장 1998년 법무법인 세종 고문 2000~2001년 현대증권 사외이사 2001년 두산중공업 사외이사 2002~2006년 국가경영전략연구원 원장 2006년 JA Korea 회장(현) [상]총무처장관표창(1970), 홍조·황조근정훈장 [종]기독교

김태준(金泰俊) KIM Tae Joon

[생]1955·11·11 [출]인천 [주]서울 성북구 화랑로13길60 동덕여자대학교 국제경영학과(02-940-4444) [학]1979년 연세대 경제학과졸 1981년 同대학원 경제학과졸 1988년 경제학박사(미국 Columbia대) [경]1989~1993년 대외경제정책연구원 연구위원 1993년 동덕여대 국제경영학과 교수(현) 1998~2000년 한국경제학회 '경제학연구' 편집위원 2000~2002년 국제금융연구회 간사 2001~2002년 한국국제경제학회 이사 2002~2003년 한국경제학회 이사 2004~2006년 동덕여대 부총장 2007년 한나라당 이명박 대통령후보 경제분야 자문위원 2007년 제17대 대통령직인수위원회 경제1분과 상임자문위원 2008~2010년 국민경제자문회의 자문위원 2009~2012년 한국금융연구원 원장 2010년 G20정상회의준비위원회 민간위원 2012~2014년 대통령직속 규제개혁위원회 위원 2012~2015년 동반성장위원회 위원, KDB산업은행 사외이사 2013년 同리스크관리위원회 위원장 2013~2016년 학교법인 경기학원 재단이사 2014년 한국국제경제학회 회장 2014년 리노스 사외이사(현) [상]한국금융학회 우수논문상 [저]'글로벌시대의 국제금융론'(1996) '국제통상론'(1998) '국제경제학원론'(2002) '한국경제의 이해'(2005) '국제금융경제'(2013, 다산출판사)

김태중(金泰中) KIM Tae Joong

[생]1961·9·28 [본]광산(光山) [출]전북 순창 [주]전북 전주시 덕진구 벚꽃로54 전북도민일보 논설위원실(063-259-2121) [학]1980년 전북대 경제학과졸 [경]1997년 전북도민일보 정치부 차장 1999년 同정치부 팀장 2001년 同서울분실취재본부장 2004년 同정치부장 2006년 同편집부국장 2008~2011년 同편집국장 2011년 同논설위원(현) 2011~2015년 미디어영상기획실장 2015년 同기획사업본부장(현) [상]전북대학교 동문 언론인상(2015)

김태진(金泰振) KIM Tae Jin

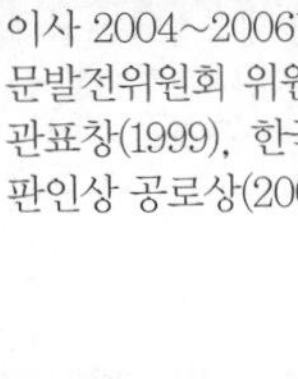

[생]1939·11·14 [출]서울 [주]서울 마포구 동교로15길6 도서출판 다섯수레(02-3142-6611) [학]1965년 중앙대 신문방송학과졸 [경]1966~1975년 동아일보 기자·프로듀서 1988년 도서출판 다섯수레 대표(현) 1992~1997년 동아자유언론수호투쟁위원회 위원장 1995~1998년 민주언론운동협의회 의장 2001년 청암언론문화재단 이사(현) 2002~2003년 대한출판문화협회 부회장 2002년 同이사 2004~2006년 한국간행물윤리위원회 심의위원 2004~2005년 지역신문발전위원회 위원장 2005~2008년 언론중재위원회 위원 [상]문화관광부장관표창(1999), 한국가톨릭매스컴상(2002), 국무총리표창(2007), 올해의 출판인상 공로상(2009)

김태진(金胎辰) KIM Tai Jin (星谷)

[생]1952·12·26 [본]김녕(金寧) [출]경북 경주 [주]경기 화성시 봉담읍 와우안길17 수원대학교 화학공학과(031-220-2294) [학]1971년 경주고졸 1975년 고려대 화학공학과졸 1981년 미국 펜실베이니아주립대 대학원 화학공학과졸(석사) 1986년 화학공학박사(미국 시라큐스대) [경]1975년 육군 제3사단 22연대 화학관 및 통역장교 1976년 육군화학학교 기술부 교관·실험실 책임장교 1977년 대우엔지니어링 원자력사업부 사원 1978년 미국 펜실베니아주립대 대학원 연구조교 1982년 미국 시라큐스대 대학원 강의조교 1986년 대우제철화학 중앙연구소 생명공학실 책임연구원 1989년 수원대 화학공학과 교수(현) 1989년 同화학공학과장 1995년 同고분자·화학공학부장 1998년 同첨단과학기술연구원장 1998년 해양수산부 자원·환경분야 전문위원 1999년 (주)바이오텔 대표이사 사장 2002년 한국생물공학회 부회장·편집위원장 2006~2009년 한국미약에너지학회 회장 [상]대통령표창(2001), 장영실상(2001), 신지식인상(2001), 국방부장관표창 [저]'인간을 닮은 바이오센서: 생물공학 이야기(共)'(1995, 고려원미디어) [종]기독교

김태진(金太鎭) Kim, Taejin

[생]1962·2 [출]서울 [주]서울 종로구 종로33 그랑서울 GS건설(주) 재무본부(02-2154-1114) [학]1981년 서울 숭실고졸 1989년 한국외국어대 영어학과졸 [경]2002년 GS건설(주) 입사 2002년 同국제금융팀 차장 2004년 同세무회계팀장(부장) 2006년 同자금팀장(부장) 2010년 同재무지원담당 상무보 2010년 同재경담당 상무 2014년 同재무본부장(전무)(현)

김태진(金泰振) KIM Tae Jin

[생]1962·2·26 [주]서울 동작구 시흥대로616 행복나래(주) 사장실(02-2104-4900) [학]전주고졸, 고려대 경영학과졸, 미국 코넬대 대학원 경영학과졸(석사) [경]SK(주) 인력담당 상무 2007년 同인력실장 및 그룹연수원장 2008년 SK China 대표 2011년 SK네트웍스 Energy&Car 총괄 2015년 同Energy&Car부문장(부사장) 2016년 행복나래(주) 대표이사 사장(현) [종]기독교

김태천(金太千) Kim, Tae-Chun

[생]1957·1·2 [출]충남 서산 [주]서울 송파구 중대로64 (주)제너시스BBQ 임원실(02-3403-9114) [학]1986년 고려대 경제학과졸 1997년 핀란드 헬싱키경제경영대학원졸(MBA) 2003년 서울대 보건대학원 외식최고경영자과정 수료 2007년 연세대 프랜차이즈CEO 1기 수료 2007년 서울종합과학대학원 4T CEO 수료 2009년 KOREA CEO Summit CIMA 수료 [경]1985년 대상그룹 입사 1997~2001년 同북경현지법인 사장 2002년 (주)제너시스 입사 2003년 (주)제너시스BBQ 총괄사장 2016년 同부회장(현) [상]철탑산업훈장(2015)

김태천(金泰川) KIM Tae Chun

[생]1960·10·15 [본]경주(慶州) [출]경북 경주 [주]대구 수성구 동대구로364 대구지방법원(053-757-6600) [학]1978년 영신고졸 1982년 경북대 법학과졸 1987년 同대학원졸 1992년 법학박사(경북대) [경]1982년 사법시험 합격(24회) 1984년 사법연수원 수료(14기) 1985~1992년 변호사 개업 1992~2000년 경북대 법학과 전임강사·조교수 2000년 대구지법 판사 2001년 대구고법 판사 2003년 대구지법 판사 2004년 同상주지원장 2006년 同부장판사 2008년 同포항지원장 2010년 同부장판사 2013~2015년 대구가정법원장 2015년 대구지법 제13민사단독부장판사(현) [저]'국제법'(1995, 법문사) '현대사회와 법'(1997, 법문사)

김태철(金泰哲) KIM Tae Chol

[생]1956·10·26 [본]안동(安東) [출]충북 [주]충북 청주시 청원구 대성로298 청주대학교 시각디자인학과(043-229-8654) [학]1979년 국민대 생활미술과졸 1984년 홍익대 대학원 광고디자인과졸 [경]1982년 한국방송광고공사 근무 1984~1985년 한국문화예술진흥원 예술의전당 건립본부 전문위원, 청주대 예술대학 디자인학부 시각디자인전공 교수, 同예술대학 시각디자인학과 교수(현), 한국북아트협회 회장, 청주시미술협회 회장, 청주시예술문화단체총연합회 회장, 충북도미술협회 회장, 청주시민의날 집행위원장 2015년 문화체육관광부 한국문화예술위원회 위원(현) [상]한국예총예술문화상 대상(2015) [작]개인전4회 및 그룹전 다수 [종]불교

김태철(金泰喆) KIM Tae Chul

⊛1962 · 1 · 16 ⊛전북 부안 ㈜서울 서초구 서초대로74길4 삼성생명서초타워 법무법인 동인(02-2046-0613) ⓗ1981년 전주 해성고졸 1985년 한양대 법학과졸 1992년 연세대 행정대학원 행정학과졸 ⓖ1992년 사법시험 합격(34회) 1995년 사법연수원 수료(24기) 1995년 광주지검 검사 1997년 대구지검 상주지청 검사 1998년 서울지검 의정부지청 검사 2000년 수원지검 검사 2002년 대구지검 검사 2004년 서울북부지검 검사 2004년 국가청소년위원회 파견 2006년 광주지검 검사 2007년 同부부장검사 2008년 서울중앙지검 부부장검사 2009년 광주지검 장흥지청장 2010년 서울북부지검 형사6부장 2011년 수원지검 성남지청 부장검사 2012년 대구지검 형사3부장 2013년 서울중앙지검 형사8부장 2014년 인천지검 형사1부장 2015~2016년 의정부지검 형사1부장 2016년 법무법인(유) 동인 구성원변호사(현)

김태한(金泰漢) KIM Tae Han

⊛1957 · 11 · 10 ⊛안동(安東) ⊛경북 예천 ㈜인천 연수구 첨단대로125 (주)삼성바이오로직스(032-455-3001) ⓗ1975년 계성고졸 1979년 경북대 고분자공학과졸 1986년 미국 텍사스 오스틴대 대학원졸 1988년 화학공학박사(미국 텍사스 오스틴대) ⓖ1979~1992년 제일합섬 근무 1992년 삼성그룹 비서실 부장 1995년 삼성종합화학 부장 2000년 同이사 2003년 同상무이사 2004년 삼성토탈(주) 상무이사 2006년 同기획담당 전무이사 2008년 삼성전자(주) 신사업팀 전무이사 2010년 同신사업팀 부사장 2011년 (주)삼성바이오로직스 대표이사(현) 2013년 한국공학한림원 정회원(현) 2014년 한국바이오의약품협회 이사장(현) ⓢ산업포장(2004)

김태한(金太漢)

⊛1959 · 11 · 15 ⊛서울 강서구 하늘길78 한국공항공사 운영본부(02-2660-2206) ⓗ1978년 영광고졸 1983년 중앙대 법학과졸 1995년 연세대 대학원 행정학과졸 2011년 법학박사(중앙대) ⓖ2005년 한국공항공사 인사노무처 인사팀장 2007년 同미래경영연구TF팀장 2007년 중앙법학회 회원 2009년 한국공항공사 기획조정실 전략기획팀장 2011년 한국항공우주법학회 강사 2010년 한국공항공사 경영평가실장 2014년 同미래창조사업본부장 2016년 同운영본부장(현)

김태한 Tae-Han Kim

㈜서울 종로구 율곡로2길25 연합뉴스 미래전략실 미디어전략팀(02-398-3114) ⓗ서울 오산고졸, 서울대 언어학과졸 ⓖ문화일보 기자, 동아일보 기자 2005년 연합뉴스 미디어과학부 기자 2011년 同뉴미디어부장 겸 미디어랩팀장 2012년 同런던특파원 2015년 同디지털뉴스부장 2016년 同미래전략실 미디어전략팀장(현) ⓢ한국기자협회 제75회이달의기자상(1996)

김태현(金兌玄 · 女) KIM Tae Hyun (修文)

⊛1950 · 1 · 8 ⊛경남 창녕 ㈜서울 성북구 보문로34다길2 성신여자대학교 생활과학대학 사회복지학과(02-920-7207) ⓗ1969년 경기여고졸 1973년 이화여대 가정대학졸 1976년 고려대 대학원졸 1982년 이학박사(고려대) ⓖ1982~1995년 성신여대 사회복지학과 교수 1991~1993년 한국가족학연구회 회장 1993~1994년 한국가족상담교육연구소 대표 1994~1996년 성신여대 생활문화연구소장 1994년 한국노년학회 부회장 1994년 대통령자문 21세기위원 1994~1997년 대통령자문 정책기획위원 1994~1997년 한국가족상담교육연구소장 1995~1997년 정무제2장관실 여성정책심의위원 1996~1999 · 2006~2008년 (사)한국가족상담교육단체협의회 회장 1997~1998년 미국 위스콘신대 객원교수 1999~2000년 성신여대 생활과학대학장 2001~2003년 同한국여성연구소장 2001년 同기획처장 2003~2004년 同교무처장 2003~2004년 한국여성학회 회장 2004년 (사)한국씨니어연합일사랑 이사 2004~2010년 同할머니지원대 공동대표 2004~2005년 한국노년학회 회장 2004~2008년 국무총리산하 경제 · 인문사회연구회 기획평가위원 2005~2007년 성신여대 가족건강복지센터소장 2005~2008년 한국동북아지식연대 공동대표 2005년 성북구지역사회복지협의체 공동위원장 2005~2012년 서울복지재단 이사 2007년 서울여성가족재단 이사 2007~2008년 한국가족관계학회 회장 2007년 한나라당 제17대 대통령중앙선거대책위원회 양성평등본부장 2008년 기획재정부 공공기관운영위원 2008~2011년 한국여성정책연구원 원장 2010~2012년 YTN 라디오 청취자위원장 2010년 대검찰청 감찰위원회 부위원장(현) 2011년 성북구 장애인활동지원수급자격심의위원장(현) 2011~2016년 아산나눔재단 이사 2011년 여성가족부 자문위원(현) 2011~2012년 덕성학원 이사 2012~2014년 한국노인과

학학술단체연합회 회장 2012년 새누리당 제18대 대통령중앙선거대책위원회 여성본부장 2013~2015년 국무총리직속 사회보장위원회 위원 2014년 성북구 장기요양등급판정위원회 위원(현) 2015년 UN 산하 NGO 'Care Rights' 회장(현) 2015년 성신여대 사회복지학과 명예교수(현) 2015년 민주평통 여성부의장(현) 2016년 (재)화해 · 치유재단 이사장(현) 2016년 아산복지재단 이사(현) ⓢ국무총리표창(2000), 옥조근정훈장(2015) ⓩ'도시 저소득층의 가족문제(共)'(1992) '가족학(共)'(1993) '여성노인(共)'(1993) '현대가족과 사회(共)'(1993) '노년학'(1994) '한국가족문제-진단과 전망(共)'(1995) '제2의 한국, 베트남(共)'(1996) '삶의 질 향상을 위한 길잡이(共)'(1996) '한국가족의 현재와 미래(共)'(1996) '가족의 관계역동성과 문제인식(共)'(1996) '실버산업의 실제(共)'(1996) '양성평등이 보장되는 복지사회(共)'(1997) '가족생활교육 : 이론과 실제(共)'(1998) '실버산업의 미래(共)'(1999) '노년학의 이해(共)'(2000) '현대사회와 효의 실천방안(共)'(2000) '여성의 몸 여성의 나이(共)'(2001) '사회변화와 결혼(共)'(2002) '21세기에 만나는 여성의 삶(共)'(2002) '가족학이론(共)'(2002) '재중이탈여성들의 삶(共)'(2003) '조선전기 가부장제와 여성(共)'(2004) '현대가족복지(共)'(2004) '여성복지론(共)'(2007) '현대노인복지정책론(共)'(2007) '노년의 아름다운 삶(共)'(2008) '사회문제론(共)'(2009) '현대사회와 여성(共)'(2011) '노인복지론(共)'(2011) '장병을 위한 군상담 프로그램(共)'(2013) 'Aging in Korea(共)'(2013) '노인복지론(共)'(2014) ⓥ'행복한 결혼의 일곱가지 비밀(共)'(2006) ⓒ기독교

김태현(金泰賢) KIM Tae Hyeon

⊛1955 · 6 · 23 ⊛김녕(金寧) ⊛대구 ㈜서울 강남구 테헤란로518 섬유빌딩12층 법무법인(유) 율촌(02-528-5599) ⓗ1974년 경북고졸 1978년 서울대 법과대학졸 ⓖ1978년 사법시험 합격(20회) 1980년 사법연수원 수료(10기) 1980년 軍법무관 1983년 서울지검 검사 1986년 대구지검 김천지청 검사 1987년 대구지검 검사 1989년 대검찰청 검찰연구관 1992년 대구지검 안동지청장 1993년 同경주지청 부장검사 1993년 인천지검 특수부장 1995년 대검찰청 과학수사지도과장 1997년 서울지검 남부지청 형사5부장 1997년 대검찰청 감찰2과장 1998년 同감찰1과장 1999년 서울지검 형사4부장 2000년 同형사2부장 2000년 울산지검 차장검사 2001년 인천지검 제2차장검사 2002년 수원지검 제1차장검사 2003년 서울지검 서부지청장 2004년 법무연수원 기획부장(검사장) 2004년 대검찰청 공판송무부장 2005년 울산지검장 2006년 대검찰청 감찰부장 2007년 부산지검장 2008~2009년 법무연수원장 2009년 법무법인(유) 율촌 파트너변호사(현) 2009~2010년 한국철도공사(코레일) 청렴홍보대사 2009~2011년 한국공항공사 비상임이사 2009~2012년 가천길재단 법률고문 2009~2011년 서울시의회 법률고문 2011~2013년 STX에너지(주) 사외이사 2012~2016년 롯데쇼핑(주) 사외이사 2015년 중앙선거관리위원회 위원(현) ⓢ검찰총장표창(1989), 대통령표창(1999), 황조근정훈장(2008)

김태현(金泰炫) KIM Tae Hyun

⊛1958 · 6 · 16 ⊛안동(安東) ⊛경북 영주 ㈜서울 동작구 흑석로84 중앙대학교 국제대학원(02-820-5627) ⓗ1976년 서울대사대부고졸 1981년 서울대 외교학과졸 1983년 同대학원 외교학과졸 1991년 정치학박사(미국 오하이오주립대) ⓖ1981~1983년 서울대 조교 1989년 미국 Univ. of Florida 정치학과 조교수 1990년 미국 Univ. of Illinois at Urbana-Champaign 연구위원 1992년 세종연구소 연구위원 1998년 중앙대 국제대학원 조교수 · 부교수 · 교수(현) 2009년 同국가대전략연구소장(현) 2015년 한국국제정치학회 회장 2015년 민주평통 상임위원(현), 외교부 정책자문위원(현) ⓩ'외교와 정치' ⓥ'세계화시대의 국가안보' '20년의 위기' '북핵위기의 전말' '결정의 엣센스' '독일통일과 유럽의 변화(共) '과학적 인간과 권력정치'

김태현(金泰鉉)

⊛1966 · 5 · 2 ⊛경북 영천 ㈜대구 수성구 동대구로364 대구고등법원(053-757-6254) ⓗ1984년 대구 청구고졸 1988년 서울대 법학과졸 1993년 同대학원수료 ⓖ1992년 사법시험 합격(34회) 1995년 사법연수원 수료(24기) 1995년 대구지법 판사, 同포항지원 판사, 대구지법 판사 2006년 특허법원 판사 2009년 대구지법 판사 2010년 울산지법 부장판사 2011년 대구고법 판사(현)

김태현(金泰賢) KIM, Taehyun

⊛1966 · 11 · 15 ㈜서울 종로구 세종대로209 금융위원회 자본시장국(02-2100-2640) ⓗ1985년 대아고졸 1989년 서울대 경영학과졸 1992년 同경영대학원 경영학과 수료 ⓖ행정고시 합격(35회) 1996년 재정경제원 금융정책실 증권업무담당관실 사무관 1999년 재정경제부 금융정책국 증권제도과 사무관 2002년 同금융정책과 서기관 2007년 同장관 비서관 2008년 금융위원회 금융서비

스국 자산운용과장 2008년 同보험과장 2009년 대통령비서실 파견(서기관) 2011년 금융위원회 금융정책국 금융정책과장 2013년 同금융정책국 금융정책과장(부이사관) 2013년 대통령 경제금융비서관실 선임행정관 2015년 교육파견(고위공무원) 2016년 금융위원회 자본시장국장(현) [상]대통령표창(2012)

김태형(金泰瑩) KIM Tae Hyung

[생]1958·11·7 [출]서울 [주]서울 강남구 논현로508 GS타워9층 (주)GS글로벌 영업총괄본부(02-2005-5300) [학]1977년 서울 대성고졸 1984년 한국외국어대 서반아어과졸 [경]1984년 럭키금성상사(現 LG상사) 전자사업부 입사 1987~1993년 同멕시코지사 근무 1994~2000년 (주)LG상사 전자기기팀장 2001~2005년 同LA지사장 2006년 GS리테일(주) 해외담당 상무 2011년 (주)GS글로벌 기계플랜트본부장(상무) 2013년 同자원·산업재본부장(전무) 2015년 同영업총괄본부장(COO)(부사장)(현) 2015년 한독상공회의소 부회장

김태형(金泰亨) Kim Tae Hyeong

[생]1967·9·12 [출]서울 [주]서울 송파구 올림픽로25 잠실야구장내 두산베어스(02-2240-1777) [학]신일고졸, 단국대졸 [경]1990~1998년 프로야구 OB 베어스 소속(포수) 1995·2001년 프로야구 한국시리즈 우승 주역 1999~2001년 프로야구 두산 베어스 소속(포수) 2001년 현역 은퇴(통산 827경기 1835타수 432안타·타율 0.235) 2002~2011년 프로야구 두산 베어스 플레잉코치 2008년 베이징올림픽 금메달(대표팀 코치) 2011~2014년 프로야구 SK 와이번스 배터리코치 2014년 프로야구 두산 베어스 감독(계약기간 2년 계약금 3억원·연봉 2억원)(현) 2015·2016년 프로야구 한국시리즈 우승(2연패) 2016년 프로야구 정규시즌 우승 [상]일구회 넷마블마구마구일구상 지도자상(2015)

김태호(金泰浩) KIM Tae Ho

[생]1956·11·26 [본]안동(安東) [출]경남 함안 [학]1976년 동래고졸 1980년 성균관대 행정학과졸 2006년 한양대 언론정보대학원 광고학과졸 2010년 KAIST 정보미디어 최고경영자과정 수료 [경]삼성그룹 전략기획실 홍보팀 상무 2007년 同전략기획실 홍보팀 전무, 한국광고주협회 운영위원 겸 광고자율심의위원장 2008년 삼성그룹 업무지원실 홍보담당 전무 2009년 제일기획 크로스미디어부문장(전무) 2012~2013년 삼성엔지니어링 전무 2012~2013년 대한빙상경기연맹 부회장 2015년 포털뉴스제휴평가위원회 위원(현)

김태호(金台浩)

[생]1958·4·4 [주]서울 동대문구 왕산로19 한화손해보험빌딩 한화호텔&리조트 FC부문(02-2174-6200) [학]한국외국어대 행정학과졸 [경]2004년 한화국토개발(주) FS영업담당 상무보, 同FS사업본부장(상무보) 2008~2009년 한화리조트(주) 투자운영2팀장(상무) 2009년 한화호텔&리조트 투자운영2팀장(상무) 2011년 同경영관리담당 상무 2012년 同리조트부문 경주사업본부장(상무) 2015년 同FC(Food & Culture)부문장(전무) 2016년 同FC(Food & Culture)부문 대표이사 전무(현)

김태호(金太鎬) KIM Tae Ho

[생]1960·9·17 [주]서울 서초구 효령로5 서울메트로 사장실(1577-1234) [학]마산고졸, 서울대 산업공학과졸, 同대학원 산업공학과졸, 산업공학박사(미국 텍사스A&M대) [경]1986년 (주)KT 운용기술부 근무 1999년 同신사업기획본부 신사업기획팀 부장 2003년 同품질경영실 식스시그마팀장(상무보) 2004년 同기획조정실 경영관리팀장 2006년 同혁신기획실장 2007년 同IT기획실장 2009년 同경영지원실 연구위원(상무) 2010년 하림그룹 상무 2012년 차병원그룹 기획총괄본부 부사장 2013년 (주)차케어스 사장 2014~2016년 서울시 도시철도공사 사장 2016년 서울메트로 사장(현)

김태호(金台鎬) KIM Tae Ho

[생]1962·8·21 [본]상산(商山) [출]경남 거창 [주]서울 종로구 북촌로 15길2 북한대학원대학교(02-3700-0800) [학]1980년 거창농림고졸 1985년 서울대 농업교육과졸 1987년 同대학원 교육학과졸 1992년 교육학박사(서울대) [경]1990~1992년 서울대 강사 1995~1998년 한나라당 여의도연구소 사회정책실장 1998~2002년 경남도의회 의원(한나라당) 1998년 국제라이온스협회 355-J지구 회원 2002~2004년 경남 거창군수(한나라당) 2003년 환경실천연합회 정책위원장 2003년 부산경남지역지방자치학회 이사 2003년 경남대부설 경남지역문제연구원 이사 2004·2006~2010년 경남도지사(한나라당) 2006~2008년 전국시도지사협의회 부회장 2008년 북한대학원대 초빙교수(현) 2010년 세계전통의약엑스포유치위원회 공동위원장 2011년 제18대 국회의원(김해乙 재·보선, 한나라당·새누리당) 2012~2016년 제19대 국회의원(김해乙, 새누리당) 2012년 국회 기획재정위원회 위원 2012년 새누리당 제18대 대통령중앙선거대책위원회 공동의장 2014년 국회 외교통일위원회 위원 2014~2016년 새누리당 최고위원 2016년 同제20대 총선 부산·경남권선거대책위원장 [상]제1회 한국을 빛낸 CEO선정(2005), 제7회 인물대상 행정대상(2009), 경남은행 감사패(2010), 안중근 평화대상(2012) [저]'농촌사회문제론'(1994) '농촌지역사회개발론'(1999) '살림살이 나누면 안됩니까?'(2004)

김태호(金泰昊) KIM Tae Ho

[생]1968·8·7 [출]경북 경주 [주]세종특별자치시 노을6로8의14 국세청 운영지원과(044-204-2240) [학]1985년 부산 동성고졸 1990년 서울대 경제학과졸 1993년 同대학원 수료, 미국 미주리대 세인트루이스교(UMSL) 대학원졸(행정학석사) [경]행정고시 합격(38회), 북대구세무서 총무과장, 국무조정실 파견, 종로세무서 세원1과장 2000년 마포세무서 납세지원과 사무관, 국세청 종합부동산세과 사무관 2007년 同종합부동산세과 서기관 2008년 김해세무서장 2008년 국외 훈련(과장급) 2011년 서울지방국세청 신고분석1과장 2012년 국세청 재산세과장 2013년 同조사2과장 2014년 同세원정보과장 2015년 同조사기획과장 2016년 同조사기획과장(부이사관) 2016년 同운영지원과장(현)

김태호(金泰鎬)

[생]1969·8·23 [출]경기 부천 [주]서울 서초구 서초중앙로157 서울고등법원 부장판사실(02-530-2817) [학]1988년 영등포고졸 1992년 서울대 법학과졸 [경]1992년 사법시험 합격(34회) 1995년 사법연수원 수료(24기) 1995년 변호사 개업 1996년 부산지법 판사 1999년 창원지법 판사 2000년 서울지법 의정부지원 판사 2002년 서울지법 판사 2003년 행정법원 판사 2006년 서울고법 판사 2007년 헌법재판소 파견 2009년 서울중앙지법 판사 2010년 전주지법 부장판사 2011년 서울고법 부장판사(현)

김태화(金泰化) KIM Tae Hwa

[생]1961·1·13 [출]충남 연기 [주]경기 수원시 팔달구 고화로120 경인지방병무청(031-240-7213) [학]1981년 유신고졸 1985년 단국대 정치외교학과졸 1987년 同행정대학원 행정학과졸 [경]1993년 행정고시 합격(37회) 2001년 병무청 징모국 징모과장 2002년 同징모국 징병검사과장(서기관) 2003년 同동원소집국 동원과장 2004년 경기북부병무지청장 2005년 서울지방병무청 징병관 2005년 병무청 충원국 모병과장(부이사관) 2006년 同현역입영본부 현역모집팀장 2008년 同정책홍보본부 행정법무팀장 2008년 同창의혁신담당관 2008년 전북지방병무청장 2010년 중앙공무원교육원 교육파견 2010년 병무청 사회복무국장 2012년 同입영동원국장 2015년 부산지방병무청장 2015~2016년 국방전산정보원 원장 2016년 경인지방병무청장(현) [상]대통령표창(2011)

김태환(金泰煥) KIM Tae Whan (靑空)

[생]1943·9·24 [본]일선(一善) [출]경북 선산 [주]경북 구미시 장천면 강동로164 오상고등학교(054-471-5037) [학]1961년 경복고졸 1965년 연세대 정치외교학과졸 1984년 同행정대학원 고위정책과정 수료 2003년 서울대 최고경영자과정(AMP) 수료 2009년 고려대 최고위정보통신과정(ICP) 수료 2010년 성균관대 최고경영자과정 수료 2010년 명예 경영학박사(금오공과대) [경]1967~1974년 (주)마루베니 서울지점 근무 1974~1988년 금호일본·금호캐나다·금호미국 현지법인 근무 1988년 (주)아시아나항공 전무 1992~1994년 同부사장 1995~1998년 금호쉘화학 사장 1998~2003년 금호피앤비화학(주) 대표이사 사장 2003년 학교법인 오상교육재단 명예이사장(현) 2004~2008년 제17대 국회의원(구미乙, 한나라당·무소속) 2004년 국회 국토해양위원회 위원 2006년 국회 과학기술정보통신위원회 위원 2005~2006년 한나라당 제1사무부총장 2008~2012년 제18대 국회의원(경북 구미시乙, 무소속·한나라당·새누리당) 2008년 국회 지식경제위원회 위원 2009~2010년 한나라당 경북도당 위원장 2010년 국회 지식경제위원회 청원심사소위원장 2010~2011년 한나라당 홍보기획본부장 겸 홍보위원장 2012~2016년 제19대 국회의원(구미乙, 새누리당·무소속) 2012~2014년 새누리당 중앙위원회 의장 2012년 同재외국민위원회 일본지역 위원장 2012~2014년 국회 안전행정위원회 위원장 2013년 한·일의원연맹 회장 대행 2013~2016년 대한태권도협회 회장 2014년 국회 정무위원회 위원

2016년 제20대 국회의원선거 출마(경북 구미시乙, 무소속) [상]석탑산업훈장(1995), 환경대상(2002), 대한민국녹색경영대상 최우수상(2003), 국정감사 우수의원 선정(2006), 매니페스토약속대상 우수상(2009·2010), 대한민국 국회의원 의정대상(2013) [종]불교

김태환(金泰煥)

[생]1957 [출]경북 상주 [주]서울 중구 새문안로16 농업협동조합중앙회 임원실(02-2080-5114) [학]1987년 성균관대 행정학과졸 2002년 서강대 대학원 유통경영학과정 수료 [경]1983년 축협중앙회 입사 1990년 同기획실 과장대리 1993년 同총무부 인력개발과 과장대리 1998년 同개혁기획단 팀장 2007년 농업협동조합중앙회 축산유통부 축산브랜드지원팀장 2008년 (주)농협사료 본부장 2010년 농업협동조합중앙회 축산지원부 단장 2011년 同축산경제기획부장 2014년 同축산경제 상무 2016년 同축산경제 대표이사(현) 2016년 축산물안전관리인증원 비상임이사(현) [상]농림수산부장관표창(1994), 농림부장관표창(2001·2004), 농협중앙회장표창(2005), 대통령표창(2012)

김태환(金泰煥)

[생]1957·5·17 [출]전남 나주 [주]전남 무안군 삼향읍 오룡길1 전라남도의회 사무처 총무담당관실(061-286-8310) [학]조선대 경제학과졸 [경]전남도 자치행정국 총무과 사무관, 나주시 문평면장·금천면장, 전남도 과학기술과 산학협력담당 사무관 2006년 보성군 지방행정사무관 2007년 同조성면장 2010년 전남도 식품유통과 유통기획담당 사무관, 同의회사무처 농수산환경전문위원 2012년 同녹색에너지담당관 직대 2014년 同농축산식품국 식품유통과장 2015년 同의회사무처 총무담당관(현)

김태효(金泰孝) KIM Tae-Hyo

[생]1967·2·23 [본]안동(安東) [출]서울 [주]서울 종로구 성균관로25의2 성균관대학교 사회과학대학 정치외교학과(02-760-0389) [학]1985년 마포고졸 1990년 서강대 정치외교학과졸 1993년 미국 코넬대 대학원 행정학과졸 1997년 정치학박사(미국 시카고대) [경]1997년 신아시아연구소 외교안보연구실장 1997·1999년 한국국제정치학회 총무간사 2000년 한국정신문화연구원 초빙연구원 2001년 일본 게이오대 방문교수 2001~2008년 공군 정책자문위원 2002년 외교안보연구원 조교수 2005년 성균관대 사회과학부 정치외교학과 조교수 2006년 同사회과학부 정치외교학과 부교수 2006년 세계지역학회 연구이사 2006·2013년 동아일보 '동아광장' 필진 2006년 서울국제포럼 회원(현) 2006~2008년 국가비상기획위원회 자문위원 2007~2008년 제17대 대통령직인수위원회 외교통일안보분과 상임자문위원 2008~2011년 대통령 대외전략비서관 2012년 대통령 대외전략기획관(수석급) 2014년 문화일보 '시평' 필진 2014년 계간학술지 '신아세아' 편집장(현) 2014년 성균관대 사회과학대학 정치외교학과 교수(현) 2015년 同국가전략대학원장 2015년 신아시아연구소 부소장(현) 2015년 산업통상자원부 환태평양경제동반자협정(TPP)전략포럼 위원 2015~2016년 미국 UC버클리 방문교수 2015년 조선일보 '조선칼럼' 필진(현) [상]외교안보연구원 우수논문상(2003), 일본 나카소네 야스히로 평화상(2009), 황조근정훈장(2012) [저]'21세기 미국의 외교안보정책과 동아시아'(1998) 'Korea-Japan Security Relations : Prescriptive Studies'(2000) 'The Future of U.S.-Korea-Japan Relations : Balancing Values and Interests'(2004) '현대외교정책론'(2007) '현대외교정책론(개정판)'(2012) '현대외교정책론(재개정판)'(2016) [종]가톨릭

김태훈(金泰勳) KIM Tae Hoon

[생]1947·12·5 [본]안동(安東) [출]경기 용인 [주]서울 강남구 영동대로517 무역센터아셈타워22층 법무법인 화우(02-6003-7129) [학]1966년 중동고졸 1972년 서울대 법대 법학과졸 1986년 미국 콜롬비아대 로스쿨 법관연수 1999년 연세대 법무대학원 지적재산·국제통상분야 법무고위자과정 수료 [경]1973년 사법시험 합격(15회) 1975년 사법연수원 수료(5기) 1975년 軍법무관 1978년 전주지법 판사 1981년 同군산지원 판사 1983년 서울지법 의정부지원 판사 1986년 서울고법 판사 1989년 대법원 재판연구관 1990년 부산지법 부장판사 1992년 인천지법 민사5부장 1994년 서울지법 부장판사 1997~1998년 법무법인 세종 변호사 1998~2003년 법무법인 화백 변호사 1998년 대한상사중재원 중재인(현) 1999~2005년 저작권심의조정위원회 위원 2003년 법무법인 화우 변호사 2003~2006년 한국외국어대 겸임교수 2003~2008년 대한변호사협회 조사위원회 부위원장 2004~2007년 제일모직(주) 사외감사 2006~2012년 국가인권위원회 비상임위원 2011년 법무법인 화우 고문변호사(현) 2012년 6·25전쟁납북피해진상규명 및 납북피해자명예회복위원회 위원(현) 2013년 한반도인권과통일을위한변호사모임 상임대표(현) 2013년 국가인권위원회 정책자문위원(현) 2015년 국무총리소속 광복70년기념사업추진위원회 위원(현) [상]국회인권포럼 2013 올해의 인권상(2013) [저]'국제거래·상사소송의 실무'(1997, 서울지방법원) '북한인권백서'(2008, 대한변호사협회)

김태훈(金泰勳) KIM Tae Hoon

[생]1958·6·19 [본]김해(金海) [출]전남 진도 [주]충남 공주시 웅진로27 공주교육대학교 초등윤리교육과(041-850-1615) [학]1977년 목포고졸 1979년 서울교육대 초등교육과졸 1986년 중앙대 대학원 영어영문학과졸 1993년 교육학박사(서울대) [경]1979~1994년 서울 방배초·동작초·잠실초·보광초 교사 1994년 한국국민윤리학회 이사 1994~2005년 공주교육대 전임강사·조교수·부교수 1999~2000년 미국 조지아대 연구교수 2004년 한국도덕윤리과교육학회 편집위원장 2004~2006년 공주교육대 학생지원처장 2005년 同초등윤리교육과 교수(현) 2012~2013년 중국 북경사범대학 연구교수 2014년 한국초등도덕교육학회 회장(현) [상]교육과학기술부장관표창(2010) [저]'덕교육론' '인격교육과 덕교육' '도덕 및 윤리과 교과 교육학 개론' '세계의 도덕교육' '도덕성 발달이론과 교육' '초등교사를 위한 도덕과교육원론' '초등교사를 위한 도덕과교육의 실제' [역]'인격교육의 실제' '도덕성발달핸드북 1·2' '새로운 시대의 인격교육'

김태훈(金泰勳) Kim Tae Hoon

[생]1964 [출]대구 [주]세종특별자치시 갈매로388 문화체육관광부 관광정책관실(044-203-2801) [학]서울 문일고졸, 서울대 독어독문학과졸 [경]행정고시 합격(32회) 2003년 문화관광부 문화산업국 영상진흥과장 2006년 同문화산업국 영상산업팀장 2006년 同관광국 국제관광팀장(서기관) 2006년 同관광국 국제관광팀장(부이사관) 2007년 同관광산업본부 국제관광팀장 2007년 同관광산업본부 관광정책팀장 2008년 문화체육관광부 관광산업국 관광정책과장 2009년 국립중앙박물관 기획총괄과장 2010년 문화체육관광부 기획조정실 정책기획관 직대 2010년 同기획조정실 정책기획관(고위공무원) 2012년 중앙공무원교육원 교육파견(고위공무원) 2013년 제18대 대통령직인수위원회 여성문화분과 전문위원 2013년 문화체육관광부 예술국장 2014년 同대변인 2016년 同체육관광정책실 관광정책관 2016년 同관광정책실 관광정책관(현)

김태훈(金台勳) KIM Tae Hoon

[생]1964·7·29 [출]강원 홍천 [주]서울 강남구 테헤란로8길8 동주빌딩11층 법무법인 인(仁)(02-592-2800) [학]1983년 강원사대부고졸 1987년 고려대 법학과졸 1989년 同교육대학원졸 [경]1990년 사법시험 합격(32회) 1993년 사법연수원 수료(22기) 1993년 軍법무관 1996년 부산지검 검사 1998년 대전지검 공주지청 검사 1999년 인천지검 검사 2001년 서울지검 서부지청 검사 2003년 춘천지검 검사 2005년 同부부장검사 2006년 광주지검 목포지청 부장검사 2007년 전주지검 부장검사 2008년 부산고검 검사(법제처 파견) 2009년 의정부지검 공판송무부장 2009년 同형사4부장 2010년 인천지검 부천지청 부장검사 2011년 서울남부지검 형사3부장 2012년 서울고검 검사 2012년 법무법인 인(仁) 대표변호사(현)

김태훈(金泰勳) Kim Tae Hun

[생]1966·2·3 [본]김해(金海) [출]강원 삼척 [주]강원 춘천시 중앙로1 강원도청 경제진흥국 자원개발과(033-249-3270) [학]1984년 강릉고졸 1988년 육군사관학교 법학과졸 2005년 미국 시라큐스대 대학원졸 2015년 교육학박사(숭실대) [경]2006~2009년 행정자치부 지방공기업정책담당 2008~2009년 행정안전부 인력개발기획담당 2009년 경기도 노인복지과장 2011~2012년 同보육정책과장 2012~2013년 안전행정부 안전문화팀장 2013~2015년 2018평창동계올림픽조직위원회 기획부장 2016년 강원도 경제진흥국 자원개발과장(현) [상]대통령표창(2007) [저]'현대학습이론'(2013, 학지사) [종]기독교

김태훈(金泰勳) KIM Tae Hun

[생]1970·3·1 [본]광산(光山) [출]강원 동해 [주]전북 전주시 덕진구 백제대로567 전북대학교 사무국(063-270-2023) [학]강릉고졸, 서울대 국민윤리교육과졸 [경]교육인적자원부 전산담당관실·기획예산담당관실 근무, 同지방교육자치과 사무관, 同지방교육기획과 사무관, 同비서관 2004년 同정책보좌관실 서기관 2006년 서울대 연구처 연구진흥과장 2009년 교육과학기술부 교과서기획

과장 2011년 同인재정책실 지방교육자치과장 2012년 同인재정책실 지방교육자치과장(부이사관) 2013년 세종연구소 파견(부이사관) 2014년 대통령비서실 파견(부이사관) 2016년 전북대 사무국장(고위공무원)(현)

김태훈(金泰勳)

⍟1971 · 3 · 30 ⍟충북 진천 ⍟경기 여주시 현암로21의11 수원지방검찰청 여주지청(031-880-4200) ⍟1990년 경기고졸 1996년 서울대 사법학과졸 ⍟1998년 사법시험 합격(40회) 2001년 사법연수원 수료(30기) 2001년 서울지검 검사 2003년 대전지검 서산지청 검사 2005년 울산지검 검사 2006년 해외 연수 2009년 법무부 검찰과 검사 2013년 서울서부지검 검사 2015년 전주지검 부부장검사 2016년 수원지검 여주지청 부장검사(현)

김태훈(金泰勳) KIM Tae Hun

⍟1971 · 9 · 4 ⍟서울 ⍟인천 남구 소성로163번길17 인천지방법원(032-860-1113) ⍟1994년 고려대 법학과졸 1997년 同대학원 수료 ⍟1996년 사법시험 합격(38회) 1999년 사법연수원 수료(28기) 1999년 육군 법무관 2002년 수원지법 판사 2004년 서울중앙지법 판사 2006년 부산지법 판사 2010년 서울동부지법 판사 2011년 서울고법 판사 2012년 대법원 재판연구관 2014년 제주지법 부장판사 2016년 인천지법 행정2부장판사(현)

김태훈 KIM Taehun

⍟1994 · 8 · 15 ⍟강원 원주 ⍟부산 사하구 낙동대로550번길37 동아대학교 태권도학과(051-200-7856) ⍟2013년 강원체육고졸 2016년 동아대 태권도학과 재학 중(4년) ⍟동아대 태권도부 소속(현) 2013 · 2015년 세계태권도선수권대회 54kg급 금메달(2연패) 2013년 세계태권도연맹 월드태권도그랑프리파이널대회 58kg급 은메달 2014년 세계태권도연맹 그랑프리시리즈 58kg 이하급 금메달 2014년 제17회 인천아시안게임 54kg급 금메달 2015년 세계태권도선수권대회 54kg급 금메달 2015년 멕시코 멕시코시티 세계태권도연맹(WTF) 월드그랑프리시리즈 파이널 58kg급 금메달 2016년 제31회 리우데자네이루올림픽 남자태권도 58kg급 동메달 2016년 제97회 전국체육대회 태권도 남자 대학부 58kg급 금메달

김태흠(金泰欽) KIM Tae Heum

⍟1963 · 1 · 11 ⍟경주(慶州) ⍟충남 보령 ⍟서울 영등포구 의사당대로1 국회 의원회관407호(02-784-4710) ⍟1981년 공주고졸 1990년 건국대 무역학과졸 2003년 서강대 공공정책대학원졸 ⍟1989~1998년 국회의원 비서관 1998년 국무총리실 공보과장 2001~2003년 국무총리 정책담당관 2003년 밝은미소운동본부 이사 2003년 바른정치희망연대 대표 2005년 한나라당 보령시당원협의회 운영위원장 2006~2007년 충남도 정무부지사 2007년 한나라당 보령시 · 서천군당원협의회 운영위원장 2008년 제18대 국회의원선거 출마(보령시 · 서천군, 한나라당) 2012년 새누리당 보령시 · 서천군당원협의회 운영위원장(현) 2012년 제19대 국회의원(보령시 · 서천군, 새누리당) 2012년 새누리당 박근혜 대통령후보 공보단 위원 2012년 국회 태안유류피해대책특별위원회 여당 간사 2012년 국회 윤리특별위원회 여당 간사 2013 · 2014~2015년 국회 국토교통위원회 위원 2013년 국회 허베이스피리트호유류피해대책특별위원회 여당 간사 2013~2014년 새누리당 원내대변인 2013년 국회 운영위원회 위원 2014년 새누리당 7.30재보궐선거공천관리위원회 위원 2014~2015년 국회 정부및공공기관등의해외자원개발진상규명을위한국정조사특별위원회 위원 2015년 국민건강보험공단 보령 · 서천지사 일일 명예지사장 2015년 국회 기획재정위원회 위원 2016년 제20대 국회의원(보령시 · 서천군, 새누리당)(현) 2016년 새누리당 제1사무부총장 2016년 국회 농림축산식품해양수산위원회 간사(현) ⍟기독교

김태흥(金泰興) KIM Tae Heung

⍟1959 · 3 · 17 ⍟의성(義城) ⍟대구 ⍟경남 창원시 성산구 마디미서로26 한독빌딩5층 화이트라인하얀피부과 원장실(055-274-8275) ⍟1978년 대구 영신고졸 1984년 서울대 의학과졸 1991년 同대학원 의학과졸 1995년 의학박사(서울대) ⍟1988~1991년 서울대병원 피부과 전공의 1991~1997년 경상대 의대 피부과 전임강사 · 조교수 1996~1998년 미국 텍사스대 엠디앤더슨 암센터 면역학교실 연구원 1997~2003년 경상대 의대 피부과 부교수 2000년 미국 세계인명사전 'Marquis Who's Who in the Medicine & Health Care'에 등재 2003년 화이트라인하얀피부과 원장(현) 2005년 미국 세계인명사전 'Marquis Who's Who in the World'에 등재 2006~2010년 미국인명연구소(ABI) 아시아지역 운영위원 ⍟'피부과학(共)' ⍟기독교

김태희(金泰熙) KIM Tae Hee

⍟1969 · 10 · 28 ⍟서울 ⍟서울 중구 무교로21 더익스체인지서울빌딩9층 서울특별시청 경제진흥본부 경제정책과(02-2133-5210) ⍟1993년 서울대 심리학과졸 1995년 同행정대학원 수료 ⍟1996년 지방고시 합격(1회) 1996년 서울시 근무 2000년 同중랑구 과장 2002~2004년 同교통국 팀장 2005년 GS칼텍스 신사업TF팀장 2006년 서울시 복지국 팀장 2007년 同감사관실 팀장 2009년 同기획조정실 정책비전담당관 2010년 同기획조정실 창의담당관 2011년 지방행정연수원 파견(서기관) 2013년 서울시 행정국 서기관 2015년 同경제진흥본부 경제정책과장(현)

김태희(金泰希 · 女) KIM Tae Hee

⍟1980 · 3 · 29 ⍟울산 ⍟서울 성동구 독서당로166 성원상떼빌1317호 루아엔터테인먼트 ⍟1999년 울산여고졸 2005년 서울대 생활과학대학 의류학과졸 ⍟탤런트(현) 2000년 CF '화이트'로 데뷔 2004년 한부모가족돕기 F콘서트 진행 2004년 헤럴드경제 기업사랑캠페인 홍보대사 2005년 독도사랑캠페인 수호천사 2005년 스위스 관광청 친선문화대사 2005년 제2대 명예검사 2005년 메이크어위시재단 홍보대사 2006년 한국메이크어위시재단 홍보대사(현) 2007년 핑크리본 홍보대사 2007년 아시아광고대회 홍보대사 2009년 국가정보원 명예요원 2010년 루아엔터테인먼트 소속(현) ⍟SBS 연기대상 뉴스타상(2003), KBS 연기대상 신인상(2004), SBS 연기대상 10대스타상 · 네티즌최고인기상(2004), 백상예술대상 TV부문 인기상(2005), 제3회 평택 피어선영화제 뉴커런츠무비스타 신인여우상(2007), 앙드레김 베스트스타어워드 여자스타상(2007), 백상예술대상 영화부문 인기상(2007), 대종상영화제 해외인기상(2007), 청룡영화상 인기스타상(2007), 대한민국 국회대중문화&미디어대상 특별상(2009), KBS 연기대상 중편드라마부문 우수연기상(2009), KBS 연기대상 베스트커플상(2009), 대한민국 대중문화예술상 콘텐츠진흥원장표창(2010), 코스모뷰티어워즈 아시아드림스타상(2013), 한국갤럽 선정 올해를 빛낸 탤런트 7위(2013) ⍟TV드라마 'SBS 레츠고'(2002) 'SBS 스크린'(2003) 'SBS 흥부네 박 터졌네'(2003) 'SBS 천국의계단'(2003) 'KBS 구미호외전'(2004) 'SBS 러브스토리 인 하버드'(2004) 'KBS 아이리스'(2009) 'MBC 마이 프린세스'(2011) 'SBS 장옥정, 사랑에 살다'(2013) 'SBS 용팔이'(2015) 출연영화 '선물'(2001) '신도시인'(2002) '중천'(2006) '싸움'(2007) '그랑프리'(2010) 뮤직비디오출연 'GOD-편지' 'The Jun-다만' '박용하-가지마세요' CF출연 '화이트' '한국화장품 칼리하이드로비타' '초코하임' '맥스웰하우스' '삼성마이젯' '롯데 제크' '한국주택은행' '크렌시아' '빈스에비뉴' '클라쎄' '남광토건 마이루트' 'LG싸이언'(2005) '오휘' '아이리버 딕플' '아모레퍼시픽 헤라'(2006) 'S-Oil' '마티즈'(2007) '올림푸스'(2007) '광동 옥수수수염차'(2007) '대우건설 푸르지오' '파리바게트' 外 다수 ⍟천주교

김 택(金 澤) KIM Taek

⍟1957 ⍟부산 중구 충장대로20 질병관리본부 국립부산검역소(051-602-0601) ⍟경북대 대학원 박사과정 수료 ⍟보건복지부 질병관리본부 국립김해검역소장 2005년 同질병관리본부 생명과학연구관리팀장 2007년 국립보건연구원 바이오과학정보팀장 2007년 보건복지부 질병관리본부 검역지원팀장 2008년 보건복지가족부 질병관리본부 전염병대응센터 검역지원과장 2010년 보건복지부 질병관리본부 전염병대응센터 검역지원과장 2011년 同질병관리본부 감염병관리센터 검역지원과장 2011년 同질병관리본부 장기이식관리과장 2015년 同질병관리본부 국립부산검역소장(현) ⍟대통령표창(2000 · 2009) ⍟천주교

김 택(金 澤) KIM Taeg

⍟1960 · 11 · 6 ⍟부안(扶安) ⍟대전 ⍟서울 강남구 강남대로606 삼주빌딩12층 (주)다도글로벌 임원실(02-541-7800) ⍟대전고졸, 서울대 식품공학과졸 ⍟CJ(주) 식품사업팀 사업부장, 同식료무역팀 사업부장, 同중국식품사업담당 상무, 同글로벌BU장(상무) 2005년 同중국BU본부장(총괄), CJ CGV(주) 시네마사업본부장(상무), CJ(주) 중국본사 본부장 2015년 (주)다도글로벌(카페드롭탑) 대표이사 2016년 同고문(현) ⍟기독교

김택곤(金宅坤) KIM Taek Kon

⍟1950 · 9 · 19 ⍟김해(金海) ⍟전북 전주 ⍟전북 전주시 덕진구 정여립로1083 전주방송(063-250-5271) ⍟1968년 전주고졸 1973년 서울대 정치학과졸 1983년 同대학원 정치학과졸 ⍟1977~1980년 문화방송 제2사회부 · 외신부 · 정치부 기자 1981~1983년 삼성전자(주) 홍보실 근무 1985~1989년 미국의소리(VOA) 한국방송담당 1989~1994년 문화방송 보도국 사회부 기자 · 차

장 1994년 同기획취재부장 직대 1994년 同보도제작2팀장 1995~1998년 同워싱턴특파원 1999년 同사회부장 1999~2000년 同정치부장 2000년 同홍보심의국장 2001~2003년 同보도국장 2001~2002년 국회방송 자문위원 2003~2005년 광주문화방송 대표이사 사장 2005~2011년 JTV 전주방송 대표이사 사장 2011~2012년 전북사회복지공동모금회 회장 2011~2014년 방송통신심의위원회 상임위원 2016년 JTV 전주방송 대표이사 사장(현) ⓢ 한국기자상(1992), 한국방송대상(1992)

김택균(金澤均)

ⓢ1969·9·11 ⓙ전남 목포시 정의로9 광주지방검찰청 목포지청(061-280-4308) ⓗ1988년 제주제일고졸 1994년 서강대 정치외교학과졸 ⓖ1997년 사법시험 합격(39회) 2000년 사법연수원 수료(29기) 2000~2002년 변호사 개업 2002년 부산지검 동부지청 검사 2004년 전주지검 남원지청 검사 2005년 수원지검 검사 2007년 同안산지청 검사 2010년 서울서부지검 검사 2010~2012년 정부법무공단 파견 2013년 서울서부지검 부부장검사 2013년 서울중앙지검 부부장검사 2014년 광주지검 공판부장 2015년 대전지검 홍성지청 부장검사 2016년 광주지검 목포지청 부장검사(현)

김택근(金宅根) KIM Taek Geun

ⓢ1967·2·21 ⓑ일선(一善) ⓐ경북 선산 ⓙ강원 홍천군 홍천읍 홍천로651 홍천경찰서(033-439-9737) ⓗ경북 도개고졸, 경찰대 법학과졸 ⓖ강원지방경찰청 제2307전경대장, 춘천면허시험장장, 삼척경찰서 수사과장, 동해경찰서 수사과장 2000년 강릉경찰서 경비교통과장, 춘천경찰서 방범과장, 강원지방경찰청 기획예산계장 2005년 同경무계장 2007년 同청문감사담당관실 감찰담당(경정) 2008년 同인사계장 2010년 교육 파견(총경) 2010년 강원지방경찰청 홍보담당관 2011년 강원 속초경찰서장 2012년 경찰청 외사국 외사기획과 근무(총경) 2016년 강원 홍천경찰서장(현) ⓢ내무부장관표창, 경찰청장표창, 국무총리표창(2004)

김택남(金澤男) Kim Taek Nam (지함)

ⓢ1959·10·9 ⓑ김해(金海) ⓐ제주 ⓙ제주특별자치도 제주시 중앙로20 (주)천마 비서실(064-752-3151) ⓗ한림공고졸, 동국대 경영학과졸, 同경영대학원졸 ⓖ현대중공업 근무, 포항종합제철엔지니어링(주) 근무, (주)태평양기전 설립·대표이사 사장, 천마물산(주) 대표이사, 同회장, (주)천마 회장(현), (주)천마종합건설 대표이사, 同회장 2008년 제민일보 회장(현) 2012년 새누리당 제18대 대통령중앙선거대책위원회 시민사회통합위원장 2014년 제주특별자치도발전포럼 공동대표(현) ⓩ'제주소년, 꿈을 투망하다'

김택수(金澤秀) Kim Taek Soo (만정)

ⓢ1949·6·28 ⓑ경주(慶州) ⓐ전북 순창 ⓙ전북 전주시 덕진구 벚꽃로5 전북도민일보 비서실(063-251-7211) ⓗ1968년 영생고졸 1975년 전북대 경영대학원 수료 1989년 단국대 경영대학원 수료 1990년 전북대 정보과학대학원 수료 2003년 전주대 경영학과졸 2005년 同문화경영아카데미과정 수료 2011년 명예경영학박사(전주대) ⓖ1977년 신진교통(주) 대표이사(현) 1981~1986년 전라북도 검도회 회장 1982·1984년 세계검도대회 한국선수단장 1982~1987년 대한검도회 부회장 1987~1990년 전라북도사격연맹 회장 1989년 전라북도택시운송사업조합 이사장(현) 1989년 전국택시공제조합 전북도지부장(현) 1991년 전국택시운송사업조합연합회 부회장(현) 1993~2009년 호남고속 대표이사 사장 1993년 (주)전북도민일보 사장 1995년 同부사장 1995년 전북도운수연수원 이사장(현) 1996년 전주지법 민가사조정사건조정위원회 부위원장(현) 1997년 전북도치안행정협의회 위원 1998년 호남제일고 이사장(현) 1999년 전북지방노동위원회 위원(현) 2003~2009년 전주상공회의소 부회장 2009~2015년 同회장 2009~2015년 전북도상공회의소협의회 회장 2009~2015년 대한상공회의소 부회장 2009년 전북환경보전협회 회장(현) 2009년 호남고속 대표이사 회장(현) 2009년 전북도 녹색성장위원회 위원장(현) 2009년 (주)전북도민일보 회장 2010년 대통령직속 지역발전위원회 위원 2010년 경초장학재단 이사장(현) 2011~2013년 KBS 전주방송총국 시청자위원회 위원 2011년 대통령소속 사회통합위원회 위원 2012년 KBS 전주방송총국 시청자위원회 위원장 2013년 전북인자원개발위원회 공동위원장 2015년 전주상공회의소 명예회장(현) 2015년 전북도민일보 대표이사 회장(현) ⓢ대통령표창(1980·1993·1997), 체육포장(1985), 은탑산업훈장(2000), 자랑스런 전북인대상(2005), 국민포장, 전주대 경영대상(2010), 국무총리표창(2013), 국제로타리3670지구 봉사패(2013), 동계면민의 장 공역장(2014), 산업통상자원부장관표창(2015) ⓩ기독교

김택수(金澤秀) KIM TAECK SOO

ⓢ1954·3·23 ⓐ서울 ⓙ서울 중구 남대문로63 한진빌딩 법무법인 광장(02-2191-3203) ⓗ1972년 경기고졸 1977년 서울대 법대졸 1990년 Academy of American and International Law 수료 1998년 서울대 법학연구소 조세법전문과정 수료 ⓖ1977년 사법시험 합격(19회) 1979년 사법연수원 수료(9기) 1979년 공군 법무관 1982년 수원지법 판사 1985년 서울지법 남부지원 판사 1986년 청주지법 판사 1988년 서울민사지법 판사 1989년 서울고법 판사 1992년 대법원 재판연구관 1993년 전주지법 부장판사 1995년 인천지법 부장판사 1997년 서울지법 서부지원 부장판사 1998~2000년 서울지법 부장판사 2000~2010·2013년 법무법인 광장 변호사(현) 2010년 헌법재판소 사무차장(차관급) 2012~2013년 同사무처장(장관급)

김택수(金擇洙) KIM Taek Soo

ⓢ1970·5·25 ⓑ광산(光山) ⓐ광주 ⓙ경기 안양시 동안구 귀인로80번길52 안양호계체육관內 미래에셋대우탁구단 토네이도(02-768-2420) ⓗ1988년 광주 숭일고졸 1992년 경원대졸, 용인대 대학원졸 ⓖ1980년 선수활동 시작 1987~2000년 대우증권탁구단 선수 1992년 바르셀로나올림픽 단식 3위·복식 3위 1994년 카타르오픈국제탁구대회 단체전 1위·단식 1위 1997년 중국오픈국제탁구대회 단식 2위 1998년 일본 오사카아시아탁구선수권대회 단체전 2위 1998년 방콕아시아경기대회 단체전 2위·단식 1위 2000년 카타르 도하아시아탁구선수권대회 단체전 3위·단식 2위 2001~2005년 KT&G탁구단 선수 2001년 코리아오픈탁구선수권대회 단식 1위·복식 3위 2002년 프로투어그랜드파이널 복식 1위 2002년 카타르오픈대회 복식 2위 2002년 코리아오픈탁구선수권대회 복식 1위 2004년 세계탁구선수권대회 3위 2004년 아테네올림픽 국가대표팀 코치 2005~2006년 KT&G탁구단 코치 2007~2016년 대우증권탁구단 토네이도 총감독, 대한탁구협회 경기이사 2009년 同기술이사 2010년 同이사 2010년 국가대표 남자탁구팀 감독 2013년 한국실업탁구연맹 경기이사 2016년 同재무이사(현) 2016년 미래에셋대우탁구단 토네이도 총감독(현) ⓢ체육훈장 백마장, 체육훈장 거상장, 체육훈장 청룡장 ⓩ기독교

김택주(金宅柱) KIM Taek Joo

ⓢ1960·6·6 ⓑ경주(慶州) ⓐ경북 ⓙ서울 성북구 정릉로77 국민대학교 법과대학(02-910-5456) ⓗ1978년 부산남고졸 1983년 서울대 법학과졸 1985년 同대학원 법학과졸 1990년 법학박사(부산대) ⓖ1995~2007년 동아대 법학과 전임강사·조교수·부교수 2007년 국민대 법과대학 교수(현) 2016년 同법과대학장(현) ⓩ'상법판례백선'(1999, 삼영사) '상사판례(1)'(2010, 국민대 출판부) '자본시장법'(2013, 국민대 출판부)

김택진(金澤辰) KIM Taek Jin

ⓢ1967·3·14 ⓐ서울 ⓙ경기 성남시 분당구 대왕판교로644번길12 엔씨소프트 사장실(02-2186-3300) ⓗ1989년 서울대 전자공학과졸 1991년 同대학원 전자공학과졸 1998년 同대학원 컴퓨터공학박사과정 중퇴 ⓖ1989년 한글워드프로세서 '아래아한글' 공동개발 1989년 한메소프트 창립(한메한글·한메타자교사 개발) 1991~1992년 현대전자 보스턴R&D센터 파견 1995~1996년 同인터넷온라인서비스아미넷(신비로)개발팀장 1997년 엔씨소프트 창립·대표이사(현) 2011년 NC다이노스프로야구단 창단·구단주(현) ⓢ미국 Business Week '아시아의 스타상'(2001), The Far Eastern Economic Review(2001), 변화를 주도한 인물(Making a Difference)(2001), 문화관광부 문화산업발전기여표창(2001), 세계경제포럼 '아시아 차세대 리더 18人'(2002), 한국과학문화재단 '닮고 싶은 과학기술인 10人'(2002), 미국 Business Week '세계 e비즈 영향력 있는 25人'(2002), 한국산업기술진흥협회 기술경영인상 최고경영자상(2003), 세계경제포럼 '2005 영 글로벌 리더(The Forum of Young Global Leaders)'(2005), 문화콘텐츠 해외진출유공 대통령표창(2007), 한국공학한림원 '대한민국 100대 기술과 주역'(2010)

김택현(金澤賢) Taek Hyeon KIM

ⓢ1954·8·18 ⓙ서울 종로구 성균관로25의2 성균관대학교 사학과(02-760-0571) ⓗ1981년 성균관대 사학과졸 1983년 同대학원 사학과졸 1992년 문학박사(성균관대) ⓖ1983~2002년 성균관대 문과대학 사학과 시간강사·조교수·부교수 2002년 同문과대학 사학과 교수(현) 2002년 역사이론지 '트랜스토리아' 편집인(현), 트리컨티넨탈 총서 기획위원(현) ⓩ'포스트모더니즘과 역

사학(共)'(2002) '서발턴과 역사학 비판'(2003) '자본, 제국, 이데올로기: 19세기 영국(共)'(2005) '역사의 비교, 차이의 역사(共)'(2007) '차티스트 운동'(2008) '트리컨티넨탈리즘과 역사'(2012) [역]'역사와 진실'(1982) '역사란 무엇인가'(1997) '뽀르뚜 알레그리: 새로운 민주주의의 희망'(2005) '포스트식민주의 또는 트리컨티넨탈리즘'(2005) '서발턴과 봉기'(2008) '유럽을 지방화하기'(2014)

김판규(金判圭)

[생]1956 [학]서울대사대부고졸 1983년 해군사관학교졸(37기) 1991년 미국 해군 해난구조과정 수료 1993년 해군대학 정규과정 수료 1994년 잠수함 양성과정 수료 2011년 경영학박사(경남대) [경]해군 용문함(ATA-2) 함장, 정운함 함장, 해군사관학교 생도대 연대훈육관, 해군 제9잠수함전단장, 해군 특수전여단장 2011년 해군본부 정책실장 2013년 제1함대사령관(소장) 2014년 해군본부 인사참모부장 2015년 해군사관학교 교장(중장) 2016년 해군 교육사령관(중장) 2016년 해군 참모차장(중장)(현)

김판석(金判錫) Kim, Pan Suk

[생]1956 · 3 · 15 [본]김녕(金寧) [출]경남 창원 [주]강원 원주시 연세대길1 연세대학교 정경대학 글로벌행정학과(033-760-2303) [학]1974년 동아고졸 1982년 중앙대 행정학과졸 1984년 미국 플로리다인터내셔널대 대학원 행정학과졸 1990년 행정학박사(미국 아메리칸대) [경]1990년 미국 Austin Peay State Univ. 행정학과 조교수 1991~1994년 미국 Old Dominion Univ. 행정학과 조교수 1993~1994년 미국행정학회(ASPA) 이사 1994~1998년 인천대 행정학과 조교수 · 부교수 1997~1998년 한국정책학회 회보 편집위원장 1998~2000년 한국행정학회 영문편집위원장 1998년 연세대 원주캠퍼스 정경대학 행정학과 부교수, 同정경대학 글로벌행정학과 교수(현) 2003~2004년 대통령 인사제도비서관(별정직 1급) 2005년 미국 Georgetown대 정부학과 풀브라이트 교환교수 2006~2013년 유엔 행정전문가위원회(UNCEPA) 위원 · 부위원장 2006~2010년 국제공공관리연구학회(IRSPM) 아시아지역담당 부회장 2006~2010년 세계정치학회(IPSA) 행정정책연구분과 부위원장 2008~2010년 International Review of Adminstrative Sciences(SSCI저널) 부편집장(Deputy Editor) 2008~2010년 국제행정교육연구기관연합회(IASIA) 수월성기준위원회 공동위원장 2008~2010년 연세대 지역발전연구소장 2009~2016년 미국 세계인명사전 Marquis Who's Who in the World 2010 · 2011 · 2012 · 2013 · 2014 · 2015 · 2016판에 7년 연속 등재 2010~2013년 연세대 빈곤문제국제개발연구원장 2010~2013년 세계행정학회(IIAS) 회장 2010~2013년 연세대 언더우드특훈교수 2011년 미국 행정학술원(NAPA) 평생회원(현) 2012~2014년 연세대 원주캠퍼스 정경대학장 겸 정경대학원장 2014년 아시아행정학회(AAPA) 회장(현) 2014~2015년 미국 American대 행정대학원 방문교수 [상]Senator Peter Boorsma Award(2005), 연세학술상(2006), 국제행정교육연구기관연합회(IASIA) Pierre de Celles상(2008), 미국행정학회(ASPA) 국제행정학공로상(2009), 미국행정학회(ASPA) 체스트뉴랜드표창(2010 · 2013), 미국행정학회(ASPA) 폴 반 라이퍼 학술공로상(2012), 캄보디아정부훈장(2013) [저]'새 인사행정론(共)'(1996) '한국행정개혁론(共)'(1997) 'Korean Public Administration(共)'(1997) '새 조직행태론(共)'(1999) 'e-행정학(共)'(2000) '전방위형 공무원 인사교류(共)'(2000) '인터넷시대의 행정학입문(共)'(2001) '신한국 행정론(共)'(2001) '조직행태의 이해(共)'(2002) '한국사회와 행정개혁' '대통령의 성공조건' '공무원 인사제도개혁'(2004) 'Building e-governance(共)'(2005) '테마행정학(共)'(2007) 'Public Administration and Public Governance in ASEAN Member Countries and Korea'(2009) 'Civil Service System and Civil Service Reform in ASEAN Member Countries and Korea'(2010) 'Public Sector Reform in ASEAN Member Countries and Korea'(2011) 'Value and Virtue in Public Administration'(2011) 'Democratic Governance, Public Administration, and Poverty Alleviation'(2015) [역]'정부혁신연습서(共)'(1998) [종]기독교

김판수

[생]1960 · 9 · 29 [주]전남 영암군 삼호읍 자유무역로205 대불자유무역지역관리원(061-464-0740) [학]성균관대 경영대학원(MBA) 석사 [경]1991년 상공부 입부(7급 공채) 1991년 同아중동통상과 · 중소기업정책과 근무 1995~2004년 산업자원부 총무과(인사) · 디지털전자산업과 · 전기위원회 총괄정책과 근무 2004~2012년 同남북경협팀 · 운영지원과 근무 2012~2013년 지식경제부 운영지원과 서무복지팀장 · 기술표준원 지식산업표준국 문화서비스표준과장 2013~2015년 대한무역투자진흥공사(KOTRA) 해외진출지원센터 해외투자협력실장 2015년 산업통상자원부 대불자유무역지역관리원장(현)

김판철(金判喆) KIM Pan Chul

[생]1927 · 7 · 30 [본]김해(金海) [출]전북 정읍 [주]서울 서초구 남부순환로339길19 리체빌딩 B1층 (사)한국전통예술진흥회(02-935-5880) [학]1942년 정읍농고 2년 중퇴 1954년 경찰전문학교졸 [경]1971년 국악협회 전북지부장 1978년 전주대사습놀이보존회 이사장 1979년 한국예술문화단체총연합회 전북지부 부지부장 1985년 한국국악협회 이사장 1986년 한국예술문화단체총연합회 이사 1991년 同상임자문위원 1994~1997년 전주대사습놀이보존회 이사장 1994년 (사)한국전통예술진흥회 이사장(현) [상]대통령표창, 통일부장관표창, 문화관광부장관표창 [종]불교

김평희(金平喜) KIM Pyung Hee

[생]1957 · 3 · 10 [출]전남 고흥 [주]울산 중구 종가로345 한국산업인력공단 국제인력본부(052-714-8006) [학]1978년 광주 서석고졸 1984년 한국외국어대 독어과졸 1999년 독일 잘브뤼켄대 경영대학원 유럽경영학과 수료 2014년 가톨릭대 대학원졸(문화경영 MBA석사) [경]1984년 대한무역투자진흥공사(KOTRA) 입사 1988년 同스위스 취리히무역관 근무 1991년 同시장개척부 근무 1994년 同독일 프랑크푸르트무역관 근무 1997년 同투자진흥처 · 투자유치처 근무 1999년 同외국인투자옴부즈만사무소 근무 2002년 同독일 프랑크푸르트무역관 근무 · 부관장 2004~2006년 同독일 뮌헨무역관장 2006년 同KOTRA아카데미 연구위원 2006년 同투자환경개선팀장 2007년 同서비스산업유치팀장 2008년 同함부르크무역관장 2008~2011년 同함부르크코리아비즈니스센터장 2011년 同IT산업처장 겸 IT융합산업팀장 2012~2014년 同KOTRA글로벌연수원장 2015년 한국산업인력공단 국제인력본부장(현) [상]국무총리표창(2007), 대통령표창(2013) [저]'문화간 커뮤니케이션'(2000) [역]'폴크스바겐을 타고 나는 날았다'(1998) [종]기독교

김필건(金弼建) Kim Pil Geon

[생]1961·7·5 [본]광산(光山) [출]부산 [주]서울 강서구 허준로91 대한한의사협회 회장실(02-2657-5000) [학]부산고졸, 동국대 한의학과졸 [경]1991~2012년 정선한의원 원장 1991년 정선로타리클럽 회원(현) 1993~1994년 국민건강및한의학수호위원회 중앙위원 1993~1994년 정선로타리클럽 회장 1994~1995·1997~1998·2009~2013년 대한한의사협회 중앙대의원 2004~2006년 강원도한의학회 회장 2006~2008년 강원도한의사회 회장 2012~2014년 보건복지부 한의약육성발전심의위원회 부위원장 2012~2013년 대한한의사비상대책위원회 수석부위원장 2013년 민족화해협력범국민협의회 공동의장(현) 2013년 우리민족서로돕기운동 공동대표(현) 2013년 보건복지부 동의보감발간400주년기념사업추진위원회 위원 2013년 2013산청세계전통의약엑스포조직위원회 위원 2013년 同이사 2013년 한국한의학교육평가원 이사장(현) 2013년 국제동양의학회(ISOM) 부회장(현) 2013년 대한한의사협회 회장(현) 2013·2016년 한국보건의료인국가시험원 이사(현) 2014~2015년 同이사장 2015년 민주평통 서울강서구협의회 부회장(현) 2015년 직능경제인단체총연합회 수석부회장(현) 2015년 한약진흥재단 이사(현) [상]소충·사선문화상 의약부문(2015), 국민포장(2015)

김필곤(金泌坤) KIM Phil Gon (초양)

[생]1963 · 1 · 29 [본]김해(金海) [출]대구 [주]서울 서초구 서초중앙로157 서울고등법원 제6민사부(02-530-1219) [학]1981년 경북고졸 1985년 서울대 법학과졸 2010년 고려대 대학원 법학과졸 [경]1984년 사법시험 합격(26회) 1987년 사법연수원 수료(16기) 1988년 대구지법 경주지원 판사 1991년 대구지법 판사 1997년 수원지법 판사 2000년 서울고법 판사 2002년 서울가정법원 판사 2003년 대구지법 부장판사 2004년 사법연수원 민사교수실 교수 2007년 서울중앙지법 부장판사 2010년 서울북부지법 수석부장판사 2012년 부산고법 부장판사 2013년 서울고법 행정8부장판사(현) [종]불교

김필구(金畢九) KIM Pil Goo

[생]1958 · 6 · 9 [본]광산(光山) [출]대구 [주]경기 시흥시 경기과기대로269 경기과학기술대학교 총장실(031-496-4502) [학]1977년 경북고졸 1985년 성균관대 법학과졸 1995년 미국 미주리대 컬럼비아교 대학원 경제학과졸 [경]1984년 행정고시 합격(28회) 1996년 통상산업부 지역협력담당관실 서기관 1997년 국방대학원 파견 1999년 산업자원부 부산 파견 2000년 同행정정보담당관 2000년 미국 허드슨연구소 파견 2002년 산업자원부 구아협력과장 2004년 同산업구조과장 2005년 同수출입과장 2006년 同투자진흥과장 2006~2007년 同투자정책팀장

2008년 지식경제부 무역정책과장 2008년 대구시 신기술산업본부장 2008년 同신기술산업국장(지방부이사관) 2010년 지식경제부 지역특화발전특구기획단장(고위공무원) 2011년 同기술표준원 제품안전정책국장 2013년 산업통상자원부 기술표준원 제품안전정책국장 2013~2014년 同실물경제지원단 고위공무원 2014년 경기과학기술대 총장(현) [저]'미국 벤처캐피탈의 이해'(2003)

김필권(金弼權)

[생]1957 · 5 · 4 [출]충남 아산 [주]강원 원주시 건강로32 국민건강보험공단 임원실(033-736-1100) [학]1976년 천안고졸 1985년 서울대 농업교육학과졸, 우송대 보건복지대학원 보건의료경영학과 재학 중 [경]1987년 아산시의료보험조합 입사 1998년 국민건강보험공단 홍보교육실 차장 2000~2008년 同지역자격부장 · 감사부장 · 자격부장 2008년 同경북북부지사장 2009~2012년 同자격징수실장 · 자격부과실장 2013년 同대전지역본부장 2015년 同기획상임이사(현) 2016년 건강보험심사평가원 비상임이사(현) [상]보건복지부장관표창(2000), 행정자치부장관표창(2007), 대통령표창(2010)

김필규(金弼圭) KIM Pil Kyu

[생]1959 · 7 · 10 [본]김해(金海) [출]서울 [주]서울 강남구 테헤란로317 동훈타워 법무법인(유) 대륙아주(02-3016-5371) [학]1978년 경동고졸 1983년 성균관대 법학과졸 1986년 同대학원 법학과졸 1989년 同대학원 상사법박사과정 수료 1989년 미국 스탠퍼드대 로스쿨 수료 1997년 同로스쿨 연수 [경]1983년 사법시험 합격(25회) 1985년 사법연수원 수료(15기) 1986년 軍법무관 1989년 수원지검 검사 1991년 춘천지검 강릉지청 검사 1992년 서울지검 검사 1995년 대검찰청 검찰연구관 1997년 부산지검 부부장검사 1997년 미국 스탠포드대 로스쿨 연수 1998년 전주지검 남원지청장 1999년 서울지검 부부장검사 2000년 대전지검 공안부장 2001년 부산지검 특수부장 2002년 대검찰청 범죄정보2담당관 2003년 서울지검 동부지청 형사6부장 2003년 서울지검 금융조사부장 2004년 수원지검 특수부장 2005년 대구지검 형사1부장 2005~2008년 변호사 개업 2007~2008년 대통령직인수위원회 법무행정분과 전문위원 2008년 국민권익위원회 부위원장(차관급) 2008년 국무총리행정심판위원회 위원장 겸임 2010년 중앙행정심판위원회 위원장 2011년 정부법무공단 이사장 2013년 법무법인(유) 대륙아주 고문변호사(현) 2016년 (주)휴니드테크놀러지스 사외이사(현) [상]올해의 자랑스러운 성균법대인(2012) [종]천주교

김필수(金弼洙) Kim pilsoo

[생]1955 · 1 · 2 [출]경기 안성 [주]서울 중구 덕수궁길130 구세군중앙회관 한국구세군 사령관실(02-6364-4001) [학]1982년 서울신학대 신학과졸 1985년 구세군사관학교 대학원 신학과졸 1991년 신학박사(감리교신학대) [경]1985~1989년 봉천영문 담임사관 1989~2001년 구세군사관학교 훈련교관 · 교육교관 · 교감 2001~2009년 안양영문 담임사관 2009~2012년 구세군사관학교 부교장 2012~2013년 경남지방본영 지방장관 2013~2016년 구세군대한본영(한국구세군) 서기장관 2016년 同사령관(현) [저]'성결생활훈련'(1999, 구세군출판사)

김필수(金必洙) KIM Pil Soo

[생]1960 · 12 · 22 [본]김녕(金寧) [출]서울 [주]경기 안양시 동안구 임곡로29 대림대학교 자동차과(031-467-4845) [학]1979년 경기고졸 1984년 동국대 전기공학과졸 1986년 同대학원 전기공학과졸 1994년 공학박사(동국대) [경]1992년 충청대학 전기공학과 조교수 1993~2000년 동국대 전기공학과 강사 1996~2011년 대림대학 자동차과 조교수 · 부교수 · 교수 1998~2002년 미국 뉴욕과학아카데미(New York Academy of Sciences, U.S.A) 정회원 2000~2015년 미국 세계인명사전 마르퀴즈 후즈 후(Who's Who in the World)에 16년 연속 등재됨 2001~2002년 미국 인명연구소(ABI) 정회원 2001~2002년 영국 국제인명센터(International Biographical Center) 부영사 2001~2004년 대한자동차기술학회 부회장 2001~2004년 한국Co-Gen연구회 이사 2002년 벨기에 세계과학교육문화단체(The World Order Of Science-Education-Culture) 기사계급(Cavalier) 회원 2002년 세계외교아카데미(World Diplomatic Academy) 정회원 2002년 과학기술 홍보대사 2002~2005년 한국자동차기술인협회 이사 2003년 전국AUTO-NIE연구회 회장 2003년 영국 인명센서(IBC) 친선대사 2003년 한국자동차진단보증협회 고문(현) 2003년 한국자동차튜닝협회 자문위원장 2004~2013년 한국기업연구원 책임연구위원 2004~2015년 한국중고차문화포럼 대표 2005년 한국이륜차문화포럼 위원장(현) 2005년 한국자동차튜닝문화포럼 위원장(현) 2006~2007년 TBS교통방송 '교통시대' 진행자 2007년 한국자동차문화포럼연합 대표(현) 2007년 한국소비자원 수송기계분야 분쟁조정위원(현) 2008년 에코드라이브국민운동본부 상임공동대표 2009~2015년 서울오토서비스 서울오토살롱조직위원장 2010~2013년 에코드라이브국민운동본부 대표 2011년 대림대 자동차과 교수(현), F1코리아그랑프리 정책자문위원 2013년 전기차리더스포럼 공동의장 2013년 한국자동차튜닝산업협회 회장(현) 2013~2014년 한국이륜차관리협회 회장 2013년 자동차급발진연구회 회장(현) 2014년 한국전기차리더스협회 회장 2014년 에코드라이브운동본부 대표(현) 2015년 한국전기차협회 회장(현) 2015년 한국이륜차운전자협회 회장(현) 2015년 (사)근거리보통전기자동차중소기업산업기술연구조합 회장(현) 2016년 한국중고차포럼 대표(현) [상]미국 인명연구소 2002세계시민상, 세계문화기구(United CulturalConvention) 올해의 국제평화상(2002), 영국 국제인명센터(International Biographical Center) 올해의 국제과학자상(International Scientist Of the Year)(2002), 영국 IBC Top 100 Scientist Award(2005), 영국 IBC Top 100 Educators Award(2005), 미국 United Cultural Convention Lifetime Achievement Award(2005) [저]'한국의 자동차 산업'(2009) 칼럼집 '에코드라이브'(2012) '김필수가 말하는 자동차 시대'(2012) '자동차 환경과 미래'(2014, 골든벨) '에코드라이브 365일'(2014, 골든벨)

김필식(金畢植 · 女) Kim, Pil-Sik

[생]1943 · 5 · 17 [본]광산(光山) [출]전남 장성 [주]전남 나주시 건재로185 동신대학교 총장실(061-330-3001) [학]1961년 광주여고졸 1965년 서울대 농가정학과졸 1985년 고려대 교육대학원졸 2005년 명예 교육학박사(신라대) [경]1998~2008년 동강대 교수 1999~2001년 광주시여성단체협의회 회장 2001~2003년 대통령직속 지방이양추진위원회 위원 2001~2011년 KBC 광주방송 이사회 의장 2002년 (사)한국대학법인협의회 이사(현) 2002~2007년 광주비엔날레 이사 2002~2011년 KBC 광주방송 문화재단 이사장 2002~2010년 해인학원(동신대학교) 이사장 2003년 광주광역시자원봉사센터 이사(현) 2007년 2007광주세계여성평화포럼 추진위원장 2007~2008년 문화관광부 아시아문화중심도시조성위원회 위원 2007~2015년 광주발전연구원 이사회 이사 2009~2012년 대한적십자사 광주 · 전남지사 회장 2009년 (사)전라남도녹색의땅자원봉사센터 이사(현) 2010~2015년 통일부 통일교육위원 광주협의회장 2010년 전남테크노파크 이사(현) 2010년 동신대 총장(현) 2010년 전남도발전협의회 영산강지역개발분과 위원(현) 2010년 (재)광주테크노파크 이사(현) 2011년 제50회 전남도체육대회 자문위원장 2011년 (사)한국사학법인연합회 대의원(현) 2011년 통일부 광주통일관 관장(현) 2011년 동강학원 이사장(현) 2012~2014년 한국연구재단 이사 2013~2015년 전남발전연구원 이사회 이사 2013년 안전행정부 안전문화운동추진전남도협의회 공동위원장 2014년 행정안전부 안전문화운동추진전남도협의회 공동위원장(현) 2015년 문화체육관광부 제6기 아시아문화중심도시조성위원회 부위원장(현) 2016년 (재)남도음식문화큰잔치 이사(현) 2016년 광주전남연구원 발전자문위원(현) [상]국민훈장 동백장(2003), 광주시여성단체협의회 무등여성대상(2006), 적십자 광무장 금장(2012) [저]'言語發達과 指導'(1984) '현대교육학개론'(1999) '21세기 사회 속에서의 여성'(2003) [종]불교

김필영(金弼泳) Kim Pil Young

[생]1958 · 5 · 21 [본]연안(延安) [출]서울 [주]충남 아산시 둔포면 아산밸리로171 이녹스 사장실(041-536-9999) [학]대구고졸, 경북대 전자공학과졸 [경]1996년 삼성전자(주) 이동통신연구1팀 수석연구원 1998년 同무선S/W LAB장 1999년 同정보통신총괄 네트워크사업부 CDMA개발팀 연구위원, 同통신연구소 CDMA2000시스템개발팀 연구위원(이사보), 同네트워크CDMA개발1팀장(이사) 2002년 同이동통신사업팀 상무 2005년 同텔레커뮤니케이션총괄 네트워크사업부 이동통신사업시스템개발1팀장(전무) 2006년 同네트워크인터넷인프라사업팀장(전무) 2011~2012년 삼성광통신 대표이사 2014년 이녹스 사업부문총괄 사장(현) [상]삼성전자 창립24주년 기념표창(1993), 삼성그룹 회장상 기술상(1995), 정보통신부장관 공적표창(2001), 삼성전자 20년 장기근속상(2003), 무역의날 철탑산업훈장(2012)

김필홍(金弼洪) KIM Pil Hong

[생]1956 · 9 · 10 [본]울산(蔚山) [출]부산 [주]서울 은평구 진흥로215 한국환경산업기술원 환경사업본부 친환경생활단(02-3800-611) [학]1975년 부산진고졸 1982년 동아대 위생공학과졸 1996년 연세대 대학원 환경공학과졸 [경]2002년 환경부 환경정책국 환경평가과 서기관 2003년 同상하수도국 하수도과 서기관 2004년 同상하수도국 생활하수과 서기관 2007년 同자연보전국 환경평가과장 2007년 제17대 대통령직인수위원회 국가경쟁력강화특별위원회 실무위원 2008년 환경부 상하수도정책관실 물산업육성과장 2008년 同감사관실 환경감시팀장 2010년 同기후대기정책관실 대기관리과장 2011년 同자연보전국 국토환경평가과장 2012~2014년 한강유역환경청 유역관리국장 2015년 한국환경산업기술원 환경사업본부 친환경생활단장 겸 친환경생활전략실장 2016년 同친환경생활단장(현)

ㄱ

김하경(金夏卿) KIM Ha Kyoung

생1951·11·5 📍부산 ㈜서울 영등포구 신길로1 한림대부속 강남성심병원 안과(02-829-5193) 학1970년 경기고졸 1976년 서울대 의대 의학과졸 1983년 중앙대 대학원 의학과졸 1986년 의학박사(중앙대) 경1976~1979년 공군 군의관 1979~1980년 서울대병원 인턴 1983년 중앙대의료원 안과 전공의 1983~1984년 서울대병원 안과 전임의 1984~1985년 일본 이와테의대 연수 1985년 중앙대 의료원 안과 전임강사, 한림대 의과대학 안과학교실 교수(현), 同안과학교실 주임교수 2000~2002년 同강남성심병원 진료부원장 2000~2014년 건강보험심사평가원 상근심사위원 2003년 한길의료재단 원장 2008~2010년 한국망막학회 회장 同감사 2011년 한림대 강남성심병원 망막(안)센터장 2013~2015년 한국임상전기생리학회 회장, 신의료기술 평가위원, 소아당뇨협회 고문, 국민연금제 심사위원 상보건복지부장관표창(2016) 전'망막박리(共)'(1996, 서울대) '안과 검사법(共)' '당뇨병과 눈(共)'(2000, 서울대) '안과학'(2002, 일조각) '망막'(2004, 한국망막학회) '망막질환과 형광안저조영'(2005) '임상시각전기생리학'(2009) '증례를 통한 임상분석'(2010) 'Asian Retina(共)'(2013) '포도막염'(2015) 역'General Ophthalmology'(1999, 한우리)

김하림(金河林) KIM Ha Rim

생1956·8·11 📍전북 ㈜광주 동구 필문대로309 조선대학교 외국어대학 중국어문화학과(062-230-6899) 학1976년 고려대 중어중문학과졸 1980년 同대학원 중어중문학과졸 1983년 문학박사(고려대) 경조선대 동양학부 교수 2001~2003년 同신문방송사 주간 2001년 同외국어대학 중국어학과 교수, 同외국어대학 중국어문화학과 교수(현) 2002년 한국중어중문학회 연구이사 2006년 한국중국현대문학학회 부회장 2007~2009년 조선대 대외협력부장 2008년 한국중어중문학회 회장 2010년 조선대 기획조정실장 2011년 同평생교육원장 2016년 同교무처장(현) 전'중문학 어떻게 할까' '세계문화의 이해' '중국현대문학의 이해' 역'칠흑같이 어두운 밤도' '중국인도 다시 읽는 중국사람 이야기' '중국과 소련' '동터오는 강변' '거상여불위'

김하석(金夏奭) KIM Hasuck

생1945·4·1 📍연안(延安) 📍광주 ㈜대구 달성군 현풍면 테크노중앙대로333 대구경북과학기술원 에너지시스템공학과(053-785-6410) 학1967년 서울대 화학과졸 1970년 미국 일리노이대 대학원 분석화학과졸 1973년 이학박사(미국 일리노이대) 경1973년 미국 일리노이대 화학과 Post-Doc. 1975년 미국 플로리다대 화학과 Research Associate 1977~2010년 서울대 자연과학대학 화학과 조교수·부교수·교수 1988~1989년 미국 캘리포니아공대(Caltech) 화학과 Visiting Associate 1994~1996년 서울대 자연과학대학 화학과 학과장 1994~1999년 대한화학회 영문지 상임편집위원 1995년 국제전기화학회 한국지부 비서 1997년 同분석분과 Co-Chairman 1998년 한국전기화학회 부회장·회장 2003~2004년 서울대 자연과학대학장 2005~2012년 (사)국제과학영재학회 회장 2005~2008년 한국과학문화재단 이사 2008~2010년 바른과학기술사회실현을위한국민연구소재은행 이사장(현) 2009~2010년 서울대 대학원장 2009년 국립중앙박물관 이사장(현) 2009~2010년 서울대 초대특임부총장 2010년 同자연과학대학 화학과 명예교수(현) 2010년 대구경북과학기술원 에너지시스템공학과 석좌교수(현) 2010년 바른과학기술사회실현을위한국민연합 자문위원(현) 2013년 한국과학기술한림원 이사(현) 2016년 학술지 'Current Opinion In Electrochemistry' 편집장(현) 상서울시 문화상 자연과학분야(2008), 독일 일렉트로카탈리시스(Electrocatalysis) 최우수논문저자상(2014) 전'분석화학 강좌 1·2·3'(1989, 동화기술서적) '분석화학실험서(共)'(2000, 탐구당) 역'분석화학(Quantitative Chemical Analysis 2nd ED)'(1989, 자유아카데미) '분석화학-5판(共)'(2001, 자유아카데미)

김하열(金河烈) KIM Ha Yurl

생1963·10·12 📍대구 ㈜서울 성북구 안암로145 고려대학교 법학전문대학원 법학관 신관342호(02-3290-2878) 학1982년 영신고졸 1989년 고려대 법학과졸 1996년 독일 프라이부르크(Freiburg)대 법과대 수학 2000년 고려대 대학원 법학과졸 2006년 법학박사(고려대) 경1989년 사법시험 합격(31회) 1992년 사법연수원 수료(21기) 1992년 서울지검 남부지청 검사 1993년 헌법재판소 헌법연구관보 1996년 同헌법연구관 1999년 숙명여대 법대 정법학부 겸임교수 2007년 헌법재판소 소장 비서실장 2008년 고려대 법학전문대학원 헌법·헌법소송전공 교수(현) 2009년 법제처 법령해석심의위원회 위원 2009년 헌법재판소 개정추진위원회 자문위원 전'법률해석과 헌법재판'(2008) '한국 민주주의 어디까지 왔나(共)'(2008, 인간사랑) '헌법소송법'(2014, 박영사)

김하운(金夏雲) KIM, Hown

생1954·6·16 📍의성(義城) 📍서울 ㈜인천 남구 석정로229 JST제물포스마트타운-101호 (사)함께하는인천사람들(032-873-3800) 학1973년 서울고졸 1979년 연세대 상경대학 경제학과졸 2003년 고려대 경영대학원 증권금융과정 수료 2007년 국방대 대학원 안보과정 수료 2008년 연세대 행정대학원 사회복지학과졸 경1979년 한국은행 입행 1987년 同자금부 금융기획과장 대리·통화관리과장 대리 1989년 同파리사무소 파견 1993년 同인사부 급여과 조사역 1995년 同기획국 경영개선과 선임조사역 2000년 同기획예산팀장 2001년 同총무국 노사협력팀장(부국장) 2002년 고려대 증권교육과정 파견 2003년 한국은행 기획국 부국장 2005년 同인천본부 부본부장 2007년 국방대 파견 2008년 한국은행 제주본부장 2009년 同인천본부장(1급) 2010년 인하대 경영대학 글로벌금융학부 겸임교수 2011~2014년 인천시 경제정책자문관 2012년 (사)함께하는인천사람들 대표이사(현) 2014~2015년 인천신용보증재단 이사장 전'금융법제도'(2011) '인천경제이야기'(2012)

김하중(金河中) KIM Ha Joong

생1945·5·3 📍강원 정선 ㈜서울 중구 남대문로113 동부저축은행 부회장실(02-3705-1705) 학1963년 강릉상고졸 1967년 고려대 상학과졸 경1982년 동부증권(주) 입사 1992년 동부상호신용금고(주) 상무이사 1995년 同전무이사 1996년 同부사장 2000년 同대표이사 사장 2002년 동부상호저축은행 대표이사 사장 2012년 동부저축은행 대표이사 부회장(현) 종불교

김하중(金夏中) KIM Ha Joong

생1947·1·9 📍광산(光山) 📍강원 원주 학삼선고졸 1969년 서울대 문리과대학 중문학과졸 1973년 同행정대학원 수료 경1973년 외무부 입부 1975년 同장관비서 1976년 駐뉴욕 부영사 1982년 駐인도 참사관 1985년 외무부 장관보좌관 1986년 同동북아2과장 1987년 同의전과장 1988년 駐일본 참사관 1992년 駐중국 공사 1995년 외무부 아시아태평양국장 1997년 同장관특보 1998년 대통령 의전비서관 2000년 대통령 외교안보수석비서관 2001년 駐중국 대사 2008~2009년 통일부 장관 2009년 대통령자문 통일고문회의 고문 상대통령표창(1982), 체육포장(1983), 홍조근정훈장(1992), 황조근정훈장(1997), 이탈리아 콤멘다토레기사훈장(2000), 프랑스 레지웅도뇌르3등급훈장(2000), 멕시코 아즈텍 독수리훈장(2001) 전'날아오르는 용(騰飛的龍)'(中文) '하나님의 대사'(2010) '김하중의 중국이야기 1·2'(2013) '하나님의 대사 1'(2014, 두란노) '사랑의 메신저 1'(2014, 두란노) '증언'(2015, 비전과리더십) '젊은 크리스천들에게'(2015, 두란노서원) '기독 청년들이여, 통일이 온다'(2015) 종기독교

김하중(金夏中) KIM Ha Joong

생1960·6·20 📍전남 담양 ㈜광주 북구 용봉로77 전남대학교 법학전문대학원 210호(062-530-2260) 학살레시오고졸 1982년 고려대 법학과졸 1984년 同대학원 법학과졸 2008년 법학박사(고려대) 경1987년 사법시험 합격(29회) 1990년 사법연수원 수료(19기) 1990년 서울지검 북부지청 검사 1992년 광주지검 순천지청 검사 1994년 서울지검 남부지청 검사 1996년 인천지검 검사 1997년 독일 프라이부르크대 공법연수소 연수 1998년 법무부 특수법령과 검사 2000년 서울지검 검사 2002년 광주지검 부부장검사 2002년 전주지검 정읍지청장 2003년 서울지검 북부지청 부부장검사 2004년 대검찰청 검찰연구관 2005년 인천지검 부부장검사 2006년 수원지검 공안부장 2007년 서울중앙지검 총무부장 2008년 同형사5부장 2009년 광주지검 목포지청장 2009년 법무법인 조은 대표변호사 2010~2011년 전북대 법학전문대학원 교수 2012년 전남대 법학전문대학원 교수(현) 2014년 국회의장직속 헌법개정자문위원회 위원 2014년 새정치민주연합 법률위원장 2015년 同윤리심판원 위원 2016년 제20대 국회의원선거 출마(광주 서구乙, 무소속) 종가톨릭

김하진(金夏鎭) KIM Ha Jine (潺溪)

생1939·5·7 📍안동(安東) 📍대구 ㈜경기 수원시 영통구 월드컵로206 아주대학교 컴퓨터공학과(031-219-2446) 학1957년 경북고졸 1962년 서울대 문리대 수학과졸 1977년 프랑스 Grenoble제1대 대학원 응용수학과졸 1980년 이학박사(프랑스 Saint Etienne대) 경1972년 서울대 공대 강사 1974~1986년 아주대 공대 전임강사·조교수·부교수 1978년 프랑스 Saint Etienne대 연구원 1980~1990년 삼성기술대학원 교수 1982년 아주대 학생처장 1984년 프랑스 국립정보·자동화연구소(INRIA) 초빙교수 1986년 아주대 컴퓨터공학과 교수 1986년 同종합연구소장 1986년 한·프랑스기술협력센터 소장

1988년 한국정보과학회 부회장 1991년 同회장 1991년 아주대 산업대학원장 1992년 한국정보과학회 명예회장(현) 1992년 ISO/IEC JTC1 SC24 국내위원회 위원장 1993년 아주대 공과대학장 1996년 同중앙도서관장 1997~2004년 同정보통신대 정보·컴퓨터공학부 교수 1997년 한국산업정보응용수학회(KSIAM) 회장 1998년 경기과학영재교육센터 소장 1998년 미국 남가주대(USC) 방문교수 2002년 아주대 과학영재교육원장 2003~2004년 同대학원장 2004~2015년 ISO/IEC JTC1 SC24 전 국제의장 2004년 아주대 명예교수(현) 2004년 한국디지털미디어전문가협회 회장 2004년 한국공학한림원 원로회원(전기전자정보공학분과·현) 2004~2015년 한림대 정보전자공과대학 객원교수 2006년 (사)유비쿼터스미디어콘텐츠연합 총재 2006년 한국컴퓨터그래픽스학회 명예회장(현) 2016년 한국시니어과학기술인협회 학술부회장(현) [상]문교부장관표창(1980), 프랑스 국가공로훈장 기사장(1992), 국민훈장 목련장(1993), 옥조근정훈장(2004) [저]'자료구조'(1994) '공학기술로 나라 살리자'(1998) '디지털컨텐츠(共)'(2000) [종]기독교

김하철(金河哲) KIM Ha Chul

[생]1961·8·5 [출]서울 [주]인천 연수구 벤처로12번길14 루미리치(주) 사장실(032-714-6400) [학]1980년 서울 경신고졸 1985년 서울대 화학공학과졸 1989년 화학공학박사(미국 버지니아공대) [경]1989~1993년 미국 엑손모빌社 팀장 1993~1995년 미국 코닝社 팀장 1995~1997년 미국 램리서치社 아시아총괄 1997~1999년 일본 후지쯔社 Display 미주마케팅총괄 2000~2003년 삼성SDI PDP마케팅팀장 2003년 同상무 2007~2009년 일진디스플레이(주) 대표이사 2008년 일진반도체(주) 대표이사 2010년 同대표이사 사장(현) 2012년 루미리치(주) 대표이사 사장 겸임(현) 2016년 한국공학한림원 정회원(화학생명공학분과·현)

김학관(金學寬) Kim Hak Kwan

[생]1967·12·11 [주]서울 서대문구 통일로87 경찰청 기획조정담당관실(02-3150-2102) [학]1990년 경찰대졸(6기) 2008년 고려대 법무대학원 법학과졸 [경]1990년 경위 임용 1996년 경감 승진 2002년 경정 승진 2007년 경찰청 경무기획국 기획조정과 조직담당 2009년 同기획조정담당관실 기획담당 2010년 총경 승진 2010년 행정안전부 자치경찰제실무추진단 파견 2011년 충북 음성경찰서장 2012년 경찰청 경무국 교육정책과장 2013년 경기 부천소사경찰서장 2014년 경찰청 정책보좌관 2015년 서울 강남경찰서장 2016년 경찰청 기획조정관실 기획조정담당관(현)

김학권(金學權) KIM Hak Kwon

[생]1946·1·9 [본]경주(慶州) [출]인천 [주]인천 연수구 갯벌로118 재영솔루텍(주) 비서실(032-850-0800) [학]인천 선인고졸, 경희대 경영학과졸, 同경영대학원 수료, 서울대 경영대학원 최고경영자과정 수료, 同공과대 최고산업전략과정 수료, 연세대 행정대학원 고위정책결정자과정 수료, 한국과학기술원 최고벤처경영자과정 수료, 국제산업디자인대학원대 뉴밀레니엄디자인혁신과정 수료 [경]1969~1972년 신한발브공업(주) 근무 1972~1976년 동방금형정공(주) 근무 1976~1984년 재영금형정공사 대표 1979~2000년 재영(주) 대표이사 사장 1984~2000년 재영금형정공(주) 대표이사 사장 1993년 대일금형(주) 대표이사 사장 1996~2003년 한국금형공업협동조합 이사장 1997~2003년 인천송도테크노파크 이사장 1998년 한국기계산업진흥회 이사 1999년 한국산업기술평가원 이사 1999년 산업자원부 산업정책평가위원회 위원 2000~2002년 재영웰릭스(주) 대표이사 사장 2000년 재영솔루텍(주) 대표이사 회장(현) 2002년 대한무역진흥공사 수출자문위원 2002년 한국노브연구조합 이사장 2003년 중소기업진흥공단 운영위원 2005년 대통령직속 중소기업특별위원회 위원 2005년 과학기술부 전문위원, 한국금형공업협동조합 명예이사장 2009년 (사)개성공단기업협의회 회장 2010년 同부회장 2010년 인천경영자총협회 회장(현) 2012년 (사)개성공단기업협의회 고문(현) [상]국무총리표창(1986), 대통령표창 수출유공(1987), 대통령표창 국산화유공(1992), 은탑산업훈장 중소기업유공(1998), 대통령표창 정밀기술(2002) [종]기독교

김학권(金學權) KIM Hak Kwon

[생]1952·6·15 [본]경주(慶州) [출]전북 남원 [주]전북 익산시 익산대로460 원광대학교 인문대학 철학과(063-850-6181) [학]1972년 전주고졸 1979년 고려대 철학과졸 1983년 同대학원 철학과졸 1989년 철학박사(대만 중국문화대) [경]1986~1990년 전북대·고려대·동신대 강사 1988~1989년 동신대 기숙사감 1990년 원광대 인문대 철학과 교수(현) 1994~1996년 同철학과장 1996~1997년 중국 북경대 연구교수 2001~2003년 원광대 대학원 교학부장 2005년 同철학전공 주임교수 2005년 同인문학부장 2006~2008년 同인문대학장 2009년 同대외협력처장, 한국공자학회 회장 2014년 원광대 인문대학 철학과장(현) [저]'동양의 자연과 종교의 이해(共)'(1992, 형설출판사) '주역의 현대적 조명(共)'(1992, 범양사) '중국철학의 이단자들(共)'(2004, 예문서원) '주역의 근본원리(共)'(2004, 철학과 현실사) '주역의 건강철학'(2007, 정보와사람) [역]'주역과 중국의학(共)'(1993, 법인문화사) '주역산책'(1999, 예문서원) '주역의 건강철학(共)'(2007, 정보와사람) '역학철학사(共)'(2012, 소명출판사) [종]원불교

김학균(金學均) Hakkyun Kim

[생]1963·3·21 [주]서울 종로구 세종대로209 금융위원회 상임위원실(02-2100-2701) [학]1982년 서울 대신고졸 1986년 서울대 법대졸 1988년 연세대 행정대학원졸 2001년 법학박사(미국 미네소타대 로스쿨) [경]1990년 한국은행 국제금융부·인사부·자금부 근무 2001년 미국 워싱턴DC 소재 로펌 Baker Botts LLP 변호사 2003년 미국 워싱턴DC 소재 로펌 Patton Boggs LLP 변호사 2005년 G마켓 사외이사·감사위원회 위원 2006년 미국 워싱턴DC 소재 로펌 Pillsbury Winthrop Shaw Pittman LLP 변호사 2011년 우리자산운용 사외이사·감사위원회 위원 2011년 매일유업 사외이사·감사위원회 위원 2014년 금융위원회 상임위원(현)

김학균(金學均)

[생]1964·4·5 [출]경기 이천 [주]경기 부천시 오정구 오정로233 OBS 경인TV 미디어사업국(032-670-5000) [학]단국대 역사학과졸 [경]1991~1998년 경기일보 기자 1999년 OBS 경인TV 보도국 취재팀 기자 2000년 同보도국 사회부 기자 2002년 同보도국 정치부 기자 2007년 同보도국 취재팀장 2008년 同보도국 편집제작팀장 2009년 同보도국 부장 2010년 同경영기획실장 2011년 同보도국장 2012년 同경영국장 2014년 同보도국장 2016년 同미디어사업국장 겸 프로젝트개발팀장(현) [상]한국기자협회 사회부문 특종상(1995)

김학근(金學根) KIM Hak Keun

[생]1957·4·5 [출]경북 상주 [주]서울 서초구 서초대로250 오퓨런스빌딩1602호 법무법인(유) 로월드(02-6223-1000) [학]1975년 양정고졸 1979년 서울대 법학과졸 [경]1981년 사법시험 합격(23회) 1983년 사법연수원 수료(13기) 1983년 공군 법무관 1986년 부산지검 검사 1989년 대구지검 상주지청 검사 1990년 서울지검 의정부지청 검사 1992년 일본 中央大 파견 1993년 서울지검 검사 1995년 서울고검 검사 1996년 법무부 검찰국 검사 1997년 서울고검 검사 1998년 법무부 송무과장 2001년 서울지검 조사부장 2002년 춘천지검 원주지청장 2003년 대전고검 검사 2004~2006년 법무연수원 연구위원 2006년 변호사 개업 2008년 BBK사건 특별검사보 2008~2009년 법무법인 로월드 대표변호사 2009~2012년 한국소비자원 소비자분쟁조정위원회 위원장 2012년 법무법인(유) 로월드 변호사(현) [저]'추징제도개선'

김학남(金學男·女) KIM Hak Nam

[생]1950·1·8 [본]전주(全州) [출]경기 이천 [주]서울 동작구 노량진로100 기독교TV멀티미디어센터빌딩 CTS오페라단(02-6333-2503) [학]1974년 미국 홀스만고졸 1975년 미국 웨스트민스터대 수학 1978년 미국 유타대(Univ. of Utah) 성악과졸 1994년 이탈리아 Nino Rota 아카데미아졸 1997년 모스크바 그네신국립음대 최고연주자과정졸 [경]1979년 국립오페라단 「탄호이저」비너스역으로 데뷔 1979년 김자경오페라단 단원 1979년 국립오페라단 단원 1982~1984년 영남대 음대 초청교수 1985~1987년 이탈리아 밀라노 스칼라좌오페라단 출연 1988년 일본 도쿄 초청출연 1988~1999년 독창회 11회 1989~1992년 영·프랑스 등 유럽에서 오페라공연 1993년 미국 9개도시 순회공연·초청공연 1994년 한국오페라단「카르멘」주역 1995년 이탈리아 순회공연 2008년 한국오페라단「카르멘」 예술감독 2008년 CTS오페라단 단장(현) 2009년 오페라 「카르멘 환타지아」 출연 2009~2013년 한국오페라단연합회 수석부회장 겸 이사장 2009년 김학남오페라예술원 대표(현) 2013~2014년 한국오페라단연합회 명예이사장 2015년 세계오페라지도자대회 조직위원장(현) [상]난파콩쿨대상, NATS협회 콩쿨입상 [작]'김학남애창곡Ⅰ·Ⅱ' '성가집Ⅰ·Ⅱ·Ⅲ·Ⅳ' [종]기독교

김학남(金學楠)

[생]1964 [출]전남 보성 [주]전남 나주시 영산로5415의22 나주경찰서 서장실(061-339-0321) [학]1987년 경찰대졸(3기) [경]1987년 경위 임용 2010년 전북지방경찰청 생활안전과장 2011년 전남 곡성경찰서장(총경) 2013년 광주지방경찰청 청문감사담당관 2014년 광주 북부경찰서장 2015년 광주지방경찰청 형사과장 2016년 전남 나주경찰서장(현)

김학노(金學魯) KIM Hark Rho

[생]1956·11·9 [본]경주(慶州) [출]충북 청주 [주]대전 유성구 대덕대로989번길111 한국원자력연구원 전략사업부원장실(042-868-2000) [학]1975년 청주고졸 1979년 서울대 원자핵공학과졸 1981년 同대학원 핵공학과졸 1994년 원자력공학박사(한국과학기술원) [경]1980~1985년 한국원자력연구소 연구원 1985~1994년 同선임연구원 1994~2007년 同책임연구원 1995~2001년 同연구로기술개발실장 2001년 同하나로이용기술개발부장 2002년 同연구지원부장 2005년 同하나로이용기술개발부장 2007년 한국원자력연구원 책임연구원 2008년 同정책연구부장 2008년 同원자로시스템기술개발본부장 2009년 同스마트(SMART)개발본부장 2012년 同연구로이용연구본부 연구위원 2014년 同전략사업부원장(현) 2016년 '제4세대 원자력시스템 국제포럼(GIF)' 정책그룹 부의장(현) 2016년 한국원자력학회 수석부회장(현) 2016년 同차기(2017년) 회장(현) [상]과학기술처장관표창, 과학기술훈장 도약장 [종]불교

김학도(金學道) Hak-Do Kim

[생]1962·8·23 [출]충북 [주]세종특별자치시 한누리대로 402 산업통상자원부 통상교섭실(044-203-5600) [학]1979년 청주고졸 1985년 서울대 국제경제학과졸 1988년 同대학원 행정학과졸 2004년 미국 서던캘리포니아대 대학원 정치경제학 박사과정 수료 [경]1987년 행정고시 합격(31회) 1989년 상공자원부 무역위원회 근무 1989년 同미주통상과 행정사무관 1990년 同무역협력과 행정사무관 1991년 同통상협력과 행정사무관 1994년 駐미국 상무관 1997년 통상산업부 산업기계과 행정사무관 1998년 산업자원부 차관 비서관 1999년 同수송기계과 서기관 1999년 同차관 비서관 2004년 同국제협력과장 2005년 同에너지관리과장 2006년 同에너지관리팀장 2007년 同에너지산업본부 전력산업팀장(서기관) 2008년 同에너지산업본부 전력산업팀장(부이사관) 2008년 지식경제부 에너지산업정책관실 전력산업과장 2008년 同에너지자원실 자원개발총괄과장 2009년 지역발전위원회 기획단 지역경제국장(고위공무원) 2010년 지식경제부 대변인 2011년 미국 교육파견(고위공무원) 2012년 지식경제부 신산업정책관 2013년 산업통상자원부 산업기반실 창의산업정책관 2014년 同통상교섭실 자유무역협정정책관 2015년 同통상교섭실장(현) [상]홍조근정훈장(2015)

김학동(金學童)

[생]1959·5·27 [주]경북 포항시 남구 동해안로6261 (주)포스코 포항제철소(054-220-0054) [학]1977년 춘천고졸 1984년 서울대 금속공학과졸 1997년 미국 카네기멜론대 대학원 재료공학과졸 [경]1987년 포항종합제철(주) 입사 1998년 (주)포스코 광양제철소 제선부 3제선공장장 2003년 同기술개발실 제선기술그룹 리더 2005년 同FINEX조업그룹 리더 2006년 同포항제철소 제선부장 2009년 同품질기술부장 2010년 同광양제철소 선강담당 부소장 2013년 SNNC 대표이사 2015년 (주)포스코 포항제철소장(전무) 2015년 同포항제철소장(부사장)(현)

김학래

[생]1962·2 [주]경기 수원시 영통구 삼성로129 삼성전자(주) 임원실(031-200-1114) [학]1980년 영훈고졸 1987년 한양대 기계공학과졸 [경]1989년 삼성전자(주) 생산기술연구소 FA설계팀 근무 1995년 同메카트로닉스연구소 장비사업팀 근무 2003년 同메카트로닉스 구매그룹장 2005년 同메카트로닉스연구소 SE그룹장 2006년 同생산기술연구소 SET그룹장 2008년 同제조기술센터 자동화기술그룹장 2012년 同글로벌기술센터 자동화기술팀장(상무) 2015년 同글로벌기술센터 자동화기술팀장(전무)(현) [상]자랑스런 삼성인상 공적상(2015)

김학면(金學勉) KIM Hak Myon

[생]1948·6·8 [출]전북 전주 [주]서울 강남구 언주로634 에스까다코스메틱(주) 임원실(02-3450-0109) [학]1975년 원광대 경영학과졸 1976년 성균관대 무역대학원 무역학과 수료 1980년 고려대 경영대학원 증권분석과정 수료 1993년 국민대 경영대학원 경영학과졸, 한국과학기술원 테크노경영대학원 최고지식경영자과정 수료, 同대학원 최고정보경영자과정 수료, 연세대 행정대학원 고위정책과정 수료, 同경영대학원 최고경영자과정 수료, 고려대 경영대학원 최고경영자과정 수료, 서울대 행정대학원 국가정책과정 수료, 同국제대학원 최고경영자과정 수료, 同경영대학원 최고경영자과정 수료, 同생활과학대학 패션산업최고경영자과정 수료, 同법과대학 최고지도자과정 수료 [경]한국화장품(주) 기획조정실장 1996년 同시판사업본부장(이사) 1999년 에스까다코스메틱(주) 상무이사 2001년 同전무이사 2004년 한불화장품(주) 전무이사 2006년 同총괄부사장 2006년 에스까다코스메틱(주) 대표이사(현)

김학민(金學珉) Kim Hak Min (葛山)

[생]1948·4·12 [본]경주(慶州) [출]경기 용인 [주]서울 마포구 신촌로12나길26 이한열기념사업회 이사장실(02-325-7216) [학]1967년 배재고졸 1994년 연세대 경제학과졸 1999년 명예 정치학박사(카자흐스탄 크즐오르다대) [경]1974년 민청학련사건으로 구속 1977년 도서출판「한길사」편집장 1977년 민주화운동청년연합회 의장 1982~2010년 도서출판「학민사」대표 1985년 민주통일민중운동연합 중앙위원·감사 1987년 김대중 단일후보추대위원회 사무처장 1988년 한겨레신문 창간발기인 1988년 평민당 서울서대문甲지구당 위원장 1989년 민주정치연구회 회장 1992년 김대중 대통령후보 보좌역 1993~2010년 (사)대한택견협회 이사 1995년 국민회의 중앙위원 1998년 임창열 경기도지사후보 선거운동본부 기획단장 1999년 경기문화재단 문예진흥실장 2000~2010년 경기도생활체육택견협회 회장 2002년 수원월드컵문화행사자문위원회 위원장 2002년 노무현 대통령후보 용인乙선거대책위원장 2003년 청와대 인사수석비서관실 자문위원 2003~2007년 (사)한국문화정책연구소 이사장 2004~2005년 예원예술대 문화예술대학원장 2005~2008년 한국사학진흥재단 이사장 2007년 (사)소전재단 이사(현) 2009년 (사)이한열기념사업회 이사장(현) 2012년 문재인 대통령후보 문화예술특보 [상]광주 민주화운동 유공자(1994) [저]'564세대를 위한 변명'(2000) '길을 찾는 책읽기'(2004) '맛에 끌리고 사람에 취하다'(2004) '태초에 술이 있었네'(2011) [역]'독재의 거리'(1988) [종]천주교

김학민(金學敏) KIM Hak Min

[생]1950·4·6 [본]경주(慶州) [출]충북 청주 [주]대전 유성구 대학로291 한국과학기술원(KAIST) 감사실(042-350-2102) [학]1968년 경기고졸 1972년 서울대 금속공학과졸 1977년 미국 카네기멜론대 대학원 금속재료학과졸 1980년 공학박사(미국 카네기멜론대) [경]1972~1974년 국방과학연구소 연구원 1980년 미국 카네기멜론대 박사후연구원 1981년 미국 공군재료연구소 연구원 1983~1997년 한국기계연구원 선임연구원·실장·부장·창원분원장 1998년 과학기술정책관리연구소 전문위원 1999년 한국과학기술기획평가원 전문위원 2002년 同국책연구사업관리단장 2005년 한국기계연구원 재료기술연구소장 2007~2008년 同재료연구소장 2008~2015년 同전문연구위원 2009년 국가교육과학기술자문회의 자문위원 2009~2011년 교육과학기술부 21세기프론티어사업단 차세대소재성형기술사업단장 2015년 한국과학기술원(KAIST) 상임감사(현) [상]국민포장(1996), 창원시 문화상(1997), 대한금속재료학회 서정상(2000), 과학기술훈장 웅비장(2006) [종]기독교

김학민(金學民) KIM Hak Min

[생]1960·9·1 [본]경주(慶州) [출]충남 예산 [주]충남 아산시 신창면 순천향로22 순천향대학교 행정학과(041-530-1206) [학]1978년 천안고졸 1989년 미국 텍사스대 달라스교 정부정치학과졸 1990년 同대학원 정치경제학과졸 1994년 정치경제학박사(미국 텍사스대 달라스교) [경]1995년 순천향대 행정학과 교수(현) 1996~2005년 충남도 정책자문교수 1999~2005년 충남테크노파크 운영위원 1999~2003년 순천향대 인터넷창업보육센터 소장 2000년 同총장 비서실장 2001~2002년 同대외협력실장 2002~2006년 산업자원부·교육부·기획예산처·행정자치부 평가위원·컨설팅위원 2003~2005년 충남도중소기업연수원 원장 2004~2005년 국가균형발전위원회 전문위원 2005~2006년 중국 북경대 경제학과 방문교수 2005~2010년 한국산학기술학회 부회장 2006~2007년 한국공공행정학회 부회장 2007년 유네스코 사이언스파크 자문위원(현) 2007~2010년 충남테크노파크 원장 2009년 (사)한국테크노파크협의회 회장 2009년 키르기즈공화국 경제부총리 자문관 2009년 아시아사이언스파크협회(ASPA: Asia Science Park Association) 이사 2010~2013년 세계사이언스파크협회(IASP: International Science Park Association) 자문이사 2010년 세계과학도시연합(WTA: World Technopolis Association) 편집위원(현) 2010~2012년 천안아산경제정의실천시민연합 공동대표 2010년 한국전쟁기념재단 운영위원(현) 2011~2012년 태국 국가과학기술개발청(NASDTA: National Science & Technology Development Agency) 자문위원 2011년 순천향대 법정학부장 2012년 同링크사업단장 2013~2015년 同산학협력단장 2014년 한국공공행정학회 회장 2014년 베트남 껀터시정부 경제정책자문관(현) 2014년 기획재정부 KSP사업 멕시코 콜리마주정부 자문관(현) 2015년 순천향대 산학협력부총장(현) [상]국가산업발전 유공 국무총리표창(2001), 국가산업발전 유공 대통령표창(2010) [저]'Globalization of International Financial Markets : Causes and Consequences'(1999, Ashgate Publishing, UK and USA)

김학민 Kim Hak Min

[생]1962·3·18 [주]경기 용인시 기흥구 덕영대로1732 경희대학교 연극영화학과(031-201-2042) [학]대일고졸, 고려대 영어영문학과졸, 서울대 대학원 음악이론석사, 오페라연출실기박사(Doctor of Musical Arts)(미국 노스텍사스주립대) [경]공연영상예술연구센터 소장, 리베로 엔터테인먼트 대표 2005~2008년 경희대 예술디자인대학 연극영화학과 조교수 2009년 同연극영화학과 부교수, 同연극영화학과 교수(현) 2015년 국립오페라단 예술감독(현) [상]예음평론가상 1등(1998) [저]'오페라 읽어주는 남자'(2001, 명진) '한국을 이끄는 위대한 사람들, 안익태'(2002, 교원) '한국을 이끄는 위대한 사람들, 정트리오'(2002, 교원) '뮤지컬 양식론'(2005) '뮤지컬의 이해'(2005) '후기 낭만주의 오페라'(2005) '오페라의 이해'(2005) [역]'서양 음악의 유산 Ⅰ·Ⅱ'(1993, 예솔)

김학배(金學培) KIM Hak Bae

[생]1958·2·15 [본]경주(慶州) [출]경북 의성 [주]서울 강남구 테헤란로317 동훈타워 법무법인(유) 대륙아주(02-563-2900) [학]1976년 경북고졸 1981년 경북대 법학과졸 1984년 同대학원 법학과졸 [경]1984년 사법시험 합격(26회) 1987년 사법연수원 수료(16기) 1990년 대구 달서경찰서 보안과장 1991년 同방범과장 1991년 대구 북구경찰서 수사과장 1992년 경찰청 강력과 근무 1994년 同형사국 수사과 수사연구담당 1997년 서울지방경찰청 방범기획과 외근담당 1997년 서울 은평경찰서 교통과장 1997년 서울 동부경찰서 보안과장 1998년 경북 칠곡경찰서장 1999년 경찰청 법무담당관 2000년 경기 남양주경찰서장, 서울 방배경찰서장 2003년 경찰청 경찰혁신기획단 근무 2005년 同기획수사심의관 2006년 서울지방경찰청 수사부장 2008년 경북지방경찰청 차장 2009년 서울지방경찰청 보안부장 2010년 경찰청 보안국장(치안감) 2010년 대전지방경찰청장 2011년 경찰교육원장 2012년 경찰청 수사국장 2013년 울산지방경찰청장 2014년 법무법인(유) 대륙아주 변호사(현) [상]경찰청장표창(2000), 대통령표창(2003)

김학범(金學範) KIM Hak Beom

[생]1952·5·10 [주]경기 안성시 중앙로327 한경대학교 자연과학대학 조경학과(031-670-5212) [학]1978년 서울시립대 원예학과졸 1981년 서울대 대학원 조경학과졸 1992년 임학박사(고려대) [경]1981~1988년 한국종합조경(주) 설계부장 1988~1991년 효자종합건설 조경사업부상무이사 1991~1995년 연암축산원예전문대 관상원예과 조교수 1995년 안성산업대 조경공학과 조교수·부교수·교수 1999~2007년 한경대 자연과학대학 조경공학과 교수 2003년 문화재위원회 천연기념물분과위원 2007년 한경대 자연과학대학 조경학과 교수(현) 2007~2009년 同문화재경관분과위원 2007년 한국조경학회 회장 2013년 문화재위원회 천연기념물분과위원장(현) 2015년 同부위원장 겸임(현) [상]옥관문화훈장(2009)

김학석(金學奭) KIM Hak Seok

[생]1963·12·27 [출]경북 경주 [주]서울 강남구 테헤란로518 법무법인 율촌(02-528-5461) [학]1982년 경주고졸 1986년 고려대 법학과졸 2004년 同법무대학원 지적재산권법학과졸 2011년 법학박사(고려대) [경]1989년 사법시험 합격(31회) 1992년 사법연수원 수료(21기) 1992년 부산지검 검사 1994년 同울산지청 검사 1996년 인천지검 검사 1998년 서울지검 동부지청 검사 2000년 대전지검 천안지청 검사 2000년 독일 프라이부르크 막스프랑크연구소 초청연구원 2002년 서울지검 검사 2004년 인천지검 부천지청 부부장검사 2005년 전주지검 군산지청 부장검사 2006년 서울중앙지검 부부장검사 2006년 미국 스탠퍼드대 Visiting Scholar 2007년 수원지검 마약·조직범죄수사부장 2008년 법무부 인권지원과장 2009년 서울서부지검 형사4부장 2009년 서울중앙지검 형사8부장 2010~2011년 법무연수원 연구위원 2011년 서울중앙지검 부장검사 2011년 고려대 법무대학원 겸임교수 2011년 한국외국어대 법학전문대학원 겸임교수 2011~2013년 법무부 법무연수원 건설본부장 2012~2014년 법무부 선진상사법률연구 편집위원 2013~2014년 서울고검 검사 2013~2014년 서울시 사법정책보좌관 2013년 한국증권법학회 이사 2013년 한국경영법률학회 부회장(현) 2014년 법무법인 율촌 변호사(현) 2015년 한국증권법학회 부회장(현) [상]검찰총장표창(1997), 홍조근정훈장(2012) [역]'주석 독일법원조직법'(共) '주석 독일형사소송법'(共) '금융범죄 수사실무I(共)'(2011, 법무연수원)

김학선(金學善) Kim Hak Sun

[생]1962·1·11 [본]경주(慶州) [주]서울 강남구 언주로211 강남세브란스병원 정형외과(02-2019-3411) [학]1985년 연세대 의대졸 1992년 同대학원 의학석사 1998년 의학박사(원광대) [경]1995~2002년 연세대 의대 조교수 1999~2000년 한국과학재단 Post-Doc. Fellow 1999~2000년 미국 Emory Univ. Spine Center 교환교수 2001년 한국척추인공학회 상임이사 2002년 연세대 의과대학 정형외과학교실 부교수 2002년 강남세브란스병원 정형외과 전문의(현) 2007년 연세대 의과대학 정형외과학교실 교수(현) 2007~2011년 강남세브란스병원 척추전문병원 진료부장 2009~2011년 同교육수련부장 2011~2014년 同척추병원장 2013~2015년 同척추정형외과장 2014~2016년 同기획관리실장 2016년 연세대의료원 강남중장기사업본부장(현) [상]북미척추외과학회 최우수연구 논문상(2000), 대한척추외과학회 우수논문상(2001·2003), 북미척추외과학회(NASS) 우수연구논문상(2002), 국제척추인공관절학회 최우수 포스터연구상(2006), 조선일보 척추분야 한국최고의 사선정(2006), 대한척추외과학회 우수논문상(2009), 대한척추외과학회 기초최우수논문상(2011)

김학성(金學成) KIM Hak Sung

[생]1955·1·11 [본]김해(金海) [출]부산 [주]제주특별자치도 제주시 노연로80 (주)파라다이스 그랜드카지노 총지배인실(064-743-2121) [학]1981년 한국외국어대 중국어학과졸 [경]1980년 (주)쌍용 근무 1988년 同홍콩법인 근무 1989~1997년 同북경지점 근무 1999~2002년 同상해지점장 2003년 (주)파라다이스 워커힐지점 판촉담당 이사 2006년 同워커힐지점 판촉담당 상무 2008년 同워커힐지점 마케팅본부장(전무) 2010~2011년 (주)파라다이스 제주그랜드카지노·롯데카지노 총지배인 2012년 (주)파라다이스산업 전무 2012년 同경영지원담당 전무 2014년 (주)파라다이스티앤엘 부사장 2015년 (주)파라다이스 그랜드카지노 총지배인(부사장)(현) [종]기독교

김학성(金學成) KIM Hak Sung

[생]1957·8·20 [본]경주(慶州) [출]충북 청주 [주]대전 유성구 대학로291 한국과학기술원 생명과학기술대학 생명과학과(042-350-2616) [학]1980년 서울대 화학공학과졸 1982년 한국과학기술원(KAIST) 생물공학과졸(석사) 1985년 공학박사(프랑스 Compiegne대) [경]1983~1985년 프랑스 Univ. of Compiegne 연구조교 1986~1988년 한국생명공학연구소 선임연구원 1988년 한국과학기술원(KAIST) 생명과학기술대학 생명과학과 조교수·부교수·교수(현) 1997~1998년 미국 North Carolina State Univ. 교환교수 2003~2008년 한국과학기술원(KAIST) 입학처장 2003년 Engineering Conference International 조직위원회 위원(현) 2007년 IUPAC Biotech Subcommittee 위원(현) 2013년 Enzyme Engineering 포상위원회 위원장(현) 2013~2015년 한국과학기술원(KAIST) 생명과학기술대학장 2014년 F1000 Research Editorial Board Member(현) 2016년 ACS Catalysis Editorial Board Member(현) 2016년 한국과학기술한림원 정회원(공학부·현) [상]과학기술부 선정 우수과학자상(1988), 한국과학기술원(KAIST) 학술상(2001), 한국과학기술원(KAIST) 연구상(2009), 한국바이오칩학회 학술대상(2013) [작]'방향족 기질에 대하여 효소활성이 향상된 히단토이나제변이체'(2006) 등 국내·외 특허권 20여건 출원

김학성(金學成) KIM, HAKSEONG

[생]1966·2·15 [본]의성(義城) [출]경남 창원 [주]경기 과천시 관문로47 법무부 교정본부(02-2110-3007) [학]창원 경상고졸, 경희대 법학과졸, 미국 인디애나대 대학원 법학과졸, 법학박사(미국 인디애나대) [경]1991년 행정고시 합격(35회) 2009년 성동구치소 부소장 2009년 서울구치소 부소장 2010년 강릉교도소 소장 2011년 법무연수원 교정연수과장 2012년 법무부 교정기획과장 2013년 성동구치소 소장 2014년 법무부 보안정책단장 2015년 同교정정책단장 2016년 同교정본부장(현) [상]홍조근정훈장(2014)

김학소(金學韶) KIM Hak So

[생]1955·8·17 [본]경주(慶州) [출]충북 음성 [주]인천 남구 숙골로113 청운대학교 인천캠퍼스 국제통상학과(032-770-8230) [학]1976년 양정고졸 1982년 연세대 행정학과졸 1988년 同대학원 교통경제학과졸 1993년 경영학박사(동국대) 2006년 중국 칭화대 최고경영자과정 수료 [경]1981년 삼미해운 근무 1984년 한국해양수산개발원 해운연구실 연구원 1989년 同주임연구원 1994년 同부연구위원 1996년 건설교통부 공무원교육원 교수 1997년 공정거래위원회 위원 1997년 한국해양수산개발원 항만개발연구실장 1998년 同연구위

원 2001년 同기획조정실장 2004년 중국 청화대 산업공학과물류연구소 방문교수 2004년 동북아물류위원회 위원 2007년 국민경제자문위원회 물류통합백서 집필위원 2007~2009년 한국해양수산개발원 항만연구본부 선임연구위원 2007~2009년 한국컨테이너부두공단 비상임이사 2009년 국토해양부 국가물류정책위원회 위원 2009년 2012여수세계박람회조직위원회 교통자문위원 2009년 한국해양수산개발원 기획조정본부장 2010~2013년 同원장 2010년 국토해양부 국가교통정책조정실무위원회 위원 2010년 미래기획위원회 해양수산TF 위원 2012~2014년 부산항만공사 항만위원 2013년 국제물류연구회 회장(현) 2014년 청운대 국제통상학과 교수(현), 同평생교육원장 [상]문교부장관표창(1971), 해운항만청장표창(1988), 대통령표창(2001) [저]'독도사전'(2011, 한국해양수산개발원) '글로벌물류시장과 국부창출'(2012) [종]기독교

김학송(金鶴松) KIM Hak Song

[생]1952·7·6 [출]경남 진해 [주]경북 김천시 혁신8로 77 한국도로공사 사장실(1588-2504) [학]1971년 마산고졸 1981년 건국대 정치외교학과졸 2010년 경남대 북한대학원졸 [경]1978년 대광공업사 대표 1988년 한국청년회의소(JC) 경남지구 회장 1991~1995년 경남도의회 의원 1999년 가락경남도청년회 회장 2000년 제16대 국회의원(진해, 한나라당) 2000년 한나라당 원내부총무 2001년 同총재특보 2001년 국회 예산결산특별위원회 한나라당 간사 2004년 제17대 국회의원(진해, 한나라당) 2004년 제11대 가락청년회 중앙 회장 2004~2006 국회 건설교통위원회 한나라당 간사 2004~2006년 한나라당 경남도당 위원장 2004~2005년 同제1사무부총장 2005년 同신행정수도후속대책위원회 위원장 2005년 同부동산대책특별위원회 위원장 2006년 同홍보기획본부장 2006~2008 국회 국방위원회 한나라당 간사 2006년 한나라당 북핵위원회 위원장 2007년 同홍보기획본부장 2007년 同전략기획본부장 2007년 同제17대 대통령중앙선거대책위원회 전략기획단장 2008년 제18대 국회의원(진해, 한나라당·새누리당) 2008~2010년 국회 국방위원장 2009~2012년 (사)세계예능교류협회 총재 2010년 대한불교천태종 중앙신도회장 2010년 국회 천안함침몰사건진상조사특별위원회 위원장 2010년 한나라당 비상대책위원회 위원 2011년 同전국위원회 의장 2012년 새누리당 전국위원회 의장 2012년 同제18대 대통령중앙선거대책위원회 유세본부장 2013년 한국도로공사 사장(현) [상]자랑스런 건국인상(2007), 국정감사평가회 우수의원상(2010), 한국을 빛낸 창조경영대상 고객만족부문(2016), 금탑산업훈장(2016), 대한민국국토경관디자인대전 국토교통부장관표창(2016) [저]'여의도에서 만납시다'

김학수(金學洙) KIM Hak Su

[생]1938·2·27 [본]김해(金海) [출]강원 원주 [주]경기 파주시 소라지로195번길47의30 중증장애인평생일터행복공장만들기운동본부(031-957-4245) [학]1956년 중앙고졸 1960년 연세대 상학과졸 1974년 영국 에든버러대 대학원 경제학과졸 1977년 경제학박사(미국 사우스캐롤라이나대) 2005년 명예 경제학박사(러시아 모스크바국립국제관계대) 2005년 명예 법학박사(강원대) [경]1960년 한국은행 입행 1968년 同조사부 금융재정과 조사역 1969년 상공부 장관비서관 1970년 한국은행 조사부 국제경제과 조사역 1971년 同런던사무소 조사역 1977년 대우 해외사업본부 이사 1978년 同금속철강본부 이사 1979년 미국 N.Y. Daewoo International Steel Corp. 사장 1981년 국제연합(UN) 개발협력국 경제기획관 1986년 同DTCD 솔로몬군도 수석정책고문 1989년 대외경제정책연구원 선임연구위원 1993년 한일종합금융연구소 소장 1994년 콜롬보플랜(아·태지역 국제기구) 사무총장 1999년 외교통상부 국제경제담당대사 2000~2007년 UN 아·태경제사회이사회(ESCAP) 사무총장 2007년 연세대 특임교수 2008~2011년 강원대 특별초빙교수 2008년 2009인천세계도시축전 조직위원회 고문 2008~2011년 (사)아시아경제공동체재단 이사장 2009년 문화체육관광부 MICE홍보대사 2010년 UN 재해경감아시아각료회의준비위원회 부위원장 2010~2013년 IT타임스 고문 2010년 에덴복지재단 고문 2011년 同상근이사(현) 2011년 한국국제협력단(KOICA) 자문위원(현) 2011~2013년 경제발전경험공유사업(KSP) 스리랑카 수석고문 겸 단장 2012년 한국지속가능사업단 총재 2013년 SRG컨설팅 대표이사 2014년 유라시아철도국제연합 해외협력사업위원장 2014년 국제유라시아철도연합 공동위원장(현) 2015년 한국국제협력단 지구촌새마을운동 자문위원(현) 2015년 중증장애인평생일터행복공장만들기운동본부 총재(현) [상]대통령표창, 한국방송공사 해외동포특별상 [저]'GATT 11조국 이행에 따른 정책과제와 대응방안' '우리나라 대 개도국 중장기 경제협력 방안' '한국의 대외경제협력에 관한 정책과제와 방향' '한국의 대베트남 경제협력기본전략' '한국의 무상원조와 유상원조의 운영방안' 'OECD 중 소규모국의 ODA정책과 시사점' 자서전 '외국에서 더 유명해졌다'(2008) [종]천주교

김학수(金鶴洙) KIM Hak Soo

[생]1952·3·23 [본]광산(光山) [출]전북 고창 [주]서울 영등포구 국제금융로10 한화증권빌딩14층 딜로이트안진회계법인 임원실(02-6676-1000) [학]정읍농림고졸 1975년 연세대 경영학과졸 1998년 중앙대 국제경영대학원졸 2000년 서울대 국제지역원 Global Leadership 과정 수료 [경]1977년 SK케미칼 근무 1977~1979년 대신증권 근무 1979년 안건회계법인 입사 1986~1991년 딜로이트 사우디아라비아지사 근무, 안건회계법인 1사업본부 전무 겸 국제사업본부 대표 1999~2002년 안건회계법인 대표이사 2002년 同감사1본부장 2005년 딜로이트안진회계법인 감사본부 총괄대표 2008~2011년 국토연구원 감사 2009년 딜로이트안진회계법인 부회장(현) 2010~2012년 21세기경영인포럼 회장 2010년 한국공인회계사회 국제부회장 [상]연세대상경대동창회 청년연세상경인상(2000) [종]천주교

김학수(金學洙) Kim Hack Soo

[생]1958·7·25 [본]경주(慶州) [출]서울 [주]서울 송파구 양재대로1239 한국체육대학교 스포츠언론정보연구소(02-410-6803) [학]1977년 서울공고졸 1982년 서강대 사학과졸 2005년 한양대 언론대학원 신문학과졸 2009년 스포츠사회학박사(한국체육대) [경]1985년 일간스포츠 입사 1998년 同차장대우 1999년 스포츠투데이 체육부 차장 2000년 同체육부 부장대우 2001년 同체육부장 2003년 同체육부 부국장대우 2003년 同부국장대우·대외협력팀장 2004~2005년 同편집국장직대 2007년 (주)애드밀 영업총괄부사장 2011년 한국체육대 스포츠언론정보연구소장(현) 2013년 대한농구협회 홍보이사(현) 2015년 한국체육학회 부회장(현) [저]'올림픽에 대한 신문보도담론분석' '프로농구 10년사' [종]천주교

김학수(金學洙) KIM HAG SOO

[생]1963·5·5 [본]전주(全州) [출]경북 포항 [주]경기 성남시 분당구 돌마로80 현대벤처빌오피스텔629호 (주)리슨(031-714-9507) [학]1982년 포항고졸 1986년 한양대 법학과졸 1990년 미국 Long-island Univ. MBA 수료 [경]1990년 삼성그룹 입사, 삼성카드(주) 남부콜렉션사업부장 2008~2009년 同오토캐피탈사업부장(상무) 2009~2010년 同영업기획담당 겸 상품개발담당 상무 2011~2012년 유진그룹 전무 2012~2013년 큐로보인터내셔널(주) 대표이사 2012년 (주)리슨 대표(현) 2016년 도원시티 대표(현)

김학순(金學淳) KIM Hak Soon

[생]1953·4·18 [출]경북 의성 [주]서울 성북구 안암로145 고려대학교 미디어학부(02-3290-5148) [학]1972년 대구상고졸 1976년 영남대 경영학과졸 1989년 미국 컬럼비아대 언론대학원 수료 2000년 연세대 언론홍보대학원졸 2007년 북한대학원대 박사과정 수료 [경]1979년 경향신문 입사 1990~1994년 同사회부·국제부·정치부 기자·워싱턴특파원 1994년 同정치부 차장 1997년 同논설위원 1998년 同국제부장 1999년 同사회부장 2000년 同정치부장 2000년 同편집국부국장 2003년 同논설위원 2003년 同미디어전략연구소장 2004년 (주)미디어칸 총괄대표이사 2005년 경향신문 논설위원실장 2006년 同논설실장 겸 창간60돌기념사업추진위원장 2006년 同편집국 선임기자 2009년 同편집국 대기자 2010~2015년 연합뉴스 수용자권익위원회 위원 2012년 고려대 미디어학부 초빙교수(현) [상]在京영남대동창회 천마언론인상(2014) [저]'진실, 세상을 바꾸는 힘'(2008, 한국의 저널리스트 시리즈) '세상을 바꾸고 고전이 된 39'(2015)

김학순(金學詢) Kim Hak Soon

[생]1954 [출]서울 [주]서울 마포구 백범로35 서강대학교 영상대학원(02-705-8065) [학]1984년 인하대 사범대학졸 1987년 홍익대 대학원 미학과졸(문학석사) 1990년 미국 뉴욕대 대학원 영화학과졸 1992년 미국 The American Film Institute 수학(프로듀서 과정) 1998년 미국 템플대 대학원 영화과졸(영화제작 석사) [경]1993년 미국 템플대 강사 1994~1999년 서울예술대학 영화과 교수 1996년 대종상영화제 예심위원 1996~2000년 삼성문화재단 멤피스트 운영위원 1999~2000년 (사)영상기술학회 회장 1999년 서강대 영상대학원 교수(현) 2001~2003년 대한민국과학문화상 심사위원 2001~2004년 한국영상자료원 영상화소위원회 위원 2002~2005년 영화진흥위원회 영상전문인력양성지원소위원회 위원 2004년 아이치EXPO한국관 영상자문위원 2004~2006년 대한민국국제청소년영화제 조직위원 2009년 오프앤프리영화제 공동집행위원장 2011~2015년 서강대 영상대학원장 2011년 서울시 시티갤러리 자문위원 2011년 대한민국역사박물관 디지털전시 자문위원, MBC영화상 후보작선정위원회 위원 2016년 (사)한국다큐멘터리학회 회장(현) 2016년 한국영상자료원 이사(

현) 2016년 연평재단 설립·이사장(현) (상)미국 이스트만 스칼라십(1991), 휴스턴국제영화제 심사위원특별상 신인감독상(2004), 하와이국제영화제 NET-PAC상(2004), 춘사 나운규 영화예술제 신인감독상(2004), 해군참모총장 감사패(2015), 합참의장 감사패(2015), 대한민국 나라사랑 실천대상(2015), 2015 한국을 빛낸 자랑스런 한국인 대상(2015), 바른사회시민회의 선정 '바른사회를 지키는 아름다운 사람'(2015), 대한민국문화연예대상 영화작품상(2015), 대한민국문화연예대상 영화감독상(2015), 전경련 시장경제대상 문화예술상(2015), 2015년을 빛낸 도전한국인 10인 대상(2016), 마카오국제영화제 금양상(2016), 휴스턴국제영화제 심사위원 특별상(2016) (역)영화연출론 shot by shot'(1998) (작)영화 '더 로스트 오페라'(1985) 'TRANSIENT'(1991) '스페이스 인 타임'(1991) 'ONE MORE TRY'(1992) '아주 특별한 변신'(1994) '위대한 헌터 G.J.'(1995) '귓가에 맴도는 하루'(2001) '민들레'(2002) '비디오를 보는 남자'(2003) '초롤케의 딸'(2007) '백야'(2007) '토펑가 페어'(2008) 'ABANDONED'(2008) '켄터키 블루스'(2008) '연평해전'(2015) 다큐멘터리 'VJ 특공대'(2000)

김학열 KIM Hak Ryol

(생)1964·6·8 (주)경기 성남시 분당구 성남대로343번길9 SK주식회사 C&C 임원실(02-6400-0114) (학)동아대 회계학과졸, 단국대 대학원 재무회계학과졸 (경)1992년 SK C&C 재무구매팀 근무 2002년 同자금팀장 2009년 同재무본부장(상무) 2011년 同전략구매본부장 2012년 同구매본부장 2013~2015년 同사업지원본부장 2015년 SK주식회사 C&C 사업지원본부장 2016년 同서비스사업부문장(전무)(현)

김학옥(金學玉) KIM Hak Ok (양촌)

(생)1935·10·26 (본)경주(慶州) (출)경기 용인 (주)서울 서초구 강남대로25길37 양촌빌딩3층 한국통일진흥원 이사장실(02-571-1988) (학)1957년 수원농림고졸 1960년 육군사관학교졸(16기) 1964년 미국 일리노이공과대 대학원졸 1984년 중앙대 교육대학원졸 1988년 경남대 경영대학원졸 1995년 교육행정학박사(중앙대) (경)1960년 육군소위 임관 1964~1967년 육군사관학교 조교수·서울대·한양대 강사 1978년 보병 제9사단 포병단장 1980~1981년 육군사관학교 교수·교무처장 1982년 제25사단 부사단장 1982년 수도군단 참모장 1984년 제1포병여단장 1985년 제53사단장 1987년 육군본부 관리참모부 차장 1988년 同관리참모부장 1989년 국방부 조달본부장(중장) 1991년 국방과학연구소장 1991~1995년 민주평통 자문위원 1996~2002년 중앙대 사범대 교육학과 교수 1997~1999년 (재)한사랑민족통일진흥원 이사장 1999~2005년 대한민국재향군인회 이사 2000년 (재)한국통일진흥원 이사장(현) 2006~2010년 (재)육군사관학교발전기금 이사 2007~2008년 대한민국포병전우회 회장 2008년 同명예회장(현) 2012년 한국통일안보연구단체연합회 공동의장(현) 2012년 박정희대통령애국정신선양회 고문(현) (상)보국훈장 삼일장(1976), 보국훈장 천수장(1984), 충무무공훈장(1985), 보국훈장 국선장(1989), 대통령표창 (저)'군의전편람'(1980) '녹색견장'(1989) '정신전력 개발'(1989) '생활예절'(1992) 등 (종)가톨릭

김학용(金學容) KIM Hack Yong (雲村)

(생)1961·12·10 (본)경주(慶州) (출)경기 안성 (주)서울 영등포구 의사당대로1 국회 의원회관427호(02-784-3860) (학)1980년 평택고졸 1988년 중앙대 사회과학대학 경제학과졸 1990년 同사회개발대학원 수료 (경)1988~1995년 국회의원 이해구 비서관 1993년 내무부 장관 비서관 1995·1998·2002~2004년 경기도의회 의원(한나라당) 1999년 同농림수산위원장 2002~2004년 同부의장 2008~2012년 제18대 국회의원(경기 안성시, 한나라당·새누리당) 2008~2012년 국회 농림수산식품위원회 위원 2010년 (사)천일염세계화포럼 공동대표 2010~2011년 한나라당 원내부대표 2010~2012년 (재)여의도연구원 감사 2012년 제19대 국회의원(경기 안성시, 새누리당) 2012~2014년 국회 법제사법위원회 위원 2012~2013년 국회 예산결산특별위원회 간사 2013~2014년 새누리당 정책위원회 수석부의장 2013년 同창조경제일자리창출특별위원회 위원장 2013~2014년 국회 정치개혁특별위원회 간사 2014~2015년 국민생활체육전국야구연합회 회장 2014년 새누리당 경기도당 위원장 2014~2016년 同대표최고위원 비서실장 2014년 한·베트남의원친선협회 회장 2014년 국회 교육문화체육관광위원회 위원 2016년 제20대 국회의원(경기 안성시, 새누리당)(현) 2016년 국회 국방위원회 위원(현) 2016년 국회 저출산·고령화대책특별위원회 위원(현) 2016년 한국아동인구환경의원연맹(CPE) 회원(현) (상)국정감사NGO모니터단 선정 '국정감사 우수의원'(2009~2013), 대한민국 헌정상 우수상(2011), 대한민국을 빛낸 21세기 한국인상 정치공로부문(2011), 국회사무처 선정 '입법 및 정책개발 우수의원'(2011), 법률소비자연맹 국회의원 헌정대상(2014), 범시민사회단체연합 선정 '올해의 좋은 국회의원'(2015), 법률소비자연맹 제19대 국회의원 공약대상(2016), 초정대상(소상공인이 선정한 최우수국회의원)(2016) (저)'지방시대 개척기'(2003) '김학용의 꿈, 모두의 해피엔딩을 위하여'(2011)

김학자(金學子·女) KIM Hak Ja

(생)1939·6·6 (본)김녕(金寧) (출)서울 (주)서울 서초구 반포대로37길59 대한민국예술원(02-596-6215) (학)1958년 이화여고졸 1962년 이화여대 문리과대학 사학과졸 1969년 경희대 대학원 무용학과졸 1981년 미국 New York American Ballet Theatre School Full Time Student (경)1955년 김천흥고전무용연구소 단원 1957년 임성남발레연구소 단원 1962~1990년 국립발레단 단원·주역무용수·지도위원 1963년 '사신의 독백' 주연 1964년 '허도령 노장양반' 공연 1964년 드라마센터 연극아카데미 발레강사 1965년 '제3의 영상' 공연 1966년 '까치의 죽음 파란뱀' 공연 1985년 국립발레단 '길가에서' 안무 1990~2004년 한성대 무용과 조교수·부교수·교수, 한국발레협회 부회장, 아시아무용협회 한국지부 부회장, '92춤의 해' 기획위원, 국립가무단 '춘향전'·'동키호테 이런 사람' 안무, 국립오페라단 '투란도트' 안무, 국립합창단 '환타스틱 이런 사람' 안무, 국립창극단 '수궁가' 안무 1996년까지 개인 창작발레공연 5회 2000~2004년 한국발레협회 회장 2000~2008년 (재)국립발레단 이사 2000~2008년 (재)국립발레아카데미 교장 2004~2007년 한국발레협회 명예회장 2007년 同고문(현) 2009년 대한민국예술원 회원(무용·현) 2012~2014년 (재)국립발레단 창작팩토리 자문위원 (상)서울올림픽대회 문화장(1988), 문화부장관 공로패(1990), 제1회 한국발레예술상 무용가상(1996), 한국발레예술상 대상(1998), 예총예술문화상 무용부문 대상(2001), 이화를 빛낸 상(2004), 부총리 겸 교육인적자원부장관표창(2004), 보관문화훈장(2004) (저)'발레무용수의 움직임과 그 내부'(1999) (역)'그림으로 보는 발레역사'(1998) '국왕의 발레마스터 부르농빌'(2001) (종)기독교

김학재(金鶴在) KIM Hak Jae

(생)1945·12·14 (출)전남 해남 (주)서울 서초구 서초대로73길40 강남오피스텔908호 김학재법률사무소(02-3481-4201) (학)1963년 목포고졸 1967년 서울대 법대졸 (경)1971년 사법시험 합격(13회) 1973년 사법연수원 수료(3기) 1974년 서울지검 동부지청 검사 1978년 광주지검 검사 1980년 법무부 검찰국 검사 1982년 서울지검 검사 1985년 대전지검 공주지청장 1986년 대검찰청 검찰연구관 1987년 법무부 조사과장 1989년 인천지검 특수부장 1991년 同강력부장 1991년 서울지검 남부지청 특수부장 1992년 대검찰청 중앙수사부 제2과장 1993년 서울지검 형사4부장 1993년 광주지검 순천지청장 1994년 서울지검 남부지청 차장검사 1995년 수원지검 차장검사 1996년 서울고검 검사 1997년 부산지검 동부지청장 1998년 법무연수원 기획부장 1999년 대전지검장 2000년 법무부 검찰국장 2001년 同차관 2001년 대통령 민정수석비서관 2002년 법무연수원장 2002~2003년 대검찰청 차장검사 2003년 변호사 개업 2004년 열린우리당 법률지원단장 2004~2013년 법무법인 태일 고문변호사 2011년 제18대 국회의원(비례대표 승계, 민주당·민주통합당) 2013년 변호사 개업(현) 2015년 새정치민주연합 국정자문회의 자문위원 (상)황조근정훈장, 홍조근정훈장(1992) (저)'징수업무개선방안 연구' (종)기독교

김학주(金學主) KIM Hak Chu (二不齋)

(생)1934·1·18 (본)경주(慶州) (출)충북 충주 (주)서울 관악구 관악로1 서울대학교 중어중문학과(02-880-5114) (학)1956년 서울대 중어중문학과졸 1961년 국립대만대 대학원 중국문학과졸 1975년 문학박사(서울대) (경)1961~1978년 서울대 중어중문학과 전임강사·조교수·부교수 1973~1974년 미국 프린스턴대 객원교수 1975~1979년 한국중국어문학회 회장 1978~1999년 同중어중문학과 교수 1979~1983년 한국중국학회 회장 1992~2002년 한국중국희곡연구회 회장 1997~1998년 일본 규슈대 방문교수 1999년 서울대 명예교수(현) 2001~2009년 연세대 초빙교수 2009년 대한민국학술원 회원(중문학·현) (상)서울시 문화상(1968), 국민훈장 목련장(1999), 인촌상 인문·사회부문(2015) (저)'중국문학개론'(1977) '공자의 생애와 사상'(1978) '노자와 도가사상'(1978) '중국문학서설'(1992) '중국문학의 이해'(1993) '한중 두 나라의 가무와 잡희'(1994) '중국문학사'(1999) '조선시대 간행 중국문학 관계서 연구'(2000) '중국문학사론'(2001) '중국고대의 가무희'(2001) '묵자, 그 생애·사상과 墨家'(2002) '한대의 문인과 시'(2002) '중국의 회곡과 민간연예'(2002) '중국고대문학사(수정판)'(2003) '중국의 경전과 유학'(2003) '중국의 전통연극과 희곡문물과 민간연예를 찾아서'(2007) '중국의 탈놀이와 탈'(2008) '장안과 북경'(2009) '京劇이란 어떤 연극인가'(2009) '위대한 중국의 대중예술 京劇'(2010) '거대중국을 지탱하는 힘-가난한 백성들과 전통예'(2014) (역)'근사록'(2004) '전습록'(2005) '명대시선'(2006) '청대시선'(2006) '논어'(2007) '대학'(2007) '중용'(2007) '장자'(2010) '노자' '열자' '악부시선' '시경' '서경' '도연명시선' '원잡극선' '송시선' '고문진보(전집·후집)' '당시선' '맹자' '순자' (종)기독교

김학주(金學柱) KIM Hag Ju

[생]1963·9·24 [본]경주(慶州) [출]서울 [주]경북 포항시 북구 흥해읍 한동로558 한동대학교 ICT창업학부(054-260-3615) [학]1983년 서강대 경영학과졸 1995년 영국 에든버러대 대학원졸(MBA) [경]1989~2002년 현대증권 근무 2006년 삼성증권 리서치센터장 2009년 同리서치센터장(상무대우) 2010년 우리자산운용 주식운용2본부장 겸 리서치헤드 2010년 同알파운용본부장 2011년 同알파운용본부 겸 주식운용본부장 2012년 同주식채권헤지펀드운용본부 총괄상무(CIO) 2013년 同주식채권헤지펀드운용본부 총괄전무 2013~2015년 한가람투자자문(주) 운용총괄 부사장 2015년 한동대 ICT창업학부 교수(현) 2016년 同창업보육센터장(현) [상]홍콩경제지 '아시아머니'가 뽑은 베스트 애널리스트 선정(2006·2007·2008) [종]기독교

김학준(金學俊) KIM Hak Joon

[생]1943·1·28 [본]경주(慶州) [출]중국 심양 [주]경북 포항시 북구 흥해읍 한동로558 한동대학교 국제어문학부(054-260-1355) [학]1961년 제물포고졸 1965년 서울대 문리과대학 정치학과졸 1969년 同대학원졸 1970년 미국 켄트주립대 대학원졸 1972년 정치학박사(미국 피츠버그대) [경]1965~1968년 조선일보 정치부 기자 1972년 미국 피츠버그대 연구조교수 1973년 서울대 조교수 1975년 국제정치학회 총무이사 1977년 同연구이사 1978년 한국정치학회 섭외이사 1980년 서울대 정치학과 부교수 1983년 미국 버클리대 객원연구원 1984년 일본 東京大 객원교수 1984년 공산권연구협의회 총무이사 1985년 제12대 국회의원(전국구, 민주정의당) 1988년 민주화합추진위원회 총간사 1988년 서독 뮌헨대·오스트리아 빈대 연구원 1988년 서울대 정치학과 교수 1989년 대통령 사회담당 보좌역 1990년 대통령 정책조사보좌관 1991~1993년 대통령 공보수석비서관 1993년 단국대 대학원 교수 1993년 미국 우드로윌슨대통령기념국제연구소 객원연구원 1994~1996년 단국대 이사장 1995년 세계지역연구협의회 회장 1996년 인천발전연구원 원장 1996~2000년 인천대 총장 1998년 한국전쟁연구회 회장 1999년 한국국가기록연구원 초대원장 1999년 한국교원단체총연합회 회장 2000년 한국정치학회 회장 2000년 세계정치학회 집행위원 2000년 명지대 정치외교학과 교수 2000년 한국현대중국연구회 이사장 2000년 동아일보 부사장대우 겸 편집·논설 상임고문 2001~2006년 同대표이사 사장 겸 발행인·인쇄인 2002년 아시아신문재단(PFA) 한국위원회 이사 2002년 국제언론인협회(IPI) 한국위원회 이사 2003년 한국신문협회 부회장 2003~2006년 세계정치학회 부회장 2005년 독도연구보전협회 회장 2006년 동아일보 대표이사 사장 겸 발행인·편집인 2008~2010년 同회장 2009년 대통령자문 통일고문회의 고문 2010~2011년 동아일보 고문 2010년 한국사회서비스포럼 초대 대표회장 2011~2014년 월드비전 이사 2011년 2014인천아시아경기대회조직위원회 고문 2011년 학교법인 단국대 이사장 2011년 아시아기자협회 이사장 2012~2015년 동북아역사재단 이사장 2014년 자유와창의교육원 석좌교수 2015년 한동대 국제어문학부 국제지역학전공 석좌교수(현) [상]한국정치학회 학술상(1983), 황조근정훈장(1992), 체육훈장 거상장(2002), 국민훈장 무궁화장(2015) [저]'러시아혁명사'(1999) '한국정치론' '소련정치론' '소련외교론' '남북한 통일정책의 비교연구'(英文) '소련의 동아시아 정책속의 코리아'(英文) '북한과 중국의 관계'(英文) '李東華평전' '한국문제와 국제정치' [역]'혁명의 종말' '전체주의' [종]기독교

김학준(金學俊) KIM Hak June

[생]1962·1·1 [본]경주(慶州) [출]충남 공주 [주]서울 중구 을지로14길8 을지빌딩610호 해운산업신문 비서실(02-2272-0544) [학]1981년 삽교고졸 1989년 호서대 경영학과졸 [경]1990~2000년 해운무역신문 편집부 기자 2001~2012년 해운항공신문 설립·대표 2012년 해운산업신문 설립·발행인(현) [상]한국해운조합 공로패(2006)

김학준(金學俊) KIM Hakjoon

[생]1967·10·7 [본]경주(慶州) [출]서울 [주]서울 종로구 사직로8길39 세양빌딩 김앤장법률사무소(02-3703-1965) [학]1986년 상문고졸 1990년 서울대 사법학과졸 2003년 미국 하버드대 로스쿨 V.S. [경]1989년 사법시험 합격(31회) 1992년 사법연수원 수료(21기) 1992년 공군 법무관 1995년 서울지법 동부지원 판사 1997년 서울지법 판사 1999년 청주지법 판사 2001년 수원지법 판사 2003년 同안산지원 판사 2004년 대법원 재판연구관 2006년 서울중앙지법 판사 2007년 광주지법 장흥지원장 2008년 대법원 재판연구관 2010년 인천지법 부장판사 2011~2012년 서울남부지법 부장판사 2012~2014년 김앤장법률사무소 변호사 2014~2015년 대통령 민원비서관 2015년 김앤장법률사무소 변호사(현)

김학진(金鶴鎭) KIM Hak Jin

[생]1966·11·9 [출]경북 경주 [주]서울 중구 덕수궁길15 서울특별시청 서소문별관2동3층 도시계획국(02-2133-8480) [학]1984년 경주고졸 1993년 서울대 토목공학과졸 2003년 영국 셰필드대 대학원 도시및지역계획학과졸 [경]1996년 서울시 마포구기획실 과장(사무관) 1998년 同지하철건설본부 안전관리팀장 1999년 同도시계획국 교통운수계획팀장·용도지구계획팀장 2003년 同지하철건설본부 건설팀장 2004년 同도시계획국 종합계획팀장·시설총괄·지역계획·지구단위계획팀장 2009년 同도시계획국 지역발전계획추진반장(서기관) 2009~2010년 同한강사업본부 공원사업부장 2010~2011년 삼성물산 토목사업본부 상무 2011년 서울시 도시안전본부 물재생계획과장 2012년 同도시계획국 도시관리정책관실 시설계획과장 2014년 同도시안전실 물관리정책관 2015년 同도시안전본부 물순환기획관 2015년 同도시계획국장(현)

김학천(金學泉) KIM Hak Chun

[생]1941·6·1 [본]경주(慶州) [출]서울 [주]서울 서대문구 통일로107의15 효곡빌딩601호 언론광장(02-720-3721) [학]1959년 보성고졸 1963년 서울대 사범대 독일어과졸 1975년 同신문대학원졸 1987년 문학박사(서울대) [경]1966~1967년 고교 교사 1967~1975년 동아방송 PD 1977년 서울산업대·서울대 강사 1980년 KED 교육방송부 편성심의실장 1983년 同제작국장 1985년 同기획국장 1989년 同방송담당 부원장 1990~1991년 同소장 1992년 한국외국어대 강사 1993년 방송대상 심사위원장 1993~2006년 건국대 신문방송학과 부교수·교수 1993년 방송위원회 심의위원 1993년 방송대상 심사위원장 1993년 한국방송학회 회장 1994년 기독교방송 시청자위원장 1995년 방송문화진흥회 연구자문위원 2001년 건국대 사회과학대학장 2001~2003년 한국교육방송공사 사장 2001년 한국콘텐츠산업진흥협회 회장 2002년 한국방송협회 이사 2005년 언론광장 공동대표(현) 2005~2009년 한국PP협회 회장 2007~2010년 아리랑국제방송 이사장·이사 2008~2011년 (사)열린미디어연구소 소장 2008년 하남시시민단체연합인희망연대 상임공동대표(현) 2010년 한국방송인회 이사(현) 2011년 (사)열린미디어연구소 이사장(현) [상]한국방송60년 유공자표창(1986) [저]'교육방송 제작론'(共) '해외방송의 편성분석' '특수방송론'(共) '민중과 자유언론'(共) [역]'현대방송과 대중'

김학철(金學哲) KIM Hak Cheol (한결)

[생]1960·1·20 [본]경주(慶州) [출]충북 제천 [주]강원 춘천시 중앙로1 강원도청 문화관광체육국(033-249-3300) [학]강릉제일고졸, 한국방송통신대 행정학과졸, 강원대 경영행정대학원 행정학과졸 [경]강원도 지방공무원교육원 관리계장, 同지역개발담당관실 제1담당, 同국제관광엑스포조직위원회 홍보팀장, 同관광기획단 홍보담당, 同지식정보기획관실 정보총괄담당, 同기획관실 기획담당 2003년 同지방분권담당관 2004년 同혁신분권과장 2005년 同공공기관이전지원단장 2006년 同사회복지과장 2007년 同총무과장 2007년 同국제스포츠정책관 2008년 同국제스포츠위원회 사무총장 2008년 국방대 안보과정 교육파견 2009년 강원도 환경관광문화국장 2011년 同자치행정국장 2012년 2018평창동계올림픽대회조직위원회 문화홍보국장 2014년 同미디어운영국장 2015년 강릉시 부시장 2016년 강원도 재난안전실장 2016년 同문화관광체육국장(현) [상]체육부장관표창, 문화관광부장관표창, 대통령표창(1994), 근정포장(2000), 홍조근정훈장(2010) [종]불교

김학철(金學哲) KIM Hahk Churl

[생]1970·5·20 [본]경주(慶州) [출]충북 [주]충북 청주시 상당구 상당로82 충청북도의회(043-220-5092) [학]충주고졸, 고려대 정치외교학과졸 [경]국회의원 보좌관, 새누리당 충북도당 대변인, 박근혜 대통령후보 충북선거대책위원회 대변인, 민주평통 자문위원, 한림디자인고등학교 학교운영위원 2014년 충북도의회 의원(새누리당)(현) 2014년 同운영위원회 위원 2014년 同산업경제위원회 부위원장 2014년 同새누리당 부대표 2015년 同예산결산특별위원회 부위원장 2016년 同행정문화위원회 위원장(현)

김학태(金學泰) Kim, Hak-Tai

[생]1961·3·20 [본]경주(慶州) [출]경기 [주]서울 동대문구 이문로107 한국외국어대학교 법과대학(02-2173-3060) [학]1979년 한영고졸 1987년 한국외국어대 법학과졸 1989년 同대학원 법학과졸 1995년 법학박사(독일 잘브뤼켄대) [경]1999~2010년 한국법철학회 총무이사·출판이사 2001~2004년 동의대 법정대학 법학과 전임강사·조교수 2004년 한국외국어대 법과대학 부교수·

교수(현) 2009년 同법학전문대학원 교수(현) 2010~2012년 同행정지원처장 2010~2012년 한국법철학회 연구이사 2012년 同부회장 2012~2014년 한국외국어대 기획조정처장

김학현(金學炫) KIM Hack Hyun

[생]1957·9·28 [본]경주(慶州) [출]서울 [주]세종특별자치시 다솜3로95 공정거래위원회 부위원장실(044-200-4026) [학]1976년 경기고졸 1980년 서울대 법학과졸 1981년 同행정대학원 수료 1991년 미국 워싱턴주립대 대학원졸(MBA) 2011년 법학박사(한양대) [경]1982년 행정고시 합격(25회) 1983년 경제기획원 공정거래실·정책조정국·예산실 근무 1995년 재정경제원 금융정책실 서기관 1997년 공정거래위원회 법무담당관 1998년 同기업결합과장 1999년 제2의건국범국민추진위원회 경제팀장 2000년 공정거래위원회 약관제도과장 2001년 同제도개선과장 2003년 同독점정책과장 2005년 同총괄정책과장 2005년 대통령비서실 파견(선임행정관) 2007년 중앙공무원교육원 고위정책과정 파견 2008년 공정거래위원회 심판관리관 2008년 同경쟁정책국장 2009~2012년 同상임위원 2011~2012년 경제협력개발기구(OECD) 경쟁위원회 부의장 2011~2012년 인하대 로스쿨 초빙교수 2013년 한국공정경쟁연합회 회장 2014년 공정거래위원회 부위원장(차관급)(현) [상]대통령표창(1993)

김학현

[생]1959·9·24 [출]전남 광양 [주]경남 진주시 사들로123번길32 한국남동발전 기술본부(070-8898-1000) [학]1978년 순천고졸 1982년 조선대 토목공학과졸 [경]1981년 한국전력 입사 2005년 한국남동발전 예천양수건설처 토건부장 2007년 同건설처 토건팀장 2010년 同건설처 건설총괄팀장 2012년 同신영흥화력건설본부장 2013년 同건설처장 2015년 同삼천포본부장 2016년 同기술본부장(상임이사)(현) [상]국무총리표창(2001), 한국남동발전 남동인상 2위(2015)

김학홍(金學弘) KIM Hak Hong

[생]1966 [출]경북 문경 [주]서울특별시 종로구 세종대로209 행정자치부 지방규제혁신과(02-2100-3730) [학]건국대 행정학과졸, 同대학원 행정학 석사과정 수료 [경]1991년 행정고시 합격(35회) 2005년 경북도 과학기술진흥과장 2008년 同에너지정책과장 2009년 同정책기획관 2010년 자치행정연수원 교육파견 2010년 경북도 일자리경제본부장 2013년 同창조경제산업실장 2014년 경산시 부시장 2015년 경북도 창조경제산업실장 2015년 행정자치부 지방행정실 지방행정정책관실 민간협력과장(부이사관) 2016년 同지방규제혁신과장(부이사관)(현)

김 한(金 翰) KIM Han

[생]1954·2·17 [본]울산(蔚山) [출]서울 [주]전북 전주시 덕진구 백제대로566 JB금융지주 회장실(063-250-7001) [학]1972년 경기고졸 1977년 서울대 기계공학과졸 1982년 미국 예일대 경영대학원졸 [경]1972년 삼일회계법인 근무 1982년 제너럴모터스 팀장 1984년 준인터내셔날(동부그룹 미국현지법인) 사장 1989년 대신증권(주) 이사 1993~1997년 同기획본부장(상무이사) 1997년 WISE D.Base 사장 1998년 금융감독위원회 기업구조조정위원 1999년 유클릭 회장 2000년 PAMA(Prudential Asset Management Asia) Group 서울대표 2003년 동양화재 감사위원 2004~2007년 메리츠증권(주) 공동대표이사 부회장 2005년 메리츠화재해상보험(주) 감사위원장 2007년 메리츠종합금융 등기이사 2008~2010년 KB금융지주 사외이사 2010~2014년 전북은행장 2011년 전주세계소리축제 조직위원장(현) 2013년 JB금융지주 회장(현) 2014년 광주은행장 겸임(현) [상]제2회 대한민국나눔국민대상 보건복지부장관표창(2013), 전북일보 선정 '올해의 전북인'(2015)

김한겸(金漢謙) KIM Han Kyeom

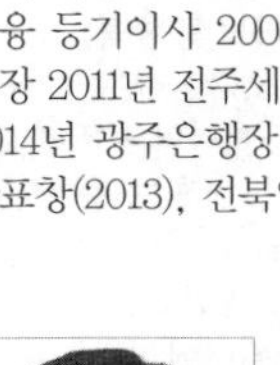

[생]1955·11·17 [본]김해(金海) [출]서울 [주]서울 구로구 구로동로148 고려대학교구로병원 병리과(02-2626-3251) [학]1980년 고려대 의대졸 1983년 同대학원 의학과졸 1989년 의학박사(고려대) 2009년 명예 박사(루마니아 티르구무레슈의대) [경]1980~1984년 고려대 혜화병원 인턴·전공의 1984~1985년 육군 보병5사단 군의관 1985~1987년 육군 과학수사연구소 법의과장 1987~1988년 한림대 의과대학 전임강사 1988년 고려대 의과대학 병리학교실 교수(현) 2000~2002년 한국의사검도회 회장 2000~2005년 고려대 안암병원 병리과장 2000~2001년 同의과대학 의예과장 2001~2002년 同연구교류부장 2002~2011년 同동결폐조직은행장 2004~2006년 同대학원 병리사회계 주임교수 2004~2006년 고려대구로병원 병리조직위원장 2005~2008년 同병리과장 2005~2006년 同유전자은행 IRB위원장 2005~2009년 서울시검도회 부회장 2005~2007년 과학기술부 한국과학재단 지정 특수연구소재은행협의회장 2006~2011년 교육과학기술부 한국연구재단 지정 인체유래검체거점센터장 2006년 국제생물자원환경학회 대표위원 2007~2008년 대한병리학회 이사장 2008~2011년 고려대 학생처장 2008~2011년 同사회봉사단 부단장 2008~2011년 同장애학생지원센터장 2009~2010년 대한병리학회 감사 2009~2010년 대한심폐병리연구회 회장 2009년 대한검도회 이사(현) 2010~2012년 보건복지부 보건의료기술정책심의위원회 위원 2010~2016년 대한암협회 집행이사 2011~2015년 고려대검우회 회장 2011~2014년 한국과학기술단체총연합회 이사 2011년 환경부 석면피해구제재심사위원회 위원 2011년 한국대학사회봉사협의회 전문위원장(현) 2011년 同우간다의료봉사단장 2012~2015년 한국교수검사회 회장 2012년 식품의약품안전평가원 전문위원, 同안전요원(현) 2013~2015년 도핑방지위원회 위원장 2014년 대한극지의학회 회장(현) 2014~2016년 고려대 학문소통연구회장 2015년 대한세포병리학회 세포병리지도의장(현) 2015년 대한병리학회 바이오뱅크연구회 대표(현) 2016년 고려대 구로병원 건강증진센터 소장(현) 2016년 대한병리학회 차기(2017년 1월)회장(현) [상]대한척추외과학회 학술상(2000), 대통령표창(2009), 바이오현미경사진전 대상(2013), 대한민국자원봉사대상 안전행정부장관표창(2013), 대한적십자사 적십자박애장 은장(2015) [저]'병리학'(1994·1997·2000·2001) '독성병리학'(1998) '흉부질환 아틀라스'(2007)

김한곤(金漢坤) KIM Han Gon

[생]1956·1·13 [출]경북 경산 [주]경북 경산시 대학로280 영남대학교 문과대학 사회학과(053-810-2255) [학]1980년 경북대 사회학과졸 1982년 미국 캘리포니아주립대 대학원졸 1985년 사회학박사(미국 텍사스 오스틴대) [경]1986년 영남대 사회학과 조교수 1988년 미국 메릴랜드대 초빙교수 1990년 영남대 인문사회학부 부교수 1995년 同문과대학 사회학과 교수(현) 2000년 同비서실장 2000·2011년 同노인학연구소장(현) 2005년 한국인구학회 부회장 2008~2010년 영남대 환경보건대학원장 2010년 국가미래연구원 보건·의료·안전분야 발기인 2014~2016년 (사)한국인구학회 회장 2014~2016년 영남대 문과대학장 2015년 기획재정부 중장기전략위원회 위원(현) [저]'한국출산력 변화의 원인과 전망' '탈근대세계의 사회학'(2001, 정림사) '여성건강'(2002, 현문사) '노인의 문화적 정체성'(2003, 영남대) 등

김한구(金漢九) KIM Han Koo

[생]1936·12·27 [본]경주(慶州) [출]서울 [주]경기 광명시 하안로60 광명SK테크노파크D동1214호 현대일보 임원실(031-532-0114) [학]1956년 강경상고졸 2004년 경기대 대학원 범죄예방학과 수료 [경]1976년 경인일보 의정부주재 기자 1990년 同사회2부장 1992년 同제2사회부국장 1997년 同북부권 취재본부장 2001년 중부일보 편집국 주재기자 2002년 同본부장 2003년 同북부취재본부장 2006년 同편집국 제2사회부 북부권본부장 겸 의정부주재이사 2007년 현대일보 총괄이사(현) 2009년 SBN대한방송 대표이사(현) [상]지역사회발전유공 경기도지사표창(1979), 자연보호유공 내무부장관표창(1980), 도범 및 청소년범죄예방유공 치안본부장표창(2회), 의정부시 문화상(2005), 장애인고용촉진유공 노동부장관표창(2008), 언론발전기여 양주시 시민상(2008), 국제라이온스협회 무궁화사자대상 금장(13회) [종]가톨릭

김한규(金漢圭) KIM Han Kyu (漢山)

[생]1940·12·1 [본]김해(金海) [출]대구 [주]서울 중구 을지로16 21세기한중교류협회(02-753-0008) [학]1972년 미국 캘리포니아주립대 정치학과졸 1975년 同대학원 국제행정학과졸 1984년 연세대 행정대학원 수료 1985년 서울대 행정대학원 수료 1986년 명예 철학박사(자유중국학술원) 1993년 명예 정치학박사(러시아 극동문제연구소) 1993년 명예 정치학박사(카자흐스탄 국제경영·경제대학원) 1995년 정치학박사(러시아 국립사회과학원) 2003년 고려대 국제대학원 수료 2007년 명예 보건학박사(대구한의대) [경]1981~1988년 HOLT아동복지회 회장 1985년 의료사회사업가협회 이사장 1986년 88서울장애자올림픽조직위원회 실무부위원장 1988년 한국사회복지정책연구원 이사장 1988년 제13대 국회의원(대구달서, 민주정의당·민주자유당) 1988년 국회 올림픽지원특별위원회 위원장 1990년 민자당 정책위원회 부위원장 1992년 제14대 국회의원(대구달서甲, 민자당·신한국당) 1992년 민자당 보건사회분과위원장 1992년 同북방특별위원장 1992년 同대구시지부 위원장 1993년 同사회복지대책위원장 1994년 국회 국제경쟁력강화특별위원회 위원장 1995년 민자당 총재(대통령) 비서실장 1996년 중국 국무원 사회과학원 고위명예연구원(현) 1996~1997년 총무처 장관 1997~2002년 대구한의대 석좌교수 2000년 21C한·중교류협회 회장(현) 2001년 중국 해남성 삼아시인민정부 경제고

문 2003~2009년 새마을운동본부중앙회 이사 2004년 명지대 석좌교수(현) 2005년 중국부빈개발협회 특별고문(현) 2007년 중국 하얼빈공정대 객원교수(현) 2007년 중국 강소성 양주대 명예교수(현) 2009년 중국 하얼빈시 명예시민, 중국 문등시 · 원등시 · 은천시 · 안순시 명예시민, 중국 흑룡강대 고문교수(현), 중국 산동대학 고문교수(현) [상]보국훈장 3 · 1장, 한 · 미수교백주년 공로메달, 헤리홀트상, 노르웨이 최고위 공로훈장, 체육훈장 청룡장, ICC 은장훈장, 청조근정훈장, 중국 양주시 최고 해외귀빈칭호 수여(2003), 중국 인민외교학회(정부), 중한 호사자 칭호 수여(2010) [저]'2000년대 복지국가의 비전' '사랑의 길에 장막은 없다' '2000년대 한국의 사회복지정책방향' '김한규, 중국과 통하다'(2014, 박영북스) [역]'기독교인과 이혼' [종]기독교

김한규(金翰奎) Kim Han-kyu

[생]1970 · 10 · 27 [주]서울 서초구 법원로1길1 서호빌딩3층 법무법인 공간(02-6295-1102) [학]1994년 경원대(現 가천대) 법학과졸 [경]2004년 사법시험 합격(46회) 2007년 사법연수원 수료(36기), 변호사 개업, 가천대 초빙교수, 서울지법 조정위원, 서울 강남구 기초정신보건심판위원회 위원, 성남시 기초정신보건심판위원회 위원(현), 소비자시민모임 성남지부 운영위원 2013년 법무법인 공간 변호사(현) 2013년 서울지방변호사회 부회장 2015년 同회장(현)

김한근(金漢根) KIM Han Geun

[생]1963 · 8 · 22 [본]경주(慶州) [출]강원 강릉 [주]서울 영등포구 의사당대로1 국회사무처 법제실(02-788-2279) [학]1982년 강릉고졸 1986년 서울대 철학과졸 2000년 중앙대 대학원 법학과졸 2002년 同대학원 법학 박사과정 수료 [경]ROTC 24기, 동부그룹 근무, 공직 입문(입법고시 12회), 국회사무처 선거구획정위원회 근무, 同입법조사관, 同총무과 서무계장, 同교육위원회 입법조사관, 同운영위원회 서기관, 同국방위원회 입법조사관 2007년 강원도 파견(부이사관) 2008년 국회사무처 국제국 아주주재관(중국) 2011년 同의정종합지원센터장 2012년 同법제실 경제법제심의관 2013년 同미래창조과학방송통신위원회 전문위원(이사관) 2014년 同의사국장 2014년 同교육문화체육관광위원회 전문위원 2015년 同법제실장(이사관) 2016년 同법제실장(관리관)(현) [저]'주요국 의회의 의원윤리제도' [종]천주교

김한기(金漢起) KIM Han Ki

[생]1953 · 4 · 28 [출]서울 [주]경기 성남시 분당구 대왕판교로700 코리아바이오파크C동4층 신신제약(주) 부회장실(031-776-1111) [학]1976년 고려대 이공학과졸 1978년 미국 캘리포니아주립대 대학원졸 [경]1987년 신신제약(주) 전무이사 2006년 同대표이사 2009년 한국의약품수출입협회 수석부회장 2010년 신신제약(주) 대표이사 부회장(현) 2011년 한국제약협동조합 이사(현) 2015 한국의약품수출입협회 회장(현)

김한기(金漢起) Kim hankee

[생]1961 [주]서울 종로구 종로1길36 대림산업(주) 임원실(02-2011-7114) [학]서울고졸, 연세대 건축공학과졸 [경]1984년 대림산업(주) 입사, 同건축사업본부 상무, 삼호 대표이사 전무 2013년 대림산업(주) 건축사업본부장(전무) 2015년 同건축사업본부장(사장) 2016년 同각자대표이사 사장(현) 2016년 한국주택협회 제11대 회장(현)

김한길(金한길) Kim Han Gil

[생]1953 · 9 · 17 [본]김해(金海) [출]일본 도쿄 [학]1971년 이화여대사대부고졸 1980년 건국대 정치외교학과졸 [경]1981년 「바람과 박제」로 문단 데뷔 1982~1985년 미주한국일보 기자 1985~1987년 중앙일보 미주지사장 1988년 서울올림픽국제학술대회 대변인 1988~1991년 방송위원회 대변인 · 기획국장 · 사무차장 · 사무총장(서리) 1993~1996년 BBS 라디오 「김한길의 아침저널」 · MBC-TV 「김한길과 사람들」 · MBC 라디오 「김한길 초대석」 · TBS 라디오 「교통과 환경」 담당 1996년 국민회의 선거대책위원회 대변인 1996~1999년 제15대 국회의원(전국구, 국민회의) 1996년 국민회의 총재특보 1997년 同교육특별위원장 1999~2000년 대통령 정책기획수석비서관 2000년 새천년민주당 총재특보 2000년 同선거대책위원회 총선기획단장 2000년 제16대 국회의원(전국구, 새천년민주당) 2000년 새천년민주당 총재비서실장 2000~2001년 문화관광부 장관 2001년 월드사이버게임즈조직위원회 공동위원장 2001~2003년 새천년민주당 서울구로乙지구당 위원장 2002~2003년 同국가경영전략연구소장 2002년 同미디어선거특별본부장 2002년 노무현 대통령당선자 기획특보 2003년 제16대 대통령취임식 실행준비위원장 2003년 건국대 초빙교수 2003년 열린우리당 전략기획위원장 2004년 同총선기획단장 2004~2008년 제17대 국회의원(서울 구로乙, 열린우리당 · 중도개혁통합신당 · 중도통합민주당 · 대통합민주신당 · 통합민주당) 2004~2006년 국회 건설교통위원장 2004~2007년 열린우리당 국가균형발전과행정수도후속대책특별위원회 위원장 2005년 대한핸드볼협회 회장 2005~2007년 열린우리당 서울시당 중앙위원 2006~2007년 同원내대표 2006~2007년 국회 운영위원장 2006~2007년 열린우리당 비상대책위원회 상임위원 2007년 중도개혁통합신당 대표최고위원 2007년 중도통합민주당 공동대표 2007년 대통합민주신당 정동영대통령후보 중앙선거대책위원회 상임고문 2008~2010년 민주당 당무위원 2011년 同고문 2012~2016년 제19대 국회의원(서울 광진甲, 민주통합당 · 민주당 · 새정치민주연합 · 더불어민주당 · 국민의당) 2012년 민주통합당 최고위원 2013년 국회 미래창조과학방송통신위원회 위원 2013년 민주당 대표최고위원 2014년 새정치민주연합 창당준비위원회 공동위원장 2014년 同공동대표 최고위원 2014년 국회 외교통일위원회 위원 2014년 새정치민주연합 상임고문 2016년 국민의당 창당준비위원회 상임부위원장 2016년 同선거대책위원회 상임위원장 [상]문학사상 신인상(1980), 베스트드레서 백조상(1994), 한국여성단체연합 감사패(1999), 자랑스런 건국인상(2000), 제1회 자랑스러운 이대부고 동문인상(2011) [저]'미국일기' '병정일기'(1979) '세네카의 죽음'(1982) '담박질'(1986) '음치가 부르는 연가'(1993) '눈뜨면 없어라' '아침은 얻어 먹고 사십니까'(1996) '김한길의 희망일기'(2000) 장편 '낙타는 따로 울지않는다'(1988) '여자의 남자'(1992)

김한년(金韓年) KIM Han Youn

[생]1961 [출]경기 성남 [주]세종특별자치시 노을6로8의14 국세청 소득지원국(044-204-3800) [학]낙생고졸, 세무대학졸(1기), 고려대 정책대학원 수료 [경]국세청 8급 특채, 성남세무서 근무, 재무부 세제실 재산세과 근무, 서울강남세무서 법인세과 근무, 국세청 총무과 근무 2000년 북광주세무서 징세과장 2001년 국세청 비상계획담당관실 근무 2002년 서울지방국세청 조사3국 조사2과 근무 2008년 국세청 부가가치세과 서기관 2010년 경산세무서장 2011년 대구지방국세청 세원분석국장 2011년 서울지방국세청 조사4국 조사2과장 2013년 국세청 심사2담당관 2014년 同부가가치세과장 2015년 同부가가치세과장(부이사관) 2016년 同소득지원국장(고위공무원)(현)

김한배(金漢培) KIM Han Bai

[생]1955 · 10 · 17 [출]서울 [주]서울 동대문구 서울시립대로 163 서울시립대학교 도시과학대학 조경학과(02-6490-2843) [학]1979년 서울시립대 조경학과졸 1981년 서울대 대학원졸 1994년 조경학박사(서울시립대) [경]1986년 대한국토도시계획학회 회원 1986~1999년 대구대 전임강사 · 조교수 · 부교수 · 교수 1987년 한국조경학회 이사 · 상임이사 1992~1993년 서울시립대 교환교수 1996년 대구시 지방건설심의위원 2002년 서울시립대 도시과학대학 조경학과 교수(현) 2004년 대한주택공사 총괄계획가 2008~2010년 서울시 건설기술심의위원 2008~2010년 건설교통부 중앙기술심의위원 2011년 한국조경학회 수석부회장 2011~2013년 문화체육관광부 문화재위원 2011~2013년 서울시립대 서울시민대학장 2013~2014년 한국조경학회 회장 2013~2014년 환경조경발전재단 이사장 2015~2016년 한국경관학회 회장 [상]국토해양부장관 표창(2012) [저]'우리 도시의 얼굴찾기'(1998, 태림문화사) 외 17권 [종]불교

김한배(金漢培) KIM Han Bae

[생]1957 · 2 · 3 [출]광주 [주]광주 광산구 어등대로417 호남대학교 행정학과(062-940-5242) [학]1975년 광주제일고졸 1979년 고려대 법학과졸 1983년 전남대 대학원 행정학과졸, 고려대 대학원 행정학과 박사과정 수료, 행정학박사(전남대) [경]1985~1998년 호남대 전임강사 · 조교수 · 부교수 1996년 한국행정학회 실행이사 1998년 호남대 행정학과 교수(현) 2004년 광주전남 개혁연대 대표 2004~2006년 호남대 기획처장 2006년 (사)행복발전소 소장 2006년 광주시 시정혁신분과위원 2008년 호남대 입학관리처장 2011 · 2013년 同인문사회대학장(현) [저]'행정학개론(共)'(1995) [종]기독교

김한복(金漢復) KIM Han Bok

[생]1958 · 8 · 15 [주]충남 아산시 배방읍 호서로79번길20 호서대학교 자연과학대학 생명과학부(041-540-5624) [학]1982년 서울대 미생물학과졸 1984년 同대학원 미생물학과졸 1992년 분자생물학박사(한국과학기술원) [경]1992년 호서대 생화학과 전임강사 1994~2003년 同생명과학과 조교수 · 부교수 1997~1998년 미국 Stanford대 의대 미생물 및 면역학과 연구원 1999년 한국미생물

학회 편집위원 2000년 청국장먹기운동본부장 2003년 호서대 자연과학대학 생명공학과 교수, 同생명과학부 생명공학전공 교수(현) 2005년 미국 Univ. of Massachusetts 의대 객원교수 2009년 미국 세계인명사전 '마르퀴즈 후즈후 인더월드'에 등재 2010년 영국 국제인명센터(IBC) '2010년 세계100대 과학자' 로 선정 [상]영국 국제인명센터(IBC) 플라톤국제교육자상 · 국제아인슈타인과학자상(2010), 미국 인명연구소(ABI) 뉴튼과학자상(2012) [저]'청국장 다이어트 & 건강법'(2003) '효소공학2, 효소공학의 응용'(2008)

김한섭(金韓燮) KIM Han Sub

[생]1955 · 9 · 28 [출]경기 용인 [주]경기 용인시 처인구 금령로47 용인도시공사 사장실(031-330-3903) [학]1975년 수원공고졸 2005년 수원대졸 2008년 토목공학박사(수원대) [경]1996년 경기도 팔당상수원관리사무소장 1996년 성남시 분당구 건설과장 1999년 同분당구 건설교통국 도로과장 2001~2005년 경기도 건설본부 건설1부 도로건설2팀장 2005년 용인시 건설교통국장 2008년 경기도 제2청 도로철도과장 2009년 同교통건설국 도로계획과장 2009~2010년 同건설본부장(부이사관) 2014년 용인도시공사 사장(현)

김한섭(金漢燮) Kim Han-Seob

[생]1957 · 5 · 22 [본]김해(金海) [출]경기 광주 [주]경기 수원시 영통구 광교로107 경기중소기업종합지원센터 경영관리본부(031-259-6005) [학]경기대 지역사회개발학과졸, 일본 요코하마시립대 대학원 국제관계학과졸 [경]1977년 경기도 근무 2000년 同자치행정국 자치행정과 근무 2000년 일본 요코하마시립대 국외훈련 2003년 경기도 문화관광국 문화정책과 영어마을팀장 2003년 同경제투자관리실 국제통상과 교류기획담당 2004년 同경제투자관리실 국제통상과 교류통상담당 2005년 同자치행정국 총무과 총무담당 2007년 同경제투자관리실 국제통상과장(지방서기관) 2008년 지방혁신인력개발원 교육파견 2009년 경기도 가족여성정책국 보육정책과장 2010년 同자치행정국 특별사법경찰지원과장 2011년 同자치행정국 총무과장 2013년 경기 연천군 부군수 2014년 경기도 수자원본부장 2015년 경기 포천시 부시장 2016년 경기중소기업종합지원센터 경영관리본부장(현) [상]우수공무원 대통령표창(2005), 경기도공무원문학회 팔달문학상(2011) [저]'정현아 고마워!'(2015, 청마출판사) [종]가톨릭

김한섭(金翰燮)

[생]1963 · 8 · 16 [출]대구 [주]대구 북구 연암로40 경북지방경찰청 경무과(053-429-2121) [학]1982년 대구 청구고졸 1986년 경찰대졸(2기) 2002년 연세대 행정대학원 법학과졸 [경]2004년 대구 달서경찰서 정보과장 2006년 국무총리 민정비서관실 파견 2014년 대구지방경찰청 경무과 치안지도관 2014년 경북지방경찰청 생활안전과장 2015년 경북 영주경찰서장(총경) 2016년 경북지방경찰청 경무과장(현)

김한성(金翰聖) KIM Hang Sung

[생]1964 · 3 · 3 [출]서울 [주]서울 서초구 서초중앙로157 서울중앙지방법원(02-530-1114) [학]1983년 한성고졸 1987년 서울대 사법학과졸 [경]1992년 사법시험 합격(34회) 1995년 사법연수원 수료(24기) 1995~1999년 변호사 개업 1999년 부산지법 동부지원 판사 2001년 부산지법 판사 2003년 인천지법 판사 2006년 서울고법 판사 2008년 서울서부지법 판사 2010년 부산지법 동부지원 부장판사 2011년 수원지법 부장판사 2014년 서울서부지법 부장판사 2016년 서울중앙지법 민사합의42부장판사(현)

김한수(金漢洙) KIM Han Su

[생]1957 · 8 · 27 [출]대구 [주]대구 동구 이노밸리로291 한국감정원 상임감사위원실(053-663-8002) [학]대구중앙상고졸 1981년 계명대 건축공학과졸 1983년 同대학원 건축 및 도시계획학과졸 1986년 건축공학박사(일본 大阪大) [경]1991~2015년 계명대 도시공학과 교수 1991년 한국주거학회 편집위원장 2001년 同이사 2003년 국토도시계획학회 편집위원 2003~2006년 계명대 입학처장 2003년 울산시 건축심의위원 2004년 대구시 도시계획위원 2005~2006년 대한건축학회 대구지역도시계획분과 위원장 2008년 계명대 사무처장 2011~2012년 同대외협력처장 2011년 대한국토 · 도시계획학회 대구 · 경북지회장 2012~2013년 한국주거학회 회장 2015년 한국감정원 상임감사위원(현) [상]한국주거학회 학술상(2014) [저]'21세기 학문의 전망과 과제'(1999, 형설출판사) [역]'공간디자인의 원점'(1996, 기문당) [종]천주교

김한수(金漢洙) KIM Han Soo

[생]1966 · 12 · 16 [출]서울 [주]제주특별자치도 제주시 남광북5길3 제주지방검찰청 차장검사실(064-729-4123) [학]1985년 용산고졸 1989년 서울대 법학과졸 1991년 同대학원 법학과졸 [경]1992년 사법시험 합격(34회) 1995년 사법연수원 수료(24기) 1995년 인천지검 검사 1997년 춘천지검 원주지청 검사 1998년 대구지검 검사 2000년 서울지검 북부지청 검사 2001년 법제처 파견 2003년 영국 캠브리지대 연수 2004년 서울북부지검 검사 2005년 수원지검 검사 2007년 대구지검 서부지청 부부장검사 2007년 대검찰청 검찰연구관 2009년 인천지검 부부장검사 2010년 광주지검 부부장검사 2010년 대검찰청 피해자인권과장 2011년 법무부 인권정책과장 2012년 법무연수원 기획과장 2013년 서울서부지검 형사2부장 2014년 수원지검 여주지청장 2015년 의정부지검 고양지청 차장검사 2016년 제주지검 차장검사(현)

김한수(金翰秀) KIM Han Su

[생]1967 · 12 · 28 [본]옥천(沃川) [출]서울 [주]부산 해운대구 재반로112번길19 부산지방검찰청 동부지청(051-780-4301) [학]1986년 숭실고졸 1990년 서울대졸 1993년 서울시립대 경영대학원졸 [경]1992년 사법시험 합격(34회) 1995년 사법연수원 수료(24기) 1995년 변호사 개업 1996년 서울지검 검사 1997년 춘천지검 속초지청 검사 1999년 서울지검 동부지청 검사 2001년 미국 조지워싱턴대 연수 2002년 법무부 검찰4과 검사 2005년 부산지검 검사 2007년 同부부장검사 2007년 법무부 정책기획단 파견 2008년 수원지검 부부장검사 2009년 대구지검 상주지청장 2010년 법무연수원 기획과장 2011년 대검찰청 범죄정보1담당관 2012년 서울중앙지검 금융조세조사3부장 2013년 부산지검 형사1부장 2014년 법무부 대변인 2015년 인천지검 제2차장검사 2016년 부산지검 동부지청장(현)

김한수(金漢洙) Hansu Kim

[생]1971 · 5 · 13 [본]경주(慶州) [출]강원 강릉 [주]강원 춘천시 중앙로1 강원도청 글로벌투자통상국(033-249-4460) [학]1990년 강릉고졸 1997년 성균관대 한국철학과졸 2001년 강원대 대학원 행정정보학과 2009년 미국 알리안트국제대 국제관계학과졸 [경]1998년 사무관 임용 1999~2001년 강원도 홍천군의회 전문위원 2001~2002년 건설교통부 국토정책과 사무관 2003~2004년 강원도 관광홍보담당 2005~2007년 국무총리실 규제개혁조정관실 사무관 2007~2008년 2014동계올림픽유치위원회 홍보과장(서기관) 2010년 행정안전부 균형인사팀장 2011년 同윤리심사팀장 2012년 강원도 기획조정실 예산담당관 2014년 同기획조정실 기획관 2015년 국방대 교육파견 2016년 강원도 글로벌투자통상국장(현) [상]국무총리표창(2005), 대통령표창(2014) [종]천주교

김한수(金漢秀) Kim Han Su

[생]1971 · 10 · 30 [주]대구 수성구 야구전설로1 삼성 라이온즈 야구단(053-780-3300) [학]1990년 광영고졸 1994년 중앙대졸 [경]1994~2007년 프로야구 삼성 라이온즈구단 소속(계약금 4500만원 · 연봉 1200만원) 1998~2000년 프로야구 올스타전 출전 1999년 아시아 야구선수권대회 국가대표(우승) 2000년 시드니올림픽 국가대표(동메달) 2002년 부산아시안게임 국가대표(금메달) 2003년 프로야구 올스타전 동군대표 2004년 FA(자유계약선수) 자격으로 삼성과 재계약(4년간 계약금 10억원 · 연봉 16억원 · 옵션 2억원) 2006년 월드베이스볼클레식 국가대표 2008년 프로야구 삼성 라이온즈 2군 타격코치 2009년 일본 프로야구 요미우리 자이언츠 타격코치 연수 2009~2010년 프로야구 삼성 라이온즈 2군 수비코치 2010~2016년 同1군 타격코치 2013년 제3회 월드베이스볼클래식(WBC) 국가대표팀 코치 2016년 프로야구 삼성 라이온즈 감독(현) [상]골든글러브상 3루수부문 6회수상(1998 · 1999 · 2001 · 2002 · 2003 · 2004), 스포츠투데이 스투베스트상 3루수부문 · 스포츠조선 베스트10 3루수부문 · 스포츠서울 매직글러브 3루수부문(1999), 스포츠조선 베스트10 3루수부문 · 스포츠서울 매직글러브 3루수부문 · 스포츠투데이 스투베스트상 3루수부문(2001), 일구회 페어플레이상 · 스포츠서울 매직글러브상 3루수부문(2002)

김한식(金漢植) Kim, Han Shik

[생]1940 · 10 · 6 [본]선산(善山) [출]경남 거창 [주]경기 고양시 덕양구 제2자유로33 국방대학교(02-375-8244) [학]1963년 고려대 정치외교학과졸 1968년 同대학원 정치학과졸 1979년 정치학박사(고려대) 1997년 영국 Waverly christian center Intensive christian counselling Course 수료 [경]1960년 고려대 정치외교학과 부회장 1962년 同주관 전국모의국회 의장 1965년 예편(육군 소

위 · ROTC 1기) 1966~2006년 국방대 국제관계학과 조교수 · 부교수 · 교수 1968~1986년 고려대 대학원 · 이화여대 대학원 · 육군사관학교 강사 1968년 한국정치학회 회원 · 편집이사 · 감사 · 명예이사(현) 1969년 한국국제정치학회 회원(현) 1980~1987년 한국성서유니온(Scripture Union In Korea) 이사 · 이사장 1980~1982년 한국정신문화연구원 연구원 · 기획조정실장 1981년 고려대 장로회 회장 · 명예회장(현) 1982년 해외한국관 시정사업추진협의회 위원 1982~1984년 영국 런던대 · 케임브리지대 교환교수 1987년 국제복음선교회(Worldwide Evangelical Mission) 한국본부 이사 · 이사장 1991년 한국동남아학회 이사 · 감사 · 회원(현) 1993년 영국 런던대 교환교수 1995년 안암정치학회 부회장 · 회장 · 회원(현) 1997년 영국 런던대(SOAS) · 캐나다 토론토대 교환교수 1998년 동학학회 부회장 · 회장 · 상임고문(현) 2004년 동학농민혁명참여자명예회복심의위원회 위원 2006년 국방대 명예교수(현) 2007~2011년 에스라성경대학원대 총장 2008년 사회병리연구소 자문위원(현) 2008년 세계선교문화원 이사(현), 국제복음선교회 이사(현) 2010년 고양ROTC기독장교연합회 고문(현) 2011년 (사)ROTC통일정신문화원 통일안보논설위원(현) 2011년 (사)대한민국ROTC기독장교연합회 고문 겸 자문위원(현) 2012년 (재)국방대발전기금 명예이사(현) 2012년 한국정치학회 명예이사(현) 2013년 통일을준비하는교회연합 통일선교아카데미 초빙교수(현) 2014년 (사)ROTC통일정신문화원 고문(현) 2014년 4 · 19혁명선교회 고문 2015년 (사)건국대통령이승만박사기념사업회 고문 2015년 서울가정법원 조정위원 · 명예조정위원(현) [상]한국정치학회 초대저술상(1980), 보국훈장 천수장(2005), 4 · 19혁명공로건국포장(2010), 황조근정훈장(2011), 거창농림고 자랑스런 동문상(2011), 자랑스런 고대기독교우상(2012) [저]'실학의 정치사상'(1979) '좌경사상에 대한 현대적 조명'(1986) '동남아 정치–어제 오늘 그리고 내일–'(2004) '동남아를 중심으로 한 선교, 문화, 커뮤니케이션(共)'(2005) '한국정치의 변혁사상'(2006) '한국인의 정치사상'(2006) '한국의 근대성'(2006) '동남아 선교전략'(2006) [역]'국제관계와 윤리–이론과 실제–'(2003) [종]기독교

김한영(金漢榮) KIM Han Young

[생]1957 · 2 · 4 [본]경주(慶州) [출]경북 상주 [주]인천 서구 검바위로46 공항철도(주)(032–745–7031) [학]1976년 청주고졸 1980년 건국대 행정학과졸 1989년 서울대 행정대학원졸(행정학석사) 1998년 영국 리즈대 교통대학원졸(교통계획 및 교통공학석사), 서울과학기술대 철도전문대학원졸(경영학박사) [경]행정고시 합격(30회) 1987~1994년 교통부 기획관리실 · 수송정책실 사무관 1994년 건설교통부 수송정책실 사무관 1996~2000년 同수송정책실 · 주택도시국 서기관 2000년 국립지리원 지도과장 2000년 건설교통부 국제협력담당관 2002년 同철도정책과장 2003년 동북아경제중심추진위원회 파견 2003년 제16대 대통령직인수위원회 파견 2004년 건설교통부 육상교통기획과장 2005년 同철도정책과장 2005년 同철도정책팀장(서기관) 2006년 同철도정책팀장(부이사관) 2008년 국토해양부 교통안전과장 2008년 同자동차정책기획단장 2009년 중앙공무원교육원 고위정책과정 교육파견(고위공무원) 2010년 국토해양부 항공안전정책관 2010년 同물류정책관 2011년 同항공정책실장 2011~2013년 同교통정책실장 2012~2013년 2012여수세계박람회지원위원회 특별교통대책본부장 겸임 2014~2016년 우송대 철도물류대학 교수 2016년 공항철도(주) 제10대 사장(현) [저]'국토교통정책의 역사적 변동과 전망(共)'(2015)

김한용(金翰用) KIM Han Yong

[생]1959 · 8 · 2 [출]서울 [주]서울 강남구 테헤란로92길7 법무법인(유) 바른(02–3479–5779) [학]1978년 휘문고졸 1983년 서울대 법과대학졸 1990년 同대학원 법학과 수료 2007년 同공과대학 최고산업전략과정 수료 [경]1983년 사법시험 합격(25회) 1985년 사법연수원 수료(15기) 1986년 공군 법무관 1989년 대전지법 판사 1991년 同천안지원 판사 1994년 수원지법 판사 1997년 서울지법 판사 1998년 서울고법 판사 1999년 대법원 재판연구관 2001년 춘천지법 부장판사 2003년 수원지법 부장판사 2005~2008년 서울중앙지법 부장판사 2008년 법무법인(유) 바른 변호사(현)

김한욱(金漢昱) KIM Han Wook

[생]1948 · 7 · 1 [본]광산(光山) [출]제주 남제주 [학]1964년 제주 오현고졸 1975년 한국방송통신대 행정학과졸 1992년 제주대 행정대학원 수료 2001년 서울대 행정대학원 수료 2004년 고려대 정책대학원 행정학과졸 [경]1978~1987년 제주도 내무국 근무 · 기획실 계장 1987년 同관광개발국 도시과장 1988년 同관광개발국 지역계획과장 1990년 同내무국 지방과장 1991년 同지방공무원교육원 교수부장 1993년 同공보관 1994년 同관광문화국장 1997~2000년 同기획관리실장 2000년 행정자치부 제주4 · 3사건처리지원단장 2003년 同정부기록보존소장 2004년 국가기록원 원장 2004년 제주도 행정부지사 2006~2007년 제주특별자치도 행정부지사 2012년 새누리당 박근혜 대통령후보 대선캠프 제주도 국민통합행복추진위원회 상임위원장 2013~2016년 제주국제자유도시개발센터(JDC) 이사장 [상]새마을훈장 노력장, 대통령표창, 보건사회부장관표창, 대한민국CEO리더십대상 창조혁신부문(2013), 포브스 최고경영자대상 지속가능경영부문대상(2015), TV조선 '한국의 영향력 있는 CEO' 사회책임경영부문(2016)

김한정(金漢正) KIM Han Jung

[생]1963 · 9 · 6 [출]경남 함안 [주]서울 영등포구 의사당대로1 국회 의원회관631호(02–784–0496) [학]1982년 휘문고졸 1989년 서울대 사회과학대학 국제경제학과졸 1997년 미국 럿거스대 대학원 정치학과졸 1998년 同대학원 국제정치학 박사과정 수료 [경]1989~1992년 민주당 김대중 대표 공보비서 1998~1999년 국가정보원장 대외협력보좌역 1999~2003년 대통령 제1부속실장 2000년 김대중 대통령 평양남북정상회담 수행 2003~2005년 김대중 전직대통령 비서실장(정무직1급상당 비서관) 2003~2005년 아 · 태민주지도자회의(FDL–AP) 사무총장 2006~2007년 미국 코넬대 동아시아센터 초청연구원 2010년 (사)행동하는양심 상임이사(현) 2010~2011년 가천대 사회정책대학원 교수 2010~2011년 同대외협력처장 2011년 박원순 서울시장후보 정책특보 2012년 문재인 대통령후보 수행단장 2012년 민주통합당 인재영입위원회 부위원장 2011~2016년 환경재단 기획위원 2013~2016년 연세대 동아시아국제학부(원주) 객원교수 2014년 노무현재단 운영위원(현) 2016년 제20대 국회의원(경기 남양주시乙, 더불어민주당)(현) 2016년 국회 운영위원회 위원(현) 2016년 국회 농림축산식품해양수산위원회 위원(현) 2016년 국회 예산결산특별위원회 위원(현) 2016년 민족화해협력범국민협의회 집행위원장(현) 2016년 국회 미래일자리특별위원회 위원(현) 2016년 더불어민주당 정책담당 원내부대표(현) [저]'나의 멘토, 김대중'(2011) '남양주 날다'(2014, 메디치미디어) '김한정의 길'(2016, 콘텐츠뱅크) [종]천주교

김한조(金漢祚)

[생]1956 · 7 · 12 [주]서울 중구 다동길43 하나금융나눔재단 이사장실(02–728–4092) [학]1974년 경희고졸 1982년 연세대 불어불문학과졸 [경]1982년 (주)한국외환은행 입행 1993년 同파리지점 과장 1996년 同계동지점 차장 1999년 同홍제역지점장 2000년 同종합금융부 팀장 2001년 同여의도종합금융지점장 2002년 同중소기업지원실장 2003년 同기업고객지원실장 2004년 同강남역지점장 2006년 同기업마케팅부장 2007년 同강남기업영업본부장 2010년 同PB영업본부장 2012년 同기업사업그룹장(부행장보) 2013년 외환캐피탈(주) 사장 2014~2015년 한국외환은행장 2015~2016년 하나금융지주 글로벌부문 부회장 2015년 KEB하나은행 비상임이사 2016년 하나금융지주 자문역(현) 2016년 하나금융재단 이사장(현) [상]중소기업청 중소기업유공자지원 우수단체부문 대통령표창(2014), 외국인투자유치유공 대통령표창(2015)

김한주(金漢柱) KIM Han Ju

[생]1960 · 10 · 22 [출]전북 전주 [주]서울 서초구 서초대로54길29의6 열린빌딩2층 법무법인 양재(02–3471–3705) [학]1979년 전주고졸 1983년 서울대 법학과졸 [경]1983년 사법시험 합격(25회) 1985년 사법연수원 수료(15기) 1986~1988년 軍법무관 1989~1998년 법무법인 시민 변호사 1996~1997년 영국 런던대 객원연구원 1998~1999년 기획예산처 정부개혁실 공공2팀장 1999~2007년 동서법률사무소 대표변호사 1999년 인천국제공항공사 자문변호사 1999년 교보생명보험(주) 고문변호사(현) 2000~2008년 기획예산처 고문변호사 2000년 (주)KT&G 고문변호사(현) 2002년 지식경제부 전기위원회 법률분쟁조정 전문위원 2004~2008년 국무총리실 삼청교육피해보상위원회 위원 2004~2012년 국민연금관리공단 자문위원 2005~2007년 한국철도공사 비상임이사 2006년 현대제철(주) 고문변호사(현) 2007~2009년 (주)우리은행 사외이사 2007~2013년 법무법인 동서파트너스 대표변호사 2008~2011년 한국철도공사 자문변호사 2008년 KT&G 장학재단 감사(현) 2008년 기획재정부 고문변호사(현) 2009년 (사)한국철도문화재단 이사(현) 2009년 현대그린개발(주) 고문변호사(현) 2010~2014년 수산자원관리공단 비상임이사 2010년 한국사회복지사협회 선거관리위원(현) 2011년 (주)알에프텍 고문변호사(현) 2011~2013년 아세아연합신학대 고문변호사 2012년 강릉원주대 고문변호사(현) 2012~2016년 소망화장품(주) 고문변호사 2014~2015년 법무법인 동서양재 대표변호사 2014년 기획재정부 복권위원회 자문변호사(현) 2014년 소망복지재단 이사(현) 2015년 법무법인 동서양재 대표변호사(현) 2016년 코스모코스(주) 고문변호사(현) [종]기독교

김한준(金漢俊) KIM Han Joon

[생]1958·8·20 [본]김해(金海) [출]대구 [주]경기 안산시 상록구 해안로787 한국해양과학기술원 관할해역지질연구센터(031-400-6275) [학]1977년 경북고졸 1981년 서울대 자원공학과졸 1983년 同대학원 지구물리학과졸 1991년 공학박사(서울대) [경]1984~1990년 한국해양연구원 연구원 1990~1993년 同선임연구원 1993년 한양대 대학원 지구해양학과 강사 1993~2001년 한국해양연구원 지구물리그룹 선임연구원 1995~1996년 GSCA(Geological Survey of Canada, Atlantic) Post-Doc. 1997년 한국해양연구원 해양환경연구본부 책임연구원 2002년 성균관대 강사 2014년 한국해양과학기술원 해양기반연구본부 해양환경·보전연구부장 2014년 同관할해역지질연구센터장 2015년 同관할해역지질연구센터 연구원(현) [상]한국해양과학기술원 '올해의 KIOST인상'(2014)

김한중(金漢中) KIM Han Joong

[생]1948·11·2 [본]광산(光山) [출]서울 [주]경기 성남시 분당구 판교로335 차병원그룹 미래전략위원회(031-881-7381) [학]1967년 대광고졸 1974년 연세대 의과대학졸 1977년 同대학원 보건학과졸 1984년 보건학박사(서울대) 1988년 미국 노스캐롤라이나주립대 보건대학원 보건정책·관리학박사과정 수료 2010년 명예 교육학박사(고려대) 2011년 명예 의학박사(일본 게이오대) [경]1972년 연세대 의과대학 학생회장 1974년 원주기독병원 인턴 1977년 경남 거제군 관리의사 및 보건소장 1978년 연세대 의과대학 강사 1979~1982년 軍의관 1982~2012년 연세대 의과대학 예방의학교실 교수 1985~1994년 대통령자문 21세기위원회 위원 1992년 연세대 보건정책관리연구소장 1994년 의료보장개혁위원회 위원 1994년 교육부 중앙교육심의회 위원 1996년 안전생활실천시민연합 사무총장·부대표 1997년 연세대 사회교육원장 1998~2002년 同보건대학원장 1998~2003년 대통령자문 정책기획위원 1999~2001년 대통령자문 반부패특별위원 1999년 미국 UNC대 한인동창회 회장 1999년 APACPH(Asian Pacific Academic Consortium for Public Health) 집행이사 2000~2002년 한국보건행정학회 회장 2002년 대통령자문 건강보험전문위원회 위원장 2004~2006년 연세대 행정대외부총장 2006년 대한예방의학회 이사장 2008~2012년 연세대 총장 2008~2012년 한국대학교육협의회 이사 2010~2012년 한국대학스포츠총장협의회 초대회장 2012년 연세대 명예교수(현) 2012년 차병원그룹 미래전략위원회 회장(현) 2012년 삼성전자(주) 사외이사(현) 2015년 同감사위원 겸임(현) [상]국제병원연맹 최우수논문상(1996), 한국과학기술단체총연합회 과학기술우수논문상(2000), 올해의 교수상(2001), 국민훈장 동백장(2001), 의사평론가상(2002), 대한의사협회 동아의료저작상(2003), 청조근정훈장(2012) [저]'한국 보건의료문제 진단과 처방'(共) '국민건강보험의 평가와 발전방향'(共) '21세기 한국 보건의료정책 개혁방향'(共) '국제보건학'(共) 'Korean Experiencesto Develop the Nation's Health' 'World Health Systems'(共) [역]'미래의학' '병원조직관리론'(共) [종]기독교

김한진(金漢珍) KIM Han Jin

[생]1950·6·7 [출]제주 [주]경기 화성시 우정읍 기아자동차로548의15 하나엔지니어링(031-8059-4075) [학]부산 동아고졸, 연세대 정치외교학과졸, 서울대 행정대학원졸 2004년 행정학박사(숭실대) [경]행정고시 합격(15회), 국세청 근무 1997년 통상산업부 가스안전과장 1998년 산업자원부 자원정책실 가스안전과장(부이사관) 1999년 同자원정책실 에너지안전과장 1999년 同무역조사실 산업피해조사과장 2000년 同정책2과장 2002년 同무역위원회 산업피해조사과장 2004~2005년 세종연구소 파견(부이사관) 2006~2007년 광해방지사업단 사무국장 2006년 同혁신경영본부장(이사) 2007년 산업자원부 이사관 2008년 한국광해관리공단 이사장 직대 2008년 同혁신경영본부장(이사) 2009~2014년 (사)한국광해협회 상임부회장 2014년 하나엔지니어링 고문(현)

김한진(金漢進) Kim Han Jin

[생]1960·8·8 [본]김해(金海) [출]서울 [주]서울 영등포구 여의대로66 KTB투자증권(주) 리서치본부 연구위원실(02-2184-2329) [학]1979년 경신고졸 1983년 국민대 무역학과졸 1985년 同대학원 무역학과졸 1992년 경제학박사(국민대) [경]1986년 신영증권(주) 조사부 입사·조사부장 1995년 同리서치센터장 1998년 삼성투신운용(주) 수석이코노미스트 1999년 피데스투자자문(주) 전무이사 2004년 피데스증권 전무 2006~2013년 피데스투자자문(주) 부사장 2013년 KTB투자증권(주) 리서치본부 수석연구위원(현) [종]기독교

김한철(金漢喆) KIM HAN CHUL

[생]1955·4·6 [본]선산(善山) [출]서울 [주]부산 남구 문현금융로33 기술보증기금 이사장실(051-606-7500) [학]1974년 서울고졸 1978년 고려대 행정학과졸 1985년 同경영대학원 경영학과졸 [경]1978년 한국산업은행 입행 1996년 同싱가폴지점 차장 1998년 同국제금융부 차장 2001년 同투자금융실 자본시장2팀장 2002년 同검사부 감사기획팀장 2002년 同인사부 노사협력팀장 2004년 同압구정지점장 2006년 同비서실장 2007년 同인력개발부장 2008년 同컨설팅본부장(부행장) 2009년 同기획관리본부장(부행장) 2010년 同이사(부행장) 2011년 同기업금융본부장(부행장) 2012년 同수석부행장 2014년 기술보증기금 이사장(현) [상]은탑산업훈장(2013)

김한표(金漢杓) Kim Han Pyo

[생]1954·8·8 [출]경남 거제 [주]서울 영등포구 의사당대로 1 국회 의원회관736호(02-784-4760) [학]1973년 동아고졸 1982년 한국외국어대 사회과학대학 행정학과졸 1986년 연세대 행정대학원 행정학과졸 2010년 행정학박사(한국외국어대) [경]1983년 경위 임관(경찰간부후보 제31기) 1983년 대통령경호실 제101경비단 근무 1988년 경찰청·서울지방경찰청·부산지방경찰청 근무 1989년 경찰청 수사간부연수과정 수료(제8기) 1992년 제14대 대통령후보 경찰경호대장 1993년 대통령 민정비서관실 행정관 1994년 대통령경호실 가족경호부장 1998년 경남 거제경찰서장 2000년 제16대 국회의원선거 출마 2004~2006년 마산창신대 경찰행정학과 초빙교수·겸임교수 2005년 경기대 사회교육원 출강 2005년 동의대 사회교육원 출강 2006년 거제교통 택시기사 2007년 미래사회국민포럼 상임운영위원 2008년 제18대 국회의원선거 출마(경남 거제시, 무소속) 2009년 민주평통 자문위원 2011년 가덕도신공항유치거제시민연대 공동대표 2012년 제19대 국회의원(경남 거제시, 무소속·새누리당) 2012·2015년 국회 예산결산특별위원회 위원 2013년 국회 산업통상자원위원회 위원 2013년 새누리당 대외협력담당 원내부대표 2014년 국회 국민안전혁신특별위원회 위원 2016년 제20대 국회의원(경남 거제시, 새누리당)(현) 2016년 국회 정무위원회 위원(현) 2016년 국회 예산결산특별위원회 위원(현) [상]근정포장, 대통령표창, 행정자치부장관표창, 경찰청장표창, 대통령경호실장표창, 한국수필신인상, 국정감사NGO모니터단 선정 '국정감사 우수 국회의원상'(2012·2013·2015), 법률소비자연맹 선정 국회 헌정대상(2013·2014), 수산업협동조합중앙회장 감사패(2014), 유권자시민행동 대한민국유권자대상(2014), 전국청소년선플SNS기자단 선정 '국회의원 아름다운 말 선플상'(2015) [저]'다시 일어선다'(2008, 대주기획) [종]기독교

김항경(金恒經) KIM Hang Kyung

[생]1940·12·23 [본]경주(慶州) [출]서울 [주]경기 용인시 기흥구 강남로40 강남대학교 교무처(031-280-3945) [학]1960년 서울고졸 1964년 서울대 법대졸 1969년 필리핀국립대 대학원 정치학과 수료 [경]1970년 외무부 아주국 사무관 1974년 駐아가나총영사관 영사 1980년 외무부 동남아과장 1981년 국무총리 의전비서관 1983년 駐뉴욕총영사관 부총영사 1987년 외무부 공보관 1988년 同영사교민국장 1990년 駐미얀마 대사 1992년 駐로스앤젤레스 총영사 1995년 외무부 기획관리실장 1996년 駐캐나다 대사 1999년 외교안보연구원 연구위원 2001년 駐뉴욕 총영사 2001년 외교안보연구원장 2002~2003년 외교통상부 차관 2003년 강남대 석좌교수(현) 2004년 한·캐나다협회 회장(현), 심전국제교류재단 이사(현) 2011~2015년 (재)세종연구소 이사, 한미관계비전21포럼 이사장(현) [상]황조근정훈장(2004) [종]기독교

김항곤(金恒坤) KIM Hang Gon

[생]1951·10·1 [본]김해(金海) [출]경북 [주]경북 성주군 성주읍 성주로3200 성주군청 군수실(054-930-6002) [학]1970년 경북고졸 1975년 영남대 경제학과졸 1999년 경북대 행정대학원졸 [경]대법원장 경호대장 2004년 경북 청도경찰서장 2005년 대구 성서경찰서장 2007년 대구지방경찰청 보안과장 2008년 경북 성주경찰서장 2009년 한나라당 고령·성주·칠곡당원협의회 부위원장 2010년 경북 성주군수(한나라당·새누리당) 2014년 경북 성주군수(새누리당)(현) [상]대통령표창, 경찰청장표창, 농협중앙회 지역농업발전 선도인상(2014)

김항규(金港圭) KIM Hang Kyu

[생]1959·9·14 [본]김녕(金寧) [출]경남 진주 [주]경남 김해시 계동로175 김해서부경찰서 서장실(055-310-0321) [학]1978년 마산고졸 1985년 명지대 법학과졸 2005년 경남대 행정대학원 경찰학과졸 [경]1986년 경찰 간부후보(34기) 1991년 경남 의령경찰서 보안과장(경감) 1991년 경남지방경찰청 방범과 소년계장 1993년 同교통과 고속순찰대장 1995년 경남 함안경찰서 방범과장 1996

년 경남지방경찰청 방범과 방범지도계장(경정) 1997년 진주경찰서 정보과장 1999년 김해경찰서 정보과장 2000년 경남지방경찰청 기획계장 2002년 同경무계장 2004년 同정보2계장 2006년 同정보과장(총경) 2007년 진해경찰서장 2008년 경남지방경찰청 외사과장 2008년 同경무과 총경(교육파견) 2009년 마산중부경찰서장 2010년 울산지방경찰청 경무과장 겸 정보통신담당관 2010년 울산동부경찰서장 2011년 경남지방경찰청 정보과장 2012년 창원중부경찰서장 2012년 경남지방경찰청 수사과장 2013년 마산동부경찰서장 2014년 경남지방경찰청 정보과장 2016년 경남 김해서부경찰서장(현) 賞근정포장(2000)

김항덕(金恒德) KIM Hang Duk

生1941·12·21 本서울 ㈜서울 강남구 영동대로329 중부빌딩9층 중부도시가스 회장실(02-2191-7501) 學1959년 서울 경복고졸 1965년 서울대 상대 상학과졸 經1969년 ㈜선경 입사 1976년 同아주지역 본부장 1977년 同구주지역 본부장 1978년 同이사 1980년 同상무이사 1980년 ㈜유공 수석부사장 1984~1993년 同사장 1991년 석유협회 회장 1991~1999년 한·미경제협의회 부회장 1993~1998년 선경그룹 부회장 1993~1997년 ㈜유공 부회장 겸임 1998년 SK㈜ 상임고문(부회장대우) 1998년 同상임고문(회장대우) 1998년 중부도시가스 회장(현) 賞은탑산업훈장 宗기독교

김해경(金海敬·女) Kim Hae Gyeong

生1959·12·25 本김해(金海) 出경북 김천 ㈜서울 종로구 사직로8길31 서울지방경찰청 경무부(02-700-2122) 學동국대 대학원 공안행정학과졸 經1999년 서울지방경찰청 여경기동대장 2002년 同경무과 경정 2003년 서울 수서경찰서 생활안전과 경정 2005년 서울지방경찰청 생활질서과 경정 2008년 경기 양평경찰서장, 同여성봉사회 '팅커벨' 조직 및 활동 2009년 교육 파견(총경) 2010년 서울지방경찰청 생활질서과장 2011년 서울 강동경찰서장 2013년 경찰청 보안1과장 2014년 同보안과장(경무관) 2014년 대전지방경찰청 제1부장(경무관) 2014년 서울 송파경찰서장(경무관) 2015년 서울지방경찰청 경무부장(경무관)(현) 賞대통령표창(1999)

김해관(金海寬) KIM Hae Kwan

生1951·7·6 出대구 ㈜서울 마포구 마포대로49 성우빌딩5층 한국마케팅협회(02-2057-5678) 學1969년 경북사대부고졸 1974년 영남대 경영학과졸 經1974년 삼성그룹 입사(공채 14기) 1991년 제일제당 생활화학사업부장(이사) 1993년 同마케팅실장 1997년 同마케팅실장(상무) 1998년 同식품본부장(상무) 1999년 同생활화학본부장(부사장) 2001년 CJ엔프라니 대표이사 부사장 2002년 엔프라니 대표이사 사장 2006~2013년 동원F&B 대표이사 사장 2013년 한국마케팅협회 회장 2015년 同고문(현) 賞대통령표창 宗불교

김해규(金海圭) KIM Hae Kyu

生1958·2·3 本김녕(金寧) 出부산 ㈜부산 서구 구덕로179 부산대학교병원 마취통증의학과(051-240-7397) 學1983년 부산대 의학과졸 1986년 同대학원졸 1990년 의학박사(충남대) 經1987년 부산대 의과대학 마취통증의학교실 전임강사·조교수·부교수·교수, 同의학전문대학원 마취통증의학교실 교수(현), 同의과대학 의학시뮬레이션센터장(현), 대한통증연구학회 학술이사 2003년 대한뇌신경마취학회 회장 2008년 부산대병원 기획조정실장 2008~2011년 아시아뇌신경마취학회 회장 2010~2011년 대한마취과학회 회장 2011~2013년 부산대병원 임상시험센터장 2016년 同임상연구보호센터장(현) 著'마취과학'(2000) '중환자의학'(2006) '통증의학'(2007) 譯'응급질환의 진단 및 치료'(2001) '만족스런 치료를 받고 있습니까'(2008)

김해규(金海圭) KIM Hai Gyu

生1963·10·30 ㈜서울 영등포구 선유동1로22 ㈜티케이케미칼 임원실(02-2001-6440) 學대구한의대 환경보건학과졸 經1991년 동국무역㈜(現 티케이케미칼) 입사 2005년 ㈜티케이케미칼 경영지원팀장 2008년 同경영기획실장(상무) 2008년 同경영지원본부장(전무) 2011년 同영업본부장(전무) 2014년 同대표이사 사장(현)

김해동(金海東) KIM Hae Dong

生1953·8·13 本안동(安東) 出서울 ㈜서울 강남구 테헤란로440 포스코센터 비브라운코리아 임원실(02-3459-7800) 學1972년 서울대사대부고졸 1980년 홍익대 물리학과졸, 핀란드 헬싱키대 경영대학원졸, 경영학박사(서울과학종합대학원) 經1992~2008년 비브라운코리아(B.BRAUN Korea)㈜ 대표이사 1999년 다국적기업최고경영자협회(KCMC) 부회장 2004~2013년 비브라운 아시아·태평양지역 총괄사장 2013년 비브라운코리아 대표(현) 2013년 AP동북아 클러스터 대표 著'나의 꿈은 글로벌CEO'(共) '젊은 심장, 세계를 꿈꿔라(共)'(2009)

김해두(金海斗) KIM Hae-Doo

生1954·4·5 出서울 ㈜경남 창원시 성산구 창원대로797 한국기계연구원 재료연구소(055-280-3200) 學1972년 경성고졸 1979년 연세대 공대 세라믹공학과졸 1980년 영국 Sheffield대 대학원 세라믹공학과졸 1983년 연세대 공대 세라믹공학박사과정 수료 1987년 세라믹공학박사(독일 Aachen공대) 經1981년 ㈜금강 중앙연구소 연구원 1982~1983년 연세대 공대 연구조교 1983~1988년 독일 Aachen공대 연구조교·연구원 1988년 한국기계연구원 재료연구소 책임연구원(현) 1992~2001년 同재료연구소 요업재료연구그룹장 1997~1998년 미국 Oak Ridge National Laboratory 방문연구원 1999~2001년 창원대 세라믹공학과 겸임교수 2001~2003년 한국기계연구원 재료연구소 세라믹재료그룹장 2007년 한국세라믹학회 수석 편집위원장 2007~2009년 경상대 세라믹공학과 겸임교수 2007~2008년 한국기계연구원 재료연구소 구조세라믹연구그룹장 2010년 미국세라믹학회 Fellow(현) 2010년 WPM 8분과 '고순도 SiC세라믹 소재' 기획위원장 2011년 World Academy of Ceramics Academician(현) 2012~2013년 한국기계연구원 재료연구소 선임연구본부장 2013년 한국세라믹학회 회장 2014년 한국화학관련학회연합회 회장(현) 2014년 한국기계연구원 재료연구소장(현) 賞한국세라믹학회 학술상(2008), 경남과학기술대상(2010), 미국 세라믹학회 '2015 브릿지 빌딩 어워드'(2015)

김해붕(金海鵬)

生1969·3·11 出경북 경주 ㈜경남 창원시 성산구 창이대로689번길4의5 변호사회관2층 법무법인 미래로(055-287-9889) 學1987년 경주고졸 1992년 고려대 법학과졸 經1993년 사법시험 합격(35회) 1996년 사법연수원 수료(25기) 1999년 대구지법 판사 2001년 창원지법 진주지원 판사 2002년 同남해군법원 판사 2003년 同진주지원 판사 2005년 창원지법 판사 2006년 부산고법 판사 2009년 창원지법 판사 2011년 同거창지원장 2013~2015년 창원지법 부장판사 2015년 법무법인 미래로 대표변호사(현)

김해성(金海聖) Hae Sung KIM

生1958·12·22 出강원 춘천 ㈜서울 성동구 뚝섬로377 ㈜이마트 임원실(02-380-9572) 學1977년 서울 고려고졸 1982년 성균관대 무역학과졸 經1984년 ㈜신세계 입사 1996년 신세계인터내셔날 해외1팀장 1999년 同해외사업부장 2000년 同해외사업부 상무보 2002년 同해외사업부 상무 2005년 同대표이사 부사장 2012~2015년 신세계그룹 경영전략실장(사장) 2013년 ㈜이마트 경영총괄부문 각자대표이사 사장 2013년 ㈜스타벅스코리아 사내이사(현) 2015년 ㈜이마트 대표이사 부회장(현) 賞한국경제신문 유통부문 '대학생이 뽑은 올해의 최고경영자(CEO)'(2014)

김해수(金海洙) KIM Hae Su

生1960·9·10 出대구 ㈜서울 서초구 반포대로157 대검찰청 공판송무부(02-535-0702) 學1979년 대구고졸 1983년 고려대 법대졸 經1986년 사법시험 합격(28회) 1989년 사법연수원 수료(18기) 1989년 軍법무관 1992년 부산지검 검사 1995년 서울지검 남부지청 검사 1997년 대구지검 검사 1999년 서울지검 검사 2001년 수원지검 부부장검사 2001년 창원지검 거창지청장 2002년 서울지검 북부지청 부부장검사 2003년 창원지검 특수부장 2004년 수원지검 안산지청 부장검사 2005년 사법연수원 교수 2007년 서울중앙지검 마약·조직범죄수사부장 2008년 부산지검 형사1부장 2009년 의정부지검 고양지청 차장검사 2009년 창원지검 차장검사 2010년 부산지검 동부지청장 2011년 대구지검 제1차장검사 2012년 부산고검 차장검사 2013년 대검찰청 강력부장 2013년 서울북부지검장 2015년 광주지검장 2015년 대검찰청 공판송무부장(검사장급)(현)

김해숙(金海淑 · 女) KIM Hae Sook
[생]1954 · 9 · 25 [출]부산 [주]서울 서초구 남부순환로 2364 국립국악원 원장실(02-580-3300) [학]1973년 국립국악고졸 1977년 서울대 음악대학 국악과졸 1980년 同대학원졸, 문학박사(한국학중앙연구원) [경]1981~1998년 서울예술전문학교 · 성심여대 · 서울시립대 · 이화여대 · 숙명여대 · 중앙대 · 추계예술대 강사 1981~1985년 대한민국예술원 전문직연구원 1998~2013년 한국예술종합학교 전통예술원 음악과 부교수 · 교수 2004년 한국산조학회 회장 2005~2007년 국립국악원 연구실장 2007~2010년 한국예술종합학교 전통예술원장 2012년 同전통예술원 음악과장 2014년 국립국악원 원장(고위공무원)(현) [상]전국여고음악경연대회 가야금부문 특상, 5 · 16민족상 가야금부문 대통령표창(1972), 공간현대음악 연주상, 관재국악상 [저]25현 가야금 연습곡집 '법고창신' '산조연구' '전통음악개론'(共) '청흥둥당'

김해영(金海永) KIM HAEYOUNG
[생]1977 · 1 · 2 [출]부산 [주]서울 영등포구 의사당대로1 국회 의원회관546호(02-784-1051) [학]1996년 부산 개금고졸 2003년 부산대 법학과졸 [경]2009년 사법시험 합격(51회) 2012년 사법연수원 수료(41기) 2012년 법무법인 세진 변호사 2012~2016년 변호사 개업, 부산YMCA 시민권익센터 전문위원, 민주사회를위한변호사모임 회원(현) 2012년 민주통합당 제18대 대통령선거 문재인후보 부산시선거대책위원회 법률지원부단장 2013~2014년 연서초 학교폭력대책위원회 위원장 2013년 부산지방변호사회 이사 2013~2015년 부산일보 독자위원 2014년 부산지방변호사회 소식지 편집인 2014년 새정치민주연합 부산시연제구지역위원회 위원장 2015년 더불어민주당 부산시연제구지역위원회 위원장(현) 2015~2016년 同부산시당 대변인 2016년 제20대 국회의원(부산시 연제구, 더불어민주당)(현) 2016년 더불어민주당 전국청년위원회 위원장 직무대행 2016년 同오직민생특별위원회 사교육대책TF 위원(현) 2016년 국회 정무위원회 위원(현) 2016년 더불어민주당 원내부대표(현) [상]대한변호사협회 청년변호사상(2015)

김해용(金海鎔) KIM Hae-Yong
[생]1957 · 2 · 11 [본]무장(茂長) [출]전남 목포 [주]서울 종로구 사직로8길60 외교부 인사운영팀(02-2100-7139) [학]1976년 경복고졸 1980년 서울대 언어학과졸 1985년 同행정대학원졸 1988년 미국 인디애나대 대학원졸 [경]외무고시 합격(17회) 1983년 외무부 입부 1989년 駐시애틀 영사 1992년 駐트리니다드토바고 1등서기관 1994년 외무부 국제협약과 근무 1995년 同통상2과 근무 1996년 駐구주연합대표부 1등서기관 1998년 駐벨기에 · 구주연합대표부 1등서기관 2000년 외교통상부 통상정책기획과장 2001년 同다자통상협력과장 2002년 駐미국 1등서기관 2004년 대통령 정책기획실 행정관 2006년 외교통상부 통상법무관실 통상전문관 2006년 同지역통상협력관 2007년 駐제네바대표부 공사참사관 2009년 외교통상부 자유무역협정교섭국장 2011~2013년 駐미얀마 대사 2013~2014년 제주특별자치도 국제관계자문대사 2014년 駐뉴질랜드 대사(현) [상]홍조근정훈장(2010)

김해웅(金海雄) KIM Hae Ung
[생]1961 · 8 · 27 [본]영산(永山) [출]충북 영동 [주]서울 종로구 북촌로15 헌법재판소 홍보심의관실(02-708-3411) [학]1981년 영동고졸 1987년 대구대 법학과졸, 중앙대 신문방송대학원 언론학과졸 [경]1993~2005년 서울시 홍보담당관실 근무 2005년 법무부 홍보관리관실 정책홍보담당관 2008년 同부대변인 겸 홍보담당관 2013년 헌법재판소 홍보심의관(현) [상]문화재청장표창(2001), 서울시장표창(2003) [저]'어린이들을 위한 서울 문화유산답사기(1 · 2권)' [종]불교

김해준(金海焌) KIM Hae Joon
[생]1957 · 10 · 21 [본]영광(靈光) [출]전남 장흥 [주]서울 영등포구 의사당대로97 교보증권(주) 대표이사실(02-3771-9495) [학]1976년 장흥고졸 1984년 전남대 경제학과졸 2004년 연세대 대학원 최고경영자과정 수료 [경]1983년 대우증권(주) 입사 1988년 同IB영업부 근무 1997년 同기업금융1부장 · 2부장 1999년 同IB1사업본부장 · 기업금융1본부장 · 호남지역본부장 2002년 同자산관리영업본부장 · 법인영업본부장 2005년 교보증권(주) IB본부장 겸 프로젝트금융본부장(상무) 2005년 同기업연금본부장(상무) 2006년 同기업금융1그룹장(상무) 2006년 同기업금융1그룹장(전무) 2007년 同IB본부장 겸 프로젝트금융본부장(전무) 2008년 同대표이사(현) [종]불교

김해진(金海鎭) KIM Hae Jin
[생]1957 · 10 · 18 [출]경북 [주]충남 서산시 지곡면 충의로 958 현대파워텍 비서실(041-661-9114) [학]1975년 용산고졸 1979년 연세대 기계공학과졸 1981년 서울대 대학원 기계공학과졸 [경]현대자동차(주) 승용디젤엔진설계팀장(이사) 2005년 同승용디젤엔진개발실장(상무) 2007년 同승용디젤엔진개발실장(전무) 2011년 同개발품질담당 부사장 2012년 同성능개발센터장(부사장) 2012년 同파워트레인담당 부사장 2012년 현대 · 기아자동차 연구개발본부 사장 2012년 한국자동차공학회 부회장(현) 2013년 현대 · 기아자동차 남양연구소 파워트레인담당 사장 2013년 同남양연구소 연구개발본부장(사장) 2014년 同연구개발본부 시험 · 파워트레인담당 사장 2015년 현대파워텍 대표이사 사장 2015년 한국공학한림원 일반회원(현) 2015년 현대파워텍 대표이사 부회장(현) [상]대통령표창(2007), 은탑산업훈장(2014)

김해출(金海出)
[생]1968 · 3 · 9 [출]경북 경주 [주]대구 북구 연암로40 경북지방경찰청 생활안전과(053-429-2246) [학]1987년 경주고졸 1991년 경찰대졸(7기) 2004년 캐나다 궬프대 대학원 행정학과졸 [경]1991년 경위 임용 2006년 경북 포항남부경찰서 경비교통과장 2007년 경북 경산경찰서 경비교통과장 2008년 경북 포항북부경찰서 정보보안과장 2009년 경북 경산경찰서 정보보안과장 2010년 경북지방경찰청 기획예산계장 2012년 同청문감사담당관실 근무 2015년 치안정책과정 교육파견 2015년 경북 울릉경찰서장(총경) 2016년 경북지방경찰청 생활안전과장(현)

김행순(金幸順 · 女) Kim, Hang Soon
[생]1967 · 11 · 10 [출]전북 부안 [주]서울 마포구 마포대로 174 서울서부지방법원(02-3271-1114) [학]1986년 전주유일여고졸 1991년 고려대 법학과졸 [경]1993년 사법시험 합격(35회) 1996년 사법연수원 수료(25기) 1996년 대전지법 판사 1999년 同홍성지원 판사 2003년 서울지법 판사 2004년 서울중앙지법 판사 2006년 서울남부지법 판사 2007년 서울고법 판사 2009년 서울행정법원 판사 2011년 전주지법 제3민사부 부장판사 2012년 사법연수원 교수 2014년 수원지법 부장판사 2015년 서울서부지법 부장판사(현)

김행영(金行泳) KIM Haeng Young
[생]1949 · 2 · 2 [출]서울 [주]서울 서초구 효령로96 삼호개발(주) 부회장실(02-2046-7700) [학]1967년 서울고졸 1974년 고려대 행정학과졸 [경]1978~1980년 현대건설(주) 근무 1981~1991년 유원건설(주) 근무 1991~1992년 아이디트레이딩(주) 상무 1995~1996년 태평양개발(주) 이사 1996~1998년 서울광고기획(주) 이사 1999~2002년 삼호개발(주) 상임감사 2003년 同대표이사 2010년 同부회장(현)

김행윤(金行潤)
[생]1957 [출]전북 순창 [주]전남 나주시 그린로20 한국농어촌공사 수자원관리본부(061-338-5051) [학]서남대 경영학과졸, 전남대 대학원 생물산업시스템학과졸, 同행정대학원 최고정책과정 수료 [경]1977년 농지개량조합 곡성지사 입사 2001년 농업기반공사 화순지사 기반조성부장 2003년 同전남지역본부 유지관리부장 2005년 同수자원운영팀장 2009년 한국농어촌공사 시설안전팀장 2010년 同구례지사장 2011년 同광주지사장 2012년 同전남지역본부장 2015년 同수자원관리본부 상임이사(현) [상]환경부장관표창(2006), 국무총리표창(2009), 대통령표창(2013)

김향자(金香子 · 女) KIM Hyangja
[생]1961 · 3 · 30 [본]예안(禮安) [출]서울 [주]서울 강서구 금낭화로154 한국문화관광연구원 관광산업연구실(02-2669-6290) [학]1984년 서울시립대 조경학과졸 1987년 서울대 환경대학원 환경조경학과졸 1997년 경영학박사(경기대) [경]1984~1985년 서울대 환경대학원 환경계획연구소 연구원 1987~1993년 교통개발연구원 연구원 1994년 同책임연구원 1996~2002년 한국관광연구원 연구실장 2005~2006년 한국문화관광정책연구원 기획조정실장 2006년 한국문화관광연구원 여가정책연구실장 2007년 同선임연구위원(현) 2007~2008년 同연구처장 2012~2015년 행정자치부 합동평가위원회 위원 2013년 경기관광공사 비상임이사(현) 2014~2016년 한국문화관광연구원 관광산업연구실 지역관광기획평가센터장 2015~2016년 同관광산업연구실장 2016년 同관광정책연구실 선임연구위원(현) 2016년 국토교통부 도시재생특별위원회 위원(현)

김허남(金許男) KIM Huur Nam (棟湖)

[생]1920·4·13 [본]전주(全州) [출]함북 명천 [주]부산 서구 까치고개로197번길46 서구문화원2층 부산서구사랑의띠잇기봉사단(051-256-4315) [학]1952년 서울대 법대 행정학과졸 1998년 명예 교육학박사(한양대) 2000년 명예 정치학박사(동의대) [경]1968~1991년 대한상업교육회 부회장 1982년 부산농악보존협회 이사장 1982년 학교법인 영도의숙 이사장 1991년 부산시의회 의원 1991년 同교육위원장 1994년 한국보이스카우트 부산연맹 위원장 1995년 바르게살기운동 중앙협의회 회장 1996~1998년 한국보이스카우트 부산연맹장 1996년 자민련 이북5도대책특별위원장 1996년 同상임고문 1996년 제15대 국회의원(전국구, 자민련) 2002년 이북도민회중앙연합회 회장 2002~2004년 복지민주통일당 총재 2004년 (사)신라문화선양회 총재 2007년 (사)부산서구사랑의띠잇기봉사단 이사장(현) [상]국민훈장 석류장·목련장·모란장, 새마을훈장 근면장 [저]'내가 본 김일성' '내가 본 중국수상 제Ⅳ집' '내가 본 러시아수상 제Ⅴ집' '내가 본·체험한 지방자치제' '세계 속의 한국' '바람직한 한국인상' [종]기독교

김헌기(金憲起)

[생]1964·1·19 [출]충남 강경 [주]서울 서대문구 통일로97 경찰청 수사기획관실(02-3150-1615) [학]천안북일고졸 1986년 경찰대 법학과졸(2기) [경]1986년 경위 임관 2007년 경찰종합학교 교무과장(총경) 2008년 충남 서천경찰서장(총경) 2010년 국립과학수사연구소 총무과장 2011년 경기 양천경찰서장 2011년 경찰청 지능범죄수사과장 2014년 同강력범죄수사과장(경무관) 2014년 인천지방경찰청 제2부장 2015년 경찰청 수사기획관(현)

김헌득(金憲得) KIM Hun Deok

[생]1959·11·1 [본]광산(光山) [출]충북 [주]울산 중구 염포로55 울산광역시체육회 부회장실(052-281-4222) [학]1978년 학성고졸 1986년 울산대 산업공학과졸 1990년 同산업기술대학원졸, 同대학원 건축학 박사과정 수료 [경]1986년 현대자동차 근무 1988년 고려석유화학(주) 인사노무팀장 1987~1999년 中울산청년회의소 회장 1999년 울산과학대 겸임교수 1998·2002년 울산시의회 의원(한나라당) 2001년 울산시체육회 이사 2001년 울산시의회 산업건설위원장 2002년 同운영위원장, 전국시도의회운영위원장협의회 부회장, 서광정보기술 대표 2012년 제19대 국회의원선거 출마(울산 남구甲, 무소속) 2014년 울산시체육회 사무처장 2016년 同부회장(현) [상]대통령표창(2000) [종]불교

김헌민(金憲珉·女) Kim Hunmin

[생]1958·6·5 [출]서울 [주]서울 서대문구 이화여대길52 이화여자대학교 사회과학대학 사회과학부 행정학전공(02-3277-2757) [학]1981년 미국 웨슬리대(Wesley Coll.)졸 1982년 미국 하버드대 대학원 도시 및 지역계획학과졸 1988년 도시계획학박사(미국 하버드대) [경]1983년 미국 세계은행 연구원 1988년 미국 펜실베이니아대(Univ. of Pennsylvania) 강사 1989년 서울대 강사 1989년 이화여대 행정학과 조교수·부교수 1996년 同사회과학대학 사회과학부 행정학전공 교수(현) 1996년 미국 하버드대 케네디스쿨 교환교수 2001년 중앙인사위원회 인사정책자문회의 위원, 이화여대 스크랜튼대학 스크랜튼학부 교수 겸임(현) 2009~2013년 同스크랜튼대학장, 同대학원 에코과학부장 2011년 한국정책학회 회장 [상]대통령표창(1995·2002)

김헌수(金憲洙) Kim Hun Soo

[생]1952·12·11 [본]광산(光山) [출]전남 영광 [주]서울 종로구 사직로8길39 김앤장법률사무소(02-3703-1447) [학]1980년 조선대졸 1982년 서울대 행정대학원졸 1986년 국방대학원졸 2006년 산업안전공학박사(조선대) [경]1980년 행정고시 합격 1982년 강원지방노동위원회 사무국장 1983년 노동부 근무 1987~1992년 駐사우디아라비아 노무관 1995년 여수지방노동사무소장 1997년 노동부 법무담당관 1997년 同장관비서관 1999년 同노정과장 2001년 同기획예산담당관 2002년 광주지방노동청장 2002년 노동부 노동보험심의관 2002년 광주대 겸임교수 2002년 조선대 초빙교수 2004년 중앙노동위원회 사무국장 2005년 호주 그리피스대 노사관계학과 Visiting Scholar 2005년 경인지방노동청장 2006년 노동부 고용정책본부 고용정책심의관 2007~2009년 중앙노동위원회 상임위원 겸 사무처장 2009년 김앤장법률사무소 고문(현) 2011~2014년 중앙노동위원회 심판담당 공익위원 2013년 조선대 대학원 석좌교수(현) [상]근정포장 [저]'노동조합 및 노동관계조정법'(1997·2002·2009·2013) '최저임금법(共)'(1988) '노동법(共)'(2001) '기업회생(共)'(2010) '복수노동조합과 노동조합전임자'(2010·2012) '복수노조시대의 부당노동행위'(2011)

김헌수(金憲秀) KIM HUN SOO

[생]1956·11·10 [본]김해(金海) [출]부산 [주]서울 서초구 헌릉로12 현대자동차(주) 임원실(02-3464-0096) [학]부산대 기계공학과졸 [경]2010년 현대자동차(주) 의장설계2팀장(이사대우), 同설계3실장(이사), 同외장설계실장(상무) 2014년 同바디기술센터장(전무) 2016년 同바디기술센터장(부사장) 2016년 同고객안전전략사업부 부사장(현)

김헌수(金憲秀)

[생]1960·9·28 [주]경기 수원시 영통구 삼성로130 삼성SDI(주) 소재R&D센터(031-8061-2100) [학]관악고졸 1986년 서강대 화학과졸, 화공생명공학박사(서강대) [경]1983년 삼성그룹 입사, 삼성SDI(주) 중앙연구소 기술기획팀장, 同중앙연구소 디스플레이랩 담당간부 2008년 同중앙연구소 디스플레이랩담당 연구위원(상무) 2009년 同PDP선행개발TF 상무 2011년 同중앙연구소 기술기획팀장(상무) 2012년 同중앙연구소장(상무) 2013년 同Battery연구소장(전무)(현) 2015년 同차세대연구팀장 겸임 2016년 同소재R&D센터 고문(현)

김헌영(金憲榮) Heon-Young Kim

[생]1962·2·15 [주]강원 춘천시 강원대학길1 강원대학교 총장실(033-250-6114) [학]1985년 서울대 공대 기계설계학과졸 1987년 同대학원 기계설계학과졸 1991년 공학박사(서울대) [경]1991~1993년 기아자동차(주) 중앙기술연구소 선임연구원 1993년 강원대 공대 기계의용공학과 조교수·부교수·교수(현) 1999~2003년 AnDT(주) 대표이사 2000~2001년 미국 OSU 기계공학과 교환교수 2004~2005년 강원대 산학연공동기술개발컨소시엄센터장 2005~2006년 산학컨소시엄 강원지역연합회 회장 2006년 미국 OSU 기계공학과 교환교수 2007~2008년 강원대 건강·의료기기연구센터장 2008~2010년 同공과대학 부학장 2009~2012년 강원의료융합인재양성센터 센터장 2010~2012년 (주)화신 자문교수 2011~2012년 강원대 기획처장 2012년 同정보화본부장 2013~2015년 同의료기기연구소장 2005년 同아이디어팩토리사업단장 2016년 同총장(현) [상]제1회 실험실창업경연대회 기계금속분야 우수상(1999), 대한기계학회 구조역학부분 최우수논문상(2004), 대한기계학회 설계공학부분 우수논문상(2005), 산학연 강원지역협의회 공로상(2006), 한국과학기술단체총연합회 우수논문상(2008), 강원대총장표창(2010), 산학협동재단 제32회 산학협동상 대상(2010), 현대·기아자동차그룹 학술대회 우수논문상(2010), 대한기계학회 강원지회 학술대회 우수논문상(2011), 2011 NUMISHEET 학술대회 공로상(2011), 대통령표창(2011), 한국생산성본부 국제정보화 리더상(2011), 현대·기아 산학협동과제 우수산학 연구상(2012), 한국소성가공학회 학술상(2015)

김헌정(金憲政) KIM Heon Jeong

[생]1958·12·5 [본]안동(安東) [출]부산 [주]서울 종로구 북촌로15 헌법재판소 사무차장실(02-708-3318) [학]1977년 부산 대동고졸 1981년 서울대 법과대학졸 1984년 同대학원 법학과졸 [경]1984년 사법시험 합격(26회) 1987년 사법연수원 수료(16기) 1990년 수원지검 검사 1992년 청주지검 제천지청 검사 1994년 서울지검 북부지청 검사 1996년 법무부 보호과 검사 1999년 서울지검 남부지청 부부장검사 2000년 수원지검 평택지청 부장검사 2001년 광주고검 검사 2001년 미국 조지워싱턴대 연수 2002년 법무부 관찰과장 2003년 同보호과장 2004년 서울중앙지검 공판2부장 2005년 同형사7부장 2006년 대구지검 김천지청장 2007년 울산지검 차장검사 2008년 창원지검 차장검사 2009년 의정부지검 고양지청장 2009년 법률사무소 정우 대표변호사 2012년 인천국제공항공사 비상임이사 2014년 헌법재판소 사무차장(차관급)(현) [상]검찰총장표창(1996), 법무부장관표창(1997) [종]기독교

김헌준(金憲俊) Kim Heon-Jun

[생]1965·6·18 [본]김해(金海) [출]서울 [주]서울 종로구 세종대로209 행정자치부 행정한류담당관실(02-2100-3380) [학]1983년 휘문고졸 1995년 호주 울런공대 정치학과졸 1996년 호주 뉴사우스웨일스대(NSW) 대학원 국제관계학과 수료 [경]1997~2007년 행정자치부 중앙공무원교육원·행정정보화계획관실·국제협력관실·정책홍보관리본부 행정사무관 2003~2005년 LG CNS 전자정부해외수출담당 부장 2007~2010년 국민경제자문회의 사무처 총무과장·행정안전부 혁신조직실 진단컨설팅센터 서기관·OECD 대한민국정책센터 부본부장 2010~2014년 駐캐나다대사관 참사관 2014년 행정자치부 행정한류담당관(현) [상]대통령표창(2003) [종]기독교

김헌태(金憲泰) KIM Heon Tae

[생]1967·2·4 [출]대전 [주]서울 영등포구 의사당대로38 매시스컨설팅(02-6405-0301) [학]경성고졸 1992년 한국외국어대 신문방송학과졸 1994년 同대학원 신문방송학과졸, 신문방송학박사(한국외국어대) [경]1995년 리서치앤리서치 근무, 한국리서치 과장, SOFRES그룹 차장 2003년 한국사회여론연구소 소장 2004년 경향신문 총선자문위원회 위원 2006~2009년 인하대 사회과학부 언론정보학과 겸임교수 2007년 제17대 대통령선거 문국현 대통령후보 정무특보 2010년 한림국제대학원대 국제학과 겸임교수(현) 2011년 민주당 전략기획위원장 2011년 한국커뮤니케이션학회 이사 2015년 매시스컨설팅 대표컨설턴트(현) 2015년 국제정치컨설턴트협회 회원(현) 2016년 더불어민주당 공직선거후보자추천관리위원회 위원 2016년 同총선기획단 산하 정세분석본부장 [저]'오피니언 트렌드 2006(共)'(2006, u-북) '분노한 대중의 사회'(2009, 후마니타스) '박근혜 현상(共)'(2010, 위즈덤하우스) '안철수는 세상을 바꾸고 싶다(共)'(2012, 10만인클럽)

김 혁(金 赫) KIM Hyok

[생]1966·6·11 [출]경남 진해 [주]서울 동대문구 서울시립대로163 서울시립대학교 행정학과(02-6490-2020) [학]1984년 경기고졸 1988년 연세대 정치외교학과졸 1989년 미국 노스웨스턴대 대학원졸 1993년 정치학박사(미국 노스웨스턴대) [경]1990~1993년 미국 노스웨스턴대 Teaching Assistant 1994~1997년 육군사관학교 교관·전임강사 1997~2003년 한경대 행정학과 조교수·부교수 1999~2001년 同신문사 주간 2002~2003년 同전자정부대학원 전공주임교수 2003~2006년 서울시립대 행정학과 부교수 2003~2006년 同전자정부연구소 연구부장 2005~2007년 同국제교육원 고위관리자과정 전담교수 2006년 同창업보육센터 경영지원부장 2006년 同국제교육원 공무원교육센터장 2006년 同행정학과 교수(현) 2007~2009년 同기획부처장 2007년 한국정보사회진흥원 위탁감리평가위원 2010년 사회적기업활성화포럼 사무처장 2011년 한국정책과학학회 대외협력이사 2014년 서울시립대 반부패시스템연구소장(현) 2014년 서울도시철도공사 청렴옴부즈만(현) 2015년 서울메트로 청렴옴부즈만(현) 2016년 국민권익위원회 청탁금지법 자문위원(현) 2016년 서울시 청렴자문위원회 자문위원(현) [상]한경학술상(2002), 서울시립대 우수강의교수(2004), 서울시립대 우수연구교수(2005·2006) [저]'북한학: 정치, 군사, 통일의 역동성'(1996, 박영사) '한국민주주의와 지방자치'(1998) '전환기 미국정치의 변화와 지속성'(2003, 오름) [역]'현대 미국정치의 새로운 도전'(1997, 한울) '탈냉전기 미국 외교정책'(2000, 오름)

김혁련(金赫鍊) Kim Hyuk Ryun

[생]1955·7·13 [본]고령(高靈) [출]충남 논산 [주]경기 이천시 부발읍 경충대로2293 유니세트(주) 비서실(031-636-4270) [학]보문고졸, 인하대 응용물리학과졸, 同대학원 응용물리학과졸 [경]2000~2001년 현대전자산업(주) 이사대우 2001년 (주)하이닉스반도체 Semi/LCD 메모리연구소 이사, 同Semi/LCD 메모리연구소 상무, 同개발생산총괄 제품개발본부장(상무) 2005년 유니세트(주) 대표이사(현) 2008~2014년 인하대 정보통신공학부 겸임교수

김혁수(金赫秀) Kim Hyuk Soo

[생]1957·7·25 [본]청주(淸州) [출]서울 [주]서울 서초구 강남대로577 (주)한국야쿠르트 임원실(02-3449-6000) [학]1976년 숭문고졸 1985년 국민대 사학과졸 [경]1985년 (주)한국야쿠르트 입사 2000년 同강북경동영업소장 2001년 同홍보부문 고객만족팀장 2004년 同홍보부문 광고팀장 2006년 同홍보부문 이사 2008년 同경영지원부문 이사 2008년 同부사장 2013~2015년 同대표이사 사장 2015년 同사장 2016년 同고문(현) [상]소비자의날 대통령표창(2002), 매일경제 선정 100대 CEO(2013)

김혁수(金赫壽) KIM Hyuck Soo

[생]1962·8·19 [본]청풍(淸風) [출]강원 춘천 [주]경기 용인시 수지구 포은대로499 용인문화재단(031-260-3300) [학]1981년 동국사대부고졸, 동국대 연극영화학과 중퇴, 서울예술대 문예창작학과졸, 단국대 대중문화예술대학원 공연예술학과졸 [경]소설가·희곡작가·연극연출가(현) 1980년 극단 '광장' 연출부 입단 1981년 극단 광장 입단 1988~1990년 삼일로창고극장 상임연출 및 극단 '로얄씨어터' 상임연출 1991년 '91 연극의 해' 집행위원회 사무국장 1992~1995년 월간「한국연극」편집장 1993~1997년 극단 '예군' 대표 1994~2002년 한국연극연출가협회 사무국장 1997년 극단 '금병의숙' 대표·예술감독(현) 1998~2001년 한국연극협회 사무국장 1999년 99문화의날 기획위원 겸 연출 2001~2003년 서울공연예술제 사무국장 2003~2013년 인천문화재단 선정위원 겸 평가위원 2005~2008년 인천시립극단 운영위원, (재)서울문화재단 남산예술센터장, 同축제팀장 2007년 同서울연극정보센터장 2007년 同총무팀장 2008년 춘천국제연극제 조직위원 2008년 춘천닭갈비막국수축제 조직위원 2008~2009년 서울시 한강공원문화관광레저자문위원회 부위원장 2008년 춘천시문화재단 이사(현) 2008년 김유정기념사업회 이사(현) 2008년 (재)서울문화재단 문화사업본부장 2010년 同창의예술센터장 2010년 同창작공간사업단 단장 2011~2014년 한국문인협회 이사 2012년 용인문화재단 대표이사(현) 2013년 서울사이버대 문화예술경영학과 겸임교수(현) 2014년 단국대 문화예술대학원 주임교수(현) 2014년 전국지역문화재단연합회 부회장 2015년 同회장(현) 2015년 문화체육관광부 지역문화협력위원회 위원(현) 2015년 (재)정동극장 비상임이사(현) [상]문화부장관표창(1991), 월간문학 신인문학상(1994), 문화일보 신춘문예 당선(1994), 한국문화예술진흥원 우수문예인 해외연수 선정(1997), 탐미문학상 소설부문(1999), 문화관광부장관표창(1999), 대산문화재단 우수문인창작지원 선정(2000), 한국문인협회 작가상(2009), 문화체육관광부장관표창(2011), 전국지역신문협회 문화예술대상(2013) [저]희곡집 '무대 뒤에 있습니다' 연극이론집 '엄마아빠와 함께 연극만들기' [작]희곡 '유정의 봄봄봄' '강원도 아리랑' '무대 뒤에 있습니다' '불감증은 병이 아니라구요' '초상화' '검은 드레스' '비토와 준투' '서울에 온 팥쥐' 악극 '꿈에 본 박달재' 뮤지컬 '짱따!' '유정의 봄' 연출 '욕망의 섬' '세발 자전거' '외설 춘향전' '총각파티' '성황당'

김혁종(金革鍾) KIM Hyuk Jong

[생]1958·5·4 [본]김해(金海) [출]광주 [주]광주 남구 효덕로277 광주대학교 총장실(062-670-2200) [학]1977년 광주제일고졸 1985년 성균관대 사범대 교육학과졸 1988년 미국 Western Illinois주립대 대학원졸 1993년 철학박사(미국 Univ. of Kansas) 2015년 명예 인문학박사(미국 웨스턴일리노이대) [경]1987년 미국 Western Illinois주립대 총장 인턴 1987~2003년 광주대 사회복지학부 전임강사·조교수·부교수·교수 1994~2003년 同기획실장 2003년 同총장(현) 2005~2006년 대통령자문 국가균형발전위원회 자문위원 2005~2006년 법무부 감찰위원회 위원 2008~2009년 광주·전남지역대학교총장협의회 회장 2010~2011년 광주지검 검찰시민위원회 위원장 2010년 광주발전연구원 이사, 광주전남연구원 발전자문위원(현) 2010~2014년 광주·전남지역사립대학총장협의회 회장 2010년 5·18민주화운동기록물 유네스코세계기록유산등재추진위원회 위원 2010년 성균관대 총동창회 부회장 2010년 2015광주하계유니버시아드대회조직위원회 위원 2010년 광주테크노파크 이사(현) 2012년 공군 정책발전자문위원회 위원(현) [상]공군참모총장 감사패(2009), 미국 웨스턴일리노이대 해외동문공로상(2010) [저]'면접설문조사 결과분석 및 논의' '2000학년도 신입생 실태조사 연구'

김혁중(金赫中) Hyuk Jung Kim

[생]1964·11·4 [본]광산(光山) [출]강원 영월 [주]서울 중구 남대문로63 한진빌딩 법무법인 광장(02-6386-6308) [학]1983년 재현고졸 1988년 고려대 법학과졸 1999년 미국 아메리칸대 대학원 법학과졸(국제계약법전공) [경]1990년 軍법무관 임용시험 합격(9회) 1993년 사법연수원 수료(법무9기) 1993년 육군 제50사단 검찰관 1994~1995년 육군 제36사단 법무참모 1995년 국방부 조달본부 내자계약 책임법무관 1996~1997년 同외자계약 책임법무관 1999~2001년 육군본부 법무감실 법제과장 2001년 수도방위사령부 법무참모 2003~2004년 同법무과장 2004~2007년 제2작전사령부 법무참모(대령) 2007~2008년 육군본부 법무과장 2008~2011년 국방부 법무담당관 2011~2013년 同고등군사법원 제1부장판사 2013년 방위사업청 기획조정관실 규제개혁법무담당관 2016년 同기획조정관실 법률소송담당관(부이사관) 2016년 법무법인 광장 파트너변호사(현) [상]제1회자랑스런 군법무관상(2001), 보국포장(2009), 방위사업청장표창(2016) [저]'The Korea Copyright Act and Limitations with regard to the TRIPs Agreement and World Treaties'(1998) '국가안전보장과 주민의 참여'(2013, 저스티스) '방위사업 판례의 이해'(2015) '방위사업청직원이 알아야 할 법률지식'(2016) [종]기독교

김 현(金 炫) KIM Hyun (慧江)

[생]1956·1·17 [본]전주(全州) [출]서울 [주]서울 서초구 서초로254 오퓨런스빌딩16층 법무법인 세창(02-595-7121) [학]1975년 경복고졸 1980년 서울대 법학과졸 1983년 同대학원 법학과졸 1984년 미국 코넬대 대학원 법학과졸(석사) 1985년 미국 워싱턴대 대학원 법학과졸(석사) 1990년 법학박사(미국 워싱턴대) 1997년 서울대 경영대학 최고경영자과정 수료 2001년 고려대 경영대학 최고경영자과정 수료 [경]1980년 행정고시 2차 합격(24회) 1983년 사법시험 합격(25회) 1985년 미국 보글앤드게이츠법률회사 근무 1988년 사법연수원 수료(17기) 1991년 미국 뉴욕주 변호사시험 합격 1992년 법무법인 세창 설립·대표변호사(현) 1999년 대한상사중재원 중재인(현) 1999년 국토해양부 고문변호사 2000년 영국 런던국제중재원(LCIA) 중재인(현) 2003년 한국로지스

ㄱ

틱스학회 부회장 2003년 과학기술부 법률고문 2004년 법무부 상법개정특별분과 위원 2005년 대한변호사협회 북한인권소위원회 위원장 2005년 한국소비자원 비상임이사 2006년 미국 코넬대한국동문회 회장 2007년 국제변호사협회 한국이사 2007년 대한변호사협회 사무총장 2008년 인하대 겸임교수 2008년 한국소비자교육지원센터 부회장 2008년 한진중공업 사외이사(현) 2009~2011년 서울지방변호사회 회장 2009년 미국 코넬대 평의원 2010년 미국 워싱턴대한국동문회 회장(현) 2011년 건설산업비전포럼 공동대표(현) 2012년 풀무원재단 감사(현) 2012년 탈북자를격정하는변호사들 대표(현) 2013년 (사)물망초 국군포로송환위원장(현) 2013년 농림축산식품부 고문변호사(현) 2014년 독도지속가능이용위원회 민간위원(현) 2014년 한국잡월드 비상임이사(현) 2015년 한국도로공사 안전경영위원장(현) 2015년 대한변호사협회 변호사연수원장(현) 2016년 징벌적손해배상을 지지하는 변호사·교수모임 상임대표 (상)대통령표창(1997), 미국 워싱턴대한국동문회 자랑스러운 동문상(2009), 국무총리표창(2012) (저)'해상물품운송계약론(共)'(2009, 박영사) '건설판례 이해하기'(2012, 범우사) '해상법원론(共)'(2015, 박영사) (종)기독교

김 현(金 玄·女) KIM Hyun

(생)1965·10·15 (출)강원 강릉 (주)서울 마포구 신수로56 사람사는세상 노무현재단(1688-0523) (학)1984년 강릉여고졸 1989년 한양대 사학과졸 (경)새천년민주당 대변인실 부국장 2003년 제16대 대통령직인수위원회 대변인실 행정관 2003년 대통령 보도지원비서관실 행정관·보도지원비서관 직대 2005~2007년 대통령 보도지원비서관 겸 춘추관장 2008년 대통합민주신당 상근부대변인 2008~2009년 민주당 부대변인 2010년 同상근부대변인 2012년 사람사는세상 노무현재단 상임운영위원(현) 2012년 민주통합당 수석부대변인 2012~2016년 제19대 국회의원(비례대표, 민주통합·민주당·새정치민주연합·더불어민주당) 2012~2013년 민주통합당 대변인 2013~2014년 국회 운영위원회 위원 2013~2014년 국회 안전행정위원회 위원 2013~2014년 국회 정보위원회 위원 2013년 민주당 당무담당 원내부대표 2013~2015년 국회 평창동계올림픽및국제경기대회지원특별위원회 위원 2014년 새정치민주연합 전당원투표및국민여론조사관리위원회 위원 2014년 국회 외교통일위원회 위원 2014년 국회 정부 및 공공기관등의해외자원개발진상규명을위한국정조사특별위원회 위원 2015년 국회 국방위원회 위원 2015년 새정치민주연합 한반도평화안전보장특별위원회 위원 2015년 국회 평창동계올림픽및국제경기대회지원특별위원회 위원 2015년 더불어민주당 한반도평화안전보장특별위원회 위원 (상)민주통합당 국정감사 최우수의원상(2012), 민주당 국정감사 우수의원상(2013), 한국언론사협회 대한민국우수국회의원대상 우수상(2013), 경인인물대상 정치부문(2015) (저)'김현의 리포트, 세상이 달라졌어요'(2012) '소통과 기록의 정치인—김현 25시 파란수첩'(2013)

김현곤(金玄坤)

(생)1961 (주)대구 동구 첨단로53 NIA빌딩 한국정보화진흥원 부원장실(053-230-1020) (학)1980년 진주고졸 1984년 서울대 경제학과졸 1986년 同대학원 경영학과졸 1996년 경영공학박사(일본 쓰쿠바대) (경)2004년 한국전산원 정보화사업지원단장 2005년 同정보화기획단장 2006~2007년 한국정보사회진흥원 경영혁신실장 2008년 한국정보화진흥원 국가정보화기획단장 2013년 同빅데이터분석활용센터장 2014년 同미래전략센터 연구위원 2015년 同부원장(현) 2016년 법무부 법무정보화자문위원회 위원장(현) (상)과학기술훈장(2007) (저)'모든 비즈니스는 서비스로 통한다'(2010, 삼우반) '미래 만들기'(2012, 삼우반)

김현국(金賢國) Richard Kim

(생)1964 (주)서울 종로구 새문안로68 흥국증권 IB본부(02-6742-3600) (학)미국 캘리포니아주립대 정치경제학과졸, 미국 보스턴칼리지 대학원 법학과졸 (경)W.I. Carr증권 근무, 메릴린치증권 근무, SG증권 근무, 동원증권 홍콩지점장, 아우어바흐그레이슨증권 아시아대표, KB투자증권 근무 2012년 한화투자증권 법인금융본부장 2015년 흥국증권 IB본부장(현)

김현권(金玄權) KIM Hyun Gwon

(생)1964·5·17 (본)의성(義城) (출)경북 의성 (주)서울 영등포구 의사당대로1 국회 의원회관1023호(02-784-2841) (학)1981년 충암고졸 1991년 서울대 천문학과졸, 경북대 행정대학원 행정학과졸 (경)1995년 축산부문 영농후계자 2000년 (주)농촌과도시 창업·대표이사 2002년 새천년민주당 노무현 대통령후보 경선 대책위원 2002년 노무현대통령만들기 국민참여운동본부 대구경북본부장 2003년 경북정치개혁연대 상임위원 2003년 경북신당추진위원회 상임위원 2003년 대통령자문 국가균형발전위원회 자문위원 2004년 열린우리당 경북

군위군·의성군·청송군지구당 위원장 2007~2010년 한국농촌공사 비상임이사 2009년 의성한우협회 회장 2012년 제19대 국회의원선거 출마(경북 군위군·의성군·청송군, 민주통합당) 2014~2015년 새정치민주연합 경북군위군·의성군·청송군지역위원회 위원장 2015~2016년 더불어민주당 경북군위군·의성군·청송군지역위원회 위원장 2016년 제20대 국회의원(비례대표, 더불어민주당)(현) 2016년 더불어민주당 청년일자리TF 위원 2016년 국회 농림축산식품해양수산위원회 위원(현)

김현규(金鉉圭) KIM Hyun Kyu

(생)1937·1·19 (본)김해(金海) (출)경북 군위 (학)경북고졸 1959년 서울대 문리과대학 정치학과졸 (경)신민당 경북도당 부위원장 1979년 제10대 국회의원(구미·칠곡·군위·성주·선산, 무소속당선·신민당 입당) 1979년 신민당 원내부총무 1981년 제11대 국회의원(구미·군위·칠곡·선산, 민한당) 1981년 민한당 중앙훈련원장 1982년 同정책심의장 1985년 신민당 정무위원 1985년 제12대 국회의원(구미·군위·칠곡·선산, 무소속당선·신민당 입당) 1985년 민주화추진협의회 상임운영위원 1986년 신민당 원내총무 1987년 민주당 원내총무 1988년 同대구中지구당 위원장 1988·1990·1991년 同부총재 1990년 同총재권한대행 1991년 同최고위원 2000년 민주국민당 최고위원 2000년 同대구中지구당 위원장 (종)천주교

김현기(金顯基) Kim Hyeon Ki

(생)1956·2·5 (본)경주(慶州) (출)경북 영주 (주)서울 중구 덕수궁길15 서울특별시의회 의원회관806호(02-3783-1786) (학)국립철도고졸, 한국방송통신대 행정학과졸, 동국대 대학원졸, 행정학박사(동국대) (경)철도청 근무, 의료보험관리공단 근무, 마포구의회 전문위원, 국회사무처 보좌관, 한나라당 정책위원회 부위원장·전국위원, 호서대·철도대·한국체육대 강사, 서울시립대 겸임교수, 장안대학 겸임교수, 한국사회복지사협회 정책자문위원(1급 사회복지사), (재)여의도연구소 정책자문위원 2006·2010년 서울시의회 의원(한나라당·새누리당) 2006년 서울시교육청 재정계획심의위원 2006년 서울강남교육지원청 교육발전위원 2006년 서울시의회 교육문화위원회 위원 2006년 同예산결산특별위원회 위원 2006년 同남북교류협력지원특별위원회 위원 2006년 同정책연구위원회 부위원장 2007년 한나라당 제17대 대통령중앙선거대책위원회 지방자치부본부장 2007년 同제17대 대통령중앙선거대책위원회 서울시당 정책홍보본부 총괄단장 2008년 서울시의회 가락농수산물도매시장개선특별위원회 위원장 2008년 同교통위원회 부위원장 2008년 同윤리특별위원회 위원 2009년 同녹색성장지원특별위원회 위원 2009년 同상임위소관업무조정특별위원회 위원 2009년 同예산결산특별위원회 부위원장 2009년 同수도분할대책특별위원회 위원 2010~2012년 同문화체육관광위원회 위원장 2010년 서울시 강남구 노인장기요양보험등급판정위원회 위원장(현) 2012년 새누리당 서울강남乙당원협의회 부위원장 2012년 서울시의회 도시계획관리위원회 위원 2012년 同예산결산특별위원회 위원 2012년 새누리당 대선후보 중앙선대위 국민소통본부 특보 2012년 同서울시당 선대위 공약부 부위원장 2014년 서울시의회 의원(새누리당)(현) 2014·2016년 同행정자치위원회 위원(현) 2014·2016년 同남북교류협력지원특별위원회 위원(현) 2015년 새누리당 중앙연수원 교수(현) (상)국회의장표창(2006) (종)천주교

김현대(金玄大) KIM Hyun Dea

(생)1960·12·21 (본)의성(義城) (출)대구 (주)서울 마포구 효창목길6 한겨레신문 출판국(02-710-0500) (학)1979년 대구고졸 1987년 서울대 사회학과졸 2001년 캐나다 Condord Univ. 대학원 MBA (경)1987년 한겨레신문 창간사무국 근무 1990년 同경제부 기자 2001년 同사회부 법조팀장 2003년 同사회부 차장 2004년 同미디어사업기획부장 2005년 同미디어사업단장 직대(부국장급) 2005년 同경영기획실 전략기획담당 기획위원 2006년 同전략기획실장(이사대우) 2007년 同한겨레경제연구소 연구위원 2008년 同지역경제디자인센터 소장 2010년 同편집국 지역부문 선임기자 2014년 同출판국장(현) (상)대통령표창(2011) (저)'손바닥금융(共)'(1993) '장수기업, 장수상품(共)'(1995) '협동조합 참 좋다(共)'(2012) (역)'내 인생을 바꾸는 대학'(2008) '진보의 힘'(2010)

김현룡(金賢龍) Kim Hyeon Lyong

(생)1964·7·1 (출)제주 (주)서울 서초구 서초중앙로157 서울중앙지방법원(02-530-1114) (학)1983년 대성고졸 1987년 서울대졸 1989년 同대학원졸 (경)1988년 사법시험 합격(30회) 1993년 사법연수원 수료(22기) 1993년 서울민사지법 판사 1995년 서울지법 북부지원 판사 1997년 청주지법 판사 1997년 변호사 개업 2000년 춘천지법 판사 2003년 서울지법 판사 2004년 서울중앙지법 판사

2005년 서울고법 판사 2006년 대법원 재판연구관 2008년 서울중앙지법 판사 2009년 제주지법 수석부장판사 2010년 사법연수원 교수 2013년 서울동부지법 부장판사 2015년 서울중앙지법 민사합의13부장판사(현)

김현명(金賢明) Kim Hyun-myung

⊛1956 · 9 · 6 ⊛광주 ㈜서울 서초구 방배로169 한국수입협회(02-583-1234) ⊗1979년 서울대 불어교육과졸 1991년 일본 와세다대 연수 ⊗1979년 외무고시 합격(13회) 1979년 외무부 입부 1984년 駐홍콩청 2등서기관 1991년 駐일본 1등서기관 1995년 외무부 정보과장 1997년 駐베트남 참사관 1999년 駐네덜란드 참사관 2002년 駐뉴욕 부총영사 2005년 국회사무처 파견 2007년 駐후쿠오카 총영사 2010년 중앙공무원교육원 국제교육협력관 2012년 駐이라크 대사 2014~2016년 駐로스앤젤레스 총영사 2016년 (사)한국수입협회 상근부회장(현)

김현모(金現模) KIM hyunmo

⊛1961 · 6 · 12 ⊛광산(光山) ㈜서울 서초구 남부순환로2364 국립국악원 기획운영단(02-580-3008) ⊗서강대 정치외교학과졸 1990년 행정고시 합격(34회) 2003년 문화관광부 기획관리실 행정인사담당관실 서기관 2005년 同문화정책국 지역문화과장 2006년 同문화정책국 문화정책과장 2006년 同문화정책국 문화정책팀장 2007년 통일연구원 파견 2008년 문화관광부 체육국 스포츠산업팀장 2008년 문화체육관광부 체육국 스포츠산업과장 2009년 同저작권정책과장 2009년 同문화예술국 문화예술교육팀장 2010년 同문화예술국 문화예술교육과장(부이사관) 2010년 同저작권정책관실 저작권정책과장 2012년 대통령실 파견(부이사관) 2013년 국방대 교육파견(부이사관) 2014년 대한민국예술원 사무국장 2015년 문화체육관광부 문화콘텐츠산업실 저작권정책관 2016년 국립국악원 기획운영단장(현)

김현목(金賢穆) KIM Hyun Mok

⊛1965 · 8 · 14 ⊛안동(安東) ⊛경기 포천 ㈜서울 영등포구 의사당대로1 국회 의원회관1019호(02-784-2135) ⊗1984년 광동실업고졸 1989년 건국대졸 2008년 서강대 경제대학원 의회전문가과정(C.S.P) 수료 ⊗1989년 국회사무처 보좌관(별정직 4급) 1992~2000년 同비서관(별정직 5급) 2000년 同보좌관(별정직 4급) 2002년 민주당 · 열린우리당 정책위의장 보좌관 2004년 국회 예산결산특별위원장 보좌관 2005년 同정책연구위원(별정직 3급) 2005~2006년 同정책연구위원(별정직 2급) 겸 국회 원내대표실 부실장 2005년 (사)한국청소년운동연합 자문위원 2006~2008년 산업자원부 공기업혁신연구회 간사 2006~2008년 同장관정책보좌관(별정직 2급, 고위공무원단) 2006~2007년 서초여성인력개발센터 국회보좌진양성과정 강사 2007년 민주화운동관련자 인정(민주화운동관련자명예회복및보상심의위원회) 2007년 한국에너지재단 자문위원 2008년 통합민주당 당대표경제특보 2008년 국회의원 송훈석 보좌관(별정직 4급) 2012년 국회의원 강동원 보좌관(별정직 4급) 2016년 국회의원 김철민 보좌관(별정직 4급)(현) ⊗15대 대통령당선자 감사장(1998), 농업협동조합중앙회장감사장(2001), 국회사무총장표창(2003), 삼성교통안전연구소감사패(2006), 국회의장 공로패(2009), 민주통합당 원내대표 표창(2011), 대통령표창(2012)

김현묵(金賢默)

⊛1957 · 1 · 28 ⊛전북 익산 ㈜충남 보령시 대천로122 보령소방서 서장실(041-930-0201) ⊗원광대 전기공학과졸 ⊗1986년 소방장 특채 임용(소방공학생 4기) 1995년 서산소방서 서산과장(지방소방령) 1998년 충남도 소방안전본부 방호담당 2001년 천안소방서 방호구조과장 2008년 충남도 소방안전본부 종합상황실장 2008년 연기소방서장(지방소방정) 2011년 부여소방서장 2012년 충남도 소방안전본부 종합방재센터장 2013년 금산소방서장 2015년 보령소방서장(현) ⊗대통령표창(2002)

김현미(金賢美 · 女) KIM Hyun Mi

⊛1962 · 11 · 29 ⊛김해(金海) ⊛전북 정읍 ㈜서울 영등포구 의사당대로1 국회 의원회관646호(02-784-4990) ⊗1980년 전주여고졸 1985년 연세대 정치외교학과졸 ⊗1985년 민주화운동청년연합 회원 1987년 평민당 홍보위원회 근무 1987년 同당보기자 1990년 신민주연합 이우정 수석최고위원 비서 1991년 민주당 여성위원회 기획부장 1992년 이우정의원 비서관 1996년 민주당 조순 서울시장후보 여성분과 정책전문위원 1996년 국민회의 기획조정

실 언론분석부 TV모니터팀장 1997년 同제15대 대통령선거대책본부 정세분석실 언론분석부 TV모니터팀장 1997년 同부대변인 2000년 새천년민주당 부대변인 2003년 노무현 대통령당선자 부대변인 2003년 대통령 국내언론1비서관 2003년 대통령 국내언론비서관 2003년 대통령 정무2비서관 2004년 열린우리당 공보실장 2004년 同총선기획단 부단장 2004~2008년 제17대 국회의원(비례대표, 열린우리당 · 대통합민주신당 · 통합민주당) 2004년 열린우리당 대변인 2005년 同경기도당 위원장 2006년 同원내부대표 2007년 대통합민주신당 정동영 대통령후보 공동대변인 2011년 민주당 수석사무부총장 2012년 제19대 국회의원(고양시 일산서구, 민주통합당 · 민주당 · 새정치민주연합 · 더불어민주당) 2012~2014년 국회 기획재정위원회 야당 간사 2013년 민주당 제2정책조정위원장 2013년 同당무위원 2014년 새정치민주연합 정책위원회 수석부의장 2014년 同원내정책수석부대표 2014년 국회 기획재정위원회 위원 2014~2015년 국회 예산결산특별위원회 위원 2014년 국회 세월호침몰사고진상규명을위한국정조사특별위원회 간사 2014년 새정치민주연합 전략홍보본부장 2014년 同SNS유언비어대책위원회 위원 2014~2015년 同정책엑스포조직위원회 추진단장 2015년 국회 서민주거복지특별위원회 위원 2015년 새정치민주연합 대표최고위원 비서실장 2016년 더불어민주당 고양시丁지역위원회 위원장(현) 2016년 제20대 국회의원(고양시丁, 더불어민주당)(현) 2016년 더불어민주당 비상대책위원회 위원 2016년 국회 예산결산특별위원회 위원장(현) 2016년 국회 기획재정위원회 위원(현) ⊛법률소비자연맹 선정 국회 헌정대상(2013), 선플운동본부 '국회의원 아름다운 말 선플상'(2014) ⊗에세이 '강한 아줌마 약한 대한민국'(2011, 메디치미디어)

김현미(金賢美 · 女) KIM Hyon Mi

⊛1965 · 2 · 1 ⊛전남 완도 ㈜인천 남구 소성로163번길17 인천지방법원(032-860-1113) ⊗1983년 목포여고졸 1987년 고려대 법대졸 ⊗1988년 사법시험 합격(30회) 1991년 사법연수원 수료(20기) 1991년 광주지법 판사 1993년 同목포지원 판사 1995년 인천지법 판사 1999년 서울가정법원 판사 2001년 서울지법 판사 2003년 서울고법 판사 2004년 서울중앙지법 판사 2005년 서울고법 판사 2006년 인천지법 부장판사 2009년 서울서부지법 부장판사 2011년 서울중앙지법 부장판사 2014년 서울남부지법 부장판사 2016년 인천지법 형사합의4부장판사(현)

김현민

⊛1960 ㈜제주특별자치도 제주시 문연로6 제주도청 문화체육대회협력국(064-710-3300) ⊗제주 세화고졸, 제주대 법학과졸 ⊗1981년 공무원 임용 2013년 제주도 보건복지여성국 노인장애인복지과장 직대(지방행정사무관) 2013년 同보건복지여성국 노인장애인복지과장(지방서기관) 2014년 국방대 파견 2015년 제주도 문화관광스포츠국 문화정책과장 2016년 同문화체육대회협력국장(현)

김현배(金玄培) KIM Hyun Bae (玄岩)

⊛1948 · 3 · 22 ⊛김해(金海) ⊛충북 청주 ㈜충북 청주시 서원구 대원로58 도시개발(주)(043-272-5001) ⊗1967년 청주상고졸 1978년 청주대 경영학과졸 1988년 충남대 행정대학원 최고관리자과정 수료 ⊗1981~1987년 평통 자문위원 1982~1984년 민족통일청주시협의회 회장 1985년 충북JC 회장 1986년 충북도체육회 카누연맹 회장 1988~1992년 한국자유총연맹 충청북도 부지부장 1988~2000년 신한국당 국책자문위원 1988~2006년 민주평통 자문위원 1990~1992년 중부매일신문 감사 1990년 중부건설 대표이사(현) 1991~1994년 한국청년지도자연합회 중앙회장 1993년 도시개발(주) 대표이사(현) 1993년 청주불교단체협의회 회장 1994년 대성고 총동문회 수석부회장 1996년 제14대 국회의원(전국구 승계, 신한국당) 1996~1997년 국제로타리 2740지구 청주서원클럽 회장 1997년 충북불교신도연합회 회장(현) 2000~2003년 청주직지신용협동조합 이사장 2003~2004년 교동초 총동문회 회장 2007년 충북4 · 19기념사업회 부사장 2008년 충북일보 이사(현) 2008년 충북무궁화산악회 회장(현) 2011~2014년 유네스코 충북협회 회장 2011년 충북오래포럼 공동대표 2012년 새누리당 충북도당 부위원장(현) ⊗대통령표창 ⊗불교

김현복(金鉉馥) KIM Hyun Bok

⊛1965 · 3 · 5 ⊛김녕(金寧) ⊛경기 연천 ㈜경기 고양시 일산동구 중산로157번길49 대산타운203호 (재)문화나눔재단(031-975-0335) ⊗1989년 연세대 신학과졸 2005년 同행정대학원졸 ⊗1989~1996년 해군 학사장교 1996~2004년 국회의원 비서관, 한나라당 청년위원회 전국위원, (재)한국혁신전략연구원 이사, 한국독서문화진흥협회 이사(현) 2006~2010년 경기도의

회 의원(한나라당) 2006~2010년 同문화공보위원 2006년 同한나라당 부대표 2006~2010년 同간행물편찬위원회 위원 2006~2010년 同규제특별위원회 위원 2006~2010년 同주민기피시설대책특별위원회 위원 2008~2010년 (재)경기문화재단 이사 2009년 (재)문화나눔재단 이사장(현) 2010~2014년 경민대 효충사관과 교수 2014년 새누리당 고양일산동구당원협의회 당협위원장(현) 2014년 同경기도당 대변인(현) 2014년 同중앙연수원 부원장(현) ❸제5회 의정대상(2007) ❼기독교

김현삼(金鉉三) KIM Hyun Sam

❸1967 · 2 · 20 ❹전북 김제 ❿경기 수원시 팔달구 효원로1 경기도의회(031-8008-7000) ❺이리고졸 2008년 경희사이버대 NGO학과졸 ❻대성합성화학 노동조합위원장, 경제정의실천시민연합 경기도협의회 사무처장, 경기시민운동연대 사무처장 2004~2005년 아주대 정치외교학과 초빙강사, 5 · 31스마트매니페스토정책선거추진본부 공동집행위원장, 경기도 지속가능발전위원회 위원, 同버스정책위원회 위원, 同행정서비스헌장심의위원회 위원, 안산시 예산참여시민위원회 행정분과위원장, 안산좋은기업만들기추진위원회 운영위원장, 안산시 공공근로심의위원회 위원, 시화호지속가능발전협의회 대기분과위원, (사)경기지역사회경제연구소 선임연구원, (사)한국노동정책복지센터 실행이사, (사)안산환경개선시민연대 이사 2006년 경기도의원선거 출마(열린우리당), 제종길 국회의원 보좌관, 민주당 경기도당 경기비전2020특별위원회 부위원장, 同안산단원乙교육연수위원회 위원장 2010년 경기도의회 의원(민주당 · 민주통합당 · 민주당 · 새정치민주연합) 2010년 同민주당 대변인 2012년 同기획재정위원회 위원장 2013년 민주당 홍보위원회 부위원장 2014년 경기도의회 의원(새정치민주연합 · 더불어민주당)(현) 2014~2016년 同운영위원회 위원 2014~2016년 同더불어민주당 대표의원 2014~2016년 同농정해양위원회 위원 2015년 同평택항발전추진특별위원회 위원(현) 2015년 경기도 경기연정실행위원회 공동위원장 2016년 경기도의회 경제과학기술위원회 위원(현)❸경기도자원봉사대상 동상, 행정자치부장관표창 ❼천주교

김현석(金賢錫) KIM HYUN SEOK

❸1957 · 1 · 23 ❿서울 영등포구 국제금융로2길25 (주)한진해운 재무본부(02-3770-6114) ❺경동고졸, 중앙대 회계학과졸 ❻대한항공(주) 감사실장(상무보) 2010년 同감사실장(상무B) 2012년 同수입관리부담당 상무 2012년 (주)한진해운 재무본부장(상무) 2015년 同재무본부장(전무)(현)

김현석(金賢錫) KIM Hyun Seok

❸1966 · 9 · 10 ❹김해(金海) ❹부산 ❿서울 서초구 서초로219 대법원 선임재판연구관실(02-3480-1100) ❺1985년 부산 동천고졸 1989년 서울대 법대 사법학과졸 ❻1988년 사법시험 합격(30회) 1991년 사법연수원 수료(20기) 1991년 軍법무관 1994년 서울지법 판사 1996년 同서부지원 판사 1999년 부산지법 동부지원 판사 2000년 해외 연수 2002년 서울고법 판사 2002~2004년 법원행정처 송무심의관 겸임 2006년 同사법정책실 판사 2006년 부산지법 판사(사법제도개혁추진위원회 파견) 2008년 수원지법 성남지원 부장판사 2010년 서울중앙지법 부장판사 2010~2012년 법원행정처 정책총괄심의관 2013년 대구고법 부장판사 2015년 서울고법 부장판사 2016년 대법원 선임재판연구관(현)

김현석(金玄錫) KIM Hyeon Seok

❸1969 · 2 · 11 ❹전북 정읍 ❿서울 광진구 아차산로404 서울동부지방법원(02-2204-2114) ❺1987년 구로고졸 1993년 서울대 법학과졸 ❻1994년 사법시험 합격(36회) 1997년 사법연수원 수료(26기) 1997년 軍법무관 2000년 서울지법 남부지원 판사 2002년 서울지법 판사 2004년 대전지법 서산지원 판사 2008년 서울고법 판사 2010년 대법원 재판연구관 2012년 전주지법 부장판사 2014년 의정부지법 부장판사 2016년 서울동부지법 부장판사(현)

김현석(金炫錫) Hyeonseok Kim

❸1970 · 10 · 18 ❹안동(安東) ❹대구 ❿경기 의왕시 오봉로175 안양세관(031-596-2001) ❺1988년 대구 경신고졸 1998년 서강대 경제학과졸 ❻2007년 부산본부세관 감시과실 근무 2008년 관세청 마약조사과 근무 2010년 국무총리실 파견 2011년 관세청 규제개혁법무담당관실 근무 2012년 同기획재정담당관실 근무 2015년 同국종망추진단 사업총괄과장 2016년 안양세관장(현)

김현선(金鉉善) KIM Hyeon Seon

❸1965 · 12 · 11 ❹김해(金海) ❹전남 함평 ❿서울 마포구 마포대로174 서울서부지방검찰청(02-3270-4000) ❺1984년 광주 금호고졸 1988년 서울대 사법학과졸 1995년 同대학원 법학과 수료 ❻1996년 사법시험 합격(38회) 1999년 사법연수원 수료(28기) 1999년 변호사 개업 1999년 울산대 법학과 외래강사 2002년 광주지검 검사 2004년 同해남지청 검사 2006년 서울남부지검 검사 2006~2007년 미국 포드햄대 로스쿨 연수 2009년 인천지검 검사 2011년 수원지검 부부장검사 2012년 서울중앙지검 부부장검사 2013년 서울고검 검사 2014년 대구지검 포항지청 부장검사 2015년 同서부지청 부장검사 2016년 서울서부지검 부장검사(현) ❸법무부장관표창(2001) ❼기독교

김현섭(金賢燮)

❸1967 · 9 · 7 ❹김해(金海) ❹대전 ❿경기 안산시 상록구 해안로787 한국해양과학기술원 심해저광물자원연구센터(031-400-6365) ❺1986년 대전고졸 1990년 서울대 자원공학과졸 1992년 同대학원 자원공학과졸 1994년 同대학원 자원공학 박사과정 수료 ❻1994~1998년 한국해양연구원 심해저연구센터 연구원 1999년 同해양자원연구본부 선임연구원, 同심해 · 해저자원연구부 책임연구원 2012년 한국해양과학기술원 심해저광물자원연구센터 책임연구원(현)

김현성(金鉉城) Kim, Hyun-Sung

❸1964 · 5 · 1 ❹선산(善山) ❹서울 ❿서울 동대문구 서울시립대로163 서울시립대학교 정경대학 행정학과(02-6490-2025) ❺1982년 영동고졸 1986년 연세대 행정학과졸 1988년 同대학원 행정학과졸 1995년 행정학박사(미국 Univ. of Southern California) ❻1986~1988년 연세대 대학원 행정학과 연구조교 1996~1998년 연세대 지역사회개발연구소 전문연구원 1997~1998년 同사회과학연구소 연구원 1998년 서울시립대 정경대학 행정학과 조교수 · 부교수 · 교수(현) 1999~2002년 서울시립대 정보화추진기획단 기획위원 2000년 정보통신부 정보화평가위원회 평가위원 2001~2002년 국무조정실 정보화평가위원회 평가위원 2001~2003년 서울시립대 전자정부연구소 연구부장 2002년 한국정책학회 총무이사 2002~2003년 서울시립대 행정학과장 2003년 한국지역정보화학회 편집위원장 2003~2005년 서울시립대 전자정부연구소장 2004년 정보통신부 국민정보화정책협의회 위원 2004~2008년 강남구청 감사자문위원회 자문위원 2005~2006년 한국행정학회 총무이사 2007년 한국지역정보화학회 연구이사 2006~2007년 미국 뉴햄프셔대 정치학과 방문교수 2005년 서울시 정보화추진위원회 위원 2012년 서울시립대 정경대학 교학과장 2014~2015년 同전산정보원장 2015년 同학생처장(현) 2015년 同대학보건소장 겸임(현) ❼기독교

김현성(金賢星) KIM HYUN SUNG

❸1971 · 12 · 7 ❹서울 ❿경기 성남시 분당구 대왕판교로645번길16 플레이뮤지엄 NHN엔터테인먼트(031-8038-2503) ❺1990년 성남고졸 1996년 서울대 법학과졸 ❻사법시험 합격(37회), 사법연수원 수료(27기) 1998~2001년 해군 軍법무관 2001년 의정부지법 판사 2003~2005년 서울북부지법 판사 2005~2006년 법무법인 아주 변호사 2008년 법무법인 우면 변호사 2008~2013년 NHN(주) 이사 2013년 K-Innovation 대표(CEO)(현) 2013년 NHN엔터테인먼트 총괄이사(현)

김현수(金炫秀) KIM Hyun Soo

❸1954 · 8 · 8 ❹의성(義城) ❹대구 ❿경기 용인시 수지구 죽전로152 단국대학교(031-8005-2114) ❺1974년 경북고졸 1978년 영남대졸 1982년 연세대 경영대학원졸 ❻1980년 예편(육군 중위) 1980~1982년 럭키금성그룹 금성계전 자금부 근무 1982~1986년 (주)코단 · (주)코단건업 상무이사 1986년 한독물산 대표, 국방부 정책자문위원, 서울중앙지법 조정위원, 한국청소년생활체육협회 고문 2008년 주택관리공단 경영지원이사 2011년 단국대 겸임교수 2013년 同초빙교수(현)

김현수(金鉉秀)

❸1956 · 6 · 10 ❹경북 군위 ❿서울 중구 소월로3 롯데손해보험(주) 임원실(02-3455-3114) ❺대구상고졸, 한양대 회계학과졸 ❻1984~1987년 롯데산업 입사 · 근무 1987년 롯데백화점 경리 · 자금 · 회계부 근무 2000년 同재무 · 회계팀장 2005년 同재무담당 이사대우 2006년 同재무부문장 2007년 同재무부문장(이사) 2010년 同재무부문장(상무) 2012년 同재무부문장(전무) 2014년 롯데손해보험(주) 대표이사 전무 2015년 同대표이사 부사장(현)

김현수(金顯洙) KIM Hyun Soo (如洋)

[생]1958·5·25 [본]김해(金海) [출]충북 진천 [주]인천 남구 인하로100 인하대학교 법학전문대학원(032-860-7924) [학]1975년 중동고졸 1980년 해군사관학교(2기)졸 1984년 서울대 법대 법학과졸 1987년 同대학원 법학과졸 1993년 법학박사(영국 Univ. of Wales) [경]1987~2000년 해군사관학교 교수 1997년 국방부 국제관계법률연구관 1998년 해양수산부 자문위원 2000~2008년 해군대학 국제법 교수 겸 해양법연구실장 2001년 (사)해양법포럼 이사 2001년 한국해양전략연구소 선임연구위원 2003년 해양환경안전학회 이사 2006년 해양수산부 미래국가해양전략 자문 및 집필위원 2006년 외교통상부 한일EEZ경계획정협상 TF 및 대표단 2008년 인하대 법학전문대학원 교수(현) 2008년 동북아역사재단 산하 독도연구소장 2009년 한국해사법학회 부회장(현) 2010년 국립해양조사원 국가지명위원회 위원 2013년 국제수로기구(IHO) 산하 해양법자문위원회 위원(현) 2016년 (사)한국수로학회 회장(현) [저]'국제해양법'(2007) '세계도서영유권분쟁과 독도'(2009, 연경문화사) '해양법총론'(2010, 청목출판사) '해양법각론'(2011, 청목출판사) [역]'무력분쟁법상의 적대행위'(2011, 연경문화사) [종]가톨릭

김현수(金賢洙) KIM Hyun Soo

[생]1958·8·6 [주]서울 성북구 정릉로77 국민대학교 경영대학 경영학부(02-910-4566) [학]1982년 서울대 원자핵공학과졸 1985년 한국과학기술원 대학원 경영과학과졸 1992년 경영학박사(미국 플로리다대) [경]1985~1988년 (주)데이콤 주임연구원 1988년 한국정보문화센터 주임연구원 1992년 미국 플로리다대 객원조교수 1992년 한국정보문화센터 정책연구부장 1994년 국민대 경영대학 경영학부 교수(현) 2000~2001년 미국 UC Berkeley 연구교수 2002~2012년 (사)한국IT서비스학회 회장 2002~2004년 국민대 비즈니스IT학부장 2004~2006년 同비즈니스IT전문대학원장 겸 정보과학대학원장 2007년 (사)서비스사이언스전국포럼 상임운영위원장·공동대표(현) 2008년 (사)서비스사이언스학회 수석부회장 2010년 (사)한국서비스산업연구원 이사장(현) 2012~2015년 한국IT서비스학회 이사장 2012~2013년 (사)한국정보기술학술단체총연합회 회장 2012년 (사)서비스산업총연합회 부회장(현) 2012년 (재)한국문화정보센터 비상임이사 2014년 (사)서비스사이언스학회 회장(현) 2015년 한국문화정보원 비상임이사(현) 2015년 한국고용정보원 비상임이사(현) [상]정보통신부장관표창(1998), 대통령표창(2004), 기획재정부장관표창(2008) [저]'통합사무자동화론(共)'(1996) '정보시스템 진단과 감리'(1999) '프로젝트 관리(共)'(2005) '경영혁신론'(2006) '서비스사이언스(共)'(2006) '지식경제시대의 서비스사이언스(共)'(2011)

김현수(金玄洙) KIM HYUN SOO

[생]1961·2·7 [주]서울 양천구 공항대로616 김현수한의원(02-2652-0037) [학]1979년 대구 계성고졸, 동국대 한의학과졸, 1996년 서울대 보건대학원 보건정책과정 수료 2002년 한의학박사(동국대) [경]1991년 김현수한의원 원장(현) 1995~1996년 서울시한의사협회 이사 1996~2004년 대한한의사협회 보험이사 1996~2004년 보험위원회 위원장 1997~2000년 보건복지부 의료보험심의위원회 심의위원 1998년 동국대 한의과대학 외래교수(현) 1999~2003년 노동부 산재보험요양급여심의위원회 위원 1999~2003년 소비자분쟁조정위원회 전문위원 2000~2008년 국민건강보험심사평가원 비상임이사 2000~2002년 국무총리실 의료제도발전특별위원회 전문위원 2001~2003년 국토해양부 자동차보험분쟁심의회 위원 2001~2008년 통계청 한국표준질병사인분류개정위원회 위원 2002~2003년 대통령 의료제도발전특별위원회 위원 2001~2004·2005~2006년 보건복지부 건강보험정책심의위원회 위원 2002~2004년 건강보험심사평가원 서울지원 비상근심사위원 2002~2008년 한림대 의대 외래교수 2004~2006년 대한개원한의사협의회 회장 2005~2006년 대한한의사협회 부회장 2008~2010년 同회장 2008~2010년 한의신문 발행인 2008~2010년 한국 한의학 교육평가원 이사장 2008년 서울대학교 총동창회 이사(현) 2007~2009년 동국대 한의과대학 총동창회장 2009~2010년 한국보건의료인국가시험원 이사장 2009~2011년 보건복지부 중앙약사심의위원회 위원 [상]보건복지부장관표창(1999), 국무총리표창(2000), 자랑스러운 동국인상 의료부문(2009)

김현수(金炫秀) KIM Hyeon Soo

[생]1961·3·15 [출]대구 달성 [주]세종특별자치시 다솜2로94 농림축산식품부 기획조정실(044-201-1051) [학]1980년 경북고졸 1985년 연세대 경제학과졸 1987년 서울대 행정대학원 행정학과졸 1994년 미국 위스콘신대 메디슨교 대학원 농경제학과졸 [경]1987년 농림수산부 행정사무관 1992년 同기획예산과·식량정책과 행정사무관 1996년 농림부 식량정책과 서기관 1999년 同경영유통정보담당관 직대 1999년 同정보화담당관 2000년 미국 캘리포니아주정부 파견 2002년 종자관리소 종자유통과장 2002년 WTO농업협상대책반 파견 2002년 농림부 식량정책과장 2005년 同유통정책과장 2007년 중앙공무원교육원 파견 2008년 농림수산식품부 대변인 2008년 IFAD(국제농업개발기금) 파견 2011년 농림수산식품부 식량정책관 2012년 同식품산업정책관 2013년 농림축산식품부 식품산업정책관 2013년 同농촌정책국장 2015년 同기획조정실장(현) [상]대통령표창(1995)

김현수(金鉉洙)

[생]1961·3·20 [주]서울 마포구 토정로144 서울신용평가 임원실(02-3449-1546) [학]고려대 경영학과졸, 同대학원 경영학과졸, 경영학박사(고려대) [경]1988년 한국신용평가(KIS) 입사 1998~2000년 Moody's 합작법인 한국신용평가 Valuation팀장 2001년 한국신용평가 특수평가사업부문장 2005년 同PF평가본부장 2010년 同금융평가본부장 2012~2014년 同총괄본부장(상무) 2014~2015년 우리인베스트먼트 대표이사 2016년 서울신용평가 대표이사 사장(현)

김현수(金賢洙) KIM HYUN SOO

[생]1961·8·9 [주]서울 금천구 가산디지털1로131 이랜드파크 임원실(02-2012-5000) [학]서울대 국사학과졸 [경]1987년 이랜드 입사 2011년 同중국사업부 전략기획실 근무 2013년 同중국사업부 패션영업본부장 2016년 이랜드파크 대표이사 전무(현)

김현수(金炫壽) Kim Hyun Soo

[생]1964·1·6 [본]삼척(三陟) [출]서울 [주]서울 강남구 언주로874 쌍봉빌딩7층 대표이사실(02-3496-0114) [학]1981년 서울 중앙고졸 1988년 연세대 원주의대 의학과졸 1998년 아주대 의과대학원 의학과졸 [경]1988~1989년 연세대 원주기독병원 인턴 1989~1992년 同원주기독병원 레지던트 1995~1997년 아주대병원 혈액종양내과 연구강사 1997~2002년 아주대 혈액종양내과 조교수 2002년 파미셀(주) 대표이사(현) 2003~2005년 경기대 생물학과 겸임교수 2005년 연세대 원주의대 겸임교수·외래부교수 2007~2008년 아주대 대학원 분자과학기술학과 겸임교수 2008~2010년 식품의약품안전청 자체규제심사위원회 위원 2016년 세계인명사전 'Marquis Who's Who in the world' 등재 2016년 김현수클리닉 대표원장(현) [상]보건산업기술대전 연구부문 대상(2005), 대한민국 보건산업대상 산업발전부분 대상(2011)

김현수(金賢洙)

[생]1965·1·9 [출]서울 [주]경기 고양시 일산동구 호수로550 사법연수원(031-920-3102) [학]1983년 장충고졸 1990년 고려대 법학과졸 [경]1996년 사법시험 합격(38회) 1999년 사법연수원 수료(28기) 1999년 서울지검 의정부지청 검사 2001년 춘천지검 강릉지청 검사 2003년 부산지검 동부지청 검사 2005년 인천지검 검사 2007년 서울동부지검 검사 2011년 광주지검 부부장검사 2012년 대검찰청 연구관 2013년 부산지검 강력부장 2014년 광주지검 장흥지청장 2015년 수원지검 강력부장 2016년 사법연수원 교수(현)

김현수(金賢洙) Kim Hyun Soo

[생]1988·1·12 [출]서울 [학]신일고졸 [경]2006~2015년 프로야구 두산 베어스 소속(외야수) 2008년 프로야구 올스타전 동군대표 2008년 제29회 베이징올림픽 국가대표(금메달) 2008년 프로야구 정규리그 타율 1위(0.357)·최다안타 1위(168개)·출루율 1위(0.454) 2009년 제2회 월드베이스볼클래식(WBC) 국가대표(준우승) 2010년 광저우아시안게임 국가대표(금메달) 2013년 제3회 월드베이스볼클래식(WBC) 국가대표 2014년 인천아시안게임 국가대표(금메달) 2015년 국내프로야구 정규시즌 성적(타율 0.326·홈런 28·타점 121·안타 1671·득점 103개) 2015년 프로야구 한국시리즈 우승 2015년 세계야구소프트볼연맹(WBSC) 주관 '2015 프리미어 12' 국가대표·우승·대회 초대 MVP 선정 2015년 프로 통산 성적(타율 0.318·홈런 142·타점 771) 2015년 미국 메이저리그(MLB) 볼티모어 오리올스 입단(외야수)(2년총액 700만달러)(현) 2016년 시즌 MLB 성적(95경기 출전·타율 0.302·6홈런·22타점) [상]이영민 타격상(2005), 제일화재 프로야구 대상(2008), 스포츠토토 올해의 타자상(2008), KBO 골든글러브 외야수부문(2008·2009·2010·2015), 조아제약 프로야구대상 바이오톤상(2009·2010), 제27회 코리아베스트드레서 스완어워드 스포츠부문(2011), 조아제약 프로야구대상(2015)

김현숙(金顯淑 · 女) KIM Hyun Sook

[생]1936 · 12 · 9 [주]인천 연수구 갯벌로98 (주)경신 비서실(032-714-7160) [학]1957년 수도여자사범대졸 1986년 숭실대 최고경영자과정 수료 1986년 연세대 최고경영자과정 수료 1992년 서울대 최고경영자과정 수료 1993년 전국경제인연합회 최고경영자과정 수료 1995년 서강대 최고경영자과정 수료 2002년 同언론대학원 PI최고위과정 수료 [경]1983년 태성전장(주) 감사 1985년 경신공업(주) 대표이사 1994년 한국여성경제인연합회 부회장 1997년 현대자동차 협동회 이사 1998년 한국여성경제인연합회 인천지회장 1999년 한국자동차공업협동조합 이사(현) 1999년 공정거래위원회 하도급자문위원 1999년 노동부 고용보험전문위원회 위원 1999년 한국여성경제인협회 부회장 겸 인천지회장 2000년 인천상공회의소 17대 상임의원 · 산업진흥분과위원 2001년 현대기아자동차 협력회 부회장 2002년 한국여성경제인협회 수석부회장 겸 인천지회장 2003년 인천상공회의소 18대 부회장 2004년 한국여성경제인협회 부회장 2005~2010년 경신공업(주) 회장 2006년 인천상공회의소 19대 부회장 2008년 인천경영자총협회 회장 2008년 한국표준협회 비상임감사 2010년 (주)경신 회장(현) 2012~2015년 한국표준협회 비상임이사 2013년 한국여성경제인협회 부회장(현) 2013~2015년 민주평통 인천지역회의 부의장 [상]한국모범여성경제인 통상산업부장관표창(1996), 한국모범여성경제인 국무총리표창(1997), 인천경영자협회 보람의일터 대상(2001), 인천상공회의소 상공대상 노사협조부문(2001), 모범여성기업인 은탑산업훈장(2001), 중소기업협동조합중앙회장표창(2002), 한국능률협회 한국의 경영자상(2004), 대한민국 경영품질대상 최우수상(2004), 품질경쟁력 우수기업 산업자원부장관표창(2005 · 2006), 관세청장표창(2006), 무역의날 3억불 수출의탑(2006), 산업자원부장관표창(2007), 한국인사조직학회 여성경영인상(2007), 인천시 산업평화대상(2007), 서울대 AMP대상(2008), 국가생산성대상 미래경영부문 지식경제부장관표창(2008), 품질경쟁력 우수기업 지식경제부장관표창(2008), 국가생산성대회 금탑산업훈장(2009), 국가생산성대상 정보화부문(2010), 무역의날 4억불 수출의탑(2010), 국가생산성대상 인재개발부문(2011), 무역의날 5억불 수출의탑(2011), 무역의날 6억불 수출의탑(2012), 국가생산성대상 종합대상부문 대통령표창(2013), 7억불 수출의탑(2013)

김현숙(金賢淑 · 女) Kim Hyun-Sook

[생]1959 · 3 · 12 [주]서울 용산구 청파로47길100 숙명여자대학교 식품영양학과(02-710-9469) [학]숙명여대졸, 미국 오하이오주립대 대학원졸(이학박사) [경]1990~1992년 미국 오하이오주립대 Post-Doc., 숙명여대 식품영양학과 교수(현) 1996~2010년 한국노화학회 총무 1998~2010년 한국식품영양과학회 편집위원 1999~2000년 한국노인과학학술단체 이사 · 총무 · 조직위원 2001~2010년 한국영양학회 상임이사 · 정보위원장 · 편집위원 2002~2010년 한국학술진흥재단 심사위원 2002~2010년 한국보건산업진흥원 평가위원 2002~2010년 한국과학재단 평가위원 2002~2016년 대한영양사협회 상임이사 · 학술위원장 · 학술지편집위원장 · 홍보위원장 2006~2007년 서울시 여성위원 2006~2010년 식품의약품안전청 평가위원 2007년 국립독성연구원 평가위원 2008년 여성부 자문위원 2008년 한국학술진흥재단 전공심사위원 겸 평가위원 2008년 한국산업인력공단 출제위원 2008~2011년 소비자분쟁조정위원회 비상임위원 2008~2009년 숙명여대 평생교육원장 2008~2009년 同르꼬르동블루 · 숙명아카데미원장 2009~2012년 同학생처장 2009 · 2011년 한국지질동맥경화학회 식품영양분과 운영위원장 2009년 대한심뇌혈관질환예방학회 이사 2010년 한국인영양섭취기준개정위원회 검토위원 2010년 심혈관건강증진연구원 이사(현) 2014~2015년 한국영양학회 부회장 2016년 同회장(현) 2016년 한국노화학회 부회장(현) 2016년 숙명여대 생활과학대학장(현) [상]숙명여대 올해의 우수교수상(2010 · 2015 · 2016), 보건복지부장관표창(2014) [저]'현대노년학'(1997, 숙명여대 출판부) '영양의학'(2002, 고려의학) '영양학의 최신정보'(2003, 한국영양학회) '최신영양생화학 실험'(2005, 교문사) '영양과 건강'(2007, 유한문화사) '재미있는 영양이야기'(2007, 교문사) '우리 몸이 좋아해요 싱싱채소 상큼과일'(2010)

김현숙(金賢淑 · 女) Kim Hyunsook

[생]1966 · 5 · 10 [본]선산(善山) [출]충북 청주 [주]서울 종로구 청와대로1 대통령 고용복지수석비서관실(02-770-0011) [학]1984년 청주 일신여고졸 1988년 서울대 경제학과졸 1991년 同경제대학원졸 2003년 경제학박사(미국 일리노이대) [경]2003~2007년 한국조세연구원 연구위원 2007~2012년 숭실대 경제학과 교수(휴직 중) 2012년 새누리당 등록금부담완화TF팀 위원 2012년 同연로회원지원금제도개선TF팀 위원 2012~2015년 제19대 국회의원(비례대표, 새누리당) 2012년 새누리당 국민행복추진위원회 산하 '행복한여성추진단' 단장 2012 · 2014~2015년 국회 보건복지위원회 위원 2012~2014년 국회 여성가족위원회 여당 간사 2013년 국회 예산 · 재정개혁특별위원회 위원 2013년 국회 공공의료정상화를위한국정조사특별위원회 위원 2013~2015년 국회 동북아역사왜곡대책특별위원회 위원 2013년 제18대 대통령직인수위원회 여성 · 문화분과 인수위원 2013년 새누리당 대표최고위원 특별보좌역 2014~2015년 同원내대변인 2014~2015년 同원내부대표 2014~2015년 국회 운영위원회 위원 2014~2015년 새누리당 경제혁신특별위원회 공적연금개혁분과 위원 2014~2015년 同조직강화특별위원회 위원 2014~2015년 同공무원연금제도개혁TF 위원 2015년 국회 공무원연금개혁특별위원회 국민대타협기구 위원 2015년 대통령 고용복지수석비서관(현) [상]국정감사NGO모니터단 선정 국정감사 우수의원(2012), 법률소비자연맹 선정 국회 헌정대상(2013), 국정감사 친환경베스트의원상(2013), 유권자시민행동 선정 국정감사 최우수상(2013), 대한민국인물대상선정위원회 국정감사 우수국회의원상(2013), (사)한국문화예술유권자총연합회 선정 제19대 국정감사 우수국회의원상(2013), 대한민국인물대상선정위원회 대한민국 의정대상(2014), 법률소비자연맹 선정 국회 헌정대상(2014), 경제정의실천시민연합 국정감사 우수의원(2014) [종]천주교

김현숙(女)

[생]1971 · 4 [주]경기 수원시 영통구 삼성로129 삼성전자(주) 생활가전사업부(031-200-1114) [학]1990년 인천 박문여고졸 1994년 인하대 의류학과졸 1996년 同대학원 의류직물학과졸 [경]1996년 삼성전자(주) 기술총괄 생활시스템연구소 근무 1998년 同리빙사업부 선행연구그룹 근무 2003년 同시스템가전사업부 세탁기그룹 근무 2006년 同생활가전사업부 선행개발팀 근무 2013년 同생활가전사업부 감성Soft Lab장 2015년 同생활가전사업부 세탁기개발그룹 전문기술Lab장(상무)(현)

김현순(金炫淳)

[생]1972 · 2 · 28 [출]충북 옥천 [주]대전 서구 둔산중로78번길45 대전지방법원(042-470-1114) [학]1990년 대전고졸 1995년 연세대 법학과졸 1999년 同대학원졸 [경]1997년 사법시험 합격(39회) 2000년 사법연수원 수료(29기) 2000년 육군 법무관 2003년 인천지법 판사 2005년 서울중앙지법 판사 2007년 창원지법 진주지원 판사 2010년 의정부지법 고양지원 판사 2012년 서울고법 판사 2014년 서울남부지법 판사 2015년 대전지법 부장판사(현)

김현승(金顯承) KIM Hyun Seung

[생]1942 · 2 · 9 [본]김해(金海) [출]서울 [주]경기 파주시 중앙로207 경기도의료원 파주병원 원장실(031-940-9201) [학]1962년 경기고졸 1969년 연세대 의대졸 1977년 同대학원 의학과졸 1981년 의학박사(연세대) [경]1974~1975년 육군 제2사단 치료반장 1975~1976년 국군수도통합병원 일반내과 과장 1976~1977년 同심장내과 과장 1977~1982년 순천향대 의대 내과학교실 전임강사 · 조교수 1981~1982년 미국 토마스제퍼슨대학병원 심장내과 Visiting Fellow 1982년 미국 예일대병원 심장내과 Visiting Fellow 1983~2007년 연세대 의대 내과학교실 조교수 · 부교수 · 교수 1983~2005년 同영동세브란스병원 심장내과 과장 1991~2007년 同영동세브란스병원 노인병센터 소장 1992~2002년 同영동세브란스병원 내과 과장 1995~1996년 同영동세브란스병원 부원장 1998~2000년 대한고혈압학회 이사 1999~2005년 대한임상노인의학회 부회장 · 이사장 2004년 대한고혈압학회 부회장 2005년 대한임상노인의학회 명예이사장(현) 2005년 연세대 영동세브란스병원 심장센터소장 2006년 대한순환기학회 회장 2007년 경기도의료원 파주병원장(현) [상]대한순환기학회 우수논문학술상(1996), 정일형 · 이태영자유민주상 사회봉사부문(2014) [저]'노인병학, 제26장[고혈압](共)'(2000, 의학출판사) '임상노인의학, 제36장[고혈압](共)'(2003, 의학출판사) '심장학, 제17장[고혈압의 치료와 관리](共)'(2004, 대한순환기학회 진기획) '영양학, 제2개정판, 3rd edition, 제3장, 101~111[심장병과 영양](共)'(2006, 교문사) [역]'고령자 생활습관병, 진료의 실제[고혈압](共)'(2005, 한국의학) 'EKG case file'(2006, 한국의학) '심전도 모니터'(2007, 한국의학)

김현식(金現植) KIM Hyun Sik

[생]1954 · 5 · 7 [본]김해(金海) [출]경남 창녕 [주]서울 서초구 서초중앙로85 가산빌딩 광동제약(주) 임원실(02-6006-7100) [학]1977년 경북대 전자과졸 [경]1980년 광동제약(주) 입사 1996년 同OTC사업부 이사 1999년 同유통사업부 이사 2003년 同유통사업부 상무 2005년 同유통사업부 영업총괄본부장(전무) 2008년 同영업본부 부사장 2011년 한국유리병재활용협회 회장 2014년 (사)한국포장재재활용사업공제조합 이사(현) 2014년 광동제약(주) 영업본부 사장(현) [저]'Nomad Strategy' [종]불교

김현식(金鉉植) KIM Hyun Sik

[생]1956·11·5 [본]의성(義城) [출]충남 연기 [주]인천 연수구 해돋이로107 송도더샵퍼스트월드4동1206호 e-스포츠세계연맹(032-872-5928) [학]1975년 용문고졸 1983년 고려대 법학과졸 [경]1993년 신문로포럼 기획실장 1994년 한국방송영상(주) 전문위원 1996년 국제방송교류재단 아리랑TV 입사 2000년 同기획조정팀장 2002년 同영상사업팀장(국장대우) 2003년 同경영전략실장 2003~2004년 (재)클린인터넷국민운동본부 사무총장 2004년 국제방송교류재단 아리랑TV 대외협력관 2004~2009년 용문중고총동창회 사무총장·상임부회장 2005~2006년 (사)한국뉴미디어방송협회 사무총장 2008년 KBSN 방송예술원장 2008~2010년 서울디자인올림픽 기획위원 2009년 SBS아카데미방송문화원 원장 2009~2010년 방송통신심의위원회 방송심의위원 2010년 파워블로거타임즈 편집인(현) 2012년 (사)e-스포츠세계연맹 대표이사(현) 2013년 한국파워블로거협동조합 상임고문(현) 2014년 (사)한반도비전과통일 사무총장(현) [상]2002월드컵유공표창(2002) [역]'쿠바혁명의 재해석' '왜 일본은 세계 제일이 될 수 없나'

김현식(金顯植)

[생]1957·9·20 [주]대전 서구 갈마중로15 대전서부소방서(042-609-6203) [학]2008년 한남대 행정대학원 행정학과졸 [경]1983년 소방사 임용(공채) 1995~2000년 대전시 소방본부 방호구조과·북부소방서 근무 2000~2005년 同서부소방서·소방본부 방호구조과 근무 2007~2008년 同소방본부 구조지원담당 2013~2015년 同소방본부 소방행정과장 2015년 대전 서부소방서장(현) [상]행정자치부장관표창(2002), 근정포장(2014)

김현식(金鉉植) KIM Hyun Sik (地山)

[생]1959·9·20 [본]상산(商山) [출]경북 상주 [주]서울 송파구 석촌호수로166 산림조합중앙회 임원실(02-3434-7120) [학]1976년 김천고졸 1983년 경북대 임학과졸 1996년 일본 도쿄농공대 대학원 농학연구과졸(석사) 2009년 도시공학박사(충북대) [경]1983년 기술고시 합격(19회) 1987년 경주시 녹지과장 1991년 남원영림서 무주관리소장 1997년 산림청 산림경영국 산림경영과장 2000년 同남부지방산림관리청장 2001년 同임업정책국 산불방지과장 2004년 同산림정책국 산지정책과장 2005년 同산림항공관리소장 2006년 同북부지방산림청장(고위공무원) 2008년 同동부지방산림청장 2010년 중앙공무원교육원 교육파견 2011년 산림인력개발원 원장 2012년 산림청 산림보호국장 2013~2015년 同산림자원국장 2015년 산림조합중앙회 부회장(현) [상]녹조근정훈장(2002) [종]불교

김현아(金炫我·女) KIM, HYUN-AH

[생]1969·8·19 [출]서울 [주]서울 영등포구 의사당대로1 국회 의원회관515호(02-784-5601) [학]정신여고졸, 가천대 도시계획학과졸, 同대학원 도시계획학과졸, 도시계획학박사(가천대) [경]1993~1995년 서울시정개발연구원 도시경영연구부 초빙연구원 1995~2016년 한국건설산업연구원 연구위원 2008~2016년 기획재정부 세제발전심의위원회 위원 2008~2010년 서울시 주거환경개선정책자문위원회 자문위원 2013~2016년 대통령직속 국민경제자문회의 자문위원 2014~2016년 국토교통부 국민주택기금운용 심의위원회 위원 2014~2016년 기획재정부 국유재산정책심의위원회 민간위원 2015년 인사혁신처 공무원연금운영위원회 위원 2016년 대통령직속 국가건축정책위원회 위원 2016년 제20대 국회의원(비례대표, 새누리당)(현) 2016년 새누리당 혁신비상대책위원회 대변인 2016년 국회 국토교통위원회 위원(현) 2016년 국회 민생경제특별위원회 위원(현) 2016년 새누리당 대변인 [저]'강남지역 주택시장 분석'(2002, 한국건설산업연구원) '차별화 된 부동산을 찾아라(共)'(2003, 거름) '틈새 부동산은 있다(共)'(2003, 거름) '주택공급체계의 국내외 비교분석'(2004, 한국건설산업연구원) '아파트 분양가격의 상승 원인과 가격결정구조 분석'(2004, 한국건설산업연구원) '부동산 대책이 건설산업에 미치는 영향'(2005, 한국건설산업연구원) '대규모 개발사업에 대한 민간역할 확대방안'(2007, 한국건설산업연구원) '주택의 오늘 내일의 도시(共)'(2007, 부동산114) '도시는 브랜드다(共)'(2008, 삼성경제연구소)

김현애(金賢愛·女)

[생]1959·8·17 [주]대전 서구 청사로189 통계청 기획재정담당관실(042-481-2584) [학]숙명여대 수학과졸 [경]1997년 통계청 통계사무관 1997년 同통계기준과 통계사무관 2002년 同인천사무소장 2005년 同평가감사팀 통계사무관 2007년 同성과관리담당관실 서기관 2007년 同사회통계국 고용통계과장 2008년 同조사관리국 모집단관리팀장 2009년 경인지방통계청 조사지원과장 2011년 통계청 대변인 2013년 경인지방통계청 조사지원과장 2015년 통계청 기획조정관실 기획재정담당관(부이사관)(현)

김현옥(金賢玉·女) Kim, Hyun Ok

[생]1957·8·17 [출]서울 [주]서울 서대문구 연세로50의1 연세암병원 진단검사의학과(02-2228-2444) [학]1976년 경기여고졸 1982년 연세대 의대졸 1985년 同대학원 의학석사 1990년 의학박사(연세대) [경]1986년 연세대 의과대학 진단검사의학교실 교수(현) 1996~2001년 혈액수혈연구소 연구위원 1996년 대한수혈학회 학술이사 2003년 식품의약품안전청 혈액매개전염인자전담관리팀 위원 2004~2005년 국무조정실 혈액안전관리개선기획단 분과위원장 2005~2008년 대한수혈학회 이사장 2011~2013년 세브란스병원 진단검사의학과장 2011~2013년 연세대 의과대학 진단검사의학교실 주임교수 2011년 세브란스병원 세포치료센터 소장 2011·2016년 同혈액원장(현) 2013년 대한수혈학회 회장 2015년 식품의약품안전처 첨단바이오의약품특별자문단 자문위원(현) 2016년 연세대의료원 연세암병원 진단검사의학과장(현) [상]대한수혈학회 우수논문상(1999), 한국과학기술단체총연합회 과학기술우수논문상(1999), 연세대 의대 진료부문 공로상(2006), 근정포장(2009) [저]'혈액학교과서-조혈줄기세포(조혈모세포)의 채집 및 처리'(2006) '대한진단검사의학 교과서 치료적 성분채집술'(2014)

김현옥(金炫沃)

[생]1964·12·30 [주]부산 부산진구 가야대로769 ABC성형외과(051-817-0100) [학]성형외과학박사(부산대) [경]김현성형외과의원 원장, ABC성형외과 대표원장(현), 가온포럼 상임대표, 서면메디컬스트리트의료관광협의회 초대 이사장, 부산대 의과대학 성형외과 외래교수, 동아대 의과대학 성형외과 외래교수, 대한성형외과학회 정회원(현), 대한미용성형외과학회 정회원(현), 대한성형외과개원의협의회 정회원(현), 대한두개안면성형외과학회 정회원(현), 대한성형외과학회안성형연구회 정회원(현) 2016년 (사)서면메디컬스트리트 의료관광협의회 초대 이사장(현) 2016년 국민의당 부산시당 공동위원장 2016년 제20대 국회의원 후보(비례대표 18번, 국민의당) 2016년 국민의당 부산해운대甲지역위원회 위원장(현)

김현우(金炫雨)

[생]1988·11·6 [출]강원 원주 [학]2007년 강원고졸, 경남대졸 [경]삼성생명 소속(현) 2006년 아시아주니어레슬링선수권대회 그레코로만형 66kg급 금메달 2006년 세계주니어레슬링선수권대회 그레코로만형 66kg급 은메달 2010년 아시아시니어레슬링선수권대회 그레코로만형 66kg급 금메달 2010년 제16회 광저우아시안게임 국가대표 2011년 세계레슬링선수권대회 그레코로만형 66kg급 동메달 2011년 레슬링 프레올림픽 그레코로만형 66kg급 금메달 2012년 제30회 런던올림픽 그레코로만형 66kg이하급 금메달 2013·2014년 아시아시니어레슬링선수권대회 그레코로만형 75kg급 우승 2013년 헝가리세계선수권대회 그레코로만형 75kg급 우승 2014년 인천아시안게임 그레코로만형 75kg급 금메달 2015년 아시아레슬링선수권대회 그레코로만형 75kg급 금메달 2016년 제31회 리우데자네이루올림픽 남자 그레코로만형 75kg급 동메달 [상]자랑스러운 경남대인(2013), 스포츠조선 코카콜라체육대상 우수선수상(2015)

김현욱(金顯煜) KIM Hyun Uk (一泉)

[생]1939·1·22 [본]김해(金海) [출]충남 당진 [주]서울 송파구 가락로71 금강빌딩402호 (사)국제외교안보포럼(02-430-7531) [학]1957년 보인상고졸 1963년 한국외국어대 독어과졸 1971년 국제정치학박사(오스트리아 빈대) [경]1966년 오스트리아 교민회장 1972년 오스트리아 빈대 정치사회학 연구위원 1973년 단국대 대학원 부교수 1975년 미국 南오리건주립대 교환교수 1979년 단국대 국제문화교류처장 겸 교수 1981년 제11대 국회의원(서산·당진, 민정당) 1984년 세종라이온스클럽 회장 1985년 민정당 충남도지부장 1985년 제12대 국회의원(서산·당진, 민정당) 1987년 한국민족발전연구원 이사장 1987년 국회 외무위원장 1988년 민정당 충남도지부장 1988년 제13대 국회의원(당진, 민정당·민자당) 1988년 국회 외무통일위원장 1988년 민정당 중앙집행위원 1990년 민자당 당진지구당 위원장 1990년 同북방정책특별위원회 위원장 1990년 한국외국어대동문장학회 이사장 1991년 樵夫김용재교육문화재단 이사장 1992년 새한국당 중앙위원회 위원장 1995년 자민련 당진지구당 위원장 1995년 同정책위원회 위원장 1995년 同정치발전특별위원회 위원장 1996년 제15대 국회의원(당진, 자민련) 1996년 국회 교육위원장 1997년 IPU 서울총회 한국대표 1999년 자민련 사무총장 2000년 同지도위원회 위원장 2000년 (사)국제외교안보포럼 이사장(현) 2001~2002년 자민련 부총재 2001~2004년 한서대 초빙교수 2011~2013년 민주평통 수석부의장 [상]오스트리아 1등십자훈장, 자랑스런 외대인상(2014) [저]'현대小국가의 정치와

외교' '이상과 현실을 바라보며' '한국사 한국인을 찾아서 : 용기있는 사람들' '잘 생각하면 JP-지도력과 통찰력이 있어야 한다' [종]천주교

김현욱(金炫郁) KIM Hyun Wook (上善)

[생]1952 · 2 · 15 [본]김해(金海) [출]경북 울릉 [주]서울 중구 퇴계로18 대우재단빌딩7층 (사)한국관광레저문화진흥원 원장실(02-3789-2287) [학]1970년 울릉종합고졸 1983년 경상전문대 행정학과졸 1996년 한국방송통신대 행정학과졸, 경상대졸 2007년 건국대 부동산대학원 중퇴 [경]1970년 월간 학원지 기자 2006년 행정안전부 노사협력과장 2007년 문화체육관광부 관광레저시설과장 2008년 同관광투자지원과장 2009년 同관광레저도시과장 2010~2011년 울릉군 부군수 2011년 경북도 부이사관(국장급) 2011년 10 · 26재보선 울릉군수선거 출마(무소속) 2012년 (사)한국관광레저문화진흥원 원장(현) 2012년 지역관광레저컨설팅 대표(현) 2013년 국립재난안전연구원 자문위원(현) 2013년 기업도시개발사업협의회 고문(현) [상]대통령표창(1991 · 2003), 감사원장표창(1998), 프로세스혁신 우수상(2006), 한국관광공사 사장공로상(2009), 녹조근정훈장(2012) [저]'문화로 본 민족의 섬 독도'(2013) [종]기독교

김현웅(金賢雄) KIM Hyun Woong

[생]1959 · 5 · 4 [출]전남 고흥 [주]경기 과천시 관문로47 법무부 장관실(02-503-7001) [학]1977년 광주제일고졸 1982년 서울대 법학과졸 1985년 同대학원 법학과졸 [경]1984년 사법시험 합격(26회) 1987년 사법연수원 수료(16기) 1990년 부산지검 검사 1992년 광주지검 목포지청 검사 1994년 서울지검 검사 1997년 대검찰청 검찰연구관 2000년 춘천지검 속초지청장 2001년 광주지검 특수부장 2002년 대검찰청 공판송무과장 2003년 부산고검 검사(예금보험공사 파견) 2004년 법무부 법무심의관 2006년 서울중앙지검 특수1부장 2007년 법무부 감찰기획관 2008년 인천지검 1차장검사 2009년 서울고검 형사부장 2009년 부산고검 차장검사 2010년 춘천지검장 2011년 서울서부지검장 2012년 광주지검장 2013년 부산고검장 2013년 법무부 차관 2015년 서울고검장 2015년 대법원 양형위원회 검사위원 2015년 법무부 장관(현) [상]근정포장(2005), 황조근정훈장(2013)

김현익(金鉉翼) KIM HYUN IK

[생]1961 · 9 · 23 [주]서울 강남구 테헤란로132 (주)한독 메디컬사업본부(02-527-5276) [학]동성고졸, 연세대 의용전자공학과졸, 한국과학기술원 경영대학원 최고경영자과정 수료 [경]중외제약 근무, GE Healthcare Korea 근무, HP Medical Device Manager, Diagnostic Imaging Manager, 6 Sigma MBB, Clincal system Regin General Manager(상무), (주)한독약품 메디컬사업본부장(상무) 2010년 同메디컬사업본부장(전무) 2014년 (주)한독 메디컬사업본부장(부사장)(현) [종]기독교

김현일(金賢鎰) HYUN IL KIM

[생]1956 · 11 · 8 [본]안동(安東) [출]충북 음성 [주]경기 부천시 원미구 도약로261 한국조명연구원 원장실(032-670-3826) [학]1974년 유한공고졸 1979년 충북대 전기공학과졸 1994년 광운대 전산대학원 컴퓨터공학과졸 1995년 국방대학원 국제관계학과졸 2008년 공학박사(동국대) [경]1978년 기술고시 합격(14회) 1979년 공업진흥청 전기사무관 1994년 국방대학원 파견 1996년 중소기업청 전기전자공업과장 1996년 사우디아라비아표준청(SASO) 파견 1997년 국제표준화기구(ISO) 파견 2000~2005년 국제전기기술위원회(IEC) 이사 2000년 산업자원부 기술표준원 시험인정과장 2002년 同제품안전정책과장 2005년 同정보시스템표준과장(부이사관) 2006년 同안전정책팀장 2007년 同신산업기술표준부장 2008년 지식경제부 기술표준원 표준기술기반국장 2009년 외교안보연구원 교육파견(국장급) 2010년 지식경제부 기술표준원 표준기술기반국장 2010년 한국의류시험연구원 원장 2013년 한국조명연구원 원장(현)

김현장(金鉉獎) KIM Hyun Jang

[생]1950 [출]전남 강진 [주]강원 원주시 혁신로199 한국광물자원공사 상임감사위원실(033-736-5919) [학]1978년 조선대 금속공학과졸 [경]광주전남 국민통합2012 의장 2013년 제18대 대통령직인수위원회 위원 2013~2015년 민주평통 직능상임위원 2013년 대통령소속 국민대통합위원회 위원 2014년 민주화운동관련자명예회복 및 보상심의위원회 위원 2016년 한국광물자원공사 상임감사위원(현) [저]'빈첸시오 살아서 증언하라'(1994, 사회평론)

김현재(金賢在) Kim Hyun Jae

[생]1965 · 11 · 1 [본]김해(金海) [출]충남 보령 [주]서울 종로구 율곡로2길25 연합뉴스 국제뉴스부(02-398-3114) [학]서울 고려고졸, 서강대 신문방송학과졸 [경]1991년 연합뉴스 입사, 同정치부 차장, 同논설위원 2008년 同뉴욕특파원 2011년 同정치부 부장대우(통일외교팀장) 2012년 同국제뉴스2부장 2013년 同논설위원 2016년 同국제뉴스부 기자(부장급) 2016년 同샌프란시스코특파원(부장급)(현)

김현재(金顯栽) KIM HYUN JAE

[생]1968 · 3 · 4 [본]김해(金海) [출]서울 [주]서울 서대문구 연세로50 연세대학교 공과대학 전기전자공학부(02-2123-5865) [학]1991년 연세대 세라믹공학과졸 1993년 미국 컬럼비아대 대학원 전자재료학과졸 1996년 공학박사(미국 컬럼비아대) [경]1996~2005년 삼성전자(주) LCD총괄 수석연구원 2000~2004년 성균관대 정보통신공학과 겸임교수 2004~2005년 프랑스 Ecole Polytechnique 방문교수 2005년 연세대 공과대학 전기전자공학부 부교수 2005년 미국 SID(Society for Information Display) AMD학술위원(현) 2005~2011년 한국정보디스플레이학회(KIDS) 총무이사 2008년 연세대 교육방송국 주간교수 2009년 同공과대학 전기전자공학부 교수(현) 2012년 한국정보디스플레이학회(KIDS) 산학협동이사 겸 편집이사(현) 2014년 한국전기전자재료학회 평의원 겸 편집이사 2014년 연세대 산학협력자문위원(현) 2014년 同공학대학원 부원장(현) 2014년 미국 SID AMD학술위원장(현) [상]대한전자공학회 공로상(2008), 2월의 과학기술자상(2016) [저]'디스플레이공학 I (LCD)(共)'(2005) [종]기독교

김현정(金賢淨 · 女)

[생]1970 · 5 · 27 [출]광주 [주]광주 동구 준법로7의12 광주지방법원(062-239-1114) [학]1988년 광주여고졸 1992년 고려대 법학과졸 [경]1998년 사법시험 합격(40회) 2001년 사법연수원 수료(30기) 2001년 청주지법 판사 2004년 수원지법 성남지원 판사 2007년 서울중앙지법 판사 2009년 서울가정법원 판사 2011년 서울중앙지법 판사 2014년 서울남부지법 판사 2016년 광주지법 민사1단독 부장판사(현)

김현종(金鉉宗) KIM Hyun Chong

[생]1959 · 9 · 27 [출]서울 [주]서울 동대문구 이문로107 한국외국어대학교 LT학부(02-2173-2114) [학]미국 월브램먼슨고졸 1981년 미국 컬럼비아대 국제정치학과졸 1982년 同대학원 국제정치학과졸 1985년 통상법학박사(미국 컬럼비아대) [경]1985~1986년 미국 밀뱅크트위드 법률사무소 변호사 1988~1989년 미국 스카덴아르프스 법률사무소 변호사 1989~1993년 김 · 신&유 법률사무소 변호사 1993~1998년 홍익대 경영대학 무역학과 조교수 1995~1998년 외무부 고문변호사 1998년 외교통상부 통상교섭본부 통상전문관 1999~2003년 세계무역기구(WTO) 법률국 수석고문변호사 2003년 외교통상부 통상교섭조정관 2004년 同통상교섭본부장 2007~2008년 駐UN 대사 2007~2008년 UN 아주그룹 의장 2008년 UN 경제사회이사회 부의장 2009~2011년 삼성전자(주) 해외법무담당 사장 2014년 동아일보 '동아광장' 집필진 2015년 한국외국어대 LT(Language & Trade)학부 교수(현) 2016년 세계무역기구(WTO) 상소기구 위원(현) [상]황조근정훈장(2009) [저]'When are Government Loans Subsidies? Hanbo Steel and the Application of the WTO Subsidies Agreement'(1998) '경제블럭화와 NAFTA'(1995) '김현종, 한미 FTA를 말하다'(2010)

김현종(金賢鍾) KIM HYUN JONG

[생]1960 · 9 · 26 [본]김해(金海) [출]서울 [주]서울 마포구 성암로267 문화방송 편성제작본부(02-789-0011) [학]1985년 고려대 교육학과졸 2003년 연세대 언론홍보대학원졸 [경]1984년 MBC 교양PD 입사 2005년 同시사교양국 1CP 2005년 同시사교양국 부국장 2008년 同사회공헌센터장 2010년 同편성국 심의평가부장 2011년 同편성제작본부 시사교양국 시사교양3부장 2012년 同시사제작국장 2012년 同교양제작국장 2014년 同경인지사장 2015년 同편성제작본부장(현) [상]한국방송대상 작품상(1991 · 1992), 백상예술대상 작품상(1991), 한국방송진흥원 방송프로그램21상(2000), 여성부 남녀평등방송상(2004), 국무총리표창(2012) [종]기독교

김현종(金鉉宗) KIM Hyeon chong

[생]1962 · 7 · 29 [주]서울 영등포구 여의대로56 (주)한화투자증권 Wholesale본부(02-3772-7000) [학]마포고졸, 고려대 사회학과졸 [경]대우증권 법인영업1부장, 同상무 2011년 同퇴직연금본부장 2012년 KDB대우증권 총괄영업부장 2012년 同강서지역본부장 2013년 同경인지역본부장(전무) 2014년 同강남지역본부장(전무) 2016년 (주)한화투자증권 Wholesale본부장(전무)(현) [종]천주교

김현주(金賢柱) KIM Hyun Joo

[생]1955 · 3 · 2 [본]김해(金海) [출]전북 군산 [주]서울 마포구 백범로35 서강대학교 국어국문학과(02-705-8283) [학]1980년 서강대 무역학과졸 1989년 同대학원 국어국문학과졸 1993년 문학박사(서강대) [경]1991~1995년 서강대 · 덕성여대 평생교육원 시간강사 1995~2002년 경희대 국어국문학과 조교수 2002년 서강대 국어국문학과 조교수 2004년 한국고전연구학회 회장 2005년 시학과언어학회 회장 2006년 서강대 국어국문학과 부교수 2011년 同국어국문학과 교수(현) [저]'판소리 담화 분석'(1998) '판소리와 풍속화 그 닮은 예술 세계'(2000) '구술성과 한국서사전통'(2003) '국어국문학, 미래의 길을 묻다'(2005, 서강대 국어국문학과) '고전서사체 담화분석'(2006, 보고사) '고전문학과 전통회화의 상동구조'(2007) '토테미즘의 흔적을 찾아서'(2009), '연행으로서의 판소리'(2011) 등 [역]'판소리역주본'(2000) '판소리이본전집'(2004)

김현주(金賢柱) KIM Hyun Joo

[생]1956 · 11 · 5 [본]용담(龍潭) [출]서울 [주]서울 노원구 광운로20 광운대학교 미디어영상학부(02-940-5376) [학]1980년 서울대 신문학과졸 1986년 同대학원 신문학과졸 1989년 언론학박사(미국 미시간주립대) [경]1990년 미국 와이오밍주립대 커뮤니케이션과 조교수 1990~1996년 충남대 신문방송학과 조교수 · 부교수 1995년 MBC 'TV속의TV' 진행자 1996년 광운대 미디어영상학부 부교수 2001년 同미디어영상학부 교수(현) 2002~2004년 同입학홍보처장 2003년 EBS '미디어 비평' 진행자 2003년 YTN '시청자의 눈' 전문가패널 2004~2014년 KBS 한국어연구회 자문위원 2004~2006년 광운대 인문사회과학연구소장 2004년 한국언론학회 학술조직위원장 2005~2006년 질병관리본부 AIDS교육홍보분과 위원, 한국스피치커뮤니케이션학회 회장 2005~2008년 공영방송발전을위한시민연대 운영위원 2005~2010년 대법원 법정언행클리닉 지도교수 2006~2007년 MBC 시청자위원 2006~2008년 한국학술진흥재단 신문방송학분야 PM 2006년 한국방송학회 감사 2007~2010년 광운대 사회과학대학장 2007년 국가청소년위원회 정책자문위원(매체물분과장) 2009~2010년 한국방송학회 회장 2011~2012년 한국방송협회 미래방송연구위원장 2011년 방송통신위원회 지상파재전송대가산정실무협의회장 2012년 방송통신심의위원회 제18대 대통령선거방송심의위원회 부위원장 2012~2013년 KBS 뉴스 옴부즈맨위원 2014년 방송통신위원회 방송평가위원(현) 2015년 KBS 경영평가위원장 2016년 국회 홍보자문위원(현) 2016년 한국과학창의재단 과학기술전문채널 경영성과평가단장(현) [상]미국 스피치커뮤니케이션학회 우수논문상, 국제커뮤니케이션학회 우수논문상, MBC연기대상 TV · MC부문 공로상 [저]'커뮤니케이션과 인간'(共) '정 · 체면 · 연줄 그리고 한국인의 인간관계'(共) '어, 미국이 왜 이래' '텔레비전 토론프로그램 내용분석'(共) '반도를 떠나 대륙을 품다'(2014, 나남) [종]기독교

김현준(金賢準)

[생]1965 · 2 · 14 [주]세종특별자치시 도움4로13 보건복지부 인사과(044-202-2164) [학]부산 대동고졸, 한국외국어대 아프리카학과졸 [경]1995년 행정고시 합격(39회) 2005년 보건복지부 연금정책과 서기관 2005년 同공공의료팀장 2007년 同장관비서관 2007년 同사회복지정책본부 장애인정책팀장, 미래기획위원회 파견 2009년 보건복지가족부 지역복지과장, 미국 랜드연구소 파견 2012년 보건복지부 보육정책과장 2014년 同국민연금정책과장 2014년 同인사과장(부이사관) 2015년 同연금정책국장(고위공무원) 2016년 국방대 안보과정 훈련파견(고위공무원)(현)

김현준(金賢峻) Hyeon Jun Kim

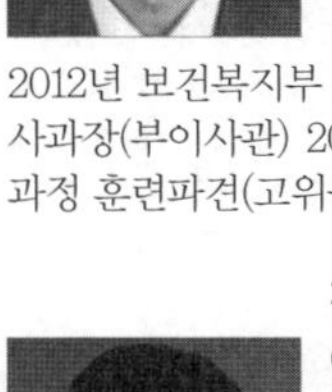

[생]1965 · 10 · 8 [본]광산(光山) [출]대전 [주]서울 종로구 율곡로2길25 연합뉴스 편집국(02-398-3114) [학]1984년 대전 보문고졸 1990년 서울대 서양사학과졸 [경]1990년 연합뉴스 입사 1990년 同경제2부 기자 1993년 同사회부 기자 2000년 同산업부 기자 2002년 同산업부 차장대우 2003~2004년 미국 아이오와대 아시아 · 태평양연구소 연수 2005년 연합뉴스 경제부 차장 2006~2009년 同뉴욕지사장 2010년 同전략사업본부 마케팅부장 2011년 同마케팅국 마케팅부장 2011년 同편집국 사회부장 2013년 同편집국 산업부장 2013년 同논설위원 2014년 同논설위원(부국장대우) 2015년 同편집국 경제에디터(현)

김현준

[생]1968 [출]경기 화성 [주]세종특별자치시 노을6로8의14 국세청 징세법무국(044-204-3000) [학]수성고졸, 서울대 경영학과졸, 同경영대학원졸 [경]1991년 행정고시 합격(35회), 서청주세무서 총무과장, 국세심판소 제3조사관실, 재정경제부 세제실 소비세제과 · 재산세제과 근무, 서울지방국세청 재산세과 · 조사3국 4과 근무, 국세청 납세자보호과 · 기획예산담당관실 근무, 서울지방국세청 조사2국 조사1과 근무 2006년 경기 남양주세무서장(부이사관) 2007년 대통령 민정수석비서관실 행정관 2008년 경기 성남세무서장 2009년 국세청 납세자보호과장 2009년 同법무과장 2010년 同법규과장 2012년 대전지방국세청 조사1국장 2013년 대통령비서실 파견 2014년 중부지방국세청 조사1국장 2015년 同조사4국장 2015년 국세청 징세법무국장(고위공무원)(현)

김현중(金玄中) KIM Hyun Chung

[생]1950 · 10 · 18 [본]광산(光山) [출]인천 강화 [주]서울 중구 청계천로86 한화그룹 비서실(02-729-2330) [학]1969년 서울고졸 1974년 서울대 공업교육학과졸 2001년 同건설최고경영자과정 수료 [경]1976년 대우건설 근무 1981년 同리비아현장 근무 1984년 同런던지사 근무 1988년 同홍콩지사 중국개발사업부장 1989년 同해외개발사업부장(상무) 2000년 同자산투자관리실 본부장(상무) 2000년 (주)한화 건설부문 대표이사 2001~2010년 한국주택협회 감사 2002~2011년 (주)한화건설 대표이사 사장 2003년 한국건설문화원 감사 2011년 (주)한화건설 대표이사 부회장 2013년 대한사격연맹 회장 2014년 한화그룹 부회장(현) [상]동탑산업훈장(2003) [종]성공회

김현중(金炫重) KIM Hyun Joong

[생]1956 · 6 · 30 [본]안동(安東) [출]서울 [주]서울 서대문구 이화여대길52 이화여자대학교 디자인학부(02-3277-2535) [학]1979년 서울대 응용미술학과졸 1981년 同대학원 응용미술학과졸 [경]1983~1986년 동덕여대 조교수 1986~1994년 국민대 부교수 1997년 대한민국산업디자인전 초대작가, 국립중앙박물관건립추진위원회 전시분과 전문위원 2002년 광주월드컵경기장 설계자문위원, 서울시 공고물관리심의위원, 서울도시개발공사 건축설계자문위원, 대한민국광고대상 심사위원, 대한민국산업디자인전 심사위원, 광주시리모델링사업추진위원회 자문위원, (주)인천국제공항철도 건축 · 환경디자인 전임자문위원, (사)한국디자인학회 이사, (사)한국디자인단체총연합회 부회장, 同부위원장, 미국 실내디자인교육가협회(IDEC) 전문회원(현), 이화여대 디자인학부 환경디자인전공 부교수 · 교수, 서울시 도시디자인포럼 운영위원, 서울시 DMC광고물관리 자문위원 2007년 이화여대 디자인학부 공간디자인전공 교수(현) 2007년 서울시 동남권유통단지 통합환경디자인 총괄계획자 2007년 서울시 도시재정비위원회 위원 2008년 광주시 공공디자인 총괄추진단장 2011년 제주시 공공디자인시범사업 총괄계획가(MP), 서울시 시민디자인위원, 경기도 공공디자인위원장(현), 한국철도공사(KORAIL) 디자인위원(현) [상]대한민국 산업디자인전 특선(1977 · 1979 · 1981), 대한민국 산업디자인전 대한상공회의소장상(1980), 제1회 광주국제비엔날레 유공자 국무총리표창(1996) [역]'조형연습(PAPIER)'(1987) '혁신적 디자인사고(New Thinking in Design)'(1999) '건축디자이너'(1999) '디자인원리'(2000)

김현중(金顯中) Hyun-Joong Kim

[생]1963 · 4 · 22 [본]광산(光山) [출]대전 [주]서울 관악구 관악로1 서울대학교 농업생명과학대학 산림과학부 200동 6220호(02-880-4784) [학]1982년 청주 운호고졸 1987년 서울대 임산공학과졸 1989년 同대학원졸 1995년 고분자재료학박사(일본 도쿄대) [경]1995년 미국 버지니아공과주립대 화학과 및 접착제실란트연구소 박사 후 연구원 1996~1999년 미국 뉴욕주립대 재료공학과 연구조교수 · 책임연구원 1999년 서울대 농업생명과학대학 산림과학부 환경재료과학전공 조교수 · 부교수 · 교수(현) 2000년 국립기술표준원 산업기술개발사업 평가위원 2000~2013년 (사)한국목재공학회 편집부위원장 · 편집위원장 2000~2011년 (사)한국접착및계면학회 편집부위원장 · 총무이사 · 전무이사 2001년 산업자원부 화학소재기술위원회 기술위원 2001~2002년 현대 · 기아자동차 연구개발본부 R&D포럼 위원 2001~2006년 同우수품질평가 실무위원 2002~2007년 한국건자재시험연구원 장비도입위원회 위원장 2004~2007년 서울대 산학협력재단 본부장 겸 부단장 2005년 미국 세계인명사전 'Marquis Who's Who in Science and Engineering'

에 등재 2006년 미국 세계인명사전 'Marquis Who's Who in Asia'에 등재 2006·2009~2011년 서울대 농업생명과학대학 산림과학부장 2006년 同BK21 임산공학연구인력양성사업팀장(현) 2007년 한국과학기술한림원 정회원(현) 2008년 국제목재과학아카데미(International Academy of Wood Science) Lifetime Fellow Member(종신펠로우회원)(현) 2010년 (사)한국접착산업협회 이사(현) 2010~2013년 한국과학기술한림원 융합과학기술위원회 운영위원 2011년 (사)한국공업화학회 도료분과위원회 학술간사(현) 2012년 (사)화학벤처기업협회 부회장(현) 2012년 지식경제부 전략적핵심소재기술개발사업기획위원회 화학3분과 위원장 2013년 BK21 PLUS 목질계바이오매스첨단소재화기술창의인재양성사업팀장(현) 2013년 미국 Queens College City Univ. of New York Dept. of Physics 객원교수 2014~2015년 (사)한국실내환경학회 부회장 2014년 (주)LG전자 생산기술원 미래기술포럼 자문교수(현) 2014년 (재)한국건설생활환경시험연구원 신소재신뢰성심의위원회 심의위원(현) 2014년 (사)한국WPC산업협회 수석부회장(현) 2015~2016년 한국과학기술한림원 과학자인권위원회 위원 2016년 (사)한국접착및계면학회 부회장(현) [상]일본접착학회 우수논문발표상(2004), 대학산업기술지원단장상 특별상(2005, 한국산업기술재단), 한국목재공학회 학술상(2005), 한국과학기술단체총연합회 과학기술우수논문상(2005), 부총리 및 교육인적자원부장관표창(2005), 서울대 연구력향상 공로상(2007), 한국목재공학회 학술대상(2008), 한국접착 및 계면학회 제1회 학술상(2008), 서울대 농업생명과학대학 우수연구상(2008), 한국과학기술단체총연합회 제19회 과학기술우수논문상(2009), 서울대 농업생명과학대학 학술상(2009), (사)한국공업화학회 우수논문상(2010), (사)한국접착및계면학회 우수포스터상(2011), 한국점토과학회 우수포스터상(2015), 한국접착및계면학회 우수포스터상(2016), 일본접착학회 학회상(2016) [저]'목재공학 개론'(2004) '휴양림 목조시설 유지관리 매뉴얼(共)'(2004) '粘着劑の相容性, in 粘着劑の設計と粘着製品の信頼性を重視した－粘着技術の3A(共)'(2006) '"UV-Curable Pressure-Sensitive Adhesives" In Pressure Sensitive Design and Formulation, Application'(2006) '접착제 신뢰성 향상 로드맵'(2006) '"General Performance of Pressure-Sensitive Adhesives" in "Pressure-Sensitive Design, Theroretical Aspects"'(2006) '접착제의 물성해석과 응용실례'(2009) '접착용어사전'(2009) '새집증후군의 방지와 대책'(2009) '고무탄성'(2009) '접착과 접착제 선택의 포인트'(2009) '도료, 도막의 물성과 평가법'(2010) [역]'목조주택용 목재의 도장(共)'(2002) '새집증후군의 실체와 대응전략'(2004) '목재데크의 시공과 도장(共)'(2004) '새집증후군 대책의 바이블'(2004) '목재와 환경(共)'(2007) [종]기독교

김현진(金炫辰) KIM Hyun Jin

[생]1965·1·13 [출]서울 [주]서울 양천구 신월로390 서울남부지방검찰청 공판부(02-3219-4451) [학]1983년 성동고졸 1988년 서울대 공법학과졸 [경]1996년 사법시험 합격(38회) 1999년 사법연수원 수료(28기) 1999년 대구지검 검사 2001년 춘천지검 영월지청 검사 2002년 인천지검 검사 2004년 서울서부지검 검사 2007년 대전지검 서산지청 검사 2009년 수원지검 성남지청 검사 2011년 서울중앙지검 검사 2011년 同부부장검사 2012년 창원지검 마산지청 부장검사 2014년 의정부지검 공판송무부장 2015년 창원지검 진주지청 부장검사 2016년 서울남부지검 공판부장(현)

김현집(金賢執) Kim, Hyun-Jip

[생]1957 [학]대전고졸 1980년 육군사관학교졸(36기) [경]2009년 제28사단장(소장) 2011년 합동참모본부 작전부장 2011년 제5군단장 2013년 국방부 국방정보본부장 2013년 합동참모본부 차장(중장) 2014년 육군 제3야전군사령관(대장) 2015~2016년 한미연합사령부 부사령관(대장) [상]조계종 불자대상(2015)

김현채(金昡采) KIM Hyun Chai

[생]1963·2·14 [출]서울 [주]서울 서초구 반포대로158 서울고등검찰청(02-530-3114) [학]1981년 대원고졸 1985년 연세대 법학과졸 [경]1991년 사법시험 합격(33회) 1994년 사법연수원 수료(23기) 1994년 수원지검 검사 1996년 대전지검 서산지청 검사 1997년 서울지검 서부지청 검사 1999년 인천지검 부천지청 검사 2001년 대전지검 홍성지청 검사 2003년 법무부 보호과 검사 2005년 서울중앙지검 검사 2006년 인천지검 부천지청 부부장검사 2007년 울산지검 형사3부장 2008년 대구지검 마약·조직범죄수사부장 2009년 부산지검 외사부장 2009년 법무부 보호법제과장 2010년 同범죄예방기획과장 2011년 서울북부지검 형사4부장 2012년 서울중앙지검 공판1부장 2013년 의정부지검 고양지청 부장검사 2014년 서울서부지검 부부장검사 2016년 서울고검 검사(현)

김현철(金賢哲) KIM Hyun Chul

[생]1938·10·25 [출]전북 군산 [주]서울 서초구 서초대로266 아스트라705호 법무법인 을지(02-2055-1919) [학]1957년 전주고졸 1963년 서울대 법대졸 1965년 同사법대학원 수료 [경]1963년 고시사법과 합격 1965년 육군 법무관 1968~1974년 전주지검·남원지청·대구지검 검사 1974년 부산지검 진주지청 검사 1976년 전주지검 금산지청장 1977년 대전지검 강경지청 검사 1980년 서울지검 검사 1981~1985년 전주지검·수원지검 부장검사 1985년 광주지검 차장검사 1986년 인천지검 차장검사 1987년 광주고검 차장검사 1988년 춘천지검장 1991년 전주지검장 1992년 수원지검장 1993년 광주고검장 1993년 서울고검장 1994~1997년 대한법률구조공단 이사장 1997년 변호사 개업 1998~2000년 동아건설·한국전력 사외이사 2006년 법무법인 을지 고문변호사(현) [종]기독교

김현철(金賢哲) KIM Hyeon Cheol

[생]1959·1·18 [출]전남 여수 [주]대전 서구 청사로189 국가기록원 기록서비스부(042-481-6380) [학]1977년 경기 광주고졸 1985년 고려대 정치외교학과졸 2005년 미국 조지타운대 대학원졸 [경]1987년 행정고시 합격(31회) 1988년 사무관 임용 1998년 행정자치부 행정관리국 조직관리과 서기관 2000년 경기도 기획관리실 정책기획관 2002년 과천시 부시장 2004년 미국 조지타운대 교육파견 2006년 경기도 제2청 환경보건국장(부이사관) 2006년 이천시 부시장 2007년 국방대 교육파견 2009년 OECD 서울센터 파견 2009년 행정안전부 지방행정국 지방성과관리과장 2010년 同지방행정국 주민과장 2010년 同자치경찰제실무추진단장(고위공무원) 2011년 同과거사관련업무지원단장 2012~2015년 중앙공무원교육원 교수부장 2015년 국가기록원 기록서비스부장(현) [상]국무총리표창

김현철(金顯喆)

[생]1960·2·10 [주]전북 군산시 대학로558 군산대학교 통계컴퓨터과학과(063-469-4613) [학]성균관대 통계학과졸, 同대학원 통계학과졸, 이학박사(성균관대) [경]군산대 정보통계학과 교수, 同통계컴퓨터과학과 교수(현) 2015년 同자연과학대학장(현), (주)현대자동차 자동차시장포럼 회장(현) 2015년 한국생산성학회 회장(현)

김현철(金鉉哲) KIM Hyun Churl

[생]1961·9·16 [본]김해(金海) [출]전남 해남 [주]광주 서구 무진대로904 유스퀘어內 금호터미널 임원실(062-360-8005) [학]금호고졸, 전남대 공과대학 화학공학과졸, 同경영대학원 회계학과졸, 서울대 경영대학원 경영학과 수료, 조선대 대학원 신문방송학 박사과정 재학 중 [경]금호산업 터미널사업팀장, 同고속사업부 경영지원팀장 2006년 同경영지원담당 이사 2006년 금호터미널 이사 2007년 同상무 2010년 同총괄전무 2014년 同부사장 2015년 同대표이사(현) 2016년 금호홀딩스(주) 각자 대표이사(현) 2016년 광주상공회의소 부회장(현) [상]건설교통부장관표창(2004), 환경부장관표창(2007)

김현철(金顯哲) KIM Hyeon Cheol

[생]1964·12·6 [본]김해(金海) [출]강원 강릉 [주]서울 성북구 안암로145 고려대학교 사범대학 컴퓨터교육과(02-3290-2393) [학]1983년 강릉고졸 1988년 고려대 전산학과졸 1990년 미국 미주리대 대학원졸 1998년 전산학박사(미국 플로리다대) [경]1991년 미국 미주리주립대 연구원 1998년 미국 GTE Data Service Inc. 시스템분석가 1998년 삼성SDS 책임컨설턴트 1999년 고려대 사범대학 컴퓨터교육과 교수(현) 2004년 同사회교육원 사회교육실장 2014년 한국컴퓨터교육학회 회장(현)

김현철(金賢哲) KIM HYUN CHEOL

[생]1965·12·30 [본]김해(金海) [출]제주 서귀포 [주]제주특별자치도 제주시 문연로6 제주특별자치도청 소통정책관실(064-710-2030) [학]1984년 서귀포산업과학고졸 1991년 제주대 농화학과졸 2003년 同대학원 농업경제학과졸 2006년 同대학원 농업경제학 박사과정 수료 [경]1991~1994년 한국관광공사 근무 1995~1997년 서귀포포럼 사무국장 1999~2014년 한국농어민신문 제주취재본부장 1999~2006년 同편집국 차장 겸임 2002년 제주人네트 대표 2003~2005년 제주농업발전포럼 총무 2003년 제주경실련 상임집행위

원 007~2008년 同공동대표 2007~2008년 제주반부패네트워크 상임대표 2014~2016년 제주특별자치도 정책보좌관 2015~2016년 同공보특보 2016년 同소통정책관(현) ⓐ'세계인을 향한 입맞춤, 썬키스트'(2009)

김현철(金鉉喆) Kim Hyun-chul

ⓑ1966·10·1 ⓑ김해(金海) ⓞ전북 진안 ⓒ전북 전주시 완산구 효자로225 전라북도의회(063-280-4522) ⓗ전주 신흥고졸, 원광대 독어독문학과졸 ⓩ전북중앙신문 정치부 기자, 범죄예방진안지구협의회 위원 2010~2014년 전북 진안군의회 의원(무소속) 2010년 同예산결산특별위원회 간사 2012년 同운영행정위원장 2014년 전북도의회 의원(무소속)(현) 2014년 同운영위원회 위원 2014·2016년 同산업경제위원회 위원(현) 2015년 同윤리특별위원회 위원 2016년 同예산결산특별위원회 위원(현) ⓒ기독교

김현철(金顯哲) Hyun Cheol Kim

ⓑ1968 ⓒ대전 서구 청사로189 특허청 특허심사1국(042-481-5906) ⓗ2003년 미국 캘리포니아대 버클리교 수료 ⓩ1993년 기술고시 합격(28회) 1994년 상공자원부 생활산업과 사무관 1998년 산업자원부 화학생물산업과 사무관 2002년 同산업기술정책과 서기관 2005년 정부혁신지방분권위원회 파견 2006년 산업자원부 에너지환경팀장 2007년 同산업환경팀장 2008년 駐네덜란드 파견(서기관) 2012년 지식경제부 성장동력실 철강화학과장(부이사관) 2012년 同산업기술정책과장 2013년 산업통상자원부 산업기반실 산업기술정책과장 2014~2015년 민관합동창조경제추진단 파견 2015년 특허청 특허심사1국장(고위공무원)(현)

김현철(金賢哲) KIM Hyun Chul

ⓑ1970·3·15 ⓞ경남 진주 ⓒ강원 원주시 시청로139 춘천지방검찰청 원주지청(033-769-4200) ⓗ1987년 진주 동명고졸 1991년 서울대 법대졸 1999년 同대학원졸 2000년 미국 조지워싱턴대 Law School 수료 ⓩ1991년 사법시험 합격(33회) 1994년 사법연수원 수료(23기) 1994년 軍검찰관 1997년 대전지검 검사 1999년 창원지검 거창지청 검사 2000년 인천지검 검사 2003년 법무부 인권과 검사 2005년 서울중앙지검 검사 2006년 춘천지검 부부장검사 2007년 대구지검 김천지청 부장검사 2008년 대검찰청 연구관 2009년 법무부 인권옹호과장 2009~2010년 同인권구조과장 2009~2010년 대한법률구조공단 중앙법률구조심사위원 2010년 사법연수원 교수 2012년 대전고검 검사 2012년 서울북부지검 형사3부장 2013년 광주지검 형사2부장 2014년 부산지검 부장검사(부산시 파견) 2015년 서울고검 검사 2015년 인천지검 부천지청 차장검사 2016년 춘천지검 원주지청장(현)

김현탁(金鉉卓) KIM Hyun-Tak

ⓑ1958·7·11 ⓑ경주(慶州) ⓒ대전 유성구 가정로218 한국전자통신연구원 ICT소재부품연구소 소재부품창의연구실(042-860-5731) ⓗ1978년 포항 동지상고졸 1982년 부산대 물리학과졸 1984년 서울대 자연대학원 물리학과졸 1995년 공학박사(일본 쓰쿠바대) ⓩ1985년 한국타이어(주) 기술연구소 연구원 1992년 시스템베이스(주) 개발부장 1995년 일본 쓰쿠바대 물리공학계 문부교관 조수 1998년 한국전자통신연구원(ETRI) 융합부품연구부문 금속·절연체전이사업 책임자(책임연구원) 2005년 미국 마르퀴즈 후즈 후(Marquis Who's Who in the World)·영국 케임브리지 국제인명센터(IBC)·미국 인명연구소(ABI)에 등재 2010년 한국전자통신연구원(ETRI) 융합부품연구소 MIT융합기술연구팀장(사업책임자·책임연구원) 2013년 同창의미래연구소 MIT창의연구센터장 2016년 同ICT소재부품연구소 소재부품창의연구실장(현) ⓢ산업이사회장상(2004), 한국언론인연합회 자랑스런 한국인 대상(2005), 세종대왕기술상(2006), 발명대왕(2008), 과학기술창의상(2010)

김현태(金鉉泰) KIM Hyun Tae

ⓑ1935·8·18 ⓑ김해(金海) ⓞ경남 진주 ⓒ서울 종로구 대학로12길13 (주)인스럭키 임원실(02-766-2928) ⓗ1954년 진주고졸 1959년 고려대 법대졸 ⓩ1960년 삼성생명보험 입사 1978년 同투융자부장 1980년 同이사 1981년 同영남총국장 1982년 同상무이사 1989년 신한생명보험 전무이사 1994년 同부사장 1995년 국제생명보험 사장 1997~1999년 두원생명보험 사장 2000년 (주)인스럭키 대표이사 회장(현)

김현태(金炫太) KIM Hyun Tae

ⓑ1952·7·25 ⓑ김해(金海) ⓞ부산 ⓒ경남 창원시 의창구 창원대학로20 창원대학교 사회과학대학 법학과(055-213-3202) ⓗ1976년 동아대 법학과졸 1980년 同대학원졸 1994년 법학박사(동아대) ⓩ1983년 마산대 전임강사 1985~1994년 창원대 법학과 조교수·부교수 1987년 同법학과장 1989년 同통일문제연구소장 1991년 同학생생활연구소장 1991~2003년 경남도 행정심판위원회 위원 1991~2000년 언론중재위원회 경남중재부 중재위원 1992년 창원대 교무처장 1994년 同사회과학대학 법학과 교수(현) 1995년 96대학입시 공정관리위원회 부위원장 2000년 창원대 행정대학원장 겸 사회과학대학장 2003~2007년 同총장 2003~2004년 한국공법학회 부회장 2004년 경남도 부패방지대책협의회 위원장 2006년 STX복지재단 이사 2007~2008년 한국비교공법학회 회장 2008~2009년 KBS 비상임이사 2009년 지역발전위원회 동남권 자문위원 2010년 진실화해를위한과거사정리위원회 비상임위원 2012~2015년 한국스카우트경남연맹 이사 2013년 (사)다문화미래사회연구소 이사장(현) 2015년 한국스카우트경남연맹 부연맹장(현) ⓐ'사람들과 함께'(2012)

김현태(金炫兌) Hyun Tae KIM

ⓑ1954·9·11 ⓞ경북 의성 ⓒ서울 종로구 율곡로190 여전도회관601호 한국석유화학협회(02-3668-6105) ⓗ1972년 경북사대부고졸 1978년 연세대 경영학과졸 ⓩ1994년 상공자원부 서기관 1995년 통상산업부 서기관 2000년 경수로사업지원기획단 파견 2001년 산업자원부 자원정책실 석탄산업과장 2002년 同자원정책실 전력산업과장 2002년 同기획예산담당관 2003년 同기획예산담당관(부이사관) 2004년 同혁신담당관 2004년 경수로사업지원기획단 파견 2005년 중앙공무원교육원 파견 2006년 산업자원부 무역위원회 무역조사실장 2008년 지식경제부 우정사업본부 보험사업단장 2009년 한국디자인진흥원 원장 2012~2013년 대한석탄공사 사장 2014년 한국석유화학협회 상근부회장(현) ⓢ근정포장(1993)

김현태

ⓑ1972·3·26 ⓑ김해(金海) ⓒ경기 수원시 팔달구 인계로178 경기문화재단 경영본부(031-231-7200) ⓗ1991년 동래고졸 1999년 부산대 정치외교학과졸 ⓩ2011~2014년 남경필 국회의원 보좌관 2015년 (재)경기문화재단 경영본부장(현) 2015~2016년 同대표이사 직무대행 2016년 한국광역문화재단연합회 이사(현)

김현택(金炫澤) KIM Hyun Taek

ⓑ1956·2·9 ⓑ부안(扶安) ⓞ전북 부안 ⓒ서울 동대문구 이문로107 한국외국어대학교 노어과(02-2173-3132) ⓗ1974년 전주고졸 1978년 한국외국어대 노어과졸 1980년 同대학원 동구지역연구학과졸 1990년 문학박사(미국 캔사스주립대) ⓩ1980~1983년 육군사관학교 교수부 러시아어 교관·전임강사 1985~1990년 미국 캔사스주립대 조교 1991~1993년 중앙대 러시아어과 부교수 1994년 한국외국어대 노어과 부교수·교수(현) 2004~2006년 同연구·협력처장 2007년 한국국제교류재단 한국학 운영자문위원(현) 2008~2009년 한국외국어대 사이버외국어대학장 2009년 한국학술진흥재단 인문학장 2009~2010년 한국연구재단 어문학단장 2010~2011년 한국슬라브학회 회장 2011~2013년 한국외국어대 통번역대학원장 2014년 同러시아연구소장(현) ⓢ러시아 정부의 푸쉬킨 메달(2010) ⓐ'현대 러시아의 이해'(2002) '현대 러시아 국가체제와 세계전략'(2005) '한국어-러시아어 사전'(2006) 등 ⓥ'체호프 소설선집: 사랑의 언어'(2003) '한국현대대표시선 노역'(2004) '어머니: 범우비평판세계문학선55'(2004) 등

김현표(金鉉杓)

ⓑ1959·2·20 ⓞ충남 금산 ⓒ충남 태안군 태안읍 군청로1 태안군청 부군수실(041-670-2205) ⓗ1977년 금산고졸 1993년 한국방송통신대 행정학과졸 ⓩ1977년 공직 입문, 충청남도 예산투자담당관실·세무회계과·균형발전담당관실 근무 2005년 지방행정사무관 승진 2010년 충청남도 예산담당관실 재정지원담당 2012년 同예산담당관실 예산총괄팀장 2014년 同예산담당관(지방서기관) 2016년 충남 태안군 부군수(지방서기관)(현)

김현풍(金顯豊) KIM Hyun Poong

[생]1941·12·17 [출]충남 당진 [주]서울 강북구 도봉로63 김현풍치과의원(02-988-2045) [학]서울 경동고졸 1966년 서울대 치과대학졸, 同대학원졸 1974년 치의학박사(서울대) 1987년 고려대 경영대학원 최고경영자과정 수료, 同정책과학대학원 고위정책과정 수료, 명지대 지방자치대학원 수료, 광운대 경영대학원 최고경영자과정 수료, 고려대 생명공학대학원 고위정책개발과정 수료 [경]김현풍치과의원 원장(현), 도봉구·서울시치과의사회 회장, 서울시의약인단체장협의회 회장 1988년 서울대 치과대학 외래교수, 서울시자연보호협의회 회장 1997년 강북·도봉문화원 원장, 서울시문화원연합회 회장, 한나라당 중앙위원회 보건복지분과 위원장 2002년 행복을만드는치과의원 원장 2002·2006~2010년 서울시 강북구청장(한나라당), 서울대 치과대학 초빙교수, 한신대 초빙교수, 가천의과학대 초빙교수, 서울사이버대 초빙교수 2010년 범국민성역할추진위원회 상임고문 2010년 (사)삼각산자연환경보전연합회 설립·이사장(현), 국립공원관리공단 이사, 同자문위원(현) 2015년 강북문화원 원장(현), 나라사랑막걸리사랑협회 공동대표(현) [상]새천년 밝은 정치인상(2004), 풀뿌리 녹색가게 디딤돌상(2004), 보훈대상(2005) [저]'우리동네 행복만들기'(2000) '우리동네 행복만들기 그 두번째이야기'(2007) [종]천주교

김현호(金玄鎬) KIM Hyeon Ho

[생]1961·5·20 [본]경주(慶州) [출]경남 거창 [주]서울 서초구 반포대로30길12의6 한국지방행정연구원 연구기획실(02-3488-7344) [학]2001년 서울대 대학원졸(행정학박사) [경]2002년 서울시정개발연구원 초빙연구위원 2003년 한국지방행정연구원 수석연구원 2008년 同지역균형개발지원센터 소장(수석연구원) 2009년 지역발전위원회 전문위원 2009~2014년 대통령직속 지역발전위원회 전문위원 2009~2014년 한국지방행정연구원 지역발전연구실장 2013년 同지역공동체연구센터 소장 2015년 행정자치부 자체평가위원·합동평가위원 2015년 한국지방행정연구원 연구기획실장(현) 2016년 한국지역개발학회 부회장(현) [상]국토연구원 우수논문상(2004) [저]'지역경제 새싹이 돋는다(共)'(2003) '향토산업 육성전략(共)'(2003) '영국의 지방공공서비스 협약(共)'(2004) '대한국토지역계획론(共)'(2004) '낙후지역 선정지표 개발(共)'(2004) '해외 낙후지역 성공사례 연구(共)'(2004) '국가균형발전으로 가는 길(共)'(2004) '지역발전을 위한 향토자원의 활용 및 개발방안(共)'(2004) '지역개발정책의 이론과 실제(共)'(2005) '지역특성화발전을 위한 지역혁신체계구축 지원방안'(2005) '대한민국 혁신예보, 맑음(共)'(2006) '지역혁신으로 가는 길(共)'(2006) '한국의 장소판촉(共)'(2006) '신활력사업의 실태분석 및 개선방안(共)'(2007) '국가균형발전의 이론과 실제'(2007) '지역간 경제협력 방안'(2008) '지자체 녹색성장전략'(2009) '환경변화에 따른 지역발전정책'(2010) '한국의 지역정책'(2014)

김현환(金鉉煥) KIM Hyun Hwan

[생]1962·3·20 [출]경북 의성 [주]대구 수성구 동대구로 364 대구지방법원(053-757-6600) [학]1980년 대구 영신고졸 1985년 고려대 법학과졸 1988년 경북대 법학대학원졸 [경]1988년 사법시험 합격(30회) 1991년 사법연수원 수료(20기) 1991년 軍법무관 1994년 변호사 개업 2001년 광주지법 판사 2003년 광주고법 판사 2004년 대구고법 판사 2005년 대구지법 판사 2007년 同포항지원 부장판사 2009년 대구지법 부장판사 2014년 대구지법·대구가정법원 경주지원장 2016년 대구지법 부장판사(현)

김현환(金現煥)

[출]전남 순천 [주]세종특별자치시 갈매로388 문화체육관광부 운영지원과(044-203-2164) [학]순천고졸, 서울대 정치학과졸 [경]1993년 행정고시 합격(37회) 2004년 문화관광부 예술정책과 서기관 2009년 문화체육관광부 홍보지원국 정책포털과장 2010년 同관광산업국 국제관광과장 2012년 同기획행정관리담당관(부이사관) 2013년 同창조행정담당관 2014년 同문화기반국 인문정신문화과장 2014년 同체육관광정책실 관광레저정책관(국장급) 2015년 同기획조정실 정책기획관 2015년 駐일본 공사참사관 겸 문화원장(현)

김형건(金亨建)

[생]1961 [주]서울 종로구 종로26 SK종합화학 임원실(02-2121-5114) [학]부산대 경제학과졸, 미국 워싱턴대 대학원 MBA [경]1987년 유공 입TK, SK그룹 구조조정추진본부 재무팀 근무 2007년 (주)SK 경영지원부문 경영전략담당 상무, (주)SK에너지 산업에너지사업부장 2012년 同Trading사업본부장 2013년 (주)SK트레이딩인터내셔널 대표이사 사장 2016년 (주)SK종합화학 대표이사 사장(현)

김형곤(金亨坤)

[생]1969·1·20 [출]대구 [주]서울 용산구 후암로4길10 헤럴드 기획조정실(02-727-0114) [학]1987년 청구고졸 1995년 고려대 신문방송학과졸 [경]내외경제신문 증권부 기자 2003년 헤럴드경제신문 산업1부 근무 2006년 同금융팀 근무 2008년 헤럴드경제 편집국 시장경제부 정책팀장 2011년 同편집국 문화부장 2011년 同편집국 글로벌증권부장 2013년 同편집국 금융투자부장 2014년 同정치부장 2015년 헤럴드 기획조정실장(현) 2016년 한국신문협회 기조협의회 이사(현)

김형광(金炯光) KIM Hyung-Kwang

[생]1952·5·23 [본]김녕(金寧) [출]경북 성주 [주]서울 송파구 위례성대로16길4의17 (사)한국수목보호기술자협회(02-2202-0904) [학]용산고졸 1976년 서울대 임학과졸 1988년 미국 뉴욕주립대 대학원 환경임학과졸 1990년 서울대 대학원 행정학과졸 2003년 중앙공무원교육원 고위정책과정 수료 2005년 농학박사(충남대) [경]1977~1982년 한국감정원 근무 1981년 기술고등고시 합격(17회) 1983년 산림청 동부영림서 사업과장·경영 및 종합계획담당·기술지도 및 산지이용담당 1995년 미국 연방정부(농무성 산림청·환경보호처·내무성 국립공원·관리청 및 토지관리청) 파견 1997년 세계은행 근무 1998년 산림청 기술지원과장 1999년 同국제협력과장 2001년 同산림소득과장 2002년 북부지방산림청장 2004년 국립수목원 원장 2006년 산림청 산림인력개발원장 2007~2010년 유엔식량농업기구(FAO) 파견 2011년 한국녹색문화재단 상임이사 2013~2014년 한국산림복지문화재단 상임이사 2014년 (사)한국수목보호기술자협회 회장(현) [상]국무총리표창(1992), 근정포장(1994) [역]'비전 퀘스트'(2013) [종]가톨릭

김형국(金炯國) KIM Hyung Kook

[생]1942·8·20 [본]김녕(金寧) [출]경남 마산 [주]서울 관악구 관악로1 서울대학교 환경대학원(02-880-5642) [학]1960년 마산고졸 1964년 서울대 문리대학 사회학과졸 1968년 同행정대학원졸 1972년 미국 캘리포니아대학교 로스앤젤러스교(UCLA)졸 1983년 도시계획학박사(미국 캘리포니아대 버클리교) [경]1975~1988년 서울대 환경계획학과 전임강사·조교수·부교수 1988~2007년 同환경대학원 환경계획학과 교수 1988~1993년 조선일보 비상임논설위원 1990~1994년 서울대 환경대학원장 1996년 한국도시연구소 이사장 1998년 한국미래학회 회장 2007년 서울대 환경대학원 명예교수(현) 2008~2009년 대통령자문 국가지속가능발전위원회 위원장 2008년 국가에너지위원회 위원 2009~2010년 대통령직속 녹색성장위원회 공동위원장 2014년 가나문화재단 이사장(현) [저]'국토개발의 이론연구' '한국공간구조론' '도시시대의 한국문화' '사람의 도시' '그 사람 장욱진' '불량촌과 재개발' '장욱진 : 모더니스트 민 화장' '고장의 문화판촉' '활을 쏘다' '녹색성장바로알기(編)'(2011) '김종학 그림 읽기'(2011) '인문학을 찾아서'(2013) '우리 미학의 거리를 걷다 : 전승미술사랑의 토막 현대사'(2015)

김형국(金亨國) KIM Hyung Kook

[생]1960·9·30 [본]김해(金海) [출]인천 [주]서울 용산구 이촌로318 금강아산병원 원장실(02-799-5100) [학]서울대 의대졸 [경]서울대병원 인턴·레지던트, 삼성의료원 전임의, 서울대병원 정형외과 자문의(현), 근로복지공단 자문위원(현), 울산대 의대 외래교수(현), 금강아산병원 진료부장 1998년 同정형외과 진료과장(현) 2009년 同원장(현)

김형국(金炯國) KIM Hyung Kuk

[생]1962·11·2 [본]전주(全州) [출]서울 [주]서울 강남구 논현로508 GS칼텍스(주) 경영기획실(02-2005-6046) [학]1981년 여의도고졸 1986년 서울대 화학공학과졸 1988년 同대학원 화학공정학과졸 [경]1987년 GS칼텍스(주) 입사 1994년 同사업기획팀 과장 2003년 同전력사업팀장(부장) 2007년 GS파워 업무부문장(부장) 2008년 同업무부문장(상무) 2009년 同마케팅부문장(상무) 2010년 GS칼텍스(주) 경영기획실장(상무) 2011년 同경영기획실장(전무) 2015년 同경영기획실장(부사장)(현) [종]불교

김형국(金瑩國) KIM HYOUNG-KOOK

[생]1977·12·24 [본]김해(金海) [출]경남 창녕 [주]서울 서대문구 통일로87 국민권익위원회 서울종합민원사무소 민원신고심사과(02-6021-2150) [학]마산 창신고졸, 동국대 경찰행정학과졸, 영국 요크대 대학원 행정학과졸 [경]2002년 행정고시 합격(46회) 2014년 국민권익위원회 보호보상과장 2015년 同위원장 비서관 2016년 同서울종합민원사무소 민원신고심사과장(현)

김형규(金亨圭) KIM Hyung Kyu

[생]1949·9·18 [출]서울 [학]1968년 보성고졸 1975년 고려대 의대졸 1979년 同대학원 의학석사 1985년 의학박사(고려대) [경]1981년 내과 전문의 1982~2015년 고려대 의과대학 내과학교실 교수 1985년 일본 자혜의대 연구교수 1986~1996년 고려대병원 인공신장실장 1986~1996년 同신장내과 과장 1995년 同신장내과 분과 전문의 1996~2011년 고려대 신장병연구소장 1998~1999년 同안암병원 교육수련위원장 1999년 독일 하이델베르그의대 방문교수 1999년 대한신장학회 신장투석전문의 2003년 대한의사협회 정책이사 2003~2005년 고려대 안암병원장 2003~2005년 대한병원협회 이사 2003~2005년 서울시병원회 정책이사 2003~2005년 KBS 의료자문위원 2004~2006년 보건복지부 의약품사용평가위원 2005년 보건산업진흥원 보건의료기술평가위원회 위원 2005~2006년 대한고혈압학회 부회장 2006~2008년 대한신장학회 감사 2007~2010년 한국의학교육평가원 기본의학교육평가단장 2007~2011년 고려대 의대 임상교육위원장 2007~2011년 고려대의료원 중앙약사심의위원장 2009~2010년 대한신장학회 회장 2009~2011년 고려대 신장병연구소장 2009~2011년 同임상교육위원회 위원장 2009~2011년 同안암병원 통합의학센터장 2009~2011년 한국보건의료인국가시험 시험위원회 위원 2009년 건강보험심사평가원 평가위원 2009~2012년 대한의사협회 국민의학지식향상위원장 2010~2012년 同중앙윤리위원 2010~2012년 고려대 의대 내과학교실 주임교수 2010~2011년 대한의사협회 중앙윤리위원장 직대 2010~2012년 대한보완통합의학회 회장 2011~2013년 식품의약품안전청 의료기기위원회 전문위원 2011~2015년 고려대 의학전문대학원 입학공정관리위원회 위원 2012·2014~2015년 同의대 의예과위원회 위원 2013~2016년 대한의사협회 국민건강보호위원회 위원장 2013~2014년 고려대 의대 의예과위원회 위원장 2015년 同명예교수(현) [상]고려대 석탑강의상(2008), 보건복지부장관표창(2010) [저]'임상신장학' '인간과 의학' '투석환자의 식이요법' '신장병119'

김형균(金亨均) KIM Hyung Kyoon

[생]1959·10·13 [출]전남 광양 [주]경기 화성시 동탄면 장지남길10의7 (주)유니셈(031-379-5800) [학]1978년 순천 매산고졸 1984년 순천대 경영학과졸 2004년 아주대 경영대학원졸 [경]1988년 유니온산업 설립, (주)유니셈 이사, 同부사장 2007년 同대표이사 사장(현) [상]금탑산업훈장(2014) [종]기독교

김형근(金亨根) KIM Hyoung Keun

[생]1957·8·8 [주]강원 강릉시 죽헌길7 강릉원주대학교 해양자원육성학과(033-640-2344) [학]1975년 제주제일고졸 1983년 제주대 증식학과졸 1986년 부산수산대 대학원 자원생물학과졸 1991년 이학박사(부산수산대) [경]1989년 부산수산대 강사 1991년 강릉대 해양생명공학부 교수 1994~1995년 국립수산진흥원 겸직연구관 1995년 일본 동경수산대 Post-Doc. 2001년 한국조류학회 학술위원 2004~2005년 미국 워싱턴대 객원교수 2007년 한국양식학회 편집위원 2007~2009년 강릉대 산업대학원장 2007~2009년 同생명과학대학장 2009~2011년 강릉원주대 해양생명공학부 해양자원육성전공 교수, 同생명과학대학장 2011년 同해양자원육성학과 교수(현) 2011년 同농수산인교육원장 2012~2013년 同교무처장 2014년 미국 세계인명사전 'Marquis Who's Who in the World 2015년판'에 등재 2015년 (사)한국조류학회 회장(현)

김형근(金亨根)

[생]1969·4·6 [출]서울 [주]인천 남구 소성로163번길49 인천지방검찰청 특별수사부(032-860-4315) [학]1984년 선덕고졸 1991년 고려대 법학과졸 1998년 同대학원 법학과졸 [경]1997년 사법시험 합격(39회) 2000년 사법연수원 수료(29기) 2000~2002년 변호사 개업 2002년 서울지검 검사 2004년 대구지검 포항지청 검사 2006년 수원지검 검사 2009년 서울남부지검 검사 2012년 대검찰청 연구관 2014년 서울중앙지검 부부장검사 2015년 부산지검 특수부장 2016년 인천지검 특수부장(현) [상]근정포장(2015)

김형기(金炯基) KIM Hyung Kee (청암)

[생]1953·5·12 [본]경주(慶州) [출]경북 경주 [주]대구 북구 대학로80 경북대학교 경제통상학부(053-950-5413) [학]1971년 경북고졸 1976년 서울대 경제학과졸 1978년 同대학원 경제학과졸 1988년 경제학박사(서울대) [경]1978~1981년 육군제3사관학교 교관·전임강사 1981~1992년 경북대 경제학과 전임강사·조교수·부교수 1985년 서울대 경제학과 교류교수 1992년 경북대 경제통상학부 교수(현) 2000년 (사)대구사회연구소 소장 2002~2004년 지방분권국민운동 의장 2002~2003년 한국지역사회학회 회장 2004~2006년 대통령자문 국가균형발전위원회 위원 2004~2006년 대통령자문 정책기획위원회 위원 2004년 (사)대구경북분권혁신아카데미 원장 2006년 좋은정책포럼 대표(현) 2006년 (사)대구경북분권혁신아카데미 이사장(현) 2006년 프랑스 Univ. of Paris 13 초빙교수 2006~2007년 미국 Univ. of California Berkeley 방문학자 2006년 한국노사관계학회 부회장 2008년 대구경북지역혁신협의회 의장 2010~2012년 경북대 교수회 의장 2010년 World Association for Political Economy 상임위원(현) 2010~2011년 한국사회경제학회 회장 2011년 International Critical Thought 편집위원(현) 2011~2012년 전국국공립대학교수회연합회 상임회장 2011년 교육과학기술부 국립대학발전추진위원회 공동위원장 2013년 중국 Fudan Univ. 방문교수 2013년 미국 하버드대 방문학자 [상]홍조근정훈장(2007), 세계정치경제학회 21세기 정치경제학 우수업적상(2012) [저]'한국의 독점자본과 임노동'(1988, 까치) '한국경제: 세계화, 구조조정, 양극화를 넘어서'(2005, 한울아카데미) '한국경제 제3의 길: 지속가능한 진보를 위한 대안적 발전모델'(2006, 한울아카데미) '대안적 발전모델: 신자유주의를 넘어서(編)'(2006) '한국노사관계의 정치경제학'(2007, 한울아카데미) '새로운 진보의 길: 대한민국을 위한 대안(編)'(2009) '경세제민의 길'(2014, 이담북스) 등

김형기(金亨基) KIM Hyung Ki

[생]1963·1·18 [출]경북 경산 [주]서울 영등포구 국제금융로56 멀티에셋자산운용 채권운용본부(02-3774-8000) [학]대구고졸, 연세대 경영학과졸, 同경영대학원 수료 [경]1988년 국민투자신탁 인사부 근무 1991년 同방배지점 대리 1992년 同채권운용팀 운용역 1996~1997년 同국제운용팀 운용역 1999년 삼성투자신탁 채권운용팀장 2001년 同채권전략팀장 2003년 同MMF팀장 2004년 同채권운용팀장 2005년 同채권운용본부장 2007년 同채권운용팀장 2008년 KDB자산운용 채권운용본부장(상무) 2016년 멀티에셋자산운용 채권운용본부장(상무)(현)

김형기(金亨起) KIM Hyung Ki

[생]1966·3·23 [본]강릉(江陵) [출]강원 강릉 [주]강원 원주시 입춘로10 국립과학수사연구원 행정지원과(033-902-5000) [학]1984년 속초고졸 1989년 경찰대 행정학과졸(5기) [경]1989년 경위 임관(경대5기), 강원지방경찰청 감사담당관실 근무, 경찰청 정보국 정보3과 근무, 강릉경찰서 방범계장, 영월경찰서 정보과장 1998년 경감 승진 1999년 강릉경찰서 방범과장 2000년 동해경찰서 정보보안과장 2002년 정선경찰서 정보보안과장 2004년 강릉경찰서 청문감사관 2006년 경정 승진 2007년 강원지방경찰청 경무과 기획예산계장 2014년 同경무과 기획예산계장(총경) 2014년 同112종합상황실장 2015년 강원 삼척경찰서장 2016년 국립과학수사연구원 행정지원과장(현) [상]경찰청장표창, 강원도지사표창

김형길(金炯吉) Kim Hyeong-gil

[생]1964·10·25 [주]서울 서초구 남부순환로2572 국립외교원 교수부(02-3497-7738) [학]1988년 경희대 정치외교학과졸 1990년 서울대 대학원 행정학과졸 [경]1989년 외무고시 합격(23회) 1989년 외무부 입부 1999년 駐일본 1등서기관 2002년 駐폴란드 1등서기관 2005년 외교통상부 홍보관리관실 공보팀장 2006년 同정책기획국 정책총괄과장 2007년 駐벨기에유럽연합 참사관 2011년 駐남아프리카공화국 공사 겸 총영사 2012년 駐뉴욕 부총영사 2015년 국립외교원 교수부장(현)

김형길(金炯吉)

[생]1965·7·6 [출]전남 영암 [주]전북 군산시 법원로70 전주지방검찰청 군산지청 지청장실(063-452-9001) [학]1983년 광주제일고졸 1987년 성균관대 법학과졸 [경]1992년 사법시험 합격(34회) 1995년 사법연수원 수료(24기) 1995년 대한법률구조공단 변호사 1998년 부산지검 동부지청 검사 1999년 전주지검 정읍지청 검사 2001년 서울지검 남부지청 검사 2003년 법무부 법조인력정책과 검사 2005년 대전지검 검사 2007년 同부부장검사 2008년 서울중앙지검 부부장검사 2009년 사법연수원 교수 2011년 부산지검 형사5부장 2012년 의정부지검 고양지청 형사2부장 2013년 서울남부지검 형사4부장 2014년 의정부지검 형사1부장 2015년 수원지검 부부장검사(한국형사정책연구원 파견) 2016년 전주지검 군산지청장(현)

김형남(金炯男) KIM Hyoung Nam

[생]1962·2·14 [주]서울 강남구 테헤란로133 한국타이어 연구개발본부(080-022-8272) [학]1984년 서울대 기계설계공학과졸 1997년 기계공학박사(미국 펜실베이니아주립대) [경]1983~1990년 기아자동차 연구소 근무 1997년 삼성자동차 연구소 근무 2000년 (주)르노삼성자동차 연구소 근무 2002년 同구매2담당 이사 2006~2009년 同CVE(Chief Vehicle Engineer)연구소 상무 2010~2013년 同구매본부장(전무) 2013년 (주)한국타이어 경영운영본

부 구매부문장(전무) 2016년 同연구개발본부장 겸 구매부문장(부사장)(현) [상]자동차의날 대통령표창(2012) [종]기독교

김형대(金形大) Kim, Hyung Dae

[생]1959 · 7 · 30 [출]전북 김제 [주]전남 목포시 통일대로 130 목포지방해양수산청 청장실(061-280-1600) [학]전라고졸, 전북대 영어영문학과졸 [경]1988년 7급 공무원 임용 1988년 동해지방해운항만청 근무 1992년 해운항만청 해운국 진흥과 근무 1997년 해양수산부 총무과 인사담당 근무 2002년 同해양정책국 해양정책과 근무 2004년 同해운물류국 항만물류과 근무 2006년 同정책홍보관리실 정책기획팀 근무 2007년 同어업자원국 어업정책과 근무 2008년 국토해양부 물류항만실 해운정책과 근무 2013년 해양수산부 해운물류국 해운정책과 국제해운물류팀장 2013년 군산지방해양항만청장 2014년 목포지방해양항만청장 2015년 목포지방해양수산청장(현)

김형도(金炯道) kim hyeong do

[생]1961 · 3 · 5 [본]김녕(金寧) [출]강원 홍천 [주]강원 삼척시 봉황로101 삼척소방서 서장실(033-573-0119) [학]1980년 고졸검정고시 합격 1991년 한국방송통신대 행정학과졸 2008년 강원대 행정대학원 행정학과졸(석사) 2015년 同방재전문대학원 재해방재전공 박사과정 재학中 [경]1999년 강원 춘천소방서 소방행정과 행정주임 2000년 同화천파출소장 2001년 강원도 소방본부 방호구조과 예방주임 2005년 강원 춘천소방서 예방안전과 안전담당 2007년 同후평119안전센터장 2008년 同방호구조과 방호담당 2008년 강원도 소방본부 방호구조과 구조구급실무담당 2009년 同소방본부 종합상황실 상황관리담당 2010년 同소방본부 소방항공대장 2010~2013년 同소방본부 소방행정과 장비관리담당 2014년 同소방본부 소방행정과 소방행정담당 2014년 강원 삼척소방서장(현) [상]강릉소방서장표창(1987 · 1992), 강릉시장표창(1989), 내무부장관표창(1993), 서울소방학교장표창(1996), 강원도지사표창(1998 · 2005), 행정자치부장관표창(2002), 국무총리표창(2013) [종]천주교

김형동(金炯東) Kim, Hyong-Dong

[생]1962 · 11 · 6 [본]김녕(金寧) [출]경남 진주 [주]경남 진주시 진주대로1042 경남은행 업무지원본부(055-746-9371) [학]1981년 진주상고졸 1988년 경상대 회계학과졸 2003년 창원대 경영대학원 경영학과졸 [경]1988년 경남은행 입행 1998년 同인사부 과장 2004년 同전략기획부 본부장 2005년 同임원부속실장 2007년 同봉곡동지점장 2008년 同개인고객지원부 PB팀장 2008년 同지역공헌부장 2014년 同서부본부장 2015년 同서부영업본부장 2016년 同업무지원본부장(부행장보)(현) [상]우리금융지주회장표창(2011), 경남도 체육상(2012)

김형두(金炯枓) KIM Hyung Du

[생]1965 · 10 · 17 [출]전북 정읍 [주]서울 서초구 서초중앙로 157 서울고등법원 제1민사부(02-530-1214) [학]1984년 전주 동암고졸 1988년 서울대 법과대학 사법학과졸 [경]1987년 사법시험 합격(29회) 1990년 사법연수원 수료(19기) 1990년 軍법무관 1993년 서울지법 의정부지원 판사 1996년 서울지법 판사 1997년 대전지법 홍성지원 판사 1998년 일본 東京大 객원연구원 1999년 대전고법 판사 2000년 수원지법 여주지원 판사 2000년 미국 컬럼비아대 객원연구원 2001년 서울지법 판사 2001~2004년 법원행정처 사법정책연구심의관 겸임 2002년 서울고법 판사 2005년 법원행정처 사법정책실 정책2심의관 2006년 대법원 재판연구관 2008년 춘천지법 강릉지원장 2009년 서울중앙지법 영장담당 부장판사 2010년 同형사합의27부 부장판사 2012년 서울동부지법 부장판사 2012년 특허법원 부장판사 2014년 서울고법 부장판사(현) 2015년 사법정책연구원 수석연구위원 겸임(현)

김형래(金亨來) KIM Hyoung Lae

[생]1961 · 1 · 10 [본]강릉(江陵) [출]강원 강릉 [주]서울 강남구 영동대로517 아셈타워 한국오라클(02-2194-8000) [학]1979년 강릉고졸 1984년 경북대 전자공학과졸 1989년 연세대 공학대학원졸 2004년 서강대 경영대학원졸 2006년 한국과학기술원(KAIST) 최고경영자과정 수료 [경]1983년 (주)삼성전자 HP사업부 개발부 입사 1984년 (주)삼성HP HP-UX시스템 엔지니어 1987년 同CAD · CAE · CASE 컨설턴트 1990년 同삼성담당 소프트웨어서비스 사업팀장 1994년 한국HP 컨설팅사업본부 PDM사업부장 1997년 同소프트웨어사업본부장 1999년 同소프트웨어사업본부장(이사) 2002년 同소프트웨어사업본부장(상무) 2005~2008년 (주)BEA시스템즈코리아 대표이사, 한국RFID · USN협회 이사, 한국소프트웨어콤포넌트컨소시움 운영위원, 한국웹포럼 운영위원, 한국ITSMF 운영위원 2008년 한국오라클 퓨전미들웨어부문 부사장 2011년 同테크놀러지사업부 부사장 2014년 同사장(현) [종]기독교

김형렬(金亨烈) KIM Hyeong Ryeol

[생]1964 · 3 · 8 [주]세종특별자치시 도움6로11 국토교통부 건설정책국(044-201-3589) [학]1982년 서울 중앙고졸 1986년 연세대 토목공학과졸 1989년 同대학원졸(공학석사) 1997년 공학박사(일본 동경대) 2001년 서울대 행정대학원 정보통신방송정책과정 수료 2010년 고려대 정책대학원 최고위정책과정 수료 2012년 서울대 공과대학 건설산업최고전략과정 수료 [경]1985년 기술고등고시 합격(21회) 1999년 대통령비서실 수해방지대책기획단 근무(서기관) 2001년 건설교통부 대전지방국토관리청 하천국장 2002년 국무총리국무조정실 과장 2003년 서울지방국토관리청 하천국장 2004년 同도로시설국장 2005년 건설교통부 건설관리과장 · 하천관리과장 2008년 대통령실 행정관(부이사관) 2009년 국토해양부 도로정책과장 2010년 同대변인(고위공무원) 2011년 同도로정책관 2011년 同수자원정책관 2012년 미국 캘리포니아대 어바인교 파견 2013년 국토교통부 기술안전정책관 2014년 同대변인 2015년 同국토정책관 2015년 同수자원정책국장 2016년 同건설정책국장(현) [상]홍조근정훈장, 근정포장

김형룡(金亨龍) KIM Hyung Ryong

[생]1962 · 1 · 18 [본]김해(金海) [출]전북 군산 [주]전북 익산시 익산대로501 원광대학교 치과대학 치의학과(063-850-6640) [학]1987년 원광대 치과대학졸 1989년 서울대 대학원 약리학과졸 1992년 약리학박사(서울대) 1998년 고려대 정책대학원 행정학과졸 [경]1992~1995년 보건복지부 공중보건의사 1995년 원광대 치과대학 치의학과 교수(현) 1997년 同원광생체재료매식연구소 간사 2001~2003년 미국 The Burnham Institute for Medical Research 교환교수 2003~2007년 원광대 연구부처장 2004년 나노과학기술연구소 소장 2004년 The Oriental Pharmacy Exp Med Editor 2004년 '세포죽음 억제 새단백질' 발견 2005년 한국과학기술한림원 정회원(현) 2012년 원광대 치과대학장 2012년 통일치의학센터장 2013년 한국치과대학장 · 치의학전문대학원장협의회 부회장 2014년 식품의약안전처 중앙약사심의위원회 전문가단(현) 2015년 국가과학기술심의회 생명 · 의료전문위원회 위원(현) [상]대한치과의사협회장상(1987), 원광대 총장표창(2000), 원광대 학술대상(2003), 국무총리표창(2004), 범석학술논문 최우수상(2005), 전북학술대상(2005), 자랑스러운 원광인상(2006), 연송치의학상(2008), 보건복지부장관표창(2013) [저]'익산시 독립운동사'(1996) '최신 치과약리학'(2004) [역]'세포죽음'(2005) [종]기독교

김형만(金炯晩) KIM Hyeng Man

[생]1957 · 9 · 5 [본]김녕(金寧) [출]전북 [주]세종특별자치시 정부2청사로13 국민안전처 세종2청사 해양경비안전본부 해양오염방제국(044-205-2090) [학]1976년 순창고졸 1987년 한국방송통신대 행정학과졸 2004년 성균관대 행정대학원 행정학과졸 [경]2001년 행정자치부 법무담당관실 사무관 2003년 同기획예산담당관실 사무관 2003년 同기획예산담당관실 서기관 2006년 同고객만족행정팀장 2007년 同사회조직팀장 2008년 행정안전부 사회조직과장 2009년 同인사실 윤리과장 2010년 남원시 부시장 2012년 행정안전부 민원제도과장 2013년 안전행정부 민원제도과장(부이사관) 2014년 해양경찰청 해양오염방제국 방제기획과장 2014년 국민안전처 해양경비안전본부 방제기획과장 2015년 同해양경비안전본부 해양오염방제국장(고위공무원)(현)

김형묵(金炯默)

[생]1957 [주]서울 종로구 세종대로209 행정자치부 행정서비스통합추진부(02-2100-4190) [학]경북 영주고졸, 영남대 행정학과졸 [경]7급 공채시험 합격, 과거사권고사항처리기획단 파견 2010년 정부청사관리소 관리총괄과장 2011년 안전행정부 상훈담당관 2014년 행정자치부 사회조직과장(서기관) 2015년 同사회조직과장(부이사관) 2015년 同조직기획과장(고위공무원) 2016년 同행정서비스통합추진부장(고위공무원)(현)

김형문(金炯文) KIM Hyung Moon (金堂)

[생]1940 · 1 · 1 [본]김해(金海) [출]전남 여수 [주]서울 종로구 새문안로5길37 도렴빌딩607호 금문당출판사(02-738-7966) [학]1959년 여수고졸 1965년 전남대 정치학과졸 1995년 국민대 정치대학원 수료 [경]1972년 민주통일당 창당발기인 · 조직부장 1981년 금문당출판사 사장(현) 1984년 한국단행본출판협회 운영위원장 1985년 민주화추진협의회 총무국장 1987년 평민당 총무국장 · 정

책실장 1988년 지역감정해소국민운동협의회 사무총장 1990년 대한출판문화협회 이사 1992년 공명선거실천시민연합 서울공동대표 1992년 민주평통 자문위원 1993년 공동체의식개혁국민운동협의회 사무총장 1995~1997년 한국유권자운동연합 공동대표 1997년 同상임대표(현) 1997년 전국시민단체연합 상임대표(현) 1998년 제2의건국범국민추진위원회 위원, (사)지방선거발전연구소 이사장(현) 1999년 백범기념관건립위원회 위원 1999년 국민화합연대 공동대표 1999년 WTO범국민협의회 상임대표 2000년 민족화해협력범국민협의회 공동의장(현) 2000년 남북통일맞이대축전추진본부 공동대회장 2001년 민주평통 상임위원 2002년 특별기획전 고구려행사 공동추진위원장 2004년 우리쌀지키기범국민협약운동본부 상임대표(현) 2005~2007년 (사)4월회 회장 2006~2011년 자연보호중앙연맹 중앙지도위원 2009~2011년 민주평통 상임위원 [저]'김대중 그는 누구인가' '적극적 사고방식' [종]기독교

김형문(金炯文) KIM HYUNG-MOON

[생]1954·12·16 [본]진천(鎭川) [출]서울 [주]서울 송파구 동남로6길36 101호 (주)삼성COS(02-430-0727) [학]한양대 산업공학과졸 [경]삼성전자(주) SSEG부장, 同SSEL법인장(이사보), 同반도체총괄 영업1팀장(이사보), 同SSEG법인장(상무), 세메스 대표이사 2001년 국제e-business기구 Rosettnet Korea Chairman 2006년 삼성전자(주) 메모리영업1팀장(전무) 2011~2013년 세메스 고문 2013년 (주)삼성COS 대표이사(현) [상]대통령표창(2005) [종]천주교

김형민(金炯珉) KIM Hyung Min

[생]1955·2·25 [본]부안(扶安) [출]전북 정읍 [주]서울 동대문구 경희대로26 경희대학교 한의과대학 한의학과(02-961-9448) [학]1973년 정읍고졸 1978년 원광대 약학과졸 1988년 중앙대 대학원 약학과졸 1990년 약학박사(원광대) 1993년 의학박사(일본 大阪大) [경]1980~1982년 (주)종근당 근무 1989년 생명공학연구소 연구원 1993~1996년 원광대 의대 전임강사·조교수 1996년 同한약학과 부교수 2000년 한약사분과시험위원회 위원장 2000~2002년 중앙약사심의위원회 위원 2001~2010년 국제한방학술지(OPEM) 발행인 겸 편집위원장 2003년 (주)김형민한약연구소 이사 2003년 경희대 한의과대학 한의학과 교수(현) 2003년 국제한의학학술지 편집위원장 2004년 동양의학관련 국제전문학술지 AJCM(American Journal of Chinese Medicine) 편집위원(현) 2008년 한국생약학회 부회장 2008년 한국약용작물학회 편집위원(현) 2009~2010년 경희대 한의학연구소장 2011년 탕정한의학회 회장 겸 편집위원장 2013년 후마니타스의학회 회장 겸 편집위원장(현) [상]이달의 과학기술자상(1999) [저]'면역과 알레르기' '온병학' '맥라' [역]'병리학' '한약 약리학' '알레르기란 무엇인가' '집중강의 병리학'

김형민(金亨珉) KIM Hyoung Min

[생]1966·8·10 [출]서울 [주]서울 중구 통일로2길16 AIA Tower7층 에너낙코리아 대표실(02-3452-1840) [학]1985년 이라크 바그다드외국인고졸 1989년 영국 레스터대 경제학과졸 1990년 同대학원졸 1992년 同대학원 경제학박사과정 수료 [경]1992년 대우경제연구소 연구원 1997~2000년 코리아타임스 경제부·정치부 기자 2000년 대통령 공보수석비서실 해외언론담당 행정관 2002년 대통령 제1부속실 통역·수행담당 국장 2003년 김대중 前대통령 비서관 2003년 김앤장법률사무소 고문 2003년 한국외환은행 커뮤니케이션본부 상무 2005년 同인사본부 상무 겸임 2005~2008년 同부행장 2007년 김대중평화센터 감사 2008~2009년 한국외환은행 고문 2011~2014년 BAT코리아 부사장 2015년 에너낙코리아 부대표 2016년 同대표(현)

김형배(金炯培) Kim Hyungbae

[생]1963·5·15 [출]강원 삼척 [주]세종특별자치시 다솜3로95 공정거래위원회 운영지원과(044-200-4178) [학]1981년 삼척고졸 1989년 고려대 경제학과졸 2001년 미국 일리노이주립대 대학원 경제학과졸 [경]2001년 공정거래위원회 정책국 제도개선과 서기관 2003년 同정책국 총괄정책과 서기관 2004년 同경쟁국 유통거래과장 2007년 同시장감시본부 서비스2팀장 2008년 대통령 국책과제비서관실 행정관 2009년 대통령 국정과제비서관실 행정관 2009년 공정거래위원회 심판총괄담당관 2011년 同감사담당관 2012년 同대변인(고위공무원) 2012년 同시장감시국장 2013년 중앙공무원교육원 파견(고위공무원) 2014년 駐미국 공사참사관(고위공무원)(현)

김형배(金炯培) Kim, Hyeongbae

[생]1963·12·14 [본]김해(金海) [출]부산 [주]서울 마포구 백범로192 에쓰오일 RUC본부(02-3772-0845) [학]부산 동아고졸 1989년 서울대 화학공학과졸 [경]2012년 에쓰오일 기술부문 상무 2014년 同공장혁신·기획부문 상무 2015년 同RUC본부장(상무)(현) [종]천주교

김형배(金炯培) Kim Hyeong Bae

[생]1966·3·27 [출]충남 당진 [주]강원 속초시 법대로15 춘천지방법원 속초지원(033-639-7600) [학]1985년 조선대부속고졸 1990년 고려대 법학과졸 1998년 同법과대학원졸 [경]1997년 사법시험 합격(39회) 2000년 사법연수원 수료(29기) 2000년 광주지법순천지원 판사 2003년 광주지법 판사 2005년 의정부지법 판사 2008년 서울북부지법 판사 2010년 서울중앙지법 판사 2012년 서울고법 판사 2013년 대법원 재판연구관 2015년 춘천지법 속초지원장(현)

김형석(金亨錫) KIM Hyung Suek

[생]1964·11·29 [출]전남 해남 [주]서울 광진구 자양강변길31 성수빌딩3층 (주)남해종합건설(02-569-0880) [학]송원고졸, 미국 미시간주립대 경제학과졸, 同대학원졸 [경]기아자동차 수출부 근무, 남해종합개발 이사 1994년 (주)남해종합건설 대표이사(현) 1999~2013년 남해철강 대표이사 2001년 대천유통 대표이사(현) 2008년 (주)한신에너지 대표이사(현) [상]철도청 고속철도건설사업소장표창(2001), 광주지방국세청장표창(2002), 익산지방국토관리청장표창(2003), 산업포장(2004), 한국철도공사장표창(2005), 국토해양부장관표창(2012)

김형석(金炯錫) Kim Hyung Suk

[생]1965·12·22 [출]전남 순천 [주]서울 종로구 세종대로209 통일부 차관실(02-2100-5610) [학]순천고졸 1989년 서울대 영어영문학과졸 1999년 同행정대학원 행정학과졸 2012년 정치학박사(경기대) [경]1988년 행정고시 합격(32회) 1998년 통일원 인도지원국 인도1과 서기관 1998~2001년 통일부 인도지원국 인도1과 서기관·해외파견 2001년 同기획관리실 정보화담당관 2001년 대통령 통일비서관실 행정관 2003년 한반도에너지개발기구(KEDO) 사무국 과장 2005년 통일부 통일정책실 정책총괄과장(부이사관) 2007년 同남북경제협력본부 경협기획관(고위공무원) 2008년 대통령 통일비서관실 선임행정관 2011년 통일부 정세분석국장 2012년 同대변인 2013년 同남북회담본부 상근회담대표 2013년 同북한이탈주민정착지원사무소장 2014년 同남북회담본부 상근회담대표 2014년 새누리당 정책위원회 수석전문위원 2015년 대통령 외교안보수석비서관실 통일비서관 2016년 통일부 차관(현) [종]불교

김형석(金炯奭) KIM Hyung Seok

[생]1969·1·3 [출]경기 [주]세종특별자치시 도움6로11 국토교통부 국토정보정책과(044-201-3458) [학]1987년 서울고졸 1992년 서울대 경제학과졸 [경]2003년 건설교통부 건설경제담당관실 서기관 2003년 同주택국 공공주택과 서기관 2005년 同행복중심복합도시건설추진단실 서기관 2006년 同기획재정팀장 2006년 국무조정실 경제조정관실 건설정책과장, 同농수산건설심의관실 과장 2008년 국토해양부 창의혁신담당관 2009년 대통령실 지역발전비서관실 행정관 2011년 국토해양부 교통안전복지과장 2011년 교육 파견(부이사관) 2014년 국토교통부 복합도시정책과장 2016년 同주택토지실 국토정보정책과장(현) [종]기독교

김형석(金亨錫)

[생]1972·12·31 [출]충남 서산 [주]전남 목포시 정의로29 광주지방법원 목포지원(061-270-6600) [학]1991년 공주사대부고졸 1995년 성균관대졸 [경]1997년 사법시험 합격(39회) 2000년 사법연수원 수료(29기) 2000년 서울지법 판사 2002년 同북부지원 판사 2004년 대전지법 서산지원 판사 2008년 수원지법 성남지원 판사 2010년 서울중앙지법 판사 2012년 서울동부지법 판사 2013년 서울고법 판사 2015년 광주지법 목포지원 부장판사(현) 2015년 광주가정법원 목포지원 부장판사 겸임(현)

김형선(金炯善)

생1957·2·22 ㈜서울 마포구 마포대로136, 7층 지방공기업평가원(02-3274-3353) 학전주 해성고졸, 전북대 법학과졸, 서울대 행정대학원 수료, 미국 시라큐스대 대학원 행정학과졸 경1980년 행정고시 합격(23회) 2008년 행정안전부 고위공무원운영센터장 2008년 한국지방행정연구원 창의혁신추진단장 2010년 행정안전부 중앙공무원교육원 교수부장 2011년 제주특별자치도 행정부지사 2013년 안전행정부 소청심사위원회 상임위원 2014년 지방공기업평가원 이사장(현)

김형섭

생1963·10·9 ㈜경남 ㈜충북 보은군 보은읍 장신로8 보은경찰서 서장실(043-540-1332) 학수원고졸, 동국대 경찰행정학과졸, 同대학원졸 경1991년 경위 임관(경찰간부후보 39기) 2003년 경정 승진 2015년 충북지방경찰청 생활안전과장(총경) 2015년 고위정책관리자과정 교육파견 2016년 충남지방경찰청 치안지도관 2016년 충북 보은경찰서장(현)

김형성(金炯盛) KIM Hyung Sung

생1954·5·20 본김녕(金寧) ㈜서울 ㈜서울 종로구 성균관로25의2 성균관대학교 법학전문대학원(02-760-0358) 학1980년 성균관대 법률학과졸 1985년 독일 Ruprecht-Karls-Univ. Heidelberg 대학원 법학과졸 1988년 법학박사(독일 괴팅겐대) 경1989년 대전대 교수 1989·2004~2005년 한국공법학회 부회장 1995~2009년 성균관대 법학과 교수 1995·2004~2007년 한국경제법학회 부회장 1995·2005~2006년 한국헌법학회 회장 1996·2004~2005년 한국환경법학회 부회장 1999~2007년 미국헌법학회 이사 2004~2006년 성균관대 비교법연구소장 2007~2009년 국회 입법조사처 초대처장 2009년 헌법재판소 자문위원 2009년 경찰청 인권위원회 위원 2009년 성균관대 법학전문대학원 교수(현) 2012년 경찰청 인권위원회 위원장(현) 2012~2015년 개인정보보호법학회 회장 2015년 (사)한국경제법학회 회장(현) 저'환경법의 이해'(2000, 성균관대 비교법연구소) '헌법의 이해'(2000, 성균관대 비교법연구소) '대한민국 헌법학'(2005)

김형수(金亨洙) KIM Hyung Soo

생1955·4·21 본광산(光山) ㈜서울 ㈜경기 고양시 덕양구 화수로14번길55 명지병원 부속실(031-810-6530) 학1980년 한양대 의대졸 1983년 同대학원 의학석사 1991년 의학박사(한양대) 경1980~1985년 한양대병원 수련의 1989~2003년 인하대 의대 외과학교실 조교수·부교수·교수 1993~1994년 미국 피츠버그대 Research Fellow 2002년 인하대 비서실장 2003~2013년 관동대 의대 정형외과학교실 교수 2003~2010년 同주임교수 2005~2010년 同명지병원 정형외과 과장 2007년 同명지병원 진료부원장 2014년 명지병원 정형외과 전문의 2014년 同진료부원장 2015년 서남대 의과대학 정형외과학교실 교수(현) 2015년 同명지병원장(현) 종기독교

김형수(金亨洙) KIM Hyung Soo

생1962·1·30 ㈜대구 ㈜세종특별자치시 도움5로20 법제처 경제법제국(044-200-6630) 학대구 대건고졸, 영남대 행정학과졸 경1991년 행정고시 합격(35회), 법제처 행정관리담당관 2003년 同법령홍보담당관 2005년 同법령해석지원팀장 2007년 同총무과장 2007년 同사회문화법제국 법제관 2008년 同총무과장 2008년 同운영지원과장 2009년 同경제법제국 법제관 2010년 同기획조정관실 기획재정담당관(부이사관) 2011년 국회사무처 법제실 파견(고위공무원) 2012년 법제처 경제법제국 법제심의관 2013년 同법령정보정책관 2015년 同경제법제국장(현)

김형수(金亨洙) KIM Hyung Soo

생1966·9·6 본김해(金海) ㈜부산 ㈜세종특별자치시 다솜로261 국무조정실 녹색성장지원단 녹색기획협력과(044-200-2114) 학서울대 경제학과졸 경2005년 재정경제부 지역특화발전특구기획단 특구기획과 서기관 2006년 同경제자유구역기획단 교육의료팀장 2007년 同국고국 재정기획과장 2008년 기획재정부 정책조정국 지역경제정책과장 2009년 同공공정책국 경영혁신과장 2010년 해외 파견(과장급) 2011년 기획재정부 재정관리국 재정관리총괄과장 2012년 同사회예산심의관실 문화예산과장 2014년 同산업관세과장 2015년 국무조정실 녹색성장지원단 녹색기획협력과장(부이사관)(현) 상근정포장(2009)

김형숙(金亨俶·女) KIM Hyung Sook

생1967·2·14 본안동(安東) ㈜경기 수원 ㈜서울 관악구 관악로1 서울대학교 미술대학 동양화과(02-880-7484) 학1989년 서울대 서양화과졸 1992년 同대학원 미술이론과졸 1999년 미술교육학박사(미국 오하이오 주립대) 경1996년 NAEA 회원(현) 1999년 서양미술사학회 평의원(현) 1999년 한국미술교육학회 이사 2002년 서울대 미술대학 동양화과 전임강사·조교수·부교수·교수(현) 2002~2004년 대학미술협의회 교육분과위원장 2002~2004년 한국미술교육학회 국제교류위원 2003년 한국미술사교육학회 회원(현) 2003~2004년 2004광주비엔날레 관객연구위원 2003~2005년 한국조형교육학회 학술위원 2005년 교육인적자원부 미술과 교육과정 심의위원 2006~2007년 한국미술교육학회 국제교류위원장 2006~2007년 Chair of InSEA General Congress 2008년 同World Counsil 2008년 한국미술교육학회 부회장 2012~2013년 한국국제미술교육학회 회장, International Journal of Education through Art Reviewer(현) 2014년 한국예술교육학회 회장 2014년 서울대 대학원협동과정 미술교육전공 주임교수(현) 2016년 한국미술교육학회 회장(현) 저'Histories of Community-based Art Education(共)'(2001) '미술관과 소통(Museums and Communication)'(2001) '시각문화와 교육, 방법과 실천'(2004) '미술과 교수 학습방법과 실천'(2005) '기억하는 드로잉 : 서용선 1968-1982'(2014, 교육과학사) 외 다수 종천주교

김형순(金炯淳) KIM Hyung Soon

생1958·7·17 본김해(金海) ㈜전남 영광 ㈜전남 여수시 여수산단로918 GS칼텍스 여수공장(061-680-5001) 학1976년 금호고졸 1984년 전남대 화학공학과졸 경1984년 포항제철 시험검정과 입사 1985년 LG칼텍스정유㈜ 입사 1998년 同생산기획팀장(부장) 2002년 同RFCC·동력부문장(상무) 2004년 同생산지원(EHS)부문장 2005년 GS칼텍스 HOU프로젝트부문장(상무) 2008년 同HCR부문장 2009년 同HCR부문장 겸 생산2공장장(전무) 2011년 同생산1공장장 2012년 同프로젝트추진단장 2014년 同대외협력부문장(전무)(현) 2015년 한국화공학회 홍보이사(현) 2015년 同광주전남제주지부장(현) 2016년 여수해양경비안전서 해양치안협의회 위원(현)

김형연(金炯淵) KIM Hyeong Yeon

생1966·7·9 ㈜서울 ㈜전남 순천시 왕지로21 광주지방법원 순천지원(061-729-5114) 학1985년 인천고졸 1992년 서울대 사범대학 사회교육과졸 경1997년 사법시험 합격(39회) 2000년 사법연수원 수료(29기) 2000년 서울지법 판사 2002년 同서부지원 판사 2004년 춘천지법 원주지원 판사 2007년 인천지법 부천지원 판사 2009년 서울남부지법 판사, 서울고법 판사 2013~2015년 헌법재판소 파견 2015년 광주지법·광주가정법원 순천지원 부장판사(현)

김형열(金炯烈) Kim Hyeong Yeongl(瑞湖)

생1959·7·14 본김해(金海) ㈜경남 고성 ㈜서울 중구 통일로120 NH농협은행 부행장실(02-2080-5114) 학1979년 경남 영진고졸 1986년 서울시립대 무역학과졸 경1986년 농협중앙회 입사·강원지역본부 평창군지부 서기 1991년 同고성군지부 과장 1992년 同중앙본부 금융기획부 자금과장 1995년 同경남지역본부 저축금융팀 과장 2001년 同고성군지부 차장 2003년 同경남지역본부 상호금융보험팀장 2005년 同경남지역본부 금융지원팀장 2007년 同경남지역본부 총무팀장 2009년 同경남지역본부 장유지점장 2011년 同경남지역본부 고성군지부장 2013년 NH농협은행 WM사업부장 2014년 同울산영업본부장(부행장보) 2015년 同경남영업본부장(부행장보) 2016년 同부행장(현) 상농협중앙회 우수경영자상(2009·2010·2011·2012·2015), 농협중앙회 총화상(2012), 대통령표창(2013), 농협중앙회장표창 8회, 은행장표창 1회, 농림부장관표창 1회 등 28개 수상

김형영(金炯泳) KIM Hyeong Young

생1967·4·16 ㈜전북 전주 ㈜대전 서구 청사로189 중소기업청 창업벤처국(042-481-4303) 학미국 노스캐롤라이나주립대 경영학과졸 경2002년 중소기업청 벤처기업국 벤처정책과장 2003년 해외 유학(서기관) 2005년 국가균형발전위원회 파견 2006년 중소기업청 동향분석팀장 2007년 同기술경영혁신본부 기술혁신정책팀장 2008년 同소상공인정책과장 2010년 同창업진흥과장(부이사관) 2011년 同창업벤처국 벤처정책과장 2013년 同소상공인정책국장 2014년 중앙공무원교육원 교육파견(부이사관) 2015년 중소기업청 창업벤처국장(현)

김형오(金炯旿) KIM Hyong O (林堂)

[생]1947·11·30 [본]김해(金海) [출]경남 고성 [주]부산 금정구 부산대학로63번길2 부산대학교(051-512-0311) [학]1966년 경남고졸 1971년 서울대 외교학과졸 1975년 同대학원 정치학석사 1989년 경남대 대학원 박사과정 수료 1997년 고려대 컴퓨터과학기술대학원 최고위과정 수료 1999년 정치학박사(경남대) 2007년 명예 법학박사(한국해양대) 2008년 명예 교육학박사(공주대) 2009년 명예 관리학박사(중국 천진대) 2011년 명예박사(불가리아 소피아대) [경]1975년 동아일보 기자 1978년 외교안보연구원 연구관 1982~1986년 대통령비서실 근무 1986년 국무총리 정무비서관 1988년 민주화추진위원회 전문위원 1990년 대통령 정무비서관 1992~1996년 제14대 국회의원(부산 영도구, 민자당·신한국당) 1996년 제15대 국회의원(부산 영도구, 신한국당·한나라당) 1999년 수필가 등단 2000년 제16대 국회의원(부산 영도구, 한나라당) 2000년 한나라당 부산시지부 위원장 2001년 국회 실업대책특별위원장 2001~2003년 국회 과학기술정보통신위원장 2003년 한나라당 디지털한나라당추진기획위원장 2004년 同공동선대본부장 2004~2005년 同사무총장 2004년 제17대 국회의원(부산 영도구, 한나라당) 2005년 同인재영입위원장 2006~2007년 同원내대표 2007년 제17대 대통령직인수위원회 부위원장 2008년 제18대 국회의원(부산 영도구, 한나라당·무소속·한나라당·새누리당) 2008~2010년 국회 의장(제18대 전반기) 2008년 한·일의원연맹 고문 2011년 한나라당 평창동계올림픽유치특별위원회 고문 2013년 부산대 석좌교수(현) 2014~2016년 새누리당 상임고문 2015년 한국경제신문 객원대기자(현) 2015년 (사)백범김구선생기념사업협회 회장(현) [상]대통령표창, 한국언론인협회 제8회 자랑스런한국인대상-정치발전부문(2008), 불가리아 소피아대 명예학술상-블루리본상(2009), 그리스 국회의장훈장(2010), 몽골 북극성훈장(2010), 국민훈장 무궁화장(2013) [저]'4·19세대의 현주소' '태국의 군부와 정치' '영국의 의회·정당 및 정치' '한국 보수정당의 장래' '김형오가 본 세상, 세상이 본 김형오' '엿듣는 사람들' 수필집 '돌담집 파도소리'(2003) '길 위에서 띄운 희망편지'(2009) '김형오의 희망편지-사랑할 수밖에 없는 이 아름다운 나라'(2010) '술탄과 황제'(2012, 21세기북스) '다시 쓰는 술탄과 황제'(2016, 21세기북스) [종]기독교

김형우(金炯佑) KIM Hyoung Woo

[생]1955·2·14 [출]대전 [주]인천 강화군 불은면 중앙로602의14 안양대학교 강화캠퍼스 교양학부(032-930-6025) [학]1978년 동국대 사학과졸 1983년 同대학원졸 1993년 사학박사(동국대) [경]1983년 상명여대 사학과 강사 1984년 충남대 사학과 강사 1985년 동국대 사학과 강사 1987년 문화재청 문화재감정위원 1999년 강화역사문화연구소 소장(현) 2000년 강화군사편찬위원 2006년 인천시 문화재위원(현) 2007년 문화재청 문화재감정관 2012년 안양대 강화캠퍼스 교양학부 교수(현) [저]'고승진영' '강화지리지' '신편강화사' '한국전통문화론' '강화의 문화재' [역]'역주심도기행'

김형우(金炯佑) KIM Hyong Woo

[생]1955·7·9 [본]김녕(金寧) [출]대구 [주]서울 성동구 성수이로10길14 (주)엠엔(MN)(1588-7663) [학]1973년 경북사대부고졸, 계명대 경영학과졸, 경북대 대학원 수료 [경](주)신세계 백화점부문 제휴영업담당 2006년 同백화점부문 마산점장(상무) 2007년 同백화점부문 MD2담당 상무 2008~2009년 同백화점부문 자문 2010년 (주)우진통상 대표이사 2013년 (주)한국모리타 부사장 2013년 (주)nextore 부사장 2014년 (주)엠엔(MN) 부사장(현) [종]불교

김형욱(金炯郁) KIM Hyung Wook (允谷)

[생]1952·3·26 [본]삼척(三陟) [출]경북 포항 [주]서울 마포구 와우산로94 홍익대학교 경영학과(02-320-1706) [학]1970년 부산고졸 1974년 서울대 화학공학과졸 1976년 한국과학원 산업공학과졸 1984년 경영학박사(한국과학기술원) [경]1976~1979년 한국과학기술연구원(KIST) 선임연구원 1979~1980년 국제경제연구원(KIET) 책임연구원 1980~1989년 홍익대 경영학과 조교수·부교수 1986~1988년 한국경영학회 이사 1989년 홍익대 경영학과 교수(현) 1993~2001년 한국경영과학회 총무이사·부회장 1994~1995년 미국 Univ. of Wisconsin 연구교수 1995~1997년 홍익대 경영대학장 1995년 한국품질경영학회 부회장·회장·고문(현) 1997~2000년 홍익대 학생처장 1997~2000년 同국제경영대학원장 1998~2000년 전국대학교학생처장협의회 감사 2000~2002년 홍익대 기획연구처장 2002~2008년 同기획발전위원장 2003~2004년 한국품질경영학회 회장 2009년 홍익대 중앙도서관장 [상]녹조근정훈장(2002) [저]'기업문화와 품질경영전략' '경영수학'(1992, 법경사) '경영수학과 의사결정(共)'(2004, 시그마 익스프레스) '품질없이는 대한민국 미래없다(共)'(2006, 한국품질재단) [종]기독교

김형웅(金亨雄) KIM Hyung Woong

[생]1956·1·20 [본]경주(慶州) [출]부산 [주]경기 안양시 만안구 안양로464 (주)미원스페셜티케미칼(031-479-9140) [학]1974년 신일고졸 1980년 고려대 기계공학과졸 [경]1981년 현대종합상사 근무 1983년 (주)현대중공업 과장 1991년 (주)미원상사 부장 1993년 同기획담당 이사 1996년 同상무이사 1996년 (주)아시아첨가제 대표이사 사장(현) 1999년 (주)미원상사 대표이사 사장 2009년 (주)미원스페셜티케미칼 대표이사 회장(현) [상]산업자원부장관표창, 기획재정부장관표창, 국세청장표창

김형원(金瀅元) KIM Hyung Won

[생]1955·11·14 [본]영해(寧海) [출]강원 춘천 [주]대전 동구 중앙로242 한국철도시설공단 감사실(042-607-3005) [학]서울 용문고졸, 육군사관학교졸, 성균관대 대학원 행정학과졸 [경]1998년 감사원 제5국 제6과 감사관 2000년 同제4국 제5과 감사관 2003년 同건설물류감사국 총괄과 감사관 2007년 同특별조사본부 대전사무소장 직대 2009년 同건설·환경감사국 제2과장(부이사관) 2011년 대통령실 경호처 파견 2013~2014년 대통령경호실 파견 2014년 한국철도시설공단 상임감사(현) [상]감사원장표창, 근정포장(2012) [저]'도시계획 결정으로 인한 사유재산권 침해 사례연구' [종]기독교

김형육(金瀅六) KIM Hyung Youk

[생]1945·1·26 [출]서울 [주]경기 화성시 영통로26번길72 (주)한양이엔지 비서실(031-695-0000) [학]고려대 경영대학원 수료, 서강대 대학원 최고경영자과정 수료 [경]1971~1977년 (주)삼성반도체통신 근무 1977~1988년 금호공업 대표이사 1999년 한양이엔지 대표이사 회장(현) [상]동탑산업훈장 [종]천주교

김형일(金炯日) Kim Hyeongil

[생]1956·12·26 [출]부산 [주]서울 마포구 양화로8길17의28 5층 (주)웹커뮤니티(02-332-4176) [학]부산상고졸, 경성대 회계학과졸, 부경대 경영대학원졸 [경]부산은행 대리, 同기업분석업무팀 근무, 동남은행 지점장 겸 카드사업실장 2000년 (주)웹커뮤니티 대표이사(현) [종]기독교

김형일(金炯逸) KIM Hyung Il

[생]1958·10·21 [출]서울 [주]서울 마포구 삼개로21 근신빌딩 제2별관 5층 일경산업개발(주)(02-820-2600) [학]1977년 동성고졸 1982년 고려대 경영학과졸 1986년 미국 뉴욕대 경영대학원졸 [경]1987년 두산산업(주) 과장, (주)태홍 이사, 同대표이사 사장, (주)유림 대표이사 사장 1997년 일경통산 대표이사 사장, 일경 대표이사 2001년 (주)키슨스 대표이사 2005년 (주)태창 대표이사 2006년 (주)미주레일 대표이사 2009년 EG-CNS 대표이사 2010년 삼협개발·삼협건설 대표이사 2010년 (주)일경산업개발 대표이사 회장(현)

김형일(金亨一) KIM Hyung Ill

[생]1959·2·19 [주]서울 종로구 율곡로75 (주)현대건설 글로벌마케팅본부(1577-7755) [학]대광고졸, 한양대 건축공학과졸 [경]1980년 현대건설(주) 입사 2005년 同상무보 2008년 同건축사업본부 상무 2012년 同건축사업본부장(전무) 2012년 同국내영업본부장(전무) 2014년 同글로벌마케팅본부장(부사장)(현) [종]기독교

김형종(金炯宗)

[생]1960·6·22 [주]서울 강남구 삼성로648 (주)한섬 임원실(02-3416-2000) [학]명지고졸, 국민대 경영학과졸 [경]1985년 현대백화점 입사 2004년 同기획조정본부 경영개선팀장, (주)한국물류 경리팀 근무 2006년 현대백화점 생활상품사업부장(이사대우) 2006년 同목동점장 2007년 同목동점장(상무) 2008년 同상품본부장(상무갑) 2010년 同상품본부장(전무) 2012년 (주)한섬 부사장 2013년 同대표이사 부사장(현) [상]국무총리표창(2016) [종]불교

ㄱ

김형주(金炯周) KIM Hyung Joo

생1960 · 1 · 19 주서울 관악구 관악로1 서울대학교 공과대학 컴퓨터공학부(02-880-1826) 학1982년 서울대 전산기공학과졸 1985년 미국 텍사스대 오스틴교 대학원 전산학과졸 1988년 공학박사(미국 텍사스대 오스틴교) 경1982년 미국 텍사스대 조교 1986년 NCC 연구원 1988년 미국 텍사스대 Post-Doc., 미국 조지아공대 조교수 1991년 서울대 공과대학 컴퓨터공학과 조교수 · 부교수, 同공과대학 전기컴퓨터공학부 교수, 同공과대학 컴퓨터공학부 교수(현) 1991년 同중앙교육연구전산원 기획부장 1992년 同중앙교육연구전산원 정보관리부장 2000년 同컴퓨터공학과장 2003년 同전산원장 겸 정보화사업단장 2007년 同컴퓨터공학부장 2010~2014년 (재)서울대학교발전기금 상임이사 2013~2014년 서울대 빅데이터센터장 상국무총리표창(2010) 저'알기쉬운 객체지향 시스템' '쉽게 배우는 C++' '일주일만에 배우는 CORBA'(1999, 마이트프레스) '서울대 객체지향 DBMS SOP 구축 이야기'(2000, 마이트프레스) 'JAVA가 있다'(2001, 시사영어사) '술술구술면접 3 자연과학, 공학, 의학편(共)'(2002, 이슈투데이) 등 역'객체지향(共)'(1998, 교학사) '데이터베이스 시스템(共)'(2002, 인터비전)

김형준(金亨俊) KIM Hyeong Joon

생1953 · 2 · 14 본의성(義城) 출대구 주서울 관악구 관악로1 서울대학교 공과대학 재료공학부(02-880-7162) 학1971년 경북고졸 1976년 서울대 재료공학과졸 1978년 한국과학기술원 대학원 재료공학과졸 1985년 공학박사(미국 노스캐롤라이나주립대) 경1978~1981년 국방과학연구소 연구원 1981~1985년 미국 노스캐롤라이나주립대 연구조교 1986~1995년 서울대 공과대학 조교수 · 부교수 1990년 일본 전자종합연구소 방문연구원 1995년 서울대 공과대학 재료공학부 교수(현) 1998년 同반도체공동연구소장 1999년 同학생담당 부학장 2000~2007년 산업자원부 반도체국책사업단장 2001~2002년 서울대 공과대학 기획실장 2002년 同재료공학부장 2002년 한국과학기술한림원 공학부 정회원(현) 2006~2008년 서울대 공과대학 기획실장, 주성엔지니어링(주) 사외이사, 동부일렉트로닉스(주) 사외이사 2007~2008년 한국재료학회 회장 2007~2011년 하이닉스반도체 사외이사 2008년 산업기술연구회 평가위원 2008~2011년 지식경제부 반도체국책사업단장 2011~2014년 LG이노텍 사외이사 2012~2013년 한국반도체디스플레이기술학회 회장 2013년 한국산업기술진흥원 비상임이사 2014년 (주)동부하이텍 사외이사 겸 감사위원(현) 2015년 서울대 평의원회 의장(현) 상한국재료학회 학술상(1995), 한국재료학회 공로상(1998), 한국과학기술단체총연합회 우수논문상(1998 · 2000) 종기독교

김형준(金衡準)

생1960 · 9 · 30 주전남 화순군 화순읍 서양로322 화순전남대병원(061-379-7114) 학1985년 전남대 의대졸 1988년 同대학원 의학석사 1995년 의학박사(전북대) 경1992~2004년 전남대 의대 혈액종양내과학교실 전임강사 · 조교수 · 부교수 1996년 일본 도쿠시마대 Research Fellow 1997~1999년 미국 NIH NHLBI(Hematology Branch) Research Fellow 2001~2011년 보건복지부 지정 조혈계질환유전체연구센터 소장 2004년 전남대 의대 혈액종양내과학교실 교수(현), 대한혈액학회 총무이사(현) 2011년 화순전남대병원 기획실장 2016년 同병원장(현) 2016년 대한혈액학회 차기(2017년1월) 이사장(현) 2016년 대한조혈모세포이식학회 부회장(현)

김형준(金亨晙) KIM HYUNG JOON

생1960 · 11 · 15 출서울 주울산 남구 상개로141 한화케미칼 울산공장(052-279-2114) 학1979년 대성고졸 1986년 고려대 화학공학과졸 경1985년 (주)한화 입사 2006년 (주)한화석유화학 유화사업개발실(상무보) 2010년 한화케미칼 IPC TFT Engineering Part 상무보 2011년 同IPC TFT Engineering Part 상무 2013년 同IPC TFT Engineering Part장(상무) 2016년 同울산공장장(전무)(현)

김형준(金亨俊) Kim Hyeong-Jun

생1961 · 7 · 10 출대구 주서울 중구 을지로158 10층 롯데닷컴(02-6744-5907) 학1979년 대구 청구고졸 1987년 건국대 행정학과졸 경1987년 (주)롯데쇼핑 입사 2002년 同잡화매입부장 2004년 (주)롯데닷컴 영업부문장 2012년 同경영전략부문장 2014년 (주)롯데홈쇼핑 영업본부장 2015년 (주)롯데닷컴 대표이사(현)

김형준(金亨俊) HYONGJUN KIM

생1961 · 8 · 18 주경남 사천시 사남면 공단1로78 한국항공우주산업 고객서비스(CS)본부(055-851-1000) 학1980년 서울사대부고졸 1985년 인하대 항공공학과졸 1989년 한국과학기술원(KAIST) 항공공학 석사 경1986년 삼성항공 입사 2002년 한국항공우주산업 T-50세부계통팀 부장 2005년 同T-50수출지원PO 2007년 同수출기획담당 임원 2008년 同T-50사업담당 2009년 同경영기획실장 2011년 同경영기획실장(상무) 2011년 同완제기수출1실장(상무) 2015년 同고객서비스(CS)본부장(상무)(현)

김형준(金亨駿) KIM, HYEONG-JUN

생1966 · 1 · 31 본김해(金海) 출부산 주서울 종로구 사직로8길39 김앤장법률사무소(02-3703-1301) 학1984년 부산 브니엘고졸 1994년 일본 게이오대 상학부졸(상학 학사) 2000년 연세대 행정대학원 행정학과졸(행정학 석사) 2014년 호서대학교 벤처전문대학원 벤처경영학과졸(경영학박사) 경1990년 일본 도쿄 생활강좌 강사 1991년 한일학생회의 한국유학생회 대표 1991년 한일학생세미나 한국유학생 대표 1992년 일본 게이오대한국유학생회 회장 1993년 제11대 在日한국유학생연합회 회장 1993년 국제유학생대표자회의 의장 1994년 (주)삼성물산 기계사업부 일본담당 겸 삼성그룹 국제경영연구소 일본담당 강사 2001~2008년 일본 (주)다이와리조트 한국지사장 2007~2008년 駐韓외국기업경영자협회 부회장 2007~2008년 남서울대 광고홍보학과 외래교수 2008~2011년 대통령 기획관리 · 의전비서관실 선임행정관 2011년 대통령 홍보수석비서관실 비서관(춘추관장) 2011년 일본 게이오대 한국동창회(三田會) 부회장(현) 2012년 (주)쌍용건설 상임감사 2012년 일본 후쿠이현립대 지역경제연구소 객원연구원(현) 2014~2016년 법무법인 세종 고문 2016년 김앤장법률사무소 고문(현) 상문화체육관광부장관표창(2009), 대통령표창(2009)

김형중(金亨中) KIM Hyung Jung

생1957 · 1 · 30 본광산(光山) 주서울 서대문구 연세로50의1 세브란스병원(1599-1004) 학1982년 연세대 의대졸 1991년 同대학원졸 1997년 의학박사(가톨릭대) 경1989~2004년 연세대 의과대학 내과학교실 조교수 · 부교수 1993~1995년 미국 국립보건원 연구원 2004년 연세대 의과대학 내과학교실 교수(현) 2009~2011년 同강남세브란스병원 호흡기내과장 2011~2014년 同강남세브란스병원 부원장 2011년 同강남세브란스병원 임상연구관리실장 2014년 同의료원 폐질환연구소장 2014~2016년 同강남세브란스병원장 상서울시의사회 봉사상 저'호흡기학'(2003, 대한결핵 및 호흡기학회)

김형진(金亨鎭) KIM Hyung Jin

생1954 · 1 · 15 본안동(安東) 출강원 태백 주서울 서대문구 연세로50 연세대학교 도시공학과(02-2123-4814) 학1973년 경성고졸 1981년 연세대 건축공학과졸 1989년 미국 오하이오주립대 대학원 도시및지역계획학과졸 1994년 도시계획학박사(미국 일리노이주립대) 경1981~1986년 (주)한양 해외건축부 · 건축기술직 대리 · 건축시공 및 공무 1982~1984년 Haifa Street Development Part1 Project 바그다드 · 이라크 제1공구 공구장 1989~1993년 미국 일리노이주립대 도시교통센터 도시교통계획분야 연구원 1994~1997년 국토연구원 건설교통연구실 책임연구원 1997년 연세대 도시공학과 조교수 · 부교수 · 교수(현) 1998~2003년 서울시 건축위원회 위원 1998~2000년 해양수산부 설계자문위원 1998~2009년 건설교통부 · 국토해양부 중앙교통영향심의위원회 위원 2000~2002년 건설교통부 도로정책심의위원회 심의위원 2002~2005년 서울시도시개발공사 설계자문위원 2002~2003년 연세대 도시교통과장 2003~2007년 건설교통부 신공항건설심의위원 2005~2007년 경제인문사회연구회 기획평가위원 2005~2007년 경기도 교통영향심의위원 2005~2007년 (사)대한교통학회 부회장 2006~2007년 조달청 기술평가위원 2006~2007년 인천시 도시계획위원 2006~2008년 건설교통부 지능형교통체계(ITS)실무위원회 위원 2006~2008년 同국가교통위원회 위원 2006~2007년 연세대 공과대학 도시교통과학연구소장 2007년 한국토지공사 전북혁신도시 계획지도위원(MP) 2007~2008년 한국교통연구원 원장 2007~2008년 대통령직속 국민경제자문회의 자문위원 2007~2008년 건설교통부 대도시권광역교통위원회 위원 2007~2008년 同중앙도시계획위원회 위원 2007~2009년 건설교통부 · 국토해양부 철도산업위원회 위원 2007~2008년 국무조정실 낙후지역투자촉진민간자문위원회 위원 2007~2008년 경제인문사회연구소 통일문제연구협의회 공동의장 2009년 인천시 교통영향분석개선대책심의위원회 위원장 2011년 충북도 건설심의위원 2011~2013년 감사연구원 자문위원장 2012년 육군본부 육군군수정책 자문위원 2012년 경기도 건축위원회 위원 2012년 교통산업포럼 공동회장(현) 2012년 서울시 교통영향심의위원회 위원장 2013년 서울시 설계심의분과위원회 위원

2013~2014년 同지역균형발전위원회 위원 2013년 同도시재정비위원회 위원(현) 2013~2014년 상주시 미래정책연구위원회 위원장 [상]대한교통학회 학술발표회 우수논문상(2004·2009), 2011 연세대 우수업적 교수상(2012) [저]'교통계획의 이해(共)'(1998) [역]'도로교통공학'(2000) [종]기독교

김형진(金亨鎭) KIM Hyung Jin

[생]1957·4·17 [주]전북 전주시 덕진구 건지로20 전북대병원 비뇨기과(063-250-1568) [학]전북대 의대졸, 同대학원졸, 의학박사(전남대) [경]전북대 의과대학 비뇨기과학교실 교수, 同의학전문대학원 비뇨기과학교실 교수(현) 2012~2014년 전북지역암센터 소장 2014~2016년 전북대 의학전문대학원장 2014년 대한비뇨기종양학회 회장(현)

김형진(金瀅鎭) KIM Hyung Jin

[생]1958·8·7 [출]경북 [주]서울 중구 세종대로9길20 신한금융지주 임원실(02-6360-3000) [학]1977년 경북고졸 1983년 영남대 경제학과졸 [경]1983년 신한은행 입행 1998년 同인사부 차장 1998년 同오사카지점 차장 2002년 同자금부 조사역 2002년 同영업3부 차장 2002년 同동서초지점장 2004년 同풍납동지점장 2004년 同인사부장 2007년 同가치혁신본부장 2007년 同경영기획그룹 부행장보 2009년 同경영기획그룹 부행장 2010년 同기업부문 기업그룹담당 부행장 2010년 신한데이타시스템 사장 2013년 신한금융지주 전략담당 부사장(현)

김형진(金炯辰) KIM Hyoung Zhin

[생]1961·12·19 [본]광산(光山) [출]강원 춘천 [주]서울 종로구 사직로8길60 외교부 차관보실(02-2100-7034) [학]1980년 서울 마포고졸 1984년 서울대 경제학과졸 1989년 미국 프린스턴대 우드로윌슨 행정대학원졸(석사) [경]1983년 외무고시 합격(17회) 1984년 외무부 입부 1990년 駐미국 2등서기관 1993년 駐가나 1등서기관 1995년 경수로사업지원기획단 파견 1997~2000년 외교통상부 북미1과·북미2과 서기관 2000년 駐중국 1등서기관 2002년 대통령비서실 파견 2003년 외교통상부 북미국 북미1과장 2006년 駐미국 참사관 2009년 駐미국 공사참사관 2010년 외교통상부 북미국장 2012년 교육파견(국장급) 2013~2015년 대통령 외교안보수석비서관실 외교비서관 2015년 외교부 기획조정실장 2016년 同차관보(현) 2016년 연합뉴스 수용자권익위원회 위원(현) [종]기독교

김형진(金亨進)

[생]1973·10·17 [출]충남 공주 [주]광주 동구 준법로7의12 광주지방법원(062-239-1114) [학]1992년 성동고졸 1997년 고려대 법학과졸 [경]1998년 사법시험 합격(40회) 2001년 사법연수원 수료(30기) 2001년 軍법무관 2004년 수원지법 판사 2006년 서울중앙지법 판사 2008년 청주지법 판사 2012년 인천지법 판사 2014년 서울남부지법 판사 2014~2016년 사법정책연구원 연구위원 겸임 2016년 광주지법 부장판사(현)

김형찬(金亨燦) KIM Hyoung Chan

[생]1967·4·1 [출]부산 [주]대전 유성구 과학로169의148 한국기초과학지원연구원 국가핵융합연구소(042-879-5404) [학]1990년 서울대 물리학과졸 1992년 同대학원 물리학과졸 1999년 물리학박사(서울대) [경]2001년 한국기초과학지원연구원 선임연구원 2003년 과학기술부 극한물성연구실 연구책임자 2003년 한국물리학회 응집물질물리학분과 홍보간사 2005년 한국초전도학회 이사 2005년 한국기초과학지원연구원 부설 핵융합연구센터 선임연구원 2008년 同부설 국가핵융합연구소 책임연구원(현)

김형천(金滎川) KIM Hyung Chun

[생]1959·12·7 [출]경북 경주 [주]부산 연제구 법원로31 부산고등법원 수석부장판사실(051-590-1013) [학]1977년 경주고졸 1982년 부산대 법학과졸 [경]1985년 사법시험 합격(27회) 1988년 사법연수원 수료(17기) 1988년 수원지법 성남지원 판사 1990년 서울지법 북부지원 판사 1992년 대구지법 경주지원 판사 1995년 서울지법 판사 1997년 同동부지원 판사 1999년 수원지법 성남지원 판사 2001년 대법원 재판연구관 2003년 부산지법 부장판사 2006년 울산지법 부장판사 2008년 부산지법 가정지원장 2010~2012년 창원지법 수석부장판사 2010년 언론중재위원회 경남중재부장 2012년 부산고법 형사1부 부장판사 2014년 부산지법 수석부장판사 2016년 부산고법 수석부장판사(현)

김형철(金亨澈) KIM Hyong Chol

[생]1952·9·10 [본]김해(金海) [출]충남 예산 [주]서울 중구 소공로48 프라임타워 이데일리 사장실(02-3772-0101) [학]1979년 국민대 경영학과졸 1994년 일본 와세다대 대학원 상학연구과졸 [경]1979년 한국경제신문 사회부 기자 1990년 同일본특파원 1994년 同국제부 차장 1995년 同산업1부 차장 1996년 同한경비즈니스국 편집장 1997년 同사회부장 1999년 同판매국장 1999년 同독자서비스국장 2000년 同편집국 부국장 2001년 同편집국장 2001년 同이사대우 편집국장 2002년 同이사대우 광고국장 2004년 同이사 2004~2008년 한경비즈니스 발행인 겸 편집인 2005년 'MONEY' 발행인 2007년 'PROSUMER' 발행인 2007년 한국신문협회 출판협의회장 2008년 한국경제매거진(주) 발행인 겸 편집인, 同상임고문 2008년 IR 자문위원 2010년 1인창조기업협회 이사장 2010~2011년 국민대 행정대학원 초빙교수 2011년 시사저널 대표이사 겸 발행인 2012년 이데일리 대표이사 사장(현) 2014년 이데일리TV 대표 겸임(현) [상]문화관광부장관표창(2008) [저]'재테크시대의 주식투자' '서민금융의 육성방향' '장사꾼으로 거듭나는 사무라이 혼' '증권기사 100% 활용하기' [역]'CEO to CEO' '엄마의 습관이 부자아이를 만든다'(2005) '카르마경영'(2005) '소호카의 꿈'(2007) '서브프라임의 복수'(2008) [종]불교

김형철

[생]1960·12·4 [주]서울 도봉구 도봉로666 도봉소방서 서장실(02-3491-0119) [학]동국대 행정대학원 행정학과졸 [경]1984년 소방공무원 임용 2008년 서울소방재난본부 특수구조대장 2012년 同청와대소방대장 2015년 서울중부소방서장 2016년 서울 도봉소방서장(현)

김형철(金炯哲)

[생]1964 [본]경남(慶南) [주]부산 남구 황령대로319번가길 81 남부경찰서(051-610-8321) [학]부산중앙고졸 1987년 경찰대졸(3기) [경]1987년 경위 임관 2001년 경정 승진, 부산지방경찰청 면허계장·관제계장·홍보계장 2010년 울산지방경찰청 홍보담당관(총경) 2011년 울산 울주경찰서장 2012년 부산지방경찰청 교통과장 2013년 부산서부경찰서장 2015년 부산지방경찰청 교통과장 2016년 부산 남부경찰서장(현)

김형태(金炯泰) KIM Hyung Tae

[생]1946·5·9 [본]김해(金海) [출]충남 논산 [주]서울 종로구 김상옥로30, 한국기독교연합회관 1312호 한국교육자선교회(02-744-1330) [학]1966년 논산 대건고졸 1969년 한남대 영어영문학과졸 1976년 同대학원졸 1980년 필리핀 De La Salle대 대학원 상담학과졸 1989년 교육학박사(충남대) [경]1970년 중도일보 편집국 기자 1973년 대성여고·대성여상 교사 1981~1992년 한남대 사범대학 교육학과 전임강사·조교수·부교수 1982년 同학생생활연구소장 1983년 대전시카운슬러협회 부회장 1984~1986·2006~2008년 한남대 사범대학 교육학과장 겸 학생상담센터 소장 1985~1987년 同기획실장 1987~1989년 학교법인 대전기독학원 법인처장 1987년 한국대학상담학회 부회장 1990년 전국대학학생생활연구소장협의회 회장 1990~1992년 한남대 기획처장 1992년 同사범대학 교육학과 교수 1994~1996년 同교육대학원장 1998년 한국대학상담학회 회장 2000·2006년 한국상담학회 회장 2001~2003년 한남대 인재개발원장 겸 평생교육원장 2003~2006년 同부총장 2004~2006년 한국카운슬러학회 회장 2006년 한남대 학생상담서비스센터장 2008~2016년 同총장(제14·15대) 2008년 한국대학교육협의회 국제화분과 위원장 2009~2011년 한국교육자선교회 중앙회장 2009년 대전문화재단 이사 2010년 아시아·태평양기독교학교연맹(APFCS) 회장 2012년 공군 정책발전자문위원 2012년 통일부 통일교육위원회 대전협의회장 2013년 아시아·태평양기독교학교연맹(APFCS) 이사장 2014~2015년 대전크리스찬리더스클럽 회장 2014년 한국사립대학총장협의회 대전·충남지역 분과협의회장 2014~2016년 대전일보 독자권익위원회 위원장 2014년 대한적십자사 중앙위원(현) 2016년 한국교육자선교회 이사장(현) [상]한남대 연구우수교수상(2003), 대전일보 대일비호대상(2004), 한국교육학회 부회장역임 공로상(2007), 한국카운슬러협회 특별공로상(2007), 한국기독교학교연맹 출판문화상(2008), 한국장로문인회 문학상(2011) [저]'기독교 문화와 생활신앙' '21세기를 위한 상담심리학' '청소년 세대 교육론' '교육심리학' '청소년 학업상담'(共) '현대사회와 인성교육'(共) '크리스찬 Pax Koreana의 비전'(共) 정년퇴임 문집 '굽은 손가락의 선물'(2015) 등 54권 [종]기독교

김형태(金亨泰) KIM Hyoung Tai

생1947 · 4 · 15 출경북 상주 주서울 구로구 경인로662 디큐브시티12층 (주)대성산업가스 비서실(02-721-0827) 학1969년 성균관대 정치학과졸 2010년 고려대 국제대학원 글로벌그린리더십과정(GLP) 수료 경Dubai Electricity Company(UAE) 자재부 Controller, (주)서울에너지 상무이사 2004년 (주)대성산업가스 부사장 2009년 同대표이사 사장 2014년 同공동대표이사 사장(현) 상국무총리표창(2008), 산업포장(2010 · 2011) 종기독교

김형태(金亨泰) KIM Hyung Tae

생1955 · 1 · 1 본김해(金海) 출충남 논산 주대전 서구 둔산중로78번길26 민석타워9층 법무법인 저스티스(042-472-2033) 학1973년 대전고졸 1977년 고려대 법학과졸, 원광대 대학원 법학전공 수료 경1982년 사법시험 합격(24회) 1984년 사법연수원 수료(14기) 1985년 변호사 개업 1998년 대한변호사협회 윤리위원 2001~2002 · 2007~2008년 대전지방변호사회 부회장 2009~2010년 同회장 2009~2012년 언론중재위원회 중재위원 2011년 대전사회복지공동모금회 회장, 대전경제정의실천시민연합 상임대표, 園도시개혁센터 이사장(현) 2013년 법무법인 저스티스 대표변호사(현) 2014년 한국생명의전화 대전지부 운영이사장(현) 2014년 새정치민주연합 대전시당 공동위원장 상재정경제부장관표창, 보건복지부장관표창(2011) 종기독교

김형태(金亨泰) KIM Hyoung Tae

생1956 · 12 · 4 출서울 주서울 강남구 강남대로442 법무법인 덕수(02-567-6477) 학1975년 경동고졸 1980년 서울대 법학과졸 1986년 同대학원 법학과졸 경1981년 사법시험 합격(23회) 1986년 예편(중위) 1986년 변호사 개업, 법무법인 덕수 대표변호사(현) 1988년 민주사회를위한변호사모임 창립회원 · 홍보간사, 현대제철 · 동신제약 · (주)중일인터내셔널 고문변호사 1989~2000년 YMCA 시민중계실 자문변호사 1992년 CBS 시사프로그램 '시사자키 오늘과 내일' 사회자 1992년 국민대 강사 1993년 미국 캘리포니아대 Berkeley교 객원연구원 1994~2002년 천주교 인권위원장 1998~2003년 서울시 고문변호사 1999년 조폐공사 파업유도사건담당 특별검사보 1999~2000년 동신제약 대표이사 2000~2015년 MBC 고문변호사 2000~2002년 대통령소속 의문사진상규명위원회 제1상임위원 2000~2003년 참여연대 공익법센터 소장 2002~2006년 학교법인 서강학원 감사 2002년 격월간 '공동선' 발행인(현) 2002년 천주교 사형제도폐지운영위원장(현) 2003~2006년 학교법인 덕성학원 이사 2003~2006년 MBC 방송문화진흥회 이사 2004년 민족화해협력범국민협의회 감사 2004년 프라임산업(주) 고문 2005년 (사)천주교 인권위원회 이사장(현), 한겨레신문 '김형태 칼럼' 고정집필, 롯데화재해상보험 · 금융감독원 고문변호사 2007년 서울개인택시조합 고문(현) 2008년 4.9통일평화재단 상임이사(현) 저'행정법'(1983, 법전출판사) 종천주교

김형태(金亨泰) KIM Hyung Tae

생1960 · 5 · 5 출서울 주서울 송파구 올림픽로35길125 삼성SDS SL사업부(02-6155-3114) 학우신고졸, 고려대 경영학과졸, 중앙대 산업경영대학원 유통산업과졸, 미국 샌프란시스코주립대 물류경영자과정 수료, 경영정보학박사(서울벤처정보대학원대) 경1985~1994년 한국IBM 유통 · 물류산업전문가 1995~1997년 신양로지스틱스 영업 · 기획이사 · 물류연구소장 1997년 얼라이드 로지스틱스협의체 공동설립 1997년 한국SCM협의회 공동설립 1997~1999년 (주)SLI(Strategic Logistics Integration) 설립 · 대표이사 1999~2001년 한국SCM민관추진위원회 지원분과위원장 1999~2003년 한국EXE테크놀로지 지사설립 · 지사장 2003~2005년 한국EXE컨설팅 설립 · 대표이사 2006년 삼성전자(주) 경영혁신팀 물류그룹장(상무) 2007년 同경영혁신팀 글로벌로지스틱스그룹장(전무) 2010년 삼성SDS 하이테크본부 글로벌LPO사업부장(부사장) 2010년 同SCL사업부장(부사장) 2011~2012년 同전략사업본부장(부사장) 겸임, EXEc&t(주) 대표이사 겸임, 삼성SDS(주) SL사업부장(부사장)(현) 상고려대총장표창(1986)

김형태(金亨泰) KIM Hyung Tae

생1961 · 4 · 5 본김해(金海) 출강원 원주 주경기 이천시 신둔면 경충대로3321 한국세라믹기술원 이천분원(031-645-1401) 학1979년 배문고졸 1985년 한양대 무기재료공학과졸 1987년 同대학원 무기재료공학과졸 1997년 공학박사(한양대) 경한국과학기술원(KAIST) 재료공학과 전자요업재료실 연구원, 강원대 · 한양대 · 한양여대 강사, (주)시지엔지니어링 방수부 책임연구원, 에너지관리공단 기술자문위원, (주)삼조실업 선임연구원, 국립기술품질원 위촉선임연구원, 요업기술원 선임연구원 2001년 同무기조세라믹부장(책임연구원) 2006년 한국세라믹기술원 이천분원 엔지니어링세라믹센터장 2012년 同이천분원장(현) 종기독교

김형태(金亨泰)

생1962 · 12 · 20 출경북 안동 주대구 수성구 동대구로364 대구지방법원(053-757-6681) 학1981년 대구 대륜고졸 1988년 경북대 사법학과졸 경1995년 사법시험 합격(37회) 1998년 사법연수원 수료(27기) 1998년 부산지법 동부지원 판사 2000년 대구지법 판사 2003년 同안동지원 · 의성지원 판사 2005년 대구지법 판사 2007년 同서부지원 판사 2009년 대구고법 판사 2011년 대구지법 판사 2013년 부산지법 부장판사 2015년 대구지법 부장판사(현)

김형태

생1966 · 1 · 20 주서울 용산구 서빙고로137 국립박물관문화재단 사장실(02-2077-9701) 학1984년 서울 한영고졸 1989년 홍익대 미술대학 회화과졸 경뮤지션 겸 미술가(현) 2013년 제18대 대통령직인수위원회 여성문화분과 전문위원 2013~2014년 문화기획 골든에이지 대표 2013~2014년 대통령직속 문화융성위원회 문화산업분과 전문위원 2014년까지 개인전 5회 및 단체전 다수 2014년 국립박물관문화재단 사장(현) 상제36회 백상예술대상 연극부문 남자배우 인기상(2000) 전'곰 아줌마 이야기'(2003, 새만화책) '생각은 날마다 나를 새롭게 한다'(2005, 예담) '너 외롭구나'(2011, 예담) 영1996~2014년 정규음반 4개 발표

김형택(金亨澤) KIM Hyung Taek

생1958 · 12 · 3 출서울 주서울 중구 새문안로22 문화일보 판매국(02-3701-5460) 학1977년 동국대부속고졸 1982년 서울대 서양사학과졸 경1984년 한국일보 입사 1988년 세계일보 사회부 기자 1991년 문화일보 입사 1999년 同전국부장 2000년 同사회부장 2001년 同산업부장 2002년 同판매국장(현) 2011년 한국ABC협회 감사(현) 2012~2014년 한국신문협회 판매협의회 회장 상특종상, 백상기자대상, 이달의 기자상

김형한(金亨漢) KIM Hyeong Han

생1966 · 6 · 19 출경북 영천 주대구 수성구 동대구로364 대구지방법원(053-757-6546) 학1984년 대구 능인고졸 1988년 서울대 법학과졸 경1988년 사법시험 합격(30회) 1991년 사법연수원 수료(20기) 1994년 대구지법 판사 1996년 同안동지원 판사 1998년 대구지법 판사 2001년 대구고법 판사 2003년 대구지법 판사 2007년 同부장판사 2011년 同서부지원 부장판사 2013년 대구지법 부장판사(현)

김형호(金亨鎬) KIM Hyeong Ho

생1959 · 6 · 30 출전북 정읍 주서울 구로구 디지털로32길29 키콕스벤처센터8층 대 · 중소기업협력재단 사무총장실(02-368-8466) 학1978년 정읍고졸 1986년 성균관대 교육학과졸 1997년 영국 버밍엄대 대학원 경영학과졸 경1986년 행시고시 합격(30회) 1988년 전북도 교육위원회 사무관 1991년 전북대 사무관 1992년 공업진흥청 기획예산담당관실 사무관 1993년 同국제표준과 사무관 1994년 同국제협력과 사무관 1996년 同생활용품안전과 서기관 1996년 중소기업청 국제협력과 서기관 1996년 국외 훈련(영국 버밍엄대) 1998년 중소기업청 기술정책과 서기관 1999년 同정책총괄과 서기관 1999년 중소기업특별위원회 파견 2000년 중소기업청 국제협력담당관 2001년 同인력지원과장 2004년 同기술개발과장 2004년 同기술정책과장 2006년 同감사담당관 2007년 중소기업특별위원회 정책심의관 2008년 국방대 교육파견 2009년 부산 · 울산지방중소기업청장 2011~2015년 서울지방중소기업청장(고위공무원) 2015년 대 · 중소기업협력재단 사무총장(현) 상중소기업특별위원장표창(2000), 대통령표창(2003), 홍조근정훈장(2013)

김형호(金炯浩) Harry Kim

생1962 · 11 · 6 본김녕(金寧) 출경북 경주 주서울 영등포구 의사당대로143 금융투자센터빌딩5층 (주)한국채권투자자문(02-6053-0002) 학1988년 부산대 경제학과졸, 한국개발연구원(KDI) 국제정책대학원졸(School Master's in Asset Management) 경(주)LG상사 국제금융부 근무, (주)유화증권 근무, (주)조흥증권 근무, (주)조흥투자자문 근무, (주)조흥투자신탁운용 채권운용1팀

장 2005년 (주)동양투자신탁운용 채권운용본부장 2006~2010년 (주)아이투자신탁운용 채권운용본부장 겸 상무 2010년 (주)한국채권투자자문 설립·대표이사 사장(현) [상]금융감독원장상(2007) [저]'채권투자노트'(2009, 경성출판사) '채권투자노트(개정판)'(2011, 이패스코리아) '엑셀을 활용한 실전채권투자'(2013, 이패스코리아) '채권기초'(2013, 이패스코리아) '채권투자노트(3판)'(2015, 이패스코리아)

김형훈(金炯勳) KIM Hyong Hun

[생]1967·8·1 [출]경남 사천 [주]서울 마포구 마포대로174 서울서부지방법원(02-3271-1114) [학]1986년 경남고졸 1992년 부산대 법학과졸 1994년 同대학원 법학과 수료 [경]1993년 사법시험 합격(35회) 1996년 사법연수원 수료(25기) 1999년 부산지법 판사 2002년 同동부지원 판사 2003년 서울지법 고양지원 판사 2004년 의정부지법 고양지원 판사 2006년 서울중앙지법 판사 2007년 대법원 연구법관 2008년 서울고법 판사 2009년 대법원 재판연구관 2011년 춘천지법 제1행정부 부장판사 2012년 同수석부장판사 2013년 수원지법 여주지원장 2015년 서울서부지법 부장판사(현)

김혜경(金惠景·女) KIM Hye Kyung

[생]1953·2·1 [출]서울 [주]경기 파주시 회동길57의9 파주출판단지 도서출판 푸른숲(031-955-1400) [학]이화여대 영어교육학과졸 [경]1975~1978년 현대건설 비서실 근무 1982~1990년 아산사회복지사업재단 홍보과장 1991년 (주)도서출판 푸른숲 대표이사(현) 2000년 한국출판인회의 부회장 2000년 한국출판진흥재단 감사 2003년 한국전자책컨소시엄(EBK) 회장 2005년 한국출판인회의 회장 2005년 저작권심의조정위원회 위원 2007년 대통령직속 도서관정보정책위원회 위원 2007년 서울문화포럼 이사 2009년 탁틴내일 이사장 2012~2015년 세종문화회관 이사 [상]중소기업인상, 문화체육부장관표창, 대통령표창(2006), 한국출판인회의 '2008년 올해의 출판인' 공로상(2008), 중앙대 제25회 중앙언론문화상 출판·정보미디어부문(2013), 보관문화훈장(2015)

김혜경(金惠卿·女) Hyekyung Kim

[생]1956·9·12 [출]서울 [주]서울 서대문구 이화여대길52 이화여자대학교 국제대학원(02-3277-3652) [학]1975년 경기여고졸 1979년 서울대 가정관리학과졸 1987년 미국 보스턴대 대학원 컴퓨터학과졸 2005년 미국 하버드대 케네디스쿨 행정학과졸 [경]1979~1982년 한국상업은행 남대문지점·종합기획실 근무 1990~1992년 미국 필라델피아한인학교 교사 1993~1994년 CBS어학원 강사 1994~1996년 경제정의실천시민연합 국제부장 1996~2004년 아시아시민사회운동연구원 연구실장 1997~2000년 아·태시민사회포럼 사무국장 1998~2004년 지구촌나눔운동 사무국장·사무총장 1998~1999년 1999서울NGO세계대회 삼자위원회 위원·기획위원 2000~2003년 21세기여성포럼 운영위원 2001~2004년 시민사회연대회의 운영위원 2002~2003년 대통령자문 지속발전위원회 산업분과위원 2003~2004·2007~2010년 SK텔레콤 사회공헌자문위원 2006~2007년 경제정의실천시민연합 국제위원장 2006~2008년 同ODA Watch 실행위원장 2006~2009년 GCAP(Global Call to Action against Poverty) 한국대표 2006~2008년 同국제운영위원 2007~2010년 지구촌나눔운동 사무총장 2007~2008년 경희대 NGO대학원 겸임교수 2007~2009년 국제개발협력학회 부회장 2007~2010년 한국국제협력단 자문위원 2007~2010년 기획재정부 EDCF운용자문위원 2008~2010년 이화여대 국제대학원 겸임교수 2009~2010년 외교통상부 외교정책자문위원 2009~2010년 국제개발협력위원회 실무위원회 위원 2010년 ODA Watch 공동대표 2010년 대통령 여성가족비서관 2011~2013년 대통령 시민사회비서관 2013년 이화여대 국제대학원 초빙교수(현) 2014년 국제개발협력위원회 민간위원(현)

김혜련(金惠蓮·女) KIM Hea Rean

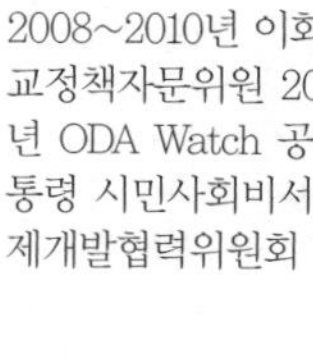

[생]1956·3·12 [주]서울 중구 덕수궁길15 서울특별시의회(02-3783-1951) [학]경희대 행정대학원졸 [경]민주당 서울동작甲지역위원회 여성위원장 2008년 결혼이민자 여성평등찾기 대표(현) 2010년 서울형사회적기업 '소담차반' 이사 2010년 문화예술교육사회적기업협의체 이사 2011년 여성가족재단NGO포럼 회장 2013~2014년 성대골마을기업(마을닷살림)협동조합 이사 2013년 서울시여성가족재단 비상임이사 2014년 서울시의회 의원(새정치민주연합·더불어민주당)(현) 2014·2016년 同남북교류협력지원특별위원회 부위원장(현) 2014~2016년 同행정자치위원회 위원 2015~2016년 同인권특별위원회 부위원장 2015~2016년 同서울국제금융센터(SIFC)특혜의혹진상규명을위한 행정사무조사특별위원회 위원 2015년 서울시 서울형혁신교육지구운영위원회 위원(현) 2015년 새정치민주연합 여성리더십센터 부소장 2015년 同서울시당 다문화위원회 부위원장 2015년 서울시의회 청년발전특별위원회 위원(현) 2015년 同서소문밖역사유적지관광자원화사업지원특별위원회 위원(현) 2015년 더불어민주당 여성리더십센터 부소장(현) 2015년 同서울시당 다문화위원회 부위원장(현) 2016년 서울시의회 보건복지위원회 위원(현)

김혜선(金惠善·女) KIM Hyeo Sun

[생]1961·12·25 [주]세종특별자치시 도움4로13 보건복지부 요양보험제도과(044-202-3490) [학]사회학박사(한양대) [경]2001년 보건복지부 기획관리실 여성정책담당관 2005년 同저출산고령사회정책본부 출산지원팀장 2008년 보건복지가족부 아동청소년가족정책실 가족지원과장 2009년 국무총리실 사회통합위원회 설치TF팀 파견(서기관) 2009년 대통령직속 사회통합위원회 파견 2012년 세종연구소 교육훈련 2013년 보건복지부 사회복지정책실 사회보장제도과장 2014년 同사회복지정책실 기초의료보장과장 2016년 同요양보험제도과장(현)

김혜선(金惠善·女) KIM Hye Sun

[생]1963·4·6 [본]진주(晉州) [출]부산 [주]경기 수원시 영통구 월드컵로206 아주대학교 생명과학과(031-219-2622) [학]1982년 부산동여고졸 1986년 서울대 동물학과졸 1988년 同대학원졸 1992년 이학박사(서울대) [경]1992년 서울대 세포분화연구센터 연구원 1994~1998년 아주대 생명과학과 교수 1998~2012년 同자연과학부 생명과학전공 교수 2001~2002·2009~2010년 미국 워싱턴대 방문교수 2002년 한국통합생물학회 이사 2002년 한국동물학회 이사 2003~2009·2012년 아주대 여대생커리어개발센터장(현) 2003~2006년 성폭력상담센터 센터장 2004년 대한의생명과학회 상임이사 2004년 대한여성과학기술인회 등기이사 겸 운영위원 2004~2005년 제13회 세계여성과학기술자대회 조직위원 2004~2005년 여성생명과학기술포럼 기획운영위원 2004년 한국과학창의재단 과학기술앰배서더 2005~2008년 한국과학기술단체총연합회 해외Brain Pool 선정위원 2006~2007년 아주대 학생처장 겸 종합인력개발원장 2007년 한국분자세포생물학회 뉴스지편집위원회 운영위원 2008년 과학기술진흥유공자포상 기초미래원천분야 심사위원 2008~2009년 전국여대생커리어개발센터협의회 회장 2008년 경기도 과학기술진흥위원회 과학정책분과위원 2011년 한국통합생물학회 총무이사 2012년 아주대 생명과학과 교수(현) 2015년 同자연과학대학장(현) [상]녹조근정훈장(2015) [저]'화학 1정 자격연수교재'(1999) '생물 1정 자격연수 교재'(2002) [역]'21세기 생명과학'(2003) '생명과학'(2004) '생명과학'(2009) [종]기독교

김혜숙(金惠淑·女) KIM Hei Sook

[생]1954·6·24 [본]김해(金海) [출]서울 [주]서울 서대문구 이화여대길52 이화여자대학교 인문과학부(02-3277-2211) [학]1972년 경기여고졸 1976년 이화여대 영어영문학과졸 1979년 同대학원 기독교학과졸 1987년 철학박사(미국 Univ. of Chicago) [경]1987~1998년 이화여대 철학과 조교수·부교수 1994년 철학연구회 총무이사 1995년 미국 풀브라이트 연구교수 1997년 한국여성철학회 총무이사 1998년 이화여대 인문과학부 철학전공 교수(현) 1998년 철학연구회 연구이사 2001년 한국철학회 정보회의위원장 2001년 대통령자문 정책기획위원 2007~2009년 이화여대 스크랜튼대학장 2007년 한국분석철학회 회장 2007년 한국여성철학회 회장 2008년 세계여성철학자대회 조직위원장 2012~2013년 한국철학회 회장 2012~2014년 한국인문학총연합회 대표회장 2013~2014년 대통령소속 인문정신문화특별위원회 위원 [저]'포스트모더니즘과 철학' '예술과 사상' '예술의 언어들'(2002, 이화여대) '서양근대철학의 열가지 쟁점'(2004, 창작과비평사) '법과 폭력의 기억 : 동아시아의 역사경험'(2007, 도쿄대) '예술과 사상'(2007) 등 [역]'예술의 언어들'(2002)

김혜순(金惠順·女) KIM Hye Soon

[생]1961·3·20 [출]강원 화천 [주]세종특별자치시 절재로180 인사혁신처 기획조정관실(044-201-8110) [학]이화여고졸 1983년 서강대 정치외교학과졸 1986년 同대학원 정치외교학과졸 [경]1985~1988년 경남대 부설 극동문제연구소 연구원 1991~1997년 정무제2장관실 사무관 1998년 대통령 여성정책비서관실 행정관 2001년 행정자치부 여성정책담당관 2004년 同시민협력과장 2004년 同참여혁신과장 2005년 同참여여성팀장 2006년 국외 훈련(미국 아메리칸대) 2007년 행정자치부 윤리심사팀장 2008년 행정안전부 윤리심사담당관 2008년 同윤리담당관 2009년 同감사담당관 2011년 국가기록원 기록정책부장(고위공무원) 2012년 대통령직속 개인정보보호위원회 사무국장 2013년 안전행정부 공무원노사협력관 2014년 교육파견(고위공무원) 2014년 인사혁신처 기획조정관(현) [상]국민포장, 홍조근정훈장(2015)

김혜식(金惠植 · 女) KIM Hae Shik

[생]1942 · 4 · 29 [출]서울 [주]서울 성북구 화랑로32길146의37 한국예술종합학교 무용원(02-746-9000) [학]1960년 이화여고졸 1965년 이화여대 무용학과졸 1967년 영국 로열발레 Upper School 수료 [경]1963년 국립발레단 수석무용수 1967년 스위스 취리히 오페라발레단 무용수 1969년 캐나다 르그망발레 카나디언 수석무용수 1973년 미국 푸레즈노발레 객원주역 겸 감독 1977~1992년 미국 캘리포니아주립대 무용학과 교수 1993~1996년 한국국립발레단 단장 겸 예술감독 1993년 동아무용콩쿠르 심사위원 겸 자문위원 1995년 체코 프라하발레시어터 종신자문위원 1995~1996년 이화여대 부교수 1996년 세계극장협회(ITI) 무용부문 자문위원 1996~2007년 한국예술종합학교 무용원 교수 1996~2004년 同무용원장 1996년 세계무용연맹 극동아시아본부 부회장 1998년 제6회 미국 국제발레콩쿠르 심사위원 1998년 세계무용연맹 한국본부 회장 1998년 USA잭슨국제발레콩쿠르 심사위원 1999년 룩셈부르크국제발레콩쿠르 심사위원 2001년 핀란드 헬싱키 국제발레콩쿠르 심사위원 2002년 스위스 로잔 국제발레콩쿠르 심사위원 2002년 체코 프라하국제발레콩쿠르 심사위원 2004년 중국 상하이 국제발레콩쿠르 심사위원 2007년 International Dance Network 회장 2009년 일본 쓰쿠바국제발레콩쿠르 심사위원 2010년 세계무용연맹 한국본부 명예회장, 대한민국무용대상 운영위원장 2011년 한국예술종합학교 명예교수(현) 2011년 한국발레축제조직위원장, 서울국제무용콩쿠르 예술감독 2011년 한국발레학원협회 고문 2011년 제1회 보스톤발레콩쿠르 심사위원 2011년 제1회 베이징발레콩쿠르 심사위원 2011년 웅진장학재단 발레자문위원 2012년 코리아 유스 발레스타즈 단장 · 명예단장(현) 2015년 세계무용연맹 한국본부 고문(현) [상]동아무용콩쿠르 금상(1962), 이화를 빛낸 예술인상, 일민예술상(2001), 옥관문화훈장(2002) [종]성공회

김혜영(金惠永 · 女) Hye Young KIM

[생]1960 · 4 · 2 [출]부산 [주]서울 마포구 성암로301 한국지역정보개발원(KLID) 기획조정실(02-2031-9210) [학]1982년 부산대 영어영문학과졸 1993년 미국 콜로라도주립대 대학원졸 [경]1983년 부산국제우체국 업무과장 1984년 체신부 우정국 우표과장 1985년 同체신공무원교육원 도서실장 1986~1990년 同우정국 우표과 해외보급담당 1993년 同통신정책실 통신협력과 근무 1995년 정보통신부 정보통신협력국 국제기구과 서기관 1997년 同국제협력관실 대외협력담당관 1998년 국외 훈련(미국 워싱턴주정부 전기통신규제기관국), 정보통신부 전파연구소 품질인증과장 2002년 서울 송파우체국장 2005년 정보통신부 우정사업본부 국제사업과장 2006년 同정보통신협력본부 협력기획팀장 2007년 同정보보호기획단 정보문화팀장 2008년 행정안전부 정보화제도과장 2008년 同정보문화과장 2009년 同윤리담당관 2009년 同과천청사관리소장(일반직고위공무원) 2011년 중앙공무원교육원 교육 2012년 행정정보공유 및 민원선진화추진단 파견 2012년 행정안전부 행정정보공동이용센터장 2013년 안전행정부 행정정보공동이용센터장 2013~2014년 同정보공유정책관 2014년 행정자치부 전자정부국 정보공유정책관 2015년 同의정관 2016년 한국지역정보개발원(KLID) 기획조정실장(현) [상]대통령표창, 근정포장(2014) [저]'조직 커뮤니케이션 관련'

김혜자(金惠子 · 女) KIM Hye Ja

[생]1941 · 10 · 25 [출]서울 [학]경기여고졸, 이화여대 생활미술학과 2년 수료 [경]탤런트(현) 1962년 KBS 공채 탤런트(1기) 1991년 한국월드비전 친선홍보대사(현), 한국선명회 홍보대사, MBC 라디오 가정음악실 DJ 2010년 G20정상회의준비위원회 민간위원 [상]백상예술대상 TV 여자최우수연기상(1976 · 1978), 백상예술대상 TV 대상(1979 · 1989), 마닐라 국제영화제 최우수여우주연상(1983), 동아연극상 연기상(1988), MBC 방송대상(1989 · 1992), 한국방송대상 여자연기상(1989), 백상예술대상 TV 여자최우수연기상(1989), 가수의 날 가수가 뽑은 최고연기자상(1997), 엘리자베스 아덴 제1회 비저블 디퍼런스 어워드(1999), 대통령표창(1999), MBC 연기대상 대상(2001), MBC 명예의 전당(2002), 페미니즘 대중문화 예술대상(2003), 스타선행대상(2003), 위암 장지연상(2005), 자랑스런 경기인상(2005), KBS 연기대상 대상(2008), 백상예술대상 TV대상(2009), 제10회 부산영화평론가협회상 여우주연상(2009), 제29회 영평상 여우주연상(2009), 제18회 중국 금계백화영화제 해외부문 여우주연상(2009), 제3회 아시아태평양스크린어워즈(APSA) 여우주연상(2009), 올해의 여성영화인상 연기상(2009), 제12회 디렉터스컷어워드 올해의 연기자상(2009), 스타일아이콘어워즈 Beautiful Sharing상(2009), 올해의 영화상 여우주연상(2010), 맥스무비 최고의 여자배우상(2010), 제4회 아시안필름어워즈 여우주연상(2010), 국제월드비전 총재특별상(2010), LA영화비평가협회 올해의 영화상 '최고 여배우상'(2010), 세종문화상 사회봉사부문(2011), 국민포장(2011), 아름다운 예술인상(2011), KBS 방송3사 PD가 뽑은 연기자상(2015) [저]'꽃으로도 때리지 말라'(2004) [작]TV드라마 'MBC 강남가족'(1974) 'MBC 신부일기'(1975) 'MBC 당신'(1977) 'MBC 전원일기'(1980) 'MBC 간난이'(1984) 'MBC 풍란'(1985) 'MBC 모래성'(1988) 'MBC 겨울안개'(1989) 'MBC 여자는 무엇으로 사는가'(1990) 'MBC 사랑이 뭐길래'(1991) 'MBC 두여자'(1991) 'MBC 엄마의 바다'(1993) 'KBS 인간의 땅'(1994) 'MBC 여'(1995) 'MBC 자반고등어'(1996) 'MBC 그대 그리고 나'(1997) 'MBC 장미와 콩나물'(1999) 'MBC 그대를 알고부터'(2002) 'MBC 궁'(2006) 'KBS2 엄마가 뿔났다'(2008) 'JTBC 청담동 살아요'(2011~2012) 'KBS2 착하지 않은 여자들'(2015) 'tvN 디어 마이 프렌즈'(2016) '인생다큐 마이웨이'(2016) 영화 '만추'(1981) '마요네즈'(1999) '마더'(2009) '개를 훔치는 완벽한 방법'(2014) 연극 '우리의 브로드웨이 마마' '피가로의 결혼' '유다여 닭이 울기전에'(1987) '19 그리고 80'(1991) '19 그리고 80'(2001) '다우트'(2006) '오스카 신에게 보내는 편지'(2013~2014) CF출연 '제일제당'(1975~2002)

김혜정(金惠貞 · 女) KIM Hye Jung

[생]1954 · 10 · 31 [출]대구 [주]경기 용인시 처인구 명지로 116 명지대학교 건축대학 건축학부(031-330-6492) [학]1977년 한양대 건축학과졸 1981년 미국 버클리대 대학원 건축학과졸 1990년 건축학박사(미국 미시간대) [경]1992년 명지대 건축대학 건축학부 교수(현) 1998년 미국 하버드대 객원연구교수 2002년 한국여성건설인협회 초대회장 2003년 한국교육시설학회 이사 2004년 대한건축학회 이사 2005년 한국여성건설인협회 고문 2008년 대통령직속 국가건축정책위원회 민간위원 2009년 (사)한국건축설계교수회 회장, 화성동탄신도시 · 위례신도시 Master Planner 위원 2010~2012년 대한건축학회 논문편집위원장 2012~2014년 同학술지 편집위원장 2014년 명지대 건축대학장(현) [상]한국건축문화상(1997), 자랑스런 이화인상(2000), 교육인적자원부 우수시설학교 최우수상(2004), 미국 미시간대 동문회상(2006), 자랑스런 한양 건축인상(2006), 우수시설학교 최우수상(2007), 대한건축학회 학술상(2007), 국무총리표창(2010), 교육과학기술부장관표창(2012) [저]'고령화 사회의 은퇴주거단지 디자인'(2000, 경춘사) '세상을 바꾸는 여성엔지니어'(2004, 생각의나무) '차이와 차별'(2006) 'Housing Review, Eunpyeong New Town'(2007) 'Housing Review, Sungnam Pangyo New Town'(2007) '건축을 읽는 7가지 키워드'(2014, 효형출판사) [역]'세계의 건축'(2002, 공간사) [작]독도박물관, 평택 성세병원, 우신초등학교 개축 기본계획설계, N주택, 서울세현고등학교 기본계획설계, 서울수명고등학교 기본계획설계, 서울송원초등학교 기본계획설계 [종]천주교

김혜정(金惠貞 · 女) KIM Hye Jeung

[생]1961 · 7 · 17 [주]대구 중구 공평로88 대구광역시의회(053-803-5060) [학]목포여상졸, 성덕대학 노인요양재활복지과졸 [경]민주평통 자문위원, 영호한가족운동본부 사무총장, 대구봉우리봉사단 단장, 대구 · 경북호남향우회 사무총장, 민주당 대구시당 여성위원장, 국제장애인문화교류대구시협회 부회장 2014년 대구시의회 의원(비례대표, 새정치민주연합 · 더불어민주당)(현) 2014년 同문화복지위원회 위원 2014년 同예산결산특별위원회 위원 2014년 同윤리특별위원회 위원 2014년 同기획행정위원회 위원 2014년 대구민주자치연구회 파랑새 회원(현) 2016년 더불어민주당 대구시서구지역위원회 위원장(현) 2016년 대구시의회 기획행정위원회 부위원장(현) 2016년 同운영위원회 위원(현) 2016년 同예산결산특별위원회 부위원장(현) 2016년 同대구국제공항통합이전추진특별위위원회 부위원장(현)

김혜정(金惠貞 · 女)

[생]1972 · 11 · 9 [주]세종특별자치시 다솜2로94 해양수산부 홍보담당관실(044-200-5013) [학]1995년 고려대 법학과졸 [경]1998년 행정고시 합격(42회) 1999년 공무원 임용 2007년 해양수산부 운영지원과 근무 2008년 부산지방해양항만청 선원해사안전과장(서기관) 2010년 미국 시애틀 항만청 파견 2011년 부산지방해양항만청 항만물류과장 2014년 해양수산부 해사안전시설과장 2015년 同홍보담당관(현)

김혜준(金慧埈) Kim Hye Joon

[생]1967 · 5 · 12 [출]부산 [주]서울 송파구 올림픽로34길5의29 지역사회교육회관5층 (사)함께하는아버지들(02-415-7955) [학]1986년 브니엘고졸 1994년 서울대 정치학과졸 [경]2003~2006년 국회 정갑윤 의원 정책보좌관 2006~2008년 자유주의연대 정책실장 2008~2009년 농림수산식품부 장관 정책보좌관 2009~2011년 대통령 정무수석비서관실 행정관 2011~2012년 한국가스안전공사 상임감사 2012년 한국지역사회교육협의회 아버지다움연구소장(현)

2015년 (사)함께하는아버지들 대표(현) ❷농림수산식품부장관표창(2008), 대통령실장표창(2010) ❸'파더후드: 대한민국에서 아버지 찾기'(2011, 지식기업 창과샘) ❹'가족이 필요해'(2012, 시대정신)

김혜진(金惠珍·女) KIM Hye Jin

❸1970·1·28 ❷세종특별자치시 도움4로13 보건복지부 사회복지정책실 복지정책과(044-202-3020) ❹서울대 간호학과졸, 同보건대학원졸 ❷2003년 보건복지부 기획계장, 同기획예산담당관실 서기관 2005년 同국가중앙의료원설립준비단 과장 2005년 영국 버밍험대 국외훈련 2007년 보건복지부 정책홍보관리실 성과관리팀장 2007년 同성과조직팀장 2008년 보건복지가족부 창의혁신담당관 2009년 同의료자원과장 2009년 同저출산고령사회정책국 노인정책과장 2010년 보건복지부 저출산고령사회정책실 노인정책과장 2010년 同저출산고령사회정책실 고령사회정책과장 2012년 同사회복지정책실 사회서비스정책과장 2013년 同장애인정책국 장애인정책과장 2014년 同연금정책국 국민연금정책과장(부이사관) 2015년 同사회복지정책실 복지정책과장(현)

김혜천(金惠天) KIM Hye Chun

❸1954·2·13 ❷경남 마산 ❷대구 동구 혁신대로345 한국사학진흥재단(053-770-2501) ❹1978년 성균관대 경제학과졸 1980년 서울대 환경대학원졸 1994년 행정학박사(서울대) ❷1982~1984년 한국산업개발연구원 지역개발실 연구원 1984년 서울대 환경계획연구소 연구원 1987~1988년 한국산업개발연구원 초빙연구위원 1988~1994년 대학주택공사 주택연구소 선임연구원 1994년 목원대 공과대학 도시공학과 교수(현) 2001~2005년 (주)대전도시개혁센터 대표 2004~2006년 한국지역개발학회 부회장 2005~2006년 미국 델라웨어대 교환교수 2006년 금강유역환경청 자연경관심의위원회 심의위원 2007~2009년 목원대 공과대학장 2008~2010년 한국도시행정학회 회장 2009~2012년 충청광역발전위원회 자문단장 2013~2015년 국무총리소속 도시재생특별위원회 민간위원 2014년 한국사학진흥재단 이사장(현) ❸'도시계획론'(2000) '21세기 새로운 도시관(共)'(2001) '도시-현대도시의 이해(共)'(2002) '도시계획의 새로운 패러다임(共)'(2003) '토지정책론'(2003) '주택정책론'(2003)

김 호(金 浩) KIM Ho

❸1944·11·24 ❷김해(金海) ❷경남 통영 ❷경기 용인시 처인구 원삼면 보개원삼로1752 (재)용인시축구센터 사무국(031-339-3322) ❹1964년 동래고졸 ❷1964~1968년 제일모직 축구선수 1966~1973년 국가대표 축구선수 1969~1972년 한국상업은행 축구선수 1972~1976년 포항제철 축구선수 1976~1981년 동래고 축구코치 1979년 세계청소년축구대회 코치 1981~1987년 한일은행 축구단 감독 1987년 대통령배축구대회 B팀 감독 1988~1990년 현대프로축구단 감독 1992~1994년 미국 월드컵 축구대표팀 감독 1995~2003년 삼성블루윙즈 프로축구단 감독 2001년 대한축구협회 이사 2007~2009년 대전시티즌 프로축구단 감독 2015년 (재)용인시축구센터 총감독(현) ❷대한체육회 우수선수상(1969), 축구기자단 최우수선수상(1969), 국민훈장 석류장(1970), '자랑스런 서울시민 600' 선정(1994), 한국프로축구 빅스포프로감독상(1998), 올해의 감독상(1998), 축구기자단 최우수감독상(1999), K리그 30주년 공로상(2013)

김 호(金 豪) KIM HO

❸1958·3·7 ❷대전 서구 계룡로583번길9 예미지빌딩 (주)금성백조주택(042-630-9595) ❹서라벌고졸, 동국대 건축공학과졸 ❷1984년 대림산업(주) 건축공사부 입사, 同외주조달실 상무보 2010년 同외주조달실장(상무) 2011년 同외주조달실장(전무) 2012~2014년 同건축사업본부 부사장 2014년 (주)금성백조주택 사장 2015년 同각자대표이사(현) ❷국무총리표창(2004), 한국철도시설공단 이사장표창(2005), 지식경제부장관표창(2011)

김 호(金 虎) KIM HO

❸1962·9·27 ❷서울 송파구 올림픽로35길125 삼성SDS타워 솔루션사업부문 응용모바일사업부(02-6155-3114) ❹동성고졸, 서강대 전자계산학과졸 ❷2003년 삼성SDS(주) 기술전략팀장 2005년 同EO사업단장 2007년 同PDEM사업총괄 임원 2008년 同딜리버리혁신담당 상무, 同연구소 선행솔루션팀장(상무) 2012~2014년 에스코어(주) 대표이사 2014년 同사내이사(현) 2015년 삼성SDS(주) 연구소 선행솔루션팀장(전무), 同솔루션사업부문 응용모바일사업부(전무)(현)

김호각(金鎬珏) KIM Ho Gak (日熙)

❸1957·5·6 ❷의성(義城) ❷경북 예천 ❷대구 남구 두류공원로17길33 대구가톨릭대학병원 소화기내과(053-650-4041) ❹1976년 경북고졸 1982년 경북대 의대졸 1991년 의학박사(충남대) ❷1989년 김천의료원 내과 과장 1993년 대구보훈병원 내과 과장 1995년 미국 하버드대 의과대학 연구원 1996년 대구가톨릭대 의대 내과학교실 조교수 2000년 同부교수·교수(현), 대한소화기내시경학회 재무이사, 同학술이사, 대한소화기학회 학술위원, 同편집위원 2005년 아시아태평양소화기주간 학술위원, (재)대한소화기내시경연구재단 이사, 대구가톨릭대병원 IRB(생명의학연구윤리) 위원장 2014년 대한췌담도학회 초대 이사장 2016년 同평의원(현) ❸'대한소화기학회 총서-췌장염'(2003) '담도학'(2008) 'Cholangiocarcinoma'(2008) 'ERCP'(2010) ❷기독교

김호겸(金浩謙) KIM Ho Kyum

❸1958·12·8 ❷경기 화성 ❷경기 수원시 팔달구 효원로1 경기도의회(031-8008-7610) ❹오산대 사회복지행정학과졸 2010년 수원대 사회복지학과졸, 同사회교육원 생활과학과졸 ❷4-H지도자협의회 부회장, 김대중대통령후보 연설원, 수원라이온스클럽 이사, 한국청소년보호회 이사, 법무부 범죄예방전문위원, 중부경찰서 생활안전협의회 부회장, 수원시광고협회 사무국장, GP환경보호실천연합회 화서동지회장, 同정책자문위원 2006~2010년 경기 수원시의회 의원, 수원시 녹색꿈정책포럼 대표위원 2010년 경기도의회 의원(민주당·민주통합당·민주당·새정치민주연합) 2010~2012년 同농림수산위원회 간사 2010년 同GPX검증특별위원회 위원 2012년 同보건복지공보위원회 위원 2012년 同예산결산특별위원회 위원 2012년 同경기도시농업포럼 대표의원 2012년 同군사시설피해대책위원장 2012년 同공기업재정건전화를위한특별위원장 2013년 同경기도지방공기업건전운영특별위원장 2014년 경기도의회 의원(새정치민주연합·더불어민주당)(현) 2014년 同기획재정위원회 위원 2014년 同윤리특별위원회 간사 2015년 同윤리특별위원회 위원장 2015년 同장기미집행도시공원특별위원회 위원(현) 2016년 同부의장(현) 2016년 同농·정해양위원회 위원(현) ❷한국농촌지도자중앙연합회 감사패(2016)

김호경(金鎬景)

❸1957·3·17 ❷대구 남구 대명로29 대구시시설관리공단(053-603-1000) ❹1975년 대륜고졸 1981년 영남대 경제학과졸 1987년 경북대 경영대학원졸 ❷1981년 한국토지개발공사 입사 2006년 同신도시사업처장 2008년 同인사처장 2008년 同대구·경북지역본부장 2009년 한국토지주택공사 대구·경북지역본부장 2010년 同서울지역본부장 2013년 同경영지원본부장 2015년 대구시시설관리공단 이사장(현) ❷건설교통부장관표창(1997·2005)

김호곤(金鎬坤) KIM Ho Kon

❸1951·3·26 ❷김해(金海) ❷경남 통영 ❷서울 종로구 경희궁길46 대한축구협회(02-2002-0707) ❹1969년 부산 동래고졸 1975년 연세대졸, 同대학원졸 ❷1970~1971년 청소년 국가대표 축구선수 1971~1978년 국가대표 축구선수 1979년 서울신탁은행축구단 코치 1983~1987년 울산현대프로축구단 코치 1985~1986년 월드컵대표팀 코치 1988·1992년 올림픽대표팀 코치 1992~1999년 연세대축구단 감독 1997년 유니버시아드대표팀 감독 2000~2002년 부산아이콘스 프로축구단 감독 2003~2004년 아테네올림픽대표팀 감독 2005~2008년 대한축구협회 전무이사 2009~2013년 울산현대호랑이프로축구단 감독 2010년 전국체육대회 명예홍보대사 2013~2014년 울산현대축구단 기술고문 2014년 대한축구협회 성인리그 운영담당 부회장(현) 2016년 同회장 직대 ❷한국페어플레이상 특별상(2009), 아시아축구연맹(AFC) 올해의 감독상(2012)

김호기(金昊起) KIM Ho Gi

❸1945·10·11 ❷강릉(江陵) ❷충북 진천 ❷경기 성남시 분당구 돌마로42 한국과학기술한림원(031-726-7900) ❹1968년 한양대 요업공학과졸 1974년 독일 에를랑겐대 대학원졸 1979년 공학박사(독일 에를랑겐대) ❷1969~1970년 요업센터연구소 연구원 1976~1980년 독일 에르랑겐대 연구조교·조교수 1983~2011년 한국과학기술원(KAIST) 신소재공학과 부교수·교수 1994년 한국과학기술한림원 종신회원(현) 1996년 한국과학기술원 전자부품재료설계인력교육센터 소장 1997~1999년 同신기술창업지원단장 2002년 한국전지학회 회장 2003~2006년 한국전기전자재료학회 회장 2004년 전국과학기술인협회 회장 2011~2014년 한국과학기술원(KAIST) 신소재공학과 명예

교수 [상]동탑산업훈장, 과학기술처 연구개발상, 대한요업학회 학술상, 3·1 문화상 [저]'전자 세라믹스' '전왜 세라믹스' [종]기독교

김호기(金浩起) KIM Ho Ki

[생]1952·7·8 [출]강원 강릉 [주]서울 강남구 테헤란로 152 스타타워10층 삼정KPMG그룹 부회장실(02-2112-0821) [학]강릉고졸 1975년 고려대 신문방송학과졸 [경]1976년 행정고시 합격(19회) 1992년 서기관 승진, 국세청장 비서관, 금천세무서장, 용산세무서장, 서대문세무서장, 국세청 부가세과장, 同소득세과장 2002년 서울지방국세청 조사4국장 2004년 중부지방국세청 납세지원국장 2004년 서울지방국세청 조사3국장 2005년 국세청 개인납세국장 2006년 대구지방국세청장 2007년 삼정KPMG그룹 부회장(현), 동부건설 사외이사 2011년 현대하이스코 고문

김호남(金虎男) KIM Ho Nam

[생]1949·5·25 [출]전남 목포 [주]전남 목포시 용당로209 근화건설(주) 임원실(061-278-5555) [학]1967년 문태고졸 2008년 목포해양대 산업대학원 해양운송학부졸 2008년 목포대 대학원 무역학 박사과정 재학中 2013년 명예 경영학박사(목포대) [경]1985년 목포청년회의소 회장 1985~1988년 (유)종원건설 대표이사 사장 1989년 (주)근화건설 대표이사 사장(현) 1992년 대한주택건설사업협회 이사 1992년 사회복지법인 목포보림원 대표이사 사장, 목포상공회의소 부회장, 대한주택건설협회 광주·전남도회장 1998년 (사)한국중공문화협회 목포지부장 2008년 (재)근화학원 이사장(현) 2008년 대한주택건설협회 비상근감사 2010년 한중문화협회 전국협의회장·부회장(현) 2011년 (주)우남건설 설립·대표이사 회장(현) 2011년 전남문화산업진흥원 이사(현) 2012년 목포상공회의소 회장(현) 2013년 우남문화재단 이사장(현) 2014년 대한주택건설협회 부회장(현) 2015년 대한상공회의소 부회장(현) 2016년 (사)전남자원봉사센터 이사장(현) [상]은탑산업훈장(2007) [저]수필집 '새들은 함부로 집을 짓지 않는다'(2006) '삶의 물레는 돌고 도는데' '바다를 품다' '아름다운 유산' '희그늘(共)'(2014, 에세이스트) [종]기독교

김호남(金浩南) KIM Ho Nam

[생]1959·1·26 [출]부산 [주]부산 연제구 법원남로16 법무법인 우리들(051-946-2001) [학]1978년 부산전자공고졸 1984년 부산대 법학과졸 1998년 同대학원졸, 미국 템플대 대학원 법학과졸 [경]1988년 사법시험 합격 1991년 사법연수원 수료, 변호사 개업, 법무법인 우리들 대표변호사(현) 2009~2011년 민주평통 부산진구 회장 2010~2011년 부산YMCA 이사장

김호민(金鎬珉) KIM HO MIN

[생]1958·11·1 [본]의성(義城) [출]경북 예천 [주]서울 중구 통일로120 NH농협은행 임원실(02-2080-3021) [학]1976년 경북고졸 1981년 영남대 경제학과졸 2015년 단국대 행정법무대학원졸(법학석사) [경]1986년 농협중앙회 입사 2007년 同세무회계단 팀장 2008년 同동교동지점장 2009년 同신당동지점장 2011년 同국회지점장 2013년 NH농협금융지주 재무관리부장 2014년 同기획조정부장 2015년 NH농협은행 경영지원본부장 겸 신탁본부장(부행장) 2016년 同경영기획본부장 겸 금융소비자보호본부장(수석부행장)(현) [종]불교

김호석(金浩石) KIM Ho Suk

[생]1942·10·15 [주]경기 안산시 단원구 지원로7 (주)대일개발 회장실(031-498-1451) [학]고려대 경영대학원졸 [경](주)진흥약품 전무이사, (주)삼원신약 대표이사, (주)우신환경 대표이사 1985년 (주)대일개발 회장(현) 2003~2006년 한국산업폐기물처리공제조합 이사장 2011년 안산시 안산추모공원건립위원회 공동대표 [상]동탑산업훈장(2013)

김호섭(金浩燮) Kim Ho Sup

[생]1954·11·7 [주]서울 서대문구 통일로81 임광빌딩 동북아역사재단(02-2012-6004) [학]서울대 정치학과졸, 同대학원 석사과정 수료, 정치학박사(미국 미시간대) [경]1984~1985년 일본 게이오대 법학부 방문연구원 1989~1992년 세종연구소 연구위원 1992~2015년 중앙대 사회과학대학 정치국제학과 교수 1999~2000년 미국 컬럼비아대 방문교수 2005년 일본 코베대 방문교수 2006~2007년 현대일본학회 회장 2007년 일본 동경대 사회과학연구소 방문교수 2008~2009년 중앙대 국제문제연구소장 2008년 한국국제정치학회 부회장 2009~2011년 국무총리실 납북피해자보상및지원심의위원회 위원장 2009년 경제인문사회연구회 연구기관평가단 위원 2009년 세계지역학회 부회장 2009년 한·일신시대공동연구위원회 한·일분과위원장 2012년 한국정치학회 회장 2013년 중앙대 인문사회부총장 2015년 동북아역사재단 이사장(현)

김호섭(金浩燮) Kim Ho Seob

[생]1969·7·11 [출]경북 영주 [주]경북 안동시 풍천면 도청대로455 경상북도청 창조경제과학과(054-880-2410) [학]1988년 경북 영광고졸 1996년 성균관대 행정학과졸 2006년 한국개발연구원(KDI) 국제정책대학원 공공정책학과졸 [경]2011년 교육파견(서기관) 2012년 경북도 국제통상과장 2012년 同과학기술과장 2013년 同창조과학기술과장 2014년 同창조경제과학과장(현)

김호성(金鎬城) KIM Ho Seong

[생]1947·2·11 [출]서울 [주]충북 음성군 감곡면 대학길 76의32 극동대학교 중국통상법학과(043-879-3500) [학]1973년 성균관대 법학과졸 1979년 서울대 대학원 국민윤리교육과졸 1985년 정치외교학박사(한양대) [경]1980~2012년 서울교육대 윤리교육과 전임강사·조교수·부교수·교수 1988년 한국정치외교사학회 감사 1988년 국립대만사범대 연구교수 1992년 중국 북경대 초빙교수 1992년 중국 흑룡강성대 초빙교수 1996년 민주평통 이념제도분과위원장 1996년 한국민주시민교육협의회 서울지회장 1996년 경실련 상임위원 2000년 한국국민윤리학회 회장 2001년 한국정치외교사학회 부회장 2002년 면암학회 회장(현) 2003~2007년 서울교육대 총장 2004년 한국대학교육협의회 감사·이사 2007년 서울교육대 한국학교육연구원장 2008년 명륜정치학회 회장(현) 2008년 나누미즐거운서초리더자원봉사단 단장(현) 2009년 서울교육대 서울교육연구원장 2010년 심산김창숙선생기념사업회 이사(현) 2012년 극동대 중국통상법학과 석좌교수 겸 한중교류협력단장(현) 2012년 서울교육대 명예교수(현) 2013~2016년 한반도평화통일포럼 회장 2013~2016년 독서르네상스운동 공동대표(현) 2015년 (재)세종문화회관 이사(현) 2016년 서울교육대 명예총장(현) [상]대통령표창(1999), 국민훈장 목련장(2003), 자랑스러운 서울교대인상(2009) [저]'한국민족주의론 Ⅰ·Ⅱ' '한국사상의 원천적 에너지' '갑오동학 농민혁명의 쟁점' '中國 12억 시장경제의 미래(中國資本主義 革命の 行動)' '민족주의' '解放前後史의 爭點과 評價' '현대사회와 이념' '이데올로기 비판과 민족통일' [역]'엘리트와 대중' '현대도덕교육론' [종]불교

김호성(金昊晟) KIM Ho Sung

[생]1959·1·9 [출]서울 [주]서울 금천구 남부순환로1418 한국원자력문화재단(02-859-0011) [학]1977년 서라벌고졸 1982년 연세대 상경대학 경제학과졸 1984년 同대학원 경제학과졸 1996년 미국 펜실베이니아주립대 대학원 정치학과졸 2001년 서울대 행정대학원 정책학 박사과정 수료 [경]1981년 입법고등고시 합격(5회) 1999년 국회사무처 예산정책국 예산정책1과장 2001년 同예산정책국장 2003년 국회 정무위원회 전문위원 2006년 국회 기획재정경제위원회 전문위원 2008년 국회예산정책처 예산분석실장(이사관) 2009년 同예산분석실장(관리관) 2011~2013년 국회 지식경제위원회 수석전문위원(차관보급) 2015년 한국원자력문화재단 이사장(현) [상]국회의장표창(1989), 대통령표창(1997), 근정포장(2013)

김호성(金昊成) Kim Hosung

[생]1961·3·31 [주]서울 영등포구 선유로75 GS강서타워 (주)GS홈쇼핑 영업본부(02-2007-4512) [학]우신고졸, 고려대 경제학과졸 [경]1987년 LG투자증권 입사, 同경영기획팀장 2000년 同상품개발팀장 2000년 同마케팅팀장 2001년 同인사팀장 2002년 同관악지점장 2003~2004년 LG홈쇼핑 기획심사팀장 2005년 GS홈쇼핑 물류·QA부문 본부장 2007년 同금융서비스부문장(상무) 2008년 同경영지원부문장(상무·CFO) 2012년 同영업1사업부장 겸 경영지원부문장(상무·CFO) 2013년 同영업본부장(전무) 2015년 同영업본부장(부사장)(현)

김호성(金湖成) KIM Ho Seong

[생]1961·8·19 [출]경기 연천 [주]서울 마포구 상암산로76 YTN 기획조정실(02-398-8900) [학]1980년 서울 장충고졸 1984년 단국대 국어국문학과졸 1995년 고려대 언론대학원졸 2007년 호주 시드니대 대학원 미디어과졸 [경]1987년 원주MBC 기자 2000년 YTN 보도본부 정치부 차장대우 2001년 同통일외교팀 차장대우 2002년 同정치부 차장대우 2003년 同앵커팀장 2004년 同사회1부

차장대우 2004년 同사회1부 차장 2005년 호주 시드니대 연수 2006년 YTN 스포츠부장 직대 2007년 同보도국 해설위원 겸 스포츠부장 직대 2007년 同보도국 스포츠부장 직대 2008년 同정치부장 2008년 同보도국 뉴스1팀장 2009년 同보도국 국제부장 2009년 同보도국 해외방송팀장 2010년 同미디어사업국 매체협력팀장 2013년 同매체협력팀장(부국장급) 2014년 同웨더본부장 2015년 同기획조정실장(현) [상]대통령표창(1999), 한국기자협회 이달의 기자상(2000), 한국기자협회 취재이야기 우수상(2013), 제5회 한국방송기자대상 공로상(2014) [저]'방송 보도를 통해 본 저널리즘의 7가지 문제(共)'(2014, 컬처룩)

김호수(金鎬壽) KIM Ho Soo

[생]1941·4·25 [본]김해(金海) [출]경북 포항 [주]경북 포항시 남구 중앙로66의1 경북도민일보 편집국(054-283-8150) [학]1959년 포항고졸 1962년 포항수산대 어로학과졸 1978년 경상대 경영대학원 수료 [경]1972년 중앙일보 기자 1974년 국제신문 기자 1980년 부산일보 기자 1992년 同취재본부장 1997년 同대구·울산총괄취재본부장 1999~2002년 경북매일신문 편집국장 2004~2006년 동남일보 상무 겸 편집국장 2006년 경북도민일보 편집국장(상무), 同편집국장(부사장)(현) [저]'주재기자' [종]불교

김호승(金淏昇)

[생]1969·2·13 [주]충남 보령시 대천로33 보령경찰서(041-939-0331) [학]동국대 경찰행정학과졸, 同대학원 경찰학과졸 [경]충남지방경찰청 광역수사대장, 경찰청 감사 및 감찰담당, 충남지방경찰청 경무과장 2016년 충남 보령경찰서장(현)

김호식(金昊植) KIM Ho Shik

[생]1949·5·16 [본]김녕(金寧) [출]충남 논산 [주]서울 영등포구 국제금융로10 ONE IFC빌딩27층 FG자산운용 임원실(02-6137-9720) [학]1967년 서울고졸 1971년 서울대 공과대학 금속공학과졸 1973년 同상과대학 무역학과졸 1976년 한국과학기술원(KAIST) 산업공학과졸(석사) [경]행정고시 합격(11회) 1973년 경제기획원 사무관 1982년 同법무담당관 1983~1986년 세계은행(IBRD) 파견 1986년 경제기획원 산업2과장 1987년 대통령비서실 행정관 1990년 국무총리행정조정실 정책평가심의관 1991~1993년 대통령비서실 파견 1993년 경제기획원 대외경제조정실 협력관 1994년 同대외경제국장 1994년 재정경제원 국민생활국장 1996~1998년 대통령 경제비서관 1998년 아시아유럽정상회의(ASEM)준비기획단 사업추진본부장 1998년 재정경제부 기획관리실장 1999~2001년 관세청장 2001~2002년 국무총리 국무조정실장 2001~2002년 부패방지위원회 개청준비단장 2002~2003년 해양수산부 장관 2003년 대통령자문 정책기획위원 2003~2005년 한국과학기술원 테크노경영대학원 초빙교수 2005~2008년 국민연금관리공단 이사장 2008~2010년 한국과학기술원 금융전문대학원 겸직교수 2008~2010년 (주)신영 고문 2009~2012년 Darby Hana Infrastructure Fund Management Company 이사 2010~2013년 동부건설 사외이사 2010~2012년 시장경제연구원 원장 2012년 FG자산운용 대표이사(현) 2015년 서울고총동창회 회장 [상]근정포장(1979), 청조근정훈장(2002) [종]기독교

김호연(金昊淵) Ho Youn Kim

[생]1955 [출]충남 천안 [주]서울 서대문구 충정로9길10의10 김구재단 [학]1973년 경기고졸 1978년 서강대 경상대학졸 1985년 일본 히토쓰바시대 대학원 경제학과졸(석사) 1994년 연세대 행정대학원 외교안보학과졸(석사) 2006년 경영학박사(서강대) [경]1992~2008년 (주)빙그레 대표이사 회장 2001~2010년 駐韓몽골 명예영사 2002년 백범기념관 운영위원회 운영위원 2003~2013년 서강대 이사 2003~2014년 HABITAT 이사 2004년 대한민국공군전우회 부회장 2004~2013년 서강대총동문회 회장 2004~2007년 (사)이봉창의사기념사업회 회장 2007~2008년 미국 하버드대 한국학연구소 객원연구위원 2007년 (재)매헌윤봉길의사장학재단 이사 2008년 유관순열사기념사업회 부회장 2009년 (사)대한YWCA연합회 후원회 이사 2009년 HABITAT 친선대사 2010년 단국대 석좌교수 2010~2012년 환경재단 이사 2010~2012년 제18대 국회의원(재보선 천안乙, 한나라당·새누리당) 2010~2012년 독립기념관 이사회 이사 2011~2015년 제7대 공군학사장교회 회장 2013년 (사)백범김구선생기념사업협회 부회장 2013년 (재)김구재단 이사장(현) 2013년 공군역사재단 이사장(현) 2013년 아단문고 이사장(현) [상]자랑스런 서강인상(2000), 은탑산업훈장(2001), 제9회 전문직여성클럽 한국연맹 Gold Award(2002), 제36회 한국의 경영자상(2004), 프랑스 국가공로훈장(2004), 제2회 한국리더십대상(2005), 보훈문화상 기념사업부문(2005), 몽골최고훈장 북극성훈장(2005), 국민훈장 동백장(2006), 한국마케팅학회 한국마케팅CEO대상(2008), 한몽경상학회 칭기스칸경영대상(2008), 제7회 한일경제인대상(2010), 전국지역신문 의정대상(2011), 밴 플리트(Van Fleet)상(2015)

김호열(金湖烈) Kim Ho-Yol

[생]1963·3·1 [본]경주(慶州) [출]경남 마산 [주]경기 성남시 분당구 대왕판교로700 한국바이오협회(031-628-0037) [학]1981년 마산고졸 1986년 한양대 독어독문학과졸 1989년 성균관대 행정대학원 행정학과졸 2006년 창원대 대학원 행정학박사과정中 [경]1991년 민주자유당 공채 1기 1999년 한나라당 정책위원회 심의위원 2000년 同홍보부장 2001년 국회 부의장실 비서관(3급) 2004년 한나라당 경남도당 사무부처장 2005년 국회 정책연구위원(2급) 2006년 한나라당 경남도당 사무처장 직대 2009년 同부산시당 사무처장, 同경남도당 사무처장 2012년 새누리당 경남도당 사무처장 2014~2015년 同중앙연수원 교수 겸 정책위원회 수석전문위원 2015년 同여의도연구원 객원연구원, 한국바이오협회 부회장(현)

김호영(金鎬榮) KIM Ho Young

[생]1959·2·21 [출]경북 봉화 [주]서울 서초구 반포대로 158 서울고등검찰청(02-530-3114) [학]1977년 부산진고졸 1981년 한양대 법대졸 1982년 同행정대학원 수료 [경]1983년 사법시험 합격(25회) 1985년 사법연수원 수료(15기) 1986년 청주지검 검사 1988년 전주지검 군산지청 검사 1989년 부산지검 검사 1992년 서울지검 의정부지청 검사 1994년 同동부지청 검사 1995년 창원지검 진주지청 검사 1996년 인천지검 검사 1998년 서울지검 북부지청 부장검사 1999년 대구지검 경주지청 부장검사 2000년 대구고검 검사 2002년 서울고검 검사 2003년 서울지검 전문부장검사 2004년 서울중앙지검 전문부장검사 2005년 서울북부지검 전문부장검사 2007년 광주지검 전문부장검사 2009년 수원지검 전문부장검사 2009년 서울고검 검사 2011년 부산고검 검사 2013년 서울고검 검사 2015년 부산고검 검사 2016년 서울고검 검사(현)

김호용(金豪溶) KIM Ho Yong

[생]1952·9·1 [출]경남 진주 [주]경남 창원시 성산구 불모산로10번길12 한국전기연구원 미래전략실(055-280-1012) [학]1972년 경남고졸 1979년 서울대 전기공학과졸 1982년 미국 텍사스주립대 대학원 전기공학과졸 1985년 전기공학박사(미국 텍사스주립대) [경]1978~1980년 (주)금성사 회전기 설계실 기사 1980년 울산공대 강사 1981~1985년 미국 텍사스주립대 연구원 1986~1990년 한국전기연구소 배전연구실장 1990년 同전력계통연구부장 1991~1996년 同KODAS 사업책임자 1992~2002년 산업자원부 G7 전기자동차 기술개발사업 운영위원 1993년 대한전기학회 위원·이사·부회장 1996~1999년 한국전기연구소 선임연구부장 1997~1999년 건설교통부 고속전철기술개발사업 총괄운영위원 1997~2001년 경남대 겸임교수 1997~2005년 산업자원부 에너지절약기술개발사업 심의위원 1999년 한국전기연구소 소장 직대 1999~2002년 한국전기연구원 전문위원 1999~2002년 과학기술부 국가연구개발사업 조사분석평가위원 2000~2002년 한국과학재단 전문분과위원 2001~2003년 과학기술부 국가과학기술표준분류 전문위원 2001~2003년 산업자원부 연구개발정책조정위원 2002~2003년 과학기술부 국가기술지도비전III-21팀장 2002~2005년 한국전기연구원 전력연구단장 2005~2008년 同시험인증본부장 2005~2006년 산업자원부 에너지자원R&D기획단 멤버 2006~2007년 과학기술부 국가연구개발사업 평가위원 2006~2013년 CIRED 한국위원회 부위원장 2007년 산업자원부 전력정책조정위원 2007~2013년 기획재정부 재정사업평가자문위원 2007년 과학기술부 프론티어사업(초전도)운영위원장 2008년 대한전기학회 전력기술부문 회장 2008~2011년 한국전기연구원 선임연구본부장 2009~2014년 경남TP(테크노파크) 이사 2010년 한국과학기술단체총연합회 경남지역연합회 부회장(현) 2010년 창원엔지니어클럽 부회장 2010~2013년 CIGRE 한국위원회 부위원장 2010년 에너지공학회 부회장(현) 2011년 법제처 국민법제관 2011~2014년 한국전기연구원 원장 2013~2014년 창원엔지니어클럽 회장 2014년 (사)대한전기학회 회장 2014년 한국전기연구원 미래전략실 책임연구원(현) 2015년 국가과학기술자문회의 자문위원(현) 2016년 경상대 초빙교수(현) [상]전력기술유공 한국전력 기술대상(1989), 과학기술유공 국무총리표창 (1995), 과학기술유공 대통령표창(1997), KODAS개발유공 대통령포상(1997), 과학기술훈장 진보장(2007), 한국공학한림원 선정 '대한민국 100대 기술 주역'(2010)

김호원(金昊源) KIM Ho Won

[생]1958·8·29 [출]경남 밀양 [주]부산 금정구 부산대학로63번길2 부산대학교 산합협력단(051-510-2993) [학]1977년 동래고졸 1981년 부산대 경제학과졸 1987년 서울대 행정대학원졸 1996년 미국 캘리포니아대 샌디에이고교 국제대학원졸 2006년 행정학박사(중앙대) [경]1979년 행정고시 합격(23회) 1981~1992년 상공부 행정관리관실·수출진흥과·차관실·전자부품과 사무관 1992~1994년 同산업피해조사2과장·밀라노상무관 파견 1996~1998년 통상산업부 장관비서관·산업정책과장 1998~2003년 산업자원부 투자진흥과장·투자정책과장·생환전자산업과장·디지털전자산업과장·산업기술정책과장 2003~2004년 국무조정실 농수산건설심의관·산업심의관 2004~2008년 산업자원부 산업기술국장·산업정책국장·미래생활산업본부장 2008~2009년 무역위원회 상임위원 2009~2012년 국무총리실 규제개혁실장·국정운영2실장 2012~2013년 특허청장 2013년 부산대 산학협력단 석좌교수(현) 2014~2015년 한국지식재산전략원 고문 2015년 대통령소속 국가지식재산위원회 민간위원(3기)(현) [상]근정포장(1991)

김호윤(金浩潤) KIM Ho Yoon

[생]1953·7·21 [본]김해(金海) [출]서울 [주]경기 의정부시 녹양로34의23 의정부지방법원 조정센터(031-828-0251) [학]1972년 경기고졸 1977년 서울대 법대졸 [경]1977년 사법연수원 수료 1979년 육군 법무관 1982년 수원지법 판사 1985년 서울지법남부지원 판사 1986년 춘천지법 영월지원 판사 1988년 서울민사지법 판사 1989년 서울고법 판사 1992년 대법원 재판연구관 1993년 전주지법 군산지원 부장판사 1994년 同군산지원장 1996년 서울지법 의정부지원 부장판사 1997년 同남부지원 부장판사 1998년 서울지법 부장판사 1998년 법무법인 천지인 변호사 1999년 변호사 개업 2013년 의정부지법조정센터 상임조정위원장(현)

김호일(金浩一) KIM Ho Il (子山)

[생]1942·12·12 [본]김해(金海) [출]경남 마산 [주]서울 영등포구 국회대로62길14 한국스카우트연맹회관504호 (사)일류국가를창조하는국민의힘(02-780-3150) [학]1961년 마산고졸 1967년 고려대 정치외교학과졸 1993년 연세대 경영대학원 수료 2008년 미국 캘리포니아센트럴대 대학원 목회학석사(M.Div) [경]1965년 고려대 총학생회장 1983년 마산향토문화진흥회 회장 1992년 제14대 국회의원(마산합포, 무소속·민자당·신한국당) 1993~2011년 한국건설정책연구원 원장 1994년 한국다문화가정교육정책연구원 이사장(현) 1995년 한국건설정책연구원 이사장(현) 1995~2011년 한국재외동포정책연구원 이사장 1995년 유네스코 한국위원회 위원 1996년 제15대 국회의원(마산합포, 신한국당·한나라당) 1996년 동북아석유개발연구원 이사장 1996년 한반도세계무역센터협회 수석부회장(현) 1996년 경남세계무역센터 이사장(현) 1997년 한나라당 원내수석부총무 1997년 노벨평화상후보 추천위원(현) 1997년 한나라당 마산합포지구당 위원장 1998년 同제2사무부총장 1998년 同정책위원회 해양수산위원장 2000~2002년 제16대 국회의원(마산합포, 한나라당) 2000년 국회 노인복지정책연구회장 2000~2002년 한·루마니아의원친선협회 회장 2003년 한국향토문화진흥회 이사장(현), 자유동맹국민연합 상임의장, 경남도택견연맹 회장 2006년 7.26재보선 국회의원 출마(마산甲, 무소속) 2007년 신미래당 총재 2007년 同대통령후보 선출 2008년 同제18대 국회의원 후보(비례대표) 2008년 생명나무교회 담임목사(현) 2009년 일류국가를창조하는국민의힘 총재(현) 2014년 (사)한반도평화화해포럼 공동회장(현) [저]'소득세법 요해' '연말정산 요해' '부가가치세법 해설' '특별소비세법 해설' '자본주의 시장경제와 사회주의 계획경제 비교'(2006) [종]기독교

김호일(金虎日) KIM Ho Il

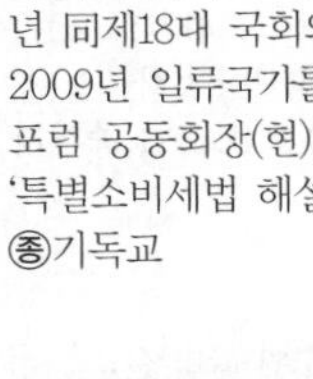

[생]1959·8·23 [출]서울 [주]서울 중구 세종대로124 한국프레스센터 1410호 BS투데이(02-734-8131) [학]경희대 경제학과졸, 캐나다 브리티시컬럼비아대 국제경영과정 수료, 서강대 언론대학원 수료 2014년 경희대 언론정보대학원졸 [경]1987년 부산일보 경제부·정치부 기자 2000년 同서울지사 문화부 차장 2002년 同서울지사 부장대우 2003년 중국 연변과학기술대 한국학연구원 2007년 부산일보 서울지사 경제부장 2007년 同서울지사장 2009~2013년 한국영화기자협회 회장 2010~2011년 연합뉴스 수용자권익위원회 위원 2010년 부산콘텐츠마켓 자문위원 2011년 롯데시나리오공모전 자문위원 2015년 BS투데이 사장 겸 편집국장(현) [상]제5회 올해의 영화상 공로상(2014) [저]'아시아 영화의 허브, 부산국제영화제'(2009) '신문화지리지(共)'(2010)

김호정(金浩楨) KIM HO JEONG

[생]1956·3·25 [출]경남 남해 [주]서울 동대문구 이문로107 한국외국어대학교 법학전문대학원(02-2173-3036) [학]1974년 경북고졸 1978년 한국외국어대졸 1980년 부산대 대학원 법학과졸 1997년 법학박사(한국외국어대) [경]1984년 사법시험 합격(26회) 1987년 사법연수원 수료(16기) 1987~1999년 국가안전기획부 부이사관, 미국 FBI 범죄수사과정 수료(170기), 중국 인민대 법학원 방문교수 1999년 법무법인 국제 변호사 2000년 법무법인 한별 변호사 2000~2005년 한국외국어대 법학과 겸임교수 2001년 법무법인 CHL 변호사, 법제처 동북아법(중국법)자문위원, 한국보훈복지의료공단 고문변호사, 국가정보원 부산 및 경남지부 고문변호사, 대한변호사협회 국제위원회 위원, 同중국기업법률연구소장 2005년 한국공법학회 부회장 2005년 한국외국어대 법학과 부교수 2008년 법무법인 정률 변호사 2008~2009년 한국외국어대 법학전문대학원 부원장 2009년 同법학전문대학원 교수(현) 2012~2014년 同법학전문대학원장 겸 법과대학장

김호정(金昊楨) Ho-Jeong KIM

[생]1962·4·12 [출]서울 [주]서울 서초구 서초대로74길 4 삼성생명서초타워17층 법무법인(유) 동인(02-2046-0667) [학]1980년 대광고졸 1986년 연세대 법학과졸 1988년 同대학원 법학과졸 [경]1988년 사법시험 합격(30회) 1991년 사법연수원 수료(20기) 1991년 軍법무관 1994년 서울지검 남부지청 검사 1996년 광주지검 목포지청 검사 1998년 서울지검 검사 2000년 부산지검 검사 2002년 서울지검 의정부지청 검사 2003년 同고양지청 부장검사 2004년 대전지검 서산지청 부장검사 2005년 부산지검 마약·조직범죄수사부장 2006년 수원지검 마약·조직범죄수사부장 2007년 同형사4부장 2008년 서울동부지검 형사4부장 2009년 대전지검 형사2부장 2009년 同형사1부장 2010년 법무법인 동인 변호사(현)

김호정(金鎬政) KIM HO JEONG

[생]1964·7·2 [본]의성(義城) [출]경남 창원 [주]서울 마포구 백범로192 에쓰오일 홍보팀(02-3772-5910) [학]1983년 마산 경상고졸 1989년 연세대 경영학과졸 [경]1989년 쌍용정유 입사 2000년 에쓰오일 근무 2007년 同LPG팀장(부장) 2010년 同업무팀장(부장) 2012년 同홍보팀장(부장) 2015년 同홍보팀장(상무)(현)

김호중(金豪中) Hojoong Kim

[생]1957·2·21 [출]서울 [주]서울 광진구 능동로120 건국대학교 경영학과(02-450-3640) [학]1983년 서울대 경영학과졸 1988년 미국 조지아주립대 대학원 회계학과졸 1993년 경영학박사(미국 조지아주립대) [경]1983년 한국은행 은행감독원 근무 1986년 미국 조지아주립대 전임강사 1993년 미국 배리대 조교수 1995년 건국대 경영대학 경영학과 교수(현) 1995~2012년 한국회계학회 부회장·자문위원 2000년 감사원 지방재정감사자문위원회 위원 2002~2003년 미국 하와이대 교환교수 2006~2008년 교보생명보험(주) 사외이사 2007~2008년 감사원 재정금융감사자문위원회 위원 2008년 증권선물위원회 감리위원 2008년 한국자산신탁(주) 사외이사 2009~2013년 금융감독원 회계전문심의위원 2015년 신한캐피탈 사외이사(현)

김호중(金鎬仲) KIM Ho Joong

[생]1960·6·19 [출]서울 [주]서울 강남구 일원로81 삼성서울병원 호흡기내과(02-3410-3429) [학]1985년 서울대 의과대학졸 1989년 同대학원 의학석사 1996년 의학박사(서울대) [경]1985~1992년 서울대병원 인턴·레지던트 1992~1993년 同호흡기내과 전임의 1993~1995년 한림대 의대 조교수 1995~1997년 삼성서울병원 호흡기내과 전문의 1997~1999년 미국 UCDS Medical Center 해외연수 1997~2007년 성균관대 의대 내과학교실 조교수·부교수 2005~2009년 삼성서울병원 호흡기내과장 2007년 성균관대 의과대학 내과학교실 교수(현) 2009년 삼성서울병원 임상시험센터 부센터장 2010~2012년 同임상시험센터장 2011~2013년 대한임상시험센터협의회 회장 2015년 삼성서울병원 미래공간기획실장(현) [저]'임상 심장학'(1998)

김호진(金浩鎭) KIM Ho Jin (鼎山)

[생]1939·4·20 [본]안동(安東) [출]경북 안동 [주]서울 성북구 안암로145 고려대학교 행정학과(02-3290-2270) [학]1958년 안동사범학교졸 1968년 고려대 정치외교학과졸 1974년 서울대 행정대학원졸 1979년 정치학박사(미국 하와이주립대) [경]1978년 미국 하와이대 강사 1979년 국민대 조교수 1981~2004년 고려대 정경대학 행정학과 부교수·교수 1985년 영국 케임브리지대 교환교수 1990~1994년 고려대 노동문제연구소장 1994~1997년 통일부 남북대화사무국 자문위원장 1994년 한국정치학회 회장 1995~1998년 고려대 노동대학원장 1997~2003년 경제정의실천시민연합 고문 1999년 독일 베를린자유대 교환교수 1999~2000년 제3기 노사정위원회 위원장 2000~2001년 노동부장관 2002년 경제정의실천시민연합 고문 2002년 열린방송(OBC) 고문 겸 자문위원장 2003년 교육인적자원부 사학분쟁조정위원장 2004년 고려대 명예교수(현) 2005~2007년 학교법인 대양학원(세종대) 이사장 2010년 아시아포럼 이사장(현) 2015년 「문학의식」에 '겨울안개'로 소설가 등단 2015년 소설가(현) [상]청조근정훈장, 국무총리표창, 문학의식 신인문학상(2015) [저]'한국현대정치사' '한국의 도전과 선택'(1997, 나남) '대학의 이상과 미래'(1998, 역민사) '한국정치체제론'(1999, 박영사) '한국의 민주화' '한국의 정치'(日文) '사회합의제도와 참여민주주의'(2000, 나남출판) '노동과 민주주의'(2001, 박영사) '지식혁명시대의 교육과 대학'(2001, 박영사) '대통령과 리더십'(2006) [역]'제3세계의 정치경제학' [작]'The Dynamics of Democratization in Korea'(1996, 미국 정치학회(APSA) 연차대회 발표논문) 'The Process of Democratic Transition in Korea'(1996, 영국 Oxford대 발표논문) '97 차기 대통령의 선택, 그 이상과 현실'(1996) '차기 대통령의 자질'(1996, 한국유권자운동연합 발표논문) 'Economic Crisis and Reform Policies of Korea'(2002, 말레이시아학술대회)

김호진(金浩珍) KIM Ho Jin

[생]1962·5·12 [출]부산 [주]서울 종로구 율곡로194 (주)현대상선 현대전략기획본부(02-3706-5114) [학]1980년 경남고졸 1986년 연세대 응용통계학과졸 1988년 同행정대학원졸 [경]1986년 한미은행 입행 1993년 同경영혁신팀 차장 1995년 同국제금융부 부부장 1997년 同런던지점 부지점장 2000년 同영업부·대기업금융센터 팀장 2003년 同논현동지점장 2004년 경남은행 서울·부산영업본부장(부행장보) 2007년 同서울본부·동부1본부장·자금시장부장(부행장) 겸임 2007~2009년 同서울본부장(부행장) 2008년 同동부본부장 겸임 2012년 (주)현대상선 현대전략기획본부 상무, 同현대전략기획본부 전무(현)

김호진(金昊珍) KIM Ho Jin

[생]1972·6·4 [출]경북 경주 [주]경북 안동시 풍천면 도청대로455 경상북도청 정책기획관실(054-880-2110) [학]경북대 법학과졸, 同대학원 법학과졸, 同대학원 행정학 박사과정 수료 [경]1997년 지방고등고시 합격(3회) 1998년 사무관 임용 2004년 국무조정실 전략기획사무관 2008년 경북도 정책기획관실 도정기획조정사무관 2009년 同관광개발과장 2010년 외교통상부 문화외교국 문화교류협력과 1등서기관 2010년 駐밴쿠버총영사관 영사 2012년 경북도 국제비즈니스과장 2014년 同미래전략기획단장(서기관) 2015년 同미래전략기획단장(부이사관) 2015년 同기획조정실 정책기획관(현) [상]근정포장(2014)

김호철(金護哲) KIM Ho Cheol

[생]1962·6·15 [본]나주(羅州) [출]강원 삼척 [주]서울 동대문구 경희대로26 경희대학교 한의과대학 본초학교실301호(02-961-0419) [학]1987년 경희대 한의학과졸 1989년 同대학원 한의학과졸 1993년 한의학박사(경희대) [경]1987~1992년 경희대 한의대 조교 1990~1994년 상지대·대전대·경희대·경원대 강사 1993~2004년 경희대 한의대 전임강사·조교수·부교수 1994년 서울대 의대 약리학교실 방문교수 1996년 중국 산동성부속중의병원 교환교수 1996~1997년 한국과학기술연구원 객원선임연구원 1996~1997년 식품의약품안전본부 객원선임연구원 1997~1999년 미국 코넬의대 신경분자생물학교실 교환교수 1999~2004년 경희대 동서의학대학원 두뇌한국BK21 한방신약개발팀장 2003~2010년 (주)뉴메드 대표이사 2004년 농촌진흥청 중앙농업산학협동심의회 전문위원 2004년 경희대 한의과대학 본초학교실 교수(현) 2004년 식품의약품안전청 기능성식품규격분과위원 2006~2008년 미국 존스홉킨스의대 교환교수 2009~2011년 대한본초학회 회장 2009년 경희대 한의대 본초학교실 주임교수(현) 2011~2013년 대한한의사협회 학술·약무 부회장 [저]'한약약리학' '본초학용어사전(共)'(1996) '한약포제학(共)'(1997) '중약대사전(共)'(1997) '中藥飮片應用與標準化硏究'(2003) '한방식이요법학'(2004) '본초학(共)'(2004) [종]기독교

김호철(金浩徹) KIM Ho-Chul

[생]1967·1·28 [출]서울 [주]경기 과천시 관문로47 법무부 법무실(02-2110-3004) [학]1985년 서울 영동고졸 1989년 서울대 법학과졸 1998년 미국 코넬대 로스쿨졸(LL.M.) [경]1988년 사법시험 합격(30회) 1991년 사법연수원 수료(20기) 1991년 육군 법무관 1994년 서울지검 검사 1996년 춘천지검 영월지청 검사 1997년 창원지검 검사 2000년 서울지검 검사 2000년 법무부 국제법무과 검사 2002년 세계회의사무국 파견 2002년 서울지검 동부지청 검사 2003년 서울지검 부부장검사(사법제도개혁추진위원회 파견) 2004년 대검찰청 연구관 2005년 사법제도개혁추진위원회 파견 2006년 법무부 형사법제과장 2007년 대검찰청 범죄정보2담당관 2008년 법무부 인권정책과장 2009년 서울남부지검 형사2부장 2009년 춘천지검 강릉지청장 2010년 대검찰청 연구관 겸 형사정책단장 2011년 인천지검 제2차장검사 2012년 대전지검 천안지청장 2013년 의정부지검 고양지청장 2013년 대구고검 차장검사(검사장급) 2015년 춘천지검장 2015년 법무부 법무실장(검사장급)(현) [상]홍조근정훈장(2013)

김호철(金鎬喆) KIM, Ho-cheol

[생]1972·10·27 [본]경주(慶州) [출]충남 연기 [주]세종특별자치시 한누리대로402 산업통상자원부 운영지원과(044-203-5062) [학]1990년 공주사대부고졸 1997년 고려대 무역학과졸 2002년 서울대 행정대학원 행정학과졸 2008년 미국 조지타운대 대학원 법학과졸(LL.M.) 2011년 서울대 법학대학원졸(법학전문박사) [경]1999~2004년 산업자원부 행정사무관 2005~2006년 외교통상부 FTA정책과 행정사무관 2008~2011년 同한미FTA이행부·다자통상협력과 근무 2011~2013년 駐제네바대표부 1등서기관 2013년 산업통상자원부 에너지수요관리단 온실가스감축팀장 2014년 同세계무역기구과장 2016년 駐영국대사관 주재관(현) [저]'기후변화와 WTO : 탄소배출권 국경조정'(2011, 경인출판사) [종]기독교

김호춘(金鎬春)

[생]1973·4·24 [출]전북 진안 [주]대전 서구 둔산중로78번길45 대전지방법원(042-470-1114) [학]1992년 전북 영생고졸 1997년 서울대 공법학과졸 2001년 同대학원 법학과 수료 [경]1997년 사법시험 합격(39회) 2000년 사법연수원 수료(29기) 2000년 공익법무관 2003년 미국 Delaware주 공인회계사시험 합격 2003년 부산지법 판사 2006년 전주지법 판사 2009년 수원지법 안산지원 판사 2012년 서울고법 판사 2014년 서울중앙지법 판사 2015년 대전지법 부장판사(현)

김호현(金浩玄)

[생]1961·12·12 [주]경기 성남시 분당구 성남대로146 성남고용노동지청(031-788-1501) [학]서강대 대학원 노동경제학과졸 [경]1989~2001년 포항지방노동사무소·한국노동연구원 학사과·노동부 고용정책실 훈련정책과·고용정책과 근무 2001~2010년 청소년보호위원회 중앙점검단·경인지방노동청 안양고용안정센터장·노동부 고용정책본부 산재보험혁신팀·고용보험정책팀·고용서비스지원과·인력수급정책과 근무 2010년 구미지방노동청 구미고용센터소장(서기관) 2011년 노동부 고용정책실 인적자원개발과 서기관 2012년 충남지방노동위원회 사무국장 2013년 노동부 산재예방보상정책국 산재예방정책과 서기관 2014년 대구지방고용노동청 구미지청장 2016년 중부지방고용노동청 성남고용노동지청장(현)

김 홍(金 洪) KIM Hong

[생]1958·1·10 [주]서울 서초구 남부순환로319길7 한국건설생활환경시험연구원 부원장실(02-3415-8700) [학]1985년 영남대 건축공학과졸 [경]산업자원부 기술표준원 안전정책팀 사무관, 同자유무역협정지원팀 공업사무관 2007년 同자유무역협정지원팀 기술서기관 2007년 同기술표준원 기술표준정책팀 기술서기관 2008년 지식경제부 기술표준원 기술표준정책과 기술서기관 2009년 同기술표준원 표준인증혁신팀장 2010년 同기술표준원 기계건설표준과장 2012년 同기술표준원 표준연구기반과장 2013년 산업통상자원부 기술표준원 제품안전정책국 전기통신제품안전과장 2013년 한국건설생활환경시험연구원(KCL) 부원장(현)

김홍경(金洪慶) Hong-Kyoung Kim

[생]1966·10·17 [출]대전 [주]서울시 종로구 인사동5길 29 오로라법률사무소(02-771-8885) [학]1985년 대성고졸 1989년 서울대 독어독문학과졸 2005년 영국 런던 College of Law 국제법률가과정(International Law Diploma) 수료 [경]1990~1991년 삼성물산 근무 1992~1993년 GOOD YEAR KOREA 근무 1997년 사법시험 합격(39회) 2000년 사법연수원 수료(29기) 2000년 변호사 개업 2001년 오로라법률사무소 대표변호사(현) 2005년 영국 런던 DLA Piper 근무

김홍구(金洪九) Kim Hong Koo

[생]1959·7·1 [출]경기 [주]서울 중구 소공로51 우리은행 IB본부(02-2002-3000) [학]1977년 국립철도고졸 1987년 한양대 법학과졸 2009년 건국대 부동산대학원 부동산금융투자학과졸 [경]1987년 한일은행 입행 2006년 우리은행 IB사업단 수석부부장 2007년 同이매동지점장 2009년 同대치북지점장 2010년 同카드제휴업무부장 2011년 同선릉지점장 2012년 同강동강원영업본부장 2013년 同IB사업단 상무 2015년 同IB본부장(집행부행장)(현)

김홍국(金弘國) KIM Hong Kuk

[생]1957·6·27 [본]경주(慶州) [출]전북 익산 [주]전북 익산시 망성면 망성로14 하림그룹(063-862-0199) [학]1975년 이리농림고졸 1998년 호원대 경영학과졸 2000년 전북대 경영대학원 경영학과졸 [경]1980년 제1기 익산시 농어민후계자 지정 1986~1990년 (주)하림식품 대표이사 1990년 (주)하림 대표이사(현) 1993년 신한국인 선정 1993~2003년 한국육계(肉鷄)협회 회장, 同명예회장(현) 1999년 신지식인 선정 2001년 하림그룹 회장(현) 2004년 대통령 인사자문위원 2006년 (재)하림재단 이사장(현) 2008~2013년 대통령직속 국가경쟁력강화위원회 위원 2013~2015년 한국중견기업연합회 부회장 [상]대통령표창(1990·1996), 국민포장(1999), 대한적십자사포장(2005), 금탑산업훈장(2006), 제10회 EY최우수기업가상 마스터상(2016) [종]기독교

김홍규(金洪圭) KIM Hong Kyu (韓松)

[생]1948·7·21 [출]전북 김제 [주]서울 강남구 언주로709 송암빌딩8층 (주)아신 회장실(02-544-8820) [학]1977년 성균관대 경영대학원졸 [경]1980~2004년 (주)아신 대표이사 사장 2000년 (주)아신유통 설립·대표이사 2000년 (주)아신S&S 설립·대표이사 2002년 대한상공회의소 유통물류위원, 同유통위원회 부위원장(현) 2002년 한국물류협회 부회장 2004년 (주)아신·(주)아신유통·(주)아신S&S 대표이사 회장(현) [상]한국능률협회 유통경영대상 특별상(1995), 한국유통대상 특별상(1998), 대통령표창(1998), 은탑산업훈장(2003) [종]천주교

김홍균(金烘均) KIM Hong-Kyun

[생]1961·9·25 [출]부산 [주]서울 종로구 사직로8길60 외교부 한반도평화교섭본부(02-2100-8054) [학]1980년 용산고졸 1984년 서울대 영어영문학과졸 1988년 미국 버지니아주립대 대학원졸 [경]1983년 외무고시 합격(18회) 1984년 외교통상부 입부 1988년 同아주국 서남아과 근무 1990년 駐미국대사관 2등서기관 1992년 駐세네갈대사관 1등서기관 1994년 외교통상부 북미국 북미1과 서기관 1997년 駐제네바대표부 1등서기관 2001년 외교통상부 아시아태평양국 동아시아스터디그룹 담당과장 2002년 대통령 외교안보비서실 행정관 2003년 외교통상부 북미국 북미2과장 2003년 駐태국대사관 참사관 2005년 외교통상부 장관보좌관 2006년 同북미국 한미안보협력관 2006년 대통령 통일외교안보전략비서관실 행정관 2007년 駐벨기에·구주연합대사관 공사참사관 2009년 외교통상부 평화외교기획단장 2012년 해외연수(국장급) 2013년 제18대 대통령직인수위원회 외교·국방·통일분과 전문위원 2013년 국가안보실 국제협력비서관 2014~2015년 同정책조정비서관 겸 국가안전보장회의(NSC) 사무차장 2015년 외교부 차관보 2015~2016년 연합뉴스 수용자권익위원회 위원 2016년 외교부 한반도평화교섭본부장(차관급) 겸 6자회담 한국 수석대표(현)

김홍근(金洪根)

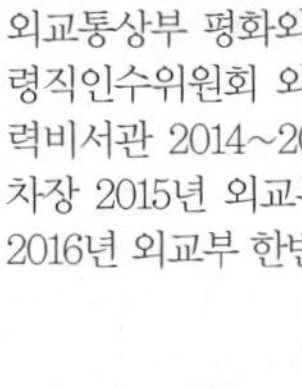

[생]1967·4·29 [주]대전 서구 복수서로47 대전 서부경찰서(042-600-3021) [학]논산 대건고졸 1990년 경찰대 법학과졸(6기) [경]1990년 경위 임용 2005년 서울지방경찰청 기동단 경비과장 2006년 경찰청 대테러센터 치안상황실 경위 2007년 同여성청소년과 여성담당 경위 2010년 서울지방경찰청 112지령실 경위 2011년 同생활안전계장 2012년 同112종합상황실 센터장 2013년 울산지방경찰청 경비교통과장 2014년 충북 진천경찰서장 2015년 서울지방경찰청 교통관리과장 2015년 정부대전청사경비대장 2016년 대전 서부경찰서장(현)

김홍기(金弘基) KIM Hong Ki

[생]1947·1·8 [본]안동(安東) [출]서울 [주]경기 과천시 별양상가1로13 교보빌딩702호 시스게이트 임원실(02-509-0169) [학]1965년 서울사대부고졸 1969년 서울대 상학과졸 1997년 서강대 경영대학원졸 [경]1969년 중소기업은행 조사역 1978년 제일모직 기획실장·정보시스템실장 1989년 삼성전자 가전부문 전산담당 이사 1993년 삼성데이타시스템 전자SM사업부장(상무) 1995년 同전자SM사업부장(전무) 1997년 삼성SDS SI본부장(전무) 1998년 同대표이사 부사장 1998~2002년 한국소프트웨어산업협회 부회장 1999~2004년 한국정보처리학회 부회장·회장 1999~2001년 한국IC카드연구조합 이사장 1999~2005년 한국전자상거래연구조합 이사장 1999년 한국전자거래협회 부회장 2000년 한국정보산업연합회 부회장 2001~2003년 삼성SDS 대표이사 사장 2001년 한국경영정보학회 부회장 2001년 한국ASP사업컨소시엄 회장 2001년 미국 IT전문지 「Computer World」에 세계 100대 리더로 선정 2002년 한국소프트웨어컨퍼넌트컨소시엄 회장 2003~2005년 삼성SDS 경영고문 2004~2006년 이화여대 경영대학 겸임교수 2004~2008년 KTF 사외이사 2005~2006년 동부정보기술(주) 대표이사 사장 2006~2010년 이썸테크(주) 회장 2009년 KTDS 자문위원장 2010~2011년 同경영고문 2012년 시스게이트 고문(현) [상]국무총리표창(1999), 철탑산업훈장(1999), 최고의디지털CEO 2위, 국민포장(2001), 대통령표창 [저]'디지털 인재의 조건'(2004) '실시간기업RTE'(2006)

김홍기(金鴻基) KIM Hong Ki

[생]1951·8·25 [본]김녕(金寧) [출]대전 [주]서울 강남구 테헤란로518 법무법인 율촌(02-528-5725) [학]1970년 서울고졸 1975년 연세대 경영학과졸 1985년 서울대 대학원 행정학과졸 1996년 미국 위스콘신대 대학원 행정학과졸 2011년 경영학박사(경원대) [경]1998년 재정경제부 국세심판소 서기관 2003년 同국세심판원 행정실장 2008~2010년 국무총리소속 조세심판원 상임심판관 2010년 법무법인 율촌 고문(현) [상]대통령표창(1992) [종]기독교

김홍기(金洪基) Kim Hong Ki

[생]1962·9·7 [주]서울 영등포구 여의대로128 LG트윈타워 (주)LG 재경팀(02-3777-1114) [학]부산고졸, 서울대 경영학과졸, 同대학원졸 [경](주)LG화학 회계관리팀장 2005년 同금융담당 상무 2009년 LG하우시스 최고재무책임자(CFO·이사) 2013년 同최고재무책임자(CFO·전무) 2015년 (주)LG 재경팀장(전무)(현)

김홍기(金弘基) KIM Hong Ki

[생]1966·12·9 [본]삼척(三陟) [출]강원 동해 [주]서울 서대문구 연세로50 연세대학교 법학전문대학원(02-2123-6017) [학]1985년 북평고졸 1990년 연세대 법과대학 법학과졸 1999년 同대학원 법학과졸 2001년 미국 펜실베이니아대 로스쿨졸(LL.M.) 2007년 법학박사(연세대) [경]1989년 사법시험 합격(31회) 1992년 사법연수원 수료(21기) 1992~1995년 軍법무관 1996~2005년 법무법인 김신유(現 화우) 파트너 변호사 2002년 미국 뉴욕주 변호사 2005~2008년 부산대 법학전문대학원 부교수 2008~2009년 대법원 재판연구관 2010년 연세대 법학전문대학원 교수(현) 2010년 사법시험·변호사시험·세무사시험 출제위원 2010년 한국상사법학회 총무이사·연구이사 2010년 금융위원회 자본시장법개정민관T/F팀 위원 2010~2014년 한국거래소 분쟁조정심의위원회 위원 2012~2014년 금융감독원 금융감독자문위원회 위원 2013년 한국증권법학회 연구이사(현) 2014~2015년 법무부 회사편특별분과위원회 위원 2014년 금융위원회 자체평가위원회 위원(현) 2014~2015년 同자본시장조사단 외부자문단 위원(현), 한국거래소 규제심의위원회 위원장(현) [상]연세대 우수강의교수상(2011), 법무부장관표창(2014), 증권법학회 우수논문상(2014) [저]'주식회사법대계(共)'(2013, 법문사) '상법강의'(2014, 박영사) 등 다수 [종]천주교

김홍기(金鴻起) KIM Hong Ki

[생]1968·7·6 [출]경남 의령 [주]경남 창원시 성산구 창이대로681 창원지방법원(055-266-2200) [학]1987년 마산 창신고졸 1995년 부산대 법학과졸 [경]1996년 사법시험 합격(38회) 1999년 사법연수원 수료(28기) 1999년 부산지법 판사 2003년 同동부지원 판사 2005년 부산지법 판사 2008년 부산고법 판사 2011년 부산가정법원 판사 2014년 同부장판사 2016년 창원지법 부장판사(현)

김홍길(金洪吉) Kim, Hong-Kil

[생]1958 · 1 · 10 [주]전남 나주시 빛가람로625 전력거래소 기획본부(061-330-8100) [학]1976년 공주고졸 1980년 충남대 행정학과졸 [경]1998년 산업자원부 무역위원회 조사총괄과 주무관 2001년 사무관 승진 2002~2005년 산업자원부 전기위원회 전력시장과 사무관 2008년 지식경제부 정보통신정책과 사무관 2011년 서기관 승진 2012년 지식경제부 투자유치과 서기관 2012년 통일부 남북협력지원단 파견 2013~2015년 산업통상자원부 중부광산보안사무소장 2015년 전력거래소 기획본부장(상임이사)(현) [상]재무부장관표창(1991), 국무총리표창(2009), 통일부장관표창(2012)

김홍달(金洪達) KIM, HONG-DALL

[생]1959 · 5 · 30 [출]서울 [주]서울 중구 세종대로39 대한상공회의소10층 아프로서비스그룹(02-3704-9710) [학]1976년 대광고졸 1980년 서강대 경영학과졸 1996년 일본 쓰쿠바대 대학원 경제학과졸 [경]1980~2000년 한국은행 근무 2000년 예금보험공사 리스크관리팀장 2001년 우리금융지주 전략기획본부 부장 2005년 우리은행 언주로지점장 2008년 우리금융지주 경영전략실담당 상무 2012년 同전무 2012~2014년 우리금융경영연구소 소장 2014년 OK저축은행 수석부사장 2016년 아프로서비스그룹 부회장(현) [상]경제기획원장관표창(1988), 한국은행총재표창(1988 · 1989), 부총리 겸 재정경제부장관표창(2003)

김홍도(金弘燾) KIM Hong Do

[생]1938 · 2 · 6 [출]황해 [주]서울 중랑구 망우로455 금란교회 동사목사실(02-490-7010) [학]1963년 감리교신학대졸 1980년 아세아연합신학대 신학대학원졸 1987년 목회학박사(미국 Fuller Theological Seminary) 1994년 명예 신학박사(미국 Indiana Wesleyan Univ.) 2007년 명예 철학박사(서울기독대) [경]1963~1967년 경기 상천교회 담임목사 1967~1971년 서울 광화문교회 부담임목사 1971~2008년 서울 금란교회 담임목사 1989년 기독교대한감리회 중랑지방 감리사 1991년 법무부 갱생보호전국기독교협의회 초대 회장 1996년 (사)세계교화갱보협회 이사장(현) 1996~1998년 기독교대한감리회 감독회장 1996~1998년 同서울연회 감독 겸임 1996~1998년 한국기독교교회협의회(KNCC) 대표회장 1997~2005년 학교법인 아세아연합신학대 이사장 2000년 세계기독교파워목회 대표회장 2002년 한국기독교탈북민정착지원협의회 대표회장 2003년 한미기독교목회자협의회 회장 2006년 서울기독교총연합회(HCCCSA) 대표회장 2007년 한국미래포럼 총재 2007년 한국기독교총연합회 고문 2008년 서울 금란교회 동사목사(현) [상]세계평화봉사단 세계평화상(2007), 한국일보 대한민국종교그랑프리(2008) [저]'불기둥설교집' '신동아칼럼집 불기둥' '왜 예수를 믿어야 하나' '52주 생명양식' [종]기독교

김홍도(金洪道) KIM Hong Do

[생]1961 · 8 · 27 [본]경주(慶州) [출]경북 월성 [주]서울 강남구 테헤란로92길7 법무법인 바른(02-3479-5720) [학]1980년 경주고졸 1984년 서울대 법대졸 [경]1987년 사법시험 합격(29회) 1990년 사법연수원 수료(19기) 1990년 인천지법 판사 1997년 서울지법 판사 1999년 同남부지원 판사 2001년 서울지법 판사 2002년 서울고법 판사 2003년 대법원 재판연구관 2005년 춘천지법 강릉지원 부장판사 2007년 수원지법 여주지원장 2009년 서울행정법원 부장판사 2012년 서울동부지법 부장판사 2013년 법무법인 바른 변호사(현) 2015년 행정자치부 고문변호사(현)

김홍동(金泓東) KIM Hong Dong

[생]1958 · 10 · 31 [본]안동(安東) [출]경북 청송 [주]대전 서구 청사로189 문화재청 문화재보존국(042-481-4680) [학]1976년 대구 영신고졸 1982년 영남대 문화인류학과졸 2001년 국방대학원 국제관계학과졸 [경]1985년 문화공보부 총무과 근무 1990년 문화부 총무과 · 영화진흥과 근무 1993년 문화체육부 영화진흥과 · 문화정책과 근무, 同장관비서관 1998년 문화관광부 전통예술과 · 국민관광과 · 문화정책과 근무 2003년 문화재청 동산문화재과 · 문화재정책과 근무 2005년 同기록정보담당관 2007년 미국 오레곤대 아시아태평양연구소 객원연구원(파견) 2008년 문화재청 천연기념물과장 2008년 同국제교류과장 2010년 同정책총괄과장 2011년 同운영지원과장(부이사관) 2013년 同문화재활용국 활용정책과장 2014년 同국립무형유산원장(고위공무원) 2015년 同문화재보존국장(현) [상]재무부장관표창(1986), 국무총리표창(1993), 중앙공무원교육원장표창(1995), 문화체육부장관표창(1996), 대통령표창(2002), 홍조근정훈장(2013) [저]'한국영화정책의 흐름과 방향'

김홍두

[생]1960 [주]제주특별자치도 제주시 조천읍 선교로569의36 제주세계자연유산센터 제주도 세계유산본부(064-710-6970) [학]제주제일고졸, 제주대졸, 同대학원 석사 [경]1987년 공무원 임용 2012년 제주도 수출진흥본부 향토자원산업과장(지방서기관) 2013년 同지식경제국 스마트그리드과장 2013년 同산업경제국 스마트그리드과장 2014년 同경제산업국 에너지산업과장 2015년 同특별자치행정국 평생교육과장 2016년 同세계유산본부장(현)

김홍락(金洪洛) Kim Hong-rak

[생]1952 · 5 · 21 [본]의성(義城) [출]대구 [주]경북 문경시 가은읍 전곡길13의10 잉카 · 마야박물관(054-572-3170) [학]1980년 성균관대 법학과졸 1988년 스페인 외교관학교 연수 2007년 법학박사(과테말라 국립산카를로스대) [경]1979년 외무고시 합격(13회) 1979년 외무부 입부 1981년 駐칠레 2등서기관 1989년 駐멕시코 2등서기관 1991년 駐파나마 1등서기관 1995년 외무부 남미과장 1996년 미주기구(OAS) 파견 1997년 駐아틀랜타 영사 1999년 駐에콰도르 참사관 2002년 외교통상부 중남미국 심의관 2003년 駐과테말라 대사 2006년 미국 하버드대 정책연수(대사급) 파견 2007년 駐이탈리아 공사 2008년 駐볼리비아 대사 2011년 외교통상부 본부대사(공로연수) 2012년 한국가스공사 해외자문역, 세계태권도연맹 특별고문, (사)중남미문화포럼 이사장(현) 2014년 잉카 · 마야박물관 설립 [상]에콰도르공화국 공로훈장(2002), 과테말라공화국 수교훈장(2006), 과테말라공화국 의회훈장(2006), 홍조근정훈장(2009), 올해의 외교인상(2011), 볼리비아 '콘도르 데 안데스' 대십자훈장(2011) [저]'오늘의 초강국 미국이 있게 한 리더십'(2008, 영은문화) '중남미 선교를 위한 쉬운 성경스페인어'(2011, 영생의말씀사) [역]'체 게바라의 볼리비아일기'(2011, 학고재) [종]기독교

김홍락(金鴻洛) KIM Hong Rak

[생]1953 · 10 · 25 [본]함창(咸昌) [출]경북 의성 [주]경북 안동시 경동로1375 안동대학교 교육대학원 화학과(054-820-5452) [학]1980년 경북대 고분자공학과졸 1985년 同대학원 공업화학과졸 1988년 공학박사(경북대) [경]1986~1987년 일본 미에대학 및 쓰쿠바화학기술연구소 방문연구원 1989~1991년 미국 뉴저지주립대 화학 박사후 연수 · 연구원 1993~1995년 안동정보대학 교무처장 1993~2006년 同공업화학과 교수 1994~1996년 안동경실련 운영위원 1995~2011년 백암새마을금고 이사 1995~1997년 안동정보대학 도서관장 1998~1999년 안동시 재난관리자문위원 2001~2002년 안동지방자치연구소 위원 2002~2011년 안동교육청 발명교실 위원 2002~2003년 안동시 생물산업단지자문위원 2004~2007년 同농업기술센터 산학협동위원 2005~2007년 경북바이오산업연구원 장비도입심의위원 겸 한방분과 자문위원 2006~2008년 안동시 지방혁신위원 2007년 건동대 교학처장 2007~2009년 同총장 2009~2011년 同식품약재학부 교수 2011년 안동대 교육대학원 화학과 외래교수(현) [저]'유기화학실험'(1995) '유기화학'(1998) [종]천주교

김홍래(金鴻來) KIM Hong Rae

[생]1939 · 7 · 5 [출]경남 거제 [주]서울 성동구 왕십리로115 성우회(02-417-0641) [학]1957년 경남공고졸 1962년 공군사관학교졸(10기) 1977년 공군대학 고급지휘관 및 참모과정 수료 1988년 연세대 행정대학원 고위정책과정 수료 1994년 서울대 경영대학원 최고경영자과정 수료 1998년 同경영대학 최고경영자과정 POST AMP 수료 [경]1981년 駐스웨덴 국방무관 1986년 국방부 정보본부 제1부장 1987년 제3훈련비행단장 1988년 공군본부 정보참모부장 1989년 공군 작전사령부 부사령관 1989년 공군본부 인사참모부장 1990년 同정보참모부장 1991년 공군 참모차장 1993년 국방부 정보본부장 1994~1996년 공군 참모총장 1996년 예편(대장) 1997년 한국정신문화연구원 객원연구위원 1997~2000년 대한민국재향군인회 공군부회장 1998~2000년 (주)중앙고속 대표이사 사장 2002년 국방연구원 군사연구위원장 2002년 공군사관학교총동창회 회장 2003~2005년 성우회 공군부회장 2006~2009년 대한민국재향군인회 공군부회장 2010~2012년 대한민국공군전우회 회장 2013~2015년 성우회 회장, 2015년 同고문(현) [상]보국훈장 삼일장(1980), 보국훈장 천수장(1985), 보국훈장 국선장(1992), 보국훈장 통일장(1994), 수교훈장 광화장(1996) [저]'정보화시대의 항공력' [종]불교

김홍래(金弘來) KIM Hong Rae

[생]1968·1·30 [본]강릉(江陵) [출]강원 인제 [주]강원 춘천시 공지로126 춘천교육대학교 컴퓨터교육과(033-260-6533) [학]1989년 춘천교대 교육학과졸 1995년 한국교원대 대학원 컴퓨터교육과졸 1999년 컴퓨터교육박사(한국교원대) [경]1989~1995년 인제군 방동초·인제초 교사 1999년 춘천교대 컴퓨터교육과 전임강사·조교수·부교수·교수(현) 2000년 同전자계산소장 2001년 한국사이버교육기관협의회 부회장 2005년 춘천교대 전자계산소장 2015년 同기획처장(현) [저]'컴퓨터교육학'(2003, 삼양미디어) '컴퓨터과 교수법 및 교재연구'(2004, 생능출판사) 'EBS TV 중학 컴퓨터'(2005, EBS교육방송) 등 [종]기독교

김홍만(金弘晩) KIM Hong Man

[생]1956·9·30 [출]경북 [주]대전 대덕구 문평동로68 (주)빛과전자 비서실(042-930-7700) [학]1976년 경북고졸 1980년 서울대 해양물리학과졸 1982년 한국과학기술원 대학원 물리학과졸 1992년 물리학박사(한국과학기술원) [경]1982~1998년 한국전자통신연구소 광전자연구실장·책임연구원 1997년 충남대 물리학과 겸임교수 1998년 옵토링키 대표 1998년 (주)빛과전자 대표이사(현) 2004년 대덕밸리벤처연합회 부회장 [상]산업자원부장관표창(2001), 정보통신부장관표창(2001), 은탑산업훈장(2003) [종]천주교

김홍목(金洪穆)

[생]1967·10·9 [출]전남 완도 [주]세종특별자치시 도움6로11 국토교통부 주택정책관실 주택기금과(044-201-3337) [학]1990년 연세대 경영학과졸 [경]1996년 공무원시험 합격(5급 공채) 1997년 건설교통부 수자원국 경인운하과 사무관 2000년 同주택도시국 도시관리과·지역정책과 사무관 2004년 同차관실 사무관 2005년 同차관실 서기관 2006년 영국 버밍엄대 파견(서기관) 2009년 지식경제부 경제자유구역기획단 파견(서기관) 2011년 국토해양부 운영지원과 서기관 2011년 同국토지리정보원 기획정책과장 2012년 同주택토지실 부동산평가과장 2013년 국토교통부 주택토지실 부동산평가과장 2013년 同항공정책실 항공산업과장(서기관) 2014년 同항공정책실 항공산업과장(부이사관) 2014년 同주택정책관실 주택기금과장(현)

김홍묵(金洪默) KIM Hong Muk

[생]1959·6·13 [주]경기 용인시 처인구 원삼면 모래실로17 SK아카데미(031-329-9104) [학]2004년 연세대 대학원 산업교육학과졸 [경]1984년 SK해운 그룹연수원 근무 1998년 SK텔레콤(주) 연수사업지원팀 근무 2003년 同SK Academy 교육기획팀장 2004년 同Value교육팀장 2005년 同Value교육팀장(상무) 2006년 同SK Academy 역량개발센터장(상무) 2013년 同SK아카데미원장 겸 미래경영연구원장(전무) 2014년 同SK아카데미원장(전무)(현)

김홍배(金弘培) KIM Hong Bae

[생]1958·11·14 [본]웅천(熊川) [출]서울 [주]서울 성동구 왕십리로222 한양대학교 공과대학 도시공학과(02-2297-3261) [학]1982년 한양대 도시공학과졸 1987년 同대학원졸 1992년 공학박사(미국 오하이오주립대) [경]1984~1987년 (주)대우 입사·대리 1993~2004년 한양대 도시공학과 전임강사·조교수·부교수 1993년 한국지역학회 이사 1996년 대한국토도시계획학회 편집위원 1996년 지역학회지 편집위원 2004년 한양대 공과대학 도시공학과 교수(현) 2004년 同교무실장 2004년 건설교통부 신도시자문위원 2004년 파주운정신도시 계획위원 2004년 한양대 국토도시개발정책연구소장 2006~2008년 대한국토도시계획학회 도시정보지 편집위원장 2007년 경기도 도시계획위원 2007년 한국건설교통기술평가원 평가위원 2008년 국토해양부 신도시자문위원, 대한국토도시계획학회 상임이사 2010년 행정안전부 정책자문위원 2011년 국토해양부 중앙도시계획위원 2011년 국무총리실 세종시지원위원회 위원 2011년 한양대 공과대학 교무부학장 2013년 同학생처장 2015년 同도시대학원장 겸 부동산융합대학원장(현) 2016년 (사)대한국토·도시계획학회 회장(현) [저]'지역경제론(共)'(1999, 보성각) '도시와 인간(共)'(2005, 나남출판) '도시 및 지역경제 분석론'(2005, 기문당) '도시, 인간과 공간의 커뮤니케이션(共)'(2009, 커뮤니케이션북스) '입지론 : 공간구조와 시설입지'(2011, 기문당) '정책평가기법 : 비용, 편익 분석론(개정판)'(2012, 나남출판) 등 [종]기독교

김홍서(金洪緖) KIM Hong Seo

[생]1957·3·30 [본]경주(慶州) [출]경북 안동 [주]경기 수원시 팔달구 인계로143 동수원우체국(031-231-0532) [학]1975년 안동고졸 1977년 한국방송통신대 행정학과 수료 [경]2001년 정보통신부 우정사업본부 금융사업단 보험과 사무관 2003년 同우정사업본부 금융사업단 금융기획과 사무관 2004년 同우정사업본부 금융사업단 금융리스크관리팀장(서기관) 2005년 同우정사업본부 금융사업단 보험사업과장 2006년 남부산우체국장 2007년 남인천우체국장 2009년 서울체신청 영업국장 2010년 경인체신청 우정사업국장 2011년 부천우편집중국장 2012년 안양우편집중국장 2013~2015년 광명우체국장 2015년 동수원우체국장(현) [상]국무총리표창(2003), 대한민국충효대상(2011)

김홍석(金弘錫) Kim, Hong Seok

[생]1969·5·23 [주]서울 종로구 북촌로104 계동빌딩 (주)메리츠자산운용 임원실(02-6320-3003) [학]1988년 서울 선정고졸 1992년 미국 미시간주립대 회계학과졸 1998년 핀란드 헬싱키경제대학(HSE) 대학원 경영학과졸(MBA) [경]1999~2000년 딜로이트FAS 근무 2000~2002년 스커더인베스트먼트코리아 리서치애널리스트 2002~2004년 도이치투자신탁운용 리서치애널리스트 2004~2013년 라자드코리아자산운용 포트폴리오매니저 2013년 (주)메리츠자산운용 대표이사 2014년 同주식운용팀 상무(현)

김홍선(金弘善) KIM HONG SUN

[생]1960·10·1 [출]서울 [주]서울 종로구 종로47 한국스탠다드차타드은행 본점11층 임원실(1588-1599) [학]1983년 서울대 전자공학과졸 1985년 同공과대학원졸 1990년 컴퓨터공학박사(미국 Purdue Univ.) [경]1990~1994년 삼성전자(주) 컴퓨터사업부 선임연구원 1994~1996년 미국 TSI사 Business Development 부사장 1996~2004년 시큐어소프트 설립·대표이사 2005~2006년 유니포인트 경영고문 2007~2008년 안랩 기술고문·연구소장·CTO 2008~2013년 同대표이사 2014년 한국스탠다드차타드은행 정보보호최고책임자(CISO·부행장)(현) [상]정진기언론문화상 기술부문대상(1997), 벤처기업대상 산업포장(1999), 미국 Purdue대 OECE(Outstanding Electrical and Computer Engineering)상(2003), 대통령표창(2009), 대한민국 인터넷대상 대통령표창(2009), 교육과학기술부장관표창(2010), 자랑스런 서울대 전자동문상(2011), 전자신문·한국정보산업연합회·한국CIO포럼 올해의CIO상 최고정보보호책임자상(2015) [저]'누가미래를가질것인가?'(2013, 쌤앤파커스) [종]기독교

김홍섭(金洪燮) KIM Hong Sub

[생]1949·6·20 [출]인천 [주]인천 중구 신포로27번길 80 중구청 구청장실(032-760-7000) [학]1992년 인하대 경영대학원 수료 2006년 경기대 사회과학부 교정학과졸 [경]1987년 (주)중부상사 대표 1994년 국제라이온스협회 309-M지구 제물포클럽 회장 1998년 인천시체조협회 회장 1998~2000년 인천시의회 의원(자민련) 2000·2002~2006년 인천시 중구청장(보궐선거 당선, 새천년민주당·민주당) 2012년 새누리당 인천중·동·옹진군당원협의회 수석부위원장 2012년 인천시 중구청장(보궐선거, 새누리당) 2014년 인천시 중구청장(새누리당)(현) [상]자랑스런 대한국민대상 자치행정부문대상(2014), 한국전문인대상 행정부문대상(2015)

김홍섭(金洪燮) KIM HONG SUP

[생]1960·5·10 [본]김해(金海) [출]경기 여주 [주]충북 충주시 국원대로82 건국대학교 충주병원 비뇨기과(043-840-8270) [학]1978년 원주고졸 1984년 연세대 원주의과대학 의학과졸 1992년 同대학원 의학과졸 1996년 의학박사(한림대) [경]1984~1988년 연세대 원주세브란스기독병원 수련의 및 전공의 1988~1991년 경남도지방공사 진주의료원 공중보건의 1991년 연세대 원주의과대학 연구강사 1993~1995년 건국대 의과대학 전임강사 1995~1999년 同의과대학 조교수 1999~2004년 同의과대학 부교수 2000~2002년 미국 인디애나대 의과대학 연구교수(Post Doctoral Fellow) 2002~2006년 건국대 충주병원 진료부장 2004년 同의과대학 비뇨기과학교실 교수, 同의학전문대학원 비뇨기과학교실 교수(현) 2006년 同의학전문대학원 비뇨기과학 주임교수(현) 2006~2008년 대한비뇨기과학회 편집위원 2007년 미국비뇨기과학회(AUA) 연례회의 좌장 2008~2014년 대한비뇨기종양학회 총무이사·재무이사 2008~2011년 건국대 충주병원 진료부원장 2008~2009년 미국 세계인명사전 'Marques Who's Who in the World'에 등재 2008~2009년 미국 세계인명사전 'Marques Who's Who in America'에 등재 2009~2010

년 미국 세계인명사전 'Marques Who's Who in Medicine and Healthcare'에 등재 2010년 대한비뇨기과학회 평의원(현) 2012~2014년 同국제교류위원 2014년 대한비뇨기종양학회 대외협력부회장(현) ⓢ영국 국제인명센터(IBC) 'International Health Professional of the Year for 2007' · 'Top 100 Health Professionals 2007', 미국비뇨기과학회 'Moderator of AUA'(2007), 미국비뇨기과학회 'Best of Posters'(2010), 미국비뇨기과학회 'Korean World Urological Congress Moderator'(2015), 대한비뇨기과학회 'Best Reviewer of the Month'(2015) ⓩ'방광암의 진료지침, 대한비뇨기종양학회(編 · 共)'(2005, 의학문화사) '비뇨기과학 제4판, 대한비뇨기과학회편(共)'(2007, 일조각) '요로상피암 진료지침, 대한비뇨기종양학회(編 · 共)'(2010, 의학문화사) '비뇨기과학 제5판, 대한비뇨기과학회편(共)'(2014, 일조각) '전립선비대증, 대한전립선학회 편 (개정판)(共)'(2015, 일조각)

김홍섭(金洪燮)

ⓢ1973 · 3 · 1 ⓞ경남 거창 ⓙ서울 마포구 독막로320 서울지방고용노동청 서울서부지청(02-2077-6111) ⓗ1991년 거창고졸 1995년 성균관대 행정학과졸 1997년 서울대 행정대학원 수료 ⓖ1995년 행정고시 합격(39회) 2000~2001년 노동부 장관수행비서관 2001~2004년 駐사우디아라비아대사관 노무관 2010년 노동부 기획조정실 정보화기획팀장 2010년 고용노동부 부산고용센터장 2011년 대통령자문 국가경쟁력강화위원회 파견 2013년 고용노동부 감사관실 고객행복팀장 2014년 보건복지부 사회서비스사업과장 2015년 서울지방고용노동청 서울북부지청장 2016년 同서울서부지청장(현) ⓢ노동부장관표창(1997), 통일부장관표창(2006), 대통령표창(2006), 대통령자문 국가경쟁력강화위원장표창(2012) ⓩ'비정상에서 정상으로 가는 길'(2011,도서출판 청람) '대한민국 국가경쟁력 리포트(共)'(2012, 매일경제신문)

김홍수(金弘秀) Hong-soo, Kim

ⓢ1957 · 11 · 14 ⓙ전남 광양시 제철로2148의139 (주)SNNC 대표이사실(061-797-9114) ⓗ1983년 부산대 금속공학과졸 2004년 포항공대 대학원 기술경영학과졸 ⓖ1982년 (주)포항종합제철 입사 2002년 (주)포스코 포항선재부 2선재공장장 2005년 同기술개발실 기술기획그룹리더 2008년 同포항품질기술부장 2011년 同투자실장(상무) 2014년 同철강투자기술기획실장 2015~2016년 同재무투자본부 철강기획실장(전무) 2016년 (주)SNNC 대표이사 사장(현)

김홍수(金鴻秀) KIM Hong Soo

ⓢ1961 · 1 · 20 ⓞ부산 ⓙ충남 천안시 동남구 순천향6길31 순천향대 천안병원 소화기내과(041-570-2128) ⓗ1979년 영등포고졸 1985년 순천향대 의대졸 1992년 同대학원졸, 의학박사(순천향대) ⓖ1991년 안양병원 내과 과장 1993년 순천향대 의과대학 내과학교실 전임강사 · 조교수 · 부교수 · 교수(현) 2008년 同천안병원 내과 과장 2010년 同천안병원 분과장 2014년 대한임상초음파학회 회장 2015~2016년 同이사장 2016년 同고문(현) ⓢ보건복지부장관표창(2015) ⓩ'간암의 진단과 치료' ⓩ기독교

김홍승(金洪承) Kim Hong Seung

ⓢ1949 · 1 · 22 ⓑ김해(金海) ⓞ충남 서산 ⓗ1967년 국립국악고졸 1977년 서울대 음대 국악과졸 1986년 이탈리아 국립연극아카데미 대학원 연극연출과졸 ⓖ프리랜서 연출가(현), EXPO예술축전 자문위원, 남북문화예술축전 레퍼토리 개발위원 1990~1995년 서울대 음대 시간강사 1994~2000년 한국예술종합학교 시간강사 2000년 同객원교수 2000~2004년 同음악원 조교수 2004~2014년 同성악과 부교수 · 교수 2007~2010년 대구오페라하우스 관장 2010년 예술의전당 오페라부문 자문위원 2013년 2014수원국제음악제 운영위원 ⓩ주요 오페라 연출작품 'Cosi fan tutte' '마적' '황진이' '배비장전' 'Lucia di Lammermoor' 'La Traviata' 'La Boheme' 'Rigoletto' '나비부인' '피가로의 결혼' '박쥐' '주몽' 등 150여편 ⓩ기독교

김홍식(金洪植)

ⓙ전북 전주시 덕진구 장재안길31 전북도시가스(주) 임원실(063-240-7700) ⓗ서울 대광고졸, 안성농업전문대 축산과졸, 예원예술대 예술경영학과졸, 전북대 경영대학원졸 ⓖ전북도시가스(주) 대표이사 사장(현), 전주시 완산구 선거관리위원회 위원(현), 정신지체장애인 생활시설 '만복원' 운영위원장, 법무부 범죄예방위원 전주지역협의회 감사(현), 대한적십자사 전북도지사 대의원(현), 전북은행 감사위원장, 同비즈니스 클럽 회장(현) 2004년 3670전주

전일로타리클럽 회장, 전주상공회의소 부회장(현) ⓢ행정자치부장관표창(2004), 대통령표창(2016)

김홍신(金洪信) KIM Hong Shin

ⓢ1947 · 3 · 19 ⓑ김해(金海) ⓞ충남 공주 ⓙ서울 서초구 서초중앙로62 우일빌딩1층 평화재단(02-581-0581) ⓗ1965년 논산 대건고졸 1971년 건국대 국어국문학과졸 1985년 同대학원 국어국문학과졸 1993년 문학박사(건국대) 2001년 명예 정치학박사(건국대) ⓖ1971~1973년 육군 복무(중위 예편), 소설가(현) 1974년 월간 '새빛' 편집장 1976~1980년 출판사 '평민사' 주간 1988~1993년 건국대 강사 1991~1995년 실천문학 운영위원 1992년 경제정의실천시민연합 상임집행위원 1994년 ROTC중앙회 부회장 1995~1997년 방송문화진흥회 이사 1995년 민주당 홍보위원장 1996년 同대변인 1996년 제15대 국회의원(전국구, 민주당 · 한나라당) 2000~2003년 제16대 국회의원(전국구, 한나라당) 2000~2001년 한나라당 홍보위원장 2004년 건국대 언론홍보대학원 겸임교수 2002~2004년 민족화해협력범국민협의회 집행위원장 2004년 제17대 국회의원선거 출마(서울 종로, 열린우리당) 2007년 평화재단 이사(현) 2008년 (주)에스에이치텍 사외이사 2008~2013년 건국대 언론홍보대학원 석좌교수 2010년 제10회 동서커피문학상 운영위원장 2012년 한국줄기세포뱅크 회장(현) 2012년 헬스경향 자문위원(현) 2013년 민주시민정치아카데미 원장(현) 2014년 '새로운 100년을 여는 통일의병' 공동대표(현) 2014년 중앙암양원 홍보대사(현) 2016년 문화유산국민신탁 이사(현) ⓢ한국소설문학상(1986), 소설문학작품상(1987), 자랑스러운 한국인대상(2001), 통일문화대상(2007), 현대불교문학상(2009), 한민족대상(2009) ⓩ'인생사용설명서'(2009) '김홍신의 대발해 숲10권'(2010, 아리샘) '인생사용설명서 두번째 이야기'(2011, 해냄) '그게 뭐 어쨌다고'(2011, 해냄) '단 한 번의 사랑'(2015, 해냄) ⓩ장편 '解放令狀' '인간시장' '대곡' '결신' '풍객' '내륙풍' '난장판' '칼날위의 전쟁' '삼국지'외 단편집 · 수필집 · 동화집 등 130여권 ⓩ천주교

김홍열(金弘列) KIM Hong Yul

ⓢ1963 · 1 · 1 ⓞ충남 청양 ⓙ충남 예산군 삽교읍 도청대로600 충청남도의회(041-635-5167) ⓗ공주고졸, 충남대 화학과졸 1992년 공주대 대학원 경영학과졸 ⓖ청양군JC 회장, 청양군학원연합회 회장, 청양대성학원 원장, 청양군JC 회장(20대), 청양군장애인후원회 사무국장, 청양군학교운영위원협의회 회장, 청양교육청 교육행정자문위원회, 이진삼 국회의원 청양연락소장 2010년 충남도의회 의원(자유선진당 · 선진통일당 · 새누리당) 2012~2014년 同운영위원회 위원 2012~2014년 同농수산경제위원회 부위원장, 충남도교육발전협의회 위원(현) 2014년 충남도의회 의원(새누리당)(현) 2014~2016년 同농업경제환경위원회 위원장 2016년 同문화복지위원회 위원(현)

김홍용(金洪用) KIM Hong Yong

ⓢ1957 · 1 · 11 ⓞ광주 ⓙ경기 양주시 은현면 화합로1049의56 서정대학교 총장실(031-859-6900) ⓗ1983년 경희대 의대 의학과졸 1985년 同의과대학원 의학과졸 1992년 의학박사(경희대 의과대학원) ⓖ1985~1987년 인천길병원 전문의 1987~1990년 이화여대 병원 전문의 1991~2002년 전북대 의대 피부과 교수 1993~1994년 미국 예일대 파견교수 2003~2009년 서정대학 학장 2009~2011년 同총장 2005년 대한피부연구학회 이사 2005년 한국전문대학교육협의회 이사 2011년 서정대 총장(현)

김홍우(金弘宇) Hong-Woo Kim

ⓢ1942 · 3 · 31 ⓞ서울 ⓙ서울 서초구 반포대로37길59 대한민국학술원(02-3400-5220) ⓗ1966년 서울대 정치학과졸 1969년 同대학원 정치학과졸 1972년 미국 조지아대 대학원졸 1975년 정치학박사(미국 조지아대) ⓖ1967~1970년 공군사관학교 교관 1977~1981년 경희대 정치학과 조교수 · 부교수 1981~1990년 서울대 정치학과 조교수 · 부교수 1987~1991 · 1995~1997년 현대사상연구회 회장 1989~1991년 서울대 정치학과장 1990~2007년 同정치학과 교수 1993년 미국 프린스턴대 정치학과 Visiting Fellow 1993~1994년 미국 Helen Kellogg Institute of Int Guest Scholar 2000~2007년 대화문화아카데미 삶의정치연구모임 연구자문위원 2005년 경희대 네오르네상스문명원 자문위원(현) 2006년 (재)서재필기념회 이사(현) 2006~2007년 한국동양정치사상사학회 회장 2007년 서울대 명예교수(현) 2007년 경희대 인류사회재건연구원 명예원장(현) 2008년 대한민국학술원 회원(정치사상 · 현) ⓢ한국일보 한국백상출판문화상(2000), 옥조근정훈장(2007) ⓩ'현상학과 정치철학'(1999) '한국정치와 헌정사(共)'(2001) '한국정치학 50년(共)'(2001) '삶의 정치, 소통의 정치(共)'(2003) '가치와 한국정치(共)'(2005) '정치학의 대상과 방법(共)'(2005)

김홍우(金洪宇) KIM Hong Woo

⊛1964 · 8 · 19 ⊗경북 포항 ㊅서울 서초구 법원로10 정곡빌딩 남관307호 김홍우법률사무소(02-3477-6655) ⓗ1982년 대구 능인고졸 1986년 서울대 법대졸 ⓔ1987년 사법시험 합격(29회) 1991년 사법연수원 수료(20기) 1991년 인천지검 검사 1993년 대구지검 영덕지청 검사 1994년 대구지검 검사 1996년 수원지검 검사 1998년 청주지검 검사 2000년 서울지검 남부지청 검사 2002년 부산지검 검사 2003년 同부부장검사 2004년 창원지검 통영지청 부장검사 2005년 수원지검 성남지청 부장검사 2006년 의정부지검 고양지청 부장검사 2007년 대구고검 검사 2008년 수원지검 형사3부장 2009년 서울북부지검 형사1부장 2009년 서울남부지검 형사1부장 2010년 서울고검 검사 2010~2011년 국민권익위원회 법무보좌관(파견) 2011년 서울고검 형사부 검사 2012년 대전고검 검사 2014년 서울고검 검사 2014년 변호사 개업(현)

김홍원(金洪遠) KIM Hong Won

⊛1954 · 6 · 27 ⊜해풍(海豊) ⊗인천 ㊅서울 서초구 바우뫼로1길35 한국교육개발원(02-3460-0100) ⓗ성균관대졸, 同대학원졸, 교육학박사(성균관대) ⓔ1980년 서문여중 교사 1984~2005년 한국교육개발원 연구위원 1991~2000년 교육인적자원부 교과용도서 연구진 · 집필진 · 심의위원 2001년 미국 국립영재연구소 방문교수 2003년 과학기술부 영재교육실무추진위원 2004~2005년 EBS 수능강의 및 인터넷방송 자문위원 2004년 교육인적자원부 공교육내실화자문단 위원 2004년 同방과후교육활동T/F팀장 2004년 한국교육개발원 학교교육연구본부장, 同사교육연구센터소장 2005년 同선임연구위원 2006년 同학교혁신연구실장, 同방과후학교사업팀장 2007년 同교육안전망지원센터 소장 2007년 同수석연구위원, 同학교정책연구본부장, 同기획처장 2010년 同학교선진화지원센터 소장 2010년 교육과학기술부 초중등교육정책자문위원 2011년 한국교육개발원 교과교실연구지원센터소장(선임연구위원) 2012년 同학교지원본부장 겸임 2014년 同석좌연구위원(현) ⓢ대통령표창(2009) ⓩ'수학 영재판별도구개발'(1996 · 1997) '동서양 주요 국가들의 영재교육'(2002) '영재교수−학습자료개발연구'(2003) '영재교육학론'(2003) '고교−대학연계를 통한 대입전형방안연구'(2004) '조기유학에 관한 국민의식조사연구'(2005) '수준별 이동수업내실화 방안연구'(2005) '방과후 학교 자유수강권제도 도입방안연구' '방과후 학교 자유수강권제도 성과분석 연구' ⓔ'사고전략' '학교전체심화학습모형' '교사를 위한 질문기법'

김홍일(金弘一) KIM Hong Il

⊛1948 · 1 · 21 ⊜김해(金海) ⊗전남 목포 ⓗ1967년 대신고졸 1971년 경희대 정치외교학과졸 1975년 同대학원 정치학과졸 1990년 고려대 정책과학대학원 고위정책개발과정 수료 1995년 同노동대학원 고위지도자과정 수료 1996년 명예 철학박사(중국 옌타이대) 1997년 명예 경제학박사(몽골 경제대) 1999년 명예 법학박사(배재대) 2001년 명예 행정학박사(목포대) ⓔ1971년 서울대 내란음모사건 배후조종혐의 피검 1980년 민주연합청년동지회 결성 1980년 김대중 내란음모사건관련 구속 1987년 5공정치활동규제 3차복권 1987 · 1995년 새시대새정치연합청년회 명예회장 1991년 신민주연합당 창당발기인 · 중앙위원 1991년 민주연합청년동지회 명예회장 1993년 민주당 중앙당 청년특별위원장 1993년 목포발전추진위원회 고문 1996년 중국 옌타이대 명예교수 1996년 제15대 국회의원(목포 · 신안甲, 국민회의 · 새천년민주당) 1999년 유영장학회 이사장 2000년 새천년민주당 정책위원회 부의장 2000년 同목포지구당 위원장 2000년 제16대 국회의원(목포, 새천년민주당) 2000년 새천년민주당 당무위원 2004~2006년 제17대 국회의원(비례대표, 새천년민주당 · 민주당) 2004~2006년 민족화해협력범국민협의회 상임의장 ⓢ현대미술학회 문화상(1992), 한국국악협회 공로패(1993), 자랑스런 경희인상(1996), 중국 산둥성 명예시민증(1998), 자랑스런 광주전남인상(2000) ⓩ'한국 근대 민족주의 운동'(1987) '새로운 도전의 문턱에서'(1995) '밝은 미래로'(1996) '세계화를 향한 지방자치'(1998) '나는 천천히, 그러나 쉬지 않는다'(2001) ⓒ천주교

김홍일(金洪一) KIM Hong Il

⊛1956 · 1 · 26 ⊗경주(慶州) ⊗충남 예산 ㊅서울 중구 퇴계로100 스테이트타워남산 법무법인 세종(02-316-4005) ⓗ1972년 예산고졸 1983년 충남대 법학과졸 ⓔ1982년 사법시험 합격(24회) 1985년 사법연수원 수료(15기) 1986년 대구지검 검사 1988년 대전지검 서산지청 검사 1990년 수원지검 검사 1992년 서울지검 검사 1996년 수원지검 성남지청 검사 1997년 법무연수원 기획부

교관 1998년 서울지검 부부장검사 1999년 춘천지검 원주지청장 2000년 서울고검 검사 2001년 수원지검 강력부장 2002년 대검찰청 강력과장 2003년 서울지검 강력부장 2004년 대전지검 형사1부장 2005년 부산지검 동부지청 차장검사 2006년 대구지검 2차장검사 2007년 서울중앙지검 3차장검사 2008년 사법연수원 부원장 2009년 대검찰청 마약 · 조직범죄부장 2009년 同중앙수사부장 2011~2013년 부산고검장 2013년 법무법인 세종 변호사, 同파트너변호사(현) ⓢ검찰총장표창, 황조근정훈장(2008) ⓩ'강력사건 현장수사론' '수사기법연구' ⓒ천주교

김홍일(金洪鎰)

⊛1963 · 7 · 28 ⊗경남 함안 ㊅부산 연제구 법원로34, 정림빌딩605호 법무법인 로앤케이(051-503-0400) ⓗ1980년 금성고졸 1984년 서울대 법대졸 1986년 同대학원 법학과졸 2002년 미국 Univ. of San Diego Law School(L.L.M) 수료 ⓔ1988년 사법시험 합격(30회) 1991년 사법연수원 수료(20기) 1991년 인천지검 검사 1993년 창원지검 밀양지청 검사 1994년 부산지검 동부지청 검사 1994년 변호사 개업 2006년 울산지법 판사 2007년 부산고법 판사 2010년 창원지법 부장판사 2012~2016년 부산지법 부장판사 2016년 법무법인 로앤케이 공동대표변호사(현)

김홍일(金洪溢) Hongil Kim

⊛1966 · 5 · 20 ⊗김녕(金寧) ⊗대구 ㊅서울 영등포구 경인로841 (재)우체국금융개발원 원장실(02-2639-0500) ⓗ대구고졸 1991년 경북대 사법학과졸 ⓔ1991~2001년 산업은행 근무 2001~2008년 네덜란드 ABN-AMRO은행 홍콩지점 전무이사 2008년 미국 리먼브라더스 홍콩지점 전무이사 2008~2010년 일본 노무라증권 홍콩지점 · 서울지점 전무이사 2011~2013년 아이디어브릿지자산운용 대표이사 2013~2014년 IBK자산운용 부사장 2014년 (재)우체국금융개발원 원장(현) ⓢ재정경제부장관표창(1998), 부총리 겸 재정경제부장관표창(2003), 특허청장표창(2013) ⓩ'금융혁명과 HBS(共)'(1999, 한국경제신문사) ⓒ천주교

김홍장(金洪檣) KIM Hong Jang (奎伯)

⊛1962 · 1 · 31 ⊜고성(固城) ⊗충남 당진 ㊅충남 당진시 시청1로1 당진시청 시장실(041-350-3015) ⓗ남대전고졸, 단국대 법정학과 중퇴, 경희사이버대 정치사회학과졸, 경희대 공공대학원 정책학과 석사과정中 ⓔ당진청년회의소 상임부회장, 당진문화원 부회장, 한국지역신문협회 부회장, 열린우리당 나눔운동본부 당진본부장, 당진신문 대표이사 발행인 1995 · 1998 · 2002년 충남도의원 출마 2006~2010년 충남도의회 의원(열린우리당 · 통합민주당 · 민주당) 2008년 민주당 충남당진지역위원회 위원장, 맑고푸른당진21실천협의회 대표회장, 당진그린스타트네트워크운동본부 상임대표, 한반도평화와경제전략연구재단 기획위원, 남이홍장군문화제 집행위원회 위원장, 충남 당진교육청 교육행정자문위원, 당진홍성합창단 단장, 민주평통 자문위원, 바르게살기운동 당진군협의회 위원, 충남도의회 운영위원회 부위원장 2010~2014년 충남도의회 의원(민주당 · 민주통합당 · 민주당) 2010~2012년 同부의장 2010년 (사)더좋은민주주의연구소 이사 2011년 노무현재단 기획위원(현) 2012년 민주통합당 교육연수위원회 부위원장 2012년 충남도의회 행정자치위원회 위원, 민주당 당진지역위원회 위원장 2014년 충남 당진시장(새정치민주연합 · 더불어민주당)(현) ⓢ한국지역신문협회 의정대상(2010), 전국지역신문협회 행정대상(2016) ⓩ'필요한 것은 당진답게'(2013, 삶과지식) ⓒ기독교

김홍재(金弘載)

⊛1967 · 2 · 15 ⊗충북 옥천 ㊅세종특별자치시 도움5로19 우정사업본부 국제사업과(044-200-8280) ⓗ1985년 청주고졸 1993년 연세대 행정학과졸 ⓔ2003년 정보통신부 정보화기획실 정보이용보호과 사무관 2003년 同기획총괄과 사무관 2004년 同서기관 승진 2005년 대전 둔산우체국장 2007년 정보통신부 우정사업본부 보험사업단 보험적립금운용팀장 2008년 지식경제부 우정사업본부 보험사업단 보험자산운용팀장 2010년 同우정사업본부 우정사업정보센터 보험정보과장 2012년 APPU 파견 2013년 미래창조과학부 우정사업본부 우편사업단 소포사업팀장 2013년 同우정사업본부 우편사업단 우편신사업과장 2014년 同우정사업본부 운영지원과장(서기관) 2015년 同우정사업본부 운영지원과장(부이사관) 2015~2016년 서울중앙우체국장 2016년 우정사업본부 국제사업과장(현)

김홍종(金洪鍾) Gim Hong-Jong
[생]1958 [주]세종특별자치시 도움6로11 행정중심복합도시건설청 대변인실(044-200-3090) [학]1976년 대전상고졸 1981년 충남대 사학과졸 1988년 同대학원 행정학과졸 [경]2010년 서울지방국토관리청 관리국장 2012년 국토해양부 공공택지관리과장 2014년 국토교통부 항공자격과장 2014년 행정중심복합도시건설청 대변인(서기관) 2015년 同대변인(부이사관)(현)

김홍주(金鴻州) Hongjoo, Kim
[생]1955·2·28 [출]경기 [주]서울 노원구 동일로1342 상계백병원 의료원장실(02-950-1099) [학]서울대 의대졸, 同대학원졸, 의학박사(서울대) [경]1992년 인제대 의대 외과학교실 교수(현) 2006년 同상계백병원 수련부장 2007년 同상계백병원 기획실장 2008년 同상계백병원 부원장 겸 진료부장 2010~2016년 同상계백병원장 2010년 대한병원협회 이사 2011년 서울시병원협회 보험이사·부회장 2016년 인제대 백중앙의료원 의료원장(현) [상]제10회 대웅 병원경영혁신대상(2016)

김홍준(金弘濬) KIM Hong Joon
[생]1965·10·10 [본]김녕(金寧) [출]서울 [주]인천 남구 소성로163번길17 인천지방법원(032-860-1113) [학]1984년 용산고졸 1988년 고려대 법학과졸 2002년 同법무대학원 연구과정 수료 [경]1988년 사법시험 합격(30회) 1991년 사법연수원 수료(20기) 1991년 軍법무관 1994년 대전지법 판사 1996년 同홍성지원 판사 1998년 수원지법 판사 1999년 同광명시법원 판사 2001년 서울지법 판사 2002년 서울고법 판사 2004년 서울동부지법 판사 2006년 청주지법 부장판사 2007년 수원지법 평택지원 부장판사 2009년 서울남부지법 부장판사 2011년 서울중앙지법 민사28부 부장판사 2014년 서울남부지법 부장판사 2016년 인천지법 부장판사(현) [저]'건설소송의 법률적 쟁점과 소송실무'(2013) '건설재판실무'(2015) [종]가톨릭

김홍중(金洪中)
[생]1958·11·17 [출]경남 [주]강원 원주시 건강로32 국민건강보험공단(033-736-1094) [학]1977년 합천종합고졸 2003년 행정학사(독학사) [경]2003~2007년 보건복지부 혁신인사과 사무관 2008년 同장애인권익증진과장 2009년 同보육기반과장 2010년 同재정운영담당관 2013년 同보험평가과장 2014년 同감사과장 2016년 同질병관리본부 인천공항검역소장 2016년 국민건강보험공단 총무상임이사(현) [상]장관표창(1989·1991), 국무총리표창(1999), 대통령표창(2008)

김홍진(金弘鎭) Hong-Jin KIM (松溪)
[생]1952·4·7 [본]경주(慶州) [출]경북 영일 [주]대구 남구 현충로170 영남대학교 의과대학 외과학교실(053-620-3585) [학]1970년 계성고졸 1976년 경북대 의대졸 1980년 同대학원졸 1986년 의학박사(경북대) [경]1984~1995년 영남대 의대 외과학교실 전임강사·조교수·부교수 1995년 同의과대학 외과학교실 교수(현) 1996년 'Journal of Hepatogastroenterology' 편집위원 2002~2006년 한국정맥경장영양학회 학술위원장 2002년 아시아내시경복강경외과학회 Governor(현) 2003년 국제소화기외과학회 Faculty Member 2004~2006년 대한내시경복강경외과학회 편집위원장 2005년 한국간담췌외과학회 부회장 2005년 아시아정맥경장영양학회 학술위원장 2005~2007년 한국외과대사영양연구회장 2005년 'Journal of Nutrition' 편집위원 2006년 아태내시경복강경외과학회 재무이사 2006~2008년 한국정맥경장영양학회 부회장 2007~2009년 아태간담췌외과학회 학술위원 2007~2009년 한국간담췌외과학회 회장 2007~2010년 국제내시경복강경외과학회 이사 2008년 국제소화기학회 상임이사 2009~2011년 아태간담췌외과학회 상임이사 2009~2011년 대한과학회 상임이사 2010년 'Asian J Endoscopic Surgery' 편집위원(현) 2010~2012년 영남환자영양지원학회 이사장 2011~2013년 2014국제간담췌외과학회 부조직위원장 2011년 2015아태내시경복강경외과학회 조직위원장(현) 2013년 'Journal of HBP Science' 편집위원(현) 2013년 'Journal of Frontier Medicine' 편집위원(현) 2014년 대한내시경복강경외과학회 부회장 2014년 'Asian J Surgery' 편집위원(현) 2015년 대한내시경복강경외과학회 회장(현) 2015년 아시아태평양내시경복강경외과학회 회장(현) [상]국제외과학회 학술상, 젊은과학자상, 헤럴드경제 한국의 아름다운 얼굴상(2008) [저]'간담췌 외과학'(2000·2006·2013) '외과학'(2011) '복강경간절제 Atlas'(2013) '외과수술 아틀라스'(2014) [종]기독교

김홍진(金洪鎭) KIM Hong Jin
[생]1955·6·12 [출]충남 아산 [주]대구 중구 국채보상로150길76의34 (주)경주세계자동차박물관(053-253-0089) [학]1974년 덕수상고졸 1984년 국제대 법학과졸 [경]2000년 대구은행 성북교지점장 2001년 同전략혁신팀장 2002년 同준법감시팀장 2004년 同반월당지점장 2006년 同삼덕동지점장 2008년 同경북2본부장 2009년 同기업금융본부 중국지역담당 본부장 2010~2011년 同금융결제교육사업단장 2011년 (주)인포트인베스트먼트 부사장 2012~2015년 同대표이사 2015년 (주)경주세계자동차박물관 총괄이사(현)

김홍진(金洪鎭) KIM Hong Jin
[생]1956·3·8 [출]대구 [주]충남 아산시 신창면 순천향로22 순천향대학교 글로벌경영대학 경제금융학과(041-530-1172) [학]1981년 고려대 경제학과졸 1984년 同대학원졸 1989년 경제학박사(고려대) [경]1985~1997년 순천향대 경제학과 전임강사·조교수·부교수 1990년 미국 오하이오대 객원교수 1996년 한·몽경제학회 부회장 1996~1999년 한국재정학회 이사 1997년 순천향대 경상학부 경제금융학전공 교수, 同사회과학대학 금융경영학과 교수, 同글로벌경영대학 경제금융학과 교수(현) 1997~2000년 同학생처장 1999년 공정거래위원회 표시광고심사자문위원 1999년 한국재정학회 편집위원 1999~2000·2003년 태평양아시아협회 청년해외봉사단 몽골팀단장 2001년 미국 오레곤대 객원교수 2006~2008년 순천향대 사회과학대학장 겸 사회과학연구소장 2006년 동아시아경제사회학회 회장 2009~2010년 순천향대 교무처장, 한국몽골학회 감사·부회장 2012년 순천향대 글로벌경영대학 경제금융학과장 2013~2015년 한국몽골학회 회장 2013년 순천향대 교학부총장(현) 2015년 同HRD센터장 겸임(현) 2015년 전국대학부총장협의회 회장(현) [상]교육부장관표창, 몽골 경제학분야 학술표창(2010) [저]'화폐경제론' '경제학원론' '세계화와 경제발전' '동북아경제론' [종]기독교

김홍진(金弘珍) KIM Hong Jin
[생]1959·12·6 [출]경남 김해 [주]경남 창원시 의창구 상남로290 경상남도의회(055-211-7372) [학]2008년 인제대 경영통상학과졸 2010년 同대학원 경제통상학과졸 [경]덕우산업 대표, 활천동체육회 회장, 삼정중 운영위원장 2006·2010년 경남 김해시의회 의원(한나라당) 2008~2010년 同운영위원장, 대곡초 운영위원장 2010~2012년 경남 김해시의회 자치행정위원장 2014년 경남도의회 의원(새누리당)(현) 2013~2014년 同운영위원회 위원 2014년 김해중학교 총동창회 부회장(현) 2014~2016년 경남도의회 경제환경위원회 부위원장 2015년 김해삼성초등학교 총동창회 회장(현) 2016년 경남도의회 예산결산특별위원회 위원 2016년 同경제환경위원회 위원(현)

김홍창(金鴻昌) KIM HONG CHANG
[생]1968·8·13 [본]경주(慶州) [출]충북 영동 [주]경북 포항시 북구 법원로181 대구지방검찰청 포항지청(054-250-4301) [학]1986년 김천고졸 1992년 성균관대 법학과졸 2002~2003·2007년 독일 뮌헨대 연수(LMU)(2회) 2008년 성균관대 대학원졸(석사) [경]1992년 사법시험 합격(34회) 1995년 사법연수원 수료(24기) 1995년 대구지검 검사 1997년 부산지검 울산지청 검사 1998년 울산지검 검사 1999년 인천지검 검사 2001년 서울지검 검사 2004년 창원지검 검사 2006년 수원지검 성남지청 검사 2007년 同성남지청 부부장검사 2009년 대전지검 서산지청 부장검사 2009년 대구지검 마약·조직범죄수사부장 2010년 同특수부장 2011년 법무부 범죄예방기획과장 겸 사법연수원 겸임교수 2012년 서울남부지검 형사5부장 2013년 서울중앙지검 여성아동범죄조사부장 2014년 수원지검 안산지청 부장검사 2015년 同안양지청 차장검사 2016년 대구지검 포항지청장(현) [상]검찰총장표창(2001)

김홍철(金洪徹) KIM HONG CHUL
[생]1960·3·16 [본]의성(義城) [출]경북 성주 [주]세종특별자치시 다솜2로94 농림축산식품부 감사담당관실(044-201-1211) [학]1978년 경북고졸 1986년 충북대졸 [경]2005년 농림부 차관실 사무관 2008년 농림수산식품부 농촌정책과·정책평가담당관실 등 사무관 2013년 농림축산식품부 유통정책과 서기관 2014년 통일부 통일교육원 교육파견 2015년 농림축산식품부 국립종자원 운영기획과장 2016년 同감사담당관(현)

김홍철(金洪哲) KIM HONG CHUL

[생]1963·8·8 [주]서울 송파구 올림픽로448 대한승마협회(02-422-7564) [학]1986년 경북대 체육교육학과졸 1988년 프랑스 Saumur국립승마학교 수료 2003년 계명대 스포츠산업대학원 레저스포츠학과졸 [경]1998년 방콕아시안게임 종합마술 국가대표코치 2000~2005년 한국마사회 승마선수단 감독 2005~2012년 한국사회인연맹 감사 2005년 (사)대한승마협회 심판위원(현) 2006년 도하아시안게임 종합마술 국가대표코치 2007년 (사)대한승마협회 EQUESTRIAN 편찬위원 2009~2010년 한국마사회 승마훈련원장 2010년 광저우아시안게임 국가대표총감독 2010~2012년 (사)대한승마협회 상벌위원장 2010~2012년 同전무이사 2010년 성덕대학 재활승마학과 초빙교수 2012년 마술학·말산업 국가자격시험교재 집필위원 2012년 대명레저산업 승마TF팀 상무이사(현) 2013년 (사)대한승마협회 종합마술 국가대표감독 2013년 대명레저산업 소노펠리체 승마단장(현) [상]부산아시안게임 종합마술단체전 은메달(2002), 최우수 지도자상(KEF)(2002), 전국체육대회 중장애물 우승(2005·2006), 농림수산식품부장관표창(2008)

김홍태(金洪泰) KIM Hong Tae

[생]1963·9·4 [본]안산(安山) [출]전북 김제 [주]서울 종로구 율곡로2길25 연합뉴스 편집국(02-398-3756) [학]1982년 남성고졸 1989년 서울대 불어불문학과졸 2014년 한양대 언론정보대학원졸 [경]1989년 연합통신(現연합뉴스) 입사 1989~1999년 同외신부·사회부·경제부·정치부 기자 2000년 同노동조합위원장 2001년 同특신부 차장대우 2003년 同지방부 차장 2005년 同국제뉴스부 차장 2006년 同국제뉴스1부 부장대우 2007년 同국제뉴스3부장 2009년 同대외업무팀장 2010년 同파리특파원 2013년 同국제뉴스국 기획위원(부국장대우) 2014년 同전북취재본부장 2015년 同편집국 국제에디터(현) [종]기독교

김홍태(金弘泰) KIM Hong Tae

[생]1966·6·5 [출]광주 [주]전북 전주시 덕진구 사평로32 동승빌딩403호 법무법인 온고을(063-253-3750) [학]광주 광덕고졸 1988년 고려대 법과대학졸 [경]1995년 사법시험 합격(37회) 1998년 사법연수원 수료(27기) 1998년 변호사 개업 2003년 청주지검 검사 2005년 광주지검 검사 2007년 서울동부지검 검사 2010년 전주지검 검사 2010년 同부부장검사 2011년 광주지검 공판부장 2012년 전주지검 군산지청 부장검사 2013년 서울서부지검 공판부장 2014년 대전지검 형사3부장 2015~2016년 同천안지청 부장검사 2016년 법무법인 온고을 대표변호사(현)

김홍택(金洪澤) KIM Hong Taek

[생]1954·10·5 [출]서울 [주]서울 마포구 와우산로94 홍익대학교 공과대학 건설도시공학부(02-320-1624) [학]1973년 서울고졸 1981년 한양대 토목공학과졸 1984년 미국 노트르담대 대학원 토목공학과졸 1987년 공학박사(미국 사우스다코타주립대) [경]1980~1981년 태평양건설 해외토목부 근무 1987~1998년 홍익대 공과대학 토목공학과 조교수·부교수 1997년 同기획부실장 1998년 同공과대학 건설도시공학부 토목공학전공 교수(현) 1999~2003년 행정자치부 재해영향평가위원 1999~2003년 한국도로공사 설계자문위원 2000~2004년 환경관리공단 평가위원 2000~2004년 한국토지공사 기술심의위원 2000년 한국건설기술연구원 신기술심사위원 2000년 한국지반환경공학회 학술담당 부회장 2001~2003년 한국지반공학회 편집위원장 2001~2003년 하남시도시개발공사 설계자문위원 2001~2003년 시설안전기술공단 기술지원분과 자문위원 2001년 해외건설협회 사업성평가자문위원 2002년 감사원 건설공사·국책사업감사담당 자문위원 2002~2004년 서울시 건설기술심의위원 2002년 同재건축안전진단평가단 위원 2003년 한국지반공학회 전담이사 2003년 홍익대 ABEEK위원 2005~2007년 同기자재선정구매단장 2006~2007년 同기획연구처장 2008~2009년 한국지반공학회 부회장 2009~2011년 홍익대 건축도시대학원장 2009~2011년 한국지반공학회 회장 2015~2016년 홍익대 관리담당 부총장 [상]한국지반공학회 학술상(1996), 대한토목학회장표창(2000), 서울시장표창(2000), 한국과학기술단체총연합회 과학기술우수논문상(2003), 서울시토목상 대상(2011) [저]'Nailed-Soil 굴착벽체의 발휘 인장력 예측'

김홍필(金烘必) Kim, Hong Pil

[생]1962·7·15 [출]대전 [주]세종특별자치시 정부2청사로13 국민안전처 세종2청사 중앙소방본부 119구조구급국(044-205-7300) [학]1981년 충남고졸 1988년 충남대 농화학과졸 [경]1994~1996년 충남소방학교 교수계장·서무과장 1996년 공주소방서 구조구급과장 1997~1998년 충남소방본부 구급계장·소방교육지도담당·방호담당 2003년 행정자치부 국가재난관리시스템기획단 파견 2003~2005년 충남 서산소방서장 2005년 충남소방본부 소방행정과장 2008~2010년 同방호구조과장 2010년 소방방재청 방호과 소방정 2011년 同재난상황실 소방정 2011년 중앙소방학교 행정지원과장 2012년 제주특별자치도 소방안전본부장 2015년 국민안전처 중앙소방본부 소방정책국 소방정책과장(소방준감) 2016년 同중앙소방본부 119구조구급국장(소방감)(현)

김홍희(金弘姬·女) KIM Hong-hee (奎谷)

[생]1948·1·17 [본]경주(慶州) [출]서울 [주]서울 중구 덕수궁길61 서울시립미술관 관장실(02-2124-8801) [학]1970년 이화여대 불어불문학과졸 1982년 미국 Hunter College 미술사학부 수료 1985년 덴마크 Copenhagen Univ. 미술사학과 수료 1986년 이화여대 대학원 현대미술사학과 수료 1989년 캐나다 몬트리올 Concordia Univ. 대학원 미술사학과졸 1998년 미술사학박사(홍익대) [경]큐레이터(현), 현대미술평론가(현), 미술사가(현) 1993년 'Seoul of Fluxus' 展 기획(예술의 전당·과천 현대미술관) 1994년 '여성 그 다름과 힘' 展 기획(한국미술관) 1994년 SeOUL-NYmAX Medial 그룹전 'Hightech Art in Korea' 큐레이터(뉴욕 앤솔로지 필름아카이브) 1995년 광주비엔날레 특별전 'InfoART' 큐레이터 1995년 KBS 영상사업단 '95영상축전' 1995년 '비디오 영상예술 30년' 기획 1998~2008년 쌈지스페이스 관장 1999년 여성미술제 '팥쥐들의 행진' 전시기획위원장 2000~2010년 홍익대 미술대학원 우대겸임교수 2000년 광주비엔날레 본전시 커미셔너 2001년 요코하마 트리엔날레 국제커미티 멤버 2002년 동아시아 여성전 'Eastaian Women and Her Stories' 전시기획위원장 2002년 여성사전시관 '할머니 우리의 딸들을 깨우다' 책임연구원·전시연출 고문 2003년 제50회 베니스비엔날레 '차이들의 풍경' 展 기획·커미셔너 2004년 헤이리페스티발 기획전 '장소와 공간' 기획·디렉터 2004~2006년 경기문화재단 백남준미술관건립추진위원·학예자문 2005~2006년 2006광주비엔날레 예술총감독 2006~2011년 경기도미술관 관장 2009~2011년 경기창작센터 관장 2012년 서울시립미술관 관장(현) 2013년 카셀도큐멘타14 (2017) 감독선정위원 2015년 백남준문화재단 공동이사장(현) [상]월간미술대상 큐레이터부문표창(1996), 대통령표창(1996), 석주미술상-평론부문(2003), 옥관문화훈장(2007), (재)김세중기념사업회 한국미술저작출판상(2015) [저]'백남준과 그의 예술'(1992, 디자인하우스) '페미니즘, 비디오, 미술'(1998, 재원) '백남준, 해프닝, 비디오'(1999, 디자인하우스) '새로운 세계를 연 비디오 예술가 백남준'(2001, 나무숲아동문고) '백남준-한국을 이끄는 사람들'(2002, 교원) '여성과 미술-현대미술 담론과 현장1'(2003, 눈빛출판사) '한국화단과 현대미술-현대미술 담론과 현장2'(2003, 눈빛출판사) '굿모닝 미스터 백'(2007, 디자인하우스) '큐레이터 본색-엔솔로지 기획'(2012, 한길아트) '큐레이터는 작가를 먹고산다-현대미술 담론과 현장III'(2014, 눈빛출판사)

김홍희(金洪熙) kim hong hee

[생]1957·6·17 [출]전북 [주]서울 중구 소공로51 우리은행 부동산금융사업본부(02-2002-3000) [학]1975년 전주상고졸 1979년 전주대 경영학과졸 1995년 고려대 대학원 경영학과졸 [경]1975년 상업은행 입행 2001년 우리은행 하당지점장 2003년 同상무지점장 2005년 同익산지점장 2008년 同하남공단지점장 2010년 同전주지점장 2011년 同호남영업본부장 2014년 同연금신탁사업단 상무 2015년 同업무지원단 상무 2015년 同부동산금융사업본부장(집행부행장)(현)

김홍희(金洪姬·女) KIM Hong Hee

[생]1964·5·20 [출]충남 공주 [주]서울 종로구 대학로101 서울대학교 치과대학(02-740-8686) [학]1986년 서울대 약학과졸 1995년 분자약리학박사(미국 아이오와주립대) [경]1986~1987년 제일제당 제약사업부 연구원 1987~1989년 129구명안내센터 전문기사 1995~1997년 Dana-Farber 암연구소 연구원 1995~1997년 미국 하버드대 의대 연구원 1997년 조선대 치대 전임강사 2000~2003년 同치대 미생물학면역학교실 조교수 2003년 서울대 치대 조교수 2005년 同치의학대학원 두개악안면세포 및 발생생물학전공 부교수 2008년 뼈 노화 단백질(CK-B)을 세계 최초로 규명 2010년 서울대 치대 두개악안면세포 및 발생생물학전공 교수(현) 2015년 한국과학기술한림원 정회원(의약학부·현) [상]과학기술우수논문상, 동천신진과학상, 여성신

문사 미래를이끌어갈여성지도자상(2005), 생명약학연구회 BioPharmacal Society Award(2007), 제3회 아모레퍼시픽 여성과학상 과학기술상(2008), 제12회 송음 의·약학상(2009), 제9회 마크로젠 여성과학자상(2013)

김홍희(金洪熙) KIM Hong Hui

[생]1968·2·6 [출]경남 남해 [주]세종특별자치시 정부2청사로13 국민안전처 세종2청사 해양경비안전본부 해양경비안전총괄과(044-205-2016) [학]1986년 부산남고졸 1991년 부산수산대 어업학과졸 2005년 중국 화동정법대 대학원졸(석사) [경]1994~1998년 제주해양경찰서 근무 1998년 해양경찰청 경무국 교육기획계장, 同경무국 발전기획단 근무, 同경무기획국 혁신기획과 시스템관리팀장 2005년 同정책홍보관리관실 기획팀장, 同해양경찰발전전략팀 근무 2008년 同경비구난국 경비계장(경정) 2010년 同경비안전국 경비계장(총경) 2010년 同해안경계임무인수단장 2010년 同경비과장 2011년 속초해양경찰서장 2012년 해양경찰청 정보수사국 수사과장 2012~2014년 同기획조정관실 기획담당관 2014년 국민안전처 남해지방해양경비안전본부 부산해양경비안전서장 2016년 국민안전처 해양경비안전본부 해양경비안전총괄과장(현)

김화동(金華東) KIM Hwa Dong

[생]1956·10·5 [출]경북 군위 [주]대전 유성구 과학로80의67 한국조폐공사 사장실(042-870-1001) [학]1976년 경북고졸 1980년 영남대 법학과졸, 일본 히토쓰바시대(一橋大) 대학원 경제학과졸 [경]행정고시 합격(24회) 2002년 기획예산처 기금정책국 경제기금과장 2002년 同기금정책국 기금제도과장 2003년 同기금정책국 기금총괄과장(서기관) 2003년 同기금정책국 기금총괄과장(부이사관) 2004~2007년 대통령비서실 파견 2007년 기획예산처 산업재정기획단장 2008~2009년 기획재정부 재정정책국장 2009년 한나라당 수석전문위원 2010~2011년 기획재정부 FTA국내대책본부장(고위공무원) 2011~2013년 국가과학기술위원회 상임위원(차관급) 2013~2014년 고려대 기술경영전문대학원 특임교수 2014년 한국조폐공사 사장(현) [상]석탑산업훈장(2014) [저]'딸에게 힘이 되는 아빠의 직장생활 안내서', '일본의 신 기업 연금제도'

김화섭(金化燮) KIM Hwa Seob

[생]1957·12·21 [주]세종특별자치시 시청대로370 산업연구원 산업·통상분석실(044-287-3033) [학]1976년 경북고졸 1983년 영남대 무역학과졸 1986년 경북대 대학원 무역학과졸 1996년 경제학박사(영남대) [경]1986년 산업연구원 연구위원 1990~1991년 일본 장기신용은행 총합연구소 객원연구원 1992년 일본 국제동아시아연구센터 객원연구원 1997년 중국 북경대 경제학원 방문학자 2000년 이화여대 대학원 강사 2004년 산업연구원 해외산업협력팀장 2005~2012년 중국 사회과학원 공업경제연구소 객원연구원 2005~2007년 산업연구원 중국 북경지원장, 同국제산업협력실장 2013년 同국제산업협력실 연구위원 2013년 同산업·통상분석실 연구위원 2015년 同산업·통상분석실 선임연구위원(현) [저]'재미있는 스포츠 버는 마케팅' '스포츠 마케팅 전략-스포츠 에이전트가이드' '중국의 해외직접투자 전략과 시사점'(2004, 산업연구원) '한중 경제관계의 다양성과 새로운 협력 패러다임 모색(共)'(2004, 산업연구원) '한중일 FTA체결의 산업별 영향과 타당 검토(共)'(2004, 산업연구원) 등

김화수(金和秀) KIM Hwa Soo

[생]1970·10·22 [출]부산 [주]경기 부천시 원미구 부천로136번길27 행정복지센터 경기도일자리재단 [학]1995년 성균관대 무역학과졸 1998년 한국외국어대 경영정보대학원 경영정보시스템과졸 [경]1996년 (주)넥서스컨설팅 정보분석팀장 1997년 (주)칼스텍 기획개발실장 2000~2015년 (주)잡코리아 대표이사 사장 2002년 (주)휴먼피아 대표이사 2006년 (주)엔도어즈 대표이사 2016년 경기도일자리재단 대표이사(현)

김화숙(金和淑·女) KIM Wha Suk

[생]1949·12·2 [출]전남 강진 [주]전북 익산시 익산대로460 원광대학교 예술학부 무용학전공(063-850-6213) [학]1967년 광주여고졸 1971년 이화여대 무용학과졸 1976년 同교육대학원졸 1990년 이학박사(한양대) [경]1971년 이화여대 무용과 조교 1971~1991년 김화숙·김복희현대무용단 대표 1971년 명동예술극장 창단 공연 1975년 벽(국립극장 대극장) 1972~1978년 금란여고 교사 1977년 산조(Amsterdam, Netherlands) 첫번째 시간·춘향이야기(Paris, France) 1981~2014년 원광대 예술학부 무용학과 교수 1985년 프랑스 파리국제무용제 참가(뽕삐듀센터) 1985년 김화숙&현대무용단사포 예술감독(현) 1986년 아시안게임 축하공연 1988년 현대춤작가 12인전 참가 1988년 국립현대미술관 개관2주년기념 공연 1988년 88서울국제무용제 참가 1989~2008년 한국무용교육학회 회장 1990년 김화숙·김복희20주년기념 공연(문예대극장) 1990년 멕시코 세르반티노국제축전 참가(멕시코 5개도시 순회공연) 1991~1993년 한국현대춤협회 회장 1994년 94上海예술제 참가 1995·1997년 광주비엔날레 초청공연 2003년 무용교육발전추진위원회 공동대표(현) 2004년 한국문화예술교육학회 부회장 2005~2008년 한국문화예술교육진흥원 무용교육위원장 2008년 한국무용교육학회 명예회장(현) 2009~2010년 한국문화예술교육진흥원 이사 2010~2013년 (재)국립현대무용단 이사장 2011년 한국무용교육원 이사장(현) 2015년 원광대 예술학부 무용학전공 명예교수(현) [상]대한민국무용제 우수상(1979), 대한민국무용제 연기상(1985), 한국예술평론가회 최우수예술가상(1987), 대한민국무용제 안무상(1989), 한국춤평론가회 춤비평가상(1997), 객석 올해의 예술가 선정(1997), 이사도라 무용예술상(2000), 올해의 이화인 선정(2001), 무용교육자상(2009), 한국무용교육학회 20주년기념 감사패(2009), 학술공로상(2012), 무용학술상(2013), 토목문화대상(2013) [저]'현대무용 테크닉'(1981) '무용창작'(1983) '김복희·김화숙 춤20년'(1990) '무용론'(1996) '무용교육이란 무엇인가'(1996) '그들은 꿈꾸고 있었다'(1997) '무용의 이해'(1999) '아동복지시설대상 문화예술교육프로그램교안-무용'(2004) '초등학교 무용교수-학습과정안'(2005) '특수학교 무용교수-학습과정안'(2006) '중학교 무용교수-학습과정안'(2006) '초등학교 3~6학년 무용'(2006) '고등학교 무용교수-학습과정안'(2007) '김화숙 춤길 40년-춤이 있어 외롭지 않았네'(2010) '무용교육의 힘'(2010) '커뮤니티 댄스(共)'(2011) '무용교육론'(2013) [역]'다 함께 즐기는 창작무용' [작]'징깽맨이의 편지'(1981) '흙으로 빚은 사리의 나들이'(1987) '요석, 신라의 외출'(1988) '광주민중항쟁 무용3부작 1부 : 그 해 오월, 2부 : 편애의 땅, 3부 : 그들의 결혼'(1995·1997·1998) '달이 물 속을 걸을때'(2001) '그대여 돌아오라'(2005) '지나가리라'(2009) '사포, 말을 걸다'(2012) 외 70여 작품

김화양(金和洋) KIM Hwa Yang

[생]1943·12·6 [본]연안(延安) [출]경기 평택 [주]경기 수원시 팔달구 효원로299 경인일보(031-231-5302) [학]대경상고졸 1975년 중앙대 사회개발대학원 수료 [경]1968년 인천일보 입사 1973년 경기신문 사회부 차장 1985년 경인일보 사회부장 1988년 同경정부 차장·정경2부장 1989년 同부국장 겸 사회부장 1991년 同편집부국장 1992~1995년 同편집국장 1992년 경인지역정보화추진협의회 위원 1992년 내무부연수원 강사 1993년 경기도공무원연수원 강사 1993년 민주평통 자문위원 1995년 경인일보 업무담당 이사대우 1996년 새한일보 상무이사 1997년 경인일보 업무이사 1999년 同상무이사 2001년 同전무이사 2001년 경기도청소년수련원 원장 2002년 경인일보 부사장 2004년 한국신문협회 출판협의회 이사 2009년 경인일보 주필(부사장)(현) 2010년 경인일보사우회 감사 2013~2015년 한국신문방송편집인협회 부회장 [상]대통령표창, 경기도 문화상, 올림픽기장 문화장, 제5회 꿈나무대상 [저]'한국의 발견'

김화영(金華榮) KIM Hwa Young (玉灘)

[생]1941·6·1 [출]경북 영주 [주]서울 성북구 안암로145 고려대학교 불어불문학과(02-3290-1114) [학]1961년 경기고졸 1966년 서울대 불어불문학과졸 1969년 同대학원졸 1974년 불문학박사(프랑스 프로방스대) [경]1974~1979년 고려대 불어불문학과 조교수·부교수 1979~2006년 同교수 1989~1997년 同시청각교육연구원장 1997~1998년 同중앙도서관장 2006년 同명예교수(현) 2013년 대통령소속 인문정신문화특별위원회 문학위원 [상]프랑스 교육공로훈장, 펜클럽 문학상, 팔봉비평문학상, 인촌상 인문사회문학부문(2009), 프랑스 문화예술 오피시에 공로훈장(2011) [저]'문학상상력의 연구' '행복의 충격' '프레베르여 안녕' '예술의 성' '공간에 관한 노트' '프랑스 문학 산책' '바람을 담는 집' '한눈팔기와 글쓰기' '여름아, 옷을 벗어라' '시간의 파도로 지은 성' '소설의 숲에서 길을 묻다'(2009, 문학동네) '김화영의 번역수첩'(2015, 문학동네) [역]'방드르디' '섬' '청춘시절' '어두운 상점들의 거리' '앙드레말로' '프랑스 현대소설사' '프랑스 현대시사' '현대소설론' '다다를 수 없는 나라' '마담 보바리' '알베르 카뮈전집 16권'

김화영(金化榮) KIM Hwa Young

[생]1969·3·16 [본]의성(義城) [출]경북 예천 [주]서울 종로구 세종대로178 KT빌딩 민관합동창조경제추진단 기획조정팀(02-731-9604) [학]1986년 부평고졸 1994년 고려대 행정학과졸 [경]2000년 정보통신부 정보통신정책국 산업기술과 사무관, 同대회협력담당 사무관 2002년 同국제협력관실 국제기구담당관실 서기관, 同국제협력관실 WTO통신협상팀장 2003년 경산우체국장 2006년 정보통신부 우정사업본부 경영기획실 경영정보팀장 2008년 지식경제부 우정사업본부 경영기획실 경영정보팀장 2010년 同산업기술정보협력

담당관 2011년 고용 휴직(과장급) 2013년 산업통상자원부 산업정책과 근무(과장급) 2014년 同산업정책실 섬유세라믹과장(서기관) 2015년 同산업정책실 섬유세라믹과장(부이사관) 2016년 민관합동창조경제추진단 기획조정팀장(부이사관)(현) [상]대통령표창(2001)

김화용(金和鎔) KIM Hwayong

[생]1950·3·21 [본]연안(延安) [출]서울 [주]서울 관악구 관악로1 서울대학교 공과대학 화학생물공학부(02-880-7400) [학]1972년 서울대 화학공학과졸 1977년 同대학원 화학공학과졸 1984년 공학박사(미국 퍼듀대) [경]1977년 한국과학기술연구소(KIST) 연구원 1984년 미국 델라웨어대 화학공학과 연구원 1985년 한국과학기술연구원 책임연구원 1990~2015년 서울대 공과대학 화학생물공학부 교수 1993년 한국화학공학회 편집이사 1993~1996년 한국막학회 이사·학술이사 1993~2001년 한국연료전지연구회 종신회원 이사·부회장 1997~2004년 한국가스학회 감사·부회장·회장 2002년 서울대 공과대학 응용화학부장 2003~2004년 한국청정기술학회 회장 2004년 한국공학한림원 정회원(현) 2004년 아태화학공학연맹(APCChE) 이사 2008년 한국화학공학회 회장 2011년 한국화학관련학회연합회 회장 2012~2013년 아태화학공학연맹(APCChE) 회장 2013년 한국공학한림원 화학생명분과위원장 2015년 서울대 화학생물공학부 명예교수(현) [상]서울대학교 교육상(2013), 과학기술훈장 혁신장(2014)

김화종(金華鍾) KIM Hwa Jong

[생]1959·4·22 [출]서울 [주]강원 춘천시 강원대학길1 강원대학교 IT대학 컴퓨터정보통신공학전공(033-250-6323) [학]1977년 대신고졸 1982년 서울대 전자공학과졸 1984년 한국과학기술원 전자과졸(석사) 1988년 공학박사(한국과학기술원) [경]1988~1994년 강원대 전기전자정보통신공학부 통신및 네트워크전공 전임강사·조교수·부교수 1992년 미국 버클리대 방문연구원 1995년 강원대 IT대학 컴퓨터정보통신공학전공 교수(현) 1995년 同전자계산소장 1999년 미국 Univ. of Washington 방문 교수 2000년 강원대 정보통신연구소장 2002~2004년 한국창업보육센터협회 이사 2014~2015년 강원대 기획처장 2015년 同BIT융합신사업 창의인재양성사업단장 [상]행정안전부장관표창(2010) [저]'자바 프로그래밍'(1999, 정보문화사) '컴퓨터네트워크 프로그래밍'(2000, 홍릉과학출판사) '자바를 이용한 객체지향 프로그래밍'(2002, 홍릉과학출판사) '컴퓨터 네트워크 프로그래밍(Unix Version)'(2004, 홍릉과학출판사)

김화중(金花中·女) KIM Hwa Joong

[생]1945·1·3 [본]광산(光山) [출]충남 논산 [주]서울 관악구 관악로1 서울대학교(02-880-5114) [학]1963년 대전여고졸 1967년 서울대 간호학과졸 1971년 同보건대학원 보건학과졸 1980년 미국 컬럼비아대 대학원 간호교육학과졸 1984년 보건학박사(서울대) [경]1967~1969년 서울대병원 간호사·수간호사 1970년 대한간호협회 출판부장 1971~2006년 서울대 보건대학원 조교·전임강사·조교수·부교수·교수 1984년 대한간호협회 이사 1986년 지역사회간호학회 초대회장 1991년 한국보건사회연구원 가정간호자문위원 1991년 산업간호학회 초대회장 1992·1994년 대한간호협회 부회장 1992년 노동부 자문위원 1993년 대한간호정우회 회장 1993년 가정간호학회 초대회장 1993년 교육부 중앙교육심의위원 1993년 노동부 산업안전보건대상 심사위원 1994년 한국산업간호협회 초대회장 1995년 환경운동연합 전문위원 1996년 한국학교보건학회 회장 1998~2002년 대한간호협회 회장 1998년 제2의건국범국민추진위원회 위원 1999년 여성정책개발원 원장 1999년 충남여성정책개발원 초대원장 1999~2003년 한국농어촌보건의료발전총연합회 회장 2000~2003년 제16대 국회의원(전국구 승계, 새천년민주당) 2000년 새천년민주당 총재특보 2001년 同원내부총무 2001년 새정치여성연대 공동대표 2002년 새천년민주당 정책위원회 부의장 2002년 同노무현 대통령후보 보건의료특보 2003~2004년 보건복지부 장관 2004~2006년 대통령 보건복지특보 2004~2006년 서울대 보건대학원 교수 2006~2009년 한국여성단체협의회 회장 2006~2009년 민족화해협력범국민협의회 상임의장 2006~2009년 민주평통 상임위원 2008년 전국재해구호협회 부회장 2008년 강빛마을(태평지구 전원마을조성사업)추진위원회 자문역 2009년 서울대 명예교수(현) 2009년 (주)리버밸리 대표이사(현) 2010년 대전복지재단 이사장 2012~2013년 충북도오송화장품뷰티세계박람회 공동위원장 2013년 오송첨단의료산업진흥재단 자문위원장 2013년 충북도 명예도지사(현) 2015년 새정치민주연합 국정자문회의 자문위원 2016년 (사)독일유학후원회 회장(현) [저]'지역사회 간호학' '학교보건과 간호' '학교양호실무' '지역사회간호학'(共) '산업간호학' '대학생의 건강관리' '선생님의 건강증진' '건강한 부부관계를 엮는 작은 지혜' '장관이 된 간호사' [종]가톨릭

김화중(金華中) KIM Hwa Joong

[생]1956·8·5 [출]서울 [주]경기 안양시 동안구 평촌대로212번길55 대고빌딩9층 SKC코오롱PI 임원실(031-436-8601) [학]보성고졸, 연세대 경영학과졸 [경](주)코오롱유화 경영지원실장(이사보), (주)코오롱제약 지원본부장 2004~2007년 (주)코오롱유화 상무이사 2008년 코오롱건설 경영지원본부장(상무) 2009년 同경영지원본부장(전무) 2011년 코오롱글로벌 부사장 2013년 SKC코오롱PI 부사장(현)

김화진(金華鎭) KIM Whajin

[생]1957·8·20 [출]경북 영주 [주]전남 나주시 문화로245 사립학교교직원연금공단 이사장실(061-338-0000) [학]1976년 안동고졸 1981년 서울대 사회교육학과졸 1987년 同대학원 행정학과졸 1997년 미국 아이오와대 대학원 고등교육학 박사과정 수료 [경]1997년 교육부 대학재정과장 1998년 同학술연구지원국 대학제도과장 1999년 同고등교육지원국 대학원지원과 BK업무·대학원제도·학술진흥정책담당 과장 2001년 교육인적자원부 대학지원국 대학행정지원과장 2001년 한국해양대 사무국장 2002년 서울시교육청 교육지원국장 2002년 US APEC스터디센터 사무국 파견 2005년 부총리 겸 교육인적자원부장관 비서실장 2005년 교육인적자원부 대학지원국장 2006년 경기도 제1부교육감 2007년 서울대 사무국장 2009년 경북도교육청 부교육감 2011년 미국 플로리다주립대 파견 2012~2014년 제주특별자치도교육청 부교육감 2014년 사립학교교직원연금공단 이사장(현) [상]대통령표창, 근정포장(2014) [저]'대입전형의 다양화 방안' [종]기독교

김화진(金和鎭) KIM Hwa Jin

[생]1960·8·21 [주]서울 관악구 관악로1 서울대학교 법과대학(02-880-4088) [학]1983년 서울대 자연과학대학 수학과졸 1989년 법학박사(독일 뮌헨대) 1994년 미국 하버드대 로스쿨졸(LL. M.) [경]1994~2006년 미국 뉴욕주 변호사 1997~2002년 한국증권법학회 이사 2002년 서울대 경영대학 강사, 미국 스탠퍼드대·미국 미시간대·영국 옥스퍼드대·영국 케임브리지대·이스라엘 텔아비브대 법대 강사 2003년 미국 스탠퍼드대 로스쿨 Program in International Law Advisor 2003~2009년 (사)한국CFO협회 이사 2003~2009년 한국증권법학회 '증권법연구' 편집위원 2005~2006년 대통령자문 국민경제자문회의 전문위원 2005~2007년 공정거래위원회 경쟁정책자문위원 2005~2008년 한국기업지배구조개선지원센터 연구위원 2006~2011년 서울대 법과대학 부교수 2006~2010년 同금융법센터 BFL 편집위원 2006~2007년 한국이사협회 이사회운영전문인력교육프로그램 주임교수 2006~2009년 同교육위원 2007~2008년 서울대 법과대학 국제부학장 2007년 법무부 상법특례법제정특별분과위원회 위원 2007년 국민연금기금 의결권행사전문위원회 위원 2007~2009년 한국금융학회 이사 2007~2009년 한국법경제학회 감사 2007년 (주)STX 사외이사 2007~2009년 Journal of Korean Law 편집장 2008~2009년 기술지주회사 자문위원 2010년 서울대 법과대학 대학원학사위원회 위원 2011년 同법과대학 교수(현) 2011년 한국금융투자협회 공익이사(현) 2011년 미국 미시간대 로스쿨 해외석좌교수(현) 2011년 The Next International Finance Conference 의장(현) 2012년 Journal of Financial Regulation 창간편집위원(현) [상]대한민국학술원 우수학술도서(2005·2010), 문화체육관광부 우수학술도서(2008), 서울대 법대 우수연구상(2009·2011), 서울대 우수연구상(2011) [저]'유럽공동금융시장'(1991, 제일경제연구소) 'M&A와 경영권 제3판'(1999, 박영사) '소유와 경영'(2003, 박영사) 'Self-Regulation in the Korean Securities Market'(2003, Korean Securities Law Association) '기업인수합병'(2007, 박영사) '이사회 : 운영원리와 법률적 책임 제2판'(2007, 박영사) '기업인수합병'(2007, 박영사) '기업지배구조와 기업금융'(2009, 박영사) 'Legal Regulation of the Liability of Members of Management Organs: An Analysis of International Practice'(2010, Alpinabook) '상법입문'(2010, 박영사) '상법입문 개정판'(2011, 박영사) 외 해설, 종설, 서평, 사전 등 다수

김 환(金 萑) KIM Hwan

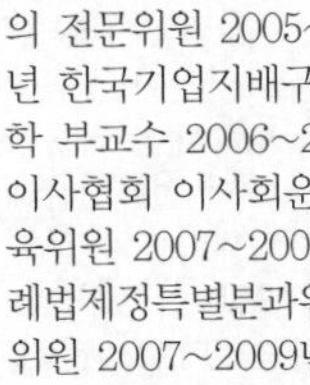

[생]1965·10·14 [출]전남 순천 [주]광주 동구 준법로7의12 광주고등검찰청(062-233-2169) [학]1984년 대신고졸 1991년 서울대 경제학과졸 [경]1995년 사법시험 합격(37회) 1998년 사법연수원 수료(27기) 1998년 광주지검 검사 2000년 창원지검 통영지청 검사 2002년 서울지검 서부지청 검사 2004년 인천지검 검사 2006년 광주지검 순천지청 검사 2008년 광주지검 검사 2010년 서울중앙지검 부부장검사 2012년 대전지검 천안지청 부장검사 2012년 광주지검 강력부장 2013년 同장흥지청장 2014년 수원지검 안산지청 부장검사 2015년 전주지검 부장검사 2016년 광주지검 부부장검사 2016년 광주고검 검사(현)

김환구(金煥九) KIM Hwan Goo

[생]1955·1·10 [출]부산 [주]울산 동구 방어진 순환도로 1000 현대중공업(주) 안전경영실(052-202-2114) [학]부산고졸, 서울대 법학과졸 [경]현대중공업(주) 총무부장 2002년 同총무부문담당 이사대우 2004년 同총무부문담당 이사 2006년 同기획실 윤리경영팀장 2007년 同인사노무교육경영혁신사무국 총괄중역(상무) 2008년 同경영지원본부 상무 2009년 同경영지원본부 전무 2011년 同건설장비사업본부 영업부문 겸 사업기획부문 총괄중역 2011년 同경영지원본부 전무 2012년 同전기전자시스템사업본부 부본부장(부사장) 2013년 同전기전자시스템사업본부장(부사장) 2013~2016년 기초전력연구원 비상임이사 2014년 현대중공업(주) 안전·경영지원본부장(부사장) 2016년 同안전경영실장(사장)(현)

김환궁(金煥宮)

[생]1964·5·4 [주]세종특별자치시 한누리대로422 고용노동부 고용정책실 장애인고용과(044-202-7481) [경]1994년 행정고시 합격(38회) 1996년 노동부 산재보험국 산재보상과·근로기준국 산재보험과 행정사무관 2000년 同국제협력관실 사무관 2004년 同산업안전국 산업안전과·산업보건환경팀 행정사무관 2006년 同국제협력국 국제노동정책팀 서기관 2007년 同서울남부지청 서울남부종합고용센터 소장 2010년 중앙노동위원회 사무처 심판과장 2011년 국제노동기구 아태지역사무소 근무 2014년 중부지방고용노동청 인천고용센터 소장 2015년 서울지방고용노동청 서울서부지청장 2016년 고용노동부 고용정책실 장애인고용과장(현)

김환균(金煥均) KIM Whan Kyun (小憂)

[생]1961·1·9 [출]전남 강진 [주]서울 중구 세종대로 124 한국언론회관1802호 전국언론노동조합(02-739-7285) [학]전주 신흥고졸, 서울대졸 [경]1987년 MBC 교양PD 입사 2001년 전국언론노조 MBC본부 사무처장 2003년 MBC 시사교양국 시사교양특임1차장 2005년 同시사교양국 3CP(차장) 2005년 同PD협회장 2006년 同시사교양국 1CP(부장대우) 2006~2007년 한국방송프로듀서연합회 회장 2007년 MBC 휴먼다큐프로그램개발팀 CP(부장대우) 2008년 同시사교양국 시사교양4CP 2009년 同시사교양국 시사교양2부장 2010년 同시사교양국 PD(부장급) 2012년 同교양제작국 PD(부장급) 2014년 同경인지사 성남용인총국 부장 2015년 전국언론노동조합 위원장(현) [상]올해의 프로듀서상(1995), 통일언론상대상(1996·1999), 이달의 좋은 프로그램(1997·2001·2004), 앰네스티언론상(2000), 방송대상 작품상(2001·2003), 올해의 프로듀서상 작품상(2003), 한국언론재단 언론인홈페이지 동상(2004), 안종필 자유언론상 특별상(2004) [저]'소쩍새마을의 진실'(共) '거꾸로 선 세상에도 카메라는 돌아간다'(共) '이제는 말할 수 있다(共)'(커뮤니케이션북스) 'PD수첩과 프로듀서 저널리즘(共)'(나남) 'PD WHO & HOW(共)'(커뮤니케이션북스) '비극은 행진으로부터 시작된다'(2004, 들린아침) [작]연출프로그램 '인간시대'(1992) 'PD수첩'(1994) 특집다큐멘터리 '체르노빌 그 후 10년'(1994) '세계의 병원 5부작'(1996) '이제는 말할 수 있다'(2000·2003·2004·2005) '미국'(2002) 광복 60주년 특별기획 '천황의 나라 일본'(2006) '리더십-덩샤오핑 2부작'(2006) [종]기독교

김환석(金煥錫) KIM Hwan Suk

[생]1960·9·10 [출]서울 [주]서울 강남구 언주로809 인스토피아 국가안보전략연구원(02-572-7090) [학]1984년 한국외국어대 정치외교학과졸 1987년 同대학원졸 1997년 정치학박사(한양대) [경]1988~1998년 단국대 미소연구소 연구원 1988~2004년 한국외국어대 강사 1995~1998년 단국대 강사 1998~2004년 통일정책연구소 연구위원 2004년 국가안보전략연구소 수석연구위원 2007년 한국외국어대 겸임교수 2014년 국가안보전략연구원 수석연구위원(현) [저]'북한정책결정의 이론과 실제' '북한지배이데올로기에 관한 연구' '김정일체제의 지도노선과 대응방안' '북한체제의 본질적 특성연구'

김환수(金煥洙) KIM Hwan Soo

[생]1967·8·23 [본]광산(光山) [출]전남 함평 [주]대전 서구 둔산중로69 특허법원 수석부장판사실(042-480-1400) [학]1985년 광주 송원고졸 1989년 서울대 사법학과졸 1990년 同대학원졸 [경]1989년 사법시험 합격(31회) 1992년 사법연수원 수료(21기) 1992년 軍법무관 1995년 수원지법 판사 1997년 서울지법 판사 1999년 광주지법 판사 2000년 同영광군·장성군 판사 2001년 同가정지원 판사 2002년 광주지법 판사 2003년 서울고법 판사 겸 법원행정처 송무심의관 2005년 서울고법 판사 2007년 광주지법 부장판사 2008년 사법연수원 교수(부장판사) 2011년 서울중앙지법 부장판사 2014년 서울동부지법 부장판사 2015년 특허법원 부장판사 2016년 同수석부장판사(현) [상]서울지방변호사협회 선정 '2014년 우수법관'(2015) [역]'Klaus Volk의 독일형사소송법(共)'(2009)

김환식(金煥植)

[생]1965·3·24 [출]전북 [주]충남 홍성군 홍북면 선화로22 충청남도교육청 부교육감실(041-640-7021) [학]1983년 전라고졸 1989년 고려대 행정학과졸 2004년 한국방송통신대 대학원 경영학과졸 2007년 교육학박사(고려대) [경]1992년 행정고시 합격(36회) 2003년 교육인적자원부 국제교육협력담당관실 교육행정사무관 2004년 同정책총괄과 서기관 2006년 同대학지원국 서기관 2007년 전북대 기획처 기획과장 2007년 교육인적자원부 인적자원정책본부 준비기획단 서기관 2007년 同인적자원정책본부 통계정보팀장 2009년 호주 퀸즈랜드주정부 파견(서기관) 2010년 교육과학기술부 인재기획분석관실 학교정책분석과장 2010년 同교육정보정책관실 교육정보기획과장 2010년 同평생직업교육국 진로직업교육과장 2011년 同평생직업교육관실 직업교육지원과장(부이사관) 2013년 한국방송통신대 사무국장·인재개발원장 2014년 교육부 평생직업교육국장(고위공무원) 2014년 국가평생교육진흥원 비상임이사 2015년 충남도교육청 부교육감(현)

김환열(金煥烈) KIM Hwan Yeol (월봉)

[생]1964·4·4 [본]김해(金海) [출]경북 고령 [주]대구 수성구 동대구로400 대구MBC 사장실(053-744-5036) [학]1987년 경북대 정치외교학과졸 1995년 同대학원 정치학과졸 1999년 정치학박사(경북대) [경]1989년 대구MBC 입사 1999년 同취재부 기자 2000년 同보도제작부 기자 2002년 同취재부 차장대우 2005년 同사회부장 2006년 同정경부장 2008년 同편집부장 2008년 同뉴스취재팀장 2010년 同보도국장 2012년 同보도국 편집제작팀 근무 2014년 同대표이사 사장(현) [상]제221회 한국기자협회 이달의 기자상(2009), 제36회 한국방송대상 지역취재보도TV부문 작품상(2009), 대구시 문화상 언론부문(2011), 경북대 언론인상(2015) [저]'TV토론의 이해'(2000)

김황국(金晃局) Kim Hwang-kook

[생]1967·2·6 [출]제주 [주]제주특별자치도 제주시 문연로13 제주특별자치도의회(064-741-1800) [학]제주오현고졸 1992년 경남대 공과대학 기계공학과졸 [경]제주서초등학교 운영위원장, 同총동창회 부회장(현), 오현고 총동창회 이사(현) 2010년 제주특별자치도의원선거 출마(한나라당), 용담2동항공소음대책위원회 사무국장 2014년 제주특별자치도의회 의원(새누리당)(현) 2014년 同행정자치위원회 위원 2014~2015년 同예산결산특별위원회 위원 2016년 同부의장(현) 2016년 同교육위원회 위원(현)

김황식(金滉植) KIM Hwang Sik

[생]1948·8·9 [본]광산(光山) [출]전남 장성 [주]서울 종로구 사직로8길34 경희궁의아침3단지221호 김황식법률사무소(02-725-8345) [학]1966년 광주제일고졸 1971년 서울대 법대졸 [경]1972년 사법시험 합격(14회) 1974년 사법연수원 수료(4기) 1974년 서울민사지법 판사 1977년 서울형사지법 판사 1980년 대전지법 판사 1981년 서울지법 판사 1985년 서울고법 판사 1989년 전주지법 부장판사 1991년 서울가정법원 부장판사 1991년 법원행정처 법정국장 겸임 1993년 서울형사지법 부장판사 1995년 서울지법 부장판사 1996년 광주고법 부장판사 1997년 대법원 선임재판연구관 2000년 법원행정처 기획조정실장 2003년 서울고법 부장판사 2004년 광주지법원장 2005년 법원행정처 차장 2005~2008년 대법관 2008~2010년 감사원장 2009~2010년 아시아지역감사원장회의(ASOSAI) 사무총장 2010~2013년 국무총리 2014~2015년 2015광주하계유니버시아드조직위원회 공동조직위원장 2014년 변호사 개업(현) 2015년 한국독일동문네트워크 아데코(ADeKo) 이사장(현) [상]자랑스런 일고인상(2011), 제21회 자랑스러운 서울법대인(2013), 독일 대성십자공로훈장(2014) [종]기독교

김회동(金恢東) KIM, Hoe Dong (春澤)

[생]1946·5·17 [본]안동(安東) [출]경북 안동 [주]서울특별시 서대문구 경기대로9길24 경기대학교 대학원 건강힐링경영전문과정(02-390-5252) [학]1963년 안동고졸 1968년 공군사관학교졸 1977년 미국 공군참모대학졸 1979년 공군참모대학졸 1980년 서울대 행정대학원졸(행정학석사) 1999년 단국대 대학원 정치외교학과졸(정치학박사) [경]1985~1986년 공군 제120 전투비

행대대장 1988년 한·미연합사령부 공군과장 1989년 공군 작전사령부 정보부장 1990년 공군 37전술정보전대 전대장 1991년 공군본부 인사근무처장 1992년 예편(대령) 1992~1998년 통일부 비상계획관 1999~2009년 단국대 사회과학대학원 정치외교학과 겸임교수 2001년 한국정치학회 회원(현) 2001~2002년 민주평통 상임위원 2002~2004년 대한민국재향군인회 안보연구소 연구실장 2004년 국제정치학회 명예이사(현) 2004년 (사)세계청소년봉사단(copion) 이사(현) 2006~2010년 (사)한국자원봉사포럼 부회장·이사 2006~2008년 용인시 수지구 인사위원 2006~2009년 국가보훈위원회 보상정책위원 2008~2013년 (주)대현그룹 총괄본부장 2011년 민주평통 자문위원(현) 2012년 同용인시협의회 부회장(현) 2013~2015년 (주)대현그룹 고문 2015년 경기대 대학원 건강힐링경영전문과정 강사(현) [상]공군참모총장 공로표창(1981), 국방부장관 공로표창(1984), 보국훈장 삼일장(1986), US Army Commendation Medal(1988), 국가안전기획부장 공로표창(1989), 대통령표창(1991), 보국훈장 천수장(1994), 서울시장 공로표창(2001) [종]기독교

김회서(金會瑞) KIM Hway Suh

[생]1953·7·27 [주]경기 용인시 수지구 죽전로152 단국대학교 건축대학 건축공학과(031-8005-3732) [학]1979년 한양대 건축공학과졸 1982년 일본 교토대 대학원 건축공학과졸 1986년 건축공학박사(일본 교토대) [경]1988년 단국대 건축대학 건축공학과 조교수·부교수·교수(현) 1990~1992년 同건축공학대학원 주임교수 1990~1992년 동력자원부 대체에너지기술개발전문위원회 전문위원 1990~1994년 대한건축학회 환경분과위원회 간사 1992년 단국대 건축공학과장 1993~1996년 서울시 건축심의위원 1993~1994년 건설부 건축사위원회 위원 1994~2000년 대한주택공사 비상임연구원 1995~2002년 건설교통부 중앙건축심의위원 1996~1997년 대한건축학회 학술발표운영분과위원장 1996~2004년 국립중앙박물관 설계자문위원 1997~2002년 서울시 2002월드컵주경기장건립추진위원회 추진위원 1998~2000년 에너지관리공단 전문분과위원 1998~2002년 국방부 특별건설기술심의위원회 심의위원 1999~2002년 건설교통부 건축표준심사위원회 위원 1999년 한국화재보험협회부설 방재시험연구소 품질인증위원회 심의위원 2001년 한국 IBSKOREA 이사·부회장 2001~2003년 농림부 표준설계도심의기관설계자문위원회 심의위원 2001~2002년 미국 Univ. of Southern California(USC) 건축대학 객원교수 2001~2005년 한국생활환경학회 감사 2002~2004년 단국대 건축대학원 주임교수 2003~2006년 한국퍼실리티매니지먼트학회 부회장·회장 2004~2006년 단국대 국제문화교류처장 2004~2006년 同국제어학원장 2005년 국방부 특별건설기술심의위원회 심의위원 2005~2006년 대한건축학회 교육위원장 2005년 同국제교류위원장 2006년 한국그린빌딩협의회 부회장 2006~2008년 단국대 대외협력실장 2006년 서울시 공공디자인위원회 심의위원 2010년 대한건축학회 연구2담당 부회장 2015년 단국대 건축대학장(현) 2016년 (사)한국그린빌딩협의회 회장(현) [상]한국과학기술우수논문상(2001) [저]'에너지절약형건축설계핸드북'(1994, 대한건축사협회) '건축전서'(1995, 기문당)

김회선(金會瑄) KIM Hoe Sun

[생]1955·5·3 [본]안동(安東) [출]서울 [주]서울 종로구 사직로8길39 김앤장법률사무소(02-3703-1114) [학]1974년 경기고졸 1978년 서울대 법과대학졸 1985년 미국 조지워싱턴대 대학원졸 [경]1978년 사법시험 합격(20회) 1980년 사법연수원 수석 수료(10기) 1980년 서울지검 검사 1983년 청주지검 영동지청 검사 1984년 법무부 검찰국 검사 1985년 同검찰제4과 검사 1987년 同검찰제2과 검사 1987년 서울지검 검사 1989년 대검찰청 검찰연구관 1991년 인천지검 검사 1992년 창원지검 충무지청장 1993년 청주지검 부장검사 1993년 법무부 검찰국 검사 1995년 同검찰4과장 1996년 수원지검 형사2부장 1997년 법무부 검찰2과장 1998년 서울지검 조사부장 1998년 同형사6부장 1999년 국회 법제사법위원회 수석전문위원 2002년 서울지검 제3차장검사 2002년 同제1차장검사 2003년 同동부지청장 2004년 서울서부지검장 2004~2005년 법무부 기획관리실장 2005~2008년 김앤장법률사무소 변호사 2006년 두산산업개발 사외이사 2007년 (주)두산건설 사외이사 2008~2009년 국가정보원 제2차장 2009년 김앤장법률사무소 변호사 2012~2016년 제19대 국회의원(서울 서초구甲, 새누리당) 2012년 국회 법제사법위원회 위원 2012년 국회 사법제도개혁특별위원회 위원 2013년 국회 국가정보원개혁특별위원회 위원 2013년 새누리당 법률지원단장 2014·2015년 국회 교육문화체육관광위원회 위원 2015년 국회 정치개혁특별위원회 위원 2016년 새누리당 제20대 총선 공직자후보추천관리위원회 위원 2016년 同제20대 총선 중앙선거대책위원회 클린선거지원본부장(부정선거감시) 2016년 김앤장법률사무소 고문변호사(현) [상]대한민국 국회의원 의정대상(2013), 전국청소년선플SNS기자단 선정 '국회의원 아름다운 말 선플상'(2015) [종]가톨릭

김회수(金會洙)

[생]1968·4·1 [주]서울 종로구 세종대로209 행정자치부 전자정부국 지역정보지원과(02-2100-3917) [학]1988년 창원중앙고졸 1993년 연세대 전자공학과졸 [경]2002년 정보통신부 전파연구소 이천분소 시험과장 2002년 同정보통신지원국 통신기획과 사무관 2003년 同정보통신지원국 통신기획과 서기관 2007년 同제2정부통합전산센터추진단 서비스2팀장 2008년 행정안전부 정부통합전산센터 보안통신기획과장 2009년 同정보자원정책과장 2010년 同정보화전략실 정보기반정책관실 정보보호정책과장 2012년 同정보화전략실 정보기반정책관실 정보보호정책과장(부이사관) 2012년 同정부통합전산센터 운영총괄과장 2013년 안전행정부 정부통합전산센터 운영총괄과장 2013년 해외 교육 파견 2014년 유엔거버넌스센터 협력국장(파견) 2016년 행정자치부 전자정부국 지역정보지원과장(현) [상]대통령표창(2003), 근정포장(2011)

김회승(金會勝) KIM HOE SEUNG

[생]1966·7·26 [출]서울 [주]서울 마포구 효창목길6 한겨레신문 편집국(02-710-0114) [학]연세대 사회학과졸 [경]1995년 한겨레신문 사회부 기자 1999년 同편집국 편집부 기자 2001년 同경제부 기자 2005년 同논설위원 2006년 同논설위원실 간사 2008년 同사회부문 24시팀장 2010년 同편집국 경제부문 재정금융팀 차장 2012년 同경영기획실 비서부장 2013년 同편집국 경제부 정책금융팀장 2014년 同한겨레경제연구소 연구위원 2015년 同편집국 사회데스크(현)

김회영(金會永) KIM Hoe Yeong

[생]1953·7·13 [본]청풍(清風) [출]충북 청주 [주]경북 경산시 하양읍 하양로13의13 대구가톨릭대학교 음악대학 작곡과(053-850-3846) [학]1979년 청주대 사범대학 음악교육과졸 1985년 미국 루이스앤드클라크대 대학원졸, 미국 오리건대 음악대학 박사과정(DMA in Composition) 수학, 미국 서던캘리포니아대 대학원 박사과정(DMA) 수학 [경]1986년 미국 LA동양선교회 청소년오케스트라 지휘 1987년 대구가톨릭대 음악대학 작곡과 전임강사·조교수·부교수·교수(현) 1996년 영남작곡가협회 회장 1996년 대구가톨릭대 음대학장보 2000~2015년 한국국민악회 이사 2002년 한국음악학회 이사(현) 2002년 대한민국창작합창축제조직위원회 사무총장 2003년 대구작곡가협회 회장 2005년 영남작곡가협회 고문(현) 2007년 대한민국창작음악연구원 추진위원대표 2008년 서울작곡포럼 수석부회장 2009년 한국공학예술학회 부회장 2010년 한국교회음악협회 이사 2010년 한국창작음악학술연구원 부원장 2012년 대구가톨릭대 음악대학장 2012년 同교육대학원 음악교육전공 주임교수 2013~2014년 同대학원 종교음악과 지도교수 2013~2015년 한국음악평론가협의회 부회장 2014년 한국공학예술학회 회장(현) 2015년 한국국민악회 부회장(현) [상]교육부장관표창(1979), 한국음악협회 공로상(2008), 대한민국창작합창축제 작품상(2회), 한국예술평론가협의회 제33회 올해의 최우수 예술가상 음악부문(2013), 한국창작음악학술연구원 한민족리더상(2016) [저]'현대음악 작곡서법' [작]'Flute Concerto & A Sympony for Altar & Vega' '바람처럼 떠나야지' '대한민국창작합창축제 광복60주년 위촉작품 「해」(박두진 詩)'(2005) 외 실내악곡·가곡 다수 [종]기독교

김회율(金會律) Whoi-Yul Kim

[생]1956·5·27 [주]서울 성동구 왕십리로222 한양대학교 융합전자공학부(02-2220-0351) [학]1980년 한양대 전자공학과졸 1983년 미국 펜실베이니아주립대 대학원 전자공학과졸 1989년 공학박사(미국 Purdue대) [경]1989~1994년 미국 Univ. of Texas at Dallas 조교수 1994년 한양대 융합전자공학부 교수(현) 2000~2002년 同정보통신원장 2009~2011년 同융합전자공학부장 2011년 同정보통신처장 2015~2016년 同교학부총장 2015년 同LINC사업단장(현)

김회재(金會在) KIM Hoi-Jae

[생]1962·11·24 [출]전남 여수 [주]광주 동구 준법로7의12 광주지방검찰청 검사장실(062-224-0077) [학]1981년 순천고졸 1988년 연세대 법학과졸 [경]1988년 사법시험 합격(30회) 1991년 사법연수원 수료(20기) 1991년 서울지검 검사 1993년 부산지검 울산지청 검사 1995년 인천지검 부천지청 검사 1997년 대구지검 검사 1999년 법무부 검찰1과 검사 2001년 서울지검 동부지청 검사 2001년 오스트리아 비엔나대 장기연수 2003년 서울지검 동부지청 부부장검사 2004년 대검찰청 검찰연구관 2006년 청주지검 제천지청장 2007년 서울동

부지검 형사6부장 2008년 同형사3부장 2009년 법무연수원 교수 2009년 광주지검 순천지청 차장검사 2010년 수원지검 안양지청 차장검사 2011년 전주지검 군산지청장 2012년 서울서부지검 차장검사 2013년 수원지검 안산지청장 2014년 법무연수원 연구위원 2015년 부산고검 차장검사(검사장급) 2015년 同검사장 대행 2015년 광주지검장(현)

김회정(金會正) Hoe Jeong Kim

[생]1966·7·1 [학]1983년 서울 대신고졸 1987년 서울대 경제학과졸 1989년 同행정대학원졸 2004년 경제학박사(미국 일리노이대) [경]1988년 행정고시 합격(32회) 1989년 행정사무관 임용 1990년 재무부 관세협력과 근무 1990년 同기획관리실 근무 1992년 同보험정책과 근무 1993년 同생명보험과 근무 1993년 同금융실명제실시단 근무 1996년 유학(미국 일리노이대) 2000년 재정경제부 재정자금과 근무 2001년 同국고과 근무 2003년 駐러시아대사관 재경관 2006년 국무조정실 파견 2007년 재정경제부 양자관세협력과장 2008년 기획재정부 양자관세협력과장 2009년 同세제실 관세제도과장 2010년 同세제실 관세제도과장(부이사관) 2010년 미래기획위원회 파견(부이사관) 2011년 통계청 기획조정관(국장급) 2012년 同통계정책국장 2013년 중앙공무원교육원 파견(국장급) 2014년 통계청 통계정책국장 2015년 기획재정부 국제금융협력국장 2016년 同대외경제국장 2016년 국제부흥개발은행(IBRD) 이사(현)

김회종(金會宗) KIM Hoe Jong

[생]1965·4·13 [출]경남 산청 [주]경남 진주시 진양호로301 창원지방검찰청 진주지청 지청장실(055-760-4301) [학]1983년 진주기계공고졸 1989년 부산대 법학과졸 1991년 同대학원졸 [경]1991년 사법시험 합격(33회) 1994년 사법연수원 수료(23기) 1994년 軍법무관 1997년 서울지검 서부지청 검사 1999년 창원지검 진주지청 검사 2001년 부산지검 검사 2003년 서울지검 검사 2004년 서울중앙지검 검사 2005년 대검찰청 검찰연구관 2007년 부산지검 공판부장 2008년 同마약·조직범죄수사부장 2009년 인천지검 외사부장 2009년 서울북부지검 형사6부장 2010년 대검찰청 조직범죄과장 2011년 서울중앙지검 강력부장 2012년 대전지검 서산지청장 2013년 서울남부지검 형사2부장 2014년 인천지검 제2차장검사 2014~2016년 서울고검 검사(법무연수원 연구위원) 2016년 창원지검 진주지청장(현)

김회철(金會喆) KIM HOI CHUL

[생]1954·7·21 [본]함창(咸昌) [출]충북 옥천 [주]경남 양산시 소주공단3길50 성우하이텍(주)(070-7477-5000) [학]대전고졸, 충남대 기계공학과졸 [경]현대자동차 상용부품개발부장 2011년 성우하이텍(주) 북경성우차과기유한공사 총경리(부사장)(현) [상]대통령표창 [종]천주교

김효겸(金孝謙) KIM Hyo Kyum (陽題)

[생]1949·11·15 [본]김해(金海) [출]충남 논산 [주]서울 마포구 와우산로94 홍익대학교 교무처(02-320-1033) [학]1969년 강경상고졸 1986년 광운대 경영학과졸 1988년 고려대 경영대학원 경영학과졸 1990년 연세대 교육대학원 교육학과졸 1994년 경영학박사(경희대) 2011년 고려대 생명과학대학원 최고경영자과정 수료 2012년 同정보통신대학원 최고경영자과정 수료 2013년 同언론대학원 최고경영자과정 수료 [경]1986~1995년 교육부 대학정책실·보통교육국·교육시설국 사무관 1995~1996년 同감사관실 서기관 1997년 한국교육개발원 교육정책본부 파견 1997~2004년 한양대·성신여대·한국교원대·한국방송통신대 강사 1997년 한국교육행정학회 회원(현) 1998년 교육부 대학지원과장 1999년 同대학행정과장 2000년 同산업교육정책과장 2001년 한국방송통신대 사무국장 2001년 한밭대 사무국장(부이사관) 2001~2007년 한국인적자원개발학회 부회장 2002년 세종연구소 파견 2003~2005년 목포대 사무국장 2003~2004년 홍익대·초당대 겸임교수 2003년 한국상업교육학회 부회장 2004~2005년 한국직업교육학회 부회장 2004~2008년 교육인적자원부 이사관 2005~2006년 한국경영교육학회 부회장 2005년 공주대 사무국장 2005~2008년 중앙인사위원회 고위공무원 2007~2008년 충북도교육청 부교육감 2007~2008년 학교법인 극동학원 이사 2007년 강경상고동문장학재단 이사(현) 2007~2008년 대한민국인재상추천심사위원 2007~2008년 기획예산처 국가재정국고심의위원 2007~2008년 대한적십자사 충북도 상임위원 2007~2008년 충북도학교안전공제회 이사장 2007년 한국인적자원개발학회 회장 2008년 충북도교육청교육감 권한대행 2008~2009년 충청타임즈 오피니언 칼럼위원 2008년 '수필시대' 수필 등단 2008년 문인학회 회원(현) 2008년 한국청아문학회 회원(현) 2008년 서울시단 회원(현) 2008년 문회운동 회원(현) 2008년 한국인적자원개발학회 고문(현) 2010~2014년 대원대 총장 2011년 '문학공간'에 詩로 등단 2011~2015년 충북일보 오피니언칼럼위원 2012년 오송화장품뷰티세계박람회 조직위원 2012년 새누리당 제18대 대통령중앙선거대책위원회 직능특보 2013년 한국상업교육학회 회장 2013년 충주세계조정선수권대회 조직위원 2013년 제천경찰서 교육자문위원장 2013년 국민일보 칼럼리스트 2013년 제2회 대한민국평생학습박람회 조직위원 2013년 한국상업교육학회 회장 2014년 홍익대 초빙교수(현) 2014년 한국상업교육학회 고문(현) 2015년 대통령 민주평화통일자문회 자문위원(현) 2015년 행정자치부 공익산업선정위원회 위원장(현) 2015년 충청일보 칼럼위원(현) [상]모범공무원표창(1983), 연세대 교육대학원 학업성적우수상(1990), 근정포장(1992), 홍조근정훈장(2009) [저]'보람으로 점철된 희망교육'(2008, 수필과비평사) '맨발의 용기'(2009, 문예운동사) '인적자원개발론(共)'(2010) '세상 바라보기'(2013, 문예운동사) [종]불교

김효남(金孝南) KIM Hyo Nam

[생]1953·4·23 [본]김해(金海) [출]전남 해남 [주]전남 무안군 삼향읍 오룡길1 전라남도의회(061-286-8200) [학]2003년 성화대 국제관광경영과졸 [경]해남군수산업협동조합 조합장, 수협중앙회 비상임이사, 한국수산회 이사, 해남군수산업협동조합 비상임이사, 해남군수협 제18대 대의원, 해남군생활체육회 이사, 남북지역균형발전협의회 전남지회장, 해남군명량해전연구회 고문(현) 2010년 전남도의회 의원(민주당·민주통합당·민주당·새정치민주연합) 2010년 同농수산환경위원회 위원 2010~2011년 同F1대회지원특별위원회 위원장, 전남도 도립공원위원회 위원, 同수산조정위원회 위원, 한국해양산업발전협의회 이사, 전남도 시도계획심의위원회 위원 2011년 민주통합당 전남도당 수산업특별위원장 2011년 同해남군지역위원회 부위원장 2011년 同전남도당 농어민위원장 2012년 전남도의회 예산결산특별위원회 위원 2012년 同건설소방위원회 위원 2012년 同윤리특별위원회 위원 2012년 同FTA대책특별위원회 위원 2013년 민주당 전남도당 부위원장 2014년 전남도의회 의원(새정치민주연합·더불어민주당·국민의당)(현) 2014년 同농수산위원회 위원장 2016년 同교육위원회 위원(현) 2016년 同여성정책특별위원회 위원(현)

김효명(金曉鳴) KIM Hyo Myung

[생]1957·11·21 [출]서울 [주]서울 성북구 인촌로73 고려대학교의료원 부속실(02-920-5114) [학]1982년 고려대 의대졸 1985년 同대학원졸 1992년 의학박사(고려대) [경]1986년 국군마산병원 군의관 1989년 고려대 의대 안과학교실 전임강사·조교수·부교수·교수(현), 同안암병원 안과 전문의(현) 2011년 한국백내장굴절수술학회 회장 2013~2015년 고려대 의과대학장 겸 의학전문대학원장 2015년 同의료원장 겸 의무부총장(현) 2016년 대한병원협회 부회장(현) [종]기독교

김효명(金孝明) KIM Hyo Myung

[생]1958·11·20 [본]청풍(淸風) [출]강원 삼척 [주]대구 동구 첨단로7 신용보증기금 비서실(053-430-4013) [학]1976년 서울대사대부고졸 1982년 건국대 행정학과졸 1987년 同대학원 행정학과졸 1997년 미국 미주리대 행정대학원졸(MPA) 2010년 행정학박사(건국대) [경]1982년 행정고시 합격(26회) 1997년 국무총리 정무비서관실 과장 1998년 국무총리 민정비서관실 과장 2001년 호주 퀸즐랜드주 정부 파견 2003년 국무조정실 일반행정심의관실 과장 2004년 同기업애로해소센터 사무국장 2004년 同인적자원개발·연구개발기획단 총괄팀장 2006년 同제주특별자치도추진기획단 기획총괄팀장(국장급) 2006~2007년 同제주특별자치도지원위원회 영어교육도시총괄기획관 2008년 중앙공무원교육원 고위정책과정 수료 2009년 국무총리실 국정운영실 일반행정정책관 2010년 同규제개혁실 규제총괄정책관 2012~2013년 새누리당 정책위원회 수석전문위원 2013~2015년 국무조정실 세종특별자치시지원단장(고위공무원) 2015년 신용보증기금 상임이사(현) [저]'제주특별자치도의 이해(共)'(2008, 대영문화사)

김효붕(金孝鵬) KIM Hyo Boong

[생]1966·8·20 [출]광주 [주]경기 부천시 원미구 상일로127 인천지방검찰청 부천지청(032-320-4000) [학]1984년 광주 살레시오고졸 1988년 서울대 공법학과졸 [경]1996년 사법시험 합격(38회) 1999년 사법연수원 수료(28기) 1999년 서울지검 의정부지청 검사 2001년 광주지검 해남지청 검사 2002년 전주지검 검사 2004년 광주지검 검사 2006년 同순천지청 검사 2008년 인천지검 검사 2011년 서울북부지검 검사 2011년 同부부장검사 2012년 서울중앙지검 부부장검사 2013년 수원지검 평택지청 부장검사 2014년 대구지검 김천지청 부장검사 2015년 의정부지검 공판송무부장 2016년 인천지검 부천지청 부장검사(현)

ㄱ

김효석(金孝錫) KIM Hyo Seuk

[생]1949·7·15 [본]광산(光山) [출]전남 장성 [학]1968년 광주제일고졸 1972년 서울대 경영학과졸 1981년 미국 조지아대 대학원 경영학과졸 1984년 경영학박사(미국 조지아대) [경]행정고시 합격(11회) 1984~2000년 중앙대 경영학부 교수 1989년 한국경영과학회 학술이사 1991년 중앙대 국제경영대학원 교학부장 1992년 정부투자기관 MIS 평가위원 1994년 중앙대 전산센터소장 겸 슈퍼컴연구소장 1998년 同경영대학장 1998~2000년 정보통신정책연구원 원장 1998년 대통령자문 정책기획위원 1998년 제2의건국범국민추진위원회 기획위원 2000년 제16대 국회의원(담양·곡성·장성, 새천년민주당) 2001년 한국경영정보학회 회장 2002년 새천년민주당 제2정책조정위원장 2004년 제17대 국회의원(담양·곡성·장성, 새천년민주당·민주당·대통합민주신당·통합민주당) 2004년 새천년민주당 정책위원회 의장 2005년 민주당 정책위원회 의장 2005년 同담양·곡성·장성지역운영위원회 위원장 2006년 同원내대표 2007년 대통합민주신당 원내대표 2007~2008년 국회 운영위원장 2008년 통합민주당 원내대표 2008년 제18대 국회의원(담양·곡성·구례, 통합민주당·민주당·민주통합당) 2008년 민주당 당무위원 2008년 同민주정책연구원장 2008년 同뉴민주당비전위원회 위원장 2009년 국제의회연맹(IPU) 부의장 2010년 민주당 전남도당 위원장 2012년 민주통합당 서울강서乙지역위원회 위원장 2012년 제19대 국회의원선거 출마(서울 강서乙, 민주통합당) 2013년 민주당 서울강서乙지역위원회 위원장 2013년 국민과함께하는새정치추진위원회 공동위원장 2014년 새정치연합 창당준비위원회 공동위원장 2014년 민주당·새정치연합 신당창당추진단장 2014년 새정치민주연합 최고위원 [저]'공인회계사를 위한 회계감사 샘플링론'(1988) '경상계 통계학'(1989) '경영마인드와 PC의 만남'(1991) '비즈니스 프로세스 리엔지니어링'(1993) '리엔지니어링 열풍 그후(共)'(1995) '新산업혁명 전자상거래'(1999) '정보사회와 컴퓨터(共)'(1999) '디지털 경제시대의 경영정보시스템(共)'(2000) '뉴민주당, 그 거대한 기쁨'(2010) [종]기독교

김효선(金孝鮮·女) KIM Hyo Seon

[생]1961·10·20 [출]서울 [주]서울 마포구 월드컵북로6길69 IK빌딩5층 여성신문 사장실(02-2036-9205) [학]1984년 이화여대 사회학과졸 1987년 同대학원 여성학과졸 [경]1988년 여성신문 객원기자 1989년 同차장 1989~2000년 同편집국장·이사 1993년 同부장 1997년 제15대 대통령후보 초청 TV여성정책토론회 진행책임 겸 패널리스트 2000년 여성부 정책기획 의원 2000년 (사)21세기여성미디어네트워크 공동대표(현) 2000년 (재)한국여성재단 기획홍보위원 2000~2001년 (주)우먼드림 사장 2001~2003년 (주)비즈우먼 사장 2002년 제16대 대통령후보 초청 TV여성정책토론회 패널리스트 2002년 여성신문 부사장 2003년 同발행인 겸 대표이사 사장(현) 2005~2010년 서울시 여성위원회 여성정책분과위원회 위원 2005~2009년 한국양성평등교육진흥원 이사 2006년 서울시장직무인수위원회 여성가족분과 위원 2007년 문화관광부 양성평등문화정책실무협의회 자문위원 2007년 서울시 창의서울포럼 복지분과 부위원장 2007년 국가이미지개발위원회 위원 2007년 대한적십자사 i-redcross위원회 위원(현) 2008년 (사)한국소비자교육지원센터 부회장 2010년 게임문화재단 이사 2012년 여성가족부 정책자문위원(현) 2012년 육군 정책홍보자문위원(현) 2013년 (재)한국여성재단 위원장 2013년 同기획홍보위원회 위원장·이사(현) 2013년 국회의장자문 여성아동미래비전자문위원회 위원 2013년 미래포럼 운영위원·이사(현) 2015년 대한적십자사 RCY사업후원회 부회장(현) 2015년 (재)제주여성가족연구원 연구자문위원(현) [상]이화언론인클럽 올해의 이화언론인상(2006), 한국여성경제인협회 모범여성기업인상 서울시장표창(2007) [저]'우리시대의 결혼이야기'(1994, 여성신문사) '당당하고 진실하게 여자의 이름으로 성공하라'(2003, 푸른숲)

김효섭(金孝燮)

[생]1956·1·28 [주]서울 서초구 서초대로74길4 (주)삼성중공업 임원실(02-3458-7000) [학]충주고졸, 부산수산대 기관학과졸 [경](주)삼성중공업 가공1부장 2006년 同의장1팀장(상무보) 2008년 同의장1팀장(상무) 2012년 同의장1팀장(전무) 2014년 同해양생산담당 전무 2014년 同외업2담당 전무 2014년 同거제조선소장(전무) 2015년 同부사장(현)

김효성(金孝成) KIM Hyo Sung

[생]1941·7·7 [본]김녕(金寧) [출]대전 [학]1960년 대전고졸 1965년 서울대 법대 법학과졸 1978년 同행정대학원졸 1994년 국방대학원 수료 2003년 명예 경영학박사(한국산업기술대) [경]1966년 공군 중위 1972년 행정고시 합격(11회) 1972년 교통부 입부 1974년 대통령비서실 근무 1978~1987년 상공부 수출진흥·제철과장 1987년 공업진흥청 기획관리관 1988년 駐영국대사관 상무관 1991년 특허청 관리국장 1991년 상공부 감사관 1992년 同중소기업국장 1994년 상공자원부 석유가스국장 1995년 통상산업부 자원정책실 제1심의관 1996년 신한국당 제2정책조정위원회 상근연구위원 1996년 특허청 항고심판소장 1997년 중소기업청 차장 1997~2004년 대한상공회의소 부회장 겸 서울상공회의소 상근부회장 2003년 국가균형발전추진위원회 위원 2003년 경희대·경기대·서경대 겸임교수 2005~2011년 삼양제넥스 사외이사 2007년 두산산업개발 사외이사 2007~2014년 서경대 교양과정부 석좌교수 2007~2014년 시장경제연구원 이사 [상]국민훈장 동백장(2001) [저]'선진국의 수출입관리제도'

김효수(金孝洙) Hyo-Soo Kim

[생]1959·3·26 [본]김해(金海) [출]부산 [주]서울 종로구 대학로101 서울대병원 순환기내과(02-2072-2226) [학]1984년 서울대 의대졸 1987년 同대학원 의학석사 1994년 의학박사(서울대) [경]1984~1988년 서울대병원 수련의·전공의 1988~1991년 국군 서울지구병원 101여단 군의관 1989년 국군 서울지구병원 심장내과 과장 1991년 서울대병원 심혈관내과 전임의 1992년 일본 동경대 의학부 제3내과(혈관생물학) 객원연구원 1994년 서울대 의과대학 내과학교실 전임강사·조교수·부교수·교수(현) 2003년 대한순환기학회 교과서편찬위원·대외협력위원 겸 학술위원·연구위원간사 2003년 한국지질동맥경화학회 학술위원장·보험법제위원장·감사·무임소이사 2005~2006년 제5차 아시아태평양동맥경화학술대회 학술위원장 2005년 Annual SEOUL International Conference on Cardiovascular Research of Stem Cell & Vascular Biology 공동조직위원장 2005년 한국과학기술한림원 정회원(현) 2006년 서울대병원 심혈관내과 중환자진료실장 2006년 한국줄기세포학회 학술이사 2006년 대한내과학회 간행위원 2006년 Annual ENCORE SEOUL: International Conference on Cardiovascular Meeting 공동조직위원장 2006년 '줄기세포를 이용한 심근경색 치료기술' 개발 2008년 대한심장학회 학술이사·연구이사·정책이사(현) 2009년 서울대병원 첨단세포·유전자치료센터장(현) 2012년 同순환기내과장 2014년 보건복지부지정 선도형세포치료연구사업단장(현) [상]젊은연구자상(1995), 학술연구비대상(1997·2002), 대한내과학회 우수논문상(1999·2003), 대한순환기학회 우수논문상(1999), 제6회 함춘내과학술대상(2004), SCI Impact Factor상(2005·2006·2007), 2004 SCI저작상(2005), 2005 함춘학술대상(2006), 과학기술부 국가연구개발 우수성과 100선 선정(2006), 보건복지부 우수연구자(2006), 아산사회복지재단 아산의학상(2008), 서울대 우수연구상(2008), 서울대 의과대학 지석영상(2008·2009·2010), 한국연구재단 대표우수성과(2009), 분쉬의학상 본상(2014) [저]'순환기학(共)'(2002) '임상내과학 Ⅰ·Ⅱ(共)'(2004) '심장학교과서(共)'(2004) '2005최신지견 내과학(共)'(2005) '진료실에서 궁금한 고혈압, 당뇨 의문사항77선(共)'(2006)

김효순(女)

[생]1960·3·27 [주]부산 부산진구 중앙대로993 부산고용센터(051-860-2142) [학]1984년 전남대 심리학과졸 2008년 미국 컬럼비아대 대학원 정책학과졸 [경]2001~2002년 시흥고용센터 소장 2002년 노동부 노정국 노동조합과 2005년 同공공노사관계팀장 2006~2008년 국외 파견 2008년 노동부 고령자고용과 근무 2009년 중앙노동위원회 심판2과장 2010~2013년 駐일본대사관 참사관 2013년 대전지방고용노동청 보령지청장 2014년 고용노동부 직업능력평가과장 2016년 부산지방고용노동청 부산고용센터 소장(현)

김효원(金孝源) KIM Hyo Won

[생]1954·9·10 [출]서울 [주]서울 중구 세종대로9길42 부영빌딩13층 해외건설협회 정보기획본부(02-3406-1010) [학]1973년 서울고졸 1981년 한양대 토목공학과졸 [경]1980~1986년 (주)한양 근무 1986~2003년 해외건설협회 지역1실장·사업성평가실장·정보기획실장 2003년 同전무이사 2008년 同종합정보센터장 겸 사업지원본부장(전무) 2009년 同정보기획본부장(전무)(현) [상]건설교통부장관표창(1996)

김효은(金孝恩) KIM Hyo Eun

[생]1936·6·21 [본]김해(金海) [출]경남 창원 [주]경기 용인시 처인구 모현면 이일로196 사회복지법인 청지기재단(031-339-9993) [학]1956년 진해고졸 1961년 중앙대 법학과졸 1986년 서울대 행정대학원 수료 1998년 중앙대 사회개발대학원졸 [경]1976년 경북 영양경찰서장 1979년 서울시경 기동대장 1979년 서울 종암경찰서장 1981년 서울시경 경비과장 1983년 치안본부 경비과장 1986년 同대공1부장 1987년 인천시경 국장 1988년 치안본부 제2차장 1989년 대통

령 치안비서관 1991년 경찰청 차장 1992년 서울지방경찰청장 1992년 사랑의교회 장로 1993년 경찰청장 1995년 사회복지법인청지기재단 이사장(현), 同예닮마을양로원 대표이사(현) [상]홍조·황조·녹조근정훈장, 대통령표창, 체육훈장 거상장, 건국포장 [종]기독교

김효은(金孝恩·女) Kim Hyo-eun

[생]1967·9·11 [주]서울 종로구 사직로8길60 외교부 인사운영팀(02-2100-7141) [학]1990년 연세대 정치외교학과졸 1996년 미국 워싱턴대 대학원 국제관계학과졸 [경]1992년 외무고시 합격(26회) 1992년 외무부 입부 1998년 駐유엔 2등사무관 2001년 駐루마니아 1등서기관 2006년 외교통상부 다자통상국 세계무역기구과장 2008년 同기후변화환경과장 2009년 同기후변화팀장 2010년 駐OECD대표부 참사관 2013년 글로벌녹색성장연구소(GGGI) 기획정책국장 2016년 駐세네갈 대사(현)

김효재(金孝在) KIM Hyo Jae

[생]1952·5·14 [출]충남 보령 [주]서울 영등포구 국회대로 70길18 새누리당(02-3786-3000) [학]휘문고졸 1980년 고려대 사회학과졸, 同언론대학원 신문방송학과졸, 미국 조지타운대 대학원 국제정치학과 수료 [경]1979~1992년 조선일보 사회부·국제부 기자·사회부 차장대우 1994년 同경인취재본부장 1996년 同사회부 차장 1997년 同국제부장 1998년 同문화부장 1999년 同기획취재부장 2000년 同부국장대우 편집위원 2000년 同부국장대우 독자부장 2001년 同편집국 부국장(행정담당 및 월드컵준비팀장) 2002년 同판매국장 직대 2003년 한국신문협회 판매협의회장 2004년 조선일보 논설위원 2004~2006년 (주)일광 대표이사 2007년 한나라당 이명박 대통령후보 언론특보 2007~2008년 제17대 대통령직인수위원회 기획조정분과위원회 자문위원 2008~2011년 제18대 국회의원(서울 성북乙, 한나라당) 2008~2009년 한나라당 대표최고위원 비서실장 2011년 가락중앙청년회 회장 2011~2012년 대통령 정무수석비서관 2012년 한국전쟁기념재단 이사(현) 2013~2015년 국방대 안전보장대학원 교수 2016년 새누리당 서울성북乙당원협의회 운영위원장(현) 2016년 제20대 국회의원선거 출마(서울 성북乙, 새누리당) [저]'각하 찢어버립시다'

김효전(金孝全) KIM Hyo Jeon

[생]1945·8·28 [출]서울 [주]부산 서구 구덕로225 동아대학교 법학전문대학원(051-200-8512) [학]중동고졸 1968년 성균관대 법학과졸 1970년 서울대 대학원졸 1981년 법학박사(서울대) [경]1971~1974년 서울대 법학연구소 조교 1974~1975년 同교양과정부 강사 1979~1990년 동아대 법학과 전임강사·조교수·부교수 1980년 정부 헌법개정심의위원회 전문위원 1982~1984년 독일 Freiburg대 교환교수 1987~1988·1993~1995년 동아대 법대 학장 1996~1997년 미국 Berkeley Univ. 교환교수 1990~2010년 동아대 법대 헌법전공 교수, 同법학전문대학원 교수 1995년 사법시험 시험위원 2002~2003년 한국공법학회 회장 2003년 同고문 2009년 동아대 법학전문대학원장 2010년 同법학전문대학원 명예교수(현) 2010년 대한민국학술원 회원(헌법학·현) [상]한국공법학회 학술장려상(1986), 국민훈장(1998), 현암법학저작상(1999), 부산시 문화상(2001) [저]'헌법학' '독일헌법학설사'(編) '韓國憲法史(上)'(共) '국가와 사회의 헌법이론' '헌법논집 Ⅰ·Ⅱ·Ⅲ' '서양 헌법이론의 초기수용' '비교헌법론' '주권론' '독재론' '헌법정치60년과 김철수 헌법학' '근대 한국의 국가사상-국권회복과 민권수호' '근대 한국의 법제와 법학'(2007) '김효전교수 약력 및 저작목록'(2010, 동아법학 제48호) '법관양성소와 근대 한국'(2014, 소명출판) [역]'일반국가학' '파르티잔-그 존재와 의미-' '헌법의 수호자' '급부국가에 있어서의 기본권' '독일연방공화국에 있어서의 외국인의 국법상의 지위' '기본권과 기본의무' '칼 슈미트의 헌법이론에 대한 윤리적 비평' '파시즘에 있어서의 헌법사상의 몰락' '슈미트와 스멘트의 헌법이론' '반대물의 복합체: 20세기 법학과 정신과학에서 카를 슈미트의 위상(編)'(2014) 등 [종]기독교

김효정(金孝晶·女) KIM Hyo Jeong

[생]1975·8·30 [본]해풍(海豊) [출]강원 강릉 [주]세종특별자치시 도움6로11 국토교통부 기획조정실(044-201-3352) [학]강릉여고졸, 중앙대 행정학과졸 [경]2000년 행정고시 합격(44회), 건설교통부 신도시기획과 사무관 2005년 同주택정책팀 사무관 2008년 국토해양부 산업입지정책과 사무관 2009년 同산업입지정책과 서기관 2010년 同교통정책실 자동차생활과 서기관 2011년 同교통정책실 자동차보험팀장 2011년 국가건축정책기획단 파견 2012년 국토해양부 주거복지기획과장 2013년 국토교통부 주택토지실 주거복지기획과장 2014년 휴직(과장급) 2015년 국토교통부 기획조정실 규제개혁법무담당관(현)

김효종(金曉鍾) Kim Hyo-jong

[생]1943·1·17 [출]대전 [주]서울 중구 세종대로9길20 법무법인 충정(02-750-9001) [학]1961년 경기고졸 1965년 서울대 법학과졸 1969년 同사법대학원 수료 [경]1967년 사법시험 합격(8회) 1969년 공군 법무관 1972년 대구지법 판사 1980년 서울고법 판사 1982년 대법원 재판연구관 1983년 대구지법 김천지원장 1986~1991년 서울형사지법·서울민사지법 부장판사 1991년 대구고법 부장판사 1992년 대전고법 부장판사 1993년 서울고법 부장판사 1993년 서울형사지법 수석부장판사 1995년 서울고법 부장판사 1998년 서울지법 북부지원장 1999년 법원행정처 차장 1999년 인천지법원장 2000년 서울지법원장 2000~2006년 헌법재판소 재판관 2006년 법무법인 한승 고문변호사 2009년 법무법인 충정 고문변호사(현) [종]유교

김효종(金孝鍾) Kim Hyo Jong

[생]1957·7·18 [주]서울 동대문구 경희대로23 경희대학교병원 소화기내과(02-958-8147) [학]경희대 의대졸, 同대학원졸, 의학박사(경희대) [경]경희대 의과대학 소화기내과학교실 교수(현) 1990~1991년 경희의료원 임상연구원, 대한소화기내시경학회 편집위원장 2010년 경희대병원 소화기내과 과장 2011~2013년 대한장연구학회 회장 2011~2015년 경희대병원 소화기센터장 2014~2015년 아시아크론병대장염학회(AOCC) 회장 2015년 경희대병원 염증성장질환센터장(현) 2016년 경희대의료원 대외협력본부장 겸 교류협력실장(현)

김효주(金孝周·女) KIM Hyo Ju

[생]1995·7·14 [출]강원 원주 [학]2014년 대원외고졸 2016년 고려대 체육교육과 3년재학 중 [경]2009년 제13회 익성배 매경아마추어골프선수권대회 우승 2010년 골프 여자 국가대표 2010년 제32회 퀸시리키트컵 아시아태평양여자아마추어골프대회 개인전 우승 2010년 제17회 매경 빅야드배 전국중고등학생골프대회 개인전 우승 2010년 KLPGA 러시앤캐시채리티클래식 J골프시리즈 3위 2011년 제9회 호심배 아마추어골프선수권대회 여자부 우승 2011년 제18회 송암배 아마추어골프선수권대회 여자부 우승 2012년 제5회 KLPGA투어 롯데마트여자오픈 우승 2012년 일본여자프로골프(JLPGA)투어 산토리레이디스오픈 우승 2012년 제10회 호심배 아마추어골프선수권대회 여자부 우승 2012년 제36회 강민구배 한국여자아마추어선수권대회 우승 2012년 미국여자프로골프(LPGA)투어 에비앙마스터스 공동4위 2012년 대만여자프로골프(TLPGA) 스윙잉스커츠오픈 우승 2012년 롯데그룹 후원계약 후 프로데뷔(현) 2012년 KLPGA투어 현대차 차이나 레이디스오픈 우승 2013년 KLPGA투어 KG·이데일리 레이디스오픈 공동2위 2013년 KLPGA투어 E1 채리티오픈 2위 2013년 KLPGA투어 MBN김영주골프 여자오픈 2위 2013년 KLPGA투어 KB금융 스타챔피언십 공동3위 2013년 SBS골프 슈퍼이벤트 2013LG패션 왕중왕전 2위 2014년 열린의사회 홍보대사 2014년 KLPGA투어 제4회 롯데 칸타타 여자오픈 3위 2014년 KLPGA투어 기아자동차 제28회 한국여자오픈 우승 2014년 KLPGA투어 금호타이어 여자오픈 우승 2014년 KLPGA투어 한화금융 클래식 우승 2014년 대한장애인컬링협회 홍보대사 2014년 LPGA투어 에비앙 챔피언십 우승 2014년 KLPGA투어 하이트진로 챔피언십 우승 2014년 KLPGA투어 KB금융 스타챔피언십 우승 2014년 KLPGA투어 서울경제 레이디스클래식 2위 2014년 롯데그룹 후원재계약(5년간 65억원 + 인센티브(우승 시 상금의 70%, 5위 이내 30%) 별도)(현) 2014년 KLPGA투어 현대차 중국여자오픈 우승 2015년 LPGA투어 JTBC 파운더스컵 우승 2014년 KLPGA투어 금호타이어 여자오픈 우승(2연패) 2015년 KLPGA투어 2016시즌 개막전 '2015 현대차 중국여자오픈' 2위 2016년 LPGA투어 퓨어실크 바하마 클래식 우승 [상]대한골프협회 2011최우수아마선수상(2012), 대한골프협회 2012 최우수 아마선수상(2013), 한국여자프로골프(KLPGA)투어 신인상·최저평균타상(2013), KLPGA투어 상금왕(12억원)·다승상(5승)·최저타상·대상(2014), 한국골프기자단 선정 '2014 베스트 플레이어 트로피'(2014), KLPGA투어 국내특별상(2015)

김효준(金孝俊) KIM Hyo Joon

[생]1957·2·15 [출]서울 [주]서울 중구 퇴계로100 스테이트타워남산14층 BMW코리아(주) 임원실(02-3441-7800) [학]1975년 덕수상고졸 1997년 한국방송통신대 경제학과졸 2000년 연세대 경영대학원 국제경영학과졸 2001년 서울대 경제연구소 세계경제최고전략과정 수료 2005년 서울과학종합대학원 최고경영자과정 수료 2007년 경영학박사(한양대) 2008년 Wharton-KMA 최고경영자과정 수료 2014년 고려대 미래성장연구소 미래성장최고지도자과정(FELP) 수료 [경]1979년 하트포드화재보험 경리과장 1986년 (주)한국

신텍스 이사 1994년 同대표이사 부사장 1995년 BMW코리아(주) 상무이사 1997~2002년 駐韓유럽상공회의소 자동차분과 위원장 1998년 BMW코리아(주) 부사장 2000년 同대표이사 사장(현) 2000~2006년 한국외국기업협회(FORCA) 부회장 2001~2003년 21세기전문경영인포럼 회장 2002~2005년 (사)서울클럽 보드멤버 2003~2006년 산업자원부 국제협력투자정책평가위원회 위원 2003년 BMW그룹 Senior Executive 2005~2007년 (사)다국적기업최고경영자협회(KCMC) 부회장 2005년 한독경상학회 이사(현) 2005년 (재)유럽·코리아재단 감사(현) 2005년 한국기업사례연구학회 이사(현) 2005~2006년 駐韓유럽상공회의소 자동차위원회 위원장 2005~2012년 한국능률협회 경영자교육위원회 위원 2005~2006년 산업자원부 주최 '대한민국 브랜드대상' 심사위원 2006~2007년 駐韓한독상공회의소 이사 2006~2009년 서울대 국제대학원 EU연구센터 자문위원 2007~2008년 한국외국기업협회(FORCA) 수석부회장 2007~2008년 다국적기업최고경영자협회(KCMC) 회장 2007~2011년 駐韓한독상공회의소(KGCCI) 부회장 2008년 연세대 경영대학 겸임교수(현) 2008년 이화여대 경영대학 겸임교수(현) 2009년 동국대 경영대학 겸임교수(현) 2010년 한양대 산학협력단 특임교수(현) 2011년 서강대 기술경영대학원 겸임교수(현) 2011~2015년 駐韓한독상공회의소(KGCCI) 이사 2011년 BMW Korea Future Fund 이사장 2011~2013년 행정안전부 지방자치단체합동평가위원회 위원 2012년 대한무역투자진흥공사 Invest KOREA Advisory Council(IKAC) 위원(현) 2012년 (사)현대미술관회 이사(현) 2013년 한국능률협회 경영자교육위원회 위원장(현) 2013년 BMW그룹 수석부사장(현) 2013~2015년 한국방송통신대 프라임칼리지 석좌교수 2014년 연세대 경영대학 Global Advisory Board Member(현) [상]Syntex Group Chairman's Recognition Award-Best 5 in the World, 연세대 경영대학원 연세경영자상(2001), 자랑스런 방송대인상(2005), 아시아유럽미래학회 국제통상부문 글로벌CEO대상(2007), 한국국제경영학회 박사학위부문 우수논문상(2007), 엑설런스코리아 선정 '2007년을 빛낸 한국의CEO 1위'(2007), 미국국제경영학회(AIB)·미국경영학회(AOM) 2008우수논문 선정(2008), 매경이코노미 선정 '한국의 경영대가 5위'(2010), 동아일보 선정 '10년 뒤 한국을 빛낼 100인'(2012), 한국능률협회 선정 제46회 한국의경영자상(2014), 매경이코노미 선정 '한국의 100대 CEO'(2014·2015), 한국경영사학회 CEO대상(2015), 한국인사조직학회 피플어워드(2016) [저]'나의 꿈은 Global CEO(共)'(2003) '젊은 심장, 세계를 꿈꿔라(共)'(2009)

김효중(金孝重) Kim Hyo Joong

[생]1962·2·17 [본]경주(慶州) [출]경북 영덕 [주]대구 북구 원대로128 연우빌딩1층 연합뉴스 대구·경북취재본부(053-521-2636) [학]1981년 경북고졸 1988년 경북대 독어교육과졸 [경]1989년 연합통신 입사 2000년 연합뉴스 대구·경북취재본부 기자 2009년 同대구·경북취재본부 기자(부장급) 2012년 同대구·경북취재본부 기자(부국장대우) 2015년 同대구·경북취재본부장(현)

김후곤(金煦坤) KIM Hoo Gon

[생]1965·10·2 [출]경남 남해 [주]서울 서초구 반포대로 157 대검찰청 대변인실(02-3480-2100) [학]1984년 경동고졸 1991년 동국대 법학과졸 2004년 미국 조지워싱턴대 Law School 방문연구과정 수료 [경]1993년 사법시험 합격(35회) 1996년 사법연수원 수료(25기) 1996년 서울지검 북부지청 검사 1998년 대구지검 안동지청 검사 1999년 수원지검 검사 2001년 창원지검 통영지청 검사 2002년 법무부 송무과 검사 2004년 서울중앙지검 검사 2008년 부산지검 검사 2008년 방송통신위원회 법률자문관 2009년 부산지검 부부장검사 2010년 창원지검 거창지청장 2011년 대검찰청 정보통신과장 2013년 수원지검 특별수사부장 2013~2015년 공공데이터제공분쟁조정위원회 위원 2014년 서울중앙지검 특별수사1부장 2015년 대구지검 서부지청 형사1부장 2016년 대검찰청 대변인(현)

김후균(金厚均) KIM HOO KYOON

[생]1970·2·9 [출]경북 포항 [주]서울 서초구 반포대로 158 서울중앙지방검찰청 형사3부(02-530-4152) [학]1987년 대구 경원고졸 1994년 경북대 법학과졸 1997년 同대학원 법학과 수료 [경]1996년 사법시험 합격(38회) 1999년 사법연수원 수료(28기) 1999년 대구지검 검사 2001년 同상주지청 검사 2002년 서울지검 의정부지청 검사 2004년 부산지검 검사 2006년 서울중앙지검 검사 2009년 수원지검 검사 2011년 법무부 감찰담당관실 검사 2013년 대구지검 의성지청장 2014년 대검찰청 마약과장 2015년 同조직범죄과장 2016년 서울중앙지검 형사3부장(현)

김후란(金后蘭·女) KIM Hu Ran

[생]1934·12·26 [출]서울 [주]서울 중구 퇴계로26길65 (사)자연을사랑하는문학의집서울(02-778-1026) [학]1953년 부산사범학교졸 1955년 서울대 사범대 가정교육학과 수학 [경]1955년 월간 '새벽' 기자 1957년 한국일보 문화부 기자 1959년 '현대문학' 詩부문 추천 문단등단 1962년 서울신문 문화부 차장 1967년 경향신문 문화부 차장 1971~1980년 부산일보 논설위원 1980~1988년 대한적십자사 홍보자문위원 1981~1983년 KBS '라디오서울' 시사칼럼 집필 1982년 한국여성유권자연맹 부회장 1983년 한국여성개발원 부원장 1985~1989년 同원장 1985년 여성정책심의위원 1985년 한국문인협회 이사, 同고문(현) 1986년 범민족올림픽추진서울시협의회 부회장 1988년 최은희(崔恩喜)여기자상 심사위원장 1988~1999년 공연윤리위원·영화심의위원회 의장 1989~1999년 간행물윤리위원회 위원·제1분과심의위원장 1990~1996년 한국방송광고공사 공익자금관리위원 1991년 한국여성정치연맹 부총재 1993~1997년 정부공직자윤리위원회 위원 1995~1997년 방송문화진흥회 이사 1996~1998년 국제펜클럽 한국본부 부회장, 同고문(현) 1997~2002년 서울시 자랑스런 시민·공무원賞 功績심사위원 1998~2004년 생명의숲국민운동 공동대표 1998~2000년 한국여성문학인회 회장 2000년 同고문(현) 2001년 (사)자연을사랑하는문학의집서울 이사장(현) 2003~2011년 성숙한사회가꾸기모임 공동대표 2004~2012년 생명의숲국민운동 이사장 2004년 한국문학관협회 회장 2009년 대한민국예술원 회원(시·현), 한국시인협회 고문(현), 한국심장재단 이사(현) 2012년 생명의숲국민운동 고문(현) 2014년 대한언론인회 자문역(현) [상]현대문학상(1969), 월탄문학상(1977), 한국문학상(1994), 국민훈장 모란장, 서울시 문화상(2000), 효령대상 문화부문(2005), 국제펜클럽 한국본부 펜문학상(2006), 비추미여성대상 달리상 문화·언론·사회공익부문(2007), 한국시인협회상(2013), 은관문화훈장(2014), 녹색문학상(2015) [저]시집 '장도와 장미'(1968) '음계'(1971) '꽃망울 필 때'(1981) '눈의 나라 시민이 되어'(1982) '사랑은 아직 말하지 않았다'(1986) '둘이서 하나이 되어'(1986) '숲이 이야기를 시작하는 이 시각에'(1990) '서울의 새벽'(1994) '우수의 바람'(1994) '나이를 잊어버린 자에게만 들리는 은밀한 소리'(1995) '따뜻한 가족'(2009) 장편서사시 '세종대왕'(1975) 시전집 '사람사는 세상에'(1985) '시인의 가슴에 심은 나무는'(2006) '새벽, 창을 열다'(2012) '존재의 빛'(2012) '비밀의 숲'(2014) 시화집 '아름다운 나라'(1996) 수필집 '태양이 꽃을 물들이듯'(1976) '예지의 뜰에 서서'(1977) '너로 하여 우는 가슴이 있다'(1982) '오늘 만나는 우리들의 영혼은'(1985) '사랑과 사색이 있는 오솔길'(1985) '외로움을 앓는 작은 풀꽃을 위하여'(1985) '눈으로 마음으로'(1985) '맨 처음 눈을 뜬 백조는'(1987) '새를 날리는 꿈'(1989) '사랑가꾸기'(1989) '그대는 마음을 열었는가'(1990) '영혼의 불을 켜고'(1991) '혼자서도 혼자가 아닌 너'(1994) '살아가면서 주운 조그만 행복'(1995) '사랑의 파수꾼'(1996) 방송칼럼집 '사랑이 그대에게 말할 때'(1982) 동화집 '노래하는 나무'(1992) '덕이 (나무도 말을 하겠지?)'(2010) [종]천주교

김후성

[생]1972 [주]경기 수원시 영통구 삼성로129 삼성전자(주) 메모리사업부 플래시PE팀(031-200-1114) [학]1990년 성남고졸 1997년 인하대 전기공학과졸 2005년 고려대 대학원 전자공학과졸 [경]1997년 삼성전자(주) 메모리사업부 SRAM팀 근무 2003년 同메모리사업부 NVM개발팀 근무 2004년 同메모리사업부 플래시솔루션개발팀 근무 2007년 同메모리사업부 SE플래시팀 근무 2009년 同메모리사업부 플래시PE팀 근무 2015년 同메모리사업부 플래시PE팀 프로젝트리더(PL) 2015년 同메모리사업부 플래시PE팀 PL(상무) 2016년 同메모리사업부 플래시개발실 상무(현)

김후식(金厚植) Kim Hooshik

[생]1964·9·14 [출]대구 [주]경기 안양시 동안구 부림로170번길41의3 (주)뷰웍스 비서실(070-7011-6161) [학]1983년 경북고졸 1987년 서울대 물리학과졸 1997년 한국과학기술원 대학원 물리학과졸 [경]1990~1999년 삼성항공 선임연구원 1999~2001년 미국 ADO사 Senior engineer 2002년 레이시스 개발이사 2002년 (주)뷰웍스 대표이사(현) [상]언스트앤영 최우수기업가상 라이징스타상(2014)

김 훈(金 薰) KIM Hoon

[생]1948·5·5 [출]서울 [학]1966년 휘문고졸, 고려대 영어영문학과 중퇴 [경]1973년 한국일보 기자 1994년 시사저널 사회부장 1995년 同편집국장 직대 1995년 '빗살무늬토기의 추억'으로 소설가 등단 1995년 소설가(현) 1997년 시사저널 편집국장 1997년 同심의위원(이사) 1998년 국민일보 편집국 특집부 부국장 1998년 同출판국장 1999년 同편집위원 1999년 한국일보 편집위원 2000년 시사저널 편집국장(이사) 2002년 한겨레신문 편집국 민권사회2부 기자(부국장급) 2009년 한국수

자원공사 창조문화환경추진위원 2014년 한국콘텐츠공제조합 명예조합원(현) 2015년 국립생태원 홍보대사(현) [상]동인문학상(2001), 서울언론인클럽 언론상 기획취재상(2002), 이상문학상(2004), 황순원문학상(2005), 대산문학상(2007), 제16회 가톨릭문학상(2013) [저]에세이집 '내가 읽은 책과 세상' '선택과 옹호' 산문집 '기자의 문학기행'(共) '풍경과 상처' '자전거 여행'(共) '원형의 섬 진도' '바다의 기별'(2008, 생각의 나무) 시론집 '너는 어느쪽이냐고 묻는 말에 대하여' '밥벌이의 지겨움' 장편소설 '빗살무늬 토기의 추억' '아들아, 다시는 평발을 내밀지 마라' 청소년 성장소설 '개'(2005) '언니의 폐경'(2005) 소설집 '강산무진'(2006) '칼의 노래' '현의 노래' '남한산성'(2007) '공무도하'(2009) '내 젊은 날의 숲'(2010, 문학동네) '흑산'(2011, 학고재) '안녕 다정한 사람(共)'(2012) '자전거여행1 · 2'(2014, 문학동네) '저만치 혼자서'(2014, 아시아) '라면을 끓이며'(2015, 문학동네) '진돗개 보리' (2015,현북스) '평화오디세이'(2016, 메디치미디어)

김 훈(金 勳) KIM Hoon

[생]1955 · 2 · 16 [출]대구 [주]세종특별자치시 시청대로370 한국노동연구원 노사관계연구본부(044-287-6202) [학]1977년 연세대 문과대학 사회학과졸 1982년 同대학원 사회학과졸 1984년 일본 국제기독교대 대학원 비교문화연구과졸 1989년 일본 게이오대 대학원 사회학연구학 박사과정 수료 1990년 사회학박사(일본 慶應大) [경]1991~1999년 한국노동연구원 연구위원 1995~1997년 同연구조정실장 1995년 세계화추진위원회 노동분과 연구간사 1997년 여성사회복지정책자문위원회 위원 1998년 한양대 아태지역연구센터 연구위원 1998년 노동부 심사평가위원회 평가위원 1999년 새정치국민회의 실업대책위원회 연구위원 2000년 노동부 노동개혁평가단 위원 2000~2015년 한국노동연구원 선임연구위원 2001~2002년 미국 위스콘신대 노사관계연구소 초빙연구원 2002~2004년 노사정위원회 수석전문위원 2005년 KBS 객원해설위원 2005년 한국노동연구원 노사관계고위지도자과정 주임교수 2005~2007년 同뉴패러다임센터 소장 2008년 同노사관계연구본부장 2009~2011년 同노사관계고위지도자과정 주임교수 2013~2015년 同국제협력실장 2015년 同노사관계연구본부 명예연구위원(현) [저]'구조조정과 신 노사관계(共)'(2000) '금속노조 산별교섭 내용분석과 향후 전망(共)'(2003) '노사정위원회 활동평가와 발전 방안'(2003) '노사관계 안정화 방안 연구(共)'(2006) '종업원대표제도 개선방안 연구(共)'(2011)

김 훈(金 薰) KIM Hoon

[생]1964 · 9 · 25 [출]경북 영천 [주]서울 서초구 반포대로 158 서울고등검찰청(02-530-3220) [학]1983년 대구 영신고졸 1987년 서울대 법학과졸 [경]1992년 사법시험 합격(34회) 1995년 사법연수원 수료(24기) 1995년 변호사 개업 1998년 서울지검 의정부지청 검사 1999년 춘천지검 강릉지청 검사 2001년 울산지검 검사 2004년 서울남부지검 검사 2007년 의정부지검 고양지청 부부장검사 2009년 법무부 감찰담당관실 검사 2010년 전주지검 정읍지청장 2011년 서울고검 검사 2012년 대검찰청 형사1과장 2013년 서울남부지검 형사3부장 2014년 대검찰청 감찰1과장 2015년 인천지검 부천지청 차장검사 2015년 서울고검 검사(현)

김 훈(金 勳) KIM Hoon

[생]1966 · 9 · 18 [출]서울 [주]경북 경주시 화랑로89 대구지방검찰청 경주지청(054-740-4301) [학]1985년 경기고졸 1989년 서울대 법대졸 2000년 미국 스탠퍼드대 로스쿨 수학 [경]1989년 사법시험 합격(31회) 1992년 사법연수원 수료(21기) 1992년 수원지검 검사 1994년 대구지검 김천지청 검사 1995년 대구지검 검사 1997년 서울지검 검사 1999년 부산지검 동부지청 검사 2002년 대검찰청 검찰연구관 2005년 춘천지검 원주지청 부장검사 2006년 대전지검 공안부장 2007년 사법연수원 교수 2009년 수원지검 형사3부장 2009년 同형사2부장 2010년 서울동부지검 형사2부장 2011년 서울남부지검 형사1부장 2012년 인천지검 부천지청 차장검사 2013년 서울고검 형사부 검사 2014년 서울고검 검사(공정거래위원회 법률자문관 파견) 2015년 대전지검 홍성지청장 2016년 대구지검 경주지청장(현)

김훈동(金勳東) KIM Hoon Dong (晴峯)

[생]1944 · 1 · 14 [본]안동(安東) [출]경기 수원 [주]경기 수원시 권선구 권광로129 대한적십자사 경기도지사(031-230-1600) [학]1963년 수원농고졸 1969년 서울대 농대졸 1980년 중앙대 사회개발대학원졸 [경]1969년 농업협동조합중앙회 입사, 同경영연구실 차장, 同문화홍보부 차장 1974년 화성농협 상무 1988년 농협대학 교수 1994년 오산 · 화성농협 지부장 1997년 농민신문 편집국장 1999년 농업협동조합중앙회 경기지역본부장 2000년 새천년민주당 수원장안지구당 위원장 2001~2003년 신용보증기금 감사 2003~2015년 수원예술문화단체총연합회 회장 2013년 대한적십자사 경기도지사 회장(현) [상]경기예술대상, 수원문학대상, 농림부장관표창, 문화부장관표창, 수원시문화상, 제5회 자랑스런 경기인대상 문화부문(2009), 예총 예술문화상 경기지역부문 대상(2009), 한국수필문학가협회 한국수필문학상(2014) [저]'내게서도 가죽이 남을까' '시간은 소리가 나지 않는다' '먹거리가 바로 설 때 나라가 산다' '우물 안 개구리가 그 우물을 제일 잘 안다' '금융마케팅' '종합홍보방법론' 칼럼집 '무엇을 더 구하랴'(2004) 시집 '억새꽃' '우심' '무슨 재미로 사나요?'(2010) '뭘 배우고 가나'(2014) 수필집 '그냥, 지금이 참 좋다'(2014) [종]가톨릭

김훈석(金勳錫) Kim Hoonseok

[생]1959 · 10 · 28 [본]김해(金海) [출]광주 [주]광주 북구 무등로239 한국씨엔티빌딩5층 한국씨엔티(주)(062-519-1605) [학]1978년 조선대부속고졸 1985년 조선대 무역학과졸 [경]1984년 한국시멘트(주) 입사 2005년 同기획본부장(상무이사) 2010~2012년 同대표이사 2012년 한국씨엔티 대표이사(현)

김 휘(金 輝) KIM Whee

[생]1944 · 10 · 15 [출]경북 영천 [주]서울 중구 을지로280의2 쌍림빌딩803호 (주)키카(02-2268-5005) [학]대구고졸, 경북대 수의학과졸, 한국외국어대 세계대학원 최고경영자과정 수료 [경]1981년 (주)키카 대표이사 사장, 同대표이사 회장 1996년 한국초등학교축구연맹 회장 1999년 대한축구협회 감사 1999 · 2002년 국민생활체육 전국풋살연합 회장 2003~2016년 국민생활체육 전국축구연합회 회장 2007~2016년 한국유소년축구연맹 회장 2009년 (주)키카 명예회장(현) 2012~2016년 국민생활체육회 비상임이사

김휘동(金暉東) KIM Hwi Dong (솔바위)

[생]1944 · 10 · 5 [본]안동(安東) [출]경북 안동 [학]1963년 안동고졸 1973년 명지대 행정학과졸 1976년 연세대 행정대학원졸 2000년 행정학박사(대구대) [경]1977~1992년 내무부 인사 · 행정 · 감사 · 확인평가 · 교육 · 조정 · 전산담당 사무관 1992년 안동군수 1993년 대통령비서실 행정관 1994~1996년 내무부 사회진흥과장 · 교부세과장 1996년 경산시 부시장 1997~1999년 경북도 농정국장 · 농수산국장 1997~2000년 대구한의대 정치행정학부 겸임교수 1998~2002년 대구대 겸임교수 1998~2010년 한국정부학회 이사 · 부회장 1999년 경북도 자치행정국장 2000년 同경제통상실장 2000년 대구대 겸임교수 2000~2012년 대한지방자치학회 부회장 2001년 경북도의회 사무처장 2002~2010년 경북 안동시장 2006~2008년 대통령직속 국가균형발전위원회 위원 2006~2008년 전국시장 · 군수 · 구청장협의회 공동대표, 지방분권운동 전국공동대표 2008~2011년 대통령소속 지방분권촉진위원회 위원, (사)대구경북분권혁신아카데미 고문, 세계탈문화예술연맹(IMACO) 회장 2010~2015년 대구대 행정학과 초빙교수 2011~2013년 대통령소속 지방행정체제개편위원회 위원 [상]녹조근정훈장(1991), 황조근정훈장(2001), 정부 창안상, 존경받는 대한민국CEO대상(2007), 한국을 빛낸 경영인대상(지방자치단체)(2008), 대한민국 한류산업대상(2009), 국민훈장 동백장(2013) [저]'행정홍보의 이론과 기법'(2002) '대한민국을 움직이는 지방자치단체CEO'(2009) [종]불교

김흥국 KIM Heung Kook

[생]1959 · 4 · 11 [출]서울 [주]서울 영등포구 국제금융로78 홍우빌딩 대한가수협회(02-780-2783) [학]서라벌고졸, 동국대 문화예술대학원 관리자과정 수료 [경]1989년 1집 '바람부는 날이면' 발표 · 2집 'KIM HEUNH KOOK' 발표 1990년 3집 '김흥국 90' 발표 1991년 'GOLDEN ALBUM' 발표 1994년 '성공시대' 발표 1994년 'LAST RECCAE' 발표 1994년 축구사랑모임 회장 1997년 11집 '재테크' 발표 1999년 월드컵문화시민예술단 단장 1999년 '무정' 발표 2000년 '불타는 사랑' 발표 2000년 김흥국장학재단 이사장(현) 2001년 한 · 일월드컵축구대회 안전홍보위원 2002년 국민통합21 대표 문화연예특보 2002년 한 · 미얀마친선협회 명예홍보대사 2003년 SBS라디오 '김흥국 · 박미선의 대한민국 특급쇼' DJ 2004년 제1회 세계해병전우인축제 홍보대사 2004년 교정홍보대사 2007년 사회복지법인 승가원 홍보대사 2007년 태극기 홍보대사 2009년 국방홍보원 홍보대사 2009년 2022월드컵유치위원회 홍보대사 2010년 스타도네이션 별똥별 이사장, 씨앤씨미디어 소속(현) 2013년 충주세계조정선수권대회 명예홍보대사 2014년 2014브라질월드컵 범한인지원위원회 홍보대사 2015년 대한가수협회 회장(현) [상]MBC 10대가수상(1993), 자랑스런 서울시민상(1996), MBC 연기대상 우수상 라디오부문(1996), 대한축구협회 축구인의날 공로패(1998), MBC 연기대상 최우수상 라디오부문(1999), 체육훈장 기린장(2002), MBC 방송연예대상 공로상(2004), 저축의 날 금융위원장표창(2014),

2015년을 빛낸 도전한국인 10인 대상(2016) [저]'김홍국의 축구 이야기'(2002) '김흥국의 우끼는 어록'(2005) [작]출연영화 '까불지마'(2004) [종]불교

김흥규(金興圭) KIM Heung Kyu

[생]1960·3·1 [본]김해(金海) [출]경북 경주 [주]서울 마포구 상암산로76 YTN라디오 임원실(02-398-8000) [학]1978년 경주고졸 1985년 경남대 문리대학 사학과졸 2005년 연세대 언론홍보대학원졸 [경]1987년 KBS 기자 1994년 YTN 네트워크부 차장대우 2002년 同홍보부장 2003년 同편집2팀장 2004년 同경영관리국 총무부장 2005년 同보도국 뉴스총괄단 CQ1(부국장급) 2006년 同보도국 기동취재부장 2006년 同사회1부장 2006년 同편성운영팀장 2008년 同인사팀장 2009년 同보도국 취재담당 부국장 2010년 同보도국장 2011년 同총무국장 2013년 同해설위원실장 2014년 同미래연구소장 2014년 同해설위원실장 2015년 YTN라디오 상무이사(현) [종]불교

김흥기(金興起) Kim Heung-ki

[생]1959·9·27 [주]대구 동구 첨단로120 한국가스공사 감사위원실(053-670-0114) [학]1978년 대건고졸 1982년 계명대 경제학과졸 [경]1984~1991년 삼성화재(주) 근무 1999~2008년 무풍상사 사장 2008~2012년 국회사무처 국회의원 보좌관 2012년 새누리당 제18대 대통령 중앙선거대책위원회 직능총괄본부장 2014년 한국가스공사 상임감사위원(현)

김흥남(金興男) Kim, Heung-Nam

[생]1951·1·26 [출]부산 [주]부산 연제구 중앙대로1001 부산광역시의회(051-888-8080) [학]2010년 국제금융고졸, 동의과학대학 부동산경영과졸 [경]1977년 우남산업 대표, 구평초 운영위원장, 부산시 서부교육지원청 초·중등운영위원회연합회장, 한국교원단체총연합회 새학부모상임부회장·회장, 부산시 사하구체육회 사무국장, 同이사, 부일전자디자인고 운영위원장, (사)사하구청년연합회 운영위원장, 민주평통 자문위원(현) 1995·2002·2006~2010년 부산 사하구의회 의원 2010년 부산시의회 의원(한나라당·새누리당), 同예산결산특별위원회 위원, 同지방분권특별위원회 위원, 同해양도시소방위원회 위원, 새누리당 부산사하구乙당원협의회 부위원장 2014년 부산시의회 의원(새누리당)(현) 2014년 同해양도시소방위원회 위원장 2015년 同도시안전위원회 위원장 2016년 同도시안전위원회 위원(현)

김흥남(金興南) KIM Heung Nam

[생]1956·8·2 [출]대구 [주]서울 서초구 마방로68 동원산업빌딩 한국과학기술기획평가원(02-589-2200) [학]1980년 서울대 전자공학과졸 1989년 미국 Ball State Univ. 대학원 전산학과졸 1996년 전산학박사(미국 Pennsylvania State Univ.) 2009년 미국 MIT 경영학(Strategy & Innovation) 자격증 수료 [경]1983~1997년 한국과학기술연구원(KIST) 시스템공학연구소 연구원 1998~2003년 한국전자통신연구원(ETRI) 내장형SW연구팀장 2002년 한국무선인터넷표준화포럼 모바일플랫폼분과위원장 2003~2004년 한국전자통신연구원(ETRI) 컴퓨터소프트웨어연구소 임베디드SW기술센터장 2004년 同임베디드SW연구단장 2004년 同혁신위원장 2008년 同기획본부장 2008년 교육 연수 2009~2015년 한국전자통신연구원(ETRI) 원장 2010~2011년 (사)대한임베디드공학회 회장 2010년 대한민국소프트웨어공모대전 자문위원 2011년 한국통신학회 부회장 2011~2012년 과학기술출연기관장협의회 회장 2012년 한국지식재산학회 부회장 2013년 한국공학한림원 정회원(현) 2014년 한국과학기술기획평가원 비상임이사(현) 2014년 대구경북과학기술원 비상임이사(현) 2014년 대구경북첨단의료산업진흥재단 비상임이사(현) [상]정보통신부장관표창(2000), 철탑산업훈장(2003), ETRI 품질경영우수사례대회 은상(2005), 한국정보과학회 제1회 Distinguished Speaker 선정(2007), 한국생산성학회 주관 제18회 생산성경영자대상 연구경영부문(2013), 21세기대상 기술부문(2014), 은탑산업훈장(2015) [저]'임베디드 시스템 프로그래밍(이론과 실습)(共)'(2004) '생활속의 임베디드 소프트웨어(共)'(2007)

김흥남(金興南)

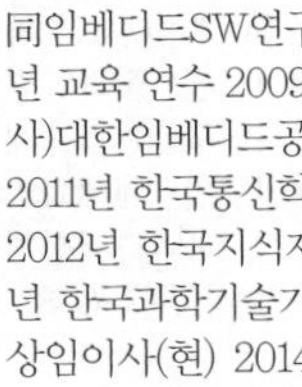

[생]1959·1·26 [출]강원 동해 [주]세종특별자치시 도움4로9 국가보훈처 보훈심사위원회 심사1과(044-202-5830) [학]1988년 영남대 경영학과졸 [경]2011년 국가보훈처 제대군인지원과 서기관 2012년 국립대전현충원 현충과장 2012년 국가보훈처 국립묘지정책과장 2014년 同강원동부보훈지청장 2016년 同보훈심사위원회 심사1과장(현)

김흥동(金興東) KIM Heung Dong

[생]1958·7·27 [주]서울 서대문구 연세로50의1 세브란스어린이병원 소아신경과(02-2228-2061) [학]1983년 연세대 의과대학졸 1986년 同대학원 의학석사 1994년 의학박사(연세대) [경]1990~1991년 연세대 의과대학 소아신경학교실 연구강사 1991~2003년 인제대 의과대학 소아과학교실 전임강사·조교수·부교수·교수 1994~1996년 미국 펜실베이니아대 필라델피아소아병원 연구원 1995~1996년 미국 간질재단 국제간질연구원 2003년 프랑스 Rothschild Foundation Hospital 방문교수 2003년 연세대 의과대학 소아과학교실 부교수·교수(현) 2006년 同의과대학 장애아동연구소장 2011년 세브란스어린이병원 소아신경과장(현) 2011~2013년 대한뇌전증학회 회장 2015년 연세대 의과대학 뇌전증연구소장, 연세대 의과대학 뇌연구소 운영위원(현)

김흥빈(金興彬) KIM Heung Bin

[생]1962·3·12 [출]서울 [주]경기 과천시 교육원로98 서울지방중소기업청 청장실(02-2110-6301) [학]1981년 한영고졸 1985년 연세대 경영학과졸 2003년 미국 오리건주립대 대학원 경제학과졸 [경]1986년 행정고시 합격(30회) 1988~1992년 총무처 행정전산과·능률기획과 행정사무관 1992~1994년 상공부 미주통상과·제철과 행정사무관 1994~1998년 통상산업부 철강금속과·국제기업담당관실 행정사무관 1998년 산업자원부 투자진흥과 행정사무관 1998년 同구아협력과 행정사무관 1999년 同자원정책과 행정사무관 2000년 同수출과 행정사무관 2000년 중소기업청 공보담당관 2004년 同창업벤처국 창업벤처정책과장(서기관) 2006년 同창업벤처본부 창업벤처정책팀장(부이사관) 2007년 同중소기업정책본부 동향분석팀장 2007년 同소상공인정책본부 소상공인정책팀장 2008년 同감사담당관(부이사관) 2008년 광주·전남지방중소기업청장 2009년 국외훈련 파견(싱가포르 Ascendas) 2011년 부산·울산지방중소기업청장(고위공무원) 2012년 중소기업청 경영지원국장 2012년 同경영판로국장 2014년 대구·경북지방중소기업청장 2016년 서울지방중소기업청장(현)

김흥수(金興洙) KIM Heung Soo

[생]1951·1·6 [본]경주(慶州) [출]충남 부여 [주]대전 서구 도안북로88 목원대학교 신학과(042-829-7376) [학]1970년 대전고졸 1974년 목원대 신학과졸 1980년 한신대 대학원졸 1984년 미국 보스턴대 신학대학원졸 1986년 미국 베일러대 대학원졸 1998년 종교학박사(서울대) [경]1981~1982년 한국신학연구소 연구원 1988~1990년 월간 '신앙세계' 주간 1989~2000년 목원대 전임강사·조교수·부교수 1994~2000년 한국기독교교회협의회 신학연구위원 1998년 한국기독교역사연구소 이사 1999~2000년 미국 밴더빌트대 Visiting Scholar 2000년 목원대 신학과 교수(현) 2003~2005년 同신학대학장 2006~2011년 한국기독교역사연구소 소장 2010~2012년 대전YMCA 이사장 2011년 아시아기독교사학회 회장 2015~2016년 목원대 박물관장 [저]'해방후 북한교회사'(1992) '한국전쟁과 기복신앙 확산연구'(1999) '북한종교의 새로운 이해'(2002, 다산글방) 'WCC도서관 소장 한국교회사 자료집-조선그리스도교련맹 편'(2003) 'WCC도서관 소장 한국교회사 자료집-105인사건, 3.1운동, 신사참배 편'(2003) 'WCC 도서관 소장 한국교회사 자료집-한국전쟁 편'(2003) '한국기독교사 탐구'(2011) [역]'미국감리교회의 한국선교역사 1885-1930(共)'(2010) [종]기독교

김흥수(金興洙)

[생]1958·1·11 [주]경남 창원시 마산합포구 3·15대로210 마산합포구청 구청장실(055-220-4014) [학]부산공업대 건축공학과졸, 경남대 대학원 건축공학과졸, 도시공학박사(경상대) [경]1978년 창원군 지방공무원 임용 1997년 同지방건축사무관 2007년 마산시 도시환경국장(지방기술서기관) 2011년 창원시 도시개발사업소장 2013년 마산회원구청장(지방부이사관) 2016년 마산합포구청장(현)

김흥수(金興秀) KIM Heung Su

[생]1958·11·20 [출]서울 [주]경기 수원시 영통구 월드컵로164 아주대학교 의과대학 신장내과학교실(031-219-5132) [학]1985년 연세대 의대졸 1991년 同대학원졸 1994년 의학박사(연세대) [경]아주대 의대 신장내과학교실 교수(현) 2004년 同진료의뢰센터 소장 2005년 同임상과장 2005년 同의료원 제2진료부원장 2005년 同의료원 신장내과 과장 2007년 同의대 신장내과학교실 주임교수 2010~2012년 同의료원 제1진료부원장, 대한신장학회 이사 2012년 아주대병원 내과부장(현)

김흥수(金興洙) Kim Heung-soo

[생]1961·8·15 [주]서울 종로구 사직로8길60 외교부 인사운영팀(02-2100-7863) [학]1988년 연세대 신문방송학과졸 [경]1990년 외무고시 합격(24회) 1990년 외무부 입부 1997년 駐독일 2등서기관 2000년 駐우즈베키스탄 1등서기관 2004년 駐스웨덴 1등서기관 2006년 외교통상부 공보팀장 2007년 세종연구소 파견 2007년 駐우즈베키스탄 참사관 겸 駐타지키스탄 대사대리 2009년 駐애틀랜타 부총영사 2013년 駐러시아 공사참사관 2016년 駐모잠비크 대사(현)

김흥식(金興植) Kim Heung Sik

[생]1949·12·10 [본]광산(光山) [출]강원 회양 [학]1967년 제물포고졸 1977년 한국외국어대 러시아어과졸 [경]1977년 동양통신 기자 1981년 쌍용그룹 비서실 과장 1988년 연합통신 기자 1991년 同모스크바특파원 1994년 同북한취재본부 부장대우 1996년 同문화생활부장 직대 1998년 同북한부장 1998년 同남북관계부장 1999년 연합뉴스 민족뉴스취재본부 남북관계부장 1999년 同부국장대우 논설위원 2000년 同논설위원실 간사 2000년 同민족뉴스취재본부 부본부장 직대 2001년 관훈클럽 운영위원(편집) 2002년 연합뉴스 경영기획실장 직대 2003~2006년 同편집담당 상무이사 2003~2006년 (주)연합인포맥스 이사 2006년 연합뉴스 동북아정보문화센터 상임고문 2007~2009년 同동북아정보문화센터 상무이사 2010~2012년 중소기업진흥공단 비상임이사 2007~2009년 연합뉴스 동북아센터 이사 [상]외대 언론인상(2004) [저]'북한 50년'(共)

김흥식(金興植) KIM Heong Sik (農軒)

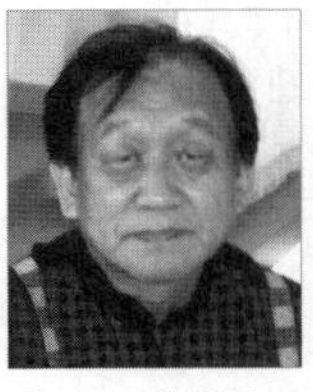

[생]1952·4·18 [본]경주(慶州) [출]충남 금산 [주]서울 노원구 공릉로59길28 교육산업신문사(02-539-3744) [학]1973년 공주교육대졸 1977년 청주대 행정학과졸 1979년 한남대 대학원졸 [경]1979년 대전일보 편집부 기자 1986년 「시문학」추천으로 문단 데뷔 1988년 한국경제신문 편집부 기자 1989년 한국편집기자회 감사 1990년 한국경제신문 편집부 차장대우 1993년 同편집부 차장 1993년 한국편집기자회 부회장 1996년 한국경제신문 편집1부장 2000년 同제작국 부국장대우 CTS팀장 2003년 同제작국 기획위원 2004년 同전산 및 TQM담당 부국장 2005년 제원사랑 회장 2006년 재경금산향우회 부회장 2006~2008년 한국경제신문 제작국장 2006~2009년 한국신문협회 기술협의회 감사 2009년 교육산업신문사 사장(현) [저]'묻어둔 이야기'(共) '김흥식 칼럼집' '서울땅 금산하늘'(2006, 재경금산향우회)

김흥식(金興植) KIM HEUNG SIG

[생]1965·2·26 [주]서울 영등포구 여의대로24 FKI타워 LG CNS 임원실(02-2099-0114) [학]승문고졸, 서강대 철학과졸, 미국 워싱턴대 대학원 경영학과졸 [경]1989년 금성사(現 LG전자) 입사 2005년 LG(주) 인사팀 부장, LG전자 HR Recruiting그룹·한국영업인재개발팀 근무 2007년 LG생활건강(주) CHO(상무) 2015년 LG CNS CHO(전무)(현)

김흥완(金興浣) KIM Heung Wan

[생]1958·8·13 [본]김해(金海) [출]전남 여수 [주]서울 영등포구 버드나루로72의1 한우리오페라단(02-583-1863) [학]1977년 중앙고졸 1984년 연세대 성악과졸 1990년 이탈리아 트렌토국립음악원 성악과졸 1991년 이탈리아 로마아트아카데미 대학원 성악과졸 [경]1984~1986년 상일고 교사 1991년 성악가(현) 1991년 명지대 사회교육원 강사 1993년 한우리오페라단 단장(현) 1995년 연세대 음대 강사 2001년 협성대 음대 강사 2002년 (사)통일문화연구원 전문위원 2002년 마포문화원 전문위원 2003년 협성대 음대 겸임교수 2003~2011년 (주)한우리 예술기획 [종]기독교

김흥우(金興雨) KIM Heung Woo (方覺)

[생]1940·10·15 [본]경주(慶州) [출]서울 [주]경남 남해군 이동면 남해대로2412 남해국제탈공연예술촌(055-860-3691) [학]1958년 장충고졸 1964년 동국대 연극영화과졸 1978년 同대학원졸 [경]1969년 한국희곡작가협회 사무국장 1971년 극단「신협」 기획운영위원 1979년 연극학연구원 상임이사 1980~2003년 희곡문학 주간 1980~1997년 극단「신협」 대표 1985년 한국문인협회 이사 1985년 한국문화예술인법회 부회장 1987~1997년 동국대 조교수·부교수 1989년 한국연극협회 이사 겸 기획제작분과위원장 1992년 자유문인회 부회장 1992년 학교극·청소년극 연구회장 1995~2000년 한국문인협회 희곡분과회장 1995년 한국연극학회 감사 1996년 한국문화예술인협회 회장 1997~2006년 동국대 연극영상학부 교수 2000년 동서희곡문학회 회장 2001~2004년 동국대 예술대학장 2003~2004년 한국연극교육학회 회장 2003~2004년 한국연극학과교수협의회 회장 2006년 동국대 명예교수(현) 2006~2010년 (사)한국희곡작가협회 이사장 2007년 (사)한국문인협회 고문(현) 2007년 국제펜클럽 한국본부 고문(현) 2007년 남해군지역협력단 자문위원 2008년 남해국제탈공연예술촌 촌장(현) 2011년 (사)한국희곡작가협회 고문(현) [상]한국희곡문학상, 중구예술상, 한맥문학상, 예총 예술문화상 대상(2004), 한국희곡작가협회 공로상(2005), 부총리 겸 교육인적자원부장관표창(2006) [저]'연극원리' '현대연기론' '극장예술' '희곡문학론' '배우술연구' '한중연극신고' '불교의례, 그 연극·연희화 방안연구' '한국의 놀이와 축제Ⅰ·Ⅱ' '김흥우의 연극갈' '한국의 지역축제(상)' '남해지역축제와 민속놀이' 희곡집 '대머리 여장군' '옴마니반메훔' '남해안의 행복한 삶'(2013, 앤애드) '남해안의 앎'(2013, 앤애드) [역]'새론배우예술' [작]'영 아닌데' '대머리 여장군' '온달장군' '조신의 꿈' '혼성' 등 [종]불교

김흥제(金興濟) KIM, HEUNG-JE

[생]1958·5·15 [주]서울 영등포구 국제금융로2길32 파이낸스타워21층 HMC투자증권 임원실(02-3787-2020) [학]1977년 중경고졸 1981년 연세대 경영학과졸 1994년 미국 시라큐스대 대학원 경영학과졸 [경]1984년 SC제일은행 입사 1994~1999년 同국제금융부 프로젝트금융담당 과장 2000~2003년 同기업금융 여신심사담당 부장 2003~2008년 同부동산금융 특수금융담당 상무 2008~2011년 호주 뉴질랜드은행 한국대표(사장) 2011년 HMC투자증권 IB본부장(전무), 同IB본부장(부사장) 2013년 同대표이사 사장(현)

김흥종(金興種) KIM Heung Chong

[생]1964·7·5 [주]세종특별자치시 시청대로370 대외경제정책연구원 경영기획본부(044-414-1036) [학]1987년 서울대 경제학과졸 1989년 同대학원 경제학과졸 1995년 영국 옥스퍼드대 대학원 경제학과졸 1999년 경제학박사(서울대) [경]1996년 LG경제연구원 선임연구원 2000~2001년 영국 옥스퍼드대 크라이스트처치칼리지 명예펠로우 2001년 대외경제정책연구원 부연구위원·경영기획본부장(부원장)·선임연구위원(현) 2003년 한국무역협회 유럽관련 국제사업 자문위원 2004·2014년 한국EU학회 이사(현) 2004년 국제지역학회 EU분과 부위원장 2005년 서울대 국제대학원 시간강사 2007년 한국국제경제학회 사무차장 2007년 국가청렴위원회 국제협력업무 자문위원 2007년 외교통상부 한-EUFTA 전문가 자문위원 2007년 한국국제통상학회 부회장(현) 2008~2009년 미국 버클리대 풀브라이트 펠로우 2008년 고려대 국제대학원 초빙교수 2010년 이화여대 국제대학원 겸임교수(현) 2012년 서강대 기술경영(MOT)대학원 겸임교수(현) 2012년 기획재정부 국제행사심사위원회 위원(현) 2012년 국무총리소속 정부업무평가위원회 위원, 대외경제정책연구원 세계지역연구센터 소장, 同연구조정실장 2014~2016년 同경영기획본부장(부원장) 2014년 한국국제경제학회 이사(현) [상]국무조정실장표창(2006), 국무총리실장표창(2010), 기획재정부장관표창(2013) [저]'중동주요국의 교역구조 분석 및 대중동 통상확대 전략'(2002, 대외경제정책연구원) '아프리카 섬유산업의 현황과 한국기업의 진출확대방안'(2002, 대외경제정책연구원) '유럽과 동아시아 수렴비교'(2004, 대외경제정책연구원) '프랑스 정치 경제 현황과 한-프랑스 경제협력'(2004, 대외경제정책연구원) '영국경제의 이해와 한영 경제협력의 과제'(2004) '거시경제적 성과로 본 유럽경제의 효율성 분석'(2004, 대외경제정책연구원) '선진통상국가의 개념 정립'(2005) '최근 독일의 정치, 경제현황과 한독 경제관계'(2005, 대외경제정책연구원) '비교방법론적 분석을 통해서 본 동북아 경제통합'(2005, 대외경제정책연구원) '전세계적 양극화 추세와 해외 주요국의 대응'(2005, 대외경제정책연구원) '세계화의 새로운 국면과 도전- 한국과 독일의 경험을 중심으로'(2005, 대외경제정책연구원) '스위스의 성공비결'(2006, KIEP) [역]'20세기 유럽경제사(共)'(2008)

김흥주(金興柱) KIM Heung Joo

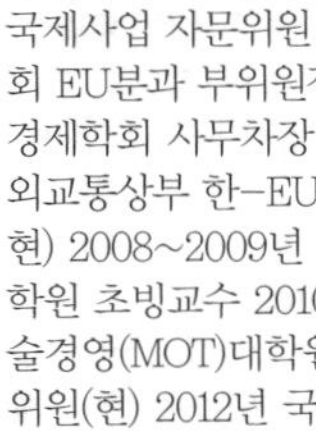

[생]1942·2·13 [출]전남 장성 [주]서울 영등포구 양평로22길21 코오롱디지털타워8층805호 (주)한국전자정보시스템 비서실(02-3275-1234) [학]광주농고졸, 초당대 산업행정학과졸, 한국외국어대 무역대학원 수료, 고려대 교육대학원졸 [경]1979년 한국전자통신공사 설립·대표 1989년 한국정보통신공사협회 서울지회장 1990년 (주)한국전자정보시스템 대표이사(현) 1991년 한국정보통신공사협회 부회장 1996년 국제라이온즈협회 304-C지구 사무총장, (주)백양텔레콤 회장 1998~2000년 한국정보통신공사협회 중앙회장 1999~2005년 하나로멀티미디어(주) 회장 1999년 민주평통 자문위원 1999년 민주당 환경·교육 부위원장, 한국정보통신신문 이사·대표이사(편집인) 2000~2002년 국제라이온스협회 354-C지구 부총재·총재 2003년 국정자문위원회 과학정보통신기술위원회 위원장 2003년 정보통신기능대학 이사장 2003~2006년 한

국정보통신공사협회 중앙회장 2005년 장성군 애향운동본부장 2005~2010년 중앙해피넷텔레콤(주) 회장 2007~2010년 광주농고총동문회 회장 2007년 전남 장성군수선거 출마(재·보궐선거, 민주당) 2011년 (주)한신아이엠티 회장 2013년 (주)신흥 회장 2014년 재경장성군향우회 회장(현) [상]정보통신부장관표창, 산업포장, 국제라이온스협회 무궁화사자대상 금장, 국제과학기술정보통신위원장 표창, 서울시장 감사패(월드컵경기), KT사장 감사패

김흥준(金興俊) KIM Heung Joon

[생]1961·11·16 [출]경남 진주 [주]서울 서초구 서초중앙로157 서울고등법원(02-530-1114) [학]1980년 진주고졸 1984년 서울대 법대졸 1986년 同대학원 법학과 수료 [경]1985년 사법시험 합격(27회) 1988년 사법연수원 수료(17기) 1988년 軍법무관 1991년 수원지법 성남지원 판사 1993년 서울지법 동부지원 판사 1995년 전주지법 판사 1997년 광주고법 판사 1998년 수원지법 여주지원 판사 1999년 서울지법 판사 2000년 서울고법 판사 2003년 청주지법 부장판사 2004년 사법연수원 교수 2007년 서울중앙지법 부장판사 2010년 수원지법 안산지원장 2011년 대전고법 청주재판부 부장판사 2012년 서울고법 부장판사 2015년 인천지법 수석부장판사 2016년 서울고법 부장판사(현)

김흥준(金興埈) KIM Heung Joon

[생]1967·6·14 [출]서울 [주]서울 양천구 공항대로572 (주)경인양행 비서실(02-3660-7805) [학]1986년 서울 영일고졸 1992년 한양대 경영학과졸 [경]1992~2000년 (주)이스트웰 설립·대표이사 1993년 (주)경인양행 전무이사 1996~2001년 (주)나모인터랙티브 설립·대표이사 사장 1998~2000년 (주)경인양행 대표이사 사장 2002~2005년 엔씨소프트 부사장 2005년 (주)경인양행 대표이사 부회장 2011년 同회장 2015년 同각자대표이사 회장(현)

김흥진(金興珍)

[생]1962·9·22 [출]경남 사천 [주]경남 창원시 의창구 상남로177 창원중부경찰서 서장실(055-233-0321) [학]진주고졸(51회) 1985년 경찰대 행정학과졸(1기), 창원대 행정대학원졸 [경]1985년 경위 임관 1990년 경감 승진 1998년 경정 승진, 경남 마산동부경찰서 방범과장, 경남지방경찰청 경비교통과 교통안전계장, 同청문감사담당관실 감찰계장 2007년 同경비교통과장(총경) 2008년 경남 거제경찰서장 2009년 경남지방경찰청 경무과장 2010년 경남 진주경찰서장 2011년 경남지방경찰청 외사과장 2011년 경남 합천경찰서장 2013년 경남지방경찰청 경비교통과장 2014년 경남 김해중부경찰서장 2014년 경남 창원중부경찰서장(현)

김흥진(金興鎭)

[생]1969·1·10 [주]세종특별자치시 도움6로11 국토교통부 대변인실(044-201-3833) [학]1987년 대륜고졸 1992년 서울대 계산통계학과졸 [경]1993년 행정고시 합격(37회) 2006년 건설교통부 부동산정보분석팀장 2009년 대통령실 파견 2012년 국토해양부 주택정책과장 2013년 국토교통부 주택정책과장 2014년 同도시정책과장 2015년 同기획담당관 2016년 同자동차관리관 2016년 同대변인(현)

김흥치(金興治) KIM Heung Chi

[생]1944·11·29 [출]경남 진주 [주]경남 진주시 대신로454의25 진주동명고등학교 이사장실(055-752-4392) [학]1962년 진주고졸 1969년 가톨릭대 의대졸 1982년 의학박사(연세대) [경]1974~1977년 국군 진해통합병원·수도통합병원·57후송병원 신경외과장 1977년 연세대 원주기독·인천기독병원 신경외과장 1977~1989년 진주 윤양병원 신경외과장 1986년 연세대 의대 외래교수 1989~2000년 신경남일보 대표이사 사장 1989~1996년 진주윤양병원 원장 1989년 정천학원(동명중·고교) 이사장(현) 2000년 경남일보 대표이사 사장, 同대표이사 회장 [종]천주교

김흥태(金興泰) KIM Heung Tae

[생]1956·3·6 [출]서울 [주]경기 고양시 일산동구 일산로323 국립암센터 부속병원 폐암센터 종양내과(031-920-1210) [학]1981년 서울대 의과대학졸 1989년 同대학원졸 1996년 의학박사(서울대) [경]1981년 서울대병원 수련의 1982년 공군 군의관 1986년 서울대병원 내과 전공의 1989년 同혈액종양내과 임상전임의 1990년 同혈액종양내과 연구전임의 1991~1993년 서울대 의과대학 부설 암연구소 특별연구원 1992년 건국대 의과대학 혈액종양내과 전임강사 1994~2000년 단국대 의과대학 혈액종양내과 조교수·부교수 1999~2002년 미국 국립암연구소 Visiting Fellow 2002년 원자력의학원 혈액종양내과장 2004년 국립암센터 부속병원 폐암센터 종양내과 전문의(현) 2004~2012년 同연구소 폐암연구과 책임연구원 2004~2005년 同교육훈련부장 2006~2008년 同임상시험센터장 2006~2007년 同부속병원 부원장 2007년 同기획조정실장 2009~2010년 同부속병원 폐암센터장 2011~2013년 의생명연구심의위원회(IRB) 위원장 2012년 국립암센터 부속병원 내과 전문의(현) 2014년 同암정복추진기획단장(현) 2015~2016년 한국임상암학회 회장 [상]대한혈액학회 우수논문상(1997) [저]'현대인의건강'(1999, 단국대학교출판부) '암 진료 가이드'(2005, 일조각) '암정보'(2006, 국립암센터) '폐암100문 100답'(2010, 국립암센터) [종]기독교

김희걸(金熙傑) KIM Hee Girl

[생]1966·9·29 [본]경주(慶州) [출]전북 고창 [주]서울 중구 덕수궁길15 서울특별시의회(02-3705-1050) [학]전주상고졸 1989년 원광대 법대 법학과졸, 성균관대 행정대학원 수료 [경]강서양천신문 편집국장, 남부신문 사장, 한국자유총연맹 사무국장, 남부저널 사장, 서울시 환경미화원후원회 양천지회장 2002~2006년 서울시 양천구의회 의원, 민주평통 양천구협의회 간사장, (재)성모의료재단 이사, 민주평통 양천구협의회 기획운영위원장, 민주평화연대 언론위원장, 한국산소수 대표, 테라에스더원통상 대표 2012년 (주)양천신문 발행인 겸 대표이사 2014년 서울시의회 의원(새정치민주연합·더불어민주당)(현) 2014~2016년 同도시계획관리위원회 위원 2014·2016년 同남북교류협력지원특별위원회 위원(현) 2014~2015년 同예산결산특별위원회 위원 2015년 同윤리특별위원회 위원(현) 2015년 同항공기소음특별위원회 위원(현) 2015~2016년 同남산케이블카운영사업 독점운영 및 인·허가특혜의혹규명을 위한 행정사무조사특별위원회 부위원장 2016년 同서부지역광역철도건설특별위원회 위원(현) 2016년 同도시안전건설위원회 위원(현) [상]서울시장표창(2002), 한국자유총연맹 총재표창(2003), 자유평화상(2005), 대통령표창(2005), 행정자치부장관표창(2009) [저]'가진 것 없는 사람들에게'(1998) '민족자주없이 진정한 민주화 없다'(2006) '나도 대통령?'(2006) '썩은 뿌리로는 꽃을 피울수 없다'(2010) '하늘도 알고 땅도 알고'(2014)

김희겸(金憙謙) KIM Hee kyeum

[생]1964·6·15 [본]김해(金海) [출]경기 화성 [주]세종특별자치시 정부2청사로13 국민안전처 세종2청사5층 재난관리실(044-205-5000) [학]수원 유신고졸, 성균관대 행정학과졸, 서울대 행정대학원졸 1995년 영국 버밍엄대 대학원졸 2011년 행정학박사(성균관대) [경]1987년 행정고시 합격(31회) 2002년 경기도 경제투자관리실 투자진흥관 직대(서기관) 2002년 同경제투자관리실장 직대 2003년 同경제투자관리실 투자진흥관 2003년 교육연수 2005년 경기도 보건복지국장 2006년 이천시 부시장 2006년 행정자치부 지방혁신인력개발원 행정지원팀장 2007년 同주민생활기획팀장 2008년 행정안전부 주민서비스과장 2008년 同기업협력지원관 2008년 경기도 경제투자실장 2009년 부천시 부시장 2011년 중앙공무원교육원 파견(이사관) 2012년 대통령소속 지방행정체제개편추진위원회 개편기획국장 2013년 경기도 경제부지사 2013년 同행정2부지사 2015년 국민안전처 재난관리실장(현) [상]대통령표창(2007), 홍조근정훈장(2013)

김희곤(金喜坤) KIM Hee Gon

[생]1954·5·23 [본]김해(金海) [출]대구 [주]경북 안동시 경동로 1375 안동대학교 사학과(054-820-5377) [학]1973년 경북고졸 1978년 경북대 사학과졸 1980년 同대학원 사학과졸 1991년 문학박사(경북대) [경]1988년 안동대 사학과 교수(현) 2000년 백범학술원 운영위원(현) 2004~2006년 독립기념관 한국독립운동사연구소장 2004~2015년 백범김구선생기념사업협회 이사 2005~2011년 대한민국임시정부자료집편찬위원회 위원장 2007~2014년 안동독립운동기념관 관장 2006년 경북도 문화재위원(현) 2008~2010년 문화재청 문화재전문위원 2011년 한국근현대사학회 회장 2012년 국사편찬위원회 위원 2013년 한국근현대사학회 편집위원(현) 2014년 경북도독립운동기념관 관장(현) [상]독립기념관 학술상(2009), 영가문화상(2014), 의암대상 학술상(2015) [저]'중국관내 한국독립운동단체 연구'(1995) '대한민국임시정부의 좌우합작운동(共)'(1995) '백범김구전집(共)'(1999) '안동의 독립운동사'(1999) '새로 쓰는 이육사 평전'(2000) '신돌석 백년만의 귀향'(2001) '잊혀진 사회주의운동가 이준태'(2002, 국학자료원) '대한민국임시정부 연구'(2004, 지식산업사) '조선공산당 초대책임비서 김재봉'(2006, 경인문화사) '안동사람들의 항일투쟁'(2007, 지식산업사) '대한민국임시정부 1-상해시기-'(2008, 독립기념관, 국가보훈처) '오미마을 사람들의 항일투쟁'(2009, 지식산업사) '제대로 본 대한민국임시정부(共)'(2009, 지식산업사) '만주벌 호랑이 김동삼'(2009, 지식산업사) '이육사 평전'(2011, 푸른역사) '안동사람들이 만주에서 펼친 항일투쟁'(2011, 지식산업사) '독립운동의 큰 울림, 안동 전통마을'(2014, 예문서원) '임시정부

시기의 대한민국 연구'(2015, 지식산업사) '경북을 독립운동의 성지로 만든 사람들'(2015, 도서출판 선인) '경북유림과 독립운동'(2015, 경인문화사) 외 다수

김희관(金熙官) KIM Hee Kwan

[생]1963 · 11 · 17 [본]경주(慶州) [출]전북 익산 [주]충북 진천군 덕산면 교연로780 법무연수원 원장실(043-531-1600) [학]1981년 전주고졸 1986년 서울대 법과대학졸 1994년 미국 하버드대 법과대학원졸(LL.M.) [경]1985년 사법시험 합격(27회) 1988년 사법연수원 수료(17기) 1988년 서울지검 동부지청 검사 1990년 광주지검 장흥지청 검사 1992년 광주지검 검사 1994년 법무부 검찰4과 검사 1997년 서울지검 검사 1999년 부산지검 검사 2000년 同부부장검사 2000년 전주지검 정읍지청장 2001년 대검찰청 연구관 2003년 同범죄정보2담당관 2003년 수원지검 공판송무부장 2004년 법무부 검찰2과장 2006년 서울고검 검사(법무부 정책기획단장 파견) 2007년 서울중앙지검 형사1부장 2008년 대검찰청 공안기획관 2009년 서울중앙지검 2차장검사 2009년 대전지검 차장검사(검사장급) 2010년 법무부 기획조정실장 2011년 同범죄예방정책국장 2012년 의정부지검장 2013년 부산지검장 2013년 대전고검장 2015년 광주고검장 2015년 법무연수원 원장(현) [상]홍조근정훈장(2009)

김희국(金熙國) KIM Hee Kuk

[생]1958 · 10 · 20 [출]경북 의성 [주]서울 서초구 강남대로309 코리아비즈니스센터 2008호 한국건설법무학회(02-6405-0112) [학]1977년 경북고졸 1981년 경북대 행정학과졸 [경]1980년 행정고시 합격(24회) 1981~1993년 해운항만청 근무 1993~1994년 교통부 근무 1994~1995년 건설교통부 고속철도과장 1995~1997년 미국 메릴랜드대 교통연구소 파견 1997년 건설교통부 공보관 1997년 同대구국도유지건설사무소장 1999년 同광역철도과장 1999~2003년 駐사우디아라비아대사관 파견 2003년 건설교통부 수송정책과장 2005년 同공공기관지방이전지원단장 2005년 同공공기관지방이전지원추진단 기획국장 2007년 국방대 파견 2008년 국토해양부 해운정책관 2008년 부산지방국토관리청장 2009년 국토해양부 4대강살리기기획단장 2009년 同4대강살리기추진본부 부본부장 2010~2012년 同제2차관 2012~2016년 제19대 국회의원(대구 중구 · 남구, 새누리당) 2012년 국회 보건복지위원회 위원 2013년 국회 예산결산특별위원회 위원 2014년 국회 창조경제활성화특별위원회 위원 2014년 국회 국토교통위원회 위원 2014~2015년 새누리당 중앙재해대책위원장 2014년 同경제혁신특별위원회 공기업개혁분과 위원 2014~2015년 국회 예산결산특별위원회 예산안조정소위원회 위원 2015년 국회 서민주거복지특별위원회 위원 2015년 새누리당 정책위원회 민생정책혁신위원회 부위원장 2016년 한국건설법무학회 회장(현) [상]근정포장, 홍조근정훈장

김희근(金熙瑾) KIM Hee Guen

[생]1946 · 1 · 19 [본]서흥(瑞興) [출]서울 [주]서울 구로구 디지털로31길12 태평양물산빌딩19층 벽산엔지니어링(주) 회장실(02-767-5400) [학]1964년 경기고졸 1970년 미국 마이애미주립대 경영학과졸 1973년 한양대 공업경영학과졸 1985년 서울대 경영대학원 최고경영자과정 수료 1989년 同공대 최고산업전략과정 수료 1994년 서강대 대학원 최고경영자과정 수료 1997년 한국과학기술원 최고정보경영자과정 수료 2002년 명예 박사(미국 마이애미주립대) [경]1974~1975년 일본 송하전기 근무 1975~1979년 한국건업(주) 동남아본부장 1986년 벽산쇼핑(주) 대표이사 부회장 1986년 한국페스티발앙상블 이사, 同이사장(현) 1986~1998년 벽산건설(주) 대표이사 부회장 1987년 벽산개발(주) 관리인 1989년 벽산에너지(주) 대표이사 부회장 1994년 (주)인희 대표이사 부회장 1994년 벽산그룹 부회장 1994년 한국주택협회 부회장 1995년 한국능률협회 부회장 1996년 한국생산성본부 감사 1996년 벽산엔지니어링(주) 회장(현) 2002년 세종솔로이스츠 이사 2010년 코리안심포니오케스트라 이사장(현) 2010~2012년 한국문화예술위원회 위원 2011년 동국대 경영대학원 석좌교수(현) 2014년 세종솔로이스츠 이사장(현) 2016년 예술나무포럼 회장(현) [상]동력자원부장관표창, 석탑산업훈장(1990), 대통령공로표창(1990), 대통령표창(1997 · 1998), 한국메세나협회 메세나인상(2011), 제22회 몽블랑 문화예술 후원자상(2013) [종]기독교

김희남(金喜南) KIM Hee Nam

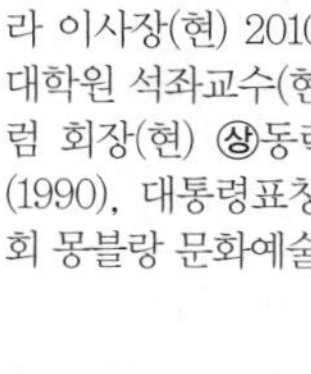

[생]1958 · 11 · 1 [출]강원 강릉 [주]서울 양천구 목동서로161 SBS 미래전략실(02-2061-0006) [학]1977년 강릉고졸 1982년 서울대 국제경제학과졸 1997년 영국 스털링대 대학원졸 [경]1990년 SBS 입사 2003년 同노사협력팀장(부장급) 2007년 SBS인터내셔널 CFO(파견) 2010년 SBS 기획실 기획팀장(부국장급) 2011년 同경영지원본부장(이사대우) 2013년 同경영지원본부장(이사) 2015년 同경영지원본부장(상무이사) 2016년 同미래전략실장(상무이사)(현) [종]불교

김희덕(金羲德) Kim Hee-Duk

[생]1963 · 1 · 13 [주]경기 수원시 영통구 삼성로129 삼성전자(주) 무선사업부 개발1실(031-200-1114) [학]경북기계공고졸, 광운대 대학원 전자공학과졸 [경]삼성전자(주) 정보통신총괄 무선사업부 개발실 개발1팀 수석연구원 2005년 同정보통신총괄무선사업부 개발실 개발1팀 상무보, 同무선개발팀담당 상무 2010년 同무선사업부 개발팀 연구위원(전무) 2012년 同무선사업부 개발1실 연구위원(부사장)(현)

김희동(金熙東) KIM Hee Dong

[생]1957 · 11 · 3 [출]서울 [주]경기 용인시 처인구 모현면 외대로81 한국외국어대학교 용인캠퍼스 정보통신공학과(031-330-4255) [학]서울고졸 1981년 서울대 전자공학과졸 1983년 한국과학기술원 전기 및 전자공학과졸(석사) 1987년 전기 및 전자공학박사(한국과학기술원) [경]1987~1992년 (주)DIGICOM 연구소장 1992~1997년 수원대 정보통신공학과 조교수 1996~1997년 同전자계산소장 1997년 한국외국어대 정보통신공학과 부교수 · 교수(현), 성미전자(주) 사외이사 2005~2006년 한국외국어대 정보지원처장 겸 시청각교육원장 2016년 同산학연계부총장(현) [종]천주교

김희락(金熙洛) Kim Hee Rak

[생]1958 · 6 · 8 [본]안동(安東) [출]경북 의성 [주]서울 중구 서소문로116 연합자산관리주식회사(02-2179-2400) [학]1978년 경북고졸 1981년 고려대 법학과졸 [경]1987년 민정당 사무처 근무(공채7기) 1987~1991년 민정당 · 민자당 기획조정국 간사 1991~2003년 대통령 정무비서실 행정관 2003~2006년 삼성경제연구소 객원수석연구원 2006~2008년 여의도연구소 선임연구위원 2008~2010년 국무총리 정무기획비서관 2010~2012년 한국증권금융(주) 상근감사위원 2013~2016년 국무총리비서실 정무실장 2016년 연합자산관리(유암코) 감사(현) [상]대통령표창(1993)

김희범(金熙範) He Beom Kim

[생]1959 · 11 · 28 [본]설성(雪城) [출]서울 [주]서울 서대문구 거북골로34 명지대학교(1577-0020) [학]1977년 경성고졸 1981년 연세대 행정학과졸 1987년 서울대 행정대학원 정책학과졸 1989년 미국 코넬대 대학원 커뮤니케이션학과졸 2015년 한양대 대학원 박사과정 수료 [경]1981년 행정고시 합격(24회) 1982년 국토통일원 행정사무관 1986년 문화공보부 행정사무관 1990년 駐미국대사관 공보관보 1992년 駐영국대사관 공보관보 1994년 공보처 해외공보관 외신과장 1996년 同여론과장 1997년 駐미국대사관 1등서기관 2001년 대통령비서실 공보기획행정관(부이사관) 2003년 同홍보기획행정관 2003년 駐캐나다대사관 참사관 2007년 국정홍보처 홍보분석단장(고위공무원) 2007년 同정책홍보관리실장 직대 2008년 문화체육관광부 홍보지원국장 2008년 同해외문화홍보원 해외문화홍보기획관 2009년 同해외문화홍보원장 2010년 대통령직속 G20정상회의준비위원회 홍보기획단장 2011년 駐애틀랜타 총영사 2014~2015년 문화체육관광부 제1차관 2016년 명지대 초빙교수(현) [상]근정포장(1995), 홍조근정훈장(2011), 황조근정훈장(2015) [종]불교

김희복(金喜福) KIM Hee Bok

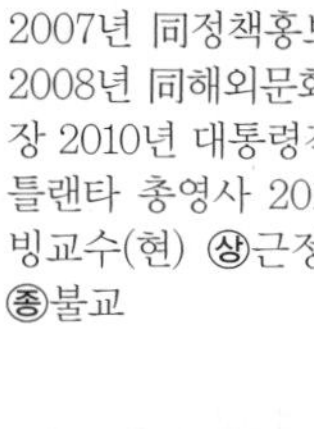

[생]1953 · 7 · 25 [출]경남 밀양 [주]부산 남구 수영로309 경성대학교 교육학과(051-663-4323) [학]1972년 경남고졸 1976년 서울대 사범대졸 1981년 同대학원 교육학과졸 1992년 교육학박사(서울대) [경]1981~1985년 한국정신문화연구원 교육연구실 연구원 1985년 경성대 교육학과 교수(현) 1995~1996년 미국 미주리대 교환교수 1997~1998년 경성대 정보전산원장 1998~1999년 同멀티미디어특성화사업본부장 2000~2001년 교육인적자원부 시도교육청 평가위원 2000~2003년 한국교육개발원 학교종합평가 평가위원 2005~2007년 경성대 교육대학원장 2006년 교육인적자원부 혁신평가위원 2006~2007년 부산시의회 자문교수 2010~2011년 경성대 부총장 [저]'대학의 전통과 현실' '학부모 문화연구-부산지역 중산층의 교육열' '멀티미디어 정보와 자기계발(共)'(2001)

ㄱ

김희상(金熙相) KIM Hee Sang (中人)
[생]1945·2·17 [본]일선(一善) [출]경남 거창 [주]서울 마포구 마포대로173 현대하이엘815호 한국안보문제연구소(02-6353-1817) [학]1963년 경복고졸 1968년 육군사관학교졸(24기) 1972년 서울대 문리대 외교학과졸 1981년 육군대졸 1985년 미국 육군대학원졸 1985년 미국 십펜스버그대 대학원 공공행정학과졸 1991년 연세대 최고경영자과정 수료 2000년 고려대 최고위언론과정 수료 2003년 정치학박사(성균관대) [경]육군사관학교 교수·생도대훈육관, 육군본부 80위원회 연구관, 포병 대대장, 육군본부 정책기획장교, 특전사 정보처장, 포병 연대장, 국방부 국내정책과장, 대통령 국방비서관 1992년 남북고위회담 군사분과위 차석대표, 육군본부 인사참모부장, 국방대학원장, 국방대 총장 2000년 남북국방부장관회담 대표 2001~2002·2005년 성균관대 겸임교수 2001~2002년 미국 RAND연구소·일본 NIDS·러시아 IMEMO 선임객원연구원 2001년 미국 RFA(라디오자유아시아방송) 논설고문 2002년 중국 사회과학연구원 아시아태평양연구소 초빙교수 2003~2004년 대통령 국방보좌관 2004~2006년 비상기획위원회 위원장 2006~2007년 명지대 초빙교수 2007년 한국전략문제연구소 소장 2007년 한미안보연구회 이사 2007년 한국안보문제연구소 이사장(현) 2009년 동아일보 비상근 논설위원 2010·2011년 대통령직속 사회통합위원회 위원, 세계일보·문화일보·조선일보 비상근 논설위원 [상]보국훈장 삼일장, 보국훈장 천수장, 보국훈장 국선장 [저]'중동전쟁'(1977) '한국전쟁사 부도(共)'(1978) '생동하는 군을 위하여'(1993) '21세기 한국안보'(2000) '한국적 군사발전을 위한 모색'(2000) 'Korean Security in the 21st Century and ROK-US Relations'(2002) '21세기 한국의 안보환경과 국가안보'(2003) '통일시대의 명장을 위하여'(2010) [작]'전시회-시화(국립공보관)'(1972)

김희선(金希宣·女) KIM Hee Sun
[생]1943·10·28 [본]의성(義城) [출]평남 평원 [주]서울 동대문구 왕산로53 여성독립운동기념사업회(02-924-0660) [학]1962년 대전여상 중퇴 1980년 캐나다 제이버대 국제코디연구원 수료 1997년 경희대 행정대학원 의회지도자연구과정 수료 2000년 대전여상 명예졸업 [경]1974년 서울YWCA 주부클럽중앙회 부회장 1976년 同소비자모니터 회장 1984년 한국여성의전화 원장·대표 1987년 한국여성단체연합 부회장 1989년 서울민족민주운동협의회 상임의장 1989년 민주쟁취국민운동 서울본부 상임의장 1992년 민주주의민족통일전국연합 통일위원장 1994년 통일시대민주주의국민회의 공동대표 1995년 민주당 당무위원 겸 대외협력위원장 1995년 국민회의 지도위원 겸 당무위원 1997년 同대통령선거대책본부 문화기획팀장·대외협력위원장 1998년 同여성위원장 2000~2004년 제16대 국회의원(서울 동대문甲, 새천년민주당·열린우리당) 2000년 새천년민주당 연수원장 2000년 대경대 겸임교수 2001년 민주화운동관련자 인정 2001년 민족정기를세우는국회의원모임 회장 2002년 새천년민주당 여성위원장 2003년 열린우리당 전국여성위원회 준비위원장 2004년 同여성위원장 2004년 同민주헌정수호특별본부장 2004년 한국여성의전화 명예회장 2004~2008년 제17대 국회의원(서울 동대문甲, 열린우리당·대통합민주신당·통합민주당) 2004~2006년 국회 정무위원장 2007년 대통합민주신당 정동영 대통령후보 여성특보단장 2008년 민주당 서울동대문甲지역위원회 위원장 2012년 (사)통일맞이 이사 2014년 여성독립운동기념사업회 회장(현) [상]오늘의 여성상(1984), 한국일보사 선정 85년을 빛낸 여성5인中 1위 선정(1985), 여성동아대상(1987), 한국여성단체연합 선정 여성권익디딤돌상(1999) [저]'현대여성의 성윤리' '가정폭력, 성폭력사례집' '원장님 빨리 담 넘어요' 'やるっきゃない, かつとびアシュマの民主化闘争(그 길을 갈 수 밖에 없었다)' [종]기독교

김희선(金希鮮·女) Kim heesun
[생]1969·1·14 [주]서울 서초구 남부순환로2364 국립국악원 국악연구실(02-580-3070) [학]1991년 서울대 국악과졸 1993년 同대학원 음악학(국악) 석사 2004년 음악인류학박사(미국 피츠버그대) [경]2004~2006년 국립싱가포르대 아시아연구소 연구원 2007~2010년 서울대 동양음악연구소 연구원 2007~2010년 서울대·한국예술종합학교·중앙대 등 강사 2008~2010년 국민대 교육대학원 겸임교수 2010~2016년 국민대 교양학과 교수 2012~2016년 (재)월드뮤직센터 상임이사 2016년 국립국악원 국악연구실장(현)

김희수(金熺洙) KIM Hi Soo (明谷)
[생]1928·7·9 [본]광산(光山) [출]충남 논산 [주]충남 논산시 대학로121 건양대학교 총장실(041-730-5105) [학]1946년 공주고졸 1950년 세브란스의대(現 연세대)졸 1958년 미국 일리노이주립대 대학원졸 1966년 의학박사(연세대) 2014년 명예 이학박사(미국 린치버그대) [경]1959년 인천기독병원 안과 과장 1961년 제3육군병원 안과 과장 1962년 영등포 김안과병원 개업·이사장(현), 건양병원 병원장 1963년 고려대·연세대·이화여대 외래교수 1979년 건양학원(건양중·고) 이사장 1981년 대한안과학회 회장 1990년 건양대 설립·이사장 2001년 同총장(현) 2001년 충남테크노파크 이사 2010년 대전거사림연합회 수석고문 2016년 학부교육선진화선도대학(ACE)협의회 회장(현) [상]대통령표창(1982), 국민훈장 무궁화장(2007), 자랑스런 연세인상(2008), 자랑스러운 충청인상(2008), 연세대 의대 미주동창회 선정 올해의 스승(2008), 윤리경영대상(2009), 자랑스런 한국인대상-교육발전부문(2011), 중앙일보 선정 글로벌경영 부문 '2012한국을 빛낸 창조경영인'(2012), 교육과학기술부 2012참교육대상(2012), 매일경제 선정 인재교육부문 '대한민국 글로벌 리더'(2013·2014·2016), 매경미디어그룹 2013 대한민국 창조경제리더 인재부문(2013), 제5회 대한민국참교육대상 창의융합교육부문 대상(2014) [종]불교

김희수(金熙洙) Hee Soo Kim
[생]1954·10·2 [본]김해(金海) [출]전남 순천 [주]충남 공주시 공주대학로56 공주대학교 지구과학교육과(041-850-8291) [학]1975년 순천고졸 1982년 공주사범대 지구과학교육과졸 1984년 서울대 대학원졸 1993년 교육학박사(한국교원대) [경]공주대 지구과학교육과 전임강사·조교수·부교수 1998년 同지구과학교육과 교수(현) 2010~2012년 同과학영재교육원장 겸 원격교육연수원장 2012년 同입학관리본부장 2016년 同교무처장(현) 2016년 同총장 직대(현) [저]'관측천문학 실습'(2004, 도서출판 북스힐) '과학교사교육의 재조명(共)'(2005, 도서출판 보성) '과학교육론(共)'(2006, 도서출판 보성) 등 [종]기독교

김희수(金熙洙) KIM Hee Soo
[생]1955·10·4 [출]서울 [주]서울 마포구 마포대로45 일진빌딩11층 일진전기(주) 비서실(02-707-9158) [학]1975년 광주제일고졸 1980년 고려대 법학과졸 [경]극동건설(주) 인력관리부 근무, 일진전기(주) 자산관리실장(전무), 同총무부장, 同영업이사, 일진중공업 이사, 일진소재산업 상무, 일진다이아몬드 사업본부장, 일진전기(주) SCR사업부장(상무) 2006년 同SCR사업부장(전무) 2007년 同소재·환경사업부총괄 전무 2008년 同재료환경그룹장(부사장) 2009년 일진그룹 자산관리실장(부사장) 2010년 일진전기(주) NIE자산개발실장(부사장) 2011년 同최고구매책임자(CPO·부사장) 2013년 同국내영업본부장(부사장) 2013년 同각자대표이사 2014년 同중전기사업본부장(부사장) 2015년 同최고운영책임자(COO·사장)(현) [종]가톨릭

김희수(金熙洙) KIM Hee Soo
[생]1959·3·5 [출]경북 포항 [주]경북 안동시 풍천면 도청대로455 경상북도의회(054-286-3488) [학]포항제철공고졸 2002년 포항1대학 전기과졸, 동국대 대학원 행정학과졸 [경]1990년 미광계전 설립·대표(현), 포항시장학회 이사, 포항지역발전협의회 이사, 한국유네스코 경북협회 이사, 경북장애인기능경기대회 부대회장, 포항시축구협회 부회장, 한나라당 경북도당 중앙위원회 부위원장, 민주평통 포항시 자문위원, (사)포항시새마을회 지회장 2007년 한나라당 제17대 대통령선거 경북선대위 경제본부장 2010년 경북도의회 의원(한나라당·새누리당) 2012년 同운영위원회 부위원장 2012년 同기획경제위원회 위원 2012년 同윤리특별위원회 위원 2012년 同경북대구상생발전특별위원회 위원 2014년 경북도의회 의원(새누리당)(현) 2014년 同기획경제위원회 위원장 2014~2016년 대구경북경제자유구역청 조합회의 의장 2016년 경북도의회 교육위원회 위원(현)

김희수(金熙秀) KIM Hee Soo
[생]1960·1·23 [출]부산 [주]서울 금천구 벚꽃로278 SJ테크노빌13층 (주)열림기술 대표이사실(02-3397-0600) [학]1978년 부산 해동고졸 1984년 부산대 경영학과졸 1999년 연세대 경영대학원 최고경영자과정 수료 2000년 고려대 경영대학원 수료 [경]1984~1991년 대우전자 컴퓨터사업본부 근무 1991~1996년 다우기술 근무 1996년 (주)열림기술 대표이사(현) [상]3천만불 수출의탑, 동탑산업훈장 [종]기독교

김희수(金熙洙) KIM Hee-Su
[생]1962·10·15 [본]안동(安東) [출]서울 [주]서울 종로구 세종대로178 (주)KT 광화문빌딩West 경제경영연구소(031-727-0114) [학]1980년 검정고시 합격 1985년 고려대 영어영문학과졸 1986년 同경제학과졸 1992년 미국 UCLA 대학원 경제학과졸, 경제학박사(미국 UCLA) [경]1993년 산업연구원 책임연구원 1995년 정보통신정책연구원 책임연구원 1997년 同연구위원 1998년 한국산업조직학회 편집

위원·이사(현) 2001년 정보통신정책연구원 경쟁정책팀장 2008년 同통신정책그룹장 2008년 정보통신정책학회 편집위원 2009년 同이사 2009~2011년 정보통신정책연구원 선임연구위원 2010년 국제전기통신연합(ITU) 의제설정자 2011년 (주)KT 경제경영연구소 전문임원(상무급) 2014년 同경제경영연구소 부소장(상무)(현) [상]재정경제부장관표창(1998), 정보통신부장관표창(2002) [저]'통신사업의 합리적 비대칭규제 방안 연구' '방송서비스의 다매체화 및 통신방송 융합에 따른 공정경쟁 이슈 연구' '방송통신망 고도화에 따른 상호접속의 쟁점과 정책과제' '통신서비스 결합판매 제도 개선방안 연구' '도매제공대가의 사후규제 방안 연구' '통신서비스 시장 경쟁상황평가' 외 다수 [종]기독교

김희수(金熙洙) KIM Hee Soo

[생]1966·5·2 [주]세종특별자치시 도움6로11 국토교통부 기술정책과(044-201-3549) [학]1984년 신흥고졸 1988년 단국대 행정학과졸 1990년 同대학원 행정학과졸 2007년 미국 시라큐스대 행정학과졸 [경]2003년 건설교통부 기술정책과 사무관 2004년 同서기관 승진 2008년 국토해양부 자동차손해보장팀장 2009년 同국토정책국 산업입지정책과장 2009년 同국토정책국 서기관 2009년 국무총리실 파견(서기관) 2011년 국토해양부 주택건설공급과장 2012년 同국토정보정책과장 2013년 국토교통부 주택토지실 국토정보정책과장 2014년 同교통물류실 자동차정책과장(부이사관) 2016년 同기술정책과장(현) [상]국무총리표창(2002) [종]기독교

김희옥(金熙玉) KIM Hee Ok (不二)

[생]1948·8·17 [본]서흥(瑞興) [출]경북 청도 [주]서울 서초구 서초대로301 동익성봉빌딩9층 법무법인(유한)해송(02-3489-7178) [학]1968년 경북고졸 1972년 동국대 법학과졸 1974년 서울대 신문대학원 신문학과졸 1976년 동국대 대학원 법학과졸 1984년 법학박사(동국대) [경]1976년 사법시험 합격(18회) 1978년 사법연수원 수료(8기) 1978년 부산지검 검사 1980년 同통영지청 검사 1982년 서울지검 의정부지청 검사 1984년 국회 법사위원회 파견 1986년 서울지검 검사 1989년 법무연수원 교수 1990년 대구지검 의성지청장 1992년 대검찰청 검찰연구관 1993년 同환경과장 1994년 부산지검 형사2부장 1995년 사법연수원 교수 1997년 서울지검 형사4부장 1998년 同형사1부장 1998년 수원지검 평택지청장 1999년 서울지검 남부지청 차장검사 2000년 수원지검 제1차장검사 2001년 부산지검 동부지청장 2002년 대구고검 차장검사 2002년 대검찰청 공판송무부장 2003년 대전지검장 2004년 사법연수원 부원장 2005년 서울동부지검장 2005년 법무부 차관 2006~2010년 헌법재판소 재판관 2009년 同헌법실무연구회 회장 2011~2015년 동국대 총장 2011년 헌법재판소 자문위원 2011~2015년 불교종립대학총장협의회 회장 2012~2015년 한국사립대학총장협의회 부회장 2013~2015년 한국대학교육협의회 대학윤리위원장 2014~2016년 정부공직자윤리위원회 위원장(장관급) 2015년 법무법인(유한) 해송 고문변호사(현) 2016년 새누리당 혁신비상대책위원회 위원장 [상]홍조근정훈장, 자랑스런 동국인상(2007), 청조근정훈장(2011), 2013 한국의 영향력있는 CEO 인재경영부문 대상(2013), 2014 한국의 영향력있는 CEO 글로벌경영부문 대상(2014), 매일경제 선정 '대한민국 글로벌 리더'(2014), 제5회 대한민국참교육대상 창의교육부문 종합대상(2014) [저]'형사소송법연구' '언론의 자유와 개인의 사생활보호' '즉결심판제도연구' '주석형사소송법' '형사소송법의 쟁점' '최신형사판례해설' '사례대비판례형법' '판례형사소송법' '주석형사소송법'(共) [종]불교

김희용(金熙勇) KIM Hi Yong

[생]1942·11·2 [출]서울 [주]서울 강남구 언주로133길7 대용빌딩 동양물산기업(주) 회장실(02-3014-2700) [학]1960년 경기고졸 1969년 미국 인디아나주립대(Indiana State Univ.) 산업미술학과졸 2005년 연세대 정법대학졸 [경]1982년 한국건업 사장 1984년 인희산업 사장 1987년 벽산그룹 비서실장 1987~2000년 동양물산기업(주) 대표이사 1992년 駐불가리아 명예총영사(현) 1995년 벽산그룹 부회장 1995년 대한볼링협회 회장 2001년 동양물산기업(주) 대표이사 회장(현) 2002년 지속가능발전기업협의회(KBCSD) 부회장 2009~2012년 강남구상공회 회장 2012년 서울상공회의소 부회장(현) [상]새마을훈장 근면장, 불가리아 Madarski Konnik 제1훈장(2002), 불가리아 외무부 명예훈장(2004) [종]기독교

김희정(金姬庭·女) Cecilia Heejeong Kim

[생]1968·1·12 [출]서울 [주]광주 동구 문화전당로38 국립아시아문화전당 아시아문화원 공연사업본부(1899-5566) [학]서울예술고졸 1990년 연세대 음대졸, 미국 펜실베이니아대 예술과학대학원 작곡과졸, 작곡박사(미국 펜실베이니아대) [경]1996년 미국 하버드대 예술과학대학원 Post-Doc. 2000년 상명대 예체능대학 음악학부 작곡과 교수 2003년 세계여성음악제 집행위원장 2004년 홍콩 Drum Competition 심사위원 2005~2007년 국제여성음악인연맹(IAWM) 한국대표 이사 2006년 상명대 음악대학 작곡과 교수 2006~2008년 천안 각원사 국제범음음악축제 집행위원장 2007~2009년 중앙일보 뮤지컬어워즈 심사위원 2008~2009년 서울시뮤지컬단 심사위원 2008~2011년 (재)마음은행 에반젤리장애인어린이합창단 재단이사장 2009~2016년 상명대 음악대학 뉴미디어작곡과 교수 2010~2011년 영국 런던대 골드스미스 ICCE 방문연구원 2012년 외교통상부 홍보커뮤니케이션스 자문위원 2012~2014년 여성가족부 음반 및 뮤직비디오 청소년유해매체 심의위원 2012~2014년 한국문화예술위원회 위원 2016년 국립아시아문화전당 아시아문화원 공연사업본부장(현) [작]작곡 가무악극 '연오랑과 세오녀'(2002) 부산아시안게임주제가 '두리아'(2002) 연극 '아버지-세일즈맨의 죽음'(2012)

김희정(金姬廷·女) KIM Hee-Jung

[생]1971·4·13 [출]부산 [학]1990년 대명여고졸 1994년 연세대 정치외교학과졸 1998년 同대학원 정치학과졸 2002년 同대학원 정치학 박사과정 수료 [경]2004~2008년 제17대 국회의원(부산 연제구, 한나라당) 2004년 국회 과학기술정보통신위원회 위원 2005년 한나라당 상임운영위원 2005년 同디지털정당위원회 위원장 2006~2008년 同원내부대표 2006~2007년 국회 운영위원회 위원 2006년 국회 예산결산특별위원회 위원 2007년 국회 방송통신특별위원회 위원 2007년 연세대 행정대학원 겸임교수, 부산대 산학협력단 초빙교수, 부산과학기술협의회 사이언스아카데미 명예학장 2009~2010년 한국인터넷진흥원 초대원장 2010년 대한민국소프트웨어공모대전 자문위원 2010~2011년 대통령 대변인 2012~2016년 제19대 국회의원(부산 연제구, 새누리당) 2012~2013년 새누리당 정책위원회 부의장 2012년 同국민행복추진위원회 안전한사회추진단장 2012년 국회 여성가족위원회 위원 2013~2014년 국회 교육문화체육관광위원회 간사 2013년 새누리당 제6정책조정위원장 2013년 국회 방송공정성특별위원회 위원 2013년 국회 정치개혁특별위원회 위원 2014년 국회 안전행정위원회 위원 2014~2016년 여성가족부 장관 2014년 국회 외교통일위원회 위원 2016년 제20대 국회의원선거 출마(부산 연제구, 새누리당) [상]NGO모니터단 국정감사 우수국회의원 선정(2004·2005·2006), 월간중앙·사이버문화연구소 국회의원 우수홈페이지 선정(2005), Asia Society Asia21 Fellow 선정(2007), 제4회 전국지역신문협회 의정대상 국회의원부문(2007), 법률소비자연맹 선정 국회 헌정대상(2013)

김희준(金熙埈) KIM Hee Jun

[생]1964·1·10 [출]경남 [주]서울 종로구 경희궁길26 스포츠월드 기획관리국(02-2000-1800) [학]화곡고졸 2000년 성공회대졸 [경]1995~1997년 세계일보 편집국 지원팀장 1997~1999년 박근혜 국회의원 비서관 2000년 세계일보 비서실 비서팀장 2002년 同편집지원팀장(차장) 2003년 同편집지원팀장(부장대우) 2004년 同기획실 비서팀장 2006년 同기획실 비서팀장(부장) 2006년 同광고국 광고관리팀장 2009년 同경영지원본부 비서담당 부장 2010년 同경영지원본부 부국장 2011년 同경영지원국 경영기획팀장 2015년 스포츠월드 기획관리국장(현) 2015년 세계일보 비서실장 겸임(현)

김희준(金熙準) KIM Hee Jun

[생]1967·5·9 [출]전남 함평 [주]서울 서초구 반포대로158 서울고등검찰청(02-530-3114) [학]1984년 광주 석산고졸 1988년 전남대 사법학과졸 1995년 同대학원졸 [경]1990년 사법시험 합격(32회) 1993년 사법연수원 수료(22기) 1993년 軍법무관 1993년 변호사 개업 1996년 대구지검 경주지청 검사 1998년 광주지검 검사 2000년 서울지검 검사 2001년 미국 버클리대 연수 2003년 대검찰청 검찰연구관 2005년 창원지검 부부장검사 2006년 청주지검 부장검사 2007년 서울북부지검 부부장검사 2007년 헌법재판소 파견 2009년 법무부 국가송무과장 2010년 서울중앙지검 강력부장 2011년 대전지검 형사제2부장 2012년 대구지검 김천지청장 2013년 제주지검 차장검사 2014년 의정부지검 차장검사 2015년 광주지검 차장검사 2016년 서울고검 검사(현) 2016년 법무연수원 연구위원 겸임(현) [상]자랑스러운 전남대인상(2015)

김희중(金喜中) KIM Hee Joong

[생]1947·2·21 [출]전남 목포 [주]광주 서구 상무대로980 광주대교구청 교구장 비서실(062-380-2809) [학]1966년 광주 살레시오고졸 1975년 대건신학대 대학원졸 1986년 교회사박사(이탈리아 그레고리안대) [경]1975년 사제 서품 1975년 천주교 광주대교구 목포 경동본당 보좌신부 1976년 로마 유학 1983년 광주가톨릭대 교수 2002년 천주교 광주대교구 금호동성당 주임신부 2003년 주교 서품 2003년 천주교 광주대교구 보좌주교(총대리) 2005년 한국천

주교주교회의 교회일치와종교간대화위원회 위원장 2005년 同교리주교위원회 위원 2006년 아시아주교회의연합회(FABC) 교회일치와종교간대화위원회 위원·위원장(현) 2007년 로마교황청 종교간대화평의회 위원(현) 2008년 同그리스도인일치촉진평의회 위원(현) 2009~2010년 천주교 광주대교구청 부교구장 2009년 同대주교(현) 2010년 同광주대교구장(현) 2010~2014년 한국천주교주교회의 교리주교위원회 위원장 2011~2013년 한국종교인평화회의(KCRP) 대표회장 2014년 한국천주교주교회의 의장(현)

김희중(金喜中) KIM Hi Jung

생1954·12·26 본광산(光山) 출대전 주서울 성북구 화랑로14길5 한국과학기술연구원 스핀융합연구단(02-958-5413) 학1976년 서울대 금속공학과졸 1978년 한국과학기술원(KAIST) 재료공학과졸 1988년 재료공학박사(한국과학기술원) 경1978~1990년 한국과학기술연구원(KIST) 연구원·선임연구원 1990년 同책임연구원 1992년 同연구실장 1993년 同연구팀장 1997년 同연구센터장 2001년 同재료연구부장 2001년 한국자기학회 부회장 2002년 한국과학기술연구원(KIST) 미래기술연구본부장 2006년 同전략기획본부장, 한국공학한림원 회원, 국가연구개발사업 평가위원, 국가과학기술자문회의 전문위원, 국가과학기술위원회 전문위원 2007년 한국과학기술연구원(KIST) 정책기획부장 2008년 同교육협력부장 2013~2014년 한국자기학회 회장 2013~2016년 한국나노기술원 원장 2016년 한국과학기술연구원(KIST) 스핀융합연구단 책임연구원(현) 상한국과학기술연구원 연구개발팀상(1996), 한국자기학회 논문상(1998), 특허기술상 지석영상(2000), 대한금속재료학회 특별상(2004), 대통령표창(2006), 한국자기학회 강일구상(2010), 한국자기학회 창성학술상(2012) 전'소재산업의 대일기술의존 개선방안'(1993) '신소재 산업의 발전전략'(1999) '나노정보저장장치기술'(2002) '2012 과학기술전망'(2012) 역'자성재료학'(1992)

김희중(金熙重) KIM Hee Joong

생1956·1·25 본김해(金海) 주서울 종로구 대학로101 서울대학교병원 정형외과(02-2072-2970) 학1976년 서울대 자연과학대학 의예과졸 1980년 同의과대학졸 1983년 同대학원졸 1991년 의학박사(서울대) 경1981년 서울대병원 정형외과 레지던트 1985년 육군 군의관 1988년 국립경찰병원 정형외과 전문의 1989년 서울대병원 정형외과 전임의 1991~1996년 同정형외과 임상강사·임상조교수 1993~1995년 미국 Mayo Clinic 정형외과 분자생물학실험실 Research Fellow 1994년 국제골순환연구회 정회원(현) 1996년 서울대 의대 정형외과학교실 조교수·부교수·교수(현) 1996년 미국 정형외과연구학회 정회원(현) 1998년 미국 골및무기질연구학회 정회원(현) 1999년 미국 UC SanDiego 정형외과 연수 2008년 서울대 의대 정형외과학교실 주임교수 겸 서울대병원 정형외과장 2009년 대한정형외과학회지 편집위원장 2009년 국제골순환학회 아시아지부 부회장(현) 2010~2011년 대한정형외과연구학회 회장 2010~2011년 대한고관절학회 회장 2013~2016년 서울대병원 진료부원장 2013~2016년 同공공보건의료사업단장 2013~2014년 대한정형외과학회 이사장 상대한민국무궁화대상 의학부문(2015) 전'골절학(共)'(1988, 일조각) '학생을 위한 정형외과학(共)'(1998, 군자출판사) '가정의학(共)'(2001, 서울대출판부) '정형외과학(共)'(2006·2013, 최신의학사) '정형외과에서의 정맥혈전색전증(共)'(2010, 비엠엠코리아) '골절학(共)'(2013, 범문에듀케이션) '학생을 위한 정형의학(共)' '고관절학(共)'(2014, 군자출판사)

김희중(金熙中) KIM Hee Joong

생1965·2·20 본광산(光山) 출전남 구례 주강원 동해시 천곡로107 동해경찰서(033-539-3321) 학구례농고졸, 동국대 경찰행정학과졸, 관동대 경영행정대학원 공안행정학 석사 경1993년 경찰간부후보(41기) 2011년 강원지방경찰청 경무과 경무계장 2013년 同여성청소년과장 2014년 강원 홍천경찰서장 2015년 강원지방경찰청 형사과장 2016년 강원 동해경찰서장(현) 상행정자치부장관표창(2000), 경찰청장표창(2002)

김희진(金喜鎭·女) KIM Hee Jin (綵雲堂)

생1934·5·3 본안동(安東) 출황해 해주 주서울 강남구 봉은사로406 서울중요무형문화재 전수회관404호(02-566-1112) 학1952년 진명여고졸 경1972~1996년 문화재 전문위원 1973년 전승공예연구소 개설, 중요무형문화재 기능보유자작품전 출품 1974년 제1회 작품전 1975년 숙명여대·덕성여대 강사 1976년 중요무형문화재 제22호 매듭장(매듭) 기능보유자 지정(현) 1979년 한국매듭연구회 회장·명예회장(현) 1980년 제2회 작품전 1986년 제3회 작품전(프랑스 파리) 1988년 제4·5회 작품전(독일·프랑스 파리) 1994년 한국

매듭작품전 1994년 제8회 작품전(이집트 국립카이로공예박물관) 1999년 한국매듭연구회 창립20주년 기념전시회 2004년 제9회 작품전 '균형과 질서의 미학-한국전통매듭'(국립중앙박물관) 상민속공예전 문화부장관상, 동아공예대전 대상, 은관문화훈장(2010) 전'매듭과 다회'(1974) '한국매듭'(1979) '재미있는 우리매듭'(2002) '아름다운 우리매듭'(2008) 역'MAEDEUP-The Art of Traditional Korean Kont(Korean Culture Series 6)'(2006) 종천주교

김희진(金希珍·女) Gim Huijin (小軒)

생1947·1·29 본경주(慶州) 출충북 청주 주서울 마포구 만리재로14 한국사회복지회관 르네상스타워1312호 (사)국어생활연구원(02-712-9730) 학1964년 서울대사대국어과졸 1971년 서울대학교 국어교육과졸 1977년 서울대 대학원 국어교육학과졸 1988년 문학박사(숙명여대) 경1967~1973년 서울매동·탑동초등학교 교사 1973~1981년 영등포여중·대방여중·행당여중 교사 1984~1997년 서울교대 강사 1984~1998년 국제대·상지대·숙명여대 강사 1986년 국어연구소 연구원 1991년 국립국어연구원 학예연구관 2001년 同어문실태연구부장 2004~2007년 국립국어원 국어진흥부장 2007년 (사)국어생활연구원 원장 2010년 同이사장(현) 상문교부장관표창(1987), 문화체육부장관표창(1998), 문화관광부장관표창(2002·2004), 홍조근정훈장(2007), 대통령표창(2010) 전'훈몽자회의 어휘적 연구'(1987) '국어의미론'(1990) '한자사용실태조사'(1992) '국어문체론(共·編)'(1994) '남북한의 외래어 비교 연구'(1995) '한국신문방송 말·글 변천사'(1996) '남북한 언어 연구(共)'(1997) '신문 헤드라인 뽑는 법'(2000) '국정 연설문의 실태'(2003) '현대 국어의 준말 목록'(2003) '바른 국어생활(共)'(2005) '법령문 바로 쓰기 연찬 교재(共)'(2005) '한국수화사전'(2005) '잘 들리고 잘 보이는 법령문 쓰기(共)'(2006) '한국수화문형사전'(2006) '방언 이야기(編)'(2007) '방송뉴스의 어휘선택'(2007) '국어 정책'(2007) '의료 문장 바르게 쓰기'(2007) '의료인을 위한 우리글 바로 쓰기'(2013) 좌수필 '학과 같이(共)' '말은 지도(地圖)다'(2001, 새국어소식) '거꾸로 말할 것인가'(2002, 한우리) '국민연금신문'(2004~2007, 우리말바르게 연재) '국어'(2004~2005, 한국교원신문칼럼 연재) '국어 생각'(2005~2007, 주간한국 연재) 종불교

김희진(金熙珍·女) KIM Hee Jin

생1956·1·21 본예천(醴泉) 출서울 주울산 울주군 웅촌면 대학길9 춘해보건대학교 총장실(052-270-0101) 학1974년 경기여고졸 1980년 서울대 의대졸 1983년 同대학원졸 1987년 의학박사(서울대) 경1980~1984년 서울대 병원 인턴·레지던트 1984~2006년 춘해병원 소아과장 1985~1987년 경상대 의대 외래강사 1990~2006년 부산대 의대 외래조교수·외래부교수·외래교수 1992~1995년 동아대 의대 외래조교수·외래부교수 1996~1999년 춘해병원 기획실장 1999~2001년 同부원장 1999년 서울대병원 소아과 임상자문의(현) 2004~2006년 한국여자의사회 부산지회 부회장·회장 2006~2008년 한국전문대학교육협의회 감사 2006년 울산시지역혁신협의회 위원 2006~2008년 춘해대학 학장 2007년 울산여성신문 자문위원(현) 2007년 부산인적자원개발원 이사(현) 2008년 춘해보건대 총장(현) 2009년 울주군기관단체장협의회 회원(현) 2012년 한국전문대학교육협의회 이사(현) 2013년 울산발전연구원 이사(현) 2013년 민주평통 자문위원(현) 2015년 울산적십자 여성봉사특별자문위원회 자문위원(현) 상대통령표창(1980)

김희철(金熙喆) KIM Hi Chull

생1937·3·8 본서흥(瑞興) 출경남 마산 주서울 중구 퇴계로307 벽산그룹 회장실(02-2260-6164) 학1955년 경기고졸 1959년 미국 퍼듀대 기계학과졸 1960년 同경영대학원졸 1963년 미국 매사추세츠공대(MIT) 대학원 원자력공학과졸 1966년 원자력공학박사(미국 퍼듀대) 경1966년 미국 미주리대 조교수 1969년 과학기술처 연구조정관 1973년 동양물산 사장 1979년 한국스레트 사장 1982년 벽산그룹 부회장 1991년 同회장(현) 1992년 국제상업회의소(ICC) 국내의장 1994년 한국무역협회 부회장 1994~2001년 한국경영자총협회 부회장 1997년 한국무역협회 비상근부회장 1998~2012년 벽산건설(주) 회장 1999년 동양물산기업(주) 대표이사 회장 2004년 (주)인희 대표이사 회장 종기독교

김희철(金熙喆) KIM Hee Cheol

생1956·5·5 출서울 주서울 강남구 논현로77길7 반야빌딩5층 (주)희망만드는사람들 대표이사실(02-508-0483) 학1979년 한국외국어대 영어학과졸 1986년 서강대 대학원 국제경영학과졸 2014년 서울사이버대 휴먼서비스대학원 사회복지학과졸 경1981년 한국외환은행 근무 1995년 하나은행 일원동지점장 1997년 同서압구정지점장 2000년 同PB지원팀장 2002년 同인력지원부 조사

역 2002년 한국외환은행 PB영업본부 부장 2008년 대구은행 복합금융사업단 본부장 2010년 同마케팅기획본부장(부행장보), 同상임고문 2012년 (주)희망만드는사람들 대표이사(현)

김희철 Kim, Hee Cheol

[생]1958 [출]경기 평택 [주]서울 강남구 남부순환로2806 군인공제회(1544-9090) [학]대신고졸, 육군사관학교졸(37기) [경]육군 훈련소 참모장, 육군대학 교수부장, 8군단 참모장, 육군본부 정책실장(소장) 2012년 대통령 위기관리비서관 2013년 대통령 국가안보실 위기관리비서관 2014년 단국대 국가위기관리연구소 연구·자문위원 2014년 군인공제회 회원관리이사 2015년 同관리부문 부이사장(현)

김희철(金熙哲) KIM Hee Chul

[생]1960 [출]전남 영암 [주]세종특별자치시 노을6로8의14 국세청 기획조정관실(044-204-2300) [학]대전고졸, 서울대 경제학과졸 [경]1992년 행정고시 합격(36회) 1994년 광주세무서 총무과장 1995년 목포세무서 직세과장 1996년 국세청 기획계장 1998년 서울 서초세무서 법인세2과장 1999년 국세청 조사1과 사무관 2002년 同조사1과 서기관 2004년 同총무과 인사계장 2005년 원주세무서장 2006년 세종연구소 파견 2007년 서울지방국세청 조사3국 4과장 2008년 국세청 정책조정담당관 2010년 대전지방국세청 조사1국장(부이사관) 2010년 서울지방국세청 감사관 2012년 중부지방국세청 조사1국장(고위공무원) 2014년 서울지방국세청 조사3국장 2014년 同조사1국장 2015년 국세청 기획조정관(현)

김희철(金熙哲) KIM Hee Cheol

[생]1963·7·30 [주]대구 중구 달성로56 동산의료원 정신건강의학과(053-250-7813) [학]1988년 계명대 의대졸 1991년 同대학원졸 2001년 의학박사(계명대) [경]1992년 국립부곡정신병원 공중보건의 1995년 동국대 전임강사 1996년 계명대 의과대학 정신건강의학교실 전임강사·조교수·부교수·교수(현) 2000년 대구시 서구 정신보건센터장 2011년 계명대 동산병원 교육연구부장 2011~2012년 同동산병원 부원장 2013년 同동산의료원 사무처장 2014년 同동산의료원 정신건강의학과장(현) 2015년 同뇌연구소장(현) 2016년 同동산의료원 대외협력처장(현)

김희철(金凞喆) KIM Hee Cheul

[생]1964·10·10 [출]대구 [주]충남 서산시 대산읍 독곶2로103 한화토탈(주)(041-660-6114) [학]1982년 성광고졸 1986년 서울대 화학공학과졸 1988년 同대학원 화학공학과졸, 미국 워싱턴대 대학원 MBA [경]2005년 한화석유화학(주) 공정거래자율준수관리자, 同경영기획팀장(상무) 2010년 한화L&C(주) 해외사업부 미국 Azdel Inc. 및 Alabama법인장(상무) 2011년 한화그룹 경영기획실 전략팀장(상무) 2011년 한화솔라원 경영총괄 상무 2012~2014년 한화큐셀 대표이사 상무 2012년 중국 한화솔라원 대표이사 2013~2014년 同대표이사 전무 2014년 (주)한화 유화부문 합병후통합전담팀(PMI) TF팀장 2015년 同유화사업전략본부장(부사장) 2015년 한화토탈(주) 대표이사(현)

김희철

[생]1968·6·18 [출]경남 김해 [주]경기 성남시 분당구 동판교로59 자유퍼스트프라자1 (주)자유투어 임원실(02-3455-0092) [학]한양대 관광학과졸 [경]1991년 국일여행사 입사 2010년 (주)크루즈인터내셔널 공동대표이사 2012년 (주)모두투어네트워크 대리점영업본부장(상무이사) 2014년 모두투어리츠 공동대표이사 부사장 2016년 (주)자유투어 대표이사 사장(현)

김희탁(金熙鐸) KIM Hee Tak

[생]1957·3·24 [출]서울 [주]서울 종로구 홍지문2길20 상명대학교 경영학과(02-2287-5060) [학]1979년 고려대 통계학과졸 1981년 서울대 대학원 경영학과졸 1983년 한국과학기술원 대학원 경영과학과졸 1999년 경영학박사(서강대) [경]1983~1996년 상명여대 전임강사·조교수·부교수 1995년 한국생산관리학회 상임이사 1996~2013년 상명대 경영학부 교수 1997~1998년 한국생산관리학회 편집위원 2002년 한국서비스경영학회 이사 2002년 한국품질경영학회 홍보위원장 2002~2003년 상명대 입학처장 2005년 한국생산관리학회 편집위원장 2010년 상명대 경영대학장 2011년 同대학원장 2013년 同경영대학원장 2013년 同경영학과 교수(현) [저]'생산관리'(2001, 법문사) '통계학'(2002, 법문사) '디지털 시대의 생산시스템과 SCM'(2004, 법문사) [역]'서비스 운영관리'(2004, 한경사) '서비스 운영관리(2판)'(2006, 한경사)

김희태(金禧泰) KIM Hee Tae (淸雅)

[생]1950·6·9 [본]김해(金海) [출]서울 [주]서울 영등포구 국회대로66길11 할렐루야빌딩2층 신용정보협회(02-3775-2761) [학]1969년 서울공고 요업과졸 1977년 중앙대 법학과졸 2004년 연세대 경영대학원 최고지도자과정 수료 2008년 중국 북경대 외자기업최고경영자과정 수료 2011년 서울대 법대 최고지도자과정 수료 2013년 경기대 사회복지대학원 사회복지정책학과졸(석사) [경]1977년 한일은행 입행 2000년 한빛은행 충정로기업고객지점장 2001년 同수송동지점장 2002년 同준법지원실장 2003년 우리은행 대치역지점장 2004년 同준법감시인 2007년 同업무지원본부장(부행장) 2008년 同경영지원본부장(부행장) 2008~2011년 同중국현지법인장(은행장) 2011~2013년 우리아비바생명보험(주) 대표이사 2014~2015년 로타리3650지구 제6지역 대표 2015년 신용정보협회 회장(현) [상]재정경제부장관표창(2002), 환경부장관표창(2006), 부총리 겸 기획재정부장관표창(2009), 중국 베이징 조양구 해외인재상(2010), 대한민국금융대상 생명보험대상(2012), 국제로타리3650지구 총재표창(2015)

김희태(金熙泰) Heetae KIM

[생]1969·8·31 [본]김해(金海) [출]충남 공주 [주]대전 서구 청사로189 특허청 특허심사2국 가공시스템심사과(042-481-5702) [학]1988년 한밭고졸 1992년 한양대 전기공학과졸 1996년 同대학원졸 2003년 미국 예쉬바대 카도조 법과전문대학원졸(J.D) [경]1991년 기술고시 합격(27회) 2004년 특허청 기계금속심사국 심사조정과 서기관 2005년 특허심판원 심판관 2006년 특허청 정보통신심사본부 디스플레이심사팀장(서기관) 2007년 同국제기구팀장 2008년 駐벨기에대사관 주재관 겸 駐유럽연합대표부 주재관 2011년 특허청 정보통신심사국 정보심사과장 2012년 同정보기획국 정보기획과장 2013년 同특허심사기획국 계측분석심사팀장 2014년 국립외교원 교육파견(부이사관) 2015년 특허청 특허심사2국 가공시스템심사과장(현) [종]천주교

김희택(金喜澤) KIM Hee Taik

[생]1954·10·10 [본]경주(慶州) [출]대전 [주]경기 안산시 상록구 한양대학로55 한양대학교 화학공학과(031-400-5274) [학]1973년 대전고졸 1977년 한양대 화학공학과졸 1979년 同대학원 화학과졸 1988년 공학박사(미국 오리건주립대) [경]1979~1982년 육군사관학교 교수부 화학과 강사·전임강사 1988~1999년 한양대 화학공학과 조교수·부교수 1995년 한국가스안전공사 가스안전기술심의위원 1999년 한양대 화학공학과 교수(현) 2000년 同사회봉사단 기획운영실장 2001년 노동부 기술자격제도심의위원회 전문위원 2006~2008년 한양대 학생처장 2013~2015년 同이노베이션대학원장 [상]한국과학기술단체총연합회 우수논문상 [저]'단위조작 입문' [역]'최신 공업수학' [종]기독교

김희현(金熹鉉) KIM Hee Hyon

[생]1959·9·24 [출]제주 제주시 [주]제주특별자치도 제주시 문연로13 제주특별자치도의회(064-741-1860) [학]성산수산고졸, 한국방송통신대 관광학과졸, 제주대 경영대학원 관광개발학과졸(석사), 同경영대학원 관광개발학과 박사과정 재학 中 [경]제주시 일도2동 연합청년회장, 항공요금인상저지대책위원회 본부장, 세계섬문화축제조직위원회 자문위원, 제주관광공사 이사, JIBS 시청자자문위원회 위원, 제주특별자치도 사회복지공동모금회 운영위원(현), 제주대 시민그린대학 15기 회장(현), 同대학원 석사총동문회 부회장(현), 제주특별자치도의회 지방재정연구회 회원(현), 제주미래전략산업연구회 부대표(현), 제주해양산업발전포럼 회원(현), 제주관광협회 상근부회장 2010년 민주당 제주도당 제주관광정책특별위원장, 동광초 운영위원장 2010년 제주특별자치도의회 의원(민주당·민주통합당·민주당·새정치민주연합) 2010년 同문화관광위원회 간사 2012년 同농수축지식산업위원회 위원장 2012년 同운영위원회 위원 2013년 同윤리특별위원회 위원 2014년 제주특별자치도의회 의원(새정치민주연합·더불어민주당)(현) 2014년 同예산결산특별위원회 위원 2014년 同행정자치위원회 위원 2016년 同의회운영위원회 위원(현) 2016년 同윤리특별위원회 위원(현) 2016년 同문화관광스포츠위원회 위원장(현) [상]제주카메라기자회 선정 '올해의 의원상'(2013), 대한민국 환경창조경영대상 '지방자치의정대상'(2016) [종]불교

한국인물사전

2017

YONHAPNEWS

ㄴ

수록 순서 가나다 · 생년월일순

약 호 [생] 생년월일 [본] 본관 [출] 출생지
[주] 주소(연락처) [학] 학력 [경] 경력 (현) 현직
[상] 상훈 [저] 저서 [역] 역서
[작] 작품 [종] 종교

나간채(羅看采) NA Kahn Chae

[생]1948 · 10 · 1 [본]금성(錦城) [출]전남 함평 [주]광주 동구 금남로221 5 · 18민주화운동기록관(062-613-8294) [학]1968년 학다리고졸 1972년 공주사범대 일반사회교육과졸 1979년 고려대 대학원 사회학과졸 1988년 문학박사(고려대) [경]1981~2014년 전남대 사회과학대학 사회학과 전임강사 · 조교수 · 부교수 · 교수 2000년 새교육공동체광주시민모임 상임대표 2000년 한국사회학회 부회장 2000~2003년 한국지역사회학회 부회장 2000년 전남대 5 · 18연구소장 2002~2004년 지방분권국민운동 공동대표 및 광주 · 전남본부 상임대표 2003년 미국 세계인명사전 'Marquis Who's Who in the World 20th Edition'에 등재 2004~2006년 전남대 사회과학대학장 2004년 한국지역사회학회 회장 2004년 지방분권국민운동 광주 · 전남본부 공동대표 2005년 영국 케임브리지 국제인명센터 Leading Educater of the World에 등재 2007년 광주전남비젼21포럼 위원장 2008년 대운하반대전국교수모임 상임대표 2008년 (사)광주연구소 이사장 2010~2012년 전남대 5 · 18연구소장 2010~2013년 광주시교육청 교육발전자문위원회 위원장 2012년 광주 · 전남지역사회운동연구단 단장 2012년 5 · 18광주민중항쟁 32주년기념행사위원회 상임위원장 2015년 5 · 18민주화운동기록관 초대관장(현) [상]녹조근정훈장(2014) [저]'사회학(共)'(1984) '시민사회의 가치관과 시민윤리(共)'(1995) '광주민중항쟁과 5월운동 연구(編)'(1997) '기억에서 영상으로'(共) '지역사회 연구방법의 모색' 'The Gwangju Uprising and the Creation of South Korean Democracy(共)'(2003) '기억투쟁과 문화운동의 전개(共)'(2004) '항쟁의 기억과 문화적 재현'(2006) '5 · 18 그리고 역사 : 그들의 나라에서 우리 모두의 나라로'(2008) '한국의 5월운동 : 민주, 정의, 인권을 위한 17년의 항쟁사'(2012) '광주항쟁 부활의 역사만들기 : 끝나지 않은 5월운동'(2013) [종]천주교

나 건(羅 建) Ken Nah

[생]1959 · 9 · 30 [주]서울 마포구 와우산로94 홍익대학교 국제디자인전문대학원(02-744-7700) [학]1983년 한양대 산업공학과졸 1985년 한국과학기술원(KAIST) 인간공학과졸(석사) 1996년 공업디자인박사(미국 TUFTS대) [경]1986~1989년 한국국방연구원 연구원 1990~2000년 미국 Tufts Univ. TA/RA · Instructor · Post-Doc. Fellow 2000년 국제디자인대학원대학교 교수 2003~2004년 同학장 직대 2004년 홍익대 국제디자인전문대학원 교수(현) 2004년 同국제디자인전문대학원장 2007년 한국감성과학회 부회장 2007년 한국디지털디자인학회 부회장 2009년 세계디자인수도(WDC) 서울2010 총감독 2012년 독일 '레드닷 어워드 제품디자인' 심사위원(현) 2015년 홍익대 국제디자인전문대학원장(현) 2015 · 2016년 K-디자인어워드인터내셔널 심사위원장(현) 2016년 한국디자인경영학회 회장(현)

나경균(羅庚均) RA Kyoung Kyun (碧農)

[생]1959 · 4 · 1 [본]나주(羅州) [출]전북 김제 [주]전북 남원시 춘향로439 서남대학교(063-620-0114) [학]1977년 전주 해성고졸 1985년 원광대 법학과졸 1988년 同대학원 법학과졸 1993년 법학박사(원광대) [경]1980년 원광대 총학생회 회장 1980년 5.18광주민주화운동관련 7개월간 투옥 1987년 원광대 대학원총학생회 회장 1990~1999년 원광대 · 호원대 객원교수 1993년 한국공법학회 · 한국헌법학회 회원 및 연구위원 1994~2000년 농촌법률문제연구소 소장 1996 · 2000 · 2004년 제15 · 16 · 17대 국회의원선거 출마 1997년 김제경실련 정책위원장 · 시민법률상담소장 2000~2004년 한나라당 당기위원 · 통합선거관리위원 · 김제지구당 위원장 · 부대변인 · 인권위원 · 정치발전위원 · 재해대책위원 2002년 同전북도지사 후보 2002년 同대통령선거 전북선대본부장 2002~2013년 전북희망포럼 상임대표 2002년 원광대 법학부 초빙교수 2004년 제17대 국회의원선거 출마 2007년 뉴라이트전국청년연합 공동대표 2008년 자유선진당 당무위원 2008년 同전북도당 위원장 2011년 GS칼텍스 경영고문 2012~2016년 새누리당 전주시덕진당원협의회 운영위원장 2013년 (사)한국환경실천본부 상임고문 2015년 새누리당 상임전국위원 2016년 同전북도당 공천관리위원장 2016년 서남대 초빙교수(현) [저]'헌법과 지방자치' '환경권에 관한 연구' '환경권의 침해와 법적 구제' '지방자치에 관한 연구' [종]불교

나경범(羅慶範) NA KYONGPOM

[생]1965 · 2 · 21 [본]나주(羅州) [출]서울 [주]서울 영등포구 국회대로70길19 909호 경상남도청 서울본부(02-794-3090) [학]2015년 공학박사(홍익대) [경]2001~2012년 국회의원 보좌관 2010년 한국초등학교태권도연맹 수석부회장 2012년 연세대 겸임교수 2013년 경남도 서울본부장(현)

나경선(羅瓊善 · 女)

[생]1966 · 9 · 27 [출]광주 [주]광주 동구 준법로7의12 광주지방법원(062-239-1114) [학]1985년 광주 대성여고졸 1989년 서울대 사회복지학과졸 1993년 同대학원 사회복지학과졸 [경]1995년 하상장애인종합복지관 근무 1996년 성민장애아동어린이집 근무 1998년 사법시험 합격(40회) 2001년 사법연수원 수료(30기) 2001년 울산지법 판사 2005년 청주지법 판사 2009년 대전지법 판사 2010년 대전고법 판사 2013~2016년 청주지법 보은군법원 · 괴산군법원 · 진천군법원 판사 2016년 광주지법 부장판사(현)

나경아(羅景衙 · 女) Na Kyung-Ah

[생]1966 · 4 · 29 [출]대전 [주]서울 서초구 남부순환로 2374 한국예술종합학교 무용원 이론과(02-520-8163) [학]이화여대 무용학과졸 1990년 同대학원졸 1995년 홍익대 대학원 미학과졸 1999년 운동심리학박사(이화여대) [경]1999~2005년 기독교대 · 서원대 · 용인대 · 이화여대 · 중앙대 · 한국예술종합학교 · 한성대 강사 2003년 한국예술종합학교 무용원 겸임조교수 2005년 同무용원 이론과 교수(현) 2014년 同무용원 이론과장(현) [상]전국화랑무용콩쿨 우수상(1975), 전국화랑무용콩쿨 최우수상 · 특상(1976), 전국화랑무용콩쿨 최우수상 · 특상(1977), 전국학생무용콩쿨 안무최우수상(1991), 이화여대 우수연구장학금(2003) [저]'무용동작의 이해'(2005, 두솔출판) '무용의 원리'(2007, 보고사) '무용과 인체과학'(2007, 한국예술종합학교 무용원)

나경원(羅卿瑗 · 女) NA Kyung Won

[생]1963 · 12 · 6 [출]서울 [주]서울 영등포구 의사당대로1 국회 의원회관450호(02-784-3103) [학]1982년 서울여고졸 1986년 서울대 법학과졸 1989년 同대학원 법학과졸 1997년 同대학원 법학 박사과정 수료 [경]1992년 사법시험 합격(34회) 1995년 사법연수원 수료(24기) 1995년 부산지법 판사 1999년 인천지법 판사 2002년 서울행정법원 판사 2002년 한나라당 이회창 대통령후보 여성특보 2003년 변호사 개업 2003년 한나라당 제17대 국회의원선거 공천심사위원회 위원 2003년 同운영위원 2004년 同깨끗한선거위원회 위원장 2004년 同장애인복지특위 위원장 2004년 제17대 국회의원(비례대표, 한나라당) 2005~2006년 한나라당 원내부대표 2006년 同대변인 2007년 한국장애인부모회후원회 공동대표(현) 2008~2011년 제18대 국회의원(서울 중구, 한나라당) 2008~2009년 한나라당 제6정책조정위원장 2008년 한국신문윤리위원회 윤리위원 2008년 서울장학재단 이사, 장애아이 We Can 회장 2010~2011년 한나라당 최고위원 2010~2013년 2013평창동계스페셜올림픽세계대회 조직위원장 2011년 스페셜올림픽국제본부(SOI) 이사회 임원(현) 2011~2016년 (사)한국스페셜올림픽위원회 회장 2011년 대종상영화제 명예조직위원장 2011년 10.26재 · 보선 서울시장선거 출마(한나라당) 2013~2014년 서울대 행정대학원 초빙교수 2013년 2014인천장애인아시아경기대회조직위원회 고문 2013년 국제패럴림픽위원회(IPC) 집행위원(현) 2013년 대한장애인체육회 이사(현) 2014년 제19대 국회의원(서울 동작구乙 보궐선거 당선, 새누리당) 2014년 국회 외교통일위원회 위원 2014~2015년 국회 예산결산특별위원회 위원 2014~2015년 새누리당 서울시당 위원장 2014~2015년 同보수혁신특별위원회 위원 겸 부위원장 2015년 국회 외교통일위원회 위원장 2016년 제20대 국회의원(서울 동작구乙, 새누리당)(현) 2016년 국회 교육문화체육관광위원회 위원(현) 2016년 국회 저출산 · 고령화대책특별위원회 위원장(현) 2016년 민족화해협력범국민협의회 상임의장(현) 2016년 스페셜올림픽코리아(SOK) 명예회장(현) 2016년 국회 동북아평화 · 협력의원외교단 단원(현) 2016년 새누리당 인재영입위원장 [상]한국연예제작자협회 특별감사패(2010), 대한민국환경문화대상 정치부문지도자대상(2010), 아시아소사이어티 코리아센터 '여성 리더상'(2011), 신라대 신라 서번트 리더십상(2013), 체육훈장 청룡장(2013) [저]'세심'(2010, 중앙북스) '무릎을 굽히면 사랑이 보인다'(2013, 샘터) [종]천주교

나경채(羅景採)

[생]1973·9·18 [출]전남 [주]서울 영등포구 국회대로70길 7 동아빌딩5층 정의당(02-2038-0103) [학]전남대 법학과졸 [경]서울시 관악구 청소년노동인권교육 강사, 민주노동당 서울관악구위원회 사무국장, 同중앙위원, 同관악구민생상담소장 2006년 서울시 관악구의원선거 출마(민주노동당) 2007년 민주노동당 서울관악구위원회 지방자치위원장 2008년 진보신당 서울관악구협의회 위원장 2010~2014년 서울시 관악구의회 의원(진보신당·노동당) 2010~2012년 同운영위원회 부위원장 2012년 同도시건설위원회 부위원장 2015년 노동당 대표 2015년 4.29재보선 국회의원선거 출마(서울 관악乙, 노동당) 2015년 정의당 공동대표(현) 2016년 同광주광산구甲지역위원회 위원장(현) 2016년 제20대 국회의원선거 출마(광주 광산구甲, 정의당)

나경환(羅璟煥) NA Kyoung Hoan

[생]1957·10·2 [출]충북 청주 [주]경기 용인시 수지구 죽전로152 단국대학교 공과대학(031-8005-3468) [학]1976년 청주고졸 1980년 한양대 기계공학과졸 1982년 한국과학기술원 기계공학과졸 1989년 공학박사(한국과학기술원) [경]1979년 기술고시 합격(15회) 1982~1983년 과학기술처 기계사무관 1983~1989년 한국과학기술연구원(KIST) 선임연구원 1989~2001년 한국생산기술연구원 수석연구원 1994~1995년 일본 기계기술연구소(MEL) 초빙연구원 2001~2004년 한국생산기술연구원 선임연구본부장 2004~2006년 과학기술부 과학기술혁신본부 기계소재심의관 2006~2007년 한국생산기술연구원 수석연구원 2007년 한국과학재단 국책연구본부장 2007~2013년 한국생산기술연구원 원장(제8·9대) 2008~2011년 국가과학기술위원회 주력기간산업기술전문위원회 위원장 2011년 국제과학비즈니스벨트위원회 민간위원 2014년 한국공학한림원 정회원(현) 2014년 단국대 공과대학 교수(현) 2015년 국가과학기술심의회 민간위원(현) 2015~2016년 국가과학기술연구회 비상임이사 [상]산업자원부장관표창(2000), 과학기술훈장 진보장(2004), 지식경제부장관표창(2012)

나근식 NA Keung Sik

[생]1960·2·5 [주]경기 오산시 한신대길137 한신대학교 컴퓨터공학부(031-379-0633) [학]고려대 전자공학과졸, 同대학원 전자공학과졸, 공학박사(고려대) [경]한신대 컴퓨터학과 교수, 同컴퓨터공학부 교수(현) 2015년 同IT대학장 겸 공학교육혁신센터장(현)

나기보(羅基甫) NA Gi Bo

[생]1956·6·11 [출]경북 김천 [주]경북 안동시 풍천면 도청대로455 경상북도의회(054-880-5390) [학]김천고졸 1979년 건국대 공대 토목공학과졸 [경]한국자유총연맹 김천시지부 부지부장, 김천고총동창회 부회장 1990년 김천시배드민턴협회 부회장 2002년 김천황악라이온스클럽 회장 2009~2011년 김천문화원 이사 2009~2011년 민주평통 김천시협의회 부회장, 김천제일상호저축은행 상무이사 2009년 한나라당 김천시당원협의회 상임부위원장 2010년 경북도의회 의원(한나라당·새누리당) 2010년 同농수산위원회 위원 2012년 同예산결산특별위원회 위원 2012년 同지방분권추진특별위원회 부위원장 2012년 새누리당 김천시당원협의회 상임부위원장 2013년 경북도의회 지방분권추진특별위원회 위원장 2014년 경북도의회 의원(새누리당)(현) 2014년 同농수산위원회 위원 2016년 同예산결산특별위원회 계수조정위원 2016년 同농수산위원회 위원장(현) 2016년 同독도수호특별위원회 위원(현)

나기연(羅基連) LA Ki Yun (如泉)

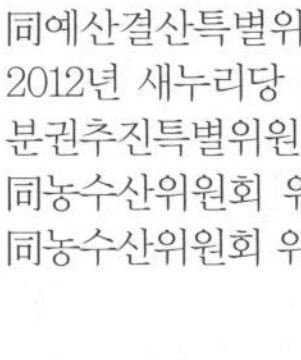

[생]1951·1·20 [본]금성(錦城) [출]전북 군산 [주]전북 전주시 완산구 서학로50 전주교육대학교(063-281-7193) [학]1978년 공주사범대 영어교육과졸(문학사) 1984년 전북대 대학원 영어영문학과졸(영어학 전공) 1990년 영어학박사(전북대) [경]1978~1979년 동아건설산업(주) 사원 1979~1985년 정천중·부안농림고 교사 1985~1988년 군산대 조교 1988~1992년 전북대·군산대·호원대·개정간호대 강사 1992~2016년 전주교대 영어교육과 전임강사·조교수·부교수·교수 1996~1998년 同영어교육과 학과장 1996~2001년 同교육대학원 초등영어교육과 주임교수 1997~1998년 同교수협의회장 1998~1999년 同기획연구실장 1998~2000년 同교무처장 1999~2001년 교육부 초등영어과교과용도서심의회 심의위원 1999~2001년 한국초등영어교육학회 부회장 2000~2004년 호남영어교육학회 부회장 2004~2005년 미국 하와이대 교환교수 2006~2010년 전주교대 총장 2016년 同명예교수(현) [저]'초등학교 영어교수법(共)'(1997, 문경출판사) '초등영어 지도법(共)'(2001, 문진미디어) [종]기독교

나기정(羅基正) NA Ki Jeong

[생]1937·2·28 [본]안정(安定) [출]충북 청원 [주]충북 청주시 상당로314 청주문화산업단지338호 (사)세계직지문화협회(043-219-1192) [학]1955년 청주고졸 1961년 고려대 경제학과졸 1974년 同교육대학원졸 1999년 명예 경제학박사(충북대) [경]1961년 공무원 임용 1961년 충북도 교육국 근무 1978년 내무부 행정과 교육담당관 1979년 충북지방공무원교육원 원장 1980~1985년 진천군수·영동군수 1985년 대통령비서실 근무 1987년 충북도 동해출장소장 1988년 태백시장 1989년 충북도 기획관리실장 1992년 청주시장 1995년 충북도 부지사 1995년 同행정부지사 1997년 충북개발연구원 원장 1998~2002년 청주시장(국민회의·새천년민주당) 2002년 새천년민주당 노무현 대통령후보 지방자치특보 2002~2010년 미래도시연구원 원장 2008년 대통령직속 지역발전위원회 자문위원 2010년 미래도시연구원 고문(현), (사)주민자치지원센터 이사장(현) 2014년 (사)세계직지문화협회 회장(현) [상]녹조근정훈장, 홍조근정훈장, 황조근정훈장 [저]'청주 하나에서 열까지' '지방재정 자금운영제도 개선' '지방재정구조에 관한 연구' '외길 지방행정인의 삶의 기록- 세계문화도시의 꿈'(2016) [종]천주교

나기주(羅錡湊) NA Ki Joo

[생]1966·4·16 [본]나주(羅州) [출]전남 나주 [주]경기 수원시 영통구 중부대로324 법무법인 지유(031-221-4567) [학]1984년 광주 광덕고졸 1989년 서울대 법학과졸 1992년 同법학대학원 헌법학과 수료 [경]1990년 사법시험 합격(32회) 1993년 사법연수원 수료(22기) 1993년 수원지검 검사 1995년 광주지검 해남지청 검사 1997년 인천지검 검사 1999년 광주지검 검사 2001년 법무부 법조인력정책과 근무 2003년 서울지검 검사 2004년 서울중앙지검 검사 2005년 대전지검 부부장검사 2006년 춘천지검 원주지청 부장검사 2007년 서울중앙지검 부부장검사 2008년 미국 Whittier Law School Visiting Scholar 2009년 수원지검 안산지청 부장검사 2009년 수원지검 형사4부장 2010~2011년 대구지검 형사3부장 2011년 변호사 개업 2013년 법조공익단체 나우 이사(현) 2015년 법무법인 지유 대표변호사(현)

나기창(羅基昌) Na, Kichang (화강)

[생]1944·4·10 [본]안정(安定) [출]충북 청주 [주]충북 청주시 청원구 내수읍 세교초정로135의6 홍산지질과학박물관(043-905-2731) [학]1967년 서울대 지질학과졸 1972년 同대학원졸 1979년 이학박사(서울대) [학]1976~1989년 충북대 사범대학 전임강사·조교수·부교수 1981년 미국 California대 방문교수 1989년 충북대 사범대학 과학교육과 교수 1990년 미국 Stanford대 방문교수 1993년 미국 Arizona주립대 방문교수 1993~2009년 충북대 자연과학대학 지구환경과학과 교수 1993년 同지구환경과학과장 1998~2000년 同자연과학대학장 2009년 同자연과학대학 지구환경과학과 명예교수(현) 2009년 홍산지질과학박물관 관장(현) [상]대한지질학회 학술상(1983), 충북도 문화상(1986), 옥조근정훈장(2009), 운암지질학상(2012) [저]'지구환경과학'(1994) '옥천대 서남부의 지질'(1994) '한국의 지질'(1998) [종]기독교

나낙균(羅樂均) Na, Nak-Gyun

[생]1961·7·11 [본]나주(羅州) [출]충남 서천 [주]경남 김해시 인제로197 인제대학교 신문방송학과(055-320-3422) [학]1984년 한국외국어대 독일어과졸 1989년 同대학원 신문방송학과졸 1998년 언론학박사(독일 베를린자유대) [경]1989~1990년 국회사무처 의회발전연구회 연구원 1994~1996년 빅토르골란쯔국민대 강사 1998~1999년 (주)Advanced Digital Telecom 연구이사 1999~2001년 독일 베를린자유대(Freie Univ. Berlin)·한양대·경희대·홍익대 강사 1999~2000년 한국외국어대 통역번역센터 선임연구원 2000~2001년 홍익대 광고홍보학부 겸임교수 2000~2001년 명지대 금융지식연구소 연구교수 2001~2009년 인제대 언론정치학부 교수 2006·2010·2011년 同신문사 편집인 겸 방송국 주간 2010년 同신문방송학과 교수(현) 2012~2014년 同신문방송학과장 2014~2015년 (사)한국커뮤니케이션학회 회장 2014~2015년 전국대학언론사주간교수협의회 회장 [저]'Satellitenrundfunk und Urheberrecht'(1999) '정보화사회에서 미디어와 저작권'(2000) '독일 법학시험을 위한 연습'(2003) '세계의 언론정책'(2003) '지식기반사회와 지적재산권의 보호'(2003) [역]'구 동독 지역의 저작권에 미친 통일조약의 효과'(1998) '유럽의 멀티미디어 권리 해결 현황'(1999) '내적언론자유와 편성규약'(2003)

나덕성(羅德成) NA Duk Sung

ⓈⒼ1941 · 11 · 23 ⒷⒷ나주(羅州) ⒼⒼ전북 전주 ⒿⒿ서울 서초구 반포대로37길59 대한민국예술원(02-3479-7223) ⓗⓗ1960년 전주고졸 1967년 경희대 음악대학졸 1974년 서독 쾰른국립음대 대학원졸 ⓔⓔ1963~1972년 국립교향악단 부수석 1969~1995년 첼로독주회 16회 1971년 세계교향악연주회 한국대표 1974~1980년 경희대 음악대학 조교수 1976~1977년 창작품연주회 2회 1976~1995년 아세아청소년음악제 지도교수 1981~1984년 한양대 음대 부교수 1984년 중앙대 음악대학 부교수 1991~2007년 同음악대학 교수 1995년 국제청소년음악연맹 한국위원회 사무총장 2000년 한국첼로협회 초대회장 2001년 한독유학음악동문회 부회장 2002~2005년 중앙대 음악대학장 2007~2011년 同음악대학 명예교수 2008년 대한민국예술원 회원(음악 · 현) 2015~2016년 同음악분과 회장 ⓢⓢ문화공보부 신인예술상(1965), 한국음악펜클럽상(1979), 음악평론가협회 음악상(1988), 한국음악협회 한국음악상(1993), 근정포장(2007) ⓩⓩ'나덕성 첼로명곡의 산책' '사랑과 감사의 첼로축제' ⓒⓒ기독교

나도성(羅道成) NA Do Sung (雲峰)

ⓈⒼ1955 · 4 · 23 ⒷⒷ나주(羅州) ⒼⒼ전남 무안 ⒿⒿ서울 성북구 삼선교로16길116 한성대학교 지식서비스 · 컨설팅대학원(02-760-8064) ⓗⓗ1974년 광주 제일고졸 1979년 서울대 영어교육학과졸 1984년 同행정대학원졸 1997년 미국 조지아주립대 대학원 경제학과졸 2001년 경제학박사(조선대) ⓔⓔ1978년 행정고시 합격(22회) 1981~1985년 과학기술처 차관비서관 · 기술조성과 · 공보관실 사무관 1985~1993년 상공부 구주통상과 · 수출진흥과 · 중소정책과 사무관 1993~1995년 유엔 ESCAP · 국가과학기술자문회의 파견 1997년 전남도 경제협력관 1998년 산업자원부 아주협력과장 1999년 同수출과장 2000년 同무역정책과장 2000년 同장관 비서관 2001년 同총무과장 2001년 同공보관 2002년 중앙공무원교육원 파견 2004년 경수로사업지원기획단 파견(국장급) 2004년 산업자원부 전기위원회 사무국장 2005년 同재정기획관 2006년 同무역유통심의관 2006년 同무역투자진흥관 2006년 중소기업청 중소기업정책본부장 2007년 同고객담당최고책임자(CCO) 2007~2008년 同차장 2009~2011년 한성대 지식서비스 · 컨설팅연구원 원장 2011년 同지식서비스 · 컨설팅대학원 교수(현) 2011~2013년 同지식서비스 · 컨설팅대학원장 2011년 혁신전문기업실용화학회(AISB) 회장(현) 2013년 CEO창업경영협회 회장(현) 2016년 한성대 컨설팅연구원 원장(현) ⓢⓢ대통령표창(1991), 녹조근정훈장(1999) ⓩⓩ'지구촌을 향한 한국기업의 신전략'(2007) '한국 중소기업의 글로벌 일류전략'(2008)

나동균(羅東均) RAH Dong Kyun

ⓈⒼ1952 · 8 · 18 ⒷⒷ나주(羅州) ⒼⒼ충남 서천 ⒿⒿ서울 서대문구 연세로50의1 세브란스병원 성형외과(02-2228-2216) ⓗⓗ1971년 서울고졸 1978년 연세대 의대졸 1982년 同대학원졸 1988년 의학박사(연세대) ⓔⓔ1979년 세브란스병원 성형외과 전공의 1983년 육군 軍의관 1988~2002년 연세대 의과대학 성형외과학교실 전임강사 · 조교수 · 부교수 1992~1994년 미국 펜실베이니아대 교환교수 2002년 연세대 의과대학 성형외과학교실 교수(현) 2007~2008년 한국생체재료학회 회장 2009년 대한화상학회 이사장 2009~2011년 연세대 의대 성형외과학교실 주임교수 2009~2011년 同인체조직복원연구소장 2009~2011년 同세브란스병원 성형외과장 2012~2014년 대한성형외과학회 회장 ⓒⓒ기독교

나동연(羅東淵) NA Dong Yeon

ⓈⒼ1955 · 9 · 1 ⒷⒷ금성(錦城) ⒼⒼ경남 양산 ⒿⒿ경남 양산시 중앙로39 양산시청 시장실(055-392-2001) ⓗⓗ부산 동아고졸, 동국대 무역학과졸, 부산대 국제전문대학원 국제학과졸 ⓔⓔ(주)한독이엔지 회장, 양산상공회의소 상공의원, 양산시생활체육회 부회장, 한나라당 양산시지구당 후원회장, 양산시 지역혁신위원회 위원 2002 · 2006~2010년 경남 양산시의회 의원 2008~2010년 同부의장 2010년 경남 양산시장(한나라당 · 새누리당) 2014년 경남 양산시장(새누리당)(현) ⓢⓢ농협중앙회 '지역농업발전 선도인상'(2010) ⓒⓒ불교

나득균(羅得均) RHA, Deuk-Kyun

ⓈⒼ1963 · 1 · 19 ⒷⒷ금성(錦城) ⒼⒼ충남 서천 ⒿⒿ서울 동작구 여의대방로16길61 국립기상과학원 수치모델개발과(02-2181-0512) ⓗⓗ1981년 공주고졸 1985년 공주사범대 지구과학교육과졸 1988년 서울대 대학원 대기과학과졸 2006년 이학박사(공주대) ⓔⓔ2008년 기상청 황상연구과장 2009년 同기상기술과장 2011년 同행정관리담당관 2011년 同대변인 2013년 同관측정책과장 2015년 同예보정책과장 2016년 국립기상과학원 수치모델개발과장(현)

나득수(羅得洙)

ⓈⒼ1962 · 9 · 19 ⒼⒼ전남 나주 ⒿⒿ경기 수원시 팔달구 효원로1 경기도의회(031-8008-7000) ⓗⓗ전남대 경영학과졸 1988년 同대학원 경영학과졸 ⓔⓔ서정대학 경영정보과 겸임교수(현), 나득수세무회계사무소 대표(현), 계남초 학교운영위원회 위원, 부천근로자장학재단 감사(현), 부천중부라이온스클럽 회장(현), 한국어린이난치병협회 자문위원장(현) 2010년 경기 부천시의회 의원(민주당 · 민주통합당 · 민주당 · 새정치민주연합), 同예산결산심사위원, 同예산성과금심의위원회 위원 2014년 경기도의회 의원(새정치민주연합 · 더불어민주당)(현) 2014년 同기획재정위원회 위원 2014년 同윤리특별위원회 위원 2015년 同안전사회건설특별위원회 위원(현) 2016년 同기획재정위원회 간사(현) 2016년 同예산결산특별위원회 위원(현)

나백주(羅伯柱) Baeg Ju NA

ⓈⒼ1967 · 7 · 21 ⒷⒷ금성(錦城) ⒼⒼ전남 나주 ⒿⒿ서울 중구 세종대로110 서울특별시청 시민건강국(02-2133-7500) ⓗⓗ1985년 광주 숭일고졸 1994년 전남대 의학과졸 1998년 同대학원 의학과졸 2004년 의학박사(전남대) ⓔⓔ1994~1995년 전남대병원 인턴 1995~1998년 전남대 의과대학 예방의학 전공의 1998~2001년 국군군의학교 군의관 2001~2002년 한국보건산업진흥원 책임연구원 2002년 건양대 의과대학 연구강사 2002~2004년 同의과대학 전임강사 2004~2009년 同의과대학 조교수 2009~2014년 同의과대학 부교수 2009년 한국보건산업진흥원 지역보건사업팀장 직대 2014년 서울시립서북병원장 2016년 서울시 시민건강국장(현) ⓩⓩ'지역보건사업의 실제(共)'(2011, 계축문화사) '의료관리(共)'(2014, 서울대 출판문화원) '대한민국 의료혁명(共)'(2015, 살림터)

나병윤(羅炳允) NA Byong Yun (송운)

ⓈⒼ1962 · 1 · 17 ⒼⒼ경북 의성 ⒿⒿ서울 강남구 테헤란로507 미래에셋생명보험(주) 임원실(1588-0220) ⓗⓗ강원대 행정학과졸, 同대학원 경영학과졸, 고려대 최고경영자과정(AMP) 수료, 한국과학기술원 최고경영자과정(AIM) 수료 ⓔⓔ한국투자신탁 근무, 미래에셋증권(주) 금융상품영업본부 이사 2005년 同금융상품영업1팀장(상무보) 2006년 同금융상품영업본부장 2008년 同금융상품컨설팅본부장(상무) 2009년 同법인영업본부장 2009년 同법인사업부 상무 2010년 同법인사업부 대표(전무) 2011년 同투자금융부문 대표 2013년 同리테일부문 대표(전무) 2013년 미래에셋생명보험(주) 방카슈랑스영업부문 대표(전무) 2015년 同방카슈랑스영업1부문 대표(전무)(현) ⓒⓒ기독교

나병훈(羅炳勳)

ⓈⒼ1967 · 10 · 20 ⒼⒼ광주 ⒿⒿ경기 안산시 단원구 광덕서로73 수원지방검찰청 안산지청(031-481-4200) ⓗⓗ1986년 대동고졸 1994년 한양대 법학과졸 ⓔⓔ1996년 사법시험 합격(38회) 1999년 사법연수원 수료(28기) 1999년 울산지검 검사 2001년 청주지검 충주지청 검사 2002년 수원지검 검사 2004년 서울남부지검 검사 2007년 대전지검 천안지청 검사 2009년 서울중앙지검 검사 2011년 사법연수원 교수 2013년 대전지검 공판부장 2014년 부산지검 강력부장 2015년 대전지검 천안지청 부장검사 2016년 수원지검 안산지청 형사4부 부장검사(현)

나상용(羅相庸) NA Sang Yong

ⓈⒼ1969 · 2 · 5 ⒼⒼ광주 ⒿⒿ서울 서초구 서초중앙로157 서울중앙지방법원(02-530-1114) ⓗⓗ1987년 서울고졸 1992년 서울대 사법학과졸 ⓔⓔ1993년 사법시험 합격(35회) 1996년 사법연수원 수료(25기) 1999년 서울지법 판사 2003년 춘천지법 원주지원 판사 2007년 서울고법 판사 2008년 대법원 재판연구관 2010년 서울중앙지법 판사 2011년 부산지법 부장판사 2012년 대법원 재판연구관 2014년 수원지법 부장판사 2016년 서울중앙지법 부장판사(현)

나상욱(羅相煜) Kevin Na

ⓈⒼ1983 · 9 · 15 ⒼⒼ서울 ⓗⓗ미국 Diamond Bar High School졸 ⓔⓔ1999년 미국 샌디에고시티 챔피언십 우승 2002년 APGA 볼보마스터스 우승 2002년 롱비치오픈 우승 2003~2007년 코오롱엘로드 소속 2003년 타이틀리스트 서브 스폰서 계약 2004년 PGA투어 최연소선수 2004년 서던팜뷰로클래식 공동3위 2004년 신한코리아골프챔피언십 공동2위 2005년 투산크라이슬러클래식 준우승 2006년 네이션와이드투어(2부 투어) 마크 크리스토퍼채러티클래식

우승 2007년 코브라골프코리아 소속 2009년 타이틀리스트 소속(현) 2009년 PGA투어 플레이어스챔피언십 공동3위 2010년 PGA투어 아널드파머 인비테이셔널 공동2위 2011년 노던 트러스트 오픈 3위 2011년 PGA투어 저스틴 팀버레이크 슈라이너스 아동병원 오픈 우승 2012년 한국프로골프투어(KGT) 신한동해오픈 2위 2013년 PGA투어 프라이스닷컴오픈 공동3위 2014년 PGA투어 메모리얼 토너먼트 2위 2014년 PGA투어 CIMB클래식 공동2위 2015년 PGA투어 프라이스닷컴 오픈 2위 2015년 PGA투어 슈라이너스 아동병원 오픈 2위

나상웅 Na Sang Woong

[생]1957 [주]대전 유성구 자운로97번길 육군교육사령부 [학]1979년 육군3사관학교졸(16기) [경]2008년 육군 제5기갑여단 여단장 2010년 육군 제20기계화보병사단 사단장(소장) 2012년 육군기계화학교 교장(소장) 2013년 육군 3군단장(중장) 2015년 육군 교육사령관(중장)(현) [상]보국훈장 천수장(2012)

나석훈(羅石勳) NA Seok Hun

[생]1961 · 8 · 5 [출]전북 김제 [주]전북 전주시 완산구 효자로225 전라북도청 환경녹지국(063-280-3500) [학]전주해성고졸, 전주대 경영학과졸, 고려대 대학원 정치학과졸 [경]1991년 군산시 근무(7급 공채) 1994년 지방행정연수원 교수부 교무과 근무 2004년 행정사무관 승진 2005년 중앙인사위원회 사무처 정책홍보관리관실 재정기획관 2006년 同소청심사위원회 행정과 사무관 2006년 행정자치부 지방행정본부 주민참여팀 사무관 2007년 同지방행정본부 지방행정혁신관 2008년 행정안전부 지방행정국 자치제도기획관실 지방공무원과 사무관 2010년 同기획조정실 근무 2011년 서기관 승진 2013년 행정안전부 국가대표포털기능개선추진단 서기관 2013년 전북도 문화체육관광국 관광산업과장 2014년 同자치안전국 자치행정과장 2014년 전북 남원시 부시장 2016년 전북도 환경녹지국장(현)

나선화(羅善華 · 女) Rha Sun-hwa

[생]1949 · 6 · 26 [출]서울 [주]대전 서구 청사로189 문화재청 청장실(042-481-4603) [학]1966년 상명여고졸 1970년 이화여대 사학과졸 [경]1977~2006년 이화여대 박물관 학예실 총괄담당 1992~1999년 한 · 러공동발해문화유적조사단 책임연구원 2000~2005년 한국큐레이터포럼 초대회장 2004~2011년 한국박물관학회 이사 2004~2013년 (사)생명과평화의길 상임이사 2005~2013년 문화재청 문화재위원회 위원 2005~2013년 인천광역시 문화재위원회 위원 2006~2011년 한국문화공간건축학회 이사 2013년 문화재청장(현) [상]자랑스러운 박물관인상(1999) [저]'한국의 소반'(1991, 대원사) '옹기의 원류를 찾아서'(2000, 이화여대 출판부) '한국 옹기의 특성'(2001, 일본 고려미술관) '한국도자기의 흐름'(2005, 세계도자엑스포) '한국전통공예 도기'(2006, 이화여대 출판부) 'Korea Pottery'(2006, 이화여대 출판부)

나성균(羅晟均) Sungkyun NA

[생]1971 · 11 · 12 [출]서울 [주]경기 성남시 분당구 대왕판교로 645번길14 (주)네오위즈홀딩스 임원실(031-8023-6600) [학]1994년 서울대 경영학과졸 1996년 한국과학기술원(KAIST) 대학원 경영과학과졸 1999년 同대학원 경영과학박사과정 수료 [경]1997~2001년 (주)네오위즈 창립 · CEO 2004~2005년 同경영이사회 멤버 2005~2013년 同대표이사 사장 2006년 同각자대표이사 사장(해외총괄담당) 2013년 (주)네오위즈홀딩스 대표이사 사장(현) [상]포브스 선정 '올해의 CEO'(2006), 세계경제포럼 선정 '차세대 리더'(2011)

나성대(羅成大)

[생]1958 · 7 · 14 [출]전남 나주 [주]서울 영등포구 은행로 14 KDB산업은행 임원실(02-787-4000) [학]1977년 국립철도고졸 1987년 서울시립대 행정학과졸 2003년 국방대학원 국방관리학과졸(석사) [경]1988~2008년 재무부 · 재정경제부 · 금융위원회 근무 2009년 한국정책금융공사 설립준비단 총괄반장 2009년 同기획관리부장 2012년 同리스크관리본부장 2013년 同경영기획본부장(이사) 2015년 KDB산업은행 간접금융부문장(부행장) 2016년 同심사평가부문장(부행장)(현)

나성린(羅城麟) NA Seong Lin

[생]1953 · 3 · 27 [출]부산 [주]서울 성동구 왕십리로222 한양대학교 경제금융학부(02-2220-1930) [학]1976년 서울대 철학과졸 1981년 同경제학과졸 1984년 영국 에식스대 대학원졸 1988년 경제학박사(영국 옥스퍼드대) [경]1979년 예편(해군 중위) 1988년 영국 웨일즈대 경제학과 연구조교수 · 영국 에식스대 경제학과 조교수 1989년 한림대 경제학과 교수 1991년 한림경제연구소 소장 1992년 한국조세연구원 초빙연구위원 1992년 Asia and Pacific Development Center Lead Expert 1993년 미국 워싱턴대 초빙부교수 1993년 세계경제연구원 초빙연구위원 1994년 한국경제학회 사무차장 1995년 재정경제원 세제발전심의위원회 위원 1996년 매일경제신문 객원논설위원 1997~2008년 한양대 경제금융학부 교수 1999년 경제정의실천시민연합 경제정의연구소장 2000년 한국세무학회 부회장 2002년 한국국제통상학회 부회장 2004년 한국재정공공경제학회 회장 2005~2007년 안민정책포럼 회장, 중앙일보 객원논설위원, 동아일보 객원논설위원, 세계재정학회 이사, 한반도선진화재단 부이사장 2008년 제18대 국회의원(비례대표, 한나라당 · 새누리당) 2008~2009년 한나라당 대표특보 2008년 국회 기획재정위원회 위원 2010년 한나라당 문화예술체육특별위원회 문화다양성소위원 2011년 同비상대책위원회 위원 2012~2013년 새누리당 정책위원회 부의장 2012~2016년 제19대 국회의원(부산 부산진구甲, 새누리당) 2012~2014년 국회 기획재정위원회 여당 간사 2012년 새누리당 국민행복추진위원회 민생경제대응단장 2013년 박근혜 대통령당선인 스위스 세계경제포럼(WEF · 다보스포럼) 특사단원 2013년 새누리당 제3정책조정위원장 2013년 국회 예산 · 재정개혁특별위원회 위원 2014년 새누리당 정책위원회 수석부의장 2014년 국회 기획재정위원회 위원 2014년 새누리당 공무원연금제도개혁TF 위원 2014년 同재외국민위원회 유럽지역 위원장 2015년 국회 서민주거복지특별위원회 위원 2015년 새누리당 정책자문위원회 위원장 2015년 국회 예산결산특별위원회 위원 2015년 새누리당 정책위원회 민생119본부장 2016년 同총선기획단 위원 2016년 제20대 국회의원선거 출마(부산 부산진구甲, 새누리당) 2016년 새누리당 국책자문위원회 위원장(현) 2016년 한양대 경제금융학부 특훈교수(현) [상]동탑산업훈장(2000), 법률소비자연맹 선정 국회 헌정대상(2013), 선플운동본부 '국회의원 아름다운 말 선플상'(2014) [저]'한국 벤처기업의 해외진출 전략'(2001, 국제무역경영연구원) '공공경제학' '빈곤론' '디지털경제 하에서의 조세감면제도'(2003, 국제무역경영연구원) '소비세제의 개혁사례와 바람직한 개혁방향'(2005, 한국조세연구원) '대한민국을 부탁해'(2011)

나소열(羅紹烈) NA So Yeol

[생]1959 · 5 · 16 [본]나주(羅州) [출]충남 서천 [주]충남 천안시 동남구 중앙로281의2 승지빌딩503호 더불어민주당 충남도당(041-569-1500) [학]1977년 공주사대부고졸 1981년 서강대 정치외교학과졸 1983년 同대학원 정치외교학과졸 [경]1984년 공군중위 임관(공군사관후보생 79기) 1986년 공군사관학교 정치학과 교수 1988년 서강대 정치외교학과 강사 1990년 민주당 기획조정실 전문위원 1992년 同통합실무위원 1993년 同원내총무실 전문위원 1993년 민주청년회 초대운영위원장 1993년 同충남지부 부지부장 1996년 5.18특별위원회 위원 1996년 통합민주당 충남도지부 부지부장 1996년 제15대 국회의원선거 출마(서천, 민주당) 1996년 (주)두라클린에어 이사 1997년 국민회의 제15대 대통령선거 수도권파랑새유세단 부단장 1998년 同법률행정특별위원회 부위원장 1998년 同노무현 부총재 특별보좌역 1999년 가야철강(주) 이사 2000년 제16대 국회의원선거 출마(서천, 무소속) 2001년 아이포렉스 부사장 2002 · 2006 · 2010~2014년 충남 서천군수(새천년민주당 · 열린우리당 · 민주당 · 민주통합당 · 민주당 · 새정치민주연합) 2011년 대한적십자봉사회 서천지구협의회 명예회장(현) 2013~2015년 새정치민주연합 보령 · 서천지역위원회 위원장 2013년 전국균형발전지방정부협의회 공동대표 2015년 새정치민주연합 충남도당 위원장 2015년 더불어민주당 충남도당 위원장 2015년 同충남보령시 · 서천군지역위원회 위원장(현) 2016년 제20대 국회의원선거 출마(충남 보령시 · 서천군, 더불어민주당) 2016년 더불어민주당 중앙당 정책위원회 부의장(현) [상]민주당 통합공로표창, 한국일보 존경받는 대한민국CEO대상 생태환경부문(2008), 충남지역신문협회 풀뿌리자치대상 행정부문(2009), 세상을 밝게 만든 인물상 환경과기후변화부문(2009), 자랑스러운 서강인상(2010) [저]'내가 변한 만큼 세상이 변한다'(2014)

나승식(羅承植) Na, Seung Sik

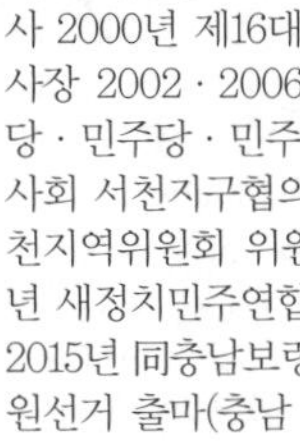

[생]1966 · 2 · 2 [출]전남 강진 [주]서울 서초구 헌릉로13 대한무역투자진흥공사 외국인투자지원센터(02-3497-1000) [학]1984년 고려고졸 1992년 서울대 심리학과졸 [경]행정고시 합격(36회), 정보통신부 정보화기획실 사무관 2001년 同정보화기획실 기획총괄과 서기관 2002년 세계은행 파견, 정보통신부 IT중소벤처기업종합대책추진반장, 同정보통신정책국 지식정보산업팀장 2006년

同정보통신정책본부 지식정보산업팀장 2007년 同장관비서관 2008년 지식경제부 유통물류과장 2009년 同지역산업과장 2010년 同기후변화정책과장 2011년 同기계항공시스템과장 2012년 同정보통신정책과장(부이사관) 2013년 산업통상자원부 장관비서실장 2014년 同에너지자원실 에너지수요관리정책단장 2014년 에너지관리공단 비상임이사 2015년 산업통상자원부 에너지신산업정책단장 2016년 대한무역투자진흥공사 외국인투자지원센터 파견(국장급)(현) [상]국무총리표창(2001)

나승용(羅承溶) NA Seung Yong

[생]1959·2·19 [출]전남 영광 [주]서울 중구 을지로5길26 미래에셋자산운용(주) 임원실(02-3774-5933) [학]1983년 건국대 일어교육학과졸 1988년 일본 주오(中央)대 대학원 상학과졸 [경]1988~1993년 일본 도카이 마루망증권 과장 1993~1998년 한국산업증권 부장 1998~2000년 세종증권 부장, 미래에셋증권 이사, 同금융상품영업본부장(상무) 2005년 미래에셋생명보험(주) 법인영업부문장(상무) 2006년 同법인영업1부문장(부사장) 2008년 同법인영업 대표 2008년 同퇴직연금사업 대표 2012년 미래에셋자산운용(주) 일본마케팅부문 대표(사장)(현)

나승일(羅承日) Seung-Il Na

[생]1962·7·4 [출]충남 부여 [주]서울 관악구 관악로1 서울대학교 농업생명과학대학 식물생산과학부 산업인력개발학과(02-880-4833) [학]충남 홍산농고졸 1985년 서울대 농산업교육과졸 1987년 同대학원 농산업교육과졸 1993년 산업교육학박사(미국 오하이오주립대) [경]1987~1990년 충남도교육청 산하 농업교사 1993~1994년 미국 오하이오주립대 HCRD학과 조교수 1994~1995년 美연방 노동성 산하 인디애나주 Attebury Job Corps Center 전임교수 1996~1999년 대구교육대 실과교육과 전임강사·조교수·학과장 1999년 한국실과교육학회 총무이사 1999년 한국직업교육학회 편집위원장 1999~2000년 전국농업교사현장연구대회 심사위원 1999~2006년 서울대 농산업교육과 조교수·부교수·학과장 2000~2001년 농림부 농소정협력사업계획서 심사위원 2001~2002년 중등교사임용시험 출제위원 2001·2003·2005년 교육인적자원부 시도교육청평가위원회 평생직업교육분야 평가위원 2001년 한국직업교육학회 편집위원장 겸 감사 2002년 EBS 직업교육방송 자문위원 2003년 교육인적자원부 특성화고등학교평가위원회 평가위원 2003~2004년 농촌진흥청 성과관리자문위원회 위원 2003~2007년 서울대 농업생명과학대학 중등교육연수원장 2004년 농어업농촌특별대책위원회 농업구조개선소위원회 위원 2004년 한국학술진흥재단 학술연구심사평가위원회 위원 2004년 교육과학기술부 교육과정심의위원 2005년 국가균형발전위원회 국가균형발전사업예산평가위원회 평가위원 2005년 국무조정실 부처정책평가 실무위원 2006~2013·2014년 서울대 농업생명과학대학 식물생산과학부 산업인력개발학과 교수(현) 2006년 同BK21 산업인력개발전문가양성사업팀장 2006년 Asian Academic Society of Vocational Education & Training 편집위원장 2007~2008년 미국 뉴멕시코대 객원교수 2008년 교육과학기술부 전문대학학사학위전공심화과정선정심사위원회 총괄위원장 2009~2013년 서울대 농업생명과학교육연구센터장 2009~2010년 同농업생명산업계열교과 국정도서편찬위원장 2010년 同농업생명산업계열 교과서인정도서개발위원장 2010년 교육과학기술부 대학설립심사위원회 위원 2011년 한국인력개발학회 부회장 2011년 고용노동부 국가기술자격정책심의위원회 위원 2011년 한국산업인력공단 미래기획위원회 자문위원 2012년 새누리당 국민행복추진위원회 행복교육추진단 추진위원 2013년 제18대 대통령직인수위원회 교육·과학분과 전문위원 2013~2014년 교육부 차관 2016년 교육부 정책자문위원회 평생직업교육분과 위원장(현) [상]한국과학기술단체총연합회 과학기술우수논문상(1999), 교육인적자원부장관표창(2006), 미국 오하이오주립대 국제우수동문상(2009), 노동부장관표창(2009) [저]'진로교육의 이론과 실제'(1999, 교육과학사) '산업교육실습 이해와 실제'(2003, 교육과학사) '한국의 농업교육 : 어디로 갈 것인가?'(2004, 명진 씨앤피) '대학에서의 효과적인 교수법 가이드'(2004, 서울대 출판부) '농업교육학 개론(개정판)'(2007, 서울대 출판부) 등 다수 [역]'삶을 찾아 떠나는 여행1·2'(2004, 시그마프레스) '인간수행공학 가이드 : 50가지 수행개선 기법'(2006, 시그마프레스)

나승철(羅承哲) Na Seung Chul

[생]1977·9·19 [출]서울 [주]서울 강남구 테헤란로119 대호레포츠빌딩6층 법무법인 대호(02-568-5200) [학]1996년 서울 단국대부속고졸 2003년 고려대 법학과졸 2008년 同법과대학원졸 [경]2003년 사법시험 합격(45회) 2006년 사법연수원 수료(35기) 2006~2009년 공익 법무관 2009~2010년 법무법인 한누리 변호사 2010~2016년 법무법인 청목 변호사 2010년 한국금융소비자학회 이사 2011년 한국기업법학회 회원(현) 2012년 청년변호사협회 회장 2013~2015년 서울지방변호사회 회장 2013~2014년 검찰개혁심의위원회 위원 2015년 대한변호사협회 법제연구원 운영위원(현) 2016년 법무법인 대호 변호사(현)

나 열(羅 悅) Na Yeol

[생]1957·9·12 [주]서울 성동구 천호대로346 서울시도시철도공사 고객서비스본부(02-6311-2008) [학]국립철도고졸, 서울시립대 행정대학원졸 [경]1975년 철도청 근무, 同부역장, 同여객전무 1995년 서울시도시철도공사 근무, 同영업지도과장, 同영업계획팀장, 同서비스전략팀장, 同신사업개발단장 2008년 同서비스전략팀장 2011년 同기지관리센터장 2011년 同인사팀장 2012년 同총무인사처장, 同기획조정실장 2014년 同고객서비스본부장(상임이사)(현) 2016년 同사장 직대(현)

나영강(羅永康) Na young kang

[생]1959·11·21 [본]수성(壽城) [출]경북 고령 [주]경북 안동시 풍천면 도청대로455 경상북도청 친환경농업과(054-880-3360) [학]1977년 대구 청구고졸 1991년 한국방송통신대 농학과졸 2003년 일본 미에대 대학원 자원생물학과졸 [경]1980년 공무원 임용(9급 공채) 1980년 칠곡군 근무 1989년 경북도 근무 2007년 농업사무관 승진 2010~2011년 의성군 안사면장 2014년 기술서기관 승진 2014년 경북도 농업자원관리원장 2015년 同친환경농업과장(현) [상]대통령표창(2011) [역]'일본 아오모리현 사과재배 지침서'(1996, 경북도청) '일본 체리재배 지도교본'(2006, 경북도청) [종]불교

나영길 NA Young-kil

[생]1983 [출]경남 진해 [학]2002년 분당중앙고졸 2003년 칼빈대 신학과 중퇴 2014년 한국예술종합학교 영상원 영화과졸 [경]2005년 영화 '분열'로 영화감독 데뷔 2015년 영화 '호산나'로 베를린국제영화제 국제경쟁부문에 초청 2015년 영화 '호산나'로 끌레르몽페랑국제단편영화제 국제경쟁부문에 초청 [상]전주국제영화제 한국단편경쟁부문 심사위원특별상(2014), 미장센단편영화제 심사위원 특별상(2014), 서울독립영화제 열혈스태프상(2014), 베를린국제영화제 단편 국제경쟁부문 작품상 황금곰상(2015) [작]'꿈'(2004) '분열'(2005) 'Puke'(2005) '겟세마네의 개'(2005) 'ΙΧΘΥΣ'(2006) '감각의 촉수'(2007) '염'(2008) '유랑시대'(2008) '최악의 친구들'(2009) '열정의 기준'(2012) '잘 먹고 잘 사는 법'(2013) '호산나'(2014) '몽테뉴와 함께 춤을'(2014)

나영돈(羅永暾) Na, Young Don

[생]1963·10·25 [출]경북 청도 [주]세종특별자치시 한누리대로422 고용노동부 청년여성고용정책관실(044-202-7400) [학]1982년 능인고졸 1990년 한국외국어대 아프리카어과졸 1996년 서울대 행정대학원 행정학과졸 2003년 경제학박사(프랑스 국립기술직업대(CNAM)) [경]1990년 행정고시 합격(34회) 1991~1998년 노동부 인력수급과·고용관리과·고용보험운영과·실업급여과·고용정책과 사무관 1999~2000년 국무총리국무조정실 실업대책기획평가단 파견 2002년 노동부 고용관리과장 2003년 同장애인고용과장 2005~2008년 국제노동기구(ILO) 아태지역사무소 파견 2008~2010년 노동부 일자리창출지원과장·사회적기업과장·고용정책과장·노동시장정책과장 2010년 고용노동부 고용서비스정책관·한국잡월드설립추진단장 2012~2013년 외교안보연구원 파견 2013년 고용노동부 국제협력관 2013년 同고용정책실 직업능력정책관 2014년 同직업능력정책국장 2015년 同고용정책실 청년여성고용정책관(현) [상]근정포장(2014)

나영배(羅英培) RHA Young Bae

[생]1957·10·14 [주]서울 영등포구 여의대로128 LG전자(주)(02-3777-1114) [학]전주고졸, 고려대 영어영문학과졸 [경]1984년 LG전자(주) 입사 1998년 同미국법인 브랜드담당 2001년 同재경부문 IR/M&A팀장(상무) 2006년 同유럽지역본부 영국법인장(상무) 2010년 同MC사업본부 한국담당 전무 2012년 同MC본부 마케팅센터장 2012년 同유럽지역본부 영국법인장(전무) 2015년 同유럽지역 대표(부사장) 2015년 同글로벌마케팅부문장 겸 해외영업역량강화FD담당(부사장)(현)

나영선(羅英仙 · 女) NA Young Sun

ㆍ생1961 · 4 · 11 ㆍ출서울 ㆍ주세종특별자치시 시청대로 370 한국직업능력개발원 부원장실(044-415-5096) ㆍ학1983년 이화여대 사회학과졸 1985년 同대학원 사회학과졸 1997년 사회학박사(이화여대) ㆍ경1986~1992년 한국산업인력관리공단 선임연구원 1992~1997년 한국기술교육대 조교수 1997년 한국직업능력개발원 연구위원 2004년 미국 캘리포니아주립대 노사관계연구소 방문교수 2006년 한국직업능력개발원 직업능력개발연구본부장 2007년 同고용 · 능력개발연구본부장 2008년 同고용 · 능력개발연구본부 선임연구위원 2008~2009년 同교육 · 노동연계연구실장, 同고용 · 능력개발연구실 선임연구위원 2013년 同고용 · 능력평가연구본부 직업능력개발평가센터장(선임연구위원) 2014~2016년 同고용 · 능력평가연구본부장(선임연구위원) 2015년 고용노동부 최저임금위원회 공익위원(현) 2016년 한국직업능력개발원 부원장 겸 고용 · 능력평가연구본부장(현)

나영일(羅永一) Na, Young-Il

ㆍ생1956 · 10 · 4 ㆍ주서울 관악구 관악로1 서울대학교 사범대학 체육교육과(02-880-7787) ㆍ학1980년 서울대 체육교육과졸 1983년 同대학원졸 1992년 교육학박사(서울대) ㆍ경1986~1990년 서울대 사범대학 체육연구소 연구원 1990~1999년 용인대 전임강사 · 조교수 · 부교수 1999년 일본 쓰쿠바대 연구교수 1999년 서울대 사범대학 체육교육과 조교수 · 부교수 · 교수(현) 2000~2001년 同체육연구소장 2002~2004년 同사범대학 부학장 2002~2006년 동양고전학회 회장 2004~2010년 한국체육사학회 부회장 2006년 대한럭비협회 이사 2009년 체육시민연대 공동대표(현) 2010~2011년 한국체육사학회 회장 2014~2015년 서울대 사범대학 체육교육과 학과장, 한국체육사학회 부회장(현) ㆍ상용인대학교 학술상(1998) ㆍ저'체육사' '한국체육백년사' '스포츠과학' '정조시대의 무예' '스포츠손자병법(共)'(2004, 서울대) '일본의 교육에 무도를'(2005, 明治圖書) '조선중기 무예서 연구(共)'(2006, 서울대) '미래교육변화와 중등교육'(2007, 학지사) ㆍ역'청소년을 위한 체육'(2008, 무지개사)

나오연(羅午淵) Lah, Oh Yeon

ㆍ생1932 · 8 · 27 ㆍ본금성(錦城) ㆍ출경남 양산 ㆍ주경남 양산시 주남로288 영산대학교(055-380-9114) ㆍ학1952년 경남고졸 1956년 부산대 경제학과졸 1985년 경제학박사(건국대) ㆍ경1956년 고시행정과 합격 1959년 재무부 사무관 1959년 용인세무서장 1962년 재무부 법무관 1963~1966년 同소청 · 외자 · 감사과장 1966년 국세청 직세국장 1969년 서울지방국세청장 1971년 재무부 세제국장 1973년 전매청 차장 1976년 관세청 차장 1979년 재무부 세정차관보 1981년 미국 하버드대 법과대학 객원연구원 1983~1988년 국민대 경제학과 교수 1986년 同경상대학장 1988년 민정당 양산지구당 위원장 1989년 중소기업은행 이사장 1989~1993년 한국세무사회 회장 1992년 제14대 국회의원(양산, 민자당 · 신한국당) 1992년 민자당 세제개혁위원장 1996년 제15대 국회의원(양산, 신한국당 · 한나라당) 1997년 한나라당 제2정책조정위원장 1998년 同제2정책조정실장 1999년 同중앙당후원회장 2000~2004년 제16대 국회의원(양산, 한나라당) 2001~2003년 국회 재정경제위원장 2004년 한국조세발전연구원 원장(현) 2004년 법무법인 비전인터내셔널 고문(현) 2005년 한나라당 상임고문 2009~2011년 대한민국헌정회 정책위 의장 2012년 새누리당 상임고문(현) 2013년 (사)체암나대용장군기념사업회 이사장(현) 2013~2015년 대한민국헌정회 이사 2014년 영산대 석좌교수(현) ㆍ상홍조근정훈장 ㆍ저'재정 · 경제발전에 남긴 작은 발자취'(2011)

나웅배(羅雄培) RHA Woong Bae

ㆍ생1934 · 7 · 24 ㆍ본나주(羅州) ㆍ출서울 ㆍ학1953년 대전고졸 1957년 서울대 상대졸 1966년 미국 스탠퍼드대 경영대학원졸 1968년 경영학박사(미국 캘리포니아대) ㆍ경1965년 서울대 상과대학 조교수 1969년 同부교수 1973년 해태제과 전무이사 1976년 同부사장 1977년 한국경영연구원 원장 1977년 해태제과 사장 1979년 중앙대 경영대학원 교수 1980~1981년 한국타이어 사장 1981년 제11대 국회의원(전국구, 민정당) 1981년 민정당 정책위원회 부의장 1982년 재무부 장관 1983년 금융통화운영위원회 위원 1983년 아주대 총장 1984년 중소기업은행 이사장 1985년 민정당 국책연구소 부소장 1985년 제12대 국회의원(전국구, 민정당) 1985년 아 · 태경영과학회(APORS) 회장 1985년 민정당 정책조정실장 겸 정책위원회 수석부의장 1986~1988년 상공부 장관 1988년 부총리 겸 경제기획원 장관 1989년 국제무역산업박람회 위원장 1989년 한국과학기술원 대우교수 1989년 21세기위원회 위원장 1989년 제13대 국회의원(서울 영등포구乙, 민정당 · 민자당) 1990년 민자당 국책연구원장 1991년 同정책위원회 의장 1992년 제14대 국회의원(서울 영등포구乙,

민자당 · 신한국당) 1992년 한 · 일의원연맹 간사장 1992년 한 · 캐나다의원친선협회 회장 1994년 국회 외무통일위원장 1995년 부총리 겸 통일원 장관 1995~1996년 부총리 겸 재정경제원 장관 1997년 중앙대 국제대학원 특임교수 1998년 목원대 초빙교수 1999년 안면도국제꽃박람회조직위원회 위원장 2000년 (주)스페코 고문 2008년 전국경제인연합회 기업윤리위원장 2009~2011년 同윤리경영위원장 ㆍ상청조근정훈장 ㆍ저'경영계량분석론' '70년대의 경영전략' '다 함께 잘 사는 길' ㆍ종기독교

나윤택(羅允澤) NA Youn Taik

ㆍ생1958 · 8 · 15 ㆍ출전남 나주 ㆍ주서울 영등포구 여의나루로27 사학연금회관12층 LS자산운용 경영관리본부(02-707-4203) ㆍ학1975년 광주고졸 1983년 전남대 행정학과졸 ㆍ경1983년 LG투자증권 입사 2004년 同상품마케팅부문 상무 2005년 同준법감시인(상무) 2005년 우리투자증권 준법감시인(상무) 2005년 同호남지역담당 상무 2008~2009년 同준법감시인(상무) 2010년 LS자산운용 경영관리본부장(상무) 2011년 同경영관리본부장(전무)(현)

나윤호(羅允浩) NAH YUNO

ㆍ생1966 · 8 · 13 ㆍ출서울 ㆍ주울산 북구 염포로260의10 경동도시가스 임원실(052-289-5300) ㆍ학1985년 대성고졸 1989년 서울대 국제경제학과졸 1998년 미국 펜실베이니아대 와튼스쿨 경영대학원 경영학과졸(MBA) ㆍ경1989~2000년 (주)대우 기획조정실 근무 2000~2001년 보스턴컨설팅그룹 근무 2001~2003년 제이텔(주) 재무담당 부사장 2003~2014년 (주)코오롱 경영기획실 상무 2014~2015년 (주)경동도시가스 운영총괄 부사장 2015년 同대표이사 사장(현)

나은영(羅恩暎 · 女) NA Eun Yeong

ㆍ생1962 · 10 · 30 ㆍ주서울 마포구 백범로35 서강대학교 신문방송학과(02-705-8851) ㆍ학1985년 서울대 영어영문학과졸 1987년 同대학원 심리학과졸 1992년 사회심리학박사(미국 예일대) ㆍ경1992년 서울대 강사 1995~2000년 전북대 언론심리학부 전임강사 · 조교수 1995~1996년 미국 Univ. of Washington Seattle Visiting Scholar 2000년 서강대 신문방송학과 조교수 2001년 뉴질랜드 Univ. of Auckland Visiting Scholar 2002년 서강대 신문방송학과 부교수 2003~2005년 同대외협력처장 2007년 同신문방송학과 교수(현) 2008년 同언론대학원 부원장 2008년 同신문방송학과장 2014년 한국방송광고진흥공사 비상임이사(현) 2014년 국립대학법인 서울대 이사(현) ㆍ상서울대총장표창, 전국경제인연합회 자유경제출판문화상, 한국방송학회 학술상 저술부문(2010), 문화체육관광부 우수학술도서 2권(2003 · 2011) ㆍ저'인간커뮤니케이션과 미디어: 사회심리학적 관점에서'(2002, 한나래) '미디어 심리학'(2010, 한나래) '광고심리학共'(2011, 학지사) ㆍ역'세계의 문화와 조직'(1995, 학지사) '미디어 연구 방법'(2004, 한나래) '피터의 원리(개정판)'(2009, 21세기북스) '정신, 자아, 사회'(2010, 한길사) 등

나은우(羅恩宇 · 女) RAH Ueon Woo

ㆍ생1955 · 11 · 18 ㆍ본나주(羅州) ㆍ출서울 ㆍ주경기 수원시 영통구 월드컵로164 아주대학교 의과대학 재활의학교실(031-219-5282) ㆍ학1980년 연세대 의대졸 1984년 同대학원졸 1992년 의학박사(연세대) ㆍ경1984~1993년 연세대 의대 재활의학교실 연구원 · 연구강사 · 조교수 1994년 아주대 의대 재활의학교실 교수(현) 2000~2008년 대한임상통증학회 이사 2005~2011년 아주대병원 재활의학과장 2007~2011년 아주대 의대 재활의학교실 주임교수 2008~2009년 대한임상통증학회 회장 2008년 대한의학학술지편집인협의회 무임소이사 2011~2015년 대한뇌신경재활학회 회장, 대한재활의학회 장애평가위원장, 同교육위원회 · 장애평가위원회 위원, 대한림프부종학회 부회장 2011~2014년 한국의지보조기학회 부회장 2012년 대한림프부종학회 고문(현) 2012년 대한노인재활의학회 회장 2014년 대한의학학술지편집인협의회 감사(현) 2014년 대한재활의학회 회장(현) 2015년 대한암재활학회 회장(현) ㆍ역'장애아동의 섭식(共)'(2004) ㆍ종기독교

나의균(羅義均) Na, Eui-Kyun

ㆍ생1954 · 1 · 25 ㆍ출전북 김제 ㆍ주전북 군산시 대학로558 군산대학교 총장실(063-462-3318) ㆍ학1975년 익산 남성고졸 1981년 전북대 기계공학과졸 1983년 同대학원 기계공학과졸 1987년 기계공학박사(전북대) ㆍ경1987년 전북대 강사 1990년 군산수산전문대 전임강사 1992년 군산대 기계자동차공학부 교수(현) 1995년 일본 동북대 공학부 객원연구원 1995년 대한기계학회 논문심사위원

(현) 1995년 대한용접학회 논문심사위원(현) 2001년 전북도 과학기술자문관(현) 2002~2003년 중소기업청 전북산업기술지원단장 2003년 군산대 공과대학 공학교육센터장 2005~2007년 전북테크노파크 운영위원 2005~2008년 군산대 산학협력단장 2006~2008년 대한기계학회 호남지부 부지부장 2008~2010년 군산대 산업대학원장 2008~2010년 同공과대학장 겸 공과대학 부속공장장 2008~2010년 전북자동차기술원 이사 2008~2014년 JMST 논문심사위원 2008년 군산시 지역발전협의회분과 위원장(현) 2009~2010년 조선해양기자재협의회 회장 2011년 한국자동차공학회 호남지부 부회장 2013년 한국원자력안전위원회 특별조사위원(현) 2014년 군산대 총장(현) 2014년 새만금조선해양레저협회 초대이사장(현) 2014년 (사)전북새만금산학융합본부 이사장(현) 2016년 전주방송 시청자위원회 위원장 2016년 전북지역대학총장협의회 회장(현) 2016년 2017무주세계태권도선수권대회 조직위원회 고문(현) 2016년 한국대학교육협의회 이사 2016년 전북3D프린팅발전협의회 초대 회장(현) 邸'정역학'(2010, 선학출판) '기계재료학'(2012, 원창출판) 毆'재료역학'(2006, McGrew-Hill Korea)

나이영(羅怡暎)

生1965 · 3 · 4 出경북 금릉 住강원 춘천시 금강로120 CBS 강원방송본부(033-255-2001) 學1982년 대광고졸 1986년 고려대 사학과졸 1993년 감리교신학대 대학원 신학과졸 經1994년 CBS 입사 1999년 同TV본부 보도본부 기자 2004년 감리교 목사 안수 2005년 CBS TV보도부 기자 2007년 전국언론노동조합 CBS지부장 2009년 CBS 사회부 차장 2006년 同TV본부 TV보도부 기자(부장대우) 2013년 同선교TV본부 선교기획팀장(국장급) 2014년 同선교TV본부 선교협력국장 2015년 同강원방송본부장(현)

나인용(羅仁容) LA In Yong (禮軒)

生1936 · 8 · 6 出충남 예산 住서울 서대문구 연세로50 연세대학교 음악대학 작곡과(02-2123-3075) 學1962년 연세대 종교음악과졸 1972년 미국 North Carolina대 대학원졸 經1973~2001년 연세대 작곡과 전임강사 · 조교수 · 부교수 · 교수 · 작곡과장 · 교학과장 · 음악대학장 · 음악연구소장 1979~1980년 미국 위스콘신대 · 미네소타대 · 세인트스콜라스티카대 · 미국 풀브라이트 초빙교수 1982~1990년 한국작곡가협회 부회장 1982~1986년 21세기악회 회장 1987~1988년 독일 프라이부르크음대 현대음악연구소 연구교수 1994~1997년 한국음악협회 부이사장 1996~2000년 아시아작곡가연맹 한국위원회장 1998~2006년 삼일학원 이사 2001년 연세대 명예교수(현) 2001~2006년 현대음악 앙상블 '소리' 단장 2008년 대한민국예술원 회원(작곡 · 현) 賞대한민국 작곡상(1978 · 1982), 한국음악상 창작부문(1993), 영창음악상(1999), 녹조근정훈장(2001), 한국예술문화단체총연합회 예술문화상 대상(2006), 한국음악비평가협회 한국음악상 대상(2009), 한국음악상 특별상(2010), 3.1문화재단 3.1문화상 예술상(2015) 邸'Kent Kennan-Counterpoint' 'Arnold Schoenberg-Structural Functions of Harmony'(共) 'Bruce Benward-Music in Theory and Practice'(共) 'Ernst Krenek-Studies in Counterpoint'(共) 'Robert W. Ottamn-Harmony'(共) 'Johann J. Fux-TheStudy of Counterpoint'(共) 徒관현악곡(Orchestra) : 'Echo of Hyang-ak' for Orchestra(1972), Symphony 'Lake Superior'(1980), '태' for Grand Orchestra(1987~1988), 실내악곡(Chamber Music) : '대화' for Flute & Violin(1976), '몽' for Voice & Chamber Ensemble(1978), Woodwind Quintet(1990), String Quartet '골고다'(1995) 기악독주곡(Solo Instrumental Music) : 'Legend' for Piano(1980), '독백' for Clarinet(1992), 'Monologue2' for Harp Solo(1997), 'A Spiritual Song' for Violoncello Solo(2009), 협주곡(Concerto) : 'Elan(도약) 'for Kayageum & Orchestra(1985), Concerto for Violoncello & Orchestra(2008), 오페라(Opera) : '부자유친'(2002), 합창곡(Choral Music) : '심판의날-The Day of Judgement'(1974), '가시리'(1978), 교성곡(Cantata) : Cantata '대한민국'(1995) 가곡(Art Song) : '광야' 이육사 시(2006), 종교곡(Sacred Music) : '먼 길 가깝게 가겠네'(1980), '인류는 하나되게'(1983), '비롯함도 마침도 없는 님아'(2003) 宗기독교

나일성(羅逸星) NHA IL-SEONG (별똥)

生1932 · 11 · 11 本나주(羅州) 出함북 住서울 서대문구 연세로50 연세대학교 천문우주학과(02-2123-2680) 學1951년 배재고졸 1959년 연세대 물리학과졸 1961년 同대학원 물리학과졸 1971년 천문학박사(미국 펜실베이니아대) 經1961년 연세대 전임강사 1963년 전북대 문리대 전임강사 1972년 미국 펜실베이니아대 Flower & Cook Observatory 연구원 1974~1977년 연세대 이과대학 천문우주학과 부교수 1975년 한국천문학회 회장 1977~1998년 연세대 교수 1979년 한국과학사학회 평생회원(현) 1981~1989년 연세대 천문대

장 1982 · 1985 · 1990년 미국 플로리다대 방문교수 1982 · 1988년 국제천문연맹(IAU) 한국대표 1983~1985년 한국과학사학회 부회장 1988년 한국우주과학회 회장 1990년 한국과학기술단체총연합회 이사 1991년 미국 네브래스카대 방문교수 1991년 Universidad Nacional Autonoma de Mexico 방문교수 1993년 동양천문학사국제회의 회장 1994년 폴란드 Krakow Pedagocical Univ. 방문교수 1995년 한국전통과학기술학회 부회장 1998년 연세대 천문우주학과 명예교수(현) 1999년 나일성천문관 설립 2000년 국제천문연맹(IAU) 천문유물조사위원장 2002년 연세대 용재석좌교수 2003년 국제천문연맹(IAU) 천문학사위원회 부위원장 2003년 (사)세종대왕기념사업회 상무이사 2006~2009년 국제천문연맹(IAU) 천문학사위원장 2009~2014년 (재)한국겨례문화연구원 이사장 2012년 (사)과학문화진흥원 이사장(현) 2014년 (재)한국겨례문화연구원 이사(현) 賞Ella Nichols Pawling Fellowship, 연세학술상, 외솔상, 폴란드 문교부장관출판상, 교육 공로상 邸'星圖 '자연과학의 발달'(共) '진리와 자유의 기수들'(共) '핼리혜성' '새 天文學' '과학개론'(共) '2종 고교과학' '어머니책'(共) '여름밤 별자리' '조선조 궁중생활 연구' '중학교 과학' 'New Frontiers in Binary Stars Research'(共)'(1993, Astronomical Society of the Pacific) 'Oriental Astronomy from Guo Shoujing to King Sejong'(共)'(1997, 연세대 출판부) '한국천문학사'(2000, 서울대 출판부) 'An Atlas of O-C Diagrams of Eclipsing Binary Star'(共)'(2001, Poland) '일식과 월식 이야기'(共)'(2002, 세종대왕기념사업회) '서양과학의 도입과 연희전문학교'(共)'(2004, 연세대 출판부) '한국 과학기술 인물 12인'(共)'(2005, 해나무) 'Astronomical Instruments and Archives from the Asia-Pacific Regions'(2004, 연세대 출판부) '한국의 과학기술 인물'(2005, 해나무) '사신도 도록'(2008, 신광출판사) 'あの時,ぼくらは13歳だった'(2013, 東京書籍) '그때 우린 13살 소년이었다'(共)'(2014, 북치는마을) '한국의 우주관'(2016, 연세대 대학출판문화원) 毆'운석과 행성의 기원'(1977, 전파과학사) '氣候의 秘密'(1977, 中央日報) '아빠가 들려 주는 우주 이야기'(1993, 현암사) '역주 重修中星表'(2013, 세종대왕기념사업회) '역주 恒星出中入表'(2013, 세종대왕기념사업회) 邸'천상열차분야지도 석각'(1995, 신라역사과학관) '세종의 圭表'(1995, 세종대왕유적관리소) '법주사본 8폭병풍천문도'(1995, 국립민속박물관) '남병길의 赤道儀'(1997, 신라역사과학관) '混合式 8폭屛風天文圖'(2000, 국립민속박물관) '조선시대의 혼상'(한국국학진흥원) '屛風天文圖'(共)'(2016, 나일성천문관) '敦煌星圖'(共)'(2016, 나일성천문관) '格子月進圖'(共)'(2016, 나일성천문관) 宗기독교

나재운(羅在雲) NAH Jae Woon

生1959 · 5 · 15 本나주(羅州) 出전남 나주 住전남 순천시 중앙로255 순천대학교 공과대학 고분자공학과(061-750-3566) 學1982년 조선대 공대 화학공학과졸 1988년 同대학원 화학공학과졸 1992년 공학박사(조선대) 經1987년 한국고분자학회 운영이사 1989년 한국화학공학회 종신회원(현) 1989년 대한화학회 종신회원(현) 1992년 조선대 강사 1992년 한국공업화학회 종신회원(현) 1996~2007년 순천대 공대 고분자공학과 전임강사 · 조교수 · 부교수 1998년 한국키틴키토산학회 편집위원장 1999~2000년 미국 유타대 약학대학 화학약물전달센터(CCCD) 교환교수 2001년 나노생물소재실용화센터 건립추진위원 2002~2007년 순천대 공동실험실습관장 2006년 한국고분자학회 기획이사 2007년 순천대 공대 고분자공학과 교수(현) 2007~2009년 한국고분자학회 국문지 편집위원 2008년 한국생물공학회 국문지 편집위원 2008년 미국 세계인명사전 'Marquis Who's Who in the World'에 등재 2009년 순천대 공과대학장 2009~2010년 한국고분자학회 영문지 편집위원 2009~2014년 한국키틴키토산학회 부회장 2010년 한국엔지니어클럽 정회원(현) 2010년 한국과학기술정보연구원 위원 겸 자문교수(현) 2010년 호남광주권뿌리산업 IT융합지원단(현) 2011년 국가미래연구원 과학기술 · ICT분과 위원(현) 2012년 한국연구재단 공학단 전문위원(현) 2012~2013년 한국고분자학회 의료용고분자부분위원회 위원장 2012년 한국생체재료학회 DDS분과 전문이사 2013년 同광주전남지부 지부장(현) 2013~2014년 한국공업화학회 광주전남지부 지부장 2014년 同호남지회 이사(현) 2015년 한국키틴키토산학회 회장(현) 賞신개술개발 국무총리표창(1998), 순천대 학술상(1999 · 2005), 대한화학회 최우수논문상(2003), 전남과학기술대상(2003), 젊은 과학자상(PSK-WILEY, USA)(2003), 순천대 자랑스러운 순천대인상(2005), WATCH21 산업자원부 한국산업기술재단상(2007), 특허청장표창(2007), 한국고분자학회 고분자논문상(2008), 한국키틴키토산학회 우수논문상(2009), 한 · 중청장고원야생화연구소 장려상(2009), 한국생체재료학회 우수포스터상(2009), 전남도 문화상(2009), 한국공업화학회 우수논문상(2010), 한국키틴키토산학회 우수논문상(2011), 한국고분자학회 롯데산학연협력상(2015) 邸'나노-바이오 소재 개발'(2006, 도서출판 진솔) '고분자약물전달학'(共)'(2006, 도서출판 아트센타) '유전자전달을 위한 키토산 유도체'(共)'(2007, Nova Biomedical Books) '펩타이드 단백질공학'(2008, 전통식품첨단화인력양성사업단) 'Chitin, Chitosan, Oligosaccharides and Their Derivatives'(2010, CRC Press) 毆'의약 고분자' 徒'전시작품: 박람회(항균성 삼베 개발)'(1998, 한국중소기업청)

나재철(羅載哲) NA Jai Chel

[생]1960·1·11 [본]나주(羅州) [출]전남 [주]서울 영등포구 국제금융로8길16 대신증권(주) 임원실(02-769-2000) [학]1979년 광주 인성고졸 1986년 조선대 기계공학과졸 2007년 한국외국어대 대학원 경영학과졸 [경]1985년 대신증권(주) 입사, 同양재동지점장 1997년 同강남지점장, 同이사대우 2004년 同강서지역본부장 2005년 同강남지역본부장(상무보) 2007년 同강남지역본부장(전무) 2008년 同WM추진본부장(전무) 2009년 同Wholesale영업본부장(전무) 2010년 同기획본부장 겸 홀세일사업단장(부사장) 2011년 同인재역량센터장 겸 기업금융사업단장(부사장) 2012년 同대표이사 사장(현) [종]천주교

나정균(羅貞均) Na, Jeong Kyun

[생]1965·10·29 [출]충남 [주]세종특별자치시 도움6로11 환경부 기후대기정책관실(044-201-6850) [학]1984년 충남 서천고졸 1990년 서울대 농공학과졸 [경]1990년 기술고시 합격(26회), 환경부 자연정책과 사무관 2000년 同자연정책과 서기관 2001년 同폐기물자원국 산업폐기물과 서기관 2002년 同대기보전국 대기정책과 서기관, 해외 파견 2007년 환경부 국제협력관실 지구환경담당관, 同환경전략실 국제협력관실 지구환경과장 2009년 同기획조정실 국제협력관실 지구환경담당관 2009년 同환경정책실 기후대기정책관실 대기관리과장 2010년 同상하수도정책관실 생활하수과장 2010년 同물환경정책국 물환경정책과장 2011년 同물환경정책국 물환경정책과장(부이사관) 2013년 국방대 교육파견(일반직고위공무원) 2013년 환경부 환경정책실 환경보건정책관 2015년 同금강유역환경청장 2016년 同기후대기정책관(국장급)(현)

나종길(羅鍾吉) NA Jong Gil

[생]1954·9·10 [주]전북 군산시 대학로558 군산대학교 자연과학대학 생물학과(063-469-4587) [학]1980년 서울대 생물교육학과졸 1982년 同대학원졸 1987년 미국 텍사스대 대학원졸 1992년 이학박사(미국 루이지애나주립대) [경]1982년 충북대 자연대학 생물학과 강사 1982년 서울대 사범대학 생물교육과 조교 1984년 미국 텍사스주립대 동물학과 연구조교 1987년 미국 루이지애나주립대 분자생물학과 연구조교 1993년 군산대 자연과학대학 생물학과 교수(현) 1995년 미국 루이지애나주립대 분자생물학과 Post-Doc. 2004~2006년 군산대 공동실습관장 2005년 한국유전학회 편집위원 2011~2013년 군산대 자연과학대학장 2016년 同대학원장(현)

나종민(羅棕珉) NA Jong Min

[생]1963·5·1 [출]광주 [주]서울 서초구 강남대로47길13 캠핑아웃도어진흥원(02-521-6690) [학]광주고졸 1986년 고려대 행정학과졸 2007년 한양대 국제관광대학원졸 [경]행정고시 합격(31회) 1988년 교통부·21세기위원회·총무처 근무 1997년 문화체육부 관광국 관광기획과 서기관 1997년 同청소년정책실 청소년지도과 서기관 1998년 문화관광부 청소년국 청소년교류과 서기관 1999년 국립중앙도서관 납본과장 2000년 국립현대미술관 전시과장 2001년 문화관광부 관광개발과장 2006년 同종무실 종무담당관 2006년 同관광국 관광정책과장(부이사관) 2006년 同관광국 관광정책팀장 2007년 同관광산업본부 관광정책팀장 2007년 국립현대미술관 기획운영단장(고위공무원) 2008년 문화체육관광부 정책기획관 2008년 同미래문화기획단장 2009년 국방대 교육파견 2010년 대한민국예술원 사무국장 2011년 국립중앙박물관 교육문화교류단장 2012년 문화체육관광부 대변인 2013년 同문화정책국장 2014~2016년 同종무실장 2016년 동국대 석좌교수(현) 2016년 캠핑아웃도어진흥원 원장(현) [상]홍조근정훈장(2013)

나종훈(羅鍾勳) RA Jong Hoon

[생]1958·1·23 [출]서울 [주]서울 강남구 영동대로333 일동빌딩8층 (주)피에프디 임원실(1644-7197) [학]1976년 경기상고졸 1984년 한양대 무역학과졸 [경]1996년 국제약품공업(주) 비서실장 2000년 同영업·마케팅담당 이사대우 2001년 同영업상무 2002년 同판매부문 총괄부사장 2003~2014년 同대표이사 사장 2012년 한국제약협회 균형발전특별위원장 2012년 同부이사장 2014~2015년 同이사 2015년 국제약품공업(주) 부회장 2015년 약우회 총무(현) 2016년 (주)피에프디 부회장(현) [상]석탑산업훈장(2009)

나주봉(羅周鳳) NA Joo Bong

[생]1957·12·4 [본]금성(錦城) [출]강원 홍천 [주]서울 동대문구 홍릉로3 (사)전국미아·실종가족찾기시민의모임(02-963-1256) [학]2012년 진형고졸 2014년 경복대학 사회복지학부졸 [경]1989년 품바기획사(각설이) 대표 1991년 개구리소년찾아주기대책위원회 위원장(부모동행3년) 1992년 故이형호군유괴살해범찾기범죄추방자랑봉사대 운영 1993년 한국연예인협회 공동주관 실종자한별양찾아주기대책위원회 구성 1995년 동대문경찰서 청소년육성회위원 1997년 독거노인 및 소년·소녀 가장 돕기 밀알봉사회장 1998년 동대문구 새마을지도자 협의회원 2000년 동대문구 제기동 주민자치위원 2001년 (사)전국미아·실종가족찾기시민의모임 회장(현) 2004년 故개구리소년 합동위령제 거행·합동장례위원장 2004년 경찰청 실종아동찾기TF팀 전문위원 2005년 실종아동등의 보호 및 지원에 관한 법률 발의·제정 2005년 故이형호·개구리소년·화성사건 등 공소시효폐지 국회 청원 2006년 영화 '그놈 목소리' 제작 자문 2006년 서울시 동대문구의원선거 출마(민주당) 2006년 '실종자찾기 원년선포' 요청 노무현대통령 면담 2006년 범죄피해자 구조법 개정 2006년 (사)학교폭력피해자가족협의회 자문위원(현) 2007년 영화 '그놈 목소리' 온라인국민수사본부장 2007~2014년 서울시가판점연합회 의장 2007년 실종자찾기범국민대회 공동 개최(CBS 울산방송본부·적십자사·(사)전미찾모) 2007년 반인륜범죄에 관한 공소시효폐지 및 진정소급입법 청원·10만서명록 전달 2007년 형사소송법 살인죄 공소시효 15년~25년 개정 2008년 안양 실종아동 故이혜진·우예슬양 장례준비위원장 2008년 민간조사(탐정)입법 공청회 토론 2009년 안양 실종아동 故이혜진·우예슬양 추모제 거행 2010년 서울시 동대문구의원선거 출마(무소속) 2010년 개구리소년 사건 영화 '아이들...' 제작고문 2010년 CMB동서방송시청자위원회 자문위원(현) 2010년 대한민간조사협회 자문위원(현) 2011년 공소시효폐지 및 진정소급입법 국회 청원·8만서명록 전달 2011~2014년 채널뷰 '사라진가족' 추적위원 2011년 서울시 실종예방홍보강사(현) 2012년 경찰청 입법추진자문위원(현) 2012년 '공소시효폐지 및 진정소급입법' 법무부 청원 2012년 서울시재가장애인협회 이사(현) 2013년 경찰대학 외래교수(현) [상]서울시 청소년지도상 대상(1994), 서울시 동대문구 자랑스런 구민상 대상(2000), 서울시민대상 장려상(2001), 경찰청장표창(2005), 보건복지부장관표창(2006), 서울시 봉사상(2007), 청룡봉사상 인상(仁賞)(2009)

나주영(羅周映) NA Joo Young

[생]1957·3·1 [출]경북 상주 [주]경북 포항시 남구 철강로362 포항철강산업단지관리공단 이사장실(054-289-5300) [학]1974년 계성고졸 1979년 경북대 화학공학과졸 1996년 포항공과대 대학원 최고경영자과정 수료, 창원대 대학원 국제무역학과졸 [경]1981~1990년 제일합섬(주) 생산팀장 1991년 제일중공(주) 전무이사·대표이사 사장 2000년 제일테크노스(주) 대표이사(현) 2006~2015년 포항상공회의소 부회장 2010년 포항철강산업단지관리공단 이사장(현) 2010년 포항범죄피해자지원센터 부이사장 2016년 同이사장(현) 2016년 제3대 포항시체육회 재정위원장(현) [상]중소기업청 기술혁신상(1998), 포항MBC 문화대상-산업부문 본상(1998), 대한전문건설협회 공로상(2006), 석탑산업훈장(2007) [종]불교

나중식(羅重植) NAH Joong Shik

[생]1952·2·11 [본]나주(羅州) [출]경북 칠곡 [주]부산 남구 수영로309 경성대학교 행정학과(051-663-4527) [학]1971년 대구고졸 1975년 영남대 상경대학 경영학과졸 1977년 서울대 행정대학원 행정학과졸 1988년 행정학박사(영남대) [경]1982~1992년 경성대 행정학과 전임강사·조교수·부교수 1988~1989년 미국 노스캐롤라이나주립대 연구교수 1993년 경성대 행정학과 교수(현) 1993년 同기획부처장 1996년 부산시 남구 지방재정계획심의위원 1997년 경성대 교무처장 1998년 同사회복지대학원장 1998~2002년 부산·경남·울산·제주행정학회 부회장 1999년 경성대 법정대학장 1999~2003년 한국지방정부학회 부회장 1999~2001년 경성대 법정대학장 겸 사회복지대학원장 2005~2009년 同총장 2005년 한국지방정부학회 고문(현) 2005년 부산국제광고제 이사 2009~2010년 프랑스 국립행정대학원 연구교수 [저]'재무행정론'(1992) '민주주의 조세행정론'(1995) '행정학'(1997) '신행정학원론'(1999) '예산정치론'(2002) '한국의 공직윤리'(2011) '한국행정 사상사'(2012) '행정사상'(2013) '신재무행정론'(2015)

나지원(羅智元)

[생]1974·3·25 [출]광주 [주]세종특별자치시 다솜3로95 공정거래위원회 고객지원담당관실(044-200-4223) [학]1993년 광신고졸 1998년 서울대 사회복지학과졸 2002년 同대학원 경제법석사, 同대학원 지적재산권법 박사과정 수료, 미국 워싱턴대 in St Louis(Law School) IP & Antitrust 연수 [경]사법고시 합격(43회), 사법연수원 수료(33기) 2004~2005년 대한법률구조공단 대구지부

공익법무관 2005~2006년 수원지검 공판송무부 공익법무관 2006~2007년 서울고검 송무부 공익법무관 2007~2009년 법무법인 충정 변호사(기업자문팀) 2009~2011년 국립서울대 법무전문위원 2011~2016년 국립대학법인 서울대 법무팀장(대학법무 총괄) 2016년 공정거래위원회 고객지원담당관(현)

나진구(羅鎭求) RA Jin Goo

생1952 · 7 · 7 출대구 주서울 중랑구 봉화산로179 중랑구청 구청장실(02-2094-1000) 학경북고졸, 고려대 법과대학 행정학과졸, 서울시립대 대학원 사회복지학과졸, 사회복지학박사(서울시립대) 경1980년 행정고시 합격(23회) 1997년 대통령비서실 행정관 1999년 서울 중랑구 부구청장 2002년 서울 강동구 부구청장 2003년 서울시 감사관 2006년 同상수도사업본부장 2007년 同경영기획실장 2007~2010년 同행정1부시장 2010년 同시장 권한대행 2011년 서울시립대 정경대학 사회복지학과 교수 2014년 서울시 중랑구청장(새누리당)(현) 상근정포장(1988), 홍조근정훈장(2004), 황조근정훈장(2010), 지방자치행정대상(2016)

나찬기(羅贊基) NA Chan Gi

생1967 · 12 · 16 출대구 주서울 서초구 반포대로157 대검찰청 감찰본부 감찰2과(02-3480-2412) 학1985년 대구 대륜고졸 1993년 경북대 사법학과졸 경1996년 사법시험 합격(38회) 1999년 사법연수원 수료(28기) 1999년 창원지검 검사 2001년 대구지검 김천지청 검사 2003년 대구지검 검사 2005년 제주지검 검사 2007년 법무부 사회보호정책과 검사 2009년 서울중앙지검 검사 2010년 공정거래위원회 파견 2011년 서울중앙지검 부부장검사 2012년 창원지검 통영지청 부장검사 2013년 부산지검 외사부장 2014년 대구지검 의성지청장 2015년 법무부 법질서선진화과장 2016년 대검찰청 감찰2과장(현)

나창수(羅昌洙) NA Chang Su

생1964 · 8 · 25 본금성(錦城) 출전남 나주 주전남 나주시 건재로185 동신대 한의과대학 한의학과(061-330-3522) 학1980년 남성고졸 1989년 원광대 한의학과졸 1991년 同대학원졸 1994년 한의학박사(경희대) 경1992년 원광대 한방병원 침구과장 1994~2005년 동신대 한의학과 전임강사 · 조교수 · 부교수 · 교수(현) 1999년 同한의학과장 겸 한의예과장 1999년 대한경락경혈학회 이사 2002년 同편집위원 2012~2013년 同대학원 교학과장 겸 사회개발대학원 교학과장 2013년 同한의과대학장(현) 2013년 경락경혈학회 회장(현) 2014~2016년 한국연구재단 기초연구본부 의약학단 전문위원 2015년 동신대 건강증진센터장(현) 2015년 보건신기술 종합심사위원회 한의학 위원장(현) 2015년 한국한의학교육평가원 인증기준위원회 위원장(현) 상교원업적평가 우수상(1998), 해인학원 이사장표창(2004), 보건복지부장관표창(2013) 저'한의학기초이론' '경락수혈학이론' '경혈학각론' 종기독교

나창엽(羅昌燁) Changyup Na

생1963 · 2 · 3 본금성(錦城) 출부산 주서울 서초구 헌릉로13 KOTRA(02-3460-7038) 학1981년 브니엘고졸 1990년 고려대 경제학과졸 2006년 핀란드 헬싱키경제대 대학원졸(MBA) 2013년 한양대 대학원 경영컨설팅학 박사과정 수료 경1991년 대한무역투자진흥공사(KOTRA) 입사 1991년 同총무부 근무 1992년 同지역조사처 근무 1996년 同브뤼셀무역관 근무 1999년 同기획조정실 근무 2000년 同경남무역관 근무 2002년 同뉴욕무역관 근무 2004년 同북미지역본부 근무 2005년 同기획조정실 근무 2008년 同나이로비무역관장 2011년 同비서실장 2013년 同고객미래전략실장 2014년 同실리콘밸리무역관장(현) 상장관표창(2004)

나천수(羅千洙) RA Cheon Soo

생1952 · 7 · 23 본나주(羅州) 출광주 주서울 강남구 테헤란로133 한국타이어빌딩10층 법무법인(유) 태평양(02-3404-0169) 학1970년 광주제일고졸 1974년 고려대 법학과졸 경1977년 사법시험 합격(19회) 1979년 사법연수원 수료(9기) 1979~1983년 서울지법 남부지원 · 서울형사지법 판사 1983년 광주지법 순천지원 판사 1985년 서울지법 북부지원 판사 1987년 서울가정법원 판사 1989년 서울고법 판사 1991년 법원행정처 조사심의관 1993년 춘천지법 강릉지원 부장판사 1994년 同강릉지원장 1996년 사법연수원 교수 1999년 서울지법 부장판사 1999년 법무법인(유) 태평양 변호사(현) 2002~2005년 영산대 법무대학원 겸임교수 2002년 국무총리 행정심판위원 2003~2005년 고려대 법률자문위원회 위원 2005~2006년 국가인권위원회 비상임위원 2006년 미국 Santa Clara Univ. Law School Visiting Scholar 2011~2013년 대한상사

중재원 중재인 2013~2015년 (재)동천 이사 2013~2015년 법무법인(유) 태평양 공익활동위원회 위원장 저'가사소송법' '손해배상 소송' 종천주교

나 철(羅 澈) NA Chul

생1951 · 1 · 27 주서울 동작구 흑석로84 중앙대학교 의과대학 정신과학교실(02-820-5635) 학1974년 전남대 의과대학졸 1978년 중앙대 대학원졸 1985년 의학박사(중앙대) 경1985~1994년 중앙대 의과대학 정신과학교실 조교수 · 부교수 1990년 미국 Duke대 교환교수 1994~2016년 중앙대 의과대학 정신과학교실 교수 1994년 한국정신신체의학회 편집위원장 · 학술부장 1997년 중앙대 용산병원 진료부장 1999년 同정신과장 2002~2004년 한국정신신체의학회 회장 2013년 대한신경정신의학회 회장 2016년 중앙대 의과대학 정신과학교실 명예교수(현)

나춘호(羅春浩) NA Choon Ho (淸筆)

생1942 · 8 · 19 본수성(壽城) 출대구 달성 주서울 성동구 아차산로153 예림당 비서실(02-3404-9269) 학1962년 대구 능인고졸 1964년 계명대 역사지리학과 중퇴 1981년 경희대 경영행정대학원졸 1973년 도서출판 예림당 설립 · 회장(현) 1981년 대한출판문화협회 이사 1989~1995년 同부회장 1990년 한국문헌번호심의위원회 위원장 1991년 도서출판 능인 대표 1992년 '93책의 해' 조직위원회 사업분과위원장 1993년 독서새물결운동추진위원회 집행위원장 1994~2001년 어린이문화진흥회 이사 1996~2002년 대한출판문화협회 회장 1996년 아시아태평양출판협회(APPA) 부회장 1996~2002년 한국간행물윤리위원회 이사 1998년 제2의건국범국민추진위원회 위원 1999~2001년 국제출판인협회(IPA) 상임이사 2000~2008년 아시아태평양출판협회(APPA) 회장 2002년 대한출판문화협회 고문(현) 2004년 해여림빌리지회장(현) 상대통령표창, 서울지방국세청장표창, 내무부장관표창, 은관문화훈장, 서울시 문화상 문화산업분야(2008) 저'뜻이 있으면 길이 있다'(2005)

나태주(羅泰柱) Ra Tae Joo

생1945 · 3 · 16 본금성(錦城) 출충남 서천 주충남 공주시 대통1길66 공주문화원 원장실(041-852-9005) 학1963년 공주사범학교졸, 한국방송통신대졸, 충남대 교육대학원졸 경1971년 서울신문 신춘문예에 '대숲 아래서'로 시인 등단, 한국문인협회 회원, 한국시인협회 심의위원, 충남교원연수원 장학사, 공주 상서초 교장 2005~2007년 공주 장기초 교장 2009년 공주문화원 원장(현) 상흙의문학상, 충남문화상, 현대불교문학상, 박용래문학상, 시와시학상, 편운문학상, 황조근정훈장(2007) 저시집 '대숲아래서' '누님의 가을' '사랑이여 조그만 사랑이여' '외할머니' '굴뚝각시' '목숨의 비늘 하나' '우리 젊은날의 사랑' '추억이 손짓하거든' '풀잎속 작은 길' '슬픔에 손목 잡혀' '슬픈 젊은 날' '나의 등불도 애닯다' '하늘의 서쪽' '산촌엽서' 산문집 '대숲에 어리는 별빛' '추억이 말하게 하라' '외할머니랑 소쩍새랑' '쓸쓸한 서정 시인' '시골사람 시골선생님' '시, 마당을 쓸었습니다' '내 인생에 힘이 되어준 시(共)' '꽃 장엄' '죽기 전에 시 한 편 쓰고 싶다' '사랑이여 조그만 사랑이여' 종개신교

나학록(羅學祿) NA HAROCK

생1963 · 1 · 25 주강원 원주시 문막읍 동화공단로130의1 (주)씨유메디칼시스템(033-747-7657) 학1987년 한양대 전자공학과졸 2005년 강원대 대학원 컴퓨터공학과졸 경1986~1990년 삼의전자 개발실 근무 1990~1993년 금성통신(주) 유 · 무선통신기기및의료기기부 근무 1993~1996년 한국통신기산업(주) 연구실장 1996~1998년 (주)원텍 시험연구소 차장 1998~2001년 (주)바이오시스 이사 2001~2013년 식품의약품안전청 기술자문위원 2001년 (주)씨유메디칼시스템 대표이사(현) 2007년 한국의료기기공업협동조합 이사 2010년 한국의료기기산업협회 부회장, 同이사 2010년 의료기기정책연구원 원장 2013년 식품의약품안전처 기술자문위원 상대통령표창(2004 · 2012), 국무총리표창(2005 · 2009), 산업자원부장관표창(2007), IR52 장영실상(2008), 강원경제인대상(2009)

나형균(羅亨均) NA Hyung Kyun

생1953 · 5 · 17 본나주(羅州) 출서울 주서울 영등포구 63로10 여의도성모병원 신경외과(02-3779-1189) 학1978년 가톨릭대 의과대학졸 1986년 同대학원 의학과졸 1990년 의학박사(가톨릭대) 경1978~1982년 가톨릭대 성모병원 수련의 1983~1985년 軍의관 1983~1996년 가톨릭대 의과대학 신경외과학교실 전임강사 · 조교수 · 부교수 1996년 同의과대학 신경외과학교실 교수

(현) 1996년 同성모병원 신경외과 과장 2003년 同뇌신경센터 소장(현) 2009년 대한뇌혈관외과학회 회장 2013~2014년 대한노인신경외과학회 회장 ⊗대한뇌혈관외과학회 학술상 ㉠'뇌혈관외과학'(共) 'moyamoya Disease'(共) ⊛가톨릭

남경문(南景文) NAM Kyoung Moon

⊛1962·6·15 ㉧영양(穎陽) ⊜강원 정선 ㊐강원 춘천시 중앙로1 강원도의회(033-256-8035) ⓗ오산고졸 2008년 삼척대 공학대학 토목공학과졸, 강원대 경영대학원 재학 ㉦동원보건원 총무과장, (주)황록건설 설립·대표이사, 강원남부주민(주) 대표이사, (사)축산기업중앙회 정선군지부장, 한국청년회의소 재정실장 1996년 사북청년회의소 회장 1999년 정선고원관광레저개발주민(주) 대표이사(현) 2006년 민주평통 자문위원(현) 2006·2010년 강원도의회 의원(한나라당·새누리당) 2006~2008년 同산업경제위원회 부위원장 2007년 바르게살기운동 강원도협의회 부회장, 강원도의회 댐주변피해대책특별위원회 위원 2007~2014년 강원남부주민(주) 이사 2010~2011년 강원도의회 동계올림픽유치지원특별위원회 위원장 2012년 同사회문화위원회 위원장 2013년 정선군유도회 초대회장(현) 2014년 강원도의회 의원(새누리당)(현) 2014년 同교육위원회 위원 2016년 同교육위원장(현)

남경수(南景琇) NAM Kyung Soo

⊛1958·10·14 ㉧의령(宜寧) ⊜대구 ㊐경북 경주시 동대로123 동국대학교 의과대학 약리학교실(054-770-2412) ⓗ1976년 대륜고졸 1981년 영남대 약학과졸 1984년 同대학원졸 1990년 약학박사(일본 東京大) ㉦1990년 한국과학기술연구원 생명공학연구소 선임연구원 1993년 동국대 의대 약리학교실 조교수·부교수·교수(현) 1998년 (주)제일생명공학서비스 이사 1999년 동국대 난치병한양방치료연구센터 소장(현) 1999년 한국키틴키토산학회 감사 2011~2012년 同간사장 2013~2014년 同회장 2014~2016년 동국대 의과대학장 겸 의학전문대학원장 2015년 대한약리학회 회장 ㉠'생식의학'(1999, 동국대) '심장학'(2000, 동국대) '신경과학Ⅱ'(2002, 동국대) ⊛불교

남경순(南慶順·女) NAM Kyung Soon

⊛1956·10·1 ⊜경기 수원 ㊐경기 수원시 팔달구 효원로1 경기도의회(031-8008-7000) ⓗ방송통신고졸, 한국방송통신대 가정학과졸, 아주대 공공정책대학원 행정학과졸 ㉦1993~1998년 이호정 국회의원 여성부장 1999~2000년 정창현 국회의원 여성부장 2002~2004년 박종희 국회의원 여성부장 2004~2007년 한나라당 경기도당 부위원장 2005년 同네트워크 회장 2006년 국제키비탄 수원지부 부회장 2006~2010년 경기도의회 의원(한나라당) 2012년 새누리당 제18대 대통령중앙선거대책위원회 조직총괄본부 여성단장 2014년 강원도의회 의원(새누리당)(현) 2014년 同운영위원회 위원 2014년 同여성가족교육협력위원회 간사 2015년 同평택항발전추진특별위원회 위원(현) 2016년 同경제과학기술위원장(현) 2016년 경기신용보증재단 일일명예지점장 ⊗중부일보 율곡대상 광역정치부문(2016) ⊛기독교

남경필(南景弼) Nam Kyung Pil

⊛1965·1·20 ㉧의령(宜寧) ⊜서울 ㊐경기 수원시 팔달구 효원로1 경기도청 도지사실(031-249-2001) ⓗ1984년 경복고졸 1988년 연세대 사회사업학과졸 1996년 미국 예일대 경영대학원졸 ㉦1993년 경인일보 사회부·정치부·경제부 기자 1995년 미국 예일대 한인학생회장 1998년 한나라당 수원팔달지구당 위원장 1998년 남경장학회 회장 1998년 수원시노인무료급식후원회 회장 1998년 제15대 국회의원(수원 팔달구 보궐선거 당선, 한나라당) 1998년 한나라당 원내부총무 2000년 제16대 국회의원(수원 팔달구, 한나라당) 2000년 한나라당 문화관광위원장 2000년 미래를위한청년연대 공동대표 2000년 미래산업연구회 대표위원 2001년 한나라당 국가혁신위원회 문화예술분과위원회 부위원장 2001년 同총재실 부실장 2001년 同대변인 2003년 同상임운영위원 2004년 제17대 국회의원(수원 팔달구, 한나라당) 2004~2005년 한나라당 원내수석부대표 2004년 국회 국회개혁특별위원회 위원장 2004년 우리누리청소년회 후원이사 2004년 아름다운가게 자문위원 2005년 한국·인도의원친선협회 회장 2005년 국회 저출산 및 고령화사회대책특별위원회 위원장 2005년 대한장애인아이스하키협회 회장 2006년 새정치수요모임 대표 2006년 한나라당 경기도당 위원장 2008년 제18대 국회의원(수원 팔달구, 한나라당·새누리당) 2008년 2008대한민국공공디자인엑스포조직위원회 공동위원장 2008년 (사)국회의원축구연맹 회장 2008년 디자인코리아 국회포럼 의원연구단체 대표위원 2009년 국민생활체육전국생활체조연합회 회장 2009년 한국·아르헨티나의원친선협회 회장 2010

년 한나라당 인재영입위원장 2010년 2010대한민국뷰티디자인엑스포조직위원회 위원장 2010~2011년 국회 외교통상통일위원장 2010년 (사)아시아디자인센터 이사장 2011년 한나라당 최고위원 2012~2014년 제19대 국회의원(수원丙, 새누리당) 2012년 새누리당 상임전국위원 2012년 同지역화합특별위원회 위원장 2012년 同제18대 대통령중앙선거대책위원회 부위원장 2012년 한·일의원연맹 고문 2013~2015년 한국인터넷디지털엔터테인먼트협회 회장 2013년 국회 미래창조과학방송통신위원회 위원 2013년 국회 역사왜곡대책특별위원회 위원장 2014년 경기도지사(새누리당)(현) 2014~2015년 전국시·도지사협의회 감사 2015년 경기도 DMZ2.0음악과대화조직위원회 위원장 ⊗대한민국무궁화대상 정치부문(2009), 백봉신사상(2011·2013), 매니페스토 약속대상 선거공약분야 최우수상(2014), 한국정책대상 광역지방자치단체장부문대상(2015), 대한민국 주거복지실천대상(2015), 임길진 주거복지특별상(2015), 한국벤처창업학회 창업진흥대상(2016) ㉠자서전 '깨끗한 물에는 물고기가 못 산다구요?' '새로운 권력자들'(2011) '시작된 미래'(2014) ⊛기독교

남경현(南景鉉) NAM Kyung Hyun

⊛1958·5·9 ㊐경기 수원시 영통구 광교산로154의42 경기대학교 경상대학 응용정보통계학과(031-249-9420) ⓗ1982년 충북대 수학교육과졸 1985년 同대학원 수학과졸 1990년 미국 몬태나주립대 대학원 통계학과졸 1995년 통계학박사(미국 네브래스카대 링컨교) ㉦1982년 제물포여중 교사 1987~1990년 미국 몬타나주립대 강사 1992~1994년 미국 네브래스카주립대 강사 1994~1996년 한림대·충북대 강사 1996~2002년 경기대 응용통계학과 전임강사·조교수 2000년 미국 미시건주립대 방문교수 2002년 경기대 경상대학 응용통계학과 부교수·교수, 同응용정보통계학과 교수(현) 2013년 한국신뢰성학회 회장 2016년 경기대 대외협력처장 겸 국제교육원장(현) ㉠'통계학입문(이해와 응용)(共)'(1997, 탐진출판사) '신뢰성 용어해설서(共)'(2003, 산업자원부) '신뢰성시험 데이터분석 Guideline(共)'(2004, 아이엔지) '소프트웨어의 신뢰성 : 모델, 툴,매니지먼트'(2006, 경기대 출판부) '공학도를 위한 수명분포 개념과 응용(共)'(2006, 영지문화사) '만화로 쉽게 배우는 인자분석'(2008, 성안당)

남경환(南景煥) NAM Kyung Hwan

⊛1963·12·17 ⊜대구 ㊐서울 영등포구 선유동2로57 15층 효성ITX(주)(02-2102-8410) ⓗ1982년 경북고졸 1991년 경북대 중어중문학과졸 ㉦1991년 효성물산 철강부 입사 1995년 同상해지점 근무 1998년 (주)효성 중국법인(장가항효사강재) 근무 2003년 同무역PG 철강1PU 팀장 2008년 同무역PG 기획관리담당 상무 2009년 효성ITX(주) 대표이사 상무 2014년 同대표이사 전무(현) ⊗동탑산업훈장(2014)

남계춘(南啓春) NAM Kye Chun

⊛1955·11·27 ⊜전남 나주 ㊐광주 북구 용봉로77 전남대학교 화학과(062-530-3377) ⓗ1980년 서울대 화학과졸 1984년 미국 워싱턴 대학원졸 1987년 이학박사(미국 워싱턴대) ㉦1980~1983년 한국과학기술연구원 연구원 1988~1989년 영국 옥스퍼드대 파견교수 1989년 전남대 화학과 교수(현) 1996년 미국 버클리대 박사후과정 연구원 2008~2010년 전남대 산학연구처장 2010년 同교무처장 2014년 한국연구재단 자연과학단장(현) ㉠'유기화학' '일반화학'

남관표(南官杓) Nam Gwan Pyo

⊛1957·1·27 ㉧영양(英陽) ⊜부산 ㊐서울 종로구 사직로8길60 외교부 인사운영팀(02-2100-7146) ⓗ1975년 경기고졸 1979년 서울대 법학과졸 1985년 미국 존스홉킨스대 국제관계대학원(SAIS) 국제정치학과졸 ㉦1978년 외무고시 합격(12회) 1981년 외무부 입부 1986년 駐시카고 영사 1990년 외무부 차관 비서관 1991년 同차관 보좌관 1992년 駐일본 1등서기관 1995년 駐필리핀 참사관 1997년 외교통상부 정책총괄과장 1999년 국무총리 의전비서관실 파견 2000년 駐베트남 참사관 2002년 외교통상부 조약국 심의관 2004년 同혁신담당관 2004년 대통령 민정수석비서관실 파견 2006년 외교통상부 정책기획국장 2007년 국무조정실 규제개혁조정관 2008년 국무총리실 규제개혁실장 2008~2009년 부산시 국제관계자문대사 2010년 한국외국어대 법학전문대학원 전임교수 2011~2014년 駐헝가리 대사 2014~2015년 서울시 국제관계대사 2015년 駐스웨덴 대사(현) ⊗헝가리 십자대훈장(2015)

남광률(南光律) NAM Kwang Ryul

[생]1958·11·5 [출]전남 신안 [주]서울 영등포구 국회대로76길18 한국예선업협동조합(02-786-9590) [학]1976년 목포고졸, 한국방송통신대졸 [경]1978년 목포지방해운항만청 근무 1995년 해양수산부 연안해운과·유통가공과·행정법무팀 근무 2007년 국토해양부 항만정책과 근무, 인천지방해양항만청 해양환경과장 2012년 국립해양박물관지원단 기획총괄과장 2013년 목포지방해양항만청장 2014~2016년 군산지방해양항만청장 2016년 한국예선업협동조합 전무이사(현)

남광희(南光熙) NAM Kwang Hee

[생]1956·9·26 [출]서울 [주]경북 포항시 남구 청암로77 포항공과대학교 전자전기공학과(054-279-2218) [학]1980년 서울대 공업화학과졸 1982년 同대학원 제어계측공학과졸 1986년 공학박사(미국 텍사스 오스틴대) [경]1981년 서울대 조교 1983년 미국 텍사스 오스틴대 연구조교 1986~1998년 포항공과대 전자전기공학과 조교수·부교수 1998년 同정보통신대학원장 1998년 同전자전기공학과 교수(현) 1998년 同정보통신연구소장 1998년 전력전자학회 이사 1999년 제어자동화시스템공학회 이사 2016년 (사)전력전자학회 회장(현) [상]한국과학기술단체총연합회 과학기술우수논문상, IEEE Industrial Electronics So Trans. Best Paper Award(2000) [종]기독교

남광희(南光熙) NAM Kwang Hee

[생]1960·9·10 [본]의령(宜寧) [출]경북 상주 [주]세종특별자치시 도움6로11 환경부 중앙환경분쟁조정위원회(044-201-7931) [학]1979년 경북고졸 1983년 고려대 행정학과졸 1992년 서울대 행정대학원 수료 1998년 미국 위스콘신대 대학원졸 [경]1991년 행정고시 합격(34회) 1994년 환경부 정책총괄과·수도관리과 사무관 2000년 同폐기물정책과 서기관 2001년 同공보관실 서기관 2002년 同자연생태과장 2003년 駐경제협력개발기구(OECD) 대표부 참사관 2007년 환경부 대기보전국 대기관리과장 2008년 同기획조정실 기획재정담당관(부이사관) 2010년 대구지방환경청장(고위공무원) 2011년 중앙공무원교육원 파견(고위공무원) 2012년 대통령직속 녹색성장위원회 파견(고위공무원) 2013년 환경부 환경정책실 기후대기정책관 2014년 同자연보전국장 2015년 同대변인 2015년 同중앙환경분쟁조정위원장(현)

남궁규(南宮奎) NAM Kung Kyu

[생]1961·2·27 [본]함열(咸悅) [출]강원 홍천 [주]강원 고성군 간성읍 수성로37의11 고성소방서(033-249-5114) [학]홍천농고졸 [경]1983년 소방공무원 임용, 태백경찰서 구조구급계장, 춘천소방서 119구조대장, 同동송파출소장, 강원도소방본부 소방행정과 근무, 춘천소방서 효자파출소장, 同소양파출소장, 同소방주임, 同수난구조대장, 철원소방서 구조구급담당, 강원도 소방본부 방호구조과 근무, 同소방행정과 소방교육계 근무, 홍천소방서 예방안전과장 2010년 강원도소방본부 방호구조과 화재조사계장(소방령) 2015년 강원 고성소방서 초대서장(현) [상]강원도지사표창, 내무부장관표창

남궁근(南宮槿) Namkoong Keun

[생]1954·1·30 [본]함열(咸悅) [출]전북 익산 [주]서울 노원구 공릉로232 서울과학기술대학교 IT정책대학원(02-970-6797) [학]1972년 남성고졸 1976년 서울대 정치학과졸 1978년 同행정대학원졸 1989년 행정학박사(미국 피츠버그대) [경]1981년 경제기획원 사무관 1982~1995년 경상대 행정학과 전임강사·조교수·부교수 1995~2000년 同행정학과 교수 1995~1996년 미국 버클리대 교환교수 1997년 경상대 도서관장 1999년 행정개혁시민연합 정책위원장 1999년 정부개혁연구소 부소장 2000년 경상대 통일문제연구소장 2001~2010년 서울산업대 행정학과 교수 2003년 정부혁신및지방분권위원회 위원 2004~2005년 서울산업대 IT정책대학원장 2007~2009년 국무총리직속 행정정보공유추진위원회 위원장 2007~2009년 과학기술부 대학설립심사위원장 2007~2011년 아산사회복지재단 학술연구 자문위원 2008년 한국행정학회 회장 2008~2010년 (사)한국학술단체총연합회 이사 2009~2011년 (재)지방행정연구원 이사 2010년 서울과학기술대 행정학과 교수 2010년 교육과학기술부 청렴옴부즈만 2010년 同자문위원 2010~2011년 감사연구원 자문위원장 2011~2015년 서울과학기술대 총장 2012년 한국대학교육협의회 감사 2013년 미국 피츠버그대총동문회 회장 2014~2015년 지역중심국공립대학교총장협의회 회장 2014~2015년 한국대학교육협의회 부회장 2015년 서울과학기술대 IT정책대학원 교수(현) 2015년 미래창조과학부 우정사업운영위원장(현) 2015년 교육부 대학설립심사위원장(현) 2016년 행정개혁시민연합 공동대표(현) [상]미국 행정대학원연합회 우수논문상(1989), 한국행정학회 학술상(1999), 홍조근정훈장, 대한민국 경제리더 인재경영부문 대상(2013), 미국 피츠버그대 행정국제대학원 동문상(2014) [저]'비교 정책연구'(1999) '고위공무원단제도'(2000) '전자정부를 통한 부패통제'(2002) '행정조사방법론-제4판'(2010) '스칸디나비아 국가의 거버넌스와 개혁'(2006) '정책학-제2판'(2012) '유럽연합의 대학개혁'(2014) '볼로냐협약의 집행성과'(2014) [역]'정책분석론-제5판'(2013) [종]천주교

남궁기(南宮錡) NAMKOONG, KEE

[생]1960·2·19 [본]함열(咸悅) [출]서울 [주]서울 서대문구 연세로50의1 세브란스병원 정신건강의학과(02-2228-1625) [학]1985년 연세대 의대졸 1996년 아주대 대학원졸 2003년 의학박사(아주대) [경]1986~1989년 연세대 의료원 정신과 전공의 1989~2006년 연세대 의과대학 정신과학교실 연구강사·전임강사·조교수·부교수 1991~1993년 광주신경정신병원 진료부장 1996~1998년 미국 예일대 의대 교환교수 2001~2005년 영동세브란스병원 정신과장 2001년 대한신경정신의학회 간행위원회 부위원장 2001~2003년 정보통신윤리위원회 위원 2005년 세브란스병원 정신건강의학과장 2005년 연세대의료원 홍보부실장 2006년 연세대 의과대학 정신과학교실 교수(현) 2006~2008년 연세대의료원 홍보실장 2008년 同사무처장 2012~2016년 연세대 의과대학 정신과학교실 주임교수 2013년 연세대의료원 미래발전추진위원회 위원장 [저]'니코틴 중독'(2000) '알코올 의존, 당신도 치료할 수 있다'(2001)

남궁란(南宮蘭·女) NAMKUNG Ran

[생]1954·2·19 [주]서울 서대문구 연세로50의1 세브란스어린이병원 신생아과(02-2228-2058) [학]1978년 연세대 의과대학졸 1981년 同대학원졸 1985년 의학박사(연세대) [경]1985~2000년 연세대 의과대학 소아과학교실 연구강사·조교수·부교수 1990~1992년 미국 신시내티의대 소아병원 연구원 2000년 연세대 의과대학 소아과학교실 교수(현) 2003년 대한주산의학회 간행위원장 2003~2005년 대한신생아학회 간행위원장 2010년 세브란스어린이병원 소아청소년과장 2011년 同신생아과장 2013~2015년 대한신생아학회 회장 2015년 同고문(현)

남궁문(南宮文) NAM Gung Moon

[생]1961·10·29 [본]함열(咸悅) [출]전북 익산 [주]전북 익산시 익산대로460 원광디지털대학교(1588-2854) [학]1984년 원광대 토목공학과졸 1986년 전북대 대학원졸 1992년 공학박사(일본 廣島大) [경]1992~2010년 원광대 토목환경도시공학부 전임강사·조교수·부교수·교수 1993~1997년 익산시 도시계획심의위원 1993~1997년 전북도 교통영향평가심의회 심의위원 1996~1997년 원광대 공업기술개발연구소 간사 1997~1998년 미국 Univ. of Illinois at Chicago 교환교수 1998년 도로교통안전공단 교통사고조사기술지원 자문위원 1998년 전북도 교통관제센터 자문위원 2000년 일본 히로시마대 교환교수 2000년 전북도 건설기술심의위원 2000년 대한교통학회 이사 2001년 원광대 교무처장, 원불교청년회 회장, 세계교통학회 위원 2007년 원광대 산학협력단장 2009~2010년 同기획조정처장 2010년 同공과대학 토목환경공학과 교수(현) 2014년 한국임업진흥원 비상임이사(현) 2014~2016년 학교법인 서남학원 임시이사 2014년 대통령직속 지역발전위원회 전문위원(현) 2015년 원광디지털대 총장(현) 2016년 (사)한국원격대학협의회 회장(현) 2016년 (사)솔솔송자원봉사대 이사장(현) [상]대한토목학회 논문상(1996·2001·2002), 원광대 학술상(1999), 익산시장표창(2003), 대한교통학회 우수논문상(2006), 교육인적자원부장관표창(2008), 대통령표창(2013), 대한토목학회 학술상(2014) [저]'대학생활과 독서'(1996, 원광대) '알기쉬운 비집계분석'(1997, 명보문화사) '자율세미나 길잡이 University Guide'(1997, 원광대) '교통계획의 이해'(1998, 청문각) '대학생의 독서'(1999)

남궁석(南宮晳) NamKoong Suk

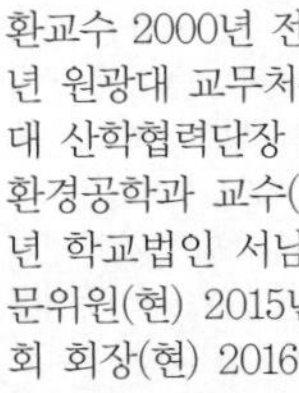

[생]1960 [주]서울 영등포구 의사당대로1 국회사무처 법제사법위원회(02-788-2712) [학]한영고졸, 단국대 행정학과졸, 서울대 대학원 정책학과졸, 미국 밴더빌트대 대학원 경제학과졸, 경제학박사(러시아 외교아카데미) [경]1990년 입법고시 합격(10회), 국회사무처 교육위원회 입법조사관, 同기획조정실 행정관리담당관, 同예산정책국 예산정책3과장, 국회예산정책처 경제예산분석팀장, 駐러시아 주재관, 국회입법조사처 사회문화조사실장, 국회사무처 예산결산특별위원회 전문위원, 同법제실장 2015년 同법제사법위원회 수석전문위원(차관보급)(현)

남궁석(南宮錫)

[생]1962·4·6 [출]충남 부여 [주]충북 보은군 보은읍 남부로4415 보은소방서 서장실(043-773-0151) [학]1979년 부여고졸 1985년 충남대졸 [경]1987년 소방간부 임용 1987년 충주소방서 소방계장 1994년 제천소방서 방호과장 1997년 충북도 소방본부 상황실장 2005년 충주소방서장 2007년 청주서부소방서장 2009년 충북도 소방본부 방호구조과장 2011년 음성소방서장 2013년 청주동부소방서장 2014년 제천소방서장 2016년 보은소방서장(현) [상]행정자치부장관표창(1998)

남궁영(南宮鏜) NAMKOONG Young

[생]1957·4·17 [본]함열(咸悅) [출]서울 [주]서울 동대문구 이문로107 한국외국어대학교 정치외교학과(02-2173-3103) [학]1976년 경기고졸 1980년 한국외국어대 정치외교학과졸 1982년 同대학원 정치외교학과졸(석사) 1989년 정치학박사(미국 미주리대) [경]1991~1997년 민족통일연구원 연구위원 1997~2002년 한국외국어대 국제지역대학원 조교수·부교수 2002년 동아시아경제학회 북한분과 위원장 2003년 한국국제정치학회 통일·북한분과 위원장 2003년 한국외국어대 정치외교학과 부교수 2004년 同교수(현) 2005~2006년 캐나다 Univ. of British Columbia Visiting Scholar 2006년 한국외국어대 사회과학대학 부학장 2007년 북한연구학회 부회장 2008~2009년 한국안보통상학회 부회장 겸 학술위원장 2008년 국방부 정책자문위원(현) 2008년 국가인권위원회 북한인권포럼 위원(현) 2009~2013년 한국외국어대 글로벌정치연구소장 2009년 통일부 정책자문위원(현) 2009년 한국국제정치학회 부회장 2009년 행정안전부 조직진단자문단 자문위원 2009년 민주평통 상임위원(현) 2009년 국무총리실 정부업무특정평가단 평가위원(외교통상부·국방부·통일부 담당) 2009~2012년 국무총리실 납북피해자보상 및 지원심의위원회 납북피해산정분과위원장 2010년 비교민주주의학회 회장 2010~2011년 동아일보 객원논설위원 2011~2013년 남북관계발전위원회 위원 2011년 외교부 정책자문위원(현) 2011년 한국정치학회 부회장 2011년 한국세계지역학회 회장 2011년 전국대학통일문제연구소협의회 공동의장(현) 2012년 해군발전자문위원회 자문위원(현) 2013년 민족화해협력범국민협의회 정책위원(현) 2014년 한국국제정치학회 회장 2014~2016년 한국외국어대 정치행정언론대학원장 2015년 국가인권위원회 인권정책관계심의회위원(현) [저]'국제질서의 전환과 한반도(共)'(2000) '동아시아 지역질서와 국제관계(共)'(2002) '동북아와 한반도(共)'(2004) '현대북한경제론(共)'(2005) '신자유주의 세계화와 민주주의(共)'(2009) '분단 한반도의 정치경제 : 남한 북한 미국의 삼각퍼즐'(2010) '국제정치경제 패러다임과 동아시아 지역질서'(2011) '강대국 정치와 한반도:미,중의 패권경쟁'(2016, 오름)

남궁영(南宮英)

[생]1962·9·18 [본]함열(咸悅) [출]충남 부여 [주]서울 종로구 세종대로209 행정자치부 대변인실(02-2100-3020) [학]1981년 대전고졸 1985년 서울대 농생물학과졸 1991년 충남대 지역경제관리자과정 수료 1991년 同중견관리자과정 수료 1992년 同농업교관과정 수료 1995년 서울대 대학원 행정학과졸 2006년 충남대 고위정책반과정 수료 [경]기술고시 합격(20회) 1985~1986년 총무처·내무부 농림기좌 1986~1989년 내무부 농업기좌 1989년 충남도 공무원교육원 지방농업기좌 1990년 同보령농산과장(일본 구마모토 파견) 1991년 同공무원교육원 교수(지방농업기좌) 1992년 同농정기획계장(지방농업사무관) 1996년 同농정유통과장(지방농업서기관) 2003~2006년 농축산물물류센터 파견(지방농업서기관) 2006년 지방농림부이사관 승진 2006~2007년 충남자치인력개발원 교육파견 2007년 충남도 기획관리실 혁신정책기획관 2008년 同행정도시지원·도청이전추진본부장 2009년 해외연수(부이사관) 2011년 충남도 경제통상실장 2013년 同기획관리실장 2015년 행정자치부 지방행정연수원 기획부장 2015년 同과거사관련업무지원단장 2015년 同기획조정실 정책기획관 2016년 同대변인(현) [상]충남도지사표창(1991), 내무부장관표창(1994)

남궁용(南宮湧) NAM Koong Yong

[생]1953·6·9 [출]서울 [주]강원 강릉시 죽헌길7 강릉원주대학교 자연과학대학 생물학과(033-640-2313) [학]경복고졸 1975년 서울대 동물학과졸 1979년 同대학원 동물학과졸 1985년 이학박사(서울대) [경]1980년 성심여대 강사 1981년 서울대·연세대 강사 1984년 강릉대 생물학과 조교수·부교수 1986년 同자연과학연구소장 1990년 한국동물학회 이사 1991년 강릉대 대학원 교학과장 1993년 同기획연구실장 1993년 同생물학과 교수 2002년 同도서관장 2009년 강릉원주대 생물학과 교수(현), 同생물학과장 2016년 同대학원장(현) [저]'유전자 : 생명의 원천'(1996, 전파과학사) [역]'왓슨과 크릭'(2002, 전파과학사) '정자들의 유전자 전쟁'(2003, 전파과학사) '세계동물백과 Mega Zoo, 전24권'(2004, 교원) 등

남궁원(南宮遠) NAMKOONG Won

[생]1934·8·1 [본]남양(南陽) [출]경기 양평 [주]서울 서초구 반포대로37길59 대한민국예술원(02-3479-7223) [학]1952년 한양공고졸 1952년 한양대 화학공학과 입학, 고려대·연세대 언론대학원 최고위과정 수료, 네덜란드 국립과학기술원(DHV) 항만공학 연수 [경]1959년 '그밤이 다시오면'으로 영화 데뷔, 영화배우(현) 1975년 한국영화배우협회 부회장 1993년 한국영화인협회 이사장, 한국영화배우협회 회장, Herald Media 고문, NEDECO 한국지사장, 한국영화배우협회 명예회장(현) 2007~2015년 (주)HMX동아TV 명예회장 2012년 (주)헤럴드 고문 2013~2014년 한국영화인총연합회 회장 2013년 대한민국예술원 평생회원(영화·현) [상]아시아영화제 남우조연상·최고인기상, 대종상 남우주연상, 한국영화유공자상, 한국청룡문화상, 아름다운예술인상 공로예술인상(2015), 대중문화예술상 은관문화훈장(2016) [작]'그밤이 다시 오면' '검은상처의 부루스' '남과 북' '대탈출' '남남 서로 직행하라' '아리랑' '절망은 없다' 등 [종]기독교

남궁원(南宮垣) NAMKUNG Won

[생]1943·10·13 [본]함열(咸悅) [출]전남 목포 [주]경북 포항시 남구 청암로77 포항공과대학교 포항가속기연구소(054-279-1066) [학]1965년 서울대 물리학과졸 1977년 물리학박사(미국 테네시대) [경]1978~1980년 미국 메릴랜드대 연구원 1980~1984년 同조교수 1984~1988년 Naval Surface Warfare Center 연구원 1988~2009년 포항공과대 물리학과 교수 1996년 同포항가속기연구소장 2001~2004년 제4차 아시아·태평양물리학연합회 총회 회장 2002~2004년 아시아가속기연구회 회장 2003~2005년 포항공과대 대학원장 2009년 同물리학과 명예교수(현) 2009년 국제핵융합실험로(ITER)기구 경영평가관 2009년 포항공과대 포항가속기연구소 상임고문(현) 2010~2013년 아·태이론물리센터 이사장 2012~2016년 '2016 세계가속기학회(IPAC2016)' 조직위원장 2016년 국제열핵융합실험로(ITER) 이사회 의장(현) [상]국민훈장 동백장(1994) [종]천주교

남궁은(南宮垠) Eun Namkung

[생]1951·3·10 [출]충남 공주 [주]경기 용인시 처인구 명지로116 명지대학교 환경에너지공학과(031-330-6693) [학]1969년 동성고졸 1973년 서울대 토목공학과졸 1982년 미국 일리노이대 어바나교 대학원 환경공학과졸 1985년 환경공학박사(미국 일리노이대 어바나교) [경]1985년 미국 일리노이주 에너지자원부 컨설턴트 1986~1991년 미국 Procter & Gamble社 R&D 수석연구원 1991~2000년 同아시아태평양지역 환경부문 총괄매니저 겸 R&D 부본부장 2000~2003년 환경부 상하수도국장 2003~2004년 한국건설기술연구원 연구위원 2004년 명지대 환경에너지공학과 교수(현) 2004년 환경부 수처리선진화사업단장 2006~2007년 한국전과정평가학회(LCA) 회장 2006년 ISO/TC224 하수도분과 국제의장·한국전문위원회 위원장 2007년 한국공학한림원 정회원(현) 2010년 대통령직속 녹색성장위원회 위원(제4분과 위원장) 2011년 한국물포럼 이사(현) 2012년 (주)아모레퍼시픽 사외이사 겸 감사위원(현) [상]국민훈장 동백장(2011), 조선일보 환경기술대상(2011)

남궁진(南宮鎭) NAMKUNG Jin (伴月)

[생]1942·8·11 [본]함열(咸悅) [출]전북 익산 [주]서울 영등포구 의사당대로1 대한민국헌정회(02-757-6612) [학]1961년 중앙고졸 1965년 고려대 법학과졸 [경]1984년 민주화추진협의회보 편집부국장 1988년 평민당 총재비서실 차장 1989년 同총무국장 1989년 국회 정책연구위원 1991년 신민당 총무국장 1991년 민주당 총무국장 1992년 同사무부총장 1993년 제14대 국회의원(전국구 승계, 민주당) 1993년 아·태평화재단 이사 1996~2000년 제15대 국회의원(광명甲, 국민회의·무소속) 1996년 국민회의 원내수석부총무 1998년 同제1정책조정위원장 1999년 同연수원장 1999년 同총재권한대행 비서실장 1999~2001년 대통령 정무수석비서관 2001~2002년 문화관광부 장관 2002년 새천년민주당 경기광명지구당 위원장 2003년 同당무위원 2015년 새정치민주연합 고문 2015년 대한민국헌정회 이사(현) [저]'성경에서 배운 하나님의 정치' '21세기 한국의 선택' '새천년의 약속' [종]기독교

남궁훈 NAM Koong Whon

[생]1972·10·19 [출]서울 [주]경기 성남시 분당구 판교로256의19 GB-1타워 카카오게임즈(1566-8834) [경]1997년 삼성SDS·유니텔 기획·마케팅 근무 1999년 NHN(주) 한게임사업부장 2000년 同인도네시아법인총괄 2002년 同엔터테인먼트사업부장 2006년 同한국게임총괄 2007년 NHN USA COO(Chief Operating Officer) 2007~2008년 同대표이사 2008년 同자문역 2010~2011

년 CJ인터넷(주) 대표이사 부사장대우 2012~2013년 위메이드엔터테인먼트 공동대표 2013~2015년 게임인재단 이사장 2015년 퍼블리싱플랫폼기업 '엔진'(NZIN Corp.) 대표이사 2015년 게임인재단 이사(현) 2016년 (주)카카오 최고게임책임자(CGO)(현) 2016년 카카오게임즈 각자대표이사(현)

남금석(南金汐) NAM Geum Seok

[생]1947·9·13 [본]의령(宜寧) [출]광주 [주]서울 중구 퇴계로63 삼부토건(주) 사장실(02-3706-2012) [학]1967년 광주제일고졸 1972년 한양대 토목공학과졸 2007년 同공학대학원졸 [경]삼부토건(주) 이사 2004년 同상무이사 2007년 同공무부 전무 2008년 同영업본부장(전무) 2011년 同토목사업본부장(부사장) 2014년 同대표이사 사장(현) 2014년 대한건설협회 서울시회 윤리위원 [상]대통령표창(1995) [종]기독교

남금천(南金天) NAM Geum Cheon

[생]1953·12·26 [출]전북 정읍 [주]경기 포천시 호국로1007 대진대학교 사회과학대학 국제통상학과(031-539-1771) [학]1977년 서울대 경제학과졸, 同대학원졸 1992년 경영학박사(미국 Univ. of Texas at Austin) [경]1979~1985년 관세청 기획관리관실 행정사무관 1992~1993년 외환투자자문(주) 자문위원 1994~1996년 보람은행 경제연구실 연구위원 1996년 대진대 국제통상학과 교수(현) 2006~2008년 同사회과학대학장 2015년 同대학원장(현) [저]'신경제와 개혁' [역]'새로운 은행의 창조'

남기만(南基萬) NAM Ki Man

[생]1957·9·1 [출]서울 [주]경기 성남시 분당구 판교역로182 한국반도체산업협회(02-570-5222) [학]중동고졸, 동국대졸 1993년 미국 위스콘신주립대 대학원졸 1999년 국방대학원졸 [경]1986년 행정고시 합격(29회) 1986년 상공부 수습사무관 1988년 同아주통상과·무역협력과 근무 1996년 산업자원부 자동차조선과 근무 1996년 同중소기업지원과·다자협상과·투자진흥과 서기관 1999년 국방대학원 파견 2001년 산업자원부 행정법무담당관 2002년 駐베트남 상무관 2006년 산업자원부 기계항공팀장(서기관) 2007년 同기계항공팀장(부이사관) 2008년 同부품소재총괄팀장(부이사관) 2008년 지식경제부 운영지원과장 2008년 대한무역투자진흥공사(KOTRA) 외국인투자지원센터 종합행정지원실장(고위공무원) 2009년 지식경제부 감사관 2011년 同성장동력실 주력산업정책관 2013~2014년 산업통상자원부 무역투자실 무역정책관 2014년 한국반도체산업협회 상근부회장(현) [저]'5억 아시아황금시장의 중심 베트남 이코노믹스(共)'(2008)

남기명(南基明) NAM Ki Myung

[생]1944·11·8 [본]의령(宜寧) [출]경기 김포 [주]인천 서구 심곡로98 인천발전연구원 원장실(032-260-2600) [학]1963년 용산고졸 1968년 성균관대 행정학과졸 1976년 서울대 환경대학원 환경계획학과졸 [경]1973년 행정고시 합격 1974년 경기도 근무 1984년 同기획담당관 1985년 안성군수 1988~1989년 내무부 법무담당관·기획예산담당관 1989년 同장관비서관 1989년 同지역정책과장·지도과장·행정과장 1992년 경기도 기획관리실장 1993~1994년 과천시장·의정부시장 1995년 경기도 기획관리실장 1998년 인천시 행정부시장 2001~2003년 경기도 행정1부지사 2003년 (재)세계도자기엑스포 사무총장 2006년 경기개발연구원 원장 2015년 인천발전연구원 원장(현) 2015~2016년 전국시도연구원협의회 회장 [상]홍조근정훈장(1993)

남기명(南基明) NAM Ki Myoung

[생]1952·11·16 [본]의령(宜寧) [출]충북 영동 [주]대전 유성구 대학로99 충남대학교 법학전문대학원(042-821-5820) [학]1971년 대전고졸 1975년 충남대 법학과졸 1983년 서울대 행정대학원 행정학과 수료 2003년 미국 캘리포니아주립대 버클리교 연수 2008년 명예 법학박사(충남대) [경]1976년 행정고시 합격(18회) 1981년 법제처 행정사무관(재무부·노동부 등 소관법령담당) 1984년 同법령보급과장 1986년 同제2국 법제관 1986년 국회 법제사법위원회 입법조사관 1988년 법제처 제2국 법제관(교통부·체신부·건설부 등 소관법령담당) 1993년 同제1국 법제관(교육부·노동부 등 소관법령담당) 1996년 同공보관 1998년 同사회문화법제국장 2000년 同경제법제국장 2002년 미국 캘리포니아대 버클리교 방문학자 2003년 법제처 행정심판관리국장 2004년 국무총리 행정심판위원회 상임위원 2005년 법제처 차장(차관급) 2007~2008년 법제처장(장관급) 2008~2011년 충남대 법과대학 초빙교수 2010년 LG화학 사외이사(현) 2011년 충남대 법학전문대학원 석좌교수(현) [상]홍조근정훈장(1998), 황조근정훈장(2009)

남기명(南基明) NAM KI MYUNG

[생]1958·12·20 [출]서울 [주]서울 중구 소공로51 우리은행(02-2002-3000) [학]1977년 여의도고졸 1982년 서울대 경영학과졸 2002년 미국 Univ. of Michigan, Ann Arbor MBA [경]1982년 상업은행 입행 2004년 우리은행 인사팀 수석부부장 2005년 同HR전략팀 부장 2007년 同투자금융팀 부장 2007년 同여의도기업영업본부 기업영업지점장 2008년 同인사부 조사역(부장대우) 2008년 同압구정역지점장 2009년 同영업지원부장 2010년 同강동성남영업본부장 2012년 同외환사업단 상무 2013년 同경영기획본부장(집행부행장) 2014년 同개인고객본부장(집행부행장) 2015년 同국내그룹장 겸 개인고객본부장(현) [상]대통령표창(2007)

남기범(南基範) Nahm Kee Bom

[생]1962·12·18 [본]의령(宜寧) [출]전남 해남 [주]서울 동대문구 서울시립대로163 서울시립대학교 도시사회학과(02-6490-2738) [학]1985년 서울대졸 1987년 同대학원졸 1992년 캐나다 MacMaster대 대학원졸 1995년 도시경제지리학박사(캐나다 Univ. of Saskatchewan) [경]1988년 국토연구원 연구원 1992년 캐나다 Univ. of Saskatchewan 강사 1995년 서울시정개발연구원 책임연구원 1996년 서울시립대 도시사회학과 교수(현) 2001년 同도시과학연구원 국제도시연구센터장 2007년 同생활관장 2009년 同국제교육원장 2010년 한국수자원공사 창조문화환경추진위원, 경기도 도시계획위원회 위원, 서울시 도시계획위원(현) 2015년 한국경제지리학회 회장(현) 2015년 서울시립대 서울시민대학장 2015~2016년 同교육혁신본부장 2016년 同평생교육원장(현) [저]'도시의 이해:도시지리학적 접근' '경제의 세계화와 도시의 위기' '경제구조조정과 산업공간의 변화' '서울의 사회적 자본과 문화산업' '창조도시를 넘어서(2014)' [역]'현대경제지리학강의'(2011)

남기산(南基山)

[생]1959·8·15 [주]경기 구리시 아차산로439 구리시청 부시장실(031-550-2010) [학]의정부고졸, 한국방송통신대졸, 同대학원 행정학과졸 [경]2012년 경기도 균형발전국 특화산업과장 2012년 同비상기획관실 비상기획담당관 2014년 수도권교통본부장 2014년 경기도 균형발전기획실 비상기획관실 비상기획담당관 2015년 국내 훈련 2016년 황해경제자유구역청 사업총괄본부장 2016년 경기 구리시 부시장(현) [상]96재해대책유공표창(1996), 생활체육진흥유공표창(1999), 30년 장기근속 공무원유공표창(2011)

남기심(南基心) NAM Ki Shim (藍谷)

[생]1936·7·27 [본]의령(宜寧) [출]경기 광주 [주]서울 서대문구 연세로50 연세대학교 언어정보연구원(02-2123-4047) [학]1955년 서울고졸 1960년 연세대 문과대 국어국문학과졸 1964년 同대학원졸 1967년 미국 워싱턴대 언어학과졸 1974년 문학박사(연세대) [경]1962년 연세대 강사 1967~1977년 계명대 전임강사·조교수·부교수·교수 1977~2001년 연세대 국어국문학과 교수 1978년 문교부 국어심의회 위원 1983~1985년 한국학술진흥재단 연구업적심사위원 1987~1989년 대한민국학술원 국어연구소 연구위원 1989~1998년 한글학회 감사·이사 1990년 문화부 국어심의회 위원 1991년 연세대 국학연구원장 1993년 문화체육부 국어심의회 위원 1993~2000년 삼성문화재단 자문위원 1995년 연세대 문과대학장 1996~1999년 삼일문화상 심사위원 1997년 한국어학회 회장 1998년 문화관광부 국어심의회 위원 1998년 한국언어학회 회장 2001~2006년 국립국어원 원장 2001년 연세대 명예교수(현) 2006년 同언어정보연구원 전문연구원(현) 2009~2011년 문화체육관광부 국어심의회 위원장 2012년 고려사이버대 석좌교수(현) [상]외솔상(1998), 3·1문화상(1998), 서울인상(1998), 녹조근정훈장(2001), 3·1문화상 학술상(2002), 연세대문과대동창회 제8회 연문인상(2008), 보관문화훈장(2011), 연세대 용재학술상(2012), 일석학술재단 일석국어학상(2014) [저]'표준 국어문법론' '국어조사의 용법' '국어문법의 탐구 I~IV' '언어학개론' '현대 국어통사론'(2001)

남기일(南基一) NAM, KI-IL

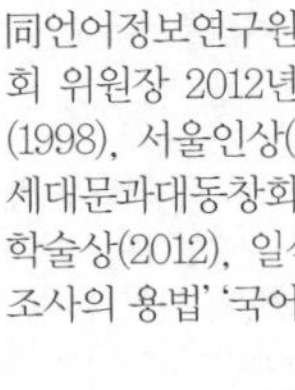

[생]1974·8·17 [출]전남 순천 [주]광주 서구 금화로240 광주월드컵경기장 2층 광주FC(062-373-7733) [학]금호고졸 1997년 경희대졸 2009년 심리학박사(경희대) [경]1997~2003년 부천 SK 소속 2004~2005년 전남 드래곤즈 소속 2005~2008년 성남 일화 천마 소속 2009~2010년 천안시청 축구단 플레잉 코치 2010~2012년 광주FC 코치 2013년 同감독대행 2015년 同감독(현)

남기주(南基柱) NAM Ki Joo

[생]1964·5·3 [출]강원 강릉 [주]서울 양천구 신월로386 서울남부지방법원(02-2192-1114) [학]1983년 강릉고졸 1987년 서울대 사법학과졸 [경]1993년 사법시험 합격(35회) 1996년 사법연수원 수료(25기) 1996년 춘천지법 강릉지원 판사 1999년 춘천지법 판사 2000년 同홍천군법원 판사 2001년 서울지법 의정부지원 판사 2004년 서울북부지법 판사 2006년 서울고법 판사 2008년 서울중앙지법 판사 2010년 서울남부지법 판사 2011년 대전지법 부장판사 2012년 인천지법 부장판사 2015년 서울남부지법 부장판사(현)

남기천(南基天) Nam, Ki Cheon

[생]1964·4·20 [본]의령(宜寧) [출]경남 하동 [주]서울 영등포구 국제금융로56 멀티에셋자산운용 임원실(02-3774-8000) [학]대동고졸, 서울대 경영학과졸, 同대학원 경영학과졸, 미국 캘리포니아대 버클리교 대학원 경영학과졸(MBA) [경]대우증권 런던현지법인 사장, 同딜링룸부장, 同파생시장본부장 겸 고유자산운용본부장 2010년 同고유자산운용본부장(상무보) 2012년 KDB대우증권 고유자산운용본부장(상무보) 2013년 同고유자산운용본부장(상무), 同대체투자본부장 2016년 금융위원회 금융발전심의회 자본시장분과 위원(현) 2016년 멀티에셋자산운용 운용총괄 대표이사(현)

남기철(南基澈)

[생]1969·1·12 [출]서울 [주]서울 종로구 송월길52 서울복지재단 대표이사실(02-2011-0504) [학]1991년 서울대 사회복지학과졸 1993년 同대학원 사회복지학과졸 2000년 사회복지학박사(서울대) [경]2002~2016년 동덕여대 사회과학대학 사회복지학과 교수 2002~2004년 보건복지부 노숙자대책민관협의회 위원 2003년 참여연대 사회복지위원회 위원(현) 2005~2009년 보건복지부 중앙생활보장위원 전문위원 2005~2014년 한국노인인력개발원 연구기획위원 2007~2014년 서울 성북구 생활보장위원회 위원 2008~2014년 삼미재단 이사 2009~2014년 (사)나눔과미래 이사 2009~2014년 서울시 사회복지협의회 정책자문위원 2009~2014년 서울지역자활센터협회 이사 2010년 서울복지시민연대 공동대표(현) 2010년 보건복지부 드림스타트 중앙점검위원(현) 2011~2014년 同저출산고령사회위원회 전문위원 2012년 서울시복지재단 이사(현) 2012~2014년 한국사회복지공동모금회 배분위원 2012년 서울시 서울시민복지기준운영위원회 위원장(현) 2012년 同사회보장위원회 위원(현) 2013~2014년 서울 성북구 아동친화도시추진위원장 2014년 서울시 찾아가는동주민센터 운영위원(현) 2016년 서울시복지재단 대표이사(현)

남기춘(南基春) NAM Ki Choon

[생]1960·3·18 [출]서울 [주]서울 서초구 서초대로250 스타갤러리브릿지1102호 법률사무소 담박(淡泊)(02-548-4301) [학]1979년 홍익사대부고졸 1983년 서울대 법학과졸 [경]1983년 사법시험 합격(25회) 1985년 사법연수원 수료(15기) 1986년 軍법무관 1989년 서울지검 검사 1991년 수원지검 여주지청 검사 1993년 법무부 검찰3과 검사 1995년 同검찰1과 검사 1996년 서울지검 검사 1998년 대구고검 검사 2000년 청주지검 부장검사 2001년 부산지검 마약수사부장 2002년 대구고검 검사 2002년 인천지검 형사4부장 2003년 대검찰청 중수1과장 2004년 서울중앙지검 특수2부장 2005년 대전지검 서산지청장 2006년 청주지검 차장검사 2007년 서울북부지검 차장검사 2008년 대구지검 1차장검사 2009년 대검찰청 공판송무부장 2009년 울산지검장 2010~2011년 서울서부지검장 2011년 변호사 개업 2012~2013년 김앤장법률사무소 변호사 2012년 새누리당 제18대 대통령중앙선거대책위원회 정치쇄신특별위원회 산하 클린정치위원회 위원장 2015년 법률사무소 담박(淡泊) 변호사(현) [종]기독교

남기탁(南基卓) NAM Ki Tag

[생]1953·4·14 [주]강원 춘천시 강원대학길1 강원대학교 국어국문학과(033-250-8125) [학]동성고졸 1977년 중앙대 국어국문학과졸 1979년 고려대 대학원졸 1988년 문학박사(중앙대) [경]일본 천리대 조선학과 객원교수 1981년 강원대 국어국문학과 전임강사·조교수·부교수·교수(현) 2000~2001년 同출판부장 2000~2001년 同홍보실장 2004~2005년 同국어국문학과장 2004~2005년 同대학원 국어국문학과 주임교수 2005~2007년 同인문대학장 2009~2013년 문화체육관광부 국어심의회 어문규범분과위원회 위원 2009~2013년 강원대 한국어문화원장 2010~2016년 한국한자능력검정회 회장 2013~2015년 국어국문학회 대표이사 2013년 국어학회 부회장 2014년 한국어문교육연구회 회장(현) 2016년 한국어문회 부이사장(현) [역]'수수께끼의 언어' '촘스키의 최소주의 이론 및 최적성이론의 한국어에의 적용'(2005, 도서출판 박이정) '우리말 음운 연구의 실제'(2006, 경진문화사) 등

남대하(南旲昰) NAM Dae Ha

[생]1966·2·27 [출]경북 안동 [주]대구 달서구 장산남로30 대구지방법원 서부지원(053-570-2114) [학]1985년 경북고졸 1989년 경북대 법학과졸 1992년 同대학원졸 [경]1991년 사법시험 합격(33회) 1994년 사법연수원 수료(23기) 1994년 軍법무관 1997년 대구지법 판사 1999년 同포항지원 판사 2002년 대구지법 판사 2006년 대구고법 판사 2008년 대구지법 판사 2009년 同포항지원 부장판사 2012년 대구지법 부장판사 2016년 同서부지원 부장판사(현)

남도현(南道鉉) NAM Do Hyun

[생]1960·5·5 [주]서울 영등포구 여의대로128 LG트윈타워 (주)LG화학 임원실(02-3773-7552) [학]숭문고졸, 고려대 경제학과졸, 미국 워싱턴대 경영대학원 경영학과졸 [경](주)LG화학 PVC/가소제 해외영업팀장, 同화성 경영지원담당 수석부장 2006년 同구매담당 상무 2015년 同기초소재·구매담당 전무(현)

남동성(南東盛)

[생]1964·9 [출]경북 안동 [주]경남 창원시 마산합포구 3·15대로211 마산세무서(055-240-0201) [학]경북 안동고졸 1984년 세무대학졸 [경]1984년 국세공무원 임용 2009년 제주세무서 부가소득세과장 2011년 부산지방국세청 조사3국 조사2과장 2012년 同조사2국 조사2과장 2012년 同조사1국 조사1과장 2014년 同조사1국 조사1과장(서기관) 2015년 국세청 개인납세국 전자세원과 서기관 2015년 마산세무서장(현)

남동희(南同熙)

[생]1973·9·6 [출]서울 [주]충북 청주시 서원구 산남로62번길51 청주지방법원(043-249-7114) [학]1992년 배문고졸, 서울대 법학과졸 [경]1996년 사법시험 합격(38회) 1999년 사법연수원 수료(28기) 1999년 대한법률구조공단 서산지부 근무 2002년 대구지법 판사 2005년 인천지법 판사 2008년 서울중앙지법 판사 2011년 서울남부지법 판사 2013년 인천지법 판사 2014년 대전가정법원 부장판사 2016년 청주지법 부장판사(현)

남두희(南斗熙) NAM Doo Hui (雅川)

[생]1940·10·10 [출]경북 상주 [주]대구 수성구 동대구로367 서현빌딩102호 법무법인 천마(053-755-1280) [학]함창고졸 1963년 영남대 법학과졸 2001년 법학박사(영남대) [경]1970년 軍법무관 임용시험 합격 1975년 육군 고등군법회의 軍판사 1979년 변호사 개업, 법무법인 천마 대표변호사(현) 1989년 대구지방변호사회 부회장 [종]불교

남래진(南來鎭) NAM Lae Jin

[생]1955·5·17 [본]영양(英陽) [출]경북 상주 [주]충남 서산시 해미면 한서1로46 한서대학교 행정학과(041-660-1285) [학]1974년 화령상고졸 1985년 한국방송통신대 경영학과졸 2002년 고려대 정책대학원 행정학과졸 2013년 행정학박사(고려대) [경]2001년 영주시선거관리위원회 사무국장 2001년 중앙선거관리위원회 행정관리담당관 2002년 同기획예산담당관 2003년 同조사과장 2004년 同기획관리관 2006년 同선거국장 2007년 세종연구소 파견 2008년 충북도선거관리위원회 사무국장(이사관) 2010년 경남도선거관리위원회 상임위원 2011~2012년 인천시선거관리위원회 상임위원(관리관) 2013~2015년 한서대 행정학과 초빙교수 2015년 언론중재위원회 상반기 재·보궐선거 선거기사심의위원회 위원 2015년 同제20대 국회의원선거 선거기사심의위원회 부위원장 2016년 한서대 행정학과 대우교수(현) [상]홍조근정훈장(2005) [저]'공직선거법(共)'(2012) [종]원불교

남맹우(南孟祐) NAM Maeng Woo

[생]1962·2·4 [주]서울 종로구 율곡로2길25 연합뉴스 감사팀(02-398-3114) [학]1980년 중앙대사대부고졸 1988년 한양대 경제학과졸 [경]1990년 연합통신 인사부 입사 1998년 同총무부 근무 1998년 연합뉴스 총무부 근무 2001년 同총무부 차장대우 2003년 同총무부 차장 2006년 同총무부 부장대우 2008년 同인사부장 2010년 同총무부장 2012년 연합뉴스TV 경영기획실장 2013년 연합뉴스 경영지원국 부국장 2015년 同감사팀장(현) 2016년 同청탁방지담당관 겸임(현)

남문현(南文鉉) NAM Moon-hyon (又松)

[생]1942·10·10 [본]의령(宜寧) [출]경기 남양주 [주]서울 광진구 능동로120 건국대학교(02-450-3114) [학]1961년 교통고졸 1970년 연세대 전기공학과졸 1972년 同대학원 전기공학과졸 1975년 공학박사(연세대) [경]1971년 한국과학기술정보센터 근무 1976~2008년 건국대 공대 전기공학과 조교수·부교수·교수 1976~1981년 연세대 의대 안과학교실 외래조교수·부교수 1980·1984년 미국 캘리포니아대 버클리교 초빙교수 1992년 미국 전기학회(IEEE) 정회원(현) 1993~2003년 건국대 한국기술사연구소장 1996년 同상허기념도서관장 1996~1998년 미국 기술사학회 정회원 1999~2004년 한국산업기술사학회 회장 2000~2002년 건국대 박물관장 2002~2004년 同산업대학원장 2003~2009년 문화재위원회 근대문화재분과 위원 2004년 자격루연구회 이사장(현) 2008년 건국대 명예교수(현) [상]한국출판문화상 저작상, 한국과학기술도서상, 제1회 강북사진대전 대상, 옥조근정훈장(2008), 외솔상 실천부문(2010), 제64회 서울시문화상 문화재부문(2015) [저]'자동제어시스템' '전기회로와 신호' '한국의 물시계' '장영실과 자격루'(2002) [역]'자동제어 계산법' [종]불교

남민우(南閔祐) MINWOO NAM

[생]1962·1·11 [본]의령(宜寧) [출]전북 익산 [주]경기 성남시 분당구 대왕판교로644번길49 다산타워10층 (주)다산네트웍스 임원실(070-7010-1111) [학]1980년 전주고졸 1984년 서울대 기계공학과졸 [경]1983~1989년 대우자동차 기술연구소 연구원 1991~1993년 Korea Ready System 대표이사 1993년 (주)다산기연 창업 1993년 (주)다산네트웍스 대표이사(CEO)(현) 1993년 다산그룹 회장(현) 1999~2002년 (주)다산인터네트 대표이사 2001~2012년 (사)벤처기업협회 이사 겸 부회장 2004~2006년 한민족글로벌 벤처네트워크(INKE) 의장 2007~2011년 코스닥상장위원회 위원 2010년 글로벌벤처포럼 의장 2010~2014년 동반성장위원회 위원 2011~2015년 한국청년기업가정신재단 이사 2012~2015년 (사)벤처기업협회 회장 2013년 한국네트워크산업협회 회장(현) 2013~2014년 대통령직속 청년위원회 초대 위원장 2013~2014년 국세청 국세행정개혁위원회 위원 2015년 한국청년기업가정신재단 이사장(현) 2016년 DASAN Zhone Solutions(다산존솔루션즈) 이사회 의장(현) 2016년 한국공학한림원 일반회원(현) 2016년 (사)벤처기업협회 명예회장(현) [상]산업자원부장관표창(2000), 국세청장표창(2000), 정보통신부장관표창(2000), 중소기업청장표창(2001), 벤처기업대상 대통령표창(2002·2004), 벤처기업대상 동탑산업훈장(2010)

남병근(南炳根) NAM BYUNG GEUN

[생]1958·4·16 [본]고성(固城) [출]경기 양주 [주]서울 종로구 사직로8길31 서울지방경찰청 교통지도부(02-700-5014) [학]1985년 충남대 법학과졸 1987년 同대학원 법학과졸 2011년 법학박사(충남대) 2012년 고려대 정책대학원 최고위과정 수료 2013년 서울대 법과대학 최고지도자과정 수료 [경]1990년 경찰청 보안1과(경찰간부 38기) 경위 1995년 경찰대 교수요원 1998년 경찰청 외사1과(행정자치부 차관실 파견) 근무 2001년 평택경찰서 정보보안과장 2003년 경찰대학 총무계장 2008년 충남지방경찰청 경비교통과장(총경) 2009년 시인 등단 2009년 충남 보령경찰서장 2011년 평택경찰서장 2011년 서울지방경찰청 보안2과장 2013년 서울 영등포경찰서장 2014년 부천원미경찰서장(경무관) 2014년 인천지방경찰청 제3부장 2016년 서울지방경찰청 교통지도부장(경무관)(현) [상]청람대상(경찰대학 최우수 교수)(1997), 대통령표창(2004·2010), 국무총리표창(2004), 문예사조 신인상(2009), 문예춘추 대상(2009), 녹조근정훈장(2010), 4대악 근절 최우수상(2013), 경찰청 고객만족우수시책대상(2013), 위대한 한국인 대상(2013)

남병언(南秉彦) NAM Byoung Eon

[생]1965·11·6 [본]의령(宜寧) [출]서울 [주]세종특별자치시 도움6로11 환경부 기후대기정책관실 신기후체제대응TF팀(044-201-6850) [학]1984년 경기고졸 1988년 인하대 환경공학과졸 2006년 한국과학기술원(KAIST) 테크노경영대학원 테크노경영과졸 [경]1996~2007년 환경부 자연보전국 자연생태과·수질보전국 생활오수과·대기보전국 생활공해과·환경전략실 환경기술과 환경사무관 2007~2008년 同대변인실 정책홍보팀 기술서기관 2008~2009년 同낙동강유역환경청 환경관리국장 2009~2011년 同국립생물자원관 전시교육과장 2011년 국무총리실 새만금사업추진기획단 환경정책과장 2012년 환경부 국립생태원건립추진기획단 전시연구팀장 2013년 同환경산업실증화단지T/F팀 과장 2013년 同환경산업실증연구단지추진단 팀장 2016년 同기후대기정책관실 신기후체제대응팀장(현) [종]기독교

남병주(南秉周) NAM Byung Joo

[생]1953·9·6 [본]영양(英陽) [출]경북 영덕 [주]대구 수성구 청수로38길9 보국전공(053-770-1000) [학]1972년 부산 배정고졸 1991년 경북대 경영대학원 최고경영자과정 수료 [경]1990년 보국전공 대표이사 사장, 同회장(현) 1995년 한국전기공사협회 경북지부장 1995년 민주평통 자문위원 1997년 대구시씨름협회 회장 2001년 전기공사공제조합 이사장 2003~2009년 보국건설 대표이사 사장 2008~2009년 한국전기공사협회 회장 2009·2015년 대한씨름협회 회장 [상]대구지방국세청장표창, 상공자원부장관표창, 동탑산업훈장 [종]불교

남병호(南秉鎬) NAM Byung Ho

[생]1961·10·6 [주]경기 고양시 일산동구 일산로323 국립암센터 대외협력실 임상연구협력센터(031-920-2590) [학]1984년 서울대 불어학과졸 1990년 미국 이스턴미시간대 대학원졸(MBA) 1994년 미국 미시간대 대학원 응용통계학과졸 2000년 보건통계학박사(미국 보스턴대) [경]1991~1992년 미국 미시간대 통계학과 조교 1995~1996년 미국 보스턴대 연구조교 1996~2000년 同통계학과 교육조교·연구조교 2000~2004년 Framingham Heart Study 책임보건통계학자 2000~2004년 미국 보스턴대 통계학과 조교수 2002~2004년 정신의학재활센터 책임보건통계학자 2003년 미국 세계인명사전 Marquis Who's Who in America에 유능한 보건통계학자로 등재 2005년 국립암센터 연구소 암역학관리연구부 암등록통계연구과 선임연구원 2005~2009년 同연구소 암역학관리연구부 암통계연구과장 2006년 대한부인종양연구회 통계데이터위원장 2006년 국립암센터 부속병원 임상시험센터 연구원 2007년 보건정보통계학회 기획이사 2008년 한국역학회 이사 2008년 대한대장항문학회 통계자문위원 2009~2011년 국립암센터 연구소 임상연구대외협력실장 2009년 대한항암요법연구회 통계자문위원 2009~2012년 국립암센터 연구소 암통계연구과장 2010년 同연구소 암통계연구과 책임연구원 2010~2014년 한국역학회 부회장 2011년 국립암센터 대외협력실 임상연구협력센터장(현) 2012~2013년 同연구소 바이오메트릭연구과장 2013~2016년 국제암대학원대 암관리정책학과장 2013년 한국보건정보통계학회 부회장(현) 2015년 국제암대학원대 교수(현) [상]American Heart Association Best Abstract Finalist(2004)

남봉길(南鳳吉) NAM Bong Gil

[생]1947·5·3 [출]서울 [주]서울 서초구 논현로83 삼호물산A동7층 (주)한국팜비오 회장실(02-587-2551) [학]1967년 중동고졸 1973년 성균관대 약학과졸 1999년 서울대 경영대학원 최고경영자과정 수료 [경]1974년 독일 베링거인겔하임 학술·판촉담당 1985년 제일제당 유전공학사업부장 1989년 동신제약(주) 이사 1990년 한올제약(주) 상무이사 1991년 진로제약(주) 이사 1994년 광동제약(주) 연구소장(상무이사·전무이사) 1999년 (주)한국팜비오 대표이사 사장 2013년 同대표이사 회장(현) [상]벤처기업대상(2005), 납세자의 날 충주세무서장표창(2008), 경영혁신형 중소기업 선정(2008), 상공의날 지식경제부장관표창(2011), 기획재정부장관표창(2013) [종]기독교

남봉현(南奉鉉) NAM Bong-Hyun

[생]1962·4·12 [본]의령(宜寧) [출]충남 서산 [주]세종특별자치시 다솜2로94 해양수산부 기획조정실(044-200-5100) [학]1981년 부평고졸 1985년 서울대 경제학과졸 1988년 同행정대학원 행정학과졸 1995년 미국 미주리주립대 대학원 경영학과졸 [경]1985년 행정고시 합격(29회) 2000년 재정경제부 경제정책국 조정1과 서기관 2005년 同지역특화발전특구기획단 특구기획과장 2006년 同세제실 산업관세과장 2007년 同국고국 국고과장 2008년 기획재정부 국고국 국고과장 2009년 국방대 교육파견(과장급) 2010년 환경부 감사관(고위공무원) 2012년 기획재정부 협동조합준비기획단장 2012년 同정책조정국 협동조합정책관 2013년 同복권위원회 사무처장 2014년 중앙공무원교육원 교육파견(고위공무원) 2015년 해양수산부 기획조정실장(현) [상]근정포장(2013)

남부원(南富元) NAM Boo Won

[생]1959·8·16 [출]경북 안동 [학]1982년 연세대 정치외교학과졸 1987년 아시아YMCA중견간사학교졸 2006년 영국 버밍엄대 대학원 지구윤리학과졸 [경]1985년 한국YMCA전국연맹 감사 2002년 서울YMCA 기획부장 2003년 한국YMCA전국연맹 정책기획국장 2007년 광주YMCA 사무총장 2011~2015년 한국YMCA전국연맹 사무총장, 에너지시민연대 공동대표 2014년 재외동포재단 자문위원 2014년 국회 윤리심사자문위원회 위원 2015년 아시아태평양YMCA연맹 사무총장(현) [상]산업포장(2013)

남부호(南富鎬) Nam Bu ho

[생]1964 · 11 · 7 [출]충북 [주]세종특별자치시 갈매로408 교육부 교육과정정책관실(044-203-6204) [학]1982년 충북 영동고졸 1986년 충남대 화학공학교육과졸 1990년 한국과학기술원(KAIST) 신소재과졸(석사) 2010년 고려대 교육대학원 평생교육과졸 [경]1988년 서울북공고 교사 1991년 경복고 교사 1997년 개포고 교사 2000년 교육인적자원부 재외동포교육과 교육연구사 2001년 同공보관실 교육연구사 2005년 同감사관실 교육연구사 2006년 同초중등정책과 교육연구관 2007년 同교육과정정책과 · 편수팀 교육연구관 2009년 한국직업능력개발원 통계연수과 교육연구관 2010년 서울공고 교감 2013년 교육부 자유학기제팀장(장학관) 2014년 同교육과정정책과장 2016년 同교육과정정책관(현)

남삼식(南三植) NAM Sam Shik

[생]1965 · 12 · 29 [출]경남 거창 [주]경기 성남시 수정구 산성대로465 인화빌딩2층 남삼식법률사무소(031-733-5114) [학]1984년 성동고졸 1988년 고려대 법학과졸 2003년 미국 캘리포니아대 샌디에이고교 환태평양국제관계대학원(IRPS) 수료 2008년 고려대 정책대학원 CRO과정 수료 [경]1988년 사법시험 합격(30회) 1991년 사법연수원 수료(20기) 1991년 軍법무관 1994년 서울지검 동부지청 검사 1996년 창원지검 진주지청 검사 1997년 수원지검 성남지청 검사 1997년 영인국제특허법률사무소 대표변호사 1998년 대전지검 검사 2000년 서울지검 검사 2003년 인천지검 부부장검사 2004년 대구지검 포항지청 부장검사 2005년 창원지검 공안부장 2006년 부산지검 형사4부장 2007년 사법연수원 교수 2009년 부산지검 형사2부장 2009년 의정부지검 형사1부장 2010~2011년 부산시 파견 2010년 부산고검 부장검사 2012년 남삼식법률사무소 대표변호사 2012년 동아대 법무대학원 겸임교수 2014년 남삼식정경현법률사무소 대표변호사 2015년 남삼식법률사무소 대표변호사(현)

남상건(南相建) NAM Sang Geon

[생]1954 · 11 · 3 [출]강원 정선 [주]서울 영등포구 국제금융로10 투아이에프씨16층 LG공익재단(02-6137-9440) [학]1974년 홍익사대부고졸 1981년 한국외국어대 법학과졸 [경]1981년 LG전자(주) 총무담당 부장 1997년 (주)LG유통 곤지암CC 이사 2000년 同레저지원담당 상무 2001년 LG PhilipsLCD(주) 업무홍보담당 상무 2001년 LG전자(주) 대외협력팀장(상무) 2005년 LG PhilipsLCD(주) 대외협력팀장(부사장) 2007년 국가이미지개발위원회 위원 2007년 LG공익재단(LG연암문화재단 · LG복지재단 · LG상록재단 · LG연암학원 등 4개 공익재단) 총괄(부사장) 2011년 LG서브원 부사장 2012년 LG전자 경영지원부문장(부사장) 2013~2015년 (주)LG스포츠 대표이사 2015년 LG공익재단(LG연암문화재단 · LG복지재단 · LG상록재단 · LG연암학원) 총괄(부사장)(현) 2016년 한국메세나협회 이사(현) [종]기독교

남상관(南相寬)

[생]1967 · 1 · 17 [출]충북 음성 [주]부산 연제구 법원로15 부산지방검찰청 공판부(051-606-4318) [학]1985년 청주고졸 1993년 성균관대 법학과졸 [경]1998년 사법시험 합격(40회) 2001년 사법연수원 수료(30기) 2001년 창원지검 검사 2003년 청주지검 영동지청 검사 2004년 서울북부지검 검사 2007년 대전지검 천안지청 검사 2010년 의정부지검 검사 2012년 同고양지청 검사 2014년 춘천지검 검사 2015년 서울중앙지검 부부장검사 2016년 부산지검 공판부장(현)

남상구(南尙九) NAM Sang Koo

[생]1946 · 8 · 20 [출]대구 [주]서울 성북구 안암로145 고려대학교 경영학과(02-3290-1114) [학]1970년 서울대 공과대학졸 1972년 同경영대학원 경영학과졸 1975년 미국 펜실베이니아대 와튼스쿨 경영학과졸(MBA) 1981년 경영학박사(미국 펜실베이니아대) [경]1979~1983년 미국 휴스턴대 조교수 1983년 고려대 경영대학 경영학과 부교수 1986~2011년 同교수 1986~2011년 한국상장회사협의회 금융 · 재무자문위원 1987~1990년 증권감독원 · 공인회계사시험 출제위원 1989년 대신경제연구소 자문위원 1990년 한신증권 자문위원 1991년 한국재무학회 부회장 1992~1993년 미국 미시간대 방문연구원 1994~2000년 한국증권거래소 비상임이사(공익대표) 1995년 한국금융학회 상임간사 1995 · 1998년 일본 青山大 방문교수 1996~1998년 고려대 연구교류처장 1996년 한국금융학회 부회장 1996~1997년 한국재무학회 회장 1996 · 1998 · 1999 · 2000 · 2001 · 2003 · 2004년 일본 아오야마가쿠인대 객원교수 1998~2000년 SK텔레콤 사외이사 1999년 아시아의 스타 50인에 선정(미국 Business Week) 1999~2000년 한국금융학회 회장 2000년 미국 Univ. of Hawaii at Manoa 객원교수 2000~2006년 SK텔레콤 사외이사 겸 감사위원장 2001~2003년 고려대 경영대학장 겸 경영대학원장 2004~2005년 한국증권거래소 공시위원장 2004~2008년 한국IR협의회 자문위원장 2005~2008년 한국기업지배구조개선지원센터 원장 · 지배구조개선위원회 위원장 2005~2007년 한국CEO포럼 공동대표 2009~2010년 한국경영학회 회장 2009~2010년 하나금융지주회사 사외이사 2010~2011년 채권금융기관조정위원회 위원장 2010~2011년 고려대 교무부총장 2010~2011년 국민경제자문회의 민간위원 2011년 고려대 경영학과 명예교수(현) 2011~2013년 공적자금관리위원회 위원장 2012년 가천대 경영대학 경영학과 석좌교수(현) [상]미국 Business Week 선정 '아시아의 스타 50인'(1999), 21세기 경영문화대상(2008) [저]'증권시장' '기업의 배당정책과 배당의 정보효과' '증권산업 발전을 위한 연구'(共) '투자론' '국제경쟁력 확보를 위한 한국증권시장의 과제'(共) [역]'투자론'(共)

남상규(南相奎) NAM Sang Kyu

[생]1949 · 1 · 24 [본]의령(宜寧) [출]광주 [주]광주 광산구 하남산단9번로90 부국철강(주) 회장실(062-954-3811) [학]1967년 경복고졸 1971년 서울대 국어국문학과졸 1977년 同대학원 국문학 석사과정 수료 [경]1986년 부국철강(주) 대표이사 회장(현) 1986년 부국산업(주) 대표이사 회장 1988년 광주상공회의소 상공의원(제13 · 14 · 15대) 1990년 광주지검 청소년선도자문위원 1993년 광주 · 전남경영자협회 이사 1994년 하남산업단지관리공단 이사 1997년 광주상공회의소 부회장(제16 · 17대) 2001년 부국문화재단 이사장(현) 2002~2007년 광주비엔날레 이사 2003년 광주 · 전남경영자협회 비상근부회장(현) 2004~2007년 대통령직속 중소기업특별위원회 위원 2004년 법무부 범죄예방광주지역협의회 부회장 2005년 부국개발(주) 대표이사 회장(현) 2005년 제주여미지식물원 대표이사 회장(현) 2005년 광주시 빛고을장학재단 이사 2005~2007년 대통령직속 문화중심도시조성위원회 위원 2006~2007년 문화재청 문화유산국민신탁설립위원회 위원 [상]상공부장관표창(1993), 통상산업부장관표창(1996), 국무총리표창(1998), 모범성실납세자 선정(2004), 산업포장(2004)

남상규(南相奎) NAM Sang Kyu

[생]1950 · 7 · 22 [본]의령(宜寧) [출]경기 안양 [주]서울 영등포구 신길로62길1 (주)남신팜(02-6925-5611) [학]1983년 고려대 경영대학원 수료 2011년 명예 경영학박사(국제문화대학원대) [경]1987년 (주)남신약품 대표이사 사장 1991~1994년 대한의약품도매협회 병원분회장 1993~1994년 同부회장 1997~2002년 민주평통 자문위원 2003년 남북문화교류협회 상임위원 · 상임이사 2003년 대한의약품도매협회 자문위원 2009년 고려대 의대 외래교수(현) 2009~2014년 (주)남신약품 회장 2009년 (사)영통포럼 이사장 2010년 同명예 이사장(현) 2010년 민주평통 자문위원 2012~2014년 (사)한국의약품유통협회 서울시회장 2013년 (사)남북문화교류협회 수석부회장(현) 2013년 (주)남신팜 대표이사(현) 2013~2015년 민주평통 상임위원 2015년 (사)한국의약품유통협회 부회장(현) 2015년 同명예 서울시회장(현) 2015년 의약품성실보고조합 이사장(현) [상]보건사회부장관표창(1991 · 1994), 대통령표창(2013) [종]불교

남상남(南相男) NAM Sang Nam (佳道)

[생]1953 · 6 · 15 [본]의령(宜寧) [출]충북 청주 [주]경기 안산시 상록구 한양대학로55 한양대학교 예체능대학 생활스포츠학부(031-400-5743) [학]1976년 서울대 체육학과졸 1982년 同대학원 체육학과졸 1989년 이학박사(국민대) [경]1977~1986년 육군사관학교 교수 1986년 한양대 생활체육과학대학 경기지도전공 교수, 同예체능대학 생활스포츠학부 경기지도전공 교수(현) 1987~1988년 同경기지도학과장 1993년 同생활체육과학대학 교학과장 1994~1996년 同생활체육과학대학 학부장 1997~1998년 同생활체육과학대학장 1997년 대한대학스포츠위원회(KUSB) 위원 겸 상임위원(현) 2001~2002년 경기도우드볼협회 회장 2003~2005년 한국생활환경학회 회장 2006년 한국스포츠중재위원회 위원 2007~2008년 한국운동생리학회 회장 2007년 한양대 사회교육원장 겸 국제어학원장 2009년 대한육상경기연맹 전무이사 2009년 한국대학육상경기연맹 부회장 2013~2014년 同회장 2013~2014년 한양대 교수평의회 부의장 겸 대학평의회 위원 2013~2014년 (사)대한체육인협회 상임대표 2014년 한국체육학회 회장(현) 2016년 대한체육회 리우올림픽대회 대한민국선수단 참여임원 [상]한국올림픽성화회 체육상(2000), 체육훈장 거상장(2012), 백남학술 연구상(2013), 문화체육관광부 대한민국체육상 연구상(2013) [저]'선수 트레이닝(共)'(2003) '걷기운동 30분'(2005) '육상경기 워크북'(2009) '건강 걷기 30분'(2010) [역]'치료적 운동의 원리와 실제(共)'(2003) [종]천주교

남상만(南相晚) NAM Sang Man

[생]1948·1·9 [출]서울 [주]서울 중구 퇴계로130 (주)서울프린스호텔 비서실(02-752-7111) [학]1966년 서울고졸 1973년 연세대 경영학과졸 [경]1974년 (주)인왕실업 근무 1976년 同LA주재원 근무 1979년 대림정 대표 1989~1999년 6·10만세기념사업회 회장 1990년 간송장학회 이사장(현) 1993년 (주)시민의신문 이사 1997~2005년 민주평통 자문위원 2000~2004년 서울시 중구광복회 회장 2000~2002년 대한적십자봉사회 중앙협의회 자문위원 2003년 (주)서울프린스호텔 대표이사(현) 2003년 한국관광협회 이사 겸 관광식당업위원장 2003년 서울시 중구문화원 원장 2004~2005·2009~2012년 (사)한국음식업중앙회 회장 2006·2012·2015년 서울시관광협회 회장(현) 2009~2015년 한국관광협회중앙회 회장 2009년 아시아태평양관광협회(PATA) 한국지부 회장(현) 2009년 한국방문위원회 부위원장(현) 2010~2013년 음식문화개선범국민운동본부 공동대표 2012~2013년 (사)한국외식업중앙회 회장 2016년 한국관광고 명예교장(현) [상]88서울올림픽 기장, 대통령표창, 산업포장, 부총리 겸 재정경제부장관표창, 서울시 문화상(2006), 한국문화산업대상(2011), 대통령 감사패(2013) [종]기독교

남상봉(南相峰) NAM Sang Bong

[생]1963·10·19 [출]강원 영월 [주]서울 종로구 종로3길 33 (주)KT 광화문빌딩 East 법무실(031-727-0114) [학]1982년 원주고졸 1986년 연세대 법학과졸 2009년 同법무대학원졸 [경]1989년 사법시험 합격(31회) 1992년 사법연수원 수료(21기) 1992년 대구지검 검사 1994년 춘천지검 영월지청 검사 1995년 서울지검 북부지청 검사 1997년 춘천지검 검사 1999년 서울지검 검사 2000년 미국 산타클라라대 객원연구원 2000년 정보법학회 회원(현) 2001년 서울지검 검사 2002년 수원지검 성남지청 검사 2004년 同성남지청 부부장검사 2004년 광주지검 부부장검사(정보통신부 파견) 2005년 인터넷주소분쟁조정위원회 위원(현) 2006년 청주지검 부장검사 2007년 대검찰청 디지털수사담당관 2009년 서울북부지검 형사3부장 2009년 同형사2부장 2010~2011년 인천지검 형사2부장 2011년 법무법인 명문 변호사 2012년 인터넷선거보도심의위원회 위원 2012년 인천지법 조정위원 2012년 디지털포렌식산업포럼 부회장 2012년 한국소프트웨어저작권협회 고문변호사 2013년 (주)KT 법무센터장(전무) 2012년 同그룹윤리경영부문 법무실장(전무) 2013년 同법무실장(전무)(현) [상]공안분야 모범검사상(1999), 검찰총장표창(2003) [저]'BM특허에 관한 연구' '산업스파이 수사사례 분석 및 대응방안' '신종범죄론' [종]기독교

남상석(南相錫) NAM Sang Seok

[생]1968·4·14 [출]대전 [주]서울 양천구 목동서로161 SBS 보도본부 생활문화부(02-2061-0006) [학]1986년 보문고졸 1990년 서울대 사회학과졸 [경]1993년 SBS 입사 1996년 同보도국 사회부 기자 1999년 同보도본부 기획취재팀 기자 2002년 同문화부 기자 2005년 同정치부 차장 2006년 同문화과학부 차장, 同보도국 보도제작부 차장 2012년 同노조위원장, 同보도본부 편집1부 차장 2015년 同보도본부 뉴미디어제작부장 2016년 同보도본부 생활문화부장(현) [저]'SBS 영화기자 남상석의 시네마카페'(2006)

남상선(南相善) NAM Sang Sun (虎岩)

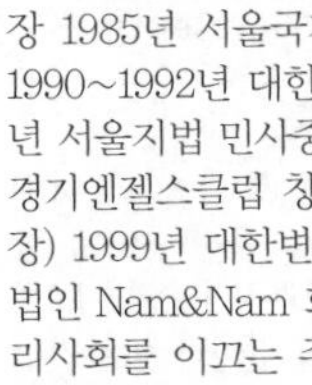

[생]1930·3·7 [본]선녕(宣寧) [출]충남 천안 [주]서울 중구 서소문로117 대한항공빌딩3층 특허법인 Nam&Nam(02-753-5477) [학]1948년 서울사대부고졸 1965년 건국대 경제학과졸 [경]1957년 국방대학원 경제조사연구위원 1959~1965년 국방공론사 편집위원 1964년 남상육특허법률사무소 입사 1972년 변리사 합격(11회) 1974년 남상육&남상선특허법률사무소(NAM&NAM) 설립 1976~1978년 대한변리사회 공보·총무이사 1976년 스위스 제네바 AIPPI회의 한국대표 1980년 대한변리사회 부회장 1982~1994년 한국발명진흥회 이사 1984년 아시아변리사회(APAA) 한국지회 부회장 1985년 서울국제싸이언스 위원 1989년 모스크바 AIPPI회의 한국대표 1990~1992년 대한변리사회 회장 1995년 통일주체국민회의 자문위원 1995년 서울지법 민사중재위원회 위원 1999년 서울엔젤스클럽 창립위원 1999년 경기엔젤스클럽 창립위원 1999년 Nam&Nam국제특허법률사무소 소장(회장) 1999년 대한변리사회 고문(현) 1999년 민주평통 자문위원 2012년 특허법인 Nam&Nam 회장(현) [상]석탑산업훈장(1982), 재정경제부장관표창, '변리사회를 이끄는 주역들' 선정(1996) [저]'어느 한일결혼을 따라서(共)'(1985, 일본 국서간행회) '밖에서 본 일본의 도덕교육'(1995) 자서전 '나의 길, 나의 인생'(1998, 좋은세상) [종]불교

남상수(南相水) NAM Sang Soo

[생]1925·5·26 [본]의령(宜寧) [출]경북 영양 [주]서울 용산구 서빙고로51길52 비비안빌딩9층 (주)남영비비안(02-3780-1111) [학]1943년 중국 신경고졸 1964년 건국대 정경학부 상과졸 1966년 일본 고베대 대학원 경영학과 수료 2004년 명예 경영학박사(제주대) [경]1954년 남영산업(주) 설립 1957년 (주)남영비비안 설립 1963~1973년 한국무역협회 상임이사 1970~1973년 서울상공회의소 상임이사 1973~1997년 한국무역협회 부회장·대한상공회의소 상임위원 1976년 (재)연암장학회 설립 1989년 인도네시아 P.T. 남남패션 설립 1991~1997년 한일경제협의회 부회장 1991~2011년 산학협동재단 이사 1992년 중국 청도남남유한공사 설립 2005년 (주)남영비비안 명예회장(현) 2009년 남영산업(주) 명예회장(현) [상]산업포장(1973), 대통령표창(1975), 동탑산업훈장(1980), 은탑산업훈장(1985), 금탑산업훈장(1992)

ㄴ

남상욱(南相旭) NAM Sang Uk

[생]1958·12·25 [본]의령(宜寧) [출]전남 담양 [주]서울 종로구 세종대로209 국민안전처 해양경비안전본부 해양경비안전국(044-205-2040) [학]한국해양대 대학원 항해학과졸, 인하대 대학원 법학 박사과정 수료 [경]해양경찰청 경감 2002년 同해경발전기획단 경정 2003년 同인천1002함장 2007년 同항공기획계장 2007년 同장비기술국 항공과장 2008년 동해해양경찰서장 2009년 해양경찰청 수사과장 2010년 서귀포해양경찰서장 2011년 해양경찰청 정보수사국 형사과장 2012년 울산해양경찰서장 2013년 해양경찰청 정보과장 2014년 동해지방해양경찰청장(경무관) 2014년 국민안전처 동해지방해양경비안전본부장 2015년 同남해해양경비안전본부장(치안감) 2015년 국민안전처 해양경비안전본부 해양경비안전국장(현) [상]국무총리표창(1998), 근정포장(2011)

남상인(南相仁) NAM Sang In

[생]1955·3·17 [본]의령(宜寧) [출]경북 상주 [주]서울 영등포구 여의나루로81 파이낸셜뉴스 관리총괄본부(02-2003-7114) [학]1975년 경북사대부고졸 1982년 경북대 농공학과졸 [경]1982년 (주)한양 토목부 토목기사 1985년 주간건설·일간공업신문 기자 1991년 제일경제신문 기자 1999년 파이낸셜뉴스 건설부동산부 차장 2001년 同건설부동산부장 직대(부장대우) 2002년 同사회부동산부장 직대 2002년 同건설부동산부장 2003년 同건설부동산부장(부국장대우) 2006년 同정보과학부장(부국장급) 2007년 同금융부장(부국장급) 2008년 同부국장 겸 산업부장 2009년 同편집국장 2010년 同편집국장(이사) 겸 편집인 2012년 同사업국총괄담당 상무 2014년 同관리총괄본부장(상무)(현) [상]자랑스러운 경북대 언론인상(2012) [종]기독교

남상해(南相海) NAM Sang Hae

[생]1938·3·23 [출]경남 의령 [주]서울 종로구 자하문로41길1 (주)하림각(02-396-2114) [학]1965년 성광고졸 1976년 총회신학교 종교철학과졸 1976년 서울대 행정대학원 국가정책과정 수료 1997년 연세대 언론홍보대학원 최고위과정 수료 [경]한·뉴질랜드문화교류협회 회장, 한국대학태권도연맹 회장 1988년 새마을운동중앙협의회 종로구지회장, 민주자유당 서울종로지구당 수석부위원장 1995년 서울시의원선거 출마(민주자유당), 서울시재향군인회 이사, 환경미화원후원회 이사, 전국시군향우회장단중앙단협의회 수석부회장, 대한노인회 부설 노인대학후원회장, 경남의령군향우회 회장, 남씨대종회 부회장, 대한음식업협회 종로지회장, (주)하림각 대표이사 회장(현), 신한국당 중앙상무위원회 문화체육분과 위원장, 서울시생활체육협의회 회장 2000년 제16대 국회의원선거 출마(비례대표, 한나라당) 2001년 한국음식업중앙회 회장 2005~2010년 서울시새마을회 회장 2007~2008년 한나라당 중앙위원회 서울시연합회장 2009년 서울 종로구탁구연합회 회장 2014년 서울시 종로구청장선거 출마(새누리당) [상]새마을훈장 협동장(1996), 새마을훈장 자조장(2006), 대한민국 인물대상 외식경영부문(2016) [저]'나는 오늘도 희망의 자장면을 만든다'(2000) [종]불교

남상헌(南相憲) NAM Sang Heon

[생]1958·8·13 [주]인천 연수구 송도미래로26 한국해양과학기술원 부설 극지연구소 제2쇄빙연구선건조사업단(032-770-8440) [학]1981년 서울대 지구과학과졸 1985년 同대학원 지구물리학과졸 1997년 同대학원 이학박사과정 수료 [경]1990년 남극과학연구단 제3차 월동연구대원 1991년 한국해양연구원 극지연구센터 선임연구원 1996~1998년 同극지지질환경연구실장·그룹

장, 同책임연구원 2005년 同극지연구소 쇄빙연구선·대륙기지사업단장 2007년 同극지연구소 쇄빙연구선사업단장 2009년 同극지운영실장 2009년 同극지연구소 지식정보실장 2012년 한국해양과학기술원 극지연구소 미래전략실장 2013년 同극지연구소 감사부장 2016년 同극지연구소 제2쇄빙연구선건조사업단장(현) **상**산업포장(2009) **전**'쇄빙연구선 아라온 건조백서'(2011)

남상현(南尙鉉) NAM Sang Hyun

생1960·2·8 **출**충북 증평 **주**서울 종로구 율곡로2길25 연합뉴스 편집국 영문뉴스부(02-398-3349) **학**1985년 한국외국어대 영어과졸 2000년 일본 와세다대 대학원 수료(1년) **경**1998년 연합뉴스 해외경제부 차장대우 2000년 同영문경제뉴스부 차장 2003년 同영문뉴스부 부장대우 2004년 同외국어뉴스국 영문경제뉴스부장 2006년 同외국어뉴스국 외국어뉴스2부장 2006년 同외국어뉴스2부 근무(부장대우) 2007년 同외국어뉴스2부 근무(부장급) 2008년 同해외국 영문경제뉴스부 부장급 2009년 同해외국 영문경제뉴스부장 2010년 同해외국 다국어뉴스부장 2011년 同국제국 다국어뉴스부장(부국장대우) 2011년 同국제국 기획위원 2013년 同국제국 다국어뉴스부장 2013년 同국제국 다국어뉴스부장(부국장급) 2015년 同편집국 영문뉴스부 선임기자(현) **역**일본소설 '범죄의 회송'

남상현(南尙賢·女) NAM Sanghyun

생1972·10·28 **출**대전 서구 계룡로314 대전일보 비서실(042-251-3311) **학**1995년 이화여대 사학과졸 **경**2000년 대전일보 편집국 문화체육부 기자 2006년 同기획조정실 부실장 2008년 同기획조정실장(이사) 2009년 同뉴미디어팀장 2011년 同대표이사 사장(현) 2011년 한국신문윤리위원회 감사 2012년 한국신문협회 운영위원 2014년 同감사(현) 2015년 한국디지털뉴스협회 감사(현)

남상희(南尙熙) NAM Sang Hee

생1956·11·23 **출**대구 **주**경남 김해시 인제로197 인제대학교 의생명공학대학 의용공학과 A동215호 방사선영상연구실(055-320-3296) **학**1978년 영남대 물리학과졸 1980년 同대학원졸 1988년 방사선물리학박사(영남대) **경**1988~1991년 대구보건대 부교수 1989년 일본 국립의학연구소 교환교수 1991년 인제대 의생명공학대학 의용공학과 교수(현) 1994년 의료보험관리공단 자문위원 1995년 인제대 의용공학과장 1996년 대응메디칼 자문교수 1997년 보건의료기술연구기획평가단 의료생체공학분과위원 1997년 인제대 중소기업지원테크노센터 창업보육사업부장 1997년 한국멀티미디어학회 이사 1998년 대한의용생체공학회 교육이사 2001~2003·2004~2006년 인제대 의생명공학대학장 2005년 同의생명공학원장 2006~2012년 (재)김해의생명융합산업지원센터 센터장 2007년 인제대 방사선응용공학부장 2009년 同의료영상연구소장(현) 2010~2012년 경남BT지원기관협의회 회장 2013년 식품의약품안전처 정부합의료기기위원회 위원(현) 2013~2014년 한국연구재단 기초연구본부 전자정보융합연구단 전문위원 2014년 오송첨단의료산업진흥재단 첨단의료기기개발지원센터장(현) **상**보건복지부장관표창(2002), 교육인적자원부장관표창(2003), 한국전기전자재료학회 우수논문상(2002), 한국전기전자재료학회 우수논문발표상(2004), 인제대 Inje Distinguished Scholar Award(2006), 한국연구재단 우수 평가자(2011) **전**'신개념의료-의공학' '방사선 기술과학' '방사선공학기술개론'(1990, 학문사) '방사선물리학'(1994, 형설출판사) **작**'Digital X-ray Defector'

남석우(南錫祐) NAM Seok Woo

생1952·9·21 **본**의령(宜寧) **출**충남 당진 **주**서울 영등포구 가마산로343 (주)콤텍시스템 비서실(02-3289-0001) **학**1970년 용산공고졸 1982년 명지대 전자공학과졸 1993년 서울대 경영대학원 최고경영자과정 수료 1993년 고려대 국제대학원 최고국제관리과정 수료 2012년 서울대 최고지도자인문학과정 수료 **경**1976년 한국과학기술연구소 연구원 1977년 동양시스템산업(주) 근무 1980년 (주)데이타콤 이사 1983년 (주)콤텍시스템 대표이사 사장, 同부회장, 同회장(현) 1995~2002년 한국정보통신진흥협회 부회장 1997~2002년 정보통신중소기업협회 부회장 1999~2002년 한국정보산업연합회 부회장 1999~2002년 정보화사업협의회 위원장 2013~2015년 소프트웨어공제조합 이사장 **상**정보통신부장관표창(1999), 국무총리표창(2000), 행정자치부장관표창(2000), 성실신고 및 모범납세 재정경제부장관표창(2001), 서울특별시장표창(2009), 기획재정부장관표창(2009), 산업포장(2014)

남석우(南碩祐) Nam Sokwoo

생1972 **주**서울 용산구 서빙고로51길52 (주)남영비비안(02-3780-1111) **학**1996년 미국 브라운대 경영학과졸 **경**1998년 (주)휘미모드 대표이사(현) 2005년 (주)남영비비안 대표이사 회장(현) 2015년 (재)연암장학회 이사장(현)

남석진(南錫珍) NAM Seok Jin

생1961·7·14 **주**서울 강남구 일원로81 삼성서울병원 암병원(1599-3114) **학**1987년 서울대 의과대학졸 1997년 同대학원졸 2001년 의학박사(인하대) **경**1987~1992년 서울대병원 인턴·레지던트 1995년 삼성서울병원 외과 전임의 1996년 同외과 유방내분비외과 전문의(현) 1997~2008년 성균관대 의대 외과학교실 조교수·부교수 2001년 미국 버지니아대의료원 연수 2008년 성균관대 의대 외과학교실 교수(현) 2009~2013년 삼성서울병원 유방암센터장 2009~2013년 同유방내분비외과분과장 2015년 同암병원장(현) **전**'유방학'(1999)

남선현(南善顯) NAM Sun Hyun

생1948·11·8 **출**강원 정선 **주**경기 용인시 수지구 죽전로152 단국대학교(031-8005-2041) **학**1967년 휘문고졸 1972년 서울대 수의대학졸 1977년 同대학원 신문학과졸 2005년 언론학박사(성균관대) **경**1974년 TBC 입사 1980년 KBS 기자 1986년 同경제부 차장 1990년 同사장비서실 부장 1991년 同워싱턴특파원 1993년 同뉴욕특파원 1995년 同해설위원 1995년 同보도국 뉴스라인부장 1996년 同보도국 과학부장 1997년 同홍보실장 1999년 KBS영상사업단 이사 2000년 KBS 청주방송총국장 2001년 同방송문화연구원 주간 2001~2007년 단국대 언론홍보학과 겸임교수 2002년 KBS 방송연수원장 2002년 同방송문화연구소장 2004년 同글로벌센터장 2005~2006년 同방송문화연구팀 연구위원 2007~2008년 한국방송협회 사무총장 2007~2008년 방송위원회 제17대 대통령선거방송심의위원회 위원 2008년 KBS미디어(주) 대표이사 2010년 중앙미디어네트워크(JMnet) 방송담당 사장 2011~2013년 JTBC(중앙일보 종편법인) 대표이사 사장 2011년 한국종합편성채널협의회 회장 2013년 JTBC 상임고문 2014년 단국대 석좌교수(현) 2014년 한국콘텐츠진흥원 비상임이사(현) **상**한국방송대상 대통령표창(1986), 우수프로그램작품상(1992), 올해의 기자상 데스크부문(1997) **저**'노벨상에 도전한다' '선진의회제도' **종**기독교

남성민(南成民) NAM Sung Min

생1970·5·21 **출**전남 순천 **주**서울 서초구 서초중앙로157 서울중앙지방법원(02-530-1114) **학**1988년 순천고졸 1992년 서울대 법과대학 사법학과졸 **경**1992년 사법시험 합격(34회) 1995년 사법연수원 수료(24기) 1995년 서울지법 판사 1998년 同남부지원 판사 1999년 창원지법 진주지원 판사 2000년 同하동군법원 판사 2001년 同진주지원 판사 2002년 서울지법 서부지원 판사 2004년 서울서부지법 판사 2005년 서울중앙지법 판사 2007년 법원행정처 등기호적국 등기호적심의관 2010년 광주지법 부장판사 2011년 대법원 재판연구관 2013년 인천지법 부장판사 2013년 법원행정처 인사총괄심의관 겸임 2015년 서울중앙지법 부장판사(현)

남성숙(南成淑·女) NAM Sung Suk

생1963·4·8 **출**전남 곡성 **주**광주 남구 천변좌로338번길16 광주매일신문(062-650-2000) **학**1986년 전남대 사회학과졸 1997년 광주대 언론대학원졸 **경**무등일보 문화부 기자 1995년 광주매일 문화부 부장대우·논설위원 1999년 同부장급 논설위원 2002년 同논설실장 2004년 同해피데이편집국장 겸 편집이사 2005~2007년 同논설실장(이사) 2007~2009년 광주시 여성청소년정책관 2009년 광주매일신문 논설주간 2011년 同주필(이사) 2015년 同대표이사 사장(현) **상**국무총리표창(1994), 일경언론상 **전**'왕이여! 전라도 남자를 보시오' '호남사상 호남문화' '우리가 꼭 알아야할 호남인물 100' '광주를 만나면 길이 보인다' 시집 '바람의 끝' '무등산은 내 친구(共)'(2012) '호남! 어디가 아픈가요'(2015) **종**불교

남성욱(南成旭) NAM Sung Wook

생1959·7·7 **본**의령(宜寧) **출**서울 **주**세종특별자치시 세종로2511 고려대학교 북한학과(044-860-1273) **학**1986년 고려대 경제학 및 국어교육학과졸 1993년 同대학원 개발경제학과졸 1998년 경제학박사(미국 미주리주립대) **경**1987년 국가정보원 연구위원 1998년 이화여대 대학원 북한학과 강사 2000~2002년 북한경제포럼 연구이사 2002년 남북경제연합회 부회장, 북한농업연구

회 이사 2002~2003년 북한연구학회 총무이사 2002년 고려대 북한학과 교수(현) 2002~2003년 KBS 라디오 '경제를 배웁시다–북한경제 이야기' 출연 2004~2007년 북한경제전문가100인포럼 이사 2005년 한국북방학회 회장·고문, 통일부·국가안전보장회의(NSC)·해양수산부 정책자문위원 2005년 KBS·CBS 북한문제 객원해설위원 2006년 경기도 남북관계자문위원 2007년 고려대 북한학연구소장 2007년 대한상공회의소 남북경협자문위원 2007년 북한연구학회 부회장 2007~2008년 제17대 대통령직인수위원회 외교통일안보분과 자문위원 2008년 기상청 남북관계자문위원(현) 2008~2012년 국가안보전략연구소 소장 2010~2011년 당정 통일세정책테스크포스(TF) 위원 2012~2013년 민주평통 사무처장 2013년 (사)남북경제연구원 원장(현) 2014년 국방부 정책자문위원(현) 2014년 법무연수원 통일안보 강의교수 2014년 중소기업중앙회 통일경제위원회 공동위원장(현) 2014년 KBS 북한문제 객원해설위원(현) 2016년 고려대 행정대학원장 서리(현) [저]'북한경제의 특성과 경제운용방식'(共) '사회주의와 북한농업'(共) '북한의 정보통신(IT) 발전전략과 강성대국 건설'(2002) '북한의 체제전망과 남북경협' '현대 북한의 식량난과 협동농장 개혁'(2004·2016) 'North Korea Food Shortage and Reform of Collective Farm'(2006) '북한의 급변사태와 우리의 대응(共)'(2007) '개방과 폐쇄의 딜레마(共)'(2011) '한국의 외교안보와 통일 70년'(2015) '북한의 식량난과 협동농장 개혁(개정판)'(2016) [역]'김일성의 북한–CIA북한보고서'(共) '김정일 코드'(2005)

남성일(南盛日) NAM Sung Il

[생]1954·4·18 [출]전남 강진 [주]서울 마포구 백범로 35 서강대학교 경제학부 경제학과(02-705-8508) [학]1980년 서강대 경제학과졸 1982년 미국 하와이대 대학원졸 1985년 미국 로체스터대 대학원졸 1987년 경제학박사(미국 로체스터대) [경]1980년 한국개발연구원 연구원 1986년 미국 로체스터대 강사 1986~1989년 미국 시라큐스대 경제학과 조교수 1989~1995년 서강대 경상대 조교수·부교수 1991년 과학기술처 G7프로젝트 위원 1993년 노동부 행정규제완화위원회 위원 1995년 서강대 경제학부 경제학과 교수(현) 1996년 통계청 경제활동인구조사개편연구반 위원 1997년 미국 노동성 노동통계국 방문교수 2000~2001년 국무조정실 정책평가위원 2001~2002년 정부출연연구기관 평가위원 2001년 한국노동경제학회 부회장 2003~2004년 국민경제자문회의 위원 2006~2009년 서강대 경제학부 학장 겸 경제대학원장 2010년 한국노동경제학회 회장 2010년 현대자동차 사외이사 겸 감사위원(현) 2010년 국민경제자문회의 민간위원 2012년 동아일보 청년드림센터 자문위원(현) [상]대통령훈장, 국민훈장 목련장, 서강경제인상 교수부문(2011) [저]'한국의 노동생산성과 적정임금'(1991, 한국경제연구원) '정유산업 노동쟁의의 사회경제적 영향분석'(2001, 중앙경제) '노동의 미래와 신질서'(2003, 한국노동연구원) '한국의 노동, 어떻게 할 것인가'(2007, 서강대)

남성현(南成鉉) NAM Sung Hyun

[생]1958·7·29 [본]의령(宜寧) [출]충남 논산 [주]서울 동대문구 회기로57 국립산림과학원 원장실(02-961-2501) [학]1976년 대전고졸 1981년 건국대 행정학과졸 1990년 국방대학원 안전보장학 석사 2008년 농학박사(충남대) [경]1978~1995년 산림청 영림과·수출진흥과·총무과·국제협력과 근무 1996년 同기획예산담당관실 서기관 1997년 同임산물유통과장 1999년 同기획예산담당관 2003년 同산림항공관리소장 2004년 同기획관리관 2005년 同정책홍보관리관 2006년 同기획홍보본부장 2007년 중앙공무원교육원 파견(이사관급) 2008년 산림청 산림이용본부장 2008년 同산림이용국장 2009년 同기획조정관 2011~2012년 남부지방산림청장 2012년 강원대 산림환경과학대학 연구교수 파견(이사관) 2015년 산림청 국립산림과학원장(현) [상]근정포장 [종]기독교

남성환(南星桓) Sung Hwan, NAM

[생]1950·2·13 [출]서울 [주]서울 영등포구 의사당대로1길34 인영빌딩5층 아시아투데이(02-769-5017) [학]동아대 법정대학졸 [경]1973년 조선일보 사회부 기자 2002년 제일경제신문 정경부장(부국장) 2003년 同사회부장(부국장) 2004년 同증권부 부국장·사회부장 2005년 同경제대기자 2006년 아시아투데이 편집이사 겸 경제대기자, 同대기자 2013년 同대기자(전무)(현) [종]기독교

남성희(南星姬·女) NAM Sung Hee (普賢)

[생]1955·10·24 [본]의령(宜寧) [출]서울 [주]대구 북구 영송로15 대구보건대학교 총장실(053-324-6000) [학]1974년 이화여고졸 1978년 이화여대 신문방송학과졸 1990년 계명대 대학원 신문방송학과졸 2001년 교육학박사(영남대) [경]1978~1980년 한국방송공사(KBS) 아나운서 1999년 미국 국무성 공보원(USIS)초청 여성정치지도자연수 수료 1999년 대한어머니회 이사(현) 2000~2002년 학교법인 배영학숙 이사장 2002년 대구보건대 총장(현) 2002년 (사)의회를사랑하는사람들 공동대표(현) 2003년 대구시 북구문화원 원장(현) 2004~2012년 대구방송(TBC) 문화재단 이사 2005년 대구고법 가정지원 가사조정위원회 위원(현) 2005~2006년 대구·경북지역전문대학장협의회 회장 2005~2006년 국제로타리클럽 3700지구 총재 2005~2009년 민주평통 대구북구협의회 부회장 2005년 한국해비타트 대구·경북지회 이사(현) 2005년 대구노블레스봉사회 부회장(현) 2007~2011년 (사)대구국제오페라축제 조직위원장 2008~2012년 (사)국채보상운동기념사업회 모금추진위원장 2008~2010년 대통령직속 지방분권촉진위원회 제2실무위원장 2009~2011년 대구시여성단체협의회 회장 2009~2012년 (재)대구문화재단 이사 2010년 대한적십자사 대구지사 회장 2010~2014년 국무총리실 정부업무평가위원회 위원 2011년 2011대구세계육상선수권대회조직위원회 위원 2011~2013년 한국국제협력단(KOICA) 지구촌체험관 전문위원 2012년 아시아·태평양대학협의회 부회장 2013년 대통령소속 지방자치발전위원회 위원(현) 2014년 여성가족부 정책자문위원(현) 2014년 대구미술관 제2기 운영위원장(현) 2016년 (사)한국전문대학법인협의회 회장(현) 2016년 아시아·태평양대학협의회(AUAP) 회장(현) [상]대한적십자사 유공포장금장(2004), 19th Theater Support Command Good Neighbor Award(2004), 이화여고 이화를 빛낸 동창(2004), 대한적십자사 유공포장 명예장(2005), 미육군성 공익봉사훈장(2006), 대한체육회 올림픽체육진흥유공자표창(2007), 필리핀 엔젤레스대 최고명예훈장(2007), 제27회 대구광역시 문화상 예술분야 공로상(2007), 이화여대 올해의 이화인상(2008), 신산업경영원 21세기 경영문화대상(2009), 보건복지가족부장관표창(2009), 노동부장관표창(2010), 법무부장관표창(2010), 근정포장(2011), (사)한국음악협회 한국음악상 공로상(2012), (사)대구오페라축제조직위원회 공로상(2012) [저]'현대생활과 예절'(1998) [종]불교

남송희(南松熙) Nam Song Hee

[생]1969·6·16 [출]경북 영덕 [주]경북 안동시 솔밭길 28 남부지방산림청 청장실(054-850-7700) [학]1988년 포항제철고졸 1993년 경북대 임산공학과졸 [경]2001~2004년 산림청 기술지원과·산불방지과 근무 2005~2007년 인도네시아 열대림 임목개량사업 프로젝트 매니저 2008년 산림청 등산지원팀장 2009~2011년 캐나다 산림청 CWFC 직무교육 2011년 산림청 산불방지과장 2014년 同목재생산과장 2015년 중부지방산림청장(부이사관) 2016년 남부지방산림청장(현) [상]대통령표창(2004), 녹조근정훈장(2012)

남수우(南壽祐) NAM Soo Woo

[생]1940·7·1 [본]의령(宜寧) [출]인천 [주]대전 유성구 대학로291 한국과학기술원 신소재공학과(042-350-3302) [학]1959년 인천 제물포고졸 1968년 인하대 금속공학과졸(공학사) 1972년 미국 Colorado School of Mines 대학원 금속공학 석사 1974년 재료공학박사(미국 Colorado School of Mines) [경]1974~1983년 한국과학기술원(KAIST) 조교수·부교수 1983~2005년 同신소재공학과 교수 1987년 同학생처장 1987년 Int'l Conf. on Low-Cycle Fatigue 국제자문위원 1990년 한국과학기술원 교무처장 1991~1995년 한국과학재단 이사 1992년 한국과학기술원 과학도서관장 1993년 同응용공학부장 1993~2005년 Int'l Colloquium on Fatigue 국제자문위원 1995·1998년 한국과학기술한림원 정회원·종신회원(현) 1996년 한국공학한림원 정회원·명예회원(현) 1998년 대한금속·재료학회 수석부회장 1998년 헝가리공학한림원 명예회원(현) 2000년 한국과학기술원 부원장 겸 학장 2002년 대한금속·재료학회 회장 2005년 한국과학기술원 신소재공학과 명예교수(현) 2005~2008년 한국과학기술한림원 총괄부원장, (주)Safetech 기술고문 2010년 한국과학기술정보연구원 전문연구위원(현) 2010년 한국과학기술한림원 이사 [상]국민훈장 목련장(1992), 인천시 과학상대상, 정진기언론문화상 과학기술대상(2001), 대한금속학회 논문상·학술상, 한국공학상(2002), 5·16민족상(2005), 옥조근정훈장(2005), 과학기술훈장 1등급(2011), 자랑스러운 인하인(2011), 한국과학기술한림원 덕명한림공학상(2012) [역]'공업재료' [종]기독교

남수현(南壽鉉) NAM Soo Hyun

[생]1956·2·29 [출]부산 [주]부산 부산진구 엄광로176 동의대학교 경영학과(051-890-1439) [학]1975년 동래고졸 1980년 부산수산대 경영학과졸 1983년 서울대 대학원졸 1991년 경영학박사(서울대) [경]1980~1981년 한국외환은행 근무 1981~1982년 한국농촌경제연구원 연구원 1987년 동의대 경영학과 전임강사·조교수·부교수·교수(현) 2003~2006년 한국토지공사 비상임이사 2006~2007년 동의대 경제경영전략연구소장 2006년 대통령직속 지방이양추진위원회 위원 2006~2008년 국가균형발전위원회 위원 2007~2008년 기술보증기금 감사 2009~2011년 동의대 중앙도서관장 2011~2012년 한국금융공학회 회장 2011~2013년 동의대 상경대학장 겸 경영대학원장 [저]'재무관리(共)'(2003)

남수환(南壽煥) Nam, Soo Hwan

[생]1966·8·27 [출]경북 청송 [주]서울 종로구 북촌로112 감사원 산업·금융감사국 제4과(02-2011-2241) [학]1985년 영일고졸 1992년 경북대 법학과졸 1994년 同대학원 법학과 수료 [경]1997년 사법고시 합격(39회) 2000년 사법연수원 수료(29기) 2000년 감사원 부감사관 2011년 同금융기금감사국 제1과 서기관 2012년 同감찰정보단 제1과장 2012년 교육 파견 2015년 부이사관 승진 2016년 감사원 산업·금융감사국 제4과장(현)

남순건(南淳建) NAM Soon Keon

[생]1959·11·22 [주]서울 동대문구 경희대로26 경희대학교 이과대학 물리학과(02-961-0661) [학]1982년 서울대 물리학과졸 1984년 미국 예일대 대학원졸 1987년 이학박사(미국 예일대) [경]1987년 미국 Virginia Tech. 연구원 1989년 미국 MIT 연구원 1990~1992년 서울대 이론물리연구센터 연구원 1992년 경희대 이과대학 물리학과 조교수·부교수·교수(현) 2012~2014년 同대학원장 2014~2015년 同미래정책원장 [저]'스트링 코스모스'(2007, 지호출판사)

남순현(南淳鉉) Soon-Hyeun Nam

[생]1957·5·15 [주]대구 중구 달구벌대로2175 경북대 치과병원(053-200-5114) [학]1982년 경북대 치대졸 1985년 同대학원졸 1991년 치의학박사(경희대) [경]1982~1985년 경북대병원 치과 인턴·레지던트 수료 1985~1988년 포항의료원 치과과장 1988~1995년 경북대 치과대학 소아치과학교실 전임강사·조교수 1993~1994년 미국 이스트만덴탈센터 객원교수 1996년 경북대 치과대학 소아치과학교실 교수, 同치의학전문대학원 소아치과학교실 교수(현) 2002~2006년 대한소아치과학회 편집이사 2003~2005년 경북대병원 소아치과장 2005~2008년 同치과진료처장 2006년 대한소아치과학회 학술이사, 同회장 2015년 경북대 치과병원장(현) [저]'소아 청소년치과학'(1999, 신흥인터내셔날)

남승우(南承祐) NAM Seung Woo (너실)

[생]1952·5·13 [본]의령(宜寧) [출]부산 [주]서울 강남구 광평로280 (주)풀무원 사장실(02-2040-4800) [학]1970년 경복고졸 1974년 서울대 법학과졸 1990년 同공대 최고산업전략과정 수료 1994년 연세대 산업대학원 식품공학과졸 1999년 공학박사(연세대) 2002년 서울대 환경CEO포럼 수료 [경]1978~1984년 현대건설 입사·통합구매실 과장 1984~2008년 (주)풀무원 대표이사 사장 1989년 한국국제기아대책기구(KFHI) 결성 1995년 (주)이씨엠디 대표이사 1997년 한국건강기능식품협회 회장 1999~2000년 한국주택은행 사외이사 1999년 부천카툰네트워크 대표이사 사장 2003년 국민은행 사외이사 2005~2007년 한국CEO포럼 공동대표 2005년 미래포럼 공동대표(현) 2005년 피터드러커소사이어티 CEO클럽 공동대표(현) 2007~2010년 유엔글로벌콤팩트(UNGC) 한국협회장 2008년 (주)풀무원홀딩스 대표이사 총괄사장 2014년 (주)풀무원 대표이사 총괄사장(현) [상]보건사회부장관표창(1993), 다산경영상(1994), 대통령표창, 경제정의기업상(1997), 제5회 투명회계대상(2005), 중앙대 참경영인상(2007) [종]불교

남승우(南乘祐) NAM Seung Woo

[생]1958·5·8 [출]서울 [주]서울 중구 통일로120 NH농협은행 임원실(02-2080-5114) [학]연세대 수학과졸, 同대학원 컴퓨터공학과졸 [경]1983년 한국장기신용은행 전산부 입행, 한국HP 근무, 한국MS 근무, 신한금융지주회사 근무, 신한카드 IT본부장 2014년 NH농협은행 부행장 겸 정보보호최고책임자(CISO)(현) 2016년 금융보안포럼 부회장(현) [상]CIO상 금융부문(2012)

남승인(南承仁) Nam Seung In

[생]1952·9·10 [출]충북 영동 [주]대구 남구 중앙대로219 대구교육대학교 수학교육과(053-620-1330) [학]1971년 김천고졸 1973년 대구교육대 수학교육과졸 1987년 서울교육대 수학교육과졸 1989년 명지대 대학원 대수학과졸 1995년 수학교육학박사(한국교원대) [경]1995~2011년 대구교육대 수학교육과 교수 2002~2004년 同교수협의회 의장 2006년 대구시교육청 자문위원 2006년 경북도교육청 자문위원 2006~2007년 대구교육대 초등교육연수원장 2006~2007년 同평생교육원장 2008년 한국수학교육학회 부회장 2008년 대구교원단체연합회 부회장 2009~2011년 대구교육대 영재교육원장 2011~2015년 同총장 2013~2015년 경북도교육청 교육발전협의회 위원장 2015년 대구교육대 수학교육과 교수(현) [저]'교사의 수학관과 구성주의'(1998) '수학 창의성 신장을 위한 평가 문항 개발 방안'(2007) '수학 올림피아드 유형의 다변화 방안'(2009) '초등수학교육론(共)'(2009, 경문사) [역]'수학의 힘을 길러주자(共)'(2005, 경문사) '우리 아이! 수학영재로 키우기(共)'(2011)

남승훈(南勝勳) Nahm, Seung Hoon

[생]1960·12·19 [본]의령(宜寧) [출]부산 [주]대전 유성구 가정로267 한국표준과학연구원 에너지소재표준센터(042-868-5383) [학]1979년 경남고졸 1983년 부산대 기계설계학과졸 1987년 同대학원 기계공학과졸 1997년 기계공학박사(경북대) [경]1987년 한국표준과학연구원 연구원·선임연구원·책임연구원, 同산업측정표준부 강도평가그룹 연구원 1999~2000년 호주 Univ. of Sydney 객원연구원 2003~2008년 가스안전기술심의위원회 심의위원 2003년 한국가스연맹 전문위원 2003년 대한금속재료학회 재료강도분과 간사위원 2005년 보일러·압력용기기술위원회 기술위원 2005~2009년 한국정밀공학회 설계 및 재료부문 위원 2005년 대한기계학회 재료 및 파괴부문 위원·부회장 2005년 나노기술연구협의회 나노기술종합발전계획 연구위원 2006년 대한기계학회 평의원(현) 2007년 대한금속재료학회 논문편집위원(현) 2008년 한국표준과학연구원 에너지인프라연구단장 2009년 同신재생에너지측정센터장 2010년 同재료측정표준센터 책임연구원 2011년 同재료측정표준센터장 2012~2014년 同에너지소재표준센터장 2014년 산업통상자원부 가스기술기준위원회 위원(현) 2015년 한국표준과학연구원 에너지소재표준센터 책임연구원 2016년 同에너지소재표준센터장(현) [저]'재료강도 시험법'(2006)

남승희(南承希·女) NAM Seung Hee

[생]1953·2·28 [출]대구 [주]서울 서대문구 가좌로134 명지전문대학 청소년교육복지과(02-300-1251) [학]1976년 이화여대 불어불문학과졸 1985년 미국 인디애나주립대 대학원 교육학과졸 1988년 교육학박사(미국 인디애나주립대) [경]1992~2006년 명지전문대학 사회교육과 조교수·부교수·교수 1998년 교육부 여성교육정책담당관 2001년 교육인적자원부 여성교육정책담당관 2006~2010년 서울시 경영기획실 교육기획관(3급) 2010년 명지전문대학 청소년교육복지과 교수(현) 2011~2012년 서울지역사회교육협의회 회장 2012~2013년 한국여성평생교육회 회장 2012년 서울시교육감 선거 출마 [저]'미래를 향한 가정 교육'(1992) '청소년은 누구인가'(1993)

남시욱(南時旭) NAM Si Uk (백암)

[생]1938·4·22 [본]영양(英陽) [출]경북 의성 [주]서울 광진구 능동로209 세종대학교 광개토관1020호(02-3408-3114) [학]1954년 경북고졸 1958년 서울대 문리과대학 정치학과졸 1973년 독일 베를린국제신문연구소(IIJ) 수료 1979년 서울대 대학원 외교학과졸 1983년 同대학원 외교학 박사과정 수료 1996년 고려대 언론대학원 최고위과정 수료 2015년 외교학박사(서울대) [경]1959~1968년 동아일보 사회·정치부 기자 1968년 同일본특파원 1970년 同정치부 차장·외신부장·논설위원 1980년 同정치부장·편집부국장 1983년 同출판국장 1985년 同출판국장(이사) 1987년 同편집국장 1989년 同논설위원실장 1990~1995년 同상무이사 1990~1993년 관훈클럽 신영연구기금 이사장 1995년 한국신문편집인협회 회장 1995~1997년 삼성언론재단 이사 1995~1999년 문화일보 대표이사 사장 1996년 대통령자문 통일고문회의 고문 1996년 아시아신문재단(PFA) 한국위원회 회장 1996년 서울평화상문화재단 이사(현) 1997년 한국신문윤리위원회 위원 2000년 고려대 신문방송학과 석좌교수 2001년 성균관대 언론정보대학원 겸임교수 2003년 세종대 교양학부 석좌교수(현) 2006~2011년 광화문문화포럼 회장 [상]동아대상(1980), 서울언론인클럽상(1992), 韋庵언론상(1993), 중앙신문언론상(1996), 서울시문화상 언론부문(2002), 홍성현언론상 특별상(2003), 대한언론인회 임승준자유언론상(2005), 인촌상 언론출판부문(2007), 서울대 언론인대상(2010) [저]'항변의 계절'(1980) '체험적 기자론'(1997) '인터넷시대의 취재와 보도'(2001) '한국 보수세력 연구'(2005) '한국 진보세력 연구'(2009) '한국언론의 품격(共)'(2013) '6·25전쟁과 미국'(2015) [종]기독교

남양우(南良祐) NAM Yang Woo

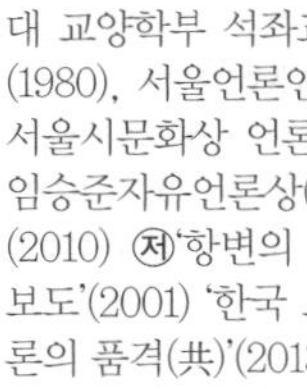

[생]1967·11·2 [출]충북 진천 [주]서울 서초구 서초중앙로157 서울고등법원(02-530-1114) [학]1986년 영등포고졸 1991년 고려대 법학과졸 [경]1993년 사법시험 합격(35회) 1996년 사법연수원 수료(25기) 1996년 공익법무관 1999년 창원지법 판사 2002년 대전지법 천안지원 판사 2003년 同천안지원 아산시법원 판사 2005년 대전지법 판사 2006년 대전고법 판사 2007년 대법원 연구법관 2007년 대전지법 판사 2008년 대전고법 판사 2009년 대법원 재판연구관 2011년 대전지법 천안지원 부장판사 2012년 서울고법 판사(현)

남영만(南永滿) NAM Young Man

[생]1949·10·15 [출]경북 경주 [주]경남 창원시 의창구 중앙대로210번길3 경남신문(055-210-6000) [학]1977년 부산대 수학교육과졸 1981년 同대학원 수학과졸 1989년 수학박사(경상대) [경]1979년 울산공대·부산대 수학과 강사 1981~1993년 경남대 사범대학 수학교육과 전임강사·조교수·부교수 1985년 同수학교육과장 1986년 일본 오사카대 수학과 객원교수 1988년 미국 세인트루이스대 초빙교수 1993~2014년 경남대 사범대학 수학교육과 교수 1995년 同교수협의회 부회장·재정위원장 1998년 同학생처장 1999~2000년 同사범대학장 2004~2006년 同교육대학원장 2011년 同교학부총장 2014년 同명예교수(현) 2014년 경남신문 대표이사 회장(현) 2016년 한국신문협회 이사(현) [상]한국수학교육학회 교육상(2013), 대한수학회상 논문상(2015) [저]'대학수학'(1989, 경문사) '미분적분학'(1995, 경문사) '해석학개론'(1996, 교우사) '미분방정식'(1997, 경남대 출판사) '해석학'(2003, 교은사) '대학미적분학'(2003, 교은사) 'Hilbert 공간'(2003, 교은사)

남영숙(南英淑·女) NAM Young Sook

[생]1958·11·7 [출]경남 진주 [주]충북 청원군 흥덕구 강내면 태성탑연로250 한국교원대학교 환경교육과(043-230-3762) [학]1984년 독일 베를린공대 환경계획학과졸 1988년 同대학원 환경계획학과졸 1993년 환경관리학박사(독일 베를린공대) [경]1986년 독일 Carl Duisberg Gesellschaft 연구원 1988~1993년 독일 베를린공대 환경경제연구소 연구원 1993~1999년 한국환경정책평가연구원 책임연구원 1997년 충남공무원교육원 강사 1999년 서울시 환경보전자문위원회 자문위원 1999년 산업자원부 폐광지역개발지원위원 1999년 한국교원대 환경교육과 조교수·부교수·교수(현) 1999년 독일연방환경청 객원교수 2000~2001년 독일 베를린자유대 환경교육학연구소 객원교수 2001년 환경부 에코-2프로젝트위원회 심사위원 2001년 충북산림환경연구소 정책분과위원장 2001~2002년 미국 노퍽스테이트대 객원교수 2001년 한국환경교육학회 이사 2001~2009년 충북도시계획위원회 위원 2004년 독일연방환경청 객원교수 2004~2008년 대통령직속 규제개혁위원회 위원 2005~2010년 환경부 자체평가위원회 부교수 2005~2010년 同환경정책평가위원회 위원 2006~2014년 교보생명 교육문화재단 자문위원 2008~2010년 한국교원대 환경학교육연구소장 2008~2010년 세종시 도시계획위원회 위원 2009~2010년 미국 위스콘신대 교환교수 2012~2014년 한국교원대 도서관장 2012~2014년 산림청 중앙산지관리위원회 위원 2012~2014년 세종시 도시계획위원회 위원 2013년 한국기후변화학회 실행위원 겸 교육분과이사 2013~2014년 충북도 도시계획위원회 위원 2013년 환경부 중앙환경정책분과위원회 위원(현) 2013년 청주시 환경대상선정위원회 위원 2013~2014년 대전일보 칼럼니스트 2013~2014년 국립환경인력개발원 강사 2014~2016년 한국환경공단 비상임이사 [상]독일연방경제협력청 우수연구장학생(1986), 독일 베를린공대 우수장학생(1988), 고트리프다임러·칼벤츠재단 우수장학생(1990), 환경부장관표창(2008), 한국환경교육학회 최우수논문상(2010·2011) [저]'환경과학'(2003, 교육인적자원부) '한국의 여성환경운동'(2006, 아르케) 등 [종]기독교

남영숙(南英淑·女) NAM Young Sook

[생]1961·11·11 [출]서울 [주]서울 서대문구 이화여대길52 이화여자대학교 국제대학원(02-3277-6672) [학]1984년 고려대 경제학과졸 1990년 미국 스탠퍼드대 경제학과졸 1994년 국제개발학박사(미국 스탠퍼드대) [경]1994년 미국 스탠퍼드대 강사 1995~1997년 국제노동기구(ILO) 제네바본부 Research Economist 1997~2003년 국제협력개발기구(OECD) Economist 2003~2005년 대외경제정책연구원(KIEP) 중국팀장·동북아경제협력센터 연구위원 2005년 정보통신부 정보통신협력국 지역협력과장 2006~2008년 외교통상부 통상교섭본부 FTA제2교섭관(국장급) 2006년 한·미자유무역협정(FTA) 협상 한국측 통신·전자상거래분과장 2006년 한·ASEAN자유무역협정(FTA) 협상 한국측 투자분과장 2007년 한·EU자유무역협정(FTA) 협상 한국측 기타규범분과장 2007년 한·태국자유무역협정(FTA) 상품협상 한국측 수석대표 2008년 이화여대 국제대학원 교수(현) 2010년 외교안보연구원 겸임교수 2010년 대외경제정책연구원(KIEP) 세계지역연구분야 연구자문위원 2010~2012년 이화여대 국제교류처 부처장, 외교통상부 정책자문위원 2011~2016년 이화여대 글로벌사회적책임센터장 2011년 한국국제통상학회 부회장 2011년 한국동북아경제학회 부회장(현) 2012년 여성가족부 청렴옴부즈만(현) 2012년 기획재정부 중장기전략위원회 위원(현) 2012년 국무총리실 국제개발협력위원회 위원(현) 2013년 외교부 정책자문위원(현) 2016년 세계도시전자정부협의체(WeGO) 사무총장(현)

남영우(南永祐) NAM Young Woo

[생]1941·5·20 [출]서울 [주]경기 성남시 분당구 야탑로96의8 국제약품공업(주) 임원실(031-781-9081) [학]1961년 보성고졸 1967년 중앙대 경영학과졸 1971년 미국 미시간주립대 대학원졸 1994년 중앙대 국제경영대학원 최고경영자과정 수료 [경]1971년 공성산업(주) LA지사장 1973년 국제약품공업(주) 상무이사 1974년 同사장 1981~1985년 同부회장 1982년 대한역도연맹 회장 1985~2008년 국제약품공업(주) 회장 2000년 미국 미시간주립대총동문회 회장, 효림산업(주) 이사 2009년 국제약품공업(주) 명예회장(현) 2015년 효림산업(주) 공동대표(현) [상]국세청장표창

남영우(南榮佑) NAM Young Woo

[생]1948·8·14 [본]의령(宜寧) [출]강원 춘천 [주]서울 성북구 안암로145 고려대학교(02-3290-1114) [학]1967년 춘천고졸 1975년 서울대 사범대학 지리교육과졸 1977년 同대학원 지리학과졸 1981년 일본 쓰쿠바대 대학원 지리과학과졸 1983년 지구화학박사(일본 쓰쿠바대) [경]1976~1978년 서울대 사범대학 조교 1983년 고려대 사범대학 지리교육과 강사·조교수·부교수 1988~2013년 同사범대학 지리교육과 교수 1990~1991년 일본 쓰쿠바대 초빙교수, 미국 미네소타대 교환교수, 대한지리학회 편집부장·이사, 한국지도학회 이사 1999~2000년 한국도시지리학회 부회장·회장·이사 2009년 세종시 민관합동위원회 민간위원, 同수정안백서 편집위원 2013년 고려대 명예교수(현) 2015년 한국해양포럼 대표(현) [상]도시학술상, 우수학술도서상, 옥조근정훈장(2013) [저]'글로벌시대의 세계도시론'(2006) '도시공간구조론'(2007) '세계화시대의 도시와 국토(共)'(2009, 법문사) '지리학자가 쓴 도시의 역사'(2011, 푸른길) '세계화 시대의 도시와 국토(6판)(共)'(2016, 법문사)

남영우(南榮祐) NAM Young Woo

[생]1951·7·11 [본]의령(宜寧) [출]경기 용인 [주]서울 마포구 양화로19 (주)LIG 비서실(070-7457-0000) [학]1969년 서울고졸 1973년 서울대 경영학과졸 1992년 서강대 경영대학원 국제경영학과졸(MBA) 1994년 미국 하버드대 경영대학원 최고경영자과정 수료 2003년 한국과학기술원 테크노경영대학원 최고텔레콤경영자과정 수료 [경]1973년 한국은행 입행 1979년 금성전자 경영심사과장 1982년 同미국현지판매법인 금융·기획과장 1984년 同미국현지판매법인 관리담당 부사장 1986년 同미국현지판매법인 수석부사장 1986년 同캐나다 프로젝트팀장 1986년 同국제금융부장 1990년 LG정보통신 재경담당 이사 1996년 同전무이사 1999년 LG그룹 구조조정본부 전무이사 2000년 LG정보통신 부사장 2000년 (주)데이콤 경영기획부문장(부사장) 2001~2005년 (주)한국인터넷데이터센터(KIDC) 사장 2002·2003년 한국전산원 한국인터넷백서 편찬위원 2006년 LG텔레콤 부사장 2006년 (주)LG 경영관리(통신·서비스)팀장(부사장) 2008년 LG전자(주) 아시아지역사업본부장(사장) 2010년 同경영혁신부문장(사장) 2011년 同중국지역본부장(사장) 2013~2014년 同해외법인 경영관리지원본부장(사장) 2014년 (주)LIG 대표이사 사장(현) 2015년 대한장애인축구협회 회장(현) 2015년 LIG시스템 대표이사(현) [상]석탑산업훈장(2001)

남영우(南永祐) NAM Young Woo

[생]1954·3·27 [출]충북 음성 [주]경기 성남시 분당구 서현로184 한국투자저축은행 대표이사실(031-788-4031) [학]1973년 청주상고졸 1985년 세종대 경영학과졸 1989년 同경영대학원졸 [경]1978년 동부금고 근무 1995년 한솔금고 근무 1997년 同대우이사 2000년 同이사 2004년 동원상호저축은행 전무이사 2005~2008년 한국투자상호저축은행 전무이사 2008년 同영업1본부장(부사장) 2010년 同은행장 2010년 한국투자저축은행 대표이사(현) [상]대통령표창(2012), 제23회 다산금융상 생활금융부문 금상(2014)

남영준(南泳準) NAM Yeong Jun

[생]1953·4·1 [출]서울 [주]충북 옥천군 옥천읍 서부로49 국제종합기계(주) 임원실(043-730-1210) [학]1971년 서울 대광고졸 1977년 고려대 통계학과졸 [경]유니온스틸(주) 이사, 同부산영업·소재영업담당 상무 2006년 유니온코팅 대표이사 상무 2007년 유니온스틸(주) 전무 2008년 국제종합기계(주) 기획본부장(전무) 2010년 同미국법인 대표이사 2011년 同대표이사 부사장 2015년 同대표이사 사장(현)

남영진(南永振) NAM Young Jin

[생]1955·3·24 [본]고성(固城) [출]충북 영동 [주]경기 의정부시 서부로545 경민대학교 자치행정과(031-828-7240) [학]1973년 서울 대광고졸 1979년 고려대 행정학과졸 1989년 同대학원 행정학과졸 1996년 同행정학박사과정 수료 2011년 행정학박사(고려대) [경]1979년 유네스코 한국위원회 간사 1981년 국회의원 비서관 1982년 한국일보 기자 1989년 한국기자협회 국제분과위원장 1990년 同보도자유분과위원장 1990년 신문윤리위원회 위원 1991년 한국일보 노조위원장 1994년 한국기자협회 부회장 1995년 한국일보 대전·충청취재본부장 1996년 한국기자협회 회장 1996년 한국일보 편집국 차장대우 1998년 同주간한국부 차장 1998년 한국기자협회 고문(현), 한국감사협회 고문(현) 1999~2002년 미디어오늘 사장 겸 편집인 2002년 새천년민주당 노무현 상임고문 정무특보 2002년 同노무현 대통령후보 언론특보 2003~2006년 한국방송광고공사 감사 2004~2006년 한국감사협의회 회장 2006~2007년 국제기자연맹(IFJ) 특별총회준비조직위원회 위원장 2007~2008년 신문발전위원회 사무총장 2010~2012년 국제앰네스티 한국지부 이사장 2010년 경민대 자치행정과 교수(현) [저]'북한의 실상과 주변정세' [역]'안개속의 조국' [종]천주교

남영찬(南英燦) NAM Young Chan

[생]1958·1·26 [출]경북 안동 [주]서울 강남구 테헤란로 317 동훈타워 법무법인(유) 대륙아주(02-3016-5365) [학]1976년 신일고졸 1981년 서울대 법학과졸 1984년 同대학원 법학과졸 2007년 同경영대학 최고경영자과정(AMP) 수료 2010년 同경영대학 최고CFO전략과정 수료 [경]1984년 사법시험 합격(26회) 1987년 사법연수원 수료(16기) 1987년 서울민사지법 판사 1989년 서울지법 동부지원 판사 1991년 대구지법 의성지원 판사 1993년 서울지법 북부지원 판사 1995년 서울지법 판사 1997년 독일 괴팅겐대 연구원 1998년 서울지법 동부지원 판사 1998년 서울고법 판사 2000년 대법원 재판연구관 2002년 대전지법 부장판사 2002년 독일 막스프랑크 형사법연구소 연구원 2003~2005년 대법원 재판연구관(부장판사) 2005~2007년 SK텔레콤 윤리경영총괄 겸 법무실장(부사장) 2007~2009년 전국경제인연합회 기업윤리임원협의회 제2대 의장 2007~2008년 SK텔레콤 경영지원부문장(부사장) 2008~2009년 SK브로드밴드 이사 2008~2010년 한국지적재산권법제연구원 이사장 2008년 SK텔레콤(주) CR & L 총괄부사장 2009년 한국상장회사협의회 자문위원(현) 2010년 SK텔레콤(주) Legal Advisor(사장) 2010년 (사)한국자원봉사포럼 부회장(현) 2010~2011년 성균관대 법학대학원 초빙교수 2011년 (사)한국스페셜올림픽위원회 이사(현) 2011~2014년 SK텔레콤(주) GR & Legal Advisor(사장) 2012년 한국기업법무협회 회장(현) 2014~2016년 법무법인(유) 대륙아주 기업부문총괄 대표변호사 2014년 사립학교교직원연금공단 비상임이사(현) 2014년 예금보험공사 법률고문(현) 2014년 한국주택정비사업조합협회 정책자문위원(현) 2015년 국방부 군책임운영기관운영위원회 위원(현) 2015년 새만금개발청 자문위원(현) 2016년 법무법인(유) 대륙아주 경영전담 대표변호사(CEO)(현) [종]기독교

남 용(南 鏞) NAM Yong

[생]1948·3·16 [출]경북 울진 [주]서울 종로구 종로1길 36 대림산업 임원실(02-2011-7114) [학]1968년 경동고졸 1976년 서울대 경제학과졸 [경]1976년 LG전자 입사 1989년 LG그룹 회장실 이사 1992년 同비서실 상무이사 1993년 同LG경영혁신추진본부 상무 1996년 同LG경영혁신추진본부 전무 1997년 同LG경영혁신추진본부 전략사업개발단장(부사장) 1998년 LG전자 멀티미디어사업본부 부사장 1998~2006년 LG텔레콤 대표이사 사장 2002년 한국통신사업자연합회 감사 2003년 이화여대 겸임교수 2006년 (주)LG파워콤 이사(비상임) 2006년 LG데이콤(주) 이사회 의장 2006년 (주)LG 전략사업담당 사장 2007~2010년 (주)LG전자 대표이사 부회장 겸 경영위원회 위원 2011~2013년 (주)포스코 사외이사 2011년 (주)GS리테일 감사위원 2013년 대림산업 고문(현) [상]산업협력대상 국제산업협력재단 이사장표창(1999), 조선일보 광고대상 최우수광고주상(2000), 미국 우드로윌슨상 기업부문(2009), 금탑산업훈장(2010) [종]불교

남용문(南勇文) Nam, Yong Moon

[생]1962·8·21 [주]서울 영등포구 여의대로70 신한금융투자 준법감시본부(1588-0365) [학]1983년 덕수상고졸 1989년 건국대 경영학과졸 [경]1983년 신한금융투자 입사 1983년 同투자운용부 근무 1990년 同압구정지점 주임 1993년 同신반포지점 대리 1994년 同명동지점 대리 1996년 同일산지점 대리 1998년 同신림지점 과장 2003년 同계양지점 차장 2004년 同안산지점장 2006년 同일산지점장 2010년 同영업부 지점장 2011년 同여의도지점장 2013년 同강남지점장 2015년 同강북영업본부장 2016년 同준법감시본부장(현)

남우식(南宇植) NAM Woo Sik

[생]1952·2·23 [출]대구 [주]서울 영등포구 문래로60 (주)푸르밀 임원실(02-2639-3010) [학]경북고졸 1976년 한양대 체육학과졸, 同대학원 무역학과졸 [경]1970년 제4회 대통령배야구대회 우승 1971년 사상최초 전국고교대회(대통령기·청룡기·봉황기·황금사자기) 4관왕 1971년 韓日고교 교환경기 선발투수 6전 전승 1975년 제9회 대통령기전국대학대회 결승전 승리투수 1975년 롯데 야구선수 1977년 상무 야구선수 1979년 롯데 야구선수 1981년 (주)롯데햄·우유 영업부 입사, 同서울서부지점장, 同총무부장 2004년 同총무담당 이사 2008년 롯데우유(주) 경영지원실 상무 2009년 (주)푸르밀 대표이사(현) [상]제23회 황금사자기대회 감투상(1969), 대통령배대회 우수투수상·타격상(타율0.462·1970), 황금사자기대회 우수선수상(1971), 봉황기대회 최우수선수상(1971), 대통령배대회 우수선수상(1971), 청룡기대회 우수선수상(1971)

남 욱(南 旭) NAHM Wook

[생]1963·9·4 [출]경남 의령 [주]서울 영등포구 국회대로66길9 나이스신용평가(주) 임원실(02-2014-6200) [학]마산 중앙고졸 1986년 서울대 경영학과졸 [경]1989년 한국신용정보(주) 입사, 同CB·IT사업본부장(상무보) 2006년 同CB사업본부장 2006년 同평가사업본부장 2007년 한신정평가(주) 상무 2010년 한국신용평가정보(주) 전무이사 2010년 한신정평가(주) 전무 2011~2012년 나이스신용평가(주) 기업정보총괄 전무 2012~2015년 나이스정보통신(주) 대표이사 2015년 나이스신용평가(주) 부사장(현)

남원우(南元祐) NAM Won Woo

[생]1960·6·16 [본]의령(宜寧) [출]서울 [주]서울 서대문구 이화여대길52 이화여자대학교 자연과학대학(02-3277-2392) [학]1985년 미국 캘리포니아주립대 화학과졸 1990년 이학박사(미국 캘리포니아주립대 로스앤젤레스교) [경]1990~1991년 미국 캘리포니아주립대 로스앤젤레스교 Post-Doc. 1991~1994년 홍익대 기초과학과 조교수 1994~2005년 이화여대 대학원 나노과학부 교수 2003년 창의적연구진흥사업단 단장 2005년 이화여대 바이오융합과학과 교수, 同분자생명과학부 화학·나노과학전공 석좌교수, 同자연과학대학 화학·나노과학전공 석좌교수(현) 2007년 중국 홍콩대 명예교수(현) 2007년 중국 남경대 초빙교수(현) [상]Award in Analytical Chemistry Certificate of Honor, 대한민국한림원 젊은과학자상, 대한화학회 무기분과상, 이화여대 이화학술상, 대한화학회 학술상, 과학기술부·한국과학재단 선정 '이달의 과학기술자상'(2005), 경암학술상-생명과학분야(2007), 교육과학기술부 및 한국과학창의재단 선정 '2008년 닮고 싶고 되고 싶은 과학기술인'(2008), 대한화학회 이태규학술상(2012), 한국과학상 화학분야(2015) [저]'무기화합물 명명법'(1998) 'Cytochrome P450'(2003)

남유진(南洧鎭) NAM Yoo Chin

[생]1953·4·7 [본]영양(英陽) [출]경북 구미 [주]경북 구미시 송정대로55 구미시청 시장실(054-452-5521) [학]1971년 경북고졸 1976년 서울대 철학과졸 1985년 同행정대학원 행정학과졸 1998년 미국 조지타운대 공공정책대학원 수료 2003년 경운대 산업대학원 최고관리자과정 수료 2005년 서울대 환경대학원 도시환경고위정책과정 수료 2006년 금오공과대 산업대학원 최고경영관리자과정 수료 2013년 경영학박사(금오공과대) [경]1978년 행정고시 합격(22회) 1979년 총무처 근무 1986년 내무부 근무 1992년 대통령비서실 행정관 1993년 경북 청송군수 1994년 지방행정연수원 조사과장 1994년 내무부 민방위국 기획과장 1995년 同장관 비서실장 1998년 행정자치부 과장급(해외 파견) 1999년 同공기업과장 1999년 同교부세과장 2000년 대통령비서실 국장 2001년 구미시 부시장 2004~2005년 국가청렴위원회 홍보협력국장 2006·2010년 경북 구미시장(한나라당·새누리당) 2011년 대한적십자사 구미시 명예회장 2014년 경북 구미시장(새누리당)(현) [상]대통령표창(1989), 근정포장(1996), 한국일보 존경받는 대한민국CEO대상 글로벌경영부문(2008), 대한민국재향군인회 공로휘장(2010), 세계자유민주연맹 국제자유장(2010), 대통령표창(2011), 제18회 한국지방자치경영대상 최고경영자상(2013), 전국지방자치단체 복지정책평가 대상(2013), 한국신뢰성대상 정부공공부문 대상(2016) [저]'미국정치와 행정'(1999, 나남출판사) '미국지방자치의 이해'(2005, 집문당) [종]불교

남윤영(南潤永) NAM Yun Young

[생]1954 · 4 · 15 [출]서울 [주]서울 중구 을지로5길19 동국제강(주) 임원실(02-317-1015) [학]1972년 한성고졸 1977년 서울대 금속학과졸 [경]1978년 동국제강(주) 근무 1997년 同기획조정실 신규사업팀 근무 1999년 同이사대우 2000~2001년 同기획실장(이사) 2001~2002년 同기획실장(상무) 2002년 同원료 · 자재담당 상무 2005년 同원료 · 자재담당 전무 2008년 同기획 · 관리 · 원료자재총괄 부사장 2009년 한국철강협회 철강홍보위원장 2012년 동국제강(주) 대표이사 사장 2015년 同열연사업본부장(사장) 2015년 同상임고문(현) [상]산업포장

남은우(南銀祐) NAM Eun Woo (거인)

[생]1959 · 10 · 19 [출]경기 고양 [주]강원 원주시 흥업면 연세대길1 연세대학교 보건과학대학 보건행정학과(033-760-2413) [학]1984년 연세대졸 1986년 同보건대학원졸 1991년 의학박사(일본 東邦大) [경]1987년 연세대 경영학과 강사 1988년 고신대 보건과학부 전임강사 · 조교수 · 부교수 1989년 한국보건행정학회 이사 1991년 고신대 보건과학연구소장 1992년 일본 東京大국제보건대학원 객원연구원 1994년 국제건강증진및보건교육학회 이사 1995년 한국병원경영학회 이사 1997년 고신대 학생처장, 同영도발전연구소장 1998~2004년 한국지방정부학회 이사 2001년 스위스 제네바 WHO Non Communicable Disease Research Partner 2002년 일본 국립보건의료과학원 객원연구원 2003~2007년 국제보건교육건강증진학회(IUHPE) 이사 2003년 영국 브라이튼대학 건강증진학과 방문교수 2004년 한국보건교육건강증진학회 이사 겸 부회장 2004년 고신대 의료경영학과 교수 2004년 연세대 보건과학대학 보건행정학과 교수(현) 2004년 보건복지부 실버산업추진실무위원 2004년 국제보건교육건강증진학회(IUHPE) Reviewer of Online Journal of Health Promotion and Education 2005년 연세대 의료복지연구소 건강도시연구센터장(현) 2006년 보건복지부 건강도시포럼 위원 2007년 국제보건교육건강증진학회(IUHPE) 이사 2008년 Scientific Committee Member of Alliance for Healthy Cities(AFHC) 2008년 건강증진사업지원단 기획평가위원 2009년 WHO Temporary Advisor(Healthy Urban Transportation) 2009년 원주시 건강도시자문위원회 부위원장 2009년 보건복지가족부 건강도시포럼 부위원장 2009년 대한민국건강도시협의회 학술이사 2009년 WHO Temporary Advisor(Healthy Cities) 2009년 International Editorial Board, Environmental Health and Preventive Medicine(PubMed) 2010년 한국보건행정학회 이사, 同감사(현) 2010년 원주의료원 이사 2010년 WHO Temporary Advisor(Cities Forum) 2014년 연세대 글로벌헬스센터장(현), 同원주산학협력단 감사(현) 2015~2016년 세계건강도시연맹총회 학술위원장 [상]고신대 우수연구교수상 [저]'병원관리학' '일본의 의료연구' '국제보건학' '여자는 장수, 남자는 단명' 'Health Insurance Reform In Korea'(2003) [역]'일본인의 장수비결' '건강증진 유효성에 관한 Evidence'(2003) [종]기독교

남익현(南益鉉) Nam Ick Hyun

[생]1963 · 3 · 7 [출]서울 [주]서울 관악구 관악로1 서울대학교 경영대학(02-880-6961) [학]1985년 서울대 경영대학졸 1987년 미국 스탠퍼드대 대학원 경영학과졸 1993년 경영학박사(미국 스탠퍼드대) [경]1993년 서울대 경영대학 생산관리전공 교수(현) 1995년 한국경영과학회 편집위원 2004년 (주)이수페타시스 사외이사, (주)티브로드한빛방송 사외이사 2008년 서울대 발전기금 상임이사 2010~2014년 同기획처장 2013년 태광산업(주) 사외이사(현) 2015년 서울대 경영대학장 겸 경영전문대학원장(현) [상]서울대총장표창(1985), 과학기술우수논문상(1996) [저]'경영수학'(1995, 법문사) '한국기업의 물류관리실태와 물류합리화전략'(1995, 대한상공회의소) '경제수학'(1997, 법문사) '공급사슬관리와 전자상거래'(1999, ECRC) '계량경영학'(2000, 박영사) 'e-Procurement의 실패와 성공요인'(2004, ECRC) 'RFID 개요 및 활용'(2005, 서울대 경영연구소) [역]'전략게임'(1999, 학현사) '경영전략게임'(2002, 박영사)

남인길(南寅佶) Nam In Kil

[생]1955 · 6 · 21 [출]경북 의성 [주]경북 경산시 진량읍 대구대로201 대구대학교 컴퓨터IT공학부(053-850-6573) [학]1978년 경북대 전자공학과졸 1981년 영남대 대학원 전자공학과졸 1992년 공학박사(경북대) [경]1978~1980년 대구은행 전산부 행원 1980~1985년 경북공업전문대 전자계산기과 조교수 1985~1987년 경북개방대학 전자계산학과 조교수 1987~1990년 경북산업대학 전자계산학과 부교수 1990년 대구대 컴퓨터IT공학부 교수(현) 1996년 미국 루이지애나주립대 전자계산학과 교환교수 2000년 대구대 학생처장 2001~2003년 同사무처장 2009년 同교육혁신평가원장 2009년 同교무처장 2011~2013년 同부총장 [저]'홈페이지 제작 실습'(2002) '예제로 공부하는 프로그래밍 실습'(2003)

남인석(南仁錫) NAM In Suk

[생]1956 · 12 · 14 [본]의령(宜寧) [출]전남 나주 [주]서울 마포구 월드컵북로54길11 전자회관12층 한국전자정보통신산업진흥회(02-6388-6100) [학]1974년 광주 살레시오고졸 1978년 한양대 공과대학 정밀기계공학과졸 1990년 태국 AIT(Asian Institute of Technology) 대학원 산업공학과졸(석사) 1994년 국방대학원졸 2004년 산업공학박사(전북대) [경]1977년 기술고시 합격(13회) 1978년 전매청 사무관 1982년 공업진흥청 사무관 1984~1992년 상공부 사무관 1993년 통상산업부 과장 1994년 일본 통산성 중동경제연구소 주임연구원 1997년 산업자원부 산업표준과장 1999년 同품질디자인과장 2000년 同산업기계과장 2001년 同산업기술정책과장 2002년 한국생산기술연구원 파견 2002년 특허청 심사2국장 2004년 同기계금속심사국장 2004년 국방부 한국형다목적헬기개발사업단 국장(파견) 2004년 과학기술부 과학기술혁신본부 기술혁신평가국장 2006년 산업자원부 기술표준원 기술표준정책부장 2008~2009년 지식경제부 기술표준원장 2009년 국제표준화기구(ISO) 이사회 이사 2010~2012년 한국중부발전(주) 대표이사 사장 2013년 한국전자정보통신산업진흥회 상근부회장(현) [상]대통령표창(1992), 홍조근정훈장(2008), GWP 최고경영자상(2011) [저]'전자상거래법(共)'(2000, 다산출판사) [종]가톨릭

남인숙(南仁淑 · 女) NAHM In Sook

[생]1949 · 2 · 25 [출]대구 [주]경북 경산시 하양읍 하양로13의13 대구가톨릭대학교 사범대학 교육학과(053-850-3341) [학]1972년 영남대졸 1976년 미국 볼주립대 대학원졸 1980년 교육학박사(미국 볼주립대) [경]1980~1981년 일본 도쿄 게이오대 객원교수 1986~1989년 미국 애리조나주립대 여성학 Adjunct Faculty 1989년 동아일보 칼럼니스트 1990~2005년 대구가톨릭대(효성여대) 대학원 여성학 교수 1991~2003년 민주평통 자문위원 1992~1997년 대구가톨릭대 한국여성문제연구소장 1992~2001년 한국부인회총본부 수석부회장 · 공동회장, 同이사(현) 1996년 일간스포츠 신세대카운셀링 연재 1996~2001년 대구시 여성정책위원 1997년 미국 애리조나주립대 교환교수 1999~2013년 한국사회이론학회 부회장 · 회장 · 편집위원장 2000~2002년 통일부 통일정책평가위원 2000~2009년 대한적십자사 남북이산가족교류인선위원 2000~2004년 同남북교류전문위원 2000~2004년 한국여성학회 이사 2003년 북한연구학회 부회장 2004년 한국천주교평신도사도직협회 여성분과위원장 2005~2014년 대구가톨릭대 사범대학 교육학과 교수 2006~2009년 한국간행물윤리위원회 위원 2006~2012년 전국여교수연합회 부회장 2006년 보건복지부 식품위생심의위원 2007~2009년 경북도 여성정책위원회 부위원장 2010~2016년 통일부 통일교육대구지부 운영위원 2010~2011년 한국인문사회과학회 부회장 2011년 (사)바른사회하나로 부원장 2011년 경북도 6.25전쟁납북피해진상규명 및 납북피해자명예회복위원회 실무위원(현) 2013년 가톨릭대구대교구 여성위원장(현) 2014년 대구가톨릭대 사범대학 교육학과 명예교수(현) 2014년 (사)바른사회하나로 고문 2014년 대구시 남북교류협력위원회 부위원장(현) 2015년 경북도 양성평등위원회 부위원장(현) 2016년 바른사회정책연구원 원장(현) [상]한국일보 오늘의 여성상(1990), 국회도서관 장서기증 감사패(1998), 통일부장관표창(2010), 대구가톨릭대 교육업적부분 최우수상(2012) [저]'북한여성의 실재'(1992) '남북한 여성 그들은 누구인가'(1992) '한국남성의 숙제(編)'(1995) '여성과 한민족(編)'(1996) '왜 여성학인가'(1996 · 2000 · 2003) '해방이후 가톨릭여자수도회의 사회복지 활동(共)'(2005) '변화하는 사회와 여성'(2005) '여성과 교육'(2009)

남인순(南仁順 · 女) NAM In Soon

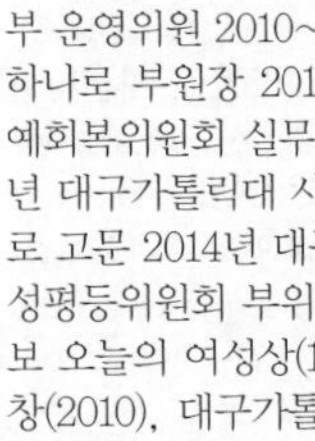

[생]1958 · 11 · 5 [출]인천 [주]서울 영등포구 의사당대로1 국회 의원회관748호(02-784-5980) [학]1977년 인천 인일여고졸 1995년 세종대 국어국문학과졸 2002년 성공회대 시민사회복지대학원 사회복지학과졸 [경]1988년 인천일하는여성의나눔의집 간사 1989~1993년 인천여성노동자회 사무국장 · 부회장 1994~2000년 한국여성단체연합 사무국장 · 사무처장 2000년 총선연대 사무총장 2001~2002년 문화방송 시청자위원 2001~2003년 한국여성단체연합 사무총장 2004년 同공동대표 2004~2006년 국무총리실 국민고충처리위원 2005~2011년 한국여성단체연합 상임대표 2005~2011년 시민사회단체연대회의 공동대표 2005~2006년 대통령자문 사법제도개혁추진위원회 실무위원 2006~2009년 KBS 이사 2006~2007년 보건복지가족부 저출산고령사회위원 2007~2009년 교육인적자원부 법학교육위원 2007~2008년 대법원 양형위원회 위원 2008~2011년 민족화해협력범국민협의회 상임의장 2011~2012년 시민정치행동 내가꿈꾸는나라 공동대표 2011년 (사)시민경제사회연구소 연구위원 2012년 민주통합당 최고위원 2012년 제19대 국회의원(비례대표, 민주통합당 · 민주당 · 새정치민주연합 · 더불어민주당) 2012

년 국회 아동여성대상성폭력대책특별위원회 야당 간사 2012년 국회 시민정치포럼 공동대표 2012년 국회 성평등정책연구포럼 공동대표 2012 · 2014년 국회 보건복지위원회 위원 2012년 국회 여성가족위원회 위원 2013년 국회 사법제도개혁특별위원회 위원 2014년 국회 여성가족위원회 야당 간사 2014년 새정치민주연합 전국여성위원장 2014년 同조직강화특별위원회 위원 2014~2015년 同원내부대표 2014~2015년 국회 군인권개선및병영문화혁신특별위원회 위원 2015년 새정치민주연합 아동학대근절과안심보육대책태스크포스(TF) 위원장 2015년 국회 메르스대책특별위원회 위원 2015년 더불어민주당 아동학대근절및안심보육대책특별위원회 위원장(현) 2016년 同서울송파구丙지역위원회 위원장(현) 2016년 제20대 국회의원(서울 송파구丙, 더불어민주당)(현) 2016년 더좋은미래 책임운영간사(현) 2016년 국회 여성가족위원회 위원장(현) 2016년 국회 보건복지위원회 위원(현) 2016년 한국아동인구환경의원연맹(CPE) 회원(현) [상]여성신문사 미지상(2001), 한겨레신문 선정 '미래의 지도자 100인'(2003), 한국여성단체연합 여성운동버팀목상(2003), 국민훈장 동백장(2006), 우수국회의원연구단체 선정(2012), 민주통합당 선정 국정감사우수의원(2012), 국회를 빛낸 바른언어상 모범언어상(2013), 법률소비자연맹 선정 국회 헌정대상(2013), 새정치민주연합 국정감사우수의원(2014), 국회사무처 입법및정책개발 우수 국회의원상(2014), 국회 우수 국회의원연구단체상(2014), 연합매일신문 대한민국 의정대상(2015), 법률소비자연맹 제19대 국회 종합헌정대상(2016) [저]'열린희망(共)'(1998, 한국여성단체연합 10년사) '한국의 여성 정치세력화 운동(共)'(2005, 여성정치세력민주연대 기획총서) 'NGO와 법의 지배(共)'(2008, 서울대 법학연구소 법의지배센터) '날아라! 여성'(2012) '구석구석 젠더정치'(2014, 해피스토리)

남인식(南寅植) NAM In Sic

[생]1950 · 1 · 21 [본]의령(宜寧) [출]대구 [주]경북 포항시 남구 청암로77 포항공과대학교 화학공학과(054-279-2264) [학]1969년 서울고졸 1974년 한양대 화학공학과졸 1976년 同대학원졸 1979년 미국 미시간주립대 대학원 화학공학과졸 1983년 화학공학박사(미국 앰허스트대) [경]1976~1978년 제철화학 근무 1983년 벨기에 Univ. of Gent 석유화학기술연구소 연구원 1985년 미국 웨인주립대 화학공학과 조교수 1987~2015년 포항공과대 화학공학과 교수 1990~1998년 포항산업과학연구원 환경촉매팀장 1996~2000년 포항공과대 환경공학부장 1996~1998년 한국화학공학회 대구 · 경북지부장 1997~1998년 同홍보위원장 1998년 同에너지환경부문 위원장 1998년 미국 캘리포니아대 버클리교 방문교수 2001년 한국화학공학회 교육 · 연구위원장 2003~2007년 포항공과대 부총장 2007년 '어플라이드 카탈리시스 B : 환경(Applied Catalysis B : Environmental)' 편집장 2008년 코오롱 사외이사 2010~2014년 포스코켐텍 사외이사 2010년 한국화학공학회 회장 2015년 포항공과대 화학공학과 명예교수(현) [상]산학협동재단 산학협동대상(1996), 석명우수화공인상(2007), 한국화학공학회 여산촉매학술상(2011), 미래창조과학부 화공분야 한국공학상(2014) [저]'Catalysis Vol.16 Chap.7 : Selective Catalytic Reduction of Nitrogen Oxides by Ammonia'(2002) 'Catalysis vol.18 Chap.4 : New Opportunity for HC-SCR Technology to Control NOx Emission from Advanced Internal Combustion Engines'(2005) [종]기독교

남재경(南裁慶) Nam Jae Kyong

[생]1961 · 3 · 20 [출]경남 의령 [주]서울 중구 덕수궁길15 서울특별시의회 의원회관 803호(02-3783-1771) [학]2002년 경기대 관광경영학과졸 2005년 同대학원 관광경영학과졸, 연세대 행정대학원 재학 중 [경](주)하림각 대표이사, (사)한국음식업중앙회 종로지회 부지회장, 한나라당 종로지구당 부암동협의회장, 민주평통 자문위원 2002년 서울시 종로구의회 의원, 同운영위원장 2006 · 2010년 서울시의회 의원(한나라당 · 새누리당) 2006년 同지역균형발전지원특별위원회 위원 2006년 同건설위원회 위원 2006 · 2008년 同예산결산특별위원회 위원 2007년 同정책연구위원회 위원 2007년 同지방자치발전특별위원회 위원 2008년 同가락동농수산물도매시장개선특별위원회 위원 2009년 同도심부지원특별위원회 위원장 2009년 同관광객유치콘텐츠개발특별위원회 위원 2008년 同교육문화위원회 위원 2010년 同교통위원회 위원 2011 · 2013년 同예산결산특별위원회 위원 2012 · 2013년 同재정경제위원회 위원 2012년 同행정자치위원회 위원 2012년 同최고고도지구합리적개선특별위원회 위원, 새누리당 서울시당 대변인 2014년 서울시의회 의원(새누리당)(현) 2014년 同도시계획관리위원회 위원 2014년 同한옥지원특별위원회 위원 2015년 同예산결산특별위원회 위원(현) 2016년 同문화체육관광위원회 위원(현) [상]보건복지부장관표창, 종로문화상, 서울시장표창, 제2회 매니페스토약속대상 광역지방의원부문(2010), 의정행정대상 광역지방의원부문(2010), 2013 매니페스토약속대상 광역의원부문 대상(2014)

남재국(南在國) NAHM Jae Kook

[생]1961 · 4 · 23 [본]영양(英陽) [출]경북 상주 [주]경기 안양시 동안구 시민대로327번길11의25 (주)에프알텍 사장실(031-478-2114) [학]한양대 물리학과졸, 서울대 대학원 물리학과졸 [경]현대전자 반도체연구소 연구원, 한국통신 선로기술연구소 선임연구원, 同KTF기술연구소 차장 2000년 (주)에프알텍 대표이사 사장(현) [상]IR52 장영실상(2002) [종]기독교

남재두(南在斗) NAM Jae Du

[생]1939 · 9 · 14 [본]영양(英陽) [출]경북 안동 [주]대전 서구 계룡로314 대전일보 회장실(042-251-3001) [학]1958년 경기고졸 1962년 연세대 정법대학 법학과졸 1964년 同대학원 경영학과졸 2010년 명예 정치학박사(한남대) [경]1964년 한국은행 입행 1970년 同조사부 조사역 1976년 대전일보 사장 1977년 대전보문라이온스클럽 회장 1981년 제11대 국회의원(대전 동구, 민주정의당) 1982년 민주정의당(민정당) 총재 비서실장 1982년 국제라이온스협회 319A지구 총재 1982년 대한보이스카우트연맹 부총재 1983년 민정당 원내부총무 1985년 同정책위원회 부의장 1985년 제12대 국회의원(대전 동구, 민정당) 1985년 민정당 학원대책특별위원장 1987년 한 · 인도친선협회 부회장 1988년 민정당 대전동구甲지구당 위원장 1989년 100만인모금걷기대회 대회장 1990년 국제PTP 한국본부 총재 1992년 제14대 국회의원(대전 동구甲, 민자당 · 신한국당) 1992년 국회 대전세계박람회지원특별위원장 1992년 민자당 대전시지부 위원장 1993년 同당무위원 1993년 同중앙당기위원장 1993년 한 · 베트남의원친선협회 회장 1996년 신한국당 대전동구甲지구당 위원장 1996년 한국관광공사 이사장 1997년 신한국당 대전시지부장 1998년 한나라당 대전시지부장 1998년 국민회의 당무위원 2000년 새천년민주당 대전서구乙지구당 위원장 2000년 同당무위원 2002년 한나라당 국책자문위원 2004년 대전일보 회장(현) [상]재무부장관표창, 백호대상(2010) [저]'한국경제의 발전과 전망' [종]불교

남재열(南在烈) NAM JAE YEAL

[생]1960 · 8 · 12 [출]경북 김천 [주]대구 달서구 달구벌대로1095 계명대학교 컴퓨터공학과(053-580-5348) [학]1983년 경북대 전자공학과졸 1985년 同대학원졸 1991년 공학박사(미국 Univ. of Texas at Arlington) [경]1985년 한국전자통신연구소 연구원 1991~1995년 同선임연구원 1995년 계명대 정보통신학부 부교수 2007년 同컴퓨터공학과 교수(현) 2009년 同광역선도IT융복합의료기기실 무형인재양성센터장 2010년 同산학연구처장 2012년 同연구처장 2015년 同산학부총장(현) [저]'OSGi 소프트웨어 개발'(2006) [역]'디지털 영상처리'(2003) '논리설계의 기초'(2004) '멀티미디어 공학'(2004) 등

남재준(南在俊) NAM Jae Joon

[생]1944 · 10 · 20 [본]영양(英陽) [출]서울 [학]1965년 배재고졸 1969년 육군사관학교졸(25기) 1979년 육군대학졸 1990년 경남대 경영대학원졸 2005년 명예 경영학박사(배재대) [경]1988년 육군 제7보병사단 3연대장 1991년 육군 제1야전군 작전차장 1995년 육군보병학교 교수부장 1995년 육군 제6보병사단장 1997년 육군본부 인사참모부장 1998년 육군 수도방위사령관 2001년 합동참모본부 작전본부장 2002년 한미연합사령부 부사령관 2003~2005년 육군 참모총장(대장) 2010년 서경대 군사학과 석좌교수 2012년 새누리당 박근혜 대통령후보 국방안보특보 2013~2014년 국가정보원장 [상]무공포장, 보국훈장 삼일장(1984), 대통령표창(1990), 보국훈장 천수장(1995), 보국훈장 국선장(1998), 미국 공로훈장(2003), 보국훈장 통일장(2004) [종]불교

남재철(南在哲) NAM, Jae-Cheol

[생]1959 · 5 · 26 [본]영양(英陽) [출]경북 안동 [주]서울 동작구 여의대방로16길61 기상청 차장실(02-2181-0211) [학]1978년 안동고졸 1983년 서울대 농학과졸 1985년 同대학원 기상학과졸(석사) 1997년 同대학원 기상학 박사과정 수료 1999년 영국 레딩대 대학원 기상학박사과정 수료 2002년 대기과학박사(서울대) [경]기상연구사 특채 1990년 남극세종과학기지 연구원 1999년 영국 레딩대 기상학과 파견 2000~2006년 기상청 기상연구소 예보(해양 · 원격탐사 · 응용)연구실장 2006~2009년 同국제협력담당관 2009~2011년 미국 오클라호마대 국가기상센터(NWC) 초빙연구원 2010년 한국기상학회 국제협력위원장 2011년 기상청 기상산업정책과장 2011년 부산지방기상청장(고위공무원) 2012년 기상청 기상산업정보화국장 2012~2015년 同국립기상연구소장 2013년 세계기상기구(WMO) 대기과학위원회 부의장(현) 2015년 수도권기상청장 2016년 기상청 차장(현) [상]과학기술부장관표창(1995), 대통령표창(2004), 홍조근정훈장(2015) [종]불교

남재희(南載熙) NAM Jae Hee

[생]1934·1·18 [본]의령(宜寧) [출]충북 청주 [학]1952년 청주고졸 1958년 서울대 법과대학졸 [경]1958년 한국일보 기자 1962~1972년 조선일보 기자·문화부장·정치부장·편집부국장·논설위원 1972년 서울신문 편집국장 1973년 同이사 1974년 관훈클럽 총무 1977년 서울신문 주필 1979년 제10대 국회의원(서울 강서구, 민주공화당) 1979년 민주공화당 정책연구소 차장·정책조정실 차장 1980년 입법회의 의원 1980년 민주정의당(민정당) 정책위원회 의장 1981년 제11대 국회의원(서울 강서구, 민정당) 1983~1987년 민정당 서울시지부 위원장 1985년 제12대 국회의원(서울 강서구, 민정당) 1985년 민정당 정책위원회 교육문제특별분과 위원장 1987년 한·파나마의원친선협회 회장 1987년 민정당 정책위원회 의장 1988년 민주화합추진위원회 위원 1988년 민정당 서울시지부 위원장 1988년 제13대 국회의원(서울 강서구乙, 민정당·민자당) 1988년 한·캐나다의원친선협회 회장 1989년 민정당 중앙위원회 의장 1991년 국회 윤리특별위원장 1993~1994년 노동부 장관 1995년 민자당 당무위원 1996년 신한국당 당무위원 1997~2001년 호남대 객원교수 2003년 통일고문회의 고문 2012년 서울시 시정고문(현) [상]새마을훈장 근면장, 청조근정훈장 [저]'스튜던트 파워'(共) '모래 위에 쓰는 글' '정치인을 위한 변명' '양파와 연꽃'(1992) '일하는 사람들과 정책'(1995) '언론·정치 풍속사'(2004) '아주 사적인 정치비망록'(2006) '남재희가 만난 통 큰 사람들'(2014, 리더스하우스) [종]기독교

남 정(南 亭) (玄翁)

[생]1940·10·15 [본]용궁(龍宮) [출]경북 영천 [주]경기 남양주시 천마산로115의13 수진사(031-592-8891) [학]1986년 대원불교대학졸 1993년 고려대 경영대학원 수료 [경]1983년 대한불교총화종 종정 사서실장 1988년 同감찰원장 1989년 同종무원장 1990년 同선거관리위원장 1991년 서울 성동구치소 종교위원 1995~2014년 대한불교총화종 총무원장 1995년 한국불교종단협의회 이사 1996년 한일불교문화교류협의회 사무총장, 대한불교총화종 종단협의회 상임이사 2000년 한·일불교협의회 사무총장·부회장 2001년 민주평통 자문위원 2002년 법무부 범죄예방위원회 고문(현) 2003년 법무부 교화활동 2008년 한국불교총화종유지재단 이사장(현) 2009년 한일문화교류협의회 부이사장 2013~2015년 (사)생명나눔실천본부 이사 2014년 대한불교총화종 종정(현) [상]법무부장관표창(1993) [종]불교

남정곤(南廷坤) NAM Jung Gon

[생]1954·9·21 [출]서울 [주]경기 성남시 분당구 판교로 242 판교디지털파크A동4층 (주)나무기술 임원실(031-8060-0200) [학]중앙고졸, 성균관대 전자학과졸, 서울대 대학원 전자공학학과졸 [경](주)하이닉스반도체 메모리제조본부 자동화담당 상무 2008~2010년 同정보자동화담당 겸 최고정보관리책임자(CIO·전무) 2013~2015년 (주)티맥스소프트 대표이사 2015년 (주)나무기술 부회장(현) [상]석탑산업훈장(2008), 한국CIO포럼 올해의 CIO상 대상(2008)

남정현(南正鉉) NAM Jung Hyun

[생]1950·2·3 [출]서울 [주]서울 성동구 왕십리로222 한양대학교 의과대학(02-2290-8430) [학]1975년 한양대 의과대학졸 1986년 조선대 대학원 의학석사 1992년 보건학박사(일본 도쿄대) [경]1982년 수도통합병원 정신과장 1983~2015년 한양대 의과대학 정신건강의학교실 전임강사·조교수·부교수·교수 1994년 同의과대학 교학과장, 同서울병원 신경정신과 전문의 1995년 대한사회정신의학회 감사 1998년 한양대 지역사회보건연구소장 1998~2000년 同의과대학 구리병원 과장 1999~2005년 대한신경정신의학회 홍보이사·보험이사 1999~2006년 대한사회정신의학회 부회장 2001년 한양대 서울병원 신경정신과장 2003년 同서울병원 부원장 2005~2007년 同의료원 기획관리실장 2009~2011년 同병원장 2010~2012년 대한병원협회 기획이사 2015년 한양대 의과대학 정신건강의학교실 명예교수(현)

남정현(南正鉉) Nam Jeong Hyeon

[생]1962·2·2 [출]충북 충주 [주]충북 진천군 진천읍 중앙동로68 진천경찰서(043-531-5321) [학]충주고졸, 충북대졸 [경]1984년 경위 임용(특채) 1999년 경감 승진, 충북 음성경찰서 경무과장, 경찰청 감사담당관실 근무 2007년 경정 승진, 경기 성남수정경찰서 경비교통과장, 서울 강남경찰서 경무과장, 서울지방경찰청 경무부 경무과 경리계장 2015년 강원지방경찰청 청문감사담당관(총경) 2015년 同치안지도관 2016년 충북 진천경찰서장(현)

남정호(南貞鎬·女) NAM Jeong Ho

[생]1952·12·31 [출]경북 김천 [주]서울 서초구 남부순환로2374 한국예술종합학교 무용원 창작과(02-746-9000) [학]이화여대 무용과졸, 同대학원 무용과졸, 프랑스 Rennes 2대학 예술사학박사과정(D.E.A) 수료, 프랑스 소르본느대 무용디플롬(diplome de danse a la Sorbonne) 수료 [경]1980~1981년 프랑스 장-고당 무용단(Cie Jean-gaudin) 단원 1982년 경성대 무용과 전임강사·조교수·부교수·교수 1992년 미국 UCLA 무용과 객원교수 1996년 한국예술종합학교 무용원 창작과 교수(현) 1998년 미국 게일리서치발행 「세계현대춤사전」 등재 2003년 미국 하와이대 무용과 초빙교수 2013년 국립현대무용단 이사(현) 2014년 한국예술종합학교 무용원 창작과장(현) [상]코파나스상, 일본 사이따마 국제안무대회 특별상, 제4회 김수근 문화예술상, 예술평론가협회 최우수예술가상(1999), 2011댄스비전 이사도라 무용예술상(2011) [저]'맨발의 텝시코레'(신세대출판사) '현대무용 감상법'(1995, 대원사) [역]'뉴댄스(共)'(1988, 금광출판사) '발레의 현대(共)'(2004, 늘봄) [작]'유희' '얘들아 나오너라 달따러가자' '자화상' '가시리' '빨래' '나그네들' '나는 꿈속에서 춤을 추었네' '유랑자' [종]가톨릭

남종섭(南鍾燮) NAM Jong Seop

[생]1966·2·10 [주]경기 수원시 팔달구 효원로1 경기도의회(031-8008-7000) [학]국제디지털대 경영학과졸, 명지대 대학원 지방행정학과 수료 [경]민주평통 자문위원, 용인도시공사노동조합 위원장, 민주당 경기도당 지방자치위원회 부위원장, 同용인乙지역위원회 노동위원장, 용인시 기흥구 신갈자율방범대장, 기흥호수살리기대책위원회 부위원장 2014년 새정치민주연합 경기도당 창당발기인 2014년 同정책조정위원회 부위원장 2014년 경기도의회 의원(새정치민주연합·더불어민주당)(현) 2014년 同보건복지위원회 위원 2015년 同청년일자리창출특별위원회 위원(현) 2016년 同교육위원회 위원(현) 2016년 同선감학원진상조사및지원대책마련특별위원회 위원(현)

남종우(南宗佑) NAM, JONGWOO

[생]1969 [주]서울 종로구 세종대로209 통일부 북한인권기록센터 기획연구과(02-2135-7047) [학]서울대 지리학과졸, 同대학원 지리학과졸, 지리학박사(미국 일리노이대) [경]행정고시 합격(43회), 통일부 정책1담당관실 근무, 同장관비서실 근무, 同경제과학담당관실 근무, 同지원총괄과 근무, 同혁신인사기획팀 근무, 同혁신성과팀 근무, 同교류협력기획과 근무, 同제2하나원준비팀 근무 2012년 同정착지원사무소(화천) 교육기획팀장 2014년 同남북회담본부 회담2과장 2014년 同정세분석국 경제사회분석과장 2016년 同북한인권기록센터 기획연구과장(현)

남종혁(南鍾赫) NAM Jong Hyuk

[생]1966·5·5 [출]대전 대덕 [주]서울 영등포구 여의공원로13 KBS 비서실(02-781-2070) [학]고려대 경제학과졸 [경]2000년 KBS 보도국 법조팀 기자 2004년 同보도본부 취재1팀 기자 2005년 同보도본부 1TV뉴스제작팀 기자 2009년 同보도본부 보도국 국제팀 도쿄지국장 2010년 同국장급 2014년 同대외정책실장 2015년 同비서실장(현)

남종현(南宗鉉) NAM Chong Hyun

[생]1943·12·10 [본]고성(固城) [출]대전 [주]서울 성북구 안암로145 고려대학교 경제학과(02-3290-2200) [학]1962년 서울고졸 1967년 서울대 공대 자원공학과졸 1975년 경제학박사(미국 미네소타대) [경]1975~1977년 미국 서던일리노이대 경제학과 초빙교수 1977~1981년 한국개발연구원 수석연구원 1981~2009년 고려대 정경대 경제학과 교수 1985~1987년 세계은행 수석경제조사관 1993년 고려대 대학원 교학부장 1994~1996년 同경제연구소장 1996년 미국 스탠퍼드대 경제개발연구소 연구원 1996~2002년 재정경제부 관세심의위원회 위원 1996~1997년 미국 스탠포드대 경제정책연구소 초빙연구교수 1997~1998년 한국국제경제학회 회장 1999~2006년 고려대 BK21 한국경제교역연구단장 2000~2001년 한국사회과학연구협의회 부회장 2001~2003년 고려대 정책대학원장 2009년 同경제학과 명예교수(현) 2009~2012년 세계경제연구원 원장 [상]다산경제학상(2007) [저]'철강공업의 특성과 수급구조'(1978) 'APEC지역에서의 자본이동성 변화와 한국경제(共)'(1996) '국제무역론'(2008)

남종현(南鍾鉉) Jong-Hyun NAM

[생]1944·9·9 [본]의령(宜寧) [출]충북 진천 [주]서울 송파구 오금로493 (주)그래미 회장실(02-403-3808) [학]청주고졸 1997년 연세대 특허법무대학원 수료(5기), 서울시립대 최고경영자과정 수료(14기), 중국 칭화대 경영대학원 수료 2011년 명예 경영학박사(용인대) 2013년 명예 약학박사(동국대) [경]1983~1990년 남일기계공업 대표이사 1993년 (주)그래미 대표이사 회장(현) 1995~1998년 한국발명기업연합회 부회장 1996년 천연조미료 '그래미' 개발 및 특허 1996~1998년 한국팔기회 홍보위원 1996~1998년 국제수상발명가협회 부회장, 연세대특허법무대학원총동창회 회장(5기), 서울시립대최고경영자과정총동문회 회장 2002년 한국발명기업연합회 회장 2003년 한국발명진흥회 이사 2004년 同감사 2006년 민주평통 상임위원 2008년 한국알코올과학회 이사 2011~2012년 강원FC 프로축구단 대표이사 2012년 대한민국한빛회 회장 2013~2015년 대한유도회 회장 [상]국제발명전 금상·최고대상·특별상, 철탑산업훈장(1999), 장영실과학문화상 과학기술대상(2000), 자랑스런 한국인 발명특허부문 대상(2004), 중소기업청장표창(2004), 국무총리표창(2006), 연세대동문회 감사패(2006), 제43회 발명의날 금탑산업훈장(2008), 2009일본천재회의 우수제품천재상(2009), 올해의 신지식인상(2011), 대한민국 퍼스트브랜드대상(2012) [작]천연조미료 그래미, 숙취해소제 여명808

남종호(南鍾皓) Nam, Jong-Ho

[생]1962·4·27 [본]의령(宜寧) [출]서울 [주]경기 부천시 지봉로43 가톨릭대학교 사회과학부(02-2164-4279) [학]1985년 서울대 심리학과졸 1987년 同대학원 심리학과졸 1995년 미국 럿거스대 대학원 심리학과졸 1997년 심리학박사(미국 럿거스대) [경]1989년 육군사관학교 전임강사 1997년 미국 Univ. of California Irvine, Post-Doc. 1998년 가톨릭대 사회과학부 심리학전공 조교수·부교수·교수(현) 2003년 同인간복지학부장 2008년 한국실험심리학회 편집위원장 2013년 가톨릭대 상담심리대학원장 [저]'심리학'(1990, 박영사) '학술논문 작성 및 출판지침'(2001, 시그마프레스) [역]'감각과 지각'(1999, 시그마프레스) '심리학 이것이 궁금해요'(1999, 시그마프레스) '심리학 연구방법'(2006, 시그마프레스)

남주현(南柱鉉) NAM Joo Hyun

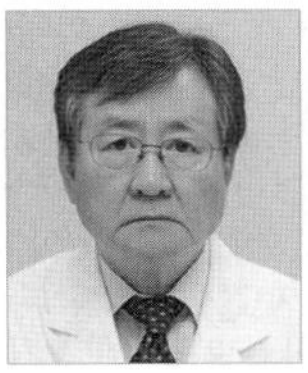

[생]1952·1·26 [출]서울 [주]서울 송파구 올림픽로43길 88 서울아산병원 산부인과(02-2224-3633) [학]서울대 의대졸 1980년 同대학원 의학석사 1985년 의학박사(서울대) [경]1976~1980년 서울대병원 산부인과 전공의 1980~1983년 해군 군의관(소령) 1983~1985년 지방공사 강남병원 산부인과 전문의 1985~1992년 한림대 의대 산부인과학교실 조교수 1988~1989년 미국 예일대 Post-doctoral Fellow 1992~1997년 울산대 의대 산부인과학교실 부교수 1993~1995년 同의과대학 부학장 1997~2001년 서울아산병원 입원부장 1997년 울산대 의대 산부인과학교실 교수(현) 1997년 미국 하버드대 Brigham & Women's Hospital 방문교수 1998~2004년 울산대 의대 산부인과학교실 주임교수 겸 서울아산병원 산부인과장 2000~2004년 울산대 의과대학 부학장 2005~2007년 서울아산병원 암센터 소장 2005~2007년 대한초음파학회 부회장 2005~2007년 대한산부인과학회 이사장 2006~2008년 대한산부인과내시경학회 회장 2010년 대한부인종양연구회 회장 2011~2012년 대한부인종양학회 회장 2013년 아시아부인종양학회(ASGO) 회장(현) 2015년 아시아오세아니아산부인과연맹(AOFOG) 회장(현) 2016년 일본산부인과학회 명예회원(현) [상]광동암학술상(2013)

남주현(南周賢·女)

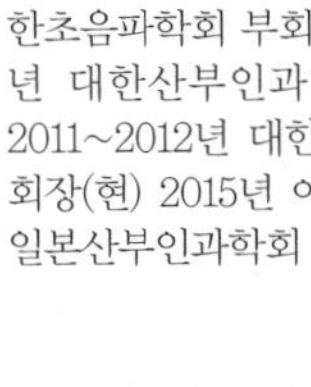

[생]1974 [주]세종특별자치시 한누리대로499 인사혁신처 인사관리국 성과급여과(044-201-8390) [학]정신여고졸, 연세대 행정학과졸 [경]1998년 행정고시 합격(42회) 2011년 행정안전부 인사정책관실 고위공무원정책과 서기관, 同인사기획관실 서기관, 경제협력개발기구(OECE) 대한민국정책센터 파견 2015년 인사혁신처 인사관리국 성과급여과장 2016년 同인사관리국 성과급여과장(부이사관)(현)

남주홍(南柱洪) NAM Joo Hong (撫蝶)

[생]1952·7·16 [본]의령(宜寧) [출]전남 순천 [주]서울 서대문구 경기대로9길24 경기대학교 정치전문대학원(02-390-5118) [학]1971년 덕수상고졸 1977년 건국대 정치외교학과졸 1979년 영국 애버딘대 대학원 전략학과졸 1983년 정치학박사(영국 런던대) [경]1981년 미국 하버드대 국제문제연구소 연구위원 1983~1992년 국방대학원 교수 1988년 통일원 정책평가위원 1991년 MBC 객원해설위원 1992년 김영삼 대통령후보 안보통일보좌역 1993~1995년 국가안전기획부 안보통일보좌관 1996~1998년 민주평통 사무차장 1996~1998년 숭실대 통일정책대학원 겸임교수 1998년 경기대 정치전문대학원 교수(현) 1998~2002년 통일부 통일교육심의위원 1998년 KBS 객원해설위원 2003~2005년 경기대 정치전문대학원장 2007~2008년 제17대 대통령직인수위원회 정무분과위원회 위원 2010년 외교통상부 국제안보대사 2011년 駐캐나다 대사 2012~2013년 국가정보원 제1차장 [상]국민훈장 모란장 [저]'Americas Commitment to South Korea' '통일의 길 그 예고된 혼돈'(1995, 팔복원) '한반도의 전쟁과 평화'(1999, 학문사) '통일은 없다'(2006, 랜덤하우스 중앙) [역]'제2차 태평양전쟁' '태평양의 악몽' [종]기독교

남준우(南俊祐) NAHM Joon Woo

[생]1957·1·7 [본]의령(宜寧) [출]경남 마산 [주]서울 마포구 백범로35 서강대학교 경제학부(02-705-8509) [학]1982년 서강대 경제학과졸 1984년 同대학원 경제학과졸 1989년 경제학박사(미국 위스콘신대) [경]1988~1989년 미국 Survey of Income Program Participation(SIPP) 연구원 1990년 서강대 경제학부 교수(현) 1990~1991년 교육부 독학사 자문위원 1992~1993년 한국경제학회 편집위원 1992~2000년 계량경제학회 부편집위원 1996~1998년 미국 캘리포니아대 방문교수 1998년 계량경제학회 편집위원 2000~2002년 同편집위원장 2001~2002년 한국경제학회 사무국장 2001~2003년 서강대 경제학과장 2002년 통계청 어린이통계대회 출제교수 2002~2003년 한국은행 경제통계국 자문교수 2003~2006년 미국 미시간대 방문교수 2004년 서강대 경제연구소장 2012~2014년 同경제학부 학장 겸 경제대학원장 [상]서강대 경제대학원 총동문회 올해의 서강경제대상(2014) [종]천주교

남준우(南俊祐) NAM Joon Woo

[생]1957·7·20 [출]충남 서산 [주]인천 연수구 아트센터대로175 G타워 (주)송도아메리칸타운(032-203-5575) [학]2000년 연세대 행정대학원졸 [경]2003년 국회 정책연구위원(1급), 한나라당 예산결산수석전문위원, 同의원국장 2004년 同원내기획본부 수석팀장(1급) 2005년 同제1정책조정실장 2006년 同당무조정국장 2007년 同이명박 대통령후보 대선준비팀 부팀장 2008년 대통령취임준비위원회 자문위원 2009~2011년 한국광물자원공사 상임감사 2011년 한나라당 원내대표 특별보좌관 2011~2012년 同정책자문위원 2012년 건양대 글로벌경영학부 교수 2012년 새누리당 정책자문위원(현) 2012년 同박근혜 대통령후보 종합상황실 부단장 2015년 여의도연구원 정책자문위원 2015년 민주평통 중앙상임위원(현) 2016년 (주)송도아메리칸타운 대표이사(현) [상]대통령표창(2010), 감사원·한국감사협회 자랑스러운 감사인 공동 선정(2010) [종]기독교

남준현(南俊鉉) NAM Jun Hyeon

[생]1956·11·24 [주]서울 서초구 방배로10길10의3 전기진흥회관 한국전기산업진흥회 임원실(02-581-8607) [학]1975년 광주고졸 1987년 성균관대 경제학과졸 [경]여수우체국장 2003년 정보통신부 우정사업본부 국내우편과장, 同우정사업본부 우편물류과장 2004년 同우정사업본부 사업개발과장(서기관) 2005년 同우정사업본부 마케팅기획과장 2006년 同우정사업본부 우편정보기술팀장 2007년 同우정사업본부 우편정책팀장 2007년 同우편사업단 물류기획관 2008년 지식경제부 우정사업본부 우편사업단 물류기획관 2010년 同우정사업본부 우편사업단 물류기획관(부이사관) 2010년 제주체신청장 2011년 전북체신청장 2012년 한국전기산업진흥회 상근부회장(현) 2012년 한국전기산업기술연구조합 부이사장(현) 2014년 전략물자관리원 비상임감사(현)

남중수(南重秀) NAM Joong Soo

[생]1955·6·28 [출]서울 [주]경기 안양시 동안구 임곡로 29 대림대학교 총장실(031-467-4703) [학]1974년 경기고졸 1979년 서울대 경영학과졸 1986년 미국 듀크대 대학원 경영학과졸 1990년 경영학박사(미국 매사추세츠대학원) [경]1981년 체신부 장관 비서관 1982년 한국전기통신공사 입사(경영계획과장) 1991년 同춘천전화국장 1995년 同워싱턴사무소장 1997년 同인사국장 1998년 同사업협력실장(상무이사) 1999년 국방대학원 파견 2001~2003년 KT 재무실장(전무이사) 2003~2005년 (주)KTF 대표이사 사장 2003~2005년 한국디지털콘텐츠미래포럼 의장 2004년 서울대 경영대 초빙교수 2004년 이화여대·연세대 겸임교수 2005년 한국통신사업자연합회 회장 2005~2008년 KT 대표이사 사장 2005년 한국홈네트워크산업협회 회장 2005년 한국유시티협회 회장 2006년 한국경영자총협회 비상근부회장 2006년 한국공학한림원 최고경영인평의회 부의장 2007년 U-Korea Forum 회장 2007년 한

국CEO포럼 회장, 서울대 컴퓨터공학부 초빙교수 2013년 대림대 총장(현) [상]한국CFO협회 한국CFO대상(2002), 공정거래의날기념 공정거래질서확립 대통령표창(2003), 일본능률협회 '글로벌 최고경영자 대상'(2003), 헤럴드경제 감성경영대상 리더십 본상(2004), 한국능률협회 고객만족경영대상 최고경영자상(2004), 한국을 빛낸 CEO 기업가치경영부문(2005), 뉴미디어 대상 '올해의 정보통신인'(2005), 월간조선 선정 대한민국경제리더 대상(2007), 한국표준협회 대한민국 창조경영인상(2007), 서울대 경영대학 선정 올해의 경영인 대상(2007), 지속가능경영대상 올해의 기업인부문 대통령표창(2007), 한국능률협회 선정 한국의 경영자상(2008)

남진복(南鎭福) NAM Jin Bok

[생]1958·10·4 [주]경북 안동시 풍천면 도청대로455 경상북도의회(054-880-5337) [학]2008년 경북대 행정대학원 지방자치학과졸 [경]울릉지방자치연구소 소장, 경북도청 근무, 同공무원노동조합 위원장 2006·2010년 경북도의원선거 출마(무소속), 뉴라이트울릉연합 상임대표 2011년 10·26재보선 경북 울릉군수선거 출마(무소속) 2014년 경북도의회 의원(무소속)(현) 2014·2016년 同행정보건복지위원회 위원(현) 2014·2016년 同독도수호특별위원회 위원(현) 2016년 同운영위원회 위원(현)

남진웅(南鎭雄) NAM Jin Woong

[생]1957·1·9 [출]충북 영동 [주]서울 영등포구 여의대로70 신한금융투자타워18층 신한BNP파리바자산운용(02-767-5777) [학]1980년 서울대 경영학과졸 1990년 영국 워릭대 수량개발경제학과졸 1991년 영국 서섹스대 대학원 국제경제학과졸 [경]1979년 행정고시 합격(23회) 1995년 재정경제원 경제정책국 종합정책과 서기관 1997년 UNIDO(국제연합공업개발기구) 파견 2000년 재정경제부 국제기구과장 2001년 同금융협력과장 2002년 同경협총괄과장 2003년 同경협총괄과장(부이사관) 2004년 대통령비서실 파견 2006년 과학기술부 과학기술정책국장 2007년 울산과학기술대 이사 2008년 교육과학기술부 정책기획관 2009년 기획재정부 회계결산심의관(일반직고위공무원) 2009년 同정책조정국 성장기반정책관 2010년 同정책조정국장 2010년 한나라당 정책위원회 기획재정수석전문위원(파견) 2012~2015년 한국금융투자협회 상근부회장 2013~2015년 同금융투자교육원장 겸임 2015년 신한BNP파리바자산운용 상근감사위원(현)

남찬기(南贊基) NAM Chan Ki

[생]1955·1·26 [출]경북 의성 [주]대전 유성구 대학로291 한국과학기술원 기술경영학부(042-350-6307) [학]1978년 서울대 경영학과졸 1988년 경영학박사(미국 조지아주립대) [경]1978년 삼성물산 근무 1981년 한국개발연구원 연구원 1988년 영진투자자문(주) 근무 1988년 서울대·아주대 강사 1988년 통신개발연구원 연구위원 1993년 同기획조정실장 1997년 정보통신정책연구원 연구위원 1998년 同선임연구위원 1999년 同전략컨설팅센터장 2000년 同경영전략연구실장 2001~2009년 한국정보통신대 IT경영학부 교수 2001년 同경영학부장 2003년 同IT경영연구소장 2005~2007년 同연구기획처장 2008년 同경영전문대학원장 겸 IT경영학부장 2009~2013년 한국과학기술원 경영과학과 교수 2012~2013년 한국정보사회학회 회장 2013년 한국과학기술원 기술경영학부 교수(현) [상]대통령표창(1993), 근정포장(2014) [저]'우정사업 경영평가 재구축을 위한 연구(共)'(2000, 정보통신정책연구원) '수익성을 중심으로한 한국통신의 효율적 사업관리체계 재정립 방안 연구(共)'(2001) '원가계산(ABC) 시스템개선과 효율적 원가분석 방안연구'(2003) [종]불교

남찬우(南粲祐) Nam Chan Woo

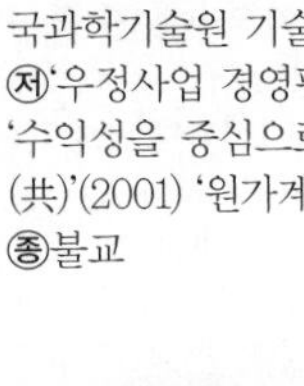

[생]1976·6·23 [본]의령(宜寧) [출]부산 [주]세종특별자치시 갈매로888 문화체육관광부 평창올림픽지원과(044-203-3141) [학]1995년 부산동고졸 2004년 중앙대 경제학과졸 2009년 서강대 공공정책대학원 수료 2015년 호주 플린더스대 대학원 관광학과졸 [경]2003년 행정고시 재경직 합격(47회) 2003년 문화관광부 미디어정책과 사무관 2004~2007년 대통령 교육문화비서관실 행정관 2008년 문화체육관광부 지역문화과·국제문화과·문화산업정책과 사무관 2012년 同관광산업과 서기관 2013~2014년 호주 플린더스대 연수 2015년 문화체육관광부 평창올림픽지원과장(현) [상]국무총리표창(2009), IATOUR 'Best Paper Award at the 2015 international conference on Tourism'(2015) [종]기독교

남창국(南昌局)

[생]1960·12·15 [출]경북 영주 [주]세종특별자치시 도움5로20 법제처 경제법제국(044-200-6632) [학]홍익사대부고졸, 연세대졸 [경]1992년 행정고시 합격(36회), 법제처 사회문화법제국 교육정보심판담당관 2004년 同사회문화법제국 법제관 2005년 중앙공무원교육원 인재양성부 교수 2006년 법제처 경제법제국 법제관 2006년 同총무과장 2007년 한국개발연구원 국제정책대학원 교육파견 2009년 법제처 행정법제국 법제관 2010년 同기획조정관실 창의정책담당관(과장급) 2011년 同기획조정관실 행정관리교육담당관 2011년 同기획조정관실 행정관리교육담당관(부이사관) 2012년 同사회문화법제국 법제관 2014년 同법제지원단 법제관 2015년 同경제법제국 법제심의관(고위공무원)(현)

남창수(南昌秀) NAM Chang Soo

[생]1965·6·16 [출]광주 [주]경기 수원시 장안구 조원로8 국가보훈처 경기남부보훈지청(031-259-1701) [학]1988년 건국대 법학과졸 1990년 同대학원 공법학과졸 [경]행정고시 합격(33회) 1991년 국가보훈처 행정사무관 1997년 同심사정책과 서기관 1998년 광주지방보훈청 지도과장 1999년 목포보훈지청장 1999년 해외 연수(미국 파견) 2001년 익산보훈지청장 2003년 국가보훈처 법무담당관 2004년 同기획예산담당관 2005년 同공보담당관(부이사관) 2005년 同정책홍보담당관 2006년 同총무과장 2006년 미국 미주리 국제교육원 파견 2008년 국가보훈처 기념사업과장 2009년 국립대전현충원 관리과장 2009년 同현충과장 2012년 국가보훈처 규제개혁법무담당관 2015년 서울지방보훈청 수원보훈지청장 2016년 同경기남부보훈지청장(현)

남창우(南昌祐) Changwoo Nam

[생]1961·7·28 [본]의령(宜寧) [주]대구 북구 대학로80 경북대학교 행정학부(053-950-7239) [학]한영고졸 1987년 서울시립대 도시행정학과졸 1989년 同대학원 도시행정학과졸 1998년 행정학박사(동국대) [경]상주대 행정학과 교수 1992년 한국의회발전연구회 연구원 1997~2001년 강원발전연구원 책임연구원 1999~2000년 영월군발전위원회 위원 1999년 한국지방재정학회 이사 2000년 한국도시행정학회 상임이사 2003년 한국지방재정학회 편집위원 2004년 한국도시행정학회 편집위원 2005년 한국행정학회 총무위원 2005년 한국지방자치학회 상임이사 2006년 한국지방공기업학회 연구이사 2006년 한국정책분석평가학회 편집위원 2006~2007년 상주대 기획연구처장 2008년 경북대 행정학과 교수 2009년 同행정학부 교수(현) 2016년 同행정학부장 겸 행정대학원장(현) 2016년 한국도시행정학회 회장(현) [저]'장기미집행 도시계획시설 해소대책'(2002) '우수인재 확보를 위한 교원인사제도에 관한 연구'(2002) '태양에너지 시범공원 타당성 조사'(2003) '태양에너지 시범공원 타당성 조사'(2004) '지방정부의 자치역량 강화방안'(2004)

남창진(南昌鎭) Nam Chang Jin

[생]1952·11·16 [주]서울 중구 덕수궁길15 서울특별시의회 의원회관833호(02-3783-1926) [학]한양대 공공정책대학원 석사과정 수료 [경]바르게살기운동 서울시 송파구협의회 회장, 한나라당 서울송파甲당원협의회 부위원장, 송파구영남향우회 부회장, 민주평통 자문위원 2010년 서울시 송파구의회 의원(한나라당·새누리당) 2012년 同도시건설위원장 2012년 새누리당 서울시당 부위원장 2014년 서울시의회 의원(새누리당)(현) 2014·2016년 同도시계획관리위원회 위원(현) 2014년 同싱크홀발생원인조사 및 안전대책특별위원회 부위원장 2014년 同한옥지원특별위원회 부위원장 2015년 同조례정비특별위원회 위원장 2015년 同예산결산특별위원회 위원(현) 2015년 同항공기소음특별위원회 위원(현) 2016년 同장기미집행도시공원특별위원회 부위원장(현)

남창현(南昌鉉) NAM Chang Hyun

[생]1953·8·28 [출]충북 청주 [주]충북 청주시 상당구 상당로82 충북도청 정무특보실(043-220-2114) [학]운호고졸, 인하대 화학공학과졸, 공학박사(단국대) [경]1977년 상공부 입부 1987년 同화공사무관 1996년 통상산업부 에너지기술과 서기관 1996년 중소기업청 중소기업정책관실 서기관 1996년 駐독일 상무관 1998년 서울지방중소기업청 지원협력과장 1999년 同벤처기업과장 1999년 산업자원부 서기관 2004년 경수로사업지원기획단 파견(서기관) 2005년 산업자원부 에너지안전과장 2005년 한국가스안전공사 비상근이사 2006년 산업자원부 철강석유화학팀장(기술서기관) 2006년 同전기위원회 총괄정책팀장 2007년 同전기위원회 총괄정책팀장(부이사관) 2008년 지식경제부 전기위원회 총괄정책과장 2010년 행정안전부 대전청사관리소장(고위공무원) 2010~2016년 충북테크노파크 원장 2016년 충북도 정무특별보좌관(현)

남창희(南昌熙) NAM Chang Hee

[생]1957·2·14 [출]충북 영동 [주]광주 북구 첨단과기로123 광주과학기술원 물리·광과학과(062-715-4701) [학]1977년 서울대 원자핵공학과졸 1979년 한국과학기술원 물리학과졸 1988년 플라즈마물리학박사(미국 프린스턴대) [경]1979~1982년 부산대 기계공학과 전임강사 1983~1989년 미국 프린스턴대 플라즈마물리연구소 연구원 1989년 한국과학기술원 물리학과 조교수·부교수·교수 1989년 한국광학회 이사 1999~2001년 결맞는X-선 연구단(과기부 창의연구단) 단장 2008년 미국광학회 '펠로우(석학회원)' 선정 2008년 미국물리학회(APS) 레이저과학분야 '펠로우' 선정 2012년 광주과학기술원 물리·광과학과 교수(현) 2012년 기초과학연구원 상대론적레이저과학연구단장(현) [상]Josephine de Karman Fellowship, 한국과학기술단체총연합회 우수논문상(1998), 과학기술부 이달의 과학기술자상(2002), 물리학회 학술상(2003), 대한민국학술원상 자연과학기초부문(2010) [저]'레이저와 미래생활'(1995, 한국과학기술진흥재단) [종]기독교

남창희(南昌熙) NAM Chang Hee

[생]1966·10·30 [주]서울 송파구 올림픽로269 (주)롯데쇼핑 롯데마트 식품MD본부(02-2145-8500) [학]화곡고졸, 한양대 독어독문학과졸 [경]롯데쇼핑(주) 롯데마트 마케팅부문장·광고판촉팀장, 同가전팀 상무이사, 同롯데마트 상품총괄부문장(상무) 2010년 同마케팅부문장 2011년 同마케팅부문장(이사) 2014년 同롯데마트 상품본부장(상무) 2015년 同롯데마트 마케팅본부장(상무) 2016년 同롯데마트 식품MD본부장(상무)(현)

남천희(南千熙)

[생]1949·12·10 [출]경북 영양 [주]경북 안동시 풍천면 도청대로455 경상북도의회(054-880-5431) [학]영양고졸, 한국방송통신대 행정학과졸, 경북대 행정대학원졸 [경]1975~1991년 경북도 양정과·지방과·감사과·총무과 근무 1991~1995년 同통계계장·예술계장 1995~2002년 同개발계장·조사계장·감사계장 2002년 同민방위과장 2004년 同경제통상실 투자유치과장 2005년 同의회사무처 전문위원 2006년 同자치행정과장 2006~2009년 울진군 부군수, 남씨영양군종친회 회장(현), 영양군재향군인회 이사(현), 영양중·고 통합동창회 회장, 새누리당 영양군당원협의회 부위원장 2014년 경북도의회 의원(새누리당)(현) 2014년 同예산결산특별위원회 위원 2014·2016년 同건설소방위원회 위원(현) 2015년 同조례정비특별위원회 위원 2015년 同경북·대구상생발전특별위원회 위원 [상]국무총리표창(2회), 대통령표창, 내무부장관표창(2회)

남철균(南哲均) NAM Chul Kyun

[생]1943·2·4 [본]영양(英陽) [출]서울 [주]서울 종로구 홍지문2길20 상명대학교 조형예술학과(02-2287-5302) [학]1963년 중동고졸 1967년 홍익대 공예학과졸 1973년 同대학원졸 [경]1967년 육군 정훈장교 1968년 야전군박물관 설계 1969년 신축국회의사당 실내설계담당 1970~1976년 상업은행 광고·실내디자인담당 1973년 어린이대공원 교양관 설계담당 1976년 상명여대 사범대학 전임강사 1982년 同대학원 교학과장 1984년 경기미술대전 심사위원 1986년 대한민국공예대전 심사위원 1988년 서울시관광공예품경진대회 심사위원 1989년 국립중앙과학관 상징조형물 설계 1991년 동아공예대전 심사위원 1991~1993년 상명여대 예술대학장 1991년 서울공예대전 운영위원 1992년 대한민국공예대전 운영위원 1993년 전국관광공예품경진대회 심사위원 1994년 충남산업디자인대전 심사위원 1996년 한국공예가협회 이사장 대행 1997~2008년 상명대 조형예술학부 교수 1998년 동아공예대전 심사위원 1999년 대한민국미술대전 심사위원장 2002년 同운영위원 2003년 청주국제공예비엔날레 운영위원장 2005년 한국공예대전 심사위원장 2006년 한국옻칠공예대전 심사위원장 2007년 서울공예상공모전 심사위원장 2007년 청주국제공예비엔날레국제공모전 심사위원장 2008년 대한민국황실공예대전 심사위원 2008년 상명대 조형예술학과 명예교수(현) [상]駐한국 프랑스대사표창(1967), 1군사령관표창(1968), 한국공예가협회상(1991), 행정자치부장관표창(2004), 옥조근정훈장(2008) [저]'공예자료와 기법'(1999) '목재 디자인론'(2002) '문양의 의미'(2005)

남철현(南喆鉉) Chul Hyun Nam (山泉)

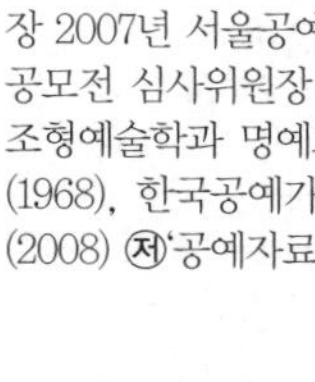

[생]1940·12·4 [본]영양(英陽) [출]경북 김천 [주]경북 경산시 한의대로1 대구한의대학교 보건학부(053-819-1054) [학]1958년 김천고졸 1962년 영남대 약학과졸 1964년 서울대 보건대학원 보건학과졸 1979년 미국 노스캐롤라이나대 보건대학원 수료 1981년 호주 뉴사우스웨일즈대 보건요원교육개발과정 수료 1984년 보건학박사(서울대) 1999년 미국 페이스대 장기보건의료과정 수료 [경]1976~1986년 한국보건사회연구원 수석연구위원 1986~2007년 대구한의대 보건학부 교수 1986년 同보건복지연구소장 1986~1999년 同사회교육원장 1987~1990·2001~2002년 同보건대학원장 1988~1996년 보건복지부 중앙약사심의위원 1991·2002년 전국보건대학원장협의회 회장 1994년 전국대학보건관리학교육협의회 회장 1997년 한국보건교육학회 회장 1997년 대구한의대 일반대학원장 1999년 한국보건교육·건강증진학회 회장 2000년 한국보건교육협의회 회장 2001년 캐나다 벤쿠버 UBC대 방문교수 2002년 대한보건협회 부회장 2004년 대구한의대 산학협력단장 2004~2005년 同보건대학원장 겸 사회개발대학원장 2007년 대구한의대 보건학부 명예교수(현) 2009년 대한보건교육사회 회장(현) 2009년 한국보건한의학회 회장 2015년 서울시보건협회 초대 회장(현) [상]대통령표창(1986), 경북도지사표창(2002) [저]'바른건강생활'(1982) '한국인영양권장량'(1985) '지역사회보건 및 일차보건의료'(1992) '보건학원론'(1994) '예방의학과 보건학'(1996) '생활과 건강증진'(1996) '공중보건학'(1997) '사회약학'(1998) '환경보건학 연구'(1998) '보건교육실무'(1998) '건강과 생활'(2000) '학교보건'(2000) '보건교육 및 건강증진'(2001) '공중보건, 지역사회보건과 건강증진'(2001) '보건교육 및 건강증진'(2002, 계축문화사) '공중보건학'(2002, 청구문화사) '청소년 흡연 예방교육 교사 요구도 조사 및 교육자료 개발'(2003, 민간건강증진) '우리나라 보건소의 표준 건강증진사업 프로그램 및 교육자료개발에 관한 연구'(2003, 보건복지부) '2003년 영천시 보건소 건강증진사업 조사 연구 및 평가'(2003, 영천시보건소) '건강증진과 질병예방'(2004, 계축문화사) '양방예방의학'(2004, 계축문화사) [역]'인류건강확보를 위한 전세계전략'(1987) '일차보건의료개념 및 변화하는 세계의 새로운 도전'(1987) '건강증진효과의 Evidence'(2003, 계축문화사) [종]불교

남충희(南忠熙) NAM Choong Hee

[생]1955·1·1 [출]대전 [학]1973년 경복고졸 1978년 서울대 농공학과졸 1984년 미국 오리건주립대 대학원 토목공학과졸 1985년 미국 스탠퍼드대 대학원 건설경영학과졸 1990년 건설경영학박사(미국 스탠퍼드대) 1995년 미국 하버드대 경영대학원 최고경영자과정 수료 [경]1990년 미국 스탠퍼드대 조교수 1991년 쌍용건설 자문역 1995년 同이사대우 1996년 쌍용경제연구원 이사 1996년 쌍용그룹 회장자문역 1997년 한국건설산업연구원 선임연구위원 1998~2000년 부산시 정무부시장 2000~2003년 센텀시티(주) 대표이사 사장 겸 부산시장 경제고문 2001년 한국스카우트부산연맹 육성회장 2002~2005년 센텀시티(주) 이사회 의장 2003년 센텀디지털(주) 회장 2003~2008년 마젤란인베스트먼트(주) 회장 2006년 국민중심당 당무위원 2006년 同대전시장 후보 2006년 대한상사중재원 중재인 2008년 SK건설(주) 상임고문 2008년 SK텔레콤(주) 사장(도시개발사업단장) 2010~2011년 同고문 2011년 한국스카우트연맹 중앙이사(현) 2011~2013년 마젤란인베스트먼트(주) 회장 2013~2014년 경기도 경제부지사 2015년 새누리당 대전시당 대전창조경제추진특별위원장 [상]건설교통부장관표창 [저]'7가지 보고의 원칙'(2011, 황금사자) [종]기독교

남태영(南泰英) NAM Tae Young (賢剛)

[생]1950·12·1 [본]의령(宜寧) [출]전북 익산 [주]서울 영등포구 국회대로70길15의1 극동VIP빌딩 육아방송(02-782-0960) [학]1969년 이리남성고졸 1978년 경희대 외국어교육과졸(영어전공) 2002년 동국대 언론정보대학원졸 [경]1978년 동아방송 사회문화부 기자 1980년 同정경부 기자 1980년 KBS TV편집부·문화부·경제부·외신부·지방부 기자 1995년 同사장비서실 근무 1997년 同보도국 과학부 기자 1998년 同보도국 경제부 기자 1999년 연세대 언론홍보대학원 연수 2001년 KBS 강릉방송국 보도부장 2002년 同대전방송총국 보도국장 2004년 同보도본부 라디오뉴스편집팀 데스크, 同일요뉴스타임 데스크 2009년 육아방송 편성본부장 2010년 同부사장(현) [저]'선정적TV보도의 문제점과 개선방향' [종]가톨릭

남태완(南胎完) Nam, Tae Wan

[생]1959·6·30 [본]영양(英陽) [출]경북 청송 [주]서울 용산구 한강대로140 대한지방행정공제회903호 대구광역시 서울본부(02-790-1104) [학]1977년 경북 청송고졸 1986년 영남대 경제학과졸 [경]1993~1997년 대구시시의회 사무처 전문위원실 근무 2006년 대구시 방짜유기박물관 소장 2008년 同관광진흥과 문화재팀장 2009년 同문화예술정책과 예술진흥팀장 2014년 同문화예술정책과 문화기획팀장 2015년 同서울본부장(현) [상]대통령표창(2012) [종]불교

남태헌(南泰憲) Nam, Tae Hun

⊕1963 ⊜서울 ㈜세종특별자치시 다솜2로94 농림축산식품부 창조농식품정책관실(044-201-2401) ⊛1989년 서울대 농학과졸 1993년 同행정대학원 정책학과 수료 2005년 미국 캘리포니아대 대학원 농업경제학과졸 ⊗1993년 행정고시 합격(37회) 1994년 사무관 임용 2005년 농림부 국제협력과 서기관 2006년 同홍보기획팀장 2008년 농림수산식품부 자원회복과장 2009년 同농업금융과장 2009년 同농업금융정책과장 2011년 同유통정책과장(부이사관) 2012년 同축산정책과장 2013년 농림축산식품부 대변인 2014년 미국 국외훈련 2015년 농림축산식품부 식품산업정책실 창조농식품정책관(현)

남태현(南泰鉉) NAM Tae Hyeon

⊕1961·8·15 ⊜대전 ㈜경남 진주시 진주대로501 경상대학교 나노·신소재공학부(055-772-1665) ⊛1983년 한양대 금속공학과졸 1985년 충남대 대학원졸 1991년 공학박사(일본 大阪大) ⊗1991~2002년 대학원 재료공학부 전임강사·조교수·부교수 2001년 일본 쯔꾸바대 연구교수 2002~2006년 경상대 재료공학부 교수 2005년 同공과대학 부속공장장 2005년 同학생지도위원회 부위원장 2006년 同나노·신소재공학부 금속재료공학전공 교수(현) 2013~2016년 同산학협력단장 겸 산학협력선도대학육성사업단장 2016년 한국전기학회 회장(현) ㉧대한금속학회 논문상(1993), 한국열처리공학회 학술논문상(2001)

남택정(南澤正) NAM Taek Jeong

⊕1954·4·20 ⊜의령(宜寧) ⊜경남 ㈜부산 남구 용소로45 부경대학교 수산과학대학 식품영양학과(051-629-5846) ⊛1979년 부산수산대 식품공학과졸 1981년 同대학원 영양학과졸 1989년 농학박사(일본 도쿄대) ⊗1981년 동부산대 전임강사 1990년 부경대 식품생명과학과 전임강사·조교수·부교수, 同수산과학대학 식품영양학과 교수(현) 1991년 미국 노스캐롤라이나대 객원연구원, 미국 세계인명사전 'Marquis Who's Who'에 등재 2007~2009년 부경대 수산과학연구소장 2011년 한국수산과학회 회장 2014년 한국해양과학기술진흥원 전문위원(현) 2014년 세계수산회의 한국조직위원회 위원장(현) ㉧기독교

남택화(南澤華) NAM TAEK HWA

⊕1959·7·5 ⊜의령(宜寧) ⊜충북 음성 ㈜경기 수원시 장안구 창룡대로223 경기남부지방경찰청 제1부(031-888-2415) ⊛서울 경신고졸, 동국대 경찰행정학과졸, 同경찰사법대학원졸 ⊗1987년 경위 임관 1990년 경감 임관 1998년 경정 임관 2007년 강원 양구경찰서장(총경) 2009년 서울지방경찰청 국회경비대장 2010년 서울 강서경찰서장 2011년 서울지방경찰청 보안1과장 2013년 同홍보담당관 2014년 충북지방경찰청 차장(경무관) 2014년 전북지방경찰청 차장(경무관) 2015년 同청장 직대 2015년 경기지방경찰청 제1부장(경무관) 2016년 경기남부지방경찰청 제1부장(현)

남판우(南判祐) NAM Pan Woo

⊕1970·3·20 ⊜의령(宜寧) ⊜전남 순천 ㈜서울 종로구 종로5길86 서울지방국세청 납세자보호담당관실(02-2114-2601) ⊛1988년 서울 중동고졸 1994년 서울대 농경제학과졸 2000년 同대학원 행정학과졸 2004년 법학박사(미국 사우스캐롤라이나주립대) ⊗1994년 행정고시 합격(38회) 1996~1998년 북광주세무서·순천세무서 근무 1998년 재정경제부 세제실 근무 2000년 중부지방국세청 조사1국 근무 2004년 국세청 국제세원관리담당관실 근무(사무관) 2006년 同국제세원관리담당관실 근무(서기관) 2007년 駐미국 주재관 2010년 서울지방국세청 국제조사1과장 2010년 경기 용인세무서장 2011년 국세청 첨단탈세방지센터TF 서기관 2012년 서울지방국세청 첨단탈세방지담당관 2012년 국세청 국제세원관리담당관(과장급) 2013년 제18대 대통령직인수위원회 경제1분과 실무위원 2013년 대통령비서실 행정관(서기관) 2015년 국세청 조사1과장(부이사관) 2015년 서울지방국세청 송무1과장 2016년 同납세자보호담당관(현)

남평우(南平祐)

⊕1956·3·19 ㈜강원 춘천시 중앙로1 강원도의회(033-256-8035) ⊛춘천고졸, 동국대 농업생물학과졸, 한국방송통신대 중어중문학과졸 ⊗파크랜드 인제점 대표(현), 인제읍테니스협회 회장, 인제경찰서 행정발전위원장, 민주평통 자문위원, 인제군재향군인회 회장(현) 2014년 강원도의회 의원(새누리당)(현) 2014년 同농림수산위원회 위원 2016년 同운영위원회 위원(현)

남풍현(南豊鉉) NAM Pung Hyun (素谷)

⊕1935·3·3 ⊜의령(宜寧) ⊜경기 안성 ㈜경기 용인시 수지구 죽전로152 단국대학교 국어국문학과(031-8005-3020) ⊛1955년 광주농고졸 1960년 서울대 국어국문학과졸 1981년 문학박사(서울대) ⊗1961년 한성고 교사 1968~1972년 한양대 전임강사·조교수 1972~1980년 단국대 국어국문학과 조교수·부교수 1980~2000년 同교수 1985년 同문리대학장 1988년 국어학회 대표이사 1990년 단국대 대학원장 1992~1998년 同퇴계학연구소장 1992년 구결연구회 회장 1996년 국어학회 회장 1997~1999년 한국고문서학회 회장 1998년 한국어문교육연구회 부회장 1998년 한국어문회 부이사장 2000년 구결학회 회장 2000년 단국대 국어국문학과 명예교수(현) ㉧동숭학술상(2000), 세종문화상 학술상(2001), 황조근정훈장(2000), 3·1문학상 학술상 인문·사회과학부문(2014) ⊕'借字表記法研究'(1981) '國語史를 위한 口訣研究'(1999) '瑜伽師地論의 釋讀口訣 研究'(1999) '吏讀研究'(2000) '古代韓國語研究'(2009) '韓國語와 漢字·漢文의 만남'(2014) '古代韓國語論考'(2014) '國語史研究'(2014) ㉧천주교

남해광(南海廣) Nam Haegwang

⊕1969·2·16 ⊜광주 ㈜충북 청주시 서원구 산남로62번길51 청주지방법원(043-249-7114) ⊛1987년 조선대부속고졸 1992년 서울대 공법학과졸 ⊗1998년 사법시험 합격(40회) 2001년 사법연수원 수료(30기) 2001년 광주지법 판사 2004년 同순천지원 판사 2006년 광주지법 판사 2010년 광주고법 판사 2012년 同판사(사법연구) 2013년 광주지법 장흥지원·광주가정법원 장흥지원 판사 겸임 2015년 광주지법 판사 2016년 청주지법 형사3단독 부장판사(현)

남해찬(南海燦) NAM Hae Chan

⊕1961·9·29 ⊜경북 안동 ㈜서울 영등포구 대방천로259 동작세무서(02-840-9200) ⊛안동고졸, 세무대졸(1기) ⊗8급 특채, 강남세무서 재산계 근무, 국세청 법무1계 근무, 삼척세무서 태백지서장, 국세청 서면상담2팀장, 국세심판원 제2조사무관, 조세심판원 근무, 서울지방국세청 조사국 조사과 2계장, 同조사국 조사1과 1계장, 대통령비서실 파견, 서울지방국세청 국조관리과 5계장, 경산세무서장 2014년 서울지방국세청 조사3국 조사3과장 2015년 서울 종로세무서장 2016년 서울 동작세무서장(현)

남헌일(南憲日) NAM Hun Ihl

⊕1948·11·7 ⊜의령(宜寧) ⊜전남 장성 ㈜광주 서구 대남대로465 광주상공회의소 상근부회장실(062-350-5800) ⊛1966년 광주고졸 1970년 성균관대 경상대학졸 1972년 전남대 경영대학원졸 1992년 서울대 최고경영자과정 수료 ⊗1969년 광주은행 입행 1983년 同여수지점장 1985년 同심사부장 1989년 同종합기획부장 1989년 同서울지점장 1991년 同이사 1992년 同상무이사 1996년 同전무이사 1999~2000년 同부행장 2000년 신협중앙회 사무총장 2001년 우리금융자산관리(주) 사장 2001년 호남대 겸임교수 2002년 우리씨에이자산관리(주) 대표이사 사장 2002년 우리에프앤아이(주) 대표이사 2005~2010년 (재)광주테크노파크 원장 2005년 한국산업단지공단 광주클러스터추진단장 2007~2009년 (사)한국테크노파크협의회 회장 2008~2009년 (재)광주과학기술교류협력센터 원장 2008~2010년 同이사장 2016년 광주상공회의소 상근부회장(현) ㉧국무총리표창

남현동(南賢東) NAM Hyun Dong

⊕1948·1·8 ⊜경북 울진 ㈜서울 서초구 강남대로581 푸른상호저축은행 비서실(02-6255-1265) ⊛1967년 대동상고졸 ⊗1972~1975년 한국해상급유(주) 근무 1976~1979년 서울영동협동조합 근무, 사조상호신용금고 근무 2002~2012년 (주)푸른상호저축은행 대표이사 겸 은행장 2012년 同부회장(현)

남현우(南賢祐) NAM, Hyun-Woo

⊕1959·5·3 ⊜의령(宜寧) ⊜충남 서천 ㈜충남 아산시 신창면 순천향로22 순천향대학교 인문과학대학 청소년교육상담학과(041-530-1149) ⊛1985년 고려대 교육학과졸 1987년 同대학원 교육심리학과졸 1992년 교육학박사(고려대) ⊗1994년 순천향대 인문과학대학 청소년교육상담학과 전임강사·조교수·부교수·교수(현) 2001~2002년 미국 매사추세츠대 암허스트캠퍼스 방문교수 2007~2008년 순천향대 진로개발지원센터 처장 2010~2011

년 네덜란드 Twente Univ. 방문교수 2012~2014년 롯데장학재단 사회이사 2013~2015년 예산군사회복지재단 이사 2013년 순천향대 청소년교육상담학과장(현) 2013년 同순천향청소년연구센터 소장(현) 2014~2015년 한국교육평가학회 부회장 2016년 同회장(현) [저]'검사동등화 방법'(2001) [종]가톨릭

남형기(南亨基) NAM Hyung Ki

[생]1966·5·5 [출]경남 하동 [주]서울 종로구 청와대로1 대통령 기후환경비서관실(02-770-0011) [학]1985년 진주고졸 1992년 경희대 경영학과졸 1998년 동국대 언론정보대학원 신문방송학과졸 2005년 미국 콜로라도주립대 행정대학원 행정학과졸 [경]1993년 행정고시 합격(37회) 1994년 공보처 사무관 1998년 청소년보호위원회 사무관 2001년 서기관 승진 2003년 국외훈련 파견(미국 콜로라도주립대) 2005년 청소년위원회 정책홍보팀장 2006년 국가청소년위원회 정책총괄팀장(서기관) 2008년 同정책총괄팀장(부이사관) 2008년 보건복지가족부 아동청소년정책실 아동청소년정책과장 2009년 특임장관실 기획총괄과장 2010년 同제3조정관(고위공무원) 2013년 국무총리비서실 근무 2013년 해양수산부 해양환경정책관 2014년 국무조정실 사회조정실 안전환경정책관 2016년 대통령 기후환경비서관실 선임행정관(현)

남형두(南馨斗) NAM Hyung Doo

[생]1964·7·6 [본]의령(宜寧) [출]전북 부안 [주]서울 서대문구 연세로50 연세대학교 법학전문대학원(02-2123-6021) [학]1982년 경성고졸 1986년 서울대 법학과졸 1996년 서울시립대 경영대학원 수료 1998년 미국 Univ. of Washington School of Law졸(LL.M.) 2005년 법학박사(미국 워싱턴대) [경]1986년 사법시험 합격(28회) 1989년 사법연수원 수료(18기) 1992~2007년 법무법인 광장 파트너변호사 1999년 미국 뉴욕주 변호사시험 합격 2001~2002년 연세대 법무대학원 강사 2002년 금융분쟁조정위원회 전문위원 2002년 저작권심의조정위원회 위원 2003~2005년 동원금융지주 사외이사 2004년 대한상사중재원 중재인 2005년 한국저작권법학회 국제이사 2005년 한국투자금융지주 사외이사 2005~2009년 연세대 법과대학 법학과 교수 2006년 지적재산권학회 총무이사 2006년 한국엔터테인먼트법학회 부회장 2006년 문화관광부 장관정책자문위원 2006년 SBS 시청자위원 2009년 연세대 법학전문대학원 교수(현) 2009~2011년 同장애학생지원센터 부소장·소장 2010~2012년 同법학전문대학원 부원장 2014년 한국엔터테인먼트법학회 회장(현) 2014년 국회 윤리심사자문위원회 위원(현) [상]한국법학원 법학논문상(2016) [저]'정보법판례 100선' '한국정보법학회(共)'(2006) '표절론'(2015, 현암사) [종]기독교

남호현(南浩鉉) Nahm Ho-Hyun

[생]1953·1·18 [출]충북 영동 [주]서울 강남구 테헤란로 520 삼안빌딩9층 국제특허 바른(02-3479-7000) [학]1972년 영동고졸 1976년 청주대 법학과졸 1985년 서울대 행정대학원 행정학석사 [경]1980~1982년 문화관광부 해외공보관 1982~1987년 (주)대한항공 법무실 근무 1986년 변리사 합격(23회) 1987~1996년 중앙국제특허법률사무소 파트너변리사 1994~1996년 대한변리사회 상표제도분과위원회 위원장 1996~1998년 同상임이사 1996년 국제특허 바른 대표변리사(현) 1999~2000년 한국상표학회 회장 2000~2002년 대한변리사회 국제이사 2000년 인터넷주소분쟁조정위원회 위원 2002~2005년 (사)한국지적재산권보호협회(AIPPI Korea) 이사 2003년 아시아변리사회 이사 2003~2009년 同상표위원회 위원장 2004년 아시아도메인이름분쟁조정위원회(ADNDRC) 위원 2005~2006년 대통령자문 국가과학기술자문회의 위원 2005년 (사)한국산업재산권법학회 이사 2006년 아시아변리사회 한국협회(APAA) 부회장 2006년 (사)지식재산포럼 이사 2006년 국제변리사연맹(FICPI) 한국협회 이사 2006년 미국국가중재원(NAF) 패널리스트 2007년 대한상사중재원 중재인 2008년 세계지적재산권기구(WIPO) 패널리스트 2009~2010년 대한변리사회 상표디자인저작권분회장 2010년 대한상표협회 부회장 2010~2011년 중앙우수제안심사위원회 위원 2011년 행정안전부 정책자문위원 2012~2015년 아시아변리사회 한국협회장 [상]한국품질재단 신품질혁신대상(2010), 미국 ABI 'MAN OF THE YEAR IN LAW'(2010) [저]'21世紀は知的財産權で勝負せよ'(1999) '21세기에는 지식재산권으로 승부하라'(조선일보) 'Challenging the 21st Century with Intellectual Property Rights First Edition'(2003) '태양아래 모든 것이 특허대상이다'(2008, 도서출판예가) '아이디어로 인생을 바꿔라'(2010, 박영북스) [역]'에디슨에서 아이팟까지(編)'(2010, 비즈니스맵)

남홍길(南洪吉) Nam Hong Gil

[생]1957·12·20 [본]의령(宜寧) [출]부산 [주]대구 달성군 현풍면 테크노중앙대로333 대구경북과학기술원 R5(053-785-1806) [학]1975년 배정고졸 1982년 서울대 화학과졸 1985년 이학박사(미국 노스캐롤라이나대 채플힐교) [경]1986~1988년 Harvard Medical School Research Fellow 1988년 포항공과대 생명과학과 조교수·부교수·교수 1996~2005년 생물학연구정보센터 센터장 1998~2004년 일본 Plant Cell and Physiology Editor 1998~2004년 Journal of Plant Biology Editor 2002년 한국과학기술한림원 이학부 정회원(현) 2003~2005년 포항공과대 생명과학과 주임교수 2004~2010년 Physiologia Plantarum(Scandinavian Plant Physiology Society) Editor 2004~2010년 시스템바이오다이나믹스국가핵심연구센터 센터장 2004년 한국생물정보학회 회장 2005년 Asian Association of Bioinformatics Societies 회장 2005~2012년 포항공과대 시스템생명공학부 학부장 2005~2009년 Human Frontier Science Program (HFSP) Fellowship Committee 2007년 Agriculture Biotechnology Research Center Scientific Advisor Board(현) 2009년 IBC Journal (Interdisciplinary Bio Central) 창간 Founding Editor 2009~2012년 포항공과대 (Postech Academy Counsil) 위원장 2010~2012년 同홍덕석좌교수 2010년 교육과학기술부 '국가과학자' 선정 2012년 대구경북과학기술원 펠로우교수(현) 2012년 기초과학연구원(IBS) 식물노화·수명연구단장(현) 2013년 Nano Photo Bio Sciences Editorial Board(현) 2013년 Molecular Plant Cell Press Editor(현) [상]신동아일보 선정 '20세기를 이끌 분자생물학자 1위'(1994), 한국과학기술단체총연합회 제10회 과학기술우수논문상(2000), 농림부장관표창(2002), 대학민국 과학콘텐츠대상 매체운영부문(2004), 한국분자세포생물학회 학술상 생명과학상(2005), 한국연구재단 선정 '2005 우수연구성과 50선'(2005), 제10회 한국과학상 생명과학부문(2006), 포스코청암상 과학상(2009), 제54회 대한민국학술원상 자연과학기초부문(2009), 한국연구재단 선정 '2008 우수연구성과 60선'(2009), UC Davis Storer Lecturer(2010), 동아일보 선정 '한국을 빛낼 100인'(2010·2012), 삼성휴먼테크논문대상 은상(2013), 제24회 호암상 과학상(2014) [저]'식물 분자유전학 방법론' '최신 생물공학' '형질전환체의 분석' [역]'Development and Application of Molecular Markers to Problems in Plant Genetics (Current Communications in Molecular Biology Series); Progress toward a physical mapping of the genome of the Arabidopsis thaliana'(1989, Cold Spring Harbor Lab) 'Automated DNA Sequencing and Analysis Techniques; Generation of expressed sequence tage of Brassica napus by single-run partial sequencing of random cDNA clones'(1992, Acader Press) '최신생물공학 식물편2; 작물개량을 위한 유용 유전자의 특성, 형질전환체의 분석'(1996, 경북대 출판부) '유전; 식물의 형질전환 방법 (Transgenic Methods in Plants)'(1997, 한국 유전학회) '식물분자유전학 방법론'(1999, 아카데미 서적) 'Genes that Alter Senescence; Chapter 5. Plant Cell Death Processes'(2003, ELSEVIER Academic Press) 'Senescence Processes in Plants; Chapter 10. Molecular Regulation of Leaf Senescence'(2006, Blackwell Publishing Ltd.)

남효원(南孝元) NAM HYO WON

[생]1959·3·6 [본]영양(穎陽) [출]경북 청송 [주]광주 북구 서암대로71 광주지방기상청 기후서비스과(062-720-0660) [학]1977년 브니엘고졸 1979년 경남정보대학 전자과졸 1983년 동아대 전자공학과졸 [경]1980~1987년 부산지방기상대 근무 1988~1991년 중앙기상대 근무 1992~2000년 기상연구소 근무 2001~2009년 기상청 기상레이더담당 방송통신사무관 2010년 同기상레이더센터신설추진단장(기술서기관) 2011~2012년 창원기상대장·부산지방기상청 기후과장 2013년 기상청 지진감시과장 2014년 광주지방기상청 기후서비스과장(현) [상]국무총리표창(1990·2008), 녹조근정훈장(2013)

남효응(南孝應) HYO EUNG NAM (효원)

[생]1952·10·25 [본]영양(英陽) [출]경남 거창 [주]전북 군산시 임피면 호원대3길64 호원대학교 경영학부(063-450-7114) [학]1970년 서울 대광고졸 1978년 고려대 경제학과졸 2012년 경원대 경영대학원 사회적기업학과졸 [경]1976년 고려대 정경대학생회장 1977~1978년 범양상선(주) 근무 1979~1982년 대우중공업(주) 대리 1982년 한국석유개발공사 시추부문 기획과장 1985~1990년 대우기전공업(주) 기획부·자금부 차장 1990년 한국델코전지(주) 업무부장 1992년 (주)고려기획 내수영업담당 이사 1993년 민주평통 자문위원 1995년 대우분당서비스(주) 대표이사 1997~2002년 성남문화원 이사·부원장 1999년 도로를생각하는시민모임 공동대표 2002년 분당경제인연합회 회장 2003년 성남상공회의소 의원 2003년 한나라당 중앙위원 2003년 同중앙위원회 재정금융분과위원회 부위원장 2006~2007년 (사)매헌윤봉길의사기념사업회 사무처장 2006~2009년 두알산업(주) 회장 2008~2009년 중국 상해사회

과학원 초빙교수 2009~2011년 대우인터내셔널(주) 사외이사 2011~2012년 포스코엔지니어링(주) 자문위원 2011년 국회 입법지원위원(현) 2011~2014년 한국광물자원공사 비상임이사 2012~2015년 평원무역(주) 대표이사 2012년 호원대 경영학부 겸임교수(현) 2013~2015년 (주)티에스엠텍 사외이사·이사회 의장 2013년 대통령소속 국민대통합위원회 자문위원(현) 2015년 JNR 대표이사(현) [상]대통령표창(1984), 법무부장관표창(2002), 노동부장관표창(2003) [저]'효율적인 아파트 관리'(1999, 분당입주자대표협의회) '꿈을 꾸는 사람'(2004, 나루) [종]기독교

남흥우(南興祐) Heung Woo, Nam

[생]1952·5·25 [본]의령(宜寧) [출]인천 [주]인천 중구 인중로176 나성빌딩806호 (주)천경 인천사무소 본부장실(032-773-3206) [학]1971년 인천고졸 1976년 한국해양대 기관학과졸 2011년 청운대 정보산업대학원 무역학과졸 2016년 경영학박사(순천향대) [경]1976~1981년 중앙상선 근무 1982~1985년 고려해운(주) 인천사무소 근무 1986년 천경해운(주) 근무 1998~2013년 同인천사무소장(상무이사) 2001년 (사)한국선주협회 인천지구협의회 위원장 2001년 인천지방도선운영협회 부위원장 2001~2015년 인천지방항만정책심의회 위원 2003년 (사)인천항발전협의회 이사(현) 2005년 인천항발전방안마련을위한시민협의회 위원 2005~2008년 인천항만공사 초대 항만위원 2005년 (사)인천광역시물류연구회 이사 2006년 인천항을사랑하는800모임 회장(현) 2006~2009년 인천지역혁신협의회 물류산업분과 위원장 2008년 인천항만연수원 항만종사자교육개선 및 인천신항만전문인력양성사업자문협의회 자문위원(현) 2008년 인천비즈니스고 특성화전문계고육성사업자문협의회 자문위원 2009~2015년 인천항예선운영협의회 위원 2009~2013년 인천일보 '오피니언아침경제' 집필진 2011~2015년 인천시 중구 자체평가위원회 위원 2012년 인천지방해양항만청 인천항미래구상정책자문위원회 항만물류분야 자문위원 2012년 인천재능대 전공실무(CEO특강) 산학협력특임교수 2012년 경인방송 방송위원 2013~2015년 천경해운(주) 인천사무소 본부장(상무이사) 2014년 인천경제정의실천시민연합 공동대표(현) 2015년 (주)천경 인천사무소 본부장(상무이사)(현), 국립인천검역소 부패방지위원회 위원(현), 인천사랑운동시민협의회 자문위원(현), 인천복합운송협회 자문위원(현), 한국해양대 재인동창회 회장(현), 인천시물류연구회 자문위원(현) [상](사)한국선급 감사패(1993), 한국해양오염방제조합 감사패(2003), 한국선주협회 인천지구협의회 감사패(2003), 인천시장 감사패(2004), 관세청장표창(2004), 인천시 물류발전대상(2006), 인천항만공사 감사패(2006·2013), 인천시 중구청 감사패(2007), 새얼문화재단 공로패(2008), 인천중부경찰서 감사장(2011), 한국도선사협회 공로패(2016) [저]'인천항과 함께 하는 나의 발자취'(2012)

노갑식(盧甲植)

[생]1965·7·28 [본]광주(廣州) [출]경남 합천 [주]경남 창원시 성산구 창이대로695번길5 보고빌딩102호 뉴탑 법률사무소(055-285-8114) [학]1983년 합천 초계고졸 1987년 부산대 법학과졸 [경]1993년 사법시험 합격(35회) 1996년 사법연수원 수료(25기) 1996년 창원지법 판사 2000년 同거창지원 합천군법원 판사 2003년 창원지법 판사 2005년 특허법원 판사 2010년 창원지법 판사 2011년 同부장판사 2013~2015년 부산지법 부장판사 2015년 변호사 개업(현) [저]'지적재산 소송실무(共)'(2009) '특허판례연구(共)'(2012)

노강규(魯岡圭) NO Kang Kyu

[생]1963·4·26 [출]전남 함평 [주]광주 동구 지산로78번길7 노강규법률사무소(062-226-0680) [학]1981년 인성고졸 1985년 한양대 법학과졸 1987년 同대학원 수료 [경]1988년 사법시험 합격(30회) 1991년 사법연수원 수료(20기) 1991~1993년 군법무관 1994년 변호사 개업(현) 1997년 주택관리사협회 법률고문 1998년 전국택시운송조합 법률고문, 한국소비자원 광주지역 자문변호사, 광주YMCA 재무이사, 전남대 법학전문대학원 겸임교수 2013년 광주지방변호사회 제1부회장 2015년 同회장(현)

노건일(盧健一) RO Kun Il

[생]1940·10·12 [본]경주(慶州) [출]서울 [주]서울 종로구 효자로39 창성동별관5층 대통령직속 통일준비위원회(02-721-9913) [학]1958년 용산고졸 1962년 서울대 문리과대학 정치학과졸 1970년 同행정대학원졸 1998년 명예 행정학박사(건국대) [경]1961년 고시행정과 합격(13회) 1962년 충남도 근무 1965년 서울시 근무 1975년 同수도행정담당관·성북구청장 1976년 서울 종로구청장 1980년 산림청 기획관리관 1981년 제주도 부지사 1982년 경남도 부지사 1983년 대통령 민정비서관 1986년 충북도지사 1988년 산림청장 1990년 내무부 차관 1991년 대통령 행정수석비서관 1992~1993년 교통부 장관 1996년 신한국당 국책자문위원 1998~2002년 인하대 총장 2002년 대한항공 상임고문 2002년 명지대 대학원 석좌교수 2004~2007년 서울예술대학 학장 2006년 학교법인 일송학원 이사(현) 2012~2016년 한림대 총장 2014년 대통령직속 통일준비위원회 통일교육자문단 자문위원(현) [상]녹조근정훈장, 청조근정훈장

노경달(盧慶達) RO KYOUNG DAL

[생]1961·10·10 [본]광주(光州) [출]경북 영주 [주]서울 종로구 세종대로209 행정자치부 감사관실(02-2100-3151) [학]한양대 지방자치대학원 지방자치학과졸 [경]2010년 행정안전부 지역진흥재단 기획실장 2011~2012년 同지방분권지원단 분권1과장·분권운영과장 2013년 대통령소속 노사정위원회 관리과장 2014년 행정자치부 감사관실 조사담당관(현)

노경상(盧京相) RHO Kyeong Sang

[생]1945·4·6 [본]풍천(豊川) [출]경남 함양 [주]서울 관악구 남부순환로1965 한국축산경제연구원(02-873-1997) [학]1964년 진주고졸 1972년 건국대 낙농학과졸 1981년 미국 펜실베이니아주립대 대학원 경제학과졸 1982년 영국 브라더포드대 농업투자분석과정 수료 1996년 축산경영학박사(건국대) [경]1976~1988년 농수산부 행정관리과·종합기획과·농업경제과·유통과·농정과 사무관 1988년 국립농업자재검사소 서무과장 1989년 일본 아시아경제연구소 파견 1991년 농림부 법무담당관 1991년 同축산물유통과장 1993년 同유통과장 1994년 同유통정책과장 1995년 同농업공무원교육원 교수부장 1996년 UN 국제농업개발기금 파견 1998년 駐이탈리아대사관 참사관 2000년 농림부 농업정보통계관 2000년 同축산국장 2002년 농업협동조합중앙회 상무 2005~2006년 휴켐스(주) 대표이사 사장 2006~2015년 (사)한국축산경제연구원 원장 겸 이사장 2007~2008년 한나라당 제17대 대통령선거대책본부 농축산위원회 부위원장 겸 직능직책본부 자문위원 2008년 제17대 대통령직인수위원회 경제2분과 자문위원, 건국대 초빙교수, 농협중앙회 사외이사, 농림수산식품부 제안심사위원회 위원, 경기도 바이오가스플랜트자문위원회 위원장, 축산물등급판정소 이사회 선임이사, 농촌진흥청 녹색성장기술위원회 축산경쟁력분과위원장 2011~2013년 서울우유협동조합 사외이사 2011년 경기도 바이오가스자문위원장 2012년 새누리당 제18대 대통령중앙선거대책위원회 국민행복추진위원회 행복한농어촌추진단 위원 2012년 축산물HACCP기준원 비상임이사 2013년 농림축산식품부 말산업발전협의회 회장, 同위원(현) 2014년 축산물안전관리인증원 비상임이사 2014년 경기도 가축분뇨공동자원화사업자문위원회 위원장(현) 2014년 코리아승마페스티벌조직위원회 위원장 2014년 대한한돈협회 고문(현) 2014년 (사)한국승마인 명예대표(현) 2016년 (사)한국축산경제연구원 이사장(현) [상]근정포장 [저]'일본의 우육수입자유화와 그에 대한 대책' '한우의 가격안정화에 대한 연구' '義娘論介' [종]기독교

노경수(盧慶洙) NO Kyong Soo

[생]1949·11·17 [출]인천 [주]인천 남동구 정각로29 인천광역시의회(032-440-6110) [학]2008년 인천전문대학 행정과졸, 수원대 아동가족복지학과졸 [경]송북새마을금고 이사장(소월동·북성동·율목동), 인천시 중구의회 의원, 민주평통 자문위원, 인천시체육회 수석부의장, 인천보디빌딩협회 수석부회장, 인천시노氏종친회 회장 2003·2006~2010년 인천시의회 의원(무소속·한나라당) 2004년 同부의장 2006년 同제1부의장 2008~2010년 同예산결산특별위원장, 민족통일협의회 인천시 회장 2010년 인천시 중구청장선거 출마(무소속) 2014년 인천시의회 의원(새누리당·무소속)(현) 2014~2016년 同의장 2016년 同건설교통위원회 위원(현) [상]국가유공자(파월장병) [종]천주교

노경원(盧京元) Rho, Kyungwon

[생]1969·10·11 [출]전북 김제 [주]경기 과천시 관문로47 미래창조과학부 운영지원과(02-2110-2142) [학]이리고졸, 서울대 전자공학과졸, 同행정대학원졸, 한국방송통신대 영문학과졸, 同법학과졸, 미국 캘리포니아대 데이비스교 대학원 경제학과졸, 경제학박사(미국 캘리포니아대 데이비스교) [경]1995년 행정고시 합격(38회) 1996년 과학기술처 연구기획과 사무관 1998년 과학기술부 원자력안전과 사무관 1998년 同원자력정책과 사무관 2000년 同생명환경기술과 사무관 2003년 同공공기술개발과 사무관 2003년 同정책총괄과 서기관 2003년 同조정평가과 서기관 2004~2008년 미국 캘리포니아대 유학 2009년 교육과학기술부 인재정책실 사교육대책팀장 2010년 同행정관리담당관 2011년 同장관 비서관(부이사관) 2012년 同전략기술개발관 2013년 미래창조과학부 창조경제기획관 2013년 同창조경제기획국장 2014년 국제원자력기구(IAEA) 파견(현) [상]홍조근정훈장(2013) [저]'생각 3.0'(2010) '공부궁리'(2012) [종]기독교

노경조(盧慶祚) ROE Kyong Joe

[생]1951·2·18 [본]광주(光州) [출]경남 진해 [주]서울 성북구 정릉로77 국민대학교 조형대학 도자공예학과(02-910-4620) [학]1969년 경동고졸 1973년 경희대 요업공예과졸 1976년 同대학원 미술교육과졸 1979년 일본 가나자와미술대학 미술공예대학 수료 [경]도예가(현) 1981년 대한민국산업디자인전 추천·초대작가 1982년 미국 버밍험박물관 초대개인전 1983년 미국 뉴올리언즈박물관 초대개인전 1985~1995년 국민대 공예미술학과 전임강사·조교수·부교수 1986년 대한민국공예대전(국립현대미술관) 심사위원 1990년 일본 가나자와시초청 국제미술제 초청강연·전시 1995~2016년 국민대 조형대학 도자공예학과 교수 2003년 同평생교육원장 2004~2005년 同조형대학장 2008~2009년 同조형대학장 2008~2010년 同테크노디자인전문대학원장, 同디자인대학원장 2009년 국립문화재연구소 자문위원 2012~2013년 국민대 대학원장 2016년 同명예교수(현) [상]공간도예술상(1979, 공간사), 대한민국산업디자인전 국무총리표창(1981), 동아미술제 미술상(1981), 동아공예동우회 초대작가상(2000), 한국공예가협회장상(2005) [저]'Spirit of Korea'(2003, 창작집단시빌구) '자작나무숲/ White Forest of Korea'(2005, 창작집단시빌구) [작]영국 대영박물관, V&A박물관, 미국 스미소니언박물관, 샌프란시스코박물관, 클리브랜드박물관, 뉴올리언즈박물관, 버밍험박물관, 캐나다 왕립온타리오박물관, 벨기에 왕립마리몽박물관, 체코 국립아시아박물관, 한국 민속박물관, 국립현대미술관, 서울시립미술관 등에 작품 소장 [종]가톨릭

노경필(魯坰泌)

[생]1964·10·1 [출]전남 해남 [주]광주 동구 준법로7의12 광주고등법원(062-239-1114) [학]1983년 광주고졸 1987년 서울대 공법학과졸 1989년 同대학원졸 [경]1991년 사법시험 합격(33회) 1994년 사법연수원 수료(23기) 1994년 軍법무관 1997년 서울지법 판사 1999년 수원지법 성남지원 판사 2001년 광주지법 순천지원 판사 2005년 서울고법 판사 2006년 대법원 재판연구관 2011년 서울고법 판사 2016년 광주고법 부장판사(현)

노경하(盧慶夏) RO Kyung Ha

[생]1940·12·13 [본]교하(交河) [출]서울 [주]부산 해운대구 송정해변로28 송정관광호텔 비서실(051-702-7766) [학]1959년 경복고졸 1964년 성균관대 경영학과졸 1967년 고려대 경영대학원졸 [경]1968년 대양냉동(주) 대표이사 1970~1994년 서일실업(주) 대표이사 1971년 대한농구협회 부회장 1974년 한국보이스카웃연맹 이사 1976년 아시아농구연맹 중앙집행위원 1983년 한·이스라엘친선협회 부회장 1983·1985년 한국군납수출조합 이사장 1984년 아시아농구연맹 사무차장 1985년 평통 자문위원 1995년 아시아농구연맹 명예부회장 1996년 송정관광호텔 회장(현) 1996년 파인프라자 회장(현) [상]체육훈장 기린장(1985), 대통령표창(1986), 이스라엘 라빈 총리 공로상(1994) [종]불교

노관규(盧官奎) ROH Kwan Kyu

[생]1960·9·24 [본]광산(光山) [출]전남 장흥 [주]전남 순천시 충효로109, 2층 노관규법률사무소(061-726-2012) [학]1979년 순천 매산고졸 1991년 한국방송통신대 제적(1년) [경]1979~1987년 청량리세무서·중부지방국세청·도봉세무서·종로세무서 근무 1992년 사법시험 합격(34회) 1995년 사법연수원 수료(24기) 1995년 서울지검 북부지청 검사 1997년 대검찰청 중앙수사부 검사 1997년 서울지검 의정부지청 검사 1999~2000년 수원지검 특수부 검사 2000년 변호사 개업 2000년 새천년민주당 서울강동甲지구당 위원장 2000년 同총재특보 2000년 同부대변인 2004년 제17대 국회의원선거 출마(순천, 새천년민주당) 2006·2010~2011년 전남 순천시장(민주당·무소속) 2009년 2010제천국제한방바이오엑스포 고문 2011년 변호사 개업(현) 2012년 민주통합당 순천·곡성지역위원회 위원장 2012년 제19대 국회의원선거 출마(순천·곡성, 민주통합당) 2013년 민주당 순천시·곡성군지역위원회 위원장 2014년 새정치민주연합 순천시·곡성군지역위원회 위원장 2016년 더불어민주당 순천시지역위원회 위원장 2016년 제20대 국회의원선거 출마(순천시, 더불어민주당) [상]재무부장관표창, 대한민국을 빛낸 자랑스러운 인물대상(2010), 지역농업발전 선도인상(2011) [저]'나는 민들레처럼 희망을 퍼트리고 싶다'(2001)

노광수(盧光洙) NO Kwang Soo

[생]1955·2·5 [출]서울 [주]대전 유성구 대학로291 한국과학기술원 신소재공학과(042-350-4116) [학]1977년 한양대 요업공학과졸 1983년 미국 아이오와주립대 대학원 재료공학과졸 1986년 재료공학박사(미국 아이오와주립대) [경]1986년 미국 에너지성 Ames Lab. Post-Doc. 1988년 한국과학기술원 재료공학과 조교수·부교수·교수 1994년 同재료공학과장 1995년 일본 교토대 방문교수 1996년 미국 애리조나주립대 방문교수 1997년 스위스 로잔공대 방문교수 2004년 한국과학기술원 신소재공학과 교수(현) [상]한국과학기술원 연구성취상(1998), Distinguished publication Academic achievement award(2001), 한국과학기술원 우수강의상(2003) [저]'그래서 나는 실험실 불을 끌 수 없었다(共)'(1992, 동아출판) '공업재료 이론과 응용'(1999, 교보문고) '강유전체박막개론'(1999, 도서출판 명현) [역]'처음 배우는 전자상태계산'(2002, 한림원) '재료설계를 위한 전자상태계산'(2005, 한림원) '신합금설계'(2005, 한림원) [종]기독교

노광일(魯光鎰) NOH Kwang Il

[생]1959·2·24 [출]서울 [주]서울 종로구 사직로8길60 외교부 인사운영팀(02-2100-7136) [학]1981년 서울대 외교학과졸 1987년 영국 케임브리지대 대학원 국제관계학과졸 [경]1981년 외무고시 합격(15회) 1989년 駐미국 2등서기관 1994년 駐베트남 참사관 1998년 외교통상부 북미2과장 2001년 駐일본 참사관 2003년 駐말레이시아 공사참사관 2006년 대통령비서실 파견 2007년 외교통상부 외교정책실 정책기획국장 2008년 同기획조정실 정책기획관 2009년 駐뉴질랜드 대사 2011년 국무총리 외교보좌관 2014년 외교부 대변인 2015년 駐태국 대사(현)

노규덕(魯圭悳) Noh Kyu-duk

[생]1963·2·1 [주]서울 종로구 사직로8길60 외교부 인사운영팀(02-2100-7141) [학]1986년 서울대 신문학과졸 1991년 미국 버몬트 미들베리대학 연수 [경]1987년 외무고시 합격(21회) 1987년 외무부 입부 1992년 駐국제연합(UN) 2등서기관 1995년 駐나이지리아 1등서기관 1997년 駐필리핀 1등서기관 2002년 駐중국 1등서기관 2006년 대통령비서실 파견 2007년 외교통상부 중국몽골과장 2008년 駐미국 공사참사관 2011년 외교통상부 장관보좌관 2012년 同기획조정실 조정기획관 2013년 외교부 기획조정실 조정기획관 2013년 同평화외교기획단장 2014년 駐나이지리아 대사(현)

노규성(盧圭成) NOH Kyoo Sung

[생]1957·9·8 [출]전북 남원 [주]충남 아산시 탕정면 선문로221번길70 선문대학교 경영학과(041-530-2507) [학]1984년 한국외국어대 경영학과졸, 同대학원 경영정보학과졸 1995년 경영정보학박사(한국외국어대) [경]1986~1987년 한국생산성본부 선임연구원 1987~1996년 한국신용평가(주) DB팀장 1996~1997년 한국미래경영연구소 연구위원 1998~1999년 정보통신부 소프트웨어수출진흥위원회 연구위원 1999년 서울지방중소기업청 전문위원 2000~2002년 (사)한국전자상거래연구소 소장, 선문대 사회과학대학 경영학부 교수, 同인문사회대학 경영학과 교수(현) 2003년 중국 연변과학기술대 겸직교수, 제16대 대통령직인수위원회 경제제2분과 자문위원, 한국디지털정책학회 회장(현), 한국소프트웨어기술인협회 회장(현), 국회 신산업정책포럼IT위원회 중소벤처신산업분과위원회 간사, 통일부 통일·북한정보화추진위원회 위원, 국무조정실 정부업무실무위원, 행정자치부 정책평가위원, 재정경제부 혁신자문평가위원, 산림청 혁신자문위원, 녹색자금관리단 이사, 교육인적자원부 시도교육청 혁신컨설팅단장 2007년 정보통신윤리위원회 비상임위원, 한국지방자치단체국제화재단 이사 2008년 행정안전부 정책자문위원회 정보화분과 위원 2008년 同정책평가위원 2010년 지식경제부 정보통신산업정책자문위원회 위원 2010년 IT명품인재양성사업 평가위원(현) 2011년 서울시 희망서울정책자문위원회 경제·일자리분과 위원 2012년 同정책평가자문위원회 위원 2013년 안전행정부 정부3.0컨설팅단 컨설팅위원 2014년 행정자치부 정부3.0컨설팅단 컨설팅위원(현) 2015~2016년 서울시 서울디지털단터단장 [상]한국e-비즈니스대상(2004), 대통령표창(2006), 근정포장(2008), 우수논문상(2010) [역]'직장인, 변하지 않으면 죽는다'(1998) '경영정보시스템 : 전략적 비전실현을 위한 접근법'(1998) '기업부실 예방전략 7가지'(1998) 'e-비즈니스 전략개론'(2001) '전자상거래와 e-비즈니스의 이해와 전망'(2002) '정보화경영-이론과 실제'(2002) '전자상거래 & e-비즈니스'(2003) '유비쿼터스시대의 전자상거래 & e비즈니스'(2005) '경영정보시스템 : 전략적 비전 실현을 위한 경영정보'(2010) '스마트워크 2.0'(2011) '대한민국의 디지털경제혁명'(2012) '스마트융합 비전과 국가전략'(2012) '스마트시대의 전자상거래'(2012) '플랫폼이란 무엇인가'(2015) '사물인터넷'(2015) '빅데이터와 공공혁신 10대사례'(2016)

노규식(盧圭植) ROH Gyu Shik

[생]1956·6·3 [본]풍천(豊川) [출]경남 함양 [주]서울 강남구 강남대로542 고려아연(주) 임원실(02-519-3408) [학]1976년 함양고졸 1983년 서울대 농업교육학과졸 1998년 고려대 경영대학원졸 [경]1983~1999년 동부화재해상보험(주) 마케팅팀장·영업교육팀장 1999년 세종증권(주) 이사 2000년 同마케팅본부장(상무이사) 2002년 同Retail사업본부장(상무이사), NH투자증권(주) 상무이

사, 스포츠투데이 전무이사 2010년 고려아연(주) 상무이사(현) [상]환경부장관표창(2014) [종]기독교

노규형(盧圭亨) NO Kyu Hyung

[생]1953·7·18 [본]경주(慶州) [출]경북 칠곡 [주]서울 서초구 신반포로303 SL빌딩 (주)리서치앤리서치 임원실(02-3484-3000) [학]1972년 경기고졸 1977년 서울대 심리학과졸 1982년 미국 뉴욕주립대 스토니브룩교 대학원 정치학과졸 1985년 정치심리학박사(미국 뉴욕주립대 스토니브룩교), 연세대 언론홍보대학원 최고위과정 수료 [경]1978~1980년 육군사관학교 지휘심리학처 전임강사 1985~1990년 통신개발연구소 연구조정실장·연구위원 1987~1988년 한국사회개발연구소 연구실장 겸임 1989~1990년 대통령직속 21세기위원회 전문위원실장 1990년 (주)리서치앤리서치(R&R) 대표이사(현) 2000~2001년 인하대 사회과학대학 겸임교수 2002~2003년 한국마케팅여론조사협회(KOSOMAR) 부회장 2007~2009년 同회장 2010년 특임장관 정책자문위원 2010~2011년 국가브랜드위원회 위원 2012~2014년 법무부 정책자문위원 [상]체신부장관표창, 동탑산업훈장(2010) [저]'선거와 여론조사(共)'(1997) [역]'브랜드자산의 전략적관리(共)'(1994) '소비자의 숨은 심리를 읽어라'(2004) '당신의 물통은 얼마나 채워져 있습니까'(2005) [종]천주교

노규호(盧奎鎬) NO Kyu Ho

[생]1970·8·8 [출]전남 함평 [주]경기 안양시 동안구 동안로159번길43 안양동안경찰서(031-478-7321) [학]문성고졸 1995년 중앙대 법학과졸 [경]2001년 사법고시 합격(43회) 2004년 사법연수원 수료(33기) 2004년 경찰 임용(경정 특채) 2004년 충남 서산경찰서 수사과장 2012년 경찰청 지능범죄수사과 공공범죄계장(총경) 2013년 광주지방경찰청 경무과 치안지도관 2013년 교육 파견 2014년 전남 장성경찰서장(총경) 2015년 경찰청 기획조정관실 규제개혁법무담당관 2016년 경기 안양동안경찰서장(현)

노근배(盧根培) NOH Keun Bae

[생]1960·3·12 [출]부산 [주]서울 마포구 마포대로155 LG마포빌딩 LG엔시스 유통서비스사업부(02-705-3586) [학]1979년 부산 동성고졸 1985년 서울대 임산가공학과졸 1998년 연세대 대학원 산업공학과졸 [경]1987년 LG CNS 입사 2003년 同네트웍서비스센터장 2007년 同네트웍사업부장 2007년 LG엔시스 네트웍사업부문장 2008~2010년 同네트웍사업부문 상무 2010년 同제조·통신영업본부 상무 2012년 同엔터프라이즈영업본부 상무 2016년 同유통서비스사업부장(상무)(현)

노기수(魯基洙) Ro Kisu

[생]1957·7·28 [주]서울 영등포구 여의대로128 LG트윈타워 (주)LG화학 임원실(02-3777-1114) [학]서울대 화학공학과졸, 한국과학기술원 화학공학과졸(석사), 화학공학박사(한국과학기술원) [경]2005년 (주)LG화학 폴리올레핀연구소장(상무) 2006년 同석유화학연구소 연구위원(상무) 2009년 同고무·특수수지사업부장(상무) 2010년 同고무·특수수지사업부장(전무) 2012년 同고무·특수수지사업부장(부사장) 2014년 同기능수지사업부문장(부사장) 2014년 한국고분자학회 부회장 2015년 (주)LG화학 재료사업부문장(부사장)(현) 2015년 한국공학한림원 일반회원(현) 2015년 한국고분자학회 이사(현)

노기태(盧基太) ROH Ki Tae

[생]1946·12·21 [본]장연(長淵) [출]경남 창녕 [주]부산 강서구 낙동북로477 강서구청 구청장실(051-970-4001) [학]1966년 경남고졸 1975년 부산대 경영학과졸 1979년 同경영대학원 경영학과졸 1990년 서울대 경영대학원 최고경영자과정 수료 2005년 부산대 국제전문대학원 국제학과졸, 명예 경영학박사(부경대) [경]1973년 부산대 총학생회 회장 1979~1996년 금강공업(주) 전무·부사장·사장 1996년 대통령자문 정책기획위원회 전문위원 1996년 제15대 국회의원(창녕, 신한국당·한나라당) 1997년 한나라당 신한국청년연합중앙회장 1998년 同재정위원장 2001년 부산시 정무부시장 2003년 부산상공회의소 부회장 2004년 부산항만공사 항만위원장(비상임이사) 2005년 국제신문 대표이사 사장 2006~2008년 북항아이브리지(주) 대표이사 2008~2012년 부산항만공사 사장 2014년 부산시 강서구청장(새누리당)(현) [상]자랑스러운 부산대인상(2010) [저]'파도는 멈추지 않는다'(2014) [종]불교

노기호(盧岐鎬) NO Ki Ho

[생]1947·1·30 [본]교하(交河) [출]서울 [주]서울 성동구 왕십리로222 한양대학교 기술경영전문대학원(02-2220-2755) [학]1965년 보성고졸 1972년 한양대 화학공학과졸 1974년 同대학원졸 2010년 경영학박사(한양대) [경]1973년 럭키화학 입사 1983년 同기획부장 1992년 럭키석유화학 운영담당 이사 1993년 럭키화학 환경담당 이사 1993년 同나주공장장 1995년 LG화학 상무이사 1997년 同전무이사 1999년 LG Dow Polycarbonate 대표이사 사장 2000년 (주)LG화학 유화사업본부장 겸 (주)LG석유화학 대표이사 사장 2001년 한국RC협의회 회장 2001~2005년 (주)LG화학 대표이사 사장 2005년 한국화학공학회 회장 2006년 (주)LG화학 고문, 同자문역 2006년 한양대 화학공학과 초빙교수 2010~2014년 (사)CEO지식나눔 공동대표 2011년 한양대 기술경영전문대학원 특임교수, 同석좌교수 2014년 同기술경영전문대학원 특훈교수(현) 2014년 (사)CEO지식나눔 상임대표(현) [상]한국능률협회 에너지대상 최고경영자상(2000), 금탑산업훈장(2002), 올해의 테크노 CEO상(2003), 장영실상, 30억불 수출의 탑(2005), 전경련 IMI경영대상(2005), 경실련 정도경영인상(2005)

노길명(盧吉明) RO Kil Myung (和堂)

[생]1944·12·28 [본]장연(長淵) [출]평남 평양 [주]서울 중구 삼일대로330 평화빌딩 (재)한국교회사연구소(02-756-1691) [학]1963년 동성고졸 1967년 고려대 사회학과졸 1973년 同대학원졸 [경]1970~1976년 고려대 아세아문제연구소 연구원 1975년 중앙신학교 전임강사 1977~1982년 강남사회복지학교 사회사업학과 조교수·부교수 1982년 고려대 인문대학 부교수 1984년 미국 Rutgers뉴저지주립대 연구교수 1985~2010년 고려대 인문대학 사회학과 교수 1999~2001년 同인문정보대학원장 겸 인문대학장 2010년 同명예교수(현) 2010년 (재)한국교회사연구소 고문(현) [상]녹조근정훈장, 한국가톨릭학술상 공로상(2015) [저]'한국사회와 종교운동'(1988, 빅벨출판사) '가톨릭과 조선후기 사회변동'(1988, 고려대학교 민족문화연구소) '한국의 신흥종교'(1988, 가톨릭신문사) '가톨릭신자의 종교의식과 신앙생활(共)'(1988, 가톨릭신문사) '사회학개설(共)'(1989, 고려대학교출판부) '통일교, 그 실상과 오해(共)'(1991, 한국사목연구소) '한국신흥종교 연구'(1996, 경세원) '문화인류학의 이해(共)'(1998, 일신사) '현대사회학의 이해(共)'(2000, 일신사) '민족사와 명동성당(共)'(2001 천주교서울대교구 주교좌 명동교회) '한국신종교와 그리스도교(共)'(2002, 바오로 딸) '한국민족종교운동사(共)'(2003, 한국민족종교협의회) '민족종교의 개벽사상과 한국의 미래(共)'(2004, 한국민족종교협의회) '한국의 종교운동'(2005, 고려대학교출판부) '민족사와 천주교회'(2005, 한국교회사연구소) '겨레얼을 빛낸 역사인물 100인(共)'(2008, 한국민족종교협의회) '한국의 종교와 사회운동(共)'(2010, 이학사) 등 30여 권 [종]천주교

노길준(魯吉濬) RO Kil June

[생]1968·1·14 [주]대전 서구 청사로189 충남지방노동위원회 위원장실(042-520-8084) [학]1984년 숭일고졸 1992년 한국외국어대 영어교육과졸 2006년 미국 일리노이주립대 대학원졸(경제학석사) [경]2002년 노동부 고용평등국 평등정책과 서기관 2003년 同고용정책과 서기관 2004년 同청년고령자고용과 서기관 2007년 同사회서비스일자리정책팀장 2008년 同지식행정팀장 2009년 경인지방노동청 인천북부지청장 2010년 고용노동부 인천북부지청장 2011년 同고용정책실 고령사회인력정책팀장(과장급) 2012년 同고용정책실 고용서비스정책과장(부이사관) 2014년 대통령직속 청년위원회 파견(부이사관) 2015년 고용노동부 산재보상정책과장 2016년 충남지방노동위원회 위원장(고위공무원)(현)

노대래(盧大來) NOH Dae Lae (紫河)

[생]1956·2·14 [본]교하(交河) [출]충남 서천 [주]서울 종로구 성균관로25의2 성균관대학교 중앙학술정보관518호(02-740-1821) [학]1974년 서울고졸 1978년 서울대 법학과졸 1980년 同행정대학원 행정학과졸 1998년 독일 쾰른대 경제학박사과정 수료 2010년 행정학박사(경원대) [경]1979년 행정고시 합격(23회) 1979~1993년 경제기획원 경제기획국·공정거래실·대외경제조정실 사무관 1994년 국무총리 행정조정실 과장 1996년 駐프랑크푸르트총영사관 재정경제관 2000년 재정경제부 기술정보과장 2001년 同정책조정과장 2002년 조달청 물자정보국장 2002년 재정경제부 경제홍보기획단장 2003년 대통령직인수위원회 파견 2003년 駐미국대사관 재경참사관 2005년 대통령 경제정책비서관실 행정관 2006년 대통령 국민경제비서관 겸 국민경제자문회의 사무차장 2006년 재정경제부 정책조정국장 2008년 기획재정부 기획조정실장 2008년 同차관보 2010~2011년 조달청장 2011~2013년 방위사업청장 2013~2014년 공정거래위원회 위원장 2015년 성균관대 국정전문대학원 석좌교수(현) [상]경제기획원장관표창(1989), 대통령표창(1992), 외교통상부

장관표창(1998), 홍조근정훈장(2007), 청조근정훈장(2015) [저]'공정거래백서(共)'(1984, 경제기획원) [종]가톨릭

노대명(魯大明) NO Dae-Myung

[생]1963·9·11 [본]강화(江華) [주]세종특별자치시 시청대로370 한국보건사회연구원 기초보장연구실 아시아사회정책연구센터(044-287-8119) [학]검정고시 합격 1986년 인하대 정치학과졸 1988년 同대학원 정치학과졸 1997년 정치사회학박사(프랑스 파리제2대) [경]1997~2000년 인하대·한양대·중앙대 강사 2000년 인천발전연구원 연구위원 2000년 성공회대 강사 2000년 한국보건사회연구원 연구위원 2007년 同사회보장연구본부 공공부조팀장 2010년 同사회보장실장 2013년 同사회보장연구실장 겸 사회통합연구센터장 2013년 同사회정책연구본부 기초보장연구센터장 2014년 同기초보장연구실 아시아사회정책연구센터장(현) 2015년 새누리당 나눔경제특별위원회 위원 [저]'인천지역 연구 2 : 인천의 정치, 행정, 사회운동'(1999) 'IMF 이후 한국의 빈곤'(2000) '균형적 복지국가'(2002) [역]'황금의 열기'(1998) '비잔틴 제국'(1998) '제3의 길은 없다'(1999)

노도영(魯都永) NOH Do Young

[생]1963·1·13 [본]함평(咸平) [출]경기 동두천 [주]광주 북구 첨단과기로123 광주과학기술원 물리·광과학과(062-715-2311) [학]1981년 유신고졸 1985년 서울대 물리학과졸 1990년 물리학박사(미국 MIT) [경]1991~1992년 미국 MIT Post-Doc. 1993~1995년 미국 Exxon Research and Engineering Company Senior Physicist 1995~2001년 광주과학기술원 신소재공학과 조교수·부교수 2000~2001년 미국 Cornell Univ. 교환교수 2001~2012년 광주과학기술원 신소재공학과 교수 2008년 同극한광응용기술국가핵심연구센터장(현) 2011년 국가과학기술심의회 전문위원 2012~2015년 광주과학기술원 GIST대학장 2012년 同물리·광과학과 교수(현) 2012~2014년 기초기술연구회 비상임이사 2015년 국가과학기술심의회 기초기반전문위원회 위원(현) 2016년 (사)한국방사광이용자협회 회장(현) [상]광주과학기술원장표창(1996), 포항가속기연구소 공로패(1997), 과학기술부장관표창(2002), 대통령표창(2007), 과학기술포장(2012) [저]'New Generation of Europium and Terbium Actiuvated Phosphors'(2011)

노동영(盧東榮) NOH Dong Young

[생]1956·1·13 [본]광산(光山) [출]울산 [주]서울 강남구 테헤란로152 강남파이낸스센터39층 서울대병원 강남센터(02-2112-5600) [학]1975년 경복고졸 1981년 서울대 의과대학졸 1984년 同대학원 생화학 석사 1986년 생화학박사(서울대) [경]1990년 서울대 의과대학 외과학교실 조교수·부교수·교수(현) 1990년 同의과대학 암연구소 참여교수 1990년 대한암협회 간사·상임이사·유방암의식향상캠페인추진위원장(현) 1993~1995년 미국 NIH Cell Signaling 연구 국제연구전임의 1995~1998년 서울대 의과대학 외과학교실 외과의무장 1996~2009년 한국유방암학회 이사 1998~2000년 서울대 의과대학 교무부학장보 1998~2000년 서울대병원 외무기록실장 1999~2002년 한국과학기술단체총연합회 이사 2000년 한국유방건강재단 상임이사·이사장(현) 2000~2002년 'J Korean Med Sci' 편집위원 2000~2006년 서울지법 자문위원 2000~2004년 서울대병원 의무기록실장 2001~2004년 同기획조정실 의료정보센터장 2004~2011년 同유방센터장 2004년 서울대 의과대학 발전기금위원(현) 2004년 한국과학기술한림원 정회원(현) 2005~2007년 한국분자세포생물학회 정회원·대의원·융합사이언스교류협력위원장 2006년 Global Breast Cancer Conference 사무총장·조직위원장·대회장 2007~2009년 서울시 건강증진사업지원단 자문위원 2007년 서울대 유방내분비외과 분과장(현) 2009~2011년 서울대병원 암센터소장 2009~2011년 同암조직은행장 2009~2010년 同종합건설본부 암센터건립추진단장 2009~2011년 한국유방암학회 이사장 2010~2011년 서울대암병원 개원준비단장 2010~2012년 국가암정복추진기획단 추진위원 2011~2015년 서울대병원 암진료부원장 2011년 同발전후원회 이사(현) 2011~2015년 서울대암병원 원장 2011~2014년 국립암센터 공공보건의료계획심의위원회 위원 2011년 대한민국의학한림원 정회원(현) 2012~2016년 서울대 의과대학 국민건강지식센터 소장 2012~2014년 서울대발전기금 이사 2013~2016년 한국보건의료연구원 신의료기술평가위원 2014~2016년 대한암학회 이사장 2016년 (사)대한암협회 회장(현) 2016년 서울대병원 강남센터 원장(현) 2016년 국립암센터 비상임이사(현) [상]미국 NIH 'Forgarty International Fellowship Award'(1993), 동아학술상(2008), 서울대병원 심호섭상(2009), 로슈논문암학술상(2010), 유한의학상(2010), 보령암학술상(2011), 홍조근정훈장(2011), 분쉬의학상(2011) [저]'유방이 아파요, 암이 아닌가요(共)'(2000, 일조각) '유방암(共)'(2005, 아카데미아) '유방암 가이드북'(2007, 국일미디어) '이젠 두렵지 않다 유방암(共)'(2009, 이젠미디어) '핑크 히말라야(共)'(2012, 이콘) [역]'유방암예방 식이요법'

노동일(盧東一) NOH Dong Il

[생]1948·9·21 [본]경주(慶州) [출]대구 [주]대구 중구 남산로2길125 명덕초등학교內 (사)2·28민주운동기념사업회(053-803-2842) [학]1967년 경북고졸 1972년 서울대 정치학과졸 1978년 同대학원 정치학과졸 1989년 정치학박사(서울대) 2009년 명예박사(키르기즈스탄 비슈케크인문대) [경]1970년 서울대 총학생회장 1976년 외교안보연구원 연구원 1979~2014년 경북대 정치외교학과 전임강사·조교수·부교수·교수 1992년 미국 하버드대 교환교수 1993년 민자당 대구東乙지구당 위원장 1998년 경북대 사회과학대학장 1999년 同국제대학원장 2000년 同정책정보대학원장 2000~2002년 KBS 대구경북시청자위원회 위원장 2006~2010년 경북대 총장 2007~2011년 민주평통 자문위원 2007~2010년 2011대구세계육상선수권대회조직위원회 부위원장 2007년 국가인적자원위원회 위원 2008~2009년 전국국공립대학총장협의회 회장 2008~2009년 한국대학교육협의회 부회장 2010년 대구방송 시청자위원장 2015년 (사)2·28민주운동기념사업회 공동의장(현) [상]청조근정훈장(2014), 4·19문화상(2015) [저]'현대 한국사회의 권력구조' '정치학 방법론' '한국의 지방자치와 지역사회발전'

노만경(魯萬景) ROH Man Kyeong

[생]1964·7·28 [본]함평(咸平) [출]전남 장성 [주]서울 강남구 테헤란로92길7 법무법인 바른(02-3479-7554) [학]1983년 광주 진흥고졸 1987년 서울대 사법학과졸 [경]1986년 사법시험 합격(28회) 1989년 사법연수원 수료(18기) 1989년 軍법무관 1992년 수원지법 판사 1994년 서울민사지법 판사 1996년 광주지법 순천지원 판사 1997년 同순천지원 여수시·여천시법원 판사 1998년 광주고법 판사 1999년 서울지법 동부지원 판사 2001년 서울고법 판사 2002년 대법원 재판연구관 2004년 청주지법 부장판사 2006년 인천지법 부천지원 부장판사 2008년 서울동부지법 부장판사 2010~2013년 서울중앙지법 부장판사 2013년 법무법인 바른 변호사(현)

노만석(盧萬錫)

[생]1970·11·19 [출]경남 창녕 [주]광주 동구 준법로7의12 광주지방검찰청 특수부(062-231-4315) [학]1989년 대합종합고졸 1996년 성균관대 법학과졸 [경]1997년 사법시험 합격(39회) 2000년 사법연수원 수료(29기) 2000년 대구지검 검사 2002년 창원지검 밀양지청 검사 2003년 수원지검 안산지청 검사 2005년 수원지검 검사 2007년 서울중앙지검 검사 2010년 대전지검 검사 2013년 同부부장검사 2013년 서울서부지검 부부장검사 2014년 대검찰청 검찰연구관 2015년 창원지검 거창지청장 2016년 광주지검 특수부장(현)

노만희(盧萬熙) ROH Man Hee

[생]1955·3·23 [출]충남 논산 [주]서울 용산구 한남대로21길17 노만희정신건강의학과의원(02-793-0945) [학]1982년 한양대 의대졸 1993년 의학박사(한양대) [경]1986년 한양대 의대 정신과 전문의과정 수료 1989년 한양대 의대 외래교수(현) 1991년 인제대 의대 외래교수(현) 1991~1998년 서울백제병원 부설 정신건강교육센터 소장 1993년 서울백제병원 원장 1994년 American Psychiatric Association Corresponding Member(현) 1998~2000년 대한의사협회 정보통신망(KMAIN)운영위원장 1999~2001년 Medigate Web Master 2000~2001년 대한의사협회 정보이사·총무이사 2000년 서울백제병원 부설 노인치매센터 소장 2003~2006년 대한의사협회 총무이사 2003년 국민연금관리공단 심사위원 2005년 한국희귀난치성질환연합회 이사(현) 2006년 대한의사협회 상근부회장 겸 사무총장 2008~2012년 노만희정신과의원 원장 2010~2012년 대한신경정신과의사회 회장 2012년 노만희정신건강의학과의원 원장(현) 2012~2016년 대한정신건강의학과의사회 회장 2013~2015년 각과개원의협의회 회장단협의회 회장 2014년 대한의사협회 비상대책위원회 부위원장 2015년 대한개원의협의회 회장(현) [상]윤도준의학상(2016)

노명선(盧明善) ROH Myung Sun (玄唐)

[생]1959·10·4 [출]서울 [주]서울 종로구 성균관로25의2 성균관대학교 법과대학(02-760-0313) [학]1977년 서울 국립철도고졸 1985년 성균관대 법대졸 2001년 법학박사(성균관대) [경]1986년 사법시험 합격(28회) 1989년 사법연수원 수료(18기) 1989년 서울지검 남부지청 검사 1991년 울산지검 검사 1993년 인천지검 검사 1995년 서울지검 검사 1996년 일본 中央大 연수·서울지검 검사 2001년 부산지검 부부장검사 2001년 서울지검 서부지청 부부장검사 2002년 전주지검 부부장검사(駐일본대사관 파견) 2003년 서울고검 검사 2005년 서울동부지검 형사5부장 2005년 성균관대 법과대학 교수(현) 2009년 법제처 법령해석심의위원회 위원

2010~2012년 대통령직속 미래기획위원회 위원 2011~2014년 건설근로자공제회 비상임이사 2011~2015년 한국연구재단 비상임이사 2012~2014년 대통령직속 규제개혁위원회 경제분과 민간위원 ㉠일본의 수사이론과 실무 '회사범죄'

노명종(魯明鍾) NOH Myung Jong

⽣1966·8·4 ⽥서울 ⽤서울 강남구 테헤란로410 금강타워 서울지방고용노동청 강남지청(02-3468-4794) ⽉1985년 서울 한성고졸 1994년 고려대 사학과졸 ⽊2000년 노동부 노사정책국 노사조합과 사무관, 同노사정책국 노사정책과 사무관 2004년 국무조정실 노동심의관실 서기관 2007년 중앙노동위원회 사무처 심판2과장 2009년 대구지방노동청 구미지청장 2010~2011년 대구지방고용노동청 구미고용노동지청장 2011년 고용휴직(서기관) 2012년 고용노동부 기획조정실 정보화기획팀장 2014년 서울지방고용노동청 서울고용센터소장 2016년 서울지방고용노동청 강남지청장(현)

노박래(盧博來) Noh Pakrae

⽣1949·10·30 ⽥교하(交河) ⽤충남 서천 ⽤충남 서천군 서천읍 군청로57 서천군청 군수실(041-950-4201) ⽉고졸검정고시 합격 ⽊1979~1985년 충남 서천군 새마을계장 1986~1987년 同홍성군 광천읍 부읍장 1987~1988년 同서천군 문화공보실장 1988~1996년 同기획실장 1996~2003년 同기획감사실장 2003~2004년 충남발전연구원 연구위원 2004년 충남도 기업지원과장 2005년 同공보관 2006년 충남 서천군수선거 출마(한나라당) 2008년 한나라당 충남도당 부위원장 2009년 민주평통 서천군협의회장 2010년 충남 서천군수선거 출마(한나라당) 2014년 충남 서천군수(새누리당)(현) ⽠근정포장(1998) ⽣기독교

노병수(盧炳秀) NOH Byung Soo

⽣1953·8·22 ⽥광주(光州) ⽤경북 경주 ⽤대구 동구 효동로2길24 동구문화재단 임원실(053-230-3305) ⽉1977년 영남대 경영학과졸 1979년 同대학원 경영학과졸 1993년 대구가톨릭대 대학원 경영학 박사과정 수료 ⽊1982~1995년 대구공업대학 공업경영과 교수 1996~1998년 대구시 비서실장 1998~2003년 대구경북개발연구원 연구위원 2004년 열린우리당 대구시당 수석부위원장 2005년 경북외국어테크노대학 학장 2005~2009년 영남사이버대·영남외국어대 총장 2006~2008년 영남외국어대학 학장 2009년 대구문화재단 비상근이사 2009년 2011세계육상선수권대회 문화행사기획단장 2012~2013년 달서구문화회관 원장 2013년 대구동구문화재단 상임이사 겸 대표(현) ⽠체육포장(2012), 문화체육관광부장관표창(2014)

노병용(盧炳龍) Noh Byeong Yong

⽣1961 ⽤경북 ⽤경기 안양시 동안구 학의로282 A동21층 우리관리(주)(1577-3733) ⽉1980년 대구 심인고졸 1984년 한양대 건축공학과졸 1998년 일본 게이오기주쿠대 대학원 경영관리연구학과졸 2014년 서울대 경영대학원 AMP(최고경영자과정) 수료 ⽊1984~2001년 삼성물산 입사·주택부문 근무 2001년 우리관리(주) 설립·대표이사 회장(현) 2016년 (사)한국주택관리협회 회장(현) ㉠'공동주거 관리이론(共)'(2008, 교문사)

노병윤(盧秉鋈) NOH Byung Yun

⽣1962·10·2 ⽤경남 함양 ⽤서울 영등포구 국제금융로6길38 보험개발원(02-368-4004) ⽉1981년 진주고졸 1985년 서울대 수학과졸 1999년 중앙대 경영대학원졸 ⽊1996년 보험개발원 보험연구소 연구위원 2000년 同생명본부 생명보험상품팀장 2005년 同기획관리본부 경영기획실장 2008년 同계리통계실장 2010년 同계리리스크본부장 2011년 同컨설팅서비스부문장(이사대우) 2012년 同컨설팅서비스부문장(상무) 2014년 同보험요율서비스1부문장(현)

노병찬(盧炳燦) ROH Byung Chan

⽣1959·11·11 ⽤대전 ⽤제주특별자치도 서귀포시 서호중앙로63 공무원연금공단 감사실(064-802-2002) ⽉1978년 대전고졸 1983년 한양대 정치외교학과졸 1988년 同대학원 정치외교학과졸, 성균관대 대학원졸(행정학박사) ⽊행정고시 합격(28회) 1995년 대전시 문화관광국장 1996년 同교통국장 1999년 행정자치부 법무담당관 2001년 同주민과장 2004년 同지방자치국 분권지원과장 2004년 중앙인사위원회 기획관리관실 기획예산담당관(부이사관) 2005년 同기획관리관실 혁신인사기획관 2005년 同정책홍보관리실 혁신

인사기획관 2006년 同정책홍보관리관 2007년 중앙공무원교육원 양성기획부장 2007년 행정자치부 정책홍보관리실 홍보관리관 2008년 행정안전부 대변인 2008~2009년 同인사실 성과후생관 2009년 네덜란드 레이덴대 환경과학연구소 파견(일반직고위공무원) 2011년 지방행정연수원 기획지원부장 2012년 행정안전부 지방재정세제국장 2012~2014년 대전시 행정부시장 2014년 충남대 행정대학원 특임교수 2016년 공무원연금공단 상임감사(현)

노병태(魯秉泰) NO Byung Tae

⽣1961·9·30 ⽤서울 관악구 남부순환로2038 대화제약(주) 임원실(02-585-6451) ⽉한서실업전문대졸 ⽊대화제약(주) 상무이사 2008년 同대표이사 2013년 (주)리독스바이오 사내이사(현) 2015년 대화제약(주) 각자대표이사 회장(현) ⽣불교

노부호(盧富鎬) RHO Boo Ho

⽣1947·5·16 ⽥교하(交河) ⽤부산 ⽤서울 마포구 백범로35 서강대학교 경영학과(02-705-8114) ⽉부산고졸 1969년 서울대 기계공학과졸 1972년 同경영대학원 경영학과졸 1976년 경영학박사(미국 버지니아주립대) ⽊1976년 미국 Univ. of Nebraska-Lincoln대 경영학과 조교수 1977년 한국개발연구원 수석연구원 1979년 중앙대 경영학과 부교수 1981~2012년 서강대 경영학과 교수 1987~1988년 미국 인디애나대 교환교수 1991년 Global Manufacturing Research Group 부회장 1992년 International Journal of Production Economics 편집위원 1992~1994년 서강대 Harvard Business 편집위원장 1993년 한국경쟁력연구원 원장 1994년 일본 早稻田大 경영대학원 교환교수 1996~1998년 한국생산성학회 부회장 1996년 (사)신자유포럼 부회장 1997~1999년 서강대 경영학연구원장 겸 경영연구소장 1998년 한국생산관리학회 회장 2002년 세계생산연구회(GMRG) 회장 2005년 바른사회시민회의 공동대표 2012년 서강대 경영학과 명예교수(현) 2013년 바른사회시민회의 고문(현) 2014~2016년 광주은행 사외이사 겸 감사위원 ⽠중소기업학회 장려논문상(1998), 옥조근정훈장(2012) ㉠'응용통계학' '현대통계학' '현대 생산관리' '한국 중소기업의 성공 전략'(1997) '통계학의 이해' '인간혁명과 경영창조'(1999) '경영의 최전선을 가다'(2005) '통제경영의 종말'(2011) 등 ⽕'경영혁명' '해방경영' '국정개혁의 과제와 방향' '성공기업의 딜레마'(1999) 등

노상길(盧相吉)

⽣1964·7·6 ⽤부산 ⽤경기 성남시 수정구 산성대로451 수원지방검찰청 성남지청(031-739-4200) ⽉1983년 부산 대동고졸 1987년 부산대 법학과졸 1989년 同대학원졸 ⽊1994년 사법시험 합격(36회) 1997년 사법연수원 수료(26기) 1997년 창원지검 검사 1999년 同밀양지청 검사 2000년 서울지검 남부지청 검사 2003년 대구지검 검사 2005~2009년 서울중앙지검 검사 2007~2009년 공정거래위원회 파견 2009년 의정부지검 부부장검사 2010년 광주지검 공판부장 2011년 수원지검 안산지청 부장검사 2012년 전주지검 정읍지청장 2013년 대구지검 형사4부장 2014년 사법연수원 교수 2016년 수원지검 성남지청 부장검사(현)

노상래(盧相萊) Roh Sang Rae

⽣1970·12·15 ⽥전북 전주 ⽤전남 광양시 백운로1641 프로축구 전남 드래곤즈(061-815-0114) ⽉군산제일고졸 1993년 숭실대졸 ⽊1993~1994년 주택은행축구단 소속 1995~2002년 프로축구 전남 드래곤즈 소속 2003~2004년 프로축구 대구FC 소속 2005~2006년 김희태축구센터 코치 2007년 아주대 축구부 코치 2008~2011년 프로축구 전남 드래곤즈 코치 2012년 프로축구 강원FC 수석코치 2012년 프로축구 전남 드래곤즈 수석코치 2014~2016년 同감독 2016년 同수석코치(현) ⽠프로축구 득점왕·신인상·베스트11·올스타전 MVP(1995), FA컵 득점왕(1997), 올해의 키카골(1998), 아시안컵 위너스컵대회 MVP(1999), 아시아축구연맹 4월의 선수상(1999), 춘계대학축구대회 지도자상(2007) ⽣기독교

노상훈(魯相勳) NOH Sang Hoon

⽣1951·9·1 ⽤부산 ⽤서울 중구 서소문로88 중앙일보미디어디자인(주) 임원실(02-751-5945) ⽉1970년 경남고졸 1979년 고려대 신문방송학과졸 ⽊1978년 부산일보 근무 1980년 조선일보 근무 1988년 중앙일보 편집부 근무 1994년 同편집부 차장 1995년 同편집부 부장대우 1998년 同편집부장 1999년 同편집담당 부국장직대 겸임 2000년 同편집담당 부국장대우 편집부장 2002년 同편집·사진담당 부국장 2003년 同편집담당 부국장 2003년 同정보사업단 상무 2005년 중앙일보미디어디자인(주) 대표이사(현)

노석균(盧錫均) Noh Seok Kyun

⊛1955·2·22 ⊗경북 예천 ㈜경북 경산시 대학로280 영남대학교 화학공학부(053-810-2114) ⊚1977년 연세대 화학과졸 1979년 한국과학기술원(KAIST) 화학과졸(석사) 1987년 화학박사(미국 노스캐롤라이나대 채플힐교) ㉠1978년 대한화학회 학생회원 1978년 한국고분자학회 학생회원 1979~1983년 대한화학회 일반회원 1979~1983년 한국고분자학회 일반회원 1979~1983년 한국화학연구원 연구원 1988년 미국화학회 정회원 1988~1990년 미국 코넬대 Post-Doc. 1990년 대한화학회 종신회원(현) 1990년 한국고분자학회 종신회원(현) 1990~1992년 한화석유화학 중앙연구소 책임연구원 1992년 영남대 화학공학부 조교수·부교수·교수(현) 1995년 한국공업화학회 종신회원(현) 1996년 한국화학공학회 종신회원(현) 1997~1999년 영남대 공과대학 부학장 2001~2002년 미국 Univ. of North Carolina at Chapel Hill 객원교수 2004~2005년 영남대 산학협력단장 겸 연구처장 2006년 한국고분자학회 이사(현) 2006~2013년 영남대 BK21 디스플레이소재공정 고급인력양성사업단장 2007~2009년 同교수회의장 및 대학평의회 의장 2008~2009년 바른과학기술사회실현을위한국민연합 지역대표 2008~2009년 학교법인 영남학원 정상화추진위원장 2008~2009년 대구경북교수회연합회 상임대표 2008년 영남대 총장선거관리위원장 2009~2010년 카이스트총동문회 기획부회장 2009~2010년 학교법인 영남학원 발전특별위원회 영남대분과위원장 2009년 Asia Polyolefin Workshop 조직위원회 부위원장 2010~2013년 바른과학기술사회실현을위한국민연합 공동대표 2010~2012년 학교법인 영남학원 기획조정실장 2011~2014년 연세대총동문회 이사 2012년 한국고분자학회 부회장 2012년 同교육위원장 2013~2016년 영남대 총장 2013~2016년 한국사립대학총장협의회 부회장 2013년 경북테크노파크 이사장(현) 2014년 경북도 비정상의정상화자문위원회 위원장(현) 2014~2016년 바른과학기술사회실현을위한국민연합 자문위원 2014~2016년 대통령직속 통일준비위원회 통일교육자문단 자문위원 2014년 카이스트총동문회 이사(현) 2014년 통일부 통일교육위원대구협의회 회장(현) 2014년 연세대총동문회 상임이사(현) 2014~2015년 한국공학한림원 회원 2016년 同정회원(현) 2016년 바른과학기술사회실현을위한국민연합 상임이사대표(현) ⊕2014 한국의 영향력 있는 CEO 인재경영부문대상(2014), KAIST 자랑스런 동문상(2014), 제5회 대한민국참교육대상 글로벌혁신경영부문 대상(2014) ㉣'Non-metallocene 중합촉매'(1998, 대한화학회) 'Ethylene Polymerization Using a Metallocene Catalyst Anchored on Silica with a Spacer'(2000, John Wiley & Sons) 'Debelopment of ibuprofen-loaded ultra-microcapsule with enhanced bioavaiability using gelatin'(2004, 학교법인 영남) 등

노석기(盧石基) NOH Seok Ki

⊛1946·9·16 ⊛광주(光州) ⊗부산 ⊚1975년 동아대 국어국문학과졸 1977년 부산대 대학원졸 1987년 명예 철학박사(미국 G.S.U) 1989년 문학박사(동아대) ㉠1977년 성지공업전문대 교수 1982~1989년 부산외국어대 국어국문학과 전임강사·조교수·부교수 1984년 同교무처장 겸 도서관장 1984년 월간문학 시부문 당선·문단 데뷔 1985년 부산외국어대 학생처장 겸 학생지도연구소장 1987년 청년문화협회 회장 1989년 국무총리행정조정실 연구·교육담당 심의관 1991년 국민운동중심의관 1992년 同제5행정심의관 1994년 교육부 중앙교육연수원 교수 1996년 한국청년문화협회 회장 1996년 한국정치·경제연구원 이사장 1997년 전국직능단체연합회 회장 1998년 국민신당 중랑乙지구당 위원장 1999년 한나라당 중앙위원회 교육분과위원장 99년 同정책위원회 부의장 1999년 (주)다모테크 상임고문 2000년 한나라당 중앙위원회 교육분과위원장 2000년 LGI코리아 부사장 2001년 (주)인터피아닷컴 상임감사 2001년 한국청년연대 회장 2001년 한국교육발전협의회 회장 2002년 한나라당 직능위원회 부위원장 2002년 한·미얀마교류협회 회장 2002년 한국·미얀마제일무역 대표 2002년 한국방송아카데미학원 이사장 2004~2006년 한나라당 연수원 수석위원장(박근혜총재 발령) 2005년 영상미디어그룹 시사신문사 주필(현) 2014년 새누리당 중앙위원회 위원(현) 2015년 충강공보물651호박물관 관장(현) ⊕문교부장관표창, 한국문인협회 장표창, 홍조근정훈장 ㉣'사회주의 논쟁' '가정이 세상을 만든다' '아름다운 세상 만들기1·2' ㉤장편소설 '타인1·2'

노석선(盧石善) ROH Seok Seon

⊛1958·3·25 ⊛만경(萬頃) ⊗충남 공주 ㈜대전 동구 대학로62 대전대학교 한의과대학(042-280-2602) ⊚1977년 서울 배문고졸 1984년 원광대 한의과대학졸 1987년 同대학원 한의학과졸 1991년 한의학박사(원광대) 2009년 의학박사(충남대) ㉠1984년 대전대 한방병원 일반수련의 1985~1997년 대한한의학회 회원·부회장 1985년 대전대 한방병원 전문수련의 1987~2001년 同한의과대학 강사·전임강사·조교수·부교수 1996년 同한방병원 교육

연구부장 1997~2001년 同청주한방병원장 2001년 同한의과대학 교수(현) 2001년 同한방병원 의무부원장 2005년 同한방병원장 2008~2011년 同청주한방병원장, LG생활건강 자문교수·기술고문 ㉣'원색 안이비인후과'(2001, 일중사) '원색 안이비인후과(개정판)'(2003, 주민출판사) '원색 피부과학'(2006, 아비씨기획) '원색 피부과학(제3판)'(2007, 아비씨기획) ⊚천주교

노석환(盧奭桓)

⊛1964·8·2 ⊗부산 ㈜서울 강남구 언주로721 서울본부세관(02-510-1032) ⊚고려대 경영학과졸, 서울대 행정대학원졸, 미국 피츠버그대 대학원졸 ㉠1993년 행정고시 합격(36회) 1994년 마산세관 진주출장소장 2001년 관세청 심사정책과 서기관 2005년 同국제협력과장 2007년 同원산지심사과장 2008년 同정보기획과장 2009년 同인사관리담당관(부이사관) 2011년 대구경북지역본부세관장(일반직고위공무원) 2012년 관세청 통관지원국장 2013년 同심사정책국장 2014년 同조사감시국장 2016년 서울본부세관장(현)

노성구(盧成求) RO Seong Gu

⊛1960·7·15 ⊗서울 ㈜경기 성남시 분당구 대왕판교로700 KOREA BIO PARK A동5층 크리스탈지노믹스(주)(031-628-2801) ⊚1979년 경기고졸 1983년 고려대 화학과졸 1985년 同대학원 화학과졸 1991년 이학박사(미국 캘리포니아대) ㉠1991~1994년 미국 캘리포니아대 연구원 1994~2000년 LG화학 바이오텍연구소 선임·책임연구원 2000년 크리스탈지노믹스(주) 이사 2008년 同연구개발담당 부사장(현) ⊕신지식인 선정(2002), 대한민국 우수연구성과 100선(2009), 보건의료기술진흥유공 보건복지부장관표창(2014), 이달의 산업기술상 산업통상자원부장관표창(2015), 은탑산업훈장(2015)

노성대(盧成大) NOH Sung Dai (積小·永婁)

⊛1940·8·13 ⊛광산(光山) ⊗광주 ㈜광주 동구 지원로34 (사)맥지청소년사회교육원 이사장실(062-368-8041) ⊚1958년 광주제일고졸 1964년 고려대 상학과졸 1992년 연세대 행정대학원 언론홍보학과졸 1999년 정치학박사(성균관대) ㉠1964년 문화방송 입사 1973~1977년 同정경부장·사회부장 1977년 同경제부장 겸 해설위원 1978년 同부국장대우 경제부장 1979~1980년 同보도국 부국장 1983년 한국비디오프로덕션 전무이사 1987년 한국방송광고공사 연구위원 1989년 문화방송 해설주간 1990년 同이사대우 국장(통일문제) 1992년 同이사대우(남북협력) 1993년 同워싱턴지사장 1995~1999년 광주문화방송 사장 1998년 동신대 신문방송학과 겸임교수 1998년 성균관대 신문방송학과 겸임교수 1999~2001년 문화방송 사장 1999~2001년 한국방송협회 부회장 2001년 성균관대 언론정보대학원 겸임교수 2001년 고려대 언론대학원 신문방송학과 겸임교수 2002년 한국간행물윤리위원회 위원장 2003~2006년 방송위원회 위원장, 광주대 석좌교수 2007~2009년 (재)방송콘텐츠진흥원 이사장 2008년 한국방송광고공사 공익광고협의회 위원장, (사)맥지청소년사회교육원 이사장(현) 2010~2013년 광주문화재단 대표이사 ⊕광주시민대상, 금관문화훈장(2007) ㉣칼럼집 '고향의 내일을 생각하며' ⊚기독교

노성만(盧成萬) ROWE Sung Man (소담)

⊛1939·4·26 ⊛광산(光山) ⊗광주 ㈜광주 북구 용봉로77 전남대학교(062-530-5114) ⊚1958년 광주제일고졸 1964년 전남대 의학과졸 1967년 同대학원졸 1974년 의학박사(전남대) ㉠1969~1972년 육군 軍의관 1971~1972년 월남전 참전 1973~1996년 전남대 의과대학 전임강사·조교수·부교수·교수 1986~1988년 同교무과장 1989~1991년 同평의원회 부의장·의장 1991년 대한소아정형외과학회 회장 1992~1994년 대한정형외과스포츠의학회 회장 1992년 전남대 교무처장 1993~1996년 同병원장 1995년 대한골절학회 회장 1995년 대한고관절학회 회장 1996년 광주YMCA 부이사장 1996~2000년 전남대 총장 1998년 국공립대총장협의회 부회장 1998년 민주평통 상임위원 1998년 제2의건국범국민추진위원회 위원 1998년 한국대학교육협의회 부회장 1998년 하남학원 이사장 2000~2004년 전남대 의과대학 정형외과 교수 2003년 대한정형외과학회 회장 2003년 광주YMCA 이사장 2004년 전남대 명예교수(현) 2007~2011년 순천 성가롤로병원 원장 2011~2014년 전남사회복지공동모금회 회장 2012~2014년 전남대 화순노인전문병원 정형외과·재활의학과 전문의 2014년 동아병원 명예원장(현) ⊕인현무궁훈장, 한국화이자 의학상, 대한정형외과학회 학술대상, 광주시민대상 학술부문, 무등문화상 학술연구부문, 청조근정훈장, 한국능률인대상(2007) ㉣'흔히 보는 정형외과 질환 62'(2002) '증례로 보는 골절 치료'(2003) '소아 청소년 골절학(共)'(2007, 영창출판) ⊚기독교

노성왕(盧成王) KNO Sung Wang

[생]1961·4·9 [본]광주(光州) [출]울산 [주]울산 울주군 삼동면 사촌신복로111 제이엠모터스(052-237-2232) [학]1980년 울산 현대공고졸 1985년 울산과학대학 기계과졸 [경]1986~1997년 현대자동차(주) 근무 1998년 진명산업 창업·대표(현) 2001~2012년 진명이십일(주) 창업·대표이사 2004년 ISO 9001·QS 9000인증 획득 2005년 울산시 선정 '글로벌스타벤처기업' 2005년 기술신용보증기금 선정 '투명경영 인증' 2012년 제이엠모터스 대표이사(현) [상]서울경제신문 선정 Young Frontier Awards 2002 제조부문 Silver(2002), 부산울산중소기업청 우수중소기업인상, 자랑스런 중소기업인상(2005) [종]불교

노성일(盧聖一) ROH Sung Il

[생]1952·4·1 [출]서울 [주]서울 강남구 도곡로452 미즈메디병원 원장실(02-2007-1204) [학]1971년 경기고졸 1977년 연세대 의과대학졸 [경]1977~1978년 세브란스병원 인턴 1978~1982년 세브란스병원 산부인과 전공의 1982~1985년 육군 軍의관 1985년 제일병원 산부인과 불임클리닉 의사 1985~1987년 미국 오하이오주립대(Ohio State Univ.) 산부인과 생식내분비학 Fellow 1987~1988년 미국 Eastern Virginia Medical School 산부인과 생식내분비학 Fellow 1988~1991년 제일병원 산부인과장·기획조정실장 1990~1998년 연세대 의과대학 산부인과학교실 외래 전임강사·조교수·부교수 1991년 영동제일병원·미즈메디병원 원장 1994년 대한불임학회 상임이사 1995년 대한폐경학회 상임이사 1997년 대한남성과학회 이사 1997년 대한산부인과내시경학회 이사 1998~2000년 연세대 의과대학 산부인과학교실 외래교수 1999년 미즈메디병원 이사장(현) 2002년 서울대 의학연구원 인구의학연구소 특별객원연구원 2002년 보건복지부 WTO의료개방대책위원 2003~2005년 同보건의료정책실무위원회 위원 2005~2014년 연세대 의과대학 산부인과학교실 겸임교수 2005년 대통령소속 의료산업선진화위원회 위원 2006년 대한중소병원협회 부회장 2008년 대한병원협회 대외협력위원장 2010~2012년 同감사 2014년 (재)한국병원경영연구원 원장 2014년 연세대 의과대학 산부인과학교실 외래교수(현) 2014년 미즈메디병원 원장(현) 2016년 대한병원협회 감사(현) [상]President Award in IVF World Congress 우수논문상(1995), President Award in ASRM Annual Meeting 우수논문상(1997), 재정경제원장관 우수납세자표창(1997), 과학기술훈장 도약장(2004), 연세를 빛낸 동문상(2005), 한미중소병원상 봉사상(2016) [저]'1인치의 혁신'(2011)

노성훈(盧聖勳) NOH Sung Hoon

[생]1954·2·1 [출]서울 [주]서울 서대문구 연세로50의1 연세암병원 원장실(02-2228-2111) [학]1972년 경동고졸 1978년 연세대 의대졸 1982년 同대학원졸 2002년 의학박사(고려대) [경]1983~1986년 국군 서울지구병원 일반외과 軍의관 1986~2001년 연세대 의과대학 외과학교실 연구강사·전임강사·조교수·부교수 1991~1993년 미국 국립암연구소(NCI) 연구원 2001년 연세대 의과대학 외과학교실 교수(현) 2002~2004년 연세대의료원 임상의학연구센터 연구부장 2004~2006년 연세대 세브란스병원 외과 과장 2005~2013년 同위암전문클리닉팀장 2008~2009년 연세대의료원 암센터 원장 2008년 경남 고성 '공룡세계엑스포조직위원회' 홍보대사 2009~2013년 연세대 세브란스병원 외과부장 2009~2011년 국제위암학회 조직위원장 2009~2011년 대한위암학회 회장 2009~2013년 연세대 의과대학 외과학교실 주임교수 2009~2013년 同세브란스병원 외과 과장 겸 외과부장 2010~2012년 대한암학회 이사장 2010년 서울중앙지법 자문위원(현) 2011~2013년 국제위암학회 회장 2011~2012년 대한소화기학회 부회장 2013년 연세암병원 원장(현) 2014년 대한외과학회 이사장(현) 2015년 대한민국의학한림원 정회원(현) 2016년 한국과학기술한림원 정회원(의약학부·현) [상]최우수임상교수상, 유한의학우수상(2002), 대한의사협회 의과학상, 대한의사협회 화이자국제협력특별공로상(2010), 바이엘임상의학상(2012), 범석 의학상(2013), 연세대 의과대학 보원학술상(2015) [저]'위가 없어도 살 수 있나요'(2003, 의학문화사) '위암완치 설명서'(2009, 헬스조선)

노세영(盧世榮) ROH Se Young

[생]1956·1·24 [본]교하(交河) [출]강원 원주 [주]경기 부천시 소사구 호현로489번길52 서울신학대학교 비서실(032-340-9202) [학]1976년 부산대사대부속고졸 1981년 서울신학대 신학과졸 1982년 연세대 연합신학대학원 신학졸 1986년 미국 컬럼비아신학교 신학과졸 1988년 미국 드류대 대학원 성경학과졸 1991년 성경학박사(미국 드류대) [경]1986~1991년 미국 뉴욕 한빛성결교회 교육목사 1991년 신덕성결교회 협동목사, 부평제일성결교회 협동목사(현) 1991~1997년 서울신학대 신학과 조교수·부교수 1993년 同학보사 주간 1994~1995년 同생활관장 1995~1997년 同도서관장 1997~2002년 한국구약학회 편집위원 1997년 서울신학대 신학과 교수(현) 2001~2003년 同기획처장 2003~2005년 同교무처장 2005~2006년 同대학원장 2016년 同총장(현) [저]'나훔, 하박국, 스바냐'(1998, 대한기독교서회) '고대 근동의 역사와 종교(共)'(2000, 대학기독교서회) '효과적인 연구방법과 글쓰기'(2004, 서울신학대 출판부) [종]기독교

노세용(魯世龍) RO Se Yong

[생]1959·7·21 [본]밀양(密陽) [출]서울 [주]경남 창원시 성산구 완암로84 LG전자(주) 임원실(055-260-3112) [학]1978년 서울공고졸 1983년 한양대 전자공학과졸 1989년 일본 와세다대(早稻田大) 대학원졸 [경]1979~1999년 LG전자 수석연구원 1999년 LG텔레콤 상무보 2001년 同단말데이터사업본부장 2006년 同법인사업본부장(상무) 2007년 同차세대서비스기획단장(상무) 2008년 同신사업개발실장(상무) 2010년 (주)LG유플러스 신사업추진담당 상무 2011년 同컨버전스사업단장(전무) 2012~2013년 同네트워크본부장(전무) 2013년 LG전자 HE연구소 전무 2014년 同B2B부문 Solution개발FD담당 전무(현)

노수현(盧洙鉉) RHO Su Hyon

[생]1965·10·13 [본]광주(光州) [출]강원 양양 [주]경북 김천시 혁신8로177 농림축산검역본부 식물검역부(054-912-0600) [학]1983년 강릉고졸 1987년 서울대 축산학과졸 1998년 미국 일리노이대 대학원 경제학과졸 [경]1989년 기술고시 합격(23회) 1990년 농림수산부 국립농산물검사소 제주도지소장 1994년 同축산국 축산경영과 사무관 1999년 농림부 축산국 축산정책과 서기관, 농촌진흥청 축산연구소 과장 2008년 농림수산식품부 축산경영팀장 2009년 同축산정책팀장 2009년 同식품산업정책실 축산정책과장 2009년 국립식물검역원 영남지원장 2010년 농림수산식품부 축산경영과장(서기관) 2011년 同축산경영과장(부이사관) 2012년 同식품산업정책과장 2013년 농림축산식품부 식품산업정책실 소비정책과장 2014년 同농림축산검역본부 식물검역부장(고위공무원) 2014년 농촌진흥청 기술협력국장 2015년 농림축산식품부 농림축산검역본부 식물검역부장(현)

노승권(盧承權) ROH Seung Kwon

[생]1965·11·2 [본]교하(交河) [출]대구 [주]서울 서초구 반포대로158 서울중앙지방검찰청 제1차장검사실(02-530-4302) [학]1984년 대구 심인고졸 1988년 서울대 사법학과졸 [경]1989년 사법시험 합격(31회) 1992년 사법연수원 수료(21기) 1992년 軍법무관 1995년 서울지검 동부지청 검사 1997년 부산지검 울산지청 검사 1999년 대구지검 검사 2000년 대검찰청 검찰연구관 2003년 서울지검 검사 2004년 수원지검 부부장검사 2005년 창원지검 진주지청 부장검사 2006년 창원지검 특수부장 2007년 대검찰청 첨단범죄수사과장 2007년 정보통신윤리위원회 비상임위원 2008년 서울서부지검 형사5부장 2009년 서울중앙지검 첨단범죄수사2부장 2009년 대검찰청 중수1과장 2011년 의정부지검 고양지청 차장검사 2012년 부산지검 제2차장검사 2013년 서울동부지검 차장검사 2014년 수원지검 성남지청장 2015년 대구고검 차장검사(검사장급) 2015년 서울중앙지검 1차장검사(현)

노승덕(盧承德) RO Seong Dogk

[생]1946·1·31 [출]충남 부여 [주]서울 강남구 강남대로320 황화빌딩11층 네트워크신문 대표이사실(02-584-8114) [학]1964년 부여고졸 1970년 중앙대 경제학과졸, 명지대 증권보험대학원 수료 [경]1996년 중앙경제신문 광고국장 1997년 아시아일보 광고국장·마케팅국 이사 1997년 계약경제일보 광고국장·사업국장 1999년 한국경매경제신문 대표이사 발행인 1999년 서울시정신문 사업국장·이사 1999년 현대경제일보 사업국장·광고국장·마케팅국 이사 2000년 同사업본부장 2002년 네트워크신문 발행인 2006년 同대표이사(현) [종]가톨릭

노승락(盧承洛) NO Seung Rak

[생]1951·5·15 [출]강원 홍천 [주]강원 홍천군 홍천읍 석화로93 홍천군청 군수실(033-430-2201) [학]홍천농고졸, 한국방송통신대 행정학과졸, 강원대 경영행정대학원 행정학과졸, 同대학원 행정학 박사과정 수료 [경]홍천군 농산과 근무, 同북방면 역전출장소 근무, 同사회복지과 근무, 同내무과 근무, 同문화공보실 문화공보계장, 同사회과 복지계장, 同새마을과 새마을계장, 同재무과 세외수입계장, 同기획실 기획계장, 同화촌면장, 同홍천읍장, 同산림축산과장, 同남면장, 同홍천읍장, 同주민생활지원과장(서기관) 2008~2009년 同기획감사실장 2014년 강원 홍천군수(새누리당)(현) 2014년 홍천군생활체육회 회장(현) [상]내무부장관표창, 대한민국무궁화꽃 스타대상(2015), 대한민국예술문화스타대상 문화공로대상(2016) [종]불교

노승만(盧承晩) NO Seung Man

[생]1959·7·25 [출]서울 [주]경기 성남시 분당구 판교역로145 타워2동 삼성물산 건설부문 경영지원실 커뮤니케이션팀(02-2145-5114) [학]경희대 전자공학과졸 [경]삼성그룹 전략기획실 기획홍보팀 상무, 삼성전자(주) 홍보팀 상무 2012~2014년 삼성그룹 미래전략실 커뮤니케이션팀 전무 2013년 한국광고주협회 홍보위원장 2014년 同뉴미디어위원장(현) 2015년 삼성그룹 미래전략실 커뮤니케이션팀 부사장 2015년 삼성물산(주) 건설부문 경영지원실 커뮤니케이션팀장 겸 경영기획실 홍보담당 부사장(현) 2016년 한국광고주협회 운영위원장(현) [상]매일경제 올해의 광고인상 대상(2013) [종]천주교

노승일(盧承一) Roh Seung Il

[생]1965·6·6 [본]교하(交河) [출]충북 괴산 [주]인천 남동구 예술로152번길9 인천지방경찰청 제2부(032-455-2113) [학]1983년 충주고졸 1987년 경찰대 행정학과졸(3기) 2005년 한양대 공과대학원 환경계획학과졸 [경]1987년 경위 임용 1996년 경정 승진 1997년 인천 계양경찰서 경비과장 1997년 인천지방경찰청 공보담당관 1997년 同수사지도관 1997년 同수사1계장 1998년 서울 서초경찰서 교통과장 2001년 서울지방경찰청 교통안전과 교통계장 2003년 同교통안전계장 2005년 충북지방경찰청 청문감사담당관(총경) 2006년 충북 영동경찰서장 2007년 경찰청 교통관리관실 교통기획담당관 2008년 경기 가평경찰서장 2009년 경찰청 대테러센터장 2010년 서울 서대문경찰서장 2011년 경찰청 교통관리기획과장 2013년 同교통운영과장 2014년 충북 청주흥덕경찰서장(경무관) 2014년 강원지방경찰청 차장(경무관) 2015년 인천지방경찰청 제2부장(경무관)(현) [상]국무총리표창(2003)

노승주(盧承胄) RO Seung Choo

[생]1946·7·31 [출]서울 [주]대전 중구 유등천동로762 (주)충남도시가스 비서실(042-336-5100) [학]1964년 경복고졸 1968년 고려대 상학과졸 [경]대한도시가스ENG 부사장 1992년 同대표이사 사장 1992년 대한도시가스(주) 감사 겸임 1996~2000년 同부사장 2000년 同사장 2001년 同대표이사 사장 2003~2007년 同공동대표이사 부회장 2007년 同고문 2011년 (주)충남도시가스 공동대표이사 2014년 同부회장(현) [상]석탑산업훈장(2000)

노승행(魯勝行) RHO Seung Haeng

[생]1940·3·18 [본]함평(咸平) [출]전남 함평 [주]서울 서초구 법원로10 정곡빌딩 남관405호 법무법인 두레(02-595-1991) [학]1958년 광주고졸 1963년 서울대 법대졸 1965년 同사법대학원졸 1978년 한양대 대학원졸 [경]1963년 사법시험 합격 1965년 공군 법무관 1968~1982년 전주지검·부산지검·서울지검 영등포지청·제주지검·서울지검 검사 1982년 광주지검 부장검사 1983년 서울지검 남부지청 부장검사 1985년 同형사1부장 1986년 광주지검 차장검사 1987년 인천지검 차장검사 1988년 대구고검 차장검사 1989년 사법연수원 부원장 1991년 청주지검 검사장 1992년 광주지검 검사장 1993년 변호사 개업 1997년 행정심판위원회 위원 1997년 법무법인 두레 대표변호사(현) 2001~2003년 대한변호사협회 부회장 2001년 사법시험 관리위원 2008~2010년 대한공증협회 회장

노시동(盧時東) NOH Si Dong

[생]1958·10·11 [주]서울 중구 한강대로416 서울스퀘어 LG이노텍 임원실(02-3777-1114) [학]동성고졸, 부산대 기계공학과졸 [경]2004년 LG전자 PCB생산실장 2005년 同PCB영업팀장 2006년 同PCB사업부장(상무) 2009년 LG이노텍 모바일사업부장(상무) 2010년 同SoN사업팀장 2011년 同CM사업팀장(상무) 2012년 同광학솔루션사업담당 상무 2013년 同광학솔루션사업부장(전무) 2015년 同품질경영담당 전무(현)

노시청(盧時靑) NOH Si Chung

[생]1951·1·30 [출]서울 [주]경기 양주시 광적면 광적로235의48 (주)필룩스 회장실(070-7780-8009) [학]1966년 서울대사대부고졸 1973년 연세대 전기공학과졸 [경]1975년 보암전기전자개발연구소 설립·소장 1982년 보암산업 설립·사장 1985년 보암전자 설립·사장 1993년 중국 산동보암전기유한공사합작투자회사 설립·회장 1994년 미국 BOAM U.S.A. Inc. 설립·회장 1995년 말레이지아 BOAM R&D(M) SDN BHD 설립·회장 1997년 인도네시아 BOAM AMERICA Inc. 설립·회장 1997년 멕시코 PT. ANSER RAYA INDONESIA합작투자회사 설립 1997년 중국 영성보암전자유한공사 설립·회장 1999년 보암산업 대표이사 사장 2000년 (주)필룩스 대표이사 사장 2001년 '인공태양 조명기술' 개발 2001년 (주)필룩스 대표이사 회장(현) 2004~2016년 조명박물관 관장 2006년 양주예술문화단체총연합회 회장 2008~2012년 경기북부상공회의소 회장 2009~2012년 한국전등기구협동조합 이사장 2009~2010년 한국조명기술연구소 이사장, 구리시 공공디자인위원회 위원, 전기제품안전협회 부회장, 서울내셔날오케스트라 후원회장, 민주평통 양주시협의회 자문위원 2009~2016년 한국조명연구원 이사장 2011년 중소기업명예옴브즈만 지역 자문위원 2009~2016년 한국전등기구LED산업협동조합 이사장 2015~2016년 중소기업중앙회 부회장 2015~2016년 동반성장위원회 위원 2016년 한국지식재산보호원 이사장(현) 2016년 명품창출CEO포럼 회장(현) [상]국무총리표창(1985), 상공부장관표창(1987), 1천만불 수출탑(1993), 대통령 신한국인상(1995), 경기도 중소기업대상(1996), 2천만불 수출탑, 대통령표창(2001), 리빙루체 톱디자이너상(2007), 동탑산업훈장(2009), 제3회 중소기업문화대상 문화체육관광부장관표창(2009) 서울시 좋은빛상 대상(2013) [저]'노시청의 감성조명 이야기'(2004, 필룩스) [종]기독교

노신영(盧信永) LHO Shin Yong (鶴泉)

[생]1930·2·28 [본]광주(光州) [출]평남 강서 [학]1954년 서울대 법대졸 1955년 미국 켄터키주립대 대학원 정치학과졸 [경]1953년 고시행정과 합격 1955년 외무부 입부 1958~1963년 同방교국 정보문화과장·駐미국·駐터키 대사관 1등서기관 1961년 외무부 조약과장 1963~1967년 駐태국·駐이탈리아 참사관 1967년 외무부 아주국장·기획관리실장 1968년 駐LA 총영사 1972년 駐뉴델리 총영사 1973년 駐인도 대사 1974년 외무부 차관 1976년 駐제네바대표부 대사 1980년 외무부 장관 1982년 국가안전기획부장 1985~1987년 국무총리 1987년 국정자문위원 1987년 日海연구소 초빙연구위원 1987년 민정당 고문 1994~2012년 롯데복지재단 이사장 1995년 삼남장학회 이사장 1995년 롯데장학재단 이사장 1997~1998년 고려대 국제대학원 석좌교수 1999~2001년 안중근의사숭모회 이사장 2012~2014년 롯데그룹 총괄고문 [상]국민훈장 무궁화장, 수교훈장 흥인장·광화장·광화대장, 자랑스러운 서울대인(2009) [저]'노신영 회고록' [종]기독교

노연홍(盧然弘) NOH Yun Hong

[생]1955·11·12 [본]광주(光州) [출]인천 [주]인천 연수구 함박뫼로191 가천대학교 메디컬캠퍼스 부총장실(032-820-4025) [학]1975년 경동고졸 1983년 한국외국어대 노어과졸 1991년 영국 요크대 대학원 보건경제학과졸 1993년 同대학원 보건경제학 박사과정 수료 2003년 연세대 보건대학원 고위과정 수료 2010년 보건학박사(차의과학대) [경]행정고시 합격(27회) 1984년 문교부 행정사무관 1988년 보건사회부 행정사무관 1989년 同차관 비서실 근무 1993년 同가정복지과 근무 1995년 보건복지부 전산통계담당관 1997년 해외 연수 1999년 보건복지부 장애인제도과장 1999년 대통령비서실 행정관 2001년 보건복지부 연금제도과장 2001년 同보험급여과장 2002년 同장애인정책과장 2002년 同장관 비서관 2002년 同총무과장 2003~2005년 숭실대 행정학과 겸임교수 2004년 국방대 파견 2005년 보건복지부 공보관 2005년 同정책홍보관리실 홍보관리관 2005년 同보건정책국장 2005년 同보건의료정책본부장 2007년 同저출산고령사회정책본부 인구아동정책관 2008~2010년 대통령 사회정책수석비서관실 보건복지비서관 2010년 식품의약품안전청장 2011~2013년 대통령 고용복지수석비서관 2013년 가천대 메디컬캠퍼스 대외부총장 2013년 同메디컬캠퍼스 부총장(현) 2013년 건강보험심사평가원 고문(현) 2014년 가천대 뇌과학연구원장 2015년 (주)신세계푸드 사외이사(현) [상]국무총리표창(1994), 신지식공무원(2001), 바람직한 보건복지인(2002), 자랑스러운 외대인상(2010), 자랑스러운 연세보건인상(2010) [저]'국민의료의 형평성 분석과 정책과제(共)'(2004) [종]기독교

노영규(盧榮圭) NOH Young Kyu

[생]1959·12·23 [출]대구 [주]서울 송파구 올림픽로82 현대빌딩10층 한국사물인터넷협회(02-3454-1901) [학]대구 대륜고졸 1981년 연세대 행정학과졸 1998년 미국 콜로라도주립대 대학원 정보통신학과졸 [경]1983년 행정고시 합격(26회) 1984년 체신부 행정사무관 1987년 同통신정책국 통신기획과 행정사무관 1991년 同통신정책실 통신협력과 행정사무관 1992년 同체신금융국 기획과 행정사무관 1995년 정보통신부 체신금융국 기획과 서기관 1996년 同체신금융국 재무관리과 서기관 1996년 국외 훈련 1998년 정보통신부 우정국 영업과장 1998년 同우정국 우정개발과장 1999년 국무조정실 파견 2001년 정보통신부 정보화기획실 정보화지원과장 2002년 同정보화기획실 기획총괄과

장 2003년 대통령직인수위원회 파견 2003년 정보통신부 정보화기획실 기획총괄과장(부이사관) 2004년 대통령비서실 행정관 2005년 정보통신정책연구원 파견 2006년 정보통신부 정보통신협력본부장 2007년 강원체신청장 2007년 駐미국 참사관 2010년 방송통신위원회 통신정책국장 2011년 同방송통신융합정책실장 2011~2012년 同기획조정실장 2012~2015년 한국정보통신진흥협회 상근부회장 2016년 한국사물인터넷협회 상근부회장(현) [상]대통령표창(1993) [종]기독교

노영대(魯榮大) RO Young Dae

[생]1954·9·8 [출]전남 함평 [주]광주 동구 지산로78번길 7 법무법인 법가(062-233-8070) [학]1973년 광주제일고졸 1981년 동국대 법학과졸 1986년 조선대 대학원 법학과졸 [경]1981년 사법시험 합격(23회) 1983년 사법연수원 수료(13기) 1983년 광주지법 판사 1985년 同장흥지원 판사 1987년 광주지법 판사 1993년 광주고법 판사 1996년 광주지법 판사 1997년 전주지법 남원지원장 1999년 광주지법 부장판사 2000~2002년 同목포지원장 2002년 변호사 개업 2005년 법무법인 법가 대표변호사(현) 2007년 광주지방변호사회 부회장 2009~2011년 同회장

노영무(盧英茂) RO Young Moo (心山)

[생]1941·2·24 [출]서울 [주]경기 부천시 호현로489번길 32 우촌심뇌혈관연구재단(032-340-1550) [학]1968년 고려대 의과대학졸 1971년 同대학원졸 1977년 의학박사(고려대) [경]1968~1973년 고려대병원 인턴·내과학 전공의 1973~1974년 국군 군의학교 의무사관 1973년 국군 대전통합병원 내과장 1974~1976년 국군 수도통합병원 심장내과장 1976~2006년 고려대 의과대학 내과학교실 순환기내과분과 교수 1976~1980년 同의과대학 심장내과장 1980~1983년 미국 국립보건원 심장·폐·혈액연구소 객원연구원 1988년 고려대의료원 기획조정실장 1993~1999년 고려대 순환기내과장 1993년 한국의사국가시험원 중앙위원 1994년 고려대의료원 장기발전위원장 1998~2003년 김대중 대통령 심장내과 자문의 1998~2001년 대한내과학회 부이사장 1998~2000년 대한심장학회 이사장 2002~2003년 同회장 2003~2006년 대한의사협회 부회장, 대한의학회 부이사장 2004년 고려대 안암병원 심혈관센터장 2006년 同의과대학 명예교수(현) 2006년 세종병원 세종의학연구소장 2009~2013년 부천세종병원 원장 2013~2015년 同내과 전문의 2014년 우촌심뇌혈관연구재단 이사장(현) [상]체육부장관표창(1986), 대한순환기학회 학술상(1991), 송천 지석영 학술상(2000), 근정포장(2006) [저]'고혈압'(共) '심장병 백과'(共) '심장병 알아야 이긴다'(1999) [종]기독교

노영민(盧英敏) NOH Young Min

[생]1957·11·25 [본]교하(交河) [출]충북 청주 [주]충북 청주시 청원구 율봉로141 더불어민주당 충북도당(043-211-7777) [학]1976년 청주고졸 1990년 연세대 경영학과졸 [경]1977년 긴급조치 9호 위반으로 구속 1979년 사면 복권 1980년 연세대 복학생협의회장 1980년 광주민주화운동 관련 수배·제적 1981~1985년 노동운동 1989년 청주시민회 창립중앙위원 1994년 우리밀살리기운동 충북본부 대표 1995년 청주환경운동연합 이사 1995년 청문전기(주) 설립·대표이사 1995년 (주)금강조경 설립·대표이사 1995년 민주개혁국민연합 충북연대 공동대표 1997년 무심미술창작지원기금 이사장 1998년 충북자치21 발행인 1998년 국민회의 정세분석위원회 부위원장 1999년 국민정치연구회 상임이사 겸 충북본부 대표 1999년 새천년민주당 창당준비위원 2000년 同청주·흥덕지구당 위원장 2000년 同부대변인 2003년 대통령정책실 신행정수도건설추진기획단 자문위원 2003년 열린민주당 행정수도이전대책위원장 2004년 제17대 국회의원(청주 흥덕구乙, 열린우리당·대통합민주신당·통합민주당) 2005년 열린우리당 충북도당 중앙위원 2005년 同사무부총장 2006년 同충북도당 위원장 2007년 同정책위 부의장 2007년 同공보담당 원내부대표 2007년 同대변인 2007년 시인(현) 2007년 대통합민주신당 제4정책조정위원장 2007년 국회 신성장산업포럼 공동대표 2008년 제18대 국회의원(청주 흥덕구乙, 대통합민주신당·민주당) 2008년 국회 법안심사소위원장 2008년 민주당 정책위 부의장 2009~2010년 同대변인 2009년 국회 중소기업경쟁력강화특별위원회 간사 2010년 민주당 직능위원장 2011년 민주통합당 원내수석부대표 2011년 국회 신성장산업포럼 회장 2012~2016년 제19대 국회의원(청주 흥덕구乙, 민주통합당·민주당·새정치민주연합·더불어민주당) 2012년 민주통합당 대선후보경선준비기획단 부단장 2012년 同문재인 대통령후보선거기획단 기획위원 2012년 同문재인 대통령후보 비서실장 2012년 국회 윤리특별위원회 위원 2013~2015년 국회 산업통상자원위원회 위원 2014~2015년 국회 예산결산특별위원회 위원 2014년 청주 주성중총동문회 회장 2014년 국회 신성장산업포럼 대표 2015년 국회 '정부 및 공공기관 등의 해외자원개발 진상규명을 위한 국정조사특별위원회' 위원장 2015년 새정치민주연합 충북도당 위원장 2015년 국회 산업통상자원위원회 위원장 2015~2016년 더불어민주당 충북도당 위원장 2016년 同충북도당 상무위원(현) [상]자랑스런 전기인상(2009), 한국신뢰성대상 공공부문(2014), 한국언론사협회 대한민국우수국회의원대상 특별대상(2014), 전국청소년선플SNS기자단 선정 '국회의원 아름다운 말 선플상'(2015) [저]시집 '바람 지나간 자리에 꽃은 핀다'(2007, 나무생각) '하늘아래 딱 한송이'(2015, 나무생각) [종]천주교

노영백(盧英鉑) RO Young Baik

[생]1949·8·17 [본]풍천(豊川) [출]서울 [주]경기 화성시 양감면 초록로532번길61 (주)우주일렉트로닉스 비서실(031-371-3700) [학]1977년 한양대 정밀기계공학과졸 1983년 미국 오하이오주립대 대학원 기계공학과졸 [경]1984년 한국몰렉스 생산부장 1989년 한국듀폰 공장장 1993년 우주전자 사장 1999년 (주)우주일렉트로닉스 대표이사 회장(현) 2010~2013년 코스닥협회 부회장 [상]기업은행 선정 '기업인 명예의 전당' 헌정(2013), 한양대 공대 '자랑스런 한양공대인상'(2015) [종]기독교

노영보(盧榮保) NOH Young Bo

[생]1954·7·1 [본]해주(海州) [출]서울 [주]서울 강남구 테헤란로133 법무법인 태평양(02-3404-0540) [학]1973년 경기고졸 1978년 서울대 법과대학졸 1988년 미국 조지타운대 Law Center졸(LL.M.) [경]1978년 사법시험 합격(20회) 1980년 사법연수원 수료(10기) 1980년 공군 법무관 1983년 서울민사지법 판사 1985년 서울형사지법 판사 1989년 부산고법 판사 1991년 서울고법 판사 겸 법원행정처 법무담당관 1994년 대전지법 천안지원장 1997년 사법연수원 교수 1999년 법원행정처 기획조정심의관 2000~2002년 서울지법 부장판사 2000년 법원행정처 법정국장 겸임 2002년 대전고법 부장판사 2003~2006년 서울고법 부장판사 2003년 서울대 법과대학·대학원 도산법 초빙교수(현) 2006~2009년 법무법인 태평양 변호사 2009년 도산법연구회 초대회장(현) 2009년 법무법인 태평양 대표변호사(현) 2013년 (주)LG 사외이사(현) 2013~2016년 현대중공업 감사 [종]천주교

노영상(魯英相) RO, Youngsang

[생]1953·12·21 [본]개성(開城) [출]서울 [주]서울 강북구 인수봉로159 한신대 신학대학원 본관2202호 전국신학대학협의회 회장실(02-2125-0247) [학]1972년 경복고졸 1977년 서울대 농화학과졸 1981년 장로회신대 신학대학원 신학과졸 1994년 신학박사(장로회신대) [경]1982~1994년 호남신학대 전임강사·조교수·부교수 1983년 대한예수교장로회(통합) 전남노회 목사 안수 1988~1990년 통합기독교윤리학회 회장 1991~1992년 미국 컬럼비아신학교 연구교수 1994~2000년 호남신학대 신학과 교수 1994~1996년 同기획실장 1996년 同신학대학원장 1998년 同목회대학원장 2000~2012년 장로회신학대 신학과 교수 2002년 한국기독교윤리학회 부회장·회장 2004~2005년 한국교회환경연구소 소장 2005년 기독교윤리연구소 소장 2006~2009년 장로회신학대 기획처장 2007년 명성교회 협동목사(현) 2007년 기독교사회윤리학회 편집위원 2007년 조나단에드워즈 학회 감사 2007년 통합윤리학회 부회장 2007년 한국기독교학회 회계·편집위원 2008년 기독교사상 편집위원 2010년 한국장학재단 전문위원 2010년 기독간호대 이사 2010년 광주기독병원 이사 2011~2012년 장로회신학대 신학대학원장 겸 인사위원장 2011년 기독교윤리실천운동 이사 2011~2013년 한국기독교학회 감사 2012년 한국기독교학술원 정회원(현) 2012~2016년 호남신학대 총장 2014~2016년 전국신학대학협의회 부회장, 전국신학대학총장협의회 부회장, 광주기독병원 이사(현), 한국외항선교회 타문화권선교훈련원장(현), (재)아가페 이사(현) 2013~2015년 한국기독교학회 부회장 2015년 同회장(현) 2016년 전국신학대학협의회 회장(현) [저]'영성과 윤리'(1991, 장로교출판국) '경건과 윤리'(1994, 성광문화사) '예배와 인간행동'(1996, 성광문화사) '현대기독교윤리학의 동향(共)'(1997, 예영) '기독교 신앙과 생명공학'(2006, 한들출판사) '공공신학이란 무엇인가'(2007, 북코리아) '마가복음에 피어오른 구원무지개'(2007, 쿰란출판사) [종]기독교

노영석(魯英錫) RO Young Suck

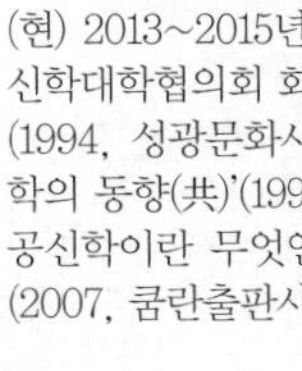

[생]1956·6·24 [본]강화(江華) [출]서울 [주]서울 성동구 왕십리로222 한양대학교병원 피부과(02-2290-8439) [학]1975년 경기고졸 1981년 한양대 의대졸 1984년 同대학원 의학석사 1987년 의학박사(한양대) [경]1985~1989년 경북포항선린병원 피부과장 1986~1988년 선린여자전문대학 외래교수 1989~2000년 한양대 의대 피부과학교실 전임강사·조교수·부교수 1991~1992년 영

국 뉴캐슬대 의과대학 피부과 Research Fellow 2000년 한양대 의대 피부
과학교실 교수(현) 2001년 한양대병원 피부과장 2003~2005년 대한피부
과학회 간행이사 2003년 대한접촉피부염 및 피부알레르기학회 총무이사
2004년 대한여드름연구회 재무이사 2005~2007년 대한피부과학회 홍보이
사 2008~2011년 World Congress of Dermatology 홍보이사 2009~2011
년 대한피부과학회 이사 2009~2011년 同재정위원회 간사 2010~2012년
대한화장품의학회 총무이사 2010~2012년 대한여드름학회 감사, 대한아토
피피부염학회 감사, 대한건선학회 감사, Update in Dermatology 편집위
원(현), Dermatology Today 편집위원장(현), 미국 피부과학회(AAD) 정회
원(현), 유럽 피부성병학회(EADV) 정회원(현) 2011년 의료중재원 자문위
원(현) 2011~2014년 한양대 의과대학 피부과학교실 주임교수 2011~2016
년 한양대병원 피부과장 2011~2013년 접촉피부염 및 피부알레르기학회 회
장 2013~2014년 대한화장품의학회 회장 2013~2016년 한양대 의학전문대
학원장 겸 의과대학장 2015~2016년 同보건대학원장 2016년 同의생명공학
전문대학원장 상영국 펠로우쉽학회상(1991), 한국태평양연구상(1991), 한
미접촉피부염연구상(2005) 전'생활속의 의학'(2004) '피부질환 이제 예방
가능합니다'(2005) '피부과학 용어집'(2005) '대한민국 최고 피부과 전문의
가 말하는 아토피피부염의 모든 것'(2006) '피부과학(5판)'(2008) 'Contact
dermatitis'(2011, INTECH)

노영수(盧榮洙)

생1946 · 5 · 2 주충북 청주시 상당구 상당로106 청주상
공회의소(043-229-2701) 학1973년 동아대 축산학과
졸 경1972~1989년 (주)농심 근무 1990년 동화식품 설
립 · 대표 1992년 (주)동화 대표이사(현) 1998년 (주)신
동화축산 설립 · 대표이사 1999년 (주)시즈너 설립 2003
년 청주상공회의소 상공의원(제18대) 2006년 청주산업
단지관리공단 부이사장(현) 2006년 청주지법 민사 · 가
사조정위원 2006년 청주상공회의소 상임의원(19대) 2009~2012년 청주상
공회의소 부회장(20 · 21대) 2013년 同회장(현) 2013년 충북지역치안협의회
위원(현) 2013년 사회적기업활성화 충북네트워크 상임대표(현) 2013년 아이
낳기좋은세상 충북운동본부 공동의장(현) 2013년 충북상공회의소협의회 회
장(현) 2013년 충북도체육회 부회장(현) 2013년 대한상사중재원 중재인(현)
2013년 기업사랑농촌사랑운동본부 부회장(현) 2013년 대한상공회의소 부
회장(현) 2015년 충북창조경제협의회 공동의장(현) 상백만불 수출탑(1999),
청주지검장표창(2002), 법무부장관표창(2004)

노영수(盧永洙) RHO Young Soo

생1955 · 2 · 25 본교하(交河) 출부산 주서울 강동
구 성안로150 강동성심병원 이비인후두경부외과(02-
2224-2279) 학1979년 연세대 의대졸 1985년 同대학
원졸 1995년 의학박사(한림대) 경한림대 의대 이비인
후두경부외과학교실 교수(현) 1992년 미국 Vanderbilt
대학병원 연수 1996년 대한두경부연구회 학술부장
1996~2002년 대한두경부외과학회 상임위원 1996년
홍콩대 Queen Mary 병원 연수 1997년 대한두경부외과학회 교과서편찬위
원 1997~2001년 대한음성언어학회 의원 · 감사 1998년 대한두경부외과학
회 총무 1999년 대한이비인후과학회 의료사안검토위원 2000년 同보험위원
2000년 강동성심병원 이비인후과장 2001년 대한두경부종양학회 학술이사
2001년 대한이비인후과학회 전문의자격시험 문항개발위원 2001~2003년
대한기관식도학회 부회장 2001년 강동성심병원 수련교육부장 2000~2005
년 대한이비인후과학회 보험이사 2002~2004년 강동성심병원 진료부원장
2003년 대한두경부외과학회 부회장 2005~2006년 同회장 2010~2011년
대한갑상선학회 부회장 2012년 대한이비인후과학회 학술대회장 2015년 강
동성심병원 일송두경부 · 갑상선암병원장(현) 2015년 대한갑상선학회 회장
(현) 상한림대 일송기념사업회 일송상(2009) 전'이비인후과학'(2002) '두경
부외과학'(2005) '두개저외과학' '구강암진료지침'

노영욱(盧榮旭) LHO Young Uhg

생1962 · 11 · 25 본광주(光州) 출경남 창녕 주부산 사
상구 백양대로700번길140 신라대학교 컴퓨터교육과
(051-999-5570) 학1981년 브니엘고졸 1985년 부산대
계산통계학과졸 1989년 同대학원 전자계산학과졸 1998
년 이학박사(부산대) 경1989~1996년 한국전자통신연
구원 연구원 1996년 부산외대 전임강사 1997년 신라대
컴퓨터교육과 교수(현) 1999~2001년 한국정보처리학
회 학회지 편집부위원장 2001~2005년 한국컴퓨터교육학회 논문지 편집부
위원장 2002년 同편집위원(현) 2003년 同이사 2004~2005년 미국 플로리
다 애틀랜틱대 방문교수 2006~2008년 한국해양정보통신학회 분과위원장
2009~2011 · 2013년 신라대 교무처장 2014년 同학부교육선진화사업단장
(현) 2015년 同교학부총장 겸 교무처장(현) 전'멀티미디어시스템(共)'(1999)
'리눅스배움터(共)'(2001, 정익사)

노영찬(盧永瓚) LO Young Chan

생1931 · 11 · 8 출서울 주경기 성남시 분당구 판교역
로231 플랜코리아 비서실(02-790-5436) 학1949년
배재고졸 1957년 서울대 문리대학 불어불문학과졸 경
1968년 외무부 의전실 의전과장 1969년 駐콩고 1등서
기관 1971년 駐멕시코 참사관 1974년 駐프랑스 참사관
1976~1978년 외무부 아중동국장 1978년 駐세네갈 대
사 1981년 駐샌프란시스코 총영사 1982년 외무부 의전
장직대 1983년 同의전장 1983년 외교안보연구원 부원장 1985년 駐포르투갈
대사 1988년 외교안보연구원 연구위원 1990~1993년 駐프랑스 대사 1995
년 한국국제교류재단 상임고문 1996~2001년 한 · 아프리카문화협회 회장
2004년 유엔 경제사회이사회협의기구 플랜코리아 회장(현)

노영하(盧永夏) No Yungha (偶寸)

생1951 · 3 · 15 출충북 청주 주서울 성동구 마장로210
한국기원 홍보팀(02-3407-3850) 학1970년 대동상고
졸 경1968년 프로바둑 입단 1969년 2단 승단 1970년 3
단 승단 1971년 4단 승단 1971년 왕위전 준우승 1972년
국수전 준우승 1973년 5단 승단 1975년 6단 승단 1977
년 7단 승단 1980년 바둑왕전 준우승 1983~2013년
KBS 바둑해설위원 1996년 8단 승단 1999년 9단 승단
(현) 2009년 한국경제신문 바둑란 집필 2014년 시니어바둑클래식 시니어왕
위전 준우승 2016년 부천시 시니어바둑팀 '부천판타지아' 소속(현) 전'바둑,
이래야 늘어' '바둑입문' '포석의 기초' '정석의 기초' '노영하 바둑강좌' 역'아
빠와 아들의 바둑교실' 작'盧永夏 바둑강좌'(비디오62편) '노영하 바둑닷컴'
(CD) 종불교

노영해(盧永奚 · 女) NOH Young Hae

생1949 · 10 · 25 본광주(光州) 출서울 주대전 유성구
대학로291 한국과학기술원 인문사회과학부(042-350-
2371) 학1968년 경기여고졸 1972년 서울대 음대 피아노
학과졸 1977년 미국 텍사스 오스틴대 대학원 음악학과
졸 1985년 음악박사(미국 텍사스 오스틴대) 경1972년
정원여중 교사 1986~1994년 서울대 · 숙명여대 음대 강
사 1993~2009년 한국과학기술원 인문사회과학부 서양
음악사전공 교수 1996년 한국서양음악학회 이사 1997년 한국음악학회 이
사 2001년 미국 캘리포니아대 어바인교 교환교수 2004년 한국과학기술원
학생처장 겸 상담센터장 2006~2009년 同인문사회과학부장 2006~2009년
同문화과학대학장 2006년 한국문화경제학회 이사 2009~2014년 한국과학
기술원(KAIST) 인문사회과학부 교수 2015년 同명예교수(현) 상한국과학기
술원 우수강의상(2004) 전'오페라이야기'(1991) '들으며 배우는 서양음악사'
(1997) 'Korean Studies'(1998) '카이스트 뮤지컬 클래스'(2003) 역'서양음악
의 어법과 의미'(1989) '페달링의 원리'(1991) 종천주교

노영현(盧英鉉) RO Young Hyun (正軒)

생1941 · 3 · 19 본광산(光山) 출경기 파주 주서울 중
구 무교로32 효령빌딩13층 (사)한국물가정보 회장실
(02-774-7200) 학서울 용문고졸 1967년 서울시립
대 잠사학과졸 1983년 고려대 경영대학원졸 경1978
년 한국산업경영기술연구소 이사장 1981년 (주)종합
물가정보 대표이사 사장 1987년 (주)한국물가조사회 사
장 1988~1991년 한국물가정보회 회장 1989년 한국잡
지협회 이사 1991년 (사)한국물가정보 회장(현) 1993년 한국잡지금고 운
영위원장 1993년 한국광고단체연합회 이사 1993년 한국광고자율심의기
구 이사 1993년 한국간행물윤리위원회 위원 1994년 한국총회신학교 명
예교수 1994년 (사)한국유통학회 자문위원 1999년 민주평통 자문위원
1999~2001 · 2007~2009년 한국잡지협회 회장 2000년 (사)남북문화교류
협회중앙회 자문위원 2012년 한국정기간행물협동조합 이사장 상문화공보
부장관표창, 국무총리표창, 대통령표창, 2000년을 향한 신경제인상, 은관
문화훈장, 한국잡지언론상, 문교부장관표창, 아시아 · 유럽미래학회 국제협
력부문 글로벌CEO대상(2010) 전'기업회계 기준'(1982) '활성경영의 지혜'
(1985) '2000년을 향한 신경제인상'(1988) '종합물가 총람'(2000) 종불교

노영환(盧瑛煥) Rho young hwan

생1960 · 3 · 1 본나주(羅州) 출서울 주서울 마포구 상
암산로82 SBS 심의팀(02-2001-6600) 학1978년 관악
고졸, 경희대 경제학과졸 1993년 同신문방송대학원졸
경KBS 아나운서, SBS 아나운서차장, 同스타즈농구단
사무국장 2008년 同편성본부 홍보팀 부장 2009년 同
성본부 홍보팀장(부장급), 同제작본부 제작운영팀 부장
2011~2015년 同제작본부 마케팅담당 부장 2015년 同심
의팀 선임매니저(현)

노영훈(盧永薰) ROH Young Hun

생1961 · 11 · 25 주서울 마포구 마포대로217 (주)나이스디앤비 대표이사실(02-2122-2500) 학고려대졸, 同대학원 경영학과졸 경1884~1987년 산동회계법인 근무 1988년 한국신용평가정보(주) 상무, 同자산관리사업부장, 同CB사업본부장(상무이사) 2005년 한국신용평가(주) 비상근이사 2010년 한국전자금융(주) 상무이사 2010년 同전무 2013년 KIS정보통신(주) 전무 2013~2015년 同대표이사 사장 2016년 (주)나이스디앤비 대표이사(현)

노오현(盧五鉉) ROH Oh Hyun

생1939 · 11 · 29 본광주(光州) 출경북 예천 주서울 서초구 반포대로37길59 대한민국학술원(02-594-0324) 학1963년 서울대 항공학과졸 1968년 미국 터프츠대 대학원 기계공학과졸 1973년 항공공우주공학박사(미국 뉴욕대) 경1970~1972년 미국 뉴욕대 항공우주연구소 연구원 1973년 국방과학연구소 책임연구원 1974~2005년 서울대 공대 기계항공공학부교수 1976~2002년 미국 항공우주학회 회원 1979년 미국 일리노이대 객원교수 1980년 미국 매릴랜드대 객원교수 1992년 한국항공우주학회 회장 1993년 항공우주산업개발정책심의위원 1994년 한국과학기술한림원 정회원(현) 1996년 한국공학한림원 정회원 · 명예회원(현) 1999~2001년 항공우주신기술연구소 소장 2001년 대한민국학술원 회원(항공공학 · 현) 2001년 국가과학기술위원회 우주개발전문위원 2002년 미국 항공우주학회 종신회원(현) 2005년 서울대 명예교수(현) 상대통령표창(1989), 한국항공우주학회 학술상(1997), 근정포장(2005) 전'최신압축성 유체역학'(1982 · 1988) '점성유체역학기초'(1992) '항공사고 사례모음집'(1997) '압축성 유체유동'(2004, 박영사) 역'自然과 技術에 있어서의 渦流動(共)'(1988) 종기독교

노옥현(盧沃鉉) James Noh

생1960 · 2 · 4 출전남 목포 주경기 성남시 분당구 판교역로192번길14 리치투게더센터 에셋플러스자산운용 사장실(02-501-7707) 학1978년 목포상고졸 1989년 광주대 금융학과졸 1992년 국민대 경영대학원 경영학과졸 경1983년 동원증권 입사 1991년 동부증권 입사 1999년 에셋플러스투자자문 대표이사 2008년 에셋플러스자산운용 공동대표이사 2012년 同CMO 2016년 同대표이사 사장(현)

노용갑(盧容甲) RHO YOUNG KAP

생1958 · 8 · 21 주서울 서초구 남부순환로2477 JW메디칼 사장실(02-2109-7700) 학한양대 상경대학 무역학과졸 경1985년 (주)대웅제약 입사 1996년 한국MSD(주) 입사 1998년 同사업지원본부장 겸 Unit 1 Manager 2000년 同TBG II 영업 · 마케팅 이사 2003년 (주)대웅제약 영업 · 마케팅 상무 2005년 한미약품(주) 마케팅전략팀 상무 2006년 한미메디케어(주) 영업 · 마케팅 상무 2006년 同대표이사 상무 2007년 同대표이사 전무 2009~2012년 同대표이사 사장 2011~2012년 한미약품(주) 영업 · 마케팅담당 사장 2012~2016년 JW중외메디칼 대표이사 사장 2016년 JW메디칼 대표이사 사장(현)

노용규(盧容圭) ROH Yong Kyu

생1954 · 4 · 16 주서울 주경기 성남시 분당구 판교로308 유라코퍼레이션 임원실(070-7878-1200) 학1973년 경기고졸 1978년 서울대 전기공학과졸 1984년 미국 서던캘리포니아대 대학원 컴퓨터공학과졸 경현대모비스(주) 이사 2004년 同기술개발 · AVN · 텔레매틱스 연구담당(상무) 현대오토넷 멀티미디어연구소장(상무) 2007~2008년 同멀티미디어연구소장(전무) 2009년 현대모비스 자문역 2010~2011년 (주)이씨스 대표이사 2012년 (주)유라코퍼레이션 부사장(현) 상산업자원부장관표창, 대통령표창 종기독교

노용훈(盧龍焄)

생1961 · 1 · 11 출전남 장흥 주대구 동구 첨단로7 신용보증기금 임원실(053-430-4014) 학1979년 장흥고졸 1986년 전남대 경영학과졸 경1986~2009년 신용보증기금 근무 2009년 同목포지점장 2010년 同감사실 감사반장 2011년 同광주지점장 2011년 同관리부장 2012년 同관리부 본부장 2012년 同감사실 본부장 2013년 同호남영업본부장 2014년 同신용보험부 본부

장 2015년 同서울서부영업본부장 2015년 同상임이사(현) 상재정경제부장관표창(2004)

노우섭(盧宇燮) RO Woo Sup

생1942 · 2 · 18 본풍천(豊川) 출경남 거창 주충남 논산시 대학로121 건양대학교(041-730-5114) 학1960년 부산고졸 1964년 서울대 법학과졸 1968년 부산대 대학원 법학과졸 1986년 호주 뉴캐슬대 경영대학원 경영학과졸 1993년 미국 하버드대 대학원 조세법학과졸 2006년 회계학박사(경희대) 경1967년 행정고시 합격(5회) 1967년 원자력청 방사선의학연구소 사무관 1968~1978년 감사원 부감사관 1978~1985년 同감사관 1986년 同제2국 제1과장 1988년 同제1국 제2과장 1990년 同감사교육실장 1993년 同제1국장 1993년 同사무차장 1995년 同사무총장 1997~2001년 同감사위원 2001~2002년 법무법인 정현 상임고문 2001~2004년 천안대 법정학부 초빙교수 2002~2003년 경희대 경영대학원 겸임교수 2002~2004년 법무법인 CHL 상임고문 2002~2004년 한국증권금융 사외이사 2002~2004년 재정경제부 국세심판원 비상임국세심판관 2002~2004년 한국공항공사 사외이사 2004~2011년 삼성카드(주) 상근감사위원(부사장) 2011~2015년 대전예술고 교장 2015년 건양대 석좌교수(현) 상대통령표창(1981), 감사원장표창(1982), 홍조근정훈장(1989), 황조근정훈장(2001)

노우진(盧佑珍) NOH, Woojin

생1965 · 12 · 8 본장연(長淵) 출경남 밀양 주서울 영등포구 의사당대로1 국회도서관 기획관리관실(02-788-4357) 학1984년 부산남고졸 1988년 연세대 문헌정보학과졸 2000년 서울대 행정대학원 수료 2008년 통일부 통일미래지도자과정 수료(3기) 2011년 정보학박사(미국 플로리다주립대) 경공군 학사장교(88기) 1995년 포스코경영연구소 연구원 1996년 국회도서관 법령자료담당 2007년 同홍보협력과장 2009년 同기획담당관 2010년 同총무담당관(부이사관) 2011년 북한대학원대 파견(부이사관) 2012년 국회도서관 기획관리관실 기획담당관 2013년 同의회정보심의관 2014년 同기획관리관(부이사관) 2015년 同기획관리관(이사관)(현) 종불교

노우철(盧禹徹) Woo Chul Noh

생1962 주서울 노원구 노원로75 원자력병원 병원장실(02-970-2114) 학1987년 서울대 의대졸 1996년 同의과대학원졸 1998년 의학박사(서울대) 경1987~1992년 서울대병원 수련의 · 외과전공의 1992~1995년 육군 軍의관 1995~1996년 이화여대병원 외과 전임의 1996년 원자력병원 외과 과장(현), 同유방암센터장(현) 2001년 아시아유방암학회(ABCS) 사무차장 2002~2003년 미국 MD Anderson Cancer Center Department of Surgical Oncology 연수 2009년 대한외과학회 홍보위원 2009년 제2차 세계유방암학회 (GBCC) 사무총장 2009년 한국유방암학회 등록사업위원장 2010~2013년 원자력병원 교육수련부장 2013~2016년 同진료부장 2016년 同병원장(현) 2016년 한국유방암학회 차기(2017년) 이사장(현)

노운하(盧運夏) Roh Unha

생1960 · 4 · 7 본경주(慶州) 출경북 상주 주서울 서초구 서초대로254 오퓨런스빌딩17층 파나소닉코리아(주) 임원실(02-533-8452) 학1987년 성균관대 대학원 무역학 석사과정 수료 경1999년 아남전자(주) 근무 2000년 미래통신(주) 근무 2000년 파나소닉코리아(주) 입사 2004년 同이사 2010년 同대표이사 사장(현) 2012년 서울상공회의소 상공의원(현) 2012년 (사)한국방송기술산업협회 부회장(현) 2015년 (사)한국미디어영상교육진흥원 이사장(현) 상'대한민국을 빛낸 21세기 한국인상' 경제 · 경영부문(2014), 연합매일신문 대한민국인물대상 전자산업부문(2014), 월간뉴스메이커 '한국을 이끄는 혁신리더'(2014 · 2015), MK매경닷컴 '한국경제를 빛낸 인물'(2014), 동아일보 한국의 최고경영인상 사회공헌경영부문(2014 · 2015), 한국경제신문 올해의 CEO 대상 사회공헌경영부문(2014), 월간조선 '한국의 미래를 빛낼 CEO' 지속가능경영부문(2015), TV조선 경영대상 사회공헌부문(2015), 월간중앙 '2016 대한민국CEO리더십대상 지속가능경영부문'(2015) TV조선 '2016 한국의 영향력 있는 CEO'(2016), 월간조선 '2016 한국의 미래를 빛낼 CEO'(2016) 중앙일보 '한국을 빛낸 창조경영 · 지속가능경영부문'(2016), 한국언론인협회 · 서비스마케팅학회 공동주최 '2016 올해의 공감경영 CEO대상 공감경영 나눔실천CEO'(2016)

노웅래(盧雄來) NOH Woong Rae

생1957·8·3 본교하(交河) 출서울 주서울 영등포구 의사당대로1 국회 의원회관901호(02-784-6040) 학1976년 서울 대성고졸 1983년 중앙대 철학과졸 2005년 동국대 언론정보대학원졸 경1983~1985년 매일경제신문 기자 1985~2003년 MBC 보도국 사회부·경제부·시사매거진 2580·대통령선거방송기획단 기자 1996년 미국 Univ. of Missouri Columbia 신문방송대학원 객원연구원 2001~2003년 전국언론노동조합 부위원장 2003년 마포비전네트워크 소장 2003년 열린우리당 부대변인 2004년 同서울마포甲지역위원회 위원장 2004~2008년 제17대 국회의원(서울 마포구甲, 열린우리당·대통합민주신당·통합민주당) 2004년 열린우리당 홍보특보 2006~2007년 同공보담당 원내부대표 2007년 同제17대 정동영 대통령후보 대변인 2008~2011년 민주당 서울마포甲지역위원회 위원장 2008~2009년 중국 북경대 국제정치대학연구학자 2009년 중국 우한대 국제정치학과 객좌교수 2009년 (사)한국혈액암협회 이사(현) 2009~2015년 동국대 언론정보대학원 겸임교수 2010년 중덕초총동문회 부회장 2011년 민주당 정책위원회 부의장 2011년 민주통합당 서울마포甲지역위원회 위원장 2012년 제19대 국회의원(서울 마포구甲, 민주통합당·민주당·새정치민주연합·더불어민주당) 2012~2013년 민주통합당 서울시당 위원장 2012년 국회 문화체육관광방송통신위원회 위원 2012~2014년 한국신문윤리위원회 윤리위원 2013년 국회 미래창조과학방송통신위원회 위원 2013년 민주당 대표 비서실장 2013년 국회 방송공정성특별위원회 위원 2013년 민주당 당무위원 2014년 同사무총장 2014년 민주당·새정치연합 신당추진단 총무조직분과 공동위원장 2014년 새정치민주연합 사무총장 2014년 同6·4지방선거 공직선거후보자추천관리위원장 2014년 국회 안전행정위원회 위원 2014~2015년 국회 예산결산특별위원회 위원 2014~2015년 국회 남북관계및교류협력발전특별위원회 야당 간사 2014년 새정치민주연합 새로운대한민국위원회 안전사회추진단장 2014~2015년 국회 국민안전혁신특별위원회 야당 간사 2014년 在韓미주리대총동문회 회장(현) 2015년 더불어민주당 새로운대한민국위원회 안전사회추진단장 2016년 제20대 국회의원(서울 마포구甲, 더불어민주당)(현) 2016년 더불어민주당 오직민생특별위원회 사교육대책TF팀 단장 2016년 국회 교육문화체육관광위원회 위원(현) 2016년 한국아동인구환경의원연맹(CPE) 회원(현) 2016년 더불어민주당 서울마포구甲지역위원회 위원장(현) 상국회NGO모니터단 선정 국정감사 베스트 의원상(2004), 문화일보·내일신문·주간한국 선정 국정감사 베스트 의원상(2004), 시민일보 의정대상(2005), (주)이십일세기뉴스 민주신문사 21C 한국인상(2007), 시민일보 의정·행정대상(2015), 대한민국의정대상(2016) 저'MBC뉴스 노웅래입니다'(2003, 생각하는 백성) '내 운명을 바꾼 한마디'(2007, 김&정) '내 인생을 바꾼 한마디'(2007, 김&정) '블루차이나'(2009, 김&정) '21세기 중국을 이끄는 리더십'(2009, 김&정) '노웅래 길에서 묻다'(2011, 하나로애드컴) '희망더하기 12000인'(2013, 하나로애드컴) 종천주교

노웅래(盧雄來) ROH Woong Rae

생1967·3·23 본교하(交河) 출충남 서천 주대전 유성구 과학로169의84 한국항공우주연구원 한국형발사체개발사업본부 발사체제어팀(042-860-2114) 학1985년 대전고졸 1989년 서울대 항공우주공학과졸 1991년 同대학원 항공우주공학과졸 2001년 항공우주공학박사(서울대) 경1991년 한국항공우주연구원 연구원·선임연구원·책임연구원(현) 2005~2011년 同우주발사체사업단 임무설계팀장 2011~2013년 同발사체체계실장 2013~2015년 同발사체체계설계팀장 2015년 同한국형발사체개발사업본부 발사체제어팀장 상대통령표창(2003), 과학기술훈장 진보장(2013)

노윤식(盧允植) Noh, Youn Sik

생1963·12·10 본교하(交河) 출충남 서천 주서울 금천구 탑골로2길56 제일성결교회(02-896-2031) 학1982년 관악고졸 1986년 한국외국어대 독일어과졸 1991년 서울신학대 대학원 신학과졸 1994년 미국 Asbury Theological Seminary 선교신학과졸 1998년 선교학박사(미국 Asbury Theological Seminary) 경1997~2012년 제일성결교회 교회성장연구소장 1998~2012년 성결대 신학부 전임강사·조교수·교수 1999~2001년 同선교체육교육과장 2002년 同학생지원처장 2003년 同성결신학연구소장 2006·2009년 同영자신문사 주간 2010년 同성결신학대학원장 겸 신학전문대학원장 2011년 同총장 직대 2012년 제일성결교회 당회장(현) 2013년 (사)나눔과기쁨 서울금천구 상임대표(현) 2014년 오엠국제선교훈련원 이사(현) 2014년 월드비전 서울금천구 대표회장(현) 2014~2015년 한국복음주의선교신학회 감사·부회장·회장 2014~2015년 한국교회연합 선교위원장 2014~2016년 예수교대한성결교회 다문화선교위원장 상UN NGO 봉사대상, 미국 로스앤젤레스 교회협의회 한족갈등해소를 위한 한미친선교류상, 미국 로스앤젤레스시 한미교류우정상 저'새천년 성결선교신학' '종교현상학 이론과 실제' '새천년

성결 선교신학' '성경에 선교가 있는가: 선교신학담론' '선교학사전'(共) '선교학 개론' '종교다원주의 사회속의 기독교 선교' '선교신학의 21세기동향'(共) '복음주의와 에큐메니즘의 대화'(共) '선교와 교회성장'(共) '새천년과 한국성결교회' '한국성결교회와 사중복음'(共) 등 다수 종기독교

노융희(盧隆熙) RHO Yung Hee (古州)

생1927·8·4 본광주(光州) 출평북 정주 주서울 관악구 관악로1 서울대학교 환경대학원(02-880-5646) 학1945년 휘문고졸 1952년 서울대 법과대학졸 1955년 同대학원 법학과졸 1958년 미국 미네소타대 대학원 법학과졸 1973년 법학박사(서울대) 경1954~1959년 숭실대 강사·조교수 1959~1972년 서울대 행정대학원 조교수·부교수·교수 1968년 미국 피츠버그대 행정대학원 교환교수 1971년 도시및지역계획연구소 이사장 1973~1992년 서울대 환경대학원 교수 1973년 同환경대학원장(同) 1974년 대한국토계획학회 회장 1978년 국토개발연구원 원장 1985년 지자제실시연구위원회 제1분과위원장 1988년 지방자치학회 회장 1989년 서울시정개혁연구위원회 위원장 1992년 서울대 명예교수(현) 1992~1994년 명지대 석좌교수 1992년 한국환경정책학회 회장 1993~2012년 정주장학회 이사장 1993~1999년 한국환경기술개발원 이사장 1994년 녹색연합 공동대표, 녹색재단 상임고문 1994년 한국환경마크협회 회장 1995년 한국환경과학연구협의회 회장 1996~1999년 일본 리츠메이칸대 객원교수 2000년 대통령자문 지속가능발전위원회 위원 2000년 글로벌500 한국인회 회장 2003년 녹색대학 석좌교수 2012년 정주장학회 명예이사장(현) 상국민훈장 동백장, 서울시 문화상, 평안북도 문화상, UNEP Global 500인상, 현정국토개발상, 자랑스러운 서울시민600인상, 자랑스러운 휘문인상, 자랑스러운 미네소타대 동창회상, 인제대 인성상 저'법의 성장' '현대헌법론' '지방자치론' '환경과 도시' '신도시 개발론' '도시행정론' '한국의 지방자치' '환경론 서설' '요철편경' '비이장목' '생존의 조건'

노익상(盧翊相) ROH Ick Sang

생1947·8·14 출서울 주서울 강남구 봉은사로179 H타워 (주)한국리서치 임원실(02-3014-1000) 학1967년 경기고졸 1971년 고려대 사회학과졸 1973년 同대학원 사회학과졸 2002년 사회학박사(고려대) 경1973년 한국행동과학연구소 연구원 1975년 ASI Market Research Corp 수석연구원 1978~2015년 (주)한국리서치 설립·대표이사 사장 1998~2008년 한양대 언론정보대 겸임교수, The World Association of Opinion and Market Research Professionals 한국대표, 유럽조사협회(ESOMAR) 한국대표, 한국마케팅여론조사협회 상임이사, 대한산악연맹 부회장 2011년 한국장애인부모회 회장(현) 2016년 (주)한국리서치 회장(현) 상대한체육회체육상 공로상(2011) 저'시장조사란 무엇인가' '위기의 마케팅' '손님이 짜다면 짜'

노인섭(盧仁燮) NOH In Sup

생1961·10·1 본광산(光山) 출전남 화순 주서울 노원구 공릉로232 서울과학기술대학교 화공생명공학과(02-970-6601) 학1989년 건국대 섬유공학과졸 1991년 미국 텍사스대 오스틴교 화학공학과졸 1995년 同대학원졸 1997년 공학박사(미국 텍사스대 오스틴교) 경1995~1997년 미국 캘리포니아공과대 Special Graduate Student 1997~1999년 미국 하버드대·매사추세츠공과대 Postdoctoral Researcher 1999년 한국생체재료학회 편집위원 1999년 서울산업대 화학공학과 전임강사·조교수 2002년 한국키틴키토산학회 부편집위원장 2002년 식품의약품안전청 세포치료제전문가협의체 위원 2003년 同조직공학제품전문위원 2003년 과학기술부 신기술인정제도·IR52장영실상 심사위원, 同특허평비지원사업 평가위원 2003년 경기신용보증재단 기술평가위원 2004~2006년 산업자원부 전략물자기술자문단 자문위원 2005년 서울산업대 화학공학과 부교수 2005년 한국공학교육인증원 평가위원 2010년 서울과학기술대 화공생명공학과 교수(현) 2011년 국가지식재산위원회 활용분과위원(현) 2011년 화재감식학회 재무이사(현) 2011년 중앙소방기술심의위원회 위원(현) 2013년 Biomaterials Research 편집위원장(현) 2013년 한국생체재료학회 부회장(현) 2013년 한국조직공학재생의학회 감사 2014~2015년 ISO TC150 위원 2015년 BMC(BioMed Central) Editor's advisor(현) 2015년 The open biomedical engineering journal 아시아편집위원장(현) 2016년 한국조직공학재생의학회 부회장(현) 상서울산업기술대전 우수상(2002), 한국키틴키토산학회 우수논문상(2005), 한국조직공학과재생의학회 우수논문상(2006) 저'조직공학과 재생의학'(2002, 군자출판사) '생체재료학(chapter)'(2009, 군자출판사) '조직공학재생의학실험(하이드로젤)'(2012, 군자출판사) '조직공학재생의학 2판'(2012, 군자출판사) 'Handbook of intelligent scaffold for tissue engineering, Chapter 9 Hyaluronan-based hydrogel'(Pan Stanford Publishing) 역'브라운 유기화학'(2006, 자유아카데미) '브라운 유기화학(chapter)'(2009, 군자출판사) '고분자공학개론(共)'(2015, 자유아카데미) 종불교

노인식(魯寅植) ROH IN SIK

생1951 · 1 · 19 본강화(江華) 출서울 주서울 서초구 서초대로74길11 삼성전자(주) 임원실(02-2255-0114) 학1969년 중앙고졸 1974년 성균관대 법학과졸 경1996년 삼성전자(주) 전략기획실 인사팀장(이사보) 1997년 同회장비서실 인사팀 이사 1999년 삼성 기업구조조정본부 인력팀 상무 2001년 同기업구조조정본부 인사팀장(전무) 2003년 同기업구조조정본부 인사팀장(부사장) 2006년 同전략기획실 인사지원팀장(부사장) 2007년 (주)에스원 대표이사 사장 2009년 삼성중공업(주) 대표이사 사장 2012~2015년 삼성경제연구소 인적자원개발담당 사장 2015년 삼성전자(주) 상담역(현) 상광고의날 국민포장, 금탑산업훈장(2010)

노인호(盧仁鎬) ROH In Ho

생1958 · 8 · 16 출충북 청원 주서울 서초구 헌릉로13 KOTRA 운영지원실(02-3460-7110) 학1976년 검정고시 합격 1985년 국민대 정치외교학과졸 2006년 핀란드 헬싱키경제대학 대학원 경제학과졸 경1986년 대한무역투자진흥공사(KOTRA) 입사 1986년 同전시부 근무 1989년 同기획관리부 근무 1991년 同LA무역관 근무 1994년 同총무처 근무 1997년 同모스크바무역관 근무 2000년 同고객서비스처 근무 2000년 同고객센터 근무 2001년 同CS경영팀 근무 2002년 同기획조정실 근무 2002년 同CS경영전담반 근무 2002년 同멜버른무역관장 2006년 同컨설팅팀장 2007년 同해외진출지원실 컨설팅팀장 2008년 同양곤코리아비즈니스센터장 2010년 同CIS지역총괄 겸 모스크바KBC센터장 2011년 同운영지원처장 2011년 同문화복지팀장 겸임 2013년 同감사실장 2014년 同싱가포르무역관장 겸 지역본부장(현) 상장관표창(1996) 종기독교

노인호(盧仁浩) NO In Ho

생1962 · 4 · 2 주서울 영등포구 여의대로128 LG트윈타워 (주)LG 인사팀(02-3777-1114) 학연세대 정치외교학과졸, 미국 브리검영대 대학원 조직행동학과졸 경1988년 LG화학(舊 럭키) 입사 2005년 (주)LG 인사팀부장 2007년 LG데이콤 경영지원담당 상무 2010년 LG유플러스 인재경영실 노경담당 상무 2012년 LG CNS CHO(Chief Human-resource Officer · 상무) 2015년 同CHO(Chief Human-resource Officer · 전무) 2015년 (주)LG 인사팀장(전무)(현)

노인환(盧仁煥) ROH In Hwan

생1932 · 5 · 24 본풍천(豊川) 출경남 함양 학1951년 부산고졸 1955년 서울대 상과대학 경제학과졸 경1961년 駐韓미국경제원조처 계획관 1961년 미국 메릴랜드대 강사 1962년 조달청 서기관 1963~1971년 경제기획원 기획담당관 · 총무 · 공공차관과장 1971~1976년 경북개발 전무이사 겸 구미전자공업 사장 1974년 신한발브 사장 1979년 제10대 국회의원(거창 · 산청 · 함양, 공화당) 1981~1987년 전국경제인연합회 상임부회장 1982년 한 · 미친선회 부회장 1982년 유전공학연구조합 부이사장 1983년 정보산업협회 부회장 1984년 장애자올림픽조직위원회 부위원장 1985년 한국능률협회 부회장 1987년 한국창업투자 사장 1988년 제13대 국회의원(산청 · 함양, 민정당) 1989년 민정당 노동대책협의회 위원장 1990년 同재정위원장 1990년 민자당 국회의원 1990년 同재정위원장 1991년 同당무위원 1992년 제14대 국회의원(산청 · 함양, 민자당 · 신한국당) 1992년 국회 재무위원장 1995년 민자당 당무위원 1996년 아세아경제연구소 연구원 1998~2000년 자민련 후원회장 1999년 同부총재 1999년 同당무위원 상미국 동성훈장 종불교

노재관(魯在寬) Roh Jae-kwan

생1959 · 7 · 28 본함평(咸平) 출광주 주서울 중구 세종대로9길20 법무법인 충정(02-750-9013) 학1977년 숭문고졸 1981년 서울대 법학과졸 1985년 同대학원 법학과졸 경1981년 사법시험 합격(23회) 1983년 사법연수원 수료(13기) 1983년 대전지법 판사 1986년 同홍성지원 판사 1989년 수원지법 판사 1993년 서울지법 남부지원 판사 1994년 서울가정법원 판사 1995년 서울고법 판사 1997년 서울지법 판사 1999년 광주지법 부장판사 2000년 수원지법 부장판사 2003~2004년 서울지법 부장판사 2004년 변호사 개업, 법무법인 한승 변호사 2009년 법무법인 충정 대표변호사(현) 2011년 사회안전방송프로그램 심의위원장 종천주교

노재규(盧宰圭) ROH Jae Kyu

생1948 · 8 · 28 출서울 주경기 성남시 분당구 새마을로177번길81 국군수도병원 신경과(031-725-6296) 학경기고졸 1974년 서울대 의과대학졸 1980년 同대학원 신경과학과졸 1985년 의학박사(서울대) 경1982~2013년 서울대 의과대학 신경과학교실 전임강사 · 조교수 · 부교수 · 교수 1985년 미국 하버드대 연구교수 1989년 대한신경학회 총무이사 1994~2001년 서울대 의과대학 외래진료부장 1998~2002년 同분당병원건립본부장 1998~2005년 대한뇌졸중학회 회장 2002년 대한신경과학회 이사장 2006~2007년 대한신경과학회 회장 2007년 한국줄기세포학회 회장 2013년 국군수도병원 신경과 전문의(현) 2014년 同신경과장(현) 상한국우수과학논문상(1992), 국무총리표창(2002), 옥조근정훈장(2013) 연'단발성 신경병증, 임상신경학 중'(1984, 대한신경학회) '뇌혈관 질환의 진단적 접근'(1986) '죽상혈전성 뇌혈관 질환'(1987) '신경학적 검사, 뇌혈관질환, 퇴행성질환, 종양(내과적측면) 신경학 중'(1988, 서울대 의과대학) '두정엽 증후군 및 차단 증후군, 행동신경학 중'(1989, 대한신경학회) '허혈성 뇌혈관 질환의 최신치료'(1990, 대한의학협회) '뇌혈관 질환의 임상적 증상 및 진단방법'(1991, WHO주관) '뇌졸중의 치료'(1992, 대한의학협회) '중환자의 신경학적 검사, 중환자 관리학 중'(1996) '신경질환'(1997) '허혈성 뇌졸중의 최신지견'(1998) '뇌졸중—총론 및 분류'(2002, 대한의사협회지) 종기독교

노재균(盧宰均) NO Jae Gyun

생1959 · 4 · 9 출경북 주서울 종로구 김상옥로29 SGI서울보증(주) 임원실(02-3671-7026) 학1978년 대구 성광고졸 1987년 한국외국어대 스페인어과졸 경1996년 대한보증보험 피닉스개발센터 과장 2001년 서울보증보험 α-Project추진위원회 과장 2004년 同포항지점장 2004년 SG Management 사장 2006년 서울보증보험 광화문지점장 2008년 同영남지역본부장 2011년 同경인지역본부장 2011년 同정보시스템부 상무대우 2012년 同IT부문 상무대우 2014년 SGI서울보증(주) 운영지원총괄 전무대우(현)

노재근(盧在根) ROH Jae Gyun

생1947 · 9 · 11 본광주(光州) 출부산 주서울 영등포구 선유로52길17 (주)코아스 회장실(02-2163-6003) 학1973년 동아대 기계공학과졸 1997년 서울대 대학원 최고경영자과정 수료 2000년 同경영대학원 DMP 수료 2003년 홍익대 국제디자인대학원 디자인혁신전략과정 수료 2006년 서울과학종합대학원 4T CEO 최고경영자과정 수료 2006년 同지배구조과정 수료 2006년 同리스크관리과정 수료 2006년 同M&A CEO과정 수료 2008년 고려대 생명환경과학대학원 생명환경최고위과정 수료 2008년 서울과학종합대학원 기후변화리더십과정 수료 2010년 同4T CEO 녹색성장과정 수료(4T CEO 1기) 경1973~1983년 LG그룹 근무 1984~2005년 (주)한국OA 설립 · 대표이사 사장 1998년 산업자원부 기술표준원 산업표준KS심의위원 1999~2004년 민주평통 자문위원 2002~2010년 한국생활환경시험연구원 이사 2003~2009년 한국금속가구공업협동조합연합회 회장 2005~2009년 Hi-Seoul컴퍼니 대표자협의회 회장 2005~2011년 (주)코아스웰 대표이사 회장 2008년 기술표준원 산업표준심의회 위원(현) 2009년 Hi-Seoul컴퍼니대표자협의회 명예회장(현) 2010년 한국MAS협회 부회장(현) 2011년 (주)코아스 대표이사 회장(현) 2011~2013년 한국기록협회 부회장 2011~2013년 법제처 중소기업분야 국민법제관 2012년 중소기업중앙회 중견기업특별위원회 위원 2012년 同천년장수기업희망포럼 위원 2012년 同가업승계지원특별위원회 위원(현) 2013년 同기업성장촉진위원회 위원(현) 상통상산업부장관표창(1997), 중소기업중앙회장표창(1998), 국세청장표창(2000), 석탑산업훈장(2000), 외교통상부장관표창(2002), 국방부장관 감사장(2004), 이달의 무역인상(2004), 중소기업청장표창(2005), 행정자치부장관표창(2005), 금탑산업훈장(2006), 500만불 수출의 탑(2006), 산업통상자원부장관표창(2014), 행복한중기경영대상 중소기업청장표창(2014), 산업혁신운동 2차년도성과보고대회 대한상공회의소 회장표창(2015), 4월의 자랑스러운 중소기업인(2016)

노재민(盧在珉) Noh Jaemin

생1960 · 5 · 17 본광주(光州) 출경남 김해 주경북 안동시 경동로1375 안동대학교 사무국(054-820-7005) 학1979년 부산기계공고졸 1986년 부산대 공과대학 기계공학과졸 2002년 국방대학원 경제학과졸 경1986년 기술고시 합격(22회) 2003년 경수로기획단 건설담당과장 2004년 산업자원부 기획관리실 정보화담당관 2004년 駐태국대사관 상무관 2007년 산업자원부 아주협력팀장 2008년 지식경제부 지역특화발전특구기획단 특구기획과장 2009년 지역발전위원회 파견 2010년 지식경제부 우정사업본부 경영기획실 투자기획팀장 2011년 同우정사업본부 우편사업단 우편정보기술팀장 2012년 同우정사업본부 우정사업

정보센터장(고위공무원) 2013~2014년 미래창조과학부 우정사업본부 우정사업정보센터장 2015년 경상대 사무국장 2016년 안동대 사무국장(현) [종]기독교

노재봉(盧在鳳) RO Jai Bong

[생]1936·2·8 [출]경남 마산 [학]1953년 마산고졸 1957년 서울대 문리대학 정치외교학과졸 1967년 정치학박사(미국 뉴욕대) [경]1966년 미국 암스트롱주립대 조교수 1967~1975년 서울대 문리대학 강사·전임강사·조교수 1975~1981년 同사회과학대학 조교수·부교수 1978년 同국제문제연구소장 1981~1988년 同외교학과 교수 1985년 同국제문제연구소장 1988년 대통령 정치담당 특보 1990년 대통령 비서실장 1990~1991년 국무총리 1992~1995년 제14대 국회의원(전국구, 민자당) 1993년 민자당 당무위원 1994년 同고문 1996~2001년 명지대 교양교수 2002~2005년 서울디지털대 총장 2012년 통영의딸송환대책위원회 명예고문 [저]'시민민주주의' '사상과 실천' [역]'한국민족주의' 'Utopia' '구주 외교사'

노재상(盧在相) RO, Jae Sang

[생]1956·10·26 [본]광주(光州) [출]부산 [주]서울 마포구 와우산로94 홍익대학교 공과대학 신소재공학과(02-320-1698) [학]1976년 부산 중앙고졸 1980년 고려대 금속공학과졸 1982년 서울대 대학원 금속공학과졸 1991년 공학박사(미국 매사추세츠공과대) [경]미국 매사추세츠공과대 Postdoctoral Fellow 1991년 홍익대 공과대학 신소재공학과 교수(현) 1997년 대한금속학회 사업이사 1999년 (주)B.T.I. 기술고문 2001~2003년 同사외이사 2001년 홍익대 시스템공학부장 2004년 한국정보디스플레이학회 편집위원 2006년 미국 세계인명사전 'Marquis Who's Who in the World'에 등재 [상]발명의날 지식경제부장관표창(2012) [작]'MeV Ion Induced Deposition of Gold Films' [종]가톨릭

노재석(盧在錫) NOH Jae Suk

[생]1955·2·25 [출]전남 여천 [주]충남 공주시 공주대학로56 공주대학교 행정학과(041-850-0289) [학]1979년 서울시립대 도시행정학과졸 1985년 단국대 대학원 경영학과졸 1988년 미국 위스콘신주립대 대학원 행정학과졸 2007년 고려대 대학원 행정학박사과정中 [경]1981년 입법고시 합격(5회) 1994년 국회사무처 교육위원회 입법조사관 1998년 同행정자치위원회 입법조사관 1999년 同의사국 의사과장(부이사관) 2000년 同운영위원회 입법심의관 2001년 同관리국장 2002년 同관리국장(이사관) 2004년 同의사국장 2006년 同교육위원회 수석전문위원 2008~2013년 同교육과학기술위원회 수석전문위원(차관보급) 2013년 공주대 행정학과 교수(현) 2013~2015년 同특임부총장 2013년 국민권익위원회 비상임위원(현)

노재선(盧在善) ROH Jae Sun (青竹)

[생]1954·5·17 [본]광산(光山) [출]부산 [주]서울 관악구 관악로1 서울대학교 농경제사회학부(02-880-4724) [학]1973년 부산 동아고졸 1979년 서울대 농대졸 1981년 同대학원 농업경제학과졸 1988년 미국 Univ. of Illinois at Urbana Champaign 대학원 농업경제학과졸 1992년 농경제학박사(미국 Univ. of Illinois at Urbana Champaign) [경]1981~1985년 한국동력자원연구소 연구원 1992년 중앙대 산업경제학과 강사 1993년 한국식품개발연구원 식품경제연구부 선임연구원 1994년 서울대 농경제사회학부 교수(현) 1994년 1종도서편찬심의회 심의위원 1996년 한국선물학회 상임이사 2003년 농림부 농가부채특별위원회 위원장 2004년 한국농업경제학회 이사 2004·2006년 농림부 양곡유통위원회 위원장 2006년 同양곡정책심의위원 2007~2009년 농협중앙회 농업경제사업활성화위원회 위원장 2008~2009년 농림수산식품부 양곡정책심의위원 2008년 同대규모농어업회사설립추진위원회 위원장 2008년 농촌진흥청 자체평가위원회 위원장 2009년 농림수산식품부 녹색성장위원회 민간위원 2011년 농협중앙회 농업경제사업활성화위원회 위원 2015~2016년 한국농수산식품유통공사 비상임이사 [상]근정포장(2014) [저]'고등학교농업경영(共)'(1996, 교육부) '성공적인 포도경영설계(共)'(2000, 농민신문사)

노재수(盧載壽) NO Jai Su

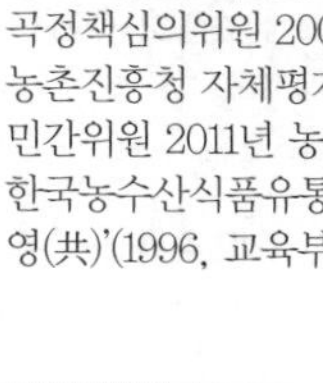

[생]1958·10·27 [본]광주(廣州) [출]강원 영월 [주]강원 춘천시 중앙로1 강원도청 동해관2층 동계올림픽본부(033-249-3182) [학]영월고졸, 한국방송통신대 행정학과졸, 강릉대 대학원졸 [경]영월군 하동면 근무, 同비서실장, 同기획계장, 同행정계장, 同하동면장, 강원도 통합상황실, 同재난관리담당, 同도로정책담당, 同지역계획과 지역계획담당 2009년 同환경관광문화국 문화예술과장 2010년 同비서실장 직대 2012년 同정보화담당관(서기관) 2012년 同보건복지여성국 경로장애인과장 2012년 同평창군 부군수 2014년 同기획조정실 예산담당관 2015년 同기획조정실 예산과장 2016년 同동계올림픽본부장(현) [상]내무부장관표창, 강원도지사표창, 영월군수표창

노재식(盧在植) RHO Chae Shik (牧仁)

[생]1930·6·21 [본]광산(光山) [출]서울 [주]서울 서초구 반포대로37길59 대한민국학술원(02-534-0737) [학]1949년 개성중졸 1957년 서울대 문리과대학 물리학과졸 1960년 영국 런던대 임페리얼이공대학원 기상학과 수료 1967년 이학박사(서울대) [경]1953~1958년 공군 장교 근무 1955~1956년 국방과학연구소 파견연구관 1958~1959년 국립항공대 강사 1960~1973년 원자력연구소 연구관 1967년 원자력청 사무국장 1968년 원자력연구소 보건물리학연구실장 1968년 한국기상학회 회장 1968년 노르웨이 왕립원자력연구소 객원연구원 1973년 원자력연구소 환경관리연구실장 1976~1988년 한국환경문제협의회(現 일사회) 회장·고문 1978~1980년 한국기상학회 회장, 同명예회장(현) 1978~2003년 환경보전협회 부회장 겸 편집위원장 1979년 원자력연구소 환경부장 1980·1981년 미국 세계인명사전 'Marquis Who's Who in the World'에 등재 1981~1983년 방사선방어학회 회장 1981~1983년 한국물리학회 간사장 겸 부회장 1982년 한국에너지연구소 원자력안전센터 敷地환경전문위원 겸 수석전문위원 1985년 同안전기준부장 1989~1992년 한국대기환경학회 회장·고문 1990년 원자력안전기술원 전문위원 1990년 同안전기준부장 1991년 (사)환경과학연구협의회 회장 1991~1993년 환경보전위원회 위원 1992~1999년 한국과학기술단체총연합회 환경기술특별위원장 1992~1994년 환경기술개발원 초대원장 1993~1995년 국가과학기술자문회의 위원 1995~1999년 국제START 온대 동아시아위원장 1997~2000년 부산대 초빙교수 1997년 대한민국학술원 회원(대기과학·현) 1998~1999년 GLOBAL 500인회 한국인회장 1998~2009년 국제지구권생물권프로그램(IGBP) 한국위원장 1999년 (사)평화의숲 공동대표이사 2000년 기상청 자문위원 2001년 (사)한국내셔널트러스트 고문 2001년 (사)성숙한사회가꾸기모임 고문 2002년 서울그린트러스트 고문 2003~2007년 항공기상대 운영심의위원장 2009년 한국기후변화학회 고문(현) [상]대통령표창(1974), 국민훈장 동백장(1982), Community Leaders in the World(1984), 국제LIONS협회 무궁화사자대상 금장(1985), 과학기술처장관표창-연구개발부문(1989), UN Global 500 환경상(1990), Who is Who in Service to the Earth(1991), 한일국제환경상(The Asian Environmental Awards)(2008) [저]'한국의 기후(共)'(1973) 'Korean Environment and National Development(共)'(1976) '대기오염(共)'(1984) 'Chemistry for Protection of the Environment, Studies in Environmental Sciences 23(共)'(1984) '환경과학입문'(1985) 'The World Community in Post Industrial Society, Vol. V(The Human Encounter with Nature : Destruction and Reconstruction)(共)'(1988) '환경변화와 환경보전(共)'(1992) '환경은 모두의 것인데'(1994) [역]'지구환경과 인간'(1996) [종]기독교

노재전(盧載佺) RO Jae Jeon

[생]1944·11·30 [본]교하(交河) [출]만주 통화 [주]충북 청주시 상당구 중고개로337번길23 현대아파트상가504호 한국청소년화랑단연맹(043-224-6662) [학]청주사범학교졸, 한국방송통신대졸, 충북대 교육대학원졸 [경]오생·맹동·무극초등학교 교사, 충주중·단양공고·가덕중 교사, 중원학생야영장 교육연구사, 보은·청주교육청 장학사, 충주고 교감, 단양교육청 학무과장, 청원교육청 교육과장, 가경중·옥산중·충북고 교장 2005년 충북도교육청 교육국장 2006년 청주교육청 교육장 2008~2011년 충북 형석고 교장 2015년 한국청소년화랑단연맹 회장(현) [상]교육부장관표창, 황조근정훈장(2007) [종]천주교

노재현(盧在賢) Noh Jae Hyun

[생]1958·6·4 [출]강원 춘천 [주]서울 중구 통일로92 에이스타워4층 중앙북스(02-6416-3802) [학]춘천고졸 1984년 서울대 국어교육학과졸 2005년 한양대 언론정보대학원졸 [경]1984년 문산종합고(現 문산제일고) 국어교사 1984~1985년 제일기획 AE 1985년 중앙일보 입사 1995년 同도쿄특파원 1997년 同논설위원 1998년 同국제부 차장 1999년 同논설위원 2001년 同정치부 차장 2004년 同문화부장 2005년 同문화스포츠에디터 2007년 同논설위원 2008년 同문화스포츠에디터 2008년 同논설위원 겸 문화전문기자 2010년 同논설위원 겸 문화전문기자(부국장대우) 2012년 同편집제작부문 부국장 2012년 한국문화관광연구원 이사(현) 2012~2014년 한국문화예술위원회 위원 2013년 국립박물관문화재단 비상임이사(현) 2013년 안전행정부 지구촌새마을운동 자문위원 2013년 대한체육회 기획재정위원회 위원(현) 2014년 한국연구재단 인문학대중화사업 운영위원 2014년 문화재청 무형유산창조협력

위원회 위원(현) 2014년 조선통신사 유네스코기록유산등재한국추진위원회 위원(현) 2014년 중앙북스 대표(현) 2014~2016년 대통령소속 문화융성위원회 인문정신문화특별위원회 위원 2015년 한국문화예술교육진흥원 이사(현) [상]서울언론인상(1994), 한국기자상(1995), 고운문화상 언론부문(2011), 대통령표창(2012), 5.18언론상(2013), 일한문화교류기금상(2014) [저]'청와대 비서실 2'(1993, 중앙일보사) '아빠 공부하기 싫어요(共)'(1994, 중앙일보사) '나를 깨우는 서늘한 말'(2015, 중앙북스) [역]'현명한 이기주의'(2001, 참솔)

노재호(魯宰昊) NO Jae Ho

[생]1962·10·25 [본]함평(咸平) [출]광주 [주]서울 송파구 송이로123 경찰병원 총무과(02-3400-1114) [학]서울 한영고졸, 경찰대 행정학과졸(1기), 경희대 국제법무대학원 법학과졸(석사), 경기대 대학원 경호안전학 박사과정中 [경]1985년 경위 임용 1992년 경감 승진 2000년 경정 승진 2010년 총경 승진 2010년 충북지방경찰청 보안과장 2011년 전남 보성경찰서장 2013년 전남지방경찰청 경무과장 2014년 경찰대 이전건설단장 2015년 서울 성동경찰서장 2016년 경찰병원 총무과장(현) [상]대통령표창(2002), 대한민국신문기자협회 위대한 한국인 대상(2014) [종]기독교

노재화(盧在華) NOH Jae Hwa

[생]1956·11·4 [본]광주(廣州) [출]서울 [주]서울 용산구 한강대로372 동부엔지니어링(주) 사장실(02-2122-7980) [학]1975년 용산고졸 1979년 서울대 농공학과졸 1984년 서울시립대 대학원 토목공학과졸 1994년 토목공학박사(서울시립대) [경]1978년 기술고시 합격(14회) 1997년 국무총리실 수질개선기획단 근무 1997년 건설교통부 경인운하과장 1999년 원주지방국토관리청 하천국장 2000년 서울지방국토관리청 하천국장 2002년 건설교통부 수자원정책과장 2005년 同건설기술혁신기획단장 2005년 同한강홍수통제소장 2008년 국토해양부 수자원정책관 2009년 명예 제주도민(현) 2010~2011년 원주지방국토관리청장 2011~2015년 (재)대한건설정책연구원 원장 2016년 동부엔지니어링 대표이사 사장(현) 2016년 한국하천협회 회장(현) [상]대통령표창(1993), 녹조근정훈장(2000)

노재환(魯在煥) NOH Jae Hwan (壺隱)

[생]1961·7·23 [본]함평(咸平) [출]전북 고창 [주]서울 성북구 안암로145 고려대학교 의료법학연구소(02-920-6130) [학]미국 버나딘대 종교철학과졸, 同대학원 종교철학과졸, 종교철학박사(미국 버나딘대), 동국대 불교대학원 불교학과졸, 명예 철학박사(필리핀 이리스트국립대) [경]2005년 한국불교태고종 중앙회 전법사(현) 2007년 동방대학원대 명리학과 전임교수(현) 2009년 대전대 동양문화연구소 초빙연구원(현) 2012년 고려대 의료법학연구소 교수(현) 2012년 동국대총동창회 상임이사(현) 2012년 한국의료법학회 이사(현) 2015년 여의도연구원 정책자문위원(현) 2015년 헤럴드경제G밸리 논설주간(현) [상]스포츠서울 선정 명리학부문 대상(2008), 뉴스피플 선정 명리학부문 대상(2008), 헤럴드경제 선정 교육인부문 아름다운얼굴상(2008), 연합불교방송국 '불교를 빛낸 인물 평화기장상'(2008), 제20회 서울국제역학대회 공로상(2008), 스포츠조선 선정 자랑스런 혁신한국인-혁신교육인부문(2011) [저]'명리학교본'(2007, 동방대학원대학교 출판부) '사회적책임 경영시스템 추진전략 1(共)'(2015, 한국기술경영연구원) '사회적책임 경영시스템 추진전략 2(共)'(2015, 한국기술경영연구원) '생명의 윤리 이론과 실제'(2015, 한국기술경영연구원) '명리학개론'(2016, 한국기술경영연구원) [종]불교

노재훈(盧在薰) ROH Jae Hoon (志耿)

[생]1954·1·15 [본]안동(安東) [출]전북 [주]서울 서대문구 연세로50의1 신촌세브란스병원 세브란스산업보건의원(02-2228-1507) [학]1972년 경기고졸 1978년 연세대 의대졸 1981년 同대학원졸 1986년 보건학박사(연세대) [경]1986~1999년 연세대 의대 예방의학교실 전임강사·조교수·부교수 1990년 미국 신시내티대 교환교수 1994년 연세대 의대 산업보건연구소장 1999년 同세브란스병원 산업보건센터 소장 1999년 同의과대학 예방의학교실 교수(현) 2002년 同보건대학원 교학부장 2004년 同의대 교무부장 2009년 대한산업의학회 회장 2011년 신촌세브란스병원 세브란스산업보건의원 소장 2011년 인천근로자건강센터 소장(현) 2013년 연세대 보건대학원 산업환경보건학과 주임교수(현) 2013~2014년 대한예방의학회 회장 2014년 연세대 보건대학원장(현) 2014·2016년 同의과대학 산업보건연구소장(현) [상]한국과학기술단체총연합회 우수과학논문상(1999·2001) [저]'발암물질의 생체모니터링'(1998, 군자출판사) '예방의학'(2007, 계축문화사) '직업병학'(2007, 계축문화사) [역]'작업장 노출 평가와 관리'(2001) [종]기독교

노점홍(魯点弘) RO JHOM HONG

[생]1958·9·11 [본]강화(江華) [출]전북 임실 [주]전북 전주시 덕진구 팔과정로164 전라북도경제통상진흥원 기업성장지원실(063-711-2008) [학]1978년 전라고졸 [경]1982년 남원시청 공무원 임용 1998년 전북도 기획관리실 기획관(지방행정주사) 2005년 同자치행정국 총무과 근무 2005년 同진안군 안천면장(지방행정사무관) 2007년 同진안군 환경보호과장 2007년 전북도 기획관리실 평가기획담당 2008년 同기획관리실 평가통계담당 2008년 同기획관리실 성과관리담당 2010년 同기획관리실 성과기획담당 2012년 同기획관리실 기획담당 2012년 전북도장애인체육회 사무처장(서기관) 2014년 전북 부안군 부군수 2016년 전라북도경제통상진흥원 기업성장지원실장(파견)(현) [상]대통령표창(1999)

노점환(盧点煥) Roh Jeom-hwan

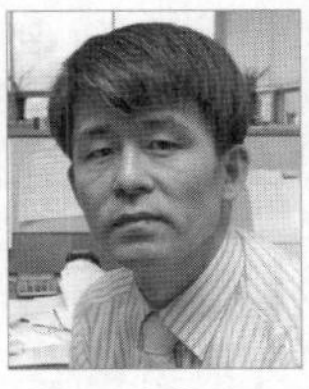

[생]1963·6·17 [본]풍천(豊川) [출]경남 함양 [주]세종특별자치시 갈매로388 문화체육관광부 감사담당관실(044-203-3211) [학]1982년 거창대성고졸 1989년 중앙대 경제학과졸 [경]1990~2005년 공보처 국민홍보과·여론과·국무총리 공보실 근무 2005년 국정홍보처 영상홍보원 기획편성팀장 2006년 同영상홍보원 방송제작팀장 2007년 同국정과제홍보팀장 2008년 문화체육관광부 뉴미디어홍보과장 2008년 同한국정책방송원 기획편성과장 2011년 세종연구소 파견 2012년 문화체육관광부 여론정책과장 2013년 同대변인실 홍보담당관 2014년 同문화콘텐츠산업실 미디어정책과장 2016년 同감사관실 감사담당관(현) [상]국무총리표창(1992), 근정포장(2005)

노정석(盧正石) NOH Jung Suk

[생]1969·2·11 [출]서울 [주]서울 종로구 종로5길86 서울지방국세청 조사2국(02-397-2200) [학]서울 대광고졸 1992년 서울대 경제학과졸 [경]행정고시 합격(38회), 서청주세무서 총무과장 1997년 제천세무서 직세과장 1998년 국세청 청장비서관 1999년 서울마포세무서 세원2과장 2000년 서울지방국세청 조사2국 조사2과 근무 2002년 국세청 재산세과 근무 2005년 同재산세과 서기관, 同부동산거래관리과 서기관, 서울지방국세청 조사1국 조사1과 서기관, 대통령 민정수석비서관실 행정관 2009년 북인천세무서장 2010년 서울지방국세청 조사1국 조사1과장 2010년 국세청 정책보좌관 2011년 同법인세과장 2012년 同법인세과장(부이사관) 2013년 대구지방국세청 조사1국장 2014년 중부지방국세청 감사관 2014년 서울지방국세청 세원분석국장(고위공무원) 2015년 同성실납세지원국장 2015년 同조사2국장(현)

노정선(盧政善) ROH Jeong Seon

[생]1942·9·26 [출]충남 공주 [주]경기 안산시 단원구 목내로29 신대양제지 임원실(031-490-9302) [학]1961년 휘문고졸 1965년 한국외국어대 독어과졸 1981~1982년 일본 上智大 연수 [경]1968년 코리아타임즈 기자 1971~1980년 동양통신 문화부·정치부·외신부 기자 1981년 연합통신 기자 1982년 同외신2부 차장 1984년 同일본특파원 1988년 同외신1부장직대 1989년 同뉴욕특파원 1992년 同방송뉴스부 부장급 1994년 同뉴미디어국 부국장대우 뉴스속보부장 1995년 同편집국 부국장급 문화생활부장 1996년 同북한취재본부 부국장급 1997년 同편집국 부국장급 북한부장 1997년 同외신국장 1998년 同국제·업무담당 상무이사 1998년 연합뉴스 국제·업무담당 상무이사 2000년 同업무담당 상무이사 2001~2005년 한국언론재단 사업이사 2002~2004년 外言會 회장 2008~2011년 신대양제지(주) 사외이사 2011년 대영포장(주) 사외이사 2014년 신대양제지 사외이사(현)

노정선(盧晶宣) NOH Jong Sun

[생]1945·3·20 [본]광주(廣州) [출]서울 [주]강원 원주시 연세대길1 연세대학교 원주캠퍼스 인문예술대학(033-760-2162) [학]1964년 경기고졸 1969년 연세대 신학과졸 1974년 미국 하버드대 신학대학원 신학과졸 1984년 철학박사(미국 유니언신학대) [경]1974년 연세대 교목 1979년 미국 예일대 Research Fellow 1986~2010년 연세대 인문예술대학 교양교직과 교수 1987~2012년 한국기독교교회협의회(NCCK) 화해·통일위원회 위원 1987~2000년 同통일정책위원·부위원장·정책위원장 1993년 미국 휴스턴대 록웰교 교수 1993~1994년 부총리 겸 통일부장관 통일정책자문 1994년 Radio France International 방송애널리스트(현) 1994년 B.B.C 남북관계 Short Talk Interviewee 1995년 사회윤리학회 회장 1999년 민주개혁국민연합 공동대표 1999년 기독교윤리학회 회장 2004년 서울YMCA 통일

위원장 2004~2015년 한국YMCA전국연맹 통일위원장 2004년 전국사회발전실현협의회 국제협력위원장, 열린평화포럼 공동대표(현), EATWOT-Korea 회장, 미국 Union Theological Seminary in New York 한국동창회 회장, 연세대 교수평의회 부의장 2010년 同인문예술대학 명예교수(현) 2012년 NCCK 화해·통일위원회 부위원장 2015년 同화해·통일위원회 위원장(현) 2015년 한국YMCA평화통일운동협의회 공동대표(현) ⓢWORLD ASSOCAITION OF CHRISTIAN COMMUNICATION 감사장(2005), 한국기독교교회의 평화와 통일 공로상(2008), 연세대 우수업적교수상 ⓐ'The Third War'(英文) 'Liberating God'(英文) '제3의 전쟁' '이야기신학' '통일신학을 향하여' 'Religion & Just Revolution' 'First World Theology and Third World Crique' '사회윤리와 기독교' 'Story God of The Oppressed'(英) ⓩ기독교

노정연(魯禎姸·女) RHO Jung Yeon

ⓢ1967·3·16 ⓑ서울 ⓒ경기 고양시 일산동구 장백로213 의정부지방검찰청 고양지청(031-909-4000) ⓗ1986년 중앙여고졸 1991년 이화여대 법학과졸 ⓖ1993년 사법시험 합격(35회) 1996년 사법연수원 수료(25기) 1997년 수원지검 성남지청 검사 1998년 서울지검 동부지청 검사 2000년 청주지검 충주지청 검사 2001년 서울지검 북부지청 검사 2004년 서울북부지검 검사 2005년 SBS '솔로몬의 선택'에 고정 패널로 출연 2006년 수원지검 검사 2009~2010년 법무부 여성아동과장 2010년 수원지검 부장검사 2011년 법무부 인권구조과장 2013년 서울중앙지검 공판2부장 2014년 대전지검 공주지청장 2015년 서울서부지검 형사2부장 2016년 의정부지검 고양지청 차장검사(현)

노정우(盧正宇) NO Jung Woo

ⓢ1954·5·1 ⓒ서울 영등포구 신길로1 한림대학교 강남성심병원 신장내과(02-829-5108) ⓗ1979년 고려대 의과졸 1982년 同대학원 의학석사 1988년 의학박사(고려대) ⓖ1979~1983년 고려대 의과대학 부속병원 인턴·레지던트 1983~1986년 軍의관 1986년 한림대 의과대학 신장내과학교실 교수(현) 1989년 미국 미시간주립대 내과 Research Fellow 2001년 미국 UC Irvine 의과대학 신장내과 방문교수 2004년 한림대 신장연구소장 2006~2009년 同강남성심병원 진료부원장, APCN2010 등록위원장 2011년 미국인명정보기관(ABI) '21세기 위대한 지성'에 선정 2013년 한림대 강남성심병원 신장비뇨기센터장(현) 2015~2016년 대한신장학회 회장 ⓢ한림대의료원 성심목련상(1991) ⓐ'임상신장학(共)'(1989) '신장내과 매뉴얼(共)'(2008)

노정일(魯貞鎰) NOH Chung Il

ⓢ1952·7·26 ⓑ서울 ⓒ서울 종로구 대학로101 서울대학교어린이병원 소아청소년과 심장분과(02-2072-2114) ⓗ1977년 서울대 의과졸 1980년 同대학원 의학석사 1987년 의학박사(서울대) ⓖ1978년 서울대병원 소아과 전공의 1985년 대전을지병원 소아과장 1985~1998년 서울대 의과대학 소아과학교실 전임강사·조교수·부교수 1988년 미국 Medical Univ. of South Carolina 연수 1993년 미국 Pittsburg의대 소아병원 연수 1994년 대한소아과학회 보수교육위원 1996년 대한순환기학회 학술위원 1998년 서울대 의과대학 소아과학교실 교수(현) 2000년 캐나다 토론토병원 연수 2009~2011년 대한소아심장학회 회장 2010~2014년 서울대어린이병원 원장 2012~2014년 서울대병원 소아진료부원장 ⓐ'소아 심전도 해설'(1990) '부정맥의 진단 및 치료; 중환자 진료학(共)'(1996, 여문각) '성인에서의 선천성 심기형; 임상 심장학 실제(共)'(1998, 고려의학) '소아의 부정맥; 심장부정맥, 진단과 치료(共)'(1998, 연세대 출판부) '심혈관 질환; 소아과학(共)'(2001, 대한교과서) '류마티스열; 순환기학(共)'(2001, 일조각) '소아심전도(共)'(2004, 고려의학) '심혈관 질환; 소아과학(共)'(2004, 대한교과서) ⓔ'쉽게 익히는 심잡음(共)'(2009, 대한의학서적)

노정현(魯正鉉) RHO Jeong Hyun

ⓢ1952·12·24 ⓑ강화(江華) ⓒ강원 ⓒ서울 성동구 왕십리로222 한양대학교 도시대학원(02-2220-0335) ⓗ1972년 대광고졸 1976년 한양대 공과대학 도시공학과졸 1984년 고려대 대학원 산업공학과졸 1988년 공학박사(미국 일리노이주립대) ⓖ1978년 현대건설 근무 1978~1984년 국토개발연구원 책임연구원 1989~1998년 한양대 공과대학 도시공학과 교수 1995년 서울시 건축기술심의위원 1996년 통상산업부 자원정책자문위원 1996~2000년 서울시 도로자문위원회 위원 1997년 대한교통학회 상임이사 1998~2000년 서울시 물가대책위원회 위원 1998년 한양대 도시대학원 교수(현) 2000~2001

년 同도시대학원장 겸 환경대학원장 2003년 대한교통학회 부회장 2005년 同고문(현) 2008년 국토해양부 신도시자문위원 2010~2013년 同항공교통심의위원 2012년 중구미래포럼 위원(현) 2013년 국토교통부 항공교통심의위원회 위원(현) 2014년 국방부 군공항이전사업단 자문위원(현) ⓢ국토개발연구원 공로상(1980) ⓐ'경제학 개론'(1991) '교통경제학 : 이론과 정책'(1992) '교통계획 : 통행수요 이론과 모형'(1999) '사회간접자본 평가모형의 개발 및 응용'(2001) ⓔ'예제로 이해하는 경제학' '교통경제학 : 이론과 정책' ⓩ기독교

노정혜(盧貞惠·女) ROE Jung Hye

ⓢ1957·3·1 ⓑ서울 ⓒ서울 관악구 관악로1 서울대학교 자연과학대학 생명과학부(02-880-4411) ⓗ1979년 서울대 자연과학대학 미생물학과졸 1984년 이학박사(미국 위스콘신대 매디슨교) ⓖ1986년 서울대 자연과학대학 생명과학부 조교수·부교수·교수(현) 2002년 과학기술부 여성과학기술정책자문위원 2004~2006년 서울대 연구처장 2008년 한국과학기술한림원 정회원(현) 2009~2010·2013~2015년 국가과학기술자문회의 자문위원 2010~2012년 대통령직속 미래기획위원회 위원 2011년 국제과학비즈니스벨트위원회 민간위원(현) 2011년 서울대 법인 초대이사 2014년 한국과학기술기획평가원 비상임이사(현) 2015년 기초과학연구원 비상임이사(현) 2015년 한국미생물학회 회장 2015년 ICSU Regional Committee for Asia and the Pacific 한국대표(현) 2015년 서울대 여교수회 회장 2015년 카오스 과학위원회 위원 2015년 서울대 다양성위원회 위원장(현) ⓢ과학기술우수논문상(1994), 로레알 여성생명과학상(2002), 한국과학상 생명과학분야(2011), 비추미여성대상 별리상(2012), 미국 위스콘신대 한국총동문회 '자랑스런 위스콘신대 동문상'(2015) ⓐ'E. coli RNA 중합효소와 파아지람다 PR 프로모터의 상호작용'(1984, 미국 Univ. of Wisconsin, Madison) 'Double Helical DNA : Conformations, Physical properties and Interactions with Ligands.'(1985, The Benjamin/ Cummings Publishing Co., CA. U.S.A.) '21세기 과학의 포커스'(1996, 유전과 환경) ⓩ기독교

노정환(盧正煥)

ⓢ1967·1·29 ⓑ경남 창녕 ⓒ서울 도봉구 마들로747 서울북부지방검찰청 형사1부(02-3399-4304) ⓗ1985년 대구 경원고졸 1990년 경찰대 법학과졸 ⓖ1994년 사법시험 합격(36회) 1997년 사법연수원 수료(26기) 1997년 창원지검 검사 1998년 대구지검 김천지청 검사 2000년 서울지검 검사 2001년 同남부지청 검사 2003년 울산지검 검사 2006년 대검찰청 연구관 2008년 서울중앙지검 검사 2009년 수원지검 부부장검사 2010년 駐중국대사관 파견, 창원지검 형사1부장 2014년 서울중앙지검 외사부장 2015년 수원지검 형사3부장 2016년 서울북부지검 형사1부장(현) ⓐ'중국 노동법'(2008)

노정희(盧貞姬·女) Noh Jeong Hee

ⓢ1963·10·7 ⓑ광산(光山) ⓒ광주 ⓒ전북 전주시 덕진구 사평로25 광주고등법원 전주재판부(063-259-5522) ⓗ1982년 광주 동신여고졸 1986년 이화여대 법학과졸 ⓖ1987년 사법시험 합격(29회) 1990년 사법연수원 수료(19기) 1990년 춘천지법 판사 1993년 同원주지원 판사 1995년 수원지법 판사 1995년 변호사 개업 2001년 인천지법 판사 2002년 서울고법 판사 2004년 서울중앙지법 판사 2005년 광주지법 부장판사 2007년 사법연수원 교수 2009~2012년 서울중앙지법 부장판사 2011년 언론중재위원회 위원 2012년 서울남부지법 부장판사 2013년 서울가정법원 수석부장판사 2015년 광주고법 전주재판부 부장판사(현)

노종선(盧宗善) Jong-Seon No

ⓢ1959·1·1 ⓑ충북 청원 ⓒ서울 관악구 관악로1 서울대학교 전기정보공학부(02-880-8442) ⓗ1981년 서울대 전자공학과졸 1984년 同대학원 전자공학과졸 1988년 공학박사(미국 서던캘리포니아대) ⓖ1988~1990년 미국 Hughes Network Systems 책임연구원 1990~1999년 건국대 전자공학과 부교수 1999년 서울대 전기정보공학과 교수(현) 2011년 방송통신발전기금 운용심의회 통신·R&D 위원(현) 2012년 국제전기전자공학회(IEEE) 석학회원(Fellow)(현) 2014년 국제전기통신연합(ITU) 전권회의(Plenipotentiary Conference) 기술·인프라분야 총괄자문위원 2015년 한국공학한림원 정회원(현) 2015년 한국통신학회 회장 2016년 바른과학기술사회실현을위한국민연합 공동대표(현) ⓢ충북도교육감표창(1977), 정보통신부장관표창(2002), 한국통신학회 학술상(2003), 한국통신학회 해동정보통신학술상(2008)

노종원(盧鐘元) Jongwon Noh

[생]1975 [주]경기 성남시 분당구 성남대로343번길9 SK주식회사 C&C 임원실(02-6400-0114) [학]한국과학기술원(KAIST) 물리학과졸, 서울대 대학원 기술정책학과 석사과정 수료, 同대학원 기술정책학 박사과정 수료 [경]2003년 SK텔레콤(주) 정보통신연구팀 근무 2006년 同신규사업전략팀 근무 2007년 同Investment담당 2010년 同New MNO사업팀 근무 2015년 SK C&C 사업개발본부장 2016년 SK주식회사 C&C 사업개발본부장(상무) 겸 반도체PM담당(현)

노준식(盧駿植) ROH, Joon Shik

[생]1939·8·19 [본]장연(長淵) [출]서울 [주]서울 강서구 양천로34 양서빌딩2층 (주)한국방영 비서실(02-2666-2022) [학]1958년 성남고졸 1962년 동국대 정치외교학과졸 1973년 연세대 행정대학원 행정학과졸 [경]1972년 동양방송 제작부 차장 1978년 同제작부장 1980년 KBS 제작부장 1989년 KBS제작단 상임이사 1992년 (주)한국방영 대표이사 회장(현) 1994년 성남장학문화재단 이사 1995년 KBS사우회 경영이사 1999년 중앙매스컴사우회 운영위원 2002년 서울 강서구명예구청장협의회 회장 2003년 서울 강서구공직자윤리위원회 위원장 2004년 서울 강서구선거토론방송위원회 위원장 2008년 노(盧)씨중앙종친회 회장 2009년 제16대 노무현대통령 국민장 장의위원회 고문 2009년 사람사는세상 노무현재단 고문 2010년 중앙매스컴(중앙일보·동양방송)사우회 고문(현) 2011~2015년 노(盧)씨중앙종친회 상임고문 2011년 서울 강서구선거관리위원회 자문위원장(현) 2015년 노(盧)씨중앙종친회 고문(현) [상]자랑스러운 성남인상(2009) [종]불교

노준용(盧準容) Junyong Noh

[생]1971·2·14 [출]서울 [주]대전 유성구 대학로291 한국과학기술원(KAIST) 문화기술대학원(042-350-2918) [학]1989년 여의도고졸 1994년 미국 서던캘리포니아대 전자공학과졸 1996년 同대학원 컴퓨터공학과졸 2002년 전산학박사(미국 서던캘리포니아대) [경]2003~2006년 '리듬 앤 휴즈 스튜디오' 그래픽사이언티스트 2006년 한국과학기술원(KAIST) 문화기술대학원 조교수 2009년 同문화기술대학원 부교수 2009년 카이스튜디오 자문위원(현) 2010년 한국HCI학회 이사(현) 2011년 코오롱 자문위원(현) 2011년 한국과학기술원(KAIST) 문화기술대학원 석좌부교수 2014년 同문화기술대학원 교수(현) 2016년 同문화기술대학원 학과장(현) [상]벤처경진대회 장려상(2002), 카이스트 기술혁신상(2011), 카이스트 10대 대표연구 성과(2013) [저]'틀을 깨려는 용기가 필요해'(2016, 이지북) [작]해외영화 기술개발참여 '가필드' '리딕' '80일간의 세계일주' '나니아 연대기' '슈퍼맨 리턴즈' '황금 나침반' 등 국내영화 기술개발참여 '제 7광구' '고양이' '한반도의 공룡' [종]기독교

노준형(盧俊亨) RHO Jun Hyong

[생]1954·3·12 [본]교하(交河) [출]서울 [주]서울 종로구 사직로8길39 김앤장법률사무소(02-3703-1627) [학]1972년 동성고졸 1976년 서울대 법학과졸 1979년 同대학원 법학과졸 1994년 미국 아메리칸대 대학원 국제학부 수료 [경]1977년 행정고시 합격(21회) 1991년 고속철도건설기획단 투자기획과장 1993년 경제기획원 심사평가국 투자기관1과장 1994년 정보통신부 초고속통신망구축기획단 기획총괄과장 1995년 同정보통신정책실 정보망과장 1996년 同정보화기획실 기획총괄과장 1996년 同공보관 1997년 同정보화기획심의관 1998년 同통신위원회 상임위원 1999년 同국제협력관 2000년 중앙공무원교육원 파견 2001년 정보통신부 전파방송관리국장 2001년 同정보통신정책국장 2003년 대통령직인수위원회 경제2분과 전문위원 2003년 정보통신부 기획관리실장 2005년 同차관 2006~2007년 同장관 2007~2010년 서울산업대 총장 2007~2008년 중소기업특별위원회 위원장 2010~2011년 서울과학기술대 총장 2012년 Smart-서울포럼 대표의장 2012년 김앤장법률사무소 고문(현) [상]대통령표창(1989), 홍조근정훈장(2001), 청조근정훈장(2007) [종]불교

노중현(盧重鉉) Roh, Jung-Hyun

[생]1971·10·13 [주]경기 성남시 수정구 희망로480 성남세무서(031-730-6201) [학]1990년 창원 경상고졸 1995년 서강대 경제학과졸 [경]1999년 행정고시 합격(43회) 2000년 행정자치부 근무 2001년 국세청 창원세무서·서인천세무서·종로세무서 근무 2003년 재정경제부 세제실 소비세제과·재산세제과·조세분석과 근무 2008년 기획재정부 국고국 국고과 근무 2011년 국무총리실 재정금융정책관실 파견 2012~2014년 호주 Monash Univ. 교육파견 2014년 기획재정부 세제실 조세특례평가팀장 2015년 同세제실 조세법령개혁팀장 2015년 성남세무서장(현)

노진명(魯鎭明) RO Jin Myung

[생]1949·10·10 [본]함평(咸平) [출]전남 함평 [주]서울 강남구 삼성로438 (주)도화엔지니어링 비서실(02-6323-4800) [학]1969년 학다리고졸 1980년 동국대 토목공학과졸 [경]1980년 (주)도화엔지니어링 입사, 同대표이사 사장(현) 2010년 한국건설감리협회 부회장 2010년 同토목협의회 회장 2010년 同윤리위원회 회장 2010년 건설감리공제조합 운영위원 2014~2016년 한국건설기술관리협회 회장 [상]건설부장관표창(2004), 대통령표창(2007)

노진영(魯珍榮) NOH Jin Yeong

[생]1942·9·16 [출]광주 [주]전남 무안군 삼향읍 오룡3길22 전남사회복지회관3층 전남복지재단(061-287-8124) [학]1960년 광주 제일고졸 1965년 성균관대 법학과졸 1977년 법학석사(조선대) 1995년 법학박사(단국대) [경]1975~1979년 광주여상 교사 1981~1982년 목포대·서강전문대 강사 1983~1998년 목포대 법학과 교수 1988년 同학생처장 1990·1993년 同대학원 주임교수 1996년 同사회과학대학장 1997년 同경영행정대학원장 1998~2002년 同총장 1998년 전남도 제2의건국범국민추진위원회 위원장 1999년 전남일보 명예논설고문 1999~2001년 민주평통 자문위원 2002년 호주 그리피스대 연구교수 2002년 학교법인 조선대 이사 2003~2007년 초당대 총장 2003년 전남도승마협회 회장 2004년 (사)빛고을미래사회연구소 이사장 2004년 서남권일자리창출연대회의 의장 2004년 2012여수세계박람회지방유치위원회 위원장 2004년 (사)전남지역경제인협회 자문위원 2009·2011년 대통령직속 사회통합위원회 위원 2009년 광주대 석좌교수 2014년 전남복지재단 이사장(현) [상]청조근정훈장 [저]'부당노동행위론' [종]기독교

노진영(魯鎭榮) Roh, Jin Young

[생]1965·7·22 [출]전남 고흥 [주]강원 춘천시 공지로284 춘천지방법원(033-259-9000) [학]1983년 전남고졸 1987년 성균관대 법학과졸 [경]1997년 사법시험 합격(39회) 2000년 사법연수원 수료(29기) 2000년 울산지법 판사 2004년 의정부지법 판사 2007년 서울북부지법 판사 2009년 서울중앙지법 판사 2011년 서울북부지법 판사 2013년 사법연수원 교수 2016년 춘천지법 제1형사부 부장판사(현)

노진철(盧鎭澈) RHO Jin Chul

[생]1956·2·7 [출]대구 [주]대구 북구 대학로80 경북대학교 사회과학대학 사회학과(053-950-5226) [학]1974년 동성고졸 1980년 성균관대 사회학과졸 1984년 독일 빌레펠트대 사회학과 Vordiplom 취득 1986년 同사회학과 Diplom 취득 1991년 사회학박사(독일 빌레펠트대) [경]1990~1993년 성균관대 사회학과 강사 1993~2004년 경북대 사회학과 전임강사·조교수·부교수 1999~2000년 同사회학과장 2001~2002년 同사회대학 부학장 2002~2004년 同사회학과장 겸 일반대학원 사회학과 전공주임 2004~2006년 (사)대구경북환경연구소 소장 2004년 경북대 사회과학대학 사회학과 교수(현) 2004~2008년 한국환경사회학회 부회장 2004~2006년 대구경북민주화교수협의회 정책위원장 2004~2005년 경북대 사회과학대학교수회 부의장 2005~2006년 한국NGO학회 부회장 2005~2006년 한국이론사회학회지 '사회와 이론' 편집위원장 2007~2009년 경북대 대학인사위원회 위원 2007년 (사)희망제작소 운영위원(현) 2007년 경북지방노동위원회 공익위원(심판)(현) 2007~2010년 대구지방환경청 자문위원 2007~2012년 대구시 공직자윤리위원회 위원 2008~2010년 환경정의연구소 소장 2008년 대구시 맑고푸른대구21추진협의회 위원장(현) 2008~2010년 민주화를위한전국교수협의회 상임의장 2008~2010년 대구경북민주화교수협의회 상임대표 2008~2010년 한국환경사회학회 회장 2008년 고용노동부 노사민정협의체 자문교수(현) 2008년 경북도 지역노사민정협의회 자문교수(현) 2008~2010년 대구시의회 의정자문위원 2009~2010년 한국이론사회학회 부회장 2009~2010년 한국NGO학회 부회장 2009~2012년 국가위기관리학회 부회장 2009년 경북대 사회과학대학교수회 의장 2009년 同교수회 교무분과위원장 2010~2012년 소방방재청 재난예방위원회 위원 2010~2013년 경북도 미래경북전략위원회 부위원장 2010~2015년 대구시민단체연대회의 공동대표 2010년 (사)환경정의 법정이사(현) 2010년 (사)서울네러티브연구소 법정이사(현) 2010~2014년 풀뿌리시민연대 대표 2011년 대구사랑운동본부 상임이사(현) 2011년 대구환경운동연합 상임대표(현) 2011년 경북대 정책정보대학원 노사관계전문가과정장(현) 2012~2014년 同사회과학대학장 겸 정책정보대학원장 2013~2014년 한국이론사회학회 회장 2014년 국가위기관리학회 회장 2015년 지역사회학회 회장 2015년 영덕핵발전소유치찬반주민투표관리위원회 위원장 2016년 대구사랑운동시민회의 상임공동대표(현) 2016

년 한국사회체계이론학회 회장(현) [상]경북대 우수연구교수(2005) [저]'환경과 사회: 환경문제에 대한 사회체계들의 적응'(2001) '탈근대세계의 사회학(共)'(2001) '우리 눈으로 보는 환경사회학(共)'(2004) '근현대 대구경북의 지성과 운동 연구총론(共)'(2005) '근현대 대구경북지역 사회변동과 사회운동 I, II, III(共)'(2005) '대한민국 60년의 사회변동(共)'(2009) '5.18 민중항쟁에 대한 성찰적 시선(共)'(2009) '재난을 바라보는 다섯가지 시선(共)'(2009) '불확실성 시대의 위험사회학'(2010) '태안은 살아있다(共)'(2010) '문화, 환경, 탈물질주의 사회정책(共)'(2013) '한국사회의 사회운동(共)'(2013) '환경사회학 이론과 환경문제(共)'(2013) '불확실성 시대의 신뢰와 불신'(2014) '환경사회학 자연과 사회의 만남(共)'(2015) '시민행동지수로 본 영남지역(共)'(2016) [역]'현대 독일사회학의 흐름(共)'(1991) '사회학의 명저 20(共)'(1994) '소통행위이론(共)'(1995) '현대 사회학이론과 그 고전적 뿌리(共)'(2006) [종]가톨릭

노진학(盧鎭鶴) Noh Jin Hak

[생]1966·9·10 [출]경북 상주 [주]세종특별자치시 다솜2로94 해양수산부 운영지원과(044-200-5070) [학]경북대 경영대학원졸 [경]1999년 공무원 임용 2007년 해양수산부 정책홍보관리실 혁신인사기획관실 서기관 2007년 경북도 해양정책과장 2009년 국토해양부 해양정책국 해양영토개발과 팀장 2009년 교육과학기술부 국제과학비즈니스벨트추진지원단 과장 2011년 국토해양부 녹색미래전략담당관 2012년 포항지방해양항만청장 2013년 해양수산부 바다의날 기획단 T/F팀장 2013년 同기획조정실 행정관리담당관 2013년 同기획조정실 창조행정담당관 2014년 同대변인실 홍보담당관 2015년 同해사안전국 해사안전시설과장 2015년 同해사안전국 항로표지과장 2016년 해외 파견(현)

노찬용(魯讚容·女) Chanyong Ro

[생]1960·9·25 [본]강화(江華) [출]강원 춘천 [주]경남 양산시 주남로288 성심학원(영산대학교) 이사장실(055-380-9005) [학]1979년 동덕여고졸 1983년 숙명여대 음대 성악과졸 1988년 同대학원 성악전공졸 1998년 고려대 경영대학원 연구과정 수료 2010년 부산대 국제전문대학원 국제학과졸 2014년 국제학박사(부산대) [경]1981~2008년 독창회 및 오페라 등 음악회 다수 출연 1983년 조선일보 주최 신인음악회 출연 1993~1999년 서울 성북구어머니합창단 지휘자 1997년 고려대 경영대학원 69기 임원 2000~2002년 서울시교육청 학교운영위원회 운영위원 2001~2002년 혜화여고·경신중 학부모회장 2001~2002년 김포대학 생활음악과 강사 2001~2009년 학교법인 성심학원(영산대) 상임이사 2008년 同기업 'Beauty & Wellness Shop 예나래' CEO(현) 2009년 (사)재한외국인사회통합지원센터 법인이사(현) 2009년 학교법인 성심학원(영산대) 이사장(현) 2011~2012년 부산MBC 동아시아연구소 운영위원 2012~2013년 (사)한국사립초중고등학교법인협의회 부산시회 부회장 2012~2013년 대통령직속 국가브랜드위원회 지역브랜드자문위원 2013년 부산고법 조정위원(현) 2013년 부산MBC 시청자위원(현) 2014년 (사)한국사립초중고등학교법인협의회 부산시회 회장(현) 2015년 한국대학법인협의회 이사(현) 2015년 한국청소년상담복지개발원 이사(현) [종]천주교

노창준(盧昌俊) Chang Joon Ro

[생]1958·9·13 [출]전남 화순 [주]경기 화성시 삼성1로1길14 (주)바텍 임원실(031-8015-6001) [학]1978년 광주제일고졸 1985년 서울대 인문대학 동양사학과졸 2009년 핀란드 헬싱키대 대학원 경영학과졸 [경]1986~1995년 (주)평화플라스틱공업 사장 1995~1999년 (주)화천기계공업 사장 1999~2000년 (주)넥스트라이프 사장 2000~2001년 (주)제일제강공업 사장 2001년 (주)바텍 대표이사 회장(현) 2010년 (주)바텍이우홀딩스 대표이사 회장(현)

노 철(盧 徹) NOH Chul

[생]1960·3·23 [주]서울 서초구 헌릉로13 대한무역투자진흥공사 인재경영실(02-3460-7042) [학]고려대 경영학과졸, 同대학원 경영학과졸, 미국 Thunderbird Univ. 대학원 경영학과졸 [경]1987년 대한무역투자진흥공사(KOTRA) 입사 1991년 同밴쿠버무역관 근무 1994년 同전시사업처 근무 1997년 同기획관리처 근무 1998년 同투자유치처 근무 1998년 同벤쿠버무역관 근무 2001년 同미주투자유치팀 근무 2002년 同홍보팀 근무 2004년 同뉴욕무역관 근무 2006년 同북미지역본부 부본부장 2008년 同생활소비재산업팀장 2010년 同카이로코리아비즈니스센터장 2013년 同투자기획실 투자총괄팀장 2014년 同투자기획실 투자총괄팀장(처장) 2014년 국방대 파견 2015년 대한무역투자진흥공사(KOTRA) 외국기업고충처리단장 2015년 同암만무역관장 겸 다마스커스무역관장(현) [상]산업자원부장관표창(1993), 기획재정부장관표창(1999), 지식경제부장관표창(2007)

노청한(盧淸漢) Rho Cheong Han

[생]1950·8·29 [본]풍천(豊川) [출]경남 함양 [학]1969년 함양종합고졸 1987년 한국방송통신대 행정학과졸 2005년 한양대 행정대학원 사법행정학과졸 [경]1998~2001년 법무부 보호국 관찰과 근무 2001~2002년 의정부보호관찰소장 2002~2003년 서울보호관찰소 사무과장 2003~2005년 서울남부보호관찰소장 2005~2006년 춘천보호관찰소장 2006년 대전보호관찰소장 2006년 전주보호관찰소장 2007년 인천보호관찰소장 2009년 서울남부보호관찰소장 2009~2010년 서울보호관찰심사위원회 상임위원(고위공무원) 2011년 (사)한국남성의전화 상담위원 2011년 서울서부지법 민사조정위원(현) 2014년 (사)한국남성의전화 운영위원장(현) [상]대통령표창(1995), 법무부장관표창(1997), 홍조근정훈장(2010), 법원행정처장 감사장(2015)

노충래(盧忠來) NHO Choong Rai

[생]1964·9·30 [주]서울 서대문구 이화여대길52 이화여자대학교 사회과학대학 사회과학부(02-3277-3576) [학]1987년 연세대 사회복지학과졸 1999년 미국 헌터대 대학원졸 2000년 박사(미국 컬럼비아대) [경]1989~1990년 미국 뉴욕 Jamaica Queensboro Society for the Prevention of Cruelty to Children Case Manager 1990~1999년 미국 뉴욕 Queens Child Guidance Center Social Worker 1998~1999년 미국 Columbia Univ. School of Social Work Adjunct Faculty 1999~2000년 미국 뉴욕 Queens Child Guidance Center Senior Social Worker 2000~2013년 이화여대 사회복지학과 교수 2006년 同사회복지전문대학원 교학부장 2007년 同재무처 부처장 2013년 同사회과학대학 사회과학부 사회복지학전공 교수(현) 2013~2014년 同사회복지전문대학원장 겸 사회복지대학원장 2014년 同사회복지연구소장(현)

노태돈(盧泰敦) NOH Tae Don

[생]1949·8·15 [본]광주(光州) [출]경남 창녕 [주]서울 관악구 관악로1 서울대학교 인문대학 국사학과(02-880-6181) [학]1967년 경북고졸 1971년 서울대 사학과졸 1975년 同대학원졸 1999년 문학박사(서울대) [경]1976~1981년 계명대 전임강사·조교수 1981~2014년 서울대 국사학과 전임강사·조교수·부교수·교수 1986년 미국 하버드대 옌칭연구소 객원연구원 1991년 한국고대사학회 회장 1991~1993년 대통령자문 21세기위원 2004년 고구려연구재단 이사, 캐나다 브리티시컬럼비아대 객원교수 2006~2007년 한국사연구회 회장, 한국사연구단체협의회 회장 2010~2012년 서울대 규장각한국학연구원장 2012~2015년 국사편찬위원회 위원 2014년 서울대 인문대학 국사학과 명예교수(현) [상]가야문화상(2004), 월봉저작상(2010), 녹조근정훈장(2014) [저]'韓國古代金石文'(1993, 가락국사적개발연구원) '시민을 위한 한국역사(共)'(1997, 창작과 비평사) '한국사를 통해 본 우리와 세계에 대한 인식'(1998, 풀빛) '고구려사 연구'(1999, 사계절) '단군과 고조선사'(2000, 사계절) '한국고대사논총'(1991~2002, 가락국사적개발연구원) '강좌 한국고대사'(2002, 가락국사적개발연구원) '예빈도에 보인 고구려- 당 이현묘 예빈도의 조우관을 쓴 사절에 대하여' '(2003, 서울대 출판부) '한국고대사연구의 새동향(共)'(2007, 한국고대사학회) '새로운 한국사 길잡이(共)'(2008, 지식산업사) '개정신판 한국사특강(共)'(2008, 서울대 출판부) '한국고대사의 이론과 쟁점'(2009, 집문당) '삼국통일전쟁사'(2009, 서울대 출판부) [역]'中國正史 東夷傳 譯註(一)(共)'(1988, 국사편찬위원회) '韓國古代金石文(I)(共)'(1993, 가락국사적개발연구원)

노태문(盧泰文) Roh Tae Moon

[생]1968·9·3 [주]경기 수원시 영통구 삼성로129 삼성전자(주) 무선사업부 개발2실(02-2255-7507) [학]연세대 전자공학과졸, 포항공과대 대학원 전기전자공학과졸, 전기전자공학박사(포항공과대) [경]삼성전자(주) 무선개발팀 수석연구원, 同무선개발팀 연구위원(상무) 2010년 同무선사업부 개발팀 연구위원(전무) 2012년 同무선사업부 개발팀 연구위원(부사장) 2014년 同무선사업부 상품전략총괄 겸 상품전략팀장(부사장) 2016년 同무선사업부 개발2실장(부사장)(현) [상]자랑스런 삼성인상 기술상(2010)

노태석(盧台錫) RO Tae Seok

[생]1954·10·25 [본]광주(光州) [출]대구 [학]1986년 한국방송통신대 행정학과졸 1989년 한국과학기술원 대학원 경영과학과졸 1996년 산업경영학박사(한국과학기술원) [경]1979년 한국통신 입사 2000년 同런던사무소장, 同IMT사업추진본부 사업전략팀장 2001년 KT 사업지원단장(상무보) 2002년 同부산본부장(상무보) 2003년 同품질경영실장(상무) 2003년 同고객서비스본부장(상무)

2005년 同고객서비스본부장(전무) 2005년 同마케팅부문장(전무) 2005년 同마케팅부문장(부사장) 2006~2007년 同부사장(교육파견) 2006년 한국지능로봇산업협회 회장 2008년 KTH(주) 대표이사 사장 2009~2010년 한국홈네트워크산업협회 회장 2009년 (주)KT 홈고객본부장(사장) 2010~2012년 (주)KTIS 대표이사 부회장 2010~2012년 한국컨텍센터협회 회장 2012~2016년 서울로봇고 교장 2016년 대한민국위멘위원회 상임운영위원장(현) ㈜정보통신부장관표창, 대통령표창(2002) ㈜천주교

노태선(盧泰善) NOH Tae Seon

㈜1968·2·23 ㈜경기 구리 ㈜전북 전주시 덕진구 사평로25 전주지방법원(063-259-5400) ㈜1986년 청량고졸 1997년 서울대 경제학과졸 ㈜1997년 사법시험 합격(39회) 2000년 사법연수원 수료(29기) 2000년 수원지법 판사 2002년 서울지법 판사 2004년 춘천지법 속초지원 판사 2008년 서울동부지법 판사 2012년 서울고법 판사 2014년 의정부지법 판사 2015년 전주지법 부장판사(현)

노태식(盧泰植) ROH Tae Sik

㈜1954·1·8 ㈜대전 ㈜서울 강남구 테헤란로133 법무법인 태평양(02-3404-7512) ㈜1972년 대전상고졸 1977년 성균관대 경제학과졸 ㈜1977년 한국은행 입행 1977년 同발권부·외환관리부 근무(5급) 1984년 同검사4국·감독기획국·외환관리부 근무(4급) 1992년 同인천지점 과장 1994년 同브뤼셀사무소 과장(3급) 1997년 은행감독원 검사3국 근무(2급) 1998년 同경영지도국 조사실 과장 1999년 금융감독원 검사3국·조사연구국 근무(1급) 2000년 同총무국 인력개발실장 2002년 同비은행감독국장 2004년 同국제업무국장 2005년 同기획조정국장 2006~2008년 同부원장보 2009~2012년 전국은행연합회 부회장 2010년 서울G20비즈니스서밋 금융권지원단장 2012년 법무법인 태평양 고문(현)

노태악(盧泰嶽) RHO Tae Ak

㈜1962·11·20 ㈜광주(光州) ㈜경남 창녕 ㈜서울 서초구 서초중앙로157 서울고등법원 부장판사실(02-530-1037) ㈜1981년 대구 계성고졸 1985년 한양대 법과대학졸 1995년 미국 조지타운대 법과대학원졸(LL,M) ㈜1984년 사법시험 합격(26회) 1987년 사법연수원 수료(16기) 1987~1990년 軍법무관 1990년 수원지법 성남지원 판사 1992년 서울지법 동부지원 판사 1994년 대구지법 영덕지원 판사 1996년 대구지법 판사 1996년 대구고법 판사 1997년 수원지법 여주지원 판사 1998년 서울지법 판사 1999년 서울고법 판사 2000년 대법원 재판연구관 2002년 대전지법 부장판사 2003년 사법연수원 형사교수실 교수 2004년 법무부 사법시험 출제위원 2004~2007년 방송통신정책심의위원회 위원 2005~2007년 대법원 국제규범위원회 위원 2006년 서울중앙지법 형사11부 부장판사 2009년 특허법원 3부 부장판사 2011년 서울고법 민사5부 부장판사 2011~2014년 대법원 사법정보화연구회장 2011~2012년 대법원 법관인사제도개선위원회 위원 2012년 서울중앙지법 형사수석부장판사 2012~2014년 대법원 형사법연구회장 2014년 서울고법 부장판사(현) 2014년 대법원 국제거래법연구회장 2014년 법무부 국제사법개정위원회 위원 ㈜'주석 형사소송법' '주석 형법' '주석 자본시장통합법' '전자거래법' ㈜천주교

노태우(盧泰愚) ROH Tae Woo (庸堂)

㈜1932·12·4 ㈜교하(交河) ㈜대구 달성 ㈜1951년 경북고졸 1955년 육군사관학교졸(11기) 1959년 미국 특수전학교 심리전과정 수료 1968년 육군대학졸 1989년 명예 법학박사(미국 조지워싱턴대) 1991년 명예 정치철학박사(러시아 모스크바대) ㈜1956년 보병 소대장 1960년 군사정보대 영어번역장교 1961년 방첩부대 정보장교 1966년 국방첩보과장 1968년 수도사단 대대장 1971년 보병 연대장 1974년 공수특전여단장 1978년 대통령경호실 작전차장보 1979년 사단장·수도경비사령관 1980년 보안사령관 1981년 예편(육군 대장) 1981년 정무제2장관 1982년 남북한고위회담 수석대표 1982년 초대 체육부 장관 1982년 내무부 장관 1983년 서울올림픽조직위원회(SLOOC)·아시안게임조직위원회(SAGOC) 위원장 1984년 대한체육회 회장 1984년 대한올림픽위원회(KOC) 위원장 1985년 민주정의당(민정당) 대표위원 1985년 제12대 국회의원(전국구, 민정당) 1987년 민정당 대통령후보 1987~1990년 同총재 1987년 제13대 대한민국 대통령 당선 1988~1993년 제13대 대한민국 대통령 1990년 민자당 최고위원 1990년 同총재 1992년 同명예총재 1993년 대한민국헌정회 원로자문위원 ㈜무궁화대훈장, 아시아협회 올해의 정치인상(1992), 적십자 무궁화장, 안익태기념재단 감사패(1993), 프랑스대훈장, 독일대훈장, 영국대훈장 ㈜'위대한 보통사람들의 시대' '참 용기' '노태우 회고록 상·하'(2011, 조선뉴스프레스) ㈜불교

노태원(盧泰元) NOH Tae Won

㈜1957·8·4 ㈜서울 관악구 관악로1 서울대학교 물리천문학부(02-880-6616) ㈜1982년 서울대 물리학과졸 1984년 미국 Ohio State Univ. 대학원 물리학과졸 1986년 이학박사(미국 Ohio State Univ.) ㈜1986년 미국 Ohio State Univ. Postdoctoral Researcher 1987년 미국 Cornell Univ. Postdoctoral Researcher 1989년 서울대 물리천문학부 물리학전공 조교수·부교수·교수(현) 1997년 LG Central Institute of Technology 객원연구원 2010년 '국가과학자'로 선정 2012년 기초과학연구원 강상관계물질기능성계면연구단장(현) 2013년 아시아태평양이론물리센터(APCTP) 이사(현) 2013년 APL Materials 편집위원(현) ㈜한국과학상, 경암학술상 자연과학부문(2009), 대한민국 최고과학기술인상(2011)

노태일(盧泰一) Tae-il Roh

㈜1961·8·19 ㈜대구 ㈜서울 영등포구 국제금융로24 유진투자증권 리스크관리본부(02-368-6033) ㈜1980년 대구 심인고졸 1986년 서울대 경영학과졸 2002년 한국과학기술원(KAIST) 대학원 금융공학과졸 ㈜1986~1989년 기업은행 근무 1989년 현대증권 리스크관리팀 근무 2002년 同리스크관리팀장 2007년 同리스크관리팀 부장 2009년 同리스크관리본부장 2011년 同국제영업본부장 2012년 同자문역 2012년 유진투자증권 리스크관리본부장(상무)(현)

노태정(盧泰正) LHO Tae Jung

㈜1958·9·27 ㈜신창(新昌) ㈜경남 합천 ㈜부산 남구 신선로428 동명대학교 공과대학 메카트로닉스공학과(051-629-0200) ㈜1984년 부산대 공과대학 기계설계학과졸 1986년 한국과학기술원(KAIST) 생산공학과졸(석사) 1992년 정밀기계공학박사(한국과학기술원) ㈜1986~1999년 (주)삼성중공업 기전연구소 메카트로닉스개발팀장(수석연구원) 1996~1998년 부산대 공과대학 산학겸직교수 1998년 한국산업기술평가원 기술개발기획평가위원 1999년 동명대 공과대학 메카트로닉스공학과 교수(현) 2007년 同산학협력단장 2008년 부산시 지역혁신협의회 위원 2009~2012년 동명대 공과대학장 2010·2011년 미국 세계인명사전 'Marquis Who's Who in the World'에 등재 2011년 '21세기 탁월한 지식인 2천명' 2011년판에 등재 2011년 '21세기 위대한 지성' 2011년판에 등재 2013년 동명대 메카트로닉스공학과장 2014년 同산학협력단장 2014년 同국고사업총괄본부장 2014년 (주)세동 감사(현) 2016년 동명대 부총장(현) ㈜과학기술부 한국신기술(KT)상(1995), 과학기술부 IR52장영실상(1998) ㈜'로봇공학(共)'(2000) '메카트로닉스(共)'(2000·2004) '디지털공학실험(共)'(2001)

노태헌(盧泰憲)

㈜1967·12·10 ㈜서울 ㈜강원 강릉시 동해대로3288의18 춘천지방법원 강릉지원(033-640-1000) ㈜1986년 대원고졸 1992년 서울대 의학과졸 1996년 同대학병원 가정의학과 전공의과정 수료 ㈜1998년 사법시험 합격(40회) 2001년 사법연수원 수료(30기) 2001년 인천지법 판사 2002년 서울고법 판사 2003년 서울지법 판사 2004년 서울중앙지법 판사 2005년 창원지법 거창지원 판사 2007년 대법원 재판연구관 2010년 서울중앙지법 판사 2012년 서울남부지법 판사 2016년 춘천지법 강릉지원 부장판사(현)

노태호(盧台鎬) RHO Tai Ho

㈜1954·10·7 ㈜교하(交河) ㈜서울 ㈜서울 동대문구 왕산로180 가톨릭대학교 성바오로병원 순환기내과(02-958-2114) ㈜1978년 가톨릭대 의과대학졸 1987년 同대학원졸 1989년 의학박사(가톨릭대) 2001년 고려대 경영대학원졸(경영학석사) ㈜1984년 공군 軍의관 1987~2000년 가톨릭대 의과대학 내과학교실 전임강사·조교수·부교수 2000년 同의과대학 내과학교실 교수(현), 同성바오로병원 순환기 및 내과 과장 2002년 부정맥학회 회장 2004년 대한심장학회 이사 2007년 대한심폐소생협회 이사(현) 2008년 가톨릭대 성바오로병원 진료부원장 2009년 同서울성모병원 대외협력부원장 2009년 영국 케임브리지국제인명센터(IBC) '세계 100대 의학자'에 선정 2010년 가톨릭중앙의료원 대외협력실장 2011년 가톨릭대 서울성모병원 대외협력부원장 2011년 한국가정혈압학회 이사장 2013년 건강보험심사평가원 상근심사위원 2015년 가톨릭대 성바오로병원 순환기내과 의사(현) 2015년 건강보험심사평가원 전문위원(현) 2015년 대한임상고혈압학회 이사장(현) ㈜보건복지부장관표창(2014) ㈜'심장부정맥, 진단과 치료'(共) '임상심장학'(共) '영구심박동기시술' '노태호의 알기 쉬운 심전도'(2013) '노태호 장성원의 알기 쉬운 심전도'(2013) '닥터노의 알기 쉬운 부정맥'(2016) ㈜가톨릭

노학명(盧學明) RHO HARRISON

생1959 · 9 · 8 ㈜서울 송파구 올림픽로35길125 삼성 SDS(02-6155-3114) 학부산 금성고졸, 부산대 계산통계학과졸, 한국과학기술원(KAIST) 경영학과졸 경삼성SDS 인사운영그룹장, 同국방정보사업팀장 2006년 同교육사업부장(상무보), 同멀티캠퍼스 소장(상무) 2007~2008년 오픈타이드코리아 대표이사 2009년 삼성SDS 미주법인장(상무) 2011년 同미주법인장(전무) 2012년 同공공본부장(전무) 2013년 同공공/SIE사업부장(전무) 2013년 同중국서안TF장(전무) 2014년 同중국/아시아총괄 전무, 同SDSC법인장(전무) 2015년 同고문(현)

노학영(盧學永) ROH Hak Young

생1955 · 3 · 15 출충북 ㈜서울 서초구 효령로317 KIRA빌딩5층 ㈜리노스 비서실(02-3489-6800) 학1974년 선린상고졸 1987년 국민대 경영학과졸 1998년 한국과학기술원 테크노경영대학원 CKO과정 수료 1999년 서강대 경영대학원 S-CAMP 수료(2기) 2003년 고려대 언론대학원 최고위과정 수료 2010년 서울과학종합대학원 4T-AMP 수료 경1979~1991년 대한해운 MIS추진실 본부장 1991~2015년 ㈜리노스 대표이사 2003년 한국IT중소벤처기업연합회 이사 2003년 벤처기업협회 이사 2006~2010년 소프트웨어공제조합 감사 2011~2013년 코스닥협회 회장 2011년 사회연대은행 이사 2015년 ㈜리노스 부회장(현) 상중소기업특별위원회 벤처기업대상(2002), 과학기술부 과학기술발전상(2003), 중소기업청 '기술혁신형중소기업' 선정(2003), 정보통신부장관표창(2006), 벤처기업대상 대통령표창(2007), 한국디지털미디어산업협회장표창(2009) 종천주교

노행남(魯幸南 · 女)

생1965 · 11 · 16 출전북 군산 ㈜대전 서구 둔산중로78번길45 대전지방법원(042-470-1114) 학1984년 강릉 강일여고졸 1988년 서울대 공법학과졸 경1991년 공인노무사시험 합격(3회) 1997년 사법시험 합격(39회) 2000년 사법연수원 수료(29기) 2000년 광주지법 판사 2003년 同해남지원 · 장흥지원 판사 2005년 수원지법 안산지원 판사 2009년 서울중앙지법 판사 2011년 서울남부지법 판사 2013년 서울고법 판사 2015년 대전지법 부장판사(현)

노 혁(盧 爀) ROH HYOUK

생1957 · 7 · 25 ㈜세종특별자치시 시청대로370 한국청소년정책연구원 원장실(044-415-2000) 학숭실대 문학과졸, 同대학원 문학과졸, 문학박사(숭실대) 경1989~1999년 한국청소년개발원 연구원 · 선임연구원 · 연구위원 1999년 나사렛대 사회복지학부 교수(현) 2008~2010년 한국청소년복지학회 회장 2009~2011년 천안지역사회복지협의체 실무위원장 2010~2011년 여성가족부 자체평가위원 2014년 한국사회복지학회 운영이사 2014년 한국청소년정책연구원 원장(현) 2014년 방송통신위원회 인터넷문화정책자문위원회 위원(현) 저청소년복지론(2007), 사회복지실천론(2012)

노현송(盧顯松) RO Hyun Song (深山)

생1954 · 1 · 28 본광주(光州) 출경기 파주 ㈜서울 강서구 화곡로302 강서구청 구청장실(02-2600-6303) 학1973년 경기고졸 1978년 한국외국어대 일본어과졸 1989년 일본 와세다대 대학원 문학연구학과졸 1993년 同대학원 문학연구학 박사과정 수료 2007년 언어학박사(한국외국어대) 경1978~1981년 해군 장교(중위 전역) 1979~1981년 해군사관학교 교수부 교관 1982~1990년 울산대 일어일문학과 교수 1993~1996년 고려대 일어일문학과 교수 1998~2002년 민선 제2대 서울시 강서구청장(국민회의 · 새천년민주당) 2002년 서울시 강서구청장선거 출마(새천년민주당) 2002년 새천년민주당 노무현 대통령후보 정책특보 2003년 대통령직인수위원회 정무분과위원회 자문위원 2004~2008년 제17대 국회의원(서울 강서구乙, 열린우리당 · 대통합민주신당 · 통합민주당) 2004~2005년 열린우리당 원내부대표 2007년 중도개혁통합신당 · 중도통합민주당 원내수석부대표 2007년 대통합민주신당 중앙위원 2007년 국회 행정자치위원회 간사 2008~2010년 민주당 서울 강서乙지역위원회 위원장 2008년 제18대 국회의원선거 출마(서울 강서乙, 통합민주당) 2009~2010년 한국외국어대 초빙교수 2010년 서울시 강서구청장(민주당 · 민주통합당 · 민주당 · 새정치민주연합) 2010년 서울시구청장협의회 부회장 2010년 서부수도권행정협의회 회장 2010년 목민관클럽 공동대표, 노무현재단 자문위원 2012 · 2013 · 2014~2015년 서울시구청장협의회 회장 2012년 전국시장 · 군수 · 구청장의회 구청장대표 2014년 서울시 강서구청장(새정치민주연합 · 더불어민주당)(현) 2015년 서울시구청장협의회 고문(현) 상새천년 밝은 정치인상, 자원봉사대축제 특별공로상, 서울석

세스어워드 기초단체장부문 대상(2011), 농협중앙회 지역농업발전 선도인상(2014) 저'가슴을 열면 마음이 보인다'(2013, 아침고요) 종천주교

노형근(盧亨根) ROH, Hyung-Keun

생1956 · 6 · 24 본광주(光州) 출서울 ㈜인천 연수구 함박뫼로191 가천대학교 의학전문대학원 임상의학과(032-460-8468) 학1982년 연세대 의대졸 1987년 同대학원졸 2002년 임상약리학박사(스웨덴 Karolinska대) 경1991~1999년 인하대 의과대학 내과학교실 전임강사 · 조교수 · 부교수 1993~1995년 스웨덴 Karolinska 대학 방문연구원 1999~2007년 인하대 의과대학 내과학교실 교수 1999~2007년 同임상약리학분과장 1999~2007년 同약물중독센터 소장 2004년 국제임상약리학회 실행위원 2006~2012년 대한임상약리학회 이사장 2007~2012년 가천의과대 내과학교실 임상약리학과 교수, 同임상시험센터 소장 2011년 대한임상독성학회 이사장(현) 2012년 가천대 의학전문대학원 임상의학과 임상약리분과 교수(현) 2012~2015년 대한임상약리학회 회장 저'임상약리학'(1995)

노형기(盧炯基)

생1964 · 12 · 3 본광주(光州) 출경북 문경 ㈜인천 연수구 인천타워대로241 포스코건설 대외협력실(032-748-2202) 학1983년 경북고졸 1988년 한양대 법과대학졸 1990년 同대학원 법학과졸(석사) 경1993년 한일개발 입사 1995년 포스코건설 입사 2011년 同마케팅그룹장(이사보) 2013년 同홍보그룹담당 상무보 2014년 인천시청 자미디어센터 발전위원(현) 2015년 법무부 법사랑위원회 인천지부 부회장(현) 2015년 포스코건설 홍보실장(상무) 2016년 同대외협력실장(상무)(현)

노형욱(盧炯旭) NOH Hyeong Ouk

생1962 · 10 · 9 본풍천(豐川) 출전북 순창 ㈜세종특별자치시 다솜로261 국무조정실 국무2차장실(044-200-2400) 학1981년 광주제일고졸 1986년 연세대 정치외교학과졸 1988년 서울대 행정대학원졸 1996년 프랑스 파리정치대학 대학원 국제경제학과졸 경1987년 행정고시 합격(30회) 1999년 예산청 산업과학예산과 서기관 1999년 기획예산처 예산실 건설교통예산과 서기관 2000년 同예산총괄과 서기관, 미국 버지니아주정부 파견 2003년 기획예산처 예산기준과장 2005년 同복지노동예산과장 2005년 同중기재정계획과장(부이사관) 2006년 同재정총괄과장 2007년 同디지털예산 · 회계시스템추진기획단장 2008년 외교안보연구원 교육파견 2010년 보건복지부 정책기획관 2011년 기획재정부 공공정책국 공공혁신기획관 2012년 同예산실 행정예산심의관 2013년 同예산실 사회예산심의관 2014~2016년 同재정관리관 2016년 국무조정실 국무2차장(차관급)(현) 상대통령표창(2000), 녹조근정훈장(2004)

노형철(盧炯徹) ROH Hyung Cheol

생1957 · 1 · 14 본광주(光州) 출경북 경주 ㈜서울 중구 퇴계로100 스테이트타워남산 법무법인 세종(02-316-4477) 학1976년 대구 계성고졸 1980년 영남대 행정학과졸 1985년 서울대 행정대학원졸 2003년 미국 워싱턴대 로스쿨졸(Tax LL.M.) 경1978년 행정고시 합격(22회) 1983년 인천세무서 총무과장 1983년 국세심판소 조사담당관 1984~1993년 재무부 조세정책과 · 소득세제과 · 법인세제과 · 조세정책과 행정사무관 1994년 同조세정책과 서기관 1994년 장항세무서장 1996년 충주세무서장 1997년 국방대학원 입교 1999년 재정경제부 조세지출예산과장 2000년 同법인세제과장 2001년 同조세정책과장 2002년 해외 연수 2004년 중부지방국세청 납세지원국장 2005년 국세심판원 상임심판관 2005년 열린세무법인 세무사 2006~2010년 농협중앙회 세무 고문 2007년 세무법인 SJ 공동대표세무사 2009~2011년 홍익대 경영대학원 겸임교수 2009년 기획재정부 국세예규심사위원(현) 2009년 대한의사협회 고문(현) 2009년 법무법인 세종 조세사무실 대표세무사(현) 2011년 연세대 법무대학원 강사(현) 2011년 기획재정부 세제발전심의위원(현) 상근정포장(1992) 저'세법요해'(2014, 광교이택스) 종기독교

노호성(盧昊成) Nho Ho Sung

생1966 · 2 · 1 본교하(交河) 출서울 ㈜서울 중구 동호로17길11 웰니스IT협회 임원실(02-6363-3220) 학1991년 경희대 체육학과졸 1995년 일본 쓰쿠바대 대학원 체육연구과졸 1998년 체육과학박사(일본 쓰쿠바대) 경1991~2000년 일본 Division of Cardiology, Higashi Toride Hospital 운동처방사 1991~1993년 일본 쓰쿠바대 대학원 연구생 1996년 同선단학제영역연구센터 연

구원 1996년 일본 이바라키현 국제교류협회 협력원 1997년 일본 기누간호전문학교 시간강사 1998~2000년 일본 쓰쿠바대 전임강사 · 경희대 체육대학 스포츠의학전공 전임강사 2000년 경희대 부설 한국체육과학연구소 전임연구원 2001년 (사)한국체육학회 학회보 편집위원 2001년 한국발육발달학회 기획이사 · 논문편집위원 2001~2003년 (사)한국체육학회 논문심사위원 2002년 한국체육과학회 이사 · 논문편집위원 2002년 한국대학수영연맹 이사 2002년 한국대학생활체육연맹 부회장 2003~2012년 경희대 체육대학 스포츠의학과 조교수 · 부교수 2003년 同체육대학 스포츠의학과 학과장 2003년 한국사회체육학회 운동과학학술위원장 2003년 한국학교체육학회 이사 2004년 한국운동영양학회 논문편집위원 2004년 한국운동지도학회 편집이사 · 편집위원장 2005년 한국학술진흥재단 인문사회지원단 전문위원 2006년 경희대 체육대학원 스포츠의과학전공 주임교수 2008년 한국걷기연맹 수석부회장 2010년 한국걷기과학학회 회장(현) 2012~2016년 경희대 체육대학 스포츠의학과 교수 2012~2013년 同체육대학원 부원장 2016년 (사)웰니스IT협회 부회장(현), 한국발육발달학회 부회장(현), 한국걷기연맹 부회장(현), 한국체육과학회 이사(현) [상]일본 쓰꾸바학도자금재단 교육연구특별표창(1999), 일본 교육의학회 학술상(2000), 경희대 교육연구 우수교원상(2004 · 2005 · 2007), 경희대학교 경희인의상(연구상)(2004) [저]'PACE트레이닝중의 에너지소비량'(1998) '고혈압과 운동'(1999) '2급 생활체육지도자연수교재'(2004) '스포츠와 영양'(2005) [역]'운동검사 및 처방'(2003) '스포츠 재활운동의 실제'(2006) 'Swimming Fastest'(2008) [종]불교

노호성(盧昊成)

[생]1973 · 1 · 14 [출]부산 [주]광주 동구 준법로7의12 광주지방법원(062-239-1114) [학]1991년 부산 금정고졸 1995년 고려대 법학과졸 [경]1997년 사법시험 합격(39회) 2000년 사법연수원 수료(29기) 2003년 부산지법 판사 2006년 수원지법 판사 2009년 서울중앙지법 판사 2012년 서울고법 판사 2013년 대법원 재판연구관 2015년 광주지법 부장판사(현)

노홍석(盧泓錫) NOH Hong Seog

[생]1969 · 2 · 12 [출]전북 임실 [주]서울 종로구 세종로209 행정자치부 지방행정실 지역경제과(02-2100-3890) [학]전주 상산고졸, 서울대 국제경제학과졸, 한국개발연구원(KDI) 국제정책대학원 정책학과(MPP)졸 [경]1996년 지방고시 합격(1회), 전북도 정책기획관실 기획담당, 同민생경제과장 2007년 同투자유치과장 2008년 同투자유치과장(지방서기관) 2010년 同정책기획관 2011년 同전략산업국장 2012년 同전략산업국장(지방부이사관) 2014년 안전행정부 파견(지방부이사관) 2015년 행정자치부 지방행정실 지역공동체과장 2016년 同지방행정실 지역경제과장(부이사관)(현) [상]창의적직무수행유공 근정포장(2008), 홍조근정훈장(2013)

노홍인(盧洪仁) NOH Hong In

[생]1960 [출]충남 청양 [주]서울 종로구 청와대로1 대통령 보건복지비서관실(02-770-0011) [학]청양농고졸, 충남대 행정학과졸 [경]1993년 행정고시 합격(37회) 2003년 보건복지부 기획관리실 법무담당관, 同장관실 비서관 2004년 同건강증진국 암관리과장 2005년 同국외훈련팀장 2007년 同정책홍보관리실 법무팀장 2008년 보건복지가족부 규제개혁법무담당관 2009년 同보건의료정책과장 2010년 보건복지부 보건의료정책과장 2010년 同사회복지정책실 복지정책과장 2011년 同사회복지정책실 행복e음전담사업단장 2012년 同저출산고령사회정책실 노인정책관(고위공무원) 2013년 同인구정책실 노인정책관 2014년 대통령 보건복지비서관실 선임행정관(현)

노화준(盧化俊) RHO Wha Joon (운강)

[생]1941 · 11 · 13 [본]교하(交河) [출]전북 옥구 [주]서울 관악구 관악로1 서울대학교 행정대학원(02-880-5603) [학]1960년 남성고졸 1965년 서울대 공과대학 섬유공학과졸 1969년 同행정대학원 행정학과졸 1974년 미국 시라큐스대 Maxwell School 행정학석사(MPA) 1975년 행정학박사(미국 시라큐스대) [경]1976~2007년 서울대 행정대학원 조교수 · 부교수 · 교수 1979년 국무총리실 정책평가교수 1981년 경제기획원 정책평가교수 1981~1992년 중앙공무원교육원 겸임교수 1983년 미국 캘리포니아대 버클리교 방문교수 1989년 서울대 행정연구소장 1991년 한국정책분석평가학회 회장 1993년 한국정책학회 회장 1996~1998년 서울대 행정대학원장 1997년 한국공학한림원 정회원 1999~2000년 미국 스탠퍼드대 교환교수 1999~2003년 한국정책학회 학술상위원장 2005년 미국 연방정부 환경청(EPA) 방문교수 2007년 서울대 행정대학원 명예교수(현) 2008~2010년 서울사이버대 석좌교수 2009~2012년 국무총리 산하 행정정보공유추진위원회 공동위원장 2014년 영남대 박정희새마을대학원 석좌교수(현) [상]근정포장(2007) [저]'정책학개론(共)'(1976) '조직관리론(共)'(1978) '정책학 : 과정과 분석(共)'(1982) '행정계량분석론'(1985) '공공정책의 결정요인분석(共)'(1993) '세계화와 국가경쟁력(共 · 編)'(1994) '정책평가론(제4전정판)'(2007) '기획과 결정을 위한 정책분석론(4전정판)'(2009) '기획과 결정을 위한 정책분석론(4전정판)'(2009) '정책학원론(제3전정판)'(2012) '한국의 새마을운동 : 생성적 리더십과 사회적 가치의 창발'(2013) [종]천주교

노환균(盧丸均) ROH Hwan Gyun

[생]1957 · 1 · 14 [본]광산(光山) [출]경북 상주 [주]서울 강남구 테헤란로133 한국타이어빌딩 법무법인 태평양(02-3404-0311) [학]1975년 대구 대건고졸 1979년 고려대 법과대학졸 1981년 同대학원 수료 [경]1982년 사법시험 합격(24회) 1985년 사법연수원 수료(14기) 1985년 軍법무관 1988년 서울지검 동부지청 검사 1990년 대구지검 경주지청 검사 1992년 수원지검 검사 1994년 서울지검 검사 1995년 대검찰청 검찰연구관 1997년 부산지검 울산지청 부장검사 1998년 울산지검 부장검사 1998년 서울지검 부부장검사 1999년 창원지검 공안부장 2000년 법무부 검찰3과장 2001년 서울지검 동부지청 형사6부장 2002년 대검찰청 공안1과장 2003년 서울지검 남부지청 형사2부장 2003년 대구지검 안동지청장 2004년 서울고검 검사 2005년 부산지검 제2차장검사 2006년 수원지검 제1차장검사 2007년 부산지검 제1차장검사 2008년 울산지검장 2009년 대검찰청 공안부장 2009년 서울중앙지검장 2011년 대구고검장 2011~2013년 법무연수원장 2013년 법무법인 태평양(유) 고문변호사(현) 2014년 대한상사중재원 중재인(현) [상]국무총리표창(1993), 황조근정훈장(2010) [저]'공직선거 및 선거부정방지법 벌칙해설'(共) [종]불교

노환용(盧換龍) NHO Hwan Yong

[생]1956 · 4 · 25 [출]경남 창원 [주]서울 강남구 봉은사로622 공조회관 한국냉동공조산업협회(02-2193-4300) [학]1981년 부산대 기계공학과졸 2002년 캐나다 맥길대 대학원 경영학과졸 [경]1980년 금성사 입사 1987년 同에어컨사업부 구매과장 1991년 同에어컨사업부 제주부장 1999년 LG전자(주) 리빙시스템사업본부 세탁기OBU장(상무보) 1999년 同세탁기OBU장(상무) 2001년 同에어컨사업부장(부사장) 2009년 同AC사업본부장(부사장) 2010~2013년 한국냉동공조협회 회장 2010~2014년 LG전자(주) AE사업본부장(사장) 2013~2015년 한국에이치백산업협회 회장 2014~2015년 LG전자(주) B2B부문장(사장) 2015년 한국냉동공조산업협회 회장(현) [상]동탑산업훈장(2006)

노환중(盧煥中) Roh, Hwanjung

[생]1959 · 6 · 4 [주]경남 양산시 물금읍 금오로20 양산부산대학교병원 비서실(055-360-1003) [학]1985년 부산대 의대졸 1988년 同대학원 의학과졸 1995년 의학박사(부산대) [경]부산대 의학전문대학원 이비인후과학교실 교수(현), 양산부산대병원 이비인후과 전문의(현), 대한비과학회 종양연구회장 2016년 대한이비인후과학회 이사장(현) 2015년 양산부산대병원 원장(현)

노환진(盧煥珍) Nho, Hwan-Jin

[생]1957 · 10 · 10 [출]경남 함양 [주]대전 유성구 가정로217 과학기술연합대학원대학교 교무처(042-865-2312) [학]1976년 진주고졸 1981년 서울대 조선공학과졸 1985년 한국과학기술원 생산공학과졸(석사) 1992년 프랑스 에콜폴리테크닉대 대학원 기계공학과졸 1996년 공학박사(프랑스 에콜폴리테크닉대) [경]1985년 과학기술처 기계연구조정관실 사무관 1989년 同기술협력담당관실 사무관 1992~1996년 프랑스 에콜폴리테크닉대 구조연구소 연구원 1996년 과학기술처 기계전자연구조정관실 서기관 1997년 대통령비서실 국가경쟁력강화기획단 과장 1998년 과학기술부 연구개발정책실 연구개발1담당관실 서기관 1999년 同과학기술정책실 정책총괄과 서기관 2000년 중국 연변과학기술대 교수(중국 파견) 2002년 과학기술부 기술협력1과 공업서기관 2003년 同연구개발국 생명환경기술과장 2004년 同서울과학관장 2004년 同학술진흥과장 2004년 교육인적자원부 기초학문지원과장 2005년 同학술진흥과장 2007년 同정책조정과장 2007년 同인적자원정책본부 평가정책팀장 2007년 과학기술부 연구조정총괄담당관실 출연연구기관육성팀장 2008년 교육과학기술부 연구기관지원과장(서기관) 2009년 同연구기관지원과장(부이사관) 2009~2011년 서울대 기술경영경제정책대학원 객원교수 2009~2011년 광주과학기술원 기초교육학부 초빙교수 2011~2012년 전북대 R&D전략센터 교수 2012~2016년 대구경북과학기술원 융복합대학 기초학부 교수 2015~2016년 同정책보좌역 2016년 과학기술연합대학원대(UST) 교무처장(현) [상]근정포장(2008)

노회찬(魯會燦) ROH Hoe Chan

[생]1956·8·31 [본]강화(江華) [출]부산 [주]서울 영등포구 의사당대로1 국회 의원회관510호(02-784-9130) [학]1976년 경기고졸 1983년 고려대 정치외교학과졸 1998년 同노동대학원 수료 [경]1987년 인천지역민주노동자연맹 창립 1992년 진보정당추진위원회 대표 1993~2003년 한국노동정책정보센터 대표 1993~2003년 매일노동뉴스 발행인 1996년 노사관계개혁위원회 자문위원 1998년 국민승리21 정책자문위원장 1999년 민주노동당 정치개혁특별위원장·기획위원장 2000년 同부대표 2002~2004년 同사무총장 2002년 同선거대책본부장 2004년 同2004총선대책위원회 선거대책본부장 2004~2008년 제17대 국회의원(비례대표, 민주노동당) 2005년 민주노동당 삼성불법정치자금 및 안기부불법도청특별대책위원회 위원장 2005년 한·프랑스의원친선협회 부회장 2006년 민주노동당 민생특별위원회 위원장 2006년 해외반출문화재되찾기의원모임 대표 2008년 진보신당 상임대표 2009~2010년 同대표 2010년 서울시장선거 출마(진보신당), (사)마들연구소 이사장 2011년 통합진보당 대변인 2012~2013년 제19대 국회의원(서울 노원구丙, 통합진보당·무소속·진보정의당) 2012년 진보정의당 공동대표 최고위원 2012년 同제18대 대통령중앙선거대책위원회 공동위원장 2014년 제19대 국회의원선거 출마(서울 동작乙 보궐선거, 정의당) 2014~2016년 팟캐스트 '노유진의 정치카페' 진행 2016년 정의당 제20대 총선 선거대책위원회 공동위원장 2016년 제20대 국회의원(창원시 성산구, 정의당)(현) 2016년 정의당 원내대표(현) 2016년 국회 운영위원회 위원(현) 2016년 국회 법제사법위원회 위원(현) [상]전태일문학상 특별상(2004), 한글학회 '한글나라 큰별' 선정(2014), 한국지역신문협회 지구촌희망펜상 대상(2016) [저]'노동자와 노동절'(1983) '87·88정치위기와 노동운동'(1989) '민주노조운동과 전노협'(1990) '지역감정과 정치발전'(1995) '노회찬과 함께 읽는 조선왕조실록'(2004) '정운영이 만난 진보의 파수꾼 노회찬'(2004) '힘내라 진달래'(2004) '나를 기소하라'(2007) '진보의 재탄생'(2009) '노회찬의 약속'(2010)

노희범(盧熙範) NOH Hee Bum

[생]1966·5·6 [본]교하(交河) [출]충남 서천 [주]서울 서초구 효령로304 국제전자센터10층 법무법인 우면(02-3465-2200) [학]1984년 공주고졸 1991년 한양대 법과대학졸 2001년 同법과대학원졸 2009년 헌법학박사(한양대) 2010년 서강대 경제대학원 OLP과정 수료(13기) 2011년 숙명여대 법과대학 공정거래최고위과정 수료(2기) [경]1995년 사법시험 합격(37회) 1998년 사법연수원 수료(27기) 1998년 헌법재판소 재판연구관 2001년 同공보담당관 2002년 미국 워싱턴대 로스쿨 국비유학 2003년 헌법재판소 공동제1부(행정·형사) 연구관 2005년 同공동제2부(조세·노무) 연구관 2008년 대법원 재판연구관 2009년 헌법재판소 공보관(대변인) 2011년 헌법재판연구원 제도연구팀장 2012년 미국 연방대법원 및 조지타운대 로스쿨 연수 2013~2015년 헌법재판소 제2지정부 팀장(연구관), 사법시험·변호사시험 출제위원, 대한한의사협회·대한안경사협회 고문변호사, 대한변호사협회 변호사연수 강사, 법제처·중앙공무원교육원 외래교수, 한양대·국민대 특강교수 2015년 법무법인 우면 변호사(현) [종]천주교

노희식(盧熙植) ROH Hee Shik

[생]1947·3·20 [본]풍천(豊川) [출]경남 함양 [주]서울 서초구 강남대로51길1 대현블루타워10층 (주)도시와사람 비서실(02-6281-1101) [학]1964년 부산공고졸 1968년 서울시립대 농업토목학과졸 1972년 중앙대 사회개발대학원 지역개발학과졸 1994년 서울대 행정대학원 국가정책과정 수료 2000년 同경영대학원 최고경영자과정 수료 [경]1973~1981년 삼호 입사·과장·차장 1981~1987년 동방생명 팀장·부장·이사·상무이사 1987년 삼성생명보험 투자사업본부 부동산담당 상무이사 1991년 삼성 비서실 산업개발팀 전무이사 1994년 삼성생명보험 개발사업본부장(전무이사) 1995년 (주)도시와사람 부회장 1998년 생보부동산신탁 대표이사 사장 2012년 (주)도시와사람 고문(현) [종]불교

노희열(盧熙烈) NOH Heui Yul

[생]1957·2·21 [본]장연(長淵) [출]충북 [주]서울 강남구 테헤란로624 오로라월드HQ빌딩 오로라월드(주) 회장실(02-3420-4114) [학]1979년 성균관대 경영학과졸 1993년 미국 UC버클리 TPM과정 수료 1999년 고려대 경영대학원 수료 2000년 국제산업디자인대 대학원 뉴밀레니엄과정 수료, 경영학박사(성균관대), 성균관대 대학원 Asia MBA, 고려대 경영대학원 연구과정 수료, 홍익대 디자인대학원 IDAS과정 수료, 전경련 최고경자과정 수료 [경]1981년 성원상역(주) 과장 1981년 오로라무역상사 창업 1985년 오로라무역(주) 사장 1999년 오로라월드(주) 회장(현) [상]수출의날표창, 오백만불 수출탑, 천만불 수출탑, 산업포장, 국세청장표창, 세계화우수기업금상, 대통령표창, 국무총리상표창, IMI 경연대상 글로벌경쟁력부문, 금탑산업훈장(2013) [종]천주교

노희진(盧熙振) Hee Jin Noh

[생]1954·9·3 [주]서울 영등포구 여의나루로76 코스콤 감사실(02-767-8070) [학]1973년 부산고졸 1978년 성균관대 무역학과졸 1981년 서울대 경영대학원 경영학과졸 1990년 경영학박사(미국 조지아대) [경]1998~2014년 한국자본시장연구원 선임연구위원 2000년 同연구조정팀장 2007년 同정책제도실장 2007~2015년 금융위원회 자금세탁방지정책 자문위원 2008~2014년 사학연금공단 자금운용자문위원 2008년 국민체육진흥공단 자산운용위원장(현) 2010~2011년 녹색성장위원회 위원 2010~2015년 미래에셋증권 사외이사 2011년 한국재무관리학회 부회장(현), 금융위원회 자체규제심사위원, 사회적기업학회 부회장(현) 2013년 경영사학회 상임이사(현) 2014년 코스콤 상임감사(현) 2015년 새누리당 나눔경제특별위원회 위원 2015년 대한경영학회 부회장(현) [상]자본시장발전 공로상(2006), 아주경제신문 글로벌증권대상 특별공로상(2009), 녹색금융발전 환경부장관표창(2011), 국민포장(2013) [저]'한국 경제의 인프라와 산업별 경쟁력(共)'(2005, 나남출판사) '펀드경영론'(2009, 박영사) '부자투자론(共)'(2010, 신정) '녹색금융론'(2010, 박영사) '헤지펀드의 이론과 실제'(2011, 박영사) '기후금융론'(2014, 박영사) '사회적 금융론'(2015, 박영사)

노희찬(盧喜燦) RO Hee Chan (三湖)

[생]1943·12·10 [본]교하(交河) [출]경북 영천 [주]경북 경산시 진량읍 일연로539 (주)삼일방직 비서실(053-810-7206) [학]1962년 대구공고졸 1968년 영남대 화학공학과졸 1992년 서울대 행정대학원 수료 2002년 명예 경영학박사(미국 샌프란시스코 Lincoln Univ.) 2007년 명예 공학박사(영남대) [경]1962년 내외방적 근무 1970년 풍한방적 근무 1972년 삼일염직 설립 1977~1980년 경북도탁구협회 회장 1981~1992년 대구시탁구협회 회장 1982년 대구청년회의소 회장 1983년 삼일화성(주) 대표이사 1987년 삼일방직(주) 대표이사 회장(현) 1987년 대한방직협회 이사 1989년 삼일염직(주) 대표이사 회장(현) 1990년 대구염색공업공단 이사장 2001~2006년 대구상공회의소 회장 2001년 한·일친선협회 회장 2001년 산학경영기술연구원 고문 2001~2006년 대한상공회의소 부회장 2002년 재단법인 영남학원 이사 2003년 대구상공회의소 회장 2006~2012년 同명예회장 2007~2010년 한국섬유기술연구소 이사장 2008~2014년 한국섬유산업연합회 회장 2008년 삼일방(주) 대표이사(현) 2012년 대구상공회의소 고문(현) 2014년 한국섬유산업연합회 명예회장(현) [상]철탑산업훈장, 대통령표창, 체육훈장 맹호장, 금탑산업훈장(2012) [종]불교

노희찬(盧熙讚) Roh Hee Chan

[생]1961·10·1 [주]충남 아산시 탕정면 삼성로181 삼성디스플레이(주) 임원실(041-535-1114) [학]1980년 성광고졸 1985년 연세대 경제학과졸 [경]2006년 삼성전자(주) 경영지원팀 상무보 2008년 同감사팀 상무 2009년 同지원팀 상무 2010년 同지원팀장(상무) 2010년 삼성탈레스(주) 이사 2011년 삼성전자(주) DMC부문 지원팀장(전무) 2012년 同지원팀장(전무) 2013년 同경영지원실 지원팀장(부사장) 2016년 삼성디스플레이(주) 경영지원실장(부사장)(현)

녹 원(綠 園) (暎虛)

[생]1928·3·4 [출]경남 합천 [주]경북 김천시 대항면 직지사길95 직지사(054-429-1700) [학]1946년 불교전문강원 대교과졸 1973년 동국대 행정대학원졸 1985년 명예 철학박사(스리랑카 국립프리베니아대) 1992년 명예 문학박사(일본 大政大) [경]1941년 득도(은사 탄옹) 1941년 사미계 수지(계사 탄옹) 1946년 비구계 수지(계사 한암) 1958~1984·1989~2000년 직지사 주지 1968년 동국학원 이사 1972~1980년 능인학원 이사장 1976년 대한불교조계종 중앙종회 의장 1977년 연화사 조실 1984~1986년 대한불교조계종 중앙종회 총무원장 1984년 불교종단협의회 회장 1985·1990·1995~2002년 동국학원 이사장 1988년 김천 직지사 회주 1990~1998년 통일고문회의 고문 1997년 대한불교조계종 원로회의 의원 2007년 김천 직지사 조실(현) [상]대통령표창, 국민훈장 모란장 [저]'천수천안의 기행' '한국불교의 좌표' [종]불교

한국인물사전

2017

YONHAPNEWS

ㄷ·ㄹ

수록 순서 가나다 · 생년월일순

약 호 [생] 생년월일 [본] 본관 [출] 출생지
[주] 주소(연락처) [학] 학력 [경] 경력 (현) 현직
[상] 상훈 [저] 저서 [역] 역서
[작] 작품 [종] 종교

단재완(段宰完) DAN Jae Wan

[생]1947 · 3 · 21 [본]서촉(西蜀) [출]서울 [주]서울 강남구 테헤란로504 해성빌딩20층 해성산업(주) 비서실(02-528-1221) [학]1966년 경복고졸 1970년 연세대 문리대학 철학과졸 [경]1978년 계양전기(주) 이사 1978년 학교법인 해성학원 이사장(현) 1985년 해성산업(주) 대표이사 회장(현) 1987년 한국제지(주) 부회장, 同대표이사 회장(현) 1997년 계양전기(주) 대표이사 회장(현) 2001년 (주)한국팩키지 대표이사 회장(현), 해성디에스 회장(현) [상]법무부장관표창, 금탑산업훈장(2001), 국민훈장 무궁화장(2014), 연세대 문과대학 동창회 연문인상(2014) [종]기독교

담도굉(譚道宏)

[생]1959 · 11 · 25 [출]중국 [주]서울 서초구 헌릉로12 현대자동차(주) 인사팀(02-3464-1272) [학]1978년 한성화교고졸 1985년 고려대 경영학과졸 [경]현대자동차(주) 현대차중국유한공사 근무, 同북경사무소장(이사) 2005년 同북경사무소장(상무) 2008년 同북경사무소장(전무) 2008년 同중국사업부본부장(전무) 2010년 현대자동차(주) 중국유한공사 총경리(부사장) 2015년 同중국전략담당 부사장 2016년 현대자동차그룹 중국지원사업부장(부사장)(현)

당우증(唐宇增)

[생]1972 · 5 · 11 [출]인천 [주]울산 남구 법대로55 울산지방법원(052-216-8000) [학]1991년 동인천고졸 1998년 서울대 법학과졸 [경]1997년 사법시험 합격(39회) 2000년 사법연수원 수료(29기) 2000년 대전지법 판사 2003년 同천안지원 판사 2004년 인천지법 판사 2007년 서울서부지법 판사 2010년 서울중앙지법 판사 2013년 대법원 재판연구관 2015년 울산지법 부장판사(현)

대 은(大 隱) DAE UN

[생]1943 · 9 · 2 [본]해주(海州) [출]인천 [주]서울 종로구 종로17길45 해동불교범음대학 학장실(02-741-0495) [학]1965년 고려대 법학과졸 1992년 철학박사(인도 팔리대) 1992년 문학박사(인도 팔리대) [경]1978년 용천사 주지(현) 1983년 한국불교태고종 중앙종회 의원 1985~1991년 인천시불교연합회 회장 1989~1991년 인천시 시정자문위원 1989~1991년 동방불교대 교수 1991년 해동불교대 의식교육원장(현) 1992년 해동불교범음대학 학장(현) 1996년 한국불교태고종 인천교구 종무원장 1999년 월간 '생활속의불교' 발행인(현) 2002년 한국불교태고종 중앙종회 부의장 2006년 인천불교총연합회 회장 2007년 아시안게임 조직위원 2008년 한국불교태고종 중앙포교원장 2009~2010년 아이낳기좋은세상 인천운동본부 공동회장 2009년 민주평통 자문위원 [상]대법원장표창, 법무부장관표창, 문화관광부장관표창 [저]'알기쉬운 생활불교성전' '석문의식' [종]불교

도건우(都建佑)

[생]1971 · 10 · 20 [출]대구 [주]대구 동구 팔공로227 대구경북경제자유구역청 청장실(053-550-1502) [학]1987년 대륜고졸, 고려대 경제학과졸, 同대학원 경제학과졸, 경제학박사(고려대) [경]1997년 고려대 경제연구소 연구원 교수 2000년 미국 벤더빌트공공정책연구원 초빙연구원 2004년 고려대 경제연구소 연구교수 2004년 국회예산정책처 예산분석관 2005년 감사원 부감사관 2006년 재정경제부 행정사무관 2008년 삼성경제연구소 수석연구원 2012년 새누리당 대표 최고위원실 정책특보 2013년 同여의도연구원 연구위원 2013년 대구대 겸임교수 2014년 대구경북경제자유구역청장(현)

도경환(都京煥) Kyung-Hwan TOH

[생]1961 · 1 · 5 [본]성주(星州) [출]서울 [주]세종특별자치시 한누리대로402 산업통상자원부 산업기반실(044-203-5500) [학]1979년 대성고졸 1983년 서울대 경제학과졸 1985년 同행정대학원졸 1996년 경제학박사(미국 하와이주립대) [경]1985년 행정고시 합격(29회) 1985~1992년 상공부 산업정책국 · 국제협력관실 · 전력국 행정사무관 1992~1996년 미국 East-West Center 객원연구원 1996년 통상산업부 전력정책과 서기관 2000~2003년 OECD 국제에너지기구(IEA) 수석이코노미스트 2004년 산업자원부 가스산업과장 2006년 同에너지자원정책팀장 2007년 同에너지자원정책팀장(부이사관) 2007년 제17대 대통령직인수위원회 경제2분과위원회 실무위원 2008년 대통령 지식경제비서관실 행정관 2009년 대통령직속 녹색성장위원회 녹색성장기획단 에너지정책국장 2010년 지식경제부 에너지절약추진단장 2011년 同에너지산업정책관 2013년 산업통상자원부 통상협력국장 2014년 새누리당 수석전문위원 2015년 산업통상자원부 산업기반실장(현) [종]기독교

도광환(都廣煥) DO GWANG HWAN

[생]1965 · 1 · 11 [본]성주(星州) [출]경북 [주]서울 종로구 율곡로2길25 연합뉴스 사진부(02-398-3374) [학]1983년 대구 영신고졸 1991년 서강대 불어불문학과졸 [경]1993년 연합뉴스 사진부 기자 2007년 同사진부 차장 2011년 同사진부 부장대우 2014년 同사진부 부장급 2015년 同사진부장(현)

도규상(都圭常) DOH Kyu Sang

[생]1966 · 10 · 31 [본]성주(星州) [출]부산 [주]서울 종로구 세종대로209 금융위원회 금융정책국(02-2100-2940) [학]1985년 부산 배정고졸 1989년 서울대 경제학과졸 1992년 同행정대학원 정책학과 수료 2004년 미국 미시간주립대 경영대학원졸(파이낸스 석사) [경]1991년 행정고시 합격(34회), 재무부 감사관실 · 국고국 사무관 1995~1998년 재정경제원 경제정책국 산업경제과 · 정책조정과 · 정보과학과 사무관 1998~2001년 금융감독위원회 구조개혁기획단 은행팀 사무관, 同보험 · 기획 · 증권담당 사무관 2002년 同증권감독과 서기관 2003~2004년 한국개발연구원 파견 및 미국 미시간주립대 연수 2005년 금융감독위원회 보험감독과장 2007년 同기획행정실 기획과장 2008년 대통령실 행정관 2008년 금융위원회 금융서비스국 자산운용과장 2009년 同금융정책국 금융시장분석과장 2009년 同금융정책과장 2011~2012년 지식경제부 우정사업본부 보험사업단장(고위공무원) 2012년 국립외교원 글로벌리더십 교육파견 2013년 금융위원회 대변인 2014년 同중소서민금융정책관 2015년 同금융서비스국장 2016년 同금융정책국장(현)

도기욱(都基煜) DO Ke Wuk

[생]1965 · 12 · 7 [출]경북 예천 [주]경북 안동시 풍천면 도청대로455 경상북도의회(054-880-5300) [학]안동대 경영학과졸 2006년 경북대 행정대학원 지방자치학과졸, 同대학원 정치학 박사과정 수료 [경]한라중공업 인사부 근무, (주)도원산업 관리이사, 예천군탁구협회 이사, 同회장, 파워비전21 예천군 대표 2002~2006년 경북 예천군의회 의원 2006년 경북 예천군의원선거 출마, 경북도립대 강사(현), 경북도 민방위 강사, 경북대총동창회 부회장, 대구지검 상주지청 형사조정위원, 학교법인 은풍중 이사장(현) 2010년 경북도의회 의원(한나라당 · 새누리당) 2010년 同기획경제위원회 위원 2011년 同예산결산특별위원회 부위원장 2012년 同기획경제위원회 부위원장 2014년 경북도의회 의원(새누리당)(현) 2014년 同기획경제위원회 위원 2014 · 2016년 同지방분권추진특별위원회 위원(현) 2016년 同예산결산특별위원회 계수조정위원 2016년 同기획경제위원회 위원장(현) 2016년 同정책연구위원회 위원장(현) [상]한국을 빛낸 자랑스런 한국인대상 공로대상(2016)

도남용(都南龍) DO Nam Yong

[생]1953 · 12 · 25 [출]경남 [주]광주 동구 필문대로365 조선대병원 이비인후과(062-220-3205) [학]조선대 의대졸, 원광대 대학원졸, 의학박사(원광대) [경]조선대 의과대학 이비인후과학교실 교수(현) 1992년 일본 사가대 의학부 이비인후과 연수 1993년 조선대병원 이비인후과장 2001~2003년 조선대 의과대학 부학장 2003~2007년 조선대병원 부원장 2005~2007년 대한이비인후과학회 상임이사 2008~2009년 同부이사장 2008~2010년 조선대 의학전문대학원장 겸 의과대학장 2012년 대한이비인후과학회 제18차 종합학술대회장 2015년 조선대 교무처장(현) 2015년 同학부교육선도사업단장

도덕희(都德熙) DOH Deog Hee

[생]1962·10·10 [주]부산 영도구 태종로727 한국해양대학교 기계·에너지시스템공학부(051-410-4364) [학]1985년 한국해양대 기관학과졸 1988년 同대학원 기관학과졸 1995년 공학박사(일본 도쿄대) [경]1985~1986년 한국해양대 교양과정부 조교 1986~1987년 동진상운(주) 3등기관사 1987~1990년 한국해양대 실습선 교관 1995년 포항공과대 첨단유체공학연구센터 위촉연구원 1995년 한국해양대 냉동공조과 전임강사 1997~2006년 同기계정보공학부 조교수·부교수 2005~2006년 미국 테네시대 방문교수 2006년 한국해양대 기계정보공학부 교수, 同기계·에너지시스템공학부 교수(현) 2006년 한국마린엔지니어링학회 사업이사 2007년 유체기계공업학회 편집이사 2014~2015년 한국가시화정보학회 부회장 2015년 한국해양대 공과대학장(현) 2015년 同기계공학부장 2016년 (사)한국가시화정보학회 회장(현) [상]한국박용기관학회장표창(1985), 교통부장관표창(1985), IBC International Scientist of the Year 2004 Award(2004), 대한기계학회 학술대회 열유체공학부문 우수논문상(2005), 산업자원부장관표창(2006), 대한설비공학회 동계학술대회발표 우수논문상(2007), 일본 혼상류학회 기술상(2010), 한국마린엔지니어링학회 학술상(2012), 한국가시화정보학회 학술상(2013), LG전자 우수산학공로상(2014), 아시아가시화기술 국제학술대회(ASV) 특별상(Wei Award)(2015), 국무총리표창(2016), 한국유체공학학술대회 우수논문상(2016) [저]'고해상 3차원 입자영상유속계 개발과 구 유동장 정밀해석 적용연구(共)'(2005) '유탄성 충돌제트 유체-구조 연동운동의 측정 및 해석(共)'(2006) 'Simultaneous Temperature and Velocity Fields Measurements Near the Boiling Point(共)'(2007) [역]'응용수치해석(共)'(2003) [작]소프트웨어 '3D PIV/PTV(Thinkes'EYES)'(2001)

도병균(都炳均) DOH Byeong Kyun

[생]1960·11·2 [출]강원 원주 [주]충남 천안시 동남구 양지말1길11의14 우정공무원교육원 교육기획과(041-560-5300) [학]원주고졸, 한양대 경제학과졸 [경]1996년 정보통신부 체신금융국 기획과 서기관 1998년 同보험과 서기관 1998년 해외 파견 2000년 정보통신부 우정사업본부 정보통신공무원교육원 기획연구과장 2001년 同교학과장 2001년 同재무관리과장 2003년 同경영총괄과장 2004년 同경영지원과장 2005년 성남분당우체국장 2007년 정보통신부 우정사업본부 우편사업단 소포사업팀장 2007년 同우편정책팀장 2008년 지식경제부 우정사업본부 우편정책팀장 2009년 서울체신청 사업지원국장 2010년 서울강북우체국장 2012년 남양주우체국장 2013~2015년 동수원우체국장 2015년 용인우체국장 2016년 우정공무원교육원 교육기획과장(현)

도상익(都相翼) DO Sang Ik

[생]1957·1·21 [주]서울 강남구 선릉로747 삼성당빌딩 (주)아이티엠코퍼레이션건축사사무소(02-2140-5300) [학]1983년 조선대 건축공학과졸 1989년 한양대 공학대학원졸 [경]대한주택공사 건축과장 1994년 (주)아이티엠코퍼레이션건축사사무소 대표이사(현) 2016년 한국건설기술관리협회 회장(현)

도상철(都相哲) DO Sang Chull

[생]1946·1·10 [본]성주(星州) [출]서울 [주]경기 성남시 분당구 판교로228번길15 판교세븐벤처밸리 NS홈쇼핑 사장실(02-6336-1504) [학]1965년 서울 양정고졸 [경]1980년 육군행정학교 교수부 근무 1984년 예편(육군 소령) 1985~2002년 (주)제일사료 인사기획부 이사 2002년 (주)한국농수산방송 경영 및 고객지원부 상무이사 2007년 농수산홈쇼핑 부사장 2007년 同대표이사 부사장 2008~2012년 同대표이사 사장 2012년 NS홈쇼핑 대표이사 사장(현) 2015~2016년 (사)한국TV홈쇼핑협회 회장 [상]동탑산업훈장(2013) [종]기독교

도상환(陶商煥) DO Sang Hwan

[생]1961·3·7 [본]나주(羅州) [출]서울 [주]경기 성남시 분당구 구미로173번길82 분당서울대학교병원 마취통증의학과(031-787-7501) [학]1979년 장훈고졸 1985년 서울대 의과대학졸 1996년 고려대 대학원 의학과졸 1998년 의학박사(고려대) [경]1985년 서울대병원 인턴 1986년 육군 軍의관 1989년 서울대병원 마취과 전공의 1992~1996년 서울시립보라매병원 마취과 전담의·수술실장 1992년 대한마취과학회 고시위원 1996~1997년 서울대병원 마취과 기금교수 1997~2009년 서울대 의과대학 마취과학교실 전임강사·조교수·부교수 1998년 대한정맥마취학회 기획이사 2000~2001년 미국 버지니아의대 전기생리학 방문교수 2000년 대한수혈학회 무임소이사 2007~2014년 분당서울대병원 마취통증의학과장 2008년 대한마취약리학회 상임이사 2008년 대한산과마취학회 정보이사 2008년 대한마취과학회 고시이사 2009~2016년 분당서울대병원 중환자진료부장 2009년 서울대 의과대학 마취통증의학교실 교수(현) 2011년 대한민국의학한림원 정회원(현) 2012~2014년 대한마취통증의학회 기획이사 2015년 대한산과마취학회 회장(현) 2016년 분당서울대병원 수술부장(현) 2016년 외래마취연구회 회장(현) [상]대한정맥마취학회 학술상(1999), 대한마취과학회 애보트학술상(2003), 대한정맥마취학회 우수학술상(2005) [저]'중환자진료학'(1996) '임상소아마취'(1999)

도석구(都奭求) Do Seok-Gu

[생]1960·8·7 [본]성주(星州) [출]대구 [주]서울 강남구 영동대로517 아셈타워20층 LS-Nikko동제련(주) 대표이사실(02-2189-9988) [학]1979년 대구 달성고졸 1986년 경북대 회계학과졸 [경]1986년 LG유통 입사 2004년 LS전선 경영관리담당(이사) 2006년 同경영관리담당(상무) 2008년 (주)LS 경영관리담당 상무 2008년 同경영관리담당 전무 2009년 同재무담당 최고책임자(CFO·전무) 2012년 同재무담당 최고책임자(CFO·부사장) 2015년 LS-Nikko동제련(주) 감사 2016년 同대표이사 부사장(CEO)(현)

도성득(都聖得) DO Seong Deug

[생]1956·2·8 [주]충북 충주시 충주산단5로50 (주)케이피에프 임원실(043-849-1114) [학]동아고졸, 부산대 기계공학과졸 [경](주)대우조선해양 근무, (주)연합전선 근무 1992년 (주)한진중공업 입사 2003년 同기획담당 상무보 2005년 同기획담당 상무 2006년 (주)STX조선 상무 2008년 同전무 2009년 (주)STX조선해양 생산총괄 전무 2010년 STX다롄조선 부사장 2012~2013년 STX France SA 부사장 2014년 (주)케이피에프 공동대표이사 2015년 同대표이사(현)

도성재(都城宰) DOH Seong Jae

[생]1954·12·12 [본]성주(星州) [출]서울 [주]서울 성북구 안암로145 고려대학교 이과대학 지구환경과학과 아산이학관607호(02-3290-3173) [학]1972년 동성고졸 1976년 고려대 지질학과졸 1979년 同대학원 응용지질학과졸 1982년 미국 이스턴워싱턴대 대학원 지구물리학과졸 1987년 이학박사(미국 로드아일랜드대) [경]1988~1997년 고려대 이과대학 지구환경과학과 조교수·부교수 1995~2001년 환경부 자문위원 1995~1998년 국제측지학및지구물리학연합(IUGG) 한국위원회 총무간사 1996~1999년 SCOPE 한국위원 1997년 고려대 이과대학 지구환경과학과 교수(현) 1997~2001년 ODP(Ocean Drilling Program) 한국과학위원 1998~2008년 대한지구물리학회 이사 1998년 고려대 연구교류처장 1999년 同학생처장 2002~2003년 대한지질학회 이사 2005~2007년 고려대 기초과학연구소장 2007~2009년 한국기초과학지원연구원 서울센터 소장 2008~2009년 대한지질학회 부회장 2009~2013년 한국해양과학기술진흥원 전문위원 2010~2012년 고려대 이과대학장 2013~2015년 同교무부총장 [상]환경부장관표창(1996·2002) [저]'고지자기학(共)'(1999, 아르케) [역]'푸른행성-지구환경과학 개론(共)'(2000, 시그마프레스) '과학에서 꼭 알아야 할 5가지 빅 아이디어(共)'(2000, 한승)

도성환(都成煥) DO SUNG-HWAN

[생]1956·1·9 [본]성주(星州) [출]경북 [주]서울 강남구 봉은사로462 세림타워11층 홈플러스e파란재단(02-6203-1237) [학]1974년 대구고졸 1981년 고려대 경영학과졸 [경]1991년 삼성물산 입사 1997년 同유통부문 홈플러스대구점장 1999년 同이사보 1999년 삼성테스코(주) 재무담당이사보 2000년 同운영담당 이사 2001년 同운영부문장(상무) 2001년 同SCM부문장(상무) 2003년 同마케팅부문장(상무) 2004년 同마케팅부문장(전무) 2005년 同마케팅부문장(부사장) 2008년 同홈에버사업부문장(부사장) 2008년 홈플러스 테스코(주) 대표이사 2011년 테스코(주) 말레이시아 CEO 2013년 홈플러스 대표이사 사장(CEO) 2016년 홈플러스e파란재단 이사장(현) [상]한국경제신문 올해의 CEO 대상(2015) [종]기독교

도영심(都英心·女) DHO Young Shim

[생]1947·12·26 [출]서울 [주]서울 중구 청계천로40 한국관광공사빌딩8층 유엔세계관광기구 스텝(ST-EP)재단(02-318-5005) [학]1966년 이화여고졸 1968년 미국 콘트라코스타대졸 1971년 미국 위스콘신대 신문학과졸 1981년 프랑스 파리소르본느대 수료 1984년 미국 오클라호마대 대학원 행정학과졸, 서울대 행정대학원 국가정책발전과정 수료 [경]1970~1978년 미국 테드베이츠사 근무 1978~1980년 국회사무처 섭외국 근무 1981~1985년 국회의장 비서

관 1982~1997년 국제전략문제연구소(CSIS) 동북아협회 이사 1984~1985년 미국 의회 연수 1985~1988년 국회 외무위원회 전문위원 1988년 제13대 국회의원(전국구, 민주정의당·민주자유당) 1989~1992년 한·미와이즈맨 간사 1991년 민자당 외신대책위원장 1991~1999년 국제전략문제연구소 자문위원 1992~1995년 한·미연구소 소장 1993~1994년 SBS '시사 진단 핵심' 진행 1995년 (사)하회별신굿탈놀이보존회 이사장 1999년 민주평통 자문위원 2000~2003년 한국방문의해추진위원회 위원장 2001년 한국관광협회중앙회 고문 겸 이사 2001년 미군위문협회(USO) 집행위원 2001~2004년 태평양지역관광협회(PATA) 한국지부 부회장 2002~2007년 한국문화관광정책연구원 이사장 2002~2003년 부산합창올림픽대회조직위원회 위원장 2002~2003년 국제컨벤션협회(ICCA) 연차총회준비위원회 자문위원 2002~2003년 평창동계올림픽유치위원회 위원 2002~2004년 태평양지역관광협회(PATA) 연차총회준비위원회 자문위원 2003년 한국합창올림픽조직위원회 위원장 2003년 한국BBB운동 부회장 2003년 아시아태평양관광협회(PATA) 이사 2003~2004년 외교통상부 문화협력대사 2003년 국립극장 문화포럼 명예회장 2003년 2005프랑크푸르트도서전주빈국조직위원회 부위원장 2004년 유네스코산하 세계합창연맹(IFCM) 이사 2004년 고구려연구재단 이사 2004년 한국관광공사 사외이사 2004년 유엔세계관광기구(UNWTO) 스텝(ST-EP)재단 이사장(현) 2005년 외교통상부 관광·스포츠대사 2005년 한국관광브랜드구축자문위원회 위원 2005~2007년 국가이미지개발위원회 위원장 2005년 아시아태평양경제협력체(APEC) 특별자문위원 2005년 한국오리엔티어링연맹 회장 2005년 2014평창동계올림픽유치위원회 위원 2005~2012년 대한체육회 고문 2005년 한국씨름연맹 부총재 2005년 아리랑국제방송 비상임이사 2007년 한국관광공사 비상임이사 2007년 한국문화관광연구원 이사장 2008년 UN 새천년개발목표(MDGs) 자문위원(현) 2010년 同새천년개발목표(MDGs)달성을위한창도위원회(Advocacy Group) 위원(현) 2014년 (사)한국인터넷기자협회 고문(현) 2016년 UN 사무총장 지속가능개발목표(SDGs) 자문위원(현) [상]홍조근정훈장(1983) [저]'국경을 초월한 의회활동' 'Changing our Ways' '시사진단 핵심' [역]'새로운 변혁의 선택' [종]기독교

도용복(都龍福) DO YONG BOK

[생]1944·1·4 [본]성주(星州) [출]경북 안동 [주]부산 부산진구 중앙대로691번가길5 사라토가빌딩502호 (주)사라토가(051-803-3311) [학]2001년 부산대 국제사회지도자과정 수료 [경]오지여행가 겸 시인(현), BBS연맹 부산진구 회장, 도레미문화센터 회장, 국제신문 복간준비위원, 同상무이사 1982년 (주)사라토가 대표이사 회장(현), 멜로매니아중창단 단장, 문화와예술을사랑하는시민의모임 부회장, 부산시골프협회 이사, 포럼신사고 정치경제분과위원장 1995년 부산재즈클럽 고문(현) 2003년 (사)부산문화예술진흥회 이사장(현), 진황도 사라토가 스포츠유한공사 이사장 2004년 駐부산 엘살바도르 명예영사(현), 동서대 겸임교수 2008~2011년 대구예술대 예술심리치료학과 특임교수 2008년 신라대 겸임교수 2009년 부산문화재단 이사 2010~2013년 한국지도자육성장학회단 이사 2013년 대장경축전조직위원회 명예홍보대사 2013년 (사)부산문화예술진흥회 이사장(현) 2013년 뉴월드오케스트라 단장(현) 2016년 부산국제합창제 공동위원장(현) 2016년 한국합창협회 이사장(현) [저]사진집 'EL CONDOR PASA'(1998) 기행문집 '신비한 나라 투르크메니스탄'(2004) 여행기 '살아있으라 사랑하라'(2011)

도용환(都容煥) DO Yong Hwan

[생]1957·2·26 [출]경북 경산 [주]서울 강남구 테헤란로 424 MSA빌딩11층 스틱인베스트먼트(주) 비서실(02-3404-7888) [학]1975년 경북고졸 1982년 고려대 경제학과졸 1990년 同경영대학원 경영학과졸 [경]1982~1987년 제일종합금융 기업신용분석 및 기업여신담당 1987~1989년 신한종합연구소 책임연구원 1989년 제일종합금융 주식 및 채권운용담당 1990~1996년 신한생명보험(주) 투자운용실장 1996~2000년 (주)스틱아이티투자 대표이사 1999년 정보통신부 산업기술심의위원회 심의위원 2000~2007년 스틱인베스트먼트(주) 대표이사 2001~2009년 전자신문 사외이사 2002년 한국벤처캐피탈협회 부회장 2003년 디피씨(주) 대표이사(현) 2003년 IT전문투자조합협의회 회장 2007~2008년 (사)벤처리더스클럽 회장 2008~2011년 한국벤처캐피탈협회 회장 2008년 스틱인베스트먼트(주) 부회장 2011년 同회장(현) [상]정보통신부장관표창(2002)

도일규(都日圭) DO Il Kyu (紫山)

[생]1940·11·30 [본]성주(星州) [출]서울 [주]서울 강남구 압구정동390 한국위기관리연구소(02-583-7605) [학]1960년 경기고졸 1964년 육군사관학교졸 1969년 서울대 지질학과졸 1987년 국방대 대학원졸 1998년 서울대 경영대학 최고경영자과정 수료 [경]1993년 육군 수도방위사령관 1994년 육군 제3야전군사령관 1996~1998년 육군 참모총장(대장) 2007~2008년 제17대 대통령취임준비위원회 자문위원, 용산포럼 회장 2008년 한국위기관리연구소 이사장(현), 환주복지재단 감사(현) [상]인헌무공훈장(1971), 보국훈장 삼일장(1980), 보국훈장 천수장(1991), 보국훈장 국선장(1994), 미국 육군공로훈장(1998), 보국훈장 통일장(1998) [저]'장교의 도(道)' [종]천주교

도재경(都在暻) Do, Jae-Kyoung

[생]1958·7·21 [본]성주(星州) [출]경남 거창 [주]서울 강서구 금낭화로154 국립국어원4층 한국출판문화산업진흥원(02-2669-0770) [학]1991년 한국방송통신대 행정학과졸 2009년 연세대 행정대학원졸 [경]1996~2003년 문화관광부 문화정책과·공연예술과 근무 2003년 同종무실 종무담당관실 행정사무관 2005년 同종무실 종무담당관실 서기관 2006년 同체육국 체육정책과 서기관 2007년 국립국어원 기획관리과장 2007년 한국예술종합학교 교학처 교무과장 2008년 문화체육관광부 예술국 공연예술과장 2009년 국립민속박물관 민속기획과장 2010년 문화체육관광부 장관비서관 2011년 同종무실 종무1담당관(서기관) 2012년 同종무실 종무1담당관(부이사관) 2013~2015년 同10·27법난피해자명예회복심의위원회 사무처장 2015년 한국출판문화산업진흥원 사무처장(현)

도재덕(都載德) DO Jae Duck

[생]1942·2·10 [출]대구 [주]대구 수성구 무학로117 유진종합건설(주) 비서실(053-764-9929) [학]영남대 토목과졸 [경]1965년 대구시 수도국 근무 1983년 유진기업 대표이사 1992년 유진종합건설(주) 대표이사(현) 2000년 대구상공회의소 상공의원 2001년 민주평통 자문위원 2003~2006년 대한건설협회 대구시회장 2011년 사회봉사단체 '금오회' 회장(현) [상]한국은행장표창

도재원(都在元) DOH Jae Won

[생]1954·12·21 [본]성주(星州) [출]부산 [주]충남 천안시 동남구 순천향4길44 순천향대학교 천안병원 신경외과(041-570-2114) [학]부산대 의학과졸, 고려대 대학원 의학과졸, 의학박사(순천향대) [경]1988년 순천향대 의과대학 신경외과학교실 교수(현) 2004년 同천안병원 과장, 同천안병원 의료정보실장(현) 2004년 신경손상학회 상임이사 2005년 대한신경외과학회 감사 2005~2006년 대한척추신경외과학회 상임이사 2005년 同학술지심사위원 2006~2008년 최소침습척추수술학회 회장 2006~2014년 순천향대 천안병원 신경외과장 2008년 신경통증학회 감사 2011~2012년 대한척추신경외과학회 부회장 2012~2013년 同회장 2012년 순천향대 신경외과 주임교수 2012년 대한신경외과학회 임원(현) [상]척추신경외과학회 우수논문상(2007) [저]'신경손상학'(2002) '최소침습척추수술'(2012) '척추학'(2013) [종]천주교

도재준(都在俊) DO Jae Jun

[생]1950·12·5 [본]성주(星州) [출]대구 [주]대구 중구 공평로88 대구광역시의회(053-803-5032) [학]경신정보과학고졸, 영남대 경영대학원 최고경영자과정 수료, 영남이공대학 사회실무학부 재학 중 [경]동명산업사 대표, LG화재 안심영업소 대표 1998~2002년 대구시 동구의회 의원, 반야월새마을금고 이사장, 반야월초총동창회 회장, 同고문 2006·2010년 대구시의회 의원(한나라당·새누리당) 2006~2008년 同건설환경위원장, 同문화복지위원회 위원, 同사회산업위원장 2012년 同부의장 2014년 대구시의회 의원(새누리당·무소속·새누리당)(현) 2014·2016년 同문화복지위원회 위원(현) 2014~2016년 同새누리당 원내대표 2014년 同윤리특별위원회 위원 2016년 同윤리특별위원회 부위원장(현)

도재형(都在亨) DO Jae Hyung

[생]1968·1·5 [출]대구 [주]서울 서대문구 이화여대길 52 이화여자대학교 법학전문대학원(02-3277-6657) [학]1987년 대구 달성고졸 1992년 서울대 공법학과졸 1997년 同법과대학원졸, 법학박사(서울대) [경]1991년 사법시험 합격(33회) 1992~1994년 사법연수원 수료(23기) 1994~1997년 육군 법무관 1997~2004년 변호사 개업 2003~2004년 서울지방노동위원회 공익위원 2004~2007년 강원대 법과대학 조교수 2005~2009년 경찰청 인권위원회 위원 2005년 국가인권위원회 위원 2005년 자유권전문위원회 위원 2005년 교육인적자원부 교원소청심사특별위원회 위원 2006~2009년 강원지방노동위원회 공익위원 2007년 이화여대 법학전문대학원 조교수·부교수·교수(현) 2012~2015년 同기획처 부처장 2016년 同법학전문대학원 학생부원장(현) 2016년 同법과대학 법학과장 겸임(현) [저]'한국 감옥의 현실(共)'(1998) '무죄다 라고 말할 수 있는 용기(共)'(1998) '변호사가 풀어주는 노

ㄷ

동법2(共)'(2004) '변호사가 풀어주는 노동법1(共)'(2005) '법조윤리 입문' (2015, 이화여자대학교 출판부) ⊗천주교

도정님(都貞任 · 女) DO Jung Nim

⊛1957 · 3 · 3 ㈜충북 청주시 청원구 대성로298 청주대학교 연극학과(043-229-8697) ⊕1977년 세종대 체육학과졸 1982년 同대학원졸 1995년 체육학박사(한양대) ⊗1990년 서울국제무용제 참가, 국립발레단 단원, 청주대 연극학과 교수(현), 청주시립예술단 자문위원, 한국무용과학회 회장, 한국발레협회 부회장 2014~2016년 청주대 예술대학장 2016년 한국발레협회 회장(현) ⊛동아무용콩쿨 은상, 한국발레협회 공로상(2006), 한국무용과학회 공로상(2010), 한국발레협회 대상(2011)

도정일(都正一) DOH Jung Il

⊛1941 · 1 · 10 ⊕성주(星州) ⊜서울 ㈜서울 종로구 동숭3길40 2층 책읽는사회문화재단 이사장실(02-3675-8783) ⊕1965년 경희대 영문학과졸 1984년 미국 하와이대 대학원 미국학 박사과정 수료 ⊗1965~1971년 ㈜시사영어사 편집부장 1971~1977년 동양통신 외신부장 1977~1982년 미국 하와이 동서문화센터 연구원 1980~1981년 미국 하와이주정부 교육국 카운셀러 1983~2006년 경희대 문과대학 영어학부 조교수 · 부교수 · 교수 1995년 同서울캠퍼스 중앙도서관장 1998년 문화개혁을위한시민연대 공동대표 2001년 책읽는사회만들기국민운동 상임대표(현) 2003년 책읽는사회문화재단 이사장(현), 북스타트 한국위원회 대표 2006년 경희대 문과대학 영어학부 명예교수 2011~2015년 同후마니타스칼리지 대학장 ⊛소천비평문학상(1995), 현대문학비평상(1998), 일맥문화대상 사회봉사상(2007) ㉙'시인은 숲으로 가지 못한다'(1994, 민음사 · 2016, 문학동네) '대담-인문학과 자연과학이 만나다'(2005, 휴머니스트) '시장전체주의와 문명의 야만'(2007, 생각의 나무) '다시, 민주주의를 말한다(共)'(2011, 휴머니스트) '쓰잘데없이 고귀한 것들의 목록'(2014, 문학동네) '별들 사이에 길을 놓다'(2014, 문학동네) ㉸'동물농장'(1998, 민음사) '순교자'(2010, 문학동네)

도종환(都鍾煥) DO Jong Hwan

⊛1955 · 9 · 27 ⊕성주(星州) ⊜충북 청주 ㈜서울 영등포구 의사당대로1 국회 의원회관333호(02-784-2537) ⊕1977년 충북대 국어교육과졸 1983년 同대학원 국어교육과졸 2006년 국문학박사(충남대) ⊗시인(현) 1977~2003년 교사 1984년 동인지 '분단시대'로 작품활동 시작 2006~2009년 한국간행물윤리위원회 위원 2006~2012년 (사)한국민족예술인총연합회 부회장 2008~2010년 한국작가회의 사무총장 2010~2012년 同부이사장 2012년 민주통합당 공천심사위원회 위원 2012년 제19대 국회의원(비례대표, 민주통합당 · 민주당 · 새정치민주연합 · 더불어민주당) 2013년 국회 교육문화체육관광위원회 위원 2013~2014년 국회 정치개혁특별위원회 위원 2014년 새정치민주연합 6 · 4지방선거대책위원회 공동대변인 2014~2015년 국회 동북아역사왜곡대책특별위원회 위원 2014~2015년 국회 군인권개선및병영문화혁신특별위원회 위원 2015년 새정치민주연합 한국사교과서국정화저지특별위원회 위원장 2015년 더불어민주당 한국사교과서국정화저지특별위원회 위원장(현) 2016년 同대변인 2016년 同충북도당 위원장(현) 2016년 同충북청주시흥덕구지역위원회 위원장(현) 2016년 제20대 국회의원(청주시 흥덕구, 더불어민주당)(현) 2016년 국회 교육문화체육관광위원회 간사(현) ⊛신동엽 창작상(1990), 올해의예술상 문학부문(2006), 거창평화인권문학상(2007), 정지용문학상(2009), 윤동주상 문학부문대상(2010), 백석문학상(2011), 공초문학상(2012), 신석정문학상(2014) ㉙시집 '고두미 마을에서' '접시꽃 당신' '부드러운 직선' '슬픔의 뿌리' '해인으로 가는 길' '흔들리며 피는 꽃' '세시에서 다섯시 사이' 산문집 '사람은 누구나 꽃이다' '그대 언제 이 숲에 오시렵니까' '마음의 쉼표' '꽃은 젖어도 향기는 젖지 않는다' '너 없이 어찌 내게 향기 있으랴' 시선집 '밀물의 시간'(2014, 실천문학사)

도중섭 DO JUNG SUP

⊛1962 · 9 ㈜서울 광진구 워커힐로177 쉐라톤그랜드워커힐호텔 총지배인실(02-450-6421) ⊕고려대 기계공학과졸 ⊗1993~1997년 SK네트웍스㈜ LA지사 근무 2003~2005년 同두바이지사장 2006~2008년 同철강본부장(상무) 2009년 GLDP(Global Leadership Development Program) 연수 2010~2011년 SK네트웍스㈜ 워커힐 전략본부장 겸 Marketing사업부장 2012~2013년 SK홀딩스 G&G Turkey Country Office Manager 2014년 SK네트웍스㈜ 워커힐 Sales&Marketing담당 상무(현) 2015년 同쉐라톤그랜드워커힐호텔 총지배인(상무) 겸임(현)

도지헌(都址憲) Do Ji Heon

⊛1965 · 12 ㈜경기 성남시 분당구 성남대로343번길9 SK주식회사 C&C 임원실(02-6400-0114) ⊕순천향대 화학과졸, 홍익대 대학원 전산학과졸 ⊗2008년 SK C&C 공공사업개발팀장 2011년 同전략사업추진팀장 2013년 同GlobalSOC사업본부장(상무) 2013~2015년 同Global사업본부장(상무) 2015년 SK주식회사 C&C Global사업본부장(상무)(현)

도진기(都振棋)

⊛1967 · 5 · 22 ⊜대구 ㈜서울 도봉구 마들로749 서울북부지방법원(02-910-3114) ⊕1986년 대구고졸 1990년 서울대 사법학과졸 2003년 同대학원졸 ⊗1994년 사법시험 합격(36회) 1997년 사법연수원 수료(26기) 1997년 부산지법 판사 2001년 수원지법 판사 2004년 서울중앙지법 판사 2007년 서울북부지법 판사 2009년 서울고법 판사(헌법재판소 파견) 2011년 서울서부지법 판사 2012년 울산지법 부장판사 2014년 인천지법 부장판사 2016년 서울북부지법 부장판사(현) ㉙'어둠의 변호사'시리즈 '붉은집 살인사건'(2010) '라트라비아타의 초상'(2010)

도창희(都昌熙) DO Chang Hee

⊛1957 · 1 · 4 ⊕성주(星州) ⊜충남 ㈜대전 유성구 대학로99 충남대학교 동물자원과학부(042-821-5784) ⊕1983년 충남대 낙농학과졸 1985년 서울대 대학원 가축육종학과졸 1992년 공학박사(버지니아주립대) ⊗1992~2003년 한구종축개량협회 종돈검정팀장 1993년 축산연구소 가축개량협의회 전문위원 2000년 한국 농업정보과학회 운영이사 2000~2003년 충남대 겸임부교수 2003~2007년 경남도 첨단양돈연구소장 2008년 충남대 농업생명과학대학 동물바이오시스템과학과 부교수 2015년 同동물자원과학부 부교수(현) ⊗천주교

도태호(都泰鎬) DOH Tae Ho

⊛1960 · 11 · 19 ⊜대구 ㈜경기 수원시 팔달구 효원로241 수원시청 제2부시장실(031-228-2012) ⊕대구 대건고졸 1985년 서울대 국제경제학과졸 1987년 同행정대학원졸 1993년 미국 시라큐스대 대학원 경제학과졸 ⊗1988년 행정고시 합격(31회) 1989~1995년 건설부 주택정책과 · 토지관리과 · 입지계획과 사무관 1995년 건설교통부 건설경제과 · 주택정책과 서기관 2000년 同도시정책과 서기관 2004년 同건설경제담당관 2005년 同총무과장 2005년 同인사조직팀장 2006년 同인사조직팀장(부이사관) 2006년 대통령직속 국가균형발전위원회 혁신도시기획국장 2007년 제17대 대통령직인수위원회 기획조정분과위원회 전문위원 2008년 국토해양부 주택정책관 2010년 同건설정책관 2011년 同도로정책관 2012년 同공공기관지방이전추진단 부단장 2013년 국토교통부 주택토지실장 2014년 同기획조정실장(고위공무원) 2015년 경기도시공사 비상임이사 2016년 수원시 제2부시장(현)

도형석(都亨錫)

⊛1964 · 6 · 17 ⊜경북 의성 ㈜경남 진주시 동진로99 창원지방법원 진주지원(055-760-3300) ⊕1982년 대구 계성고졸 1993년 성균관대 법학과졸 ⊗1997년 사법시험 합격(39회) 2000년 사법연수원 수료(29기) 2000년 대전지법 예비판사 2002년 同판사 2003년 同서산지원 판사 2004년 수원지법 판사 2008년 서울중앙지법 판사 2010년 서울동부지법 판사 2014년 대전지법 판사 2015년 창원지법 진주지원 부장판사(현)

도 후(度 吼)

⊛1949 · 2 · 21 ⊜전북 익산 ㈜강원 양양군 강현면 낙산사로100 낙산사(033-672-2447) ⊕1976년 법주사 강원대교과졸 1990년 동국대 교육대학원졸 ⊗1968년 신흥사에서 득도(은사 문성준) 1973년 신흥사 재무국장 1974년 법주사에서 비구계 수지(계사 유석암) 1980년 신흥사 교무국장 1986년 대한불교조계종 총무원 총무국장 1986년 백담사 주지 1988년 대한불교조계종 제9대 중앙종의회 의원 1989년 同총무원 규정부장 1990년 불교신문사 주간 1992년 대한불교조계종 제10대 중앙종의회 의원 1995년 신흥사 주지 1998~2006년 불교방송 이사장 2000~2001년 건봉사 주지 2001~2008년 심원사 주지 2002년 불교문화산업기획단 이사장 2007년 (사)파라미타청소년협회 회장 2008~2011년 고성 건봉사 주지 2009년 대한불교조계종 제3교구 회주 2011년 심원사 회주 2013년 낙산사 주지(현) ⊕대한불교조계종 종정표창 ⊗불교

도흥열(都興烈) DO Heung Yul (東江)
[생]1938·10·17 [본]성주(星州) [출]경북 경산 [주]서울 동대문구 장한로21 북한연구소(02-2248-2397) [학]1958년 경북고졸 1963년 서울대 문리대 사회학과졸 1966년 同대학원졸 [경]1966년 육군사관학교 전임강사 1971~1982년 국방대학원 조교수·부교수·교수 1981년 통일원 정책자문위원 1982년 충북대 사회과학대 부교수 1984~2004년 同사회학과 교수 1985년 북한연구소 이사 1995~1997년 충북대 사회과학대학장 겸 행정대학원장 1995~2005년 민주평통 자문위원 1996년 북한연구학회 사회문화운영위원장 1997년 현대사회연구소장 직대 1998년 통일부 정책자문위원 2004년 충북대 명예교수(현) 2012년 북한연구소 소장(현) [상]녹조근정훈장(2004) [저]'북한 사회론'(共) '남북의 생활상'(共) '북한사회의 구조와 변화'(共) '북한 사회체제 변화연구' '현대사회학의 이해' '김일성 주체사상' '신북한 개론' '남북한 통합의 이론과 실제' [종]불교

돈 관(頓 觀)
[생]1959·8·22 [출]경남 남해 [주]경북 영천시 청통면 청통로951 미타도량 팔공산 은해사(054-335-3318) [학]1990년 동국대 영어영문학과졸 1994년 일본 오사카대 교육대학원 수료 [경]1978년 해인사로 출가하여 일타스님을 은사로 득도 1995년 한국불교사회연구원 원장 1995년 경주불교회 증명법사 1996년 불광사 경북불교대학 학장(현) 2000년 대구불교방송 총괄국장 2000년 은해사 기획국장 2000~2003년 환성사 주지 2001~2002년 청소년환경감시단 단장 2001~2004년 경북지방경찰청 경승실 법사 2002년 대구불교방송 이사(현) 2004~2008년 대구 불광사 주지 2005년 대구경북녹색연합 공동대표(현) 2005년 민주평통 자문위원 2008년 은해사 주지(현) 2010년 학교법인 동곡학원(선화여고) 이사장(현) 2013년 전국교구본사주지협의회 회장 2015년 학교법인 동국대 이사 2015년 대구불교방송 사장 [저]'진리와 지혜의 나눔'(1995, 부흥기획) '불교를 알고 싶어요'(2011, 우리출판사) [종]불교

동일권(董日權) Andrew K. Dong (일송)
[생]1955·2·22 [본]광천(廣川) [출]충남 논산 [주]서울 중구 세종대로136 서울파이낸스센터10층 라자드코리아자산운용 임원실(02-6220-1620) [학]1983년 고려대 경영학과졸 1985년 同대학원 경영학석사과정 수료 1989년 경영학박사(고려대) [경]1989~1999년 대우투자자문(주) 조사부장·기획실장·코리아펀드 및 한강구조조정펀드 실장 1999년 (주)일동제약 사외이사 2001년 Zurich Scudder Investments Korea 이사 겸 포트폴리오매니저, 파트너스네트워크(주) 사외이사, 마리텔레콤(주) 사외이사, RFHIC(주) 사외이사 2002년 Deusche Investment Management Americas, Inc. 상무이사 겸 포트폴리오매니저, 오픈타운(주) 사외이사, 텔레포스(주) 대표이사 사장, 네오엠텔 사외이사, KQT(주) 사외이사 2005년 라자드투자자문(주) 대표이사 겸 포트폴리오매니저 2008년 라자드코리아자산운용 대표이사(현) 2009~2015년 삼전복지재단 감사 [상]부총리 겸 재정경제원장관 공로표창 [저]'중급회계' '유머경영학' '사이버증권용어사전'

동종인(董宗仁) Dong Jong In
[생]1956·6·15 [본]광천(廣川) [출]부산 [주]서울 동대문구 서울시립대로163 서울시립대학교 도시과학대학 환경공학부(02-6490-2862) [학]1979년 서울대 화학공학과졸 1981년 한국과학기술원 대학원 화학공학과졸 1990년 환경공학박사(미국 뉴저지공대) [경]1981년 국립환경연구원 연구관 1985년 미국 뉴저지공대 연구원 1987년 미국 Hazardous Substance Management and Research Center/NJ State & US EPA 선임연구원 1992년 서울시립대 도시과학대학 환경공학부 교수(현) 1994년 중소기업청 벤처기업 심사위원 1994년 한국폐기물학회 소각·기술분과 간사 1996년 환경부 소각기술자문위원 1996년 한강환경관리청 환경영향평가위원 1997년 환경부 중앙환경보전자문위원회 위원 1997년 환경관리공단 환경기술위원 1998년 대한환경공학회 총무이사 1998·2013년 서울시 녹색서울시민위원회 위원 1998년 환경정의 이사·집행위원장·공동대표(현) 1998~2000년 서울시 은평구·중랑구·강서구 소각시설입지선정위원 1999년 서울시 환경보전자문위원회 위원, 同투자심사위원회 위원, 同환경분쟁조정위원회 위원 1999~2001년 국제 Dioxin Conference 부위원장 2000년 ICIPEC 창설 2000·2002·2012년 同조직위원장 2001년 농업기반공사 기술고문 2002년 쓰레기문제해결을위한시민운동협의회 정책위원 2002년 국무총리실 사회질서확립평가위원 2003년 행정자치부 정책자문위원 2004년 대통령직속 정책기획위원회 위원 2004년 산업자원부 10대신기술선정위원회 위원 2004년 국립환경연구원 연구위원회 위원 2004년 조계종 환경위원회 전문위원 2007년 폐자원에너지화 및 non-CO2온실가스 사업단장 2008년 한국폐기물자원순환학회 부회장 2008년 한국폐자원에너지기술협의회 부회장 2009년 전라북도 녹색성장위원회 위원 2012년 한국대기환경학회 부회장 2013년 서울시 녹색위원회 공모사업위원회 위원장, 서울환경상 심사위원장 2014년 한국에너지기후환경협의회 회장(현) 2014년 희망서울 정책자문위원회 위원(현) [상]대한환경공학회 공로상(2000), 세계환경의날 국무총리표창(2002) [저]'환경과 인간'(1999) '대기오염개론'(2001) '환경화학'(2001) '토양환경공학'(2001) '대기공학'(2003)

동준모(董準模) DONG Zun Mo
[생]1956·12·15 [본]광천(廣川) [출]서울 [주]서울 종로구 홍지문2길20 상명대학교 음악학과(02-2287-5356) [학]1975년 배문고졸 1983년 서울대 음악대학 중퇴 1986년 독일 하이델베르크 만하임국립음대졸 1994년 미국 뉴잉글랜드음악원졸 [경]1994년 미국 카네기홀 독주회 1995년 인천시립교향악단 수석주자 1997년 중앙대 강사·서울예고 지휘자 1997년 음악춘추 선정 '올해를 빛낸 베스트 아티스트' 1998년 충남도립교향악단 협연 1998년 청송실내악단 상임지휘자 2000~2015년 상명대 음악대학 관현악과 교수 2003년 프레미에필하모닉오케스트라 상임지휘자(현) 2006년 미국 미들테네시주립대 초청 '클라리넷 독주회' 2008~2011년 상명대 음악대학장 2015년 同음악학과 교수(현)

동헌종(董憲鍾) DHONG Hun Jong
[생]1958·8·18 [출]서울 [주]서울 강남구 일원로81 삼성서울병원 이비인후과(02-3410-3579) [학]1983년 서울대 의대졸 1987년 同대학원 의학과졸 1995년 의학박사(서울대) [경]1983~1987년 서울대병원 인턴·레지던트 1990~1991년 同전임의 1991~1992년 시립보라매병원 전담의사 1992~1994년 미국 펜실베이니아대병원 연구전임의 1994년 삼성서울병원 이비인후과 전문의(현) 1997~2002년 성균관대 의대 이비인후과학교실 부교수 2000년 미국 The Cleveland Clinic Foundation 교환교수 2002년 성균관대 의대 이비인후과학교실 교수(현) 2005~2009년 同의대 이비인후과학교실 주임교수 2005~2009년 삼성서울병원 이비인후과장 2012~2014년 同행복추진실장 2013~2015년 대한비과학회 회장 2015~2016년 삼성서울병원 진료부원장 [상]대한비과학회 임상분야 우수자유연제상(2007) [저]'이비인후과학- 두경부외과서울심포지움'(2007, 서울대병원)

동현수(董賢洙) DONG Hyun Soo
[생]1956·1·6 [본]광천(廣川) [출]경남 [주]서울 종로구 종로33길15 연강빌딩 (주)두산 임원실(02-3398-3600) [학]1975년 경복고졸 1980년 서울대 섬유공학과졸 1982년 同대학원 염색공학과졸 1990년 고분자공학박사(미국 North Carolina State Univ.) [경]1983년 삼성그룹 입사 2001년 제일모직(주) 정보통신소재사업부장(상무보) 2004년 同전자재료1사업부장(상무) 2005년 同디스플레이소재사업부장(상무) 2007년 同디스플레이소재사업부장(전무) 2007~2011년 에이스디지텍 대표이사 2008~2010년 청주상공회의소 상임의원 2010년 한국고분자학회 부회장 2011년 (주)효성 옵티컬필름PU장(부사장) 2012년 (주)두산 전자비즈니스그룹(BG)장(사장) 2015년 同사업부문 사장(현) 2015년 한국공학한림원 정회원(화학생명공학·현) [상]제일모직 기술상(1990·1992), 기획재정부장관표창(2009), 철탑산업훈장(2010) [종]기독교

두정수(杜廷秀) Doo Jung-soo
[생]1958·7·30 [본]두릉(杜陵) [출]전북 군산 [주]강원 춘천시 중앙로1 강원도청 국제관계대사실(033-249-2171) [학]전주고졸 1984년 한국외국어대 스페인어과졸 [경]1983년 외무고시 합격(17회) 1983년 외무부 입부 1987년 駐베네수엘라 2등서기관 1990년 駐바르셀로나 영사 1995년 駐휴스턴 영사 1998년 駐멕시코 참사관 2001년 외교통상부 개발협력과장 2003년 駐OECD대표부 참사관 2006년 외교통상부 중남미국 심의관 2008년 同중남미국장 2010~2013년 駐파나마 대사 2013~2014년 한국국제협력단(KOICA) 상임이사 2015년 강원도 국제교류과 국제관계대사(현) [상]녹조근정훈장(2000)

라균채(羅均採) Gyun Chae Ra
[생]1967 [주]서울 강남구 테헤란로512 신안빌딩12층 하나자산신탁 사업1본부(02-3287-4675) [학]1991년 광주대 신문방송학과졸, 중앙대 대학원 부동산학과졸 [경]1993년 교보생명 심사역 2008년 다올부동산신탁 사업3본부장(상무) 2010년 하나다올신탁 사업1본부장 2013년 하나다올자산운용 대표이사 2015년 하나자산신탁 사업1본부장(현)

라봉하(羅奉河) Rha Bong Ha

[생]1960·9·2 [주]서울 강남구 봉은사로435 한국통신사업자연합회(02-2015-9114) [학]동성고졸 1984년 성균관대 행정학과졸 1986년 서울대 행정대학원졸 1994년 미국 위스콘신대 매디슨교 대학원 정책학과졸 [경]1985년 행정고시 합격(29회) 1986년 총무처 수습행정관 1986년 체신부 통신정책국·정보통신국 근무(행정사무관) 1994년 정보통신부 정보통신지원국·국제협력관실 근무(행정사무관) 1996년 同국제협력관실 근무(서기관) 1997년 駐OECD대표부 1등서기관 2000년 정보통신부 정보화기획실 정보이용보호과장 2002년 대통령 경제수석비서관실 산업통신행정관 2003년 정보통신부 국제협력관실 협력기획담당관·전파방송관리국 방송위성과장·정보화기획실 인터넷정책과장 2006년 한국전산원 파견(부이사관) 2007년 駐중국대사관 공사참사관(일반직고위공무원) 2010년 국가정보원 국가사이버안전센터 파견 2011년 방송통신위원회 기획조정실 국제협력관 2012년 同방송통신융합정책실 융합정책관 2013년 국립외교원 교육파견 2013~2015년 방송통신위원회 기획조정실장 2015년 한국통신사업자연합회(KTOA) 상근부회장(현) [상]대통령표창(1996), 홍조근정훈장(2013)

라석찬(羅錫燦) RHA Suck Chan

[생]1935·12·14 [출]전북 정읍 [주]서울 양천구 목동로225 홍익병원 이사장실(02-2600-0665) [학]1963년 전남대 의과대학졸 1975년 중앙대 대학원 의학과졸 1979년 의학박사(중앙대) [경]1963~1968년 육군 제77병원 인턴·외과 레지던트 1970년 육군 21사단 의무참모 1972~1982년 홍익의원 원장 1982년 홍익병원 원장·이사장(현) 1985~1989년 서울지구중소병원회 부회장·회장 1985~1991년 서울시병원회 공보이사·경영이사·재무이사 1988년 서울양천구의사회장 1991년 서울시의사회 부회장 1992~1999년 서울시병원회 회장 1993년 대한병원협회 부회장 1997년 병원신보 편집인 1999년 제2의건국범국민추진위원회 위원 2000년 대한병원협회 회장·명예회장(현) 2004년 가톨릭대 의과대학 외래교수 2007년 대한의사협회 고문 2009년 (재)칠보(고현)장학회 이사장 [상]국무총리표창(1990), 서울시장표창(1990), 국민훈장 목련장(1999), 중외박애상(2000), 용봉인영예대상(2006), 전남대 의과대학 자랑스런 동문상(2008), 아시아병원경영학술대회 평생공로상(2010) [종]기독교

라승용(羅昇龍) LA Seung Yong

[생]1957·10·9 [본]나주(羅州) [출]전북 김제 [주]전북 전주시 완산구 농생명로300 농촌진흥청 차장실(063-238-0110) [학]1976년 김제농공고졸 1991년 한국방송통신대 농학과졸 1997년 고려대 대학원 농학과졸 2004년 농학박사(고려대) [경]1981~1992년 농촌진흥청 농약연구소 근무 1992~1998년 同원예연구소 근무 1999년 同연구관리국 근무 2001년 同호남농업시험장 식물환경과장 2003년 同연구관리국 연구운영과장 2004년 同연구개발국 연구정책과장 2005년 同공공기관지방이전단장 2007년 同연구개발국장 2008년 중앙공무원교육원 파견 2008년 국립축산과학원장 2011년 농촌진흥청 연구정책국장 2012년 국립농업과학원 원장 2013년 농촌진흥청 차장(현) [상]국무총리표창(1986), 근정포장(2010) [저]'화훼 병해충 생태와 방제' '콩 병해충 잡초도감' 등 [종]천주교

라인철(羅仁喆) Rah, In-cheol

[생]1961·11·28 [주]인천 중구 선녀바위로14 국립수산과학원 서해수산연구소(032-745-0500) [학]1981년 전북 신흥고졸 1985년 고려대 지질학과졸 [경]1993년 해양수산부 무역과 근무 1995년 공무원교육원 파견 1997년 해외 연수 1999년 해양수산부 국제협력과 근무 2000년 同자원관리과 근무 2003년 대통령직속 농어업특별위원회 수산팀장 2004년 駐러시아 해양수산관 2007년 해양수산부 국제협력관실 국제협력팀장 2010년 농림수산식품부 어업정책과장(부이사관) 2011년 同농림수산검역검사본부 수산물안전부장(고위공무원) 2012년 국방대 파견 2013년 해양수산부 해양정책실 어업자원정책관 2014년 국립수산과학원 서해수산연구소장(현)

라제훈(羅濟薰) LAH Je Hoon (春谷)

[생]1949·7·22 [본]나주(羅州) [출]서울 [주]서울 영등포구 국회대로70길7 동아빌딩7층 신기그룹 비서실(02-784-6821) [학]1968년 경기고졸 1973년 연세대 경영학과졸 1975년 同대학원 경영학과졸, 독일 잘브뤼켄대 대학원 경영학과졸 [경]동아무역(주) 입사, 同이사, 同상무이사, 同전무이사, 同부사장, 同대표이사 사장, 한국정보서비스(주) 이사, 동아스포츠(주) 이사, 동아알미늄(주) 대표이사, (주)동선 대표이사, 동아산전(주) 대표이사 사장, 한국YPO 회장, (주)스카이라인스포츠 대표이사 사장(현), 신기그룹 대표이사 회장(현), 국제로타리 3650지구 총재지역대표, 대한상공회의소 무역업위원회 부위원장, 한국무역협회 재산관리위원장, 한국과학기술원 서울분원 운영자문위원장, 서울상공회의소 상임의원, 동양석판(주) 사외이사, 장충로타리클럽 회장, 연세대총동창회 기획분과위원장, 연세대상경대학동창회 부회장 2012년 한무쇼핑 사외이사(현), 한국무역협회 이사(현) [종]기독교

라종억(羅鍾億) Ra Chong Uk (友濫)

[생]1947·5·10 [출]서울 [주]서울 강남구 논현로708 금강빌딩303호 (사)통일문화연구원 이사장실(02-553-3944) [학]1966년 중앙고졸 1970년 고려대 생명과학대학졸 2000년 명예 경영학박사(경기대) 2002년 명예 정치학박사(순천향대) [경]2000년 매일경제신문 대북 자문위원(현) 2001년 세계일보 통일분과 자문위원(현) 2001년 同남북평화연구소 전문위원(현) 2001년 (사)통일문화연구원 이사장(현) 2001~2005년 민주평통 경제협력분과 위원장·운영위원 2003년 러시아 자연과학아카데미 정회원(원사) 2003년 순천향대 명예교수(현) 2004~2008년 국군기무사령부 자문위원 2005~2007년 국무총리실 통일연구원 고문 2005년 경남대 북한대학원 초빙교수(현) 2006년 부산여대 석좌교수 2006년 북한연구학회 명예고문(현) 2009년 월간조선 자문위원 2010~2013년 인천재능대 석좌교수 2013~2015년 민주평통 상임위원 2014년 탈북청년통일관나눔아카데미 이사장(현) 2015년 민주평통 문화예술체육분과 위원장(현) [상]대통령표창(1999), 국민훈장 모란장(2002), 올해를 빛낸 중앙인상(2003), 예총 예술문화상 특별공로상(2004), 조선문학사 조선문인대상(2004·2013), 고려대 고대 3대가족상(2005), 한국문학예술대상(2006), 동백예술문학상(2008), 청하문학상(2009), 국어사랑 공로상(2010) [저]시집 '이 큰 개가 우체통안에 어떻게 들어갔을까'(2002, 조선문학사) '연꽃이 필 무렵'(2009, 조선문학사) '유지 신발이 점점 커진다!'(2014, 해빛) 수필집 '왼손과 오른손의 대화'(2004, 자유지성사) '라종억의 청풍소언'(2012, 황금물고기) 여행기 '여랑소상'(2008, 재능아카데미) 외 다수

라종일(羅鍾一) RA Jong Yil

[생]1940·12·5 [본]나주(羅州) [출]서울 [주]경기 성남시 수정구 성남대로1342 가천대학교 법과대학(031-750-5114) [학]1959년 중앙고졸 1963년 서울대 문리대학 정치학과졸 1965년 同대학원 정치학과졸 1972년 정치학박사(영국 케임브리지대) [경]1972~1978년 경희대 조교수·부교수 1973년 미국 미시간대 연구교수 1974년 그리스 아테네대 교환교수 1977년 영국 서섹스대 객원교수 1978~1998·1999~2006년 경희대 정경대학 정치외교학과 교수 1979년 프랑스 외무성초청 소르본느대 연구 1980년 경희대 정경대학장 1980년 헌법 준비위원 1980년 유네스코주최 인권과평화교육에관한태평양지역회의 한국대표 1981~1982년 영국 케임브리지대 처칠칼리지 Fellow Commoner 1984년 경희대 인류사회재건연구원장 1987년 미국 남가주대 풀브라이트교수 1988~1993년 경희대 대학원장 1989년 유럽연구협회 부회장 1994년 FDL-AP(아태민주지도자회의) 부의장 1994년 한국유럽학회 회장 1995년 국제평화전략연구원 원장 1995~1998년 국민회의 지도위원 1997년 同통일·국제특별위원장 1997~1998년 한국미래정치연구회 회장 1997년 대통령직인수위원회 행정실장 1998년 국가안전기획부 해외·북한담당 2차장 1999년 국가정보원 해외·북한담당 1차장 1999년 국민회의 총재 외교안보특보 1999년 국제평화전략연구원 원장 1999~2003년 한국밀레니엄연구원 원장 2000년 새천년민주당 총재 외교안보특보 2000년 국가정보원장 외교특보 2001~2003년 駐영국 대사 2002년 국제해사기구(IMO) '1974년 여객 및 수하물의 운송에 관한 협약 개정을 위한 외교회의' 의장 2003년 대통령 국가안보보좌관 2003~2004년 국가안전보장회의 상임위원장 겸 사무처장 2004~2007년 駐일본 대사 2007~2011년 우석대 총장 2009~2012년 (재)전주문화재단 이사장 2009년 한국시각장애인테니스연맹 회장(현) 2010년 대통령직속 사회통합위원회 이념분과위원장 2010년 Asia House 고문(현) 2011~2015년 한양대 국제학부 석좌교수 2013년 키스앤컴퍼니 사외이사 2014년 대통령직속 통일준비위원회 외교안보분과위원회 민간위원(현) 2014년 경희대 평화대학원 강사(현) 2014년 국가인권위원회 북한인권포럼 의장·국제관계 자문위원(현) 2016년 가천대 법과대학 석좌교수(현) [상]일본 소카대학 최고 영예상, 옥조근정훈장(2006) [저]'현대서구정치론'(1987, 경희대 출판국) 'Cooperation and Conflict' '신·보수우익론' 'Points of Departure' '끝나지 않은 전쟁' '사람과 정치'(1995, 상경사) '끝나지 않는 의문-라종일의 정치이야기'(1997, 남지) '준비, 새로운 천년을 위하여' '세계의 발견-라종일이 보고 겪은 한국 현대사'(2009, 경희대 출판국) 동화 '비빔밥 이야기(국문·영문·일문·중문)'(2008) '낙동강'(2010, 형설라이프) [역]'백년전의 여행 백년후의 교훈' '현대소설과 정치' '정치이론 입문' '아리스토텔레스의 정치학' [종]천주교

류갑희(柳甲喜) RYU Gab Hee

[생]1954·9·7 [본]전주(全州) [출]강원 춘천 [주]경기 수원시 권선구 수인로126 농업기술실용화재단(031-8012-7113) [학]1973년 춘천농고졸 1977년 강원대 작물학과졸 1979년 同대학원 식물병리학과졸 1988년 식물병리학박사(서울대) [경]1999년 농촌진흥청 청장 비서관 2000~2001년 同연구관리국 연구기획과장 2004년 농업과학기술원 농산물안전성부장 2006년 한국농약과학회 회장 2008~2009년 농촌진흥청 차장 2010~2013년 강원대 농생명대학 초빙교수 2010~2015년 가톨릭대 산학협력단 교수 2011~2015년 (사)농업발전연구원 이사장 2012~2015년 (사)한국농어업재해보험협회 회장 2015년 농업기술실용화재단 이사장(현) [상]농림부장관표창 [저]'생장조정제 사용법' '잡초방제기술' '농약의 시험기준과 방법' '논조류 원색도감' [종]천주교

류경기(柳炅基) LIU Gyoung Gee

[생]1961·10·21 [본]선산(善山) [출]전남 담양 [주]서울 중구 세종대로110 서울특별시청 행정1부시장실(02-2133-6105) [학]대신고졸 1985년 서울대 정치학과졸 1987년 同대학원 행정학과졸 1993년 미국 위스콘신대 대학원 행정학과졸 [경]1997년 서울 강동구 시민국장 1998년 서울시 기획예산실 심사평가담당관 2000년 同산업정책과장 2002년 同뉴욕주재관 2004년 同경영기획실 기획담당관 2007년 同시장 비서실장 2008년 同경영기획실 경영기획관 2009년 同디자인서울총괄본부 부본부장(이사관) 2010년 同문화관광디자인본부 디자인기획관 2010년 同한강사업본부장 2011년 同대변인 2013년 同행정국장 2014년 同기획조정실장 2015년 同행정1부시장(현) [종]가톨릭

류경렬(柳景烈) RYOO Kyeong Ryul

[생]1947·7·24 [출]서울 [주]전남 순천시 서면 산단2길 63 (주)티에이 비서실(061-755-4806) [학]1966년 삼선고졸 1974년 연세대 금속공학과졸 [경]1973년 포항종합제철(주) 입사 1990년 同광양공장 생산관리부장 1995년 同광양공장 공정부장·생산기술부장·기술본부 기술실장·PI실장 1999년 同상무대우 2000년 同상무이사 2001년 (주)포스코 전무이사 2003~2006년 同부사장 2006년 포항산업과학연구원(RIST) 원장 2008년 同상임고문 2011년 (주)티에이 회장(현) [상]국무총리표창(1987), 철탑산업훈장(2004) [종]불교

류경표(柳炅杓) RYU Kyeong Pyo

[생]1964·8·23 [본]고흥(高興) [출]경기 평택 [주]서울 중구 남대문로63 (주)한진(02-728-5114) [학]1983년 효명고졸 1987년 서울대 경영학과졸 1990년 同경영대학원 경영학과졸 2000년 미국 매사추세츠공대 대학원졸(MBA) [경]1988년 삼일회계법인 회계사 1990~1999년 대한항공 경영조정실 재무담당 차장 1999~2000년 미국 MIT 교육파견 2000년 대한항공 IR팀장(부장) 2002년 同그룹구조조정실 재무기획팀장(부장) 2006년 同그룹구조조정실 상무보 2006~2009년 인하대 사무처장, 전국사무처장협의회 회장, (주)한진 경영기획실장(상무) 2011년 에쓰오일(주) 감사부문담당 상무 2013년 同생산지원본부장(부사장) 2014년 (주)한진 재무총괄 전무 2016년 同경영기획실장 겸 재무총괄 전무(현)

류경희(柳景熙) RYU Kyeong Hee

[생]1967·9·5 [출]경북 안동 [주]세종특별자치시 한누리대로422 고용노동부 최저임금위원회 상임위원실(044-202-8410) [학]영진고졸, 성균관대 사회학과졸 [경]1994년 행정고시 합격(37회), 노동부 노사정책국 노동조합과 사무관, 대구지방노동청 근로감독과장, 노동부 노사정책국 노사정책과장, 중앙노동위원회 사무국 기획총괄과장, 빈부격차차별시정위원회 파견 2007년 광주지방노동청 군산지청장 2007년 영국 교육 파견 2009년 서울지방노동청 서울남부지청장 2010년 서울고용노동청 서울남부고용노동지청장 2010년 고용노동부 고용정책실 노사관계법제과장 2011년 대통령실 행정관(부이사관) 2013년 대통령직속 경제사회발전노사정위원회 운영국장 2015년 최저임금위원회 상임위원 겸 부위원장(현)

류공수(柳公秀) RYU Gong Soo

[생]1956·11·1 [출]인천 강화 [주]경남 창원시 의창구 창이대로510 수성엔지니어링 사장실(055-262-5200) [학]인천공고졸, 서울산업대 토목공학과졸, 한양대 산업대학원졸 [경]한강홍수통제소 조사과 근무, 대전세계박람회조직위원회 파견, 원주지방국토관리청 도로계획과 근무, 同도로공사과장, 건설교통부 행정관리담당관실 근무, 同참여담당관실 근무, 서울지방국토관리청 수산하천관리시설사무소 근무, 同도로공사과 근무, 同건설관리과장 2006년 同건설관리팀장 2008년 국토해양부 건설관리팀장 2008년 한강유역환경청 상수원관리과장 2009년 서울지방국토관리청 하천계획과장 2011년 同하천국 남한강살리기사업팀장 2012년 同하천국 하천계획과장 2012년 同의정부국도관리사무소장 2012년 同하천국 하천공사과장 2013년 국토교통부 항공정책실 기술서기관 2014년 익산지방국토관리청 건설관리실장 2015~2016년 대전지방국토관리청 하천국장 2016년 수성엔지니어링 사장(현) [상]국무총리표창, 대통령표창

류광수(柳光守) Ryu Kwang Soo

[생]1962·9·7 [출]전북 정읍 [주]대전 서구 청사로189 산림청 기획조정관실(042-481-4030) [학]1980년 전주고졸 1985년 전북대 행정학과졸 1995 국방대학원 국방관리과졸 2012년 산림자원학박사(충남대) [경]1987년 행정고시 합격(31회), 산림청 산림정책국 국제협력과장(서기관) 2006년 同산림정책국 국제협력과장(부이사관) 2006년 同산림정책팀장 2008년 同산림보호국 산림환경보호과장 2010년 同부이사관(강원대 고용휴직) 2011년 同산림보호국장(고위공무원) 2012년 중앙공무원교육원 교육파견 2013년 산림청 해외자원협력국 해외자원협력관 2014년 同기획조정관(현) [상]홍조근정훈장(2013)

류광지(柳光志) RYU Kwang Jy

[생]1966·5·25 [출]경북 군위 [주]부산 사상구 낙동대로960번길81 (주)금양 사장실(051-316-5881) [학]1985년 대구 능인고졸 1990년 고려대 법학과졸 [경]1994년 서울증권 인수공모 및 M&A팀 근무 1998년 (주)금양 기획조정본부 자금관리팀 이사 1999년 同재무기획실장 2001년 중국 곤명 금양화학공업유한공사 사장 2001년 (주)금양 대표이사 사장(현) [상]부산중소기업인대상(2014) [종]천주교

류광철(柳光哲) LEW Kwang Chul

[생]1954·6·10 [출]광주 [주]경기 의정부시 호암로95 신한대학교 국제교류원(031-870-3160) [학]1978년 서울대 독어독문학과졸 1987년 미국 인디애나대 대학원 행정학과졸 [경]1981년 외무고시 합격(15회) 1981년 외무부 입부 1987년 駐케냐 2등서기관 1990년 駐오스트리아 1등서기관 1995년 駐독일 참사관 1999년 駐이라크 참사관 2001년 외교통상부 군축원자력과장 2002년 駐UN대표부 공사참사관 2006년 駐우즈베키스탄 공사 겸 駐아제르바이잔 대사대리 2006년 駐아제르바이잔 대사 2009년 외교통상부 본부대사 2010년 동북아역사재단 국제표기명칭대사 2011년 駐짐바브웨 대사 2014년 외교부 본부대사 2014년 신한대 석좌교수 겸 국제교류원장(현) [저]'외교현장에서 만나는 군축과 비확산의 세계(共)'(2005, 평민사) '코카서스 땅, 기름진 불의 나라 아제르바이잔'(2009, 21세기북스) '사람에 대하여, 삶에 대하여'(2012, 동국문화) '외교를 생각한다'(2013, 세창미디어) '희대의 정복자들과 독재자들'(2013, 동국문화) '아프리카를 말한다'(2014, 세창미디어) [종]기독교

류광희(柳光熙) RYU Kwang Hee

[생]1960·3·15 [출]충남 부여 [주]서울 종로구 새문안로76 금호아시아나본관 에어서울 임원실(02-2669-3114) [학]군산고졸, 고려대 독어독문학과졸 [경]1988년 아시아나항공(주) 창립멤버 1992~1996년 同SFOSM여객판매차장 1997~1998년 同영업기획팀 차장 1998~2001년 同미주동남아팀장 2002~2004년 同방콕지점장 2006년 同RM부문담당 이사 2007년 同서울여객지점장(상무) 2011~2015년 同여객본부장(전무) 2015년 에어서울 대표이사 부사장(현)

류규하(柳圭夏) YOO Kyu Ha

[생]1956·6·12 [출]경북 안동 [주]대구 중구 공평로88 대구광역시의회(053-803-5000) [학]1975년 대건고졸 1979년 영남대 약학대학 제약학과졸 [경]동일약국 대표(현), 경북대부설중 지역위원, 환경운동연합 회원, 대구시 중구약사회 회장, 대구시약사회 총무위원장, 한나라당 대구中지구당 부위원장 1995·1998~2002년 대구시 중구의회 의원 1995~1997년 同사회도시위원회 위원장 1998~2000년 同의장 2002·2006~2010년 대구시의회 의원(한나라당), 同예산결산특별위원회 위원장, 同교육사회위원회 위원장 2006~2008년 同운영위원회 위원장 2006~2008년 전국의회운영위원장협의회 사무총장 2007년 대구시버스개혁시민위원회 위원장 2008년 대구시의회 행정자치위원회 위원 2008~2010년 同부의장 2014년 대구시의회 의원(새누리당)(현) 2014년 同건설교통위원회 위원 2014년 同윤리특별위원회 위원 2016년 同의장(현) [종]천주교

ㄷㄹ

류근옥(柳根沃) LEW Keun Ock

[생]1953·9·30 [출]충북 괴산 [주]서울 노원구 공릉로232 서울과학기술대학교 경영학과(02-970-6496) [학]1978년 연세대 행정학과졸 1984년 미국 드렉셀대(Drexel Univ.) 대학원 경영학과졸(MBA) 1990년 경영학박사(미국 펜실베이니아대 와튼스쿨) [경]1990년 미국 펜실베이니아대 연구원 1991년 통신개발연구원 책임연구원 1997~2010년 서울산업대 경영학과 교수 1999년 금융감독위원회 규제심사위원 2001년 한국보험학회 부회장 2002년 정보통신부 예금기금운영위원 2003년 삼성생명(주) 자문교수 2004년 보험개발원 자문교수 2005년 금융감독원 보험정책중장기발전위원회 자문위원 2006~2007년 한국리스크관리학회 회장 2006~2008년 서울산업대 기획처장 2007~2008년 한국보험학회 회장 2010년 서울과학기술대 경영학과 교수(현) 2010~2011년 同교무처장 2009~2014년 삼성생명보험 사외이사 겸 감사위원 2010년 공정거래위원회 소비자분쟁조정위원회 위원 2016년 서울과학기술대 기술경영융합대학장(현) [상]한국보험학회 우수논문상(2009) [저]'보험론'(共) '종합금융의 이해' '보험과 위험관리' '통합금융시대의 은행증권보험'(2005)

류근찬(柳根粲) RYU Keun Chan

[생]1949·2·27 [본]진주(晋州) [출]충남 보령 [학]1967년 성동고졸 1975년 서울대 사범대학 독어교육과졸 [경]1974년 한국방송공사 기자 1984년 同보도본부 보도국 사회부 차장 1986년 同정치부 차장 1987년 同사회부 차장 1989년 同워싱턴특파원 1992년 同보도본부 TV편집부 차장 1993년 同보도본부 보도위원 1995년 同보도본부 보도국 국제부장 1996년 同보도본부 해설위원 1998년 同보도국장 1999년 同런던지국장 2000~2003년 同보도본부장 2001~2003년 한국신문방송편집인협회 부회장 2003년 자민련 총재 언론특보 2003년 서울대사범대학동창회 부회장(현) 2003년 관훈클럽 회원(현) 2004년 제17대 국회의원(보령·서천, 자민련·무소속·국민중심당·자유선진당) 2004년 자민련 대변인 2004년 同상임집행위원 2004년 同정책위원회 의장 2004년 同정책연구소 이사장 2004~2008년 국회 과학기술정보통신위원회 위원 2004~2005년 국회 남북관계발전지원특별위원회 위원 2006~2007년 국민중심당 정책위 의장 2006~2008년 同충남도당 위원장 2007~2008년 同대변인 2008년 자유선진당 충남도당 위원장 2008~2012년 제18대 국회의원(보령·서천, 자유선진당) 2008~2009년 자유선진당 정책위 의장 2009~2010년 同원내대표 2010년 서울대총동창회 이사(현) 2010~2012년 자유선진당 최고위원 2010~2012년 同미래혁신특별위원회 위원 2012년 제19대 국회의원선거 출마(보령·서천, 자유선진당·선진통일당) 2012년 선진통일당 충남도당 위원장 2014~2015년 새정치민주연합 충남도당 공동위원장 [상]중앙언론문화상, 한국방송대상 [저]'여의도 전망대'(2011) [종]기독교

류근혁(柳根赫)

[생]1964 [주]세종특별자치시 도움4로13 보건복지부 인사과(044-202-2162) [학]인하대 행정학과졸 [경]행정고시 합격(36회), 보건복지부 의료급여과장, 同암관리과장 2006년 同보험급여평가팀장 2007년 同보건정책팀장 2007년 同건강투자기획팀장 2011년 同건강정책과장 2012년 同국민연금정책과장 2014년 同기초연금사업지원단장 2014년 同건강정책국장(일반직고위공무원) 2015년 同대변인 2016년 국가공무원인재개발원 고위정책과정 훈련 파견(국장급)(현) [상]홍조근정훈장(2015)

류금렬(柳金烈) Ryu, Geum Ryeol

[생]1959·11·24 [출]경남 고성 [주]경남 창원시 마산회원구 무역로27 마산자유무역지역관리원 원장실(055-294-2771) [학]1977년 마산고졸 1984년 부산대 불어불문학과졸 [경]1990~2008년 재무부·재정경제원·재정경제부 근무 2008년 지식경제부 전략물자관리과 사무관 2009년 同수출입과 사무관 2010년 同수출입과 서기관 2011년 同원자력산업과 서기관 2011년 同방사성폐기물과 서기관 2012년 강원도 파견 2012년 지식경제부 마산자유무역지역관리원장 2013년 산업통상자원부 마산자유무역지역관리원장(현)

류기성(柳基誠) RYU Gi Seong

[생]1982·6·21 [출]서울 [주]서울 관악구 남부순환로1926 경동제약(주) 비서실(02-576-6121) [학]성균관대 경영대학원졸 [경]2006~2008년 경동제약(주) 기획조정실장 2008년 류일인터내셔널 지사장 2010년 경동제약(주) 대표이사 부사장 2014년 同대표이사 부회장(현)

류기옥(柳基玉·女) RYU Ki Og

[생]1963·3·30 [출]충북 음성 [주]서울 종로구 세종대로 209 여성가족부 여성정책과(02-2100-6141) [학]상명사대부속여고졸, 건국대 지리학과졸 [경]2003년 여성부 기획예산담당관실 사무관 2005년 同권익기획과 서기관 2005년 여성가족부 권익기획과 서기관 2008년 여성부 장관비서관 2009년 同규제개혁법무담당관 2010년 여성가족부 청소년교류과장 2010년 同여성정책과장 2012년 대통령 여성가족비서관실 행정관 2013년 여성가족부 청소년자립지원과장 2014년 同법무감사담당관 2016년 同여성정책과장(현)

류기혁(柳基赫) RYU KYI HYUK

[생]1963·1·3 [출]경기 [주]서울 중구 세종대로124 서울신문 편집국(02-2000-9207) [학]한국외국어대 정치외교학과졸, 同대학원 정치외교학과졸 [경]1999년 서울신문 편집팀 기자 2004년 同편집부 차장 2008년 同편집1부 차장 2009년 同편집2부장 2009년 同편집1부장 2011년 同온라인전략국 나우뉴스부장 2012년 同온라인전략국 나우뉴스부 부팀장 겸임 2013년 同경영기획실 인사부장 2014년 同경영기획실 인사부장(부국장급) 2014년 同온라인뉴스국 부국장 2015년 同편집국 부국장(현)

류기형(柳己馨) RYU Gi Hyung

[생]1960·9·6 [본]진주(晋州) [출]경남 산청 [주]충남 예산군 예산읍 대학로54 공주대학교 산업과학대학 식품공학과(041-330-1484) [학]1986년 경상대 식품공학과졸 1988년 고려대 대학원졸 1992년 공학박사(미국 캔자스주립대) [경]1992년 미국 코넬대 연구원 1994년 공주대 식품공학과 교수, 同식품과학부 식품공학전공 교수, 同산업과학대학 식품공학과 교수(현) 1998년 미국 미시간주립대 교환교수 1999년 캐나다 마니토바대 겸임교수 2004년 미국 세계인명사전 'Marquis Who's Who'및 영국 IBC International Scientists for Year of 2004'에 선정 2005년 공주대 식품과학연구소장 2008년 同산업과학대학장 2010년 同우리떡연구센터 소장(현) 2016년 同기획처장(현) 2016년 한국산업식품공학회 차기(2017년1월) 회장(현) [역]'식품공학개론' [종]기독교

류길수(柳吉洙) Keel-Soo Rhyu

[생]1953·5·23 [주]부산 영도구 태종로727 한국해양대학교 IT공학부(051-410-4571) [학]1976년 한국해양대 기관학과졸 1979년 同대학원 기관학과졸 1986년 일본 도쿄공업대 대학원 정보공학과졸 1989년 공학박사(일본 도쿄공업대) [경]1982~2010년 한국해양대 컴퓨터제어전자통신공학부 전임강사·조교수·부교수·교수 1994년 부산 PC통신협회 자문위원 1995~2002년 동남네트워크 이사 1998~2000년 한국해양대 전산소장 2004년 KT전기·범아정밀·태양기전 자문교수 2004~2006년 한국해양대 부설산업기술연구소장 2004~2006년 同산학협력단 운영위원회 위원 2005~2007년 同교수회 감사 2007~2008년 同기획처장 2010년 同IT공학부 교수(현) 2012~2014년 同도서관장 2012~2016년 同해사산업대학원장 2014~2016년 同대학원장 [상]교육부장관표창(1976)

류길재(柳吉在) RYOO Kihl Jae

[생]1959·1·15 [주]서울 종로구 북촌로15길2 북한대학원대학교(02-3700-0827) [학]1984년 고려대 정치외교학과졸 1987년 同대학원 정치외교학과졸 1995년 정치외교학박사(고려대) [경]1987~1996년 경남대 극동문제연구소 연구원 1996~1998년 同극동문제연구소 연구교수(전임강사) 1997년 세계지역연구협의회 섭외이사 1998년 同출판이사 1998~2005년 북한대학원대 조교수·부교수 2001년 민주평통 상임위원 2001년 한국정치학회 섭외이사 2002년 국제지역학회 이사 2002년 한국학술진행재단 남북학술협력위원 2004년 북한연구학회 총무이사 2004년 한국국제정치학회 북한·통일분과위원장 2005~2013년 북한대학원대 교수 2005년 同교학처장 2007년 同산학협력단장 2007년 경찰청 보안자문위원 2008년 대통령실 외교안보자문위원 2009년 통일부 정책자문위원 2010년 국가미래연구원 외교안보분야 발기인 2013년 북한연구학회 회장 2013~2015년 통일부 장관 2014~2015년 대통령직속 통일준비위원회 정부부문 부위원장 2015년 북한대학원대 교수(현) [상]2013 서울외신기자클럽 외신홍보상 정부부문(2013) [저]'북한의 변화예측과 조기통일의 문제점(共)'(1998, 소화) '김일성·김정일 문헌을 어떻게 읽을 것인가(共)'(2003, 한울)

류덕제(柳德濟) RYU Duck Jee

[생]1958·10·27 [본]서산(瑞山) [출]경북 성주 [주]대구 남구 중앙대로219 대구교육대학교 국어교육과(053-620-1317) [학]1978년 달성고졸 1982년 경북대 국어교육과졸 1987년 同대학원 국어국문학과졸 1995년 문학박사(경북대) [경]1995~2006년 대구교육대 국어교육과 전임강사·조교수·부교수 2004년 미국 뉴저지주립대 방문교수 2006년 대구교육대 국어교육과 교수(현) 2012년 미국 버지니아대 방문교수 2014~2015년 대구교육대 교육대학원장 2015년 한국아동청소년문학학회 회장(현) [저]'문학수업방법' '현대시와 수필' '깜지와 함께 떠난 동화 마을 여행'(2008, 국립어린이청소년도서관) '한국아동청소년문학연구'(2009, 한국문화사) '대구경북아동문학인 연구'(2010) '학습자중심 문학교육의 이해'(2011, 보고사) '국어과 교육론(共)'(2012, 보고사) '현실인식과 비평정신'(2014, 한국문화사) '한국아동문학사의 재발견(共)'(2015, 청동거울) '한국현대아동문학비평자료집1'(2016, 소명출판) [종]불교

류덕희(柳惠熙) RYU DEOK HEE (松泉)

[생]1938·5·20 [본]전주(全州) [출]경기 화성 [주]서울 관악구 남부순환로1926 경동제약(주)(02-570-6102) [학]1956년 성동공고졸 1961년 성균관대 화학과졸 1989년 미국 보스턴대 경영대 최고경영자과정 수료 1990년 서울대 최고경영자과정 수료 1993년 연세대 고위정책과정 수료 1996년 고려대 언론대학원 최고위언론과정 수료 1998년 중앙대 의약식품대학원졸 2001년 명예 경영학박사(성균관대) [경]1960년 성균관대 학생위원장 1960년 4.19의거학생대책위원회 성균관대 대표 1969~1975년 한올제약(주) 부사장 1976~1996년 경동제약(주) 사장 1985·1993년 천주교 용산성당사목회 총회장 1990~1995년 한국천주교평신도사도직협의회 사무총장 1993년 대한약품공업협동조합 이사장 1995~2000년 한국제약협회 부회장 1996년 천주교 서울대교구 평신도사도직협의회 회장 1996년 한국천주교평신도사도직협의회 회장 1996년 4.19육영사업회 수석공동회장 1997년 민주평통 상임위원 1997년 경동제약(주) 대표이사 회장(현) 2000~2003년 한국제약협회 부이사장 2001년 송천재단 설립·이사장 2002년 중소기업협동조합중앙회 부회장 2005~2006년 대한보디빌딩협회 회장 2006~2008년 성균관대총동창회 회장 2008년 기업은행 '중소기업인 명예의 전당'에 헌정 2010년 한국제약협회 비상대책위원장 2010~2016년 성균관대총동창회 회장 2010~2012년 한국제약협회 이사장 2011년 한국제약협동조합 이사 [상]성균관대총장표창(1960), 참의원 의장 공로표창(1961), 국민훈장 동백장(1977·1997), 서울시장표창(1988), 경기도지사표창(1996), 재정경제원장관표창(1996), 자랑스러운 가톨릭 실업인상(2000), 한국무역협회장표창(2001), 자랑스러운 광희인상(2002), 금탑산업훈장(2003), 한국전문경영인(CEO)학회 전문경영인대상 첨단제약부문(2004), 부총리 겸 재정경제부장관표창(2006), 2008자랑스러운 성균인상(2009), 코스닥대상 최우수사회공헌 기업상(2009), 서울대 AMP대상(2010), 대한경영학회 경영자대상(2012) [저]'행복한 삶' '무한경쟁시대' '주보성인의 삶을 좇아서' '있어야 할 자리에 있는 사람'(2000) '진정한 선진국' '현실에 맞게 거듭 태어나자' '마음의 등불되어'(2005) [종]천주교

류도형(柳道馨) Doh-Hyung Riu

[생]1966·4·16 [본]진주(晉州) [출]경남 합천 [주]서울 노원구 공릉로232 서울과학기술대학교 공과대학 신소재공학과(02-970-6613) [학]1983년 거창 대성고졸 1991년 서울대 무기재료공학과졸 1993년 同대학원 무기재료공학과졸 1997년 무기재료공학박사(서울대) [경]1995~1996년 서울대 공과대학 공학연구소 연구조교 1997~1999년 일본 오사카대 니이하라교수연구실 포스닥 근무 1998~2000년 同산업과학연구소 외국인특별연구원 2000~2005년 요업기술원 나노세라믹센터 선임연구원 2005~2009년 同나노소재응용본부 나노소재팀장 2006~2009년 同세라믹스 창업보육센터장 2009년 지식경제부 바이오나노과 세라믹스전문위원(파견) 2009년 한국세라믹기술원 나노융합팀장 2009~2010년 서울산업대 신소재공학과 조교수 2010년 서울과학기술대 공과대학 신소재공학과 조교수 2012년 (주)솔라세라믹 대표이사(현) 2013년 서울과학기술대 공과대학 신소재공학과 부교수(현) 2013~2015년 同공과대학 신소재공학과장 [상]요업기술원 연구공로상(2007) [저]'나노기술을 이용한 극한 환경용 세라믹섬유'(2003)

류도희(柳桃姬·女) Ryu, Do Hee

[생]1959·1·14 [본]문화(文化) [출]경북 [주]부산 서구 구덕로179 부산대학교병원 감사실(051-240-7880) [학]1977년 대구제일여자상업고졸 2000년 동아대 철학과졸 1991년 경성대 대학원 가정관리학과졸 1997년 가정학박사(대구가톨릭대) 2011년 서울대 행정대학원 국가정책과정 수료 2016년 同경영대학원 최고감사인과정 수료 [경]1995~1993년 동부산대학 가정학과 시간강사 1993~2008년 경성대 생활경영정보학과 시간강사 1994~1996년 (사)성폭력상담소 상담 및 교육위원 1994~2003년 대구가톨릭대 생활복지주거학과 시간강사 1997~2000년 희망의전화 가정폭력상담소 실장 1999년 창원전문대학 가족복지학과 시간강사 2000~2003년 희망의전화 가정폭력상담소 소장 2001~2005년 여성부 성희롱·양성평등강사 2002~2003년 신라대 가족복지학과 시간강사 2002~2011년 한국가족복지학회 상임이사 2003~2008년 한국에니어그램교육학회 이사 2003년 (사)가족상담센터희망의전화 대표(현) 2003~2009년 동의대 평생교육학과 시간강사·겸임조교수·겸임부교수 2006~2009년 軍 상담위원 2006~2012년 부산지법 민사조정위원 2007~2008년 부산보호관찰소 특별범죄예방위원 2007년 부산시 남구여성정책위원·여성정책부위원장(현) 2007~2011년 부산가정법원 가사재판·가사조정·이혼상담 위원 2007년 내사랑부산 운동추진협의회 운영위원(현) 2009~2011년 한국가족치료학회 이사 2009년 한국에니어그램교육학회 부회장(현) 2010~2013년 부산여성연대회의 회장 2010~2015년 대구가톨릭대 가족소비자학과 강의전담교수 2010~2014년 부산시북부교육청 Wee센터 전문자문위원 2010~2011년 여성폭력명예감시단 2010~2012년 부산시교육청 생활지도영역 교단지원단 2010~2013년 부산시 식물쓰레지줄이기 정책협의회 위원 2010년 한국교류분석학회 이사(현) 2011년 한국부모교육학회 이사(현) 2011년 법무부 범죄예방자원봉사위원(현) 2012~2014년 부산지법 재판이혼상담위원 2012년 부산시 여성가족위원·여성정책위원(현) 2012년 同보육정책위원(현) 2012~2014년 사상구 다문화가족지원센터 운영위원 2012~2013년 대통령직속 사회통합위원회 위원 2012년 새누리당 가족여성정책자문위원(현) 2012~2013년 부산교육 오피니언 리더 2013년 부산시 미술작품 심사위원(현) 2013년 수영구 건강가정지원센터 비상근센터장(현) 2013년 민주평통 자문위원(현) 2014년 부산대병원 상임감사(현) 2014년 부산여성연대회의 고문(현) 2014년 한민족여성재단 평생이사(현) 2015년 양성평등진흥원 강의모니터링위원 2015년 여성가족부 정책자문위원(현) 2015년 부산남구·수영구사회복지협의회 위원(현) 2016년 부산시 지역보건의료심의위원회 위원(현) [상]여성부장관표창(2003), 부산시교육감 감사장(2005), 부산시장표창(2007), 부산지방검찰청장표창(2008), 해양경찰청장표창(2013), 남해지방해양경찰청장 감사장(2014), 산업통상자원위원장표창(2015), 한국정보통신개발원 창조경영상(2015), 여성가족부장관표창(2015) [저]'새로보는 결혼과 가족(共)'(1999, 학지사) '성폭력상담원교재(共)'(2004, 시그마프레스) '청소년 성폭력예방 매뉴얼(共)'(2009, 부산시교육청) '생각하는 결혼과 가족(共)'(2012, 신정) '행복한 결혼생활을 위한 Work Book'(2012, 한국에니어그램연구소) [역]'취약한 가족, 취약한 아동(共)'(2000, 학지사) '행복한 결혼의 일곱가지 비밀(共)'(2005, 신정출판사) '통합의 측면 : 신성한 사고의 에니어그램(共)'(2013, 한국에니어그램연구소) '에니어그램과 돈 : 두려움에서 사랑까지(共)'(2014, 한국에니어그램연구소) [작]'행복도 불행도 자신의 선택'(2014, 경향잡지) '가족과 결혼에 대한 교육이 필요하다'(2016, 국제신문) '아동학대 예방과 부모역할 훈련'(2016, 국제신문) '가정의 달에 부쳐'(2016, 국제신문) '매순간 행복하기를 선택하자'(2016, 국제신문) '좋은인간 관계와 경청의 기술'(2016, 국제신문)

류동근(柳東瑾) DONG KEUN RYOO

[생]1967·4·4 [주]부산 영도구 태종로727 한국해양대학교 해운경영학부(051-410-4381) [학]1993년 한국해양대 해운경영학과졸 1995년 영국 웨일즈대 대학원 해운경영학과졸 1999년 해운경영학박사(영국 웨일즈대) [경]1993~1994년 삼선해운(주) 근무 2000년 한국해양대 해운경영학부 교수(현) 2005년 同해운경영학부장 2006년 同국제해양문제연구소 해운경영연구실장 2008~2009년 同국제교류협력원장 2013년 미국 세계인명사전 Marquis Who's Who in the World 2014년판(31th)에 등재 2015년 해양수산부 초대 청렴옴부즈맨(현) 2016년 한국해양대 국제교류원장(현) [상]한국항해항만학회 우수논문상(2003) [저]'해상운송과 선박'(2005)

류동목(柳東睦) RYU Dong Mok

[생]1955·10·27 [출]부산 [주]서울 강동구 동남로892 강동경희대학교병원 구강악안면외과(02-440-6202) [학]1980년 경희대 치과대학졸 1983년 同대학원졸 1989년 치의학박사(경희대) [경]1989년 경희대 치과대학 구강악안면외과학교실 교수(현), 同치과대학병원 구강악안면외과 과장, 同교육부장, 독일 하이델베르크대 구강악안면외과 객원교수, 대한구강악안면외과학회 구강암연구소장, 대한악안면성형재건외과학회 부회장, 대한구순구개열학회 감사, 대한치과마취학회 감사, 대한스포츠치의학회 이사, 강동경희대병원 치과병원 원장 2013년 대한치과병원협회 감사 [저]'구강악안면외과학 교과서'(1998, 대한구강악안면외과학회) [역]'안면골에 대한 외과적 접근법'(2001) '소아구강악안면외과학'(2006) '안면골의 외과적 접근법'(2008)

류동수(柳東秀) RYU Dongsu

❷1960 · 9 · 16 ❸부산 ㈜울산 울주군 언양읍 유니스트길50 울산과학기술원(UNIST) 자연과학부(052-217-2148) ❹1983년 서울대 천문학과졸 1985년 미국 텍사스대 오스틴교 대학원 천문학과졸 1988년 천문학박사(미국 텍사스대 오스틴교) ❺1988년 미국 Fermi 국립가속기연구소 연구원 1990년 미국 프린스턴대 연구원 1992년 충남대 조교수 1996년 미국 워싱턴대 방문교수 1997년 충남대 부교수 2002~2014년 同천문우주과학과 교수 2002~2003년 미국 미네소타대 천문학과 방문교수 2007년 교육인적자원부 및 한국학술진흥재단 '국가석학(우수학자)' 선정 2014년 울산과학기술대(UNIST) 자연과학부 교수 2015년 울산과학기술원(UNIST) 자연과학부 교수(현)

류동수(柳東秀) RYU Dongsu

❷1973 · 8 · 25 ❷문화(文化) ❸경남 남해 ㈜경남 창원시 성산구 불모산로10번길12 한국전기연구원 홍보협력실(055-280-1078) ❹1992년 낙동고졸 1999년 부산대 신문방송학과졸 2012년 同경제통상대학원 글로벌정책학과졸 ❺1999~2000년 한국화이자제약(Pfizer Korea) 근무 2000~2003년 ㈜오리온 그룹홍보실 대리 2003~2006년 안철수연구소(現 안랩) 커뮤니케이션팀 과장 2006년 한국전기연구원 홍보협력실장(현) ❻산업기술연구회 숨은인재상(2008), 한국전기연구원 KERI대상 우수상(2009), 한국전기연구원 이달의 KERI인상(2012), 한국과학기자협회 올해의 홍보인상(2013), 인터넷소통협회 대한민국소셜미디어대상 기타공공부문 대상(2015)

류동현(柳東賢) RYU Dong Hyeon

❷1968 · 2 · 22 ❸경북 안동 ㈜대전 서구 청사로189 특허청 특허심판원 심판정책과(042-481-5879) ❹1987년 안동 중앙고졸 1991년 홍익대 전자공학과졸 ❺2001년 특허청 심사4국 컴퓨터심사담당관실 서기관 2004년 同전기전자심사국 컴퓨터심사담당관실 서기관 2005~2007년 특허심판원 심판관 2007년 특허청 정보통신심사본부 디스플레이심사팀장 2009~2010년 해외 유학(서기관) 2010년 특허심판원 심판관 2012년 특허법원 파견(과장급) 2014년 특허심판원 심판관 2014년 특허청 특허심사기획국 특허심사기획과장(부이사관) 2015년 同특허심판원 심판정책과장(현)

류두형(柳斗馨) Ryoo Du-Hyoung

❷1965 ❸경남 ㈜서울 중구 청계천로86 한화빌딩 한화에너지 임원실(02-729-3099) ❹1983년 부산상고졸 1987년 서울대 경영학과졸 ❺1987년 한화종합화학(現 한화케미칼) 입사 2009년 한화L&C EVA · 건재영업팀장(상무보) 2011년 同경영기획실 근무 2014년 한화첨단소재 자동차소재사업부장(전무) 2015년 한화에너지 대표이사(현)

류명식(柳溟植) RYU Myeong Sik (海仁)

❷1951 · 11 · 13 ❷문화(文化) ❸부산 ㈜서울 중구 퇴계로36가길106 ㈜해인기획 비서실(02-2279-8209) ❹1974년 홍익대 응용미술학과졸 1999년 同광고홍보대학원졸 ❺1998~2000년 한국디자인법인단체총연합회 총무이사 2003~2005년 한국시각정보디자인협회 회장, ㈜해인기획 대표이사(현) 2007~2009년 ㈐한국미술협회 부이사장, 홍익대 산업미술대학원 교수, 同디자인콘텐츠대학원 교수(현) 2008~2014년 ㈐한국타이포그라피학회 감사 2012~2013년 ㈐한국디자인단체총연합회 부회장, ㈐세종대왕기념사업회 이사(현), ㈐한국미술협회 상임자문(현), 한국시각정보디자인협회 상임고문(현) 2014년 ㈐한국디자인단체총연합회 회장 2015년 同명예회장(현) ❻아시안프린트어워드 동상(2003), 아시안프린트어워드 2개부문 금상(2004), 서울인쇄대상 대상(2006), 서울인쇄대상 금상(2011 · 2012), 중소기업청장표창(2012), 한국디자인단체총연합회 공로상(2012), 국가디자인정책포럼집행위원장 공로상(2012), 지식경제부장관표창(2013), 대한민국미술인상(2013), 한국디자인단체총연합회 공로상(2013), ㈜'디자인 사전'(共) '한글글꼴용어사전'(共) ❼기독교

류목기(柳穆基) RYU Mok Ki

❷1934 · 11 · 25 ❷전주(全州) ❸경북 안동 ㈜서울 서대문구 충정로23 풍산빌딩 18층(02-3406-5114) ❹1954년 안동사범학교졸 1958년 서울대 사범대학졸 1974년 同대학원 행정학과졸 ❺1961~1969년 서울시청 근무 · 교육공무원 근무 1969년 고려병원 사무국장 1980년 서울대부설병원연구소 수석연구위원 1982년 ㈜신아여행사 대표이사 사장 1991년 한국국제관광연구회 회장 1993~1998년 ㈜한솔상호신용금고 대표이사 사장 1999년 ㈜풍산 상

임고문 2002년 同부회장대우 · 총괄부회장 2008년 同부회장 2015년 同상근고문(현) 2016년 在京대구경북시도민회 회장(현) ❻노사 한누리상(2010) ❼'무서잡록'(2015, 대양미디어)

류방란(柳芳蘭 · 女) RYU BANG RAN

㈜서울 서초구 바우뫼로1길35 한국교육개발원 부원장실(02-3460-0114) ❹서울대졸, 同대학원 교육학과졸, 교육학박사(서울대) ❺2008년 한국교육개발원 연구기획 · 홍보실장 2010년 同학교정책연구본부 교육복지연구센터 소장 2011~2013년 同교육제도 · 복지연구실장 2012~2013년 同학교정책연구본부장 겸임 2013년 同교육정책연구본부 초 · 중등교육연구실장 2016년 同부원장 겸 기획조정본부장(현) ❻국무총리표창(2010) ❼'한국근대교육의 태동'(共) '근대한국초등교육연구'(共)

류병현(柳炳鉉) RYU Byung Hyun

❷1957 · 2 · 11 ❸경남 합천 ㈜경남 창원시 성산구 정동로62번길60 ㈜동구기업 임원실(055-256-1700) ❹1975년 진주기계공고졸 1986년 창원기능대학 금속과졸 2012년 인제대 경영통상학과졸 2015년 경제학박사(인제대) ❺1975~1993년 LG전자 근무 1993~1999년 동구기업 사장 1994년 전국기능경기대회 심사장 1995 · 1997 · 1999 · 2003년 국제기능올림픽대회 원형직종 심사위원 1999년 ㈜동구기업 대표이사(현) 2002년 천진동구기전유한공사 대표(현) 2006년 경남지방기능대회 기술위원장, 전국기능경기대회 기술부위원장 2006년 同금속분과장 2011년 ㈐기능한국인회 회장 2013년 경남중소기업대상수상기업협의회 수석부회장 2014년 북경동구기차배건유한공사 대표(현), 교육부 정책자문위원회 위원(현), 민주평통 창원시협의회 창원지회장(현), 법무부 법사랑위원회 창원지역협의회 부회장(현), 同법사랑위원회 창원지역협의회 청소년협의회 위원장(현), 한국자유총연맹 경남부회장(현), 이노비즈 경남지회 부회장, 창원시 청년취업센터 운영위원(현), 창원국가산업단지 운영위원(현), 창원상공회의소 자문위원(현), 경남기능경기위원회 기술위원장(현), 경남금형공업협동조합 이사(현), 경남중부권역인적자원개발위원회 운영위원(현), 인제대 경영통상학과 겸임교수(현), 고용노동부 대한민국산업현장 교수(현) ❻전국기능경기대회 목형직종 1위(1976), 국무총리표창(1983), 석탑산업훈장(1997), 대통령표창(2004), 중소기업청장표창(2004), 창원시 이달의 CEO상(2005), 기능한국인 1호(2006), 동탑산업훈장(2007), 법무부장관표창(2009), 경남 합천군 공익애향부문 합천군민의장(2016)

류병환(柳柄煥) RYOO Byung Hwan

❷1958 · 8 · 26 ❷문화(文化) ❸대구 ㈜서울 강남구 논현로30길32 경희빌딩5층 테라젠이텍스 대표이사실(02-3463-7111) ❹1975년 경북고졸 1979년 서울대 제약학과졸 1993년 서강대 경영대학원 경영학과졸 ❺1981~1984년 약국 경영 1985년 제일약품 근무 1988년 선경합섬㈜ 근무 1988년 선보제약㈜ 의약사업본부 과장 1998년 SK제약㈜ 기획팀장 2000년 同상무대우 2005년 SK케미칼㈜ 의약사업기획실장(상무) 2006년 ㈜서울제약 각자 대표이사 2010년 영진약품공업㈜ 부사장 2012년 同대표이사 2016년 테라젠이텍스㈜ 대표이사(현)

류병훈(柳秉勳) Ryou Byoung Hoon

❷1959 · 10 · 2 ❸서울 ㈜서울 금천구 가산디지털2로169의16 ㈜이엠따블유 임원실(02-2107-5500) ❹1978년 서울 용산고졸 2002년 서강대 경영대학원 최고경영자과정 수료 2009년 광운대 경영대학원졸 ❺1984~1988년 소통전자㈜ 생산기술부 입사 · 과장 1989~1993년 대승전자 입사 · 영업부장 1998년 ㈜EMW안테나 대표이사 사장 2013년 ㈜이엠따블유 대표이사 사장(현) ❻국무총리표창(2009 · 2015)

류봉하(柳逢夏) Ryu Bong Ha

❷1949 · 6 · 10 ❷풍산(豊山) ❸경북 ㈜서울 동대문구 경희대로23 경희의료원 한방병원 위장 · 소화내과(02-958-9137) ❹1974년 경희대 한의학과졸 1980년 同대학원졸 1984년 한의학박사(경희대) ❺경희대 한의과대학 비계내과학교실 교수(현) 2003~2004년 경희의료원 한방병원장 2003년 대통령 한방자문위원 2007년 한양물연구소 소장 2007년 국방부 의료자문위원 2008~2013년 경희의료원 한방병원 원장 2011~2013년 대통령 한방주치의 2013년 경희의료원 한방병원 위장 · 소화내과 전문의(현), 同한약물연구소장(현) ❻근정포장(2014) ❼'비계내과학' ❽'위병의 진단과 중의약 치료도보'(2006, 군자출판사)

류붕걸(柳鵬杰) RYU Bung Geol

[생]1959 · 5 · 28 [출]충북 괴산 [주]경남 진주시 동진로430 중소기업진흥공단 금융본부(055-751-9501) [학]충북고졸 1981년 충북대 행정학과졸 2003년 고려대 행정대학원 경제학과졸 [경]1983~1993년 동력자원부 석탄유통과 · 석유수급과 근무 1993~1996년 산업자원부 창업지원과 근무 1996년 중소기업청 자금지원과 근무 1997년 충북지방중소기업청 지원협력과장 1998~2005년 중소기업청 구조개선과 · 벤처진흥과 · 벤처정책과 · 인력지원과 · 금융지원과 사무관 2005년 同판로지원과 서기관 2006년 충북지방중소기업청 지원총괄과장 2007년 同청장 2008년 중소기업청 동반성장과장 2009년 同중소기업정책국 기업협력과장 2010년 同경영지원국 기업금융과장 2012년 同운영지원과장(부이사관) 2013년 대전충남지방중소기업청장 2014~2015년 광주전남지방중소기업청장(고위공무원) 2015년 중소기업진흥공단 금융본부장(상임이사)(현) [상]대통령표창(2001 · 2007)

류삼현(柳三鉉) YOO Sam Hyun (南岡 · 碧紹 · 老農)

[생]1941 · 4 · 1 [본]문화(文化) [출]충남 공주 [주]서울 영등포구 의사당대로1 국회도서관409호 (사)한국의정연구회 사무국(02-712-1181) [학]1961년 공주대사대부고졸 1967년 공주사범대학졸 1988년 국방대학원졸 2000년 명예 법학박사(공주대) [경]1968~1977년 국회사무처 근무 1977~1984년 同행정사무관 1984~1992년 同경위과장 · 국회보사위원회 · 재무위원회 · 문공위원회 입법조사관(서기관) 1985년 명륜회 회장(현) 1993~1996년 국회 환경보전대책특별위원회 · 여성특별위원회 · 교육위원회 입법심의관(부이사관) 1996년 同교육위원회 전문위원(이사관) 1997년 同산업자원위원회 전문위원(이사관) 1999~2001년 同산업자원위원회 수석전문위원(차관보급) 2001~2004년 한국중부발전(주) 감사 2004년 (사)한국기업윤리경영연구원 부회장 2005~2008년 공주대 인문사회과학대학 객원교수 2011년 (사)류관순열사기념사업회 지도위원 · 자문위원(현) 2014년 (사)한국의정연구회 부회장(현) 2014년 문화류씨대종회 고문(현) [상]국회의장표창(2회), 효자표창(2회), 황조근정훈장 [저]'忠孝明倫人集(編)'(2004) '南岡叢跡'(2004) '南岡先代狀碣集'(2014) [종]불교

류석윤(柳錫潤)

[생]1962 · 2 · 8 [출]충남 공주 [주]충남 청양군 청양읍 칠갑산로148 청양소방서 서장실(041-940-7201) [학]공주사범대 국민윤리교육과 수료, 한서대 정보대학원 재학 中 [경]1987년 소방공무원 임용 1987년 충남도 민방위국 민방위과 근무 2007년 충남 서산소방서 소방행정과장 2008년 충남 부여소방서 방호구조과장 2008년 충남도 소방안전본부 안전센터장 2009년 同소방안전본부 예방안전담당 2011년 충남 논산소방서 대응구조과장 2013년 충남도 소방안전본부 종합상황실장 2014년 同소방안전본부 소방행정팀장 2016년 충남 청양소방서장(현)

류　선(柳 善) YOO Sun (운암)

[생]1938 · 1 · 9 [본]문화(文化) [출]충북 보은 [학]1964년 국제대 국어국문학과졸 1990년 경기대 교육대학원졸 [경]1982년 한국문인협회 회원(현) 1982~1986년 同경기도지부 부지부장 1986년 시조문학에 시인 등단(현) 1986년 경인시조시인협회 창립 · 회장 1989~2001년 한국시조시인협회 이사 1994년 이포중 · 고 교장 1996년 양평교육청 학무과장 1998년 성남교육청 중등교육과장 1999년 의왕중 교장 2000년 국제펜클럽 한국본부 회원 2000년 경기도문인협회 자문위원 2000년 경기문학인회 고문, 경인시조시인협회 고문, 인성교육원 부원장 [상]교육부장관표창(1972 · 1981 · 1985 · 1991), 경기도교육감표창(1976 · 1984), 경기문학상(1986), 수원문학작품상(1992), 황산시조문학상(1995), 경기문학인상(1998), 녹조근정훈장(2000), 한국시조시인협회상(2000) [저]제1시조집 '세월의 강을 건너며'(1986) 제2시조집 '메아리치고픈 내 목소리'(1992) 제3시조집 '겨울 나무로 서서'(1999) 제4시조집 '꽃피고 지는 사이'(2000) 제5시조집 '신귀거래사'(2004) 산문집 '유선 산문집'(2006) 제6시조집 '전원일기'(2008) 제7시조집 '간이역 風光'(2010) 시조집 '남한강 유역의 창'(2012) '초원의 새'(2013) [작]'겨울풍경' '분기점3장' '사모곡' '바위송' '가을斷相' '숲길을 걸으며' '黃昏의 思惟' 등 다수

류성걸(柳性杰) YOO Sung Kull

[생]1957 · 7 · 12 [출]경북 안동 [학]1976년 경북고졸 1980년 경북대 경제학과졸, 미국 시라큐스 대학원 행정학과졸 1988년 同대학원 경제학과졸 1992년 경제학박사(미국 시라큐스대) [경]1979년 행정고시 합격(23회) 1992년 국무총리실 근무 1993년 대통령비서실 파견 1996년 재정경제원 국가경쟁력강화기획단 파견 1998~1999년 기획예산위원회 공공1팀장 1999년 기획예산처 공공1팀장 2001년 同법사행정예산과장 2002년 同과학환경예산과장(부이사관) 2003년 同관리총괄과장 2004년 국방대 파견(부이사관) 2005년 국민경제자문회의 대외산업실장(부이사관) 2006년 기획예산처 균형발전재정기획관 2007년 同공공정책관 2008년 기획재정부 예산총괄심의관 2009년 同예산실장 2010~2012년 同제2차관 2010년 한국연구재단 이사 2012년 새누리당 100% 국민행복실천본부 예산총괄 간사 2012~2016년 제19대 국회의원(대구 동구甲, 새누리당 · 무소속) 2012 · 2014년 국회 기획재정위원회 위원 2012년 국회 예산결산특별위원회 위원 2012년 새누리당 제18대 대통령중앙선거대책위원회 직능총괄본부 경제단체본부장 2012년 同제18대 대통령중앙선거대책위원회 국민행복추진위원회 정부개혁추진단 위원 2012년 同제18대 대통령중앙선거대책위원회 대구선거대책위원회 정책개발본부장 2013년 제18대 대통령직인수위원회 경제1분과 간사 2013년 국회 예산 · 재정개혁특별위원회 위원 2014~2015년 새누리당 대구시당 수석부위원장 2015년 同정책위원회 기획재정정책조정위원회 부위원장 2015년 同대구시당 위원장 2015년 同정책위원회 민생119본부 부본부장 2015년 국회 공적연금강화와노후빈곤해소를위한특별위원회 위원 2015년 새누리당 국가간호간병제도특별위원회 위원 2016년 제20대 국회의원선거 출마(대구 동구甲, 무소속) [상]홍조근정훈장(2007), 황조근정훈장(2012), 법률소비자연맹 선정 국회 헌정대상(2013)

류성언(柳誠彦) RYU Seong Eon

[생]1962 · 2 · 25 [출]서울 [주]서울 성동구 왕십리로222 한양대학교 공과대학 생명공학과(02-2220-4020) [학]1984년 서울대 화학과졸 1986년 同대학원 화학과졸 1991년 이학박사(미국 컬럼비아대) [경]1988~1991년 미국 컬럼비아대 Research Assistant 1991~1994년 미국 하버드대 Post-Doc. 1994년 한국생화학회 정회원(현) 1994년 한국분자생물학회 정회원(현) 1994년 대한화학회 정회원(현) 1994~2000년 한국생명공학연구원 선임연구원 1998~2004년 同세포스위치단백질구조연구단장 2000~2009년 同책임연구원 2002년 미국 생화학회 정회원(현) 2003~2006년 한국생명공학연구원 단백체시스템연구센터장 2006~2008년 同단백체시스템연구단장 2009년 한양대 공과대학 생명공학과 교수(현) 2010년 한국방사광이용자협회 생물분과 대표 2012년 同이사 2012년 한양대 화공생명공학부장 2012년 同생명공학과장 2013년 한국구조생물학회 회장(현) [상]한국생명공학연구원 우수논문상, 과학기술부장관표창, 이달의 과학기술자상, 한국생명공학연구원(KRIBB) 대상, 올해의 생명공학자상(2001)

류성춘(柳成椿) Ryu Seong Chun

[생]1964 · 9 · 3 [출]서울 [주]서울 영등포구 국제금융로 56 미래에셋대우(02-768-3355) [학]1983년 신일고졸 1990년 연세대 경제학과졸 2002년 미국 Univ. of Michigan-Ann Arbor MBA [경]2009년 대우증권 이사대우 2009년 산은금융지주 시너지추진실장(이사대우) 2010년 同시너지추진실장(상무보) 2010년 대우증권 경영지원본부장(상무보) 2011년 同경영지원본부장(상무) 2013년 同경영지원본부장(전무) 2014년 同인도네시아현지법인장(전무) 2016년 미래에셋대우 인도네시아현지법인장(전무)(현)

류성택(柳盛澤) Seong Taik Yoo

[생]1961 · 7 · 17 [본]진주(晉州) [출]경기 안성 [주]서울 종로구 새문안로76 금호타이어(02-678-1002) [학]대성고졸 1985년 한국외국어대 중국어과졸 [경]1988~1997년 금호아시아나그룹 입사 · 경영관리팀장 · 인력개발팀장 1998~2000년 금호타이어 중국천진영업본부장 2001~2003년 금호산업 중국 청도식품 영업본부장 2004년 同고속사업부 해외사업팀장 2005년 同고속사업부 국내영업 · 안전 · 해외사업담당 이사 2007년 同고속사업부 상무 2012~2013년 아시아나IDT 관리본부장(전무) 2013년 금호타이어 관리본부장(전무) 2014년 同중국영업본부장(전무)(현) [상]총무처장관표창(1994) [종]기독교

류수택(柳秀澤) YOO Soo Taek (月堂)

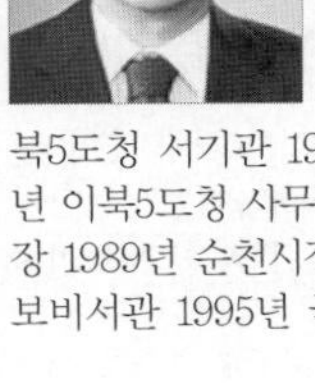

[생]1941 · 3 · 11 [본]문화(文化) [출]전남 영암 [주]전남 나주시 빛가람로640 한국문화예술위원회 상임감사실(061-900-2100) [학]1960년 광주고졸 1967년 동국대 경영학과졸 1992년 연세대 행정대학원 고위정책과정 수료 1994년 국방대학원 안보과정 수료 [경]1968~1971년 전북도지사 비서실 근무 1971~1976년 내무부 행정과 근무 1976~1980년 同총무과 · 행정과 사무관 1980년 이북5도청 서기관 1981년 고창군수 1982년 정주시장 1983년 완주군수 1985년 이북5도청 사무국장 1986년 내무부 민방위본부 기획과장 1988년 여천시장 1989년 순천시장 1992년 지방행정연수원 기획부장 1993년 국무총리 공보비서관 1995년 국무조정실 제3행정조정관실 내무행정심의관 1995년 내

무부 민방위국장 1995년 同공보관 1998년 행정자치부 공보관 1998년 광주시 행정부시장 1999~2002년 한국소방검정공사 사장 2002년 영암관광개발(주)·아크로컨트리클럽 대표이사 사장 2004~2006년 전남개발공사 사장, 광주북성중총동창회 회장, 좋은나라포럼 공동대표 2007년 고리(주) 대표이사 2008년 2012여수세계박람회조직위원회 부위원장 2009년 학교법인 조선대 이사장 2010년 문화류씨하정공파종친회 회장(현) 2011~2012년 (주)부영주택건설 사장 2012년 새누리당 광주시당 위원장 2013년 同최고위원 2016년 한국문화예술위원회 상임감사(현) [상]총무처·수산부·국방부·내무부·재무부장관표창, 대통령표창, 황조·녹조근정훈장 [종]천주교

류순철(柳淳喆) RYU Sun Cheol

[생]1960·7·13 [주]경남 창원시 의창구 상남로290 경상남도의회(055-211-7354) [학]경상고 중퇴 [경]합천군청년회의소 회장, 합천군육상경기연맹 회장, 합천군체육회 부회장, 합천여중 운영위원장, 합천여고 운영위원장, 새마을운동 합천군지회장, 합천경찰서 보안협력위원장, 범죄피해자지원 합천군지구 회장 2014년 경남도의회 의원(새누리당)(현) 2014년 同농해양수산위원회 위원 2016년 同남부내륙철도조기건설을위한특별위원회 부위원장 2016년 同예산결산특별위원회 위원 2016년 同문화복지위원회 위원(현) 2016년 同남부내륙철도조기건설특별위원회 위원장(현)

류순현(柳淳鉉) RYU Soon Hyun

[생]1963·1·6 [출]경남 합천 [주]경남 창원시 의창구 중앙대로300 경상남도청 행정부지사실(055-211-2011) [학]부산사대부고졸, 서울대 사법학과졸 [경]1987년 행정고시 합격(31회) 1998년 행정자치부 기획관리실 법무담당관실 사무관 2001년 同자치행정국 자치제도과 서기관, 국외훈련(미국 조지아대) 2004년 정부혁신지방분권위원회 파견, 대통령비서실 의전행정관 2007년 행정자치부 자치분권제도팀장 2008년 행정안전부 지방혁신과장 2008년 同자치행정과장 2009년 한국지역정보개발원 파견(고위공무원) 2009년 대전시 기획관리실장 2010년 행정안전부 지방행정국 자치제도기획관 2013년 안전행정부 지방행정실 자치제도정책관 2013~2014년 同지방행정실 지방행정정책관 2014년 대전시 행정부시장 2015년 경남도 행정부지사(현)

류승선

[생]1971 [주]서울 중구 을지로5길26 미래에셋증권 코리아리서치센터(02-3774-1413) [학]고려대 경영학과졸, 同대학원 경영학과졸 [경]1999~2013년 미래에셋증권 리서치센터 선임연구원·리서치센터 투자분석팀장 2013년 同코리아리서치센터장(현) [상]매일경제·한국경제 선정 베스트 이코노미스트 거시경제부문(2005), Institutional Investors 선정 Korea Best Economist(2007), 매일경제·한국경제 선정 베스트 애널리스트 투자전략부문(2010·2011·2012·2013·2014)

류승호(柳承昊) RYU Seung Ho

[생]1963·4·1 [주]서울 서초구 사평대로84 (주)이수화학 임원실(02-590-6600) [학]서울대 화학공학과졸, 同대학원 화학공학과졸 [경]2004년 이수유비케어 비상근감사, (주)이수 홀딩스부문 HR담당 상무보, 同홀딩스부문 HR담당 상무 2011년 이수앱지스 사업기획본부장(전무) 2013년 同대표이사 2013년 同사내이사, (주)이수화학 공장장(전무) 2016년 同대표이사 부사장(현)

류시경(柳時炅) RYU Si Kyoung

[생]1952·3·7 [출]대구 [주]서울 서대문구 충정로23 (주)풍산 임원실(02-3406-5114) [학]대구 계성고졸, 중앙대 경제학과졸 [경](주)풍산 경영관리실장 2007년 同경리팀 전무대우 2008년 同관리총괄 부사장(현)

류시관(柳時寬) RYU Si Gwan

[생]1958·10·30 [출]경북 안동 [주]대구 달서구 성서공단로11길63 희성전자 대표이사실(053-717-1100) [학]안동고졸, 경북대 전자공학과졸 [경]LG마이크론(주) 상무 2008년 LG이노텍(주) LED사업부 상무 2009년 同LED사업부장(전무) 2010년 同LED사업부장(부사장) 2013년 (주)LG전자 AE사업본부장(부사장), 同라이팅사업담당 부사장 2015년 同자문역 2015년 희성전자(주) 대표이사(현) [상]산업포장(2008)

류시문(柳時文) Ryou Sea Moon

[생]1948·11·25 [출]경북 예천 [주]서울 동작구 여의대방로24다길15의2 송원빌딩2층 (주)한맥도시개발(02-582-1238) [학]2004년 연세대 행정대학원 사회복지학과졸 [경]2000~2002년 (주)한맥도시개발 대표이사 사장 2000년 호영남솔리스트앙상블의밤후원회 회장 2002~2010년 (주)한맥도시개발 회장 2002년 로얄오페라단 후원회 회장 2002~2010년 연세대 사회복지연구소 연구위원 2003년 한국정치학회 특별회원 2003~2005년 대한가정법률복지상담원 이사 2004년 유관순열사기념사업회 부회장 2006~2011년 한국장애인고용안정협회 이사 2007년 연세대총동문회 부회장 2007년 아너소사이어티(Honor Society) 회원(현) 2008년 한국성가협회 이사장 2009년 한국명곡진흥협회 이사장 2009~2010년 한국장애인소리예술단 총재 2009~2010년 한맥네트워크 회장 2009~2011년 한국노인인력개발원 자문위원 2010년 (사)좋은사람들 이사장 2010~2012년 한국사회적기업진흥원 원장 2012년 한국장애인재활협회 이사(현) 2012년 (주)한맥도시개발 회장(현) 2013년 (사)노블리스오블리주시민실천 대표공동회장(현) 2013년 한신대 초빙교수(현) 2014년 한국사회복지사협회 회장(현) 2014년 (사)생명문화 공동대표(현) 2014년 새누리당 김황식 서울시장 예비후보 선거대책위원회 공동위원장 2014년 한국자원봉사협의회 공동대표(현) [상]연세대 행정대학원 최우수논문상(2004), 보건복지부장관표창(2007·2011), 한국사회복지사협회 감사패(2010), 사회복지공동모금회 감사패(2010), 연세대 행정대학원 총동창회 공로상(2010)

류시열(柳時烈) RYOO Shee Yul

[생]1938·9·5 [본]풍산(豊山) [출]경북 안동 [주]서울 중구 퇴계로100 스테이트타워남산8층 법무법인 세종(02-316-4012) [학]1957년 경기고졸 1961년 서울대 법학과졸 [경]1961년 한국은행 입행 1971년 同업무부 부장대리 1973년 同조사역 1974년 同자금부 과장 1977년 同뉴욕사무소 조사역 1980년 同국제금융부 차장 1980년 同임원부속실장 1983년 同국제금융부장 1986년 同외환관리부장 1987년 同자금부장 1989년 同이사 1995년 同부총재 1997~1999년 제일은행장 1999~2002년 전국은행연합회 회장 1999년 기업구조조정위원회 공동위원장 2002년 법무법인 세종 '열린세무법인' 고문 2003년 제일은행 사외이사 2005년 신한금융지주 사외이사, 한국컴퓨터(주) 사외이사 2010년 신한금융지주 이사 2010년 同회장 직대 2011년 법무법인 세종 고문(현) [종]기독교

류양지(柳良只·女)

[생]1968·7·16 [주]서울 서대문구 충정로36 국민연금 충정로사옥15층 사회보장위원회 사무국 사회보장조정과(02-6020-3330) [학]1985년 삼현여고졸 1990년 서울대 사회학과졸 1993년 同대학원 사회학과졸 [경]2001년 여성부 정책1담당관실 사무관 2004년 同정책총괄과 서기관 2005년 여성가족부 가족정책국 가족지원과장 2006년 同가족지원팀장 2007년 同가족정책팀장 2007년 同재정기획팀장 2008년 보건복지가족부 서기관 2009년 同사회복지정책실 자립지원투자과장 2009년 同사회복지정책실 자립지원과장 2010년 보건복지부 사회복지정책실 자립지원과장 2010년 同보건의료정책실 보험약제과장 2013~2015년 해외 교육파견 2015년 보건복지부 보건의료정책실 정신건강정책과장 2015년 同기획조정실 창조행정담당관 2016년 同사회보장위원회 사무국 사회보장조정과장(현)

류연기(柳然基) Ryoo, Yeon Kie

[생]1965·4·18 [본]고흥(高興) [출]전남 나주 [주]세종특별자치시 도움6로11 환경부 환경보건정책관실 생활환경과(044-201-6790) [학]1991년 연세대 행정학과졸 2002년 同행정대학원 정책학과졸 [경]2004년 환경부 폐기물자원국 폐기물자원과 서기관 2005년 同기획예산담당관실 서기관 2005년 同국립생물자원관건립추진기획단 기획총괄팀장 2007년 同환경정책실 환경경제과장 2009년 同기획조정실 창의혁신담당관 2010년 同자원순환국 자원재활용과장(부이사관) 2012년 대통령 국정홍보비서관실 행정관 2013년 환경부 상하수도정책관실 생활하수과장 2015년 同환경보건정책관실 생활환경과장(현) [상]대통령표창(2001)

류 열(柳 烈) RYU YUL

[생]1960·5·27 [본]문화(文化) [출]전남 [주]서울 마포구 백범로192 S-OIL(주) 임원실(02-3772-5265) [학]1983년 서울대 경영학과졸 1993년 미국 케이스웨스턴리저브대 대학원 경영학과졸 1993년 경영학박사(미국 케이스웨스턴리저브대) [경]1982년 쌍용정유(주) 입사, 에쓰오일(주) 회계담당 상무, 同신용지원실장(상무), 同경영기획실장(상무) 2007년 同국내영업본부장(부사장) 2008년

同재무담당 부사장 2009년 同최고재무관리자(CFO) 겸 재무부문장(부사장) 2011년 同최고재무관리자(CFO) 겸 재무부문장(수석부사장) 2012년 同마케팅총괄 수석부사장 2015년 同마케팅총괄 사장(현)

류영번(柳榮蕃) RYU Young Bun

⊛1941·11·17 ⊕전주(全州) ⊚경북 안동 ㊚서울 동작구 동작대로5길7 (사)총우회(02-3471-5544) ⊛1959년 영남고졸 1965년 영남대 법학과졸 ⊛1966~1985년 총무처 근무 1985년 同행정조사연구관 1991년 同행정전산과장 1991년 同사무능률과장 1991년 同복지과장 1994년 同고시과장 1996년 同제도심의관 1997년 同후생심의관 1998~2000년 행정자치부 대전정부종합청사관리소장 2000~2001년 한국섬유품질검사소 고문 2005~2014년 (사)총우회 사무국장 2008년 (사)전국공무원연금수급권자총연합회 사무총장(현) 2014년 (사)총우회 사무총장(현) ⊛근정포장, 국무총리표창, 대통령표창, 홍조근정훈장 ⊛천주교

류영진(柳永珍)

⊛1959·7·12 ⊚경남 통영 ㊚서울 영등포구 국회대로68길14 더불어민주당(1577-7667) ⊛1982년 부산대 제약학과졸 ⊛2010~2016년 부산시약사회 회장 2010년 부산마약퇴치운동본부 후원회장(현) 2012년 민주통합당 제18대 문재인 대통령후보 직능특보 2012년 同제18대 대통령선거 부산시선거대책위원회 공동위원장 2013년 포럼지식공감 상임공동대표(현) 2016년 더불어민주당 제20대 국회의원선거 부산시선거대책위원회 위원장 2016년 대한약사회 부회장 2016년 더불어민주당 제20대 국회의원 후보(비례대표 20번) 2016년 부산시약사회 총회 의장(현) 2016년 더불어민주당 정책위원회 부의장(현) ⊛부산시장표창(2007), 보건복지부장관표창(2012)

류영창(柳瀅昌) RYU Young Chang

⊛1954·1·11 ⊕문화(文化) ⊚충남 서산 ㊚경기 안양시 동안구 관악대로454 평화빌딩 평화엔지니어링 부회장실(031-420-7200) ⊛1980년 서울대 토목공학과졸 1983년 同공과대학원졸 1991년 공학박사(서울대) ⊛1980년 동아건설 근무 1982년 건설부 용수과·하수도과·상수도과 근무 1989년 건설공무원교육원 근무 1991년 대통령비서실 근무 1996년 건설교통부 수자원개발과장 1997년 同수자원정책과장 1999년 同예산담당관 2001년 同도로관리과장 2002년 교통개발연구원 파견 2002년 지속가능발전위원회 파견 2003년 건설교통부 공보관 2004년 환경부 상하수도국장 2006년 건설교통부 기술안전기획관 2007년 중앙공무원교육원 파견 2008년 행정중심복합도시건설청 기반시설본부장 2008년 同기반시설국장 2009년 국토해양부 서울지방항공청장 2009~2010년 同한강홍수통제소장 2010~2013년 대한전문건설협회 상임부회장 2014~2015년 제2서해안고속도로(주) 대표이사 2015년 평화엔지니어링 부회장(현) ⊛건설부장관표창(1984·1991), 녹조근정훈장(1991), 대통령표창 ⊛'물류정책 매뉴얼'(共) '생활건강 사용설명서-병을 멀리하는 셀프(Self) 건강법'(2013, 황금빛고기) ⊛불교

류영철(柳永哲) RYU Young Chol

⊛1954·2·18 ⊕문화(文化) ⊚서울 ㊚서울 영등포구 국제금융로2길25 동방정보통신 대표이사실(02-780-5352) ⊛경복고졸, 국민대 무역학과졸, 서울대 경영대학원 최고경영자과정 수료, 한국과학기술원 최고경영자정보미디어과정 수료 ⊛육군 중앙경리단 소령, 동방정보통신(주) 기술영업부문 이사, 서울증권(주) 정보자원관리팀장, 同정보시스템팀장, 同전산본부장(상무보) 2006년 同상무 2007년 同경영관리본부장(상무) 2007년 서울선물(주) 부사장 2008년 유진투자선물(주) 부사장 2008~2012년 同대표이사 사장 2012~2014년 쓰리웨어 대표이사 2012년 동방정보통신(주) 공동대표이사(현) ⊛기독교

류완영(柳完永) RYOO Wan Young

⊛1949·2·8 ⊚전북 고창 ㊚서울 성동구 왕십리로222 한양대학교 사범대학 교육공학과(02-2220-1124) ⊛1972년 서울대 사범대학 교육학과졸 1977년 同대학원졸 1983년 교육학박사(미국 캔자스대) ⊛1975년 한국교육개발원 연구원 1984년 同책임연구원 1984년 서울여대 교육심리학과 조교수 1987~1994년 한양대 사범대학 교육공학과 조교수·부교수 1994~2014년 同사범대학 교육공학과 교수 1996년 同기획조정처 부처장 1998년 同교육미디어센터 원장 1999년 同기획조정처장 2000년 한국교육공학회 회장 2001~2006년 한

양사이버대 학장 2008·2010~2012년 한양대 교육대학원장 겸 사범대학장 2008·2010년 同중등교원연수원장 2011~2012년 전국사립사범대학장협의회 회장 2014년 한양대 사범대학 교육공학과 명예교수(현) ⊛'교육학대백과사전'(1998, 서울대 교육연구소) '웹 기반 교육'(1999, 교육과학사) '대학경영의 원리와 진단(共)'(2005, 한국교육평가센터) '외국인 학교 실태 조사 및 지원방안 연구(共)'(2007, 대한상공회의소) '지속가능한 인적자원개발을 위한 연구와 실천'(2009, 한국학술정보)

류용섭(柳龍燮) RYOO Yong Sub

⊛1956·3·15 ⊚인천 강화 ㊚충북 청주시 청원구 오창읍 양청4길45 국가과학기술인력개발원 원장실(043-251-7002) ⊛1976년 강화고졸 1985년 중앙대 경제학과졸 ⊛1979~1982년 서울시교육위원회 서무과 근무 1982년 서울시남부교육구청 관리과·서무과 근무, 재무부 보험국 보험정책과 근무 1992년 재정경제원 예산실 투자기관관리과 근무 2001년 기획예산처 예산실 과학환경예산과 근무, 同재정개혁국 산하기관지원팀장, 同국방예산과 서기관 2004년 同산하기관지원과장 2005년 同공공기관혁신지원팀장 2006년 同공기업정책팀장 2007년 同인재경영팀장 2008년 기획재정부 공공정책국 인재경영과장 2009년 同예산실 연구개발예산과장 2011~2013년 국가과학기술위원회 연구개발조정국장(부이사관) 2014년 국가과학기술인력개발원(KIRD) 원장(현) 2014년 한국해양과학기술진흥원 비상임이사(현)

류우익(柳佑益) YU Woo-Ik

⊛1950·1·6 ⊕풍산(豊山) ⊚경북 상주 ㊚서울 종로구 사직로8길34 경희궁의아침3단지1118호 (사)통일을생각하는사람들의모임(02-734-5400) ⊛1967년 경북 상주고졸 1971년 서울대 문리과대학 지리학과졸 1973년 同대학원 지리학과졸 1980년 철학박사(독일 킬대) ⊛1973~1975년 육군사관학교 환경학과 교수 1980~2009년 서울대 지리학과 조교수·부교수·교수 1989~1994년 대통령자문 21세기위원회 위원 1990~1991년 미국 캘리포니아대 버클리교 객원교수 1992~1993년 서울대 사회과학대학 지리학과장 1995~1998년 대통령자문 정책기획위원 1995~2000년 제29차 세계지리학대회조직위원회 사무총장 1996년 프랑스 지리학회 종신명예회원(현) 1999~2000년 프랑스 파리소르본느대 객원교수 2000~2002년 서울대 교무처장 2004~2005년 同국토문제연구소장 2004년 세계지리학연합회(IGU) 부회장 겸 집행위원 2007년 同사무총장 2008년 초대 대통령실장 2009~2011년 駐중국 대사 2010년 중국 난카이대학 객원교수 2010년 중국 홍십자회 명예회원(현) 2011~2013년 통일부 장관 2014년 (재)이명박대통령기념재단 이사장(현) 2014년 (사)통일을생각하는사람들의모임 이사장(현) 2014년 육군사관학교 석좌교수(현) 2015년 서울대 명예교수(현) 2015년 중국 귀주성 고문(현) ⊛자유경제출판문화상(1995), 농어촌진흥대상(1996), 국민훈장 동백장(1998), 자랑스러운 ROTCian상(2009) ⊛'21세기의 한국과 한국인'(1994) '장소의 의미 I'(2004) '장소의 의미 II'(2004)

류원근(柳源根) YOO Won Keun

⊛1966·11·18 ⊚강원 춘천 ㊚부산 연제구 법원로15 부산고등검찰청(051-606-3300) ⊛1985년 대성고졸 1989년 서울대 법과대학졸 ⊛1990년 사법시험 합격(32회) 1993년 사법연수원 수료(22기) 1993년 인천지검 검사 1995년 춘천지검 원주지청 검사 1997년 부산지검 검사 1999년 서울지검 남부지청 검사 2001년 춘천지검 강릉지청 검사 2003년 서울지검 고양지청 검사 2004년 의정부지검 고양지청 검사 2005년 서울북부지검 부부장검사 2007년 광주지검 순천지청 부장검사 2008년 대전고검 검사 2009년 수원지검 공판송무부장 2009년 울산지검 형사2부장 2010년 광주지검 형사3부장 2011년 의정부지검 고양지청 부장검사 2012년 서울고검 검사 2013년 대전지검 형사2부장 2014년 광주고검 검사 2016년 부산고검 검사(현) 2016년 서울중앙지검 중요경제범죄조사단 파견(현)

류원석(柳元錫) RYU Won Seok

⊛1955·3·16 ⊕고흥(高興) ⊚전남 고흥 ㊚경기 수원시 영통구 청명로127 수원지방법원 가정별관(031-799-9990) ⊛한국방송통신대졸, 연세대 행정대학원졸 ⊛서기보 공채시험 합격 2006년 서울고법 총무과장(부이사관) 2006년 법원행정처 인력운영담당관 2007년 수원지법 성남지원 사무국장 2008년 서울중앙지법 민사국장 2009년 서울행정법원 사무국장 2010년 서울고법 사무국장 2011년 특허법원 사무국장(법원이사관) 2012년 수원지법 집행관 2016년 수원지방법원 가정별관 상담위원(현) ⊛녹조근정훈장(2004) ⊛가톨릭

류을렬(柳乙烈) Ryu, Eul-Ryul (靑谷)

[생]1953·1·18 [본]문화(文化) [출]충북 청원 [주]충북 청주시 서원구 예체로23 (주)어번 비서실(043-237-8150) [학]1971년 청주고졸 1975년 충북대 농공학과졸 1983년 청주대 대학원 경제학과졸 1990년 환경과학박사(일본 홋카이도대) [경]1979~1985년 서원대 근무 1992년 충북개발연구원 복지환경연구실장(연구위원) 1993~2009년 금강상류중권역 환경관리위원회 위원 1994~2006년 충북도 지방재정계획심의위원 1994년 同건설종합계획심의위원 1995~2009년 同도시계획위원회 및 공동위원회 위원 2001~2009년 충북지역환경기술개발센터 연구협의회 위원 2003~2009년 금강유역환경청 환경친화기업지정심사위원회 위원 2003년 (사)초정광천수관리협회 등기이사(현) 2004년 금강유역환경청 사전환경성검토 및 환경영향평가위원회 위원 2004~2009년 청원군 군계획자문위원회 위원 2005~2009년 충북도의회 자문위원 2005년 충북도 환경성검토협의회 위원(현) 2006년 충청도시포럼 운영위원 2006~2009년 금강수계관리기금사업 성과평가위원회 위원 2007~2009년 충북개발연구원 정책기획실장(연구위원) 2007~2009년 同인사위원장 2007~2009년 同충북환경총량센터장 겸임 2009년 충북발전연구원 자문위원 겸 인사위원(현) 2010~2011년 (주)한경 SCI원장 2010~2014년 증평군 도시계획위원 2011~2014년 충북도 산업단지계획심의위원회 위원 2011~2012년 同지방산지관리위원회 위원 2011년 (주)어번 회장(현) 2011년 신성종합건설(주) 회장(현) 2015년 청주시 도시계획위원회 위원(현) 2016년 진천군 군계획위원회 위원(현) [상]충북도지사표창(1996) [저]'충청 다목적댐 상류지역의 비점오염원 관리방안' '칠장천수계의 수질보전을 위한 효율적 관리방안' '청주권 생활폐기물의 적정 처리방안 추가' '한국 환경보전정책수단을 살린 충북지역 발전전략'(2005) '충북환경론'(2005) '충북 주요도시 열섬현상 저감대책'(2006)

류인권(柳仁權) RYU INKWON

[생]1964·1·18 [본]전주(全州) [출]전북 완주 [주]경기 수원시 팔달구 효원로1 경기도청 따복공동체지원단(031-8008-3580) [학]1983년 전주 해성고졸 1988년 서울대 지리학과졸 2010년 同행정대학원 정책학과졸 2014년 중국 인민대 법학대학원 행정법학박사과정 수료 [경]1990~1993년 공군 학사장교 1997년 지방고시 합격(3회) 1998~2004년 경기 포천시 허가민원실장·사회복지과장 2004~2009년 경기도 지역개발국·교통국·경제투자관실·기획조정실 사무관 2009년 同기획조정실 법무담당관(서기관) 2011년 同기획조정실 비전담당관 2012년 중국인민대 교육파견 2014년 同따복공동체지원단장(현)

류인균(柳仁鈞) Lyoo, In Kyoon

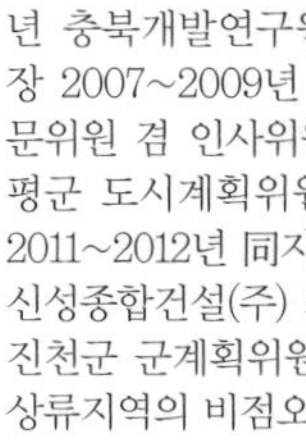

[생]1964·1·11 [본]진주(晉州) [주]서울 서대문구 이화여대길52 이화여자대학교 뇌융합과학연구원(02-3277-6550) [학]1988년 서울대 의대졸 1992년 同대학원졸 1997년 의학박사(서울대) 2000년 미국 하버드대 대학원 신경정신과학과졸 [경]1988~1992년 서울대병원 인턴·정신과 레지던트 1992년 미국 매사추세츠洲 McLean Hospital 정신과 연구전임의 1992년 미국 Harvard Medical School 정신과 전임의 1993~1995년 미국 매사추세츠洲 McLean Hospital 정신과 임상전임의 1994년 同정신과 전임강사 1995년 同정신과 조교수급 정신과의 1996~2000년 서울대병원 정신과 폐쇄병동장 1998년 서울대 의학연구원 겸임연구원 1998~2000년 서울대병원 공황장애클리닉소장 1999~2000년 同신경인지기능검사실장 1999~2001년 서울대 의과대학 정신과학교실 기금조교수 2000~2002년 미국 McLean Brain Imaging Center 조교수급 정신과의 2000~2002년 미국 Harvard-MIT Division of Health Sciences and Technology Division 임상 및 연구전임의 2002~2004년 서울대 정신과 감정담당 교수 2002년 서울대병원 공황장애클리닉실장 2002년 同정신과 개방병동장 2002년 同임상의학연구소 뇌영상연구단장 2002~2004년 同임상의학연구소 Dry Lab 실험실장 2004년 서울대 의과대학 신경정신과학교실 부교수 2004년 서울대병원 우울장애클리닉 소장 2004년 대한중독정신의학회 국제이사 2004년 한국정신신체학회 국제이사 2005년 서울대병원 임상의학연구소 뇌영상연구실장 2006년 한국중독정신의학회 국제이사 2009~2012년 서울대 의과대학 정신과학교실 교수 2012년 이화여대 석좌교수(현) 2012년 同뇌융합과학연구원장(현) 2015년 同뇌·인지과학전공 주임교수(현) 2015년 법무부 정책위원회 위원(현) [상]Harvard-MIT 임상연구자상(2000), 미국 NARSAD Young Investigator Award (2000), 서울대병원 젊은연구자상(2005), 미국 국립보건원(NIH) 산하 국립약물의존연구소(NIDA) 국제저명과학자상(2007), 서울대병원 최다논문상 최우수상(2007), 미국 국립보건원 국제공동연구상(2008), 대한신경정신의학회 릴리학술상(2008), 서울대병원 의생명연구원 학술상(심호섭상)(2008), 서울대 우수연구교수상(2008·2010·2011), 범석논문상(2011), 함춘의학상(2011), 보건복지부장관표창(2012), 과학기술진흥유공 국무총리표창(2013)

류인철(柳寅哲) RHYU In Chul

[생]1957·2·25 [출]경남 합천 [주]서울 종로구 대학로 101 서울대병원 치의학대학원 치주과학교실(02-2072-2640) [학]1976년 계성고졸 1983년 서울대 치의학과졸 1986년 同대학원졸 1993년 치의학박사(서울대) [경]1995년 서울대 치의학대학원 치주과학교실 전임강사·조교수·부교수·교수(현) 2001~2009년 同치주과 과장 2003~2009년 同치주과학교실 주임교수 2009~2013년 同치의학대학원 치의학도서관장 2011~2013년 대한치주과학회 회장 2013~2015년 대한치과이식임플란트학회 회장 2013~2016년 서울대치과병원 원장 2014~2016년 대한치과병원협회 회장 2015~2016년 국립대학교치과병원장협의회 초대회장 2015년 대한치과이식임플란트학회 명예회장(현) [역]'조직공학' '임상가를 위한 치주교정학'

류일형(柳日馨) RYU Il Hyung (일송)

[생]1958·9·22 [본]진주(晉州) [출]경남 합천 [주]강원 원주시 시청로1 원주시청 브리핑룸(033-252-7711) [학]1977년 부산고졸 1984년 부산대 사회학과졸 [경]1984년 부산일보 사회부 기자 1986년 同교열부 기자 1987년 同사회부 기자 1988년 항도일보 사회부 기자 1990년 스포츠조선 기자 1990년 연합뉴스 입사 1999~2000년 同부산경남취재본부 차장대우·차장 2001년 同지방부 차장 2003년 同정보과학부 차장 2003년 同정보과학부 부장대우 2004년 전국언론노조연맹 부위원장 겸 연합뉴스지부 위원장 2005년 연합뉴스 사회부 부장대우 2006년 同민족뉴스부 부장대우 2006년 同민족뉴스부 부장급 2006년 同민족뉴스부장 2007년 同전국부 부장급 2009년 同전국부 부국장대우 2009년 同강원취재본부장(부국장대우) 2012년 同강원취재본부장(부국장급) 2013년 同콘텐츠평가실 콘텐츠평가위원 2013년 同국제국 국제뉴스2부 기획위원 2014년 同요하네스버그특파원 2015년 同편집국 국제뉴스부 선임기자 2015년 同편집국 전국부 선임기자 2015년 同강원취재본부 원주·태백주재 부국장급 2016년 同강원취재본부 원주주재 부국장급(현) [저]'유티즌(共)'(2004) [종]기독교

류장림(柳長林) RYU Jang Rim

[생]1959·3·9 [출]경북 상주 [주]경기 성남시 분당구 판교역로225의20 (주)시공테크 비서실(02-3438-0157) [학]1976년 서울 덕수상고졸 1980년 국제대 행정학과졸 1995년 건국대 행정대학원졸 2003년 한국예술종합학교 최고경영자문화예술과정 수료 2004년 한국체육대 사회체육대학원 최고경영자과정 수료 2004년 전국경제인연합회 국제경영원 최고경영자과정 수료 [경]1982~1984년 제일기획(주) 근무 1984~1986년 (주)신화인터내셔널 근무 1986~1990년 (주)에이원디자인 근무 2003년 (주)시공테크 사장 2016년 同부회장(현)

류장수(柳長壽) RYOO Jang Soo

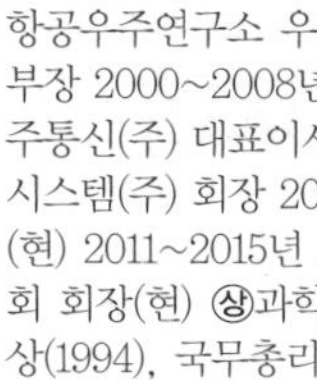

[생]1952·9·2 [본]풍산(豊山) [출]서울 [주]서울 금천구 가산디지털2로98 IT캐슬 AP위성통신(02-2026-7700) [학]1976년 서울대 공과대학 기계공학과졸 1980년 한국과학기술원 기계공학과졸 1985년 기계공학박사(한국과학기술원) [경]1976~1985년 국방과학연구소 선임연구원 1987~1989년 천문우주과학연구소 우주공학연구실장 1990년 한국항공우주연구소 우주개발사업부장 1992~1995년 미국 McDonell Douglas社 Delta II로켓(무궁화위성 발사체) 기술감리사업 책임자 1993~1996년 한국항공우주연구소 우주사업단장 1996년 미국 TRW社 아리랑위성공동개발사무소 현지책임자 1997년 한국항공우주연구소 우주사업단장 1998년 同위성사업부장 2000년 同선임연구부장 2000~2008년 아태위성산업(주) 대표이사 사장 2001~2003년 아태우주통신(주) 대표이사 사장 2006~2011년 국가우주위원회 위원 2008년 코닉시스템(주) 회장 2009년 AP시스템 회장 2011년 AP위성통신 대표이사 회장(현) 2011~2015년 AP우주항공 대표이사 회장 2014년 한국우주기술재능협회 회장(현) [상]과학기술처장관표창(1993), 한국항공우주연구소 최우수연구상(1994), 국무총리표창(1996), 국민훈장 동백장(2000), 중소기업중앙회 이달(6월)의 자랑스러운 중소기업인상(2008) [저]'우주개발과 설계기술'(1989) '우주발사체 개론'(1992) '우리나라의 인공위성개발'(1999)

류재구(柳在九) RYU Jae Gu

[생]1954·11·28 [출]광주 [주]경기 수원시 팔달구 효원로1 경기도의회(031-8008-7000) [학]장성종합고졸, 한국방송통신대 행정학과졸, 가톨릭대 행정대학원졸 [경]부천시 재래시장활성화대책위원장, 부천국제영화제 상임부위원장, 천주교 심곡성당 빈체시오 봉사요원, 부천역사연구소 부이사장, 부천시재래시장연합회 회장, 부천시뉴타운 자문위원, 인천지검 부천지청 범죄피해자지원센터

화해중재위원회 상담실장, 경기 도원초 운영위원장, 민주평통 소사구지회장 1995·1998·2002·2006~2010년 경기 부천시의회 의원 2010년 경기도의회 의원(민주당·민주통합당·민주당·새정치민주연합) 2010년 同문화체육관광위원회 위원 2012~2014년 同보건복지공보위원회 간사 2012~2015년 가톨릭대 겸임교수 2014년 경기도의회 의원(새정치민주연합·더불어민주당)(현) 2014년 同보건복지위원회 위원 2014년 同예산결산특별위원회 위원장 2015년 同수도권상생협력특별위원회 위원(현) 2015년 가톨릭관동대 초빙교수(현) 2016년 경기도의회 여성가족교육협력위원회 위원(현)

류재근(柳在根) RYU Jae Keun (청호)

[생]1941·9·4 [본]문화(文化) [출]강원 춘천 [주]서울 서초구 매헌로46 블루펄빌딩4층 유엔환경계획 한국위원회(02-720-1011) [학]1960년 춘천고졸 1966년 고려대 생물학과졸 1970년 서울대 보건대학원졸 1984년 이학박사(건국대) [경]1966~1978년 국립보건연구원 미생물부 연구원 1980~1989년 국립환경연구원 수질연구부 수질공학담당관 1989년 同호수수질연구소장 1993년 일본 국제협력단(JICA) 수질개선시스템 개발연구총괄책임자 1993~1999년 국립환경연구원 수질연구부장 1995년 서울시 수도물진단위원 1999년 국회 환경포럼 정책자문위원(현) 1999~2000년 국립환경연구원 원장 2000~2014년 고려대 의과대학 외래교수 2000~2003년 환경산업기술원 원장 2001~2003년 한국물환경학회 회장 2005년 한국환경기술진흥원 감사 2006~2010년 한국자연보존협회 회장 2006~2012년 한양대 자원환경공학과 겸임교수 2010년 한국지하수지열협회 고문(현) 2010년 한국자연보존협회 명예회장(현) 2011~2012년 (사)한국수생태복원협회 회장 2013년 同명예회장(현) 2013년 한국교통대 명예석좌교수(현) 2013년 한국환경학술단체연합회 회장(현) 2015년 UNEP 한국위원회 이사(현) 2015년 한국에코과학클럽 회장(현) [상]보건사회부장관표창, 환경부장관표창, 건설교통부 장관 표창, 국무총리표창 2회, 근정포장, 고운문화상, 환경기자클럽 올해의 환경인상(1992), 황조근정훈장(2004), 환경부장관 환경기술개발 공로패(2013), 국회환경포럼 20주년 공로패, 한국환경영향평가학회 공로패(2013) [저]'최신미생물학'(1978) '환경영향평가 기법'(1984) '환경생태공학'(2003) '호소공학'(2004) '환경과학'(2005) [역]'호소생태학'(2003) [종]천주교

류재남(柳在南) RYU Jae Nam

[생]1957·9·15 [본]문화(文化) [출]경남 남해 [주]충남 보령시 보령북로18 보령해양경비안전서(041-402-2000) [학]1986년 동아대 법학과졸 1988년 同대학원 법학과졸 1992년 법학박사(동아대) [경]2001년 해양경찰청 법무계장 2002~2007년 제주해양경찰서·울산해양경찰서 수사과장 2007년 남해지방해양경찰청 정보수사과장(총경) 2007년 同경무기획과장 2009년 속초해양경찰서장 2010년 해양경찰청 수사과장 2011년 동해해양경찰서 서장 2012년 남해지방해양청 경무기획과장 2014년 제주지방해양경찰청 경무기획과장 2014년 국민안전처 제주지방해양경비안전본부 기획운영과장 2015년 同중부지방해양경비안전본부 상황담당관 2015년 충남 보령해양경비안전서장(현) [상]대통령표창(2005) [저]'민법' '민법총칙' '물권법' '민사소송법' '형법' '환경위기와 보전정책' [종]불교

류재림(柳在林) RYU Jae Lim

[생]1956·6·13 [본]문화(文化) [출]경남 [주]서울 마포구 월드컵북로400 한국영상자료원(02-3153-2001) [학]1974년 서라벌고졸 1976년 신구대학 사진인쇄과졸 [경]1985~1988년 코리아헤럴드 편집국 사진부 기자 1988~2006년 서울신문 편집국 사진부 기자 1990~1991년 한국사진기자협회 편집위원 2006~2011년 서울신문 편집국 사진부장 2011년 프리랜서 사진작가 2015년 한국영상자료원 원장(현) [상]서울올림픽기장 문화장(1988), 한국사진기자협회 현장사진기자상(2011) [종]불교

류재선(柳在善) RYU Jae Sun

[생]1958·4·5 [주]전남 보성군 보성읍 우산길2 (주)금강전력(062-223-6669) [학]대불대 컴퓨터학부 전기공학과졸, 전남대 경영대학원 수료, 한국철도협회 한국철도산업최고경영자과정(RIAMP) 수료 [경]2000년 (주)금강전력 대표이사 사장(현), 한국전기공사협회 제도개선위원장, 同전남도회 윤리위원장, 同전남도회 회장, 同중앙회 이사, 전남전업인장학회 이사장, 한국낭가파르밧루팔벽원정대 단장, 국민생활체육 전남씨름연합회장, 대한씨름협회 부회장, 엄홍길휴먼재단 이사 2014년 (주)한국전기신문 대표이사 사장(현) [상]대통령표창(2001), 산업자원부장관표창(2002), 전라남도지사표창(2004), 국무총리표창(2005)

류재영(柳在榮) Jai Young Ryu (仁農)

[생]1954·5·31 [출]서울 [주]경기 고양시 덕양구 항공대학로76 한국항공대학교 연구동 406호 미래교통물류연구센타(02-3159-0427) [학]1976년 한양대 도시공학과졸 1984년 同대학원 환경계획학과졸 1995년 도시공학박사(한양대) 1999년 한양대 대학원 컴퓨터교육과졸 [경]1978~1981년 한국과학기술연구소(KIST) 지역개발연구소 연구원 1978~2014년 국토연구원(KRIHS) 연구위원·선임연구위원 1985년 대한교통학회 상임이사, 同고문(현) 1994~2000년 한국도로·교통협회 대의원 1998년 연세대 산업대학원 강사 1999~2000년 한국건설기술교육원 강사 1999~2000년 한국로지스틱학회 상임이사, 同부회장(현) 1999년 우크라이나문화예술원 이사 2001~2005년 건설교통부 장관자문관 2006년 국토연구원 교통연구실장 2007년 세계도로협회(PIARC) 한국위원회 부위원장(현) 2008~2010년 인천항만공사 감사위원장·항만위원 2009년 국토연구원 국토인프라·GIS연구본부장 2011년 (사)한국자전거정책연합 회장(현) 2012년 보건사회전문가포럼 회장(현) 2014년 한국항공대 미래교통물류연구센타 연구교수(현) [상]건설교통부장관공로표창(1995), 행정안전부장관표창(2009) [종]기독교

류재응(柳在應)

[생]1963 [출]경남 함양 [주]경남 진주시 비봉로24번길3 진주경찰서 서장실(055-750-0210) [학]1982년 경남 거창 대성고졸 1987년 경찰대 행정학과졸(3기) 2004년 경남대 행정대학원졸 [경]2001년 경정 승진, 경남 김해경찰서 정보과장·창원중부경찰서 정보과장, 경남지방경찰청 기획계장·청문감사담당 2010년 부산지방경찰청 홍보담당관(총경) 2011년 부산 사하경찰서장 2012년 경남지방경찰청 정보과장 2013년 경남 창원서부경찰서장 2015년 경남지방경찰청 경비교통과장 2016년 경남 진주경찰서장(현)

류재일(柳在溢)

[생]1961·9·13 [출]경북 성주 [주]대구 달서구 이곡공원로54 대구지방조달청(070-4056-7901) [학]경북사대부고졸, 한국방송통신대 행정학과졸, 경북대 대학원 행정학과졸 [경]1985년 공무원 임용 1995년 대구지방조달청 근무 2005년 조달청 기획관리관실 법무심사팀 근무 2008년 대통령 총무기획관실 행정관 2011년 부산지방조달청 장비구매팀장 2012년 조달청 청장 비서관 2015년 同운영지원과장 2016년 대구지방조달청장(현)

류재정(柳在汀) RYU Jae Jeong

[생]1936·2·12 [본]문화(文化) [출]전남 영암 [주]전남 영암군 학산면 영산로76의57 동아보건대학교 총장실(061-472-5765) [학]1954년 광주고등성경학교 본과졸 1991년 미국 조지워싱턴대 대학원 최고경영자고위과정 수료 2005년 명예 사진예술학박사(중국 밍위엔대) [경]1965~1966년 駐越청룡부대 보도사진실장 1966년 동아일보·경향신문 월남전 사진연재(1달), 대한민국사진전람회 사진분과 위원장 1969~1971년 신아일보 월남특파원(종군기자) 1971~1973년 산업경제신문 기획개발부장 1983~1984년 대한미술전·세종문화대상전·평화통일문화제 사진부문 심사위원장 1983~1991년 민주평통 자문위원 1984년 한국사진작가협회 이사·자문위원(현) 1986~1988년 서울올림픽대회 중앙대위원 겸 전문사진작가 1993년 동아일보 초대 사진동우회장·자문위원·명예회장(현) 1998년 대한민국사진대전 심사위원·초대작가(현) 1998년 동아인재대 사진영상과 교수 2004년 대한민국사진학회 회장(초대·2대)·명예회장(현) 2005년 중국 밍위엔대 객좌교수 특명봉직(현), 해병대사진전우회 초대회장, 同명예회장(현), 월간 영상사 발전연구위원장, 동아인재대 방송미디어전공 명예교수 2008년 시인 등단, 서울언론인클럽 간사(현), 노원사진가회 명예회장(현) 2009년 한국신문기자연합회 시사뉴스투데이 편집인 2016년 동아보건대학교 방송미디어전공 명예교수(현) [상]월남월계십자동성무공훈장(1966), 월남참전종군기장(1966), 대한민국국전 사진부 입선(10회), 제25회 대한민국국전 사진부문 대상, 문화공보부장관표창, 국방부장관표창, 제26회 한국사진문화상 작품부문 예술문화상(본상) [저]'월남종군 365일'(1986) '백두산과 중국속의 한국인'(1991) '사진작가가 본 몽골'(1995) [종]기독교

류재천(柳在泉) RYU Jae Chun

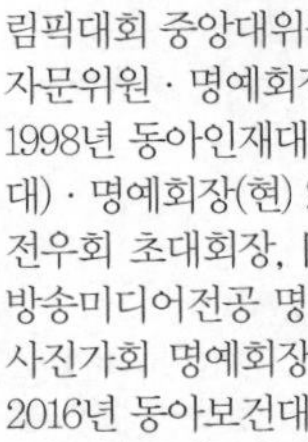

[생]1957·2·20 [본]문화(文化) [출]경기 의정부 [주]서울 성북구 화랑로14길5 한국과학기술연구원 녹색도시기술연구소 환경복지연구단(02-958-5070) [학]1979년 중앙대 약학과졸 1981년 서울대 대학원 약학과졸 1988년 독성학박사(일본 도쿄이과대) [경]1985~1988년 일본 도쿄노인종합연구소 연구원 1988년 일본 하이폭스연구소 독성연구실장 1989년 한국과학기술연구원 도핑콘트롤

센터 선임연구원 1991년 일본 생체과학연구소 Research Fellow 1993년 미국 Harvard Univ. Harvard Medical School Dana-Farber Cancer Inst. Research Fellow 2002년 한국환경독성학회 부회장 2003년 한국과학기술평가원 Pharmacogenomics 기획위원장 2003년 同Toxicogenomics 기획위원장 2004~2014년 한국과학기술연구원 책임연구원 2005년 대한독성유전단백체학회 회장 2008~2015년 대한환경위해성보건과학회 회장 2009년 세계독성유전체학회 회장(현) 2011년 대한독성유전단백체학회 이사장(현) 2011년 아름다운미래를만드는사람들 상임대표 회장(현) 2012~2014년 한국과학기술연구원 통합위해성연구단장 2015년 同녹색도시기술연구소 환경복지연구단 책임연구원(현) 2016년 대한환경위해성보건과학회 이사장(현) [상]한국과학기술연구원 우수연구자상(1996), 환경부장관표창(1999), 한국과학기술연구원 이달의 KIST인상(2004), 대통령표창(2007), 국립환경과학원장표창(2007), 국민포장(2011) [역]'식품의 안전성평가(共)'(1993, 한림원) '알아두어야 할 식품의 안전성(共)'(1998, 한림원)

류재택(柳在澤) Ryoo Jaetaeg (一貫)

[생]1959·8·27 [본]풍산(豊山) [출]경북 상주 [주]서울 종로구 새문안로82 국민대통합위원회(02-6262-2400) [학]1977년 검정고시 합격 1988년 한국외국어대 정치외교학과졸 1992년 同대학원 정치외교학과졸 2005년 정치학박사(한국외국어대) [경]1996~1997년 국회 재정경제위원장 보좌관 1998~2000년 同정무위원장 보좌관 2001년 한나라당 중구지구당 수석부위원장 2002년 同이회창 보좌역 2003년 同강재섭 특보 2004년 한국외국어대 정치외교학과 외래교수 2004~2005년 (사)정진교육연구원 부원장 2005년 (사)민주화추진협의회 기획국장 2005~2006년 (사)한국국정연구원 원장 2006년 서울시 중구청장 후보(무소속) 2007~2008년 워크에듀 교육연구소 소장 2007년 한나라당 박근혜 특보(서울 중구 선대위원장) 2008년 한국부동산경제신문 회장 2010년 서울시의회 의원 후보(한나라당) 2012년 바르게살기운동중앙협의회 행정국장 2014년 대통령소속 국민대통합위원회 자문위원(현) 2015년 대통령연구소 소장(현), CBS뉴스 논설위원 [저]'대통령직 인수'(2006) '정치@영화(共)'(2008) [종]기독교

류재하(柳載夏) RYU Jae Ha

[생]1959·7·9 [주]서울 용산구 청파로47길100 숙명여자대학교 약학부(02-714-0745) [학]1982년 서울대 약학과졸 1984년 同대학원졸 1989년 약학박사(서울대) [경]1988~1989년 일본 오사카 Suntory 생물유기연구소 객원연구원 1989~1990년 서울대 천연물과학연구소 조교 1990~1992년 미국보건원(National Institute of Health) Post-Doc. 1992~2001년 숙명여대 약학과 조교수·부교수 1994~1996년 同약대 약학과장 1995~2001년 보건복지부 중앙약사심의위원회 위원 2001년 숙명여대 약학부 교수(현) 2002~2003년 미국 럿거스대 방문교수 2004~2008년 숙명여대 보건진료소장 2016년 同약학대학장(현) [상]미국 NIH Forgaty fellowship(1990), 대한약학회 학술상(1998) [저]'약품정량분석'(1998, 동명사) '약품분석의 진보'(2000) [종]기독교

류재형(柳才馨) Ryoo Jaehyeong

[생]1977·9·24 [주]서울 성동구 마장로210 한국기원 홍보팀(02-3407-3870) [경]1993년 입단 1995년 3단 승단 2000년 4단 승단 2000년 천원전 준우승 2001년 5단 승단 2003년 6단 승단 2005년 7단 승단 2005년 농심신라면배 한국대표 2008년 8단 승단 2010년 9단 승단(현)

류정아(柳貞娥·女) Ryoo Jeung Ah

[생]1963·4·6 [출]대전 [주]서울 강서구 금낭화로154 한국문화관광연구원 문화예술연구실(02-2669-9839) [학]서울여고졸 1987년 서울대 인류학과졸 1989년 同대학원 인류학과졸 1994년 인류학박사(프랑스 파리사회과학고등연구원) [경]1995~1997년 서울대 지역종합연구소 특별연구원 1999~2003년 명지대 여성가족생활연구소 책임연구원 2003~2007년 한국문화관광정책연구원 책임연구원 2007년 한국문화관광연구원 문화정책팀장 2007년 한국프랑스학회 이사 2007년 문화관광부 문화관광축제 평가위원 2007년 한국문화관광연구원 정책총괄연구실 정책기획팀장 2008~2013년 한국외국어대 대학원 글로벌문화콘텐츠학과 겸임교수 2009~2012년 인천문화재단 이사 2010년 한국문화관광연구원 문화예술연구실 연구위원 2010~2012년 지역발전위원회 지역계정사업 평가위원 2011년 교육부 BK사업 평가위원 2011년 한국인문콘텐츠학회 학술연구위원장 2011~2013년 행정안전부 지자체합동평가위원회 위원 2011~2013년 경북도 여성예술인포럼 공연예술분과 위원 2012년 한국문화관광연구원 융합연구실장 2012년 同연구기획조정실장 겸 융합연구실장 2013년 기획재정부 기금평가위원 2013년 한국문화인류학회 기획위원장 2013년 대통령직속 지역발전위원회 창조지역 평가위원 2013~2014년 대통령 교육문화수석비서관실 관광진흥비서관 2014년 한국문화관광연구원 문화예술연구실 연구위원 2014~2016년 문화재청 자체평가위원 2015년 한국문화관광연구원 문화예술연구실장(선임연구위원)(현) 2015년 문화체육관광부 지역문화협력위원회 위원(현) [저]'전통성의 현대적 발견 : 남프랑스의 축제문화 연구'(1989) '축제인류학'(2003) [역]'축제와 문명'(1989) '증여론'(2008)

류정원(柳政元)

[생]1972·1·17 [출]경남 창녕 [주]경기 의정부시 녹양로34번길23 의정부지방검찰청 공판송무부(031-820-4416) [학]1990년 대구 오성고졸 [경]1996년 사법시험 합격(38회) 1999년 사법연수원 수료(28기) 1999년 대구고검 법무관 2002년 부산지검 검사 2004년 대구지검 안동지청 검사 2005년 의정부지검 고양지청 검사 2007년 의정부지검 검사 2009년 서울중앙지검 검사 2011년 사법연수원 교수 2013년 대전지검 서산지청 부장검사 2014년 대구지검 공안부장 2015년 의정부지검 고양지청 부장검사 2016년 의정부지검 공판송무부장(현)

류제명(柳濟明) RYU Je Myung

[생]1968·8·1 [출]전남 고흥 [주]경기 과천시 관문로47 미래창조과학부 정보통신정책실 소프트웨어정책과(02-2110-1810) [학]1987년 광주 서강고졸 1996년 서울대 정치학과졸 2004년 미국 카네기멜론대 대학원졸 [경]1993년 행정고시 합격(37회) 1997년 정보통신부 행정사무관 1997년 同기획관리실 법무담당관실 행정사무관 1998년 同정보통신정책실 정보통신진흥과 행정사무관 1999년 同정보통신정책국 소프트웨어진흥과 행정사무관 2000년 同정보통신정책국 정책총괄과 행정사무관 2002년 同정보통신정책국 산업기술과 행정사무관 2004년 同정보통신협력국 협력기획과 행정사무관 2004년 同정보통신협력국 협력기획과 서기관 2005년 同정책홍보관리실 재정담당관 2006년 同정책홍보관리본부 재정팀장 2007년 同전파방송기획단 전파방송산업팀장 2007년 대통령비서실 파견(인사수석실 행정관) 2008년 방송통신위원회 방송통신융합정책실 기술정책팀장(서기관) 2009년 駐OECD대표부 참사관(공보관) 2009년 OECD 정보사회지표작업반 부의장 2012년 방송통신위원회 규제개혁법무담당관실 법무팀장 2013년 미래창조과학부 기획조정실 규제개혁법무담당관 2014년 同통신정책국 통신이용제도과장 2016년 同정보통신정책실 소프트웨어정책과장(부이사관)(현) [상]대통령표창(2005) [역]'OECD 국가의 행정개혁사례'(1997) [종]기독교

류제승(柳濟昇) YOO, Jeh Seung

[생]1957·1·15 [출]인천 [주]서울 용산구 이태원로22 국방부 국방정책실(02-748-6110) [학]1975년 인천 제물포고졸 1979년 육군사관학교졸(35기) 1983년 영남대 경영대학원 경영학과졸 2003년 역사학박사(독일 루르대) [경]1979년 소위 임관 1979년 이후 소대장·중대장·대대장·여단장 역임 2003년 합동참모본부 군사전략과장(대령) 2005년 同전략기획차장(준장) 2006년 한미연합사령부 기획참모차장(준장) 2008년 육군 제11기계화보병사단장(소장) 2009년 국방부 정책기획관(소장) 2011년 육군 제8군단장(중장) 2012년 육군 교육사령관(중장) 2013년 국방부 국방정책실장(현) [상]독일 은성명예십자훈장(2002), 대통령표창(2005), 미국 공로훈장 Legion of Merit(2008), 보국훈장 국선장(2011) [저]'6·25, 아직 끝나지 않은 전쟁'(2013, 책세상) [역]귄터 블루멘트리트의 '전략과 전술'(1994, 한울), 안드레아스 힐그루버의 '국제정치와 전쟁전략'(1996, 한울), 카를 폰 클라우제비츠의 '전쟁론'(1998, 책세상) [종]천주교

류제연(柳濟然) YOO Jei Yeun (松隱)

[생]1934·12·10 [본]문화(文化) [출]충남 당진 [주]서울 영등포구 의사당대로1 대한민국헌정회(02-757-6612) [학]당진고졸 1960년 연세대 행정대학원 수료 [경]1961년 신평중·고 교장서리 1965년 同재단 이사장 1971년 신민당 대통령후보 특별보좌관 1971년 제8대 국회의원(당진, 신민당) 1971년 신민당 충남도당 부위원장 1973년 제9대 국회의원(서산·당진, 신민당) 1977년 신민당 정책심의회 부의장 1983년 사학재단연합회 충남도 회장 1985년 제12대 국회의원(인천 동구·북구, 신민당) 1985년 신민당 사무총장 1986년 同개헌추진본부 전북지부장 1987년 민주당 전당대회 의장 1987년 평민당 부총재 1988년 민주당 정무위원 1988년 同인천西지구당 위원장 1990년 한국사학법인연합회 회장 1992년 미건엔지니어링 회장 2006~2009년 대한민국헌정회 부회장 2009년 同고문(현) [상]국민훈장 목련장(2003) [종]기독교

류제정(柳濟貞·女) RYU JE JEONG
[생]1959·4·27 [주]대전 서구 청사로189 통계청 통계교육원 교육기획과(042-366-6101) [학]1978년 대전여고졸 1982년 숭전대 계산통계학과졸, 한남대 대학원 컴퓨터공학과졸 [경]1987년 통계청 통계정보과 사무관 2002년 同전산개발과 서기관 2005년 同정보화기획과 서기관 2007년 同정보서비스과장 2010년 同정보서비스팀장 2011년 同통계정보국 조사시스템관리과장 2014년 同통계정보국 공간정보서비스과장 2016년 同통계교육원 교육기획과장(부이사관)(현) [상]대통령표창(2011)

류제천(柳濟天) Yoo Jae Cheon

[생]1958·10·30 [출]충남 [주]서울 중구 청계천로100 시그니쳐타워 (주)아모레퍼시픽 임원실(02-709-5114) [학]1982년 성균관대 사회학과졸 1987년 同대학원 경영학과졸 [경]1981년 (주)아모레퍼시픽 입사, 同수원물류센터장, 同SCM부문 물류사업부장, 同기획재경부문 6시그마추진사업부장, 同혁신담당 사업부장 2008년 同인사총무부문장(상무) 2009년 同MC&S부문장 2010년 同중국본부 부사장, 同신사업부문 부사장 2013년 同Luxury사업부문 부사장(현) 2014년 한국직접판매협회 회장(현)

류제춘(柳濟春) RYOO JECHOON
[생]1964·9·17 [주]경북 구미시 3공단3로242 코닝정밀소재 신사업추진실(041-520-2137) [학]1983년 통영고졸 1987년 연세대 전기공학과졸 1989년 同대학원 재료공학과졸 [경](주)삼성코닝 필터기술그룹 근무, (주)삼성코닝정밀유리 N Project TF팀장(상무), 삼성코닝정밀소재(주) 신사업추진팀장(상무) 2014년 코닝정밀소재 신사업추진실장(상무) 2014년 同신사업추진실장(전무)(현) [종]불교

류종목(柳種睦) LIU Jong Mok

[생]1952·5·18 [본]진주(晉州) [출]경남 밀양 [주]서울 관악구 관악로1 서울대학교 중어중문학과(02-880-6074) [학]1978년 서울대 중어중문학과졸 1984년 同대학원 중어중문학과졸 1991년 중어중문학박사(서울대) [경]1984~1986년 경북대·계명대·영남대 시간강사 1986~1988년 대구대 인문대학 중어중문학과 전임강사 1988~1992년 同조교수 1992~1993년 同부교수 1993~1997년 서울대 인문대학 중어중문학과 조교수 1996~1997년 중국 소주대학(蘇州大學) 문학원 中文系 방문학자 1997~2002년 서울대 인문대학 중어중문학과 부교수 2000~2002년 한국중국어문학회 회장 2002년 서울대 중어중문학과 교수(현) 2011~2013년 同인문대학 동아문화연구소장 [상]서울대 교육상(2010) [저]'蘇軾詞硏究'(1993) '중문학 어떻게 공부할까(共)'(1994) '여산진면목'(1996) '동서양 시의 이해(共)'(1999) '論語의 문법적 이해'(2000) '송시선(共)'(2001) '한국의 학술연구-인문사회과학편 제2집(共)'(2001) '범성대시선'(2002) '中國詩와 詩人-宋代篇(共)'(2004) '팔방미인 蘇東坡'(2005) '세계의 고전을 읽는다-동양문학편(共)'(2005) '육유시선'(2007) '소동파시선'(2008) '蘇東坡詞選'(2008) '산성마을 농사꾼 이야기(共)'(2008) '중국고전문학정선-시가1(共)'(2011) '중국고전문학정선-시경·초사(共)'(2012) '소동파산문선'(2013) '중국고전문학정선-시가2(共)'(2013) '파리에서 보내온 합죽선(共)'(2013) '중국고전문학정선-사곡(共)'(2015) [역]'唐宋詞史(共)'(1995) '完譯蘇軾詩集1'(2005) '소동파사'(2010) '당시삼백수'(2010) '중국 고전문학 연구의 회고와 전망(共)'(2010) '정본완역 소동파시집1·2'(2012) '소동파 문학의 현장 속으로 1·2'(2015) '송사삼백수'(2016) '정본완역 소동파시집3'(2016)

류종수(柳鍾洙) RYU Chong Su

[생]1942·12·15 [본]고흥(高興) [출]강원 춘천 [주]강원 춘천시 퇴계농공로40 춘천문화원(033-254-5105) [학]1961년 춘천고졸 1965년 강원대 농대 임학과졸 1997년 同대학원 최고경영자과정 수료 1998년 한림대 대학원 최고경영자과정 수료 2003년 강원대 경영행정대학원 부동산학과졸 2004년 명예 정치학박사(한림대) [경]1990년 민자당 춘천군지구당 사무국장 1991년 강원도체육회 사무처장 1991년 민주평통 자문위원 1993년 민자당 상무위원 1993년 同춘천지구당 위원장 1993년 제14대 국회의원(춘천 보궐선거, 민자당·자민련) 1996년 제15대 국회의원(춘천乙, 자민련·신한국당·한나라당) 1996년 아·태의회포럼(APPF) 부회장 1998년 한나라당 정책위원회 부의장 1998년 同중앙당기위원장 1999년 국회 예산결산특별위원회 계수조정소위 위원 2000년 한나라당 춘천지구당 위원장 2000년 제16대 국회의원선거 출마(춘천, 한나라당) 2002~2006년 춘천시장(한나라당) 2008년 자유선진당 강원도당 위원장 2008년 제18대 국회의원선거 출마(춘천, 자유선진당) 2010년 춘천시장선거 출마(자유선진당) 2010년 자유선진당 미래혁신특별위원회 위원 2013년 새누리당 강원도당 상임고문(현) 2014년 춘천문화원 원장(현) 2015년 강원도문화원연합회 회장(현) 2016년 칠보회 회장(현) [종]불교

류종수(柳鐘守)

[생]1962·7·7 [주]강원 원주시 혁신로60 건강보험심사평가원 국제협력단(1644-2000) [학]대구 청구고졸, 영남대 경제학과졸 1989년 미국 포담대 대학원 사회복지정책학과졸 [경]1989~2002년 미국 뉴욕 가톨릭재단 개발과장·감사과장·기획과장·부장·국장 2000~2002년 미국 뉴욕시 YMCA Flushing지부 이사장 2002~2009년 미국 뉴욕 가톨릭재단 경영부총장 2005~2006년 이화여대 대외협력 고문 2009~2012년 UN재단 상임고문 2012~2013년 유니세프 한국위원회 사무총장 2014~2015년 국제방송교류재단 아리랑TV UPFRONT MC(진행자) 2014년 건강보험심사평가원 객원연구위원 2016년 同국제협력단장(현)

류종영(柳鍾永) RYU Jong Yung

[생]1949·4·10 [본]서산(瑞山) [출]경북 성주 [주]대전 서구 도안북로88 목원대학교 인문대학 독일언어문화학과(042-829-7114) [학]1967년 대구고졸 1973년 경북대 사범대학 독어과졸 1980년 독일 뮌헨대 독문학과 수료 1983년 서강대 대학원 독문학과졸(문학석사) 1988년 문학박사(서강대) [경]1981~1992년 목원대 독어독문학과 전임강사·조교수·부교수·교수 1988년 同학생처장 1989년 同어문학연구소장 1992~2014년 同인문대학 독일언어문화학과 교수 1992년 同인문대학장 1997년 독일 카셀대 초빙교수 1998년 민주화를위한전국교수협의회 대전충남지회장 1999년 한국뷔히너학회 부회장 1999년 목원대 교수협의회장 2001년 한국뷔히너학회 회장 2001~2002년 전국대학교수회 사무총장 2012~2014년 목원대 대학원장 2014년 同명예교수(현) [상]홍조근정훈장(2014) [저]'게오르크 뷔히너 희곡연구'(1988, 삼영사) 'Deutsch Heute'(2003, 도서출판 문예림) '웃음의 미학'(2005, 유로서적 : 2006년 대한민국학술원 기초학문육성 우수도서) '위트로 읽는 위트, 문예학으로서 위트 분석'(2007, 유로서적) [역]'최근100년간의 독일문화사(共)'(1986, 민지사) '현대문학의 근본개념사전(共)'(1996, 솔출판사) '토마스 베른하르트의 습관의 힘' '영웅광장'(2003, 목원대 출판부) [종]기독교

류종영(柳鍾泳) Ryu Jong Young

[생]1974·1·29 [본]문화(文化) [출]경남 남해 [주]세종특별자치시 다솜2로94 해양수산부 세월호배상및보상지원단 보상운영과(044-200-6200) [학]1992년 창신고졸 2001년 고려대 경영학과졸 [경]2000년 행정고시 합격(제44회) 2002년 해양수산부 입부 2002~2003년 부산지방해양항만청 총무과·항만물류과 근무 2004년 해양수산부 동북아물류기획단 근무 2006년 同혁신기획관실 항만운영과 근무 2008년 국토해양부 항만운영과·항만물류기획과 서기관 2009년 同물류정책과 서기관 2010년 부산시 항만물류과장 2011년 부산지방해양항만청 항만물류과장 2012년 국토해양부 감찰팀장 2013년 미국 연방해양대기청(NOAA) 파견(서기관) 2016년 해양수산부 세월호배상 및 보상지원단 보상운영과장(현) [종]불교

류종우(柳種宇) RYU Chong Woo

[생]1944·3·29 [출]서울 [주]경기 시흥시 공단1대로28번길120 삼보판지(주) 부회장실(031-433-4393) [학]1962년 경복고졸 1970년 한양대 건축학과졸 [경]1973~1977년 창원제지공업사 사장 1977년 삼보판지공업(주) 전무이사 1987년 同대표이사 1996~2002·2004~2006년 한국골판지포장공업협동조합 이사장 1999~2009년 삼보판지(주) 대표이사 사장 2002년 수원지법 안산지원 조정위원회 운영위원 2009년 삼보판지(주) 부회장(현) [상]석탑산업훈장(1995), 철탑산업훈장(2007) [종]천주교

류준선(柳準善) Ryu Jun Sun

[주]경기 고양시 일산동구 일산로323 국립암센터 부속병원 갑상선암센터(031-920-1933) [학]1991년 서울대 의대졸 1998년 한림대 대학원 이비인후과학과졸 2004년 의학박사(부산대) [경]1991~1992년 서울대병원 수련의 1992~1995년 육군 군의관 1995~1999년 삼성서울병원 전공의 1999년 同전임의 1999~2001년 동국대경주병원 전임강사 2001~2002년 同조교수 2002년 국립암센터 부속병원 특수암센터 두경부종양클리닉 전문의(현) 2009년 同부속병원 갑상선암센터 전문의(현) 2010~2011년 미국 MD Anderson Cancer Center 연수 2012년 국립암센터 부속병원 이비인후과 전문의(현) 2012년 同부속병원 갑상선암센터장(현) [저]'기관절개술'(한국의학원) '암 치료 후 진료 및 건강관리 매뉴얼(共)'(2013, 군자출판사) '갑상선두경부외과학(共)'(2014, 범문에듀케이션) '갑상선암의 모든것(共)'(2014, 재승출판사)

류준열(柳俊烈)

[생]1964·12·14 [출]전북 전주 [주]인천 남동구 중앙공원길46 이토타워15층 SK와이번스 대표이사실(032-455-2601) [학]전북대사대부고졸, 연세대 경제학과졸, 同대학원 경제학과졸 [경]2000년 SK텔레콤(주) 입사 2010년 同전략기획그룹장 2011년 同미국Platform사업본부장 2012년 서비스탑 대표 2015년 SK텔레콤(주) 성장전략실장 2016년 SK와이번스 대표이사(현)

류중일(柳仲逸) Ryu Jung-Yil

[생]1963·4·28 [주]대구 수성구 야구전설로1 삼성 라이온즈 야구단(053-780-3300) [학]경북고졸, 한양대졸 [경]1987~1998년 프로야구 삼성 라이온즈 소속 2000년 同수비코치 2005년 월드베이스볼클래식(WBC) 국가대표팀 코치 2008~2009년 프로야구 삼성 라이온즈 2군 수비코치 2008년 제2회 월드베이스볼클래식(WBC) 국가대표팀 주루코치 2009년 프로야구 삼성 라이온즈 1군 수비코치 2010년 제16회 광저우아시안게임 국가대표팀 코치 2010~2016년 프로야구 삼성 라이온즈 감독 2011년 대구엑스코 홍보대사 2011·2012·2013·2014·2015년 프로야구 정규리그 우승(5연패) 2011·2012·2013·2014년 프로야구 한국시리즈 우승(4연패) 2013년 제3회 월드베이스볼클래식(WBC) 국가대표팀 감독 2014년 인천아시안게임 야구대표팀 감독(금메달 획득) 2014년 대구사회복지공동모금회 홍보대사 2015년 프로야구 한국시리즈 준우승 2016년 프로야구 삼성 라이온즈 기술고문(현) [상]프로야구 유격수부문 골든글러브(1987·1991), 일간스포츠 프로야구 감투상(1990), 금복문화상 사회공헌부문상(2012), 조아제약 프로야구대상 프로감독상(2013·2014), 일구상 지도자상(2014)

류중하(柳中夏) Yu Jung Ha

[생]1963·1·30 [주]울산 중구 종가로340 근로복지공단 감사실(052-704-7713) [학]서울사대부고졸, 서경대 행정학과졸, 한성대 부동산대학원 부동산학과졸 [경]1989년 서울시 중랑구청 지방행정서기보 1990년 同성북구 정릉2동사무소 지방행정서기 1993년 同성북구 총무과 근무 1995~2000년 同성북구 장위1동·석관1동사무소 지방행정주사보 2001년 同성북구 정릉2동사무소 근무 2002~2005년 同성북구 주택과·자치행정과·재무과 근무 2005년 한나라당 서울시당 홍보위원회 부위원장 2005년 정릉동경전철유치위원회 사무국장 2005년 정릉동뉴타운추진위원회 정책기획실장 2005년 한성대대학원총동문회 사무총장, 서울시자연보호협의회 청년회 부회장 2006년 서울시 성북구의원선거 출마, 미래희망연대 정책기획국장, 同정책연구소장, (사)미래전략개발연구소 사무처장 2012년 새누리당 부대변인 2014년 근로복지공단 감사(현) [상]성북구를 빛낸 프로공무원상

류지선(柳志先) RYU Ji Seon

[생]1957·8·22 [본]문화(文化) [출]충남 홍성 [주]서울 송파구 양재대로1239 한국체육대학교 운동건강관리학과(02-410-6822) [학]1982년 한양대 체육학과졸 1984년 同대학원 체육학과졸 1990년 체육학박사(한양대) [경]1991년 한국체육대 스포츠건강복지학부 스포츠건강관리전공 교수 1999~2001년 미국 매사추세츠대 교환교수 2001~2003년 한국체육대 체육과학연구소장 2001~2003년 同건강관리학과장 2007~2011년 同교무처장 2007~2009년 한국운동역학회 부회장 2008~2012년 체육과학연구원 편집위원 2008~2009년 한국체육대 총장 직대 2010년 국공립대학교무처장협의회 회장 2011년 한국체육대 생활체육대학 운동건강관리학과 교수(현) 2012년 同교학처장 2012~2015년 한국운동역학회 회장 [상]교육인적자원부장관표창(2005) [저]'운동역학 실험'(2003, 대한미디어) '경기력향상을 위한 장애인 휠체어 탁구 훈련지침서'(2008, 대한장애인체육회) '체육지도자훈련지도서(역도)(共)'(2010, KISS) '체육지도자훈련지도서(체조)(共)'(2010, KISS) [역]'인간동작의 생체신경역학적 이해'(2004)

류지열(柳志悅)

[생]1972·7·25 [출]경남 의령 [주]울산 남구 법대로45 울산지방검찰청 형사2부(052-228-4305) [학]1991년 해운대고졸 1996년 서울대 경제학과졸 [경]1997년 사법시험 합격(39회) 2000년 사법연수원 수료(29기) 2000년 공익 법무관 2003년 서울지검 북부지청 검사 2004년 서울북부지검 검사 2005년 부산지검 동부지청 검사 2007년 창원지검 검사 2009년 수원지검 성남지청 검사 2011년 서울서부지검 검사 2013년 同부부장검사 2013년 서울중앙지검 부부장검사 2015년 춘천지검 원주지청 부장검사 2016년 울산지검 형사2부장(현)

류지영(柳知姈·女) You Jee Young

[생]1950·3·4 [출]경북 김천 [주]서울 중구 서소문로50 한국여성인권진흥원(02-735-1050) [학]1972년 숙명여대 생활미술학과졸 1994년 고려대 경영대학원 수료 1996년 同언론대학원 최고지도자과정 수료 2001년 세종대 대학원 세계경영최고위과정(AGMP) 수료 2004년 숙명여대 교육대학원 유아교육과졸 2005년 同테크노경영대학원 블루오션CEO과정 수료 [경]1989~2012년 월간 「유아」 발행인 1990년 도서출판 어린이뜰 사장 1994~2003년 중국조선족유치원후원회 회장 1998년 중국 북경 중화고려대 이사(현) 1999년 민주평통 자문위원 2001년 문화관광부 정기간행물등록취소심의위원회 위원 2001년 한국잡지협회 부회장 2002년 한국여성경제인연합회 서울지회 부회장 2003~2004년 한국간행물윤리위원회 심의위원 2003~2015년 (사)한국유아교육인협회 회장 2007~2009년 한국여성경제인협회 서울지회장 2008~2012년 (주)유아림 대표이사 2009~2010년 한나라당 중앙위원회 여성분과위원장 2010년 한국여성경제인협회 서울지회 명예회장(현) 2010~2012년 숙명여대총동문회 회장 2010~2012년 한나라당 부대변인 2010년 (사)한국여성단체협의회 이사(현) 2012~2016년 제19대 국회의원(비례대표, 새누리당) 2012~2015년 한국에어로빅체조연맹 회장 2012년 국회 보건복지위원회 위원 2012년 새누리당 중앙윤리위원회 부위원장 2012년 同중앙여성위원회 수석부위원장 2012년 국회 미래여성가족포럼 공동대표 2013년 국회 운영위원회 위원 2013년 새누리당 여성·대외협력담당 원내부대표 2013·2014년 同중앙여성위원장 2014년 同비상대책위원 2014년 同7.30재보궐선거공천관리위원회 위원 2014~2016년 국회 여성가족위원회 여당 간사 2014~2016년 국회 미래창조과학방송통신위원회 위원 2014년 새누리당 무상급식무상보육대책마련을위한TF 위원 2015년 同아동학대근절특별위원회 위원 2015년 同정책위원회 여성가족정책조정위원장 2015년 국회 정무위원회 위원 2016년 한국여성인권진흥원 이사장(현) [상]공보처장관표창, 중소기업청장표창, 문화체육부장관표창, 산업자원부장관표창, 국무총리표창(2006), 대통령포장(2008), 법률소비자연맹 선정 국회헌정대상(2013·2014·2016), 올해의 숙명여대인상(2013), 국회를 빛낸 바른언어상(2014), 대한민국나눔봉사대상(2014), 새누리당 제3차 국정감사 우수의원(2014), 잡지협회 선정 올해의 인물상(2014), 국정감사 우수국회의원 대상(2014)

류지원(柳志元) Ryu Ji Won

[생]1966·7·7 [본]문화(文化) [출]경기 여주 [주]서울 마포구 마포대로53 마포트라팰리스B동1811호 방송콘텐츠진흥재단(02-716-7400) [학]1985년 구로고졸 1990년 서울대 미학과졸 1998년 한국정보통신대학원대학교(ICU) 석사과정 중퇴 [경]1990~1994년 (주)연두와파랑 과장 1996~1998년 (주)고구려멀티미디어통신 콘텐츠사업팀장 1999년 대우정보시스템 공공사업부 대리 2000년 (재)한국농림수산정보센터 총괄PM 2001~2004년 서울시 정보화기획담당관 2004~2006년 同홍보담당관실 인터넷홍보팀장 2008년 대통령직인수위원회 당선인 비서실 정무2팀 실무위원 2009년 (사)길을여는사람들 공동대표 2009~2013년 방송콘텐츠진흥재단 상임이사 2010년 시장경영진흥원 이사 2011년 (사)녹색산업도시추진협회 이사 2014~2015년 네이버 경영지원실 수석부장 2014년 방송콘텐츠진흥재단 이사(현) [상]한국의료기기연합회 벤처공모전 장려상(1999) [저]'디지털콘텐츠-Methodology의 필요성'(2001) '운명을 비켜 세워라(共)'(2007) [역]'루이제린저의 북한 여행기(共)'(1988) '디지털시대의 CRM(共)'(2001) '잭웰치 성공리더쉽(共)'(2002)

류 진(柳 津) RYU Jin

[생]1958·3·5 [출]경북 안동 [주]서울 서대문구 충정로23 (주)풍산 회장실(02-3406-5055) [학]1976년 일본 아메리칸고졸 1983년 서울대 인문대학 영문학과졸 1985년 미국 Dartmouth Coll. 대학원 경영학과 수료 [경]1982년 풍산금속공업(주) 입사 1986년 同이사 1989년 (주)풍산 상무이사 1991년 同전무이사 1994년 同부사장 1996년 同대표이사 부사장 1997~2000년 同대표이사 사장 1997년 한·미경제협의회 부회장(현) 1997년 대한상공회의소 상임의원 1998년 한일은행 사외이사 1998년 전국경제인연합회 이사 1998~2000년 한국비철금속협회 부회장 1999년 전국경제인연합회 상임이사 2000년 한국방위산업진흥회 부회장 2000년 (주)풍산 대표이사 회장(현) 2001년 전국경제인연합회 부회장 2001년 경제산업자문기구(BIAC) 한국위원장 2002·2006년 同부회장 2004년 同회장 2005~2015년 한국무역협회 비상근부회장 2007년 국제동산업협의회(IWCC) 부회장 2010년 同회장 2011~2014년 아시아·태평양기업인자문기구(ABAC) 한국위원 2011~2015년 한국비철금속협회 회장 2012년 아너소사이어티 회원(현) 2014년 (사)한국메세나협회 부회장(현) 2015년 '2015프레지던츠컵조직위원회' 위원장 2016년 한국프로골프협회(KPGA) 자문위원회 위원(현) [상]금탑산업훈장(2005), 국민훈장 모란장(2012), 서울대 발전공로상(2015) [역]'콜린 파월 자서전-My American Journey'

류진국(柳振國) YOO Jin Kook

[생]1941 · 8 · 5 [본]문화(文化) [출]충북 청주 [주]서울 영등포구 여의대로24 FKI Tower44층 전국경제인연합회 경영자문단(02-6336-0617) [학]1962년 대전사범학교졸 1968년 충남대 화학공학과졸(공학사) 1974년 고려대 경영대학원 경영학과졸(석사) 1992년 경영학박사(홍익대) 1996년 서울대 행정대학원 정보통신정책과정 수료 1997년 고려대 언론대학원 최고위과정 수료 [경]1968년 삼양사 입사 1990년 同기획실장 이사대우 1992~1997년 서울대 대학원 경영학과 석사과정 겸임교수 1993년 삼양사 기획실장 이사 1994년 삼양사그룹 경영기획실장 이사 1995년 삼양데이타시스템(주) 이사 겸임 1996년 (주)삼양사 상무이사 1996~1998년 삼양텔레콤(주) 대표이사 사장 1996~1998년 한국전략경영학회 부회장 1998~1999년 성신여대 대학원 경영학과 겸임교수 1998년 삼양사그룹 경영기획실장(전무) 1999~2001년 同경영기획실장(부사장) 2000~2002년 삼양데이타시스템(주) 대표이사 사장 2000~2011년 홍익대 국제경영대학원 및 경영대학 겸임교수 2001~2004년 전국경제인연합회 30대그룹기조실협의회 회장 2002~2003년 (주)삼양사 고문 2002년 서울과학종합대학원 재단이사(현) 2003년 한국전략경영연구원 원장(현) 2004~2013년 인하대 벤처창업특강 강사 2004~2006년 (주)팜헬스 대표이사 2004~2006년 고려대경영대학원MBA교우회 회장 2004년 전국경제인연합회 경영자문단 자문위원(현) 2006년 JA Korea 경제교육 특강 강사(현) 2006~2008년 고려대경영대학원MBA교우회 상임고문 2011년 미래창조과학부 창조경제타운 멘토(현) 2013년 조선일보주최 고등학교 '경제 · 미디어 캠프 특강' 강사 2013년 서울시인재개발원 특강강사 2013년 한국장학재단 대학생 멘토(현) [상]대통령표창(1984) [저]'무한경쟁 VS 경쟁전략' '구조조정 전략' '벤처경영론' 'CEO가 본 CEO히딩크'(共) [종]천주교

류진규(柳振奎) RYU Jin Kyu

[생]1951 · 3 · 9 [출]경남 고성 [주]서울 강동구 상일로6길21 (주)한국종합기술 임원실(02-2049-2843) [학]1978년 부산대 토목공학과졸 1999년 한양대 대학원 토목공학과졸 [경]1978년 한국도로공사 처장 2006년 (주)도화종합기술공사 부사장 2007년 (주)한국종합기술 도로공항본부장 2011년 同도로공항본부장(부사장) 2013년 同부사장(현)

류진수(柳震壽) RYU, JIN-SOO

[생]1940 · 8 · 8 [본]문화(文化) [출]경남 김해 [주]경남 김해시 진례면 서부로436번길70의25 (주)대흥R&T 임원실(055-345-6391) [학]경남 대산고졸, 부산대 물리학과졸 1990년 同대학원 도시행정학과졸 [경]1977년 대한산업 대표이사 회장(현), 대한화학공업 대표이사, 부산시사이클연맹 부회장 1985년 대흥공업 대표이사 회장(현), 대금산업 대표이사 사장 1987년 부산시농구협회 회장 1988년 부산시체육회 감사 1990년 한국청소년연맹 부산연맹장 1991년 KBS 방송심의위원회 위원 1994년 부산불교신도회 회장 1995년 부산불교방송 사장 2002년 (주)대흥R&T 대표이사 회장(현) 2006년 부산불교신도회 명예회장(현) 2014년 한국고무산업협회 회장(현) 2015년 김해상공회의소 회장(현) [상]철탑산업훈장, 국민포장, 청소년대훈장, 국세청장표창, 국민훈장 석류장, 대통령표창(2006 · 2015) [종]불교

류찬우(柳燦佑) RYU, CHAN-WOO

[생]1964 · 7 · 12 [본]풍산(豊山) [출]경북 군위 [주]서울 영등포구 여의대로38 금융감독원 임원실(02-3145-5037) [학]1983년 용문고졸 1987년 서울대 경제학과졸 1989년 同대학원 국제경제학과졸 1998년 미국 미시간주립대 대학원 경제학과졸 [경]1989년 한국은행 입행 1999년 금융감독원 감독1국 근무 2001년 同총무국 근무 2003년 同신용감독국 팀장 2007년 同은행검사1국 팀장 2008년 同변화추진기획단 팀장 2008년 同기업금융개선지원단 팀장 2010년 同일반은행검사국 팀장 2012년 지방자치단체 파견(실장급) 2013년 금융감독원 여신전문검사실장 2014년 同저축은행검사국장 2014년 同거시감독국장 2015년 同은행감독국장 2016년 同중소서민금융담당 부원장보(현)

류창석(柳昌錫) Chang-Seog Yu

[생]1964 · 4 · 20 [본]전주(全州) [출]인천 강화 [주]서울 종로구 율곡로2길25 연합뉴스 편집국 선임데스크팀(02-723-6565) [학]1983년 인천고졸 1989년 연세대졸 [경]연합뉴스 외신부 · 문화부 · 국제뉴스부 · 지방부 기자 2003~2005년 同특신부 · 문화부 차장대우 2005년 同특신부 차장, 同국제뉴스3부 차장 2009년 同국제뉴스3부 부장대우 2011년 同국제뉴스2부장 2011년 同국제뉴스2부 기획위원(부장급) 2013년 同국제뉴스4부장 2013년 同국제뉴스1부 기획위원(부장급) 2015년 同편집국 국제뉴스 선임데스크팀 근무(부장급)(현)

류창승(柳昶丞) RYU Chang Seung

[생]1975 · 7 · 18 [주]경기 오산시 황새로169 (주)대림제지 비서실(031-373-7670) [학]미국 캘리포니아주립대졸 [경]AC닐슨코리아 근무 2006년 (주)대림제지 이사 2009년 同대표이사 사장(현) 2009~2016년 (주)한청판지 대표이사

류창완(柳昌完) RYOO Chang Wan

[생]1963 · 2 · 12 [출]전북 [주]서울 성동구 왕십리로222 한양대학교 글로벌기업가센터(02-2220-2860) [학]1978년 전북대사대부고졸 1982년 한양대 경영학과졸 1986년 同대학원 경영학과졸 [경]1989년 (주)데이콤 입사 1997년 同글로벌마케팅팀장 1998년 同카드사업팀장 1999년 同사내벤처 사이버패스사업팀 소사장(부장) 2000년 (주)사이버패스 대표이사 2007년 同사장 2009년 한양대 글로벌기업가센터장(교수)(현) 2011년 한양엔젤클럽 공동회장(현) 2012년 한양대 창업보육센터 소장(교수)(현) [상]동탑산업훈장(2006)

류철호(柳哲浩) Ryoo Cheul Ho

[생]1959 · 5 · 10 [본]진주(晉州) [출]충남 공주 [주]충남 논산시 대학로121 건양대학교 디지털콘텐츠디자인학부(041-730-5711) [학]공주고졸, 홍익대졸, 同대학원 시각디자인학과졸, 미술학박사(홍익대) [경]1984~1987년 쌍용그룹 홍보실 근무 1988~1996년 우송대학 조교수 1996~2014년 건양대 시각디자인학과 교수 1997년 충남산업디자인전 초대작가(현) 1999년 건양대 조형예술학부장 2001년 同기획연구처장, 同시각디자인학과장 2003~2007년 충남산업디자인협회 회장 2005년 대전산업디자인전 초대작가(현), 한국기초조형학회 이사, 同교육콘텐츠분과 부회장(현), 한국컴퓨터아트협회 부회장, 산업자원부 디자인혁신사업심의위원 2008~2011년 한산모시RIS사업단장 2010~2013년 충남공공디자인협회 회장 2010년 대한민국디자인전람회 심사위원 2013년 대한민국미술대전 심사위원 2014년 문화콘텐츠디자인창의인재사업단 단장(현) 2014년 건양대 디지털콘텐츠디자인학부 교수(현) 2014~2015년 同디지털콘텐츠디자인학부장 2015년 대전도시공사 비상임이사 [상]한국컴퓨터아트협회 올해의컴퓨터아티스트상(2001), 한국콘텐츠학회 우수작품학술상(2008), 충남도지사표창(2009), 한국디자인정책학회 올해의 디자이너(2010), 한국섬유연합회장표창(2010), 지식경제부장관표창(2010), KECD 2013 BEST OF BEST WORK OF THE YEAR(2013), 대한민국디자인대상 국무총리표창(2013), 국제디자인트렌드교류전 초대작가상(2014), (사)한국기초조형학회 최우수발표논문상(2015) [저]'초 · 중 · 고급 웹디자인'(2003) [작]개인전 6회, 한국그래픽디자이너협회전, 아름다운한글 위대한 한글전, 한국이미지전, 한국시각정보디자인협회전 外 160여회 출품 [종]천주교

류청로(柳靑魯) RYU Chung Ro

[생]1953 · 1 · 27 [출]충남 논산 [주]서울 금천구 가산디지털2로53 한국어촌어항협회(02-6098-0700) [학]1974년 부산수산대 어업학과졸 1979년 同대학원졸 1984년 공학박사(일본 오사카대) [경]1984~1993년 부산수산대 해양공학과 조교수 · 부교수 1989년 미국 델라웨어대 토목공학과(해양공학전공) 객원교수 1993년 부경대 해양공학과 교수(현) 1998년 일본 카나자와대 객원교수 2001~2002년 부경대 환경해양과학대학장 2003년 해양산업개발연구소 소장 2003년 한국해양공학회 회장 2003~2010년 동북아시아문화학회 회장 2005년 해양수산부 해운항만분과 위원회 위원 2013년 부산상공회의소 자문교수 2015년 한국어촌어항협회 이사장(현) [상]한국수산학회 논문상, 대한토목학회 논문상, 한국과학기술단체총연합회 우수논문상, 대통령표창, 눌원문화상 자연과학부문 학술상(2009) [저]'해양공학개론'(共) '양식공학'(共) '바다의 이해'(共) '해양에너지공학'

류춘규(柳春奎) Ryu, Choon-Kyu

[생]1956 · 12 · 23 [본]전주(全州) [출]경북 안동 [주]충남 부여군 규암면 백제문로367 한국전통문화대학교 전통문화교육원(041-830-7800) [학]1975년 경안고졸 1986년 안동대 민속학과졸 1995년 중앙대 대학원졸(민속전공) 2009년 문학박사(경원대) [경]1990년 문화재청 무형문화재과 학예연구사 1999년 同기념물과 · 무형문화재과 학예연구관(사무관) 2007년 同학예연구관(서기관), 同

정보화기획팀장, 국립해양문화재연구소 전시홍보과장 2011년 문화재청 문화재보존국 유형문화재과장 2012년 국립경주문화재연구소장 2013년 문화재청 문화정책국 무형문화재과장 2013년 백제문화제 추진위원회 위원(현) 2014년 한국전통문화대 전통문화교육원장(현) 2014년 대한불교조계종 성보보존위원회 위원(현) 2015년 경북도 문화재위원(현) 2016년 (사)세계탈문화연맹 예술연맹이사(현) [저]'우리 민속의 이해'(2002, 도서출판 월인) [종]불교

류춘근(柳春根) RHEW Choon Geun

[생]1953·6·27 [출]경북 문경 [주]서울 노원구 공릉로 232 서울과학기술대학교 기초교육학부(02-970-6276) [학]1977년 청주대 법학과졸 1979년 同대학원 법학과졸 1989년 교육학박사(미국 인터내셔널대) [경]행정고시 합격(22회) 1979년 문교부 수습사무관 1983년 충북도교육위원회 중등교육과·총무과 행정관 1989년 한국교원대 대학원·문교부 파견 1991년 교육부 교육행정과 근무 1993년 제주대 총무과장 1994년 駐러시아대사관 교육관 2000년 교육부 국제교육진흥원 근무 2000년 同교원복지담당관 2001년 교육인적자원부 국제교육협력담당관 2002년 同교육자치지원국 지방교육기획과장 2003년 전남도교육청 부교육감(부이사관) 2004년 同부교육감(이사관) 2005년 중앙공무원교육원 파견 2006년 제주특별자치도교육청 부교육감 2007년 교육인적자원부 울산국립대학건설추진단장 2008년 교육과학기술부 울산국립대학건설추진단장 2008~2010년 서울산업대 기초교육학부 교수 2008~2010년 同국제교류실장 2010년 서울과학기술대 기초교육학부 교수(현) 2010~2012년 同국제교류실장 2010년 중앙공무원교육원 객원교수

류춘수(柳春秀) RYU Choon Soo

[생]1946·11·18 [출]경북 봉화 [주]서울 강남구 도산대로322 파라다이스빌딩5층 이공건축 회장실(02-873-2020) [학]1964년 대구고졸 1970년 한양대 건축학과졸 1985년 서울대 환경대학원졸 [경]1970년 불교미술공모전 건축부문 최우수상 1970년 제네랄건축 근무 1971년 종합건축 소장 1974~1986년 김수근교수의 '공간연구소' 근무 1982~1991년 한양대 건축학과 강사 1986년 이공건축 창업·회장(현) 1987~1993년 대한민국건축대전 심사위원 1994년 건설교통부 중앙설계심의위원 2008~2010년 대통령직속 국가건축정책위원회 민간위원 [상]불교미술공모전 건축부문 최우수상, 87경향하우징페어 주택공모전 대상, QUATERNARIO 88국제건축상 금상, 95한국건축문화대상 대상, 영국왕실 THE DUKE EDINBURGH FELLOWSHIP 수상, 체육훈장 백마장, 옥관문화훈장(2011), 한국건축문화대상 선정 '올해의 건축문화인상'(2016) [저]건축칼럼집 '흐르는 세월, 변하는 장소'(1999, 현대건축사) '개구리가 바다를 알려면'(1999, 현대건축사) 건축작품집 'PA 류춘수'(2000, 건축세계사) [작]'서울올림픽 체조경기장' '부산 사직야구장' '말레이시아 시라와크 주경기장' '리츠칼튼호텔' '상암동 월드컵경기장' '경륜훈련원' '부산 국립국악원' [종]불교

류춘열(柳春烈) Ryu chun-yeol

[생]1965·3·28 [출]경남 함안 [주]세종특별자치시 정부2청사로10 에스엠타워 국민안전처 임차청사 해양경비안전본부 해양장비기술국(044-205-2070) [학]1985년 마산 경상고졸 1989년 한국해양대 항해학과졸 2004년 同대학원 법학과졸 2006년 同대학원 법학 박사과정 수료 [경]1994년 경위 공채(경찰간부후보 42기), 해양경찰청 혁신관리팀장(경정) 2005년 부산해양경찰서 3001함장 2007년 해양경찰청 발전전략팀장 2008년 同기획조정관실 창의혁신담당관 2009년 국토해양부 치안정책관 2010년 포항해양경찰서장 2011년 남해지방해양경찰청 경비안전과장 2011년 캐나다 해안경비대(코스트가드) 파견 2012년 남해지방해양경찰청 정보수사과장 2013~2014년 속초해양경찰서장 2014년 국민안전처 동해지방해양경비안전본부 속초해양경비안전서장(총경) 2015년 同남해지방해양경비안전본부 안전총괄부장(경무관) 2015년 同안전감찰관실 감사담당관 2015년 同해양경비안전본부 해양장비기술국장(경무관)(현) [상]홍조근정훈장(2015)

류 충(柳 忠) RYU Chung

[생]1961·4·9 [본]문화(文化) [출]경남 진주 [주]서울 영등포구 영중로170 한국소방안전협회 정책연구소(02-2671-8693) [학]1981년 진주기계공고졸 1991년 인하대 행정학과졸 [경]1993년 소방간부후보생(7기)·소방위 임용 1995~1997·1999~2002년 중앙소방학교 전임교관 2002~2003년 인천시 소방본부 구조구급계장 2004년 소방방재청 개청준비단 기획담당 2004년 행정자치부 국가재난관리시스템기획단 근무 2004~2006년 중앙소방학교 교무계장·교관단장 2006년 同교수운영팀장 2007년 소방방재청 소방행정과 근무 2008년 중앙소방학교 교육훈련팀 근무 2008년 경남 합천소방서장(지방소방정) 2009년 충북 음성소방서장 2011년 충북도 소방본부 방호구조과장 2012~2013년 충남 천안동남소방서장 2014년 한국소방안전협회 정책연구소장(현) [저]'재난대응론'(1996) '재난관리론'(2005) '방호실무론'(2006) '소방학개론'(2013) '최신소방전술'(2013) '최신재난관리론'(2014) '소방행정학'(2014) [종]불교

류충렬(柳忠烈) Ryu Chung-ryeol

[생]1956·1·29 [출]경남 마산 [주]서울 강남구 언주로 508 상록회관10층 한국행정연구원 안전통합연구부(02-567-2270) [학]경남대 행정학과졸, 서울대 대학원 행정학과졸, 행정학박사(성균관대) [경]2000년 국무조정실 연구지원심의관실 과장 2001년 同심사평가1심의관실 과장 2004년 同조사심의관실 부이사관 2005년 同환경노동심의관 2005년 同노동심의관 2006년 중앙공무원교육원 파견 2007년 국무총리비서실 저출산·고령화대책연석회의지원단 파견 2008년 국무총리실 사회위험갈등관리실 개발환경갈등정책관 2008년 同국정운영실 농수산국토정책관 2009년 同규제개혁실 사회규제관리관 2010년 同국정운영실 일반행정정책관 2010년 同공직복무관리관(고위공무원) 2011~2013년 국가경쟁력강화위원회 민관합동규제개혁추진단장 2013~2014년 국무조정실 경제조정실장 2014년 한국행정연구원 행정관리연구부 초청연구위원 2014년 농림축산식품부 규제심사위원회 위원장 2015년 同사회조사센터 초청연구위원, 한국행정연구원 안전통합연구부 초청연구위원(현) 2016년 한국농어촌공사 비상임이사(현) [상]홍조근정훈장(2014) [저]'규제의 파르마콘'(2015, 대영문화사)

류충열(柳忠烈) RYU Choong Yeol

[생]1944·6·1 [본]문화(文化) [출]충남 부여 [주]서울 서초구 방배중앙로29길30 한국의약품유통협회(02-522-2921) [학]1966년 중앙대 경영학과졸 [경]1969년 아세아양행 근무 1971~1981년 서울약품 근무 1981~1991년 한미약품공업(주) 상무이사 1992~1993년 파마컨설팅 대표 1993년 (사)한국의약품도매협회 전무이사, 同정책고문 2005~2008년 초당대 겸임교수 2008~2010년 을지대 외래교수 2014년 (사)한국의약품유통협회 정책고문(현) [저]'의약품유통의 이론과 실제'(2009) '의약품 영업과 마케팅 관리'(2013, 데일리팜)

류태건(柳泰建) YOO Taegun

[생]1951·3·7 [본]풍산(豊山) [출]경북 안동 [주]부산 남구 용소로45 부경대학교 정치외교학과(051-629-5469) [학]1969년 경동고졸 1977년 고려대 정치외교학과졸 1982년 프랑스 Grenoble제2대 대학원졸(정치학석사) 1989년 정치학박사(프랑스 Grenoble제2대) 1990년 프랑스 파리사회과학고등연구원 사회학과 수료 2009년 부경대 대학원졸(경제학석사) 2015년 경제학박사(부경대) [경]1978~1979년 시사영어사 편집국 근무 1990년 고려대 평화연구소 책임연구원·강사 1991~1996년 부산수산대 전임강사·조교수 1995~1999년 부산남구 선거관리위원 1995~2003년 늘푸른사회를위한시민모임 운영위원장 1996~2016년 부경대 정치외교학과 부교수·교수 1998년 同정치행정학부장·인문사회과학대학 부학장 1999~2004년 새천년민주당 부산수영지구당 위원장 2002~2003년 새천년민주당 대표특별보좌역 2003년 미국 위스콘신주립대 메디슨교 정치학과 교환교수 2004년 고려대 아세아문제연구소 객원교수 2005년 한국시민윤리학회 회장 2006~2008년 부경대 인문사회과학대학장 겸 국제대학원장 2007년 21세기정치학회 회장 2009~2011년 국가브랜드위원회 위원 2016년 부경대 정치외교학과 명예교수(현) [상]교육부장관표창(2013) [저]'탈냉전시대와 새로운 정치질서(共)'(1994, 나남) '유교의 자연과 인간'(2002, 세종출판사) '정치학으로의 산책(共)'(2002, 한울아카데미) '부산의 지역문제와 지역정책(共)'(2008, 세종출판사) '개정증보판 정치학으로의 산책(共)'(2009, 한울아카데미) '도시브랜드 부산:브랜드 고나리정책과 전략(共)'(2009, 세종출판사) '지방자치의 이해-한국지방자치제도를 중심으로'(2012, 부경대학교 출판부) '지방정치학으로의 산책(共)'(2012, 한울) '부산경제 활성화 방향과 정책과제(共)'(2013, 거북골) '제3개정판 정치학으로의 산책(共)'(2014, 한울아카데미) '부산지역의 경제활성화와 일자리 창출방안(共)'(2014, 세종출판사) '사회자본연구-지역발전의 모색'(2015, 세종출판사) '지역발전과 지방정치-부산광역시 발전모형의 모색(共)'(세종출판사) [종]천주교

류태상(柳太相)

[생]1960 [출]경북 경주 [주]대전 대덕구 신탄진로200 한국수자원공사 미래기술본부(042-629-2207) [학]1984년 서울시립대 토목공학과졸 1992년 충남대 대학원 토목공학과졸 2008년 도시공학박사(충북대) [경]2007년 한국수자원공사(K-water) 해외사업처 사업관리팀장 2008년 同거제수도서비스센터 팀장 2009년 同댐·유역관리처 하천유역팀장, 同댐시설팀장 2011년 同임진강건설단 건

설관리팀장 2013년 同충남중부권관리단 공주수도운영팀장 2014년 同미래기술본부 기술관리처장 2014년 국토개발부 중앙설계심의분과 위원(4기·5기) 2015년 한국수자원공사(K-water) 미래기술본부장(현) [상]건설교통부장관표창(2006), 국토해양부장관표창(2009)

류태수(柳太洙) RYU Tae Soo

[생]1954·2·5 [주]경기 안산시 상록구 한양대학로55 한양대학교 경상대학 경영학부(031-400-5652) [학]강릉고졸 1982년 한양대 경제학과졸 1989년 일본 게이오대 대학원 경영학과졸 1992년 경영학박사(일본 게이오대) [경]1982~1985년 럭키금성상사(주) 근무 1992년 한국과학기술정책관리연구소 선임연구원 1992~1993년 럭키금성 회장실 경영기술지원센터 팀장 1993~1995년 일본 名古屋商科大 조교수 1995년 한양대 경상대학 경영학부 교수(현), 同기획조정실장 2007년 同창의인재교육원장 2008~2010년 同경상대학장 겸 학부대학장 2011년 同산업경영디자인대학원장 2011~2013년 同이노베이션대학원장 2013년 한양사이버대 부총장(현) [상]'모기업의 우월적 지위를 이용한 협력기업의 전략적관리' '일본형 산학연계정책의 탐색에 관한 연구' '일본의 산업클러스터 계획의 특징과 시사점' [종]불교

류태영(柳泰永) YOU, Tae Yeung (靑岩)

[생]1936·5·14 [본]문화(文化) [출]전북 임실 [주]서울 서초구 효령로304 국제전자센터1408호 (재)농촌·청소년미래재단 이사장실(02-738-3285) [학]동양고졸 1964년 건국대 법률학과졸 1965년 한국성서신학교 기독교교육학과졸 1969년 덴마크 Nordic Agricultural College졸 1978년 사회학박사(이스라엘 예루살렘헤브루대) [경]1966년 용인복음농민학교장 1966~1969년 경기도기술교육연합회 부회장 1971년 건국대 생활관장 1972년 대통령비서실 새마을담당 1977년 이스라엘 벤구리온대 초빙교수 1978~1982년 건국대 농과대학 조교수·부교수 1978년 同새마을연구소장 1980~2011년 한·이스라엘친선협회 총무이사·부회장·회장 1982~2001년 건국대 농업교육학과 교수 1983년 한·덴마크협회 부회장·고문 1987년 건국대 신문사 편집인 겸 주간 1988년 同학생처장 1989년 한민족문화연구원장 1990~2001년 도산아카데미연구원 원장 1991년 건국대 농과대학장 1991년 대산농촌문화재단 부이사장 1993~2005년 同이사장 1993년 건국대 부총장 1994년 한국농촌사회학회 회장 1996년 아시아농촌사회학회 회장 1997~1999년 교보생명(주) 고문 1997년 중국 延邊과학기술대 겸직교수 1999년 동북아과학기술협력재단 이사 2000년 도산아카데미연구원 부이사장 겸 원장 2001~2005년 교보생명 상담역 2001년 건국대 사범대학 명예교수(현) 2002~2016년 도산아카데미연구원 부이사장·이사 2005년 DYB최선어학원 고문 2006년 (재)농촌·청소년미래재단 이사장(현) 2006~2016년 (사)도산기념사업회 이사 2006년 (사)한국미래포럼 부총재(현) 2008~2015년 (주)아름CNA 상임고문 2008년 (사)국가정체성회복운동연합회 중앙상임위원(현) [상]재향군인회 공로훈장(1972), 동탑산업훈장(1980), 새마을훈장 노력장(1985), 이스라엘 Yitzhak Rabin 수상표창(1994), 미국 LA시장 Richard J.Riordan 표창(1995), 미국 상원의원 Barbara Boxer 표창(1995), 미국 상원의원 Richard G.Polanco 표창(1995), 국무총리표창(2001), 도산교육상(2015) [저]'복음과 구국과 종교교육의 전개'(1964) '외국의 새마을운동'(1972) '이스라엘 민족정신의 뿌리' 'Cooperative Farming in Israel'(1979) '잘사는 작은 나라'(1984) 'The Patterns of Rural Development in Korea'(1986) '이스라엘 국민정신과 교육'(1986) 'Jewish Immigration and Agricultural Settlements in Israel'(1987) '이스라엘 그 시련과 도전'(1991) '천재는 없다'(1995) '이스라엘 농촌사회구조와 한국 농촌사회'(1996) '이스라엘민족의 지혜'(1999) '언제나 나는 꿈꾸는 청년이고 싶다'(2000) '천재를 만드는 유태인의 가정교육법'(2001) '영원한 청년 청암류태영'(2001) '탈무드에서 배우는 자녀교육법'(2002) '이스라엘 바로알기'(2006) '꿈과 믿음이 미래를 결정한다'(2007) '나는 긍정을 선택한다'(2007) '기도인생'(2010) '어머니 또 부르고 싶은 어머니(共)'(2011) '한국사회의 발전과 기독교'(2012) [종]기독교

류택희(柳澤熙)

[생]1964·10·19 [출]충남 연기 [주]서울 종로구 종로5길 86 서울지방국세청 운영지원과(02-2114-2224) [학]서울 오산고졸, 세무대학졸(2기) [경]2000년 국세청 부가가치세과 근무 2005년 서울지방국세청 조사1국 근무 2007년 국세청 징세과 근무 2008년 사무관 승진 2010년 국세청 심사과 사무관 2012년 同차장 비서관 2012년 同부가가치세과 서기관 2014년 대전지방국세청 징세송무국장 2014년 중부지방국세청 징세송무국 체납자재산추적과장 2015년 동안양세무서장 2016년 서울지방국세청 운영지원과장(현)

류필구(柳必求) Ryou, Pill Koo

[생]1945·7·19 [출]경북 안동 [주]서울 강남구 광평로281 수서빌딩 갤럭시아커뮤니케이션즈(주)(02-6005-1141) [학]1964년 안동고졸 1973년 연세대 경영학과졸 1998년 고려대 컴퓨터과학기술대학원 정보통신최고위과정 수료 2002년 세종대 세계경영대학원 세계경영최고위과정 수료 [경]1972년 동양나이론(주) 입사 1978년 효성그룹 종합조정실 조정과장 1985년 효성인포메이션시스템(주) 관리부장 1990년 同이사 1994년 同상무이사 1996~2010년 同대표이사 2005~2010년 노틸러스효성(주) 대표이사 2006~2011년 (주)효성 정보통신PG장(사장) 2007년 한국전자문서산업협회 회장 2011년 진흥기업 대표이사 2011년 (주)효성 건설PG장(사장) 2012년 갤럭시아커뮤니케이션즈(주) 부회장(현)

류필무(柳弼茂) Ryu, Pilmu

[생]1977·10·20 [본]진주(晉州) [출]경북 상주 [주]세종특별자치시 도움6로11 환경부 화학제품T/F팀(1577-8866) [학]1996년 문창고졸 2003년 서강대 화학공학과졸 2006년 서울대 대학원 화학생물공학과졸 [경]2004년 행정고시(기술직) 합격(48회) 2008년 국무총리실 기후변화대책기획단 사무관 2009년 대통령직속 녹색성장위원회 기획총괄과 사무관 2010년 환경부 장관 수행비서관 2011년 同폐자원관리과 사무관 2013년 同화학물질안전TF 사무관 2014년 同환경정책실 환경보건정책과 기술서기관 2016년 同화학제품T/F팀장(현)

류한국(柳漢國) Ryu Han Guk

[생]1954·2·15 [출]경북 의성 [주]대구 서구 국채보상로257 서구청 구청장실(053-663-2002) [학]1981년 영남대 행정학과졸 1993년 경북대 행정대학원 수료 [경]1981년 노동부 근무 1982년 부산중부지방사무소 직업안정과장 1984년 대구시 수도국 업무과 관재계장 1985년 同지방공무원교육원 운영계장 1987년 同산업국 지역경제계장 1990년 同기획관리실 법무담당관 1991년 同도시계획국 도시계획과장 1994년 同의회사무처 전문위원 1997년 同공보관 1998년 同기획관 2000년 同북구 부구청장 2003년 同서구 부구청장 2004년 同교통국장 2006년 同행정관리국장 2007~2008년 同서구 구청장 권한대행(지방부이사관) 2009년 국방대 교육파견(지방이사관) 2010년 대구시 달서구 부구청장 2012~2014년 대구도시철도공사 사장 2014년 대구시 서구청장(새누리당)(현) [상]내무부장관표창, 대통령표창(1993), 홍조근정훈장(2012), 세계자유민주연맹(WLFD) 자유장(2016)

류한규

[생]1952·3·17 [주]경북 구미시 고아읍 농공단지길36의 17 예일산업(주)(054-482-6760) [학]1973년 경북고졸 2007년 대구공업대졸 2009년 경운대 컴퓨터공학과졸 [경]예일산업(주) 대표이사(현) 1999년 구미상공회의소 의원(제7~12대) 2001년 경북도배구협회 부회장 2002년 구미라이온스클럽 회장(제25대) 2005년 (사)구미중소기업협의회 회장(제3대) 2006년 구미시 국제화추진협의회 위원 2015년 예일산업(주) 대표이사(현) 2015년 구미상공회의소 회장(현)

류한우(柳韓佑) LEU Han-U

[생]1950·4·26 [출]충북 단양 [주]충북 단양군 단양읍 중앙1로10 단양군청 군수실(043-420-2000) [학]1969년 단양공고졸 1989년 한국방송통신대 국어학과졸 1996년 충북대 행정대학원 행정학과졸 [경]1970년 단양군 매포면사무소 근무(9급) 1995년 충북도 공보관실 홍보1계장 1995년 同지방과 여론계장 1996년 同재난관리과 재난총괄계장 1998년 同총무과 계약담당·재무과 계약담당 2001년 同농정과 농정담당 2002년 同공무원교육원 수석교수·교재연구수석교수 2002년 同세무회계과장 2004년 同예산담당관 2005년 同총무과장 2006년 同공보관 2006년 단양군 부군수 2008~2009년 충북도 보건복지여성국장 2014년 충북 단양군수(새누리당)(현) [상]대통령표창(1998), 대한민국을 빛낸 21세기 한국인상 관광 및 복지부문(2015), 대한민국 창조경제대상 소통경영부문대상(2016), 한국을 빛낸 자랑스런 한국인대상(2016)

류한일(柳韓一) Han-Ill YOO

[생]1951·10·20 [출]경북 안동 [주]서울 관악구 관악로 1 서울대학교 고체이온공학연구실(02-880-7163) [학]검정고시 합격 1974년 서울대 재료공학과졸 1976년 한국과학기술원(KAIST) 재료공학과졸(석사) 1984년 재료공학박사(미국 MIT) [경]1976~1979년 한국표준연구원 선임연구원 1976년 National Institute of Science & Technology U.S.A Visiting Researcher 1985~1995

년 서울대 재료공학부 조교수·부교수 1995년 同재료공학부 교수(현) 2000년 미국 매사추세츠공과대 방문학자 2000년 일본 도호쿠공과대 방문교수 2004년 ACSSI 9대 회장(현) 2015년 세계고체이온공학회(ISSI) 부회장 겸 차기(2017년) 회장(현) [상]한국요업학회 학술상(1992), 이달의 과학기술자상(2001), 독일 훔볼트연구상(2004), 한국세라믹학회 성옥상(2005)

류한호(柳漢虎) LYU Han Ho (玄潭·無何)

[생]1955·11·5 [본]문화(文化) [출]전북 [주]광주 남구 효덕로277 광주대학교 인문사회대학 신문방송학과(062-670-2283) [학]1975년 전주고졸 1979년 성균관대 신문방송학과졸 1981년 同대학원졸 1993년 정치학박사(성균관대) [경]1985년 광주대 인문사회대학 신문방송학과 전임강사·조교수·부교수·교수(현) 1995~2000년 한국언론학회 커뮤니케이션정책연구회장 1996~2000년 광주전남민주언론시민연합 의장 1998~2001년 언론개혁광주시민연대 공동대표 운영위원장 2001~2002년 한국언론학회 교육학술위원장 2001년 방송위원회 방송정책기획위원회 산업분과위원장 2002년 同지역방송발전정책위원회 소위원장 2003년 한국커뮤니케이션학회 부회장 2004년 한국지역사회학회 운영위원장 2004~2005년 미국 아이오와대 저널리즘스쿨 교환교수 2005~2007년 광주대 언론홍보대학원장 2005~2007년 同평생교육원장 2006~2007년 광주전남언론학회 회장 2007년 광주대 산업대학원장 2007~2013년 지방분권국민운동 공동대표 2007년 同광주전남본부 대표 2007~2008년 한국언론학회 이사 2008년 한국지역사회학회 회장 2008년 광주YMCA 이사(현) 2008년 (사)희망나무 이사장(현) 2008~2014년 언론인권센터 이사 2009년 언론인권광주센터 대표(현) 2009~2010년 기초지방선거정당공천폐지국민운동본부 상임대표 2010~2014년 언론인권센터 부이사장 2010~2014년 광주경실련 공동대표 2011~2013년 한국방송학회 감사 2013년 同이사 2013년 지방분권국민운동 광주전남본부 공동대표(현) 2014년 방송통신위원회 지역방송발전위원회 위원(현) 2016년 언론인권센터 이사장(현) 2016년 광주광역시 지방분권협의회 위원장(현) 2016년 광주YMCA 부이사장(현) [저]'언론과 현대사회'(共) '현대사회와 매스커뮤니케이션'(共) '남북한 정치의 구조와 전망'(共) '지방의 재발견'(共) '선거와 홍보전략(共)'(1994) '죽은 언론 살리기(共)'(1996) '언론의 자유와 민주주의'(2004) '지방분권과 지역언론'(2005) '시청자와 방송'(2009) '미디어정책론(共)'(2010) [종]기독교

류한호(柳漢鎬) LYU Han Ho

[생]1959·3·10 [본]서령(瑞寧) [출]대전 [주]서울 서초구 서초대로74길4 삼성서초타워31층 삼성경제연구소 연구조정실(02-3780-8279) [학]1977년 대전고졸 1982년 고려대 경영학과졸 1984년 同대학원 경영학과졸 1991년 경영학박사(고려대) [경]1993년 삼성인력개발원 정신문화연구소 팀장 1996년 삼성경제연구소 신경영연구실장 1998년 同대외협력센터 수석연구원 2000년 同경영전략실 수석연구원 2001년 同연구조정실 수석부장 2003년 同연구조정실 상무보 2004년 同경영전략실 상무보 2006년 同경영전략실장(상무) 2007년 同마케팅전략실장(상무) 2009년 同경영전략실 상무 2010년 同연구조정실장(상무) 2010년 同연구조정실장(전무)(현) [저]'인간경영64훈'(1995) '이노베이션기법 50(共)'(1998) '2000년 경영신조류'(2000) [종]기독교

류항하(柳亢夏) Ryu, Hang Ha

[생]1956·9·28 [본]풍산(豊山) [출]경북 안동 [주]서울 서초구 강남대로465 (주)두산중공업(02-513-6114) [학]1975년 안동고졸, 인하대 기계공학과졸, 아주대 경영대학원졸 [경]2005~2006년 한인상공인연합회(KOCHAM) 하노이 회장, (주)두산중공업 하노이지점 법인장(상무) 2011년 同COO직할 VINA법인장(상무), 同베트남법인(두산비나)장(전무), 同베트남법인(두산비나)장(고문)(현) 2015년 駐베트남 한국상공인연합회 회장(현) [종]기독교

류해일(柳海日) Ryu, Haiil

[생]1951·11·10 [본]진주(晋州) [출]경기 안성 [주]충남 공주시 공주대학로56 공주대학교 사범대학 화학교육과(041-850-8283) [학]1969년 안법고졸 1979년 공주사범대 화학교육과졸 1982년 충남대 공과대학원 화학공학과졸 1992년 유기화학박사(독일 튀빙겐대) [경]1980~1983년 충남대 화학공학과 조교 1982~1983년 충북대 화학교육과 강사 1982~1983년 독일 칼스루헤대 화학기술연구소 연구원 1984~1988년 한국기계연구소 연구원 1989~1992년 독일 튀빙겐대 유기화학제2연구소 연구원 1993년 충남대·공주대 강사 1994년 공주대 사범대학 화학교육과 교수(현) 1997~2000년 同화학교육과 학과장 2003~2005년 同사범대학 부학장 2007~2008년 同사범대학장 겸 교육대학원장 2007~2009년 한국교과서연구학회 회장 2008년 전국국립사대학장협의회 회장 2009년 공주대총동창회 상임부회장 2009~2013년 충남자유교육연합 상임대표 2012년 충청미래정책포럼 상임대표(현) [상]대전·충남지방중소기업청장표창 [저]'유기화학(共)'(2002) '일반화학실험(共)'(2004) '유기공업화학(共)'(2004) '실험유기화학'(2005) '고등학교 화학I(共)'(2011, 비상교육) '고등학교 화학II(共)'(2012, 비상교육) [역]'Organic Chemistry'(2002·2005·2008) 'Lecture of Organic Chemistry'(2009) [종]불교

류혁선(柳奕善) RYU Hyeuk Sun

[생]1967·6·30 [주]서울 중구 을지로5길26 (주)미래에셋증권 임원실(02-3774-1700) [학]동암고졸, 서울대 경영학과졸, 한국과학기술원 경영과학과졸(석사), 同금융공학 박사과정 수료 2009년 법학박사(성균관대) 2010년 경영학박사(성균관대) [경](주)키움증권 근무, (주)한국투자증권 근무, (주)미래에셋증권 장외파생상품본부 담당임원 2007년 同장외파생상품본부 상무보 2009년 同트레이딩사업부 트레이딩기획팀장 2012년 同전략기획본부장 2013년 同전략기획본부장(상무) 2014년 同경영서비스부문 대표(상무) 2015년 同투자솔루션부문 대표(상무)(현) [저]'옵션 살때와 팔때'(2000, 한국경제신문)

류현성(柳炫成) RHEW Hyeon Seong

[생]1962·5·15 [주]서울 종로구 율곡로2길25 연합뉴스 미래전략실(02-398-3114) [학]1980년 대전고졸 1985년 서울대 불어불문학과졸 1987년 同대학원 도시계획학과졸 2002~2003년 미국 미시간주립대 연수 [경]1989년 연합통신 편집국 수습기자(8기) 1989~1998년 同외신1부·국제경제부·사회부·정치부 기자 1998년 연합뉴스 산업부 기자 2000년 同과학정보부 차장대우 2001년 同정보과학부 차장대우 2004년 同경영기획실 차장 2005년 同뉴미디어전략기획팀장 2005년 同기획부 차장 2005년 同정보과학부 차장 2006년 同정보과학부 부장대우 2008년 同산업부 부장대우 2008년 同IT미디어부장 2009년 同미디어과학부장 2011년 同경제부장 2011년 同지방국 에디터 2012년 同국제국 기획위원(부국장대우) 2013년 同제네바특파원 2016년 同미래전략실장(현) [저]'당신은 이제 유티즌'(2004) 'IT신화는 계속된다'(2009)

류현순(柳賢順·女) RYU Hyun Soon

[생]1956·1·16 [본]진주(晋州) [출]서울 [주]세종특별자치시 노을4로13 한국정책방송원(KTV) 원장실(044-204-8000) [학]1974년 서울 중앙여고졸 1978년 고려대 중어중문학과졸 1990년 서강대 공공정책대학원 언론홍보학과 수료 1996년 미국 포틀랜드주립대 수료 2004년 성균관대 언론정보대학원 언론매체학과졸 2007년 고려대 일민국제관계연구원 최고위과정 수료 [경]1977년 중앙일보·동양방송 보도국 근무 1980년 한국방송공사(KBS) 외신부 기자·제주방송국 근무 1982년 同보도국 지방부·문화과학부 기자 1988년 同기획보도실 특집3부 기자 1990년 同보도국 사회부 차장대우 1992년 同제주방송총국 보도국 편집부장 1994년 同보도국 뉴스기획부·사회부·편집부 차장 1998년 同보도제작국 제작2부장 1999년 同과학부장 2001년 同해설위원 2002년 同수원센터 부주간 2003년 同보도국 전문기자 2004년 同보도국 편집2주간 2005년 同정책기획센터 대외정책팀장 2006년 同특임본부 대외정책팀장 2007년 同제주방송총국장 2009년 同보도본부 해설위원 2012년 同정책기획본부장 2013~2014년 KT스카이라이프 사외이사 2013~2014년 한국방송공사(KBS) 방송담당 부사장 2013년 국무총리소속 도시재생특별위원회 민간위원 2015년 한국정책방송원(KTV) 원장(현) [상]내무부장관표창(1991), 방송보도상(1991), 바른말 보도상(1992), 최은희 여기자상(1999), 장한 고대언론인상(2016) [종]천주교

류현진(柳賢振) RYU Hyun Jin

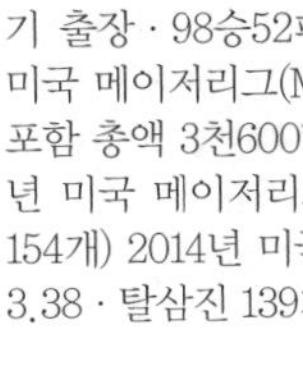

[생]1987·3·25 [출]인천 [학]2006년 인천 동산고졸 2012년 대전대 사회체육학과졸 [경]2006~2012년 프로야구 한화이글스 소속 2006년 프로야구 올스타전 서군 대표 2006년 프로야구 정규시즌 투수 3관왕(18승·방어율 2.23·탈삼진 204개) 2007년 대전도시철도 홍보대사 2007년 2007시즌 성적(17승7패·방어율 2.94·탈삼진 178개) 2008년 제29회 베이징올림픽 금메달 2009년 제2회 월드베이스볼클래식(WBC) 국가대표 2010년 29경기 연속 퀄리티 스타트(Quality Start : 6이닝 이상 3자책점 이하) 세계 최고기록 2010년 광저우아시안게임 국가대표(금메달) 2012년 국내프로야구 통산 전적(7시즌 190경기 출장·98승52패1세이브·평균자책점 2.80·탈삼진 1천238개) 2012년 미국 메이저리그(MLB) LA 다저스 입단(계약기간 6년에 계약금 500만달러 포함 총액 3천600만달러)(현) 2013년 쉐라톤워커힐호텔 명예홍보대사 2013년 미국 메이저리그(MLB) 정규시즌 성적(14승8패·방어율 3.00·탈삼진 154개) 2014년 미국 메이저리그(MLB) 정규시즌 성적(14승7패·평균자책점 3.38·탈삼진 139개) 2015년 2018평창동계올림픽 홍보대사(현) [상]PAVV 프

로야구 정규시즌 신인왕 · MVP · 골든글러브(2006), 제일화재 프로야구대상 최고투수상(2007), 프로야구올스타전 우수투수상(2008), 삼성PAVV프로야구 사랑의 골든글러브(2008), CJ 마구마구 프로야구 탈삼진상(2009), CJ 마구마구 일구대상 최고투수상(2010), 조아제약 프로야구대상 최고투수상(2010), 골든글러브(2010), CJ 마구마구 일구상 특별공로상(2013), 2013 서울외신기자클럽 외신홍보상 스포츠부문(2013), 아시아소사이어티 공로상(2013), '2013년을 빛낸 도전한국인 10인' 스포츠부문 대상(2014)

류형석(柳亨錫) YU Hyeong Suk

(생)1960 · 11 · 9 (출)전남 고흥 (주)세종특별자치시 다솜로 261 국무조정실 국정운영실 주한미군기지이전지원단 정책조정팀(044-200-2123) (학)1979년 영주고졸 1990년 광주대 법학과졸 1995년 고려대 교육대학원 교육학과졸(석사) 2007년 행정학박사(광운대) (경)2002년 대통령비서실 서기관 2003년 국무조정실 서기관 2003년 同심사평가조정관실 심사평가1심의관실 서기관 2005년 同조사심의관실 조사과장 2006년 국무조정실장 비서관 2008년 국무총리실 규제개혁실 경제규제심사2과장 2010년 同공보지원비서관실 정책홍보행정관(부이사관) 2012년 同통일안보정책과장 2013년 대통령소속 국민대통합위원회 갈등조정부장 2016년 국무조정실 국정운영실 주한미군기지이전지원단 정책조정팀장(현) (상)녹조근정훈장(2006) (종)천주교

류혜숙(柳惠淑 · 女) RYU Hyeo Sook

(생)1967 · 2 · 21 (주)울산 중구 북부순환도로375 울산시교육청 부교육감실(052-210-5310) (학)연세대 교육학과졸, 교육학박사(미국 코넬대) (경)2002년 교육인적자원부 서기관 2003년 同대학정책과 서기관 2005년 서울대 기획실 기획담당관 2006년 과학기술부 과학기술정책국 인력기획조정과장 2007년 교육인적자원부 인력자원정책본부 인력수급팀장 2008년 교육과학기술부 연구성과관리과장 2008년 미래기획단 파견(서기관) 2009년 교육과학기술부 인재정책총괄과장(서기관) 2009년 同인재정책실 인재정책기획과장 2010년 고용 휴직 2011년 국립국제교육원 부이사관 2013년 교육부 산학협력과장 2013년 同기획조정실 국제교육협력담당관 2014년 경기도교육청 기획조정실장(고위공무원) 2015년 서울시교육청 기획조정실장 2016년 울산광역시교육청 부교육감(현)

류혜정(柳惠貞 · 女) Alice RYU

(생)1965 · 1 · 2 (출)서울 (주)서울 금천구 가산디지털1로 189 LG전자(주) H&A스마트솔루션BD(02-6912-6301) (학)1987년 연세대 전산과학과졸 (경)1987~1993년 대우통신 연구원 1993~1995년 한빛기술 연구원 1995~2002년 LG전자(주) 미디어통신연구소 주임연구원 · 선임연구원 2000~2004년 同정보통신본부 단말연구소 3G휴대폰소프트웨어개발 책임연구원 2005년 同정보통신사업본부 연구위원(상무급) 2005년 同MC사업본부 연구위원(상무급) 2007년 同MC(모바일커뮤니케이션즈)연구소 상무 2013~2014년 同MC사업본부 MC상품기획담당 상무 2014년 同CIC차세대컨버전스연구소 상무 2016년 同CTO클라우드센터 상무 2016년 同H&A(홈어플라이언스&에어솔루션)스마트솔루션BD 상무(현)

류호길(柳浩吉) RYU Ho Kil

(생)1957 · 3 · 1 (출)충북 단양 (주)서울 중구 퇴계로190 MBN(02-2000-3114) (학)1976년 충북고졸 1982년 충남대 사회학과졸 1999년 서강대 언론대학원졸 (경)1985년 대전일보 입사 1988년 매일경제신문 입사 1997년 同정치부장 1999년 매일경제TV 정경부 차장 2001년 同보도국 뉴스총괄부장 2002년 同정경 및 미술부장 2003년 同보도제작2부장 2004년 同보도제작2부장 겸 미술부장 2006년 同경제부장 2006년 同보도국장 2008~2011년 同미디어국장 2008년 同해설위원 겸임 2011년 同미디어국장 겸 종편기획팀장(이사대우) 2012년 매일방송(MBN) 기획실 이사 겸 편성국장 2013년 同기획실장 겸 편성국장(상무이사) 2015년 同편성본부장 겸 기획실장(전무이사) 2016년 同총괄전무 · 기획실장 · 편성본부장 겸임(현) (저)'DJ시대의 파워엘리트' (종)기독교

류호담(柳浩倓)

(생)1942 · 6 · 4 (주)충북 충주시 금제7길16 (사)한국향토음악인협회(043-855-9001) (학)검정고시합격, 고려대 경영대학원 최고경영자과정 수료 (경)(주)아이템플 회장, (주)문강온천 회장(현), (주)해송엔지니어링 회장(현), (주)중원공조 회장(현) 2000년 (사)한국향토음악인협회 회장, 민주평통 충주시협의회장, 충주시사회복지 대표위원, 통일교육 전문위원 2006 · 2010~2014년 충북 충주시의회 의원(무소속) 2008~2010년 同의장 2010년 同총무위원회 위원 2016년 (사)한국향토음악인협회 회장(현) (상)국세청장표창(1990), 대통령표창(1993), 국민훈장 목련장(1996), 대통령공로장표창(2005)

류호상(柳湖相) YOO Ho Sang

(생)1958 · 9 · 15 (출)경북 상주 (주)경북 경산시 대학로280 영남대학교 생활과학대학 체육학부(053-810-3134) (학)함창고졸 1986년 영남대 체육교육학과졸 1991년 미국 볼주립대 대학원 체육학과졸 1995년 이학박사(미국 조지아대) (경)2000년 영남대 체육학부 교수(현), 한국재활심리학회 이사 2008년 영남대 스포츠과학대학원장 2009~2013년 同학생복지처장 2013~2015년 同생활과학대학장 2014년 同스포츠과학연구소장(현) 2015년 同스포츠과학대학원장(현) 2015년 한국스포츠신문학회 부회장(현) (상)경북도체육회 경북최고체육상(2011) (저)'운동과 건강'(2000) '스포츠심리학'(2003) (종)기독교

류호열(柳昊烈) RYU HO YEOL

(생)1959 · 11 · 11 (본)문화(文化) (출)충북 진천 (주)경기 시흥시 시청로20 시흥시청 부시장실(031-310-2010) (학)경희대 대학원 행정학과졸 (경)2009~2010년 경기도 교통과장 2011~2013년 경기도의회 농림수석전문위원 2014~2015년 경기도 기획예산담당관 2015~2016년 국토교통부 교통안전복지과장 2016년 경기도 교육협력국장 2016년 경기 시흥시 부시장(현) (상)대통령표창(2015)

류호영(柳浩榮) RYU Ho Young

(생)1957 · 9 · 7 (본)문화(文化) (출)서울 (주)충북 청주시 흥덕구 오송읍 오송생명2로187 한국보건복지인력개발원 원장실(043-710-9001) (학)1975년 경기고졸 1980년 서울대 정치학과졸 1984년 同행정대학원 행정학과졸 1989년 미국 듀크대 대학원 정책학과졸 2004년 성균관대 대학원 박사과정 수료 (경)1980년 행정고시 합격(24회) 1981년 총무처 행정사무관 1989년 경제기획원 예산실 사무관 1995년 재정경제원 예산실 서기관 1996년 경제협력개발기구(OECD) 선임연구원 1999년 기획예산처 재정1팀장 2000년 同장관실 비서관 2000년 同재정2팀장 2002년 同투자관리과장 2003년 同국방예산과장 2005년 국무총리국무조정실 국민건강을위한제도개선특별대책팀장 2005년 同의료산업발전기획단 부단장 2006년 同복지여성심의관 2007년 기획예산처 양극화민생대책본부 총괄기획관 2008년 보건복지가족부 건강정책국장 2010년 보건복지부 보건의료정책실 사회보험징수통합추진기획단 부단장 2011년 同첨단의료복합단지조성사업단장 2011년 同사회복지정책실 사회서비스정책관 2013년 한국보건복지인력개발원 원장(현) (상)대통령표창, TV조선 '한국의 영향력 있는 CEO'(2015) (저)'경제기획원 30년사'(共) (종)가톨릭

류화선(柳和善) RYOO Hwa Sun

(생)1948 · 4 · 20 (본)문화(文化) (출)경기 파주 (학)1967년 서울 양정고졸 1972년 서울대 문리대 사회학과졸 1987년 서강대 경영대학원 경영학과졸 2010년 명예 행정학박사(건국대) (경)1972~1974년 육군 중위(ROTC 10기) 1974년 삼성그룹 비서실 사원 · 과장 1983년 삼성전자 마케팅부장 · 전략기획부장 1986년 한국경제신문 편집국 경제부 기자 1987~1990년 同편집국 경제부 차장 1990~1991년 일본 一橋大(히토츠바시대) 상학부 객원연구원 1993년 한국경제신문 편집국 경제부장 1995년 同산업1부장(부국장대우), 同편집국 부국장 1996년 한국생산성본부 자문위원 1997년 한국경제신문 한경자동차신문국장 1998년 同편집국장 2000년 同논설위원 2000년 同편집 · 기획이사 2001년 한국경제TV 대표이사 사장 2004년 한국디지털위성방송(Sky Life) 사외이사 2004년 대우증권 사외이사 2004년 제4대 파주시장(재보선 당선, 한나라당) 2006~2010년 제5대 파주시장(한나라당) 2008년 대통령직속 지역발전위원회 위원 2011~2013년 그랜드코리아레저(GKL)(주) 대표이사 사장 2013~2015년 경인여대 총장 2014년 아시아교류협회 고문 2014~2015년 대학사회봉사협의회 이사 2014년 유네스코지정 2015 세계책의수도인천 추진위원회 위원 2016년 제20대 국회의원선거 출마(경기 파주시乙, 무소속) (상)대통령표창(2005 · 2006 · 2007 · 2008 · 2009), 전국우수자치단체 최우수상(2006), 한국언론인협회 자랑스런한국인대상(2006), 율곡대상(2006), 한국지방자치경영대상(2007), 존경받는 대한민국CEO 대상(2007), 올해를 빛낸 양정인상(2008), 서울대ROTC총동창회 자랑스런 동문상(2009), 한국지방자치경영대상 최고경영자상(2009) (저)'얼굴없는 회사인간'(1992, 한국경제신문) '한국의 경제관료(共)'(1994, 한국경제신문) '시민민주의 행정 1 · 2'(2010, 파주시) (역)'일본기업의 야망(上 · 下)'(1991, 비봉출판사) '메가컴피티션 경영'(1996, 도서출판 거름) '신국제경제의 논리'(1998, 도서출판 거름) (종)기독교

류희림(柳熙林) RYU Hee Lim

⊛1959 · 9 · 17 ⊜대구 ㈜서울 마포구 상암산로76 YTN PLUS 임원실(02-2160-7400) ⊛1978년 대구 청구고졸 1985년 경북대 영어교육학과졸 2004년 연세대 언론홍보대학원졸 2008년 성균관대 대학원 박사과정 수료 ㉄1985년 KBS 사회부 · 경제부 · 외신부 · 편집부 기자 1994년 YTN 뉴스총괄부 차장 1997년 同정치부 차장(청와대 출입) 1999년 同워싱턴지국장 2001년 同정책기획팀 홍보담당 부장대우 2002년 同문화산업부장 2003년 同제작1팀장 2005년 아이젠하워 펠로우쉽 선정 2005년 YTN 보도국 편성운영팀장 2006년 同보도국 해외방송팀장 2006년 관훈클럽 편집위원 2008년 YTN 대외협력국 부국장 2008년 同미디어사업국장 2010~2011년 同경영기획실장 2010년 법조언론인클럽 부회장 2011년 YTN 사이언스TV본부장 2014년 YTN PLUS 대표이사 사장(현) 2015년 (사)법조언론인클럽 회장(현) ⊗환경청장표창, KBS 우수프로그램상(1989), 이달의 기자상(1991 · 1993), KBS 보도금상(1991) · 은상(1993 · 1994), 내무부장관표창, YTN 특종상(2002), 행정자치부장관표창(2010), 자랑스러운 경북대 언론인상(2012), 미래창조과학부 · 한국과학창의재단 수여 대한민국과학문화상 대중매체부문(2014) ㉵'한국을 뒤흔든 특종'(共) '외교의 현장에서'(共) '우리는 뉴스에 속고 있다'

류희찬(柳喜纂) LEW Hee Chan

⊛1956 · 8 · 6 ㈜충북 청주시 흥덕구 강내면 태성탑연로250 한국교원대학교 총장실(043-230-3020) ⊛1980년 서울대 수학교육과졸 1983년 同대학원 수학교육과졸 1989년 수학박사(미국 템플대) ㉄1983~1985년 한국교육개발원 연구원 1989~1990년 同책임연구원 1991~2016년 한국교원대 수학교육과 조교수 · 부교수 · 교수 2002~2003년 미국 Penn State Univ. 방문교수 2006년 한국교원대 교육연구원장 2008~2010년 同기획처장 2010~2012년 대한수학교육학회 회장 2016년 한국교원대 총장(현)

리디아고(女) Lydia Ko

⊛1997 · 4 · 24 ⊜서울 ⊛2014년 오클랜드 파인허스트 스쿨졸 2016년 고려대 심리학과 재학 중(2년) ㉄2012년 호주 아마추어 여자골프선수권대회 우승 2012년 호주여자골프 뉴사우스 웨일스오픈 우승 2012년 제112회 US 여자아마추어골프선수권대회 우승 2012년 미국여자프로골프(LPGA)투어 CN 캐나디언 여자오픈 우승 2013년 유럽여자프로골프투어 ISPS 한다 뉴질랜드 여자오픈 우승 2013년 LPGA투어 CN 캐나디언 여자오픈 우승 2013년 LPGA투어 에비앙 챔피언십 2위 2013년 한국여자프로골프(KLPGA)투어 스윙잉 스커츠 월드 레이디스 마스터스 우승 2013년 LPGA 입회 2013년 IMG 월드와이드와 마케팅 대행 계약체결 2014년 LPGA투어 스윙잉 스커츠 LPGA클래식 우승 2014년 LPGA투어 월마트 아칸소 챔피언십 공동2위 2014년 LPGA투어 마라톤 클래식 우승 2014년 LPGA투어 웨그먼스 LPGA 챔피언십 3위 2014년 LPGA투어 푸본 타이완 챔피언십 3위 2014년 LPGA투어 CME그룹투어 챔피언십 우승 2015년 LPGA투어 코츠 골프 챔피언십 공동 2위 · 역대 최연소 세계 랭킹 1위 등극 2015년 LPGA투어 ISPS 한다 호주여자오픈 우승 2015년 유럽여자프로골프 투어(LET) ISPS 한다 뉴질랜드 여자오픈 우승 2015년 LPGA투어 HSBC 위민스 챔피언스 2위 2015년 LPGA투어 KIA 클래식 3위 2015년 LPGA투어 스윙잉 스커츠 클래식 우승 2015년 LPGA투어 마라톤 클래식 공동3위 2015년 LPGA투어 리코 브리티시여자오픈 공동3위 2015년 LPGA투어 캐나다 퍼시픽 여자오픈 우승 2015년 LPGA투어 에비앙 챔피언십 우승(최연소 메이저 챔피언) 2015년 LPGA투어 사임 다비 말레이시아 공동2위 2016년 LPGA투어 KIA 클래식 우승 2016년 LPGA투어 ANA 인스퍼레이션 우승 2016년 LPGA투어 월마트 NW아칸소 챔피언십 우승 2016년 LPGA투어 마라톤 클래식 우승 2016년 제31회 리우데자네이루올림픽 여자 골프 은메달 ⊗핼버그상 대상(2014), 미국 시사주간지 타임 선정 '올해의 영향력 있는 10대 25인' 선정(2014), LPGA 최연소 신인상(2014), LPGA 공동 다승왕(2014), LPGA 최연소 올해의 선수상(2015), 뉴질랜드 올림픽위원회(NZOC) 수여 '2015 론스데일컵'(2016)

리영자(李永子 · 女) LEE Young Ja (大蓮華)

⊛1936 · 2 · 19 ⊛전주(全州) ㈜서울 중구 필동로1길30 동국대학교 불교대학(02-2260-3098) ⊛1963년 동국대 불교학과졸 1965년 同대학원졸 1982년 문학박사(일본 大正大) ㉄1971년 동국대 불교대학 강사 1976년 同사범대학 교수 1977~2001년 同불교대학 교수, 同명예교수(현) 1981년 同여학생감 1988년 한국여성학회 부회장 1992년 동국대 불교대학장 1992년 한국여성학회 회장 1997~2000년 동국대 불교대학원장 2013~2015년 한국불교연구원 원장 ⊗강릉여고 '자랑스런 동문상'(2014) ㉵'한국천태사상의 전개' '여성학의 이론과 실제' '선이란 무엇인가' '보살의 인생독본' '일본 불교사' '선종사상사' '천태사교의' '초보자를 위한 선' ⊛불교

한국인물사전
2017

YONHAPNEWS

ㅁ

수록 순서 가나다 · 생년월일순

약 호 [생] 생년월일 [본] 본관 [출] 출생지
[주] 주소(연락처) [학] 학력 [경] 경력 (현) 현직
[상] 상훈 [저] 저서 [역] 역서
[작] 작품 [종] 종교

마경석(馬炅奭)

[생]1969 · 7 · 12 [출]전남 장흥 [주]세종특별자치시 조치원읍 군청로36 세종경찰서(044-330-0321) [학]1988년 전남 장흥고졸 1996년 동국대 경찰행정학과졸 [경]1996년 경위 임용(경찰간부후보 44기) 2000년 광주북부경찰서 방범순찰대장(경감) 2005년 인천중부경찰서 과장(경정) 2007년 서울 종로경찰서 청문감사관 2010년 서울 혜화경찰서 정보보안과장 2012년 서울 남대문경찰서 정보과장 2014년 서울 종로경찰서 정보과장 2015년 충남지방경찰서 경비교통과장 2016년 세종경찰서장(현)

마권수(馬權秀) MA Kwon Soo

[생]1946 · 6 · 5 [본]장흥(長興) [출]전남 장흥 [주]서울 강남구 도산대로55길52 금학빌딩3층 (사)세계문화예술교류협회(02-546-8307) [학]1964년 삼선고졸 1971년 서라벌예대 연극영화과졸 [경]1972년 CBS 보도국 기자 1980년 KBS 보도본부 중계부 기자 1993년 同보도국 TV편집부 차장 1994년 同보도국 통일부 차장 1997년 同보도본부 위원 1998년 同광주방송총국 보도국장 1999년 同보도본부 해설위원 2000년 同여수방송국장 2003년 同해설위원 2005~2006년 한국방송협회 사무총장 2005~2006년 뉴스통신진흥회 이사 2006년 방송위원회 비상임위원 2006~2008년 同상임위원, 同남북방송교류추진위원회 위원장 2008~2011년 송암시스콤(주) 고문 2011년 (사)세계문화예술교류협회 명예이사장(현) [상]한국방송대상(1982), 황조근정훈장(2009)

마동훈(馬東勳) MA Dong Hoon

[생]1963 · 3 · 11 [출]서울 [주]서울 성북구 안암로145 고려대학교 미디어학부(02-3290-2261) [학]1980년 휘문고졸 1985년 고려대 신문방송학과졸 1987년 同대학원졸 1993년 커뮤니케이션학박사(영국 리즈대) [경]1987년 한국갤럽연구소 연구원 1994~2000년 전북대 신문방송학과 전임강사 · 조교수 · 부교수 1998년 同영상산업사업단 영상제작사업부장 2000~2002년 同영상산업단장 2000년 고려대 언론학부 부교수, 同미디어학부 교수(현) 2008년 同대외협력처장 2010~2013년 同신문사 주간 2012년 관훈클럽 편집위원 2013년 고려대 대외협력처장 2014~2015년 同미디어학부장 겸 언론대학원장 2015년 同미래전략실장(현) [저]'대중매체와 사회'(1998) '아시아의 문화연구'(1999) '방송의 세계화와 정체성의 공간'(1999) '21세기를 위한 방송통신 정책'(1999) '방송론'(2000) '세계화의 문화정치학'(2004) '방송영상미디어의 이해'(2006)

마득락(馬得樂) MA Deung Nak

[생]1962 · 1 · 14 [주]서울 영등포구 국제금융로56 미래에셋대우 홀세일사업부문(02-768-3355) [학]환일고졸, 한국외국어대 무역학과졸 [경](주)대우증권 SF부장, 同상무보 2010년 同세일즈&트레이딩담당 본부장 2012년 KDB대우증권 Sales사업부문 대표 및 법인영업본부장 2013년 同홀세일사업부문 대표(전무) 2015년 同홀세일사업부문 대표(부사장) 2016년 미래에셋대우 홀세일사업부문 대표(부사장)(현) [종]기독교

마상윤(馬相潤) Ma Sang-Yoon

[생]1967 · 2 · 17 [출]서울 [주]서울 종로구 사직로8길60 외교부 정책기획관실(02-2100-7220) [학]영동고졸 1989년 서울대 외교학과졸 1994년 同대학원 외교학과졸 2002년 국제관계학박사(영국 Oxford대) [경]2003년 가톨릭대 국제학부 초빙교수 2006~2015년 同국제학부 조교수 · 부교수 2007년 同아 · 태지역연구원 원장 2009년 同국제교류처장 2011년 미국 Brookings Institution 방문학자 2012년 미국 Woodrow Wilson Center 공공정책학 연구학자 2015년 가톨릭대 국제학부장 2015~2016년 同국제학부 교수 2016년 외교부 정책기획관(현)

마성균(馬晟均) MA Sung Kyun

[생]1971 · 2 · 16 [출]서울 [주]세종특별자치시 갈매로477 기획재정부 정책조정국 협동조합운영과(044-215-5930) [학]1989년 동북고졸 1994년 고려대 사회학과졸 [경]1993년 행정고시 합격(37회) 1995년 경남지방노동위원회 사무국장 1997년 노동부 고용정책실 자격진흥과 근무 1999년 同기획관리실 행정정보화담당관실 사무관 2003년 同기획관리실 행정정보화담당관실 서기관 2006년 대통령자문 정책기획위원회 파견 2008년 대구지방노동청 구미지청장 2009년 노동부 고용정책실 지역고용사회적기업과장 2010년 고용노동부 고용정책실 사회적기업과장 2011년 同노사정책실 산재보험과장 2011년 同감사관실 고객만족팀장 2012년 同기획조정실 국제기구담당관 2013년 同고객상담센터 소장 2014년 同기획조정실 외국인력담당관 2015년 파견 근무(부이사관) 2015년 기획재정부 정책조정국 협동조합운영과장(현)

마성영(馬晟寧) Ma Seongyeong

[생]1965 · 11 · 17 [출]충북 청주 [주]강원 춘천시 공지로284 춘천지방법원(033-259-9000) [학]1984년 대성고졸 1992년 서울대 국사학과졸 [경]1997년 사법고시 합격(39회) 2000년 사법연수원 수료(29기) 2000년 부산지법 판사 2003년 수원지법 평택지원 판사 2007년 서울중앙지법 판사 2009년 서울남부지법 판사 2013년 서울북부지법 판사 2015년 춘천지법 형사1부 부장판사(현)

마영삼(馬寧三) Ma Young-sam

[생]1956 · 7 · 20 [본]장흥(長興) [출]경북 김천 [주]서울 종로구 사직로8길60 외교부 인사운영팀(02-2100-2114) [학]1975년 경북고졸 1979년 고려대 정치외교학과졸 1987년 미국 조지타운대 대학원 외교학과졸 [경]1981년 외무고시 합격(15회) 1981년 외무부 중동과 · 여권과 · 홍보과 · 동남아과 근무 1987년 駐미국 2등서기관 1991년 駐방글라데시 1등서기관 1995년 대통령비서실 행정관 1996년 駐유엔대표부 1등서기관 1999년 외교안보연구원 기획조사과장 2001년 외교통상부 인권사회과장 2002년 국무총리 의전비서실 과장 2003년 駐이스라엘 공사참사관 2005년 駐팔레스타인대표사무소 초대 대표 겸임 2006~2008년 외교통상부 아프리카중동국장 2008년 駐이스라엘 대사 2011년 외교통상부 초대 공공외교대사 2012년 同평가담당대사 2013년 외교부 평가담당대사 2013년 同공공외교대사 2014~2016년 駐덴마크 대사 2014년 UN연계 '스포츠와 장애인 국제워킹그룹' 의장(현) 2016년 외교부 본부 근무(현) [상]외무부장관표창(1992), 홍조근정훈장(2006), 외교통상부장관표창(2010), 이스라엘 예루살렘 메달(Medal of Jerusalem)(2010), 팔레스타인 외교공로훈장(Golden Order of Merit and Superiority)(2011), 대한체육회 심판부문 우수상(2016) [저]'현대국제법(共)'(2000) '21세기 유엔과 한국(共)'(2002) 'Sports Relations in East Asia(共)'(2014) [종]기독교

마옥현(馬沃賢) Ok Hyun Ma

[생]1970 · 8 · 23 [출]전남 고흥 [주]서울 중구 남대문로63 한진빌딩 법무법인 광장(02-6386-6280) [학]1988년 순천 효천고졸 1992년 연세대 법학과졸 [경]1996년 사법시험 합격(38회) 1999년 사법연수원 수료(28기) 1999년 광주지법 판사 2002년 수원지법 판사 2005년 서울행정법원 판사 2007년 서울북부지법 판사 2011년 서울고법 판사 2012년 대법원 재판연구관 2014년 광주지법 부장판사 2015~2016년 서울고법 판사 2016년 법무법인 광장 변호사(현)

마용득(馬龍得) MA Yong Deuk

[생]1959 · 7 · 11 [주]서울 금천구 가산디지털2로187 롯데정보통신(주) 임원실(02-2626-4001) [학]홍익대 기계공학과졸, 고려대 경영대학원졸 [경]1986년 롯데전자 입사 1997년 롯데정보통신(주) 관리부장 2005년 同경영지원부문장(전무) 2008년 同BSP부문장 2009년 同경영지원부문장 2012년 同SM본부장 2014년 同대표이사 전무(현) 2014년 현대정보기술 대표이사 겸임(현)

마용주(馬鏞周) MA Yong Joo

[생]1969 · 7 · 1 [출]경남 합천 [주]제주특별자치도 제주시 남광북5길3 광주고등법원 제주부(064-729-2000) [학]1988년 낙동고졸 1992년 서울대 법대 사법학과졸 [경]1991년 사법시험 합격(33회) 1994년 사법연수원 수료(23기) 1994년 軍법무관 1997년 서울지법 판사 1999년 서울행정법원 판사 2001년 대전지법 판사 2001년 미국 조지타운대 연수(LL.M.) 2004년 대전고법 판사 2005년

법원행정처 인사관리심의관 2006년 同인사심의관실 판사 2007년 서울고법 판사 2008년 서울중앙지법 판사 2009년 창원지법 통영지원 부장판사 2010년 대법원 재판연구관 2012년 의정부지법 부장판사 2012년 법원행정처 윤리감사관 겸임 2014년 서울중앙지법 부장판사 2016년 광주고법 제주부 수석부장판사(현)

마 원(馬 元) MA WON

[생]1958·11·27 [주]서울 강서구 하늘길260 (주)대한항공 여객사업본부(02-2656-7100) [학]1977년 혜광고졸 1984년 부산대 영어영문학과졸 [경]1987년 대한항공 입사 1997~2000년 同샌프란시스코지점 근무 2000~2002년 同여객마케팅부 근무 2002~2003년 同여객전략개발부 근무 2003~2006년 同샌프란시스코판매소장 2007년 同여객전략개발부 Skypass팀장 2009년 同여객전략개발부서장 2010년 同뉴욕여객지점장(상무) 2013년 (주)진에어 대표이사 2016년 (주)대한항공 여객사업본부장(전무)(현)

마은혁(馬恩赫)

[생]1963·9·7 [출]강원 고성 [주]광주 동구 준법로7의12 광주지방법원(062-239-1114) [학]1981년 서울대사대부고졸 1998년 서울대 정치학과졸 [경]1997년 사법시험 합격(39회) 2000년 사법연수원 수료(29기) 2000년 대구지법 판사 2003년 인천지법 판사 2006년 서울중앙지법 판사 2008년 서울남부지법 판사 2010년 서울가정법원 판사 2012년 서울고법 판사 2014년 서울중앙지법 판사 2015년 광주지법 민사13부 부장판사(현)

마인섭(馬仁燮) MAH In Sub

[생]1957·2·23 [주]서울 종로구 성균관로25의2 성균관대학교 사회과학대학 정치외교학과(02-760-0386) [학]성균관대 정치외교학과졸, 同대학원졸, 정치학박사(미국 노스웨스턴대) [경]1997년 성균관대 사회과학대학 정치외교학과 교수(현) 1998년 한국정치학회 연구이사 2002년 同섭외이사 2004년 同총무이사 2011~2012년 성균관대 사회과학부장 2015년 同인문사회과학캠퍼스 부총장(현) 2015~2016년 同동아시아학술원장 2015년 同신캠퍼스추진단장(현) 2015년 同국가전략대학원장(현)

마재윤

[생]1964·11·15 [출]전남 강진 [주]광주 서구 내방로111 광주광역시 소방안전본부(062-613-8000) [학]광주 진흥고졸, 조선대 경영학과졸, 전남대 대학원 경영학과졸, 행정학박사(호남대) [경]1990년 소방공무원 간부후보 공채(6기), 광주시 소방안전본부 소방행정과장, 광주 광산소방서장, 중앙소방학교 소방과학연구실장, 소방방재청 소방상황실장, 중앙소방학교 교육지원과장 2015년 광주시 소방안전본부장(현) [상]내무부장관표창(1996), 국무총리표창(2002), 근정포장(2014)

마재호(馬才昊) MA Jae Ho

[생]1964·9·5 [본]장흥(長興) [출]전북 정읍 [주]전북 전주시 완산구 선너머1길50 전주문화방송 보도국(063-220-8110) [학]1983년 전라고졸 1987년 서울대 인류학과졸 [경]1992년 전주문화방송 보도국 기자 2008년 同취재부장 2009년 同기획제작부장, 同보도국 부장 2013년 同취재부장 2013년 同기획제작부장 겸임 2013년 同경영기술국장 2015년 同보도국장(현)

마창환(馬昌煥)

[생]1960·11·10 [출]충북 진천 [주]경기 과천시 관문로47 미래창조과학부 감사관실(02-2011-2020) [학]서울 한영고졸, 한양대 행정학과졸, 미국 카네기멜론대 대학원졸(공공정책학 석사) [경]2000년 경기도 중소기업지원과장 2002년 同경제투자관리실 경제항만과장 2004년 국가전문행정연수원 교육파견 2004년 국무총리국무조정실 성과평가조정관실 과장 2005년 同경제조정관실 농수산건설심의관실 과장 2007년 同경제총괄과장 2008년 기획재정부 복권위원회사무처 기금사업과장 2009년 한·플로리다 경제협력위원회 파견 2010년 기획재정부 FTA국내대책본부 기획총괄과장 2012년 국가과학기술위원회 운영지원과장 2013년 미래창조과학부 행정관리담당관 2013년 同연구개발조정국 심의관(고위공무원) 2014년 同대경과기원과학관건립추진단장 2016년 同감사관(현)

마형렬(馬亨列) MA Hyung Ryul

[생]1937·4·7 [본]장흥(長興) [출]전남 강진 [주]광주 북구 경양로170 남양건설(주) 임원실(062-227-1036) [학]1953년 목포해양고졸 1956년 목포해양전문대졸 1976년 전남대 행정대학원 수료 1990년 미국 조지워싱턴대 국제정책결정과정 수료 1996년 전남대 경영대학원 최고경영자과정 수료 2002년 명예 공학박사(목포해양대) [경]1972년 남양건설 회장 1979~1993년 전남도승마협회 회장 1984년 새마을금고연합회 전남지부 회장 1985년 민정당 전남도지부 부위원장 1987년 새마을금고연합회 광주지부 회장 1987년 민주평통 광주지역 부의장 1990년 민자당 전남도지부 후원회장 1991~1996년 광주시 국민생활체육협의회 회장 1991년 대한건설협회 전남도회 회장 1993년 광주시체육회 부회장 1994년 광주상공회의소 부회장 1996년 대한건설협회 부회장 1996~2000년 전남지방경찰청 치안자문위원장 1996년 한국범죄방지재단 광주전남지부장 2002~2005년 대한건설협회 회장 2002년 한국건설산업연구원 이사장 2002~2007년 광주상공회의소 회장 2002~2004년 대한건설단체총연합회 회장 2006년 광주매일신문 회장(현) 2010년 남양건설(주) 회장(CEO)(현) [상]대통령표창(1981), 국민훈장 동백장(1985), 산업포장(1992), 금탑산업훈장(1994), 국민훈장 모란장(2000), 자랑스러운 목포해양대인(2010) [종]불교

맹광호(孟光鎬) MENG Kwang Ho (玄菴)

[생]1943·2·2 [본]신창(新昌) [출]서울 [주]서울시 서초구 반포대로222 가톨릭대학교 의과대학 [학]1961년 성동고졸 1961년 육군사관학교 중퇴 1968년 가톨릭대 의과대학졸 1974년 同대학원 의학과졸 1974년 의학박사(가톨릭대) 1983년 이학박사(미국 하와이대) [경]1972~1987년 가톨릭대 의과대학 예방의학교실 전임강사·조교수·부교수 1975년 미국 존스홉킨스대 보건대학원 박사후 연구원 1987년 가톨릭대 의과대학 예방의학교실 교수, 同명예교수(현) 1990년 同교무처장 1995년 同연구처장 겸 국제협력처장 1997~1999년 同의과대학장 1997~1999년 한국역학회 회장 1998~2010년 대한적십자사 보건사업 자문위원 겸 위원장 1999~2003년 가톨릭대 산업보건대학원장 2001~2006년 국립암센터 이사 2002~2004년 한국의료윤리교육학회 회장 2002~2004년 보건복지부 범국민금연운동본부장 2003~2004년 대한예방의학회 회장 2004~2008년 아시아가톨릭의사협회 회장 2004~2008년 한국과학저술인협회 회장 2005~2008년 금연사업지원단 단장 2005~2007년 한국의학교육학회 회장 2006~2010년 유네스코 국제생명윤리위원회(IBC: International Bioethics Committee) 위원 2007년 수필가 등단 2008~2011년 대한금연학회 초대회장 2008~2011년 국가생명윤리심의위원회 위원 2008~2011년 천주교 서울대교구 생명위원회 위원 2008~2011년 한국의사수필가협회 회장 2009~2012년 유네스코 한국위원회 인문사회분과 위원장 2009년 한국천주교주교회의 생명윤리위원회 위원(현) 2010~2012년 청소년보호위원회 위원장 2015년 대통령소속 국가생명윤리심의위원회 생명존중헌장제정을위한특별위원회 위원 [상]대통령표창(1986), 한국과학저술인협회 공로상(1986), 서울시의사회 학술상(1986), 자랑스런 성동인상(1998), 국민훈장 동백장(2004), 교육과학기술부장관표창(2008), 자랑스런 가톨릭의대인상(2008), 인당의학교육대상(2008), 대한보건협회 보건대상(2010), 일본 금연과학회상(2010), 한국산문작가상(2012), 국민훈장 무궁화장(2013) [저]'의학윤리'(1984) '산업보건학'(1988) '진폐증'(1990) '예방의학 및 공중보건학'(1995) '임상윤리학'(1999) '산업장 건강증진'(2000) '의료윤리학'(2000) '대학역학'(2008) 수필집 '동전한개'(2008) '동행'(2012) 칼럼집 '건강가치, 생명가치'(2008) '맹광호 교수의 생명산책'(2012) [역]'산업장 건강증진' '임상증례보고 논문작성법' [종]가톨릭

맹달영(孟達永) Maeng Dal-young

[생]1958·8·21 [주]서울 종로구 사직로8길60 외교부 인사운영팀(02-2100-7139) [학]1981년 육군사관학교졸 [경]1988년 외무부 입부 1993년 駐베네수엘라 2등서기관 1995년 駐파나마 1등서기관 1999년 대통령비서실 파견 2001년 駐뉴욕 영사 2003년 외교통상부 중미과장 2004년 同재정기획관 2005년 駐보스턴 영사 2007년 駐페루 공사참사관 2009년 제주평화연구원 파견 2010~2013년 駐엘살바도르 대사 2013~2014년 안전행정부 중앙공무원교육원 국제교육협력관 2014년 駐베네수엘라 대사(현) [상]근정포장(2012), 엘살바도르 대십자훈장(2013)

맹무섭(孟武燮) MAENG Mu Sup

[생]1947·9·8 [본]신창(新昌) [출]충남 천안 [주]서울 강남구 봉은사로120 호텔리츠칼튼서울 임원실(02-3451-8330) [학]1966년 경동고졸 1974년 연세대 경영학과졸 1987년 미국 코넬대 Center for Professional Development과정 수료 [경]1973년 (주)호텔신라 입사 1986년 同면세점 영업부 업무과 팀장 1989년 同면세점 사업부장·이사 1990년 (주)녹십자 기획·회계·자금

담당 이사 1994년 (주)호텔신라 면세점사업부장(상무이사) 1995년 同경영지원실장(상무이사) 1997년 同경영지원실장(전무이사) 2000년 同경영지원실장(부사장) 2000년 同제주호텔 총지배인(부사장) 2004년 청호나이스 사장 2006년 호텔리츠칼튼서울 대표이사 2015년 同부회장(현) [종]기독교

맹부영(孟芙永) Maeng Bu-Young (신불)

[생]1958·5·2 [본]신창(新昌) [출]충남 천안 [주]충남 홍성군 홍북면 충남대로21 충청남도청 해양수산국(041-635-2750) [학]1976년 천안고졸 1996년 대전산업대 중국어학과졸 2006년 배재대 대학원 국제통상학과졸 2011년 경영학박사(배재대) [경]2000년 아산시 문화관광과장·염치읍장 2003년 충남도 관광진흥과 관광개발팀장 2004년 행정자치부 중견관리자과정 연수 2005년 충남도 경제정책과 노사협력담당 2006년 同국제통상과 중국지원팀장 2007년 同국제통상과 국제기획담당 2008년 同경제정책과 경제정책팀장 2009년 同경제통상실 통상지원과장 2011년 同복지보건국 사회복지과장 2012년 同경제통상실 일자리경제정책과장 2013년 同홍보협력관 2014년 교육 파견(부이사관) 2015년 충남도 해양수산국장(부이사관)(현) [상]중견관리자과정 최우수논문상(2004), 국가사회발전유공 대통령표창(2007)

맹상수(孟尙秀) SANG-SOO, MAENG

[생]1961·1·14 [주]부산 남구 자성로152 한일오피스텔12층 (주)비락 비서실(051-644-7171) [학]2002년 부산대 경영대학원졸 [경]1988년 (주)비락 입사 2007년 同총무부문장(이사) 2013년 同지원부문장(전무) 2014년 同대표이사(현)

맹성규(孟聖奎) MAENG Sung Kyu

[생]1962·5·16 [본]신창(新昌) [출]인천 [주]강원 춘천시 중앙로1 강원도청 경제부지사실(033-249-2020) [학]부평고졸, 고려대 행정학과졸, 서울대 행정대학원졸, 캐나다 맥길대 대학원졸 [경]1988년 행정고시 합격(31회) 1996년 건설교통부 투자심사담당관실 서기관 1997년 국제민간항공기구 파견 2002년 건설교통부 기획관리실 국제협력담당관 2003년 同고속철도건설기획단 고속철도과장 2004년 同예산담당관 2005년 同육상교통기획과장 2005년 同도시교통팀장 2006년 同도시교통팀장(부이사관) 2006년 대통령비서실 파견 2007년 건설교통부 항공안전본부 운항기획관 2008년 국방대 파견 2009년 국토해양부 항공안전본부 운항기획관 2009년 同항공정책실 항공안전정책관 2010년 駐중국 국토해양관 파견(고위공무원) 2012년 국토해양부 해양환경정책관(국장급) 2013년 국토교통부 종합교통정책관 2014년 同교통물류실장 2015년 강원도 경제부지사(현) [상]해외건설협회 '자랑스런 해외건설 외교관상'(2011)

맹성현(孟成鉉) Myaeng Sung Hyon

[생]1957·7·17 [본]신창(新昌) [출]강원 춘천 [주]대전 유성구 대학로291 한국과학기술원 공과대학 전산학부(042-350-3553) [학]검정고시 합격 1983년 미국 캘리포니아주립대 컴퓨터과학과졸 1985년 미국 서던메소디스트대 대학원 컴퓨터공학과졸 1987년 컴퓨터공학박사(미국 서던메소디스트대) [경]1983~1986년 미국 서던메소디스트대 연구조교 1986년 미국 피츠버그대 연구조교 1987년 미국 템플대 조교수 1988년 미국 시라큐스대 조교수·부교수(종신교수) 1994~2003년 충남대 컴퓨터과학과 부교수·교수 1996~2004년 同소프트웨어연구센터 연구기획부장 2000~2003년 (주)엔퀘스트테크놀로지 대표이사 2003년 한국정보통신대 공학부 교수 2005~2008년 同학술정보처장 2005~2007년 한국정보과학회 언어공학연구회장 2009년 한국과학기술원(KAIST) 공과대학 전산학부 교수(현) 2010~2014년 同웹사이언스공학과 학과장 2014년 한국정보과학회 부회장 2015년 한국과학기술원 국제협력처장(현) [상]디지털이노베이션 한국일보 사장표창(2002), 마이크로소프트사 2007글로벌RFP어워드(2007), 한국과학기술원 국제협력상(2011) [저]'Experiential Knowledge Mining(共)'(2013) [종]기독교

맹수호(孟水鎬) MAENG Su Ho

[생]1959·10·16 [출]충남 예산 [주]서울 종로구 종로3길 33 (주)KT 광화문빌딩 East CR부문(031-727-0114) [학]1978년 동성고졸 1983년 성균관대졸 1985년 서울대 경영대학원졸 [경](주)KT 민영화추진단장, 미국 텍사스대 파견 2003년 (주)KT 경영연구소장 2004년 同사업협력실장(상무보) 2005년 同사업협력실장(상무) 2006년 同대외부문 사업협력실장(전무) 2007년 同재무실장(전무) 2009년 同글로벌사업본부장(부사장) 2010년 KT커머스(주) 대표이사 사장 2014년 (주)KT is(케이티스) 대표이사 사장 2015년 (주)KT CR부문장(부사장)(현)

맹원재(孟元在) MAENG Won Jai

[생]1939·2·6 [본]신창(新昌) [출]경남 함양 [주]서울 서초구 반포대로37길59 대한민국학술원(02-3400-5220) [학]1958년 경남 조양고졸 1965년 건국대 축산대 축산학과졸 1971년 캐나다 겔프대 대학원 영양학과졸 1975년 영양학박사(미국 캘리포니아대 데이비스교) [경]1976~1984년 중앙대 축산학과 조교수·부교수 1978년 한국축산학회 편집위원 1981년 한국영양사료연구회 감사 1981년 한국축산학회 이사·운영이사 1984년 한국영양사료학회 부회장 1984~2004년 건국대 축산대학 사료영양학과 교수 1990년 同축산대학장 1991년 한국영양사료학회 회장 1993년 건국대 농축대학원장 1994년 한국과학기술한림원(KAST) 농수산학부 종신회원(현) 1996~2000년 한국반추위기능연구회 회장 1996년 국제초식동물학회 국제위원 겸 한국대표 위원 1997년 미국 캘리포니아대 교환교수 1998~2002년 건국대 총장 1998년 푸른숲가꾸기국민운동 고문 1999~2003년 민주평통 자문위원 1999년 한·미 문화재단 이사 2001년 한국축산환경협회 부회장 2003년 한국·덴마크협회 고문(현) 2004년 건국대 축산대학 명예교수 2004년 뉴트리션뱅크리서치연구소 이사장(현) 2005년 대한민국학술원 회원(영양학·현) 2010~2011년 동덕여대 이사장 2011년 건국대 석좌교수(현) [상]한국축산학회 학술상(1982), 한국영양사료연구회 공로상(1986), 한국낙농학회 공로상(1989), 한국과학기술단체총연합회 우수논문상(1991), 한국축산학회 공적상(1994), 건국대 학술공로상(1994), 한국영양사료학회 퓨리나영양사료 대상(1995), 건국대 우수저서출판 공로패(1997), 목운재단 축산영양사료연구대상(2001), 에그리브랜드퓨리나코리아 축산·사료 연구기술 대상(2003) [저]'축산학' '가축영양학' '비유생리학' '사료분석실험' '사료제조공학' '사료영양용어사전' '최신 축산학 개론' '축산백과' '반추동물영양학' '우유생산학' '사양관리 핸드북' '식생활과 건강' '현대인의 식생활과 건강' '사료자원학' '사료가공학' '사료 핸드북' 'Rumen Microbes and Digestive Physiology in Ruminants' 'Recent Developments in the Nutrition of Herbivores' '영양사료 용어해설사전' '한우' '당뇨병 알면 고친다' [작]특허등록 '혐기발효조의 무동력 교반방법 및 그 장치'(1995) '발효가스의 폐열을 이용한 호기발효조내의 폐수예열장치'(1996) '유기성 폐액의 2단계 혐기발효법 및 그에 사용되는 발효조'(1996) '포토 파이버를 이용한 슬러지 메타'(1996)

맹정섭(孟正燮) MAENG Jung Sup

[생]1959·7·28 [본]신창(新昌) [출]충북 충주 [주]충북 충주시 삼원로31 2층 MIK충주녹색패션산업단지설립위원회(043-851-2389) [학]1978년 충주상고졸 1985년 성균관대 정치외교학과졸 1988년 同대학원졸 2003년 정치외교학박사(성균관대) [경]1985년 희망의한국리더십네트워크 대표 1989~1992년 한반도지식인포럼 대표 1992년 (사)역사문화아카데미 부이사장 1997년 (사)한·우크라이나협회 사무총장 겸 부회장 1997년 (사)KT명퇴자협회 자문위원장 1998년 한·우크라이나상공회의소 창립위원장 1999~2006년 (사)한·우크라이나협회 상임부회장 2001년 (사)국가전략포럼 국제외교위원장 2002년 중원발전연구소 소장 2002년 새천년민주당 노무현 대통령후보 조직특보 2003년 열린우리당 충북도지도위원회 의장 2003년 (사)심산김창숙선생기념사업회 운영위원 2003년 (사)남북동포서로돕기운동본부 자문위원 2004년 (사)전국자전거사랑연합회 자문위원 2005~2007년 WXF후원회 회장 2006년 (사)프랑스UN한국전참전협회 부회장 2007년 성균관대 겸임교수 2007년 선진국민연대 충북대표 2007년 민주평통 상임위원 2008년 국가산업단지첨단패션의류제조공단(MIK) 설립위원장 2009년 MIK충주녹색패션산업단지설립위원회 위원장(현) 2009년 장애인먼저실천운동본부 충북운동본부장 2014년 한국소방진흥원 이사장(현), 경기대 초빙교수(현) [상]대통령감사장(1998·2003) [저]'경제지식이 힘이다' '못난이 일기' '달러의 비밀' '들꽃' [종]천주교

맹정호(孟井鎬) MAENG Jeong Ho

[생]1968·12·25 [본]신창(新昌) [출]충남 서산 [주]충남 예산군 삽교읍 도청대로600 충청남도의회(041-635-5333) [학]서령고졸 1994년 충남대 국어국문학과졸 [경]충남대 총학생회장, 서산태안환경운동연합 사무국장, 대통령비서실 행정관, 국가균형발전위원회 자문위원, 서산자치경영연구소 소장, 가야기획 공동대표 2006년 충남도의원선거 출마(열린우리당) 2010년 충남도의회 의원(민주당·민주통합당·민주당·새정치민주연합) 2010년 同행정자치위원회 위원 2012년 同민주통합당 총무 2012년 同행정자치위원회 부위원장 2014년 충남도의회 의원(새정치민주연합·더불어민주당)(현) 2014년 同운

영위원회 위원 2014년 同교육위원회 부위원장 2014년 同예산결산특별위원회 위원 2014년 同서해안살리기특별위원회 위원 2016년 同안전건설해양소방위원회 위원장(현) [상]전국지방의회 친환경 최우수의원상(2015), 대한민국위민의정대상 우수상(2016)

맹주억(孟柱億) MAENG Joo Oeck

[생]1956·9·6 [주]서울 동대문구 이문로107 한국외국어대학교 중국어대학 중국언어문화학부(02-2173-2296) [학]1980년 한국외국어대 중국어학과졸 1982년 同동시통역대학원졸 1992년 문학박사(한국외국어대) [경]1983~1985년 서울대·한양대·숭실대 강사 1986~1995년 경기대 인문대학 중어중문학과 전임강사·조교수·부교수 1995년 한국외국어대 중국어과 부교수 1999~2014년 同교수 2004년 同외국어교육연구소장 2005년 중국어교육학회 회장 2007년 한국외국어대 중국연구소장 2014년 同중국어대학 중국언어문화학부 교수(현) 2015년 同중국어대학장(현) [저]'현대중국어문법'(1992, 청년사) '중국어1,2'(1996, 진명출판사) '표준한국어1,2'(1996, 한림출판사) '중국어 발음'(1998, 동방미디어) '만리행 중국어1,2'(2001, 동방미디어) '중국어 편지쓰기'(2002, 문예림)

맹주한(孟柱翰) Maeng, Juhan

[생]1972·9·4 [본]신창(新昌) [출]서울 [주]세종특별자치시 정부2청사로13 국민안전처 해양경비안전본부 해양경비안전총괄과(044-205-2116) [학]1991년 영등포고졸 1997년 고려대 법학과졸 [경]2003년 사법시험 합격(45회) 2006년 사법연수원 수료(35기) 2006년 해양경찰청 경정 임용 2006년 同법무2팀장 2006년 인천해양경찰서 수사과장 2007년 해양경찰청 법무팀장 2008년 同총무계장 2009년 同기획팀장 2012년 同장비과장(총경) 2014년 평택해양경찰서장 2014년 국민안전처 서해해양경비안전본부 평택해양경비안전서장 2015년 同해양경비안전본부 해양경비안전국 수상레저과장 2016년 국방대 파견(현)

맹형규(孟亨奎) MAENG Hyung Kyu

[생]1946·8·9 [본]신창(新昌) [출]서울 [주]서울 송파구 백제고분로17길54 선영빌딩 (사)공공나눔(02-418-0046) [학]1964년 경복고졸 1972년 연세대 정치외교학과졸 1979년 미국 컬럼비아대 수학 1997년 고려대 컴퓨터과학기술대학원 수료 2001년 서울시립대 최고경영자과정 수료 2002년 중앙대 국제대학원 최고경영자과정 수료 [경]1972~1980년 합동통신 정치부·외신부 기자 1980년 연합통신 정치부 기자 1984년 同런던특파원 1987~1988년 同논설위원 1988년 국민일보 워싱턴특파원 1991년 SBS 워싱턴특파원 1991~1995년 同8시뉴스 앵커 1996년 제15대 국회의원(서울 송파乙, 신한국당·한나라당) 1996년 신한국당 운영기획위원장 1997년 한나라당 대변인 1998년 同중앙위원회 수석부의장 1999년 同총재 비서실장 2000년 제16대 국회의원(서울 송파甲, 한나라당) 2000년 한나라당 기획위원장 2001년 同국가혁신위원회 국가비전분과 부위원장 2003년 同정책위 부의장 2004~2006년 제17대 국회의원(서울 송파甲, 한나라당) 2004년 한나라당 6.5보궐선거공천심사위원장 2004년 국회 산업자원위원장 2005년 한나라당 정책위원회 의장 2006~2008년 제17대 국회의원(서울 송파甲 재보선, 한나라당) 2007년 제17대 대통령직인수위원회 기획조정분과위원회 간사 2008년 대통령 정무수석비서관 2009년 대통령 정무특별보좌관 2010~2013년 행정안전부 장관 2016년 (사)공공나눔 초대 이사장(현) [상]한국방송대상(1973), 백봉신사상(1999), 인터넷의정활동 우수의원상(2000), 남녀평등정치인상(2000), 의정활동우수의원(2001), 국정감사우수의원(2001), 의정·행정대상 국회의원부문 의정대상(2003), 국회 산업자원위원회 국감 최우수의원(2004), 국정감사우수의원특별상(2007), 한국메니페스토실천연대 공로상(2008), UN 전자정부 글로벌대상(2010), 선진교통안전대상 공로패(2010), 환경전문기자회 선정 올해의 환경인상(2011), 대한민국공무원노동조합총연맹 감사패(2013) [저]'도시비타민M' [종]기독교

맹형재(孟亨在) MAENG Hyung Jae

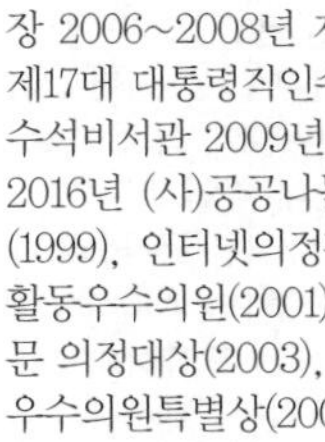

[생]1957·9·17 [본]신창(新昌) [출]충남 아산 [주]서울 광진구 능동로120 건국대학교 산업디자인학과(02-450-3770) [학]1980년 서울대 미대 응용미술학과졸 1994년 홍익대 산업대학원 산업디자인학과졸 1997년 이탈리아 밀라노 Domus Academy Industrial Design졸, 홍익대 대학원 박사과정 수료 [경]1984~1995년 명지전문대학 공업디자인과 강사·겸임교수 1992~1996년 STAFF DESIGN연구소 대표 1993~1998년 서울대·국민대·이화여대·홍익대·동덕여대·서울여대 강사 1998~2001년 경원대 산업디자인과 조교수 1998년 건국대 디자인학부 산업디자인전공 교수, 同산업디자인학과 교수(현) 1999~2003년 국립중앙박물관 전문위원 1999~2000년 (주)NID DESIGN 대표 2000년 성남시 시정발전위원회 사회경제분과위원장 2001년 세계산업디자인대회(ICSID) 집행위원 2001년 국회 문화관광위원회 국립중앙박물관건립지원위원회 전문위원 2004년 한국디자인학회 이사 2004~2006년 전시디자인학회 회장 2004~2007년 건국대 예술문화대학장 2006년 同디자인대학원장 2008~2010년 경기도 디자인총괄본부 특별보좌관 2008년 디자인코리아국회포럼 사무총장, 국립생물자원관 전문위원, 광교신도시 디자인커미셔너 2010~2011년 경기도 정책자문관 2012~2014년 건국대 예술디자인대학장 2014~2016년 同예술디자인대학원장 [상]산업디자인전람회 특선(1979·1982), 산업디자인전람회 입선(1980·1981)

맹호영(孟虎永) MAENG Ho Young

[생]1961·1·2 [출]대전 [주]세종특별자치시 도움4로13 보건복지부 기획조정실 통상협력담당관실(044-202-2370) [학]1979년 서울고졸 1985년 서울대 약대졸 2004년 국방대 대학원 국제관계학과졸 [경]1985~1987년 부광약품 생산관리 약사 1987~1993년 보건복지부 약무과 사무관 1993~1998년 同약무정책과 사무관 1998년 同정책총괄과 사무관 2000년 同약무식품정책과 담당계장 2002~2004년 국방대학원 파견 2004년 보건복지부 보건정책국 의약품정책과 약무사무관, 同한·미자유무역협정팀 기술서기관 2006년 대한약사회 공직약사회 부위원장 2007년 국립보건연구원 연구지원팀장 2009년 보건복지가족부 보건산업기술과장 2010년 보건복지부 건강정책국 정신건강정책과장 2011년 교육 파견(서기관) 2012년 보건복지부 사회복지정책실 기초의료보장과장 2013년 同건강보험정책국 보험약제과장 2014년 同인구정책실 요양보험운영과장(부이사관) 2015년 한국보건복지인력개발원 보건복지교육본부장 2016년 보건복지부 기획조정실 통상협력담당관(현) [상]보건복지부장관표창(1994), 국무총리표창(1997), 대통령표창(2002)

맹희영(孟熹永) MAENG Hee Young

[생]1959·2·19 [주]서울 노원구 공릉로232 서울과학기술대학교 기계시스템디자인공학과(02-970-6363) [학]1981년 서울대 기계공학과졸 1983년 同대학원 기계설계학과졸 1989년 공학박사(서울대) [경]1983~1985년 (주)한국코트렐 근무 1985~1998년 서울산업대 기계설계학과 전임강사·조교수·부교수 1993~1994년 캐나다 Univ. of Victoria 객원교수 1998~2010년 서울산업대 기계설계·자동화공학부 교수 2001~2003년 同기획실장 2006~2008년 同교무처장 2010년 서울과학기술대 기계시스템디자인공학과 교수(현) 2014~2016년 同공과대학장 [저]'NC기계가공'(1988) 'CAD/CAM입문'(1990) '기계제작법'(1998)

명노승(明魯昇) MYUNG Rho Seung

[생]1946·5·25 [본]연안(延安) [출]충남 서천 [주]서울 서초구 서초중앙로203 오릭스빌딩4층 법무법인(유) 강남(02-6010-7030) [학]1965년 경기고졸 1969년 서울대 법학과졸 [경]1971년 사법시험 합격(13회) 1973년 사법연수원 수료(3기) 1974년 육군 법무관 1977년 대구지검 검사 1979년 부산지검 밀양지청 검사 1981년 서울지검 북부지청 검사 1983년 대전지검 공주지청장 1985년 수원지검 고등검찰관 1986년 대검찰청 검찰연구관 1987년 同형사1과장 1988년 同기획과장 1989년 사법연수원 교수 1990년 법무부 법무과장 1991년 서울지검 북부지청 특수부장 1992년 同북부지청 형사2부장 1993년 同공판부장 1993년 전주지검 차장검사 1994년 대구지검 차장검사 1995년 서울고검 검사 1997년 서울지검 북부지청장 1998년 대구고검 차장검사 1999년 부산고검 차장검사 1999년 울산지검 검사장 2000년 법무부 법무실장 2001년 부산지검 검사장 2002년 대전고검 검사장 2002~2003년 법무부 차관 2003~2005년 법무법인 바른 대표변호사 2004~2006년 검찰인사위원장 2005~2011년 법무법인 바른 고문변호사 2008년 한중문화협회 이사장 2010~2012년 행정안전부 주식백지신탁심사위원회 위원장 2011~2012년 법무법인 주원 대표변호사 2013년 법무법인(유) 강남 대표변호사(현) 2014년 한중문화협회 회장(현) [상]검찰총장표창(1983), 홍조근정훈장(1993)

명노현(明魯賢) MYUNG Roe Hyun

[생]1961·7·30 [출]인천 [주]경기 안양시 동안구 엘에스로127 LS전선(주) 임원실(02-2189-9114) [학]동국사대부고졸, 인하대 무역학과졸, 연세대 대학원 국제경영학과졸 [경]1987년 LG전선(주) 입사, 同경영기획팀장 2005년 同경영기획담당 이사 2005~2007년 LS전선(주) 경영기획담당 이사 2005년 (주)지씨아이 감사 2005년 캐스코(주) 이사 2005년 (주)진로산업 비상근감사 2006년 (주)

파운텍 감사 2007년 LS전선(주) 재경부문장(상무) 2011년 同경영관리부문장(CFO · 상무) 2011년 同경영관리본부장(CFO · 전무) 2015년 同경영관리총괄 대표이사 부사장(현) [종]가톨릭

명동성(明東星) MYUNG Dong Seong

[생]1953 · 12 · 13 [본]연안(延安) [출]전남 강진 [주]서울 중구 퇴계로100 스테이트타워남산 법무법인 세종(02-316-4023) [학]1972년 광주고졸 1977년 서울대 법대졸 1990년 대만 국립대만대 대학원 수료 [경]1978년 사법시험 합격(20회) 1980년 사법연수원 수료(10기) 1980년 軍법무관 1983~1991년 인천지검 · 서울지검 북부지청 검사 1992년 대구지검 고등검찰관 1992년 광주지검 해남지청장 1993년 제주지검 부장검사 1993년 광주지검 부장검사 1994년 수원지검 부장검사 1996년 부산지검 형사4부장 1997년 법무부 보호과장 1998년 서울지검 특수3부장 1999년 광주지검 목포지청장 2000년 서울지검 의정부지청 차장검사 2001년 대검찰청 수사기획관 2002년 인천지검 제1차장검사 2003년 서울지검 북부지청장 2004년 서울동부지검장 2004년 제주지검장 2005년 사법연수원 부원장 2006년 광주지검장 2007년 광주고검장 2007년 서울중앙지검장 2009년 법무연수원장 2009년 법무법인 세종 변호사 2010년 同대표변호사(현) 2013~2014년 검찰개혁심의위원회 위원 2015년 (주)대교 사외이사 겸 감사위원(현) [상]황조근정훈장(2008) [종]불교

명상욱(明尙郁)

[생]1966 · 4 · 12 [주]경기 수원시 팔달구 효원로1 경기도의회(031-8008-7000) [학]단국대 영어영문학과졸 2009년 연세대 행정대학원 정치학과졸 [경](주)현대여행사 대표, 동안양청년회의소 회장, 국가발전전략연구회 정책연구위원, 한나라당 청년위원회 부위원장 2006~2010년 경기 안양시의회 의원, 同총무경제위원회 간사, 안양시지역사회교육협의회 부회장, 경기도의원선거 출마(한나라당), 새누리당 안양시당원협의회 부위원장, 안일초 운영위원장, 늘푸른실천협의회 부위원장, (사)환경보호국민운동본부 안양지회 고문, 안양시축구연합회 부회장, 중부새마을금고 감사, 민주평통 자문위원 2014년 경기도의회 의원(새누리당)(현) 2014년 同운영위원회 위원 2014~2015년 同예산결산특별위원회 위원 2014 · 2016년 同교육위원회 위원(현) 2016년 同경제민주화특별위원회 위원(현)

명 선(明 煽) (金城)

[생]1936 · 10 · 13 [본]충주(忠州) [출]전남 담양 [주]전남 여수시 흥국사길160 영취산 흥국사(061-685-5633) [학]1959년 해인사 불교전문대학 대교과졸 1975년 동국대 행정대학원졸 [경]1954년 다보사에서 자운스님을 은사로 득도 1955년 정혜원에서 한동산스님을 계사로 보살계 수지 1959년 통도사에서 윤월하스님을 계사로 비구계 수지 1959~1964년 해인사 · 상원사 · 관음사 · 도리사 · 범어사 · 보광사 등에서 10하 안거 성만 1964년 상운사 주지 1967년 용주사 총무국장 · 화엄사 총무국장 1970년 同제3 · 4 · 5 · 6 · 7 · 8대 중앙종회 의원 및 제정분과위원장 1975년 화엄사 주지 1976년 대한불교조계종 중앙선거관리위원 · 법규위원 · 재심호계위원 1980년 순천교도소 종교교화위원 1982년 대한불교조계종 수석부의장 1982~1989년 학교법인 동국학원 감사 1984년 태안사 주지 1985년 흥국사 주지 겸 회주(현) 1994년 문수종합사회복지관 · 여수시노인복지관 운영회장(현) 2007년 대한불교조계종 원로의원(현) 2011년 同법계위원(현) 2012년 同원로회의 부의장(현) 2014년 화엄문도회문장(현) 2014년 (사)여수불교사암연합회 이사장(현) [상]대한불교조계종 종정 공로표창(3회) [저]'호국의 성지 흥국사(흥국사지)' [종]불교

명 성(明 星 · 女) Myung Seong

[생]1931 · 5 · 5 [출]경북 상주 [주]경북 청도군 운문면 운문사길264 운문사(054-372-8800) [학]1948년 강릉여고졸 1958년 승주 선암사강원 대교과졸 1970년 동국대 대학원 불교학과졸 1974년 同대학원 불교학과 박사과정 수료 1998년 철학박사(동국대) 2008년 태국 마하출라통콘라자위달라야대 명예박사 [경]1949년 강릉 강동국교 교사 1952년 해인사에서 득도(은사 선행) 1952년 해인사에서 사미계 수지(계사 하동산) 1958년 선암사에서 전강(강사 性能) 1958~1961년 선암사 강원 강사 1961~1971년 서울 청룡사 강원 강사 1966년 해인사에서 비구니계(계사 慈雲) 1970 · 1974 · 1978 · 1984 · 1989년 제3 · 4 · 5 · 8 · 9대 대한불교조계종 중앙종회 의원 1970~1987년 同승가학원 강주 1977~1998년 同청도 운문사 주지 · 회주 1987~2012년 운문승가대학 학장 1988년 경북대 사범대 강사 1989년 전국비구니회 부회장 1997년 운문승가대학 원장 2001년 동국대총동창회 부회장 2003~2011년 전국비구니회 8 · 9대 회장 2012년 한문불전대학원 원장(현) 2012년 운문사 회주(현) 2014년 운문승가대학 원장 [상]대한민국미술전람회 서예부 입선, 조계종 포교대상 공로상, 환경부장관특별공로상, 스리랑카 Sasana Kirthi Sri 공로상, 여성지위향상을위한협회 '탁월한 불교여성상(Outstanding Woman in buddhism Awards)'(2008, UN 국제여성의날 태국 방콕) [저]'구사론대강' '유식강요' '사미니율의'(編) '제경서문'(編) '불설삼천불명경'(編) '초능변식의 연구' '불교학논문집' '삼능변식의 연구' '아미달마순정이론' [종]불교

명순구(明淳龜) MYOUNG Soon-Koo

[생]1962 · 6 · 16 [본]서촉(西蜀) [출]충남 청양 [주]서울 성북구 안암로145 고려대학교 법과대학(02-3290-1892) [학]1980년 서울고졸 1985년 고려대 법학과졸 1987년 同대학원 법학과졸 1994년 법학박사(프랑스 파리제1대) [경]1992~1994년 프랑스 파리 제1대학 부설 채무법연구소 연구위원 1995년 고려대 법대 조교수 · 부교수 · 교수(현) 1995년 북한법연구회 연구위원 1996년 프랑스 파리제1대부설 채무법연구소 연구위원 1999년 한일법학회 상무이사 2003년 한국부동산법학회 상임이사 2004년 한국민사법학회 관례간사 2004년 한국비교사법학회 홍보이사 2004년 고려대 법학연구원 비교법연구센터 소장 2004~2005년 프랑스 Universite du Havre Laureate of Erasmus Mundus 교환교수 2005~2007년 고려대 법무대학원 금융법학과 주임교수 2006~2007년 同법학과 학과장 2007년 서울시 행정심판위원회 위원 2007년 프랑스 팔므 아카데믹협회(AMOPA) 정회원(현) 2009년 법무부 민법개정위원회 위원 2011~2015년 고려대 교무처장 2011년 법제처 남북법제자문위원회 위원 2014~2015년 전국대학교교무처장협의회 회장 [상]고려대 석탑강의상(2004), 프랑스 교육훈장 '팔므 아카데믹 기사장(Ordre des Palmes Academiques)'(2007), 고려대 공로상(2007) [저]'민법학 기초원리'(2002) '우리 동거할까요(共)'(2002) '실크로드로 가는길(共)'(2002) '미국계약법 입문'(2004) '민법학 원론 : 민법총칙'(2005) '법률가의 회계학'(2006) '아듀, 물권행위'(2006) '실록 대한민국민법1'(2008) '러시아법 입문(共)'(2009) '국적과 법, 그 기원과 미래'(2010) '실록 대한민국민법2'(2010) '실록 대한민국민법3'(2010) '법의 눈으로 안중근 재판 다시 보기-안중근 의사가 테러리스트가 아닌 이유'(2011) '역사와 해설 국민건강보험법(共)'(2011) [역]'프랑스 민법전'(2000) '현대미국신탁법'(2005) '법경제학'(2006)

명승희(明承禧 · 女) Myung Seung Hee (女正)

[생]1940 · 3 · 25 [본]연안(延安) [출]전남 보성 [주]서울 영등포구 국회대로62길23 원정빌딩404호 대한무궁화중앙회(02-782-8758) [학]1982년 단국대 경영대학원 수료 1995년 불교대학(조계종 산하)졸 1998년 명예 문학박사(카자흐스탄 국립사범여자대학) 1998년 고려대 최고경영자과정 수료 2005년 명예 행정학박사(호남대) 2006년 연세대 언론홍보대학원 언론최고과정 수료 [경]초 · 중학교 가사 · 무용강사 1973년 무궁화부인회 창립 · 회장 1980~1995년 전국남녀웅변대회 회장 1981~1988년 청소년무궁화축구대회 회장 1981~1988년 전국초중고글짓기대회 회장 1984년 민족통일촉진회중앙회 부녀국장 1984~1988년 대한무궁화여성중앙회 설립 · 회장 1986년 육 · 해 · 공군 초빙강사 1988년 (사)대한무궁화중앙회 총재(현) 1989~1996년 월간 '무궁화' 발행인 1989년 도서출판 무궁화 대표(현) 1990~1993년 민족정기현창탑추진위원회 위원장 1992년 문학세계 시인 등단 1993~1997년 전남광주향우회 부회장 1993년 (사)21세기 경제사회연구원 이사 1994~1988년 단국대 경영대학원 총동창회 부회장 1995년 (재)농어촌청소년육성재단 자문위원 1995~2000년 새정치국민회의 당무위원 1996~2000년 同종교특위 부위원장 1996~2000년 同민속문화특별위원장 1997년 전남광주향우회 자문위원(현) 1998년 국방119 명예회장 1998~2000년 새정치국민회의 지도위원 1999~2001년 민주평통 자문위원 2001년 2002월드컵 성공국민운동본부 명예총재 2002년 민주광명당 총재 · 대통령 후보 2002년 구국총연합 대표최고위원 2004년 동북아포럼미디어센터 고문 2007년 무궁화역사관 개관 2013년 CNN방송 상임고문(현) 2014년 (사)안중근의사숭모회 자문위원(현) 2014년 (사)대한사랑 고문(현) 2014년 이승만박사기념사업회 고문(현) 2014년 군사저널 상임고문(현) 2014년 (사)한국전례원 전남도지원 상임고문(현) [상]대통령표창(1993), 국민훈장 목련장(1999), 세계한민족평화통일협의회 지도자 대상(2003), 한국언론인연합회 자랑스런 한국인 대상 나라사랑부문(2004), 올해의 숨은명장 20인 나라사랑부문(2005), 대한무궁화중앙회 국무총리단체표창(2006), 육영수를사랑하는모임 목련상(2009), 대한무궁화중앙회 대통령단체표창(2011) [저]'한국무궁화운동사'(1986) '근역단심'(1990) '군번없는 용사'(1995) '21세기는 여성정치시대'(1999) '정치비전 21세기'(2001) '21세기 어머니정치'(2001) '빛 이고져! 님 이고져!'(2002) '어머니의 혼불'(2002) '무궁화영토'(2006) [작]시집 '무궁화 꽃길 따라서'(1991) '아침까치'(1992) '학의 마음'(1994) '북소리'(1999) '무궁화는 영원하리라'(2011) 칼럼 '21세기는 여성정치시대' '21세기 정치비전' '21세기 어머니 정치'(1999~2006, 일요시사 연재) [종]불교

ㅁ

명연수(明年壽) MYUNG Yun Soo

[생]1959·10·5 [주]경남 김해시 인제로197 인제대학교 문리과대학 컴퓨터시뮬레이션학과(055-320-3211) [학]1981년 서강대 물리학과졸 1983년 한국과학기술원(KAIST) 물리학과졸 1987년 이학박사(한국과학기술원) [경]1983년 서강대 물리학과 강사·연구원 1987년 포항공과대 물리학과 조교수 1988년 일본 京都大 RIMS Guest Scholar 1989~1999년 인제대 물리학과 조교수·부교수 1990년 同컴퓨터디자인교육원장 1997년 同기획홍보실장 1998년 同전산전자물리학과장 1998년 同컴퓨터응용과학부장 1999~2012년 同컴퓨터응용과학부 교수 2000~2005년 同메스메티카기술교육센터장 2001년 同상대론연구소장 2003년 한국물리학회 편집실무이사 2005~2006년 미국 Univ. of Oregon ITS Senior Research Associate 2009~2012년 인제대 기초과학연구소장 2013년 同문리과대학 컴퓨터시뮬레이션학과 교수(현) 2015년 同연구처장(현) [저]'메스테티카를 이용한 파동의 응용'(1999, 경문사)

명완재(明岏在) Myeong, Wan-Jae

[생]1961·1·10 [본]서촉(西蜀) [출]충남 청양 [주]대전 유성구 가정로76 한화케미칼(주) 중앙연구소 미래기술연구센터(042-865-6683) [학]1979년 대전고졸 1983년 서울대 화학공학과졸 1985년 한국과학기술원 대학원 화학공학과졸 1992년 공학박사(한국과학기술원) [경]1985~1988년 한화케미칼(주) 주임연구원 1992~2008년 同선임연구원·책임연구원·수석연구원 2008년 同중앙연구소 연구임원(상무보) 2016년 同중앙연구소 미래기술연구센터 PL(상무보)(현)

명재권(明在權) MYUNG Jae Kwon

[생]1967·2·18 [출]충남 서천 [주]경기 성남시 수정구 산성대로451 수원지방법원 성남지원(031-737-1410) [학]1984년 서울사대부고졸 1988년 서울대 법학과졸 [경]1995년 사법시험 합격(37회) 1998년 사법연수원 수료(27기) 1998년 수원지검 검사 2000년 전주지검 군산지청 검사 2002년 수원지검 성남지청 검사 2003년 독일 막스프랑크연구소 객원연구원 2005년 서울동부지검 형사제2부 검사 2008년 청주지검 검사 2009년 수원지검 판사 2011년 서울고법 판사 2013년 서울중앙지법 판사 2014년 창원지법 부장판사 2016년 수원지법 성남지원 부장판사(현)

명점식(明点植) MYUNG Chum Shik

[생]1964·8·19 [본]연안(延安) [출]전남 고흥 [주]경기 성남시 수정구 산성대로451 수원지방검찰청 성남지청(031-739-4200) [학]1983년 광주 금호고졸 1987년 서울대 경제학과졸 2005년 독일 뮌헨대 연수 [경]1995년 사법시험 합격(37회) 1998년 사법연수원 수료(27기) 1998년 인천지검 검사 2000년 창원지검 진주지청 검사 2002년 창원지검 검사 2005년 대전지검 홍성지청 검사 2007년 서울북부지검 검사 2010년 의정부지검 검사 2010년 同부부장검사 2011년 광주지검 순천지청 부장검사 2012년 수원지검 공판송무부장 2013년 청주지검 제천지청장 2014년 사법연수원 교수 2016년 수원지검 성남지청 부장검사(현)

명 진(明 盡)

[생]1950·12·23 [출]충남 당진 [경]1969년 해인사 백련암에서 출가 1974년 범주사 탄성스님을 은사로 사미계 수지 1975년 혜정스님을 계사로 구족계 수지 1975년 송광사·해인사·봉암사·상원사·망월사·용화사등 40안거 수행 1987년 대승불교승가회 회장 1994년 대한불교조계종 종단개혁회의 상임위원 1994~2002년 同중앙종회 11대·12대 의원 1998년 同12대 중앙종회 차석부의장 2000~2002년 同민족공동체추진본부 상임집행위원장 2003~2004년 同민족공동체추진본부 부본부장 2005년 봉은사 선원장 2005~2010년 조계종 민족공동체추진본부장 2006~2010년 봉은사 주지, 실업자지원센터 이사장, (재)윤이상평화재단 부이사장 2011년 단지불회 회주 상원사 2014~2015년 대한불교조계종 중앙종회 의원 [저]'스님은 사춘기'(2011, 이솔) '중생이 아프면 부처도 아프다'(2011)

명창환(明昌煥) Myung, Chang Hwan

[생]1968·1·18 [본]연안(延安) [출]전남 고흥 [주]서울 종로구 세종대로209 정부서울청사관리소 관리과(02-2100-4511) [학]1986년 순천고졸 1992년 전남대 행정학과졸 [경]1995년 지방고등고시 합격(1회) 1996~2002년 여수시 근무 2002년 외교통상부 파견 2003년 전남도 행정국 여론담당·행정담당 2007년 同관광정책과장 2009~2011년 미국 미주리주립대 연수 2012년 전남도 식품유통과장 2013년 同안전행정국장(서기관) 2014년 同안전행정국장(부이사관) 2014년 순천시 부시장 2016년 행정자치부 정부서울청사관리소 관리과장(현)

명현관(明炫官) MYUNG Hyun Gwan (청옥)

[생]1962·6·21 [본]서촉(西蜀) [출]전남 해남 [주]전남 무안군 삼향읍 오룡길1 전라남도의회(061-286-8200) [학]광주상고졸, 호남대 대학원 체육학과졸 [경](주)동부전자 대표이사(현), (사)해남등대원 등기이사, (사)한국청소년 해남지역위원회 위원, 반석교회 장로(현), 해남군체육회 상임부회장, 동백장학회 감사(현), 광주지검 해남지청 범죄예방위원(현), 광주지법 해남지원 민사가사조정위원(현), 국제로타리해남공룡클럽 회장, 민주평통 자문위원(현), 민주당 전남도당 과학기술위원장 2010년 전남도의회 의원(민주당·민주통합당·민주당·새정치민주연합) 2012년 同FTA대책특별위원회 위원 2012년 同경제관광문화위원회 위원장 2014년 전남도의회 의원(새정치민주연합·더불어민주당·국민의당)(현) 2014~2016년 同의장 2015~2016년 전국시·도의회의장협의회 부회장 2016년 전남도의회 기획행정위원회 위원(현) [상]의정·행정대상 광역의원부문(2011·2015), 제6회 풀뿌리지방혁신의정상 광역의원부문(2011), 최우수지방자치단체장 최우수의정상(2012), 한국매니페스토실천본부 선정 '매니페스토 약속대상'(2015), 제12회 우수조례상 우수상(2016), 자랑스런 유은동문상(2016)

명형섭(明亨燮) Myung, Hyung-Sup

[생]1957·2·20 [주]서울 동대문구 천호대로26 대상(주) 임원실(02-2220-9500) [학]경희고졸, 고려대 농화학과졸 [경]1982년 대상그룹 입사 1982~1986년 (주)미원 기술연구소·관리부·생산과 근무 1986~1987년 일본 동경대 식품공학연구실 연수 1987~1997년 (주)미원식품 서울공장 품질관리과장·생산과장 1997~2003년 대상(주) 전분당사업본부 생산팀장 2003년 同전분당사업본부 서울공장장(상무보) 겸 생산팀장 2004~2007년 同전분당군산공장장·전분당연구소장·중앙연구소 소재연구실장 2008년 同전분당사업본부장(상무이사) 2010년 同식품사업총괄 전무이사 2011년 同대표이사 사장(현) 2012~2015년 식품기업수출협의회 회장

명희준(明熙峻) Myung Heejoon

[생]1964·7·29 [본]연안(延安) [출]서울 [주]경기 용인시 처인구 모현면 외대로81 한국외국어대학교 자연과학대학 생명공학과(031-330-4098) [학]1983년 경성고졸 1987년 서울대 미생물학과졸 1989년 미국 일리노이대 대학원졸 1992년 이학박사(미국 일리노이대) [경]1993년 미국 캘리포니아대 버클리교 박사 후 연구원 1994년 한국외국어대 자연과학대학 생명공학과 조교수·부교수·교수(현) 1999년 한국생화학회 뉴스지편집위원 2003년 (주)이매진 연구위원 2003년 한국분자세포생물학회 복지운영위원 2007년 한국미생물생명공학회 국제간사 2008년 同재무간사 2010년 한국미생물생명공학회 총무간사 2010년 한국외국어대 교무처장 2010년 과학기술부 국가지정연구소재은행 박테리오페이지은행센터장 2012년 한국미생물학회 총무위원 2016년 한국외국어대 연구산학협력단장(현) [상]송암학술상(2012) [역]'생명정보학'(2007)

모경필(牟卿譯) MO Kyong Pil

[생]1969·5·23 [본]함평(咸平) [출]전남 목포 [주]서울 서초구 서초대로219 법원행정처 조직심의관실(02-3480-1114) [학]문태고졸, 한양대 법학과졸 [경]법원행정처 법원사무관, 수원지법 법원사무관, 同여주지원 법원사무관, 서울지법 법원사무관, 同강남등기소 법원사무관, 법원행정처 법원사무관, 수원지법 안산지원 형사과장, 춘천지법 민사신청과장 2006년 법원공무원교육원 민사집행실무과목 교수 2009년 서울중앙지법 법원서기관 2013년 서울중앙지법 민사국장(부이사관) 2014년 서울북부지법 사무국장 2015년 법원행정처 조직심의관(현) [종]불교

모과균(牟科均) MO Koa Kyoon

[생]1965·3·25 [본]함평(咸平) [출]서울 [주]서울 서초구 서초중앙로85 광동제약(주) 관리본부(02-6006-7777) [학]1984년 영동고졸 1988년 서울대 경영대학졸 1991년 同경영대학원 재무관리학과졸 [경]광동제약(주) 상무 2005년 同관리총괄본부장(전무) 2009년 同관리본부 부사장 2010년 (주)광동GLS 이사(현) 2015년 광동제약(주) 관리본부 사장(현) 2015년 코리아e플랫폼(주) 이사(현), (주)애플에셋 이사(현)

모세종(牟世鍾) MO Se Jong

[생]1960·3·25 [본]함평(咸平) [출]전북 무주 [주]인천 남구 인하로100 인하대학교 문과대학 일본언어문화학과(032-860-8067) [학]1986년 한국외국어대 일본어과졸 1991년 일본 쯔쿠바대 대학원졸 1995년 언어학박사(일본 쯔쿠바대) [경]1986~1988년 고려대 민족문화연구소 연구조교 1995년 인하대 문과대학 일본언어문화학과 교수(현) 2005년 한국일본학회 어학회장, 한국일본언어문화학회 회장(현) 2009년 (사)동북아비전21 이사장(현) 2010~2012년 인하대 대외협력처장 2010~2014년 인천국제교류센터 이사 2012~2014년 경인방송(iTVFM) 라디오방송 '파워인터뷰' 진행 2013~2014년 同사외이사 [저]'처음 일본어 쉽게 넘기1-2' '아사히신문사설 일본어' '실용일본어문법' '일본어 문형포인트120' '일본을 도마 위에 올려놓고' [역]'아스나로이야기' '여학생' '일본력' '야회' '미녀'

모 인(牟 仁) MO In

[본]함평(咸平) [출]서울 [주]서울 영등포구 선유로146 이앤씨드림타워607호 (주)더게임스미디어 비서실(02-2628-0114) [학]1984년 중앙대 국어국문학과졸 [경]2001년 전자신문 문화산업부장 2001~2002년 영상물등급위원회 심의위원 2002년 전자신문 산업기술부장 2003년 同편집위원 2003년 同편집국 부국장대우 2004년 同주간국 더게임스 국장 2006년 (주)더게임스미디어 대표이사 겸 발행인(현) 2010년 건국대 문화콘텐츠학과 겸임교수(현) 2013~2015년 한국콘텐츠진흥원 비상임이사 [상]문화부장관표창(2000) [종]기독교

모종린(牟鍾璘) MO Jong Ryn

[생]1961·6·8 [본]함평(咸平) [출]충남 홍성 [주]서울 서대문구 연세로50 연세대학교 국제학대학원(02-2123-4008) [학]1985년 미국 코넬대 경제학과졸 1986년 미국 캘리포니아공과대 대학원졸 1992년 경영학박사(미국 스탠퍼드대) [경]1991~1995년 미국 스탠퍼드대 Hoover Inst., Research Fellow 1991~1996년 미국 텍사스대 오스틴교 조교수 1995년 미국 스탠퍼드대 Hoover Inst., National Fellow 1996년 Graduate School of Int'l Relations and Pacific Studies, UCSD 조교수 1996년 연세대 국제학대학원 교수(현) 2005년 同언더우드국제학부장 2007~2008년 同언더우드국제대학장 2012·2014~2016년 同국제처장 2012~2014년 同국제교육센터장 2013~2015년 IOM이민정책연구원 비상임이사 2016년 연세대 국제학대학원장(현) [저]'한국의 정치자금-정치자금의 조달 패턴연구와 투명서제고를 위하여'(2002) '한국경제 개혁사례연구'(2002) '이민강국'(2013, 한국학술정보) '작은 도시 큰 기업'(2014, 알에이치코리아)

모 진(牟 珍·女) MOE Jean

[생]1965·9·27 [주]서울 강남구 도산대로45길6 호림아트센터4층 풀무원다논(주) 비서실(02-519-8702) [학]미국 조지메이슨대 회계학과졸 [경]1987년 KBS 올림픽운영국 근무 1988년 (주)호텔신라 마케팅부 근무 1989년 한국P&G(주) 입사 1998년 同동북아시아마케팅 매니저 2000년 同마케팅본부 이사 2000년 한국MSD(주) 사업지원본부장(상무) 2002년 同제2사업본부장(상무) 2006년 바슈롬코리아(주) 사장 2010년 다논코리아 대표이사(CEO) 2012년 유럽상공회의소 식품·음료위원회 위원장 2012년 풀무원다논(주) 대표이사(CEO)(현)

모철민(牟喆敏) Mo Chul-min

[생]1958·11·6 [본]함평(咸平) [출]서울 [주]서울 종로구 사직로8길60 외교부 인사운영팀(02-2100-7136) [학]경복고졸 1982년 성균관대 경영학과졸 1987년 서울대 행정대학원 정책학과졸 1991년 관광여가학박사(미국 오리건대) [경]1981년 행정고시 합격(25회) 1982년 총무처 입부 1994년 교통부 관광국 국제관광과장 1998년 OECD사무국 프로젝트 매니저 1999년 문화관광부 관광기획과장 1999년 대통령비서실 교육문화비서관실 행정관 2002년 문화관광부 종무관(부이사관) 2004년 駐프랑스 한국문화원장 2007년 문화관광부 관광산업본부장 2008년 대통령실 관광체육비서관 2008년 문화체육관광부 예술국장 2008년 同문화콘텐츠산업실장 2009년 국립중앙도서관장 2010~2011년 문화체육관광부 제1차관 2012~2013년 동아대 석좌교수 2012~2013년 예술의전당 사장 2012~2013년 한국문화예술회관연합회 회장 2013년 제18대 대통령직인수위원회 여성·문화분과 간사 2013~2014년 대통령 교육문화수석비서관 2014년 국민대 대학원 석좌교수 2015년 駐프랑스 대사(현) [상]대통령표창(1992), 문화관광대상(2004), 프랑스 예술문학훈장(2007), 황조근정훈장(2012) [저]'세계화시대의 관광산업(共)'(1995) '지방화시대의 관광개발(共)'(1995) [종]기독교

모태범(牟太範) Mo Tae Bom

[생]1989·2·12 [출]경기 포천 [주]서울 강서구 하늘길260 대한항공 스포츠단(02-2656-5937) [학]잠실고졸 2011년 한국체육대졸 [경]2007년 제20회 토리노동계올림픽 스피드스케이팅 국가대표 2007년 제20회 토리노동계올림픽 스피드스케이팅 500m 동메달 2009년 제24회 하얼빈동계유니버시아드대회 스피드스케이팅 1000m·1500m 금메달 2009년 국제빙상경기연맹(ISU) 스피드스케이팅 월드컵2차대회 남자 1000m 동메달 2010년 제21회 밴쿠버동계올림픽 스피드스케이팅 500m 금메달·1000m 은메달 2010년 포천시 홍보대사 2010년 2010투르드코리아 홍보대사 2010년 2018평창동계올림픽유치위원회 선수위원 2010년 G20 성공기원 스타서포터즈 2011년 대한항공 소속(현) 2011년 동계아시안게임 스피드스케이팅 1500m 은메달·스피드 팀추월 남자 은메달 2011년 KB금융 스피드스케이팅 챔피언십 남자 500m 금메달·1000m 금메달·1500m 은메달 2012년 국제빙상경기연맹(ISU) 스피드스케이팅 월드컵 500m 금메달·1000m 동메달 2012년 국제빙상경기연맹(ISU) 스피드스케이팅 세계선수권대회 500m 금메달 2013년 국제빙상경기연맹(ISU) 스피드스케이팅 세계선수권대회 1000m 은메달 2013년 국제빙상경기연맹(ISU) 스피드스케이팅 세계선수권대회 500m 금메달 2013년 KB금융 제48회 전국남녀종목별스피드스케이팅선수권대회 500m 금메달 2013년 국제빙상경기연맹(ISU) 스피드스케이팅 월드컵1차대회 500m 디비전A 1차 레이스 은메달·2차레이스 은메달 2013년 국제빙상경기연맹(ISU) 스피드스케이팅 월드컵2차대회 500m 디비전A 2차 레이스 동메달 2013년 국제빙상경기연맹(ISU) 스피드스케이팅 월드컵3차대회 500m 디비전A 2차 레이스 은메달 2013년 국제빙상경기연맹(ISU) 스피드스케이팅 월드컵4차대회 1000m 금메달·500m 금메달 2014년 소치동계올림픽 스피드스케이팅 남자 500m 4위 2014년 국제빙상경기연맹(ISU) 스피드스케이팅 월드컵2차대회 500m 디비전A 1차 레이스 은메달·월드컵2차대회 500m 디비전A 2차 레이스 은메달 2015년 국제빙상경기연맹(ISU) 스피드스케이팅 월드컵6차대회 500m 디비전A(1부 리그) 2차 레이스 은메달 2015년 2018평창동계올림픽 및 동계패럴림픽 홍보대사(현) [상]코카콜라체육대상 우수선수상(2010), 대한민국 대표브랜드대상 특별상(2010), 대한체육회체육상 최우수상(2011)

모현희(牟賢姬·女) MO Hyun Hee

[생]1963·11·19 [본]함평(咸平) [출]광주 [주]서울 동작구 장승배기로10길42 동작문화복지센터 동작구 보건소(02-820-9400) [학]1982년 조선대부속여고졸 1988년 조선대 의대졸 2000년 연세대 보건대학원 보건정책학과졸 [경]1995년 서울 양천구보건소 의약과장 1997~2003년 서울 양천구보건소장 2003~2009년 서울 광진구보건소장 2009년 서울시 여성가족정책관실 보건정책담당관 2010년 同복지건강실 보건정책과장 2012~2014년 서울시립어린이병원 원장 2015년 서울 동작구보건소장(현) [종]기독교

목근수(睦根洙) Mok Kun-su

[생]1957·11·17 [출]부산 [주]서울 중구 세종대로9길20 법무법인 충정(02-772-2702) [학]1976년 부산고졸 1980년 서울대 법대졸 1988년 미국 조지워싱턴대 법학전문대학원(Law School) 비교법학과졸(M.C.L) [경]1981년 사법시험 합격(23회) 1983년 사법연수원 수료(13기) 1983년 변호사 개업(Kim & Hwang) 1993년 법무법인 충정 변호사 2009년 同대표변호사(현)

목영일(睦榮一) MOK Young Il

[생]1936·5·24 [본]사천(泗川) [출]서울 [주]서울 영등포구 여의공원로101 CCMM빌딩7층 전국과학기술인협회(02-761-1620) [학]1960년 서울대 화학공학과졸 1968년 공학박사(미국 뉴욕대) [경]1968~1975년 듀퐁사 중앙연구소 책임연구원 1969~2000년 국제화학공학회지 편집위원 1972년 在미국 과학기술자협회 델라웨어지부장 1974~1978년 국방과학연구소 책임연구위원·건설본부장·연구개발부장 1978~2001년 아주대 화학공학과·에너지학과 교수 1978~1988년 同대학원장·종합연구소장, 한·프랑스 기술협력센터 소장 1982년 한국과학재단 전문위원 1983년 미국 캘리포니아대 초빙교수 1987년 아주대 생물공학연구소장 1989년 한국생물공학회 회장 1989~1992년 UNDP·ESCAP 에너지고문 1994~1996년 한국화학공학회 수석부회장 1994년 한국과학기술한림원 정회원·원로회원(현) 1994년 한국공학한림원 정회원 1995년 아주대 대학발전본부장 1996년 한국화학공학회 회장 1997~2000년 아주대 국제대학원장 1999~2000년 기술경영경제학회 회장 2001년 아주대 명예교수(현) 2003년 전국과학기술인협회 경기지역회장 2006년 同이사장(현) [상]대통령표창, 국방과학대상, 국무총리표창 [저]'미래의 에너지'(1991) '21세기의 에너지(共)'(1996) '에너지 공학(共)'(1996) '에너지 공학'(2003)

목영준(睦榮埈) MOK Young-Joon (樵愚)

[생]1955·8·3 [본]사천(泗川) [출]서울 [주]서울 종로구 사직로8길39 김앤장법률사무소(02-3703-1114) [학]1974년 경기고졸 1978년 서울대 법대졸 1983년 同대학원졸(법학석사) 1989년 미국 하버드대 로스쿨졸(LL.M.) 2005년 법학박사(연세대) [경]1977년 사법시험 합격(19회) 1980년 사법연수원 수료(10기) 1980년 군법무관 1983년 인천지법 판사 1985년 서울지법 동부지원 판사 1987년 서울민사지법 판사 1989년 광주고법 판사 겸 남원지원장 1991년 서울고법 판사 1992년 법원행정처 기획조정심의관 1993년 대법원 공보관 1994년 청주지법 부장판사 1997년 사법연수원 교수 2000년 서울지법 부장판사 2001년 대구고법 부장판사 2003년 대법원장 비서실장 2003년 서울고법 부장판사 겸 법원행정처 기획조정실장 2004년 사법개혁위원회 위원 2005년 법원행정처 차장 2006~2012년 헤이그 국제상설중재재판소 중재재판관 2006~2012년 헌법재판소 재판관 2011~2012년 '법을 통한 민주주의를 위한 유럽위원회'(베니스위원회) 정위원 2012~2016년 하버드로스쿨한국동창회 회장 2013~2015년 대한변호사협회 법률구조재단 이사장 2013~2016년 학교법인 을지학원 이사장 2013년 김앤장법률사무소 사회공헌위원회 위원장(현) [상]한국법학원 제5회 법학논문상(2001), 법조언론인클럽 올해의 법조인상(2012), 청조근정훈장(2012) [저]'상사중재법론'(2000) '상사중재법'(2011) [종]불교

목요상(睦堯相) MOK Yo Sang (法雲)

[생]1935·9·9 [본]사천(泗川) [출]경기 양주 [주]서울 영등포구 국회대로70길18 한양빌딩 새누리당(02-3786-3000) [학]1955년 서울사대부고졸 1961년 서울대 법대졸 1982년 영남대 경영대학원 수료 1988년 대구대 사회개발대학원 수료 [경]1961년 고시사법과 합격 1963년 대구지법 판사 1970년 서울형사지법 판사 1972년 서울고법 판사 1973년 변호사 개업 1981년 제11대 국회의원(대구 東·北, 민주한국당) 1981년 민주한국당(민한당) 원내부총무 1983년 同대변인 1985년 제12대 국회의원(대구東·北, 민한당·신민당) 1987년 통일민주당 인권옹호위원장 1990년 민주당 중앙상임위원회 의장 겸 정무위원 1991년 同최고위원 1992년 국민당 의정부지구당 위원장 1992년 同인권위원장 1996년 제15대 국회의원(동두천·양주, 신한국당·한나라당) 1996년 신한국당 법률자문위원장 1996년 同당헌당규개정위원장 1996년 국회 국정조사특별위원회 위원장 1997년 국회 정치개혁특별위원회 위원장 1997년 신한국당 원내총무 1997년 국회 운영위원장 1997년 한나라당 원내총무 1998년 국회 법제사법위원장 2000~2004년 제16대 국회의원(동두천·양주, 한나라당) 2000~2001년 한나라당 정책위원회 의장 2003년 국회 정치개혁특별위원회 위원장 2012~2015년 대한민국헌정회 회장 2015년 새누리당 상임고문(현) [상]새천년 밝은 정치인상(2000) [종]기독교

목익수(睦益洙) Ick-Soo Mok

[생]1958·5·27 [주]세종특별자치시 아름서길27(044-330-2200) [학]1977년 김해고졸 1981년 한국해양대 해양학과졸 2013년 同대학원 해운경영학과졸 [경]1981년 현대상선(주) 3등·1등항해사 1985년 同화물감독·운항부장 2002년 유코카캐리어스(주) 운항본부장·지사장 2009년 윌헴슨그룹 법인장 2010년 해영선박(주) 등기이사 2013년 스톰지오(주) 대표이사 2014년 선박안전기술공단 이사장(현)

목진석(睦鎭碩) Mok Jinsuk

[생]1980·1·20 [출]서울 [주]서울 성동구 마장로210 한국기원 홍보팀(02-3407-3850) [경]1994년 입단 1995년 2단 승단 1996년 3단 승단 1998년 4단 승단 1998년 비씨카드배 신인왕전 우승 1998년 SK가스배 신예프로10걸전 준우승 1999년 기성전 우승 2000년 5단 승단 2000년 KBS바둑왕전 우승 2000·2001년 TV아시아 준우승 2001년 6단 승단 2002년 기성전 준우승 2003년 7단 승단 2003년 드림리그 개인부문 공동다승왕 2003년 중국 갑급리그 우승 2004년 LG배 세계기왕전 준우승 2004년 8단 승단 2005년 9단 승단(현) 2007년 제4회 전자랜드배 백호부 우승 2008년 제3기 원익배 십단전 준우승 2008년 제9기 맥심배 입신최강전 준우승 2008년 제5기 전자랜드배 왕중왕전 준우승 2009년 제52기 국수전 준우승 2010년 국제페어바둑월드컵 준우승 2011년 KB국민은행 한국바둑리그 우승(포스코LED) 2013년 olleh배 준우승 2015년 국가대표 바둑팀 코치(전력분석관)(현) 2015년 제20기 GS칼텍스배 우승 2015년 10월25일 통산 1000승 달성(국내 8번째) [상]바둑문화상 신예기사상(1996), 바둑문화상 최다승기록상(1998), 바둑대상 감투상(2007·2008)

목진영(睦鎭泳) MOK Jin Young

[생]1957·2·24 [출]강원 [주]서울 강남구 테헤란로432 동부금융센터15층 동부자동차보험손해사정(주) 임원실(02-3011-5900) [학]경복고졸, 성균관대 화학공학과졸 [경]2000년 동부화재해상보험(주) 디지털프론티어팀장 2003년 同보상기획팀장 2005년 同보상기획팀장(상무) 2006년 同고객지원팀장 2009년 同보상지원팀장 2010년 同보상서비스실장 2011년 同상무 2012년 동부자동차보험손해사정(주) 대표이사(현) [저]'자동차보험 대물손해사정론'(2002) '자동차보험 손해사정실무'(2003) '자동차보험의 이론과 실무'(2014) '자동차구조 및 정비 이론과 실무'(2014) [종]천주교

목 탁(木 鐸-慧恩) mok tak

[생]1942·5·19 [본]목천(木川) [출]충남 보령 [주]서울 종로구 삼봉로68 미얀마문화원(02-733-5665) [학]1981년 스리랑카 스리자와국립대 불교학 박사과정 수료 1992년 철학박사(미얀마 양곤국립불교대) [경]1944년 보덕사에서 득도 1962년 사미계 수지 1968년 비구계 수지 1975년 보덕사에서 덕법계, 법무부 전국교화협의회 불교연합회장, 법무교화신보 발행인, 시대불교신문 발행인, 同회장, 대한불교조계종 혜은정사 회주(현), 한국미얀마친선교류협회 이사장(현), 미얀마 명예대사(현), 미얀마문화원 원장(현), 미얀마관광청장, (사)세계불교법왕청 이사장, 국제붓다사리박물관 관장(현), 국제불교지도자협회 이사장(현) [상]국민훈장 목련장, 대통령표창, 법무부장관표창, 조계종포교대상 특별상, 미얀마 종교성장관 감사장(3회), 미얀마 건국 최고 메달 및 'MAHA SADDHAMMA JOTIKADHAJA' 작위(2007), 미얀마 불교 최상위 작위 'AGGA MAHA SADDHAMMA JOTIKAD HAJA'(큰성자, 매우 큰 성스런 성자, 가장 높은 첫 번째로 매우 큰 성스런 승려. 첫 번째, 최고의 뜻을 가진 승려로서는 더 이상 누릴 수없는 최고의 품수라는 뜻)(2014), 미얀마 연방정부 공로메달, 미얀마 불교수호협회 공로메달·황금공로훈장, 대한민국을 빛낸 한국인상 봉사대상, 유엔 세계평화상, 기관장감사패·표창 90여회 [저]'중생의 지팡이가 되고저' '마음의 등불' '부처님 세상' '한글 지장경' '통곡하는 이가슴은' [작]'승천도' '백의 관음' '달마도' [종]불교

목희수(睦喜洙) MOK Hee Soo

[생]1951·10·20 [출]경기 용인 [주]충남 천안시 서북구 입장면 신대길8 코다코 임원실(041-411-3100) [학]1970년 경동고졸 1974년 서울대 기계공학과졸 1983년 한국과학기술원 기계공학과졸 [경]1974년 기아자동차 입사 1982년 同엔진배기실험과장 1987년 同엔진개발실장 1989년 同디젤엔진설계부장 1996년 同기술개발실장 이사 1997년 同도쿄연구소장 이사 2000년 同소하리프로젝트추진실장 겸 BOM개편TFT연구소 상무이사 2001~2011년 덴소풍성(주) 부사장·대표 2005년 (주)세진티에스 사외이사 2011년 코다코 영업·생산부문 사장(현) [상]장영실상 [종]불교

문강주(文康周)

[출]전남 화순 [주]서울 송파구 올림픽로342 수산업협동조합중앙회 수산경제연구원(02-2240-0400) [학]광주고졸, 한국외국어대졸 [경]1993년 입법고시 합격(9회) 2002년 국회사무처 예산정책1과장(부이사관) 2003년 同산업자원위원회 입법조사관 2004년 同국회운영위원회 입법심의관 2008년 同교육위원회 전문위원 2008년 同교육과학기술위원회 전문위원 2010년 同정무위원회 전문위원 2010년 중앙선거관리위원회 파견(이사관) 2011년 국회사무처 행정안전위원회 전문위원 2013~2016년 同농림축산식품해양수산위원회 수석전문위원(차관보급) 2016년 수협중앙회 수산경제연구원장(현)

문경래(文炅來) MOON Kyung Rye

[생]1957·10·16 [본]남평(南平) [출]전남 영암 [주]광주 동구 필문대로309 조선대학교 의과대학 소아청소년과학교실(062-220-3052) [학]1982년 조선대 의대졸 1985년 전남대 대학원졸 [경]1982~1983년 조선대부속병원 인턴 1983~1986년 同소아과 레지던트 1986~1989년 아산재단 인제종합병원 소아과장 1989~2000년 조선대 의대 소아과학교실 전임강사·조교수·부교수 1993년 아시아태평양소아소화기영양학회 정회원(현) 1995~1996년 미국 미시간대 의대(앤아버) 소아과 객원교수 1996~1998년 조선대 의대 도서관장 2000년 同의대 소아청소년과학교실 교수(현) 2001~2003년 同의과대학 의학과장 2001년 세계소아소화기영양학회 정회원(현) 2002~2004년 조선대병원 소아과장 2003~2005년 조선대 의과대학 부학장 2006년 한국모자보건학회 이사(현) 2007년 한국통합의학포럼 공동대표(현) 2008년 조선대 의학전문대학

원 부원장 겸 의과대학 부학장 2010~2012년 同의학전문대학원장 겸 의과대학장 2012년 同보건대학원장 2012년 대한소아과학회 전문의고시 이사 2013~2015년 조선대병원 원장 2013년 대한민국통합의학박람회 조직위원(현) 2014년 사립대의료원협의회 부회장 [종]기독교

문경엽(文景燁) MOON KYEONG YEOP

[생]1965·10·6 [주]서울 강남구 선릉로514 성원빌딩 17층 휴젤(주)(02-6966-1600) [학]제물포고졸 1988년 서울대 분자생물학과졸 1990년 同대학원 분자생물학과졸 1995년 분자생물학박사(서울대) [경]1995년 서울대 세포주기&분화 연구원 1995~2001년 미국 Memorial Sloan Kettering Cancer Center 연구조교수 2001년 휴젤(주) 대표이사(현) 2003~2005년 한국과학기술원 연구교수 2005~2006년 (주)중앙바이오텍 대표이사 [상]국무총리표창(2011), 춘천시장표창(2013), 강원도지사표창(2013), 산업통상자원부장관표창(2014·2015), 대통령직속 지역발전위원회 위원장표창(2014), 제8회 대한민국 코스닥대상 '최우수테크노기업상'(2016)

문경은(文景垠) MOON Kyung Eun

[생]1971·8·27 [주]서울 중구 을지로65 SKT타워 서울 SK 나이츠(02-6100-7508) [학]광신상고졸 1994년 연세대졸 [경]1997~2001년 수원 삼성 썬더스 소속 1998년 방콕아시안게임 농구 국가대표 2001~2006년 인천 전자랜드 블랙슬래머 소속 2002년 부산아시안게임 국가대표(금메달) 2006~2010년 서울 SK 나이츠 소속 2010년 同2군 코치 2011년 同감독대행 2012년 同감독(현) [상]프로농구대상 11월 MVP업템포상(1997), 프로농구대상 11월 스몰포워드최고상(1997), 훼르자스포츠 월간 훼르자상(1997), 정규리그 3득점상·베스트5(1998), 프로농구 유니세프 사랑의 3점슛상(1998), 프로농구 훼르자농구대상 3점슛상(1998), 스포츠조선·나이키프로농구대상 베스트5(1998), 올해의프로농구 유니세프사랑의 3점슛상(1999), 부산아시아게임 금메달(2002), 2005-2006정규리그 3점슛상(2006), 2012-2013 프로농구 감독상(2013)

문경태(文敬太) MOON Kyung Tae

[생]1953·2·12 [본]남평(南平) [출]경남 [주]서울 중구 퇴계로100 스테이트타워남산8층 법무법인 세종(02-316-4384) [학]1972년 부산고졸 1976년 서울대 사회복지학과졸 1986년 미국 조지아대 대학원 사회사업학과졸 2011년 사회복지학박사(숭실대) [경]1976년 행정고시 합격(18회) 1989년 한국보건사회연구원 파견 1990년 국립사회복지연수원 교학과 서기관 1990년 세계보건기구(WHO) 파견 1993년 보건복지부 복지정책과장 1994년 同연금보험국 보험정책과장 1995년 대통령 보건복지비서관실 국장 1997년 보건복지부 기술협력관 1997년 제15대 대통령직인수위원회 파견 1998년 駐미국 보건복지참사관(주재관) 2001년 보건복지부 연금보험국장 2002년 同사회복지정책실장 2002년 同기획관리실장 2005년 同정책홍보관리실장 2005년 연세대 보건대학원 초빙교수 2006~2010년 한국장애인재활협회 부회장 2006~2011년 한국제약협회 상근부회장·고문 2008~2013년 남북의료협력재단 상임공동대표 2011년 법무법인 세종 고문(현) 2012년 숭실대 사회복지대학원 겸임교수(현) 2013년 남북의료협력재단 부이사장(현) 2013년 식품의약품안전처 자체평가위원회 위원 2016년 同자체평가위원회 위원장(현) [상]국무총리표창(1982), 보건복지부장관표창(1988), 황조근정훈장(2003), 대통령표창 [저]'의료재활서비스의 공급 및 보상체계 확립방안'

문경호(文卿鎬) Moon Kyoung Ho

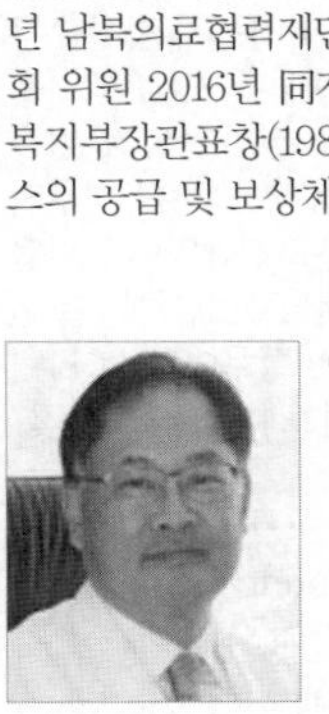

[생]1957·1·10 [본]남평(南平) [출]서울 [주]인천 중구 인항로27 인하대병원 정형외과(032-890-3663) [학]1975년 서울사범대부속고졸 1981년 한양대 의대졸 1984년 同대학원 의학석사 1992년 의학박사(한양대) [경]한양대병원 수련의 1986~1995년 미국 앤더슨병원 정형외과연구소 관절치환술연구원 1989~2003년 인하대 의과대학 정형외과학교실 전임강사·조교수·부교수 2000년 대한정형외과학회 편집위원 2003년 대한고관절학회 평의원(현) 2003년 인하대 의대 정형외과학교실 교수(현) 2005~2012년 대한류마티스학회 이사 2006년 인하대 교육수련부장 2008년 대한골연부조직이식학회 회장 2009년 대한정형외과학회 기획위원 2011년 한국의료분쟁조정위원회 위원(현) 2012~2013년 인하대병원 신관건립본부 신관기획단장 2012~2014년 대한류마티스학회 감사 2012년 대한골다공증학회 부회장 2013년 대한고관절학회 부회장 2015년 同회장 2015년 대한정형외과학회 이사(현) [상]대한고관절학회 학술상(1999·2012), 범석학술재단 우수상(2001), 대한골다공증학회 travel award(2014), 유럽골다공증학회(ECTS) travel award(2015) [저]'대한고관절학회(共)'(2014, 군자출판사) [종]불교

문경환(文景煥) Kyounghwan Moon

[생]1975·3·2 [주]세종특별자치시 갈매로477 기획재정부 정책조정국 지역경제정책과(044-215-4570) [학]1993년 광주 진흥고졸 1998년 서울대 경제학과졸 2012년 경제학박사(미국 보스턴대) [경]1997년 행정고시 합격(41회) 1998년 중앙공무원교육원 연수 1999년 재정경제부 경제정책국 정보과학과·기술정보과 사무관 1999년 軍복무 2003년 재정경제부 국제금융국 금융협력과 사무관 2006년 同정책상황팀 사무관 2006년 국외훈련 파견 및 해외유학(보스턴대) 2010년 기획재정부 국제금융국 국제통화기금팀장 2011년 녹색성장위원회 기획총괄과장 2013년 국제통화기금(IMF) 이사실 자문관 2015년 기획재정부 세제실 조세특례평가팀장 2015년 同세제실 국제조세협력과장 2016년 同정책조정국 지역경제정책과장(현) [상]재정경제부장관표창(2004), 근정포장(2013)

문경희(文暻姬·女) MOON Kyung Hee

[생]1965·9·13 [출]부산 [주]경기 수원시 팔달구 효원로1 경기도의회(031-8008-7000) [학]1987년 부산대 인문대학 영어영문학과졸, 고려대 정책대학원 도시 및 지방행정학과 휴학 [경]민주당 중앙당 부대변인, 최재성 국회의원 정책특보 2010년 경기도의회 의원(민주당·민주통합당·민주당·새정치민주연합) 2010년 同여성가족평생교육위원회 위원 2010년 同교육위원회 간사 2012년 민주통합당 경기도여성지방위원정책협의회 상임대표, 同경기도당 영유아보육안전특별위원회 부위원장 2012년 경기도의회 행정자치위원회 위원 2012년 同운영위원회 위원, 同교육위원회 위원 2012년 민주통합당 부대변인 2012년 同경기도여성지방의원협의회 공동대표, 同예산결산특별위원회 위원, 同무상급식혁신학교추진특별위원회 간사 2013년 민주당 경기도여성지방의원협의회 공동대표 2014년 경기도의회 의원(새정치민주연합·더불어민주당)(현) 2014년 同교육위원회 간사 2015년 同교육재정강화특별위원회 위원장 2015년 새정치민주연합 경기도당 대변인 2015년 더불어민주당 경기도당 대변인(현) 2016년 同중앙당 부대변인 2016년 경기도의회 보건복지위원회 위원장(현) [상]대한민국 유권자대상(2016)

문광섭(文珖燮) MOON Kwang Seop

[생]1966·4·7 [출]서울 [주]서울 서초구 서초중앙로157 서울중앙지방법원(02-530-1114) [학]1984년 배재고졸 1989년 서울대 법대졸 1991년 同대학원졸 [경]1991년 사법시험 합격(33회) 1994년 사법연수원 수료(23기) 1994년 軍법무관 1997년 서울지법 서부지원 판사 1999년 서울지법 판사 2001년 춘천지법 속초지원 판사 2003년 同속초지원 고성군법원 판사 2004년 서울중앙지법 판사 2005년 서울고법 판사 2007년 대법원 재판연구관 2009년 대전지법 천안지원 부장판사 2011년 사법연수원 교수 2011년 국회사무처 법제사법위원회 전문위원 2014년 서울중앙지법 부장판사(현)

문광순(文光順) MOON Kwang Soon

[생]1942·4·18 [본]남평(南平) [출]경기 화성 [주]서울 중구 동호로240 환경빌딩B103호 (재)한국계면공학연구소(070-8250-3025) [학]1960년 서울대사대부고졸 1964년 서울대 공대 자원공학과졸 1976년 캐나다 브리티시컬럼비아대 대학원졸 1985년 이학박사(미국 캘리포니아대 버클리교) [경]1966년 대한철광 선광(選鑛)주임 1969년 캐나다 Falconbridge Corp. Research Metallurgist 1971년 캐나다 써드버리 한인회장 1973년 캐나다 브리티시콜롬비아대 한인학생회장 1979년 미국 캘리포니아대 버클리교 한인학생회장 1980년 캐나다 CANMET연구소 책임연구원 1990년 캐나다 오타와교육청 자문위원 1990년 캐나다 오타와한인회 회장 1992년 (재)한국계면공학연구소 소장(현) 1993~2011년 한국과학기술단체총연합회 이사 1993년 한국·캐나다협회 이사, 同부회장(현) 1994~2010년 한국과학기술한림원 정책학부장, 同남북과학기술교류위원회 위원장, 同부위원장, 同이사 1995~2001년 민주평통 자문위원 1996년 International Energy Foundation Advisory Committee 2002년 미국 세계인명사전 'Marquis Who's Who in the World'에 등재 2003년 미국 'Marquis Who's Who in Science and Engineering'에 등재 2013년 참행복나눔운동 총괄이사(현) [상]Evan Just Award-AIME(1979), Public Servant Award-CANMET(1989), 외무부장관표창(1991), 국민훈장 동백장(1998) [저]'Electro Chemical Investigations of Various Sulphides, Xanthate Systems' 'Surface and Crystal Chemistry of Spodumene and Its Flotation Behavior' [종]기독교

문 구(文 九) Moon, Goo

[생]1957·2·10 [주]전북 익산시 익산대로460 원광대학교 한의학과(063-270-1064) [학]1974년 익산 남성고졸 1980년 원광대 한의학과졸 1982년 同대학원졸 1988년 한의학박사(원광대) [경]1989년 원광대 부속 전주한방병원 내과 과장 1991년 同전주한방병원 연구부장 1994년 同한의대학 한의학과 부교수·교수(현) 1995~1997년 同전주한방병원 진료부장 2012년 同전주한방병원장 2016년 대한암한의학회 회장(현) [저]'암 동서의 결합 치료' '한의통합종양학'

문국진(文國鎭) MOON Gook Jin (度想)

[생]1925·3·9 [본]남평(南平) [출]평남 평양 [주]광주 동구 제봉로42 전남대학교병원 대한법의학회(062-220-4090) [학]1947년 평양고등보통학교졸 1955년 서울대 의대졸 1965년 同대학원졸 1968년 의학박사(서울대) 1988년 법학박사(미국 컬럼비아퍼시픽대) [경]1955~1970년 국립수사연구소 법의학과장 1970년 고려대 의대 부교수 1970~1990년 同법의학연구소장 1973~1990년 同의대 교수 1978년 국제법의학회 한국대표 1985년 고려대 대학원 교학부장 1987년 대한민국학술원 회원(법의학·현) 1990년 고려대 명예교수(현) 1991~1999년 대한법의학회 회장, 同명예회장(현) 1994년 한국과학기술한림원 종신회원(현) 2004~2007년 대한민국학술원 자연과학부 회장, 국립과학수사연구원 자문위원(현) [상]세계평화교수아카데미상(1976), 동아의료문화상(1981), 고려대 학술상(1986), 대한민국학술원상(1989), 의사평론가기장(1990), 서울의대 동창회 함춘대상(2003), 제9회 대한민국과학문화상(2008), 제6회 대한의학회 명예의전당 헌정(2014), '2014 한국음악상' 특별상(2015) [저]'진료過誤의 법의학' '최신법의학' '의료의 법이론' '생명윤리와 안락사' '藥害' '간호법의학' '法醫검시학' '진찰실의 법의학' '의료와 진단서' '생명법의학' '의료법학' '사회법의학' '임상법의학' '의료인간학' 수필집 '새튼이' '배꼽의 미소' '지상아' '강시·강시' '오호라' '바흐의 두개골을 열다' '모차르트의 귀' '명화와 의학의 만남' '법의학자의 눈으로 본 그림 속 나체' '반 고흐, 죽음의 비밀' '한국의 시체 일본의 사체'(共) '죽은자의 권리를 말하다'(2012) 등

문국현(文國現) MOON Kook Hyun

[생]1949·1·12 [본]남평(南平) [출]서울 [주]경기 성남시 분당구 판교로255번길64 (주)뉴패러다임인스티튜트(02-563-0005) [학]1967년 중동고졸 1972년 한국외국어대 영어과졸 1977년 서울대 대학원 경영학과졸 2004년 명예 경영학박사(강원대) 2007년 명예 경제학박사(인제대) 2014년 명예박사 (미국 St. Thomas Aquinas College) [경]1974년 유한킴벌리(주) 입사 1979년 同기획조정실장 1983년 미국 킴벌리클라크社 근무 1983년 유한킴벌리(주) 마케팅부장 1988년 同상무 1989년 同사업본부장 1990년 同부사장 1995~2007년 同대표이사 사장 1998년 생명의숲 공동대표 1998년 동북아산림포럼 공동대표 2002년 천리포수목원재단 이사장 2003년 윤경포럼 공동대표 2003년 서울그린트러스트재단 이사장 2003년 뉴패러다임포럼 공동대표 2003~2007년 킴벌리클라크 북아시아 총괄사장 2003년 서울대 환경대학원 초빙교수 2004년 학교법인 유한학원 이사장 2004~2005년 대통령자문 정책기획위원회 산하 '사람입국 신경쟁력특별위원회' 위원장 2005년 내셔널트러스트 공동대표 2007~2010년 자연환경국민신탁 이사장 2007년 同명의원(현) 2007년 창조한국당 공동대표 2007년 同제17대 대통령선거 후보 2008~2009년 同대표 2008년 이화여대 경영대학 겸임교수 2008~2009년 제18대 국회의원(서울 은평구乙, 창조한국당) 2010년 (주)뉴패러다임인스티튜트 대표(현) 2011년 드러커인스티튜트 고문 2012년 가톨릭대 석좌교수 2013년 한솔섬유 대표이사 사장(현) [상]유엔환경계획 글로벌500상(1997), 기업윤리경영자대상(1998), 은탑산업훈장(1998), 韓日국제환경상(1998), 생산성경영자대상(2001), 최고경영자상(2002), 미국 미시간주립대 'Global Korea Award 2002'(2002), 경영자대상(2003), 일가기념사업재단 일가상 산업부문 및 사회공익부문(2003), 서울대 경영대학원 서울대경영인 대상(2003), 참경영인상(2004), 금탑산업훈장(2005), 한국경영학회 경영자대상(2006), 환경부장관표창 [저]'녹색공동체를 위한 실'(1997) '유한킴벌리-세계가 배우는 한국기업의 희망(共)'(2005) '도시의 생명력, 그린웨이(共)'(2006) '지구 온난화의 부메랑-황사 속에 갇힌 중국과 한국(共)'(2007) [역]'녹색공동체를 위한 실천' '화폐가치변동 회계에 관한 연구' [종]천주교

문권배(文權培) MOON Kwon Bae

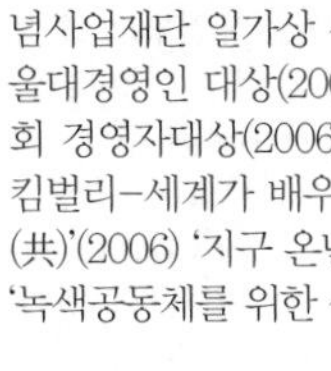

[생]1954·1·27 [본]남평(南平) [출]강원 춘천 [주]서울 종로구 홍지문2길20 상명대학교 사범대학 수학교육과(02-2287-5126) [학]1972년 배재고졸 1977년 서울대 수학교육과졸 1981년 同대학원 수학과졸 1988년 이학박사(경희대) [경]1977년 서울 숭덕중 교사 1984년 청주사범대 전임강사 1985~1995년 상명여대 전임강사·조교수·부교수 1996년 상명대 사범대학 수학교육과 교수(현) 2001~2002년 同교무처장 2002~2006년 한국수학교육학회 감사 2006~2012년 同부회장 2009~2011년·2015~2016년 상명대 사범대학장 겸 교육대학원장 [저]'대학수학총론'

문권순(文權淳) MOON Kwon Soon

[생]1960·12·28 [본]남평(南平) [출]서울 [주]광주 서구 계수로15 호남지방통계청 청장실(062-370-6006) [학]1978년 한양공고졸 1982년 강원대 통계학과졸 1984년 고려대 대학원 통계학과졸 1991년 이학박사(고려대) [경]1992년 통계청 통계분석과 사무관 1997년 同통계연수원 교육연구과장 1998년 同경제통계국 통계분석과장 2002년 同부산통계사무소장 2003년 국외 훈련 2005년 통계청 경제통계국 서비스업동향과장 2007년 보건복지부 통계팀장 2008년 통계청 조사관리국 모집단관리팀장 2008년 同통계정책국 품질관리과장 2009년 同통계정책국 품질관리과장(부이사관) 2010년 同통계교육원 교육운영과장 2010년 同통계교육원 교육기획과장 2011년 同지역소득통계팀장 2013년 同경제통계기획과장 2016년 호남지방통계청장(현) [상]대통령표창(2000) [저]'벡터자기회귀(VAR)모형의 이해'(1997) 'Reg Arima 모형을 이용한 명절효과의 검정에 관한 연구'(2005)

문귀선(文貴善·女) MOON Gui Sun

[생]1954·7·30 [출]부산 [주]서울 성북구 삼선교로16길116 한성대학교 인문대학 영어영문학부(02-760-4390) [학]1973년 경남여고 1977년 한국외국어대졸 1985년 同대학원졸 1989년 언어학박사(미국 텍사스주립대) [경]1977~1982년 한국상업은행 입행·국제영업부 증권행원 1991~1996년 인제대 영어영문학과 조교수 1991~1995년 한국생성문법학회 편집위원 1997~1998년 同편집이사 1998년 한성대 인문대학 영어영문학부 부교수·교수(현) 2003~2004년 한국생성문법학회 상임이사 2004·2006년 현대문법학회 이사 2005~2006년 한국생성문법학회 회장 2006~2007년 한국현대언어학회 부회장 2013~2015년 한성대 영어영문학부장 2014~2016년 同출판부장 [저]'형식 의미론 : 이해 및 기초과정'(1995, 한신문화사) '최소주의 이론의 이해(共)'(1999, 대우학술총서) '최소주의의 새로운 이해(共)'(1999, 한국언어학회) '허사총론'(2002, 소화출판사) '영어와 영어학 개론'(2004, 형설출판사) 'Either-or 구문과 생략현상'(2007, 생성문법의 최근동향) '의문사 의문문의 통사와 의미'(2008, 한국문화사) '형식 의미론 입문'(2011, 한성대 출판부) [역]'변형문법의 이해 : 원리와 매개변인에서부터 최소주의까지'(2003, 한신문화사) '영어 : 한 언어에서 여러 영어로'(2012, 한국문화사)

문규상(文奎湘) MOON Kyoo Sang

[생]1954·8·10 [본]남평(南平) [출]부산 [주]서울 강남구 테헤란로317 동훈타워 법무법인(유) 대륙아주(02-563-2900) [학]1973년 경남고졸 1978년 서울대 법학과졸 2013년 성균관대 유학대학원 석사과정中 [경]1984년 사법시험 합격(26회) 1987년 사법연수원 수료(16기) 1987년 춘천지검 검사 1989년 마산지검 진주지청 검사 1991년 서울지검 남부지청 검사 1994년 부산지검 동부지청 검사 1996년 서울지검 검사 1998년 인천지검 검사 1999년 同부부장검사 2000년 대구지검 포항지청 부장검사 2001년 창원지검 특수부장 2002년 부산지검 특수부장 2003년 대검 범죄정보1담당관 2004년 서울중앙지검 형사8부장 2005년 수원지검 형사2부장 2006년 대전고검 검사 2006년 국가청렴위원회 심사본부장 2008년 서울고검 검사 2008년 청주지검 차장검사 2009년 수원지검 안산지청장 2009년 대우조선해양(주) 기업윤리경영실장(부사장) 2012년 대한상사중재원 중재인(현) 2012년 대우조선해양(주) 기획조정실장(부사장) 2013년 써닝포인트CC 비상무이사 2014년 同준법담당장 부사장 2014년 법무법인(유) 대륙아주 파트너변호사(현) [상]홍조근정훈장(2007)

문규영(文奎榮) MOON Kyu Young

[생]1951·11·1 [본]남평(南平) [출]서울 [주]서울 서초구 강남대로351 청남빌딩 아주산업 회장실(02-3475-9502) [학]1970년 휘문고졸 1977년 고려대 농학과졸 2009년 명예 경영학박사(서울과학종합대학원) [경]1983년 아주산업(주) 이사 1997년 한국레미콘공업협회 회장 2002년 (사)韓中경제협회 회장 2004년 아주산업 회장(현) 2007년 한국능률협회 경영자교육위원회 위원장 2009년 와튼-KMA교우회 제2대 회장 2011년 (사)한국마케팅클럽 회장 2011년 휘문고교우회 제10대 회장 2012년 고려대경제인회 제17대 회장 [상]한국능률협회 제39회 한국의 경영자상(2007), 한국품질경영학회 한국품질경영인대상(2008), 제34회 국가품질경영대회 금탑산업훈장(2008), 한국전문경영인학회 한국CEO대상(2013), 한국마케팅학회 올해의 CEO대상(2015)

문규학(文奎學) MOON Gyu Hak

[생]1964·4·26 [출]부산 [주]서울 서초구 강남대로465 교보타워A동13층 소프트뱅크코리아 비서실(02-3484-9114) [학]1988년 고려대 서어서문학과졸 1996년 미국 드렉셀대 대학원 경영학과졸 [경]1990년 (주)삼보컴퓨터 근무 1996년 미국 실리콘밸리 Softbank Technology Ventures 근무 1998년 Softbank Media 대표이사 2000년 소프트뱅크벤처스코리아 부사장 2002~2005년 소프트뱅크커머스코리아 대표이사 사장 2002년 소프트뱅크벤처스코리아 대표이사 사장(현) 2002년 소프트뱅크코리아 대표이사 사장(현), (주)키이스트 비상근이사 2007년 同공동대표이사

문규현(文奎鉉) MUN Kyu Hyeon

[생]1945·1·1 [본]남평(南平) [출]전북 익산 [주]전북 전주시 완산구 기린대로100 천주교 전주교구청(063-252-0815) [학]1976년 광주가톨릭대 신학과졸 1980년 미국 메리놀신학교졸 [경]1976년 사제 서품 1989년 임수경과 함께 북한 방문 1994~2006년 평화와인권연대 공동대표 1994~2006년 평화와통일을여는사람들 상임대표 2000년 민족화해자주통일협의회 상임대표 2001년 새만금갯벌생명평화연대 상임공동대표 2002년 천주교 전주교구청 부안본당 주임신부 2002~2005년 천주교정의구현전국사제단 상임대표, 同고문(현) 2002년 전북인터넷대안신문 '참소리' 발행인 겸 편집인(현) 2004~2006년 부안독립신문 발행인·대표이사 2004년 (사)생명평화마중물 설립·이사장(현) 2005년 부안시민발전소 공동대표, 천주교 전주교구청 평화성당 주임신부, 同전주교구청 원로사목자(현) [상]환경인상 특별상(2001), 환경인상 녹색시민상(2003), (사)들불열사기념사업회 제11회 '들불상'(2016) [저]'한반도 통일에 대한 신학적 고찰' '분단의 장벽을 넘어' [종]가톨릭

문금주(文今柱) MUN Geum Ju

[생]1967·6·3 [본]남평(南平) [출]광주 [주]서울 종로구 세종대로209 행정자치부 감사담당관실(02-2100-3190) [학]1985년 광주 서석고졸 1992년 조선대 행정학과졸 2003년 전남대 행정대학원 정책학과졸 2008년 미국 미시간주립대 대학원 도시설계학과(Urban Planning)졸(MIPS) [경]1994년 행정고시 합격(38회) 2004년 광주시 관광과장(서기관) 2004년 同대중교통과장 2007년 同투자유치기획단장 2007년 미국 교육파견 2009년 광주시 감사관 2010년 행정안전부 정책기획관(부이사관) 2010년 同창조도시정책기획관 2012년 同경제산업국장 2013년 지방행정연수원 인력개발총괄과장 2013년 同교육총괄과장 2014년 안전행정부 창조정부조직실 개인정보보호과장(부이사관) 2014년 행정자치부 창조정부조직실 개인정보보호과장 2015년 同행정서비스통합추진단 부장 2015년 同감사담당관(현) [상]대통령표창(2005)

문기섭(文起燮) MOON Ki Seop

[생]1965·8·16 [본]남평(南平) [출]서울 [주]세종특별자치시 한누리대로422 고용노동부 고용정책실(044-202-7207) [학]영등포고졸, 고려대 사회학과졸, 서울대 행정대학원 행정학과졸, 영국 워릭대 경영대학원 노사관계학과졸 [경]1997년 노동부 훈련정책과 서기관 1999년 同고용정책과 서기관 2000년 춘천지방노동사무소장 2001년 국제노동기구(ILO) 국제노동기준국 협약적용관 2004년 노동부 산업안전과장 2005년 同고용평등국 장애인고용과장 2005년 同고용정책본부 장애인고용팀장 2006년 同장관 비서관 2007년 同근로기준국 근로기준팀장 2007년 同근로기준국 근로기준팀장(부이사관) 2008년 同고용정책실 청년고용대책과장 2009년 同산업안전보건국 안전보건정책과장 2009년 同대변인 2010년 대전지방노동청장 2010년 대전고용노동청장 2011년 고용노동부 노사정책실 산업안전보건정책관 2011~2013년 同노사정책실 산재예방보상정책관 2011년 소방방재청 소방산업진흥정책심의위원 2013년 교육 파견(고위공무원) 2014년 고용노동부 고용정책실 고용서비스정책관 2015년 同고용정책실 고령사회인력정책관 2016년 同고용정책실장(현) [상]대통령표창 [저]'노동행정과 근로감독'(2003)

문기식(文基植) Moon Kee-Sig

[생]1960·3·18 [본]남평(南平) [출]전남 해남 [주]광주 서구 내방로111 광주광역시청 소방안전본부 119종합상황실(062-613-8060) [학]1978년 광주제일고졸 1986년 전남대 행정학과졸 2012년 同대학원 행정학과졸 2015년 원광대 소방학박사과정 수료 [경]1990년 광주 광산소방서 하남파출소장 1991년 광주 동부소방서 학운파출소장 1995년 同장비계장 1997년 광주소방학교 수석교관·교관단장 1998년 광주 북부소방서 예방계장·소방계장 2001년 광주시 소방안전본부 소방행정계장 2003년 광주소방학교 총무과장 2004년 광주 서부소방서 방호구조과장 2008년 광주소방학교 교육운영과장 2011년 광주시 소방안전본부 소방행정계장 2013년 同소방안전본부 구조구급과장 2014년 광주 광산소방서장 2016년 광주시 소방안전본부 119종합상황실장(현) [상]국무총리표창(2004), 대통령표창(2015) [저]'행정법 이론'(1992, 광주출판사) '소방행정법 이론'(2001, 한백출판사) '지휘관 이론'(2002, 한백출판사) '장량의 리더십'(2012, 협신디자인) [종]기독교

문기훈(文基熏) MOON Ki Hoon

[생]1961·12·23 [출]경남 사천 [주]서울 서초구 효령로11 엔지니어링공제조합 자산운용실(02-3488-7889) [학]1980년 진주고졸 1985년 연세대 경영학과졸 1987년 同대학원 경영학과졸 [경]1989년 쌍용투자증권 입사 1992년 同기업분석1실 대리 1995년 同조사부 과장 1999년 同기업분석부 차장 2000년 同법인영업부 차장 2001년 同법인영업부장 2003년 同목동중앙지점장 2006년 同투자분석부장 2006년 同기업분석부장 2007년 굿모닝신한증권(주) 리서치센터본부장 2009년 신한금융투자(주) 리서치센터본부장 2011년 同채권·파생영업본부장(상무) 2012년 同경영기획부 고문 2013년 同주식전문 상담역 2014년 신용협동조합중앙회 자산운용본부장 2016년 엔지니어링공제조합 자산운용실장(현) [상]베스트 애널리스트 선정(1994~2000년 7년 연속)

문길주(文吉周) MOON Kil Choo

[생]1951·5·18 [본]남평(南平) [출]서울 [주]대전 유성구 가정로217 과학기술연합대학원대학교 총장실(042-864-5550) [학]1978년 캐나다 오타와(Ottawa)대 기계학과졸 1980년 미국 미네소타대 대학원 기계·환경공학과졸 1984년 환경학박사(미국 미네소타대) [경]1984~1986년 미국 Interpoll Inc. Sr. Research Engineer 1986~1991년 미국 Aero Vironment Inc. Senior Project Manager 1991~1992년 한국과학기술연구원(KIST) 대기연구실장 1992~1997년 同환경연구센터장 1997~2001년 同지구환경연구센터장 2001~2008년 과학기술부 국가지정연구실(NRL) 책임자 2002년 한국대기환경학회 부회장 2003~2004년 한국과학기술연구원(KIST) 기술사업단장 2004~2006년 同강릉분원장 2004년 한국공학한림원 정회원(현) 2004~2010년 국제대기환경보전단체연합회(IUAPPA) 부회장 2006~2009년 한국과학기술연구원(KIST) 부원장 2008년 한국대기환경학회 회장 2009년 한국과학기술연구원(KIST) 에너지환경연구본부 환경기술연구단 책임연구원 2010년 한국연구재단 국책연구본부장 2010~2013년 한국과학기술연구원(KIST) 원장 2011~2012년 과학기술출연기관장협의회 감사 2011년 국제과학비즈니스벨트위원회 민간위원 2011년 국가과학기술위원회 정책자문위원 2013년 국제대기환경보전단체연합회(IUAPPA) 회장(현) 2013~2016년 한국과학기술연구원 녹색도시기술연구소 환경복지연구단 연구위원 2013·2015년 대통령소속 국가지식재산위원회 민간위원(현) 2013~2014년 국가과학기술자문회의 자문위원 2016년 과학기술연합대학원대(UST) 총장(현) [상]KIST 원장표창(1993), 환경부장관표창(1994), 제1회 운경상(1995), 21C 환경인물 100인상(1999), 영국 CERTIFICATE OF HONOUR(2001), 과학기술최우수논문상(2005), 과학기술훈장 웅비장(2006), 생산성경영대상 연구경영부문 대상(2013) [저]'대기오염기론, 대기오염의 영향'(1993) '바이옥신 핸드북'(1996) '한국의 환경비전 2050(共)'(2002)

문난영(文蘭英·女) MOON Nan Young

[생]1942·9·12 [출]함남 원산 [주]서울 종로구 세문안로69 구세군회관 3층 민족화해협력범국민협의회(02-761-1213) [학]숙명여대 영어영문학과졸, 한신대 신학대학원 신학과졸, 선문대 신학대학원 신학박사과정 수료 [경]민족화해협력범국민협의회 공동의장(현), 선문대 신학부 겸임교수, 6·15공동선언실천 남측위원회 공동대표 2000~2014년 세계평화여성연합 세계회장 2003~2014년 同한국회장 [상]한·중 민간친선교류공헌 감사장(1996), 제7회 세계저명여성상(2002), 통일부장관표창(2006)

문남주(文南柱) MOO Namjoo

[생]1958·10·9 [출]전북 전주 [주]충남 예산군 오가면 윤봉길로1883 예산세무서(041-330-5201) [학]익산 남성고졸, 충남대 행정대학원 수료 [경]1978년 국세공무원 임용 2008년 동청주세무서 소득세과장(행정사무관) 2010년 천안세무서 재산세과장 2012년 대전지방국세청 조사2국 조사1과장 2014년 同감사관(서기관) 2015년 同조사2국 조사관리과장 2015년 예산세무서장(현)

문대근(文大瑾) MOON Dae Keun

[생]1956·4·14 [본]남평(南平) [출]전남 화순 [주]서울 종로구 삼일대로30길21 (사)남북사회통합연구원(02-365-9370) [학]1975년 광주고졸 1982년 전남대 행정학과졸 1984년 同대학원 행정학과졸 2013년 북한학박사(북한대학원대) [경]1985~1996년 통일원 남북대화사무국 정책과·기획과·통일정책실 제2정책관실 근무(4급) 1996년 同정보분석실 제1분석관실 담당관·군사담당관 1999년 통일부 정보분석국 정치군사담당관 1999년 駐중국 통일주재관 2002년 통일부 통일정책실 정책1담당관 2003년 同남북회담사무국 기획과장 2004년 同교류협력국 경협지원과장 2005년 同교류협력국 교류협력총괄과장(부이사관) 2006년 同경수로사업지원기획단 정책조정부장(고위공무원) 2006년 同경수로사업지원기획단장 직대 2007년 同통일교육원 교수부장 2007년 同통일교육원장 직대 2008년 중국 상해사회과학원 아태연구소 방문연구원(파견) 2009년 통일부 남북출입사무소장 2011~2015년 同남북회담본부 상근회담대표(명예퇴직) 2015년 한중친선협회 부설 중국연구원 원장(현) 2016년 (사)남북사회통합연구원 원장(현) [상]국가안전기획부장표창(1986), 통일부장관표창(1987·1988·1989·1992·1995·1997·2005·2011), 대통령표창(1993), 녹조근정훈장(2005) [저]'한반도 통일과 중국'(2009, 늘품플러스) '중국의 대북정책'(2013, 늘품플러스)

문대원(文大元) MOON Dae Won

[생]1947·11·6 [출]대전 [주]서울 서초구 신반포로27의12 대윤빌딩 (주)케이씨에이 임원실(02-532-0532) [학]1965년 대전고졸 1971년 성균관대 물리학과졸 1978년 同경영대학원 정보처리학과졸 1998년 서울대 행정대학원 정보통신방송정책과정 수료 2001년 경영학박사(국민대) [경]1971년 과학기술처 중앙전자계산소 프로그래머 1975년 총무처 정부전자계산소 전산사무관 1978년 同행정전산계획관실 전산서기관 1988년 전산망조정위원회 전산망사업담당관 1990년 대통령비서실 행정관 1993년 (주)한국전산원 연구위원 1996년 同감리본부장 1999~2011년 (주)한국전산감리원 대표이사 2002년 同대표감리인 2002년 (사)한국정보시스템감리인협회 회장 2003년 한국정보기술응용학회 회장 2004년 (사)한국정보시스템감리인협회 명예회장(현) 2011년 (주)케이씨에이 대표이사(현) [상]정보통신부장관표창(1990), 대통령표창(1992), 국민훈장 목련장(1996) [저]'정보시스템 감리-사업관리, 시스템개발 및 감리실무'(1998) [종]기독교

문대원(文大元) MOON Dae Won

[생]1952·12·6 [출]경남 사천 [주]대구 달성군 현풍면 테크노중앙대로333 대구경북과학기술원(053-785-1850) [학]1971년 부산고졸 1975년 서울대 화학과졸 1977년 한국과학기술원 대학원 화학과졸 1984년 표면과학박사(미국 펜실베니아주립대) [경]1977~1980년 한국표준연구소 연구원 1980~1983년 미국 Pennsylvania주립대 연구조교 1983년 미국 Princeton대·Exxon Res. & Engs. 연구원 1985년 미국 연방표준국(NIST) 방문연구원 1985년 한국표준과학연구원(KRISS) 책임연구원 2000년 호주국립대 전자재료과 방문교수 2001년 미국 일리노이대 재료과 초청교수 2007~2010년 한국표준과학연구원 나노바이오융합연구단장, 同나노바이오융합연구단 Fellow 2012년 대구경북과학기술원 나노바이오연구부 Fellow 2012년 同뉴바이올로지전공 Fellow(현) [상]한국표준연구원 우수논문상(1999), 한국표준연구원 취봉상(2000), 한국과학기술단체총연합회 우수논문상(2001), 이달의 과학기술자상(2001), 닮고싶고 되고싶은 과학기술인 선정(2004), 과학기술훈장 도약장(2005), 으뜸기술상 우수상(2011) [종]가톨릭

문대원(文大源) MOON Dae Won

[생]1953·3·6 [본]남평(南平) [출]부산 [주]서울 중구 서소문로106 동화빌딩16층 동화산업 비서실(02-3706-0311) [학]1971년 경기고졸 1975년 서울대 상대졸 1978년 미국 미시간대 대학원 경영학과졸 [경]1975년 코리아제록스 입사 1980년 同영업이사 1982년 同상무이사 1985년 同사장 1994년 同부회장 1994년 동화산업 부회장 1996년 신세기투자신탁 비상근회장 2000년 동화산업 회장(현) 2012~2015년 산업기술연구회 비상임이사 [상]철탑산업훈장, 미국 미시간대 재한동문회 자랑스런 동문상(2010) [종]기독교

문대인(文大仁) MOON Dae In

[생]1954·9·3 [출]경남 [주]경기 과천시 코오롱로11 (주)코오롱인더스트리(02-3677-3114) [학]경상고졸, 부산대 화학공학과졸 [경]1998년 코오롱유화(주) 이사보 2000년 同이사 2003년 同상무 2005년 同울산공장장(상무), 同김천공장장(상무) 2008~2015년 (주)코오롱인더스트리 석유수지생산1담당 겸 울산공장장(부사장) 2015년 同고문(현) [상]산업포장(2014)

문대혁(文大赫) MOON, Dae Hyuk

[생]1957·10·17 [출]서울 [주]서울 송파구 올림픽로43길88 서울아산병원 핵의학과(02-3010-4592) [학]1982년 서울대 의대졸 1985년 同대학원졸 1992년 의학박사(서울대) [경]1982년 서울대병원 내과 전공의 1989년 同핵의학과 전임의 1990년 울산대 의대 핵의학과 전임강사·조교수·부교수·교수(현) 1995년 미국 UCLA Medical Center 방문교수 2011~2012년 분자영상학회 회장 2011년 서울아산병원 임상의학연구소장 2012~2014년 대한핵의학회 회장

문대현(文大炫) Moon Dae Hyun (矜齋)

[생]1949·11·12 [본]남평(南平) [출]서울 [주]서울 영등포구 여의대로24 전국경제인연합회(02-6336-0611) [학]1969년 서울고졸 1975년 서울대 철학과졸 1980년 한양대 대학원 행정학과졸 2003년 행정학박사(건국대) [경]1981년 국회 교통체신위원회 근무 1982년 KT 근무 1996년 인켈 상무이사, 건국대 정보통신대학원 교수 2000년 한국디지털위성방송 영업본부장 2003년 同고객서비스센터장 2003년 同마케팅본부장 2004~2005년 同기획위원(상무) 2005년 (사)한국방송통신전략연구소 소장 2008~2010년 인하대 정책대학원 교수 2010년 경주대 방송언론미디어광고학부 교수 2012년 전국경제인연합회 경영자문위원(현) 2015년 同마케팅분과위원장(현) 2016년 同창조경제멘토단장(현) [저]'전자민주주의와 정치참여' '로비스제도 도입방안' '프로젝트관리를 위한 PMBOK활용'(2011) [종]기독교

문대흥(文大興) MOON Dae Heung

[생]1960·2·10 [주]서울 서초구 헌릉로12 현대자동차(주) 임원실(02-3464-1114) [학]한국과학기술원(KAIST) 기계공학과졸 [경]현대자동차(주) 가솔린엔진설계팀장(이사), 同가솔린엔진개발실장(상무) 2010년 同가솔린엔진개발실장(전무) 2013년 同부사장(현) [상]동탑산업훈장(2016)

문덕규(文德圭) MOON Duk Kyu

[생]1952·4·1 [출]대전 [주]서울 종로구 종로26 SK(주) 임원실(070-7800-2114) [학]1969년 대전고졸 1975년 고려대 경영학과졸 [경]1994년 SK네트웍스 자금관리부 국제금융팀장 1996년 同미주본부 Head of Finance Division 1998년 同미주본부 CFO & EVP for Supporting 2002년 同재무지원실장 2009년 영남에너지서비스 포항 대표이사 2010년 SK E&S 대표이사 사장 2013~2014년 SK네트웍스 대표이사 사장 2015년 SK(주) 상임고문(현) [상]고려대 경영대학 교우회 '올해의 교우상' 전문경영인부문(2014)

문덕수(文德守) MOON Dok Su (心汕)

[생]1928·12·8 [본]남평(南平) [출]경남 함안 [주]서울 서초구 반포대로37길59 대한민국예술원(02-3479-7233) [학]1955년 홍익대졸 1977년 고려대 대학원 국어교육과졸 1979년 일본 쓰쿠바대 대학원 비교문학 수료 1981년 문학박사(고려대) [경]1957~1961년 제주대 조교수 1961~1965년 홍익대 부교수 1965~1993년 同사범대학 교수 1976~1980년 현대시인협회 회장 1981년 국제펜클럽 한국본부 부회장 1981년 월간「시문학」 주간 1982년 홍익대 사범대학장 1984~1988년 同교육대학원장 1990년 제12차 서울세계시인대회 집행위원장 1992~1995년 국제펜클럽 한국본부 회장 1993년 대한민국예술원 회원(시·현) 1993년 홍익대 명예교수(현) 1995~1998년 한국문화예술진흥원 원장 [상]은관문화훈장, 국민포장, PEN문학상, 국민훈장 목련장, 서울시 문화상, 대한민국예술원상 문학부문, 이설주 문학상(2013) [저]'현대 한국시론' '시 쓰는 법' '한국 모더니즘시 연구' '오늘의 시작법' '詩論' '니힐리즘을 넘어서' 장시집 '우체부'(2009) [역]'명상록(마르쿠스 아우렐리우스)' [작]'문덕수 시선' '새벽바다' '본적지' '선·공간' '그대 말씀의 안개' 등 [종]불교

문덕식(文德植) Moon Duk Sik

[생]1956·8·11 [주]서울 강남구 테헤란로432 동부대우전자(02-360-7114) [학]배재고졸, 고려대 경영학과졸, 미국 워싱턴대 시애틀교 대학원 경영전문대학원 경영학과졸 [경]1983년 금성전자 입사 1996년 LG전자 청주공장 경영지원실장 1997년 同재무회계팀장 2001년 同재경팀 상무 2002년 LG필립스디스플레이 유럽지역본부 CFO 2003년 同홍콩본사 재경담당 2009년 (주)대한펄프 경영지원본부 CFO(전무) 2011년 깨끗한나라(주) 경영지원담당 전무 2012년 同CFO(부사장) 2016년 동부대우전자 경영지원실장(CFO·부사장)(현) [종]기독교

문동민(文東珉) Dongmin Moon

[생]1967 · 1 [주]세종특별자치시 한누리대로402 산업통상자원부 운영지원과(044-203-5060) [학]1990년 서울대 경제학과졸 1994년 同행정대학원졸 [경]2004년 산업자원부 장관실 서기관 2005년 同산업정책과 서기관 2006년 同자원정책과 서기관 2006년 同고객만족행정팀장 2007년 同무역투자정책본부 구미협력팀장 2008년 駐캐나다 1등서기관 2011년 지식경제부 산업기술개발과장 2012년 同철강화학과장 2013년 산업통상자원부 산업정책실 철강화학과장 2014년 同산업정책실 산업정책과장 2015년 同산업정책실 산업정책과장(부이사관) 2016년 대한무역투자진흥공사 종합행정지원센터장 파견(고위공무원) 2016년 駐일본대사관 상무관(현)

문동식(文東植) Dong Sik MOON

[생]1959 · 3 · 14 [출]전남 해남 [주]전남 광양시 시청로33 광양시청 부시장실(061-797-2204) [학]1976년 광주제일고졸 1995년 광주대 법학과졸 [경]1978년 전남도 공채 합격(7급) 1979~1988년 함평군 · 화순군 · 전남도 근무(지방행정주사보) 1988~1995년 전남도 광양지구출장소 용지계장 · 문화예술과 · 도시개발과 · 지역경제과 근무(지방행정주사) 1995년 순천시 환경위생사업소장 1995년 同문화예술회관장(지방행정사무관) 1997년 목포시 향토문화관장 1998년 同지역경제국 교통행정과장 1999년 同기획실 문예관광담당관 2001년 同기획실 기획담당관 2002년 同경제사회국 투자통상과장 2003년 전남도 농산물판촉과 쌀예약판매담당 2005년 同감사관실 조사담당 2006년 同감사관실 회계감사담당 2007년 同감사관실 감사담당 2007년 同관광문화국 문화예술과장 2008년 同관광문화국 문화예술과장(지방서기관) 2010년 同동부출장소장 2010년 전남 신안군 부군수 2013년 전남도 기획조정실 정책기획관 2014년 同F1조직위원회 본부장(지방부이사관) 2015년 교육 파견(부이사관) 2016년 광양만권경제자유구역청 행정개발본부장 2016년 전남 광양시 부시장(현) [상]전남도지사표창(1987 · 2003), 내무부장관표창(1991), 순천예술인총연합회 감사패(1997), 해남군수 감사패(1998), 국무총리표창(2005)

문동신(文東信) MOON Dong Shin

[생]1938 · 5 · 22 [본]남평(南平) [출]전북 군산 [주]전북 군산시 시청로17 군산시청 시장실(063-454-2001) [학]1957년 군산고졸 1974년 단국대 법학과졸 1991년 연세대 경영대학원졸, 영국 옥스퍼드대 최고경영자과정 수료, 경제학박사(중앙대) [경]1969년 농업진흥공사 입사 1988년 同홍보실장 1990년 농어촌진흥공사 기획조정실장 1992년 同전북지사장 1993년 同기획본부장 1997년 同부사장 1998년 同사장 2000~2002년 농업기반공사 사장 2006 · 2010년 전북 군산시장(통합민주당 · 민주당 · 민주통합당 · 민주당 · 새정치민주연합) 2014년 전북 군산시장(새정치민주연합 · 더불어민주당)(현) 2015년 군산시장애인체육회 회장(현) [상]경영혁신대상 최고경영자상(1998), 대통령표창, 산업포장, 석탑산업훈장(2000), 한국전문경영인 대상, 대한민국무궁화대상 행정부문(2008), 다산목민대상(2009), 제17회 대한민국연예예술상 연예예술발전상(2010), 지역농업발전 선도인상(2011), 전북여성단체협의회 '훌륭한 남성상'(2015), 올해의 CEO대상 공공분야 지속가능경영부문(2015) [저]'흙속의 진주를 캐는 진솔한 마음으로… 쌀 전업농 성공사례집' 자서전 '문동신의 힘, 전북 경제수도 군산의 힘'(2014)

문동주(文東周)

[생]1961 [출]충남 보령 [주]경기 고양시 일산서구 고양대로315 한국시설안전공단 경영본부(031-910-1420) [학]1979년 서대전고졸 1987년 단국대 무역학과졸 2014년 성균관대 경영대학원 경영학과졸 [경]1988년 대통령경호실 사무관 2003년 同경호과장 · 감사과장 2009년 대통령실 경호처 경호부장 · 인사부장 2012년 대통령경호실 경호안전교육원장 2015년 한국시설안전공단 경영본부장(상임이사)(현) [상]대통령표창(1999), 근정포장(2006), 녹조근정훈장(2012)

문동준(文東俊) MOON Dong Joon

[생]1954 · 10 · 20 [출]서울 [주]서울 중구 청계천로100 시그니쳐타워 금호피앤비화학(주) 대표이사실(02-6961-1114) [학]1977년 고려대 농업경제학과졸 1995년 미국 Syracuse대 대학원 경영학과졸(MBA) [경]금호석유화학(주) 해외영업팀 근무, 금호미쓰이화학(주) 인사구매 · 기획 · 자금 · 회계담당 상무 2008년 同전무 2010년 금호피앤비화학(주) 관리 · 재무담당 전무 2011년 同총괄부사장 2012년 同대표이사(현) [상]동탑산업훈장(2015)

문두식(文荘植) MOON Dhu Shiek

[생]1947 · 9 · 27 [출]전남 화순 [주]서울 용산구 이태원로29 전쟁기념관427호(02-795-2077) [학]1966년 광주제일고졸 1971년 육군사관학교졸(27기) 1990년 국방대학원 안보과정 수료 1994년 전북대 경영대학원졸 1996년 연세대 행정대학원졸 2000년 미국 하버드대 국제안보과정 수료 2002년 정치학박사(경남대) [경]1979~2001년 국군 기무사령부 전입 · 1사단 기무부대장 · 駐미국무관보좌관 · 한미연합사령부 기무부대장 · 기무사령부 1처장 · 2처장 · 국방부 기무부대장 · 기무사령부 참모장 2001~2003년 국군 기무사령관(중장 예편) 2004년 17대 총선출마(나주 · 화순, 열린우리당) 2004년 열린우리당 안전보장특보 2004~2012년 원광대 군사학부 석좌교수 2004년 리인터내셔널법률사무소 고문(현) 2005년 육군사관학교총동창회 부회장 2007~2011년 한국군사학회 부회장 2010~2012년 세종대 이사 2011년 한국군사학회 회장(현) 2012~2013년 국회 국방정책자문위원 2012~2013년 새누리당 국방정책자문위원 2013~2015년 세종대 석좌교수 [상]대통령표창(1994), 보국훈장 삼일장 · 천수장 · 국선장 [저]'21세기 남북한 통일방안 모색'(2005, 매봉)

문만빈(文萬彬) Moon Man Been

[생]1960 · 10 · 24 [주]서울 서초구 헌릉로12 현대제철 연구개발본부 공정기술센터(02-3464-6077) [학]동국대부고졸, 성균관대 금속공학과졸, 연세대 대학원 금속공학과졸, 금속재료학박사(순천대) [경]동부제강 근무, 현대하이스코(주) 기술연구소장(이사대우) 2008년 미국 '마르퀴즈 후즈 후'(Marquis Who's Who) · 미국 인명정보기관(American Biographical Institute) · 영국 국제인명센터(International Biographical Center) 인명사전에 우수과학인으로 등재 2010년 현대하이스코(주) 기술연구소장(이사) 2013년 同기술연구소장(상무) 2014년 현대제철(주) 기술연구소 공정기술3실장(상무) 2016년 同연구개발본부 공정기술센터장(상무)(현) [상]대통령표창

문명근(文明根) Moon Myunggeun

[생]1954 · 10 · 7 [출]경북 경주 [주]서울 성동구 마장로210 한국기원 홍보팀(02-3407-3850) [경]1975년 입단 1976년 2단 승단 1982년 3단 승단 1984년 4단 승단 1987년 5단 승단 1990년 6단 승단 1993년 7단 승단 1999년 8단 승단 2007년 9단 승단(현) [종]불교

문명순(文明順 · 女) MOON Myoung Soon

[생]1962 · 10 · 18 [본]남평(南平) [출]제주 제주시 [주]서울 중구 남대문로117 동아빌딩9층 (사)금융경제연구소(02-2073-0143) [학]1981년 서울여상졸 1986년 한국방송통신대 경영학과졸 2006년 고려대 노동대학원 최고위과정 수료 2009년 서강대 경제대학원 경제학과졸(석사) 2010년 한국외국어대 법학전문대학원 노사관계국제전문가과정 수료 2012년 서강대 경제대학원 최고위의회전문가과정(Top Congressionall Specialist Program) 수료 [경]1981년 국민은행 입행 2004~2011년 한국노동조합총연맹 중앙위원 2005년 통합KB국민은행지부 초대 부위원장 2006년 서울시교육청 인정도서심의위원회 금융교과서 집필위원 2006~2007년 同고등학교교과서 집필위원 2007년 한국노총 5.1절남북노동자대회 금융노조 여성대표 2008년 (사)참여성노동복지터 이사(현) 2008년 금융경제연구소 상임이사(현), (사)여성경제포럼 운영위원(현) 2008~2010년 신용보증기금 임원추천위원 2008~2010년 대한주택보증 임원추천위원 2008~2010년 전국금융산업노동조합 수석부위원장, 국제노동기구(ILO) 금융분과 노사정포럼 한국대표 2009년 방송통신심의위원회 특별위원회 위원 2009년 (사)정치바로연구소 이사(현) 2009년 마을학교 이사(현) 2012년 민주통합당 중앙당 선거관리위원회 위원 2012년 同제18대 대선 문재인후보 금융경제특별위원회 위원장 2012년 同전국여성위원회 부위원장 2012년 同여성리더십센터 부소장 2012년 同제19대 국회의원선거 비례대표 23번후보 2012년 금융자격인대표협의회 부회장(현) 2013년 한국노동복지센터 이사(현) 2013년 한국패션봉제아카데미 감사(현) 2013년 정치소비자울림협동조합 이사(현) 2013년 국민은행 금융소비자보호부 팀장(현) 2014년 한국양성평등교육진흥원 사이버멘토링사무국 금융멘토(현) 2014년 새정치민주연합 전국여성위원회 부위원장 2014년 同여성리더십센터 부소장 2015년 더불어민주당 전국여성위원회 부위원장(현) 2015년 同사회복지특별위원회 부위원장(현) [상]국은인상(2003) [저]'고등학교 금융교과서'(2006, 서울시교육청 인정도서심의위원회) [종]천주교

ㅁ

문명재(文明載) MOON Myung Jae

[생]1958 · 6 · 28 [출]전북 익산 [주]서울 동대문구 이문로 107 한국외국어대학교 일본언어문화학부(02-2173-3185) [학]1984년 한국외국어대 일본어과졸 1987년 同대학원졸 1990년 일본 고베대 대학원졸 1993년 문학박사(일본 고베대) [경]1993년 인하대 · 단국대 · 고려대 강사 1994년 한국외국어대 일본어과 교수, 同일본언어문화학부 교수(현) 2006년 同서울캠퍼스 교육방송 주간 2006~2008년 同일본연구소장 2009~2010년 同일본어대학 부학장 2010~2011년 同대학원 교학처장 2014년 同서울캠퍼스 교무처장 2014년 한국일어일문학회 회장 2015년 한국외국어대 일본어대학장(현) [저]'일본설화문화연구'(2003, 보고사)

문명재(文命在) Myung Jae Moon

[생]1965 · 1 · 15 [본]남평(南平) [출]부산 [주]서울 서대문구 연세로50 연세대학교 행정학과(02-2123-2959) [학]1989년 연세대 정치외교학과졸 1993년 미국 Univ. of Texas at Austin 대학원 정책학과졸 1998년 행정학박사(미국 Syracuse Univ.) [경]1992~1993년 미국 Univ. of Texas at Austin 조교 1993~1998년 미국 Syracuse Univ. 연구원 1998년 同선임연구원 1998~2002년 미국 Univ. of Colorado-Denver 조교수 2002년 미국 행정학회보(PAR) Book Review Editor 2002~2004년 미국 Texas A&M Univ. 조교수 2004~2007년 고려대 행정학과 조교수 2007년 연세대 행정학과 교수(현) 2008~2010년 International Review of Public Administration 편집장 2009 · 2013년 연세대 언더우드특훈교수 2014년 同국가관리연구원장 [상]한국갤럽학술논문상(2008), 연세대 2007학년도 우수연구실적표창(2008), 미국행정학회보 최우수논문상(Mosher Award)(2009), Southeastern Conference of Public Administration Boorsma International Award(2009) [저]'민주주의와 정책과학'(2002, 은성사) 'Public Service Perfomance: Perspectives on Measurement and Management'(2006, Cambridge University Press) 'Comparative Studies for Better Governance in Asian Countries'(2007, OECD Asian Centre for Public Governance) [종]기독교

문명호(文明浩) MOON Myung Ho

[생]1940 · 1 · 28 [본]남평(南平) [출]대전 [주]서울 중구 세종대로124 프레스센터1405호 대한언론인회(02-732-4797) [학]1959년 서울고졸 1964년 서울대 영어영문학과졸 1974년 同신문대학원졸 1977년 독일 베를린 국제신문연구소 수료 [경]1965~1995년 동아일보 사회부 · 경제부 기자 · 외신부 차장 · 워싱턴특파원 · 외신부장 · 논설위원 · 비서실장(부국장) · 논설위원 겸 통일연구소 간사 1980년 미국 하버드대 페어뱅크 동아시아센터 연구원 1995년 성균관대 신문방송학과 강사 1996년 문화일보 수석논설위원 1997년 同논설위원실장 1998년 同논설위원실장(이사대우) 1999년 한국신문방송편집인협회 감사 2000~2001년 문화일보 이사 겸 논설주간 2001년 한국신문방송편집인협회 부회장 2001년 세종대 겸임교수 2002년 고려대 신문방송학과 석좌교수 2002년 미국 워싱턴D.C.소재 'Radio Free Asia(자유아시아방송)' Editorial Consultant 2008~2010년 대한언론인회 부회장 2009년 공정언론시민연대 공동대표(현) 2012 · 2014년 대한언론인회 주필(현) 2012년 언론중재위원회 선거보도심의위원 2014년 새로운한국을위한국민운동 공동대표(현) [상]대한언론인회 대한언론상 특별공로부문(2015) [저]'국제커뮤니케이션의 신화를 창조한다(共)'(1996) '해외특파원 취재수첩(共)'(2001) [역]'공산주의는 끝나는가(編)'(1989) '역사를 바꾼 정상들의 대도박'(1992) [종]기독교

문무경(文武京) MOON Moo Kyung

[생]1962 · 11 · 16 [출]서울 [주]서울 종로구 창경궁로120 종로플레이스14층 (주)웅진(1588-0505) [학]1981년 서울 남강고졸 1985년 한양대 산업공학과졸 [경]2000년 웅진코웨이 입사 · 경영기획실장 2001년 웅진그룹 기획조정실장 2002년 웅진코웨이 대표이사 상무 2004년 同대표이사 전무 2005년 同연구 · 개발(R&D)부문 대표이사 2005년 웅진쿠첸(주) 대표이사 2008년 렉스필드컨트리클럽(주) 대표이사 2010년 同대표이사 부사장 2010~2016년 웅진플레이도시 대표이사 2016년 (주)웅진 고문(현) [상]대한민국마케팅대상(2005) [종]천주교

문무일(文武一) MOON MOO IL

[생]1961 · 7 · 16 [출]광주 [주]부산 연제구 법원로15 부산고등검찰청 검사장실(051-606-3201) [학]1980년 광주제일고졸 1985년 고려대 법학과졸 [경]1986년 사법시험 합격(28회) 1989년 사법연수원 수료(18기) 1992년 대구지검 검사 1994년 전주지검 남원지청 검사 1995년 서울지검 검사 1997년 인천지검 검사 1999년 광주지검 검사 2001년 同부부장검사 2001년 대전지검 논산지청장 2002년 서울지검 부부장검사 2003년 제주지검 부장검사 2004년 대통령 측근비리 특별파견 검사 2004년 대검찰청 특별수사지원과장 2005년 同과학수사2담당관 2007년 同중수1과장 2008년 서울중앙지검 특수1부장 2009년 수원지검 제2차장검사 2009년 인천지검 제1차장검사 2010년 대검찰청 선임연구관 2010년 광주고검 검사 2011년 부산지검 제1차장검사 2012년 광주고검 차장검사 2013년 법무부 범죄예방정책국장 2013년 서울서부지검장 2015년 대전지검장 2015년 대검찰청 '성완종 리스트' 특별수사팀장 2015년 부산고검장(현) [상]황조근정훈장(2015)

문무홍(文武烘) MOON Moo Hong

[생]1947 · 6 · 10 [본]남평(南平) [출]전북 군산 [주]서울 종로구 사직로8길34 경희궁의아침3단지1118호 통일을생각하는사람들의모임(02-734-5400) [학]1965년 양정고졸 1971년 서울대 문리대 불문과졸 1976년 同대학원 외교학과졸 [경]1973~1976년 해군사관학교 교관 1973~1974년 한국국제정치학회 상임간사 1977년 통일원 교육홍보실 보좌관 1981년 대통령공보비서실 행정관 1983년 미국 스탠포드대 신문방송학과 연수 1985년 대통령 공보비서관 1993년 통일원 통일연수원 교수 1994년 同남북회담사무국 자문위원 1996년 同통일정책실장 1997~1998년 同남북회담사무국장 1997~1998년 4자회담 한국 차석대표 1998~2000년 미국 평화연구소 객원연구원 2005년 (사)연구소2020통일한국 이사장 겸 공동대표 2008년 개성공업지구관리위원회 위원장 겸 개성공업지구지원재단 이사장 2011~2013년 개성공업지구지원재단 특별고문 2012년 (사)통일을생각하는사람들의모임 상임대표, 同고문(현) 2013년 세종재단 이사 [상]홍조근정훈장 [역]'1900 조선에 살다'(2008, 푸른역사)

문미숙(女) MOON Mi Sook

[생]1963 · 2 [주]서울 서대문구 충정로50 골든브릿지빌딩5층 (주)골든브릿지자산운용 비서실(02-360-9587) [학]서울대 법대졸 [경]골든브릿지 이사, GB네트웍스 감사, GB정보기술 감사 2004년 골든브릿지기술투자 감사 2005년 同대표이사 사장 2008년 환경관리공단 비상임이사, (주)소셜뉴스 상임고문 2009년 (주)바른손이앤에이 비상근감사(현) 2014년 (주)골든브릿지자산운용 대표이사 사장(현)

문미옥(文美玉 · 女) MUN MIOCK

[생]1968 · 12 · 20 [출]경남 산청 [주]서울 영등포구 의사당대로1 국회 의원회관645호(02-784-9671) [학]1987년 부산성모여고졸 1991년 포항공과대 물리학과졸 1993년 同대학원 물리학과졸 1997년 물리학박사(포항공과대) [경]1997년 이화여대 물리학과 박사연구원 2000년 연세대 물리학과 박사연구원 2001년 同물리및응용물리사업단 연구교수 2003~2009년 이화여대 WISE거점센터 연구교수 2011~2016년 한국여성과학기술인지원센터(WISET) 기획정책실장 2013년 과학기술인협동조합지원센터 기획실장 2016년 더불어민주당 뉴파티위원회 위원(현) 2016년 同총선정책공약단 더불어성장본부 공동본부장 2016년 제20대 국회의원(비례대표, 더불어민주당)(현) 2016년 더불어민주당 원내부대표(현) 2016년 同청년일자리TF 위원(현) 2016년 국회 여성가족위원회 위원(현) 2016년 국회 미래창조과학방송통신위원회 위원(현) 2016년 국회 미래일자리특별위원회 위원(현)

문방진(文汸鎭) Bangjin Moon

[생]1968 · 3 · 28 [본]남평(南平) [출]전남 장흥 [주]광주 동구 동명로106 법무법인 맥(062-236-4000) [학]1986년 광주 광덕고졸 1992년 전남대 법대 사법학과졸 2008년 同대학원 법학과 수료 2008년 미국 루이스앤드클라크대 방문과정 수료 [경]1994년 사법시험 합격(36회) 1997년 사법연수원 수료(26기) 1997년 서울지법 북부지원 판사 1998년 同의정부지원 판사 1999년 同판사 2000년 광주지법 순천지원 판사 2002년 同판사 2006년 광주고법 판사 2009년 광주지법 판사 2012년 同목포지원 부장판사 2013~2014년 광주지법 장흥지원장 2013~2014년 광주가정법원 장흥지원장 겸임 2014년 변호사 개업 2016년 법무법인 맥 대표변호사(현) [종]천주교

문병석(文炳錫) Moon Byoung Seok

[생]1960 · 8 · 1 [출]경남 하동 [주]서울 구로구 경인로 518 CJ제일제당 식품연구소(02-2629-5200) [학]1986년 서울대 수의학과졸 1995년 同대학원 수의학과졸 1999년 수의학박사(서울대) [경]1986~2006년 유한양행 연구원 · 중앙연구소장 2004~2007년 임상시험연구회 부회장 2006~2011년 CJ제일제당 제약연구소장 2007~2008년 과학기술부 생명분야전문위원회 위원

2007년 同국가연구개발사업평가위원회 위원 2007·2008년 서울대 의과대학 초빙교수 2008년 식품의약품안전청 연구윤리심의위원회 위원 2009년 보건복지가족부 HT포럼 위원 2010~2011년 서울대 수의과대학 겸임교수 2010년 보건복지부 첨단의료복합단지조성사업설계자문단 단장 2011년 CJ제일제당 식품연구소장 2011~2013년 충북도 오송바이오밸리정책자문단 위원 2011~2013년 국가과학기술위원회 생명복지전문위원회 위원 2011~2013년 교육과학기술부 바이오의료기술개발사업추진위원회 위원 2011~2012년 한국독성학회 미래전략위원회 부위원장 2012년 한국식품영양과학회 부회장 2013~2014년 국가과학기술심의회 생명·의료전문위원회 위원 2013년 미래창조과학부 바이오의료기술개발사업추진위원회 위원(현) 2014년 한국독성학회 미래전략위원장(현) 2015년 국가과학기술심의회 생명·의료전문위원장(현) 2015년 CJ브리딩(주) 대표이사(현) 2016년 CJ제일제당 식품연구소장(부사장대우)(현) [상]대한민국신약개발상 대상(2006), 보건복지부장관표창(2010)

문병선(文炳善) MOON Byeong Seon

[생]1956·8 [주]경기 의정부시 동일로700 경기도교육청 제2부교육감실(031-820-0510) [학]1973년 영암종합고졸 1975년 목포교육대졸 1985년 한국방송통신대졸 1998년 한국교원대 대학원 교육학과졸 [경]2003년 경기도교육청 제2청사 초등교육과 장학관 2005년 同제2청사 장학사 2007년 성남 늘푸른초등학교 교장 2010년 경기도교육청 교원역량혁신과 장학관 2011년 성남교육지원청 교수학습국장 2012년 의정부교육지원청 교육장 2014년 경기도교육청 교육국장 2015년 同제2부교육감(현)

문병용(文秉龍) Moon Byoung Yong

[생]1970·7·7 [출]서울 [주]서울 중구 을지로65 SK텔레콤 상품기획본부(02-6100-2114) [학]1989년 숭문고졸 1996년 서강대 컴퓨터공학과졸 1998년 한국과학기술원 전산학과졸 2011년 서울과학종합대학원 경영학박사과정 수료 [경]1998년 한국과학기술원 인공지능연구센터 연구원 1999년 엑센츄어코리아 경영컨설턴트 2000년 현대증권 벤처투자 애널리스트 2002년 同금융상품·비즈니스 개발자 2004년 한국마이크로소프트 프로그램 매니저 2005년 同마케팅 매니저 2007년 NHN 네이버금융TF·금융서비스팀장 2009년 同쥬니버서비스팀장 2010년 同포털전략팀 부장 2010년 KTB투자증권 신사업본부장(상무) 2013년 同인터넷&모바일본부장(상무), 펀드온라인코리아 컨설턴트·자문위원·심사위원, Seoul Toastmasters Club 회장, 마이크로소프트코리아 Toastmasters 창립회장 2014년 더퍼텐셜(The Potential) 대표 2016년 SK텔레콤(주) 상품기획본부장(상무)(현) [상]Microsoft Circle of Excellence Award(2006) [저]'오바마의 설득법'(2009, 길벗) '이력서 자기소개서 상식사전'(2009, 길벗) '이직상식사전'(2012, 길벗)

문병우(文炳佑) MOON Byong Woo

[생]1952·12·26 [출]경남 [주]경기 포천시 해룡로120 차의과학대 건강과학대학 보건복지정보학과(031-881-7023) [학]1971년 부산고졸 1978년 서울대 약학과졸 1994년 고려대 생명과학대학원졸, 약학박사(성균관대) [경]1978년 보건사회부 약무과 근무 1983년 同감사관실 근무 1986년 국립목포결핵병원 약제과장 1987년 국립보건원 약품규격과 근무 1989년 보건사회부 약무과 근무 1993년 국립보건안전연구원 일반독성과장 1994년 보건복지부 신약개발과장·보험관리과장 1999년 同식품의약품진흥과장 1999년 국립서울검역소장 2000년 대전지방식품의약품안전청장 2000년 경인지방식품의약품안전청장 2003년 부산지방식품의약품안전청장 2004년 중앙공무원교육원 파견 2005년 대전지방식품의약품안전청장 2006년 식품의약품안전청 의약품본부장 2007~2008년 同차장 2008~2010년 (주)차바이오앤디오스텍 공동대표이사, 同부회장, 차의과학대 약학대학 교수, 同건강과학대학 보건복지정보학과 교수(현) 2014년 (주)차바이오텍 부회장(현) 2015년 차의과학대 보건복지대학원장 2016년 同보건산업대학원장(현) [상]우수공무원 표창(1992)

문병욱(文炳旭) MOON Byung Wok

[생]1952·4·14 [출]경남 함안 [주]서울 강남구 봉은사로418 조양빌딩7층 라미드그룹 비서실(02-557-2020) [학]1972년 부산상고졸, 성균관대 기업경영학과 수료, 고려대 대학원 최고경영자과정 수료 [경]1978년 현대건설 경리부 근무 1987년 우성건설 대표이사 1990년 호텔빅토리아 회장 1998년 호텔미란다 회장 1999년 양평TPC골프클럽 회장 2000~2006년 썬앤문그룹 회장 2005년 한국관광호텔업협회 이사 2007년 라미드그룹 회장(현) [상]전경련IMI 최고경영자과정총동문회 경영인대상(2013) [종]불교

문병원(文炳元) MOON Byung Won

[생]1957·5·7 [주]울산 남구 중앙로201 울산광역시의회(052-229-5041) [학]동국대 사회과학대학원 사회복지학과졸 [경]울산동대학라이온스 회장, 울산극동방송국설립추진위원회 감사 2000년 민주당 울산시중구지구당 위원장 2000년 제16대 국회의원선거 출마(울산中, 민주당) 2004년 제17대 국회의원선거 출마(울산中, 무소속) 2012년 선진통일당 울산시당 위원장 2014년 울산시의회 의원(비례대표, 새누리당)(현) 2014년 同교육위원회 위원 2016년 同산업건설위원회 위원(현) 2016년 同예산결산특별위원회 위원장(현) [상]글로벌 자랑스러운 인물대상 지방의정부문(2016)

문병인(文炳仁) MOON Byung In

[생]1960·4·21 [본]강성(江城) [출]경남 하동 [주]서울 양천구 안양천로1071 이화여자대학교 목동병원 외과(02-2650-5584) [학]1979년 진주고졸 1985년 서울대학교 의대졸 1993년 同대학원졸 1996년 의학박사(서울대) [경]1988~1989년 서울대병원 인턴과정 수료 1989~1993년 同일반외과 전공의 과정 수료 1993년 일반외과 전문의 취득 1993~1996년 지방공사 강남병원 일반외과 과장 1996년 이화여대 의대 외과학교실 부교수·교수(현) 2005~2006년 미국 UCLA 유방암연구소 연구교수 2009년 이대여성암전문병원 유방암·갑상선암센터장(현) 2011~2013년 이화여대의료원 기획조정실장 2015년 한국유방암학회 부회장(현) [상]서울대 대학원 최우수박사학위상(1996), 한국암학회 GSK 학술상(2004)

문병준(文炳俊) Moon, Byeong-Joon

[생]1958·8·8 [본]남평(南平) [출]대구 [주]서울 동대문구 경희대로26 경희대학교 경영대학 경영학과(02-961-2156) [학]1977년 대구 계성고졸 1981년 서울대 경영학과졸 1988년 同대학원 경영학과졸 1997년 경영학박사(미국 코네티컷대) [경]1997~1998년 일본 International Univ. of Japan 경영대학원 교수 1998년 경희대 경영대학 경영학과 교수(현) 2001~2002년 산업기술개발및기술기반조성사업 평가위원 2002~2003년 한국간행물윤리위원회 서평위원 2005년 미국 Univ. of Connecticut 교환교수 2013~2014년 경기도 공공기관경영평가위원회 위원 2013~2015년 경희대 경영연구원장 2014년 국무조정실 자체평가위원회 위원(현) 2015년 삼성경제연구소 초빙연구위원 2015년 한국마케팅학회 부회장(현) 2015년 경제인문사회연구회 연구기관 평가위원(현) 2016년 同기획평가위원회 위원(현) 2016년 한국국제경영학회 회장(현) [상]Fulbright Scholarship Award(2005) [저]'한국 경제의 거목들'(2010, 삼우반) '마케팅전략'(2011, 비즈프레스) '국제마케팅'(2012, 비즈프레스) [역]'금융마케팅'(2009, 비즈프레스) [종]기독교

문병집(文炳鏶) MOON Byoung Jip (靑谷)

[생]1928·9·10 [본]강성(江城) [출]경남 하동 [주]서울 동작구 흑석로84 중앙대학교(02-820-6067) [학]1949년 경남공립중졸 1953년 중앙대 경제학과졸 1955년 同대학원 경제학과졸 1970년 경제학박사(중앙대) [경]1956~1965년 중앙대 조교수·부교수 1965~1994년 同지역사회개발학과 교수 1967~1974년 同사회개발대학원 부원장 1968~1979년 同농대학장 1968~1985년 同지역사회개발연구소장 1968~1975년 보건사회부 사회보장 심의위원 1970~1975년 同사회개발 자문위원 1975~1990년 한국지역사회개발학회 회장 1979년 중앙대 기획실장 겸 교무처장 1980년 同대학원장 1981~1987년 아산사회복지재단 자문위원 1981년 영국 런던대 객원교수 1982~1984년 중앙대 부총장 1984~1985년 일본 국립쓰쿠바대·중화민국 국립 타이완대 객원교수 1985~1987년 중앙대 총장 1988~1991년 삼성복지재단 이사 1988~1989년 일본 니혼대·미국 위스콘신대·하와이대 객원교수 1989년 금곡장학재단 이사 1993년 중앙대 명예총장 1994년 同명예교수(현) 1995~2009년 (사)북한경제포럼 초대회장 2009년 同명예회장(현) [상]국민훈장 석류장(1982), 국민훈장 무궁화장(1994), 수산장학문화재단 '참교육자상'(2006) [저]'지역사회개발론' '지역사회개발의 이론과 실제' '한국경제론' '2000년대의 한국농촌' '한국의 촌락' '한국경제와 농촌사회' '경제개발과 사회개발' '한국농업과 농촌사회' '협동조합론' '새로운 도전과 우리의 자세' '북한의 경제운영과 특성'(共) '남북한 경제통합론'(共) '현대북한경제론'(共) [역]'사회주의 對자본주의' '지역사회개발과 국가발전'

문병찬(文炳贊) Moon, Byung Chan

⑧1964·8·7 ⑤경남 합천 ㈜경기 고양시 일산동구 장백로209 의정부지방법원 고양지원(031-920-6114) ⑲1981년 대구고졸 1988년 고려대 법학과졸 ⑳1996년 사법고시 합격(38회) 1999년 사법연수원 수료(28기) 1999년 서울지법 예비판사 2001년 同서부지원 판사 2003년 대구지법 판사 2007년 수원지법 안산지원 판사 2007년 수원지법 판사 2010년 서울고법 판사 2012년 사법연수원 교수 2014년 대전지법·대전가정법원 홍성지원장 2016년 의정부지법 고양지원 부장판사(현)

문병천(文炳天) MOON Byung Chun

⑧1955·10·1 ⑤충남 서천 ㈜서울 종로구 새문안로68 흥국화재해상보험(주) 비서실(02-2002-6113) ⑲군산고졸, 동국대 통계학과졸 ⑳2001년 대한생명보험(주) 보전부장 2003년 同대구영업지원단 수석부장 2004년 同대구영업지원단장(상무보) 2004년 同경인영업지원단장(상무보) 2006년 同방카슈랑스사업부장(상무) 2008년 同상품고객실장(상무) 2009년 同개인영업본부장(상무) 2009~2012년 同개인영업본부장(전무) 2012년 한화생명보험(주) 비상임고문 2014년 흥국화재해상보험(주) 부사장 2016년 同대표이사(현)

문병철(文秉喆) MOON Byung Chul

⑧1957·12·8 ⑤남평(南平) ㈜경남 마산 ㈜서울 영등포구 의사당대로1 국회입법조사처 정치행정조사실(02-788-4504) ⑲1976년 부산상고졸 1986년 경남대 경제학과졸 1988년 同대학원 행정학과졸 2008년 경제학박사(한양대) ⑳1988년 입법고시 합격(8회) 1988년 국회사무처 행정사무관 1992년 駐미국 입법관 1996년 국회 의정연수원 연구과장 1997년 국회사무처 국제기구과장 1999년 同행정관리담당관 2001년 同산업자원위원회 입법조사관 2002년 외교안보연구원 파견 2003년 국회사무처 행정자치위원회 입법조사관 2004년 同건설교통위원회 입법심의관 2006년 국회도서관 기획관리관(이사관) 2007년 국회사무처 문화관광위원회 전문위원 2008년 同문화체육관광방송통신위원회 전문위원 2009년 同지식경제위원회 전문위원 2012년 국회도서관 법률정보실장 2013년 국회입법조사처 정치행정조사실장(관리관)(현)

문병호(文炳浩) MOON Byeong Ho

⑧1959·12·27 ⑤남평(南平) ⑤전남 영암 ㈜서울 마포구 마포대로38 국민의당 전략홍보본부(02-715-2000) ⑲1978년 광주 인성고졸 1984년 서울대 법학과졸 1987년 同대학원 석사과정 수료 ⑳1986년 사법시험 합격(28회) 1989년 사법연수원 수료(18기) 1989년 변호사 개업 1997년 민주사회를위한변호사모임 사법위원장 1998년 미국 조지타운대 로스쿨 연구원 1999년 '옷로비사건 특별검사팀' 수석수사관 2000~2003년 인천일보 객원논설위원 2000~2003년 부평미군부대공원화추진시민협의회 집행위원장 2000~2003년 인천지방변호사회 공보이사·인권위원장 2002년 인천참여자치연대 공동대표 2002년 인천 부평구청 건축분쟁조정위원장 2003년 열린우리당 중앙위원 2004~2008년 제17대 국회의원(인천 부평甲, 열린우리당·대통합민주신당·통합민주당) 2005년 열린우리당 원내부대표 2005년 국회 운영위원회 청원심사소위원장 2006년 열린우리당 제5정책조정위원장 2006~2007년 同제1정책조정위원장 2007년 同의장 비서실장 2007년 同인천시당 위원장 2007년 대통합민주신당 제1정책조정위원장 2008년 민주당 인천부평甲지역위원회 위원장 2008~2012년 법무법인 爲民(위민) 대표변호사 2010~2012년 민주당 인천시당 위원장 2012~2016년 제19대 국회의원(인천 부평구甲, 민주통합당·민주당·새정치민주연합·국민의당) 2012년 민주통합당 대외협력위원장 2012년 국회 국제경기지원특별위원회 위원 2013년 민주통합당 비상대책위원회 위원 2013년 同대선거비용검증단장 2013년 국회 국토교통위원회 위원 2013년 민주당 정책위원회 수석부의장 2013년 국회 국가정보원개혁특별위원회 간사 2013년 민주당 당무위원 2014년 새정치민주연합 정책위원회 수석부의장 2014년 同대표 비서실장 2014년 국회 미래창조과학방송통신위원회 위원 2014년 국회 정보위원회 위원 2014~2015년 새정치민주연합 전략홍보본부장 2016년 국민의당 창당준비위원회 부위원장 2016년 同정치혁신특별위원회 부위원장 2016년 同인천시당 위원장 2016년 제20대 국회의원선거 출마(인천 부평구甲, 국민의당) 2016년 국민의당 전략홍보본부장(현) 2016년 同인천부평甲지역위원회 위원장(현) ㉧경제정의실천시민연합 국정감사 우수의원(2013·2014), 시민일보 제정 국회의원 의정대상(2013) ㉫기독교

문병훈(文炳勳) Byung-Hoon Moon

⑧1961·11·22 ㈜서울 종로구 율곡로2길25 연합뉴스 경영지원국(02-398-3114) ⑲1980년 부산고졸 1985년 연세대 사회학과졸 2010년 성균관대 언론정보대학원졸 ⑳1998년 연합뉴스 사회부 기자 2001년 同차장대우 2003년 同정치부 차장 2004년 同국제뉴스부 차장 2005년 同사회부 차장 2006년 同사회부 부장대우 2006년 同디지털뉴스부장 2008년 同증권부장 2009년 同사회부장 2011년 同북한부장 2012년 同북한부장(부국장대우) 2012년 연합뉴스TV 보도국 편집담당 부국장 2012년 同뉴스총괄부장 2013년 同시청자센터장 겸임 2015년 同보도국장 2015년 연합뉴스 경영지원국장(현)

문보경(文寶頃·女)

⑧1971·3·3 ⑤부산 ㈜대전 서구 둔산중로78번길45 대전지방법원(042-470-1114) ⑲1989년 부산동여고졸 1993년 서울대 사법학과졸 ⑳1995년 사법시험 합격(37회) 1998년 사법연수원 수료(27기) 1998년 서울지법 남부지원 판사 2000년 서울지법 판사 2002년 대전지법 천안지원 판사 2006년 수원지법 판사 2010년 서울고등법원 판사 2012년 서울행정법원 판사 2013년 창원지법 부장판사 2016년 대전지법 부장판사(현)

문봉길(文鳳吉)

⑧1971·2·24 ⑤충남 부여 ㈜대전 서구 둔산중로78번길45 대전지방법원(042-470-1114) ⑲1990년 공주사대부고졸 1995년 성균관대 법학과졸 ⑳1995년 사법시험 합격(37회) 1998년 사법연수원 수료(27기) 1998년 軍법무관 2001년 서울지검 북부지청 검사 2003년 대전지검 공주지청 검사 2004년 대전지검 검사 2006년 대전지법 천안지원 판사 2007년 대전지법 판사 2014년 청주지법 부장판사 2016년 대전지법 부장판사(현)

문부촌(文浮村) Moon Boo Chon ⑲興齊

⑧1941·10·25 ⑤남평(南平) ⑤전남 영암 ㈜서울 금천구 시흥대로46 3동310호 아시아태평양환경NGO 한국본부(02-802-0018) ⑲1960년 목포 덕인고졸 1990년 경희대 행정대학원 수료 1991년 영국 옥스퍼드대 행정대학원 수료 ⑳광명시축구협회 회장, 광명시배드민턴협회 회장, 민주당 경기광명乙지구당 위원장, 민주평통 경기도협회 의장 1991년 광명시의회 의원 1995·1998년 경기도의회 의원(국민회의·새천년민주당) 2000년 同남북교류추진특별위원회 위원장, (사)아태환경NGO한국본부 총재(현), JOB TV방송국 회장, (사)한국수자원보호전국연합회 총재, (사)폐기물해양투기저지국민연합 상임대표 2004년 제17대 국회의원선거 출마(경기 광명乙, 민주당) 2013년 2014 국제부동산박람회추진위원회 공동위원장 2015년 한중수교23주년문화산업교류전 부총재(현) 2015년 행정자치부 세금국민감시단 감시위원(현) ㉧대통령표창(1994), 대통령공로장(1995) ㉫기독교

문상균(文尙均)

⑧1962·8·2 ㈜서울 용산구 이태원로22 국방부 대변인실(02-748-5501) ⑲춘천고졸 1985년 육군사관학교졸(41기), 연세대 대학원 정치학과졸(석사) ⑳1985년 육군 소위 임관, 육군 제27사단 참모장, 육군 제7사단 3연대장, 국방부 북한정책과장(대령) 2010~2011년 남북군사회담 수석대표 2013년 국방부 군비통제차장(준장) 2015년 예편(준장) 2016년 국방부 대변인(별정직고위공무원)(현)

문상모(文鎬模) MUN Sang Mo

⑧1969·2·2 ⑤남평(南平) ⑤경남 거제 ㈜서울 중구 덕수궁길15 서울특별시의회 의원회관515호(02-3783-1726) ⑲서울과학기술대 행정학과졸, 광운대 상담복지정책대학원 사회복지학과 재학 중 ⑳(사)한국장애인문화협회 정책연구소장 2010년 서울시의회 의원(민주당·민주통합당·민주당·새정치민주연합) 2010년 同문화관광위원회 위원 2010년 同해외문화재찾기특별위원회 위원장 2010년 同남북교류협력지원특별위원회 위원 2011년 민주통합당 중앙당 교육연수위원회 부위원장 2012년 서울시의회 문화체육관광위원회 위원 2013년 同2018평창동계올림픽지원 및 스포츠활성화를위한특별위원회 위원장 2013년 同예산결산특별위원회 위원, 노원레인보우축구클럽 단장(현), 대한장애인당구협회 부회장(현) 2014년 서울시의회 의원(새정치민주연합·더불어민주당)(현) 2014년 同문화체육관광위원회 부위원장 2014년 同운영위원회 위원 2014년 同예산결산특별위원회 위원 2016년 同문화체육관광위원회 위원(현)

문상배(文相培) MOON Sang Bae

생1969·8·13 본남평(南平) 출경남 진주 주부산 연제구 법원로31 부산고등법원(051-590-1114) 학1988년 경남 대곡고졸 1992년 한양대 법학과졸 경1992년 사법시험 합격(34회) 1995년 사법연수원 수료(24기) 1998년 부산지법 판사 2001년 同동부지원 판사 2003년 부산지법 판사 2003년 일본 와세다대 교육파견 2005년 부산고법 판사 2008년 대법원 재판연구관 2010년 부산지법 부장판사 2011년 부산고법 판사(현)

문상부(文相富) MOON Sang Boo

생1957·5·22 출경북 안동 주경기 과천시 홍촌말로44 중앙선거관리위원회 상임위원실(02-503-1114) 학2006년 성균관대 대학원 행정학과졸 경1998년 경북도선거관리위원회 관리과장(서기관) 1999년 대구시선거관리위원회 지도과장(서기관) 2002년 중앙선거관리위원회 조사과장(서기관) 2003년 同감사담당관(부이사관) 2004년 同선거과장(부이사관) 2006년 同조사국장(이사관) 2007년 同선거국장 2007년 해외 교육파견(미국 스토니브룩대) 2009년 중앙선거관리위원회 기획조정실장(관리관) 2010년 同사무차장(차관급) 2012~2014년 同사무총장(국무위원급) 2015년 세명대 초빙교수 2015년 중앙선거관리위원회 상임위원(현) 상홍조근정훈장(2004), 청조근정훈장(2015)

문상연(文相淵) Moon, Sang Yeon

생1974·9·9 주세종특별자치시 갈매로408 교육부 인재직무능력정책과(044-203-6377) 학1993년 대원외국어고졸 2001년 서울대 교육학과졸 2008년 同행정대학원 행정학과 수료 경2001년 행정고시 합격(44회) 2002년 인천시교육청 북구도서관 관리과장 2003년 교육인적자원부 정책총괄과 사무관 2003년 재정경제부 경제자유구역기획단 사무관(파견) 2005년 교육인적자원부 사무관 2008년 교육과학기술부 사무관 2010년 同학교지원국 서기관 2010년 대통령직속 지역발전위원회 지역인재과장(파견) 2012년 핀란드 Center for Research on Lifelong Learning and Education Visiting Researcher 2014년 부산대 기획처 기획평가과장 2015년 교육부 평생직업교육국 인적자원개발팀장 2016년 同인재직무능력정책과(현)

문상옥(文祥玉) Moon Sang Ok

생1958·7·15 주경북 구미시 구미대로102 도레이케미칼(주) 임원실(054-469-4114) 학1977년 경남공고졸 1986년 인하대 화학공학과졸 경1986년 제일합섬(주) 입사 1999~2004년 (주)새한 경산사업장 필터생산팀장(부장) 2005~2007년 同구미사업장 필터공장장(이사) 2008년 웅진케미칼(주) 구미사업장 필터공장장(상무) 2009년 同구미사업장장(상무) 2010년 同MF사업본부장(상무) 2012년 同생산본부장 2014년 도레이케미칼(주) 생산본부장(전무) 2015년 同구미사업장장(전무)(현)

문상옥(文相玉) MOON Sang Ok

생1960·10·14 본남평(南平) 출광주 주서울 서초구 효령로72길60 한전KDN 감사실(02-6262-6114) 학1996년 광주대졸 2001년 호남대 대학원 관광경영학졸 2004년 경영학박사(조선대) 경신한종합개발(주) 대표이사, 담양대학 객원교수, 광주금호청년회의소 회장, 광주지구청년회의소 부회장, 한국청년회의소 이사, 신한국당 전남도청년위원장, 한나라당 전남도지부 부위원장, 민주평통 자문위원, 한국문화관광학회 이사 1998·2002~2006년 전남도의회 의원(한나라당) 2006~2008년 한나라당 중앙당 부대변인 2007~2009년 전남도립대학 겸임교수 2008년 한나라당 중앙위원회 광주시연합회장 2009~2012년 한국소방산업기술원 상임감사 2012~2014년 새누리당 광주남구당원협의회 운영위원장 2014년 同사회적경제특별위원회 위원 2014년 한전KDN 상임감사(현) 2014년 (사)공공기관감사포럼 사무총장 2015년 同회장(현)

문상욱(文常旭) MOON Sang Wook

생1953·7·15 본남평(南平) 출충북 음성 주충북 청주시 상당구 대성로6번길18 청주문화의집(043-223-0686) 학1976년 충북대 수학교육과졸 2001년 同대학원 수학교육학과졸 경사진작가(현) 1988년 한국사진작가협회 회원(현) 1995~2005년 주성대학·서원대 강사 1996~2007년 International Environment Art Symposium 상임위원 1997~2000년 충남흑백

사진연구회 회장 1998~2001년 한국사진작가협회 청주지부 부지부장 1998~2008년 충남미술대전·충남사진대전·전국사진공모전·전국사진촬영대회 심사위원 1999년 충북사진대전 초대작가 2001~2009년 한국예술문화단체총연합회 청주시지부 부회장 2001년 Zone5 흑백사진연구회 지도위원(현), ABI(American Biographics Institute) 고문 2001~2013년 충북장애인사진연구회 지도위원 2001~2005년 충북교원사진연구회 회장 2003년 충북도 문화예술정책자문위원 2003~2006년 청주시장공약사항점검단 문화예술분과 위원 2005년 한국흑백사진페스티벌 집행위원장 2005년 세계직지문화협회 회원(현) 2008~2010년 한국사진작가협회 학술교육분과 부위원장 2008년 충북문화예술포럼 회원(현) 2009~2013년 한국예술문화단체총연합회 충북예술총연합회 회장 2013년 충북장애인사진협회 지도위원(현) 2016년 청주문화의집 관장(현), 라이트 하우스(Light House) 사진문화원 대표(현) 상충북미술대전 추천작가상, ABI The Honor of America상, 충북우수예술인상, 한국사진작가협회 20걸상, 청주예술제 공로패, 청주사진작가협회 발전공로패 외 국제·국내사진공모전 21회 수상 저'흑백사진의 이해' 'The Zone System' '사진(Photography)' 등 사진교재 발간 종불교

문상원(文相源) Sang-Won Moon

생1954·1·10 출부산 주서울 종로구 대학로86 한국방송통신대학교 사회과학대학 경영학과(02-3668-4623) 학1976년 서울대 영어영문학과졸 1984년 미국 텍사스대 대학원 경영학과졸 1988년 경영학박사(미국 펜실베이니아대 와튼스쿨) 경1976~1982년 한국산업은행 외국부·외자부·심사부 근무 1988~1989년 미국 아이오와대 조교수 1990~1992년 LG경제연구원 경영연구실장 1992년 한국방송통신대 사회과학대학 경영학과 조교수·부교수·교수(현) 1992년 한국과학기술원(KAIST) 대우교수 1992년 LG경영대학원 주임교수 1999~2001년 한국방송통신대 기획실장 2010~2012년 同사회과학대학장, 한국물류학회 이사·편집위원, 한국생산관리학회 이사·편집위원, 한국경영과학회 이사·편집위원장, (사)한국SCM학회 이사(현) 2015년 한국방송통신대 교무처장(현) 2015년 同경영대학원장 2016년 同대학원장(현) 상한국물류학회 자랑스런 물류학술인상(1994) 저'물류의사결정'(1996) '서비스수익모델'(2000) '물류경영과학'(2002) 'e-SMC의 구축과 운영'(2004) '영문정보 및 서식의 이해'(2007) '물류관리'(2007) '생산관리'(2008) 'e-Collaboration 기법의 활용'(2011) 'Online을 통한 JIT 경영교육사례'(2014) 등 종기독교

문상주(文尙柱) MUN Sang Ju

생1947·6·20 출전남 영광 주서울 용산구 한강대로259 고려에이트리움빌딩 비타에듀그룹(02-2233-3318) 학1987년 미국 Pacific Ocean대졸 1992년 연세대 행정대학원졸 1999년 명예 문학박사(경원대) 경1970년 고려학원 원장·이사장(현) 1978년 종로직업청소년학교 교장 1979년 고려출판사 회장 1981년 제일학원 이사장 1982년 고려개발 회장 1985년 한샘학원 이사장 1986년 고려문화장학재단 이사장 1990년 월간「대입정보」발행인 1991년 (주)고려학력평가연구소 회장 1993년 한국학원총연합회 회장 1993년 (주)고려명진무역 대표 1993년 국제문화친선협회 회장(현) 1994년 교육개혁위원 2000~2012년 직능경제인단체총연합회 총회장 2001~2011년 한국학원총연합회 회장 2004~2007년 한국청소년지도육성회 총재, 비타에듀그룹 회장(현) 2007년 비타에듀학원 이사장 상교육부·재무부·내무부·문화체육부장관표창, 국방부장관 감사표창, 국민훈장 석류장·동백장, 세계평화교육자국제협회 세계아카데미평화대상(1999), 한국언론인연합회 자랑스런 한국인대상 인재육성부문(2015) 저'국가발전과 사회교육'(1993) '생활예절'(1995) '수능만점학습법'(1998) 수필집 '앞서가는 사람에겐 미래가 보인다' 종불교

문상진(文相珍) Moon Sang Jin

생1956·9·27 주대전 유성구 가정로201 한국연구재단 에너지·환경단(042-869-7708) 학1979년 서울대 화학공학과졸 1981년 한국과학기술원(KAIST) 화학공학과졸(석사) 1988년 화학공학박사(한국과학기술원) 경1979~1984년 대우엔지니어링(주) 입사·화학플랜트설계과장 대리 1985년 한국화학연구원 연구원 1988년 同책임연구원, 同Kilo Lab R&D센터 연구팀장 2008~2014년 同화학소재연구단 에너지소재연구센터장 2011년 한국유기태양전지학회 회장 2014년 한국화학연구원 그린화학소재연구본부 광에너지융합소재연구센터장 2015년 한국연구재단 에너지·환경단장(현) 2016년 한국태양광발전학회 회장(현)

문상필(文祥弼) MOON Sang Pil (광희)

[생]1966·10·15 [본]남평(南平) [출]전남 장흥 [주]광주 서구 내방로111 광주광역시의회(062-613-5104) [학]1985년 광주 동신고졸 1992년 호남대 법학과졸 2001년 동신대 사회개발대학원 사회복지과졸 2012년 전남대 행정대학원 행정학과졸 [경]1988년 호남대 법학과 학생회장 1988년 同조국통일특별위원장 1989년 광주·전남대학생대표자협의회 통일심포지엄준비위원장 1989년 국가보안법위반으로 2년6월 선고 1991년 국가보안법 한정 합헌판결로 가석방 1996년 광주YMCA 향토문화연구회장 1998~2000년 (사)광주지체장애인협회 광주시 북구지회장 2000년 새천년민주당 광주北乙지구당 장애인특별대책위원장 2000년 지구의날2000광주위원회 집행위원, 광주사회복지연구소 소장, (사)광주북구장애인복지회 이사장, (사)한민족미래연구소 상임이사, 동강대학 사회복지행정과 겸임교수, 광주시 북구 자원봉사단체협의회 공동대표, 민주평통 광주시 북구협의회 부회장, 광주시장애인체육회 부회장, 열린우리당 광주시당 공보실장 겸 상무위원, 장애인복지신문 호남총국장, (사)광주시민방송 이사 2006년 광주시의원선거 출마(열린우리당) 2010년 광주시의회 의원(민주당·민주통합당·민주당·새정치민주연합) 2010년 同환경복지위원장 2012년 同투자유치사업행정사무조사특별위원회 위원장 2013년 同행정자치위원회 위원 2013년 전국사회연대경제지방정부협의회 상임대표(현) 2014년 광주시의회 의원(새정치민주연합·더불어민주당)(현) 2014·2016년 同교육위원회 위원(현) 2014·2016년 同예산결산특별위원회 위원(현) 2014·2016년 同도시재생특별위원회 위원(현) 2015년 同윤리특별위원회 위원 [상]보건복지부장관표창(2005), 노동부장관표창(2005), 대통령표창(2009), 대한민국위민의정대상 우수상(2016) [저]'복지야 놀자'(2002) [종]기독교

문석남(文石南) MOON Suk Nam (海營)

[생]1935·12·18 [본]남평(南平) [출]전남 해남 [주]전남 영암군 삼호읍 녹색로1113 학교법인 영신학원(061-469-1142) [학]1956년 목포공고졸 1961년 경희대 법학과졸 1969년 스웨덴 웁살라대 대학원졸 1974년 사회학박사(스웨덴 스톡홀름대) [경]1975년 스웨덴 스톡홀름대 조교수 1978년 전남대 사회학과 부교수 1984~2001년 同교수 1986년 한국사회과학협의회 이사 1988년 세계보건기구(WHO) 서태평양지역 임시자문관 1989년 전남대 사회과학대학장 1992년 同사회과학연구소장 1993년 한국사회학회 인구 및 도시연구회장 1993년 공동체의식개혁국민운동 광주시협의회 상임공동의장 1993년 한국장애인고용촉진공단 광주지역장애인고용대책위원장 1994년 광주시국제화추진협의회 부회장 1994년 전남대 교무처장 1995년 민주평통 자문위원 1995년 광주방송 이사 1997년 한국사회학회 회장 1998년 제2의건국범국민추진위원회 위원 1999년 대통령직속 반부패특별위원회 위원 2001년 전남대 명예교수(현) 2002~2005년 경제사회연구회 이사장 2005년 대불대 석좌교수 2008~2010년 同총장 2010년 학교법인 영신학원 이사장(현) [상]전남도 문화상(1985), 성옥문화상(1998), 국민훈장 석류장(1999) [저]'Japanese Cities'(1975) '전남인의 의식구조'(1984) '한국사회와 갈등의 연구(共)'(1985) '지역발전론'(共) '지역사회의 연고주의'(共) '한국의 지역주의와 지역갈등'(共) '지역사회와 사회의식'(共) 'Sociology Through Time and Space' '복지정책 의식과 제도'(共) '세계화시대의 인권과 사회운동'(共) '지역사회와 삶의 질' [역]'도시체계론' '복지국가의 사회정책' [종]기독교

문석주(文碩柱) MOON Suk Ju

[생]1962·8·27 [주]울산 남구 중앙로201 울산광역시의회(052-229-5038) [학]대구 경신고졸, 대구미래대졸, 영산대 행정학과졸 [경](주)현대자동차 근무 2001년 북구화장장반대투쟁위원회 사무국장, 울산시 북구발전협의회 사무국장, 농소3동자율방범대 부대장, 한나라당 중앙위원 2006~2010년 울산시 북구의회 의원, 同운영위원장 2008~2010년 同부의장 2010년 울산시의원선거 출마(한나라당), 울산북구아파트연합회 부회장(현) 2014년 울산시의회 의원(새누리당)(현) 2014년 同산업건설위원회 위원 2016년 同운영위원회 위원(현) 2016년 同산업건설위원회 부위원장(현) 2016년 同예산결산특별위원회 위원(현)

문석진(文錫珍) Seok Jin Mun

[생]1955·7·10 [본]남평(南平) [출]전남 장흥 [주]서울 서대문구 연희로248 서대문구청 구청장실(02-330-1333) [학]1974년 대광고졸 1978년 연세대 상경대학 경영학과졸 [경]1978년 공인회계사 합격 1978~1983년 한국산업은행 근무 1980~1983년 육군회계사 장교·육군종합행정학교 경리학처 교관 1983~2010년 공인회계사 개업 1987~1993년 라이나생명보험 관리부장 1991년 서울시의원선거 출마(신민당) 1993~2010년 서울세무회계사무소 대표 1995~1998년 서울시의회 의원 1996년 유엔환경계획(UNEP) 한국위원회 감사 1999~2002년 반부패국민연대 감사 2002년 서울시 서대문구청장선거 출마(새천년민주당) 2006년 서울시 서대문구청장선거 출마(열린우리당) 2010년 서울시 서대문구청장(민주당·민주통합당·민주당·새정치민주연합) 2014년 서울시 서대문구청장(새정치민주연합·더불어민주당)(현) 2016년 서울시구청장협의회 회장(현) [상]한국지방자치경영대상 최고경영자상(2015), 전국기초단체장 매니페스토우수사례경진대회 최우수상(2011·2012·2013·2015) [종]기독교

문석호(文錫鎬) MOON Seok Ho (明道)

[생]1959·7·12 [본]남평(南平) [출]충남 태안 [주]충남 서산시 공림4로13 한진빌딩2층 문석호법률사무소(041-669-3003) [학]1977년 공주사대부고졸 1981년 고려대 법학과졸 [경]1981년 사법시험 합격(23회) 1983년 사법연수원 수료(13기) 1983년 육군 법무관 1986년 변호사 개업(현) 1992년 서산·태안인권연구소장 1995년 민주당 서산·태안지구당 위원장 1997년 국민회의 서산·태안지구당 위원장 2000~2004년 제16대 국회의원(서산·태안, 새천년민주당·열린우리당) 2000년 새천년민주당 청년위원장 2001년 同원내부총무 2002년 同대변인 2003년 열린우리당 창당 상황실장 2003년 同충남도지부 창당준비위원장 2004~2008년 제17대 국회의원(서산·태안, 열린우리당·대통합민주신당·통합민주당) 2005년 열린우리당 충남도당 중앙위원 2005~2006년 同제3정책조정위원장 2007년 同원내수석부대표 2008년 민주당 충남서산·태안지역위원회 위원장 [종]천주교

문선철(文善澈) Moon, Sun- Chul

[생]1960·5·7 [출]경남 통영 [주]서울 중구 서소문로95 정안빌딩 경남은행 서울영업본부(02-3455-1900) [학]1979년 통영상고졸 [경]1979년 경남은행 입행 2002년 同여신심사부 선임전문심사역 2004년 同여신심사부 팀장 2005년 同통영지점장 2006년 同언양지점장 2008년 同삼산기업금융지점장 2011년 同석동지점장 2012년 同여신심사부장 2014년 同서울영업본부장(부행장보)(현) 2016년 同자금시장본부장(부행장보) 겸임(현) [상]경남은행 신탁대출 증강운동 유공직원포상(1996)

문섭철(文燮哲) MOON Sub Chul

[생]1959·1·9 [본]남평(南平) [출]부산 [주]서울 마포구 마포대로119 (주)효성 임원실(02-707-6214) [학]1978년 해동고졸 1982년 서울대 전기공학과졸 [경]1996년 (주)효성 전력사업부 창원영업팀 부장 2002년 同중공업PG 전력PU 영업담당 이사 2005년 同중공업PG 전력PU 상무 2008년 同중국 남통효성변압기유한공사 총경리(상무) 2009년 同중국 남통효성변압기유한공사 총경리(전무) 2013년 同전력PU 창원공장 초고압변압기설계 및 제작담당 전무 2014년 同전력PU 변압기사업총괄 전무 2015년 同전력PU장(전무) 2016년 同중공업PG 전력PU장(부사장)(현)

문성관(文盛冠) Moon Seong Gwan

[생]1970·11·21 [출]제주 [주]충북 청주시 서원구 산남로62번길51 청주지방법원(043-249-7114) [학]1989년 제주 오현고졸 1997년 연세대 법학과졸 [경]1997년 사법시험 합격(39회) 2000년 사법연수원 수료(29기) 2000년 광주지법 예비판사 2002년 同판사 2003년 수원지법 안산지원 판사 2006년 서울동부지법 판사 2008년 서울중앙지법 판사 2010년 서울서부지법 판사 2012년 서울고법 판사 2014년 서울동부지법 판사 2015년 청주지법 부장판사(현)

문성근(文盛瑾) MOON Sung Keun

[생]1953·5·28 [출]일본 [주]서울 마포구 마포대로1길 45 국민의명령(02-3272-2012) [학]보성고졸 1977년 서강대 무역학과졸 [경]한라건설 근무, 연극 '한씨 연대기'로 데뷔, 영화배우(현) 1996년 한국영화연구소 이사 1992~1994·1997~2002년 SBS '문성근의 그것이 알고 싶다' 진행 1998년 부산국제영화제 집행위원 1999년 유니코리아문예투자 대표이사 1999년 영화진흥위원회 부위원장 1999년 사회복지공동모금회 홍보대사 1999년 전주국제영화제 조직위원 2000년 영화진흥위원회 부위원장 2000~2002년 스크린쿼터문화연대 이사장 2001년 노무현을사랑하는사람들의모임 고문 2010년 KBS수신료인상저지범국민행동 공동대표 2010년 백만송이국민의명령 대표일꾼 2011년 조중동방송저지네트워크 공동대표 2011년 혁신과통합 상임대표 2012년 민주통합당 최고위원 2012년 同야권연대협상위원장 2012년 제19대 국회의원선거 출마(부산 북·강서乙, 민주통합당) 2012년 민주통합당 대

표 권한대행 2012년 사람사는세상 노무현재단 이사(현) 2012~2013년 민주통합당 상임고문 2012년 同제18대 대통령중앙선거대책위원회 산하 '시민캠프' 공동대표 2014년 국민의명령 상임운영위원장(현) 2015년 (사)시민의날개 이사(현) [상]백상예술대상 신인연기상(1986·1990), 춘사대상영화제 신인연기상(1990), 춘사대상영화제 남우주연상(1992), 청룡영화상 남우주연상(1992·1994·1996), 영화평론가협회 남우주연상(1992), 아·태영화제 남우주연상(1996) [저]'유쾌한 100만 민란'(2011, 도서출판 킨더랜드) [작]영화 '그들도 우리처럼'(1990) '꼴찌부터 일등까지 우리반을 찾습니다'(1990) '경마장 가는 길'(1991) '베를린 리포트'(1991) '결혼이야기'(1992) '백한번째 프로포즈'(1993) '비상구가 없다'(1993) '세상 밖으로'(1994) '너에게 나를 보낸다'(1994) '남자는 괴로워'(1995) '아름다운 청년 전태일'(1995) '네온 속으로 노을지다'(1996) '꽃잎'(1996) '죽이는 이야기'(1997) '초록 물고기'(1997) '생과부 위자료 청구소송'(1998) '까'(1998) '오! 수정'(2000) '질투는 나의 힘'(2002) '오로라공주'(2005) '한반도'(2006) '두뇌유희 프로젝트 퍼즐'(2006) '수'(2006) '작은 연못'(2007) '강철중 : 공공의 적 1-1'(2008) '시선 1318'(2009) '실종'(2009) '여행자'(2009) '어떤 방문'(2009) '작은 연못'(2009) '옥희의 영화'(2010) '부러진 화살'(2011) '남영동1985'(2012) '해무'(2014) 드라마 '천사의 선택' '우리들의 천국' '신의 저울'(2008) '자명고'(2009) 연극 '한씨 연대기' '칠수와 만수' '늙은 도둑이야기' '변방에 우짖는 새' '4월 9일' [종]기독교

문성빈(文聖彬) MOON Sung Been

[생]1957·10·15 [출]서울 [주]서울 서대문구 연세로50 연세대학교 문헌정보학과(02-2123-2412) [학]1980년 연세대 문헌정보학과졸 1988년 미국 노스캐롤라이나대 대학원 정보학과졸 1993년 정보학박사(미국 노스캐롤라니아대) [경]1983~1986년 연세대 중앙도서관 사서 1993~1995년 同문헌정보학과 시간강사 1995~2003년 同문헌정보학과 조교수·부교수 1998~2000년 同중앙도서관 부관장 1998~1999년 한국정보관리학회 총무이사 2002~2004년 同교육이사 2003~2005년 한국문헌정보학회 교육이사 2003년 연세대 문헌정보학과 교수(현) 2006년 한국정보관리학회 회장 2010~2012년 연세대 교무처장 겸 정보대학원장 2013~2015년 대통령소속 도서관정보정책위원회 위원 2014~2016년 연세대 대학원장 2014년 同청년문화원장 [저]'정보학사전'(2001) [역]'초록작성지침(共)'(1997) '메타데이터의 형식과 구조'(1998) [종]기독교

문성식(文成植) MOON Sung Sik

[생]1961·10·18 [출]대전 [주]대전 서구 둔산중로78번길 40 봉화빌딩602호 법무법인 C&I(042-472-8282) [학]1979년 대전고졸 1983년 충남대 법학과졸 1985년 同대학원 법학과졸 2003년 법학박사(대전대) [경]1985년 軍법무관 임용시험 합격(6회) 1985년 공군본부 고등검찰관, 同심판부장 1990~1995년 공군고등군사법원 판사 1995년 변호사 개업 1999년 대전지방변호사회 총무이사 1999~2005년 대전대 법과대학 겸임교수, 한남대 행정대학원 겸임교수 2001~2008년 대전지방변호사회 소년소녀가장후원회장 2003~2004년 대전충남사회정책포럼 공동대표, 새둔산라이온스 회장 2004년 대전서구포럼 공동대표 2011~2012년 대전지방변호사회 제1부회장, 대전지방검찰청 인권위원회 위원장(현), 대전사회복지공동모금회 감사, 同운영위원 겸 배분분과위원회 위원장(현), 대전고총동창회 부회장(현), 대전삼성초총동창회 부회장(현) 2013년 법무법인 C&I 대표변호사(현) 2013~2015년 대전지방변호사회 회장 2015년 대한변호사협회 부협회장(현) 2016년 대한특권변호사회 회장(현) 2016년 대한변호사협회 변호사직역대책특별위원회 위원장(현) [상]보건복지부장관표창(2004) [종]기독교

문성우(文晟祐) MOON Seong Woo

[생]1956·2·27 [본]남평(南平) [출]광주 [주]서울 강남구 테헤란로92길7 바른빌딩 법무법인 바른(02-3479-2322) [학]1974년 광주제일고졸 1979년 서울대 법대졸 1981년 同대학원 법학과졸 [경]1979년 사법시험 합격(21회) 1981년 사법연수원 수료(11기) 1981년 육군 법무관 1984년 서울지검 남부지청 검사 1987년 광주지검 순천지청 검사 1988년 서울지검 검사 1991년 대검찰청 검찰연구관 1991년 미국 워싱턴법대 방문연구원 1992년 서울지검 검사 1993년 광주지검 해남지청장 1993년 부산지검 동부지청 특수부장 1994년 광주지검 공안부장 1995년 대검찰청 기획과장 1997년 법무부 검찰3과장 1998년 同검찰2과장 1999년 同검찰1과장 2000년 서울지검 형사7부장 2000년 同형사3부장 2001년 同의정부지청 차장검사 2002년 수원지검 제2차장 2003년 서울지검 제2차장 2004년 대검찰청 기획조정부장 2005년 청주지검장 2006년 법무부 검찰국장 2008년 同차관 2008년 법질서바로세우기운동추진본부 본부장 2009년 대검찰청 차장검사 2009년 검찰총장 직대 2009~2015년 법무법인(유) 바른 대표변호사 2010년 문화체육관광부 국기원특수법인설립준비위원회 위원 2011~2014년 GS건설(주) 사외이사 2012~2015년 연합뉴스 수용자권익위원회 위원 2012~2016년 한화생명보험(주) 사외이사 겸 감사위원 2014년 삼성SDS(주) 사외이사 겸 감사위원(현) 2016년 법무법인(유) 바른 총괄대표(변호사)(현) [상]홍조근정훈장(2003)

문성욱(文盛郁) MOON Sung Wook

[생]1972·9·13 [출]서울 [주]서울 강남구 압구정로420 EMPORIO ARMANI (주)신세계인터내셔날 글로벌패션1본부(02-3440-1234) [학]미국 시카고대 경제학과졸 2004년 미국 펜실베이니아대 와튼스쿨졸 [경]SK텔레콤 기획조정실 근무, 소프트뱅크벤처스코리아 차장 2004년 신세계 경영지원실 부장 2005~2008년 (주)신세계 I&C 전략사업담당 상무 2008~2011년 同전략사업본부장(부사장) 2011년 이마트 중국본부 전략경영총괄 부사장 2011~2014년 (주)이마트 해외사업총괄 부사장 2015년 (주)신세계인터내셔날 글로벌패션1본부장(부사장)(현)

문성유(文盛裕) MOON Sung Yu

[생]1964·3·18 [본]남평(南平) [출]제주 제주시 [주]세종특별자치시 갈매로477 기획재정부 재정기획국(044-215-5700) [학]1982년 오현고졸 1986년 연세대 경제학과졸 1999년 영국 맨체스터대 대학원 경제학과졸 [경]1989년 행정고시 합격(33회) 1990년 중앙공무원교육원 사무관 시보 1990년 과학기술부 사무관 1994년 경제기획원 국민생활국 사무관 1995~1997년 재정경제원 국민생활국 사무관 1999년 재정경제부 경제정책국 사무관 1999년 기획예산처 예산관리과 서기관 2001년 同예산기준과 서기관 2002년 同교육문화예산과 서기관 2003년 신행정수도건설추진단 파견(과장) 2004년 기획예산처 교육문화예산과장 2005년 미국 미주리주정부 경제개발국 파견 2006년 기획예산처 균형발전협력팀장(과장) 2007년 同국방재정과장 2008년 기획재정부 예산실 국방예산과장 2009년 同예산실 지식경제예산과장 2010년 同예산실 예산제도과장(부이사관) 2011년 同예산실 예산총괄심의관실 예산총괄과장 2012년 중앙공무원교육원 교육파견(국장급) 2013년 국회 예산결산특별위원회 파견(국장급) 2014년 미래창조과학부 연구개발조정국장 2015년 同연구개발투자조정국장 2015년 同과학기술전략본부 연구개발투자심의관 2016년 기획재정부 재정기획국장(현) [상]국가안전기획부장표창(1993), 근정포장(2002)

문성인(文成仁)

[생]1967·7·13 [출]전남 완도 [주]경기 과천시 관문로47 법무부 인권국 인권구조과(02-2110-3646) [학]1986년 광주 숭일고졸 1990년 고려대 법학과졸 [경]1996년 사법시험 합격(38회) 1999년 사법연수원 수료(28기) 1999년 광주지검 검사 2001년 수원지검 여주지청 검사 2002년 청주지검 검사 2004년 부산지검 검사 2006년 법무부 법무심의관실 검사 2008년 서울중앙지검 검사 2010년 금융감독원 파견 2011년 서울중앙지검 부부장검사 2012년 수원지검 부부장검사 2012년 서울중앙지검 부부장검사 2013년 인천지검 부천지청 부부장검사 2014년 대구지검 서부지청 부장검사 2015년 춘천지검 부장검사 2016년 법무부 인권구조과장(현)

문성필(文星弼) Sung-Pil Moon

[생]1966·2·7 [주]서울 영등포구 의사당대로88 한국투자증권(주) 상품전략본부(02-3276-4159) [학]1988년 연세대 경제학과졸 1991년 미국 카네기멜론대 대학원 MBA졸 [경]1993~1994년 씨티은행 기업금융부 근무 1994~2003년 대우증권 런던법인 근무 2005년 한국투자증권 근무 2006년 同국제영업부 상무보 2008년 同싱가포르법인장(상무보) 2010년 同고객자산운용본부장(상무보) 2012년 同고객상품본부장(상무) 2013년 同상품마케팅본부장(상무) 2016년 同상품전략본부장(전무)(현)

문성환(文聖皖) MOON Sung Hwan

[생]1954·1·8 [출]전남 순천 [주]서울 종로구 종로33길 31 (주)삼양사 임원실(02-740-7901) [학]1971년 순천고졸 1975년 서울대 경영학과졸 1996년 필란드 헬싱키대 대학원졸(MBA) [경]1974년 (주)삼양사 입사·식품본부 제당사업부장·섬유본부 구매팀장 1998년 同이사대우 2001년 同상무이사 2001년 同경영기획실장(상무) 2002년 同의약BU장(상무) 2004년 同경영기획실장(부사장) 2006년 전국경제인연합회 기업경영협의회 회장 2006년 (주)휴비스 대표이사 사장 2007년 전북은행 사외이사 2011년 (주)삼양사 대표이사 사장(현) 2011년 삼양제넥스 대표이사 사장(현) 2011년 삼양그룹 식품그룹장 겸임(현) [상]삼우당 패션대상(2009) [종]기독교

문송천(文松天) MOON Songchun

[생]1952·11·4 [본]남평(南平) [출]인천 [주]서울 동대문구 회기로85 한국과학기술원(KAIST) 테크노경영대학원(02-958-3315) [학]1971년 중동고졸 1975년 숭실대 전자계산학과졸 1977년 한국과학기술원 전산학과졸(석사) 1985년 전산학박사(미국 Univ. of Illinois at Urbana-Champaign) [경]1977~1985년 숭실대 전자계산학과 조교수 1981~1984년 미국 육군건설공학연구소 연구원 1984년 미국 일리노이대 장애인재활원 강의조교 1985~1996년 한국과학기술원(KAIST) 조교수·부교수 1989년 영국 에딘버러대 객원교수 1990년 국내 및 아시아권 최초 데이터베이스 엔진 'IM' 개발 성공 1991년 유럽IT학회 EUROMICRO 아시아 대표 1991~1993년 데이터베이스국제학술대회 DASFAA93 학술위원장 1991년 UNDP 국제협력단 Keyna·Cambodia·Palestine·Nicaragua·Romania파견 IT전문가(현) 1992년 국내 및 아시아권최초분산데이터베이스 엔진 DIME개발 1993년 한국국제협력단 정보화기획전문위원 1994년 영국 케임브리지대 객원교수 1994년 헝가리 국립과학원 초청 Distinguished Scholar 1996년 KBS 정보화기획자문위원 1996년 국방부 정책자문위원(현) 1996년 한국과학기술원(KAIST) 테크노경영대학원 교수(현) 1998~2000년 UN 국제Y2K협력단 전문가봉사단위원 1998~2000년 Y2K국제대회 Global 한국대표 1999년 SBS 정보화기획자문위원 2000년 IMT-2000 사업자선정심사위원회 공동대표 2001년 정보보안국제학술대회 Kennote Speaker 2004년 유럽IT학회(EUROMICRO) 이사 2010년 同아시아 대표 2011년 대한적십자사 홍보대사 2014년 금융감독원 자문위원(현) 2014·2016년 유럽IT학회(EUROMICRO) 아시아대표이사(현) 2016년 영국 뉴캐슬대 전산학부 교수 2016년 아일랜드국립대 경영대학원 교수 [상]숭실대 전교수석 졸업상(1975), 한국연합기독교재단 이사장표창(1975), 한국정보과학회 학술공로상(1993), KAIST 전교최우수강의상(1999), KAIST 올해의 동문(2009) [저]'MSC 논문작성·지도법'(1996) '의뢰자·제공자 데이터베이스'(1997) 'NON-STOP데이터모델링'(1997) '데이터웨어 설계론'(1999) '데이터웨어'(2002) '데이터 아키텍처'(2004) 등 22권 [역]'데이터베이스 시스템총론'(1990) [종]기독교

문수생(文銖生) MOON Soo Saing

[생]1967·10·3 [출]경남 고성 [주]서울 양천구 신월로386 서울남부지방법원(02-2192-1114) [학]1985년 진주고졸 1989년 서울대 법대 사법학과졸 1991년 同대학원 법학과 수료 [경]1994년 사법시험 합격(36회) 1997년 사법연수원 수료(26기) 1997년 인천지법 판사 1999년 서울지법 남부지원 판사 2001년 창원지법 판사 2003년 同진해시법원 판사 2005년 서울남부지법 판사 2008년 서울고법 판사 2009년 우리법연구회 간사 2010년 서울서부지법 판사 2012년 광주지법 부장판사 2013년 인천지법 부천지원 부장판사 2016년 서울남부지법 부장판사(현)

문수정(文琇靖·女) Crystal Moon

[생]1969·6·9 [본]남평(南平) [주]서울 영등포구 여의대로24 전경련회관 도레이케미칼(주) 원면사업본부(02-3279-7000) [학]1988년 대구 원화여고졸 1992년 경북대 염색공학과졸 [경]1992년 제일합섬(주) 연구소 입사 1993년 同섬유가공연구소 직물개발담당 1995년 同섬유개발팀 원사개발담당 1997년 (주)새한 섬유개발팀 원사개발담당 2000년 同원사마케팅팀 근무 2006년 同원사판매팀 근무 2008년 웅진케미칼(주) 원사판매팀 근무 2009년 同원사사업본부장(부장) 2012년 同원사사업본부장(상무) 2012년同생활소재사업본부장 2014년 도레이케미칼(주) 생활소재사업본부장(상무) 2015년 同원사사업본부장(상무) 2016년 同원면사업본부장(상무)(현)

문숙재(文淑才·女) MOON Sook Jae

[생]1946·4·10 [본]남평(南平) [출]경남 함안 [주]서울 서대문구 이화여대길52 이화여자대학교(02-3277-2114) [학]1964년 숙명여고졸 1968년 이화여대 가정학과졸 1971년 서독 Justus-Liebig Giessen대 대학원졸 1979년 농가정학박사(서독 Justus-Liebig Giessen대) [경]1978~1988년 이화여대 가정관리학과 조교수·부교수 1978~1986년 대한가정학회 편집이사 1978~1987년 한국가정관리학회 학술이사 1981년 문교부 교과과정 심의위원 1983~1985년 한국여성단체협의회 소비자문제 연구위원 1983~1987년 이화여대 가정대학 교학과장 1984~1985년 「샘이 깊은 물」 편집위원 1986~1988년 대한가정학회 부회장 1987~1989년 한국가정관리학회 회장 1989~2011년 이화여대 사회과학대학 소비자학과 교수 1989~1993년 同가정과학대학 가정관리학과 학과장 1994년 한국가정관리학회 고문(현) 1995~1997년 한국사회정책학회 부회장 1995~1999년 이화여대 가정과학대학장 1995~1997년 同인간생활환경연구소장 1995~1999년 전국가정대학장협의회 회장 1996~1998년 대한가정학회 회장 1996~1998년 재정경제원 소비자정책심의위원 1998~2000년 한국가족학회 부회장 2000~2002년 한국가족자원경영학회 회장 2002년 한국여가문화학회 부회장 2002~2003년 同회장 2003년 한국가정생활개선진흥회 회장 2003년 (사)밝은청소년지원센터 이사 2005~2006년 한국여가문화학회 회장 2006~2011년 이화여대 대외협력처 운영위원 2008~2010년 同중앙도서관장 2010년 환경부산하 지속가능발전위원회 위원 2011년 이화여대 명예교수(현) [상]Journal of Consumer Marketing 최우수논문상(2002), 대한민국학술원 우수학술도서 선정(여가문화와 가족)(2007) [저]'가사노동'(1986) '가정생산-가사노동의 생산성과 평가를 위한 접근'(1988) '가정관리학'(1994) '생활시간연구'(1996) '새로보는 가정경영'(1996) '여성과 남성 그리고 평등한 노동'(1998) '공공가정경영-이론과 실제'(1999) '결혼과 노동'(2000) '가족경제학'(2000) '한국중산층의 생활문화'(2001) '현대사회와 가정'(2001) '소비자 트렌드 21세기'(2001) '정보사회에서의 가족과 생활정보'(2003) '여가문화와 가족'(2005) '소비트렌드와 마케팅'(2005) [역]'가정자원관리'(1990) '가족자원관리'(1991) '가정경제'(1993) '남성, 여성, 그리고 평등한 노동'(1996) '공공가정경영론'(1996) [종]천주교

문순태(文淳太) MOON Soon Tae (구산)

[생]1939·10·2 [본]남평(南平) [출]전남 담양 [주]전남 나주시 우정로56 토담리치타워7,8층 광주전남연구원 이사장실(061-931-9303) [학]1961년 광주고졸 1965년 조선대 국어국문학과졸 1983년 숭실대 대학원 국어국문학과졸 [경]1965~1980년 전남매일신문 근무 1974년 한국문학신인상에 소설 '백제의 미소' 당선·등단 1985~1988년 순천대 조교수 1988년 전남일보 편집국장 1991~1996년 同주필·이사 1995년 조선대재단 이사 1996~2007년 광주대 문예창작과 교수 1997년 민정문학작가회 광주전남회장 1998년 同고문 2007~2008년 대통령직속 아시아문화중심도시조성위원회 부위원장 2013년 (재)생오지문학촌 이사장(현) 2015년 (재)광주전남연구원 이사장(현) [상]한국신문상, 전남도 문화상, 한국소설작품상, 이상문학상 특별상(2003·2010), 광주광역시 문화예술상(2004), 요산문학상(2006), 채만식문학상(2013), 한국가톨릭문학상(2014) [저]소설 '백제의 미소'(1974) '고향으로 가는 바람'(1976) '흑산도 갈매기'(1977) '걸어서 하늘까지'(1979) '징소리'(1980) '달궁'(1982) '병신춤을 춥시다'(1982) '연꽃 속의 보석이여 완전한 성취여'(1983) '타오르는 강'(1986) '피아골'(1985) '철쭉제'(1987) '삼형제'(1987) '꿈꾸는 시계'(1988) '인간의 벽'(1988) '시간의 샘물'(1998) '문신의 땅'(1990) '한수별곡'(1993) '그들의 새벽'(2000) '된장'(2002) '울타리'(2006) '생오지 뜸부기'(2009) '알 수 없는 내일'(2009, 다지리) 에세이 '그리움은 뒤에서 온다'(2011, 오래) '생오지에 누워'(2013, 책만드는 집) [종]천주교

문승욱(文勝煜) Moon, Sung Wook

[생]1965·12·24 [본]남평(南平) [출]서울 [주]서울 용산구 두텁바위로54의99 방위사업청 차장실(02-2079-6010) [학]1983년 성동고졸 1987년 연세대 경제학과졸 1990년 서울대 행정대학원 행정학과졸 1998년 미국 하버드대 케네디스쿨 행정학과졸 [경]1989년 행정고시 합격(33회) 1991~1994년 상공부 중소기업정책과 사무관 1993년 상공자원부 중소기업정책과 사무관 1994~1995년 통상산업부 장관실 근무 1998~2000년 산업자원부 산업기술부 근무 2000~2001년 同무역정책국 서기관 2001~2004년 대통령비서실 파견 2004~2008년 駐캐나다대사관 상무관 2008~2011년 지식경제부 투자정책과장·산업경제정책과장 2011~2012년 방위사업청 한국형헬기사업단 파견 2012년 지식경제부 중견기업국장 2013년 중앙공무원교육원 교육파견(국장급) 2014년 산업통상자원부 산업정책실 시스템산업정책관 2016년 방위사업청 차장(현)

문승일(文承逸) MOON Seung Il

[생]1961·2·1 [출]전남 보성 [주]서울 관악구 관악로1 서울대학교 전기·정보공학부(02-880-1821) [학]1980년 순천고졸 1985년 서울대 전기공학과졸 1985년 同대학원 전기공학과 수료 1989년 미국 오하이오주립대 대학원 전기공학과졸 1993년 전기공학박사(미국 오하이오주립대) [경]1989년 미국 오하이오주립대 조교 1995년 전북대 전기공학과 전임강사·조교수 1997년 서울대 전기공학부 교수 2009~2010년 녹색성장위원회 위원 2010년 (재)한국스마트그리드사업단 비상임이사(현) 2012년 서울대 전기·정보공학부 교수(현) [저]'최신 배전시스템공학'(2006, 대한전기학회) [종]기독교

문승재(文勝載) MOON Seung Jae

[생]1960·10·16 [주]경기 수원시 영통구 월드컵로206 아주대학교 인문대학 영어영문학과 다산관515호(031-219-2827) [학]1983년 서울대 영문과졸 1990년 미국 Texas대 대학원 언어학과졸 1991년 어학박사(미국 Texas대) [경]1986~1988년 미국 텍사스대 Assistant Instructor 1988~1991년 同Research Assistant 1992~1993년 同Post Doc. 1993~2002년 아주대 인문대학 영어영문학과

조교수 · 부교수 1999~2000년 미국 텍사스대 Visiting Scholar 2002년 아주대 인문대학 영어영문학과 교수(현) 2009~2011년 同인문대학장 겸 인문학부장 2010~2011년 同인문과학연구소장 2012~2015년 同어학교육원장

문승재(文勝載) Moon Seung-Jai

[생]1968 · 3 · 13 [본]남평(南平) [출]서울 [주]서울 종로구 율곡로2길25 연합뉴스TV 영상뉴스부(02-398-7890) [학]숭문고졸, 고려대 무역학과졸, 同언론대학원 언론학과졸 [경]1995~2011년 AP통신사 서울지국 선임기자(PD) 2011년 연합뉴스TV 보도국 영상취재팀장 2014년 同보도국 영상편집팀장 겸임 2015년 同영상뉴스부장(현) [상]PP산업활성화유공 방송통신위원장표창(2014)

문승현(文昇鉉) Seung-Hyeon Moon

[생]1957 · 2 · 16 [본]남평(南平) [출]전남 화순 [주]광주 북구 첨단과기로123 광주과학기술원 총장실(062-715-2001) [학]1979년 서울대 화학공학과졸 1982년 同대학원 화학공학과졸 1990년 공학박사(미국 Illinois Institute of Technology) [경]1982~1985년 한국과학기술연구원 화공부 연구원 1990~1994년 미국 Argonne National Laboratory, Energy Systems Division 연구원 1994년 광주과학기술원(GIST) 지구 · 환경공학부 교수(현) 1994~1998년 同환경공학과장 1996~1998년 同에너지환경연구센터 소장 2000~2005년 국가지정연구실(NRL) 책임자 2001~2004년 광주과학기술원(GIST) 국제환경연구소(UNU) 소장 2004~2006년 同교학처장 2005~2011년 한국막학회 편집위원장 · 부회장 2006~2008년 광주과학기술원(GIST) 부원장 2007~2008년 同원장 직대 2009~2011년 同솔라에너지연구소장 2012년 한국과학기술한림원 공학부 정회원(현) 2014~2015년 한국연구재단 에너지 · 환경분야 단장 2015년 광주과학기술원(GIST) 총장(현) [상]광주과학기술원 우수연구상(1999), 방사선방어학회 우수논문상(2000), 한국과학기술단체총연합회 우수논문상(2001), 광주과학기술원 학술상(2002), 과학기술유공자 대통령표창(2003), 과학기술포장(2008) [저]'촉매공정(共)'(2002, 서울대) 에세이 '과학기술은 사람이다'(2015, 아카넷) [종]천주교

문승현(文勝鉉) Moon Seoung-hyun

[생]1964 · 1 · 22 [주]서울 종로구 사직로8길60 외교부 인사운영팀(02-2100-7136) [학]1987년 서울대 외교학과졸 1994년 미국 펜실베니아주립대 대학원 정치학과졸 [경]1988년 외무고시 합격(22회) 1988년 외무부 입부 1996년 駐미국 2등서기관 1999년 駐나이지리아 1등서기관 2001년 대통령비서실 파견 2004년 駐유엔 1등서기관 2005년 駐이라크 참사관(아르빌연락사무소장) 2007년 외교통상부 의전총괄담당관 2008년 同북미1과장 2009년 駐미국 공사참사관 2012년 외교통상부 북미국 심의관 2013~2015년 외교부 북미국장 2015년 대통령 외교안보수석비서관실 외교비서관 2016년 駐체코 대사(현) [상]근정포장(2008)

문승훈(文承勳) MOON Seung Hoon

[생]1960 · 5 · 12 [출]전남 함평 [주]대전 유성구 과학로80의67 한국조폐공사 임원실(042-870-1004) [학]1978년 조선대부고졸 1984년 서울대 국사학과졸 [경]1986년 한국조폐공사 입사 2002년 同경영관리부장 2004년 同경영평가팀장 2006년 同제지본부 생산관리부장 2007년 同전략기획PL(파트너리더) 2009년 同경영평가실장 2012년 同기획처장 2013년 同사업처장 2015년 同총무이사 2016년 同부사장 겸 사업이사(현)

문시영(文始永) Moon si young

[생]1956 · 1 · 9 [본]남평(南平) [출]서울 [주]경기 의정부시 호암로95 신한대학교 산학협력단(031-870-3366) [학]1975년 서울 대신고졸 1984년 경기대 관광경영학과졸 1986년 서울대 환경대학원 환경계획학과졸 [경]1991년 행정고시 합격(35회) 2006년 문화관광부 관광산업과 · 재정기획관실 서기관 2006년 동북아시대위원회 사회문화협력과장 2008년 국립중앙도서관 도서관운영협력과장 2010년 통일교육원 교육파견 2011년 문화체육관광부 관광산업국 관광진흥과장 2013년 한국정책방송원 정책콘텐츠부장 2016년 신한대 산학협력단 교수(현)

문신용(文信容) MOON Shin Yong

[생]1948 · 4 · 1 [출]충남 [주]서울 강남구 테헤란로407 EK타워12층 엠여성의원(02-6188-0070) [학]경기고졸 1974년 서울대 의대졸 1978년 同대학원졸 1987년 의학박사(서울대) [경]1975년 서울대병원 전공의 1983~1996년 서울대 의대 산부인과학교실 전임강사 · 조교수 · 부교수 1984년 미국 Eastern Virginia Medical School Research Fellow 1987년 미국 Eastern Medical School Clinical Fellow 1994년 대한태아의학회 이사 1996~2013년 서울대 의대 산부인과학교실 교수 1999년 同인구의학연구소장 1999년 아시아산부인과학회 생식생리위원장 2002년 과학기술부 프런티어사업단 세포응용연구사업단장 2002년 대한불임학회 부회장 2002~2003년 대한의학유전학회 회장, 대한보조생식학회 명예회장(현) 2013년 엠여성의원 대표원장(현) [상]자랑스런 경기인상(2004), 옥조근정훈장(2013) [종]기독교

문신학(文愼鶴)

[생]1967 · 4 [주]세종특별자치시 한누리대로402 산업통상자원부 소재부품정책과(044-203-4268) [학]조선대부속고졸, 서울대 경제학과졸 [경]1994년 행정고시 합격(38회) 1995~2001년 통상산업부 수입과 · 철강금속과 · 미주협력과 근무 2001~2004년 駐미국 상무관보(2등서기관) 2004년 산업자원부 가스산업과 근무 2004년 재정경제부 대외경제위원회 실무기획단 팀장 2006년 산업자원부 석유산업과 서기관 2006년 同지역혁신팀장 2007년 同지역투자팀장 2008년 고용 휴직 2008년 지식경제부 기업협력과장 2010년 同반도체디스플레이과장 2012년 同석유산업과장 2013년 산업통상자원부 에너지자원실 원전산업정책과장 2015년 同에너지자원실 원전산업정책과장(부이사관) 2015년 同교육 파견(부이사관) 2016년 同소재부품정책과장(현)

문애리(文愛理 · 女) MOON Aree

[생]1960 · 10 · 31 [출]서울 [주]서울 도봉구 삼양로144길33 덕성여자대학교 약학대학 약학관318호(02-901-8394) [학]1979년 진명여고졸 1983년 서울대 약학과졸 1989년 이학박사(미국 아이오와주립대) [경]1989~1990년 한국과학기술연구원(KIST) 생명공학연구원 선임연구원 1991~1995년 식품의약품안전청 국립독성연구원 연구관 1995~2005년 덕성여대 약학과 조교수 · 부교수 1995~1996년 한국독성학회 홍보간사 1998~2000년 同편집간사 1998~2014년 중앙약사심의위원회 위원 1999~2000년 생명약학회 기획간사 1999~2002년 한국응용약물학회 사무간사 2001~2002년 한국독성학회 총무간사 2001~2002년 대한약학회 학술간사 2003년 한국독성학회 편집간사 2005년 同홍보간사 2005년 同편집위원 2005년 한국생화학분자생물학회 국제간사 2005년 한국응용약물학회 간사 2005~2006년 대한암예방학회 편집위원장 2005~2006년 대한약학회 간사 2005년 미국 'Journal of Molecular Signaling' Editorial Board 2005년 덕성여대 약학대학 교수(현) 2005~2007년 同약학대학장 2006~2007년 同약학연구소장 2007년 'International Journal of Oncolog' Editorial Board 2007~2008년 국가과학기술위원회 기획예산조정전문위원 2008~2010년 식품의약품안전청 안전연구정책심의위원 2009~2010년 덕성여대 약학대학장 2009~2010년 대한약학회 학술위원장 2011~2014년 한국과학기술단체총연합회 이사 2011년 여성생명과학기술포럼 회장 2011~2014년 한국원자력의학원 비상임이사 2013~2014년 덕성여대 교무처장 2013~2015년 한국환경산업기술원 비상임이사 2015년 덕성여대 부총장 2015년 지속가능발전위원회 위원(현) 2015~2016년 대한약학회 부회장 2016년 한국과학기술한림원 정회원(의약학부 · 현) 2016년 덕성혁신신약센터 센터장(현), 식품의약품안전처 자체평가위원회 위원(현) 2016년 대한약학회 차기(2017년 1월) 회장(현) [상]서울대학장표창(1983), 동성제약 이선규 약학상(2001), 송음 의약학상(2001), 한국과학기술단체총연합회 과학기술우수논문상(2004), 한국로레알 · 유네스코 여성생명과학기술진흥상 약진상(2004), 대한약학회 최다인용논문상(2007), 제1차 덕성여대 베스트티칭상(2009), 식품의약품안전청장표창(2009), 대통령표창(2010), 과학기술훈장 진보장(2014), 녹암학술상(2014), '한국로레알-유네스코 여성생명과학상' 학술진흥상(2015), 유니베라 생명약학연구회 학술상(2016), 서울대 약학대학 동창회장상(2016) [저]'실험종합 미생물학' '신약품미생물학'(1999) '약품생화학실험'(2000) '최신실험미생물학'(2001) '분자약품생화학'(2002) '신종합미생물학'(2005) '최신의과학 용어사전'(2006) [역]'생물정보학-실질적인 접근방법'(2002) '리핀코트의 그림으로 보는 생화학'(2005) '레닌저 생화학'(2006) [종]천주교

문양호(文良鎬) MOON Yang Ho

[생]1960 · 2 · 10 [본]남평(南平) [출]전남 보성 [주]서울 노원구 화랑로574 육군사관학교 심리경영학과(02-2197-2779) [학]1983년 육군사관학교졸 1987년 서울대 심리학과졸 1990년 고려대 대학원 심리학과졸 1995년 심리학박사(미국 아이오와대) [경]1990년 육군사관학교 심리학과 전임강사 · 조교수 · 부교수 · 교수, 同사회과학처 심리경영학과 교수(현) 1996~2003년 한국생물심리학회 이사 2000~2005년 육군사관학교 생도대 생활지도과장 2002년 육군 인사참모부 · 헌병감실 정책자문위원 2006년 육군사관학교 심리학과장 2006~2007년 리더십학회 이사 2007~2008년 육군사관학교 리더십센터장 2009~2011년 대한리더십학회 이사 2010~2012년 한국교육심리학회 이사

ㅁ

2011년 육군사관학교 군사과학처장 2012~2015년 同평가관리실장 2015년 同교수부장(현) [저]'리더쉽의 이론과 실제'(共) '심리학개론'(共) '행동관리의 원리 및 기법' [역]'생물심리학'(共) '현대심리학사'(共) '행동관리'

문연회(文軟會)

[생]1963·3·15 [주]경기 성남시 분당구 성남대로343번길9 SK주식회사 C&C 임원실(02-6400-0114) [학]고려대 법학과졸 [경]1987년 유공 입사 2002년 SK 인력팀장 2007년 SK텔레콤 SKMS실천센터장 2008년 SK M&C 경영지원실장 2009년 同CMS센터장 2013년 SK플래닛 GLDP 2014년 SK E&S(코원) 경영지원본부장 2015년 SK주식회사 C&C 인력본부장(상무) 2016년 同기업문화부문장 겸 HR본부장(전무)(현)

문영기(文英基)

[생]1959·12 [학]1984년 육군사관학교 사학과졸(40기) [경]1998년 인도·파키스탄 정전감시단 근무 2000년 9공수특전여단 52특전대대장(동티모르 상록수부대) 2004년 이라크 자이툰부대 민사참모 2004년 합동참모본부 특수전과 대테러담당 2008년 특수전사령부 특수임무단장(대령) 2009년 同작전처장 2011년 11공수여단장(준장) 2015년 특수전사령부 부사령관 2016년 국무총리실 산하 대테러센터장(현)

문영기(文暎基) MOON Young Ki

[생]1962·10·29 [출]서울 [주]부산 부산진구 신암로141 CBS 부산방송본부(051-636-7555) [학]1981년 서울고졸 1988년 홍익대 영어영문학과졸 [경]1988년 CBS 입사 1998년 同문화체육부 차장 1998년 同사회부 차장 1999년 同경제부 차장 2002년 同보도제작국 차장 2003년 同해설주간 2004년 同보도국 사회부장 2006년 同문화체육부장 2006년 同제주방송본부장 2008년 同포항본부장 2012년 同보도국 대기자 2016년 同부산방송본부장(현)

문영기(文榮基)

[생]1963 [주]서울 서초구 서초중앙로114 법무법인 길상(02-3486-0037) [학]1982년 제주제일고졸 1986년 서울대 법과대학 공법학과졸 [경]1991년 주택은행 근무 2002년 법무사시험 합격(8회) 2004년 사법시험 합격(46회) 2007년 사법연수원 수료(36기) 2007년 법무법인 길상 구성원변호사(현), 교육과학기술부 고문변호사, 한국주택금융공사 자문변호사, 경기 고양시 고문변호사, SH공사 고문변호사, 서울 송파구 고문변호사, 식품의약품안전청 고문변호사, SGI서울보증(주) 지정변호사 2014~2016년 학교법인 서남학원 이사장

문영민(文永敏) MUN Yeong Min

[생]1950·12·26 [출]전남 진도 [주]서울 중구 덕수궁길 15 서울특별시의회 의원회관503호(02-3783-1961) [학]한국방송통신대졸, 한양대 지방자치대학원졸 [경]평화민주당 중앙당 상담실장, 민주평통 자문위원, 새정치국민회의 서울양천甲지구당 수석부위원장 1991~2006년 서울시 양천구의회 의원(1·2·3·4대) 1998~1999년 同부의장 2000~2001년 同의장 2006년 서울시 양천구청장선거 출마(무소속) 2007년 4.25재보선 서울시 양천구청장선거 출마(민주당), 민주당 지방자치위원회 부위원장 2014년 서울시의회 의원(새정치민주연합·더불어민주당)(현) 2014년 同교육위원회 위원 2015년 同항공기소음특별위원회 위원(현) 2015년 同윤리특별위원회 위원(현) 2016년 同행정자치위원회 부위원장(현) [상]김대중총재 공로표창(1997), 대통령표창(1997), 보건복지부장관표창(2002)

문영석(文英錫) MOON Young Seok

[생]1959·7·27 [본]남평(南平) [출]부산 [주]울산 중구 종가로405의11 에너지경제연구원 석유가스정책연구본부(052-714-2159) [학]1977년 부산 배정고졸 1982년 연세대 경제학과졸 1984년 同대학원 경제학과졸 1990년 경제학박사(미국 뉴욕주립대) [경]1985~1986년 산업연구원 연구원 1991~1992년 기아경제연구소 책임연구원 1992년 에너지경제연구원 선임연구위원(현) 2001년 同에너지산업연구부장 2003년 同정책분석실장 2004년 同에너지정책연구부장 2007년 同에너지정책연구실장 2008년 同기후변화대책단장 2009년 同에너지정책연구실장 2010년 同에너지정책연구본부장 2011년 同부원장 2013년 同지방이전추진단장 겸 석유정책연구실장 2015년 同석유가스정책연구본부장(현) [상]대통령표창(2010) [저]'녹색성장 국가전략 에너지정책부문(共)'(2009, 녹색성장위원회)

문영수(文英秀) Mhun, Young-Soo

[생]1959·2·15 [출]경기 안양 [주]충남 태안군 태안읍 중앙로285 한국서부발전(주) 기획처(041-400-1200) [학]1977년 신성고졸 1984년 국민대 법학과졸 2009년 한양대 공학대학원졸(석사) 2013년 서울대 경영대학 공기업고급경영자과정 수료 [경]1984년 한국전력공사 외자처·종합조정역·기획관리처 근무 2001년 한국서부발전(주) 기획전략팀 차장, 同경영혁신팀장 2007년 同정보화추진실장 2009년 同감사실장 2010년 同태안발전본부 경영지원처장 2014년 同조달협력처장 2015년 同기획처장(현) [상]전력산업발전유공 산업자원부장관표창(2002), 공공기관혁신유공 기획예산처장관표창(2007)

문영수(文英守) MOON Young Soo

[생]1961·3·5 [본]남평(南平) [출]부산 [주]부산 해운대구 해운대로875 인제대학교 해운대백병원(051-797-0100) [학]1986년 인제대 의대졸 1993년 경상대 대학원 의학석사 2000년 인제대 대학원 의학 박사과정 수료 [경]1986~1990년 인제대 서울백병원 인턴·레지던트 1990~1993년 지방의무사무관 1994~1995년 일본 순천당대 의학대학원 연구원 1996년 을지대 을지병원 소화기내과장 1997년 同의과대학 내과학교실 전임강사·조교수 2000년 일본 동경자혜회의과대 내시경과 방문교수 2001년 국립암센터 간암센터 의사 2001년 同간담췌암연구과 연구원, 同내시경실장 2003년 인제대 일산백병원 소화기내과 교수, 同일산백병원 교육수련부장 2009년 同일산백병원 부원장 겸 진료부장 2010년 同해운대백병원 소화기내과 교수(현) 2012·2014년 同해운대백병원 종합검진센터 소장 2016년 同해운대백병원장(현) [상]아시아태평양소화기병학회 젊은 의학자상(1996), 대한소화기내시경학회 최우수논문상(1999) [저]'소화관내시경 진단TEXT II'(2006) '고통없는 대장내시경 삽입법'(2006) 'STEP내과(1) 소화기'(2007) '소화관내시경 진단TEXT I'(2009) '소화관초음파 아틀라스'(2009) '대장내시경삽입법 달인되기'(2009)

문영식(文榮植) MOON Young Sik

[생]1954·6·7 [출]제주 [주]서울 동대문구 서울시립대로 163 서울시립대학교 법학전문대학원(02-6490-5084) [학]1973년 제주 제일고졸 1977년 서울대 교육학과졸 [경]1977년 행정고시 합격(20회) 1977년 제주도 북제주군 수습행정관 1978년 재무부 국세심판소 행정사무관 1981년 사법시험 합격(23회) 1983년 사법연수원 수료(13기) 1983년 광주지검 검사 1986년 마산지검 진주지청 검사 1987년 수원지검 성남지청 검사 1989년 서울지검 검사 1992년 부산지검 검사 1994년 수원지검 검사 1995년 광주고검 검사 1996년 서울지검 부부장검사 1997년 제주지검 부장검사 1998년 서울고검 검사 1999년 광주지검 형사2부장 1999년 同형사1부장 2000년 인천지검 형사1부장 2002년 대전고검 검사 2003년 수원지검 여주지청장 2004년 법무연수원 연구위원 2005년 광주고검 검사 2005년 서울시립대 법학전문대학원 교수(현) 2007~2009년 同반부패시스템연구소장 2010~2012년 同법학전문대학원장 [저]'답변협상제도 도입방안 연구'(2007) '불기소처분 결정사례 연구[1]'(2007) '재산범죄론 강의'(2007) '형사소송법 강의[1]'(2007)

문영식(文泳植) MOON Young Shik

[생]1957·6·6 [출]서울 [주]경기 안산시 상록구 한양대학로55 한양대학교 공학대학 컴퓨터공학과(031-400-5196) [학]1980년 서울대 전자공학과졸 1982년 한국과학원(KAIST) 전기 및 전자공학과졸(석사) 1990년 컴퓨터공학박사(미국 캘리포니아대) [경]1982~1985년 한국전자통신연구소 연구원 1989~1990년 미국 Inno Vision Medical 선임연구원 1990~1992년 한국생산기술연구원 선임연구원 1992~2003년 한양대 전자계산학과 전임강사·조교수·부교수 2001~2002년 同공학기술연구소 부소장 2003년 同공학대학 컴퓨터공학과 교수(현) 2005~2006년 同정보통신실장 2006년 同대학원 부원장 2008·2010~2012년 同교무입학처장 2012년 대한전자공학회 부회장 2014년 同회장 2014년 한양대 공학대학장(현) 2015년 同공학기술대학원장(현) [상]대한전자공학회 공로상(1980), 대한전자공학회 해동상(2005), 제18회 과학기술우수논문상(2008) [저]'컴퓨터 개론'(1994) '컴퓨터 입문 : 기본이론과 실습'(1996) '인터넷과 PC통신'(1998, 이한출판사) '인터넷의 기초와 활용'(1999, 이한출판사) '인터넷의 이해'(2001, 이한출판사) '컴퓨터(共)'(2002, 피어슨에듀케이션) '이산수학(共)'(2004, 한양대 출판부) [역]'이공학 문제해결을 위한C'(2005, 학술정보)

문영일(文英一) MOON Young Il

생1960 · 9 · 21 본남평(南平) 출서울 주서울 동대문구 서울시립대로163 서울시립대학교 토목공학과(02-6490-2431) 학1979년 경기고졸 1984년 한양대 토목공학과졸 1991년 미국 Utah주립대 대학원 수공학과졸 1995년 공학박사(미국 Utah주립대) 경1989년 미국 Utah Water Research Laboratory 연구원 1995년 미국 유타주립대 연구교수 1996년 서울시립대 토목공학과 조교수 1998년 同토목공학과장 1998년 서울시 건설기술 심사위원 1998년 한국수자원공사 기술자문위원 2011년 서울시 투자심사위원회 위원 2011년 同지방하천관리위원 2011년 同건설안전자문위원 2011년 한국방재협회 도시방재위원회 위원장 2011년 소방방재청 지역안전도중앙진단위원 2011년 국토해양부 유역조사성과검증위원 2012년 서울시립대 토목공학과 교수(현) 2013년 국토교통부 유역조사성과 검증위원(현) 상대한토목학회 학술상(2009), 한국수자원학회 학술상(2010) 전'치수하수 과정' '수리학'(2002) '생태환경수리학'(2002) 역'수리학해설'(2003) 종기독교

문영주(文煐周) MOON Young Joo

생1963 · 3 · 29 출서울 주서울 영등포구 국회대로68길17 (주)비케이알(02-6331-8282) 학1982년 상문고졸 1986년 중앙대 영어영문학과졸 1989년 미국 미시간주립대 커뮤니케이션학과졸 경1990년 제일기획 광고1팀 AE 1991년 에이펙스엔터프라이즈 기획팀장 1995년 동양제과 외식사업팀장 · 외식사업본부장 1999~2002년 同외식사업담당 상무 · 베니건스 외식사업본부장(상무) 1999~2003년 메가박스 씨네플렉스 영화관사업담당 상무 2000~2003년 제미로 대표이사 2002~2009년 롸이즈온(주) 대표이사 2012년 MPK그룹 대표이사 사장 2013년 (주)비케이알(버거킹) 대표이사(현) 작뮤지컬 '오페라의 유령' '캐츠' '킹 앤 아이' '미녀와 야수'

문영태(文英泰) Moon Young Tae

생1961 · 9 · 27 본남평(南平) 출서울 주서울 영등포구 여의대로60 NH투자증권 Advisory본부(02-768-7000) 학1980년 대일고졸 1984년 서울대 경제학과졸 1987년 미국 위스콘신대 대학원 경영학과졸 경1990~1997년 Bankers Trust Company 서울지점 이사 1997~2000년 Deutsche Bank 서울지점 상무 2000~2007년 (주)Accolade 상무 2007년 우리투자증권 IB사업부 부대표(상무) 2015년 NH투자증권 Advisory본부장(상무)(현)

문영택(文永澤)

생1954 · 9 · 25 주제주특별자치도 제주시 우도면 우도로156의11 우도중학교(064-783-9314) 학공주사범대 프랑스어과졸, 충남대 교육대학원졸 경제주제일고 등 6개교 교사(20년), 제주도교육청 등 2개기관 근무(2년6개월), 제주도교육청 등 3개기관 장학사 · 교육연구사(8년6개월), 중문상업고 교감(2년), 제주도교육청 장학관(2년), 한림공고 교장(1년) 2014~2016년 제주특별자치도교육청 교육국장 2015년 제주특별자치도 체육진흥협의회 위원(현) 2016년 우도중 교장(현) 상제주도교육감표창(1986 · 1993), 부총리 겸 교육인적자원부장관표창(2004), 홍조근정훈장(2016) 전'무화과 모정'

문영호(文永晧) MOON Young Ho

생1951 · 1 · 1 본남평(南平) 출부산 주서울 강남구 테헤란로133 한국타이어빌딩 법무법인 태평양(02-3404-0539) 학1969년 부산고졸 1974년 서울대 법대졸 1985년 미국 조지워싱턴대 로스쿨 비교법학 수료 경1976년 사법시험 합격(18회) 1978년 사법연수원 수료(8기) 1978년 부산지검 검사 1980~1983년 同진주지청 · 울산지청 검사 1983년 법무부 법무심의실 검사 1985년 서울지검 검사 1988년 일본 UNAFEI 연수 1989년 대검찰청 검찰연구관 1990년 대전지검 공주지청장 1991년 마산지검 형사2부장 1992년 대구지검 · 부산지검 총무부장 겸 형사정책연구원 연구실장 1993년 대검찰청 마약과장 1995년 同중수2과장 1996년 同중수1과장 1997년 서울지검 형사6부장 1997년 同특수2부장 1998년 同특수1부장 1998년 대전지검 홍성지청장 1999년 대구지검 제2차장 2000년 인천지검 부천지청장 2001년 서울고검 검사 2002년 同공판부장 2003년 대검찰청 기획조정부장 2003년 법무부 정책위원 2004년 창원지검장 2005년 부산지검장 2006~2007년 수원지검장 2007년 법무법인 태평양 고문변호사(현) 2008~2013년 중앙분쟁조정위원회 위원 2008~2012년 신세계 사외이사 2012년 동아일보 객원논설위원 2012년 한국경제신문 객원논설위원 상홍조근정훈장(2002) 종불교

문영호(文永鎬) MOON Yeong Ho

생1957 · 12 · 20 본남평(南平) 출경남 밀양 주서울 동대문구 회기로66 한국과학기술정보연구원(02-3299-6090) 학1976년 부산 개성고졸 1984년 부산대 토목공학과졸 1986년 한국과학기술원 건설환경공학과졸(석사) 1999년 공학박사(한국과학기술원) 2011년 서울대 FIP과정수료 경1986~1990년 산업연구원(KIET) 연구원 1991~2000년 산업기술정보원 선임연구원 2001년 한국과학기술정보연구원 정책연구실장 2004~2008년 同정보분석센터장 2008년 同책임연구원 2009년 同정보분석본부장 2013년 同정보분석연구소장 2015년 同부원장(현) 2015년 미래창조과학부 과학기술규제개선 옴부즈맨 상과학기술부장관표창(2003), 과학기술포장(2005) 전'기술가치 어떻게 평가하나'

문영화(文英和 · 女) MOON Young Hwa

생1964 · 4 · 23 출부산 주서울 종로구 성균관로25의2 성균관대학교 법학전문대학원(02-740-1661) 학1983년 부산여고졸 1987년 서울대 법학과졸 1991년 同대학원 법학과졸 경1986년 사법시험 합격(28회) 1989년 사법연수원 수료(18기) 1989년 서울지법 남부지원 판사 1991년 서울민사지법 판사 1993년 부산지법 동부지원 판사 1996년 수원지법 성남지원 판사 1998년 서울가정법원 판사 2000년 서울지법 판사 2000년 서울고법 판사 2002년 대법원 재판연구관 2006년 수원지법 부장판사 2006~2007년 서울중앙지법 부장판사 2011년 특허법원 부장판사 2013년 사법연수원 수석교수 2013~2014년 서울고법 부장판사 2014년 성균관대 법학전문대학원 교수(현)

문영훈(文永勳) MOON Young Hoon

생1933 · 12 · 10 출경남 창녕 주부산 강서구 녹산산단27로97 하이록코리아(주) 비서실(051-970-0800) 학1953년 성동상고졸 경1961년 농업협동조합중앙회 근무 1972년 부산우유협동조합 기획실장 1975년 신동상호신용금고 경리부장 1977년 하이록코리아(주) 대표이사 사장 2005년 同대표이사 회장(현) 2009년 중소기업인 명예의전당 헌정 상국가보훈처장표창(2009), 대통령표창(2013) 종불교

문영훈(文永訓) MUN Young Hoon

생1967 · 6 · 9 본남평(南平) 출전남 장흥 주강원 평창군 대관령면 올림픽로108의27 2018평창동계올림픽조직위원회 인력운영국(033-350-2018) 학1985년 장흥고졸 1993년 경희대 법학과졸 1997년 연세대 대학원 행정학과졸 2002년 영국 버밍햄대 대학원졸(MBA) 2006년 서울대 대학원 행정학 박사과정 재학中 경1993년 행정고시 합격(37회) 1995년 중앙공무원교육원 신임관리자과정 이수(39기) 1995년 총무처 소청심사위원회 근무 1996년 同인사국 복지과 근무 1998년 행정자치부 공기업과 경영평가팀장 2000년 국외 훈련(영국) 2002년 행정자치부 재정과 회계제도팀장 2003년 전남도 지역협력관 2004년 대통령자문 국가균형발전위원회 계획수립과장 2005년 행정자치부 고객만족행정팀장 2006년 同살기좋은지역기획팀장 2008년 국외 훈련 2009년 행정안전부 지방행정국 지방공무원단체지원과장, 대통령실 파견 2013~2014년 안전행정부 지역경제과장 2014년 행정자치부 지방행정실 지역경제과장 2015년 同지방행정실 자치제도과장 2015년 2018평창동계올림픽조직위원회 총무인력국장 2016년 同인력운영국장(현) 상근정포장(2013) 전'신행정학'

문옥표(文玉杓 · 女) MOON Ok Pyo

생1950 · 7 · 13 출서울 주경기 성남시 분당구 하오개로323 한국학중앙연구원 한국학대학원 문화예술학부(031-709-8111) 학1969년 경기여고졸 1973년 서울대 인류학과졸 1975년 同대학원 인류학과졸 1979년 영국 옥스퍼드대 대학원 사회인류학과졸 1984년 사회인류학박사(영국 옥스퍼드대) 경1981~1982년 일본 도쿄대 문화인류학 특별연구생 1984년 서울대 · 연세대 · 이화여대 · 한국외국어대 강사 1987~1999년 한국정신문화연구원 사회민속연구실 조교수 · 부교수 1989년 미국 하버드대 옌칭연구소 객원연구원 1990년 일본 동경대 문화인류학연구실 객원연구원 1990년 한국문화인류학회 감사 1992년 영국 옥스퍼드대 객원연구원 1994년 한국정신문화연구원 사회민속연구실장 1999~2005년 同한국학대학원 문화인류학 교수 1999년 同국제교류센터 소장 1999~2001년 한국문화인류학회 부회장 2000~2001년 미국 하버드대 에드윈라이샤워 방문교수 2001~2002년 프랑스 파리 고등사회과학대학원(EHESS) 초빙교수 2003~2005년 한국정신문화연구원 장서각관장 2003~2005년 한국농촌사회학회 감사 2005~2015년 한국학중앙연구원 한국학대학원 문화예술학부 교수 2006~2007년 일본 국립민족학박물관 객원

교수 2010~2012년 한국학중앙연구원 한국학대학원장 2011~2014년 태권도진흥재단 비상임이사 2013~2014년 한국문화인류학회 회장 2015년 한국학중앙연구원 한국학대학원 문화예술학부 명예교수(현) [저]'도시중산층의 생활문화(共)'(1992) '근교농촌의 해체과정(共)'(1993) '일본의 농촌사회-관광산업과 문화변동'(1994) '한국인의 소비와 여가생활(共)'(1997) '종족마을의 전통과 변화(共)'(1998) '신여성 : 일본과 한국의 근대 여성상(共)'(1998) '동아시아문화전통과 한국사회(共)'(2001) '조선양반의 생활세계(共)'(2004) '우리안의 외국문화(共)'(2006) '일본인의 여행과 관광문화(共)'(2006) '해외한인의 민족관계'(2006) '다민족관계속의 LA한인'(2008) 'Japanese Tourism and Travel Culture'(2009, Routledge) 'Consuming Korean Tradition in Early and Late Modernity'(2012, 미국 Univ. of Hawaii Press) '교토 니시진오리의 문화사'(2016, 일조각) [역]'현대중국의 여성생활'(1988) '문화의 해석'(1998) '조선시대 관혼상제 I ~ V권'(1999~2000) [종]천주교

문용관(文湧冠) Moon Yong-kwan

[생]1961 · 7 · 5 [주]서울 마포구 매봉산로45 KBS미디어센터 KBSN스포츠(02-787-3333) [학]대신고졸, 인하대졸 2009년 체육학박사(인하대) [경]인하대 배구단 선수, 현대자동차써비스(주) 배구단 소속 1978~1986년 남자배구 국가대표선수 1987~2005년 인하대 배구단 코치, 同감독 2005~2008년 대한항공점보스 감독, KBS N 해설위원, 2008년 대한배구협회 기획이사 2012년 同경기지원팀장 2013~2015년 구미 LIG 손해보험 그레이터스 감독 2015년 2015월드리그 국제남자배구대회 국가대표팀 감독 2015년 KBSN스포츠 배구해설위원(현)

문용린(文龍鱗) MOON Yong Lin (以憂)

[생]1947 · 7 · 3 [본]남평(南平) [주]서울 영등포구 63로50 한국교직원공제회 이사장실(02-767-0620) [학]1966년 여주농고졸 1971년 서울대 교육학과졸 1976년 同교육심리학과졸 1980년 同대학원졸 1987년 철학박사(미국 미네소타대) [경]1986년 한국교육개발원 도덕교육연구실장 1989~2012년 서울대 교육학과 교수 1995~1999년 대통령자문 21세기위원회 · 정책기획위원회 위원 1996~1998년 대통령직속 교육개혁위원회 상임위원 1998~1999년 교육부 과외사교육비대책특별위원회 위원장 1998~1999년 대통령자문 새교육공동체위원회 위원 1999~2002년 청소년보호위원회 위원 2000년 교육부 장관 2003~2009년 청소년폭력예방재단 이사장 2003년 (사)세이프키즈코리아 공동대표(현) 2004년 독서새물결운동추진위원회 위원장 2005~2012년 학교폭력대책국민협의회 상임대표 2006~2012년 APER 편집위원장 2011~2012년 한국교육학회 회장 2011~2012년 한국문화예술진흥원 이사장 2012년 서울대 명예교수 2012~2014년 서울특별시 교육감(재선거 당선) 2014년 서울특별시 교육감선거 출마 2015년 푸른나무청예단 이사장(현) 2016년 한국교직원공제회 이사장(현) [상]국민포장(1987), 국민훈장 동백장(1998), 청조근정훈장(2003), 안전행정부장관표창(2013) [저]'교과교육전서(共)'(1988, 갑을출판사) '논쟁의 시대(共)'(1992, 형설출판사) 'EQ가 높으면 성공이 보인다'(1997) '피아제가 보여주는 아이들의 인지세계'(1998) '세계속의 한국대학(共)'(1999, 교육과학사) '신세대부모여 확신을가져라'(2000) '다중지능'(2001) '나는 어떤 부모인가'(2002) '교육리더십(共)'(2004, 교육과학사) '그러나 삶은 따뜻했다'(2004) '도덕성의 발달과 심리'(2004) '백범 김구의 지적 계발과정 탐색'(2005) '21세기 문화시민운동 가정에서부터 시작하자(共)'(2005, 지식산업사) '학교폭력 예방과 상담(共)'(2006, 학지사) '부모들이 반드시 기억해야 할 쓴소리'(2006) '행복한 성장의조건'(2006) '전문직업인의 윤리발달과 교육'(2006) '열살전에 사람됨을 가르쳐라'(2007) '아들심리학'(2007) '학교폭력의 위기개입의 이론과 실제'(2008) '내아이 크게 멀리보고 가르쳐라'(2008) '부모가 아이에게 물려주어야 할 최고의 유산'(2009) '도덕성과 문화'(2009) '지력혁명'(2009) '긍정심리학의 입장에서 본 성격 강점과 덕목의 분류'(2009) '행복한 도덕학교'(2010) '정서지능 그 오해와 진실'(2010) '긍정심리학 프라이머'(2010) '인문학콘서트'(2010) '지력혁명'(2010) '정서지능 강의'(2011) '나랑먼저 약속했잖아'(2011) '한국인의 도덕성 발달 진단'(2011) '아무도 모르니까 괜찮아'(2011) '지능과 교육'(2013) '문용린의 행복동화'(2014) [역]'세계의 어린이들'(1987) '미국과 소련의 아이들'(1988) '피아제가 보여주는 아이들의 인지세계'(1996) '에디슨 아동 키워주고 살려주고'(1998) '비범성의 발견'(1999) '도덕심리학'(2000) '콜버그의 도덕성 발달이론'(2000) '다중지능' 'Good Work'(2003) '학교교육 이렇게 살리자' [종]천주교

문용선(文容宣) Moon Yong Seon

[생]1958 · 9 · 30 [본]남평(南平) [출]전북 김제 [주]서울 도봉구 마들로749 서울북부지방법원(02-910-3114) [학]1980년 서울대 법대졸 1993년 미국 미시간대 대학원 법학과졸 [경]1983년 사법시험 합격(25회) 1985년 사법연수원 수료(15기) 1986년 서울민사지법 판사 1988년 서울가정법원 판사 1989년 서울지법 서부지원 판사 1990년 광주지법 판사 1993년 서울지법 동부지원 판사 1996년 서울지법 판사 1997년 사법연수원 교수 1999년 서울고법 판사 2000년 전주지법 군산지원 부장판사 2002년 대법원 재판연구관 2004년 서울남부지법 부장판사 2006년 서울중앙지법 부장판사 2007년 광주고법 부장판사 2009년 서울고법 부장판사 2015년 서울북부지법원장(현) [상]사법연수원장표창(1986) [저]'명의신탁 이론의 재검토' [종]기독교

문우식(文宇植) Moon, Woo-Sik

[생]1960 · 4 · 10 [주]서울 관악구 관악로1 서울대학교 국제대학원(02-880-8524) [학]1979년 경희고졸 1983년 서울대 국제경제학과졸 1985년 프랑스 파리제1대 경제학과졸 1990년 경제학박사(프랑스 파리제1대학) [경]1990~1997년 한국개발연구원 연구원 1997~2012 · 2016년 서울대 국제대학원 교수(현) 2000년 독일 Center for European Integration 선임연구원 2006년 외교통상부 정책자문위원회 위원 2007~2010년 한국국제경제학회 운영이사 2008년 기획재정부 정책성과평가위원회 위원 2008년 벨기에 Leuven대학 Center for Global Governance 및 국제이사회(International Board) 위원 2009~2011년 한국금융학회 이사 2010년 교육과학기술부 정책자문위원회 위원 2011~2014년 한국유럽학회 이사 2012년 아시아개발은행연수원(Asian Development Bank Institute) 초빙학자 2012~2016년 한국은행 금융통화위원회 위원 [상]유럽 최고학술상 장모네체어(Jean Monnet Chair)(2007)

문원일(文元日)

[생]1959 · 3 · 5 [주]제주특별자치도 제주시 문연로5 제주특별자치도청 경제통상산업국(064-710-2500) [학]제주제일고졸, 한국방송통신대 행정학과졸, 제주대 대학원 행정학과졸 [경]2010년 제주특별자치도 총무과장 2013년 同수자원본부장(지방서기관) 2014년 同수자원본부장(지방부이사관) 2014년 同보건복지여성국장 2015년 교육파견 2016년 제주특별자치도 경제통상산업국장(현)

문원진(文媛眞 · 女) MOON Won Jin

[생]1969 · 3 · 25 [본]남평(南平) [출]서울 [주]서울 광진구 능동로120의1 건국대학교병원 영상의학과(02-2030-5544) [학]1987년 정신여고졸 1993년 한양대 의대졸 1997년 同대학원졸 2002년 의학박사(한양대) [경]1994~1995년 한양대 의대 해부학교실 전임조교 1995~1999년 同병원 진단방사선과 전공의 1999~2000년 독일 프랑크푸르트대병원 신경방사선과연구소 Visiting Fellow 2001~2002년 삼성서울병원 전임의 2002년 同임상전임강사 2002~2003년 강북삼성병원 전문의 2003년 성균관대 의대 진단방사선과 조교수 2006년 건국대 의학전문대학원 진단방사선과학교실 조교수 · 부교수 · 교수(현) 2006년 同병원 영상의학과 전문의(현) 2008년 대한갑상선학회 편집위원 2009년 미국 듀크대 의대 방문교수 2012년 Korean Journal of Radiology 편집위원(현) 2013년 대한신경두경부영상의학회 정도관리이사(현) 2013년 대한갑상선영상의학회 간행이사 2013~2015년 Ultrasonography 편집위원 2015년 대한갑상선영상의학회 수련이사(현) [상]Certificate of Merit(2003), 대한갑상선학회 부경학술상(2008), 대한영상의학회 Korean Journal of Radiology 최다피인용상(2013) [저]'갑상선(영상진단과 중재시술)(共)'(2008) 'Diagnostic Imaging. Brain. 2nd ed(共)'(2009, Amirsys Publishing, Inc.) [종]천주교

문유석(文裕晳) MOON Yoo Seok

[생]1969 · 11 · 6 [출]서울 [주]서울 광진구 아차산로404 서울동부지방법원(02-2204-2114) [학]1988년 경복고졸 1992년 서울대 사법학과졸 [경]1994년 사법시험 합격(36회) 1997년 사법연수원 수료(26기) 1997년 서울지법 판사 1999년 서울행정법원 판사 2001년 춘천지법 강릉지원 판사 2004년 서울중앙지법 판사 2008년 서울고법 사법정책심의관 2009년 법원행정처 정책담당관 2010년 서울고법 판사 2012년 광주지법 부장판사 2013년 인천지법 부장판사 2016년 서울동부지법 부장판사(현) [저]'판사유감'(2014, 21세기북스) '개인주의자 선언'(2015, 문학동네)

문익기(文益基) MOON Ick Gi

[생]1965 · 4 · 28 [출]강원 춘천 [주]강원 춘천시 중앙로23 강원일보 광고마케팅국(033-258-1500) [학]강원대사대부고졸, 강원대 정치외교학과졸, 同대학원 정치외교학과졸 [경]1991년 강원일보 기자 1998년 同정치부 차장대우 2000년 同서울주재 정치부장 직대 2001년 同정치부장 2003년 同사회부장 2006년 同원주취재팀장 2007년 同제2취재담당 부국장대우 2007년 同취재부국장 2009

년 同미디어국장 직대 2014년 同편집국장 겸 미디어국장 2015년 同광고마케팅국장(현)

문익상(文益相) MOON Ik Sang

[생]1958·2·26 [주]서울 강남구 언주로211 강남세브란스 치과병원(02-2019-1330) [학]1984년 연세대 치의학과졸 1987년 同대학원 치의학과졸 1993년 치의학박사(연세대) [경]1990~1992년 연세대 치과대학 치주과 연구강사 1993~2004년 同치과대학 치주과 전임강사·조교수·부교수 1997년 스웨덴 예테보리대 치주과 교환교수 2004년 연세대 치과대학 치주과학교실 교수(현), 대한치주과학회 총무이사·편집이사 2009년 강남세브란스병원 치주과장 2011~2015년 同치과병원 진료부장 2015년 同치과병원장(현)

문인구(文仁龜) MOON In Gu

[생]1957·10·15 [주]서울 용산구 한강대로372 센트레빌아스테리움D동23층 (주)동부익스프레스 부사장실(02-6363-2600) [학]1977년 대전 보문고졸 1984년 연세대 토목공학과졸, 인하대 글로벌물류비지니스 최고경영자과정(GLMP) 수료(4기) [경]대한통운(주) 근무 2005년 (주)동부익스프레스 입사, 同국내물류사업부장(상무) 2014년 同부사장(현) [종]기독교

문인수(文釼洙) MOON In Soo

[생]1955·5·16 [출]서울 [주]경기 화성시 봉담읍 와우안길 17 수원대학교 미술대학 조형예술학부(031-220-2541) [학]1981년 홍익대 조소과졸 1983년 同대학원 조각과졸 [경]1983~1986년 홍익대 조교 1987~1992년 서울예술고 강사 1987~1988년 전남대 강사 1988~1991년 충북대 강사 1990~1991년 중앙대 강사 1991~1993년 경희대 강사 1993년 수원대 미술대학 조소과 교수, 同조형예술학부 조소전공 교수(현) 2007~2009년 同고운미술관장, 同조형연구소장 2009년 同미술대학장(현) 2009~2013·2015년 同미술대학원장(현) [상]토탈미술관상(1992), 김세중청년조각상(1993), 대한민국미술대전 대상·특선, 서울현대조각공모전

문 일(文 逸) MOON Il

[생]1960·10·28 [본]남평(南平) [출]서울 [주]대전 유성구 가정로201 한국연구재단 국책연구본부(042-869-7700) [학]1983년 연세대 화학공학과졸 1985년 한국과학기술원졸(석사) 1992년 화학공학박사(미국 카네기멜론대) [경]1984년 일성안티몬(주) 연구원 1985년 한국과학기술원 연구원 1989년 미국 Carnegie Mellon대 연구조교 1993년 영국 Imperial College Univ. 자문위원 1993~2000년 연세대 공과대학 조교수·부교수 1994~1997년 한국과학재단 중점과제연구회 책임자 1995~1999년 한국과학기술연구원(KIST) 객원책임연구원 1995~1999년 연세대 산업기술연구소 연구부장 1997년 同화학공학과 책임교수 1997년 同화학공학과장 1998~1999년 同화학공학전공 책임교수, 미국 Carnegie Mellon대 화학공학과 교환교수 및 학부 강사 2000년 한국공학교육인증원 사무처장 2000년 연세대 학부대학 교학부장 2001년 同공과대학 화공생명공학과 교수(현) 2006~2008년 한국공학교육연구센터장협의회 회장 2010~2012년 국가과학기술위원회 전문위원, 한국가스안전공사 비상임이사 2012년 한국위험물학회 부회장 2012년 연세대 신문방송편집인 2013년 同대학출판문화원장(현) 2014년 산업통상자원부 가스기술기준위원회 위원(현) 2015년 한국연구재단 국책연구본부장(현) [상]과학기술처장관표창, 한국공학교육기술학회 올해의공학상(2003), 한국화학공학회 형당교육상(2006), 영국 IC-SES학회 최우수논문상(2011), 대통령표창(2015) [저]'화학공정 생산 및 일정계획'(1999) 'Hyhydrogen Safety Book(編)'(2007) [역]'체계적인 화학공정 설계'(1998)

문일경(文一景) MOON Il Kyeong

[생]1962·2·12 [본]남평(南平) [출]부산 [주]서울 관악구 관악로1 서울대학교 산업공학과(02-880-7151) [학]1984년 서울대 산업공학과졸 1986년 同대학원졸 1991년 공학박사(미국 컬럼비아대) [경]1986~1988년 미국 컬럼비아대 강의조교 1989~1991년 同연구조교 1990년 미국 뉴저지공과대 강사 1991년 싱가포르 싱가포르국립대 조교수 1992~2003년 부산대 산업공학과 전임강사·조교수·부교수 1997~1998년 대한산업공학회 학술분과위원장 1998~2002년 IIE Transactions 편집위원 2001~2005년 대한산업공학회지 편집위원 2003~2012년 부산대 산업공학과 교수 2004~2005년 한국경영과학회 이사 2006년 대한산업공학회 편집위원장 2007년 한국의사결정학회 이사(현) 2007~2010년 European Journal of Industrial Engineering 부편집위원장 2009~2013년 International Journal of Industrial Engineering Area Editor 2011~2012년 대한산업공학회 부회장 2012년 서울대 산업공학과 교수(현) 2013~2014년 대한산업공학회 감사 2014년 한국SCM학회 부회장(현) [상]우수박사학위논문상 장려상(1992), 과학기술우수논문상(1995), 사이버학술대회 금상(2000), 대학생시뮬레이션경진대회 우수상(2001), 대학생시뮬레이션경진대회 장려상(2002), 사이버학술대회 우수논문상(2002), 한국SCM학회 최우수논문상(2011), 제27회 정헌학술대상(2013) [저]'생산시스템시뮬레이션(共)'(1995) 'ARENA를 이용한 시뮬레이션 2E(共)'(2002) '제조과학의 법칙'(2005) 'ARENA를 이용한 시뮬레이션 3E'(2005) [역]'ARENA를 이용한 시뮬레이션 3E'(2005) '제조과학의 법칙'(2005) [작]'ARENA를 이용한 시뮬레이션'

문일재(文一在) MOON Il Jae

[생]1955·11·25 [본]남평(南平) [출]강원 영월 [주]서울 영등포구 여의나루로27 사학연금회관17층 대한석유협회(02-3775-0520) [학]1974년 서울고졸 1979년 서울대 경영대 경영학과졸 1981년 同행정대학원 행정학 수료 1990년 미국 오리건주립대 대학원 경제학과졸(석사) [경]1979년 행정고시 합격(23회) 1980~1994년 경제기획원 경제기획국·예산실·물가정책국 근무 1994년 국무총리실 경제조정관실 과장 1995년 국제통화기금(IMF) 이사보좌관 1999년 재정경제부 국유재산과장 2001년 同생활물가과장 2002년 同물가정책과장 2002년 대통령 기획조정비서관실 행정관 2004년 駐홍콩총영사관 재정금융관(영사) 2007년 재정경제부 경제자유구역기획단 기획국장 2008년 대통령 경제정책비서관 2008~2009년 조달청 차장 2009년 연합자산관리(주) 감사 2013년 (주)호텔신라 감사 2014년 중외제약 사외이사 2016년 삼성증권 고문 2016년 (주)BNK금융지주 사외이사(현) 2016년 대한석유협회 상근부회장(현) [상]경제기획원장관표창(1985), 대통령표창(1991), 녹조근정훈장(2002) [저]'홍콩 금융정책과 금융시장에 대한 이해'(2006) '홍콩은행 현황과 경영성과분석'(2007) [종]기독교

문재도(文在燾) MOON Jae Do

[생]1959·6·10 [본]남평(南平) [출]전남 보성 [주]서울 관악구 관악로1 서울대학교(02-880-7172) [학]1977년 광주제일고졸 1982년 서울대 경제학과졸 1985년 同대학원 정책학과졸(석사) 1986년 한국과학기술원 대학원 경영학과졸(석사) [경]1981년 행정고시 합격(25회) 1983~1984년 체신부 사무관 1988~1989년 동력자원부 기획관리실 사무관 1995~1998년 한반도에너지개발기구(KEDO) 사업운영과장 파견 2001년 산업자원부 수송기계산업과장 2003년 同전기위원회 총괄정책과장 2005년 同자원정책과장 2005년 KOTRA 외국인투자지원센터 실장 2005년 산업자원부 통상지원심의관 2006년 同외국인투자기획관 2007~2009년 駐제네바국제연합사무처 및 국제기구대표부 참사관 2010년 지식경제부 자원개발원전정책관 2011년 同산업자원협력실장(고위공무원) 2013년 대통령 경제수석비서관실 산업통상자원비서관 2014~2016년 산업통상자원부 제2차관 2016년 서울대 공대 산업공학과 객원교수(현) [상]대통령표창(1993), 녹조근정훈장(2001)

문재숙(文在淑·女) MOON Chae Suk

[생]1953·2·24 [본]남평(南平) [출]서울 [주]서울 서대문구 이화여대길52 이화여자대학교 음악대학(02-3277-2462) [학]1971년 서울사대부고졸 1976년 서울대 가야금학과졸 1978년 同대학원졸 1993년 문학박사(한국정신문화연구원) [경]인간문화재 김명환에게 북·판소리 사사 1980년 이화여대 국악과 강사 1987년 국제올림픽 문화학술대회 공연 1999년 이화여대 음악대학 한국음악전공 부교수·교수(현), 중요무형문화재 제23호 가야금산조 기능보유자 후보 2006년 중요무형문화재 제23호 가야금산조·병창 보유자(현), (사)예가회 이사(현), 김해시립가야금단 음악감독 2013년 국제가야금축제 기획총괄 [상]금관상(1989), 창작동요제 입선(1989), KBS국악대상(1998), 한국음악평론가협회 음악상, 기독교문화예술원 기독교문화대상 [저]'김죽파 가야금 산조'(1989) '가야금 찬양곡집'(1993) '가야금의 첫걸음'(1995) '한국음악인들의 생활사'(1998) '김죽파 가야금산조의 연구' [작]'가야금 연주회' '문재숙 가야금 독주회' '김죽파 10주기 추모공연' '죽파이야기공연' '가야금찬양곡집Ⅰ집' '김죽파 가야금 산조' '가야금찬양곡집Ⅱ집' '가야금찬양곡집Ⅲ집' '가야금 크리스마스 캐롤' '풍류' '두려워 말라' '나음을 입었도다' '주님의 뜻' '나의 동반자' '아무도 몰라' '감사찬양' '추수감사절 노래' '어허둥둥 예수여' '일본 가와사키시 노야당 가야금 리사이틀' [종]기독교

문재완(文在完) MOON Jae Wan

[생]1961·3·11 [출]서울 [주]서울 서초구 남부순환로2351 국제방송교류재단 아리랑TV(02-2173-3033) [학]1985년 서울대 법대 공법학과졸 1999년 미국 인디애나대 대학원 법학과졸 2002년 법학박사(미국 인디애나대) [경]1991~2002년 매일경제 법조팀장·사회부·경제부 기자 2001년 미국 뉴욕주 변호사 2001~2002년 미국 인디애나법대 글로벌프로그램 자문위원 2002~2003년 서울대 법대 Journal of Korean Law Associate Editor 2002년 同BK21 박사 후 연구원 2003~2005년 단국대 법학부 법학전공 조교수 2003~2004년 사법개혁위원회 전문위원 2004년 법무부 법률서비스경쟁력강화위원회 위원 2005~2006년 사법제도개혁추진위원회 기획위원 2005~2016년 한국외국어대 법학과 교수 2008~2009년 방송통신심의위원회 통신분과 특별위원 2009년 미디어발전국민위원회 위원 2009~2012년 방송문화진흥회 이사, 동아일보 객원논설위원 2010년 한국외국어대 법학전문대학원 부원장 2010년 한국신문협회 정책기획자문위원 2012~2013년 사이버커뮤니케이션학회 회장 2013~2016년 한국외국어대 법학연구소장 2014년 한국이민법학회 부회장 2015년 한국언론법학회 회장(현) 2016년 국제방송교류재단 아리랑TV 사장(현) [상]언론법학회 철우언론법상(2008) [저]'순진한 상식 매정한 판결'(1995) '표현의 자유 그리고 한계'(2002) '언론의 다양성 확보를 위한 정책단에 대한 연구'(2004) '법률시장 개방국들의 외국변호사 관리감독제도(共)'(2004) '언론관계소송(共)'(2007) '변호사와 한국 사회 변화'(2008) '언론법-한국의 현실과 이론'(2008)

문재우(文在于) MOON Jae Woo

[생]1955·10·29 [출]전북 김제 [주]서울 강남구 테헤란로 518 법무법인 율촌(02-528-5034) [학]1973년 익산 남성고졸 1977년 원광대 경영학과졸 1980년 서울대 행정대학원 행정학과졸 1986년 미국 일리노이주립대 대학원 회계학과졸 1987년 한양대 대학원 경영학박사과정 수료 2003년 경영학박사(원광대) [경]1976년 행정고시 합격(19회) 1977년 김제군청 근무 1978~1991년 재무부 기획관리실·이재국·증권보험국·세제국 근무 1985년 미국 공인회계사시험 합격 1991년 駐벨기에 재무관 1995년 재정경제원 금융실명단 금융반장 1995년 同국제협력담당관 1997년 同국제투자과장 1998년 재정경제부 투자진흥과장 1999년 同경협총괄과장 2000년 미국 Pwc 뉴욕사무소 파견 2001년 대통령비서실 파견 2002년 금융감독위원회 기획행정실장 2003년 제16대 대통령직인수위원회 경제1분과 전문위원 2003년 새천년민주당 수석전문위원 2004년 증권선물위원회 상임위원 2005~2006년 연세대 경제대학원 겸임교수 2006~2007년 금융감독위원회 상임위원 2007~2010년 금융감독원 감사 2010~2013년 손해보험협회 회장 2013년 법무법인 율촌 고문(현), 한국거래소 코스닥상장위원회 심의위원(현) 2014~2016년 BS금융지주 사외이사 2016년 롯데손해보험(주) 사외이사(현) [상]녹조근정훈장(1990), 헤럴드경제 보험대상 공로상(2014) [종]기독교

문재인(文在寅) MOON Jae In

[생]1953·1·24 [출]경남 거제 [학]1971년 경남고졸 1980년 경희대 법학과졸 [경]1975년 군부독재 반대시위로 투옥 1980년 계엄령위반으로 투옥 1980년 사법시험 합격(22회) 1982년 사법연수원 수료(12기) 1982~1995년 변호사 개업 1985년 부산민주시민협의회 상임위원 1987년 민주헌법쟁취국민운동 부산본부 상임집행위원 1991~2003년 부산·경남민변 대표 1995~2003년 부산종합법률사무소 대표변호사 1995~2003년 부산지방변호사회 인권위원장 2002년 (사)부산민주항쟁기념사업회 부이사장 2002년 새천년민주당 노무현 대통령후보 부산시선거대책위원장 2003년 대통령 민정수석비서관 2004년 대통령 시민사회수석비서관 2005~2006년 대통령 민정수석비서관 2006년 대통령 정무특보 2007~2008년 대통령 비서실장 2008~2012년 법무법인 부산 대표변호사 2009년 故노무현 전(前) 대통령 국민장의위원회 상임집행위원장 2009~2011년 사람사는세상 노무현재단 이사 2010~2012년 同이사장 2011년 혁신과통합 상임공동대표 2012년 민주통합당 상임고문 2012~2016년 제19대 국회의원(부산 사상, 민주통합당·민주당·새정치민주연합·더불어민주당) 2012년 민주통합당 제18대 대통령 후보 2013년 민주당 상임고문 2014년 새정치민주연합 상임고문 2014년 同6.4지방선거대책위원회 공동위원장 2014년 국회 국방위원회 위원 2014년 국회 남북관계및교류협력발전특별위원회 위원 2014년 새정치민주연합 원전대책특별위원회 위원장 2014년 同비상대책위원회 위원 2015년 同대표최고위원 2015~2016년 더불어민주당 대표최고위원 [상]자랑스러운 경희인상(2012), 백봉신사상 올해의 신사의원 베스트11(2013), 백봉신사상 올해의 신사의원 베스트10(2014·2015), 국제언론인클럽 글로벌 자랑스런 한국인대상 의정발전공헌부문(2015) [저]'부림사건과 국가보안법 제7조의 위헌성'(1997) '문재인의 운명'(2011) '문재인·김인회의 검찰을 생각한다'(2011, 오월의봄) '문재인이 드립니다'(2012, 리더스북) '사람이 먼저다(문재인의 힘)'(2012, 퍼플카우) '1219 끝이 시작이다'(2013, 바다출판사) [종]천주교

문정규(文貞奎) MOON Jung Kyu

[생]1934·1·4 [본]남평(南平) [출]대구 달성 [주]부산 부산진구 중앙대로702번길43 남흥건설(주) 비서실(051-818-1870) [학]1952년 경북고졸 1956년 서울대 건축학과졸 [경]1957년 중안산업(주) 입사 1966년 현대건축연구소 대표 1969년 남흥건설(주) 대표이사 1988~1992년 대한건설협회 부산시회 부회장 1989~1994년 부산시 근대5종바이애슬론경기연맹 회장 1999년 남흥건설(주) 회장(현) 2000~2004년 부산그랜드오페라단 후원회장 2000~2003년 서울대 부산총동창회 회장 [상]재무부장관표창(1986), 부산진세무서장표창(1999) [종]불교

문정림(文靜林·女) Moon, Jeong-Lim

[생]1961·12·22 [본]남평(南平) [출]서울 [학]1986년 가톨릭대 의대졸 1989년 同대학원졸 1992년 의학박사(가톨릭대) [경]1986년 가톨릭대 의대 수련의·전공의 1990년 同강남성모병원 임상강사 1991~2011년 同의과대학 재활의학교실 교수 2009년 대한의사협회 의무이사 2010년 同공보이사 겸 대변인 2011년 전국의사총연합 공보이사 겸 대변인 2011년 대한소아재활발달의학회 이사장 2011년 대한재활의학회 총무이사 2011년 대한의학회 정책이사 2011년 한국여자의사회 홍보이사 2011년 자유선진당 대변인 2012~2016년 제19대 국회의원(비례대표, 선진통일당·새누리당) 2012년 선진통일당 정책위 의장 겸 원내대변인 2013년 새누리당 여성·정치쇄신담당 원내부대표 2014~2016년 국회 보건복지위원회 위원 2014년 국회 윤리특별위원회 위원 2014년 순천향대 서울병원 홍보대사 2015년 새누리당 아동학대근절특별위원회 위원 2015년 同메르스비상대책특별위원회 부위원장 2015년 국회 메르스대책특별위원회 위원 2015~2016년 새누리당 원내대변인 겸 공보담당 원내부대표 [상]법률소비자연맹 국회 헌정대상(2013·2014), 국정감사NGO모니터단 국정감사 우수국회의원(2013·2014), 나눔신문 '대한민국 나눔문화를 빛낸 대한민국 나눔실천대상'(2013), 국회 '입법 및 정책개발 우수의원'(2014), 가톨릭대 의과대학 '자랑스런 가톨릭의대인상 : 사회공헌 부문'(2014), 대한민국 의정대상(2014), 사회정의시민행동 공동선 의정활동상(2014) [저]'소아재활의학'(2006) '재활의학'(2008) [종]천주교

문정석(文正石) MOON Jung Seok

[생]1956·8·17 [주]부산 해운대구 센텀서로39 영상산업센터2층 게임물관리위원회(051-720-6800) [학]한국방송통신대 행정학과졸, 경북대 행정대학원졸 [경]2008년 문화체육관광부 문화정책국 다문화정책팀장 2009년 대한민국예술원 사무국 관리과장 2011년 한국예술종합학교 사무국 총무과장 2012년 국립민속박물관 섭외교육과장 2013년 게임물관리위원회 상임감사(현)

문정수(文正秀) MOON Jung Soo

[생]1939·8·9 [본]남평(南平) [출]부산 [주]서울 영등포구 의사당대로1 대한민국헌정회(02-757-6612) [학]1958년 경남고졸 1964년 고려대 정치외교학과졸 1992년 연세대 행정대학원졸 2004년 동아대 대학원 정치외교학 박사과정 수료 [경]1960년 공명선거투쟁위원회 학생특별위원회 총무부장 1966년 신민당 부산2지구당 선전부장 1969년 김영삼국회의원 비서관 1972년 신민당 중앙상무위원 1979년 同총무국장 1981년 정치활동 규제 1984년 정치활동 해금 1984년 신한민주당(신민당) 창당발기인 1985년 同총무국장 1985년 제12대 국회의원(부산北, 신민당) 1985년 신민당 사무차장 1987년 통일민주당(민주당) 통일특별위원회 위원장 1988년 제13대 국회의원(부산北甲, 민주당·민자당) 1988년 민주당 부산시지부 위원장 1992년 제14대 국회의원(부산北甲, 민자당) 1992년 민자당 중앙당기위원장 1993년 同사무총장 1993년 同부산시지부 위원장 1995년 同당무위원 1995~1998년 부산광역시장(민자당·신한국당·한나라당) 1996년 '부산민주공원 조성 범시민추진위원회' 위원장 1999~2009년 신라대 행정학과 초빙교수 2000~2001년 민주국민당 부산北·강서乙지구당 위원장 2002년 한나라당 부산시 대통령선거대책위원회 상임고문, 同부산시지부 고문 2014년 (사)부산민주항쟁기념사업회 이사장(현) 2015년 대한민국헌정회 이사(현) [상]건국포장(2010) [저]'결코 잊지 맙시다' '명란젓과 컨테이너' '아빠 왜 집에 안가' '부산의 미래가 열린다' '한국의 미래가 열린다' [종]불교

문정식(文政植) Moon Jeong Sik

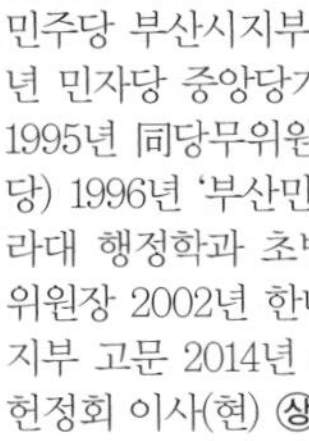

[생]1959·10·15 [본]남평(南平) [출]서울 [주]서울 종로구 율곡로2길25 연합뉴스 편집국 선임데스크팀(02-398-3383) [학]서강대 영어영문학과졸 [경]2000년 연합뉴스 인터넷취재팀 차장 2001년 同인터넷취재팀장 2002년 同제네바특파원 2006년 同국제뉴스2부 근무(부장급) 2006년 同편집국 국제뉴스담당 부국장 2008년 同국제뉴스2부 기획위원 2009년 同해외국장(부국

장급) 2011년 同유럽총국장(부국장급) 2012년 同유럽총국장(국장대우) 2014년 同국제뉴스2부 기획위원(국장대우) 2015년 同편집국 국제뉴스 선임데스크팀 근무(국장대우)(현) [상]한국참언론인대상 국제부문(2008) [저]'네트워크 오딧세이' '컴퓨터는 칼보다 강하다' '온라인 저널리스트' '펜을 든 병사들' [종]가톨릭

문정인(文正仁) Moon Chung-In

[생]1951·3·25 [본]남평(南平) [출]제주 제주시 [주]서울 서대문구 연세로50 연세대학교 정치외교학과(02-2123-2940) [학]1969년 제주 오현고졸 1977년 연세대 철학과졸 1981년 미국 메릴랜드대 대학원 정치학과졸 1984년 정치학박사(미국 메릴랜드대) [경]1970~1972년 연세대 학보 연세춘추 기자 겸 편집국 국장 1978~1984년 미국 메릴랜드대 조교·강사 1981~1984년 同국제문제연구소 상임연구원 1984~1985년 미국 윌리엄스칼리지(Williams College) 초빙교수 1985~1994년 미국 켄터키대 정치외교학과 조교수·부교수 1985년 Pacific Focus 부편집인 1993년 미국 캘리포니아대 태평양국제대학원 초빙교수 1994~2016년 연세대 사회과학대학 정치외교학과 교수 1994년 한국정치학회 국제위원장 1994~2000년 통일원 자문위원 1995년 미국 듀크대 Asia-Pacific Studies Institute 겸임교수(현) 1997년 미국 국제정치학회 이사 1997~2000년 세계정치학회 프로그램위원회 위원 1998년 연세대 통일연구원장 1999년 청와대 국가안전보장회의 비상근자문위원 1999~2004년 UNESCO 한국위원회 집행위원 2000~2002년 연세대 국제학대학원장 2000년 평양 남북정상회담 특별수행원 2001년 연세대 국제학연구단장 2001~2003년 미국 국제정치학회(ISA) 부회장 2002년 일본 게이오대 초빙교수 2003~2004년 연세대 현대한국학연구소장 2003년 스위스 제네바대 겸임교수 2003년 노무현 대통령당선자 방미특사단원 2004~2006년 한국평화학회 회장 2004~2005년 대통령자문 동북아시대위원회 위원장 2005년 대통령자문 국방발전자문위원 2006~2008년 외교통상부 국제안보분야 대외직명대사 2006년 글로벌아시아 편집장(현) 2009·2011년 대통령직속 사회통합위원회 위원 2011년 한반도포럼 이사 2011년 동아시아재단 이사(현) 2011년 아시아연구기금 이사(현) 2011년 국제평화재단 이사 2011년 중국개혁개방포럼 국제고문 2012~2016년 연세대 김대중도서관장 2012년 민주통합당 제18대 대통령중앙선거대책위원회 '미래캠프' 산하 남북경제연합위원회 위원 2012년 한반도평화포럼 공동대표(현) 2014년 대통령직속 통일준비위원회 외교안보분과위원회 민간위원(현) 2016년 연세대 명예특임교수(현), 미국 캘리포니아대 샌디에이고교 Krause 석좌연구원(현) [상]Distinguished Scholarship Award(1986), Public Policy Scholar Award(1999), 연세대 우수연구업적표창(2001·2002·2003), 제민일보 선정 올해의 제주인상(2005), 공군을 빛낸 인물(2006), 제주특별자치도 문화상 학술부문(2006), 연세대 공로패(2007), 중국 북경대 국제학원 Lixian Scholar(2009), 미국 Univ. of California San Diego Pacific Leadership Fellow(2010), 제15회 연문인상(2015), 연세대 우수업적교수상 교육부문(2016) [저]'Alliance under Tension : The Evolution of U.S.-South Korean Relations'(1988) 'The United States and the Defense of the Pacific'(1989) 'Rethinking the Korean Peninsula : Arms Control, Nuclear Issues, and Economic Reformation'(1993) '복합적 상호의존과 초국가적 로비-한국의 대미로비 사례 연구(共)'(1995) '미국의 군사력 감축과 아시아 태평양 지역의 재래식 군사력- 총괄평가(共)'(1995) '미국의 기술개발지원제도(共)'(1995) 'Arms Control on the Korean Peninsula'(1996) '민주화시대의 정부와 기업'(1998) 'Democracy and the Korean Economy'(1999) '한국의 부정부패'(1999) '동북아 전력구조와 한국의 우주항공력'(2000) '새천년한반도 평화구축과 신지역 질서론(共)'(2000) 'Understanding Korean Politics'(2001) '시장, 국가, 국제체제(共)'(2002) '제주교육의 세계화 방향'(共) '시장, 국가, 국제체제(共)'(2002) '남북한 정치 갈등과 통일(共)'(2002) '21세기 국제환경변화와 한반도'(2004) '협력적 자주국방과 국방개혁'(2004) '1950년대 한국사의 재조명(編)'(2004) '신 국방정책과 공군력의 역할(共)'(2004) '동아시아의 전쟁과 평화'(2006) 'The United States and Northeast Asia: Issues, Debates, and New Order'(2008) '중국의 내일을 묻다'(2010) '중국의 내일을 묻다의 번역판'(2011) 'The Sunshine Policy'(2012, Yonsei University Press) '일본은 지금 무엇을 생각하는가?'(2013) '다보스 이야기(共)'(2014, 와이즈베리) [역]'김대중과 국방'(2015)

문정일(文丁一) Jung-il Moon

[생]1958·11·19 [본]남평(南平) [출]서울 [주]서울 영등포구 63로10 여의도성모병원 안과(02-3779-1847) [학]1983년 가톨릭대 의대졸 1991년 同대학원졸 의학석사 1994년 의학박사(가톨릭대) 2008년 미국 GE 최고경영자 연수과정(Global Customer Summit Korea Executive Program) 수료 2011년 서울과학종합대학원 4T CEO녹색성장과정 수료 [경]1990년 가톨릭대 의과대학 안과학교실 교수(현) 1992년 미국안과학회(ARVO) 정회원(현) 1995년 아시아·태평양안과학회(APAO) 정회원(현) 1995~1996년 미국 존스홉킨스의대 윌머안과 녹내장분야 교환교수 및 Research Fellowship 1996년 중앙일보 전자신문 상담의 1998~2002년 한국녹내장학회 상임이사(총무·학술이사) 1999~2005년 자동차보험진료수가분쟁위원회 전문위원 1999년 한국의료질향상학회 정회원(현) 2000~2002년 대한안과학회 수련·학술위원 2000년 한국소비자보호원 소비자분쟁위원회 의료분야 전문위원(현) 2002년 아시아·오세아니아녹내장학회(AOGS) 정회원(현) 2002~2006년 한국과학기술단체총연합회 대의원 2002~2008년 대한안과학회 상임이사·총무이사·기획사업이사 2003~2005년 가톨릭대 성모병원 선임기획위원 2004~2014년 건강보험심사평가원 진료심사평가위원회 심사위원 2004년 국민연금재심사위원회 의학자문단 위원(현) 2004년 KJO(Korean Journal of Ophthalmology) 발간위원회 위원(현) 2005~2007년 가톨릭대 성모병원 안센터 소장 겸 안과 과장 2005~2007년 가톨릭중앙의료원 의료기획 자문위원 2005~2007년 가톨릭대 성모병원 QI부실장 2005~2007년 同성모병원 수련교육부장 2005~2008년 대한안과학회 고시위원 2006년 한국의료질향상학회 이사(현) 2007~2008년 가톨릭대 서울성모병원개원준비단 진료기획부장 2007~2009년 同성모병원 진료부원장 2007~2009년 同성모병원 QI관리실장 2008~2010년 한국녹내장학회 회장 2009~2010년 가톨릭대 성모병원장 2009~2011년 한국방송공사 의료자문위원 2009~2013년 서울시의사회 대의원 2010~2013년 가톨릭대 여의도성모병원장 2010~2013년 서울 영등포구통합방위협의회 위원 2010년 대한안과학회 논문심사위원(현) 2011~2014년 의료기관평가인증원 제도자문위원회 위원 2011년 MBC 사회봉사대상 심사위원 2012년 식품의약품안전처 중앙약사심의위원회 전문가(현) 2012~2013년 대한병원협회 법제이사 2013년 서울시병원회 수련교육위원장 2014~2016년 MBC아트 경영자문위원 [상]보건사회부장관표창(1986), 아시아태평양안과학회(APAO) 'Distinguished Service Award'(2003), 연압학술상 대상(2005), 가톨릭중앙의료원 이념실천대상(2007), 국회 공로장(2010), 제3회 종근당 존경받는 병원인상 CEO부문(2013) [저]'녹내장 교과서'(共) '백내장'(共) [종]천주교

문정일(文丁一) Moon Jungil

[생]1966·3·5 [본]남평(南平) [출]부산 [주]서울 강남구 테헤란로133 법무법인 태평양(02-3404-0186) [학]1984년 달성고졸 1989년 서울대 공법학과졸 [경]1993년 사법시험 합격(35회) 1996년 사법연수원 수료(25기) 1996년 서울지법 남부지원 판사 1998년 서울지법 판사 2000년 대전지법 판사 2003년 서울지법 판사 2004년 서울중앙지법 판사 2005년 수원지법 판사 2008년 서울고법 판사 2009년 대법원 재판연구관 2011년 대전지법 제12형사부 부장판사 2012~2015년 서울고법 판사 2015년 법무법인 태평양 변호사(현) [저]'주석 민사집행법(共)'(2012, 한국사법행정학회)

문정철(文貞喆) MOON JUNGCHUL

[생]1960·4·8 [본]남평(南平) [출]광주 [주]대전 서구 청사로189 통계청 행정자료관리과(042-481-3825) [학]1977년 검정고시 합격 1987년 성균관대 경제학과졸 2005년 고려대 대학원 경제학과졸 [경]2002~2008년 통계청 사무관 2009년 同산업통계과 서기관 2011년 同청장 비서실장 2013년 同통계심사과장 2015년 同행정자료관리과장(현) [상]국무총리표창(1998), 대통령표창(2010)

문정현(文正鉉) MOON Jung Hyun

[생]1960·7·11 [본]남평(南平) [출]광주 [주]광주 서구 상무중앙로80 전문건설회관1층 법무법인(유) 바른길(062-381-0050) [학]1980년 광주고졸 1987년 전남대 법대졸 1994년 同대학원 법학과졸 [경]1991년 사법시험 합격(33회) 1994년 사법연수원 수료 1994년 광주지법 판사 1996년 同목포지원 판사 1998년 영암군 선거관리위원장 1999년 광주지법 판사 2001년 곡성군 선거관리위원장 2001년 변호사 개업 2001~2005년 광주시 행정심판위원 2005년 광주지방공정거래협의회 자문위원(현) 2007년 법무법인 바른길 대표변호사 2007~2009년 사회복지공동모금회 전남지역 운영위원 2009년 광주지방경찰청 보안협력위원 2011~2012년 광주지방국세청 국세심사위원회 위원 2011~2013년 전남도 고문변호사 2013~2015년 광주고검 검찰시민위원회 위원 2013년 광주지검 형사조정위원회 법률위원장 2013~2015년 광주시 소청심사위원회 위원 2013년 대한변호사협회 사법평가위원회 위원(현) 2013~2015년 광주지방변호사회 회장 2015년 대한변호사협회 부협회장(현) 2015년 법무법인(유) 바른길 대표변호사(현) [종]기독교

문정희(文貞姬·女) Moon, CHUNG-HEE

[생]1947·5·25 [본]남평(南平) [출]전남 보성 [학]진명여고졸 1970년 동국대 국어국문학과졸 1980년 同대학원 국문학과졸 1993년 문학박사(서울여대) [경]1969년 「월간문학」에 '불면' '하늘'로 신인상 당선·시인(현) 2005~2009년 동국대 문예창작학과 석좌교수 2007~2009년 고려대 세종캠퍼스 문예창작과 교수 2014~2016년 한국시인협회 회장 2016년 同평의원(현) [상]제1회 현대문학상(1976), 소월시문학상(1997), 동국문학상(2000), 정지용문학상(2004), 레바논 나지 나만문학상(2004), 마케도니아 국제 시(詩) 축제 '나뭇의 날' 최고작품상(2004), 현대불교문학상(2005), 한국예술평론가협의회 '올해의 최우수 예술가상' 문학부문(2008), 스웨덴 시카다상(2010), 제10회 육사시문학상(2013), 목월문학상(2015), 대한민국문화예술상 문학부문(2015) [저]'눈물'(1997) '사포의 첫사랑'(1998) '이 세상 모든 사랑은 무죄이다'(1998) '오라, 거짓 사랑아'(2001) '모든 사랑은 첫사랑이다'(2003) '양귀비꽃 머리에 꽂고'(2004) 시선집 '지금 장미를 따라'(2009) '사랑의 기쁨'(2010, 시월) '다산의 처녀'(2010, 민음사) '여자의 몸(共)'(2015, 여백) '나는 문이다'(2016) '지금 장미를 따라'(2016) [작]시집 '꽃숨' '문정희 시집' '혼자 무너지는 종소리' '아우내의 새' '그리운나의 집' '찔레' '우리는 왜 흐르는가' '하늘보다 먼곳에 매인 그대' '양귀비꽃머리에 꽂고' '나는 문이다' 'Windflower' '응' 수필집 '사색의 그리운 풀밭' '사랑과 우수의 사이' '젊은 고뇌와 사랑' '우리 영혼의 암호문 하나' '우리를 홀로 있게 하는 것들'

문종극(文鍾極) MUN JONG KEUG

[생]1960·6·29 [본]남평(南平) [출]충남 보령 [주]충북 청주시 흥덕구 복대로185 충청타임즈 임원실(043-279-5000) [학]대천고졸 1988년 청주사범대 영어교육학과졸 [경]1988년 충청일보 입사 1997년 同정경부 차장 1999년 同제2사회부 차장 1999년 同편집부 차장 2000년 同사회부 차장, 한국기자협회 지방언론활성화특별위원, 同충청일보 분회장 2004년 전국언론노조 충청일보지부 위원장 2005년 새충청일보 창간멤버, 전국언론노조 새충청일보지부 위원장 2007년 충청타임즈 편집국 부국장 2009년 同편집국장 2016년 同사장(현) [상]한국기자협회 이달의 기자상

문종대(文鍾大) Moon Jong Dae

[생]1961·5·5 [출]경남 하동 [주]부산 부산진구 엄광로 176 동의대학교 신문방송학과(051-890-1312) [학]1985년 서강대 신문방송학과졸 1989년 同대학원졸 1995년 신문방송학박사(서강대) [경]1990~1996년 언론문화연구소 연구원 1996년 동의대 신문방송학과 교수(현) 2001년 한국방송학회 편집이사 2001년 동의대 교육방송국 주간 2009~2010년 同입학홍보처장 2009~2010년 부산·울산·경남언론학회 회장 2010년 미디어공공성포럼 감사 2015년 동의대 인문대학장·교육연수원장·교육대학원장 겸임(현) [저]'현대사회와 매스커뮤니케이션' '한국언론의 정치경제학' '시장의 감옥' '한국민영방송사의 재평가'(共)

문종박(文鍾博) MOON Jong Bak

[생]1957·10·27 [출]경북 [주]서울 중구 통일로10 현대오일뱅크(주) 사장실(02-2004-3001) [학]1976년 경북고졸 1983년 연세대 상경대학 응용통계학과졸 [경]1997년 현대중공업(주) 재정부장 2003년 同재정담당 이사대우 2003~2006년 同재정담당 이사 2003~2006년 현대미포조선 재정담당 중역 2003~2006년 현대선물 이사 2006~2010년 현대중공업 상무, 同중국지주회사 총괄대표 겸 중국 현대융자리스 대표 2010년 현대오일뱅크(주) 경영지원본부장(전무) 2011년 同기획조정실장 겸 글로벌사업본부장(전무) 2012년 同기획조정실장 겸 글로벌사업본부장(부사장) 2014년 현대쉘베이스오일 대표이사 2014년 현대오일뱅크(주) 대표이사 사장(현)

문종복(文鐘福) Moon Joung Bok

[생]1957·7·23 [출]경북 김천 [주]서울 중구 청계천로30 예금보험공사 임원실(02-758-0114) [학]1978년 대구상고졸 1995년 계명대 경영학사회교육 수료 2009년 성균관대 최고경영자과정 수료 2010년 서울대 법대 최고지도자과정 수료 2011년 고려대 최고경영자과정 수료 [경]1977년 조흥은행 입행 1995년 同신천동지점 과장 1997년 同대구본부 과장 2000년 同여신심사부 심사역 2002년 同대구기업금융지점장 2004년 同경주기업금융지점장 2006년 신한은행 경주기업금융지점장 2007년 同을지로기업금융지점장 2007년 同충무로국동기업금융지점장 2009년 同WM그룹 전무 2011~2012년 同리스크관리그룹 부행장 2012~2014년 신한신용정보(주) 대표이사 사장 2016년 예금보험공사 상임이사(현) [상]대통령표창(2005) [종]불교

문종석 Jong-suk Moon

[생]1961·5·9 [주]서울 중구 동호로330 CJ제일제당센터5층 CJ프레시웨이(02-2149-6878) [학]1987년 부경대 무역학과졸 2003년 핀란드 알토대 대학원 MBA(석사) [경]1999년 (주)동원F&B 부산영업부장 2001~2002년 同마케팅실장 2003년 (주)동원홈푸드 FS사업본부 상무 2007년 同유통사업본부 전무 2012년 同대표이사 부사장 2013년 CJ프레시웨이 FS본부 부사장 2015년 同유통사업총괄 부사장 2016년 同대표이사(현)

문종섭(文鍾燮) Jongsub Moon

[생]1958·3·30 [본]남평(南平) [출]대구 [주]세종특별자치시 세종로2511 고려대학교 전자및정보공학과(044-860-1423) [학]1976년 경북고졸 1981년 서울대 계산통계학과졸 1983년 同대학원 계산통계학과졸 1991년 이학박사(미국 일리노이대) [경]1981~1985년 금성통신연구소 연구원 1992년 덕성여대·서울시립대 시간강사 1993~2001년 고려대 전자및정보공학부 조교수·부교수 2001~2008년 同전자및정보공학부 교수 2001년 同정보보호대학원 겸임교수 2008년 同전자및정보공학과 교수(현) [상]대한민국발명대전 대통령표창(2003) [저]'전산 개론과 포트란'(1995) [종]기독교

문종안(文鐘安) Moon, Jong Ahn

[생]1945·6·15 [주]전남 화순군 화순읍 쌍충로127 백암빌딩3층 (주)바리오화순 임원실(061-370-4000) [학]공주대 교육대학원 특수교육과졸 [경]광주시 서부교육청 교육장 직대, 한나라당 나주·화순당원협의회 위원장 2012~2015년 새누리당 나주·화순당원협의회 위원장 2012년 제19대 국회의원선거 출마(나주·화순, 새누리당) 2014년 새누리당 장애인위원회 자문위원 2015년 (주)바리오화순 대표이사(현)

문종열(文鍾烈) Jong Yeul Moon

[생]1959·11·26 [본]남평(南平) [출]대구 [주]서울 영등포구 의사당로1 국회의정관410호 국회예산정책처 예산분석실 사회예산분석과(02-788-3771) [학]1978년 경북사대부고졸 1983년 연세대 정치외교학과졸 1985년 同대학원 정치학과졸 2002년 미국 미시간주립대 대학원 자원개발과 및 도시학과졸 2002년 자원개발 및 도시학박사(미국 미시간주립대) [경]1981~1982년 연세대 총학생장 1988~1989년 현대해상화재보험(주) 인사부 사원(4급) 1989~1992년 한국폴리테크연구소 실장 1992~1994년 국회의원 비서관 1998~1999년 MSU VIPP Summer Program Manager 2003년 미국 Michigan State Univ. Center for Urban Affairs GIS Research Specialist 2004년 국회예산정책처 사업평가국 사업평가관(국방·외교통상부·통일) 2007년 同예산분석실 예산분석관(국방·외교통상부· 통일) 2009년 同예산분석실 사회예산분석팀장 2011년 同예산분석실 법안비용추계1팀장 2012년 同예산분석실 사회예산분석과장(현) [상]국회의장표창(2013) [저]'당선으로가는 지름길(共)'(1990, JC출판) '당선을 위한 선거전략(共)'(1991, 공동체)

문종철(文鍾喆) MOON Jong Cheul

[생]1967·7·20 [출]전북 김제 [주]서울 중구 덕수궁길15 서울특별시의회 의원회관721호(02-3783-1616) [학]이리고졸, 전주대 법정대학 행정학과졸, 건국대 행정대학원 도시 및 지역계획학과졸 [경](주)광동개발 총괄이사, 광진구장애인연합회 운영위원, 열린우리당 서울광진구지역위원회 운영위원 2006년 서울시 광진구의회 의원, 同복지건설위원회 위원장 2009년 4.29재보선 서울시의원선거 출마(민주당) 2010년 서울시의회 의원(민주당·민주통합당·민주당·새정치민주연합) 2010년 同교통위원회 부위원장 2010년 同CNG버스안전운행지원특별위원장 2010·2011년 同윤리특별위원회 위원 2011년 同예산결산특별위원회 위원 2011년 同장애인특별위원회 위원 2012년 同운영위원회 위원 2012년 同최고고도지구합리적개선특별위원회 위원 2012년 同지하철9호선및우면산터널등민간투자사업진상규명특별위원회 위원 2012년 同도시안전위원회 위원 2012년 同정책연구위원회 위원 2012년 同저탄소녹색성장및중소기업지원특별위원회 위원 2013년 同학교폭력대책특별위원회 위원 2014년 서울시의회 의원(새정치민주연합·더불어민주당)(현) 2014년 同도시안전건설위원회 부위원장 2014~2016년 同싱크홀발생원인조사 및 안전대책특별위원회 위원장 2015년 同예산결산특별위원회 위원(현) 2016년

同도시안전건설위원회 위원(현) 2016년 同장기미집행도시공원특별위원회 위원(현) [상]제5회 서울사회복지대상(2016)

문종훈(文鐘勳) MOON Jong Hoon

[생]1959·4·25 [본]남평(南平) [출]전남 강진 [주]서울 중구 남대문로90 SK네트웍스(주) 임원실(070-7800-2114) [학]1977년 광주제일고졸 1983년 고려대 경영학과졸 [경]1983년 (주)유공 입사 1997년 同카드마케팅팀장 1999년 SK(주) DB마케팅팀장 2001년 同석유사업CRM팀장 2003년 SK글로벌 Network사업부장(임원선임) 2003년 SK네트웍스 SS사업부장(상무) 2005년 SK(주) Car Life사업부장 겸 사업개발담당(상무) 2008년 SK M&C CM사업센터장(상무) 2009년 同Marketing Solution BU장(전무) 2010년 워커힐(주) 경영총괄 겸 마케팅사업부장(부사장) 2011년 同사장 2012년 SK M&C 대표이사 사장 2013년 SK그룹 SUPEX(Super Excellent)추구협의회 통합사무국장 2014년 同통합사무국장 겸 전략위원회 팀장 2015년 SK네트웍스(주) 대표이사(현) 2015년 한국무역협회 비상근부회장(현)

문주남(文柱男) MOON Ju Nam

[생]1931·12·5 [출]서울 [주]서울 중구 수표로62 대동산업(주) 회장실(02-2268-8506) [학]1957년 전남대 상대졸 1968년 고려대 경영대학원졸 1997년 명예 경영학박사(전남대) [경]1956년 성보실업(주) 근무 1964년 동아요업(주) 근무 1965년 명보직물(주) 대표이사 1983년 선도산업(주) 대표이사 1993년 대동산업(주) 대표이사 회장(현) 1995년 (주)대동 대표이사 회장(현) 1998년 대한도자기타일공업협동조합 이사장(현) [상]대통령표창(2006), 산업포장(2011) [종]불교

문주현(文州鉉) Joo-Hyun Moon

[생]1958·3·3 [주]서울 강남구 테헤란로306 카이트타워20층 (주)엠디엠(02-2112-6500) [학]1987년 경희대 회계학과졸 1999년 서울대 공과대학 최고산업전략과정(AIP) 수료 2004년 同국제대학원 최고지도자과정(GLP) 수료 2009년 同공과대학 건설산업최고전략과정(ACPMP) 수료 2015년 한양대 부동산융합대학원 창조도시부동산융합최고위과정(ARP) 수료 [경]1998년 (주)엠디엠 회장(현) 2001년 (재)문주장학재단 이사장(현) 2009년 민주평통 상임위원(현) 2010년 한국자산신탁(주) 회장(현) 2012년 한국자산캐피탈(주) 회장(현) 2014년 한국부동산개발협회 회장(현) 2016년 한국자산에셋운용(주) 회장(현) 2016년 전국검정고시총동문회 총회장(현) [상]납세자의날 기획재정부장관표창(2010), 중앙일보 '2010 녹색건설산업대상 중견건설부문' 최우수상(2010), 포춘코리아 '2011 한국경제를 움직이는 인물' 사회공헌경영부문(2010), 조선뉴스프레스 '2011 상생을 위한 사회책임경영'(2011), 대한민국건설문화대상 부동산개발부문 국토해양부장관표창(2012), JTBC '2013 공생을 위한 사회책임경영(CSR)리더'(2013), 전국NGO단체연대 '올해의 닮고 싶은 인물' 사회통합(사회봉사)부문(2014), 서울부동산포럼 '2014년 부동산 CEO대상'(2014), 서울시 체육인의 밤 서울시장표창(2014), 경희대총동문회 '2015년 자랑스런 경희인상'(2015), 재경광주전남향우회 '자랑스러운 광주전남인상'(2015), 전라남도청 '자랑스러운 전남인상'(2015), '장흥 군민의 상' 출향기업인(2016)

문주현(文註鉉) Moon Joo Hyun

[생]1968·10·4 [주]경북 경주시 동대로123 동국대학교 원자력·에너지시스템공학과(054-770-2208) [학]1990년 서울대 원자핵공학과졸 1992년 同대학원 원자핵공학과졸 1996년 원자핵공학박사(서울대) [경]1997~1999년 한국전력공사 전력연구원 선임연구원 1999~2000년 한국과학기술기획평가원 선임연구원 2000~2002년 서울대 계약교수 2002~2004년 한국원자력안전기술원 선임연구원 2005~2007년 과학기술부 공업사무관 2007년 동국대 원자력·에너지시스템공학과 교수(현) 2013~2015년 한국연구재단 원자력PM 2016년 원자력안전위원회 비상임위원(현)

문주형(文柱馨·女) MOON Joo Hyung

[생]1969·12·25 [출]경남 합천 [주]서울 서초구 서초중앙로157 서울고등법원 판사실(02-530-1114) [학]1987년 진주여고졸 1991년 서울대 법대 사법학과졸 [경]1993년 사법시험 합격 1996년 사법연수원 수료(25기) 1996년 수원지법 판사·서울지법판사 2003년 서울행정법원 판사 2005년 서울남부지법 판사 2008년 서울고법 판사 2009년 대법원 재판연구관 2011년 서울고법 판사(현)

문준섭(文準燮)

[생]1975·8·20 [출]경북 청도 [주]부산 연제구 법원로31 부산가정법원(051-590-1114) [학]1994년 대구 오성고졸 1998년 서울대 사법학과졸 [경]1997년 사법시험 합격(39회) 2000년 사법연수원 수료(29기) 2000년 공군 법무관 2003년 서울지법 판사 2004년 서울중앙지법 판사 2005년 서울서부지법 판사 2007년 광주지법 판사 2009년 광주고법 판사 2010년 수원지법 성남지원 판사 2013년 서울행정법원 판사 2015년 부산가정법원 부장판사(현)

문준식(文俊植) June-shik Moon

[생]1959·1·17 [주]서울 영등포구 은행로38 한국수출입은행 중소중견금융본부(02-3779-6012) [학]1977년 경북고졸 1982년 서울대 경영학과졸 1997년 미국 워싱턴대 경영대학원졸(MBA) [경]1983년 한국수출입은행 입행 2002년 同수은영국은행 부사장 2005년 同국제금융부 팀장 2006년 同선박금융부 팀장 2008년 同신성장산업금융실장 2008년 同워싱턴사무소장 2011년 同해외투자금융부장 2012년 同총괄사업부장 2014년 同금융자문부장 2014년 同전략사업부장 2015년 同중소중견금융본부장(부행장)(현)

문준필(文俊弼) Moon Jun Pil

[생]1966·11·25 [출]경북 김천 [주]서울 서초구 법원로15 법무법인 LKB & Partners(02-596-7150) [학]1985년 용산고졸 1989년 고려대 법학과졸 2016년 서울시립대 세무전문대학원 세무학과졸 [경]1990년 사법시험 합격(32회) 1993년 사법연수원 수료(22기) 1993년 軍법무관 1996년 수원지법 판사 1998년 서울지법 판사 2000년 대전지법 서천군·보령시·예산군법원 판사 2001년 同홍성지원 판사 2001년 일본 와세다대 연수 2004년 법원행정처 송무심의관 2006년 同사법정책실 판사 2006년 서울고법 판사 2008년 광주지법 부장판사 2009년 수원지법 부장판사 2012년 서울행정법원 부장판사 2015~2016년 서울동부지법 부장판사 2016년 법무법인 LKB & Partners 대표변호사(현) 2016년 한국국제조세협회(IFA) 회원(현) 2016년 대한상사중재원 중재인(현)

문지영(文智暎·女) MOON Ji Young

[생]1963·1·19 [주]서울 용산구 청파로47길100 숙명여자대학교 역사문화학과(02-710-9357) [학]1985년 숙명여대 사학과졸 1988년 同대학원졸 1996년 역사학박사(프랑스 파리사회과학고등연구원) [경]숙명여대 사학과 교수, 同인문학부 사학전공 교수 2011년 同문과대학 역사문화학과 교수(현), 한국역사학회 편집위원, 한국서양사학회 연구기획이사, 한국프랑스사학회 연구이사, 문화사학회 총무, 경제·인문사회연구회 인문정책위원, 한국서양사학회 총무 2014년 숙명여대 아시아여성연구소장 [저]'서양사 깊이읽기'(2008) '근대 엔지니어의 탄생'(2013) '근대 엔지니어의 성장'(2014) '교육과 정치로 본 프랑스사(共)'(2014) '유럽을 만든 대학들(共)'(2015) [역]'시간의 종말, 새로운 밀레니엄에 대한 네 가지 논의'(1999) '아동의 탄생'(2003) '기억의 장소1-5'(2010)

문지욱(文智郁) MOON JI UK

[생]1963·7·26 [출]서울 [주]서울 마포구 성암로179 (주)팬택(1588-9111) [학]1982년 숭문고졸 1987년 서울대 전자공학과졸 [경]1986~1992년 금성통신·LG전자 통신연구소 근무 1992~1995년 LG전자 이동통신상품기획책임자 1995~1997년 同시스템사업부 근무 1997~1998년 SK텔레콤 ITM TFT 책임연구원 2005년 SK텔레텍 기술전략그룹 수석연구원 2005~2010년 (주)팬택 내수개발그룹장(상무) 2010~2015년 同중앙연구소장(부사장) 2015년 同사장(현)

문진국(文鎭國) MOON Jin Kook

[생]1949·2·1 [출]서울 [주]서울 영등포구 의사당대로1 국회 의원회관827호(02-784-9340) [학]환일고 제적(3년) [경]1987년 동방교통(現 정안상운) 노조위원장(3선) 1992년 서울택시운전기사복지회 새마을금고 이사장 1993~2002년 한국노동조합총연맹 서울지역본부 부의장 1994년 전국택시노동조합연맹 부위원장 1996년 서울지방노동위원회 근로자위원 2002~2006년 서울시의회 의원(새천년민주당·민주당) 2004년 同교통위원회 부위원장 2005년 전국택시노동조합연맹 위원장 2008년 한국노동조합총연맹 상임부위원장 2008~2011년 중앙노동위원회 근로자위원, 최저임금위원회 근로자위원 2011~2014년 노사발전재단 공동이사장 2012~2014년 한국노동조합총연맹 위원장 2014~2015년 새누리당 보수혁신특별위원회 위원 2016년 제20대 국회의원(비례대표, 새누리당)(현) 2016년 국회 환경노동위원회 위원(현) 2016년 새누리당 노동위원장(현) [상]은탑산업훈장(2012)

문진기(文鎭起) MOON Jin Gi

[생]1959·1·7 [본]남평(南平) [출]강원 춘천 [주]강원 춘천시 춘천로145번길18 춘천교육지원청 교육장실(033-259-1500) [학]성수고졸, 강원대 농공학과졸, 同대학원 제어계측학과졸 [경]성수중·근덕농고·춘천농고 교사, 정선교육청 장학사, 강원도교육청 사임당교육원 교육연구사, 同교원인사과 장학사, 강원도교육과학연구원 과학교육부 교육연구사 2009년 신철원고 교감 2013년 강원도교육청 학교혁신과 학교운영담당(장학관급), 同교육국 교원정책과 중등인사담당(장학관급) 2016년 강원도교육청 춘천교육지원청 교육장(현) [상]교육감표창 [종]기독교

문진식(文辰植) Mun Jin Sik

[생]1965·3·1 [본]남평(南平) [출]전남 화순 [주]서울 서초구 신반포로194 금호고속(주) 임원실(02-530-6201) [학]1983년 광주 인성고졸 1989년 서강대 경제학과졸 [경]1989년 금호고속(주) 입사 1995년 同중국운수법인 선전지부 부총경리 2002년 同경영기획팀장 2007년 同해외사업팀장 2008년 同하노이법인장 2012년 同지원관리담당 상무 2016년 同직행지원담당 상무(현)

문진호(文晨好) MOON Jin Ho

[생]1960·6·25 [출]경북 [주]서울 영등포구 의사당대로 88 한국투자증권(주) HNW지역본부(02-3276-5202) [학]1979년 명지고졸 1983년 서울대 경제학과졸 [경]한국산업은행 근무 2002년 동원증권(주) 영업지원부문 이사 2002년 同On-Line본부장 2003년 同마케팅본부장 2005년 同중부지역본부장(상무) 2005년 한국투자증권 제5지역본부장(상무), 同영업부 상무 2009년 同PB본부장(상무) 2012년 同PB본부장(전무) 2013년 同HNW지역본부장(전무)(현) [종]천주교

문찬석(文燦晳) MOON Chan Seok

[생]1961·11·22 [본]남평(南平) [출]전남 영광 [주]전남 순천시 왕지로19 광주지방검찰청 순천지청 지청장실(061-729-4301) [학]1980년 경기고졸 1990년 성균관대 법학과졸 [경]1992년 사법시험 합격(34회) 1995년 사법연수원 수료(24기) 1995년 서울지검 의정부지청 검사 1997년 전주지검 군산지청 검사 1998년 광주지검 검사 2000년 서울지검 검사 2002년 법무부 법무심의관실 검사 2004년 부산지검 검사 2006년 서울서부지검 검사 2007년 同부부장검사 2009년 광주지검 해남지청장 2010년 대검찰청 형사2과장 2011년 인천지검 특별수사부장 2012년 서울중앙지검 형사제4부장 2013년 同증권범죄합동수사단장(부장검사) 2014년 대구지검 형사1부장 2015년 서울남부지검 제2차장검사(금융범죄수사 총괄지휘) 2016년 광주지검 순천지청장(현) [상]공안업무유공 검찰총장표창(1999), 감찰업무유공 검찰총장표창(2007), 매일경제신문 선정 '올해의 검찰수사경제사건(증권범죄)'(2013), 대검찰청 선정 증권범죄(시세조종) 2급 공인전문검사 '블루벨트' 인증(2015), 증권범죄(시세조종) 1급 공인전문검사 '블랙벨트' 인증(2016) [종]불교

문창규(文昌奎) MOON Chang Kiu (碧松)

[생]1940·2·16 [본]남평(南平) [출]전북 장수 [주]경기 수원시 영통구 월드컵로206 아주대학교 약학대학(031-219-3433) [학]1959년 전주고졸 1963년 서울대 약대졸 1966년 同대학원졸 1973년 약학박사(독일 뮌스터대) [경]1973~1987년 서울대 약학대학 전임강사·조교수·부교수 1979~1981년 독일 뮌헨대 약물학연구소 객원교수 1987~2005년 서울대 약학대학 교수 1987년 한국약대약학교육연구위원회 위원장 1988년 서울대 대학원 약학과장 1990년 同약학교육연수원장 1991년 한국식품위생학회 부회장 1992년 한국환경독성학회 부회장 1993년 서울대 약학대학장 1993년 한국약학대학협의회 회장 1995년 한국식품위생안전성학회 회장 1995년 대한약학회 수석부회장 1997년 同회장 1999년 대한약학회 감사 2000년 보건복지부 보건의료기술심의위원회 부위원장 2004년 대한약사회 정책기획단장 2005년 서울대 약학대학 명예교수(현) 2009년 아주대 약학대학 약학과 특임교원(대우교수) 2011~2012년 同약학대학장 2013년 同약학대학 초빙교수(현) [상]약학교육상(1995·1999), 홍조근정훈장(2005) [저]'Nutritional Basis in Health and Disease' '실험위생약학' '최신위생약학' '위생약학실험'(共)

문창극(文昌克) MOON Chang Keuk

[생]1948·10·29 [본]남평(南平) [출]충북 청주 [학]1967년 서울고졸 1972년 서울대 정치학과졸 1993년 정치학박사(서울대) [경]1975년 중앙일보 사회부 기자 1979년 同정치부 기자 1990년 同워싱턴특파원 1995년 同정치부장 1996년 同논설위원 1997년 同부국장대우 논설위원 1998년 同부국장 겸 기획취재담당 에디터 1999~2001년 同미주총국장 2001~2003년 同회장 비서실장 겸 전략기획담당 이사대우 2001~2002년 관훈클럽 총무 2003년 중앙일보 논설위원실장 2003~2005년 한국신문방송편집인협회 부회장 2003~2006년 중앙일보 논설주간(상무) 2005~2007년 한국신문방송편집인협회 회장 2005년 한국신문윤리위원회 위원 2005~2009년 한국신문방송편집인협회기금 이사 2006년 중앙일보 주필(전무) 2007년 同부발행인 겸 제작총괄 2008·2011~2013년 관훈클럽 신영연구기금 이사장 2008~2013년 중앙일보 대기자(부사장대우) 2009~2011년 관악언론인회 회장 2013~2014년 고려대 미디어학부 석좌교수 2014년 서울대 언론정보학과 초빙교수 [상]관훈언론상(1999), 한국언론대상(2004), 삼성언론상(2005), 서울대 언론인대상(2006), 제20회 장지연상 언론부문(2009), 자랑스러운 서울인상(2009) [저]'한·미 갈등의 해부'(1994) '워싱턴특파원 귀국보도'(1994) '미국은 살아있다'(1995) '문창극의 역사 읽기'(2015, 기파랑 출판사) [종]기독교

문창기(文昌基) Moon Chang-ki

[생]1962 [출]경북 봉화 [주]서울 강남구 논현로636 이디야빌딩 임원실(02-543-6467) [학]1981년 서울 영일고졸 1988년 고려대 사회학과졸 [경]1988~1998년 동화은행 기획조사부·종합기획부·경영혁신팀 근무 1999~2000년 삼성증권 지점투신팀장 2000~2004년 (주)유레카벤처스 대표이사 2004년 (주)이디야커피 대표이사 회장(현) 2009년 민주평통 상임위원 2010~2013년 서울영일고총동문회 회장 2010년 고려대교우회 상임이사(현) 2012년 한국경제 한경에세이 필진 2013년 아시아경제 뷰앤비전 칼럼 필진 2015년 코리아미래재단 회장(현) [상]헤럴드경제 고객만족경영대상 프랜차이즈부문 브랜드대상(2006), 한국소비문화학회 대한민국소비문화대상 신소비문화부문(2013), 한경광고대상 디자인혁신대상(2014), Jobplanet & Fortune Best Companies '종합부문 우수상'(2015) [저]'커피 그 블랙의 행복'(2009)

문창섭(文昌燮) Moon Chang Seob

[생]1953·8·19 [본]남평(南平) [출]전남 보성 [주]부산 강서구 녹산산단362로26 삼덕통상(주) 임원실(051-831-4631) [학]고려대 정책대학원 수료 [경]삼양통상(주) 생산관리본부장 1997~2013년 삼덕통상(주) 대표이사, 한국신발피혁연구소 이사, 부산신발산업발전위원회 위원장, 신발산업정보화구축사업 자문위원, 부산구치소교정협의회 부회장(현), (사)녹산국가산업단지경영자협의회 부회장(현), 개성공업지구지원재단 비상근이사, 부산신발지식산업협동조합 이사장(현), (사)남북경협국민운동본부 상임고문(현), 개성공단기업책임자회의 고문(현), 부산지역중소기업협동조합협의회 부회장(현), 혜담포럼 초대회장(현) 2005년 (주)삼덕스타필드 개성공장 대표이사 2008년 (사)개성공단기업협의회 회장, 同명예회장(현) 2013년 개성공단정상화비상대책위원회 공동위원장 2013년 민주평통 상임위원(현) 2013~2015년 중소기업중앙회 남북경제교류분과 위원장 2013년 삼덕통상(주) 회장(현) 2015년 중소기업중앙회 통일위원장(현) 2015년 한국신발피혁연구소 이사장(현) 2016년 한국신발산업협회 회장(현) 2016년 유엔디시(UNDC) 회원(현) [상]중소기업청 수출부문 우수중소기업인표창(1999), 500만불 수출의 탑(1999), 부산시 중소기업인대상(2000), 1천만불 수출의탑 대통령표창(2000), 부산시 산업평화상(2000), 2002 FIFA WORLDCUP 성공개최 공로표창(2002), 국세청장표창(2003), 경북도지사표창(2003), 대한상공회의소 자랑스런 상공인상(2003), 산업자원부장관표창(2004), 장애인체육회 부산장애인체육발전 감사패(2004), 부산지검 법무행정발전감사장(2004), 군민의상(2005), 산업기술대전 대통령표창(2005), 통일부 남북경제협력 공로패(2005), 대한민국 섬유·패션대상(2007), 남북교류협력 산업포장(2008), 민족평화상(2008), 국제첨단신발경진대회 기능부문 대상(2009), 국제신발·섬유패션전시회 감사패(2009), 학습조직화경진대회 장려상(2010), S-OJT(체계적현장훈련)성과경진대회 대상(2011), 우수기업인 인증상(2012), 중소기업사회공헌부문 특별상(2012), 대한민국중소기업인대회 금탑산업훈장(2016)

문창용(文昌用) MOON Chang Yong

[생]1962·11·20 [본]남평(南平) [출]경기 남양주 [주]부산 남구 문현금융로40 한국자산관리공사(1588-3570) [학]1981년 중동고졸 1985년 연세대 행정학과졸 2002년 미국 일리노이대 대학원 경제학과졸(석사) 2012년 회계세무학박사(가천대) [경]1984년 행정고시 합격(28회) 1989년 춘천세무서 소득세과장, 남양주세무서 재산세과장 1994년 재무부 경제협력국 외국인투자과장 1995년 재정경제원 대외경제국 국제투자과 2003년 재정경제부 경제정책국 기술정보과장 2003년 同재산소비세심의관실 국제조세과장 직대 2005년 同세제실 소비세제과장 2007년 同세제실 조세분석과장 2007년 同세제실 관세국 관세제도과장(서기관) 2008년 통계청 통계교육원장 2009년 同기획조정관 2010년 기획재정부 조세기획관 2011년 同세제실 재산소비세정책관 2013년 同세제실 조세정책관 2014~2016년 同세제실장 2015~2016년 同역외소득·재산자진신고기획단장 2016년 한국자산관리공사(KAMCO) 사장 내정(현) [상]납세자의날 유공 홍조근정훈장(2014), 한국납세자연합회 납세자권익상 세제부문(2015) [종]기독교

문창진(文昌珍) MOON Chang Jin

[생]1953·3·2 [출]부산 [주]경기 포천시 해룡로120 차의과학대학교 일반대학원(031-881-7073) [학]1971년 경남고졸 1979년 서울대 사회학과졸 1985년 미국 시카고대 대학원 사회학과졸 1986년 사회학박사(미국 시카고대) [경]1979년 행정고시 합격(22회) 1979년 보건사회부 모자보건관리관실·보건국·의정국·의료보험국 행정사무관 1983~1986년 미국 시카고대부설 지역 및 가족문제연구소·인구연구센터 연구원 1990년 국립보건원 보건고시과장 1991년 보건복지부 자립지원과장 1992년 同공보과장 1993년 국립소록도병원 서무과장 1994년 대통령비서실 파견 1995년 보건복지부 약무정책과장 1997년 同기획예산담당관 1998년 同총무과장 1999년 국립보건원 훈련부장 1999년 보건복지부 공보관 2000년 駐제네바대표부 보건관(참사관) 2000년 세계보건기구(WHO) 아시아지역그룹 의장 2003년 보건복지부 건강보험조직업무일원화추진반장 2003년 同기초생활보장심의관 2004년 同사회복지정책실장 2005년 同정책홍보관리실장 2006년 식품의약품안전청장 2007~2008년 보건복지부 차관 2007년 제58차 WHO 서태평양지역회의 의장 2008년 포천중문의과대 보건복지대학원장 2009~2012년 차의과학대 보건복지대학원장 2011~2013년 한국건강증진재단 이사장 2012~2014년 차의과학대 행정대외부총장 2012~2014년 세계보건기구(WHO) 담배규제기본협약(FCTC) 제6차 총회 의장 2013년 한국미술협회 자문위원(현) 2013년 건강보험심사평가원 고문 2013년 보건복지부 신의료기술평가위원회 위원장(현) 2014~2016년 차의과학대 교학부총장 2014년 국무총리 산하 경제인문사회연구회 자문위원 2015년 보건복지부 경고그림제정위원회 위원장 2016년 호암상 심사위원장(사회봉사부문) 2016년 차의과학대 일반대학원장(현) 2016년 건강보험공단 비만대책위원장(현) [상]근정포장(1982), 장애인올림픽기장(1988), 체육포장(1989), 황조근정훈장(1997), 국제앙드레말로협회 2013 올해의 작가상(2014), ARTFABETIC 인명사전 등재(2016) [저]'보건의료사회학'(1997, 신광출판사) '보건복지정책론'(2008, 나남출판사) '건강사회론'(2011, 신광출판사) [작]'꽃잎지는 날'(2000) '숲속에서 숲을보다'(2012) [종]가톨릭

문창현(文昌鉉) MOON Chang Hyun

[생]1947·4·29 [본]남평(南平) [출]전북 전주 [주]서울 서대문구 충정로60 NH농협생명(주)(02-3786-7114) [학]1968년 전주고졸 1974년 고려대 경제학과졸 1982년 성균관대 대학원 보험경영학과졸 1997년 미국 콜로라도대 특수과정 수료 [경]1998년 보험감독원 경영정상화추진담당 국장 1998년 同소비자보호국장 1999년 금융감독원 감독4국장 1999년 영풍매뉴라이프생명보험 감사 1999~2001년 영풍생명보험(주) 대표이사 사장 2002년 同상임고문 2002~2004년 서울보증보험 이사회 의장(사외이사) 2004년 교보생명보험(주) 상임고문 2008~2011년 同자문위원 2012년 금융소비자뉴스 상임편집위원 2014년 NH농협생명(주) 사외이사(현) [상]재무부장관표창(1988·1992), 재정경제원장관표창(1996) [종]천주교

문창호(文昌浩) MOON Chang Ho

[생]1953·8·23 [출]충남 [주]강원 원주시 문막읍 동화공단로94 (주)리스템 비서실(033-740-8303) [학]1971년 충남고졸 1977년 연세대 공대 전기공학과졸 1993년 同산업대학원 산업고위자과정 수료 [경]1960년 동아X선기계공업사 대표이사 1999년 산업자원분야 신지식인 선정 2000년 (주)리스템 대표이사 사장(현) 2005~2011년 한국의료기기공업협동조합 이사장 2005년 대통령소속 의료산업선진화위원회 의료기기산업전문위원회 간사 [상]대통령표창, 산업자원부장관표창, 5월의 자랑스러운 중소기업인(2009)

문철상(文喆相) MUN Cheol Sang

[생]1951·1·25 [출]전북 김제 [주]대전 서구 한밭대로745 신용협동조합중앙회 임원실(042-720-1001) [학]전주대졸, 경영학박사(군산대) [경]군산대건신용협동조합 전무, 同이사장, 신용협동조합중앙회 전북지역협의회장, (사)한국예술문화단체총연합회 군산지회장, 전북신용보증재단 이사장, 신용협동조합중앙회 이사 2014년 同회장(현) 2014년 아시아신협연합회(ACCU) 제1부회장 2015년 세계신협협의회(WOCCU) 이사(현) 2016년 아시아신협연합회(ACCU) 회장(현) [상]제24회 예총 예술문화상 대상(2010), 제7회 군산예술상 대상(2013) [저]시집 '싸락눈'(2014)

문철수(文哲秀) MOON Chul Soo

[생]1962·11·19 [본]남평(南平) [출]서울 [주]경기 오산시 한신대길137 한신대학교 미디어영상광고홍보학부(031-379-0584) [학]1981년 양정고졸 1985년 성균관대 신문방송학과졸 1987년 同대학원 신문방송학과졸 1995년 신문방송학박사(성균관대) [경]1988~1995년 쌍용그룹 홍보실 과장대리 1995~1998년 한국언론연구원 선임연구위원 1998~2001년 세명대 광고홍보학과 조교수 2001년 CBS 객원해설위원 2001~2008년 한신대 광고홍보학과 부교수 2005년 한국언론학회 기획이사 2006년 한국옥외광고학회 부회장, 한신대 학생처장 2006~2007년 한국방송학회 기획이사 2007~2008년 한국광고홍보학회 편집위원장 2008~2009년 미국 텍사스대 방문교수 2008년 한신대 미디어영상광고홍보학부 교수(현) 2011~2012년 한국방송광고공사 광고진흥자금 운영위원 2011~2012년 한국광고홍보학회 회장 2011~2013년 한신대 사회과학대학장 2012~2013년 同미디어영상광고홍보학부장 2012년 한국방송협회 지상파광고심의위원(현) 2014년 국제전기통신연합(ITU) 전권회의(Plenipotentiary Conference) 홍보분야 자문위원 2015년 인터넷신문위원회 광고심의분과위원장(현) 2016년 한국언론학회 회장(현) [저]'한국선거보도연구'(1997, 커뮤니케이션북스) '새로운 사건·사고 기사쓰기'(1997, 한국언론연구원) '지역언론 개혁론(共)'(1999, 이진출판사) '21세기 마케팅커뮤니케이션(共)'(2000, 커뮤니케이션북스) 'PR캠페인(共)'(2001, 한울아카데미) '사이버 생활 양식에서 공공성 문제(共)'(2005, 철학과현실사) [역]'프로파간다 시대의 설득전략(共)'(2005, 커뮤니케이션북스) [종]기독교

문철호(文哲虎) MOON Chul Ho

[생]1959·4·27 [본]남평(南平) [출]서울 [주]부산 수영구 감포로8번길69 부산MBC(051-760-1104) [학]1977년 보성고졸 1982년 국민대 중어중문학과졸 2005년 한양대 언론정보대학원 방송학과졸 [경]1984년 MBC 입사 1986년 同사회부 기자 1989년 同외신부 기자 1991년 홍콩 중문대 연수 1992년 MBC 보도국 TV편집1부 기자 1994~1997년 同북경특파원 2001년 同사회부 차장 2002년 同특집다큐CP 차장 2003년 同보도국 뉴스편집1부 부장대우 2003년 同보도국 인터넷뉴스센터 부장대우 2005년 同홍보부장 2006년 同보도국 뉴스데스크팀장 2007년 同국제팀장 2007년 同보도제작국 보도특집팀장 2008년 同사회에디터 2008년 同보도국 경제과학에디터 2008년 법조언론인클럽 부회장 2009년 관훈클럽 편집운영위원 2009년 MBC 보도국 선임기자 2009년 同보도제작국 보도제작1부장 2010년 同사업센터장 2010년 同글로벌사업본부장 2011년 同보도본부 보도국장 2012년 同보도국 국제부 베이징지사장 2013년 同특보 2014년 (사)한국해양레저네트워크 대표이사(현) 2014년 부산MBC 사장(현) 2015년 성산장기려선생기념사업회 이사(현) [상]참언론인대상(2011)

문 청(文 淸) MOON Cheong

[생]1944·8·15 [출]경남 거창 [주]서울 용산구 녹사평대로138 양진빌딩4층 (주)베컴 비서실(02-797-6350) [학]1962년 거창고졸 1972년 한양대 공업경영학과졸 [경]1970년 문화공보부 비서실 근무 1971년 중앙방송 보도국 기자 1986년 한국방송공사 방송심의실 심의위원 1994년 同기획예산국 주간 1995년 同기획조정실 정책주간 1997년 同위성방송국장 1997년 同기획조정실장 1998년 KBS영상사업단 감사 1999년 KBS시설관리사업단 이사 2001~2002년 한국방송교류재단(아리랑TV) 사업본부장 2003년 (주)베컴 회장(현) 2013년 한국방송광고진흥공사 공익광고협의회 위원장(현) 2016년 한국프로골프협회(KPGA) 자문위원회 위원(현) [상]새마을훈장 노력장, 동탑산업훈장 [종]기독교

문춘언(文春彦) MOON Chun Eon

[생]1968·12·15 [출]경남 남해 [주]부산 연제구 법원로31 부산지방법원(051-590-1114) [학]1987년 부산사대부고졸 1993년 서울대 농업경제학과졸 [경]1994년 사법시험 합격(36기) 1997년 사법연수원 수료(26기) 1997년 부산지검 검사 1999년 전주지검 남원지청 검사 2000년 서울지검 북부지청 검사 2001년 변호사 개업 2006년 창원지법 판사 2008년 부산고법 판사 2010년 부산지법 판사 2013년 울산지법 부장판사 2015년 부산지법 부장판사(현)

문태곤(文泰坤) MOON Tae Gon

[생]1957·9·10 [출]경남 밀양 [학]1976년 밀성고졸 1980년 경북대 행정학과졸, 영국 버밍햄대 대학원 행정학과졸, 행정학박사(성균관대) [경]1980년 행정고시 합격(24회) 1993년 감사원 감사관 1997년 同공보담당관 1999년 한국개발연구원 파견 2000년 감사원 국책사업2과장 2001년 同국책사업1과장 2003년 同원장 비서실장 2005년 국외 연수 2006년 감사원 전략감사본부장 2006~2008년 대통령 공직기강비서관 2009년 감사원 기획관리실장 2009~2010년 同제2사무차장 2010~2016년 삼성생명보험(주) 상근감사위원 [상]대통령표창(1992)

문태성(文台成) MOON Tae Sung

[생]1958·1·9 [본]남평(南平) [출]강원 영월 [주]서울 관악구 남부순환로234길39의5 한국평화미래연구소(010-5034-2344) [학]1976년 영월고졸 1981년 동국대졸 1990년 고려대 정치외교학과졸 1993년 同정책대학원 국제관계학과졸 2002년 건국대 대학원 정치학과졸 2006년 정치학박사(건국대) [경]1981년 ROTC 육군 소위 임관(대위 예편) 1988년 흥국생명보험 노동조합지부장·운영위원 1993년 한국생명 소비자상담실장 1994~1997년 국회의원 비서관 1997~2004년 국회의원 비서관·보좌관 1999년 국회 강원도보좌진회장 1999년 경실련 통일협회 정책위원 2000년 영월고 총동창회장 2001년 시인(현) 2001년 한국문인협회 회원(현) 2002년 강원학사숙우회 회장 2007년 한국평화미래연구소 소장(현) 2007~2008년 강원도지사 정무특별보좌관 2009년 민주평통 자문위원 2010년 통일부 통일교육위원 2011년 건국대 정치학과 강사(현) 2012년 새누리당 중앙연수위원회 위원(현) 2013년 안전행정부 이북5도위원회 공적심사위원(현) 2014년 새누리당 정책위원회 정책자문위원(현) 2014년 한국자치의정원 이사장(현) [상]문학공간 신인상(2001), 황희문화예술상(2010) [저]'동강 어라연'(1999) '국민 앞에 무릎을 꿇자'(2003) '블랙커피로 죽이고 싶다'(2004) '섬은 물소리를 듣지 않는다'(2005) '한국통일과 주변4국의 겉과 속'(2006) '시의 고향 아닌 곳이 어디 있으랴'(2006) [종]기독교

문태영(文太暎) Moon Tae-young

[생]1953·9·12 [본]남평(南平) [출]경기 수원 [주]제주특별자치도 서귀포시 중문관광로227의24 제주평화연구원(064-735-6500) [학]1972년 경기고졸 1978년 서울대 언어학과졸 1992년 미국 존스홉킨스대 대학원 국제정치학과졸 [경]1978년 외무고시 합격(12회) 1978년 외무부 입부 1980년 駐캐나다 2등서기관 1986년 駐태국 2등서기관 1992년 외무부 공보담당관 1993년 同동남아과장 1994년 駐제네바대표부 참사관 1997년 외교안보연구원 안보통일연구부 연구관 1999년 駐유엔대표부 공사참사관 2002년 외교안보연구원 안보통일연구부 연구관 2003년 외교통상부 국제기구담당 심의관 2004년 駐파나마 대사 2007년 외교안보연구원 아시아태평양연구부장 2008년 외교통상부 대변인 2010~2012년 駐독일 대사 2012년 국제평화재단 부설 제주평화연구원 원장(현) [종]기독교

문태준(文太俊) MOON Tai Joon (德巖)

[생]1928·1·14 [본]남평(南平) [출]경북 영덕 [주]서울 용산구 이촌로46길33 대한의사협회(02-794-2474) [학]1950년 서울대 의대졸 1957년 미국 토머스제퍼슨의대 수학 1960년 의학박사(일본 日本大) 1986년 명예 이학박사(충북대) 1987년 명예 법학박사(미국 토머스제퍼슨대) [경]1951년 육군 군의관 1957년 연세대 의대 교수 겸 세브란스병원 신경외과 과장 1966년 안국병원 원장 1967년 연세대 의대 임상교수 1967~1973년 제7·8대 국회의원(청송·영덕, 민주공화당) 1971년 민주공화당(공화당) 원내부총무 1971년 국회 운영위원장 1973년 제9대 국회의원(영덕·청송·울진, 공화당) 1976년 국회 상공위원장 1979년 제10대 국회의원(영덕·청송·울진, 공화당) 1979년 공화당 당무위원 1979~1988년 대한의학협회 회장 1981년 아시아대양주의학협회 회장 1985년 세계의사회(WMA) 회장 1988년 대한의사협회 명예회장(현) 1988년 보건의료정책연구소 회장 1988년 보건사회부 장관 1990년 미국 하와이대 객원교수 1992~1994년 한국보건사회연구원 이사장 1992년 미국 토머스제퍼슨대 객원교수 1995년 자민련 고문 1998~2002년 한국사회복지협의회 회장 2003년 同명예회장(현) 2008년 세계의사회(WMA) 서울총회 조직위원 [상]스웨덴 북극성 1급훈장(1982), 국민훈장 무궁화장, 화랑무공훈장, 미국의무공로훈장, 함춘대상 사회공헌, 대한의사협회 화이자 국제협력특별공로상(2006), 대한의사협회 특별공로상(2008), 駐韓미군 38의학학회 특별공로상(2011), 제11회 서재필 의학상(2014) [저]'선거區民' '의사·의학협회' 의학평설집 '한강변에서' '모든사람에게 건강을' '아름다운 노년' [종]기독교

문태환(文泰煥) MUN Tae Whan

[생]1956·1·11 [주]광주 서구 내방로111 광주광역시의회(062-613-5103) [학]조선이공대 기계과졸, 조선대 공과대학 정밀기계학과졸, 同산업대학원 산업공학과졸 [경]고려시멘트 기획계장, 同개발계장, 同기술과장, 무등일보 비서실 차장, 덕산콘크리트 나주공장장, 同김제공장장, 한라그룹 한라콘크리트담양사업소장, 오리하우스 하남점 대표, 조선이공대총동문회 부회장, 조선대총동문회 부회장, 광주시 광산구 월곡2동 주민자치위원장, 법무부 범죄예방위원회 광산구지역협의회 부회장, 민주당 광주시당 윤리위원, 同광주시당 부위원장 2014년 광주시의회 의원(새정치민주연합·더불어민주당·국민의당)(현) 2014~2016년 同부의장 2014년 同환경복지위원회 위원 2015년 同예산결산특별위원회 위원 2016년 同교육위원회 부위원장(현) 2016년 同윤리특별위원회 위원장(현) 2016년 同운영위원회 위원(현)

문태훈(文泰勳) MOON Tae Hoon

[생]1957·9·25 [출]대구 [주]서울 동작구 흑석로84 중앙대학교 사회과학대학 도시계획·부동산학과(02-820-5663) [학]1983년 연세대 정치외교학과졸 1985년 同대학원 행정학과졸 1992년 행정학박사(미국 뉴욕주립대 올바니교) [경]1987~1992년 미국 뉴욕주립대 TA, RA, Rockefeller Research Institute 연구원 1992~1994년 연세대 사회과학연구소 객원연구원 1993년 교육부 학술진흥재단 우수교수인력 1994~1995년 서울시정개발연구원 도시환경연구부 책임연구원 1995년 중앙대 산업과학대학 도시및지역계획학과 부교수, 경기 안성시지방의제21 공동위원장 2002년 중앙대 산업과학대학 도시및지역계획학과 교수 2009년 同산업·창업경영대학원장 2011년 同사회과학대학 도시계획·부동산학과 교수(현) 2016년 (사)한국지역개발학회 회장(현)

문태휴(文泰休) Mun Tae Hyu

[생]1956·10·29 [본]남평(南平) [출]전남 순천 [주]전남 영암군 삼호읍 나불로192 영암소방서 서장실(061-460-0900) [학]1976년 순천공업고졸 1999년 한국방송통신대 행정학과졸 2011년 동신대 대학원 소방학과졸(석사) [경]1980년 전남도 소방공무원 임용 1996년 여수소방서 장비계장 1997~1998년 순천소방서 구조구급계장 2002년 보성소방서 방호과장 2003년 전남도 소방본부 방호구조과 구조구급담당 2004년 同소방본부 방호구조과 화재조사담당 2005년 순천소방서 구조구급과장 2008년 전남도 소방본부 방호구조과 방호담당 2011년 보성소방서 소방과장 2011년 화순소방서장 2014년 영암소방서장(현) [상]전남도지사표창(1986·1990), 감사원장 공로표창(1994), 국무총리표창(1995), 행정자치부장관표창(1999), 행정안전부장관표창(2008) [저]'응급처치 교본 도민을 안전하게 119'(1997) '위험물 및 유해화학물질 안전관리는 이렇게'(2000) '119 생활응급처치 매뉴얼'(2006) '고객 행복을 위한 2008 예방소방 직무매뉴얼'(2008)

문택곤(文澤坤) MOON Tack Kon

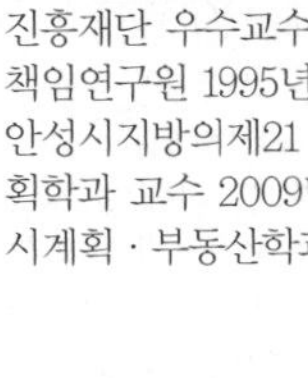

[생]1945·7·20 [출]경기 파주 [주]대전 유성구 과학로169의84 한국항공우주연구원 감사실(042-860-2114) [학]1972년 서울대 상학과졸 1984년 경기대 대학원졸 1988년 경영학박사(경기대) [경]1971~1973년 회계사무소 개업 1973~1975년 Deloitte Haskin & Sells 근무 1975~1981년 안권회계법인 근무 1977년 한국상장회사협의회 회계세무자문위원 1981~2003년 삼일회계법인 대표 1983~1989년 서강대 회계감사론 강사 1987~1993년 상공부 무역위원회 촉탁 1989년 관세청 고문회계사 1993년 공인회계사시험 출제위원 1994년 한국공인회계사회 회계감사기준실무위원회 위원장 2003~2010년 同연구교육담당 상근부회장 2003~2009년 연세대 겸임교수 2006~2010년 사회복지공동모금회 감사 2007년 현대약품(주) 감사위원장, 한국회계기준원 비상근이사 2010년 강원대 경영대학 초빙교수 2012년 현대약품(주) 사외이사 2014~2015년 同사외이사 겸 감사위원 2015년 한국항공우주연구원 상임감사(현) [상]부총리 겸 재정경제부장관표창 [저]'신 재무회계-현행회계규정 및 규칙 해설' '신재무제표론' '회계윤리'(2010, 지샘) [종]기독교

문하영(文河泳) Moon Ha-yong

[생]1957·7·9 [본]남평(南平) [출]대전 [학]1975년 대전 중앙고졸 1979년 서울대 법학과졸 1987년 미국 보스턴대 대학원 국제관계학졸 [경]1977년 외무고시 합격(11회) 1978년 외무부 입부 1984년 駐프랑스 3등서기관 1989년 駐태국 참사관 1992년 외무부 경제기구과장 1994년 同환경기구과장 1994년 駐유엔대표 부참사관 1997년 국무총리국무조정실 외교안보심의관실 파견 2000년 駐영국 참사관 2001년 駐유엔대표부 공사참사관 2002년 외교통상부 정책기획관 2004년 駐우즈베키스탄 대사 2007년 외교통상부 본부대사 2007~2008년 연세대 국제학대학원 외교특임교수 2008년 제주도 국제관계자문대사 2010년 외교통상부 재외동포영사대사 2013~2016년 駐체코 대사 [상]녹조근정훈장(1996) [종]기독교

문학진(文學晋) MOON Hak Jin

[생]1924·4·30 [출]서울 [주]서울 서초구 반포대로37길 59 대한민국예술원(02-3479-7223) [학]1952년 서울대 미대 회화과졸 [경]1954·1955·1968년 국전 특선 1958년 미국 World House화랑 초대출품 1960~1995년 서울대 미대 미술과 교수 1961년 국전 심사위원 1963년 상파울로국제전 출품 1978년 중앙미술대전 심사위원·운영위원 1981년 개인전 1987년 대한민국예술원 회원(서양화·현) 1995년 서울대 미술대학 명예교수(현) [상]국전 문교부장관상(1955), 국전 초대작가상(1971), 대한민국 예술원상(1989), 보관문화훈장(1998), 가톨릭미술상 특별상(2002) [저]'이충무공일대기10경도' '용인자연농원벽화' '가톨릭103위순교복자 벽화' '행주산성기념관 벽화' [종]가톨릭

문학진(文學振) MOON Hak Jin

[생]1954·10·26 [본]남평(南平) [출]경기 광주 [주]경기 하남시 하남대로819 (사)지역발전민주연구소 [학]1973년 서울고졸 1984년 고려대 사학과졸 [경]1983년 조선일보 기자 1988년 한겨레신문 기자 1995년 민주당 하남·광주지구당 위원장 1995년 새정치국민회의 창당발기인 1996년 同하남·광주지구당 위원장 1998년 6·4지방선거 선거대책위원장 2000년 새천년민주당 경기광주지구당 위원장 2002년 새천년민주당·열린우리당·대통합민주신당·통합민주당·민주당·민주통합당 경기하남지역위원장 2003년 대통령 정무1비서관 2004년 제17대 국회의원(하남, 열린우리당·대통합민주신당·통합민주당) 2004년 열린우리당 제2정책조정위원회 부위원장 2005~2007년 同경기도당 중앙위원 2006~2007년 同남북평화특별위원회 위원장 2006년 (사)남북체육교류협회의 초대회장 2008~2012년 제18대 국회의원(하남, 통합민주당·민주당·민주통합당) 2008년 (사)남북체육교류협회 부회장 2010년 국회 행정안전위원회 위원 2010~2012년 국회 남북관계발전특별위원회 위원 2010~2012년 국회 독도영토수호대책특별위원회 위원 2011년 민주희망2012 공동대표 2011년 민주당 야권통합특별위원회 위원 2011년 민주통합당 초대 홍보전략본부장 2011년 同한나라당사이버테러진상조사위원회 위원 2011년 국회 행정안전위원회 예산결산기금심사위원회 위원장 2011년 민주통합당 날치기FTA무효화투쟁위원회 위원 2011년 同MB정권비리및불법비자금진상조사특별위원회 위원 2012년 제19대 국회의원선거 출마(하남, 민주통합당) 2012년 (사)지역발전민주연구소 이사장(현) 2013년 민주당 경기하남지역위원회 위원장 2014년 새정치민주연합 경기하남지역위원회 위원장 2015~2016년 더불어민주당 경기하남지역위원회 위원장 2016년 제20대 국회의원선거 출마(경기 하남시, 더불어민주당) [상]조선일보 보도부문 특종상(1987), 한겨레신문 보도부문 특종상(1988) [저]'고문경찰보다 힘센 남자-문학진의 정치이야기'(1996) '백범 김구처럼'(1999) '99%편에 선 Mr.비주류'(2011) [종]천주교

문행주(文幸周) Moon Haeng-ju

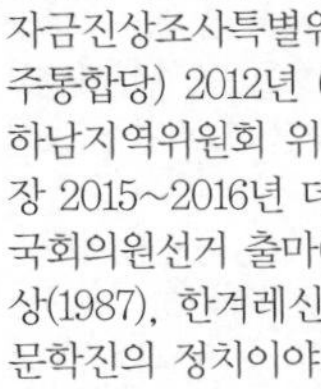

[생]1964·7·29 [출]전남 화순 [주]전남 무안군 삼향읍 오룡길1 전라남도의회(061-286-8128) [학]광주 대동고졸, 전남대 중어중문학과졸 [경]화순군농민회 사무국장 1993~1995년 전국농민회총연맹 전남도 연대사업부장·정책실장·사무처장 2005년 민주평통 화순군협의회 회장, 우리겨레하나되기 광주전남운동본부 운영위원 2006·2010~2014년 전남 화순군의회 의원(무소속·민주통합당·민주당·새정치민주연합) 2010~2012년 同총무위원장, 민주당 화순지역위원회 사무국장 2014년 전남도의회 의원(새정치민주연합·더불어민주당)(현) 2014년 同농수산위원회 위원 2015년 同예산결산특별위원회 위원 2016년 同여수세계박람회장사후활용특별위원회 위원(현) 2016년 同경제관광문화위원회 위원(현) 2016년 同FTA대책특별위원회 위원(현) 2016년 同운영위원회 위원(현)

문헌일(文憲一) MOON HUN IL

[생]1953·3·7 [본]남평(南平) [출]충남 당진 [주]서울 구로구 디지털로242 한화비즈메트로17층 문엔지니어링(주) 임원실(02-2122-0701) [학]서울과학기술대 전자정보공학과졸(공학사), 연세대 공학대학원 통신방송공학과졸(공학석사), 한세대 일반대학원 정보통신공학과졸(공학박사), 서울대 행정대학원 정보통신방송정책과정 수료 [경]1971~1979년 철도청 근무 1979~1994년 대한전선·대한엔지니어링(주) 상무이사 1994년 문엔지니어링(주) 대표이사 회장(현) 2002년 엔지니어링공제조합 이사(현) 2005~2006년 연세대 공학대학원 총학생회장 2006년 同대학원연합회 총회장 2007년 한국정보통신감리협회 부회장(현) 2008년 한국ITS학회 부회장(현) 2008~2014년 한국엔지니어링협회 회장 2008년 한국길포럼 이사(현) 2009~2011년 연세대 공학대학원총동창회 회장 2009년 과학기술인공제회 이사(현) 2009년 연세대총동문회 부회장(현) 2010년 한국철도공사 경영자문위원(현) 2011~2012년 한국항행학회 제8대 회장 2011년 엔지니어링산업정책 심의위원 2011년 민주평통 상임위원(현) 2012~2014년 (사)한국청소년육성회 총재 2012년 서비스산업총연합회 부회장 2013년 서울과학기술대총동문회 회장(현) 2014~2016년 새누리당 서울구로구乙당원협의회 운영위원장 2015~2016년 同중앙연수원 부원장 [상]철도청장표창(1971·1999), 산업포장(1999·2004), 한국철도시설공단 이사장표창(1999·2004·2006), 과학기술부장관표창(2000), 정보통신부장관표창(2000), 건설교통부장관표창(2001), 서울시장표창(2001·2004), 서울지방경찰청장표창(2001), 대구시장표창(2008), 인천국제공항공사 사장표창(2008), 자랑스런 연세인상(2008), 경기도지사표창(2010), 과학기술훈장 웅비장(2010), 은탑산업훈장(2015) [종]기독교

문혁주(文赫柱) MOON Hyuk Joo (綠香)

[생]1962·4·10 [본]남평(南平) [출]경남 [학]1981년 부산 가야고졸 1988년 부산대 영어영문학과졸 2011년 同국제전문대학원 국제통상학과졸 [경]1988년 울산MBC 입사 1996년 부산방송 보도국 사회부 차장 1997년 同특집제작부 차장 2001년 同경남취재본부장 2002년 同정경팀장 2004년 同광고사업국장 2006년 (주)KNN 방송지원본부장 2007년 同방송본부 보도국장 2009~2012년 同경남본부장, PIFF후원회 홍보위원장, 한국백혈병소아암협회 이사 2012년 (주)KNN 방송본부장(이사대우) 2014년 同경영사업본부장(상무) 2015~2016년 同대표이사 사장 [상]봉생문화상 언론부문, 부산라이온스 봉사대상 언론부문 [종]기독교

문현석(文顯奭) MUN Hyon Seok

[생]1946·12·5 [출]경북 문경 [주]서울 종로구 창경궁로136 보령빌딩 소년한국일보 임원실(02-724-2201) [학]1965년 경기고졸 1970년 서울대 사회학과졸 [경]1970~1979년 한국일보 기자·타임라이프 관리부장 1979년 한국일보 비서실장 1983년 同비서실장(이사대우) 1989년 同비서실장(이사) 1994년 同기획총무이사 겸 비서실장 1995년 同상무이사 겸 비서실장 1998년 서울경제신문 부사장 1998년 한국일보 부사장 1999년 同대표이사 부사장 2000년 코리아타임스 이사 2002년 同대표이사 발행인 2002~2015년 소년한국일보 대표이사 2015년 同상임고문(이사)(현)

문현석(文炫晳) Moon Hyun-Seok

[생]1964·11·7 [출]대전 [주]경기 과천시 관문로47 방송통신위원회 단말기유통조사담당관실(02-2110-1550) [학]1983년 광주 금호고졸 1989년 한국외국대 영어과졸 1991년 고려대 대학원 신문방송학과졸 [경]1994년 종합유선방송위원회 근무 2000년 방송위원회 근무 2005년 同심의운영부장 2007년 同진흥사업부장 2008년 방송통신위원회 방송통신융합정책실 편성정책과 사무관 2013년 同기획조정실 정보보안팀장, 同이용자정책국 개인정보보호윤리과 인터넷윤리팀장 2016년 同방송정책국 방송시장조사과장 2016년 同단말기유통조사단 단말기유통조사담당관(현)

문형곤(文亨坤) MOON Hyung Kon

[생]1957·2·18 [출]대구 [주]서울 동대문구 회기로37 한국국방연구원 군사기획연구센터(02-967-4911) [학]1977년 서울대 산업공학과졸 1984년 고려대 경영대학원졸 1986년 미국 위스콘신대 대학원졸 1988년 산업공학박사(미국 위스콘신대) [경]1977~1978년 대우개발(주) 기획관리실 근무 1978~1979년 국방과학연구소 경제분석실 연구원 1979~2008년 한국국방연구원 국방모의연구센터장 2009~2012·2015년 同군사기획연구센터 책임연구위원(현) 2012~2014년 同기획조정부장 2014~2015년 同부원장

문형배(文炯培) MOON Hyung Bae

[생]1965·2·2 [출]경남 하동 [주]부산 연제구 법원로31 부산가정법원 법원장실(051-590-1114) [학]1983년 진주 대아고졸 1987년 서울대 사법학과졸 [경]1986년 사법시험 합격(28회) 1989년 사법연수원 수료(18기) 1992년 부산지법 판사 1995년 同동부지원 판사 1997년 同판사 1998년 부산고법 판사 2001년 부산지법 판사 2004년 창원지법 부장판사 2007년 부산지법 부장판사 2009년 우리법연구회 회장 2011년 창원지법 진주지원장 2012년 부산고법 부장판사 2016년 부산가정법원장(현)

문형욱(文炯旭) MOON Hyung Wook

[생]1967·5·28 [본]남평(南平) [출]경남 진주 [주]서울 서초구 남부순환로319길13 한국산업개발연구원(02-2023-9700) [학]1986년 경남고졸 1990년 한국외국어대 법학과졸 1992년 한국학중앙연구원 대학원 사회학과졸 2010년 同대학원졸(사회학박사) 2010년 서강대 경제대학원 석사과정 수료 2011년 서울과학기술대 NID융합기술대학원 IT·디자인융합프로그램박사과정 수료 [경]1992~1995년 육군 제12사단 정훈·공보장교 1996~1998년 국회의원 비서관 1998~2000년 (재)한국청년정책연구원 선임연구원 2000~2001년 안양대 교양학부 외래강사 2000~2008년 국회의원 정책보좌관 2005~2007년 서울디지털대 사회복지학부 겸임교수 2006~2008년 GSI(국제정책연구원) 정책연구위원 2007년 대통령직인수위원회 기획조정분과 상임자문위원 2008년 대통령실장실 행정관 2010년 대통령 경제수석비서관실 경제금융비서관실 행정관 2010년 한국예탁결제원 예탁결제본부장 2012년 서강대 경제대학원 외래교수 2013년 한국예탁결제원 경영지원본부장 2013년 한국외국어대 교육대학원 외래교수(현) 2013년 한국예탁결제원 자산운용인프라발전자문위원 2014년 펀드온라인코리아(주) 경영지원이사 2014년 서울과학기술대 NID융합기술대학원 겸임교수(현) 2014년 펀드온라인코리아(주) 경영지원본부장(상무이사) 2015~2016년 同경영전략본부장(상무이사) 2016년 KID 한국산업개발연구원 지식협력단지추진단 부단장(현) [상]대통령표창(2009), 러시아 국립극동대 한국학발전기여 감사장(2009) [저]'새로운 사회운동의 이론과 현실(共)'(2000, 도서출판 문형)

문형주(文炯珠·女) MOON Hyeong Ju

[생]1966·2·17 [출]전남 순천 [주]서울 중구 덕수궁길15 서울특별시의회 의원회관702호(02-3783-1516) [학]동아인재대학 유아교육과졸 [경]홍은초 제9기 학부모운영위원장 2014년 새정치민주연합 서울시당 교육연수위원회 부위원장 2014년 서울시의회 의원(새정치민주연합·더불어민주당)(현) 2014년 同문화체육관광위원회 위원 2014년 同예산결산특별위원회 위원 2014년 同싱크홀발생원인조사 및 안전대책특별위원회 위원 2014년 同한옥지원특별위원회 위원 2015년 同윤리특별위원회 위원(현) 2015년 더불어민주당 서울시당 교육연수위원회 부위원장(현) 2016년 서울시의회 장기미집행도시공원특별위원회 위원(현) 2016년 同운영위원회 위원(현) 2016년 同교육위원회 위원(현) [상]서울사회복지대상(2015)

문형표(文亨杓) Moon Hyung-pyo

[생]1956·10·11 [본]남평(南平) [출]서울 [주]전북 전주시 덕진구 기지로180 국민연금공단 임원실(063-713-5004) [학]1975년 서울고졸 1980년 연세대 경제학과졸 1983년 同대학원 경제학과졸 1989년 경제학박사(미국 펜실베이니아대) [경]1989~1991년 한국개발연구원(KDI) 전문연구원 1991~1996년 同부연구위원 1996~1998년 대통령 보건복지비서관실 파견 1998~2001년 한국개발연구원(KDI) 연구위원 1999년 同재정팀장 2001~2013년 同선임연구위원 2002년 同재정복지팀장 2003년 同재정공공투자관리부장 2004~2006년 同재정·사회개발연구부장, 同경제정보센터 소장 2007년 (사)한국사회보장학회 회장 2007~2008년 국민연금재정추계위원회 위원장 2008년 국민연금개혁위원회 위원 2008~2010년 국무총리실 공적연금개혁협의회 위원 2009~2011년 사회보장실무위원회 위원 2011~2012년 미국 서던캘리포니아대 객원연구원 2012~2013년 제3차 국민연금제도발전위원회 위원장 2013년 대통령자문 국민경제자문회의 민생경제분과 민간위원 2013년 사회보장위원회 위원 2013년 국세청 국세행정개혁위원회 위원 2013년 한국개발연구원(KDI) 수석이코노미스트 겸 재정·복지정책연구부장 2013~2015년 보건복지부 장관 2015년 한국개발연구원(KDI) 재정·복지정책연구부 초빙연구위원 2015년 국민연금공단 이사장(현) [상]연세대 상경·경영대학동창회 '자랑스런 연세상경인상'(2014) [저]'국민연금제도의 재정건실화를 위한 구조개선방안' '정부혁신·선진국의 전략과 교훈'

문혜정(文惠貞·女) Moon Hye Jung

[생]1969·3·15 [본]남평(南平) [출]서울 [주]서울 서초구 서초중앙로157 서울중앙지방법원(02-530-1114) [학]1987년 정신여고졸 1991년 연세대 법학과졸 [경]1993년 사법시험 합격(35회) 1996년 사법연수원 수료(25기) 1996년 창원지법 판사, 광주지법 판사, 수원지법 판사 2006년 서울가정법원 판사 2009년 서울고법 판사 2011년 창원지법 제6민사부·제1가사부 부장판사 2013년 인천지법 부장판사 2016년 서울중앙지법 부장판사(현)

문호승(文浩承) Moon Ho Seung

[생]1959·3·10 [출]서울 [주]서울 관악구 관악로1 서울대학교 감사실(02-880-2401) [학]서울 경신고졸 1984년 연세대 정치외교학과졸 1996년 홍익대 세무대학원 경영학과졸 [경]1984년 행정고시 합격(28회) 1997년 감사원 제1국 5과 감사관, 同혁신담당관 2003년 同기획관리실 평가제도담당관 2006년 同특별조사본부 총괄팀장 2007년 同심의실 법무지원담당관, 대통령 공직기강비서관실 총괄행정관, 미국 국제성과감사센터(ICPA) 소장 2009년 국세청 감사관 2011년 감사원 심의실장 2011년 감사연구원 원장 2014년 감사원 기획조정실장(관리관) 2014~2015년 同제2사무차장 2014~2015년 同방산비리특별감사단장 2015년 서울대 상근감사(현) [상]홍조근정훈장(2014)

문호원(文浩元) Ho-Won Moon

[생]1959·1·7 [주]서울 양천구 목동서로201 KT정보전산센터19층 KT파워텔(주) 임원실(02-2166-0130) [학]1976년 경남고졸 1980년 연세대 전자공학과졸 1986년 同대학원 전자공학과졸 1994년 전자공학박사(연세대) [경]2009~2011년 KT네트웍스 경영전략실장 2012년 (주)KT 유무선네트워크전략본부 코어망전략담당 2013년 同강북네트워크운용단 유선운용센터장 2014~2016년 同네트워크부문 부산네트워크운용본부장 2016년 KT파워텔(주) 대표이사 사장(현)

문호진(文琥軫) Moon Ho Jin

[생]1963·5·26 [본]남평(南平) [출]경북 풍기 [주]서울 용산구 후암로4길10 헤럴드경제 편집국(02-727-0021) [학]중앙대 신문방송학과졸 [경]1989년 코리아헤럴드·내외경제신문 입사 2001년 同디지털부 기자 2003년 同유통팀장 2004년 헤럴드경제 편집국 증권부 차장대우 2004년 同증권팀장 2007년 同경제부 금융팀장 2008년 同산업부 재계팀장(부장대우) 2010년 코리아헤럴드 전략마케팅국장 2010년 헤럴드경제 전략마케팅국장 2011~2012년 헤럴드미디어 헤럴드경제본부 헤럴드경제AD국장 2012년 헤럴드경제 AD국장 2014년 同논설위원 2015년 同선임기자(현) [종]기독교

문홍선(文洪善)

[생]1960·8·23 [주]서울 강서구 화곡로302 강서구청 부구청장실(02-2600-6304) [학]전주 신흥고졸, 중앙대 행정학과졸, 서울대 대학원 행정학과 수료 2003년 미국 오리건대 대학원 공공정책관리학과졸 [경]1988년 행정고시 합격(30회) 1999년 지방서기관 승진 2000년 서울시 여성정책관실 여성정책담당관 2001년 국외훈련(미국 오리건대) 2003년 서울시 도시계획국 뉴타운총괄계획반장 2005년 국내외기관 파견 2007년 서울시 주택국 주택기획과장 2009년 同경쟁력강화본부 투자기획관(지방부이사관) 2010년 중앙공무원교육원 교육파견 2011년 서울시 복지건강본부 보건기획관 2011년 서울 성북구 부구청장 2013년 서울시 경제진흥실 산업경제정책관(지방이사관) 2014년 同인재개발원장 2015년 국방대 교육파견 2016년 서울 강서구 부구청장(현)

문홍성(文弘晟) MOON Hong Sung

[생]1964·2·12 [출]서울 [주]서울 중구 장충단로275 두산DLI(주) 비서실(02-3398-3660) [학]1982년 여의도고졸 1986년 서울대 경제학과졸 1989년 同행정대학원 정책학과졸 1997년 경제학박사(미국 미주리주립대) [경]1987년 행정고시 재경직 합격(31회) 2000년 IMF 유럽국 Economist 2003년 대통령비서실 정책수석실 행정관 2005년 재정경제부 국제금융국 국제기구과장 2005년 同국제금융국 금융협력과장 2007년 同국제금융국 외화자금과장 2008년 대통령 국정기획수석비서관실·국책과제비서관실 행정관 2009년 대통령 국정과제비서관실 선임행정관(고위공무원) 2009년 국회 기획재정위원회 파견 2010년 (주)두산 전략지원실장(전무) 2012~2016년 同전략지원실장(부사장) 2016년 두산DLI(주) 대표이사 사장(현) [상]우수공무원 국무총리표창(1998)

문홍성(文泓性) MOON Hong Seong

[생]1968·7·29 [출]전북 군산 [주]대전 서구 둔산중로78번길15 대전지방검찰청 특수부(042-470-3000) [학]1987년 군산제일고졸 1991년 연세대 법학과졸 1995년 同대학원 법학과졸 [경]1994년 사법시험 합격(36회) 1997년 사법연수원 수료(26기) 1998년 울산지검 검사 2000년 광주지검 해남지청 검사 2001년 광주지검 검사 2003년 서울지검 검사 2004년 서울중앙지검 검사 2005년 법무부 검찰2과 검사 2008년 춘천지검 검사(국회 파견) 2009년 同부부장검사(국회 파견) 2010년 서울중앙지검 부부장검사 2011년 창원지검 밀양지청장 2012년 법무부 검찰국 형사법제과장 2014년 서울중앙지검 특수3부장 2015년 同부장검사(방산비리합수단 부단장) 2016년 대전지검 특수부장(현) [상]근정포장(2015)

문효남(文孝男) MOON, Hyo Nam (祥榕)

[생]1955·11·27 [본]남평(南平) [출]부산 [주]서울 강남구 강남대로310 유니온센터1401호 법률사무소 상용(02-6247-0026) [학]1973년 부산고졸 1978년 서울대 법대졸 1980년 同대학원 법학과 수료 2015년 성균관대 유학대학원 문학석사 2016년 同대학원 유학 박사과정 재학 중 [경]1979년 사법시험 합격(21회) 1981년 사법연수원 수료(11기) 1981년 軍법무관 1984년 서울지검 남부지청 검사 1987년 춘천지검 원주지청 검사 1988년 부산지검 검사 1990년 미국 워싱턴주립대 법과대학원 방문학자과정(Visiting Scholar) 연수 1991년 대검찰청 검찰연구관 1992년 서울지검 고등검찰관 1993년 청주지검 충주지청장·부산지검 울산지청 부장검사 1995년 인천지검 강력부장 1996년 同특수부장 1997년 대검찰청 마약과장 1999년 서울지검 강력부장 2000년 대구지검 포항지청장 2001년 청주지검 차장검사 2002년 부산지검 제2차장검사 2003년 대검찰청 수사기획관 2004년 대구고검 차장검사 2005년 대검찰청 감찰부장 2006년 의정부지검장 2007년 대구지검장 2008년 대전고검장 2009년 부산고검장 2009~2011년 법무법인 로고스 구성원변호사 겸 상임고문 2012년 법률사무소 '상용' 대표변호사(현) 2012년 삼성화재해상보험 사외이사(현) 2012~2015년 법무부 범죄피해자보호위원회 위원 [상]홍조근정훈장(2003) [저]'마약류사범의 실태와 수사'(1988)

문효치(文孝治) MOON Hyo Chee (如山)

[생]1943·7·15 [본]남평(南平) [출]전북 군산 [주]서울 양천구 목동서로225 대한민국예술인센터1017호 (사)한국문인협회(02-744-8046) [학]1966년 동국대 국어국문학과졸 1980년 고려대 교육대학원졸 [경]1966년 한국일보 신춘문예에 詩 '산색' 당선 1966년 서울신문 신춘문예 詩 '바람 앞에서' 당선으로 등단·시인(현) 1966년 신년대 동인 1971~1998년 배재중 교사 1980년 진단시 창립·동인, 현대시인협회 부회장 2000년 한국문인협회 시분과 회장, 同자문위원, 동국문학인회 회장 2000년 국제펜클럽 한국본부 심의위원장 2001년 주성대학 겸임교수 2005~2009년 국제펜클럽 한국본부 이사장 2005년 중국 천진사범대학 객좌교수(현), 중국 종산대학 객좌교수(현), 중국 천진외국어대학 객좌교수(현) 2007년 계간 '미네르바' 주간, 편집인(현) 2015년 (사)한국문인협회 이사장(현) [상]동국문학상, 시문학상(1991), 시예술상, 평화문학상(2001), PEN문학상(2001), 천상병문학상(2008), 옥관문화훈장(2009), 정지용 문학상(2011), 익재문학상 시부문(2014) [저]시집 '연기 속에 서서'(1976) '무령왕의 나무새'(1983) '백제의 달은 강물에 내려 출렁거리고'(1988) '백제 가는 길'(1991) '바다의 문'(1993) '선유도를 바라보며'(1997) '시가 있는 길'(1999) '남내리 엽서'(2001) '문효치 시인의 기행 시첩'(2002) '희미한 꼬리 달린 내 사랑(共)'(2002) '문밖에 사랑이(共)'(2003) '백제 시집'(2004) '사랑은 슬픈 귀를 달았다(共)'(2004) '동백꽃 속으로 보이네'(2004) '계백의 칼'(2008) '하늘 물땅'(2010) '왕인의 수염'(2010) '사랑이여 어디든 가서'(2011) '칠지도'(2011) '별박이자나방'(2013) '모데미풀'(2016) [작]시 '산에서 부른 노래' '삶' '병중' '달팽이' '비천' '무령왕의 목관제' '노인의 잠' '실연시초' '올림픽성화' '사랑이여 어디든 가서'

문훈숙(文薰淑·女) Julia Hoon-Sook Moon

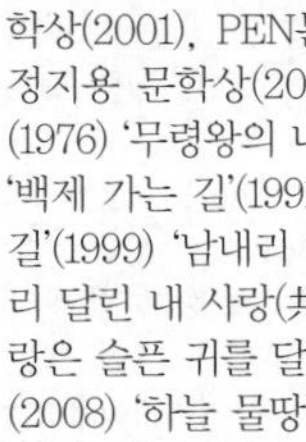

[생]1963·1·25 [본]남평(南平) [출]미국 워싱턴 [주]서울 광진구 능동로36길25 유니버설발레단 단장실(070-7124-1734) [학]1979년 선화예술학교졸 1980년 영국 로열발레학교 수료 1981년 모나코 왕립발레학교 수료(마리카 베소브라소바에게 사사) 2000년 명예 무용예술학박사(러시아 모스크바국립종합예술대) 2008년 명예 무용박사(선문대) [경]1984년 유니버설발레단 창단단원·수석무용수 1989년 러시아 키로프발레단 '지젤' 주역 출연(동양인 최초) 1991~1997년 한국무용협회 이사 1992년 러시아 키로프발레단 '돈키호테' 주역 출연 1993년 한국문화재단 부이사장 1994~1997년 선화학원 이사장 1995년 루마니아 국립발레단 '백조의 호수' 주역 출연 1995년 러시아 키로프발레단 '백조의 호수' 주역 출연 1995년 유니버설발레단 단장(현) 1997년 세계무용연맹 한국본부 이사(현) 1998년 한국발레협회 명예이사, 마야 플리세츠카야 국제발레콩쿠르 심사위원 2000년 러시아 모스크바 민족의회 예술부문 명예친선대사 2002년 불가리아 바르나국제발레콩쿠르 심사위원 2004년 유니버설문화재단 이사장(현), 서울 국제무용콩쿠르 집행위원(현) 2005년 (재)전문무용수지원센터 이사(현) 2006년 불가리아 바르나 국제발레콩쿠르 심사위원 2006년 이탈리아 프리미오 로마국제발레콩쿠르 심사위원 2006년 USA 국제발레콩쿠르 심사위원 2006년 핀란드 헬싱키 국제발레콩쿠르 심사위원 2007년 코리아국제발레콩쿠르 심사위원 2008년 서울국제발레콩쿠르 심사위원 2011년 문화예술명예교사(현) 2012년 선문학원 부이사장(현) 2012년 ISPA 서울총회 자문위원 2013년 한국발레협회 부회장 2013년 (사)자원봉사 애원 이사장(현) 2014년 코리아국제발레콩쿠르 심사위원 [상]'4월의 예술가상(1996), 문학의 해 기념 가장 문학적인 발레리나상(1996), 한국발레협회 프리마 발레리나상(1996), 문화관광부 '1999 오늘의 젊은 예술가' 표창장(1999), 대한민국 문화예술상(1999), 한국발레협회상 대상(2009), 화관문화훈장(2010), 경암학술상 예술부문(2011), ISPA 서울총회 예술경영인상(International Citation of Merit)(2012), 올해의 여성문화인상(2014) [작]'백조의 호수' '지젤' '돈키호테' '잠자는 숲속의 미녀' '호두까기인형' '심청' '라 바야데르' 등 700여 회 주역으로 출연 [종]통일교

문흥만(文興晩)

[생]1965·9·15 [출]부산 [주]대구 수성구 동대구로364 대구지방법원(053-757-6600) [학]1984년 부산 동성고졸 1992년 고려대 불어불문학과졸 [경]1997년 사법시험 합격(39회) 2000년 사법연수원 수료(29기) 2000~2007년 법무법인 국제 변호사 2007년 사법연수원 법관임용연수 2008년 창원지법 판사 2011년 부산고법 판사 2013년 부산지법 판사 2016년 대구지법 부장판사(현)

문흥수(文興洙) MOON Heung Soo

[생]1957·1·5 [본]남평(南平) [출]충남 예산 [주]서울 서초구 서초대로49길5 법무법인 민우(02-599-3727) [학]1975년 예산고졸 1979년 서울대 법대졸 1992년 미국 하버드대 법과대학원졸 [경]1979년 사법시험 합격(21회) 1981년 사법연수원 수료(11기) 1981년 해군 법무관 1984년 서울지법 남부지원 판사 1986년 서울지법 판사 1988년 창원지법 통영지원 판사 1990년 서울가정법원 판사 1991년 서울고법 판사 1993년 헌법재판소 연구관 1995년 서울고법 판사 1996년 창원지법 부장판사 1998년 수원지법 부장판사 1999년 서울지법 북부지원 부장판사 2000년 서울지법 부장판사 2004년 서울중앙지법 부장판사 2004~2006년 법무법인 로고스 변호사 2005년 법무법인 민우 대표변호사(현) 2014년 국회 윤리심사위원회 자문위원 2016년 제20대 국회의원선거 출마(세종특별자치시, 더불어민주당) 2016년 더불어민주당 세종시당 위원장 직대 [상]대법원장표창(1981) [저]'아름다운 내일을 위하여'(1991) '겸손의 송가'(1993) '세계 각국의 헌법재판제도'(1994) '별은 동쪽에서 떠오르고' '트루시크릿'(2009, 법률저널) '그들만의 천국'(2010, 유로) '정의와 헌법'(2011, 박영사) '우주의 마음'(2015, 모리슨) '천상의 음악 100곡'(2015, 모리슨) '세상에서 가장 아름다운 이야기'(2015, 모리슨) [종]기독교

문 희(文 姬·女) MOON Hee

[생]1936·4·8 [본]남평(南平) [출]광주 [학]1955년 광주여고졸 1959년 이화여대 약학과졸 2003년 중앙대 대학원졸 2008년 약학박사(중앙대) [경]1981~2004년 민주평통 정책자문위원 1992~1995년 대한약사회총회 부의장 1995~2001년 한국여약사회 회장 1995~2004년 한국마약퇴치운동본부 이사·감사 1996~2004년 한국과학기술단체총연합회 이사 1996~2004년 우리민족서로돕기 집행·실행위원 1998~2007년 한국여성지도자연합 부총재 2003~2007년 한나라당 중앙위원회 부의장 2005년 제17대 국회의원(비례대표 승계, 한나라당) 2005~2008년 국회 보건복지위원회 위원 2005년 한나라당 중앙당 공천심사위원 2005년 同서울시당 비례대표 공천심사위원 2006~2008년 국회 여성가족위원장 2008~2010년 대한노인회중앙회 부회장 2010년 한국마약퇴치운동본부 이사장 2010년 한나라당 중앙연수원 부원장 2012년 아주대 약학대학 겸임교수 2013~2015년 대한민국헌정회 이사 2014년 한국마약퇴치운동본부 명예이사장(현) 2014~2016년 새누리당 실버세대위원회 수석부위원장 2016년 한국여성의정 문화사업단장(이사)(현) [상]이화여대 약대 전국개국동문회 공로패(1983), 서울시장표창(1990), 대한약사회 회장상(1990), 이화여대총장감사장(1991), 대통령표창(1998), 대한적십자사총재 감사패(1998), 민주평통 공로장(2001·2005), 미주 한인약사회장 감사패(2002), 한나라당 서울시지부 위원장 공로패(2003), 한나라당 박

근혜대표 공로패(2004), 제15회 대한약사금장상(2005), 충북도지사 감사패(2007), 한국여성유권자연맹 공로상(2008), 식품의약품안전청장 감사패(2010), 한국여약사회장 감사패(2010), 동탑산업훈장(2015) [저]'의약분업에서 셀프메디케이션과 약사의 역할'(2003) '약사 30년 또 다른 출발'(2004) '나눔의 삶, 희망의 정치'(2008) 외 기타정책 자료집 및 해외사찰보고서 다수 [종]기독교

문희갑(文熹甲) MOON Hi Gab (竹溪)
[생]1937·5·1 [본]남평(南平) [출]대구 달성 [주]대구 동구 동부로108 선일빌딩5층 (사)푸른대구가꾸기시민모임(053-746-7464) [학]1956년 경북고졸 1963년 국민대 법학과졸 1966년 서울대 행정대학원졸 1972년 미국 테네시주립대 대학원 수료 1997년 명예 행정학박사(경북대) 2001년 명예 도시공학박사(계명대) [경]1967년 행정고시 합격(5회) 1967~1976년 경제기획원 경제기획국·경제협력국·예산국 사무관 1976년 同예산국 기업예산과장 1977년 同방위예산담당관 1978~1981년 국방부 예산편성국장 1980~1981년 국가보위비상대책위원회 운영분과위원·입법회의 전문위원 1981년 경제기획원 경제개발예산 심의관 1982년 同예산실장 1985년 민주정의당(민정당) 국책연구실장 1985년 제12대 국회의원(전국구, 민정당) 1985~1988년 경제기획원 차관 1986년 남북경제회담 수석대표 1988~1990년 대통령 경제수석비서관 1989년 대통령자문 지역균형발전기획단장 1990년 제13대 국회의원(대구西甲 보궐선거 당선, 민자당) 1993년 미국 예일대 객원교수 1994년 계명대 사회과학대 초빙교수 1995·1998~2002년 대구광역시장(무소속·한나라당) 2001·2003년 대구하계유니버시아드대회 조직위원회 위원장 2002년 계명대 정경학부 특임교수 2013년 (사)푸른대구가꾸기시민모임 이사장(현) [상]보국훈장 천수장(1980), 청조근정훈장(1990), 지방자치단체경영자상(1996) [저]'보리밥과 나라경제'(1987) '경제개혁이 나라를 살린다'(1992) '함께사는 경제'(1995) [종]기독교

문희범(文熙範) MOON Hee Beom
[생]1954·1·23 [주]서울 송파구 올림픽로43길88 서울아산병원 알레르기내과(02-2224-3281) [학]1978년 서울대 의대졸 1983년 同대학원졸 1990년 의학박사(서울대) [경]1978~1982년 서울대병원 인턴·내과 레지던트 수료 1983~1986년 同알레르기내과 전임의 1985~1986년 同내과 과장 1986~1988년 스웨덴 카롤린스카연구소 연구원 1989년 울산대 의과대학 내과학교실 조교수·부교수·교수(현) 1989년 서울아산병원 알레르기내과 전문의(현) 2014년 대한내과학회 회장 2015년 대한천식알레르기학회 회장, 同평의원(현)

문희상(文喜相) MOON Hee Sang (正興)
[생]1945·3·3 [본]남평(南平) [출]경기 의정부 [주]서울 영등포구 의사당로1 국회 의원회관454호(02-784-1261) [학]1963년 경복고졸 1968년 서울대 법학과졸 [경]1970년 해군본부 법제담당관 1973년 도서출판「숭문당」대표 1976년 학교법인 경해학원 이사장 1982년 숭문상가·삼정식품 대표이사 1983년 경기지구청년회의소 회장 1985년 한국JC중앙회 회장 1986년 대한궁도협회 부회장 1986년 경해학원 이사장 1987년 민주연합청년동지회 중앙회장 1987년 평민당 창당발기인 1987년 同경기제3지구당 위원장 1987년 同경기도당 부위원장 1988년 同총재비서실 차장 1990년 신민당 경기도당 부위원장 1992년 제14대 국회의원(의정부시, 민주당·국민회의) 1993년 민주당 대표 비서실장 1995년 국민회의 기획조정실장 1996년 同의정부시지구당 위원장 1996년 同총재 수석특보 1997년 팍스코리아나21 이사장 1998년 대통령 정무수석비서관 1998년 국가안전기획부 기획조정실장 1999년 국가정보원 기획조정실장 2000~2003년 제16대 국회의원(의정부시, 새천년민주당) 2000년 국회 아시아·태평양정책연구회장 2000~2003년 대한아이스하키협회 회장 2000년 새천년민주당 경기도지부장 2001년 한미정책포럼 이사장 2002년 새천년민주당 최고위원 2002년 同대선기획단장 2003~2004년 대통령 비서실장 2004년 대통령 정치특별보좌관 2004~2007년 열린우리당 상임고문 2004년 제17대 국회의원(의정부시甲, 열린우리당·대통합민주신당·통합민주당) 2004~2005년 국회 정보위원장 2004~2008년 한·일의원연맹 회장 2005년 열린우리당 의장 2006년 同비상대책위원회 상임위원 2006~2007년 同국정자문위원장 2007년 대통합민주신당 정동영 대통령후보 중앙선거대책위원회 상임고문 2008년 제18대 국회의원(의정부시甲, 통합민주당·민주당·민주통합당) 2008~2010년 국회 부의장 2008년 민족화해협력범국민협의회 상임의장 2008년 민주당 당무위원 2008~2011년 同상임고문 2008년 한·일의원연맹 고문(현) 2010년 민주당 전당대회준비위원회 위원장 2011~2013년 민주통합당 상임고문 2012년 제19대 국회의원(의정부시甲, 민주통합당·민주당·새정치민주연합·더불어민주당) 2013년 민주통합당 비상대책위원장 2013·2014년 국회 안전행정위원회 위원 2014년 국회 외교통일위원회 위원 2014년 국회 정보위원회 위원 2014~2015년 새정치민주연합 비상대책위원장 2015년 同상임고문 2015년 더불어민주당 상임고문(현) 2016년 제20대 국회의원(의정부시甲, 더불어민주당)(현) 2016년 국회 외교통일위원회 위원(현) 2016년 더불어민주당 의정부시甲지역위원회 위원장(현) [상]황조근정훈장(2003), 청조근정훈장(2005), 백봉신사상 올해의 신사의원 베스트11(2013), 백봉신사상 대상(2014) [저]'국민의정부의 개혁방향과 과제(共)'(1999) '생각을 바꾸면 세상이 바뀐다'(2000) '문희상이 띄우는 희망메세지 동행'(2007) '문희상이 띄우는 희망메세지 동행2'(2011) [종]천주교

문희주(文希柱) MOON Hi Joo (炫宇)
[생]1947·3·9 [본]남평(南平) [출]경남 합천 [주]경기 성남시 수정구 산성대로553 을지대학교 보건과학대학 임상병리학과(031-740-7104) [학]1972년 건국대 생물학과졸 1974년 同대학원 생물학과졸 1985년 농학박사(일본 도쿄농업대) [경]1975~2007년 서울보건대학 임상병리학과 교수 1981~2004년 同학생처장·교무처장·교학처장·부학장 1990~1993년 한국전문대학교학생처장협의회 회장 1995~1996년 교수자격심사위원 1998~2005년 (사)한국상록회 부총재 1999~2003년 한국전문대학교무처장협의회 회장 2001~2003년 전문대학수업연한연장심의위원회 위원장 2001~2002년 전문대학학사편람 편집위원장 2002~2004년 전국임상병리학과교수협의회 회장 2002~2004년 대학설립심사위원 2002~2011년 대한의생명과학회 회장·이사장 2005~2006년 서울보건대학 총장 2005~2007년 (사)한국고등직업교육학회 회장 2005년 학교법인 대병학원(대병중) 이사(현) 2007~2012년 을지대 보건과학대 임상병리학과 교수 2007~2012년 同성남캠퍼스 학장·부총장·RIC센터 소장 2007~2009년 (사)녹색환경포럼 부회장 2008~2009년 통폐합국립대학 평가위원 2008~2010년 학교법인 오산학원(오산대·오산고·오산중) 이사장 2009년 (재)대병장학재단 이사 2011~2013년 학교법인 김포대학(김포대·통진고·통진중) 이사장 2011~2014년 사랑의녹색운동본부 총재 2012년 을지대 명예교수(현) 2013년 학교법인 태성학원 이사장(현) 2013년 한국대학경영연구소 상임고문(현) 2013~2015년 (사)녹색환경미래창조연합 상임고문 2014년 (사)녹색환경창조연합 이사장(현) 2014년 학교법인 한솔학원(부천대) 이사(현) 2014년 재야국가원로회의 고문(현) 2015년 녹색환경연합신문 설립·발행인(현) 2015년 (재)대병장학재단 이사장(현) [상]성남시장표창(1996), 범석학술논문상(1997), 대통령표창(1997), 녹조근정훈장(2003), 의생명과학대상(2005), 경기도 문화상(2006), 올해의 인물 20인에 선정(2006), 황조근정훈장(2012), 대한민국창조신지식인대상(2015) [저]'임상혈청학'(1978) '기생충학실험'(1979) '임상기생충실습'(1980) '인체기생충 도감'(1987) '인체기생충학'(1989) '기본면역학'(1992) '실습미생물학'(1992) '의공학의 이해'(1999) '세포면역학'(2003) '웹프로그래밍'(2005) '핵심면역학'(2010) 등 16권

문희철(文熙喆) MOON Hee Chul
[생]1949·10·5 [본]남평(南平) [출]경기 김포 [주]서울 강서구 공항대로467 (주)백광소재 임원실(02-3661-2993) [학]1968년 서울고졸 1972년 서울대 공대 금속학과졸 [경]1977년 (주)대우중공업 근무 1994년 (주)대우 부장 1999년 오리온전기 영업부문 상무 1999~2002년 도사(DOSA) 프랑스법인장 2005년 동우화인켐(주) 대표이사, 同부회장 2008년 일본 스미토모화학 집행역원 2015년 (주)백광소재 대표이사(현) [상]철탑산업훈장(2006)

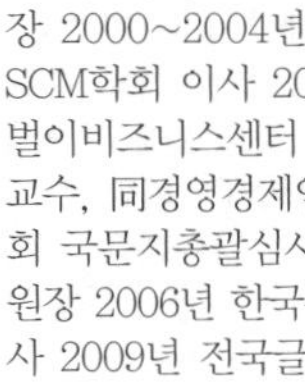

문희철(文熙哲) Moon, Hee-Cheol
[생]1957·10·25 [주]대전 유성구 대학로99 충남대학교 경상대학 무역학과(042-821-5558) [학]1975년 제물포고졸 1982년 서강대 무역학과졸 1984년 同대학원 무역학과졸 1990년 무역학박사(고려대) [경]1987년 고려대 기업경영연구소 연구원 1991년 충남대 경상대학 무역학과 조교수·부교수·교수(현) 1991년 한국중소기업학회 이사 1996년 일본 나고야대 국제경제동태연구센터 객원연구원 1997년 한국무역상무학회 부회장 1998년 한국통상정보학회 부회장 1998년 미국 오하이오주립대 풀브라이트 객원교수 2000~2003년 대전충청ECRC 기획운영위원장 2000~2003년 충남대 경영정보센터 소장 2000~2004년 한국인터넷전자상거래학회 부회장·회장 2001년 한국SCM학회 이사 2001년 한국벤처학회 이사 2003년 충남대 경상대학 글로벌이비즈니스센터 소장 2003~2005년 同경영대학원 전문경영자과정 주임교수, 同경영경제연구소 부소장 2003년 同TI사업단장 2004년 한국무역학회 국문지총괄심사위원장 2004년 국제e-비즈니스학회 부회장, 同학술위원장 2006년 한국무역학회 이사, 同편집위원 2006년 한국국제통상학회 이사 2009년 전국글로벌무역전문가양성사업단협의회 회장 2010년 한국통상정보학회 수석부회장 2014~2016년 충남대 경상대학장 2016년 同평생교육

원장(현) [상]한미교육위원단 풀브라이트 Reseach Award(1998) [저]'사이버 무역 국제동향과 성공전략'(2001, 굿인포메이션) '전자무역의 이해와 전개'(2002, 브레인코리아) '핵심무역영어'(2003, 명경사) '기본무역영어'(2003, 명경사) '현대무역의 이해'(2003, 법문사) '국제통상의 이해'(2004, 법문사) '무역개론(共)'(2005, 무역경영사) '최신무역용어해설집'(2008, 무역경영사) '글로벌무역영어'(2008, 무역경영사)

문희철(文熙撤) Mun Hee Chul

[생]1965 [출]전북 고창 [주]광주 북구 첨단과기로208번길 43 광주지방국세청 성실납세지원국(062-370-5370) [학]군산제일고졸, 서울대 영어영문학과졸 [경]1995년 행정고시 합격(38회), 군산세무서 재산세과장, 인천세무서 조사과장, 재정경제부 세제실 조세지출예산과 근무, 서울지방국세청 조사1국 조사1과 근무, 국세청 납세지원국 징세과 1계장, 同납세지원국 납세자보호과 1계장, 국무총리실 조세심판원 파견 2008년 서울지방국세청 법인세과 법인1계장 2009년 제주세무서장 2010년 서울지방국세청 징세과장 2011년 국세청 납세자보호담당관 2013년 同부동산납세과장 2014~2015년 同감사담당관 2016년 광주지방국세청 조사2국장(부이사관) 2016년 同성실납세지원국장(부이사관)(현)

문희화(文熙和) MOON Hi Whoa (嶺普)

[생]1938 · 9 · 21 [본]남평(南平) [출]대구 [학]1956년 경북고졸 1960년 서울대 문리대 정치학과졸 1973년 경제학박사(미국 조지워싱턴대) [경]1968년 미국 조지워싱턴대 책임연구원 1970~1977년 세계은행 경제조사역 1977년 한국개발연구원 연구조정실장 1980년 국무총리행정조정실 제5행정조정관 1981년 同제3행정조정관 1983~1986년 산업연구원 원장 1987년 포항종합제철 산업기술연구소 상임고문 1988~1994년 한국생산성본부 회장 1988년 행정개혁위원회 경제과학분과위원장 1988년 생산성학회 고문 1990년 아시아생산성기구(APO) 수석부의장 1991년 同의장 1992~1999년 대한무역투자진흥공사 이사 1995~2004년 경희대 경제통상학부 교수 1995~1997년 同경제연구소장 1998~2001년 국무총리 정책평가위원회 경제2분과위 간사 1999년 한국전력 사외이사 2000년 국제산업디자인대 이사장 2001~2002년 미국 컬럼비아대 국제행정대학원(SIPA) 교수 2002년 드림라인 사외이사 2004~2005년 연세대 국제대학원 객원교수 2006~2016년 고려대 국제대학원 초빙교수 2008~2010년 대통령자문 국가지속가능발전위원회 위원 2008년 대통령자문 국가생명윤리위원회 위원 [상]국민훈장 모란장 [저]'Problems and Issues of An Expanding Economy' '대외지향적 성장전략과 기술개발' '한국의 공업화 전망'(共)

미셸위(魏聖美 · 女) Michelle Wie (Big Wiesy)

[생]1989 · 10 · 11 [출]미국 하와이 [주]서울 강남구 테헤란로152 강남파이낸스센터26층 나이키골프코리아(02-2006-5867) [학]2006년 미국 하와이 푸나호우스쿨졸 2012년 미국 스탠퍼드대졸 [경]1994년 골프입문 1996년 14오버파 기록 2000년 64타(8언더파) 기록 2001년 PGA 소니오픈 예선 첫 여성이자 최연소 출전 2002년 미국여자프로골프(LPGA)투어 다케후지클래식예선 최연소 통과(13세) 2003년 캐나다 베이밀스오픈에서 남자선수들과 첫 성 대결 2003년 US여자아마추어 퍼블릭링크스챔피언십 우승 2004년 US여자아마추어 퍼블릭링크스챔피언십 2위 2005년 SBS오픈 공동2위 2005년 맥도널드LPGA챔피언십 2위 2005년 에비앙마스터스 2위 2005년 브리티시여자오픈 공동2위 2005년 프로 데뷔(후원사 나이키 · 소니)(현) 2006년 필즈오픈 3위 2006년 크래프트나비스코챔피언십 3위 2006년 US여자오픈 공동3위 2006년 에비앙마스터스 공동2위 2006년 2014 강원도평창동계올림픽유치위원회 명예홍보대사 2009년 LPGA투어 SBS오픈 2위 2009년 LPGA투어 사이베이스클래식 공동3위 2009년 LPGA투어 제이미파오웬스코닝클래식 공동3위 2009년 LPGA투어 나비스타클래식 공동2위 2009년 LPGA투어 로레나오초아 인비테이셔널 우승 2010년 기아자동차 홍보대사 2010년 LPGA투어 트레스 마리아스 챔피언십 3위 2010년 LPGA투어 캐나다여자오픈 우승 2010년 LPGA투어 P&G NW 아칸소챔피언십 2위 2013년 LPGA투어 하나 · 외환 챔피언십 공동3위 2013년 제2회 하계 유스(청소년)올림픽 골프 홍보대사 2014년 LPGA투어 크라프트 나비스코 챔피언십 2위 2014년 LPGA투어 롯데 챔피언십 우승 2014년 LPGA투어 노스 텍사스 슛아웃 3위 2014년 LPGA투어 에어버스 LPGA 클래식 공동3위 2014년 LPGA투어 US여자오픈 우승 [상]라우레우스 스포츠상(역대 최연소 신인상) [작]CF출연 '신영 지웰시티'(2006)

민갑룡(閔鉀龍)

[생]1965 · 12 · 19 [출]전남 영암 [주]충남 아산시 신창면 황산길100의50 경찰대학 치안정책연구소(041-968-2114) [학]1984년 영암 신북고졸 1988년 경찰대 행정학과졸(4기) 1990년 서울대 행정대학원졸 [경]1988년 경위 임용 1995년 경감 승진 1999년 경정 승진 2001년 서울남부경찰서 수사과장 2001년 용인경찰서 경비교통과장 2003년 경찰청 혁신기획단 전문연구관 2005년 同수사권조정팀 전문연구관 2007년 同혁신기획단 업무혁신팀장(총경 승진) 2008년 전남 무안경찰서장 2009년 경찰청 수사구조개혁팀장 2011년 同기획조정담당관 2012년 서울 송파경찰서장 2013년 경찰청 기획조정담당관 2014년 광주지방경찰청 제1부장 2014년 해외교육훈련(캐나다 토론토경찰청) 2015년 인천지방경찰청 제1부장(경무관) 2015년 경찰대 치안정책연구소장(경무관)(현)

민경갑(閔庚甲) MIN Kyoung Kap (酉山)

[생]1933 · 8 · 1 [본]여흥(驪興) [출]충남 계룡 [주]서울 서초구 반포대로37길59 대한민국예술원(02-765-3328) [학]1953년 대전고졸 1957년 서울대 미대 회화과졸 [경]1972년 대한민국 미술전람회 초대작가 1974~1979년 대한민국 미술전람회 심사위원 1988년 서울올림픽 세계현대미술제 운영위원 1988~1989년 서울시예술위원회 예술위원 1998년 원광대 미술대학 교수(정년 퇴직) 2000년 대한민국예술원 회원(동양화)(현) 2004년 외교통상부 한일우정의해 자문위원 2005년 문화관광부 미술은행 운영위원회 초대위원장 2005 · 2010년 대한민국미술대전 비구상부문 심사위원장 2005년 스페인 아르코주빈국 조직위원회 위원 2006년 단원미술제 조직위원회 운영위원장 2007년 문화관광부 문화예술발전유공자 심사위원장 2013년 단국대 예술대학 석좌교수 2015년 서울대총동창회 관악대상 운영위원장(현) 2015년 대한민국예술원 회장(현) [상]대한민국문화예술상(1996), 서울시문화상(2001), 은관문화훈장(2002), 대한민국예술원상(2004), 자랑스런한국인대상(2007), 5.16민족상(2009), 대한민국미술인상 본상(2010), 3 · 1문화상 예술상(2013), 제17회 자랑스러운 대능인(2016) [저]'민경갑화집1'(2000) '민경갑화집2'(2012) [작]쌍파울로 비엔날레 초대(1969), 현대화랑 초대 개인전(1979), 현대한국미술 상황전(1986, 아시안게임조직위원회), 88세계 현대미술제 초대 (1988, 국립현대미술관) 한국미술 95질량감전 초대(1995, 국립현대미술관), 서울시립미술관개관 기념전 '한민족의 빛과 색' 초대(2002), 프랑스 파리 UNESCO 초대 개인전(2002), 한일 국민교류의해 기념 일한현대미술전(2002, 일본 요꼬하마) 민경갑전-일본미술세계 초대 개인전(2004, 일본 도쿄긴좌), 한일 현대미전 (2005, 일본 후쿠오카), 한일 현대미술전(2007, 일본 동경), 한중 현대미술전 (2008, 중국 베이징), 한일예술원교류전(2011, 대한민국예술원미술관), 서울시립미술관 초대 개인전(2012), 한국의 현대미술전(2013, 제주현대미술관), 예술원 개원 60주년 '어제와 오늘' 展 (2014, 국립현대미술관 덕수궁미술관)

민경두(閔庚斗) MIN Kyung Doo

[생]1966 · 4 · 22 [본]여흥(驪興) [출]충북 음성 [주]서울 서초구 반포대로90 세환빌딩 스카이데일리(02-522-6595) [학]1983년 한영고졸 1990년 성균관대 독어독문학과졸 [경]1990년 약업신문 기자 1991년 同차장 1999년 데일리팜 창간 · 대표이사 2001년 데일리메디 창간 2002~2009년 한국인터넷신문협회 부회장 · 이사 · 감사 2007년 서울 강남경찰서 보안지도위원 2008년 同보안협력위원 2009년 한국인터넷신문협회 전문분과위원장 2011~2012년 인터넷신문심의위원 2011년 스카이데일리 대표이사(현) 2011년 데일리팜 경영고문(현) [저]'이런 기자가 기자다. 저런 기자는 아니다' 시평집 '고깃배 그득히 맬어내는 아침(共)'(2010)

민경배(閔庚培) MIN Kyung Bae

[생]1966 · 7 · 5 [본]여흥(驪興) [출]서울 [주]서울 동대문구 경희대로26 경희사이버대학교 IT디자인융합학부(02-3299-8526) [학]1989년 고려대 사회학과졸 1991년 同대학원 사회학과졸 2002년 사회학박사(고려대) [경]1995~1996년 지방자치 실무연구소 선임연구원 1995~2002년 고려대 강사 2001~2002년 함께하는시민행동 운영위원 2002~2003년 고려대 아세아문제연구소 선임연구원 2002~2003년 同한국사회연구소 책임연구원 2002년 여가문화학회 선임이사 2002년 사이버문화연구소 소장 2003년 제16대 대통령직인수위원회 국민참여센터 전문위원 2003년 대통령 국민참여수석비서관실 행정관 2003년 함께하는시민행동 정보인권위원장, 정보트러스트센터 운영위원장 2003~2014년 경희사이버대 NGO학과 교수 2003~2006년 同NGO학과장 2006년 同온라인교육지원처장 겸 교수학습지원센터장 2009~2013년 同사이버사회연구소장 2012년 민주통합당 제18대 대통령중앙선거대책

ㅁ

위원회 '시민캠프' 공동대표, 투명사회를위한정보공개센터 이사(현), 시민방송 RTV 이사(현) 2014년 경희사이버대 IT디자인융합학부 교수(현) 2014년 비영리IT지원센터 이사(현) [저]'신세대를 위한 사회학 나들이'(1995) '미래혁명이 시작된다'(2000) 'Cyber is : 네트에서 문화읽기'(2001) '인터넷 한국의 10가지 쟁점'(2002) '영상학습혁명'(2005) '정보통신과 한국의 변화'(2005) '사이버스페이스의 사회운동'(2006) '인터넷윤리와 정보보안 대응전략(共)'(2013) '무크 10대 이슈'(2016) '처음 만나는 사회학'(2016)

민경부(閔炅富) Min Kyung Boo

[생]1961·12·6 [주]서울 영등포구 국제금융로56 미래에셋대우(02-768-3093) [학]광주상고졸, 전남대 경영학과졸, 서울대 대학원 경영학과졸, 미국 미시간대 대학원 경영학과졸 [경]대우증권 영업부장, 同호남지역본부장(상무) 2010년 同퇴직연금본부장(상무) 2011년 同PB영업본부장 2012년 KDB대우증권 강남지역2본부장 2013년 同강남지역본부장(상무), 同WM사업추진부 상무 2016년 미래에셋대우 WM사업추진부 상무 2016년 同연금영업본부장(상무) 2016년 同WM전략본부장(상무) 2016년 同WM전략본부장(전무) 2016년 同자산관리(WM)부문 대표(전무) 내정(현) [종]기독교

민경삼(閔庚三) MIN Kyung Sam

[생]1963·3·24 [본]여흥(驪興) [출]충북 청주 [주]인천 남동구 예술로138 이토타워15층 SK와이번스(032-455-2630) [학]1982년 신일고졸 1986년 고려대 체육교육학과졸 2015년 同교육대학원졸 [경]1986~1993년 프로야구 MBC청룡 야구선수(내야수) 1994~1996년 프로야구 LG구단 매니저 1997년 프로야구 LG트윈스 수비코치 2001~2009년 프로야구 SK와이번스 운영팀장·운영본부장 2010년 同단장(현) 2011년 한국야구위원회(KBO) 미래기획분과 위원 [상]스포츠서울 프론트상(1994·2010) [종]기독교

민경서(閔庚西) MIN Kyong Seo (省庵)

[생]1945·12·29 [본]여흥(驪興) [출]충남 부여 [주]서울 영등포구 선유동2로70 이화소재(주) 감사실(02-2632-9321) [학]1964년 강경상고졸 1971년 성균관대 경영학과졸 1990년 서강대 경영대학원 수료 1997년 연세대 언론홍보대학원 수료 2000년 서울대 경영대학 최고경영자과정 수료 2000년 전국경제인연합회 국제경영원 수료 [경]1982년 삼명물산(주) 감사 1986년 이화소재(주) 감사(현) 1988년 영화기업(주) 감사(현) 1990년 이화엔지니어링(주) 대표이사 1997~2015년 이화산업(주) 대표이사 사장 [상]산업포장(1989), 전국경제인연합회 경영인대상(2000), 성균관대 경영대학동문회 자랑스런 경영대학동문상(2015) [종]불교

민경선(閔敬善) MIN Kyung Sun

[생]1971·2·6 [출]전북 정읍 [주]경기 수원시 팔달구 효원로1 경기도의회(031-8008-7000) [학]2003년 서강대 대학원 금융경제학과졸 [경]설동원·이진숙부부의사자지정추진위원회 간사, 이상경 국회의원 비서관, 최성 국회의원 보좌관, 민주당 고양덕양乙지역위원회 사무국장, (사)한반도평화경제연구원 사무국장, 同책임연구원, 고양시호남향우회연합회 홍보국장, 행신3동 하이마트사거리횡단보도설치추진위원회 위원장 2010년 경기도의회 의원(민주당·민주통합당·민주당·새정치민주연합) 2010년 同건설교통위원회 간사, 同고양시일자리창출위원회 위원, 同간행물편찬위원회 위원, 경기도 버스정책위원회 위원 2014년 경기도의회 의원(새정치민주연합·더불어민주당)(현) 2014년 同건설교통위원회 위원 2015년 同수도권상생협력특별위원회 위원장(현) 2016년 同교육위원회 간사(현) [상]중부일보 율곡대상 광역정치부문(2016)

민경설(閔庚卨) MIN Kyung-Seol

[생]1968·9·9 [본]여흥(驪興) [출]충북 청주 [주]세종특별자치시 갈매로477 기획재정부 국제기구과(044-215-4830) [학]1987년 청주 신흥고졸 1995년 서울대 경제학과졸 2008년 경제학박사(미국 노스캐롤라이나주립대) [경]1994년 행정고시 합격(38회) 1995년 총무처 수습행정관 1996년 재정경제원 국민생활국 사무관 1999~2002년 재정경제부 경제정책국 산업경제과·종합정책과 근무 2002년 同국제금융국 국제금융과 근무 2005년 同금융정책국 금융허브기획과 서기관 2005~2008년 유학 파견(미국 노스캐롤라이나주립대) 2009년 기획재정부 국제금융국 IMF팀장 2009년 同장관실 비서관 2009년 同국제금융국 국부운용과장 2011년 IMF 고용휴직(서기관) 2014년 기획재정부 기획조정실 규제개혁법무담당관 2014년 同국제금융정책국 지역금융과장 2016년 同국제금융협력국 거시협력과장 2016년 同국제기구과장(현) [상]대통령표창(2016)

민경섭(閔庚燮) MIN Kyung Sob

[생]1959·10·30 [출]서울 [주]서울 영등포구 여의나루로53의2 원창빌딩6층 동화기업(주)(02-2122-0614) [학]1978년 경희고졸 1983년 고려대 경영학과졸 2002년 충북대 대학원 경영학과졸 [경]1985~1993년 코오롱유화(주) 경영관리과장 1993~2001년 신흥기업 관리담당 상무 2002년 솔라이비즈(주) 관리총괄 이사 2002~2005년 동화홀딩스(주) 경영기획실장(상무) 2002~2005년 (주)이유니크 대표이사 2005~2007년 동화기업(주) 대표이사 2007년 同베트남법인 법인장 2012년 동화홀딩스(주) 경영지원실장 2013년 동화엠파크홀딩스 경영지원본부장(현) 2014년 동화기업(주) 인사·재경실장 2016년 同경영혁신·재경기획실장(현)

민경숙(閔敬淑·女) MIN Gyung Sook

[생]1959·10·30 [본]여흥(驪興) [출]대구 [주]서울 강동구 양재대로111길52 ON&ON빌딩6층 TNmS(02-2224-1900) [학]1978년 대구 효성여고졸 1983년 미국 미시간주립대 방송통신학과(Telecommunication)졸 1986년 미국 샌디에이고주립대(SDSU) 대학원 방송학과졸 1991년 매스커뮤니케이션박사(영국 레스터대) [경]1991년 서울방송 심의위원 1993~1997년 한국방송광고공사 연구위원 1995~1996년 종합유선방송위원회 광고심의위원 1997~1998년 IAA Korea Associate Chapter 회장 1998년 TNS MEDIA KOREA 대표이사 2010년 TNmS 대표이사(현) [저]'영국의 방송광고'(1995) [역]'방송광고, 어떻게 판매할 것인가?'(1998) [종]기독교

민경식(閔京植) MIN Kyung Sik

[생]1950·11·5 [출]충북 청원 [주]서울 서초구 서초대로264 한승아스트라빌딩602호 민경식법률사무소(02-588-4071) [학]1969년 대전고졸 1974년 연세대 법학과졸 1998년 同특허법무대학원 수료 [경]1978년 사법시험 합격(20회) 1980년 사법연수원 수료(10기) 1980년 서울지법 남부지원 판사 1982년 서울민사지법 판사 1984년 전주지법 군산지원 판사 1986년 서울지법 북부지원 판사 1989년 서울형사지법 판사 1990년 서울고법 판사 1991년 변호사 개업(현), 서울지방변호사회 법제위원장 1999년 同회원이사, 대한제당(주) 사외이사, KBS 자문변호사 2005~2007년 대한변호사협회 법제이사 2010년 '검사 등 불법자금 및 향응수수사건 진상규명(스폰서 검사 사건)' 특별검사

민경오(閔庚五) Min Kyung Oh

[생]1956·5·30 [주]서울 서초구 양재대로11길19 LG전자(주) 서초R&D캠퍼스 Software Platform연구소(02-6912-6210) [학]서울고졸, 서울대 계산통계학과졸, 한국과학기술원 대학원 전산과학과졸(석사), 컴퓨터과학박사(미국 일리노이대) [경]2006년 LG전자(주) 입사 2012년 同Software Platform연구소 연구위원(CTO·상무) 2012년 同Software Platform연구소 수석연구위원(전무) 2013년 同SW공학연구소장(현) 2015년 同SW센터장 겸임(부사장)(현) 2015년 임베디드소프트웨어·시스템산업협회 회장(현)

민경욱(閔庚旭) Min Kyung-wook

[생]1963·6·17 [출]인천 [주]서울 영등포구 의사당대로1 국회 의원회관628호(02-784-4071) [학]1982년 인천 송도고졸 1989년 연세대 행정학과졸 1991년 同국제대학원 행정학과졸 [경]1990년 공보처 해외공보관 1991년 연합통신 외신부 촉탁위원 1991년 KBS 공채(18기) 1992년 同정치부 기자 1993년 同청주방송총국 기자 1994년 同사회부 기자 1995년 同정치부 기자, 同기동취재부 기자 1998년 同보도제작국 기자 2000년 同9시뉴스 편집부 기자 2001~2004년 同2TV '뉴스타임' 앵커 2004~2007년 同워싱턴특파원 2007년 同보도국 정치부 데스크 2011~2013년 同'뉴스9' 앵커 2013~2014년 同보도국 문화부장 2014~2015년 대통령 대변인 2016년 새누리당 인천시연수구乙당원협의회 조직위원장(현) 2016년 제20대 국회의원(인천시 연수구乙, 새누리당)(현) 2016년 새누리당 원내대변인(현) 2016년 국회 운영위원회 위원(현) 2016년 국회 미래창조과학방송통신위원회 위원(현) 2016년 국회 예산결산특별위원회 위원(현) [상]한국기자협회 이달의 기자상(1994), KBS 우수프로그램상 보도부문 금상(1994), KBS 사장표창(1995), 제22회 방송대상 보도기자부문 개인상(1995), KBS 바른언어대상(2002), 근로자의 날 KBS사장 유공표창(2003), 제39회 한국방송대상 앵커상(2012) [저]'기자가 말하는 기자'(2003, 도서출판 부키) '워싱턴에서 KBS 뉴스 민경욱입니다'(2007, 가쎄출판사)

민경윤(閔庚潤) MIN Kyung Yoon (先權)

⊛1951·1·6 ⊕여흥(驪興) ⊛경기 김포 ㈜대구 달서구 호산로121 제이브이엠(053-584-9999) ⊛1970년 양정고졸 1974년 한양대 경영학과졸 1991년 同경영대학원 최고경영자과정 수료 2000년 세종대 행정대학원 최고보건산업정책과정 수료 ⊛1975년 한미약품㈜ 입사 1990년 同이사 1992년 同상무이사 1996년 ㈜에르무르스 이사 1997년 同전무이사 1997~2005년 한국케이블TV 영남방송㈜ 이사 1999~2000년 ㈜에르무르스 대표이사 2000년 메디케어㈜ 이사 2000년 한미약품㈜ 대표이사 사장 2007년 同대표이사 부회장 2008~2012년 同부회장 2008~2012년 한미아이티㈜ 대표이사 부회장 2008~2012년 한미메디케어㈜ 부회장 2012년 한미약품㈜ 고문 2013년 동우약품 회장 2016년 제이브이엠(JVM) 사외이사(현) ⊛공정거래위원장표창(2003), 한국경영인협회 대한민국 최고기업대상(2003), 특허청 충무공상(2003), 대한매일신보 대한민국경영인상(2003), IR대상(2003·2004·2005), 한국경제신문 올해를 빛낸 기업선정(2004), 한국전문경영인CEO학회 제7회 전문경영인 대상(2004), 한국경영인협회 대한민국 가장신뢰받는 기업상(2004·2005), 한국산업기술진흥협회 IR52 장영실상(2005), 제1회 주주가치대상(2005), 한국경제신문 한경IR대상(2005), 제1회 CEO그랑프리(2006), 동탑산업훈장(2006), 경실련 경제정의기업상(2006) ⊛기독교

민경주(閔庚宙) MIN Kyung Ju

⊛1953·7·30 ⊕여흥(驪興) ⊛대구 ㈜대전 유성구 과학로169의84 한국항공우주연구원(042-860-2432) ⊛1970년 대건고졸 1978년 인하대 고분자공학과졸 1980년 同대학원 고분자공학과졸 1986년 이학박사(미국 아크론대) ⊛1987~1989년 미국 Thiokol Corp. Aerospace Group 선임연구원 1990년 국방과학연구원 선임연구원 1991년 한국항공우주연구원 책임연구원·연구위원(현) 2001년 ㈜바이믹스코리아 대표이사 2001~2005년 한국항공우주연구원 우주센터체계관리그룹장 2006·2009~2013년 同나로우주센터장 ⊛과학기술훈장 혁신장(2013), 자랑스런 인하인(2015) ⊛불교

민경준(閔慶俊) MIN Kyung joon

⊛1961·8·13 ㈜서울 동작구 흑석로102 중앙대학교병원 정신건강의학과(02-2260-2172) ⊛1986년 중앙대 의대졸 1989년 同대학원 의학석사 1993년 의학박사(중앙대) ⊛한림대 의대 정신과학교실 전임강사 1998년 중앙대 의대 정신과학교실 교수(현) 2010년 대한정신약물학회 교육이사 2013년 대한우울·조울병학회 이사장(현) 2013년 중앙대병원 정신건강의학과장(현) 2016년 同대외협력실장(현) ⊛'노인정신의학'(2004) '양극성장애'(2009)

민경진(閔庚鎭)

⊛1960·3·9 ㈜서울 영등포구 국제금융로56 미래에셋대우 글로벌사업부문 임원실(02-768-3355) ⊛1978년 군산동고졸 1984년 서강대 영어영문학과졸 1994년 영국 맨체스터대 경영대학원 경영학과졸(MBA) ⊛1985년 KDB산업은행 입행 2009년 同런던지점장 2012년 同국제금융부장 2013년 同리스크관리부문장(부행장) 2014년 同국제금융부문장(부행장) 2014~2016년 同글로벌사업부문장(부행장) 2016년 미래에셋대우 글로벌사업부문 대표(부사장)(현)

민경집(閔庚楫) MIN Kyoung Jib

⊛1958·4·24 ⊛서울 ㈜서울 영등포구 국제금융로10 ONE IFC빌딩 ㈜LG하우시스 자동차소재부품사업부(02-6930-1002) ⊛1976년 경복고졸 1981년 서울대 화학공학과졸 1983년 同대학원졸 1988년 미국 렌셀러폴리테크닉대(Rensselaer Polytechnic Institute) 화학공학과졸 1989년 LG화학㈜ 기술연구원 고분자연구소 선임연구원 1994년 同기술연구원 기획팀장 1995년 同회장실 기획팀장 1998년 LG종합기술원 기술정책팀장 1999년 LG전자㈜ 기술원 전략기획그룹장 2001년 同기술전략담당 부장 2002년 과학기술부 국가기술지도기획단 에너지·환경담당 위원 2004년 LG화학㈜ 기술연구원 산업재연구소장(상무) 2010년 ㈜LG하우시스 하우시스연구소장(전무) 2015년 同자동차소재부품사업부장(부사장)(현)

민경찬(閔庚燦) MIN Kyung Chan

⊛1949·12·5 ⊛충북 ㈜서울 서대문구 연세로50 연세대학교 이과대학 수학과(02-2123-2591) ⊛1972년 연세대 수학과졸 1976년 同대학원 수학과졸 1977년 캐나다 칼턴대 대학원 수학과졸 1981년 이학박사(캐나다 칼턴대) ⊛1974~1976년 연세대 자연과학연구소 연구원 1976~1981년 캐나다 칼턴대(Carleton Univ.) Dept. of Mathematics and Statistics Teaching Assistant 1981~1982년 캐나다 Ottawa Univ. Dept. of Mathematics Post-Doc. 1982년 연세대 수학과 연구원 1982~1987년 同수학과 조교수 1982~1983년 독일 Hannover대 수학과 Visiting Professor 1984~1985년 미국 Central Texas College(Pacific Far East Campus, Korea) Instructor 1987~2014년 연세대 수학과 부교수·교수 1988~2007년 캐나다 Ottawa Univ. Dept. of Mathematics Instructor 1988~1989년 캐나다 Carleton Univ. Dept. of Mathematics and Statistics Visiting Professor 1995~1996년 연세대 교육대학원 부원장 1996~2000년 同입학관리처장 1996~1997년 한국퍼지 및 지능시스템학회 회장 2000~2002년 연세대 교무처장 2002~2005년 同학부대학장 2003년 International J. of Fuzzy Systems Associate Editor(현) 2004년 교육인적자원부 대학교원임용양성평등위원장 2004년 同교육발전협의회 고교·대학협력위원장 2004년 대한수학회 부회장 2005년 同회장 2005년 International Fuzzy Systems Association(IFSA) Executive Board Member(현) 2005년 바른과학기술사회실현을위한국민연합 공동대표 2006년 국가과학기술위원회 산하 기초과학연구진흥협의회 위원장 2006년 한국학술진흥재단 BK21 NURI 사업관리위원회 위원 2007~2008년 대통령직속 국가과학기술위원회 위원 2007년 과학기술부자문 수학과학교육경쟁력협의회 위원장 2008~2010년 연세대 대학원장 2008~2011년 바른과학기술사회실현을위한국민연합 상임대표 2008년 국가교육과학기술자문회의 자문위원 2010~2014년 사학분쟁조정위원회 위원 2014년 교수신문 논설위원(현) 2015년 연세대 명예특임교수(현) 2015년 국가과학기술자문회의 과학기술기반분과 의장(현) 2015년 인사혁신추진위원회 민간위원장(현) 2015년 미래인사포럼 공동자문위원장(현) ⊛대한수학회 공로상(2013), 한국과학기자협회 올해의 과학자상(2013), 서울시 문화상(2014) ⊛'융합학문, 어디로 가고 있나?(共)'(2011, 서울대 출판문화원)

민경찬(閔庚燦) MIN Kyung Chan

⊛1957·7·22 ⊛서울 ㈜서울 서초구 남부순환로2374 한국예술종합학교 음악원 음악학과(02-520-8067) ⊛1993년 서울대 음악대학 작곡과졸 1995년 일본 도쿄예술대학 대학원 음악학과졸 ⊛서울대·전주대·전남대·원광대·영남대 강사, 서울대 서양음악연구소 연구원, 케이블TV 심의위원 1995~1997년 한국예술종합학교 한국예술연구소 책임연구원 1997년 同음악원 음악학과 전임강사·조교수·부교수·교수(현), 同음악원 부원장, 한국음악학회 총무이사, 음악학술지 '낭만음악' 편집주간, 부산현대음악제 운영위원, 대구현대음악제 특별자문위원, 문화체육관광부 음반산업촉진위원회 위원 2014년 한국예술종합학교 음악원 음악학과장 2014·2016년 同교학처장(현) ⊛동아일보 신춘문예 음악평론상, 제4회 서울문화예술 평론상, 일한문화교류기금상, 한국예술종합학교 올해의 교수상, 국가보훈처장표창 ⊛'김순남 가곡전집'(編) '한국작곡가사전Ⅰ·Ⅱ·Ⅲ'(共) '한국 창가의 색인과 해제' '청소년을 위한 한국음악사'

민경태(閔庚泰) MIN Kyong Tae

⊛1951·2·15 ⊕여흥(驪興) ⊛전남 무안 ⊛1970년 목포고졸 1975년 한국해양대 기관학과졸 1983년 서울대 행정대학원 정책학수료 1994년 영국 웨일즈대 대학원 해운경제학과졸 ⊛1979년 행정고시 합격(23회) 1980년 해운항만청 사무관 1992년 同회계과장·법무담당관 1996년 駐중국대사관 1등서기관 1999년 해양수산부 선원노정과장 2000년 同해운정책과장 2002년 국립수산진흥원 연수부장 2002년 국립수산과학원 연수부장 파견 2004년 울산지방해양수산청장 2005~2007년 여수지방해양수산청장 2008~2011년 선박안전기술공단 이사장 2012~2014년 목포해양대 초빙교수 2014~2016년 ㈜목포가스 대표이사 ⊛홍조근정훈장(2007) ⊛가톨릭

민경태(閔景泰) MIN Kyung Tae

⊛1960·5·1 ㈜서울 서대문구 연세로50의1 세브란스병원 마취통증의학과(02-2228-2417) ⊛1984년 연세대 의학과졸 1988년 同대학원 의학과졸 1993년 의학박사(연세대) ⊛1992~1999년 연세대 의대 마취과학교실 전임강사·조교수 2000~2004년 同의대 마취통증의학교실 부교수 2005년 同의대 마취통증의학교실 교수(현) 2016년 세브란스병원 마취통증의학과장(현) 2016년 同수술실장(현)

口

민경화(閔庚和)

[생]1972 · 2 · 22 [출]충북 음성 [주]서울 영등포구 여의대로 128 LG화학 특허센터(02-3773-1114) [학]1990년 수원 동원고졸 1998년 서울대 원자핵공학과졸 [경]1997년 기술고시 합격(33회) 1998년 행정자치부 수습사무관 1998년 특허청 일반기계과 근무 1998년 同국제협력과 사무관 2002년 사법시험 합격(44회) 2005년 사법연수원 수료(34기) 2005년 대전지법 예비판사 2006년 대법원 예비판사 2007년 대전지법 판사 2008년 수원지법 판사 2010~2013년 舊유고국제형사재판소 파견 2013년 (주)LG 법무담당 상무 2015년 LG화학 특허센터장(상무)(현)

민계식(閔季植) MIN Keh Sik

[생]1942 · 2 · 14 [본]여흥(驪興) [출]서울 [주]서울 서초구 서초대로78길42 현대기림오피스텔905호 (사)선진사회만들기연대(02-585-2448) [학]1960년 경기고졸 1965년 서울대 조선항공학과졸 1970년 미국 캘리포니아 버클리대 대학원 우주항공공학과졸 1978년 조선공학박사(미국 MIT) [경]1967년 대한조선공사 조선설계실 설계기사 1970년 Litton Ship Systems Section Chief 1972년 General Dynamics Deputy Manager 1974년 미국 MIT 연구원 1978년 Boeing Company, Marine Division Specialist 1978년 한국선박해양연구소 유체역학연구실장 · 선박설계사업실장 1979~1990년 대우조선공업(주) 입사 · 상무이사 · 전무이사 1990년 현대중공업(주) 기술개발본부장 2001년 同기술부문 사장 2001년 同공동대표이사 사장 2002년 대한조선학회 회장 2004~2010년 현대중공업(주) 대표이사 부회장 2005~2008년 한국과학재단 비상임이사, 대한민국최고과학기술자상수상자협의회 부회장(현) 2010~2012년 한국로봇산업협회 회장 2010~2011년 현대중공업(주) 대표이사 회장 2011년 同상담역 2012년 학교법인 현대학원 이사장(현) 2013년 (사)선진사회만들기연대 공동대표(현) 2013년 한국과학기술원 초빙교수(현) [상]산업포장(1981), 삼일문화상 기술상(1982), 철탑산업훈장(1984), IR52 장영실상(1993), 한국공학상(1995), 대한조선학회 학술상(1998), 과학기술훈장 웅비장(2001), 기술경영인상(2004), 테크노 CEO상(2004), 70억불 수출의탑(2005), 한국경영자상(2007), 과학기술부 및 과학문화재단 선정 '닮고 싶고 되고 싶은 과학기술인 10인'(2007), 메세나 대상(2007), 제3회 한국CEO그랑프리 대상(2007), 교육과학기술부 및 한국과학기술단체총연합회 '대한민국 최고 과학기술인상'(2008), 언스트앤영 최우수기업가상 인더스트리부문(2009), 울산대 공로상(2010), 협성문화재단 제3회 협성사회공헌상 과학기술부문(2013), 2013 자랑스러운 경기인상(2014) [종]천주교

민계홍(閔啓泓) Min, Kye-Hong

[생]1949 · 8 · 24 [본]여흥(驪興) [출]서울 [주]서울 서초구 서운로13 한국원자력산업회의 임원실(02-6257-2570) [학]1968년 용산고졸 1976년 한양대 원자력공학과졸 [경]1976년 한국전력공사 입사 1995년 同원자력건설처 사업관리역 2000년 同영광원자력건설소장 2003년 한국수력원자력(주) 사업처장 2004년 同사업전략처장 2005년 同사업본부장(상임이사) 2007~2008년 同방사성폐기물사업본부장(상임이사) 2009~2011년 한국방사성폐기물관리공단 이사장 2012년 한양대 기술경영전문대학원 특임교수(현) 2013~2016년 한전원자력연료(주) 사외이사 2014년 한국원자력산업회의 상근부회장(현) [상]석탑산업훈장(1996), 동탑산업훈장(2005) [종]천주교

민광옥(閔光玉) MIN Kwang Ok

[생]1954 · 7 · 22 [본]여흥(驪興) [출]경북 상주 [주]인천 남동구 논현로46번길51 유승테라폴리스7층 (주)유승종합건설 사장실(032-524-8822) [학]1972년 상주고졸 1987년 성균관대 경영대학원 수료 2002년 서울대 경영대학 AMP과정 수료 [경]1985년 (주)삼우건설 대표이사 사장 1985년 (주)유승종합건설 대표이사 사장(현) 1999년 대한주택건설협회 인천시지회 이사(3대) 2001~2007년 同인천시지회 감사(4 · 5대) 2007~2010년 同인천시지회 부회장(6 · 7대) 2010년 同인천시지회장(8 · 9대)(현) [상]인천광역시장표창(2000 · 2008), 파주시장표창(2002), 제3회 주택건설의날 국무총리표창(2002), 국가보훈처장표창(2002), 건설교통부장관표창(2003), 행정자치부장관표창(2004), 은탑산업훈장(2007), 대통령표창(2010)

민기호(閔奇鎬) MIN Ki Ho

[생]1970 · 1 · 5 [출]서울 [주]충북 제천시 칠성로51 청주지방검찰청 제천지청(043-643-5000) [학]1985년 검정고시 합격 1996년 연세대 법학과졸 [경]1985년 검정고시 합격 1995년 행정고시 합격(39회) 1997년 공정거래위원회 사무관 1997년 사법시험 합격(39회) 2000년 사법연수원 수료(29기) 2000년 서울지검 동부지청 검사 2002년 수원지검 여주지청 검사 2003년 부산지검 검사 2005년 서울중앙지검 검사 2008년 대검찰청 연구관 2010년 대전지검 검사 2013년 同부부장검사 2014년 광주지검 순천지청 부장검사 2015년 대검찰청 형사부 형사2과장 2016년 청주지검 제천지청장(현)

민기홍(閔基泓)

[생]1973 · 12 · 21 [출]경기 파주 [주]울산 남구 법대로45 울산지방검찰청 공안부(052-228-4307) [학]1992년 서울 경신고졸 1997년 고려대 법학과졸 1999년 同대학원 법학과졸 [경]1998년 사법시험 합격(40회) 2001년 사법연수원 수료(30기) 2001년 공군 법무관, 서울북부지검 검사 2006년 광주지검 순천지청 검사 2009년 법무부 법조인력과 검사 2011년 서울중앙지검 검사 2014년 부산지검 검사 2015년 同부부장검사 2016년 울산지검 공안부장(현)

민길수(閔吉秀) MIN Gil Soo

[생]1968 · 10 · 3 [출]전남 해남 [주]세종특별자치시 한누리대로422 고용노동부 노동정책실 공무원노사관계과(044-202-7647) [학]1986년 목포 문태고졸 1992년 고려대 행정학과졸 [경]1994년 행정고시 합격(37회) 1994년 노동부 사무국 노사관계개혁위원회 근무 2000년 同기획관리실 법무담당관실 사무관 2002년 同근로기준국 근로기준과 서기관 2005년 부산지방노동청 관리과장 2006년 미국 미주리 컬럼비아대 파견 2008년 광주지방노동청 익산지청장 2009년 노동부 고용정책실 외국인력정책과장 2010년 고용노동부 고용정책실 외국인력정책과장 2012년 同고용정책실 사회적기업과장 2012년 대구지방고용노동청 대구고용센터 소장 2013년 고용노동부 기획조정실 규제개혁법무담당관 2014년 同청년취업지원과장(부이사관) 2015년 대통령직속 청년위원회 일자리부장(부이사관) 2016년 고용노동부 노동정책실 공무원노사관계과장(현)

민동기(閔東基)

[생]1952 · 2 · 20 [출]경기 안산 [주]부산 남구 문현금융로 40 부산국제금융센터(BIFC) 한국자산관리공사 임원실(1588-3570) [학]인천고졸 1976년 연세대 행정학과졸 1988년 국방대학원 국제관계학과졸 [경]1979년 입법고시 합격(4회) 1992년 국회사무처 기획예산실 행정관리담당관 1994년 同총무과장 1996년 同국방위원회 입법심의관(부이사관) 1997년 同법제사법위원회 입법심의관 1999년 同정무위원회 전문위원(이사관) 2001년 미국 오리건주의회 객원연구원 파견 2003년 국회사무처 보건복지위원회 수석전문위원(차관보급) 2004년 同정보위원회 수석전문위원 2006~2008년 同입법차장(차관급) 2009년 초당대 경찰행정학과 초빙교수, 한국전문가컨설팅그룹(KECG) 부설 한국입법연구원 부원장 2010~2012년 학교법인 동인학원(상문고) 이사장 2012년 한국전문가컨설팅그룹(KECG) 대표 2014년 한국자산관리공사 비상임이사(현)

민동석(閔東石) MIN Dong-seok

[생]1952 · 1 · 11 [본]여흥(驪興) [출]전남 해남 [주]서울 중구 명동길26 유네스코 한국위원회(02-6958-4100) [학]1973년 경기고졸 1977년 한국외국어대 노어과졸 [경]외무고시 합격(13회) 1979년 외무부 입부 1981년 駐영국 2등서기관 1985~1987년 외무부 동구과 · 경제기구과 · 통상기구과 근무 1987년 駐사우디아라비아 2등서기관 1989년 駐제네바대표부 1등서기관 1991년 외무부 장관비서관 1993년 駐미국 1등서기관 1996년 외무부 통상기구과장 1998년 외교통상부 기획예산담당관 1999년 유엔 아 · 태경제사회이사회(ESCAP) 사무총장 자문관 2001년 외교통상부 통상정보지원팀장 2001년 同도하개발아젠다담당 심의관 2001년 세계무역기구(WTO) 서비스협상 정부수석대표 2004년 駐휴스턴 총영사 2004년 미국 텍사스주 명예 국무장관 위촉 2006년 농림부 농업통상정책관(차관보) 2007년 한미FTA 농업분야 고위급협상 대표 2008년 농림수산식품부 농업통상정책관 2008년 한미쇠고기협상 한국측 수석대표 2008년 외교안보연구원 외교역량평가단장 2010~2012년 외교통상부 제2차관 2012년 유네스코 한국위원회 사무총장(현) 2013년 한국방송통신대 운영위원 2015년 성균관대 문화융합대학원 초빙교수(현) 2015년 유네스코세계시민학교 교장(현), 제6기 국립중앙박물관 운영자문위원(현) 2016년 한국장학재단 경영고문(현) [상]외무부장관표창(1987), 홍조근정훈장(2005), 자랑스러운 외대인상(2011), 자랑스런 경기 69회 동문상 [저]'위기의 72시간'(2007, 아리샘) '대한민국에서 공직자로 산다는 것-협상대표는 동네북인가'(2010, 나남) [종]기독교

민동준(閔東晙) MIN Dong Joon

[생]1956·7·20 [본]여흥(驪興) [출]서울 [주]서울 서대문구 연세로50 연세대학교 공과대학 신소재공학과(02-2123-2840) [학]1976년 서울대사대부고졸 1980년 연세대 금속공학과졸 1984년 同대학원 금속공학과졸 1988년 금속공학박사(일본 東京大) [경]산업과학기술연구소 책임연구원, 연세대 공과대학 신소재공학과 교수(현), 기술신용보증기금 기술자문위원, 대한금속학회 편집위원, 인천제철(주) 사외이사 2005~2007년 대한금속재료학회 재무이사 2012~2014년 연세대 공과대학장 겸 공학대학원장 2014년 미래창조과학부 공과대학혁신위원회 위원(현) 2015년 (주)심팩메탈로이 사외이사(현) [종]기독교

민동필(閔東必) MIN Dong Pil

[생]1946·1·11 [본]여흥(驪興) [출]서울 [주]서울 관악구 관악로1 서울대학교 자연과학대학 물리천문학부(02-880-6606) [학]1964년 서울고졸 1971년 서울대 물리학과졸 1976년 물리학박사(프랑스 파리제11대) 1980년 국가박사(프랑스 파리제11대) [경]1980~2008년 서울대 자연과학대학 물리학과 교수 1984~1986년 同전자계산소 부소장 1986~1988년 한국물리학회 편집위원 1988~1990년 同핵물리분과 분과위원장 1990~1992년 同사업간사 1993~1995년 서울대 자연과학대 부학장 1995~2005년 同물리학연구정보센터 소장 1997~1999년 同재정연구위원회 위원 1998~2005년 同기초과학학술정보센터 소장 1999~2001년 한국물리학회 부회장 1999~2001년 同발간 '물리학과 첨단기술' 편집위원장 2001~2008년 UNESCO 산하 순수·응용물리국제연합 제12분과 위원 2001~2004년 전국전문연구정보센터 소장협의회 회장 2004~2005년 서울대 물리학부장 2005~2007년 한국학술진흥재단 학술진흥본부장·사무총장 2007년 제17대 대통령직인수위원회 국가경쟁력강화특별위원회 과학비즈니스벨트TF팀장 2008~2011년 교육과학기술부 산하 기초기술연구회 이사장 2009~2010년 세종시 민관합동위원회 민간위원 2011년 국제과학비즈니스벨트위원회 민간위원 2011~2012년 외교통상부 과학기술협력대사 2012년 서울대 자연과학대학 물리천문학부 명예교수(현) 2013년 유엔(UN) 과학자문이사회 위원(현) [상]한국물리학회 학술상(2002), 프랑스 교육공로훈장(2009), 과학기술훈장 혁신장(2016) [저]'핵구조 물리학'(1987, 민음사) [종]기독교

민명기(閔明基) Min Myung Ki

[생]1961·7·10 [주]서울 영등포구 양평로21길10 롯데제과(주) 건과영업본부(02-2670-6438) [학]대원고졸, 고려대 농업경제학과졸 [경]롯데제과(주) 건과영업부장, 同유통영업담당 이사대우, 同인도사무소장(상무) 2013년 同건과영업본부장(상무) 2015년 同건과영업본부장(전무)(현)

민무숙(閔戊淑·女) Min Moo-Suk

[생]1958·11·12 [출]경북 포항 [주]서울 은평구 진흥로 225 한국양성평등교육진흥원 원장실(02-3156-6001) [학]1977년 정신여고졸 1981년 이화여대 영어영문학과졸 1984년 서울대 대학원 교육사회학과졸 1991년 교육사회학박사(미국 Univ. of Illinois at Urbana-Champaign) [경]1982~1983년 한국정신문화연구원 연구조교 1984~1992년 한국교육개발원 연구원 1995~2006년 한국여성개발원 선임연구위원 1997년 한국여성단체협의회 교육분과 자문위원 1997~2000년 한국교원단체협의회 여교원정책위 정책위원 2000~2002년 교육부장관 자문기구 남녀평등위원회 위원 2002년 한국외국어대 겸임교수 2003년 한국여성개발원 교육연구부장 2006년 여성가족부 여성인력기획관 2008년 여성부 여성인력기획관 2008년 한국여성정책연구원 선임연구위원 2013년 同평등·인력정책연구실장 2014~2016년 대통령 고용복지수석비서관실 여성가족비서관 2016년 한국양성평등교육진흥원 원장(현) [상]인문사회연구회 이사장표창

민민홍(閔敏泓) MIN Min Hong

[생]1960·2·1 [본]여흥(驪興) [출]전남 해남 [주]강원 원주시 세계로10 한국관광공사 국제관광전략본부(033-738-3000) [학]서울 덕수상고졸, 한국외국어대 불어학과졸, 한양대 국제관광대학원졸 [경]1985년 한국관광공사 입사 1991년 同특수사업계장, 同행사기획과 근무 1993년 同뉴욕지사 차장, 同진흥부 근무, 同외산영업부 근무 1999년 同기획판촉부장 2000년 同전략경영팀장 2001년 同시드니지사장 2004년 同국내진흥팀장, 同혁신경영본부 심사분석관 2006년 同기획조정실장 2008년 同관광상품개발처장 2009년 同뉴욕지사장 2012년 同관광R&D센터장 2013~2014년 同마케팅본부 MICE뷰로실장 2014년 국제전기통신연합(ITU) 전권회의(Plenipotentiary Conference) 문화·관광분야 자문위원 2014년 한국관광공사 국제관광본부 코리아MICE뷰로실장 2014년 同경영본부 서울센터장 2015년 同창조관광사업단장 2015년 同국제관광본부장(상임이사) 2016년 同국제관광전략본부장(상임이사)(현) [종]천주교

민병관(閔丙寬) Min, Byung Kwan

[생]1951·10·27 [본]여흥(驪興) [출]충북 청주 [주]서울 중구 퇴계로18 대우재단빌딩8층 IAPartners(02-6366-0352) [학]1970년 경기고졸 1974년 서울대 상대 국제경제학과졸 2004년 同경영대학원 최고경영자과정 수료 [경]1973년 한일합섬 근무 1978년 (주)대우 근무 1980년 同아테네법인 근무 1984년 同선박부 과장 1986년 同호주법인 대표 1990년 同기계2부장 1993년 同기획홍보담당 이사 1996년 同싱가포르법인 대표 1998년 대우자동차 해외영업총괄 상무 2000년 同해외사업본부장 2002년 GM대우자동차 해외영업총괄 전무 2003~2011년 볼보트럭코리아 사장 2011~2013년 볼보그룹 동펑닛산디젤자동차 대표 2013~2014년 볼보트럭코리아 아시아지역프로젝트 임원 2014년 IA(Invest Align)Partners 투자자문(현) [상]수출공로상(1982), 대우인상 해외영업부문(1992), 볼보트럭 아시아사업부문 고객만족 경영대상(2007), 볼보그룹 아시아트럭사업부문 아시아지역 경영대상(2009) [종]기독교

민병국(閔丙國) MIN Byung Kook

[생]1958·1·25 [출]대전 [주]강원 강릉시 남산초교길121 한국폴리텍Ⅲ대학 강릉캠퍼스 산업잠수과(033-610-6133) [학]1978년 계룡공고졸 1990년 한밭대 금속공학과졸 1999년 충주대 대학원 기계공학과졸 [경]1984~2000년 충주직업전문학교 산업설비과 교사 2000~2008년 한국폴리텍Ⅲ대학 강릉캠퍼스 산업잠수과 부교수, 同학과장 2008~2011년 同강릉캠퍼스 학장 2011년 同강릉캠퍼스 산업잠수과 교수(현)

민병규(閔丙圭) MIN Byong Kyu

[생]1955·2·11 [출]인천 [주]서울 중구 을지로100 파인애비뉴빌딩B동22층 한솔로지스틱스 임원실(02-3287-7400) [학]중앙고졸, 연세대 화학공학과졸 [경]1979년 삼성그룹 기획업무담당 1986년 제일제당 시장조사과장 1988년 同물류기획과장 1989년 同선진화물류개선담당 1996년 同도매물류사업팀장 1998년 CJ GLS(주) 물류1사업부장 2000년 同영업본부장 2002년 同3PL영업본부장(상무) 2005년 同대표이사 상무 2007~2009년 同대표이사 2010년 同상임고문 2013년 한솔CSN(주) 총괄사장 2014년 한솔로지스틱스(주) 총괄대표이사 사장(현)

민병덕(閔炳德) Min Byong Deok

[생]1954·5·8 [출]충남 천안 [주]서울 영등포구 버드나루로7길7 카보드동우빌딩702호 한국베트남문화교류협회(KOVECA)(02-511-3321) [학]1974년 보문고졸 1981년 동국대 경영학과졸 [경]2000년 국민은행 송탄지점장 2002년 同충무로지점장 2005년 同영동지점장 2007년 同경서지역본부장 2008년 同남부영업지원본부장 2008년 同영업그룹 부행장 2010~2013년 同은행장 2011년 청주 KB국민은행 스타즈 구단주 2015년 (사)한국베트남문화교류협회(KOVECA) 이사장(현) 2016년 금융감독원 은행·비은행담당 옴부즈만(현) [상]불자대상(2012)

민병도(閔丙都) MIN Byung Do

[생]1962·11·2 [출]대전 [주]경기 수원시 팔달구 중부대로 239번길5 페이버스그룹(031-221-1010) [학]경희대 테크노경영대학원 글로벌경영학과졸(석사) [경]1985년 (주)에스티티 설립 1998년 한·중경제심포지움 한국대표 1998년 한·몽환경포럼 한국대표 1998년 (주)페이버스 설립 2002년 (재)페이버스 설립·이사장 2001년 (주)스카우트 인수 2002년 페이버스그룹 회장(현) 2002년 駐키르기즈스탄공화국 명예총영사 2003년 막시멈페이버스방송국 설립·이사장 2003년 칭기즈아이트마토브 중앙아시아시스템개발아카데미 국제회장 2005년 러시아연방아카데미(안보방위법률) 동남아시아 부회장 및 아카데미교수 2005~2013년 (주)스카우트 대표이사, 수원YMCA 이사, 중국 톈진시 경제개발기구 고문, 기독교문화원 이사(현), 약속지키기운동본부 이사, 선플운동본부 부회장(현), 미래도시연구회 전문위원(현) 2006년 러시아연방아카데미(안보방위법률) 대한민국대표부 회장 2006년 글로벌추임새운동본부 이사 2007년 제17대 대통령선거중앙선거대책위원회 자문위원 2008~2011년 광주여대 콜마케팅학과 객원교수 2009~2012년 대한적십자사 경기도지사 상임위원 2010년 한나라당 제5회 지방선거 선거대책위원회 정책자문위

원 2011~2012년 기초기술연구회 전문위원 2012년 (사)한국선플운동본부 한국선플리더스클럽 부총재 2014년 (사)도시지식산업집단 이사장 2014년 새누리당 국제위원(현) [상]한국인 최초 노벨상제정 100주년기념 노벨금메달(2004), 러시아 아카데미 뾰뜨르대제 1급 훈장(2005), 미하일 로마노소프 훈장(2007), 외교부장관표창(2013), 대한적십자사 감사패(2015), 민일영 대법관 감사패(2015)

민병두(閔丙梪) MIN Byung Doo
[생]1958·6·10 [본]여흥(驪興) [출]강원 횡성 [주]서울 영등포구 의사당대로1 국회 의원회관537호(02-784-6355) [학]1977년 경기고졸 1990년 성균관대 무역학과졸 1997년 미국 Syracuse대 언론대학원 연수 [경]1981~1982·1987년 민주화운동으로 복역 1991년 문화일보 기자 1999년 同정치부 차장 2000년 同워싱턴특파원 2003~2004년 同정치부장 2004년 열린우리당 총선기획단 부단장 2004년 同공동대변인 2004~2008년 제17대 국회의원(비례대표, 열린우리당·대통합민주신당·통합민주당) 2004~2008년 독립기념관 이사 2005년 열린우리당 전자정당위원장 2005년 同홍보·기획위원장 2005년 사랑의장기기증운동본부 이사 2007년 열린우리당 정책위 수석부의장 2008년 대구가톨릭대 언론광고학부 명사초빙교수 2012년 제19대 국회의원(서울 동대문구乙, 민주통합당·민주당·새정치민주연합·더불어민주당) 2012·2014년 국회 정무위원회 위원 2013년 민주당 전략홍보본부장 2013년 同민주정책연구원 부원장 2013년 국회 국가정보원개혁특별위원회 위원 2014년 민주당·새정치연합 신당추진단 정무기획분과 공동위원장 2014~2015년 국회 예산결산특별위원회 위원 2014년 새정치민주연합 민주정책연구원장 2014년 同정치혁신실천위원회 위원 2015년 同경제정의·노동민주화특별위원회 위원 2015~2016년 더불어민주당 민주정책연구원장 2016년 同언론홍보대책위원회 위원장(현) 2016년 제20대 국회의원(서울 동대문구乙, 더불어민주당)(현) 2016년 국회 정무위원회 위원(현) 2016년 국회 평창동계올림픽 및 국제경기대회지원특별위원회 위원(현) 2016년 더불어민주당 서울동대문구乙지역위원회 위원장(현) [상]한국기자협회 이달의 기자상(2회), 한국언론사협회 대한민국우수국회의원대상 특별대상(2014), 대한민국 유권자 대상(2015), 성균관대 자랑스러운 경영대학 동문상(2016) [저]'완벽한 학생들'(2002, 조선일보사) '동남아 한류견문기' '병두생각'(2011, 비타베이타) '김두관의 정정당당(共)'(2012) '새로운 진보정치(共)'(2015, 메디치미디어) [종]천주교

민병렬(閔炳烈) MIN BYUNG YUL
[생]1953·9·12 [본]여흥(驪興) [출]충남 청양 [학]1987년 한국방송통신대 경영학과졸 1989년 성균관대 대학원 감사행정학과졸 [경]2001년 감사원 기획관리실 심사제2담당관(과장) 2003년 同기획관리실 심사제1담당관(과장급) 2005년 同행정안보감사국 총괄과장 2006년 同감사청구조사단장 2007년 중앙공무원교육원 파견 2007년 감사원 감찰관(국장급) 2009~2010년 同공공기관감사국장 2010~2014년 한국교직원공제회 상임감사

민병록(閔丙綠) MIN Byung Lok
[생]1950·1·31 [출]전북 [주]서울 중구 필동로1길30 동국대학교 영상대학원 영화영상제작학과(02-2260-8514) [학]1973년 중앙대 연극영화과졸 1979년 일본 니혼대 대학원 영화과졸 1982년 미국 뉴욕대 대학원 영화학과졸 [경]1978~1979년 일본 도쿄 동해프로덕션 VTR 기사 1983~1984년 대홍기획 제작1팀 과장 1992~1994년 영화평론가협회 기획간사, 동국대 영상대학원 영화영상제작학과 교수(2014년 퇴직) 1994~1995년 영화교수협의회 회장 2000~2012년 전주국제영화제 집행위원장 2001~2002년 한국영화학회 회장 2002~2005년 영화진흥위원회 위원 2003년 동국대 영상정보통신대학원장 2005~2007년 同영상대학원장 2010년 중국 중경독립영화제 심사위원 2013~2015년 (사)한국영화평론가협회 회장 2014년 동국대 영상대학원 영화영상제작학과 명예교수(현) [저]'영화란 무엇인가(共)'(1985) '영상연출의 테크닉'(1998) '영화의 이해(共)'(2000) '세계영화영상기술 발달사'(2001) [역]'특수효과기술'(1993) [작]'천국과 지옥' '샛길' [종]기독교

민병삼(閔丙三)
[생]1955·9·9 [주]경기 용인시 기흥구 강남로40 강남대학교 중국학대학 중국어·문화학과(031-280-3821) [학]한국외국어대졸, 同대학원졸, 문학박사(대만 국립사범대) [경]1995~2000년 강남대 중어중문학과 전임강사·조교수 2000년 同부교수, 同중국학대학 중국어·문화학과 교수(현) 2001년 同국제학부장 2010년 同중국학대학장(현) 2015년 同인문대학장 겸 국제학대학장(현)

민병석(閔丙奭) Byung Seok Min (玄峰)
[생]1954·1·10 [본]여흥(驪興) [출]충남 아산 [주]서울 강남구 영동대로333 일동빌딩7층 일진유니스코(주) 비서실(02-6353-0001) [학]서울대 대학원 최고경영자과정 수료 [경]일진알미늄(주) 커튼월사업본부장 2003년 同대표이사 상무 2004년 同대표이사 전무 2005년 일진유니스코(주) 대표이사 전무 2006~2007년 同대표이사 부사장 2012년 同대표이사 사장(현) [상]대한건설협회장표창(1984) [종]가톨릭

민병선(閔炳善) ByungSun Min
[생]1960·9·2 [주]경북 경산시 하양읍 하양로13의13 대구가톨릭대학교 약학과(053-850-3613) [학]1983년 충남대 약학과졸 1988년 경희대 대학원졸 1994년 약학박사(충남대) [경]1995년 코오롱제약 기술연구소 근무 1997년 일본 도야마 의대 한약연구소 객원연구원 2001~2005년 한국생명공학연구원 책임연구원 2004~2005년 충남대 약대 겸임교수 2005년 대구가톨릭대 약학과 교수(현) 2007년 同한방바이오산업육성지원센터장 서리 2011~2013년 同약학대학장 겸 보건과학대학원장 2016년 同약학대학장(현)

민병숙(閔丙淑·女) Min Byoung Sook
[생]1954·8·29 [출]충북 영동 [주]경기 수원시 팔달구 효원로1 경기도의회(031-8008-7000) [학]국군간호사관학교졸, 연세대 행정대학원 외교안보학과졸 [경]국군수도병원 간호부장, 국군간호사관학교 교수부장 2007년 예편(대령), 수원지법 민사조정위원, 새누리당 경기도당 국방위원장 2008년 육해공대령연합회 부회장(현) 2010년 재향여성군인협의회 회장 2010~2014년 여성군인협의회 중앙회장 2014년 경기도의회 의원(비례대표, 새누리당)(현) 2014년 同윤리특별위원회 간사 2014·2016년 同안전행정위원회 위원(현) 2015년 同수도권상생협력특별위원회 위원(현) 2015년 同청년일자리창출특별위원회 위원(현) 2016년 同윤리특별위원회 위원(현) 2016년 공유재산연구회 위원장(현) 2016년 국군간호사관학교 총동문회장(현) [상]안전행정위원회 최우수위원, 스포츠조선 선정 '자랑스런 혁신 한국인', 대한간호정우회 의정대상(2015), 대한민국나눔대상 국회상임위원장상(2015)

민병우(閔丙玗) MIN Byung Woo
[생]1959·12·26 [출]경남 밀양 [주]대구 중구 달성로56 계명대학교 의과대학 정형외과학교실(053-250-7267) [학]1978년 청구고졸 1984년 경북대 의과대학졸 1989년 同대학원졸 1995년 의학박사(경북대) 1997년 미국 서던캘리포니아대 인공관절센터 Linical Fellowship 수료 [경]1984~1985년 계명대 의과대학 인턴 1985~1989년 同의과대학 레지던트 1989~1992년 軍의료기관 과장 1992~2004년 계명대 의과대학 정형외과학교실 전임강사·조교수·부교수 1996년 미국 남가주대 인공관절센터 교환교수 1999년 대한정형외과학회 논문심사위원, 同편집위원(현) 2004년 계명대 의과대학 정형외과학교실 교수(현) 2009~2011년 同동산병원 부원장 2011년 同동산의료원 대외협력처장 2011년 同동산의료원 사무처장 2013~2014년 同동산병원장 2013~2014년 대한병원협회 이사 2016년 대한골절학회 차기(2017년) 회장(현) [상]대한골절학회 우수논문상, 대한정형외과학회 poster award, 대한고관절학회 학술장려상, 경찰청장 감사장(2011), 대한골절학회 학술상(2014) [저]'Disability Evaluation, Edited by Korean Orthopaedic Association'(2005) 'Bioceramic and alternative bearings in joint arthroplasty'(2007) 'Minimally Invasive Total Hip Arthroplasty'(2007) 'AO Principles of Fracture Management Korean'(2008) 'Principles of Fracture Management'(2013)

민병욱(閔丙旭) MIN Byung Wook
[생]1951·7·23 [본]여흥(驪興) [출]전북 익산 [주]서울 중구 세종대로124 프레스센터1305호 한국신문윤리위원회(02-734-3083) [학]1969년 배재고졸 1976년 연세대 국어국문학과졸 1986년 미국 미주리대 신문대학원 수료 2001년 한양대 대학원 언론학과졸 [경]1976~1994년 동아일보 사회부·정치부 기자·기획특집부장 1994년 同사회1부장 1995년 同논설위원 1997년 同정치부장 1998년 同부국장대우 정치부장 1999년 同편집국 부국장 1999년 同논설위원 2001년 同출판국 부국장(국장대우) 2001년 국회 방송자문위원 2001~2005년 동아일보 출판국장 2005년 국회 정치개혁협의회 위원 2006~2009년 한국간행물윤리위원회 위원장 2010년 백석대 초빙교수 2015년 한국신문윤리위원회 독자불만처리위원(현) 2015년 포털뉴스제휴평가위원회 위원(현)

2016년 한국신문윤리위원회 윤리위원(현) [상]한국기자협회상(1983), 한국언론대상(2000) [저]'들꽃길 달빛에 젖어'(2003) '민초통신33'(2011)

민병원(閔炳元) MIN Byoung Won

[생]1964 · 5 · 1 [출]충남 천안 [주]세종특별자치시 도움4로 9 국가보훈처 기획조정관실(044-202-5200) [학]1981년 천안 중앙고졸 1985년 중앙대 사회복지학과졸 [경]2003년 서울지방보훈청 지도과장 2004년 국가보훈처 제대군인국 제대군인정책과장 2007년 同혁신기획관 2008년 同창의혁신담당관 2008년 同운영지원과장 2011년 同보훈선양국장 2011년 국립대전현충원장, 대전지방보훈청장 2014년 중앙공무원교육원 파견(고위공무원) 2015년 국가보훈처 기획조정관(현)

민병주(閔丙珠 · 女) MIN Byung Joo

[생]1959 · 2 · 26 [본]여흥(驪興) [출]서울 [주]서울 서대문구 이화여대길52 이화여자대학교 기초과학연구소(02-3277-3253) [학]1981년 이화여대 물리학과졸 1983년 同대학원 고체물리학과졸 1991년 이학박사(일본 큐슈대) [경]1983년 이화여대 물리학과 조교 1984~1986년 일본 큐슈대 물리학과 연구생 1990년 일본 원자력연구소 핵융합연구원 1991년 일본 이화학연구소 특별연구원 1991~1997년 한국원자력연구소 선임연구원 1992년 이화여대 강사 1997년 한국원자력연구소 책임연구원 1997~2003년 과학기술부 원자력안전전문위원회 전문위원 1999 · 2001 · 2002년 국가연구개발사업조사분석평가위원회 평가위원 2000~2005년 국가원자력중장기사업 과제책임자 2000~2005년 국무총리산하 원자력이용개발전문위원 2000~2003년 한국여성원자력전문인협회 이사 2001년 국가연구개발사업조사분석평가위원회 평가위원 2003년 한국여성과학기술총연합회 이사 2004~2009년 대한여성과학기술인회 부회장 2004년 한국여성원자력전문인협회 연구소장 2004년 한국원자력연구소 연구발전협의회 부회장 2004년 한국엔지니어클럽 기획총괄위원 · 이사 2005년 한국원자력연구원 원자력인력개발센터장 2007년 同연구자원관리단장 2007~2008년 국가과학기술위원회 운영위원 2007년 교육과학기술부 원자력안전전문위원 2008~2010년 한국원자력연구원 원자력교육센터장 2008년 교육과학기술부 정책자문위원 2008~2010년 同자체평가위원 2010~2011년 대한여성과학기술인회 회장 2010~2012년 한국원자력연구원 연구위원 2011년 한국연구재단 비상임이사 2012~2016년 제19대 국회의원(비례대표, 새누리당) 2012년 새누리당 국민행복추진위원회 창조산업추진단장 2013년 국회 공직자윤리위원회 부위원장 2013년 국회 미래창조과학방송통신위원회 위원 2014년 한국공학한림원 회원(현) 2014년 국회 창조경제활성화특별위원회 위원 2014~2016년 새누리당 대전유성구당원협의회 운영위원장 2014년 同경제혁신특별위원회 규제개혁분과 위원 2014년 同보수혁신특별위원회 위원 2014년 同재외국민위원회 일본지역 부위원장 2015년 同원내부대표 2015년 국회 운영위원회 위원 2015년 새누리당 노동시장선진화특별위원회 위원 2015년 同정책위원회 민생119본부 부본부장 2016년 이화여대 기초과학연구소 초빙교수(현) [상]한국원자력연구소 신기술상(2000), 과학기술부장관표창(2002), 세계원자력협회 공로상(2005), 과학기술포장(2008), 법률소비자연맹 선정 국회 헌정대상(2013 · 2016), 한국과학기자협회 올해의 과학진흥상(2013), 선플운동본부 '국회의원 아름다운 말 선플상'(2014), 대한민국과학기술국정감사 최우수의정상(2013 · 2014 · 2015)

민병준(閔丙晙) MIN Pyung Joon

[생]1932 · 2 · 12 [출]서울 [주]서울 종로구 종로69 서울YMCA회관418호 월남이상재선생기념사업회(02-725-5656) [학]한양공고졸 1956년 서울대 사회학과졸 1969년 고려대 경영대학원 수료 2001년 명예 경영학박사(충북대), 미국 캘리포니아대 로스앤젤레스교 수학, 서울대 경영대학원 최고경영자과정 수료 [경]1957년 내무부 차관 비서 1959년 농업협동조합중앙회 부참사 1960년 대한철광 비서역 1961~1969년 합동통신 총무부장 1969~1974년 同총무국장 · 이사 · 사업국장 1974년 同상무이사 1975년 同전무이사 1976년 휘문의숙재단 감사 1979년 합동통신 부사장 1981년 (주)합동 부사장 1981년 일우해운 LA지사장 1982년 두산개발 사장 1984년 두산컴퓨터 사장 1984년 OB베어스 사장 1986년 백화양조 사장 1989년 두산식품 · 두산기업 사장 1992년 두산음료 부회장 1994~1997년 두산개발 부회장 1995 · 2001 · 2007~2009년 한국광고주협회 회장 1997년 두산개발 고문 1997년 한국케이블컴 회장 2000 · 2003~2006년 방송위원회 비상임위원 2001년 국제로타리 3650지구 총재 2002년 세계광고주연맹(World Federation of Advertisers) 아태지역담당 부회장 2007년 한국ABC협회 회장 2010년 월남이상재선생기념사업회 공동대표(현) 2011년 한국ABC협회 고문 [상]중앙언론문화상(1999), 국민훈장 모란장(2000), 2009 한국광고주대회 광고주가 뽑은 광고인상(2009) [종]기독교

민병철(閔丙哲) Min Byoung-chul

[생]1950 · 12 · 15 [주]서울 강남구 테헤란로242 유창빌딩 민병철교육그룹 회장실(1577-5205) [학]1991년 미국 노던일리노이대 대학원 교육학 석사 1998년 교육학박사(미국 노던일리노이대) [경]중앙대 교양학부 영어학과 교수 2009년 건국대 글로벌융합대 국제학부 교수, 同언어교육원장, 민병철교육그룹 회장, 同명예회장(현), 서울시 서초구 영어특구조성연구과제 총괄연구책임, 대구시 수성구 영어공교육혁신연구과제 총괄연구책임, 한 · 중 · 일 · 미 · 러 국제대학생영어평화포럼 대회장, 한 · 중 · 일 국제청소년즉흥대화영어경시대회 공동대회장, 한 · 일 즉흥실용영어경시대회 공동대회장, 미국 뉴욕대 초빙학자, MBC TV · KBS TV 생활영어 진행 2007년 (사)선플운동본부 이사장(현), 선플장학위원회 위원장 2012년 외교통상부 사이버 공공외교사절 2013~2014년 외교부 사이버 공공외교사절 2013년 언어문화개선범국민연합 공동대표(현) 2014년 방송통신위원회 인터넷문화정책자문위원회 위원, KBS 24기 시청자위원회 위원(현) [상]미국 노던일리노이대학을 빛낸 동문상(2008), 국민훈장 동백장(2011), 중앙대언론동문회 특별상(2015) [저]'민병철 생활영어' '민병철 영어발음법'(1997) 'New 민병철 생활영어 시리즈'(1998) 'Let's Chat 초등영어' '글로벌에티켓 어글리 코리안, 어글리 아메리칸'(2009, BCM미디어) '세상을 끌어당기는 말 영어의 주인이 되라'(2011, 해냄출판사) 자기계발서 '결국, 좋은 사람이 성공한다'(2015, 넥서스BOOKS)

민병춘(閔炳春) MIN Byung Choon

[생]1956 · 7 · 10 [출]경남 산청 [주]대전 서구 청사로189 국가기록원 기록관리부(042-481-1780) [학]1974년 산청종합고졸 1985년 한국방송통신대 행정학과졸 1987년 부산대 대학원 도시계획과졸 [경]경남 김해시 새마을과 · 사회과 · 회현동 근무 2003년 행정자치부 조사담당관실 서기관 2004년 일제강점하강제동원피해자진상규명준비기획단 파견 2005년 지방분권지원단 파견 2006년 행정자치부 조사팀장 2008년 행정안전부 조사담당관 2009년 同대변인실 홍보담당관(서기관) 2009년 同대변인실 홍보담당관(부이사관) 2011년 同민주화보상지원단장(고위공무원) 2013년 안전행정부 민주화보상지원단장 2013~2014년 同국가기록원 기록관리부장 2014년 행정자치부 국가기록원 기록관리부장(현)

민병현(閔炳顯) MIN Byoung Hyun

[생]1956 [출]서울 [주]경기 수원시 영통구 월드컵로164 아주대병원 정형외과(031-219-4441) [학]1975년 중앙고졸 1983년 연세대 의대졸 1989년 同대학원졸 1993년 의학박사(연세대) [경]1994~1995년 미국 UCI부속 Long Beach Memorial Hospital Pacific Rim Fellowship 1995년 아주대 의대 정형외과학교실 교수(현) 1997년 영국 옥스퍼드대 연구원 1997년 아주대의료원 의공학센터 소장 1997년 同세포치료센터 소장 2004년 아주대 공과대학 분자과학기술학과 교수 겸임(현) 2004년 아주대의료원 세포치료센터장(현) 2007년 同골관절염특화센터장(현) 2008년 아시아관절경학국제학술대회 조직위원회(AAC 2008) 사무총장 2009년 아주대 의대 정형외과학교실 주임교수 2009년 아주대의료원 정형외과장 2009년 중국 상해교통대학 의학원 골과 명예교수(현) 2009~2011년 Tissue Engineering 편집위원 2009년 국제연골및골관절염심포지엄(ICOA 2009) 대회장 2009년 북미조직공학회(TERMIS NA 2010) Scientific Advisory Committee 2010년 The 1st Suzhou Arthroscopy Symposium 공동대회장 2010~2011년 아주대의료원 연구지원실장 2010~2011년 한국정형외과연구학회 부회장 2011년 한국조직공학 · 재생의학회(KTERMS) 부회장 2011년 국제연골및골관절염심포지엄(ICOA 2011) 대회장 2011~2012년 대한정형통증의학회 편집위원장 2012년 한국정형외과연구학회 회장 2012~2014년 Asia Pacific Tissue Engineering Regenerative Medicine International Society(Termis-AP) 회장 2012년 Asian Cartilage Research Society(ACRS) 부회장 2013~2014년 한국조직공학 · 재생의학회(KTERMS) 회장 2013년 同편집위원회 위원장(현) 2013년 同발전및기금위원회 위원(현) 2014년 同명예회장(현) 2014년 제2회 아시아연골재생학회 학술심포지움(ACRS 2014) 대회장 2015년 4th Asia Arthroscopy Congress 2015(AAC) 대회장 2015~2016년 대한관절경학회 회장 [상]대한안과학회 학술대회 학술상 · 포스터 최우수상(2010), 특허청 특허기술상 세종대왕상(2010), 대한관절경학회 최우수논문상(2011), 한국조직공학재생의학회 메디포스트 우수학술상(2013), 한국조직공학재생의학회 우수논문상(2013) 외 10건 [저]'재생의학(Regenerative Medicine) 3rd Edition'(2010) '정형외과학7판 : ChapterⅢ. 관절염'(2013) 외 11권 [종]천주교

민병현(閔丙鉉)

[생]1962 [주]서울 영등포구 여의대로38 금융감독원 임원실(02-3145-5332) [학]1981년 청주고졸 1988년 중앙대 경제학과졸 1998년 미국 노트르담대 대학원 경영학과졸 [경]1988년 증권감독원 입사 1999년 금융감독원 조사연구국 근무 1999년 同비서실 근무 2003년 同증권검사1국 근무 2005년 同회계감독2국 팀장 2007년 同회계제도실 팀장 2008년 同금융투자서비스국 팀장 2011년 同기업공시국 부국장 2012년 同금융중심지지원센터 부센터장 2014년 同금융투자감독국장 2015년 同기획조정국장 2016년 同금융투자 감독·검사담당 부원장보(현)

민병훈(閔丙薰) MIN Byung Hoon

[생]1951·5·21 [본]여흥(驪興) [출]경기 김포 [주]서울 마포구 월드컵로134 (주)디투엔지니어링 임원실(02-332-3329) [학]1976년 서울공고졸 1982년 명지전문대학 전기과졸 1988년 서울과학기술대 전기공학과졸 2002년 同철도전문대학원 철도전기공학과졸 2007년 공학박사(서울과학기술대) [경]1971~1984년 서울시 근무 1984년 서울시지하철공사 교육원 교수 1990년 同설비사령과장 1994년 同전력부장 1999년 同종합사령실장 2000년 同전기처장 2002년 同설비처장 2003년 同전산정보처장 2003년 대구지하철화재사고관련 서울시지하철안전점검위원 2003~2006년 서울메트로 기술본부장(상임이사) 2006년 한국산업인력공단 국가기술자격직종별 전문위원 2007년 (주)대동기술단 부사장 2007년 명지전문대학 초빙교수 2007년 (사)한국철도학회 이사 2008년 건설교통부 철도기술심의의원 2008년 서울시건설기술 심의위원 2008년 (사)한국기술사회 이사 2008년 (주)디투엔지니어링 부사장, 同고문(현) 2008년 한국전기응용기술사회 회장 2010년 (사)한국조명전기설비학회 이사 2012년 호남고속철도건설공사 감리단장 [상]서울특별시장표창(2006) [종]불교

민병훈(閔丙薰) MIN Byung Hoon

[생]1962·1·26 [주]서울 서초구 양재대로11길19 서초R&D캠퍼스 LG전자(주)(02-6912-6400) [학]부산중앙고졸, 서울대 전기공학과졸, 同대학원 전기공학과졸 [경]1987년 LG전자(주) 입사 1998년 同CTO CD-RW Drive Project Leader 2002년 同CTO DM/DS연구소 DST/DSS그룹장 2006년 同CTO DS/D&S연구소장(상무) 2010년 同CTO Mechatronics & Storage연구소장(전무) 2012년 同CTO Conversions연구소장(전무) 2013년 同CAV사업담당 전무(현) [상]산업포장(2010)

민병흥(閔炳興) MIN Byeong Heung (芝熏)

[생]1960·2·13 [본]여흥(驪興) [출]전남 화순 [주]전남 무안군 삼향읍 오룡길1 전라남도의회(061-286-8130) [학]1980년 전남기계공고졸 1989년 전남대 영어영문학과졸 1996년 同행정대학원 행정학과졸 [경]1991년 광양 종로학원 원장 1994년 한국학원총연합회 광양시연합회장, 법무부 범죄예방위원, 한국보이스카운트연맹 광양지구연합회장, 한국학원연합회 전남지회 부회장 1998·2002·2006~2010년 전남도교육위원회 교육위원 2006~2008년 同부의장, 광양보건대 겸임교수·전임강사 2014년 전남도의회 의원(새정치민주연합·더불어민주당·국민의당)(현) 2014년 同행정환경위원회 위원 2015·2016년 同안전행정환경위원회 위원(현) 2016년 同예산결산특별위원장(현)

민병희(閔丙熹) MIN Byeong Hee

[생]1953·6·28 [본]여흥(驪興) [출]강원 춘천 [주]강원 춘천시 영서로2854 강원도교육청 교육감실(033-258-5201) [학]1970년 춘천고졸 1974년 강원대 사범대학 수학교육과졸 [경]1974~2002년 정선여중·인제중·원통고·인제종고·양구종고·춘천여고·소양중·봉의여중·원통중 교사 1990·1991·1994년 전국교직원노동조합 강원지부장 2002년 강원교육연구소 소장 2002·2006~2010년 강원도교육위원회 교육위원 2010·2014년 강원도 교육감(현) 2010~2012년 전국시도교육감협의회 부회장 [종]기독교

민복진(閔福鎭) MIN Bok Jin

[생]1927·6·29 [본]여흥(驪興) [출]경기 양주 [주]서울 양천구 목동서로225 한국미술협회 임원실(02-744-8054) [학]1956년 홍익대 미술학부 조각과졸 [경]1959년 현대작가전 초대작가 1970년 홍익조각회 회장 1975년 한국미술협회 조각위원장 1977년 한국예술문화단체총연합회 이사 1981년 국전 초대작가·심사위원 1984년 개인전 1회 1985년 조각가협회 고문 1988년 대한민국예술원상 심사위원 1989년 서울시립미술대전 운영위원 1991년 대한민국미술대전 심사副위원장 1992년 국제조형예술협회(IAA) 한국위원회 고문(현) 2000년 까지 프랑스·이탈리아·독일·미국·일본 등 국내외전 주요전시회 약 400회, 2000년 까지 개인전 3회 개최 [상]프랑스 르싸롱 그랑파레전 금상(1979), 옥관문화훈장, 한국미술협회 명예공로상(2009) [작]'念' '모자상' '가족상愛像' '金九동상' 고대상징 '虎像' '윤봉길의사상' '古堂조만식상' '3·1의거 기념탑' '명성황후 숭모비' '이승훈像' '신채호像' 등 [종]불교

민봉기(閔鳳基) MIN Bong Gi

[생]1936·5·28 [본]여흥(驪興) [출]황해 벽성 [주]인천 남구 경인로345 인천시지방행정동우회(032-440-8184) [학]1957년 인천고졸 1969년 국제대 법학과 2년 중퇴 1982년 인하대 경영대학원 수료 2001년 서경대 법학과 명예졸업 [경]1979년 인천시 산업과장 1980년 同청소과장 1981년 同예산담당관 1983년 同세정과장 1984년 同시정과장 1985년 同주택건설사업소장 1987년 同공무원교육원 교수부장 1988년 同동구 부구청장 1990년 同보건사회국장 1990년 同남구청장 1993년 同남동구청장 1994년 同교통관광국장·부평구청장 1995~1998년 인천시 남구청장(민자당·신한국당·한나라당) 2000~2004년 제16대 국회의원(인천南甲, 한나라당) 2000년 인천시근대5종경기연맹 회장 2003년 인천고총동창회 고문 2003년 한나라당 지방자치위원장 2004년 제16대 국회의원(인천南甲, 무소속) 2004년 인천시지방행정동우회 회장(현) 2008~2011년 이북5도위원회 황해도지사(정무직 차관급) 2009년 同위원장 2009년 대통령자문 통일고문회의 고문 2013~2015년 대통령소속 지방자치발전위원회 위원 [상]내무부장관표창, 농림수산부장관표창, 병무청장표창, 녹조근정훈장, 대통령표창, 황조근정훈장(2012) [종]천주교

민상기(閔相基) MIN Sang Kee (悳愚)

[생]1948·1·19 [본]여흥(驪興) [출]대구 [주]서울 관악구 관악로1 서울대학교 경영학과(02-880-6937) [학]1966년 경북대사대부고졸 1970년 서울대 경제학과졸 1973년 필리핀 아세아경영대학원졸 1976년 경영학박사(미국 미시간대) [경]1977~2013년 서울대 경영학과 교수 1986년 일본 東京大 객원연구원 1988~2001년 금융발전심의회 국제금융분과위원 1991~1993년 한국선물학회 회장 1994년 한국국제경영학회 회장·고문 1997년 증권관리위원회 비상임위원 1997~1999년 강남포럼 회장 1997~1998년 증권관리위원회 위원 1999년 선물거래소 자문위원장 1999~2003년 국제금융센터 운영위원 2000년 서울대 기획실장 2001년 同대학원장 2001~2004년 금융발전심의회 위원장 2002~2003년 한국금융학회 회장 2004~2007년 우리은행 사외이사 2007~2011년 서울 IB Forum 회장 2009~2011년 공적자금관리위원회 위원장 2010~2014년 청소년금융교육협의회 회장 2013년 서울대 경영학과 명예교수(현) 2015년 NH농협금융지주(주) 사외이사(현) 2015년 금융위원회 금융개혁회의 의장 [상]국민훈장 목련장(2016) [저]'국제재무관리'(1982) '선물시장 헤지이론'(1996) 'IMF사태의 원인과 교훈(共)'(1998) '글로벌재무전략'(1998) '단기자본의 실태와 대책'(1998) [종]기독교

민상기(閔相基) MIN Sang Gi

[생]1955·1·4 [출]경기 양평 [주]서울 광진구 능동로120 건국대학교 총장실(02-450-0001) [학]1984년 독일 호헨하임대 식품공학과졸 1988년 同대학원 식품공학과졸 1994년 이학박사(독일 호헨하임대) [경]1988~1994년 독일 영양학연방연구센터 공정공학연구소 연구원·연구실장 1994~1995년 프랑스 리옹제1국립대 초빙교수 1995~2006년 건국대 축산대학 축산가공학과 조교수·부교수 1997~2003년 同동물자원연구센터 사무국장 2000~2003년 同축산식품생물공학전공 학과장 2001~2003년 한국식품과학회 편집위원 2001~2003년 건국대 축산대학과장 2003년 한국가금학회 편집위원 2005~2009년 건국대 교수협의회장 2006~2009년 한국식품영양과학회 서울지부장 2006~2013년 건국대 동물생명과학대학 축산식품생물공학전공 교수 2007~2009년 同평위원회 의장 2008년 (사)한국축산식품학회 간사장 2009년 국립수의과학검역원 자문위원 2013년 건국대 동물생명과학대학 바이오산업공학과 교수(현) 2013년 同농축대학원장 2013~2015년 同대학원장 2014년 同국제개발협력원장 2015~2016년 同교학부총장 2016년 同산업연계교육활성화선도대학(PRIME)사업단장 2016년 同총장(현) [상]한국축산식품학회 우수포스터상(2004), 한국과학기술단체총연합회 우수논문상(2005), 한국축산식품학회 우수포스터상(2005), 한국축산식품학회 공로상(2006) [저]'축산업무실무'(2005)

민상훈(閔相訓) MIN Sang Hoon

[생]1959·5·22 [출]전남 해남 [주]경기 용인시 기흥구 강남로40 강남대학교 경영학부(031-280-3796) [학]1981년 전남대 무역학과졸 1984년 고려대 대학원 국제경영학과졸 1994년 국제경영학박사(고려대) [경]1985~1987년 고려대 무역학과 강사 1990~2003년 강남대 무역학과 전임강사·조교수·부교수 2000년 미국 Univ. of Illinois at Urbana-Champaign 방문교수 2002~2003년 강남대 평생교육원장 2002~2003년 同학사지원처장 2003년 同경영대학 경영학부 교수(현) 2003~2006년 同교무처장 2013~2014년 同학생처장 2014~2015년 同입학취업대책위원장 2015년 同경영대학원장(현), 한국국제경영관리학회 회장(현) [상]강남대 교육분야 우수상(2001) [저]'국제경영'(1996, 학현사) '경영학의 이해'(1999, 강남대 출판부) '경영학에센스'(2002, 강남대 출판부)

민선식(閔善植) Sun Shik MIN

[생]1959·11·19 [출]서울 [주]서울 종로구 종로104 (주)YBM홀딩스 비서실(02-2000-0219) [학]1978년 서울 경성고졸 1982년 서울대 경제학과졸 1985년 미국 매사추세츠공대 경영대학원졸 1989년 경영학박사(미국 하버드대) [경]1990년 일본 도쿄대 객원연구원 1991~2015년 YBM 사장 2004년 이화여대 경영대학 겸임교수 2009년 Korea International School 이사장(현) 2015년 YBM 부회장(현), (주)YBM홀딩스 대표이사 회장(현) [상]서울시교육감표창(1975·1978), 산업포장(2006), 대영제국 명예훈장(OBE)(2007)

민선향(閔善薌·女) MIN Sun Hyang

[생]1976·12·4 [출]광주 [주]광주 동구 준법로3 대한법률구조공단 광주지부(062-224-7806) [학]1995년 광주 전남여고졸 1999년 이화여대 법학과졸 [경]2002년 사법시험 합격(44회) 2005년 사법연수원 수료(34기), 변호사 개업 2008년 대한법률구조공단 서울중앙지부 변호사 2011년 同인천지부 구조부장 2014년 同광주지부장(현)

민성기(閔成基) MIN Sung Kee

[생]1958·2·2 [본]여흥(驪興) [출]서울 [주]서울 중구 명동11길20 한국신용정보원 원장실(02-3705-5800) [학]1976년 경기고졸 1980년 서울대 경제학과졸 1993년 미국 노스캐롤라이나대 대학원 경제학과졸 [경]1980년 한국은행 입행 1989년 同금융경제연구실 조사역 1991년 해외학술연수원 파견 1993년 한국은행 조사제2부 국민소득담당·산업분석과 조사역 1995년 同자금부 금융기획과 조사역 1997년 同수원지점 과장 1998년 同기획부 의사실 과장 1999년 同정책기획국 시장제도팀·정책총괄팀 선임조사역 2000년 同정책기획국 금융조사팀장(차장)·금융경제분석팀장(차장) 2003년 同정책기획국 정책분석팀장(부국장) 2003년 同조사국 금융산업팀장·조사총괄팀장 2006년 해외학술연수 파견 2007년 한국은행 금융결제국 부국장 2008년 同기획국 공보실장 2009~2011년 同금융시장국장 2012년 同경제연구원 연구위원 2013년 同거시건전성분석국 연구원 2013년 전국은행연합회 상무이사 2015년 同전무이사 2016년 한국신용정보원 원장(현)

민성길(閔聖吉) MIN Sung Kil

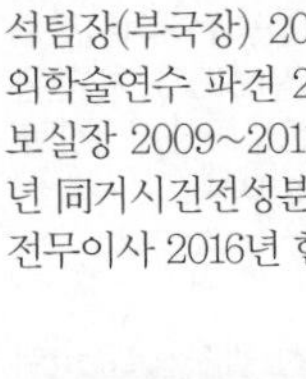

[생]1944·1·1 [본]여흥(驪興) [출]경남 산청 [주]경기 용인시 중부대로874번길1의30 효자병원(031-288-0500) [학]1962년 대광고졸 1968년 연세대 의대졸 1975년 의학박사(연세대) [경]1968~1973년 연세대 세브란스병원 인턴·레지던트 1976년 육군 군의관(소령) 1976~1988년 연세대 의대 정신과학교실 전임강사·조교수·부교수 1988~2009년 同교수 1999~2001년 대한신경정신의학회 이사장 2000~2002년 대한정신약물학회 회장 2000~2002년 연세대 통일연구원장 2001~2003년 한국사회정신의학회 회장 2002~2008년 연세대 의학행동과학연구소장 2003~2007년 대한임상독성학회 회장 2004~2010년 서울시 정신보건사업지원단장 2004년 대한민국의학한림원 회원(현) 2009년 연세대 의대 명예교수(현) 2009~2013년 서울시립은평병원 원장 2014년 효자병원 원장(현) [상]연세학술상(1995), 대한정신약물학회 공로상(2002), 대한신경정신의학회 공로상(2003), 서울시의사회 저술상(2010), 서울특별시장표창(2011), 보건복지부장관표창(2011), 국제신경정신약물학회 선구자상(2016) [저]'민성길 정신과 클리닉' '우리시대의 노이로제'(1994) '약물남용'(1998) '최신정신의학'(1999) '통일과 남북청소년'(2000) '세계보건기구 삶의 질 척도 지침서(共)'(2002) '탈북자와 통일준비(共)'(2002) '임상정신약리학'(2003) '통일이 되면 우리는 함께 어울려 잘 살 수있을까'(2004) '임상정신약리학'(2004) '최신정신의학5 개정판'(2006) '화병연구'(2009) '난폭한사회, 그러나 희망을'(2009) '서울을 정신분석하다'(2010) '다문화사회와 정신건강'(2011) '한국 공공정신건강서비스의 미래'(2011) [종]기독교

민성태(閔盛泰)

[생]1958·1·1 [출]전남 화순 [주]전남 보성군 보성읍 중앙로88 보성경찰서(061-850-0211) [학]광주상업고졸 2002년 호남대 법학과졸 2004년 전남대 대학원 행정학과졸 [경]1982년 순경 공채 2014년 총경 승진 2004년 광주북부경찰서 경비과장 2005년 전남 순천경찰서 정보보안과장 2007년 전남지방경찰청 정보3계장 2010년 同생활안전계장 2012년 전남 담양경찰서장 2013년 전남지방경찰청 생활안전과장 2016년 전남 보성경찰서장(현)

민성호(閔誠晧) MIN Seong Ho

[생]1962·6·2 [출]인천 [주]강원 원주시 일산로20 원주세브란스기독병원 정신과(033-741-0533) [학]1988년 연세대 원주의대졸 2002년 건국대 대학원졸 2007년 의학박사(고려대) [경]연세대 원주기독병원 전공의 1992~1994년 음성꽃동네 인곡자애병원 정신과장 1995년 용인정신병원 진료과장, 한국중독정신의학회 편집위원 1996년 연세대 원주의과대학 정신과학교실 전임강사·조교수·부교수·교수(현) 2001~2004년 한국중독정신의학회 총무이사 2007년 원주시정신보건센터 센터장 2008년 보건복지가족부 알코올사업 기술지원단장 2011년 연세대 원주의료원 대외협력실장(현), 정신보건심판위원회 위원장(현) 2016년 한국중독정신의학회 이사장(현) [상]보건복지부장관표창(2015)

민승규(閔勝奎) MIN Seung Kyu

[생]1961·10·6 [출]서울 [주]서울 서초구 서초대로74길 4 삼성생명서초타워 삼성경제연구소(02-3780-8000) [학]영동고졸 1988년 동국대 농업경제학과졸 1991년 일본 도쿄대 대학원 농업경제학과졸 1994년 농업경제학박사(일본 도쿄대) [경]1994~1995년 농촌진흥청 경영관실 근무 1995년 삼성경제연구소 정책연구센터 수석연구원 1999~2001년 농림부 양곡유통위원 2000년 同농정평가위원 2001년 경실련 환경농업실천가족연대 부위원장 2008년 대통령 경제수석비서관실 농수산식품비서관 2009~2010년 농림수산식품부 제1차관 2010~2011년 농촌진흥청장(차관급) 2012년 삼성경제연구소 전무 2013년 同부사장 2016년 同자문역(현) 2016년 한국농촌경제연구원 연구·경영 자문위원(현) [저]'기아와 포식의 세계식량'(1997) '민영화와 한국경제(共)'(1998) 'IMF위기와 한국농업의 도전(共)'(1999) '잎담배 경영의 새활로(共)'(2000) '벤처농업 미래가 보인다'(2003) '부자농부'(2007) [역]'위기관리 매뉴얼'(1997)

민승기(閔承基) MIN Seung Ki

[생]1961·5·5 [출]전북 익산 [주]대전 서구 둔산로71 민승기브이라인치과(042-716-0075) [학]1985년 원광대 치대졸 1988년 同대학원졸 1994년 치의학박사(원광대) [경]1985~1989년 원광대 치대부속병원 인턴·레지던트 1989~1992년 육군 군의관 1992~2005년 원광대 치대 구강악안면외과 전임강사·조교수·부교수 1997년 영국 Glasgow대 치대 교환교수 1999년 원광대 치의학과장 2004년 同익산치과대학병원 병원장 2005년 同치의학과 교수 2008~2012년 同대전치과대학병원 병원장 2013년 민승기브이라인치과 원장(현)

민연태(閔鏈汰) MIN Yeon Tae

[생]1961·4·11 [출]전남 영암 [주]세종특별자치시 다솜2로94 농림축산식품부 대변인실(044-201-1101) [학]1980년 동국대부고졸 1988년 고려대 경영학과졸 [경]1995년 농림수산부 국제농업국 기술협력과 사무관 1997년 농림부 유통정책국 유통관리과 사무관 2001년 同기획관리실 기획예산담당관실 사무관 2001년 同기획관리실 기획예산담당관실 서기관 2005년 同농업구조정책국 경영인력과장 2006년 同농업구조정책국 맞춤형농정팀장 2007년 同축산정책과장 2008년 농림수산식품부 품종보호심판위원회 상임위원 2008년 교육 파견(네덜란드) 2010년 농림수산식품부 농산경영과장 2010년 同식량정책과장 2010년 同식량정책과장(부이사관) 2012년 同식량정책관 2013년 농림축산식품부 식량정책관 2014년 同식품산업정책실 소비과학정책관 2015년 同식품산업정책실 창조농식품정책관 2015년 同대변인(현)

민영기(閔英基) MINN Young Key

[생]1938·1·1 [본]여흥(驪興) [출]서울 [주]서울 관악구 양녕로41의1 충남빌딩3층 한국과학저술인협회(02-883-0105) [학]1956년 용산고졸 1961년 서울대 물리학과졸 1971년 이학박사(미국 랜실레어폴리테크닉대) [경]1971년 독일 막스프랑크 전파천문학연구소 연구관 1973년 미국 앨라배마대 조교수 1975~1985년 국립천문대장 1978년 천문학회 회장 1982~1984년 서울대 천문학과 부교수 1985~2003년 경희대 우주과학과 교수 1986년 同자연과학대학장 1988년 한국과학저술인협회 부회장 1996년 경희대 자연과학종합연구소장 1996년 同천문대장 1997년 표준과학연구원 이사 2000년 한국과학저술인협회 회장·명예회장(현) 2003년 한국과학문화재단 석좌연구위원 [상]대한민국 과학기술상(1995), 국민훈장 동백장(1999), 근정포장 [저]'자연과학 개론' '지구에서 퀘이사까지'(1992) '교양 천문학'(1993) '기본 천문학'(1993) '태양계는 살아있다'(1997) '첨단과학 이야기'(1997) '외계인은 존재하는가' [역]'기본 천문학'

민영돈(閔漢敦) Young-Don Min

[생]1958·8·17 [본]여흥(驪興) [출]광주 [주]광주 동구 필문대로365 조선대학교병원 외과(062-220-3071) [학]1983년 조선대 의대졸 1995년 의학박사(전남대) [경]1989년 광주기독병원 외과 과장 1989년 조선대 의과대학 외과학교실 교수(현) 1990년 미국 뉴욕주립대 브루클린교 연수 1995년 미국 캘리포니아대 샌프란시스코교 연수 1996~1998년 조선대병원 교육부장 1997~2001년 同외과 과장 1998~2001년 同홍보실장 2001~2002년 조선대 의대 교수협의회 의장 2003년 同방사선응용진흥센터 소장 2005년 조선일보 선정 '위암분야 명의' 2005년 조선대병원 외과 과장 2005년 同기획실장 2009년 同부원장 2010년 (사)장기기증재단 이사장(현) 2011~2013년 조선대병원 원장 2014년 대한결핵협회 광주전남지회장(현) 2015년 대한외과학회 광주전남지회장(현) [상]자랑스러운 조대인상 학술·문예부문(2015)

민영백(閔泳栢) YOUNG BAEK MIN

[생]1943·9·2 [출]중국 [주]서울 종로구 삼일대로447 부남빌딩2층 (주)민설계 회장실(02-798-0110) [학]1963년 홍익대 건축미술학과졸 [경]1970년 (주)민설계 설립·회장(현) 1991~1992년 아·태공간인테리어디자이너협회 초대회장 1991~1992년 한국실내건축가협회 회장 1996년 문화체육부 환경문화대상 심사위원 1997~1998년 동덕여대 실내디자인학과 겸임교수 1998~2001년 코리아디자인센터 건축부문 자문위원 1999~2001년 건국대 건축대학원 실내건축설계학과 지도교수 2003년 대한민국실내건축대전 일반공모전 심사위원장 2003년 2003서울세계베스트디자인 자문위원, 한국인테리어디자이너협회 회장, 건축가협회 초대작가, 한국인테리어학회 명예이사, 세계실내건축가연맹 회장 [상]KOSIC협회상(1987·1990), 대통령표창(1989), 문화체육부 환경문화상(1995) [작]'63빌딩 실내장식' '청와대 춘추관 실내장식' '힐튼호텔 실내장식' '민인터내셔널 본사 사옥내 로탄다 시설' '건축과 도시의 만남전'

민영빈(閔泳斌) YOUNG-BIN MIN

[생]1931·2·3 [출]황해 신천 [주]서울 종로구 종로104 YBM 회장실(02-2000-0219) [학]1949년 해주동고졸 1955년 고려대 영어영문학과졸 1957년 同대학원 영문학과졸 [경]1955~1964년 코리아헤럴드 편집국 근무 1957~1970년 고려대 강사 1961년 YBM시사영어사 창업 1964년 同사장 1969년 한국잡지협회 회장 1981년 대한출판문화협회 회장 1982~2011년 (주)YBM시사 회장 1991년 코리아데일리(영문 일간지) 대표이사 발행인 1998~2002년 국제잡지협회(FIPP) 운영이사회 위원 2011년 YBM 회장(현) [상]서울시 문화상(1985), 화관문화훈장(1990), 은관문화훈장(2004), 자랑스러운 고대인상(2006) [저]'The April Heroes'(1963) '고급현대영작문'(1964) [종]기독교

민영선(閔泳善) MIN Young-Sun

[생]1960·5·30 [본]여흥(驪興) [출]서울 [주]서울 서초구 법원로15 정곡빌딩 서관404호 민영선법률사무소(02-592-0019) [학]1979년 서울고졸 1983년 건국대 법학과졸 1985년 연세대 대학원 법학과졸 [경]1989년 사법시험 합격(31회) 1992년 사법연수원 수료(21기) 1992년 부산지검 검사 1994년 춘천지검 강릉지청 검사 1996년 서울지검 동부지청 검사 1998년 광주지검 검사 2000년 서울지검 검사 2002년 국방대학원 파견(안보정책과정) 2003년 서울중앙지검 검사 2004년 창원지검 부부장검사 2005년 서울동부지검 부부장검사 2005~2006년 미국 노스캐롤라이나대 로스쿨 Visiting Scholar 2006년 서울동부지검 부부장검사 2007년 대전지검 공안부장 2008년 부산지검 공안부장 2009년 서울동부지검 형사3부장 2009년 同형사2부장 2010년 수원지검 성남지청 형사1부장 2011년 광주지검 순천지청 차장검사 2012년 수원지검 평택지청장 2013년 법무연수원 연구위원 2014년 서울고검 검사 2014년 변호사 개업(현) [상]모범검사표창(1998), 검찰총장표창(2000)

민영훈(閔泳勳) MIN Young Hun

[생]1957·12·13 [본]여흥(驪興) [출]서울 [주]서울 강남구 봉은사로326 남전빌딩7층 (주)플랜즈어헤드 비서실(02-561-6988) [학]1976년 경기고졸 1981년 서울대 경영학과졸 1987년 同대학원졸(MBA) [경]오리콤 근무, 웰커뮤니케이션즈 캠페인팀 이사 1998~2000년 (주)동방커뮤니케이션즈 대표이사 사장 2000년 (주)플랜즈어헤드 사장(현) 2014년 벨포트 대표이사(현) [상]방송광고대상 라디오CM부문 대상, IBA파이널리스트상, 한국광고선정 올해의AE, 한국광고대상 [저]'민영훈의 광고기획서'(2000) [종]기독교

민용식(閔龍植) MIN YOUNG SIG

[생]1962·1·1 [본]여흥(驪興) [출]경남 밀양 [주]세종특별자치시 다솜로261 국무조정실 규제심사관리관실(044-200-2414) [학]1981년 부산기계공고졸 1993년 부산대 행정학과졸 2002년 서울대 행정대학원 행정학과졸 2005년 미국 Syracuse Univ. 맥스웰대학원 행정학과졸 [경]2002년 국무조정실 규제개혁조정관실 규제개혁1심의관실 서기관 2003년 同심사평가조정관실 심사평가1심의관실 서기관 2006년 同駐韓미군대책기획단 기획운영팀장 2007년 同심사평가조정관실 평가정책관실 성과관리과장 2008년 국무총리실 정책분석평가실 평가정책관실 평가정보과장 2009년 同공보실 정책홍보행정관 2010년 同평가관리관실 자체평가제도과장 2011년 同평가관리관실 성과관리총괄과장 2011년 同정책평가총괄과장(부이사관) 2013년 국무조정실 공직복무관리관실 기획총괄과장 2014년 同공직복무관리관실 기획총괄과장(고위공무원) 2014년 同영유아교육보육통합추진단 부단장 2014년 同정부업무평가실 성과관리정책관 2015년 국방대 교육파견 2016년 국무조정실 규제심사관리관(현) [상]대통령표창(2001), 홍조근정훈장(2013) [종]천주교

민용일(閔鏞日) MIN Yong Il

[생]1958·10·19 [주]광주 남구 덕남길80 빛고을전남대학교병원(1899-0000) [학]1983년 전남대 의대졸 1986년 同대학원 의학석사 1994년 의학박사(전남대) [경]1988년 흉부외과 전문의 취득 1992년 일본 후쿠오카소아병원 심장외과 근무 1993~2005년 전남대병원 응급의학과장·광주권역 응급의료센터 실장·전남대병원 응급중환자실장·광주응급의료정보센터 소장 1993년 전남대 의대 응급의학교실 교수(현) 2002년 同병원 의료정보연구소장 2005~2008년 同기획조정실장 2005~2007년 광주지검 범죄피해자지원센터 의료지원위원 2005~2006년 보건복지부 호남해바라기아동센터 운영위원 2011년 광주권역응급의료센터 소장 2012년 한국항공응급의료학회 회장 2015년 빛고을전남대병원 원장(현) 2016년 대한응급의학회 회장(현) [상]광주광역시장표창(1998), 전남대 10년 근속상(2004), 보건복지부장관표창(2006) [저]'전문응급 처치학'(1998, 대학서림) '최신 응급의학'(2000, 의학문화사) '외상학'(2001, 군자출판사) '적정약물요법의 이해'(2001, 전남대 출판부)

민원기(閔元基) MIN Won Ki

[생]1963·5·14 [출]서울 [주]경기 과천시 관문로47 미래창조과학부 기획조정실(02-2110-2300) [학]1981년 관악고졸 1985년 연세대 사학과졸 1989년 서울대 행정대학원졸 1996년 미국 워싱턴대 대학원졸(MBA) [경]1988년 행정고시 합격(31회) 1989년 체신부 통신정책국 통신기획과 행정사무관 1991년 同정보통신국 전산망과 행정사무관 1992년 同정보통신국 정보통신기획과 행정사무관 1994년 미국 워싱턴대 국외훈련 1996년 정보통신부 정보통신정책실 정책총괄과 행정사무관 1997년 경제협력개발기구(OECD)사무국 PM 2001년 정보통신부 장관비서관 2002년 同정보통신지원국 통신업무과장 2002년 同정보통신정책국 소프트웨어진흥과장 2003년 성남시 분당우체국장 2003년 경제협력개발기구(OECD) TISP 의장 2004년 정보통신부 국제협력관실 협력기획담당관 2004년 同정보통신협력국 협력기획과장 2005년 同정보통신정책국 정책총괄과장 2007년 한국정보사회진흥원 정보화조정관 2007년 정보통신부 중앙전파관리소장(고위공무원) 2008년 방송통신위원회 중앙전파관리소장 2009년 중앙공무원교육원 파견 2010년 국제금융공사(IFC) 파견(일반직고위공무원) 2013년 미래창조과학부 대변인 2013년 2014 ITU(국제전기통신연합)전권회의 의장 2014년 ITU 이사회 부의장 2015년 同이사회 의장(현) 2015년 미래창조과학부 기획조정실장(현) [상]홍조근정훈장(2015), 도전한국인운동본부 '2014년 빛낸 도전한국인'(2015)

민원식(閔元植) MIN WON SIK

ⓢ1959·9·15 ⓑ여흥(驪興) ⓞ경남 산청 ⓙ서울 중구 세종대로124 한국방송광고진흥공사(코바코) 영업본부(02-731-7217) ⓗ대아고졸, 경상대 경영학과졸, 고려대 국제대학원 최고위과정 수료 ⓒ2004년 한국방송광고공사 기획조정실 홍보부장 2006년 同영업2국 영업2팀장 2009년 同정책협력국장 2010년 同영업2국장 2012년 한국방송광고진흥공사(코바코) 영업2본부 영업국장 2014년 同영업본부장(상임이사)(현) ⓐ농림수산부장관표창(1991), 한국방송광고공사장표창(1997), 문화관광부장관표창(2003), 방송통신위원회 위원장표창(2011) ⓡ기독교

민원식(閔源植) MIN Won Sik

ⓢ1962·12·10 ⓙ서울 중구 퇴계로166 코리아오메가투자금융(02-2269-4201) ⓗ고려대 영어영문학과 중퇴, 미국 캘리포니아대 로스앤젤레스교 Law School, 미국 카네기멜론대 경영대학원 MBA, 미국 캘리포니아대 로스앤젤레스교 Law School졸 ⓒ1997~1999년 한라중공업 법무실장 2001년 만도공조 상무 2005~2007년 위니아만도(주) 전무이사 겸 최고재무책임자(CFO) 2008년 同경영기획실장(CFO) 2008~2014년 同대표이사 2015년 코리아오메가투자금융 대표이사(현) ⓡ천주교

민유성(閔裕聖) MIN Euoo Sung

ⓢ1954·3·15 ⓑ여흥(驪興) ⓞ서울 ⓙ서울 강남구 논현로318 메디빌딩2층 나무코프 비서실(02-550-4210) ⓗ1973년 경기고졸 1981년 서강대 경영학과졸 1986년 미국 뉴욕주립대 경영대학원 경영학과졸 ⓒ1981년 시티은행 서울지점 입행 1982년 同기업금융부 심사역 1987년 同뉴욕본점 기업재무분석부장 1988~1990년 同기업금융그룹 지배인 1990년 자딘플레밍증권 서울사무소 부소장 1991년 Lehman Brothers Inc. 서울사무소 부소장 1994~1996년 모건스탠리증권 서울사무소장 1996~1999년 환은스미스바니증권 대표이사 부사장 1998년 환은살로먼스미스바니증권 대표이사 부사장 1998년 코스닥위원회 위원 1998~2001년 환은살로먼스미스바니증권 대표이사 사장 2001~2004년 우리금융지주 재무담당 부회장(CFO) 2005~2008년 리먼브라더스 서울지점 대표 2008년 한국산업은행 총재 2009~2011년 同은행장 2009~2011년 산은금융지주 회장 2011~2013년 티스톤 회장 2013년 나무코프 회장(현) 2015년 SDJ코퍼레이션 고문(현) ⓐ자랑스런 서강인상(2009) ⓡ천주교

민유숙(閔裕淑·女) MIN You Sook

ⓢ1965·1·31 ⓞ서울 ⓙ서울 서초구 서초중앙로157 서울고등법원(02-530-1114) ⓗ1983년 배화여고졸 1987년 서울대 법대졸 1992년 同대학원 법학과졸 ⓒ1986년 사법시험 합격(28회) 1989년 사법연수원 수료(18기) 1989년 인천지법 판사 1993년 광주지법 판사 1996년 서울지법 판사 1999년 同남부지원 판사 2001년 서울고법 판사 2002년 대법원 재판연구관 2007년 서울서부지법 부장판사 2009년 서울중앙지법 부장판사 2011년 대전고법 부장판사 2013년 서울고법 가사3부 부장판사(현) 2015~2016년 서울가정법원 수석부장판사 직대

민유태(閔有台) Min You Tae

ⓢ1956·2·4 ⓑ여흥(驪興) ⓞ경기 김포 ⓙ서울 강남구 테헤란로126 대공빌딩6층 법무법인 민(民)(02-6250-0128) ⓗ1974년 서울 중경고졸 1981년 연세대 행정학과졸 1991년 대만 대만대 법률학연구소 수학 ⓒ1982년 사법시험 합격(24회) 1984년 사법연수원 수료(14기) 1985년 수원지검 검사 1987년 마산지검 진주지청 검사 1988년 부산지검 동부지청 검사 1991년 서울지검 검사 1994년 대검찰청 검찰연구관 1997년 대구지검 안동지청장 1998년 광주고검 검사 1998년 서울지검 부부장검사 1999년 부산지검 강력부장 2000년 대검찰청 중수3과장 2001년 同중수2과장 2002년 同중수1과장 2003년 서울지검 외사부장 2004년 의정부지검 고양지청 차장검사 2005년 대검찰청 수사기획관 2006년 광주지검 순천지청장 2007년 대구지검 제1차장검사 2008년 대검찰청 마약·조직범죄부장 2009년 전주지검 검사장 2009년 법무연수원 연구위원 2010년 법무법인 민(民) 대표변호사(현) 2010년 대한배드민턴협회 고문변호사(현) ⓐ대통령표창(1990)

민유홍(閔榴泓) MIN Yoo Hong

ⓢ1957·5·7 ⓞ서울 ⓙ서울 서대문구 연세로50의1 세브란스병원 혈액내과(02-2228-1956) ⓗ1982년 연세대 의대졸 1985년 同대학원졸 1992년 의학박사(연세대) ⓒ연세대 의대 내과학교실 교수(현) 同임상의학연구센터 연구부장 1989년 미국 미네소타대 혈액종양내과 방문연구원 1991년 미국 프레드헛친슨암연구소 방문연구원 1992~1998년 연세대 의대 내과학교실 골수이식 주치의 1994년 대한혈액학회 총무이사·학술이사 1996년 미국 UCSD Stem 암연구소 연구원, 세브란스병원 조혈모세포이식팀장, 대한혈액학회 급성골수성백혈병·골수이형성증후군연구회 위원장 2010·2012년 세브란스병원 혈액내과 과장 2011년 同혈액암전문클리닉팀장 ⓐ제2회 우현학술상(1995), 대한혈액학회 우수논문상(1996), 한국BRM학술상(1998), 한국과학기술단체총연합회 과학기술우수논문상(2005), 연세대 연구업적우수교원상(2005), 연세의대 보원학술상(2005), 서울시의사회 유한의학상대상(2005), 대한혈액학회 학술상(2015)

민은기(閔殷基) MIN Eun Ki

ⓢ1953·1·26 ⓞ대구 ⓙ서울 강남구 테헤란로87길21 동성교역(주) 사장실(02-319-6700) ⓗ한국외국어대 경영학과졸, 고려대 대학원 경영학과졸, 한국외국어대 대학원 최고세계경영자과정 수료(3기) 1999년 경영학박사(한국외국어대) ⓒ동성교역(주) 입사, 同전무이사, 명성기업 대표, 동성교역(주) 부사장, 同대표이사 사장(현), (주)성광 대표이사 사장(현) 2015년 한국섬유수출입조합 이사장(현) ⓐ대통령표창, 재무부장관표창, 삼우당 섬유패션수출부문 대상(2013), 은탑산업훈장(2013)

민을식(閔乙植) MIN Yuil Sik (海山)

ⓢ1935·12·12 ⓑ여흥(驪興) ⓞ경남 거창 ⓙ서울 영등포구 국회대로70길18 한양빌딩 새누리당(02-3786-3000) ⓗ1956년 국립체신고졸 1963년 건국대 법학과졸 1991년 성균관대 행정대학원졸 ⓒ1958년 서울중앙전신전화국 근무 1984년 민주산악회 간사회장 1984년 민주화추진협의회 운영위원 1987년 통일민주당 감사국 부국장 1989년 同중앙상무위원 겸 사회직능국장 1990년 전국포교사 마포지부장 1990년 민자당 종교국장 1991년 남북불교지도자대회 당대표참관(LA) 1992년 同중앙상무위원 1992년 평화통일남북불교협의회 창립발기인 1992년 민자당 제14대 대통령선거대책위원회 대외협력단 종교총간사 1992~2009년 한일불교문화교류협의회 상임이사 1995년 한국무선국관리사업단 상임감사 1995년 민주평통 자문위원(제5기~제17기)(현) 1996년 신한국당 중앙상무위원 1997년 한국무선국관리사업단 자문역 1997년 한나라당 제15대 대통령선거대책위원 1997년 同중앙상무위원·중앙위원 1997년 同제15대 국회의원 종로지구당 이명박후보선거대책위 부위원장 1998년 同서울시장 선거대책 불교수석부위원장 1998년 보문사 기념탑에 본인소개 1999년 한나라당 마포지구당 부위원장 2001년 同불교신도회 부회장 2001~2011년 하동군 악양면 대한불교조계종보문사신도회 회장 2004년 민주화운동관련 국가유공자 추서 2006년 (사)한국불교종단총연합진흥회 상임부회장(현) 2006년 대한민국지키기불교도총연합 발기인 2007년 한나라당 이명박 대통령후보 정책 및 대외협력특보 2008년 同제18대 국회의원선거 서울시선거대책위원회 전략기획특보 2009년 한·일불교30주년 경기여주신륵사대회 人類和合共生祈願碑(인류화합공생기원비)문에 원로스님과 본인의 이름이 소개됨, 한나라당 중앙위원회 중앙위원 2009년 故김대중전대통령국장장의위원회 장의위원 2011년 하동군 악양면 대한불교조계종보문사신도회 명예회장 겸 상임고문(현) 2011년 민주평통 상임위원 2011년 한나라당 나경원 서울시장후보 선거대책위원회 직능총괄본부 상임고문 2012년 새누리당 중앙위원회 중앙위원(현) 2012년 同제18대 대통령선거 박근혜후보 중앙선거대책위원회 국민소통본부 특보 2012년 同직능총괄본부·불교본부 선재위원회 고문 2012년 同직능총괄본부·전략기획본부 조직강화위원회 종교정책지원단장 2014년 대한불교조계종 보문사 명예회장 및 상임고문 2014년 서울시장 정몽준후보 종교정책지원단장 2014년 새누리당 서청원당대표후보 대외협력 전국본부장 2015년 故김영삼前대통령국가장장례위원회 위원 2016년 건국대학교민주혁명4.19회 부회장(현) ⓐ거창군수표창(1979), 서울시 서부교육청장표창(1982), 통일민주당 총재 특별공로상(1988), 대한불교종단협의회장 및 총무원장표창(1993), 한·일불교문화교류협의회장표창(1995), 신한국당 총재표창(1996), 대통령표창(2009), 대한불교조계종 총무원장 특별공로표창(2011), 대한민국국회정각회 회장 공로표창(2011), 대한불교태고종 총무원장 특별공로표창(2011), 건국대학교총동문회 특별공로표창(2011), 한나라당 박근혜 비상대책위원장표창(2012), 대한불교원융종 이사장표창(2012), 모범구민상 마포구청장표창(2012), (사)해공 신익희선생기념사업회장표창(2013), 민주평통 마포구협의회장표창(2013), 건국대동문회 불자회장 공로표창(2014), 건국대동문회장·불자회장 공로표창(2014), 건국불자회 공로상(2014), 민주평통 마포구협의회장표창(2014), 국민추천 포상 3회 신청 ⓡ불교

민응기(閔應基) Eung Gi Min

[생]1955·1·30 [본]여흥(驪興) [출]충북 청주 [주]서울 중구 서애로1길17 제일병원 원장실(02-2000-7640) [학]1981년 서울대 의대졸, 同대학원졸 1996년 의학박사(서울대) [경]1990~1992년 제일병원 산부인과장 1992~2006년 함춘여성클리닉 대표원장, 서울대 의대 산부인과 초빙교수, 성균관대 의대 삼성서울병원 외래교수, 불임지원사업중앙심의위원회 위원, 대한산부인과학회 대변인, 대한보조생식학회 부회장 2007~2013년 동국대 의대 산부인과학교실 교수, 同일산병원 산부인과장, 同의료원 진료부장 2008~2011년 국가생명윤리심의위원회 인공수정전문위원회 위원장 2010~2011년 동국대 의무부총장 겸 의료원장 2010~2012년 대한병원협회 법제이사 2013~2015년 관동대 의대 산부인과학교실 교수 2013년 제일병원 원장(현) 2013년 대한병원협회 법제위원장 겸 학술이사 2014~2015년 同보험위원장 2015년 同기획위원장 2015년 단국대 의대 산부인과학교실 교수(현) 2015년 대한전문병원협의회 부회장(현) 2016년 대한병원협회 총무위원장(현) [상]홍조근정훈장(2015) [저]'여성건강365일'(共) '생식내분비학(Reproductive Endocrinology)'(共)

민의식(閔義植) MIN UI SHIK

[생]1957·7·27 [출]충북 영동 [주]서울 성북구 화랑로32길 146의37 한국예술종합학교 전통예술원 음악과(02-746-9700) [학]국립국악고졸, 서울대 국악과졸, 단국대 대학원 국악과졸, 고려대 대학원 박사과정 수료 [경]중요무형문화재 제1호 종묘제례악 이수, 청소년국악관현악단 악장, 난계국악관현악단 악장·자문위원, KBS국악관현악단 가야금 수석연주자, 同악장, 서울대·이화여대·단국대 강사, 국립국악관현악단 자문위원, 난계국악단 예술감독(현), 한국예술종합학교 전통예술원 음악과 교수(현) 2008~2010년 同교학처 부처장 2010~2011·2014~2016년 同전통예술원장 2016년 同전통예술원 음악과장(현) [상]제1회 전국학생국악경연대회 최우수상, 제2회 동아국악콩쿨 일반부 금상, 한국방송공사 사장표창, 최옥삼류지도자표창, 난계악학공로상, 자랑스런 영동인(2016) [작]'슬기둥' '한국의 연주가'(KBS FM) '가야금 연사회상' '최옥삼류 가야금산조'

민인기(閔仁基)

[생]1961·9·20 [본]여흥(驪興) [출]경북 구미 [주]경북 영주시 시청로1 영주시청 부시장실(054-639-6005) [학]1979년 상주고졸 1983년 영남대 정치행정대학 지역개발학과졸 1994년 대구대 대학원 사회복지학과졸 [경]1983년 공무원 특별채용시험 합격(행정 7급) 1984~1988년 선산군 내무과·기획실 근무 1988~2001년 경북도 공보관실·지방과·자치행정과·감사관실 근무 2001년 同자연환경연수원 운영과장(지방사무관) 2002~2004년 경주세계문화엑스포조직위원회 사업과장·총무과장 2004~2010년 경북도 문화예술산업과·새경북기획단·녹색환경과 근무 2011년 상주시 행정복지국장(지방서기관) 2012년 경북도 환경해양산림국 물산업과장 2013년 同안전행정국 자치행정과장 2014년 상주시 부시장 2015년 교육 파견 2016년 영주시 부시장(부이사관)(현) [상]국무총리표창(1999), 근정포장(2005)

민일영(閔日榮) MIN Il Young (凡衣)

[생]1955·4·15 [본]여흥(驪興) [출]경기 여주 [주]서울 종로구 세종대로209 정부공직자윤리위원회(02-2100-6642) [학]1974년 경복고졸 1978년 서울대 법대졸 1983년 同대학원 민법학과졸 1988년 독일 Bonn대 연수 2004년 법학박사(서울대) [경]1978년 사법시험 합격(20회) 1980년 사법연수원 수료(10기) 1980년 해군 법무관 1983년 서울민사지법 판사 1985년 서울형사지법 판사 1989년 대구고법 판사 1990년 법원행정처 송무심의관 1991년 서울고법 판사 겸임 1993년 서울민사지법 판사 1994년 청주지법 충주지원장 1997년 사법연수원 교수 2000년 서울지법 부장판사 2002년 대전고법 부장판사 2003년 서울고법 부장판사 2006년 법원도서관장 2009년 청주지법원장 2009년 충북도선거관리위원회 위원장 2009~2015년 대법원 대법관 2015년 사법연수원 석좌교수 2016년 정부공직자윤리위원회 위원장(장관급)(현) [상]옥조근정훈장(2015) [저]'민법주해'(共) '주석 민사소송법'(共) '주석 민사집행법'(共) '주택, 상가건물의 경매와 임대차'(2009) [종]불교

민장근(閔將根) MIN Jang Geun

[생]1958·11·12 [본]여흥(驪興) [출]경기 수원 [학]1977년 강원 진광고졸 1985년 한양대 정치외교학과졸 1996년 미국 워싱턴주립대 해양학과졸 [경]행정고시 합격, 해운항만청 근무, 해양수산부 서기관 2003년 국립수산과학원 총무팀 교학과장 2008년 방위사업청 총무과장(부이사관) 2009년 同분석시험평가국 사업분석과장 2011년 同국제가격검증팀장 2012년 통일교육원 파견(부이사관) 2013~2016년 방위사업청 일반장비계약팀장 [종]천주교

민재형(閔在亨) Jae H. Min

[생]1959·6·18 [본]여흥(驪興) [출]서울 [주]서울 마포구 백범로35 서강대학교 경영학부(02-705-8545) [학]1978년 여의도고졸 1980년 서강대 경제학과 2년수료 1984년 미국 텍사스대(The Univ. of Texas of the Permian Basin) 경제학과졸(B.A with Honors) 1989년 경영학박사(미국 인디애나대) [경]1992~2000년 서강대 경영대학 조교수·부교수 1998년 영국 케임브리지대 객원교수 2000년 서강대 경영대학 교수, 同경영학부 교수(현) 2005년 同대외협력처장 2007년 미국 스탠퍼드대 객원교수 2010~2013년 서강대 경영학부 학장 겸 경영전문대학원장 2011년 同경영교육원장 [상]The British Chevening Scholarship(1998), 한국고객만족경영학회 최우수논문상(2004), 한국로지스틱스학회 추계학술대회 최우수논문상(2012) [저]'생각을 경영하라'(2014, 청림출판) [종]천주교

민정기(閔楨基) MIN Jung Kee

[생]1959·3·13 [본]여흥(驪興) [출]대구 [주]서울 영등포구 여의대로70 신한BNP파리바자산운용 비서실(02-767-5777) [학]1978년 배문고졸 1982년 서울대 독어독문학과졸 1984년 同대학원 무역학과 수료 [경]1987년 조흥은행 입행 2002년 同런던지점장 2005년 同국제영업부장 2006년 신한금융지주회사 리스크관리팀장 2008년 同전략기획팀장 2009년 신한은행 GS타워 대기업금융센터장 2010년 신한금융지주회사 전무(CFO) 2012년 同인사·재무·기업홍보부문 부사장(CFO) 2015년 신한BNP파리바자산운용 대표이사 사장(현) [상]재정경제부장관표창(2004)

민정석(閔靖晳)

[생]1972·10·6 [출]서울 [주]서울 서초구 서초중앙로157 서울고등법원 판사실(02-530-1114) [학]1991년 배재고졸 1995년 서울대 사법학과졸 [경]1994년 사법시험 합격(36회) 1997년 사법연수원 수료(26기) 1997년 軍법무관 2000년 수원지법 판사 2002년 서울지법 판사 2004년 울산지법 판사 2008년 서울중앙지법 판사 2010년 대법원 재판연구관 2012년 청주지법 부장판사 2013년 서울고법 판사(현)

민중기(閔中基) MIN Joung Kie

[생]1959·2·25 [출]대전 [주]서울 광진구 아차산로404 서울동부지방법원 법원장실(02-2204-2114) [학]대전고졸 1981년 서울대 법대졸 [경]1982년 사법시험 합격(24회) 1984년 사법연수원 수료(14기) 1985년 해군 법무관 1988년 대전지법 판사 1990년 同천안지원 판사 1992년 인천지법 판사 1995년 서울지법 남부지원 판사 1997년 서울고법 판사 1998년 대법원 재판연구관 2002년 서울지법 남부지원 부장판사 2004년 서울남부지법 부장판사 2005년 서울행정법원 부장판사 2007년 同수석부장판사 2008년 부산고법 부장판사 2010년 서울고법 부장판사 2014년 同수석부장판사 2015년 서울동부지법원장(현)

민지홍(閔智泓) Min Ji Hong

[생]1965·11·15 [주]세종특별자치시 다솜로261 국무조정실 국정과제관리관실(044-200-2467) [학]1984년 환일고졸 1991년 서울대 외교학과졸 [경]국무총리비서실 과장 2004년 국무조정실 규제개혁조정관실 과장 2006년 同규제개혁2심의관실 과장 2007년 同규제개혁1심의관실 재경·산자과장 2008년 국무총리실 규제개혁실 규제제도개선과장(서기관) 2009년 同국정운영실 정책관리과장 2010년 同국정운영실 기획총괄과장 2010년 同기획총괄정책관실 기획총괄과장 2011년 同규제개혁실 사회규제관리관(고위공무원) 2013년 국무조정실 사회조정실 교육문화여성정책관 2014년 同사회복지정책관 2014년 국무총리 의전비서관 2016년 국무조정실 국정과제관리관(현)

민철구(閔喆九) Chulkoo Min

[생]1955·12·21 [출]서울 [주]부산 해운대구 센텀중앙로79 센텀사이언스파크17층 부산과학기술기획평가원(051-795-5000) [학]1975년 경복고졸 1979년 서울대 자원공학과졸 1981년 同대학원졸 1990년 기술경제학박사(서울대) [경]1981~1987년 에너지경제연구원 연구원 1990년 한국과학기술연구원 책임연구원 1995~2005년 산업자원부·교육부·과학기술부 정책자문위원 1997·2005년 국가과학기술자문회의 전문위원 1999~2015년 과학기술정책연구원(STEPI) 책임연구원·선임연구위원 2000년 同기획조정실장 2003년 同혁신시스템팀장 2003년 대통령직인수위원회 경제분과위원회 자문위원 2003년 연세대 공학대학원·서울대 기술정책대학원 겸임교수(현) 2005~2007년 과학기술정책

연구원 부원장 2006년 한국혁신학회 편집위원장 2008~2010년 한국과학기술한림원 정책자문위원 2011년 한국과학기술단체총연합회 정책연구소장 겸 정책위원회 위원장, 同정책위원회 위원(현) 2011년 기초기술연구회 기획평가위원회 위원(현) 2013년 국가과학기술심의회 정책조정위원회 위원(현) 2014년 한국기술혁신학회 부회장 2015년 부산과학기술기획평가원 초대원장(현) 2016년 한국혁신학회 회장(현) [상]과학기술훈장 진보장(2012) [저]'국방과학연구소 경영진단(共)'(1994, 국방과학연구소) '21세기 경제장기구상 : 과학기술 부문(共)'(1996, 과학기술정책관리연구소) '과학기술 하부구조 선진화를 위한 대형 연구장비의 수요전망(共)'(1997, 한국개발연구원) '이공계 대학연구 활성화 방안(共)'(1997, 과학기술정책관리연구소) '21세기를 여는 새정부의 과학기술 정책방향(共)'(1998, 국가과학기술자문회의) '경력과학기술자 활용 체제 구축방안(共)'(1998, 과학기술정책관리연구소) '기초연구예산 투자분석 및 적정규모 산출방안(共)'(1999, 과학기술정책연구원) '정보통신연구개발사업의 산업경제적 거시효과 분석(共)'(1999, 과학기술정책연구원) '연구중심대학의 효과적 육성 방안(共)'(2000, 과학기술정책연구원) '정부출연연구소 운영제도 개선에 관한 연구(共)'(2002, 국회) '대학의 Academic Capitalism 추세와 발전방향(共)'(2003, 과학기술정책연구원) '대학의 연구능력 확충을 위한 연구지원체계의 혁신(共)'(2003, 과학기술정책연구원) '산업계 주도의 혁신네트워크 구축방안(共)'(2004, 한국산업기술진흥협회) 등 다수

민철기(閔鐵基)

[생]1974·5·23 [출]서울 [주]울산 남구 법대로14번길37 울산지방법원(052-228-8000) [학]1993년 숭문고졸 1998년 서울대 사법학과졸 [경]1997년 사법시험 합격(39회) 2000년 사법연수원 수료(29기) 2000년 공익법무관 2003년 서울지법 서부지원 판사 2004년 서울서부지법 판사 2005년 서울중앙지법 판사 2007년 춘천지법 원주지원 판사 2011년 수원지법 안산지원 판사 2013년 대법원 재판연구관 2016년 울산지법 민사11부 부장판사(현)

민태홍(閔泰泓) TAE HONG MIN

[생]1961·5·7 [본]여흥(驪興) [출]경북 상주 [주]울산 북구 염포로706 현대제철 울산공장(052-280-0114) [학]1979년 부산남고졸 1986년 인하대 기계공학과졸 [경]1985~2004년 현대자동차(주) 근무 2004~2014년 현대제철(주) 이사 2015년 同통합구매사업부장(상무) 2016년 同자동차부품담당 상무(현)

민현식(閔賢植) Hyun Sik Min

[생]1954·10·23 [출]서울 [주]서울 관악구 관악로1 서울대학교 사범대학 국어교육과(02-880-7661) [학]1977년 서울대 국어교육과졸 1982년 同대학원 국어국문학과졸 1990년 문학박사(서울대) [경]1979~1983년 창문여고 교사 1984~1991년 강릉대 국어국문학과 교수 1991~2000년 숙명여대 국어국문학과 교수 1997~1999년 국립국어연구원 어문규범연구부장 겸임 2000~2012년 서울대 사범대학 국어교육과 교수 2003년 국제한국어교육학회 회장 2006년 미국 워싱턴주립대 방문교수 2009년 한국어교육학회 회장 2009년 국제한국언어문화학회 회장 2011년 문화체육관광부 국어심의회 어문규범분과위원회 위원(현) 2012~2015년 국립국어원 원장 2015년 서울대 사범대학 국어교육과 교수(현) [상]육군참모총장표창(1977), 문화관광부장관표창(2002), 우수강의상(2009), 우수연구상(2011) [저]'국어문법연구' '국어정서법연구' '응용국어학연구' '한국어교육론1·2·3'(編) '국어교육론1·2·3'(編) '한글본 〈이언(易言)〉 연구'(2008, 서울대출판부) '함께 배우는 한국어1·2·3'(共) [역]'글을 어떻게 쓸 것인가'(共) [종]기독교

민현주(閔炫珠·女) Hyunjoo Min

[생]1969·7·23 [주]경기 수원시 영통구 광교산로154의42 경기대학교 일반대학원 직업학과(031-249-9055) [학]현대고졸, 이화여대 사회학과졸, 同대학원 사회학과졸, 경기대 일반대학원 사회학과졸 2004년 사회학박사(미국 코넬대) [경]미국 코넬대 Employment and Family Careers Institute 연구원, 한국여성정책연구원 연구위원, 대통령직속 사회통합위원회 세대분과 위원, 경기대 일반대학원 직업학과 교수(현) 2012~2016년 제19대 국회의원(비례대표, 새누리당) 2012년 새누리당 박근혜 대통령후보 여성특보 2012·2014년 국회 여성가족위원회 위원 2012년 국회 보건복지위원회 위원 2013~2014년 새누리당 대변인 2014년 同사회적경제특별위원회 위원 2014~2016년 국회 환경노동위원회 위원 2014~2015년 새누리당 보수혁신특별위원회 위원 2014~2015년 국회 운영위원회 위원 2015년 국회 아동학대근절특별위원회 위원 2015년 同원내대변인 2015년 국회 정치개혁특별위원회 공직선거법심사소위원회 위원 [상]법률소비자연맹 선정 국회 헌정대상(2013) [저]'사회서비스 분야 여성일자리 창출을 위한 정책과제'(2007, 한국여성정책연구원) '여성일자리 이동실태와 노동시장 성과제고를 위한 정책과제(共)'(2009, 한국여성정책연구원) '경제위기에 따른 여성고용변화와 향후 과제(共)'(2010, 한국여성정책연구원)

민형기(閔亨基) MIN Hyung Ki

[생]1949·12·6 [출]대전 [주]서울 강남구 테헤란로87길 36 도심공항타워14층 법무법인 로고스(02-2188-1065) [학]1968년 대전고졸 1972년 서울대 법대졸 1975년 同대학원졸 [경]1974년 사법시험 합격(16회) 1976년 사법연수원 수료(6기) 1976년 서울지법 남부지원 판사 1978년 서울형사지법 판사 1980년 서울민사지법 판사 1981년 대전지법 판사 1983년 서울지법 북부지원 판사 1985년 독일 연수 1986년 서울고법 판사 겸 법원행정처 송무심의관 1989년 대법원 재판연구관 1991년 청주지법 부장판사 1992년 사법연수원 교수 1995년 서울지법 부장판사 1998년 대전고법 부장판사 1998년 대전지법 수석부장판사 2000년 법원행정처 인사관리실장 2003~2005년 서울고법 부장판사 2003~2005년 서울중앙지법 형사수석부장판사 겸임 2005년 인천지법원장 2006~2012년 헌법재판소 재판관 2011년 아시아헌법재판소연합 의장 직대 2013년 법무법인 로고스 상임고문변호사(현)

민형배(閔炯培) MIN Hyung Bae

[생]1961·6·15 [출]전남 해남 [주]광주 광산구 광산로29번길15 광산구청 구청장실(062-960-8005) [학]목포고졸 1984년 전남대 사회학과졸 1987년 同대학원 사회학과졸 2003년 사회학박사(전남대) [경]1988년 전남일보 정치부 기자 1993년 同경제부 차장대우 1997년 同사회부 차장 1999년 同논설위원, 시민의소리 이사, 전남대 겸임교수, 대통령 국정홍보·인사관리비서관실 행정관 2007년 대통령 사회조정3비서관 2008~2010년 동신대 경찰행정학과 초빙교수 2010년 광주시 광산구청장(민주당·민주통합당·민주당·새정치민주연합) 2010년 더좋은민주주의연구소 이사(현) 2010년 노무현재단 기획위원(현) 2010년 시민주권 운영위원(현) 2014년 광주시 광산구청장(새정치민주연합·더불어민주당)(현) [상]국무총리표창, 매니페스토 기초단체장 최우수상(2011), 민주당 우수지방자치단체장상(2011) [저]'자치가 진보다'(2013) '내일의 권력'(2015, 도서출판 단비) [종]기독교

민호기(閔好基) MIN Ho Ki

[생]1958·5·28 [본]여흥(驪興) [출]서울 [주]서울 강남구 언주로157길26 유일빌딩3층 (주)브이콤 대표이사실(02-2015-2200) [학]1977년 영등포고졸 1985년 고려대 통계학과졸 1998년 미국 미시간대 대학원 경제학과졸 [경]1985년 매일경제신문 산업부 기자 1996년 同금융부 기자 1999년 同경제부 차장 2000년 同중소기업부장 2001~2002년 同문화부장 직대(부장대우) 2002년 (주)브이콤 대표이사(현) 2009년 세종대 신문방송학과 겸임교수(현) 2010년 한국PR기업협회 회장 2015년 커뮤니크 커뮤니케이션그룹(CCG) 공동대표(현) 2016년 리더21c 대표(현) [종]기독교

민홍기(閔洪基) MIN Hong Ki

[생]1953·5·5 [주]인천 연수구 아카데미로119 인천대학교 정보기술대학 정보통신공학과(032-835-8284) [학]1979년 인하대 전자공학과졸 1981년 同대학원 공학과졸 1985년 공학박사(인하대) [경]1985년 한국과학기술연구원 생명공학연구소 선임연구원 1991년 인천대 정보기술대학 정보통신공학과 교수(현) 1993년 미국 Delaware대 방문교수 1998년 대한전자공학회 의용전자 및 생체공학연구회 위원장 2000년 한국신호처리시스템학회 이사 2007년 한국전기전자학회 사업이사 2007년 한국재활복지공학회 부회장 2015~2016년 인천대 정보기술대학원장 겸 정보기술대학장

민홍기(閔洪基) MIN Hong Ki

[생]1960·3·11 [출]충북 진천 [주]서울 강남구 강남대로382 메리츠타워16층 법무법인 에이펙스(02-2018-0881) [학]1978년 청주고졸 1983년 고려대 법학과졸 2005 同대학원 법학과졸 2009년 同대학원 법학 박사과정 수료 [경]1983년 사법시험 합격(25회) 1985년 사법연수원 수료(15기) 1986년 변호사 개업, 세진종합법률사무소 변호사, 에머슨퍼시픽(주) 사외이사 2003년 대한골프협회(KGA) 규칙위원(현) 2004년 중소기업중앙회 자문변호사(현) 2006년 한국소비자원 정책자문위원(현) 2010년 법무법인 에이펙스 대표변호사(현) 2011년 서울지방변호사회 조기조정위원(현) 2012년 서울중앙지법 조정위원(현) 2013년 조세심판원 비상임심판관(현) 2014년 한국거래소(KRX) 시장감시위원회 위원(현)

민홍철(閔洪喆) MIN Hong Chul

[생]1961·4·18 [본]여흥(驪興) [출]경남 김해 [주]서울 영등포구 의사당대로1 국회 의원회관554호(02-784-6490) [학]1980년 경남 김해고졸 1984년 부산대 법학과졸 1987년 同대학원 상법과졸 2007년 서울대 법과대학원 최고지도자과정 수료 [경]1985년 육군본부 보통군법회의 검찰관 1986년 제1군사령부 법송장교 1988년 제22사단 법무참모 1990년 제51사단 법무참모 1991년 육군본부 법무감실 심사장교 1992년 육군 고등군사법원 판사 1994년 군수사령부 법무실장 1996년 육군본부 법무감실 법제과장 1998년 同고등검찰부장 2000년 제1군사령부 법무참모 2002년 육군본부 법무과장 2004~2006년 同법무감 2006~2008년 고등군사법원장 2008년 법률사무소 재유 대표변호사 2010~2012년 국민권익위원회 국무총리행정심판위원회 비상임위원 2011년 민주통합당 김해시甲지역위원회 위원장 2012년 同정책위원회 부의장 2012년 제19대 국회의원(김해시甲, 민주통합당·민주당·새정치민주연합·더불어민주당) 2012년 국회 국토해양위원회 위원 2012년 민주통합당 대선후보경선준비기획단 기획위원 2012·2014·2015년 국회 예산결산특별위원회 위원 2013·2014년 국회 국토교통위원회 위원 2013년 민주당 수석사무부총장 2013년 同당무위원 2014년 민주당·새정치연합 신당추진단 당헌당규위원 2014년 새정치민주연합 6·4지방선거 예비후보자자격심사위원회 위원장 2014~2015년 국회 지방자치발전특별위원회 위원 2014~2015년 국회 군인권개선및병영문화혁신특별위원회 위원 2015년 새정치민주연합 윤리심판원 위원 겸 간사 2015년 同재벌개혁특별위원회 위원 2015년 더불어민주당 재벌개혁특별위원회 위원(현) 2016년 제20대 국회의원(김해시甲, 더불어민주당)(현) 2016년 더불어민주당 전국대의원대회준비위원회 강령정책분장 2016년 국회 국토교통위원회 간사(현) 2016년 국회 평창동계올림픽 및 국제경기대회지원특별위원회 위원(현) 2016년 한국아동인구환경의원연맹(CPE) 회원(현) 2016년 더불어민주당 경남김해시甲지역위원회 위원장(현) 2016년 同제3정책조정위원회 위원장(현) [상]제3회 대한민국 최우수법률상(2016), 대한민국 의정대상 '의정활동 우수 국회의원 대상'(2016) [종]기독교

민희경(閔喜卿·女) MIN Hee Kyung

[생]1958·10·31 [주]서울 중구 소월로2길12 CJ CSV(공유가치창출)경영실(02-726-8114) [학]서울대 음대졸, 미국 콜롬비아대 대학원 경영학과졸(MBA) [경]딜로이트회계법인 공인회계사, ITIM Korea 사장 2004년 푸르덴셜투자증권 인사본부장(부사장), 인천경제자유구역청 투자유치본부장 2011년 CJ HR총괄 겸 인재경영원장(부사장) 2013년 同CSV(공유가치창출)경영실장(부사장)(현) 2013년 한국양성평등교육진흥원 비상임이사(현) [상]여성가족부장관표창(2014)

한국인물사전

2017

YONHAPNEWS

ㅂ

수록 순서 가나다 · 생년월일순

약 호 [생] 생년월일 [본] 본관 [출] 출생지
[주] 주소(연락처) [학] 학력 [경] 경력 (현) 현직
[상] 상훈 [저] 저서 [역] 역서
[작] 작품 [종] 종교

박강섭(朴康燮) PARK Gang Sub

[생]1960 · 9 · 25 [출]충북 영동 [주]서울 종로구 청와대로1 대통령 관광진흥비서관실(02-770-0011) [학]1984년 영남대 법학과졸 [경]1990년 국민일보 편집국 편집부 기자 2000~2001년 한국편집기자협회 간사장 2001년 국민일보 편집국 스포츠레저부 기자 2002년 同편집국 스포츠레저부 차장대우 2002년 同편집국 정보생활부 차장대우 2005년 同편집국 스포츠레저부 차장 2006~2007년 한국관광기자협회 초대회장 2008년 국민일보 편집국 생활기획팀 차장 2008년 同편집국 교육생활부 부장대우 2009년 同편집국 문화과학부 관광(여행 · 레저)전문기자(부장급) 2011년 同편집국 문화과학부 전문기자(부국장대우) 2014년 同편집국 문화생활부 관광전문기자(부국장급) 2015년 대통령 교육문화수석비서관실 관광진흥비서관(현) [저]'대한민국 명품 녹색길 33'(2011, 생각의나무)

박강수(朴康壽) PARK Kang Soo (杜村)

[생]1938 · 4 · 13 [본]밀양(密陽) [출]경남 의령 [학]1956년 서울 배재고졸 1962년 고려대 경영학과졸 1971년 연세대 경영대학원졸(경영학 석사) 1977년 경영학박사(건국대) 1992년 미국 워싱턴대 행정경영대학원 연수 2000년 명예 경영학박사(러시아 이르쿠츠크대) [경]1975~1978년 문교부 교육연구관 1978~1989년 경기대 조교수 · 부교수 1979년 同기획실장 1986년 同경상대학장 1986년 한국마케팅학회 부회장 1988년 국제라이온스협회 K지구 총재 1989~1994년 경기대 교수 · 경영대학원장 1989년 한국상품학회 부회장 1989년 한국경영학회 부회장 1991~2006년 (재)성진장학회 이사장 1994~2016년 학교법인 배재학당 · 서원대 · 경문대 · 경복대 재단이사 1994~2003년 한국맹인교육연구회 이사장 1995~2002년 배재대 총장 1996~2013년 한국상품학회 회장 · 고문 1997년 국제상품학회 부회장 1999~2001년 바르게살기운동중앙협의회 회장 2000~2004년 민족화해협력국민협의회 공동의장 2000년 제2의건국범국민추진위원회 공동위원장 2003년 대전매일신문 대기자 2003년 새천년민주당 상임고문 2003~2008년 고구려역사지키기범민족시민연대 상임대표 2006~2009년 바르게살기운동중앙협의회 중앙회장 2009~2011년 (재)대전문화재단 초대 대표이사 2009~2016년 (재)평화를위한봉사재단 이사장 2009~2016년 21세기문화포럼 상임대표 2012~2016년 (사)한국자원봉사협의회 공동대표 2014~2016년 라이온지 편집인 겸 편집위원장 2015~2016년 경동대 석좌교수 [상]문교부장관표창, 대통령표창(1997), 무궁화 봉사대상(1998), 국민훈장 모란장(2001) [저]'현대경영학원론'(1981) '마케팅관리론'(1984) '경영학원론'(1985) '경영정책과 성장전략'(1987) '선거전략의 이론과 실제' '논문작성법'(1987) '한국경제에 봄은 오려나'(1998) '우리 희망을 이야기하자' [역]'세계경제의 진맥' 'Hilton 자서전'(1990) '호텔 외식 관광마케팅(共)'(2004) [종]기독교

박강수(朴康洙) PARK GANG SOO

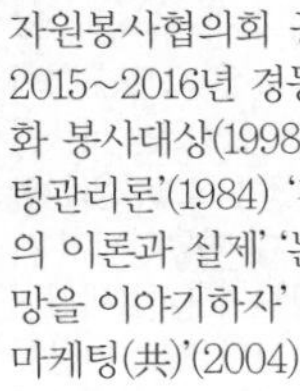

[생]1959 · 5 · 16 [본]순천(順天) [출]전북 고창 [주]서울 마포구 와우산로3길3 시사포커스(02-323-2223) [학]1979년 해리고졸, 건양대 행정학과졸 2004년 건국대 행정대학원졸(행정학석사) [경]1980년 5 · 18광주민주화운동 시민대표 1990년 한국서비스신문 발행인 겸 편집인 1992년 4대강살리기운동본부 중앙회장 1992년 산업인력관리공단 자문위원 1993년 한세장학회 회장 1993 · 1999년 도서출판 '깨끗한 오늘' 대표이사 1994년 환경사회단체협의회 공동의장 1994년 세계I.D.C대회 한국대표 1997년 5 · 18광주민주운동희생자유가족협의회 상임의장 1997~2015년 주간 '시사포커스' 발행인 겸 편집인(대표이사) 1997년 (사)한국소비생활연구원 감사 겸 소비자분쟁조정위원장(현) 1998년 재외동포모국경제살리기운동 공동대표 1998년 월간 '세탁환경' 발행인 겸 편집인 1998년 월간 '이용' 발행인 겸 편집인 1998년 아름다운시민모임 중앙회장 1998년 한국민생연합 중앙회장 1999년 세계입양한인대회 2000년추진본부 자문위원 1999년 I.C.C 한국대회 부회장 1999년 당인리화력발전소 · 에너지과학공원 설립운동본부 회장 2000년 I.F.I 한국본부장 2000년 시사신문 대표이사 발행인 겸 편집인 2001년 주간뉴스 대표이사 2001년 발명가(현) 2001년 '한국공직자 환경공로 시민의 상' 사무총장 2002년 월간 '창작문학' 발행인 겸 편집인 2002년 월간 '시사' 발행인 겸 편집인 2002년 인터넷일간 시사포커스 발행인 겸 편집인(대표이사) 2002년 남북민족공동행사 남측대표 상임준비위원장 2003~2007년 마포시사신문 발행인 겸 편집인 2003년 공중위생단체8개(미용 · 이용 · 세탁 · 목욕 · 숙박 · 위생관리 · 물수건위생처리업 · 피부관리업)사단법인 상임고문 2004년 광주5 · 18행불자위령제 준비위원회 대회장 2005년 (사)서울오페라단 최고상임고문 2005년 5 · 18민주화운동명예회복추진위원회 대표 2005년 한국장애인국가대표선수단후원회 붉은태양 회장 2005년 월간 '남대문시장' 발행인 겸 편집인 2006년 월간 '동대문시장' 발행인 겸 편집인 2006년 (주)셀리니 대표이사 2007년 월간 '르네시떼' 발행인 겸 편집인 2008년 자유선진당 창당준비위원회 준비위원 겸 발기인 · 당무위원 2009년 (재)동서협력재단 대표 비서실장 2009년 자연보호중앙회 회장 2011년 (사)겨레얼살리기국민운동본부 이사 겸 홍보위원장(현) 2011년 서울화력발전소신규건설반대시민대책위원회 회장(현) 2014년 새누리당 서울마포甲당원협의회 운영위원장 직대 · 정당사무소장 2015년 시사포커스 회장(현) 2015년 한국인터넷신문기자협회 회장(현) 2016년 대한장애인인성협회 최고상임고문(현) [상]보건사회부장관표창(1991), 서울시장표창(1995), 미국 미주드라크리너스연합 감사패(1998), 재외동포재단 감사패(1998), 한국서민연합 위대한 서민대상(1999), 서울시 환경상(1999), 세계이 · 미용협회 감사패(1999), 한국소비생활연구원 소비자운동상(2000), 한국민족종교단체협의회 감사패(2001), 개천절민족공동행사준비위원회 공로패(2002), 광주5 · 18민주화운동유가족회 감사패(2004), 한국장애인국가대표선수위원회 공로패(2005), 보건복지부장관표창(2006) [저]'갈 곳이 있는 발걸음은 힘차다'(1998, 깨끗한오늘) '웃은 하얗게 환경은 푸르게'(1999, 깨끗한오늘) '아침에 들어온 남자(共)'(2000, 깨끗한오늘) '나도 기자가 될 수 있다'(2001, 깨끗한오늘) '행동이 가르쳐 준 성공마인드'(2002, 깨끗한오늘) '성공은 꿈꾸는 자의 것'(2004, 깨끗한오늘) '스물 아홉살의 CEO'(2014, 시사포커스) 시집 '그리움 이는 사랑'(2009, 깨끗한오늘) '그대 머무르는 곳에'(2014, 시사포커스)

박강자(朴康子 · 女) PARK Kang Ja

[생]1941 · 12 · 29 [출]전남 강진 [주]서울 종로구 새문안로75 금호아시아나문화재단 비서실(02-720-5114) [학]1966년 미국 래드퍼드대 의류학과졸 1971년 미국 오클라호마대 대학원 의류직물학과졸 [경]1963~1965년 미국 병원 영양사 1970~1971년 미국 오클라호마대 연구조교 1972년 금호미술재단 입사 1989년 금호미술관 관장(현) 1997년 금호아시아나문화재단 부이사장(현) [상]국무총리표창(2013) [종]불교

박강철(朴剛澈) Park, Gang-Chul

[생]1946 · 3 · 18 [출]전남 [주]광주 동구 필문대로309 조선대학교 건축학부(062-230-7795) [학]조선대 건축공학과졸, 同대학원 건축공학과졸 1991년 건축공학박사(홍익대) [경]1982년 조선대 전임강사 1984~1985년 미국 Univ. of Michigan School of Architecture Visiting Scholar 1985~2001년 광주시 건축심의위원 1988년 조선대 조교수 1990~2001년 전남도 문화재위원 1992~2011년 조선대 공대 건축공학과 부교수 · 교수 1993~1994년 同공대 교학과장 1994~2001년 광주시 서구 건축기술심의위원 1995~2001년 同남구 도시계획위원 1996~2001년 이리지방국토관리청 설계자문위원 1996~1997년 미국 오하이오주립대 건축대학 객원교수 1999~2001년 조선대 산업대학원장 2001~2003년 同시설관리처장 2005년 문화재위원회 건조물문화재분과 위원 2007년 同매장 · 민속문화재분과 위원 2011년 조선대 공대 건축학부 명예교수(현) 2013~2015년 문화재위원회 부위원장 겸 민속문화분과 위원장 [역]'VISUAL NOTES For architects and Designers'(1988) 'Introdustion to Architecture'(1988)

박강호(朴康浩) Park Kang-ho

[생]1959 · 8 · 3 [출]서울 [주]서울 종로구 사직로8길60 외교부 인사운영팀(02-2100-7136) [학]1978년 동북고졸 1982년 서울대 불어불문학과졸 2016년 연세대 대학원 경제학과졸 [경]1981년 외무고시 합격(15기) 1981년 외무부 서부아프리카과 사무관시보 1982년 휴직(입대) 1984년 외무부 정보2과 사무관 1985년 同외교안보연구원 총무과 사무관 1987~1988년 프랑스 파리정치대 교육 1988년 외무부 경제기구과 사무관 1989년 駐이탈리아 2등서기관 1991년 駐코트디부아르 1등서기관 1994년 외무부 법무담당관실 서기관 1995년 同서구1과 · 서구과 서기관 1996년 駐프랑스 1등서기관 1997년 駐OECD 1등서기관 1999년 외교통상부 감사관실 서기관 2000년 同개발협력과장 2001년 駐영국 참사관 2004년 외교통상부 국제경제국 심의관(부이사관) 2006년 한국

국제협력단 이사 2007년 외교통상부 개발협력정책관 2009년 同개발협력국장(고위공무원) 2009년 미국 브루킹스연구소 Visiting Fellow 2010년 2010년 2022월드컵축구대회유치위원회 파견 2011년 駐보스턴 총영사 2014년 국립외교원 경력교수 2016년 駐아랍에미리트 대사(현) [종]기독교

박강회(朴康會) PARK Kang Hoi

[생]1964·7·5 [출]전남 곡성 [주]전북 전주시 덕진구 사평로25 전주지방법원(063-259-5400) [학]1983년 광주제일고졸 1987년 서울대 법학과졸 [경]1989년 사법시험 합격(31회) 1992년 사법연수원 수료(21기) 1992년 軍법무관 1995년 광주지법 판사 1997년 同순천지원 판사 1998년 同보성·고흥군법원 판사 1999년 광주지법 판사 2002년 광주고법 판사 2005년 광주지법 판사 2006년 대법원 재판연구관 2007년 광주지법 해남지원장 2009년 광주지법 부장판사 2012년 同목포지원장 2014년 광주지법 부장판사 2016년 전주지법 수석부장판사(현) 2016년 언론중재위원회 위원(현)

박건수(朴健洙) PARK, Kun-Soo (晩波)

[생]1942·3·22 [본]죽산(竹山) [출]서울 [학]1964년 영남대 법학과졸 1997년 고려대 언론대학원 수료 [경]1973년 '현대문학' 詩 추천, 시인(현) 1980년 한국문인협회 회원(현), 국제펜클럽 한국본부 회원 1993~1996년 계간 '소설과 사상'·'현대시사상' 편집인, 코리아헤럴드 기자, 국제그룹 홍보실장, 한일합섬그룹 홍보실장, (주)고려원 전무이사, 동방미디어(주) 대표이사, 대한교련(現 한국교총) 홍보과장, 육영재단 어깨동무 편집장, 월간 '새마을' 창간기자 2002년 굿데이신문 상무이사 겸 출판본부장 2004~2007년 (주)고려원북스 대표이사 2008~2010년 (주)밀레니엄커뮤니케이션 사장 [역]'내 마음속에 그리운 사람 있다면'(1999) [작]'현대시학'(1966) '현대문학'(1973)

박건수(朴建洙) PARK Keonsu

[생]1965·10·6 [출]전남 보성 [주]세종특별자치시 한누리대로402 산업통상자원부 통상정책국(044-203-5610) [학]1984년 광주고졸 1988년 서울대 경영학과졸 1991년 同대학원 경영학과졸 2001년 경제학박사(미국 미주리대) [경]1990년 행정고시 합격(34회) 1991~1994년 상공부 수출진흥과·지역협력과 사무관 1994~1997년 통상산업부 지역협력담당관실·행정관리담당관실 사무관 1997년 해외 유학 2001년 산업자원부 산업기술정책과 사무관 2002년 同기획예산담당관실 서기관 2003년 同전력산업과 서기관 2004년 국민경제자문회의 정책분석실 정책조사관 2004년 산업자원부 무역투자실 구미협력과장 2006년 同산업정책국 산업구조과장 2006년 同상생협력팀장 2007~2009년 駐미국 실리콘밸리 한국무역관 파견 2009년 지식경제부 실물경제종합지원단 서기관 2010년 同통상협력정책과장(서기관) 2010년 同통상협력정책과장(부이사관) 2011년 同협력총괄과장 2011년 국제지식재산연수원 원장 2013년 특허청 산업재산보호협력국장 2013년 산업통상자원부 통상정책국 심의관(고위공무원) 2016년 同통상정책국장(현)

박건식(朴健植) PARK Gun Sik

[생]1955·11·8 [주]서울 관악구 관악로1 서울대학교 자연과학대학 물리천문학부(02-880-7749) [학]1978년 서울대졸 1985년 미국 Maryland대 대학원졸 1989년 이학박사(미국 Maryland대) [경]1995년 서울대 자연과학대학 물리천문학부 물리학전공 조교수·부교수·교수(현) 1999년 전자전협의회 이사 2000~2003년 한국물리학회 편집위원 2009년 서울대 차세대융합기술연구원 겸무연구원 2011~2015년 同기초과학공동기기원장 2014년 세계적외선·밀리미터파·테라헤르츠파학회(International Society for Infrared, Millimeter and Terahertz Waves) 회장(현)

박건영 PARK Kun Yung

[생]1967·9·2 [출]대구 [주]서울 영등포구 여의대로70 신한금융투자타워 브레인자산운용(주)(02-6277-5000) [학]1993년 경북대 경영학과졸 2009년 서울대 경영대학 최고경영자과정 수료 [경]1993~2002년 산은캐피탈 시장팀장 2002~2004년 유리스투자자문 주식운용본부장 2004~2007년 미래에셋자산운용 주식운용본부 상무보 2007~2009년 트러스톤자산운용 대표이사 2009~2012년 브레인투자자문 대표이사 2012년 브레인자산운용(주) 대표이사(현) [상]트루파트너어워즈 최우수운용사상(2011), 우정사업본부장표창(2011), 금융감독원장표창(2012), 금융위원장표창(2013)

박건유(朴健裕) PARK Kun You

[생]1940·11·10 [본]밀양(密陽) [출]서울 [주]서울 성북구 화랑로14길5 한국과학기술연구원 명예연구실(02-958-5851) [학]1960년 서울고졸 1964년 서울대 화학공학과졸 1972년 고려대 대학원졸 1984년 공학박사(한양대) [경]1964~1966년 ROTC 2기 임관(육군병참학교 고시장교) 1966년 태흥화학 입사 1968년 한국과학기술연구원 입소 1976년 프랑스 국립석유연구소 연수연구원 1979~1990년 한국과학기술연구원 공정개발연구실장 1982~1985년 한국화학공학회 기획·총무이사 1983~1990년 환경처 환경기술감리단 기술위원 1992~2010년 한국산업안전공단 기술심의위원 1993~1999년 한국과학기술연구원 환경복지단장·환경공정연구부장 1994~2009년 한국가스안전공사 기술심의위원 1997년 한국공학한림원 정회원 1998~2004년 코오롱유화(주) 사외이사 2001년 한국과학기술연구원 초빙연구위원 2006년 同명예연구원(현) 2006년 한국공학한림원 명예회원 2015년 同원로회원(현) [상]육군 참모총장표창(1964), 국민훈장 석류장(1984), 한국화학공학회 공로상(1985), 올해의 과학자상(1993), 3·1문화상(1996), 국민훈장 동백장(1996), 자랑스런 서울대 공대인상(1996), 대한민국 100대 기술주역상(2010) [작]'불소화학제품 공정개발과 공업화' [종]기독교

박건표(朴健杓) Park Geon-Pyo

[생]1962·3·27 [본]밀양(密陽) [출]서울 [주]서울 마포구 마포대로25 신한디엠빌딩12층 페이퍼코리아(주) 임원실(02-3788-0300) [학]1980년 국립철도고졸 1986년 중앙대 경영학과졸 1997년 미국 Ohio State Univ. 대학원 MBA졸 [경]1992~1994년 한솔제지(주) 국제금융과장 1997~2000년 한솔PCS(주) 자금팀장 2000~2002년 한솔아이벤처스(주) 감사 2002~2006년 (주)MFNC Partnets 대표이사 2006~2012년 페이퍼코리아(주) 부사장 2013년 同대표이사(현)

박건현(朴建鉉) PARK Geon Hyun

[생]1956·9·1 [출]경북 경산 [주]서울 중구 장충단로180 신세계건설(주) 임원실(02-3406-6628) [학]1974년 대구계성고졸 1982년 영남대 경영학과졸 [경]1982년 삼성그룹 입사 1987년 (주)신세계 관리과장 1993년 同상품본부 잡화매입 팀장, 同천호점 영업1팀장 1995년 同전략기획실 운영팀장 1997년 同백화점사업본부 영등포점장 1998년 同경영기획실 감사팀장 1998년 同백화점부문 마케팅실장 2000년 (주)광주신세계 점장(상무) 2006년 (주)신세계 백화점부문 경기점장(상무) 2006년 同백화점부문 경기점장(부사장) 2007년 同백화점부문 본점장(부사장) 2008년 同백화점부문 센텀시티점장(부사장) 2009~2012년 (주)신세계백화점 대표이사 2012~2013년 (사)한국백화점협회 회장 2012년 (주)신세계백화점 고문 2013년 신세계건설(주) 골프장부문 대표이사 사장(현)

박겸수(朴謙洙) PARK Gyum Soo

[생]1959·10·26 [본]순천(順天) [출]광주 [주]서울 강북구 도봉로89길13 강북구청 구청장실(02-901-6400) [학]1976년 조선대부고졸 1984년 조선대 정치외교학과졸 2001년 연세대 행정대학원졸, 한양대 대학원 행정학 박사과정 수료 [경]1985~1988년 민주화추진협의회 취재부장 1992년 평화민주당 문공부장·조직부장 1995·1998~2002년 서울시의회 의원(국민회의·새천년민주당) 1998년 同교통위원장 2002년 새천년민주당 강북甲지구당 부위원장 2002년 同제16대 대통령선거 서울강북甲지구당 선거대책위원장 2002년 서울시 강북구청장선거 출마(새천년민주당) 2004년 새천년민주당 서울강북甲지구당 위원장 2004년 제17대 국회의원선거 출마(새천년민주당) 2005년 민주당 조직위원장 2005년 同서울강북甲지역위원회 위원장 2007년 同기획조정위원장 2010년 서울시 강북구청장(민주당·민주통합당·민주당·새정치민주연합) 2014년 서울시 강북구청장(새정치민주연합·더불어민주당)(현) [상]지식경영인대상 및 한국재능나눔 '지식경영인 지방자치단체장부문 대상'(2013), 4.19혁명 봉사대상(2014), 2014 매니페스토약속대상 기초단체장 선거공보분야 우수상(2014), 대한민국무궁화대상 행정부문(2015), 도전한국인대상(2016) [저]'사인여천(事人如天)'(2014) [종]가톨릭

박경국(朴景國) PARK Kyung Kook

[생]1958·6·19 [본]밀양(密陽) [출]충북 보은 [주]충북 청주시 서원구 충대로1 충북대학교(043-261-2114) [학]1976년 서울 장훈고졸 1981년 충북대 농업경제학과졸 1994년 同행정대학원졸 2003년 행정학박사(충북대) 2008년 미국 캘리포니아주립대 샌디에이고교 GLI과정 수료 [경]1980년 행정고시 합격(24회) 1981년 농수산부 행정사무관 1985년 예편(공군 중위) 1986년 농림수산부 기획관리실 근무 1989년 충북도 기획관리실 통계담당관 1991년 同농어촌개발과장 1992년 同도시계획과장 1993년 同지방과장 1994년 同기획담당관 1994

년 단양군수 1995년 충북도 기획관 1995년 同민방위재난관리국장 1996년 同내무국장 1998년 同공무원교육원장 1998년 同농정국장 2000년 同경제통상국장 2004년 국가전문행정연수원 교육파견 2005년 충북도 문화관광국장 2005~2006년 충북도체육회 사무처장 2005년 대한올림픽위원회 위원 2006년 충북도 기획관리실장 2006년 해외 유학(국장급) 2008년 대통령직속 국가경쟁력강화위원회 파견 2008년 대통령자문 국가균형발전위원회 지역협력국장 2009년 행정안전부 기업협력지원관 겸 생활공감기획단장 2010년 충북도 행정부지사 2012년 행정안전부 국가기록원장 2013년 안전행정부 국가기록원장 2014년 同제1차관 2015년 충북대 석좌교수(현) 2015년 대통령소속 지방자치발전위원회 위원(현) 2015년 同지방분권분과위원장(현) [상]내무부장관표창(1989), 녹조근정훈장(1998), 행정자치부장관표창(2004), 황조근정훈장(2015) [저]'한국의 지방외교정책'(2005) '사과나무 일기'(2014, 행복에너지) [종]가톨릭

박경귀(朴慶貴) Gyeong Gwi Park

[생]1960 · 4 · 3 [출]충남 아산 [주]서울 종로구 새문안로 82 S타워 국민대통합위원회 국민통합기획단(02-6262-2400) [학]연세대 대학원 일반행정학과졸 2002년 행정학박사(인하대) [경]2002~2003년 연세대 도시문제연구소 전문연구원 2002~2006년 인하대 · 인천대 · 지방행정연수원 강사 2002~2015년 한국정책평가연구원 원장 2004년 국가보훈처 성과관리자문위원회 위원 겸 예산편성자문위원회 위원 2005~2015년 국방부 자체평가위원회 위원 2005년 국방과학연구소 연구자문위원회 위원 2005~2011년 인천시시설관리공단 이사회 의장 2007년 정보통신연구진흥원 혁신자문위원회 위원 2009년 국방부 국방기관합동부대업무평가위원회 위원 2010 · 2012년 서울시 지방공기업경영평가단장 2011 · 2013년 국방부 책임운영기관종합평가단장 2011~2012년 국무총리비서실 정부업무평가단 전문위원 2011~2013년 국토교통부 자체평가위원회 위원 2011~2013년 한국정책학회 국방안보안전정책분과연구회 회장 2011년 경찰청 성과평가위원회 위원 2011년 국방홍보원 책임운영기관자체평가위원회 위원장 2012~2014년 同홍보정책자문위원회 위원 2012년 (사)행복한고전읽기 이사장(현) 2013년 서울시 투자출연기관경영평가단장 2013년 대구시 투자출연기관 경영평가단장 2013년 강원도 지방공기업경영평가단장 2013~2014년 대통령소속 국민대총합위원회 위원 2014년 행정자치부 지방공기업혁신단장 2015년 대통령소속 국민대통합위원회 국민통합기획단장(현) [상]국토해양부장관표창(2012), 경찰청장표창(2013), 국방부장관표창(2013) [저]'11인 지성들의 대한민국 진단'(2014, 백년동안) '감추고 싶은 중국의 비밀 35가지'(2015, 가나북스)

박경대(朴京大) Park Kyung-dae (成潭)

[생]1957 · 6 · 3 [본]밀양(密陽) [출]경남 고성 [주]경남 통영시 산양읍 풍화일주로615 경상남도수산자원연구소(055-254-3410) [학]창원대졸 1991년 부산수산대 대학원 수산양식학과졸(석사) 1998년 해양생물학박사(인제대) [경]1995~1996년 일본 나가사키대 객원연구원 1999~2001년 밀양대 강사 2000년 경상대 강사(현) 2000~2004년 경남도 생명공학과제 심의위원 2000~2012년 농수산기획평가원 수산특정과제 심사위원 2001년 해양수산개발원 수산특정과제 심사위원(현), 한국양식학회 이사, 한국친환경수산물학회 회원, 신물질연구회 회원 2013년 한국패류학회 이사(현) 2014년 경남도 수산자원연구소장(현) [상]내무부장관표창(1994), 국무총리표창(2001 · 2010), 대통령표창(2006), 도지사표창 등 [저]'우리나라 대구'(2008, 도서출판 열린) '한국산 민어양식'(2010, 도서출판 열린) '푸른바다 황금어장'(2016, 도서출판 열린) [종]기독교

박경도(朴慶道) PARK Kyong Do

[생]1961 · 8 · 29 [출]경북 포항 [주]전남 여수시 여수산단로918 GS칼텍스(주) 임원실(061-680-3502) [학]1980년 오성고졸 1988년 연세대 기계공학과졸 1999년 미국 Univ. of Washington 대학원 경영학과졸 [경]1987년 GS칼텍스 입사 1995년 同RFCC사업팀 과장 1999년 同사업지원팀 차장 2003년 同사업전략팀장 2004년 同HOU Project팀장 2006년 同HOU설계팀장 2006년 同HOU부문장(상무) 2007년 同No.3 HOU Project Manager부문장(상무), 同VRHCR부문장(상무) 2013년 同설계검사부문장(상무) 2014년 同공무부문장(상무) 2015년 同안전환경기획부문장(상무)(현)

박경동(朴慶東) PARK Kyung Dong

[생]1948 · 2 · 13 [출]경북 경주 [주]대구 수성구 수성로194 효성병원 원장실(053-766-7070) [학]경북대사대부고졸 1973년 경북대 의대졸 1983년 의학박사(경북대) [경]1977년 계명의대 동산의료원 산부인과 외래교수 1988년 미국 플로리다대 갱년기센터 연수 1989년 효성산부인과 원장 1996년 여성의전화 의료분과위원장 1997년 효성병원 원장(현) 2001년 대구지검 범죄예방협의회 부회장 2003년 무지코필리 대표 2009~2013년 대구경북병원회 회장 2011~2013년 대구의료관광발전협의회 회장 2012~2014년 대한병원협회 국제이사 2014년 同감사 2016년 同상임고문(현) [상]대통령표창, 보건복지부장관표창(2011 · 2014), JW중외 박애상(2012)

박경량(朴京亮) Kyeong Ryang Park

[생]1954 · 11 · 13 [본]밀양(密陽) [출]전북 전주 [주]대전 유성구 유성대로1646 한남대학교 생명시스템과학과(042-629-8770) [학]1973년 전주고졸 1977년 고려대 이학과졸 1981년 同대학원 이학과졸 1990년 이학박사(고려대) [경]1982~1991년 가천의대 간호학과 조교수 1991~2004년 한남대 미생물학과 조교수 · 부교수 · 교수 1996년 미국 사우스앨라배마대 교환교수 1998~1999년 한남대 학생복지처장 2001~2013년 同환경생태연구소장 2003~2004년 미국 플로리다대 교환교수 2005~2008년 한남대 생명 · 나노과학대학 생명공학과 교수 2006~2007년 同생명 · 나노과학대학 바이오학부장 2009~2012년 同입학홍보처장 2012년 同생명 · 나노과학대학 생명시스템과학과 교수(현) 2014~2016년 同교무연구처장 [저]'생물의 역사' [역]'응용미생물학' 외 8건 [종]기독교

박경립(朴耕立) PARK Kyoung Rip

[생]1952 · 4 · 30 [본]개성(開城) [출]대구 [주]강원 춘천시 강원대학길1 강원대 건축학부 건축학과(033-250-6216) [학]1975년 한양대 건축공학과졸 1977년 同대학원졸 1987년 공학박사(한양대) [경]1980년 강원대 건축학부 건축학과 교수(현) 1983년 미국 아이오와주립대 연구교수 1991년 한국역사학회 이사 1991년 강원도 문화재위원(현) 1993년 강원도 건축위원 1997년 미국 멤피스대 방문교수 2001년 강원대 공대 건축 · 조경학부장 2003년 문화재위원회 건축문화재분과 위원 2004년 한국건축가협회 이사 2004년 대한건축학회 학회지 편집위원장 2010년 同지회담당 부회장 2011년 대한민국 한옥공모전 심사위원장 2011년 한국건축문화대상 준공건축부분 심사위원장 2013년 강원대 조형예술연구소장 2013~2016년 대통령직속 국가건축정책위원회 위원 2015년 문화재위원회 부위원장 겸 건축문화재분과위원장(현) [저]'한국의 건축문화재 강원편'(1999) [작]'출판사 일조각 설계'(2004) '광덕마을공동체 펜션 설계'(2004)

박경미(朴炅美 · 女) PARK Kyung Mee

[생]1965 · 10 · 15 [주]서울 영등포구 의사당대로1 국회 의원회관321호(02-784-6120) [학]1987년 서울대 수학교육과졸 1989년 同대학원 수학교육과졸 1990년 미국 일리노이대 대학원 수학교육과졸 1993년 수학교육학박사(미국 일리노이대) [경]1987~1888년 금옥여고 수학교사 1989년 대영고 수학교사 1990~1993년 미국 일리노이대 조교 · Research Assistant 1993~1994년 미국 Univ. of California at Berkeley 연구원 1995~1997년 한국교육개발원 연구원 1998~1999년 한국교육과정평가원 책임연구원 1999~2000년 충북대 수학과 조교수 2000~2016년 홍익대 사범대학 수학교육과 조교수 · 부교수 · 교수 2000년 대한수학교육학회 무임소이사 2005~2006년 대한수학회 한국수학올림피아드위원회 위원 2006~2007년 과학기술부 국립과학관 전시전문위원 2006년 동아일보 객원논설위원 2006년 SBS 뉴스 칼럼니스트 2014년 MBC '100분토론' 진행 2016년 제20대 국회의원(비례대표, 더불어민주당)(현) 2016년 더불어민주당 오직민생특별위원회 사교육대책TF 위원(현) 2016년 국회 교육문화체육관광위원회 위원(현) 2016년 국회 여성가족위원회 위원(현) 2016년 국회 미래일자리특별위원회 위원(현) 2016년 한국아동인구환경의원연맹(CPE) 회원(현) 2016년 더불어민주당 대변인(현) [상]교육과학기술부장관표창(2012), 미래창조과학부장관표창(2014) [저]'수학교육과정과 교재연구'(2006) '수학교육학신론'(2007) '수학교육에서의 컴퓨터 활용'(2008) '수학 10-가 · 나' '수학비타민 플러스'(2009, 김영사)

박경민(朴勍民) Park, Kyung Min

[생]1963 · 1 · 2 [출]전남 무안 [주]전남 무안군 삼향읍 후광대로359번길28 전남지방경찰청 청장실(061-289-2111) [학]1981년 목포고졸 1985년 경찰대학 법학과졸(1기) 2002년 경희대 국제환경법무대학원졸 2005년 한국산업기술대 대학원 최고경영자과정 수료 2005년 동국대 대학원 경찰행정학과 수료 [경]1985년 경찰 임용(경위) 2002년 전남 보성경찰서장(총경) 2003년 경찰대학 경찰학과장 2005년 경기 시흥경찰서장 2006년 서울지방경찰청 1기동대장 2007년 서울 강동경찰서장 2008년 경찰청 생활질서과장 2009년 同생활안전과장 2011년 국외(미국)훈련 파견(경무관) 2012년 광주지방경찰청 차장 2012년 경찰대학 교수부장 2013년 서울지방경찰청 보안부장 2014년 경찰청 대변인 2014년 중앙경찰학교장(치안감) 2015년 전남지방경찰청장(치안감)(현) [상]홍조근정훈장(2014)

ㅂ

박경배(朴炅培) PARK Kyung Bae

[생]1957·3·30 [출]전북 완주 [주]서울 강남구 강남대로636 두원빌딩9층 한국지역진흥재단 이사장실(02-3496-2101) [학]1975년 경기고졸 1979년 서울대 경영학과졸 [경]행정고시 합격(24회) 1995년 충남도 기획관 1997년 同보건환경국장 1998년 同보건복지여성환경국장 1999년 논산시 부시장 2002년 행정자치부 교부세과장 2003년 자치정보화조합 파견 2004년 한국지방자치단체국제화재단 런던주재관(부이사관) 2006년 행정자치부 거창사건처리지원단장 2007년 국가균형발전위원회 파견(이사관) 2008년 행정안전부 지역발전정책국장(고위공무원) 2008년 同지방재정세제국장 2009년 충북도 행정부지사 2010~2013년 대통령소속 사회통합위원회 지원단장 2013년 안전행정부 소청심사위원회 상임위원 2014년 한국지역진흥재단 이사장(현) [상]근정포장(1992)

박경서(朴庚緖) PARK Kyung Seo

[생]1939·8·10 [본]반남(潘南) [출]전남 순천 [주]서울 중구 필동로1길30 동국대학교 다르마칼리지(02-2260-3169) [학]광주제일고졸, 서울대 사회학과졸, 독일 괴팅겐대 대학원 사회학과졸, 사회학박사(독일 괴팅겐대), 명예 철학박사(인도 한림원) 2007년 명예 신학박사(영국 에든버러대) [경]1976~1982년 서울대 사회학과 교수·크리스찬아카데미 부원장 1982~1999년 스위스 제네바 WCC(World Council of Churches) 아시아정책위원회 의장 2000년 성공회대 대학원 석좌교수 2001~2007년 대한민국 인권대사 2001~2004년 국가인권위원회 상임위원 2003년 在京광주서중·일고총동창회 회장 2005~2009년 경찰청 인권위원회 위원장 2005~2014년 UN인권정책센터 이사장 2007~2012년 이화여대 이화학술원 석좌교수 2007~2012년 同평화학연구소장, 국가인권위원회 자문위원(현), 경제정의실천시민연합 고문(현), 세계인권도시포럼추진위원회 위원장(현), 나눔과평화재단 이사장(현) 2014년 HBM(해피브릿지몬드라곤)협동조합경영연구소 이사장(현) 2015년 동국대 다르마칼리지 석좌교수(현) [상]네팔정부 인권상, YWCA 공로패, WSCF(세계기독학생회총연맹) 공로패, CCA(아시아기독교협의회) 공로패, 홍조근정훈장 [저]'산업민주주의'(1976) '화해 그리고 통일'(英文)(1995) '아시아의 고뇌'(英文)(1996) '인권대사가 체험한 한반도와 아시아'(2001) 'Promoting Peace and Human Rights on Korean Peninsula'(英文)(2007) '지구화 시대의 평화와 인권'(2009) '세계시민 한국인의 자화상'(2010) 'WCC 창으로 본 70년대 한국민주화의 인식'(2010) '인권이란 무엇인가?'(2011) '그들도 나만큼 소중하다'(2012) 'History of Korean Ecumenical Movement'(2013) [역]'사회의식과 사회비평' '독일 노동운동사' '조선으로의 기행 1904년' '빌리 부란트를 기억하다'(2015) [종]기독교

박경석(朴慶錫) PARK Kyung Sok

[생]1933·1·26 [본]밀양(密陽) [출]충남 연기 [주]서울 용산구 이태원로29 전쟁기념관427호 한국군사학회(02-795-2077) [학]1950년 대전고졸, 육군사관학교졸(2기), 미국 포트베닝보병학교 장교기본과정 수료 1965년 육군대학졸 1968년 중앙대 사회개발대학원 수료 1971년 국방대학원 수료 [경]보병 제9사단 제30연대 소대장·중대장, 보병 제1사단 제15연대 제2대대장, 同작전참모 겸 인사참모, 육군대학 교수, 派越 제1진 맹호사단(수도보병사단) 제1연대 초대 재구대대장, 보병 제28사단 참모장, 성균관대 ROTC 단장(103학군단-우석대포함), 국방부 인사과장, 보병 제1사단 제12연대장, 보병 제6사단 작전부사단장, 육군 준장 진급, 철원DMZ땅굴개척 특수임무부대장, 제1군단 참모장, 제3군사령부 기획처장, 同인사처장, 육군본부 인사참모부 차장, 시인(현), 소설가(현), 통일원 정책자문위원, 한국참전시인협회 회장, 한국현대시인협회 이사, 한국문인협회 이사, 전쟁문학회 회장, 한국군사학회 회장, 전우신문 회장, 한국군사평론가협회 회장, 국제PEN클럽 이사, 한국소설가협회 이사, 육군사관학교총동창회 고문(현), 한국군사평론가협회 회장, 한국군사학회 명예회장(현), 한국시문학평론학회 회장(현), [상]한국전쟁문학상 소설·시부문, 일붕문학상 소설·시부문, 세계시인상, 순수문학대상 소설부문, 충청문학대상 시부문, 성호문학상 시부문, 학농문학상 시부문, 충청문학상 소설부문, 대한민국전쟁문학대상 소설부문, 한글학회 한글문화발전표창, 을지무공훈장(2회), 충무무공훈장, 화랑무공훈장, 보국훈장 천수장, 보국훈장 삼일장, 보국포장, 월남최고훈장, 월남엽성무공훈장, 월남금성무공훈장, 월남은성무공훈장, 미국동성훈장, 국방유공 국제안중근의사상(2009), 자랑스러운 육사인상(2010) [저]장교교재 '야전지휘관'(1975, 병학사) '지휘관의 사생관'(1978, 병학사) '지휘관의 조건'(1981, 병학사) '지휘관의 역사관'(1982, 병학사) '박경석 리더십 84강좌'(2009, 한영출판사) '불후의 명장 채명신'(2014, 팔복원) '박경석 뉴리더십 특강'(2015, 팔복원) '참군인 채명신 장군 리더십'(2015, 광문각) '구국의 별 5성장군 김홍일'(2016, 서문당) [작]시집 '등불'(1959, 대영사) '한강은 흐른다'(1983, 병학사) '꽃이여 사랑이여'(1984, 서문당) '나의 찬가'(1985, 병학사) '어머니인 내 나라를 향하여'(1986, 거목) '그리움에 타오르며'(1986, 거목) '별처럼 빛처럼'(1987, 홍익출판사) '시인의 눈물로'(1987, 홍익출판사) '기도속에 새벽빛이'(1988, 한영출판사) '격정시대'(1988, 홍익출판사) '그대 가슴속 별로 뜨리라'(1988, 한영출판사) '사랑으로 말미암아'(1989, 홍익출판사) '좋은이의 이름은'(1990, 해외로 가는 길) '행복피는 꽃밭'(1991, 서문당) '사랑이 지핀 불꽃 재우며'(1991, 서문당) '눈물갈채'(1992, 서문당) '상록수에 흐르는 바람'(1994, 팔복원) '부치지 못한 편지'(1995, 서문당) '꽃처럼'(1997, 팔복원) '이런 날 문득 새이고 싶다'(1999, 서문당) '흑장미'(2012, 한영출판사) 장편소설 '녹슨훈장'(1961, 대영사) '오성장군 김홍일'(1984, 서문당) '별'(1986, 독서신문사) '묵시의 땅'(1987, 홍익출판사) '나의 기도가 하늘에 닿을 때까지'(1987, 홍익출판사) '영웅들'(1988, 독서신문사) '육군종합학교'(1990, 서문당) '서울학도의용군'(1995, 서문당) '육사 생도2기'(2000, 홍익출판사) 대하실록소설 '그날'(전6권)'(1985, 동방문화원) '따이한(전11권)'(1987, 동방문화원) 에세이집 '19번도로'(1965, 대영사) '그대와 나의 유산'(1967, 창우사) '재구대대'(1982년 병학사) '어려운 선택'(1987, 독서신문사) '미국은 우리에게 무엇인가'(1988, 서문당) '빛바랜 훈장'(2001, 홍익출판사)

박경수(朴炅洙) PARK Kyoung Soo

[생]1952·12·13 [출]광주 [주]경기 화성시 삼성1로4길48 피에스케이(주) 비서실(031-660-8731) [학]1970년 서울 경복고졸 1975년 고려대 경영학과졸 1980년 미국 캘리포니아주립대 대학원 경영학과졸 [경]1975~1978년 이천중기(주) 근무 1980~1985년 미국 June Corporation 시스템 영업이사, (주)금영 대표이사(현) 1990~2009년 피에스케이(주) 대표이사 사장 2002년 코스닥등록법인협의회 부회장 2004년 K-DMB 대표이사 2005~2008년 유원미디어(주) 공동대표이사 2007~2009년 코스닥상장법인협의회 회장 2008년 유원미디어 회장 2009년 피에스케이(주) 대표이사 부회장(현) [상]상공자원부장관표창(1993), 산업자원부장관표창(2000), 철탑산업훈장(2007), 은탑산업훈장(2015)

박경수(朴垌洙)

[생]1956·11·24 [출]전남 순천 [주]전남 순천시 서면 삼산로281 순천소방서 서장실(061-750-0703) [학]순천매산고졸, 서울산업대 행정학과졸 [경]1996년 내무부 소방국 구조구급과 근무 1998년 행정자치부 중앙119구조대 근무 2004년 인천소방방재본부 재난관리과 근무 2006년 소방방재청 중앙119구조대 행정지원팀장 2010년 전남도 소방본부 방호구조과장 2011년 전남 해남소방서장 2014년 전남 영광소방서장 2015년 전남 순천소방서장(현) [상]국무총리표창(2003), 대통령표창(2009)

박경수(朴庚守) PARK Kyung Su

[생]1959·2·20 [본]죽산(竹山) [출]부산 [주]부산 금정구 금샘로485번길65 부산외국어대학교 인문사회대학 한국어문학부(051-509-5934) [학]1976년 동래고졸 1980년 부산대 국어교육학과졸 1982년 한국학중앙연구원 한국학대학원졸 1989년 문학박사(부산대) [경]1982~1989년 한국정신문화연구원 연구원 1986년 부산대 강사 1987년 아주대 강사 1989년 부산외국어대 국어국문학과 조교수·부교수 1998년 同인문사회대학 한국어문학부 교수(현) 1998년 뉴질랜드 와이카토대 교환교수 1999년 부산외국어대 출판부장 2002년 同기획입학처장 2004년 同교수협의회 의장 2005년 同인문사회대학장 2006~2009년 同한국어문화교육원장 2007~2009년 국어국문학회 지역이사 2009년 부산외국어대 한국어문학부장 2015년 同중앙도서관장(현) 2015년 한국문학회 회장(현) 2016년 부산외국어대 대학원장(현) [상]교육부장관표창 [저]'한국 근대문학의 정신사론'(1993) '한국 민요의 유형과 성격'(1998) '한국 근대민요시 연구'(1998) '한국 현대시의 정체성 탐구'(2000) '잊혀진 시인, 김병호의 시세계'(2004) '정노풍 문학의 재인식'(2004) '쉽고 재미있는 한국어 문화1'(2010) '1930년대 문학의 재조명과 문학의 경계 넘기'(2010) '아동문학의 도전과 지역 맥락'(2010) '쉽고 재미있는 한국어 문화2'(2011)

박경수(朴慶秀) PARK Kyong Soo

[생]1959·6·4 [주]서울 종로구 대학로101 서울대학교병원 내분비내과(02-2072-2114) [학]1984년 서울대 의과대학졸 1988년 同대학원졸 1993년 의학박사(서울대) [경]1989~1991년 국군 대전 및 수도병원 핵의학과장 1991년 서울대병원 내분비내과 전임의 1992~2006년 서울대 의과대학 내과학교실 전임강사·조교수·부교수 1995~1997년 미국 캘리포니아대 샌디에이고교 의과대학 내분비대사내과 Research Fellow 2000~2001년 한국지질·동맥경화

학회 부총무 2001~2002년 대한내분비학회 총무이사 2003년 한국지질·동맥경화학회 간사 2004년 대한당뇨병학회 진단소위원장, 보건복지부 지정 당뇨 및 내분비질환유전체연구센터장 2006년 서울대 의과대학 내과학교실 교수(현) 2006~2012년 서울대병원 내분비분과장 2007~2008년 대한당뇨병학회 연구이사 2007~2008년 보건복지부 보건의료연구개발사업 전문위원 2008~2009년 보건복지가족부 보건의료연구개발사업 전문위원 2009년 대한생화학분자생물학회 학술위원장 2009~2010년 대한내분비학회 연구이사 2010년 한국유전체학회 부회장 2010~2011년 대한당뇨병학회 학술이사 2010년 서울대병원 의생명연구원 연구기획관리부장 2011~2012년 한국지질동맥경화학회 학술이사 2013년 한국유전체학회 운영위원장 2014년 서울대병원 의생명연구원 중개의학연구소장(현) 2014년 한국지질동맥경화학회 이사장(현) 2015년 한국과학기술한림원 정회원(의약학부·현) [상]대한당뇨병학회 학술상(1984), 대한내분비학회 남곡학술상(2008), 대한당뇨병학회 설원학술상(2009), 보건복지가족부장관표창(2009), 교육과학기술부 국가연구개발 우수성과 100선 선정(2009), 서울대 의과대학 함춘동아학술상(2012), 제26회 분쉬의학상 본상(2016) [저]'임상내분비학'(1999) '내분비학'(1999) '당뇨병과 눈'(1999) '고지혈증의 진단과 치료'(2000) '간담췌외과학'(2006) '대사증후군'(2009) '미토콘드리아와 당뇨병'(2010) '내분비대사학'(2011) '최신 당뇨와 눈'(2011) '당뇨병 관리의 길잡이'(2012) 'The Use of Ginkgo biloba Extract in Cardiovascular Protection in Patients with Diabetes'(2014)

박경숙(朴景淑·女) PARK Kyung Sook

[생]1957·7·25 [출]대구 [주]제주특별자치도 제주시 제주대학로102 제주대학교 사회과학대학 언론홍보학과(064-754-2941) [학]1981년 연세대 사회학과졸 1987년 오스트리아 린츠대 대학원졸 1992년 사회경제학박사(오스트리아 린츠대) [경]오스트리아 공영방송(ORF) 보도국 근무, 한국언론재단 연구위원 1999년 제주대 사회과학대학 언론홍보학과 조교수·부교수·교수(현) 2011년 언론중재위원회 위원 2014~2016년 국제방송교류재단 비상임이사 2016년 (사)제주지역언론학회 회장(현) 2016년 제주도 사회협약위원회 부위원장(현)

박경식(朴慶植) PARK Kyung Seek

[생]1952·12·30 [본]밀양(密陽) [출]대전 [주]서울 송파구 송파대로378 세호빌딩2층 박경식남성비뇨기과(02-412-5996) [학]1971년 대전고졸 1977년 한양대 의대졸 1984년 의학박사(한양대), 대전대 경영대학원 최고경영자과정 수료 [경]1983년 대구 파티마병원 제2과장 1984~1987년 인제대 부교수 겸 비뇨기과장, 한양대 외래교수 1986년 미국 미네소타대 및 Mayo Clinic 교환교수 1986년 독일 마인츠대 교환교수 1988년 세계 최초 전립선내 Fosmycin 직접 약물투여 시도 1988~1989년 미국 UCLA Research Fellow 1991년 벨기에 브뤼셀의대 및 프랑스 메종프랑세병원 연수, G남성클리닉 원장, 박경식남성비뇨기과 원장(현) 1993년 대통령 비뇨기과담당 자문의 1997년 한국을 움직이는 10대 인물 선정, 세계미세수술학회 정회원, 세계비뇨기과학회 정회원, 개원의협의회 법제이사, 세계남성과학회 정회원, PND21 대표 2001년 대한의사벤처협의회 회장 2001년 (사)맑은환경국민운동본부 회장·고문(현) 2003년 시사프로 '박경식의 갑론을박' 진행 2007년 좋은사법세상 회장 2007년 Noblesse In Korea 인명사전에 등재 2008년 글로벌 '의료 명장부분' 한국의 명장 20인에 선정 2013년 건국대 의학전문대학원 외래교수 [상]대한민국 글로벌의료마케팅 조루·발기부전·전립선부문 대상(2009) [저]'성의학에서 본 궁합과 프로이트'(1992) '부부가 동시에 만족하는 법' '할 말은 합시다'(1999) [작]'의사 교육용 음경확대 및 귀두확대 비디오'

박경실(朴瓊實·女) Park Kyung Sil

[생]1955·6·16 [출]서울 [주]서울 서초구 강남대로419 파고다어학원(02-6907-2925) [학]1974년 숭의여고졸 1978년 이화여대졸 1993년 연세대 교육대학원 산업교육학과졸 2007년 평생교육학박사(숭실대) [경]파고다교육그룹 회장(현) 2007~2009년 한국여성경제인협회 부회장 2007~2011년 숭실대 교육대학원 겸임교수 2008~2012년 한국학원총연합회 외국어교육협의회장 2011년 同회장(현) 2012~2015년 서비스산업총연합회 부회장 2015년 同회장(현) [상]한국여성경제인협회 제12회 여성경제인의날 대통령표창(2008), 모델라인 제25회 코리아 베스트드레서 스완 어워드 경제인부문(2008), 제44회 납세자의날 국세청장표창(2010), 이코노미스트·중앙일보 대한민국 경제리더 대상 인재경영부문(2010), 한국언론인연합회 제10회 자랑스런 한국인 대상 인재경영부문(2010), 중앙SUNDAY 선정 '한국을 빛낸 창조경영인'(2010·2011), 포브스코리아 대한민국 글로벌 CEO 글로벌인재양성부문(2011), 한국국제연합봉사단 대한민국 세종대왕 나눔봉사대상(2014) [저]'이름있는 학원들의 학원 경영 이야기'(2006, 미디어숲) [종]기독교

박경아(朴京雅·女) PARK Kyung Ah

[생]1950·11·9 [본]순천(順天) [출]경기 [주]서울 서대문구 연세로50 연세대학교 의과대학(1599-1004) [학]1968년 경기여고졸 1974년 고려대 의대졸 1976년 同대학원졸 1978년 의학박사(독일 킬대) [경]1979~1991년 연세대 의과대학 해부학교실 전임강사·조교수·부교수 1981년 독일 Kiel대 교환교수 1984년 미국 Mt. Sinai의대 교환교수 1990년 독일 Wurzburg대 교환교수 1991~2016년 연세대 의과대학 해부학교실 교수 1997년 대통령자문 정책기획위원회 위원, 대한해부학회 이사장, 대한의학회 홍보이사 2002년 국제여자의사회 서태평양지역담당 부회장 2004년 同서태평양지역담당 회장, 대한의사협회 부회장 2010~2012년 한국여자의사회 회장 2011년 마중물여성연대 공동대표(현) 2013년 대한민국의학한림원 감사(현) 2013년 국제여자의사회 회장(현) 2015년 세계의사회(WMA) 상임이사회 자문위원(현) 2016년 연세대 의과대학 명예교수(현) 2016년 대한민국의학한림원 국제협력위원회 위원(현) [상]서울시장표창(1990), 연세대 의과대학 올해의 교수상(1993·2008·2012), 연세대 의과대학 우수업적교수상(1998), 연세대 최우수 강의교수(2006), 대한의사협회 화이자 국제협력공로상(2012), 제5회 한독 여의사 지도자상(2014), 녹조근정훈장(2015) [저]'조직학 실습'(1987) '의학신경해부학'(1996) [역]'조직학'(1992) [종]가톨릭

박경애(朴京愛·女) PARK Gyeong Ae

[생]1958·10·24 [출]전북 전주 [주]대전 서구 한밭대로713 통계개발원(042-366-7121) [학]1982년 미국 노스캐롤라이나주립대 대학원 사회학과졸 1986년 사회학박사(미국 노스캐롤라이나주립대) [경]1986~1994년 전북대 대학원 사회학과 시간강사 1995년 통계청 통계조사국 인구통계과 사무관 1996년 同경제통계국 서비스업통계과 사무관 2002년 同경제통계국 국제통계과 서기관(미국 연수) 2006년 同사회통계국 인구동향과장 2008년 同국제협력담당관 2010년 同통계교육원 교육운영과장 2012년 同복지통계과장 2013년 同복지통계과장(부이사관) 2014년 同통계교육원 교육기획과장 2014년 同통계개발원장(고위공무원)(현) [상]Alpha Kappa Delta(1984), Gramma Sigma Delta(1985), 재정경제부장관표창(2001) [저]'여성과 사회(共)'(1995) '한국사회50년(共)'(1997) '국민연금생명표(共)'(1998) 'Families at the End of the 20th Century(共)'(1999)

박경엽(朴敬燁) Park, Kyong-yop

[생]1957·1·3 [주]경남 창원시 성산구 불모산로10번길 12 한국전기연구원 원장실(055-280-1000) [학]1975년 부산고졸 1979년 서울대 전기공학과졸 1986년 부산대 대학원 전기공학과졸 1989년 영국 맨체스터공과대(UMIST) 대학원 전기공학과졸 1993년 전기공학박사(영국 리버풀대) [경]1978~1981년 효성중공업 전장설계부 근무 1981~1996년 한국전기연구소 연구원·선임연구원·책임연구원 1994년 Referee of 'Journal of Physics D: Applied Physics'(현) 1997~1999년 한국전기연구소 스위치기어연구팀장 1998~2006년 Cigre SC A3 Regular Member representing S. Korea 1999~2008년 한국전기연구원 신전력기기연구그룹장 2002년 Cigre WG A3.06 Member(현) 2004~2007년 IEC TC 17A/17C representing S.Korea 2004년 STL Participant Member representing KERI(현) 2008년 한국전기연구원 스마트그리드연구본부장 2010년 同선임시험본부장 2011~2014년 同선임연구본부장 2014년 同원장(현) [상]과학기술진흥유공 국무총리표창(2000), 과학기술진흥유공 대통령표창(2010), 과학기술훈장 웅비장(2013)

박경원(朴景源) PARK Kyung Won

[생]1958·8·11 [주]서울 노원구 화랑로621 서울여자대학교 사회과학대학 행정학과(02-970-5572) [학]1981년 연세대 행정학과졸 1984년 同행정대학원 행정학과졸 1989년 행정학박사(연세대) [경]1990~1994년 울산대 조교수 1994~2002년 서울여대 행정학과 조교수·부교수 1994~2000년 대한국토도시계획학회 감사 1995~1999년 중앙공무원교육원 강사 1996년 서울시 공무원교육원 강사 1996년 내무부 지방재정기획단 전문위원 1996년 국토개발연구원·서울시정개발연구원 초빙연구위원 1997년 총무처 행정고등고시 출제 및 채점위원 1997년 서울여대 교무부처장·기획처장 1998년 한국지방재정학회 편집이사 1998년 한국행정학회 운영이사 1998년 대한국토도시계획학회지 '국토계획' 편집위원 2000년 미국 캘리포니아대 버클리교 객원교수 2002년 서울여대 사회과학대학 행정학과 교수(현) 2010년 同학부교육선진화선도대학 지원사업 추진단장 2011~2012년 同교무처장 2012~2013년 同교수학습센터장 2013년 한국인사행정학회 회장 2013~2016년 한국행정연구원 비상임감사 2015년 서울여대 사회과학대학 행정학과장(현) [저]'지방자치시대의 도시행정'(1992) '사회변동과 행정의 대응양식'(1998) '지방의 국제화'(1999) '전방위형 공무원 인사교류'(2000) '지방정부론'(2001) '새내기를 위한 행정학'(2001)

ㅂ

박경재(朴景載) PARK Kyung Jae

[생]1954·1·12 [본]밀양(密陽) [출]경남 밀양 [주]서울 성북구 성북로28길60 동방문화대학원대학교 총장실(02-3668-9805) [학]1972년 경남고졸 1978년 서울대 심리학과졸 1982년 부산대 행정대학원졸 1986년 교육학박사(미국 매사추세츠대) 2010년 명예 교육학박사(몽골 국립대) [경]1978년 행정고시 합격(22회) 1979년 총무처 수습사무관 1980년 경남교육위원회 기획계장 1981~1989년 문교부 행정사무관 1989년 대통령비서실 행정관 1991년 교육부 편수관리과장 1992년 駐유네스코대표부 교육관 1996년 교육부 국제교육협력과장 1996년 同교육정보기획과장 1997년 대구시교육청 부교육감 2000~2001년 교육부 국제교육협력관 2001년 명지대 초빙교수 2002년 교육인적자원부 교원정책심의관 2002년 경기도교육청 부교육감 2004년 교육인적자원부 국제교육정보화국장 2005년 同지방교육지원국장 2006년 同정책홍보관리실장 2007~2008년 서울시교육청 부교육감 2008년 동우대학 학장 2009~2012년 同총장 2012년 한영외고 교장 2012~2015년 세종대 대학원 석좌교수 2014년 부산시 교육감 예비후보 2015년 동방문화대학원대 총장(현) [상]대통령표창(1988), 홍조근정훈장(2004) [저]'대한민국 행복학교'(2013)

박경조(朴耕造) PARK Kyung Jo

[생]1944·1·8 [출]경남 통영 [주]서울 중구 세종대로21길15 대한성공회(02-730-6611) [학]1962년 경남 통영고졸 1968년 고려대졸 1973년 영국 성미카엘신학원졸 1986년 미국 샌프란시스코신학대학원 목회학박사과정 수료 1997년 서강대 수도자대학원 신학과졸 [경]1975년 사제 서품 1976년 성북전도구 관할사제 1983년 대한성공회 교무국 교육부장 1984년 대학로교회 관할사제 1984년 대한성공회 서울교구 상임위원 1984년 同교무국장 1985년 한국기독교교회협의회(KNCC) 인권위원 겸 국제위원 1987년 주교좌성당 주임사제 1989년 대한성공회 교무원장 1990년 수원교회 관할사제 1992년 독립관구준비위원회 위원장 1993년 수원환경센터 공동대표 1996년 경기복지시민연대 공동대표 1997년 산본교회 관할사제 1997년 KNCC 일치위원장·통일위원 2001년 대한성공회 중앙교무구 총사제 2001년 KNCC 선교교육위원장 2001년 녹색연합 공동대표 2002년 KNCC 서기 2005~2009년 대한성공회 서울교구장 2005년 한국기독교교회협의회 회장 2006~2009년 대한성공회 관구장 2009년 同은퇴주교(현) 2011~2015년 녹색연합 상임대표 [종]성공회

박경준(朴景濬) PARK Kyung Joon

[생]1958·12·1 [출]강원 홍천 [주]서울 영등포구 여의대로128 LG전자(주) 임원실(02-3777-4300) [학]서울 성동고졸, 고려대 경영학과졸 [경]LG전자(주) 입사·마케팅기획그룹 근무, 同신유통마케팅담당 상무 2005년 同한국마케팅부문 경영관리팀장(상무) 2008년 同한국지역본부 전략유통팀장(상무) 2010년 同한국지역본부장(전무) 2011년 同CS경영그룹장(전무)(현)

박경찬(朴景贊) PARK Kyung Chan

[생]1955·6·5 [출]서울 [주]경기 성남시 분당구 구미로173번길82 분당서울대병원 피부과(031-787-7311) [학]1974년 경기고졸 1980년 서울대 의과대학졸 1983년 同대학원졸 1989년 의학박사(서울대) [경]1980~1984년 서울대 의대부속병원 수련의·피부과 전공의 1984~1987년 국방부 軍의관 1987년 일본 오사카의대 연구원 1987년 서울대 의과대학 암연구소 연구원 1987년 同의과대학 피부과학교실 교수(현) 1991년 미국 인디애나대 미생물 및 면역학교실 연구원 2003년 분당서울대병원 피부과 과장(현) 2004년 한국보건산업진흥원 품질인증심의위원회 화장품분야 상임위원 2011년 국제색소학회연맹(IFPCS) 부회장 2014년 同회장(현) [저]'임상피부과학'(1992) '소아과학 완전개정판'(1993) '피부과학 개정 3판'(1993) '인간과 유전병'(1995) '소아과학 완전개정 6판'(1997) '전신질환의 피부소견'(1997) '피부과학 원색도감'(1999)

박경철(朴炅澈) PARK Gyung Chul

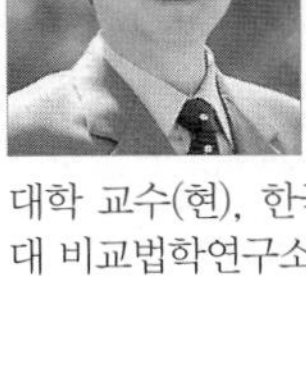

[생]1963·11·24 [출]부산 [주]강원 춘천시 강원대학길1 강원대학교 법과대학(033-250-6519) [학]1987년 서울대 법대 사법학과졸 1989년 연세대 대학원 헌법학과졸 2001년 헌법학박사(연세대) [경]2001~2003년 연세대 법학연구소 전문위원 2001~2003년 연세대·건국대·성신여대·광운대 강사 2003~2004년 독일 쾰른대 국가철학과 법정책연구소 객원연구원 2004년 강원대 법과대학 교수(현), 한국공법학회 이사(현), 한국헌법학회 이사(현) 2013년 강원대 비교법학연구소장 2014년 同법학전문대학원장 겸 법과대학장(현)

박경철(朴敬哲) PARK Gyeong Cheol

[생]1966·3·19 [본]경주(慶州) [출]강원 강릉 [주]세종특별자치시 다솜2로94 해양수산부 해운물류국(044-200-5700) [학]강릉고졸, 연세대졸, 서울대 행정대학원졸 [경]1992년 총무처 수습사무관 1993년 同복무감사관실 행정사무관 1996년 해양수산부 행정관리담당관실 근무 1997년 同항만국 항만정책과 근무 2000년 同해양정책국 해양정책과 근무(서기관) 2001년 同해양정책국 연안계획과 근무 2001년 同어업자원국 어업정책과 근무 2002년 세계해양EXPO유치위원회 근무 2003년 해양수산부 기획관리실 법무담당관 2003년 ILO(국제노동기구) 파견 2006년 해양수산부 재정기획관실 정책기획팀장 2007년 同해운물류본부 국제기획관실 물류기획팀장 2008년 국토해양부 물류항만실 항만제도협력과장 2009년 同물류항만실 항만물류기획과장 2009년 同물류항만실 해운정책과장 2010년 同물류항만실 해운정책과장(부이사관) 2011년 同교통정책실 자동차정책과장 2013년 해양수산부 국립해양조사원장(고위공무원) 2014~2015년 同세월호배상 및 보상지원단장 2015년 同해운물류국장(현) [종]기독교

박경춘(朴景春) PARK Kyung Choon

[생]1966·2·11 [본]밀양(密陽) [출]전남 완도 [주]서울 서초구 서초대로269 부림빌딩501호 법무법인 성의(02-595-9400) [학]1983년 광주서석고졸 1988년 연세대 법학과졸 [경]1989년 사법시험 합격(31회) 1992년 사법연수원 수료(21기) 1992년 軍법무관 1995년 광주지검 검사 1997년 同순천지청 검사 1999년 법무부 법무심의관실 검사 2001년 서울지검 검사 2003년 청주지검 검사 2004년 同부부장검사 2005년 광주지검 공판부장 2006년 서울남부지검 부부장검사(사법제도개혁추진위원회 파견) 2007년 전주지검 정읍지청장 2008년 서울북부지검 형사6부장 2009년 대구지검 부장검사(금융정보분석원 파견) 2010년 서울남부지검 형사2부장 2011년 同형사1부장 2011년 수원지검 여주지청장 2012년 대검찰청 연구관 2012년 同미래기획단장 겸 국제협력단장 2013~2014년 수원지검 평택지청장 2014년 법무법인 일호 대표변호사 2016년 법무법인 성의 변호사(현)

박경필(朴耕必) Park Kyung Pil

[생]1964·4·28 [본]밀양(密陽) [출]부산 [주]서울 서초구 서초대로45길16 VR빌딩4층 한국벤처투자(주) 감사실(02-2156-2004) [학]1980~1981년 부산남고 2년 수학 1988년 서울대 경제학과졸 [경]2000~2001년 교원나라벤처투자 투자본부장 2001~2008년 아이벤처영상투자조합 상무이사 겸 대표펀드매니저 2006~2007년 북경엔터포럼 회장 2006~2008년 영상투자자협의회 회장 2008~2009년 영화진흥위원회 위원 2010~2012년 그린손해보험 경리부문장 2012~2014년 오스티엄&아이니웨딩네트웍스 총괄부사장 2012~2013년 한국영상콘텐츠산업포럼 대표 2012~2014년 한국이벤트컨벤션학회 이사 2014년 한국벤처투자(주) 상임감사(현) 2015년 (사)공공기관감사포럼 사무총장 겸 부회장(현) [상]문화체육관광부장관표창(2007)

박경하(朴京夏) PARK Kyoung Ha (友鄕)

[생]1956·3·2 [본]밀양(密陽) [출]강원 양양 [주]서울 동작구 흑석로84 중앙대학교 인문대학 역사학과(02-820-5160) [학]1974년 중앙대부고졸 1981년 중앙대 사학과졸 1984년 연세대 행정대학원 행정학과졸 1985년 중앙대 대학원 사학과졸 1992년 문학박사(중앙대) [경]1994년 한국역사민속학회 총무이사 1995~2002년 중앙대 사학과 조교수·부교수 1998년 한국고서연구회 부회장 1999년 중앙대 사회개발대학원 교학부장 2000년 同학생생활연구소장 2002~2004년 한국역사민속학회 회장 2002~2008년 경제·인문사회연구회 인문정책연구위원 2002~2004년 중앙대 인문컨텐츠연구소장 2003년 同역사학과 교수(현) 2004년 인문콘텐츠학회 편집위원장 2004~2007년 문화재청 문화재전문위원 2005~2007년 중앙사학회 회장 2006년 한국사연구회 연구이사 2006~2008년 대통령자문 정책기획위원회 교육문화분과 위원 2006~2008년 중앙대 문화컨텐츠기술연구원장 2007~2008년 同다문화콘텐츠연구사업단장 2013~2014년 인문콘텐츠학회 회장 2015년 同편집위원장(현) 2015~2016년 중앙대 인문대학장 2016년 同교양학부대학장(현) [저]'조선후기 향약연구(共)'(1990) '조선시기 사회사연구법(共)'(1993) '조선은 지방을 어떻게 지배하였는가(共)'(2000) '서울의 세시풍속'(共) '한국의 향약·동계'(共) '한국전통문화론(共)'(2007) '역사속의 다문화' '21세기 동북아 문화공동체의 구상' [역]'을묘원행정리의궤'(共) [종]가톨릭

박경호(朴炅晧) PARK Kyeong Ho (永建)
[생]1963·9·10 [본]면천(沔川) [출]충북 보은 [주]세종특별자치시 도움5로20 국민권익위원회(044-200-7022) [학]1982년 서대전고졸 1986년 연세대 법학과졸 1991년 同대학원 법학과졸 [경]1987년 사법시험 합격(29회) 1990년 사법연수원 수료(19기) 1993년 제주지검 검사 1994년 대구지검 경주지청 검사 1996년 수원지검 검사 1998년 서울지검 서부지청 검사 2000년 인천지검 검사 2002년 同부부장검사(국회 법제사법위원회 파견) 2002년 대전지검 논산지청장 2003년 서울지검 부부장검사 2004년 대전지검 특수부장검사 2006년 법무연수원 기획과장 2008년 대검찰청 중수1과장 2009년 수원지검 평택지청장 2009년 대검찰청 과학수사기획관 2009년 同과학수사기획관실 과학수사연구용역심의위원장 2010년 수원지검 제2차장 2011년 서울고검 검사 2012년 국민권익위원회 파견 2013년 대전고검 검사 2013~2016년 법무법인 광장 변호사 2015년 한국승강기안전기술원 비상임감사 2016년 국민권익위원회 부패방지담당 부위원장(현) [상]국방부장관표창(1992), 검찰총장표창(1997), 법무부장관표창(2006), 홍조근정훈장(2011)

박경호(朴京鎬) PARK Kyeong Ho
[생]1963·11·30 [출]전북 전주 [주]서울 강남구 영동대로 416 KT&G타워8층 법률사무소 신앤박(02-539-2555) [학]1983년 전주 영생고졸 1987년 서울대 법대졸 [경]1986년 사법시험 합격(28회) 1989년 사법연수원 수료(18기) 1992년 인천지법 판사 1994년 서울민사지법 판사 1996년 광주지법 순천지원 판사 1998년 광주고법 판사 1999년 서울지법 서부지원 판사 2001년 서울고법 판사 2002년 대법원 재판연구관 2004년 전주지법 부장판사 2006년 의정부지법 고양지원 부장판사 2008년 서울중앙지법 부장판사 2011~2012년 법무법인 원 변호사 2011년 대한상사중재원 중재인 2011년 강남세무서 국세심사위원회 위원 2012년 금융위원회 자본시장조사심의위원회 위원 2012년 변호사 개업 2014~2016년 법률사무소 신앤박 변호사 2016년 법률사무소 법무법인 나라 변호사(현)

박경환(朴慶桓) PARK Kyung Hwan
[생]1953·4·5 [출]경기 [주]부산 동래구 충렬대로187 대동병원 원장실(051-550-9330) [학]1971년 경기고졸 1977년 서울대 의대졸 1986년 同대학원졸 1989년 의학박사(서울대) [경]1977~1980년 대위 예편(육군 軍의관) 1985년 대동병원 외과 전문의(현) 1990~1992년 미국 Vanderbilt Medical Center 외과 교환교수 1992~1994년 대동병원 외과 주임과장 1994~2001년 同진료부장 2001~2004년 同의무원장 2004년 同원장(현) 2016년 부산시병원회 회장(현)

박경희(朴京姬·女) Park Kyung Hee
[생]1955·4·15 [출]서울 [주]서울 서대문구 이화여대길52 이화여자대학교 경영학부(02-3277-2794) [학]1978년 이화여대 경영학과졸 1980년 同대학원 경영학과졸 1989년 경영학박사(연세대) [경]1993년 이화여대 경영학부 교수(현) 2000~2002년 한국토지공사 사외이사 2002~2004년 이화여대 재무처장, 기획예산처 기금정책심의위원회 위원, 국세청 기준경비율심의위원회 위원, 행정자치부 지방재정정책 자문위원 2004~2006년 이화여대 ECCP·이화학당건설본부장 2007년 우리투자증권 사외이사 겸 감사위원 2011~2013년 이화여대 경영전문대학원장 겸 경영대학장 2014~2016년 공직자윤리위원회 위원 2015년 롯데케미칼(주) 사외이사 겸 감사위원장(현), 금융감독원 총괄분과 자문위원(현)

박경희(朴敬姬·女) PARK Gyung Hee
[생]1955·10·14 [본]밀양(密陽) [출]충남 아산 [주]서울 용산구 청파로47길100 숙명여자대학교 인문학부 중어중문학과(02-710-9707) [학]1974년 충남여고졸 1979년 숙명여대 중어중문학과졸 1982년 대만국립정치대 대학원 중어중문학과졸 1988년 문학박사(대만국립정치대) [경]1989~1992년 GMP 산하 HOPE 선임연구원 1994년 숙명여대 중어중문학전공 부교수 2003년 同인문학부 중어중문학과 교수(현) [종]기독교

박계배(朴桂培) PARK Kei Bai
[생]1955·6·2 [본]무안(務安) [출]충남 당진 [주]서울 종로구 이화장길70의15 소호빌딩1층 한국예술인복지재단(02-3668-0200) [학]1976년 안양예고졸 1982년 서울예술대학 연극과졸 2011년 대진대 문화예술전문대학원 공연영상학과졸(석사) 2016년 상명대 일반대학원졸(예술학박사) [경]1984~2004년 샘터파랑새극장 극장장 1991년 극단 '서전씨어터' 대표(현) 1993~2003년 한국연극연출가협회 이사 1998~2000년 (사)한국연극협회 감사 1999~2001년 서울공연장협의회 이사 2001~2004년 (사)한국연극협회 이사 겸 연출분과위원장 2001~2002년 (사)전국소공연장연합회 이사 2002~2003년 (사)아시아태평양프로듀서네트워크 부이사장 2002~2004년 한일연극교류협의회 운영위원 2002~2005년 (사)국제극예술협회 한국본부 이사 2002~2007년 (사)전국소공연장연합회 부회장 2003~2004년 파랑새국제어린이축제 집행위원장 2003년 (사)아시아태평양프로듀서네트워크 이사장 2004~2007년 (사)한국연극협회 부이사장 2005~2007년 100만원연극공동체 운영위원 2006~2011년 서울시 정책자문단 위원 2006~2008년 한일연극교류협의회 부회장 2006~2009년 (사)국제아동청소년연극협회 한국본부 이사 2006~2008년 인천앤아츠 자문위원 2007~2012년 (사)한국연극협회 이사장 2007~2012년 좋은공연만들기협의회 회장 2007년 한국연극교육위원회 공동대표 2007~2012년 전국청소년연극제 운영위원장 2007~2012년 고마나루전국향토연극제 운영위원장 2007~2011년 서울지역혁신협의회 문화콘텐츠산업분과 위원장 2007~2012년 제13·14·15기 민주평통 자문위원 2007~2008년 하이서울페스티벌 기획위원장 2008년 한국연극100주년기념사업단 단장 2008~2012년 (사)한국예술문화단체총연합회 부회장 2008~2012년 대한민국연극대상 운영위원장 2008년 대학로문화활성화위원회 위원장(현) 2008~2012년 (사)춘천국제연극제 자문위원장 2008~2012년 통영연극예술축제 자문위원장 2008~2012년 국회 대중문화앤미디어연구회 특별회원 2008~2010년 (재)대학로문화재단 이사 2009~2012년 서울실크로드 연극제 운영위원장 2009년 당진문화원 홍보대사 2009년 서울시문화예술진흥위원회 위원 2009년 문화체육관광부 통합극장추진위원회 위원 2010~2012년 예술의전당 연극부문 자문위원 2010~2012년 (재)국립극단 이사 2010~2012년 한국문화예술위원회 위원 2012년 국립극장진흥재단 이사(현) 2012년 호원대 공연미디어학부 교수(현) 2013~2014년 (재)한국공연예술센터 이사장 2014년 한국예술인복지재단 대표이사(현) [상]한국예술문화단체총연합회 예술문화상 대상(2008), 제59회 서울시 문화상 연극분야(2010), 대한민국연극대상 특별상(2013) [저]'서울의 경쟁력 강화를 위한 문화산업 육성방안'(2008)

박계옥(朴桂沃) PARK GAE OK
[생]1962·11·6 [본]밀양(密陽) [출]전남 보성 [주]세종특별자치시 도움5로20 국민권익위원회 운영지원과(044-200-7179) [학]1981년 순천 매산고졸 1989년 서울대 역사교육과졸 1991년 同행정대학원 행정학과졸 2004년 영국 런던대 대학원 정책학과졸 2005년 同대학원 박사과정 1년 이수 2011년 행정학박사(서울시립대) [경]1990년 행정고시 합격(34회) 1992~2000년 국무총리비서실 제1·2·3행정조정관실·규제개혁조정관실 사무관 2000~2007년 국무총리비서실 서기관·국가청렴위원회 정책총괄과장(서기관) 2007~2011년 국가청렴위원회 부이사관·국민권익위원회 기획재정담당관(부이사관) 2011년 국민권익위원회 민원분석심의관(고위공무원) 2011년 同부패방지국장 2015년 同권익개선정책국장 2016년 국가공무원인재개발원 교육파견(고위공무원)(현) [상]근정포장(2002), 홍조근정훈장(2014) [종]기독교

박계현(朴桂賢·女) PARK Kye Hyun
[생]1964·4·17 [본]밀양(密陽) [출]서울 [주]강원 춘천시 공지로288 춘천지방검찰청(033-240-4000) [학]1983년 서울 예일여고졸 1987년 고려대 법학과졸 1997년 미국 듀크대 법과대학 수료 [경]1990년 사법시험 합격(32회) 1993년 사법연수원 수료(22기) 1993년 서울지검 동부지청 검사 1995년 인천지검 검사 1996~1997년 해외 연수 1998년 서울지검 서부지청 검사 1999년 여성특별위원회 파견 2004~2005년 법무법인 세종 변호사 2005년 대전지검 검사 2006년 同부부장검사 2007년 서울중앙지검 부부장검사 2008년 수원지검 성남지청 부장검사 2009년 사법연수원 교수 2010년 대검찰청 감찰2과장 2011년 同대변인 2012년 서울남부지검 형사2부장 2013년 서울고검 검사 2015년 춘천지검 원주지청장 2016년 춘천지검 차장검사(현) [상]홍조근정훈장(2016)

박계홍(朴啓洪) PARK Kye Hong
[생]1960·1·5 [본]밀양(密陽) [출]전남 장흥 [주]대전 동구 대학로62 대전대학교 경영대학 경영학과(042-280-2336) [학]1978년 진흥고졸 1985년 목포대 경영학과졸 1987년 한국외국어대 경영학과졸 1993년 경영학박사(아주대) [경]1990~1994년 아주대 경영대학 강사 1994년 대전대 경영대학 경영학과 전임강사·조교수·교수(현) 1998~2001년 同경영학과장 2001년 同연수지원센터장 2002년 한국인사관리학회 이사 2003년 한국인적자원개발학회 상임이사 2003년 인터넷신문 '뉴스파워' 이사 2003~2004년 대전대 대학원 교학부장 2004~2008년 대한경영학회 이사·편집위원 2005~2006년 미국 Univ. of Delware 교환교수 2006~2007년 한국인적자원개발학회 편집위원

회 부위원장 2007~2009년 대전대 취업경력개발센터장 겸 학생인력개발처장 2008~2012년 정부통합전산센터 고객만족위원장 2009~2011년 대전대 기획처장 겸 연수학습센터장 2013년 同평생교육원장(현) 2013년 한국인적자원개발학회 회장·고문(현) 2015년 대전대 HRD사업단장(현) 2016년 대전도시공사 비상임이사(현) [상]대전대총장 공로상(2002) [저]'인적자원관리론'(2003) '조직행동론'(2004) '경영학원론'(2008) '변화와 혁신을 위한 리더십'(2014) '경영조직론'(2015) [역]'성과향상을 위한 조직행동론'(2015) [종]기독교

박공우(朴公雨) Park Kong Woo

[생]1963·5·28 [본]반남(潘南) [출]전남 장성 [주]경기도 과천시 관문로47 법무부 검찰국 검찰과(02-2110-3251) [학]1980년 장성농업고졸 1989년 조선대 법학과졸 [경]2007년 인천지검 조사과 수사관(수사사무관) 2008년 同검사 직무대리 2010년 법무부 인권정책과 검찰사무관 2013년 인천지검 검사 직무대리(검찰수사서기관) 2014~2015년 同사건과장·수사과장 2015년 법무부 검찰국 검찰과 검찰수사서기관(현) [상]법무부장관표창(1998), 국무총리표창(2005)

박공주(朴公珠·女) PARK Gong Joo

[생]1957·11·22 [주]전북 전주시 완산구 농생명로300 농촌진흥청 농촌지원국 역량개발과(063-238-1810) [학]1977년 광주 경신여고졸 1988년 한국방송통신대 초등교육학과졸 1995년 수원대 대학원 가정교육학과졸, 가족복지학박사(중앙대) [경]1978~1989년 전남 진도군·함평군·해남군·나주군 농촌지도소 생활개선지도담당 1990년 전남도농촌진흥원 생활지도과 가정경영계장 1992년 농촌영양개선연수원 연구조사과 의생활연구실장 1994년 농촌생활연구소 생활환경과 생활지도관, 同농촌노인연구실 농업연구관, 同인적자원연구실장, 국립농업과학원 홍보팀장 2009년 농촌진흥청 대변인 2011년 同기술협력국 기술연수과장 2012년 同농촌지원국 역량개발과장(현) [상]보건사회부장관표창

박관근(朴寬根) PARK Gwan Geun

[생]1966·7·15 [출]전남 신안 [주]서울 도봉구 마들로749 서울북부지방법원(02-910-3114) [학]1985년 서울 명지고졸 1989년 서울대 법학과졸 [경]1988년 사법시험 합격(30회) 1991년 사법연수원 수료(20기) 1991년 공군 법무관 1994년 서울지법 동부지원 판사 1996년 서울지법 판사 1998년 전주지법 정읍지원 판사 1999년 同부안군·고창군법원 판사 2000년 광주고법 판사 2003년 광주지법 판사 2004년 대법원 재판연구관 2006년 대전지법 부장판사 2008년 수원지법 성남지원 부장판사 2010년 서울동부지법 부장판사 2012년 서울중앙지법 부장판사 2015년 서울북부지법 민사3단독 부장판사(현)

박관수(朴官洙)

[생]1972·9·13 [출]경기 고양 [주]경남 창원시 성산구 창이대로669 창원지방검찰청 형사2부(055-239-4390) [학]1991년 대성고졸 1996년 연세대 법학과졸 [경]1997년 사법시험 합격(39회) 2000년 사법연수원 수료(29기) 2000년 공익법무관 2003년 제주지검 검사 2005년 부산지검 검사 2007년 의정부지검 검사 2010년 서울중앙지검 검사 2013년 광주지검 부부장검사 2014년 춘천지검 부부장검사 2015년 서울고검 검사 2016년 창원지검 형사2부장(현)

박관식(朴寬湜) Park Kwansig

[생]1957·6·23 [주]경기 성남시 분당구 구미로173번길59 한국장애인고용공단 임원실(031-728-7001) [학]1976년 목포 홍일고졸 1993년 조선대 정밀기계공학과졸 [경]1993년 한국장애인고용공단 입사 2006년 同기획예산부장 2008년 同전북지사장 2009년 同광주지사장 2011년 同능력개발국장 2012년 同전남직업능력개발원장 2016년 同전남지사 수석전문위원 2016년 同고용촉진이사(현)

박관용(朴寬用) PARK Kwan Yong (柏山)

[생]1938·6·6 [본]밀양(密陽) [출]부산 [주]서울 서초구 사평대로20길12 대영빌딩3층 21세기국가발전연구원(02-3447-4311) [학]1957년 동래고졸 1961년 동아대 정치학과졸 1984년 서울대 행정대학원 발전정책과정 수료 1991년 한양대 대학원 행정학과졸 1995년 명예 정치학박사(부산대) 1997년 명예 법학박사(동아대) 1998년 연세대 언론홍보대학원 최고관리자과정 수료 2004년 명예 행정학박사(신라대) [경]1960년 부산4·19학생대책위원회 위원장 1967년 국회의원 비서관 1976년 민주전선 편집위원 1977년 신민당 원내총무실 전문위원 1981년 제11대 국회의원(부산 동래甲·乙, 민주한국당) 1981년 민주한국당 정책심의회 법제내무위원장 1981년 국회 내무위원 1982년 민주한국당 원내수석부총무 1985년 제12대 국회의원(부산 동래, 신한민주당) 1985년 신한민주당 원내부총무·정무위원 1985년 남북국회예비회담 대표 1987년 헌법개정 기초위원 1988년 통일민주당 통일정책위원장·정무위원 1988년 제13대 국회의원(부산 동래甲, 민주당·민자당) 1988년 국회 통일정책특별위원장 1990년 민주자유당 당무위원 1992년 同대통령선거홍보대책위원장 1992년 제14대 국회의원(부산 동래甲, 민자당) 1992년 국회 문화공보위원 1992년 나라사랑실천운동본부 홍보본부장 1992~1993년 대통령직인수위원회 제1위원회 위원장 1993년 김영삼 대통령 비서실장 1994~1995년 대통령 정치특별보좌관 1995년 동아대 정치학과 초빙교수 1995년 신한국당 부산동래甲지구당 위원장 1996년 제15대 국회의원(부산 동래甲, 신한국당·한나라당) 1996년 국회 통일외무위원장 1996년 21세기국가발전연구원 이사장(현) 1996~2002년 해외한민족연구소 이사장 1997년 신한국당 사무총장 1997년 국제의원연맹 서울총회 조직위원장 1997~2000년 한나라당 부산동래甲지구당 위원장 1997년 同중앙선거대책위원장 1998~2000년 同부총재 1999년 한양대 행정대학원 겸임교수 2000~2002년 한나라당 부산동래지구당 위원장 2000~2004년 제16대 국회의원(부산 동래, 한나라당) 2001년 한나라당 국가혁신위원회 부위원장 2001~2002년 同언론자유수호비상대책위원장 2002년 同당의화합과발전을위한특별위원장 2002년 同총재 권한대행 2002~2004년 국회 의장 2004~2012년 한나라당 상임고문 2004년 동아대 사회과학대학 정치행정학부 석좌교수 2007년 한나라당 제17대 대통령선거중앙선거대책위원회 상임고문 2008년 이명박 대통령 당선인 정책자문위원 2008~2010년 사랑의장기기증운동본부 이사장 2009년 부산스포츠발전위원회 위원장 2011년 북한민주화위원회 상임고문(현) 2012년 새누리당 상임고문(현) 2013년 뷰티플드림콘서트조직위원회 명예위원장 2014년 재외동포재단 자문위원장(현) 2014년 해공신익희선생기념사업회 회장(현) 2016년 새누리당 제4차 전당대회 대표최고위원및최고위원선출을위한선거관리위원회 위원장 [상]청조근정훈장(1995), 건국포장(2010) [저]'통일문제의 이해'(1989) '통일의 새벽을 뛰면서'(1991) '충격과 위기'(2000) '공직에는 마침표가 없다(共)'(2001) '나의 삶, 나의 꿈, 그리고 통일'(2003) '다시 탄핵이 와도 나는 의사봉을 잡겠다'(2004) '통일은 산사태처럼 온다'(2006) '북한 급변사태와 우리의 대응(共)'(2007) 회고록 '나는 영원한 의회인으로 기억되고 싶다'(2014, 조선뉴스프레스) [종]천주교

박광구(朴光九) PARK Kwang Gu

[생]1957·4·8 [출]강원 춘천 [주]강원 춘천시 동산면 논골길17의24 (주)비룡CHC 대표이사실(033-261-9495) [학]성수고졸, 삼척공업전문대학 기계과졸, 삼척대 건축공학과졸 [경](주)비룡건업 대표이사, 춘천소양로타리클럽 회장, 在춘천삼척대동창회 이사, 춘천시수영연맹 부회장, 한국갱생보호공단 재정지원후원회 회원 2003~2009년 대한전문건설협회 강원도회 회장 2009년 대한건설정책연구원 감사 2013년 (주)비룡CHC 대표이사(현) [상]법무부장관표창, 산업포장(2007) [종]불교

박광국(朴光國) PARK Kwang Kook

[생]1959·2·26 [본]무안(務安) [출]대구 [주]세종특별자치시 시청대로370 한국환경정책평가연구원 원장실(044-415-7700) [학]1977년 경북고졸 1982년 서울대 영문학과졸 1985년 同행정대학원졸 1990년 행정학박사(미국 조지아대) [경]1990년 미국 조지아대 연구조교 1991~1997년 영남대 행정학과 전임강사·조교수 1991년 대구사회연구소 연구위원 1993년 한국환경정책학회 이사 1993년 학사고시 출제위원 1994년 영남대 행정학과장 1994년 대구·경북행정학회 총무이사 1997년 영남대 행정학과 부교수 1997~1998년 미국 Tulane Univ. 교환교수 1999~2000년 한국전산원 정보화수준평가위원회 평가위원 1999~2000년 경북도 토지수용위원 2001~2003년 대구시 시정연구위원회 연구위원 2003년 대통령직인수위원회 정무분과 자문위원 2004~2014년 가톨릭대 행정학과 교수, 同정부혁신생산성연구소장 2006년 서울행정학회 회장 2006년 정부업무평가위원회 위원 2006년 대통령자문 정부혁신지방분권위원회 행정전문위원 2006년 대통령자문 정책기획위원회 위원 2008년 가톨릭대 행정대학원장 2009년 同교무처장 2009년 민주평통 자문위원 2012년 행정안전부 융합행정위원 2012년 법제처 특별자문위원회 위원장 2013년 한국행정학회 회장 2013년 관세청 정부3.0기획 자문위원 2013년 미래창조과학부 정책고객위원회 위원 2013년 교육부 대학교육인정기관 실무위원 2014년 한국임업진흥원 비상임이사(현) 2014년 한국환경정책평가연구원 원장(현) [상]문화관광부장관표창(2004), 한국지방정부학회 학술상(2004), 대통령표창(2006) [저]'산성비(THE ACID RAIN CONTROVERSY)'(1992) '공공정책의 결정요인 분석'(1993) '행정학의 주요이론(共)'(1996) '현대조직의 이해와 관리(共)'(2000) '지역발전과 지역혁신'(2003) [종]가톨릭

박광기(朴光基) PARK Kwang Ki

[생]1960·3·31 [본]밀양(密陽) [출]경기 포천 [주]대전 동구 대학로62 대전대학교 정치외교학과(042-280-2363) [학]1978년 서울 대일고졸 1982년 성균관대 정치외교학과졸 1984년 同대학원 정치외교학과졸 1995년 정치학박사(독일 뮌헨대) [경]1985년 외교안보연구원 책임연구원 1989~1995년 독일 바이에른주립도서관 연구원 1995~1996년 숭실대 사회과학연구원 전임연구위원 1995~1996년 성균관대 사회과학연구소 연구위원 1996년 대전대 정치언론홍보학과 교수, 同정치외교학과 교수(현) 1999년 同동북아연구소장 1999~2000년 오스트리아 비엔나국립대 초빙교수 2002~2005년 대전CBS '시사포커스' 메인앵커 2003~2005년 대전대 신문사·방송국 주간 2003~2012년 대학입학수학능력시험 출제위원 2004~2011년 행정고시·외무고시·입법고시 출제위원 2005년 피플퍼스트아카데미(PFA) 부원장 겸 정책개발실장 2005년 희망21포럼 전국대표 2005~2009년 국무총리산하 경제인문사회연구회 기획평가위원 2008년 자유선진당 창당준비위원 2008년 同공천심사위원 2008년 同정책연구원 부원장 2008~2009년 한국정치정보학회 회장 2009~2010년 한국정치학회 이사 2009~2010년 대전TJB '좋은 세상 열린토론' 메인 앵커 2010년 국민중심연합 공천심사위원 2010~2012년 한국연구재단 HK(인문한국)관리위원회 위원 2011년 한국국제정치학회 부회장 2011~2013년 한국연구재단 청렴옴부즈만 2012~2014년 한국교육과정평가원 중학교사회교과서 검정위원 2012~2013년 통일부 정책자문위원 2012~2013년 국립특수교육원 특수교육국정교과서 교과용도서 심의위원 2012~2013년 대한정치학회 이사 2012년 중도일보 독자권익위원회 부회장(현) 2012년 한국국제정치학회 이사(현) 2012년 한국세계지역학회 부회장, 同자문위원(현) 2012년 한국정치정보학회 명예회장(현) 2012~2014년 한국연구재단 사회과학단장 2013~2014년 한국정치학회 정치학발전특별위원장 2013년 한국교육과정평가원 디지털교과서심의위원장(현) 2014년 同고등학교법과정치교과서심의위원장(현) 2014년 학교법인 동정성모학원 이사회 이사(현) 2014년 대통령직속 지방자치발전위원회 자문위원(현) 2015년 대전대 중앙도서관장 겸 박물관장(현) 2016년 대전CBS '박광기의 시사매거진' 진행자(현) [저]'남북한통합론(共)'(1998) 'Eins und doppelt'(2000) '한반도와 통일문제'(2001) '한반도와 통일문제 : 한반도 문제의 재조명(共)'(2002, 서울대왕사) '한반도 평화번영 거버넌스 실태조사(하)'(2003, 통일연구원) '신패러다임 통일교육 구현방안'(2005, 통일연구원) '한국과 독일, 통일역사교육을 말하다(共)'(2016, 서울 느티숲) [종]천주교

박광민(朴光玟) PARK Kwang Min

[생]1956·4·20 [주]서울 종로구 성균관로25의2 성균관대학교 법학전문대학원(02-760-0359) [학]1979년 성균관대 법정대학 법률학과졸 1982년 同대학원 법학과졸 1990년 법학박사(성균관대) [경]1981년 성균관대 법대 교육조교 1990년 同법학연구소 연구원 1990~1997년 同법대 강사 1992~1997년 서원대 법학과 조교수·부교수 1995~1996년 일본 도쿄대 법학부 객원연구원 1997년 성균관대 법학과 부교수·교수(현) 2003년 서울고검 항고심사회 위원 2004~2005년 캐나다 UBC Visiting Scholar 2006년 한국학술진흥재단 사회과학단 프로그램관리자(PM) 2007년 한국피해자학회 회장 2007년 국무총리실 경제인문사회연구회 기획평가위원회 위원 2007년 해양경찰청 인권수호위원회 위원장 2008년 성균관대 법학전문대학원 교수(현) 2011~2014년 同출판부장 2013년 한국형사법학회 회장 2013~2014년 성균관대 법학전문대학원장 겸 법과대학장 2014년 한국형사법학회 고문(현) 2014년 서울중앙지법 시민사법위원회 위원 2015년 대법원 양형위원회 위원(현) [저]'형법각론' '법학개론' '형법총론' '민·형사관계법의 이해'

박광민(朴光民) Kwangmin Park

[생]1957·7·19 [주]인천 서구 첨단동로344 청라달튼외국인학교 교장실(032-563-0523) [학]서울대 사회학과졸, 미국 미시간주립대 대학원졸, 사회학박사(미국 미시간주립대) [경]서울대 사회발전연구소 연구원, 명지대 사회학과 교수 2002년 同학생생활연구소장 2011년 청라달튼외국인학교 교장(현)

박광배(朴廣培)

[생]1966·5·17 [출]충남 서산 [주]충남 논산시 강경읍 계백로99 대전지방검찰청 논산지청(041-745-2505) [학]1985년 배재고졸 1992년 중앙대 법학과졸 [경]1997년 사법시험 합격(39회) 2000년 사법연수원 수료(29기) 2000년 인천지검 검사 2002년 대구지검 경주지청 검사 2004년 수원지검 안산지청 검사 2006년 서울중앙지검 검사 2009년 대검찰청 연구관 2011년 대전지검 부부장검사 2013년 법무부 감찰담당관실 검사 2014년 서울중앙지검 부부장검사 2016년 대전지검 논산지청장(현) [상]대통령표창(2016)

박광서(朴光西) Park Kwang Seo

[생]1958·9·6 [본]밀양(密陽) [출]경기 광주 [주]경기 수원시 팔달구 효원로1 경기도의회(031-8008-7000) [학]동원대 부동산컨설팅학과졸 [경]경기 광주시 회덕동 이장, 경기 광주시농업경영인회 회장, 경기 광주농협 이사, 경기 광주시농민단체협의회 정책실장, 남한산성세계문화유산추진위원, 민주평통 자문위원, 경기 광주초등학교총동문회 부회장, 경기 광주시체육회 이사, 경기 광주문화원 특별위원 2012년 경기도의회 의원(새누리당) 2012년 同도시환경위원회 위원 2014년 경기도의회 의원(새누리당)(현) 2014년 同건설교통위원회 간사 2016년 同새누리당 수석부대표 2016년 同교육위원회 위원(현) [종]기독교

박광석(朴光錫)

[생]1958·11·11 [주]강원 화천군 화천읍 화천새싹길45 화천군청 부군수실(033-440-2205) [학]1977년 강원 양양고졸 1996년 한림성심대학졸 [경]2004년 강원도 환경관광문화국 문화예술과 근무 2006년 同관광사업추진단 사무관 2007년 同세무회계과 사무관 2012년 同기획관실 계약관리담당 사무관 2013년 同회계과 경리담당 사무관 2014년 同규제개혁추진단장 직무대리(서기관) 2015년 同제전기획과장 2015년 강원 화천군 부군수(현) [상]경제기획원장관표창(1996), 행정자치부장관표창(2001), 대통령표창(2009)

박광석(朴光錫) PARK Kwang Suk

[생]1967·5·5 [출]경기 [주]세종특별자치시 도움6로11 환경부 환경정책관실(044-201-6630) [학]1986년 동북고졸 1990년 서울대 정치학과졸 1998년 同행정대학원 행정학과졸 [경]1991년 행정고시 합격(35회) 1997년 환경부 대기보전국 대기정책과 사무관 2003년 同대기보전국 대기정책과 서기관 2004년 同대기보전국 대기총량제도과장 2006년 同장관비서관 2007년 同대기보전국 대기정책과장 2007년 同자원순환국 자원재활용과장, 駐유엔대표부 1등서기관 2011년 환경부 기획조정실 기획재정담당관(부이사관) 2012년 同대변인 2013년 同자원순환국장 2014년 교육 파견(고위공무원) 2015년 환경부 환경정책실 환경정책관(현)

박광섭(朴光燮)

[생]1971·3·3 [출]경남 밀양 [주]경남 통영시 용남면 동달안길67 창원지방검찰청 통영지청(055-640-4200) [학]1989년 밀양고졸 1998년 고려대 법학과졸 [경]1998년 사법시험 합격(40회) 2001년 사법연수원 수료(30기) 2001년 서울지검 동부지청 검사 2003년 전주지검 정읍지청 검사 2004년 대구지검 검사 2007년 의정부지검 고양지청 검사 2009년 서울중앙지검 검사 2012년 부산지검 검사 2015년 서울북부지검 부부장검사 2016년 창원지검 통영지청 부장검사(현)

박광성(朴光星) PARK, Kwangsung

[주]광주 동구 제봉로42 전남대병원 비뇨기과(062-220-6701) [학]1983년 전남대 의대졸 1990년 同대학원졸 1993년 의학박사(전남대) [경]1992~2003년 전남대 의과대학 비뇨기과학교실 전임강사·조교수·부교수 1995~1997년 미국 보스턴대 의대 연구원 2003년 전남대 의과대학 비뇨기과학교실 교수(현) 2008년 전남대병원 교육연구실장 2010~2012년 대한남성과학회 회장 2011년 전남대병원 임상의학연구소장, 同의생명연구원장, 同성의학연구소장, 同노인의학센터 소장 2014년 대한여성성건강연구학회 회장(현) 2015년 대한민국의학한림원 정회원(현) 2015년 국제성의학회(ISSM) 오픈액세스(Open Access)학술지 'Sexual Medicine' 편집위원장(현) 2016년 바른과학기술사회실현을위한국민연합 공동대표(현) 2016년 대한비뇨기과학회 학술지 Investigative and Clinical Urology 편집위원장(현) [상]국제성의학회 학술대회 최우수논문상(1996·2000), 대한남성과학회 우수논문상(1999·2003·2005), 대한비뇨기과학회 우수논문상(2003), 국제여성성건강연구학회 기초생리학부분 최우수논문상(2007), 교육과학기술부 및 한국과학재단 선정 '이달(11월)의 과학기술자상'(2008), 보건산업기술진흥유공자표창(2012) [저]'남성갱년기와 안드로겐'(共) '생체 재료와 조직공학' 'Women's Sexual Function and Dysfunction(共)'(2005) [종]가톨릭

박광수(朴光洙) PARK Kwang Su

[생]1955·1·22 [출]강원 속초 [주]서울 성북구 화랑로32길146의37 한국예술종합학교 영화과(02-746-9551) [학]금성고졸 1983년 서울대 미대 조소과졸 1985년 프랑스 ESEC영화학교졸 [경]영화감독(현) 1988년 '칠수와 만수'로 감독데뷔 1993년 (주)박광수필름 설립 1996년 뉴욕링컨센타 박광수 회고전 1996~1999년 부산국제영화제 집행위원회 부위원장 1999년 부산영상위원

회 운영위원장 · 명예 운영위원장(현) 1999년 한국예술종합학교 영상원 영화과 조교수 · 부교수 · 교수(현) 2009~2011년 同영상원장 [상]대종상 신인감독상(1988), 백상예술대상 신인감독상(1988), 스위스 로카르노영화제 청년비평가상(1989), 영평상 신인감독상(1989), 프랑스 낭뜨3대륙영화제 감독상(1990), 싱가포르영화제 최우수아시아영화상(1991), 영평상 감독상(1991), 오늘의 젊은예술가상(1993), 프랑스 낭뜨3대륙영화제 관객상(1994), 청룡영화상 감독상(1995), 춘사영화예술제 감독상(1995), 씨네21 감독상(1995), 영국4TV의 3세계영화감독10人에 선정, 로카르노영화제 청년비평가상(2000), 대한민국 문화훈장(2005), 로마국제영화제 엘리스인더시티부문 최우수작품상(2007), 인도뭄바이아시아영화제 아시아영화문화상(2008) [작]영화 '칠수와 만수'(1988) '그들도 우리처럼'(1990) '베를린 리포트'(1991) '그 섬에 가고 싶다'(1993) '아름다운 청년 전태일'(1995) '이재수의 난'(1999) '빤스 벗고 덤벼라'(2000) '여섯개의 시선'(2003) '방아쇠'(2004) '눈부신 날에'(2007)

박광숙(朴光淑 · 女) Park Gwang-Suk

[생]1957 · 1 · 15 [주]부산 연제구 중앙대로1001 부산광역시의회(051-888-8245) [학]남해상고졸 [경]한나라당 부산시당 여성위원회 부위원장, 새누리당 부산시당 여성위원장, 同중앙여성위원회 전국위원, YWCA 해운대센터 위원, 부산YWCA 이사 2014년 부산시의회 의원(비례대표, 새누리당)(현) 2014년 同윤리특별위원회 위원 2014년 同기획재경위원회 위원 2015년 同기획행정위원회 위원(현)

박광순(朴光淳) PARK Kwang Soon (春溪)

[생]1935 · 7 · 1 [본]밀양(密陽) [출]전남 영암 [주]서울 서초구 반포대로37길59 대한민국학술원(02-3400-5220) [학]1953년 전남 목포상고졸 1957년 전남대 경제학과졸 1975년 경제학박사(전남대) [경]1958~1978년 전남대 경제학과 조교 · 전임강사 · 조교수 · 부교수 1974~1978년 同학생처장 1978~2000년 同교수 1979~1980년 목포대 학장 1981년 일본 도쿄대 경제학부 객원교수 1984년 王仁연구소 소장(현) 1984년 전남대 경영대학원장 1986년 同교무처장 1989년 일본 사가(佐賀)대 교수 1990년 전남대 기업경영연구소장 1991년 비교경제학회 부회장 1992년 전남대 대학원장 1993년 한국경제사학회 회장 1997~1999년 21세기전남비전위원회 위원장 1997년 아시아그린투어리즘회 한국대표 1997년 2010세계박람회전남유치위원회 부위원장 2000년 전남대 명예교수(현) 2000년 대한민국학술원 회원(경제학 · 현) 2000~2006년 아시아그린투어리즘네트워크 한국대표 2001~2002년 일본 도호쿠가쿠인(東北學院)대 경제학부 객원교수 2002년 일본 구루메(久留米)대 경제학부 및 대학원 교수 2005~2007년 대한민국학술원 인문사회과학부 제6분과 회장 2010~2012년 포럼 '사람과사람들' 이사장 2016년 고봉숭덕회 회장(현) [상]경제학회상(1983), 무등문화상 학술본상(1985), 다산경제학상(1987), 금호학술상(1993), 용봉학술상, 황조근정훈장(2000), 자랑스런 전남대인(2003), 용봉인영예대상(2010), 한일문화대상(2011) [저]'한국어업경제사 연구'(1981) '비교경제체제론'(1982) '경제체제론'(1986) '한국경제의 이해'(1986) '日韓漁村の比較研究(共)'(1991) '경제사'(1992) '경제사신론(共)'(1997) '바다와 어촌의 사회경제론'(1998) '바람처럼스쳐가는 시간'(2000) '21世紀の觀光とアジア · 九州(共)'(2001) '일본 산촌의 지역경제와 사회정책(共)'(2001) '일본 산촌의 지역활성화와 사회구조(共)'(2001) '문화의 경제학'(2007) '한일어민의 접촉과 마찰(共)'(2008) '왕인과 천자문(共)'(2012) '王仁博士研究(共)'(2013) '성기동 단상(共)'(2013) '호남인이 일본 고대국가형성에 끼친 영향에 관한 연구(共)'(2013) '春溪 朴光淳 自傳 에세이, 나의 太平享記'(2016)

박광식(朴廣植) PARK GWANG SIK

[생]1957 · 8 · 25 [주]경기 화성시 우정읍 기아자동차로95 기아자동차(주) 화성공장 임원실(031-359-5104) [학]부산 성지공고졸, 경남대 산업공학과졸 [경]2008년 기아자동차 이사대우 2010년 同화성공장 종합관리실장(이사) 2012년 同소하리공장장(상무) 2013년 同화성공장장(전무) 2016년 同화성공장장(부사장)(현)

박광식(朴廣植)

[생]1957 · 9 [주]서울 서초구 헌릉로12 현대자동차(주) 임원실(02-3464-1257) [학]경남공고졸, 성균관대 산업공학과졸 [경]현대자동차(주) 전략기획팀장 2006년 同전략기획팀장(이사대우) 2008년 同정책조정팀장(이사), 同상무 2012년 同전무 2014년 同부사장(현)

박광열(朴洸烈) PARK Kwang Youl

[생]1963 · 2 · 11 [본]밀양(密陽) [출]부산 [주]세종특별자치시 다솜2로94 해양수산부 해사안전국(044-200-5800) [학]1983년 수원 유신고졸 1988년 경기대 행정학과졸 1997년 영국 웨일즈대 대학원 해양정책학과졸 [경]1990년 행정고시 합격(34회) 1992년 인천지방해운항만청 총무과 · 부두과 근무 1994년 해운항만청 기획관리관실 · 법무담당관실 근무 1995년 同해운국 노정과 근무 1996년 국외 훈련(영국 웨일즈대) 1998년 해양수산부 수산정책국 유통가공과 근무 2000년 同국제협력관실 원양어업담당관실 근무 2000년 同기획관리실 기획예산담당관실 근무 2001년 同해양정책국 해양환경과장 직대 2002년 同해양정책국 해양환경과장 2003년 同수산정책국 유통가공과장 2003년 駐중국대사관 파견 2006년 해양수산부 국제협력관실 국제협력팀장 2007년 同해양정책국 해양정책과장 2007년 同해양정책본부 해양정책팀장 2007년 同해양정책본부 해양개발팀장 2008년 국토해양부 해양환경정책과장 2008년 同허베이스피리트피해보상지원단 지원기획팀장 2010년 同자동차정책과장 2011년 同해양환경정책관(고위공무원) 2012년 대전지방국토관리청장 2013년 해양수산부 대변인 2014~2015년 국립외교원 파견(고위공무원) 2015년 인천지방해양수산청장 2016년 해양수산부 해사안전국장(현) [상]대통령표창(1999)

박광온(朴洸瑥) PARK Kwang On

[생]1957 · 3 · 26 [본]밀양(密陽) [출]전남 해남 [주]서울 영등포구 의사당대로1 국회 의원회관533호(02-784-5364) [학]1975년 광주상고졸 1984년 고려대 사회학과졸, 동국대 언론정보대학원졸 [경]1984년 MBC 입사 1994~1997년 同사회부 · 국제부 · 정치부(국회) · 청와대 출입기자 1997~2000년 同도쿄특파원 · 정치부 차장(앵커) 2002년 同정치부 부장대우 2003년 同기획취재센터 정치전문기자 2005년 同보도국 통일외교부장 2005년 同보도국 뉴스편집센터 1CP 2006년 同보도국 정치국제에디터 2007년 同보도국 논설위원 2008년 同'뉴스와 경제' 앵커 2008년 同보도국장 2009년 同보도국 국장급 2009~2011년 同보도본부 논설위원 2011년 同'100분 토론' 진행 2012년 민주통합당 문재인 대통령후보 미디어특보 2012년 同제18대 대통령선거대책위원회 공동대변인 2013년 민주당 홍보위원장 2013년 同당무위원 2014년 同대변인 2014년 민주당 · 새정치연합 신당추진단 공동대변인 2014년 새정치민주연합 당무위원 2014년 同대변인 2014년 제19대 국회의원(수원丁(영통) 보궐선거, 새정치민주연합 · 더불어민주당) 2014년 국회 기획재정위원회 위원 2015년 새정치민주연합 의원담당 원내부대표 2015년 국회 운영위원회 위원 2015년 국회 동북아역사왜곡대책특별위원회 위원 2015년 새정치민주연합 대표최고위원 비서실장 2015년 더불어민주당 의원담당 원내부대표 2015~2016년 同대표최고위원 비서실장 2016년 제20대 국회의원(경기 수원시丁, 더불어민주당)(현) 2016년 더불어민주당 대변인 2016년 同수석대변인 2016년 同국민연금공공투자특별위원회 위원장(현) 2016년 同청년일자리TF 위원(현) 2016년 국회 기획재정위원회 간사(현) 2016년 국회 저출산 · 고령화대책특별위원회 위원(현) 2016년 더불어민주당 경기수원시丁지역위원회 위원장(현) 2016년 아시아기자협회 이사(현) 2016년 더불어민주당 제2정책조정위원회 위원장(현) [상]동국언론인상(2008), 전국청소년선플SNS기자단 선정 '국회의원 아름다운 말 선플상'(2015), 중부일보 율곡대상 국가정치부문(2016) [저]'역시, 사람이 희망이다'(2011, 메가트렌드) [종]천주교

박광우(朴光愚) Park Kwang Woo

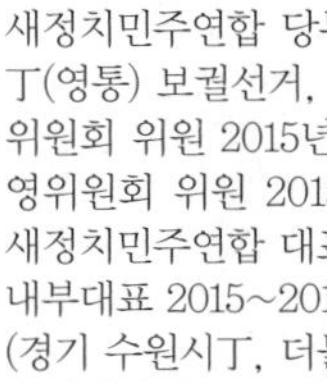

[생]1964 · 4 · 19 [주]서울 동대문구 회기로85 한국과학기술원 금융전문대학원(02-958-3540) [학]1988년 연세대 경영학과졸 1990년 同대학원 경영학과졸 1996년 경제학박사(미국 미주리대 컬럼비아교) 2003년 재무학박사(미국 일리노이대 어배나교) [경]1999~2001년 미국 미주리대 초빙조교수 2003~2005년 중앙대 조교수 2005년 한국과학기술원(KAIST) 금융전문대학원 부교수 · 교수(현) 2006~2008년 공정거래위원회 경쟁정책자문위원회 위원 2007년 규제심사단 자문위원(현) 2007년 Asia-Pacific Journal of Financial Studies (증권학회지) Associate Editor(현) 2007~2009년 한국과학기술원(KAIST) 금융공학연구센터장 2007~2009년 한미재무학회 부회장 2010년 경제발전경험공유사업(KSP) 자문위원(현) 2010~2011년 금융위원회 금융발전심의회 위원 2010~2012년 국무총리실 자체평가위원회 위원 2012년 정책연구심의위원회 위원(현) 2012~2014년 (주)현대라이프생명보험 사외이사 2013년 금융안정연구(예금보험공사발행) 편집위원장(현) 2014년 재무연구 편집위원장(현) 2014년 금융위원회 금융중심지추진위원회 민간위원(현) 2015년 기획재정부 세제발전심의회 위원(현) 2015년 새누리당 나눔경제특별위원회 위원(현) 2015년 사학연금자산운용위원회 위원(현) 2016년 한국과학기술원(KAIST) 녹색성장대학원장(현) [상]연세

대총장표창(1990), 미국 Univ. of Missouri Donald Anderson Teaching Award(1995), 한국금융학회 우수논문상(2004), 한국과학기술원 경영대학 Outstanding Research Award(2008) [저]'기업재무전략으로 본 대한민국 성공중견기업의 조건'(2007, 석정) '한국금융의 새로운 패러다임'(2008, S&R경제경영연구원)

박광우(朴光佑) PARK Kwang Woo

[생]1968 · 4 · 20 [출]서울 [주]서울 양천구 신월로386 서울남부지방법원 민사11부(02-2192-1222) [학]1987년 고려대사대부고졸 1991년 서울대 법과대학 사법학과졸 1994년 同대학원 법학과 수료 [경]1993년 사법시험 합격(35회) 1996년 사법연수원 수료(25기) 1996년 대한법률구조공단수원지부 공익법무관, 서울지법 의정부지원 판사 2001년 서울지법 판사 2003년 전주지법 정읍지원 판사 2006년 서울행정법원 판사 2008년 서울고법 판사 2010년 서울동부지법 판사 2011년 부산지법 부장판사 2012년 수원지법 성남지원 부장판사 2015년 서울남부지법 민사11부 부장판사(현)

박광진(朴洸眞) PARK Kwang Jin

[생]1935 · 4 · 4 [출]서울 [주]서울 서초구 반포대로37길59 대한민국예술원(02-3479-7223) [학]1954년 서울사범학교졸 1958년 홍익대 서양화과졸 [경]1957 · 1959 · 1960 · 1961년 국전 특선 1962년 국전 추천작가 1965~1975년 서울교대 미술과 전임강사 · 조교수 · 부교수 1972년 국전 초대작가 1974 · 1980 · 1981년 同심사위원 1975~2001년 서울교대 미술교육과 교수 1976년까지 개인전 4회 1979년 문예진흥원 운영위원 1992~1994년 한국미술협회 이사장 1992~1994년 예술의전당 이사 1992년 국립현대미술관 운영자문위원 1992년 국제조형예술협회(IAA) 수석부위원장 1995년 미술의해 집행위원장 1997~1999년 서울시립미술관 운영위원장 1998년 한국미술협회 상임고문(현) 2000년 파리 유네스코초대전 개최 2002년 서울교대 미술교육과 명예교수(현) 2002~2007년 스페인 아르코주빈국 조직위원장 2008년 대한민국예술원 회원(서양화 · 현) [상]서울시 문화상(1997), 국무총리표창(1997), 예총 문화대상(1997), 보관문화훈장(1998), 5.16민족상(2000), 홍조근정훈장(2000), 은관문화훈장(2008) [저]'한국현대미술대표작가선집'(1982)

박광태(朴光泰) Park Kwang Tae (松民)

[생]1943 · 6 · 2 [본]밀양(密陽) [출]전남 완도 [주]서울 강남구 논현로102길12, 대성빌딩 전국호남향우회중앙회(02-557-1230) [학]1962년 전남 문태고졸 1969년 조선대 법정대학 상학과졸 1983년 고려대 경영대학원 수료 1993년 한양대 최고경영자과정 수료 1998년 경희대 국제법무대학원 수료 1998년 명예 경제학박사(조선대) 1999년 고려대 컴퓨터과학기술대학원 수료 2001년 전남대 최고경영자과정 수료 2010년 명예 법학박사(전남대) [경]1974년 통일당 청년 · 노동 · 인권국장 1976년 同전남제13지구당 위원장 1985년 민주헌정연구회 기획위원장 1986년 정치범동지회 조직위원장 1986년 민주화추진협의회 노동국장 1987년 민주당 창당발기인 · 중앙상무위원 1987년 평민당 선전 · 인권국장 · 노동특별위원회 부위원장 1991년 신민당 전남도지부 부지부장 1992년 민주당 중앙당기위원회 부위원장 1992년 제14대 국회의원(광주 북구甲, 민주당 · 국민회의) 1992년 민주당 사무부총장 1995년 국민회의 사무부총장 1996년 제15대 국회의원(광주 북구甲, 국민회의 · 새천년민주당) 1998년 국민회의 제2정책조정위원장 1999년 同경제대책위원장 2000년 새천년민주당 총재특보 2000~2002년 제16대 국회의원(광주 북구甲, 새천년민주당) 2000~2002년 국회 산업자원위원장 2000년 대한핸드볼협회 회장 2002년 (사)민주화추진협의회 수석부회장 2002 · 2006~2010년 광주광역시장(새천년민주당 · 민주당 · 대통합민주신당 · 통합민주당 · 민주당) 2002~2005년 한국발명진흥회 회장 2005년 (사)민주화추진협의회 공동회장(현) 2007년 대통합민주신당 정동영 대통령후보 중앙선거대책위원회 상임고문 2008년 민주당 당무위원 2008년 광주시 지역경제살리기비상대책위원장 2008년 (재)광주영어방송재단 이사장 2008년 광주여성희망포럼 공동위원장 2010년 2015광주하계유니버시아드조직위원회 집행위원장 2010년 조선대 정책대학원 행정학과 석좌교수 2014년 전국호남향우회중앙회 회장(현) 2015년 2015광주하계유니버시아드대회 조직위원회 명예위원장 2015년 새정치민주연합 고문 2015년 2015광주하계유니버시아드대회 시민서포터즈추진위원장 [상]국제평화상(2008), 대한민국글로벌경영인대상 지자체(광역시)부문(2008), 대한민국글로벌CEO대상 글로벌브랜드경영부문(2009), 5.18민주유공자단체통합추진위원회 감사패(2010), 조선대총동창회 '자랑스런 조대인'(2014) [저]'개혁시대 산업정책'(1993) '한국산업정책 무엇이 문제인가'(1995) '21세기 한국중소기업정책'(1999) '뛰면서 생각했다'(2009) [종]천주교

박광태(朴光泰) Park, Kwangtae

[생]1961 · 5 · 21 [출]대구 [주]서울 성북구 안암로145 고려대학교 경영학과(02-3290-1944) [학]1984년 서울대 산업공학과졸 1986년 同대학원 산업공학과졸 1991년 경영과학박사(미국 버클리대) [경]1991~1992년 미국 버클리대 공학연구소 Post-Doc. 1992~1996년 영남대 경영학과 전임강사 · 조교수 1996년 고려대 경영대학 조교수 · 부교수 · 교수(현), 한국생산성학회 학술위원장 · 부회장 · 회장 1999년 미국 하와이대 경영대학 방문교수 2003~2004년 미국 캘리포니아대 로스앤젤레스교 방문교수, NHN · 삼성전기 · 삼성그룹 사례개발 자문교수, 고려대 경영대학 학술정보실장, 同경영대학원 Service Business 최고경영자과정 · 기업경영연구과정 주임교수, 한국서비스경영학회 부회장, 한국산업경영학회 부회장, 서비스사이언스학회(SoSS) 부회장, 서비스사이언스전국포럼(SSNF) 조직위원장, 한국생산관리학회 이사 · 국제위원장, 한국기업경영학회 부회장, 서울시 업무평가위원회 위원, 중소기업진흥공단 선진자문화위원 2010~2012년 고려대 경영전문대학원 부원장 2013년 한국기업경영학회 회장 2016년 한국중소기업학회 회장(현) [상]한국경영학회 생산/MIS분야 최우수논문상(1994), 한국서비스경영 학술상(2001) [저]'CIM 시스템의 이해(共)'(1994) '경영을 위한 컴퓨터활용(共)'(1996) 'SPSS · SAS활용 통계학개론(共)'(1998) '물류관리의 종합적 이해'(共) '생산관리(共)'(1998) 'EXCEL활용 의사결정(共)'(1999) 'WIN/EXCEL 활용 통계학개론(共)'(1999) '핵심기능만 빼고 전부 아웃소싱하라(共)'(1999) '글로벌경영전략(共)'(2000, 대한상공회의소 한국경제센터) '오퍼레이션스 경영(共)'(2002) 'EXCEL 활용 통계학 개론(共)'(2005) '해외로 가는 것만이 능사인가?(共)'(2005) '오퍼레이션스경영(共)'(2006) [역]'성공기업의 딜레마(共)'(1999) '서비스수익모델(共)'(2000) '서비스경영(共)'(2002) 'Supply Chain Management-전략, 계획 및 운영(共)'(2002 · 2006)

박광호(朴光浩) PARK Kwang Ho (夕嘉軒)

[생]1950 · 7 · 10 [본]밀양(密陽) [출]인천 [주]경기 과천시 새술막길39 동부대우전자서비스(주) 임원실(1588-1588) [학]1969년 경기고졸 1977년 서울대 경제학과졸 [경]삼성전자(주) 과장, 한독 이사, 뮤직네트워크 이사 2002년 (주)동부 입사, 同광고담당 부사장 2007년 同대표이사 사장 2013년 동부익스프레스 여객부문 대표이사 사장 2014~2015년 동부팜한농(주) 대표이사 사장 2014년 동부팜흥농(주) 대표이사 2015년 동부팜한농(주) 각자대표이사 사장 2015년 동부대우전자서비스(주) 대표이사 사장(현) [역]'아메리칸 시저 더글러서 맥아더'(2007) [종]천주교

박광호(朴廣浩) PARK Kwang Ho

[생]1955 · 3 · 21 [출]서울 [주]서울 강남구 언주로211 강남세브란스 치과병원 구강악안면외과(02-2019-3563) [학]1980년 연세대 치과대학 치의학과졸 1994년 단국대 대학원 치의학과졸 [경]1986~1995년 연세대 치과대학 구강악안면외과 연구강사 · 전임강사 · 조교수 · 부교수 1997~1999년 미국 Alabama대 구강악안면외과 연구교수 2001년 연세대 치과대학 구강악안면외과학교실 교수(현) 2005년 강남세브란스병원 치과병원 구강악안면외과장(현) 2009~2015년 同치과병원장

박광호(朴光鎬) Park, Kwangho

[생]1960 · 3 · 15 [주]경기 안산시 상록구 한양대학로55 한양대학교 ERICA캠퍼스 경영학부(031-400-5644) [학]1983년 한양대 경영학과졸 1986년 미국 아이오와대 대학원 경영학과졸(석사) 1990년 경영학박사(미국 아이오와대) [경]1990년 미국 아이오와대 산업공학 객원조교수 1990~1994년 삼성SDS CIM 컨설턴트 · AI/UNIX팀장 · 소프트웨어연구팀장 1994년 한양대 경상대학 경영학부 교수(현) 2003년 미국 아이오와대 산업공학과 초빙교수 2010년 한양대 일반대학원 경영컨설팅학과 교수 겸임(현) 2010~2012년 同지식서비스연구소장 2016년 同경상대학장 겸 기업경영대학원장(현) [상]한국경영정보학회 추계학술대회 최우수논문상(2006), 한양대 우수강의 교수상(2007), 한양대 Best Teacher상(2009 · 2016) [저]'uniERP를 이용한 ERP운영'(2005, 명경사) '혁신DNA'(2009, K-Books)

박광호(朴光浩) PARK Kwang Ho

[생]1961 · 1 · 8 [본]밀양(密陽) [출]충북 청주 [주]충북 청주시 흥덕구 직지대로769 충청일보 논설위원실(043-279-2000) [학]1979년 세광고졸 1985년 충남대 경상대 무역과졸 [경]충청일보 편집부 · 정치부 · 교육체육부 · 제2사회부 기자 1997년 同정경부 차장 1997년 同경제부 차장 2001년 同음성주재 차장 2004년 同사회부장 2007년 同편집국 부국장 2012년 同세종본부장 2013년 同편집국장 2015년 同논설위원(이사대우)(현)

박광희(朴光熙) PARK Kwang Hee

[생]1963·4·14 [출]전남 여수 [주]서울 중구 세종대로17 와이즈빌딩 한국일보 논설위원실(02-724-2114) [학]1982년 부산 금성고졸 1986년 서울대 신문방송학과졸 [경]1989년 한국일보 편집국 기자 1999년 同여론독자부 기자 2001년 同사회부 기자 2002년 同문화부 차장대우 2003년 同사회2부 차장대우 2004년 同문화부 차장대우 2007년 同문화팀장(차장대우) 2007년 同피플팀장 2008년 同국제부 차장 2008년 同편집국 국제부장 직대 2009년 同편집국 문화부 전문기자 2010년 同편집국 생활과학부 전문기자(부장대우) 2010년 同편집국 편집위원 2011년 同편집국 국제부장 2013년 同논설위원 2013년 同편집국 국제부장 2014년 同편집국 문화부장 2014년 同편집국 부국장 직대 겸임 2015년 同미래전략실 출판부문장 2016년 同논설위원(현)

박교선(朴敎善) Park, Kyo-Sun

[주]전북 전주시 완산구 농생명로300 농촌진흥청 연구정책국 연구정책과(063-238-0710) [학]1986년 충남대 원예학과졸 1992년 同대학원 원예학과졸(석사) 2002년 농학박사(서울대) [경]1992~2008년 국립원예특작과학원 과수과 농업연구사 2008년 同과수과 포도연구센터장(농업연구관) 2009년 농촌진흥청 연구정책국 연구정책과 연구정책팀장 2011년 국립원예특작과학원 과수과 포도연구센터장 2013년 同온난화대응농업연구소장 2016년 농촌진흥청 연구정책국 연구정책과장(현) [저]'클릭! 21세기 포도 품종'(2002, 농촌진흥청) '한국원예발달사'(2013, 한국원예학회) '과수학총론'(2015, 향문사)

박구만(朴求萬) PARK Goo Man

[생]1961·3·26 [출]서울 [주]서울 노원구 공릉로232 서울과학기술대학교 전자IT미디어공학과(02-970-6430) [학]1980년 성남고졸 1984년 한국항공대 전자공학과졸 1986년 연세대 대학원 전자공학과졸 1991년 공학박사(연세대) [경]1984~1996년 삼성전자(주) 신호처리연구소 선임연구원 1986~1999년 호남대 전자공학과 교수 1999년 서울산업대 매체공학과 교수 2010년 서울과학기술대 전자IT미디어공학과 교수(현) 2016년 同NID융합기술대학원장(현) [저]'멀티미디어의 이해' '최신 디지털공학'

박구서(朴九緖) PARK Gu Sir

[생]1953·9·14 [출]충남 예산 [주]서울 서초구 남부순환로2477 JW중외그룹 임원실(02-840-6777) [학]예산고졸 1976년 중앙대 신문방송학과졸, 세종대 행정대학원 최고보건산업정책과정 수료, 안양대 경영행정대학원졸 [경]1978년 (주)중외제약 입사, 同광고부장 1997년 同홍보실장 1999년 同홍보담당 이사 2000년 한국전문경영인학회 상임이사·부회장 2001~2010년 한국제약협회 홍보전문위원회 위원장 2001년 (주)중외제약 홍보담당 상무이사 2004년 同경영지원본부장(수석상무) 2006년 同전무이사, 아시아유럽미래학회 이사 2010년 (주)중외제약 경영지원본부장(부사장) 2010년 同대표이사 부사장 2011~2012년 (주)JW중외제약 대표이사 부사장 2012~2015년 한국제약협회 기초필수의약품특별위원장 2012~2015년 제약협회윤리위원회 위원장 2013년 JW홀딩스 사장(COO·업무최고책임자) 2015년 JW중외그룹 부회장(현) [상]한국제약협회장표창(1996), 보건복지부장관표창(2000) [종]천주교

박구선(朴球宣) Park Gu Sun

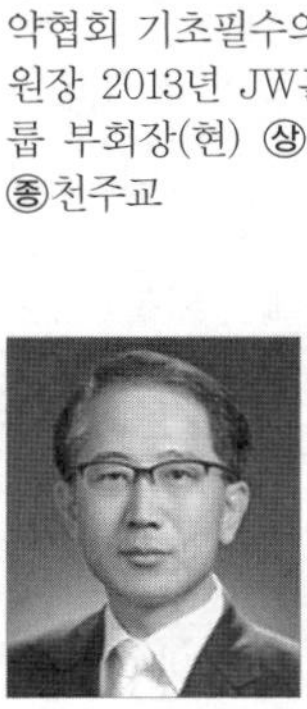

[생]1960·6·2 [출]경북 영천 [주]서울 서초구 마방로68 동원산업빌딩 한국과학기술기획평가원 재정투자분석본부 R&D예산정책실(02-589-2236) [학]1978년 대구 대건고졸 1986년 영남대 경영학과졸 2001년 고려대 대학원 경영학과졸 2005년 기술경영학박사(대전대) [경]1996~1999년 과학기술정책연구원(STEP)·한국과학기술기획평가원(KISTEP) 관리지원실장 1999~2001년 한중과학기술협력센터 소장 2001~2005년 한국과학기술기획평가원(KISTEP) 종합조정실장 2005년 同지식확산센터장 2005~2010년 同전문정책위원 선임연구원 2010년 同정책기획본부장 2010년 국가과학기술위원회 성과관리국장 2011년 同성과평가국장 2012년 한국과학기술기획평가원(KISTEP) 부원장 2014년 한국과학기술연구원(KIST) 기술정책연구소 정책연구위원(파견) 2014년 한국과학기술기획평가원 재정투자분석본부 R&D예산정책실 선임연구위원(현)

박구용(朴久用) PARK Koo Yong

[생]1963·10·4 [본]밀양(密陽) [출]전북 익산 [주]서울 종로구 율곡로75 현대건설 토목환경사업본부(02-746-2141) [학]1988년 성균관대 대학원 토목공학과졸 1999년 토목공학박사(영국 옥스퍼드대) [경]1992년 현대건설(주) 입사·기술개발원 부장 1999년 영국 국립수리연구소(HR Wallingford) 파견 2009년 현대건설 토목환경사업본부 부장 2012년 同토목환경사업본부 상무보(현) [상]현대건설 최우수사원상(2003), 과학기술부·한국산업기술진흥협회 이달(8월)의 엔지니어상(2005), 국무총리표창(2007), 산업포장(2012) [저]'해안파동'(2004)

박구원(朴久遠) PARK Koo Woun

[생]1951·4·22 [주]경북 김천시 혁신로269 한국전력기술(주) 사장실(031-421-3114) [학]부산고졸, 서울대 원자핵공학과졸 [경]1976년 한국전력기술(주) 입사 1991년 同차세대원자로기술개발용역사업 책임자 2000년 同KEDO원전 종합설계용역사업 책임자 2003년 同원자력사업단장 2004년 同원자력사업단 전문위원 2009~2011년 한국원자력연구원 SMART개발본부 기술고문 2012~2013년 포스코건설 원자력고문 2013년 한국전력기술(주) 대표이사 사장(현) 2013년 기초전력연구원 비상임감사(현) [상]은탑산업훈장(2015)

박국구(朴國求) PARK Gook Goo

[생]1958·8·7 [출]전북 고창 [주]전북 전주시 완산구 효자로225 전라북도의회 사무처(063-280-3041) [학]고창고졸, 한국방송통신대 행정학과졸 [경]고창군 흥덕면장, 전북도 건설교통국 재난관리과 재난총괄담당, 同의회사무처 의사담당관실 법제·의안·의사담당, 同문화체육관광국 문화예술과 문화재·문화일자리담당 2011년 同문화체육관광국 체육진흥과장 2012년 同문화체육관광국 스포츠생활과장 2014년 교육 파견(과장급) 2015년 전북도 자치안전국 안전총괄과장 2015년 전북도의회 의사담당관 2016년 同사무처 총무담당관(현)

박국수(朴國洙) PARK Guk Soo

[생]1947·11·4 [출]부산 [주]서울 중구 후암로110 한국의료분쟁조정중재원(02-6210-0100) [학]1966년 부산고졸 1971년 서울대 법과대학 법학과졸 [경]1973년 사법시험 합격(15회) 1975년 사법연수원 수료(5기) 1978년 서울민사지법 판사 1980년 서울지법 북부지원 판사 1982년 전주지법 군산지원 판사 1984년 수원지법 판사 1985년 미국 연수 1986년 서울고법 판사 1989년 대법원 재판연구관 1990년 광주지법 장흥지원장 1992년 사법연수원 교수 1995년 서울지법 부장판사 1997년 광주고법 부장판사 1997년 부산고법 부장판사 1999년 서울고법 부장판사 2005년 전주지법원장 2005년 서울남부지법원장 2006년 특허법원장 2009~2010년 사법연수원장 2010~2015년 법무법인 대륙아주 공동대표변호사·고문변호사 2015년 한국의료분쟁조정중재원 원장(현) [종]천주교

박국양(朴國洋) Kook-Yang Park (棨濟)

[생]1956·12·23 [본]밀양(密陽) [출]전남 보성 [주]인천 남동구 남동대로774번길21 가천대학교 길병원 흉부외과(032-460-8413) [학]1975년 광주제일고졸 1981년 서울대 의과대학졸 1986년 同대학원졸 1988년 의학박사(서울대) [경]1981~1986년 국립의료원 흉부외과 전임의 1986년 부천세종병원 흉부외과 전임의 1986~1990년 인제대 서울백병원 흉부외과 조교수 1993년 미국 애리조나의과대 흉부외과 연수 1993~1996년 부천세종병원 흉부외과 과장·심장이식프로그램 확립 1996~2003년 인천길병원 흉부외과 주임과장, 가천의과학대 흉부외과 교수 2003년 길병원 심장센터 소장 2005년 同소화기센터장, 同진료부장 2007~2009년 同기획부원장 2009~2011년 同홍보실장 2009~2011년 同대변인 2011~2012년 同연구부원장 2012년 가천대 흉부외과학교실 교수(현) 2013년 同의학전문대학원장(현) 2013년 하나반도의료연합 이사장(현) 2015년 중국 훈춘시 명예시민 2016년 가천대 의과대학 발전위원장(현) [상]보건복지부장관표창(1997), 여의대상 길봉사상(2013) [저]'심장중환자관리 지침서'(1999) '보호자를 위한 심장이식안내' '레지던트와 간호사를 위한 심장수술 환자관리(編)'(2012, 고려의학) '심장수술 후 중환자실에서의 환자관리'(2012) [역]'감염 관리지침서'

박국인(朴國仁) PARK Kook In

[생]1956·7·27 [본]밀양(密陽) [출]부산 [주]서울 서대문구 연세로50의1 세브란스어린이병원 신생아과(02-2228-2059) [학]1975년 경남고졸 1982년 연세대 의대졸 1986년 同대학원 의학석사 1992년 의학박사(연세대) 1997년 미국 하버드의대 신경과학 박사후과정 수료 [경]1989~2003년 연세대 의대 소아과학교실 강사·전임강사·조교수·부교수 1993~2003년 同의대 강남세

브란스병원 신생아과장 1994~1997년 미국 하버드의대 보스톤아동병원 신경과학 Post-Doc. 2003년 연세대 의대 소아과학교실 교수(현) 2016년 연세대의료원 어린이병원 신생아과장(현) [저]'SEVERANCE MANUAL OF PEDIATRICS(共)'(2005, 연세대출판부) '내 품안에 줄기세포(共)'(2007, 세포응용연구사업단) '재생의학 (The 3rd Edition)(編)'(2010)

박군수(朴群秀) Park Koon Soo

[생]1960 · 7 · 4 [본]영해(寧海) [출]충북 보은 [주]서울 중구 삼일대로330 평화방송 라디오국(02-2270-2114) [학]1979년 청주고졸 1986년 경북대 영어교육과졸 2003년 서강대 언론대학원 언론학과졸(석사) [경]1986~1990년 포천 일동종합고 · 부천남중 교사 1990년 평화방송 입사 · 라디오국 프로듀서 2002년 同라디오국 제작부 차장 2011년 同라디오국 부장 2013~2015년 同라디오국장 2015년 同라디오국 PD(현) [상]한국방송협회 한국방송대상 라디오부문(2000) [종]천주교

박군철(朴君哲) Park, Goon-Cherl

[생]1952 · 7 · 29 [본]반남(潘南) [출]부산 [주]서울 관악구 관악로1 서울대학교 원자핵공학과(02-880-7210) [학]1970년 경남고졸 1975년 서울대 원자력공학과졸 1979년 同대학원졸 1983년 원자력공학박사(미국 Rensselaer Polytechnic Inst.) [경]1983~1994년 서울대 조교수 · 부교수 1988~1989년 미국 위스콘신대 객원교수 1994년 서울대 원자핵공학과 교수(현) 1997~2001년 원자력안전전문위원회 전문위원 1998~2002년 감사원 국책사업단 자문위원회 원자력담당 위원 2001~2004년 한국수력원자력(주) 사외이사 2002~2003년 미국원자력학회 한국지부 회장 2002~2004년 서울대 공과대학 연구지원소장 2002~2004년 同공과대학 연구부학장 2003~2005년 同공학연구소장 2005~2010년 차세대지역에너지연구소 소장 2008년 한국원자력학회 수석부회장 2009~2010년 同회장 2010~2012년 한국과학기술기획평가원 부원장 2010년 한국원자력통제기술원 이사장 2011년 한국원전수출산업협회 부회장 2012~2015년 한국전력 국제원자력대학원대학교(KINGS) 초대총장 [상]한국원자력학회 학술상(1999), 호주RMIT대연구상(2005), 서울공대연구상(2008), 미국 원자력학회 최우수논문상(2008), 대한민국 국민감동대상(2010) [저]'최신 2상 유동 실험 기법 및 응용'(2000) [종]기독교

박권식(朴權植)

[생]1958 · 7 · 3 [주]전남 나주시 전력로55 한국전력공사 상생협력본부(061-345-3114) [학]1976년 대구 계성고졸 1983년 경북대 농학과졸 1985년 同대학원 경영학과졸 [경]2009년 한국전력공사 그룹경영지원처 출자관리팀장 2010년 同경영연구소장 2012년 同미래전략처장 2013년 同대전충남지역본부장 2015년 同상생협력본부장(현)

박권현(朴權鉉) PARK Kwon Hyun

[생]1957 · 1 · 20 [출]경북 청도 [주]경북 안동시 풍천면 도청대로455 경상북도의회(054-880-5347) [학]대륜고졸 1985년 대구대 경상대학 경영학과졸 [경]이서면청년회 회장, 청도군생활체육협의회 부회장, 청도군씨름협회 회장, 청도경찰서 보안지도위원회 감사, 한나라당 경산 · 청도군당원협의회 운영위원 1998 · 2002 · 2006~2010년 경북 청도군의회 의원 2006~2008년 同의장 2010년 경북도의회 의원(한나라당 · 새누리당) 2012년 同문화환경위원회 위원 2012년 同예산결산특별위원회 위원 2012년 同윤리특별위원회 부위원장 2014년 경북도의회 의원(새누리당)(현) 2014년 同문화환경위원회 위원장 2016년 同행정보건복지위원회 위원(현)

박권흠(朴權欽) PARK Kwon Hum (又史)

[생]1932 · 3 · 12 [본]밀양(密陽) [출]경북 청도 [주]서울 종로구 삼일대로461 SK허브빌딩B동403호 한국차인연합회 임원실(02-734-5866) [학]1953년 고려속기고등기술학교졸 1970년 서울대 신문대학원 수료 2010년 명예 정치학박사(대구한의대) [경]1963년 국제신문 정치부장 1968년 경향신문 정치부 차장 1974년 신민당 김영삼 총재 비서실장 1979년 제10대 국회의원(경주 · 월성 · 청도, 신민당) 1979년 신민당 대변인 1981년 제11대 국회의원(경주 · 월성 · 청도, 민주정의당) 1982년 민주정의당(민정당) 정책위원회 부의장 1982~1993년 속기협회 회장 1983년 국회 건설위원장 1983년 국제속기연맹 집행위원 1983~1989년 한국서화작가협회 회장 1985년 제12대 국회의원(경주 · 월성 · 청도, 민정당) 1985년 국회 문교공보위원장 1985년 SLOOC 집행위원 1987년 민정당 정책위원회 부의장 · 국책조정위원회 상근위원 1989년 한국도로공사 이사장 1990년 민자당 정책평가위원회 부위원장 1991~1996년 대구일보 사장 1992년 한국차인연합회 회장(현) 1996년 국민체육진흥공단 상임고문 1997년 한국자동차경주협회 회장 1999년 同명예회장 2000년 사명당기념사업회 부회장 2000년 육우다경연구회 명예회장 2002년 대한민국헌정회 서화위원장 2003~2007년 同편집위원회 의장 2006년 (사)사명당(四溟堂)기념사업회 고문 2008년 同회장 2008년 세계차연합회(WTU) 부회장 2010년 同회장(현) 2010년 (사)사명당기념사업회 상임고문(현) 2014년 국가원로회의 수석부의장(현) 2015년 대한민국헌정회 홍보편찬위원회 의장(현) 2015년 세계서예전북비엔날레 초대작가 [상]초의문화상 [저]'열풍전야' '맹자의 직언' '정치가 가는 길' '정치의 현장' '정치 이대로는 안된다' '닭의 목을 비틀어도 새벽은 온다'(1992, 심우) '나의 茶사랑 이야기'(2004, 한솜미디어) '한국의 茶文化' 'YS와 나 그리고 茶' [역]'反사회주의 선언' [종]불교

박귀원(朴貴媛 · 女) PARK Kwi Won

[생]1949 · 2 · 25 [본]상산(商山) [출]서울 [주]서울 동작구 흑석로102 중앙대병원 외과(02-6299-3180) [학]1972년 서울대졸 1975년 同대학원졸(의학석사) 1978년 의학박사(서울대) [경]1977~1979년 원자력병원 외과 선임의 1979~1980년 서울대병원 소아외과 전임의 1980~2014년 서울대 의과대학 소아외과 전임강사 · 조교수 · 부교수 · 교수 1984~1985년 매사추세츠종합병원 선임연구원 1989년 시애틀아동병원 교환교수 2006~2008년 (사)한국여자의사회 회장 2010년 대한민국의학한림원 감사(현) 2014년 서울대 의대 명예교수(현) 2014년 중앙대 의대 소아외과학교실 임상석좌교수(현) [상]대한민국무궁화대상 의학부문(2008), 옥조근정훈장(2014), 올해의 '한독 여의사 학술대상' (2015) [종]불교

박귀찬(朴貴贊) Park Kui Chan

[생]1957 · 6 · 14 [본]밀양(密陽) [출]충북 괴산 [주]인천 연수구 송도과학로100 포스코인재창조원 원장실(032-200-0045) [학]한국방송통신대 행정학과졸, 영국 버밍햄대 대학원 MBA, 고려대 경영대학원 MBA, 인력개발학박사(한국기술교육대) [경]공정거래위원회 기획예산담당관실 근무, 同독점관리과장 2006년 (주)포스코 인재개발원 임원보좌, 同글로벌R&D센터 프로젝트추진반장, 同대외협력실 · 글로벌R&D센터프로젝트추진반담당 상무 2012년 同대외협력실장(전무대우) 2013년 同대외협력실장(전무) 2014년 (주)포스코건설 전무 2015년 포스코인재창조원 원장(전무)(현) 2015년 중소기업기술혁신협회(INNOBIZ) 자문위원(현) [상]대통령표창(1993), 공정거래위원장표창(2003)

박규은(朴奎殷) PARK Kyu Eun

[생]1966 · 11 · 6 [출]대구 [주]서울 서초구 반포대로158 서울고등검찰청(02-530-3114) [학]1985년 경기고졸 1990년 서울대 사법학과졸 [경]1991년 사법시험 합격(33회) 1994년 사법연수원 수료(23기) 1994년 軍법무관 1997년 서울지검 동부지청 검사 1999년 광주지검 목포지청 검사 2000년 서울지검 검사 2004년 수원지검 검사 2006년 광주지검 부부장검사 2007년 서울고검 검사 2008년 부산지검 동부지청 형사3부장 2009년 사법연수원 교수 2011년 서울중앙지검 조사부장 2012년 대전지검 형사2부장 2013년 수원지검 안산지청 부장검사 2014년 법무연수원 교수 2015년 부산고검 검사(국민권익위원회 파견) 2016년 서울고검 검사(현)

박규태(朴圭泰) KYU TAE PARK (갈립 · 남산 · 한봉)

[생]1933 · 6 · 11 [본]함양(咸陽) [출]전북 고창 [주]서울 서대문구 연세로50 연세대학교 공과대학(070-8861-0758) [학]1953년 전북 고창고졸 1957년 연세대 전기과졸 1964년 영국 런던대 대학원졸 1969년 공학박사(영국 사우샘프턴대) [경]1957~1961년 연세대 전임강사 1969년 同이공대학 부교수 1970~1998년 同공대 전자과 교수 1971년 전자공학회 컴퓨터분과위원장 1978~1980년 한국정보과학회 회장, 同명예회장(현) 1980~1984년 연세대 총무처장 1986년 대한전자공학회 회장, 同명예회장 1987~1990년 한국과학기술단체총연합회 이사 1988~1992년 연세대 공대학장 1991~1992년 전국공과대학장협의회 회장 1992~1993년 국가과학기술자문회의 위원 1992~1998년 한국과학재단 이사 · 부이사장 1994~1998년 연세대 신호처리연구센터 소장 1994년 한국과학기술한림원 정회원 · 원로회원 · 종신회원(현) 1995~1997년 교육부 학술진흥위원장 1995년 영국 IET 석학회원(Fellow)(현) 1995년 영국 전기기술사(Chartered Electrical Engineer)(현) 1998년 연세대 공과대학 명예교수(현) 1999~2002년 전국과학기술인협회 공동회장 1999년 미국 The N.Y. Academy of Science 정회원 1999~2002년 산업기술연구회 이사장(장관급) 1999년 미국 국제전기전자공학회(IEEE) 석학회원(Fellow) 2004~2009

년 코리아타임즈 Living Science Column 기고 2008년 미국 국제전기전자공학회(IEEE) 종신석학회원(Life Fellow)(현) 2011~2014년 산업기술연구회 정책자문위원 2012~2014년 대한전자공학회 자문회의 위원장 [상]대한전자공학회 학술상(1974), 국민훈장 동백장(1997), 대한전자공학회 전자대상(1999), 국민훈장 모란장(2002), 6.25 참전용사감사패(2014) [저]'디지털공학'(1975) '디지탈회로 및 시스템'(1989) '컴퓨터구조(Ⅰ)'(1990) '디지탈 신호처리'(1991, 문운당) '컴퓨터구조(Ⅱ)' 등 [종]기독교

박규택(朴奎澤) PARK Kyu Tek

[생]1944 · 2 · 10 [본]밀양(密陽) [출]울산 [주]강원 춘천시 강원대학길1 강원대학교 응용생물학과(033-250-6430) [학]1962년 부산고졸 1967년 서울대 농생물학과졸 1980년 경희대 대학원졸 1984년 농학박사(서울대) [경]1983~1990년 강원대 농대 조교수 · 부교수 1989~1993년 강원도 농촌진흥원 겸임연구관 1990~2008년 강원대 농업생명과학대 생물환경학부 응용생물학과 교수 1993년 同생물다양성연구소장 · 자연사박물관장 1994년 미국 메릴랜드대 방문교수 1995년 일본 동물분류학회 편집위원(현) 1995년 한국과학기술한림원 정회원 1996~1998년 한국응용곤충학회 부회장 1996~1998년 강원대 농업과학연구소장 1998~2000년 同농업생명과학대학장 1998~2000년 임업연구원 겸임연구관 1999~2000년 동부그룹 사외이사 1999년 한국과학기술한림원 종신회원 2000년 한국동물분류학회 회장 2002~2004년 한국응용곤충학회 회장 2005~2009년 문화재위원회 천연기념물분과 위원 2006년 한국과학기술한림원 농수산학부장 2007년 미국 플로리다대 초빙교수 2008년 강원대 응용생물학과 명예교수(현) 2009년 한국과학기술한림원 부원장 2010년 곤충산업발전포럼 공동위원장 2013~2015년 한국과학기술한림원 총괄부원장 2016년 同이사(현) [상]송정곤충학상(1993), 화농상(1995), 옥조근정훈장(2008), 제2회 한국곤충학상(2010) [저]'한국 동식물 도감 27권(곤충편)'(1983) '신고 해충학'(1984) '휴전선 일대의 자연연구'(1987) '곤충분류학'(1988) '북한산 곤충조사 자료집'(1991) '곤충분류논문 초록집'(1994) '한국 곤충명집'(1994) '분류학의 이해'(1997) '한국의 나비'(1997) '강원의 자연'(1997) '강원의 곤충'(1998) '동자생산과 관리'(1999) '한국의 나방'(1999) '자원 곤충학'(2001) '한국과 인접지역의 뿔나방과 총서'(2007) 등 30여권

박규헌(朴圭憲) PARK Kyu Hun

[생]1950 · 9 · 4 [출]제주 제주시 [주]제주특별자치도 제주시 문연로13 제주특별자치도의회(064-741-1945) [학]제주고졸 2004년 제주산업정보대학 복지행정과졸 [경]북제주군 추자면장 · 애월읍장 · 농정과장, 제주특별자치도 감귤정책과장 · 농업정책과장, 제주시 친환경농수축산국장, 하귀초등학교 총동문회장, 귀일중 총동문회장, 애월라이온스클럽 회장, 밀양박씨은산부원군파 제주도 종친회장, 애월읍 주민자치위원회 고문(현), 민주평통 제주시협의회 정책자문위원(현), 제주축산업협동조합 운영평가 자문위원(현) 2010년 제주특별자치도의회 의원(민주당 · 민주통합당 · 민주당 · 새정치민주연합) 2010년 同농수축지식산업위원회 위원 2014년 제주특별자치도의회 의원(비례대표, 새정치민주연합 · 더불어민주당)(현) 2014~2016년 同부의장 2016년 同교육위원회 위원(현) 2016년 同FTA대응특별위원회 위원(현) 2016년 同제주복지공동체포럼 위원(현)

박규호(朴圭滈) Kyu-ho Park

[생]1957 · 12 · 12 [본]함양(咸陽) [출]경북 상주 [주]제주특별자치도 제주시 연삼로61 한국라이온스빌딩2층 한국전기차충전서비스(주) 비서실(070-7712-7442) [학]1975년 성남고졸 1980년 성균관대 법학과졸 1986년 同대학원 공법학과 수료 2002년 고려대 경영대학원졸 2004년 서울대 경영자과정 수료 2009년 외교안보연구원 글로벌리더십과정 수료(2기) 2014년 연세대 대학원 기술정책협동과정 박사과정 재학中 [경]1979년 한국전력공사 입사 1986~1996년 同홍보실 · 비서실 · 기획처 근무 1996년 同해외사업처 국제협력부장 1998년 同중앙교육원 책임교수 2002년 同도교지사장 2005~2007년 同감사실 조사팀장 · 기획처 법무팀장 2007년 同중국지사장 2007~2008년 중국 격맹국제능원 유한공사 부이사장 2009년 한국전력공사 부산본부장 2012년 同기획본부장 2012년 한중친선협회 자문위원(현) 2012년 한국전력학원 이사장 2012~2015년 한전병원 이사 2013년 연세대 신소재공학과 겸임교수 2013~2015년 한국전력공사 국내담당 부사장(상임이사) 2013~2015년 한국전력거래소 비상임이사 2014년 한국경영과학회 부회장 2014년 한국프로젝트경영협회 이사 2014년 한국전력공사 경영혁신추진단장 · 관리본부장 겸임 2014년 성균관대총동창회 부회장(현) 2014년 한국수력원자력(주) 비상임이사 2015년 한국전기차충전서비스(주) 대표이사(현) 2015년 서울대 공과대학 겸임교수(현) 2016년 제주대 공과대학 겸임교수(현) 2016년 제주전기차에코랠리대회 조직위원장 [상]산업자원부장관표창(2005), 한국전력공사 사장표창(2010) [저]'소담한 생각 밥상'(2015, 매일경제신문)

박규희(朴圭喜)

[생]1959 · 7 · 8 [출]경북 안동 [주]서울 중구 통일로120 NH농협은행 부행장실(02-2080-5114) [학]1978년 안동고졸 1980년 농협대학졸 1986년 한국방송통신대 경영학과졸 1995년 안동대 대학원 경영학과졸(석사) [경]1986년 농협중앙회 입사 · 양산군지부 서기 2007년 同경산시지부 부지부장 2008년 同울진군지부 부지부장 2009년 同구미중앙출장소장 2010년 同신용부문 투자금융부 단장 2012년 同프로젝트금융부장 2013년 NH농협은행 기업고객부장 2014년 同경북영업본부장(부행장보) 2016년 同부행장(현) [상]농림부장관표창, 국무총리표창

박균명(朴均明) PARK Gyun Myeong

[생]1961 · 11 · 1 [본]밀양(密陽) [주]서울 동작구 여의대방로16길61 기상청 계측기술과(02-2181-0712) [학]1982년 목포해양대 통신과졸 2006년 조선대 대학원 대기과학과졸 [경]2000~2006년 기상청 기상연구소 원격탐사연구실 전송주사 2006년 광주지방기상청 진도기상대장 2007년 기상청 관측기술운영과 사무관 2009년 同기상기술과 사무관 2010년 기상레이더센터 레이더운영과 사무관 2011년 기상청 기상기술과 사무관 2015년 同관측기반국 관측정책과 서기관 2015년 同계측기술과장(현) [상]국무총리표창(1999), 기상청장표창(2회), 대통령표창(2016) [저]'기상레이더 입문'(2005)

박균성(朴均省) PARK Kyun Sung

[생]1957 · 2 · 22 [본]밀양(密陽) [출]충북 충주 [주]서울 동대문구 경희대로26 경희대학교 법학전문대학원(02-961-0671) [학]1979년 서울대 법학과졸 1985년 同법과대학원졸 1989년 법학박사(프랑스 엑스마르세유제3대) [경]1989~1994년 단국대 조교수 · 부교수 1994~1998년 경희대 법학과 부교수 1998년 同법학전문대학원 교수(현) 2000~2014년 한국법제연구원 자문위원 2002년 한국원자력법학회 수석부회장(현) 2004년 경희대 법학연구소장 2005년 정보통신윤리위원회 제3분과전문위원회 위원 2005~2010년 국무총리 행정심판위원 2006~2010년 민주화운동관련자명예회복 및 보상심의위원회 위원(대법원장 추천) 2007년 미국 세계인명사전 '마르퀴즈 후즈후'에 등재 2007~2009년 한국인터넷법학회 회장 2007~2012년 법제처 자체평가위원회 위원장 2008년 국민권익위원회 자체평가위원(현) 2008~2010년 한국정보화진흥원 이사 2009~2010년 한국공법학회 회장 2009~2011년 감사원 정책자문위원 2010~2011년 중앙행정심판위원 2011년 입법이론실무학회 회장(현) 2012~2016년 사학분쟁조정위원회 위원(대법원장 추천) 2012~2015년 경희대 법학전문대학원장 · 법과대학장 겸임 2013~2015년 법무부 정책위원회 위원 2013년 서울북부지법 법교육참여위원회 위원장(현) 2014년 한국행정법학회 법정이사(현) 2014~2016년 경제인문사회연구회 기획평가위원 2016년 검찰미래발전위원회 위원(현) [상]한국공법학회 학술장려상(1996), 정보통신부장관표창(2001) [저]'경세치국론'(2012) '행정법연습 제5판'(2015) '환경법 제7판(共)'(2015) '행정법론上 제15판'(2016) '행정법론下 제14판'(2016) '행정법강의 제13판'(2016) [역]'프랑스 행정의 이해(共)'(1997) '프랑스 사회와 문화(共)'(2004) [종]천주교

박균조(朴均朝) PARK Kun Jo

[생]1957 · 11 · 29 [본]밀양(密陽) [출]전남 담양 [학]일본 교토대 대학원 법학과졸 [경]2008년 행정안전부 연금복지과 서기관 2009년 전남도 농림식품국 농산물유통과장 2012년 전남 강진군 부군수 2014년 전남도 농축산식품국장 2016년 同지방공무원교육원장 [상]국무총리표창(1995) [저]'日本의 지방자치와 정부간 관계'(2003, 책사랑) '재산세 제도와 보유세 개혁'(2006, 한국지방세학회)

박균택(朴均澤) PARK Kyun Taek

[생]1966 · 6 · 12 [출]광주 [주]서울 서초구 반포대로157 대검찰청 형사부(02-3480-2000) [학]1985년 광주 대동고졸 1989년 서울대 법과대학졸 [경]1989년 사법시험 합격(31회) 1992년 사법연수원 수료(21기) 1992년 軍법무관 1995년 서울지검 북부지청 검사 1997년 춘천지검 강릉지청 검사 1998년 광주지검 검사 2000년 법무부 검찰1과 검사 2002년 서울지검 검사 2004년 대전고검 검사 2005년 서울남부지검 부부장검사(사법제도개혁추진위원회 파견) 2006년 광주지검 형사3부장 2007년 법무부 형사법제과장 2008년 서울동부지검 형사6부장 2009년 대검찰청 형사1과장 2009년 서울중앙지검 형사5부장 2010년 대전지검 서산지청장 2011년 서울고검 검사 2011년 법무부 정책기획단장 2012년 수원지검 제2차장검사 2013년 서울남부지검 차장검사 2014년 대전지검 차장검사 2015년 광주고검 차장검사(검사장급) 2015년 대검찰청 형사부장(검사장급)(현) [종]기독교

박극제(朴克濟) PARK Geok Je

[생]1951·7·27 [본]밀양(密陽) [출]경북 청도 [주]부산 서구 구덕로120 서구청 구청장실(051-240-4001) [학]동아대 정치외교학과졸 1992년 부산대 행정대학원 최고행정관리자과정 수료, 동아대 대학원 정치외교학과졸 2008년 同대학원 정치학 박사과정 수료 [경]1987~2006년 (주)남일자동차 대표이사 1992년 부산시축구협회 부회장 1992년 부산시자동차매매사업조합 이사장·고문 1996년 한국자유총연맹 부산시 서구지부장 1998년 한나라당 부산西지구당 수석부위원장 1998년 한국청소년복지회 부이사장 1998·2002~2006년 부산시의회 의원(한나라당·무소속·한나라당) 1998년 민주평통 자문위원 2002~2004년 부산시의회 건설교통위원장, 同예산결산특별위원회 위원장 2006·2010년 부산시 서구청장(한나라당·새누리당) 2010~2012년 부산시구청장·군수협의회 총무, 자유장학회 회장, 在부산청도향우회 회장, 부산대신초등학교총동창회 회장 2014년 부산시 서구청장(새누리당)(현) 2014년 부산시구청장·군수협의회 부회장 2016년 同회장(현) [상]교통부장관표창(1993), 교육부장관표창(1997), 경찰청장표창(1997), 대통령표창(2000) [종]불교

박근규(朴根圭) PARK Geun Kyu

[생]1946·9·10 [출]경북 성주 [주]서울 성동구 무학로6길 3 별그린F&C회장실(02-2298-1150) [학]대구상고졸, 영남대 경영학과졸, 연세대 대학원졸 [경]1984~2010년 신라F&C 대표이사 1988년 대구상인연합회 회장 1990년 대구중앙신용협회 이사장 1992년 미국 캘리포니아주립대 한국문제연구소 이사 1993년 달성문화선양회 초대이사장 1995년 의류판매업협동조합연합회 회장(현) 1999년 중소기업협동조합중앙회 유통분과위원장, 同소기업특별위원장, 한국상인축구연합 회장 2001년 대구생활체육협의회 부회장 2002년 국제라이온스협회 355-C지구 총재 2004~2007년 중소기업협동조합중앙회 부회장, (주)신라 회장(현) 2010년 별그린F&C 대표이사(현) [상]국무총리표창(1987), 국민훈장 동백장(2010) [종]기독교

박근규(朴根圭) PARK, KEUN KYU

[생]1960·10·1 [본]밀양(密陽) [출]서울 [주]서울 광진구 능동로120 건국대학교 동물생명과학대학 동물자원과학과(02-450-3661) [학]1979년 동북고졸 1987년 건국대 낙농학과졸 1989년 同대학원 낙농학과졸 1991년 미국 네바다주립대 대학원 축산학과졸 1995년 축산학박사(미국 아칸소주립대) [경]1995~2000년 건국대 축산대 동물자원연구센터 연구원 1999년 同동물생명과학부 조교수 2000~2015년 同동물생명과학대학 동물자원연구센터 조교수·부교수·교수 2001~2003년 同산합협력실장·기술지원실장 2003년 同사무국장 2007년 한국동물자원과학회 포상위원·편집위원 2013~2015년 건국대 동물생명과학대학 바이오산업공학과 내부겸임교수 2015년 同동물생명과학대학 동물자원과학과 교수(현) [저]'가축사양 및 사료작물'(2005, 한국생산성본부) '주류가공부산물의 사료가치 및 활용'(2014, 국립축산과학원)

박근범(朴根範) Park Geun Boum

[생]1967·5·8 [출]서울 [주]경남 창원시 성산구 창이대로 669 창원지방검찰청 차장검사실(055-239-4322) [학]1985년 성보고졸 1990년 고려대 법학과졸 1997년 同대학원졸 [경]1991년 사법시험 합격(33회) 1994년 사법연수원 수료(23기) 1994년 軍법무관 1997년 광주지검 검사 1999년 청주지검 제천지청 검사 2000년 수원지검 검사 2002년 법무부 인권과 검사 2004년 서울중앙지검 검사 2007년 同부부장검사 2007년 대구지검 경주지청 부장검사 2008년 사법연수원 교수 2010년 법무부 법무과장 2011년 同법무심의관 2012년 서울중앙지검 첨단범죄수사1부장 2013년 인천지검 형사1부장 2014년 춘천지검 차장검사 2015년 창원지검 진주지청장 2016년 창원지검 차장검사(현) [상]홍조근정훈장(2015)

박근석(朴根石)

[생]1958·12·5 [출]경남 창녕 [주]서울 금천구 시흥대로 152길11의21 금천세무서(02-850-4201) [학]창녕종합고졸, 경북대졸, 서강대 경영대학원졸 [경]1985년 공무원 임용(7급 공채) 1996년 국세청 직세국 근무 2002년 同감사관실 근무 2008년 서울지방국세청 조사1국 사무관 2011년 同조사1국 서기관 2011년 同세원분석국 서기관 2012년 통영세무서장 2014년 남인천세무서장 2014년 중부지방국세청 조사1국 조사1과장 2015년 금천세무서장(현)

박근섭(朴槿燮) PARK Geun Sup

[생]1964·7·17 [주]서울 강남구 도산대로1길62 강남출판문화센터5층 (주)민음사 대표이사실(02-515-2000) [학]서울대 경제학과졸, 미국 미주리주립대 대학원 경영학과졸 [경](주)민음사 상무, (주)비룡소 대표, (주)황금가지 대표 2005년 (주)민음사 대표이사 사장(현) [상]중소기업협동조합중앙회장표창(2002), 국세청장표창(2003)

박근수(朴槿洙) PARK Keun Soo

[생]1959·9·8 [본]밀양(密陽) [출]서울 [주]서울 영등포구 여의공원로13 KBS기술본부 기술연구소(02-781-5211) [학]1978년 경북고졸 1982년 서울대 제어계측공학과졸 1984년 한국과학기술원(KAIST) 전기전자과졸(석사) [경]1984년 한국방송공사(KBS) 기술연구소 영상정보처리연구실 근무 1996년 同기술연구소 선임연구원 2000년 同고화질신호처리연구팀장 2004년 同방송기술연구팀 선임연구원 2005년 同방송기술연구소 수석연구원 2013년 同기술본부 기술연구소장 2014년 同기술본부 기술연구소 근무(국장급)(현)

박근수(朴根秀) PARK Keun Soo

[생]1967·2·3 [본]밀양(密陽) [출]전남 광양 [주]서울 서초구 법원로2길20 법무법인 예서원(02-594-9400) [학]1985년 우신고졸 1989년 고려대 법학과졸 [경]1991년 사법시험 합격(33회) 1994년 사법연수원 수료(23기) 1994년 軍법무관 1997년 서울지법 의정부지원 판사 1998년 수원지법 판사 1999년 서울지법 판사 2000년 춘천지법 속초지원 판사 2005년 서울고법 판사 2007년 대법원 재판연구관 2009년 춘천지법 영월지원장 2011~2012년 인천지법 부장판사 2012년 법무법인 지원 대표변호사 2013년 법무법인 예서원 대표변호사(현) [종]불교

박근원(朴根遠) Park Keon Won

[생]1959·10·2 [본]밀양(密陽) [출]인천 강화 [주]서울 강서구 공항대로607 서울도시가스(주) 대표이사실(02-3660-8003) [학]목원대 경영학과졸 [경]서울도시개발(주) 감사, 서울도시가스(주) 재경부 이사, 同재경부 전무 2013년 同공동대표이사 사장(현), 한국상장회사협의회 비상근이사(현) [상]국세청장표창(2008) [종]기독교

박근주(朴根珠)

[생]1959 [출]전남 나주 [주]경기 안양시 만안구 냉천로63 안양만안경찰서(031-8041-6321) [학]광주고졸, 목포대 무역학과졸, 동국대 행정대학원졸(석사) [경]1987년 경사 임용(특채) 1998년 경감 승진 2002년 경정 승진 2006년 경찰청 수사국 과학수사센터 근무 2010년 同수사국 사이버테러대응센터 팀장 2012년 광주지방경찰청 경비교통과장 2013년 전남 진도경찰서장(총경) 2015년 금융위원회 파견 2016년 경기 안양만안경찰서장(현)

박근철(朴根哲)

[생]1967·11·17 [주]경기 수원시 팔달구 효원로1 경기도의회(031-8008-7000) [학]강원대 식품공학과졸, 경희대 테크노경영대학원 스포츠경영학 석사과정 재학 중 [경]민주평통 자문위원, 안양시생활체육회 부회장 겸 운영위원장, 경기도태권도연합회 이사, 3750국제로타리지구 새의왕로타리클럽 회장 2014년 새정치민주연합 창당발기인 2014년 경기도의회 의원(비례대표, 새정치민주연합·더불어민주당)(현) 2014년 同간행물편찬위원회 위원 2014년 同보건복지위원회 간사 2015년 同운영위원회 위원 2015년 同예산결산특별위원회 위원 2016년 同안전사회건설특별위원회 간사(현) 2016년 同경제과학기술위원회 위원(현) [상]대한민국사회공헌 대상(2015)

박근칠(朴根七) PARK Keun Chil

[생]1956·3·19 [출]부산 [주]서울 강남구 일원로81 삼성서울병원 혈액종양내과(02-3410-3459) [학]1975년 경기고졸 1981년 서울대 의대졸 1989년 同대학원졸 1996년 의학박사(서울대) [경]1981~1985년 서울대병원 인턴·내과 전공의 1985~1989년 육군본부 대위 1989~1994년 한림대 의대 내과학교실 조교수 1991~1994년 미국 국립암연구소 방문조교수 1994년 성균관대 의과대학 내과학교실 교수(현) 1994년 삼성서울병원 혈액종양내과 전문의(현) 1999~2003년 同임

ㅂ

상의학연구소 암연구센터장 1999~2005년 同혈액종양내과장 2003~2007년 同임상의학연구소 연구기획실장 2005년 同암센터 폐암센터장 2010년 한국임상암학회 이사장 2013년 삼성서울병원 암의학연구소장(현) ⓢ보령암학술상(2008), 보령학술상 최우수상(2009), 근정포장(2012), 광동 암학술상(2016)

박근태(朴根太) PARK Keun Tae

ⓢ1954·8·3 ⓐ서울 ㈜서울 중구 세종대로9길53 CJ대한통운 비서실(02-700-0525) ⓗ서울중앙고졸, 연세대 사학과졸 ⓖ1980년 대우 입사 1991년 同무역부문 차장 1995년 同무역부문 부장 1999년 同무역부문 상해지사장(이사부장) 2000년 대우인터내셔널 상해지사장(이사부장) 2007년 CJ제일제당 중국본사 대표(부사장) 2010년 중국한국상회(Korea Chamber of Commerce in China) 회장 2010년 CJ제일제당 중국본사 대표(총괄부사장) 2015년 CJ대한통운 대표이사 부사장 겸 중국본사 공동대표(총괄부사장) 2016년 同대표이사 사장 겸 중국본사 공동대표(현) ⓢ자랑스런 한국인대상 글로벌경영부문(2009)

박근태(朴根太) PARK Keun Tae

ⓢ1957·6·15 ⓐ경북 금릉 ㈜대전 서구 영골길158 ㈜맥키스컴퍼니 사장실(042-586-0223) ⓗ1976년 대전고졸 1987년 한남대 경영학과졸 2011년 경영학박사(한남대) ⓖ1988년 대전일보 기자 1996년 同정치행정부 차장대우 1998년 同문화체육부 차장대우 1999년 同경영기획부 차장 2000년 同기획관리실 부장대우 2001년 同기획관리실 부장 2002년 同기획관리실장 2003년 同기획조정실장 2004년 同기획조정실장(이사) 2006년 同기획조정실장(상무이사) 2006년 同전무 2007년 同서울지사장(전무) 2008년 同전무 2008년 同서울지사장(전무이사) 2008~2009년 同전무이사 2010~2013년 ㈜선양 대표이사 사장 2013~2015년 ㈜더맥키스컴퍼니 대표이사 사장 2015년 ㈜맥키스컴퍼니 대표이사 사장(현) 2015~2016년 대전시야구연합회 회장 ⓢ자랑스러운 한남인상(2013)

박근혜(朴槿惠·女) PARK Geun Hye

ⓢ1952·2·2 ⓑ고령(高靈) ⓐ대구 ㈜서울 종로구 청와대로1 대통령비서실(02-770-0011) ⓗ1970년 성심여고졸 1974년 서강대 전자공학과졸 1987년 명예 문학박사(대만 중국문화대) 2001년 대만 중국문화대 대학원 최고산업전략과정 수료 2008년 명예 이학박사(한국과학기술원) 2008년 명예 정치학박사(부경대) 2010년 명예 정치학박사(서강대) 2014년 명예 법학박사(독일 드레스덴공대) 2016년 명예 이학박사(프랑스 파리제6대학) ⓖ1974~1979년 퍼스트 레이디 대리 1974~1980년 걸스카웃연맹 명예총재 1979년 경로복지원 이사장 1982~1991년 육영재단 이사장·영남대 이사장 1993년 한국문화재단 이사장 1994~2005년 정수장학회 이사장 1994년 한국문인협회 회원(현) 1997년 한나라당 고문 1998~2002년 同대구달성지구당 위원장 1998년 제15대 국회의원(대구 달성 보궐선거 당선, 한나라당) 1998~2002년 한나라당 부총재 2000~2004년 제16대 국회의원(대구 달성구, 한나라당·한국미래연합·한나라당) 2002년 한국미래연합 대표운영위원 2002년 한나라당 대통령선거대책위원회 공동의장 2003년 同상임운영위원 2004~2006년 同대표최고위원 2004년 제17대 국회의원(대구 달성구, 한나라당) 2007년 한나라당 제17대 대통령중앙선거대책위원회 상임고문 2008년 제18대 국회의원(대구 달성구, 한나라당·새누리당) 2008년 한·일의원연맹 고문 2010년 국가미래연구원 거시금융분야 발기인 2011년 한나라당 평창동계올림픽유치특별위원회 고문 2011~2012년 同비상대책위원장 2012년 제19대 국회의원(비례대표, 새누리당) 2012년 12월 제18대 대통령 당선 2013년 2월 제18대 대한민국 대통령(현) ⓢ백봉신사상 대상(2007·2008·2009·2010), 자랑스러운 한국인대상 정치발전부문(2007), 제2회 대한민국법률대상 입법부문(2009), 국회를 빛낸 바른언어상 으뜸언어상(2011), 무궁화대훈장(2013), 영국 바스 대십자훈장(Grand Cross of the Order of the Bath)(2013), 국제전기통신연합(ITU) 세계정보통신사회상(World Telecommunication and Information Society Award)(2014) ⓩ'새마음의 길'(1979) '박근혜 인터뷰집'(1990) '평범한 가정에서 태어났더라면'(1993) '내마음의 여정'(1995) '결국 한 줌, 결국 한 점'(1998) '고난을 벗삼아, 진실을 등대 삼아'(1998) '나의 어머니 육영수'(1999) 자서전 '절망은 나를 단련시키고 희망은 나를 움직인다'(2007)

박근희(朴根熙) PARK Keun Hee

ⓢ1953·11·1 ⓑ함양(咸陽) ⓐ충북 청주 ㈜서울 서초구 서초대로74길4 삼성사회공헌위원회(02-3458-7891) ⓗ1972년 청주상고졸 1976년 청주대 상학과졸 ⓖ1978년 삼성그룹 입사 1987년 同회장비서실 운영팀·재무팀 근무 1994년 삼성전관(現삼성SDI)㈜ 이사보 1995년 同기획담당 이사 1997년 삼성그룹 회장비서실 감사팀·경영지원팀 이사 1998년 삼성 구조조정본부

경영분석팀 이사 1999년 同구조조정본부 경영분석팀 상무 2001년 同구조조정본부 경영진단팀장 전무 2003년 同구조조정본부 경영진단팀장(부사장) 2004년 삼성캐피탈㈜ 대표이사 사장 2004년 삼성카드㈜ 대표이사 사장 2005년 삼성그룹 중국본사 사장 겸 삼성전자 중국총괄 사장 2010년 삼성생명보험㈜ 보험영업부문 사장 2011년 同대표이사 사장 2012~2013년 同대표이사 부회장 2013~2015년 삼성사회공헌위원회 부회장 2014~2015년 삼성사회봉사단 단장 2015년 삼성사회공헌위원회 상담역(현) ⓢ최고의 브랜드신뢰상(2010), 자랑스러운 ROTCian(2012), 국민훈장 동백장(2014) ⓩ기독교

박금덕(朴錦德·女) PARK Keum Duk

ⓢ1958·7·17 ⓑ밀양(密陽) ㈜서울 동대문구 장한로40 ㈜서흥 임원실(02-2210-8120) ⓗ중앙대졸, 고려대 대학원졸, 이학박사(건국대) ⓖ㈜서흥캅셀 국내영업부 상무이사 2009년 同국내영업부 전무이사 2010년 同국내영업·연구소 총괄부사장 2010~2011년 (사)한국식품영양과학회 이사 2013년 同부회장 2014년 ㈜서흥 국내영업·연구소 총괄부사장(현) ⓢ보건복지부장관표창(2003), 국무총리표창(2007), 식품안전의날 산업포장(2014) ⓩ가톨릭

박금래(朴今來) PARK Kum Rae

ⓢ1949·9·26 ⓐ전남 고흥 ㈜전남 무안군 삼향읍 오룡길1 전라남도의회(061-286-8132) ⓗ광주자연과학고졸, 전남대 경영대학원 경영자과정 수료 ⓖ도덕중앙초 근무, 고흥수협 근무, 도양읍번영회 부회장, 녹동체육동우회 회장, 도양읍체육회 이사, 광주지검 순천지청 범죄예방위원, 광주지법 순천지원 민가사조정위원, 민주평통 자문위원 2002·2006·2010~2014년 전남 고흥군의회 의원(민주당·민주통합당·민주당·새정치민주연합), 同총무위원장, 同예산결산특별위원장 2010~2012년 同부의장 2012년 同의장 2014년 전남도의회 의원(새정치민주연합·더불어민주당)(현) 2014·2016년 同농림해양수산위원회 위원(현) 2014~2015·2016년 同예산결산특별위원회 위원(현) 2016년 同윤리특별위원회 위원(현)

박금렬(朴金烈) PARK Keum Yeoul

ⓢ1967·11·28 ⓐ전남 여수 ㈜세종특별자치시 도움4로13 보건복지부 사회복지정책실 지역복지과(044-202-3120) ⓗ1991년 성균관대 행정학과졸 ⓖ1990년 행정고시 합격(34회) 2001~2005년 청소년보호위원회 선도보호과장·보호기준과장 2005년 同청소년정책단 참여개발팀장 2006년 同참여인권팀장 2006년 국가청소년위원회 참여인권팀장 2008년 同활동복지단 복지원팀장 2008년 보건복지가족부 아동청소년복지과장 2009년 同아동청소년복지정책과장(부이사관) 2009년 同보건산업정책국 보건산업정책과장 2010년 보건복지부 보건산업정책국 보건산업정책과장 2010년 同사회복지정책실 행복e음전담사업단장 2011년 교육파견(부이사관) 2012년 보건복지부 사회복지정책실 나눔정책추진단장 2013년 同맞춤형복지급여추진단장 2016년 同사회복지정책실 지역복지과장(현) 2016년 同읍면동복지허브화추진단 기획총괄팀장 겸임(현)

박금수(朴金洙) PARK KEUM SOO

ⓢ1952·6·16 ⓐ서울 ㈜인천 중구 인항로27 인하대학교부속병원 심장내과(032-890-2819) ⓗ1979년 연세대 의대졸 1987년 同대학원졸 1991년 의학박사(고려대) ⓖ1982~1986년 연세대 세브란스병원 수련의 1986~1996년 同원주의대 전임강사·조교수·부교수 1992~1993년 미국 워싱턴심장센터 연수 1996~2002년 인하대 부속병원 순환기내과 과장 1998년 同의대 심장내과 교수(현) 1999~2002년 同부속병원 심장센터 소장 2002~2004년 同부속병원 기획조정실장 2004~2008년 同부속병원 순환기내과 분과장 2008~2010년 同부속병원 내과 과장 2010년 同부속병원 제1진료부원장 2012~2013년 同부속병원 진료부원장, 인천국제공항의료센터 원장

박금실(朴今實) PARK Kum Sil

ⓢ1950·3·3 ⓐ경남 의령 ㈜서울 서대문구 경기대로58 경기빌딩 (사)한국평생교육기구 이사장실(02-3147-2020) ⓗ1969년 스리랑카 콜롬보대 국제대체의학대졸 1974년 同대학원졸 1986년 의학박사(스리랑카 콜롬보대) 1997년 중국 복건중의학원 의학과졸 2005년 연세대 행정대학원 수료 ⓖ1986년 상지대 체육학과 외래교수 1987년 세종대 체육학과 외래교수 1996년 (사)한국청소년진흥원 이사장 1997년 (사)한국평생교육기구 이사장(현) 1999년 강원대

체육교육학과 외래교수 2000년 아시아디지털대 부총장 2001년 (사)한국합기도연맹 총재 2004년 금실한방의료원 원장 2006~2010년 (재)세계태권도국기원 원장 2008년 대한보건의료진흥회 이사장(현) 2009년 (사)한국전통무예진흥회 이사장(현) 2009년 마리아나의료공과대 이사장(현) 2010년 (재)세계합기원 원장(현) 2010년 (사)대한합기도총연맹 총재(현) 2011년 (사)한국불교명예의전당 고문(현) 2011년 (사)한국노인복지봉사회 이사장(현) [상]유엔 교육자국제연합 교육자상(1994) [저]'체질을 알아야 건강이 보인다 1·2' '체질을 알면 건강이 보인다 1·2' '체육건강관리' '생활체육' '건강 체조Ⅰ·Ⅱ' '척추가동검사법' '도인술' '건강마사지' '불가능한 도전은 없다' '잘못된 습관 지금 바꾸지 않으면 평생 바꿀 수 없다' '붉은 북소리' '습관의 정원은 인맥의 놀이터' '보건식의 동의보감' '약용식품학' '중탕론' '식의' '자연의학' '인체생리학' 등

박금자(朴今子·女) Park Keum Ja

[생]1953·5·21 [주]경남 창원시 의창구 상남로290 경상남도의회(055-211-7416) [학]선명여고졸, 순천제일대 사회복지과졸 [경]현산테크(주) 이사, 선명여고 배구부 후원회장, 진주시여성단체협의회 회장(현), 새누리당 경남도당 부위원장 2014년 경남도의회 의원(비례대표, 새누리당)(현) 2014·2016년 同문화복지위원회 위원(현) 2014년 同예산결산특별위원회 위원 2014년 새누리당 경남도당 여성위원장(현) 2016년 경남도의회 남부내륙철도조기건설을위한특별위원회 위원

박금철(朴金喆)

[생]1971·6·21 [본]밀양(密陽) [출]전북 [주]세종특별자치시 갈매로477 기획재정부 인사과(044-215-2251) [학]1990년 전북 한일고졸 1994년 서울대 경제학과졸 2005년 미국 컬럼비아대 미주리교 대학원 경제학과졸 [경]2006~2007년 국민경제자문회의 대외산업국 정책조사관 2007년 재정경제부 FTA제도개선팀장 2008년 기획재정부 FTA국내대책본부 지원대책반 제도개선팀장 2009년 프랑스OECD 파견 2012년 기획재정부 장관비서관 2013년 同신성장전략과장 2014년 同세제실 조세분석과장(서기관) 2015년 同세제실 조세정책과장(부이사관) 2016년 同세제실 조세정책과장(고위공무원) 2016년 국방대 교육 파견(고위공무원)(현)

박긍식(朴肯植) PARK Keung Shik

[생]1934·10·23 [출]평남 평양 [주]경기 성남시 분당구 돌마로42 한국과학기술한림원(031-726-7900) [학]1954년 서울 용산고졸 1958년 서울대 화학과졸, 벨기에 겐트대 대학원졸 1968년 이학박사(벨기에 겐트대) [경]1959~1970년 원자력연구소 연구관 1970~1975년 울산대 공대 교수 1975년 과학기술처 과학기술심의관 1976년 同원자력국 안전심사관 1977년 同기술개발관 1979년 同원자력개발국장 1980년 同원자력위원회 상임위원 1981년 한국표준연구소장 1983년 동력자원연구소장 1987~1988년 과학기술처 장관 1988~1992년 한국분석과학회 회장·명예회장 1988년 한국동력자원연구소 연구위원 1990년 한국자원연구소 연구위원 1991~1996년 한국기계연구소 이사장 1994년 한국과학문화연구원 원장 1995~2004년 국제핵화학·방사화분석학회(MTAA) 이사·집행위원 1995년 경북대 자연대 화학과 교수 1996년 한국과학기술한림원 정회원·종신회원(현) 2000년 경북대 물질화학연구소장 2000년 한국원자력연구소 이사장 2007년 한국원자력연구원 이사장, (사)과학문화연구원 원장 2012~2014년 (사)한국원자력문화진흥원 회장 [상]대한화학회 학술진보상(1966), 홍조근정훈장(1976), 프랑스 국가공로훈장(1985), 벨기에 대십자훈장(1988), 미국 원자력학회 공로상(1991), 청조근정훈장(1992) [저]'工業用水의 화학적 처리 및 분석'(1974) '물리화학'(1975) '방사선동위원소의 화학적 응용' '희유금속과 첨단기술' '지구과학 시료분석법' [역]'韓佛핵과학용어사전'(1984) '기술과 인간의 미래'(1988) '북한의 핵문제, 수수께끼 풀기' [종]천주교

박기갑(朴基甲) PARK Ki Gab

[생]1957·7·25 [출]부산 [주]서울 성북구 안암로145 고려대학교 법학과(02-3290-1895) [학]1976년 경기고졸 1981년 고려대 법학과졸 1983년 同법과대학원 수료 1984년 프랑스파리 제2대 국제법 DSU과정 수료 1985년 同국제법 DEA과정 수료 1986년 同유럽공동체법 DSU과정 수료 1987년 同국제사법 DSU과정 수료 1988년 네덜란드 헤이그국제법아카데미 Diploma 취득 1989년 법학박사(프랑스 파리제2대) [경]1990~1998년 한림대 법학과 조교수·부교수 1998년 고려대 법학과 교수(현) 1999년 경수로사업지원기획단 자문위원 1999년 남극환경보호의정서 한국측 중재재판관 2002년 Asian Regional Forum 한국측 법률자문관 2004~2005년 고려대 학생처장 2005~2006년 同기획예산처장 2007년 일본 와세다대 법대 교환교수 2007년 프랑스 파리제2대 초빙교수 2007~2009년 국제법협회(ILA) 한국지부 부회장 2007~2009년 고려대 법학과 학과장 겸 법과대학 부학장 2009년 OECD/NEA산하 원자력법위원회 부의장(현) 2011년 국제원자력기구(IAEA) 사무총장직속 자문기구 원자력손해배상전문가(INLEX)(현) 2012년 UN 국제법위원회(ILC) 위원(현) 2012년 대한국제법학회 회장 [상]프랑스 학술원 최우수논문상

박기남(朴起男) PARK Ki Nam

[생]1958·4·4 [출]전남 광양 [주]강원 원주시 배울로124 북부지방산림청(033-738-6120) [학]1975년 대경상고졸 1988년 제주대 행정학과졸 1998년 고려대 대학원 도시 및 지방행정학과 수료 2006년 한국방송통신대 대학원졸 2013년 同경제학과졸 [경]1993년 산림청 국제협력과 근무 1999년 同임업정책과 근무 2001년 同국유림관리과 근무 2003년 同총무과 근무 2004년 同혁신인사담당관실 근무 2005년 同산지정책과장(서기관) 2006년 同산지보전단 산지정책팀장 2008년 同산림이용국 산지제도과장 2009년 同행정관리담당관 2013년 同목재생산과장 2013년 同운영지원과장 2014년 同운영지원과장(부이사관) 2014년 同서부지방산림청장 2016년 同북부지방산림청장(고위공무원)(현) [상]대통령표창(1997), 국민포장(2009), 근정포장(2009) [종]천주교

박기남(朴起男)

[생]1967 [주]제주특별자치도 제주시 애월읍 애조로215 제주서부경찰서(064-760-1311) [학]1985년 제주 오현고졸 1990년 경찰대 법학과졸(6기) 1996년 영국 엑세터대 대학원 경찰학과졸 [경]1990년 내무부 치안본부 경무부 경무과 경위 2002년 제주지방경찰청 경무과 기획예산계장(경감) 2003년 同해안경비단 902전경대대장 2008년 제주 서귀포경찰서 수사과장 2009년 제주지방경찰청 수사과 강력계장 2011년 同수사과장 2013년 駐뉴욕총영사관 파견(총경) 2016년 제주지방경찰청 경무과 치안지도관 2016년 제주서부경찰서장(현)

박기동(朴基東) PARK Kee Dong (卲湛)

[생]1956·5·1 [본]밀양(密陽) [출]경남 밀양 [주]서울 서초구 서초대로49길12 한승아스트라Ⅱ505호 만해법률사무소(02-595-9191) [학]1975년 부산고졸 1979년 서울대 법과대학 법학과졸 1982년 同대학원 법학과 수료 [경]1980년 사법시험 합격(22회) 1982년 사법연수원 수료 1982년 육군 법무관 1985년 인천지법 판사 1987년 서울지법 남부지원 판사 1990년 부산지법 동부지원 판사 1992년 미국 캘리포니아주 산타클라라대 연수 1993년 서울고법 판사·서울가정법원 판사 1995년 대법원 재판연구관 1998년 청주지법 부장판사 1999년 창원지법 부장판사 2002년 서울지법 동부지원 부장판사 2004년 서울중앙지법 부장판사 2005년 변호사 개업, 만해법률사무소 대표변호사(현) 2011년 서울중앙지검 형집행정지심의위원회 위원(현) 2011년 경찰위원회 위원 2012년 언론중재위원회 제18대 대통령선거기사심의위원회 위원장 2012년 국무총리산하 경제·인문사회연구회 비상임감사 2014~2015년 언론중재위원회 선거기사심의위원회 위원장 2015년 국방부 중앙전공사망심사위원회 위원(현) [종]불교

박기동(朴基瞳) Park Ki Dong

[생]1957·2·2 [출]경북 영천 [주]충북 음성군 맹동면 원중로1390 한국가스안전공사(043-750-1111) [학]대구공고졸, 경일대 기계학과졸 2007년 한국산업기술대 대학원 경영학과졸 2001년 포항공대(PAMTIP 13기) 기술혁신최고경영자과정 2004년 한국과학기술원(KAIST) 테크노경영대학원 지식경영최고경영자과정 수료 2012년 전경련부설 국제경영대학원 미래창조혁신최고위과정 수료 2014년 서울대 최고산업전략과정 수료 [경]1980년 한국가스안전공사 입사(공채 1기) 1993~2012년 同기획조정실장·대구경북지역본부장·기술지도처장·고객지원처장·감사실장·LP가스안전대책실장·경북동부지사장·울산출장소 검사과부장·부산지사 시설검사과부장·경남지사 부장 2008~2010년 국민고충처리위원회 위원 2012년 산업통상자원부 에너지시설안전점검민관합동위원회 위원 2012~2014년 가스기술기준위원회 위원 2012~2014년 한국가스안전공사 기술이사·안전관리이사·부사장 2013년 한국위험물학회 감사(현) 2013~2015년 서울과학기술대·중앙대 대학원 겸임교수 2014년 한국가스안전공사 사장(현) 2016년 한국가스학회 회장(현) [상]국무총리표창(1998), 산업포장(2007), 국민훈장 목련장(2013), 한국정책학회 공공기관장부문 한국정책상(2016) [저]'독성가스 이론과 실무'(2014, 유비온)

ㅂ

박기동(朴基東) PARK Kee Dong

(생)1961·8·9 (출)대구 (주)경기 안양시 동안구 평촌대로212번길55 대고빌딩9층 SKC코오롱PI(주) 대표이사실(031-436-8600) (학)1979년 경북고졸 1986년 경북대 행정학과졸 2005년 아주대 경영대학원졸 (경)1986년 SKC(주) 입사 2002년 한국 Blanchard Korea 자문위원 2002년 SKC(주) 인력관리팀장 2004년 同홍보실장 2007년 同사장실장 2008년 同SKMS실천지원실장(상무) 2011년 同기업문화본부장(상무) 2013~2015년 同기업문화본부장(전무) 2016년 SKC코오롱PI(주) 대표이사(현) (종)기독교

박기동(朴起東)

(생)1972·9·15 (출)대구 (주)서울 도봉구 마들로747 서울북부지방검찰청 형사6부(02-3399-4309) (학)1991년 영남고졸 1998년 고려대 법학과졸 (경)1998년 사법시험 합격(40회) 2001년 사법연수원 수료(30기) 2001년 서울지검 검사 2003년 대전지검 서산지청 검사 2005년 부산지검 검사 2007년 인천지검 검사 2009년 법무부 통일법무과 검사 2012년 울산지검 검사 2013년 서울동부지검 검사 2015년 同부부장검사 2016년 서울북부지검 형사6부장(현)

박기병(朴基秉) PARK Ki Byung (南洲)

(생)1932·5·20 (본)밀양(密陽) (출)강원 양구 (주)서울 중구 세종대로20길15 건설회관700호 재외동포저널(070-8846-9646) (학)1951년 춘천사범학교졸 1970년 서울대 신문대학원 특수과정 수료 1972년 명지대 행정학과졸 1989년 연세대 행정대학원 최고위자과정 수료 1992년 同행정대학원졸 1996년 同언론홍보대학원 고위과정 수료 (경)1958~1965년 대한통신·국제신보 정치부 기자 1965~1980년 부산일보 정치부 기자·정치부장 1973~1974·1978~1979년 한국기자협회 회장 1974년 신문회관 이사 1978년 언론인금고 이사 1978년 신문윤리위원회 위원 1980~1986년 MBC 심의실장·홍보조사실장 1980년 한국기자협회 고문 1986년 대전MBC 상무이사 1988년 강릉MBC 사장 1989~1992년 춘천MBC 사장 1989년 한국방송협회 이사 1989년 강원도선거관리위원회 위원 1994~1999년 한국케이블TV 구로방송 사장 1996년 대한언론인회 섭외이사 1997년 한국케이블TV협회 감사 1999년 E.P프로덕션 사장 2000년 강원민방설립추진위원회 실무집행위원장 2001~2006년 (주)GTB 강원민방 대표이사 사장 2006~2007년 同상임고문 2012년 대한언론인회 이사 2014~2016년 同상담역 2015년 재외동포저널 회장 겸 발행인(현) 2016년 대한언론인회 6·25참전언론인회장(현) (상)화랑무공훈장(1953), 연세대 행정대학원총동창회 공로상(2010), 대한언론인회 공로패(2011) (저)'지방방송 기능개선에 관한 연구' (종)불교

박기병(朴紀秉) Park, Ky-Byung

(생)1956·9·10 (주)강원 강릉시 범일로579번길24 가톨릭관동대학교 공공인재대학 경찰행정학과(033-649-7304) (학)경희대 법학과졸, 연세대 대학원졸, 법학박사(독일 Brelefeld대) (경)2014~2016년 가톨릭관동대 경찰법정대학 법학과 교수 2014~2016년 同경찰법정대학장 2016년 同공공인재대학 경찰행정학과 및 법학과 교수(현) 2016년 同공공인재대학장(현)

박기봉(朴琪鳳) PARK Ki Bong (屛山)

(생)1947·6·18 (출)경북 의성 (주)서울 금천구 가산디지털2로98 아이티캐슬2동808호 비봉출판사(02-2082-7444) (학)1966년 경북고졸 1970년 서울대 경제학과졸 (경)1970~1975년 농업협동조합중앙회 근무 1980년 비봉출판사 대표(현) 1989년 경제정의실천시민연합 상임집행위원 1993년 한국출판연구소 감사 1994년 대한출판협회 상무이사 1996~1999년 한국출판협동조합 이사장 (상)간행물윤리상 출판인쇄상(2003) (저)'정치경제학 강의' '맹자' '한자정해' '교양으로 읽는 논어한자 정해' '을지문덕전' '조선상고사' (종)기독교

박기서(朴基緒) PARK Ki Suh

(생)1960·1·5 (본)반남(潘南) (출)서울 (주)서울 마포구 상암산로34 디지털큐브12층 케이씨그린홀딩스(주) 임원실(02-320-6103) (학)1978년 경복고졸 1982년 서울대 기계공학과졸 2002년 미국 포틀랜드주립대 국제경영학대학원졸 (경)1982~1987년 한국기계연구소 근무 1987~1991년 한국IBM 과학기술지원센터 근무 1991년 한국코트렐(주) 부장, 同이사, 同전무 2005년 영국 Lodge Sturtevant Limited 사장 2008년 케이씨코트렐(주) 전무 2010년 케이씨그린홀딩스(주) 해외총괄 전무 2013년 케이씨그린홀딩스(주) 부사장(현) (종)기독교

박기석(朴箕錫) PARK Ki Suk

(생)1946·11·16 (주)서울 노원구 화랑로621 서울여자대학교 국어국문학과(02-970-5114) (학)1969년 서울대 국어교육학과졸 1973년 同대학원 국어국문학과졸 1984년 문학박사(서울대) (경)1971~1979년 이화여고 교사 1978~1992년 서울대 국어교육학과 강사 1979~1986년 강릉대 국어국문학과 전임강사·조교수·부교수 1987년 서울시립대·숙명여대·경희대·건국대 강사 1990~1992년 청관고전문학회 회장 1992~2012년 서울여대 국어국문학과 교수, 同교무처장 2001~2003년 한국국어교육연구학회 회장 2003년 한국문학치료학회 회장 2005년 한국작문학회 회장 2006~2007년 서울여대 인문대학장 2012년 同국어국문학과 명예교수(현) (저)'한국고전소설론'(1990) '열하일기의 재발견(共)'(2006) '연암소설의 심층적 이해'(2008)

박기석(朴基錫) PARK Ki Seok

(생)1948·2·20 (본)밀양(密陽) (출)전남 보성 (주)경기 성남시 분당구 판교역로225의20 시공빌딩 (주)시공테크 비서실(02-3438-0100) (학)1966년 순천고졸 1977년 고려대 독어독문학과졸 1986년 同대학원 최고경영자과정 수료 1997년 同컴퓨터과학기술대학원 정보통신과정 수료 1999년 서울대 경영대학원 전자상거래최고경영자과정 수료 2000년 국제산업디자인대학교 대학원 뉴밀레니엄과정 수료 (경)1977~1979년 율산실업(주) 근무 1980~1987년 (주)한웅 대표이사 1988년 (주)시공테크 대표이사 사장 1994~2008년 한국전시공업협동조합 이사장 2000년 벤처기업특별위원회 위원장 2001년 코스닥상장법인협의회 부회장, (주)시공문화 이사 2003년 (주)시공테크 대표이사 회장(현) 2004~2007년 중소기업협동조합중앙회 비상근부회장 2004~2007년 대통령직속 중소기업특별위원회 민간위원 2005~2007년 코스닥상장법인협의회 회장 2007년 (주)시공미디어 대표이사 회장(현) 2008~2010년 국민경제자문회의 자문위원 2008~2010년 조선일보 독자권익보호위원회 위원 2013년 시공교육 대표이사(현) (상)대통령표창(1989), 과학기술처장관표창(1992), 고려대 ICP 사이버경영대상(1999), 디지털콘텐츠대상 교육정보콘텐츠부문 대상(2008), 금탑산업훈장(2014)

박기석(朴基錫) Ki Seok Park

(생)1954·5·22 (본)무안(務安) (출)서울 (주)인천 연수구 송도문화로119 한국뉴욕주립대 경제부총장실(032-626-1114) (학)1973년 경동고졸 1977년 경희대 화학공학과졸 1979년 同대학원 화학공학과졸 2005년 연세대 경영대학원 최고경영자과정 수료 2008년 서울과학종합대학원 기후변화리더십과정 수료(2기) 2012년 Wharton-KMA 최고경영자과정 수료(10기) (경)1979년 삼성엔지니어링(주) 입사·프로젝트담당 차장 1993년 삼성그룹 회장비서실 부장 1994년 同전략기획실 부장 1997년 삼성엔지니어링(주) 태국법인장 이사보 1999년 同해외영업팀 이사 2001년 同화공사업본부장(상무) 2005년 同화공플랜트본부장(전무) 2007년 同화공플랜트본부장(부사장) 2009년 同마케팅본부장(부사장) 2010~2013년 同대표이사 사장 2013년 同고문 2014년 한국뉴욕주립대 경제부총장(현) (상)해외건설 플랜트의날 금탑산업훈장(2008), 올해의 연세경영자상(2010)

박기선(朴起善)

(생)1957·10·6 (주)전북 김제시 벽성로278 김제소방서 서장실(063-540-4201) (학)1977년 오수고졸 (경)1982년 소방공무원 임용(공채) 2005년 무진장소방서 방호구조과장 2008년 완산소방서 대응구조과장 2010년 전북도소방본부 119종합상황실 상황2팀장 2011년 완산소방서 소방행정과장 2015년 무진장소방서 소방행정과장 2015년 김제소방서장(현)

박기성(朴琪成) PARK Ki Sung

(생)1955·10·23 (출)전남 목포 (주)경기 과천시 경마공원대로107 한국마사회 상생사업본부(02-509-1008) (학)1974년 중경고졸 1983년 홍익대 경영학과졸 (경)1982년 삼성그룹 입사, 삼성물산(주) 건설부문 주택영업팀 근무, 同건설부문 재개발팀 근무, 同주택부문 주택개발2사업부장(상무보) 2003년 同건설부문 주택영업본부 주택영업2사업부장(상무) 2007년 同건설부문 주택사업본부장(전무) 2009~2010년 同국내마케팅본부장(전무) 2010~2012년 同주택사업부 주택2본부장(전무) 2014년 한국마사회 상생사업본부장(상임이사)(현)

박기수(朴起秀) Park Kisoo

[생]1969·2·19 [본]고령(高靈) [출]충남 서천 [주]세종특별자치시 도움4로13 보건복지부 위기소통담당관실(043-719-7996) [학]1995년 고려대 경제학과졸 2008년 연세대 언론대학원 저널리즘학과졸 2012년 신문방송학박사(광운대) 2014년 고려대 대학원 보건학 박사과정 수료 [경]한국국제협력단 대외원조담당, 연합뉴스 기자, 한국일보 기자 2011년 보건복지부 부대변인 2012년 고려대 보건행정학과 겸임교수(현) 2016년 보건복지부 위기소통담당관 직무대리 2016년 同질병관리본부 위기소통담당관(현) 2016년 세계보건기구(WHO) 국제보건규약(IHR)외부평가단 평가위원(현) [상]한국기자협회 이달의 기자상(2000), 올해의 삼성언론인상(2001), 국무총리표창(2014) [저]'희망이 곁에 있습니다(共)'(2008, 한국일보 경제부)

박기순(朴箕淳) Park Ki Soon

[생]1954·10·25 [본]밀양(密陽) [출]서울 [주]서울 노원구 공릉로232 서울테크노파크(02-944-6000) [학]1970년 경기고졸 1977년 서울대 전자공학과졸 1982년 미국 미시간대 대학원 컴퓨터공학과졸 [경]1977년 국방과학연구소 연구원 1982년 미국 ITT Information System 연구원 1985년 미국 GoldStar Technology 연구기획담당 1989년 삼성전자(주) 컴퓨터수출담당 1994년 한국팩커드벨 영업담당 부사장 1995년 LG전자 이사 1997년 LG IBM 상무이사 2001~2002년 同전무이사 2002년 아라리온 대표이사 2004년 넷스크린코리아 지사장 2010~2013년 한국전자통신연구원(ETRI) 에트리홀딩스 초대 사장 2013년 서울테크노파크 원장(현)

박기식(朴基植) PARK Ki Sik

[생]1956·6·25 [본]밀양(密陽) [출]경남 양산 [주]서울 영등포구 여의나루로42 백상빌딩802호 데이워드홀딩스 [학]1975년 동아고졸 1980년 부산대 경제학과졸 1991년 연세대 경영대학원 경영학과졸 2001년 미국 뉴욕주립대 대학원 정보통신기술경영학과졸 2006년 경영경제학박사(일본 큐슈대) [경]1981년 대한무역투자진흥공사(KOTRA) 기획관리부 근무 1985년 同런던무역관 근무 1989년 同특수사업부·북방실 근무 1991년 同동경무역관 조사담당과장 1994년 同정보기획부장·충북무역관 부관장 1996년 同멜버른무역관장 2000년 同지식경영팀장·e-KOTRA팀장·전략경영프로젝트추진팀장 2002년 同후쿠오카무역관장 2006년 同기획조정실장 2008년 同해외사업본부장(상임이사) 2010~2011년 同전략사업본부장(상임이사) 2011년 도화엔지니어링 부사장 2014년 대림대 경영과 교수(현) 2015년 데이워드홀딩스 회장(현) 2015년 재경양산향우회 회장 겸 경남도민회 부회장(현) 2016년 (사)글로벌비즈니스리서치센터(GBRC) 부원장(현) [상]국무총리표창(2001) [저]'헝가리 경제무역현황'(1989) '구상무역과 우리의 대응'(1991) '해외유명기업 성공스토리(共)'(1993) '일본문화와 비즈니스(共)'(2005) [종]가톨릭

박기식(朴基植) PARK Ki Shik (木永)

[생]1957·10·10 [본]함양(咸陽) [출]전남 담양 [주]대전 유성구 가정로218 한국전자통신연구원 표준연구센터(042-860-6041) [학]1983년 서울대 영어과졸 1985년 同행정대학원졸 1995년 정책학박사(충남대) 2004년 컴퓨터공학박사(배재대) [경]1985년 한국전자통신연구소 입소 1990년 同표준체계연구실 과제책임자 1993년 한국통신기술협회 표준화기획위원회 의장 1993년 아시아·태평양전기통신표준화협의체 Advisory Board Member(현) 1994~2001년 정보통신부 표준화자문위원·한국전자통신연구소 표준체계연구실 책임연구원 1994~2003년 한국통신기술협회 기술기준연구위원회 의장 1994~2004년 同정보통신표준시험인증제 의장 1995~2001년 ITU-T TSAG 제5·6·7차회의 수석대표 1995~2001년 한국전자통신연구소 정보통신연구관리 전문위원 2000년 한양대 정보통신대학원·충남대 대학원·한남대 대학원 겸임교수 2000~2014년 과학기술연합대학원 정보통신기술경영학과 교수 2000~2003년 정보통신분야 국가표준심의위원 2001년 국가과학기술위원회 조사분석평가위원, 同평가소위원장 2001~2003년 병무청 개방형직위 인사위원 2001년 한국전자통신연구원 표준연구센터장 2002년 ASIA-Pacific IT Ministers Conference 사무총장 2002~2008년 W3C 대한민국 사무국장 2002~2004년 IPv6포럼 한국의장 2004년 한국전자통신연구원 기술전략연구본부 단장 2004년 국제전기통신연합 정보통신표준화부문(ITU-T) WTSA(세계전기통신표준화총회) 제4위원회(COM4) 부의장 2004년 세계표준협력회의 의장 2004~2012년 국제전기통신연합(ITU) Review Committee Chairman 2005년 ITU-T SG3(과금 및 요금정책위원회) Chairman 2008~2012년 국제전기통신연합(ITU) SG3(요금정책연구반) Chairman, 한국전자통신연구원 기술전략본부 연구위원, 同표준연구센터 책임연구원(현) 2013년 IEEE-SA BOG(IEEE-Standard Association Board of Governor) 집행이사(현) 2015년 과학기술연합대학원 과학기술경영학과 교수(현) [상]산업기술포장(2000), 동탑산업훈장(2008) [저]'정보통신기술개론'(1992) '미래의 경쟁-표준화에 달려있다'(1993) '2020 미래한국(共)'(2005, 한길사)

박기안(朴基岸) PARK Ki An (笑泉)

[생]1944·11·23 [본]밀양(密陽) [출]평북 의주 [학]1963년 경기고졸 1972년 서울대 문리과대학졸 1975년 독일 쾰른대 경영대 경영학과졸 1978년 同대학원 경영학석사 1982년 경영학박사(독일 브레멘대) [경]1983년 숭실대 교수 1985년 경희대 경영학과 교수 1991~2003년 민주평통 상임위원 1993~1998년 경희대 경영대학원장 1993년 同산업관계연구소장 1994년 한·독경상학회 회장 1996년 독일 MIR(SSCI)지 편집위원(현) 1998~1999년 한국국제경영학회 회장 1998~2000년 경희대 기획조정실장 2001~2002년 同아·태지역연구원장 2001~2003년 한독사회과학회 회장 2001~2009년 영국 ABM지 국제자문위원 2002~2003년 한국경영학회 부회장 2005~2007년 경희대 경영대학원장 2006~2008년 한독미디어대학원대(KGIT) 재단감사 2007~2008년 국제지역학회 회장 2008년 (재)DMC산학진흥재단 감사(현) 2009~2015년 영국 ABM(SSCI)지 편집위원 2010~2012년 경기학원(경기대) 법인이사, 경희대 경영학과 명예교수(현) 2010~2012년 한독미디어대학원대(KGIT) 재단감사 [상]제1회 BMW우수논문상(1999) [저]'대공산권 교역 마키팅 전략'(1989) '시장조사 분석입문(共)'(1990, 한국경제신문사) '마케팅론(共)'(1992) '국제마케팅론'(1994) '국제경영학'(1995) '세계화와 경영혁신'(1999, 경문사) '국제경영론(共)'(2001) '국제마케팅론'(2002, 무역경영사) '마케팅론(共)'(2005) '글로벌 경영론'(2007) '글로벌경영(共)'(2010, 무역경영사) '마케팅(共)'(2013) '글로벌 경영론(共)'(2015) [역]'시간관리학'(1994)

박기열(朴其烈) PARK Ki Yeoul

[생]1961·10·11 [본]밀양(密陽) [출]전북 고창 [주]서울 중구 덕수궁길15 서울특별시의회 의원회관727호(02-3783-1646) [학]1980년 전라고졸 1984년 전북대 농업토목과졸 2005년 중앙대 행정대학원 행정학과졸(석사) [경]박실 국회의원 비서관, 이계안 국회의원 보좌관, 국회사무총장 비서실장 2006년 서울시의원선거 출마(열린우리당) 2010년 서울시의회 의원(민주당·민주통합당·민주당·새정치민주연합) 2010년 同편집위원회 위원장 2010년 同교통위원회 위원 2010·2011·2012년 同윤리특별위원회 위원 2010년 同서울시버스정책시민위원회 위원 2010년 同CNG버스안전운행지원특별위원회 위원 2011년 同장애인특별위원회 위원 2011년 同교통위원회 부위원장 2012년 同경전철민간투자사업조속추진지원을위한특별위원회 위원 2013년 同윤리특별위원회 부위원장 2013년 同예산결산특별위원회 위원 2013년 同민간단체지원사업점검특별위원회 위원 2013년 同남북교류협력지원특별위원회 위원 2014년 同동남권역집중개발특별위원회 위원 2014년 서울시의회 의원(새정치민주연합·더불어민주당)(현) 2014년 同교통위원회 위원장 2015년 同항공기소음특별위원회 위원(현) 2015년 同인권특별위원회 위원 2015년 同윤리특별위원회 위원(현) 2016년 同의회역량강화TF 위원(현) 2016년 同교육위원회 위원(현) [상]대한민국나눔대상 특별상(2009), 올해의 신한국인 대상(2011), (사)한국매니페스토 우수상(2013), 대한민국지역사회공헌 대상(2014), 대한민국사회봉사 대상(2014), 세계언론평화대상 지방의회 의정활동부문 대상(2015), 대한민국 유권자 대상(2016), 대한민국 위민의정대상 자치법규분야(2016) [종]기독교

박기영(朴基榮·女) Park, Ky-Young

[생]1958·10·4 [본]밀양(密陽) [출]서울 [주]전남 순천시 중앙로255 순천대학교 생명산업과학대학 생명과학부(061-750-3617) [학]1977년 창덕여고졸 1981년 연세대 생물학과졸 1985년 同대학원졸 1990년 식물생리학박사(연세대) [경]1982~1986년 휘경중 교사 1986~1990년 청량중 교사 1990~1992년 미국 퍼듀대 박사 후 연구원 1992~2004년 순천대 자연과학대학 기초과학부 생명과학전공 교수 1997~1998년 미국 퍼듀대 방문교수 2000~2001년 순천대 학생부처장 2002년 同대학발전연구팀장 2002년 대통령직인수위원회 경제2분과 위원 2003년 대통령자문 정책기획위원회 미래전략분과위원장 2004~2006년 대통령 정보과학기술보좌관 2004년 국가과학기술중심사회추진기획단 단장 겸임 2006년 순천대 생명산업과학대학 생명과학부 생물학전공 교수(현) 2006년 대통령자문 정책기획위원 2016년 더불어민주당 제20대 국회의원 후보(비례대표 23번) [상]한국식물학회 우수논문상(1995·2003), 한국로레알-유네스코 여성과학상 공로상(2005), 순천시민의상 환경부문대상(2015) [저]'김볼생물학'(1997) '식물생리학'(2000) '생명과학'(2002)

박기영(朴起永) Park Ki Young

[생]1965 · 4 · 24 [출]서울 [주]세종특별자치시 한누리대로 402 산업통상자원부 지역경제정책관실(044-203-4400) [학]1984년 인창고졸 1988년 서울대 국제경제학과졸 1992년 同대학원 행정학석사과정 수료 2002년 경제학박사(미국 코넬대) [경]1990년 행정고시 합격(34회) 1992년 동력자원부 자원개발국 에너지관리과 행정사무관 1993년 상공자원부 에너지정책국 에너지관리과 행정사무관 1993~1996년 병역 휴직 1996년 상공자원부 산업정책국 산업정책과 행정사무관 1997~1998년 통상산업부 · 산업자원부 차관실 행정사무관 1998~2000년 미국 코넬대 교육 2000~2002년 육아 휴직 2002년 산업자원부 무역위원회 무역조사실 가격조사과 행정사무관 2002년 同무역위원회 무역조사실 조사총괄과 서기관 2003년 同투자정책과 서기관 2004~2005년 FTA 산업통상팀장 2005년 駐이탈리아 1등서기관 2008년 지식경제부 바이오나노과장 2010~2011년 미래기획위원회 파견(부이사관) 2011년 강원지방우정청장(일반직고위공무원) 2013년 국립외교원 파견 2014년 산업통상자원부 에너지자원실 에너지수요관리정책단장 2014년 국무조정실 경제조정실 산업통상미래정책관 2016년 산업통상자원부 산업정책실 지역경제정책관(현)

박기용(朴基溶) Park, Ki Yong

[생]1952 · 9 · 9 [본]밀양(密陽) [출]경북 영천 [주]경북 경산시 대학로280 영남대학교 사범대학 특수체육교육과(053-810-3139) [학]1971년 동아고졸 1975년 영남대 체육교육과졸 1980년 同대학원 체육학과졸 2000년 이학박사(한국체대) [경]1975년 문창고 교사 1980년 영남대 사범대학 특수체육교육과 교수(현) 2007~2009년 同사범대학장 2011~2015년 한국특수체육학회 회장 2014년 아시아특수체육학회 회장(현)

박기용(朴起鎔) PARK Ki Yong

[생]1955 · 1 · 6 [출]강원 삼척 [주]서울 서초구 서초중앙로 199 장학재단빌딩302호 한국지도자육성장학재단 이사장실(02-595-6810) [학]2007년 교육학박사(광운대) [경]2003년 교육인적자원부 지방교육기획과 서기관 2004년 同교육복지정책과 서기관 2005년 대통령비서실 파견 2006년 교육인적자원부 교원양성연수과장 2008년 교육과학기술부 교육분권화추진단 교육분권화총괄팀장 2008년 同교육단체협력팀장 2009년 同학술연구정책실 인문사회연구과장 2010년 同학술연구정책실 인문사회연구과장(부이사관) 2010년 同감사총괄담당관 2011~2013년 강원도교육청 부교육감(고위공무원) 2011~2012년 제주세계7대자연경관선정 홍보대사 2013년 한국지도자육성장학재단 이사장(현)

박기웅(朴麒雄) PARK Kee Woong

[생]1961 · 3 · 22 [주]서울 강남구 강남대로382 메리츠타워 18층 법무법인(유) 에이펙스(02-2018-0806) [학]1980년 광성고졸 1985년 서울대 법대졸 [경]1986년 사법시험 합격(28회) 1989년 사법연수원 수료(18기) 1989~1992년 軍법무관 1992년 법무법인 동서 변호사 1993년 제일국제법률사무소 변호사 1999년 (주)산업렌탈 파산관재인 2004년 법무법인 지산 변호사 2006년 법무법인 우현지산 대표변호사 2009년 법무법인(유) 에이펙스 대표변호사(현) 2014년 국민생활체육회 비상임감사

박기원(朴基元) PARK KI-WON

[생]1951 · 8 · 25 [본]밀양(密陽) [출]부산 [주]서울 강서구 하늘길260 인천 대한항공 점보스(02-2656-6588) [학]성지공고졸, 한양대졸 [경]1972년 뮌헨올림픽 배구 국가대표 1976년 몬트리올올림픽 배구 국가대표 2002년 이란 배구국가대표팀 감독 2007년 구미 LIG손해보험 그레이터스배구단 감독 2010년 同고문, 한국배구연맹(KOVO) 경기위원 2011년 대한배구협회 남자배구대표팀 감독 2016년 인천 대한항공 점보스 감독(현) [상]프로배구 V-리그 시상식 남자부 페어플레이상(2008), 국민훈장 2회 [종]천주교

박기원(朴起源) Park Kiwon

[생]1961 [출]경기 파주 [주]강원 원주시 입춘로10 국립과학수사연구원 법생화학부(033-902-5200) [학]미생물학박사(중앙대) [경]1989~1996년 국립과학수사연구소 법의학2과 · 생물학과 · 법의학과 보건연구사 1996~2010년 同법과학부 생물학과 · 법의학부 유전자분석과 보건연구관 2010~2012년 국립과학수사연구원 유전자감식센터 보건연구관 2012년 同유전자감식센터장 2013년 同법생화학부 유전자과장 2015년 同법생화학부장(현)

박기인(朴基仁) PARK Ki In (省仁)

[생]1934 · 12 · 24 [본]밀양(密陽) [출]전북 [주]광주 광산구 어등대로417 호남대학교 이사장실(062-940-5300) [학]1970년 전남대 경영학과졸 1995년 명예 교육학박사(필리핀 아담슨대) [경]1978년 학교법인 성인학원(호남대) 설립 · 이사장(현) 1983년 (주)청전 설립 · 회장 1989년 광주육상경기연맹 회장 1995년 광남일보 회장 1998년 호남신문 회장 2004년 광남일보 회장 [상]국제평화상 교육부문대상(1986), 국민훈장 모란장(2006), 광주시민대상(2010) [종]기독교

박기정(朴紀正) PARK Kee Jung (汀山)

[생]1942 · 3 · 1 [본]밀양(密陽) [출]함북 청진 [주]서울 중구 장충단로72 한국자유총연맹(02-2238-1037) [학]1960년 중동고졸 1968년 서울대 사회학과졸 1970년 同신문대학원 수료, 일본 도쿄대 수료 [경]1968년 동아일보 기자 1993년 同정치부장 1994년 同사회1부장 1994년 同편집국 부국장 1995년 同논설위원 1997년 同도쿄지사장 1998년 同심의실장 1998년 관훈클럽 총무 1999년 동아일보 편집국장 2000년 同편집국장(이사대우) 2000년 同2002년월드컵대책본부장(이사) 2001년 동아문화센터 사장 2001년 고려대 언론대학원 초청교수 2002~2005년 한국언론재단 이사장 2005~2009년 전남일보 사장 2007~2009년 한국디지털뉴스협회 회장 2008년 전국지방신문협의회 회장 2009~2010년 한국신문윤리위원회 이사 2009년 한국디지털뉴스협회 고문(현) 2009년 전남일보 고문 2013~2016년 이북5도위원회 함경북도지사 2014년 한국자유총연맹 고문(현) [상]중앙언론상(1999), 사선문화대상 [종]기독교

박기정(朴基丁) PARK Ki Chung

[생]1959 · 3 · 5 [주]경남 창원시 마산합포구 경남대학로7 경남대학교 경영학부(055-245-2451) [학]1981년 부산대 경영학과졸 1983년 同대학원 경영학과졸 1991년 경영학박사(부산대) [경]1988~1999년 경남대 경영학부 전임강사 · 조교수 · 부교수 1995년 동남경영학회 이사 1996년 한국세무학회 이사 1999년 경남대 경영학부 교수(현) 2003년 한국국제회계학회 편집위원, 同부회장(현) 2004년 한국회계정보학회 사무국장 2011년 경남대 기획처장 2016년 同경상대학장(현) [저]'경영활동과 회계(共)'(1998) '실시간회계(共)'(2000)

박기종(朴琦鍾) PARK Key Chong

[생]1953 · 2 · 12 [본]밀양(密陽) [출]전남 영광 [주]전남 목포시 영산로413의1 목포과학대학교 총장실(061-278-8651) [학]1971년 광주고졸 1976년 서울대 무역학과졸 1978년 同대학원졸 1986년 미국 하버드대 행정대학원졸 1994년 정치학박사(영국 셰필드대) [경]1978년 행정고시 합격(22회) 1979~1980년 총무처 · 전남도 수습행정관 1980년 국무총리행정조정실 제4조정관실 사무관 1981년 同제2조정관실 사무관 1989년 同법무 · 문공부담당관 1993년 同총괄담당관 1995년 同제1행정조정관실 통일안보담당관 1997년 同심사평가2심의관 1998년 국무조정실 조사심의관 2001년 同외교안보심의관 2002년 同규제개혁조정관 2005년 同기획관리조정관 2007년 駐미얀마 대사 2010~2011년 외교통상부 본부대사 2011~2013년 세한대 경영학과 교수 2013년 목포과학대 총장(현) 2015년 전남스페셜올림픽코리아 회장(현) 2015년 LA스페셜올림픽 세계하계대회 한국선수단장 [상]근정포장(1994), 홍조근정훈장(2000), 황조근정훈장(2005)

박기종(朴基鍾) Park gi jong

[생]1959 · 5 · 20 [본]밀양(密陽) [출]경남 [주]울산 남구 중앙로201 울산광역시청 교통건설국 건설도로과(052-229-4010) [학]1976년 단성고졸 1978년 진주농림전문대 농공과졸 2003년 한국방송통신대 법학과졸 2006년 울산대 산업대학원 건설공학과졸 [경]1978~1985년 경남 고성군 근무 1985년 울산시 근무 2014년 同물류진흥과장 2015년 同교통건설국 건설도로과장(현) [상]내무부장관표창(1992), 환경부장관표창(1998), 국무총리표창(2005) [종]불교

박기주(朴基柱) PARK GI JOO

[생]1962 · 4 · 7 [본]밀양(密陽) [출]서울 [주]서울 종로구 종로5길58 석탄회관빌딩10층 법무법인 케이씨엘(02-721-4215) [학]1980년 우신고졸 1984년 고려대 법대졸 [경]1984년 사법시험 합격(26회) 1987년 사법연수원 수료(16기) 1987년 서울형사지법 판사 1989년 서울지법 남부지원 판사 1991년 춘천지법 영월지원 판사 1993년 서울지법 서부지원 판사 1995년 서울지법 판사 1997년 同남

부지원 판사 1999년 서울고법 판사 2000년 대법원 재판연구관 2002년 인천지법 부장판사 2004년 사법연수원 교수 2007~2010년 서울중앙지법 부장판사 2010년 법무법인 케이씨엘 변호사(현) [종]천주교

박기준(朴基俊) Park kee jun

[생]1962·6·23 [본]밀양(密陽) [출]경북 경주 [주]전남 여수시 동산7길7 국립여수검역소 소장실(061-665-2367) [학]1980년 경주공업고졸 1988년 대구보건대 임상병리과졸 1992년 한국방송통신대 행정학과졸 2003년 중앙대 사회복지대학원 보건학과졸 [경]1990년 보건복지부 보건서기보(공무원 임용) 2006년 同보건의료인력담당(보건사무관) 2014년 同재정운용담당(기술서기관) 2015년 同국립여수검역소장(현) [상]국무총리표창(2002)

박기찬(朴基贊) PARK Ki Chan

[생]1955·7·3 [본]밀양(密陽) [출]대구 [주]인천 남구 인하로100 인하대학교 경영대학 아태물류학부(032-860-7741) [학]1974년 경북고졸 1979년 서울대 경영학과졸 1981년 同대학원 경영학과졸 1984년 사회학DEA(프랑스 파리 IEP정치대학) 1987년 경영학박사(프랑스 파리 HEC경영대학) [경]1984년 프랑스 IBM 연구원 1986년 프랑스 Paris HEC 경영대학 교수 1988년 인하대 경영대학 아태물류학부 경영전략전공 교수(현) 1992~1997년 대한항공 교통산업연구원 부원장 1992년 대한교통학회 항공분과 위원장 1996년 한국인사·조직학회 감사 2000년 한국인사관리학회 편집위원장 2001~2002년 중앙인사위원회 정책자문위원 2001~2006년 인하대 경영연구소장 2004년 한국인사관리학회 부회장 2005~2006년 인하대 경영대학장 겸 경영대학원장 2007~2008년 同인하비전2020특별위원장 2007~2015년 인천지방노동위원회 공익위원 2009~2010년 한국윤리경영학회 회장 2010~2014년 한국공항공사 비상임이사 겸 이사회 의장 2013년 지속경영학회 회장(현) 2014~2015년 인하대 미래기획위원장(부총장급) [상]Best Paper Award, GLOBELICS 2014, Addisabba, Ethiopia(2014), Best Paper Award, GIKA 2015, Valencia, Spain(2015) [저]'철강산업의 인사제도' '현대기업의 입문'(1990) '조직정치론' '항공운송산업의 구조와 전망' '국가경쟁력' '국제항공운송론' '사회감사론' '디지털@경영혁신' '강한기업의 지식경영과 지배구조' '경영의 교양을 읽는다' '조직행동론' '물류학원론' '전략경영'(2010, 인하대 출판부) '성과관리, 외국제도편' 'Quality Innovation : Knowledge, Theory, and Practices'(2014, IGI Global, U.S.) 'Strategic Management'(2015) 'Management Multiculturel : Pratique de Management Comparees'(2015, Ecole Polytechnique, France) 'International Business : Concepts, Methodologies, Tools, and Applications'(2016, IGI Global, U.S.) [역]'국가경영 혁신전략' '글로벌 기업 디자인' '원칙경영을 통한 가치의 창출' '조직행동론' [종]불교

박기표(朴基杓)

[생]1962·10·14 [출]경남 밀양 [주]부산 남구 문현금융로 33 기술보증기금 임원실(051-606-7506) [학]1981년 마산고졸 1988년 고려대 경영학과졸 [경]1990년 기술보증기금 전산부 입사 2008년 同프로세스혁신팀 부부장(2급) 2009년 同마산영업소장 2011년 同구미기술평가센터 지점장 2011년 同IT전략부장 2012년 同서울본부 지점장 2014년 同인천영업본부장(1급) 2015년 同전산정보부 본부장 2015년 同상임이사(현)

박기풍(朴麒豊) PARK Gi Poong

[생]1956·2·26 [출]제주 [주]서울 중구 세종대로9길42 부영빌딩13층 해외건설협회 회장실(02-3406-1114) [학]1975년 경복고졸 1979년 서울대 영어과졸 1985년 同행정대학원 행정학과졸 [경]1983년 행정고시 합격(27회) 1996년 건설교통부 토지정책과 서기관 1997년 同장관실 비서관 1998년 同토지이용계획과장 1999년 同국토계획국 지역계획과장 1999년 同국토정책국 지역정책과장 2003년 同토지국 토지정책과장 2004년 同총무과장 2005년 同총무과장(부이사관) 2005년 同규제개혁기획단장 2006년 同건설교통인재개발원장 2007년 행정중심복합도시건설청 기반시설본부장 2008년 同정책홍보관리본부장 2008년 대통령자문 국가균형발전위원회 지역개발국장 2009년 국토해양부 도시정책관 2010년 同도로정책관 2011년 同공공기관지방이전추진단 부단장(고위공무원) 2011년 同기획조정실장 2013~2014년 국토교통부 제1차관 2015년 해외건설협회 회장(현)

박기하(朴基河) PARK Gi Ha (蒼浦)

[생]1920·4·7 [본]밀양(密陽) [출]강원 명주 [주]강원 강릉시 종합운동장길84 강릉문화예술관 강릉농악보존회(033-642-4470) [학]한학 독학 [경]1938년 농악시작 후 45년간 강릉단오제 농악육성 1951·1952년 강릉단오 우승 1958년 정선군 임계면학교 우승 1960년 양산중 낙성식 우승 1963년 양산 고답국민학교 낙성식 준우승 1971~1994년 강릉단오제 우승(13회) 1978년 전국민속경연대회 국무총리상 수상 1982년 강원도 평창군민 경연대회 우승 1983년 同민속경연대회 우승 1985년 중요무형문화재 제11-라호 강릉농악(상쇠) 예능보유자 지정 2006년 중요무형문화재 제11-라호 강릉농악(상쇠) 명예보유자(현) [상]문예진흥원상(1975), 국무총리표창(1978·1984), 문화공보부장관표창(1979·1986), 한국예술문화단체총연합회장표창, 강원도지사표창 [종]불교

박기현(朴起賢)

[생]1967 [주]서울 중구 을지로76 유안타증권(주) 리서치센터(02-3770-5997) [학]한양대 무역학과졸 [경]1993~2004년 골드브릿지투자증권(주) 리서치팀 근무 2004~2009년 동양증권(주) 리서치센터 투자분석가 2014년 유안타증권(주) 리서치센터장(상무)(현)

박기호(朴起虎) Park Ki Ho

[생]1964·7·21 [주]서울 영등포구 국제금융로8길32 동부증권(주) 리스크관리센터(02-369-3000) [학]1983년 전주고졸 1990년 연세대 경제학과졸 [경]1990~2001년 동부증권(주) 입사·회계팀장·투자신탁팀장(차장) 2001년 유화증권(주) 근무 2003~2009년 동부증권(주) 차장·업무지원팀장(부장)·본부장 2009년 同HR본부장 겸 결제업무본부장(상무) 2010년 同결제업무본부장 겸 선진원장추진단장 2011~2015년 同기획관리팀장 겸 재무결제팀장(상무) 2015년 同기획관리팀장(상무) 2016년 同리스크관리센터장(상무)(현)

박기환(朴琪煥) PARK Ki Hwan

[생]1948·12·24 [출]부산 [주]서울 중구 을지로16 백남빌딩1001호 한로해운(주) 사장실(02-775-5816) [학]1966년 동래고졸 1976년 동아대 국제정치외교학과졸 [경]흥아해운 홍콩사무소장, 경한해운유한공사 이사, 흥아해운 기획담당 이사 1995년 한로해운(주) 설립·대표이사 사장(현)

박기환(朴基煥) PARK Ki Hwan (金里)

[생]1954·12·15 [본]밀양(密陽) [출]경북 의성 [주]서울 강서구 공항대로467 송원빌딩 태경에프앤지(주)(02-3665-8341) [학]1974년 부산진고졸 1981년 동아대 경영학과졸 [경]태경화학(주) 영남사업부 이사, 同영업·관리총괄본부장(상무), 남우화학(주) 대표이사 2009년 태경화학(주) 영업담당 전무, 同영업담당 부사장(현) 2016년 태경에프앤지(주) 대표이사(현) [종]불교

박기환

[주]서울 중구 통일로10 연세재단빌딩 16층 한국베링거인겔하임(02-709-0014) [학]연세대 사회학과졸, 미국 뉴욕대 대학원 경영학과졸 [경]1993년 미국 일라이릴리 근무, 미국 BMS(Bristol-Myers Squibb) 마케팅디렉터, 미국 엘란(Elan) 시니어디렉터 2003년 한국아스트라제네카 근무 2006~2011년 벨기에 유씨비제약 한국법인 대표이사, 同중국·동남아시아 대표이사 2014~2015년 인벤티브헬스코리아 대표이사 2015년 한국베링거인겔하임 사장(현)

박기흥(朴基興) Park Ki Heung

[생]1955·6·25 [본]밀양(密陽) [출]부산 [주]서울 관악구 남부순환로1883 한유빌딩 (주)한유L&S 임원실(02-3460-6501) [학]1974년 서울 동성고졸 1986년 미국 Montclair State College 경영학과졸 1988년 미국 George Washington Univ. 대학원 국제경영학(MBA)과졸 1990년 전경련 최고경영자과정 수료 2004년 서강대 경제대학원 OLP과정 수료 2008년 同최고위의회 전문가과정 수료 [경]1987~1988년 미국 Gorge Washington대 한국총학생회 회장 1988~1989년 일본 Itoman And Co. 연수 1989~2006년 (주)한국

ㅂ

급유·한국특수유(주) 대표이사 사장 1994~1998년 한국마사회 자문위원 1995~1999년 한국씨름연맹 이사 1997~1999년 한국YPO 회원 2002~2006년 한유케미칼(주) 대표이사 사장 2005~2007년 (주)지코스 대표이사 2007년 (주)한국급유·한국특수유(주)·한유케미칼(주) 대표이사 회장 2007년 (주)한유L&S·(주)한유에너지·(주)한유케미칼 대표이사 회장(현) 2009년 한국핸드볼발전재단 초대이사장(현) 2009~2011년 (사)OLC 회장 2012년 한유넥스텔 대표이사 회장(현), 미국 조지워싱턴대 한국총동창회장(현) [상]전국경제인연합회 경영인대상(2004) [종]천주교

박길배(朴吉培)

[생]1969·7·26 [출]경남 함안 [주]서울 양천구 신월로390 서울남부지방검찰청 금융조사2부(02-3219-2442) [학]1988년 서울 경동고졸 1993년 서울대 법학과졸 [경]1997년 사법시험 합격(39회) 2000년 사법연수원 수료(29기) 2000년 서울지검 서부지청 검사 2002년 춘천지검 원주지청 검사 2003년 대구지검 검사 2005년 서울중앙지검 검사 2010년 대검찰청 연구관 2012년 부산지검 검사 2012년 금융부실책임조사본부 파견 2013년 부산지검 부부장검사 2014년 청주지검 충주지청 부장검사(감사원 파견) 2015년 수원지검 부부장검사(감사원 파견) 2016년 서울남부지검 금융조사2부장(현) [상]매경 경제검사상(2011)

박길상(朴吉祥) PARK Kil Sang

[생]1952·1·25 [본]밀양(密陽) [출]충남 청양 [학]1970년 서울고졸 1976년 서울대 사회학과졸 1986년 미국 일리노이대 노사관계대학원졸 [경]1975년 행정고시 합격(17회) 1996년 노동부 노정국장 1999년 同산업안전국장 2001년 대통령 노사관계비서관 2001년 노동부 근로기준국장 2002년 서울지방노동위원회 위원장 2003년 노동부 차관 2005~2008년 한국산업안전공단 이사장 2013~2016년 중앙노동위원회 위원장(장관급) [상]황조근정훈장(1997)

박길선(朴吉善) Park Gil Sun

[생]1961·4·20 [본]밀성(密城) [주]강원 춘천시 중앙로1 강원도의회(033-249-5091) [학]2004년 연세대 정경대학원 법학과졸 [경]새마을청소년학교 교사, 고등공민학교 교사, 민자당 원주시지구당 조직부장, 웨네스코리아 대표(현), 강원도지사선거 원주시 시무책임 및 연락소장, 바르게살기운동 우산동위원장 2010년 강원 원주시의원선거 출마(한나라당) 2014년 민주평통 자문위원(현) 2014년 강원도의회 의원(새누리당)(현) 2014년 同경제건설위원회 위원 2014년 同원내총무 2016년 同경제건설위원장(현) [상]바르게살기운동중앙회장표창

박길성(朴吉聲) Gil-Sung Park

[생]1957·5·9 [본]밀양(密陽) [출]강원 명주 [주]서울 성북구 안암로145 고려대학교 문과대학 사회학과(02-3290-2075) [학]1975년 성남고졸 1979년 고려대 사회학과졸 1982년 同대학원 사회학과졸 1988년 사회학박사(미국 위스콘신대) [경]1992년 고려대 사회학과 조교수·부교수·교수(현) 1996~1997년 한국협상학회 이사 1999~2000년 한국사회학회 이사 2001년 고려대 영자신문사 주간 2001~2003년 한국비교사회학회 회장 2001~2002년 한국사회학회 총무이사 2003년 미국 유타주립대 겸임교수 2004년 한국청년정책연구원 원장 2005~2014년 사학연금공단 재심위원 2006~2014년 (재)한국청년정책연구원 원장 2010년 국무총리실산하 경제인문사회연구회 이사 2010년 'Global Policy' Editorial Board(현) 2011~2013년 고려대 문과대학장 2013년 세계한류학회 초대회장(현) 2013년 정보문화포럼 의장(현) 2015년 외교부 자체평가위원(현) 2015년 고려대 대학원장(현) 2016년 조선일보 윤리위원회 윤리위원(현) [저]'동남아시아의 사회계층 : 5개국 비교연구(共)'(1996) '현대사회의 구조와 변동(共)'(1996) '정보정책론(共)'(1997) '현대 한국사회의 계층구조(共)'(2001) '아시아 태평양지역의 환경문제, 환경운동 및 환경정책(共)'(2002) '세계화 : 자본과 문화의 구조변동'(2003) '현대 한국인의 세대경험과 문화(共)'(2005) '한국사회의 재구조화 : 강요된 조정, 갈등적 조율'(2006) '21세기 한국의 기업과 시민사회(共)'(2007) '경제사회학 이론(共)'(2007) 'IMF 10년, 한국사회 다시보다'(2008) '사회는 갈등을 만들고 갈등은 사회를 만든다'(2013) [역]'현대사회학(共)'(2003)

박길성(朴佶成) PARK Kil Seong

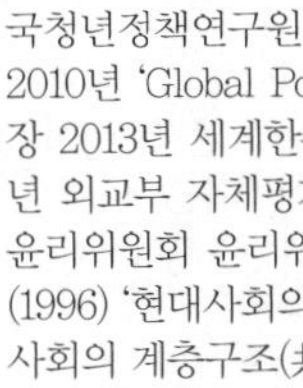

[생]1964·1·15 [본]함양(咸陽) [출]전남 보성 [주]광주 동구 준법로7의12 광주지방법원(062-239-1114) [학]1981년 대입검정고시 합격 1990년 건국대 법학과졸 2002년 同대학원졸 [경]1990년 사법시험 합격(32회) 1993년 사법연수원 수료 1993년 부산지검 검사 1994년 광주지법 판사 1996년 同해남지원 판사 1997년 同완도·진도군법원 판사 1998년 광주지법 판사 2002~2003년 해외 연수(영국 옥스퍼드대) 2004년 광주고법 판사 2006년 대법원 재판연구관 2008년 전주지법 부장판사 2009년 사법연수원 교수 2012년 광주지법 부장판사 2013년 同순천지원장 2013년 광주가정법원 순천지원장 겸임 2015년 광주지법 행정1부 부장판사(현)

박길수(朴吉洙) Kilsu Park

[생]1965·12·13 [본]밀양(密陽) [출]충남 아산 [주]대전 유성구 가정로201 한국연구재단 학술진흥본부 인재양성지원실(042-869-6440) [학]2007년 충남대 대학원 경영학과졸 [경]한국과학재단 홍보팀 선임연구원 2007년 同혁신평가팀장 2008년 同연구중심대학육성팀장 2008년 同기획총괄팀장 2009년 한국연구재단 기초연구본부 기초연구지원단 근무 2010년 同기초연구본부 기초연구총괄팀장 2013년 同경영관리본부 경영실장 2016년 同학술진흥본부 인재양성지원실장(현)

박길순(朴吉順·女) PARK Kil Soon

[생]1956·4·30 [주]대전 유성구 대학로99 충남대학교 생활과학대학 의류학과(042-821-6826) [학]1991년 충남대 가정학과졸 1981년 이화여대 대학원졸 1991년 이학박사(한양대) [경]1983년 충남대 이과대학 의류학과 전임강사 1986년 同가정대학 의류학과 조교수·부교수 1988년 同가정대학 의류학과장 직대 1991년 同가정대학 의류학과 학생과장 1993년 복식문화학회 편집위원·학술이사 1996년 한국생활과학연구회 편집위원장·이사 1996년 충남대 생활과학대학 의류학과 교수(현) 1997년 同생활과학대학 의류학과장 2001년 同생활과학대학장 2015년 한국생활과학회 회장 2016년 충남대 학생처장·여대생커리어개발센터장·인권센터장 겸임(현) [저]'패션과 의상'(1999) '재미있는 패션의 세계'(2000) '재미있는 패션의 세계(개정판)'(2006) [역]'복식의 심리학'(1990)

박길용(朴吉龍) PARK Gil Yong

[생]1956·12·13 [본]밀양(密陽) [출]전남 여수 [주]부산 연제구 법원로15 부산고등검찰청(051-606-3242) [학]1975년 여수고졸 1986년 한양대 법학과졸 1988년 同행정대학원졸 [경]1987년 사법시험 합격(29회) 1990년 사법연수원 수료(19기) 1990년 서울지검 동부지청 검사 1992년 광주지검 해남지청 검사 1994년 서울지검 북부지청 검사 1996년 대구지검 검사 1999년 광주지검 검사 2000년 同순천지청 검사 2002년 부산지검 동부지청 부부장검사 2002년 부산고검 검사 2003년 광주지검 순천지청 부장검사 2005년 서울고검 검사 2007년 대전고검 검사 2009년 서울고검 검사 2009~2010년 진실화해를위한과거사정리위원회 정책보좌관(파견) 2011년 광주고검 검사 2013년 서울고검 검사 2015년 부산고검 검사(현)

박길재 Park Gil Jae

[생]1966·4·20 [주]경기 수원시 영통구 삼성로129 삼성전자(주) 무선사업부 개발실(031-200-1114) [학]1984년 목포고졸 1989년 서강대 전자공학과졸 1991년 연세대 대학원 전자공학과졸 [경]2006년 삼성전자(주) 무선개발팀 상무 2010년 同무선사업부 개발팀 연구위원(전무) 2011년 同무선사업부 개발실 연구위원(전무) 2013년 同무선사업부 개발실 연구위원(부사장)(현)

박길호(朴吉浩) PARK Kil Ho

[생]1947·5·15 [출]충남 논산 [주]서울 강남구 언주로337 동영문화센터8층 광교회계법인(02-3453-8004) [학]1967년 대전고졸 1972년 고려대 경영학과졸 1986년 호주 뉴잉글랜드대 대학원 경제학과 수료 1999년 경제학박사(경희대) [경]1974년 행정고시 합격(15회) 1987년 경제기획원 장관실 비서관(서기관) 1988년 同경제기획국 인력개발계획과장 1990~1993년 同물가정책국 조정과장·수급계획과장 1993년 공정거래위원회 조사1과장·독점정책과장 1995년 재정경제원 국고국 국유재산과장 1996년 同총무과장(부이사관) 1998년 재정경제부 경제정책국 정책심의관 1999년 기획예산처 파견 2000년 서울지방국세청 납세지원국장 2000년 중부지방국세청 세원관리국장 2002년 국세청 국세공무원교육원장(이사관) 2004년 한국조세연구원 파견 2005~2006년 (사)세우회 이사장 2006년 우송대 초빙교수 2006년 세일회계법인 대표 2011년 광교회계법인 이사(현)

박난숙(朴蘭淑 · 女) PARK Nan Sook

[생]1964 · 1 · 23 [본]밀양(密陽) [출]부산 [주]서울 종로구 세종대로209 여성가족부 운영지원과(02-2100-6043) [학]1982년 데레사여고졸 1986년 서울대 정치학과졸 2003년 미국 하버드대 대학원 행정학과졸 [경]1994년 대통령 교육문화수석비서관실 행정관 1998년 보건복지부 보육아동과 사무관 2000년 同여성정책담당관실 사무관 2004년 여성부 장관비서관 2005년 여성가족부 여성정책국 인력개발과장 2006년 同여성정책본부 인력기획팀장 2007년 同가족정책팀장 2008년 보건복지가족부 다문화가족과장 2009년 同사회복지정책실 사회서비스자원과장 2010년 여성가족부 청소년정책과장 2011년 UN 파견 2013년 여성가족부 여성정책과장(부이사관) 2015년 同대변인(고위공무원) 2016년 국가공무원인재개발원 교육파견(고위공무원)(현)

박남규(朴南奎) Park Nam Kyu

[생]1964 [출]충남 보령 [주]강원 원주시 입춘로10 국립과학수사연구원 법공학부(033-902-5500) [학]물리학박사(성균관대) [경]1991년 국립과학수사연구소 물리분석과 공업연구사 1996년 同남부분소 이공학과장 2000년 同화재연구실장 2006년 同물리분석과장 2010년 국립과학수사연구원 남부분원장 2011년 同법과학부장 2015년 同법공학부장(현) [상]대한민국 과학수사대상 대통령표창(2014)

박남규(朴南圭) PARK Nam Kyu

[생]1965 · 3 · 12 [출]대구 [주]서울 강남구 언주로540 (주)코원시스템 대표이사실(02-6900-0000) [학]1984년 영동고졸 1988년 서울대 제어계측공학과졸 1990년 同대학원 제어계측공학과졸 [경]1990년 (주)LG전자 영상미디어연구소 근무 1995년 (주)거원시스템 대표이사 2005년 (주)코원시스템 대표이사(현)

박남기(朴南基) Namgi PARK (曉山)

[생]1960 · 2 · 20 [본]진원(珍原) [출]전남 화순 [주]광주 북구 필문대로55 광주교육대학교 교육학과(062-520-4200) [학]1984년 서울대 국어교육학과졸 1986년 同대학원 교육학과졸 1993년 교육행정정책학박사(미국 피츠버그대) [경]1993년 광주교대 교육학과 교수(현) 1998~2001년 세계비교교육학회(World Council of Comparative Education Society) 부회장 2005~2007년 전국교육대학교교수협의회연합회 회장 2008~2013년 대통령직속 사회통합위원회 지역위원 2008~2012년 광주교육대 총장 2010~2011년 교육과학기술부 초등교육발전위원회 위원장 2010~2011년 同자기주도학습전형 정책자문위원 2011년 전국교육대학교총장협의회 의장 2011년 NGO단체 교육나눔운동 이사장(현) 2011~2012년 언론중재위원회 위원, 미국 피츠버그대 객원교수 2011~2012년 유네스코 지속가능발전교육한국위원회 위원 2014년 미국 세계인명사전 'Marquis Who's Who in the World 2015년판'에 등재 2015년 영국 캠브리지 국제인명센터(IBC) 인명사전에 등재 2015년 한국교육신문 편집자문위원(현) [상]부총리 겸 교육인적자원부장관표창(2007), 시사주간 · 미디어리서치 교육분야 차세대리더3인 선정(2009), 미국 피츠버그대 최고동문상(2009), 미국 피츠버그대 피츠버그대를 빛낸 인물 메달(2013) [저]'대학 등록금과 교육비(共)'(1996) '초등학교 교실에서는 지금'(1997) '학급경영 마이더스'(2003) '학부모와 함께하는 학급경영(共)'(2007) '교사는 어떻게 성장하는가(共)'(2008) '최고의 교수법'(2010) [역]'21세기를 향한 미국 교원 정책 개혁(共)'(1996) [종]천주교

박남식(朴南植) PARK Nahm Sheik

[생]1940 · 1 · 16 [본]함양(咸陽) [출]전남 화순 [주]서울 관악구 관악로1 서울대학교 영어영문학과(02-880-6078) [학]1958년 광주고졸 1963년 전남대 영어영문학과졸 1968년 미국 하와이대 대학원 언어학과졸 1978년 언어학박사(미국 조지타운대) [경]1969~1975년 서울대 어학연구소 전임강사 · 조교수 1975~2005년 同영어영문학과 조교수 · 부교수 · 교수 1986년 영어교육학회 부회장 1986년 미국 하와이동서문화원 연구원 1988~1995년 서울대 어학연구소장 1988~1990년 국제한국어교육학회 부회장 1990~1992년 한국영어교육학회 회장, 미국학술지 'Intercultural Communication Studies' 편집자문위원, 홍콩학술지 'Asian Journal of English Language Teaching' 논문심사위원 2005년 서울대 명예교수(현) 2006~2014년 국제영어대학원대 총장 [상]서울대 30년근속표창(1999), 녹조근정훈장(2005) [종]천주교

박남신(朴南信) PARK Namsin

[생]1959 · 4 · 14 [출]경기 [주]경기 성남시 분당구 운중로121 한국프로골프협회(02-414-8855) [경]빠제로 소속 1982년 프로 입문 1982년 한국프로골프협회 회원(현) 1986년 팬텀OPEN 우승 1987년 오란씨OPEN 준우승 1987년 쾌남OPEN 우승 1988년 쾌남OPEN 우승 1988년 동해OPEN 우승 1989년 동아생명OPEN 준우승 1989년 팬텀OPEN 준우승 1990년 포카리OPEN 준우승 1990년 챔피언시리즈 우승 1991년 매경OEPN 준우승 1991년 포카리OPEN 준우승 1991년 한국프로골프선수권대회 준우승 1992년 포카리OPEN 준우승 1992년 한국프로골프선수권대회 준우승 1992년 영남OPEN 준우승 1993년 매경OPEN 우승 1993년 SBS프로최강전 준우승 1993년 챔피언시리즈 우승 1995년 포카리OPEN 준우승 1995년 한국프로골프선수권대회 우승 1995년 챔피언시리즈 준우승 1996년 매경LG패션OPEN 우승 1996년 한국프로골프선수권대회 3위 1996년 챔피언시리즈 준우승 1997년 캠브리지오픈 우승 1997년 PGA선수권대회 준우승 1997년 슈페리어OPEN 준우승 1997년 SBS프로골프최강전 우승 1998년 한국프로골프선수권대회 준우승 1998년 휠라OPEN 준우승 1998년 SBS프로골프최강전 우승 1999년 SK텔레콤클래식 우승 1999년 SBS프로골프최강전 우승 2000년 호남오픈 우승 2000년 SK텔레콤클레식 우승 2000년 포카리스웨트오픈 준우승 2000년 익산오픈 3위 2001년 유성오픈 3위 2002년 포카리스웨트오픈 준우승 2002년 한국프로골프선수권대회 준우승 2003년 부경오픈 준우승 2003년 유성오픈 3위 2005년 제주오픈 3위 2007년 SBS금호아시아나오픈 우승 2009년 시니어마스터즈 우승 2010년 KPGA 챔피언스투어 2회 대회 우승 2013년 그랜드CC배 시니어오픈 우승

박남용(朴南鏞) PARK Nam Yong (春岡)

[생]1942 · 12 · 18 [본]무안(務安) [출]전남 무안 [주]광주 북구 용봉로77 전남대학교 수의과대학(062-530-2843) [학]1961년 광주사범학교졸 1966년 전남대 수의학과졸 1974년 同대학원 수의학과졸 1981년 수의학박사(오스트리아 비엔나국립대) [경]1970년 예편(중위) 1977~1989년 전남대 수의대 수의병리학교실 전임강사 · 조교수 · 부교수 1989~2010년 同교수 1997년 同동물병원장 1997년 同동물의학연구소장 1997~1999년 同수의대학장 2001년 한국수의병리학회 회장 2005년 미국 C.L Davis수의학재단 이사 겸 한국지부장 2007~2008년 대한수의학회 회장 2010년 전남대 명예교수(현) 2010년 Hindawi's journal 수의학 사례연구보고(Case Report of Vet.Med) Editor [상]수의학회 학술상, Best Teacher Award(2007), 황조근정훈장(2010), 녹조근정훈장(2010) [저]'수의병리학총론'(최우수학술도서, 문광부) 수의병리학각론 '동물의 부검' '톱스 수의병리학각론' '최신 수의임상병리학' '동물부검 가이드' '수의 병리학 칼라 아틀라스 각 장기별(e-book)'

박남일(朴南一) Namil Park

[생]1952 · 4 · 17 [출]전남 보성 [주]대전 중구 중앙로118 대전도시공사 사장실(042-530-9201) [학]1971년 광주자연과학고졸 1973년 육군제3사관학교졸 1984년 경기대 건축공학과졸 1992년 한남대 대학원 부동산학과졸 [경]1973년 육군 소위 임관 1989~1992년 32사단 공병대대장 1993년 육군본부 620사업통제단 기획장교 1994년 同제2훈련소 시설대장 1997~1999년 1101야공단 부단장 2000~2001년 (주)유탑엔지니어링 부사장 2003~2008년 (주)토펙 상무 2011~2014년 (주)백상 회장 2014년 대전도시공사 사장(현) [상]국방장관표창(1992 · 1996), 국무총리표창(1999)

박남주(朴南珠) PARK Nam Ju

[생]1958 · 1 · 3 [본]밀양(密陽) [출]부산 [주]서울 강남구 광평로280 로즈데일빌딩8층 (주)풀무원 영업본부(02-2040-4400) [학]1977년 부산동아고졸, 경남대 기계설계학과졸 [경](주)풀무원 SP CM담당 상무, 同ECR영업담당 상무 2008년 同S&J SBU 상무, 同신사업지원담당 상무 2010년 同영업본부장(부사장)(현) [상]신지식인대상(2012)

박남천(朴南泉) PARK Nam Cheon

[생]1967 · 4 · 1 [출]전남 해남 [주]서울 도봉구 마들로749 서울북부지방법원 형사합의13부(02-910-3722) [학]1985년 중경고졸 1993년 서울대 사법학과졸 [경]1994년 사법시험 합격(36회) 1997년 사법연수원 수료(26기) 1997년 광주지법 판사 1999년 同목포지원 판사 2001년 서울지법 의정부지원 판사 2004년 서울중앙지법 판사 2006년 서울동부지법 판사 2008년 서울고법 판사 2010년 서울서부지법 판사 2012년 광주지법 부장판사 2013년 의정부지법 부장판사 2016년 서울북부지법 형사합의13부 부장판사(현)

박남철(朴南喆) PARK Nam Cheol (銅銀)

(생)1956·9·8 (본)밀양(密陽) (출)부산 (주)부산 서구 구덕로179 부산대학교병원 비뇨기과(051-240-7101) (학)1981년 부산대 의과대학졸 1984년 同대학원졸 1991년 의학박사(부산대) 2004년 한국보건산업진흥원 병원전력과정 수료 2005년 부산대 의료경영최고관리자과정 수료 (경)1981~1985년 부산대부속병원 전공의 1985~1986년 군의관 1986~1988년 국군부산병원 비뇨기과장 1988~1989년 부산해동병원 비뇨기과장 1989년 부산대 의과대학 비뇨기과 학교실 교수(현) 1993년 미국 메이요클리닉 Clinical Fellow 1994년 일본 오사카대 객원연구원 1997~1999년 부산대 의과대학 의학과장 1999~2009년 한국전립선재단 감사 1999년 미국 클리브랜드재단 인간생식센터 국제협력위원(현) 2000~2006년 부산대 의과대학 비뇨기과장 2003~2006년 同병원 기획조정실장 2004~2006년 대한불임학회 부회장 2004년 대한가족보건복지협회 부산지회장 2006~2009년 부산지역암센터건립추진단 단장 2006년 부산시 불임부부지원사업 심의위원(현) 2006~2008년 대한남성과학회 회장 2007~2009년 식품의약품안전청 의료기기안전성유효성심사협의회 위원 2007~2011년 아시아태평양성의학회 사무총장 2009~2011년 대한남성갱년기학회 회장 2009~2011년 아시아태평양남성갱년기학회 회장 2009~2012년 부산대병원장 2009~2012년 대한병원협회 이사 2011년 법원행정처 법원전문심리위원(현) 2011년 대한성학회 회장 2016년 아시아오세아니아성학회(AOFS) 회장(현), (재)한국공공정자은행연구원 이사장(현) (생)제4회 아시아태평양 임포텐스학회 Best Clinical Paper, 부산대 의과대학장 의학학술상, 대한비뇨기과학회 학술상, 대한불임학회 우수발표상, 고용노동부장관 표창(2010), 국민포장(2010), 부산시의사회 의학대상 학술상(2011) (저)'발기부진의 정복(共)'(1997) '남성 성기능장애 남성불임증 진료지침서(共)'(1997) '남성갱년기와 안드로겐(共)'(1998) '남성과학(共)'(2003) '건강기능식품점의 운영과 실체(共)'(2005) '고객만족과 성과 지향을 위한 팀제 운영방안(共)'(2006) '비뇨기 과학(共)'(2007) '암을 넘어 희망으로'(2007) 'APSSM Today'(2008) '남성과학 10대 질환의 최신 길라잡이'(2008) '남성갱년기'(2009) '남성과학'(2010) 'Modern Oriental Phytotherapy in Sexual Medicine'(2010) '나의 스승, 나의 기둥'(2011) '나, 요즘 애인만 다섯이라오!'(2012) '한국인의 성'(2013, 대한남성과학회) '남성건강학'(2013) '비뇨기과학'(2014) '남성건강 15대 질환'(2015) 'Penile Augmentation'(2016) (역)스테드만 의학사전(共)'(2006) '남자가 성에 대해 알아야 할 모든 것'(2011) '남자 왜 여자보다 단명하는 가'(2016)

박남춘(朴南春) Park nam chun

(생)1958·7·2 (본)반남(潘南) (출)인천 (주)서울 영등포구 의사당대로1 국회 의원회관926호(02-784-6181) (학)1977년 제물포고졸 1981년 고려대 법대졸 1995년 영국 웨일즈대 대학원 국제운송학 석사 (경)1985~1989년 부산지방해운항만청 해무·항무담당(5급) 1989~1993년 해운항만청 개발·운항·예산담당(4급) 1993년 부산지방해운항만청 총무과장(4급) 1996년 해운항만청 항만물류과장(4급) 1996~1998년 대통령 해양수산비서관실 행정관(4급) 1998~1999년 해양수산부 기획예산담당관(3급) 2000년 同감사담당관 2001년 국립해양조사원 원장 2002~2003년 중앙공무원교육원 파견(부이사관) 2003년 대통령직인수위원회 경제2분과위원회 전문위원 2003년 대통령비서실 국정상황실 상황1팀장(부이사관) 2003년 同국정상황실장 직대 2003~2005년 同국정상황실장 2005년 대통령 인사제도비서관 2005~2006년 대통령 인사관리비서관 2006~2007년 대통령 인사수석비서관(차관급) 2008~2009년 민주당 정책위 부의장 2011년 인천시 항만자문위원 2012년 한국해양소년단 인천연맹 자문위원 2012년 (사)국제교류연맹(IEF) 조직위원회 이사(현) 2012년 민주통합당 인천시남동구甲지역위원회 위원장 2012년 제19대 국회의원(인천시 남동구甲, 민주통합당·민주당·새정치민주연합·더불어민주당) 2012년 녹색기후기금(GCF) 인천유치범시민지원위원회 위원 2012년 국회 태안유류피해대책특별위원회 위원 2012년 국회 행정안전위원회 위원 2012~2013년 국회 예산결산특별위원회 위원 2012년 지방자치포럼 정회원(현) 2012년 바다와경제 국회포럼 정회원(현) 2012~2014년 2014인천아시아경기대회 조직위원회 위원 2012~2015년 2014인천장애인아시아경기대회조직위원회 위원 2013년 국회 안전행정위원회 위원 2014~2015년 국회 지방자치발전특별위원회 위원 2014~2015년 국회 운영위원회 위원 2014~2015년 새정치민주연합 원내부대표(기획담당) 2015년 同인천시당 직능위원장 2015년 同해양수산특별위원장 2015년 同사회적경제위원회 위원 2015년 더불어민주당 인천시남동구甲지역위원회 위원장(현) 2015년 同인천시당 직능위원장 2015년 同사회적경제위원회 위원(현) 2016년 제20대 국회의원(인천시 남동구甲, 더불어민주당)(현) 2016년 국회 안전행정위원회 간사(현) 2016년 더불어민주당 인천시당 위원장(현) (상)대통령표창(1992), 대통령비서실장표창(1997), 황조근정훈장(2009), 민주통합당 국정감사 우수의원(2012), (사)문화예술유권자총연합회의 국정감사 우수의원(2012), 경제

정의실천시민연합 국정감사 우수의원(2013·2014), 국정감사 NGO 모니터단 선정 국정감사 우수의원(2012·2013·2014), 국회 입법 및 정책개발 우수의원(2013·2014), (사)문화예술유권자총연맹 국정감사 우수의원(2013·2014), 수도권일보 선정 국정감사 우수의원(2013), 대한민국 헌정대상(2014), 수도권일보·시사뉴스 선정 국정감사 우수의원(2014) (저)'드넓은 바다 끝없는 열정'(2008, AllThatPlan 窓) '대통령의 人事'(2013) (종)천주교

박남혁(朴南爀) PARK Nam Heoug

(생)1958·7·14 (출)전북 고창 (주)서울 영등포구 국제금융로10 서울국제금융센터 OneIFC빌딩9층 딜로이트안진회계법인(02-6676-2390) (학)1977년 전북 고창고졸 1986년 성균관대 행정학과졸 2004년 미국 콜로라도주립대 대학원 행정학과졸 (경)행정고시 합격(29회) 1986~1987년 총무처 행정사무관시보 1987년 전주세무서 총무과장 1988년 목포세무서 부가세과장 1990년 영등포세무서 총무과장 1991년 재무부 국세심판원 근무 1993년 중랑세무서 법인세과장 1996년 재정경제부 국세심판원 근무 2000년 同국세심판원 서기관 2004년 同홍보관리팀장 2005년 同조세지출예산과장 2006년 同부동산실무기획단 조세반장 2006년 딜로이트안진회계법인 전무 2008년 同부대표(현) (종)기독교

박남훈(朴南勳) PARK Nam Hoon

(생)1943·1·30 (본)밀양(密陽) (출)전북 무주 (주)서울 양천구 목동서로159의1 CBS방송사업단(02-2650-7166) (학)1961년 전주고졸 1967년 고려대 정치외교학과졸 (경)1970년 CBS 입사 1980년 KBS 입사 1989년 同사회부 차장 1992년 CBS 보도국 경제부장 1994년 同보도국 부국장대우 뉴스제작부장 1996년 同해설위원장 1997년 同전북방송 본부장 1998년 同보도국장 2001년 同상무 겸 방송본부장 2003년 CBS방송사업단 사장(현) (종)기독교

박내회(朴乃會) PARK Nei Hei

(생)1940·8·18 (본)밀양(密陽) (출)전남 강진 (주)서울 용산구 청파로47길100 숙명여자대학교 경영학부(02-2077-7242) (학)광주제일고졸 1962년 고려대 상대졸 1966년 미국 조지워싱턴대 경영대학원졸 1974년 경영학박사(미국 아메리칸대) (경)1969년 미국 아메리칸대 해외문제연구소 근무 1974~1982년 서강대 조교수·부교수 1982~2006년 同경상대학 경영학과 교수 1985년 전국경제인연합회 자문위원 1987년 서강대 기획실장 1988년 同경상대학장 1989년 同경영대학장 1994년 인사조직학회 회장 1997년 삼성물산 사외이사 2000~2002년 서강대 경영대학원장 2007년 숙명여대 경영학부 석좌교수(현) 2007년 同호스피탈리티 경영전문대학원장(현) 2010~2011년 SC제일은행 사외이사 2014년 한국고객만족경영학회 회장(현) (상)국민훈장 석류장, 근정포장(2005) (저)'현대리더십 이론' '조직행동론' '경영관리론' '현대 인사관리론' '기업문화론' '인사관리' '경영전략' (역)'Z이론' 'M형 사회' (종)천주교

박노권(朴魯權) PARK No Kwon

(생)1957·2·3 (출)충남 공주 (주)대전 서구 도안북로88 목원대학교 총장실(042-829-7001) (학)1979년 목원대 신학과졸 1984년 감리교신학대 대학원 신학과졸 1989년 미국 드류대 대학원 신학과졸 1994년 목회학박사(미국 드류대) (경)1982년 수원 삼일중 교목 1986~1992년 미국 아스토리아 한인연합감리교회 교육목사 1992년 미국 뉴욕소명교회 교육목사 1994년 대전 선화감리교회 부목사 1996년 목원대 신학대학원 신학과 교수(현) 1997년 同학생생활연구소장 1999년 同학생상담봉사센터 소장 2002년 한국기독교상담심리치료학회 Supervisor 2004~2007년 목원대 신학대학원장 2005~2014년 한국기독교상담심리치료학회 사무총장 2007~2008년 미국 예일신학대학원 방문교수 2010~2012년 목원대 신학대학원장 2012~2014년 한국기독교상담심리치료학회 회장 2012~2014년 목원대 신학대학장 2014년 同총장(현) 2015년 대전·충남지역총장협의회 공동회장(현) 2015년 아시아태평양기독교학교연맹(APFCS) 회장(현) 2015년 대전권대학발전협의회 공동의장(현) 2016년 대전크리스찬리더스클럽 대표회장(현) (저)'기독교와 현대사회(共)'(1998) '인간과 종교(共)'(1998) '실천신학개론'(1998) '목회상담학'(1999) 'Reading Theology in English'(2000) '종교심리학'(2001) '현대신학과 목회'(2003) '상담과 영성'(2003) '렉시오 디비나를 통한 영성훈련'(2008) (역)'영원한 사랑만들기'(2009) (종)감리교

박노벽(朴魯壁) PARK Ro Byug
Ⓢ1956·7·9 ⓓ서울 종로구 사직로8길60 외교부 인사운영팀(02-2100-7136) ⓗ1980년 서울대 외교학과졸 1983년 영국 런던대 대학원 국제관계Diploma과정졸 1993년 역사학박사(러시아 모스크바 외교아카데미) ⓒ1979년 외무고시 합격(13회) 1980년 외무부 입부 1984년 駐스위스 2등서기관 1991년 駐러시아 1등서기관 1993년 駐우즈베키스탄 참사관 1995년 외무부 장관비서관 1996년 同북미2과장 1996년 同북미3과장 1997년 駐미국 1등서기관 2000년 駐미얀마 참사관 2002년 외교통상부 부대변인 2003년 국가안전보장회의 전출 2004년 외교통상부 장관 보좌관 2006년 同구주국장 2008년 駐우크라이나 대사 2011년 외교통상부 한미원자력협정개정협상 전담대사 2011년 국립외교원 경력교수 2012년 외교통상부 에너지자원대사 2013년 외교부 에너지자원대사 2013~2015년 同한미원자력협정개정협상 전담대사 2015년 駐러시아 대사(현) ⓢ근정포장(1994), 서울국제포럼 영산외교인상(2016) ⓩ'한러 경제관계 20년'(1994, 한울) '국제정치적 시각'(2009, 한울)

박노수(朴魯洙) PARK Noh Soo
Ⓢ1934·8·9 ⓑ밀양(密陽) ⓔ충북 청주 ⓓ서울 강서구 강서로396 펜코타워9층 (사)한국베트남친선협회 명예회장실(02-2051-2153) ⓗ1957년 서울대 법대 행정학과졸 1967년 미국 조지워싱턴대 법대 수학 ⓒ1957년 외무부 입부 1973년 同통상1과장 1975~1978년 駐이란·駐스위스 참사관 1978년 駐제네바대표부 공사 1980년 駐중앙아프리카 대사 1984년 駐휴스턴 총영사 1987년 외무부 본부대사 1988년 외교안보연구원 교수부장 1989년 駐오사카 총영사 1992년 駐베트남대표 부대사 1993년 駐베트남 대사 1994년 외교안보연구원 연구위원 1996년 駐뉴욕 총영사 2001~2009년 (사)한국베트남친선협회 회장 2010년 同명예회장(현) Ⓢ베트남정부 국가우호훈장(2008)

박노완(朴魯完) Park Noh-wan
Ⓢ1960·9·8 ⓓ서울 종로구 사직로8길60 외교부 인사운영팀(02-2100-7136) ⓗ1987년 한국외국어대 베트남어과졸 2011년 베트남 베트남국립사범대 대학원 역사학과졸 2014년 국제관계학박사(베트남외교대학) ⓒ1990년 외무고시 합격(24회) 1990년 외무부 입부 1995년 駐베트남 2등서기관 1999년 駐중국 1등서기관 2005년 외교통상부 국제에너지물류과장 2006년 同경제안보과장 2007년 駐경제협력개발기구(OECD) 참사관 2011년 駐베트남 공사 2015년 駐호치민 총영사(현) Ⓢ근정포장(2009)

박노욱(朴魯旭) PARK Noh Wook
Ⓢ1953·9·5 ⓑ밀양(密陽) ⓔ경북 군위 ⓓ경북 칠곡군 왜관읍 공단로4길32의27 (주)진영 회장실(054-973-0227) ⓗ대구 영남고졸, 경남대 최고경영자과정 수료 ⓒ1984년 진영레이스 설립 1994년 (주)진영 회장(현) 2005년 대구경북섬유직물조합 이사(현) 2006~2015년 칠곡상공회의소 상임위원 2008~2011년 한국섬유개발연구원 이사장 2015년 칠곡상공회의소 부회장(현) ⓣ불교

박노욱(朴魯旭) PARK No Wook
Ⓢ1960·10·16 ⓑ밀양(密陽) ⓔ경북 봉화 ⓓ경북 봉화군 봉화읍 봉화로1111 봉화군청 군수실(054-679-6001) ⓗ1978년 봉화고졸, 경북전문대 경영과졸 2000년 동양대 경영학과졸 2011년 경북대 행정대학원 일반행정학과졸 ⓒ1996년 봉화JC 회장 1997년 경북지구JC 상무위원, 내성초 운영위원장, 내성초등학교총동창회 부회장(현), 봉화군체육회 이사(현) 1999~2000년 (사)한국농업경영인중앙연합회 봉화군연합회장 2003~2004년 同경북도연합회장 2005년 同수석부회장 2003~2010년 경북도의회 의원(한나라당) 2006년 同의회운영위원회 위원 2006년 同농수산위원회 부위원장 2010년 경북 봉화군수(한나라당·새누리당) 2010년 경북시장·군수협의회 총무 2014년 경북 봉화군수(새누리당)(현) Ⓢ농림부장관표창, 대통령표창, 석탑산업훈장 ⓣ불교

박노원(朴魯源)
Ⓢ1969·11·5 ⓔ전남 장성 ⓓ전남 장성군 장성읍 영천로200 장성군청(061-390-7223) ⓗ광주 금호고졸, 전남대 경제학과졸 ⓒ2003년 지방고시 합격 2003년 국가전문행정연수원 수습 및 교육파견 2004~2006년 나주시 전문위원·문화예술회관장 2006년 전남도 혁신도시건설지원단 행정담당 2007년 KDI 국제정책대학원 교육파견 2009년 전남도 문화예술과 문화산업담당

2009~2014년 행정안전부 조직진단과·지방세정책과·지방세분석과 사무관 2014년 행정자치부 지방세정책과·공기업과 서기관 2015~2016년 전남도 일자리정책지원관·투자유치담당관 2016년 전남 장성군 부군수(현)

박노익(朴魯益) PARK Noh Ik
Ⓢ1965·8·17 ⓔ충북 청주 ⓓ경기 과천시 관문로47 방송통신위원회 이용자정책국(02-2110-1500) ⓗ1984년 청석고졸 1988년 서울대 외교학과졸 1996년 同대학원 행정학과졸 ⓒ2000년 정보통신부 정보통신지원국 통신기획과 사무관 2001년 同정보통신지원국 통신기획과 서기관 2004년 국무조정실 규제개혁기획단 파견 2005년 부산사하우체국장 2006년 정보통신부 통신전파방송정책본부 융합전략팀장 2008년 방송통신위원회 방송통신융합정책실 융합정책과장(서기관) 2009년 대통령실 방송정보통신비서관실 행정관 2009년 방송통신위원회 전파연구소 전파자원연구과장 2011년 同전파정책기획과장 同기획조정실 기획재정담당관(부이사관) 2013년 同기획조정실 기획총괄담당관 2013년 국민대통합위원회 파견(부이사관) 2015년 방송통신위원회 이용자정책국장(고위공무원)(현)

박노해 PARK No Hae
Ⓢ1958·11·20 ⓔ전남 함평 ⓓ서울 종로구 백석동1가길19 나눔문화(02-734-1977) ⓗ1976년 선린상고(야간)졸 ⓒ1976년 건설·섬유·화학·금속·운수현장 노동자 1983년 '시와 경제2'에 시 '시다의 꿈' 발표·문단 데뷔·노동자 시인(현) 1984년 첫 시집 '노동의 새벽' 출간 1985년 서울노동운동연합 중앙위원 1989년 남한사회주의노동자동맹 결성주도 1989년 월간 '노동해방문학' 발간 1991년 사형 구형·무기징역 선고 1998년 8·15특사로 석방 2000년 사회운동단체 나눔문화 설립·상임이사(현) 2003년 미국·이라크전쟁 평화활동 2005년 인도네시아 반다아체 쓰나미현장 평화활동 2006년 이스라엘·레바논전쟁 평화활동 2010년 사진展 '라 광야' 개최 2010년 사진展 '나 거기에 그들처럼' 개최 2012년 글로벌평화나눔 상설사진展 '라 카페 갤러리' 개최 2014년 사진展 '다른 길' 개최 Ⓢ노동문학상(1988), 포에트리인터내셔날 인권상(1999) ⓩ'노동의 새벽'(1984, 풀빛판화시선) '참된 시작'(1993) '사람만이 희망이다'(1997) '겨울이 꽃핀다'(1999, 창작과비평사) '오늘은 다르게'(1999) '아체는 너무 오래 울고 있다-쓰나미에 할퀸 자유아체의 절망과 희망'(2005, 느린걸음) '여기에는 아무도 없는 것만 같아요-고뇌의 레바논과 희망의 헤즈볼라'(2007, 느린걸음) 사진집 '나 거기에 그들처럼:아프리카 중동 아시아 중남미 2000~2010'(2010, 느린걸음) 시집 '그러니 그대 사라지지 말아라'(2010, 느린걸음) '노동의 새벽-30주년 개정판'(2014, 느린걸음) '참된 시작-개정판'(2016, 느린걸음) 사진에세이 '다른 길-티베트에서 인디아까지'(2014, 느린걸음) 시집 에세이 '사람만이 희망이다-개정판'(2015, 느린걸음)

박노현(朴魯賢) PARK Noh Hyun
Ⓢ1959·11·1 ⓔ대전 ⓓ서울 종로구 대학로101 서울대병원 산부인과(02-2072-3166) ⓗ1978년 대전고졸 1984년 서울대 의대졸 1989년 同대학원졸 1995년 의학박사(서울대) ⓒ1985~1986년 서울대병원 인턴 1986~1990년 同산부인과 전공의 1990~1991년 군산 개정병원 공중보건의·양평 길병원 공중보건의 1993~1995년 서울대병원 산부인과 부인종양학 전임의 1995~1996년 미국 UCSF Research Fellow 1996~2002년 서울대 의대 산부인과학교실 조교수 2002년 同의대 산부인과학교실 부교수·교수(현) 2002년 서울대병원 비전21담당 2004년 同기획담당 2006~2007년 同통합물류추진단장 2007~2010년 同기획조정실장 2012~2014년 한국보건산업진흥원 연구개발(R&D)진흥본부장 2014년 서울대병원 산부인과장 2014~2016년 서울대 산학협력단장 2014년 同연구처장(현)

박노형(朴魯馨) PARK No Hyung
Ⓢ1958·12·29 ⓑ순천(順天) ⓔ부산 ⓓ서울 성북구 안암로145 고려대학교 법과대학(02-3290-1885) ⓗ1981년 고려대 법학과졸 1983년 同대학원졸 1985년 미국 하버드대 Law School졸 1990년 법학박사(영국 케임브리지대) ⓒ1990년 고려대 법과대학 교수(현) 1994년 대외경제전문가 풀(KIEP-GEA) 소속(현) 1995년 WTO 패널리스트 명부등재(현) 1996년 미국 브루킹스연구소 객원연구원 2001년 고려대 기획실장 2001년 한국협상학회 회장 2003~2007년 한국국제경제법학회 초대회장 2004~2007년 무역위원회 비상임위원 2007~2008년 고려대 교무처장 2007~2008년 同교수학습개발원장 2010~2015년 (사)동해연구회 회장 2011~2014년 영상물등급위원회 위원 2011~2013년 고려대 법과대학장·법무대학원장·법학전문대학원장 겸임 2011~2015년 (사)국제공정무역학회 회장 2016년 한국조정학회 회장(현)

ㅂ

[저]'매경신서35-새 유럽의 도전 : EC통합의 올바른 이해'(1991) 'WTO체제의 분쟁해결제도 연구'(1995) 'GATT의 분쟁해결사례 연구'(1995) '국제법(共)'(1999) '통상론(共)'(2000) [종]천주교

박노호(朴魯鎬) PARK No Ho

[생]1955·4·1 [주]서울 동대문구 이문로107 한국외국어대 스칸디나비아어과(02-961-4469) [학]1983년 한국외국어대 스웨덴어과졸 1992년 경제학박사(스웨덴 스톡홀름대) [경]1992년 스웨덴 Stockholm대 경제학과 조교수 1993년 한국조세연구원 초청연구위원 1994~2003년 한국외국어대 스칸디나비아어과 조교수·부교수 1994년 동양일보 논설위원 1995년 한국외국어대 스칸디나비아어과장 1999년 同외국학종합연구센터 EDC실장 2000년 同국제지역대학원 교학부장 2001년 스웨덴 스톡홀름대 경제학과 초빙교수 2002~2004년 한국외국어대 입학처장 2003년 同스칸디나비아어과 교수(현) 2012년 同EU연구소장 2014년 同국제지역대학원장(현)

박노황(朴魯晃) Park, Nohwang

[생]1957·12·7 [본]밀양(密陽) [출]서울 [주]서울 종로구 율곡로2길25 연합뉴스(02-398-3114) [학]1976년 경기고졸 1981년 한국외국어대 영어과졸 2001년 미국 미시간주립대 국제전문인양성과정(VIPP) 수료 2011년 고려대 언론대학원 최고위과정 수료 [경]1983년 연합뉴스 국제뉴스부 기자 1986년 同사회부 기자 1996년 同사회부 차장 2000년 同사회부 부장대우 2001년 同영문뉴스국 부장대우 2003년 同남북관계부장 2004년 同워싱턴지사장 2005년 同미주총국 워싱턴특파원(부국장대우) 2007년 同외국어뉴스국장 2008년 同전략사업본부장 2009년 同편집국장 2011년 同논설위원 2011~2012년 同국제·업무담당 상무이사 2011~2013년 법조언론인클럽 회장 2012년 연합인포맥스 상임고문 2012년 同대표이사 사장 2013~2015년 同특임이사 2013~2014년 한국인권재단 이사 2015년 연합뉴스 대표이사 사장(현) 2015년 연합뉴스TV 대표이사 사장(현) 2015년 연합인포맥스 대표이사 회장(현) 2015년 연합뉴스 동북아센터 이사장(현) 2016년 한국신문협회 이사(현) [상]제11회 외대 언론인상(2010), 제6회 한국참언론인대상 사회부문(2010), 자랑스러운 외대인상(2016), 세계한인무역협회(월드옥타) 공로패(2016) [저]'키워드 미국영어'(2001) [종]기독교

박능후(朴凌厚) PARK Neung Who

[생]1956·6·24 [본]밀양(密陽) [출]경남 함안 [주]경기 수원시 영통구 광교산로154의42 경기대학교 사회복지학과(031-249-9332) [학]1980년 서울대 경제학과졸 1982년 同대학원 정치학과졸 1998년 사회복지학박사(미국 캘리포니아대 버클리교) [경]1986년 보건사회부 사회보장심의위원회 연구참사 1986년 한국보건사회연구원 연구원 1990년 同책임연구원 1992년 미국 버클리대 조사연구센터 연구원 1998년 한국보건사회연구원 부연구위원 2000년 同사회보장연구실장 2005년 경기대 사회과학대학 사회복지학과 부교수·교수(현) 2007~2009년 대통령자문 양극화민생대책위원회 위원 2008~2009년 한국사회복지정책학회 회장 2009년 노동부 최저임금위원회 위원 2011~2015년 경기대 사회복지대학원장 2012년 전국사회복지대학원장협의회 회장 2013~2015년 경기대 행정대학원장 [저]'한국의 사회복지'(共)

박 단(朴 檀) PARK Dahn

[생]1960·6·15 [본]밀양(密陽) [출]서울 [주]서울 마포구 백범로35 서강대학교 사학과(02-705-7953) [학]1979년 보성고졸 1984년 서강대 사학과졸 1987년 同대학원졸 1995년 역사학박사(프랑스 파리제1대) [경]1996~2010년 한성대 역사문화학부 교수 1996~2010년 同학생지원처장 1998~2000년 한국서양사학회 편집이사, 한국·프랑스사학회 편집이사 2001~2002년 역사학회 편집이사 2004년 프랑스 파리1대 초빙교수 2006~2008년 문화사학회 '역사와 문화' 편집위원장 2008년 한국프랑스사학회 총무이사 2009년 이민인종연구회 운영위원장 2010년 통합유럽연구회 상임편집위원(현) 2010년 서강대 사학과 교수(현) 2011~2015년 이민인종연구회 회장 2011~2012년 한국사학사학회 총무이사 2011~2015년 이민인종연구회 회장 2012~2016년 국제역사학 한국위원회 사무총장 2013년 (사)역사학회 총무이사 2014년 서강대 사학과장 2015년 同일본문화전공 주임교수(현) 2016년 미국 Univ. of Texas at Austin, Institut for Historical Studies(풀부라이트 기금 방문학자)(현) [저]'프랑스의 문화전쟁 : 공화국과 이슬람'(2005, 책세상) '역사 속의 소수자들(共)'(2009, 푸른역사) '현대 서양사회와 이민 : 갈등과 통합 사이에서(共)'(2009, 한성대출판부) '역사 속의 소수자(共)'(2009, 푸른역사) '현대 서양사회와 이주민 : 갈등과 통합 사이에서'(2009, 한성대 출판부) '프랑스의 열정 : 공화국과 공화주(共)'(2011, 아카넷) '프랑스공화국과 이방인들'(2013, 서강대 출판부) '도시로 보는 유럽통합사(共)'(2013, 책과함께) '프랑스의 종교와 세속화의 역사(共)'(2013, 충남대 출판부) '교육과 정치로 본 프랑스사(共)'(2014, 서해문집) '유럽을 만든 대학들(共)'(2015, 책과함께) [역]'프랑스사회사 : 1789-1970'(2000, 동문선) '인간에 관한 가장 아름다운 이야기(共)'(2007, 부키)

박달근(朴達根) PARK Dal Geun

[생]1958·12·20 [출]전북 임실 [주]인천 연수구 대암로30 도로교통공단 인천지부(032-830-6114) [학]1975년 전주고졸 1979년 중앙대 법학과졸 [경]1983년 경찰간부후보 31기(경위 임용) 1988년 경감 승진 1994년 경정 승진 2002년 제주지방경찰청 경비교통과장 2002년 총경 승진 2003년 전북 무주경찰서장 2004년 전북 김제경찰서장 2005년 전북지방경찰청 청문감사관 2005년 경찰대학 수사보안연구소 근무 2006년 인천지방경찰청 경비교통과장 2006년 인천 동부경찰서장 2007년 인천지방경찰청 경무과장 2009년 인천 서부경찰서장 2010년 인천지방경찰청 청문감사담당관 2011~2012년 인천운전면허시험장장 2012~2014년 도로교통공단 인천지부장 2014~2016년 부산북부운전면허시험장장 2016년 도로교통공단 인천지부장(현) [종]천주교

박달서(朴達緖)

[생]1957·2·26 [본]반남(潘南) [출]경북 [주]인천 남구 매소홀로290번길32 남부경찰서 서장실(032-717-9507) [학]대구고졸, 한국방송통신대 법학과졸, 인하대 경영대학원 수료 [경]1987년 경위 임관(경찰간부후보 35기) 2009년 인천지방경찰청 인천국제공항경찰대 외사과장 2011년 同보안수사1대장 2012년 同홍보계장 2014년 경북 예천경찰서장 2015년 인천지방경찰청 홍보담당관 2016년 인천 남부경찰서장(현)

박달원(朴達遠) PARK Dal Won

[생]1960·6·3 [출]충남 [주]충남 공주시 공주대학로56 공주대학교 사범대학 수학교육과(041-850-8268) [학]공주사범대 수학교육학과졸, 충남대 대학원졸, 이학박사(충남대) [경]공주대 수학교육과 교수(현) 2010~2012년 同입학관리본부장 2015년 同사범대학장 겸 교육대학원장(현) [저]'가상현실과 과학교육'(2001) '원격교육과 평가'(2002) '미분적분학'(2006) '해석학개론'(2009) '수학과 교육공학'(2010)

박달호(朴達浩)

[생]1961·2·23 [출]전남 신안 [주]전남 영광군 영광읍 함영로3508 영광소방서(061-350-0703) [학]목포고졸, 전남대 행정대학원졸 [경]1990년 소방간부후보생 임용(6기) 1998년 전남도소방본부 소방행정과 감찰담당 1999년 목포소방서 소방과장 2001년 해남소방서 방호과장 2003년 나주소방서 구조구급과장 2007년 영광소방서 방호과장 2008년 전남도소방본부 소방행정과장 2009년 광양소방서장 2012년 여수소방서장 2015년 전남 영광소방서장(현)

박대근(朴大根) Park Dae-Koun

[생]1957·5·15 [주]부산 연제구 중앙대로1001 부산광역시의회(051-888-8223) [학]부산정보대 경영정보과졸 2010년 영산대 행정학과졸, 同법무경영대학원 행정학과졸 [경]민주평통 자문위원(현), 부산지법 소년자원보호자협의회 부회장, 한국자유총연맹 부산시 북구협의회 회장, 부산북부경찰서 청소년지도위원회 부위원장, 한나라당 부산北·강서甲지구당 홍보위원장, 부산시 북구낙농문화원 운영위원, 부산구포시장상인회 회장 2006·2010~2014년 부산시 북구의회 의원(한나라당·새누리당) 2008~2010년 同기획총무위원장 2014년 부산시의회 의원(새누리당)(현) 2014년 同창조도시교통위원회 위원 2015년 同해양교통위원회 위원(현) 2015년 同예산결산특별위원회 부위원장 2016년 同지방분권특별위원회 위원(현)

박대근(朴大槿) PARK Dae Keun

[생]1958·3·15 [본]밀양(密陽) [출]서울 [주]서울 성동구 왕십리로222 한양대학교 경제금융학부(02-2220-1033) [학]1977년 휘문고졸 1981년 서울대 경제학과졸 1983년 한국과학기술원(KAIST) 석사 1989년 경제학박사(미국 하버드대) [경]1981년 한신증권(주) 근무 1987년 미국 뉴욕주립대 경제학과 조교수 1991년 한양대 경제금융학부 교수(현) 2008·2010~2012년 同경제금융대학장 2009

년 세종시 민관합동위원회 민간위원 2013년 금융위원회 금융발전심의회 위원장 2014년 KT 사외이사(현) 2015~2016년 한국국제금융학회 회장 2015년 대통령자문 국민경제자문회의 기초경제1분과 자문위원(현) 2016년 금융위원회 금융발전심의회 정책·글로벌금융분과 위원(현) 2016년 대통령직속 규제개혁위원회 경제분과 민간위원(현) [종]천주교

박대동(朴大東) PARK Dae Dong

[생]1951·5·13 [출]울산 [학]1969년 경남고졸 1973년 서울대 경제학과졸 1976년 부산대 행정대학원 수료 1979년 서울대 환경대학원 환경계획학과 수료(1년) 1994년 미국 위스콘신대 대학원 공공정책 및 행정학과졸 [경]1978년 행정고시 합격(22회) 1979~1991년 관세청·재무부 행정사무관 1991~1992년 경부고속전철사업단 파견(서기관) 1994~1997년 독일 재무성 파견(서기관) 1997년 재정경제원 금융정책실 국민저축과장 1998~1999년 국제심판소 조사관 1999~2000년 재정경제부 법무담당관·기획예산담당관 2000~2001년 同국제금융국 외화자금과장 2002~2003년 국회 재정경제위원회 파견(국장급) 2004~2006년 금융감독위원회 감독정책1국장 2007~2008년 同상임위원 2008~2009년 예금보험공사 사장 2011~2012년 새누리당 기획재정위원회 부위원장 2011~2012년 同중앙노동위원회 부위원장 2012~2013년 同울산시당 위원장 2012~2016년 제19대 국회의원(울산 북구, 새누리당) 2012·2014년 국회 정무위원회 위원 2012년 국회 예산결산특별위원회 위원 2012년 (사)고헌박상진의사추모사업회 회장(현) 2013년 국회 한·볼리비아친선협회 부회장 2013년 새누리당 대표최고위원 특별보좌역 2013·2015년 국회 정치개혁특별위원회 위원 2014년 국회 평창동계올림픽및국제경기대회지원특별위원회 위원 2014년 새누리당 경제혁신특별위원회 공기업개혁분과 위원 2014년 同재외국민위원회 유럽지역 부위원장 2015년 同재해대책위원회 부위원장 2015년 同울산시당 위원장 2015년 同핀테크특별위원회 위원 2015년 同나눔경제특별위원회 위원 2015년 국회 평창동계올림픽및국제경기대회지원특별위원회 위원 [상]보국훈장 광복장(1981), 재무부 유공표창(1985), 보건사회부 효행공무원표창(1988), 법률소비자연맹 선정 국회헌정대상(2013·2014·2015), 유권자시민행동 2013 국정감사 최우수상(2013) [종]기독교

박대성(朴大星) PARK Dae Sung

[생]1960·4·28 [출]충남 서천 [주]충남 태안군 태안읍 중앙로285 한국서부발전 감사실(041-400-1112) [학]1979년 충암고졸 2001년 한국방송통신대 정치행정학과졸 2005년 연세대 행정대학원 공공정책학 석사 2010년 행정학박사(국민대) [경]1995~2006년 자유민주연합(자민련) 총무국 대변인행정실 실·국장 1998~2003년 국무총리 및 자민련(김종필·박태준·이한동) 총재 보좌역 2006~2012년 자유선진당 원내행정실 실·국장 2008~2009년 국회 정책연구위원 2010~2014년 새누리당 정책위원회 법제사법위원회·국토교통위원회 수석전문위원 2011년 국민대 행정·정책학부 겸임교수 2014년 새누리당 충남도당 사무처장 2014~2015년 同정책위원회 농림축산식품해양수산위원회·국토교통위원회 수석전문위원 2015~2016년 한국노인인력개발원 정책지원실장 2016년 한국서부발전 상임감사위원(현)

박대순(朴大淳) PARK Dae Soon

[생]1966·10·1 [본]순천(順天) [출]충남 연기 [주]세종특별자치시 도움6로11 국토교통부 국제협력통상담당관(044-201-3293) [학]1984년 서울사대부고졸 1989년 경희대 법학과졸 1997년 서울대 행정대학원 행정학과졸 2016년 교통경제학박사(영국 사우샘프턴대) [경]1993년 행정고시 합격(37회) 2003년 건설교통부 도로국 도로정책과 사무관 2004년 同도로국 도로정책과 서기관, 同규제개혁기획단 서기관 2005년 국무조정실 규제개혁기획단 서기관 2007년 건설교통부 제도개혁팀장 2008년 국토해양부 공공기관지방이전추진단 혁신도시3과장 2008년 同공공기관지방이전추진단 종전부동산과장 2008년 同공공기관지방이전추진단 도시기획과장 2009년 同공공기관지방이전추진단 기획총괄과장 2010년 同연안해운과장 2011년 同기획조정실 남북협력팀장 2011년 영국 교육파견(과장급) 2015년 국토교통부 국제협력통상담당관(현) [상]대통령표창(2003)

박대식(朴大植) PARK Dai Sik

[생]1945·9·3 [출]서울 [주]경기 오산시 세남로72 대일화학공업(주) 비서실(031-372-4991) [학]경복고졸 1967년 고려대 경제학과졸, 同경영대학원졸 1976년 미국 서던캘리포니아대 대학원졸 [경]한국공업표준협회 경영인품질관리위원 1983년 대일화학공업(주) 전무이사, 同대표이사 사장(현) 1988년 대일정밀공업(주) 대표이사 사장 [종]기독교

박대식(朴大植) PARK Dae Shik

[생]1959·8·14 [출]경북 상주 [주]전남 나주시 빛가람로601 한국농촌경제연구원 농업·농촌정책연구본부(061-820-2345) [학]부산대 사회학과졸, 同대학원졸, 사회학박사(미국 오하이오주립대) [경]미국 오하이오주립대 농촌사회학과 연구조교, 숭실대·서울대 강사, 한국농촌경제연구원 부연구위원 2002년 同연구위원 2013~2015년 同농촌정책연구부 선임연구위원 2015년 (사)한국농촌사회학회 회장(현) 2015년 한국농촌경제연구원 농업·농촌정책연구본부 선임연구위원(현)

박대연(朴大演) PARK Dae Yeon

[생]1956·3·14 [출]전남 담양 [주]경기 성남시 분당구 황새울로329번길5 (주)티맥스소프트 임원실(031-8018-1000) [학]광주상고졸 1989년 미국 오리건대 컴퓨터학과졸 1991년 同대학원졸 1996년 컴퓨터과학박사(미국 서던캘리포니아대) [경]1988년 한일은행 전산실 근무 1996~1997년 한국외국어대 제어계측공학과 교수 1997년 (주)티맥스소프트 창업·최고기술책임자(CTO)(현) 1998~2007년 한국과학기술원 전기 및 전자공학전공 교수 2008년 (주)티맥스소프트 대표이사 사장(CEO) 2008년 同회장(현) [상]국무총리표창(1999), 올해의 최고논문상(2003), 은탑산업훈장(2005)

박대영(朴大永) PARK Dae Young

[생]1953·1·11 [본]경주(慶州) [출]서울 [주]경기 성남시 분당구 판교로277번길23 판교R&D센터8층 삼성중공업(주) 사장실(031-262-6001) [학]1971년 서울고졸 1978년 연세대 기계공학과졸 [경]1977년 삼성중공업(주) 입사 1991년 同부장 1995년 同이사보 1997년 同조선플렛트부문 이사 2001년 同상무 2005년 同해양생산담당 전무 2009년 同해양생산부문장(부사장) 2010년 同거제조선소장(부사장) 2012년 同대표이사 사장(현) 2015년 한국조선해양플랜트협회 회장(현) [상]산업포장(2010), 은탑산업훈장(2016) [종]기독교

박대원(朴大元) PARK Dae Won

[생]1947·12·9 [본]경주(慶州) [출]경북 포항 [주]경기 성남시 수정구 성남대로1342 가천대학교 행정학과(031-750-8786) [학]1974년 연세대 정치외교학과졸 1977년 프랑스 파리국립행정대학원 수료 2005년 명예 박사(알제리 피아레대) 2008년 명예 공학박사(페루 국립공과대) 2009년 명예 농학박사(한경대) [경]1974년 외무고시 합격(8회) 1974년 외무부 입부 1978년 駐카메룬 2등서기관 1980년 駐벨기에 2등서기관 1984년 駐프랑스 1등서기관 1987년 서울올림픽조직위원회 국제부 차장 1988년 외무부 경제협력1과장 1992년 駐제네바대표부 참사관 1996년 외무부 국제경제국 심의관 1997년 同의전심의관 1997~2000년 駐토론토 총영사 2001년 2010세계박람회유치위원회 대외협력국장 2002년 駐알제리 대사 2005년 서울시 국제관계자문대사 2007년 한나라당 이명박 대통령후보 외교특보 2007년 이명박 대통령당선인비서실 의전팀장 2008~2013년 한국국제협력단(KOICA) 이사장 2009년 국가브랜드위원회 위원 2009~2010년 2022월드컵유치위원회 위원 2013년 가천대 사회과학대학 행정학과 석좌교수(현) [상]레오파드 국가훈장 기사장, 근정포장, 알제리 최고저술상(2007), 페루 대십자훈장(2011), 베트남 우정훈장(2012) [저]'동아시아 외교사' '알제리 2028, 도전은 끝나다'(2005) '알제리 2028 부자나라 부자국민' [종]기독교

박대인(朴大仁) PARK Dae In

[생]1957·10·25 [본]밀양(密陽) [출]강원 홍천 [주]강원 춘천시 충열로83 강원도농업기술원 미래농업교육원(033-248-6351) [학]홍천고졸, 한국방송통신대 행정학과졸, 강원대 경영행정대학원 행정학과졸 [경]강원도 관광정책과 웰컴투강원추진담당, 同기업지원과 기업유치담당, 同의회협력담당, 강원도립대학 사무국장 2012년 강원도 인재개발원 교육지원과장 2013년 강원도의회 사무처 기획행정전문위원 2015년 강원 영월군 부군수 2016년 강원도 동계올림픽본부 특구육성과장 2016년 同농업기술원 미래농업교육원장(현) [상]대통령표창 [종]천주교

박대준(朴大準) PARK Dae Joon

[생]1963·8·24 [출]전남 장성 [주]인천 남구 소성로163번길17 인천지방법원(032-860-1113) [학]1982년 금호고졸 1986년 서울대 법대졸 [경]1988년 사법시험 합격(30회) 1991년 사법연수원 수료(20기) 1991년 軍법무관 1994년 서울지법 동부지원 판사 1996년 서울지법 판사 1999년 전주지법 판사 2001년 서울지법 판사 2002년 서울고법 판사 2003년 대법원 재판연구관 2005년 서울동부지법

ㅂ

판사 2006년 인천지법 부장판사 2009년 서울남부지법 부장판사 2011년 서울중앙지법 부장판사 2014년 서울북부지법 부장판사 2016년 인천지법 부장판사(현)

박대창(朴旲昌) PARK Dae Chang

[생]1951·3·6 [출]인천 [주]경기 안성시 공단1로25 일동제약(주) 안성공장 임원실(031-673-1701) [학]1969년 제물포고 1977년 서울대 약학과졸 [경]1978년 일동제약(주) 입사 1992년 同부장 1997년 同이사 2002년 同상무 2003년 同안성공장장(상무) 2008년 同생산부문장(전무) 2013년 同생산부문장(부사장) 2016년 同생산본부장(부사장)(현) [상]철탑산업훈장(2014) [종]기독교

박대출(朴大出) Park Dae Chul

[생]1961·3·18 [출]경남 진주 [주]서울 영등포구 의사당대로1 국회 의원회관802호(02-784-6750) [학]진주고졸, 연세대 정치외교학과졸, 同행정대학원 외교안보학과졸 [경]1999년 대한매일 정치팀 기자 2000년 同디지털팀 차장 2002년 同산업부 기자(차장급) 2004년 同정치부 차장 2005년 서울신문 편집국 정치부 부장급 2006년 同편집국 공공정책부장 2007년 同편집국 정치부장 2008년 同편집국 정치부 선임기자 2009년 同경영기획실 창간행사준비TF팀장 2009년 同미디어연구소 심의위원 2009년 同논설위원 2011년 同논설위원(부국장급), 부경대 인문사회과학대학 겸임교수 2012년 제19대 국회의원(경남 진주시甲, 새누리당) 2012~2013년 새누리당 원내부대표 2012년 同박근혜 대통령후보 공보단 위원 2013년 국회 미래창조과학방송통신위원회 위원 2013년 국회 예산결산특별위원회 위원 2014~2015년 새누리당 대변인 2014~2016년 한국신문윤리위원회 위원 2014년 국회 교육문화체육관광위원회 위원 2015년 새누리당 교육개혁특별위원회 위원 2016년 제20대 국회의원(경남 진주시甲, 새누리당)(현) 2016년 국회 미래창조과학방송통신위원회 간사(현) 2016년 한국아동인구환경의원연맹(CPE) 회원(현) [상]범시민사회단체연합 선정 '올해의 좋은 국회의원'(2014·2015), 국정감사NGO모니터단 선정 '국정감사 우수 국회의원'(2015), 한국관광공사 감사패(2016), 대한불교조계종 감사패(2016), 한국을 빛낸 사람들 '의정부문 언론발전공로대상'(2016), 대한민국평화·안보대상 의정활동공헌부문 대상(2016)

박대환(朴大桓) PARK Dae Hwan

[생]1955·5·9 [출]광주 [주]광주 동구 필문대로309 조선대학교 외국어대학 독일어문화학과(062-230-6926) [학]1978년 조선대 독어독문학과졸 1983년 한국외국어대 대학원졸 1990년 문학박사(충남대) [경]1980년 조선대 외국어대학 독일어문화학과 전임강사·조교수·부교수·교수(현) 1984년 독일 뮌헨대 초빙교수 1991년 同객원교수 1994년 독일 칼스루에대 객원교수, 조선대 학생부처장, 同교수협의회 의장, 同외국어대학장, 한국독일어문학회 회장 2003년 대통령자문 정책기획위원회 위원 2009년 한국문화학회 회장 2012~2016년 조선대 대외협력처장 [저]'세계 문화의 이해' '뒤렌마트 문학연구' 'Deutsch fur Koreaner'

박덕규(朴德奎) PARK Duk kyu

[생]1958·7·12 [본]상주(尙州) [출]경북 안동 [주]충남 천안시 동남구 단대로119 단국대학교 천안캠퍼스 예술대학 문예창작과(041-550-3774) [학]1982년 경희대 국어국문학과졸 1984년 同대학원 국어국문학과졸 2004년 문학박사(단국대) [경]1980년 '시운동'을 통해 시인등단, 시인(현) 1982년 중앙일보 '신춘문예'를 통해 평론가 등단, 평론가(현), 소설가(현) 1998~2005년 협성대 문예창작학과 부교수 1999년 (사)시사랑문화인협의회 이사 2003년 (사)평생교육진흥연구회 이사 2005년 단국대 예술대학 문예창작과 부교수·교수(현) 2012~2015년 한국문예창작학회 회장 2013년 코리아DMZ협의회 이사(현) 2014년 한국문예창작아카데미 회장(현), 한국DMZ학회 이사(현) [상]중앙일보 신춘문예 평론 당선(1982), 한국문학 평론 신인상(1982), 평운문학상 평론부문 우수상(1992), 경희문학상 소설부문 본상(2001), 문화체육관광부 우수교양도서(2010), 문화예술위원회 문학나눔 우수문학도서(2011), 제30회 이상화시문학상(2015) 등 [저]시집 '아름다운 사냥'(1984) '골목을 나는 나비'(2014) 평론집 '문학과 탐색의 정신'(1992) '문학공간과 글로컬리즘'(2011) 소설집 '날아라 거북이'(1996) '포구에서 온 편지'(2000) 탈북소재소설선 '함께 있어도 외로움에 떠는 당신들'(2012) 장편소설 '시인들이 살았던 집'(1997) '밥과 사랑'(2004) '사명대사 일본탐정기'(2010) 평전 '아동문학의 마르지 않는 샘 강소천 평전'(2015) [작]오페라 극본 '정조대왕의 꿈' 뮤지컬 극본 '시 뭐꼬?' '안녕, 아무르' 등

박덕렬(朴德烈) Park Duk Ryul

[생]1968·7·1 [본]상주(尙州) [출]충북 충주 [주]세종특별자치시 한누리대로402 산업통상자원부 창조행정담당관실(044-203-5530) [학]1987년 청주고졸 1995년 고려대 경제학과졸 [경]2000~2005년 산업자원부 원자력자원과·방사성폐기물과 사무관 2008년 지식경제부 장관실 서기관 2009년 同플랜트팀장 2011년 대통령실 과학기술비서관실 행정관 2012년 駐UAE대사관 에너지관 2015년 산업통상자원부 정책기획관실 창조행정담당관(현)

박덕수(朴德洙) PARK Duk Soo

[생]1967·11·28 [출]충남 부여 [주]서울 종로구 율곡로33 안국빌딩9층 OECD대한민국정책센터 공공관리정책본부(02-3702-7131) [학]인하대사대부고졸, 연세대 행정학과졸, 미국 시라큐스대 대학원졸 [경]행정고시 합격(38회) 2003년 정보통신부 통신기획과 근무(서기관), 부산체신청 해운대우체국장 2008년 소방방재청 안전문화과장 2008년 국립방재교육연구원 교육운영과장 2009년 행정안전부 승강기사고조사판정위원회 사무국장 2010년 중앙공무원교육원 교육총괄과장 2011년 행정안전부 정보문화과장 2012년 同행정제도과장 2013년 안전행정부 협업행정과장 2014년 同창조정부기획관실 공공정보정책과장 2014년 행정자치부 창조정부조직실 공공정보정책과장 2015년 OECD대한민국정책센터 공공관리정책본부장(파견)(현)

박덕진(朴德鎭) Park Duk Jin

[생]1961·2·3 [본]함양(咸陽) [출]경기 평택 [주]경기 수원시 팔달구 효원로1 경기도청 문화체육관광국 체육과(031-8008-4532) [학]1980년 안중고졸 2000년 경기대 지역개발학과졸 2005년 아주대 대학원 행정학과졸 [경]2000년 경기도립직업전문학교 총무과장 2001년 수원시 정자1동장 2003년 同감사담당관 2003~2004년 경기도영어마을 총무과장(파견) 2004년 경기도 도지사 비서관 2005년 同자치행정과 역사규명팀장 2008년 同문화정책과 문화시설팀장 2009년 同교육협력과 대학유치팀장 2009년 同자치행정과 자치행정팀장 2012년 경기도인재개발원 교육컨설팅과장 2014년 경기도 문화체육관광국 관광과장 2014년 同경제실 경기일자리센터장 2016년 同문화체육관광국 체육과장(현) [상]국무총리표창(1993), 대통령표창(2004) [종]기독교

박덕흠(朴德欽) PARK Duk Hyum

[생]1953·10·18 [출]충북 옥천 [주]서울 영등포구 의사당대로1 국회 의원회관604호(02-784-6550) [학]1997년 서울산업대 토목공학과졸 2001년 연세대 산업대학원 토목공학과졸 2005년 명예 경영학박사(러시아 국립게르첸교원대) 2006년 명예 경영학박사(서울산업대) 2008년 서울산업대 철도전문대학원 철도건설공학 박사과정 수료 2010년 토목공학박사(한양대) [경]1984년 원화건설(주) 대표이사 2002~2007년 연세대 공학대학원 총동창회장 2003~2008년 서울산업대 토목공학과 겸임교수 2004~2006년 서울수서경찰서 행정발전위원장 2005~2007년 한국어울림문화복지협회 총회장 2005~2009년 민주평통 자문위원 2005~2009년 대한사이클연맹 수석부회장 2006~2012년 대한전문건설협회중앙회 회장 2006~2012년 (재)한국건설산업품질연구원 이사장 2006~2012년 대한건설정책연구원 이사장 2009년 在京옥천군향우회 회장 2009~2010년 (사)충북협회 회장 2010년 2010세계대백제전 홍보대사 2010년 서울과학기술대 토목공학과 발전후원회장(현) 2010~2013년 원화코퍼레이션 대표이사 2011~2012년 법제처 중소기업국민법제관 2011년 옥천중총동문회 회장 2012년 제19대 국회의원(충북 보은군·옥천군·영동군, 새누리당) 2012년 새누리당 중앙재해대책위원장 2013~2015년 同충북도당 위원장 2013년 국회 안전행정위원회 위원 2014~2015년 국민생활체육전국검도연합회 회장 2014~2015년 국회 지방자치발전특별위원회 위원 2014년 국회 기획재정위원회 위원 2014~2015년 국회 예산결산특별위원회 위원 2014년 새누리당 재외국민위원회 중남미지역 부위원장 2015년 국회 서민주거복지특별위원회 위원 2015년 국회 국토교통위원회 위원 2015~2016년 새누리당 중앙연수원장 2016년 同충북보은군·옥천군·영동군·괴산군당원협의회 운영위원장(현) 2016년 제20대 국회의원(충북 보은군·옥천군·영동군·괴산군, 새누리당)(현) 2016년 국회 국토교통위원회 위원(현) 2016년 국회 정치발전특별위원회 위원(현) 2016년 한국아동인구환경의원연맹(CPE) 회원(현) 2016년 새누리당 조직부총장(현) [상]서울시장표창(1993·1998), 자랑스런 연세공학인상(2008), 금탑산업훈장(2009), 대한가수협회 감사패(2010), 한국언론사협회 선정 '대한민국 우수 국회의원 대상'(2013·2015), 국정감사NGO모니터단 선정 '국정감사 우수국회의원상'(2015)

박도문(朴道文) PARK Do Moon

[생]1943·2·15 [본]밀양(密陽) [출]경북 경주 [주]울산 북구 효암로84의13 대원그룹 비서실(052-923-2356) [학]1995년 포항수산대학졸 1996년 고려대 언론대학원 최고경영자과정 수료 1998년 同정책대학원 최고위정책과정 수료 [경]1982년 현대광업(주) 창업·회장(현) 1984~2005년 (주)대원SCN 창업·회장 1991년 대원MEXICO(주) 창업 1991년 대원AMERICA(주) 창업 1993년 경북수영연맹 부회장 1995년 대한씨름협회 부회장 1995년 대원교육문화재단 설립·이사장 1998년 (주)한국케이블TV 울산방송 설립 1998년 강릉문화예술진흥재단 설립·이사장 2001~2007년 駐韓콩고공화국 명예총영사 2001년 (주)대원SCN 여자농구단 구단주 2002년 대원그룹 회장(현) 2004년 (주)대원에스앤피 볼링선수단 구단주 2007년 (사)한중문화협회 부총재 2007년 한국골재협회 부회장 2013년 同회장(현) 2013년 (사)한중문화협회 부회장(현) [상]통상산업부장관표창(1996), 대통령표창(1996), 경남도지사표창(1996), 환경부장관표창(1999), 산업자원부장관표창(2003), 석탑산업훈장(2007)

박도봉(朴都奉) PARK Do Bong

[생]1960·11·3 [본]밀양(密陽) [출]충남 금산 [주]대전 대덕구 대화로119번길31 (주)알루코 회장실(042-605-8211) [학]1979년 대전상고졸 1985년 목원대 상업교육학과졸, 숭실대 대학원 노사지도학과 1년 수료, 인하대 대학원 에너지공학과 수료(1년), 충남대 최고경영자과정 수료, 서남대 경영행정대학원졸, 목원대 대학원 행정공공정책학박사과정 수료, 서울대 최고경영자과정(AMP) 2011년 명예 경영학박사(목원대) [경]장안종합열처리 대표이사, 한국열처리·표면처리연구조합 이사장, 한국알루미늄압출공업협동조합 이사장 1994~2000년 한국열처리공업협동조합 이사 1994~2001년 한국열처리공학회 이사·부회장 1995~2005년 (주)케이피티유 관리담당 이사 1998년 지식경제부 기술개발기획평가단 평가위원 2002~2015년 (주)동양강철 회장 2004년 대전시테니스협회 회장 2005년 (주)케이피티유 부회장·회장(현) 2005년 대전산업고총동창회 부회장(현) 2005년 (주)고강알루미늄 회장(현) 2005년 현대알루미늄(주) 회장(현) 2007년 대전시경기단체장협의회 의장 2008년 대전시체육회 부회장 2009년 민주평통 대전시서구협의회 제14기 제2지회장(현) 2009년 목원대총동문회 회장(현) 2010년 대전시티즌 이사(현) 2015년 (주)알루코 회장(현) 2015년 (사)도시안전디자인포럼 공동대표(현) [상]중소기업 진위향상 및 국가발전 상공자원부장관표창(1994), 제6회 열처리경진대회 국무총리표창(1998), 석탑산업훈장(2006), 행정안전부장관 감사장(2008), 최고경영자대상(2010), 한빛대상 지역경제발전부문(2010), 월간중앙 2016 대한민국CEO리더십대상 글로벌혁신부문(2015) [종]가톨릭

박도선(朴道宣)

[생]1958·9·18 [학]1977년 동아고졸 1982년 부산대 행정학과졸 1984년 同대학원 행정학과졸 [경]2009년 한국전력공사 그룹경영지원처 경영분석팀장 2012년 同그룹경영실 그룹전략팀장 2012년 同미래전략처 경영평가팀장 2013년 同대구경북지역본부 남대구지사장 2014년 同노무처장 2015~2016년 同관리본부장

박도준(朴度俊)

[생]1960·4·12 [출]서울 [주]충북 청주시 흥덕구 오송읍 오송생명2로187 국립보건연구원(043-719-8001) [학]1985년 서울대 의대졸 1994년 미국 조지워싱턴대 대학원 생화학과졸 1999년 의학박사(서울대) [경]1985년 서울대병원 수련의 1986년 同내과 전공의 1989년 同내분비내과 연구원 1989년 미국 National Institutes of Health Visiting Fellow 1994년 서울대병원 내분비내과 연구원 1995년 미국 Joslin Diabetes Center Research Fellow 1995년 서울대 의대 생화학교실 연구원 1996년 서울대병원 내과 전임의 1998~2016년 서울대 의대 내과학교실 교수 2016년 국립보건연구원 원장(현)

박동건(朴東健) Park, Donggun

[생]1959·2·18 [출]서울 [주]경기 용인시 기흥구 삼성로 1 삼성전자(주) 임원실(031-209-7114) [학]1977년 장충고졸 1981년 서강대 전자공학과졸 1983년 同대학원 전자공학과졸(석사) 1998년 전기전자공학박사(미국 캘리포니아대 버클리교) [경]1983년 삼성전자(주) 입사 2002년 同메모리사업부 반도체연구소 차세대연구팀(상무보) 2005년 同메모리사업부 반도체연구소 소자연구팀장(상무) 2007년 同메모리사업부 반도체연구소 차세대연구1팀장 2008년 IEEE Fellow 2009년 삼성전자(주) 반도체사업부 메모리제조센터장(전무) 2010년 同DS부문 메모리사업부 제조센터장(부사장) 2011년 同DS부문 LCD사업부 제조센터장(부사장) 2012년 삼성디스플레이 LCD사업부 사업부장(부사장) 2012년 한국정보디스플레이학회 수석부회장 2013~2016년 삼성디스플레이 대표이사 사장 2014년 한국정보디스플레이학회 회장 2014~2015년 한국디스플레이산업협회 회장 2015년 한국공학한림원 일반회원(현) 2016년 삼성전자(주) DS부문장(대표이사 부회장) 보좌역(현) [종]기독교

박동구(朴東九) Park, Dong-Gu

[생]1964·1·20 [출]경남 합천 [주]전북 전주시 완산구 농생명로300 농촌진흥청 농촌지원국 재해대응과(063-238-1040) [학]1982년 오성고졸 1987년 경북대 낙농학과졸 2008년 경기대 행정대학원 사회복지학과졸 [경]1987년 청도·영덕·달성군농촌지도소 농촌지도사 1993년 경북도 농촌진흥원 지도기획과 기획·예산담당 2000년 농촌진흥청 기술공보담당관실 언론홍보담당 2007년 同지도정책과 제도·평가담당 농촌지도관 2008년 한국농업대학 기획실장 2010년 농촌진흥청 연구정책국 연구운영과 현장협력팀장 2011년 전주시농업기술센터 소장 2014년 농촌진흥청 농촌지원국 지도정책과 총괄기획팀장 2015년 同농촌지원국 재해대응과장(현) [상]대통령표창(2009)

박동권(朴東權) PARK Dong Gwon

[생]1957 [주]강원 원주시 흥업면 연세대길1 연세대학교 과학기술대학 정보통계학과(033-760-2247) [학]1980년 연세대 응용통계학과졸 1981년 同대학원 응용통계학과졸 1989년 통계학박사(미국 오하이오주립대) [경]1983년 연세대 상경대학 강사 1991년 同자연과학대학 정보통계학과 조교수·부교수, 同원주캠퍼스 과학기술대학 정보통계학과 교수(현) 2000~2003년 한국통계학회 편집위원 2002·2005년 연세대 원주캠퍼스 학생처장 2012~2014년 同원주캠퍼스 총무처장 2012년 同원주캠퍼스 덕소농장장 2016년 同원주캠퍼스 과학기술대학장(현)

박동균(朴東均) park dong kyon

[생]1957·11·2 [본]밀양(密陽) [출]강원 인제 [주]경기 김포시 사우중로1 김포시청 부시장실(031-980-2010) [학]1982년 경동고부설방송통신고졸 1993년 한국방송통신대 농학과졸 2012년 경기대 행정대학원 부동산학과졸(석사) [경]1978년 9급 공채(경기 광주군청) 1986년 경기도청 전입 1993년 同내무국 세정과 지방세무주사보(지방세무직 1호) 1994년 同자치행정국 세정과 지방세무주사 2000년 同자치행정국 자치행정과 지방행정사무관 2001년 경기도보건환경연구원 총무과장 2001~2003년 성남시 산성동장·태평3동장 2003~2004년 성남시 분당구 사회경제과장 2005년 경기도 기획예산담당관실 민군협력담당 2008년 同자치행정국 세정과 세정담당 2011~2014년 한국지방세연구원 대외협력실장(지방서기관) 2014~2016년 경기도 자치행정국 세정과장 2016년 김포시 부시장(현) [상]국무총리표창(1998), 행정자치부장관표창(1999), 경기도지사표창(2008), 안전행정부장관표창(2014)

박동기(朴東基) PARK DONG KI

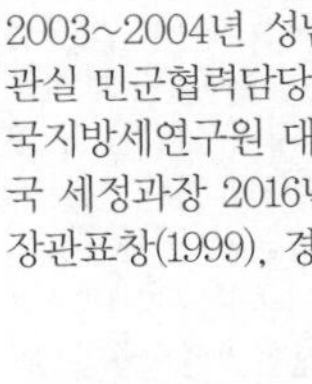

[생]1957·12·12 [출]전북 남원 [주]서울 송파구 올림픽로 240 (주)호텔롯데 롯데월드사업본부(02-411-2071) [학]전주고졸, 전북대 경영학과졸, 고려대 최고경영자과정 수료 [경]1999년 호남석유화학 전략경영팀장 2004년 롯데그룹 정책본부 신문화팀장(이사대우) 2006년 서울지방노동위원회 사용자위원 2012~2014년 롯데하이마트 전략지원본부장(전무) 2015년 (주)호텔롯데 롯데월드사업본부 대표이사 전무(현)

박동매(朴東梅·女) PARK Dong Mae

[생]1960·10·1 [출]전남 진도 [경]1977년 중요무형문화재 제51호 남도들노래 전수장학생 선정 1980년 同이수자 선정 1981년 한미수교100주년기념 공연(워싱턴·LA·뉴욕) 1985년 중요무형문화재 제51호 남도들노래 전수조교 선정 1985년 세계민속놀이경연대회 공연 1996년 한국의 소리 일본 공연(도교) 2001년 일본 오사카 공연 2001년 중요무형문화재 제51호 남도들노래(창) 예능보유자 지정(현) 2001~2015년 진도군립민속예술단 수석단원·상임 [상]KBS민요백일장 최우수상(1978), 남도명창대회 명창부 최우수상(1981), 남도국악협회주최 판소리부문 최우수상(1987), 제주도 민요경창대회 우수상(1991), 전국국악협회 명창부 최우수상(1991)

박동문(朴東文) PARK Dong Moon

[생]1958·7·16 [출]대구 [주]경기 과천시 코오롱로11 코오롱인더스트리 임원실(02-3677-3305) [학]경북고졸, 서울대 조선공학과졸 [경]1999년 (주)코오롱 이사보 2002년 同이사·전략지원실장(상무보) 2004년 同상무 2006년 코오롱글로텍(주) 상무 2008년 同대표이사 부사장 2010~2011년 同대표이사 사장 2010~2011년 코오롱아이넷(주) 대표이사 겸임 2011년 코오롱인더스트리 대표이사 사장(현) [종]가톨릭

박동민(朴東珉) Park Dong-Min

[생]1966·9·7 [본]밀양(密陽) [출]경남 함안 [주]서울 중구 세종대로39 대한상공회의소 회원사업본부(02-6050-3114) [학]1985년 창원고졸 1991년 고려대 경제학과졸 2002년 同정책대학원졸 [경]1991년 대한상공회의소 산업부 근무 1999년 同홍보실 근무 2006년 同윤리경영팀장 2008년 민관합동규제개혁추진단 규제점검팀장 2010년 국가경쟁력강화위원회 규제개혁국 전문위원 2012년 대한상공회의소 홍보실장 2015년 同회원사업본부장(상무이사)(현) [상]국무총리표창(2007), 대통령표창(2011)

박동백(朴東百) PARK Dong Baek

[생]1933·5·13 [출]경북 고령 [주]경남 창원시 의창구 무역로581번길43 동림오피스빌딩4층 경남문화재연구원(055-264-1777) [학]1956년 서울대 역사학과졸 1976년 동아대 대학원졸 1989년 문학박사(동아대) [경]마산대 교수, 창원대 교수, 경남사학회 회장, 한국상고사학회 종신회원(현), 창원대 교무처장, 同박물관장, 경남도 문화재위원회 부위원장, 경남100년사편찬위원회 위원 2001~2005년 경남도 도시계획위원 2003년 경남문화재연구원 이사장 겸 원장(현) 2011~2015년 창원문화원 원장 [상]국민훈장 모란장, 마산시 문화상, 경남도 문화상 학술부문 [저]'축성대감 최윤덕장군'(1994)

박동석(朴東錫) PARK Dong Suk (白松)

[생]1949·7·24 [본]밀양(密陽) [출]서울 [학]1974년 경희대 한의대학 한의학과졸 1976년 同대학원 한의학과졸 1983년 한의학박사(경희대) [경]1979~1992년 경희대 한의학과 침구과 전임강사·조교수·부교수 1988~1990년 대한침구학회 부회장 1990~1992년 同감사 1990~1996년 경희대 부속한방병원 침구2과장 1992~2014년 同한의과대학 침구과 교수 1996~1998년 同한방병원 연구부장 1996~1998년 대한침구학회 회장 1996~1998년 보건복지부 '난치성 질환의 치료를 위한 동서의학적 연구(난치성질환의 한의학적 접근)' 주관연구책임자 2000~2004년 同'만성통증에 대한 침전통효과 효과 및 그 기전의 연구' 주관연구책임자 2002~2006년 국방부 의무자문관 2003년 보건복지부 '골관절질환한방연구센터 한방신약개발' 주관책임연구자 2003~2006년 대한한의학회 회장 2003~2006년 대한한의사협회 부회장 2003~2007년 同전문의고시위원회 부위원장 2004~2005년 경희의료원 동서협진센터 소장 2005년 경희대 동서의학대학원장 2005~2008년 同동서신의학병원 한방병원장 2005~2008년 대통령자문 의료산업선진화위원회 민간위원 2008~2010년 경희대 동서신의학병원 침구과장 2008년 미국 세계인명사전 'Marquis Who's Who in Science and Engineering'에 등재 2009년 미국 세계인명사전 'Marquis Who's Who in Medicine and Healthcare와 in the World'에 등재 2010~2013년 경희대 동서신의학병원 한방병원장 2011~2014년 한국한의학교육평가원 원장 2013~2014년 박근혜 대통령 한방주치의 2013년 강동경희대병원 관절·류마티스센터 전문의 겸임 2014년 경희대 한의과대학 침구과 임상교수 2015~2016년 同한의과대학 명예교수 [상]대한한의사협회 공로상, 경희대 고황의학상, 경희대 동서신의학병원 최우수논문상(2009), 보건복지부장관표창(2011), 근정포장(2014) [저]'침구학(상·하)' [종]기독교

박동섭(朴東涉) PARK Dong Seob (이당)

[생]1942·3·10 [본]밀양(密陽) [출]경남 창녕 [주]서울 서초구 법원로15 정곡빌딩서관306호 법무법인 새한양(02-536-3500) [학]1960년 계성고졸 1964년 서울대 법과대학졸 1972년 서울대 법학대학원졸 2013년 법학박사(연세대) [경]1970년 사법시험 합격(11회) 1972년 사법연수원 수료 1972~1982년 대전지법·강경지원·서울지법 의정부지원·남부지원·서울형사지법·서울민사지법 판사 1979년 미국 텍사스대 연수 1982~1985년 대구고법·서울고법 판사 1986년 대전지법 부장판사 1988년 인천지법 부장판사 1990년 서울가정법원 부장판사, 서울지법 부장판사 1993년 서울민사지법 부장판사 1994년 변호사 개업 1999~2013년 법무법인 새한양 변호사 1999년 서울지방변호사회 부회장 2000~2004년 연세대 겸임교수 2000년 언론중재위원회 위원 2002년 사법시험 시험위원 2003년 서울대 법과대학 강사 2009년 대한변호사협회 회원이사 2013년 법무법인 새한양 대표변호사(현) [상]한국어문기자협회 제26회 한국어문상 특별상(2014) [저]'친족상속법 해설'(1994) '손해배상의 법률지식'(1997) '생활속의 법률지식'(2000) '상속과 세금'(2002) '주석 가사소송법'(2004) '이혼소송과 재산분할'(2006) '가사소송실무'(2006·2013) '개정판 친족상속법'(2007·2013) [종]기독교

박동수(朴烗洙) PARK Dong Soo

[생]1946·11·19 [본]밀양(密陽) [출]전북 정읍 [주]서울 종로구 세종대로209 대통령소속 지방자치발전위원회(02-2100-2214) [학]1966년 전주고졸 1974년 전북대 법정대학 정치외교학과졸 1979년 同대학원 행정학과졸 1990년 행정학박사(건국대) [경]1983~2012년 전주대 법정대학 행정학과 교수 1988년 국제PEN클럽 회원 1990년 전주대 지역개발대학원장 1991년 전북일보 위촉논설위원 1991~1993년 전북수필문학회 회장 1994~1997년 전북행정공개심의위원회 위원 1994년 독일 Speyer행정대학원 방문교수 1994~1996년 전북도 분쟁조정위원 1995~1996년 전북도문인협회 부회장 1996년 전주대 사회과학대학장 1996년 同지역정책대학원장 1996~2012년 同지방자치연구소장 1998~2005년 한국지방자치학회 이사 1998년 전북행정학회 회장 1999년 행정자치부 국가고시위원 1999년 전북지방자치학회 회장 2000~2002년 전주대 행정대학원장 2003~2005년 同산학협력단장 2005~2006년 한국자치행정학회 학술상심사위원장 2005년 同고문(현) 2005년 전주대 대학원장 2005~2007년 전북도지역혁신협의회 기획전략분과위원회 의장 겸 운영위원 2008~2011년 전주대 부총장 2008~2012년 同입학관리처장 2012년 同명예교수(현) 2013~2014년 행정자치부 지방행정연수원 겸임교수 2013·2015년 대통령소속 지방자치발전위원회 위원(현) [상]월간문학 신인상(1983), 전북수필문학상(1990), 전북도 문화상(1992), 전북문학상(2000), 전주시 예술상(2006), 근정포장(2012) [저]'수염을 깍지 않아서 좋은날'(1982) '조용한 바람 신선한 공기'(1987) '사회는 신선한 지성을 부른다'(1989) '마음을 열고오라'(2000) '햇살에 기대어 바람에 기대어'(2011) '지방이 살아야 나라가 산다(共)'(2015, 지방자치발전위원회) '한국의 지방자치 발전과제와 미래(共)'(2016, 지방자치발전위원회) [종]기독교

박동수(朴東洙) PARK DONG SOO

[생]1948·11·25 [본]삼척(三陟) [출]경남 통영 [주]서울 강남구 강남대로606 삼주빌딩601호 공증인박동수사무소(02-512-5656) [학]1966년 덕수상고졸 1972년 성균관대 법학과졸 2001년 서울대 경영대학원 최고경영자과정 수료 [경]1973년 軍법무관시험 합격 1978년 사법시험 합격(20회) 1980년 사법연수원 수료(10기) 1981년 軍법무관(소령 예편) 1981년 부산지법 판사 1982년 마산지법 판사 1985~2005년 변호사 개업 2005~2008년 국방부 법무관리관 2008년 공증인가 영동합동법률사무소 대표변호사 2013년 공증인가 신사합동법률사무소 변호사 2013년 공증인박동수사무소 대표(현) [종]불교

박동수(朴東洙) PARK Dong Soo

[생]1952·7·3 [본]밀양(密陽) [출]전남 순천 [주]전남 무안군 삼향읍 오룡길1 전라남도의회(061-286-8134) [학]순천고졸 1980년 경희대 정치외교학과졸 [경]새천년민주당 순천지구당 조직관리특별위원, 민주당 순천시상무위원회 부위원장, 순천문화원 부원장, 순천시체육회 이사, 순천별량농협 사외이사, 경희대총동창회 이사, 순천중·순천고 총동창장학회 이사, 순천시 백우로타리클럽 초대회장 1998·2002·2006~2010년 전남 순천시의회 의원 2006~2008년 同의장 2007~2010년 민주당 전남도당 부위원장 2010년 전남도의회 의원(민주당·민주통합당·민주당·새정치민주연합) 2010년 同건설소방위원회 위원 2014년 전남도의회 의원(새정치민주연합·더불어민주당)(현) 2014년 同경제관광문화위원회 위원 2015년 同예산결산특별위원회 위원 2016년 同농림해양수산위원회 위원(현) [종]기독교

박동수(朴垌洙) PARK Dong Soo

[생]1959·10·26 [본]태안(泰安) [출]서울 [주]경기 성남시 분당구 야탑로59 분당차병원 비뇨기과(031-780-5350) [학]1978년 고려대부고졸 1985년 연세대 의대졸 1989년 同대학원졸 1994년 의학박사(연세대) [경]1985~1990년 연세대 세브란스병원 비뇨기과 수련의 1994년 同의대 비뇨기과학교실 강사 1997년 미국 텍사스주립대 M.D. Anderson암센터 연구원 1998년 포천중문의과대 의학부 비뇨기과 조교수·부교수·교수, 同학생처장 2002년 同교무처장 2003

년 미국 아이오와대 Postdoctoral Research Scholar, 미국 피츠버그대 암센터 단기교육, 미국 메모리얼슬론케터링 암센터 단기 Observorship 2009년 차의과학대 의학전문대학원 비뇨기과학교실 교수(현), 대한비뇨기과학회 이사·평의원(현), 대한비뇨기종양학회 이사(현), 대한전립선학회 이사 2013년 차의과학대 분당차병원 비뇨기과장 겸 전립선센터장(현) [상]대한비뇨기과학회 학술상(2006), Yonsei Medical Journal 우수논문상(2009) [저]'비뇨기과학(共)'(2007) '고환암 진료지침(共)'(2007)

박동수(朴東洙)

[생]1960·8·27 [주]경기 부천시 오정구 소사로631 부천오정경찰서 서장실(032-670-2210) [학]서울 우신고졸, 한국방송통신대 행정학과졸, 서울시립대 도시행정대학원 행정학석사과정 수료 [경]1987년 경찰공무원 임용(경사 특채) 2013년 서울 강서경찰서 여성청소년과장 2014년 제주지방경찰청 생활안전과장 2015년 경기지방경찰청 여성청소년과장 2016년 경기 부천오정경찰서장(현)

박동수(朴東洙) PARK Dong Soo

[생]1962·6·4 [출]서울 [주]경기 수원시 영통구 삼성로129 삼성전자(주) 네트워크사업부 전략마케팅팀(031-200-1114) [학]1981년 홍익사대부고졸 1985년 서울대 전자공학과졸 1990년 전기 및 전자공학박사(한국과학기술원) [경]1994~2002년 삼성전자(주) 네트워크시스템개발팀 수석연구원 2003년 同상무보 2006년 同통신연구소 WiBro시스템개발팀장(상무) 2008년 同네트워크사업부 WiNAX개발팀장(상무) 2009년 同네트워크사업부 시스템개발팀장(상무) 2011년 同네트워크사업부 개발팀장(전무) 2013년 同네트워크사업부 개발팀장(부사장) 2016년 同네트워크사업부 전략마케팅팀장(부사장)(현)

박동순(朴東順·女) PARK Dong Soon (小葉)

[생]1939·8·30 [본]밀양(密陽) [출]부산 [주]부산 사상구 가야대로370 동서빌딩12층 부산어머니그린운동본부(051-311-0316) [학]1958년 부산여고졸 1962년 이화여대 영어영문학과졸 1964년 미국 Cincinnati대 신학대학원졸 1999년 명예 문학박사(부산대) 2013년 명예 공학박사(핀란드 오울루대) [경]1971년 부산YWCA 이사 1971~1982년 경남공업전문대 전임강사 1977년 경남전문대 평생교육원장 1978~1995년 同조교수·부교수 1985년 부산가정법률상담소 이사 1994년 국제존타클럽 한국연합회장 1995년 학교법인 동서학원 이사장 1999~2011년 동서대 총장 2010년 부산어머니그린운동본부 총재(현) 2015년 학교법인 동서학원 이사장(현) [상]교육부장관표창(1996), 부산여고총동창회 공로상(2008) [저]'함께 나누고 싶은이야기'(1996) '나의 꿈 나의 대학'(2002, 현학사) [종]기독교

박동식(朴東植) PARK Dong Sik

[생]1958·4·24 [본]밀양(密陽) [출]경남 삼천포 [주]경남 창원시 의창구 상남로290 경상남도의회(055-211-7356) [학]삼천포공고졸, 진주전문대졸 2008년 진주산업대 미생물공학과졸 [경]2002·2006·2010년 경남도의회 의원(한나라당·새누리당·무소속), 사천상공회의소 선거관리위원회 부위원장, 경남도의회 건설소방위원회 부위원장, 사천교육청 행정자문위원 2006~2008년 경남도의회 농수산위원장 2009~2010년 同교육사회위원, 사천시축구협회 회장 2010~2012년 경남도의회 부의장 2012년 同건설소방위원회 위원 2014년 경남도의회 의원(무소속)(현) 2014·2016년 同농해양수산위원회 위원(현) 2016년 同남부내륙철도조기건설을위한특별위원회 위원 2016년 同예산결산특별위원회 위원 2016년 同의장(현) 2016년 전국시·도의회의장협의회 정책위원장(현) [종]불교

박동실(朴東實) Park Dong-sil

[생]1958·4·26 [주]서울 종로구 사직로8길60 외교부 인사운영팀(02-2100-7136) [학]1982년 고려대 행정학과졸 1986년 미국 일리노이대 대학원졸 1997년 미국 미시간대 법학과졸 [경]1981년 외무부 입부(14회) 1987년 駐로스앤젤레스 부영사 1988년 駐자이르 2등서기관 1994년 駐인도네시아 1등서기관 1997년 駐스웨덴 1등서기관 2000년 외교통상부 국제협약과장 2001년 同조약과장 2003년 駐캐나다 참사관 2006년 대법원 파견 2008년 駐이탈리아 공사 2011~2014년 駐도미니카공화국 대사 2014년 전남도 국제관계대사 2015년 駐모로코 대사(현) [상]도미니카동화국 수교훈장(2014)

박동영(朴東暎) PARK Dong Young

[생]1952·3·25 [출]경남 밀양 [학]1971년 밀양고등공민학교졸(야간) 1980년 하보경 선생께 양반·범부춤·북춤 사사 1982년 김타업 선생께 쇠가락·장고가락·병신춤 사사 1987년 김상용 선생께 농요·오북춤 사사 [경]1979년 중요무형문화재 제68호 밀양백중놀이 입문 1980년 부터 국내외에서 500여회 밀양백중놀이 공연 참가 1988년 밀양백중놀이 전수조교 선정 1995년 밀양백중놀이보존회 부회장·회장 2002년 중요무형문화재 제68호 밀양백중놀이(북·장고) 예능보유자 지정(현) 2006년 경남도중요무형문화재연합회 회장 [상]전국대학생마당놀이경연대회 은상, 밀양시민대상, 전국민속예술경연대회 문화체육부장관표창

박동영(朴東英) PARK Dong Young

[생]1953·12·10 [출]서울 [주]서울 서초구 서초중앙로215 홍익대 강남교육원 4층 법무법인 두우(02-595-1255) [학]1972년 경기고졸 1976년 서울대 법학과졸 1978년 同법과대학원 석사과정 수료 [경]1978년 軍법무관 임용시험 합격(3회) 1981년 사법시험 합격(23회) 1983년 사법연수원 수료(13기) 1983년 해군 법무관 1986년 인천지법 판사 1987년 서울지법 동부지원 판사 1989년 서울민사지법 판사 1990년 청주지법 충주지원 판사 1993년 서울민사지법 판사 1994년 서울고법 판사 1996년 서울지법 판사 1998년 서울가정법원 판사 1999년 춘천지법 영월지원장 2000년 서울지법 의정부지원 부장판사 2002년 서울지법 부장판사 2004년 서울중앙지법 부장판사 2005년 서울남부지법 부장판사 2006년 법무법인 로고스 변호사 2008년 법무법인 지성 대표변호사 2008~2010년 법무법인 지평지성 대표변호사 2010~2013년 법무법인 두우&이우 대표변호사 2013년 법무법인 두우 대표변호사(현) [종]기독교

박동욱(朴東旭) PARK Dong Wook

[생]1953·1·15 [본]밀양(密陽) [출]전남 해남 [학]1971년 광주제일고졸 1978년 서울대 전기공학과졸 1986년 부산대 대학원 전기공학과졸 1996년 전기공학박사(영국 Univ. of Manchester Institute of Science and Technology) [경]1978~1986년 한국전기연구원 대전력연구실 연구원·선임연구원 1986~1990년 同계통절연연구실장·송변전연구실장 1989년 同전력계통연구부 책임연구원 1996~1999년 同전력계통연구부장 1999~2005년 同선임연구부장 2005~2008년 同원장 2005~2008년 전기위원회 위원 2005~2008년 전력정책심의위원회 위원 2008년 한국전기연구원 연구위원 2013~2016년 한국광기술원 원장 [상]과학기술진흥유공 국민포장(2000), 과학기술훈장 웅비장(2008)

박동운(朴棟韻) PARK Dong Woon

[생]1958·10·22 [출]경남 진주 [주]서울 강남구 압구정로201 현대백화점 상품본부(02-549-2233) [학]진주고졸, 부산대 사회학과졸 [경]2005년 현대백화점 울산동구점장, 同패션상품사업부 여성캐주얼팀장 2006년 同울산점장(이사대우) 2008년 同무역센터점장(상무) 2008년 同목동점장 2010년 同본점장(전무) 2012년 同상품본부장(부사장)(현) [종]불교

박동원(朴東媛·女) Park Dong-won

[생]1954·12·20 [주]서울 중구 청계천로100 시그니처타워 서관 (주)아모레퍼시픽 임원실(02-709-5114) [학]1978년 한국외국어대 포르투갈어과졸 1986년 브라질 브라질리아대 대학원졸 [경]1991년 외무부 입부 1992년 駐브라질 2등서기관 1997년 駐스페인 2등서기관 2000년 駐포르투갈 1등서기관 2004년 외교통상부 남미과장 2006년 駐브라질 공사참사관 2010~2013년 駐파라과이 대사 2013~2015년 외교부 본부대사 2015년 (주)아모레퍼시픽 사외이사(현) [상]파라과이 대십자훈장(2013)

박동일(朴東一) PARK Dong Il

[생]1956·4·30 [본]밀양(密陽) [출]부산 [주]부산 부산진구 엄광로176 동의대학교 한의과대학 한의학과(051-850-8650) [학]1982년 경희대 한의학과졸 1985년 同대학원 한의학과졸 1989년 한의학박사(경희대) [경]1989년 동의대 한의학과 교수(현) 1991년 同부속한방병원 주임교수(현) 1992~1996년 同한의학과 학과장 1992~1993년 同부속한방병원 교육연구부장 1996~2000년 同부속한방병원장 1997~2000년 同보건진료소장 1997년 근로복지공단 자문의(현) 2000년 대한한방병원협회 이사 2001년 부산지역보건의료심의위원회 위원(현) 2001~2002·2004년 대한한방내과학회 부회장 2002~2008년 동의대

한의과대학장 2005년 건강보험심사평가원 위원(현) 2010년 대한한방알레르기및면역학회 회장(현) 2010~2013년 동의대 한방병원장 겸 보건진료소장 [상]보건복지부장관표창(2002) [저]'동의폐계내과학'(1993) [종]불교

박동준(朴東俊) PARK Dong Jun

[생]1953·2·12 [본]상주(尙州) [출]충북 청원 [주]경기 성남시 분당구 하오개로323 한국학중앙연구원 한국학대학원 윤리학과(031-709-6081) [학]1980년 충북대 영어교육과졸 1983년 서울대 대학원 윤리교육과졸(교육학석사) 1994년 교육학박사(서울대) [경]1981~1986년 한국정신문화연구원 연구조교 1983년 목원대·한남대·서울시립대 강사 1986~1994년 한국정신문화연구원 연구원 1994~2005년 同철학윤리학과 조교수·부교수·교수 1997~2000년 同한국학대학원 교육윤리전공 주임교수 1998~2000년 교육부 제7차 교육과정도덕과심의위원 1998년 한국윤리학회 연구이사 1999년 同총무이사 2000~2007년 同부회장 2000~2001년 한국정신문화연구원 한국학정보센터 전산정보팀장 2001년 同전산정보실장 2002~2005년 경기도교원단체총연합회 부회장 2003~2004년 한국정신문화연구원 한국학대학원 교학실장 2004~2006년 한국도덕윤리과교육학회 편집위원장 2004~2005년 한국정신문화연구원 한국학정보센터 소장 2005년 한국학중앙연구원 한국학대학원 윤리학과 교수(현) 2005~2007년 同한국학정보센터 소장 2007~2008년 同한국학대학원 교학처장 2008~2010년 同한국학대학원 사회과학부장 2008~2009년 한국윤리학회 회장 2010~2012년 한국도덕윤리과교육학회 회장 2013년 한국학중앙연구원 연구처장 2015년 同기획처장(현) [상]대통령표창(1987) [저]'현대 한국사회의 윤리적 쟁점'(1991) '민주시민을 위한 윤리도덕'(1992) '청소년문화의 변천과정'(1992) '인격교육과 덕교육'(1995) '가칭 민국여지승람 편찬을 위한 연구'(1995) '예악교화사상과 한국의 윤리적 과제'(1995) '가칭 민국여지승람 편찬을 위한 연구2'(1996) '경기지역의 향토문화(상·하)'(1997) '앎과 삶에 대한 윤리학적 성찰'(1998) '도덕윤리교과 교육학개론'(1998) '미래사회와 직업윤리'(1998) '경상남도의 향토문화(상·하)'(1999) '문화의 세기 한국의 문화정책'(2003) '인본주의와 지식정보사회'(2005) [종]천주교

박동진(朴東辰) PARK Dong Jin

[생]1960·1·7 [본]밀양(密陽) [출]경북 청도 [주]서울 서초구 반포대로158 서울고등검찰청(02-530-3114) [학]1978년 계성고졸 1982년 서울대 법학과졸 1985년 同대학원 법학과졸 [경]1989년 사법시험 합격(31회) 1992년 사법연수원 수료(21기) 1992년 서울지검 서부지청 검사 1994년 창원지검 거창지청 검사 1995년 청주지검 검사 1997년 대구지검 검사 1999년 서울지검 남부지청 검사 2001년 인천지검 부천지청 검사 2003년 대구지검 검사 2004년 同부부장검사 2005년 서울북부지검 부부장검사 2007년 대구지검 서부지청 부장검사 2008년 광주고검 전주지부 검사 2009년 광주고검 검사 2010년 대전지검 형사2부장 2010년 법무연수원 연구위원 2010년 서울고검 검사 2012년 창원지검 진주지청장 2013년 춘천지검 원주지청장 2014년 서울고검 검사(국민권익위원회 파견) 2015년 대구지검 경주지청장 2016년 서울고검 검사(현) [저]'위험범 연구'

박동철(朴東喆) PARK Dong Chell

[생]1952·1·23 [본]반남(潘南) [출]충남 금산 [주]충남 금산군 금산읍 군청길13 금산군청 군수실(041-750-2201) [학]1972년 금산고졸 1980년 전북대졸 1982년 숭전대 지역개발대학원 행정학과졸 2012년 행정학박사(중부대) [경]충남 금산군 민방위과 임용(7급 공채), 내무부 세제과·재정과·공기업과 근무, 충남도 지방공무원교육원 근무, 지방행정연수원 조사과 어학교육담당, 내무부 편성운영과 편성운영담당, 행정자치부 기획예산담당관실 예산담당 서기관, 민주화운동보상심의위원회 지원과장 2004년 충남 금산군 부군수 2005~2006년 同군수 직대 2006·2010년 충남 금산군수(국민중심당·자유선진당·선진통일당·새누리당) 2010년 3도3군관광벨트협의회 회장 2014년 충남 금산군수(새누리당)(현) [상]내무부장관표창(1985), 농림수산부장관표창(1987), 국무총리표창(1993), 한국을 빛낸 경영인대상 지방자치단체 군 부문(2008), 대한민국무궁화대상 행정부문(2008), 세계자유민주연맹 국제자유장(2010), 대한민국 산림환경대상 자치부문(2015)

박동현(朴東玄) PARK Dong Hyun

[생]1962·4·19 [출]충남 천안 [주]경기 수원시 팔달구 효원로1 경기도의회(031-8008-7000) [학]아주대 공학대학원 도시개발학과졸 [경](주)신우종합건설 대표이사, 경기대총동문회 부회장, 제17대 국회의원 이기우후원회 부회장, 수원둘레길탐방회 회장, 한반도재단 운영위원, 경기도 카네기평생교육원 25기 수석부회장, (사)신경기운동중앙회 운영위원, 同정책위원, 법무부 범죄예방협의회 권선구 부회장 2010~2014년 경기도의회 의원(민주당·민주통합당·민주당·새정치민주연합) 2010~2012년 同건설교통위원회 위원 2012~2014년 同행정자치위원회 위원, 경기카네기CEO클럽 수원총동문회장 2014년 경기도의회 의원(새정치민주연합·더불어민주당)(현) 2014·2016년 同도시환경위원회 위원(현) 2016년 同예산결산특별위원회 위원(현) [상]전국시·도의회의장협의회 우수의정 대상(2016)

박동현

[생]1965 [출]경남 밀양 [주]강원 평창군 평창읍 군청길55 평창경찰서(033-339-5351) [학]밀성고졸, 부산대 법학과졸 [경]1995년 경위 임용(경찰간부후보 43기), 서울 강남경찰서 경비과장, 경찰청 경비국 핵안보기획단 근무 2015년 강원지방경찰청 경비교통과장 2016년 강원 평창경찰서장(현)

박동호(朴東豪) PARK Dong Ho

[생]1956·2·26 [본]밀양(密陽) [출]서울 [주]서울 광진구 능동로120 건국대학교(02-450-3114) [학]1974년 보성고졸 1978년 서울대 식품공학과졸, 同대학원 최고경영자과정 수료 2010년 서강대 대학원 경영학과졸 [경]1980년 제일제당 입사·식품사업본부 근무 1984년 同기획실 대리 1987년 同육가공본부 기획실 과장 1995년 同멀티미디어사업부 극장팀 차장 1999년 CJ CGV 부장 2000년 同대표이사 2002~2006년 同대표이사 부사장 2003~2005년 CJ엔터테인먼트 대표이사 2007~2008년 CJ푸드빌(주) 대표이사 부사장 2009~2011년 세종문화회관 사장 2010~2011년 한양대 국제관광대학원 겸임교수 2012~2016년 청강문화산업대 총장 2016년 건국대 초빙교수(현) [상]제1회 그룹온리원 경영대상(2005), 제12회 한국유통대상 대통령표창(2007) [종]불교

박동화(朴東化) PARK Dong Wha

[생]1954·12·24 [출]서울 [주]인천 남구 인하로100 인하대학교 공과대학 화학공학과(032-860-7468) [학]1977년 인하대 화학공학과졸 1985년 일본 도쿄공업대 대학원 화학공학과졸 1988년 공학박사(일본 도쿄공업대) [경]1976년 한국과학기술연구원(KIST) 연구원 1979~1982년 삼성엔지니어링 근무 1988년 서울대 객원연구원 1989년 인하대 공과대학 생명화학공학부 교수, 同공과대학 화학공학과 교수(현) 1992년 미국 Minnesota대 연구교수 2001년 Journal of Thermal Spray Technology 편집위원 2001년 미국 Stanford Univ. 연구교수 2005~2007년 인하대 플라즈마기술기반센터 소장 2015년 同교무처장 [저]'에너지공학'(1996) '열플라즈마 공정과 응용(共)'(2004) [역]'열전달과 응용'(1999) '플라즈마 전열'(1999)

박동훈(朴東勳) PARK Dong Hoon

[생]1952·11·2 [출]서울 [주]서울 금천구 가산디지털2로 30 RSM타워 르노삼성자동차 사장실(02-3707-5000) [학]중앙고졸, 인하대 건축공학과졸 [경]1978~1986년 한진건설 입사유·럽주재원 근무 1989년 同Volvo사업부장 1994~1996년 同기획실장 1997~1999년 (주)데코 전망좋은방본부장 2001~2003년 고진모터임포트 부사장 2005~2013년 폭스바겐코리아 사장 2008~2012년 한국수입자동차협회 회장 2013년 르노삼성자동차 영업본부장(부사장) 2016년 同대표이사 사장(CEO)(현)

박동훈(朴東勳) PARK Dong Hoon

[생]1960·2·26 [본]밀양(密陽) [출]강원 횡성 [주]서울 종로구 세종대로209 정부서울청사811호 대통령소속 지방자치발전위원회 지방자치발전기획단(02-2100-2203) [학]서울 용문고졸, 성균관대 행정학과졸, 서울대 대학원졸 [경]1984년 행정고시 합격(28회) 1997년 내무부 지방행정국 행정과 서기관 1998년 행정자치부 기획예산담당관실 기획1담당 서기관 2000년 제주4·3사건처리지원단 파견 2004년 정부혁신세계포럼준비기획단 파견 2004년 행정자치부 혁신담당관 2005년 同지방혁신전략팀장(부이사관) 2006년 同자치행정팀장 2007년 한국지방자치단체국제화재단 뉴욕사무소장 2009년 중앙공무원교육원 파견(고위공무원) 2009년 대통령 행정자치비서관실 선임행정관 2010년 행정안전부 조직실 제도정책관 2011년 同대변인 2012년 同지방행정국장 2013년 제18대 대통령직인수위원회 법질서·사회안전분과 전문위원 2013년 대통령 정무수석비서관실 행정자치비서관 2014년 안전행정부 국가기록원장 2014년 행정자치부 국가기록원장 2016년 대통령소속 지방자치발전위원회 지방자치발전기획단장(현) [종]가톨릭

박동훈(朴東勳) PARK Dong Hoon

생1961·4·30 ❸서울 ㈜서울 성동구 왕십리로58 서울숲포휴10층 닉스테크㈜(02-3497-8901) ❽1986년 미국 유타주립대 전자계산학과 1988년 미국 조지워싱턴대 대학원졸(MBA) 2000년 미국 카네기멜론대 최고경영자과정 수료(6기) 2001년 미국 스탠퍼드대 벤처비즈니스과정 연수(3기) 2003년 한국과학기술원(KAIST) 테크노경영대학원 전자정부고위과정(AeG) 수료(2기) 2011년 서울상공회의소 강서구상공회 CEO아카데미 연구과정 수료(7기) ❸1988~1992년 한연테크 SI사업부 팀장 1992~1995년 한국엠제이엘 클라이언트서버사업부 팀장 1995년 닉스테크㈜ 대표이사(현) 1998~1999년 경민대 전산정보처리과 겸임교수 1999년 미국 블루스톤 자문위원(Advisory Council) 2003년 정보통신연구진흥원 평가위원 2005~2006년 한국정보보호산업협회 부회장 2005~2006년 GS인증사협의회 부회장 2007~2008년 한국정보보호산업협회(KISIA) 수석부회장 2008~2010년 同회장 2008년 한국디지털포렌식학회 부회장 2009년 지식경제부 지식정보보안아카데미 운영위원 2009년 방송통신위원회 인터넷정보보호위원회 운영위원(현) 2009년 한국정보보호진흥원(IITA) 평가위원(현) 2009년 행정안전부 CSO포럼 운영위원 2009년 한국전자통신연구원 지식정보보안연구소 자문위원(현) 2009년 지식경제부 지식정보보안산업진흥협의회 위원 2009년 경기산업기술보안협의회 부회장(현) 2010년 지식정보보안산업협회 부회장(현) 2011년 한국소프트웨어산업협회 이사(현) 2011년 한국산업기술평가관리원(KEIT) 지식경제기술혁신평가단 위원(현) 2011년 한국산업기술보안협회(KAITS) 산업기술보호위원회 위원(현) 2012년 한국인터넷진흥원(KISA) 국가인적자원개발 컨소시엄운영위원회 위원(현) 2013년 산업통상자원부 지식정보보안산업진흥협의회 위원(현) 2014년 코넥스협회 부회장(현) 2015년 국가과학기술연구회 비상근이사(현) ❸하이테크어워드 기술대상(2002), 정보통신부 정보보호대상 IT공로상(2005), SW산업발전유공 정보통신부장관표창(2008), 2008 대한민국 IT Innovation 대상 지식경제부장관표창(2008), 국무총리표창(2009), 중소기업청장표창(2009), 지식경제부장관표창(2009), 경기산업기술보안협의회 경기도지사표창(2010), 제4회 아시아태평양정보보안리더십공로(ISLA) 프로그램 '선임 IT 보안전문가 리더십상'(2010), 정보보호대상 공로상(2010), 대한상공회의소 강서구상공회 강서상공대상(2011), 행정안전부 제1회 정보보호의날 국민포장(2012) ❸천주교

박두순(朴斗淳) Park, Doo-Soon (雪木)

생1950·7·15 ❸순천(順天) ❸경북 봉화 ㈜서울 서초구 서초대로334 브라운스톤811호 계간지 오늘의동시문학(02-521-1119) ❽1970년 대구교육대졸 ❸1977년 '아동문예' '아동문학평론'에 동시 추천으로 아동문학가 등단 1982~1998년 한국일보 기자 1997~2001년 현대아동문학작가회 회장 1998년 종합문예지 '자유문학' 시부문 수상으로 시단에 등단 1998년 한국아동문학인협회 부회장 1999~2007년 아동문학평론 신인상 상임심사위원 2000~2007년 한국시사랑회 회장 2000년 자유문학회 회장 2000~2009년 자유문학 신인상 상임심사위원 2003년 동시전문지 계간 '오늘의 동시문학' 주간(현) 2004~2007년 월간문학 편집위원 2006~2008년 한국동시문학회 회장 2012~2013년 한국현대시인협회 부이사장 2013년 국제PEN클럽 한국본부 부이사장(현) ❸한국아동문학상, 대한민국문학상, 소천아동문학상, 방정환문학상, 박홍근아동문학상, 월간문학동리상(2005), 한국문인협회 작가상(2014) ❸시집 '찬란한 스트레스를 가지고 싶다'(2014, 문학과문화) 등 3권 동시집 '사람 우산'(2014, 문학과문화) '박두순 동시선집'(2015, 지식을 만드는 지식) 등 13권 ❸시 '꽃을 보려면' '귀양살이' 동시 '새' '들꽃' '다람쥐' 등

박두순(朴斗淳) PARK Doo Soon

생1957·8·5 ❸밀양(密陽) ❸충남 ㈜충남 아산시 순천향로22 순천향대학교 컴퓨터소프트웨어공학과(041-530-1317) ❽1981년 고려대 이과대학 수학과졸 1983년 충남대 대학원 전산학과졸 1988년 전산학박사(고려대) ❸1985년 순천향대 공과대학 컴퓨터소프트웨어공학과 교수(현) 1992~1993년 미국 일리노이주립대 객원교수 1994~1997년 순천향대 전자계산소장 및 전산정보교육원장 1995~1996년 정보과학회지 편집위원 1997~1998년 순천향대 공대 교수협의회 의장 1999~2003년 이순신연구소 운영위원 1999~2001년 통계청 통계위원회·정보관리분과위원회 전문위원 2000년 멀티미디어학회 이사 및 편집위원(현) 2000~2002년 순천향대 컴퓨터교육원장 2000~2003년 同전자상거래S/W연구센터 운영위원 2001~2003년 정보처리학회 논문지 편집위원 2002~2003년 순천향대 산업기술연구소장 2002~2003년 同공과대학장 2004~2005년 미국 콜로라도대 객원교수 2005~2007년 충남테크노파크 운영위원 2006~2007년 순천향대 u-healthcare 연구센터 소장 2006~2007년 同컴퓨터학부 운영위원 2008~2010년 同교수협의회 의장 2008·2012년 同문화콘텐츠기술연구소장 2008년 한국공

학교육인증원 평가위원 2009년 ICUT 2009 Steering Committee 2009년 CSA 2009 Honorary Chair 2009년 2C-Com 09 Steering Committee 2009년 HPCC-09 Honorary Chair 2009년 ISA 2009 Honorary Chair 2009~2014년 한국정보처리학회 영어논문지 편집위원장 겸 부회장·수석부회장 2009년 아산신도시협의회 운영위원(현) 2010년 CUTE 2010 Section Chair 2010년 순천향대 입학사정관 2010~2012년 국회도서관 자문위원 2010년 ICA3PP 2010 Honorary Chair 2011년 ISPA 2011 International Advisory Board Committe 2011년 한국정보기술융합학회 고문(현) 2013년 순천향대 공과대학 컴퓨터소프트웨어공학과장 2013~2015년 同중앙도서관장 2015년 한국정보처리학회 회장 ❸한국정보과학회 최우수논문상(2001), 한국멀티미디어학회 학술상(2002), 순천향대 우수논문상(2002·2006), ICUT국제컨퍼런스 우수논문상(2007), 한국정보처리학회 공로상(2009), CSA 2009국제컨퍼런스 Outstanding Leadership Award(2009), ISA 2009국제컨퍼런스 Outstanding Leadership Award(2009), WCC 2011Outstanding Leadership Award(2010), ITCS 2010국제컨퍼런스 Outstanding Leadership Award(2010), ICA3PP 2010국제컨퍼런스 Outstanding Leadership Award(2010), 순천향대 우수교원 포상(2010), 순천향대 우수강의사례 최우수상(2011) ❸'PC는 이렇게 사용한다(共)'(1992) '이산구조론(共)'(1994) '컴파일러 기초'(1997) '이산수학개론(共)'(1998) '컴파일러 구성(共)'(1998) 'The Unix Super Text(共)'(1998) '뉴밀레니엄 인터넷'(2000) '윈도우98과 인터넷(共)'(2001) '컴퓨터기초 활용'(2001) '이산수학'(2006) '이산수학의 이해'(2010) ❸'MATLAB을 이용한 수치해석(共)'(2000)

박두순(朴斗淳) PARK Doo Soon

생1967·10·3 ❸충남 서천 ㈜서울 서초구 반포대로158 서울고등검찰청(02-530-3114) ❽1986년 면목고졸 1991년 서울대 법과대학졸 2004년 미국 워싱턴주립대 대학원 수학 ❸1992년 사법시험 합격(34회) 1995년 사법연수원 수료(24기) 1995년 수원지검 검사 1997년 창원지검 진주지청 검사 1999년 부산지검 동부지청 검사 2001년 서울지검 서부지청 검사 2003년 인천지검 검사 2006년 춘천지검 검사 2007년 同부부장검사 2008년 서울중앙지검 부부장검사 2009년 춘천지검 원주지청 부장검사 2009년 대구지검 공판부장 2010년 사법연수원 교수 2012년 부산지검 형사3부장 2013년 수원지검 안양지청 부장검사 2014년 서울북부지검 형사2부장 2015년 서울고검 검사 2015년 법무연수원 교수 2016년 서울고검 검사(현) ❸법무부장관표창(2005)

박두식(朴斗植) PARK Doo Shik

생1948·10·9 ❸부산 ㈜경기 안산시 단원구 해안로289 NPC㈜ 비서실(031-491-4727) ❽1967년 부산고졸 1972년 한양대 신문학과졸 ❸내쇼날푸라스틱㈜ 입사, 同상무이사, ㈜내쇼날플러스 대표이사 2003년 내쇼날푸라스틱㈜ 대표이사 부회장 2011~2016년 NPC㈜ 대표이사 부회장 2016년 同회장(현)

박두식(朴斗植) PARK Doo Sik

생1964·8·30 ❸서울 ㈜서울 중구 세종대로21길30 조선일보 편집국 사회부(02-724-5114) ❽상문고졸, 서울대 정치학과졸 ❸1989년 조선일보 입사 1990~1995년 同사회부·문화부·생활과학부 기자·워싱턴특파원 2000년 同정치부 기자 2001년 同사회부 기자 2003년 同논설위원 2004년 同정치부 기자 2008년 同정치부 차장 2008년 同논설위원 2011년 同정치부장 2013~2015년 同논설위원 2014년 대통령직속 통일준비위원회 언론자문단 자문위원(현) 2015년 조선일보 편집국 사회부장(부국장)(현) ❸한국참언론인대상 정치부문(2009)

박두익(朴斗翼) PARK Du Ik (信濟)

생1947·6·9 ❸월성(月城) ❸경북 군위 ㈜서울 중구 을지로153의3 성진빌딩501호 사회정의실현시민연합(02-2272-6055) ❽1967년 계성고졸 1976년 영남대 경제학과졸 1985년 서울대 환경대학원 도시계획학과졸 ❸1981년 대구지방국세청 근무(주사보) 1983년 행정고시 합격(27회) 1988년 통일민주당 건설·교통전문위원 1990년 민주자유당 중앙정치연수원 교수 1991년 同재무심의위원·15인심의위원협의회장 1992년 同서울시지부 사무차장 1992년 同대통령선거대책본부 유세평가팀장, 同대구·경북출신사무처당직자협의회 회장 1993년 同정책부국장 1994년 국책자문위원회 국책연구위원 1994년 (사)한국사회기초연구회 중앙회장 1995년 사법·행정고시출신 모임 '도학회' 회장(현) 1995년 국회 정책연구위원(2급 이사관) 1996년 중소기업협동조합중앙회 중소기업정책위원 1996년 신한국당 통상산업직능위원(1급) 1997년 同대선기획단 경제반장 1997년 대구경제포럼 정책위원장 1999년 한국예술문화

단체총연합회 운영위원 2000년 사회정의실현시민연합 대표(현) 2002년 영남대 겸임교수 2004년 在京군위군향우회 회장 2006년 건설교통부 정책자문위원 2006년 팔공산문화권개발 자문위원 2007년 6.3동지회 중앙회 이사 겸 군위군지회장 2009~2013년 국토해양부 NGO정책자문단 대표 2011~2013년 대우건설 사외이사 겸 감사위원장 2011년 6.3운동공로자회 부회장 2013년 국토교통부 NGO정책자문단 자문위원(현), 새누리당 중앙당 재정위원(현) 2016년 민주화운동공로자회 부회장(현) [상]중소기업청장표창(1997), 문화관광부장관표창(2001), 건설교통부장관표창(2006), 민주화운동 관련자 증서(2009) [저]'최신 경제원론(상·하)'(1993) '기초가 서야 나라가 산다'(1994) 'YS는 정책이 없었던가'(1995) '햄버거세대의 외침'(1995) '이제 나라를 생각할 때다(共)'(1998) '아빠 어렸을 적엔'(2003) '최신 경제학의 이해'(2004) '시민단체(NGO)의 이론과 사실련'(2004) '선진 시위문화 정착운동과 사실련'(2010) [종]불교

박두재(朴斗在) PARK DOO JAI

[생]1958·11·4 [본]밀양(密陽) [출]충북 진천 [주]충북 청주시 서원구 구룡산로51 한국전력공사 충북지역본부 본부장실(043-251-2300) [학]1977년 대일고졸 1985년 중앙대 경영학과졸 1996년 고려대 경영대학원졸 [경]1985년 한국전력공사 입사 2009년 同경남지역본부 통영지사장 2010년 同전력기반조성사업센터장 2012년 同인천지역본부 서인천지사장 2014년 同충북지역본부 서청주지사장 2015년 同충북지역본부장(현)

박두한(朴斗漢) PARK Doo Han

[생]1959·11·23 [본]밀양(密陽) [출]강원 속초 [주]서울 동대문구 망우로82 삼육보건대학교 총장실(02-3407-8501) [학]1978년 속초고졸 1982년 연세대 화학과졸 1985년 한국과학기술원(KAIST) 화학과졸 1992년 이학박사(한국과학기술원) 1997~1998년 미국 콜로라도주립대 화학과 연수 [경]1983년 대한화학회 종신회원(현) 1985~1998년 한국화학연구소 연구원 1992~1993년 국방과학연구소 선임연구원 1993~2010년 삼육대 화학과 전임강사·조교수·부교수·교수 2005~2009년 同기획조정실장 2007년 同출판부장 2010~2015년 同기초의약과학과 교수 2010년 同기초의약과학과장 2012~2013년 同교무처장 2015년 삼육보건대 총장(제18대)(현) [저]'최신일반화학'(2001, 녹문당) '대한화학'(2002, 도서출판 대선) [역]'대학화학의 기초'(2001, 자유아카데미) '일반화학'(2002·2003·2006, 자유아카데미) '유기화학'(2004, 자유아카데미) '일반화학'(2008·2009, 사이플러스) '유기화학'(2008, 사이플러스) [종]기독교

박두홍(朴斗鴻) PARK Doo Hong

[생]1956·11·15 [주]경기 용인시 기흥구 이현로30번길 107 (주)녹십자 종합연구소(031-260-9304) [학]서울대 공업화학과졸, 이학박사(미국 아이오와대) [경]제철화학 중앙연구소 근무 2000년 (재)목암생명공학연구소 소장 2008년 同연구원 2009년 (주)녹십자 전무 2012년 同종합연구소장(전무)(현) 2015년 국가과학기술심의회 생명·의료전문위원회 위원(현) 2015년 (주)녹십자 2016 화순국제백신포럼 추진위원

박래길(朴來佶) Park Rae Kil

[생]1961·5·15 [본]상산(商山) [출]전북 익산 [주]광주 북구 첨단과기로123 광주과학기술원 의생명공학과(062-715-5361) [학]1987년 원광대 의과대학졸 1990년 전남대 대학원졸 1994년 의학박사(전남대) [경]1987~1990년 원광대 연구 및 교육조교 1990~1993년 국립보건원 공중보건의사 1994~1997년 미국 Univ. of Southern California Post-Doc. Fellow 1995년 원광대 전임강사 1997년 同의과대학 미생물학교실 조교수·부교수·교수 1998년 同연구교류처 부처장 1999~2002년 同한의학전문대학원 겸임교수 2002년 同의예과장 2002~2011년 한국과학재단 지정 전정와우기관연구센터 소장 2011년 교육과학기술부 기초연구사업추진위원회 위원 2011~2013년 한국연구재단 기초연구본부 의약학단장 2016년 광주과학기술원 의생명공학과 교수(현) [상]원광대 학술공로상(1998), 전북지방중소기업청장표창(2003) [종]원불교

박래신(朴來申) PARK Rae Shin

[생]1956·12·24 [출]전남 해남 [주]서울 영등포구 의사당대로88 한국투자밸류자산운용 임원실(02-3276-6000) [학]1975년 광주제일고졸 1980년 연세대 경제학과졸 [경]1982년 대우 근무 2003년 동원증권(주) 중부지역본부 상무이사 2005년 한국투자증권 상무 2008년 同e-Business본부장(전무) 2011년 한국투자밸류자산운용 대표이사 사장(현) [종]불교

박래용(朴來勇)

[생]1962·2·21 [출]광주 [주]서울 중구 정동길3 경향신문 논설위원실(02-3701-1071) [학]전남대 불어불문학과졸 [경]1990년 경향신문 공채(29기) 1999년 同편집국 사회부 기자 1999년 同편집국 정치부 기자 2002년 同편집국 정치부 차장대우 2004년 同편집국 정치부 차장 2007년 同편집국 전국부장 2008년 同편집국 사회부장 2009년 同논설위원 2010년 同편집국 디지털뉴스편집장 2012년 同편집국 디지털뉴스편집장(부국장급) 2013년 同편집국 정치에디터 겸 정치부장 2014년 同정치에디터 2014년 同편집국장 2015년 한국신문방송편집인협회 부회장(현) 2015년 한국신문윤리위원회 이사(현) 2016년 경향신문 논설위원(현)

박래학(朴來學) PARK Nea Hak

[생]1954·1·21 [본]밀양(密陽) [출]전남 함평 [주]서울 중구 세종대로125 서울특별시의회(02-3783-1997) [학]광주상고졸, 건국대 행정대학원졸(석사), 同대학원 법학 박사과정 휴학 [경]위니아대화유통(주) 대표이사(현), 서울 광진구의회 의원, 광진구생활체육협의회 수석부회장, 광진구청소년육성회 회장·고문 2002년 서울시의회 의원(새천년민주당·민주당) 2002년 同장묘문화개선특별위원장 2002년 同건설위원회 간사 2002·2005년 同예산결산특별위원회 위원 2003년 同청계천복원사업특별위원회 간사 2003년 同예산결산특별위원회 위원장 2004년 同윤리특별위원회 위원·부위원장 2004년 同바른시정정책연합 총무 2004년 同교육문화위원회 위원 2005년 同지역균형발전지원특별위원회 위원 2005년 同남북교류협력지원특별위원회 위원 2006년 서울시의원선거 출마(민주당) 2008~2010년 서울시의회 의원(재보선 당선, 통합민주당·민주당) 2008년 同도시관리위원회 위원 2008·2009년 同예산결산특별위원회 위원 2010년 서울시의회 의원(민주당·민주통합당·민주당·새정치민주연합) 2010년 同행정자치위원회 위원 2012년 同도시안전위원회 위원 2013년 同예산결산특별위원회 위원장 2013년 同여성특별위원회 위원 2013년 同남북교류협력지원특별위원회 위원장 2014년 서울시의회 의원(새정치민주연합·더불어민주당)(현) 2014~2016년 同의장 2015년 전국시·도의회의장협의회 회장 2016년 서울시의회 행정자치위원회 위원(현) [상]몽골 울란바토르시 최고훈장(2015), TV서울 의정대상(2015) [저]'나의 삶, 열정 40년'(2014) '발로 뛰었다 가슴으로 품었다'(2015) [종]기독교

박마루(朴마루) Park Ma Ru

[생]1963·12·9 [출]경기 [주]서울 중구 덕수궁길15 서울특별시의회 의원회관808호(02-3783-1796) [학]나사렛대 재활복지대학원 직업재활학과졸 [경]인간극장 '사나이 가는 길' 출연, KBS 2TV '사랑의 가족' 패널MC 2010년 서울시의원선거 출마(한나라당), 나사렛대 협동교수(현) 2014년 서울시의회 의원(비례대표, 새누리당)(현) 2014년 同보건복지위원회 부위원장 2014년 同윤리특별위원회 위원 2014~2015년 同예산결산특별위원회 위원 2015년 同메르스확산방지대책특별위원회 위원 2015년 同청년발전특별위원회 위원(현) 2016년 同보건복지위원회 위원(현) 2016년 同서부지역광역철도건설특별위원회 위원(현) 2016년 同운영위원회 위원(현) 2016년 同보건복지위원회 위원(현) 2016년 同새누리당 대변인(현)

박 만(朴 滿) PARK MAN

[생]1951·12·6 [본]밀양(密陽) [출]경북 구미 [주]서울 서초구 서초대로49길18 상림빌딩 법무법인(유) 여명(0505-599-1119) [학]1970년 제물포고졸 1974년 서울대 법학과졸 [경]1979년 사법시험 합격(21회) 1981년 사법연수원 수료(11기) 1981년 서울지검 검사 1983년 대전지검 공주지청 검사 1985년 서울지검 의정부지청 검사 1986년 대검찰청 검찰연구관 1989년 제주지검 검사 1991년 서울지검 검사 1993년 창원지검 충무지청장 1993년 同특수부장 1995년 인천지검 부천지청 부장검사 1996년 부산지검 조사부장 1997년 사법연수원 교수 1999년 서울지검 동부지청 형사4부장 1999년 대검찰청 감찰1과장 2000년 서울지검 공안1부장 2001년 대검찰청 공안기획관 2002년 同수사기획관 2003년 서울지검 제1차장검사 2004년 수원지검 성남지청장 2005년 변호사 개업 2007~2009년 KBS 이사, 법무법인(유) 여명 변호사·대표변호사(현) 2011~2014년 방송통신심의위원회 위원장 2011~2013년 인천중·제물포고총동창회 회장 [상]근정포장(1993), 홍조근정훈장(2004) [종]기독교

박만규(朴晩珪) PAK Man Ghyu

[생]1961·1·3 [본]죽산(竹山) [출]서울 [주]경기 수원시 영통구 월드컵로206 아주대학교 불어불문학과(031-219-2834) [학]한성고졸 1983년 아주대 불문학과졸 1985년 서울대 대학원졸 1993년 문학박사(서울대) [경]1986~1988년 동덕여대 강사 1987~1998년 관동대 불어불문학과 전임강사·조교수·부교수 1995~1996년 프랑스 파리7대학 파견교수 1998년 관동대 불어불문학과 교수, 아주대 불어불문학과 교수(현) 2007년 同학보사·영자신문사·교육방송국 주간교수 겸 한불협력센터장 2008~2010년 同한국어학당원장 2008~2010년 同대외협력처장 2014년 同프랑코포니전문인력양성사업단장(현) 2015년 同인문대학장(현) 2015년 한국프랑스문화학회 부회장(현) 2015년 디지털휴머니티연구센터 센터장(현) 2015년 불어권협력센터 센터장(현) 2015년 한국사전학회 부회장(현) 2016년 전국사립대학교인문대학장협의회 초대 회장(현) [상]프랑스 학술공로훈장 기사(Chevalier)장(2015) [저]'불어다운 불어' '현대한국어 동사구문법'(共) '프라임불한사전'(共) '새한불사전(개정판)'(2009) 'Mon francais est riche'(2011) '프랑스어 문장연습(共)'(2011) '아주 재미있는 생활 한국어 중급-한국어 장소 표현(共)'(2012) 'Bonjour Paris(共)'(2013)

박만성(朴晩成) PARK Man Sung

[생]1963·8·21 [출]경북 경산 [주]세종특별자치시 노을6로8의14 국세청 국제조세관리관실(044-204-2800) [학]진량고졸 1988년 영남대 경제학과졸 1999년 영국 브리스톨대 대학원졸 [경]행정고시 합격(36회), 남대구세무서 총무과장, 구미세무서 간세과장, 국외 연수(영국 브리스톨대), 서울지방국세청 조사2국 사무관 2001년 국세청 행정관리담당관실 사무관 2004년 同혁신담당관실 혁신1계장(서기관) 2006년 상주세무서장 2006년 대통령비서실 경제수석실 근무 2007년 중부지방국세청 조사3국 1과장 2009년 국세청 조사국 국제조사과장 2010년 同조사1과장 2011년 同조사1과장(부이사관) 2012년 중부지방국세청 조사2국장(고위공무원) 2013년 부산지방국세청 징세법무국장 2014년 국세청 전산정보관리관 2016년 同국제조세관리관(현)

박만수(朴萬秀) PARK Man Soo

[생]1957·7·3 [출]강원 영월 [주]강원 춘천시 동면 순환대로1122 강원도 인재개발원(033-248-6203) [학]1976년 영월고졸 1987년 한국방송통신대 행정학과졸 [경]영월군 근무, 화천군 지역개발과장, 강원도 남북협력담당관실 사업지원담당, 同창업지원담당, 同정책발전담당, 同디자인정책담당 2008년 同기획관리실 기획담당 2009년 同동강관리사업소장 2010년 同국제협력실 국제회의지원팀장 2011년 同산업경제국 지식산업과장 2012년 행정안전부 지방행정연수원 고급리더과정 연수 2013년 강원도 보건복지여성국 여성청소년가족과장 2013~2014년 강원 홍천군 부군수 2014년 강원도 문화관광체육국 관광정책과장 2015년 同총무행정관 2015년 同글로벌투자통상국장 2016년 同인재개발원장(현) [상]대통령표창, 근정포장(2013)

박만수

[생]1961·8 [출]부산 [주]서울 강동구 상일로6길26 삼성엔지니어링 임원실(02-2053-3000) [학]용문고졸, 중앙대 건축공학과졸 [경]1990년 삼성엔지니어링 입사 2010년 同국내인프라사업팀장 2010년 同산업플랜트사업팀장(상무) 2011년 同국내환경사업팀장 2012년 同홍보팀장 2015년 同산업환경사업본부장(전무)(현)

박만호(朴萬浩) PARK Mahn Ho (韓松)

[생]1936·2·15 [본]밀양(密陽) [출]경북 의성 [주]서울 강남구 테헤란로152 강남파이낸스센터9층 법무법인 서정(02-2112-1114) [학]1956년 경북고졸 1962년 서울대 법대졸 1974년 미국 댈러스 서던감리교대 Law School 비교법학과 수료 [경]1961년 고등고시 사법과 합격(13회) 1962년 육군 법무관 1964~1974년 대구지법 판사·영덕지원장 1974년 대구고법 판사 1977년 대법원 재판연구관 1978년 부산지법 부장판사 1979년 서울지법 영등포지원 부장판사 1981~1988년 서울고법 부장판사 1984년 서울형사지법 수석부장판사 겸임 1986년 법원행정처 기획조정실장 겸임 1987년 서울민사지법 수석부장판사 겸임 1988년 춘천지법원장 1991년 법원행정처 차장 1991~1997년 대법원 대법관 1997년 변호사 개업 2002~2004년 정부공직자윤리위원회 위원장 2004년 법무법인 서정 고문변호사(현) [상]청조근정훈장(1997) [종]천주교

박만호(朴萬鎬) PARK MAN HO

[생]1970·6·5 [본]밀양(密陽) [출]대구 [주]대구 수성구 동대구로364 대구지방법원(053-757-6600) [학]1989년 대구 계성고졸 1994년 고려대 법학과졸 [경]1994년 사법시험 합격(36회) 1997년 사법연수원 수료(26기) 1997년 軍법무관 2000년 대구지법 판사 2003년 同김천지원 판사 2005년 대구지법 판사 2007년 同서부지원 판사 2009년 대구고법 판사 2011년 대구지법 서부지원 판사 2012년 창원지법 부장판사 2014년 대구지법·대구가정법원 영덕지원장 2016년 대구지법 부장판사(현)

박만훈(朴萬勳) PARK Mahn Hoon

[생]1957·4·5 [출]서울 [주]경기 성남시 분당구 판교로310 SK케미칼(주) 비서실(02-2008-2008) [학]1976년 보성고졸 1981년 서울대 분자생물학과졸 1983년 同대학원 바이러스학과졸, 분자바이러스학박사(캐나다 오타와대) [경]1984~1989년 목암생명과학연구소 연구원 1997~2007년 同연구위원 2008년 SK케미칼(주) Life Science Biz 생명과학연구소 Bio실장(상무) 2011년 同Life Science Biz 생명과학연구소 Bio실장(전무) 2014년 同생명과학연구소장(부사장) 2016년 同LS비즈 사장(현)

박매자(朴梅子·女) PARK Mae Ja

[생]1960·12·2 [주]대구 중구 국채보상로680 경북대학교 의학전문대학원 해부학교실(053-420-6923) [학]경북대 의대졸, 同대학원 의학석사, 의학박사(경북대) [경]일본 니가타대 교수, 경북대 의학전문대학원 해부학교실 교수(현) 2010년 同학생처 부처장, 同여대생커리어개발센터장, 同성폭력상담소장, 同학생처장, 同인재개발원장 2014년 同의학전문대학원장(현) 2014년 경북대병원 비상임이사(현)

박맹수(朴孟洙) PARK Maeng Soo

[생]1955·11·12 [본]순천(順天) [출]전남 [주]전북 익산시 익산대로460 원광대학교 교학대학 원불교학과(063-850-6117) [학]1979년 원광대 원불교학과졸 1986년 한국학중앙연구원 한국학대학원 한국사학과졸 1996년 한국사학박사(한국학중앙연구원) 2001년 일본근대사박사(일본 홋카이도대) [경]1992~1997년 영산원불교학교 전임강사·조교수 1992~2002년 (사)동학농민혁명기념사업회 학술이사 1997~2003년 영산원불교대 부교수 20022016년 (사)모심과살림연구소 이사장(현) 2002~2004년 전북도 동학농민혁명기념관 자문위원 2003~2004년 국사편찬위원회 해외자료수집 자문위원 2003년 원광대 교학대학 원불교학과 교수(현) 2005년 일제강점하강제동원피해진상규명위원회 전북도 실무위원 2006~2007년 同위원 2013년 원광대 학생복지처장 2014년 동학농민혁명기념관 자문위원(현) 2015년 원광대 원불교사상연구원 부원장(현) [저]'원불교학 워크북'(2006) '사료로 보는 동학과 동학농민혁명'(2009) '개벽의 꿈 동아시아를 깨우다'(2011) '동학농민전쟁과 일본-일본어'(2013) '생명의 눈으로 보는 동학'(2014) [역]'1894년 경복궁을 점령하라'(2002) '강재 박기현의 일기 : 강재일사'(2002) '이단의 민중반란'(2008) '동경대전'(2009) '일본의 양심이 보는 현대일본의 역사인식'(2014)

박맹언(朴孟彦) PARK Maeng Eon

[생]1953·3·15 [본]월성(月城) [출]부산 [주]부산 남구 용소로45 부경대학교 지구환경과학과(051-629-6620) [학]1975년 고려대 지질학과졸 1977년 同대학원 지질학과졸 1984년 자원지질학박사(고려대) 1989년 미국 오리건대 박사후 연수 [경]1984년 부경대 지구환경과학과 교수(현) 1987~1989년 미국 오리건대 방문교수 1989년 同지질과학과 박사후 연수 1989~1990년 대한민국남극학술연구단 초청연구원 1990~1993년 러시아 극동지역 광물자원조사 및 연구 1992~2011년 대한자원환경지질학회 전문위원·편집위원장·부회장·회장 1993년 한국자원연구소 자문위원 1995년 한국원자력연구소 위촉연구원 1995년 동북아지학연구센터 학술위원(현) 1995년 중국 장춘지질대 초빙교수 1996~1998년 부경대 교무처 부처장 1997~1999년 동북아지질대비 국제공동연구 2000~2002년 한국과학재단 수리과학분과위원·전문분과위원 2002~2003년 미국 콜로라도대 지질학과 방문교수 2004~2006년 부경대 환경·해양대학장 2004~2006년 同해양탐구교육원장 2005~2011년 부산시 MT(해양과학기술)추진위원 2006~2008년 부경대 BK21지구환경시스템사업단 단장 2006~2008년 원자력포럼 공동대표 2007년 제17대 대통령중앙선거대책위원회 일류국가비전위원회 국제과학기업도시특별위원회

교수자문위원 2007~2009년 텔레메트릭스기술연구조합 대표 2008~2012년 부경대 총장 2008~2012년 (사)한국해양산업협회 공동이사장 2008년 부산한미FTA포럼 공동위원장 2009~2010년 대한자원환경지질학회 회장 2009~2011년 날씨공감포럼 의장 2009년 (사)녹색성장해양포럼 부회장 2009년 2009세계해양포럼(WOF) 공동위원장 2010~2011년 기후변화센터 이사 2010~2014년 (사)국제평화기념사업회 공동이사장 2010년 부산상공회의소 사회공헌위원회 자문위원 2011~2012년 대통령직속 지방분권촉진위원회 위원 2012년 한국해양레저네트워크 이사장 2012년 부산시해양수도포럼 공동대표의장(현) 2012년 부산시교육과학강국 공동대표(현) 2012년 부산지방경찰청 민간감찰위원장(현) 2013~2014년 부산발전50년기념사업회 이사장 2013~2014년 BS금융그룹 감사위원 2014년 부산광역시 교육감선거 출마 2014년 (사)창조인재포럼 공동대표(현) [상]한국과학기술단체총연합회 과학기술우수논문상(1998), 한국과학재단 우수연구선정(2000), 홍조근정훈장(2013) [저]'이폭도폭 지질보고서(共)'(1985) '동의 약용광물학'(2005) '박맹언 교수의 돌 이야기'(2008) [종]천주교

박맹우(朴孟雨) BAK Maeng Woo (竹片)

[생]1951·12·6 [본]밀양(密陽) [출]울산 [주]서울 영등포구 의사당대로1 국회 의원회관416호(02-788-2259) [학]1971년 경남고졸 1980년 국민대 행정학과졸 2001년 경남대 행정대학원 행정학과졸 2006년 행정학박사(동의대) [경]1981년 행정고시 합격(25회) 1991년 내무부 송무담당 1992년 同조합지도담당 1994년 同공보담당 1994년 경남도 기획관 1995년 同규제완화대책관 1995년 함안군수 1995년 경남도 조직진단담당관 1997년 同울산시 기획실장 1997년 울산시 내무국장 1998년 同동구 부구청장(구청장 권한대행) 2000~2002년 同건설교통국장 2002~2006년 제3대 울산광역시장(한나라당) 2005년 영호남시도지사협의회 회장 2006~2010년 제4대 울산광역시장(한나라당) 2009년 미국 세계인명사전 Marquis Who's Who에 등재 2010~2014년 제5대 울산광역시장(한나라당·새누리당) 2012년 광역시장협의회 회장 2013년 전국시도지사협의회 회장 2013년 울산시문화예술교육지원협의회 위원장 2014년 제19대 국회의원(울산시 남구乙 보궐선거, 새누리당) 2014년 국회 기획재정위원회 위원 2014년 새누리당 지방자치안전위원회 부위원장 2015년 국회 예산결산특별위원회 위원 2016년 제20대 국회의원(울산시 남구乙, 새누리당)(현) 2016년 국회 국토교통위원회 위원(현) 2016년 새누리당 울산시당 위원장(현) 2016년 同전략기획부총장(현) 2016년 同대북결재요청사건진상조사위원회 간사(현) [상]노동부장관표창(1987), 홍조근정훈장(1997), 행정자치부장관표창(2002), 대한민국글로벌경영인대상, 대한민국 경제리더대상, 뉴거버넌스리더십메달, 우수지방자치단체장상(2007), 대한민국 공공행정대상(2008), 월간중앙 21세기경영리더대상 환경경영부문(2008), 대한적십자사 감사패(2009), 모듈화일반산업단지협의회 감사패(2010), 대통령표창(2010), GWP 최고경영자상(2011), 대한민국 연극대상 문화시장상(2013), (사)도전한국인운동협회·도전한국인운동본부 국정감사 우수의원(2015), 글로벌자랑스러운인물대상 정치발전부문대상(2016), 글로벌 자랑스러운 인물대상 정치혁신부문(2016) [저]'지방의회운영총람'(1991) '지방자치단체조합이란 무엇인가'(1993) '울산의 힘「뿌리와 비전」'(2002) [종]기독교

박맹호(朴孟浩) PARK Maeng Ho

[생]1934·1·4 [본]밀양(密陽) [출]충북 보은 [주]서울 강남구 도산대로1길62 강남출판문화센터5층 도서출판 민음사(02-515-2000) [학]청주고졸, 서울대 불어불문학과졸 [경]1966~2005년 민음사 창립·대표이사 사장 1972년 세계시인선 발간 시작 1974년 오늘의 시인총서 발간 시작 1976년 문학 계간지 '세계의 문학' 창간 1977년 오늘의 작가상 제정 1981년 김수영문학상 제정 1983년 대우학술총서 발간 시작 1985년 이데아 총서 발간 시작 1986년 민음의 시 발간 시작 1988년 이문열 삼국지 출간 1994년 대우학술 총서 300종 발간 돌파 1994년 어린이 책 전문 자회사 비룡소 창립 1996년 황금가지 창립 1997년 학술계간지 '현대사상' 창간 1998년 세계문학전집 발간 시작 1999년 대우학술총서 424권을 끝으로 간행 종료 2004년 2005프랑크푸르트도서전 주빈국 조직위원회 부위원장 2005년 도서출판 민음사 회장(현) 2005~2007년 대한출판문화협회 회장 2006~2009년 한국간행물윤리위원회 위원 2007년 대한출판문화협회 명예회장·고문(현) 2008~2011년 서울대인문대총동창회 회장 2012년까지 창립 이후 5천여 종 단행본 출간 [상]대한민국문화예술상, 화관문화훈장, 제13회 간행물윤리상 대상(2002), 제51회 서울시문화상 출판부문(2002), 자랑스런 서울대인상, 제17회 인촌상 언론출판부문(2003), 보관문화훈장(2006), 제49회 한국출판문화상 특별상(2008), 문화체육관광부장관표창(2012) [저]자서전 '책'(2012)

박명광(朴明光) PARK Myung Kwang (開山)

[생]1945·2·1 [본]밀양(密陽) [출]충남 홍성 [주]서울 동대문구 경희대로26 경희대학교 경제학과(02-961-2161) [학]1963년 홍성고졸 1973년 경희대 경제학과졸 1975년 필리핀 세인트루이스대 대학원 경제학과졸 1978년 경제학박사(필리핀 산토토마스대) [경]1979~1988년 경희대 경제학과 조교수·부교수 1981~1982년 재무부 정책자문위원 1981~1984년 사법고시·행정고시 위원 1982년 미국 미시간 새기너주립대 교환교수 1987년 경희대 사회과학연구소장 1988년 同경제학과 교수 1990년 同학생처장 1993년 同정경대학장 1994년 同기획관리실장 1994년 同경제연구소장 1995년 세계청소년대표자대회조직위원회 사무총장 1997년 미국 하와이대 동서연구센터 객원교수 1999년 99서울NGO세계대회조직위원회 공동사무총장 1999년 경희대 NGO대학원장 1999~2001년 同대외협력부총장 2000년 Int'l Who's Who로 선정 2001~2004년 몽골유목민돕기운동본부 본부장 2002년 경제정의실천시민연합 국제연대 운영위원장 2003년 개혁신당추진연대회의 상임대표 2003년 국가비전연구소 설립·이사장(현) 2003년 열린우리당 중앙위원 2004~2005년 同상임고문 2004~2008년 제17대 국회의원(비례대표, 열린우리당·대통합민주신당·통합민주당) 2004~2005년 열린우리당 열린정책연구원장 2005년 한·필리핀의원친선협회 부회장 2005~2006년 열린우리당 남북경제협력특별위원장 2006년 同의장 비서실장 2006~2007년 同비상대책위원회 비상임위원 2007~2008년 (사)21세기나라비전연구소 이사장 2007년 대통합민주신당 제17대 대통령중앙선거대책위원회 상임선거대책본부장 2008년 통합민주당 최고위원 2010년 경희대 경제학과 명예교수(현) 2015년 (사)지구촌나눔운동 이사장(현) [저]'경제학연습(共)'(1984) '경제학원론'(1987) '경제학개론(共)'(1988) '사회주의와 자본주의의 경험과 미래'(1990) '경제학연습'(1991) '러시아경제론(共)'(1993) 'KOREA AND THE ASIA-PACIFIC REGION(共)'(2001) [역]'정치경제학선집'(1990) [종]기독교

박명구(朴明求) PARK Myung Koo

[생]1954·1·24 [출]광주 [주]경기 화성시 동탄면 경기동로 236 금호전기(주) 비서실(031-379-4213) [학]1971년 경복고졸 1981년 연세대 전자공학과졸 1983년 同대학원졸 1986년 전자공학박사(연세대) [경]1981년 엘바산업(주) 대표이사 1998년 금호전기(주) 부사장 2000~2014년 同대표이사 부회장 2014년 同대표이사 회장(현) [상]산업훈장, 제네바 국제발명전 WIPO 대상·전자부문 금상 [종]불교

박명규(朴明圭) PARK Myoung Kyu

[생]1955·12·1 [출]경남 함양 [주]서울 관악구 관악로1 서울대학교 사회학과(02-880-6403) [학]1978년 서울대 사회학과졸 1980년 同대학원 사회학과졸 1991년 사회학박사(서울대) [경]1980~1983년 육군사관학교 사회과학과 전임강사 1983~1994년 전북대 사회과학대학 전임강사·조교수·부교수 1989년 미국 Harvard Univ. Yenching Institute Visiting Fellow 1994년 서울대 사회학과 교수(현) 1998년 미국 UC Irvine Visiting Scholar 2000년 서울대 사회과학대학 학생부학장 2002~2004년 同사회발전연구소장 2006~2016년 同통일평화연구원장 2011년 한반도포럼 회원(현) 2011~2015년 국립대학법인 서울대 이사 2014년 대통령직속 통일준비위원회 사회문화분과위원회 민간위원(현) [저]'국민·인민·시민-개념사로 본 한국의 정치주체'(2009) '연성복합통일론'(2010) '남북경계선의 사회학'(2012) [역]'사회사상사'(2001) [종]기독교

박명규(朴明奎)

[생]1957·8·28 [출]전북 순창 [주]경남 창원시 의창구 중앙대로250번길13 경남지방병무청 청장실(055-279-9201) [학]1975년 순창고졸 1986년 전주대졸 2007년 고려대 행정대학원 정책학과졸 [경]1977년 공무원 임용(9급 공채) 2009년 병무청 대변인실 서기관 2012년 同입영동원국 현역모집과장 2013년 同운영지원과장 2015년 同사회복무국 산업지원과장(부이사관) 2015년 경남지방병무청장(현)

박명규(朴明圭) PARK Myoung Kyu

[생]1961·4·7 [본]순천(順天) [출]전북 부안 [주]전북 전주시 덕진구 백제대로728 새전북신문(063-230-5700) [학]1981년 전주 완산고졸 1988년 원광대 신문방송학과졸 2001년 전북대 행정대학원졸 2012년 전주대 대학원 경영학 박사과정 수료 [경]1988~1994년 전라일보 정치부 기자 1994년 전라매일신문 정치부 차장 1998년 전북도민일보 경제부 차장 2001년 새전북신문 사회팀장·경제팀장 2004년 同경영기획실장 2006년 同뉴미디어국장 2007년 同경영지원팀 실장 2008년 同대표이사(현) 2008년 전북대 초빙교수 [상]제7회 원광언론인상(2016) [저]'한옥마을을 거닐다'(2006) [종]불교

박명금(女) PARK Myeong Geum
[생]1977·12·28 [주]서울 종로구 세종대로209 금융위원회 기획조정관실(02-2100-2806) [학]성균관대 행정학과졸 [경]2003년 보건복지부 보건산업진흥과 근무 2005년 기획예산처 공공혁신총괄과 근무, 同산업정보재정과 행정사무관, 同사회재정기획단실 교육문화재정과 행정사무관 2008년 기획재정부 남북개발전략과 사무관 2008년 법제처 경제법제국 사무관 2011년 同경제법제국 서기관 2011년 同기획조정관실 법제총괄담당관실 서기관 2014년 同법령해석정보국 행정법령해석과 서기관 2015년 同사회문화법제국 법제관 2015년 同법제지원단 법제관 2015년 同경제법제국 법제관 2016년 금융위원회 기획조정관실 규제개혁법무담당관(현)

박명기(朴明基) PARK Myung Ki
[생]1953·5·2 [본]밀양(密陽) [출]대구 [주]대구 북구 호암로15 대구오페라하우스(053-666-6006) [학]1971년 대구 대건고졸 1975년 계명대 음대 성악과졸 1984년 연세대 교육대학원 음악교육과졸 2000년 Arts Academy Roma, Opera Coach, Diploma 2001년 이태리 볼로냐 국립아카데미졸 [경]1978~1987년 서울시립합창단 부수석 1987~1999년 서울시립오페라단 기획 1995~2003년 한국예술종합학교 시간강사 및 겸임제 직원 1999~2005년 서울시오페라단 기획 2003~2007년 한국예술종합학교 음악원 겸임교수 2006~2009년 대구문화예술회관 관장 2014년 대구오페라하우스 공연예술본부장 2014년 이탈리아 마그다올리베로국제성악콩쿠르 심사위원 2014년 대구오페라하우스 예술총감독(현) 2015년 이탈리아 잔도나이 국제성악콩쿠르 심사위원(현) [상]세종문화회관장표창(1989) [작]'아이다' '운명의 힘' '돈카를로' 등 50여편의 오페라 제작·감독·코치·지휘, 작곡 '자명고' 시편 100여편, 88서울올림픽 전야제 오페라 '시집 가는 날' 등 제작공연 [종]기독교

박명성(朴明成) Park myung sung
[생]1957·8·14 [본]밀양(密陽) [출]경기 김포 [주]인천 중구 신포로27번길80 인천광역시 중구청 부구청장실(032-760-7010) [학]1976년 천호상고졸 1993년 한국방송통신대 행정학과졸 [경]1977년 공직 입문 2009년 인천시의회 사무처 산업전문위원 2010년 인천시 자치행정국 세정과장 2013년 同경제수도추진본부 경제수도정책관 2013년 同경제수도추진본부 미래창조경제정책관 2014년 同도시디자인추진단장 2015년 同재정관리담당관 2015년 同재정기획관 직대 2016년 인천시 중구 부구청장(현) [상]근정포장(2012) [종]가톨릭

박명성(朴明誠)
[생]1963·3·25 [출]전남 해남 [주]경기 용인시 처인구 명지로116 명지대학교 예술체육대학 영화뮤지컬학부(031-330-6477) [학]1981년 광주 서석고졸 1983년 서울예술대학 무용과졸(한국학전공) 2003년 단국대 연극영화과졸 2008년 同대중예술대학원졸 [경]1982년 동인극장 입단 1987년 극단 '신시' 창단멤버 1999~2009년 (주)신시뮤지컬컴퍼니 대표 2004~2006년 한국공연프로듀서협회 초대회장 2006~2010년 중앙대 예술대학 연극학과 겸임교수 2007~2009년 서울연극협회 회장 2009년 (주)신시컴퍼니 대표 프로듀서 겸 예술감독(현) 2009~2010년 한일연극교류협의회 회장 2011년 명지대 뮤지컬학과 전임부교수, 同예술체육대학 영화뮤지컬학부 부교수(현) 2013~2015년 대통령소속 문화융성위원회 민간위원 2013년 '문화예술 후원의 날' 총연출 2015년 2015광주하계유니버시아드 개·폐회식 총감독 2015년 (사)한국뮤지컬협회 이사장(현) 2015년 법무부 정책위원회 위원 2016년 민관합동 창조경제추진단장 겸 문화창조융합본부장 [상]문화관광부장관표창(2001), 한국뮤지컬대상 특별상(2002), 한국뮤지컬대상 프로듀서상(2004), 대한민국 경제문화대상(2006·2007), 대한민국 대중미디어부문 국회대상(2007), 한국공연프로듀서협회 올해의 프로듀서상(2007), 한국뮤지컬대상 최우수작품상(2007), 한국뮤지컬대상 베스트외국뮤지컬대상(2008), 대통령표창(2010), 더뮤지컬어워즈 베스트 리바이벌상(2011), 한국예술문화단체총연합회 대한민국 예술문화대상(2012), 옥관문화훈장(2012), 제24회 이해랑 연극상(2014) [저]에세이 '뮤지컬드림'(2008) '세상에 없는 무대를 만들다'(2012) '이럴 줄 알았다'(2016, 북하우스) [작]뮤지컬 '고스트' '맘마미아!' '시카고' '아이다' '미녀이시네요' '헤어스프레이' '백야' '렌트' '엄마를 부탁해' '틱틱붐' '키스미케이트' '베로나의 두 신사' '퀴즈쇼' '자나돈트' '라스트 파이브 이어스' '갬블러' '19그리고80' '댄싱 섀도우' '듀엣' '노틀담의 꼽추' '까미유 끌로델' '유린타운' '뱃보이' '더 씽 어바웃 맨' '블러드 브라더스' '사운드 오브 뮤직' '카바레' '로마의 휴일' '라이프' 연극 '침향' '피아프' '가을소나타' '엄마를 부탁해' '피카소의 여인들' '33개의 변주곡' '대학살의 신' '흑인창녀를 위한 고백' '니 부모 얼굴이 보고 싶다' '산불' '레드' '푸르른 날에' '아버지와 나와 홍매와' 외 다수

박명수(朴明洙)
[생]1961·7·8 [출]경북 예천 [주]서울 종로구 효자로11 금융감독원연수원3층 정부합동부패척결추진단(02-3703-2036) [학]김천고졸 1985년 경찰대 법학과졸(1기) [경]1985년 경위 임관 1990년 서울지방경찰청 감사담당관실 경위 1995년 경찰청 감찰담당관실 경감 2001년 서울 강동경찰서 청문감사관(경정) 2003년 서울지방경찰청 보안수사대장 2006년 경찰청 생활안전국 생활안전계장 2007년 강원 정선경찰서장(총경) 2008년 강원지방경찰청 정보과장 2009년 서울지방경찰청 인사교육과장 2011년 경찰청 경비국 G50기획부팀장 2011년 서울 중부경찰서장 2013년 경찰수사연수원 교무과장 2015년 경기 화성동부경찰서장 2016년 서울지방경찰청 총경(국무조정실 부패척결추진단 파견)(현) [상]근정포장, 대통령표창, 장관급표창(5회), 대통령 경호실장표창

박명숙(朴明淑·女) PARK Myung Sook
[생]1950·8·5 [본]밀양(密陽) [출]서울 [주]서울 동대문구 경희대로26 경희대학교 무용학부(02-961-0539) [학]1968년 진명여고졸 1972년 이화여대 무용과졸 1976년 同대학원 체육학과졸 1994년 이학박사(한양대) [경]1981~2015년 경희대 무용학부 교수 1985년 한국현대무용진흥회 부이사장 1986년 ITI(국제극예술협회) 한국본부 상임이사 1986년 경희·박명숙서울현대무용단 예술총감독, 박명숙댄스씨어터 예술총감독(현) 1993년 한국청소년예술연맹 예술교육관 1993년 한국현대무용30년 기념축제실행위원장 1994~1998년 경희대 무용학과장 1997년 한국무용교육학회 부회장 2001년 (사)여성문화예술인총연합 발기인·창립회원·이사 2002~2003년 신입학전형대학무용과실기고사연합관리위원회 부위원장, 한국현대무용축제 공연분과위원장, 무용연합신문 편집위원, (사)최승희춤연구회 자문위원, 한국체육정책학회 부회장, 서울국제무용콩쿠르 자문위원 2010~2015년 경희대 무용학부장 2010년 국립현대무용단 이사 2011~2013년 한국무용학회 회장 2015년 경희대 무용학부 명예교수(현) 2016년 대한민국예술원 회원(연극영화무용분과·현) [상]대한민국무용제 개인상(1981), 한국예술평론가협회 예술가상(1986), 아시안게임 문화예술축전무용제 최우수작품상(1986), 서울국제무용제 대상(1991), 올해의 예술인상(1993·1995), 예술가의 장한 어머니상(1998), 기독교문화대상(1999), 문화관광부장관표창(2002), 한국무용학회 무용대상(2004), 대한민국예술원상(2013) [저]'춤, 말하는 몸(Dance, Speaking Body)' '창작자를 위한 몸 표현법'(2016, 서해문집) [역]'무용연극요법'(1980) '이사도라와 에세닌'(1988) '포스트모던 댄스'(1991) '댄스 핸드북'(1993) '무용감상법'(1998) '테크닉과 공연을 위한 무용심상'(2000) '필라티즈의 유연한 몸과 정신수련법'(2001) [작]'초혼'(1981) '잠자며 걷는 사람, 잠자며 걷는 나무'(1984) '결혼식과 장례식'(1986) '얇을 사 하이얀 고깔은'(1988) '황조가'(1991) '혼자 눈뜨는 아침'(1993) '에미'(1996) '유랑'(1999) '이브 Eve'(2003) '바람의 집'(2004) [종]천주교

박명숙(朴明淑·女) PARK Myung Sook
[생]1960·1·5 [출]경기 [주]서울 도봉구 삼양로144길33 덕성여자대학교 약학대학 약학과(02-901-8395) [학]1982년 덕성여대 약학과졸 1987년 同대학원 약학과졸 1991년 약학박사(덕성여대) [경]1982~1984년 동아제약(주) 학술지원 사원 1984~1985년 의료보험조합연합회 심사사원 1985~2006년 덕성여대 약학대학 시간강사·전임강사·조교수·부교수 1990~1991년 경기보건전문대학 강사 1994~1995년 미국 Univ. of California, Berkeley Post-Doctoral Researcher 2001~2003년 덕성여대 중앙기기실장 2006~2008년 同대외협력처장 2006~2007년 同산학협력단장 2006년 同약학대학 약학과 교수(현) 2007~2008년 대한약학회 재무간사 2008년 덕성여대 교무처장 2010~2013년 同약학대학장 겸 약학연구소장 2015년 同중앙관리실험관리실장(현) [상]동아제약 우수사원표창(1982), 덕성여대총장표창(1982), 운현표창(1991) [저]'실험유기의약품화학' '의약화학' '유기의약품화학' '무기의약품화학' '의약품합성학'(2011, 동명사) '무기방사성의약품학'(2013, 동명사) '실험의약품합성학'(2013, 청문각) [종]천주교

박명순(朴明順·女) PARK Myong Schun
[생]1955·11·3 [본]상산(商山) [출]서울 [주]인천 계양구 계양산로63 경인여자대학교 유아교육과(032-540-0254) [학]1974년 이화여고졸 1978년 이화여대 약학과졸 1982년 연세대 대학원 교육학과졸 1991년 교육심리학박사(독일 튀빙겐대) [경]단국대·연세대 강사 1992~1997년 연세대 교육연구소 연구원 1992~1998·1998~2008년 同교육연구소 객원연구원 1998~2008·2009년 경인여대 유아교육과 교수(현), 同학생처장, 同교무처장, 同총장 직대 2008~2009년 대통령 제2부속실장 2011~2012년 (재)경기도가족여성연구원 원장 2014년 경인여대 대외부총장 [저]'인성교육'(2011) '부모교육'(2013) [역]'영재판별의

동향'(2008) '영재 교육과정 연구'(2008) '아동을 위한 세계시민교육'(2012) [종]기독교

박명용(朴命鎔) PARK Myung Yong

[생]1936·5·21 [본]밀양(密陽) [출]경남 통영 [주]경남 통영시 항남5길9 조흥저축은행 회장실(055-645-4411) [학]1955년 광성공업고졸 [경]새마을운동 충무시지회 회장, 전국상호신용금고연합회 경남도지부장, 민정당 경남제5지구당 부위원장, 국제인권옹호한국연맹 통영시지회 회장 1973년 조흥상호신용금고 대표이사 1981년 충무시배구협회 회장 1982년 충무로타리클럽 5·8·13대 회장 1990년 한산대첩기념제전위원회 위원장 1991년 충무상의 부회장 1995년 통영상공회의소 회장 2002년 조흥상호저축은행 대표이사 2011년 조흥저축은행 회장(현) [상]새마을훈장 노력장, 국무총리표창, 내무부장관표창, 재무부장관표창 [종]불교

박명윤(朴明潤) PARK Myung Yun

[생]1939·12·11 [본]밀양(密陽) [출]대구 [주]서울 마포구 서강로3길39 501호 한국아동학대예방협회(02-2231-4737) [학]보건학박사(서울대) [경]1960년 한국파인트리클럽(PTC) 회장·이사장·총재·명예총재(현) 1965~1989년 국제연합아동기금(UNICEF) 행정관·기획관리관 1985~1988년 이화여대 대학원 외래교수 1985년 대한보건협회 이사·감사·자문위원(현) 1989년 한국아동학대예방협회 부회장·회장·고문(현) 1990~1999년 한국청소년개발원 정책연구실장·청소년자원봉사센터 소장 1991~2000년 한국청소년학회 부회장 1991년 민주평통 상임위원·운영위원·자문위원(현) 1992년 서울대 보건학박사회 부회장·회장·고문(현) 1992~2006년 명지대 사회교육대학원 객원교수 1993년 한국청소년연구소 소장·이사장(현) 1993~2002년 대한적십자사 자문위원 1999년 서울대 박명윤퇴직장학회 대표(현) 2000년 한국보건영양연구소 소장·이사장(현) 2000~2012년 한국식품영양재단 감사 2000년 한국에이즈퇴치연맹 상임고문(현) 2004~2007년 삼육대 보건복지대학원 겸임교수 2006~2013년 국제문화대학원대 석좌교수 2007년 한나라당 중앙선거대책위원회 체육·청소년정책위원장 2008~2010년 국가청소년보호위원회 초대 위원장 2009년 한국미래세대정책포럼 상임대표(현) 2011~2013년 민주평통 교육민족화합위원회 위원장 2011년 남북청소년교류연맹 상임고문(현) 2012~2014년 새누리당 통일위원회 고문 2013년 민주평통 교육민족화합포럼 상임대표(현) [상]대통령표창(1982), 국민포장(1990), 문화관광부장관표창(1995), 국민훈장 석류장(1996), 문화관광부장관 공로패(1999), 자랑스러운 보건대학원동문상(2007), 국민훈장 목련장(2012), 대통령 공로장(2013) [저]'어린이와 청소년' '청소년 육성정책' '청소년 웰빙건강' '청소년 약물남용' '영양교육' '보건영양' '응용영양' '일반보건학' '성인병과 식생활' '식생활 바로하기' '현대인의 건강관리' '헬스 프로젝트' '건강보조식품' '건강기능식품' '건강하게 삽시다' '파워푸드 슈퍼푸드' '약으로 먹는 웰빙식품 & 장수식품' '노인영양과 복지' [종]기독교

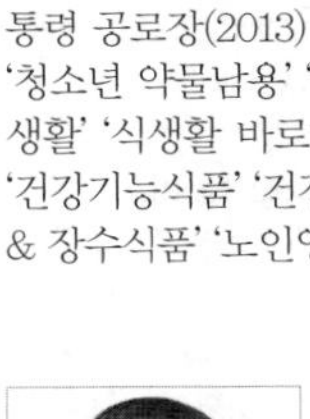

박명재(朴明在) PARK Myung Jae

[생]1947·7·5 [본]밀양(密陽) [출]경북 영일 [주]서울 영등포구 의사당대로1 국회 의원회관619호(02-784-5390) [학]1967년 중동고졸 1975년 연세대 행정학과졸 1980년 네덜란드 국립사회과학대학원졸 1994년 국방대학원 안보과정졸 2000년 연세대 행정대학원졸 2007년 명예 행정학박사(용인대) 2008년 명예 정치학박사(경북대) [경]1975년 행정고시 수석합격(16회) 1984년 총무처 교육훈련과장 1984년 同장관 비서실장 1985년 내무부 장관 비서실장 1989년 총무처 조직1과장 1990년 同조직기획과장 1993년 同공보관 1994년 중앙공무원교육원 기획지원부장 1996년 同교수부장 1997년 대통령 행정비서관 1999년 경북도 행정부지사 2001년 연세대 행정학과 겸임교수 2001년 국민고충처리위원회 상임위원 겸 사무처장 2002년 대한매일 공공정책연구소 자문위원 2002년 행정자치부 기획관리실장 2003년 국민고충처리위원회 상임위원 겸 사무처장 2003~2006년 중앙공무원교육원 원장 2003년 EROPA(Eastern Regional Organization for Public Administration-동부지역공공행정기구)총회 수석부의장 2006년 열린우리당 경북도지사 후보 2006~2008년 행정자치부 장관 2008년 한양대 행정자치대학원 초빙교수 2008년 제주대 석좌교수 2008년 무임소 국무위원 2008년 경북대 사회과학연구원장 겸 초빙교수, 연세대동문회 상임부회장(현) 2009~2011년 차의과학대 총장 2009~2010년 세종시 민관합동위원회 민간위원 2009~2011년 서울신문 칼럼리스트, 월드휴먼브리지 상임대표(현) 2011년 총우회 회장(현) 2012년 제19대 국회의원선거 출마(포항시 남구·울릉군, 무소속) 2013년 경운대 경찰행정학부 석좌교수 2013년 새누리당 포항南·울릉군당원협의회 운영위원장(현) 2013년 제19대 국회의원(포항시 남구·울릉군 재선거 당선, 새누리당) 2014~2015년 국회 지방자치발전특별위원회 위원 2014년 국회 기획재정위원회 위원 2014~2015년 새누리당 지방자치안전위원장 2014~2015년 국회 군인권개선및병영문화혁신특별위원회 위원 2015년 국회 예산결산특별위원회 위원 2015년 새누리당 경북도당 수석부위원장 2015년 同정책위원회 민생119본부 부본부장 2015년 대한민국독도향우회 고문(현) 2015년 국회 동북아역사왜곡대책특별위원회 위원 2016년 제20대 국회의원(포항시 남구·울릉군, 새누리당)(현) 2016년 국회 예산결산특별위원회 위원(현) 2016년 국회 기획재정위원회 위원(현) 2016년 새누리당 경북도당 위원장 2016년 ROTC 명예회원(현) 2016년 새누리당 전국위원회 부의장 2016년 同사무총장(현) 2016년 국회철강포럼 공동대표(현) [상]근정포장(1982), 홍조근정훈장(1998), 제3회 올해의 CIO대상(2002), 황조근정훈장(2003), 말레이시아 1등급 훈장 및 기사작위(2006), 자랑스러운 중동인상(2006), 자랑스런 연세인상(2006), 청조근정훈장(2008), 자랑스런 장기인상(2011), 대한민국 의정대상(2014), 새누리당 국감우수의원상(2014·2015), (사)도전한국인운동협회·도전한국인운동본부 국정감사 우수의원(2015), 제19대 국회의원 공약대상(2016) 대한민국최고인물대상 국정운영부문 최고대상(2016) [저]'한국행정개혁사'(1982) '고시행정학'(1990) '공무원 교육이 변하면 나라가 바뀐다(共)'(2006) 자서전 '손짓하지 않아도 연어는 돌아온다'(2006) '이 사람을 어떻게 할 것인가'(2011) [종]기독교

박명진(朴明珍·女) PARK Myung Jin

[생]1947·10·3 [출]서울 [주]전남 나주시 빛가람로640 한국문화예술위원회(061-900-2100) [학]1965년 경기여고졸 1969년 서울대 불어불문학과졸 1973년 프랑스 니스대 대학원 현대문학과졸 1978년 영상커뮤니케이션학박사(프랑스 파리제3대 뉴벨소르본느대) [경]1968년 동아방송 PD 1969년 KBS 국제방송 불어방송담당 1980~1991년 서울대 신문학과 전임강사·조교수·부교수 1991~2013년 同언론정보학과 교수 1995년 유네스코 홍보분과위원회 위원 1997년 문화관광부 문화비전2000 추진위원 1997년 정보통신부 정보통신정책심의위원 1997~1999년 서울대 언론정보학과장 1997년 한국공연예술진흥협의회 위원 1998~1999년 방송개혁위원 2000년 KBS 경영평가위원 2001년 한국여성학회 이사 2001년 국회 방송자문위원 2003~2004년 한국언론학회 회장 2004년 정보통신부 정보통신정책심의위원회 위원 2006~2008년 서울대 중앙도서관장 2008~2009년 방송통신심의위원회 초대 위원장 2010~2012년 서울대 교육부총장 2011년 아시아기자협회 부이사장 2011년 서울대법인 초대이사 2013년 서울대 언론정보학과 명예교수(현) 2015년 한국문화예술위원회 위원장(현) 2015년 문화체육관광부 지역문화협력위원회 위원(현) 2015년 (사)한국메세나협회 이사(현) [상]근정포장(2013) [저]'비판 커뮤니케이션과 문화이론' '비판적 커뮤니케이션 연구의 성과와 그 쟁점'

박명철(朴明哲) PARK Myong Chul

[생]1953·7·25 [출]서울 [주]경기 수원시 영통구 월드컵로164 아주대병원 성형외과(031-219-5242) [학]1979년 연세대 의대졸 1985년 同대학원졸 1990년 의학박사(연세대) [경]1982~1987년 연세대 세브란스병원 인턴·레지던트 1987~1988년 고려대 구로병원 연구강사 1988년 한림대 강동성심병원 전임강사 1988~1989년 건국대 민중병원 성형외과 과장 1989~1994년 同의대 성형외과학교실 전임강사·조교수 1992~1993년 영국 West of Scotland Regional Plastic Oral Surgery Unit 영국문화원 장학생 1994년 대한미세수술외과학회 이사 1994년 대한수부외과학회 상임이사 1994~2001년 아주대 의대 성형외과학교실 조교수·부교수 1997~1999년 글로벌케어 베트남 선천성기형아 수술팀장 2001년 아주대 의대 성형외과학교실 교수(현) 2002년 아주대병원 제2진료부원장 2005년 아주대의료원 성형외과 과장 2005~2010년 同기획조정실장 2007년 아주대 의대 성형외과학교실 주임교수 겸 임상과장 2007~2008년 대한미세수술학회 이사장 [상]외교통상부장관표창(1999), 국무총리표창(2012) [종]기독교

박명춘(朴明春) PARK Myeong Chun

[생]1963·6·12 [주]충남 아산시 무궁화로111 경찰수사연수원 원장실(041-538-0600) [학]1982년 충남 대건고졸 1986년 경찰대졸 [경]1999년 부산 강서경찰서 형사과장 2001년 서울 도봉경찰서 수사과장 2002년 서울 구로경찰서 형사과장 2004년 서울지방경찰청 수사부 폭력계장 2007년 경기지방경찰청 제2부 수사지도관 2008년 대전지방경찰청 홍보담당관 2009년 충남 서산경찰서장 2010년 경기지방경찰청 제2부 수사과장 2010년 同제2부 형사과장 2011년 서울지방경찰청 수사부 광역수사대장 2011년 서울 동대문경찰서장 2013년 경찰청 수사국 사이버테러대응센터장 2014년 同사이버안전국 사이버범죄대응과장 2014년 충남지방경찰청 제2부장(경무관) 2015년 경찰수사연수원 원장(경무관)(현)

박명호(朴命鎬) Park, Myung-Ho (宥松)

생1950·8·23 본밀양(密陽) 출대구 주대구 달서구 달서대로675 계명문화대학교 총장실(053-589-7700) 학1968년 대구 능인고졸 1972년 영남대 경영학과졸 1976년 서울대 대학원졸 1986년 경영학박사(미국 앨라배마대) 경1977년 계명실업전문대학 조교수 1980~1991년 계명대 조교수·부교수 1984년 미국 앨라배마대 사회과학연구소 연구원 1988년 계명대 국제부장 1991년 산업경영기술연구원 사무국장 1991~2015년 계명대 경영학과 교수 1992년 同기획조정처장 1996년 대구·경북마케팅학회 회장 1999년 한국소비문화학회 부회장 1999년 계명대 경영대학장 2000~2004년 同사무처장 2000년 한국마케팅학회 부회장 2000년 한국인터넷전자상거래학회 편집위원장 2001년 同부회장 2002년 한국산업경영학회 회장 2004년 한국소비문화학회 회장 2005~2007년 계명대 경영대학원장 2009~2010년 능인중·고교총동창회 회장 2010년 계명대 동산도서관장 2012년 同경영부총장 2014년 학교법인 영광학원(대구대) 이사(현) 2015년 계명문화대 총장(현) 상미국 남부마케팅학회 우수논문상(1989), 교육부장관표창(1997) 저'유통정보시스템전략'(1992) '마케팅조사(共)'(1996) '마케팅-고객가치 창조를 위한(共)'(1996) '경영의 기본적 이해편(I)'(1996) '논문작성법'(1997) '경영의 기본적 이해(II)'(1997) '기업환경과 경영일반'(1997) '학위논문의 작성과 지도(共)'(1999) '마케팅 리서치'(2000) '마케팅(共)'(2002) '인터넷 마케팅(共)'(2005) '마케팅원론(共)'(2014) 역'유통정보시스템전략'(共) '학위논문의 작성과 지도' 종기독교

박명환(朴明煥) PARK Myung Hwan (愚民)

생1938·4·13 본밀양(密陽) 출서울 혁1957년 경복고졸 1963년 고려대 정경대학 정치외교학과졸 1985년 미국 컬럼비아대 대학원 수료 경1975년 여수석유화학 근무 1976년 호남석유화학 총무부장·기획실장 1979년 신일기술공업 대표이사 1981년 평통 자문위원 1988년 민정당 서울마포甲지구당 위원장 1992년 제14대 국회의원(서울 마포구甲, 민자당·신한국당) 1992년 민자당 중앙위원회 수석부의장 1995년 同평화통일위원장 1996년 제15대 국회의원(서울 마포구甲, 신한국당·한나라당) 1996년 신한국당 중앙연수원장 1997년 同평화통일위원장 1997년 한나라당 평화통일위원장 1998년 同서울시지부 위원장 2000~2002년 국회 통일외교통상위원장 2000~2004년 제16대 국회의원(서울 마포구甲, 한나라당) 저'결코 포기할 수 없다' '백두의 흙을 한라에 묻고' '한국 청년에게 고함' 종기독교

박명환(朴明煥)

생1970·3·3 본밀양(密陽) 출대구 주서울 서초구 반포대로138 양진빌딩2층 법무법인 비전인터내셔널(02-581-9500) 학1988년 대구 영진고졸 1992년 연세대 법학과졸 1997년 同법학대학원 기업법학과졸, 同대학원 법학박사과정 수료 경2000년 사법시험 합격(42회) 2003년 사법연수원 수료(32기), 한국생산성본부 법정관리인(도산3법)과정 생법회 사무차장, 전자상거래소비자연대 상임고문 겸 사무처장, 연세대 법학연구소 전임연구원, 한국채권연구원 교수, 연세대 상경대학 경영학과 외래교수 2003년 법무법인 비전인터내셔널 대표변호사 2008년 한나라당 제18대 국회의원 후보(서울 광진구乙) 2008년 한나라당 부대변인, 대통령 인사비서관실 인사운영팀장 2010~2011년 대통령 국민소통비서관 2011년 법무법인 비전인터내셔널 대표변호사(현) 저'소비자 정보와 소비자 보호' '민법판례정선' '상사법 사례 해설' 종기독교

박명희(朴明姬·女) PARK Myoung Hee

생1948·7·26 본순창(淳昌) 출충북 주서울 서초구 서초대로254 오퓨런스빌딩1601호 (사)소비자와함께(02-2272-3414) 학1967년 경기여고졸 1971년 서울대 가정교육학과졸 1974년 同대학원 소비자학과졸 1986년 이학박사(고려대) 경1982~2013년 동국대 사범대학 가정교육학과 교수 1990년 미국 인디아나대 교환교수 1994년 대한가정학회 상임이사 1994~1996년 한국소비자학회 회장 1997년 미국 오하이오주립대 방문교수 2000년 대한가정학회 회장 2000년 고양시녹색소비자연대 대표 2000~2007년 녹색소비자연대 공동대표 2004년 전기위원회 위원 2005~2006년 정부투자기관 운영위원 2006~2007년 공정거래위원회 자체평가위원회 위원장 2007년 同소비자정책자문위원회 위원장 2007년 한국간행물윤리위원회 제2심의위원장 2007~2009년 한국소비자원 원장 2007~2009년 국가경쟁력강화위원회 위원 2008~2009년 식품안전정책위원회 위원 2010~2014년 (사)미래소비자포럼 상임공동대표 2014년 (사)소비자와함께 상임공동대표(현), 동국대 사범대학 명예교수(현) 2016년 더불어민주당 공직선거후보자추천관리위원회 위원 상대통령표창(2001), 황조근정훈장(2013) 저'가족과 환경(共)'(1984) '소비자 의사결정론'(1993) '소비자 상담'(1997) '소비자 재무설계'(1998) '가정관리학 연구방법론' '소비자학의 이해'(共) '소비자 상담의 이론과 실제'(2005) '토론으로 배우는 소비자 의사결정론(共)'(2006) '생각하는 소비문화'(共) '소비자 상담(共)'(2007) '누가 행복한 소비자인가?(共)'(2011) 종불교

박무익(朴武益) PARK Moo Ik (仁山)

생1943·7·13 본성양(成陽) 출경북 경산 주서울 종로구 사직로70 (주)한국갤럽조사연구소 회장실(02-3702-2100) 학1962년 경북사대부고졸 1967년 서울대 문리대졸 1970년 同대학원 경영학과졸 경1971년 마케팅연구소 설립 1974년 (주)한국갤럽조사연구소 소장 1979년 갤럽국제조사기구 국제위원 1981년 세계여론조사협회 위원 1997년 한국마케팅여론조사협회(KOSOMAR) 회장 2011년 (주)한국갤럽조사연구소 회장(현) 2011년 서울대 인문대학총동문회 회장 상동탑산업훈장(2013) 저'갤럽의 여론조사' '마아케팅조사의 사례' 종천주교

박무익(朴茂翊) PARK Moo Ik

생1965·3·5 본밀양(密陽) 출울산 주세종특별자치시 도움6로11 국토교통부 운영지원과(044-201-3163) 학1983년 학성고졸 1990년 경북대 행정학과졸 1995년 서울대 행정대학원졸 1997년 네덜란드 사회과학원 공공정책행정학과졸 2005년 서울대 환경대학원 도시 및 지역계획학 박사과정 수료 경1991년 행정고시 합격(34회) 1992~1994년 교통부 해운정책과·조정2과 사무관 1994년 건설교통부 물류정책과 사무관 1998년 同도시정책과 사무관 2001년 同주택정책과 사무관 2002년 同입지계획과 서기관 2003년 교육파견(서울대 환경대학원) 2005년 건설교통부 물류기획과장 2005년 同물류정책팀장 2006년 同수도권정책팀장 2008년 국토해양부 도시정책과장 2009년 同운영지원과장 2009년 同운영지원과장(부이사관) 2010년 지역발전위원회 지역개발국장(파견) 2011년 同성장활력국장 2012년 원주지방국토관리청장 2013년 국토교통부 국토정보정책관 2015년 同본부 근무(고위공무원) 2015년 駐중국 공사참사관(현)

박무종(朴茂宗) PARK Moo Jong (省泉)

생1947·12·29 본밀양(密陽) 출평남 평양 주서울 서대문구 통일로81 임광빌딩8층 코리아타임스(02-724-2359) 학1966년 서울고졸 1970년 서울대 언어학과졸 경1974년 코리아타임스 입사 1987년 同체육부 차장 1987년 同사회부장 직대 1995년 同사회부장 1997년 同부국장대우 사회문화부장 1998년 同정치부장 1999년 同경제부장 겸 부국장 2000년 同논설주간 2001~2004년 한국신문방송편집인협회 이사 2003년 코리아타임스 논설주간(이사대우) 2004~2014년 同대표이사 사장 2006년 한국태평양경제협력위원회(KOPEC) 이사(현) 2006년 한국·인도네시아친선협회 이사(현) 2008년 한국·방글라데시친선포럼 부회장(현) 2013년 미국 세계인명사전 'Marquis Who's Who in the world' 2014년판에 등재 2014년 코리아타임스 고문(현) 상올림픽문화기장(1988), 백상대상 은상(1988) 역'한국의 토속종교' 종기독교

박문규(朴文圭) PARK, Moon Kyoo

생1961·8·8 본영해(寧海) 출충북 보은 주서울 노원구 노해로437 노원구청 부구청장실(02-2116-3012) 학1980년 부평고졸 1988년 고려대 교육학과졸 1993년 서울대 행정대학원 행정학과졸 경1988년 행정고시 합격(32회) 2004년 서울시 교통국 주차계획과장 2006년 同경영기획실 법무담당관 2007년 同행정국 총무과장 2008년 同행정국 인사과장 2010년 同G20정상회의지원단장 2013년 서울 금천구 부구청장 2014년 서울시 경제진흥실 일자리기획단장 2015년 同경제진흥본부 일자리기획단장 2015년 同재정기획관 2015년 서울 노원구 부구청장(현)

박문규(朴文圭)

생1965·6·11 주서울 중구 정동길3 경향신문 광고국(02-3701-1114) 학한국외국어대 신문방송학과졸 경1991년 경향신문 입사 1999년 同경제부 기자 2002년 사회부 기자 2003년 同사회부 차장대우 2005년 同편집국 차장 2008년 同사회부 부장대우 2008년 同사장실장 2009년 同편집국 사회부 부장대우 2009년 同편집국 산업부장 2012년 同편집국 사회부장 2013년 同논설위원 2014년 同논설위원(부국장급) 2015년 同편집국 사회에디터 2015년 同광고국장(현)

ㅂ

박문기(朴文基) BARK Mun Gi

생1957·9·16 출전남 강진 주서울 중구 필동로1길 30 동국대학교 불교대학 불교학부(02-2260-3135) 학1986년 동국대 선학과졸 1988년 同대학원 선학졸 1994년 철학박사(동국대) 경1999년 동국대 선학과 전임강사·조교수·부교수·교수, 同불교대학 불교학부 교수(현) 2000년 대한불교조계종 고시위원회 전문위원 2001년 한국불교태고학회 연구위원 2003년 한국선문화학회 이사 2003년 한국불교학회 이사 2007년 동국대 정각원장 2007년 同기숙사 관장 2015년 同불교대학원장 겸 불교대학장(현) 图'임제선 연구'(1996, 경서원) 엽'여래장사상'(1996, 경서원)

박문기(朴文基) PARK Moon Ki

생1960·9·29 본밀양(密陽) 출경남 합천 주경북 경산시 한의대로1 대구한의대학교 의과학대학 제약공학과(053-819-1420) 학1984년 부산대 화학공학과졸 1986년 同대학원 화학공학과졸 1993년 화학공학박사(부산대) 경1993~2003년 경산대 환경학부 전임강사·조교수·부교수 1998~1999년 미국 캘리포니아대 교환교수 2000년 경산대 출판부장 2001~2002년 同기획연구처장 2002년 한국환경과학회 이사 2003~2012년 대구한의대 한방산업대학 한방제약공학과 교수 2005~2006년 同행정처장 2006~2007년 同기획연구처장 2008년 同한방산업대학원장 2008년 국가지정연구소재은행 향장소재은행장(현) 2008년 대구한의대 한방산업연구소장 2011~2012년 한국환경과학회 부회장 2011년 대구한의대 한방산업대학 한방제약공학과장 2012년 同의과학대학 제약공학과 교수(현) 2012~2014년 한국환경과학회 이사·국제교류위원장 2015년 同편집위원장(현) 생한국환경과학회 학술상(2007) 图'알기쉬운 대기오염학'(共) '환경시스템공학'(共) 종기독교

박문서(朴文瑞) PARK Moon Suh

생1954·2·25 출서울 주서울 강동구 동남로892 강동경희대학교병원 이비인후과(02-958-9631) 학1978년 경희대 의과대학졸 1982년 同대학원졸 1988년 의학박사(경희대) 경1978~1983년 경희대부속병원 수련의·전공의과정 수료 1983년 한림대 의과대학 전임강사 1986~1987년 독일 Bonn대 이비인후과 연구원 1987~1988년 한림대부속 춘천성심병원 이비인후과장 1989년 同한강성심병원 이비인후과장 1999년 同수련교육부장 2006년 경희대 의과대학 이비인후과학교실 교수(현) 2007년 同동서신의학병원 이비인후센터장 겸 이비인후과장, 대한이과학회 이사, 대한청각학회 평의원 2010년 강동경희대병원 이비인후센터장 겸 이비인후과장 2012~2014년 同원장 겸 의료병원장 图'Role of tissue adhesives in otologic surgery'(1995) 'Sudden sensorineural hearing loss'(2002)

박문서(朴文緒) PARK Moon Su

생1958·7·12 출서울 주서울 서초구 마방로68 동원산업빌딩18층 (주)동원엔터프라이즈(02-589-3033) 학1977년 덕수상고졸 1987년 성균관대 경영학과졸, 중앙대 경영대학원졸 경동원산업(주) 경영관리팀장, (주)동원엔터프라이즈 경영관리실장, 동원산업(주) 감사(비상근) 2007년 (주)동원엔터프라이즈 경영관리실장(전무), 同경영지원본부장(전무) 2011년 同경영지원본부장(부사장)(현) 종기독교

박문수(朴文秀) PARK Moon Soo

생1955·8·14 본밀양(密陽) 출부산 주경기 화성시 봉담읍 와우안길17 수원대학교 신소재공학과(031-220-2132) 학1978년 서울대 공업화학과졸 1985년 미국 캘리포니아주립대 대학원 화학공학과졸 1991년 공학박사(미국 서던캘리포니아대) 경1978~1981년 제일합섬 기획조사실 근무 1985년 미국 캘리포니아주립대 강사 1991~1992년 럭키중앙연구소 고분자실 과장(선임연구원) 1992년 수원대 고분자공학과 전임강사·조교수 1994년 (주)낫소 연구기술고문 1999년 일본 국립환경연구소 객원연구원 2001년 삼성전자 기술고문 2002년 수원대 신소재공학과 부교수·교수(현) 2007년 同기숙사 사감 겸 중앙도서관장 2008·2012년 同국제협력처장 2009~2012년 同교무처장 2015년 同대학원장(현) 생수원대 10년 근속상(2002), 제17회 과학기술우수논문상(2007), 수원대 공로상(2008) 图'고분자물성론'(1995, 서울대 출판사) 'Speak up'(2001, 수원대) '고분자 화학 입문'(2003, 자유아카데미) 엽'생체고분자개론'(1996, 자유아카데미) '고분자 화학 입문'(1997, 자유아카데미)

박문수(朴文洙) PARK Moon Soo

생1966·2·9 본밀양(密陽) 출전북 고창 주서울 서초구 반포대로158 서울고등검찰청(02-530-3114) 학1984년 부산 해운대고졸 1989년 서울대 사법학과졸 1993년 同대학원 사법학과 수료 경1990년 사법시험 합격(32회) 1993년 사법연수원 수료(22기) 1993년 변호사 개업 1996년 부산지검 울산지청 검사 1998년 인천지검 검사 2000년 서울지검 서부지청 검사 2003년 전주지검 검사 2005년 同부부장검사 2005년 수원지검 안산지청 부부장검사 2007년 서울중앙지검 부부장검사 2008년 춘천지검 강릉지청 부장검사 2009년 광주고검 전주지부 부장검사 2010년 서울고검 검사 2010년 인천지검 부장검사 2011년 서울고검 검사 2013년 부산고검 검사 2015년 서울고검 검사(현)

박문재(朴文在) PARK Moon-Jae

생1959 주서울 동대문구 회기로57 국립산림과학원 재료공학과(02-961-2701) 학농학박사(서울대) 경국립산림과학원 재료공학과장(현) 2015년 미국 세계인명사전 'Marquis Who's Who in the World 2016년판'에 등재 图'목조건축구조설계 매뉴얼'(2008, 대한건축학회) '대형 목조건축물 구조요소 개발'(2015, 국립산림과학원) '건축구조기준2016 및 해설'(2016, 대한건축학회) 엽'목조주택 시공기법'(1994, 국립산림과학원)

박문태(朴門泰) PARK Moon Tae

생1947·1·1 주울산 중구 중앙길136 울산광역시 중구문화원(052-244-2007) 학1966년 울산고졸 경울산중부경찰서 태화지구대장, 울산시태권도협회 고문, 대한민국재향경우회 광역시지부 부회장 2006~2010년 울산시 중구의회 의원 2006~2010년 同내무위원장 2008~2010년 同부의장 2010년 울산시 중구의원선거 출마(한나라당), 울산광역시 중구문화원 부원장 2016년 同원장(현)

박문하(朴吻夏) PARK Moon Ha

생1954·6·20 출경북 김천 주경북 안동시 풍천면 도청대로455 경상북도의회(054-880-5433) 학1971년 포항고졸 1978년 영남대 건축공학과졸, 대구대 공과대학원 교통공학과졸, 영남대 대학원 도시공학 박사과정 수료(3년) 경HCN경북방송 시청자위원장(현) 1978~1995년 POSCO·산업과학기술연구소 책임기술원, 한국문인협회 회원(시인·시조시인), 포항1대학·선린대 겸임교수, 한동대 환경시스템공학부 객원교수, 포항시바둑협회 이사(한국기원 공인아마 4단), 포항시학교운영위원회 위원장, 포항교통건설문제연구소 소장, 포항동대해문화연구소 연구위원, 同부소장, 포항시 시사편찬위원, 同도시계획·교통정책위원회 위원, 한국굿네이버스 경북지부 자문위원장 1995·1998·2002·2006~2010년 경북 포항시의회 의원 2000년 同부의장 2006~2008년 同의장 2010년 영남대 포항시총동문회장(현), 동대해문화연구소 소장(현) 2014년 경북도의회 의원(새누리당)(현) 2014·2016년 同건설소방위원회 위원(현) 2014·2016년 同지방분권추진특별위원회 위원(현) 2014·2016년 同정책연구위원회 위원(현) 2015년 同예산결산특별위원회 위원 2016년 포항시골목상권지원본부 이사장(현) 图'더 큰 내일을 준비하면서' '희망을 선물하는 남자' 'RIST장치제작 사례집Ⅱ' '별이 떠나는 풍경' '사무실에서 보이는 네개의 풍경'

박문호(朴文鎬) PARK Moon Ho

생1958·1·9 출강원 삼척 주강원 춘천시 동내면 세실로49 강원지방경찰청 수사2과(033-254-9738) 학1987년 관동대 국어교육학과졸 경1987년 경사 특채, 태백경찰서 방범과장, 강원지방경찰청 경호경비대장, 춘천경찰서 방범과장, 同경비교통과장, 강원지방경찰청 경비경호계장·생활안전계장 2007년 同경비교통과장 2009년 同경감(교육파견) 2009년 同경무과장(경정) 2010년 강원 인제경찰서장 2011년 강원지방경찰청 보안과장 2013년 강원 고성경찰서장 2014년 강원지방경찰청 정보과장 2015년 강원 춘천경찰서장 2016년 강원지방경찰청 수사2과장(현)

박문화(朴文和) PARK Mun Hwa

생1950·8·16 본밀양(密陽) 출부산 주경남 진주시 진주대로629번길35 연암공과대 총장실(055-751-2000) 학1968년 경남고졸 1972년 서울대 전자공학과졸 경1975년 LG전자(주) 입사 1981년 同오디오설계실 기정 1985년 同오디오설계실 기감 1990년 同오디오설계실 기성 1991년 同오디오공장장 1992년 同Hi-Fi OBU장 1994년 同CD-ROM OBU장(이사대우) 1996~1998년 同이사 겸

CD-ROM OBU장 1998년 同광Storage OBU장(상무) 1998~2000년 同Optical Storage사업부장(전무) 2001~2003년 (주)히터치엘지데이터스토리지코리아(HLDS Korea) 대표이사 2004~2007년 LG전자(주) Mobile Communications 사업본부장(사장) 2007~2011년 同고문·자문역 2011~2016년 연암공업대학 총장 2016년 연암공과대 총장(현) ㊞노동부장관표창(1992), 산업포장(1999)

박미리(朴美俐·女) PARK Mi Ri

㊄1969·2·19 ㊵밀양(密陽) ㊊서울 ㊐서울 도봉구 마들로749 서울북부지방법원(02-910-3114) ㊵1987년 은광여고졸 1991년 연세대 법학과졸 ㊀1993년 사법시험 합격(35회) 1996년 사법연수원 수료(25기) 1996년 제주지법 판사 1998년 대전지법 천안지원 판사 2000년 인천지법 판사 2003년 서울가정법원 판사 2005년 서울중앙지법 판사 2007년 서울고법 판사 2009년 서울북부지법 판사 2011년 부산지법 부장판사 2012년 수원지법 부장판사 2015년 서울북부지법 부장판사(현) ㊅기독교

박미석(朴美碩·女) PARK Mee Sok

㊄1958·10·10 ㊊서울 ㊐서울 용산구 청파로47길100 숙명여자대학교 생활과학대학 가족자원경영학과(02-710-9456) ㊵1981년 숙명여대 가정관리학과졸 1987년 미국 미시간주립대 대학원졸 1992년 이학박사(미국 미시간주립대) ㊀1995~2003년 숙명여대 가정관리학과 조교수·부교수 1997년 (사)한국가정생활개선진흥회 이사(전문위원)(현) 1998년 숙명여대 아시아여성연구소 간사 1999년 同가정관리학과·가정아동복지학부장 2000년 同아시아여성연구소장 2001년 한국여성학회 재무위원장 2001년 여성부 심사평가위원회 위원 2003년 (사)가정을건강하게하는시민의모임 이사 2003년 대한가정학회 총무이사 2003년 숙명여대 가정·아동복지학부 가족자원경영학전공 교수 2004~2005년 서울복지재단 대표이사 2008년 대통령 사회정책수석비서관 2010년 국제여성가족교류재단 이사장(현) 2011년 숙명여대 생활과학대학 가족자원경영학과 교수(현) 2012년 국무총리산하 정부업무평가위원회 민간위원 2013~2014년 대한가정학회 회장 2014~2016년 숙명여대 생활과학대학장 2016년 한국가정관리학회 회장(현) ㊅녹조근정훈장(2016)

박미연(朴美妍·女) Mi Yeoun Park

㊄1957·3·24 ㊵밀양(密陽) ㊊서울 ㊐충북 청주시 흥덕구 오송읍 오송생명2로187 국립보건연구원 면역병리센터 말라리아·기생충과(043-719-8520) ㊵1975년 성신여대사대부속고졸 1979년 건국대 생물학과졸 1984년 同대학원 미생물학과졸 1997년 의학박사(일본 도쿄대) ㊀1981~1992년 국립보건원 미생물부 보건연구사 1992~1997년 同미생물부 보건연구관 1992~1996년 총무처 장기연수(일본 도쿄대) 1997~2005년 국립보건원 세균질환부 리케치아과장 2005년 국립보건연구원 인수공통감염팀장 2012년 同질병매개곤충과장 2014년 同면역병리센터장 직대 2014년 同면역병리센터 말라리아·기생충과(현) ㊅대통령표창(2004) ㊐'Legionella: State of the Art 30 Years after Its Recognition(共)'(2006, AMS press) '한국 기후변화 평가보고서 2014- 기후변화 영향 및 적응(共)'(2014, 국립환경연구원)

박미자(朴美子·女) PARK Mee Ja

㊄1968·12·6 ㊊전북 부안 ㊐강원 원주시 입춘로65 원주지방환경청장실(033-760-6008) ㊵1987년 부안여고졸 1991년 건국대 행정학과졸 1997년 서울대 대학원 보건학과 수료 2005년 미국 인디애나대 환경행정대학원졸 ㊀1992년 행정고시 합격(36회) 2000년 환경부 환경경제과 사무관, 해외 파견 2005년 환경부 자연보전국 자연정책과 서기관 2005년 지속가능발전위원회 파견 2007년 환경부 대기보전국 생활공해과장 2008년 同환경전략실 환경보건정책과장 2009년 同환경정책실 환경보건정책관실 환경보건정책과장 2010년 同자원순환국 자원순환정책과장 2011년 同자원순환국 자원순환정책과장(부이사관) 2012년 同자연보전국 자연정책과장 2012년 새만금지방환경청장 2013년 駐중국 공사참사관 2016년 원주지방환경청장(현) ㊅대통령표창(2000)

박미희(朴美姬·女) PARK MI HEE

㊄1963·12·10 ㊐서울 종로구 새문안로68 흥국생명빌딩16층 흥국생명 핑크스파이더스(02-2002-7249) ㊵한양대졸 ㊀1980년 아시아청소년배구선수권대회 국가대표(우승) 1981년 멕시코 세계청소년여자선수권대회 국가대표(우승) 1983년 미도파배구단 입단 1984년 미국 LA올림픽 국가대표(5위) 1988년 대한민국 서울올림픽 국가대표(8위) 1990년 중국 북경아시안게임 국가대표

(은메달) 2003~2005년 중국 옌볜과학기술대 체육학과 부교수 2006~2014년 KBSN 배구해설위원 2014년 흥국생명 핑크스파이더스 감독(현) ㊅체육훈장 기린장(1981)

박 민(朴 敏)

㊄1963·6·9 ㊊경남 마산 ㊐서울 중구 새문안로22 문화일보 편집국 정치부(02-3701-5100) ㊵1986년 서울대 정치학과졸 1988년 同대학원졸 ㊀1992년 문화일보 편집국 기자 2004년 同편집국 AM7 기자 2006년 同편집국장석 차장대우 2007년 同편집국 사회부 차장대우 2008년 同편집국 정치부 차장 2008년 同편집국 전국부 직대 2012년 同편집국 사회부장 2015년 관훈클럽 편집위원 2015년 문화일보 편집국 정치부장(현)

박민권(朴民權) PARK Min-Gwon

㊄1958·6·13 ㊊전북 부안 ㊐광주 동구 필문대로309 조선대학교 정책대학원(062-230-7114) ㊵1977년 영동고졸 1982년 연세대 신학과졸 ㊀행정고시 합격(33회) 1997년 공보처 방송지원과 서기관 1998년 문화관광부 방송광고행정과 서기관 1999년 同관광시설과 서기관 2002년 同방송광고과 서기관 2002년 同게임음반과장 2005년 同문화중심도시조성추진기획단 문화산업팀장 겸 관리운영팀장 2006년 同문화산업국 저작권과장 2006년 同문화산업국 문화산업정책팀장(부이사관) 2007년 국립민속박물관 섭외교육과장 2007년 문화관광부 문화정책국 문화정책팀장 2008년 문화체육관광부 예술국 예술정책과장 2008년 국립중앙박물관 교육문화교류단장 2010년 해외문화홍보원 해외문화홍보기획관(고위공무원) 2011년 국외파견(고위공무원) 2012년 문화체육관광부 관광레저기획관 2014년 同미디어정책국장 2014년 同관광체육레저정책실장 2015~2016년 同제1차관 2016년 조선대 정책대학원 특임교수(현) ㊅국무총리표창(2002), 근정포장(2013)

박민서(朴珉緒) PARK Min Suh

㊄1956·12·22 ㊵반남(潘南) ㊊인천 ㊐인천 남동구 인주대로632 홍화빌딩3층 인천언론인클럽(032-468-9235) ㊵한국방송통신대 경영학과졸 2006년 단국대 경영대학원 부동산학과졸 ㊀1985년 국회사무처 입법보좌관 1988년 기호일보 근무 1989년 경기일보 제2사회부장, 중부일보 인천분실 정경부장, (재)인천문화재단 이사 2007년 (사)인천언론인클럽 회장(현) 2008년 인천시선거관리위원회 위원(현) 2009년 인천일보 대표이사 사장, 인천FTA포럼 공동대표(현) 2012~2014년 해양경찰청 자문위원 2015년 인천스페셜올림픽코리아 초대 회장(현) 2016년 부평미군부대 캠프마켓 시민참여위원회 공동위원장(현) ㊅기독교

박민선(朴敏善·女) PARK Min Seon

㊄1964·5·26 ㊵밀양(密陽) ㊊서울 ㊐서울 종로구 대학로101 서울대학교병원 가정의학과(02-2072-3497) ㊵1989년 서울대 의대졸 1999년 미국 하버드대 대학원 보건학과졸 2004년 의학박사(서울대) ㊀1989~1997년 서울대 의대 가정의학과 전공의·전임의 1999~2000년 미국 Harvard School of Public Health, Department of Environmental Health Research 근무 2000~2004년 서울대 의대 가정의학과 촉탁의 2005년 同의대 가정의학교실 교수(현), KBS '당신의 6시 리빙쇼, 당신의 6시 살과의 전쟁' 다이어트프로젝트 담당, (주)연합뉴스 '서울대병원 박민선 교수의 헬스톡' 진행, MBC 라디오 '라디오닥터스' 진행, 同조영남 최유라의 '라디오시대, 화요일 건강코너' 진행 2012~2016년 서울대병원 큐에이(QA)센터 고객만족담당 ㊐'영양치료가이드'(2003) '가정의학'(2005) '영양치료와 건강기능식품'(共) '영양치료가이드'(共) '오일혁명 놀라운 지방이야기'(共) '서울대병원 가정의학과 박민선 교수의 건강 100세 따라하기'(2010, 연합뉴스)

박민수(朴敏秀) PARK Min Su

㊄1962·11·8 ㊵월성(月城) ㊊부산 ㊐부산 연제구 법원로31 부산지방법원(051-590-1114) ㊵1981년 부산 대동고졸 1985년 연세대 법학과졸 ㊀1987년 사법시험 합격(29회) 1990년 사법연수원 수료(19기) 1990년 부산지법 판사 1994년 同동부지원 판사 1996년 부산지법 판사 1999년 부산고법 판사 2002년 부산지법 판사 2005년 同부장판사 2008년 창원지법 부장판사 2010년 부산지법 부장판사 2011년 창원지법 마산지원장 2013년 부산지법 부장판사 2014년 창원지법 수석부장판사 2016년 부산지법 부장판사(현)

ㅂ

박민수(朴敏秀) PARK Min Soo

[생]1964 · 9 · 21 [출]전북 장수 [주]전북 전주시 덕진구 사평로30, 2층 박민수법률사무소(063-278-1980) [학]1983년 전주 전라고졸 1990년 고려대 법대졸 [경]1995년 사법시험 합격(37회) 1998년 사법연수원 수료(27기), 변호사 개업(현), 전북지방변호사회 이사, 유네스코 전북지원 이사, 전북도 학교운영위원협의회 고문변호사 2010년 전북지방경찰청 자문변호사 2012년 민주통합당 부대변인 2012~2016년 제19대 국회의원(진안 · 무주 · 장수 · 임실, 민주통합당 · 민주당 · 새정치민주연합 · 더불어민주당) 2012년 국회 농림수산식품위원회 위원 2012년 국회 예산결산특별위원회 위원 2013년 국회 농림축산식품해양수산위원회 위원 2013년 민주당 정책위원회 원내부의장 2013년 同원내대표 비서실장 2015~2016년 국회 농림축산식품해양수산위원회 야당 간사 2015년 새정치민주연합 제3정책조정위원회 위원장 2015~2016년 더불어민주당 진안 · 무주 · 장수 · 임실지역위원회 위원장 2015년 同제3정책조정위원회 위원장 [상]법률소비자연맹 선정 국회 헌정대상(2013 · 2016), 경제정의실천시민연합 국정감사 우수의원(2014)

박민수(朴敏守) MINSOO, PARK

[생]1968 · 4 · 15 [본]밀양(密陽) [출]서울 [주]서울 종로구 사직로8길60 외교부 인사운영팀(02-2100-7136) [학]1987년 서울고졸 1991년 서울대 경제학과졸 2003년 미국 Lehigh Univ. 대학원 경영학과졸 [경]행정고시 합격(36회) 1993~1995년 보건복지부 장관실 사무관 1998년 同연금보험국 연금재정과 사무관 2000년 同연금보험국 보험정책과 사무관 2003년 同보건정책국 보건산업진흥과 사무관 2004년 同건강증진국 건강정책과 서기관 2004년 同건강증진국 구강정책과장 2005년 同보건정책국 공공보건정책과장 2005년 同보험연금정책본부 연금재정팀장 2008년 세계은행(The World Bank) 재무국 컨설턴트(Treasury Consultant) 2010년 보건복지부 보건의료정책실 보험정책과장(부이사관) 2013년 제18대 대통령직인수위원회 고용복지분과 실무위원 2013년 대통령 보건복지비서관실 선임행정관(고위공무원) 2014년 駐미국대사관 공사참사관(현) [상]대통령표창(2006), 근정포장(2013) [종]기독교

박민순(朴珉淳) PARK Min Soon

[생]1958 · 7 · 5 [본]순천(順天) [출]충북 청주 [주]충북 청주시 흥덕구 2순환로1322 청주문화방송(043-229-7114) [학]1981년 충북대 경영학과졸 1996년 홍콩 중문대 어학원 수료 2002년 한국방송통신대 중어중문학과졸 2005년 충북대 대학원 정치외교학과졸 2011년 정치학박사(충북대) [경]1984년 청주문화방송 기자 2000년 同방송제작국 보도편집부장 2002년 同방송제작국 보도취재부장 2003년 同보도국장 2006년 同경영국장 2009년 同특임국장 2010년 同광고사업센터장 2012년 同보도국장 2013년 同보도제작국장 2016년 청주문화방송 · 충주문화방송 상무이사 겸임(현) [종]기독교

박민식(朴敏植) PARK Min-shik

[생]1965 · 11 · 20 [본]밀양(密陽) [출]부산 [주]서울 서초구 서초대로274 3000타워 5층 법무법인 에이원(02-3477-6100) [학]1984년 부산사대부고졸 1988년 서울대 외교학과졸 [경]1988년 외무고시 합격(22회) 1990년 외무부 국제경제국 사무관 1993년 사법시험 합격(35회) 1996년 사법연수원 수료(25기) 1996년 서울지검 검사 1998년 창원지검 통영지청 검사 2000년 부산지검 검사 2001~2002년 미국 미시간대 로스쿨 연수 2003년 수원지검 여주지청 검사 2004~2006년 서울중앙지검 검사 2006년 변호사 개업 2007년 서울장애인일자리정보센터 고문변호사 2008~2012년 제18대 국회의원(부산 북구 · 강서구甲, 한나라당 · 새누리당) 2008년 한나라당 인권위원회 부위원장 2008년 同인권위원회 범죄피해구제소위원장 2009년 同대표 특보 2009년 同아동성범죄대책특별위원회 간사 2010년 同선거관리위원회 위원 2010년 국회 지식경제위원회 위원 2010년 한나라당 서민정책특별위원회 전통시장대책위원장 2012~2016년 제19대 국회의원(부산 북구 · 강서구甲, 새누리당) 2012년 새누리당 인권위원장 2012년 同정치쇄신특별위원회 위원 2012~2014년 국회 정무위원회 여당 간사 2014년 국회 정보위원회 위원 2014~2015년 국회 법제사법위원회 위원 2014년 새누리당 인재영입위원회 부위원장 2015년 국회 서민주거복지특별위원회 위원 2015년 국회 미래창조과학방송통신위원회 여당 간사 2015년 국회 정치개혁특별위원회 위원 2015~2016년 새누리당 부산시당 위원장 2015년 최동원기념사업회 이사장(현) 2016년 제20대 국회의원선거 출마(부산 북구 · 강서구甲, 새누리당) 2016년 법무법인 에이원 변호사(현) [저]'잊혀지지 않는 하나의 의미'(2013) [종]불교

박민용(朴玟用) PARK Min Yong

[생]1950 · 9 · 6 [출]서울 [주]경기 화성시 봉담읍 최루백로 72 협성대학교 총장실(031-299-0600) [학]1969년 대광고졸 1973년 연세대 전자공학과졸 1977년 同대학원 전자공학과졸 1982년 공학박사(일본 東京大) [경]1975년 동양공업전문대 전자과 강사 1977년 일본 게이오대 연구원 1978~1982년 일본 東京大 의용전자연구시설 연구원 1982년 미국 MIT · 버클리대 연구원 1982~2015년 연세대 공과대학 전기전자공학과 교수 1986년 일본 통산성 기계연구소 로보트부 연구원 1994~1995년 연세대 교학부장 2001년 대한전자공학회 부회장 2003~2004년 국제생명정보과학회 한국지부장 2003~2004년 한국정신과학회 부회장 2003~2004년 한국과학재단 집단기획과제위원장 2004년 연세대 산업기술연구소장 2014년 2015세계창의력올림피아드 한국대회 조직위원장 2015년 협성대 총장(현) [상]한국퍼지 및 지능시스템학회 학술상(2003) [저]'경영인을 위한 컴퓨터' '과학자를 위한 전자공학' '로보트공학 입문' '의약 · 약학을 위한 전자공학' '퍼지제어시스템' '응용퍼지시스템입문' [종]기독교

박민우(朴敏雨) PARK Min Woo

[생]1961 · 12 · 12 [본]반남(潘南) [출]경북 칠곡 [주]세종특별자치시 도움6로11 국토교통부 철도국(044-201-3938) [학]1988년 서울대 행정대학원졸 [경]1998년 건설교통부 주택관리과 서기관 1999년 同운수정책과 서기관 2000년 同토지정책과 서기관 2002년 同국가지리정보팀장 2002년 同국토정책국 사회간접자본기획과장 2003년 駐베트남대사관 건설교통관 2006년 건설교통부 국토균형발전본부 복합도시기획팀장 2006년 同도시정책팀장 2007년 同건설경제팀장 2008년 국토해양부 건설정책과장 2009년 同건설정책과장(부이사관) 2009년 同건설수자원정책실 건설경제과장 2009년 대통령직속 국가건축정책위원회 국가건축정책기획단 부단장(고위공무원) 2010년 국토해양부 공공주택건설추진단장 2011년 同건설정책관 2013년 국토교통부 도시정책관 2014년 부산지방국토관리청장 2015년 국토교통부 철도국장(현)

박민표(朴珉豹) PARK Min Pyo

[생]1963 · 9 · 27 [본]밀양(密陽) [출]인천 [주]서울 서초구 반포대로157 대검찰청 강력부(02-3480-2000) [학]1982년 인창고졸 1986년 서울대 법학과졸 [경]1986년 사법시험 합격(28회) 1989년 사법연수원 수료(18기) 1989년 軍법무관 1992년 서울지검 동부지청 검사 1994년 부산지검 울산지청 검사 1996년 서울지검 검사 1998년 부산지검 동부지청 검사 2000년 대검찰청 검찰연구관 2002년 서울지검 부부장검사 2003년 헌법재판소 파견 2005년 법무부 송무과장 2006년 同법무심의관 2007년 서울중앙지검 형사2부장 2008년 광주지검 목포지청장 2009년 제주지검 차장검사 2009년 울산지검 차장검사 2010년 법무부 인권국장 2011년 법무연수원 연구위원 2012년 서울고검 송무부장 2012년 同송무부장(검사장급) 2013년 대검찰청 형사부장(검사장급) 2013년 同사건평정위원회 위원 2013년 대전지검장 2015년 서울동부지검장 2015년 대검찰청 강력부장(검사장급)(현) [상]황조근정훈장(2015) [종]가톨릭

박민호(朴敏鎬) Park-minho

[생]1961 · 7 · 28 [출]강원 화천 [주]서울 양천구 목동서로 225 전통문화재단(02-2655-3110) [학]1980년 휘문고졸 1985년 성균관대 공대졸 1992년 한양대 대학원 연극학과졸 1995년 러시아 국립영화학교(VGIK) 영화감독과정졸 2012년 문화콘텐츠학박사(고려대) [경]1987년 예술의전당 입사(공채 1기) 2001~2005년 同홍보마케팅팀장 2005~2006년 한양대 디자인대학원 문화콘텐츠학과 공연기획론 강사 2006년 예술의전당 경영혁신팀장 2007~2008년 同고객지원팀장 2007년 고려대 응용언어문화대학원 문화콘텐츠학과 공연기획론 강사 2008년 성균관대 예술대학원 공연예술학과 극장기획론 강사 2009년 예술의전당 수익사업팀장 2009~2010년 (재)중구문화재단 사장 2010~2011년 한국예술문화단체총연합회 자문위원장 2012년 전통문화재단 대표이사(현) [상]한국예술문화대상 특별공로상(2013), 이데일리 문화대상 전통분야 최우수상(2014) [저]'대한민국 생태관광지 10선'(2010) '아트센터와 공연예술'(2015)

박민호(朴民鎬) PARK Min Ho

[생]1962 · 8 · 3 [본]밀양(密陽) [출]경남 사천 [주]서울 서초구 반포대로158 서울고등검찰청(02-530-3114) [학]1981년 진주고졸 1985년 서울대 법학과졸 [경]1984년 사법시험 합격(26회) 1987년 사법연수원 수료(16기) 1990년 부산지검 검사 1992년 대구지검 김천지청 검사 1993년 서울지검 서부지청 검사 1996년 수원지검 검사 1998년 대구지검 검사 1999년 同부부장검사 2000년 대전고검 검

사 2001년 부산지검 동부지청 형사3부장 2002년 同동부지청 형사1부장 2002년 사법연수원 교수 2004년 서울북부지검 형사5부장 2005년 同형사3부장 2006년 인천지검 형사1부장 2007년 대전지검 천안지청장 2008~2010년 서울고검 검사 2008년 부실채무기업특별조사단 파견 2010년 대전고검 검사 2012년 서울고검 부장검사 2014년 수원지검 부장검사(경기도 파견) 2015년 서울고검 검사(현)

박범계(朴範界) PARK Beom Kye

[생]1963·4·27 [출]충북 영동 [주]서울 영등포구 의사당대로1 국회 의원회관837호(02-784-6960) [학]1980년 검정고시 합격 1989년 연세대 법학과졸 2003년 고려대 행정대학원 최고위과정 수료 2011년 한밭대 경제학과졸 [경]1991년 사법시험 합격(33회) 1994년 사법연수원 수료(23기) 1994~1996년 서울지법 판사 1996~1998년 전주지법 판사 2000년 김제시선거관리위원회 위원장 2001~2002년 대전지법 판사 2002년 새천년민주당 노무현 대통령후보 법률특보 2002년 제16대 대통령직인수위원회 정무분과위원 2003년 대통령 민정2비서관 2003년 대통령 법무비서관 2003년 변호사 개업 2003년 신행정수도건설기획단 자문위원 2004년 오페라이순신세계화추진위원회 위원장 2004년 한국중고사격연맹 고문 2007~2008년 법무법인 정민 대표변호사 2007~2008년 대우인터내셔널 사외이사 겸 감사위원 2008년 제18대 국회의원선거 출마(대전시 서구乙, 통합민주당) 2008년 민주당 대전시서구乙지역위원회 위원장 2008~2009년 同인권특별위원회 위원장 2010~2011년 同대전시당 위원장 2011~2012년 민주통합당 대전시당 위원장 2012년 제19대 국회의원(대전시 서구乙, 민주통합당·민주당·새정치민주연합·더불어민주당) 2012년 국회 운영위원회 위원 2012년 국회 법제사법위원회 위원 2012년 민주통합당 원내부대표 2012년 同법률위원장 2013년 민주당 법률위원장 2014년 새정치민주연합 원내대변인 2014년 同법률위원장 2014년 국회 기획재정위원회 위원 2014년 새정치민주연합 '비선실세 국정농단' 진상조사단장 2015년 同대전시당 위원장 2015년 국회 정치개혁특별위원회 공직선거법심사소위원회 위원 2015년 IP(Intellectual Property) 허브 코트(Hub Court) 추진위원회 공동위원장(현) 2015년 국회 예산결산특별위원회 위원 2015년 새정치민주연합 재벌개혁특별위원회 위원 2015년 더불어민주당 대전시당 위원장(현) 2015년 同재벌개혁특별위원회 위원 2016년 同제20대 총선 선거대책위원회 위원 2016년 同총선정책공약단 인권민주주의본부장 2016년 제20대 국회의원(대전시 서구乙, 더불어민주당)(현) 2016년 더불어민주당 전국대의원대회준비위원회 조직분과위원장 2016년 同민주주의회복TF 팀장(현) 2016년 同청년일자리TF 위원(현) 2016년 국회 법제사법위원회 간사(현) 2016년 국회 정치발전특별위원회 선거제도개혁소위원회 위원(현) 2016년 더불어민주당 대전시서구乙지역위원회 위원장(현) 2016년 국회 대법관(김재형)인사청문특별위원회 간사 2016년 더불어민주당 세월호특별위원회 위원(현) 2016년 同최순실게이트편파기소대책특별위원회 위원(현) [저]'어머니의 손발이 되어'(2007) '박범계 내 인생의 선택'(2008) '박변호사 이럴땐 어떡하지'(2012) '정공법'(2016)

박범석(朴範錫)

[생]1973·3·15 [출]전남 영암 [주]인천 남구 소성로163번길17 인천지방법원(032-860-1113) [학]1990년 광주 인성고졸 1995년 서울대 법학과졸 [경]1994년 사법시험 합격(36회) 1997년 사법연수원 수료(26기) 1997년 軍법무관 2000년 서울지법 판사 2002년 同북부지원 판사 2004년 광주지법 판사 2007년 수원지법 평택지원 판사 2008년 법원행정처 윤리감사제1담당관 2009년 同윤리감사심의관 2010년 서울고법 판사 2012년 광주지법 순천지원 부장판사 2013년 대법원 재판연구관 2015년 인천지법 부장판사(현)

박범신(朴範信) PARK Bum Shin (臥草)

[생]1946·8·24 [본]밀양(密陽) [출]충남 논산 [주]서울 종로구 홍지문2길20 상명대학교 사범대학 국어교육과(02-781-7559) [학]1965년 남성고졸 1967년 전주교대졸 1971년 원광대 국어국문학과졸 1984년 고려대 교육대학원졸 [경]1973년 중앙일보 신춘문예에 소설 「여름의 잔해」 당선 1973~1978년 서울 문영여중 교사 1990년 민족문학작가회의 이사 1991년 명지대 객원교수 1991년 한국소설가협회 중앙위원 1991~2000년 민족문학작가회 이사 겸 소설분과위원장 1991~1993년 문화일보 객원논설위원 1992~2011년 명지대 문예창작과 교수 1999년 방송개혁위원회 위원 2000년 한국소설가협회 이사 2000~2003년 국제펜클럽 한국본부 인권위원 2000~2006년 KBS 이사 2007~2011년 서울문화재단 이사장 2012년 상명대 사범대학 국어교육과 석좌교수(현), 同문화기술대학원 소설창작학과 교수(현) 2013년 수림문학상 심사위원장 2013년 한국폴리텍대학 바이오캠퍼스 명예학장(현) [상]대한민국문학상 신인부문(1981), 김동리문학상(2001), 원광문학상, 만해문학상(2003), 한무숙문학상(2005), 대산문학상(2009) [저]'여름의 잔해'(1973) '토끼와 잠수함'(1978) '덫'(1981) '식구'(1983) '흰소가 끄는 수레'(1997) '향기로운 우물이야기'(2000) 장편 '죽음보다 깊은 잠'(1979) '풀잎처럼 눕다'(1980) '태양제' '불꽃놀이'(1985) '숲은 잠들지 않는다'(1986) '불의 나라'(1986) '물의 나라'(1986) '황야'(1990) '개뿔'(1991) '킬리만자로의 눈꽃'(1991) '외등'(1998) '은교'(2010, 문학동네) '나의 손은 말굽으로 변하고'(2011, 문예중앙) '소금'(2013, 한겨레출판) '소소한 풍경'(2014, 자음과 모음) '틀'(2015) '당신'(2015) 희곡 '그래도 우리는 볍씨를 뿌린다'(1988) '침묵의 집'(1999) '고산자'(2009) 연작소설 '빈방'(2001) '젊은 사슴에 관한 은유'(2001) '더러운 책상'(2003) '나마스테'(2005) '촐라체'(2008) 수필집 '적게 소유하는 것이 자유롭다'(1993) '물의 나라 1'(2005) '불의 나라 1'(2005) '비우니 향기롭다'(2006) '카일라스 가는 길'(2007) '비즈니스'(2010, 자음과모음) '힐링'(2014, 열림원) [종]천주교

박범조(朴範朝) PARK Beom Jo

[생]1960·11·22 [주]경기 용인시 수지구 죽전로152 단국대학교 경제학과(031-8005-3385) [학]1986년 고려대 경제학과졸 1988년 미국 일리노이대 대학원 경제학과졸 1992년 경제학박사(미국 일리노이대) [경]1993년 단국대 경제학과 전임강사·조교수·부교수·교수(현) 1998년 한국경제학회 편집위원 2000~2001년 미국 듀크대 학진 해외파견교수 2002~2004년 한국인력개발학회 이사 2002~2004년 아태경제학회 이사 2012년 단국대 교무처 부처장 2013년 同교수학습개발센터장 2014년 同교무처장(현) 2014~2016년 同교양기초교육원장·교양교육대학장 겸임

박범진(朴範珍) PARK Bum Jin (愚岩)

[생]1940·2·1 [본]밀양(密陽) [출]충북 제천 [주]서울 종로구 율곡로1길40의7 미래정책연구소(010-8708-5751) [학]1960년 경복고졸 1964년 서울대 정치학과졸, 서강대 경영대학원 최고경영자과정 수료, 고려대 언론대학원 최고위언론과정 수료, 홍익대 미술대학원 최고위과정 수료 [경]1964년 조선일보 기자 1975년 자유언론수호운동 관련 퇴사 1980년 백화양조 이사 1983년 금복주 상무이사 1984년 서울신문 논설위원 1986년 同편집부국장 1988년 민정당 서울양천甲지구당 위원장 1988년 同부대변인 1991년 민자당 부대변인 1992년 제14대 국회의원(서울 양천구甲, 민자당·신한국당) 1993년 민자당 교육개혁특별위원회 부위원장 1994년 同대변인 1995년 同총재 비서실장 1996년 신한국당 총재비서실장 1996년 제15대 국회의원(서울 양천구甲, 신한국당·국민신당·국민회의·새천년민주당) 1997년 국민신당 사무총장 1997년 同서울양천甲지구당 위원장 1999년 국민회의 홍보위원장 2000년 새천년민주당 지방자치위원장 2002년 국민통합21 창당기획위원장 2002년 同중앙선거대책위원회 부위원장 겸 정몽준대표 비서실장 2004년 건국대 초빙교수 2005~2007년 한성디지털대 총장 2008~2012년 (재)미래정책연구소 이사장 2012년 同명예이사장(현)

박병국(朴炳國) PARK Byung Gook

[생]1959·4·19 [주]서울 관악구 관악로1 서울대학교 공과대학 전기정보공학부(02-880-7270) [학]1982년 서울대 전자공학과졸 1984년 同대학원 전자공학과졸 1990년 전자공학박사(미국 스탠퍼드대) [경]1990년 미국 AT&T Bell Laboratories 연구원 1993년 미국 Texas Instruments 연구원 1994~2012년 서울대 공과대학 전기공학부 조교수·부교수·교수 2008~2010년 同반도체공동연구소장 2012년 서울대 전기정보공학부 교수(현) 2012년 대한전자공학회 부회장 2015년 同회장 [상]서울대 학술연구상(2015) [저]'NANOCAD와 함께하는 반도체 소자(共)'(2005, 대영사) '실리콘 집적회로 공정기술의 기초(共)'(2011, 문운당) 'Nanoelectronic Devices(共)'(2012, Pan Stanford)

박병권(朴炳權) Byong-Kwon PARK

[생]1937·11·11 [본]밀양(密陽) [출]황해 사리원 [학]1956년 용산고졸 1960년 육군사관학교졸 1964년 서울대 문리대학 지질학과졸 1968년 同대학원 지질학과졸 1971년 이학박사(미국 노스캐롤라이나대) [경]1964~1987년 육군사관학교 교수 1971년~1972년 미국 노스캐롤라이나대 지질학과 객원연구원 1973~1987년 한국과학기술원 해양연구소 위촉연구원 겸 자문위원 1974~1975년 독일 젠켄베르그 해양지질 및 생물연구소 객원연구원 1978~1980년 육군사관학교 환경학과장 1981~1982년 同이학처장 1982~1984년 同화랑대연구소장 1986~1987년 同도서관장 1987~1988년 한국과학기술원 해양연구소 극지연구실장·극지연구부장 1988년 同해양연구소장 1989~1991년 한국해양학회 부회장 1990년 해양학연구위원회 위원장 1990~1993년 한국해양연구소 소장 1991~1999년 한국남극과학위원회 위원장 1991년 유네

ㅂ

스코 한국위원회 위원 1993~1994년 한국표준과학연구원 기초과학지원센터 소장 1995~1997년 한국해양학회 회장 1996~1999년 한국해양연구소 소장 1998~2000년 대한지질학회 회장 1999~2005년 공공기술연구회 이사장 2001년 한국과학기술한림원 정책연구부 운영위원 2002~2015년 한국극지연구위원회 위원장 2002년 포항공과대학 환경공학부 겸직교수 2004~2012년 국제북극과학위원회 부회장 2005~2008년 한국해양연구원 극지연구소 자문위원 2011~2014년 한국해양과학기술원 자문위원 [상]보국훈장 삼일장(1981), 태평양해양과학기술회 해양기여상(1998), 국민훈장 모란장(2000) [저]'군사지리학' '지구과학' '환경학 개론' '해양광물자원' '탄산염암' '남극과학' '일반해양학' '쇄설성 퇴적암', '그린란드의 자연과 역사' 등 [역]'북극해의 안보환경' '이누이트의 일상생활' [종]기독교

박병규(朴丙圭) PARK, Byung-Kiu

[생]1954·9·22 [출]부산 [주]경기 고양시 일산동구 일산로323 국립암센터 부속병원 소아청소년암센터(031-920-1240) [학]경기고졸 1981년 서울대 의대졸 1990년 同대학원졸 1992년 의학박사(서울대) [경]1984~1988년 서울대병원 인턴·소아과 레지던트 1988년 同소아과 전임의 1989~2001년 경상대 의과대학 전임강사·조교수·부교수 1993~1996년 미국 국립보건원 연구원 1996년 미국 Children's National Medical Center 방문의사 1997년 미국 암연구학회(AACR) 회원(현) 1998년 일본 규슈대 의학부 교환교수 2000~2001년 경상대 암연구소장 2001~2012년 국립암센터 연구소 소아암연구과장 2001~2007년 同임상시험심사위원장 2003년 미국 소아혈액종양학회(ASPHO) 회원(현) 2005년 국립암센터 부속병원 무균실장 2006~2009년 同부속병원 특수암센터장 2006~2007년 同연구소 특수암연구부장 2009~2015년 同부속병원 소아암센터장 2014년 국제암대학원대학교 시스템종양생물학과 겸임교수(현) 2015년 국립암센터 부속병원 소아청소년암센터 수석의사(현) 2015년 同소아암연구과 책임연구원(현) 2015년 同소아암연구과장(현) 2015년 대한소아혈액종양학회 회장(현) 2016년 국립암센터 임상연구보호실장 겸임(현) [상]보건복지부장관표창(2016) [종]기독교

박병규(朴炳奎) Park Byeongkyu

[생]1981·7·9 [주]서울 성동구 마장로210 한국기원 홍보팀(02-3407-3870) [경]장수영 9단 문하생 1998년 입단 1999년 2단 승단 2001년 3단 승단 2003년 4단 승단 2003년 KBS바둑왕전 준우승 2004년 KBS바둑왕전 우승 2004년 5단 승단 2007년 6단 승단 2009년 7단 승단 2012년 8단 승단 2014년 9단 승단(현)

박병근(朴炳根) PARK Byoung Keun

[생]1961·8·12 [출]전북 [주]경북 경주시 양북면 불국로1655 한국수력원자력(주) 경영혁신실(054-704-1309) [학]해성고졸, 전북대 건축공학과졸, 한양대 대학원 건축공학과졸, 건축공학박사(단국대) [경]삼성물산(주) 건설부문 경영지원실 인사팀장 2004년 同건설부문 건축사업본부 하이테크팀장(상무), 同건설부문 기술연구소 기술전략팀장(상무) 2010년 同건설부문 기술연구소 기술전략팀장(전무) 2013년 한국수력원자력(주) 품질보증실장 2015년 同경영혁신실장(현) 2015년 同원전안전·소통위원회 위원(현)

박병기(朴丙季) PARK Byung Ki

[생]1959·11·18 [본]밀양(密陽) [출]서울 [주]서울 송파구 오금로111 세기빌딩 기산텔레콤(주) 사장실(02-3433-8202) [학]1978년 고려고졸 1982년 고려대 전자공학과졸 [경]1982~1993년 금성정보통신(주) 입사·선임연구원 1993년 기산텔레콤(주) 대표이사 사장(현) [상]정보통신부장관표창(1997), 대통령표창(1999), 한경·KTB 벤처기업대상(1999), 중소기업진흥공단 벤처기업대상(1999), 한국산업기술진흥협회 기술경영인상(2002), 철탑산업훈장(2006) [종]천주교

박병기(朴炳起)

[생]1963 [출]경남 산청 [주]경남 남해군 남해읍 화전로89 남해경찰서(055-860-2321) [학]단성고졸, 진주농림전문대 토목과졸, 경남대 행정대학원 행정학과졸 [경]1988년 101경비단 순경 공채 1998년 경남지방경찰청 교통과 근무(경위)·마산중부경찰서 수서계장(경위) 2003년 경남지방경찰청 1기동대장(경감), 마산운전면허시험장장(경정), 마산중부경찰서 월영지구대장(경감) 2007년 진주경찰서 경비교통과장(경정), 김해중부경찰서 정보과장(경정), 경남지방경찰청 정보4계장(경정), 同교육계장(경정), 同경무계장(경정) 2016년 경남 남해경찰서장(총경)(현)

박병대(朴炳大) PARK Byong Dae

[생]1957·9·5 [본]밀양(密陽) [출]경북 영주 [주]서울 서초구 서초대로219 대법원 대법관실(02-3480-1100) [학]서울 환일고졸 1980년 서울대 법학과졸 1990년 미국 코넬대 대학원 법학과졸 [경]1979년 사법시험 합격(21회) 1982년 사법연수원 수료(12기) 1982년 육군 법무관 1985년 서울민사지법 판사 1987년 서울지법 동부지원 판사 1990년 대구지법 안동지원 판사 1992년 대구고법 판사 1993~1997년 서울고법 판사·법원행정처 송무심의관·법원행정처 기획담당관·서울고법 판사 1997년 춘천지법 원주지원장 1999년 사법연수원 교수 2000년 법원행정처 송무국장 2003년 서울지법 부장판사 2004년 부산고법 부장판사 2005년 법원행정처 사법정책실장 2006년 同기획조정실장 2009년 서울중앙지법 민사수석부장판사 2010년 서울고법 부장판사 2011년 대전지법원장 2011년 대전시선거관리위원회 위원장 2011년 대법원 대법관(현) 2014~2016년 법원행정처장 [상]한국법학원 법학논문상(2005) [저]'민법주해'(共)

박병대(朴炳大) PARK Byung Dae

[생]1959·1·19 [출]부산 [주]경남 양산시 유산공단7길45 송월타올(주) 비서실(055-911-1003) [학]1977년 부산진고졸 1982년 단국대 섬유공학과졸 1983년 동아대 경영대학원졸 [경]1992년 송월염공 이사 1997~2012년 송월타올(주) 대표이사 사장 2011~2012년 한국타올조합 이사장 2012년 송월타올(주) 대표이사 회장(현) [상]동탑산업훈장(2015) [종]기독교

박병대(朴炳大) PARK Byung Dae

[생]1959·2·14 [주]경기 수원시 영통구 삼성로129 삼성전자(주) 임원실(02-200-1114) [학]1977년 학성고졸 1984년 한국외국어대 영어영문학과졸 [경]삼성전자(주) 전략마케팅팀 담당임원, 同SIEL-S 상무 2010년 同SIEL-S 전무 2011년 同SIEL-S판매부문장 겸 서남아총괄(전무) 2013~2014년 同서남아총괄 부사장 2014년 同생활가전사업부 전략마케팅팀장(부사장) 2016년 同한국총괄 부사장(현)

박병련(朴丙鍊) Park, Byung-Ryun

[생]1952·9·28 [본]밀성(密城) [출]경남 밀양 [주]경기 성남시 분당구 하오개로323 한국학중앙연구원 한국학대학원 사회과학부(031-709-6455) [학]1970년 동래고졸 1976년 부산대 사범대학졸 1982년 서울대 행정대학원졸 1991년 행정학박사(서울대) [경]1982년 한국정신문화연구원 연구원보 1986년 同연구원 1989~1999년 同한국학대학원 조교수·부교수 1992년 미국 U.C. Berkeley 동아연구소 객원연구원 1994년 한국정신문화연구원 기획조정실장 1996년 同기획예산실장 1996년 서울대 강사 1999~2001년 한국정신문화연구원 기획실장 1999~2005년 同한국학대학원 사회과학부 교수 2003~2005년 同기획처장 2005년 한국학중앙연구원 한국학대학원 사회과학부 교수(현) 2008~2009년 同세종국가경영연구소장 2008년 同기획처장 2009~2010년 同장서각관장 2011년 同기획처장 2012년 同한국학대학원장 2013~2015년 同부원장 [저]'行政과 價値(共)'(1988, 법문사) '韓國의 地方自治와 行政(共)'(1989, 대영문화사) '韓國社會病理의 診斷 및 處方硏究(共)'(1995, 정문연) '경기지역의 향토문화(共)'(1997, 정문연) '한국행정론(共)'(1998, 대영문화사) '경상남도의 향토문화(共)'(1999, 정문연) '남명 조식-칼을 찬 유학자(共)'(2001, 청계출판사) '유교리더십과 한국정치(共)'(2002, 백산서당) '명문가, 그 깊은 역사(共)'(2014, 글항아리) [종]유교

박병룡(朴炳龍) PARK Pyung Yong

[출]경남 [주]서울 중구 동호로268 (주)파라다이스 임원실(02-2271-2121) [학]1984년 서울대 경제학과졸 1987년 미국 시카고대 경영대학원졸 [경]1995년 Bankers Trust 근무(Vice President) 1996년 (주)파라다이스 이사대우 1997년 同이사 1998년 (주)파라다이스건설산업 감사 2000년 (주)파라다이스 상무이사 2000년 (주)파라다이스유통 이사 2000년 (주)파라인포테크 비상근이사 2001년 Paradise International 감사 2004년 (주)파라다이스 재무담당 전무 2008년 同워커힐지점 관리담당 전무 2009년 同워커힐지점 총지배인 겸 부사장 2014년 파라다이스 카지노워커힐 사장 2015년 (주)파라다이스 총괄임원 2015년 同각자대표이사 사장(현) [종]기독교

박병만(朴炳萬) Byeong-man Park

[생]1956·3·11 [주]인천 남동구 정각로29 인천광역시의회(032-440-6050) [학]동인천고졸 [경]전국화학노련 인천지역본부장, 한국노총 인천지역본부 부의장, 전국화학노동조합연맹 사무처장, OCI 노동조합 위원장, 한국노총 인천지역본부 의장, 인천시 노사민정협의회 위원, 同지방고용심의회 위원, 인천지방노동위원회 근로자위원, 근로복지공단 체납정리협의회 위원, 인천지방경찰청 치안협의회 위원(현) 2014년 인천시의회 의원(비례대표, 새정치민주연합·더불어민주당)(현) 2014·2016년 同운영위원회 위원(현) 2014년 同산업경제위원회 부위원장 2016년 同산업경제위원회 위원(현)

박병무(朴炳武) PARK Byung Moo

[생]1961·6·23 [본]밀양(密陽) [출]경북 경산 [주]서울 중구 통일로2길16 AIA타워16층 VIG파트너스 비서실(02-3788-0700) [학]1980년 서울 대일고졸 1984년 서울대 법학과졸 1986년 同대학원 법학과졸 1988년 연세대 경영대학원 경영학과졸 1994년 미국 하버드대 로스쿨졸(LL.M) [경]1982년 사법시험 합격(25회) 1985년 사법연수원 수료(15기) 1986~1989년 해군 법무관 1989~1993년 김앤장법률사무소(증권사 및 자본시장 업무담당) Associate 1994년 미국 뉴욕 변호사시험 합격 1995~2000년 김앤장법률사무소 M&A·기업관리 및 분쟁·증권사담당 파트너 1996년 재정경제원 통상지원반 고문변호사 1999~2003년 뉴브리지캐피탈 고문 2000년 로커스홀딩스 대표이사 2002~2003년 플레너스엔터테인먼트(주) 대표이사 2003~2005년 플래너스 고문 2003~2006년 뉴브리지캐피탈코리아 사장 2005년 하나로텔레콤(주) 감사위원 2005년 同사외이사 2005년 同경영위원회 의장 2006~2008년 同대표이사 사장 2007년 엔씨소프트 사외이사 2008~2010년 김앤장법률사무소 파트너변호사(M&A·기업구조조정담당) 2010년 보고캐피탈어드바이저 공동대표 2012년 보고인베스트먼트그룹 공동대표 2016년 VIG파트너스 대표(현)

박병석(朴炳錫) PARK Byeong Seug

[생]1952·1·25 [본]고령(高靈) [출]대전 [주]서울 영등포구 의사당대로1 국회 의원회관804호(02-784-2634) [학]1970년 대전고졸 1976년 성균관대 법률학과졸 1978년 同대학원 중어중문학과 수료 1983년 대만 정치대 수학 1997년 한양대 언론정보대학원졸 2005년 同대학원 신문방송학 박사과정 수료 [경]1975년 중앙일보 경제부 기자 1978년 同사회부 기자 1979년 同경제부 기자 1985년 同홍콩특파원 1990년 同정치부 차장 1993년 同경제부 차장 1994년 미국 워싱턴대 초빙연구원 1995년 중앙일보 경제2부장 1997년 同부국장 겸 경제2부장 1998년 국민회의 수석부대변인 1998년 同정책위원회 상임부의장 1999년 同총재 특보 1999년 서울시 정무부시장 2000~2004년 제16대 국회의원(대전시 서구甲, 새천년민주당·열린우리당) 2000년 새천년민주당 대변인 2003년 同홍보위원장 2003년 열린우리당 신행정수도건설위원장 2003년 同대전시지부 창당준비위원장 2004~2006년 同대전시당 위원장 2004년 제17대 국회의원(대전시 서구甲, 열린우리당·대통합민주신당·통합민주당) 2005년 열린우리당 기획위원장 2005년 同비상대책위원회 집행위원 2005년 행정중심복합도시건설추진위원회 공동위원장 2006년 열린우리당 비상대책위원회 비상임위원 2006년 국회 정무위원장 2007년 대통합민주신당 정동영 대통령후보 경제특보단장 2008년 제18대 국회의원(대전시 서구甲, 통합민주당·민주당·민주통합당) 2008~2009년 민주당 정책위원회 의장 2008년 同당무위원 2010년 同비상대책위원회 위원 2010년 사랑의장기기증운동본부 생명나눔 친선대사(현) 2011년 민주통합당 당무위원 2011년 목원대 사회과학대학 행정학과 특임교수 2011년 한밭대 중국어과 겸임교수, 대전대 경영행정사회복지대학원 객원교수 2012년 제19대 국회의원(대전시 서구甲, 민주통합당·민주당·새정치민주연합·더불어민주당) 2012~2014년 국회 부의장 2012년 한·일의원연맹 고문(현) 2013년 국회 외교통일위원회 위원 2013년 한국장애인단체총연맹 고문(현) 2014년 국회 정무위원회 위원 2014~2015년 국회 남북관계 및 교류협력발전특별위원회 위원 2015년 새정치민주연합 가계부채특별위원회 고문 2015년 더불어민주당 가계부채특별위원회 고문(현) 2016년 제20대 국회의원(대전시 서구甲, 더불어민주당)(현) 2016년 국회 외교통일위원회 위원(현) 2016년 국회 저출산·고령화대책특별위원회 위원(현) 2016년 더불어민주당 대전시서구甲지역위원회 위원장(현) 2016년 국회 동북아평화·협력의원외교단 단원(현) 2016년 더불어민주당 재외동포위원회 위원장(현) [상]한국기자상(1989·1996), 황조근정훈장(2003), 올해의 자랑스러운 성균법대인(2012), 대한민국 법률대상 입법부문(2013), 한국신문방송기자연맹 제13회 대한민국을 빛낸 한국인물대상 정치부문(2013), 선플운동본부 '국회의원 아름다운 말 선플상'(2014), 대한민국 유권자대상(2016) [저]'기자들이 본 북한(共)'(1992) '재계를 움직이는 사람들(共)'(1996) '떠오르는 재계 새별(共)'(1997) '이 기사를 조간에 꼭 실어야겠는데요'(1999) '아무리 생각해도 당신밖에 없소'(2003) [종]기독교

박병섭(朴秉燮)

[생]1960·9·25 [출]전남 목포 [주]대전 유성구 노은동로33번지 한국분재조합(042-822-5037) [학]목포 영흥고졸, 초당대 사회복지학과 수료, 목포대 경영행정대학원졸 [경]김대중 대통령단일후보 목포·신안甲지구당 공동대책위원, 목포시축구연합회 회장, 전남도축구연합회 회장, 국민생활체육 목포시협의회 회장, 국제라이온스협회 355-B2지구 제1지역 부총재, 새천년민주당 중앙당 대의원, 同이상열 국회의원후보 선거상황실장, 同전남도당 선거관리위원회 부위원장, 민주당 전남도당 목포시 수산특별위원장, 민주당 이상열 국회의원 정책특별보좌역, 한국청소년육성회 목포지회 상임부위원장 1998·2002·2006~2010년 전남 목포시의회 의원, 同산업건설위원장, 同기획총무위원장, 同수산특별위원회 위원장 2006~2008년 同의장 2015년 한국분재조합 회장(현) [종]기독교

박병수(朴秉洙) PARK Byung Soo (普光)

[생]1939·8·17 [본]밀양(密陽) [출]울산 [주]서울 동대문구 경희대로26 경희대학교(02-961-0051) [학]1958년 부산고졸 1963년 경희대 영어영문학과졸 1968년 同대학원졸 1972년 언어학박사(미국 피츠버그대) [경]1973~1979년 경희대 영어영문학과 조교수·부교수 1979~2004년 同영어학부 교수 1982~1997년 同언어교육연구원장 1985년 同중앙도서관장 1989년 한국언어학회 편집위원장 1991년 미국 스텐퍼드대 객원교수 1992년 한국언어학회 부회장 1993년 한국언어정보학회 회장 1996년 경희대 언어연구소장 1996~1999년 同문리대학장 1999년 한국언어학회 회장 2003~2004년 경희대 대학원장 2004년 同명예교수(현) [상]녹조근정훈장(2004) [저]'현대언어학' '생성문법' '문법이론' [역]'테스트에서 행동으로'(2002) [종]불교

박병식(朴柄植) PARK Byoung Sik

[생]1956·7·28 [본]밀양(密陽) [출]서울 [주]경북 경주시 동대로123 동국대학교 사회과학계열 행정경찰공공학과(054-770-2303) [학]1979년 동국대 경제학과졸 1981년 서울대 행정대학원졸 1991년 행정학박사(서울대) [경]1987~1998년 동국대 행정학과 전임강사·조교수·부교수 1997년 미국 피츠버그대 교환교수 1998~2014년 동국대 사회대학 행정학과 교수 1999~2002년 同지역정책연구소장 2001년 한국정책능력진흥원 자격관리위원장 2002년 (사)정책분석평가사협회 부회장 2003~2005년 국무총리정책평가위원회 정책평가실무위원 2004년 한국정책분석평가학회 회장 2011~2012·2014년 동국대 사회과학대학원장 겸 사회대학장 2014년 同사회과학계열 행정경찰공공학과 교수(현) 2014~2015년 同경주캠퍼스 사회과학계열학장 [종]불교

박병언(朴炳彦) PARK Byung On

[생]1942·10·7 [출]서울 [주]서울 송파구 백제고분로362 신라에스지(주) 비서실(02-417-7575) [학]1960년 경북고졸 1964년 서울대 영어영문학과졸 1984년 同경영대학원 최고경영자과정 수료 [경]1967년 신라교역(주) 입사 1977년 同이사 1986년 同상무이사 1988년 현곡개발(주) 이사 1988년 신라수산(주) 대표이사 사장·부회장 1997년 신라엔지니어링(주) 대표이사 사장 1999년 한국금형공업협동조합 이사 2000년 신라섬유(주) 대표이사 사장 2001~2008년 냉동물가공수산업협동조합 조합장 2003년 신라섬유(주) 비상근고문 2005년 신라엔지니어링(주) 비상근이사 2008~2015년 냉동냉장수산업협동조합 조합장 2010년 신라에스지(주) 대표이사 부회장(현) [종]기독교

박병열(朴秉烈) Park, Byeong Ryeol (南竹)

[생]1958·2·17 [본]밀양(密陽) [출]전남 [주]서울 영등포구 여의공원로13 한국방송공사(KBS) 제작기술본부(02-781-2027) [학]1977년 국립철도고졸 1987년 조선대 전자공학과졸, 연세대 공학대학원 전파공학과졸, 서울대 행정대학원 국가정책과정 수료 [경]1987년 한국방송공사(KBS) 입사 1999년 同정책기획국 차장 2000년 同기술기획부 차장 2003년 同연수팀 선임(부장급) 2006년 同광주방송총국 기술팀장(국장) 2010년 同뉴미디어·테크놀로지본부 미래미디어전략국 미래미디어기획부장 2011년 同뉴미디어·테크놀로지본부 기술전략국 기술기획부장 2012년 同원주방송국장 2014~2015년 한국지상파디지털방송추진협회 사무총장 2015년 한국방송공사(KBS) 기술본부장 2016년 同제작기술본부장(현) [상]철도청장표창(1980), 한국방송공사 사장표창(1990·1998·2010), 국무총리표창(2000), 연세대 우수논문상(2002), 부총리 겸 과학기술부장관표창(2005) [종]천주교

박병엽(朴炳燁) PARK Byeong Yeop

ⓈⒼ1962 · 12 · 30 Ⓞ전북 정읍 Ⓙ서울 영등포구 의사당대로83 hp빌딩 팬택씨앤아이(02-2010-2555) Ⓗ1980년 중동고졸 1985년 호서대 경영학과졸 Ⓖ1987년 맥슨전자 근무 1991~2000년 (주)팬택 설립 · 대표이사 사장 1998년 동아일보 과학정보통신부문 자문위원 2000~2013년 (주)팬택 대표이사 부회장 2002~2009년 (주)팬택&큐리텔 대표이사 부회장 2003~2006년 한국정보산업연합회 부회장 2004~2006년 한국무역협회 부회장 2005년 다보스포럼 회원 2005~2013년 고려대 경영대학 경영학과 겸임교수 2010~2013년 금호타이어 사외이사 2013년 (주)팬택 각자대표이사 부회장, 팬택씨앤아이 대표이사 부회장(현) 2016년 한국IT서비스산업협회 부회장(현) Ⓢ체신부장관표창(1992), 500만불 수출의탑(1994), 1000만불 수출의탑(1995), 무역의날 대통령산업포장(1995), 하이테크 어워드(1997), 국제통상진흥인대상(1999), 한국과학기자클럽 올해의 정보통신인상(2000), 철탑산업훈장(2001), 10억불 수출의탑(2005)

박병영(朴秉永) PARK Byung Young

ⓈⒼ1960 · 6 · 25 Ⓞ경남 김해 Ⓙ경남 창원시 의창구 상남로290 경상남도의회(055-211-7404) Ⓗ김해농공업고졸, 가야대 사회복지학과졸, 同도시개발대학원 공학과졸 Ⓖ(주)한성기술단 대표이사, 대한지적공사 26년 근무(3급), 민주평통 김해시협의회 회장, 생활체육협의회 김해시협의회 부회장, 한나라당 경남도당 부위원장, 새누리당 김해을당원협의회 부위원장, 한림중총동문회 수석부회장 2014년 경남도의회 의원(새누리당)(현) 2014년 同건설소방위원회 위원 2016년 同건설소방위원회 부위원장(현) 2016년 同운영위원회 위원(현)

박병원(朴秉元) PARK Byung Won

ⓈⒼ1945 · 6 · 6 Ⓑ밀양(密陽) Ⓞ전남 진도 Ⓙ서울 강남구 봉은사로406 한국중요무형문화재기능보존협회(02-3453-1685) Ⓗ진도고졸 Ⓖ1980년 유럽 6개국 순회공연 80년부터 국내 발표회 다수 참가 1981년 중요무형문화재 제72호 진도씻김굿 전수 1985년 同이수자 선정 1987년 同전수조교 선정 1988년 서울아리랑보존회 미국공연 1991년 미국지역 순회공연 1997년 미국 4개주 순회공연 1999년 김덕수사물패와 합작공연 2001년 일본 교토민속공연 출연 2001년 중요무형문화재 제72호 진도씻김굿(장고) 예능보유자 지정(현) 2001년 진도군립민속예술단 단원(현) 2002년 덴마크 공연 2003년 몽골 공연 2003년 네덜란드 공연 Ⓢ남도국악제 기악부문 우수상 Ⓩ유교

박병원(朴炳元) BAHK Byong Won

ⓈⒼ1952 · 9 · 24 Ⓑ비안(比安) Ⓞ부산 Ⓙ서울 마포구 백범로88 한국경영자총협회(02-3270-7301) Ⓗ1971년 경기고졸 1975년 서울대 법학과졸 1977년 同대학원 법학과졸 1980년 한국과학기술원(KAIST) 산업공학과졸(석사) 1985년 미국 워싱턴대 시애틀교 대학원 경제학과졸 Ⓖ1975년 행정고시 합격(17회) 1975년 부산시 사무관 1976~1985년 경제기획원 사무관 1986년 대통령 경제비서관실 서기관 1988~1992년 경제기획원 농수산과장 · 상공과장 · 예산관리과장 1992년 미국 워싱턴대 동아시아연구소 파견 1994년 경제기획원 재정계획과장 1995년 同예산정책과장 1996년 재정경제원 예산총괄과장 1997년 同비서실장 1998년 유럽부흥개발은행(EBRD) 이사 2001년 재정경제부 경제정책국장 2003년 同차관보 2005~2007년 同제1차관 2007년 우리금융그룹 대표이사 회장 2007년 우리은행 이사회 의장 2008년 국제금융연합회(IIF : Institute of International Finance) 이사 2008~2009년 대통령 경제수석비서관 2009~2010년 미국 스탠퍼드대 초빙교수 2011년 (주)KT 사외이사 겸 감사위원 2011년 미래에셋자산운용 사외이사 2011~2014년 전국은행연합회 회장 2012~2015년 서비스산업총연합회 회장 2012년 한국경제교육협회 회장 2012년 은행권청년창업재단 이사장 2012년 문화체육관광부 한국문화예술위원회 위원(현) 2013~2015년 (주)국민행복기금 이사장 2015년 한국경영자총협회 회장(현) 2015년 (주)포스코 사외이사(현) 2015년 두산인프라코어(주) 사외이사 2015년 서울세계무용축제조직위원회 위원장(현) 2015년 청년희망재단 이사(현) Ⓢ근정포장(1983), 황조근정훈장(2007) Ⓩ'미래에의 도전(共)'(1987)

박병은(朴炳垠) PARK, BYUNG EUN

ⓈⒼ1973 · 1 · 4 Ⓑ밀양(密陽) Ⓞ전북 고창 Ⓙ서울 종로구 청와대로1 대통령 국정과제비서관실(02-770-2284) Ⓗ1991년 고창고졸 1997년 한국외국어대 행정학과졸 2000년 서울대 행정대학원 행정학과졸 2007년 미국 미시간대 대학원 행정학과졸 Ⓖ1999년 행정고시 합격(43회) 2002년 행정자치부 지방세제과실 지방세제담당관실 사무관 2004년 同전자정부국 전자정부정책과 총괄사무관 2005년 미국

교육파견 2007년 행정자치부 조직진단센터 진단기획팀 사무관 2008년 同지방재정세제국 지방세정책과 사무관 2009년 同지방재정세제국 지방세정책과 기획총괄팀장(서기관) 2010년 전북도 기획관리실 성과관리과장 2012년 행정자치부 지방재정세제국 재정정책과 팀장 2012년 대통령소속 지방행정체제개편위원회 통합지원과장 2013년 대통령소속 지방자치발전위원회 자치기획과장 2015년 대통령 정책조정수석비서관실 국정과제비서관실 행정관(현) Ⓢ근정포장(2010)

박병종(朴昞宗) PARK Byung Jong

ⓈⒼ1949 · 1 · 25 Ⓞ대구 Ⓙ대구 북구 대학로5 더불어민주당 경북도당(053-955-6633) Ⓗ1967년 대구고졸 1972년 경북대 원예학과졸, 한신대 대학원 신학과졸, 미국 스프링필드대 수료 Ⓖ1974년 농촌진흥청 연구요원 1981년 계명대 · 계명전문대 강사 1981년 대구성락교회 · 안포교회 전도사 1985년 김천YMCA 총무 1985년 한국기독교장로회 경북노회 목사안수 1991년 경주YMCA 사무총장 1994년 한국사회복지관협회 경북지회장 1999년 경주신문 편집위원장 2000년 한국YMCA 간사회장 2003년 영천YMCA 자활후견기관장, 울산YMCA 사무총장, 영천서부교회 협동목사(현) 2014년 새정치민주연합 경북도당 공직선거후보자추천관리위원회 위원 2015년 同경북도당 다문화위원회 위원장 2015년 同경북도당 윤리심판위원회 위원 2016년 더불어민주당 경북영천시 · 청도군지역위원회 위원장(현)

박병종(朴炳淙) Bak byeong jong

ⓈⒼ1954 · 2 · 20 Ⓑ밀양(密陽) Ⓞ전남 고흥 Ⓙ전남 고흥군 고흥읍 흥양길40 고흥군청 군수실(061-830-5202) Ⓗ1972년 고흥농고졸 1992년 순천제일대학 경영정보학과졸 1998년 전남대 경영대학원 수료 1999년 농협대 경영대학원 수료 Ⓖ1972~1997년 고흥축협 근무, 同조합장(11대 · 12대) 2002년 지역행정발전연구원 운영위원 2002년 법무부 범죄예방고흥지구 회장 2005년 새천년민주당 대의원 2005~2006년 전남도의회 의원(새천년민주당 · 민주당) 2005년 민주당 대의원 2006 · 2010년 전남 고흥군수(통합민주당 · 민주당 · 민주통합당 · 민주당 · 새정치민주연합) 2014년 전남 고흥군수(새정치민주연합 · 더불어민주당)(현) 2016년 전남시장 · 군수협의회 회장(현) 2016년 더불어민주당 전남고흥군 · 보성군 · 장흥군 · 강진군지역위원회 위원장 직대(현) 2016년 同전남도당 상임부위원장(현) Ⓢ농협중앙회 최우수조합자상, 산업포장(2001), 자치경영대상 대상(2010), 미국 대통령 봉사상(2012), 세계한류대상 공직공로부문 최우수공로대상(2013), 광주전남유권자연합 최우수지방자치단체장(2013), 대한민국한센인대회 한센대상 인권부문(2015) Ⓩ'흘린 땀 속에 희망이 있다' Ⓩ원불교

박병주(朴炳柱) PARK Byung Joo

ⓈⒼ1955 · 4 · 26 Ⓑ밀양(密陽) Ⓞ부산 Ⓙ서울 종로구 대학로103 서울대학교 의과대학 예방의학교실(02-740-8325) Ⓗ1980년 서울대 의과대학졸 1982년 同보건대학원졸 1984년 의학박사(서울대) Ⓖ서울대 의과대학 예방의학교실 교수(현), 보건복지부 중앙약사심의위원회 위원, 국제약물역학회 Fellow · 특별회원(현), 대한예방의학회지 편집위원장, 국제백신연구소 연구윤리심의위원장, 대한약물역학회의 국제개발위원회(Global Development Committee) 위원장, 한국역학회 회장, 식품의약품안전청 약물감시사업단장, 국제약물역학회지 아 · 태 · 중동편집위원장, 서울대병원 의학연구협력센터장, 한국보건의료기술평가학회 회장 2004년 서울대병원 연구윤리심의위원회 위원장(현) 2010~2016년 대한민국의학한림원 정책개발위원회 간사 2012~2015년 한국의약품안전관리원 초대원장 2013년 건강보험평가심사원 미래전략위원회 보건의료생태계분과위원장(현) 2015년 대한환자안전학회 회장(현) 2015년 대한보건협회 회장(현) 2016년 대한민국의학한림원 정책개발위원회 위원장(현) Ⓢ식품의약품안전청장표창(2003), 보건복지부장관표창(2005) Ⓩ'실용의학통계론'(1996) '의학연구방법론'(1997) '신약평가를 위한 임상시험과 자료분석'(1998) '역학의 기초 : 원리와 방법'(1999) '임상의를 위한 통계연습'(2002) '종양학'(2003) '인간생명과학개론'(2005) '역학의 원리와 응용'(2005) '임상약리학'(2006) 'Pharmacoepidemiology and Therapeutic Risk Management'(2008) '근거중심 보건의료'(2009) '예방의학과 공중보건학'(2010) '약물역학'(2011) '임상예방의료'(2011) Ⓩ'보건역학입문'(1999) '병균으로부터 가족건강 지키기'(2005) Ⓩ기독교

박병주(朴炳州) PARK Byung Ju

ⓈⒼ1957 · 9 · 10 Ⓞ경북 경산 Ⓙ서울 강남구 삼성로512 (주)아이마켓코리아 사장실(02-3708-5947) Ⓗ달성고졸, 영남대 축산경영학과졸, 성균관대 대학원 경영학과졸 Ⓖ1982년 삼성그룹 입사, 삼성에버랜드 경영관리팀장, 同전략경영Unit장, 同경영지원실장 2003년 同경영지원실장(상무) 2006년 同경영지원실장(전무) 2009~2010년 同리조트사업부 전무 2010년 (주)아이마켓코리아 대표이사 사장 2011~2014년 同각자대표이사 사장 2014년 同사장(현)

박병직(朴炳稷) Park Byoung Jik

⬡1960 · 3 · 15 ⬡강원 원주 ⬡강원 춘천시 중앙로16 한국관광공사 강원지사(033-254-2107) ⬡숭실대 산업공학과졸, 연세대 경영대학원졸, 미국 미시간주립대 관광대학원 연구과정 수료, 러시아 모스크바국립대 국제교류센터 연수 2013년 세종대 대학원 호텔관광경영학 박사과정 수료 ⬡2000년 한국관광공사 북한관광팀장 2002년 同관광안내팀장 2003년 同시장전략팀장 2003년 同교류협력팀장 2004년 同모스크바지사장 2007년 同혁신경영팀장 2008~2010년 同고객만족경영팀장, 러시아 국립사회대 객원교수 2010년 한국관광공사 고객만족센터장 2010년 同녹색관광실장 2011년 同남북관광센터장 2012년 세종연구소 교육파견(팀장급) 2013년 한국관광공사 정책사업본부 녹색관광센터장 2014년 同경쟁력본부 글로벌컨설팅실장 2014년 同경쟁력본부 지역관광실장 2014년 同국민관광본부 남북관광센터장 2015년 同경영본부 남북관광센터장 2016년 同강원지사장(현) ⬡러시아 연방관광대상(2회)

박병진(朴昞晋) PARK Byong Jin

⬡1960 · 2 · 10 ⬡충북 영동 ⬡충북 청주시 상당구 상당로82 충청북도의회(043-220-5132) ⬡영동고졸, 원광대 행정학과졸, 영동대 산업대학원졸 ⬡삼호건설 대표, 대한적십자사 영동군지구협의회 회장, 맑고푸른영동21추진위원회 위원, 영동군재향군인회 부회장, 영동중학교 총동문회 부회장, 한국BBS 영동군지회장, 영동군수화통역센터 운영위원장, 민주평통 영동군협의회 자문위원 2006 · 2010~2014년 충북 영동군의회 의원(한나라당 · 새누리당) 2011년 영동군사회복지사협회 회장 2014년 충북도의회 의원(새누리당)(현) 2014년 同건설소방위원회 위원장 2016년 同운영위원회 위원(현) 2016년 同건설소방위원회 위원(현) 2016년 同예산결산특별위원회 위원(현)

박병찬(朴炳讚) PARK Byung Chan

⬡1964 · 5 · 15 ⬡충북 제천 ⬡충북 청주시 흥덕구 산남로62번길51 청주지방법원(043-249-7114) ⬡1983년 제천고졸 1987년 고려대 법학과졸 1993년 同교육대학원졸 ⬡1991년 사법시험 합격(33회) 1994년 사법연수원 수료(23기) 1994년 軍법무관 1997년 대구지법 판사 2000년 대전지법 천안지원 판사 2003년 대전지법 판사 2004년 대전고법 판사 2007년 대전지법 판사 2009년 청주지법 부장판사 2011년 대전지법 부장판사 2014년 청주지법 부장판사(현) ⬡불교

박병창(朴炳昌) Byoung-Chang Park

⬡1962 · 5 · 1 ⬡서울 종로구 종로33 그랑서울 GS건설 인재개발실(02-2154-1114) ⬡1979년 남강고졸 1987년 국민대 건축학과졸 1998년 중앙대 건설대학원졸 ⬡1987년 LG건설(주) 입사 2001년 同국내공사관리팀장 2004년 同공무담당 상무보 2005년 GS건설(주) 공무담당 상무보 2007년 同건축민간영업담당 상무 2012년 同경영지원본부 동남아공무 · 구매실장(상무) 2013년 同인재개발실장(전무)(현)

박병철(朴炳哲) PARK Byung-Chul

⬡1949 · 1 · 29 ⬡대구 중구 달구벌대로2051 건강보험심사평가원 대구경북지역진료심사평가위원회(053-750-9371) ⬡1972년 경북대 의대졸 1975년 同대학원 의학석사 1981년 의학박사(경북대) ⬡1977년 대한정형외과학회 회원 1980년 순천향대 전임강사 1981~1992년 경북대 의과대학 정형외과학교실 전임강사 · 조교수 · 부교수 1992~2013년 同의과대학 정형외과학교실 교수 2002년 同의과대학장 겸 보건대학원장 2013년 건강보험심사평가원 대구경북지역 진료심사평가위원장(현) ⬡옥조근정훈장(2013)

박병철(朴炳哲)

⬡1970 · 7 · 31 ⬡대전 대덕 ⬡대전 서구 둔산로100 대전광역시의회(042-270-5048) ⬡보문고졸 1996년 충남대 행정학과졸, 同평화안보대학원 평화안보학과 수료 ⬡열린우리당 대전시 대덕구 청년위원장 2006년 대전 대덕구의원선거 출마(비례대표), 국회사무처 근무, 민주당 대전시당 청년국장, 同대전시당 대덕구 사무국장 2010년 대전시의원선거 출마(민주당) 2014년 대전시의회 의원(새정치민주연합 · 더불어민주당)(현) 2014년 同산업건설위원회 부위원장 2014 · 2016년 同예산결산특별위원회 위원(현) 2015 · 2016년 同운영위원회 위원(현) 2015년 同예산결산특별위원회 위원장 2015년 새정치민주연합 대전시당 을지로위원회 생활임금추진분과 위원장 2015년 더불어민주당 대전시당 을지로위원회 생활임금추진분과 위원장(현) 2016년 대전시의회 교육위원장(현) 2016년 同국립철도박물관유치특별위원회 부위원장(현) 2016년 同대전예지중 · 고등학교정상화추진특별위원회 위원(현) ⬡전국시 · 도의회의장협의회 우수의정 대상(2016)

박병칠(朴炳七) PARK Byung Chil

⬡1957 · 5 · 2 ⬡무안(務安) ⬡전남 나주 ⬡광주 동구 준법로7의12 광주고등법원(062-239-1114) ⬡1975년 광주제일고졸 1982년 전남대 법학과졸 ⬡1985년 사법시험 합격(27회) 1988년 사법연수원 수료(17기) 1988년 광주지법 판사 1990년 同장흥지원 판사 1992년 광주지법 판사 1997년 同소년부지원장 1997년 광주고법 판사 2000년 광주지법 판사 2003년 同해남지원장 2005년 광주지법 부장판사 2007년 광주지법 목포지원장 2009년 광주지법 부장판사 2011년 광주고법 부장판사 2012년 광주지법 수석부장판사 2014년 광주고법 수석부장판사 2016년 同부장판사(현) ⬡기독교

박병태(朴炳泰) PARK Byung Tae

⬡1967 · 3 · 16 ⬡전남 장흥 ⬡서울 도봉구 마들로749 서울북부지방법원(02-910-3114) ⬡1986년 오산고졸 1991년 연세대 법학과졸 1994년 同대학원졸 ⬡1993년 사법시험 합격(35회) 1996년 사법연수원 수료(25기) 1999년 대구지법 판사 2002년 수원지법 판사 2005년 서울중앙지법 판사 2007년 서울고법 판사 2009년 대법원 재판연구관 2011년 청주지법 부장판사 2012년 의정부지법 부장판사 2015년 서울북부지법 부장판사(현)

박병하(朴炳下) PARK Byeong Ha

⬡1960 · 4 · 5 ⬡충남 서천 ⬡경기 용인시 기흥구 삼성로1 삼성전자(주) 시스템LSI사업부 개발실(031-209-7114) ⬡1978년 서대전고졸 1984년 한양대 전자공학과졸 1997년 전기공학박사(미국 Georgia Institute of Technology) ⬡삼성전자(주) LSI개발실 수석연구원 2003년 同RF개발팀장(상무보) 2005년 同시스템LSI사업부 RF개발팀 연구위원, 同시스템LSI사업부 MSC설계팀장(연구위원) 2011년 同시스템LSI사업부 개발팀장(전무) 2012년 同시스템LSI사업부 개발실 전무(현)

박병현(朴炳鉉) PARK Byung Hyun

⬡1957 · 1 · 24 ⬡밀양(密陽) ⬡부산 ⬡부산 금정구 부산대학로63번길2 부산대학교 사회복지학과(051-510-2130) ⬡1981년 부산대 사회복지학과졸 1986년 미국 웨스트버지니아대 사회사업대학원 사회복지학과졸(석사) 1990년 사회복지학박사(미국 펜실베이니아대 사회사업대학원) ⬡1991~2002년 부산대 사회복지학과 전임강사 · 조교수 · 부교수 1997년 同사회과학대학 부학장 1999년 同교무부처장 2002년 同사회복지학과 교수(현) 2002년 同행정대학원 부원장 2003년 同대학문화원장 2003~2007년 同사회복지연구소장 2009~2011년 同사회과학대학장 2009~2011년 한국사회복지정책학회 회장 2011~2012년 부산대 행정대학원장 2016년 한국사회복지학회 회장(현) ⬡'세계의 사회보장'(1993) '사회복지의 이해'(1999) '사회복지정책론'(2004) '복지국가의 비교'(2005) '동아시아 사회복지'(2007) '사회복지와 문화'(2008) '사회복지의 역사'(2010) ⬡기독교

박병호(朴秉濠) PARK Byoung Ho (瀛山)

⬡1931 · 5 · 13 ⬡밀양(密陽) ⬡전남 해남 ⬡서울 서초구 반포대로37길59 대한민국학술원(02-3400-5220) ⬡1950년 중앙중졸 1955년 서울대 법과대학졸 1975년 법학박사(서울대) ⬡1958~1963년 서울대 · 동국대 · 한양대 · 숙명여대 강사 1963~1996년 서울대 법학과 교수 1964~1984년 이화여대 강사 1975년 서울대 규장각 도서관리실장 1978~1987년 同규장각 도서위원 1978~1996년 同한국문화연구소 운영위원 1979년 서울가정법원 조정위원 1981년 법무부 정책자문위원 1982년 同민법개정심의위원 1991년 법제연구원 자문위원 1991년 서울가정법원 조정위원 1994년 법무부 법무자문위원장 1996년 서울대 명예교수(현) 1997년 한국정신문화연구원 자료조사실 객원교수 1997년 한국학중앙연구원 한국학대학원 역사연구실 초빙교수 1998년 학교법인 한성학원 이사장 2007년 대한민국학술원 회원(한국법제사 · 현) ⬡법률문화상(1986), 금호학술상(1989), 현암법학저작상(1997), 한국토지법학회학술상(2004), 영산법률문화상(2007), 국민훈장 무궁화장(2008), 자랑스러운 서울법대인(2010) ⬡'한국법제사 특수연구' '전통적 법체계와 법의식' '한국법제사고' '친족상속법' '한국의 전통사회와 법' '세종시대의 법률' '근세의 법과 법사상' '가족법론집'

ㅂ

박병호(朴炳昊) Park byung ho

[생]1962·7·26 [본]밀양(密陽) [출]광주 [주]광주 서구 내방로111 광주광역시청 행정부시장실(062-613-2010) [학]1981년 광주 인성고졸 1985년 성균관대 행정학과졸 1989년 서울대 행정대학원졸(석사) 1999년 영국 버밍햄대 대학원졸(석사) 2008년 행정학박사(성균관대) [경]2003년 행정자치부 중앙공무원교육원 교육총괄과장 2003~2007년 대통령비서실 행정관 2004년 행정자치부 공개행정과장 2005년 同제도혁신과장 2008년 국가기록원 기록정책부장 2010년 행정안전부 조직정책관 2011~2012년 광주시의회 사무처장 2012년 광주시 기획조정실장 2014년 안전행정부 창조정부조직실 제도정책관 2014년 행정자치부 창조정부조직실 제도정책관 2015년 同창조정부조직실 조직정책관 2016년 광주시 행정부시장(현) [상]홍조근정훈장(2015) [종]천주교

박병호(朴炳鎬) Byungho Park

[생]1986·7·10 [학]성남고0졸, 전주대졸 [경]2005~2011년 프로야구 LG 트윈스 소속(내야수) 2006~2008년 국군체육부대 소속(내야수) 2011~2015년 프로야구 넥센 히어로즈 소속(1루수) 2012년 프로야구 정규리그 3관왕(홈런·타점·장타율) 2012·2013년 프로야구 정규리그 2년연속 MVP 2013년 프로야구 정규리그 4관왕(홈런·타점·득점·장타율) 2014년 인천아시안게임 국가대표(금메달) 2014년 프로야구 정규리그 2관왕(홈런 52개·타점 124개) 2015년 9월21일 KBO리그 최초 2년연속 50홈런 및 한 시즌 최다 루타(358) 신기록 수립 2015년 프로야구 정규리그 성적(홈런 1위-53개·타점 1위-146개·타율 0.343·득점 129개·안타 181개) 2015년 세계야구소프트볼연맹(WBSC) 주관 '2015 프리미어 12' 국가대표·우승 2015년 미국 메이저리그(MLB) 미네소타 트윈스 입단(보장금액 4년총액 1200만달러·옵션포함 최대 5년총액 1800만달러)(현) 2016년 시즌 MLB 성적(62경기 출전·타율 191·12 홈런·24 타점) [상]일구상 시상식 최고타자상(2012), 제2회 카스포인트 어워즈 최우수선수상(2012), 제2회 카스포인트 어워즈 타자부문(2012), 동아스포츠대상 프로야구 올해의 선수상(2012·2013·2015), 조아제약 프로야구대상 대상(2012), 팔도 프로야구 1루수부문 골든글러브(2012), 팔도프로야구 MVP(2012), 팔도프로야구 최고장타율·최다타점·최다홈런상(2012), 프로야구 스포츠토토 올해의 선수상(2012), CJ 마구마구 일구상 최고타자상(2013), 플레이어스 초이스 어워드 올해의 선수상(2013·2015), 플레이어스 초이스 어워드 올해의 스타플레이어상(2013·2015), 제32회 한국야쿠르트 세븐 프로야구 골든글러브 1루수부문(2013), 제32회 한국야쿠르트 세븐 프로야구 골든글러브 골든포토상(2013), 제3회 카스포인트 어워즈 최우수선수상(2013), 제3회 카스포인트 어워즈 타자부문(2013), 조아제약 프로야구대상 대상(2013), 프로야구 스포츠토토 올해의 선수상(2013), 한국야쿠르트 세븐 프로야구 MVP(2013), 한국야쿠르트 세븐 프로야구 최고 장타율상·최다 득점상·최다 타점상·최다 홈런상, 제4회 카스포인트 어워즈 대상(2014), 제4회 카스포인트 어워즈 타자부문 1위(2014), 조아제약 프로야구대상 최고타자상(2014), 한국야쿠르트 세븐 프로야구 골든글러브 1루수부문(2014), 한국야쿠르트 세븐 프로야구 최다 타점상·최다 홈런상(2014), 타이어뱅크 KBO 홈런상·타점상(2015), 일구회 넷마블마구마구일구상 최고타자상(2015), 조아제약 프로야구대상 최고타자상(2015)

박병홍(朴炳洪) byung hong park (기도)

[생]1946·6·12 [본]밀양(密陽) [출]경북 경산 [주]경북 경산시 진량읍 일연로 675 (주)조흥 부사장실(053-852-6018) [학]1965년 경북 진량고졸 [경]1965년 경산군 하양면사무소 근무, 경산시의회 전문위원(5급), (주)조흥 대표이사 부사장(현), 신라섬유(주) 상임감사(현) 2006~2008년 경산시행정동우회 부회장 2009~2010년 同감사, 경산시 행정정보공개심의위원 2013년 학교법인 춘강교육재단 이사(현) 2013~2015년 성균관유도회 자인지부 회장 [상]녹조근정훈장(2001) [종]불교

박병홍(朴秉洪) Park, Byunghong

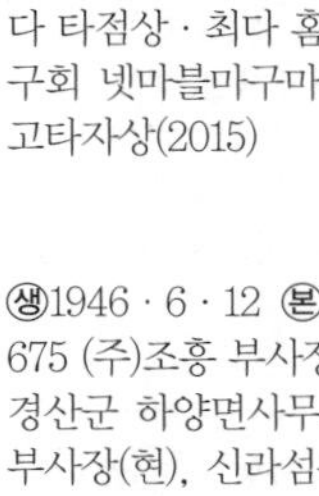

[생]1967·1·11 [주]세종특별자치시 다솜2로94 농림축산식품부 식품산업정책실(044-201-2101) [학]1984년 경북사대부고졸 1989년 성균관대 행정학과졸 2009년 중국 북경대 대학원졸 [경]1992년 행정고시 합격(35회) 1992년 농수산부 농촌인력과 근무, 同투자심사담당관실 근무 2001년 농림부 식량정책과 근무 2004년 同농지과장 2009년 농림수산식품부 소비안전정책과장 2010년 同농촌정책과장 2011년 同기획조정관(고위공무원) 2013년 駐미국 공사참사관 2016년 농림축산식품부 식품산업정책관(현)

박병환(朴丙煥) Park Byong-hwan

[생]1956·11·15 [주]서울 종로구 사직로8길60 외교부 인사운영팀(02-2100-7136) [학]1979년 고려대 법학과졸 1989년 영국 옥스퍼드대 연수 [경]1985년 외무고시 합격(19회) 1985년 외무부 입부 1990~1998년 경제기획원·재무부·재정경제원 근무 1999년 駐러시아 1등서기관 2002년 외교통상부 통상교섭본부장 보좌관 2003년 同신흥시장과장 2004년 同동남아통상과장 2004년 駐러시아 참사관 2007년 유엔 거버넌스센터 파견 2007년 외교통상부 외교문서공개예비심사관 2008년 駐우즈베키스탄 공사 2011년 駐이르쿠츠크 총영사 2012년 駐러시아 공사(현) [상]재정경제원장관표창(1997) [저]'시베리아 개발은 한민족의 손으로(共)'(2009, 국학자료원) [종]증산도

박병환(朴秉煥) PARK Byeong Hwan

[생]1969·4 [출]경북 영주 [주]경기 수원시 장안구 경수대로1110의17 중부지방국세청 감사관실(031-888-4303) [학]경북 영광고졸, 서울대 경영학과졸 [경]2002년 국세청 입청(행정고시 44회) 2002년 마산세무서 납세지원과장 2003년 평택세무서 징세과장 2004년 중부지방국세청 조사3국 근무 2004년 국무총리실 파견 2006년 국세청 심사1과 근무 2009년 同법무과 근무 2010년 서기관 승진 2011년 국세청 감찰담당관실 감찰1계장 2012년 부산지방국세청 감사관 2012년 한국개발연구원(KDI) 교육파견(미국 미시간주립대) 2014~2015년 창원세무서장 2016년 중부지방국세청 감사관(현)

박병휴(朴柄烋) PARK Byung Hyoo

[생]1948·1·25 [본]밀양(密陽) [출]경북 청송 [주]서울 서초구 서초중앙로154 화평빌딩8층 법무법인 세양(02-594-4700) [학]1966년 대구고졸 1976년 단국대 법과대학 법학과졸 1978년 同대학원 법학과 수료 [경]1976년 사법시험 합격(18회) 1978년 사법연수원 수료(8기) 1978년 서울지법 남부지원 판사 1980년 서울민사지법 판사 1982년 대전지법 천안지원 판사 1984년 대전지법 판사 1985년 서울지법 북부지원 판사 1987년 서울형사지법 판사 1988년 서울고법 판사 1992년 대전지법 부장판사 1994년 인천지법 부장판사 1996년 서울지법 남부지원 부장판사 1997년 서울지법 부장판사 1997년 변호사 개업 1998년 단국대 겸임교수 1998년 서울시 행정심판위원 1999년 중부지방국세청 법률고문 2005년 법무법인 세양 대표변호사(현) [종]기독교

박보균(朴普均) PARK BO GYOON

[생]1954·1·24 [출]서울 [주]서울 중구 서소문로88 중앙일보 비서실(02-751-5114) [학]1972년 경동고졸 1980년 고려대 정치외교학과졸 2003년 미국 조지타운대 연수(객원연구원) [경]1981~1985년 중앙일보 사회부·외신부 기자 1985년 同정치부 기자 1995년 同정치부 차장 1999년 同정치부장 2001년 同논설위원 2004년 同정치담당 부국장 2006년 同편집국장 2008년 同정치분야 대기자(이사대우) 2009년 同편집인(이사) 2011년 同제작총괄 겸 편집인(상무) 2011~2013년 한국신문방송편집인협회 회장 2011년 한국신문윤리위원회 이사 2011년 서울평화상위원회 위원 2011년 중앙일보 대기자(상무) 2014년 同대기자(전무) 2015년 同대기자(부사장)(현) [상]한국기자상(1990·1995), 관훈언론상(1991), 제13회 장한 고대언론인상(2006), 효령상 언론부문(2011), 국민훈장 모란장(2013), 고려대정경대학교우회 선정 '자랑스러운 정경인'(2015) [저]'청와대 비서실'(1994) '살아숨쉬는 미국역사'(2005)

박보생(朴寶生) PARK Bo Saeng

[생]1951·1·6 [본]밀양(密陽) [출]경북 김천 [주]경북 김천시 시청1길1 김천시청 시장실(054-420-6001) [학]김천농림고졸 1998년 한국방송통신대 행정학과졸 2000년 경북대 대학원 지방자치학과졸 [경]1968년 지방행정서기 1989년 김천시 총무과 시정계장 1990년 문경군 가은읍 부읍장 1991년 김천시 종합사회복지관장 1994년 同의회 사무과장 1995년 同총무국 회계과장 1998년 同기획감사담당관 2000년 同행정지원국 총무과장 2002년 同사회산업국장 2004년 同행정지원국장 2004년 경북도배드민턴협회 회장(현) 2006·2010년 김천시장(한나라당·새누리당) 2006년 김천시체육회 회장(현) 2006년 전국혁신도시협의회 부회장 2008~2010년 同회장 2014년 경북 김천시장(새누리당)(현) [상]국무총리표창, 근정포장, 대한민국 경제리더 혁신경영부문 대상(2013), TV조선 경영대상 지역혁신경영부문(2014), 매니페스토 약속대상 지방선거부문 선거공보분야 우수상(2014), 월간조선 주최 '한국의 미래를 빛낼 CEO' 혁신부문(2015), 대한민국경제리더대상 혁신경영부문대상(2015·2016), 김천시 자랑스러운 시민상(2015), 한국의 영향력 있는 CEO

선정 혁신경영부문 대상(2016), 한국을 빛낸 창조경영대상 혁신경영부문(2016), 대한민국 글로벌리더대상(2016)

박보영(朴保泳·女) PARK Poe Young

[생]1961·3·13 [출]전남 순천 [주]서울 서초구 서초대로 219 대법원 대법관실(02-3480-1100) [학]1979년 전주여고졸 1984년 한양대 법과대학졸 1985년 同대학원 법학과 수료 [경]1984년 사법시험 합격(26회) 1987년 사법연수원 수료(16기) 1987년 수원지법 판사 1989년 서울가정법원 판사 1990년 서울민사지법 판사 1992년 광주지법 순천지원 판사 1994년 수원지법 성남지원 판사 1996년 서울지법 판사 1998년 서울가정법원 판사 1999년 서울고법 판사 2002년 광주지법 부장판사 2003~2004년 서울가정법원 부장판사 2003~2005년 여성부 남녀차별개선위원회 비상임위원 2004년 변호사 개업 2004~2005년 법원행정처 행정심판위원 2004~2005년 행정자치부 공무원연금급여재심위원 2004년 가사소년제도개혁위원회 위원 2005년 산업자원부 무역위원회 비상임위원 2008년 지식경제부 무역위원회 비상임위원 2011년 한국여성변호사회 회장 2012년 대법원 대법관(현) [상]국민훈장 목련장

박보환(朴普煥) PARK Bo Hwan

[생]1956·1·8 [출]경북 청도 [주]서울 마포구 마포대로144 태영빌딩9층 국립공원관리공단 이사장실(02-3279-2721) [학]경북고졸 1985년 영남대 정치외교학과졸 1994년 건국대 행정대학원 수료 [경]한나라당 연수원 교수, 同재정경제위원회 수석전문위원, 同경기도당 사무처장, 국회 정책연구위원, 한나라당 상근전략기획위원, 화성시장애인후원회 고문, 화성시태권도연합회 부회장, 화성시족구협회 고문 2008년 이명박 대통령 취임준비위원회 자문위원 2008~2012년 제18대 국회의원(수원 화성乙, 한나라당·새누리당) 2009~2010년 한나라당 원내부대표, 同쇄신특별위원회 위원, 同일자리만들기나누기지키기특별위원회 위원, 同빈곤없는나라만드는특별위원회 위원, 同서민행복한나라추진본부 위원, 국회 교육과학기술위원회 위원, 국회 운영위원회 위원, 국회 미래전략 및 과학기술특별위원회 위원 2010~2012년 유네스코한국위원회 문화분과 위원 2010년 한나라당 예산결산특별위원회 위원 2010~2011년 同국민공감위원장 2011년 同비상대책위원회 위원 겸 비서실장 2011년 同조직강화특별위원회 위원 2011~2012년 同경기도당 수석부위원장 2013년 새누리당 국책자문위원회 위원 2013년 국립공원관리공단 이사장(현)

박복순(朴福順·女)

[생]1957·12·9 [출]충남 홍성 [주]제주특별자치도 제주시 청사로59 제주지방병무청 청장실(042-481-2603) [학]충남여고졸, 고려대 행정대학원 행정학과졸 [경]1977년 공무원 임용(9급 공채) 2010년 병무청 입영동원국 서기관 2010년 병무민원상담소 인터넷상담과장 2014년 인천경기지방병무청 징병관 2015년 병무청 사회복무국 병역공개과장 2016년 제주지방병무청장(현)

박봉국(朴奉國) PARK Bong Kook

[생]1941·3·12 [본]밀양(密陽) [출]경북 의성 [주]서울 영등포구 의사당대로26 참사회관203호 현대지방의정연구원(02-2682-3272) [학]1961년 대구상고졸 1969년 성균관대 법학과졸 1984년 연세대 행정대학원 사법행정학과졸 [경]1976년 국회 문교공보위원회 법제관 1986년 법제처 법제관 1988년 국회 민주발전을위한법률개폐특별위원회 입법심의관 1989년 同법사위원회 입법심의관 1992년 同정치관계법심의특별위원회 전문위원 1993년 대한민국법령연혁집 편찬위원 1994년 국회 법사위원회 전문위원 1996년 同내무위원회 수석전문위원 1996년 同제도개선특별위원회 위원 1997년 同정치개혁입법특별위원회 수석전문위원 1998~2001년 同행정자치위원회 수석전문위원 1998년 同정치구조개혁입법특별위원회 위원 1998~2001년 同새마을금고연합회제도개선위원회 위원 2000년 同국무총리(이한동)임명동의에관한인사청문특별위원회 수석전문위원, 同국회의원선거구획정위원회 실무지원단장 2001년 공무원연금관리공단 비상임이사 2001년 현대지방의정연구원 원장(현) 2002년 새마을금고상조복지회 이사 2002년 대한지적공사전략추진위원회 위원 2002년 천안대 초빙교수 2003~2005년 서울시의회 입법고문 2003년 바른선거시민운동전국연합회 자문위원 2005년 국회 입법지원위원회 위원 2006~2014년 인천시의회 입법고문 2006년 단국대 법무행정대학원 초빙교수 2007년 경남도의회 입법고문(현) 2007년 남양주시의회 입법고문(현) 2014년 충남 예산군의회 입법고문(현) [상]황조근정훈장(1994) [저]'법제실무'(1991, 국회사무처) '조례입법의 이론과 실제'(1992, 장원출판사) '최신 국회법(3판)'(2004, 박영사) '지방의회과정론(재판)'(2006, 박영사)

박봉국(朴奉局) PARK Bong Kook

[생]1955·3·24 [출]서울 [주]서울 강남구 역삼로221 삼영빌딩 (주)대륙제관 임원실(02-6003-0600) [학]1973년 경복고졸 1980년 한국외국어대 중국어과졸 1986년 미국 뉴욕시립대 버룩칼리지(Baruch College) 경영대학원졸 [경]1986~1992년 DAERYUK INTERNATIONAL INC. 근무 1992년 (주)대륙제관 상무 1993년 맥선 사장 2000년 대양코리아 사장 2003년 (주)대륙제관 부사장 2012년 同각자대표이사 회장(현)

박봉규(朴鳳圭) PARK Bong Kyu

[생]1953·9·19 [본]밀양(密陽) [출]경북 청도 [주]서울 광진구 능동로120 건국대학교 정보통신대학원(02-450-3561) [학]1972년 청도 이서고졸 1976년 경북대 법학과졸 1986년 미국 노스웨스턴대 대학원 경제학과졸 2001년 국방대학원 안보과정 수료 2004년 국제경영학박사(숭실대) [경]1975년 행정고시 합격(17회) 1980년 예편(공군 중위) 1980년 상공부 행정사무관, 同수출진흥과 행정사무관, 同무역정책과 행정사무관 1984~1986년 해외유학 1990년 駐체코대사관 상무관(서기관), 상공부 행정관리담당관 1994년 통상산업부 산업배치과장 1995년 대통령 경제정책기획비서관실 행정관 1998년 산업자원부 외국인투자지원실장(부이사관) 1999년 同무역투자심의관 2000년 同국제협력투자심의관 2001년 국방대학원 파견 2001년 산업자원부 국제협력투자심의관 2002년 同무역정책심의관 2003년 同무역투자실장 2004년 한국산업기술재단 사무총장 2006~2008년 대구시 정무부시장 2008년 대구컨벤션뷰로 이사장 겸임 2008~2011년 한국산업단지공단 이사장 2011~2012년 대성에너지(주) 경영지원본부 사장 2013년 건국대 정보통신대학원 석좌교수(현) 2014년 도레이케미칼(주) 사외이사(현) [상]홍조근정훈장(1996), 대통령표창(2004) [저]'경제개혁과정의 이론과 실제' '다시, 산업단지에서 희망을 찾는다'(2010, 박영사) '정도전, 조선 최고의 사상범'(2012) '광인 정도전'(2014, 아이콘북스) [종]기독교

박봉균(朴奉均) Park, Bong Kyun

[생]1957·11·25 [출]강원 동해 [주]경북 김천시 혁신8로 177 농림축산검역본부(054-912-0300) [학]1975년 강릉고졸 1980년 서울대 수의학과졸 1985년 同대학원 수의학과졸 1991년 미국 아이오와주립대 대학원 수의미생물학과졸 1997년 수의학박사(미국 미네소타주립대) [경]1980~1997년 농촌진흥청 수의과학연구소 근무 1997~2016년 서울대 수의과대학 수의학과 조교수·부교수·교수 2003~2009년 농림수산식품부 축산발전심의위원회 위원 2004~2007년 감사원 산업·환경감사자문위원회 위원 2010~2012년 세계양돈수의사대회 총회(IPVS) 학술위원장·조직위원회 부위원장 2011~2013년 대통령실 국가위기관리실 정책자문위원 2014년 대한수의학회 회장 2015년 한돈연구회 회장 2016년 농림축산식품부 농림축산검역본부장(현)

박봉두(朴奉斗) PARK Bong Doo

[생]1954·1·30 [출]경남 [주]부산 부산진구 엄광로176 동의대학교 유통물류학과(051-890-1436) [학]부산대 경영학과졸 1978년 同대학원졸 2002년 경영학박사(일본 오사카시립대) [경]1979~1997년 동의대 경영학과 교수 1997~2015년 同유통관리학과 교수, 미국 캔자스대 객원교수, 일본 오사카시립대 객원교수, 태화백화점 법정관리감사 2003년 한국마케팅관리학회 회장 2008~2010년 동의대 상경대학장 겸 경영대학원장 2010~2011년 同교무처장 2013~2014년 同교학부총장 2015년 同유통물류학과 교수(현) [저]'마케팅 사례'(1986, 경음사) '마케팅 미스테이크'(1988, 청림출판) '한국의 상권'(1990, 대한상공회의소) '부산경제론'(1994, 부산발전연구소) '마케팅신용어사전'(1996, 한국마케팅연구원) '유통학개론'(2000, 경문사) '日本における中小流通業の情報化'(2002, 일본 오사카시립대) '21세기 유통론'(2007, 한경사)

박봉수(朴峰秀) PARK Bong Soo

[생]1959·1·1 [본]울산(蔚山) [출]서울 [주]울산 울주군 온산읍 온산로68 S-OIL(주) 임원실(052-231-2909) [학]1976년 중동고졸 1981년 서울대 화학공학과졸 1984년 同대학원 화학공학과졸 [경]1983년 쌍용정유(주) 입사 1996년 同원유·해외관리팀·특수제품팀 리더 2000년 同대외이사 2000년 S-OIL(주) 해외사업담당 상무 2001년 同해외사업·수급조정담당 부사장 2004년 同수급·해외영업부문·영업전략부문 부사장 2006년 同영업B/L Head 수석부사장 2012~2015년 同운영총괄 수석부사장 2012년 울산상공회의소 부회장(현) 2015년 S-OIL(주) 운영총괄 사장(현)

ㅂ

박봉수(朴烽壽) PARK Bong Soo

❸1961·1·5 ❷밀양(密陽) ❹부산 ㉰부산 금정구 부산대학로63번길2 부산대학교 치의학전문대학원 구강해부학교실(051-510-8242) ❺1985년 부산대 치의학과졸 1987년 同대학원 치의학과졸 1990년 치의학박사(부산대) ❻1995년 부산대 치의학전문대학원 구강해부학교실 교수(현) 2001~2003년 同치과대학 부학장 2001~2003년 同대학원 치의학과장 2008년 한국치의학교육평가원 이사 2009~2011년 부산대병원 이사 2009~2011·2015년 부산대 치의학전문대학원장(현) ❼천주교

박봉순(朴奉淳) PARK Bong Soon

❸1959·4·7 ㉰충북 청주시 상당구 상당로82 충청북도의회(043-220-5083) ❺중평공고졸, 중경공업전문대 건축과졸 ❻디딤건축 대표, 강서초총동문회 사무처장, 가경동주민자치위원회 간사 2010년 충북 청주시의원선거 출마(한나라당), 가경동형석2차아파트입주자대표회의 회장(현), 부모산 해맞이추진위원회 사무국장(현), 민주평통 청주시협의회 자문위원(현), 충북도시설아동후원회 부회장, (사)충북농아인협회체육연맹 이사, 청주지역사회교육협의회 이사, 건축사사무소 '디딤' 이사(현) 2014년 충북도의회 의원(새누리당)(현) 2014년 同정책복지위원회 위원장 2014~2015·2016년 同예산결산특별위원회 위원(현) 2016년 同행정문화위원회 위원(현)

박봉순(朴奉淳) PARK Bong Soon

❸1961·3·2 ❹전남 영암 ㉰전남 화순군 화순읍 동헌길23 화순군청 부군수실(061-379-3012) ❺1979년 광주고졸 1982년 조선대병설공업전문대학 건축공학과졸 1989년 광주대 행정학과졸 1993년 전남대 대학원 건축공학과졸 ❻1982년 목포시 공무원 임용(9급 공채) 1982년 전남 목포시·보성군·송정시(現 광주광역시) 근무 1987년 전남도 근무 2002년 지방건축사무관 승진 2002년 전남도 주택행정담당 사무관 2005년 同스포츠마케팅담당 사무관 2011년 지방시설서기관 승진 2013년 전남도 홍보마케팅부장 2014년 同F1대회지원담당관 2015년 전남 화순군 부군수(현)

박봉식(朴奉植) Park, Bong-Sik (果軒)

❸1932·1·26 ❹경남 양산 ㉰서울 동대문구 장한로21 북한연구소 이사장실(02-2248-2394) ❺1951년 경남고졸 1955년 서울대 문리대 정치학과졸 1957년 同대학원 정치학과졸 1975년 정치학박사(서울대) ❻1958~1973년 서울대 문리대 전임강사·조교수·부교수 1964~1966년 미국 하버드대 연구학사 객원교수 1971년 국제정치학회 회장 1972~1978년 서울대 국제문제연구소장 1973년 제28차 유엔총회 대표자문위원 1973~1985년 남북적십자회담 자문위원 1973~1994년 서울대 사회과학대 외교학과 교수 1980년 입법회의 의원 1980~1984년 유네스코 한국위원회 사무총장 1981~1987년 학술원 회원(정치학) 1985~1987년 서울대 총장 1991년 민주평통 정책심의분과 위원장 1991~1996년 민족통일연구원 이사장 1991년 양산교육문화회 원장 1994~1996년 부산외국어대 총장 1994년 서울대 외교학과 명예교수(현) 1997년 자민련 당무위원 1997년 同경남양산지구당 위원장 1998년 同정책자문위원회 부위원장 1999년 부산한·중문화협회 회장 2000년 자민련 부총재 2002~2004년 금강대 초대총장 2011년 북한연구소 이사장(현) ❼국민훈장 목련장, 자유문화상 ⑩'근대 국제정치자료집' '되돌아 보는 한반도 국제정치' ⑨'인간성과 정치제도' '직업으로서의 정치' ❽불교

박봉용(朴鳳用) Park, Bongyong

❸1970·8·26 ❷밀양(密陽) ❹충북 청주 ㉰서울 종로구 청와대로1 대통령비서실(02-770-0011) ❺1988년 청주 운호고졸 1995년 서울대 경영학과졸 2013년 미국 조지타운대 대학원 행정학과졸 ❻1997년 행정고시 합격(41회) 1998년 행정자치부 수습사무관 2001~2006년 기획예산처 제도관리과·투자관리과·사회재정1과·균형발전재정총괄과·예산총괄과 사무관 2006~2008년 同건설교통재정과·예산기준과 서기관 2008~2009년 기획재정부 통상정책과 서기관 2009~2011년 대통령 홍보비서관실·정책실장실 행정관 2011~2013년 미국 교육파견 2014년 기획재정부 재정관리국 제도개혁1팀장 2014년 同경제정책국 물가구조팀장 2014년 同경제정책국 거시경제전략과장 2016년 대통령비서실 파견(서기관)(현) ❼대통령표창(2015)

박봉준(朴奉俊) PARK Bong June

❸1958·10·27 ❹서울 ㉰서울 강남구 역삼로221 삼영빌딩 (주)대륙제관 임원실(02-6003-0600) ❺1976년 경복고졸 1981년 한양대 기계공학과졸 1989년 미국 위스콘신대 경영대학원졸 ❻(주)대륙제관 관리담당 상무이사, 同전무이사 2003~2012년 同대표이사 사장 2003년 (주)맥선 대표이사 사장(현) 2003년 (주)지에스켐 대표이사 사장(현) 2012년 (주)대륙제관 각자대표이사 사장(현) ❼동탑산업훈장(2010)

박봉흠(朴奉欽) PARK Bong Heum

❸1948·10·11 ❹경남 밀양 ㉰경기 성남시 분당구 판교로332 SK가스(주) 임원실(02-6200-8114) ❺1967년 경남고졸 1972년 서울대 상학과졸 1987년 미국 듀크대 대학원 경제학과졸 ❻1973년 행정고시 합격(13회) 1990년 경제기획원 예산실 보사예산담당관 1991년 同물가총괄과장 1996년 同예산실 경제개발예산심의관 1998년 예산청 예산총괄국장 1998년 대한주택공사 비상임이사 1999년 국회 예산결산특별위원회 수석전문위원 2000년 기획예산처 기획관리실장 2000년 同예산실장 2002년 同차관 2003년 기획예산처 장관 2003년 노사정위원회 위원 2003~2004년 대통령비서실 정책실장 2006~2010년 한국은행 금융통화위원회 위원 2011년 SK가스(주) 사외이사(현) 2011~2016년 삼성생명보험 사외이사 겸 이사회 의장 2016년 삼성중공업 사외이사(현) ❼녹조근정훈장(1993), 황조근정훈장(2003)

박봉희(朴奉熙) PARK Bong Hee

❸1970·2·27 ❹경기 화성 ㉰충북 청주시 서원구 산남로70번길51 청주지방검찰청(043-299-4000) ❺1988년 마산 경상고졸 1996년 고려대 경영학과졸 ❻1997년 사법시험 합격(39회) 2000년 사법연수원 수료(29기) 2000년 인천지검 검사 2002년 대구지검 의성지청 검사 2003년 청주지검 검사 2005년 서울중앙지검 검사 2008년 인천지검 검사 2010년 춘천지검 검사 2012년 수원지검 검사 2013년 同부부장검사 2014년 서울중앙지검 부부장검사 2014년 창원지검 공안부장 2015년 부산지검 공안부장 2016년 청주지검 부장검사(현)

박부용(朴富用)

❸1959·6·29 ❹전북 진안 ㉰경북 김천시 혁신8로77 한국도로공사 상임감사위원실(054-811-1200) ❺1977년 국립철도고졸 1987년 성균관대 무역학과졸 ❻1979~1988년 조달청 중요물자국·기획관리관실 근무 1988년 헌법재판소 심판사무1과 근무 1998년 同기획조정실 기획예산담당관 2004년 국방대 파견 2008년 헌법재판소 심판사무국장(이사관) 2011년 同행정관리국장 2013~2015년 同기획조정실장(관리관) 2015년 한국도로공사 상임감사위원(현) ❼조달청장표창(1986), 헌법재판소장표창(1991), 홍조근정훈장(2005)

박부일(朴富逸) PARK Boo Yl

❸1943·2·9 ❷밀양(密陽) ㉰서울 강남구 역삼로172 다다C&C 회장실(02-559-9001) ❺1961년 목포고졸 1967년 연세대 정법대 행정학과졸 1994년 서울대 AMP과정 수료(39기) 1999년 고려대 ICP과정 수료(제7기) 2000년 서울대 경영대학 EECP 수료 ❻1974~2007년 (주)다다실업 창업·대표이사 회장 1984년 (주)다다산업 창업·대표이사 회장(현) 1989년 PT. DADA Indonesia 설립·대표이사 회장(현) 1991년 DADA Dhaka Ltd. 설립·대표이사 회장(현) 1996년 Paxko Korea Ltd. 설립·대표이사 회장(현) 1997년 Paxko Bangladesh Ltd. 설립·대표이사 회장(현) 2000년 (주)다모넷 설립·대표이사 회장(현) 2002년 Unipax Ltd. 설립·대표이사 회장(현) 2007년 다다C&C 대표이사 회장(현) 2007년 Moland Ltd. 대표이사 회장(현) 2014년 Sunny Handbag Ltd. 대표이사 회장(현) ❼무역의 날 금탑산업훈장(2003), 산업자원부·특허청 대한민국 100대 특허대상(2003), 수출공로상

박부진(朴富珍·女) PARK Boo Jin

❸1951·2·19 ❹부산 ㉰서울 서대문구 거북골로34 명지대학교 아동학과(02-300-0601) ❺1968년 숙명여고졸 1973년 서울대 고고인류학과졸 1975년 同대학원 인류학과졸 1994년 인류학박사(서울대) ❻1984~1995년 서울대·성신여대·명지대·상명대 강사 1995년 명지대 사회과학대학 아동학과 교수(현) 1999년 서울가정법원 가사조정위원 1999~2003년 명지대 여성가족생활연

구소장 2002년 한국문화인류학회 부회장 2002년 한국가족학회 부회장·회장 2005~2007년 명지대 사회교육대학원장 2005~2012년 同부설 아동가족심리치료센터 소장 2009년 한국가족학회 고문(현) 2012년 정수장학회 이사 [종]기독교

박삼구(朴三求) PARK Sam Koo

[생]1945·3·19 [본]밀양(密陽) [출]광주 [주]서울 종로구 새문안로76 금호아시아나그룹 임원실(02-6303-1395) [학]1963년 광주제일고졸 1967년 연세대 경제학과졸 1997년 고려대 컴퓨터과학기술대학원 최고위정보통신과정 수료 2004년 명예 경영학박사(전남대) 2015년 명예 경영학박사(연세대) [경]1967년 금호타이어 입사·상무이사 1968년 한국합성고무 전무이사 1973년 금호실업 전무이사 1974년 同LA지사장 겸임 1979년 同부사장 1980년 同사장 1982~1983년 종합무역상사협의회 회장 1984년 (주)금호 대표이사 부사장 1990년 同사장 1991~2000년 아시아나항공(주) 대표이사 사장 1999년 한양대 관광학과 겸임교수 2000년 韓獨산업협력위원회 위원장 2000년 연세대총동문회 부회장 2001년 아시아나항공(주) 대표이사 부회장 2002년 금호아시아나그룹 부회장 2002~2009년 同회장 2002년 아시아나항공(주) 대표이사 회장 2003년 전국경제인연합회 부회장 2003~2004년 사법개혁위원회 위원 2003~2005년 전국경제인연합회 기업논리위원회 위원장 2004~2011년 한국프로골프협회(KPGA) 회장 2005년 사법제도개혁추진위원회 민간위원 2005년 한·중우호협회 회장(현) 2005년 금호아시아나문화재단 이사장(현) 2005년 금호타이어 대표이사 회장 2005년 금호석유화학 대표이사 회장 2005~2007년 민족화해협력범국민협의회 후원회 회장 2006년 전국경제인연합회 관광산업특별위원회 위원장 2006년 2007한중교류의해 자문위원장 2008년 2013광주하계유니버시아드대회유치위원회 후원회장 2008년 연세대총동문회 회장(현) 2008~2009년 문화체육관광부 '2010~2012 한국방문의해' 위원장 2010년 금호아시아나그룹 회장(현) 2010년 금호타이어 공동대표이사 회장(현) 2013년 금호산업 각자대표이사 회장(현) 2014년 (사)한국메세나협회 부회장 2014년 아시아나항공(주) 각자대표이사 회장(현) 2015년 한일축제한마당 한국측 실행위원장(현) 2015년 (사)한국메세나협회 회장(현) 2015년 (재)한국방문위원회 위원장(현) 2016년 금호홀딩스(주) 각자 대표이사(현) [상]최우수정시운항상·보건사회부장관표창(1996), 국민훈장 석류장(1996), 안전경영대상(1998), 환경경영대상(1999), 한국마케팅대상(1999), 대통령표창(2000), Passenger Service Award(Air Transport World)(2001), 연세상경인상(2001), 고대 ICP경영대상(2001), 금탑산업훈장(2004), 자랑스런 연세인상(2005), 한중우호공로상(2007), 언스트앤영(Ernst & Young) 최우수기업가상 마스터부문(2008), 국제공연예술협회(ISPA) 예술후원가상(2012), 서울대 발전공로상(2013), 베트남 경제기여 감사패(2013), 베트남 우호훈장(2014), 몽블랑 문화예술 후원자상(2014), 한국공연예술경영인협회 공연예술경영대상(2015), 프랑스 최고권위 '레지옹 도뇌르 코망되르' 수훈(2016) [종]불교

박삼동(朴三東) Park Samdong

[생]1954·7·8 [주]경남 창원시 의창구 상남로290 경상남도의회(055-211-7416) [학]마산공고졸 1988년 한국방송통신대졸 1992년 경남대 행정대학원 행정학과졸 [경]회성동체육진흥회 회장, 경남대 행정대학원 총학생회장, 한국청년지도자협회 마산시 부회장, 화랑청소년연합회 이사, 정외국어학원·어린이집 원장 1998·2002·2006~2010년 경남 마산시의회 의원 2006~2008년 同건설도시위원장, 복지패밀리협의회 마산시위원장, 두척장학회 이사장(현) 2010~2014년 경남 창원시의회 의원(한나라당·새누리당) 2014년 경남도의회 의원(새누리당)(현) 2014년 同문화복지위원회 위원 2016년 同예산결산특별위원회 위원 2016년 同농해양수산위원회 위원(현) [상]경남장애인인권포럼 선정 우수의원(2015)

박삼석(朴三碩) PARK Sam Seok

[생]1950·2·12 [본]밀양(密陽) [출]경남 창녕 [주]부산 동구 구청로1 동구청 구청장실(051-440-4001) [학]검정고시 합격 2001년 동의대 정치외교학과졸, 同대학원 행정학과졸 2008년 행정학박사(동의대) [경]1980년 삼보여객 대표 1986년 상록장학회 회장 1991년 민주평통 자문위원 1991~1998년 부산시 동구의회 의원 1995년 同의장 1998·2002·2006~2010년 부산시의회 의원(한나라당), 민주평통 부산시 동구 부회장 2006~2008년 부산시의회 제1부의장, 부산경남지방자치학회 이사, 새마을부산시동구지회 회장 2010년 부산시 동구청장선거 출마(한나라당) 2012~2014년 부산교통공사 상임감사 2014년 부산시 동구청장(새누리당)(현) [상]대통령표창

박삼옥(朴杉沃) PARK Sam Ock

[생]1946·8·2 [본]밀양(密陽) [출]전북 정읍 [주]전북 전주시 완산구 거마평로130 상산고등학교 교장실(063-239-5308) [학]1966년 전주고졸 1972년 서울대 지리학과졸 1975년 同대학원 지리학과졸 1981년 이학박사(미국 Univ. of Georgia) [경]1977~1981년 미국 Univ. of Georgia 강사 1982~2011년 서울대 지리학과 교수 1990년 同지리학과장 1993년 미국 Rutgers Univ. 객원교수 1995~1998년 Papers in Regional Science 저널에디터 1996년 서울대 사회과학정보센터 소장 겸 사회과학도서관장 1997~2001년 한국지역학회 회장 1998~2000년 서울대 국토문제연구소장 1999~2001년 태평양지역학회 회장 2000년 독일 프랑크푸르트대 초빙교수 2000년 세계지리학연합 경제공간위원장 2000년 대한지리학회 부회장 2003년 同회장 2003년 서울대 국토문제연구소장 2004~2006년 同사회과학대학장 2006~2012년 산업클러스터학회 회장 2007~2011년 서울대 평의원회 의장 2008~2011년 세계지역학회(RSAI) 상임이사 2011년 서울대 지리학과 명예교수(현) 2013년 전주 상산고 교장(현) [상]과학기술 우수논문상(1997), 대한지리학회 학술상(2006), 인문사회과학분야 우수학자(2008), 대한민국학술원 학술원상 인문학분야(2016) [저]'현대경제지리학'(1999) '지속가능한 한국발전모델과 성장동력'(2009) [종]기독교

박상갑(朴相甲) Park Sang kab

[생]1954·11·16 [출]경북 영천 [주]부산 사하구 낙동대로550번길37 동아대학교 예술체육대학 태권도학과(051-200-7843) [학]1981년 동아대 체육학과졸 1983년 同대학원 체육학과졸 1989년 이학박사 (동아대) 2004년 인간과학연구학박사 (일본 와세다대) [경]1982~1987년 부산여대 강사 1984~2016년 동아대 스포츠과학대학 생활체육학과 강사·전임강사·조교수·부교수·교수 2007년 同사회교육원장, 일본 동경대 객원교수, 일본 중경대 객원교수, 한국체육학회 이사, 한국사회체육학회 부회장, 한국운동처방학회 수석부회장 2008~2009년 동아대 스포츠과학대학장 2009년 부산시체육회 이사 2009년 4대강살리기위원회 위원 2011~2014년 동아대 학생·취업지원처장 2016년 同대학원장(현) 2016년 同예술체육대학 태권도학과 교수(현) [상]제51회 일본생리인류학회 최우수논문상(2004), 한국체육학회 공로패(2007), 한국사회체육학회 공로패(2008), 한국사회체육학회 우수논문상(2012), 한국사회체육학회 최우수학술상(2015) [저]'스포츠영양학'(1986) '학교보건학'(1986) '운동처방론'(1995) '육상경기 지도서'(1995) '스포츠의학'(1996) '스포츠상해의 운동요법'(1996) '운동처방론'(1997) '최신육상경기지도서'(1999) '임상운동처방론'(2001) '운동처방 가이드라인-생활습관병과 case study-'(2004, 동아대 출판부) '고령자의 운동처방 가이드 라인'(2004, 동아대 출판부) '스포츠 의과학 키워드'(2004, 동아대 출판부) '운동처방론'(2006, 동아대 출판부) '운동처방 검사 및 평가'(2008, 동아대 출판부) '맞춤운동과 건강'(2008, 한미의학) '운동과 웰니스'(2008, 한미의학) '맞춤운동생리학'(2008, 라이프사이언스) '운동치료처방론'(2009, 동아대 출판부)

박상경(朴床卿)

[생]1967·10·25 [출]경남 남해 [주]강원 양구군 양구읍 양남로1 양구경찰서 서장실(033-481-2380) [학]부산 동천고졸 1990년 경찰대졸(6기) [경]1990년 경위 임관, 서울종로경찰서 교통과장, 경찰대 교육기획계장 2011년 서울 방배경찰서 경비교통과장, 서울지방경찰청 홍보운영계장·홍보기획계장 2015년 서울지방경찰청 경무과 치안지도관(총경) 2015년 강원지방경찰청 경비교통과장 2015년 同경무과 치안지도관 2016년 강원 양구경찰서장(현)

박상구(朴相九) PARK Sang-Koo

[생]1970·2·22 [본]고령(高靈) [출]서울 [주]서울 양천구 신월로386 서울남부지방법원(02-2192-1114) [학]1988년 서울고졸 1993년 서울대 법과대학 사법학과졸 1998년 同대학원졸 [경]1993년 사법시험 합격(35회) 1996년 사법연수원 수료(25기) 1996년 공익법무관 1999년 대전지법 판사 2001년 同서산지원 판사 2002년 수원지법 성남지원 판사 2005년 서울중앙지법 판사 2009년 서울고법 판사 2011년 춘천지법 부장판사 2013년 의정부지법 부장판사 2015년 서울남부지법 부장판사(현) [종]기독교

박상국(朴相國) PARK Sang Kook

[생]1952·3·20 [주]서울 종로구 율곡로82 삼환기업(주) 임원실(20-740-2114) [학]서울대 농업경제학과졸 [경]삼환기업(주) 대표이사 부사장, (주)삼환까뮤 부사장 2010년 신민저축은행 비상근이사 2011~2014년 (주)삼환까뮤 대표이사 2014~2016년 삼환기업(주) 대표이사 사장 2016년 同고문(현)

ㅂ

박상국(朴相國)
[생]1967 · 3 · 25 [출]대전 [주]대전 서구 둔산중로78번길45 대전지방법원(042-470-1114) [학]1985년 대전고졸 1991년 고려대 법학과졸 [경]1997년 사법시험 합격(39회) 2000년 사법연수원 수료(29기) 2000년 전주지법 판사 2004년 同남원지원 판사 2006년 전주지법 판사 2010년 광주고법 판사 2013년 전주지법 판사 2015년 대전지법 부장판사(현)

박상권(朴相權) PARK Sang Kwon

[생]1951 · 7 · 26 [본]밀양(密陽) [출]서울 [주]서울 강남구 도산대로235 평화그룹빌딩 (주)평화자동차 비서실(02-3015-1000) [학]조선대부고졸 1973년 중앙대 신문방송학과졸 2005년 명예 정치학박사(선문대) 2011년 명예 정치학박사(경남대) 2012년 고려대 일반대학원 북한학과졸 2012년 同박사과정 재학中 [경]1975~1977년 일본 세계일보 기자 1979~1989년 미국 International Oceanic Enterprises, INC. 회장 1992~2005년 미국 New Yorker Hotel 사장 1992~2005년 미국 True World Group 회장 1994년 금강산국제그룹 사장(현) 1994년 평양 보통강호텔 사장(현) 1995년 베트남 메콩자동차 회장(현) 1997년 미국 IAP AUTO 회장(현) 1998~2006년 중국 팬다자동차 이사 1999년 (주)평화자동차 대표이사, 同명예회장(현) 1999년 평양 평화자동차총회사 회장(현) 2000년 (주)평화무역 대표이사(현) 2002년 경남대 초빙교수 2003년 (주)평화항공여행사 대표이사(현) 2004~2007년 (사)한국권투위원회 회장 2004~2006년 통일부 정책자문회의 자문위원 2004~2007년 세계권투위원회(WBC) 부회장 2005~2010년 세계여자프로권투위원회(WBCF) 회장 2007년 (재)세계평화센터 이사장(현) 2009년 한국관광공사 자문위원(현) 2009년 민주평통 상임위원 2010년 (재)평화통일재단 이사장 2010년 피스컵조직위원회 위원장 2010년 선문평화축구재단 이사장(현) 2010년 K리그 성남일화축구단 구단주 2010년 세계해저터널재단 이사장(현) 2010년 남북경제인협회 회장(현) 2011년 한양대 국제관광대학원 겸임교수(현) [상]평양봄철국제상품전람회 DIPLOMA(2007), DMZ평화상 교류협력부문(2008), 대통령 공로장(2011), 대한민국 스포츠산업대상 우수상(2011) [종]기독교

박상규(朴尙奎) PARK Sang Kyu

[생]1936 · 11 · 14 [본]밀양(密陽) [출]충북 충주 [주]서울 영등포구 국회대로750 녹색재단 임원실(02-785-5101) [학]1955년 충주사범학교졸 1961년 동국대 국어국문학과졸 1998년 명예 경영학박사(숭실대) [경]1972년 한국진카트(주) 대표이사 1973년 한일비철금속 대표이사 1977년 비철금속공업협동조합연합회 회장 1978~1995년 한보금속 대표이사 1986년 중소기업협동조합중앙회 부회장 1992년 同회장 1993년 중소기업연구원 이사장 1995~2000년 새정치국민회의 부총재 1995년 同중소기업특별위원회 위원장 1996년 제15대 국회의원(전국구, 국민회의 · 새천년민주당) 1996년 국민회의 부평甲지구당 위원장 1996년 同인천시지부장 1996년 국회 중소기업포럼 회장 1998~1999년 중소기업특별위원회 위원장 1998~2001년 대한사격연맹 회장 1999년 인천시생활체육협의회 회장 2000년 새천년민주당 고문 2000~2004년 제16대 국회의원(인천 부평甲, 새천년민주당 · 한나라당) 2000~2001년 새천년민주당 사무총장 2002년 同후원회장 2002년 국회 산업자원위원장 2011년 10 · 26재보선 충주시장선거 출마(민주당), 인천아시아경기대회조직위원회 집행위원장, (재)수암생명공학연구원 이사장, 녹색재단 상임고문(현) 2015년 새정치민주연합 고문 [상]동탑산업훈장(1987), 체육훈장 맹호장(2002) [종]기독교

박상규(朴相奎) PARK Sang Kyu

[생]1951 · 10 · 1 [본]밀양(密陽) [출]충남 천안 [주]충남 천안시 서북구 성정8길5 천안문화재단(041-900-0348) [학]1970년 중동고졸 1974년 동국대 연극영화과졸 2001년 同예술대학원졸 [경]1973년 국립극단 연기인양성소 입단(6기) 1977년 同정단원, 국립중앙극장 전속 국립극단 단원 1997~2000년 한양대 · 추계예술대 강사 1998~1999 · 2002~2004년 국립극단 단장, (사)한국연극배우협회 회장 2004~2016년 상명대 연극과 교수 2010~2011년 同예술대학장 겸 문화예술대학원장 2011년 수원화성국제연극제 집행위원장 2016년 천안문화재단 대표이사(현) 2016년 코리아문화수도조직위원회(KCOC) 초대위원(현) [상]문화공보부장관표창(1980) [저]'간계와 사랑'(2000) [작]연극 '무녀도' '말괄량이 길들이기' '간계와 사랑' '남한산성' '맹진사댁경사' '여관집 여주인' '허생전' 등 연극 150여편 출연 영화 '휘파람 공주' '내 머리속의 지우개' TV드라마 '꿈' '우리가 사랑하는 죄인' '왕건' '여인천하' '토지' '연개소문' '꽃보다 남자' '크리스마스에 눈이 올까요' '대물' 등 [종]불교

박상규(朴相圭) PARK Sang Kyu

[생]1953 · 5 · 1 [본]밀양(密陽) [출]강원 삼척 [주]강원 춘천시 강원대학길1 강원대학교 경영학과(033-250-6150) [학]1979년 강원대 경영학과졸 1983년 同경영대학원졸 1994년 경영학박사(독일 아헨대) [경]1979~1980년 현대자동차 4급사원 1980~1988년 강원대 조교 · 시간강사 1987~1988년 한국산업개발연구원 연구원 1989~1994년 독일 아헨대 국제기술 및 경제협력연구소 연구원 1995년 강원대 경영학과 조교수 · 부교수 · 교수(현) 2003~2006년 강원좋은엔젤클럽 회장 2004~2005년 강원대 산학협력단장 2004~2006년 강원도 생명 · 건강RIS연구회 회장 2008년 강원대 교수평의원회 의장 2012~2014년 同경영대학장 2012~2014년 同경영대학원장 겸임 2013년 (사)G-지속가능전략연구원 원장(현) [상]강원대 우수연구교수상(2003), 강원도지사표창(2004), 자랑스런 삼척인상(2014) [저]'외국인 관광객 유치를 위한 마케팅전략' 외 다수

박상규(朴相奎) PARK Sang Kyu

[생]1959 · 4 · 13 [주]대전 유성구 가정로218 한국전자통신연구원 SW · 콘텐츠연구소 SW기반기술연구본부(042-860-6340) [학]1982년 서울대 컴퓨터공학과졸 1984년 同대학원 전산학과졸 1998년 전산학박사(KAIST) [경]2001년 한국전자통신연구원 휴먼정보처리연구부장 2007년 同임베디드SW연구단 음성언어정보연구센터장 2008년 同SW연구부문 음성언어정보연구부장 2014년 同SW · 콘텐츠연구소 SW기반기술연구본부장(현) [상]미래창조과학부장관표창(2013), 과학기술훈장 진보장(2015)

박상규(朴相奎) PARK, Sang-Gue

[생]1961 · 11 · 14 [본]밀양(密陽) [출]서울 [주]서울 동작구 흑석로84 중앙대학교 경영경제대학 응용통계학과(02-820-5510) [학]1983년 중앙대 응용통계학과졸 1985년 同대학원 통계학과졸 1990년 통계학박사(미국 뉴욕주립대 버펄로교) [경]LG전자 6시그마 자문교수, 식품의약품안전청 중앙약사심의위원, 농촌진흥청 겸임연구관, 한국통계학회 'JKSS' 편집위원장, 한국품질경영학회 연구위원장 1989년 중앙대 경영경제대학 응용통계학과 교수(현) 2002년 미국 하버드대 연구교수 2004년 미국 매사추세츠대 연구교수 2008~2012년 공공기관경영평가위원 2008 · 2009~2010년 중앙대 입학처장 2010년 한국품질경영학회 부회장 2011년 중앙대 기획처장 2012년 同미래기획단장 2013년 同기획관리본부장 2014년 한국장학재단 비상임이사(현) 2015년 중앙대 행정부총장 2015년 同100주년기념사업단장(현) 2015년 SK케미칼(주) 사외이사(현) [상]중앙대 공로상(2010), 중앙대동창회 '자랑스런 중앙인상'(2014) [저]'엑셀을 활용한 통계의 이해'(2002) '통계적 연구방법론의 이해'(2009) '생물학적 동등성 시험 연구를 위한 통계적 방법'(2014, 자유아카데미)

박상규(朴相奎) Park Sang Kyu

[생]1964 · 8 · 9 [주]서울 중구 남대문로90 SK네트웍스 호텔총괄 부사장실(070-7800-2114) [학]배명고졸, 서울대 경영학과졸 [경]SK(주) 재무개선담당 소매전략팀장 2007년 同투자회사관리실 기획팀장(상무) 2008년 同기획담당 상무 2009년 SK네트웍스 소비재플랫폼본부 상무 2013년 SK이노베이션 비서실장 2016년 SK네트웍스 호텔총괄 부사장(현)

박상근(朴相根) PARK Sang Keun (三木)

[생]1947 · 9 · 3 [본]함양(咸陽) [출]인천 [주]부산 부산진구 복지로75 인제대학교 의과대학 신경외과학교실(02-950-1922) [학]1966년 경기고졸 1973년 연세대 의대졸 1977년 同대학원졸 1990년 의학박사(고려대) [경]1973~1983년 해군 軍의관(중령 예편) 1983~1989년 연세대 의과대학 신경외과학교실 전임강사 · 조교수 · 부교수 1987년 미국 미네소타의대 신경외과 객원교수 1989~2013년 인제대 의과대학 신경외과학교실 교수 1998~2004년 대한신경학회 보험상임이사 2001년 대한뇌종양학회 회장 2001년 인제대 상계백병원 부원장 2001~2003년 대한의학레이저학회 이사장 2002년 대한신경외과학회 서울경인지회장 2003~2006년 인제대 상계백병원 원장 2005~2009년 대한병원협회 보험위원장 2005년 서울시병원회 부회장 2005년 서울북부지검 의료자문위원 2006년 인제대 백중앙의료원 대외협력의료원장 2008~2014년 건강보험심사평가원 비상임이사 2009~2010년 대한의학레이저의학회 회장 2010~2016년 인제대 백중앙의료원장 2010~2013년 대한임상보험의학회 회장 2010년 대한신경중환자의학회 회장 2010년 대한병원협회 부회장 2012년 상급종합병원협의회 초대회장 2012~2014년 한국의료분쟁조정중재원 감정단장 2012~2013년 서울시병원협회 회장 2013년 인제

대 의과대학 신경외과학교실 명예교수(현) 2014~2016년 대한병원협회 회장 2014~2016년 한국의학교육협의회 회장 ㈜대통령표창(1982), 대한뇌종양학회 감사장(2001), 대한가정의학회 감사장(2004), 중외박애상(2007), 국민훈장 석류장(2011), 홍조근정훈장(2013), 연세를 빛낸 동문상(2016) ㈜기독교

박상기(朴相基) PARK Sang-Ki

생1952·6·18 본밀양(密陽) 출전남 무안 주서울 서대문구 연세로50 연세대학교 법학전문대학원(02-2123-3005) 학1970년 배재고졸 1974년 연세대 법학과졸 1982년 독일 뷔르츠부르크대 법학부 수학 1986년 독일 괴팅겐대 법학부 수료(법학박사) 경1987년 연세대 법학과 조교수·부교수·교수(현) 1995년 독일 본(Bonn)대학 범죄학연구소 방문교수 1995년 미국 위스콘신대 Law School 방문교수 1998~2003년 대검찰청 검찰제도개혁위원 1999년 한국의료법학회 부회장 2001년 중앙인사위원회 인사정책자문위원 2003~2006년 연세대 법과대학장 2004~2006년 同법무대학원장 겸임 2004년 법무부 정책위원 2004년 한국형사정책학회 회장 2004~2007년 학교법인 동덕여학단 이사장 2005년 한국형사법학회 회장 2005년 국무조정실 정책평가위원 2005년 한국법학교수회 부회장 2006~2007년 형사판례연구회 회장 2006년 일본 게이오대 법무연구과 방문교수 2007년 대법원 형사실무연구회 부회장 2007~2011년 법무부 형사법개정특별분과위원회 위원 2007년 사법시험 위원·군법무관시험 위원·행정고등고시 위원·입법고시 위원 2007~2010년 한국형사정책연구원 원장 2009년 연세대 법학전문대학원 교수(현) 2012~2015년 경제정의실천시민연합 중앙위원회 의장 ㈜국민훈장 동백장, 한국범죄방지재단 범죄문제관련 학술상(2011) 저'독일형법사'(1993) '법학개론'(共) '형의 집행유예에 관한 연구' '형법연습' '형법총론 제7판'(2007) '형사정책'(共)'(2011, 한국형사정책연구원) '형법각론 제8판'(2011, 박영사) '형사정책'(共)

박상기(朴相起) PARK Sang Ki

생1952·10·6 본순천(順天) 출인천 주서울 강남구 영동대로517 아셈타워22층 법무법인 화우(02-6003-7144) 학1971년 인천 제물포고졸 1975년 서울대 외교학과졸 1977년 同대학원 국제정치학과 수료 1989년 미국 뉴욕시립대 대학원 국제정치학과 경1975년 외무고시 합격(9회) 1975년 외무부 입부 1979년 駐미국 3등서기관 1981년 駐세네갈 2등서기관 1983년 외무부 국제연합과 서기관 1986년 駐뉴욕 영사 1989년 외무부 북미통상과 과장 1992년 駐EC대표부 참사관 1995~1996년 미국 하버드대 국제문제연구소(CFIA) 객원연구원 1996년 외무부 통상국 심의관 1998년 駐OECD대표부 공사 2002년 외교통상부 지역통상국장 2003년 駐상하이 총영사 2005년 인천시 국제관계자문대사 2006년 외교통상부 대테러국제협력대사 2007~2008년 아시아태평양경제협력체(APEC) 대테러대책반(CTTF) 의장 2010~2012년 駐제네바대표부 대사 2013년 법무법인 화우 고문(현) 2016년 UN한국협회 부회장(현) ㈜외교안보연구원장표창(1991), 황조근정훈장(2013) 저'메갈로폴리스 상하이'(2005, 박영사)

박상길(朴相吉) PARK Sang Kil

생1953·11·10 본밀양(密陽) 출서울 주서울 종로구 사직로8길39 세양빌딩 김앤장법률사무소(02-3703-1714) 학1972년 경기고졸 1976년 서울대 법대졸 1987년 미국 하버드대 법과대학원졸 1990년 미국 스탠퍼드대 법과대학원 수료 경1977년 사법시험 합격(19회) 1979년 사법연수원 수료(9기) 1979년 서울지검 검사 1981년 제주지검 검사 1982년 법무부 법무실 검사 1983~1987년 同법무심의관실 검사 1987년 서울지검 검사 1988년 법무부 검찰국 검사 1990년 서울지검 검사 1991년 창원지검 충무지청장 1992년 법무부 검찰국 검사 1993년 대검찰청 감찰제2과장 1995년 同중수부 제3과장 1996년 同중수부 제2과장 1997년 同중수부 제1과장 1997년 서울지검 특수3부장 1998년 同특수2부장 1998년 同특수1부장 1999년 同의정부지청 차장검사 2000년 대검찰청 수사기획관 2001년 서울지검 제3차장검사 2002년 同남부지청장 2003년 법무부 기획관리실장 2004년 대검찰청 중앙수사부장 2005년 대구지검장 2006년 대전고검장 2007~2008년 부산고검장 2008년 김앤장법률사무소 변호사(현) 2011~2012년 ㈜포스코 사외이사(현) ㈜법무부장관표창(1989), 홍조근정훈장(2001), 황조근정훈장(2007)

박상대(朴相大) Park Sang-Dai (海峯)

생1937·8·20 본밀양(密陽) 출경남 김해 주서울 관악구 관악로1 서울대학교 연구공원 IVI본부(02-881-1301) 학1955년 부산고졸 1960년 서울대 문리과대학 동물학과졸 1962년 同대학원졸 1974년 이학박사(미국 세인트존스대) 경1967~1982년 서울대 전임강사·조교수·부교수 1975~1981년 同실험동물사육장장 1981~1983년 국무총리 정책자문위원 1981년 서울대 자

연대 교무학장보 1982~2002년 同자연과학대 생명과학부 교수 1985년 同유전공학연구소장 1985~1998년 교육부 유전공학심사평가위원장 1989~1990년 대통령 과학기술자문위원 1989년 유전학회 회장 1991년 분자생물학회 회장 1991년 서울대 연구처장 1993년 독성학회 회장 1995년 한국과학기술한림원 이학부 종신회원·원로회원(현) 2000~2001년 한국생물과학협회 회장 2000~2008년 국제백신연구소 특별고문 2002년 대한민국학술원 회원(세포 및 분자유전학·현), 同자연과학부 제2분과 회장(현) 2002년 서울대 명예교수(현) 2003~2006년 기초기술연구회 이사장 2003~2006년 국가과학기술위원회 운영위원 2005~2008년 한국과학기술단체총연합회 부회장 2006~2009년 (재)나노소자특화팹센터 이사장 2006년 제3세계과학아카데미 펠로우(현) 2009~2010년 (사)국제백신연구소(IVI) 한국후원회장 2009년 同이사장 2010년 고문(현) 2011~2014년 한국과학기술단체총연합회 회장 2011년 국제과학비즈니스벨트위원회 민간위원 2013~2014년 국가과학기술자문회의 부의장 2014 2016년 대학특성화사업 관리위원장 2015년 대학구조개혁사업 관리위원장(현) ㈜한국과학상(1987), 대한민국학술원상(1998), 외교통상부장관표창(1999), 녹조근정훈장(2002), 한국과학기술한림원상(2007), 과학기술훈장 창조장(2014) 저'분자세포생물학' '필수 세포생물학' '분자생물학' ㈜가톨릭

박상덕(朴相德) Park Sang-Deok

생1958·5·26 본밀양(密陽) 출전남 나주 주강원 동해시 천곡로119 동해세관(033-539-2662) 학1977년 광주 살레시오고졸 1991년 호남대 행정학과졸 2002년 고려대 행정대학원 경제학과졸 경2002~2004년 관세청 공무원직장협의회 의장 2005~2006년 광양세관 근무 2007년 관세청 심사정책과 행정사무관 2009년 전주세관장 2011년 관세청 수출입물류과 사무관 2014년 同수출입물류과 서기관 2016년 동해세관장(현) ㈜재무부장관표창, 관세청장표창, 관세청 모범공무원(1999), 국무총리표창(2002) ㈜기독교

박상돈(朴商敦) PARK Sang Don

생1949·9·3 본밀양(密陽) 출충남 연기 주충남 천안시 서북구 늘푸른1길19, 105동301호 (사)아르크 임원실(041-592-0908) 학1968년 대전고졸 1972년 육군사관학교졸(28기) 1986년 서울대 행정대학원졸 경1988년 충남도 기획담당관 1989년 아산군수 1991년 충남도 지역경제국장 1991년 대통령비서실 근무 1994년 내무부 지방기획과장 1994년 대천(보령)시장 1995년 서산시장 1995년 충남도의회 사무처장 1998년 충남발전연구원 연구실장 1999년 충남도 기획정보실장 2002년 천안발전연구소 소장 2002년 천안시장 출마(자민련) 2003년 나사렛대 비서행정학과 객원교수 2004년 제17대 국회의원(천안乙, 열린우리당·중도통합민주당·대통합민주신당·자유선진당) 2006년 열린우리당 제4정책조정위원장 2008년 자유선진당 원내대표 2008~2010년 제18대 국회의원(천안乙, 자유선진당) 2008~2009년 자유선진당 사무총장 2008년 同천안乙당원협의회 위원장 2009~2010년 同충남도당 위원장 2010년 충남도지사선거 출마(자유선진당) 2012년 제19대 국회의원선거 출마(천안乙, 자유선진당) 2012년 선진통일당 천안乙당원협의회 위원장 2012년 同최고위원 2015년 (사)아르크 대표이사(현) ㈜근정포장 저'지방자치와 우열의 법칙' ㈜천주교

박상동(朴尙東) PARK Sang Dong (濟民)

생1940·7·17 본반남(潘南) 출서울 주서울 서대문구 성산로365의14 동서한방병원 의료원장실(02-320-7909) 학1960년 청원고졸 1966년 경희대 한의학과졸 1971년 연세대 경영대학원졸 1975년 경희대 대학원 박사과정 수료 1985년 경제학박사(중국 文化大) 1987년 미국 조지워싱턴대 수료 1996년 연세대 언론홍보대학원 최고위과정 수료 1996년 고려대 언론대학원 최고위과정 수료 1997년 명예 중의학박사(중국 遼寧중의학원) 1999년 한의학박사(경희대) 1998년 서울대 보건대학원 최고관리자과정 수료 경1965년 경희대 총학생회장 1972·1978년 통일주체국민회의 대의원 1984년 제민의료재단 이사장(현) 1984년 동서한방병원 의료원장 겸 이사장(현) 1985년 대한사격연맹 의무위원장 1986년 원광대 한의과 외래교수 1987년 경희대 한의과대 외래부교수 1988년 국제라이온스협회 354-A지구 총재 1988년 同309복합지구 총재협의회 의장 1988년 한국라이온스장학회 설립·초대 이사장 1990년 세계사격연맹 의무분과위원 겸 국제임원 1991~1995년 서울시의회 의원·재무경제위원장 1995년 서부신문사 회장(현) 1995~2005년 민주평통 서대문구협의회 자문회장 1996~2004년 대한한방병원협회 회장 1997년 중국 요녕중의학원 객원교수(현) 1998년 경희대 한의과대 외래교수(현) 2002~2006년 경희대총동문회 회장 2002년 가톨릭대·차의과학대 외래교수 2005년 대한한방병원협회 명예회장(현) ㈜국민훈장 목련장(1978·1996), 국무총리표창(1982), 서울특별시장 감사장(1985), 보건사회

ㅂ

부장관표창(1986), 내무부장관표창(1986), 체육부장관표창(1988), 부총리 겸 재정경제원장관표창(1989·1995), 재무부장관표창(1989), 서울특별시장표창(1990), 보건복지부장관표창(1995), 서울시교원단체연합회 유공상(1998), 국가보훈처 감사패(1998), 강서구 등촌7동 종합사회복지관 감사패(1998), 강서구 자원봉사대상축제 봉사상(2003), 대한한방병원협회 표창장(2008), 연세대경영전문대학원총동창회 동문포상 사회봉사상(2008), 자랑스러운 청원동문상(2010), 대한민국 자랑스런한국인상 사회봉사부문 [저]'여성의 고민과 한방' '중풍 못 고치는 것이 아니라 안 고치는 것이다' [종]기독교

박상동(朴相東) PARK Sang Dong (夏軒)

[생]1947·9·5 [본]영해(寧海) [출]대구 [주]대전 유성구 엑스포로123번길27의5 연구개발특구진흥재단 감사실(042-865-8910) [학]1965년 경북고졸 1970년 고려대 건축공학과졸 1973년 同대학원졸 1984년 공학박사(고려대) [경]1975년 한국과학기술정보센터 기술상담역 1977년 한국동력자원연구소 건물연구실장 1979년 미국 국립알곤연구소 연구원 1984년 건설교통부 중앙건설기술심의위원 1985년 미국 상무성 건설기술센터 연구원 1991년 한국에너지기술연구원 건물연구부장 1993년 同에너지절약연구단장 1994년 同부소장·선임연구부장 1996년 同책임연구원 1997년 同그린빌딩연구센터 위원장 1997년 공기조화냉동공학회 부회장 1997년 건물에너지관리기술연구회장 1997~2000년 그린빌딩기술연구회장 2001년 한국에너지기술연구원 그린빌딩사업단장 2002년 한국그린빌딩협의회장 2002년 대한주택공사 친환경건물인증 심의위원 2004년 건설교통부 건설교통안전전문위원회 전문위원 2005년 同전략환경평가위원 2005년 同중앙건축위원 2006년 同중앙건설기술심의위원 2006년 한국교육개발원 자문위원 2006년 대통령자문 건설기술건축문화선진화위원회 특별위원 2008년 대전시 건설기술심의위원(현) 2008~2013년 한국에너지기술연구원 건물에너지연구센터 책임연구원 2008~2012년 행정중심복합도시건설청 건축위원회 위원 2009년 고려대 건축학과 겸임교수(현) 2010년 한국에너지기술연구원 정책자문위원 2010~2013년 대전시 정책자문관 2010년 同건축위원회 위원(현) 2013년 한국에너지기술연구원 명예연구원(현) 2013년 연구개발특구진흥재단 감사(현) [상]국민포장, 과학기술처장관표창, 공기조화냉동공학회 학술상, 20세기환경인물 50인상, 과학기술훈장 도약장(2007), 대한건축학회 학술상(2007) [저]'건축설계자료집'(1994) '그린빌딩 건축계획'(2008)

박상래(朴相來) PARK Sang Rae

[생]1958·10·19 [본]밀양(密陽) [출]인천 [주]서울 종로구 새문안로92 광화문오피시아빌딩1507호 한국보험계리사회(02-782-7440) [학]1977년 대건고졸 1985년 동국대 통계학과졸 1999년 성균관대 경영대학원 보험학과졸 [경]1984~1989년 대한교육보험(주) 근무 1989~1991년 조지아생명보험(주) 근무 1991년 보험개발원 입사 1998년 同보험연금실장 2001년 同보험1본부장 2002년 同기획관리본부장 2003년 同생명보험본부장(이사대우) 2006~2009년 同생명보험본부장(상무이사) 2006~2009년 한국보험계리사회 부회장 2010년 김앤장 법률사무소 전문위원(현) 2010~2015년 금융소비자학회 이사 2010년 우체국금융위험관리위원회 위원 2012년 한국보험계리사회 회장(현) [상]재무부장관표창(1994)

박상래

[생]1963·6·2 [출]전남 광양 [주]전남 해남군 해남읍 교육청길82 해남소방서 서장실(061-530-0703) [학]1982년 금오공업고졸 2002년 한국방송통신대 법학과졸 [경]1993년 소방위 임용(소방간부후보생 7기) 2004년 담양소방서 소방과장 2006년 목포소방서 방호구조과장 2012년 전남소방본부 장비·지도계장 2015년 同119종합상황실장 2015년 해남소방서장(현)

박상민(朴相敏) PARK Sang Min

[생]1958·11·25 [본]밀양(密陽) [출]강원 양양 [주]강원 양양군 양양읍 군청길1 양양군청 부군수실(033-670-2205) [학]양양고졸, 한국방송통신대 행정학과졸, 강릉대 대학원 지역개발학과졸 [경]양양군 감사계장, 同경리계장, 同서무담당, 同행정담당, 同낙산도립공원관리사무소장, 同서면장, 同문화관광과장 2008년 同자치행정과장 2009년 同주민생활지원과장 2012년 同민원봉사과장 2015년 강원도의회 사무처 입법지원담당관 2016년 강원 양양군 부군수(현) [종]기독교

박상배(朴相培) Park Sang Bae

[생]1958·7·20 [본]순천(順天) [출]충북 청주 [주]대전 유성구 대덕대로1227 한국가스기술공사 감사실(042-600-8000) [학]세광고졸 1986년 고려대 국어국문학과졸 2006년 同언론대학원졸 2010년 동국대 대학원 언론학 박사과정 수료 [경]1986년 대한경제일보 사회부 기자 1989년 중도일보 정치부 기자 1996년 同서울주재 정치부 차장 1998년 同서울주재 정치행정부 부장대우 2003년 同서울주재 정치부장, 同편집부국장 2006년 충남도정신문 상임편집위원(편집주간) 2009년 한국광해관리공단 대외협력실 이사 2012년 언론중재위원회 경기중재부 중재위원 2016년 한국가스기술공사 상임감사(현) [저]'언론에 비친 한국정치사'

박상범(朴相範) PARK Sang Beom

[생]1956·4·10 [주]경북 경주시 동대로123 동국대학교 경영학부(054-770-2326) [학]1978년 동국대 경영학과졸 1980년 同대학원 경영학과졸, 경영학박사(인하대) [경]1982~1984년 동국대·인천대·인하대·청주대 강사 1984~1995년 동국대 상경대학 경영학과 전임강사·조교수·부교수 1995년 同경영관광대학 경영학과 교수 2007년 同학생경력개발원장 2011~2012년 同경주캠퍼스 학생경력개발원장 2013년 同경주캠퍼스 경영학부 교수(현) 2014년 同경주캠퍼스 경영대학원장 겸 경영계열학장(현) [저]'중소기업경영론'(1987·1993·1997) '중소기업론'(1993) '경영학개론'(1997)

박상범(朴商範)

[생]1968 [주]서울 영등포구 여의공원로13 KBS 보도본부 통합뉴스룸 경제부(02-781-1000) [학]1986년 고려대 중어중문학과졸 [경]1994년 한국방송공사(KBS) 기자(공채 20기) 2000년 同보도본부 보도국 편집기자 2004년 同취재3팀 기자 2006년 同사회팀 기자 2006년 同'미디어포커스' 진행 2006~2007년 同기자협회장 2007년 한국방송기자협의회 초대 회장 2007년 한국방송공사(KBS) 시사보도팀 기자 2008년 同보도본부 사회팀 기자 2008년 同'미디어포커스' 진행 2014년 同보도본부 보도국 라디오뉴스제작부장 2015년 同보도본부 보도국 경제부장 2016년 同보도본부 통합뉴스룸[취재] 경제부장(현)

박상선(朴相善) Park Sang-Sun

[생]1958·2·10 [본]밀양(密陽) [출]경기 성남 [주]경기 성남시 분당구 판교역로220 안랩3층 (주)스마일게이트인베스트먼트 임원실(031-8017-9620) [학]1986년 경희대 경영학과졸 1992년 同경영대학원졸 [경]1986년 한국주택은행(現 국민은행) 입행 1990년 기술보증기금 근무 1997년 기보캐피탈 근무 2008년 아주IB투자(주) 투자총괄 상무 2010년 同투자총괄 전무 겸 PF본부장 2012~2015년 同경영본부 전무 2015년 (주)스마일게이트인베스트먼트 부사장(현)

박상수(朴商秀) PARK Sang Soo

[생]1954·2·10 [본]밀양(密陽) [출]충남 연기 [주]서울 동대문구 경희대로26 경희대학교 경영대학 경영학과(02-961-2160) [학]1972년 경기고졸 1977년 서울대 경영학과졸 1986년 미국 시카고대 대학원 경영학과졸 1990년 재무학박사(미국 시카고대) [경]1986년 미국 시카고주립대 조교수 1990년 미국 뉴욕주립대 조교수 1994년 한림대 재무학과 부교수 1995~2014년 경희대 경영대학 경영학부 부교수·교수 1997~1998년 한국재무학회 편집위원, 同선거관리위원장, 同부회장, 기획예산처 기금운용평가위원 1998년 SKC 사외이사 겸 감사위원장, 교보증권 사외이사 겸 리스크관리위원장 2009~2012년 경희대 경영대학원장 2011년 한국재무학회 회장 2012~2015년 금융감독원 소비자보호심사위원장 2013년 (주)LG유플러스 사외이사 2014년 同사외이사 겸 감사위원(현) 2015년 경희대 경영대학 경영학과 교수(현), 금융위원회 자체규제심사위원장(현) [종]기독교

박상숙(朴相淑·女) PARK Sang Sook

[생]1966·6·6 [주]대전 서구 둔산로100 대전광역시의회(042-270-5226) [학]연산상업고졸, 대전보건대 미용학과졸, 한남대 사회문화대학원 향장미용학과졸 [경]박상숙 헤어미인 대표(현), (사)대한미용사회 대전시미용협의회장(현), (사)대한미용사회 대전시 대덕구지회장(현), 혜천대 뷰티디자인계열 헤어디자인학과 겸임조교수 2014년 대전시의회 의원(비례대표, 새정치민주연합·더불어민주당)(현) 2014년 同교육위원회 부위원장 2014년 同운영위원회 위원

2015년 同운영위원회 부위원장 2015 · 2016년 同윤리특별위원회 위원장(현) 2015년 同예산결산특별위원회 위원 2016년 同운영위원회 위원(현) 2016년 同행정자치위원회 부위원장(현)

박상순

[생]1964 [출]서울 [주]서울 서대문구 통일로87 임광빌딩 신관 SK커뮤니케이션즈(주) 임원실(02-3432-1114) [학]1993년 미국 콜로라도대 볼더교 대학원 통합마케팅커뮤니케이션 석사 [경]1995년 삼성그룹 비서실 근무 2001년 옥션 영업총괄 상무 2006년 NHN RM(Risk Management)담당 이사 2007년 同NBO(네이버 비즈니스 총괄) 2009년 同비즈니스플랫폼중개센터장(상무) 2010년 제이큐브인터랙티브(舊 조인스닷컴) · 중앙일보씨앤씨 대표이사 2016년 SK커뮤니케이션즈 대표이사(현)

박상식(朴尙植) PARK Sang Seek

[생]1934 · 11 · 26 [본]밀양(密陽) [출]전남 완도 [학]1959년 서울대 문리대학 영어영문학과졸 1964년 미국 앰허스트대 정치학과졸 1971년 정치학박사(미국 Univ. of Massachusetts at Amherst) 1991년 명예 박사(미국 Univ. of Massachusetts at Amherst) [경]1958년 외무고시 합격 1959년 외무부 사무관 1969~1979년 미국 햄프턴대(Hampton Univ.) 정치학과 교수, 同정치학과장 1970년 미국정치학회 명예회원(현) 1979년 외교안보연구원 교수 1980~1988년 同연구실장 1982~1986년 아프리카학회 회장 1988년 駐보스턴 총영사 1992년 駐유네스코대표부 대사 1994년 외교안보연구원 연구위원 1996년 駐싱가포르 대사 1998~2000년 외교안보연구원 원장 2003~2007년 경희대 평화복지대학원장 2007~2013년 同평화복지대학원 객원교수 [상]황조근정훈장 [저]'아프리카 외교론'(1975) '국제정치학'(1981) '제3세계 정치'(1987) '국제정치의 이해'(2005) 'Globalized Korea and Localized Globe'(2011) 소설집 '눈물의 강산'(2014, 한국디지틀도서관포럼)

박상식(朴上植) Park Sang-shik

[생]1958 · 10 · 19 [출]경기 파주 [주]서울 종로구 사직로8길 60 외교부 인사운영팀(02-2100-7136) [학]1977년 서울 성남고졸 1981년 육군사관학교졸 [경]1988년 외무부 입부 1991년 駐네덜란드 2등서기관 1993년 駐상파울루 영사 1999년 駐수단 참사관 2002년 駐시카고 영사 2005년 외교통상부 홍보과장 2006년 同중미과장 2007년 駐아르헨티나 공사참사관 2010~2013년 駐상파울루 총영사 2013~2015년 충남도 국제관계대사 2015년 駐베트남 총영사(현) [상]외무부장관표창(1996)

박상언(朴尙彦) PARK, Sang-Eon

[생]1953 · 4 · 8 [출]인천 [주]인천 남구 인하로100 인하대학교 자연과학대학(032-860-7675) [학]1971년 제물포고졸 1975년 서울대 응용화학과졸 1977년 한국과학기술원(KAIST) 석사 1981년 화학박사(한국과학기술원) [경]1977~1984년 전엔지니어링 Process Design 계장 1981년 同연구소 선임연구원 1984년 미국 Texas A&M Research Associate 1987년 한국과학기술원(KAIST) 객원연구원 1987~1990년 한국화학연구소 선임연구원 1990~2003년 同책임연구원 1999년 同분자활성공학연구팀장 2000년 고려대 객원교수 2001~2003년 한국화학연구원 책임연구원 2002~2004년 한밭대 화학공학과 겸임교수 2003년 국가나노핵심사업 나노촉매연구사업단장 2003년 인하대 화학과 교수 2004년 同나노정밀화학융합산업기술개발지원센터장(현) 2008년 한국과학기술한림원 정회원(현) 2013년 인하대 자연과학대학 화학전공 교수(현) 2013년 엘제비어 잡지사 편집장(현) [종]기독교

박상연(朴商淵) PARK Sang Yeon

[생]1961 · 12 · 2 [본]밀양(密陽) [출]충북 청원 [주]충북 청주시 상당구 교동로9 교직원공제회관3층 충청미디어 편집국(043-211-7500) [학]1981년 운호고졸 1988년 충북대 영문학과졸 2010년 청주대 사회복지행정대학원 사회복지학과졸 [경]1988~1989년 충청일보 근무 1989년 중부매일 입사 1997년 同경제팀장 2000년 同경제부장 2001년 同사회부장 2002년 同사회부장 겸 제2사회부장 2004년 同정치부장 2004~2005년 충북기자협회 회장 2006년 중부매일 편집국 부국장 2007년 同경영기획국장 2008년 同편집국장 2011년 同뉴미디어국장 겸 논설실장 2012~2014년 同세종본부장 2015년 충청미디어 편집국장(현)

박상열(朴相烈) PARK Sang Yull

[생]1952 · 12 · 15 [출]서울 [주]서울 노원구 광운로20 광운대학교 법과대학 법학부(02-940-5345) [학]1976년 연세대 법학과졸 1981년 同대학원졸 1990년 법학박사(연세대) [경]1991년 광운대 법학부 교수(현) 2002년 연세법학회 상임이사 2003년 한국비교형사법학회 이사 2003년 전국법과대학학장협의회 상임이사(총무) 2003년 광운대 법과대학장 2003~2005년 한국교정학회 이사 2004년 한국소년법학회 감사 2005~2009년 한국교정학회 교정연구 편집위원 2008년 同부회장 2010년 한국소년정책학회 부회장 2010~2011년 광운대 건설법무대학원장 겸 법과대학장 2011년 한국소년정책학회 회장 2014~2015년 한국교정학회 회장 2014년 광운대 연촌재 관장 [저]'형사소송법'(2002 · 2006) '범죄피해자학'(2006)

박상열(朴湘烈)

[생]1958 · 3 · 13 [주]대구 동구 이노밸리로291 한국감정원 부동산가격공시본부(053-663-8231) [학]신일고졸, 경기대 관광경영학과졸, 인하대 대학원 교통물류학과졸 [경]2008년 국토해양부 기획조정실 남북협력팀장(서기관) 2009년 인천지방해양항만청 총무과장 2010년 국토해양부 물류항만실 물류산업과장 2013년 同교통물류실 대중교통과장 2014년 同철도안전기획단장 2015년 경기도 교통국장 2016년 한국감정원 심사 · 공시본부장(상임이사) 2016년 同부동산가격공시본부장(현)

박상영 Park Sangyoung

[생]1995 · 10 · 16 [출]경남 진주 [주]서울 송파구 양재대로 1239 한국체육대학교 펜싱선수단(02-410-6700) [학]2014년 경남체육고졸 2016년 한국체육대 재학 중(3년) [경]2012년 세계청소년펜싱선수권대회 남자 에페 개인전 금메달 · 단체전 동메달 2013년 제6회 동아시아경기대회 남자 에페 개인전 동메달 · 단체전 금메달 2014년 제17회 인천아시안게임 남자 에페 단체전 금메달 2016년 제31회 리우데자네이루 올림픽 남자 에페 개인전 금메달 [상]경남도체육상 최우수선수상(2012)

박상옥(朴商玉) PARK Sang Ok

[생]1956 · 11 · 13 [출]경기 시흥 [주]서울 서초구 서초대로 219 대법원 대법관실(02-3480-1100) [학]1975년 경기고졸 1979년 서울대 법학과졸 1988년 미국 조지워싱턴대 대학원 비교법학과졸 [경]1978년 사법시험 합격(20회) 1981년 사법연수원 수료(11기) 1981년 육군 법무관 1982년 육군 제3군단 검찰부장 1983년 육군 제1군사령부 심판부장 1984년 서울지검 검사 1987년 수원지검 여주지청 검사 1989년 서울지검 동부지청 검사 1991년 부산지검 고등검찰관 1993년 춘천지검 속초지청장 1993년 대검찰청 검찰연구관 1995년 인천지검 특수부장 1996년 대검찰청 범죄정보관리과장 1997년 사법연수원 교수 1999년 서울지검 외사부장 2000년 대전지검 홍성지청장 2001년 서울고검 검사 2002년 대전고검 검사 2003년 서울고검 검사 2004년 의정부지검 고양지청장 2005년 대검찰청 공판송무부장 2006년 사법연수원 부원장 2007년 의정부지검장 2008~2009년 서울북부지검장 2009년 법무법인 충정 변호사 2010년 법무법인 산호 변호사 2011~2014년 법무법인 도연 대표변호사 2012~2014년 사학분쟁조정위원회 위원 2014~2015년 한국형사정책연구원 원장 2015년 대법원 대법관(현) [상]홍조근정훈장(2003), 자랑스러운 숭문인상(2016) [저]'미국형사법'

박상옥(朴商玉) Sang Ok Park

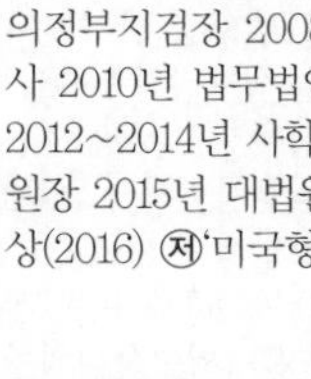

[생]1972 · 7 · 8 [본]밀양(密陽) [출]대전 [주]세종특별자치시 도움6로11 행정중심복합도시건설청 기획재정담당관실(044-200-3050) [학]1990년 부천고졸 1998년 서울시립대 환경공학과졸 2013년 한국개발연구원(KDI) 국제정책대학원 지역정책학과졸 2014년 미국 럿거스대 대학원 도시계획학과졸 [경]1999~2002년 충남 연기군 환경사업소장(사무관) 2002~2003년 충남 공주시 정책팀장 2004~2005년 충남도 군문화엑스포팀장 2006년 행정중심복합도시건설청 도시발전정책과 사무관 2010년 同사업관리총괄과 서기관 2011년 同문화예술팀장 2012년 교육파견 2014년 행정중심복합도시건설청 입주지원팀장 2015년 同도시특화팀장 2015년 同기획재정담당관(현) [종]기독교

ㅂ

박상용(朴尚用) PARK Sang Yong

[생]1951 · 2 · 21 [출]인천 [주]서울 서대문구 연세로50 연세대학교 경영대학(02-2123-2512) [학]1969년 제물포고졸 1973년 연세대 경영학과졸 1981년 미국 뉴욕대 대학원 경영학과졸 1982년 同대학원졸(MBA) 1984년 경영학박사(미국 뉴욕대) [경]1983년 미국 서던캘리포니아대 교수 1984년 연세대 상경대학 경영학과 교수 1996년 한국상장회사협의회 자문위원 1997년 재정경제원 금융산업발전심의위원회 위원 1998년 보람은행 사외이사 1999~2002년 금융감독위원회 비상임위원 1999년 한국금융학회 부회장 1999~2008년 LG데이콤 사외이사 2000~2002년 연세대 재무처장 2002~2005년 한국증권연구원 원장 2002~2005년 한국기업은행 외부이사 2003년 연세대 경영대학 교수(현) 2004~2005년 대통령자문 국민경제자문회의 위원 2004~2006년 공적자금관리위원회 민간위원 2006년 한국이사협회 회장 2007년 한국증권선물거래소 사외이사 2007~2008년 한국금융학회 회장 2009~2012년 연세대 경영대학장 겸 경영전문대학원장 2009~2010년 녹색성장위원회 위원 2013~2015년 금융위원회 공적자금관리위원회 민간위원장 2016년 세이프키즈코리아 이사(현) 2016년 NH투자증권 사외이사 겸 감사위원(현) [종]가톨릭

박상용(朴商龍) PARK Sang Yong

[생]1954 · 2 · 21 [본]밀양(密陽) [출]서울 [주]서울 강남구 테헤란로518 법무법인 율촌 상임고문실(02-528-5768) [학]1973년 경기고졸 1979년 서울대 경제학과졸 1982년 同행정대학원졸 1993년 경제학박사(영국 리버풀대) [경]1979년 행정고시 합격(23회) 1981~1991년 경제기획원 경제정책국 · 심사평가국 · 대외정책조정실 사무관 1993년 공정거래위원회 독점정책과 사무관 1995년 同총괄정책과 서기관 1996년 同국제업무2과장 1998년 대통령비서실 행정관 2001년 공정거래위원회 심판관리1담당관(부이사관) 2002년 同심판관리관 2004년 국방대 파견 2005년 공정거래위원회 정책홍보관리관 2005년 同홍보관리관(고위공무원) 2006년 同기획홍보본부장 2007년 同경쟁정책본부장 2008년 同기업협력국장 2009~2011년 同사무처장 2011~2015년 상명대 법학과 초빙교수 2011년 법무법인 율촌 상임고문(현) 2013년 동부화재해상보험(주) 사외이사 겸 감사위원(현) [상]대통령표창(1994) [저]'경제법원론(共)'(2004, 박영사) [역]'세계통합경제와 경쟁정책' '경제법원론'(2006) [종]기독교

박상용(朴商龍) Park Sang Yong

[생]1954 · 8 · 16 [본]밀양(密陽) [출]서울 [주]전남 광양시 중동로63 해운빌딩5층 광양선박 비서실(061-798-7702) [학]1973년 휘문고졸 1981년 한국외국어대 태국어과졸 1990년 서강대 경영대학원 무역학과졸 [경]2003년 대한해운(주) 전용선팀장(상무보) 2007년 同상무 2008년 同전용선영업본부장(상무) 2009년 광양선박 대표이사 사장(현) [종]기독교

박상용(朴相勇) PARK Sang Yong

[생]1962 · 12 · 20 [출]경남 양산 [주]서울 강남구 테헤란로126 법무법인 민(民)(02-6250-0100) [학]1981년 부산 금성고졸 1985년 부산대 법학과졸 [경]1984년 사법시험 합격(26회) 1987년 사법연수원 수료(16기) 1990년 부산시경찰국 강력과 민생대책반장 1991년 부산 연산경찰서 경비과장 1993년 경찰청 법무담당관실 법제담당 1996년 서울지방경찰청 인사계장 1997년 同경무부 경무과 수련장장(총경) 1998년 충북지방경찰청 수사과장 1999년 조치원경찰서장 2000년 경찰청 법무과장 2001년 대전 둔산경찰서장 2002년 경찰청 수사국 근무 2003년 서울 성북경찰서장 2004년 경찰청 형사과장 2006년 同기획수사심의관(경무관) 2006년 부산지방경찰청 차장 2008년 경찰청 기획수사심의관 2009년 경찰수사연수원장 2010년 서울지방경찰청 수사부장 2010년 경찰수사연수원장 2011년 울산지방경찰청 차장 2011년 同청장 직대 2011년 경기지방경찰청 제1차장(치안감) 2012년 대전지방경찰청장(치안감) 2013년 경찰교육원 원장(치안감) 2013년 충남지방경찰청장(치안감) 2014~2015년 경기지방경찰청 제2차장(치안감) 2016년 법무법인 민(民) 변호사(현) [상]홍조근정훈장(2013)

박상우(朴相禹) PARK Sang Woo

[생]1939 · 8 · 11 [본]순천(順天) [출]전북 순창 [주]서울 동대문구 천호대로12길19 영한빌딩5층 한국애견연맹(02-2278-0661) [학]1958년 전주고졸 1964년 서울대 문리대졸 1966년 同행정대학원졸 1975년 농업경제학박사(미국 미네소타대) [경]1966년 고시행정과 합격 1983년 駐미국대사관 농무관 1987년 농림수산부 농산물유통국장 1988년 同농업정책국장 1990년 同양정국장 1992년 同농어촌개발국장 1992년 산림청 차장 1994년 농림수산부 제1차관보 1994~1995년 同차관 1996~1999년 한국농촌경제연구원 원장 1999년 경기대 농업경제학과 겸임교수 2000년 전북대 초빙교수 2005년 농업협동조합중앙회 사외이사 2005년 (사)한국애견연맹 총재(현) 2007~2009년 농업협동조합중앙회 이사 2007년 동양물산 사외이사(현) [상]황조 · 녹조근정훈장 [종]기독교

박상우(朴商宇) PARK Sang Woo

[생]1955 · 4 · 9 [본]밀양(密陽) [출]충남 천안 [주]충남 천안시 동남구 신부7길11 박상우법률사무소(041-561-7900) [학]1974년 경복고졸 1979년 서울대 법학과졸 [경]1984년 사법시험 합격(26회) 1987년 사법연수원 수료(16기) 1987년 인천지검 검사 1989년 대전지검 공주지청 검사 1991년 전주지검 검사 1993년 서울지검 동부지청 검사 1995년 수원지검 검사 1997년 부산지검 동부지청 검사 1999년 서울지검 북부지청 부부장검사 2000년 서울고검 검사 2001년 창원지검 형사2부장 2002년 부산지검 형사4부장 2003년 수원지검 안산지청 부장검사 2004년 전주지검 남원지청장 2005년 대전고검 검사 2006년 서울고검 검사 2008~2009년 광주고검 검사 2009년 변호사 개업(현) [종]불교

박상우(朴相于)

[생]1960 [출]전남 순천 [주]전남 고흥군 고흥읍 흥양길42 고흥경찰서(061-830-0211) [학]순천고졸, 조선대 법학과졸, 순천대 행정대학원졸 [경]1986년 경위 임용(경찰간부후보 34기) 2006년 광양경찰서 경비교통과장 2008년 전남지방경찰청 교통계장 2009년 同생활안전계장 2010년 同교통안전계장 2013년 同정보화장비담당관 2014년 전남 보성경찰서장 2015년 전남지방경찰청 여성청소년과장 2016년 전남 고흥경찰서장(현)

박상우(朴庠禹) PARK Sang Woo

[생]1961 · 5 · 2 [본]반남(潘南) [출]부산 [주]경남 진주시 충의로19 한국토지주택공사(LH)(055-922-3023) [학]1980년 동래고졸 1984년 고려대 행정학과졸 1989년 서울대 행정대학원 수료 1992년 미국 조지워싱턴대 대학원 도시계획학과졸, 공학박사(가천대) [경]1983년 행정고시 합격(27회) 1999년 건설교통부 입지계획과장 2000년 同법무담당관 2001년 同장관비서관 2002년 대통령비서실 행정관 2004년 건설교통부 주택정책과장 2005년 국가균형발전위원회 수도권정책국장 2005년 건설교통부 토지기획관 2007년 일본 오이타대 파견(부이사관) 2008년 국토해양부 건설정책관 2010년 同국토정책국장 2010년 同주택토지실장(고위공무원) 2013~2014년 국토교통부 기획조정실장 2015~2016년 대한건설정책연구원 원장 2016년 (사)건설주택포럼 회장(현) 2016년 한국토지주택공사(LH) 사장(현) 2016년 대한근대5종연맹 회장(현) 2016년 아시아근대5종연맹 회장(현)

박상욱(朴相郁) PARK Sang Wook

[생]1947 · 6 · 25 [출]울산 [주]경기 이천시 모가면 공원로218번길158의30 태농비료산업사(031-634-6233) [학]1996년 중앙대 사회개발대학원 수료 [경]1980년 홍농사 설립 · 대표이사 1991년 태농비료산업사 대표(현) 1991년 同원주공장 설립 1992년 한국유기비료공업협동조합 이사 1993년 한국자원재활용연합회 부회장 1994년 태농비료산업사 이천공장 설립 1997년 한국SF녹화공법협회 상임이사 1998년 한국환경복원녹화기술학회 이사 1999~2002 · 2005~2009년 한국유기비료공업협동조합 이사장 2000년 한국토양비료학회 이사 2001년 한국유기성폐자원학회 부회장 2003년 중앙대총동창회 부회장 [상]농림부장관표창(2001), 환경부장관표창(2002), 산업자원부장관표창(2005)

박상욱(朴相昱)

[생]1961 · 10 · 14 [출]전북 고창 [주]경북 김천시 혁신8로77 한국도로공사 도로교통본부(054-811-2000) [학]1980년 경신고졸 1984년 성균관대 토목공학과졸 1999년 한양대 대학원 토목공학과졸 2010년 교통공학박사(한양대) [경]1987년 한국도로공사 입사 2000년 同중앙2사업소 공사2부장 2007년 同서해대교관리소장 2007년 同사업계획팀장 2009년 同도로조사팀장 2010년 同스마트하이웨이사업단장 2012년 同교통센터장 2012년 同도로사업처장 2014년 同광주전남본부장 2015년 同도로교통본부장(현) [상]대통령표창(1996 · 2002), 산업포장(2009)

박상인(朴相仁)

[생]1963·8·22 [출]충북 청주 [주]충북 청주시 상당구 상당로155 청주시청 정책보좌관실(043-201-1040) [학]고려대 경상대학 경영학과졸, 同의용과학대학원졸 [경]충북도양궁협회 부회장(현), 충북도정신지체장애인애호협회 자문위원, 고려대교우회 충청지역협의회 총무, (사)책사랑운동본부 법인이사, 열린우리당 충북도당 부위원장, 충북도사랑회 이사, 西청주새마을금고 이사, 천문종합개발(주) 대표 2006·2010~2014년 충북 청주시의회 의원(한나라당·새누리당), 同기획행정위원회 부위원장 2010년 同재정경제위원장 2014년 同부의장 2015년 청주시 정책보좌관(현)

박상인(朴相仁) Sangin Park

[생]1965·4·23 [본]밀양(密陽) [출]대구 [주]서울 관악구 관악로1 서울대학교 행정대학원(02-880-5623) [학]1984년 동인고졸 1988년 서울대 경제학과졸 1990년 同대학원 경제학과졸 1996년 경제학박사(미국 예일대) [경]1996~2003년 미국 뉴욕주립대 스토니브룩교(State Univ. of New York at Stony Brook) 경제학과 조교수 2002년 미국 예일대 경제학과 초빙조교수 2003~2010년 서울대 행정대학원 조교수·부교수 2010년 同행정대학원 교수(현) 2010~2016년 문화체육관광부 여론집중도조사위원회 위원 2011년 시장과정부연구센터 소장(현) 2016년 산업통상자원부 기업활력제고를위한특별법(기활법)관련 사업재편계획심의위원회 국회추천위원(현) [상]공정거래위원장표창(2006) [저]'Strategies and Policies in Digital Convergence'(2007, Premier Reference Source) '한국의 기업지배구조 연구(共)'(2008, 법문사) '한반도 경제공동체 형성을 위한 비전과 전략(共)'(2009, 서울대 출판부) '방송통신정책과 쟁점(共)'(2011, 대영문화사) '벌거벗은 재벌님'(2012, 창해) [종]기독교

박상일(朴商一) Park Sang-il

[생]1958·7·23 [출]서울 [주]서울 중구 세종대로9길20 신한은행빌딩 법무법인 충정(02-772-2703) [학]1977년 중앙대사대부고졸 1981년 서울대 법과대학졸 1990년 미국 시카고대 법학전문대학원졸(LL.M.) [경]1981년 사법시험 합격(23회) 1983년 사법연수원 수료(13기) 1983년 변호사 개업(Kim&Hwang) 1990년 미국 McGuire, Woods, Battle & Boothe법률사무소 근무 1991년 미국 뉴욕주변호사시험 합격 1993년 법무법인 충정 설립·구성원변호사·대표변호사(현) 2002년 조선일보 독자권익보호위원

박상일(朴相一) Park, Sangil

[생]1964·9·16 [본]순천(順天) [출]충북 청주 [주]서울 마포구 성암로267 문화방송 시사제작국(02-789-0011) [학]1982년 청주신흥고졸 1990년 연세대 신문방송학과졸 [경]1991년 MBC 입사(PD) 1991년 同TV제작국 예능PD 1995~1996년 同교양제작국 근무 1996~1997년 同편성국 편성기획부 근무 1997~2004년 同시사교양국 근무 2004~2005년 同기획실 정책기획팀 근무 2005~2007년 同뉴욕특파원 2007~2008년 同시사교양국 근무 2008~2011년 同외주제작국 근무 2011년 同글로벌사업본부 국내사업부장 2012년 同교양제작국 교양제작부장 2014년 同콘텐츠협력국 콘텐츠협력1부장 2014년 同시사제작국 부국장 겸 시사제작3부장(현) [상]PD협회 이달의 PD상(1999), 방송위원회 이달의 좋은 프로그램상(1999), Japan Wildlife Festival 아시아태평양최우수상(2001), 일본 Earth Vision 입상(2002), 방송위원회 프로그램기획상(2003), 지속가능발전기업협의회 KBCSD언론상 우수상(2008)

박상임(朴商任·女) PARK Sang Im

[생]1955·3·19 [본]밀양(密陽) [출]충남 예산 [주]서울 도봉구 삼양로144길33 덕성여자대학교(02-901-8000) [학]1974년 예산고졸 1980년 덕성여대 경영학과졸 1982년 이화여대 대학원 경영학과졸 1993년 경영학박사(홍익대) [경]1987~2014년 수원대 회계학과 교수 1997~1998년 同기업경영연구소장 1997~2002년 경기지방노동위원회 심판담당공익위원 1997~2010년 한국생산성학회 부회장 2000~2003년 대우자동차판매(주) 사외이사 2001~2004년 우리은행 사외이사 2002~2007년 재정경제부 국가회계기준심의위원회 위원 2004~2009년 同정책자문평가위원 2005~2011·2012~2013년 수원대 사회교육원장 2005~2012년 경기도 지방재정계획심의위원회 위원 2005~2009년 한국기업경영학회 부회장·수석부회장 2005~2010년 국제지역학회 부회장 2005~2014년 금융위원회 금융정보분석원 자금세탁방지자문위원회 위원 2007년 한국회계학회 감사·부회장 2007~2009년 금융감독원 회계제도심의위원회 위원 2007~2009년 조달청 자체평가위원회 위원 2009~2011년 서울지방국세청 국세심사위원회 위원 2010년 한국기업경영학회 회장 2010~2015년 (재)한국영양교육평가원 감사 2010년 대한경영학회 부회장(현) 2011~2012년 수원대 총장 비서실장 2012~2014년 국세청 자체평가위원 2012년 학교법인 덕성학원 이사(현) 2014~2015년 덕성여대 총장 직대 [상]교육부장관표창(1996), 부총리 겸 재정경제부장관표창(2006) [저]'자영사업일반'(1996) '회계원리'(2002) '상업경제'(2002) '회계원리의 이해'(2004)

박상재(朴尙在) Park Sang Jae

[생]1956·2·3 [본]밀양(密陽) [출]전북 장수 [주]서울 강서구 수명로1길84 수명초등학교 교감실(070-4060-8046) [학]1974년 전주고졸 1977년 전주교대졸 1987년 서울교대졸 1991년 성균관대 교육대학원 국어교육과졸 1998년 문학박사(단국대) [경]1977~2010년 초등학교 교사(서울사대부설초 외) 1995년 서울사대부설 국어교육연구소 독서체계연구위원 1995~2001년 교육인적자원부 초등학교국어교과용도서심의회 심의위원 1998~2001년 단국대 문리대학 강사 2001~2003년 同대학원 문예창작학과 강사 2002년 한국아동문학학회 부회장·회장(현) 2005년 명지대 대학원 문예창작학과 강사 2006~2009년 한국교원대 겸임조교수 2010~2012년 서울 화일초 교감 2010~2012년 한국아동문학인협회 부회장 2011년 단국대 대학원 문예창작학과 강사·겸임교수(현) 2012년 한국글짓기지도회 회장(현) 2013~2016년 서울 강월초 교감 2013년 한국아동문학인협회 이사(현) 2016년 서울 수명초 교감(현) [상]새벗문학상(1983), 한국아동문학상(2002), 방정환문학상(2002), 한정동 아동문학상(2006), 박경종 아동문학상(2012), 눈솔어린이문화상(2014), 대한민국인성교육대상(2014), 이재철아동문학평론상(2016) [저]'한국 창작동화의 환상성 연구'(1998, 집문당) '한국 동화문학의 탐색과 조명'(2002, 집문당) '동화 창작의 이론과 실제'(2002, 집문당) 동화집 '원숭이 마카카'(2005, 대교출판사) '달려라 아침해'(2014, 봄봄) 외 70여권 [역]'소공녀'(1998, 삼성당) '몽테크리스트 백작'(1998, 삼성당) '톰소여의 모험'(2002, 삼성출판사)

박상재(朴商在) PARK Sang Jae

[생]1966·2·18 [주]경기 고양시 일산동구 일산로323 국립암센터 간암센터(031-920-1130) [학]1990년 서울대 의대졸 2000년 同대학원 의학석사 2003년 의학박사(서울대) [경]1990~1995년 서울대병원 인턴·레지던트 1995~1998년 軍의관 1998~2000년 서울대병원 일반외과 전임의 2000년 서울대 임상의학연구소 연구원 2000년 국립암센터 부속병원 간암센터 전문의(현) 2001년 同연구소 간담췌암연구과 선임연구원 2006~2007년 미국 UCSF Medical Center 교육연수 2008~2009년 대한간암연구회 총무이사 2010년 국립암센터 간담췌암연구과장(현) 2010~2014년 同간암센터장 2014년 同간담췌암연구과 책임연구원(현) 2014년 同이행성임상제1연구부장(현) 2015년 同외과과장(현) [상]한국간담췌외과학회 춘계학술대회 학술상(2004·2006·2008) [저]'간담췌외과학 제2판(共)'(2006) '외과학(共)'(2010) '간담췌외과학 제3판(共)'(2013)

박상조(朴祥祚) PARK Sang Jo

[생]1953·10·19 [출]대구 [주]서울 영등포구 국회대로70길18 한양빌딩 새누리당(02-3786-3000) [학]대구상고졸 1976년 영남대 경제학과졸 1984년 연세대 행정대학원졸 1993년 일본 와세다대 대학원 상학연구과졸, 서울시립대 대학원 경영학박사과정 수료 [경]1978~1999년 재정경제부 금융정책과·감사담당관실·총무과 근무 1999~2002년 일본 재무성 재무종합정책연구소 객원연구원(파견) 2002년 재정경제부 공적관리위원회사무국 회수관리과장 2003년 금융감독위원회 기획행정실 기획과장 2004년 (주)코스닥증권시장 전무이사 2005년 한국증권선물거래소 코스닥시장본부 본부장보 2008년 同유가증권시장본부 본부장보 2009~2011년 한국거래소 코스닥시장본부장 2013년 코스닥시장위원회 초대위원장 2014~2015년 同위원 2014년 새누리당 재정금융분과위원회 위원장(현) [상]우수공무원표창(1979), 재무부장관표창(1981·1985·1987·1994), 대통령표창(1985), 국무총리표창(2005), 산업포장(2007), 제1회 생생코스닥대상 공로상(2010)

박상준(朴相駿) PARK Sang Jun

[생]1942·1·26 [본]순천(順天) [출]충북 청주 [주]서울 성북구 안암로9길7 성십자약품(주) 비서실(02-922-6001) [학]1967년 국민대 상학과졸 [경]용원약품(주) 근무 1978년 성십자약품(주) 대표이사(현) [종]기독교

ㅂ

박상준 PARK Sang Joon

[생]1957·7·1 [주]경기 성남시 수정구 성남대로1342 가천대학교 글로벌캠퍼스 공과대학 화공생명공학과(031-750-5358) [학]1981년 서울대 화학공학과졸 1986년 미국 어번대 대학원 화학공학과졸 1991년 화학공학박사(미국 어번대) [경]경원대 화학공학과 교수 2012년 가천대 글로벌캠퍼스 공과대학 화공생명공학과 교수(현) 2014~2015년 同연구처장 겸 산학협력단장 2016년 同산업환경대학원장(현)

박상증(朴相曾) PARK Sang Jung

[생]1930·1·6 [출]일본 [주]서울 종로구 율곡로6 트윈트리빌딩A동6층 민주화운동기념사업회(02-3709-7500) [학]1948년 서울대 예과졸 1952년 미국 에즈베리대 문학과졸 1957년 미국 에즈베리신학교 신학과졸 1957년 미국 프린스턴신학교 교회사과졸 1978년 미국 에모리대 대학원 철학박사과정 수료 [경]목사(현) 1959년 서울신학대 전임강사 1961년 한국기독교교회협의회 청년국 간사 1961~1967년 이화여대·숭실대·한국신학대 강사 1967년 세계교회협의회 청년국 간사 1970년 세계선교위원회 간사 1976년 미국 에모리대 객원교수 1985년 아시아기독교협의회 총무 1990년 한국기독교사회문제연구원 원장 1991~2001년 갈현교회 담임목사 1996년 한국기독학생회총연맹(KSCF) 이사장 1997~2007년 참여연대 공동대표 1999~2012년 아름다운재단 이사장 2000년 한국지도자육성장학재단 이사장 2014년 민주화운동기념사업회 이사장(현)

박상진(朴相珍) PARK Sang Jin (頭峰)

[생]1947·2·13 [본]밀양(密陽) [출]충남 보령 [주]서울 중구 서소문로138 대한일보빌딩607호 박상진법무사사무소(02-318-7038) [학]1966년 대전고졸 1972년 국민대 법학과졸 [경]1984년 춘천지검 수사사무관 1985년 대통령비서실 근무 1988년 서울지검 수사사무관 1990년 대검찰청 검찰사무관 1992년 대전지검 홍성지청 사무과장(검찰수사 서기관) 1995년 인천지검 부천지청 사무과장 1997년 서울지검 수사3과장 1997년 대검찰청 관리과장 1998년 부산지검 총무과장(검찰부이사관) 1999년 同동부지청 사무국장 2000년 대전지검 사무국장 2000년 서울지검 남부지청 사무국장 2002년 수원지검 사무국장 2002년 서울지검 사무국장 2003년 광주고검 사무국장(검찰이사관) 2004~2007년 수원지법 집행관 2008년 법무사 개업(현) [상]근정포장(1991), 홍조근정훈장(2003) [종]불교

박상진(朴相鎭) PARK Sang Jin (靑溪)

[생]1950·5·2 [출]전남 영광 [주]서울 송파구 송파대로 558 월드타워빌딩12층 (주)한양 임원실(02-721-8114) [학]광주고졸, 한양대 건축공학과졸 [경]현대건설(주) 부장, 同건축사업본부 상무보, 同건축사업본부 상무 2006년 同주택영업본부 전무 2006~2009년 同주택영업본부장(전무) 2009년 (주)한양 대표이사 사장 2013~2015년 同부회장 2015년 同고문(현) [상]노동부장관표창(1998), 대한민국CEO리더십대상(2012), 은탑산업훈장(2012), 대한건축학회 기술인상(2013)

박상진(朴商鎭) Sang Jin, Park

[생]1953·3·16 [출]경기 안성 [주]경기 수원시 영통구 삼성로129 삼성전자(주) 임원실(031-200-1114) [학]1970년 경복고졸 1977년 서울대 무역학과졸 [경]1977년 삼성전자(주) 입사 1993년 同구주법인장 1996년 同구주법인장(이사보) 1998년 同구주법인장(이사) 1999년 同Global마케팅실장(상무이사) 2000년 同무선전략마케팅팀장(상무) 2001년 同텔레커뮤니케이션네트워크총괄 무선사업부 무선마케팅담당 부사업부장(전무) 2003년 同텔레커뮤니케이션네트워크총괄 무선사업부장(부사장) 2004년 同동남아총괄 부사장 2008년 삼성테크윈(주) 디지털카메라사업부장(부사장) 2009년 삼성디지털이미징 대표이사 부사장 2010년 同대표이사 사장 2010년 삼성전자(주) 디지털이미징사업부장(사장) 2010년 삼성SDI 대표이사 사장 2011~2014년 한국전지연구조합 이사장 2011~2015년 한국전지산업협회 회장 2014년 삼성SDI 에너지솔루션부문 대표이사 사장 2015년 삼성전자(주) 대외협력담당 사장(현) 2015년 (사)한일경제협회 부회장(현) 2015년 대한승마협회 회장(현) 2015년 경기도경제단체연합회 회장(현) 2015년 서울상공회의소 부회장(현) 2015년 아시아승마협회 회장(현) [상]은탑산업훈장(2011), 대통령표창(2013) [종]천주교

박상진(朴湘珍) PARK Sang Jeen

[생]1954·10·5 [출]충남 홍성 [주]경북 경주시 동대로123 동국대학교 한국음악과(054-770-2509) [학]1973년 서울 국악예술고졸 1977년 서울대 국악과졸 1990년 한양대 대학원 교육학과졸 2006년 철학박사(성균관대) [경]대한민국ROTC중앙회 이사 1988년 88올림픽문화예술제 국악관현악 '심청전' 지휘 1989~1995년 전북도립국악단장 겸 상임지휘자 1992년 대한민국국악제 지휘 1992년 대한민국종교음악제 합창지휘 1993년 중국 장춘·길림·북경 문화교류공연 1994년 KBS국악관현악단 제64회 정기연주회 객원지휘 1994년 일본 히로시마아시아경기대회 심청전 지휘 1995년 동국대 한국음악과 전임강사·조교수·부교수·교수(현) 1997년 동국국악예술단 단장(현) 1998년 일본 나라시시승격100주년기념초청공연 지휘, 경주세계문화엑스포 전야제공연 지휘 2000~2006년 대구시립국악단 예술감독 겸 상임지휘자 2003년 러시아상트페테르부르크 정도300주년기념초청공연 대구시립국악단 지휘 2006~2009년 서울시국악관현악단장 겸 상임지휘자, 제21회 북경유니버시아드대회 폐막식 한국대표공연팀장 2009년 호주 시드니 오페라하우스 콘서트홀공연 지휘, 서울시예술단·세계유교문화축제·경주세계문화엑스포·2002한일월드컵·2003대구하계유니버시아드대회·2011대구세계육상대회 지휘자문위원, 동국예술문화진흥연구소 소장(현) 2011년 대통령 문화체육비서관실 정책자문위원 2013년 교육부 국악학생오케스트라사업단장 2013년 제3회 전국학생오케스트라페스티벌폐막식 연합공연 지휘, 문화재청 문화재전문위원회 전문위원 2015년 한국동양예술학회 회장(현) [상]경북도지사표창(2002), 국무총리표창(2003), 금복문화예술상(2003), 불교음악상 공로상(2012), 교육부장관표창(2014) [저]'국악관현악곡 위도 띠뱃놀이를 위한 서곡'(1992) '열반의 노래'(1994) [작]'경주의 음악 신 신라향가'(2002~2006) '아리수면'(2006~2009) [종]불교

박상진(朴祥珍) Park Sang-jin

[생]1961·7·13 [주]서울 종로구 사직로8길60 외교부 인사운영팀(02-2100-7136) [학]1984년 전남대 영어영문학과졸 1986년 同대학원 행정학과졸 [경]1986년 외무고시 합격(20회) 1987년 외무부 입부 1992년 駐루마니아 2등서기관 1994년 駐독일 1등서기관 1999년 駐우크라이나 1등서기관 2002년 駐벨기에 및 駐구주연합 1등서기관 2004년 외교통상부 북서아프리카과장 2005년 駐LA 영사 2008년 駐투르크메니스탄 공사참사관 2010년 駐아랍에미리트 공사 2013년 국무조정실 외교안보정책관 2015년 駐알제리 대사(현)

박상진(朴相鎭)

[생]1971·12·6 [출]서울 [주]인천 남구 소성로163번길49 인천지방검찰청 강력부(032-860-4316) [학]1990년 경기고졸 1995년 서울대 법학과졸 [경]1997년 사법시험 합격(39회) 2000년 사법연수원 수료(29기) 2000년 공익법무관 2003년 창원지검 검사 2005년 대구지검 검사 2009년 서울중앙지검 검사 2012년 대검찰청 연구관 2014년 대구지검 김천지청 부장검사 2015년 창원지검 특수부장 2016년 인천지검 강력부장(현)

박상진

[생]1972 [주]경기 성남시 분당구 불정로6 네이버(주) 비서실(1588-3830) [학]1997년 연세대 응용통계학과졸 2005년 고려대 경영대학원졸 [경]1997년 삼성SDS 입사 1999년 NHN(주) 경영관리팀장 2004년 同재무기획실장 2007년 同재무기획담당 이사 2013년 네이버(주) 재무기획담당 이사 2016년 同최고재무책임자(CFO)(현)

박상진(朴相鎭)

[출]강원 고성 [주]서울 영등포구 의사당대로1 국회사무처 예산결산특별위원회(02-788-2628) [학]속초고졸, 단국대 행정학과졸, 서울대 대학원 도시계획학과졸, 미국 뉴욕주립대 대학원 경제학과졸, 도시계획학박사(단국대) [경]제13회 입법고등고시 합격 2001년 국회사무처 재정경제위원회 입법조사관(서기관) 2006년 同국제국 국제협력과장 2008년 同국제국 의전과장 2009년 국회예산정책처 사업평가국 행정사업평가팀장(부이사관) 2010년 국회사무처 의사국 의안과장 2011년 同국제국 아주(중국)주재관 2014년 同안전행정위원회 입법조사관 2014년 同운영위원회 입법심의관 2015년 국토연구원 파견 2016년 국회사무처 정무위원회 전문위원 2016년 同예산결산특별위원회 전문위원(이사관)(현) 2016년 태백회 회장(현)

박상천(朴相泉) PARK Sang Chun (後山)
[생]1955 · 9 · 18 [본]밀양(密陽) [출]전남 여수 [주]경기 안산시 상록구 한양대학로55 한양대학교 문화콘텐츠학과(031-400-5316) [학]1979년 한양대 국어국문학과졸 1982년 同대학원졸 1988년 문학박사(동국대) [경]1980년 「현대문학」에 '가을은'으로 시인 등단 1990~2003년 한양대 국어국문학과 교수 2001~2002년 同학생처장 2002년 同CT특성화사업단장 2003년 同문화콘텐츠학과 교수(현) 2004~2006년 同안산캠퍼스 교무처장 2009~2010년 인문콘텐츠학회 회장 2009년 한양대 국제문화대학장 2010년 인문콘텐츠학회 평의원(현) 2011~2012년 한국언어문화학회 회장 2011년 콘텐츠분쟁조정위원회 위원(현) 2013~2015년 한양대 ERICA캠퍼스 부총장 2013년 공공데이터제공분쟁조정위원회 위원(현) [상]제30회 한국시협회상(1998), 한국시문학상(2005) [저]'한국 근대시의 비평적 성찰' '북한의 현대문학' '북한의 문화정보' '디지털시대의 문학의 확장 가능성' [작]시집 '사랑을 찾기까지'(1984) '말없이 보낸 겨울 하루'(1988) '5679는 나를 불안케 한다'(1997) '韓日對譯 박상천 시선집'(2001) '낮술 한잔을 권하다'(2013, 책만드는집)

박상철(朴相哲) Sang Chul Park (觀亭)
[생]1949 · 3 · 25 [본]밀양(密陽) [출]광주 [주]대구 달성군 현풍면 테크노중앙대로333 대구경북과학기술원(DGIST) 대학원 뉴바이올로지전공(053-785-0114) [학]1967년 광주제일고졸 1973년 서울대 의과대학졸 1975년 同대학원졸 1980년 의학박사(서울대) [경]1980~2011년 서울대 의과대학 생화학교실 전임강사·조교수·부교수·주임교수·교수 1987~2000년 보건복지부 중앙약사심의위원 1987~2006년 서울대 의학연구원 체력과학노화연구소장 1993~2009년 Jourual of Cancer Research and Clinical Oncology Regional Editor 1994~2000년 보건복지부 보건정책심의위원 1994년 대한생화학분자생물학회 대의원·부회장·회장·감사·이사(현) 1996년 한국노화학회 부회장·회장·감사, 同회원(현) 1996년 한국분자세포생물학회 대의원·부회장·회장·감사·이사 1996~2000년 대한암학회 상임이사·이사 1996~1999년 보건의료기술평가단 부단장 1997~2000년 기초의학협의회 학술위원장 1998~2000년 서울대 연구처장 1999~2000년 전국대학교연구처장협의회 회장 1999~2005년 한국WHO협력센터협의회 회장 1999~2010년 한국과학기술단체총연합회 이사 2000~2002년 보건산업진흥원 기술평가위원장 2000~2004년 국제노화학회 회장·운영위원회 위원장 2000~2006년 Mechanism of Ageing and Development Editor in Chief 2000년 한국노인과학학술단체연합회 회장·이사 2000년 Gerontology Editorial Board(현) 2001~2003년 보건복지부 국민건강증진기금심의위원회 위원 2001~2007년 세계노화노년학회 아·태학회 총무이사 2002~2003년 보건복지부 보건의료기술정책심의위원회 위원 2002~2003년 과학기술부 과학재단우수연구센터 소장 겸 노화세포사멸연구센터 소장 2003~2004년 학술진흥재단 의약학위원장 2003~2006년 한국과학기술인연합회 의학회 회장 2004~2006년 국제백세인연구단 의장 2004~2005년 국제노년노인병학회(IAG) 유치위원회 부위원장 2004~2006년 국제운동생화학회 회장 2004~2007년 기초기술연구회평가단 단장 2004~2005년 보건복지부 실버산업추진위원회 위원 2005년 정부출연기관중점사업단 생물해양분과 평가위원장 2005~2006년 기초기술연구회 기획평가위원장 2005년 제20차 국제노년노인병학회(IAGG) 조직위원회 수석부위원장 2005~2008년 한국과학기술단체총연합회 이사 2005년 Tohoku J. Experimental Medicine Editorial Board(현) 2006~2011년 서울대 노화고령사회연구소장 2006년 한국과학기술한림원 의약학부장 2006년 대한민국의학한림원 정회원(현) 2006년 장수문화포럼 공동대표 2006년 KBS 해설위원 2007년 Gerontology and Geriatrics International Editorial Board(현) 2009년 서울노인복지실행위원회 위원장(현) 2011~2012년 가천의과학대 이길여 암·당뇨연구원장 2012년 가천대 메디컬캠퍼스 이길여 암·당뇨연구원장 2012년 同길병원 연구원장 겸임 2013~2015년 삼성종합기술원 웰에이징연구센터장(부사장) 2016년 대구경북과학기술원(DGIST) 대학원 뉴바이올로지전공 석좌교수(현) 2016년 同웰에이징연구센터장(현) [상]올해의 과학자상(1990), 과학기술처장관표창(1991), 금호학술상(1992), 유한의학대상(2002), 국민훈장 모란장(2002), 의상평론가 기장(2004), 동헌생화학대상(2005), 서울대 30년근속상(2008), 자랑스러운 일고인상(2008) [저]'생명보다 아름다운 것은 없다'(1996, 사회평론) '건강보다 참된 것은 없다'(1998, 산학연) '현대노인복지정책론'(2007, 대영문화사) '한국 장수인의 특성' '100세인 이야기'(2009) '웰 에이징'(2009, 생각의나무) '생명의 미학'(2009, 생각의나무) '노화혁명'(2010, 하서) [역]'복제인가-참인가 거짓인가'(1978, 홍성사) '복제인간-참인가 거짓인가'(1997, 사이언스) [종]천주교

박상철(朴相哲) PARK Sang Chul
[생]1959 · 8 · 8 [본]밀양(密陽) [출]전남 순천 [주]서울 서대문구 경기대로9길24 경기대학교 정치전문대학원(02-390-5009) [학]1978년 동북고졸 1984년 성균관대 법학과졸 1987년 한국정신문화연구원 한국학대학원졸 1992년 법학박사(성균관대) [경]1989년 미국헌법연구회 이사(현) 1990~1998년 법제처 한국법제연구원 연구실장 1994년 한국공법학회 상임이사(현) 1994년 한국헌법학회 상임이사(현) 1994~2004년 한국국제봉사기구(KVO) 이사 1998년 경기대 정치전문대학원 교수(현) 2000~2003년 (사)새시대전략연구소 소장 2000년 (사)한국정치법학연구소 이사장(현) 2002년 대통령직인수위원회 정무분과 자문위원 2003~2006년 민주평통 자문위원 2003~2006년 한국모바일학회 수석부회장 2003년 고등학교국정교과서 집필위원 2003~2010년 KBS '열린토론' 고정패널 2003년 (사)자녀보호운동본부 이사장(현) 2005~2008년 대통령자문 정책기획위원회 위원 2005~2009년 경기대 정치전문대학원장 2006~2010년 MBN(매경방송) 고정패널 2006~2012년 대한민국순직소방관추모위원회 위원장 2007~2008년 (재)한반도전략연구원 이사 2011년 4.27재보선 국회의원선거 출마(순천, 무소속) 2012~2013년 한국비교공법학회 수석부회장 2014년 경기대 정치전문대학원장(현) [저]'한국혁신정당론'(1987) '국민법의식조사 연구'(1991) 'A Survey on the Korean People's Attitude Towards Law'(1991) '뇌사 및 장기이식과 법률문제'(1992) '환경문제관련 입법의견'(1992) '성직자의 과세논쟁'(1992) '간통죄의 존폐 및 낙태의 허용범위'(1992) '북한법제관련문헌목록집'(1993) '남북연합의 법적 성격과 전망'(1994) '북한의 환경보호관계법제'(1995) '북한법률용어의 분석-헌법편'(1995) '북한의 문화재보호관련법제'(1995) '선거운동과 선거법'(1995) '선거운동과 정치관계법'(1995) '북한의 선거법제'(1996) '북한법률용어의 분석-형사법편'(1996) '법전문가의 법의식조사연구'(1996) '정치발전과 정당법의 개정'(1998) '남북합의서의 실천방안'(1998) '정치법학의 임무'(1999) '정치현안과제와 선거제도의 개선방향'(2003) '21世紀の日韓民事法制'(2005) '북한법을 보는 방법'(2006) '왜 지금 개헌인가'(2007) '한국정치법학론'(2008) [역]'콜라코프스키의 맑시즘 Ⅰ·Ⅱ·Ⅲ'(1989·1990) [종]기독교

박상태(朴商兌) PARK Sang Tae
[생]1954 · 6 · 21 [본]밀양(密陽) [출]대구 달성 [주]서울 강남구 역삼로165 해성빌딩5층 (주)성안 회장실(02-6710-6900) [학]대구 계성고졸 1977년 단국대 경영학과졸 [경]진안섬유(주) 대표이사 2000~2014년 (주)성안 대표이사 사장 2000년 한국섬유직물수출입조합 부이사장 2003~2015년 同이사장 2003년 한국섬유산업연합회 부회장 2008~2014년 同감사, 대구상공회의소 상공의원(현) 2010년 한국중소기업중앙회 한·일중소기업교류협력특별위원회 위원(현) 2014년 (주)성안 대표이사 회장(현) 2014년 한국섬유산업연합회 이사(현) 2015년 한국섬유직물수출입조합 명예이사장(현) [상]새마을훈장 노력장(1982), 철탑산업훈장(1992) [종]불교

박상태(朴相台) PARK Sang Tae
[생]1959 · 10 · 5 [출]대구 [주]대구 중구 공평로88 대구광역시의회(053-803-5064) [학]1987년 계명대 사범대학 한문교육과졸, 영남대 행정대학원 행정학과 재학 중 [경]본동복어 대표(현), 대구시 달서구생활체육회 회장, 한나라당 대구시당 부위원장 2010년 대구시의회 의원(한나라당·새누리당) 2010년 同2011세계육상선수권대회 지원특별위원회 위원장 2012년 同운영위원회 위원장 2012년 同교육위원회 위원 2012~2013년 전국시도의회운영위원장협의회 부회장, 새누리당 대구시당 대변인 2014년 대구시의회 의원(새누리당)(현) 2014년 同교육위원회 위원 2015년 同대구·경북세계물포럼지원특별위원회 위원장 2016년 同제2부의장(현) 2016년 同기획행정위원회 위원(현)

박상표(朴祥杓) PARK Sang Pyo
[생]1960 · 10 · 20 [본]밀양(密陽) [출]경남 밀양 [주]경남 창원시 마산합포구 제2부두로10 정부경남지방합동청사6층 국립마산검역소(055-981-5301) [학]마산고졸, 경희대 한의학과졸 [경]보건복지부 한약담당관, 同국립통영검역소장 2005년 同한의학담당관실 사무관 2005년 同기초의료보장팀장(기술서기관) 2006년 同생명과학단지조성사업단 국책기관이전팀장 2008년 보건복지가족부 한의약산업과장 2010년 국립마산병원 진단검사의학과장 2014년 국립마산검역소장(현) [종]가톨릭

박상하(朴相何) PARK Sang Ha

[생]1945·8·15 [본]밀양(密陽) [출]대구 [주]대구 중구 동덕로14길10 대한파크골프연맹 회장실(053-639-7330) [학]1965년 영남고졸 1969년 건국대 행정학과졸 1989년 서울대 행정대학원 수료 1990년 미국 하버드대 법정대학원 수료 1996년 고려대 언론대학원 수료 1996년 명예 이학박사(효성가톨릭대) [경]1982년 경북하키협회 회장 1986년 경북체육회 부회장 1990년 국제친선교류위원회 체육분과위원장 1991~1994년 대한체육회 이사 1991~1993년 민주평통 상임위원 1991년 대한하키협회 회장 1991~1993년 한국대학하키연맹 회장 1992년 금맥장학회 재단이사장 1993~1994년 대한올림픽위원회 상임위원 1993년 대한체육회 생활체육분과위원장 1993~1999년 민주평통 부회장 1993~1996년 대한올림픽위원회 국제위원장 1994~2013년 대한정구협회 회장 1994년 국제정구연맹 회장(현) 1994~1998년 대한체육회 부회장 1994년 한국마사회 자문위원 1995년 부산아시안게임조직위원회 집행위원 1996~2000년 대한체육회 남북체육교류위원장 1997~2000년 대구하계유니버시아드대회 유치위원장 2000년 同집행위원장 2002년 대한체육회 고문 2012년 2012여수엑스포 홍보대사 2014년 대한파크골프연맹 회장(현) [상]대한민국체육상(1995), 국민훈장 모란장(1996), 체육훈장 청룡장(1998), 경북도 문화상 [저]'전환기의 새벽' '재미있는 명심보감' '히로시마의 영광 애틀랜타까지'

박상협(朴相協) PARK Sang Hyup

[생]1959·8·7 [본]밀양(密陽) [출]광주 [주]서울 서초구 헌릉로13 대한무역투자진흥공사 인재경영실(02-3460-7038) [학]1977년 명지고졸 1982년 성균관대 산업심리학과졸 2007년 핀란드 헬싱키경제대 대학원 경영학과졸 [경]1985년 대한무역투자진흥공사(KOTRA) 입사 2005년 同서울무역관장 2006년 同생활소비재산업팀장 2008년 同달라스무역관장 2008~2011년 同달라스코리아비즈니스센터장 2011년 외교안보연구원 교육연수파견 2012년 대한무역투자진흥공사 해외투자지원단장 2014년 同호치민무역관장(현) [상]국무총리 표창(2012) [종]기독교

박상호(朴尙鎬) PARK SANG HO (星山)

[본]밀양(密陽) [출]대구 [주]서울 서초구 서초대로219 법원행정처 사법등기심의관실(02-3480-1100) [학]대구 대건고졸, 영남대 법학과졸, 법학박사(영남대) [경]1992년 임용 2006년 대구지법 사법보좌관 2010년 대구고법 총무과장 2011년 광주지법 순천지원 사무국장 2012년 대구지법 서부지원 사무국장 2013년 대구가정법원 사무국장 2014년 대구지법 사무국장 2015년 법원행정처 사법등기심의관(법원이사관)(현) [상]녹조근정훈장(2010) [종]불교

박상환(朴相煥) PARK Sang Hwan

[생]1950·5·5 [출]대구 달성 [주]경기 김포시 봉화로182번길18 김포도시공사(031-980-8308) [학]1968년 경북고졸 1973년 서강대 무역학과졸, 경영학박사(명지대) 1994년 서강대 언론대학원졸 [경]1972년 금호그룹 입사 1977년 同두바이지사장 1983년 금호건설 필리핀지점장 1984년 同사우디지점 부지점장 1988년 아시아나항공 홍보실장 1991년 同홍보담당 임원 1996년 同서울여객지점장(상무) 2000년 금호생명보험 상무이사 2003~2005년 同부사장 2015년 김포도시공사 사장(현)

박상환(朴相煥) PARK Sang Hwan

[생]1957·9·18 [출]전남 곡성 [주]서울 종로구 인사동5길 41 (주)하나투어 비서실(02-2127-1099) [학]1976년 옥과고졸 1982년 중앙대 영어교육학과졸 1987년 성균관대 대학원 경제학과졸 1999년 한국과학기술원(KAIST) 최고지식경영자과정 수료 2001년 한양대 e-Business CEO과정 수료 2007년 경영학박사(경희대) [경]1981년 (주)고려여행사 입사·해외여행과장 1989년 (주)국일여행사 기획관리이사 1993년 국진여행사 대표이사 1996~2007년 (주)하나투어 대표이사 사장, (주)투어토탈 대표이사, 코스닥등록법인협의회 이사, 한국일반여행업협회 부회장 2007년 코스닥등록법인협의회 부회장 2008년 (주)하나투어 대표이사 회장(현) [상]산업자원부장관표창(2003), 공정거래위원장표창(2004), 아시아경영자상 '올해의 혁신경영자상'(2005), 납세자의날기념 산업포장(2007), 언스트앤영 최우수기업가상 라이징스타부문(2008), 금탑산업훈장(2013), 한국의 영향력 있는 CEO 글로벌경영부문대상(2014·2015·2016), 2015 자랑스런 중앙인상(2015) [종]기독교

박상훈(朴相勳) PARK Sang Hoon

[생]1955·4·29 [출]광주 [주]경기 용인시 기흥구 탑실로35번길14 이엔에프테크놀로지(031-881-8200) [학]1973년 광주고졸 1977년 서울대 화학공학과졸 1979년 한국과학기술원 화학공학과졸(석사) 1983년 공학박사(한국과학기술원) [경]1983년 SK(주) 입사 1983~1985년 미국 노스웨스턴대 박사 후 연구원 1990년 SK 울산연구소 석유화학연구실장 1997년 同울산연구소장 1997년 同생산기술센터 소장(이사대우) 1998년 同대덕기술원 화학연구소장 1999년 同Polymer사업부장 겸 화학사업지원본부장 2001년 同용재사업부장(상무) 2003년 SK에너지(주) 기술원장(전무) 2007년 同울산CLX부문장(부사장) 2009년 同P&T 사장 겸 기술원장 2010년 SK(주) 기술혁신센터(TIC)장(사장급) 2010년 지식경제부 지식경제R&D전략기획단 비상근단원 2011년 SK바이오팜 대표이사 사장 겸임 2012년 SK하이닉스(주) 제조총괄본부장(부사장) 2013~2014년 同연구·기술위원(사장급) 2014년 한국과학기술기획평가원 비상임이사(현) 2015년 SK하이닉스(주) 고문 2016년 이엔에프테크놀로지 사외이사(현) [상]국무총리표창(2004), 대통령포장(2005), 기술경영인상 최고기술경영자(CTO) 부문(2010), 은탑산업훈장(2010), KAIST 올해의 자랑스런 동문상(2013) [종]천주교

박상훈(朴尙勳) PARK Sang Hoon

[생]1961·11·27 [본]밀양(密陽) [출]광주 [주]서울 강남구 영동대로517 아셈타워22층 법무법인 화우(02-6003-7548) [학]1980년 우신고졸 1984년 서울대 법과대학졸 1990년 同대학원 법학과졸 [경]1984년 사법시험 합격(26회) 1987년 사법연수원 수료(16기) 1990년 인천지법 판사 1992년 서울지법 북부지원 판사 1994년 전주지법 군산지원 판사 1994년 독일 괴팅엔대 연수 1995년 춘천지법 영월지원 정선·태백·평창법원 판사 1996년 同영월지원 판사 1997년 수원지법 평택지원 판사 1998년 서울지법 판사 1999년 서울고법 판사 2002년 전주지법 정읍지원장 2004년 법률신문 목요일언 집필위원 2004년 수원지법 부장판사 2004~2008년 공인노무사협회 집체교육 강사 2006~2007년 서울행법 부장판사 2007~2011년 진실화해를위한과거사정리위원회 위원 2007년 중앙노동위원회 심판담당 공익위원 2007년 법무법인 화우 변호사(현) 2010~2012년 서울대 법학전문대학원 강사 2011~2013년 중앙행정심판위원회 비상임위원 2011년 성균관대 법학전문대학원 강사(현) 2013~2015년 대한변호사협회 법제이사 2013~2015년 대법원 양형위원회 변호사위원 2013~2015년 법무부 변호사시험관리위원회 위원 2013~2015년 同사법시험관리위원회 위원 2013~2015년 대한변호사협회 변호사직역대책특별위원회 위원 2013년 同전문분야등록심사위원회 위원장(현) 2013년 同법조일원화위원회 위원(현) 2014년 同입법평가위원회 위원(현)

박상훈(朴相勳)

[생]1963·2·24 [주]서울 종로구 북촌로18 삼양데이타시스템 임원실(02-760-5003) [학]1986년 중앙대 경영학과졸 [경]1987년 삼양사 입사, 삼양홀딩스 경영지원실 인력개발팀장, 同전략기획실 PI(Process Innovation)팀장 2014년 삼양데이타시스템 대표이사 2015년 同대표이사 상무(현)

박상훈(朴尙勳) Bahk Sahng-hoon

[생]1964·7·7 [주]서울 종로구 사직로8길60 외교부 운영지원과(02-2100-7136) [학]1987년 연세대 경영학과졸 1989년 同대학원 행정학과졸 [경]1989년 외무고시 합격(23회) 1989년 외무부 입부 1997년 駐국제연합 2등서기관 2000년 駐엘살바도르 1등서기관 2003년 외교통상부 장관비서관 2004년 駐국제연합 1등서기관 2007년 외교통상부 외신담당관 2008년 국무총리실 파견 2009년 외교통상부 유엔과장 2009년 駐벨기에유럽연합 참사관 2011년 駐오스트리아 공사참사관 2014년 대통령비서실 파견 2014년 외교부 중남미국장 2016년 駐파나마 대사(현)

박상훈(朴相勳) PARK Sang Hoon

[생]1966·6·24 [출]서울 [주]서울 강남구 논현로28길34 고려제약(주) 임원실(02-529-6100) [학]1985년 인창고졸 1990년 연세대 토목공학과졸 1992년 미국 Adelphi Business School 대학원 경영학과졸 [경]1993~1994년 Account Executive 증권영업담당 1994~1995년 LG증권 국제영업담당 1995~1997년 Swiss Bank Corp. 증권부 차장 2004년 고려제약(주) 부사장 2005년 同대표이사 사장(현)

박상희(朴相熙) PARK Sang Hee

[생]1951·8·6 [본]밀양(密陽) [출]대구 달성 [주]서울 영등포구 은행로30 중소기업중앙회빌딩1018호 중소기업진흥회(02-785-6526) [학]1970년 대구상고졸 1979년 건국대 행정학과졸 1985년 연세대 행정대학원졸 1997년 명예 행정학박사(숙명여대) 1997년 명예 경영학박사(숭실대) 1998년 홍익대 세무대학원졸(경영학석사) 1999년 명예 경제학박사(건국대) [경]1970~1978년 국민은행 근무 1978년 미주철강 창업 1991~1993년 한국수입업협회 부회장 1991~1995년 한국철강공업협동조합 이사장 1992~2001년 미주제강(주) 회장 1992년 미주금속(주) 대표이사 회장(현) 1992~1994년 국민은행 비상임이사 1995~2000년 중소기업협동조합중앙회 회장 1995년 건국대·중앙대·숭실대 행정대학원 객원교수 1996~2000년 OECD 민간특별위원회 공동의장 1997~1998년 금융개혁위원회 위원 1997~1998년 규제개혁위원회 위원 1998~2000년 중소기업뉴스 발행인 1998년 중국 길림성 연변조선족자치주 인민정부 경제고문 2000~2004년 제16대 국회의원 2001년 건국대 경영대학원 겸임교수 2006년 (사)한국디지털경영인협회 고문 2006년 중소기업포럼 회장(현) 2007년 중국 심양시 대외경제무역 고문 2010년 대구경영자총협회 회장(현) 2012~2016년 새누리당 재정위원장 2013년 중소기업진흥회 회장(현) 2013년 건국대 경영전문대학원 석좌교수(현) 2015년 대한야구협회 회장(현) [상]1천만불 수출탑(1994), 노사화합우수상(1995), 자랑스런 건국인상(1995), 한국철강협회 철강상 장려상(1996), 은탑산업훈장(1997), 한국경영자대상(1998), 국정감사 우수국회의원상(2002), 연세를 빛낸 행정인상(2005), 중소기업CEO대상(2007), 글로벌CEO대상(2009), 2천만불 수출탑(2010) [저]'중소기업이 잘 되어야 나라가 산다'(1998) [종]기독교

박상희(朴相熙·女) PARK Sang Hee

[생]1963·2·14 [주]서울 종로구 세종대로209 행정자치부 전자정부국 스마트서비스과(02-2100-3933) [학]1981년 전주여고졸 1985년 이화여대 전자계산학과졸 [경]중앙인사위원회 정보관리과장 2004년 同인사정보관실 정보관리담당관 2006년 同인사정보관실 인사정보화담당관 2007년 同균형인사과장 2008년 행정안전부 균형인사과장 2008년 同인사정책관실 인사평가과장 2009년 중앙공무원교육원 정책교육과장 2012년 행정안전부 노사협력담당관 2013년 안전행정부 정보통계담당관(서기관) 2014년 同정보통계담당관(부이사관) 2014년 교육 파견(부이사관) 2015년 행정자치부 전자정부국 스마트서비스과장(현)

박생수(朴生洙) PARK Saeng Soo

[생]1963·5·13 [출]전남 진도 [주]경기 의정부시 금오로23번길22의49 경기북부지방경찰청(031-961-2431) [학]1982년 광주 인성고졸 1986년 경찰대 행정학과졸(2기) 2005년 성균관대 행정대학원 교통물류학과졸 [경]1986년 경위 임관 1991년 경감 임관 1997년 경정 임관 2007년 제주지방경찰청 해양경비단장(총경) 2009년 전남 장흥경찰서장 2010년 경찰청 교통안전담당관 2011년 서울 서대문경찰서장 2013년 경찰청 교통기획과장 2014년 서울지방경찰청 교통안전과장 2014년 전남지방경찰청 제2부장(경무관) 2015~2016년 전북지방경찰청 제1부장(경무관) 2016년 경기북부지방경찰청 차장(현)

박서원(朴緖原)

[생]1979 [주]서울 중구 장충단로275 두산타워 (주)두산 임원실(02-3398-1247) [학]2010년 미국 뉴욕스쿨오브비쥬얼아트(SVA) 그래픽디자인학과졸 [경]2006년 (주)빅앤트 최고경영자(CEO) 겸 총괄크리에이티브디렉터(ECD) 2012년 서울시 브랜드자문위원 2012년 숙명여대 시각영상디자인과 겸임교수 2014년 (주)오리콤 크리에이티브총괄(CCO) 부사장(현) 2014년 보그·GQ·W 크리에이티브총괄(CCO) 2015년 (주)두산 CSO(전무)(현) [저]'생각하는 미친놈'(2011)

박 석(朴 錫) PARK Suk

[생]1956·3·28 [출]경북 경주 [주]서울 마포구 백범로35 서강대학교 공학부 컴퓨터공학과(02-705-8487) [학]1978년 서울대 계산통계학과졸 1980년 한국과학기술원(KAIST) 전산학과졸(석사) 1983년 공학박사(한국과학기술원) [경]1983년 서강대 전자계산학과 부교수 1985년 한국정보과학회 데이터베이스연구회 총무 1992년 서강대 공학부 컴퓨터공학과 교수(현) 2000년 정보통신연구진흥원 자문위원 2000~2002년 서강대 정보통신연구소장 2003년 同도서관장 2010~2011년 同정보통신대학원장 2015년 同공학부학장(현) 2015년 同정보통신대학원장 겸임(현)

박석근(朴奭根) PARK Seok Keun

[생]1957·12·22 [주]경남 김해시 인제로197 인제대학교 글로벌경영대학 글로벌경제통상학부(055-320-3123) [학]부산대졸, 同대학원졸 1990년 경제학박사(부산대) [경]1986~1990년 부산대 상대 강사 1990년 인제대 글로벌경영대학 글로벌경제통상학부 전임강사·조교수·부교수·교수(현) 1991~1993년 同무역학과장 1994~1997년 同기획부실장 1997~1998년 영국 맨체스터대 객원교수 1999~2002년 인제대 취업정보센터소장 2002년 한국무역통상학회 상임이사·부회장 2006~2008년 인제대 인적자원개발처장 2012년 한국무역통상학회 회장 2013년 인제대 경영대학원장 2013년 同취업진로처장 2013년 同글로벌경제통상학부장 2014년 同학생복지처장 2015년 同학생취업처장(현) 2016년 同식당직영사업단장(현) [저]'한국무역의 성격과 구조변화'(2001) '세계경제의 이론과 사적구조'(2001) '신국제통상학원론(共)'(2002) '글로벌화와 중국경제의 개혁(共)'(2003) '자기계발과 리더쉽'(2006)

박석근(朴石根)

[생]1971·11·20 [주]부산 연제구 법원로31 부산지방법원(051-590-1114) [학]1990년 순천 효천고졸 1994년 건국대 법학과졸 [경]1996년 사법시험 합격(38회) 1999년 사법연수원 수료(28기) 1999년 공익 법무관 2002년 광주지법 판사 2004년 同목포지원 판사 2006년 인천지법 판사 2010년 서울남부지법 판사 2012년 서울고법 판사 2014년 부산지법 부장판사(현)

박석남(朴錫南) PARK Suk Nam (宇南)

[생]1941·8·28 [본]함양(咸陽) [출]전남 영암 [주]서울 동대문구 천호대로263 부룡빌딩1001호 우진사료공업 회장실(02-2244-4447) [학]1960년 광주상고졸 1967년 건국대 상학과졸 1990년 전주대 중소기업대학원 마케팅학과졸(경영학석사) [경]1978년 윤성사료공업 대표 1983년 우진사료공업 대표이사 1990~1997년 한국단미사료협회 회장 1991년 우남수산 대표 1991년 우진사료공업 회장(현) 1992~1996년 在京영암읍향우회 회장 1997~2010년 한국단미사료협회 고문·이사 1998~2000년 在京영암중·고동문회 회장 2001년 在京영암군향우회 회장 2009~2013년 함양박씨종친회 회장

박석돈(朴錫敦) PARK Seok Don (祥雲)

[생]1949·4·14 [본]함양(咸陽) [출]전남 목포 [주]전북 군산시 의료원로27 군산의료원 피부과(063-472-5000) [학]1968년 광주제일고졸 1974년 전남대 의대졸 1979년 同대학원졸 1986년 의학박사(전북대) [경]1982년 예편(소령) 1982~1991년 원광대 의대 조교수·부교수 1985~1987년 同의대 부속병원 교육부장 1988년 미국 Utah대 피부과 연구원 1990~1994년 원광대 의학과장 1991~2014년 同의대 피부과학교실 교수 1991~1994년 대한피부학회 이사 1994~1996년 원광대 의과학연구소장 1996~2000년 同임상의학연구소장 1998~2000년 보건복지부 중앙약사심의위원 2000~2002년 원광대 보건환경대학원장 겸 의과대학장 2003~2004년 대한피부과학회 부회장 2005년 대한나학회 이사장 2005년 대한한센협의회 중앙위원 2007년 원광대병원 임상의학연구소장 2008년 同피부과장 2008년 대한나학회 부회장 2014~2016년 원광대 의대 피부과학교실 특수신분교수 2014년 군산의료원 피부과장(현) 2014년 대한나학회 회장(현) 2016년 한국한센복지협회 전북도지부장(현) [상]보건사회부장관표창(1977), 대한피부과학회 학술상, 캄보디아 국가재건훈장 금장(2001), 전남의대 자랑스런 동문상(2006), 보건복지가족부장관표창(2008), 옥조근정훈장(2014) [저]'비브리오불니피쿠스 감염증'(1996) '피부과학'(2001) '의료윤리학'(2003) '피부과학'(2008)

박석모(朴石模) PARK Seok Mo

[생]1959·4·23 [출]경남 함안 [주]서울 중구 새문안로16 NH농협은행 임원실(02-2080-5114) [학]마산상고졸, 한국방송통신대 법학과졸 [경]1978년 농협중앙회 입사 2001년 同경남지역본부 공제보험팀장 2002년 同경남지역본부 자재양곡팀장 2003년 同경남지역본부 유통축산팀장 2005년 同경남지역본부 유통지원팀장 2007년 同경남지역본부 금융지원팀장 2008년 同거제시지부 부지부장 2009년 同창원중앙지점장 2012년 同창원시지부장 2014년 NH농협은행 경남본부장 2015년 同부행장(현) [상]농림부장관표창, 환경부장관표창, 농협중앙회장표창, 우수경영자상(2009·2012), 농협 총화상(2013)

박석무(朴錫武) PARK Seok Moo (江石)

[생]1942 · 9 · 15 [본]무안(務安) [출]전남 무안 [주]서울 중구 서소문로100 J빌딩7층 다산연구소(02-545-1692) [학]1962년 광주고졸 1970년 전남대 법과대학졸 1972년 同대학원 법학과졸 1993년 고려대 언론대학원 최고위과정 수료 [경]1964년 6.3사태로 투옥 1965년 월남파병반대 시위로 투옥 1970~1987년 광주북성중 · 석산고 · 고창종합고 · 대동고 · 대촌중 교사 1973년 전남대 함성지사건으로 투옥 1977년 국제사면위원회 광주지부 총무 1980~1982년 광주민주화운동으로 투옥 1982년 한 · 중고문연구소 소장 1987년 민주쟁취국민운동 전남본부 공동의장 겸 정책연구실장 1987년 호남민주교육실천협의회 공동의장 1988년 평화민주당(평민당) 당무위원 · 교육문제특위 위원장 1988년 제13대 국회의원(무안, 평민당 · 신민당 · 민주당) 1988년 유네스코 한국위원 1991년 신민당 교육문제특위 위원장 1992년 제14대 국회의원(무안, 민주당) 1992~2007년 민족문학작가회의 이사 1993년 민주당 당무위원 1995년 同당기위원장 · 전당대회의장 1996년 同서울광진乙지구당 위원장 1996년 국민통합추진회의 감사 1996년 호남대 객원교수 1996년 동국대 겸임교수 1996년 명지대 객원교수 1996년 전남대 강사 1997년 국민회의 당무위원 1998~2001년 한국학술진흥재단 이사장 2000년 새천년민주당 당무위원 2003년 전남대 초빙교수 2004~2006년 5.18기념재단 이사장 2004년 다산연구소 이사장(현) 2004~2015년 성균관대 석좌교수 2005~2008년 학교법인 단국대 이사장 2007~2010년 한국고전번역원 초대원장 2007~2011년 민주화운동기념사업회 부이사장 2008~2011년 학교법인 단국대 이사 2008년 민족문학작가회의 고문(현) 2011~2013년 단국대 석좌교수 2011~2015년 김대중 · 노무현대통령기념공원위원회 이사장 2012년 고산서원 원장(현) 2012~2016년 실학박물관 석좌교수 2016년 (재)실시학사 이사(현) [상]광주민주화운동유공자상, 다산학술공로상, 용봉인 영예대상(2010), 광고인 영예대상(2011) [저]'茶山기행' '우리교육을 살리자' '다산 정약용 유배지에서 만나다' '풀어쓰는 다산 이야기1 · 2' '다산정약용의 일일수행 1 · 2' '조선의 의인들'(2010, 한길사) '다산 정약용 평전'(2014, 민음사) '정약용 슈퍼히어로가 되다'(2016, 탐) [역]'茶山 논설선집' '茶山문학선집' '역주 흠흠신서' '茶山詩 정선 상 · 하' '유배지에서 보낸 편지' '茶山 산문선' '哀絕陽(다산시선집)' '나의 어머니 조선의 어머니' [종]유교

박석묵(朴碩默) PARK Suk Mook

[생]1954 · 10 · 23 [본]밀양(密陽) [출]경남 의령 [주]서울 송파구 새말로5길21 흥아해운(주) 사장실(02-3449-3000) [학]1973년 부산상고졸 1984년 동아대 무역학과졸 1986년 부산대 경영대학원졸 [경]1977년 흥아해운(주) 입사 1984년 同자금부 과장 1988년 同총무부 차장 1992년 同총무부장 1995~1998년 同총무담당 이사 1999년 同관리담당 상무이사 2002~2008년 同경영관리본부장(전무이사) 2008년 同경영지원센터장(부사장) 2013년 同대표이사 사장(현) [종]기독교

박석순(朴錫淳) Seok Soon Park

[생]1957 · 8 · 18 [본]순천(順天) [출]경북 경산 [주]서울 서대문구 이화여대길52 이화여자대학교 일반대학원 에코과학부(02-3277-3546) [학]1976년 경북사대부고졸 1980년 서울대 자연대학 동물학과졸 1983년 미국 럿거스대 대학원 환경과학석사 1985년 환경과학박사(미국 럿거스대) [경]1985~1988년 미국 럿거스대 환경과학과 박사 후 연구원 1988~1996년 강원대 환경학과 조교수 · 부교수 1994~1995년 미국 프린스턴대 토목환경공학과 객원교수 1996년 이화여대 공과대학 환경공학과 교수, 同공과대학 환경 · 식품공학부 환경공학전공 교수 1998~2010년 同환경문제연구소장 2008~2009년 국가교육과학기술자문회의 자문위원 2008~2011년 부국환경포럼 공동대표 2010~2011년 한국환경교육학회 회장 2010~2011년 대통령직속 녹색성장위원회 위원 2011년 부국환경포럼 명예대표 2011~2013년 국립환경과학원 원장 2012년 국립과학기술연구기관협의회 초대회장 2015년 서초구환경사랑모임 회장(현) 2016년 이화여대 연구처장 · 산학협력단장 · 연구윤리센터장 겸임(현), 同대학원 에코과학부 환경공학전공 교수(현) [상]전국대학생학술대회 기초과학분야 최우수상(1979), 한국과학재단 이달의과학기술자상(2007), 대한민국 혁신리더 대상(2010), 대통령표창(2013) [저]'만화로 보는 박교수의 환경재난 이야기'(2003) '살생의 부메랑'(2005) '부국환경담론'(2007) 'MT 환경공학'(2008) '수질관리학 : 원리와 모델'(2009) '부국환경이 우리의 미래다'(2012) '환경 재난과 인류의 생존 전략'(2014, 어문학사) [역]'꿈의 섬 : 일본의 환경 비극'(2001) '환경 위기의 진실'(2004) [종]천주교

박석원(朴石元) PARK Suk Won

[생]1942 · 5 · 4 [본]반남(潘南) [출]경남 진해 [주]서울 양천구 목동서로225 한국미술협회(02-744-8053) [학]1960년 진해고졸 1964년 홍익대 미술대학 조각과졸 1975년 同대학원 조각과졸 [경]1966년 프랑스 파리비엔날레 출품 1968년 현대작가초대전 출품 1969년 브라질 상파울루비엔날레 출품 1973년 호주 시드니비엔날레 출품 1974년 인도 Triennale 출품 1974~2005년 조각개인전 15회 1975~1998년 Ecole de Seoul전 출품 1977~1987년 한국현대조각회 회장 1980년 아시아현대미술제(일본福岡) 출품 1982~1991년 한 · 일현대조각교류전 출품 1984~1986년 전북대 사범대학 미술교육과 조교수 1986년 서울아시아현대미술제 출품 1987~1992년 중앙대 예술대학 조교수 · 부교수 1987년 국제야외조각심포지움(올림픽조각공원) 참가 1987년 현대조각회 고문(현) 1991년 한국현대미술의 한국성모색Ⅱ · Ⅲ전 출품 1991년 한국 현대조각 · 수평적위상전 출품 1991년 국전 · 동아대상전 · 미술대상전 · 중앙대상 심사위원 1993~2007년 홍익대 조소과 교수 1994년 한국현대미술 대표작가전(갤러리이즘) 1998~2001년 한국미술협회 이사장 2001년 同고문(현) 2004~2011년 큐브스페이스 위원장 2010~2012년 마산문신미술관 운영위원 2011~2013년 서울시립미술관 운영위원장 2011~2015년 대구시립미술관 운영자문위원 [상]국회의장표창, 한국미술대상전 최우수상, 김세중조각상, 김수근미술상, 예총예술문화상, 서울시 문화상 미술분야(2008), 문신미술상(2010) [종]기독교

박석원(朴石洹) PARK Seog Won

[생]1959 · 8 · 15 [출]서울 [주]서울 영등포구 여의대로 128 LG트윈타워 LG전자(주)(02-3777-1114) [학]서울고졸 1982년 서울대 경제학과졸 [경]1982년 금성사 입사 1993년 同부장 2000년 LG전자(주) LGEUS 상무보 2000년 同LGEUS 상무 2002년 同DTV연구소장 2004년 同전략기획팀장(상무) 2006년 同전략기획팀장(부사장) 2007년 同한국마케팅부문장(부사장), 同한국지역본부장(부사장) 2010년 同북미지역본부장 겸 미국법인장(부사장) 2014년 同GSMO 부사장 2014년 同해외영업본부장(부사장) 2015년 同유럽지역 대표(부사장)(현)

박석원(朴奭原) PARK Sukwon

[생]1971 · 1 · 17 [본]밀양(密陽) [출]서울 [주]서울 강남구 언주로726 두산엔진 임원실(02-519-5800) [학]1989년 보성고졸 1995년 한양대 생물학과졸 1999년 미국 뉴욕대 대학원 경영학과졸 [경]1994년 두산그룹 입사 2002년 두산중공업(주) 입사, 同차장, 同부장 2008년 同원자력기획 상무 2010년 두산엔진 전략혁신부문장(상무) 2013년 同미래성장부문장(상무) 2014년 同미래성장부문장(전무) 2014년 同미래성장부문장(부사장)(현) 2015년 아시아트라이애슬론연맹 회장(현) [종]천주교

박석일(朴碩日)

[생]1964 · 12 · 28 [출]전남 해남 [주]전남 무안군 삼향읍 후광대로359번길28 전남지방경찰청(061-289-2621) [학]순천고졸, 경찰대 행정학과졸, 전남대 대학원 사법행정학과졸 [경]2007년 제주지방경찰청 생활안전과장 2008년 전남 해남경찰서장 2010년 광주지방경찰청 경비교통과장 2011년 전남 고흥경찰서장 2011년 광주지방경찰청 경무과장 2013년 광주북부경찰서장 2014년 광주지방경찰청 청문감사담당관 2014년 전남지방경찰청 제1부장(경무관) 2015년 국외훈련 2016년 전남지방경찰청 제2부장(경무관)(현)

박석재(朴錫宰)

[생]1967 · 12 · 1 [출]충북 영동 [주]대구 수성구 동대구로 364 대구지방검찰청(053-740-3300) [학]1986년 김천고졸 1991년 서울대 사법학과졸 [경]1994년 사법시험 합격(36회) 1997년 사법연수원 수료(26기) 1997년 대구지검 검사 1999년 청주지검 영동지청 검사 2000년 인천지검 검사 2002년 서울지검 의정부지청 검사 2004년 대전지검 검사 2006년 창원지검 검사 2008년 광주지검 검사 2009년 同부부장검사 2012년 서울고검 검사 2012년 의정부지검 공판송무부장 2013년 광주지검 형사3부장 2014년 의정부지검 고양지청 부장검사 2015년 의정부지검 형사3부장 2016년 대구지검 부부장검사(현)

박석제(朴石濟)

[생]1959 · 10 · 21 [주]경남 진주시 월아산로2026 경상남도청 농정국(055-211-6200) [학]영산종합고졸 [경]2014년 경남도 농업자원관리원장 2014년 同친환경농업과장 2015년 同인사과장 2015년 同농정국장(현)

박석현(朴錫炫) Park Suk Hyun

[생]1966 · 1 · 15 [출]전남 영암 [주]경기 수원시 장안구 경수대로1110의17 중부지방국세청 납세자보호담당관실(031-8200-4600) [학]광주 석산고졸, 서울대 경제학과졸, 同행정대학원졸 [경]행정고시 합격(38회), 북광주세무서 총무과장, 중부지방국세청 조사2국 조사2과장, 국세청 국제세원관리담당관실 근무 2006년 同재정기획관실 서기관 2008년 여수세무서장 2009년 국세청 과장급(캐나다 파견) 2010년 중부지방국세청 운영지원과장 2011년 기획재정부 환경에너지세제과장 2012년 同재산소비세정책관실 부가가치세제과장 2013년 국세청 차세대국세행정시스템추진단 근무 2014년 同국제세원관리담당관 2014년 광주지방국세청 세원분석국장 2015년 同성실납세지원국장(부이사관) 2015년 중부지방국세청 납세자보호담당관(현) [종]기독교

박석환(朴錫煥) Park Suk-hwan

[생]1955 · 10 · 27 [출]경남 사천 [주]서울 강남구 봉은사로316 한국가스연맹 사무총장실(02-563-9657) [학]경남고졸 1978년 고려대 법학과졸 [경]1979년 외무고시 합격(13회) 1979년 외무부 입부 1986년 일본 와세다대 연수 1987년 駐일본 2등서기관 1990년 駐불가리아 1등서기관 1993년 대통령비서실 파견 1996년 외교통상부 통상1과장 1997년 駐중국 참사관 2000년 駐상하이 부총영사 2003년 외교통상부 의전심의관 2004년 駐일본 공사참사관 2006년 駐일본 공사 2008년 외교통상부 의전장 2010년 駐베트남 대사 2011~2012년 외교통상부 제1차관 2012~2013년 駐영국 대사 2014년 롯데케미칼 사외이사(현) 2016년 한국가스연맹 사무총장(현) 2016년 롯데정밀화학(주) 사외이사(현)

박석환(朴碩煥) PARK Seok Hwan

[생]1959 · 11 · 9 [출]전북 김제 [주]충북 청주시 서원구 무심서로377의3 서원대학교 환경공학과(043-299-8723) [학]1986년 서울대 자연과학대학 미생물학과졸 1990년 同보건대학원 환경보건학과졸 1994년 환경보건학박사(서울대) [경]1995~2004년 서원대 환경과학과 교수 1996년 기술고시 · 기사시험 출제위원 1999년 철도청 철도건설본부 설계자문위원, 서울대 국민보건연구소 특별연구원, 국립환경연구원 특별연구원 2000년 환경관리공단 환경기술평가 심의위원, 同환경기술개발사업 평가위원 2001년 산업표준심의회 전문위원, 충북도 중소기업기술자문관 2002년 한국환경위생학회 부회장 2002년 한국환경기술진흥원 환경기술개발사업 평가위원 2003년 한국학술진흥재단 지방대육성지원사업 심사위원 2004년 서원대 환경건설정보학과 교수 2013년 同환경공학과 교수(현) [저]'환경영향평가개론(共)'(2000) '21세기와 환경(共)'(2001) '산업환경관리(共)'(2001) '환경위생학(共)'(2002, 신광출판사) '폐기물처리 동화기술(共)'(2002, 동화기술) '환경생태학'(2002, 신광문화사)

박석훈(朴石勳) PARK Seok Hun

[생]1962 · 11 · 20 [출]부산 [주]서울 영등포구 여의대로70 신한금융투자 임원실(02-3772-1000) [학]1980년 경남 통영고졸 1987년 동아대 경제학과졸 1989년 同대학원 경제학과졸, 부산대 최고경영자과정 수료 [경]1989년 부국증권 입사 1991년 동아증권 입사 1999년 부국증권 입사(지점장) 2001년 신한금융투자 입사 2001년 신한금융투자 양정지점개설준비위원 2003년 同동래지점장 2006년 同창원지점장 2008년 同영남영업본부장 2011년 同강북영업본부장 2011년 同WM추진본부장 2014년 同리테일그룹 부사장(현)

박선경(朴仙卿 · 女) PARK Sun Kyoung

[생]1954 · 9 · 19 [출]경기 수원 [주]경기 용인시 처인구 용인대학로134 용인대학교 총장실(031-8020-2501) [학]이화여고졸 1977년 이화여대 동양화과졸 1992년 同대학원 미술사학과졸 1998년 미술사학박사(동국대) 2015년 명예 박사(러시아 레츠카프트대) [경]1995~2014년 용인대 예술대학 회화학과 전임강사 · 조교수 · 부교수 · 교수 1999년 同기획처장 2000~2014년 同부총장 2002년 同박물관장 겸임 2005년 한국박물관협회 이사 2005~2012년 국립중앙박물관 이사 2014년 용인대 총장(현) [종]불교

박선규(朴善圭) PARK Sun Kyu

[생]1957 · 2 · 9 [본]밀양(密陽) [출]강원 [주]강원 영월군 영월읍 하송로64 영월군청(033-370-2201) [학]1976년 영월고졸 2009년 세경대학 사회복지과졸 [경]2000년 영월군 주천면장 2002년 同산림환경과장 2005년 同문화관광과장 2005년 同영월읍장 2006 · 2010년 강원 영월군수(한나라당 · 새누리당) 2006~2010년 강원도시장군수협의회 부회장 2014년 강원 영월군수(새누리당)(현) 2014년 한국슬로시티 시장 · 군수협의회 사무총장(현) 2016년 강원발전연구원 선임이사(현) [상]모범공무원표창(1994), 청백봉사상(1999), 환경부장관표창(2004), 자랑스런 영고인상(2009), 한국을 빛낸 창조경영인 사회책임경영부문(2015), (사)한국박물관협회 자랑스러운박물관인상 특별공로부문(2015) [종]기독교

박선규(朴善圭) PARK Sun Kyu

[생]1960 · 8 · 10 [출]충북 청원 [주]경기 수원시 장안구 서부로2066 성균관대학교 공과대학 건축토목공학부(031-290-7517) [학]1978년 대광고졸 1986년 성균관대 토목공학과졸 1988년 同대학원 구조공학과졸 1994년 구조공학박사(독일 베를린대) [경]1990년 독일 베를린공대 토목구조연구소 연구원 1994년 독일 Dywidag건설기술연구소 구조부 선임연구원 1995년 성균관대 사회환경시스템공학과 교수 2001년 대한상사중재원 판정관 2001년 시설안전관리공단 기술자문위원 2008년 성균관대 학사처장 겸 식물원장 2011~2012년 한국구조물진단유지관리공학회 회장 2013년 성균관대 공과대학 건축토목공학부 교수(현) 2013년 한국공학한림원 정회원(현) 2013년 성균관대 학생처장 겸 학생인재개발원장(현) 2015년 同신문사 주간 겸임(현) 2015년 대한토목학회 부회장(현) [상]대한토목학회 논문상(2002), 대한토목학회 학술상(2016) [저]'PS콘크리트교량의 해석 및 설계'(1998) '철근콘크리트 토목구조물의 안전진단지침서' '그림으로 보는 콘크리트보수 및 유지' '교량의 유지관리'(2000) '교량 및 터널의 안전점검' '철근콘크리트 및 PSC강구조'(2000)

박선규(朴先圭) PARK Sun Kyoo

[생]1961 · 6 · 4 [출]전북 익산 [주]서울 영등포구 국회대로70길18 한양빌딩 새누리당(02-3786-3000) [학]남강고졸 1988년 고려대 교육학과졸, 同언론대학원 신문방송학과졸, 중국 청화대 최고경영자과정 수료 [경]1987년 KBS 입사 1991년 同사회부 기자 · 걸프전 종군취재 1992~1993년 소말리아 내전 · 수단 내전 · 유고 내전 종군취재 1997년 KBS 정치부 기자 · 同2TV뉴스제작팀 '뉴스타임' 앵커 1999년 同'사건25시' 진행 1999~2000년 한국기자협회 부회장 2001~2002년 미국 에드워드 로이스 연방하원의원 인턴입법보좌관 2004년 KBS 1TV '일요진단' 앵커 2006~2007년 교육인적자원부 심의위원 2006~2007년 서울시교육청 자문위원 2006~2008년 KBS 2TV뉴스제작팀 '뉴스타임' 데스크 2007년 이화여대 프론티어저널리즘스쿨 방송담당 교수 2008년 대통령 언론2비서관 2009~2010년 대통령 제1대변인 2010~2012년 문화체육관광부 제2차관 2012년 새누리당 서울영등포구甲당원협의회 운영위원장(현) 2012년 제19대 국회의원선거 출마(서울 영등포구甲, 새누리당) 2012년 새누리당 제18대 대통령중앙선거대책위원회 대변인 2012~2014년 대한주택보증 비상임이사 2012~2013년 제18대 대통령직인수위원회 대변인 2016년 제20대 국회의원선거 출마(서울 영등포구甲, 새누리당) [상]제5회 崔秉宇기자기념 국제보도상(1993), 뉴욕페스티벌 다큐멘터리상(1994), 방송위원회 이달의 좋은 프로그램상(2003), 황조근정훈장(2012) [저]'미국, 왜 강한가'(2003, 미다스북스) '선생님, 당신이 희망입니다'(2007, 미다스북스) '박선규 대변인, 희망과 맞팔하다'(2012, 미다스북스) '미국 이후의 미국'(2015, 미다스북스)

박선기(朴宣基) PARK Seon Ki

[생]1954 · 3 · 14 [출]경북 금릉 [주]서울 서초구 서초중앙로121 옥재빌딩405호 법무법인 대동(02-3486-7261) [학]1972년 김천고졸 1977년 경북대 법대졸 1986년 미국 조지워싱턴대 법학전문대학원 수료 [경]1978년 군법무관 임용시험 합격(3회) 1980년 사단 법무참모 1981년 군수지원사령부 법무참모 1982년 육군본부 법무관 1986년 미국 펜실베이니아주 변호사시험 합격 1986년 한미연합사령부 법무실장 1988년 미국 Arnold & Porter 법무법인 실무연수 1989년 육군본부 보통군사법원 심판부장 1990년 수도방위사령부 법무참모 1993년 국방부 법무과장 1995년 3군사령부 법무참모 1996년 육군 법무감(준장) 1998년 국방부 법무관리관(소장) 2000년 법무법인 대동 변호사(현) 2004~2012

년 르완다국제형사재판소(ICTR) 재판관 2011년 전범재판소잔여업무처리기구 재판관(현) 2014년 한전KPS(주) 비상임이사(현) ⓼대통령표창(1992), 보국훈장 천수장(1997), 국가유공자 선정(2000), 자랑스러운 송설인상(2013)

박선숙(朴仙淑 · 女) PARK Sun Sook

⓼1960 · 12 · 1 ⓞ경기 포천 ㉿서울 영등포구 의사당대로1 국회 의원회관506호(02-784-2390) ⓗ1978년 창문여고졸 1982년 세종대 역사학과졸 2008년 서강대 공공정책대학원 정치학과졸 ⓖ1984~1987년 민주화운동청년연합 여성국장 1988~1994년 민족민주운동연구소 상임연구원 · 부소장 1989~1992년 한국여성단체연합 정책위원 1990~1993년 월간 '정세연구' 편집실장 1995년 민주당 지방선거대책위원회 부대변인 1995~1997년 새정치국민회의 부대변인 1997~1998년 김대중 대통령당선자 부대변인 1998~1999년 대통령 공보수석비서관실 일반公보비서관 1999~2002년 대통령 공보기획비서관 2002~2003년 대통령 공보수석비서관 겸 대변인 2004~2006년 환경부 차관 2006년 열린우리당 서울시장선거대책위원회 공동선거대책본부장 2006~2007년 국무총리직속 방송통신융합추진위원회 민간위원 2007년 대통합민주신당 제17대 대통령선거대책위원회 공동전략기획본부장 2007~2008년 한국기술교육대 객원교수 2008~2012년 제18대 국회의원(비례대표, 민주당 · 민주통합당) 2008년 국회 정무위원회 위원 2008년 국회 한반도평화포럼 대표의원 2011년 민주당 전략홍보본부장 2011년 국회 남북관계발전특별위원회 간사 2012년 민주통합당 야권연대 협상대표 2012년 同사무총장 2012년 무소속 안철수 대통령후보 공동 총괄선거대책본부장 2013년 중부대 교양학과 초빙교수 2016년 국민의당 창당준비위원회 집행위원장 2016년 同사무총장 2016년 제20대 국회의원(비례대표, 국민의당)(현) 2016년 국회 정무위원회 위원(현) ⓥ'일본군사대국화의 현장'(1993, 사계절)

박선양(朴宣陽) PARK Seon Yang

⓼1950 · 9 · 7 ⓑ밀양(密陽) ⓞ서울 ㉿부산 해운대구 해운대로875 인제대 해운대백병원 암센터(051-797-0001) ⓗ1969년 경기고졸 1975년 서울대 의대졸 1978년 同대학원 의학석사 1985년 의학박사(서울대) ⓖ1983~1995년 서울대 의대 내과학교실 전임강사 · 조교수 · 부교수 1987년 同암연구소 조혈모세포이식연구부장 1988년 미국 캘리포니아대 로스앤젤레스교 Medical Center 방문교수 1992년 미국 오리곤보건과학대 방문교수 1995~2016년 서울대 의대 내과학교실 교수 1996년 同병원 외래진료부장 1997년 同내과 의무장 1999년 同혈액종양내과장 2003~2007년 한국혈전지혈학회 감사 · 부회장 2004~2013년 서울대 질병예측DNA칩센터장 2005~2006년 대한혈액학회 이사장 2007~2013년 한국혈전지혈학회 회장 · 고문 2016년 서울대 의과대학 내과학교실 명예교수(현) 2016년 인제대 해운대백병원 암센터 소장 겸 혈액종양내과 교수(현) ⓢ서울대 준최우등상(1975), 서울대 동창회 장표창(1975), 국제혈전지혈학회 우수논문상(1987), 대한내과학회 학술상(1995 · 1997), 대한혈액학회 학술상(2010), 보건의료기술진흥유공자 보건복지부장관표창(2013), 옥조근정훈장(2016) ⓡ기독교

박선영(朴宣映 · 女) Park Sun Young

⓼1956 · 4 · 6 ⓑ밀양(密陽) ⓞ강원 양구 ㉿서울 서초구 방배로76 머리재빌딩309호 (사)물망초 이사장실(02-585-9963) ⓗ1974년 춘천여고졸 1978년 이화여대 법학과졸 1991년 同법과대학원졸 1995년 헌법학박사(서울대) ⓖ1977~1989년 문화방송 보도국 기자 1992~2000년 건국대 · 서울시립대 · 이화여대 강사 1998~2000년 경기대 겸임교수 2000~2002년 서울대 법대 BK21 계약교수 2002~2003년 同법학연구소 연구교수 2003년 가톨릭대 법경학부 조교수 2006년 국가청렴위원회 위원, 한국헌법학회 부회장, 한국공법학회 부회장, 한국지방자치법학회 부회장, 원자력안전위원회 위원, 인천지검 부천지청 화해조정위원 2007 · 2012년 동국대 법학과 조교수 2008년 제18대 국회의원(비례대표, 자유선진당) 2008~2011년 자유선진당 공동대변인 2008년 同제1정책조정위원장 2008년 국회 외교통상통일위원회 위원 2008~2012년 국회 여성가족위원회 위원 2010~2012년 자유선진당 원내수석부대표 2010~2012년 사할린포럼 공동대표 2011~2012년 자유선진당 정책위원회 의장 2011년 국회 독도영토수호대책특별위원회 위원 2011년 국회 남북관계발전특별위원회 위원 2012년 (사)물망초 이사장(현) 2012년 새누리당 박근혜 대통령후보 북한인권특보 2014년 국회의장직속 헌법개정자문위원회 위원 2015년 (재)통일과나눔 이사(현) ⓢ언론법학회 철우언론법상(2003), 21세기 최고의 한국인상 정치부문상(2009), 인물대상 의정부문(2010), 바른사회시민회의 선정 '바른사회를 지키는 아름다운 사람'(2010), 제1회 코리아 정책상(2011), 국회의원 의정대상(2011), 정경문화대상(2011), 공동선 의정활동상(2012), 한국여성지도자상(2012), 프리덤 어워드(2012) ⓥ'법여성학' '언론정보법연구 I -21세기 표현의 자유' '언론정보법연구 II -방송의 자유와 책임' '법학개론' '현대사회와 법'

박선오(朴善悟) Sun Oh Park

⓼1959 · 10 · 20 ⓑ밀양(密陽) ⓞ강원 춘천 ㉿서울 중구 청계천로24 한국씨티은행 금융기업영업본부(02-2124-3679) ⓗ1975년 서울고졸 1986년 한양대 경제학과졸 ⓖ2002~2004년 한미은행 홍보실장 2004년 한국씨티은행 경영지원그룹 홍보부장 2006년 同수출입상품부장 2008년 同금융기업영업부장 2013년 同금융기업영업본부장(현)

박선이(朴善二 · 女) PARK Sunny

⓼1961 · 10 · 2 ⓞ서울 ㉿부산 사상구 주례로47 동서대학교 미디어커뮤니케이션학부(051-320-1690) ⓗ1980년 서울세종고졸 1984년 이화여대 영어영문학과졸 1998년 영국 런던대 대학원 미디어스터디과졸 2009년 이화여대 대학원 저널리즘박사과정 수료 ⓖ1999년 조선일보 문화부 차장대우 同문화부 차장 2002년 同문화부 부장대우 2002년 한국여기자클럽 총무이사 2003년 조선일보 논설위원 2004년 同문화부장 2006년 同문화부 선임기자 2006~2010년 同편집국 전문기자 2008년 영상물등급위원회 부위원장 2010년 조선일보 조선매거진 여성미디어본부장 2011년 조선매거진(주) 미디어사업본부장(국장대우) 2011~2014년 영상물등급위원회 위원장 2015년 동서대 미디어커뮤니케이션학부 초빙교수(현) ⓢ최은희여기자상(2008), 이화언론인상(2008) ⓥ'세계의 영화등급분류 쟁점과 청소년 보호(共)'(2013)

박선준(朴宣俊) PARK Sun Joon

⓼1969 · 11 · 29 ⓑ밀양(密陽) ⓞ서울 ㉿대전 서구 둔산중로78번길45 대전고등법원(042-470-1114) ⓗ1988년 경기고졸 1993년 서울대 사법학과졸 ⓖ1993년 사법고시 합격(35회) 1996년 사법연수원 수료(25기) 1999년 서울지법 동부지원 판사 2001년 서울지법 판사 2003년 전주지법 군산지원 판사 2006년 인천지법 부천지원 판사 2007년 인천지법 판사 2008년 서울고법 판사 2009년 대법원 재판연구관 2011년 서울고법 판사 2016년 대전고법 판사(현)

박선호(朴善晧) PARK Sun Ho

⓼1966 · 7 · 18 ⓞ서울 ㉿세종특별자치시 도움6로11 국토교통부 주택토지실(044-201-3330) ⓗ1985년 서울 신일고졸 1989년 서울대 경제학과졸 1991년 同행정대학원졸 1996년 미국 미시간대 대학원 경영학과졸 ⓖ1989년 행정고시 합격(32회) 1989~1999년 건설교통부 도시개발과 · 지가조사1과 · 주택기금과 · 수도권계획과 사무관 1999년 同도시관리과 서기관 2004년 同공공기관지방이전지원단 이전계획과장 2005년 同주택정책과장 2005년 同주택정책팀장 2007년 同주택정책팀장(부이사관) 2008년 국토해양부 국토정책과장 2009년 지역발전위원회 파견(고위공무원) 2009년 미국 주택도시부 파견(고위공무원) 2012년 국토해양부 공공주택건설추진단장 2012년 同주택정책관 2013년 국토교통부 국토정책관 2015년 同대변인 2016년 同주택토지실장(현)

박선화(朴先和) PARK Sun Hwa

⓼1960 · 4 · 18 ⓑ춘천(春川) ⓞ강원 춘천 ㉿서울 영등포구 경인로775 스포츠서울 임원실(02-2001-0121) ⓗ1979년 춘천고졸 1986년 서울대 농업경제학과졸 ⓖ2000년 대한매일 경제팀 차장 2002년 同산업팀장(부장) 2003년 同논설위원 2003년 同기획부장 2004년 서울신문 기획부장 2005년 同지방자치뉴스부장 2006년 同문화부장 2007년 同광고마케팅 부국장 2009년 同광고마케팅국장 2011년 同편집국 경제에디터(국장급) 2012년 同기획사업국장 2012년 同경영기획실장 2013년 스포츠서울 미디어총괄 전무이사 겸 편집인(현)

박선효(朴善孝) PARK Sun Hyo

⓼1946 · 5 · 14 ⓑ밀양(密陽) ⓞ경남 창녕 ㉿서울 구로구 경인로427 구로성심병원 원장실(02-2067-1798) ⓗ1965년 마산고졸 1973년 부산대 의대졸 1983년 의학박사(중앙대) ⓖ한림대 의과대학 내과학교실 교수, 同의과대학 화상센터 소장, 同장기이식센터 소장, 미국 뉴욕콜럼비아대 이식외과(췌장외과) 교환교수, 미국 아이오와대 외과 교환교수 2000년 구로성심병원 병원장(현) 2010~2015년 희망복지재단 이사장 ⓡ기독교

박선희(朴仙姬 · 女) PARK Sun Hee

[생]1953 · 9 · 4 [본]밀양(密陽) [출]서울 [주]서울 종로구 홍지문2길20 상명대학교 인문사회과학대학 역사콘텐츠학과(02-2287-5072) [학]1976년 단국대 역사학과졸 1981년 대만 국립대만대 대학원 역사학과졸 1982년 同사범대학원 역사학박사과정 수료 1996년 역사학박사(단국대) [경]1992년 상명대 사학과 교수 1998년 同사학과 학과장 2003년 同사회과학부 학부장 2005년 同교육개발센터 소장 2007년 同인문사회과학대학 역사콘텐츠학과 교수(현) 2007년 同인문사회과학대학장 2008년 서울시 시사편찬위원 2010년 우정사업본부 우표발행심의위원회 위원 2010년 한민족학회 연구이사 2010년 고조선학회 부회장 [상]대한민국학술원 우수학술도서상(2003), 상명대 연구업적우수연구상(2007), 상명대 연구업적 우수교수상(2008), 상명대 산학협력우수교수상(2010) [저]'한국고대사의 제조명(共)'(2001, 신서원) '한국 고대복식-그 원형과 정체'(2002, 지식산업사) '한국어 세계화를 위한 한국어교육(共)'(2003, 상명대 교육대학원) '북한지역의 우리문화 원형 기초연구(共)'(2004, 한국문화콘텐츠진흥원) '벽화에 나타난 고구려의 사회와 문화(共)'(2004, 학연문화사) '남북학자들이 함께 쓴 단군과 고조선연구(共)'(2005, 지식산업사) '동아시아의 지역과 인간(共)'(2005, 지식산업사) '일본속의 한민족사(共)'(2005, 조선일보사) '고구려 문화의 비교연구(共)'(2005, 고구려연구재단) '고조선의 강역을 밝힌다(共)'(2006, 지식산업사) '상명교육 79년사(共)'(2007, 삼성문화출판사) '고대에도 한류가 있었다(共)'(2007, 지식산업사) '우리 금관의 역사를 밝힌다'(2008, 지식산업사) '한성백제사5-생활과 문화(共)'(2008, 서울시 시사편찬위원회) '한국고대복식-그 원형과 정체'(2009, 지식산업사) '무형문화유산의 보존과 전승방향(共)'(2009, 민속원) '민속학과 민족문화의 정체성(共)'(2010, 민속원) '고조선 복식문화의 발견'(2011, 지식산업사) '고구려 금관의 정치사'(2013, 경인문화사) 외 다수 [종]불교

박선희(朴仙姬 · 女) PARK Sun Hee

[주]충북 청원군 오송읍 오송생명2로187 식품의약품안전처 식품기준기획관실(043-719-2401) [학]1983년 서울대 가정학과졸 1992년 의학박사(일본 도쿄대) [경]1992년 일본 국립예방위생연구소 식품위생미생물과 연구원 1995년 한국식품위생연구원 식품위생연구부 책임연구원 1997년 식품의약품안전본부 식품미생물과 보건연구관 2001년 식품의약품안전청 식품평가부 식품미생물과 연구관, 同영양기능식품본부 영양평가팀 보건연구관 2006년 同영양기능식품본부 신소재식품팀 보건연구관(팀장) 2008년 同영양기능식품국 바이오식품팀장 2008년 同식품안전국 유해물질관리단 위해기준과장 2009년 同식품안전국 식품기준부 식품기준과장 2012년 식품의약품안전평가원 오염물질과장 2013년 식품의약품안전처 식품기준기획관(고위공무원)(현)

박성경(朴聖敬 · 女) PARK Sung Kyung

[생]1957 · 1 · 3 [출]전남 목포 [주]서울 마포구 서강로77 (주)이랜드그룹 임원실(02-2012-5015) [학]1979년 이화여대 섬유예술학과졸 [경]1984년 이랜드 입사 1991년 (주)제롤라모 대표이사 1994년 (주)이랜드월드 대표이사 2005년 (주)데코 대표이사 2006~2013년 (주)이랜드월드 대표이사 2006년 (주)이랜드그룹 부회장(현) 2011~2013년 (주)이랜드파크 대표이사 [상]삼우당 패션대상(2009) [종]기독교

박성국(朴成國) PARK Song Kuk

[생]1945 · 12 · 15 [출]서울 [주]서울 성동구 왕십리로115 대한민국재향군인회(02-417-0641) [학]1964년 보성고졸 1968년 공군사관학교졸(16기) 1981년 국방대학원 수료 1987년 미국 공군대 공군대학원 수료 2001년 서울대 행정대학원 국가정책과정 수료 2006년 한양대 행정대학원 외교안보 석사 [경]1991년 공군본부 비서실장 1992년 同인사참모부 차장 1993년 제8전투비행단장 1994년 공군본부 정보참모부장 1995년 한 · 미연합사령부 정보참모부장 1997년 공군 작전사령부 부사령관 1997년 공군본부 기획관리참모부장 1998년 同정보작전참모부장 1998년 同전투발전단장 2000년 합동참모본부 차장(중장) 2002~2003년 공군사관학교장(중장) 2004년 예편(중장) 2004년 국방부 한국형다목적헬기(KMH)개발사업단장 2006~2007년 방위사업청 KHP사업단장 2008~2009년 공군사관학교총동창회 회장 2015년 대한민국재향군인회 공군부회장(현), 同회장 직무대행(현) [상]美공군 공로훈장(1983), 보국훈장 삼일장(1985), 대통령 공로표창(1990), 보국훈장 천수장(1993), 미국 공로훈장(1999), 보국훈장 국선장(2000), 프랑스 공로훈장 레종도뇌르(2008) [저]'항공전략론'(1981) [종]천주교

박성규(朴星圭) PARK Sung Kyu

[생]1937 · 10 · 18 [출]충북 청주 [주]충북 청주시 흥덕구 1순환로436번길22 중부매일 임원실(043-263-4433) [학]1957년 청주상고졸 1961년 중앙대 경제학과 수료 2000년 동국대 언론정보대학원 고급관리자과정 수료 [경]서울 동신화학 근무 1967년 충북연탄 근무 1977년 동원연탄 근무 1986년 (유)우성건설 근무 1988년 새한건업 대표이사 사장 1989년 중부매일신문 감사 1998년 同대표이사 사장 2007~2012년 同대표이사 회장 2012년 同이사(현) [종]불교

박성규(朴誠圭) PARK Seong Kyu

[생]1953 · 8 · 17 [주]경기 부천시 원미구 지봉로43 가톨릭대학교 경영학부(02-2164-4294) [학]충주고졸 1976년 고려대 사회학과졸 1982년 미국 인디애나주립대 경영대학원졸 1987년 미국 미시시피주립대 경영대학원 박사과정 이수 1994년 경영학박사(중앙대) [경]1986년 미국 루이지애나대 조교수 1988년 성심여대 회계학과 조교수 · 부교수 1997년 가톨릭대 경영학부 회계학전공 교수(현) 2011~2013년 同회계학과장 2011 · 2015~2016년 同경영대학원장 2015년 同경영학부장(현) [저]'기업진화의 속도 클락스피드'(2000)

박성근(朴聖根) PARK Sung Keun

[생]1967 · 11 · 1 [출]부산 [주]대구 달서구 장산남로40 대구지방검찰청 서부지청(053-570-4200) [학]1986년 혜광고졸 1991년 서울대 법과대학졸 [경]1994년 사법시험 합격(36회) 1997년 사법연수원 수료(26기) 2000년 서울지검 검사 2002년 춘천지검 원주지청 검사 2003년 전주지검 검사 2005년 법무부 법무심의관실 검사 2007년 서울서부지검 검사 2007~2009년 국무조정실 파견 2009년 대구지검 부부장검사 2010년 국가정보원 파견 2012년 대검찰청 공안3과장 2013년 인천지검 공안부장 2014년 법무연수원 기획과장 2015년 서울중앙지검 형사7부장 2016년 대구지검 서부지청 부장검사(현)

박성기(朴成基) Park Sung Ki (청진)

[생]1957 · 10 · 4 [본]월성(月城) [출]경북 영천 [주]서울 종로구 효자로39 국무총리소속 사행산업통합감독위원회 사무처(02-3704-0507) [학]1976년 부산상고졸 1981년 공군사관학교졸 2001년 미국 시튼홀대 대학원 예술행정학 석사과정 수료, 연세대 행정대학원 국제관계안보학과졸 [경]1993~1997년 문화관광부 기획관리실 행정관리담당관실 사무관 · 서무관 1997년 同예술국 지역문화예술과 서기관 1999년 예술원 사무국 서기관 1999~2001년 미국 뉴저지주정부 예술위원회 파견 2001년 부산아시아경기대회조직위원회 경기운영단장 2002년 문화관광부 예술국 미주한인이민100주년기념사업팀장 2003년 국립중앙박물관 관리과장 2004년 문화관광부 국제문화협력과장 2005년 同체육국 생활체육과장 2006년 同체육국 생활체육팀장 2007년 국립중앙도서관 도서관정책과장 2007년 同도서관운영협력과장 2008년 문화체육관광부 홍보지원국 정부발표지원과장 2011년 2013평창동계스페셜올림픽세계대회조직위원회 기획본부장(부이사관) 2012년 해외문화홍보원 해외문화홍보기획관(고위공무원) 2013년 국립중앙도서관 디지털자료운영부장 2014년 국무총리소속 사행산업통합감독위원회 사무처장(현) [상]공군참모총장표창(1984), 지방행정연수원장표창(1989), 부산시장표창(1992), 대통령표창(1995 · 2003), 근정포장(2006) [종]기독교

박성기(朴聖基) PARK Seong Ki

[생]1959 · 6 · 1 [출]서울 [주]서울 서초구 헌릉로13 대한무역투자진흥공사 인재경영실(02-3460-7031) [학]1978년 서울 성남고졸 1985년 한국외국어대 서반아어과졸 [경]1985년 대한무역투자진흥공사 입사 2001년 同경리팀 근무 2002년 同멕시코시티무역관 근무 2003년 同몬테비데오무역관장 2004년 同중남미지역본부 부본부장 2006년 同신산업팀장 2008년 同마드리드무역관장 2012년 국방대 교육파견(부장급) 2013년 대한무역투자진흥공사 산티아고무역관장(현)

박성덕(朴聖悳) PARK Sung Duk

[생]1954 · 10 · 15 [본]밀양(密陽) [출]강원 동해 [주]강원 동해시 천곡로86 동진빌딩303호 법무법인 중추 동해분사무소(033-534-0882) [학]1973년 춘천고졸 1978년 서울대 법학과졸 1980년 同대학원 법학과졸 [경]1979년 사법시험 합격(21회) 1981년 사법연수원 수료(11기) 1981년 軍법무관 1984년 대구지법 판사 1989년 수원지법 판사 1991년 서울지법 남부지원 판사 1992년 서울고법 판사

1994년 서울형사지법 판사 1995년 변호사 개업 2002년 법무법인 두레 변호사 2009년 법무법인 민주 변호사 2011년 법무법인 중추 변호사(현) 2012년 동해·삼척·태백축협 고문변호사(현) 2016년 제20대 국회의원선거 출마(강원 동해시·삼척시, 새누리당) ⓒ기독교

박성동(朴聖東) PARK Seong Dong

ⓢ1959·12·8 ⓑ밀양(密陽) ⓞ부산 ⓐ세종특별자치시 갈매로477 기획재정부 국유재산심의관실(044-215-5101) ⓗ1978년 부산 가야고졸 1983년 서울대 무역학과졸 1985년 同대학원 경영학과졸 2004년 영국 버밍엄대 대학원졸(MBA) ⓔ1986~1987년 삼일회계법인 공인회계사 1987~1991년 한국산업은행 근무 1991년 재무부 근무·재정경제원 증권제도담당관실 사무관 1997~2000년 기획예산처 건설교통예산과·복지노동예산과 사무관 2000~2002년 同재정기획국 기획총괄과 사무관·예산관리국 관리총괄과 서기관 2004년 대통령직속 고령화 및 미래사회위원회 총괄과장 2005년 기획재정부 경제행정재정과장 2007년 同자산운용팀장(서기관) 2008년 기획예산처 공공정책국 평가분석과장 2009년 同국고국 회계제도과장 2010년 同국고국 계약제도과장(부이사관) 2010년 충북도 정책관리실 재정협력관(파견) 2012년 OECD 대한민국정책센터 조세정책본부장(파견) 2012년 통계청 경제통계국장 2014년 중앙공무원교육원 파견(국장급) 2015년 통계청 경제통계국장 2015년 同통계교육원장 2016년 대통령소속 국민대통합위원회 국민통합기획단 국민소통국장 2016년 기획재정부 국유재산심의관(현) ⓢ기획예산처장관표창(2000), 근정포장(2014) ⓩ'국가계약법령해설 및 유권해석'(2011) '국가회계 원리와 이론'(2011)

박성동(朴成東) PARK Sung Dong

ⓢ1965·7·23 ⓞ부산 ⓐ부산 연제구 법원로20, 1401호 법무법인 다율(051-506-7227) ⓗ1983년 부산 동성고졸 1987년 경찰대 행정학과 수석졸업(3기) ⓔ1987~1992년 서울지방경찰청 경위 1992년 사법시험 합격(34회) 1995년 사법연수원 수료(24기) 1995년 부산지검 동부지청 검사 1997년 창원지검 밀양지청 검사 1998년 수원지검 검사 2000년 서울지검 검사 2002년 울산지검 검사 2004년 서울북부지검 검사 2007년 의정부지검 부부장검사 2008년 법무연수원 파견 2009년 대구지검 김천지청 부장검사 2009년 부산지검 외사부장 2010년 청주지검 부장검사 2011년 서울고검 검사 2013년 법무법인 민(民) 변호사 2013년 김앤장법률사무소 변호사 2015년 법무법인 다율 대표변호사(현) ⓢ불교

박성동(朴星東) Sungdong Park

ⓢ1967·6·9 ⓞ경북 경산 ⓐ대전 유성구 유성대로1628번길21 (주)쎄트렉아이(042-365-7500) ⓗ1986년 능인고졸 1989년 한국과학기술원(KAIST) 전기전자과졸 1990년 영국 Surrey대 대학원 위성통신공학과졸 ⓔ1990~1991년 영국 Surrey대 Teaching Assistant 1992~1999년 한국과학기술원(KAIST) 인공위성연구센터 연구개발실장 2000~2013년 (주)쎄트렉아이 대표이사 2013년 同이사회 의장(현) 2013년 국가과학기술심의회 거대공공전문위원회 전문위원 2014~2015년 국가과학기술자문회의 자문위원 2015년 국가과학기술심의회 공공·우주전문위원회 위원장(현) 2015년 미래창조과학부 대전창조경제혁신센터 창업대사(현) ⓢVenture Korea2002 산업자원부장관표창(2002), 무역의날 산업자원부장관표창(2003), 중앙일보 차세대영리더상(2005), Venture Korea2005 산업자원부장관표창(2005), 무역의날 대통령표창(2006), 대한원격탐사협회장표창(2007)

박성득(朴成得) PARK Sung Deuk (구월·박소평)

ⓢ1938·11·16 ⓑ밀양(密陽) ⓞ경남 ⓐ서울 마포구 백범로199 메트로디오빌1107호 (사)한국해킹보안협회(02-716-9229) ⓗ1958년 국립체신고졸 1966년 성균관대 물리학과졸 1968년 한양대 공학대학원 통신관리공학과졸 1985년 서울대 행정대학원 국가정책과정 수료 1997년 연세대 언론홍보대학원 최고위과정 수료 1998년 서강대 경영대학원 최고경영자과정 수료 1998년 명예 공학박사(성균관대) 2003년 고려대 컴퓨터과학기술대학원 수료 2004년 한국이사협회 수료(제6기) 2006년 명예 경영학박사(한국정보통신대) ⓔ1970년 기술고시 합격 1977년 강릉전신전화건설국 국장 1978년 중앙통신지원국 지원계획관 1979~1983년 체신부 통신지원과장·특수통신과장·통신기술과장 1984년 중앙전파감시소장 1987년 체신부 통신정책국장 1988~1990년 한미통신회담 수석대표 1990년 체신부 전파관리국장 1991년 同통신정책실장 1994년 同정보통신정책실장 겸 초고속정보통신망구축기획단장 1994년 정보통신부 기획관리실장 1996~1998년 同차관

1998~2001년 한국전산원 원장 1999~2002년 同이사장 1999~2009년 한국인터넷진흥원 이사장 2001~2007년 KT 이사회 이사·의장 2002~2007년 전자신문 대표이사 사장·발행인 2002~2005년 한국정보통신기술인협회 회장 2002~2009년 한국정보문화진흥원 이사장 2004~2007년 한국장애인재활협회 이사 2004~2006년 국가과학기술자문회의 위원 2007년 더인플러스 고문(현) 2007~2009년 하오TV(주) 회장 2008년 (사)한국해킹보안협회 회장(현) 2012년 한국방송통신전파진흥원 선임이사(현) ⓢ체신부장관표창(1969·1972), 녹조근정훈장(1977), 국무총리표창(1982), 홍조근정훈장(1990), 러시아정부 공훈메달(1995), 황조근정훈장(1998), 한국통신학회 정보통신대상(1998), 방송통신위원회 대한민국 인터넷산업진흥 특별공로상(2008)

박성득(朴成得) PARK Sung Duck

ⓢ1952·11·23 ⓑ밀양(密陽) ⓞ경남 함양 ⓐ서울 서대문구 충정로23 풍산빌딩14층 리인터내셔날특허법률사무소(02-2262-6005) ⓗ1971년 진주고졸 1981년 서울대 법대졸 1993년 미국 조지타운대 연수 2005년 미국 노스웨스턴대 대학원 법학과졸 2012년 법학박사(원광대) ⓔ1980년 사법시험 합격(22회) 1983년 사법연수원 수료(13기) 1983년 서울지검 검사 1986년 창원지검 충무지청 검사 1987년 수원지검 검사 1988년 미국 워싱턴주립대 연수 1990년 법무부 검찰국 검사 1992년 서울지검 검사 1994년 대검찰청 검찰연구관 1995년 창원지검 진주지청 부장검사 1996년 춘천지검 영월지청장 1997년 서울지검 부부장검사 1998년 대구지검 공안부장 1999년 수원지검 조사부장 2000년 同형사3부장 2000년 서울지검 동부지청 형사2부장 2001년 同동부지청 형사1부장 2002~2004년 국회 법제사법위원회 전문위원 2005년 서울고검 검사 2005년 부산지검 1차장검사 2006년 서울고검 검사 2008~2012년 감사원 감사위원 2012년 리인터내셔날특허법률사무소 변호사(현) 2014년 현대건설 사외이사(현) ⓩ'韓美행협사건 처리요강' '외국인 범죄 수사요령' '韓·외국어 법률용어사전'

박성만(朴晟滿) PARK Sung Man

ⓢ1964·12·25 ⓑ밀양(密陽) ⓞ경북 영주 ⓐ경북 안동시 풍천면 도청대로455 경상북도의회(054-633-2014) ⓗ1983년 영광고졸 1990년 계명대 사회과학대학 사회학과졸 ⓔ대경대 겸임교수 1992년 제14대 국회의원선거 출마, 신정당 경북영주·영풍지구당 위원장 1998·2000·2010년 경북도의회 의원(무소속·한나라당·친박연합·무소속) 2002~2004년 同기획위원회 위원장 2004년 제17대 국회의원선거 출마(경북 영주, 무소속), (주)싱그람 대표이사 2006년 경북도의원선거 출마(소속) 2010년 경북도의회 정의동우회장, 친박연합 경북도당 위원장 2011년 (주)워터유통 사장 2012년 경북도의회 부의장 2014년 경북도의회 의원(무소속)(현) 2014년 同기획경제위원회 위원(현)

박성명(朴星明) Park Sung Myung

ⓢ1956·5·25 ⓐ부산 연제구 중앙대로1001 부산광역시의회(051-888-8221) ⓗ동아대 경영학과졸, 부산대 행정대학원 사회복지학과 재학 중 ⓔ1996년 부산시 항도청년회의소 회장 2001~2013년 법무부 주례구치소 교정위원 2007~2008년 비전라이온스클럽 부회장 2007년 부산시금정구 체육회 이사(현), 同생활체육회 자문위원(현), 민주평통 부산시 금정구협의회장 2010년 한나라당 부산금정구당원협의회 쇄신위원장 2014년 부산시의회 의원(새누리당)(현) 2014년 同운영위원회 위원 2014년 同운영위원회 부위원장 2014년 同예산결산특별위원회 위원 2014~2015년 同행정문화위원회 위원 2015년 同경제문화위원회 위원 2016년 同경제문화위원회 부위원장(현) ⓢ대한민국 위민의정대상 우수상(2016)

박성민(朴聖敏) Park Seong Min

ⓢ1959·4·19 ⓑ밀양(密陽) ⓐ울산 중구 단장골길1 중구청 구청장실(052-290-3001) ⓗ울산대 행정학과졸, 同경영대학원 수료 2008년 同정책대학원 공공정책학과졸 ⓔ병영연합청년회 회장, 경남·울산지구청년회의소(JC) 회장, 민주평통 자문위원, 리빙시엔시(주) 대표이사 2002·2006~2010년 울산시 중구의회 의원 2006~2008년 同의장 2007~2008년 지역균형발전지방의회협의회 공동부의장 2011년 울산시 중구청장(재보선, 한나라당·새누리당) 2014년 울산시 중구청장(새누리당)(현) ⓢ지방의정봉사대상(2009) ⓢ기독교

박성민(朴成旼) PARK Sung Min

[생]1967·8·22 [출]서울 [주]서울 종로구 사직로8길31 서울지방경찰청 경무과(02-700-2418) [학]경찰대졸(6기) [경]안양경찰서 조사계장 2004년 원주경찰서 보안과장 직대 2005년 同정보과장 2005년 강릉경찰서 경무과장 2013년 서울 강동경찰서 생활안전과장 2014년 同생활안전과장(총경) 2014년 서울지방경찰청 치안지도관 2014년 교육 파견 2015년 강원 양구경찰서장 2016년 서울지방경찰청 총경(국무총리실 파견)(현) [상]행정자치부장관표창

박성민(朴盛珉) Sungmin PARK

[생]1968·6·14 [본]밀양(密陽) [출]서울 [주]세종특별자치시 갈매로408 교육부 역사교육정상화추진단(044-203-6820) [학]1987년 영일고졸 1991년 고려대 사학과졸 1997년 연세대 행정대학원 행정학과졸 2004년 교육행정학박사(미국 아이오와대) [경]1991년 행정고시 합격(34회) 1991년 총무처 행정사무관 시보 1992년 경기도교육청 지방교육행정사무관 1993~1996년 예편(해군 중위) 1997년 교육부 교원정책과·교원양성연수과·국제교육협력과 교육행정사무관 2000년 同교원복지과 서기관 2002년 창원대 기획조정과장 2005년 교육인적자원부 학자금정책팀장 2006년 산업자원부 산업기술인력팀장 2007년 교육인적자원부 인적자원정책본부 정책총괄팀장 2008년 대통령 교육과학문화수석비서관실 행정관 2009년 대통령 교육비서관실 행정관 2010년 세계은행 파견 2013년 교육부 학교정책과장 2015년 경기도교육청 기획조정실장(고위공무원) 2015년 교육부 역사교육정상화추진단 부단장(현)

박성배(朴成培) PARK Sung Bae

[생]1954·11·8 [출]대구 [주]대구 중구 달성로56 계명대학교 동산의료원 신장내과(053-250-7398) [학]1979년 경북대 의학과졸 1985년 同대학원 의학과졸 1992년 의학박사(경북대) [경]1986~1997년 계명대 의과대학 전임강사·조교수·부교수 1997년 同의과대학 내과학교실 교수(현) 2007~2011년 同동산의료원 신장연구소장 2011년 同동산의료원 의학도서관장 2011년 대한신장학회 회장 2012년 계명대 동산의료원 신장연구소장(현) [저]'임상 신장학'(2001, 광문출판사)

박성범(朴成範) PARK Sung Vum

[생]1940·3·17 [본]밀양(密陽) [출]서울 [주]서울 영등포구 의사당대로1 대한민국헌정회 서울지회(02-757-6612) [학]1958년 서울 중앙고졸 1960년 고려대 사학과 수료 1967년 건국대 정치외교학과졸 1974년 미국 조지워싱턴대 대학원 수료 1984년 프랑스 파리제2대 대학원 수료 1994년 고려대 언론대학원 수료 1997년 중앙대 대학원 언론학과졸 [경]1965년 KBS 기자 1972년 同정치부 차장·駐미국특파원 1974년 同워싱턴지국장 1975년 同외신부장 1976년 同경제부장 1978년 同부국장 1979년 同파리특파원 1981년 同유럽총국장 1986년 同해설위원장 1986~1991년 同9시뉴스 앵커 1986년 同보도본부 부본부장 1988년 同보도본부장 1991년 同특임본부장 1991~1993년 同방송총본부장 1992년 한국방송학회 부회장 1993년 한서대 교수 1996년 민자당 서울中지구당 위원장 1996년 제15대 국회의원(서울 중구, 신한국당·한나라당) 1998년 한나라당 총재 홍보특보 2000년 同서울中지구당 위원장 2000년 한서대 국제관계학과 전임교수 2001년 한나라당 이북도민위원장 2004~2008년 제17대 국회의원(서울 중구, 한나라당·무소속·한나라당·무소속) 2004~2006년 한나라당 서울시당 위원장 2009년 대한민국헌정회 서울지회장(현) [상]방송대상 보도상, 국민포장, 국민훈장 동백장, 서울시 문화상, 프랑스 국가공로훈장(레종도뇌르), 평안북도 문화상 [역]'보도뉴스의 마술사 앵커맨' '앵커맨' '북극에서 남극까지' '정상과의 대화' [종]기독교

박성수(朴聖洙) PARK Sung Soo

[생]1950·2·13 [본]밀양(密陽) [출]서울 [주]경남 창원시 성산구 원이대로682번길21 한마음창원병원(055-268-7565) [학]1968년 성동고졸 1974년 한양대 의과대학졸 1981년 同대학원졸 1984년 의학박사(한양대) [경]1982~1993년 한양대 의과대학 내과학교실 전임강사·조교수·부교수 1988~1990년 미국 콜로라도대 Health Science Center & Webb-Waring Lung 연구소 근무 1989년 American College of Chest Physicians Fellow(현) 1990년 미국 호흡기학회 정회원(현) 1993~2015년 한양대 의대 호흡기내과학교실 교수 1993~2005년 한양대병원 호흡기내과장 겸 호흡기센터 소장 1994년 미국 생리학학회 정회원(현) 1997년 대한결핵및호흡기학회 총무이사 1999년 同수련이사 2001년 同국제협력이사 2003~2004년 同이사장 2003년 미국 흉부학회 한국지부 회장 2003년 제13차 서태평양중환자의학회 학술대회장 2003~2004년 대한결핵협회 학술이사 2004년 대한민국의학한림원 정회원(현) 2007~2008년 한양대병원 내과 과장 겸 주임교수 2007~2008년 대한결핵 및 호흡기학회 법제윤리위원회 위원장 2007년 대한내과학회 감사 2008년 폐혈관연구회 회장 2008~2009년 제14차 아·태호흡기학술대회 감사 2009년 대한결핵 및 호흡기학회 회장 2009~2014년 한국호흡기장애인협회 이사장 2010~2013년 한양대 의무부총장 겸 의료원장 2013~2014년 대한의사협회 의학지식향상위원회 위원장 2015년 한양대 의과대학 내과학교실 명예교수(현) 2015년 한마음창원병원 병원장(현) [상]광혜학술상, 백남학술상, 대한내과학회 학술상 [저]'결핵'(共) '일차진료의를 위한 약처방 가이드, 내과계'(共) [역]'오늘의 진단 및 치료' '내과학' [종]불교

박성수(朴晟洙) PARK Sung Soo

[생]1951·5·12 [출]전남 곡성 [주]전남 나주시 우정로56, 토담리치타워 (재)광주전남연구원(061-931-9300) [학]1973년 전남대 상과대학 경영학과졸 1979년 同대학원 경영학과졸 1986년 경영학박사(고려대) [경]1978년 중소기업은행 지점장 대리 1980~1992년 전남대 경영학과 전임강사·조교수·부교수 1992년 同교수, 同명예교수(현) 1992년 미국 위스콘신대 방문교수 1993년 한국경영학회 상임이사 1994년 전남대 기업경영연구소장 1996년 同기획실장 2000년 同경영대학장 겸 경영대학원장 2001년 한국인사관리학회 회장 2003~2009년 (사)한국산학협동연구원장 2009년 전남대 경영전문대학원 자문위원 2009년 광주전남지역 기업호민관 2010년 대한경영학회 수석부회장 2011년 同회장 2013년 민생실천희망연대 상임고문 2016년 (재)광주전남연구원 원장(현) [저]'인사관리론'(1988) '인적자원관리'(1995) '새로운 인적자원관리'(2005) '중고령자 인적자원관리'(2008) '디지로그시대의 인적자원관리'(2009) [종]천주교

박성수(朴成洙) PARK Sung Soo

[생]1958·7·5 [출]전북 전주 [주]서울 중구 남대문로90 (주)SK네트웍스 홍보실(070-7800-0636) [학]1977년 전주고졸 1984년 한국외국어대 포르투갈어과졸 1992년 미국 뉴욕대 경영학과정 수학 2010년 전북대 무역대학원졸(경제학석사) [경]1983년 (주)선경 수출영업과 근무 1988~1995년 同뉴욕지사 근무 1991년 同수출자원팀 과장 1995년 同에너지석유팀장(차장) 1996년 同유화운영팀장 1998년 (주)SK상사 에너지기획팀장(부장) 2000년 (주)SK글로벌 에너지기획·운영팀장 2003년 (주)SK네트웍스 에너지사업팀장 2005년 同자원개발TF팀장 겸임 2005년 미국 교육파견 2006년 (주)SK네트웍스 전략에너지팀장(상무) 2006년 산업자원부 무역위원회 무역조사실장(국장급) 2008년 지식경제부 무역위원회 무역조사실장 2009년 (주)SK네트웍스 에너지사업부장(상무) 2010년 同Trading BHQ장 2011년 同홍보실장(현)

박성수(朴性洙) PARK Seong Su

[생]1961·10·30 [본]밀양(密陽) [출]경남 함안 [주]대전 유성구 가정로218 한국전자통신연구원 창의미래연구소(042-860-6520) [학]1980년 명지고졸 1984년 연세대 금속공학과졸 1986년 한국과학기술원 대학원 재료공학과졸 1992년 재료공학박사(한국과학기술원) [경]1993~2003년 한국전자통신연구원 선임연구원 2003년 同책임연구원 2006~2007년 미국 캘리포니아대 어바인캠퍼스(Univ. of California at Irvine) Dept. of EECS 방문연구원 2010년 한국전자통신연구원 창의연구본부 융합부품소재미래기술연구부장 2013년 同창의미래연구소 책임연구원(현)

박성수(朴星洙) PARK Sung Soo

[생]1964·8·25 [본]밀양(密陽) [출]광주 [주]서울 강남구 학동로401 4층 법무법인 정률(02-2183-5788) [학]1982년 용문고졸 1986년 서울대 법과대학 공법학과졸 1989년 고려대 대학원 법학석사 2003년 러시아 모스크바대 법과대학 법학과 이수 2010년 법학박사(고려대) [경]1991년 사법시험 합격(33회) 1994년 사법연수원 수료(23기) 1994년 인천지검 검사 1996년 광주지검 검사 1997년 서울지검 검사 2000년 춘천지검 강릉지청 검사 2001년 서울지검 북부지청 검사 2004년 서울북부지검 검사 2005년 수원지검 검사 2005년 대통령 민정수석비서관실 법무행정관 2006년 대통령 법무비서관실 선임행정관 2007~2008년 대통령 법무비서관 2008년 서울고검 검사 2008년 사법연수원 교수 2010년 인천지검 부천지청 부장검사 2011~2012년 울산지검 형사1부장 2012년 제19대 국회의원선거 출마(서울 송파구甲, 민주통합당) 2012년 민주통합당 서울송파구甲지역위원회 위원장 2012년 변호사 개업 2012년 노무현재단 기획위원(현) 2012년 서울시 법률고문(현) 2012~2015년 학교법인

진명정진학원 이사 2014년 새정치민주연합 서울송파구甲지역위원회 위원장 2014년 법무법인 세정 대표변호사 2015년 서울미디어대학원대학교 이사(현) 2015년 새정치민주연합 법률위원회 위원장 2015년 경기 부천시 법률고문(현) 2015년 동국대 법과대학 겸임교수(현) 2015년 법무법인 정률 변호사(현) 2015~2016년 더불어민주당 법률위원회 위원장 2016년 제20대 국회의원선거 출마(서울 송파구甲, 더불어민주당) [저]'국제기업에 관한 UN행위법전 연구'(1989) '상사법상 주식회사 관련 형사책임 연구'(2009)

박성수(朴性洙) PARK Sung-Su

[생]1966·9·7 [출]경북 문경 [주]경북 안동시 풍천면 도청대로455 경상북도청 창조경제산업실(054-880-2400) [학]대구 경원고졸, 고려대 정치외교학과졸 [경]1997년 지방고등고시 합격(3회), 문경시 총무과장, 경북도 공보관실 전략홍보담당 2009년 同지방공무원교육원 수석교수 2010년 同낙동강살리기사업단 사업지원팀장 2011년 同과학기술과장 2012년 同미래전략기획단장 2014년 同기획조정실 정책기획관 2015년 同창조경제산업실장(현)

박성수(朴晟秀) PARK Seong Soo

[생]1968·1·6 [본]충주(忠州) [출]충북 영동 [주]서울 종로구 사직로8길39 세양빌딩 김앤장법률사무소(02-3703-1870) [학]1986년 서울고졸 1990년 서울대 법대 사법학과졸 1995년 同대학원 법학과졸 2000년 미국 미시간대 로스쿨졸 2006년 법학박사(서울대) 2007년 연세대 공학대학원 전자공학과졸 [경]1989년 사법시험 합격(31회) 1992년 사법연수원 수료(21기) 1992년 軍법무관 1995년 수원지법 판사 1997년 서울지법 판사 1999년 대전지법 홍성지원 판사 2001년 대전지법 판사 2002년 특허법원 판사 2005년 대법원 재판연구관 2008년 의정부지법 국제심의관(부장판사) 2008년 법원행정처 국제심의관(부장판사) 2009년 대법원 대법원장비서실 부장판사 2010~2011년 수원지법 부장판사 2011년 김앤장법률사무소 변호사(현) [저]'정보법판례백선(共)'(2006) '특허침해로 인한 손해배상액의 산정'(2007) '특허법주해 Ⅰ·Ⅱ'(2010) [역]'특허판례백선3판'(2005)

박성숙(朴聖淑·女) Park Sung Sook

[생]1960·4·6 [출]대구 [주]서울 중구 덕수궁길15 서울특별시의회 의원회관817호(02-3783-1846) [학]연세대 행정대학원 재학 중 [경]한국문화원연합회 서울시 사무처장 2007~2014년 새누리당 서울시당 여성팀장 2014년 서울시의회 의원(비례대표, 새누리당)(현) 2014~2015년 同보건복지위원회 위원 2014~2015년 同윤리특별위원회 위원 2014~2016년 同한옥지원특별위원회 위원 2015~2016년 同남산케이블카운영사업독점운영 및 인·허가특혜의혹규명을위한행정사무조사특별위원회 위원 2015년 同메르스확산방지대책특별위원회 위원 2015년 同예산결산특별위원회 위원(현) 2015~2016년 同환경수자원위원회 부위원장 2016년 同문화체육관광위원회 부위원장(현) 2016년 同새누리당 원내총무(현)

박성식(朴聖植) PARK Sung Sik

[생]1961·7·12 [출]충남 [주]제주특별자치도 제주시 청사로1길18의4 제주지역경제혁신센터2층 (주)제주반도체(064-740-1700) [학]1985년 일본 니혼대(日本大) 전자공학과졸 [경]1985~2000년 삼성전자(주) 반도체판매사업부 근무 2000년 (주)이엠엘에스아이 설립·대표이사 사장 2013년 (주)제주반도체 대표이사 사장(현)

박성용(朴星用) PARK Seong Yong

[생]1959·4·24 [본]밀양(密陽) [출]충북 영동 [주]서울 강남구 압구정로36길18 신구빌딩 4층 (사)한국무선인터넷산업연합회(070-8765-8318) [학]1977년 국립철도고졸 1983년 서울시립대졸 1985년 서울대 행정대학원졸 2012년 숭실대 대학원 법학 박사과정 수료 [경]1984년 행정고시 합격(28회) 1985~1994년 특허청 근무 1994년 정보통신부 정보통신지원국 부가통신과 사무관 1995년 同정보통신지원국 통신기획과 사무관 1996년 同정보통신지원국 통신기획과 서기관 1997년 국외훈련 파견 1999년 동서울우편집중국장 2000년 정보통신부 국제우편과장 2001년 同기획관리실 법무담당관 2002년 同정보화기획실 정보이용보호과장 2003년 同전산관리소 업무과장 2004년 안산우체국장 2005년 수원우체국장 2006년 서울체신청 정보통신국장 2007년 한국IBM 본부장(파견) 2008년 지식경제부 우정사업본부 우정사업정보센터 경영지원과장, 同우정사업본부 경영기획실 정보전략팀장 2010년 同우정사업본부 준법지원팀장 2011년 同우정사업본부 경영기획실 재정관리팀장 2012년 同우정사업본부 재정기획과장(부이사관) 2013년 미래창조과학부 우정사업본부 금융총괄과장 2013년 同우정사업본부 감사담당관(부이사관) 2016년 同우정사업본부 일반직고위공무원 2016년 (사)한국무선인터넷산업연합회(MOIBA) 상근부회장(현) [상]근정포장(2013) [종]기독교

박성우(朴聲雨) PARK Sung Woo

[생]1946·6·25 [본]반남(潘南) [출]대전 [주]경기 성남시 수정구 성남대로1342 가천대학교 평생교육원(032-820-4000) [학]1964년 보문고졸 1968년 중앙대 화학과졸 1977년 同대학원 화학과졸 1983년 이학박사(중앙대) 2004년 서울대 최고산업전략과정 32기 수료 [경]1972년 예편(육군 중위) 1972년 국립과학수사연구소 연구원 1979년 同화학실장 1979년 일본 경찰과학연구소 연수 1980~1985년 중앙대 화학과 외래강사 1981년 미국 서버지니아법과학연구소 연수 1985년 미국 Dionex사 IC분석 연수 1987년 국립과학수사연구소 화학분석과장 1991~1993년 원광대 대학원 화학과 외래강사 1991년 한국소방검정공사 규격 및 ISO 전문위원 1996년 국립과학수사연구소 법과학부장 1996년 한국분석과학회 편집위원장 2000~2003년 한국법과학회 부회장 2000~2003년 응용미약자기에너지학회 부회장 2002~2005년 국립과학수사연구소 소장 2004~2006년 응용미약자기에너지학회 회장 2004년 한국분석과학회 수석부회장 2005년 同회장 2005~2012년 충남대 평화안보대학원 과학수사학과 교수 2005년 한국분석과학회 고문(현) 2005~2011년 충남대 과학수사학과 학과장 2006~2012년 한국과학수사학회 회장 2006~2012년 충남대 과학수사연구소장 2007년 해군발전자문위원회 위원 2007·2009~2011년 관세청 심의위원, 한국마사회 심의위원 2008~2011년 지식경제부 코러스(KORUS) 심사위원 2012년 경찰청 과학수사자문위원 2013~2014년 서울과학종합대학원 산업보안연구소 과학수사분과 연구위원 겸 연구교수 2015년 가천대 평생교육원 한국법안전토론 외래교수(현) [상]19703관구사령관표창 2회, 내무부장관표창(1978), 보건사회부장관표창(1988), 녹조근정훈장(1988), 과학기술 우수논문상(1993), 한국분석과학회 대상, 황조근정훈장(2005), 충남대총장표창(2011) [저]'현장수사실무'(2005), '수사와 과학'(2005), '잠재지문 현출 이론 및 실습'(2010) [역]'재판화학'(2005)

박성우(朴成雨) Pak Seong-Woo

[생]1960·3·8 [본]밀양(密陽) [출]전남 완도 [주]광주 서구 상무중앙로114 랜드피아303호 연합뉴스 광주·전남취재본부(062-373-1167) [학]1980년 목포고졸 1985년 목포대 행정학과졸 [경]1989년 연합뉴스 입사 2012년 同광주·전남취재본부 부국장대우 2014년 同광주·전남취재본부장 2015년 同광주·전남취재본부 목포주재 부국장대우(현) [상]미육군 업적훈장(1987), 대통령표창(2013), 한국기자협회 한국기자상(2014), 광주전남민주언론상(2014)

박성욱(朴成昱) PARK Seong Wook

[생]1956·3·18 [출]경북 안동 [주]서울 송파구 올림픽로43길88 서울아산병원 원장실(02-3010-3153) [학]1981년 서울대 의과대학졸 1985년 同대학원졸 1993년 의학박사(서울대) [경]1981~1985년 서울대병원 내과 인턴·전공의 1985~1988년 육군 軍의관(대위) 1988~1989년 서울대병원 내과(순환기) 전임의 1989~1995년 울산대 의과대학 내과학교실 전임강사·조교수 1993~1994년 미국 베일러대 Research Fellow 1995년 울산대 의과대학 내과학교실 부교수·교수(현) 2003년 서울아산병원 기획조정실장 2006~2008년 同심장내과 과장 2008년 同협심증 및 심근경색센터 소장 2009년 同진료부원장 2010년 同연구위원장 2010년 同병원장(현) 2012년 대한병원협회 정책부회장 2014년 한국국제의료협회(KIMA) 부회장(현) 2016년 대한병원협회 부회장(현) [상]메디컬코리아대상 보건복지부장관표창(2013)

박성욱(朴星昱) PARK Sung Wook

[생]1958·1·8 [출]경북 포항 [주]경기 이천시 부발읍 경충대로2091 SK하이닉스(주) 사장실(031-630-4114) [학]1977년 포항 동지상고졸 1982년 울산대 재료공학과졸 1984년 한국과학기술원(KAIST) 재료공학과졸(석사) 1992년 재료공학박사(한국과학기술원) [경]1984년 현대전자산업(주) 반도체연구소 입사 1999년 同미국생산법인 파견(Engineering 총괄) 2001년 同미국생산법인 이사 2001년 (주)하이닉스반도체 미국생산법인 상무이사 2002년 同메모리연구소 소자담당 2003년 同메모리연구소장 2005년 同연구소장(전무) 2007년 同연구소장(부사장) 2010년 同연구개발제조총괄 부사장 2010~2012년 세계반도체연맹(GSA) 아시아태평양지도위원회 위원 2012년 SK하이닉스(주) 연구개발총괄 부사장 2013년 同대표이사 사장(현) 2014년 同이사회 의장

2015년 한국공학한림원 정회원(전기전자정보공학 · 현) 2016년 한국반도체산업협회 회장(현) [상]대통령표창(2004), 동탑산업훈장(2010), 100억달러 수출탑(2014), KAIST총동문회 자랑스런 동문(2015), 금탑산업훈장(2015)

박성욱(朴星昱)

[생]1966 · 8 · 14 [출]울산 [주]경기 안산시 상록구 해안로 787 한국해양과학기술원 해양정책연구소(031-400-6504) [학]1992년 경희대 행정학과졸 1994년 同대학원 국제법학과졸 1998년 법학박사(경희대) [경]1998년 한국해양연구원 해양과학기술정책연구센터 선임연구원 2000~2001년 수중문화유산보호협약을위한정부간전문가회의 대표 2002~2004년 국제해저기구 정부대표 2011년 한국해양연구원 해양기술정책연구부장 2012년 한국해양과학기술원 해양정책 · 영토연구실장 2014년 同해양정책연구소장(현)

박성원(朴成遠) park sung won

[생]1964 · 8 · 5 [출]경기 평택 [주]서울 영등포구 여의대로70 KB투자증권 기업금융본부(02-3777-8000) [학]1982년 평택고졸 1989년 성균관대 경영학과졸 [경]1989년 국민투자신탁 채권운용역 1995년 현대투자신탁운용 채권운용팀장 2003년 푸르덴셜투자증권 기업금융부장 2004년 KB투자증권 기업금융부 부본부장 2015년 同기업금융본부장(상무) 2016년 同기업금융본부장(전무)(현) [상]헤럴드경제 투자은행(IB) 대상, 제4회 뉴스핌캐피탈 마켓 대상, 한국은행 저축의날 표창(2001), 아시아경제 아시아자본투자대상 채권부문 최우수상(2012), 한국경제신문 제4회 한국IB대상 채권발행(DCM)부문(2013), The bell Korea Capital Markets the bell League Table Awards(Best Bond Deal)(2013), 머니투데이 대한민국 IB대상(최우수 회사채주관사)(2013), 매일경제신문 제16회 매경증권인상 기업금융부문 금상(2014), 연합인포맥스 IB대상 회사채부문(2014), The bell Korea Capital Markets the bell League Tabel Awards(Best Bond House, Best Straight Bond House, Best Bond Deal)(2014), 한국경제신문 한국IB대상 채권발행(DCM)부문(2014 · 2015), 머니투데이 대한민국 IB대상(2015), 헤럴드경제신문 자본시장대상 특별상(2015), 아시아경제 아시아자본투자대상 IB부문 우수상(2015), 한국경제 한국IB대상(2016), The bell Korea Capital Markets the bell League Table Awards(BEST Financial Bond House, Best Asset Backed Securities House, Best Bond Deal(SB) Best Bond Deal(ABS) Best Bond House)(2016), 매일경제 증권대상 기업금융부문 금상(2016)

박성원(朴成遠) PARK Sung Won

[생]1965 · 2 · 18 [출]서울 [주]서울 종로구 청계천로1 동아일보 편집국(02-2020-0114) [학]동국대사대부고졸, 서울대 정치학과졸 [경]서울신문 편집국 기자, 동아일보 신동아 기자, 同정치부 기자, 同정치부 차장, 同논설위원 2011 同논설위원(부장급) 2011년 채널A 보도본부 정치부장 2013년 동아일보 편집국 정치부장 2013년 同논설위원(부장급) 2015년 同편집국 부국장(현)

박성윤(朴性倫) PARK Sung Yoon

[생]1956 · 2 · 29 [출]대전 [주]서울 종로구 인사동7길 32 SK건설빌딩 3층 SK TNS(주)(02-3700-9221) [학]1975년 충남고졸 1982년 동국대 전기공학과졸 2010년 대전대 대학원졸 [경]1982~1984년 효성건설 근무 1984~1992년 풍림산업 근무 1992년 (주)SK건설 입사 2003년 同통신사업담당 상무, 同통신사업본부장 2008년 同U-사업총괄 상무 2010~2015년 同U-사업부문장(전무) 2015년 SK TNS(주) 대표이사(현) [상]건설교통부 지능형홈네트워크대상(2006)

박성익(朴宬熤) Park, Sung-Ik

[생]1959 · 10 · 6 [본]함양(咸陽) [출]충북 괴산 [주]서울 종로구 북촌로112 감사원 민원조사단(02-2011-2190) [학]1978년 서울 경신고졸 1983년 서울시립대 도시과학대학 조경학과졸 2003년 미국 노스캐롤라이나주립대 대학원 행정학과졸 [경]1985~1990년 감사원 기술4과 · 총무과 근무 1991~1997년 同1국 2과 · 5국 4과 근무 1998~1999년 同2국 5과 · 총장비서실 근무 2000년 同국제협력담당관실 부감사관 2004년 同산업환경감사국 총괄과 부감사관 2007년 同혁신인사담당관실 감사관 2009~2011년 대통령실 경호처 파견 2011년 감사원 감찰정보단 제1과장 2013년 同지방행정감사국 제2과장(부이사관) 2015년 同지방건설감사단장(고위감사공무원) 2016년 同민원조사단장(현) [상]근정포장(2002), 감사원 바른감사인상(2012)

박성익(朴晟翼) PARK Seong Ik

[생]1962 · 9 · 14 [주]부산 남구 수영로309 경성대학교 상경대학 국제무역통상학과(051-663-4421) [학]서울대 무역학과졸, 同대학원졸, 경제학박사(미국 로체스터대) [경]1987~1990년 한국은행 국제금융부 근무 1993년 월드뱅크 인턴 1996년 경성대 상경대학 국제무역통상학과 교수(현) 2008~2011년 同글로벌비지니스혁신본부장 2011년 同기획조정처장 겸 교육역량강화사업단장 2012년 同기획조정처장 2012~2014년 同상경대학장 2013~2014년 同경영대학원장

박성인(朴聖仁) PARK Sung In

[생]1938 · 12 · 2 [본]밀양(密陽) [출]평남 평양 [주]서울 송파구 올림픽로424 벨로드롬1층 동계종목경기단체사무국106호 대한빙상경기연맹(02-2203-2018) [학]1958년 대륜고졸 1962년 영남대 상학과졸 [경]1966년 한일은행 여자탁구단 감독 1974~1982년 한국대표선수단 총감독 1978~1992년 삼성남녀탁구단 총감독 1982~1985년 대한체육회 이사 1989년 대한탁구협회 부회장 1992년 대한레슬링협회 부회장 1992년 삼성 회장비서실 스포츠단 전무이사 1992년 대한올림픽위원회(KOC) 상임위원 1997년 삼성스포츠단 부사장 · 단장 1997~2011년 대한빙상경기연맹 회장 2001~2003 · 2005년 대한올림픽위원회(KOC) 부위원장 2004~2013년 삼성스포츠단 고문 2009~2011년 대한체육회 이사 2010년 밴쿠버동계올림픽선수단장 2011년 대한체육회 자문위원 2011년 대한빙상경기연맹 명예회장(현) [상]대통령표창, 국무총리표창, 체육훈장 백마장, 대한민국 체육상, 체육훈장 청룡장(2005), 소강체육대상 공로상(2010), 코카콜라체육대상 공로상(2010) [종]기독교

박성인(朴聖寅)

[생]1968 · 3 · 16 [출]서울 [주]경기 안양시 동안구 관평로212번길70 수원지방법원 안양지원(031-8086-1114) [학]1986년 대일고졸 1990년 중앙대 법학과졸 [경]1995년 사법시험 합격(37회) 1998년 사법연수원 수료(27기) 1998년 전주지법 판사 2001년 전주지법 군산지원 판사 2002년 인천지법 판사 2005년 서울행정법원 판사 2007년 서울남부지법 판사 2010년 서울고법 판사 2012년 서울동부지법 판사 2013년 부산지법 동부지원 부장판사 2015년 수원지법 안양지원 부장판사(현)

박성일(朴聖一) PARK SUNG-IL

[생]1940 · 3 · 21 [본]밀양(密陽) [출]서울 [주]서울 송파구 새말로5길21 흥아해운4층 BANCOR INTERNATIONAL LIMITED 회장실(02-407-0860) [학]1958년 성동고졸 1962년 서울대 상과대학 상학과졸 1965년 미국 와이오밍대 대학원 회계학과졸 1967년 미국 미시간대 대학원 경영학박사과정 수료 [경]1967~2002년 딜로이트투쉬 토마츠(DTT) 뉴욕회계감사 파트너 1997~2003년 매일경제 · 한국경제 · 조선일보 기고 1999~2005년 딜로이트컨설팅 회장 2005~2009년 딜로이트안진회계법인 감사고문 2009~2016년 (주)두산 고문 2009~2016년 미국 두산인프라코어 인터내셔날 감사위원 2009년 BANCOR INTERNATIONAL LIMITED 회장(현) [종]기독교

박성일(朴成一) PARK Sung Il

[생]1955 · 3 · 13 [출]전북 완주 [주]전북 완주군 용진면 지암로61 완주군청 군수실(063-290-2006) [학]1973년 전주고졸 1978년 전북대 법학과졸 1986년 서울대 행정대학원 행정학과졸 [경]1979년 행정고시 합격(23회) 1980년 공무원 임용 1995년 전북도 국제협력관 1998년 同기획관 1999년 정읍시 부시장, 전북도 문화관광국 문화관광과장, 同문화관광국장, 미국 워싱턴주 파견 2003년 전북도 경제통상실장 직대 2004년 同도지사 정책보좌관 2005년 同자치행정국장 2005년 同경제통상실장 2006년 同기획관리실장 2007년 (재)전라북도인재육성재단 상임이사 겸임, 제주4.3사건처리지원단 파견 2008년 행정안전부 정부청사관리소장(고위공무원) 2009년 同정보화전략실 정보화기획관 2010년 同감사관 2011년 국민권익위원회 상임위원 2012~2013년 전북도 행정부지사, 전북대 기초교양교육원 초빙교수 2014년 전북 완주군수(무소속)(현)

박성재(朴性載) PARK Sung Jae

[생]1963 · 1 · 24 [출]경북 청도 [주]서울 서초구 반포대로 158 서울고등검찰청 검사장실(02-530-3201) [학]1981년 대구고졸 1985년 고려대 법과대학졸 [경]1985년 사법시험 합격(27회) 1988년 사법연수원 수료(17기) 1988년 공군 법무관 1991년 서울지검 검사 1993년 대구지검 의성지청 검사 1994년 대구지검 검사 1996년 서울지검 북부지청 검사 1998년 부산지검 검사 2000년 서울지검 동부지청

부부장검사 2001년 춘천지검 강릉지청 부장검사 2002년 대검찰청 검찰연구관 2003년 사법연수원 교수 2005년 대검찰청 감찰2과장 2006년 서울중앙지검 금융조세조사1부장 2007년 대구지검 김천지청장 2008년 법무부 감찰담당관 2009년 서울동부지검 차장검사 2009년 대구지검 1차장검사 2010년 서울고검 공판부장 2011년 제주지검장 2012년 창원지검장 2013년 광주고검장 2013년 대구고검장 2015년 서울중앙지검장 2015년 서울고검장(현)

박성재(朴成在) PARK Sung Jae

[생]1965 · 11 · 26 [출]경남 사천 [주]경남 창원시 의창구 중앙대로300 경상남도청 행정국 인사과(055-211-3551) [학]1984년 서울 동북고졸 1996년 건국대졸 [경]1997년 지방행정고시 합격 1998~2010년 합천군 기획관리실 · 합천군의회 전문위원 · 합천군 대양면장 · 경남도지방공무원교육원 파견 · 경남도 기획관리실 남해안시대추진기획단 대외협력팀장 · 경남도 문화관광체육국 문화예술과 문화정책담당 지방행정사무관 2010~2014년 행정안전부 지방행정국 민간협력관 · 안전행정부 지방행정실 지방행정정책관 · 경남도 서부권개발본부 공공기관이전단장 · 경남도 기획조정실 정책기획관(지방서기관) 2014~2015년 경남 함안군 부군수 2016년 지방행정연수원 교육파견(부이사관)(현) [상]국무총리표창(2012)

박성주(朴成柱) PARK Sung Joo

[생]1950 · 4 · 11 [본]전주(全州) [출]서울 [주]서울 동대문구 회기로85 한국과학기술원 경영대학원(02-958-3646) [학]1969년 경기고졸 1973년 서울대 산업공학과졸 1975년 한국과학기술원 산업공학 석사 1978년 시스템공학박사(미국 Michigan State Univ.) [경]1978~1980년 한국과학기술연구원(KIST) 전산개발센터 수석연구원 1978년 서울대 산업공학과 강사 1980~2015년 한국과학기술원(KAIST) 경영대학원 교수 1984~1985년 미국 미시간주립대 산업공학과 초빙교수 1988~1990년 한국생산성본부 자문교수 1989~1991년 삼성코닝(주) 전산고문 1990~1993년 EXPO93준비위원회 전산자문위원 1991년 미국 UCLA 초빙교수 1992년 UNIDO 자문 1992~1995년 삼성데이터시스템 자문교수 1994년 한국과학기술원 정보시스템연구소장 1995~1996년 삼성생명보험 자문교수 1996~1999년 한국과학기술원 기획처장 1998~1999년 삼성종합기술원 자문위원 2001~2006년 한국과학기술원 테크노경영대학원장 2001년 한국시뮬레이션학회 회장 2003~2005년 한국경영과학회 회장 2004~2008년 국제경영교육협회(GFME) 이사 2004년 아태지역경영대학협회 회장 2004~2005년 한국경영과학회 회장 2005년 전국경영대학장협의회 회장 2005~2008년 국회예산정책처 자문위원 2005~2006년 대통령자문 국가과학기술자문위원회 위원 2005~2008년 YTN 사외이사 2006년 한국과학기술원(KAIST) 서울캠퍼스 부총장 2014년 (사)아이팩조정중재센터(IIPAC, International IP ADR Center) 이사회 의장(현) 2015년 한국과학기술원(KAIST) 경영대학원 명예교수(현) [상]황조근정훈장(2015) [종]가톨릭

박성주(朴成柱) PARK Seong Ju (보월)

[생]1952 · 11 · 1 [본]밀양(密陽) [출]전북 정읍 [주]광주 북구 첨단과기로123 광주과학기술원 신소재공학부(062-715-2309) [학]1971년 남성고졸 1976년 서울대 화학과졸 1979년 同대학원 표면화학과졸 1985년 이학박사(미국 코넬대) [경]1987~1995년 한국전자통신연구원 책임연구원 1992년 한국진공학회 간사 · 이사 · 편집위원 1995~2015년 광주과학기술원(GIST) 신소재공학부 교수 1995~2001년 同신소재공학과장 1995~1996년 한국전자통신연구소 초빙교수 1997~2002년 한국과학기술단체총연합회 Brain Pool 선정 평가위원 1997년 광주과학기술원 광전자재료연구센터 소장 1999~2003년 대한화학회 광주전남지부 이사 1999~2005년 한국진공학회 이사 1999~2002년 한국과학기술단체총연합회 평가위원 1999~2001년 BK21재료사업단(KAIST/KJIST연합사업단) 단장 2000~2002년 KISTEP 창의연구사업 추진기획위원 2002년 광주과학기술원 교학처장 2003년 APWS 자문위원 2003년 한국과학기술한림원 공학부 정회원(현) 2005년 일본 응용물리학회지 해외편집위원 2006년 한국진공학회 부회장 2006~2012년 광주과학기술원 LED연구센터장 2007년 SPIE 조직위원 2008년 LED반도체조명학회 부회장 2008~2012년 광주과학기술원 과학기술응용연구소장 2010년 한국광전자학회 수석부회장 2011년 광주과학기술원 솔라에너지연구소장 2013년 한국광전자학회 회장 2015년 광주과학기술원(GIST) 신소재공학부 특훈교수(현) [상]체신부장관표창(1994), 대한화학회 우수논문상, 광주과학기술원 학술상(2001), 대한민국 과학기술포장(2005), 제16회 과학기술우수논문상(2006), GIST대표혁신 기술상(2007), 대학상위10대 특허등록 연구자상(2009), 한국진공학회 학술상(2010) [저]'Zinc Oxide Bulk Thin Films and Nanostructures (Contacts to ZnO) Elsevier Science'(2006) 'III-Nitride Devices and Nanoengineering'(2008, Imperial College Press)

박성주(朴星柱)

[생]1966 · 6 · 22 [출]전남 보성 [주]서울 양천구 화곡로73 강서경찰서(02-2620-9322) [학]광주 광덕고졸, 경찰대 행정학과졸(5기) [경]1989년 경위 임용 1996년 경감 승진 2003년 경정 승진, 서울 동대문경찰서 수사과장 · 형사과장, 서울 종암경찰서 · 영등포경찰서 · 수서경찰서 · 서초경찰서 · 강남경찰서 형사과장 2013년 강원 평창경찰서장(총경), 경기지방경찰청 제2부 형사과장 2015년 경기 성남중원경찰서장 2016년 경찰청 수사국 범죄분석담당관 2016년 서울 강서경찰서장(현)

박성준(朴成峻)

[생]1963 · 1 · 15 [주]서울 중구 남대문로39 한국은행 발권국(02-759-4581) [학]1981년 제주제일고졸 1988년 서울대 경영학과졸 1999년 미국 아이오와주립대 대학원 경제학과졸 [경]한국은행 입행 2008년 同금융통화위원회실 근무(2급) 2009년 同정책기획국 근무(2급) 2011년 同제주본부장 2014년 同공보실장 2015년 同발권국장(현)

박성준(朴晟濬) SEONG-JOON PARK

[생]1967 · 4 · 18 [출]서울 [주]대전 서구 청사로189 특허청 산업재산보호협력국(042-481-8572) [학]1990년 고려대 법학과졸 1998년 同대학원 법학과졸 2000년 미국 아이오와대 대학원 법학과졸 2003년 법무박사(J.D.)(미국 아이오와대) 2015년 서울대 자연과학대학 최고경영자과정졸 [경]1991년 행정고시 합격(35회) 2007년 駐제네바대표부 특허관 2008년 세계지식재산권기구 임시총회 의장 2011년 국가지식재산위원회 지식재산진흥관 2012년 특허심판원 심판장 2012년 특허청 기획조정관 2013년 同상표디자인심사국장 2016년 同산업재산보호협력국장(현) [종]가톨릭

박성중(朴成重) PARK Sung Joong

[생]1958 · 8 · 1 [본]밀양(密陽) [출]경남 남해 [주]서울 영등포구 의사당대로1 국회 의원회관936호(02-784-4364) [학]1976년 경남고졸 1981년 성균관대 행정학과졸 1984년 서울대 행정대학원졸 2004년 도시행정학박사(성균관대) [경]1979년 행정고시 합격(23회) 1996년 서울시 자치행정과장 1997년 대통령비서실 파견 1998년 서울시 교통기획과장 1999년 同공보관 2000년 同東京서울사무소장 2002년 同시정기획관 2003년 同서초구 부구청장 2004~2009년 서울디지털대 겸임교수 2006~2010년 서울시 서초구청장(한나라당) 2006년 한국수필신인상 공모 당선 · 수필가 등단(현) 2007년 가톨릭대 행정대학원 겸임교수 2008~2010년 서울산업대 겸임교수 2010년 서울과학기술대 겸임교수(현) 2011~2012년 사회복지공동모금회 사무총장, 미래도시연구소 소장(현) 2016년 새누리당 서울서초구乙당원협의회 운영위원장(현) 2016년 제20대 국회의원(서울 서초구乙, 새누리당)(현) 2016년 국회 예산결산특별위원회 위원(현) 2016년 국회 안전행정위원회 위원(현) 2016년 국회 저출산 · 고령화대책특별위원회 위원(현) [상]제142회 한국수필신인상 공모 신인상(2006), 제12회 효령상 효행부문(2009) [저]'법제실무개론' 에세이집 '행복찾는 이야기'(2006) '행복디자인'(2010) [종]불교

박성진(朴成鎭) PARK Sung Jin

[생]1963 · 9 · 27 [본]밀양(密陽) [출]부산 [주]강원 강릉시 동해대로3288의17 춘천지방검찰청 강릉지청(033-660-4200) [학]1983년 동성고졸 1992년 한양대 법학과졸 [경]1992년 사법시험 합격(34회) 1995년 사법연수원 수료(24기) 1995년 수원지검 검사 1996년 同평택지청 검사 1998년 서울지검 검사 2000년 부산지검 검사 2002년 인천지검 검사 2004년 수원지검 안산지청 검사 2007년 대구지검 서부지청 부부장검사 2008년 서울고검 부부장검사 2009년 창원지검 통영지청 부장검사 2009년 부산지검 마약 · 조직범죄수사부장 2010년 대검찰청 마약과장 2011년 同조직범죄과장 2012년 서울중앙지검 강력부장 2013년 대전지검 형사1부장 2014년 서울동부지검 형사1부장 2015년 대전지검 천안지청 차장검사 2016년 춘천지검 강릉지청장(현)

박성진(朴成鎭) Park, Sung Jin

[생]1966 · 3 · 30 [출]서울 [주]제주특별자치도 제주시 공항로2 제주지방항공청(064-797-1701) [학]1984년 서울 영동고졸 1988년 서울대 사법학과졸 1998년 영국 버밍엄대 대학원 경영학과졸 [경]1998~2002년 건설교통부 주택정책과 사무관 2002년 同토지정책과 서기관 2004년 OECD 사무국 파견 2006년 건설교통부 건설교통인재개발원 학사운영과장 2007년 同부동산정보분석팀장 2008

년 국토해양부 부동산정보분석팀장 2008년 대통령자문 국가균형발전위원회 지역개발국 과장급 2011년 국토해양부 주택토지실 토지정책과장 2013년 국토교통부 항공정책실 항공정책과장(부이사관) 2014년 同중앙토지수용위원회 사무국장 2015년 제주지방항공청장(현)

박성찬(朴性贊) Park Sung Chan

(생)1960 · 6 · 28 (본)충북 청원 (주)경기 용인시 수지구 디지털밸리로81 다우인큐브 임원실(070-8707-2500) (학)1978년 충북고졸 1985년 충북대 전산통계학과졸 2012년 서울대 대학원 최고경영자과정 수료 (경)1985~2001년 (주)데이콤 사업본부장(상무) 2002~2003년 (주)코리아컨텐츠네트워크 대표이사 2003~2007년 (주)데이콤 사이버패스 부사장 2008년 (주)인포허브 대표이사 2008년 (주)다우기술 Service부문장(전무) 2014년 同Service부문장(부사장) 2016년 다우인큐브 대표이사(현)

박성찬(朴成燦) PARK Sung Chan

(생)1963 · 9 · 16 (본)서울 (주)경기 성남시 분당구 분당로55 분당퍼스트타워9층 (주)다날 임원실(031-697-1004) (학)1982년 숭실고졸 1982년 고려대 건축학과 중퇴 1997년 同생명환경대학원 수료 2001년 한국과학기술원(KAIST) CKO과정 수료 (경)1983년 하이츠주택 창업 1992년 시티건설 창업, 시티산업 대표이사, 윤원건설 대표이사 1997~2011년 다날 대표이사 1997년 (사)한국벤처기업협회 이사 2004년 (사)한국콘텐츠산업연합회 의장 · 명예의장 2005년 (사)한국벤처기업협회 수석부회장 2011년 (주)다날 회장(현) (상)대한민국 IT이노베이션대상 철탑산업훈장(2009) (종)기독교

박성철(朴性哲) PARK Sung Chul

(생)1957 · 2 · 21 (본)밀양(密陽) (출)경남 합천 (주)부산 연제구 법원로28 부산법조타운12층 법무법인 정인(051-911-6161) (학)1975년 경남고졸 1979년 서울대 법학과졸 1981년 同대학원 법학과 수료 2007년 법학박사(동아대) (경)1980년 사법시험 합격(22회) 1982년 사법연수원 수료(12기) 1982년 해군 법무관 1985년 부산지법 판사 1992년 同울산지원 판사 1993년 부산고법 판사 1996년 부산지법 판사 1998년 울산지법 부장판사 1999년 부산지법 부장판사 2003년 창원지법 부장판사 2004년 同수석부장판사 2005년 부산고법 부장판사 2007년 부산지법 수석부장판사 2009년 부산고법 부장판사 2009년 법무법인 정인(正人) 대표변호사(현) (종)불교

박성철(朴成哲) Park Sung Chul

(생)1960 · 2 · 17 (주)전남 나주시 전력로55 한국전력공사 영업본부(061-345-4511) (학)1978년 광주고졸 1982년 연세대 전기공학과졸 1990년 同산업대학원 전기공학과졸 (경)2009년 한국전력공사 경기본부 평택지점 전력공급팀장 2009년 同전남본부 판매계획실장 2010년 同노무처 안전재난관리팀장 2012년 同설비진단센터장 2012년 同서울지역본부 서부지사장 2014년 同경기지역본부 성남지사장 2015년 同신성장동력본부장(상임이사) 2016년 同영업본부장(상임이사)(현)

박성철(朴星哲) PARK Sung Chul

(생)1962 · 12 · 15 (출)서울 (주)경기 성남시 분당구 성남대로343번길9 SK주식회사 C&C 엔카사업부(02-6400-0114) (학)장훈고졸 1985년 서울대 산업공학과졸, 同대학원 산업공학과졸 (경)1989년 대한석유공사 입사 1995년 SK(주) 송유관운영팀 과장 2000년 同엔카사업TF팀장 2000년 SK엔카(주) 대표이사 사장 2013년 SK C&C 엔카사업부 대표(전무) 2014년 SK엔카닷컴(주) 초대 대표이사 2015년 SK주식회사 C&C 엔카사업부 대표(현)

박성철(朴成哲) Scott Park

(생)1965 · 3 · 28 (출)영국 런던 (주)서울 중구 장충단로275 두산타워빌딩 두산밥캣(주)(02-3398-0993) (학)미국 Alta Loma고졸 1987년 미국 캘리포니아 하비 머드 대학(Harvey Mudd College) 전자공학과졸 1990년 미국 캘리포니아대 샌디에이고캠퍼스(UCSD) 대학원졸(글로벌 정책 및 전략 분야 국제경영학 석사) (경)1987~1988년 Theodore Barry & Associate 컨설팅 과장 1990~1992년 Coopers & Lybrand 컨설팅 차장 1992~1995년 Amgen 영업 · 마케팅 부장 1995~1998년 KPMG 로스앤젤레스지사 컨설팅 수석매니저(이

사) 1998~2000년 한국오라클 전략서비스컨설팅담당 이사 2000~2001년 e비즈니스전문컨설팅회사 e-Xperts 서울지사 사장(CEO) 2001~2002년 SAP코리아 전략기획담당 상무(CSO) 2002~2012년 볼보건설기계(벨기에 브뤼셀 본사) 글로벌 CIO 겸 부사장 · 프로세스 & 시스템부문 총괄 사장 2012~2013년 두산인프라코어 건설기계부문 CSO 겸 부사장 · 제조전략 & TQM담당 전무 2013년 두산밥캣(주) 대표이사 사장(현) (종)기독교

박성태(朴性泰) ParK Sung Tae

(생)1957 · 9 · 17 (출)대구 (주)서울 금천구 디지털로9길47 한신IT타워2차14층 한국대학신문 대표이사실(02-2025-6003) (학)1976년 배재고졸 1982년 연세대 문헌정보학과졸 1991년 동국대 대학원 신문방송학과졸 2003년 행정학박사(경원대) 2007년 서울대 행정대학원 정보통신정책과정 수료 (경)1985년 서울신문 편집국 조사부 기자 1985~2004년 서울시 정도6백년사업 심사위원 · 건설교통부 부가제정심의위원 · 대한민국 건축문화대상 심사위원 1988년 서울경제신문 편집국 기자(환경부 · 농림부 · 노동부 · 서울시청 · 건설부 출입) 1998년 서울신문 경제부 차장 2000년 파이낸셜뉴스 건설부동산부장 · 산업부장 · 부국장 · 편집국장 2002년 머니투데이 부국장 · 국장대우 오프라인국장 · 경영기획실장 2004~2005년 미국 남가주대(USC) 동아시아연구소 객원연구원 2005년 대한주택공사 홍보실장 2007년 同홍보처장 2008년 同주택도시연구원 선임연구위원 2008년 (주)이코노믹리뷰 대표이사 겸 발행인 · 편집인 2009년 광남일보 사장 2009~2010년 아시아경제신문 부사장 2010년 한국대학신문 대표이사 겸 발행인(현) 2012년 (사)고령사회고용진흥원 회장 2012년 가천대 신문방송학과 겸임교수(현) 2014년 서울여대 교양학부 겸임교수(현) (상)한국편집인협회상, 한국백상기자대상 동상, 건설교통부장관창, 경원대총장표창 (저)'삐딱한 광대' '서울 서울 서울' '한국의 인맥' '저금리시대에는 부동산이 최고다' '부동산으로 대박 나는 99가지 쪽박차는 32가지'(2002) (종)기독교

박성태(朴聖泰) PARK Sung Tae

(생)1958 · 5 · 30 (주)전북 익산시 익산대로460 원광대학교 경영학부(063-850-6241) (학)남성고졸 1981년 전북대 경영학과졸 1983년 同대학원 경영학과졸 1990년 경영학박사(전북대) (경)1985~1996년 원광대 경영학부 전임강사 · 조교수 · 부교수 1992년 同교학부장 1993년 同경영학과장 1996년 同경영학부 교수(현) 1996년 同경영학부장 1998년 원불교 김제교당 교도회장(현) 2003년 (사)청소년과더불어함께나눔 이사(현) 2003년 한국산업경제학회 회장 2006~2007년 대한경영학회 회장 2007~2008년 원광대 경상대학장 2007년 한국재무관리학회 부회장 2008년 원불교 원광대학교 교당 운영위원(현) 2012년 원불교 총부 사업기관 원창 이사(현) 2013년 원불교 전북교구 교의회 부의장(현) 2013년 (사)전북경제살리기 도민회의 자문교수(현) 2013년 원불교수협의회 회장(현) 2013년 원불교 원친회 실무부회장(현) 2014년 한국경영학회 부회장(현) 2014년 한국전문경영인학회 부회장(현) 2015년 한국재무관리학회 회장 2016년 (사)한국전문경영인학회 학술자문위원(현) 2016년 (사)한국금융공학회 자문위원(현) (저)'현대통계학'(2003) '일반통계학'(2004) (종)원불교

박성태(朴成泰) PARK Sung Tae

(생)1962 · 9 · 5 (출)대구 (주)서울 송파구 올림픽로35길125 삼성SDS(주) 경영지원실(02-6155-3114) (학)핀란드 헬싱키대 대학원 경영학과졸 (경)삼성SDS(주) 재무경영팀장(부장) 2009년 同재무팀장(상무), 同경영지원실 경영관리팀장(상무) 2015년 同경영지원실 경영관리팀장(전무), 同경영지원실장(전무)(현)

박성택(朴成澤)

(생)1957 · 1 · 23 (주)서울 영등포구 은행로30 중소기업중앙회 비서실(02-2124-3002) (학)1975년 경희고졸 1983년 연세대 정치외교학과졸 (경)1984~1990년 LG그룹 근무(과장 퇴사) 1990년 산하물산 설립 · 대표이사(현) 1996년 (주)산하 대표이사 회장(현) 2007년 (주)위업인베스트먼트 회장(현) 2011년 서울경희중 · 고 총동창회 회장 2012~2015년 한국아스콘공업협동조합연합회 회장 2013년 중소기업중앙회 이사 2015년 同제15대 회장(현) 2015년 중소기업연구원 이사장 2015년 중소기업통일경제위원회 고문(현) 2015년 중소기업사랑나눔재단 이사장(현) 2015년 홈앤쇼핑 이사회 의장(현) 2015년 민족화해협력범국민협의회 상임의장(현) 2015년 중소기업연구원 이사장(현) (상)산업포장(2008)

박성택(朴成澤) Park, Sung-Taek

[생]1969 · 2 · 15 [본]밀양(密陽) [출]경남 거제 [주]세종특별자치시 한누리대로402 산업통상자원부 투자정책관실(044-203-4011) [학]1987년 마산 창신고졸 1996년 서울대 공법학과졸 [경]2010~2011년 서울G20비즈니스서밋 총괄조정관 2011~2012년 대통령실 행정관 2012년 지식경제부 전력산업과장 2013년 산업통상자원부 전력산업과장 2014년 同장관 비서실장 2016년 同무역정책과장 2016년 同무역투자실 투자정책관(고위공무원)(현) [상]근정포장, 대통령표창, 국무총리표창

박성파(朴星罷) PARK Sung Pa

[생]1959 · 5 · 9 [본]밀양(密陽) [출]대구 [주]대구 중구 동덕로130 경북대학교병원 신경과(053-420-5769) [학]1978년 대구고졸 1984년 경북대 의과대학졸 1990년 同대학원졸 1994년 의학박사(계명대) [경]1989년 계명대 동산병원 신경과 레지던트 1993년 대구가야기독병원 신경내과장 1994~2000년 경북대 의과대학 신경과학교실 전임강사 · 조교수 · 부교수 · 교수(현) 2003~2014년 同의과대학 신경과학교실 주임교수 2003~2014년 경북대병원 신경과장 2011년 미국 인명기관(ABI)의 '21세기 위대한 지성(Great Minds of the 21st Century)'에 선정 2011년 영국 국제인명센터(IBC)의 '21세기 2000명의 탁월한 지식인(2000 Outstanding Intellectuals of the 21st Century)'에 선정 2011년 미국 세계인명사전 'Marquis Who's Who in the World 2011년판'에 등재 2014년 국제뇌전증퇴치연맹(International League Against Epilepsy) 산하 신경정신학위원회 우울증 분과위원장(현) 2015년 대한신경과학회 주관 국제학술지 'Journal of Clinical Neurology' 편집위원(현) 2016년 국제학술지 'Epilepsy & Behavior' 편집위원(현) [종]천주교

박성표(朴聖杓) PARK Sung Pyo

[생]1952 · 2 · 13 [출]경남 밀양 [주]서울 강남구 영동대로517 아셈타워26층 대한토지신탁(주) 비서실(02-528-4477) [학]1970년 경남고졸 1974년 서울대 지리학과졸 1979년 同행정대학원 수료 1985년 네덜란드 바게닝겐농업대 대학원졸 2007년 도시 및 지역계획학박사(중앙대) [경]1975년 행정고시 합격(17회), 건설부 건설경제국 해외건설과장 1993년 同국토계획국 토지이용계획과장 1994년 미국 링컨토지정책연구소 연구원 1995년 건설교통부 수송정책실 고속철도과장 1997년 同건설교통공무원교육원장 1999년 대전지방국토관리청장 1999년 건설교통부 토지국장 2000년 부산지방국토관리청장 2001년 건설교통부 신공항건설기획단장 2002년 부산지방항공청장 2003년 건설교통부 건설경제국장 2003~2005년 同기획관리실장 2005~2008년 대한주택보증(주) 사장 2008년 제18대 국회의원선거 출마(밀양 · 창녕, 무소속) 2009~2010년 한국부동산운용(주) 대표이사 사장 2010년 코람코자산신탁 자문위원 2012년 경성대 산학협력단 교수 2012년 제19대 국회의원선거 출마(밀양 · 창녕, 무소속) 2012년 한국감정원 비상임이사 2014년 대한토지신탁(주) 대표이사 사장(현) [상]황조근정훈장(2003), 한국경영대상(2005), 대통령표창(2006), 한국경영대상 윤리경영대상 및 미래경영최우수상(2006), 한국의경영대상 경영혁신종합대상(2007)

박성현(朴聖炫) PARK Sung Hyun (河岸)

[생]1945 · 1 · 26 [본]밀양(密陽) [출]경기 옹진 [주]서울 금천구 가산디지털1로168 우림라이온스밸리B동1201-1호 사회적책임경영품질원(02-2025-9171) [학]1964년 서울고졸 1968년 서울대 화학공학과졸 1973년 미국 노스캐롤라이나주립대 대학원 산업공학과졸 1975년 이학박사(미국 노스캐롤라이나주립대, 통계학) [경]1975~1977년 미국 미시시피주립대 조교수 1977~2010년 서울대 자연대학 통계학과 조교수 · 부교수 · 교수 1988~2008년 통계청 통계위원 1993년 대한품질경영학회 부회장 1993년 서울대 자연대학 기획연구실장 1995년 한국통계학회 회장 1995년 서울대 자연과학종합연구소장 1995년 전국대학기초과학연구소연합회 회장 1997~1998년 서울대 학생처장 1998년 국제통계기구(ISI) 이사 2000년 한국품질경영학회 회장 2000~2002년 서울대 자연과학대학장 2005~2007년 同평의원회 의장 2005~2007년 국제비즈니스산업통계학회 부회장 2008~2010년 서울대 법인화위원회 위원장 2010년 同자연대학 통계학과 명예교수(현) 2010년 한국과학기술한림원 부원장 2010~2012년 한국연구재단 기초연구본부장 2012~2015년 건국대 경영대학 기술경영학과 석좌교수 2013~2016년 한국과학기술한림원 원장 2013년 미국품질학회 석학회원(현) 2013~2015년 국가과학기술자문회의 과학기술기반분과 의장 2016년 사회적책임경영품질원 회장(현) [상]품질관리유공자상 국무총리표창(1980), 품질관리문헌상 국무총리표창(1990), 홍조근정훈장(2000), 한국품질경영학회 학술상(2002), 서울시 문화상(2008), Gopal Kanji Prize(2010), 과학기술훈장 혁신장(2015) [저]'회귀분석'(1981) '현대실험계획법'(1982) '전산통계개론'(1988) '통계학 공정관리'(1997) '통계적 품질관리'(1998) '6시그마 이론과 실제'(1999) 'Six Sigma for Quality and Productivity Promotion'(2003) '6시그마 혁신전략'(2005) 'Robust Design for Quality Engineering and Six Sigma'(2008) 'Minitab을 활용한 현대실험계획법'(2010) '고급 SPSS 이해와 활용'(2011) [종]기독교

박성현(朴聖鉉) PARK Sung Hyun

[생]1952 · 3 · 24 [본]밀양(密陽) [출]경기 시흥 [주]경기 안양시 동안구 경수대로721번길44의41 (주)선린파츠 비서실(031-428-8081) [학]서울공업고졸, 한양대 전자공학과졸 1990년 한국과학기술원 전기전자공학과졸 [경]1978~1987년 금성통신(주) 선임연구원 1987~2000년 LG정보통신 책임연구원 · 연구위원(상무) 2001년 LG전자 자문역 2002년 필링크 부사장(CTO) 2004~2005년 同대표이사 2006년 선린전자 기술총괄 사장 2007년 (주)선린파츠 사장(현)

박성현(朴成鉉) PARK Sung Hyun

[생]1953 · 6 · 14 [본]밀양(密陽) [출]전남 목포 [주]경기 수원시 영통구 광교산로154의42 경기대학교 예술대학 서양화학과(031-249-9917) [학]홍익대졸, 同대학원졸 [경]경기대 미술학부 교수, 同예술대학 서양화학과 교수(현), 한국미술협회 이사, 대한민국미술대전 심사위원, 개인전 25회 개최 2002년 경기대 전통예술교학부장 2015년 同예술대학장 2015년 同예술대학원장 · 문화예술대학원장 · 미술디자인대학원장 겸임(현) [작]개인전 25회(서울 · 목포 · 수원 · 안산 · 파리 · 도쿄 · 베이징 · 카투만두), 상형전-신작전 회원전 출품, 살롱 드 쁘랑땅 국제 회화 교류전(일본 · 한국), 한국 현대 미술제(국립 현대 미술관), 서울 미술제(서울 시립 미술관), 화랑 미술제(예술의 전당), 구상 미술 대전(예술의 전당), 쿤스트 아우스 코리아(베르린 · 한국문화원), 한국의 자연-빛의 인상(파리 · 시떼 데자르 · 낭트 · 콜로니스겔러리), 한-네팔 화가 교류전(카트만두 · 네팔), 한 · 러시아 교류전(모스크바 · 크즈넵스키 미술관)

박성현(朴成鉉)

[생]1959 [주]대전 유성구 과학로80의67 한국조폐공사 임원실(042-870-1006) [학]1978년 대륜고졸 1982년 경북대 행정학과졸 [경]1986년 한국조폐공사 입사 2010년 同화폐사업팀장 2011년 同화폐본부 검사실장 2012년 同경영평가실장 2013년 同기획처장 2014년 同화폐본부장 2016년 同경영혁신지원단장 2016년 同총무이사(현)

박성현(朴城炫 · 女) Park Sung Hyun

[생]1993 · 9 · 21 [주]서울 언주로535 세마스포츠마케팅 [학]2012년 현일고졸 2016년 한국외국어대 국제지역대학 국제스포츠학과 재학 중(3년) [경]2012년 KLPGA 입회 2013~2016년 넵스 골프단 소속 2014년 KLPGA투어 MBN여자오픈 with ONOFF 3위 2015년 KLPGA투어 롯데칸타타여자오픈 2위 2015년 KLPGA투어 기아자동차 한국여자오픈골프선수권대회 우승 2015년 KLPGA투어 KDB대우증권 클래식 우승 2015년 KLPGA투어 OK저축은행 박세리인비테이셔널 우승 2015년 미국여자프로골프(LPGA)투어 KEB하나은행 챔피언십 공동2위 2015년 KLPGA투어 2016시즌 개막전 '2015 현대차 중국여자오픈' 우승 2016년 KLPGA투어 삼천리 투게더 오픈 우승 2016년 KLPGA투어 넥센 · 세인트나인 마스터즈 우승 2016년 한국여자오픈 골프대회 2위 2016년 KLPGA투어 한화금융클래식 우승 2016년 LPGA투어 에비앙 챔피언십 공동2위 2016년 '세마스포츠마케팅'과 매니지먼트 계약(현) [상]KLPGA투어 인기상 · 위너스클럽상(2015), MBN여성스포츠대상 4월 MVP(2016)

박성혜(朴晟蕙 · 女) Sung-Hye Park

[생]1960 [주]서울 종로구 대학로101 서울대학교병원 병리과(02-2072-2788) [학]1985년 고려대 의대졸 1988년 同대학원 의학석사 1992년 의학박사(고려대) [경]1986~1989년 고려대병원 병리과 전공의 1989~1991년 서울대병원 병리과 전임의 1991~1996년 가천대병원 병리과장 1996~1998년 미국 캘리포니아대 로스앤젤레스교(UCLA) Research Fellow 1998~1999년 고려대 의과대학 병리학교실 연구강사 1999년 서울아산병원 병리과 임상강사 1999~2003년 인제대 의과대학 병리학교실 부교수 1999~2003년 同일산백병원 병리과장 2003년 서울대 의과대학 병리학교실 부교수 · 교수(현) 2009~2010년 대한병리학회 평의원 겸 학술이사 2015~2016년 한국뇌연구원 한국뇌은행장 2015년 대한신경종양학회 다학제위원장(현)

박성호(朴成鎬) PARK Sung Ho (天欽)

(생)1952·1·28 (본)고령(高靈) (출)경기 안성 (주)서울 마포구 백범로35 서강대학교 자연과학부 수학과(02-705-8415) (학)1975년 서강대 수학과졸 1981년 同대학원졸 1987년 이학박사(미국 펜실베이니아주립대) (경)1975~1979년 공군사관학교 수학교관 1982~1987년 미국 펜실베이니아주립대 강사 1987~1997년 서강대 수학과 조교수·부교수 1997년 同자연과학부 수학과 교수(현) 1997~1998년 미국 펜실베이니아주립대 부교수 1999년 서강대 학생처장 2000~2002년 同연구처장 2004~2006년 同자연과학부 학부장 2011~2015년 同교육대학원장 (저)'실해석학 I'(1995) '미적분학'(1998) (종)천주교

박성호(朴性虎) PARK Sung Ho

(생)1952·9·12 (본)밀양(密陽) (출)충남 보령 (주)서울 영등포구 여의나루로53의1 대오빌딩10층 (주)CNTV 대표이사실(02-368-2209) (학)1971년 서울 중동고졸 1975년 중앙대 신문방송학과졸 (경)1975~1989년 동아그룹 입사·홍보실 홍보차장 1989~1993년 서울텔레콤 제작국장 1993~1997년 동아TV 편성제작국장 1997년 (주)다비컴 이사 2002년 同대표이사 2002년 (주)CNTV 대표이사(현) 2011년 개별PP발전연합회 초대회장(현)

박성호(朴星浩) PARK Sung Ho

(생)1956·3·14 (본)밀양(密陽) (출)전남 진도 (주)광주 남구 대남대로323 남도미디어그룹 비서실(062-670-1005) (학)아주대 대학원 경영학과졸 (경)1987년 대주토건(주) 이사 1990년 (주)계림건설 이사 1997년 대화종합건설(주) 대표이사 1998~2005년 광주타임스 대표이사 사장 2005~2016년 남도일보 사장 2016년 남도미디어그룹 회장(현) (종)불교

박성호(朴晟浩) PARK Sung Ho

(생)1957·1·4 (주)경북 포항시 남구 청암로67 (재)포항산업과학연구원 원장실(054-279-6333) (학)서울고졸, 서울대 금속공학과졸, 同대학원 금속공학과졸, 금속공학박사(캐나다 맥길대) (경)포항종합제철(주) 기술연구부 주임연구원, 同박판연구그룹 책임연구원, (주)포스코 자동차가공연구그룹장, 同생산기술부문 기술연구원 부원장(상무) 2013년 同철강기술전략실장(전무) 2014년 同기술연구원장(전무) 2015년 同기술연구원장(부사장) 2016년 (재)포항산업과학연구원(RIST) 원장(현) (상)동탑산업훈장(2012)

박성호(朴成浩) PARK Seong-Ho (和齋)

(생)1957·3·13 (본)밀양(密陽) (출)경남 마산 (주)경남 창원시 의창구 창원대학로20 창원대학교 경영대학원(055-213-3323) (학)1979년 고려대 농경제학과졸 1982년 同대학원졸 1988년 경제학박사(경희대) (경)1983~1989년 경남대 강사 1984년 부산외국어대 강사 1990~2012년 창원대 국제무역학과 교수 1995년 同학생부처장 1998년 同학생처장 2001년 同산업경제연구소장 2004년 중국 길림대 객좌교수 2004년 중국 연변대 객좌교수 2005~2006년 창원대 중국 비즈니스인력양성사업단장 2007~2011년 同총장 2012~2016년 제19대 국회의원(창원 의창구, 새누리당) 2013년 국회 교육문화체육관광위원회 위원 2013~2015년 한국대학야구연맹 회장 2014년 새누리당 인사청문제도개혁TF 위원 2014년 국회 통상관계대책특별위원회 위원 2014·2015년 국회 국토교통위원회 위원 2014~2015년 국회 예산결산특별위원회 위원 2015년 국회 미래창조과학방송통신위원회 위원 2015~2016년 새누리당 원내부대표 2015년 국회 운영위원회 위원 2016년 창원대 경영대학원 교수(현) (저)'최신국제통상론'(2001) '세계상거래문화론'(2002) '국제통상의 이해'(2005) '국제경계관제론'(2005) '국제통상론'(2006) '한중통상정책비교론'(2007) (종)불교

박성호 Park Sung-Ho

(생)1958·8·14 (주)경기 용인시 기흥구 삼성로1 삼성전자(주) 시스템LSI사업부 기반설계실(031-209-7114) (학)미국 조지아공과대 전자공학과졸, 미국 일리노이대 대학원 전자공학과졸 (경)삼성전자(주) DS부문 시스템LSI사업부 ASIC/Foundry사업팀 담당임원, 同시스템LSI사업부 AP개발팀장(상무) 2010년 同시스템LSI사업부 AP개발팀장(전무) 2012년 同시스템LSI사업부 SOC개발실장(전무) 2013년 同시스템LSI사업부 SOC개발실장(부사장) 2014년 同시스템LSI사업부 기반설계실장(부사장)(현) (상)대한전자공학회 기술혁신상(2011)

박성호(朴成浩)

(생)1959·11·21 (출)서울 (주)충남 홍성군 홍북면 상하천로58 충청남도평생교육진흥원(041-635-1200) (학)1978년 서울 영훈고졸 1986년 연세대 문과대학 사회학과졸 (경)1993~2000년 천안YMCA 사무총장 1994~1998년 충남청소년종합상담실 실장 2003~2006년 충남도교육위원회 교육위원 2004년 푸른천안21 운영위원장 2005년 충남도교육위원회 교육위원 2005년 한빛회 장애인야간학교 교장, 2007년 풀뿌리희망재단 상임이사 충남도교육청 교육복지우선지원사업 충남교육복지연구지원센터 연구위원 2014년 충남 천안시장선거 출마(무소속) 2016년 충남사회적경제네트워크 공동대표 2016년 충남평생교육진흥원 초대 원장(현) (종)기독교

박성호(朴成昊) Park, Sung Ho

(생)1964·8·10 (주)서울 중구 한강대로416 서울스퀘어 7층 하나아이앤에스 임원실(02-2151-6400) (학)1983년 대신고졸 1987년 서울대 경영학과졸 (경)1987년 한국투자금융 영업부 입사 1992년 하나은행 여의도지점 대리 1997년 同가계금융부 과장 1998년 同경영관리팀장 2000년 同광화문지점장 2002년 同감찰실장 2004년 同싱가포르지점 차장(관리자) 2006년 同인력개발실장 2009년 同인도네시아법인(PT Bank Hana) 부행장 2012년 同경영관리본부장 2015년 同경영관리본부장 겸 업무지원본부장(전무) 2015년 하나금융지주 전략담당(CSO) 전무 2015년 하나아이앤에스 대표이사(현)

박성호(朴性鎬) PARK Seong Ho

(생)1966·12·13 (본)밀양(密陽) (출)경남 김해 (주)서울 종로구 세종대로209 행정자치부 창조정부기획관실(02-2100-4220) (학)1985년 김해고졸 1989년 경찰대 법학과졸 (경)1992년 행정고시 합격(36회) 2002년 행정자치부 기획관리실 법무담당관실 서기관 2002년 同자치행정국 자치제도과 서기관 2003년 정부혁신지방분권위원회 지방권과장 2004년 駐싱가포르 1등서기관 2006년 행정자치부 살기좋은지역관리팀장 2007년 同생활여건개선팀장 2008년 행정안전부 생활공간개선과장 2008년 同지역활성화과장 2009년 대통령실 파견 2010년 행정안전부 지역희망일자리추진TF팀장(과장급) 2010~2012년 전국시도지사협의회 일본참사관 2012년 행정안전부 자치제도과장 2013년 안전행정부 자치제도과장 2013년 대통령직속 지역발전위원회 연계협력국장 2013년 同지역생활국장 2015년 행정자치부 대전청사관리소장 2015년 울산시 기획조정실장 2016년 행정자치부 창조정부기획관(현)

박성환(朴聖煥) PARK Sung Hwan

(생)1961·2·12 (출)경남 마산 (주)서울 영등포구 선유로75 GS강서타워 GS리테일 임원실(02-2006-2161) (학)1979년 마산고졸 1984년 서울대 경영학과졸 1986년 한국과학기술원 경영대학원졸 (경)1984년 (주)금성사 근무 1993년 LG 구조조정본부 근무 2000년 LG유통(주) 경영기획부문 상무 2005년 GS리테일 경영관리담당 상무 2006년 同GS마트 고양점장(상무) 2007년 同선도혁신부문장 2009년 同인사총무부문장 2012년 同편의점사업부 제1영업부문장(전무) 2013년 同인사총무부문장(전무)(현)

박성효(朴城孝) PARK Seoung Hyo

(생)1955·2·20 (본)무안(務安) (출)대전 (주)대전 유성구 대학로99 충남대학교(042-820-5114) (학)1973년 대전고졸 1978년 성균관대 행정학과졸 2004년 대전대 사회복지대학원 사회복지학과졸 2008년 명예 자치행정학박사(충남대) 2010년 행정학박사(대전대) (경)1979년 행정고시 합격(23회) 1986년 대전시 기획실 기획계장 1988년 충청남도 기획관리실 확인평가계장 1990년 대전시 내무국 시정과장 1990년 同중구 총무국장 1992년 同민방위국장 1994년 同서구청장 1996년 同경제국장 1998년 배재대 행정학과 겸임교수 1999년 미국 워싱턴주립대 연수 2000년 대전시 기획관리실장 2002~2003년 한남대 지역개발대학원 겸임교수 2004년 同행정정책대학원 객원교수 2005~2006년 대전시 정무부시장 2006~2010년 대전광역시장(한나라당) 2008~2010년 전국광역시장협의회 회장 2008~2010년 전국시도지사협의회 부회장 2009~2010년 대전문화재단 이사장 2010년 대전시의료관광협회 고문 2010년 대전시장 후보(한나라당) 2010~2011년 한나라당 최고위원 2011년 한남대 예우교수 2011년 한국농아인협회 고문 2011년 한나라당 충청지역발전특별위원회 위원장 2012~2014년 제19대 국회의원(대전 대덕구, 새누리당) 2012~2013년 새누리당 대전시당 위원장 2013년 국회 안전행정위원회 위원 2013년 새누리당 대표최고위원 특별보좌역 2014년 대전광역시

장선거 출마(새누리당) 2015년 충남대 초빙교수(현) [상]근정포장(1994), 국무총리표창(1997), 황조근정훈장(1997), 대전개발상(2001), 한국경제를 빛낸 경영인대상(2007), 대한민국 경제문화 지방자치경영대상(2007), 행복한도시대상(2008), 지방자치발전대상(2008), 지방자치경영대전 최우수상(2008), 기업하기좋은도시대상(2008), 대한민국녹색대상(2008), 보훈문화상(2008), 서민금융감독대상(2008), 선진교통안전대상(2009), 부부문화선도도시상(2009), 대한민국 녹색대상(2009), 지방자치경영대전 종합대상(2009), 공약이행평가 전국최우수상(2009), 대전상공회의소 감사패(2010) [저]'다리를 놓는 사람'(2005) '무지개 프로젝트'(2009) '다리를 놓는 사람 2014'(2014)

박성훈(朴成勳) PARK Sung Hoon

[생]1939 · 7 · 15 [출]대전 [주]경기 성남시 중원구 둔촌대로394 (주)모간 비서실(031-730-8318) [학]1957년 대전고졸 1963년 서울대 기계공학과졸 [경]1963년 (주)금성사 근무 1969년 한국특수금속 근무 1972년 한국과학기술연구소 근무 1978년 (주)가람 대표이사 1978년 (주)모간 대표이사(현) 2002~2007년 에스지엘아코텍가람 대표이사 2011년 대한내화물공업협동조합 이사장(현) [상]산업자원부장관표창(2007)

박성훈(朴盛壎) PARK Sung Hoon

[생]1945 · 2 · 3 [본]순천(順天) [출]경남 산청 [주]서울 종로구 창경궁로293 재능그룹 비서실(02-3670-0100) [학]1963년 부산고졸 1970년 고려대 상대 경영학과졸 1974년 미국 브리지포드대 경영대학원 경영학과졸 [경]1970년 삼경물산 근무 1974년 효성물산 근무 1977~1999년 (주)재능교육 대표이사 사장 1992~1999년 (주)재능출판 사장 1992~1999년 재능문화재단 이사장 1993~1999년 (주)재능컴퓨터 사장 1993~1999년 (주)재능인쇄 사장 1994~1999년 (주)재능유통 사장 1995~1999년 우미물산(주) 사장 1997년 학교법인 재능학원 이사장(현) 1998년 재능스스로방송(JN23TV) 대표 1999년 (주)재능교육 회장 2006년 재능그룹 회장(현) 2014년 한국학중앙연구원 비상임이사(현) [상]대통령표창(1993), 재무부장관표창(1994), 색동회상(1994), 교육부장관표창(1995), 재정경제부장관표창(1998) [저]'재능스스로수학' '재능스스로한자' '재능스스로국어' '재능스스로영어' '재능스스로한글' '생각하는 피자' '재능은 스스로 키우는 사람의 몫이다' '스스로학습법의 힘' '학습혁명, 스스로학습시스템 2.0' '섬김재능교육지도자' '프로 보급전문가'

박성훈(朴聖勳) PARK Sung Hoon

[생]1950 · 10 · 22 [본]밀양(密陽) [출]전북 전주 [주]전북 군산시 임피면 호원대3길64 호원대학교(063-450-7114) [학]1968년 전주고졸 1973년 서울대 정치학과졸 [경]1977년 국토통일원 정책기획실 보좌관 1980년 同조사연구실 보좌관 1985년 미국 캘리포니아 버클리대 동아연구소 연구위원 1987년 국토통일원 제5연구관 1991년 통일원 제2정책관 1994년 同비서실장 1995년 同경수로사업지원기획단 부단장 1996년 同정보분석실 제1분석관 1998년 통일부 통일정책실장 1999년 同남북회담사무국 상근위원 2001~2003년 대통령 통일비서관 2003~2005년 통일부 통일교육원장 2007년 호원대 초빙교수(현) 2012~2013년 KBS 통일방송연구자문위원장 [상]부총리 겸 통일원장관표창, 황조근정훈장 [종]기독교

박성훈(朴聖勳) PARK Sung Hoon

[생]1954 · 4 · 7 [본]밀양(密陽) [출]경남 진주 [주]서울 서초구 서초대로74길4 삼성경제연구소(02-3780-8295) [학]1973년 진주고졸 1981년 부산대 경영학과졸 1989년 同대학원 경영학과졸 2004년 서울대 경영대 CFO과정 수료 2004년 한국과학기술원 경영대학원 지식경영 K-CEO과정 수료 2011년 서울대 인문대학 인문학최고지도자과정(AFP) 수료 2012년 경영학박사(국민대) [경]1981년 삼성석유화학(주) 입사 1986년 同울산공장 경리과장 1988년 同관리과장 1990년 同경영혁신팀장 겸 CIM개발팀장 1993년 同관리 · 재무팀장 1998년 同경영지원총괄부장 2000년 同경영지원담당 이사 2003년 同경영지원담당 상무이사 2006년 同경영지원실장(전무이사) 2007년 同기술연구소장 겸임 2009년 삼성토탈 경영지원실장(전무이사) 2010~2013년 同경영지원실장(부사장) 2013~2015년 삼성종합화학 종합기획실장(부사장) 2015년 삼성경제연구소 고문 2016년 삼성경제연구소 자문역(현) [상]삼성그룹 기술상 동상 [저]'합작경영 알고 승부하라'(1990) '6시그마 6핸디캡 : 6시그마로 싱글되기'(2004, 네모북스) [종]기독교

박성훈(朴成勳) PARK Sung Hoon

[생]1958 · 12 · 30 [본]고령(高靈) [출]부산 [주]서울 성북구 안암로145 고려대학교 국제대학원(02-3290-2405) [학]1982년 서울대 경영학과졸 1987년 독일 튀빙겐대 대학원 경제학과졸 1992년 경제학박사(독일 베를린공대) [경]1981년 한국투자금융 근무 1988~1992년 독일 베를린공대 경제학과 연구조교 · 전임강사 1992년 한국외국어대 무역학과 강사 1992년 하나경제연구소 책임연구원 1993~1997년 대외경제정책연구원 연구위원 1997년 고려대 국제대학원 교수(현) 2003~2004년 미국 UC San Diego 풀브라이트 초빙교수 2007~2012년 고려대 EU연구센터장 2007~2008년 同기획예산처장 2007년 한국국제통상학회 회장 2009년 한국EU학회 회장 2010~2013년 대외경제정책연구원 감사 2011년 고려대 국제대학원장 2013~2015년 한독경상학회 회장 2015 同고문(현) [상]BMW코리아 최우수 학술상(2003년) [저]'여러가지 경쟁조건하의 적정 무역정책'(獨語) '통일 후 동독경제의 산업구조변화 연구' [종]가톨릭

박성훈(朴成壎) Park Seong Hoon

[생]1963 · 1 · 22 [본]밀양(密陽) [출]전남 화순 [주]전남 나주시 재신길33 나주세무서(061-330-0201) [학]전남고졸, 세무대학졸(2기) [경]국세공무원 임용(8급 특채) 1998년 서울지방국세청 조사4국 조사3과 근무 2000년 同조사2국 조사3과 근무 2004년 국세청 조사국 조사1과 근무 2006년 同고객만족상담팀 · 기획팀 근무 2010년 서울지방국세청 조사4국 조사2과 근무 2015년 同조사1국 조사1과 근무 2015년 나주세무서장(현)

박성훈(朴成訓) PARK Sung Hoon

[생]1971 · 1 · 18 [출]부산 [주]세종특별자치시 갈매로477 기획재정부 국유재산정책과(044-215-5150) [학]1989년 부산 동성고졸 1994년 서울대 정치학과졸 [경]1993년 행정고등고시 합격(37회) 1999년 기획예산처 정부개혁실 · 예산실 · 재정기획국 사무관 2001년 사법고시 합격(43회) 2004년 사법연수원 수료(33기), 기획예산처 재정운용실 민간투자제도팀 서기관 2008년 기획재정부 남북경제정책과 서기관 2009년 同민간투자정책과 서기관 2013년 同규제개혁법무담당관 2014년 同다자관세협력과장 2016년 同국유재산정책과장(현)

박성흠(朴聖欽) Seong-Heum Park

[생]1959 · 3 · 18 [본]밀양(密陽) [출]대구 [주]서울 성북구 인촌로73 고려대학교 안암병원 외과(02-920-6834) [학]1978년 동성고졸 1985년 고려대 의과대학졸 1991년 同대학원 의학과졸 1995년 의학박사(고려대) [경]1985~1988년 공중보건의 1988~1989년 고려대 의료원 수련의 1990년 同안암병원 외과 전공의 1994년 同안암병원 외과 임상강사 1996~2007년 국립의료원 외과 의무사무관 · 서기관 2007~2009년 고려대 안산병원 외과 임상교수 2009년 同의과대학 외과학교실 교수(현) 2009~2013년 同안산병원 외과 전문의 2009~2013년 同안산병원 외과 상부위장관분과장 2013년 同안암병원 외과 전문의(현) 2014년 同안암병원 외과 상부위장관분과장(현) 2016년 同안암병원 외과장(현) [상]보건복지부장관표창(2001), 제13회 한국로슈종양학술상(2014) [저]'최소침습수술학'

박성희(朴晟希 · 女) Park, Sung-Hee

[생]1963 · 3 · 30 [본]반남(潘南) [출]서울 [주]서울 서대문구 이화여대길52 이화여자대학교 커뮤니케이션 · 미디어학부(02-3277-3912) [학]미국 컬럼비아대 사회학과졸, 연세대 언론홍보대학원졸, 언론학박사(미국 퍼듀대) [경]1986~2000년 조선일보 기자 2001~2014년 이화여대 언론홍보영상학부 교수 2009~2015년 언론중재위원회 위원 2010~2012년 대통령직속 미래기획위원회 위원 2010~2012년 이화여대 기획처 부처장 2011~2014년 방송통신심의위원회 위원 2013~2015년 이화여대 언론홍보영상학부장 2013년 한국국제교류재단 비상임이사(현) 2014~2015년 새누리당 보수혁신특별위원회 위원 2015년 이화여대 커뮤니케이션 · 미디어학부 교수(현) 2015년 同커뮤니케이션 · 미디어학부장 겸 커뮤니케이션 · 미디어전공 주임교수 2015년 한국영상자료원 비상임이사(현) 2016년 독립기념관 이사(현)

박성희(朴晟希 · 女) PARK, Seng-Hi

[생]1968 · 9 · 25 [출]서울 [주]세종특별자치시 한누리대로422 고용노동부 고령사회인력정책관실(044-202-7401) [학]연세대 사회학과졸, 미국 듀크대 국제경제개발학과 수료 [경]1991년 행정고시 합격(35회), 노동부 임금복지과 사무관, 同실업급여과 사무관, 서울북부지방노동사무소 사무관 1999년 노동부 노사협의과 신노사문화담당 사무관 2000년 同중앙노동위원회 사무국 기획총괄과장 2002년 同고용정책실 고용정책과 서기관 2002년 同행정정보화담당관실 서기관 2005년 同국제협력담당관실 서기관 2005년 同고용정책본부 고용전략팀장 2006년 同사회서비스일자리정책팀장 2007년 同임금근로시간정책팀장 2008년 同직업능력정책과장 2010년 同직업능력정책과장(부이사관) 2010년 고용노동부 직업능력정책과장 2010~2011년 대통령 고용노사비서관실 행정관(부이사관) 2011년 고용노동부 정책기획관실 규제개혁법무담당관 2012년 同고용정책실 직업능력정책관 2013년 同대변인 2014년 국방대학원 교육파견(국장급) 2015년 고용노동부 기획조정실 국제협력관 2016년 同고용정책실 고령사회인력정책관(현)

박성희(朴聖熙) Park Sunghee

[생]1971 · 12 · 18 [주]세종특별자치시 절재로180 인사혁신처 인재개발과(044-201-8221) [학]1995년 서울대 영어교육학과졸 2000년 同대학원 행정학과졸 2011년 경영학박사(영국 요크대) [경]1999년 행정고시 합격(43회) 2011~2012년 행정안전부 인사정책과 근무 2012~2013년 2013평창동계스페셜올림픽세계대회조직위원회 근무 2013~2014년 2014인천아시아경기대회조직위원회 마케팅부장 2014~2015년 대통령 의전비서관실 근무 2015년 인사혁신처 인사조직과장 2016년 同인재개발과장(현)

박세각(朴世珏) Park, Se-Gak

[생]1959 · 5 · 20 [본]밀양(密陽) [출]충북 영동군 [주]경기 과천시 홍촌말로44 중앙선거관리위원회 법제국(02-503-1114) [학]1981년 충남대 법학과졸 2007년 미국 네브래스카대 대학원 행정학과졸 [경]2007년 강화군선거관리위원회 사무국장 2009년 중앙선거관리위원회 법규해석과장 2012년 중앙선거방송토론위원회 사무국장 2014년 중앙선거관리위원회 법제국장 2015년 同법제국장(이사관)(현) [상]근정포장(2010)

박세리(朴세리 · 女) Se Ri PAK

[생]1977 · 9 · 28 [본]경주(慶州) [출]대전 [학]1996년 공주금성여고졸, 숙명여대 정치행정학과졸 [경]1988년 육상선수 1991년 골프 입문 1996년 국내프로골프 입문(1위) 1996년 동일레나운클래식 우승 1996년 필라여자오픈 우승 1996년 SBS프로최강전 우승 1996년 서울여자오픈 우승 1997년 미국여자프로골프협회(LPGA) 프로테스트 본선1위 1997년 로즈여자오픈 우승 1997년 서울여자오픈 우승 1998 · 2002년 맥도널드LPGA챔피언십 우승 1998년 US여자오픈 우승 1998 · 1999 · 2001 · 2003 · 2007년 제이미파오웬스코닝클래식 우승 1998년 자이언트이글LPGA 클래식 우승 1998년 LPGA 신인왕 · 다승공동1위 · 상금랭킹2위 · 올해의선수상 2위 1999년 숍라이트클래식 우승 1999년 삼성월드챔피언십 우승 1999년 페이지넷챔피언십 우승 1999년 LPGA 상금랭킹3위 · 올해의 선수상 4위 1999~2001년 제일모직 아스트라 후원 계약 2001년 유어라이프바이타민스클래식 우승 2001년 롱스드럭스챌린지 우승 2001~2002년 삼성전자 후원계약 2001년 US여자오픈 준우승 2001년 브리티시오픈 우승 2001년 애플락챔피언스 우승 2001년 삼성월드챔피언십 준우승 2001년 시스코 매치플레이챔피언십 준우승 2002년 오피스디포-에이미 알콧 우승 2002년 테일러메이드 후원계약 2002년 퍼스트유니온 벳시킹클래식 우승 2002년 모바일토너먼트오브챔피언스 우승 2002년 스포츠투데이 CJ나인브릿지클래식 우승 2002년 2002한일여자프로골프대항전 우승 2002~2007년 CJ그룹 후원 계약 2003년 세이프웨이핑 우승 2003년 칙필A채리티챔피언십 우승 2003년 MBC X캔버스여자오픈 우승 2003년 브리티시여자오픈 준우승 2003년 와코비아클래식 준우승 2003년 투어롱스드럭스챌린지 준우승 2003년 CJ나인브릿지클래식 준우승 2003년 미즈노클래식 준우승 2004년 미켈롭울트라오픈 우승 2004년 제이미파오웬스코닝클래식 준우승 2006년 맥도널드LPGA챔피언십 우승 2006년 US여자오픈 공동3위 2007년 LPGA투어 제이미파오웬스코닝클래식 우승 2007년 미국여자프로골프(LPGA) '명예의 전당' 입회(동양인 최초) 2007년 한국여자프로골프(KLPGA) '명예의 전당' 입회 2008년 LPGA투어 CN캐나다여자오픈 준우승 2009년 LPGA투어 스테이트 팜클래식 준우승 2010년 LPGA투어 벨마이크로 LPGA클래식 우승 2011년 KDB금융지주 후원 계약 2011년 대청호 오백리길 홍보대사 2012년 KLPGA투어 KDB대우증권 클래식 우승 2014년 하나금융그룹 골프선수단 소속 2015년 JDX멀티스포츠 후원 계약 2015년 공주시 홍보대사 2016년 제31회 리우데자네이루올림픽 여자골프 국가대표팀 감독 2016년 현역 은퇴 [상]대한골프협회 MVP(1995 · 1996 · 1998 · 2001), 체육훈장 맹호장(1998), 한일여자프로골프대항전 MVP(2002), 미국 LPGA 베어트로피(2003시즌 평균 최저타수상), 대한불교조계종 불자대상, 미국 타임 아시아판 선정 '2004년 아시아의 젊은 영웅', 자랑스러운 충청인(2006), LPGA 헤더 파 어워드(2006), 체육훈장 청룡장(2010), 올해의 숙명인상(2012) [종]불교

박세문(朴世文 · 女) SE-MOON PARK

[생]1954 · 11 · 4 [출]서울 [주]서울 강남구 테헤란로7길 22 한국과학기술회관 한국여성과학기술단체총연합회(02-565-3701) [학]1979년 고려대 지질학과졸 1980년 영국 런던대(UCL) 대학원 지질학과졸 1985년 지질학박사(영국 런던대(UCL)) [경]1986~1989년 고려대 지질학과 강사 1990~1992년 벨기에 브뤼셀대 지질학과(환경지질) 강사 겸 연구원 1993~1996년 한국원자력연구소 원자력환경관리센터 선임연구원 1997~1998년 한국전력 전력연구원 선임연구원 1999~2013년 한국수력원자력 중앙연구원 선임 · 책임연구원(부지지질 · 지진 안전성연구) 1999~2001년 환경부 중앙환경보전자문위원회 지구환경분과 위원 2000~2009년 (사)한국여성원자력전문인협회 이사 · 부회장 2002~2013년 (사)한국여성과학기술단체총연합회 이사 · 부회장 2004~2012년 세계여성원자력전문인회 집행위원 · 이사 2005~2009년 과학기술부 원자력이용개발전문위원회 전문위원 2007~2008년 同원자력연구개발사업심의위원회 위원 2007~2008년 同자체평가위원회 위원 2007~2009년 同과학기술문화사업심의위원회 위원 2007~2013년 소방방재청 재해영향평가위원 · 사전재해영향평가위원 2009~2014년 (사)한국여성원자력전문인협회 회장 2010~2013년 교육과학기술부 국가핵융합위원회 위원 2011~2013년 민주평통 경제과학환경위원회 상임위원 2012년 세계여성원자력전문인회 회장(현) 2014~2015년 (사)한국여성원자력전문인협회 이사장 2016년 한국여성과학기술단체총연합회 회장(현) [상]과학기술부장관표창(2004), 대통령표창(2008)

박세민(朴世敏) Semin Park

[생]1963 · 4 · 15 [출]충북 청주 [주]서울 성북구 안암로 145 고려대학교 법학전문대학원(02-3290-1909) [학]1986년 고려대 법과대학 법학과졸 1991년 영국 런던대 법과대학원 법학과졸 1996년 법학박사(영국 브리스톨대) [경]1997~2004년 충북대 법과대학 전임강사 · 조교수 · 부교수 2001~2002년 미국 버클리 캘리포니아대 법과대학 Visiting Scholar 2004~2007년 한양대 법과대학 부교수 2007년 고려대 법학전문대학원 교수(현) 2015년 同자유전공학부장(현) [상]한양대 우수강의교수상, 고려대 우수강의교수상, 한국해법학회 우수논문상 [저]'영국보험계약법상 고지의무'(1997) '자동차보험법론'(2003) '영국보험법과 고지의무'(2004) '자동차보험법의 이론과 실무'(2007) '보험법'(2011)

박세복(朴世馥) Park se-bog

[생]1958 · 7 · 3 [본]반남(潘南) [출]경남 의령 [주]경남 진주시 월아산로2026 경상남도청 환경산림국 산림녹지과(055-211-6810) [학]1977년 의령종합고졸 [경]1977년 경남 의령군 대의면사무소 근무 1983년 同충익사관리사무소 근무 1990년 경남도 동부치산사업소 근무 1992년 同충익사관리사무소 근무 2000년 同산림환경연구원 2007년 同산림녹지과 근무 2010년 유엔사막화방지총회준비단 파견 2010년 지방녹지사무관 승진 2012년 경남도 산림녹지과 사무관 2015년 同산림녹지과장 2016년 同산림녹지과장(지방기술서기관)(현)

박세복(朴世福) Park Se Bok

[생]1962 · 11 · 3 [출]충북 영동 [주]충북 영동군 영동읍 동정로1 영동군청 군수실(043-740-3003) [학]영동농공고졸, 주성대 산업경영학과졸, 영동대 산업경영학과졸 [경]대광건설 대표, 대한시설물유지관리협회 충북도 회장, 영동뉴라이온스클럽 제1부회장, 경제정의실천시민연합 자문위원, 민주평통 영동군 자문위원, 영동군체육회 이사, 영동군육상경기연맹 회장, 충북도생활체육협의회 이사, 뉴시스 충북도취재본부장 2006~2010년 충북 영동군의회 의원 2006~2008년 同의장 2014년 충북 영동군수(새누리당)(현)

ㅂ

박세석(朴世晳)

ⓞ충북 영동 ㈜충남 예산군 삽교읍 청사로201 충남지방경찰청 보안과(041-336-2791) ⓗ서대전고졸, 충남대 법학과졸, 법학박사(대전대) ⓖ1989년 경찰간부후보 공채(37기) 1989년 경위 임용 2014년 충남지방경찰청 112종합상황실장 2015년 同경무과장 2015년 논산경찰서장 2016년 충남지방경찰청 보안과장(현)

박세식(朴世植) Park Se Sik

ⓢ1957 · 2 · 22 ⓞ경북 ㈜서울 강북구 한천로911 강북소방서 서장실(02-6946-0100) ⓗ경북 대창고졸, 서울시립대 도시과학대학원 방재공학과졸 ⓖ1982년 소방공무원 임용, 서울 종로소방서 소방계장, 서울종합방재센터 전산통신과장, 서울 강남소방서 예방과장, 서울소방재난본부 위험물팀장 · 검사지도팀장, 서울소방학교 총괄운영팀장 2013년 서울 동작소방서장(지방소방정) 2014년 서울 강남소방서장 2015년 서울 강북소방서장(현)

박세원(朴世源) PARK Se Won

ⓢ1960 · 10 · 12 ⓑ밀양(密陽) ⓞ경북 안동 ㈜서울 서초구 논현로83 삼호물산A빌딩1710호 (주)유레카식품 비서실(02-589-2510) ⓗ1979년 양정고졸 1983년 연세대 식품공학과졸 ⓖ1985~2005년 (주)CJ제일제당 근무 2006~2009년 (주)동원F&B 해외사업부장(상무) 2009~2012년 同해외사업부장(상무이사) 2010~2012년 동원재팬(주) 이사 2012년 (주)유레카식품 대표이사(현) ⓢ농식품수출탑(2010) ⓡ기독교

박세일(朴世逸) PARK Se Il

ⓢ1948 · 4 · 4 ⓑ밀양(密陽) ⓞ서울 ㈜서울 중구 퇴계로197 충무빌딩407호 한반도선진화재단(02-2275-8391) ⓗ1966년 서울고졸 1970년 서울대 법학과졸 1975년 일본 도쿄대 대학원 경제학과 수료 1977년 미국 코넬대 대학원 경제학과졸 1980년 경제학박사(미국 코넬대) ⓖ1970~1973년 한국산업은행 조사부 법제조사과 근무 1980~1985년 한국개발연구원(KDI) 수석연구원 · 연구위원 1985~1994년 서울대 법과대학 조교수 · 부교수 · 교수 1992년 미국 컬럼비아대 법경제학연구소 초청연구원 1994년 교육개혁위원회 위원 1994년 대통령 정책기획수석비서관 1996년 대통령 사회복지수석비서관 1998~1999년 미국 부르킹스연구소 초빙연구원 1999~2000년 한국개발연구원 정책경영대학원 초빙석좌교수 2000~2004년 한국법경제학회 회장 2000~2004 · 2005~2011년 서울대 국제대학원 교수 2001~2002년 한국노동경제학회 회장 2001년 동북아지식인연대 공동대표 2002년 경제정의 실천시민연합 경제정의연구소 이사장 2003년 범국민정치개혁협의회 위원장 2004년 서울시정개발연구원 이사장 2004년 한나라당 제17대 총선 공동선거대책위원장 겸 비례대표 공천심사위원장 2004~2005년 제17대 국회의원(비례대표, 한나라당) 2004년 한나라당 여의도연구소장 2005년 同정책위원회 의장 2006~2014년 한반도선진화재단 이사장 2010년 대한불교조계종 화쟁위원회 위원(현) 2011년 선진통일연합 상임의장 2012년 국민생각 초대대표 2012년 제19대 국회의원선거 출마(서울 서초구甲, 국민생각) 2013년 서울대 명예교수(현) 2013년 안민정책포럼 명예이사장(현) 2014년 한반도선진화재단 명예이사장(현) 2014~2016년 대통령직속 통일준비위원회 정치 · 법제도분과위원회 민간위원 ⓢ한국경제학회 창람상(1987), 황조근정훈장(1997), 4.19문화상(2010), 도산교육상(2011) ⓦ'법경제학'(2000) '현대경제학'(共) '하이에크연구'(共) '아담스미스연구'(共) '소비자주권의 교육대개혁론'(共) '대한민국 선진화 전략'(2006) '대통령의 성공조건'(共) '자율과 책무의 대학개혁'(共) '21세기 대한민국 선진화 4대전략'(共)(2007) '공동체 자유주의'(共)(2008) '대한민국 국가전략'(2008) '창조적 세계화론'(2010) '21세기 대한민국의 꿈 위대한 선진, 행복한 통일' '박세일의 삶과 세상 이야기 이 나라에 국혼은 있는가'(2011) '선진통일전략'(2013) ⓥ'아담 스미스의 도덕 감정론' ⓡ불교

박세진(朴世珍) PARK Se Jin

ⓢ1965 · 5 · 21 ⓑ밀양(密陽) ⓞ충남 당진 ㈜서울 종로구 율곡로2길25 연합뉴스 편집국 증권부(02-398-3328) ⓗ1984년 충남 서야고졸 1991년 중앙대 영어영문학과졸 ⓖ1991년 연합뉴스 입사 1991~2001년 同해외부 · 경제2부 · 사회부 기자 2002년 전국언론노조 연합뉴스지부 위원장 2003~2005년 연합뉴스 사회부 · 특신부 기자 2004년 同바그다드 단기특파원 2005~2008년 同카이로재특파원 2008~2011년 同전국부 · 사회부 · 산업부 부장대우 2011년 同스포츠레저부장 2012년 연합뉴스TV 보도국 뉴스제작부장 2013년

同뉴스총괄1부장 2013년 연합뉴스 뉴미디어편집부장 2014년 同뉴미디어편집부장(부국장대우) 2015년 同편집국 경제부장 2016년 同편집국 증권부장(현) ⓢ중앙언론동문상(2016) ⓡ가톨릭

박세창(朴世昌) PARK Se Chang

ⓢ1975 · 7 · 16 ⓞ서울 ㈜서울 종로구 새문안로76 금호타이어 경영전략실(02-6303-8051) ⓗ1994년 휘문고졸 2000년 연세대 생물학과졸 2005년 미국 매사추세츠공대(MIT) 경영대학원졸(MBA) ⓖ2000~2002년 AT커니 컨설턴트 2002년 아시아나항공 입사 · 자금팀 차장 2005년 금호타이어 경영기획팀 부장 2006년 금호아시아나그룹 전략경영본부 이사, 同전략경영본부 상무보 2008년 同전략경영본부 경영관리부문 상무 2010년 금호타이어 국내영업총괄 상무 2011년 同한국영업본부장(전무) 2012년 同영업총괄 부사장 2013년 同기획관리총괄 부사장 2015년 아시아나애바카스(주) 대표이사 겸임 2016년 금호타이어 경영전략실 사장(현) 2016년 아시아나세이버(주) 대표이사 사장(현) 2016년 금호산업 사장(등기이사)(현) 2016년 금호홀딩스(주) 사내이사(현)

박세춘(朴世春) Park Saechun

ⓢ1958 · 11 · 2 ㈜서울 영등포구 여의대로38 금융감독원 비서실(02-3145-5323) ⓗ1977년 중앙상고졸 1986년 영남대 경영학과졸 1993년 고려대 대학원 경영학과졸 ⓖ1977년 한국은행 입행 1999년 금융감독원 검사8국 근무 1999년 同비은행검사2국 근무 2000년 同검사총괄실 근무 2003년 同은행검사1국 근무 2006년 同은행검사1국 팀장 2007년 예금보험공사 파견 2009년 금융감독원 제재심의실장 2010년 同특수은행서비스국장 2011년 同일반은행검사국장 2013년 同은행 · 중소서민검사담당 부원장보 2014년 同은행 · 비은행담당 부원장(현)

박세필(朴世必) PARK Se Pill

ⓢ1960 · 8 · 15 ⓞ전남 목포 ㈜제주특별자치도 제주시 제주대학로102 제주대학교 생명자원과학대학 생명공학부(064-754-4650) ⓗ1983년 제주대 축산학과졸 1985년 건국대 대학원졸 1991년 축산학박사(건국대) ⓖ1992~1994년 미국 Wisconsin주립대 생명공학연구실 Post-Doc. · 미국 Animal Breeders Service로부터 배아줄기세포(Stem Cell) 제작에 관한 연구비 수혜 1994년 세계 최초로 배아세포 유래의 소복제동물 생산 1994~2006년 마리아병원 마리아생명공학연구소장 1995~2006년 同기초의학연구소장 겸임 1995년 건국대 강사 1996년 한국가축번식학회 학술위원 겸 이사 1998년 국제냉동기구학회 이사 1998년 농림부 특정연구과제협력연구기관 책임자 1999년 한국발생생물학회 이사 2001년 국가과학기술자문회의 '생명과학관련연구 윤리확립방안에 관한 연구' 책임자 2002~2005년 보건복지부 '냉동배아유래인간배아줄기세포주 확립 및 특정세포 분화연구' 책임자 2002년 과학기술평가위원회 보건환경평가위원 2003년 대한불임학회 학술위원 겸 이사 2003년 한국분자세포생물학회 윤리위원 2004년 한국동물번식학회 국제협력위원장 겸 이사 2004년 한국발생생물학회 대회협력위원장 겸 이사 2007년 제주대 줄기세포연구센터장(현) 2008년 교육과학기술부 범정부줄기세포전문위원 2009~2011년 국가정보원 PT담당 전문위원 2010년 제주대 생명자원과학대학 생명공학부 교수(현) 2011년 한국생명공학연구원 전문위원 2013~2014년 교육부 범정부줄기세포 전문위원 2014년 제주대 생명윤리심의위원장(현) 2015년 同LMO위원장(현) 2016년 국민건강보험공단 제주지사 명예지사장(현)

박세현(朴世鉉) PARK Se Hyun

ⓢ1975 · 2 · 26 ⓞ경북 구미 ㈜경기 과천시 관문로47 법무부 검찰국 형사기획과(02-2110-3269) ⓗ1993년 현대고졸 1998년 서울대 사법학과졸 2002년 同법과대학원 수료 ⓖ1997년 사법시험 합격(39회) 2000년 사법연수원 수료(29기) 2000년 육군 법무관 2003년 서울지검 검사 2004년 서울중앙지검 검사 2005년 춘천지검 강릉지청 검사 2006년 부산지검 검사 2010년 법무부 형사기획과 검사 2011년 서울서부지검 검사 2013년 同부부장검사 2013년 법무부 검찰과 검사 2015년 서울동부지검 형사6부장 2016년 법무부 형사기획과장(현)

박세형(朴世亨) PARK Se Hyung

ⓢ1953 · 1 · 8 ⓑ밀양(密陽) ⓞ부산 ㈜서울 성북구 화랑로32길146의37 한국예술종합학교 영상원 애니메이션과(02-746-9554) ⓗ부산고졸 1979년 홍익대 회화과졸 1986년 서울대 대학원 미술교육과졸 ⓖ명지전문대 · 한양대 강사 1990~1995년 공주전문대 교수 겸 만화예술과장 1996~1997년 세종대 예체능대 영상만화과 교수 겸 영상만화과장 1997~2000년 교육부 지방대학특성

화사업 영상멀티미디어부문 평가위원 1998년 한국예술종합학교 영상원 애니메이션과 교수(현) 1998년 한국만화애니메이션학회 부회장 1999~2000년 아시아나 항공캐릭터디자인 자문위원 1999년 삼성애버랜드 캐릭터자문위원 2000년 국립중앙박물관 영상부문 전문위원 2001년 한국만화애니메이션학회 회장 2001년 (사)부천대학생애니메이션페스티벌(PISAF) 조직위원장, 상공자원부 장관주관 영상산업발전민간협의회 기획위원, 문화체육관광부 문화산업기획위원, 서울국제만화페스티벌 추진위원, 한국간행물윤리위원회 심의위원, 서울국제만화페스티벌조직위원회 기획단장, 同아트디렉터 2003~2004년 同총감독 2005년 서울지역혁신협의회 문화콘텐츠분과위원장 2006년 (사)부천대학생애니메이션페스티벌 이사 2006~2008년 BK21 선정 심사위원 2007~2009년 한국예술종합학교 영상원장 2015년 同영상원 애니메이션과장(현) ㈂문화체육부장관표창(1995), 서울시장표창(2005)

박세호(朴世浩)

㈁1961 · 1 · 13 ㈄충북 청원 ㈜충북 청주시 청원구 2순환로168 충북지방경찰청 차장실(043-240-2031) ㈇청주대 법학과졸, 同대학원 법학과졸 ㈓1988년 경위 임용(간부후보 36기) 2007년 충북지방경찰청 수사과장(총경) 2008년 충북 영동경찰서장 2009년 충북지방경찰청 정보과장 2010년 대전 둔산경찰서장 2011년 대전지방경찰청 청문감사담당관 2013년 대전 동부경찰서장 2014년 충북지방경찰청 정보과장 2014년 충북 청주흥덕경찰서장(경무관) 2015년 대전지방경찰청 제2부장 2016년 충북지방경찰청 차장(현)

박세환(朴世煥) PARK SE HWAN

㈁1940 · 4 · 5 ㈋무안(務安) ㈄경북 영주 ㈇1959년 안동고졸 1963년 고려대 정치외교학과졸 1982년 同경영대학원졸 1995년 서울대 경영대학원 최고경영자과정 수료 1998년 고려대 대학원 경영학박사과정 수료 ㈓1984년 대통령 국방담당비서관(준장) 1987년 육군 12사단장(소장) 1989년 제1군사령부 참모장 1991년 제8군단장(중장) 1993년 육군 교육사령관 1993년 제2군사령관(대장) 1995년 예편(육군 대장) 1995년 국방연구원 군사연구위원 1995년 대한민국재향군인회 고문 1996년 제15대 국회의원(전국구, 신한국당 · 한나라당) 1996~1998년 ROTC예비역중앙회 회장 · 명예회장 1997년 한나라당 대구 수성乙지구당 위원장 1998년 同총재 국방담당 특보 2000~2004년 제16대 국회의원(전국구, 한나라당) 2000년 국회 국방안보정책연구회 회장 2000년 한 · 베트남의원친선협회 부회장 2002년 한나라당 FX사업무기도입의혹진상조사특별위원회 위원장 2002~2004년 국회 예산결산특별위원회 위원 2006년 대한민국재향군인회 육군부회장 2009~2015년 同회장 2010~2013년 대통령직속 국가안보총괄점검회의 위원 ㈂화랑무공훈장(1968), 인헌무공훈장(1969), 보국훈장 삼일장(1977), 보국훈장 국선장, 보국훈장 통일장, 5.16민족상 안전보장부문(2011), 서울대경영대최고경영자과정총동창회 서울대AMP대상(2012) ㈔'앞장서 걷는 사람이 길을 만든다'(2010) ㈘기독교

박세환(朴世煥) PARK Se Hwan

㈁1957 · 2 · 3 ㈋밀양(密陽) ㈄강원 화천 ㈜경기 의정부시 녹양로34번길18 정욱빌딩4층 박세환법률사무소(031-837-7780) ㈇1974년 철원고졸 1980년 고려대 행정학과졸 1982년 강원대 법학대학원졸 1986년 사법시험 합격(28회) 1989년 사법연수원 수료(18기) 1989년 서울지검 남부지청 검사 1991년 대전지검 강경지청 검사 1993년 서울지검 의정부지청 검사 1995년 춘천지검 검사 1997년 인천지검 검사 1997년 변호사 개업(현) 1997년 한나라당 철원 · 화천 · 양구지구당 위원장 1997년 同이회창총재 법률특보 2003년 同강원도지부 대변인 2004~2008년 제17대 국회의원(철원 · 화천 · 양구 · 인제, 한나라당) 2004~2008년 한나라당 철원 · 화천 · 양구 · 인제당원협의회 운영위원장 2005~2006년 同원내부대표 2006년 同대표 비서실장 2006~2008년 同원내부대표 2007~2012년 同중앙선거대책위원회 부정선거방지위원회 법률지원단장

박세훈(朴世薰) PARK Se Hoon

㈁1955 · 8 · 17 ㈄서울 ㈜서울 송파구 올림픽로289 시그마타워 한라그룹 기획홍보실(02-3434-5603) ㈇1973년 경동고졸 1980년 연세대 사회학과졸 ㈓1979년 조선일보 사회부 · 경제부 기자 1992년 同경제부 차장대우 1997년 同경제과학부 차장 1997년 同사장실 차장 1997년 同독자부장 직대 1998년 同주간조선 부장 직대 1999년 同주간조선 편집장 2000년 디지털조선일보 상무이사 겸 사업국장 2002~2010년 삼성카드 홍보담당 상무 2011년 한라그룹 홍보협력실장(전무) 2013년 同기획홍보실장(부사장)(현) ㈂시티뱅크 저널리즘상 ㈔'세계의 인재들'

박세희(朴世熙) PARK Se Hie (華村)

㈁1935 · 11 · 28 ㈋밀양(密陽) ㈄서울 ㈜서울 서초구 반포대로37길59 대한민국학술원 자연제1분과(02-594-0324) ㈇1959년 서울대 문리과대학 수학과졸 1961년 同대학원졸 1975년 이학박사(미국 인디애나대) ㈓1963~1981년 서울대 문리과대학 강사 · 전임강사 · 조교수 · 부교수 1971년 대한수학회 총무이사 1976년 한국과학사학회 편집위원 1977~1979년 서울대 자연과학대학 학장보 1979년 미국 캘리포니아대 버클리교 연구조교 1980년 미국 수학회(A.M.S) Reviewer(현) 1980~1992년 한국수리과학연구소 소장 1980년 대한수학회 부회장 1981~2001년 서울대 수학과 교수 1982~1984년 대한수학회 회장 1982~1990년 한국과학사학회 이사 1982년 국제수학연맹(I.M.U.) 한국위원회 위원장 1984년 한국과학기술단체총연합회 이사 1986년 서울대 수학과장 1989~1993년 서울대교수협의회 부회장 1992년 미국 인디애나대 방문교수 1994년 한국과학기술한림원 종신회원(현) 1995~2003년 미국 뉴욕과학아카데미 회원 1996~2005년 중국 연변대 객좌교수 2001년 서울대 명예교수(현) 2001년 대한민국학술원 자연제1분과 회원(수학 · 현) ㈂서울시 문화상, 대한수학회 학술상 · 논문상, 국민훈장 동백장, 학술원상, 서울대 30년 근속표창 ㈔'수학의 세계' '현대과학의 제문제' ㈕'수학의 확실성' '중국의 수학'

박소경(朴素鏡 · 女) PARK So Kyung

㈁1951 · 8 · 11 ㈄대구 ㈜경북 경산시 하양읍 대경로105길19 호산대학교 총장실(053-850-8023) ㈇1970년 경북여고졸 1976년 이화여대 의과대학졸 2001년 의학박사(계명대) 2007년 서강대 교육대학원 상담심리전공 수료 ㈓1976~1977년 이화여대 부속병원 인턴 1977~1981년 同부속병원 레지던트 1981~1985년 계명대 의과대학 소아과학교실 교수 1985~1996년 박소경소아과의원 원장 1996~2008년 경동정보대학 간호과 교수 2008년 同학장 2009~2015년 경산1대 총장 2015년 호산대 총장(현) ㈘가톨릭

박소득(朴小得) PARK So Deuk

㈁1958 · 3 · 29 ㈄경북 성주 ㈜대구 북구 칠곡중앙대로136길47 경상북도농업기술원(053-320-0202) ㈇1986년 한국방송통신대 농학과졸 1989년 경북대 대학원 농학과졸 1993년 농학박사(경북대) ㈓1982년 경북도농업기술원 시험국 병리곤충계장 1994년 同의성작약시험장장 1998년 同의성약초시험장장, 同경영작물과장, 同농업환경연구과장 2009년 同연구개발국장 2015년 同원장(현)

박소라(朴소라 · 女) PARK, SO RA

㈁1960 · 8 · 19 ㈜인천 중구 인항로27 인하대학교 의과대학 생리학교실(032-890-0922) ㈇1985년 연세대 의과대학졸 1989년 同대학원졸 1993년 생리학박사(연세대) ㈓1989~2003년 연세대 의과대학 생리학교실 연구강사 · 전임강사 · 조교수 · 부교수 1996~1998년 영국 옥스퍼드대 Post-Doc. 2003년 인하대 의과대학 생리학교실 교수(현) 2006년 同생리학교실 주임교수 2007년 同의과대학 교무부장 2008년 한국보건산업진흥원 신기술개발단장 2012년 보건복지부 글로벌줄기세포 · 재생의료연구개발촉진센터장(현) ㈂국무총리표창(2011) ㈔'조직공학과 재생의학'

박소영(朴昭瑛 · 女) PARK So Young

㈁1971 · 9 · 27 ㈄서울 ㈜경기 부천시 원미구 상일로127 인천지방검찰청 부천지청(032-320-4000) ㈇1990년 서울여고졸 1994년 이화여대 법학과졸 2003년 법학박사(이화여대) ㈓1995년 사법시험 합격(37회) 1998년 사법연수원 수료(27기) 1998년 서울지검 의정부지청 검사 2000년 同북부지청 검사 2002년 부산지검 검사 2004년 대검찰청 검찰연구관 2006년 서울중앙지검 검사 2010년 청주지검 검사 2010년 同부부장검사 2011년 사법연수원 교수 2013년 법무부 인권국 인권조사과장 2014년 수원지검 안산지청 부장검사 2015년 수원지검 공판송무부장 2016년 인천지검 부천지청 부장검사(현)

박송완(朴松完) PARK Song Wan

㈁1958 · 2 · 16 ㈜서울 강남구 테헤란로142 롯데캐피탈 임원실(1577-7700) ㈇양정고졸, 고려대 교육학과졸 ㈓(주)호텔롯데 경영지원부문 이사, 롯데칠성음료(주) 총무 · 구매담당 이사 2011년 롯데인재개발원 원장(상무) 2014~2016년 同원장(전무) 2016년 롯데캐피탈 대표이사 사장(현)

박송하(朴松夏) PARK Song Ha

[생]1946·3·8 [출]광주 [주]서울 강남구 영동대로517 아셈타워22층 법무법인 화우(02-6003-7035) [학]1964년 광주제일고졸 1968년 고려대 법과대학졸 [경]1971년 사법시험 합격(13회) 1973년 사법연수원 수료(3기) 1973~1975년 서울민사지법·서울형사지법 인천지원 판사 1975년 서울가정법원 판사 1977년 서울민사지법 판사 1979년 서울형사지법 판사 1980년 대전지법 천안지원 판사 1982년 서울지법 북부지원 판사 1983년 광주고법 판사 1984년 서울고법 판사 1986년 대법원 재판연구관 1987년 대전지법 서산지원장 1990년 서울지법 의정부지원 부장판사 1992년 서울형사지법 부장판사 1994년 광주고법 부장판사 1996년 광주지법 수석부장판사 1996~1997년 전남도 선거관리위원장 1997년 인천지법 수석부장판사 1998~2000년 대한변호사협회 변호사징계위원회 위원 1998년 서울고법 부장판사 2000~2004년 국회 공직자윤리위원회 위원 2002년 서울지법 동부지원장 2004년 서울남부지법원장 2005년 광주고법원장 2006년 대법원 법관인사위원회·법관징계위원회 위원 2006~2008년 同법원소청심사위원장 2006~2008년 서울고법원장 2006~2009년 중앙선거관리위원회 위원 2007~2008년 대법원 양형위원회 위원 2008년 법무법인 화우 대표변호사·고문변호사(현) 2008~2014년 (주)대우건설 사외이사 2008년 (주)바텍 사외이사(현) 2010년 대한상사중재원 중재인(현) 2012년 서울고법 민사 및 가사조정위원회 위원(현) 2012년 同조정위원회 회장(현) 2016년 (사)한국기독교화해중재원 이사(현) [상]황조근정훈장(2008) [저]'1人회사' [종]기독교

박수경(朴水京·女) PARK Soo Kyung

[생]1965·12·5 [본]함양(咸陽) [출]부산 [주]서울 강남구 강남대로406 11층 듀오정보(주) 임원실(1577-8333) [학]1984년 부산 영도여고졸 1988년 서울대 가정관리학과졸 1997년 소비자아동학박사(서울대) [경]1990~1999년 서울대·고려대·성균관대·중앙대 등 강사 1995~1999년 서울대 생활과학연구소 연구원 2000년 아모레퍼시픽 입사(이미지메이킹팀 과장) 2006년 同소비자미용연구소장(상무) 2008~2013년 同고객지원사업부장(상무) 2014년 듀오정보(주) 대표이사(현) 2015년 (사)한국소비자교육지원센터 부회장(현)

박수경(朴穗京·女) PARK Sukyung

[생]1973·5·1 [주]대전 유성구 대학로291 한국과학기술원 기계공학과(042-350-3230) [학]1991년 서울과학고졸 1995년 한국과학기술원(KAIST) 기계공학과졸 1997년 同대학원 기계공학과졸 2002년 기계공학박사(미국 Univ. of Michigan) [경]2002년 미국 Harvard Medical School MEEI 선임연구원 2003년 한국기계연구원 선임연구원 2004년 한국과학기술원 기계공학과 교수(현) [종]기독교

박수근(朴秀根) Soo Keun Park

[생]1963·9·15 [출]광주 [주]경기 화성시 삼성1로2길13 (주)바텍글로벌 사장실(031-323-8639) [학]1981년 광주진흥고졸 1989년 서울대 인류학과졸 [경]1990~1999년 쌍용양회 기획실 근무 1999~2009년 (주)바텍 해외사업본부 부사장 2009~2012년 同대표이사 사장 2012년 (주)바텍글로벌 대표이사 사장(현)

박수길(朴銖吉) PARK Soo Gil (海巖)

[생]1933·10·18 [출]경북 경산 [주]서울 중구 서소문로125 유엔협회세계연맹(WFUNA)(02-778-5560) [학]1959년 고려대 법대졸 1968년 미국 서던캘리포니아대 대학원졸 1971년 미국 컬럼비아대 국제대학원졸(석사) [경]1961년 외무부 통상국 근무 1966년 駐로스앤젤레스 부영사 1969년 외무부 기획관리실 법무담당관 1972~1974년 同조약과장·동북아1과장 1974년 외교안보연구원 연구관 1974년 駐호주대사관 참사관 1976년 駐유엔대표부 참사관 1977년 외무부 조약국장 1980년 駐유엔대표부 공사 겸 駐미국대사관 공사 1984년 駐모로코 대사 1986년 외무부 제1차관보 1988년 駐캐나다 대사 1990년 駐제네바 대사 1993년 외교안보연구원 원장 1994년 이란·요르단·카타르·오만 방문 대통령특사 1995년 駐유엔대표부 대사 1995~2000년 '새천년 유엔정상회의 및 유엔개혁문제를 협의하기 위한 16개국그룹' 대통령특사 1997년 유엔안보리 이사회 의장 1998년 외교통상부 본부대사 1998~2001년 고려대 국제대학원 석좌교수 1999~2008년 한국UN체제학회 회장 2000~2003년 유엔 인권위원회 인권보호증진소위원회 위원 2000년 서울평화상 심사위원회 위원(현) 2001~2003년 경희대 평화복지대학원장 2003~2006년 유엔한국협회 회장 2003~2005년 서울대 국제대학원 초빙교수 2005년 고려대 국제대학원 석좌교수(현) 2006년 유엔중앙긴급대응기금(UN Central Emergency Response Fund) 유엔사무총장 자문위원 2009·2013·2015년 유엔협회세계연맹(WFUNA) 회장(현) 2010년 통일부 고문 2011~2015년 국가인권위원회 정책자문위원장 [상]황조근정훈장(1996) [저]'21세기 UN과 한국' 'UN·PKO·동아세아 안보'(英文) '21세기에서의 UN'(英文) 회고록 '그동안 우리가 몰랐던 대한민국 외교 이야기'(2014) [종]천주교

박수남(朴秀南) PARK Soo Nam

[생]1947·8·13 [출]경남 남해 [주]서울 강남구 강남대로110길73 세계어린이태권도연맹(02-501-5303) [학]건국대 축산대학졸 2006년 명예 체육학박사(건국대) [경]1971년 태권도 도장(남산 외인아파트 소재) 운영(외국인 상대 지도) 1975년 독일 이주 1976~1985년 독일 태권도 대표팀 감독(유럽선수권대회 5연패 달성) 1986~1987년 오스트리아 태권도대표팀 감독 1992년 독일 태권도 전문지 'Taekwondo Aktuell' 발행인 1997~2000년 유럽태권도연맹 부회장, 영국태권도협회 회장, 세계태권도연맹(WTF) 사무총장 유럽권한대행 2004~2008년 영산대 명예교수 2005~2009년 세계태권도연맹(WTF) 부총재, 同품새개발특별위원회 위원장, 同전자호구개발특별위원회 위원장 2006년 오스트리아 기념우표 발행 2008~2009년 영산대 태권도학과 석좌교수 2013년 세계어린이태권도연맹 초대총재(현) 2015년 태권도진흥재단 비상임이사(현) [상]독일정부 공로훈장(1989), 국기원·태권도진흥재단 주관 한인태권도사범 수기공모 우수상(2006)

박수남(朴秀男) PARK Soo Nam

[생]1953·12·22 [출]충남 서산 [주]서울 노원구 공릉로232 서울과학기술대학교 정밀화학과(02-970-6451) [학]1977년 서울대 화학교육과졸 1984년 同대학원졸 1989년 이학박사(서울대) [경]1979~1992년 (주)태평양기술연구소 생화학실장 1992~2012년 서울산업대 정밀화학과 교수 1995년 (주)바이오랜드 기술고문 2005~2007년 서울산업대 자연생명과학대학장, 同조형대학장 2010년 그린코스메틱 연구개발센터장 2012년 서울과학기술대 정밀화학과 교수(현) 2013년 대한화장품학회 회장(현)

박수범(朴壽範) PARK Soo Beom

[생]1960·8·15 [본]밀양(密陽) [출]충북 옥천 [주]대전 대덕구 대전로1033번길20 대덕구청 구청장실(042-608-6005) [학]충남기계공고졸, 대전공업전문대학 기계공학과졸, 한남대 행정학과졸, 충남대 경영대학원 수료 2009년 한남대 행정복지대학원 정치학과졸 [경]태권도 청마체육관장, 늘봄웨딩타운 대표 1998·2002년 대전시 대덕구의회 의원 2000년 同부의장 2002년 同의장 2006~2010년 대전시의회 의원(한나라당), 同운영위원장, 한나라당 대전시당 생활체육위원장, 同대전시당 정책위원장, 대전시태권도협회 이사 2010년 대전시의원선거 출마(한나라당) 2014년 대전시 대덕구청장(새누리당)(현) [상]문화체육부장관표창, 국기원장상, 자랑스러운 태권도인상, 매니페스토 약속대상 광역지방의원부문(2010), 위대한 한국인 행정공직부문 행정혁신발전공로대상(2014)

박수복(朴壽福) PARK Soo Bok

[생]1957·1·7 [본]밀양(密陽) [출]강원 홍천 [주]강원 춘천시 남춘로64 2층 법무법인 다올(033-254-2500) [학]1976년 경동고졸 1981년 서울대 법학과졸 [경]1982년 사법시험 합격(24회) 1984년 사법연수원 수료(14기) 1985년 육군 법무관 1988년 변호사 개업 1990년 춘천지방변호사회 등록지 변경, 법무법인 한우리 변호사 1991~1995년 KBS 춘천방송총국 법률상담 변호사 1991년 강원도교육청 고문변호사, 同소청심사위원 1997년 강원대 법과대학 겸임교수 1998년 강원지방경찰청 자문변호사, 법무법인 다올 변호사(현) 2013·2015년 강원지방변호사회 회장(현) 2015년 한국법무보호복지공단 강원지부 운영위원회장(현) [종]불교

박수복(朴壽福) PARK Su Bok

[생]1966 [출]경북 청도 [주]제주특별자치도 서귀포시 서호중로19 국세공무원교육원 국세공무원교육원 운영과(064-731-3240) [학]청도 모계고졸, 세무대졸(5기) [경]특채 임용(8급) 1987년 동대구세무서 총무과 근무 2009년 경북 영덕세무서 운영지원과장 2011년 대구지방국세청 조사1국 조사1과장 2012~2013년 대통령 민정수석비서관실 파견 2013년 서울지방국세청 조사4국 조사3과 6

팀장 2014년 대구지방국세청 세원분석국장 2014년 부산진세무서장 2015년 국세공무원교육원 운영과장(현) [상]국무총리표창(2007)

박수성(朴秀晟) PARK Soo Sung

[생]1963·9·26 [출]부산 [주]서울 송파구 올림픽로43길88 서울아산병원 정형외과(02-3010-3529) [학]1988년 서울대 의과대학졸 2001년 同대학원 의학석사 2005년 의학박사(서울대) [경]1988년 서울대병원 인턴 1989~1992년 해군 軍의관(대위 전역) 1992~1996년 서울중앙병원 정형외과 레지던트 1996년 강릉병원 전문의 1997년 서울대 어린이병원 소아정형외과 전임의 1998년 강릉아산병원 전문의 1999년 울산대 의과대학 정형외과학교실 전임강사·조교수·부교수·교수(현) 2004년 미국 뇌성마비학회(AACPDM) 정회원(현) 2006년 미국 인명정보기관 ABI(American Biographical Institute)·영국 케임브리지 국제인명센터 IBC(International Biographical Centre) 2006 하반기판에 등재 2011년 서울아산병원 ARC실장(현) [저]'소아정형외과학'(2004) '심폐소생술'(2006) '소아청소년 골절학'(2007) '엄마의 관심만큼 자라는 아이'(2008) '골연장 및 변형교정'(2008) [종]가톨릭

박수억(朴秀億) PARK Soo Uk (忍峯)

[생]1953·12·15 [본]밀양(密陽) [출]경북 울진 [주]대전 유성구 가정로152 한국에너지기술연구원(042-860-3114) [학]1972년 후포고졸 1981년 아주대 산업공학과졸 1987년 한국과학기술원 수료 1994년 경제학박사(프랑스 국립사회과학대학원) [경]1981년 한국에너지기술연구원 책임연구원, 同창업보육센터장, 同기술확산연구부장 1994년 유럽 계량경제학회 에너지분과 편집위원 1998년 산업자원부 지역에너지심의위원 2001년 기술혁신학회 상임이사 2001년 국가지속가능발전위원회 에너지대책분과위원 2004년 한국에너지기술연구원 정책실 책임연구원 2004~2008년 단국대 산업공학과 강사 2006~2014년 한국신재생에너지학회 이사 2008~2009년 한국에너지기술연구원 정책실장 2012년 同미래전략정책부 책임연구원 2016년 同전문연구위원(현) [상]대통령표창(2007) [저]'미래에너지시장트렌드'(2006·2007, 에경M&B) '에너지창'(2013, 한국에너지기술연구원) [종]기독교

박수언(朴秀彦) PARK Soo Un

[생]1961·11·10 [출]서울 [주]서울 양천구 목동서로161 SBS 보도본부 미래부(02-2113-4230) [학]1980년 인창고졸 1984년 서울대 정치학과졸 1986년 同대학원 정치학과졸 2014년 건국대 언론홍보대학원 방송통신융합학과졸 [경]1991년 SBS 입사 1999년 同보도본부 사회CP(차장대우) 2003년 同보도본부 사회CP(차장), 同보도본부 사회1부 차장 2008년 同보도본부 사회1부장 2009년 同보도본부 국제부장 2010년 同보도본부 사회2부장 2010년 관훈클럽 편집위원 2011년 SBS 논설위원 2012년 同편성전략본부 소셜미디어팀장 2013년 同편성전략본부 리스닝센터장(부국장급) 2014년 同편성전략본부 스마트미디어국장 2014년 同보도본부 미래부장(현) [상]녹십자언론문화상(2006), 대통령표창(2009), 홍성현언론상(2010)

박수영(朴洙瑩) PARK, SOO-YOUNG

[생]1964·1·7 [출]부산 [주]경기 수원시 장안구 정조로944 새누리당 경기도당(031-248-1011) [학]부산동고졸, 서울대 법학과졸, 미국 하버드대 대학원 정책학과졸, 행정학박사(미국 버지니아폴리테크닉주립대) [경]1985년 행정고시 합격(29회) 1999년 중앙인사위원회 정책담당관 2001년 同정책지원과장 2005년 同인사정책국 정책총괄과장 2006년 同인사정책국 정책총괄과장(부이사관) 2006년 대통령비서실 인사수석실 선임행정관(고위공무원) 2007년 중앙인사위원회 성과후생국장 2008년 행정안전부 혁신정책관 2008년 同인사기획관 2009년 경기도 경제투자실장 2010~2012년 同기획조정실장 2012년 행정안전부 교육파견(고위공무원) 2013~2015년 경기도 행정1부지사 2015년 새누리당 경기수원丁당원협의회 운영위원장 2015년 새누리당 경기수원丁당원협의회 운영위원장(현) 2016년 제20대 국회의원선거 출마(경기 수원시丁, 새누리당) [상]홍조근정훈장(2014)

박수영

[생]1969·5·4 [출]전남 무안 [주]충남 논산시 강경읍 계백로159 논산경찰서(041-746-3321) [학]전남사대부고졸, 경찰대 행정학과졸, 캐나다 칼튼대 행정대학원졸 [경]2006년 경기 과천경찰서 경비과장 2007년 서울 종로경찰서 교통과장 2008년 경찰청 외사국 근무 2015년 충북지방경찰청 생활안전과장(총경) 2016년 충남 논산경찰서장(현)

박수완(朴洙完) PARK Soo Wan

[생]1960·10·1 [주]서울 관악구 보라매로3길23 대교타워 (주)대교(02-829-1114) [학]서울 동성고졸, 인하대 공과대학 기계공학과졸 [경]1985~1986년 현대자동차(주) 근무 1986년 대교 입사 1998년 同전략기획실 경영관리팀장 1999~2000년 대교D&S CFO 2001~2009년 대교홀딩스 최고재무책임자(CFO) 2008~2009년 (주)대교 투자전략실장 2010~2014년 同경영지원본부장 2010~2014년 대교홀딩스 COO 2014년 대교홀딩스 CAE(현) 2014년 (주)대교 대표이사(현) [상]한국IR대상 Best IRO상(2010), 투명회계대상(2013), 도농교류의 날 산업포장(2015) [종]천주교

박수용(朴守龍) PARK Soo Yong

[생]1957·10·16 [출]부산 [주]부산 부산진구 시민공원로19번길28 부산진문화원(051-817-9648) [학]양산대학 생활체육과졸, 부산대 행정대학원 수료, 동의대 행정대학원 수료 [경]아시안게임부산유치추진위원회 위원, 부산진구주민자치위원회 고문, 맑고푸른부산진구21 회장, 부암1동청소년지도위원회 위원장, 한국자유총연맹 부암1동 지도위원장, 부암동재개발추진위원회 위원장, 부산진구장학회 고문, 민주평통 부산진구협의회 부회장 1991·1995·1998·2002·2006~2007년 부산시 부산진구의회 의원 1997년 同사회산업위원장 1998·2000·2002년 同예산결산특별위원장 2002~2004년 同부의장 2004년 부암1동새마을금고 이사장(현) 2006년 부산시 부산진구의회 의장 2012년 부산진문화원 원장(현)

박수용(朴守鏞) Sooyong Park

[생]1962·9·5 [출]서울 [주]서울 마포구 백범로35 서강대학교 공학부 컴퓨터공학과(02-705-8928) [학]1981년 한성고졸 1986년 서강대 전자계산학과졸 1988년 미국 플로리다주립대 대학원 컴퓨터학과졸 1995년 공학박사(미국 조지메이슨대) [경]1996~1998년 미국 TRC-ISC Senior SW Engineer 1998년 서강대 공학부 컴퓨터공학과 조교수·부교수·교수(현) 2010~2011년 매일경제 디지털3.0 칼럼위원 2010~2012년 소프트웨어공학소사이어티 회장 2010년 디지털타임스 칼럼위원 2010년 국방SW산학연협회 총무이사 2011년 SW정책연구회 운영위원장 2011년 국가과학기술위원회 전문위원 2011~2012년 서강대 정보통신대학원장 2012~2014년 정보통신산업진흥원 원장 2015년 서강대 대외교류처장 2015년 새누리당 핀테크특별위원회 부위원장(현)

박수진(朴秀珍·女) PARK Su Jin

[생]1973·11·26 [출]전북 정읍 [주]세종특별자치시 다솜2로94 농림축산식품부 기획조정실(044-201-1311) [학]1991년 정주여고졸 1997년 서울대 경제학과졸 2006년 하버드대 케네디스쿨 정책학과졸 [경]1999년 농림부 국제협력과 행정사무관 2003년 同소비안전과 행정사무관 2004년 同행정사무관 2008년 농림수산식품부 자유무역협정과장(서기관) 2008년 同지역무역협정팀장 2009년 同국제농업국 다자협상과장 2009년 同한식세계화추진팀장 2009년 駐이탈리아대사관 농무관 2013년 농림축산식품부 식량정책과장 2015년 同기획조정실 기획재정담당관(부이사관)(현) [상]국무총리표창(2003)

박수진(朴秀珍·女) SOOJIN PARK

[생]1974·12·13 [출]서울 [주]서울 종로구 세종대로209 통일부 대변인실(02-2100-5621) [학]경기여고졸, 연세대 영어영문학과졸, 同대학원 영문학과졸, 미국 퍼듀대 대학원 커뮤니케이션학과졸 [경]2002~2008년 국제방송교류재단(아리랑TV) 보도팀 취재기자·앵커 2009~2011년 연성대(舊 안양과학대) 강사 2011년 통일부 부대변인(현)

박수천(朴壽天) PARK Soo Cheon (世庵)

[생]1948·10·8 [본]밀양(密陽) [출]경기 양평 [주]인천 남동구 남동동로17 남동공업단지2단지147B 디엠엔텍(주)(032-815-5396) [학]1966년 양평 지평고졸 1977년 동국대 법정대학 행정학과졸 1979년 同대학원 행정학과졸 1988년 연세대 행정대학원 수료 1993년 고려대 경영대학원 수료 2010년 북한대학원대학교 최고지도자과정 수료 [경]1977~1995년 새한종합금융(주) 입사·부장 1978년 공인증권분석사 1984~1986년 (사)서울청년회의소 홍보위원장·총무이사 1989년 지평중·고총동문회 회장 1990~1996년 사회복지법인 성라원 이사 1990~1998년 학교법인 계신학원 감사 1993~2000년 (사)한·

ㅂ

우즈벡공화국친선협회 이사 1993~1995년 연세대 행정대학원총동창회 부회장 1993~2004년 동국대총동창회 감사·부회장 1995~1998년 재단법인 동우장학회 이사 1995~1998년 두견주(중요무형문화재) 양조회사 부사장 1997년 효행실천운동본부 상임대표(현) 1998~2000년 양평군민신문 발행인 겸 사장 2000~2002년 굿모닝증권(주)·현대투자신탁(주) 고문 2001년 민주평통 자문위원 2004~2014년 한국정경문화연구소 대표 2007년 불교포럼 운영위원장·이사장(현) 2007~2010년 서울시농수산물공사 비상임이사 2012~2015년 공법단체 대한민국월남전참전자회 대외협력위원장 2012년 동국대 총동창회 부회장(현) 2015년 디엠엔텍(주) 부회장(현) 2016년 (사)한국베트남우호협의회 회장(현) [상]서울시장표창, 문교부장관표창, 한국은행 총재표창 [저]'아버지 날 낳으시고 어머니 날 기르시니' '新효행록' [종]불교

박수철 Park Soo Cheol

[생]1958·2·9 [출]전남 나주 [주]전남 강진군 강진읍 탐진로111 강진군청 부군수실(061-430-3204) [학]1990년 한국방송통신대 농학과졸 [경]1987년 부천시 공무원 임용(9급) 2004년 행정자치부 파견(지방행정사무관) 2005년 同지역경제팀 사무관 2010년 행정안전부 운영지원과 서기관 2012년 안전행정부 국제자동차경주대회조직위원회 파견 2014년 전남도 F1대회조직위원회 파견 2014년 同혁신도시건설지원단장 2015년 전남 강진군 부군수(현) [상]대통령표창(1999·2007), 국무총리표창(2000)

박수철(朴秀哲) PARK Su Cheol

[생]1962·6·26 [출]충남 조치원 [주]서울 영등포구 의사당로1 국회사무처 안전행정위원회(02-788-2716) [학]서울대졸 [경]1990년 입법고시 합격(10회) 1997년 국회사무처 법제사법위원회 입법조사관(서기관) 2000년 同공보관실 홍보담당관 2001년 同의사국 의안과장 2004년 同방송기획관실 기획편성담당관(부이사관) 2007년 同법제실 법제조정과장 2008년 同법제실 행정법제심의관 2009년 국회입법조사처 기획협력관(이사관) 2010년 중앙공무원교육원 교육훈련(이사관) 2010년 국회사무처 국토해양위원회 전문위원 2013년 同농림축산식품해양수산위원회 전문위원 2015년 同안전행정위원회 수석전문위원(차관보급)(현)

박수현(朴洙賢) PARK Soo Hyun

[생]1964·8·14 [출]충남 공주 [주]충남 천안시 동남구 중앙로281의2 승지빌딩503호 더불어민주당 충남도당(041-569-1500) [학]1983년 공주사대부고졸 1991년 서울대 서양사학과 제적(3년) 2000년 한국방송통신대 행정학과졸 2002년 연세대 행정대학원 행정학과졸 [경]새희망민주연대 수석부대표, 더좋은민주주의연구소 이사, 충남도장애인럭비협회 회장, 푸른충남21추진협의회 위원, 대통령자문 국가균형발전위원회 자문위원, 국회 입법보좌관, 안희정 충남도지사후보선거대책본부 총괄선거대책본부장, 민주당 중앙당 부대변인, 충남도 정책특별보좌관, 민주당 충남도당 세종시특별위원회 위원장, 同충남도당 국제과학비즈니스벨트특별위원회 위원장, 同정책위원회 부의장 2003~2015년 (사)자연보호공주시협의회 회장 2012년 민주통합당 공주시지역위원회 위원장 2012년 同충남도당 위원장 2012~2016년 제19대 국회의원(공주, 민주통합당·민주당·새정치민주연합·더불어민주당) 2012·2015년 국회 운영위원회 위원 2012년 국회 국토해양위원회 위원 2012년 국회 태안유류피해대책특별위원회 간사 2012년 민주통합당 4대강사업조사특별위원회 간사 2013년 同원내부대표 2013년 국회 국토교통위원회 위원 2013년 민주당 정책위원회 부의장 2013년 同충남도당 위원장 2013년 국회 허베이스피리트호유류피해대책특별위원회 간사 2013년 민주당 4대강사업조사특별위원회 간사 2013~2015년 충남사회복지협의회 회장 2013년 민주당 원내대변인 2014년 새정치민주연합 원내대변인 2014~2015년 同충남도당 공동위원장 2014년 同대표 비서실장 2014~2015년 同대변인 2014~2015년 同제3정책조정위원회 위원장 2015년 同원내대변인 2015~2016년 더불어민주당 원내대변인 2015~2016년 同비상대책위원회 대표 비서실장 2016년 同충남공주시·부여군·청양군지역위원회 위원장(현) 2016년 제20대 국회의원선거 출마(충남 공주시·부여군·청양군, 더불어민주당) 2016년 더불어민주당 전략홍보본부장 [상]뉴스메이커 선정 '한국을 이끄는 혁신리더 대상'(2011), 국정감사NGO모니터단 '2012국정감사 우수의원'(2012), 민주통합당 '2012국정감사 최우수의원'(2012), 건설경제신문 '2012 국정감사 우수의원'(2012), (사)한국환경정보연구센터 '2012 국정감사 친환경베스트의원'(2012), 경제정의실천시민연합 국정감사 우수의원(2014), 백봉신사상 올해의 신사의원 베스트10(2014), 글로벌기부문화공헌대상 정당인 봉사부문(2015), 전국청소년선플SNS기자단 선정 '국회의원 아름다운 말 선플상'(2015), 백봉신사상 올해의 신사의원 베스트10(2015) [저]'차마 돌아서지 못하는 마음'(2011) [종]가톨릭

박수홍(朴修鴻) Park Soo Hong

[생]1961·5·10 [출]대구 [주]경남 진주시 충의로19 한국토지주택공사 도시환경본부(055-922-3006) [학]오성고졸 1985년 한양대 토목공학과졸 1997년 미국 서던캘리포니아대 대학원 건설경영학과졸 [경]1985년 한국토지공사 입사 2008년 同위례신도시기획처 개발팀장 2009년 한국토지주택공사(LH) 대구경북지역본부 경북혁신도시사업단장 겸 단지개발팀장 2010년 同미래전략처 녹색성장1팀장 2010년 同직할사업단장 2011년 同보금자리사업처장 2012년 同경제자유구역사업단장 2013년 同위례사업본부장 2015년 同대구경북지역본부장 2015년 同도시환경본부장(상임이사)(현)

박수홍(朴洙弘) SOO-HONG, PARK

[생]1965·2·27 [본]밀양(密陽) [출]강원 강릉 [주]경남 진주시 충의로10 한국산업기술시험원 시스템융합본부 시스템사업센터(055-791-3520) [학]1982년 영등포고졸 1986년 한양대 정밀기계공학과졸 1989년 同대학원 정밀기계공학과졸 1998년 정밀기계공학박사(한양대) [경]1990~1993년 한국생산기술연구원 연구개발본부 연구원 1993년 한국산업기술시험원 기간산업본부 책임연구원, 同공연장안전지원센터장 2005년 同공연장안전지원센터 연구원(현) 2014년 同시스템사업센터장 2015년 同시스템융합본부 시스템사업센터장 겸 중부지역본부장(현)

박수환(朴樹煥) PARK Soo Hwan

[생]1955·7·8 [본]함양(咸陽) [출]대구 [주]서울 용산구 한강대로92 LS용산타워4층 삼일회계법인(02-709-0790) [학]1973년 경북사대부고졸 1979년 영남대 경제학과졸 1995년 홍익대 대학원 경영학과졸 2010년 경영학박사(홍익대) [경]1979년 한국은행 조사부 근무 1982년 同조사부·은행감독원 근무 1984년 삼일회계법인 입사 1997~2005년 同제3본부 일본계 비지니스담당 상무이사·제3본부장(전무이사) 1999년 한국금융연수원 강사 1999년 한국게임산업개발원 비상근감사 2005년 한국문화콘텐츠진흥원 비상근감사 2005~2011년 삼일회계법인 부대표 2005년 신문유통원 비상임감사 2006~2008년 국세청 과세적부심 및 심사위원 2007년 한국조세연구원 자문위원 2008년 한국세무학회 부회장 2008~2010년 한국조세연구포럼 부회장 2008~2011년 기획재정부 세제실 세제발전심의위원회 위원 2008년 (재)한국방문의해위원회 비상근감사 2009년 한국공인회계사회 손해배상공동기금운용위원회 위원 2011년 삼일회계법인 대표(현) 2011년 국세청 통계위원회 위원장 2012년 재무인포럼 회장 2012년 한국예술인복지재단 비상임감사 2014~2016년 한국공인회계사회 조세부회장 [상]납세자의날 대통령표창(2010)

박 순(朴 順·女) PARK SOON (清正)

[생]1944·2·22 [출]경북 포항 [주]서울 양천구 목동서로225 대한민국예술인센터 한국미술협회(02-744-8053) [학]1962년 포항여고졸 1966년 세종대 조형예술대학 회화과졸 1968년 동국대 불교대학 불교학과졸 1980년 同교육대학원 미술교육과졸 1996년 청소년상담교육과정 수료 2003년 단국대 문화예술대학원 최고지도자과정 수료 2006년 북한대학원대 민족공동체지도자과정 수료, 동경조형예술원 수료 [경]1962년 한국대학생불교연합회 창립임원 1962년 세종대 불교학생회 창립 1962년 불교신문 근무(삽화제작) 1968~2000년 동국대사대부속여중·고교 미술교사·상담부장·연구부장·교법사 1999~2002년 세종대·강남대 강사 2001년 동국대사대부속중 교감 2002~2006년 동국대사대부속여고 교장 2004~2006년 서울시 건축위원·미술장식심의위원 2006~2012년 한국대학교불교연합총동문회 지도위원·고문 2008~2012년 사사포럼 위원·신미술회 감사 2009년 동국대총동창회 상임이사(현) 2010~2014년 同부회장 2010년 불교여성개발원 108인회 부회장 2011~2014년 同부원장 2013년 (사)한국미술협회 수석부이사장(현) 2013년 (사)한국예술문화단체총연합회 이사(현) 2014~2016년 불교여성개발원 원장, (사)한국여류화가회 이사장, 대한민국미술대전 심사위원, 同조직위원, 광주아트페어 조직위원, 호국미술대전 심사위원장, 서울시 건축장식심의위원, (사)지혜로운여성 이사장, 불교포럼 공동대표(현), 아시아 IAA(자연환경국제아트페스티벌)미술지도자대회 조직위원(현) [상]대한불교조계종 총무원 한국대학생포교신행상(1963), 서울시교육감표창(1980), 사립중·고학교장회 교육공로상(1998), 대한불교조계종 불교종립 동국학원 30년근속표창(1998), 녹조근정훈장(2006), 한국예술문화단체총연합회 문화상(2013), 아세아미술국제상 [작]개인전 21회 개최(SEOUL, 동경긴자, Kawasaki, 말레이시아, 중국 등)

박순곤(朴純坤) PARK Soon Gon

[생]1948·7·23 [본]밀양(密陽) [출]경북 청도 [주]서울 마포구 큰우물로76 용성해운항공(주) 임원실(02-702-3789) [학]부산대 국제대학원 국제통상학과 수료, 부산대 행정·경영·환경대학원 최고과정 수료 [경]1992~2007년 부산불교방송 본부장 1995년 한국청소년부산연맹 후원회장 2001년 (주)건희개발 회장 2003년 아시아드개발 대표 2004년 부산태권도협회 부회장 2006년 부산상공회의소 상임의원(현) 2007~2015년 부산불교방송 사장 2010년 용성해운항공(주) 회장(현) 2012~2014년 부산불교지도자포럼 회장 [상]대한불교조계종 종정표창, 부산대 공로패, 불교방송 공로패, 부산MBC 공로패, 부산교육청 감사장, 국제라이온스협회 355-A지구 무궁화금장대상 [종]불교

박순규(朴淳圭) PARK Sun Kyu

[생]1962·6·10 [본]밀양(密陽) [출]전남 함평 [주]서울 금천구 가산디지털1로168 우림라이온스밸리C-21 (주)스포츠서울미디어(02-2026-0800) [학]1980년 광주 석산고졸 1988년 세종대 무역학과졸 [경]1988년 스포츠서울 입사 1990년 同체육부·야구부 기자 1994년 同축구팀 기자 1999년 同축구팀 차장 2000년 同축구팀장(부장급) 2001년 同체육부장 2002년 同편집국 부국장 2003년 同편집국 체육부장 겸 축구부장 2003년 同편집국 스포츠부장 겸 축구팀장(부국장급) 2004년 굿모닝서울 취재부장(부국장급) 2005년 同편집국장 직대 2005년 (주)스포츠서울21 독자서비스부장 2006년 同편집국 전문기자(부국장급) 2007년 同편집국장 2009년 同대외협력국장 2010년 (주)스포츠서울미디어 상무 2010~2014년 스포츠서울닷컴 편집국장 겸임 2014년 (주)스포츠서울미디어 전무(현) [종]가톨릭

박순기(朴淳基) PARK Soon Ki

[생]1962·3·16 [본]충주(忠州) [출]경북 김천 [주]대구 북구 원대로128 연우빌딩 연합뉴스 대구·경북취재본부(053-355-4242) [학]1981년 대구 성광고졸 1987년 경북대 정치외교학과졸 [경]1988년 연합뉴스 입사 2000년 同대구·경북취재본부 차장대우 2002년 同대구·경북취재본부 차장 2005년 同대구·경북취재본부 부장대우 2009년 同대구·경북취재본부 근무(부장급) 2012년 同대구·경북취재본부장(부국장대우) 2015년 同대구·경북취재본부 선임기자(부국장대우) 2015년 同구미주재 기자(부국장대우)(현)

박순기(朴淳其) Soon-kee Park

[생]1964·3·1 [본]밀양(密陽) [출]경기 용인 [주]대전 유성구 과학로82 국제지식재산연수원(042-601-4301) [학]1982년 청주고졸 1987년 서울대 사법학과졸 1990년 同행정대학원 행정학과졸 [경]행정고시 합격(32회) 1990~2000년 상공부·상공자원부·통상산업부·산업자원부 행정사무관 2000~2007년 산업자원부 지역협력과·수출과 서기관 2007년 同에너지산업본부 석탄산업팀장 2008년 지식경제부 수출입과장 2008년 同무역위원회 무역구제정책팀장 2009년 同투자정책과장 2010년 同자원개발총괄과장(부이사관) 2011~2012년 2012여수세계박람회조직위원회 전시운영본부장(고위공무원) 2013년 대한무역투자진흥공사(KOTRA) 외국인투자옴부즈만종합행정지원센터장 2014년 산업통상자원부 경제자유구역기획단장 2016년 특허청 국제지식재산연수원장(현)

박순석(朴順石) PARK Soon Souk

[생]1944·11·29 [출]전남 신안 [주]서울 강남구 테헤란로 512 신안그룹 회장실(02-3467-1007) [학]1984년 경희대 경영대학원 수료 1994년 한양대 경영대학원 최고경영자과정 수료 1995년 서울대 경영대학원 최고경영자과정 수료 1998년 경기대 통일안보대학원 수료 1999년 고려대 최고위정보통신과정 수료 [경]1980년 신안종합건설 회장 1983년 (주)신안 대표이사 회장 1992년 (재)순석장학재단 이사장 1994년 동작종합유선방송 이사 1996년 신안컨트리클럽 대표이사 1996년 신안캐피탈(주) 대표이사 1997년 그린씨앤에프(주) 대표이사 1997년 신안관광개발(제주신안CC)(주) 대표이사 2000년 신안신용금고 회장 2001년 리베라컨트리클럽 회장 2001년 민주평통 자문위원 2001년 서울 및 유성리베라호텔 회장 2001년 신호스틸(주) 회장 2002년 휴스틸 회장·이사 2002년 (주)네오어드바이저 이사 회장 2002년 (주)인스빌 이사 회장 2002년 (주)코지하우스 이사 회장 2002년 신안그룹 회장(현) [상]재무부장관표창(1984), 총무처장관표창(1992·1997), 부총리 겸 재정경제원장관표창(1995), 서울지방국세청장표창(1996), 경인지방국세청장표창(1998), 산업포장(1998), 대통령표창(2002), 문화관광부장관표창(2002), 건설교통부장관표창(2005), 보건복지부장관표창(2010)

박순애(朴順愛·女) Park, Soon Ae

[생]1965·4·21 [주]서울 관악구 관악로1 서울대학교 행정대학원(02-880-9225) [학]1988년 연세대 행정학과졸 1990년 同행정대학원졸 1994년 同대학원 행정학 박사과정 수료 1998년 행정학(Planning)박사(미국 미시간대) [경]미국 미시간대 Intelligent Transportation Systems 연구원, 서울시정개발연구원 도시경영연구부 부연구위원, 숭실대 행정학부 조교수, 서울대 행정대학원 교수(현), 환경부 중앙환경보전자문위원회 위원, 同자체평가위원, 同지속가능발전위원회 위원, 서울대 경력개발센터 소장, 同한국정책지식센터 소장, 동아일보 객원논설위원, 지방자치학회 부회장, 환경정책 편집위원장, 한국행정학회 연구위원장, 서울대 공공성과관리센터 소장(현), 기획재정부 공공기관경영평가단 부단장, 同공공기관운영위원회 위원(현), 대통령소속 지방자치발전위원회 위원(현) [저]'한국사회의 부패: 진단과 처방'(2013, 박영사) '공기업개혁: 쟁점과 사례'(2014, 박영사) '환경과 복지'(2014, 박영사) '환경정책의 역사적 변동과 전망'(2015, 문우사)

박순연(朴淳鍊) PARK SUNYOUN

[생]1970·4·1 [출]서울 [주]세종특별자치시 다솜2로94 농림축산식품부 농업정책국 농업금융정책과(044-201-1751) [학]1985년 대성고졸 1988년 고려대 농생물학과졸 [경]1998년 국립농산물검사소 충청지소 유통지도과 농업사무관, 농림부 농산물유통국 채소특작과 농업사무관, 同농업구조정책국 협동조합과 농업사무관 2007년 同농업구조정책국 협동조합과 기술서기관 2007년 同농업정책국 정책조정과 기술서기관 2008년 농림수산식품부 농협개혁TFT 기술서기관, 同식품산업정책과 팀장, 同식품산업정책실 식품유통정책관, 국립식물검역원 인천공항지원장 2009년 농림수산식품부 한식세계화추진팀장 2011년 농림수산검역검사본부 수산물안전부 수산물검역과장 2012년 同축산물안전부 소비자보호과장 2012년 농림수산식품부 과학기술정책과장 2013년 농림축산식품부 소비과학정책관실 과학기술정책과장 2014년 同농업정책국 농업금융정책과장(서기관) 2016년 同농업정책국 농업금융정책과장(부이사관)(현) [상]국무총리표창(2004)

박순영(朴淳英) PARK Soon Young

[생]1943·1·3 [본]밀양(密陽) [출]경남 진주 [주]서울 서대문구 신촌동 134 연세대학교 철학과(02-2123-2390) [학]1961년 진주사범학교졸 1965년 한신대 신학과졸 1968년 연세대 대학원 철학과졸 1970년 同대학원 박사과정 수료 1976년 철학박사(독일 보쿰대) [경]1977년 경희대 문리대 철학과 조교수 1981~1986년 연세대 철학과 조교수·부교수 1986~2008년 同철학과 교수 1997~2000년 한국현상학회 회장 1998년 한국해석학회 회장 1998~2000년 연세대 철학연구소장 2001~2005년 현대철학연구소 소장 2002년 단계학술연구원 이사장(현) 2008년 연세대 철학과 명예교수(현) 2009~2011년 同학부대학 특별초빙교수 [상]근정포장(2008) [저]'산업사회의 이데올로기' '사회구조와 삶의 질서' [역]'해석학의 철학' '사회주의와 민주화운동' [종]기독교

박순영(朴順英·女) PARK Soon Young

[생]1966·9·24 [출]전남 목포 [주]서울 서초구 서초중앙로157 서울고등법원 판사실(02-530-1114) [학]1985년 은광여고졸 1989년 고려대 법학과졸 [경]1993년 사법시험 합격(35회) 1996년 사법연수원 수료(25기) 1996년 대전지법 판사·서산지원 판사 2003년 서울지법 판사 2004년 서울중앙지법 판사 2006년 서울고법 판사 2008년 서울서부지법 판사 2009년 대법원 재판연구관 2012년 서울고법 판사(현)

박순용(朴舜用) PARK Soon Yong

[생]1945·5·29 [본]밀양(密陽) [출]경북 구미 [주]서울 강남구 테헤란로311 아남타워 박순용법률사무소(02-558-6666) [학]1963년 경북고졸 1968년 서울대 법과대학졸 1970년 同사법대학원 수료 [경]1967년 사법시험 합격(8회) 1970년 육군 법무관 1973~1982년 서울지검 영등포지청·법무부 검찰4과·同조사과·서울지검 검사 1982년 수원지검 여주지청장 1983년 대검찰청 공안2과장 1985년 同공안1과장 1986년 同중앙수사부 3과장 1987년 서울지검 남부지청 특수부장 1988년 서울지검 형사5부장 1989년 同형사3부장 1990년 同형사1부장 1991년 同북부지청 차장검사 1992년 대구지검 차장검사 1993년 서울지검 서부지청장 1993년 대검찰청 공판송무부장 1994년 춘천지검 검사장 1995년 법무부 교정국장 1997년 同검찰국장 1997년 대검찰청 중앙수사부장 1998년 서울지검장 1999년 대구고검장 1999~2001년 검찰총장 2001년 변호사 개업(현)

ㅂ

2002년 태영건설 사외이사 2007년 헌법재판소 자문위원 [상]홍조근정훈장(1981), 황조근정훈장(1999), 청조근정훈장(2001)

박순일(朴純一) PARK Soon Il

[생]1949·7·29 [본]밀양(密陽) [출]서울 [주]서울 중구 충무로9 미르내빌딩405호 한국사회정책연구원 대표이사실(02-2278-1068) [학]1968년 삼선고졸 1973년 서울대 경제학과졸 1975년 同대학원 경제학과졸 1985년 경제학박사(미국 위스콘신대 메디슨교) [경]1976년 전국경제인연합회 조사역 1980년 국제경제연구원 책임연구원 1987년 한국보건사회연구원 연구위원 1991년 UN ESCAP-DPD Consultant 2001년 한국보건사회연구원 선임연구위원 2002~2005년 同원장 2003년 대통령자문 정책기획위원 2004년 대통령자문 정책기획위원회 산하 사람입국신경쟁력특별위원회 위원 2004~2005년 대통령자문 국민경제자문회의 위원 2004~2005년 한국사회정책학회 회장 2005년 同명예회장(현) 2006년 (사)한국사회정책연구원 대표이사(현) [저]'저소득층의 사회복지수요 분석' '한국경제의 전환점 분석' '선진국의 문턱에서 본 한국 빈곤 현실과 사회보장' '위기의 한국사회보험 리모델링' '21세기 한국사회의 통합과 정책이념의 방향(共)'(2009) '21세기초 경제대국 한국사회의 빈곤을 끝내는 길'(2010) '중앙정부 사회지출의 효율성 및 효과성 분석(共)'(2010) '복지경쟁 그 끝은 어디인가?'(2012) '한국 및 몽골의 사회정책비교연구'(2014) [종]불교

박순자(朴順子·女) Park Sun Ja

[생]1958·8·26 [본]밀양(密陽) [출]경남 사천 [주]경기 수원시 팔달구 효원로1 경기도의회(031-8008-7000) [학]경민대 사회복지학과졸, 광운대 상담복지정책대학원 사회복지학과 재학 중 [경]에스제이정보통신 대표, 경기북부병무청 생계심의위원회 위원, 한자녀더갖기운동연합 경기북부본부장, 의정부지법 가사조정위원회 조정위원, 의정부시여성단체협의회 회장, 민주평통 의정부시협의회 수석부회장, 새누리당 경기도당 여성위원회 위원장 2012년 同제18대 대통령중앙선거대책위원회 경기도 여성조직공동본부장 2014년 경기도의회 의원(비례대표, 새누리당)(현) 2014년 同윤리특별위원회 위원 2014년 同보건복지위원회 간사 2015년 同청년일자리창출특별위원회 위원(현) 2016년 同도시환경위원회 위원(현)

박순자(朴順子·女) PARK SOON JA (중산)

[생]1958·10·12 [본]밀양(密陽) [출]경북 [주]서울 영등포구 의사당대로1 국회 의원회관426호(02-784-1606) [학]성지고졸, 고려대 경제학과졸, 행정학박사(한양대) [경]1995~1998년 경기도의회 의원 1995년 서해안갯벌보존환경시민연대 대표 1995년 해양시민대학 학장 1996년 민주평통 안산시협의회장 1997~2000년 환경부 환경정책자문위원 1998년 (사)21세기여성정치연합 공동대표(현) 2000년 한국환경문제연구소 연구위원(현) 2000년 여성과지방자치연구소 이사장 2003년 한나라당 부대변인 2003년 同안산시단원구지구당 위원장 2004년 제17대 국회의원(비례대표, 한나라당) 2004년 국회 빈곤아이를 생각하는연구회 공동대표 2004년 한나라당 결식아동대책특별위원회 위원장 2005~2006년 同원내부대표 2006~2008년 同여성위원장 2008~2012년 제18대 국회의원(안산시 단원구乙, 한나라당·새누리당) 2008~2010년 한나라당 최고위원, (사)한국여성정치문화연구소 이사(현) 2010~2012년 국회 국토해양위원회 예산결산기금심사소위원장 2010년 한·이라크의원친선협회 회장 2012년 새누리당 안산시단원구乙당원협의회 운영위원장(현) 2012년 제19대 국회의원선거 출마(안산시 단원구乙, 새누리당) 2016년 제20대 국회의원(안산시 단원구乙, 새누리당)(현) 2016년 국회 예산결산특별위원회 위원(현) 2016년 국회 안전행정위원회 위원(현) 2016년 한국아동인구환경의원연맹(CPE) 회원(현) [상]대통령표창, 국정감사 우수국회의원(4년연속), 우수국회의원 11인 선정, 여성유권자가 뽑은 우수정치인 선정, 한나라당 선정 국정감사 우수의원(2년연속), 입법우수의원 선정, 국회 칭찬국회의원상, 대한민국 환경대상, 대한민국 청렴지도자상, 대한민국인물선정위원회 국정감사최우수상(2016) [저]'지방자치시대 삶의 질 향상과 여성의 정치참여' '경기도 여성의 복지현황과 발전방향의 모색' '지방자치와 여성정책' '여성정치와 정책비전'

박순재(朴淳宰) PARK Soon Jae

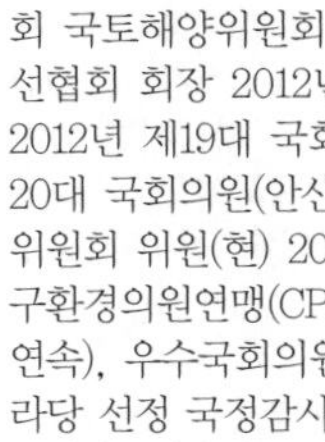

[생]1954·12·22 [출]전북 군산 [주]대전 유성구 유성대로1662 대전바이오벤처타운305호 (주)알테오젠(042-384-8772) [학]1973년 서울고졸 1980년 연세대 이과대학 생화학과졸 1985년 화학박사(미국 퍼듀대) [경]1986~1988년 미국 MIT 생물학과 연구원 1988~1991년 럭키바이오텍연구소 선임연구원 1992~1997년 LG화학 기술원 바이오텍연구소 책임연구원 1998년 同의약품사업부 개발담당 1999년 同의약품사업부 개발담당 상무보 2000년 제약협회 생물의약품전문위원회 회장 2000~2001년 同생물의약품연구회 회장 2000년 LG화학 생명과학사업본부 사업개발담당 상무 2001년 (주)LGCI 의약품사업부 사업개발담당 상무 2002년 LG생명과학 해외사업담당 상무 2003년 同임상개발담당 상무 2005~2006년 同사업개발담당 상무 2006년 (주)드림파마 상무 2009~2010년 (주)바이넥스 대표이사 2010~2011년 同부회장 2011년 (주)알테오젠 대표이사(현) [상]국무총리표창(1992), 장영실상(1993), 보건복지부장관표창(2004) [종]기독교

박순종(朴淳鍾) Park Soon Jong

[생]1958 [출]전북 남원 [주]전남 무안군 삼향읍 오룡길1 전라남도청 기획조정실(061-286-2100) [학]전주 우석고졸, 한국방송통신대 행정학과졸 [경]1987년 7급 공무원 합격 1997년 대통령직속 기획예산위원회 정부개혁실 행정개혁단 행정사무관 2003~2012년 서기관(중앙공무원교육원 인재양성팀장·행정안전부 정책기획관실 행정관리담당관·행정안전부 조직정책관실 사회조직과장) 2012~2015년 부이사관(세종연구소 국가전략연수과정 교육·국민대통합위원회 국민통합기획단 운영지원부장) 2015년 전남도 기획조정실장(고위공무원)(현)

박순천(朴淳天) PARK SOON-CHEON

[생]1958·11·27 [본]밀양(密陽) [출]울산 [주]서울 강서구 하늘길78 한국공항공사 영업본부(02-2660-2204) [학]학성고졸, 경남대 영어교육학과졸, 한국항공대 대학원 항공경영학과졸 [경]2006년 한국공항공사 전략기획본부 마케팅팀장 2009년 同홍보실장 2009년 同경영관리실장 2010년 同울산지사장 2014년 同부산지역본부장 2016년 同마케팅운영본부장(상임이사) 2016년 同영업본부장(상임이사)(현)

박순철(朴順哲) PARK Soon Chul

[생]1964·3·26 [출]강원 인제 [주]대구 수성구 동대구로364 대구고등검찰청(053-740-3300) [학]1983년 서울 남강고졸 1987년 서울대 법학과졸 1990년 同대학원 법학과졸(상법전공) 2010년 법학박사(금융법)(성균관대) [경]1990년 軍복무(석사 장교) 1992년 사법시험 합격(34회) 1995년 사법연수원 수료(24기) 1995년 부산지검 검사 1997년 춘천지검 원주지청 검사 1998년 서울지검 검사 2000년 청주지검 검사 2002년 법무부 법조인력정책과 검사 2004년 수원지검 검사 2005년 미국 듀크대 연수 2006년 수원지검 검사(대검찰청 검찰연구관 파견) 2007년 同부부장검사(대검찰청 검찰연구관 파견) 2007년 대검찰청 검찰연구관 2008년 서울중앙지검 금융조세조사1부 부부장검사 2009년 대구지검 서부지청 부부장검사(금융위원회 파견) 2010년 법무부 법조인력과장 2012년 서울중앙지검 특별수사제3부 부장검사 2013년 대검찰청 연구관 2013년 同형사정책단장 겸임 2014년 청주지검 부장검사 2015년 대구지검 제2차장검사 2016년 대구고검 검사(현) 2016년 국무조정실 파견(부패척결추진단 부단장)(현) [저]'미공개 중요정보 이용 행위의 이해'(2010, 박영사)

박순호(朴舜浩) PARK Soon Ho

[생]1946·9·1 [본]밀양(密陽) [출]경남 마산 [주]부산 금정구 무학송로158 (주)세정 회장실(051-510-5008) [학]1987년 동아대 경영대학원 수료 1991년 부산대 행정대학원 수료 1997년 서울대 경영대학원 최고경영자과정 수료 1998년 명예 경영학박사(동아대) 2004년 명예 경영학박사(부산외국어대) 2010년 부경대 경영대학원 최고경영자과정 수료 2012년 명예 경영학박사(서강대) [경]1991·1997~2012년 부산상공회의소 부회장(제14·16~20대) 1996년 세정그룹 회장(현) 1996년 (주)세정 대표이사 회장(현) 1996년 부산섬유패션산업연합회 명예회장(현) 1996년 부산섬유패션산업디자인협회 초대회장 1998~2013년 부산시배드민턴협회 회장 2000년 한국패션협회 이사 2003~2015년 대한요트협회 회장 2006년 駐韓멕시코 명예영사(현) 2008~2012년 부산메세나진흥원 초대 이사장 2011년 사회복지포럼 세정나눔재단 이사장(현) 2012년 동아비즈니스포럼 대표(현) 2012년 부산지법 민사조정위원회 부회장(현) 2013년 KBS 부산방송총국 시청자위원장 2014년 제17회 인천아시아경기대회 대한민국선수단장 2015년 부산시새마을회 회장(현) 2015년 대한체육회 이사(현) 2016년 부산섬유패션정책포럼 상임대표(현) [상]한국섬유공업상(1986), 재무부장관표창(1988), 내무부장관표창, 국무총리표창(1992), 부산시민산업대상(1997), 대통령표창(1999·2001·2011), 부산산업대상(2003), 대한경영학회 최고경영자대상(2003), 은탑산업훈장(2006), 한국참언론인대상(2008), 보건복지부장관표창(2011), 한국참언론인대상 공로상(2011), 나눔봉사대상 최고대상(2013), 금탑산업훈장(2014) [저]'열정을 깨우고 혼을 심어라'(2011, 매일경제신문) [종]천주교

박순환(朴順煥) Park Soon-Hwan

[생]1955·7·5 [본]밀양(密陽) [출]울산 [주]울산 중구 종가로345 한국산업인력공단 기획운영이사실(052-714-8003) [학]학성고졸, 춘해대학 사회복지학과졸 2004년 울산대 지역개발학과졸, 同일반대학원 행정학 석·박사 통합과정 수료 [경]울산시 남구의회 의원, 同부의장, 울산 옥현초 운영위원장, 울산시 남구체육회 경기분과 위원장, 울산시 중구자활센터장, 울산시시각장애인복지관 운영위원, 학성고총동문회 회장(제19대), 아프리카·아시아난민교육후원회 회원(현) 1995·2006·2010~2014년 울산시의회 의원(한나라당·새누리당) 2006~2010년 同내무위원장, 사회복지재단 '애리원' 운영위원(현), 울산시 남부도서관 운영위원(현), 울산양육원 운영위원(현), 울산시자원봉사센터 운영위원(현), 울산시민학교 자문위원(현) 2010~2012년 울산시의회 의장 2012년 同행정자치위원회 위원 2012~2016년 새누리당 울산시당 부위원장 2014년 울산시 남구청장 예비후보(새누리당) 2016년 한국산업인력공단 기획운영이사(현) 2016년 울산대동문회 자문위원(현) [종]기독교

박순희(朴順姬·女) PARK Sue-nie (지호)

[생]1954·5·23 [출]전남 목포 [주]강원 춘천시 소양강로 56 춘천바이오벤처프라자3층(033-817-4001) [학]1975년 서강대 생물학과졸 1979년 서울대 대학원 미생물학과졸 1987년 미생물학박사(미국 워싱턴주립대) [경]1982~1987년 미국 워싱턴주립대 조교 1987~1989년 한국과학기술원 Post-Doc. 1989년 한국과학기술연구원(KIST) 유전공학연구소 세포생물학실 선임연구원 1995년 同생명공학연구소 책임연구원, 대한여성과학기술인회 이사 1999년 생명공학연구소 제1연구부 바이러스종양RU실장, 식품의약품안전청 생물의약품평가부 바이러스제제과장 2003년 고려대 생명과학대학 겸임교수(현) 2004년 식품의약품안전청 혈액제제과장 2005년 同생물의약품본부 바이러스백신팀장, 국립독성과학원 유전독성팀장 2008년 同독성연구부 유전독성과장 2009년 식품의약품안전평가원 독성평가연구부 독성연구과장 2010년 同의료제품연구부 첨단바이오제품과장, 미국 세계인명사전 '마르퀴즈 후즈 후' 2011·2012년 판에 등재 2011년 서울지방식품의약품안전청 유해물질분석과장 2013년 경인지방식품의약품안전청 시험분석센터장 2013~2015년 (주)유바이오로직스 바이오의약품연구개발총괄연구소장(부사장) 2016년 同바이오의약품연구개발총괄연구소 위원(현) [상]한국생명공학연구원 우수연구실상(1988), 과학기술훈장 진보장, 고려대 생명공학원 최우수교수상(2005), 올해의 와이즈멘토(2006), 세계 3대 인명록 등재(2013), 보건복지부장관표창(2013) [저]'숨겨진 재능을 찾아내는 기쁨'(1979) '생명이란 무엇인가?(共)'(1980) 'The second translation of genetic codes(共)'(1990) '과학으로 맛있는 직업따라하기(共)'(1994) '생명공학의약품 표준시험서(共)'(2007) '국가독성연구 추진전략(共)'(2009)

박술녀(朴述女·女) PARK Sul Nyeo

[생]1958·3·1 [본]밀양(密陽) [출]충남 서천 [주]서울 강남구 학동로405 박술녀한복(02-511-0617) [학]2001년 단국대 사회교육원 석주선박물관 전통복식과정 5기 수료 2003년 同석주선박물관 전통복식과정 8기 수료 [경]박술녀한복 대표(현) 1995년 힐튼호텔 웨딩쇼 참가 1995~1996년 경향신문 추계해피웨딩쇼 참가·마이웨딩 결혼박람회 참가 1995~1999년 한국결혼상품전 참가 1996년 MBC아카데미 한복쇼 참가 1997년 미스유니버시티 의상협찬 1998년 미스코리아 의상협찬 1998년 한복디너쇼 참가 1999년 MBC프로덕션 한복쇼 참가 1999년 마이웨딩 결혼명품박람회 참가 1999년 현대기획주최 신혼명품구매전 참가 1999년 미스코리아 의상협찬 1999년 예지원 한복패션쇼 참가 2000년 춘향선발대회 한복협찬 2000년 동아TV주최 한복패션쇼 2000년 제3차 아시아유럽정상회담 한복협찬 2001년 MBC '온달왕자들' 한복협찬 2001년 2002 대한민국한복대전 한복패션쇼 2002년 아시아태평양영화제 한복패션쇼 참가 2002년 KBS '장희빈' 장신구협찬 2003년 세계암학회 한복패션쇼 참가 2004년 브랜드대상 한복패션쇼 참가 2006년 스와로브스키패션쇼 참가 2006년 대한민국궁중음식축제패션쇼 참가 2006년 단독패션쇼 '박술녀 한복인생 23년' 개최 2007년 현대백화점 패션쇼 참가 2008년 '고객, 명사 그리고 박술녀의 한복 사랑나눔 패션쇼' 개최 2009년 '박술녀의 명품한복과 함께하는 사랑나눔 패션쇼' 개최 2009년 Parade of Nations 패션쇼 참가 2009년 한국해비타트 '사랑의 집짓기 건축기금마련 패션쇼' 참가 2010년 박술녀한복 '명성황후' 패션쇼 개최 2010년 한국해비타트 '사랑의집짓기 건축기금마련 패션쇼' 참가 2010년 한국아랍에미리트수교 20주년기념 '한국문화의 밤' 한복쇼 2010년 SIBAC 서울국제경제자문단총회 시장 및 CEO 한복협찬 2010년 제23회 미스유니버시티세계대회 후보 한복쇼 2010~2015년 에어프랑스 기내통역원 한복 협찬 2011년 한복사랑 한경사랑 박술녀 한복쇼 2012년 한국잡월드 홍보대사 2012년 The MBC Korea culture festival in London 한복쇼 2012년 제43차 세계지식재산권 협의회의 패션쇼 2012년 49회 대종상영화제 협찬 2013년 해비타트 '사랑의집짓기 건축기금마련 패션쇼' 참가 2013년 제35차 세계주문양복연맹총회(WFMT) 패션쇼 참가 2013년 위키코리아 투어 14개국 외국인 한복체험 2013년 WTTC 세계여행관광협회 패션쇼 참가 2013년 더 라움 웨딩페어 한복패션쇼 2014년 하버드 대학생 Korea trek 한국방문 한복체험행사 2015년 IDB(미주개발은행)-IIC(미주투자공사)연차총회 한복패션쇼 2015년 미국 코넬대 대학원생 한국방문 한복체험행사 [상]예지원 공로상(1999), 한국방송공사 공로상(1999), 내외환경뉴스 주관 환경문화대상(2003), 녹원회 감사패(2003), 여성신문사 주관 예비신부·신혼주부가 뽑은 럭셔리웨딩브랜드 한복부문 대상(2004), (주)연예일보사 감사패(2004), 우먼타임즈 주관 제5회 여성소비자가 뽑은 최고명품대상 한복부문 특별상(2005), 여성신문사 주관 베스트기업 대상(2006), 여성지 'Queen' 주관 올해의 여성CEO 대상(2008), 이노베이션 기업브랜드 한복연구가부문(2008) 헤럴드경제 대한민국 혁신기업 대상(2008), 대한적십자사 감사패(2009), (주)동아TV KOREA LIFESTYLE AWARDS 올해의 한복문화예술 공로상(2011), 여성소비자신문 여성소비자가 뽑는 참 좋은 브랜드 대상 특별상(2012), 대한민국 명가명품대상 한복부문대상(2014), 대한민국 한류대상 한복부분수상(2014), 대한민국창조경영대상 한복부분수상(2014), 대한민국 문화경영 대상 한복브랜드부분 수상(2015), 대한민국 창조경영대상 한복명인부문 수상(2015), 2016년 대한민국 창조경영대상 한복부분 수상(2016) [종]천주교

박숭걸(朴崇杰) PARK, SOONG-KEOL (致榮)

[생]1957·3·3 [본]밀양(密陽) [출]울산 [주]서울 강남구 테헤란로418 다봉타워2층 신한저축은행 임원실(031-737-3230) [학]1975년 부산상고졸 1979년 동아대 경영학과졸 1992년 고려대 대학원 경영학과졸 [경]1987년 신한은행 입행 1989년 同인사부 부부장 1994년 同중소기업부 심사역(부부장) 1994년 同오사카지점 부지점장 1998년 同공릉동지점장 2000년 同압구정동지점장 2003년 同문정동지점장 2004년 同가락동지점장 2006년 同오금동지점장 2006년 同롯데월드지점장 2007년 同동부법원지점장 2010년 同부산경남영업본부장 2011년 同남부영업본부장 2012년 同강남1본부장 2013년 同중부본부장 겸 대표본부장 2013년 신한저축은행 부사장(현) [종]불교

박승국(朴承國) PARK Soong Kook (栢嶺·渴葉)

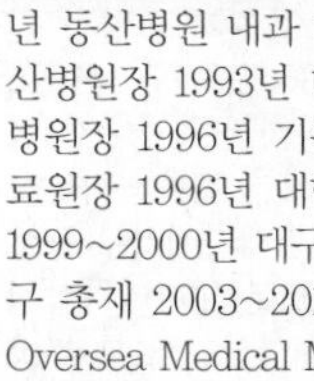

[생]1938·8·9 [본]울산(蔚山) [출]평남 평양 [주]대구 동구 파계로6길16 이시아요양병원 원장실(053-983-7700) [학]1957년 대구공고졸 1963년 경북대 의과대학졸 [경]1963년 육군 군의관 1968~1974년 미국에서 인턴·내과(소화기학·임상의학) 수련 1974년 대구 동산병원 내과 과장 1977~1978년 Mariana medical center(Guam 소재) 내과 자문의 1978년 서울백병원 내과 과장 1978년 동산병원 내과 과장 1980~2003년 계명대 의과대학 교수 1990년 同동산병원장 1993년 대한소화관운동학회 창립회장 1994년 계명대 경주동산병원장 1996년 기독병원협회 회장 1996년 계명대 의무부총장 겸 동산의료원장 1996년 대한소화기내시경학회 회장 1996년 계명대 동산의료원장 1999~2000년 대구YMCA 이사장 2001~2002년 국제와이즈멘 한국동부지구 총재 2003~2012년 안동성소병원 원장 2009~2012년 KOMMS(Korea Oversea Medical Missionary Society) 이사장 2011년 안동성소병원 의료원장 2012년 이시아요양병원 원장(현) [종]기독교

박승국(朴承國) PARK Sung Kook (국이)

[생]1940·4·1 [본]영해(寧海) [출]대구 [주]서울 영등포구 의사당대로1 대한민국헌정회(02-757-6612) [학]1960년 울진종합고졸 1964년 경북대 사범대학졸 1971년 영남대 대학원 경영학과졸 [경]국제라이온스클럽 309-D대구지구 총재 1984년 신민당 대구東北지구당 위원장, 통일민주당 대구北지구당 위원장, 대구시의회 부의장 1985년 지역사회문제연구소 소장 1998년 제15대 국회의원(대구 북구甲, 한나라당) 2000~2004년 제16대 국회의원(대구 북구甲, 한나라당) 2001~2002년 한나라당 원내수석부총무 2003년 同제1사무부총장 2005~2007·2012년 대한민국헌정회 대구지부장(현) 2008년 자유선진당 최고위원 2009~2010년 대한민국헌정회 이사 [상]국민훈장 목련장(1979) [저]'바른 소리'(1975) '권력은 청렴에서 나온다'(2012) [종]천주교

박승국(朴勝國) Park Seung Kook

[생]1963·1·17 [출]인천 [주]서울 송파구 오금로58 잠실 아이스페이스6층 한올바이오파마 임원실(02-2204-1903) [학]1981년 부평고졸 1985년 서울대 농화학과졸 1985년 한국과학기술원 대학원 분자생물학과졸 1991년 이학박사(한국과학기술원) 2009년 한국과학기술원 대학원 경영학과졸(MBA) [경]1991~1992년 생명공학연구원(KRIBB) Post-Doc. 1992~1997년 대웅제약 생명공학연구소 책임연구원 1997~2002년 同생명공학연구소 팀장 1998년 일본 다

ㅂ

께다약품 바이오기술연구소 위촉연구원 2000~2001년 한국생물공학회 이사 2000~2006년 (주)펩트론 사외이사 2002~2007년 대웅제약 생명공학연구소장 2007~2013년 한올바이오파마 바이오연구소장 2009~2015년 한국제약협회 바이오의약품위원회 위원 2010~2014년 KOREA바이오경제포럼 의약바이오분과 위원 2011년 지식경제부 산업융합원천기술개발사업기획위원회 위원장 2013~2015년 미래창조과학부 생명공학종합정책심의회 위원 2013년 한올바이오파마 연구개발·생산부문 대표이사 2015년 同공동대표이사(현) [상]특허기술 충무공상(1996), Bio Industry Award 대상(2001), 대한민국신약개발상 우수상(2003), 보건산업진흥원 보건의료기술상(2005), 대한민국 기술대상 우수상(2010), 보건복지부장관표창(2014)

박승권(朴勝權) PARK Seung Gwon

[생]1961·2·25 [출]서울 [주]전북 완주군 봉동읍 완주산단5로97의46 일진복합소재(주) 비서실(063-263-1700) [학]1978년 중경고졸 1982년 서울대 경제학과졸 1984년 同대학원졸 1989년 미국 캘리포니아대 로스앤젤레스교 대학원졸(MBA) [경]1982년 (주)일진 입사 1990년 同기획조정실 기획조사팀장 1992년 同신규사업추진팀장 1993년 同국제사업팀장 1995년 同사업기획단 부장 1996년 同기획조정실 총괄이사 1999년 同미국지사장 2001년 同경영기획실 상무이사 2002년 일진다이아몬드(주) 디스플레이사업본부장 2004년 일진디스플레이(주) LCD사업총괄 상무 2005년 同대표이사 상무 2008년 일진다이아몬드(주) 경영지원실장(전무) 2009년 일진그룹 경영기획실장(전무) 2010년 同경영기획실장(부사장) 2013년 同경영기획실장(사장) 2014년 일진복합소재(주) 대표이사(현) [종]기독교

박승규(朴昇圭) PARK Seung Kyu

[생]1943·9·23 [출]충북 [주]경기 성남시 분당구 구미로173번길59 한국장애인고용공단(031-728-7070) [학]용산고졸, 연세대 국문학과졸 [경]1994~1996년 한국장애인정보화추진협회 초대 회장 1996~2002년 한국장애인고용촉진공단 고용촉진이사, 同직업재활센터소장 1996~2002년 고용노동부 장애인고용촉진위원회 위원 1997~1998년 한국직업재활학회 이사 2004~2014년 한국장애인고용안정협회 회장·부회장·상임이사 2005~2008년 서울시립북부장애인종합복지관 관장 2011년 2011서울국제장애인기능올림픽대회 한국선수단장 2013~2014년 한국지체장애인협회 이사 2014년 한국장애인고용공단 이사장(현) [상]석탑산업훈장(2000), 국민포장(2008), 대통령표창(2012)

박승규(朴勝圭) PARK Seung Kyu

[생]1957·1·4 [본]밀양(密陽) [출]서울 [주]경기 고양시 일산동구 호수로596 MBC아트(031-936-0000) [학]1975년 숭실고졸 1982년 한양대 연극영화학과졸 [경]1981년 MBC 보도국 입사(영상취재기자) 1988년 同올림픽특집국 특집영상부 근무 1989년 同보도국 취재카메라부 근무 1994년 同취재카메라부 차장대우 1995년 同파리특파원 1998년 同영상취재1부 차장 2001년 同영상취재1부 부장대우 2003년 同보도제작국 시사영상부장 2003년 同시사영상부 위원 2005년 同보도국 영상담당 부국장 2006년 同영상팀 보도영상전문기자 2010년 同사회공헌실 국장 2012년 同특보 2013년 同특임국장 2014년 MBC아트 이사(현) [상]한국TV카메라기자대상 파나소닉상(2004), 보건복지부장관표창(2011) [작]불탄일 특집 일인제작 '대.자.유.인.- 한국의 비구니'(2004) [종]불교

박승규(朴承圭) PARK Seung Kyu

[생]1963·1·16 [본]밀양(密陽) [출]경남 거창 [주]전남 고흥군 도양읍 소록해안길65 국립소록도병원 외과(061-840-0649) [학]1986년 부산대 의대졸 1990년 同대학원졸 1997년 의학박사(부산대) [경]1991년 국립마산결핵병원 공중보건의 1994년 同흉부외과 사무관 1997년 同흉부외과 과장 1999년 세계보건기구 결핵분과 Medical Officer 2003년 미국 국립보건원 결핵연구실 Advisory Fellowship 2005년 국제결핵연구센터 소장 2006~2011년 국립마산병원 원장 2011년 국립소록도병원 외과 과장(현) [종]기독교

박승규(朴承圭)

[생]1969·2·22 [출]충북 청원 [주]대전 서구 청사로189 관세청 규제개혁법무담당관실(042-481-7680) [학]1987년 청주 신흥고졸 1993년 연세대 상경대학 경영학과졸 1995년 同법과대학 법학과졸 2006년 미국 보스턴대 School of Law 국금융법학과졸 [경]1991년 공인회계사시험 합격(26회) 1992~1993년 세동회계법인 공인회계사 1997~1998년 삼일회계법인 공인회계사 1997년 사법시험 합격(39회) 2000년 사법연수원 수료(29기) 2000~2008년 법무법인 광장 변호사 2007년 미국 뉴욕주 변호사자격 취득 2008~2009년 정부법무공단 조세금융팀 변호사 2009년 법무법인(유) 대륙아주 변호사 2016년 관세청 규제개혁법무담당관(현)

박승기(朴勝基)

[생]1963·6·3 [주]세종특별자치시 다솜2로94 동서남해안및내륙권발전기획단(044-201-4544) [학]1982년 인천고졸 1988년 연세대 건축학과졸 2004년 토목공학박사(미국 퍼듀대) [경]2007년 건설교통부 도시정책팀 기술서기관 2008년 국토해양부 국가건축정책기획단 기술서기관 2010년 同국토정책국 건축문화경관팀장 2011년 同주택토지실 주택정비과장 2013년 국토교통부 국토도시실 도시재생과장 2015년 同국토도시실 도시재생과장(부이사관) 2016년 同동서남해안및내륙권발전기획단 기획관(현)

박승남(朴承男) SEUNG NAM PARK

[생]1961·1·15 [주]대전 유성구 가정로267 한국표준과학연구원 성과확산부(042-868-5010) [학]1983년 전남대 물리학과졸 1985년 한국과학기술원(KAIST) 물리학과졸(석사) [경]1985~1989년 한국표준과학연구원 연구원 1989년 同선임연구원 2006년 同기반표준부장 2008년 同기반표준본부장, 同책임연구원 2011년 同기반표준본부장 2014년 同성과확산부장(현) 2016년 국제조명위원회(CIE) 한국위원장(현)

박승대(朴勝大) PARK Seung Dae

[생]1970·12·20 [출]서울 [주]서울 양천구 신월로390 서울남부지방검찰청 형사5부(02-3219-4313) [학]1989년 상문고졸 1997년 고려대 법학과졸 [경]1998년 사법시험 합격(40회) 2001년 사법연수원 수료(30기) 2001~2002년 변호사 개업 2002년 서울지검 의정부지청 검사 2004년 춘천지검 영월지청 검사 2005년 부산지검 검사 2007년 서울남부지검 검사 2010년 수원지검 안양지청 검사 2015년 서울중앙지검 부부장검사 2016년 서울남부지검 형사5부장(현)

박승덕(朴勝德) PARK Seung Duk

[생]1933·7·12 [본]반남(潘南) [출]경기 광주 [주]서울 강남구 테헤란로7길22 과학기술회관 신관1006호 (사)과우회(02-566-3246) [학]1952년 휘문고졸 1956년 육군사관학교졸 1964년 서울대 대학원졸 1971년 공학박사(캐나다 오타와대) [경]1959~1975년 육군사관학교 전임강사·조교수·부교수 1975~1980년 同교수 1975년 한국과학원 대우교수 1980~1983년 한국기계연구소 소장 1982년 공기조화냉동공학회 회장 1982년 창원기술인회 회장 1983년 과학기술처 기계연구조정관 1985년 同연구개발조정실장 1988년 同기술정책실장 1991년 한국표준과학연구원 원장 1991년 측정기기교정협회 회장 1991년 대덕연구단지기관장협의회 회장 1993년 러시아 계량학술원 회원 1994~1999년 한국표준과학연구원 연구위원 1994년 한국과학기술한림원 정회원(현) 1996년 기술경영경제학회 회장 1997년 (사)과학문화진흥회 부회장 1999~2011년 한국표준과학연구원 명예연구원 2000년 과학기술부 기관평가위원회 위원장 2002년 한국과학기술단체총연합회 부회장 2003년 한국과학기술한림원 원로회원 2005~2007년 (사)과학문화진흥회 이사 2006년 한국기술경영연구원 원장 2006~2012년 (사)과우회 회장 2012년 同명예회장(현) [상]기계학회 학술상, 보국훈장 삼일장, 홍조근정훈장, 과학기술훈장 창조장, 화랑무공훈장, 한국공학한림원 대상(2006) [저]'기계공학일반' '流체역학' '流체역학총정리' '과학자를 아끼는 나라' '과학기술로 승부를' [종]불교

박승문(朴勝文) PARK Seung Moon

[생]1959·4·24 [본]반남(潘南) [출]서울 [주]서울 강남구 테헤란로131 한국지식재산센터10층 법무법인 다래(02-3475-7800) [학]1977년 중앙고졸 1982년 서울대 법학과졸, 연세대 특허법무대학원 고위자과정 수료, 서울대 공대 최고산업전략과정 수료 [경]1981년 사법시험 합격(23회) 1983년 사법연수원 수료(13기) 1983년 軍법무관 1986년 인천지법 판사 1988년 서울가정법원 판사 1990년 서울민사지법 판사 1991년 대전지법 홍성지원 판사 1993년 서울지법 북부지원 판사 1994년 서울고법 판사 1996년 서울지법 판사 1998년 특허법원 판사 1999년 법무법인 다래 대표변호사(현) 2004~2012년 서울시 중랑구 자문변호사 2008년 사행산업통합감독위원회 자문위원 2009년 기술보증기금 비상임이사, (사)사랑의달팽이 감사(현), 아태감염재단 이사(현) [종]가톨릭

박승배(朴勝培) PARK SEUNG BAE

[생]1968·4·1 [본]밀양(密陽) [출]서울 [주]서울 중구 을지로76 유안타증권 홍보실(02-3770-3652) [학]1986년 대광고졸 1994년 한양대 경영학과졸 [경]1993년 동양증권 지점위탁영업 2006년 同자금팀장 2013년 同재무전략팀장 2014년 유안타증권 홍보실장(현)

박승빈(朴勝彬) PARK Seung Bin

[생]1954·9·10 [본]밀양(密陽) [출]서울 [주]대전 유성구 대학로291 한국과학기술원 생명화학공학과(042-350-3928) [학]1973년 경복고졸 1977년 서울대 화학공학과졸 1978년 한국과학기술원졸(석사) 1988년 이학박사(미국 퍼듀대) [경]1979~1981년 한국과학기술연구소 연구원 1989년 한국과학기술원(KAIST) 생명화학공학과 교수(현) 1997년 미국 퍼듀대 방문연구원 2005~2008년 한국입자에어로졸학회 부회장·회장 2006년 한국과학기술원 생명화학공학과장 2010~2014년 同공과대학장 2011~2012년 한국화학공학회 학술부회장 2013년 한국공학한림원 정회원(현) 2014년 한국과학기술원(KAIST) 대외부총장(현) [상]한국과학기술원 학술상(2000), 캠퍼스특허전략유니버시아드대회 지도교수상(2008·2010), 교육과학기술부장관표창(2009) [종]기독교

박승언(朴昇彦) Seung-eon, Park

[생]1956·2·7 [본]밀양(密陽) [출]서울 [주]서울 종로구 인사동7길12 백상빌딩11층 (주)카프로(02-399-1200) [학]1974년 서울고졸 1978년 서울대 공업화학과졸 [경]1978년 (주)현대양행 석유화학부 근무 1980년 (주)현대건설 해외플랜트사업본부 근무 1994년 (주)삼성엔지니어링 부장 1997년 (주)효성 이사 2001년 (주)카프로 상무이사 2004년 同전무이사 2008년 同생산본부장(전무이사) 2010년 同기획기술본부장(전무이사) 2013년 同생산본부장(부사장) 2014년 同대표이사 사장(현)

박승엽(朴勝燁) PARK Seung Yup

[생]1926·4·15 [본]밀양(密陽) [출]서울 [주]경북 김천시 백옥길2 한영전자 임원실(054-432-3791) [학]1944년 조선전기공고졸 1950년 서울대 공대졸 [경]1962년 상공부 표준국장 1966년 한국정밀기기센터 소장 1970년 한국품질관리학회 회장 1971년 한국과학기술단체총연합회 사무총장 1973년 한영전자 사장 1988년 同회장 1991년 서울국제사이언스클럽 부회장 2011년 한영전자 명예회장(현) [상]국민포장, 대통령표창 [저]'한국공업표준화' [종]기독교

박승영(朴升永)

[생]1958·4·28 [출]충북 제천 [주]충북 청주시 상당구 가덕면 은행상야로425 충북도 자치연수원(043-220-5411) [학]1977년 제천고졸 1991년 한국방송통신대 행정학과졸 2011년 한국개발연구원(KDI) 국제정책대학원졸 [경]1984~2008년 행정자치부 근무 2008년 충북도 경제통상국 기업지원과장 2009년 한국개발연구원(KDI) 교육파견 2011년 충북도 정책관리실 성과관리담당관 2011년 영동군 부군수 2012년 충북도 생활경제과장 2013년 同혁신도시관리본부장 2014년 지방행정연수원 교육파견 2015년 충북도 혁신도시관리본부장 2016년 同자치연수원장(현)

박승오(朴昇吾) PARK Seung O

[생]1951·5·5 [본]무안(務安) [출]전남 영암 [주]대전 유성구 대학로291 한국과학기술원 항공우주공학전공교실(042-350-3713) [학]1969년 광주고졸 1973년 서울대 항공공학과졸 1978년 미국 아이오와주립대 대학원 항공공학과졸 1981년 항공공학박사(미국 아이오와주립대) [경]1974년 국방과학연구소 과학기술장교 1982년 미국 데이턴대 연구원 1983년 한국과학기술원 항공우주공학전공 교수(현) 1988년 미국 아이오와주립대 항공우주공학과 객원교수 1996년 한국과학기술원 학생처장 2006~2008년 규제개혁위원회 위원 2006년 한국과학기술원 항공우주공학전공 책임교수 2006년 同교육혁신본부장 2008~2010년 同공과대학장 2012년 새누리당 공직자추천위원회 위원 2013년 한국공학한림원 정회원(현) 2014년 한국과학기술원 인공위성연구센터 소장(현) [상]미국 아이오와주립대 Professional Progress Award College of Engineering(1994), 한국과학기술단체총연합회 우수논문상(1995), 군사과학기술학회 우수논문상(2007), 항공우주학회 학술상(2008), 과학기술포장(2010), KAI-KSAS 항공우주공로상(2012) [종]천주교

박승우(朴承禹) PARK Seung Woo

[생]1949·12·22 [본]밀양(密陽) [출]전남 순천 [주]강원 평창군 대화면 평창대로1447 서울대학교 그린바이오과학기술원103동406호(033-339-5801) [학]1967년 순천고졸 1971년 서울대 농공학과졸 1975년 同대학원졸 1981년 공학박사(미국 일리노이대) [경]1984~2015년 서울대 농업생명과학대학 조경지역시스템공학부 교수 1999년 국토해양부 중앙하천심의위원회 위원 2000년 환경부 비점오염원최적관리계획기술자문단 위원 2001~2003년 국무조정실 물관리정책민간위원회 위원 2001~2007년 同새만금환경대책실무위원회 위원 2005~2006년 과학기술부 연구개발평가소위원회 위원 2006~2007년 서울지방국토관리청 안성천유역하천관리협의회 위원 2007~2009년 농림부 새만금배수갑문개폐위원회 위원 2007~2010년 (사)한국하천협회 자문위원 2007~2009년 국무총리실 새만금환경대책위원회 위원 2009년 국무총리소속 새만금위원회 위원 2010년 한국농어촌공사 기술심의위원회 대외위원 2013년 국무총리소속 새만금위원회 환경분과위원장 2015년 서울대 명예교수(현) 2015년 同그린바이오과학기술연구원 책임연구원(현) 2015년 대한민국학술원 회원(농공학·현) [상]한국농공학회 학술상(1993), 한국수자원학회 학술상(1997), 농업기반대상(2003), 홍조근정훈장(2004), 상록연구대상(2009) [종]기독교

박승우(朴勝優) PARK Seung Woo

[생]1959·12·28 [본]밀양(密陽) [출]대구 [주]경북 경산시 대학로280 영남대학교 문과대학 사회학과(053-810-2256) [학]1983년 성균관대 행정학과졸 1985년 필리핀 라살대(De La Salle University) 대학원졸 1991년 사회학박사(미국 조지아대) [경]1992~2003년 영남대 사회학과 전임강사·조교수·부교수 2001년 同사회학과장 2003년 同사회학과 교수(현) 2005년 한국동남아학회 부회장 2006~2007년 영남대 영남아메리칸센터 소장 2008년 포스코청암재단 포스코아시아지역전문가(시니어펠로) 2009~2013년 영남대 다문화교육연구원 초대원장 2011~2013년 한국동남아학회 회장 2013년 영남대 박정희새마을대학원장(현) 2013년 同국제개발협력원 기획조정실장(현) 2013년 同국제선도사업단장(현) 2015년 광복70년기념사업추진위원회 위원 [상]국무총리표창(2012) [저]'동남아의 경제성장과 발전전략'(2004) '한국기업의 현지화 경영과 문화적 응'(2005) '동남아의 구조조정과 개혁의 정치경제'(2005) '동아시아 공동체와 한국의 미래'(2008) '복합적 갈등속의 아시아민주주의'(2008) '동남아의 선거와 정치사회적 변화'(2008) 'States of Democracy'(2008) '아시아 민주화와 사회경제적 불평등의 동학'(2009) 'Korea's Changing Roles in Southeast Asia'(2010) '동남아의 초국가적 이슈와 지역 거버넌스'(2010) '아시아 정치변동과 사회운동의 변화'(2010) 'From Unity to Multiplicities'(2012) [종]가톨릭

박승운(朴承芸) Park Seung Woon

[생]1958·8·12 [본]밀양(密陽) [출]서울 [주]경기 이천시 마장면 덕이로180의31 (주)빅텍 임원실(070-7162-3802) [학]1977년 성동기계공고졸 1997년 한양대 산업경영대학원 최고경영자과정 수료 2006년 군장대학 전자공학과졸 2009년 국제디지털대 컴퓨터교육학과졸 2013년 동양대 정보대학원 국방기술학과졸 [경]1977~1990년 금성전기(주) 연구원 1990~1996년 빅텍파워시스템 대표 1996~2008년 (주)빅텍 대표이사 사장 2008년 同대표이사 회장 2011년 同각자대표이사 회장(현) [상]대통령표창(2015)

박승원(朴陞原) PARK Seung Won

[생]1965·2·22 [본]밀양(密陽) [출]충남 예산 [주]경기 수원시 팔달구 효원로1 경기도의회(031-8008-7000) [학]1994년 한양대 인문과학대학 국어국문학과졸 [경]경기 광명시의회 의원, 대통령자문 국가균형발전위원회 위원, 백재현 광명시장 비서실장, 광명시평생학습원 사무국장, 광명지역정책연구소 소장, KTX광명역정상화를위한범국민대책위원회 집행위원, 민주통합당 경기도당 대변인, 민주당 광명乙학교무상급식추진위원회 부위원장 2010년 경기도의회 의원(민주당·민주통합당·민주당·새정치민주연합) 2010~2012년 同기획위원회 위원 2012년 同도시환경위원회 위원, 同남북교류추진특별위원회 간사, 同평택항발전특별위원회 간사 2013년 同운영위원회 간사, 同도시환경위원회 위원 2014년 同새정치민주연합 수석부대표 2012년 경기도의회 의원(새정치민주연합·더불어민주당)(현) 2014년 同예산결산특별위원회 위원 2014~2016년 同교육위원회 위원 2015년 새정치민주연합 자치분권민주지도자협의회 경기도 공동대표 2016년 더불어민주당 자치분권민주지도자협의회 경기도 공동대표(현) 2016년 경기도의회 더불어민주당 대표의원(현) 2016년 더불어민주당 자치분권민주지도자회의 전국공동대표(현) 2016년 경기도의회 운영위원회 위원(현) 2016년 同농정해양위원회 위원(현) 2016년 同노동자인권보호특별위원회 위원(현) [종]천주교

ㅂ

박승익(朴承翼) PARK Seung Ik

⊗1956·5·6 ⊚울산(蔚山) ⊚서울 ㈜대전 동구 동대전로171 우송대학교 건축공학과(042-630-6720) ⊚1979년 고려대 기계공학과졸 1990년 건국대 대학원 건축공학과졸 2000년 건축공학박사(충북대) ⊚1981~1989년 삼신설계㈜ 근무 1989년 중경공업전문대학 건축설비과 조교수 1996년 우송대 건축학부 교수, 同기획연구처장·대학원장·부총장 2007년 우송공업대학 부학장 2008년 우송정보대학 학장 2009~2012년 同총장 2013년 우송대 건축공학과 교수(현) 2014년 同교양교육원장(현) ⊛스승의날 표창(2001) ⊚'건축설비설계제도'(1996) ⊚기독교

박승재(朴承載) PAK Seung Jae

⊗1936·11·3 ⊚밀양(密陽) ⊚경기 ㈜경기 안산시 단원구 초지1로78 1021동601호 과학문화교육연구소(031-403-0537) ⊚1959년 서울대 물리교육과졸, 미국 오레건대 대학원졸 1967년 미국 햄프턴대 대학원 과학교육학과졸 1979년 과학교육학박사(미국 콜로라도대) ⊚서울대 물리교육과 교수 2002년 同명예교수(현) 2002년 과학문화교육연구소 소장(현) 2007년 대구대 과학교육학부 석좌교수(현) 2011년 한국과학교육학회 특수과학교육분과 회장 ⊛황조근정훈장 ⊚'과학론과 과학교육' '학습론과 과학교육' '과학교육연구' '특수학생의 과학교육' ⊚'가모우' '중력' '현대과학신서' '전파과학사' ⊚천주교

박승정(朴勝珽) PARK Seung Jung

⊗1954·4·28 ⊚서울 ㈜서울 송파구 올림픽로43길88 서울아산병원 심장내과(02-2224-4818) ⊚1979년 연세대 의대졸 1991년 한양대 대학원졸 1993년 의학박사(고려대) ⊚1979~1983년 연세대 세브란스병원 내과 인턴·전공의 1986~1989년 同세브란스병원 심혈관센터 심장내과 전임의 1989~1992년 울산대 의대 조교수 1992~1993년 미국 베일러대 연구조교수 1993년 울산대 의대 심장내과 조교수·부교수·교수(현) 1996~2002년 서울아산병원 심장내과장 2002년 (재)심장혈관연구재단 이사장(현) 2004년 대한순환기학회 중재시술연구회 회장 2004~2013년 서울아산병원 허혈성심장질환임상연구센터 소장 2008~2009년 同심장병센터 소장 2009~2015년 同심장병원장 2014년 JACC(미국심장학회지) 부편집장(현) 2014년 EHJ(유럽심장학회지) 국제편집위원(현) ⊛유럽의 대표적 심장혈관중재시술 학계 최고 영예상인 '에티카어워드' 수상, 미국 관상동맥중재시술(TCT)학회 최고업적상(2008), 제9회 유일한상(2011), 아산의학상(2011), 대한민국 최고과학기술인상(2011) ⊚'심장병 119'(2003) '심장병 예방과 치료'(2009)

박승주(朴昇柱) PARK Seung Joo (명구)

⊗1952·1·25 ⊚밀양(密陽) ⊚전남 영광 ㈜서울 강남구 삼성로104길17 대모빌딩 (사)한국시민자원봉사회(02-2663-4163) ⊚1971년 광주고졸 1976년 서울대 경영학과졸 1981년 한국과학기술원(KAIST) 산업공학 석사, 행정학박사(동국대) ⊚행정고시 합격(21회) 1991년 대통령비서실 행정관 1995년 내무부 자치제도과장 1995~2014년 한국시민자원봉사회 집행부회장, 한국청소년봉사단연맹 이사장 1997년 국가전문행정연수원 기획부장 1998년 국방대학원 입교 1999년 행정자치부 제2건국운동지원팀장 2002년 同월드컵지원국장 2002년 同2002월드컵 '오~필승 코리아' 기획자(국장) 2002년 同지방재정경제국장 2003년 정부혁신지방분권위원회 기획운영실장 2003년 대통령자문 정책기획위원 2005년 중앙인사위원회 소청심사위원 2007~2008년 여성가족부 차관, 동국대 행정대학원 겸임교수 2009년 행정안전부 지방재정분야 정책자문위원 2011~2012년 지방행정체제개편추진위원회 구역분과위원장 2011~2014년 광주발전연구원 원장 2011~2012년 2012여수엑스포조직위원회 자원봉사자문위원장 2012년 대통령소속 사회통합위원회 부위원장 2013~2014년 안전행정부 지방재정분야 정책자문위원 2014년 행정자치부 지방재정분야 정책자문위원 2014년 (사)한국시민자원봉사회 세종로국정포럼 이사장(현) ⊛녹조근정훈장, 홍조근정훈장, 국민훈장 동백장(2013) ⊚'마지막 남은 개혁' '지방자치의원보감' '사랑은 위함이다'(2013, 운주사)

박승주(朴承柱) Park seung-ju

⊗1966·12·27 ⊚밀양(密陽) ⊚전북 정읍 ㈜경기 김포시 감암로111 김포소방서 서장실(031-980-4120) ⊚전북대 법학과졸 ⊚1997년 소방공무원 임용(소방간부 9기) 1997년 부천소방서 원종파출소장 1999년 경기도소방재난본부 방호과 근무 2004년 경기도소방학교 교수운영과 평가담당 2007년 의왕소방서 대응구조과장 2009년 경기도소방재난본부 방호담당 2013년 同재난안전팀장 2014년 경기도소방학교 교수운영과장 2015년 김포소방서장(현) ⊛행정자치부장관표창(2005), 대통령표창(2011)

박승준(朴承濬)

⊗1958 ⊚서울 ㈜서울 강남구 연주로711 건설공제조합 이사장실(02-3449-8601) ⊚건국대 법학과졸, 단국대 대학원 건축학과 수료 ⊚㈜사조마을 대표이사, 사조G&B㈜ 레저부문 총괄대표, 비엘에셋 근무, 로드랜드컨트리클럽 대표이사 겸 법정관리인, 골든키자산운용㈜ 부회장, GMI런칭콜 기업회생부문 대표, ㈜포레스트 개발 대표이사 2015년 건설공제조합 이사장(현)

박승준(朴勝畯) PARK Seung Jun

⊗1967·5·9 ⊚서울 ㈜인천 남구 염전로91 ㈜이건산업 임원실(032-760-0038) ⊚경복고졸, 연세대 체육교육과졸 ⊚이건산업㈜ 입사·합판영업2팀장, Eagon Forest Prod. Inc.(이건미국법인) 법인장, ㈜이건창호시스템 이사, ㈜이건리빙 상무이사 2003~2008년 同대표이사 사장 2005년 ㈜이건인테리어 대표이사 사장 2008년 ㈜이건환경 대표이사, 同이사 2009년 ㈜이건창호 부사장 2010~2011년 同대표이사 사장 2011년 ㈜이건환경 대표이사 사장 2013년 ㈜이건산업 대표이사 사장(현) ⊚기독교

박승철(朴承哲) PARK Seung Chul

⊗1950·2·5 ⊚순천(順天) ⊚서울 ㈜서울 강서구 화곡로61길99 서울미디어대학원대학교 총장실(02-6393-3261) ⊚1968년 제물포고졸 1978년 서울대 화학과졸 1984년 이학박사(미국 Illinois Inst. of Technology대) ⊚1985년 영국 캠브리지대 화학과 연구원 1986~1995년 강원대 화학과 조교수·부교수 1988년 일본 분자과학연구소 연구교수 1991년 영국 캠브리지대 화학과 초빙교수 1995~2015년 성균관대 화학과 교수 2000년 同기초과학연구소장 2000년 대한화학회 부회장 2000~2002년 국제화학연맹(IUPAC) 한국대표 2004년 성균관대 자연과학부장 2006~2007년 同교무처장 겸 대학교육개발센터장 2008~2010년 同교무처장 2009~2010년 同대학교육개발센터장, 전국대학교교무처장협의회 회장 2011년 교육과학기술부 대학구조개혁위원회 사립대학분과위원장 2011년 同국립대학발전추진위원회 위원 2012~2015년 학교법인 경기학원(경기대) 이사장 2012년 의료분쟁조정중재원 인선위원회 위원(현) 2015년 성균관대 명예교수(현) 2015년 가천대 나노화학과 석좌교수 2015~2016년 同부총장 2016년 서울미디어대학원대(SMIT) 총장(현) ⊛부총리 겸 교육인적자원부장관표창(2002) ⊚천주교

박승춘(朴勝椿) PARK Sung Choon

⊗1947·12·25 ⊚강원 강릉 ㈜세종특별자치시 도움4로9 국가보훈처 처장실(044-202-5001) ⊚1966년 강릉상고졸 1971년 육군사관학교졸(27기) 1982년 말레이시아 지휘참모대학 수료 2003년 경희대 행정대학원 북한정책학과졸(석사) ⊚합동참모본부 전투정보과장 1998년 보병 제12사단장, 합동참모본부 군사정보부장 2002년 제9군단장(중장) 2003년 '국군의 날' 제병지휘관 2004년 국방부 국방정보본부장 겸 합참 정보본부장(중장) 2004년 예편(육군 중장) 2005년 한나라당 국제위원회 부위원장 2010년 국가발전미래교육협의회 회장 2011년 국가보훈처장(현) ⊚기독교

박승하(朴承河) Park Seung Ha

⊗1957·5·28 ⊚서울 ㈜서울 성북구 인촌로73 고려대학교 안암병원 성형외과(02-2286-1139) ⊚1976년 서울 대광고졸 1982년 고려대 의대졸 1985년 同대학원졸 1990년 의학박사(고려대) 2010년 고려대 경영전문대학원 경영학석사(MBA) ⊚1982~1987년 고려대병원 인턴·성형외과 전공의 1990년 고려대 구로병원 임상강사 1991~2001년 同의과대학 성형외과교실 전임강사·조교수·부교수 1994년 캐나다 토론토대 의과대학 객원교수 1998~2005년 고려대 의과대학 성형외과학교실 주임교수·안암병원 성형외과장 2000~2002년 同의과대학 의학학장·학생부학장 2001년 同의과대학 성형외과학교실 교수(현) 2003~2005년 同의료원 교육수련실장 2005~2007년 同의료원 기획조정실장 2006년 同정보전산처장 2009년 미국 세계인명사전 'Marquis Who's Who in Medicine and Healthcare'에 등재 2012~2013년 고려대 안암병원장 2014년 한국국제의료협회(KIMA) 부회장 2015년 대한의학레이저학회 이사장(현) 2016년 대한성형외과학회 회장(현) ⊛대한성형외과학회 학술상, 대한의학레이저학회 명예회장상 ⊚'레이저성형' '미용성형외과' '안성형외과학' '구순구개열' '레이저 피부성형(共)'(2014, 군자출판사) ⊚가톨릭

박승한(朴勝漢) PARK Seung Han

[생]1958 · 9 · 27 [본]반남(潘南) [출]경기 [주]서울 서대문구 연세로50 연세대학교 물리학과(02-2123-2617) [학]1982년 연세대 물리학과졸 1984년 同대학원 물리학과졸 1988년 광학박사(미국 애리조나대) [경]1988년 미국 피츠버그대 Dept. of E.E., Assistant Professor 1991년 연세대 이과대학 물리학과 조교수 · 부교수 · 교수(현) 1996년 同BK21단장 2002~2007년 과학기술부 국가지정연구실 단장 2005년 연세대 이과대학 부학장 2007~2016년 同신경과학기술융합연구단장 2010~2012년 同교육대학원장 2012~2014년 同입학처장 2014~2016년 同이과대학장 [종]기독교

박승호(朴勝昊) PARK Seung Ho

[생]1954 · 1 · 10 [출]경북 안동 [주]서울 노원구 화랑로 621 서울여자대학교 교육심리학과(02-970-5568) [학]1978년 계명대 교육학과졸 1980년 서울대 대학원 심리학과졸 1992년 교육심리학박사(미국 미시간대) [경]1981~1984년 육군사관학교 심리학과 전임강사 1986~1991년 미국 미시간대 연구조교 및 연구원 1995~2004년 서울여대 교육심리학과 조교수 · 부교수 1998년 同학생생활연구소장 1999년 同입학관리실장 2000년 同교육심리학과장 2001년 미국 컬럼비아대 방문교수 2004년 서울여대 교육심리학과 교수(현) 2008~2011년 同교무처장 2009~2011년 同교수학습연구원장 2012~2014년 한국교육심리학회 회장 2013~2014년 서울여대 교육심리학과장 겸 대학원 교육심리학과장 2016년 同대학원장 · 교육대학원장 · 사회복지기독교대학원장 · 특수치료전문대학원장 · 보육교사교육원장 겸임(현) [상]육군 참모총장표창

박승환(朴勝煥) PARK Seong Hwan

[생]1957 · 10 · 8 [본]월성(月城) [출]부산 [주]부산 동래구 충렬대로171 율곡빌딩902호 법무법인 다울(051-911-7770) [학]1976년 동래고졸 1983년 부산대 법학과졸 1988년 同대학원 법학 박사과정 수료 2000년 미국 위스콘신주립대 로스쿨 MLI과정졸(법학석사) [경]1985년 사법시험 합격(27회) 1988년 사법연수원 수료(17기) 1988~1999년 변호사 개업 1993년 부산대 법학과 강사 1998년 부산지방변호사회 홍보위원회 간사 1998년 同공보위원회 간사 2001년 미국 뉴욕주 변호사자격 취득 2001년 부산외국어대 겸임교수 2002년 대한상사중재원 중재인 2003년 부산대 · 한국해양대 강사 2003년 민주사회를위한변호사모임 부산 · 경남지부장 2004~2008년 제17대 국회의원(부산 금정구, 한나라당) 2006년 한나라당 제4정책조정위원장 2006년 同지방자치위원회 부위원장 2006년 한 · 태국친선협회 이사 2006년 한 · 터키친선협회 이사 2007년 한나라당 한반도대운하특별위원회 추진단장 2008~2009년 법무법인 렉스 변호사 2009년 부국환경포럼 공동대표 2010~2013년 한국환경공단 이사장 2014~2015년 법무법인 화우 파트너변호사 2014~2015년 고려대 환경시스템공학과 초빙교수 2015년 법무법인 다울 변호사(현) 2016년 제20대 국회의원선거 출마(부산 동래구, 무소속) [상]미국 가치공학회(SAVE) '가치혁신 최고경영자(CEO)상'(2011) [저]'부산사람 만인보 1-사람만이 희망이다'(2004) '금정산에서 바라본 한반도 대운하 : 금정산 달빛 산행'(2005) '부산사람 만인보 2-살맛나는 세상, 사람이 좋다'(2007) '한반도 대운하에 대한 무지한 억측 그리고 진실'(2007) '환경CEO의 녹색노트'(2011) '환경CEO의 소통노트'(2013) [종]불교

박승환(朴承煥)

[생]1959 [출]경북 안동 [주]경기 의정부시 금오로23번길 22의49 경기북부지방경찰청 수사과(031-961-2366) [학]1978년 포항제철공고졸 1987년 영남대 법학과졸 [경]1987년 경사 특채 2009년 대구지방경찰청 정보과장 2010년 경북 군위경찰서장 2011년 서울지방경찰청 정보관리부 정보1과 근무 2011~2013년 대통령실 민정1비서관실 파견 2013년 서울지방경찰청 경무과(치안지도관) · 경비부 치안지도관 · 생활안전부 생활질서과 치안지도관 2013년 인천연수경찰서장 2014년 경기지방경찰청 112종합상황실장 2015년 경기 남양주경찰서장 2016년 경기북부지방경찰청 수사과장(현)

박승환(朴勝煥) Park Seung Hwan

[생]1966 · 2 · 13 [출]서울 [주]충북 진천군 덕산면 교연로 780 법무연수원(043-531-1600) [학]1984년 하동종합고졸 1991년 한양대 법학과졸 [경]1995년 사법시험 합격(37회) 1998년 사법연수원 수료(27기) 1998년 변호사 개업 2000년 수원지검 검사 2002년 대전지검 서산지청 검사 2003년 창원지검 검사 2005년 서울서부지검 검사 2008년 전주지검 검사 2010년 인천지검 부천지청 검사 2010년 同부천지청 부부장검사 2012년 서울고검 검사 2012년 대전지검 천안지청 부장검사 2013년 춘천지검 부장검사 2014년 부산지검 형사3부장 2015년 인천지검 형사3부장 2016년 법무연수원 교수(현)

박승훈(朴承勳) PARK Seung Hoon

[생]1957 · 6 · 9 [출]서울 [주]서울 서대문구 충정로60 NH농협손해보험(주) 비서실(02-3786-7600) [학]마포고졸 1982년 동국대 농생물학과졸 [경]1983년 동부화재해상보험(주) 입사, 同부장, 신동아화재해상보험(주) 상무보 2008년 (주)한화손해보험 수도권지원단장(상무보) 2009년 同신채널영업기획팀 상무 2010년 同전략채널본부장(상무) 2011~2014년 동부화재해상보험(주) 개인영업부문 경인사업본부장(상무) 2015년 NH농협손해보험(주) 부사장(현)

박승훈(朴勝焄) Paul H. Park

[생]1958 · 10 · 8 [본]밀양(密陽) [출]경북 안동 [주]서울 금천구 가산디지털2로115 대륭테크노타운3차1009호 인텔리코리아(02-323-0286) [학]1977년 휘문고졸 1982년 한양대 공과대학 전자공학과졸 [경]1982~1991년 제일정밀공업(주) CAD사업부장 1986~1988년 한국산업인력공단 CAD교재 편찬위원 1992년 (주)인텔리코리아 대표이사(현) 2014년 3D프린팅 전략기술로드맵 수립위원(현) [상]대통령표창(2000 · 2009), 산업자원부장관표창(2001), 한국캐드캠학회 금상(2002), High-Tech Award IT수출대상(2008), 지식경제부장관표창(2008), 3D프린팅 미래창조과학방송통신위원장표창(2014), 3D프린팅 정보통신산업진흥원장표창(2014) [저]'CADian 2012'(2013, 북미디어) '3D프린팅 바이블'(2015, JNP커뮤니티) [작]'CADian & Graphics'(2006) 'CADian'(2008) [종]천주교

박승희(朴勝喜) PARK Seung Hee (만민)

[생]1952 · 2 · 8 [본]반남(潘南) [출]인천 [주]인천 남동구 정각로29 인천광역시의회(032-440-6055) [학]1971년 선인고졸 1991년 인하대 경영대학원 수료 1995년 고려대 산업대학원 고위정책반과정 수료 2000년 인천전문대 사회체육학과졸 2009년 평생교육진흥원 학사학위 취득 2010년 인하대 행정대학원 사회복지학과졸 [경]1971년 중앙기상청 근무 1981년 한국자유총연맹 인천시 서구청년회 회장 1982~1998년 기아자동차(주) 부장 1988년 법무부 범죄예방위원 1992년 한국청소년회의소 인천서부JC 회장 1995~2006년 인천시 서구의회 의원(3선) 및 부의장 1997년 대한노인중앙회 지도교수 1998년 인천지검 자녀안심하고학교보내기운동 인천시 서구본부장 1998년 인천시 서구 공직자윤리위원회 부위원장 1999년 국제라이온스협회 309-M지구 천마클럽 회장 2006 · 2010년 인천시의회 의원(한나라당 · 새누리당) 2006년 同기획행정위원회 간사 2007년 법무부 형사조정위원 2008~2010년 인천시의회 건설교통위원회 위원 2008~2009년 인천지검 범죄피해자지원센터 형사조정위원 2010년 인천시의회 문화복지위원회 위원 2011~2013년 인천시사회복지사협회 정책자문위원 2012년 인천시의회 문화복지위원장 2012년 인천시웅변협회 자문위원장 2013년 인천아시아경기대회조직위원회 집행위원 2013년 인천문화재단 이사(현) 2014년 인천시의회 의원(새누리당)(현) 2014~2015년 同SK인천석유화학주민피해대책특별위원회 위원 2014~2016년 同제1부의장 2015년 한중경제문화교류중심 이사장(현) 2016년 인천시의회 윤리특위위원회 위원(현) [상]법무부장관표창(1997), 대한민국재향군인회 공로휘장(1999), 한국수필 제154회 신인상(2007), 매니페스토 지방선거부문 약속대상(2010 · 2015), 대한민국공로봉사상 사회봉사부문대상(2013), 사랑의쌀 나눔대상 특별공로상(2014), 유권자시민행동 대한민국유권자대상(2015), YMCA선정 우수의정활동상(2015), 대한민국오늘문화대상(2015), 청라문학회 공로장, 창세평화상대상 [저]'인천의 비상! 양 날개가 필요하다'(2014, 도서출판 진원) [종]기독교

박승희(朴承姬 · 女) PARK Seung Hee

[생]1959 · 2 · 27 [출]서울 [주]서울 서대문구 이화여대길 26 이화여자대학교 사범대학 특수교육학과(02-3277-2716) [학]1981년 이화여대 교육학과졸 1983년 미국 시라큐스대 대학원 특수교육학과졸 1991년 특수교육학박사(미국 시라큐스대) [경]1984~1985년 Syracuse City School District, Henninger High School 일반고등학교 특수학급 교사 1985~1988년 미국 시라큐스대 특수교육 및 재활학과 연구조교 1991~1992년 이화여대 특수교육과 · 인천교대 유아교육과 강사 1992년 이화여대 특수교육학과 교수(현) 1995~1997년 同특수교육학과장 2000~2001년 영국 케임브리지대 사범대학 특수교육 연구그룹 방문교수 2005년 이화여대 기획처 부처장 2006년 한국특수교육학회 부회장 · 편집위원 · 이사(현) 2010년 이화여대 특수교육연구소장 2015년

同발달장애아동센터 소장(현) [상]강의우수교원 베스트티쳐상(2001) [저]'여성장애인차별에 관한 사례연구 : 고등교육과정을 중심으로(共)'(2002) '한국 장애학생 통합교육 : 특수교육과 일반교육의 관계 재정립'(2003) '장애인 인권교육 입문 : 다르게 함께 사는 세상'(2005) '장애관련종사자의 특수교육입문'(2007) [역]'정신지체 : 정의, 분류, 지원의 체계'(1994) '마서즈 비니어드 섬사람들은 수화로 말한다 : 장애수용의 사회학'(2003) '장애청소년 전환교육'(2006) '임상적 판단 : 장애분야 최선의 실제의 네번째 요소'(2008) [종]가톨릭

박승희(朴承熙) Park Seunghee

[생]1964·8·20 [출]충북 충주 [주]서울 중구 서소문로 100 중앙일보 편집제작부문(02-751-5115) [학]1990년 서울대 국제경제학과졸 2008년 건국대 언론홍보대학원 언론정보학과졸 [경]2007년 중앙일보 정치부 차장대우 2011년 同해외총국 워싱턴총국장(부국장대우) 2014년 同정치부장 2015년 관훈클럽 운영위원(서기) 2015년 중앙일보 뉴스룸 정치국제에디터 겸임 2016년 同편집제작부문 기획조정1담당(현) [상]관훈클럽 관훈언론상(1998) [종]기독교

박시균(朴是均) PARK Si Kyun

[생]1938·2·14 [본]밀양(密陽) [출]경북 영주 [주]경북 영주시 구성로329 성누가병원 이사장실(054-639-9101) [학]1957년 경북고졸 1963년 경북대 의대졸 1967년 同대학원졸 1971년 의학박사(경북대) [경]1971년 聖누가병원 원장 1976~1985년 영주시·군의사회 회장 1979년 영주시재향군인회연합회 회장 1984년 영주로타리클럽 회장 1988년 영주시지역발전협의회 회장 1996년 제15대 국회의원(영주, 무소속·신한국당·한나라당) 1998년 한나라당 원내부총무 2000년 제16대 국회의원(영주, 한나라당·무소속) 2000년 한·이탈리아의원친선협회 부회장 2001년 한나라당 보건위생위원장 2005년 의료법인 청봉의료재단 성누가병원 이사장(현) [상]대통령표창(1976·1981)

박시복(朴時蕾) PARK Si Bog

[생]1961·12·6 [본]밀양(密陽) [출]강원 속초 [주]서울 성동구 왕십리로222 한양대학교 류마티스병원 관절재활의학과(02-2290-9224) [학]1986년 한양대 의대졸 1990년 同대학원졸(재활의학 전공) 1994년 의학박사(한양대) [경]1990년 국군 청평병원 물리치료실장 1991년 同부산병원 재활의학과장 1994~2005년 한양대 재활의학과 전임강사·조교수·부교수 1998~2004년 同류마티스병원 재활의학과장, 족부의학연구회 회장 2001~2013년 대한스포츠의학회 부회장, 한국무용과학회 부회장 2001년 한양대병원 재활의학과 주임교수 2004년 미국 스탠퍼드대 방문교수 2005년 한양대 의과대학 재활의학교실 교수(현) 2005년 同류마티스병원 관절재활의학과장 2006~2008년 대한임상통증학회 이사장 2011~2013년 대한신경근골격초음파학회 회장 2012~2014년 대한재활의학회 고시이사 2014~2016년 한양대 의학전문대학원 교무부원장 겸 의과대학 교무부학장 [역]'근골격해부학'(2006) [종]천주교

박시용(朴時用) PARK Si Yong

[생]1956·10·31 [본]밀양(密陽) [출]서울 [주]서울 서초구 방배로208 아정산업 임원실(02-3478-2365) [학]1975년 경복고졸 1982년 연세대 경제학과졸 1984년 미국 인디애나대 대학원 경제학과졸 [경]범양건영(주) 대표이사 부사장 1999~2009년 同대표이사 부회장 2001년 아정산업(주) 이사 2001~2009년 원신보안(주) 대표이사 사장 2001년 (주)KMS 대표이사 사장 2002년 (주)코리아로터리서비스 비상근이사 2009년 범양건영(주) 부회장 2009년 아정산업(주) 대표이사 부회장(현)

박시현(朴時炫) PARK Si Hyun

[생]1958·1·23 [본]밀양(密陽) [출]전남 나주 [주]전남 나주시 빛가람로601 한국농촌경제연구원 대외협력실(061-820-2343) [학]1976년 광주제일고졸 1981년 전남대 경제학과졸 1986년 서울대 환경대학원 도시계획학과졸 1993년 경제학박사(일본 교토대) [경]2001~2009년 한국농촌경제연구원 연구위원 2006년 同농촌발전연구센터장 2007~2008년 미국 미주리대 객원연구원 2007년 한국농촌관광학회 부회장 2009년 한국농촌경제연구원 농업농촌정책연구본부 농촌발전팀장 2009년 同선임연구위원 2011년 同농업농촌정책연구본부장 2011년 대통령직속 지역발전위원회 특별분과위원 2013~2014년 (사)한국농어촌관광학회 회장 2015년 한국농촌경제연구원 대외협력실장(현) [상]국무총리표창, 농림부장관표창, 행정자치부장관표창 [종]가톨릭

박시환(朴時煥) PARK Si Hwan

[생]1953·4·12 [본]밀양(密陽) [출]경남 김해 [주]인천 남구 인하로100 인하대학교 법학전문대학원(032-860-7917) [학]1972년 경기고졸 1976년 서울대 법학과졸 1978년 同대학원 법학과졸 [경]1978년 軍법무관 임용시험 합격(3회) 1978년 해군 법무관 1979년 사법시험 합격(21회) 1982년 사법연수원 수료(12기) 1985년 인천지법 판사 1985년 춘천지법 영월지원 판사 1987년 서울지법 의정부지원 판사 1989년 同동부지원 판사 1992년 서울민사지법 판사 1993년 서울고법 판사 1996년 서울지법 판사 1998년 전주지법 부장판사 1999년 인천지법 부장판사 2000년 서울지법 남부지원 부장판사 2003년 서울지법 부장판사 2003년 변호사 개업 2005~2011년 대법관 2011년 인하대 법학전문대학원 석좌교수 2012년 同법학전문대학원 교수(현) 2013~2015년 同법학전문대학원장 겸 법과대학장

박시훈(朴時勳) PARK Si Hoon

[생]1959·11·8 [출]인천 강화 [주]대전 서구 청사로189 조달청 신기술서비스국 건설용역과(070-4056-7352) [학]1978년 인천공고졸 2004년 대전산업대 토목공학과졸 2008년 충남대 산업대학원 토목공학과졸 [경]1982년 토목 7급 공채 1982~1999년 제주지방조달청·조달청 시설국 토목과·감리2과·기술심사과·공사관리과 근무 2000~2011년 조달청 고객지원단·시설국 공사관리과·토목과·정책홍보본부 법무지원팀·구매사업본부 용역계약팀·시설사업국 기술심사팀 근무 2012년 조달청 시설사업국 토목환경과장 2013년 同시설사업국 공사관리과장 2015년 제주지방조달청장 2016년 조달청 신기술서비스국 건설용역과장(서기관) 2016년 同신기술서비스국 건설용역과장(부이사관)(현)

박신배(朴信培) PARK Shin Bae

[생]1962·10·30 [주]서울 강서구 까치산로24길 47 KC대학교 신학부(02-2600-2520) [학]1985년 그리스도신학대 신학과졸 1987년 연세대 대학원 신학과졸 2001년 신학박사(연세대) [경]1994~2004년 그리스도신학대 구약신학과 교수 2004~2015년 그리스도대 신학부 교수 2014년 同총장 2015년 KC대 신학부 교수(현) 2015년 同총장

박신언(朴信彦) PARK Shin Eon

[생]1942·7·1 [출]전남 화순 [주]서울 중구 명동길74의3 천주교 서울대교구청(02-727-2023) [학]1972년 가톨릭대 신학부졸 1978년 연세대 교육대학원 수료 [경]1972년 사제 서품 1972년 연희동천주교회 보좌신부 1973년 육군 군종신부 1978년 명동천주교회 보좌신부 1979년 압구정동천주교회 주임신부 1982년 천주교200주년 행사위원회 사무국장 1984년 천주교 서울대교구 관리국장 1991년 반포천주교회 주임신부 겸 평화방송 감사 1993~2001년 평화방송 사장 2001년 은총의집 연수·안식년 2002년 구의동성당 주임신부 2003년 교황 명예전속사제(몬시뇰)(현) 2004년 명동성당 주임신부 2007~2016년 환주복지재단 이사 2010~2015년 천주교 서울대교구청 가톨릭학교법인담당 교구장대리 겸 학교법인 가톨릭학원 상임이사 2015년 同서울대교구청 원로사목자(현) [종]천주교

박신철(朴信哲) Park-Shin Chul

[생]1961·9·18 [본]밀양(密陽) [출]경기 연천 [주]세종특별자치시 다솜2로94 해양수산부 수산정책실 어업정책과(044-200-5510) [학]1982년 평택고졸 1991년 부산수산대 어업학과졸 2006년 한국과학기술원 테크노경영학과졸(MBA) [경]1991~1994년 현대자동차·일양무역 근무 1994년 기술고시 합격(30회) 1995년 해양수산부 해양정책실 해양환경과 사무관 1998년 국무조정실 수질개선기획단 사무관 2000~2003년 해양수산부 해양보전과·양식개발과·유통가공과 사무관 2004년 한국과학기술원 교육파견 2006년 해양수산부 수산정책국 수산경영과 서기관 2006~2009년 농림수산식품부 수산경영과장 직대·허베이스피리트호 유류오염사고피해어업인지원단 피해보상팀장 2009~2011년 국립수산과학원 미래전략과장·조직인사과장 2011년 농림수산식품부 식품산업정책관실 수출진흥팀장 2012년 同수산정책실 양식산업과장 2013년 해양수산부 수산정책실 지도교섭과장(서기관) 2014년 同수산정책실 지도교섭과장(부이사관) 2014년 同수산정책실 어업정책과장(현) [상]근정포장(2015) [종]불교

박 실(朴 實) PARK Sil (藏山)

[생]1939 · 10 · 8 [본]밀양(密陽) [출]전북 정읍 [주]서울 영등포구 의사당대로1 대한민국헌정회(02-757-6612) [학]1958년 전주고졸 1963년 서울대 문리과대학 정치학과졸 1968년 미국 조지아대 대학원졸 1978년 서울대 대학원 수료 [경]1963년 한국일보 입사 1977년 同정치부 차장 1977년 한국기자협회 회장 1984년 신한민주당 창당발기인 · 대변인 1985년 同정책연구실장 1985년 제12대 국회의원(서울 동작, 신한민주당) 1987년 통일민주당 언론특별위원장 1988년 평화민주당(평민당) 원내수석부총무 1988년 同당기관지 위원장 1988년 제13대 국회의원(서울 동작乙, 평민당 · 신민당 · 민주당) 1991년 신민당 당무위원 1991년 민주당 당무위원 1992년 제14대 국회의원(서울 동작乙, 민주당 · 국민회의) 1992년 민주당 서울시지부장 1992년 국회 환경특별위원회 위원장 1995년 국민회의 홍보위원장 1996년 同서울시지부장 1996년 同서울동작乙지구당 위원장 1998~2000년 국회 사무총장 2000년 한남대 언론홍보학과 예우교수 2006년 대한언론인회 이사 2007년 대한민국헌정회 이사 2009년 同부회장 2011~2015년 同고문 2012~2015년 대한언론인회 이사 2015년 대한민국헌정회 이사(현) [상]청조근정훈장, 건국포장, 국제평화언론대상 [저]'한국외교비사' '지구특파원' '80년대의 정치전망' '박정희와 미국대사관' '깨어진 꿈위에 새로운 꿈을' '중공군의 한국전쟁' [역]'이승만과 미국대사관' '백주의 암흑' '백악관을 향한 레이건'

박양동(朴洋東)

[생]1954 · 3 · 12 [출]부산 [주]경남 창원시 마산합포구 동서동로18 경상남도의사회(055-240-6224) [학]부산대 의대졸 [경]1999년 창원시시민단체협의회 회장 1999년 경남도소비자단체협의회 회장 1999년 창원기독교단체 이사 2000년 창원외국인노동자상담소 이사 2000년 창원에이즈협회 이사, 부산대 · 고신대 의대 외래교수, 대한개원의협의회 정책이사(현), 경상남도의사회 부회장, 대한의사협회 의료정책연구소 운영위원(현), 의료와사회포럼 공동대표(현) 2003년 창원시의사회 회장 2003년 서울세광소아병원 원장(현) 2012년 경상남도의사회 회장(현) 2016년 전국아동병원협의회 회장(현)

박양숙(朴良淑 · 女) PARK Yang Sook

[생]1963 · 6 · 29 [본]밀양(密陽) [출]충남 천안 [주]서울 중구 세종대로125 서울특별시의회(02-3783-1586) [학]2002년 고려대 노동대학원 노동법학과졸 [경]국회 정책연구위원(2급 상당), 민주당 중앙당 교육특별위원회 부위원장 2010년 서울시의회 의원(민주당 · 민주통합당 · 민주당 · 새정치민주연합) 2010년 同민주당 수석부대표 2010년 同운영위원회 위원 2010년 同보건복지위원회 부위원장 2010년 同시의회개혁과발전특별위원회 위원장 2010년 同인권특별위원회 위원 2012년 同재정경제위원회 위원 2012년 同정책연구위원회 위원장 2013년 同예산결산특별위원회 위원 2013년 同골목상권및전통시장보호를위한특별위원회 위원 2013년 同사립학교투명성강화특별위원회 위원 2013년 同서소문밖역사기념및보전사업추진특별위원회 위원 2014년 서울시의회 의원(새정치민주연합 · 더불어민주당)(현) 2014~2016년 同기획경제위원회 부위원장 2014~2015년 同예산결산특별위원회 위원 2014 · 2016년 同남북교류협력지원특별위원회 위원(현) 2015~2016년 同조례정비특별위원회 위원 2015년 同하나고등학교특혜의혹진상규명을위한행정사무조사특별위원회 위원(현) 2015년 同서소문밖역사유적지관광자원화사업지원특별위원회 위원(현) 2015년 同지역균형발전지원특별위원회 위원(현) 2016년 同보건복지위원회 위원장(현) [상]국회의장표창(2007), 민주화운동관련자 증서(2007), 지방의원 매니페스토 약속대상 최우수상(2011), 서울특별시 장애인정책 우수의원(2012), 의정봉사대상(2013), 대한민국 위민의정대상(2014), 대한민국 공정사회발전 대상(2014), 유권자시민행동 대한민국유권자대상(2015), 지방의원 매니페스토 약속대상(2016), 수도권일보 · 시사뉴스 선정 2015 서울시의회 행정감사 우수의원(2016)

박양실(朴孃實 · 女) PARK Yang Sil

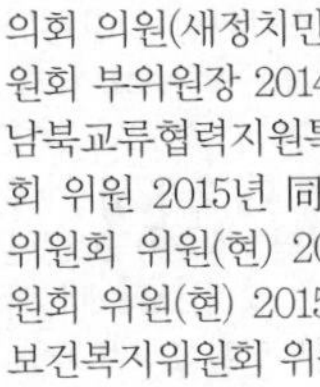

[생]1935 · 3 · 29 [본]밀양(密陽) [출]평남 평원 [주]서울 용산구 이촌로46길33 대한의사협회(02-794-2474) [학]1954년 경기여고졸 1960년 서울대 의대졸 1965년 同대학원졸 1969년 의학박사(서울대) 1989년 연세대 행정대학원 고위정책과정 수료 [경]1965~2008년 산부인과의원 개원 1978년 국제존타서울클럽 회원 1980년 인제대 의대 외래교수 1981~2005년 민주평통 자문위원 1983년 대한산부인과학회 부회장 1987년 同대의원 겸 이사 1990~1993년 한국여의사회 회장 1993년 보건사회부 장관 1994년 대한의사협회 고문(현) 1994~2004년 서울대의대동창회 부회장 1995~2001년 대한에이즈예방협회 부회장 1996년 대학동창여성대표협의회 회장 1996년 서울지법 민사조정위원 1997년 서울시의사회 고문 1997년 한국가정생활개선진흥회 고문 1998년 맑은물사랑실천협의회 고문 1999년 한센국제협력후원회 운영위원 1999년 가천의대 겸임교수 2001년 한국부인암재단 이사 2001년 에이즈예방재단 이사 2002년 서울대총동창회 부회장 2005년 대한산부인과학회 회장 2005년 경기여고 개교100주년기념위원회 회장 2006년 경원대 초빙교수 2006~2009년 학교법인 가천학원 이사장 2007년 한국대학법인협의회 이사, 에이즈예방재단 회원 [상]대통령표창(2001), 국민훈장 석류장(2005), 제1회 이종구수필문학상(2005), 서울의대동창회 함춘대상(2008), 자랑스러운 경기인상(2009), 한독여의사지도자상(2011) [저]수필집 '꽃게와 카네이션'(1990) '어머니와 노티'(2005) '폐경기 건강'(共) '폐경기 여성의 건강관리'(共) '의료와 의학'(共)

박양우(朴良雨) Yang-Woo Park

[생]1958 · 11 · 20 [본]반남(潘南) [출]광주 [주]광주 북구 비엔날레로111 (재)광주비엔날레 대표이사실(062-608-4114) [학]1977년 제물포고졸 1981년 중앙대 행정학과졸 1986년 서울대 행정대학원졸 1991년 영국 시티대 대학원 예술경영학과졸 2007년 관광학박사(한양대) [경]1979년 행정고시 합격(23회) 1994년 문화체육부 기념물과장 1995년 영국 문화부 파견 1997년 문화체육부 국제관광과장 1998년 대통령비서실 사회복지행정관 1999년 同문화관광행정관(부이사관) 1999년 문화관광부 공보관 2000년 同관광국장(부이사관) 2002년 同관광국장(이사관) 2002년 駐뉴욕 한국문화원장 2005년 문화관광부 문화산업국장 2006년 同정책홍보관리실장(관리관) 2006~2008년 同차관 2008~2009년 인천세계도시축전 부위원장 2008년 중앙대 예술대학원 예술경영학과 교수(현) 2009~2011년 同부총장 2009~2013년 (사)한국예술경영학회 회장(제5 · 6대) 2009년 (사)함께하는나라사랑 이사장 2009~2014년 (사)지식재산포럼 부회장 2011~2015년 중앙대 예술대학원 예술경영학과장 2011~2014년 (사)한국영상산업협회 회장, 한국영화배급협회 회장 2012~2014년 대통령직속 아시아문화중심도시조성위원회 부위원장 2012년 광주ACE페어추진위원회 위원장 2013년 한국영화산업전략센터 대표이사(현) 2013~2015년 한국호텔외식관광경영학회 회장 2013~2015년 문화재청 문화재위원회 위원, 문화체육관광부 자체평가위원장(현) 2014년 (재)광주비엔날레 이사 2015년 同대표이사(현) [상]대통령표창(1992), 녹조근정훈장(2000), 황조근정훈장(2009) [저]'예술경제란 무엇인가(共)'(1993) '기업의 문화예술지원과 방법(共)'(1994) 'Travel & Tourism English(共)'(2005) [종]기독교

박양준(朴亮俊)

[생]1964 · 11 · 22 [출]전북 진안 [주]경기 고양시 일산동구 장백로209 의정부지방법원 고양지원(031-920-6114) [학]1982년 군산제일고졸 1988년 서울대 법대 공법학과졸 [경]1987년 한국증권협회 근무 1989년 신한증권(주) 근무 1995년 사법시험 합격(37회) 1998년 사법연수원 수료(27기) 1998년 서울지법 판사 2000년 同서부지원 판사 2002년 대전지법 천안지원 판사 2005년 의정부지법 고양지원 판사 2008년 서울중앙지법 판사 2010년 서울고법 판사 2011년 대법원 재판연구관 2013년 창원지법 부장판사 2014년 사법연수원 교수 2016년 의정부지법 고양지원 부장판사(현)

박양호(朴良浩) PARK Yang Ho

[생]1951 · 1 · 19 [본]밀양(密陽) [출]대구 [주]경남 창원시 성산구 원이대로848 창원시정연구원 [학]1970년 경북고졸 1975년 서울대 문리과대학 지리학과졸 1979년 同환경대학원 환경계획학과졸 1986년 도시 및 지역계획학박사(미국 버클리대) [경]1979~1982년 국토개발연구원 책임연구원 1982년 同수석연구원 1987년 同연구위원 1989년 지역균형발전기획단 전문위원 1993~1995년 국토개발연구원 국토계획연구실장 1995년 건설교통부 장관자문관 1997년 국토개발연구원 기획조정실장 1999년 국토연구원 선임연구위원 1999년 同국토계획연구실장 1999~2001년 통일부 정책자문위원 1999~2003년 대통령자문 정책기획위원 2001년 국토연구원 국토계획 · 환경연구실장 2003~2004년 국가균형발전위원회 전문위원 2004~2005년 미국 워싱턴대(시애틀) 교환교수 2006년 국토해양부 건설산업정책심의회 위원 2006년 同중앙도시교통정책심의위원회 위원 2006~2007년 국토연구원 부원장 2006년 한국지역학회 회장 2007년 제17대 대통령직인수위원회 기획조정분과 상근자문위원 2008~2013년 국토연구원 원장 2008~2010년 국민경제자문회의 자문위원 2008년 지역발전위원회 위원 2008년 국토해양부 주택정책심의위원회 위원 2009년 영국 국제인명센터(IBC) 우수지식인 2000인 선정 2009년 세종시 민관합동위원회 민간위원 2009년 지역발전위원회 혁신도시건설특별위원회 위원장 2009년 지식경제부 지역특화발전특구위원회 부위원장 2009년 국토해양부 부산ITS세계대회조직위원회 위원 2009~2013년 UN 산하

아 · 태지역개발기구(EAROPH) 한국위원회 위원장 2009년 국토해양부 공공토지비축심의위원회 위원 2010~2013년 녹색건설포럼 공동대표 2010년 그린국토포럼 공동대표 2011년 국제과학비즈니스벨트위원회 민간위원 2011년 대통령직속 지역발전위원회 민간위원 2011년 민주평통 자문위원 2010 · 2011년 미국 세계인명사전 'Marquis Who's Who 2011 · 2012년판'에 연속등재 2012~2013년 UN 산하 아시아 · 태평양개발기구(EAROPH) 회장 2014~2015년 홍익대 스마트도시과학경영대학원 부교수 2015년 창원시정연구원 원장(현) [상]건설부장관표창, 대통령표창, 국민훈장 목련장 [저]'첨단산업과 지역발전론' '마지막 남은 개혁 2001' '21세기 국토의 비전과전략'(共) '국토21세기' '지방의 도약' '장조고그랜드 디자인'(共) '글로벌시대의 녹색성장과 미래국토전략'(共) '지속가능한 국토와 환경'(共)

박억수(朴億洙)

[생]1971 · 10 · 7 [출]전남 구례 [주]부산 연제구 법원로15 부산지방검찰청 형사3부(051-606-4312) [학]1990년 광주 석산고졸 1996년 고려대 법학과졸 2002년 同법과대학원졸 [경]1997년 사법시험 합격(39회) 2000년 사법연수원 수료(29기) 2000년 공익법무관 2003년 대구지검 검사 2005년 광주지검 목포지청 검사 2008년 서울서부지검 검사 2011년 서울중앙지검 검사 2013년 인천지검 부부장검사 2014년 수원지검 성남지청 부부장검사(헌법재판소 파견) 2016년 부산지검 형사3부장(현)

박억조(朴億祚) Park Eok-jo

[생]1964 · 12 · 13 [출]부산 기장 [주]부산 동구 범일로115 부산진소방서 서장실(051-760-4201) [학]1983년 부산 기장고졸 1992년 동아대 행정학과졸 [경]1993년 지방소방위 임용(제7기 간부후보생) 2006년 해운대소방서 방호과장 2008년 부산시소방본부 감사담당 2009년 부산 남부소방서 소방행정과장 2010년 부산 기장소방서 재난대응과장 2011년 부산시소방본부 방호기획담당 2012년 同종합상황실장(지방소방정) 2013년 부산 기장소방서장 2015년 부산진소방서장(현)

박연규(朴淵奎) Yon-Kyu PARK

[생]1969 · 2 · 10 [본]면천(沔川) [출]서울 [주]대전 유성구 가정로267 한국표준과학연구원 기반표준본부(042-868-5011) [학]기계공학박사(한국과학기술원) [경]2007년 국무조정실 의료산업발전기획단 전문위원 2008~2015년 국제측정연합(IMEKO) TC3 부의장 2011~2016년 한국표준과학연구원(KRISS) 질량힘센터장 2014년 정밀공학회 국제학술지(IJPEM) 편집위원(현) 2015년 국가과학기술연구회 차세대텍스타일기반임베디드소자융합클러스터장(현) 2015년 한국형발사체개발사업단 추진위원(현) 2015년 국제측정연합(IMEKO) 대외협력부회장(현) 2016년 한국표준과학연구원 기반표준본부장(현) [상]한국과학기술원 우수논문상(1998), APMP(아시아 태평양 측정 프로그램) 젊은 과학자상(2002), 교육과학기술부장관표창(2009)

박연상(朴淵相) Park Yeon Sang

[생]1961 · 2 [주]서울 강남구 테헤란로202 금융결제원 임원실(02-531-1140) [학]1987년 부산대 경제학과졸 2002년 미국 미시간대 대학원 경제학과졸 [경]1986년 금융결제원 입사 2009년 同기획조정실장 2013년 同금융결제연구소장 2014년 同경영기획부장 2015년 同상무이사(현)

박연선(朴研鮮 · 女) PARK Yon Sun

[생]1950 · 8 · 23 [본]밀양(密陽) [출]부산 [주]서울 마포구 큰우물로76 고려빌딩214호 한국컬러유니버설디자인협회 임원실(02-6354-0523) [학]1969년 경기여고졸 1973년 홍익대 시각디자인학과졸 1975년 同대학원졸 [경]1992년 대한민국 산업디자인전 추천디자이너 1994~2015년 홍익대 조형대학 커뮤니케이션디자인전공 교수 1999~2001년 한국여성시각디자이너협회 회장 1999년 캐나다 U.B.C. 벤쿠버 초대전 2002~2005년 홍익대 영상애니메이션연구소장 2005~2008년 한국색채디자인학회 초대회장 2006~2012년 홍익대 색채디자인연구센터 소장 2007~2009년 同조형대학장 2008년 한국색채학회 회장 2014년 (사)한국컬러유니버설디자인협회 회장(현) [상]대한민국 산업디자인전 특선3회 [저]'색채용어사전'(2007, 예림) [역]'컬러하모니' (1995, 미진사)

박연수(朴演守) PARK Yeon Soo

[생]1953 · 12 · 8 [본]밀양(密陽) [출]전북 정읍 [주]서울 성북구 안암로145 고려대학교 에너지환경정책기술대학원(02-3290-5912) [학]1971년 성남고졸 1979년 고려대 토목공학과졸 1988년 연세대 산업대학원 도시계획학과졸 1997년 공학박사(연세대) [경]1978년 기술고시 합격(14회) 1979년 경남도 근무 1985~1986년 인천시 도시계획과장 · 도로과장 1986년 同도시계획국장 1989년 同공영개발사업단장 1989년 同동구청장 1991년 同교통관광국장 1993년 同지역경제국장 1994년 同재무국장 1995년 내무부 방재계획과장 1995년 同기획과장 1996년 미국 조지타운대 객원연구원 1997년 내무부 재난총괄과장 1998년 행정자치부 공기업과장 1999년 월드컵문화시민운동추진협의회 운영국장 2001년 인천시 기획관리실장 2003년 국민고충처리위원회 조사2국장 2004년 행정자치부 감사관 2005년 同지방지원본부장 2005년 同지방재정세제본부장 2007~2008년 同지방혁신인력개발원장 2008년 소방방재청 차장 2009~2011년 同청장 2011년 서울대 행정대학원 초빙교수 2011년 KBS 객원해설위원(현) 2012~2013년 고려대 그린스쿨대학원 교수 2014년 同에너지환경정책기술대학원 초빙교수(현) [상]건설부장관표창, 홍조근정훈장(1998), 황조근정훈장(2012), 카이스트 미래전략대상(2015) [저]시집 '화단에 서서'(1974, 대학관) '대한민국의 지도를 바꿔 놓은 남자'(2008, 한경BP) '위기탈출119'(2010, 대표집필, 매일경제신문사)

박연욱(朴淵昱) PARK Yeon Wook

[생]1968 · 3 · 3 [본]함양(咸陽) [출]대구 [주]경기 평택시 평남로1036 수원지방법원 평택지원(031-650-3114) [학]1986년 대구 계성고졸 1990년 고려대 법학과졸 [경]1991년 사법시험 합격(33회) 1994년 사법연수원 수료(23기) 1994년 軍법무관 1997년 수원지법 판사 1999년 서울지법 판사 2001년 대구지법 판사 2005년 서울고법 판사 2007년 대법원 재판연구관 2009년 부산지법 부장판사 2010년 의정부지법 부장판사 2012~2014년 헌법재판소 파견 2014년 서울행정법원 부장판사 2016년 수원지법 평택지원장(현)

박연재(朴連在) PARK, Yeon Jae

[생]1952 · 4 · 6 [본]함양(咸陽) [출]전남 영암 [주]광주 동구 지산로78번길3 4층 박연재법률사무소(062-236-1919) [학]1969년 광주제일고졸 1974년 전남대 법대 법학과졸 1984년 同법과대학원졸 2006년 광주대 언론홍보대학원 정치학과졸 [경]1981년 사법시험 2차시험 합격(23회) 1981년 KBS 광주방송총국 보도국 기자 1992년 同지역국기자협의회장 1993년 한국기자협회 광주전남지부장 1996년 KBS 광주방송총국 취재부장 1997년 同편집부장 1998년 同순천방송국 방송부장 1999년 同홍보실 차장 2001년 同보도국 전국부 차장 2002년 同광주방송총국 보도국장 2005~2007년 同목포방송국장 2007~2010년 同광주방송총국 심의위원 2007년 진실 · 화해를위한과거사정리위원회의 '시국관련 시위전력이 있는 사법시험 탈락자' 사법연수원 입소 권고 2008년 법무부 사법시험 합격증 배부, 광주서중 · 광주제일고총동문회 상임이사, 광주학생독립운동기념사업회 이사, 2012여수세계박람회조직위원회 자문위원 2011년 在京구림초등학교총동문회 회장 2012년 사법연수원 수료(41기) 2012년 변호사 개업(현) 2012~2015년 전남대총동창회 부회장 2012년 광주가정법원 가사조정위원(현) 2012년 전남도 행정심판위원(현) 2012년 한국농어촌공사 법률고문 2012년 한국범죄방지사협회 호남지역회장(현) 2013년 광주일고 · 중앙여고 등 고문변호사(현) 2014년 광주가정법원 정보공개심의회 위원(현) [상]민주화운동 유공자 인정(2002), 보건복지부장관표창(2006), 자랑스런 전남대인상(2006)

박연종(朴演鍾) Park yeon jong (清談)

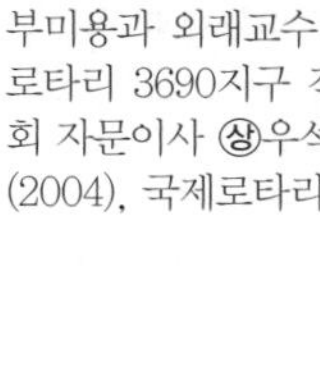

[생]1964 · 10 · 2 [본]밀양(密陽) [출]전남 해남 [주]경기 김포시 양촌면 학운공단로2 학운지방산업단지 (주)에스로드화장품 사장실(031-988-7314) [학]1983년 광주 살레시오고졸 1991년 우석대 화학과졸 2004년 중앙대 의약식품대학원졸 [경]1986~1987년 우석대 총학생회 부학생회장 1999년 SP코스텍 대표이사 사장(현) 2002년 대한화장품학회 정회원(현) 2002년 (사)대한모발수출협회 정회원(현) 2005년 중앙대의약식품대학원총동문회 사무총장 2006년 S로드 대표이사 사장(현) 2006~2007년 국제로타리 인천계양로타리클럽 회장 2006년 (주)에스로드화장품 대표이사 사장(현) 2007~2009년 오산대 피부미용과 외래교수 2009년 동원대 뷰티디자인계열 외래교수 2009년 국제로타리 3690지구 직업봉사위원장 2009년 대한미용사중앙회 메이크업위원회 자문이사 [상]우석대 총장 공로패(1991), 중앙대 의약식품대학원장 공로패(2004), 국제로타리 3690지구 총재 공로패(2006 · 2009) [종]기독교

박연주(朴連珠·女)
[생]1972·10·21 [출]서울 [주]충남 천안시 동남구 신부7길17 대전지방법원 천안지원(041-620-3000) [학]1991년 은광여고졸 1996년 서강대 법학과졸 [경]1998년 사법시험 합격(40회) 2001년 사법연수원 수료(30기) 2001년 서울지법 동부지원 판사 2002년 서울고법 판사 2003년 서울지법 판사 2004년 서울중앙지법 판사 2005년 대구지법 판사 2008년 인천지법 판사 2010년 서울중앙지법 판사 2013년 서울남부지법 판사 2014년 서울고법 판사 2016년 대전지법·대전가정법원 천안지원 부장판사(현)

박연진(朴淵辰) Park, Youn Jin (三乎)

[생]1968·11·17 [본]함양(咸陽) [출]강원 원주 [주]세종특별자치시 도움6로11 국토교통부 행복주택개발과(044-201-4537) [학]1987년 영동고졸 1993년 고려대 토목환경공학과졸 2010년 미국 뉴욕주립대 올바니교 대학원 행정학과졸(MPA) [경]1997년 기술고시 합격(33회) 2010년 국토해양부 건설수자원정책실 해외건설과 시설사무관 2011년 同건설수자원정책실 해외건설과 기술서기관 2013년 원주지방국토관리청 하천국장 2014년 국토교통부 공공주택관리과장 2016년 同행복주택개발과장(현)

박연채(朴然彩) PARK Yun Chae

[생]1964·10·25 [출]경기 평택 [주]서울 영등포구 여의나루로4길18 키움증권 홀세일총괄본부(02-3787-5000) [학]1990년 연세대 경영학과졸 1994년 미국 시카고대 대학원 경영학과졸 [경]한일투자신탁운용 근무, James Capel 근무, Meril Lynch 근무 2003~2006년 한누리투자증권 리서치센터장(이사) 2006년 키움닷컴증권 리서치센터장(상무대우) 2008년 키움증권(주) 리서치센터장(상무) 2013년 同리서치센터장(전무) 2015년 同홀세일총괄본부장(전무)(현)

박영각(朴榮慤)

[생]1959 [주]서울 영등포구 은행로30 중소기업중앙회 공제사업단(02-2124-3017) [학]대구상고졸, 한국방송통신대 행정학과졸, 성균관대 대학원 행정학과졸(석사), 영국 버밍엄대 공공정책학과졸(석사) [경]1986년 공직 입문(7급 공채) 2005년 기획예산처 혁신인사기획관실 서기관, 同휴직(서기관) 2011년 기획재정부 법사예산과장 2012년 同예산기준과장 2013년 同법사예산과장 2014년 同출자관리과장 2014년 同인사과장 2015년 同인사과장(부이사관) 2016년 同예산실 행정안전예산심의관 2016년 중소기업중앙회 공제사업단장(전무이사)(현)

박영관(朴永寬) PARK Young Kwan (佑村)

[생]1939·4·8 [본]밀양(密陽) [출]경북 청도 [주]경기 부천시 소사구 호현로489번길28 부천세종병원 회장실(032-340-1201) [학]1957년 부산고졸 1960년 서울대 문리대 의예과 수료 1964년 同의대졸 1966년 同대학원 의학과졸 1970년 의학박사(서울대) 1990년 서울대 경영대 최고경영자과정 수료 2000년 同경영대 전자상거래 최고경영자과정 수료 2004년 同자연과학 및 정책최고경영자과정 수료 2004년 경기대 대학원 범죄예방전문화과정 수료 [경]1964년~1969년 서울대 의대 조교 1972년 예편(해군 소령) 1972~1973년 인제의대 백병원 흉부외과 과장 1973~1981년 한양대 의대 전임강사·조교수·부교수 1975년 서독 뒤셀도르프대 심장외과학 연수 1977년 미국 하버드대 심장외과센터 연수 1978년 미국 Mayo Clinic 심장외과 연수 1979년 일본 오사카 순환기센터 연수 1980년 일본 동경 암센터 연수 1981년 미국 Texas Heart Institute 연수 1981년 혜원의료재단 이사장·회장(현) 1982년 부천세종병원 원장 1987년 사회복지법인 한국심장재단 실행이사 1989~2011년 사회복지법인 세이브더칠드런코리아(舊한국어린이보호재단) 이사·이사장·실행이사 1995년 인천지검 부천지청 의료자문협의회 자문위원 1996년 부천시체육회 부회장 1998~1999년 대한흉부외과학회 회장 1999년 부천사랑문화센터 특별위원 1999년 부천경찰서 행정발전위원 2000년 중국 옌볜의대 부속병원 명예원장(현) 2001년 성균관대 의대 외래교수 2001년 복지법인 부천역사문화재단 고문 2001년 한·러시아극동협회 이사 2003년 새마을운동중앙회 자문위원 2005년 (사)신라오릉보존회 부이사장 2009년 부천세종병원 회장(현) 2012년 대한병원협회 이사 [상]부천시 문화상(1984), 경기도지사표창(1986), 국민훈장 모란장(1987), 법무부장관표창(2001), 함춘대상(2005), 서울대 AMP대상(2007), 한국선의복지재단 공로상(2007) [저]'Congenital Heart Disease Clinicopathologic Correlation' '선천성 심장병, 임상·병리학적 연관성 분석' '선천성 심장병의 연속분절분석에 대한 세미나' '좌측 심장의 폐쇄성 병변에 대한 세미나' [종]기독교

박영관(朴榮琯) PARK Young Kwan

[생]1952·10·15 [본]밀양(密陽) [출]전남 신안 [주]서울 서초구 서초대로74길4 삼성생명 서초타워17층 법무법인 동인(02-2046-0656) [학]1971년 목포고졸 1978년 성균관대 법학과졸, 同대학원 법학과졸, 고려대 대학원 최고위정보통신과정 수료, 서울대 대학원 도시환경디자인최고전문가과정 수료 [경]1981년 사법시험 합격(23회) 1983년 사법연수원 수료(13기) 1983년 마산지검 진주지청 검사 1985년 서울지검 동부지청 검사 1987년 일본 中央大 비교법연구소 파견 1988년 광주지검 검사 1990년 서울지검 북부지청 검사 1992년 駐일본대사관 법무참사관 1994년 법무부 검찰국 검사 1995년 광주지검 순천지청 부장검사 1996년 전주지검 정읍지청장 1997년 서울지검 부부장검사 1998년 법무부 검찰3과장 1999년 同검찰2과장 2000년 同검찰1과장 2001년 서울지검 특수1부장 2003년 전주지검 차장검사 2004년 서울고검 검사 2005년 광주지검 차장검사 2006년 부산고검 차장검사 2007년 전주지검장 2008~2009년 제주지검장 2009년 법무법인 동인 변호사(현) [저]'일본검찰연구' '공해형사법' '지적재산권형사법' [종]기독교

박영구(朴泳求) PARK Young Koo (水山)

[생]1950·11·13 [본]밀양(密陽) [출]광주 [주]광주 광산구 용아로717 금호HT 임원실(062-958-2700) [학]1968년 광주제일고졸 1972년 한국외국어대 영어과졸 2001년 연세대 언론홍보대학원 최고위과정 수료 2002년 서울대 경영대학원 최고경영자과정 수료 2004년 서울대 공과대 최고산업전략과정 수료 [경]1973~1975년 미쓰이(三井)물산 서울지점 금속부 근무 1975~1980년 금호실업(주) 수출3부 과장 1980년 삼양타이어 경리부 차장 1982년 금호전기 영업부 차장 1983년 同영업부장 1986년 同이사대우 1989년 同이사 1995년 同조명사업부 상무이사 1996년 同영업본부장(전무) 1998년 同생산본부장(전무) 겸 기술연구소장 1998년 同대표이사 사장 2000년 同대표이사 부회장 2001년 한국표준협회 부회장 2002년 국제로타리 3650지구 중앙로타리클럽 회장 2004~2005년 同6지역 총재지역대표 2005년 국가품질상 심의위원 2005년 한국로타리 3650지구 6지역 총재보좌역 2006~2015년 (주)금호전기 대표이사 회장 2006~2008년 한국로타리 장학문화재단 위원장 2006~2008년 同3650지구 헌혈봉사프로젝트 위원장 2008년 전국경제인연합회 국제경영원 이사 2010~2011년 국제로터리 3650지구 총재 2010~2012년 서울대AIP총동창회 회장 2015년 금호HT 회장(현) [상]한국외국어대 모의유엔총회 학장상(1970), 대한민국 특허기술대전 동상(1998), 에너지 위너상(1998), 산업자원분야 신지식인 선정(1999), 은탑산업훈장(2007) [종]불교

박영국(朴榮國) PARK Young Guk

[생]1956·12·25 [본]순천(順天) [주]서울 동대문구 경희대로23 경희대학교 치의학전문대학원(02-961-0340) [학]경희대 치과대학졸, 同대학원졸 1990년 치의학박사(경희대) [경]경희대 치의학전문대학원 교수(현) 2003년 同치과대학병원 교정과장 겸 진료부장, 미국 Harvard School of Dental Medicine 객원조교수 2010~2012년 대한치과교정학회 회장 2013~2014년 대한의료커뮤니케이션학회 회장 2013~2014년 대한치과교정학회 명예회장 2014년 경희대 치의학전문대학원장 겸 치과대학장(현) 2014년 同치과대학병원장(현) [상]보건복지부장관표창(2011·2012) [종]불교

박영국(朴榮國) Park, Younggoog

[생]1964·5·9 [본]여주(驪州) [출]서울 [주]세종특별자치시 갈매로388 문화체육관광부 문화예술정책실(044-203-2503) [학]1983년 경동고졸 1987년 서울대 법과대학 사법학과졸 2000년 미국 위스콘신대 메디슨교 법학대학원졸 [경]1988년 행정고시 합격(32회) 1989~1995년 총무처·공보처 행정사무관 1995년 駐뉴욕총영사관 영사 1997년 공보처 여론과 서기관 1998년 국무총리 공보실 공보기획담당관실 서기관 1999년 국정홍보처 홍보조사과 서기관 2001 미국 뉴욕주 변호사자격 취득 2003년 대통령비서실 홍보수석실 해외언론비서관실 행정관 2006년 同국정상황실 행정관(부이사관) 2007년 국정홍보처 홍보분석관 2007년 駐캐나다대사관 공사참사관(고위공무원) 2010년 한국예술종합학교 사무국장 2011년 중앙공무원교육원 교육훈련 파견 2012년 문화체육관광부 미디어정책국장 2014년 同문화콘텐츠산업실 저작권정책관 2014년 同문화콘텐츠산업실 콘텐츠정책관 2015년 同해외문화홍보원장 2016년 同문화예술정책실장(현) [상]근정포장(2014)

ㅂ

박영규(朴榮圭) PARK Young Kyu

[생]1947·4·1 [주]서울 종로구 율곡로53 해영회관5층 한국공예디자인문화진흥원(02-398-7921) [학]1984년 홍익대 목공예학과졸 1987년 미국 프랫인스티튜트 실내디자인과졸, 국민대 대학원 건축학 박사과정 수료 [경]1973~1981년 국립중앙박물관 학예연구실 학예연구원 1987~1990년 한집디자인연구소 소장 1989년 문화관광부 문화재전문위원 1990~2013년 용인대 미디어디자인학과 교수 1994년 국립중앙박물관 건립추진자문위원 1997년 한국박물관건축학회 연구담당이사 1999~2001년 문화관광부 문화재위원회 위원 2000년 한국박물관건축학회 부회장 2005~2007년 용인대 예술대학원장 2006년 전통문화연구소 소장 2009년 문화재위원회 무형문화재분과 위원 2013년 용인대 명예교수(현) 2014년 한국공예디자인문화진흥원 이사장(현) 2014년 문화재청 문화재위원회 위원(현) 2016년 同무형문화재위원회 위원장(현) [상]동원학술상(1987), 옥조근정훈장(2012)

박영규(朴英圭) PARK Young Kyu

[생]1947·10·26 [출]서울 [주]경기 수원시 팔달구 경수대로490 국제사이버대학교 총장실(031-229-6222) [학]1974년 미국 뉴욕주립대 버펄로교졸 1976년 미국 캘리포니아대 버클리교 경영대학원졸 1983년 정치학박사(미국 뉴욕주립대 버펄로교) [경]1974년 아태안보협력이사회(CSCAP) 한국위원회 회원 1983~1989년 외교안보연구원 교수 1986년 한국해로연구회 연구 및 집행위원·운영위원 1986년 미국의회 방문학자 1989년 세종연구소 연구위원 겸 안보·경제연구실장 1991~1996년 민족통일연구원 국제연구실장·정책연구실장 1993~1999년 KBS 객원해설위원 1994~2000년 한국국제정치학회 이사 1996년 국무총리행정조정실 심사평가위원 1996~1998년 민족통일연구원 부원장 1997~1998년 대통령자문 정책기획위원 1998년 통일연구원 선임연구위원 1999년 한국정치학회 편집이사 2004~2007년 통일연구원 원장 2007년 국제디지털대 부총장 2010년 同총장 2014년 국제사이버대 총장(현) 2012~2016년 한국원격대학협의회 회장 [저]'한반도 군비통제의 재조명'

박영규(朴永奎) PARK Young Kyu

[생]1952·5·28 [본]밀양(密陽) [출]부산 [주]경기 수원시 영통구 광교산로154의42 경기대학교 사회과학대학 법학과(031-249-9310) [학]1971년 부산고졸 1976년 연세대 법학과졸 1978년 同대학원 법학과졸 1991년 법학박사(연세대) [경]1982~1986년 경상대·한국외국어대·홍익대 강사 1984~1993년 경기대 법학과 전임강사·조교수·부교수 1987년 인권보호특별위원회 전문위원 1987~1997년 법무부 법무연수원 외래교수 1990년 경기도 교육소청심사위원 1991년 동국대 강사 1993년 경기대 사회과학대학 법학과 교수(현) 1994년 同학생처장 1995년 민주평통 자문위원 1996년 경기대 연구교류처장 1997년 同법학부장 1997년 언론중재위원회 위원 1998·1999년 경기도문화상 심사위원 2002년 경기대 고시관장 2002년 경기지방경찰청 치안정책연구위원 2002년 경기도 치안행정협의회 위원 2003년 한국형사정책학회 이사 2003년 한국소년보호학회 부회장 2003년 한국형사법학회 이사 2004년 한국비교형사법학회 이사 2009~2010년 경기대 법과대학장 2010년 한국소년정책학회 회장 2011년 同고문(현) 2012년 한국교정학회 회장 2013~2014년 경기대 정치전문대학원장 [저]'형법' '형사소송법' '형법총론 신강' '형사문제의 법률지식' '형사정책' '소송절차의 법률지식'(共) '형법이론과 범죄' '성범죄의 예방·처벌의 법률지식'(共) '제3범죄 법률지식' '자동차 문화'(共) '이론형법' [종]불교

박영규(朴永圭) Park Young Gyu

[생]1960·11·12 [출]대구 [주]제주특별자치도 서귀포시 중문관광로110번길15 한국관광공사 제주지사(064-735-7200) [학]1986년 영남대 영어영문학과졸 [경]1987년 한국관광공사 입사 1992년 同시카고지사 과장 2003년 同컨벤션뷰로팀장 2004년 同뉴욕지사 부장 겸 지사장 직무대행 2010년 同관광아카데미 원장 2012년 同홍보실장 2015년 同제주지사장(현)

박영근(朴泳根)

[생]1949·5·7 [주]전남 구례군 구례읍 봉성로1 구례군의회(061-780-2617) [학]1967년 구례농고졸 [경]구례군 상하수도사업소장, 同건설과장, 광의면장, 산동면장, 구례군청년연합회 지도위원장 2010년 전남 구례군의회 의원(민주당·민주통합당·민주당·새정치민주연합) 2010~2012년 同부의장 2014년 전남 구례군의회 의원(새정치민주연합·더불어민주당)(현) 2016년 同의장(현)

박영근(朴英根) PARK Yung Keun

[생]1960·5·4 [본]함양(咸陽) [출]대전 [주]대전 서구 청사로189 문화재청 차장실(042-481-4690) [학]1978년 서대전고졸 1988년 성균관대 행정학과졸 1996년 헝가리 부다페스트경제대 수료 2010년 동국대 대학원 불교예술문화학과졸 [경]행정고시 합격(33회) 1990~2000년 문화관광부 사무관 2000년 同기획관리실 기획예산담당관실 서기관 2002년 문화재청 문화유산국 건조물문화재과 서기관 2003년 同건조물국 사적과장 2005년 同기획관리관실 혁신인사담당관 2006년 同혁신인사기획관(부이사관) 2007년 同사적명승국장 2008년 국방대 교육파견 2010년 문화재청 문화재활용국장 2013년 同기획조정관 2016년 同차장(현) [상]대통령표창(2000), 근정포장(2006), 홍조근정훈장(2012) [종]가톨릭

박영근(朴永根) PARK Yeung Kurn (구담)

[생]1960·7·27 [본]밀양(密陽) [출]경북 청도 [주]경남 창원시 의창구 창원대학로20 국립창원대학교 경영학과(055-213-3347) [학]1979년 계성고졸 1984년 영남대 경제학과졸 1986년 同대학원 경영학과졸 1994년 경영학박사(영남대) [경]1995~1996년 한국개발원 경제정책위원 1997년 중소기업진흥공단 위촉경영지도사 1997~2001년 창원대 경영학과 전임강사·조교수 1998~2004년 한국마케팅과학회 편집위원장 2001~2005년 창원대 경영학과 부교수·교수, 同경영학과장 2005년 同경영학과 마케팅담당 교수(현) 2007~2011년 同평생교육원장 2008~2010년 경남은행 사외이사 2009~2011년 한국국공립대학평생교육원협의회 이사장 2009~2012년 대통령직속 미래기획위원회 지방경제활성화팀 간사 2010~2016년 민주평통 정책자문위원 2010~2013년 국무총리산하 경제·인문사회연구회 사무총장 2011년 한국전략마케팅학회 회장 2012년 대통령소속 사회통합위원회 지역협의회 위원 2016년 한국경영학회 부회장(현) 2016년 한국마케팅관리학회 회장(현) 2016년 (재)여의도연구원 통일정책위원회 위원장(현) [상]대한민국 지식인 대상(2009) [저]'현대물류관리론' '소비자론' '소비와 현대생활' '소점포경영론' '마케팅 인사이드' [역]'소비자행동론'(2016) [종]천주교

박영근(朴英根) PARK Yung Keun

[생]1961·8·11 [본]밀양(密陽) [출]경남 하동 [주]부산 연제구 법원로34 정림빌딩1306호 법무법인 현승(051-506-6930) [학]1979년 배정고졸 1984년 서울대 법학과졸 1986년 同대학원 법학과졸 [경]1985년 사법시험 합격(27회) 1988년 사법연수원 수료(17기) 1991년 수원지검 성남지청 검사 1993년 창원지검 진주지청 검사 1994년 서울지검 북부지청 검사 1996년 대전지검 검사 1998년 대구지검 검사 2000년 서울지검 남부지청 부부장검사 2001년 전주지검 군산지청 부장검사 2002년 전주지검 부장검사 2003년 부산지검 마약수사부장 2004년 대전지검 형사2부장 2005년 서울서부지검 형사3부장 2006년 서울고검 검사 2008~2009년 부산고검 검사 2009~2011년 법무법인 로앤로 부산사무소 공동대표 변호사 2012년 법무법인 현승 대표변호사(현)

박영기(朴英基) PARK Young Ki

[생]1944·1·1 [본]밀양(密陽) [출]평남 평양 [주]서울 강남구 영동대로316 새마을운동중앙회 4층(02-3446-8885) [학]1962년 배재고졸 1967년 연세대 건축공학과졸 1972년 同대학원 건축공학과졸 1985년 공학박사(연세대) [경]1989~2009년 연세대 공대 건축공학과 교수 1990년 총무처 기술고시 출제위원 1991년 한국건축가협회 회원(현) 1992~1995년 연세대 공과대학 건축공학과장 1993년 건설부 중앙건축위원 1996년 서울시 건축위원 1996년 대한건축학회 논문편집위원장 1998년 국세청 청사신축 현상설계 심사위원 2000년 대한상사중재원 중재인 2002년 대한건축학회 부회장 2004~2006년 환경관리공단 설계자문위원회 기술위원 2009~2011년 천일건축엔지니어링종합건축사사무소 상임고문회장 2009년 연세대 명예교수(현) 2011년 이가종합건축사사무소 상임고문(현) [상]대한건축학회 학술상(1999) [종]기독교

박영기(朴英基) PARK Young Ki

[생]1955·3·24 [출]서울 [주]서울 영등포구 여의대로128 LG화학 정보전자소재사업본부(02-3773-3050) [학]경희고졸, 서울대 금속공학과졸, 한국과학기술원(KAIST) 재료공학 석사, 재료공학박사(미국 일리노이대) [경]2000년 (주)LG화학 정보전자소재연구소장(상무) 2003년 同광학소재사업부장(상무) 2006년 同광학소재사업부장(부사장) 2007년 同정보전자소재사업본부장(부사장) 2010년 同정보전자소재사업본부장(사장)(현)

박영길(朴榮吉) PARK Young Kil

[생]1942·12·2 [본]순천(順天) [출]경북 성주 [주]서울 중구 세종대로20길19 유성빌딩 한국편집미디어협회 회장실 [학]1961년 경북고졸 1966년 영남대 약학과졸 [경]1967년 대구일보 편집부 차장 1974년 한국일보 편집부 차장·부장 1994년 同편집국장대리 겸 종합편집부장 1995년 同편집1부장 겸 국장대리 1996년 일간스포츠 편집국장 대리 1996년 同편집국장 1998년 同편집위원(이사대우) 1998년 한국일보 수석편집위원 1998년 일간스포츠 편집국장 2000년 同편집인(이사대우) 2001년 同편집위원(이사대우) 2002년 (주)머니투데이 편집국 편집고문 2002년 同편집국장(이사) 2003년 同편집인(이사) 2004년 한국편집미디어협회 회장(현)

박영길(朴永吉) PARK young gil

[생]1957·11·5 [출]경남 합천 [주]울산 동구 봉수로155 동구청 부구청장실(052-209-3010) [학]1976년 합천초계고졸 2003년 영산대 자치행정학과졸 2006년 同행정대학원 자치행정학과졸 [경]1979년 울산시 장생포동 근무 1985년 同남구 총무과 근무 1993년 同내무국 시정과 근무 1998년 同내무국 총무과 근무 2008년 同비서실장 2009년 同행정지원국 자치행정과장 2012년 同행정지원국 총무과장 2013년 同복지여성국장 2014년 울산시 동구청 부구청장(현)

박영대(朴永大) Park Young Dae

[생]1955·6·6 [출]충남 청양 [주]서울 송파구 백제고분로 508 제일빌딩4층 스포츠안전재단 사무총장실(02-425-5963) [학]1974년 신일고졸 1987년 한국외국어대 중국어과졸 1993년 대만 국립중흥대학(현 국립타이페이대학) 공공정책연구소 법학과졸 2003년 연세대 고위정책결정자과정 수료 [경]1980년 7급 공채 1980년 문화공보부 입부 1993년 문화체육부 어문출판국 저작권과·문화산업국 영화진흥과 행정사무관 1997년 同문화산업국 영화진흥과 서기관 1999년 '2002월드컵축구대회' 문화시민운동협의회 파견 2002년 문화관광부 문화정책과 서기관 2003~2006년 同문화정책과장(부이사관) 2006~2009년 駐중국 한국문화원 초대원장 2009년 2010유네스코세계문화예술교육대회 추진기획단장 2009년 국립현대미술관 기획운영단장 2011년 여수세계박람회 조직위원회 제2사무차장(파견) 2012년 국립중앙도서관 디지털자료운영부장 2013~2014년 同미래를위한국가유산자문위원회 부위원장 2014년 스포츠안전재단 사무총장 겸 이사(현) [상]문화공보부장관표창(1986), 국무총리표창(1988), 녹조근정훈장(2002), 홍조근정훈장(2013) [종]기독교

박영대(朴永大) PARK Young Dae

[생]1967·7·29 [출]경남 김해 [주]서울 서대문구 통일로 87 경찰청 외사기획과(02-3150-2276) [학]1986년 김해고졸 1990년 경찰대졸(6기) 2013년 연세대 행정대학원 법학석사(경찰사법행정학 전공) [경]2006년 駐청뚜총영사관 경찰주재관 2009년 경찰청 외사국 외사기획·외사정보·국제보안 담당 2010년 同외사정보과 근무 2014년 同기획조정실 미래발전과장 겸 자치경찰TF팀장 2015년 경남 함양경찰서장 2016년 駐상하이 주재관(현) [상]대통령표창(2011)

박영덕(朴英德·女) BAK YEONG DEOK

[생]1958·8·4 [출]전남 무안 [주]광주 광산구 용아로112 광주지방경찰청 여성청소년과(062-609-2248) [학]목포여고졸, 전남대 행정대학원 경찰행정학과졸 [경]1979년 순경 임용(공채) 2008년 광주지방경찰청 여성청소년계장·보안계장 2012년 전남 장성경찰서장(총경) 2014년 광주지방경찰청 112종합상황실장 2015년 전남 무안경찰서장 2016년 광주지방경찰청 여성청소년과장(현)

박영렬(朴永烈) PARK Young Ryul (浩亭)

[생]1956·11·6 [본]밀양(密陽) [출]경기 하남 [주]서울 서초구 서초대로269 부림빌딩501호 법무법인 성의(02-595-6100) [학]1975년 경기고졸 1979년 서울대 법대졸 [경]1981년 사법시험 합격(23회) 1983년 사법연수원 수료(13기) 1983년 서울지검 동부지청 검사 1986년 춘천지검 강릉지청 검사 1987년 인천지검 검사 1989년 법제처 근무 1991년 일본 게이오대(慶應大) 법무성 연수 1992년 서울지검 검사 1994년 대전고검 검사 1996년 춘천지검 부장검사 1997년 대전지검 특수부장 1998년 수원지검 공판송무부장 1998년 同형사3부장 1999년 법무부 공보관 2001년 서울지검 외사부장 2002년 수원지검 여주지청장 2003년 서울고검 검사 2005년 광주지검 순천지청장 2006년 서울고검 송무부장 2007년 법무부 정책홍보관리실장 2008년 서울남부지검장 2009년 광주지검장 2009~2010년 수원지검장 2010년 변호사 개업 2011년 법무법인 성의 대표변호사(현) 2011년 경인일보 자문변호사 2013~2015년 이마트 사외이사 [상]홍조근정훈장(2006) [저]'일본 검찰실무' '외사사범 수사실무' '부동산 국가소송실무' '맑은물 확보와 배분에 관한 법리' '광주 선진교통문화 범시민운동' '탈세사범 수사실무' [종]기독교

박영렬(朴永烈) PARK Young Ryeol

[생]1957·10·24 [출]대전 [주]서울 서대문구 연세로50 연세대학교 경영학과(02-2123-2529) [학]1976년 중앙고졸 1983년 연세대 경영학과졸 1987년 미국 일리노이대 경영대학원졸 1993년 경영학박사(미국 일리노이대) [경]1983년 (주)대우 근무 1983년 미국 일리노이대 객원조교수 1994년 연세대 동서문제연구원 객원연구원 1995~1999년 同경영학과 조교수·부교수 1999~2001년 同연세춘추 주간 2001~2002년 한국소프트웨어진흥원 자문위원 2004년 연세대 경영학과 교수(현) 2004~2008년 同대외협력처장 2012년 同동서문제연구원장 2012~2014년 同경영대학장 겸 경영전문대학원장 2014~2015년 한국경영사학회 회장 2014년 삼성SDS 사외이사 겸 감사위원(현) 2014년 연세대 경영교육혁신센터장 2015년 코리안리재보험(주) 사외이사 겸 감사위원(현) [저]'성공한 경영자가 알고 있는 소비자이야기'(1997) [종]기독교

박영록(朴永祿) PARK Young Rok

[생]1922·3·25 [본]강릉(江陵) [출]강원 고성 [주]서울 영등포구 의사당대로1 대한민국헌정회(02-757-6612) [학]1942년 춘천농고졸 1966년 고려대 경영대학원 수료 [경]1956년 원주시의회 의원 1960년 강원도지사 1963년 제6대 국회의원(원주·원성, 민주당) 1964년 민주당·민중당·신민당 대변인 1966년 민중당 전당대회 부의장 1967년 제7대 국회의원(원주·원성, 신민당) 1973년 제9대 국회의원(원주·원성·홍천·횡성, 신민당) 1974년 신민당 정치훈련원장 1978년 同중앙상임위원회 위원장 1979년 제10대 국회의원(원주·홍천·횡성·원성, 신민당) 1979년 신민당 부총재 1981년 대한민국헌정회 회원(현), 同운영위원(현) 1984년 애국사상선양회 창설·회장 1984년 민주헌정연구회 상임지도위원 1985년 민주화추진협의회 지도위원·부의장 1987년 평화민주당 부총재 1988년 同구로甲지구당 위원장 1988년 同부총재 1991년 민주당 최고위원 1991년 同당무위원 1991년 同농어민특위 위원장 1996년 국토수호국민운동본부 총재 1997년 전국민족사회단체총연합회 회장 1999년 (사)범민족화합통일운동본부 총재 2001년 일송정기념사업회 위원장 [상]세계평화대사통일기반조성상, 통일의기수상, 대한민국청렴정치인대상, 황희정승대상, 참여시민연대 대한민국청렴정치인대상(2007)

박영률(朴榮律) PARK Young Yool (성원)

[생]1942·9·15 [본]밀양(密陽) [출]강원 양구 [주]서울 마포구 창전로2길27 국가발전기독연구원 원장실(02-706-9860) [학]1963년 동북고졸 1967년 중앙대 국어국문학과 3년 수료 1972년 국민대 기업경영학과졸 1976년 중앙대 사회개발대학원 행정학과졸 1990년 교육학박사(미국 캘리포니아신학대) [경]CCC(한국대학생선교회) 총무, 한국교회언론회 공동대표, 서경대 교수, 중앙신학대학원 교수, 同부총장, 21C신지식운동연합중앙회 상임대표, (사)한국기독교총연합회 총무 1998년 국가발전기독연구원 원장(현) 2002년 (사)한국교회복지선교연합회 이사장(현), 한국문인협회 회원(현) 2011년 同홍보위원 2015년 마포문인협회 회장(현), 국제펜클럽 회원(현) 2010년 '사상과 문학' 발행인(현) 2012년 교회성장 큐티클 대표(현) 2013년 한국중동문제 국민참여본부 총재(현) 2013년 국제복지전문신학대학원 총장(현) 2014년 서울시 문인협회 이사(현) [상]한국시문학상(1990), 국민훈장 목련장(2002) [저]'리더십과 교회성장'(1991) '주님과 나만의 시간'(1998) '정년퇴임기념논총'(2008) '한국교회와 박영률 목사'(2008) '언덕밭을 갈며'(2008)외 다수 [작]시집 '빛송' '사랑률' '내가 본 구름으로'(共) '한줄기 바람되어' '한국시대사전에 7편 수록(시부분)' [종]기독교

박영립(朴永立) PARK Young Lip

[생]1953·2·8 [출]전남 담양 [주]서울 강남구 영동대로 517 아셈타워22층 법무법인 화우(02-6003-7118) [학]1974년 검정고시 합격 1980년 숭실대 법학과졸 1987년 同대학원 법학과졸 2000년 단국대 대학원 법학 박사과정 수료 2001년 서울대 전문법학연구과정(금융거래) 수료 [경]1981년 사법시험 합격(23회) 1983년 사법연수원 수료(13기) 1983년 변호사 개업 1987년 가

ㅂ

정법률상담소 상담위원(현) 1989~1993년 전국검정고시총동문회 초대회장 1990년 천주교정의평화위원회 자문위원 1993~1995년 서울지방변호사회 총무이사 1995~2014년 숭실대 법률고문 1996년 대한상사중재원 중재인(현) 1997~2003년 법무법인 화백 변호사 2001~2003년 서울지방변호사회 인권위원장 2002~2003년 사법연수원 외래교수 2002~2014년 서울여대 법률고문 2003~2005년 대한변호사협회 인권위원장 2003년 국무총리 교육정보화추진위원 2003~2013년 법무법인 화우 변호사 2004~2005년 대검찰청 수사제도관행개선위원 2004~2006년 법무부 치료감호심의위원 2004~2006년 교육인적자원부 학원폭력대책기획위원 2004년 소록도 한센병보상청구소송 한국변호단장(현) 2005년 한센인권변호단 단장(현) 2005~2007년 법무부 소년법개정위원 2006~2010년 대통령소속 친일반민족행위자재산조사위원회 위원 2007~2009년 사학분쟁조정위원회 초대위원·위원장 2008~2014년 학교법인 숭실대 감사 2012년 학교법인 숭실사이버대 이사(현) 2013년 법무법인 화우 대표변호사(현) 2014년 서울장학재단 이사(현) 2015년 학교법인 숭실대 이사(현) [종]기독교

박영만(朴榮萬) Park Young Mann

[생]1965·2·5 [본]밀양(密陽) [출]대구 [주]서울 서초구 법원로15 정곡빌딩 서관308호 법무법인 법여울(02-584-8800) [학]1984년 영남고졸 1985년 경북대 공법학과 수석입학 1988년 同법학과졸 1991년 同대학원 법학과졸 2000년 법학박사(경북대) 2004년 연세대 언론홍보대학원 방송영상학과졸 [경]1995년 軍법무관 임용 1997년 사법연수원 수료 2000~2004년 연세대 법대 외래교수 2001년 국방부 고등군사법원 군판사 2002년 육군본부 수석검찰관 2002년 사법연수원 출강 2002년 연세대 언론홍보대학원 총원우회장 2003년 변호사 개업 2003~2012년 한국수자원공사 법률자문 2003~2007년 KBS 법률자문 2003년 남북평화축전조직위원회 추진위원 2004년 연합뉴스 저작권관리 전담변호사(현) 2004~2006년 국회 윤리특별위원회 자문변호사 2005~2012년 서울시복싱연맹 법률고문 2005~2010년 중국 흑룡강성 해림시 법률고문 2005~2010년 법무연수원 출강 2006~2011년 법무부 서울지방교정청 행정심판위원 2006~2008년 경찰대 운영혁신자문위원 2006년 공인중개사시험 출제위원 2006년 (주)보광훼미리마트 자문변호사 2007년 금융연수원 출강 2007년 광운대 출강 2007년 법무법인 법여울 대표변호사(현) 2008~2010년 대한주택공사 법률고문 2008년 신용보증기금 자문변호사(현) 2010~2012년 CBS 노컷뉴스 법률고문 2010~2014년 한국자산관리공사 법률고문 2011년 한국공정거래조정원 하도급분쟁조정위원(현) 2011년 한국철도협회 법률고문(현) 2011년 한국토지주택공사 법률고문(현) 2012년 (주)BGF리테일 자문변호사(현) 2012~2014년 국회 윤리특별위원회 윤리심사자문위원 2014년 대한전문건설공제조합 자문변호사(현) 2014년 서울신용보증재단 고문변호사 [저]'임대차를 모르고 도장찍지 마라'(2011) [종]가톨릭

박영목(朴永穆) PARK Young Mok

[생]1953·11·7 [본]밀양(密陽) [출]서울 [주]대전 유성구 유성대로1689번길70 한국기초과학연구원 인지 및 사회성연구단(042-240-5160) [학]1976년 서울대 생물교육학과졸 1982년 미국 테네시대 대학원 동물학과졸 1988년 유전학박사(미국 아이오와대) [경]1988~1991년 미국 하버드대 Post-Doc. 1991~1996년 기초과학지원연구소 중앙분석기기부 책임연구원 1992~1996년 同중앙분석기기부장 1994~2007년 한국기초과학지원연구원 미래융합연구실 시스템생물학연구팀 책임연구원 1995~1997년 충남대 겸임교수 1997년 미국 스탠퍼드대 객원교수 1997년 미국 네브라스카대 객원교수 1998~2001년 한국기초과학지원연구원 선임부장 2003~2015년 세계인간프로테옴학회 Council Member 2004~2005년 한국광과학회 간사장 2005~2007년 한국프로테옴기구 회장 2006~2009년 한국유전체학회 부회장 2006년 세계인간뇌프로테옴프로젝트(HBPP) 위원장·부위원장(현) 2007~2014년 한국기초과학지원연구원 질량분석연구부 책임연구원 2008~2016년 한국프로테옴기구 상임이사 2009년 충남대 분석과학기술대학원 교수(현) 2010년 同분석과학기술대학원 교수부장 2011년 미국화학학회(American Chemical Society) JPR 편집위원(현) 2014년 한국기초과학연구원 인지 및 사회성연구단 책임연구원(현) [상]과학기술포장(2005)

박영목(朴永穆) PARK Young Mok

[생]1963·5·7 [본]밀양(密陽) [출]서울 [주]서울 강남구 논현로134길15 (주)인챈트인터렉티브 임원실 [학]1982년 여의도고졸 1988년 서울대 경영대학 경영학과졸 1990년 미국 뉴올리언즈대 대학원 경영학과졸(MBA) [경]1990~1995년 효성그룹 회장비서실 과장 1995~2000년 마이크로소프트 마케팅 차장 2000년 (주)베스트사이트 부사장 2003년 엔씨소프트 상무이사 2005년 블리자드엔터테인먼트 상무이사 2008~2010년 크라이텍 대표이사 겸 아태지역 대표 2010년 NHN 게임본부 이사 2011년 (주)오렌지크루 대표이사 2014년 (주)인챈트인터렉티브 대표이사(현)

박영민(朴榮敏) PARK Yeong Min

[생]1961·1·2 [본]밀양(密陽) [출]전북 진안 [주]서울 광진구 능동로120 건국대학교 의학전문대학원 면역학교실(02-2049-6158) [학]1986년 전북대 의대졸 1988년 同대학원 의학석사 1991년 의학박사(전북대) [경]1995~2006년 부산대 의대 전임강사·조교수·부교수·교수 1998년 대한면역학회 총무이사 1998~2000년 미국 예일대 의과대학 Research Associate Scientist 2001년 대한면역학회 이사 2002년 부산대 의과대학 미생물학 및 면역학교실 주임교수 2005~2006년 한국학술진흥재단 운영위원 2005~2010년 수지상세포분화조절연구실(국가지정연구실) 연구책임자 2005년 한국수지상세포연구회 운영위원 2006~2013년 부산대 의학전문대학원 미생물학 및 면역학교실 교수 2006~2009년 세포응용연구사업단 이사 2009~2012년 대한미생물학회 이사 2009년 한국수지상세포연구회 부회장 2013년 건국대 의학전문대학원 면역학교실 교수(현) 2013~2015년 한국연구재단 기초의약단장 2014~2015년 대한백신학회 부회장 2016년 대한면역학회 회장(현) [상]부산의대 학술상(2003·2006), 부산대병원 학술상(2005), 한국연구재단 우수평가자 감사패(2010), 자랑스런 신흥인상(2012), 부산대 의생명연구원 학술상(2012), 보건복지부장관표창(2013), 미래창조과학부장관표창(2015), 건국대 70주년 연구공로상(2016) [역]'분자세포면역학'(2004) [종]기독교

박영민(朴英珉) PARK Young-Min

[생]1965·5·13 [출]서울 [주]서울 서대문구 북아현로11가길7 추계예술대학교 음악학부 관현악전공(02-362-4514) [학]서울대 음악대학 작곡과졸, 同대학원 오케스트라지휘과졸 1996년 오스트리아 잘츠부르크 Mozarteum 국립음대 오케스트라지휘과졸, 이탈리아 키지아나 하계 지휘 코스 수료 [경]KBS교향악단·부천시향·부산시향·코리안심포니·원주시향·프라임오케스트라 지휘자, 원주시립교향악단 전임지휘자, 추계예술대 음악학부 관현악전공 교수(현) 2003년 서울클래시컬플레이어즈 음악감독 겸 지휘자 2010년 원주시립교향악단 상임지휘자(현) 2014년 부천필하모닉오케스트라 겸임지휘자(현) [상]국제모차르트재단의 'Paumgartner' 메달 [종]기독교

박영배(朴永培) PARK Young Bae

[생]1949·4·25 [출]서울 [주]서울 종로구 대학로101 서울대학교 의과대학(02-2072-3379) [학]경기고졸, 서울대 의대졸, 同대학원졸, 의학박사(서울대) [경]1973~1978년 서울대병원 인턴·레지던트 1978~1981년 국군통합병원 군의관 1981~2014년 서울대 의대 내과학교실 조교수·조교수·교수 1990년 대한순환기학회 총무이사 1994년 서울대병원 기획조정실 홍보담당 1994년 분당서울대병원 건립추진본부 의료팀장 1995년 同건립추진본부장 1998년 대한순환기학회 홍보이사 2000~2001년 한국지질·동맥경화학회 국제위원장 2000~2004년 서울대병원 순환기내과 분과장 겸 심장검사실장 2003년 한국지질·동맥경화학회 기획위원장 2006년 서울대병원 내과 과장 2007년 同혁신형세포치료연구중심병원사업단장 2010~2012년 대한심장학회 이사장 2014년 서울대 의과대학 명예교수(현) 2014년 LG생명과학 사외이사 [상]대한순환기학회 학술상(1999), 옥조근정훈장(2014)

박영배(朴英培) Young Bae Park

[생]1959·4·12 [본]밀양(密陽) [출]부산 [주]서울 강남구 영동대로513 코엑스몰 임원실(02-6002-5300) [학]1977년 부산 대동고졸 1982년 한국외국어대 서반어학과졸 1994년 미국 미시시피대 대학원 경제학과졸 2009년 서울대 국제대학원 최고경영자과정 수료 [경]1983년 한국무역협회 입사, 同조사부·무역진흥부 근무 1994년 ASEM 건설사업추진단 기획팀 근무 1998년 코엑스(COEX) 마케팅팀장(파견) 1999년 ASEM회의준비기획단 파견 2001년 COEX 전시팀 파견 2002년 한국무역협회 전시컨벤션팀장 2006~2007년 同부산지부장 2007~2010년 同국제통상본부장(이사) 2008~2011년 한국조폐공사 해외사업리스크관리위원 2009~2010년 한국무역협회 국제통상본부장(상무) 2009~2011년 공정거래위원회 경쟁정책자문위원 2009년 지식경제부 지식경제전문가 2010~2011년 한국무역협회 무역진흥본부장(상무) 2010~2011년 관세청 규제심사위원회 위원 2010~2011년 지식경제부 자체규제심사위원회 위원 2010~2011년 관세청 옴부즈맨위원회 위원 2011~2014년 (주)코엑스 총괄임원(전무이사) 2014년 (주)코엑스몰 대표이사(현) [상]대통령표창(2000), 관세청장표창(2002), 석탑산업훈장(2009) [종]천주교

박영배(朴榮培)

[생]1963·3·18 [주]서울 중구 소공로70 신한카드(주) 임원실(02-6950-1007) [학]1982년 서울사대부고졸 1986년 연세대 사회학과졸 1988년 同대학원 사회학과졸 [경]1990년 신한종합연구소 마케팅 책임연구원 2002년 신한은행 입행 2002년 신한카드(주) 인사총무팀 과장 2005년 同미래전략팀 부장 2006년 同전략혁신팀 부장 2007년 同인재육성팀 부장 2009년 同고객지원본부장 2011년 同신사업본부장 2014년 同금융영업본부장 2015년 同금융영업본부장(상무) 2015년 同금융사업부문장(상무) 2016년 同금융사업부문장(부사장)(현)

박영범(朴英凡) PARK Young Bum

[생]1956·11·6 [출]서울 [주]울산 중구 종가로345 한국산업인력공단(052-714-8022) [학]서울고졸 1980년 한국외국어대 영어학과졸 1981년 同경제학과졸, 미국 코넬대 대학원 경제학과졸 1986년 경제학박사(미국 코넬대) [경]1986년 산업연구원 초빙연구위원 1987년 감사원 파견(공기업경영분석팀)1991년 한국노동연구원 연구조정실장 1993~1997년 同선임연구위원 1995년 미국 East-West Center 초빙연구위원 1996년 한국노동연구원 동향분석실장 1997~2001년 한성대 사회과학대학 지식경제학과 조교수·부교수 2004~2005년 한국노동경제학회 부회장 2006년 한성대 사회과학대학 경제학과 교수(현) 2010년 同교무처장 2010년 건설고용포럼 공동대표 2011년 국가기술자격정책심의위원회 위원(현) 2011~2014년 한국직업능력개발원 원장 2012년 한국노사관계학회 회장 2012년 경제사회발전노사정위원회 세대간상생위원장 2012년 이탈리아 유폴리스 롬바르디아(Eupolis Lombardia) 정책자문위원(현) 2014년 한국산업인력공단 이사장(현) 2014년 학교법인 한국기술교육대학교 이사장(현) 2014년 한국직업방송 대표(현) 2014년 국제기능올림픽대회 한국위원회 위원장(현) [상]한국외국어대총동문회 특별공로상(2015), 은탑산업훈장(2015), 한국기업경영학회 기업경영자 대상(2016) [저]'전환기 한국 노동시장의 길을 묻다'(2009) '한국의 경제발전과 직업교육훈련'(2014)

박영병(朴永秉)

[생]1964 [출]전남 여수 [주]강원 강릉시 수리골길65 강릉세무서(033-610-9201) [학]순천고졸, 세무대학졸(4기) [경]세무공무원 임용(8급 특채), 서울지방국세청 조사1국 근무, 의정부세무서 세원관리과 근무, 국세청 법인납세국 법인세과 근무, 의정부세무서 납세자보호과 근무 2009년 고양세무서 재산세2과장 2014년 국세청 법인납세국 법인세과 서기관 2015년 강릉세무서장(현)

박영복(朴永福) PARK Young Bok (남포)

[생]1945·2·3 [본]밀양(密陽) [출]평남 진남포 [주]충남 공주시 반포면 원당1길34 충청문화재연구원(041-856-8586) [학]1964년 중앙고졸 1968년 고려대 문과대학 사학과졸 1977년 단국대 대학원졸 [경]1974년 경주고분조사단 근무 1976년 문화재연구소 미술공예실 근무 1979년 독일 쾰른동아세아박물관 연수 1982년 국립공주박물관장 1987년 국립청주박물관장 1989년 국립중앙박물관 미술부 근무 1992년 국립민속박물관 전시운영과장 1993년 국립중앙박물관 미술부장 1995년 同유물관리부장 1999년 문화재청 문화유산국장 2000년 국립경주박물관장 2004~2007년 경북도문화재연구원 원장 2007년 전통문화학교 문화유적학과 초빙교수 2009년 (재)고려문화재연구원 상임이사(현) 2011년 (재)충청문화재연구원 원장(제9·10·11대)(현) 2014년 신라왕경핵심유적복원정비사업추진단 위원, 한양대·단국대·청주대·고려대 강사, 울산시·경북도·경기도 문화재위원, 인천문화재단 이사 [상]대통령표창, 근정포장, 제4회 자랑스런 박물관인상 중진부문(2011) [종]기독교

박영복(朴英福) PARK Young Bok

[생]1947·8·26 [본]면천(沔川) [출]황해 옹진 [주]인천 중구 참외전로246 인천유나이티드FC(032-880-5500) [학]1976년 고려대 산업공학과졸 [경]1989년 경제정의실천시민연합 창립 발기인 1992~1998년 인천경제정의실천시민연합 집행위원장 1996년 인천경제정의연구소 소장 1998년 인천의제21실천협의회 실행위원장 2001~2002년 인천시 정무부시장 2002~2004년 인천상공회의소 상근부회장 2006~2012년 경인일보 인천본사 사장 2011년 인천경제자유구역발전자문위원회 위원장 2011~2013년 신흥초등학교 총동문회장 2012년 경인일보 인천본사 상임고문 2013년 가천문화재단 고문 2014~2015년 새정치민주연합 인천시당 공동위원장 2015~2016년 인천시 정무특별보좌관 2015년 인천대 이사 2016년 인천유나이티드FC 대표이사(현) [저]'동학농민전쟁'(1994) '굴업도'(1995) [종]감리교

박영빈(朴榮彬) PARK Young Been

[생]1954·9·23 [출]부산 [주]서울 중구 통일로2길16 AIA타워 (주)동성코퍼레이션 부회장실(02-6190-8800) [학]1973년 경남고졸 1980년 연세대 법학과졸 2010년 서울대 경영대학원 최고경영자과정 수료 [경]1980년 (주)한국개발금융 입사 1983년 한미은행 영업부 심사역 1986년 同신사동지점 심사역 1990년 同심사부(여신심의위원회 간사) 근무 1993년 同이매동지점장 1994년 同임원부속실 비서실장 1997년 同런던지점장 2001년 同Asset Management Task Force팀장 2001년 同신사동지점장 2004~2008년 경남은행 울산본부장(수석부행장) 2009년 우리투자증권(주) 경영지원본부장(전무) 2010년 同경영지원 및 글로벌사업총괄 부사장 2010년 우리금융지주 그룹시너지·IR담당 전무 겸임 2011~2014년 경남은행장 2011~2014년 경남메세나협의회 회장 2015년 (주)동성홀딩스 부회장 2015년 (주)동성코퍼레이션 부회장(현) [상]재무부장관표창(1986), 대통령표창(2003), 문화확산은행경영진대상 최우수상(2007), 포브스사회공헌대상 지역부문대상(2011), 은탑산업훈장(2012), 대한민국금융대상 은행대상(2013)

박영빈(朴榮彬)

[생]1969·1·20 [출]경기 부천 [주]광주 동구 준법로7의12 광주지방검찰청 강력부(062-231-4320) [학]1987년 부천고졸 1993년 고려대 법학과졸 [경]1998년 사법시험 합격(40회) 2001년 사법연수원 수료(30기) 2001년 서울지검 남부지청 검사 2003년 광주지검 순천지청 검사 2005년 울산지검 검사 2007년 서울중앙지검 검사 2010년 인천지검 검사(감사원 파견) 2015년 부산지검 부부장검사 2016년 광주지검 강력부장(현)

박영삼(朴泳三) PARK, YOUNGSAM

[생]1968·7·29 [본]문의(文義) [출]전남 화순 [주]세종특별자치시 한누리대로402 산업통상자원부 산업인력과(044-203-4220) [학]1987년 광주 송원고졸 1993년 서울대 철학과졸 2005년 네덜란드 에라스무스대 대학원 MBA 2016년 기술정책학박사(연세대) [경]1997~2008년 총무처 중앙공무원교육원 신임관리자과정 1998~2006년 정보통신부 금융기획과·초고속망과·인터넷정책과·산업기술과 근무 2006년 同기술정책과 서기관 2007년 국방부 정보통신기반체계과장(파견) 2008년 駐가나 상무관(1등서기관) 2010년 지식경제부 기술규제대응과장 2011년 同정보화담당관 2012년 산업통상자원부 유통물류과장 2014년 同입지총괄과장 2016년 同산업인력과장(현) [상]정보통신부장관표창(2006), 대통령표창(2012), 근정포장(2015)

박영상(朴永祥) PARK Yong Sang

[생]1942·9·15 [본]무안(務安) [출]경기 개성 [주]경기 안산시 상록구 한양대학로55 한양대학교 신문방송학과(031-400-5412) [학]1963년 가톨릭대 신학부 수료 1968년 한양대 신문학과졸 1980년 미국 미주리대 대학원졸 1983년 신문학박사(미국 미주리대) [경]1968~1975년 합동통신 기자 1983~2008년 한양대 신문방송학과 교수 1989·1992년 同사회대학장 1997년 언론중재위원회 위원 1999~2000년 한국언론학회 회장 1999~2002년 한양대 언론정보대학원장 2000년 한국광고자율심의기구 이사 2001년 삼성언론재단 이사 2002년 관훈클럽 편집위원 2004년 UN환경계획(United Nations Environment Program) 한국위원회 이사(현) 2005~2008년 뉴스통신진흥회 이사 2007년 방송위원회 제17대 대통령선거방송심의위원회 부위원장 2008년 한양대 신문방송학과 명예교수(현) 2011~2013년 한국광해관리공단 비상임이사 [상]국무총리표창(2008) [저]'뉴스란 무엇인가' '언론자유의 재개념화를 위한 시론' '언론과 철학' '초고속통신망 수용과 정책방향' [종]천주교

박영서(朴瑩緖) PARK Young Seo

[생]1949·8·16 [본]반남(潘南) [출]대구 [주]서울 중구 수표로2길22 서울빌딩305호 선진PNS 임원실(02-2275-3090) [학]1967년 대창고졸 1974년 중앙대 신문방송학과졸 2004년 연세대 행정대학원 고위정책과정 수료 [경]1976년 황재홍 국회의원 비서관 1984년 김기수 국회의원 비서관 1985년 민주화추진협의회 운영위원 1985년 반형식 국회의원 보좌관 1987년 장충준 국회의원 보좌관 1988년 국회 노동위원장 보좌관 1990년 김영배 원내총무 보좌관 1992년 채영석 국회의원 보좌관 1996년 새정치국민회의 예천지구당 위원장 1997년 국회 보건복지위원장 보좌관 1997년 민주당 경북담당 정책보좌역 2000년 새천년민주당 문경·예천지구당 위원장 2002년 한국가스안전공사 기획관리이사 2004~2005년 同부사장 2005년 대구도시가스(주) 고문(현) 2005~2015년 동강설비(주) 회장 2015년 선진PNS 회장(현) [상]국회개원50주년기념 최우수보좌관상(1998) [종]불교

박영서(朴永緒) PARK Young Seo

(생)1956 · 12 · 15 (출)경기 (주)서울 송파구 올림픽로43길 88 서울아산병원 어린이병원(02-3010-3374) (학)1975년 경동고졸 1981년 서울대 의대졸 1990년 同대학원졸 1993년 의학박사(서울대) (경)1990~2001년 울산대 의대 소아과학교실 전임강사 · 조교수 · 부교수 1993년 미국 미네소타대 교환교수 1996~2000년 울산대 의대 임상의학과정 2001년 同의대 소아청소년과학교실 교수(현) 2001~2002년 서울아산병원 지원조정실장 2004~2006년 울산대 의대 교무부학장 2008년 서울아산병원 소아청소년과장 2008년 울산대 의대 소아청소년과학교실 주임교수 2013년 서울아산병원 어린이병원장(현) 2014년 대한소아신장학회 회장(현) (종)천주교

박영서(朴泳瑞)

(생)1963 · 2 · 27 (주)경북 안동시 풍천면 도청대로455 경상북도의회(054-880-5345) (학)수원대 토목공학과졸, 경북대 산업대학원 토목공학과졸(공학석사) (경)경북북부아스콘사업협동조합 이사장(현), 문경시생활체육회 회장(현), 문경시 종합사회복지관 운영위원장(현), 근혜동산 문경시 단장(현), 문경관광개발(주) 이사(현), 문경시지역복지단체협의체 위원장(현), 사랑의열매 문경시사랑나눔봉사단장(현), 문경시장학회 이사(현), 새누리당 경북도당 부위원장(현) 2006년 경북도의원선거 출마(무소속) 2014년 경북도의회 의원(새누리당)(현) 2014 · 2016년 同운영위원회 위원(현) 2014년 同건설소방위원회 위원 2015년 同행정보건복지위원회 위원 2015년 同예산결산특별위원회 위원 2016년 同행정보건복지위원회 부위원장(현)

박영석(朴英錫) Youngsuk Park (古佛)

(생)1948 · 12 · 28 (본)죽산(竹山) (출)부산 (주)서울 강남구 언주로712 영진빌딩 (주)엠티아이지(02-540-3617) (학)1967년 대양공고졸 1990년 광주대 전자계산학과졸 1993년 동의대 중소기업대학원졸 1998년 경영학박사(동의대) (경)1991년 KBS 부산방송본부 김해송신소장 1993년 同제주방송총국 기술국장 1995년 同전산정보실 개발부장 1998년 同정보자료실 부주간 1999년 (사)한국정보기술사용자협회장 2001년 한국방송공사 뉴미디어국장 2004년 同방송문화연구소 연구위원 2004년 同글로벌센터 국제방송팀장 2005~2006년 건잠디지털 CEO 2006년 토트엔터테인먼트 CEO 2006년 (주)엠티아이지 대표이사(현) (상)정보통신부장관표창 (종)불교

박영석(朴英錫) PARK Young Suk

(생)1953 · 10 · 1 (본)상주(尙州) (출)충북 (주)경기 용인시 처인구 명지로116 명지대학교 토목환경공학과(031-330-6412) (학)1975년 서울대 토목공학과졸 1980년 同대학원 토목공학과졸 1986년 토목공학박사(서울대) (경)1984년 명지대 토목환경공학과 조교수 · 부교수 · 교수(현) 1989년 미국 Lehigh대 객원교수 1994년 서울시 건설기술심의위원 1996년 대한전기협회 강구조분과위원장 1998년 한국도로공사 기술 및 설계자문위원 1998년 해양수산부 설계자문위원 1999년 국제교량학회 한국지회 이사 1999년 토목연구정보센터(CERIC) 소장(현) 2000년 대한토목학회 논문집 편집위원장 2002년 同강구조위원장 2003년 (사)한국공학교육인증원 인증평가위원 2003년 대한토목학회 학술대회위원장 2005~2007년 명지대 방목기초교육대학장 겸 교육개발센터장 2005년 同하이브리드구조실험센터장(현) 2006년 서울메트로 기술자문위원 2008~2014년 국제교량학회 한국지회 부회장 2011~2015년 건설연구인프라운영원 이사장 2013~2015년 한국강구조학회 회장 2016년 대한토목학회 차기(2017년1월) 회장(현) (상)건설부장관표창, 한국토목문화대상(2012) (저)'도로설계 해설집'(共) '대한토목사'(共) '구조역학' '철도설계기준'(共) '강교량의 피로와 손상' '도로교 표준시방서 설계편'(共)

박영석(朴英錫) Young S. Park

(생)1960 · 10 · 31 (본)밀양(密陽) (출)서울 (주)서울 마포구 백범로35 서강대학교 경영학부(02-705-8711) (학)한성고졸 1985년 서울대 경영학과졸 1987년 미국 펜실베이니아대 경영대학원졸 1990년 경영학박사(미국 펜실베이니아대) (경)1990년 일본 국제대 국제경영대학 조교수 1993~1995년 일본 릿교대(立教大) 부교수 1995년 동국대 경영학부 부교수 1998년 서강대 경영학부 부교수 2000년 同경영학부 교수(현) 2009~2012년 한국금융투자협회(KOFIA) 공익이사 2010~2015년 하나대투증권(주) 사외이사(이사회 의장) 2011~2013년 금융위원회 공적자금관리위원회 민간위원 2013~2015년 서강대 경영학부학장 겸 경영전문대학원장 2013년 금융위원회 금융발전심의회 정책 ·

글로벌금융분과 위원 2013~2015년 대통령자문 국민경제자문회의 거시금융분과 민간위원 2013년 롯데정보통신(주) 사외이사(현) 2015년 금융위원회 금융개혁회의 위원 2015년 메리츠종합금융증권(주) 사외이사 겸 감사위원(현) 2016년 금융위원회 금융발전심의회 자본시장분과 위원(현) 2016년 同금융개혁추진위원회 위원 겸임(현) 2016년 한국증권학회 회장(현) (저)'경영의 원론적 이슈와 경영학의 본질'(2002) '투자론-이론과 실무'(2005) '주가지수와 자본시장'(2008) '외국자본과 한국경제'(2008) (역)'재무의 이해'(2002 · 2009) (종)천주교

박영선(朴玲先) PARK Young Sun

(생)1956 · 7 · 30 (출)충남 서천 (주)부산 동구 충장대로351 부산지방해양안전심판원(051-647-1850) (학)1979년 한국해양대졸, 미국 뉴욕주립대 대학원졸 (경)1985~1990년 해운항만청 선원선박과 · 울산지방해양항만청 해무과장 1990년 해운항만청 선원선박과 근무 1992년 미국 뉴욕주립대 파견 1994년 해양수산부 국제협력관실 근무 1997년 중앙해양안전심판원 조사관 1998~2000년 미국 우즈홀(Woods Hole)해양연구소 파견 2000년 해양수산부 근무 2001년 중앙해양안전심판원 조사관 2004년 해양수산부 해사기술담당관(서기관) 2005년 아 · 태지역항만국통제위원회 의장 2007년 해양수산부 안전관리관실 해사기술담당관(부이사관) 2008년 국토해양부 항행안전정보과장 2009년 同중앙해양안전심판원 수석조사관(고위공무원) 2009년 駐영국 공사참사관 2013년 교육 파견(고위공무원) 2014년 해양수산부 중앙해양안전심판원 심판관 2015년 부산지방해양안전심판원장(현)

박영선(朴映宣 · 女) PARK Young Sun

(생)1960 · 1 · 22 (출)경남 창녕 (주)서울 영등포구 의사당대로1 국회 의원회관731호(02-784-3870) (학)1978년 수도여고졸 1982년 경희대 지리학과졸 1998년 서강대 언론대학원졸 (경)1983년 MBC 보도국 TV편집2부 기자 1984년 同문화과학부 기자 1989년 同보도제작국 보도특집부 기자 1990년 同국제부 기자 1991년 同경제부 기자 1993년 同TV편집2부 기자 1995년 同LA특파원 1998년 同국제부 차장 2000년 同경제부 차장 2001년 同보도행정부 차장 2002년 同문화부 부장대우 2003년 同경제부장 2004년 열린우리당 공동대변인 2004년 제17대 국회의원(비례대표, 열린우리당 · 대통합민주신당) 2004년 열린우리당 대변인 2004년 同원내부대표 2005년 同의장 비서실장 2007년 대통합민주신당 정동영 대통령후보비서실 지원실장 2008년 제18대 국회의원(서울 구로구乙, 통합민주당 · 민주당) 2008~2009년 민주당 정책위 수석부의장 2008년 同당부위원 2008~2009년 국회 민주정책연구원 부원장 2010년 국회 법제사법위원회 간사 2011년 민주통합당 정책위 의장 2012년 同최고위원 2012년 同MB · 새누리심판국민위원회 위원장 2012년 제19대 국회의원(서울 구로구乙, 민주통합당 · 민주당 · 새정치민주연합 · 더불어민주당) 2012~2014년 국회 법제사법위원회 위원장 2012년 민주통합당 문재인 대통령후보 선거기획단 기획위원 2012년 同제18대 대통령중앙선거대책위원회 공동위원장 2014년 새정치민주연합 원내대표 2014년 국회 운영위원회 위원 2014년 국회 기획재정위원회 위원 2014년 국회 정보위원회 위원 2015년 국회 정치개혁특별위원회 위원 2015년 새정치민주연합 재벌개혁특별위원회 위원장 2015년 여성소비자신문 자문위원(현) 2015년 더불어민주당 재벌개혁특별위원회 위원장 2016년 同제20대 총선 선거대책위원회 위원 2016년 同비상대책위원회 위원 2016년 同더불어경제실천본부 공동위원장(현) 2016년 제20대 국회의원(서울 구로구乙, 더불어민주당)(현) 2016년 더불어민주당 참좋은지방정부위원회 공동위원장 2016년 국회 기획재정위원회 위원(현) 2016년 더불어민주당 서울구로구乙지역위원회 위원장(현) (상)바른말보도상, 백봉신사상(2008), 백봉신사상 올해의 신사의원 베스트11(2010), 자랑스러운 경희인상(2013), 전국소상공인단체연합회 초정대상(2013), 대한민국 법률대상 사법개혁부문(2013), (사)한국인터넷소통협회 대한민국국회의원소통대상(2015), 국제언론인클럽 글로벌 자랑스런 한국인대상 의정발전공헌부문(2015), (사)한국청년유권자연맹 청년통통(소통 · 통합)정치인상(2016), 제21회 대한민국을 빛낸 한국인물대상 정치공로부문 대상(2016), INAK 국회의정상(2016) (저)'사람 향기' 에세이집 '자신만의 역사를 만들어라'(2012, 마음의 숲) '누가 지도자인가'(2015, 마음의 숲) (역)'중소국경제시대를 가다' '한국 백년 세계 백년'

박영선(朴永善)

(생)1961 · 1 · 13 (주)경기 과천시 관문로47 서울지방국토관리청 관리국(02-2110-6710) (학)충남기계공고졸, 한남대 불어불문학과졸 (경)2013년 국토교통부 기획조정실 기획재정담당관실 서기관, 同기획조정실 연구개발담당관실 서기관, 同정책기획관실 투자심사팀 근무 2016년 서울지방국토관리청 관리국장(현)

박영소(朴泳昭) PARK Young So

[생]1959·5·16 [출]경기 수원 [주]서울 마포구 백범로18 한겨레교육(주) 임원실(02-840-5910) [학]1986년 동국대 정치외교학과졸 [경]1985~1990년 삼성전기 근무 1994년 한겨레신문 인사부장 2000년 同감사부장 2001년 同관리국장 2003년 同미디어사업본부 부본부장 2005년 同경영기획실장 2005년 同기획·제작담당 이사 2007년 同경영·제작담당 이사 2008년 同총괄상무이사 2009년 同제작·판매담당 상무이사 2009년 한국신문협회 기술협의회 이사 2011년 한겨레신문 기획조정본부장(상무이사) 2012년 씨네21(주) 사외이사 2012년 한겨레통일문화재단 이사 2014년 한겨레교육(주) 상임고문(현)

박영송(朴鈴松·女) PARK Young Song

[생]1973·4·20 [출]충남 보령 [주]세종특별자치시 조치원읍 군청로87의16 세종특별자치시의회(044-300-7140) [학]대전 성모여고졸 1995년 충남대 행정학과졸, 한밭대 대학원 도시공학과졸 [경]대전환경운동연합 상근활동가, 푸른연기21 사회환경분과 위원, 대전여성환경포럼 자문위원, 참여정치개혁포럼 공동대표, 충남여성포럼 운영위원, 도화로터리클럽 부회장(현) 2006~2010년 충남 연기군의회 의원(비례대표, 열린우리당) 2008년 충남 연기군수선거 출마(보궐선거, 민주당) 2010~2012년 충남도의회 의원(비례대표, 민주당·민주통합당) 2012년 세종특별자치시의회 의원(비례대표, 민주통합당·민주당·새정치민주연합) 2012년 同행정복지위원회 부위원장 2014년 세종특별자치시의회 의원(새정치민주연합·더불어민주당)(현) 2014년 同교육위원회 위원장 2014·2016년 同행정복지위원회 위원(현) 2016년 同교육위원회 위원(현) [상]대한민국 위민의정대상(2016)

박영수(朴英洙) PARK Young Soo (德泉)

[생]1952·2·15 [본]밀양(密陽) [출]제주 [주]서울 서초구 서초중앙로203 오릭스빌딩4층 법무법인(유) 강남(02-537-9900) [학]1971년 서울 동성고졸 1975년 서울대 문리학과졸 1978년 고려대 대학원 법학과졸 1991년 국방대학원 수료 2010년 법학박사(단국대) [경]1978년 사법시험 합격(20회) 1980년 사법연수원 수료(10기) 1980년 軍법무관 1983년 서울지검 북부지청 검사 1986년 대전지검 서산지청 검사 1987년 수원지검 검사 1989년 법무부 보호국 검사 1991년 서울지검 검사 1992년 대전지검 강경지청장 1993년 대검찰청 검찰연구관 1994년 수원지검 강력부장 1995년 대검찰청 강력과장 1997년 서울지검 남부지청 형사3부장 1998년 서울지검 강력부장 1999년 수원지검 평택지청장 2000년 대검찰청 공안기획관 2001년 대통령 사정비서관 2002년 서울지검 제2차장검사 2003년 부산지검 동부지청장 2004년 서울고검 차장검사 2005년 대검찰청 중앙수사부장 2007년 대전고검장 2007~2009년 서울고검장 2009~2010년 법무법인 대륙아주 대표변호사 2010~2013년 법무법인 산호 대표변호사 2012~2013년 대한변호사협회 지방자치단체세금낭비조사특별위원회 위원장 2013~2015년 우리금융지주 사외이사 겸 이사회 의장 2013년 법무법인(유) 강남 대표변호사(현) [상]검찰총장표창(1986), 대통령표창(1990), 황조근정훈장(2004) [종]불교

박영수(朴泳秀) PARK Young Soo

[생]1961·3·16 [주]서울 중구 세종대로7길25 (주)에스원 SE사업부(02-2131-8257) [학]1980년 신성고졸 1985년 중앙대 경제학과졸 [경]삼성중공업 입사, 삼성자동차 인사팀 과장, (주)에스원 인사팀장 2005년 同인사담당 상무보, 同경영지원실 인사지원담당 상무 2010년 同경영지원실 인사지원담당 전무 2010년 同인사지원실장(전무) 2013년 同빌딩솔루션사업부장(전무) 2015년 同빌딩솔루션사업부장(부사장) 2015년 同세콤사업부장(부사장) 2016년 同SE사업부장(부사장)(현)

박영수(朴榮壽) PARK Yeong Soo

[생]1964·10·3 [본]밀양(密陽) [출]경북 청도 [주]경기 과천시 홍촌말로44 중앙선거관리위원회 기획조정실(02-502-6846) [학]대구 청구고졸, 경북대 정치학과졸, 연세대 행정대학원 정치학과졸(석사) [경]중앙선거관리위원회 근무, 영일군선거관리위원회 근무, 고성군선거관리위원회 사무과장 2010년 중앙선거관리위원회 법규안내센터장 2011년 同법제과장 2013년 同법제국장 2013년 미국 교육훈련 파견 2015년 중앙선거관리위원회 조사국장 2016년 同기획조정실장(관리관)(현) 2016년 同선거구획정위원회 위원 [상]국무총리표창

박영수(朴榮洙) PARK Young Soo

[생]1969·10·22 [출]광주 [주]광주 동구 동명로102 법무법인 아크로(062-229-8300) [학]1987년 광주 서강고졸 1991년 조선대 법학과졸 1997년 同대학원 법학과졸 [경]1995년 사법시험 합격(37회) 1998년 사법연수원 수료(27기) 1998~2000년 변호사 개업 2000년 대전지검 검사 2002년 대구지검 포항지청 검사 2004년 인천지검 검사 2007년 의정부지검 검사 2009년 서울중앙지검 검사 2010년 同부부장검사 2011년 창원지검 공판송무부장 2012년 춘천지검 부장검사 2013년 의정부지검 공판송무부장 2014년 광주지검 형사3부장 2015년 인천지검 부천지청 부장검사 2016년 수원지검 안산지청 부부장검사 2016년 법무법인 아크로 구성원변호사(현)

박영숙(朴英淑·女) PARK Youngsook

[생]1955·7·16 [본]밀양(密陽) [출]경북 구미 [주]서울 성북구 북악산로1길31 인데일리(02-313-6300) [학]1972년 대구여고졸 1976년 경북대 사범대학 외국어교육학과졸 1986년 미국 서던캘리포니아대 대학원졸(교육학석사) 2007년 성균관대 대학원 사회복지학 박사과정 수료 [경]1975~1979년 유봉여중 교사 1982~2000년 駐韓영국대사관 공보관 1995년 한국수양부모협회 회장(현) 1996년 영국 펠릭스토인터내셔날칼리지 이사 2000~2009년 駐韓호주대사관 수석보좌관 2000년 한국관광중앙회 호텔심사위원 2001년 한국방문의해 명예홍보대사 2001년 세계청년봉사단 운영위원 2003~2006년 대한적십자사 홍보자문위원 2004~2006년 한국복지사협회 국제협력위원장 2004~2006년 국무총리실 아동정책조정위원 2004년 세계미래회의 한국대표(현) 2004년 (사)유엔미래포럼 대표(현) 2005년 국가청소년위원회 위원 2005년 해양수산부 자문위원 2005년 한국자원봉사협의회 전국자원봉사대축제 '노블리스 오블리주' 기획위원장 2006~2007년 국토해양부 미래기술위원·4대강 살리기 위원 2006~2010년 교통방송 시청자위원회 부위원장 2006년 연세대 생활과학대학 주거환경학과 강사(현) 2007~2010년 서울문화포럼 관광분과 위원 2007~2011년 민주평통 자문위원 2007년 국가인적자원위원회 위원 2008~2009년 지식경제부 신산업기획단 자문위원 2008년 대구사이버대 교양학부 미래예측 담임교수(현) 2008년 교육과학기술부 규제완화위원 2009~2010년 농업진흥청 미래전략위원장 2009년 글로벌프론티어 사업추진위원 2009~2012년 한국공학한림원 공학교육위원 2010년 해비타트 서울지회 이사(현) 2011~2012년 미래비전액션플랜 기획위원 2011~2015년 한국장학재단 명예홍보대사 2012년 인데일리 발행인 2016년 同명예기자(현) [상]기독교가정사역연구소 및 기독교윤리실천운동본부 선정 '올해의 부부상'(1999), 여성문화사 선정 '가족문화상 특별상'(2000), 행정자치부 선정 '2003년을 빛낸 한국인 100인'(2003), 보건복지부장관표창(2004), 한국여의사회 선정 '여의대상-길 봉사상'(2006), 중앙일보·SBS·한국자원봉사협의회 감사패 '노블리스 오블리주 공로상'(2006), 자랑스런 대구여고 동문상(2011) [저]장편소설 '더블 크로스'(1996, 도서출판 나남) '거문도(전3권)'(1997, 도서출판 장원) 수필집 '나는 늘 새엄마이고 싶다'(1999, 도서출판 책섬) '승리하는 아이로 키우려면 지는 법부터 가르쳐라'(2002, 중앙M&B) '강철이집 어데고'(2003, 도서출판 정음) '미래예측 리포트'(2004, 랜덤하우스 중앙) 'NEXT JOB 미래직업 대예측'(2006, 매경출판) '유엔미래보고서 2005(共)'(2006, 교보출판) '2020 트랜스휴먼과 미래경제(共)'(2006, 교보출판) '전략적 사고를 위한 미래예측(共)'(2007, 교보출판) '유엔미래보고서 2007(共)'(2007, 남보사연) '당신의 성공을 위한 미래뉴스'(2008, 도솔출판) '새로운 미래가 온다'(2008, 경향미디어출판) '미리가본 2018년-유엔미래보고서 2008(共)'(2008, 교보출판) '미래가족구조와 가정위탁'(2008, 남보사연) '어린이리더를 위한 미래뉴스'(2009, 서울문화사) '유엔미래보고서1 : 2009(共)'(2009, 남보사연) '유엔미래보고서2 : 2020년 위기와 기회의 미래'(2009, 교보출판) '2020 미래 교육 보고서'(2010, 경향미디어) '유엔미래보고서3 : 기후와 에너지로 재편되는 세계(共)'(2010, 교보출판) '유엔미래보고서 2025'(2011, 교보출판) '미래예측보고서'(2011, 경향미디어출판) '유엔미래보고서 2030'(2012, 교보출판) '유엔미래보고서 2040'(2013, 교보출판) '미래는 어떻게 변해가는가 : 2014-2130 시간대별로 살펴보는 퓨처 타임라인'(2014, 교보출판) '유엔미래보고서 2045'(2014, 교보출판) '메이커의 시대 : 유엔미래보고서 미래일자리'(2015, 한국경제신문) [역]'에너지혁명2030'

박영숙(朴永菽·女) PARK Young Sook

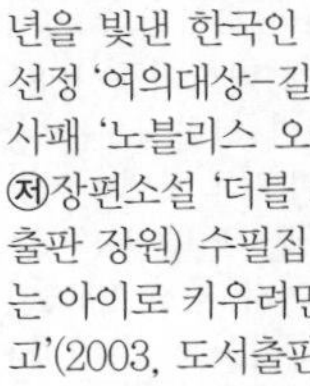

[생]1959·3·14 [본]밀양(密陽) [출]경북 포항 [주]서울 서초구 바우뫼로1길35 한국교육개발원 초·중등교육연구본부 교원정책연구실(02-3460-0114) [학]1977년 인일여고졸 1981년 이화여대 교육학과졸 1983년 同대학원졸 1992년 교육학박사(이화여대) [경]이화여대 강사, 아주대 교육대학원 겸임교수 1983년 한국교육개발원 교육발전연구부 연구원·선임연구위원 2001년 교육인적자원부 교육정책자문위원 2001년 교원양성기관 평가위원 2004년 미국 Univ.

ㅂ

of Pittsburgh 객원교수 2006년 한국교육개발원 혁신기획실장 2007년 同교원정책연구실장 2007년 기획재정부 재정사업평가자문단 자문위원 2007년 교육과학기술부 총사업심의위원, 한국교육행정학회 정책위원회 위원장 2009년 한국교육개발원 교육시설환경연구센터 소장 겸 교과교실지원센터 소장 2010년 同학교컨설팅·평가연구본부장 2010년 한국교원교육학회 부회장 2011~2012년 한국교육개발원 교원양성기관평가센터장 2012년 同교원정책연구실 선임연구위원 2012년 미래학교연구센터 공동대표 2012년 교육과학기술부 개방형공모직 면접전형심사위원 2012년 대통령 교육문화수석비서관 정책자문위원 2013~2014년 교육부 개방형공모직 면접전형심사위원 2013~2014년 한국교육개발원 기획처장 2014년 미래교육환경학회 공동회장(현) 2015년 한국교육개발원 교육정책연구본부 초·중등교육연구실 선임연구위원 2016년 同초·중등교육연구본부 교원정책연구실장(현) [상]교육부장관표창(1999), 우수연구보고서표창, 세종공로표창(2005), 국무총리표창(2007), 대한민국 커뮤니케이션대상(2013), 고객중심 경영대상 서비스부문(2014) [저]'학급 규모와 교육효과 분석 연구(2000)' '교원인사제도 혁신 방안 개발 연구'(2003) '교직활성화를 위한 교직문화변화전략개발 연구'(2003) '미래형 선진교육 인프라 구축 방안 연구'(2005) '참여정부의 교육정책 성과 분석 연구'(2005) '교원 중장기 수급 계획 재검토 및 보완 연구'(2007) '교직과 교사'(2007) '교육서비스업 인력양성체제의 적합성 제고 방안연구'(2008) '교원능력제고를 위한 인프라구축 및 평가연계모형 개발연구'(2008) '수석교사 시범운영 평가 연구'(2008) '교과교실제 실행모델 개발연구'(2009) '선진교원 충원 전략 및 지원과제 개발 연구'(2009) '교육전문직 인사제도 개선 방안 연구'(2010) '대학시설의 이론과 실제'(2010) '교육인사행정론'(2011) 등 [종]불교

박영숙(朴英淑·女) PARK Young Sook
[생]1966·2·5 [출]경남 사천 [주]세종특별자치시 갈매로 408 교육부 운영지원과(044-203-6508) [학]진주여고졸, 건국대 행정학과졸, 同대학원 행정학과 수료 [경]행정고시 합격(34회) 2003년 한국방송통신대 사무국 총무과 서기관 2005년 교육인적자원부 지방교육지원국 유아교육지원과장 2007년 同사교육대책추진팀장 2008년 교육과학기술부 과학기술문화과장 2009년 同학술연구정책실 학술진흥과장 2010년 同학술연구정책실 학술진흥과장(부이사관) 2011년 同교육복지국 교육복지과장 2012년 미래기획위원회 파견(부이사관) 2013년 교육부 교원정책과장 2014년 경북대 사무국장(고위공무원) 2014년 경북대병원 비상임이사 2016년 국방대 파견(현)

박영순(朴榮順·女) Park Young Soon
[생]1946·12·8 [본]밀양(密陽) [출]울산 [주]제주특별자치도 제주시 조천읍 선교로117 농업회사법인 경덕(080-782-0055) [학]1964년 부산대 약학과졸 1980년 원광대 대학원 생약학과졸 1985년 약학박사(원광대) [경]1987~1990년 약사임상생약연구회 창립·회장 1990~1994년 원광대 약대 강사 1992~2010년 (주)온누리약국체인 대표이사 사장·대표이사 회장 1996년 (주)렉스진바이오텍 설립·회장 1997~2010년 (사)온누리약사복지회 이사장 2001년 RexAhn Co. Ltd. 이사 2005년 농업회사법인 경덕(주) 대표이사 회장(현) 2010~2012년 한국전쟁기념재단 이사 2010년 (주)온누리생활건강 대표이사 회장, (사)온누리건강가족복지회 이사장 2012~2014년 부산대약대총동문회 회장 2012~2015년 집라인제주 대표이사 2013년 코오롱웰케어 더블유스토어(W-store) 자문역(현) [상]서울시장 자랑스런시민상(1993), 약업신문 동암약의상(2000), 대한약사회 대한약사금장상(2008) [저]'병과약'(1990) '한방의 약리해설'(1991) '온누리건강요법 시리즈'(1992) '온누리 전체 건강요법 시리즈'(1993) '질병에 따라 달라지는 식이요법'(2000) '한방의 약리해설 개정판'(2002) '질병별 맞춤 식이요법-이럴땐 뭘 먹지'(2003) '건강기능식품과 질병별 영양요법'(2006) [종]기독교

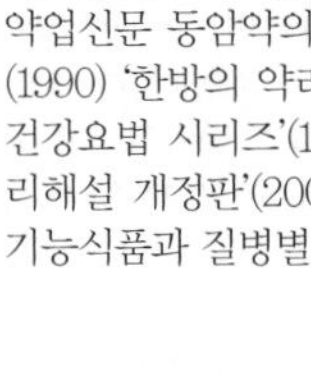

박영순(朴榮淳) PARK Young Soon (善坐)
[생]1950·6·29 [본]밀양(密陽) [출]전북 [주]전북 전주시 덕진구 건산로256 지산빌딩3층 하나노무법인(063-241-4747) [학]1968년 전주고졸, 전북대 중퇴 [경]1969년 수산청 근무 1987년 노동부 근로기준국 근무 1989년 광주지방노동청 행정사무관 1992년 서울남부지방노동사무소 산업안전과장 1993년 전주지방노동사무소 관리과장 1996년 同근로감독과장 1997년 노동부 고용정책실 훈련지도국 자격지원과 근무 2000년 광주지방노동청 고용안정센터장 2001년 同근로감독과장 2002년 同관리과장 2004년 춘천지방노동사무소 소장 2005년 전주지방노동사무소 소장 2006년 광주지방노동청 전주지청장 2006년 전북지방노동위원회 위원장 2009~2012년 신세계노무법인 회장 2010~2013년 경기지방노동위원회 공익위원 2012년 하나노무법인 대표(현) [상]대통령표창(1999), 홍조근정훈장(2009) [종]천주교

박영순(朴英順·女) PARK Young Soon
[생]1958·10·11 [출]강원 강릉 [주]서울 송파구 충민로52 가든파이브웍스4층 에이앤유디자인그룹건축사사무소(02-2047-3200) [학]강릉여고졸, 강원대 건축공학과졸 [경]대우건축연구소 근무, 연희건축사무소 근무, 창조건축사무소 근무 1997년 상화건축사사무소 대표 2005년 대한건축사협회 여성건축사회장 2006년 同여성위원회 이사 2011년 에이앤유디자인그룹 건축사사무소(주) 사장(현) 2016년 (사)한국여성건축가협회 회장(현) [저]'충북대 자연관' '전북대 임상연구동·정신과 병동' '국립중앙도서관 작품제작' [종]기독교

박영술(朴永述) PARK Young Sool
[생]1955·3·15 [주]강원 강릉시 범일로579번길24 가톨릭관동대학교 의과대학 의료경영학과(033-649-7582) [학]경북대 통계학과졸, 同대학원졸 전산통계학과졸, 이학박사(경북대) [경]관동대 정보통계학 교수, 同의료경영학과 교수 2013~2014년 同취업인턴쉽지원센터장 2014년 가톨릭관동대 의과대학 의료경영학과 교수(현) 2014~2015년 同취업인턴쉽지원센터장 2015년 同학생처장(현)

박영식(朴永植) Johan Yeongsik PAHK
[생]1954·2·4 [본]밀양(密陽) [출]경북 김천 [주]서울 서초구 반포대로222 가톨릭대학교 총장실(02-2164-4103) [학]1978년 가톨릭대 신학과졸 1991년 이탈리아 로마교황청성서대학(Pontificio Istituto Biblico) 대학원졸 1996년 성서학박사(이탈리아 로마교황청성서대학) [경]1982년 사제 서품 1982~1984년 천주교 압구정동교회 보좌신부 1984~1987년 천주교 서울대교구장 김수환 추기경 비서 1995년 도서출판 성서와함께 자문위원 1997년 가톨릭대 종교학과 교수(현) 1997년 성바오로출판사 '지혜문학총서' 공동편집인 1997년 가톨릭출판사 자문위원 1998~2000년 로마 우르바노대 초빙교수 1999년 월간 생활성서 자문위원 2000년 '대희년기념성서묵상총서' 편집위원 2006~2009년 가톨릭대 문화영성대학원장 2007~2009년 同대학원위원회 위원 2008년 교황청 성서위원회 위원(현) 2009년 가톨릭대 총장(현) 2009~2011년 한국가톨릭계대학총장협의회 초대회장 2010년 김수환추기경연구소 소장 2012년 한국가톨릭계대학총장협의회 부회장 2013년 同회장(현) 2013년 한국대학교육협의회 이사(현) 2014~2016년 한국사립대학총장협의회 감사 [상]한국을 빛낸 창조경영대상-윤리경영부문(2010), 대한민국 글로벌CEO상-글로벌인재양성부문(2012) [저]'Il canto della gioia in Dio'(1996) '코헬렛의 지혜와 즐거운 인생'(1997) '잠언'(1998) '간추린 성문서 입문'(1998) '청동문을 열어라'(1999) '분향 같게 하옵소서'(1999) '그리스도께 문을 열어라'(1999) '성서를 읽기 위하여'(1999) '생명의 샘과 인생길'(1999) '가장 행복한 약속'(2000) '고통은 왜'(2002) '십계명'(2002) '이야기로 배우는 모세오경'(2003) 'La preghiera dei saggi'(2004) '하느님의 구원과 제자의 길'(2005) '창세기 1'(2006) '창세기 2'(2006) '하느님 백성의 영성'(2006) '하느님과 빵의 영성'(2007) [역]'하느님 인간 그리고 시'(1988) '시라'(1993) '사랑의 숨결'(1995) '생명의 나무'(1998) '솔로몬의 지혜 1·2'(1998) '매일의 삶 속에서 성령의 열매'(1998) '아버지 하느님'(1998) '우리를 낳은 반석'(1998) '자비로우신 아버지 하느님'(1999) '사도 바오로의 권고와 훈계'(1999) '희년의 기원'(1999) '노년…희망이 있습니까?'(2000) '노년…희망이 있어야 합니다'(2000) '노년…희망이 있습니다'(2000) '바오로의 열정과 복음 선포'(2000) '구약성서 연구 방법론'(2000) '그대의 어머니'(2001) '성서 히브리어 입문'(2001) '성서 히브리어 입문 분석과 해설'(2001) '모세오경 입문'(2001) '마르코 복음서'(2002) '임은 나의 것 나는 임의 것'(2002) '모세오경'(2002) '예언서'(2002) '성문서'(2002) '이분이 네 어머니시다'(2003) '시편과 영신수련'(2003) '하느님의 목소리'(2003) '구약성서 외경 입문'(2003) '초기 유다이즘 입문'(2004) '전례사전'(2005) '묵시문학적 상상력'(2006) '기도하는 교회의 마리아'(2006) '현인들의 기도'(2007) '계약의 신비 안에 계시는 마리아'(2007) '고대 유대이즘과 그리스도교의 기원'(2008) '고대 이스라엘의 교육'(2008) '이스라엘의 하느님과 민족들'(2008) '하느님과 그 모상'(2008) '모세오경'(2009) [종]가톨릭

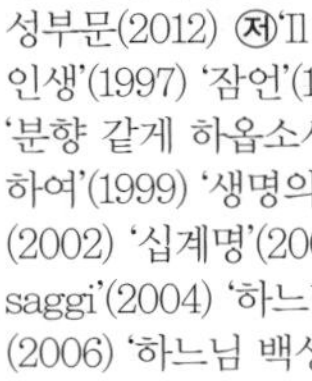

박영식(朴泳植) Park Young-sig
[생]1965 [출]충북 단양 [주]세종특별자치시 도움4로13 보건복지부 국제협력관실(044-202-2359) [학]제천고졸, 한국외국어대 영어과졸 [경]외무고시 합격(23회) 2007년 외교통상부 통상교섭본부 자유무역협정추진단 자유무역협정상품무역규범과장 2008년 同통상교섭본부 자유무역협정교섭국 자유무역협정상품무역규범과장 2008년 駐오스트레일리아 참사관 2011년 駐인도네시아 공사참사관 2012년 駐인도네시아 공사 직대 2013~2014년 駐인도네시아 공사 2015년 외교부 유럽국 심의관(고위공무원) 2015년 보건복지부 국제협력관(현)

박영신(朴永信) Yong Shin Park

[생]1938 · 2 · 24 [본]밀양(密陽) [출]경북 [주]서울 서대문구 연세로50 연세대학교 사회학과(02-2123-2420) [학]1960년 연세대 교육학과졸 1966년 同대학원 교육학과졸 1968년 미국 예일대 대학원졸 1975년 사회학박사(미국 Univ. of California, Berkeley) [경]1975~1980년 연세대 사회학과 조교수 · 부교수 1980~2003년 同인문학부 사회학과 교수 1983년 한국사회이론학회 초대회장 1983년 한국사회학연구소 부소장 1984~1985년 대통령직속 교육개혁위원회 위원 1985~1992년 학술계간지 '현상과 인식' 편집인 1997년 한국사회운동학회 초대회장 1998년 한국인문사회과학회 초대회장 2000~2011년 녹색연합 상임대표 2002~2004년 녹색서울시민위원회 지속가능발전위원회 위원장 2002~2003년 노인시민연대 공동대표 2003~2004년 환경부 민간환경단체 정책협의회 위원장 2003년 연세대 사회학과 명예교수(현) 2005년 실천신학대학원대 종교사회학과 석좌교수 [저]'현대사회의 구조와 이론'(1978) '변동의 사회학'(1980) '갈등의 사회학(編)'(1980) '역사와 사회변동'(1987) '사회학이론과 현실인식'(1992) '동유럽의 개혁운동 : 폴란드와 헝가리의 비교'(1993) '러시아의 지적전통과 논쟁(共)'(1994) '우리사회의 성찰적 인식'(1995) '새로 쓴 변동의 사회학'(1996) '실천도덕으로서의 정치 : 바츨라브 하벨의 역사 참여'(2000) '겨레학문의 선구자 외솔과 한결의 사상'(2002) [역]'사회과학의 구조기능주의 : 탈콧트 파아슨스 이론의 이해'(1978) '사회학에의 접근: 비판적 사회의식'(1979) '집단심리학'(1980) '사회 변동과 사회 운동 : 사회학적 설명력'(1981) '정치사회학'(1981) '사회변동의 상징구조'(1981) '사회과학의 상징적 교섭론'(1982) '비판사회학(共)'(1983) '문학사회학 방법론(共)'(1984) '역사사회학의 방법과 전망(共)'(1986) '도쿠가와 종교'(1994) [종]기독교

박영아(朴英娥 · 女) PARK Young Ah

[생]1960 · 6 · 18 [출]서울 [주]서울 서초구 마방로68 동원산업빌딩 한국과학기술기획평가원 원장실(02-589-2201) [학]1979년 상명여고졸 1983년 서울대 물리학과졸 1987년 물리학박사(미국 펜실베이니아대) [경]1983년 미국 펜실베이니아대 Teaching Assistant 1984~1987년 同Research Assistant 1987년 서울대 자연과학종합연구소 연구원 1988~1989년 포항공과대 물리학과 객원조교수 1989~2013년 명지대 이과대학 물리학과 교수 1998년 미국 메릴랜드대 방문교수 2005년 한국물리학회 여성위원장 2006년 아시아태평양물리학연합회(AAPPS) 여성물리실무그룹 초대위원장 2007년 한국물리학회 부회장 2007년 세계물리연맹(IUPAP) 여성물리실무그룹 위원 2007년 제3차 세계여성물리대회(ICWIP 2008) 조직위원장 2008년 아시아태평양물리학연합회(AAPPS) 집행위원회 이사 2008년 제18대 국회의원(서울 송파구甲, 한나라당 · 새누리당) 2008년 한나라당 제6정책조정위원회 부위원장 2008년 同서울시당 공약개발위원장 2008년 同윤리위원회 위원 2008~2012년 국회 교육과학기술위원회 위원 겸 법안심사소위 위원 2008년 국회 미래전략 및 과학기술특별위원회 위원 2009~2012년 국회 예산결산특별위원회 위원 2010~2012년 국회 독도영토수호대책특별위원회 위원 2010~2012년 국회 윤리특별위원회 위원 2010년 국회 교육과학기술위원회 위원 2010~2012년 국회 과학기술소위원회 위원장 2011~2012년 국회 운영위원회 위원 2012년 (사)한국과학기술나눔포럼 상임대표(현) 2013 · 2016년 한국과학기술기획평가원(KISTEP) 원장(현) 2013년 대학산업기술지원단(UNITEF) 이사(현) 2014년 국가과학기술자문회의 창조경제분과 위원(현) 2015년 미국 펜실베이니아대 한국동창회장(현) [상]교육과학기술부 및 한국과학창의재단 선정 '2008년 닮고 싶고 되고 싶은 과학기술인'(2008), 한국과학기술단체총연합회 선정 '대한민국 국회 과학기술현인상'(2011), 전국자연과학대학장협의회 및 한국공과대학장협의회 선정 과학기술백년대계상(2012), 과학기술훈장 웅비장(2013) [종]기독교

박영애(朴永愛 · 女) PARK Young Yae

[생]1951 · 7 · 3 [출]서울 [주]대전 대덕구 한남로70 한남대학교 아동복지학과(042-629-7441) [학]1969년 이화여고졸 1973년 서울대졸 1979년 미국 일리노이대 대학원졸 1995년 아동학박사(고려대) [경]1982년 한남대 사범대학 가정교육과 조교수 · 부교수 1998년 同사회과학대학 아동복지학과 교수(현), 同국제협력위원, 同교원인사위원, 同입시공정관리위원, 대전시 지방보육정책위원장, 충남도 아동정책위원, 대전시어린이회관 건립추진자문위원장, 대전시 여성정책위원, (재)대전복지재단 이사, 대전시어린이회관 운영위원, 한국인간발달학회 회장, 한국생활과학회 회장, 한국아동학회 부회장, 한국놀이치료학회 부회장, 한국가족복지학회 부회장, 한국청소년정책연구원 아동청소년미래포럼 전문위원 2013년 한국놀이치료학회 회장 2014 同고문(현) [상]사회과학부문우수도서상(2002), 이화를빛낸상(2004), 연구업적우수교원상(2005) [저]'인간행동과 사회환경' '방과 후 아동지도' '현대인의 자녀양육' '자녀의 자존감을 북돋우는 부모' [역]'인지행동놀이치료' '놀이와 아동발달' '부부를 위한 인지치료' '가족문제해결핸드북'

박영애(朴英愛 · 女) Yeong-ae Park

[생]1956 · 7 · 6 [출]인천 [주]인천 남동구 정각로29 인천광역시의회(032-440-6043) [학]가톨릭대 법경학부 법학과졸, 同대학원 법학과졸, 同행정대학원 국가정책최고과정 수료 [경]인권사무소 Human Rights 대표(현), 민주평통 부평구협의회장, 새누리당 인천시당 부위원장 2014년 인천시의회 의원(비례대표, 새누리당)(현) 2014 · 2016년 同운영위원회 위원(현) 2014년 同문화복지위원회 부위원장 2014 · 2016년 同윤리특별위원회 위원(현) 2015년 同윤리특별위원회 부위원장 2016년 同기획행정위원회 부위원장(현) 2016년 同예산결산특별위원회 위원(현)

박영오(朴永晤) Park Young Oh

[생]1959 · 2 · 17 [본]밀양(密陽) [출]대구 [주]세종특별자치시 갈매로388 문화체육관광부 비상안전기획관실(044-202-2280) [학]1978년 대구 대건고졸 1982년 육군사관학교 중국어과졸 1998년 경남대 대학원 경영학과졸 2012년 충남대 대학원 군사학과 수료 [경]2000년 육군 8사단 작전참모 2001년 합동참모본부 작전참모본부 계획 및 기획소요 담당 2003년 육군 11군단 작전과장 2004년 육군 36사단 참모장 2005년 육군 56사단 218연대장 2006년 육군 11군단 작전참모 2007년 육군 32사단 505여단장 2008년 육군대학 및 합동군사대 전술학처장 2012~2014년 합동군사대학교 전문직 교관(전술학) 2015년 문화체육관광부 비상안전기획관(일반직고위공무원)(현) [상]국방부장관표창(2003), 대통령표창(2004), 보국훈장 삼일장(2015) [종]불교

박영옥(朴永玉 · 女) Park Yong Ok

[생]1957 · 1 · 25 [출]광주 [주]서울 노원구 화랑로727 한국스포츠개발원(02-970-9501) [학]전남대 외국어교육과졸, 서울대 대학원 사회학과졸, 사회학박사(성균관대) [경]1996년 한국스포츠개발원 입원 2002~2010년 同정책개발연구실장 2002~2004년 대한올림픽위원회(KOC) 남북체육교류협력위원회 위원 2003~2013년 한국스포츠산업경영학회 이사 2003년 한국스포츠사회학회 이사 2010년 한국야구위원회(KBO) 발전위원회 위원(현) 2014년 한국스포츠산업경영학회 부회장(현) 2014년 대한장애인체육회 임원추천위원회 부위원장(현) 2014~2015년 한국스포츠개발원 스포츠산업실장 2014년 새만금개발청 문화체육관광예술분과 자문위원 2015년 한국스포츠사회학회 부회장(현) 2015년 한국스포츠개발원 원장(현)

박영우(朴泳宇) PARK Young Woo

[생]1951 · 3 · 12 [주]강원 원주시 일산로20 연세대학교 원주의과대학 기초과학교실(033-760-2114) [학]휘문고졸 1976년 연세대 물리학과졸 1979년 同대학원 물리학과졸 1986년 의학물리학박사(연세대) [경]1987~1996년 연세대 원주의과대학 전임강사 · 조교수 · 부교수 1993~2002년 한국의학물리학회 이사 1996~2016년 연세대 원주의과대학 기초과학부(물리학) 교수 1999년 International Society of Radiation Oncology(ISRO) 아세아 대표(현) 1999~2001년 연세대 원주의과대학 의학도서실장 1999~2001년 국제종양학회 자문위원 2016년 연세대 원주의과대학 기초과학교실 명예교수(현) [종]기독교

박영우(朴英雨) PARK Yung Woo (東泉)

[생]1952 · 7 · 2 [본]죽산(竹山) [출]부산 [주]서울 관악구 관악로1 서울대학교 물리천문학부(02-880-6607) [학]1975년 서울대 물리학과졸 1980년 이학박사(미국 펜실베이니아대) [경]1980년 미국 Univ. of Pennsylvania Post-Doc. 1980년 서울대 자연과학대학 물리천문학부 조교수 · 부교수 · 교수(현) 1984~1985년 미국 Univ. of California at Santa Barbara 객원교수 1998~2001년 미국 국립고자기장연구소 Senior Research Affiliate 1999년 한국과학기술한림원 정회원(현) 2003~2004년 한국물리학회 부회장 2004 · 2008년 독일 막스플랑크고체물리연구소 방문교수 2004 · 2008년 Chalmers University Sweden 방문교수 2004년 The Goeteborg Royal Academy of Sciences and Arts in Sweden Foreign Member(현) 2009년 미국 물리학회 펠로우(현) 2009~2015년 한 · 스웨덴 탄소기반나노구조연구센터 소장 2013~2016년 한국과학기술한림원 국제협력부장 [상]서울대 물리학과 최우등 졸업(1975), 한국물리학회 논문상(1986), 한국과학상 물리부문(1991), 나노연구혁신대상 과학기술부장관표창(2004), 서울대 자연과학대학 연구상(2007), 과학재단 우수연구 50선(2007), The Brothers Jacob and Marcus Wallenberg Memory Foundation Grant Administered by the Royal Swedish Academy of Sciences Sweden(2008), 한국물리학회 학술상(2010) [종]기독교

박영욱(朴瑛郁) PARK Young Wook

생1963·2·17 **본**밀양(密陽) **출**서울 **주**강원 강릉시 죽헌길7 강릉원주대학교 치과병원 치의학과(033-640-3183) **학**1987년 서울대 치의학과졸 1990년 同대학원졸 1997년 치의학박사(서울대) **경**1994년 안양중앙병원 구강악안면외과장 1995~1997년 한양대 의과대학 전임강사, 同부속 구리병원 구강악안면외과 과장 1997년 강릉대 치과대학 교수 2003~2004년 미국 텍사스대 엠디엔더슨 암센터 교환교수 2007년 강릉대치과병원 원장 2009년 강릉원주대 치의학과 교수(현) 2009~2013년 同치과병원장 **상**대한구강악안면외과학회 심계학술상(2003)

박영인(朴永仁) Young In PARK (靜寬)

생1951·11·27 **본**밀양(密陽) **출**서울 **주**세종특별자치시 조치원읍 세종로2511 고려대학교 약학대학(044-860-1600) **학**1974년 서울대 제약학과졸 1976년 同대학원 약학과졸 1983년 미국 인디애나주립대 블루밍턴교(Indiana Univ. at Bloomington) 대학원 미생물학과졸 1987년 생화학박사(미국 인디애나주립대 블루밍턴교) **경**1987년 미국 Indiana Univ. Postdoctoral Fellow 1988~1996년 고려대 농과대학 유전공학과 조교수·부교수 1992~1994년 同유전공학과장 1995년 同대학원 유전공학과 주임교수 1996~1998년 同생명공학원 연구부장 1996~2010년 同생명과학부 교수 1997~1999년 보건복지부 유전자재조합종합회의 위원 1998~2001년 同중앙약사심의위원 1999년 국무총리 청소년보호위원 1999~2001년 한국과학재단 전문위원(생명과학분야) 1999~2001년 과학기술부 기초과학실무위원 2000~2002년 고려대 생명과학부 교학부장 2002~2004년 同생명과학대학장 2005~2006년 同산학협력단장 2005~2006년 同연구처장 2005~2006년 대한약학회 부회장 2005~2009년 생명약학연구회 회장 2006~2007년 대학기술이전협회(KAUTM) 회장 2006년 선도TLO협의회 회장 2007년 한국분자세포생물학회(KSMCB) 부회장 2007년 한국미생물·생명공학회(KMB) 부회장 2008~2009년 한국생화학분자생물학회 부회장·회장 2010년 고려대 약학대학설립추진단장 2010년 同약학대학 교수(현) 2010년 同약학대학장(현) 2011년 한국미생물생명공학회 회장 2011년 고려대 바이오메디컬연구소장, 同약과학연구소장 **상**한국생약학회 고려삼상 학술상(1975), 생명약학 학술상(2002), 한국과학기술단체총연합회 우수논문상(2003), 한국미생물생명공학회 학술상(2010), 생화학분자생물학회 디아이학술상(2014) **전**'New Perspectives on Aloe(編)'(2006) **역**'Tropp의 분자생물학'(2011) **종**불교

박영일(朴英一) PARK Yeong Il

생1955·1·11 **출**경남 남해 **주**경남 남해군 남해읍 망운로9번길12 남해군청 군수실(055-860-3201) **학**1975년 남해고졸 1979년 동아대 문리과대학 체육학과졸 **경**1980~1987년 해성중 교사 1988~1993년 남해고 교사 2006~2014년 남해군수산업협동조합 조합장 2009~2011년 어업인교육문화복지재단 이사, 새누리당 경남도당 부위원장 2014년 경남 남해군수(새누리당)(현) **상**철탑산업훈장(2008), 자랑스러운 동아인상(2016)

박영일(朴泳一) PARK Yeong Il

생1956·7·24 **출**부산 **주**서울 노원구 공릉로232 서울과학기술대학교 기계시스템디자인공학과(02-970-6352) **학**1975년 서울고졸 1979년 서울대 기계설계학과졸 1981년 同대학원졸 1991년 공학박사(서울대) **경**1982~2010년 서울산업대 기계시스템디자인공학과 전임강사·조교수·부교수·교수 1995년 미국 미시간대 방문교수 2002년 한국자동차공학회 편집이사 2010년 서울과학기술대 기계시스템디자인공학과 기계설계자동화프로그램 교수(현) **종**불교

박영일(朴永逸) PARK Young Il

생1958·10·9 **본**밀양(密陽) **출**서울 **주**서울 서대문구 이화여대길52 이화여자대학교 일반대학원 디지털미디어학부(02-3277-6705) **학**1976년 경복고졸 1980년 서울대 경영학과졸 1982년 同행정대학원졸 1984년 한국과학기술원(KAIST) 경영과학과졸(석사) 1996년 산업경영학박사(한국과학기술원) **경**1979년 행정고시 합격(23회) 1998년 과학기술부 기획예산담당관 1998년 同연구기획평가심의관 1999년 同기획조정심의관 2000년 한국원자력안전기술원 파견 2000년 과학기술부 기획조정심의관 2001년 同공보관 2002년 同기초과학인력국장 2003년 同연구개발국장 2003년 同과학기술정책실장 2004년 同기획관리실장 2005년 同정책홍보관리실장 2006~2007년 同차관 2007년 이화여대 일반대학원 디지털미디어학부 교수 2007년 同R&D(연구개발)혁신단장 2007년 한국공학한림원 정회원(현) 2008년 과학예술융합포럼 공동

대표 2011~2013년 한국건설교통기술평가원 이사 2013~2015년 국토교통과학기술진흥원 비상임이사 2013년 기술경영경제학회 회장 2013~2016년 국방기술품질원 비상임이사 2013·2015년 대통령소속 국가지식재산위원회 민간위원(현) 2014~2016년 이화여대 대외부총장 2015년 이화여대의료원 이화융합의학연구원장 겸 연구중심병원추진단장(현) 2015년 신성장창조경제협력연합회 초대 회장 2015~2016년 同이사장 2016년 국가과학기술연구회 비상임이사(현) 2016년 이화여대 신산업융합대 융합콘텐츠학과 교수(현) **상**근정포장(1988), 과학기술처장관표창(1989), 고운문화상 창의상(1998), 황조근정훈장(2004), 한국공학한림원 기술정책기여부문 일진상(2012) **전**'실천R&D 매니지먼트' '일본 과학기술의 사회사' **종**기독교

박영일(朴永一) PARK Yeong Il

생1958·11·25 **주**서울 영등포구 여의대로128 트윈타워 LG전자(주) 냉장고사업부(02-3777-1114) **학**마산고졸, 부산대 공대졸 **경**1984년 금성사 입사 2002년 LG전자(주) 냉장고생산담당(상무) 2005년 同태주법인장 2006년 同몬테레이법인장 2010년 同HA사업본부 냉장고사업부장(전무) 2012년 同냉장고사업부장(부사장)(현) **상**대통령표창(2013)

박영재(朴英在) PARK Young Jae

생1969·2·5 **본**밀양(密陽) **출**부산 **주**부산 연제구 법원로31 부산고등법원(051-590-1114) **학**1987년 배정고졸 1991년 서울대 법과대학졸 2001년 미국 뉴욕대 로스쿨졸(LL. M.) **경**1990년 사법시험 합격(32회) 1993년 사법연수원 수료(22기) 1993년 공군 법무관 1996년 서울지법 동부지원 판사 1998년 서울지법 판사 2000년 대전지법 판사 2002년 대전고법 판사 2004년 법원행정처 인사제3담당관 2005년 同인사제1담당관 2006년 서울고법 판사 2008년 광주지법 순천지원 부장판사 2009년 사법연수원 교수 2012~2015년 서울중앙지법 부장판사 2012~2014년 법원행정처 기획조정실 기획총괄심의관 2015년 부산고법 부장판사(현) **종**천주교

박영정(朴永楨) PARK Young Jeong

생1961·11·23 **주**서울 강서구 금낭화길154 한국문화관광연구원 통일문화연구센터(02-2669-9855) **학**1984년 전남대 인문대학 사학과졸 1991년 건국대 대학원 국어국문학과졸 1997년 국문학박사(건국대) **경**1998년 근로자연극제 심사위원 1998년 한국극예술학회 편집이사 2000년 한국문화정책개발원 위촉연구원 2001년 통일문제연구협의회 운영위원(현) 2003년 남북종교교류추진협의회 위원 2003년 한국문화관광정책연구원 책임연구원 2004년 同정책평가센터장 2005년 同예술정책팀장 2006년 同여가정책지원센터장 2006~2008년 한국문화관광연구원 문화예술연구실 예술정책팀장, 同문화예술연구실 책임연구원 2007~2013년 민주평통 상임위원 2014년 대통령직속 통일준비위원회 사회문화분과위원회 전문위원(현) 2015년 한국문화관광연구원 통일문화연구센터장(연구위원)(현) 2015년 서울문화재단 비상임이사(현) **상**제7회 노정김재철 학술상(2008) **전**'유치진 연극론의 사적 전개'(1997) '한국현대예술사대계'(1999) '남북한공연예술의 대화'(2003) '한국 근대연극과 재일본 조선인 연극운동'(2007) '한국현대연극100년'(2008) '한국의 웃음문화'(2008)

박영조(朴泳祚) PARK Young Jo (雲岩)

생1952·1·13 **출**충남 서천 **주**대전 유성구 대덕대로1227 한국가스기술공사 경영지원본부(042-600-8000) **학**1971년 서천고졸 1994년 기독교음악대 종교음악학과졸, 고려대 대학원 정책학 박사과정 수료 **경**대성필프 기획운영실장, 서천신문 대표이사 사장 1993년 대전·충남지역신문협의회 회장 1993년 서천군재향군인회 회장 1999·2002~2006년 충남도의회 의원(자민련·한나라당) 2000년 바르게살기운동 서천군협의회장 2006년 충남도의원선거 출마(한나라당) 2007~2010년 충청남도교통연수원 원장 2016년 한국가스기술공사 경영지원본부장(상임이사)(현) **상**공보처장관표창(1991), 재정경제부장관표창(1997), 한국지역언론대상(1997), 국민포장(1998) **종**기독교

박영주(朴英珠) PARK Young-Ju

생1941·1·29 **본**밀양(密陽) **출**부산 **주**서울 마포구 동교로161 이건하우스4층 이건산업(주) 회장실(02-2007-2208) **학**1959년 경기고졸 1963년 서울대 상과대학 경제학과졸 2016년 명예 박사(미국 시카고대 미술학교) **경**1975년 광명목재 대표이사 1978~1993년 이건산업(주) 대표이사 사장 1988~2009년 (주)이건창호시스템 대표이사 회장 1989~1995·1997년 세계잡

업협회(World Forestry Center) 회장 1990~2002년 한국합판보드협회 회장 1993년 이건산업(주) 회장(현) 1993년 駐韓솔로몬아일랜드 명예총영사 1994~1996년 APEC자문기구 Pacific Business Economic Corporation 한국위원장 1995~1997년 세계임업협회(WFC) 회장 1998년 전국경제인연합회 부회장 겸 사회공헌위원장(현) 2003년 국립현대미술관회 부회장·회장(현) 2004~2009년 (주)포스코 사외이사 2005~2012년 한국메세나협의회 회장 2005년 미국 School of Art Institute of Chicago 이사(현) 2005년 한·칠레협회 회장(현) 2006~2007년 (주)포스코 이사회 의장 2009년 미국 포브스誌 아시아판(Forbes Asia) '기부영웅'에 선정 2009~2015년 한국무역협회 비상근부회장 2009년 (주)이건창호 회장(현) 2012~2015년 예술의전당 이사장 2013년 솔로몬군도 명예총영사 [상]대통령표창(1979·1988), 새천년 지식경영대상 지식경영최고CEO상(2000), 한국능률협회 선정 '한국의 경영자상'(2001), 금탑산업훈장(2001), 칠레정부 최고훈장(Bernardo O'Higgins)(2001), 몽블랑 예술후원자상(2005), 서울대 올해의 경영인 대상(2007), CEO그랑프리상(2009), 한국전문경영인(CEO)학회 '한국을 빛내는 CEO Ⅲ' 선정(2011), 한국메세나대회 메세나인상 문화체육관광부장관표창(2014), 은관문화훈장(2015) [종]기독교

박영준(朴英俊) PARK Young June

[생]1940·11·11 [본]함양(咸陽) [출]전북 군산 [주]서울 강남구 삼성로524 세화빌딩6층 예일회계법인(02-501-7302) [학]1959년 군산고졸 1966년 서울대 상대 상학과졸 1968년 同경영대학원 경영학과졸 2000년 경제학박사(청주대) [경]1965년 공인회계사 및 세무사 개업(현) 1968~1982년 단국대·서울여대·성균관대 강사 1970~1974년 광주지방국세청·서울지방국세청 국세심사위원 1972~1979년 세무공무원교육원 강사 1975~1987년 대한상공회의소 세무상담역 1975~1999년 국가사무기술자격검정시험(부기1급) 출제위원 1978~2000년 대한상공회의소 세무회계검정시험 출제위원 1980~2007년 MBC 회계고문 1980~2002년 경향신문 감사 1981~1983년 언론중재위원회 중재위원 겸 감사 1983~2007년 건국대 행정대학원 겸임교수 1985~1987년 한국생산성본부 경영자문위원 1987~1990년 재정경제부 공인회계사시험 출제위원 1988~2015년 연합뉴스 감사 1990~2005년 학교법인 해인학원(동신대) 감사 1990~1996년 공인회계사감사반연합회 회장 1990~2000년 공익자금관리위원회 부위원장 1991~2002년 홍익대 법경대 겸임교수 1993~2003년 민주평통 자문위원 1993~2007년 한국상장회사협의회 감사·회계·세무 자문위원 1997~1999년 한국회계학회 상임이사 1998년 국세청 세무사시험 출제위원 1998~2000년 학교법인 경원학원(경원대) 감사 1998~2003년 지방세과세표준심의위원회 위원 1999년 경인일보 감사(현) 1999~2012년 경원대 경상대학 초빙교수 2000~2013년 의료법인 길의료재단(길병원) 감사 2000~2006년 학교법인 가천학원재단(가천대·가천의대) 감사 2000~2002년 세제발전심의위원회 2000~2002년 한국공인회계사회 부회장 2002~2004년 同국제연구위원장 2002~2004년 경희대 경영대학원 강사 2002~2007년 국세공무원교육원 강사 2007~2010년 민주화운동기념사업회 감사 2008~2010년 학교법인 대양학원(세종대) 감사 2012~2015년 가천대 경상대학 초빙교수 [상]청소년지도자 대훈장(1981), 재무부장관표창(1986), 국민포장(1993), 국세청장표창(2002) [저]'합병과 자산 재평가' '어음실무' '법인세법 해설' '경영과 세무' '세무신고와 신청' '어음의 실무와 회계' '경리·회계실무' '회계·세무사전' '세무조사 종합대책'(2007) [종]기독교

박영준(朴泳俊) Park Youngjoon

[생]1956·11·22 [주]부산 남구 문현금융로40 부산국제금융센터(BIFC) 한국자산관리공사(051-794-2310) [학]1975년 중동고 1979년 연세대 경영학과졸 1985년 미국 워싱턴대 대학원 경영학과졸(MBA) 2004년 미국 휘티어대학 로스쿨 법학과졸(LL.M.) [경]1986~1997년 고려증권 입사·국제부장 1998~1999년 Assurance General de France 부장 1999년 외국인투자 옴부즈만사무소 금융전문위원 2002년 미국 스마트카드 프로세싱 COO 2007년 다이와증권 서울지점 법률고문(증권법전공 미국변호사) 2008년 금융감독원 자본시장서비스국장 2010년 同국제협력국장 2012년 同금융투자감독·공시담당 부원장보 2014년 同금융투자·시장담당 부원장 2015년 한국자산관리공사 부사장(현)

박영준(朴永俊) PARK Young Jun

[생]1956·12·31 [주]서울 중구 서소문로11길19 배재정동빌딩B동 (주)빙그레 임원실(02-2022-6000) [학]서울사대부고졸, 서울대 수의학과졸, 고려대 대학원 경영학과졸 [경]1981년 (주)빙그레 입사, 同논산공장장, 同기획조정실장, 同기획담당 상무, 同영업담당 상무 2011년 同영업담당 전무이사, 同해외사업담당 전무이사 2015년 同대표이사 부사장(현)

박영준(朴榮駿) PARK Young June

[생]1961·5·16 [출]서울 [주]서울 서초구 서초대로74길 11 삼성자산운용(02-3774-7600) [학]1980년 고려고졸 1985년 서울대 경영학과졸 1987년 同대학원 경영학과졸 [경]1987년 삼성그룹 입사 1990년 삼성생명보험 투융자본부 대리·과장 1994년 삼성 회장비서실 재무팀 과장·차장 1998년 同구조조정본부 재무팀 차장·부장·상무 2006년 同전략기획실 재무팀 상무·전무 2008년 同금융일류화추진팀 상무·전무 2010년 삼성생명보험 경영혁신실장(전무) 2011년 삼성카드 전략기획본부장(전무) 2012년 同전무(안식년) 2013년 삼성자산운용 마케팅총괄 전무 2014년 同상근고문(현)

박영준(朴永濬) PARK Yung Jun

[생]1962·2·27 [본]밀양(密陽) [출]경기 고양 [주]서울 금천구 가산디지털1로205의17 성호전자(주) 부속실(02-853-8071) [학]1980년 서울공고졸 1984년 서울대 제어계측공학과졸 [경]1995년 삼성전자(주) 디지털미디어연구소 수석연구원 2003년 同디지털미디어 총괄영상디스플레이사업부 상무 2006년 同영상디스플레이개발팀 연구위원(상무) 2008년 삼성SDI PDP개발팀 상무 2010년 (주)삼성LED 연구임원팀장 2010년 同개발팀장(상무) 2013년 성호전자(주) 최고기술책임자(CTO·사장)(현) [상]장영실상(2004)

박영준(朴英濬)

[생]1975·1·16 [출]인천 [주]전남 순천시 왕지로19 광주지방검찰청 순천지청(061-729-4200) [학]1992년 부천고졸 1998년 서울대 법학과졸 [경]1997년 사법시험 합격(39회) 2000년 사법연수원 수료(29기) 2000년 육군법무관 2000년 제2보병사단 검찰관 2001년 국방부 법제과 법무관 2002년 同검찰단 검찰관 2003년 서울지검 북부지청 검사 2004년 서울북부지검 검사 2005년 대구지검 경주지청 검사 2008년 법무부 국제형사과 검사 2011년 서울중앙지검 검사 2013년 부산지검 동부지청 부부장검사 2014년 서울중앙지검 부부장검사 2015년 광주지검 공판부장 2016년 同순천지청 부장검사(현)

박영진(朴榮鎭) PARK Young Jin (一濤)

[생]1950·8·11 [주]경기 수원시 영통구 광교산로154의42 학교법인 경기학원(031-249-9114) [학]경기대 무역학과졸 1995년 홍익대 산업미술대학원 산업공예학과졸 [경]경기대 예술대학 서예문자예술학과 교수, 대한민국서예전람회 운영위원·심사위원, 미국 뉴욕 롱아일랜드대 교환교수, 경기대 전통예술대학원장 2000년 대한민국서예전람회 심사위원장 2011~2013년 경기대 박물관장 2013~2015년 同예술대학장 2015년 同예술대학 서예문자예술학과 명예교수(현) 2016년 학교법인 경기학원 이사장(제19대)(현) [상]대한민국미술대전 입·특선 8회 [저]'시가 다시, 희망이다'(2007, 고요아침) [역]'중국서예술오천년사'(2000, 다운샘)

박영진(朴榮振)

[생]1963 [출]서울 [주]경기 구리시 아차산로359 구리경찰서 서장실(031-560-9321) [학]1986년 경찰대 행정학과졸(2기) [경]1986년 경위 임관 1993년 경감 승진 1997년 경정 승진 1997년 경기 성남중부경찰서 경비과장·교통과장 1998년 경기 의정부경찰서·서울 노원경찰서 수사과장 1999년 서울 동대문경찰서 수사과장 2003년 서울 도봉경찰서·노원경찰서 형사과장 2007년 제주지방경찰청 수사과장 2007년 총경 승진 2008년 제주지방경찰청 청문감사담당관 2008년 경북 영천경찰서장 2010년 경찰청 마약지능수사과장 2011년 서울 도봉경찰서장 2011년 경찰청 과학수사센터장 2014년 서울지방경찰청 광역수사대장 2015년 同지능범죄수사대장 2016년 경기 구리경찰서장(현)

박영철(朴英哲) PARK Yung Chul

[생]1939·9·17 [출]충북 보은 [주]서울 성북구 안암로145 고려대학교 국제학부(02-3290-2517) [학]1958년 서울고졸 1963년 서울대 경제학과졸 1968년 경제학박사(미국 미네소타주립대) [경]1968년 국제통화기금(IMF) 경제조사관 1972년 고려대 정경대학 부교수 1973년 한국개발연구원(KDI) 초빙연구원 1976~1986·1989~2005년 고려대 경제학과 교수 1979·1990년 同경제연구소장 1984년 금융통화운영위원 1986년 한국개발연구원 원장 1987년 대통령 경제수석비서관 1988년 국토개발연구원 자문위원 1988년 미국 하버드대 객원교수 1992~1998년 한국금융연구원 원장 1997년 금융산업발전심의위원회 위

원장 1998년 상업은행·한일은행 합병추진위원장 1999~2002년 한국외환은행 이사회 의장 2001~2002년 외교통상부 대외경제통상대사 2002년 한국경제연구원 연구위원 2003~2004년 국민경제자문회의 위원 2004~2006년 공적자금관리위원회 민간위원장 2005년 서울대 국제통상금융연구센터 소장 2005년 同국제대학원 초빙교수 2005년 고려대 명예교수(현) 2007년 同국제학부 석좌교수(현) [상]대통령표창(2005), 제19회 수당상 인문사회부문(2010) [저]'Financial Dev. in Korea, 1945-78'(共) '한국경제와 금융'(共) '금융발전의 과제와 정책' 에세이 '아태지역의 무역과 개발' 'Exchange Rate Regimes in Emerging Market Economics'

박영철(朴英哲) PARK Young Chul

[생]1949·8·7 [본]밀양(密陽) [출]강원 강릉 [주]대전 유성구 북유성대로190 침례신학대학교 신학과(042-828-3326) [학]1967년 강릉고졸 1971년 한양대 신문방송학과졸 1976년 同대학원 신문방송학과졸 1979년 침례신학대학 신학과졸 1983년 미국 사우스웨스턴뱁티스트신학대학원 종교교육학과졸 1991년 철학박사(미국 사우스웨스턴뱁티스트신학대) [경]1973~1976년 한양대 신문방송학과 조교 1976~1979년 여의도침례교회 전도사 1979~2014년 침례신학대 신학과 강사·전임강사·조교수·부교수·교수, 同학생처장, 同교무처장, 同도서관장, 同기독교교육학과장, 同목회대학원장 1986~1990년 대전대광침례교회 협동목사 1991~2000년 대덕목양침례교회 협동목사 1995년 전신자사역훈련원 원장(현) 2001~2002년 대전열민침례교회 협동목사 2002~2014년 주님의기쁨침례교회 협동목사 2007년 침례신학대 대학원장 2007년 同교회음악대학원장 겸 사회복지대학원장 2012~2014년 同일반대학원장 2014년 同신학과 명예교수(현) 2014년 주님의기쁨침례교회 담임목사(현) [상]홍조근정훈장(2014) [저]'교육하는 교회'(1986) '철학과 기독교 교육'(1987) '셀교회론'(2004) [역]'교육하는 교회'(1987) '철학과 기독교 교육'(1988) '셀그룹 지도력'(2000) '셀그룹 폭발'(2000) '셀교회 평신도지침서'(2000) '셀리더 지침서'(2001) [종]기독교

박영철(朴暎哲) PARK Young Chul

[생]1955·12·19 [본]밀양(密陽) [출]울산 [주]울산 남구 중앙로201 울산광역시의회(052-229-5037) [학]울산고졸 1977년 울산과학대학 조선과졸 [경]제일여행사 대표, 태화강보존회 사무차장, 울산중육성회 회장, 서울산라이온스클럽 회장, 울산청소년선도회 부회장 1991·1995·2002~2006년 울산시 중구의회 의원, 同내무위원장, 同부의장, 同의장 2000년 울산과학대총동창회 회장(현) 2006년 울산시의원선거 출마(무소속) 2010년 울산시의회 의원(무소속·새누리당) 2010년 同행정자치위원회 위원 2012년 同행정자치위원장 2012년 울산시립미술관건립자문위원회 자문위원 2013년 고등법원외재판부·가정법원 울산유치위원회 자문위원, 민주평통 자문위원(현) 2014년 울산시의회 의원(새누리당)(현) 2014~2016년 同의장 2014년 울산제일중총동문회 회장(현) 2014년 전국시도의회의장협의회 정책위원 2015년 同감사 2016년 울산시의회 행정자치위원회 위원(현) [종]가톨릭

박영춘(朴泳春) PARK Young Chun

[생]1964·2·26 [본]춘천(春川) [출]강원 춘천 [주]서울 종로구 종로26 SK(주) 비서실(02-2121-1970) [학]1982년 강원사대부고졸 1986년 서울대 경제학과졸 1989년 同행정대학원졸 1996년 경제학박사(미국 미주리주립대) [경]행정고시 합격(31회) 1988~1993년 경제기획원 경제기획국·부총리 비서실 사무관 1996~1998년 재정경제원 금융정책실·국제금융국 사무관 1998년 금융감독위원회 구조개혁기획단 서기관 2001년 금융정보분석원 기획협력팀장 2001~2002년 싱가폴 ABN AMRO Bank(Debt Capital Market-Origination) Vice President 2002년 세계은행 Senior Economist 2005년 부총리 겸 재정경제부장관 비서관 2006년 재정경제부 보험제도과장 2008년 금융위원회 금융정책국 금융정책과장 2009년 청와대 비상경제상황실 금융·구조조정팀장 2009년 SK(주) 전무 2010년 同SUPEX(Super Excellent)추구협의회 전무(현) [종]기독교

박영탁(朴永卓) PARK Young Tark

[생]1954·2·5 [본]밀양(密陽) [출]경북 [주]서울 영등포구 은행로37 기계회관 한국기계산업진흥회 임원실(02-369-7881) [학]1971년 경북고졸 1975년 서울대 공대졸 1977년 한국과학기술원졸(석사) 1982년 미국 스탠퍼드대 대학원졸 2004년 서울대 기술정책대학원 박사과정 수료 2007년 경제학박사(서울대), 서울대 대학원 과학기술혁신최고전략과정 이수, 충남대 법률소양증진과정 수료 [경]1991년 상공부 전자전기공업국 전자부품과장 1993년 駐EU대표부 상무관실 1등서기관 1997년 통상산업부 기초공업국 산업기계과장 1999년 특허청 정밀기계심사담당관 2001년 同심사2국 일반기계심사담당관(부이사관) 2004년 同심사2국 원동기계심사담당관 2004년 同기계금속심사국 심사조정과장 2004년 특허심판원 심판장 2005년 同심판장(이사관) 2006년 특허청 기계금속건설심사본부장 2007년 특허심판원 제10부 심판장 2008년 同제5부 심판장 2008~2009년 同원장 2009년 한국지식재산연구원 원장 2010년 한국기계산업진흥회 상근부회장(현) 2010년 전략물자관리원 비상임이사(현) [상]대통령표창(1990), 지식활동우수자(2005), 과학기술혁신최고전략과정 우수논문상(2007), 근정포장(2008) [저]'국가연구개발사업의 생산성 제고방안(共)'(1992) [종]기독교

박영태(朴永泰)

[생]1960·9·25 [주]부산 부산진구 중앙대로644번길20 부산교통공사 기획본부(051-640-7104) [학]경성대 법학과졸 [경]1985년 부산시지하철본부 입사 1994년 同재정처 보상과장 1999년 同감사실 감사과장 2000년 同총무처 총무부장 2002년 同경영지원처 총무팀장 2004년 同경영지원처 인사팀장 2006년 부산교통공사 경영본부 총무처장 2010년 同기획본부 고객홍보실장 2011년 同기획본부 안전관리실장 2012년 同기획조정실장 2015년 同경영본부 경영지원처장 2016년 同기획본부장(현)

박영태(朴永台) PARK Young Tae

[생]1961·7·29 [본]밀양(密陽) [출]경남 함양 [주]인천 연수구 벤처로100번길26 (주)캠시스 비서실(070-4680-2500) [학]1979년 고려대사대부고졸 1986년 중앙대 회계학과졸 1997년 同대학원 산업경영학과졸 [경]2004년 쌍용자동차(주) 재무회계 총괄부장 2005년 同재무회계·PI담당 상무 2006년 同경영회계담당 상무 2006년 同재경담당 상무 2008년 同기획재무본부 부본부장(상무) 2009년 同공동법정관리인 2010~2011년 同공동대표이사 2012년 (주)캠시스 대표이사(현) [상]자랑스러운 중경인상(2016) [종]기독교

박영태(朴泳泰) Young-Tae Park

[생]1961·12 [출]대구 [주]서울 영등포구 국제금융로8길26 (주)KB금융지주 비서실(02-2073-7114) [학]1980년 심인고졸 1987년 고려대 경제학과졸 1997년 同대학원 경제학과졸 [경]2006년 KB국민은행 시장리스크부장 2007년 同코엑스지점장 2008년 同서초PB센터장 2010년 同관양동지점장 2013년 同종암동지점장 2013년 同마케팅부장(상무대우) 2014년 同스토리금융구현TFT장(상무대우) 2015년 (주)KB금융지주 마케팅기획부장(상무) 2016년 同정보보호부·데이터분석부·미래금융부 총괄 전무(현)

박영태(朴永泰)

[생]1962 [출]충북 충주 [주]세종특별자치시 도움5로20 법제처 행정법제국 법제심의관실(044-200-6603) [학]유신고졸, 충북대졸 [경]1991년 행정고시 합격(35회), 법제처 사회문화쟁정심판담당관 2002년 同행정법제국 법제관 2005년 同행정심판관리국 건설교통심판팀장 2008년 同경제법제국 법제관 2010년 同기획조정실 법제총괄담당관 2011년 同사회문화법제국 법제관 2011년 同사회문화법제국 법제관(부이사관) 2013년 同법령해석정보국 법령해석총괄과장 2015년 同사회문화법제국 법제관 2016년 同행정법제국 법제심의관(고위공무원)(현)

박영택(朴永宅) PARK Young Taek

[생]1956·3·7 [본]월성(月城) [출]대구 [주]경기 수원시 장안구 서부로2066 성균관대학교 시스템경영공학과(031-290-7594) [학]1975년 경북고졸 1979년 서울대 산업공학과졸 1981년 한국과학기술원 대학원 산업공학과졸 1986년 공학박사(한국과학기술원) [경]1985~1994년 성균관대 산업공학과 조교수·부교수 1994~1999년 同산업공학과 교수 1996년 영국 맨체스터대 경영대학원 명예객원교수 1996~2005년 서울Q&I포럼 대표 1998년 성균관대 품질혁신센터 소장 1999년 同시스템경영공학과 교수(현) 1999년 미국 Barons '차세대 Global 지도자 500인'에 선정 1999년 영국 IBC '20세기의 뛰어난 학자 2000인'에 선정 1999년 미국 세계인명사전 'Who's Who in the World'에 수록 2001년 미국품질학회 Senior Member(현) 2004년 성균관대 산학협력단장 겸 공동기기원장 2004년 한국품질경영학회 회장·고문(현) [저]'국민은 변화를 요구한다'(1999) '발명특허의 과학'(1999) '인터넷 품질경영'(2000) '경영품질의 세계기준 말콤 볼드리지'(2001) '품질경영론'(2001) '경영품질의 베스트 프랙티스'(2002) '서비스경영 : 전략·시스템·사례'(2002)

박영필(朴寧弼) PARK Young Pil

[생]1948·4·17 [출]경기 고양 [주]서울 서대문구 연세로 50 연세대학교 공과대학 기계공학부(02-2123-2814) [학]1971년 연세대 기계공학과졸 1974년 同대학원 수료 1975년 미국 텍사스공대 대학원 기계과졸 1977년 공학박사(미국 텍사스공대) [경]1977~1986년 연세대 공대 조교수·부교수 1983년 미국 버클리대 방문교수 1986~2013년 연세대 공대 기계공학부 교수 1986년 同기계공학과장 1995년 한국소음진동공학회 부회장 1996년 연세대 교무처장 1996년 同정보저장기기연구센터 소장 1998~1999년 同대학원장 2002~2004년 同정보화추진위원회 위원장 2003~2004년 한국소음진동공학회 회장 2004~2006년 한국신재생에너지학회 부회장 2006년 同회장 2006년 한국공학한림원 정회원(현) 2013년 연세대 공대 기계공학부 명예특임교수(현) [상]제39회 과학의날 과학기술훈장 도약장(2006), 기후변화그랜드 리더스상 학계부문(2011), 홍조근정훈장(2013), 미국기계학회(ASME) 연구개발 리더십 어워드(Leadership in Research and Development Award)(2014) [역]'기계진동 : 이론과 응용'(1990) '동역학'(1990) '현대제어공학'(1993·1999) '기구학'(1995·2000·2005) [종]기독교

박영호(朴泳浩) PARK Young Ho

[생]1953·7·3 [본]함양(咸陽) [출]전북 임실 [주]경기 평택시 포승읍 평택항로294 EPS Korea(주) 사장실(031-8053-3700) [학]1971년 전주 신흥고졸 1979년 고려대 정치외교학과졸 [경]1979년 한국상업은행 입행 1999년 한빛은행 공금업무팀장 2000년 우리은행 여의도기업고객지점장 2002년 同홍보팀장 2003년 同비서실장 2004년 同경기동부영업본부장 2005년 同강남1영업본부장 2007~2008년 同카드사업본부장(부행장) 2009년 현대건설 사외이사 2012~2016년 EPS Korea(주) 대표이사 사장, 同고문(현) [상]재정경제부장관표창(2001) [종]원불교

박영호(朴英鎬) PARK Young Ho

[생]1955·1·29 [본]밀양(密陽) [출]서울 [주]서울 중구 장충단로84 민주평화통일자문회의(02-2250-2300) [학]1974년 경기고졸 1980년 한국외국어대 정치외교학과졸 1983년 同대학원 정치외교학과졸 1988년 정치학박사(미국 신시내티대) [경]1980~1983년 통일부 보좌관 1983~1988년 미국 신시내티대 조교 1988~2001년 한국외국어대 강사 1989~1991년 한국국방연구원 정책기획연구부 선임연구원 1991년 통일연구원 자료조사실 실장 1992~1997년 同정책연구실장 1997년 미국 허드슨연구소 초청·객원연구위원 1998년 통일연구원 국제관계연구센터 선임연구위원 1998~2000년 국방부 정책자문위원 1999년 21세기정치학회 이사 1999~2001년 세종대 겸임교수 2000년 통일연구원 북한사회인권연구센터 소장 2001~2003년 민주평통 자문위원 2001~2004년 통일연구원 통일정책연구실장 2002~2008년 서울대 강사 2004년 중국 연변해외문제연구소 객좌연구원 2006~2009년 한국정치정보학회 부회장 2007년 한국국제정치학회 부회장 2007년 한국세계지역학회 회장 2007년 통일연구원 기획조정실장 2008년 同국제관계연구실장 2009~2010년 同북한인권연구센터 소장 2009~2011년 민주평통 자문위원 2009년 교육과학기술부 교육과정심의회 위원 2009~2013년 통일부 자문위원 2011년 한국국제정치학회 부회장 2011년 비교민주주의학회 회장 2011~2014년 한반도포럼 운영위원 겸 감사 2011년 한·미비전협회 이사 겸 집행위원장 2013년 한국정치학회 부회장 2013~2014년 통일연구원 통일정책연구센터 소장 2013년 민주평통 상임위원(현) 2014년 한반도포럼 이사(현) [저]'통일의 길이 보인다-통일정책과 비전'(1996) '한국의 대미 통일외교전략'(1998) '국제정치의 패러다임과 지역질서(共)'(1999) '국제질서의 전환과 한반도(共)'(2002) '한반도 평화프로세스(共)'(2005) '21세기 동북아 정세와 북한 인권(共)'(2006) '한반도 통일외교 인프라구축연구(共)'(2008) '북한주민 인권의식 고취를 위한 인권외교의 방향(共)'(2009) '통일예측시계(共)'(2009·2010·2011) '한반도 통일준비의 모색(共)'(2011) '평화통일을 위한 통일외교 전략(共)'(2011) '남북관계 3.0 : 한반도 평화협력프로세스(共)'(2012) '한국의 대미국 통일공공외교 실태(共)'(2013)

박영호(朴英鎬) PARK Young Ho

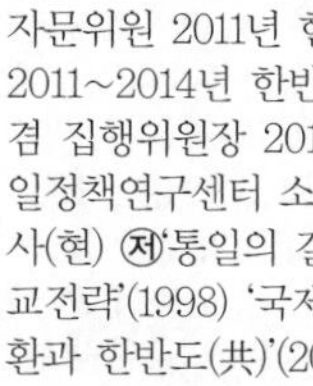

[생]1960·11·12 [본]밀양(密陽) [출]경기 용인 [주]세종특별자치시 시청대로370 대외경제정책연구원 구미·유라시아실 아중동팀(044-414-1231) [학]1979년 금오공업고졸, 경희대 영어학과졸 1991년 한국외국어대 대학원 경영학과졸, 경제학박사(한국외국어대) [경]1991~1992년 국제민간경제협의회 근무 1992년 대외경제정책연구원 아프리카담당 부연구위원·연구위원 2007년 同신흥지역연구센터 아프리카팀장 2007~2008년 연세대 경영대학원 강사 2008년 한국외국어대 강사 2008년 同국제대학원 겸임교수(현) 2014년 대외경제정책연구원 구미·유라시아실 아중동팀 연구위원(현) [저]'한국의 대아프리카 중장기 통상전략'(2007) '아프리카 개발협력의 체계적 추진방안'(2008) '한국의 대아프리카 농촌개발협력 방향'(2009) '한국의 대아프리카 환경개발협력 추진방안'(2010) '세계 주요국의 아프리카 진출전략 및 시사점'(2011) 외 다수 [종]불교

박영호(朴永浩)

[생]1970·11·17 [출]경북 청도 [주]경기 안양시 동안구 관평로212번길70 수원지방법원 안양지원(031-8086-1114) [학]1986년 포항제철고졸 1989년 영남대 사법학과졸 1994년 서울대 대학원 법학과졸 [경]1994년 사법시험 합격(36회) 1997년 사법연수원 수료(26기) 1997년 軍법무관 2000년 대구지법 판사 2003년 同경주지원 판사 2006년 同판사 2009년 대구고법 판사 2010년 대법원 재판연구관 2015년 수원지법 안양지원 부장판사(현) [저]'의료과실과 의료소송'

박영화(朴永化) PARK Young Hwa (東泉)

[생]1959·9·4 [본]강릉(江陵) [출]강원 강릉 [주]서울 중구 세종대로9길42 부영빌딩 법무법인 충정(02-750-9011) [학]1976년 강릉고졸 1981년 경북대 법정대학 법학과졸 [경]1981년 사법시험 합격(23회) 1983년 사법연수원 수료(13기) 1984년 해군 법무관 1986년 수원지법 판사 1988년 서울가정법원 판사 1990년 대구지법 김천지원 판사 1992년 서울중앙지법 판사 1994년 서울가정법원 판사 1994년 서울고법 판사 1995년 대구지법 영덕지원장 1997년 서울고법 판사 1998년 서울중앙지법 판사 1999년 대구지법 안동지원장 2000년 인천지법 부장판사 2002년 서울중앙지법 부장판사 2002년 변호사 개업 2004년 법무법인 한승 대표변호사, 同파트너 변호사, 강원도민회중앙회 부회장, 在京강릉고총동문회 회장, 在京강릉시민회 부회장, 국세청 고문변호사, 한국프로축구연맹 고문변호사, 예금보험공사 부실기업책임심의위원 2009년 법무법인 충정 대표변호사(현) 2013년 예맥의림 회장(현) [저]'교통, 산재 교통사고 손해배상소송 실무(共)'(1993) [종]불교

박영환(朴英煥) PARK Young Hwan (엘리야)

[생]1953·7·15 [본]순천(順天) [출]충북 청원 [주]대전 대덕구 한남로70 한남대학교 문과대학 국어국문학과(042-629-7317) [학]1971년 대전고졸 1976년 한남대 국어국문학과졸 1978년 同대학원 국어학과졸 1991년 문학박사(고려대) [경]1978~1981년 육군 제3사관학교 전임강사 1981~1992년 한남대 문과대학 국어국문학과 전임강사·조교수·부교수 1992년 同문과대학 국어국문학과 교수(현) [저]'국어학의 전개 양상' '지시어의 의미 기능' '하늘과 땅은 말로 이어진다' '하늘과 땅은 사랑으로 이어진다' '사람은 말을 만들고 말은 사람을 만든다' '고운 우리말 높은 겨레얼(共)' [종]천주교

박영환(朴榮煥) PARK Young Whan

[생]1955·9·11 [본]밀양(密陽) [출]경북 [주]경기 부천시 소사구 호현로489번길52 서울신학대학교 신학전문대학원(032-3409-2624) [학]1975년 중동고졸 1982년 서울신학대 신학과졸 1986년 독일 비데네스트대(Wiednest Universitat) 신학과졸 1989년 독일 자유선교대학원(Freie Hochschule) 선교신학과졸 1996년 신학박사(독일 에를랑겐대) [경]1996~1999년 서울신학대 강사·전임강사 1997년 同신학전문대학원 교수(현) 1998년 同사무처장 1999~2001년 同총무처장·기획실장 겸임 1999년 同선교영어학과 조교수 2001~2003년 同선교대학원장 2005~2006년 한국기독교통일포럼 사무총장 2005~2006년 극동방송 '통일을 향하여' MC 2006년 서울신학대 선교영어학과 부교수 2006년 한국선교신학회 부회장 2006년 한민족복지재단 기독교네트워크 위원장 2006년 경기도민방위 순회강사 2006년 한국기독교통일포럼 2006년 모음재단 법인이사 2006년 부천삼광교회 협동목사 [저]'기독교 사회봉사의 위기와 신학정책론'(2001, 서울신학대 사회봉사단출판부) '핵심 선교학 개론'(2003, 바울) '선교정책과 전략'(2005, 바울) '기독교대학사회봉사론'(2005, 양서원) '개성공업지구와 북한선교'(2009, 바울) [역]'현대선교신학'(1997, 한들출판사) '지도자 중심으로 본 선교역사와 신학'(1998, 서로사랑) '선교신학 : 초대교회에서 현대 패러다임까지'(2000, 서로사랑) '선교신학의 21세기 동향'(2001, 이레서원) '선교학대전'(2003, CLC) '미래의선교신학'(2004, 바울) '위대한선교사, 윌리엄 케리'(2008, 바울) '내일의 선교'(2008, 바울) [종]기독교

박영환(朴榮煥) PARK Young Hwan

(생)1957 · 5 · 22 (본)밀양(密陽) (출)서울 (주)서울 서대문구 연세로50의1 세브란스병원 흉부외과(02-2228-8484) (학)1976년 경기고졸 1982년 연세대 의대졸 1991년 同대학원 의학석사 (경)1990~2003년 연세대 의대 흉부외과학교실 연구강사 · 조교수 · 부교수 1999년 한국조직은행연합회 심장혈관분과위원장 2003년 연세대 의대 흉부외과학교실 교수(현) 2004 · 2008~2009년 세브란스병원 심장혈관외과장 2009~2011년 연세대 의대 흉부외과학교실 주임교수 2011년 세브란스병원 제2진료부원장 2012년 同임상연구관리실장 2012~2014년 연세대의료원 기획조정실장 2014 · 2016년 同용인동백건립추진본부장(현) (상)대한흉부외과학회 이영균학술상(2001) (종)기독교

박영환(朴永煥) PARK Young Hwan

(생)1960 · 10 · 17 (본)밀양(密陽) (출)경북 경산 (주)서울 중구 필동로1길30 동국대학교 중어중문학과(02-2260-3836) (학)1979년 대구 대륜고졸 1987년 동국대 중어중문학과졸 1992년 대만 국립성공대 대학원졸 1996년 문학박사(중국 베이징대) (경)1997년 동국대 중어중문학과 전임강사 · 조교수 · 부교수 · 교수(현) 2000년 중국굴원학회 이사 2001년 한국중문학회 운영위원 2001년 중국 북경대 동북아연구소 객좌연구원(현) 2001년 동아시아바비교문화국제회의 이사 2002~2006년 국제불교문화사상사학회 이사 2003~2006년 한국동서비교문학회 편집위원 2004~2008년 한국선문학회 국제이사 2006~2008년 서울대 언어연구원 연구위원 2007년 중국굴원학회 상무이사(현) 2007년 중국 산서대 국학연구소 겸임교수 2008년 중국 절강대 한국학연구소 특별초빙연구원(현) 2010년 중국 중산대 한국학연구소 객좌연구원(현) 2010년 동아시아비교문화국제회의 부회장(현) 2010~2012년 한국시조학회 이사 2010년 동아인문학회 부회장(현) 2013년 동국대 국제어학원장 2013년 同한국어교육센터장 2015년 한중일동아시아비교문화학술회의 부회장(현) 2015년 북경 어은대 객좌교수(현) (전)蘇軾禮詩研究(1994)'(어느 인문학자의)문화로 읽는 중국'(2004) '중국시와 시인'(2004) '똑똑한 중국어 문법책'(2007) '문화한류로 본 중국과 일본'(2008) '행복,비움으로 얻는가 채움으로 얻는가'(2010) (역)'논어'(2014) (종)불교

박영환(朴永煥) PARK Young Whan

(생)1965 · 4 · 9 (출)전북 남원 (주)서울 영등포구 여의공원로13 한국방송공사 보도본부 통합뉴스룸(02-781-1000) (학)1983년 전주고졸 1991년 고려대 철학과졸 (경)1991년 KBS 입사(18기) 1993년 同TV편집부 기자 1996년 同특집부 기자 1999년 同보도국 정치부 기자 2004년 同보도국 1TV뉴스제작팀 기자 · '뉴스라인' 앵커 2008년 同1TV '뉴스 9' 앵커 2011년 同보도국 국제부 로스엔젤레스특파원 2014년 同보도국 사회1부장 2015년 同보도국 국제주간 직대(국장급) 2015년 同보도국 취재주간 직대 2016년 同보도본부 통합뉴스룸 취재주간 직무대리(현) (상)한국기자협회 이달의기자상(1994)

박영훈(朴永訓) Park Younghoon

(생)1985 · 4 · 1 (본)함양(咸陽) (출)서울 (주)서울 성동구 마장로210 한국기원 홍보팀(02-3407-3870) (학)2004년 충암고졸 (경)1997년 전국아마10강전 우승(11세, 아마대회 최연소우승기록) 1998년 전국아마대회 4관왕(학초배 · 아마유단자대회 · 삼성화재배 아마바둑오픈 · 하이텔배), 최규병9단 문하 1999년 입단 2001년 천원전 우승(최저단 타이틀획득 타이기록 작성-서봉수의 명인 획득과 타이) 2001년 바둑TV배 신예연승최강전 준우승 2002년 박카스배 한중천원전 우승 2002년 농심辛라면배 한국대표(4연승, 한국우승) 2003년 4단 승단 2003년 오스람코리아배 신예연승최강전 · 삼성화재배 준우승 2004년 후지쯔배 우승 2004년 LG정유배 준우승 2004년 6단 승단 2004년 9단 승단(후지쯔배 우승으로 3단 승단-최연소 최단기간 9단 승단)(현) 2005년 중환배 · 비씨카드배 신인왕전 · 기성전 · 한국물가정보배 우승 2006년 원익배 준우승 2006년 기성전 · 농심신라면배 우승 2007년 기성전 · 후지쯔배 · GS칼텍스배 우승 2008년 삼성화재배 세계바둑오픈 준우승 2008년 제9기 맥심배 입신최강전 · 제13기 GS칼텍스배 프로기전 우승 2009년 맥심배 · GS칼텍스배 준우승 2009년 2009강릉세계청소년바둑축제 홍보대사 2010년 제38기 명인전 우승 · 명인위 등극 2011년 제12기 맥심커피배 입신최강전 우승 2011년 제2회 창더배 세계바둑명인전 우승 2012년 GS칼텍스배 준우승 2013년 제17기 천원전 우승 2014년 제42기 하이원리조트배 명인전 우승 2016년 LG배 기왕전 준우승 (상)농협 '2005 한국바둑리그' 최우수기사, 한국바둑대상 우수기사상(2006), 한국바둑리그 대마상(2011)

박영희(朴永熙) PARK YOUNG HEE

(생)1940 · 3 · 20 (본)밀양(密陽) (출)경북 경산 (주)대구 서구 염색공단중앙로12길9 삼성염직(주) 대표이사실(053-354-0541) (학)1959년 대륜고졸 1966년 경북대 화학공학과졸 (경)1965년 풍국주정(주) 실험실 근무, 한국마방적(주) 가공과장 1973년 삼성염직공업사 대표 1988년 삼성교역(주) 대표이사 (현) 1997년 삼성염직(주) 대표이사(현) 1999년 삼성염공 대표 2000~2003년 대구상공회의소 상공의원 2003~2005년 同부회장 2005년 한국염색공업협동조합회 이사 (상)산업포장(2006)

박오옥(朴五鈺) O Ok Park

(생)1954 · 3 · 10 (본)밀양(密陽) (출)경북 포항 (주)대전 유성구 대학로291 한국과학기술원 공과대학 생명화학공학과(042-350-3923) (학)1972년 경남고졸 1976년 서울대 화학공학과졸 1978년 한국과학기술원졸(석사) 1985년 공학박사(미국 스탠퍼드대) (경)1977년 한국과학기술연구소 위촉연구원 1978년 상공부 화학공업국 · 기초공업국 화공기좌 1985년 한국과학기술원 공과대학 생명화학공학과 교수(현) 1990년 일본 나고야대 방문교수 1990년 미국 IBM Almaden연구소 객원연구원 1991년 럭키 고분자연구소 방문연구원 1996년 미국 위스콘신대 레올로지연구센터 초빙연구원 2001년 한국과학기술원 학생처장 2003년 同기획처장 2011~2015년 대구경북과학기술원 부총장 2011~2014년 연구개발특구진흥재단 비상임이사 (상)한국화학공학회 범석논문상(1993), KAIST 학술상(2001), 한국화학공학회 학술상(2003), 영문지 우수논문상(2005), 교육인적자원부 감사패(2005), 유변학술상(2011), 과학기술훈장 도약장(2015) (전)'미세구조 유체 흐름의 원리'(1997) '유변학의 이론과 응용(共)'(2001, 한국유변학회) '50세 공학도의 꿈'(2005, 미래) (역)'고분자 재료공학(共)'(1998, 시그마프레스)

박옥분(朴玉分 · 女) PARK Ok Bun

(생)1966 · 9 · 24 (주)경기 수원시 팔달구 효원로1 경기도의회(031-8008-7000) (학)아주대 공공정책대학원 행정학과졸, 경기대 정치전문대학원 박사과정 수료 (경)민주당 경기도당 여성국장, 同경기도당 대변인, 경기여성연대 사무국장, 경기도교육청 교육자치협의회 위원, 수원시좋은시정위원회 여성복지전문위원, 안산시건강가정지원센터장, 외국인노동자쉼터 운영위원 2014년 새정치민주연합 중앙당 리더쉽센터 부소장 2014년 경기도의회 의원(비례대표, 새정치민주연합 · 더불어민주당)(현) 2014년 同여성가족평생교육위원회 위원 2015년 同평택항발전추진특별위원회 위원(현) 2016년 同운영위원회 위원(현) 2016년 同여성가족교육협력위원회 간사(현) 2016년 同경제민주화특별위원회 위원(현)

박옥희(朴玉姬 · 女) Park, Ok Hee

(생)1950 · 7 · 1 (본)밀양(密陽) (출)전남 목포 (주)경기 파주시 탄현면 헤이리마을길82의136 리앤박갤러리(031-957-7521) (학)1973년 이화여대 신문방송학과졸 (경)1972~1978년 서울신문 편집국 사진부 기자 1989~1992년 여성신문 편집위원 1997~2006년 페미니스트저널 '이프' 이사 1999~2004년 同발행인 2003~2004년 MBC 시청자위원회 부위원장 2004~2010년 (사)문화세상이프토피아 대표 2004~2010년 21C여성포럼 공동대표 2004~2008년 영상물등급위원회 소위원회 위원 2005년 리앤박갤러리 대표(현) 2009년 아트로드77아트페어조직위원회 위원장(현) 2010년 (사)문화세상이프토피아 고문(현) 2012년 방송통신심의위원회 위원(현) 2012년 서울시 2030 서울도시기본계획자문위원회 위원(현) 2013년 同기부심사위원회 위원(현) 2013~2015년 살림정치여성행동 대표 (상)자랑스러운 이화언론인상(1994) (종)기독교

박완규(朴完奎) PARK Wan Kyu

(생)1953 · 6 · 11 (본)밀양(密陽) (출)서울 (주)서울 동작구 흑석로84 중앙대학교 경영경제대학 경제학부(02-820-5479) (학)1972년 경기고졸 1979년 연세대 경제학과졸 1981년 同대학원 경제학과졸 1985년 경제학박사(미국 위스콘신대 메디슨교) (경)1986년 중앙대 경제학부 조교수 · 부교수 · 교수(현) 1990 · 1994년 한국재정학회 이사 1994~1995년 미국 Univ. of North Carolina at Chapel Hill Fulbright 교환교수 1996년 한국환경경제학회 이사 1997년 한국재정학회 감사 1998년 행정자치부 정책자문위원 2002~2004년 한국경제학회 이사 2003~2005년 중앙대 사회과학대학장 2003~2004년 한국재정 · 공공경제학회 회장, 기획예산처 정부투자기관경영평가단장 2007년 행정안전부 정

책자문위원회 지방재정분과위원장 2008~2012년 지식경제부 우정사업본부 우정사업운영위원장 2011~2012년 한국환경경제학회 회장 2011년 (사)한국비용편익분석연구원 원장(현) 2013년 안전행정부 정책자문위원회 지방재정분과위원장 2014년 한국남동발전 비상임이사(현) [상]Distinguished Teaching Assistant(1984), Senior Research Award(Fulbright Foundation)(1994), 행정안전부장관표창(2011), 홍조근정훈장(2012), 대통령표창(2016) [저]'중앙·지방정부간 관계 및 재원조정'(共) '계량경제학' '현대지방재정 제도론'(共) '경제위기 극복을 위한 재정개혁'(共) '지방재정개혁론'(共) [역]'현대공공경제학'(1996) 'Gujarati의 계량경제학'(2009) '공공경제학'(2010) '비용편익분석개론'(2012) [종]기독교

박완규(朴完奎) PARK Wan Gyu

[생]1963·2·20 [출]서울 [주]서울 종로구 경희궁길26 세계일보 논설위원실(02-2000-1669) [학]1985년 경희대 정치외교학과졸 1987년 同대학원 정치학과졸 1997년 정치학박사(경희대) [경]1990년 세계일보 국제부 기자 1995년 同경제부 기자 1999년 同정치부 기자 2000년 同경제부 차장대우 2001년 同국제부 차장대우 2001년 同워싱턴특파원 2006년 同국제부 차장 2006년 同국제부장 2007년 同편집국 국제팀장 2008년 同편집국 국제부장 2008년 同논설위원 2010년 同편집국 외교안보부장 2012년 同편집국 부국장 2013년 同편집국 취재담당 부국장 겸 비전팀장 2015년 同논설위원(현) [저]'리바이어던, 근대국가의 탄생' '테러리즘과 글로벌 커뮤니케이션'

박완기(朴完基) PARK Wan Ki

[생]1957·8·21 [본]밀양(密陽) [출]부산 [주]경기 안양시 동안구 엘에스로127 LS전선(주)(031-450-8001) [학]1976년 부산고졸 1980년 서울대 전기공학과졸 1988년 독일 아헨대 대학원 전기공학과졸 1994년 공학박사(독일 다름슈타트공과대) [경]LG전선(주) 입사·전력연구실 부장 1998년 同전력연구소 부소장 2000년 同전력공장장 2002년 同전력연구소장(상무) 2003~2004년 대한전기학회 이사 2010~2014년 LS전선(주) 중앙연구소 전무연구위원 2014년 同전무연구위원 2015년 同기술상임고문 2016년 同경영자문역(현) [상]장영실상(2002), 과학의 날 국무총리표창(2009), 국가연구개발우수상(2013) [종]기독교

박완석(朴完錫) PARK Wan Suk

[생]1963·11·13 [출]서울 [주]서울 중구 장충단로275 (주)두산 임원실(02-3398-1141) [학]1982년 환일고졸 1987년 고려대 경영학과졸 [경]1987년 동양맥주(주) 입사 2006년 (주)두산 관리본부 회계담당 상무 2012년 同관리본부 재무부문장(전무) 2015년 同관리본부 부사장(현) 2015년 경기도체조협회 회장(현)

박완수(朴完洙) PARK Wan Soo (庸德)

[생]1947·2·2 [본]순천(順天) [출]광주 [주]서울 영등포구 선유로 28길6 (재)피플 임원실(02-2675-5785) [학]경기대 중퇴, 한국방송통신대 영문학과졸, 숭실대 대학원 노사관계학과 수료 [경]노동부 공보담당관 1994년 부산·동래지방노동사무소장 1995년 울산지방노동사무소장 1997년 노동부 노사조정담당관 1998년 同산업안전과장 1999년 同감사담당관 2001년 대전지방노동청장 2002년 근로복지공단 보험관리이사 2006~2008년 同노동보험연구원장 2009~2012년 노무법인 산재 법률고문 2010~2013년 (재)피플 이사장 2013년 同상임고문(현) [상]홍조근정훈장(2003) [저]'인사노무실무지침(共)'(2005, 중앙노동연구소) '신임단협전략과 분쟁조정실무지침(共)'(2007, 중앙노동연구소) [종]가톨릭

박완수(朴完洙) PARK Wan Soo

[생]1955·8·10 [본]밀양(密陽) [출]경남 통영 [주]서울 영등포구 의사당대로1 국회 의원회관705호(02-784-7773) [학]1972년 마산공고졸 1976년 한국방송통신대 행정학과졸 1979년 경남대 행정학과졸 1981년 同대학원졸 2001년 행정학박사(경남대), 영국 왕립행정연구소 연수, 미국 미시간주립대 연수 2009년 명예 경영학박사(창원대) [경]1972년 한국동경전자(주) 근무 1976년 4급 乙류 행정직 합격 1979년 행정고시 합격(23회) 1981년 경남도 행정사무관 1991년 同법무담당관 1992년 同지역경제과장 1993년 同감사담당관 1994년 同지방과장 1994년 합천군수 1995년 경남도 농정국장 1997년 同경제통상국장 2000년 김해시 부시장 2002년 창원시장선거 출마(무소속) 2003~2004년 가야대 교수·행정대학원장 2003년 민주평통 자문위원 2004·2006·2010~2014년 경남 창원시장(한나라당·새누리당) 2008년 창원문화재단 이사장 2010~2012년 경남도시장·군수협의회 회장 2011~2014년 세계생태교통연맹 초대의장 2014년 가야대 석좌교수 2014~2015년 인천국제공항공사 사장 2016년 새누리당 창원시의창구당원협의회 운영위원장(현) 2016년 제20대 국회의원(창원시 의창구, 새누리당)(현) 2016년 국회 국토교통위원회 위원(현) 2016년 국회 민생경제특별위원회 위원(현) 2016년 새누리당 지방자치위원장(현) [상]대통령표창(1988), 국무총리표창(1995), 근정포장(1996), 녹조근정훈장(1999), 한국지방자치경영대상 공로상(2011), 대한민국무궁화대상 행정부문 대상(2012), 영국 City mayors 선정 '세계시장 25인'(2012), 영국 런던 소재 국제싱크탱크 시장재단 선정 '세계의 시장(World Mayor) 톱 10', 대한민국CEO리더십대상 친환경경영부문(2013) [저]'지방자치단체의 통상행정에 관한 연구'

박완식(朴完植) Park wanseek

[생]1963·7·5 [본]밀양(密陽) [출]전남 해남 [주]서울 서초구 서초대로219 대법원 법원행정처 재판사무국(02-3480-1100) [학]1980년 목포고졸 1991년 전남대졸 [경]2009~2011년 창원지법 사무국장 2012년 광주지법 순천지원 사무국장 2014년 법원행정처 재판사무국장(현)

박완재(朴完在)

[생]1962·6·20 [주]강원 동해시 천곡로77 동해시청 부시장실(033-530-2012) [학]1981년 춘천제일고졸 1989년 강원대 토지행정학과졸 2005년 同대학원 지리정보학과졸 [경]1989년 공직 입문(지적기원 특채) 2005년 강원도 주택지적과 근무 2006년 同지적관리담당 사무관·토지관리담당 사무관 2012년 同건설방재국 토지자원과장(서기관) 2015년 同토지과장 2016년 동해시 부시장(현) [상]내무부장관표창(1995), 행정자치부장관표창(2004), 국무총리표창(2007), 안전행정부장관표창(2013)

박완주(朴完柱) PARK Wan Joo

[생]1966·11·10 [본]밀양(密陽) [출]충남 천안 [주]서울 영등포구 의사당대로1 국회 의원회관702호(02-784-7560) [학]1985년 천안중앙고졸 1997년 성균관대 한국철학과졸 [경]1987년 민주화운동관련 구속 1989년 성균관대총학생회 부회장 1995년 (주)동서산업 아산공장 노동조합 부위원장 1997년 전국소기업연합회 정책부장 1998~2004년 지평문화 대표 2004~2007년 국회의원 정책보좌관(4급) 2006년 국회 입법학연구소 정책전문위원 2006년 한국보건산업최고경영자회의 이사 2007년 재단법인 광장 준비위원회 이사 2007~2010년 나사렛대 겸임교수 2008년 제18대 국회의원선거 출마(천안시乙, 통합민주당) 2008년 민주당 천안시서북구지역위원회 위원장 2008년 同부대변인 2008·2010년 同충남도당 대변인 2010년 나사렛대 객원교수 2010년 7.28재보선 국회의원선거 출마(천안시乙, 민주당) 2012년 제19대 국회의원(천안시乙, 민주통합당·민주당·새정치민주연합·더불어민주당) 2012~2015년 대한장애인당구협회 회장 2012년 국회 지식경제위원회 위원 2012년 국회 태안유류피해대책특별위원회 위원 2012년 한국아동·인구·환경의원연맹(CPE) 이사, 同회원(현) 2012년 민주통합당 제18대 대통령중앙선거대책위원회 총무본부 부본부장 2013년 국회 허베이스피리트호유류피해대책특별위원회 위원 2013·2014년 국회 산업통상자원위원회 위원 2013년 국회 여성가족위원회 위원 2014년 새정치민주연합 6·4지방선거 공직선거후보자추천관리위원회 위원 2014년 同원내기획부대표 2014~2015년 국회 운영위원회 위원 2014~2015년 국회 예산결산특별위원회 위원 2014~2015년 새정치민주연합 원내대변인 2014~2015년 국회 예산결산특별위원회 예산안조정소위원회 위원 2015년 더불어민주당 디지털소통본부 부본부장 2016년 제20대 국회의원(천안시乙, 더불어민주당)(현) 2016년 더불어민주당 원내수석부대표(현) 2016년 국회 농림축산식품해양수산위원회 위원(현) 2016년 국회 운영위원회 간사(현) 2016년 한국아동인구환경의원연맹(CPE) 회원(현) 2016년 국회 평창동계올림픽 및 국제경기대회지원특별위원회 위원(현) 2016년 더불어민주당 충남천안시乙지역위원회 위원장(현) 2016년 同충남도당 위원장(현) [상]국회 과학기술 우수의정상(2012·2013), 국정감사 NGO모니터단 선정 국정감사 우수의원(2012·2013·2014), 민주통합당 국정감사 우수의원(2012), 전국소상공인단체연합회 초정상(2012), 마켓월드 국감우수의원(2012), 푸드투데이 국정감사 우수국회의원(2012), 경제정의실천시민연합 국정감사 우수의원(2013·2014), 조선비즈 조사 국감베스트의원(2013), 피감기관 국정감사 베스트의원(2013), 법률소비자연맹 선정 국회 헌정대상 우수의원(2013·2014·2015), 전국지역신문협회 국회의정대상(2015), 새정치민주연합 선정 국정감사우수의원(2014·2015), 위대한 한국인대상(2015) [저]'을을 위한 행진곡'(2013) '천안행열차에서 희망을 만나다'(2013)

ㅂ

박요찬(朴堯燦) PARK Yo Chan

[생]1961·11·7 [출]전남 여수 [주]서울 종로구 청와대로 1 대통령 정무비서관실(02-770-0011) [학]1980년 경신고졸 1985년 서울대 법학과졸, 서울시립대 대학원 세무학과졸, 세무학박사(서울시립대) [경]1984년 사법시험 합격(26회) 1985년 사법시험 합격(27회) 1986년 사법연수원 수료(17기) 1988년 軍법무관 1991년 변호사 개업 2000년 한나라당 법률지원단 변호사 2005~2008년 고려대 정책대학원 겸임교수 2006~2012년 한국조세연구원 고문변호사 2006~2007년 사법연수원 외래교수 2008~2012년 서울시립대 세무대학원 겸임교수 2008~2012년 국무총리실 조세심판원 비상임심판관 2009~2012년 국회예산정책처 경제분석실 자문위원 2009~2010년 현대증권 사외이사 2010~2012년 KB국민은행 사외이사 2012~2014년 삼성물산 법률고문 2012년 새누리당 경기의왕시·과천시당원협의회 운영위원장 2012년 제19대 국회의원선거 출마(경기 의왕·과천, 새누리당) 2012년 LH한국토지주택공사 고문 2012~2014년 메리츠화재 고문 2013년 새누리당 국민공감위원장 2014년 同개인정보보호대책특별위원회 위원 2014년 同경기도당 공직후보자추천관리위원회 위원 2014년 同7.30재보궐선거공천관리위원회 위원 2014~2015년 同원내대표 비서실장 2016년 제20대 국회의원선거 출마(경기 의왕시·과천시, 새누리당) 2016년 새누리당 전당대회선거관리위원회 위원 2016년 同중앙윤리위원회 위원 2016년 대통령 정무수석비서관실 정무비서관(현) [종]기독교

박용갑(朴龍甲) PARK Yong Kab

[생]1957·3·17 [본]밀양(密陽) [출]충남 논산 [주]대전 중구 중앙로100 중구청 구청장실(042-606-6001) [학]검정고시 합격 1996년 대전산업대 경제학과졸 2005년 한밭대 테크노경영대학원 경제학과졸 [경]강창희 국회의원 입법보좌관, 한나라당 대전中지구당 사무국장 2002~2006년 대전시의회 의원(한나라당) 2004~2006년 同산업건설위원장 2006년 국민중심당 중앙당 상무위원 2006년 대전시 중구청장선거 출마(국민중심당) 2008년 자유선진당 대전중구당원협의회 부위원장 2010년 대전시 중구청장(자유선진당·선진통일당·새누리당·새정치민주연합) 2014년 대전시 중구청장(새정치민주연합·더불어민주당)(현) 2016년 대전구청장협의회 회장(현) [상]환경대상(2013), 세계자유연맹 자유장(2013), 유권자시민행동 대한민국유권자대상(2015), 제1회 시민인권상 인권자치부문(2015) [저]'긍정과 희망을 가슴에 담고'(2014) [종]불교

박용걸(朴鎔杰) PARK Yong Gul

[생]1956·2·24 [출]경기 [주]서울 노원구 공릉로232 서울과학기술대학교 철도전문대학원 철도건설공학과(02-970-6575) [학]1980년 한양대 토목공학과졸 1984년 同대학원 구조공학과졸 1988년 공학박사(한양대) [경]1987~2003년 서울산업대 구조공학과 전임강사·조교수·부교수·교수 1989~1991년 영국 Univ. of Wales Swansea Post-Doc. 2002~2003년 캐나다 Univ. of British Columbia Post-Doc. 2003~2010년 서울산업대 철도전문대학원 철도건설공학과 교수 2003년 한국강구조학회 상치·방식위원회 위원장 2011년 서울과학기술대 철도전문대학원 철도건설공학과 교수(현) 2011~2015년 한국철도건설협회 회장 2011~2013년 한국건설교통기술평가원 이사 2013~2014년 국토교통과학기술진흥원 이사 2014년 한국철도학회 감사 [상]근정포장(2014) [저]'재료역학(SI단위)'(2003)

박용곤(朴容昆) PARK Yong Kon (映百)

[생]1932·4·17 [본]밀양(密陽) [출]서울 [주]서울 중구 장충단로275 두산그룹(02-3398-1001) [학]1951년 경동고졸 1959년 미국 워싱턴대(Univ. of Washington) 경영대학졸 1982년 명예 경영학박사(충남대) 1995년 명예 법학박사(연세대) [경]1960년 한국산업은행 입행 1963년 동양맥주 근무 1966~1974년 한양식품 대표이사 사장 1970년 동양맥주 전무이사 1973년 同대표이사 부사장 1974년 두산산업 대표이사 사장 1974~1980년 합동통신 대표이사 사장 1974년 한국신문협회 이사 1974년 국제언론인협회(IPI) 회원 1978년 두산산업 대표이사 회장 1978~1985년 駐韓볼리비아 명예영사 1980년 고려중앙학원 이사 1981년 (주)합동 사장 1981~1991·1993~1996년 두산그룹 회장 1981~1984년 국제상공회의소 한국위원장 1981년 한국능률협회 부회장 1981년 국제상업회의소 의장 1982년 연강학술재단 이사장 1982~1991년 프로야구 OB베어스 구단주 1983년 한국경영자총협회 부회장 1985년 駐韓아일랜드 명예영사 1988년 현대사회연구소 이사 1989년 韓美친선회 이사 1992년 대한골프협회 부회장 1993년 한국자유총연맹 부총재·이사·이사장 1996년 두산그룹 명예회장(현) 1997년 한국경영자총협회 고문·이사 1998년 두산상사 명예회장 1998년 두산건설 대표이사 회장 2008년 학교법인 중앙대 이사 [상]은탑산업훈장(1984), 금탑산업훈장(1987), 한국경영학회 경영자대상(1995), 미국 워싱턴대 비즈니스리더십 공로상(2004) [종]천주교

박용곤(朴龍坤) PARK Yong Kon

[생]1960·11·22 [주]경기 성남시 분당구 안양판교로1201번길62 한국식품연구원(031-780-9001) [학]1983년 영남대 식품학과졸 1985년 同대학원 식품가공학과졸 1989년 식품미생물학박사(영남대) [경]농산물유통공사 종합식품연구원 연구원, 한국식품연구원 선임연구원, 同식품자원이용연구본부장 2008년 同식품가공유통연구본부장 2008년 同산업원천기술연구본부장(책임연구원) 2014년 농림수산식품기술기획평가원 농림축산식품핵심전략기술 평가위원 2015년 한국식품연구원 원장(현)

박용국(朴鏞國) PARK Yong Kuk

[생]1964·11·25 [본]고령(高靈) [출]대구 [주]경북 경산시 하양읍 하양로13의13 대구가톨릭대학교 기계자동차공학부(053-850-2723) [학]1987년 서울대 금속공학과졸 1988년 미국 미시간대 대학원 산업공학과졸 1995년 생산공학박사(미국 오하이오주립대) [경]1988~1989년 미국 FORD자동차 컨설팅(Ypsilanti Plant, Michigan) 1996년 미국 오하이오주립대 박사후과정(미국 국방부 및 에너지부 과제 수행) 1996~1998년 삼성자동차 금형기술연구소 선임연구원 1998년 대구가톨릭대 기계자동차공학부 조교수·부교수·교수(현) 2002~2004년 산업자원부 대구가톨릭대 지역기술혁신센터 자동차부품 디지털설계생산TIC 소장 2004~2005년 미국 오하이오주립대 교환교수 2006~2008년 대구가톨릭대 기계자동차공학부장 2007·2008·2009년 미국 세계인명사전 'Marquis Who's Who'에 등재 2008년 영국 IBC '2008년도 세계 최고 과학자 100인(TOP 100 SCIENTISTS 2008)'·'2008학년도 세계의 앞서가는 과학자(LEADING SCIENTISTS OF THE WORLD 2008)'·'2008/2009 탁월한 과학자 2000인(2000 OUTSTANDING SCIENTISTS 2008/2009)'에 선정 2008년 현대기아자동차 자동차내구성전문기술교육 교수(현) 2009년 同'2009 세계 최고 교육자 100인(TOP 100 Educators 2009)'에 선정 2010년 同'INTERNATIONAL ENGINEERS OF THE YEAR 2010'에 선정 2011년 同'세계 최고 엔지니어 100인(TOP 100 ENGINEERS)'에 선정

박용규(朴勇圭) PARK Yong Kyu

[생]1959·7·3 [주]경기 수원시 장안구 수일로123번길20 (주)대우건설 기술연구원(031-250-1111) [학]대건고졸, 연세대졸 [경](주)대우건설 용산한강로주거복합현장 근무, 同사천월성푸르지오현장 근무, 同부산대우트럼프월드센텀2차현장 근무, 同사이판콘도현장 상무 2013년 同건축사업본부장(상무) 2014년 同건축사업본부장(전무) 2015년 同기술연구원장(전무)(현)

박용규(朴瀧奎) Park, Yong Kyu

[생]1967·2·12 [출]서울 [주]세종특별자치시 도움6로11 환경부 감사담당관실(044-201-7170) [학]1986년 한성고졸 1990년 연세대 행정학과졸 1993년 同대학원 도시행정학과졸 [경]2000년 환경부 환경정책국 정책총괄과 사무관 2002년 同국제협력관실 지구환경담당관실 서기관 2004년 同대기보전국 대기정책과 서기관 2005년 신행정수도후속대책기획단 파견 2006년 국립환경과학원 총무과장 2007년 미국 델라웨어대 교육훈련 2011년 환경부 물환경정책국 수생태보전과장 2012년 국토해양부 4대강살리기추진본부 파견 2013년 환경부 감사관실 환경감시팀장 2013년 同환경정책실 환경산업과장 2015년 同상하수도정책관실 토양지하수과장 2016년 同감사관실 감사담당관(부이사관)(현)

박용기(朴龍基) PARK YONG-GI

[생]1959·3·8 [본]밀양(密陽) [출]전남 진도 [주]전남 나주시 예향로4201 나주소방서 서장실(061-330-0703) [학]1978년 목포상업고졸 1995년 한국방송통신대 경영학과졸 2013년 초당대 사회복지학과졸 2016년 同대학원졸(사회복지학석사) [경]1983년 소방공무원 임용 2005년 전남 영암소방서 방호구조과장 2007년 전남소방본부 방호담당 2008년 전남 영광소방서 소방과장 2010년 전남소방본부 소방지도담당 2012년 전남 영암소방서장(지방소방정) 2014년 전남 나주소방서장(현) [상]국무총리표창(2014)

박용기(朴榕基) PARK YONG GI

[생]1963 · 4 · 27 [주]경기 수원시 영통구 삼성로129 삼성전자(주) 임원실(031-200-1114) [학]1986년 성균관대 산업공학과졸 2001년 한국과학기술원(KAIST) 경영대학원졸 [경]삼성전자(주) 인사지원담당 임원, 同경영전략담당 상무 2012년 同경영전략담당 전무 2013년 同인사팀장(전무) 2014년 同무선사업부 인사팀장(전무) 2015년 同인사팀장(부사장)(현)

박용기(朴龍基) PARK Yong Ki

[생]1966 · 12 · 10 [출]충남 부여 [주]서울 서초구 반포대로 138, 양진빌딩4층 법무법인 삼우(02-536-5504) [학]1984년 군산제일고졸 1990년 고려대 법학과졸 [경]1993년 사법시험 합격(35회) 1996년 사법연수원 수료(25기) 1996년 대구지검 검사 1998년 同상주지청 검사 1999년 인천지검 검사 2001년 서울지검 북부지청 검사 2003년 광주지검 검사 2005년 서울중앙지검 검사 2009년 대구지검 부부장검사 2009년 同서부지청 형사2부장 2010년 청주지검 부장검사 2011년 대구지검 공안부장 2012년 수원지검 공안부장 2013년 同안양지청 부장검사 2014~2015년 인천지검 공안부장 2015년 법무법인 삼우 대표변호사(현)

박용덕(朴鎔德)

[생]1970 [주]경기 구리시 벌말로96 (주)일화 제약사업본부(031-550-0100) [학]1995년 고려대 무역학과졸 2013년 한양대 경영전문대학원 경영학과졸(MBA) [경]1998년 (주)일화 경영혁신팀 근무 2006년 同지원본부장 2007년 同제약사업본부장 2015년 同제약사업본부장(전무)(현) [상]산업통상부장관표창(2015)

박용만(朴容晩) PARK Yong-maan

[생]1955 · 2 · 5 [본]밀양(密陽) [출]서울 [주]인천 동구 인중로 489 두산인프라코어(주) 회장실(032-211-1114) [학]1973년 경기고졸 1978년 서울대 경영학과졸 1982년 미국 보스턴대 경영대학원 경영학과졸 1987년 일본 동경 랭귀지스쿨 수료 [경]1977~1979년 한국외환은행 근무 1983~1986년 두산건설(주) 뉴욕지사 근무 1988년 동양맥주(주) 차장 1988년 두산식품(주) 부장 1990년 同이사 1991년 同상무 1992년 두산음료(주) 상무 1994년 同전무 1995년 (주)동아출판사 부사장 1995~1998년 두산그룹 기획조정실장(부사장) 1996년 OB맥주(주) 부사장 1998~2004년 (주)두산 대표이사 사장 2000년 네오플럭스 회장 2000년 한 · 스페인경제협력위원회 회장(현) 2001~2005년 하나은행 사외이사 2002년 한양대 경영대 겸임교수 2003년 이화여대 경영대 겸임교수 2005~2007년 두산인프라코어(주) 대표이사 부회장 2005~2009년 (주)두산 대표이사 부회장 2005~2009년 두산중공업 부회장 2005년 두산산업개발 대표이사 부회장 2005년 오리콤 부회장 2005년 삼화왕관(주) 부회장 2007~2016년 두산인프라코어(주) 회장 2009~2012년 오리콤 회장 2009년 두산중공업 회장(현) 2009년 두산건설 회장 2009~2016년 (주)두산 대표이사 회장(CEO) 2009년 서울상공회의소 부회장 2010년 미국 보스턴대 한국총동문회 회장 2010년 이화여대 경영대학 겸임교수(현) 2011년 (사)한국스페셜올림픽위원회 이사(현) 2011년 한국공예디자인문화진흥원 이사 2012~2015년 (재)명동정동극장 이사장 2012~2016년 두산그룹 회장 겸 (주)두산 이사회 의장 2012년 (재)마리아수녀회 한국후원회장(현) 2013년 (재)바보의나눔 이사(현) 2013~2016년 전국경제인연합회 부회장 2013년 국립오페라단 후원회 회장 2013년 대한상공회의소 회장 겸 서울상공회의소 회장(현) 2013년 예술의전당 비상임이사(현) 2013년 환경보전협회 회장(현) 2014년 국제상업회의소(ICC) 집행위원(현) 2014~2015년 중앙대 이사 2014년 駐韓스페인 명예영사(현) 2014년 교육부 지방대학및지역균형인재육성지원위원회 위원(현) 2016년 (재)국립오페라단 이사장(현) 2016년 DLI(주) 대표이사 회장(현) 2016년 두산인프라코어 대표이사 회장(현) 2016년 한국수입협회 고문(현) [상]은탑산업훈장(2000), 한국협상학회 대한민국협상대상(2001), 스페인 과학기술부장관 시민훈장(2003), 글로벌CEO대상(2007), 벨기에 왕립훈장(2009), 서울대 경영인대상(2011), 금탑산업훈장(2012), 밴 플리트상(2014), 2014 자랑스러운 경기인상(2015) [종]천주교

박용민(朴容玟) PARK Yong Min (駱山)

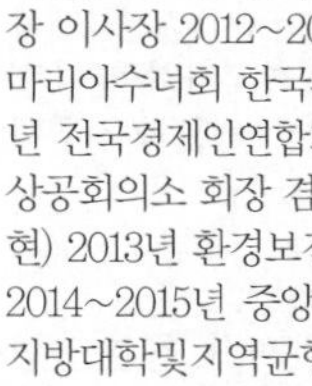

[생]1935 · 8 · 16 [본]밀양(密陽) [출]서울 [주]경북 상주시 모서면 화현3길127 상주CC 임원실(1899-1888) [학]1954년 동성고졸 1958년 부산대 문리대 영문학과졸, 고려대 교육대학원 수료 [경]1961~1980년 합동통신 사회부장 · 일본특파원 1981~1982년 연합통신 사회부장 · 편집국 부국장 1982~1991년 두산프로야구단(OB베어스) 단장 · 대표이사 사장 1982년 한국야구위원회 이사 1986년 한국권투위원회 이사 1986년 대한유도협회 이사 1991년 춘천컨트리클럽 사장 1991년 한국골프장사업협회 이사 · 고문 1991년 대한소프트볼협회 부회장 1991년 경월핸드볼팀 단장 1991~1998년 강원경영자협회 회장 1991년 두산기업 사장 겸 두산리조트 사장 1998~2001년 동현엔지니어링 고문 1999년 뉴스프링빌CC 대표이사 사장 2004년 同고문 2006년 상주CC 사장, 同대표이사(현) 2007년 두산메카텍 고문 2010~2013년 (주)두산건설 고문 [종]천주교

박용민(朴容民) Park Yongmin

[생]1966 · 9 · 29 [주]서울 종로구 사직로8길60 외교부 인사운영팀(02-2100-7136) [학]1991년 연세대 정치외교학과졸 1995년 영국 케임브리지대 대학원 국제관계학과졸 [경]1991년 외무고시 합격(25회) 1991년 외무부 입부 1996년 대통령비서실 파견 1998년 駐국제연합 2등서기관 2000년 駐오만 1등서기관 2005년 駐미국 1등서기관 2006년 駐인도네시아 1등서기관 겸 영사 2009년 외교통상부 북핵협상과장 2010년 駐일본 참사관 2012년 駐유엔 공사참사관 2015년 駐르완다 대사(현)

박용백(朴用栢) Park yong baek

[생]1964 · 4 · 3 [본]함양(咸陽) [출]전남 영광 [주]광주 남구 월산로116번길17 광주문화방송 사업국(062-360-2000) [학]1982년 숭일고졸 1989년 전남대 신문방송학과졸 2012년 同행정대학원 공공행정학과졸 [경]1990~2005년 광주문화방송 기자 2005년 同노조위원장 2008년 同보도제작부장 2010년 同정책기획부장 2011년 同보도국 취재부장 2013년 同보도국장 2014년 同창사50주년기획단장 2015년 同경영기획국장 2015년 同광고사업국장(현) [상]광주전남기자협회 올해의기자상(1996 · 2002) [저]'서울에서 살렵니다'(2009, 다지리) [종]천주교

박용범(朴容範) PARK Yong Bum

[생]1962 · 10 · 30 [출]서울 [주]충남 천안시 동남구 단대로119 단국대학교 컴퓨터과학과(041-550-3464) [학]1985년 서강대 전자계산학과졸 1987년 미국 폴리테크닉대 대학원졸 1991년 이학박사(미국 폴리테크닉대) [경]1991~1992년 현대전자(주) 산업연구소 연구원 1993년 단국대 전자계산학과 전임강사 · 조교수 · 기초과학부 부교수, 同컴퓨터과학과 교수(현) 2001년 한국게임학회 이사 2002년 한국정보처리학회 교재편찬위원회 위원 2003~2005년 국방의료정보체계확산산업 기술자문위원 2006~2007년 한국정보과학회 논문지편집위원 2007년 한국정보교육학회 이사 2008년 한국정보과학회 소프트웨어공학소사이어티 이사 2008년 단국대 산학협력단 부단장 2009~2011년 同연구처장 겸 산학협력단장 2013~2015년 경기정보산업협회 보안연구회장 [저]'기초전산학개론' '일반컴퓨터과학' '시스템프로그래밍개론' '인터넷활용기초' '교양컴퓨터' 'C++ 객체지향프로그램'(2000) '컴퓨터 과학 입문'(2001) 'C++'(2003) [역]'인공지능개론'

박용상(朴容相) PARK Yong Sang

[생]1944 · 11 · 29 [본]밀양(密陽) [출]서울 [주]서울 중구 세종대로124 프레스센터15층 언론중재위원회(02-397-3114) [학]1963년 서울고졸 1967년 서울대 법학과졸 1969년 同사법대학원졸 1975년 독일 프라이부르크대 대학원 수료 1980년 법학박사(서울대) [경]1967년 사법시험 합격(8회) 1972~1978년 서울형사지법 · 영등포지원 · 대전지법 천안지원 판사 1978년 서울민사지법 판사 겸 법원행정처 송무국 판사 1981년 서울고법 판사 1981년 방송위원회 위원 1982년 대법원 재판연구관 1983년 춘천지법 원주지원장 1985년 사법연수원 교수 1988년 서울민사지법 부장판사 1991년 부산고법 부장판사 1993년 서울고법 부장판사 1997년 헌법재판소 사무차장 2000~2003년 同사무처장 2002년 국회 공직자윤리위원회 위원장 2004년 변호사 개업 2005~2008년 현대중공업 이사 2010~2013년 인터넷선거보도심의위원회 위원장 2014년 언론중재위원회 위원장(현) [상]철우언론법상(2002), 청조근정훈장(2004), 대한민국법률대상 인권부문 대상(2016) [저]'언론의 자유와 공적과업'(1982) '방송법제론'(1988) '표현의 자유' '명예훼손법'(2008) '언론의 자유'(2013)

박용석(朴用錫) PARK Yong Seok

[생]1955 · 2 · 10 [본]밀양(密陽) [출]경북 군위 [주]서울 중구 남대문로63 한진빌딩본관20층 법무법인 광장(02-772-4930) [학]1973년 경북고졸 1978년 서울대 법학과졸 [경]1981년 사법시험 합격(23회) 1983년 사법연수원 수료(13기) 1983년 서울지검 북부지청 검사 1986년 대구지검 안동지청 검사 1987년 부산지검 검사 1990년 법무부 검찰제3과 검사 1991년 同검찰제1과 검사 겸 서울지검 검사

ㅂ

1992년 미국 스탠퍼드대 법학과 연수 1993년 서울지검 검사 1994년 대검찰청 검찰연구관 1995년 전주지검 남원지청장 1996년 대구지검 총무부장(헌법재판소 파견) 1998년 대검찰청 정보화담당관 1999년 서울지검 남부지청 형사5부장 2000년 대검찰청 중수2과장 2001년 서울지검 특수2부장 2002년 창원지검 통영지청장 2003년 수원지검 성남지청 차장검사 2004년 대구고검 검사 2005년 부산지검 동부지청장 2006년 대전고검 차장검사 2007년 청주지검장 2008년 대검찰청 중앙수사부장 2009년 부산지검장 2009년 법무연수원장 2011년 대검찰청 차장검사 2011년 법무법인 광장(LEE & KO) 대표변호사(현) 2012~2014년 NH농협금융지주 사외이사 2015년 현대산업개발(주) 사외이사 겸 감사위원(현) 2016년 롯데케미칼 사외이사(현) 2016년 국립암센터 비상임이사(현) [상]법무부장관표창, 검찰총장표창 [종]기독교

박용석(朴庸碩) PARK Yong Seok

[생]1958·7·9 [출]경북 경산 [주]경기 용인시 기흥구 흥덕중앙로120 U-Tower (주)디엠에스 비서실(1544-9886) [학]1977년 대구고졸 1984년 경북대 물리학과졸 1999년 同대학원 전자공학과졸 [경]1984년 LG전자(주) 입사 1986년 同중앙연구소 PDP개발 1988년 同중앙연구소 선임연구원 1989년 LG필립스엘시디(주) 공정기술팀장 1999년 (주)디엠에스 대표이사(현)

박용석(朴鎔錫) Park Yong Suk

[생]1962·10·12 [출]부산 [주]인천 중구 공항로424번길47 인천국제공항공사 감사실(032-741-6892) [학]1981년 성도고졸 1985년 경성대 영어영문학과졸 1999년 연세대 행정대학원졸, 미국 캘리포니아대 버클리교 유학 2015년 광운대 범죄학과 박사과정 재학 중 [경]2005~2006년 대통령경호실 APEC 경호안전통제부 팀장 2008년 同경호본부 경호부장 2012년 同안전본부 안전본부장 2015년 인천국제공항공사 상임감사위원(현) [상]대통령표창, 근정표창, 홍조근정훈장

박용석(朴勇錫) Park Yong Seok

[생]1968·1·8 [출]충북 청원 [주]충북 청주시 청원구 내수읍 덕암길10 충북보건과학대학교 총장실(043-210-8100) [학]1987년 청주 운호고졸 1991년 경희대 정치외교학과졸 2000년 同대학원 행정학과졸 2010년 행정학박사(경희대) [경]1998~2001년 경희대 행정연구소 선임연구원 2003~2011년 주성대 경찰행정과 조교수 2007~2011년 同평생교육원장 2007~2010년 충주시소년수련원 원장 2010~2011년 주성사이버 평생교육원장 2011년 충북보건과학대 경찰행정과 부교수(현) 2011년 同총장(현)

박용선(朴容瑄) PARK Yong Sun

[생]1969·2·28 [주]경북 안동시 풍천면 도청대로455 경상북도의회(054-293-0791) [학]포항제철공업고졸, 포항대학졸, 위덕대 경영대학원 경영학과졸 [경](주)동하이엔씨 대표이사(현), 민주평통 포항시협의회 자문위원, 법사랑보호복지위원협의회 위원, 경북족구연합회 부회장, 포항향토청년회 회장, 새누리당 경북도당 청년위원장, 同경북도당 대변인, 同시·도당청년위원장협의회 회장, 포항 강원도민회 사무국장 2014년 경북도의회 의원(비례대표, 새누리당)(현) 2014년 同운영위원회 위원 2014년 同건설소방위원회 부위원장 2016년 同교육위원회 위원(현), 사회단체 포항향토청년회 회장, 在포항 강원도민회 사무국장

박용성(朴容晟) PARK Yong Sung (蓮岩)

[생]1940·9·11 [본]밀양(密陽) [출]서울 [학]1959년 경기고졸 1965년 서울대 상대 경제학과졸 1969년 미국 뉴욕대 경영대학원졸 [경]1965~1971년 한국상업은행 근무 1971년 한국투자금융 영업부장 1973년 한양투자금융 상무이사 1974년 한양식품 전무이사 1974~1993년 두산그룹 기획실장 1976년 두산기계 전무이사 1977년 동양맥주 전무이사 1979~1984년 同부사장 1980년 서울대동창회 부회장 1982년 대한유도회 부회장 1984~1989년 동양맥주(주) 대표이사 사장 1986~1995년 대한유도회 회장 1987년 아시아유도연맹 부회장 1988년 대한상공회의소 부회장 1988년 두산개발 대표이사 사장 1988~1994년 동양맥주(주) 부회장 1988~1991년 대한올림픽위원회(KOC) 부위원장 1991~2009년 同고문 1992년 국제유도연맹 재무위원장 1993~1998년 두산그룹 부회장 1994~1996년 동양맥주(주) 회장 1994년 한국유전공학연구조합 이사장 1995~2007년 국제유도연맹(IJF) 회장 1996~2002년 OB맥주 대표이사 회장 1996년 국제상업회의소 한국위원장 1997~2000년 한국마케팅연구원 회장 1998~2005년 두산베어스 프로야구단 구단주 1999년 서울엔젤그룹 초대회장 2000~2005년 대한상공회의소 제 17·18대 회장 2000년 통일고문 2000년 駐韓외국상공회의소협의회 회장 2001~2005년 두산중공업 대표이사 회장 2001년 세종문화회관 후원회장 2001~2004년 한국국제노동재단 이사장 2002~2007년 국제올림픽위원회(IOC) 위원 2002년 국제상업회의소(ICC) 부회장 2003년 MBC꿈나무축구재단 초대이사장 2003년 환경보전협회 회장 2004년 대통령자문 정책기획위원회 산하「사람입국 신경쟁력특별위원회」위원 2004년 코리아외국인학교재단 이사장 2004년 대통령자문 국민경제자문회의 자문위원 2005~2006년 국제상업회의소(ICC) 회장(45대) 2005년 두산인프라코어(주) 대표이사 회장 2005년 두산그룹 회장 2007~2015년 두산중공업 회장 2008~2015년 학교법인 중앙대 이사장 2009~2013년 대한체육회 회장(37대) 겸 대한올림픽위원회 위원장(27대) 2009년 대통령자문 통일고문회의 고문 2010년 국제올림픽위원회(IOC) 국제관계위원회 위원 2011년 아시아올림픽평의회(OCA) 부회장 2012~2015년 2019세계수영선수권대회 유치위원회 상임고문 [상]체육훈장 맹호장(1986), 은탑산업훈장(1987), 체육훈장 청룡장(1988), 대한민국 체육상-진흥부문(1989), 한국체육기자연맹 최우수공로상(1993), 금탑산업훈장(1996), 벨기에 왕립훈장(2000), 국제보상운동기념사업회 서상돈상(2001), 프랑스 국가최고훈장 '레지옹 도뇌르'(2003), 국민훈장 무궁화장(2012), 아시아올림픽평의회 금장(2014) [저]수상록 '꿈을 가진 자만이 이룰 수 있다'(1993) 시화집 '새벽에 만난 달(共)'(2012, 온북스) [종]천주교

박용성(朴容成) PARK Yong Sung

[생]1957·3·9 [본]밀양(密陽) [출]부산 [주]서울 종로구 홍지문2길20 상명대학교 자연과학대학 공업화학과(02-2287-5298) [학]1976년 동래고졸 1980년 고려대 화학공학과졸 1982년 同대학원졸 1986년 공학박사(고려대) [경]1988~1994년 (주)삼양화학공업 기술개발부 차장 1996~2006년 상명대 자연과학대학 공업화학과 전임강사·조교수·부교수 2000년 同청정기술연구소장 2003년 同입학처장 2006년 同자연과학대학 공업화학과 교수(현) 2008년 同자연과학대학장 2009년 同대외협력처장 2010년 同대외홍보처장 2011~2013년 同서울캠퍼스 부총장 [상]한국공업화학회 우수논문상(2001) [저]'무기공업분석실험'(1999) '공학도를 위한 유기화학'(1999)

박용수(朴龍壽) PARK Yong Soo

[생]1945·9·5 [출]강원 춘천 [주]강원 춘천시 강원대학길 1 강원대학교 신문방송학과(033-250-6880) [학]1964년 춘천고졸 1969년 고려대 철학과졸 1977년 서울대 대학원 신문학과졸 1986년 미국 뉴욕주립대 대학원 수료 1995년 고려대 대학원 신문방송학과졸 [경]1971년 북한연구소 연구원 겸 편집장 1975년 경남대 극동문제연구소 연구원 1977년 공군사관학교 강사 1978~1992년 강원대 사회학과 전임강사·조교수·부교수 1989년 한국방송공사 춘천방송총국 자문위원·강원도민일보 비상임논설위원 1991년 강원대 사회과학연구소장 1992~2006년 同신문방송학과 교수 1994~2000년 언론중재위원 1995~1997년 강원대 사회과학대학장 1996년 同정보과학대학원장 겸임 2000~2004년 同총장 2001년 (사)마임축제 이사장 2002년 한국대학교육협의회 부회장 2005년 학교법인 광희학원 이사장 2006년 강원대 신문방송학과 명예교수(현) 2006~2011년 강원민방 대표이사 사장 2008~2011년 한국지역민영방송협회 초대회장 2009·2010년 강원대 외부입학사정관 2011년 대통령직속 지역발전위원회 민간위원 2011~2016년 (사)춘천국제물포럼 이사장 [상]노동부장관표창, 청조근정훈장(2006) [저]'한국사회의 이해'(共) '사회주의의 이상과 현실'(共) '매스컴 이해'(共) '중국의 언론과 사회변동' [종]천주교

박용수(朴鏞秀) PARK Yong Soo

[생]1950·1·8 [본]밀양(密陽) [출]경남 마산 [주]부산 연제구 법원로31 부산법원조정센터(051-590-0269) [학]1968년 마산고졸 1972년 서울대 법학과졸 1973년 同대학원 수료 [경]1973년 사법시험 합격(15회) 1975년 사법연수원 수료(5기) 1976년 軍법무관 1978년 부산지법 판사 1980년 同진주지원 판사 1982년 부산지법 판사 1984년 마산지법 밀양지원장 1986년 대구고법 판사 1988년 부산고법 판사 1989년 대법원 재판연구관 1991년 부산지법 부장판사 1995년 同울산지원장 1997년 부산고법 부장판사 1998년 부산지법 수석부장판사 2000년 同동부지원장 2002년 부산고법 부장판사 2004년 同수석부장판사 2005년 울산지법원장 2005년 부산지법원장 2007년 대구고법원장 2008~2009년 부산고법원장 2009~2011년 법무법인 국제 대표변호사 2011~2014년 同고문변호사 2011~2014년 (주)케이엔엔 사외이사 2014년 부산법원조정센터 상임조정위원장(현)

박용수(朴龍洙) Park, Yong Su

[생]1953 · 4 · 2 [본]밀양(密陽) [출]경남 창원 [주]서울 중구 퇴계로272 아도라타워10층 하이밸류컨설팅(주)(070-8277-5193) [학]1970년 부산고졸 1975년 서울대 사범대학 수학교육과졸 2005년 고려대 정책대학원 CEO과정 수료 2006년 순천향대 대학원 CEO과정 수료 [경]1978~2000년 (주)대우 · 대우정보시스템(주) 입사 · 전산실장 · SI3본부장 · 이사 2001~2002년 아더앤더슨코리아 ERP사업 상무 2002~2010년 (주)베어링포인트코리아 경영컨설팅 대표 2010~2012년 삼정KPMG 컨설팅 대표대행 2012~2013년 同회계법인 상임고문 2013년 현대BS&C IT부문 컨설팅사업 대표 2013년 하이밸류컨설팅(주) 대표이사(현) [상]무역의날 통상산업부장관표창(1995) [종]천주교

박용수(朴容洙) PARK Yong Soo

[생]1966 · 2 · 16 [주]경기 수원시 팔달구 효원로1 경기도의회(031-8008-7000) [학]서울 오산고졸 1986년 추계예술대 제적 [경](주)철건 기획관리실장, 파주운정3지구수용비상대책위원회 위원장 2014년 새정치민주연합 파주甲지역위원회 부위원장 2014년 경기도의회 의원(새정치민주연합 · 더불어민주당)(현) 2014년 同건설교통위원회 위원 2015년 同예산결산특별위원회 위원 2015년 同수도권상생협력특별위원회 위원(현) 2015년 同안전사회건설특별위원회 위원(현) 2015년 더불어민주당 파주甲지역위원회 부위원장(현) 2016년 경기도의회 운영위원회 위원(현) 2016년 同문화체육관광위원회 간사(현) 2016년 同개발제한구역특별위원회 간사(현) 2016년 同K-컬처밸리특혜의혹행정사무조사특별위원회 위원장(현)

박용수(朴勇洙)

[생]1972 [주]세종특별자치시 절재로180 인사혁신처 인사조직과(044-201-8016) [학]서울대 심리학과졸 [경]1997년 행정고시 합격(41회) 2010년 행정안전부 재난안전실 재난대책과 서기관 2010년 同국가기록원 정책기획과장 2014년 안전행정부 교육훈련과장 2015년 국민안전처 기획조정실 창조행정담당관 2015년 인사혁신처 인재개발국 인재개발과장 2016년 同인재개발국 인재개발과장(부이사관) 2016년 외교부 파견(부이사관)(현)

박용순(朴容淳) PARK Yong Soon

[생]1952 · 7 · 6 [본]순천(順天) [출]충북 청주 [주]서울 강서구 하늘길260 (주)대한항공 전무실(02-2656-7300) [학]청주고졸, 청주대 영어영문학과졸, 인하대 대학원 경제학과졸 [경](주)대한항공 LA여객지점장(상무보) 2003년 同경영전략본부 국제업무담당 상무보 2005년 同경영전략본부 국제업무담당 상무B 2006년 同경영전략본부 국제업무담당 상무A, 同구주중동지역본부장 겸 파리지점장(상무A) 2010년 同구주중동지역본부장 겸 파리지점장(전무) 2010년 同국제업무담당 전무(현)

박용안(朴龍安) PARK Yong Ahn (偉海)

[생]1937 · 1 · 1 [본]밀양(密陽) [출]서울 [주]서울 관악구 관악로1 서울대학교 자연과학대학 해양학과(02-880-1364) [학]1957년 중동고졸 1961년 서울대 문리과대학 지질학과졸 1964년 同대학원졸 1966년 미국 브라운대 대학원졸 1974년 이학박사(서독 킬대) [경]1965년 미국 SEPM학술단체 정회원(현) 1969~1974년 서울대 문리과대학 조교수 1974~1980년 同자연과학대학 부교수 1980~2002년 同해양학과 교수 1982년 同자연과학대학장보 1983년 해양학회 회장 1989년 서울대 해양연구소장 1990년 지질학회 부회장 1995년 한국과학재단 한 · 중기초과학위원장 1997 · 2002 · 2007년 UN 해양법대륙붕한계위원회(CLCS) 위원 · 부의장(현) 2001~2005년 국무총리실 물관리정책민간위원회 위원 2002년 서울대 자연과학대학 해양학과 명예교수(현) 2005년 중국 길림대 명예교수(현) 2006년 중국 청도 해양지질연구소 자문위원(현) [상]해양학회 학술상, 대통령표창, 홍조근정훈장(2001), 대한민국학술원상 자연과학부문(2006), 아시아해양지질학술총회 공로상(ICAMG Award, 2008), 몽골과학원 쿠빌라이칸훈장(The golden medal of Khubilai Khan)(2009) [저]'일반해양학' '해양지질학 및 퇴적학 실험서' '해양' '지구과학개론' '해양광물자원' '한국의 지질'(共) 'Geology of Korea'(共) '바다의 과학' '한국의 제4기환경'(共) [종]기독교

박용완(朴容完) Yong Wan Park

[생]1959 · 10 · 3 [출]대구 [주]경북 경산시 대학로280 영남대학교 공과대학 모바일정보통신공학과(053-810-3523) [학]1978년 영남고졸 1982년 경북대 전자공학과졸 1984년 同대학원 정보통신공학과졸 1989년 미국 뉴욕주립대 버펄로교 대학원 정보통신공학과졸 1992년 공학박사(미국 뉴욕주립대 버펄로교) [경]1987~1992년 뉴욕주립대 강의 · 연구조교 1992~1993년 미국 캘리포니아공과대(Caltech) Post-Doc. 1994~1996년 SKTelecom 기술연구부장 1994년 Telecommunications Review 편집위원(현) 1996년 영남대 전자정보공학부 교수 1997~2000년 경북 · 대구정보통신협의회 운영위원장 1998~2002년 영남대 정보통신창업지원센터 소장 1999~2001년 (재)경북테크노파크 정보교류부장 2001년 일본 NTT DoCoMo연구소 초빙교수 2002~2014년 대구디지털산업진흥원 이사 2003~2004년 미국 캘리포니아주립대 교환교수 2004년 (사)대한임베디드공학회 총무이사 2004~2009년 지역혁신기술센터(TIC) 무선멀티미디어소장 2005~2007년 대구경북과학기술원 겸임연구원 2006년 한국통신학회 국제협력이사 2007~2009년 경북RIC협의회 의장 2008~2009년 IEEE이동통신 한국지회장 2009년 (재)경북IT융합산업기술원 원장(현) 2010년 (사)대한임베디드공학회 상임부회장(현) 2015년 同공과대학 모바일정보통신공학과 교수 2016년 同정보통신공학과 교수(현) [상]한국통신학회 공로상(1997), 중소기업청장표창(1998), 한국통신학회 공로상(2002), 정보통신부장관표창(2002), 한국통신학회 해동논문상(2005), 영국 케임브리지 국제인명센터 테슬라상(2011), 경북과학기술대상 진흥상(2014) [저]'정보통신과 사회'(2003) '이동통신공학'(2005) '차세대 이동통신 첨단기술(Enhanced Radio Access Technologies for Next Generation Mobile Communication)'(2007)

박용우(朴龍雨) PARK Yong Woo

[생]1946 · 9 · 9 [출]경북 [주]서울 관악구 행운10길21 성서문화교육원 임원실(02-811-1445) [학]1971년 숭실대 사학과졸 1974년 장로회신학대 신학과졸 1979년 미국 유니언신학대 대학원 신학과졸 1987년 신학박사(미국 드류대) [경]1974~1976년 부산진교회 전도사 1978~1979년 미국 메디슨교회 목사 1979~1982년 미국 차타누가교회 목사 1982~1985년 미국 뉴저지소망교회 목사 1985년 대구 영남신학교 조교수 1985~2001년 계명대 신학과 조교수 · 부교수 · 교수, 숭실대 기독교학대학원 기독교문화학과 교수, 성지문화교육원 이사장, 성서문화교육원 이사장(현) 2013~2015년 호서대 초빙교수 [저]'생명나무 밑에서'(국민일보사) '기독교 성지순례와 역사'(홍성사) '기독교 역사'(백합출판사) '기독교 신학과 신앙이야기'(바울서원) '성경에 나오는 소아시아지방들'(2003, 장로교출판사) '바울'(2003, 바울서원) '요한과 아시아 일곱교회'(2004, 바울서원) '콘스탄티노플과 비잔틴교회 이야기'(2005, 장로교출판사) '그곳을 알면 성경이 보인다 Ⅰ · Ⅱ'(2007, 성지순례교과서) '문화성경'(2007, 숭실대 출판국) '문화로 만나는 성경이야기'(2012, 숭실대 출판국) [종]기독교

박용우(朴容雨) PARK Yong Woo

[생]1957 · 1 · 15 [출]대전 [주]서울 강남구 논현로508 GS에너지 경영지원본부(02-2005-0810) [학]1975년 대전고졸 1980년 연세대 경영학과졸 [경]1981년 LG칼텍스정유(주) 입사 1990년 同경리부 과장 1999년 同경영분석팀 부장 2004년 同자금부문장(부장) 2004년 同자금부문장(상무) 2005년 GS칼텍스(주) 자금부문장(상무), 同감사부문 상무 2011년 GS에너지 재무 · 기획부문장(CFO · 전무) 2013년 同경영지원본부장(CFO · 전무)(현)

박용우(朴容雨)

[생]1969 · 9 · 23 [출]전남 담양 [주]경기 수원시 영통구 월드컵로120 수원지방법원(031-210-1114) [학]1988년 광주서석고졸 1993년 서울대 법학과졸 [경]1996년 사법시험 합격(38회) 1999년 사법연수원 수료(28기) 1999년 전주지법 예비판사 2001년 同판사 2002년 同정읍지원 판사 2003년 인천지법 판사 2006년 서울행정법원 판사 2008년 서울북부지법 판사 2010년 서울고법 판사 2012년 서울중앙지법 판사 2014년 광주지법 부장판사 2016년 수원지법 부장판사(현)

박용우(朴庸雨) PARK Yong Woo

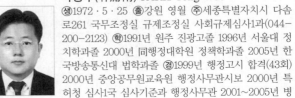

[생]1972 · 5 · 25 [출]강원 영월 [주]세종특별자치시 다솜로261 국무조정실 규제조정실 사회규제심사1과(044-200-2123) [학]1991년 원주 진광고졸 1996년 서울대 정치학과졸 2000년 同행정대학원 정책학과졸 2005년 한국방송통신대 법학과졸 [경]1999년 행정고시 합격(43회) 2000년 중앙공무원교육원 행정사무관시보 2000년 특허청 심사1국 심사기준과 행정사무관 2001~2005년 병

역 휴직 2005년 특허청 정보기획본부 정보개발팀 행정사무관 2006년 同산업재산정책본부 국제협력팀 행정사무관 2007년 同산업재산정책국 산업재산정책과 서기관 2008년 同산업재산정책국 산업재산경영지원팀 서기관 2010년 특임장관실 특임2과장 2010년 同특임1과장 2011년 同기획총괄과장 2013년 국무총리 시민사회비서관실 행정관 2015년 국무조정실 통일안보정책과장 2016년 同규제조정실 사회규제심사1과장(현) [상]특허청장표창(2005), 국무총리표창(2007)

박용욱(朴容昱) PARK Yong Wook

[생]1960·4·3 [본]밀양(密陽) [출]서울 [주]서울 강남구 도산대로216 이생그룹 회장실(02-3460-8002) [학]1978년 서울고졸 1982년 인하대 무역학과졸 1986년 미국 페퍼다인대(Pepperdine Univ.) 경영학과졸 2000년 동국대 국제정보대학원 국제정보고위정책과정 수료 2001년 국제산업디자인대학원대학 IDAS뉴밀레니엄과정 수료 2002년 한양대 국제관광대학원 최고엔터테인먼트과정 수료 [경]1982년 동산토건(주) 입사 1983년 同뉴욕지사·LA지사 근무 1986년 유니콘통상(주) 전무이사 1990년 同대표이사 1992년 이생산업(주) 대표이사 1994년 (주)효중포장 대표이사 1999년 (주)냅스 대표이사 1999년 이생정보통신(주) 대표이사 2003년 (주)이생테크 대표이사 2003년 이생그룹(냅스·이생·이생정보통신·이생테크) 회장(현) [종]불교

박용원(朴容沅) PARK Yong Won

[생]1950·10·6 [본]밀양(密陽) [출]서울 [주]서울 서대문구 연세로50 연세대학교 의과대학(1599-1885) [학]1976년 연세대 의과대학졸 1980년 同대학원 의학과졸 1984년 의학박사(연세대) [경]1983~2016년 연세대 의과대학 산부인과학교실 교수 2003~2004년 同용인세브란스병원장 2006~2008년 대한태아의학회 회장 2009~2011년 대한산부인과학회 이사장 2010~2012년 연세대 세브란스병원 원장 2010~2012년 서울시병원회 부회장 2012년 대한병원협회 감사 2016년 연세대 의과대학 명예교수(현) [상]자랑스러운 한국인대상 의료서비스부문(2011)

박용재(朴龍載)

[생]1958·1·10 [주]대전 동구 동구청로147 동구청 부구청장실(042-251-4010) [학]충남고졸, 충남대 원예학과졸 [경]1987년 지방공무원 임용 2008년 대전시 교통정책과장(지방서기관) 2009년 同운영지원과장 2010년 同평생교육문화센터 원장 2012년 同도심활성화기획단장 2013년 同복지정책과장 2014년 고위정책과정 교육파견(지방부이사관) 2015년 대전시 교통건설국장 2016년 대전 동구 부구청장(현) [상]화랑훈련독수리연습유공 대전시장표창(1991), 장관표창(1994), 대통령표창(1998)

박용종(朴鏞琮) PARK Yong Jong

[생]1958·9·1 [출]경남 밀양 [주]경기 수원시 영통구 삼성로129 삼성전자(주) 생활가전선행개발팀(031-200-1647) [학]1976년 동아고졸 1980년 부산대 기계설계학과졸, 서울대 대학원졸 1993년 기계공학박사(독일 카를스루에대) [경]삼성전자(주) 냉기시스템개발팀장 2003년 同냉기개발팀장(상무보) 2005년 同시스템가전냉기개발팀장(상무) 2006년 同생활가전사업부 선행개발팀 연구위원(상무) 2012년 同생활가전사업부 선행개발팀 연구위원(상무), 同생활가전선행개발팀장(연구위원)(현)

박용주(朴容周)

[생]1952·1·5 [출]경북 포항 [주]서울 송파구 법원로11길 11 현대지식산업센터A동9층 (주)지비스타일(02-2210-1400) [학]2015년 대입검정고시 합격 [경]1991년 (주)거봉교역 설립·대표이사 사장 1995년 (주)거봉인터네셔널 대표이사 사장 2002년 (주)지비스타일 대표이사 사장(현) 2004년 서울상공회의소 동대문구상공회 부회장 2013년 매일경제신문 주최 블라디보스토크포럼 중소기업대표단 2014년 (사)한국경영혁신중소기업협회(MAINBIZ) 회장(현) [상]서울시장표창(1999), 동대문구청장표창(2003), 건강보험관리공단 감사패(2005), 산업자원부장관표창(2005·2007·2013), 특허청장표창(2006), 자랑스런 연세법무인상(2006), 대한민국디자인대상 우수상(2007), 제1회 대한민국로하스어워드 의류부문상(2009), 이달(1월)의 중소기업인상(2011), 지식경제부장관표창(2011), 신세계81주년기념 윤리경영대상(2011), 대통령표창(2012)

박용주(朴容周) PARK Yong Joo

[생]1954·7·16 [본]음성(陰城) [출]경기 고양 [주]서울 마포구 마포대로15 현대빌딩 대한병원협회 임원실(02-705-9205) [학]1973년 대전고졸 1981년 성균관대 경제학과졸 1997년 미국 미시간대 대학원 경제학과졸 2003년 이학박사(한국체육대) [경]1980년 행정고시 합격(24회) 1981~1993년 보건사회부 법무담당관실·지역의료과·무료정책과 근무 1993~2000년 국립보건원 교학과장·질병관리과장·한방제도담당·건강증진과장 2000년 보건복지부 보건산업정책과장 2002년 同감사담당관 2002년 同공보관 2004년 同참여복지홍보사업단장 2004년 駐미국대사관 참사관 2007년 보건복지부 기초노령연금TF단장 2008년 보건복지가족부 연금정책관 2009년 한나라당 보건복지가족위원회 수석전문위원 2010~2012년 보건복지부 저출산고령사회정책실장 2012~2015년 한국노인인력개발원 원장 2016년 대한병원협회 상근부회장(현) [상]대통령표창(1987), 근정포장(2009) [종]천주교

박용주(朴容周) PARK Yong Joo

[생]1961·12·16 [본]밀양(密陽) [출]서울 [주]서울 영등포구 의사당대로1 국회예산정책처 경제분석실(02-788-3774) [학]1984년 서강대 경제학과졸 1986년 同대학원 경제학과졸 1995년 경제학박사(독일 쾰른대) [경]현대경제연구원 연구위원 2001년 기획예산처 공공관리단 공공2팀장 2003년 同재정개혁국 공기업정책과장 2004년 국회예산정책처 경제분석실 재정정책분석팀장 2006년 同예산분석실 예산분석심의관 2009년 同사업평가국장 2012년 同경제분석실장(현) [종]천주교

박용주(朴龍株) PARK Yong Joo

[생]1963·2·7 [출]부산 [주]서울 중랑구 면목로470 대상빌딩2층 초록마을 사장실(02-6715-7116) [학]1982년 동원공고졸 1989년 동아대 전기공학과졸 1991년 同대학원 전기공학과졸 [경]대상(주) 기획본부장, 대상팜스코(주) 경영지원본부장(이사), 대상홀딩스(주) 관리담당 상무이사 2007~2013년 同공동대표이사 2013년 초록마을 대표이사 사장(현)

박용주(朴勇柱)

[생]1965·5·24 [출]전남 보성 [주]서울 중구 을지로65 SKT텔레콤 법무실(02-6100-3700) [학]1984년 광주 대동고졸 1988년 고려대 법학과졸 [경]1989년 사법시험 합격(31회) 1992년 사법연수원 수료(21기) 1992년 軍법무관 1995년 창원지검 검사 1997년 광주지검 해남지청 검사 1998년 서울지검 북부지청 검사 2000년 광주지검 검사 2002년 서울지검 검사 2004년 수원지검 성남지청 부부장검사 2005년 법무법인 탑 변호사 2006년 SK텔레콤 同CSR실장(상무), 同법무실장(현)

박용준

[생]1971·5·7 [출]전북 익산 [주]전북 전주시 완산구 효자로225 전북도청 감사관실(063-280-2040) [학]1989년 원광고졸 1999년 원광대 행정학과졸 2004년 서울대 행정대학원 행정학과 수료, 미국 Univ. of Malaya 대학원 공공행정학과졸 [경]2004년 통일부 행정사무관 2004~2011년 감사원 부감사관 2011년 同행정문화감사국 제1과 서기관 2011년 同국방감사단 제1과 서기관 2016년 전북도 감사관(지방부이사관)(현)

박용진(朴用鎭) PARK Yong Jin

[생]1971·4·17 [출]전북 장수 [주]서울 영등포구 의사당대로1 국회 의원회관611호(02-784-9721) [학]1990년 신일고졸 1997년 성균관대 사회학과졸 2015년 同국정관리대학원 행정학과졸 [경]1994년 성균관대 총학생회장·서울북부지역대학교총학생회연합 의장 1998년 국민승리21 대변인실 조직부장·언론부장·청년실업운동본부 상황실장 2000년 민주노동당 서울강북구乙지구당 위원장 2000년 제16대 국회의원선거 출마(서울 강북구乙, 민주노동당) 2003년 서울시학교급식조례제정 강북운동본부 대표 2003년 강북열린벼룩시장 대표 2004~2008년 민주노동당 대변인 2005년 同서울강북구지역위원회 위원장 2005년 同비상대책위원회 위원 2008년 제18대 국회의원선거 출마(서울 강북구乙, 진보신당) 2012년 민주통합당 대변인 2012~2015년 복지국가진보정치연대 대표 2012~2014년 민주당 대변인 2013년 同당무위원 2014년 同홍보위원장 2014년 민주당·새정치연합 신당추진단 정무기획위원 2014년

새정치민주연합 홍보위원회 공동위원장 2015~2016년 더불어민주당 정책위원회 부의장 2015~2016년 더불어민주당 정책위원회 부의장 2016년 同서울강북구乙지역위원회 위원장(현) 2016년 제20대 국회의원(서울 강북구乙, 더불어민주당)(현) 2016년 더불어민주당 비상대책위원회 대표 비서실장 2016년 同청년일자리TF 위원(현) 2016년 국회 정무위원회 위원(현) 2016년 국회 정치발전특별위원회 위원(현) [저]'과감한 전환'(2012, 폴리데이아) [종]천주교

박용찬(朴庸燦) PARK Yong Chan

[생]1948·5·23 [본]밀양(密陽) [출]서울 [주]서울 동대문구 서울시립대로163 서울시립대학교 행정학과(02-6490-2010) [학]1966년 경기고졸 1971년 연세대 행정학과졸 1973년 서울대 행정대학원 행정학과졸 1990년 행정학박사(연세대) [경]1981년 경북대 행정학과 전임강사 1982~2013년 서울시립대 행정학과 조교수·부교수·교수 1993년 행정고시 출제위원 1993년 한국행정학회 상임이사 1994년 미국 Berkeley대 교환교수 1998~2000년 서울시립대 법률행정연구소장 2003~2005년 同법정대학장 2013년 同명예교수(현) [저]'복지국가의 과제와 전망' [종]천주교

박용채(朴鎔彩) PARK Yong Chae

[생]1960·9·5 [출]전남 여수 [주]서울 중구 정동길3 경향신문 논설위원실(02-3701-1071) [학]1979년 동성고졸 1986년 한국외국어대 일본어과졸 [경]1998년 경향신문 편집국 경제부 차장대우 2001년 同경제부 차장 2002년 同국제부 차장 2002년 同도쿄특파원(차장) 2005년 同도쿄특파원(부장대우) 2008년 同국제부 선임기자 2008년 同신경영추진본부 기획위원 2008년 同전략기획실 전략경영팀장 2009년 同편집국 산업부장 2009년 同편집국 경제에디터 겸 경제부장 2011년 同편집국 경제에디터 2012년 同편집국 경제에디터 겸 산업부장 2013년 同편집국 디지털뉴스편집장 2014년 同논설위원(현) [저]'브레이크 없는 해외여행'

박용천(朴容千) PARK Yong Chon

[생]1956·2·3 [출]인천 [주]경기 구리시 경춘로153 한양대학교 구리병원 정신건강의학과(031-560-2114) [학]1974년 제물포고졸 1980년 한양대 의대졸 1983년 同대학원졸 1988년 의학박사(한양대) [경]한양대 의과대학 신경정신과학교실 교수, 同의과대학 정신건강의학교실 교수(현), 한국EMDR협회 회장, 한국정신치료학회 이사, 同부회장, 대한신경정신의학회 간행위원 및 고시위원, 정신건강연구편집위원회 위원장, 대한불안의학회 감사, 同고문, 대한생물정신의학회 감사 2012년 한양대 구리병원 신경정신과장, 同구리병원 정신건강의학과장 2013년 미국정신의학회 국제저명회원(현) 2013~2015년 한양대 교수평의원회 및 대학평의원회 의장, 同의과대학 부학장 2014년 환태평양정신의학회(PRCP) 부회장(현) [상]보건복지부장관표창(2006), 중앙문화의학학술상(2012), 대한신경정신의학회 최신해학술상(2016) [저]'정신치료 시작을 위한 입문서'(2009, 중앙문화사) '스트레스가 내 몸을 살린다'(2010, 가림) '정신역동적 정신치료 : 임상매뉴얼'(2015, 학지사) 'Routledge Handbook of Psychiatry in Asia'(2016, Routledge)

박용철(朴用轍) Yong Chul Park

[생]1961·7·29 [주]서울 성동구 동일로151 앰코테크놀로지코리아(주) 비서실(02-460-5103) [학]1979년 청주고졸 1983년 한양대 금속학과졸 1996년 同대학원 금속공학과졸 [경]1986년 앰코테크놀로지코리아(주) 입사 2009년 同이사 2009년 同ATC공장 근무 2010년 同ATT공장 상무이사 2011년 同ATC공장장 2014년 同K4공장장(전무이사) 2015년 同제조본부장 2015년 同대표이사 사장(현)

박용태(朴龍泰) PARK Young Tae

[생]1950·5·27 [출]경기 개성 [주]경기 용인시 기흥구 이현로30번길107 (주)녹십자 비서실(031-260-9300) [학]1969년 대전고졸 1975년 한양대졸 1981년 고려대 대학원졸 [경](주)녹십자메디칼 써플라이즈 부사장, (주)녹십자양행 대표이사 사장, (주)녹십자벤처투자 대표이사 겸 부사장 2009년 (주)녹십자 부회장(현) [종]기독교

박용하(朴龍河) PARK Yong Ha

[생]1948·5·21 [출]전남 여수 [주]전남 여수시 여수산단로1232 (주)와이엔텍 회장실(061-690-6985) [학]1967년 대신고졸 1972년 고려대 독문과졸 1974년 同대학원 정치외교학과졸 [경]1978년 여수주조공사 총무이사 1981년 여수보건공사 대표이사 1984년 삼미기업 대표 1988년 새마을운동중앙협의회 여수지회장 1990년 호남기업 근무 1991년 여수상공회의소 부회장 1993~1997년 여천환경회 회장 1994~2006년 여수상공회의소 회장 1994년 광주은행 이사 1997년 (주)여산 회장 2001년 (주)와이엔텍 회장(현) 2015년 여수상공회의소 회장(현) [상]농수산부장관표창(1982), 노동부장관표창(1983), 은탑산업훈장(2009) [종]기독교

박용현(朴容昡) PARK Yong Hyun (暎山)

[생]1943·9·16 [본]밀양(密陽) [출]서울 [주]서울 종로구 종로187 매헌빌딩11층 두산연강재단(02-766-7680) [학]1962년 경기고졸 1968년 서울대 의과대학졸 1970년 同대학원졸 1977년 의학박사(서울대) [경]1968~1973년 서울대병원 수련의·전공의 1973년 육군 軍의관 1978~2006년 서울대 의과대학 외과학교실 조교수·부교수·교수 1984~1988년 아시아태평양소화기병학회 조직위원회 사무총장 1993~1995년 서울대병원 기획조정실장 1995~1998년 同진료부원장 1996~1998년 대한외과학회 이사장 1998~2004년 서울대병원 원장 1998~2004년 국립대학교병원장협의회 회장 1999~2004년 대한병원협회 부회장 1999~2004년 병원신보 편집인 2000~2001년 대한소화기학회 회장 2003년 한국병원경영연구원 이사장 2004년 대한외과학회 부회장 2005~2007년 대한적십자사 병원경영위원장 2005년 두산연강재단 이사장(현) 2006년 서울대 명예교수(현) 2006~2007년 대한외과학회 회장 2007년 두산건설(주) 회장(현) 2007~2013년 전국경제인연합회 부회장 2008~2016년 학교법인 중앙대 이사 2009~2011년 한국문화예술교육진흥원 이사장 2009년 서울대의과대학동창회 회장 2009~2012년 (주)두산 대표이사 회장 겸 이사회 의장 2010·2013·2016년 한국산업기술진흥협회 회장(현) 2010~2013년 한·일경제협회 부회장 2011년 국립대학법인 서울대 이사 2012~2015년 (사)한국메세나협회 회장 2012년 두산중공업(주) 회장 2014~2015년 국립대학법인 서울대 이사장 2015년 (사)한국메세나협회 명예회장(현) 2015년 서울대병원 발전후원회장(현) 2015년 예술의전당 이사장(현) 2016년 중앙대 이사장(현) [상]경영혁신대상(1999), 한국전문경영인 대상(2001), 황조근정훈장(2002) [저]'간담췌외과학'(2000) [종]가톨릭

박용현(朴龍炫) PARK Yong Hyun

[생]1958·10·16 [출]전남 진도 [주]서울 종로구 사직로8길39 김앤장법률사무소(02-3703-4858) [학]1977년 용산고졸 1985년 한양대 정치외교학과졸 1989년 서울대 대학원 행정학과졸 1998년 영국 버밍햄대 대학원 보건의료관리학과졸 [경]1984년 행정고시 합격(28회) 1986년 교통부 파견·보건복지부 지역의료과·위생감시과 행정사무관 1990년 보건복지부 위생관리과·약무정책과·급여심사과·복지자원과 행정사무관 1995년 同복지자원과 서기관 1996~1998년 영국 버밍햄대 파견 1998년 보건복지부 보험정책과 서기관 1999년 同법무담당관 2001년 同연금제도과장 2002년 駐EU대표부 주재관 2005년 보건복지부 보건산업진흥과장 2005년 식품의약품안전청 정책홍보관리본부장 2007년 보건복지부 보건산업육성사업단장 2008년 보건복지가족부 대변인 2009년 同건강보험정책관 2010년 중앙공무원교육원 파견(고위공무원) 2011년 보건복지부 저출산고령사회정책실 노인정책관 2011~2014년 同사회복지정책실장 2016년 김앤장법률사무소 제약·의료기기·식품·화장품 고문(현)

박용형(朴鎔瀅) PARK Yong Hyung

[생]1955·4·3 [본]밀양(密陽) [출]경남 밀양 [주]서울 서초구 바우뫼로27길2 (주)유니기획 임원실(02-526-3660) [학]1972년 경기고졸 1979년 서울대 교육학과졸 [경]1979~1981년 오리콤 근무 1981~1984년 대우조선 근무 1984~1995년 삼희기획 입사·광고1본부 국장·광고2본부 국장 1995년 한컴 이사 1997년 同광고2본부장(상무) 2001년 오리콤 상무 2002년 유니기획 전무 2006년 同대표이사 부사장 2011년 同대표이사 사장(현) [종]천주교

박용호(朴龍浩) PARK Yong Ho

[생]1955·11·12 [주]서울 관악구 관악로1 서울대학교 수의과대학 수의학과(02-880-1257) [학]1978년 서울대 수의학과졸 1981년 同대학원 수의학과졸 1991년 수의학박사(미국 워싱턴대) [경]1978~1986년 농촌진흥청 가축위생연구소 연구사·연구관 1982년 뉴질랜드 Ruakura동물연구센터 방문연구원 1986~1992년 미국 Washington State Univ. 방문연구원·박사 후 연구원·방문교

ㅂ

수 1992~1995년 수의과학연구소 연구관·과장(서기관) 1995~2004년 서울대 수의과대학 미생물학과 부교수 2004~2011년 同수의과대학 미생물학과 교수 2007~2009년 同수의과대학장 2010년 대한인수공통전염병학회 회장, 한국수의공중보건학회 회장, 한국수의학교육협의회 회장, 대한수의학회 이사장, 아시아수의과대학협의회 회장 2011년 농림수산식품부 축산물위생심의위원회 위원장 2011년 同농림수산검역검사본부장 2013~2014년 농림축산식품부 농림축산검역본부장 2014년 서울대 수의과대학 수의학과 교수(현) 2015년 식품의약품안전처 축산물위생심의위원회 위원장(현) 2015년 서울대 환경안전원장(현) [상]한국낙농대상 낙농과학기술부문(2010)

박용호(朴容鎬) Yongho Park (慧岸)

[생]1957·12·6 [본]밀양(密陽) [출]서울 [주]서울 중구 동호로20다길16 (주)간삼건축종합건축사사무소(02-2250-6009) [학]1976년 중앙대사대부고졸 1983년 중앙대 건축학과졸 2003년 연세대 대학원 건축공학과졸 2009년 同대학원 건축공학 박사과정 수료 [경]1982~1993년 코오롱건설(주) 건축부 과장 1993~2005년 증권예탁결제원 총무부장 2003~2004년 대한주택공사 주택연구원 자문위원 2003~2004년 한국교육학술정보원 자문위원 2004~2005년 한국방송광고공사 자문위원 2005년 부산시 공공기관입주지선정위원회 자문위원 2005년 건설교통부 도시정비 및 주거환경포럼 위원 2006년 (주)건원엔지니어링 CM본부 상무이사 2006년 중앙대 건축학부 겸임교수(현) 2006~2007년 한국건설감리협회 건설관리위원회 위원 2006년 경기도건축분쟁조정위원회 위원 2006년 서울산업대 최고위건축개발과정 연구위원 2006년 경기도선진화위원회 뉴타운분과위원 2006년 증권예탁결제원 자문위원 2007년 (주)간삼파트너스종합건축사사무소 CM/감리부문 대표전무이사 2007년 건설기술교통평가원 신기술평가위원 2008년 한국건설관리학회 등기이사(현) 2008년 서울시 건설심의위원 2008년 동작구·관악구·종로구 건축위원 2009년 국토해양부 보금자리포럼 위원 2009년 수도권교통본부 설계자문위원 2009년 국방부 특별건설심의위원 2009년 (주)간삼건축종합건축사사무소 부사장(현) 2010년 한강노들섬오페라하우스 설계자문위원 2010년 서울시 도시기반본부 건설안전자문위원 2010년 국립재활원 장애인재활훈련시설 자문위원(현) 2015년 CM전문가자격통합협의회 초대 의장(현) 2016년 한국건설사업관리사회(CMPAK) 초대 회장(현) [상]한국생태환경건축학회 최우수논문상(2004), 국토해양부장관표창(2010), 국토교통부장관표창(2015) [종]가톨릭

박용호(朴龍鎬)

[생]1963·7·15 [출]경기 파주 [주]서울 종로구 세종대로178 KT빌딩12층 대통령직속 청년위원회(02-397-5000) [학]1987년 서울대 전기전자공학부졸 1999년 同대학원 전기공학과졸 [경]1987~1999년 LG종합기술원 통신알고리즘 책임연구원 1999~2011년 지엔씨텔링크(SI기업) 창업·대표이사 2014~2015년 미래창조과학부 창조경제교류공간 '드림엔터' 센터장 2014년 서울창조경제혁신센터 센터장(현) 2015년 대통령직속 청년위원회 위원장(장관급)(현) [상]2014 대한민국 창조경제대상 국무총리표창(2014)

박용호(朴鎔浩) PARK Yong Ho

[생]1965·5·20 [출]경남 밀양 [주]서울 서초구 반포대로158 서울고등검찰청(02-530-3114) [학]1984년 밀양고졸 1988년 한양대 법학과졸 [경]1990년 사법시험 합격(32회) 1993년 사법연수원 수료(22기) 1993년 수원지검 검사 1993~1996년 변호사 개업 1996년 광주지검 순천지청 검사 1997년 창원지검 검사 1999년 인천지검 부천지청 검사 2001년 서울지검 검사 2004년 부산지검 검사 2005년 同부부장검사 2006년 同동부지청 형사3부장 2007년 창원지검 특수부장 2008년 춘천지검 속초지청장 2009년 서울서부지검 형사5부장 2009년 서울중앙지검 공판2부장 2010년 同형사8부장 2011년 광주지검 형사1부장 2012년 서울남부지검 형사1부장 2013년 서울고검 검사(현) 2015년 인천지검 중요경제범죄조사단 파견(현)

박용환(朴勇煥) Park Yong Hwan

[생]1964·2·20 [주]서울 영등포구 여의대로7 LG트윈타워 동관14층 LG상사 임원실(02-3773-1114) [학]1982년 진주고졸 1989년 연세대 행정학과졸 [경]1989년 LG상사 기획부문 근무 1994년 同비서실 근무 1997년 同재경팀 근무 1998년 同홍콩법인(금융담당) 근무 2002년 同금융팀(외환·국제금융) 근무 2007년 同금융팀장 2009년 同금융담당 근무 2010년 同경영기획담당 상무 2015년 同최고재무책임자(CFO·상무)(현)

박용후(朴容厚) PARK Yong Hoo

[생]1950·9·22 [본]밀양(密陽) [출]경기 평택 [주]경기 성남시 중원구 둔촌대로457번길14 (주)ED 임원실(031-730-7300) [학]1969년 서울공고졸 1976년 서울산업대 기계공학과졸, 한국방송통신대 경영학과 수료, 경기공업전문대 전자과 수료 2006년 가천대 대학원 경영학과졸 2010년 경영학박사(가천대) [경]1969년 동양나이론(주) 공무과 근무 1970년 노동부 중앙직업훈련원 용접과 근무 1973년 정수직업훈련원 용접과 근무 1976년 한·벨지움창원직업훈련원 근무 1986년 한·인니직업훈련원 자문관 파견 1991년 한국산업인력관리공단 지도실 근무 1991년 (주)ED 영업이사 1999년 同상무이사 2000년 同대표이사(현) 2015년 성남상공회의소 회장(현) [상]산업자원부장관표창(2006), IT중소기업인의 날 유공자 정보통신부장관표창(2007), 신성장동력산업발전 유공 산업포장(2013) [종]기독교

박용훈(朴用薰) PARK Yong Hoon

[생]1961·8·18 [출]경기 의정부 [주]서울 강서구 허준로217 가양테크노타운 교통문화운동본부 임원실(02-786-3385) [학]1980년 휘문고졸 1987년 서울시립대 도시계획학과졸 1990년 同대학원 도시공학과졸 1995년 고려대 언론대학원 수료 1996년 연세대 행정대학원 수료 1997년 同언론홍보대학원 최고고위과정 수료 2002년 도시 및 지역계획학박사(중앙대) [경]1988년 서울시립대 도시계획학과 조교 1988~1991년 수도권개발연구소 선임연구원 1990년 도시교통연구소 소장 1991년 교통평론가로 방송활동 1993년 경제정의실천시민연합 상임집행위원 1995년 한·러시아문화협회 이사 1996년 교통문화운동본부 대표(현) 1997년 한국교통기술사협회 이사 1999~2007년 기획재정부 공기업경영혁신평가위원 2003~2007년 경찰청 경찰혁신위원 2011~2015년 한국도로공사 비상임이사 [상]대통령표창(1994), 건설교통부장관표창(1996), KBS 교통문화대상 [저]꽁트집 '미래로 가자' '교통과 도시계획' '정보화사회와 글로벌도시' '93 한국환경보고서' '교통2020' '작은차가 아름답다' '자동차가 남자보다 좋은 이유' [종]기독교

박용휘(朴龍輝) BAHK Yong Whee (曉山)

[생]1930·9·11 [본]밀양(密陽) [출]전남 나주 [주]서울 서초구 반포대로222 가톨릭대학교 의과대학(02-2258-7114) [학]1947년 광주서중졸 1953년 전남대 의과대학졸 1965년 의학박사(가톨릭의대) [경]1953~1957년 육군 軍의관 1956년 미국 샌프란시스코 레터만병원 수련 1957~1962년 전남대 의과대학 조교 1959년 미국 보스턴시립병원 수련 1962~1969년 가톨릭대 의과대학 전임강사·조교수·부교수 1966~1983년 同부속성모병원 방사선과장 1969~1996년 同방사선과 교수 1969년 독일 하이델베르크암연구소 객원교수 1973년 방사선의학회 회장 1980년 핵의학회 회장 1980년 아세아가톨릭의사회연맹 사무총장·부회장 1984년 가톨릭중앙의료원 기획실장 겸 강남성모병원 방사선과장 1984년 세계가톨릭의사연맹 아세아대표 1986년 가톨릭대 대학원장 1987년 국제원자력기구 전문위원 1988년 아세아가톨릭의사회연맹 회장 1989년 독일 율릿히핵의학연구소 방문교수 1989~1997년 한국가톨릭의사회 회장 1991년 핵의학회 명예회장(현) 1993년 방사선방어학회 회장 1993년 세계가톨릭의사회 부회장 1994년 한국과학기술한림원 원로회원(현) 1996년 가톨릭대 의대 명예교수(현) 1996년 삼성제일병원 고문 1999~2016년 성애병원 양전자·컴퓨터단층촬영(PET-CT)센터 소장 2004년 대한민국의학한림원 원로회원(현) 2004~2007년 린다우노벨상 수상자회의 학술대사 [상]방사선의학회 학술상(1966), 대한의사협회 학술상(1971), 가톨릭대 대학원 학술상(1974·1978), 서울시 문화상(1979), 동아의료문화상 저작상(1985), 학술원상(1995), 국민훈장 동백장(1996), 전남대 용봉인 대상(1998), 대한핵의학회 공로상(2002), 몽골나이람달 훈장(2005), 독일 슈프링어 출판공로상(2006), 국가유공자(2008), 독일 슈프링어출판 명예고문(2009), 대한의학회 선정 '명예의 전당' 헌정(2015) [저]'흉부X선진단'(1979·2000) '복부X선진단'(1980) '상부소화기X선진단'(1983) '하부소화기X선진단'(1985) '흉부화상진단'(1990) 'Combined Scintigraphic & Radiographic Diagnosis of Bone & Joint Diseases'(1995·2000·2006) 'Radioaerosol Imaging of the Lung'(1998) 'Nuclear Imaging of the Chest'(1998) '인체방사선 해부학'(2000) 'Molecular Nucl. Medicine'(2003) '소화기영상진단학'(2005) 'Nuclear Medicine Resources Manual'(IAEA, 2006) '골격과 관절질환에 대한 핵의학적 진단'(2012, 독일 슈프링어출판사) [종]천주교

박 우(朴 祐) PARK Woo

[생]1955·8·5 [본]함양(咸陽) [출]경북 의성 [주]서울 강남구 논현로322 패션그룹형지(주) 임원실(02-3498-7202) [학]경북고졸 1979년 서울대 경제학과졸 [경]1982년 제일모직 입사 1995년 同중국본부 총괄상무 2005~2006년 同갤럭시사업부장 2006~2013년 리젠어패럴 대표이사 2013년 패션그룹 형지 인도네시아법인장 2015년 同총괄사장(현) [종]기독교

박우건(朴禹建) PARK Woo Keon (海剛)

생1951·5·18 본밀양(密陽) 출전남 신안 주서울 마포구 월드컵북로396 한국정보산업연합회(02-780-0201) 학1970년 광주 사레지오고졸 1974년 연세대 법학과졸 1976년 同대학원 행정학과졸 2016년 명예 행정학박사(미국 셰퍼드대) 경1982년 민정당 중앙사무처 공채4기 1988년 정무제2장관실 기획조정관 1990년 同제3조정관 1992년 同제1조정관 1994년 同제4조정관 1996년 同제1조정관 1998년 同제4조정관 1998년 여성특별위원회 차별개선조정관 2000년 同협력조정관 2001~2014년 연세대총동창회 상임이사 2001년 한국생산성본부 상무이사 2003~2009년 同전무이사 2004년 同인증원장 2004년 同정보문화원장 2008~2012년 중국 산동성 위해시 경제고문 2008~2010년 여성부 정책자문위원 2009~2011년 민주평통 자문위원 2009~2011년 재단법인 한국여성수련원 이사 2009년 한국생산성본부 New생산성향상운동본부장 겸임 2010년 同상근부회장 2010~2012년 同정보문화원장 2012~2015년 (재)국제여성가족교류재단 고문 2012년 한국극지연구진흥회 이사(현) 2015년 한국정보산업연합회 상근부회장(현) 상대통령표창(1992), 근정포장(1998)

박우귀(朴禹貴) PARK Woo Kie

생1960·2·10 본밀양(密陽) 출전남 신안 주서울 양천구 목동동로233 방송회관 방송통신심의위원회 방송심의2국(02-3219-5114) 학1978년 목포고졸, 목포대 지역개발학과졸, 고려대 언론대학원 신문방송학과졸 2013년 언론학박사(성균관대) 경1986년 대농그룹 근무 1990년 한국광고산업 근무 1992년 국회사무처 근무 1993년 종합유선방송위원회 근무 2000년 방송위원회 정보자료부장 2002년 同행정국 전문위원 2002년 同심의1부장 2003년 성균관대 파견 2004년 방송위원회 제주사무소장 2005년 同시청자지원실 전문위원 2006년 同부산사무소장 2009년 방송통신심의위원회 대구사무소장 2011년 同미래전략연구단장 2011년 同권익보호국 전문위원 2012년 同조사연구실 전문위원 2013년 同권익보호국장 2015년 同인터넷피해구제센터장 겸임 2015년 同방송심의2국장(현) 저'아름다운 변화'(2006, 에세이)

박우규(朴佑奎) PARK Woo Gyu

생1952·6·15 출강원 강릉 주서울 중구 퇴계로36길19 서부빌딩3층 (사)안민정책포럼(02-581-4375) 학1970년 서울고졸 1975년 서울대 토목공학과졸 1986년 경제학박사(미국 카네기멜론대) 경해양개발연구소 연구위원, 한국개발연구원 연구위원, SK경제연구소 이사, SK증권 경제연구소장(상무) 2004~2012년 SK 경영경제연구소장 2009년 국가경쟁력강화위원회 위원 2013년 한국투자공사 운영위원 2013년 SK 고문 2014년 리인터내셔널특허법률사무소 고문 2014년 (사)안민정책포럼 이사장(현) 2014년 동양증권(주) 감사(사외이사) 종기독교

박우동(朴宇東) PARK Woo Dong

생1951·4·9 출경북 주경북 경주시 안강읍 호국로2606의10 (주)풍산 임원실(054-760-6051) 학대구 계성고졸, 영남대 화학공학과졸 경1976년 (주)풍산 입사, 同기술연구소장, 同생산본부장 2004년 同동래공장장(상무대우) 2006년 同동래공장장(전무대우) 2008년 同안강공장장(전무) 2008년 同방산총괄 대표(수석부사장)(현) 상한국방산학회 방산기술상(2012), 은탑산업훈장(2013)

박우범(朴雨範) PARK Woo Bum

생1968·6·5 주경남 창원시 의창구 상남로290 경상남도의회(055-211-7324) 학경호고졸, 진주산업대 국제축산개발학과졸 경JCI산청청년회의소 이사, 산청군체육회 사무국장, 산청한방약초축제위원회 사무국장, 민주평통 산청군협의회 사무국장 2014년 경남도의회 의원(새누리당)(현) 2014·2016년 同기획행정위원회 위원(현) 2016년 同예산결산특별위원회 위원장

박우서(朴羽緒) PARK Woo Suh

생1946·8·20 본반남(潘南) 출서울 주서울 서대문구 연세로50 연세대학교(02-2123-2963) 학1964년 경동고졸 1970년 연세대 사회과학대 행정학과졸 1978년 도시 및 지역계획학박사(미국 뉴욕대) 경1980년 국토개발연구원 수석연구원 1983년 연세대 사회과학대 부교수 1985년 홍콩대 초빙교수 1985~2011년 연세대 행정학과 교수 1990년 미국 노스웨스턴대 객원교수 1992년 연세대 기획차장 1993년 同발전협력처장 1994년 同도시문제연구소장 1996년 미국 아이젠하워재단 초빙교수 1997~2000년 연세대 학생복지처장 1997~2001년 同국정관리학회장 1998년 전국학생처장협의회 회장 2000년 한국지방행정연구원 원장 2002년 亞·太지역경제사회위원회(UNESCAP) 산하 亞·太지역지방정부연구교육기관연합회(LOGOTRI) 회장 2002년 세종문화회관 이사 2003년 미국 미시간주립대 초빙교수 2003~2005년 연세대 사회과학대학장 2004~2005년 同행정대학원장 2005~2007년 행정자치부 지방자치단체합동평가위원회 위원장 2006년 해비타트서울지회 부이사장 2007년 同서울지회 이사(현) 2008년 영남대 임시이사 2009년 세종문화회관후원회 부회장(현) 2011년 연세대 명예교수(현) 2013년 공공자치연구원 이사장(현) 2013~2015년 해비타트 서울지회 이사장 상홍조근정훈장 저'지방화시대의 도시행정' '행정개혁론' '정부개혁의 과제와 전략' '지방자치와 광역행정' '새내기를 위한 행정학'(共) '중국지방정부의 이해' '대학경영의 원리와 진단'(共) 역'현대기획론' 종기독교

박우석(朴佑錫) Woosuk Park

생1954·10·13 본밀양(密陽) 출서울 주대전 유성구 대학로291 한국과학기술원 인문사회과학부(042-350-4621) 학1973년 경기고졸 1983년 연세대 철학과졸 1988년 철학박사(미국 뉴욕주립대 버펄로교) 경1988~1989년 캐나다 나이아가라대·미국 메다이대학 시간강사 1988년 Society for Medieval and Renaissance Philosophy 회원(현) 1989~1991년 미국 Erie Community College 전임강사 1991~1994년 서울대·연세대·고려대 시간강사 1995~2001년 한국과학기술원(KAIST) 인문사회과학부 부교수 1997~2000년 한국철학회 국제교류위원·재무이사 2000년 Society for Medieval Logic and Metaphysics 회원(현) 2000~2001년 한국철학회 감사 2001년 한국과학기술원(KAIST) 인문사회과학부 교수(현) 2003~2007년 한국중세철학회 연구이사·부회장 2003~2007년 한국바둑학회 회원이사·부회장 2005년 영국 Cambridge Univ. Press 심사위원 2005~2007년 한국논리학회 회장 2008년 The Twenty Second World Congress of Philosophy 심사위원 2012년 출판사 'Springer' Sapere총서 편집자문위원(현) 2015년 한국바둑학회 회장(현) 2015년 한국분석철학회 회장(현) 상서우철학상(1992), 한국과학기술원 우수강의상(1996·2012) 저'잃어버린 과학을 찾아서 : 과학자를 위한 철학입문'(1997) '중세철학의 유혹'(1997) '바둑철학'(2002) 역'포퍼의 과학적 발견의 논리'(1994) '둔 스코투스의 제일원리론(共)'(2010) '논리학의 역사 I, II'(2015)

박우선(朴佑善) PARK, WOO SUN

생1961·10·1 본무안(務安) 출서울 주경기 안산시 상록구 해안로787 한국해양과학기술원 연안공학연구본부(031-400-6325) 학1984년 서울대 토목공학과졸 1986년 한국과학기술원 대학원 토목공학과졸 1991년 공학박사(한국과학기술원) 경1991~1999년 한국해양연구원 선임연구원 1994~1995년 일본 Port and Harbour Research Institute Visiting Research Scientist 1998년 홍익대 조선해양공학과 겸직교수 1999년 한국해양연구원 연안개발·에너지연구부 책임연구원 2000년 해양수산부 설계자문위원, 국토해양부 자문위원, 부경대 해양공학과 겸임교수(현), 한국해양대 겸직교수(현), 과학기술연합대학원대학교 교수(현) 2010~2012년 한국해양연구원 연안·개발에너지연구부장 2011년 同영년직연구원에 선정 2012~2015년 한국해양과학기술원 연안개발·에너지연구부 책임연구원 2013년 해양수산부 자문위원(현) 2015년 한국해양과학기술원 연안공학연구본부장(현) 저'연안개발-해양과학총서'(2001) '지속가능한 연안개발'(2014) 역'석션기초구조물 기술매뉴얼'(2010) '해상풍력발전 기술매뉴얼'(2011) '재킷공법 기술매뉴얼'(2012) 종기독교

박우섭(朴祐燮) PARK Woo Sub

생1955·7·22 본무안(務安) 출충남 예산 주인천 남구 독정이로95 남구청 구청장실(032-880-4004) 학1972년 용산고졸 1994년 서울대 자연과학대학 미생물학과졸 1996년 同행정대학원 수료 2009년 인하대 대학원 행정학 박사과정 수료 경1978~1980년 극단 '연우무대' 창단·극작 및 연기활동, (주)대한항공 근무 1989년 민주화운동청년연합 의장 1993~1995년 국회 정책연구위원 1993년 민주당 부대변인 1993년 同정책연구실장 1995년 同인천南甲지구당위원장 1999년 새정치국민회의 정책위원회 상임부의장 2002~2006년 인천시 남구청장 2007년 한국철도시설공단 비상임이사 2008년 국회의장 비서실장 2009년 가천의과대 교양학부 초빙교수 2010~2014년 인천시 남구청장(민주당·민주통합당·민주당·새정치민주연합) 2010~2012년 전국시장·군수·구청장협의회 감사 2013~2015년 전국평생학습도시협의회 회장 2014년 인천시 남구청장(새정치민주연합·더불어민주당·무소속)(현) 2014년 (사)대한프로레슬링협회 자문위원 2015년 새정치민주연합 혁신위원회 위원 상세계자유민주연맹(WLFD) 자유장(2013), 한국언론인연대·한국언론인협동조합 선정 '2015 대한민국 창조혁신대상'(2015), (사)대한민국가족지킴이 대한민국실천대상 지역혁신발전부문(2015) 종기독교

ㅂ

박우성(朴遇盛) PARK Woo Sung

[생]1957 · 3 · 31 [출]서울 [주]충남 천안시 동남구 망향로 201 단국대학교병원 원장실(041-550-6001) [학]1983년 서울대 의대졸 1988년 同대학원 의학석사 1996년 의학박사(서울대) [경]1983년 인제대 부속 서울백병원 수련의 1984년 同부속 서울백병원 소아과 전공의 · 전임의 1987년 가톨릭병원 소아과장 1989년 미국 하버드대 부속 Children's Hospital 심장해부병리학 전임의 1992년 단국대 의대 소아청소년과학교실 전임강사 · 조교수 · 부교수 · 교수(현) 2001년 한국학술진흥재단 학술연구심사평가위원 2004년 단국대 부속병원 부원장 2007년 同부속병원장(현) 2012년 대한병원협회 이사(현) 2014년 사립대학의료원협의회 부회장(현) [상]자랑스러운 충남인상(2015) [저]'병원 경영 정보관리'(2002) '사망진단서 이렇게 쓴다'(2003)

박우순(朴宇淳) PARK Woo Soon

[생]1950 · 9 · 15 [본]순천(順天) [출]강원 원주 [주]강원 춘천시 중앙로140 더불어민주당 강원도당(033-242-7300) [학]검정고시 합격 1975년 서울대 사회사업학과졸 [경]1983년 사법시험 합격(25회) 1985년 사법연수원 수료(15기) 1986년 변호사 개업(영월) 1991년 변호사 등록변경(원주) 1997년 춘천지방변호사회 부회장 1997년 법무법인 아시아 변호사, 제16대 국회의원선거 출마, 원주시사회복지협의회 부회장, 원주시체육회 이사 2000년 원주시노인생활협동조합 이사, 열린우리당 원주시지역위원회 위원장 2008년 제18대 국회의원선거 출마(원주, 통합민주당) 2008~2010년 가정법률상담소 이사장 2010년 민주당 원주지역위원회 위원장 2010~2012년 제18대 국회의원(원주 재보선 당선, 민주당 · 민주통합당) 2011년 민주당 원내부대표 2012년 공증인박우순사무소 개업(현) 2014~2015년 새정치민주연합 강원원주甲지역위원회 위원장 2015년 더불어민주당 강원원주甲지역위원회 위원장 2016년 同강원도당 상임고문(현) 2016년 同강원도당 대의원대회 의장(현) [저]'우순아, 너는 커서 뭐가 될래?(섬강처럼 깨끗한 정치인을 꿈꾸며)'(2015) [종]기독교

박우순(朴雨淳) PARK Woo Soon

[생]1952 · 4 · 24 [출]경남 김해 [주]부산 서구 구덕로225 동아대학교 사회과학대학 행정학과(051-200-8634) [학]1976년 한국외국어대 행정학과졸 1979년 서울대 행정대학원 행정학과졸 1982년 행정학박사(미국 플로리다주립대) [경]1981년 동아대 사회과학대학 행정학과 교수(현) 1993~1994년 同대학발전기획위원회 위원 1996년 同21세기발전기획단 위원 1998~2001년 同행정학과장 겸 사회과학부장 1998~2000년 한국행정학회 조직학연구회장 1999~2000년 행정자치부 조직관리분과위원회 자문위원 2002~2003년 미국 미주리대 공공정책대학원 교환교수 2005~2006년 동아대 사회과학대학장 2007~2008년 同교무연구처장 2010~2012년 同사회복지대학원장 [상]동아학술상(1997) [저]'조직관리론'(1996) '현대조직론'(1996) '정부조직구조연구(共)'(1999) '행정학의 새로운 패러다임'(2002) '조직생활의 이해'(2006) '한국행정학오십년'(2006)

박우승(朴雨勝) PARK Woo Seung

[생]1934 · 8 · 1 [출]서울 [주]충남 아산시 청운로158 온양한올고등학교 교장실(041-544-8161) [학]1957년 연세대 신학과졸 1970년 중앙대 사회개발대학원졸 1978년 동국대 대학원 농업경제학 박사과정 수료 1987년 명예 교육학박사(미국 컬럼비아대) [경]1970년 학교법인 성화학원 이사장 1976년 아산 한올고 교장 1978년 연세대 신과대학동창회 회장 1978년 한국기독교협의회 실행위원 1980~2003년 서울YMCA 이사 1989년 세계기독교협의회(WCC) 실행이사 1993년 기독교방송 이사 1996년 한국YMCA전국연맹 부이사장 1997년 한 · 러친선협회 이사 1999년 기독교대한감리회장로회 전국연합회장 2000년 한국장로회전국연합회 공동회장 2000~2002년 한국YMCA전국연맹 이사장 2001년 국제로타리 3620지구 총재 2001년 온양한올고 교장(현) 2003~2006년 서울YMCA 이사장 2016년 한국기독교원로장로회총연합회 회장(현) [종]기독교

박우신(朴遇信) Park Woo Shin

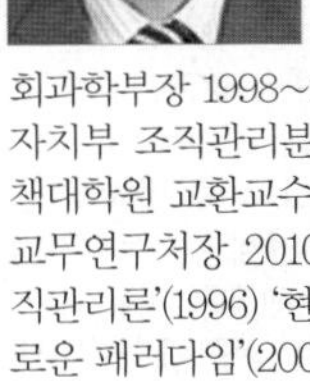

[생]1959 · 2 · 22 [본]고령(高靈) [출]경기 파주 [주]대전 서구 청사로189 병무청 기획조정관실(02-820-4201) [학]1978년 문산종합고졸, 한국방송통신대졸 2010년 고려대 대학원 정책학과졸 [경]9급 공채 합격 2004~2005년 외교통상부 해외주재관 2005년 경기북부병무지청 현역입영과장 2006년 병무청 감사담당관실 근무 2009년 同운영지원과 인사팀장 2012년 同입영동원국 현역입영과장 2012년 경기북부병무지청장 2013년 병무청 대변인 2015년 同병역자원국장 2016년 同기획조정관(현)

박우양(朴愚陽) woo yang park

[생]1950 · 9 · 27 [주]충북 청주시 상당구 상당로82 충청북도의회(043-220-5075) [학]청주고졸 1978년 청주대 경제학과졸, 고려대 경영대학원 수료 [경]충청대 경영회계학부 겸임교수, 영동타임지 운영회장 겸 논설위원, 한나라당 충북도당 부대변인, 한국시사저널 대표이사, 매곡초등학교 총동문회장, 매곡면체육회 회장, 샘물사회봉사단 후원회장, 민주평통 보은군협의회 자문위원 2010년 충북도의원선거 출마(한나라당) 2014년 충북도의회 의원(새누리당)(현) 2014~2016년 同예산결산특별위원회 부위원장 · 위원 2014년 同산업경제위원회 위원 2014년 同운영위원회 위원 2015년 同윤리특별위원회 위원 2016년 同예산결산특별위원회 위원장 2016년 同정책복지위원회 위원(현) 2016년 同문장대온천개발저지특별위원회 위원(현)

박우정(朴禹廷) Park, Woo Jeong

[생]1945 · 5 · 17 [출]전북 고창 [주]전북 고창군 고창읍 중앙로245 고창군청 군수실(063-560-2202) [학]1964년 고창고졸 1968년 건국대 농공대학 농학과졸 [경]1968년 ROTC 6기 육군소위 임관 1973년 대위 전역 1976~1983년 유일환경(주) 설립(서울 소재) · 대표 1983~2014년 유일환경건설(주) 설립(서울 소재) · 대표 1997년 대한민국ROTC중앙회 부회장 겸 운영위원 2001~2008년 건국대총동문회 부회장 겸 장학회장 2003~2009년 在京고창군민회 회장 2004~2011년 전북도민회 부회장 2011년 고창초총동창회 상임부회장(현) 2012~2015년 고창중 · 고총동문회 회장 2012~2014년 고창군애향운동본부장 2013년 새정치민주연합 전북도당 부위원장 겸 고창발전특별위원장 2014년 전북 고창군수(새정치민주연합 · 더불어민주당)(현) [상]대한민국 명가명품 대상(2014), 제4회 대한민국 소통경영대상(2014), 대한민국 소비자대상(2014), 친환경도시 대상 에코시티(2014), 행정자치부 민원서비스 우수기관인증서(2014), 세종대왕 나눔봉사 대상(2014), 한국지방자치경쟁력지수조사 경영자원부문 및 경영성과부문 경쟁력 향상 전국 1위(2014), 한국의 가장 사랑받는 브랜드 대상(귀농귀촌도시)(2015), 대한민국 국가브랜드 대상(2015), 한국전문인대상 기초단체경영부문(2015), 대한민국 경영대상(2015), 글로벌 자랑스런 한국인 대상(2015), 대한민국 문화관광산업대상(2015), 제6회 한국전문인 대상(2015), 제4회 대한민국 지방자치발전 대상(2015), 제4회 친환경도시 에코시티 종합대상(2015), 대한민국 로하스대상(2015), 한국의 가장 사랑받는 브랜드 대상(2016), 한국시니어산업 대상(2016), 국가 브랜드 대상(2016), 코리아 탑 브랜드 대상(2016), 대한민국 대표브랜드 대상(2016), 대한민국 경영대상(2016), 한국의 미래를 빛낼 CEO대상(2016), 대한민국 신뢰받는 혁신대상(2016), 대한민국을빛낸21세기한국인상 지방자치행정공로부문대상(2016) [저]에세이 칼럼집 '나무이야기'

박우종(朴佑宗) PARK Woo Jong

[생]1968 · 11 · 19 [본]밀양(密陽) [출]충북 영동 [주]서울 서초구 서초중앙로157 서울중앙지방법원(02-530-1114) [학]1987년 남대전고졸 1992년 서울대 법대졸 [경]1992년 사법시험 합격(34회) 1995년 사법연수원 수료(24회) 1998년 서울지법 판사 2000년 同남부지원 판사 2002년 청주지법 판사 2005년 수원지법 판사 2006년 서울고법 판사 2008년 대법원 재판연구관 2010년 전주지법 부장판사 2010년 부산지법 부장판사 2012년 의정부지법 부장판사 2015년 서울중앙지법 부장판사(현)

박운기(朴雲基) PARK Wun Gi

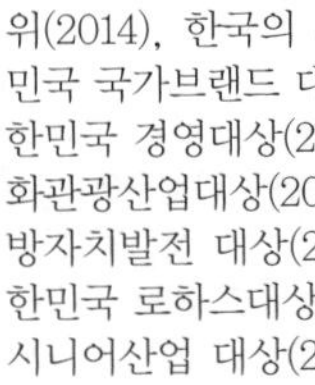

[생]1967 · 2 · 4 [출]경남 하동 [주]서울 중구 덕수궁길15 서울특별시의회(02-3783-1896) [학]서울 명지고졸, 성균관대 공과대학 조경학과 제적, 서울시립대 도시과학대학원 도시행정학과 석사과정 재학 중 [경](사)열린사회시민연합 환경위원회 위원장, 열린우리당 서울시당 지역균형발전특위 부위원장 2002 · 2006~2010년 서울시 서대문구의회 의원, 同행정관리위원회 위원 2008년 同행정복지위원장 2010년 서울시의회 의원(민주당 · 민주통합당 · 민주당 · 새정치민주연합) 2010년 同환경수자원위원회 위원 2010~2011년 同남북교류협력지원특별위원회 위원 2010년 同시의회개혁과발전특별위원회 위원 2011~2012년 同북한산콘도개발비리의혹규명행정사무조사특별위원회 위원 2011~2012년 同한강르네상스특혜비리규명행정사무조사특별위원회 위원 2011년 同정책연구위원회 위원 2011년 同예산결산특별위원회 위원 2012년 同부모교육과행복가정네트워크특별위원회 위원 2012년 同운영위원회 위원 2012년 同재정경제위원회 위원 2013년 同2018평창동계올림픽지원및스포츠활성화를위한특별위원회 부위원장 2014년 서울시의회 의원(새정치민주연합 · 더불어민주당)(현) 2014

년 同교통위원회 부위원장 2014년 同한옥지원특별위원회 위원 2015년 同남산케이블카운영사업독점운영 및 인·허가특혜의혹규명을위한행정사무조사특별위원회 위원 2016년 同도시계획관리위원회 위원(현) 2016년 同장기미집행도시공원특별위원회 위원(현) 2016년 同예산결산특별위원회 위원장(현) [종]기독교

박운삼(朴雲三)

[생]1971·4·19 [출]경남 의령 [주]부산 연제구 법원로31 부산지방법원(051-590-1114) [학]1997년 부산대 법학과졸 [경]1997년 사법시험 합격(39회) 2000년 사법연수원 수료(29기) 2000년 부산지법 판사 2003년 同동부지원 판사 2005년 부산지법 판사 2008년 同동부지원 판사 2010년 부산고법 판사 2013년 대법원 재판연구관 2015년 부산지법 부장판사(현)

박운섭(朴雲燮) Park Woonsup

[생]1962 [출]경북 [주]서울 강남구 테헤란로202 한국은행 강남본부(02-560-1001) [학]1980년 대구고졸 1984년 서울대 무역학과졸 1986년 同대학원 국제경제학과졸 1999년 미국 캘리포니아대 샌타바버라교 대학원 경제학과졸 [경]1987~2002년 한국은행 자금부·정책기획국 차장 2002~2004년 국무조정실 파견 2010~2013년 한국은행 발권국 부국장 2014년 同강릉본부장 2016년 同강남본부장(현)

박웅현(朴雄鉉) PARK Woong Hyun

[생]1961·4·1 [출]서울 [주]서울 강남구 도산대로139 제이타워 TBWA Korea 임원실(02-501-8888) [학]1988년 고려대 신문방송학과졸 1998년 미국 뉴욕대 대학원 텔레커뮤니케이션학과졸 [경]1998년 제일기획 제작본부 국장 2002년 '2002 칸 국제광고제' 심사위원 2004년 TBWA코리아 Creative Director 겸 전문임원, 同총괄 Creative Director(상무급) 2014년 同크리에이티브 대표(CCO)(현) [상]조선일보광고대상 우수상, 진로광고대상 대상, 한국광고학회선정 올해의광고상, 대한민국광고대상 금상 [저]'노란 토끼' '책은 도끼다' '여덟 단어' '아트와 카피의 행복한 결혼2'(共) '다섯친구이야기 시리즈' '디자인 강국의 꿈'(共) '나는 뉴욕을 질투한다' '인문학으로 광고하다(共)'(2009, 알마) '다시, 책은 도끼다'(2016, 북하우스)

박원규(朴源圭) PARK Won Kyu

[생]1959·8·20 [출]충남 [주]충남 아산시 탕정면 만전당길30 코닝정밀소재 임원실(041-520-1114) [학]경희고졸, 한양대 무기재료공학과졸 [경]삼성코닝정밀유리(주) 제조기술그룹장, 同제조기술팀장 2005~2007년 同용해기술팀장(상무보) 2008년 同용해기술팀장(상무) 2009년 同용해기술팀장(전무) 2009년 同기술센터장(전무) 2010년 삼성코닝정밀소재(주) 기술센터장(전무) 2011년 同기술센터장(부사장) 2012년 同대표이사 사장 2014년 코닝정밀소재 대표이사 사장(현) [상]자랑스런 삼성인상 공적상(2008)

박원규(朴原珪) Park Won Kyu

[생]1966·1·20 [출]서울 [주]서울 서초구 서초중앙로157 서울중앙지방법원(02-530-1114) [학]1984년 대원고졸 1988년 서울대 사회과학대학 경제학과졸 1991년 同행정대학원 행정학과졸 2012년 同법학전문대학원 전문박사과정 수료 [경]1989년 행정고시 합격(33회) 1990년 행정사무관 시보 1991~1992년 통일원 행정사무관 1994년 사법시험 합격(36회) 1997년 사법연수원 수료(26기) 1997년 수원지법 판사 1999년 서울지법 판사 2001~2006년 창원지법 판사 2004~2005년 미국 워싱턴대 로스쿨 Visiting Scholar 2006년 특허법원 판사 2009년 서울중앙지법 판사 2010년 사법연수원 교수 2012년 전주지법 부장판사 2014~2015년 인천지법 부장판사 2014~2015년 사법정책연구원 연구위원 겸임 2015년 의정부지법 부장판사 2016년 서울중앙지법 부장판사(현) [종]천주교

박원근(朴原根) Park, Won Keun

[생]1972·12·10 [출]부산 [주]경북 김천시 물망골길39 대구지방법원 김천지원(054-420-2114) [학]1991년 해동고졸 1998년 고려대 법학과졸 [경]1998년 사법시험 합격(40회) 2001년 사법연수원 수료(30기) 2001년 부산지법 예비판사 2002년 부산고법 예비판사 2003년 부산지법 판사 2005년 同가정지원 판사 2007년 부산지법 판사 2011년 창원지법 진주지원 판사, 부산고법 판사 2014년 부산지법 판사 2016년 대구지법·대구가정법원 김천지원 부장판사(현) [종]기독교

박원복(朴源福) Park Weon-bok

[생]1959·12·5 [본]밀양(密陽) [출]경북 문경 [주]부산 연제구 법원로31 부산지방법원 사무국(051-590-1211) [학]경북 문창고졸, 부산대 법학과졸 [경]1994년 법원행정고시 합격(13기) 1995년 법원사무관 임용 2004년 부산지법·부산고법 법원서기관 2008년 미국 Univ. of North Carolina V·S과정 연수 2011년 부산고법 총무과장 2012년 부산지법 동부지원 사무국장(법원부이사관) 2013년 창원지법 사무국장 2014년 부산지법 사무국장(현) [상]대통령표창(2011) [종]불교

박원상(朴元祥)

[생]1963·8·4 [주]서울 강북구 한천로1035 우성빌딩1층 한국투자증권 강북지역본부(02-999-1254) [학]1982년 서울 경성고졸 1987년 고려대 경영학과졸 1991년 同대학원 경영학과(마케팅전공)졸 [경]1991~1998년 장기신용은행 근무 1999~2000년 국민은행 근무 2000~2003년 윈즈컨설팅 근무 2003~2006년 동원금융지주 근무 2006년 한국투자증권 기획조정실 부장 2007년 同기획조정실장(상무보) 2013년 同WM전략담당 상무보 2014년 同강서지역본부장(상무보) 2016년 同강북지역본부장(상무)(현)

박원서(朴元緖) PARK Weon Seo

[생]1966·6·9 [본]반남(潘南) [출]서울 [주]경기 고양시 일산동구 일산로323 국립암센터 진단검사센터(031-920-2401) [학]1990년 서울대 의대졸 1993년 同대학원 의학석사 1997년 의학박사(서울대) [경]1990~1995년 서울대병원 인턴·레지던트 1995~1998년 공군항공의학적성훈련원 병리과장 겸 항공의학과장 1998~2004년 강원대 의대 전임강사·조교수 2001~2003년 강원대병원 병리과장 겸 임상의학연구소장 2004년 국립암센터 연구소 혈액암연구과 선임연구원 2004년 同병원 특수암센터장 겸 진료지원센터 병리과장 2007년 同연구소 이행성임상제2연구부 혈액암연구과장 2009년 同연구소 혈액암연구과 책임연구원(현) 2012년 同병원 병리과장(현) 2013년 同연구소 혈액암연구과장(현) 2015년 同병원 진단검사센터장(현) [종]불교

박원석(朴源錫)

[생]1967 [주]경기 의왕시 시청로11 의왕시청 부시장실(031-345-2010) [학]한양대 정치외교학과졸 [경]1993년 행정고시 합격(37회), 경기도 경제투자실 근무, 同기획관리실 근무, 同문화관광국 근무, 안전행정부 지역녹색성장과장 2012년 경기도 비전기획관 2014년 경기 양주시 부시장 2015년 국외훈련 파견(지방부이사관) 2016년 경기 의왕시 부시장(현)

박원석(朴元錫) Park Wonsuk

[생]1970·2·22 [출]서울 [학]유신고졸, 동국대 사회학과졸 2004년 홍콩대 대학원 법학과졸 [경]1994년 참여연대 창립발기인 2001년 同시민권리국장 2004년 同사회인권국장 2005년 국무총리산하 저출산고령화연석회의 실무위원 2006~2011년 참여연대 협동사무처장 2007년 삼성불법규명국민운동 집행위원장 2008년 광우병국민대책회의 상황실장 2011년 서울친환경급식추진운동본부 집행위원장 2012~2016년 제19대 국회의원(비례대표, 통합진보당·진보정의당·정의당) 2012년 통합진보당 새로나기특별위원회 위원장 2012년 同원내대변인 2012·2014년 국회 기획재정위원회 위원 2012년 국회 학교폭력대책특별위원회 위원 2012년 진보정의당 제18대 대통령중앙선거대책위원회 대변인 2013년 정의당 원내수석부대표 2013~2014년 同정책위원회 의장 2014~2015년 국회 예산결산특별위원회 위원 2014~2015년 국회 지방자치발전특별위원회 위원 2015년 정의당 경기도당 위원장 2015년 국회 공적연금강화와노후빈곤해소를위한특별위원회 위원 2016년 정의당 경기수원시丁지역위원회 위원장 2016년 제20대 국회의원선거 출마(경기 수원시丁, 정의당)

박원섭(朴源燮) Park Won-sup

[생]1959·5·2 [주]서울 종로구 사직로8길60 외교부 인사운영팀(02-2100-7136) [학]1981년 한국외국어대 영어과졸 [경]1981년 외무고시 합격(15회) 1981년 외무부 입부 1986년 駐휴스턴 영사 1991년 駐미얀마 1등서기관 1994년 駐노르웨이 1등서기관 1999년 미국 스탠퍼드대 후버연구소 방문연구원 2001년 외교통상부 기획예산담당관 2002년 駐미국 참사관 2005년 駐이스라엘 공사 2009년 국회사무처 파견 2010년 駐태국 공사 2013년 駐수단 대사 2016년 駐크로아티아 대사(현)

박원세(朴源世) PARK Weon Se

[생]1953·6·21 [본]태안(泰安) [출]경남 진주 [주]서울 강남구 영동대로511 무역센터트레이드타워 702호 시니어앤파트너즈(02-551-2145) [학]1972년 경남고졸 1977년 고려대 법학과졸 2002년 同경영대학원 최고경영자과정 수료 2003년 同언론대학원 최고위과정 수료 2013년 서울대 법과대학 최고지도자과정(ALP) 수료(17기) [경]1977년 제일제당 입사 1985년 삼성그룹 비서실 경영관리팀 근무 1991년 同감사팀 근무 1992년 제일제당 인사부장 1992년 同관리부장 1995년 同기업문화팀장 1996년 同음료사업부장(이사) 1997~2002년 CJ미디어 대표이사 1999년 한국케이블TV협회 이사 겸 PP협의회 이사 2000년 제일방송(주) 대표이사 2003년 한국케이블TV방송협회 상근부회장 2007년 방송위원회 제18대 총선 선거방송심의위원 2011년 (주)동성화학 이사 2011~2012년 (주)화인텍 대표이사 2011~2013년 (주)동성홀딩스 대표이사 부회장 2014~2015년 법률방송 대표이사 2016년 시니어앤파트너즈 상근고문(현) [상]제2회 대한민국 CEO리더십 대상(2013) [종]천주교

박원수(朴元洙) Park won soo

[생]1961·7·6 [주]경북 포항시 동해안로6363 현대제철 중기사업실(054-271-1021) [학]1980년 경북고졸 1988년 성균관대 금속공학과졸 [경]2009~2010년 현대제철 인천 형강생산담당 이사대우 2011년 同포항 형강생산담당 이사대우 2011년 同중공업생산실장(이사대우) 2012년 同중공업생산실장(이사) 2014년 同중공업생산실장(상무) 2015년 同중기사업실장(상무)(현) 2016년 同순천단조공장장(현)

박원순(朴元淳) PARK Won Soon

[생]1956·3·26 [출]경남 창녕 [주]서울 중구 세종대로 110 서울특별시청 시장실(02-735-6060) [학]1974년 경기고졸 1975년 서울대 사회계열 1년제적 1985년 단국대 사학과졸 1992년 영국 런던LSE 디플로머 취득 2015년 명예 박사(몽골국립대) [경]1978년 법원사무관 시험 합격 1978~1979년 춘천지법 정선등기소장 1980년 사법시험 합격(22회) 1982년 사법연수원 수료(12기) 1982년 대구지검 검사 1983년 변호사 개업 1986년 역사문제연구소 이사장 1989~1991년 한겨레신문 논설위원 1993년 미국 하버드대 법대 객원연구원 1993년 대한변호사협회 공보이사 1995년 가톨릭대 강사 1995년 한국노동사회연구소 공동대표 1995~2002년 참여연대 사무처장 1998년 성공회대 겸임교수 2000년 2000총선시민연대 상임공동집행위원장 2000년 방송위원회 법률자문특별위원 2001년 시민사회단체연대회의 상임운영위원장·지도위원 2001~2010년 아름다운재단 총괄상임이사 2002년 법무법인 산하 고문변호사 2002년 참여연대 상임집행위원장 2002~2009년 아름다운가게 총괄상임이사 2003~2004년 KBS 이사 2003~2006년 사법개혁위원회 위원 2004년 (주)포스코 사외이사 2004~2011년 풀무원 사외이사 2007~2011년 희망제작소 상임이사 2007~2010년 한국갱생보호공단 비상근이사 2007년 법무부 검찰인권평가위원회 위원장 2008년 대한민국디자인 홍보대사 2008년 학교법인 덕성학원 이사 2011년 서울특별시장(재보선 당선, 무소속·민주통합당·민주당·새정치민주연합) 2011~2015년 한국상하수도협회(KWWA) 회장 2012~2014년 기후변화세계시장협의회(WMCCC) 의장 2014년 서울특별시장(새정치민주연합·더불어민주당)(현) 2015년 지방자치단체국제환경협의회(ICLEI : International Council for Local Environmental Initiatives) 회장(현) 2016년 더불어민주당 참좋은지방정부위원회 공동위원장 [상]올해의 여성운동상(1998), 올해의 법조인(2000), 비즈니스위크선정 '아시아의 스타 50명'(2000), 심산상(2002), 명예로운 한국인(2002), 국민포장(2003), 제10회 만해대상 실천부문(2006), 막사이사이상 공공봉사부문(2006), 불교인권위원회 불교인권상(2009), 국제평화언론대상 국제평화부문 최우수상(2013), 제4회 진실의힘 인권상 특별상(2014), 제2회 도시기후리더십어워즈 녹색에너지부문(2014), 매니페스토약속대상 시·도지사선거공약분야 최우수상(2014), 도전한국인운동본부 '2014년 빛낸 도전한국인'(2015), 스웨덴 예테보리 지속가능발전상(2016) [저]'저작권법 연구' '국가보안법 1·2·3'(1991) '아직도 심판은 끝나지 않았다'(1995) '역사를 바로 세워야 민족이 산다'(1996) '내 목은 매우 짧으니 조심해서 자르게-세기의 재판이야기'(1999) 'NGO-시민의 힘이 세상을 바꾼다'(1999) '악법은 법이 아니다'(2000) '일본시민사회 기행'(2001) '성공하는 사람들의 아름다운 습관'(2002) '나눔' '희망을 심다'(2009) '원순씨를 빌려드립니다'(2010, 21세기북스) '마을 회사'(2011) '박원순의 아름다운 가치사전'(2011, 위즈덤하우스) '희망을 걷다(박원순의 백두대간 종주기)'(2013, 하루헌) '정치의 즐거움'(2013, 오마이북) '경청 : 박원순의 대한민국 소통 프로젝트'(2014, 휴먼큐브)

박원식(朴元植) PARK Won Sick

[생]1964·1·6 [본]밀양(密陽) [출]경남 함안 [주]서울 중구 새문안로26 청양빌딩 아주경제 정치부(02-767-1670) [학]1983년 창원고졸 1988년 부산대 사회학과졸 [경]1989년 불교방송(BBS) 입사(공채 1기) 1989~2006년 同보도국 근무(정치부 국회반장·농림부 출입기자단 간사 등) 2006~2008년 同경영기획실장 2008~2012년 불교방송 보도국장 2012년 同보도위원 2014년 아주경제 정치부장 겸 경제부장(부국장)(현) [종]불교

박원옥(朴原玉) PARK Won Ok

[생]1962·10·10 [주]서울 영등포구 의사당대로88 한국투자증권(주) WM전략본부(02-3276-5000) [학]광주인성고졸, 전남대 경제학과졸 [경]2007년 한국투자증권(주) 광주지점 상무보 2008년 同호남지역본부장(상무보) 2010년 同호남지역본부장(상무) 2015년 同WM전략본부장(전무)(현)

박원우(朴元雨) PARK, WON-WOO

[생]1959·2·2 [출]경북 [주]서울 관악구 관악로1 서울대학교 경영대학 경영학과(02-880-5761) [학]1982년 서울대 경영학과졸 1984년 同경영대학원졸 1989년 경영학박사(미국 피츠버그대) [경]1984~1985년 한국개발연구원(KDI) 연구원 1989~1990년 미국 Univ. of Pittsburgh 경영대학원 조교수 1990~1991년 LG인화원 연구위원 1991~1995년 중앙대 사회과학대학 경영학과 조교수·부교수 1995~1998년 경희대 정경대학 경영학부 부교수 1997년 한국인사조직학회 상임이사·부회장 1998년 서울대 경영대학 경영학과 조교수·부교수·교수(현) 2001년 중앙인사위원회 인사행정편집위원 2001년 한국학술진흥재단 2001지방대학육성과제연구업적 및 연구계획서 심사위원 2003~2004년 미국 Duke대 경영대학원 방문교수 2004년 한국리더십학회 상임이사 2005년 서울대 노사관계연구소장, 한국경영학회 상임이사, 한국윤리경영학회 부회장 2011~2012년 서울대 경영대학 교무부학장 겸 경영전문대학원 부원장 2016년 KDB산업은행 KDB혁신위원회 대외소통·변화관리분과 위원(현) [저]'조직변화의 개념과 방향' '기업문화' '한국기업 기업문화의 현황과 발전방향' '인파워먼트 실천 메뉴얼' '가상조직' '동기부여와 임파워먼트'(2006) '팀웍의 개념, 측정 및 증진방법'(2006) '한국 팀제의 역사, 현황과 발전방향'(2006)

박원재(朴元在) PARK Won Jae

[생]1964·8·28 [본]무안(務安) [출]경기 평택 [주]서울 서대문구 충정로29 (주)동아닷컴 임원실(02-360-0400) [학]1983년 평택고졸 1990년 고려대 신문방송학과졸 2001년 핀란드 헬싱키경제경영대학원졸(MBA) [경]1999년 동아일보 편집국 경제부 기자 2002년 일본 게이오대학 방문연구원 2003년 동아일보 동경지사 특파원 2006년 同국제부 차장 2007년 同경제부 차장 2008년 同논설위원 2008년 시청자불만처리위원회 위원 2008년 한국신문방송편집인협회 신문윤리강령개정위원 2008년 동아일보 편집국 경제부장 2009년 한국소비자원 비상임이사 2011년 동아일보 미래전략연구소장 2013년 同편집국 부국장 2014년 한국해양과학기술진흥원 비상임이사 2015년 동아닷컴 상무 겸임 2016년 同대표이사 사장(현)

박원종(朴源宗) Won-Jong Bahk

[생]1958·5·15 [본]밀양(密陽) [출]광주 [주]경기 의정부시 천보로271 의정부성모병원 정형외과(031-820-3571) [학]1977년 휘문고졸 1983년 가톨릭대 의대졸 1987년 同대학원졸(의학석사) 1993년 의학박사(가톨릭대) [경]1991~2004년 가톨릭대 의대 정형외과학교실 전임강사·조교수·부교수 2001~2005년 同의대 의정부성모병원 정형외과 과장 2003~2005년 Listed on the Marquis Who's Who in Science and Engineering 2004년 가톨릭대 의대 정형외과학교실 교수(현) 2005년 영국 IBC Diploma of Achievement in Medicine and Healthcare 2006년 미국 ABI Research Board of Advisors of American Biographic Institute, The Journal of the Korean Bone and Joint Tumor Society 편집위원, The Journal of the Korean Musculoskeletal Transplantation Society 편집위원, The Archives of Trauma and Orthopaedic Surgery 및 Clinics in Orthopedic Surgery 편집위원, Clinics in Orthopedic Surgery 편집위원 2011년 국제근골격학회(ISS) 회원(현) 2011년 대한골관절종양학회 회장 2011년 대한연부조직이식학회 부회장 2012~2013년 同회장 [상]일본 정형외과학회 Winner of the Travelling Fellow(2009), 일본정형외과학회·골관절종양학술대회 우수논문 발표상(2010), 국제근골격학회(ISS) Travelling Award(2013) [종]가톨릭

박원주(朴原住)

ⓢ1964 ⓑ전남 영암 ⓙ서울 종로구 청와대로1 대통령 산업통상자원비서관실(02-770-0011) ⓗ광주 송원고 졸, 서울대 경제학과졸, 同대학원 행정학과졸, 경제학 박사(미국 인디애나대) ⓔ1987년 행정고시 합격(31회) 2005년 산업자원부 디자인브랜드과장 2006년 同장관 비서관 2007년 대통령비서실 행정관, 駐일본 공사참사 관 2012년 지식경제부 산업경제정책관 2013년 대통령직 인수위원회 경제1분과 파견 2013년 산업통상자원부 산업정책실 산업정책관 2014년 同대변인 2015년 同기획조정실장 2016년 同산업정책실장 2016년 대통령 산업통상자원비서관(현)

박원철(朴元哲) PARK Won Chul

ⓢ1962·7·22 ⓑ밀양(密陽) ⓑ제주 ⓙ제주특별자 치도 제주시 문연로13 제주특별자치도의회(064-741-1942) ⓗ한림공고졸, 한국방송통신대 법학과졸, 제주대 행정대학원 행정학과졸(석사) ⓔ한림읍 민주청년회 조직국장, 한림읍 노동조합협의회 전문위원, 제주사회연 구소 '미래' 상임이사, 한국노동조합총연맹 제주지역본 부 집행위원 2006년 제주도의원선거 출마(열린우리당), 민주당 중앙당 농어민특별위원회 부위원장, 한국노동조합총연맹 제주지역 본부 정치국장 2010년 제주특별자치도의회 의원(민주당·민주통합당·민 주당·새정치민주연합) 2010년 同행정자치위원회 위원 2010년 同미래전 략산업연구회 위원 2010년 同제주지속가능발전포럼 위원 2010년 同지방재 정연구회 위원 2012년 同운영위원회 위원, 同FTA대응특별위원회 위원장 2014년 제주특별자치도의회 의원(새정치민주연합·더불어민주당)(현) 2014 년 同의회운영위원회 위원 2014년 同농수축경제위원회 위원장 2014년 同윤 리특별위원회 위원 2016년 同행정자치위원회 위원(현) 2016년 同예산결산 특별위원회 위원(현) 2016년 더불어민주당 제주도당 총선기획단장 ⓐ대한 민국 위민의정대상 우수상(2016)

박원철(朴元哲)

ⓢ1963·2·21 ⓑ밀양(密陽) ⓑ충북 제천 ⓙ충북 청 주시 서원구 2순환로1571 한국수자원공사 충청지역본부 (043-230-4200) ⓗ영남고졸, 영남대 토목학과졸, 네 덜란드 국제구조수리환경공학연구소(UNESCO-IHE) 도시공학과졸(석사), 공학박사(공주대) ⓔ1988년 한국 수자원공사(K-water) 입사 2006년 同수자원개발처 차 장 2009년 同해외사업처 투자사업팀장 2009년 同파키 스탄 파견 근무 2012년 同해외사업처장 2013년 同아라뱃길관리처장 2015년 同충청지역본부장(현) ⓐ대통령표창(2000)

박원호(朴元浩) PARK Won Ho

ⓢ1950·1·2 ⓑ서울 ⓙ서울 강남구 논현로703 (주)디 아이 회장실(02-541-3691) ⓗ1968년 경기고졸 1972년 연세대 상학과졸 1976년 同경영대학원졸 ⓔ1976년 삼 성중공업(주) 근무 1978년 미·일경영연구소(JAIMS) 수 학 1979년 동일교역(주) 근무 1984년 同상무이사 1986 년 同대표이사 부사장 1987년 VG INSTRUMENTS KOREA 대표이사 1990년 동일교역(주) 대표이사 사장 1996년 (주)디아이 대표이사 사장 2000년 同대표이사 부회장 2002년 同회 장(현) ⓐ석탑산업훈장(1997), 중소기업대상, 철탑산업훈장(2007)

박원홍(朴源弘) PARK Wonhong (越攄)

ⓢ1942·6·11 ⓑ밀양(密陽) ⓑ서울 ⓙ서울 영등포 구 국회대로70길7 (사)한일친선협회중앙회(02-784-6500) ⓗ1960년 경기고졸 1965년 고려대 정치외교학 과졸 1969년 미국 하와이주립대 대학원졸 1987년 미국 UCLA 대학원 MBA 수료 2010년 경제학박사(일본 사가 대) ⓔ1964년 한국일보 외신부 기자 1969~1974년 동 양통신 정치부 기자·워싱턴특파원 1975년 동아일보 미 주편집국장 1976~1993년 미국 LA월터박부동산회사·학교 대표 1992년 미 국 LA라디오 한국보도본부장 1994~1995년 SBS '그것이 알고싶다' 진행자 1994~1996년 (주)청구 고문 1995~1998년 KBS '생방송 심야토론' 사회자 1997년 서울이동통신 부회장 1998년 한나라당 서울시장후보 대변인 1998년 제15대 국회의원(서울 서초甲 보선, 한나라당) 1998년 한나라당 원내부총 무 2000~2004년 제16대 국회의원(서울 서초甲, 한나라당) 2001년 한나라 당 홍보위원장 2002년 한국의원외교포럼 회장 2003년 한나라당 운영위원 2003년 同서울시지부 위원장 2004년 일본 福岡 西南學院大 객원교수 2004 년 (사)한일친선협회중앙회 부회장(현) 2004년 전국한자교육추진연합회 공 동대표(현) 2009년 일본 국립사가대 고문(현) 2013~2015년 대한민국헌정 회 이사 2015년 同고문(현) ⓩ'미국 부동산 용어사전' '알기쉬운 미국 부동산

투자' '재미작가 9인 수필집'(共) '컴퓨터 처음부터 다시 배우기'(共) ⓥ'암웨 이의 기적' ⓨ기독교

박원화(朴源華) PARK Won Hwa

ⓢ1950·1·21 ⓑ광주 ⓔ1972년 고려대 신문방송학과 졸 1978년 프랑스 파리국제행정대학원 수료 1987년 캐 나다 맥길대 대학원 항공우주법학과졸 1993년 법학박사 (고려대) ⓔ1974년 외무고시 합격 1974년 외무부 입부 1990년 同국제기구과장 1990~1994년 국제통신위성기 구 법률전문가 1996년 외무부 ASEM담당 심의관 1996 년 고려대 법과대학원 강사 1997년 외무부 과학환경심 의관 1998년 외교통상부 공보관 1998년 同정책기획관 1999년 駐남아프리 카공화국 대사 2002년 전남도 국제관계자문대사 2003년 외교통상부 본부 대사 2003년 고려대 국제대학원 강사 2004년 駐스위스 대사 2007년 외교 통상부 본부대사 2007~2008년 고려대 국제학부 겸임교수 2008년 외교안 보연구원 교육파견 2009~2015년 한국항공대 항공우주법학과 교수 2011년 한국그랑프리운영법인(KAVO) 대표이사 2012년 F1한국그랑프리조직위원 회 고문(현) 2012년 국제상설중재재판소(Permanent Court of Arbitration) 우주분쟁 중재 재판관(현) 2015~2016년 한국항공대 항공우주법학과 초빙 교수 2016년 스와질란드 크리스챤대 부총장(현) ⓩ'항공법'(1990) '우주법' (1990) '항공법 제2판'(1997) '우주법 제2판'(2009) '국제항공법'(2011) '항공 사법'(2012) '항공운송법'(2013) '항공우주법개론'(2013) '국제항공법 제3판' (2014) '항공우주법'(2015)

박원훈(朴元勳) PARK Won Hoon (耘史)

ⓢ1940·2·10 ⓑ평북 의주 ⓙ경기 수원시 영통구 광교로147 (재)경기과학기술진흥원 이사장실(031-888-6004) ⓗ1958년 서울고졸 1964년 서울대 공 대 화학공학과졸 1971년 공학박사(미국 미네소타대) ⓔ1963~1967년 한일나이론공업(주) 화공기사 1971 년 미국 휴스턴대 박사후 연구원 1972~1981년 한국과 학기술연구원 고온공정연구실장·화학공학연구부장 1974~1975년 미국 뉴욕주립대 초빙연구원 1981년 성균관대 법인상무이 사·교수 1983~1986년 한국동력자원연구소 에너지담당 선임부장·연구위 원 1984년 한국과학재단 연구개발심의위원장 1986~1989년 한국과학기술 원 반응공학연구실장·조정부장 1987~1988년 서울올림픽 국제학술회의 사 무총장 1989~1996년 한국과학기술연구원 에너지공정연구실장·환경연구 센터·환경복지기술연구단장·정책기획본부장 1990년 한국태양에너지 학회 회장 1994년 한국과학기술한림원 정회원, 同종신회원(현) 1995~2001 년 한국과학재단 이사·부이사장 1995~1998년 국가과학기술자문회의 위원 1996~1999년 한국과학기술연구원(KIST) 원장 1996년 한국공학한림원 정 회원·명예회원(현) 1997년 한국환경과학연구협의회 회장 1998년 한국에너 지공학회 회장 1998년 한국청정기술학회 회장 1998~2001년 국제대기환경 보전단체연합회(IUAPPA) 회장 1999년 국무총리 수질개선단 물관리정책민 간위원회 위원장 1999년 대통령자문 새천년준비위원회 위원 1999~2002년 한국과학기술연구원 지구환경연구센터 연구위원 2000년 한국화학공학회 회장 2001년 한국화학관련학회연합회 회장 2001~2003년 국가과학기술위 원회 위원 2002~2005년 산업기술연구회 이사장 2005~2008년 (주)기술과 가치 고문 2005~2008년 과학기술연합대학원대학교 명예교수 2006~2010 년 흥곡과학기술문화재단 이사장 2007~2008년 우창특수소재(주) 고문 2007년 한국과학기술한림원 정책담당 부원장 2009~2010년 同총괄부원 장 2009년 한국과학기술연구원 연우회장(현) 2010~2014년 아시아과학한 림원연합회(AASA) 회장 2011~2012년 대산이엔티 상임고문 2011~2013년 일사회(Seoul Eco Club) 회장 2011~2014년 과학기술나눔공동체 운영위원 장 2012~2014년 과학기술단체총연합회 부회장 2014년 경기과학기술진흥 원 이사장(현) ⓐ국민훈장 석류장(1980), 경향 전기·에너지대상(1986), 대 통령표창(1989), 과학기술훈장 혁신장(2001), 한국과학기술한림원 공로상 (2012) ⓩ'한국의 환경비전 2050' '지속가능한 미래를 여는 에너지와 환경' ⓨ기독교

박원희(朴元羲) PARK Won Hee

ⓢ1939·2·13 ⓑ밀양(密陽) ⓑ충남 예산 ⓙ경기 동 두천시 평화로2862번길28 (주)세코닉스 비서실(031-860-1000) ⓗ1958년 서울 휘문고졸 1965년 서울대 전 자공학과졸 1993년 연세대 대학원 최고경영자과정 수료 ⓔ1964~1983년 대한전선(주) 연구소장·공장장 1984 년 대우전자(주) 개발본부장 1985~1990년 同구미공장 장, 同중앙연구소장 1991~1993년 同중앙연구소장(전 무) 1994~1996년 (주)북두 대표이사 사장 1996~2007년 (주)세코닉스 대표 이사 사장 2007년 同대표이사 회장(현) ⓐ석탑산업훈장(1992), 산업자원부 장관표창(1998), 철탑산업훈장(2001) ⓨ불교

박원희(朴元熙) PARK Won Hee

[생]1954·7·7 [본]밀양(密陽) [출]서울 [주]인천 중구 인항로27 인하대병원 비뇨기과(032-890-3563) [학]1973년 용산고졸 1979년 서울대 의과대학졸 1982년 同대학원졸 1989년 의학박사(서울대) [경]1979~1983년 서울대병원 비뇨기과 전공의 1986~1995년 한국보훈병원 비뇨기2과장 1995년 인하대 의과대학 비뇨기과 부교수 1995년 同성남인하병원 비뇨기과장 2000년 同의과대학 비뇨기과학교실 교수(현) 2000~2003년 대한배뇨장애요실금학회 회장 2004년 대한척수손상학회 이사 겸 부회장 2004~2008년 인하대병원 비뇨기과장 2006~2008년 인하대 의과대학 비뇨기과학교실 주임교수 2011~2012년 대한비뇨기과학회 경기·인천지회장 2014년 대한척수손상학회 회장, 同이사(현)

박월훈(朴月壎) PARK Weol Hun

[생]1964·10·12 [출]경북 상주 [주]대전 서구 둔산로100 대전광역시의회 사무처(042-270-5030) [학]1988년 한양대 건축공학과졸 1990년 同대학원 건축공학과졸 2003년 미국 미시간주립대 대학원 도시계획과졸 2004년 한국개발연구원(KDI) 국제정책대학원 공공정책학과졸 [경]기술고등고시 합격(23회) 1988년 공직 입문 1999년 대전시 건설관리본부 월드컵건설부장 2001년 同건축과장 2004년 同도시관리과장 2007년 同도시건설방재국장 2008년 同도시주택국장(부이사관) 2011년 同도시주택국장 2012년 同유성구 부구청장 2015년 同도시재생본부장 2016년 同의회 사무처장 2016년 同의회 사무처장(이사관)(현) [상]근정포장(2008), 홍조근정훈장(2015)

박유동(朴有東)

[생]1961 [출]경남 함양 [주]경남 창원시 의창구 중앙대로300 경상남도청 공보관실(055-211-2051) [학]진주고졸, 연세대 행정학과졸 [경]1990년 7급 공무원시험 합격, 행정자치부 인사혁신팀 근무 2008년 駐싱가포르 주재관 2010년 행정안전부 지방행정국 지방공무원과장 2012년 경남도 정책기획관(부이사관) 2013~2014년 경남 양산시 부시장 2015년 지방행정연수원 교육파견 2015년 경남도 서부권개발본부장 2016년 경남도 공보관(현)

박유상(朴有祥) PARK Yoo Sang

[생]1957·2·21 [출]대구 [주]서울 용산구 한강대로350 갑을빌딩10층 갑을상사그룹 비서실(02-754-5400) [학]1975년 대광고졸 1979년 고려대 경영학과졸 1982년 미국 남가주대 대학원졸 [경]1987년 갑을방직(주) 이사, 동국화공(주) 대표이사 1988년 (주)갑을 LA지사 이사 1990년 갑을합섬(주) 상무이사 1991년 同전무이사 1991년 갑을상사그룹 부회장 1991~2006년 동국실업(주) 대표이사 부회장 2001~2004년 동양철관(주) 부회장 2011년 (주)엠비성산 등기이사 2013년 갑을메탈 부회장 2015년 갑을상사그룹 고문(현) [종]기독교

박유성(朴裕聖) PARK Yousung

[생]1958·1·25 [출]전남 목포 [주]서울 성북구 안암로145 고려대학교 통계학과(02-3290-2238) [학]1984년 고려대 통계학과졸 1987년 同대학원 통계학과졸 1991년 통계학박사(미국 조지아대) [경]1987년 미국 조지아대 강의조교·강사 1991년 고려대 통계학과 교수(현) 1995~1997년 同통계학과 학과장 겸 대학원 주임 교수 1999~2005년 한국조사통계연구회 감사 2005년 고려대 통계연구소장 2007년 同입학처장 2013년 중앙선거관리위원회 자문위원, 중앙선거방송토론위원회 위원(현) 2014~2015년 한국통계학회 부회장 [저]'시계열자료분석(共)'(1994) '경영경제자료분석(共)'(1998) '통계적 탐구(共)'(2002) 'SAS/ETS를 이용한 시계열 자료분석(共)'(2002) '기초금융통계(共)'(2004)

박유재(朴有載) PARK Yoo Jae (原谷)

[생]1934·1·15 [본]태안(泰安) [출]충북 옥천 [주]서울 서초구 서초대로73길40 에넥스(02-2185-2111) [학]1954년 영동고졸 1958년 국제대 화학과졸 1966년 고려대 경영대학원 수료 1978년 서울대 행정대학원 수료 1980년 同경영대학원 수료 1985년 미국 조지워싱턴대 행정대학원 수료 [경]1963년 제일도기사 설립·회장 1963년 유일장학회 회장 1971년 서일공업사 설립·사장 1976년 (주)오리표싱크 사장 1981~1992년 同회장 1981년 제11대 국회의원(영동·보은·옥천, 민정당) 1981년 민정당 충북도지부 위원장 1982년 한·인도의원친선협회 부회장 1983년 민정당 재해대책위원회 부위원장 1986년 엔텍 설립·대표 1992년 에넥스 회장(현) 1998년 (주)엔텍 회장(현) [상]새마을훈장 노력장, 금탑산업훈장 [종]불교

박유철(朴維徹) PARK Yu Chul

[생]1938·1·25 [출]중국 상해 [주]서울 영등포구 국회대로62길13 광복회(02-780-9661) [학]1956년 서울고졸 1958년 연세대 2년 수료 1963년 미국 조지아공대졸(Georgia Institute of Technology) 1972년 미국 매사추세츠공대(MIT) 경영대학원졸 1983년 영국 옥스퍼드대 대학원 경제학과졸 1993년 경제학박사(영국 HuII대) [경]1964년 미국 포드자동차 근무 1974~1977년 국방과학연구소 연구위원 1977년 건설부 장관비서관·과장·공무원교육원장·건설교통부 감사관 1995~2001년 독립기념관장 1999년 광복회 부회장 2001년 평택대 경상정보학부 겸임교수 2002~2004년 백범기념관건립위원회 위원장 2004~2007년 국가보훈처장(장관급) 2005년 광복60주년기념사업추진위원회 정부위원 2005년 학교법인 단국대 이사 2007~2010년 안중근의사기념관건립위원회 위원장 2007~2011년 학교법인 단국대 이사장 2011년 광복회 회장(제19·20대)(현) [상]국민훈장 모란장(2003), 청조근정훈장(2007), 자랑스러운 서울人상(2012), 소충·사선문화제 대상(2013) [종]기독교

박윤경(朴倫慶·女) PARK YOON KYOUNG

[생]1957·10·10 [출]대구 [주]대구 중구 국채보상로642 KK(주) 회장실(053-430-5109) [학]1976년 경북여고졸 1980년 영남대 사범대학졸 2002년 同경영대학원 경영학과졸 [경]1997~2014년 경북광유(주) 공동대표이사 부사장·대표이사 회장 2007년 대한럭비협회 부회장 2008년 매일신문 비상근이사(현), 송화럭비진흥회재단 이사장 2014년 대한럭비협회 회장 2014년 대한적십자사 여성봉사특별자문위원장 2014년 (사)한국여성벤처협회 부회장(현) 2015년 KK(주) 대표이사 회장(현) 2015년 대구상공회의소 부회장(현) 2016년 송화문화체육재단 이사장(현) [상]가족친화 우수기업 국무총리표창(2008), 모범여성기업인 교육과학기술부장관표창(2008), 모범중소기업 대구지방중소기업청장표창(2008), 노동부 노사문화우수기업상(2010), 모범여성기업인 대통령표창(2011), 대구경북첨단벤처산업대상 기업특별상(2012)

박윤국(朴允國) PARK Youn Kook

[생]1956·4·12 [본]밀양(密陽) [출]경기 포천 [주]경기 수원시 팔달구 권광로207번길28 경기도태권도협회(031-239-9561) [학]1976년 포천 영북종합고졸 1981년 명지대 토목공학과졸 2000년 대진대 법무대학원졸, 명예 체육학박사(몰도바국립체육대) [경]2002~2003년 제31대 포천군수 2003~2007년 초대·2대 포천시장, 제4대 경기도의회 의원(신한국당), 포천시의회 초대 의원, 同예산결산·조사특별위원장, 전국광역의회 사무총장, 경기도유럽통상촉진단 대표의원, 2010월드컵한국대표선수단 단장, 한국체육대 초빙교수, 현대일보 TV방송 대표이사 사장 2011년 경기도태권도협회 회장, 세계태권도연맹 자문위원 2012년 제19대 국회의원선거 출마(경기 포천·연천, 무소속) 2015년 (재)경태재단 이사장(현) [저]수필집 '금강산 길목에서'(2002) '나에게는 꿈이 있습니다'(2004) 산문기행집 '하나둘 불빛 살아나는 동네'(2011)

박윤규(朴潤奎) PARK Yoon Kyu

[생]1952·7·16 [주]경기 용인시 처인구 용인대학로134 용인대학교 경찰행정학과(031-332-6471) [학]서울대 법학과졸, 법학박사(아주대) [경]용인대 법학과 교수 1996년 同경찰행정학과 교수(현) 2000년 한국시큐리티포럼 상임이사(현) 2002년 한민족평화통일연대 이사(현) 2002년 한국산업정책연구소 이사(현) 2003년 한국행정관리협회 시험관리위원회 전문위원 2004~2006년 용인대 대외협력실장 2014년 (사)한국방범기술산업협회 회장(현) 2015년 용인대 부총장(현)

박윤규(朴允圭) PARK Yoon Kyu

[생]1966·12·1 [주]경기 과천시 관문로47 미래창조과학부 기획재정담당관실(02-2110-2220) [학]1989년 고려대 법학과졸 1991년 同대학원 법학과졸 [경]2002년 정보통신부 기획관리실 기획예산담당관실 서기관 2003년 충주우체국장 2003년 해외 파견 2007~2008년 정보통신부 정책홍보관리본부 재정팀장 2008년 방송통신위원회 방송정책국 채널사용방송과장 2008년 同방송채널정책과장 2009년 同위원장비서관 2010년 駐미국대사관 1등서기관 2013년 미래창조과학부 정보통신산업과장 2014년 同정보화전략국 정보화기획과장 2015년 同정보통신정책실 정책총괄과장 2016년 同기획조정실 기획재정담당관(부이사관)(현) [상]근정포장(2014)

박윤기(朴允基) PARK Yoon Ki

[생]1944 · 7 · 26 [본]밀양(密陽) [출]인천 [주]서울 서초구 서초대로316 하림인터내셔널401호 YK박윤기피부과(02-525-1155) [학]1969년 연세대 의대졸 1972년 同대학원졸 1977년 의학박사(연세대) [경]1969~1974년 세브란스병원 인턴 · 피부과 전공의 1975~1988년 연세대 의대 피부과학교실 전임강사 · 조교수 · 부교수 1982~1985년 미국 하버드대 의대 피부과 교환교수 1988~2009년 연세대 의대 피부과학교실 교수 1993년 미국 제퍼슨의과대학 객원교수(현) 1993년 제14대 대통령 의료자문의 1994~1999년 대한레이저학회 이사장 1995~1997년 대한피부과학회 이사장 1998년 제15대 대통령 의료자문의 1999~2001년 세브란스병원 임상연구심의위원회 위원장 2001~2002년 연세대 의학도서관장 2001~2003년 한국의학도서관협회 회장 2002년 대한코스메틱피부과학회 회장 2004년 대한피부과학회 회장 2007~2011년 세계피부과학회 이사 2010~2012년 서울적십자병원장 2010~2012년 대한병원협회 국제이사 2012년 국군수도병원 피부과장 2013년 YK박윤기피부과 대표원장(현) [상]서울시문화상 생명과학부문(1994), 옥조근정훈장(2009) [저]'백반증, 알파에서 오메가까지' '백반증의 진단과 치료'(1995) 'The Pigmentary System (Chapter author) Oxford Press'(1998) 외 16권 [종]기독교

박윤기(朴閏基) Park Yun Ky

[생]1957 · 4 · 15 [본]밀양(密陽) [출]전북 장수 [주]제주특별자치도 제주시 청사로59 제주지방노동위원회(064-710-7980) [학]1975년 전주 영생고졸 1985년 한국방송통신대 행정학과졸 1994년 동국대 행정대학원 복지행정학과졸 2001년 단국대 법무대학원 노동법학과졸 [경]1982년 공무원 임용(총무처 7급 공채) 2000년 중앙노동위원회 조정과 사무관 2001년 인천지방노동위원회 사무국장 2002년 노사정위원회 기획과 사무관 2003년 노동부 구로고용안정센터장 2004년 同노사협력복지과 사무관 2007년 同노사관계법제과 서기관 2009년 중앙노동위원회 기획총괄과 서기관 2012년 고용노동부 서울관악고용센터 소장 2013년 同중부지방고용노동청 강릉고용노동지청장 2013년 전남지방노동위원회 사무국장 2013년 제주지방노동위원회 위원장(현) [상]서울특별시장표창(1987), 신지식인 노동부장관표창(1998), 국무총리표창(1999) [종]기독교

박윤미(朴潤美 · 女)

[생]1964 · 11 · 18 [주]강원 춘천시 중앙로1 강원도의회(033-256-8035) [학]원주여고졸, 연세대 환경과학과졸, 同경영대학원 행정학과졸 [경]원주MBC 아나운서, 원주시 시정홍보실 아나운서, 강릉원주대 LINC사업단 산학협력중점교수 2011~2012년 원주시선거관리위원회 민주시민정치교육 강사 2013년 강릉원주대 초빙교수 2014년 강원도의회 의원(비례대표, 새정치민주연합 · 더불어민주당)(현) 2014년 同사회문화위원회 위원 2015년 새정치민주연합 강원도당 여성위원장 2015년 더불어민주당 강원도당 여성위원장(현) 2015~2016년 강원도의회 '저출산 · 고령화 극복방안 연구회' 회장 2016년 同경제건설위원회 위원(현) 2016년 同운영위원회 위원(현) 2016년 더불어민주당 강원도당 홍보위원장(현) [상]대한민국소비자대상 의회 · 정책부문(2016) [저]'공무원도 이젠 스피치다!!'(2015, 스토리한마당)

박윤민(朴允玟) PARK Yoon Min

[생]1962 · 10 · 2 [본]밀양(密陽) [출]경남 남해 [주]경기 안성시 공단1로10 (주)디스플레이테크 비서실(031-776-7500) [학]1989년 광운대 전자재료공학과졸 2004년 서울대 대학원 최고경영자과정 수료 [경]1988~1996년 한국전자 LCD개발실 근무 1996~1998년 오리온전기 LCD개발실 근무 1998년 (주)디스플레이테크 대표이사 사장(현) [상]철탑산업훈장(2013)

박윤배(朴允培) PARK Yoon Bae

[생]1952 · 1 · 25 [출]인천 [주]인천 연수구 갯벌로12 인천테크노파크 원장실(032-260-0700) [학]1970년 제물포고졸 1974년 서울대 정치학과졸 [경]1994년 대우자동차 전략추진팀장 1998년 사회복지법인 효실천운동본부 부회장 1998년 생활체육인천시축구연합회 수석부회장, 유네스코 인천시협회 운영이사 2000년 한나라당 인천부평甲지구당 부위원장, 同인천부평甲지구당 정책개발위원장 2002 · 2006~2010년 인천시 부평구청장(한나라당) 2009~2010년 서부수도권행정협의회 회장 2010년 인천시 부평구청장선거 출마(한나라당), 부평미래포럼 이사장 2014년 인천시 부평구청장선거 출마(새누리당) 2015년 인천테크노파크 원장(현) [종]기독교

박윤석(朴允錫) Park, Youn Seok

[생]1957 · 8 · 13 [본]밀양(密陽) [출]강원 영월 [주]서울 서초구 효령로131 청권빌딩2층 (주)기술과가치 연구소(02-3479-5041) [학]1983년 서울대 공대 공업화학과졸 1985년 同공과대학원졸 1989년 공업화학박사(서울대) [경]1990~1997년 삼성전자(주) 부장 1997~2005년 삼성토탈(주) 수석연구원 2005~2008년 제이엠아이(주) 상무 2009년 (주)기술과가치 연구소장(현) 2015년 신경제연구원 원장(현) [종]기독교

박윤석(朴倫錫) PARK Yun Seog

[생]1965 · 3 · 2 [본]밀양(密陽) [출]전북 정읍 [주]경북 의성군 의성읍 군청길67 대구지방검찰청 의성지청(054-832-6611) [학]1983년 정읍고졸 1987년 동국대 법학과졸 1990년 同대학원 법학과졸 [경]1997년 사법시험 합격(39회) 2000년 사법연수원 수료(29기) 2000년 대한법률구조공단 광주지부 변호사 2003년 전주지검 검사 2005년 광주지검 장흥지청 검사 2007년 서울남부지검 검사 2011년 수원지검 안양지청 검사 2013년 同안양지청 부부장검사 2013년 서울중앙지검 부부장검사 2014년 전주지검 군산지청 부장검사 2015년 대구지검 공판부장 2015년 同의성지청장(현)

박윤세(朴潤世) PARK YOON SEI

[생]1959 · 4 · 25 [출]서울 [주]경기 이천시 부발읍 경충대로2091 SK하이닉스 생산기술센터(031-630-4114) [학]1982년 연세대 물리학과졸 1984년 同대학원 고체물리학과졸 [경]2010~2011년 서울옵토디바이스 근무 2012~2013년 AIPT 근무 2014년 SK하이닉스 생산기술센터장(상무) 2016년 同생산기술센터장(전무)(현)

박윤소(朴允昭) PARK Yoon So

[생]1941 · 4 · 14 [주]부산 강서구 녹산산단17로113 (주)엔케이 회장실(051-204-2211) [학]문경고졸 1966년 한양대 공대 기계공학과졸 1987년 서울대 경영대 최고경영자과정 수료, 동의대 대학원 경제학과졸, 공학박사(부산대) [경]현대중공업(주) 근무 2005~2008년 (주)엔케이 대표이사, 同회장(현) 2015년 부산경영자총협회 회장(현) [상]철탑산업훈장, 혁신기업인상 공로상(2011) [종]불교

박윤수(朴允守) PARK Yoon Soo

[생]1955 · 8 · 29 [출]서울 [주]서울 송파구 올림픽로289 시그마타워 한라그룹 임원실(02-3434-5603) [학]배재고졸 1979년 단국대 경영학과졸 1993년 미국 캘리포니아주립대 대학원졸 [경]1981년 만도기계(주) 근무 1989년 한라그룹 디트로이트사무소 차장 1993년 同회장비서 · 한라건설 이사 1994년 한라건설 상무이사 1996년 한라그룹 회장비서실장 겸 전무이사 1997년 한라펄프제지관리 겸 해외PJT담당 부사장 1998~2006년 보워터한라제지(舊한라펄프제지) 관리담당 부사장 2006년 보워터코리아(舊보워터한라제지) 수석부사장 2007년 현대폴리텍(주) 공동대표이사 사장 2008~2009년 한라스택폴(주) 대표이사 사장 2010~2013년 (주)마이스터 대표이사 사장 2013년 한라그룹 정도경영실장 2015년 同비상근고문(현) [종]기독교

박윤수(朴潤秀) Park, Youn-Soo

[생]1956 · 5 · 17 [본]순창(淳昌) [출]인천 [주]서울 강남구 일원로81 삼성서울병원 정형외과(02-3410-3509) [학]1975년 서울고졸 1977년 서울대 자연과학대학 의예과 수료 1981년 同의과대학졸 1986년 同대학원 의학석사 1992년 의학박사(서울대) [경]1981~1986년 서울대병원 인턴 · 레지던트 1986년 軍의관 1987~1989년 국군서울지구병원 정형외과장 1989~1992년 강남병원 정형외과 전문의 1993년 캐나다 토론토대 부속병원 정형외과 임상 및 연구전임의 1994년 삼성서울병원 정형외과 전문의(현) 1997~2002년 성균관대 의과대학 정형외과학교실 부교수 2001년 대한정형외과학회 총무이사 · 편집위원 2002년 성균관대 의과대학 정형외과학교실 교수(현) 2005~2011년 삼성서울병원 정형외과장 2005~2007년 同홍보실장 2007년 同인공관절센터장 2011년 同입원과장 2013~2016년 同골관절센터장 2014년 대한고관절학회 회장 2014년 국제고관절학회(International Hip Society) International Hip Surgeon(IHS)(현) 2016년 삼성서울병원 진료부원장(현) 2016년 국제인공관절학회 회장(현)

박윤식(朴崙植) PARK Yun Sik

[생]1957 · 10 · 8 [출]서울 [주]서울 중구 세종대로92 한화손해보험(주) 비서실(02-316-0200) [학]1976년 경기고졸 1982년 한국외국어대 서반아어과졸 1986년 서강대 경영대학원졸 1995년 미국 코넬대 대학원 경영학과졸 [경]제일은행 팀장, 아더엔더슨코리아 경영컨설팅 이사, 동부화재해상보험(주) 변화관리팀장(상무) 2007년 同경영지원실장(부사장) 2010년 同고객상품지원실장(부사장) 2013년 한화손해보험(주) 대표이사 사장(현) [상]한국CFO대상(2008) [종]천주교

박윤영(朴允泳) PARK Yun Young

[생]1959 · 5 · 20 [출]경기 화성 [주]경기 수원시 팔달구 효원로1 경기도의회(031-8008-7000) [학]2000년 수원대 행정대학원 행정학과졸 2004년 고려대 경영학과졸 [경]법무부 서울보호관찰소 보호위원, 화성문화원 이사 1995~2002년 경기 화성시의회 의원 1999년 경기 화성군수선거 출마 2000년 화성사랑봉사단 회장 2002년 경동대 경영학부 강사 2003년 화성개혁포럼 대표 2003년 자민련 경기오산 · 화성지구당 위원장 2004년 제17대 국회의원선거 출마 2006년 경기도의원선거 출마(열린우리당) 2010년 경기도의회 의원(민주당 · 민주통합당 · 민주당 · 새정치민주연합) 2012년 同농림수산위원회 위원 2014년 경기도의회 의원(새정치민주연합 · 더불어민주당)(현) 2014년 同농정해양위원회 위원 2016년 同농정해양위원회 간사(현) [상]전국시 · 도의회의장협의회 우수의정 대상(2016) [종]기독교

박윤옥(朴允玉 · 女) Park Yoon Ok

[생]1949 · 1 · 22 [본]반남(潘南) [출]대전 [주]서울 용산구 한강대로 393 한국혈액암협회(02-3432-0807) [학]1967년 대전여고졸 1972년 이화여대 사범대학 교육학과졸 2003년 연세대 생활환경대학원 고위여성지도자과정 수료 [경]2007~2014년 (사)한자녀더갖기운동연합 대표 2011~2012년 국민권익위원회 정책자문위원 2013년 (사)한국혈액암협회 이사(현) 2014~2016년 제19대 국회의원(비례대표 승계, 새누리당) 2014~2016년 국회 여성가족위원회 위원 2014~2016년 국회 보건복지위원회 위원 2015~2016년 새누리당 원내부대표 2015년 同노동시장선진화특별위원회 위원 2015년 국회 운영위원회 위원 2015년 국회 공적연금강화와노후빈곤해소를위한특별위원회 위원 2015년 새누리당 국가간호간병제도특별위원회 위원

박윤원(朴潤遠) Park Youn Won

[생]1957 · 9 · 29 [주]서울 금천구 남부순환로1418 원자력국민소통자문위원회(02-2191-1320) [학]1980년 서울대 기계공학과졸 1982년 同대학원 기계공학과졸 1991년 공학박사(프랑스 파리 에콜상트랄대) [경]1983~1990년 한국원자력연구소 선임연구원 1999~2002년 한국원자력안전기술원 방사선 · 공학연구실장 2003년 OECD · NEA 규제위원회 위원 2003~2005년 한국원자력안전기술원 안전규제부장 2004년 미국기계학회(ASME) 회원(현) 2008~2009년 IAEA IRRS 점검단 2008~2010년 한국원자력안전기술원 국제원자력안전학교장(부장) 2009년 MDEP정책그룹 한국측 부대표 2009년 IAEA · RCF 운영위원회 위원 2010년 IAEA · ANSN 운영위원회 의장 2011년 한국원자력안전기술원 국제원자력안전협력단장(부장) 2011~2013년 同원장 2013~2016년 한국과학기술원(KAIST) 원자력및양자공학과 초빙교수 2015년 한국원자력문화재단 원자력국민소통자문위원회 위원장(현) [상]대한기계학회 유담학술상(2000), 대통령표창(2002) [종]천주교

박윤재(朴允在) Park, Yun-Jae

[생]1946 · 3 · 8 [출]인천 [주]서울 동대문구 청계천로433 미우빌딩 1102호 소상공인연구원(02-2233-4402) [학]1968년 서울대 영어영문학과졸 1978년 미국 하와이대 대학원 경영학과졸 1989년 경영학박사(미국 조지워싱턴대) [경]1968~1972년 공군사관학교 교관 1972~1976년 한미교육위원단 행정관 1979~1981년 세종대 경영학과 조교수 1981~1988년 중앙대 사회과학대 조교수 1988~2000년 숭실대 경상대학 경영학과 부교수 · 교수 1997~1998년 同기획조정실장 1998~1999년 同국제통상대학원장 1999~2001년 한국공공정학회 부회장 2000~2011년 숭실대 경영대학 벤처중소기업학과 교수 2003~2004년 한국유통학회 회장 2005~2007년 숭실대 중소기업대학원장 2005~2008년 (재)시장경영지원센터 이사장 2006~2009년 학교법인 가농학원 이사장 2008~2009년 서울귀금속보석클러스터사업협동조합 고문 2009년 숭실대 벤처 · 중소기업창업경영연구소장 2011년 同경영대학 벤처중소기업학과 명예교수(현) 2015년 소상공인연구원 초대 원장(현) [저]'국제금융론' [종]기독교

박윤주(朴允珠 · 女) Park, Younjoo

[생]1965 · 10 · 17 [본]밀양(密陽) [출]서울 [주]충북 청원군 오송읍 오송생명2로187 오송보건의료행정타운 식품의약품안전청(043-719-3501) [학]약학박사(서울대) [경]2001년 식품의약품안전청 국립독성연구원 보건연구관 2004년 과학기술부 생명해양심의관실 보건연구관 2007년 식품의약품안전청 생물의약품본부 유전자치료제팀장 2008년 同생물의약품국 유전자치료제과장 2009년 식품의약품안전평가원 의료제품연구부 생물의약품연구과장 2010년 식품의약품안전청 바이오생약심사부 첨단제제과장 2012년 同바이오생약국 세포유전자치료제과장 2013년 식품의약품안전평가원 종양약품과장 2014년 同생약제제과장 2015년 同유전자재조합의약품과장(현)

박윤준(朴倫俊) Park, Yoon-june

[생]1959 · 1 · 4 [주]강원 평창군 대관령면 올림픽로108의27 2018평창동계올림픽조직위원회 국제국(033-350-2018) [학]1984년 동국대 무역학과졸 [경]1984년 외무고시 합격(18회) 1984년 외무부 입부 1990년 駐태국 2등서기관 1993년 駐이탈리아 2등서기관 1997년 駐프랑스 1등서기관 2001년 외교통상부 정책총괄과장 2003년 駐UN 참사관 2006년 외교통상부 정책기획협력관 2007년 대통령비서실 파견 2008~2011년 駐코트디브와르 대사 2011년 외교통상부 본부 근무 2013년 외교부 본부 근무 2014년 2018평창동계올림픽조직위원회 국제국장(현)

박윤준(朴胤浚) PARK, Yunjun

[생]1961 · 10 · 10 [본]밀양(密陽) [출]서울 [주]서울 종로구 사직로8길39 김앤장법률사무소(02-3703-1059) [학]1980년 우신고졸 1984년 서울대 경영학과졸 1987년 同행정대학원 행정학과졸 1993년 미국 조지워싱턴대 경영대학원 국제금융학과졸 [경]1983년 행정고시 합격(27회) 1984년 총무처 행정사무관 시보 1985년 동대전세무서 총무과장 1987년 대전세무서 재산세과장 1988년 재무부 소비세제과 사무관 1990년 청량리세무서 소득세과장 1993~1997년 국세청 국제조세국 사무관 · 서기관 1997년 駐OECD대표부 1등서기관 2002년 중부지방국세청 법인납세과장 2003년 서울지방국세청 조사2국 4과장 2004년 국세청 청장비서관 2005년 同국제협력담당관(부이사관) 2006년 대통령 공직기강비서관실 행정관 2007년 駐뉴욕총영사관 파견(고위공무원) 2009년 국세청 국제조세관리관 2012~2013년 同차장 2013~2015년 선진회계법인 고문 2015년 김앤장법률사무소 고문(현) [상]녹조근정훈장(2005) [종]기독교

박윤택(朴潤澤)

[생]1965 · 3 · 19 [주]경기 성남시 분당구 판교로264 SK플래닛(주) 임원실(02-6119-0114) [학]1990년 연세대 경영학과졸 2014년 미국 하버드대 대학원 최고경영자과정(AMP) 수료 [경]1990년 SK네트웍스(舊 선경) 입사 2003~2009년 SK텔레콤(주) 자금팀장 2010~2011년 SK텔링크(주) 경영기획실장 2011~2013년 SK커뮤니케이션즈(주) CFO(상무) 2014년 SK플래닛(주) GLDP(Global Leadership Development Program) 연구위원 2015년 同코퍼레이션센터장(현) 2015~2016년 SK커뮤니케이션즈(주) 대표이사 사장 2015년 방송통신위원회 인터넷문화정책자문위원회 위원(현)

박윤해(朴潤海) PARK Yun Hae

[생]1966 · 5 · 28 [본]밀양(密陽) [출]경북 문경 [주]충북 진천군 덕산면 교연로780 법무연수원 연구위원실(043-531-1600) [학]1983년 김천고졸 1988년 서울대 법과대학졸 1991년 숭실대 법학대학원졸 2005년 법학박사(숭실대) [경]1990년 사법시험 합격(32회) 1993년 사법연수원 수료(22기) 1993년 軍법무관 1996년 변호사 개업 1996년 대한법률구조공단 변호사 1998년 인천지검 부천지청 검사 1999년 청주지검 충주지청 검사 2000년 서울지검 동부지청 검사 2003년 수원지검 성남지청 검사 2005년 대검찰청 검찰연구관 2007년 서울중앙지검 부부장검사 2007년 국가정보원 파견 2008년 청주지검 제천지청장 2009년 사법연수원 교수(부장검사) 2011년 서울중앙지검 형사3부 부장검사 2012년 춘천지검 원주지청장 2013년 대구지검 서부지청 차장검사 2014년 서울동부지검 차장검사 2015년 수원지검 평택지청장 2016년 법무연수원 연구위원(현) [상]모범검사수상(2002), 법무부장관표창(2004) [종]불교

박윤형(朴允馨) PARK Yoon Hyung

㉤1954 · 9 · 15 ㉲진주(晋州) ㉴대구 ㉵충남 아산시 신창면 순천향로22 순천향대학교 의과대학 예방의학교실 학술관509호(041-570-2406) ㉰1983년 경희대 의과대학졸 1988년 서울대 대학원졸 1995년 의학박사(경희대) ㉱1983년 경북 상주군보건소 소장 1984년 한국인구보건연구원 책임연구원 1988~1991년 국립소록도병원 진료과장 1991~1997년 보건복지부 의정국 지역의료과장 1997년 국립공주결핵병원 원장 1998~1999년 WHO 서태평양지역사무소 자문관 1999~2000년 대한병원협회 사무총장 2000~2002년 을지의과대 교수 2000~2002년 을지재단 법인운영본부장 2001~2005년 대한의사협회 기획이사 2002년 순천향대 의과대학 예방의학교실 교수(현) 2005~2006년 경기도립의료원 원장 2008~2011년 순천향대 의과대학장 2008~2011년 同순천향의학연구소장 2008~2014년 보건복지부 규제심사위원장 2011년 (사)한국의과대학 · 의학전문대학원장협회 이사 2012~2014년 한국산업안전보건공단 비상임이사 ㉠한미중소병원상 공로상(2009) ㉳의료시장개방과 국제규약’(2003) ‘건강영향평가제도 도입을 위한 조사 연구’(2004) ‘한국인의 식이와 건강에 관한 고찰’(2004) ‘보건의료경제학’(2005)

박윤흔(朴鈗炘) PARK Yun Heun (淨賢)

㉤1935 · 3 · 30 ㉲밀양(密陽) ㉴전남 보성 ㉵서울 영등포구 국회대로70길18 한양빌딩 새누리당(02-3786-3315) ㉰1955년 광주고졸 1961년 서울대 법과대졸 1967년 同대학원 공법학과졸 1971년 미국 캘리포니아대 대학원 수료 1985년 법학박사(고려대) ㉱1968~1985년 이화여대 강사 1969년 법제처 총무과장 1970년 同법제관 1978년 同기획관리관 1981~1988년 同차장 1988~1993년 경희대 법학과 교수 1988년 행정개혁위원회 일반행정분과위원회 간사 1991년 중앙환경분쟁조정위원회 위원 1991년 경찰위원회 위원 1992년 한국환경법학회 회장 1993년 한국공법학회 부회장 1993~1994년 환경처 장관 1995년 경희대 법학과 교수 1995년 한국공법학회 회장 1995년 민자당 국책자문위원 1995년 총무처 행정절차법 심의위원회 위원장 1995년 원자력위원회 위원 1996~2004년 중앙토지수용위원회 위원 1996~2000년 대구대 총장 2000~2004년 국민대 법학과 겸임교수 2000~2016년 한국토지보상법연구회 회장 2001~2004년 남도학숙 원장 2002년 한나라당 이회창 대통령후보 정책자문단 공동대표 2002~2004년 민주평통 사회문화분과 위원장 · 상임위원 2004년 한나라당 국책자문위원회 건설 · 환경 · 노동분과 위원장, 한국불교대회의 이사장 2006년 조계종 불교인재개발원 상임고문 2006~2015년 한국토지보상협회 회장 2008~2012년 한나라당 국책자문위원회 국토해양환경위원장 2012년 새누리당 국책자문위원회 국토해양환경위원장 2014~2015년 학교법인 영광학원(대구대) 임시이사 2014년 새누리당 국책자문위원회 부위원장(현) 2016년 한국토지보상법연구회 명예회장(현) ㉠대통령표창(1963), 홍조근정훈장(1973), 황조근정훈장(1992), 청조근정훈장(1995) ㉳‘입법기술 강좌’ ‘믿음과 실천과 오늘의 좌표(共)’(1998) ‘행정상 손실보상의 주요문제’(1999) ‘행정조직법 지방행정법 공무원법(共)’(2006) ‘최신 행정법강의 上 · 下 개정30판’(2009) ‘도약(跳躍)의 시대를 함께한 행운’(2014) ㉵불교

박융수(朴隆洙) Park, Yung Soo

㉤1965 ㉵인천 남동구 정각로9 인천광역시교육청 부교육감실(032-438-4368) ㉰서울대 철학과졸, 교육행정학박사(미국 오하이오대) ㉱1989년 행정고시 합격(32회) 2001년 한국방송통신대 서기관 2005년 교육인적자원부 학사지원과장 2006년 숭실대 교수(고용휴직) 2007년 교육인적자원부 기획총괄담당관(부이사관) 2008년 교육과학기술부 장관비서관 2008년 금오공과대 총무과장 2011년 대한민국학술원 사무국장(고위공무원) 2011년 교육과학기술부 고위공무원(연세대 고용휴직) 2012년 강릉원주대 사무국장 2013년 교육부 평생직업교육국장 2014년 同지방교육지원국장 2015년 인천시교육청 부교육감(현) ㉠홍조근정훈장(2013)

박은경(朴銀瓊 · 女) Park, Eun-Kyung

㉤1946 · 6 · 16 ㉲고령(高靈) ㉴경기 수원 ㉵서울 중구 명동길26 유네스코 한국위원회(02-6958-4250) ㉰1964년 경기여고졸 1968년 이화여대 영어영문학과졸 1971년 미국 미시간주립대 대학원 인류학과졸 1974년 同대학원 동남아시아학과졸 1977년 同대학원 인류학박사과정 수료 1981년 문학박사(이화여대) ㉱1968~1969년 이화여대 총장 비서 1969~1971년 미국 미시간대 Barbour Scholar(전액 장학생) 1971~1974년 미국 미시간주 Ann Arbor 한국인학교 한국문화 강사 1978~1981년 서울대 인류학과 강사 1978~1998년 이화여대 인류학 강사 1981~1982년 일본 동경대 인류학과 방문교수 1984~1985년 미국 워싱턴대 인류학과 방문교수 1991~2000년 대한YMCA연합회 상임

위원 1996년 독일 뮌헨대 비교문화연구소 객원교수 1999~2001년 여성환경연대 공동대표 1999~2007년 세계YWCA연합회 부회장 1999년 환경과문화연구소 소장(현) 2001~2009년 환경정의시민연대 공동대표 2001~2003년 대통령자문 지속가능발전위원회 위원 2002~2005년 사회운동학회 회장 2003년 UNEP Governing Council of Ministerial Meeting Global Civil Society Forum 의장 2003년 同Subregional Environment Policy Dialogue 자문역 2003~2004년 대통령직속 국가균형발전위원회 위원 · 대통령자문 국민경제자문회의 위원 2004~2006년 대통령자문 지속가능발전위원회 대외협력분과 전문위원 · 서울시 녹색서울시민위원회 지속가능발전위원장 2005년 연세대 동서문제연구원 ice센터 소장(현) 2006~2008년 대한YWCA연합회 회장 2006년 UN 지속가능발전교육통영센터 운영위원장 2009~2012년 한국물포럼 총재 2009년 유네스코 지속가능발전교육(ESD) 한국위원회 초대위원장(현) 2010년 통영시지속가능발전교육재단 이사장(현) 2009년 세계물위원회 집행이사 2010~2015년 UN대 고등교육원(IAS) 이사 2011년 외교통상부 수자원협력대사 2012년 유네스코 한국위원회 부위원장(현) 2013~2014년 외교부 수자원협력대사 2015년 유네스코 연세대 석좌교수(지속가능발전교육) ㉠대통령표창(2003), 국민훈장 동백장(2013) ㉳‘한국화교의 종족성’(1986) ‘세계 여성 운동의 어제와 오늘’(2001) ㉴‘동남아시아의 화교’(1993) ㉳‘박은경 환경 칼럼’ ‘창조 문화를 위한 생명운동’ ㉵기독교

박은경(朴恩卿 · 女) PARK Eun Kyung

㉤1959 · 11 · 1 ㉵부산 사하구 낙동대로550번길37 동아대학교 인문과학대학 고고미술사학과(051-200-7154) ㉰1985년 동아대 사학과졸 1988년 同대학원졸 1994년 문학박사(일본 九州大) ㉱1985~1989년 동아대 박물관 조교 · 연구원 1992~2005년 同인문과학대학 고고미술사학과 전임강사 · 조교수 · 부교수 · 교수(현) 1998년 한국미술사학회 평의원 2000년 부산시 문화재전문위원 2001년 경남도 문화재전문위원 2001년 문화재청 문화재전문위원 2009년 동아대 고고미술사학과장 2010~2014년 同인문과학대학 부학장 2014년 同인문과학대학장(현) ㉠우현학술상(2009), 눌원문화상 인문과학부문 학술상(2013), 부총리 겸 교육부장관표창(2016) ㉳‘중등학교미술과1 · 2급정교사자격연수교재’(1997) ‘중등학교미술과일반연수교재’(1997) ‘중등학교역사과1급정교사자격연수교재’(1998) ‘민족문화의 이해’(2000) ‘중등학교역사과1급정교사자격연수교재’(2000) ‘문화유산해설사 교육’(2001) ‘조선전기 불화연구’

박은관(朴殷寬) PARK Yun Kwan

㉤1955 · 3 · 21 ㉴인천 ㉵경기 의왕시 경수대로279 (주)시몬느 비서실(031-420-0208) ㉰1974년 제물포고졸 1978년 연세대 문과대학 독어독문학과졸 ㉱1980~1987년 (주)청산 근무 1987년 (주)시몬느 설립 · 대표이사 사장 2013년 同대표이사 회장(현) ㉠대통령표창(1989 · 2005), 산업포장(1991), 5천만달러 수출탑(1996), 1억달러 수출탑(2000), 재정경제부장관표창(2001), 대통령표창(2005), 기업은행 기업인 명예의전당 헌정(2014), 철탑산업훈장(2014)

박은석(朴銀錫) PARK Eun Seok

㉤1958 · 3 · 17 ㉵경기 수원시 장안구 서부로2066 성균관대학교 약학부(031-290-7715) ㉰1981년 성균관대 약대졸 1989년 미국 아이오와대 대학원 약학과졸 1994년 약학박사(미국 사우스캐롤라이나의학종합대) ㉱1996년 성균관대 약학부 조교수 · 부교수 · 교수(현) 1998년 중앙약사심의위원회 심의위원 2000년 경기도 공직자윤리위원회 위원 2000년 한국약제학회 학술간사 2007년 성균관대 약학대학 제제기술지원센터(DRC) 센터장 2008~2011년 同약학부장 겸 임상약학대학원장 2016년 (사)한국약제학회 회장(현)

박은석(朴銀錫) PARK Eun Seok

㉤1963 · 11 · 10 ㉴충북 청원 ㉵서울 영등포구 여의대로38 금융감독원 자본시장조사1국(02-3145-5114) ㉰1982년 세광고졸 1987년 서울대 법과대학졸 1989년 同대학원 법학과졸 ㉱1988년 사법시험 합격(30회) 1991년 사법연수원 수료(20기) 1991년 軍법무관 1994년 서울지검 남부지청 검사 1996년 춘천지청 강릉지청 검사 1997년 서울지검 검사 2001년 부산지검 검사 2003년 창원지검 부부장검사 2004년 駐미국 법무협력관 2007년 법무부 국제법무과장 2008년 서울중앙지검 조사부장 2009년 법무연수원 교수 2009년 서울고검 검사 2009년 법무부 정책기획단장 2010년 수원지검 여주지청장 2011년 대구지검 제2차장검사 2012년 창원지검 차장검사 2013~2014년 서울고검 검사 2013~2014년 국민권익위원회 법무보좌관(파견) 2014년 금융감독원 감찰실 국장 2016년 同자본시장조사1국장(현)

ㅂ

박은수(朴殷秀) PARK Eun Soo

[생]1956·9·15 [출]대구 [주]서울 강남구 테헤란로518 섬유센터12층 법무법인 율촌(02-528-5940) [학]1975년 대구 계성고졸 1979년 서울대 법학과졸 2011년 사회복지학박사(강남대) [경]1980년 사법시험 합격(22회) 1982년 사법연수원 수료(12기) 1983년 대구지법 판사 1986년 마산지법 판사 1988년 변호사 개업 1988~2004년 법무법인 백두 변호사 1991년 대구자원봉사지원센터 소장, 대구시 장애인고용대책위원장 2004~2008년 한국장애인고용촉진공단 이사장 2004년 빈부격차차별시정위원회 민간위원 2004년 문화관광부 문화헌장제정위원회 위원 2005년 문화방송(주) 시청자위원회 위원 2005년 광복60주년기념사업추진위원회 위원, 법무법인 다래 변호사 2008년 제18대 국회의원(비례대표, 통합민주당·민주당·민주통합당) 2008년 국회 보건복지위원회 위원 2008년 민주당 장애인위원장 2009년 同법률담당 원내부대표 2010년 국회 법제사법위원회 위원 2010~2012년 국회 보건복지위원회 위원 2011년 민주당 제5정책조정위원장 2011년 (사)한국성년후견지원본부 고문(현) 2012년 민주통합당 장애인위원장 2012년 법무법인 율촌 고문(현) 2013년 민주당 전국청년위원장 2014년 한국장애인재활협회 이사(현) 2014년 서울시장애인체육회 부회장(현) 2014년 서울중앙지법 시민사법위원회 위원(현) [상]자랑스러운 대구시민상(2004) [저]'나는 눈물나는 해피엔딩이 좋다'(1997) '알고 이용하자! 성년후견제도'(2012, 나남) [종]기독교

박은숙(朴恩淑·女) Park Eun Sook

[생]1957·11·13 [본]밀양(密陽) [주]서울 서대문구 연세로50의1 연세대학교 세브란스병원 재활병원 재활의학과(02-2228-3712) [학]1982년 연세대 의대졸 1985년 同대학원졸 1991년 의학박사(연세대) [경]1986~2003년 연세대 의대 연구강사·전임강사·조교수·부교수 1995년 미국 Univ. of Texas Houston Visiting Scientist 1997년 연세대 의대 재활의학연구소 상임연구원(현) 1998년 同세브란스병원 재활의학과장 2000년 同세브란스병원 재활병원 진료부장 2003년 同의대 재활의학교실 교수(현) 2005~2011년 同세브란스병원 재활병원장 [종]기독교

박은애(朴恩愛·女) PARK Eun Ae

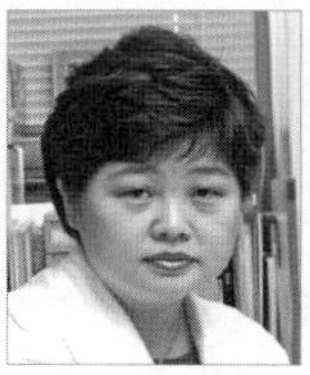

[생]1964·1·19 [출]충북 청주 [주]서울 양천구 안양천로 1071 이대목동병원 소아청소년과(02-2650-5300) [학]1988년 이화여대 의대졸 1993년 同대학원 의학석사 1996년 의학박사(이화여대) [경]1993년 이화여대 의과대학 소아과학교실 전임강사·조교수·부교수·교수(현) 2001~2002년 미국 아이오와대 Pediatric Department 연수 2009년 이화여대 적정진료센터장 2011~2013년 同목동병원 의무부장 2013년 同목동병원 신생아중환자(NICU)실장(현) 2014~2015년 同목동병원 인재개발센터장 2015년 서울시 서남병원 진료부원장 2015년 이화여대의료원 기획조정실장(현)

박은영(朴恩瑛) PARK Eun Young

[생]1965·6·8 [출]경북 경주 [주]서울 종로구 사직로8길 39 세양빌딩 김앤장법률사무소 국제통상·중재팀(02-3703-1039) [학]1984년 영진고졸 1988년 서울대 법과대학 법학과졸 1998년 同법과대학원 법학(경제법)과졸 2000년 미국 뉴욕대 법학대학원졸 2003년 법학박사(미국 뉴욕대) [경]1991~1994년 공군 법무관 1994~1996년 서울지법 판사 1996년 同서부지원 판사 1997년 김앤장법률사무소 국제통상·중재팀장(변호사)(현) 1997년 OECD 부패방지협약합동협상대표단(재경부·외무부·법무부·상공부) 자문변호사 1998년 금융감독위원회 구조개혁기획단 자문변호사 1998년 同보험경영평가위원 1999~2006년 대외경제연구원 공정경쟁부패분과 대외경제전문위원 2005~2007년 부패방지위원회 대외협력 자문위원 2005년 대한상사중재원 중재인(현) 2007년 ICC 한국위원회 국제중재분과위원회 상임위원(현) 2009년 싱가포르국제중재원(SIAC) 중재인 2009년 국제중재변론재단(FIAA, 스위스) 집행임원(현) 2009년 세계은행 국제투자분쟁해결센터(ICSID) 조정인(현) 2010년 두바이국제중재원(DIAC) 중재인(현) 2010년 성균관대 법학전문대학원 초빙교수(현) 2010~2012년 국민권익위원회 정책자문위원 2011~2014년 대한중재인협회 부회장 2012년 영국 런던국제중재법원(LCIA) 상임위원 2012~2014년 공군 정책자문위원 2013~2016년 영국 런던국제중재법원(LCIA) 아시아태평양평의회 의장 2013~2015년 국제변호사협회(IBA) 중재위원회 부의장 2013~2014년 同아시아태평양중재그룹 공동의장 2013~2016년 싱가포르국제중재원(SIAC) 이사 2014~2015년 세계변호사협회 아시아태평양중재그룹 초대의장 2015년 싱가포르국제중재법원 상임위원(현) 2015년 영국 런던국제중재법원(LCIA) 부원장(현) [저]'자동차 및 산업재해 소송실무(共)'(1994, 서울지방법원) '미국의 이란제재법 분석 및 해외건설대응전략연구(共)'(2010, 지식경제부) '나는 세계로 출근한다'(2012, 21세기북스)

박은용(朴恩用) PARK Eun Yong

[생]1942·6·29 [출]충북 영동 [주]대전 중구 어덕마을로 1의18 (주)한일 비서실(042-252-5151) [학]충북 영동고졸 [경]애국흑판 상무이사 1974~1987년 한일산업사 설립·대표 1988~2007년 (주)한일 대표이사 사장 1994년 同중국법인 웨이팡 한일피혁복장유한공사 총경리, 향우자동차운전전문학원 회장 2005~2015년 한국무역협회 대전충남무역상사협의회장 2007년 중소기업중앙회 '중소기업을 빛낸 얼굴들'에 선정 2007년 대통합민주신당 대전선거대책위원회 중소기업강국위원회 고문 2007년 (주)한일 대표이사 회장(현) 2009~2011년 한국무역협회 비상근부회장 2015년 同대전충남무역상사협의회 명예회장(현) [상]5백만달러 수출탑 대통령표창(1990), 1천만달러 수출탑 대통령표창(1993), 대전광역시경제대상 수출부문 장려상(1995), 동탑산업훈장·대통령표창(1997), 우수납세자 대전지방국세청장 표창(2000), 2천만달러 수출탑 산업자원부장관표창(2004), 제40회 납세자의 날 대전지방국세청장표창(2006), 한국무역협회 창립60주년기념 한국무역협회장표창(2006), 중소기업중앙회 3월의 자랑스러운 중소기업인상(2007), 충북영동초총동문회 자랑스런동문상(2007), 한국국제통상학회 국제통상진흥상, 제42회 납세자의 날 국세청장표창(2008)

박은재(朴殷載) PARK Eun Jai

[생]1967·7·11 [출]서울 [주]서울 강남구 테헤란로518 법무법인 율촌(02-528-5099) [학]1986년 관악고졸 1991년 서울대 법학과졸 1993년 同대학원졸 [경]1992년 사법시험 합격(34회) 1995년 사법연수원 수료(24기) 1995년 서울고검 공익법무관 1997년 춘천지검 영월지청 공익법무관 1998년 서울지검 서부지청 검사 2000년 춘천지검 속초지청 검사 2001년 광주지검 검사 2004년 법무부 법무심의관실 검사 2006년 서울중앙지검 검사 2007년 광주지검 순천지청 부부장검사 2008년 대검찰청 연구관 2009년 대구지검 의성지청장 2010년 대검찰청 공판송무과장 2011년 법무부 국제형사과장 2012년 서울중앙지검 형사6부장 2013년 대검찰청 연구관 2013년 同미래기획단장·국제협력단장 겸임 2014년 부산고검 검사 2014년 법무법인 율촌 변호사(현)

박은정(朴恩貞·女) PARK Eun Jeong

[생]1962·5·14 [본]함양(咸陽) [출]전북 익산 [주]전북 전주시 덕진구 가련산로99 원광대 전주한방병원 소아과(063-270-1019) [학]1985년 원광대 한의학과졸 1987년 同대학원 한의학과졸 1990년 한의학박사(원광대) [경]1985~1987년 대구 문성한방병원 수련의 1987~1988년 원광대 광주한방병원 전공의 1988~2002년 同한의대학 전임강사·조교수·부교수 1988~1989년 同익산한방병원 소아과장 1988년 대한한방소아과학회 정회원(현) 1989년 원광대 전주한방병원 소아과장(현) 1994년 대한한방소아과학회 감사 2002년 원광대 한의과대학 교수(현) 2015년 대한한방소아과학회 고문(현) [저]'한방소아과학(共)'(2001) '동의소아과학(共)'(2002) [종]여호와의 증인

박은정(朴恩貞·女)

[생]1972·1·15 [출]경북 구미 [주]인천 남구 소성로163번길49 인천지방검찰청 공판송무부(032-860-4318) [학]1990년 원화여고졸 1994년 이화여대 법학과졸 [경]1997년 사법시험 합격(39회) 2000년 사법연수원 수료(29기) 2000년 수원지검 검사 2002년 춘천지검 원주지청 검사 2003년 대구지검 검사 2005년 서울서부지검 검사 2006~2009년 국가청소년위원회 파견 2011년 인천지검 부천지청 검사 2013년 同부천지청 부부장검사 2013년 춘천지검 부부장검사 2014년 수원지검 부부장검사(법무연수원 교수 파견) 2016년 인천지검 공판송무부장(현)

박은철(朴恩澈) PARK, Eun-Cheol

[생]1962·1·7 [본]밀양(密陽) [출]대구 [주]서울 서대문구 연세로50의1 연세대학교 의과대학 예방의학교실(02-2228-1862) [학]1980년 대광고졸 1986년 연세대 의과대학졸 1989년 同대학원 보건학과졸 1996년 보건학박사(연세대) 2001년 미국 존스홉킨스대 보건대학원 박사후과정 수료 [경]1993~2003년 연세대 의과대학 예방의학교실 전임강사·조교수 2003~2006년 국립암센터 연구소 책임연구원 2004~2006년 건강보험심사평가원 조사연구실장

2006~2011년 국립암센터 국가암관리사업단장 2008~2009년 대한의사협회 의료정책연구소장 2010년 아·태암예방학술지 부편집장 2011년 연세대 의과대학 예방의학교실 교수(현) 2011년 同보건대학원 보건정책관리학과 교수(현) 2011년 한국의료지원재단 지원위원회 위원(현) 2011년 건강보험심사평가원 미래전략위원회 위원(현) 2012년 국민건강보험공단 재정운영위원회 위원 2012년 한국보건의료연구원 연구기획관리위원회 위원(현) 2013년 연세대 보건정책·관리연구소장(현) 2014년 同의대 예방의학교실 주임교수(현) 2015년 대한민국의학한림원 정회원(현) [상]국민포장(2011) [저]'의료보장론(編)'(2009, 신광출판사) '국가암관리사업 이론과 실제(編)'(2010, 국립암센터) [종]기독교

박은태(朴恩台) PARK Un Tae (晏世)

[생]1938·9·3 [본]밀양(密陽) [출]경남 진주 [주]경기 파주시 광인사길127 도서출판 경연사 [학]1956년 부산상고졸, 서울대 중퇴 1970년 경제학박사(프랑스 파리소르본느대) [경]1971년 연세대 상경대 강사 1972년 단국대 무역학과 교수 1975년 한국과학기술원 산업공학과 대우교수 1976~1992년 미주산업·미주화학 회장 1977년 도서출판 경연사 대표(현) 1977년 인구문제연구소 이사장 겸 소장(현) 1981년 한·룩셈부르크경제협력위원회 위원장 1990년 미국 하버드대 객원교수 1992~1995년 제14대 국회의원(서울 강동구, 민주당) 1992년 민주당 서울강동乙지구당 위원장 1994년 국회 기업전문화연구회 대표 1998년 미국 브리검영대 초빙교수 2000년 충남대 사회과학대 겸임교수 2000년 프랑스 ESSEC경영대 한국지부장(현) 2002년 대한석유협회 회장 2003년 同고문 2003년 국민일보 비상임고문 2009년 IUSSP 세계인구총회 한국유치위원장 2011년 同제27회 세계인구총회 조직위원장 [상]수출유공자 상공부장관표창(1978), 석탑산업훈장(1982), 룩셈부르크 대공국 기사작위(1985), 북경대학 마인초박사 인구과학 영예상표창(2001), 프랑스 국가훈장(2013) [저]'신한국경제론'(1985) 'KOREAN ECONOMY'(1999) '현대경제학사전'(2001) 'Population. East Asia'(2003) [역]'셀프컴퍼니'(2003) '추락하는 프랑스'(2005) [종]기독교

박은하(朴銀夏·女) PARK, ENNA

[생]1962·2·23 [출]대구 [주]서울 종로구 사직로8길60 외교부 인사운영팀(02-2100-7141) [학]1984년 연세대 사학과졸 1989년 미국 컬럼비아대 대학원 국제관계학과졸 [경]1985년 외무고시 최초 여자 수석합격(19회) 1985년 외무부 입부 1989년 駐인도 2등서기관 1995년 駐유엔대표부 2등서기관 1996년 駐뉴욕 영사 2000년 대통령비서실 파견 2001년 외교통상부 기획조사과장 2002년 同지역협력과장 2003년 駐중국 참사관 2006년 駐유엔대표부 공사참사관 2010년 미국 컬럼비아대 연수 2011년 외교통상부 개발협력국장 2013년 외교부 개발협력국장 2014년 駐중국 경제공사(현) [상]근정포장(2009)

박은학(朴銀鶴)

[생]1964 [출]경북 상주 [주]강원 속초시 수복로28 속초세무서(033-639-9201) [학]김천고졸, 세무대학졸 [경]2007년 중부지방국세청 행정계 근무 2009년 수원세무서 소득세과장 2011년 중부지방국세청 조사1국 근무 2013년 同감사관실 근무 2015년 同조사1국 근무 2015년 속초세무서장(현) [상]국무총리표창(2007), 대통령표창(2013)

박은희(朴恩熙·女) PARK Eun Hee

[생]1952·11·30 [본]밀양(密陽) [출]서울 [주]서울 구로구 경인로662 디큐브아트센터 극장장실(02-2211-3000) [학]1975년 미국 맨해튼음악대학졸 1981년 서울대 대학원졸 [경]한국음악협회 이사, 한국종합예술학교 재단이사 1986년 한국페스티발앙상블 대표(현) 2012년 디큐브아트센터 극장장(현) [상]문화부장관표창, 대한민국문화예술상 음악부문(2009), 한국공연예술경영인협회 공연예술경영상 대상(2012) [종]기독교

박을종(朴乙鍾) PARK Eul Jong

[생]1957·2·17 [출]경북 포항 [주]서울 성동구 뚝섬로1길43 성수종합사회복지관(02-2204-9900) [학]1982년 한양대 법정대학 행정학과졸 1984년 同대학원 행정학과졸 1996년 중앙대 사회개발대학원 사회복지학과졸 2004년 성균관대 대학원 사회복지학박사과정 수료 [경]1984~1989년 서울장애인올림픽대회 조직위원회 기획과장 1989~1998년 한국장애인복지진흥회 연구개발실장 1998~2008년 한양대·성균관대 사회복지학과 겸임교수 1999년 사회복지공동모금회 배분위원·기획위원 1999년 한국장애인단체총연맹 초대 사무처장 2002~2008년 성내종합사회복지관장 2006년 지구촌나눔운동 감사 2006~2008년 서울시사회복지관협회 수석부회장 2006~2008년 한국사회복지관협회 이사 2006년 한양사이버대 사회복지학과 겸임교수(현) 2008년 한국재활복지공학회 재활임상분야 부회장(현) 2008년 서울시재활체육협회 상임부회장 2009~2010년 사회복지공동모금회 사무총장 2012년 성수종합사회복지관 관장(현)

박응격(朴應擊) PARK Eung Kyuk

[생]1944·4·18 [본]함양(咸陽) [출]전남 영암 [주]서울 성동구 왕십리로222 한양대학교 행정학과(02-2220-0830) [학]1963년 광주고졸 1968년 연세대 행정학과졸 1970년 서울대 행정대학원 도시계획학과졸 1979년 행정학박사(독일 스파이어대) [경]1979년 국토개발연구원 수석연구원 1981~2009년 한양대 사회과학대 행정학과 교수 1983년 총무처 행정자문위원 1984년 내무부 정책자문위원 1988년 건설부 중앙도시계획위원 1993년 한·독사회과학회 회장 1997년 독일 SPEYER대 행정대학원 객원교수 1997년 한·독사회과학회 고문(현) 1999~2004년 한양대 지방자치대학원장 2001~2009년 同지방자치연구소장 2001년 동아일보 객원논설위원 2006~2007년 한양대 행정·자치대학원장 2006년 대통령직속 지방이양추진위원회 공동위원장 2009년 한양대 행정학과 명예교수(현) 2009년 민주평통 자문위원 2009~2012년 한국행정연구원 원장 [저]'현대 행정학(共)'(1988) '도시 및 지방행정론' '인사행정론'(1993) '통일의 저력' 등 [종]기독교

박응렬(朴應烈) Park Eung Ryeol

[생]1958·11·16 [본]밀양(密陽) [출]전남 영광 [주]인천 서구 환경로42 한국환경공단 자원순환본부(032-590-4100) [학]1977년 영광종합고졸 1984년 전남대 농학과졸 1999년 서울시립대 대학원 환경공학과졸, 광운대 환경대학원 박사과정 수료 [경]1986년 기술고시 합격(22회) 2000년 국무조정실 규제개혁위원회 근무 2002년 환경부 토양보전과장 2004년 한강유역환경청 유역관리국장 2004년 호주 남호주대 연수 2006년 환경부 토양지하수과장 2007년 同생활폐기물과장(서기관) 2008년 同생활폐기물과장(부이사관) 2009년 同하수도과장 2010년 同국립생태원건립추진기획단 부단장 2011년 국방대 파견(부이사관) 2012년 국립환경인력개발원장 2014~2015년 영산강유역환경청장 2015년 한국환경공단 자원순환본부장(현) [상]근정포장(2003), 국무총리표창(2010) [종]천주교

박응천(朴應千)

[생]1957·3·20 [주]강원 동해시 송정중앙로11 태도치과원장실(033-522-2875) [학]북평고졸, 조선대 치과대학원 치의학과졸 [경]삼척의료원 치과 과장, 태도치과 원장(현), 동해시치과의사회 회장 2012년 제19대 국회의원선거 출마(동해·삼척, 통합진보당) 2016년 제20대 국회의원선거 출마(강원 동해시·삼척시, 더불어민주당)

박응칠(朴應七) PARK Eung Chil

[생]1938·7·28 [본]밀양(密陽) [출]충남 공주 [주]서울 중구 세종대로124 대한언론인회 임원실(02-732-4797) [학]1957년 대전고졸 1965년 서울대 문리대학 정치학과졸 [경]1966년 동아일보 기자 1967년 신동아 기자 1968년 동아방송 정치경제부 기자 1980년 同駐남미특파원 1980~1988년 KBS 상파울루특파원 1988~1990년 同해설위원·보도국 문화부장·보도제작국 부국장 1990년 同대전방송총국장 1993년 同해설위원 1997년 미래정경연구소 소장 1997~1998년 국제방송교류재단(아리랑TV) 상임감사 2016년 대한언론인회 감사(현)

박의숙(朴宜淑·女) PARK Eui Sook

[생]1946·10·14 [출]부산 [주]서울 마포구 양화로45 (주)세아네트웍스 회장실(02-6970-1500) [학]이화여고졸, 이화여대 불문과졸 1992년 연세대 경영대학원졸 [경]1990년 해덕기업 이사 1991~1992년 同대표이사 1992~2013년 세아네트웍스 대표이사 사장, 세아금속 대표이사, (주)코암정보통신 사장, 세아정보통신 대표이사 1994년 세아메탈 대표이사 겸임(현) 2007년 드림라인 대표이사 2014년 (주)세아네트웍스 대표이사 회장(현) 2014년 세아홀딩스 대표이사 부회장 겸임(현)

ㅂ

박의식(朴義植) PARK Wei Sik

[생]1958·3·25 [본]함양(咸陽) [출]경북 예천 [주]경북 포항시 남구 시청로1 포항시청 부시장실(054-270-2010) [학]안동고졸, 영남대 지역사회개발학과졸, 同행정대학원졸 2008년 同대학원 지역개발학 박사과정 수료 [경]경북도 기획조정본부 정책기획관 2008년 同새경북기획단장 2008년 경북 청도군 부군수 2009년 경북 영주시 부시장 2011년 교육 파견 2012년 경북도 기획조정실 정책기획관 2012~2013년 (재)문화엑스포 사무처장(부이사관) 2013년 경북도 보건복지국장 2014년 同복지건강국장 2015년 경북 구미시 부시장 2016년 경북 포항시 부시장(현) [상]대통령표창(2002), 녹조근정훈장(2006) [저]'최신지방재정론'(한국행정DB센터)

박의준(朴義俊) PARK Eui Jun

[생]1959·9·20 [본]밀양(密陽) [출]경북 구미 [주]서울 마포구 상암산로48의6 JTBC 임원실(02-751-6900) [학]1978년 경북사대부고졸 1985년 성균관대 신문방송학과졸 [경]1995년 중앙일보 경제부 기자 1998년 同경제부 차장 1999년 同기획취재팀 차장 2000년 同편집국 편집위원 2001년 同증권팀장 2003년 同경책사회부장 2004년 同정책기획부장 2004년 同경제부장 2006년 同편집국 사회부문 부에디터 2007년 중앙일보시사미디어(주) 포브스코리아 대표이사 2008년 同글로벌사업부(뉴스위크·포브스코리아부문) 대표 2008년 중앙일보 경제에디터 2009년 同경제에디터(부국장대우) 2011년 同경제연구소장 2011년 同경영지원실장 2012년 同경영지원실장(이사대우) 2013년 同광고사업본부장(이사) 2013년 한국신문협회 광고협의회 부회장 2015년 JTBC 경영총괄 상무(현) [상]관훈언론상, 한국기자상 [저]'조선민주주의인민공화국' '떠오르는 재계 새별'

박의현(朴義顯) PARK Wee Hyun (甘泉)

[생]1945·3·1 [본]밀양(密陽) [출]대구 [주]대구 중구 달구벌대로2208 박의현구심내과의원(053-252-1785) [학]1963년 경북고졸 1969년 경북대 의과대학졸 1976년 同대학원졸 1976년 의학박사(경북대) [경]1974년 대구 파티마병원 내과부 과장 1976~1988년 경북대 의과대학 내과학교실 전임강사·조교수·부교수 1980~1981년 프랑스 라리브와지엘병원 심장병학 연수 1988~2010년 경북대 의과대학 내과학교실 순환기내과 교수 1992년 미국 LOMA LINDA병원 연수 1996~2010년 경북대 심혈관연구소장 1997~1999년 同의과대학 내과학교실 주임교수 1999년 한국심초음파학회 회장 2002~2004년 대한순환기학회 이사장 2005~2010년 경북대 사회사업후원회장 2006년 대한내과학회 부회장 2007년 대한임상노인의학회 회장 2010년 박의현구심내과의원 원장(현) 2011~2015년 한국가정혈압학회 회장 [상]대한순환기학회 학술상(1992), 경북대 의과대학 공로상(2000), 대한순환기학회 공로패(2004) [저]'고혈압'(1986) '심장병교과서'(2004) '순환기용어집'(2004) [종]천주교

박의환(朴義煥) PARK EU HWAN

[생]1962·3·20 [본]밀양(密陽) [출]경북 영천 [주]서울 영등포구 여의대로60 NH투자증권 IC영업본부(02-768-7000) [학]1981년 대건고졸 1988년 경북대 경제학과졸 2000년 同대학원 수료 [경]1989년 LG투자증권 대구서지점 근무 1993년 同기업금융팀 대리·금융상품팀 과장 1999년 同법인팀 차장 2002년 同지산동지점장, 우리투자증권 인동지점장 2007년 同범어동WMC센터장 2012년 同범어동WMC센터장(이사) 2013년 同대구지역본부장 2014년 同Wholesale영업2본부장 2015년 NH투자증권 IC영업2본부장 2015년 同IC영업본부장(상무)(현)

박이규(朴二奎) PARK Iee Kyu

[생]1969·7·5 [본]밀양(密陽) [출]경남 함안 [주]서울 도봉구 마들로749 서울북부지방법원(02-910-3114) [학]1987년 마산 경상고졸 1991년 서울대 법과대학졸 [경]1990년 사법시험 합격(32회) 1993년 사법연수원 수료(22기) 1996년 서울지법 판사 1999년 同남부지원 판사 2000년 춘천지법 원주지원 판사 2001년 同횡성군법원 판사 2003년 서울지법 판사 2004년 서울고법 판사 2005년 대법원 재판연구관 2010년 춘천지법 강릉지원장 2011년 인천지법 부장판사 2013년 서울중앙지법 부장판사 2016년 서울북부지법 부장판사(현)

박이도(朴利道) Park E Dou (石童)

[생]1938·1·16 [본]밀양(密陽) [출]평북 선천 [학]1956년 대광고졸 1963년 경희대 국어국문학과졸 1978년 숭실대 대학원졸 1984년 문학박사(경희대) [경]1959년 자유신문 신춘문예 詩 당선 1962년 한국일보 신춘문예 詩 당선 1964년 월간 여상 기자 1965~1973년 현대경제일보 기자 1973~1980년 숭실고 교사 1980~1994년 경희대 전임강사·조교수·부교수 1990년 미국 조지워싱턴대 교환교수 1994~2003년 경희대 국어국문학과 교수 1996년 한국기독교문인협회 부회장 1999~2001년 同회장 2008년 월간 창조문예 주간(현) [상]신인문학상, 대한민국문학상, 편운문학상, 기독교문화대상, 교육부장관표창 [저]평론집 '한국현대시와 기독교' 시집 '회상의 숲' '북향' '폭설' '안개주의보' '바람의 손끝이 되어' '불꽃놀이' '홀로 상수리나무를 바라볼 때' '약속의 땅' '을숙도에 가면 보금자리가 있을까' '어느 인생'(2010) 민담시집 '빛과그늘'(2006) '자연학습'(2008) 선시집 '반추' 산문집 '선비는 갓을벗지 않는다' 정치풍자시집 '다 망해버린 개털들의 반란'(2008) '박이도 문학전집'(2010) 일본어 번역시집 '朴利道詩集'(2013, 토요미술사) 전자시집 '이현령비현령'(2014) 시집 '데자뷔'(2016) [종]기독교

박이동(朴伊東) PAK, EE-TONG (松溪)

[생]1932·9·18 [본]밀양(密陽) [출]경북 선산 [주]서울 종로구 성균관로31 성균관대학교(02-760-0114) [학]1952년 경북 김천중졸(6년제) 1956년 해군사관학교졸 1964년 서울대 기계공학과졸 1968년 同대학원 기계공학과졸 1973년 미국 텍사스주립대 대학원 석유공학과졸 1995년 명예 공학박사(베트남 국립하노이대) [경]1957~1968년 해군사관학교 교수부 기획과 과장·부교수·이공학처장 1973년 U.S. Shell Oil Co. 책임연구원 1974년 국방과학연구소 개발실장 1976년 쌍용중공업(주) 연구개발본부장 1978~1998년 성균관대 기계공학과 교수 1980년 미국 골든게이트대 객원교수 1983년 성균관대 교학처장 1991년 한국관광공사 기술고문 1994년 한국태양에너지학회 회장 1994년 에너지관리공단 전문위원 1996년 이란 석유에너지관리진단장 1998년 성균관대 명예교수(현) 1998년 에너지분쟁조정위원회 위원 1999년 삼성에버랜드(주) 기술고문 1999년 한국자원재활용기술연합회 초대회장·이사장 2000년 대통령직속 지속가능발전위원회 위원 2000~2001년 환경기술평가심의위원 2004년 전국경제인연합회 자문위원(현) 2013년 미래창조과학부 고경력과학기술인지원센터(RSEC) 기술자(현) [상]대통령표창(1968), 국민훈장 목련장(1991), 태양에너지학회 최우수논문상(1997) [저]'최신 유체기계' '유체역학' '기본유체역학' '에너지' [역]'열 전달' '기초유체역학' [종]천주교

박이철(朴二哲) Park Yi Cheol

[생]1957·6·1 [본]밀양(密陽) [출]강원 강릉 [주]서울 서초구 남부순환로347길60 해치글로벌(주) 비서실(02-3473-1911) [학]1975년 경희고졸 1982년 고려대 경영학과졸 2006년 서울대 최고경영자과정 수료 [경]1982년 퍼스트내셔널시카고은행 서울지점 외환딜러 1986년 케미칼은행 서울지점 부지점장 1991년 새한종합금융 외환거래실장 1993년 내셔널웨스트민스터은행 서울지점 부지점장 1999년 스탠다드차타드은행 서울지점 전무 2005년 SC제일은행 Global Markets 부행장 2007년 하나은행 자금시장본부장(부행장보) 2008~2011년 (주)감마인베스트앤컨설팅 대표이사 2011년 해치글로벌(주) 대표이사(현)

박익근(朴翼根) PARK Ik Keun

[생]1958·1·24 [출]경북 [주]서울 노원구 공릉로232 서울과학기술대학교 기계·자동차공학과(02-970-6944) [학]1984년 한양대 기계공학과졸 1987년 同대학원 정밀기계공학과졸 1991년 정밀기계공학박사(한양대) [경]1993~1994년 일본 니혼대(日本大) 생산공학부 첨단화상계측연구실 방문연구원 1995~2010년 서울산업대 공대 기계공학과 조교수·부교수·교수 1995년 한국공작기계학회 총무이사·감사 1998년 한국비파괴검사학회 총무이사·사업이사 2001년 대한전기협회 비파괴검사분과위원회 부위원장 2001년 기술표준원 산업표준심의회 위원 2002~2003년 Ultrasonic NDE Lab Department of Engineering Science and Mechanics The Pennsylvania State Univ. 방문교수 2006년 서울산업대 공동실험실습관장 2007년 同교육지원실장 2010년 서울과학기술대 기계·자동차공학과 기계공학프로그램 교수(현) 2015년 同산학연구본부장 겸 산학협력단장(현) 2016년 同대외협력본부장(현) 2016년 同연구산학부총장 겸임(현) [상]한양학술상(2004) [저]'비파괴검사개론'(2000) '비파괴평가공학'(2001) '비파괴 시험-검사'(2004) '에너지 설비 비파괴[수명평가] 기술'(2004) '에너지 설비 첨단 비파괴 진단 기술'(2005) '용접기초와 실무과정'(2005) '에너지 시스템 진단공학'(2005) '비접촉 비파괴진단기술 및 표준화'(2006)

박인건(朴仁建) PARK In Gun

(생)1957·6·17 (본)밀양(密陽) (출)서울 (주)부산 남구 유엔평화로76번길1 부산문화회관 임원실(051-120) (학)1976년 수도사대부고졸 1983년 경희대 음대졸 1986년 同교육대학원 음악교육학과졸 (경)1986년 군산대 음악 강사 1987~1999년 예술의전당 근무·공연부장 1998년 전국문화회관연합회 사무국장 1999~2004년 세종문화회관 공연기획부 근무 2001년 경희대 문화예술경영학과 겸임교수·공연예술경영 강사 2004~2006년 중구문화재단 충무아트홀 사장 2006~2010년 (재)경기도문화의전당 사장, 추계예술대 대학원 강사, 동국대 예술대학원 강사, 同문화예술대학원 겸임교수 2011년 인천종합문화예술회관 관장 2012~2015년 KBS교향악단 초대 사장(상임이사) 2016년 (재)부산문화회관 초대 대표이사(현) (상)서울시장표창(1989·2000), 대통령표창(1994·2002), 음악비평가그룹 올해의 음악가상(1996), 루마니아정부 문화상(1998), 미국 캘리포니아주지사상(2000) (저)'문화예술 경영이론과 실제' (종)기독교

박인구(朴仁求) PARK In Koo

(생)1946·11·8 (본)밀양(密陽) (출)광주 (주)서울 서초구 마방로68 동원산업빌딩 (주)동원 비서실(02-589-3201) (학)1975년 조선대 법학과졸 1977년 同대학원 국제법학과졸 1983년 미국 서던캘리포니아대 대학원 재무행정학과졸 (경)행정고시 합격(21회) 1981년 미국 콜로라도대 경제연구소 연구원 1994년 상공자원부 지역협력과장 1994년 통상산업부 지역협력담당관 1995년 同전자기기과장 1996년 同전자부품과장 1997년 동원정밀(주) 부사장 1997년 同대표이사 사장 2000~2006년 (주)동원F&B 대표이사 사장 2003년 한국SCM(공급망관리)민관합동추진위원회 제조업계 공동위원장 2006년 (주)동원 부회장(현) 2009~2012년 한국식품공업협회 회장 2010년 전주국제발효식품엑스포(IFFE) 조직위원장 2012~2016년 (재)한식재단 비상임이사 2012~2016년 한국식품산업협회 회장 2014년 조선대 석좌교수 2015년 (주)KT스카이라이프 사외이사 겸 감사위원 (상)대통령표창, 국무총리표창, 외무부장관표창, 대한민국해양대상(2011) (종)기독교

박인국(朴仁國) Park, In kook

(생)1951·8·15 (본)밀양(密陽) (출)부산 (주)서울 강남구 테헤란로211 한국고등교육재단 사무총장실(02-552-3641) (학)1971년 경남고졸 1975년 서울대 중어중문학과졸 1980년 同대학원 법학과졸 (경)1978년 외무고시 합격(12회) 1978년 외무부 입부 1981~1984년 駐뉴욕 영사 1984년 외무부 북미국 근무 1986년 駐사우디아라비아 1등서기관 1989년 외무부 장관비서관 1991년 駐미국대사관 1등서기관 1994년 외무부 유엔2과장 1994년 同군축원자력과장 1996년 경수로사업지원기획단 국제협력부장 1999년 駐벨기에대사관 및 EU대표부 참사관 2002년 외교통상부 장관보좌관 2002~2003년 대통령 국제안보비서관 2003년 駐쿠웨이트 대사 2004년 제네바군축회의(CD) 의장 2005년 駐제네바대표부 군축·인권담당 차석대사 2006년 제네바군축회의(CD) 의장 2006년 외교통상부 외교정책실장 2007년 同다자외교실장 2007년 아프가니스탄 인질구출을 위한 정부현지교섭 대표단장 2008~2011년 駐유엔대표부 대사(제22대) 2008년 유엔 경제사회이사회(ECOSOC) 부의장 2009~2011년 同평화구축위원회(PBC) 부의장 2009~2011년 駐유엔총회 제2위원회(경제·금융·환경) 의장 2010~2011년 유엔 지속가능발전정상회의(Rio+20)준비위원회 공동의장 2011년 외교통상부 본부대사 2011년 한국고등교육재단 사무총장(현) 2011년 아·태연구센터(북경대·청화대·복단대·절강대·중국사회과학원) 공동이사장(현) 2011년 베이징포럼·상하이포럼(북경대 및 복단대 공동주최) 공동조직위원장(현) (상)황조근정훈장(2011) (종)기독교

박인규(朴仁圭) PARK In Gyu

(생)1954·1·16 (본)밀양(密陽) (출)경북 경산 (주)대구 수성구 달구벌대로2310 DGB금융지주 회장실(053-740-2001) (학)1972년 대구상고졸 1977년 영남대 무역학과졸 1992년 한양대 금융대학원 경영학과졸 (경)1979년 대구은행 입행 2000년 同만촌우방타운지점장 2001년 同서울센터지점장 2001년 同서울본부 팀장 2005년 同서울지점장 2006년 同서울영업부장 2007년 同경북1본부장 2009년 同부행장보 2009년 同전략금융본부장(부행장) 2010년 同마케팅그룹장 겸 공공금융본부장 2011년 同지원그룹장 겸 영업지원본부장(부행장) 2012년 (주)대경티엔에스 대표이사 사장 2014년 DGB금융지주 회장(현) 2014년 대구은행장 겸임 2015년 DGB대구은행장(현) 2015년 유엔글로벌콤팩트(UNGC) 한국협회 이사(현) 2015년 (사)대구·경북국제교류협의회(DGIEA) 산하 한국미국협회 초대회장(현) (상)부총리 겸 재정경제부장관표창(2001), 금융감독원장표창(2004), 월간조선 주최 '한국의 미래를 빛낼 CEO' 리더십부문(2015), 대한민국 베스트뱅커대상 베스트뱅커(2016), 대구광역시장표창(2016), 고용노동부장관표창(2016)

박인규(朴仁圭) PARK In Kyu

(생)1954·8·18 (본)죽산(竹山) (출)서울 (주)서울 종로구 종로26 SK빌딩 SK홀딩스(02-3700-2801) (학)1974년 검정고시 합격 1982년 건국대 임학과졸 1989년 서울대 환경대학원 환경계획학과졸 1996년 공학박사(서울시립대) 2002년 영국 셰필드대 대학원 조경학박사과정 수료 (경)1981년 기술고시 합격(17회) 1983년 서울시 녹지사업소 시험과장 1985년 同은평구 공원녹지과장 1988년 同중랑구 공원녹지과장 1989년 同조경과 조경기획계장 1994년 同공원과 공원개발계장 1997년 同녹지과장·조경과장 2003년 同조경과장 2003년 同공원녹지사업소 공원녹지부장 2005년 同녹지사업소장 2007년 同푸른도시국 공원과장 2008년 同푸른도시국 공원조성과장 2008~2009년 일본 연수(부이사관) 2009년 SK임업(주) 전무 2010~2015년 同대표이사 사장 2014년 同비상임고문 2015년 SK홀딩스 비상임고문(현) (상)대통령표창(1995), 녹조근정훈장(1999)

박인규(朴仁奎) PARK In Kyu

(생)1956·2·16 (출)서울 (주)서울 마포구 양화로10길49 프레시안 이사장실(02-722-8494) (학)1975년 경기고졸 1979년 서울대 자연대 해양학과졸 (경)1983년 경향신문 입사 1995년 同워싱턴특파원 1998년 同국제부 차장 2000년 同매거진X부장 2001년 同편집위원 겸 미디어팀장 2001년 프레시안 편집국장 2003년 同대표이사 사장 2007년 同편집국장 겸 편집부문 대표 2010년 同대표이사 사장 2013년 同이사장(현)

박인길(朴寅吉) PARK In Kil

(생)1962·8·6 (출)경기 평택 (주)경기 안산시 단원구 동산로27번길42의7 (주)이노칩테크놀로지 비서실(031-8040-0013) (학)한양대 무기재료공학과졸, 한국과학기술원(KAIST) 재료공학 석사 1991년 재료공학박사(한국과학기술원) (경)1991~1995년 한국과학기술원(KAIST) 전자세라믹재료연구센터 선임연구원 1995~2000년 삼성전기(주) 연구개발실장 2000년 (주)이노칩테크놀로지 각자대표이사 사장(현)

박인복(朴仁福) PARK In Bok

(생)1950·7·25 (본)밀양(密陽) (출)경기 하남 (주)서울 마포구 백범로136 한국소기업소상공인연합회(02-717-1221) (학)1975년 한양대 공과대학 전기공학과졸 1990년 고려대 경영대학원 고위정책과정 수료 1992년 연세대 행정대학원 최고위정책과정 수료 1998년 숭실대 중소기업대학원 최고경영자과정 수료 1999년 서울대 행정대학원 국가정책과정 수료 (경)1990년 한국조명공업(주) 대표이사 사장 1996년 (사)한국NT전국연합회 회장 1996년 중소기업청 정책자문위원·기술협의회 위원 1996년 국립기술품질원 기술평가위원 1997년 한국전등기구공업협동조합 이사장 1998년 중소기업특별위원회 실무위원 1999년 (재)한국조명기술연구소 이사장 1999년 전국소기업연합회 회장 2001년 연세대행정대학원고위정책과정총동창회 회장 2001년 (사)한국소기업소상공인연합회 회장(현) 2004년 세계중소기업연맹 한국연합회 회장(현) 2004년 한국산업경제신문 발행인 겸 대표이사(현) 2006~2009년 세계중소기업연맹 총재 2008년 KBS다우리(주) 대표이사 회장(현) 2008년 (사)한국신처장애인복지회 중앙사업단 상임고문(현) 2010~2013년 한국개인정보보호협의회 회장 2011년 강남문화원 고문(현) 2012년 서울대총동창회 이사(현) 2012년 (사)서비스산업총연합회 부회장(현) 2013년 강원도 투자유치위원회 자문관(현) 2014년 춘천시 기업유치위원회 위원(현)

박인비(朴仁妃·女) PARK In Bee

(생)1988·7·12 (출)서울 (학)미국 Bishop Gorman High School졸 2012년 광운대 생활체육학과졸 2016년 숙명여대 국제관계대학원 국제홍보 및 공공외교학 석사 (경)2000년 국가대표 상비군 발탁 2001년 미국 골프 유학 2002년 US여자주니어골프선수권대회 우승 2006년 프로 전향(2부투어상금 3위) 2007년 LPGA투어 세이프웨이클래식 공동2위 2008년 LPGA투어 US여자오픈 우승 2008년 하이원컵 SBS채리티여자오픈 2위 2009년 넵스 마스터피스 2위 2009~2010년 SK텔레콤 소속 2010년 일본여자프로골프(JLPGA)투어 요코하마 타이어 골프토너먼트 PRGR레디스컵스 공동2위 2010년 LPGA투어 KIA 클래식 2위 2010년 JLPGA투어 니시진 레이디스클래식 우승 2010년 JLPGA투어 후지산케이 레이디스클래식 2위 2010년 LPGA투어 숍라이트 클래식 3위 2010년 JLPGA투어 미야기TV 던롭여자오픈 2위 2010년 JLPGA투어 투어챔피언십 우승 2011년 JLPGA투어 다이킨 오키드 레이디스 토너먼트 우승 2012년 JLPGA투어 월드 레이디스 챔피언십 살롱파스컵 공동 2위

2012년 JLPGA투어 훈도킨 레이디스 우승 2012년 LPGA투어 매뉴라이프 파이낸셜 클래식 공동2위 2012년 LPGA투어 제이미파 톨리도 클래식 공동3위 2012년 LPGA투어 세이프웨이 클래식 공동2위 2012년 LPGA투어 캐나다여자오픈 2위 2012년 LPGA투어 브리티시여자오픈 2위 2012년 JLPGA투어 일본여자오픈선수권대회 2위 2012년 LPGA투어 사임다비 말레이시아 우승 2012년 LPGA투어 선라이즈 대만 챔피언십 2위 2012년 LPGA투어 로레나오초아 인비테이셔널 공동2위 2012년 JLPGA투어 챔피언십 리코컵 2위 2012년 제주도 홍보대사 2013년 LPGA투어 혼다 타일랜드 우승 2013년 유럽여자프로골프투어(LET) 미션힐스 월드레이디스 챔피언십 2위 2013년 LPGA투어 나비스코챔피언십 우승 2013년 LPGA투어 혼다 타일랜드 우승 2013년 KB금융그룹 메인스폰서 계약(현) 2013년 LPGA투어 노스텍사스 슛아웃 우승 2013년 LPGA투어 웨그먼스 챔피언십 우승 2013년 LPGA투어 월마트 NW 아칸소 챔피언십 우승 2013년 LPGA투어 US여자오픈 우승 2013년 LPGA투어 레인우드 클래식 3위 2013년 KLPGA투어 KB금융 스타챔피언십 2위 2013년 KLPGA투어 스윙잉스커츠 월드레이디스 마스터스 3위 2014년 차움 명예회원(현) 2014년 LPGA투어 혼다 타일랜드 2위 2014년 유럽여자프로골프투어(LET) 월드레이디스 챔피언십 우승 2014년 LPGA투어 롯데 챔피언십 3위 2014년 LPGA투어 매뉴라이프 파이낸셜 클래식 우승 2014년 LPGA투어 마이어 클래식 2위 2014년 LPGA투어 웨그먼스 챔피언십 우승 2014년 LPGA투어 캐나다 퍼시픽 여자오픈 3위 2014년 LPGA투어 레인우드 클래식 공동3위 2014년 KLPGA투어 KB금융 스타챔피언십 2위 2014년 LPGA투어 푸본 타이완 챔피언십 우승 2014년 LPGA투어 로레나 오초아 인비테이셔널 3위 2015년 LPGA투어 HSBC 위민스 챔피언스 우승 2015년 유럽여자프로골프투어(LET) 월드 레이디스 챔피언십 2위 2015년 LPGA투어 롯데 챔피언십 2위 2015년 LPGA투어 노스 텍사스 슛아웃 우승 2015년 LPGA투어 KPMG 위민스 PGA챔피언십 우승 2015년 LPGA투어 US여자오픈 공동3위 2015년 LPGA투어 리코 브리티시여자오픈 우승(커리어그랜드슬램 달성) 2015년 KLPGA투어 KB금융 스타챔피언십 공동2위 2015년 LPGA투어 로레나 오초아 인비테이셔널 우승 2016년 LPGA투어 KIA 클래식 2위 2016년 미국여자프로골프(LPGA) '명예의 전당'에 가입(역대 최연소) 2016년 제31회 리우데자네이루올림픽 여자골프 금메달(메이저 4개 대회 우승 + 올림픽 금메달을 석권한 세계 최초의 '골든 그랜드슬래머' 등극) [상]LPGA투어 2년연속 상금왕(2012 · 2013), LPGA투어 최저타상(2012), 대한골프협회 2012 최우수선수(2013), 미국 스포츠아카데미(USSA) 선정 여자부문 '4월의 선수'(2013), LPGA투어 올해의 선수상(2013), 협성문화재단 제3회 협성사회공헌상 국위선양부문(2013), 한국언론인연합회 자랑스러운 한국인 대상 국위선양부문(2013), 미국골프기자협회 올해의 선수상(2014), 체육훈장 맹호장(2014), MBN 여성스포츠대상 8월 MVP(2015), 미국여자프로골프(LPGA) 롤렉스 안니카 메이저 어워드(2015), KLPGA투어 해외특별상(2015), MBN 여성스포츠대상 대상(2015), 대한민국체육상 대통령상(2016)

박인상(朴仁相) PARK In Sang

[생]1939 · 12 · 5 [본]밀양(密陽) [출]부산 [주]서울 마포구 마포대로130 별정우체국연금관리단빌딩8층 노사발전재단(02-6021-1111) [학]1990년 서울대 경영대학원 최고경영자과정 수료 1997년 고려대 노동대학원 고위지도자과정 수료 1999년 명예 인문학박사(미국 Rust대) [경]1959년 대한조포공사 입사 1977년 전국금속노동조합 부산지역지부 사무장 1980년 전국금속노동조합연맹 부산지역연락협의회 의장 1981년 同부위원장 1981년 한국노동조합총연맹 부산시협의회 사무국장 1981 · 1991 · 1994년 전국금속노동조합연맹 위원장 1988년 한국노동조합총연맹 부위원장 1992년 평화은행 이사 1993년 최저임금심의위원회 근로자위원 1994년 근로복지진흥기금운용위원회 위원 1995년 중앙노동위원회 근로자위원 1995년 산업안전관리공단 산업안전협의회 위원 1996~2000년 한국노동조합총연맹 위원장 · 장학재단 이사장 · 평화은행 회장 · 국제자유노련(ICFTU) 세계집행위원 · 국제노동기구(ILO) 이사 1998년 제2의건국범국민추진위원회 위원 2000~2004년 제16대 국회의원(전국구, 새천년민주당) 2002년 새천년민주당 노동특별위원회 위원장 2003년 同대표 노동특보 2004년 한국국제노동재단 이사장 2007년 국제노동협력원 운영위원장 2007년 노사발전재단 대표이사장(현) 2012년 민주통합당 제18대 대통령중앙선거대책위원회 노동위원회 고문 [상]철탑산업훈장(1980) [종]불교

박인서(朴仁緖)

[생]1962 · 11 · 5 [주]대전 동구 중앙로242 한국철도시설공단 기획재무본부(042-607-3011) [학]진해고졸, 연세대 영어영문학과졸 [경]2006년 한국철도시설공단 기획조정본부 경영기획팀 경영기획파트장(부장급) 2007년 同기획조정실 경영기획팀 정책협력파트장(부장급) 2008년 同미래사업추진단 사업개발팀 개발전략파트장 2010년 同기획조정실 경영기획처 경영평가팀장 2011년 同기획조정실 성과관리처장 2011년 同기획혁신본부 성과관리처장 2012년 同시설계획처장 2014년 同시설사업본부장 2014년 同기획재무본부장(상임이사)(현)

박인석(朴仁錫) PARK Inn Seok

[생]1954 · 4 · 22 [본]함양(咸陽) [출]경기 안양 [주]서울 성북구 화랑로32길146의37 한국예술종합학교 미술원 디자인과(02-746-9658) [학]1972년 성남고졸 1978년 서울대 미술대학 응용미술학과졸 1985년 同대학원 산업디자인학과 수료 1993년 프랑스 스트라스부르장식미술학교 예술대학원 유리예술전공졸 [경]1980~1981년 디자인전문지 편집장 1982~1989년 Design & Research ARTWIN 대표 1994~1995년 (주)디자인하우스 월간 '디자인' · 월간 '공예' 편집장 1995~1999년 (주)디자인하우스 월간 '디자인' 편집주간 1999~2000년 (주)한샘 한샘디자인연구소장 2000~2001년 (주)이노디자인 ICSID 2001 Seoul대회조직위원회 운영위원 겸 부사장 2001년 한국예술종합학교 미술원 디자인과 조교수 · 부교수 · 교수(현) 2002년 (주)디자인하우스 월간 '디자인' 사업본부장 2002년 한국산업디자이너협회(KAID) 이사 2002년 한국디자인법인단체총연합회 운영위원 2009~2010년 한국예술종합학교 교학처장 2009년 同총장 직대 2013~2015년 同디자인과장 2015년 문화체육관광부 문화도시심의위원회 위원장(현) 2016년 한국디자인학회 회장(현) 2016년 한국예술종합학교 미술원장(현) [상]Le Concours de la Coupe Sportive La Ville de Strasbourg 최고상(1992), Felicitation du Jury Exposition de Diplome Ecole des Arts Decoratifs(1993) [저]'디자인, 세상을 비추는 거울'(2001, 도서출판 디자인하우스) [종]기독교

박인석(朴仁錫) Park Inseok

[생]1964 · 9 · 30 [출]충남 천안 [학]부천고졸 1988년 성균관대 행정학과졸 2002년 미국 콜로라도대 행정대학원졸 [경]1992년 행정고시 합격(36회) 1993년 보건복지부 입부 2003~2005년 同보험정책과 · 보건의료정책과 · 정부혁신지방분권위원회 근무 2005년 同보험급여과장 2008~2010년 보건복지가족부 사회서비스정책과장 · 복지정책과장 2010년 보건복지부 보건의료정책과장(부이사관) 2012년 대통령 보건복지비서관실 선임행정관 2013년 보건복지부 보건산업정책국장(고위공무원) 2014년 국무조정실 사회조정실 고용식품의약정책관 2016년 보건복지부 연금정책국장

박인수(朴忍洙) PARK In Soo

[생]1938 · 5 · 13 [본]밀양(密陽) [출]서울 [주]서울 서대문구 성산로321 백세시대나눔운동본부 대표실(02-334-9547) [학]1958년 경동고졸 1968년 서울대 음악대학 성악과졸 1971년 미국 줄리어드음대 마리아칼라스 수료(장학생) 1972년 미국 뉴욕주립대 대학원 수료 1972년 미국 맨해튼음악대학 대학원 수료 [경]1967년 국립오페라단 '자유의 사수'로 데뷔 1977년 미국 뉴욕 에밀레오페라단 창단 · '춘향전' 주연 1983~2003년 서울대 음악대학 성악과 교수 1983~1991년 국립오페라단 정회원 1989년 가수 이동원과 '향수'로 조인트리사이틀 2001년 MBC 가곡의 밤 30주년기념 특별공로상 2003년 서울대 음악대학 명예교수(현) 2004년 천안대 음악학부 석좌교수 2006~2013년 백석대 음악대학원 음악학부 석좌교수 2006~2013년 同음악대학원장 2013년 백세시대나눔운동본부 공동대표(현) [상]부총리 겸 교육인적자원부장관표창, 자랑스러운경동인(2008), 은관문화훈장(2011) [종]기독교

박인수(朴仁洙) PARK In Soo (인광)

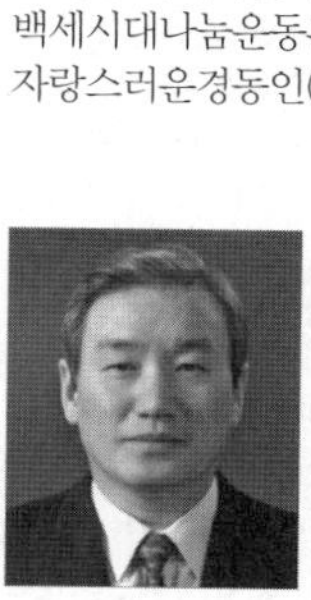

[생]1949 · 1 · 29 [출]광주 [주]광주 광산구 삼도로84의3 광주시립정신병원 이사장실(062-949-5295) [학]광주고졸 1974년 전남대 의대졸, 同대학원 의학과졸 1986년 의학박사(전남대) [경]1982년 박신경외과의원 개원 1996년 인수연합의원 개원 1998년 인광의료재단 설립 · 이사장(현) 1998~2013년 광주시립인광정신병원 이사장 1998년 장성공립노인요양병원 이사장(현) 1999년 광주시탁구협회 회장 2001년 한국외래종생태환경연구회 이사장 2002~2013년 광주시립인광노인(치매)요양병원 이사장 2013년 광주시립정신병원 이사장(현) 2013년 광주시립제1요양병원 이사장(현) [종]불교

박인수(朴仁洙) PARK In Soo

[생]1963 · 10 · 9 [출]부산 [주]인천 남구 석정로229 인천창조경제혁신센터(032-725-3110) [학]부산 해동고졸 1985년 서울대 산업공학과졸 1987년 한국과학기술원(KAIST) 경영과학과졸(석사) [경]한국통신 사업지원단 근무, 同업무개발실 근무, 同비서실 근무, 同경영연구단 근무, 同통신경제연구소 근무, (주)KTF CS추진팀장, 同CS운영팀 근무, 同CS기획팀 근무, 同멀티미디어사업본부 근무, 同신사업총괄 인터넷사업담당, 同마케팅부문 포탈서비스담당, 同경영지원부문 인력개발실 상무 2005년 同신사업부문 인터넷사업실장(상

무) 2006~2009년 同비즈니스부문 IE사업본부장(상무) 2008년 KTF뮤직 대표이사 2009년 KT뮤직 대표이사, 삼성카드(주) 신사업부문 상무, IMI컨설팅 경영컨설팅팀 전문위원 2015년 인천창조경제혁신센터 센터장(현) ㉦불교

박인숙(朴仁淑·女) In-Sook Park

㉦1948·11·10 ㉦서울 ㉦서울 영등포구 의사당대로1 국회 의원회관915호(02-784-7810) ㉦1967년 경기여고졸 1973년 서울대 의대졸 1993년 울산대 대학원 의학석사 ㉦1975~1987년 미국 텍사스 베일러대 의과대학 소아과 수련·조교수 1989~2012년 울산대 의과대학 소아심장과 조교수·부교수·교수 2001년 보건복지부 선천성기형 및 유전질환유전체연구센터장 2003~2005년 한국심초음파학회 부회장 2004~2006년 울산대 의과대학장 2004~2005년 의대학장협의회 부회장 2006년 질병관리본부 희귀난치성질환센터장 2008년 함춘여자의사회 회장 2008년 한국여자의사회 국제사업위원장 2009년 국가과학기술위원회 산하 BT위원회 위원 2009년 서울대 의과대학동창회 부회장 2009년 한국산업안전보건공단 이사 2009년 대한의사협회 국민의학지식향상위원회 기획분과위원장 2010년 대한민국의학한림원 정회원(현) 2011년 대통령직속 사회통합위원회 위원 2011년 서울아산병원 선천성심장병센터 소장 2012년 아산오케스트라단 단장 2012~2014년 한국여자의사회 회장 2012년 제19대 국회의원(서울 송파구甲, 새누리당) 2012년 국회 대법관인사청문위원회 위원 2012년 국회 교육과학기술위원회 위원 2012·2014년 국회 윤리특별위원회 위원 2012년 국회 아동·여성성폭력대책특별위원회 위원 2012년 국회 한림원 과학기술혁신연구회 간사 2012년 대한선천성기형포럼 대표 2012년 의료리더십포럼 대표 2012년 사회복지법인 거제도애광원 이사(현) 2013·2015년 국회 교육문화체육관광위원회 위원 2013년 국회 BIF(Bio-Industry Forum) 대표의원(현) 2014년 새누리당 사회적경제특별위원회 위원 2014~2015년 국회 창조경제활성화특별위원회 위원 2014~2015년 새누리당 원내부대표 2014~2015년 국회 운영위원회 위원 2014~2015년 국회 안전행정위원회 위원 2015년 새누리당 정책위원회 안전행정정책조정위원회 부위원장 2015년 同메르스비상대책특별위원회 위원 2015년 국회 메르스대책특별위원회 위원 2015년 새누리당 노동시장선진화특별위원회 위원 2015년 同교육개혁특별위원회 위원 2016년 제20대 국회의원(서울 송파구甲, 새누리당)(현) 2016년 국회 보건복지위원회 위원(현) 2016년 국회 여성가족위원회 위원(현) 2016년 한국아동인구환경의원연맹(CPE) 회장(현) 2016년 국회 가습기살균제사고진상규명과피해구제 및 재발방지대책마련을위한국정조사특별위원회 위원(현) ㉦동아의료저작상(2002), 약사 평론가상(2008), 보령의료봉사상(2008), 비추미여성대상 별리상(2011), 입법 및 정책개발 우수국회의원(2012), 법률소비자연맹 선정 국회 헌정대상(2013), 유권자시민행동 대한민국유권자대상(2015), 대한민국교육공헌대상 의정교육부문(2016) ㉦'소아과학' '선천성 심질환 수술후에 발생하는 부정맥' '소아심장 이식' '선천성 심장병 : Pictorial Textbook of Congenital Heart Disease'(2001) '선천성 심장병 : 알면 고칠 수 있습니다'(2001) '일반인을 위한 선천성 심장병' '선천성 심장병'(2009) '임상의학과 나의 삶'(2010) '바보의사 박인숙의 끝나지 않은 성장통 이야기'(2011) ㉦'생명의 환희'(2005) ㉦기독교

박인숙(朴仁淑·女) Park, In-Sook

㉦1953·5·21 ㉦함양(咸陽) ㉦충남 논산 ㉦대전 중구 문화로266 충남대학교 간호대 간호학과(042-580-8326) ㉦1971년 대전여고졸 1975년 충남대 의대 간호학과졸 1978년 同대학원졸 2000년 아동간호학박사(충남대) ㉦1975년 충남대 의대 간호사 1975년 同간호학과 조교 1976년 안동간호전문대 전임강사 1978년 충남대 간호대학 간호학과 전임강사·조교수·부교수·교수(현) 2015년 同간호대학장(현) ㉦대통령표창(1975) ㉦'임상간호학' '모성간호학' '아동간호학'

박인식(朴仁植) PARK In-Sik

㉦1957·9·25 ㉦경기 수원시 영통구 삼성로129 삼성전자(주)(02-2255-0114) ㉦경남고졸 1980년 서울대 금속공학과졸, 同대학원 금속공학과졸 ㉦1986년 삼성전자(주) 입사, 同미디어솔루션팀 수석연구원 2003년 同상무보 2006년 同디지털미디어연구소 Storage Solution팀장(상무) 2006년 삼성 펠로우 선정 2007년 삼성전자(주) Media Solution팀장(연구위원) 2008년 同DMC연구소 S&P Solution팀장(연구위원) 2009년 同DMC연구소 ECO Solution팀장(연구위원·상무) 2015년 同DMC연구소 ECO Solution팀장(연구위원·전무) 2016년 同생활가전사업부 자문역(현)

박인식(朴仁植) PARK In Sik

㉦1958·10·29 ㉦충북 음성 ㉦서울 중구 을지로65 SK텔레콤(주) 임원실(02-6100-2114) ㉦서울북공업고졸, 미국 조지워싱턴대 대학원 경영학과졸 ㉦SK텔레콤(주) 현장경영팀장, 同상무 2007년 同Corporate Center 시스템경영추진실장(상무) 2009년 SK텔링크 대표이사 2010~2013년 SK텔레콤(주) 사업총괄 기업사업부문장(부사장) 2010~2013년 SK브로드밴드 대표이사 사장 겸임 2013년 SK텔레콤(주) 사업총괄 부사장 2013~2015년 한국IT비즈니스진흥협회 회장 2013년 SK(주) SUPEX(Super Excellent)추구협의회 동반성장위원회 위원 2013년 한국산업융합협회 회장 2014년 SK텔레콤(주) 사업총괄 사장 2014~2015년 한국사물인터넷협회 회장 2015년 SK텔레콤(주) 고문(현)

박인식(朴寅植) PARK In Sik

㉦1965·1·30 ㉦밀양(密陽) ㉦서울 ㉦서울 서초구 서초중앙로157 서울중앙지방법원(02-530-1114) ㉦1984년 경신고졸 1989년 고려대 법학과졸 ㉦1989년 사법시험 합격(31회) 1993년 사법연수원 수료(22기) 1993년 軍법무관 1996년 부산지법 판사 1999년 울산지법 판사 2000년 서울지법 의정부지원 파주시법원 판사 2003년 同고양지원 판사 2004년 서울고법 판사 2006년 서울중앙지법 판사 2008년 춘천지법 부장판사 2009년 의정부지법 부장판사 2012년 서울남부지법 부장판사 2014년 서울중앙지법 부장판사(현)

박인용(朴仁鎔)

㉦1952·9·1 ㉦경기 양주 ㉦서울 종로구 세종대로209 국민안전처 장관실(02-2100-0103) ㉦1970년 경희고졸 1974년 해군사관학교졸(28기) 1988년 국방대 안보과정 수료 2006년 경남대 행정대학원 정치학 석사 ㉦2001년 해군사관학교 부교장 겸 생도대장 2002년 해군본부 인사참모부장 2003년 해군 제3함대사령관(소장) 2004년 해군 전투발전단장(소장) 2005년 해군 교육사령관(중장) 2006년 해군 작전사령관(중장) 2006~2008년 합동참모본부 차장(대장) 2008년 예편(해군 대장) 2008~2011년 한중대 석좌교수 2012~2013년 충남대 석좌교수 2014년 국민안전처 장관(현) ㉦대통령표창(1996·2002·2004), 보국훈장 천수장(2004), 터키공화국 공로훈장(2007), 보국훈장 통일장(2008)

박인용(朴仁用) Park In Yong

㉦1959·5·17 ㉦충북 영동 ㉦충청북도 제천시 내토로295 제천시청 부시장실(043-641-5010) ㉦고려대 정책대학원 행정학과졸 ㉦1988년 7급 공무원 공채(음성군 원남면) 1995년 내무부 행정과 근무 2001년 행정안전부 국가전문행정연수원 교육총괄과 근무 2003년 同지방재정경제국 공기업과 근무 2004년 同지방자치국 자치제도과 제도총괄담당 2007년 국무총리실 제주지원위원회 사무처 기획총괄과장 2009년 지방분권촉진위원회 기획총괄과장 2011년 행정안전부 지방행정국 자치행정과 다문화사업지원팀장 2011년 同지방행정국 민간협력과장 2013년 충북도 바이오환경국장 2013년 同정책기획관 2015년 同바이오환경국장 2016년 충북 제천시 부시장(현)

박인자(朴仁子·女) PARK In Ja (春光)

㉦1953·6·9 ㉦서울 ㉦서울 종로구 동숭길122 동숭아트센터5층 (재)전문무용수지원센터(02-720-6202) ㉦1971년 서울예고졸 1975년 수도여자사범대(現세종대) 무용과졸 1977년 同대학원 무용과졸 1998년 이학박사(한양대) 2011년 명예 교육학박사(러시아 이르쿠츠크국립대) ㉦1978년 수도여자사범대 전임강사 1982~1987년 세종대 무용학과 조교수 1986년 同무용학과장 1986년 미국 Arizona State Univ. 교환교수 1987~1996년 숙명여대 무용학과 조교수·부교수 1994년 현대춤작가 12인전(문예회관 대극장) 1995년 박인자발레20주년 공연(국립극장 대극장) 1996년 숙명여대 무용학과 교수(현) 2001년 한국을빛내고있는발레스타 공연(LD아트센터) 2003년 한국무용학회 부회장 2004~2009년 한국발레협회 부회장 2005~2007년 국립발레단 단장(예술감독), 한국무용과학회 부회장 2007년 예술의전당 이사 2009~2012년 (사)한국발레협회 회장 2010년 예술의전당 공연자문위원 2012년 (재)전문무용수지원센터 이사장(현) ㉦전국대학무용경연대회 지도자상 및 금상(1998), 무용예술상 작품상(2000), 대한민국 문화예술상 연극·무용부문(2005), 제32회 세종문화상-예술부문(2013) ㉦'나비부인' '가을저녁의 시' '나는 뭐더라' '남몰래 흐르는 눈물' 등

ㅂ

박인제(朴仁濟) PARK In Je

[생]1952 · 2 · 10 [본]밀양(密陽) [출]경남 산청 [주]서울 서초구 서초중앙로215 법무법인 두우(02-595-1255) [학]1970년 진주고졸 1975년 서울대 법학과졸 1983년 부산대 대학원 수료 [경]1982년 사법시험 합격(24회) 1984년 사법연수원 수료(14기) 1985~2005년 변호사 개업 1988년 민주사회를위한변호사모임 총무간사 1993년 환경운동연합 지도위원 1995년 여성평화를위한변호사모임 운영위원장 1995년 경제정의실천시민연합 시민입법위원장 1997년 대한변호사협회 공보이사 1998년 나라정책연구회 회장 1998년 한양대 겸임교수 2000년 덕성학원재단 이사 2001년 비전한국 공동대표 2002년 조선일보 독자권익보호위원 2002년 동아일보 객원논설위원 2005~2008년 서원합동법률사무소 변호사 2005년 국가청렴위원회 비상임위원 2008년 대통령직인수위원회 자문위원 2008~2010년 국민권익위원회 부위원장(차관급) 2008~2010년 同사무처장 겸임 2011년 법무법인 두우앤이우 변호사 2013년 법무법인 두우 변호사(현) [상]대한변호사협회 공로상(1995), 서울지방변호사회 공로상(2008) [저]'이제 헌법에 손때를 묻힐 때이다'(1996)

박인주(朴仁周) PARK In JU

[생]1950 · 2 · 9 [출]경북 칠곡 [주]경기 수원시 팔달구 인계로178 경기문화재단 이사장실(031-256-1365) [학]1969년 경북고졸 1973년 고려대 정치학과졸 1975년 경북대 교육대학원 사회교육학과졸 2009년 아주대 대학원 평생교육학 박사과정 수료 [경]한국사회교육협회 · 도산아카데미연구원 · 흥사단본부 · 코리아리서치 근무 1992년 월드리서치 대표이사 겸 회장 1995 · 2002~2006년 공명선거시민실천협의회 사무총장 · 집행위원장 1998년 안양대 경영학부 겸임교수 2003~2008년 한국평생교육연합회 회장 2004~2008년 중앙선거관리위원회 인터넷선거보도심의위원회 위원 2005년 (사)통일교육협의회 공동의장 2005~2008년 생활개혁실천국민협의회 집행위원장 · 부회장 2006~2008년 흥사단 이사회장 2007년 (사)통일교육협의회 상임의장 2007년 공명선거시민실천협의회 상임대표 2008~2010년 평생교육진흥원 원장 2010~2013년 대통령 사회통합수석비서관 2013~2016년 강원대 초빙교수 2014~2016년 (사)생명문화 공동대표 2014년 생명문화학회 이사장(현) 2015년 경기도자원봉사센터 이사장(현) 2016년 국민대 초빙교수(현) [상]국민훈장 동백장(2010) [저]'흥사단 운동 70년사' '개발도상국가 군부의 정치개입 원인과 형태에 관한 연구' '민족통일과 사회교육' [종]기독교

박인철(朴仁哲)

[생]1962 · 9 · 11 [주]서울 영등포구 여의대로70 신한BNP파리바자산운용 임원실(02-767-5777) [학]1981년 대륜고졸 1986년 경북대 경제학과졸 [경]1986년 신한은행 입행 1988년 同신한은행 국제부 은행원 1992년 同홍콩사무소 대리 1996년 同국제부 차장 2001년 신한금융지주회사 IR팀장 2005년 신한은행 강남종합금융지점장 2007년 신한아주금융유한공사 조사역(부서장대우) 2010년 신한은행 프로젝트금융부장 2012년 同CIB지원부장 2014년 신한아주금융유한공사 사장 2015년 신한BNP파리바자산운용 부사장(현)

박인철(朴寅喆) Park in chul

[생]1971 · 5 · 6 [본]죽산(竹山) [출]서울 [주]서울 강남구 봉은사로137 상원빌딩B1층 (주)플렉스파워(02-500-8088) [학]1990년 송곡고졸 1995년 부천대 사무자동화과졸 2013년 한국과학기술원 대학원 최고경영자과정 수료 [경]1996~1998년 (주)나스미디어 창업 · 이사 1999~2006년 (주)넷포츠 창업 · 대표이사 2006년 판도라TV 공동창업 · 상무이사 2008~2011년 (주)핑플 창업 · 대표이사 2011~2013년 (주)대웅제약 이사 2013년 (주)플렉스파워 대표이사(현) [저]'다르지 않으면 성공할 수 없다(共)'(2000, 영진) 'ceo talk'(2002, 무한) '재리맥과이어 거품걷어내기'(2002, 스포티즌) [종]기독교

박인태(朴仁太) PARK In Tae

[생]1944 · 10 · 12 [본]밀양(密陽) [출]경북 [주]경북 경산시 자인면 계정길68 경산자인단오제보존회(053-856-5765) [학]1963년 계성고졸 1973년 용인대 유도학과졸 1985년 영남대 교육대학원 교육행정학과졸 [경]1970~1991년 자인중 교사 1971~1990년 중요무형문화재 제44호 한장군놀이 전수장학생 1980~1990년 경북도체육회 펜싱협회 전무이사 1981년 중요무형문화재 제44호 한장군놀이 전수교육조교 1991~1997년 경산여자전산고 교사 1997~2003년 자인여중 교감 2002년 경산자인단오제보존회 이사 2005년 자인여중 교장, 경산여자전산고 교장 2006년 중요무형문화재 제44호 한장군놀이 예능보유자 인정예고 2007년 중요무형문화재 제44호 경산자인단오제(慶山慈仁端午祭, 한장군(韓將軍)놀이 舊명칭) 예능보유자(현) 2007년 경산자인단오제보존회 고문 [상]경북도지사표창(1979), 대구시장표창(1986), 교육부장관표창(1989), 경산시장 공로패(1995 · 2001), 대통령표창(2002), 한국교원단체총연합회 교육공로상(2003), 홍조근정훈장(2007) [종]기독교

박인호(朴仁鎬) PARK In Ho

[생]1943 · 2 · 18 [본]밀양(密陽) [출]경남 하동 [주]부산 동구 중앙대로251번길29 부산은행 초량동지점2층 부산항을사랑하는시민모임(051-464-6302) [학]부산대 중퇴, 일본 큐슈대졸, 同대학원졸 1977년 지역경제학박사(일본 교토대) [경]1977~1978년 미국 클레어몬트대 대학원 연구 1978~1985년 영남대 교수 1986~1991년 일본 京都大 교수 1992~1993년 미국 캘리포니아주립대 초빙교수 1993년 부산발전연구원 연구위원 1998년 同연구기획실장 1999년 부산외국어대 겸임교수 2000년 부산경제살리기시민연대 상임의장(현) 2004년 부산항을사랑하는시민모임 공동대표(현) 2005년 부산항발전협의회 공동대표(현) 2006년 한국동아시아학회 회장 2006년 부산시민단체 공동대표(현) 2008년 지방분권실현부산시민사회연대 공동대표(현) [상]홍조근정훈장(2001), 부산항만공사 특별공로상(2014) [저]'한국 지역발전론' '지방발전론' '지역경제 분석' '국토구조의 한 · 일 비교'

박인호(朴仁皓) PARK In Ho

[생]1955 · 1 · 3 [출]경기 [주]인천 연수구 아카데미로119 인천대학교 자연과학대학 물리학과(032-835-8225) [학]1978년 서울대 물리학과졸 1983년 同대학원 교육학과졸 1990년 이학박사(미국 어번대) [경]1978~1981년 성일중 교사 1981~1983년 서울대 전임조교 1983~1990년 미국 Univ. of Auburn Teaching Assistant · Research Assistant 1990~1992년 한국과학기술연구원(KIST) 선임연구원(과학기술정책연구소 연구기획단) 1992~1996년 인천대 자연과학대 물리학과 조교수 · 부교수 1996년 한국플라즈마연구협회 편집위원 · 감사 1998~2001년 인천대 과학기술정보개발원장 1998~2002년 同과학영재교육센터 소장 2000~2002년 전국과학영재교육센터협의회 회장 2001년 인천일보 객원논설위원 2001년 인천대 물리학과 교수(현) 2001~2008년 (사)한국영재학회 편집위원 · 부회장 · 감사 2002년 한국청소년과학탐구토론대회(KYST)조직위원회 위원장 2002년 인천대 과학영재교육원장 2002년 同과학영재교육연구소장(현) 2003년 국가연구개발사업 평가사전 조정위원 · 평가위원 2003년 인천시의회 의정발전자문위원 2004년 인천시 과학기술자문관 2004년 인천대 교무처장 2005년 同산학협력단장 2006년 인천시 과학문화진흥협의회 위원장, 同과학기술발전협의회 위원 2007~2009년 교육부 초등학교과학과교과용도서심의위원회 위원장 2008~2011년 (사)한국영재학회 회장 2008~2010년 인천시 의제21실천협의회 운영위원 2008~2010년 인천시의회 의원 2008년 인천대 대학발전본부장 2008년 교육과학기술부 중앙영재교육진흥위원회 위원 2008~2010년 인천시 과학기술진흥협의회 위원장 2008~2009년 한국과학창의재단 창의인재기획단장 2009~2010년 대통령직속 미래기획위원회 위원 2009~2010년 과학고발전사업단 자문위원 2009~2010년 인천어린이과학단 건립추진자문위원회 위원 2010~2012년 수학 · 과학 교과용도서 검정심의회 위원장 2010~2011년 한국과학창의재단 Honors Program 사업운영심의회 위원 2010~2011년 인천대 교육역량강화사업추진위원회 위원 2010~2012년 同초등영재교육원장 2010~2011년 同산학협력단장 2010~2011년 여성가족부 정책자문위원회 위원 2010년 교육과학기술부 자체평가위원회 위원 2011~2012년 인천대 교무처장 2011년 同기술지주 자회사 에듀키움(주) 대표이사(현) [상]과학기술부장관표창(2003), 부총리 겸 교육인적자원부장관표창(2005), 부총리 겸 과학기술부장관표창(2007), 인천대총장표창(2007), 과학기술훈장 도약상(2011) [저]'일반물리학'(1996) '대학물리학'(1998)

박인환(朴仁煥) Park Inhwan

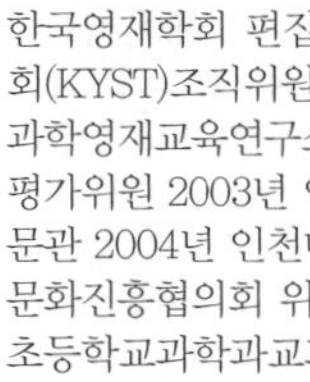

[생]1953 · 7 · 15 [본]함양(咸陽) [출]대구 [주]서울 광진구 능동로120 건국대학교 법학전문대학원 304호(02-2049-6155) [학]1972년 대구 대륜고졸 1977년 성균관대 법학과졸 1980년 同대학원 법학과졸 [경]1980년 농협중앙회 근무 1984년 사법시험 합격(26회) 1987년 사법연수원 수료 1987년 인천지검 검사 1989년 청주지검 영동지청 검사 1991년 대구지검 검사 1993년 서울지검 검사 1995년 변호사 개업 2002년 아주대 경영대학원 겸임교수 2003년 사법시험 관리위원 2003년 제11차 반부패세계회의 조직위원 2004년 법률신문 논설위원 겸 편집위원 2005년 투명사회협약추진위원회 위원 2005년 투명사회협약실천협의회 집행위원 2005년 흥사단 투명사회운동본부 운영위

원장·상임대표 2006년 서울중앙지법 민사조정위원, 한국소비자원 분쟁조정위원, 국가청렴위원회 보상심의위원, 사법연수원 외래교수, 대한변호사협회 법제위원, 법조윤리위원회 전문위원, 건국대 법학전문대학원 교수(현) 2012년 대일항쟁기강제동원피해조사 및 국외강제동원희생자등지원위원회 위원장(정무직 차관급) 〈상〉국민훈장 목련장(2012), 법조언론인클럽 2013 올해의 법조인상(2014) 〈저〉'권력형 비리척결을 위한 제도개선방안 연구(共)'(2005)

박일경(朴日敬) Il Kyung PARK

〈생〉1955·9·21 〈출〉경남 통영 〈주〉서울 송파구 오금로307 한성기업(주) 비서실(02-3400-5000) 〈학〉1974년 경남고졸 1983년 고려대 사회학과졸 1984년 同대학원 사회학과 수료 〈경〉대륙연구소 조사실장, (주)미디어리서치 이사 1999년 한성기업(주) 입사·기획조정실장, 同식품부문장(전무) 2013년 同대표이사 사장(현)

박일규(朴日奎) PARK Il Kyu

〈생〉1953·7·12 〈본〉밀양(密陽) 〈출〉충북 청주 〈주〉경기 안산시 단원구 예술대학로171 서울예술대학교 공연창작학과(031-412-7251) 〈학〉1972년 이화여대사범대부속고졸 1973년 서울연극학교 연극과졸 1978년 중앙대 연극영화과졸 1985년 미국 뉴욕대 대학원 무용학과졸, 성균관대 대학원 공연예술학박사과정 수료 〈경〉1976~1980년 국립발레단 수석무용수 1985~1989년 서울예술대 무용과 전임강사·조교수 1985년 ADF 초청안무자 1986~1990년 한국현대무용협회 부회장 1988년 서울올림픽개막식 안무자 1988~1991년 KBS라디오 진행자 1992~1993년 춤의해 기획추진실장 1993년 서울예술대 공연창작학과 부교수·교수(현) 1994~1995년 세계무용연맹 아시아태평양위원회 부회장 1994~1995년 한성대 무용과 출강 1994~1995년 한국종합예술학교 연극원 출강 1994~1995년 성균관대 예술대학원 출강 1994년 세계무용연맹 사무국장 2010년 서울예술대학 공연창작학부장 2010~2013년 국립현대무용단 이사 〈상〉문예진흥원상(1983), 대한민국무용제 음악상(1989), 한국현대무용협회상(1990), 문화부장관표창(1993), 뮤지컬대상 안무상(2000) 〈저〉'신비의 악기 성대'(2009) 〈역〉'에스틸보이스훈련법'(2010) 〈작〉연출 안무작 뮤지컬 '불의 검' '클럽오베론' '에밀레' '사이버 라보엠' 안무작 뮤지컬 '태풍' '고려의 아침' '크리스마스 캐롤' '한강은 흐른다' '아리랑' '팔만대장경' 현대무용 '내가 설 땅은 어디냐' '하나 둘 셋 넷' '검정춤의 놀이' '88장미' '달과 어둠' 〈종〉불교

박일영(朴日榮) PARK Il Young

〈생〉1952·10·26 〈본〉무안(務安) 〈출〉부산 〈주〉경기 부천시 원미구 지봉로43 가톨릭대학교 종교학과(02-2164-4553) 〈학〉1971년 성신고졸 1978년 가톨릭대 신학과졸 1982년 스위스 프리부르대 대학원졸 1988년 종교학박사(스위스 프리부르대) 〈경〉1988~1990년 독일 가톨릭재단 선발 Post-Doc. 1988~1992년 서강대 강사 1992~1997년 효성여대 종교학과 전임강사·조교수 1996~1997년 독일 뮌헨대 초빙교수 1997년 가톨릭대 종교학과 조교수·부교수·교수(현) 2002~2006년 同문화영성대학원장 2005년 중국 사회과학원 초빙교수 2005~2007년 한국종교간대화학회 공동대표 2006~2007년 미국 가톨릭대 방문교수 2007년 교황청 라테란대 초빙교수 2008~2010년 한국무속학회 회장 2010~2012년 가톨릭대 인간학연구소장 2012년 同김수환추기경연구소장(현) 2013년 중국 천주교신철학원 초빙교수(현) 2016년 한국간암췌외과학회 회장(현) 〈저〉'한국무교의 이해'(1999) '한국무교와 그리스도교'(2003) '한국 근현대 100년 속의 가톨릭교회(상·중·하)'(2003·2005·2006) '천주교와 한국 근현대의 사회문화적 변동1·2·3'(2004·2005) '한국의 종교와 현대의 선교'(2008) 〈역〉'인간학Ⅰ·Ⅱ·Ⅲ'(1996) '고요한 아침의 나라에서'(2011) 〈종〉가톨릭

박일영(朴日永) PARK Il Young

〈생〉1954·4·6 〈본〉죽산(竹山) 〈출〉경기 〈주〉경기 용인시 기흥구 금화로82번길20 루터대학교(031-679-2300) 〈학〉1973년 포천종합고졸 1978년 한신대 신학과졸 1980년 연세대 대학원 신학과졸 2000년 미국 Concordia Seminary 신학과졸 2003년 신학박사(연세대) 〈경〉1984~1989년 천안루터교회 담임목사 1987~1989년 나사렛대 강사 1991년 베델성서연구원 통역 및 강사 1991~1996년 루터신학교 전임강사 1996~2001년 루터신학대 조교수 2001~2003년 루터대 부교수 2002~2007년 루터교세계연맹 아시아지역 자문위원 2003~2009년 루터대 총장 2003~2010년 전국신학대학협의회 이사 2014년 루터대 석좌교수(현) 〈역〉'예배의 실제' '아우그스부르크 신앙고백 변증서(루터교 신앙고백서)' '라토무스를 반박하는 글(루터선집)' '첫번째 부활절' '하나님 나라' '초대 교회와 목회' 〈종〉기독교

박일영(朴一泳) Park, Il Young

〈생〉1968·8·13 〈출〉서울 〈주〉세종특별자치시 갈매로477 기획재정부 인사과(044-215-2252) 〈학〉1987년 공항고졸 1991년 서울대 국제경제학과졸 2005년 미국 듀크대 국제개발정책대학원 정책학과졸 〈경〉2000년 재정경제부 경제협력국 경협총괄과 사무관 2004년 同경제협력국 경협총괄과 서기관 2006년 同경제협력국 통상기획과장 2008년 기획재정부 통상기획과장 2008년 미국 국제부흥개발은행 파견 2012년 기획재정부 무역협정국내대책본부 총괄기획팀장 2013년 同인력정책과장 2013년 同장기전략국 전략기획과장 2013년 同미래사회정책국 미래정책총괄과장 2015년 국제통화기금(IMF) 선임자문관(파견)(현)

박일준(朴一俊) PARK IL JUN

〈생〉1964 〈출〉경북 포항 〈주〉세종특별자치시 한누리대로402 산업통상자원부 기획조정실(044-203-5200) 〈학〉신일고졸, 서울대 경제학과졸, 미국 콜로라도대 대학원 경제학과졸 〈경〉행정고시 합격(31회) 2009년 대통령실 파견 2010년 지식경제부 운영지원과장 2010년 同정책기획관 2011년 중앙공무원교육원 교육훈련 파견 2012년 지식경제부 정보통신산업정책관 2013년 미래창조과학부 소프트웨어정책관 2014년 산업통상자원부 에너지자원정책관 2015년 同산업정책실장 2016년 同기획조정실장(현)

박일호(朴一浩) Park, Il Ho

〈생〉1962·7·21 〈출〉경남 밀양 〈주〉경남 밀양시 밀양대로2047 밀양시청 시장실(055-359-5004) 〈학〉1981년 마산고졸 1985년 중앙대 정치외교학과졸 1995년 서울대 행정대학원졸 2005년 환경경제학박사(영국 이스트앵글리아대) 〈경〉1990년 행정고시 합격(34회) 1992년 환경부 정보화담당관실 사무관 1994년 同기획예산담당관실 사무관 1997년 同총무과 서기관 2003년 同UN세계환경장관회의 준비기획단장 2004년 同대기보전국 생활공해과장 2005년 同자원순환국 자원재활용과장 2006년 대통령 인사수석비서관실 행정관(부이사관) 2007년 김앤장법률사무소 고문 2008년 환경부 기후변화전문가포럼 환경규제심사위원 2011년 한국전자산업환경협회 사외이사 2011년 한국환경공단 석면피해구제심사위원회 심사위원 2012년 국립공원관리공단 비상임이사 2014년 경남 밀양시장(새누리당)(현) 〈상〉대통령표창(1996), 근정포장(2004), 국민훈장 목련장(2013)

박일환(朴一煥) PARK Ill Hoan

〈생〉1951·1·15 〈본〉함양(咸陽) 〈출〉경북 군위 〈주〉서울 강남구 테헤란로92길7 바른빌딩5층 법무법인(유) 바른(02-3479-2620) 〈학〉1969년 경북고졸 1973년 서울대 법대졸 〈경〉1973년 사법시험 합격(15회) 1975년 사법연수원 수료(5기) 1976년 공군 법무관 1978년 서울민사지법 판사 1980년 춘천지법 판사 1983년 서울지법 동부지원 판사 1985년 서울형사지법 판사 1986~1991년 서울고법 판사·헌법재판소 헌법연구관·대법원 재판연구관 1991년 춘천지법 부장판사 1992년 서울지법 의정부지원 부장판사 1993년 사법연수원 교수 1994년 서울지법 부장판사 1994년 법원행정처 송무국장 겸임 1998년 특허법원 부장판사 2000년 대법원 수석재판연구관 2003년 서울고법 부장판사 2005년 제주지법원장(광주고법 제주부 부장판사 겸임) 2005~2006년 서울서부지법원장 2006~2012년 대법원 대법관 2009~2011년 법원행정처장 겸임 2013년 법무법인(유) 바른 고문변호사(현) 〈상〉청조근정훈장(2012)

박일환(朴一煥) PARK Il Hwan

〈생〉1952·1·13 〈출〉대구 중구 공평로88 대구광역시의회(053-803-5012) 〈학〉대구고졸, 영남대 무역학과졸, 同경영대학원 경영학과졸 〈경〉대동은행 지점장, 대구시시설관리공단 전무이사, 조해녕 대구시장 비서실장 2002년 한나라당 제16대 대통령중앙선거대책위원회 대구시당 기획조정위원장 2012년 새누리당 제18대 대통령중앙선거대책위원회 위원 겸 지방자치위원회 대구시 남구 위원장 2014년 대구시의회 의원(새누리당)(현) 2014년 同경제교통위원회 위원장 2014~2016년 同경제환경위원회 위원장 2016년 同경제환경위원회 의원(현) 2016년 대구경북경제자유구역청 조합회의 의장(현)

박일환(朴日煥) PARK Il Hwan

❸1958 · 10 · 12 ❺서울 ㈜서울 서초구 방배로18길5 아이리버 사장실(02-3019-1803) ❿1977년 영등포고졸 1981년 고려대 재료공학과졸 2007년 한국과학기술원(KAIST) 테크노경영대학원졸 ②1983년 (주)쌍용 기획부 근무 1987~1990년 (주)삼보컴퓨터 해외사업본부 입사 · 해외영업팀장 1990~1995년 Trigem Corp. 미국현지법인 사장 1995년 (주)삼보컴퓨터 기획부장 1997년 同프린터사업담당 이사 1999년 同기획담당 상무이사 2000년 同국내사업총괄 전무이사 2003년 同컴퓨터사업총괄 대표이사 사장 2005년 同경영고문 2005년 同법정관리인 2006년 同대표이사 사장 2007년 同업무총괄 사장 2008년 同해외영업부 사장 2009~2010년 同CTO(Chief Technology Officer) 겸 기술연구소장 2011년 아이리버 대표이사 사장(현) ⑤기독교

박임출(朴林出) Park, Im Chool (승주)

❸1960 · 2 · 9 ❺밀양(密陽) ❺전북 정읍 ㈜부산 남구 문현금융로40 한국예탁결제원 임원실(02-3774-3200) ❿전주고졸, 성균관대 행정학과졸 2003년 법학박사(성균관대) ②금융감독원 증권감독국 팀장, 同펀드업무팀장 2010년 同금융투자서비스국 부국장 2012년 同법무실장 2013~2015년 同자본시장조사2국장 2015년 한국예탁결제원 상무 2016년 同국제펀드본부장(상무) 2016년 同예탁결제본부장 겸임 2016년 同경영지원본부장(상무)(현) ⑤기획재정부장관표창(2011)

박장순(朴章淳) PARK Jang Soon

❸1955 · 2 · 10 ❺순천(順天) ❺충북 청주 ㈜서울 종로구 대로57 홍익대학교 영상대학원 대학로아트센터 교육동810호(02-3668-3764) ❿1980년 동국대 연극영화학과졸 1984년 미국 Alliant International University School of Performing & Visual Arts(San Diego)졸(연출MBA) 2012년 영상학박사(서강대) ②1985~1991년 동국대 강사 1986~1994년 EBS PD 겸 편성차장 1994~2000년 KBS MEDIA 국제사업부장 2000~2002년 SKY Ghem TV 대표이사 2001~2003년 홍익대 광고홍보대학원 겸임교수 2002~2006년 한국엔터테인먼트학회 회장 2004~2005년 (재)아시아문화산업교류재단 이사 2005년 홍익대 영상대학원 프로덕선디자인전공 부교수(현) 2007년 부산콘텐츠마켓 부집행위원장 2008~2012년 同공동집행위원장 2008년 세계문화콘텐츠포럼 부운영위원장, (주)엔스타프로덕션 감사 2011년 서울세계등축제 자문위원 2012년 한국방송비평학회 기획이사 · 부회장(현) 2013년 부산콘텐츠마켓 고문 2015년 국회방송 자문위원(현) ㉜'한국인형극의 재조명'(1980) '문화콘텐츠연출론'(2002) '문화콘텐츠 해외마케팅'(2005) '문화콘텐츠학개론'(2006) '한류, 신화가 미래다'(2007) '한류, 한국과 일본의 드라마 전쟁'(2008) '문화콘텐츠 분석과 형상화 원리'(2009) '한류의 흥행유전자밈'(2011) '한류 아시아 TV드라마 시장의 역사'(2012) '전환기의 한류'(2013) '한류개론'(2014, 선) '미래의 한류'(2015, 선) '대한민국미래보고서(共)'(2015, 교보문고) ㉠'노메디아'(1985) '아부핫산 부채를 갚다'(1986) ㉤'맥베드'(1978, 동국대 스튜디오) '리어왕'(1979, 동국대 스튜디오) '내 영혼의 사막에서'(1980, 동국대 소극장) THE VALIANT'(1984, Legler Benbough Little Theatre) '리타 죠우의 엑스타시'(1987, 동국대 스튜디오) '마의태자'(1989, 문예대극장) '마지막 키스'(1992, 바탕골소극장) ⑤가톨릭

박장식(朴章植)

❸1972 · 12 · 1 ❺경남 마산 ㈜경남 창원시 의창구 상남로289 경남지방경찰청 정보과(055-233-2181) ❿1991년 마산고졸 1995년 경찰대 행정학과졸(11기) ②1995년 경위 임관 2004년 경찰청 정보국 정보3과 근무 2007년 경남 창원서부경찰서 경비교통과장 2007년 경정 승진 2008년 駐필리핀대사관 2등서기관 겸 영사 2010년 서울 강동경찰서 정보보안과장 2011년 서울 금천경찰서 정보보안과장 2011년 행정안전부 치안정책관실 파견 2014년 경남지방경찰청 청문감사담당관 2014년 총경 승진 2015년 경남 진해경찰서장 2016년 경남지방경찰청 정보과장(현)

박장우(朴章佑) PARK Jang Woo

❸1967 · 11 · 1 ❺충북 충주 ㈜대구 수성구 동대구로364 대구지방검찰청(053-740-3300) ❿1986년 상문고졸 1990년 서울대 법학과졸 1993년 同대학원 수료 ②1992년 사법시험 합격(34회) 1995년 사법연수원 수료(24기) 1998년 대전지검 검사 2000년 창원지검 진주지청 검사 2002년 서울지검 검사 2004년 서울중앙지검 검사 2005년 수원지검 안산지청 검사 2007년 同안산지

청 부부장검사 2007년 오스트리아 비엔나 파견 2009년 부산지검 동부지청 형사3부장 2009년 인천지검 마약 · 조직범죄수사부장 2010년 同강력부장 2010년 대전지검 논산지청장 2011년 법무부 국제법무과장 2013년 서울중앙지검 공판1부장 2014년 부산지검 동부지청 형사1부장 2015년 창원지검 통영지청장 2016년 대구지검 부장검사(공정거래위원회 파견)(현)

박장희(朴長羲) PARK Chang Hee

❸1967 · 3 · 23 ㈜서울 중구 서소문로88 중앙일보 임원실(02-751-9114) ❿1990년 서울대 정치학과졸 1993년 同대학원 정치학과졸 2002년 미국 펜실베이니아주립대 대학원 경영학과졸 ②1992년 중앙일보 입사 2002년 同전략기획실 전략팀장 2004년 同전략기획실 전략기획팀장 2005년 同전략기획실 마케팅전략팀장 겸 기획팀장 2006년 同전략기획실 마케팅전략팀장 겸 기획팀장(부장) 2007년 同전략기획실 전략기획팀장(부장) 2008년 同전략기획실 전략담당 2009년 同경영전략팀 수석부장 2011년 同재무기획실장 겸 I-TF팀장 2013년 同경영지원실장 2015년 同경영총괄 겸 디지털기획실장(상무) 2015년 同경영총괄 전무 겸 미디어비즈니스본부장(현) 2015년 중앙M&C 대표이사 겸임(현)

박재갑(朴在甲) PARK Jae Gahb

❸1948 · 5 · 25 ❺상주(尙州) ❺충북 청주 ㈜서울 종로구 대학로101 서울대병원 한국세포주은행(02-3668-7915) ❿1966년 경기고졸 1973년 서울대 의과대학졸 1976년 同대학원졸 1979년 의학박사(서울대) ②1973~1978년 서울대병원 인턴 · 레지던트 1978~1981년 육군 군의관(소령 예편) 1981~1994년 서울대 의과대학 일반외과학교실 전임강사 · 조교수 · 부교수 1983년 대한면역학회 · 대한암학회 총무 1985~1987년 미국 국립암연구소 연구원 1987년 서울대 의과대학 암연구소 세포생물학연구부장 1987년 한국세포주은행 대표(현) 1989년 대한암학회 총무이사 1990년 대한소화기학회 학술총무 1991년 한국세포주연구재단 이사장(현) 1993~1995년 아세아대장항문학회 사무총장 1994~2013년 서울대 의과대학 외과학교실 교수 1995~2000년 同암연구소 · 암연구센터 소장 1996~1998년 대한대장항문학회 이사장 1996년 대한암학회 학술위원장 1996~2002년 세계대학대장외과학회 지역부회장 1997~2002년 한국과학기술한림원 정회원 1997~2003년 국방부 의무자문관 1998~2001년 미국암학회 국제업무위원회 위원 1998~2002년 대한암학회 상임이사 2000~2006년 국립암센터 초대원장 2000~2006년 (재)국립암센터발전기금 이사장 2002년 대한대장항문학회 회장 2002~2005년 아세아대장항문학회 회장 2002~2004년 대한암학회 감사 2002년 세계대학대장외과학회 운영위원 · 부회장 2002년 한국과학기술한림원 종신회원(현) 2004~2005년 국가과학기술자문회의 위원 2004~2006년 대한암학회 이사장 2005년 KBS 객원해설위원 2005년 일본암학회 명예회원(현) 2010~2012년 세계대학대장외과학회 회장 2010~2011년 국립중앙의료원 초대원장 겸 이사회 의장 2010~2012년 대한병원협회 법제이사 2011 · 2012년 충북도 명예도지사 2011년 한국담배제조및매매금지추진운동본부 대표(현) 2012~2014년 국민생활체육회 비상임이사 2013년 서울대 명예교수(현) 2015년 국민생활체육회 부회장 2016년 대한체육회 부회장(현) ⑤대한소화기학회 학술상(1993), 미국 대장외과학회 학술상(1997), 황조근정훈장(2001), 대한의사협회 우수한국인과학자20인(2002), 미국 대장외과학회 학술상(2002), 대한대장항문학회 국제학회지 학술상(2002), 보령제약 암학술상(2003), 성곡학술문화상(2003), 한국언론인연합회 '자랑스런 한국인 대상' 보건복지부문(2004), 세계보건기구(WHO) 금연유공훈장(2005), 폴란드건강증진재단 세계금연지도자상(2005), 상허대상(2007), 쉐링의학상(2007), 한국보건산업대상 의료부문(2007), 제11회 관악대상 영광부문(2009), 봉래출판문화재단 봉래상(2011) ㉜'대장항문학' '인간생명과학' '인간항문관리지침서' '인간과 유전병' '종양학' '보건복지정책: 과제와 전망' '인간생명과학개론' '암! 극복할 수 있다' 'Banning Tobacco' '십중팔구 암에게 이긴다'(2011, 동아일보)

박재구(朴在九) Park, Jai Koo

❸1956 · 4 · 18 ❺밀양(密陽) ❺대구 ㈜서울 성동구 왕십리로222 한양대학교 자원환경공학과(02-2220-0416) ❿1981년 한양대 공대졸 1984년 일본 도쿄대 대학원졸 1988년 공학박사(일본 도쿄대) ②1989년 (주)도시바 세라믹스 중앙연구소 근무 1992년 한양대 자원환경공학과 조교수 · 부교수 · 교수(현) 1995년 기술표준원 산업표준심의회 위원장(현) 2000년 (주)마이크로포어 대표이사(현) 2002~2005년 한국지구시스템공학회 이사 2004~2005년 한국화학공학회 미립자공학부문위원장 2005~2007년 한국자원리싸이클링학회 이사 2005년 한국자연생태공학회 감사(현) 2005년 국회환경포럼정책 자문위원(현) 2006년 한국자연환경보전협회 이사(현) 2006년 한양대 공과대학 부학장 2007년 한국광해관리공단 자문심의위원(현) 2009년 한국자원재활용기술연합 자문위원(현) 2010년 영국 국제인명센터(IBC) '2000 Outstanding Intellectuals of the 21st Century'에 등재 2011년 미국 인명정보센터(ABI)

'Great mind of the 21st Century'에 등재 2011년 미국 세계인명사전 'Marquis Who's Who in the World'에 등재 [상]한국자원공학회 학술상, 한국지구시스템공학회 학술상(2001), 한국자원싸이클링학회 논문상(2005) [종]천주교

박재구(朴在求) PARK Jae Koo

[생]1957 · 7 · 22 [출]서울 [주]서울 강남구 테헤란로405 보광빌딩 BGF리테일 임원실(02-528-7071) [학]유신고졸, 1983년 동국대 식품공학과졸 2009년 연세대 최고경영자과정 수료 [경]1992년 (주)보광훼미리마트 입사 2005년 同상품본부장(상무) 2008년 同개발본부장(전무), 한국유통학회 이사 2010년 (주)보광훼미리마트 영업본부장 겸 개발본부장(부사장) 2011~2012년 同총괄부사장 2012년 BGF리테일 총괄부사장 2013년 同대표이사 사장(현) 2013~2015년 한국편의점협회 회장 2015년 한국편의점산업협회 회장(현) [종]불교

박재권(朴在權) PARK Jae Kwon

[생]1964 · 12 · 23 [본]상주(尙州) [출]충북 청원 [주]서울 성동구 성수1로77 401호 (주)시이오스코어(02-6965-7755) [학]충북고졸, 서울대 사회교육학과졸, 同대학원 외교학과졸 [경]2002년 디지털타임스 인터넷부 기자 2003년 同경제부 차장대우 2004년 同산업과학부 차장대우 2004년 同경제부장 직대 2004년 同경제팀장 2004년 同경제팀 수석팀장 2005년 同편집국장 직대 2005년 同논설위원 2006년 同수석논설위원 2006년 同광고국장 2008년 同편집국 선임기자 2008년 (주)고뉴스 대표이사 2009~2012년 경제투데이 대표이사 2013년 씨엔미디어 대표이사 2013년 (주)시이오스코어 대표이사(현) [상]벤처기업대상 특별상 언론인부문(2005) [저]'해방전후사의 인식5-북한편(共)'(1989, 한길사)

박재규(朴在圭) PARK Jae Kyu

[생]1944 · 8 · 11 [본]밀양(密陽) [출]경남 창원 [주]경남 창원시 마산합포구 경남대학로7 경남대학교 총장실(055-246-6228) [학]1967년 미국 페어리디킨슨대(Fairleigh Dickinson Univ.) 정치학과졸 1969년 미국 뉴욕시립대 대학원졸 1974년 정치학박사(경희대) 1987년 명예 법학박사(미국 페어리디킨슨대) 1992년 명예 경제학박사(러시아 프레하노프러시아경제대) 1997년 명예 국제정치학박사(러시아 극동국립대) 1998년 명예 교육학박사(러시아 하바로프스크국립사범대) 2001년 명예 정치학박사(일본 가나가와대) 2015년 명예 정치학박사(중국 중국문화대) 2016년 명예 박사(일본 소카대) [경]1973~1978년 경남대 조교수 · 부교수 1973~1986년 同극동문제연구소장 1978~1985년 同정치외교학과 교수 1978~1986년 同대학원장 1980년 한마법인 이사장 1982~1986년 경남대 부총장 1985~1999년 한국군사사학회 회장 1986~1999 · 2003년 경남대 총장(현) 1987~1991년 세계군사사학회 부회장 1987~2000년 규성학원재단 이사장 1987~1991년 경남교원단체연합회 회장 1992~1999년 한 · 러친선협회 회장 1993~1994년 통일원 통일정책평가위원 1994~1996년 한국대학교육협의회 부회장 1995~1996년 한국대학총장협회 부회장 1996~1997년 한국사립대학총장협의회 회장 1997~1999년 한국대학총장협회 회장 1998~1999년 경남대 북한대학원장 1999~2001년 통일부 장관 1999~2001년 국가안전보장회의(NSC) 상임위원장 2000년 남북정상회담 추진위원장 2000~2001년 남북장관급회담 남측수석대표 2001~2003년 경남대 북한대학원 교수 2001~2005년 同북한대학원장 2001~2004년 한국대학총장협회 이사장 2002~2003년 2010평창동계올림픽유치위원회 상임고문 2003~2010년 동북아대학총장협회 이사장 2004년 한국대학총장협회 고문(현) 2005~2007년 2014평창동계올림픽유치위원회 고문 2005~2009년 윤이상평화재단 이사장 2005~2009년 북한대학원대 총장 겸임 2006~2008 · 2009년 대통령자문 통일고문회의 고문 2009년 대통령직속 사회통합위원회 위원 2010년 육군사관학교 자문위원 2012년 주한미군사령관 자문위원(현) 2013년 경남교육발전협의회 회장 2014년 대통령직속 통일준비위원회 통일교육자문단 자문위원 [상]미국 뉴욕 언론연구위원회 공로상(1980), 미국 뉴욕주지사 공로메달(1981), 미국 대통령 세계체육지도자상(1996), 미국 페어리디킨슨대 Global Understanding상(2001), 청조근정훈장(2002), 예원통일문화대상(2003), 한반도평화상(2004), 아름다운얼굴 교육인상(2004), 미연방의회 특별상(2009), 프랑스 시라크재단 분쟁방지상 심사위원특별상(2009), 대한민국 녹색경영인 교육부문 대상(2010), 한국의 최고경영인상 인재경영부문(2013) [저]'북한사회의 구조적 분석'(1972) '북한평론'(1975) 'East Asia and Major Power(編)'(1975) '미국의 對아시아 정책 I'(1976) '북한외교론(編)'(1977) '한국안보론 : 북한의 전략과 남한의 안보환경'(1978) 'Southeast Asia in Transition(編)'(1978) '냉전과 미국의 對아시아 정책'(1979) '핵확산과 개발도상국(編)'(1979) '북한정치론(編)'(1979) 'The Soviet Union and East Asia in 1980s(編)'(1982) '북한군사정책론(共)'(1983) 'Politics in Southeast Asia(共)'(1983) '북한정치론(개정판)'(1984) 'The Foreign Relations of North Korea(編)'(1987) 'The Strategic Defense Initiative : Its Implications for Asia and the Pacific(編)'(1987) 'SDI와 아시아의 안보(編)'(1987) '전환기의 지성(共)'(1992) '북한의 신외교와 생존전략'(1997) '북한이해의 길라잡이(編)'(1997) 'North Korea in Transition and Policy Choices : Domestic Structure and External Relations(編)'(1999) '새로운 북한읽기를 위하여(編)'(2004) '북한의 딜레마와 미래'(2011)

박재규(朴在圭) PARK Jae Kyu

[생]1952 · 1 · 25 [본]상주(尙州) [출]충북 청원 [주]충북 청주시 흥덕구 복대로185 인승빌딩8층 충청타임즈 회장실(043-279-5001) [학]1970년 청주상고졸 1974년 상지대 사회사업학과졸 [경]1978년 대전일보 기자 1981년 KBS 기자 1993년 同청주방송총국 취재부장 1995년 同청주방송총국 편집부장 1996년 同청주방송총국 취재 · 편집부장 1997년 同청주방송총국 보도국장(총괄본부장) 2001년 청주방송 전무 2004년 同대표이사 사장 2007년 충청타임즈 대표이사 회장(발행인)(현) [상]국무총리표창(1985), 내무부장관표창(1985 · 1986)

박재규(朴在奎) PARK Jae Kyu

[생]1963 · 10 · 26 [출]전북 완주 [주]세종특별자치시 다솜3로95 공정거래위원회 운영지원과(044-200-4179) [학]1982년 전주 해성고졸 1986년 서울대 사회복지학과졸 [경]행정고시 합격(33회) 2000년 공정거래위원회 소비자보호국 소비자기획과 서기관 2001년 同하도급1과 서기관 2005년 同대구사무소장 2005년 미국 사우스웨스턴로스쿨 파견 2007년 공정거래위원회 부산지방공정거래사무소장 2008년 同심판관리관실 경쟁심판담당관 2009년 同시장구조개선과장 2010년 同시장구조개선과장(부이사관) 2012년 同서울사무소 총괄과장 2014년 同기업거래정책국 기업거래정책과장 2015년 同시장구조개선정책관(고위공무원) 2016년 국가공무원인재개발원 교육파견(고위공무원)(현)

박재근(朴在根) Park, Jae Keun

[생]1951 · 7 · 13 [본]반남(潘南) [출]충북 제천 [주]충남 서산시 해미면 한서1로46 한서대학교 수학과(041-660-1313) [학]1969년 서울 중앙고졸 1974년 공군사관학교졸 1977년 서울대 수학과졸 1982년 同대학원 수학과졸 1988년 이학박사(중앙대) [경]1979~1993년 공군사관학교 전임강사 · 조교수 · 부교수 1993~1998년 한서대 수학과 부교수 1993년 同학생처장 1996년 同기획처장 겸 이공학부장 1998년 同수학과 교수(현) 1999~2003년 同교무처장 1999~2003년 同교육대학원장 2009~2011년 同정보산업대학원장 [상]교육부장관표창 [저]'미분적분학(共)'(1985) '선형대수학(共)'(1992) '공학수학(共)'(1997) [종]불교

박재근(朴在勤) Park Jae-Gun

[생]1959 · 7 · 27 [출]부산 [주]서울 성동구 왕십리로222 한양대학교 공과대학 융합전자공학부(02-2220-0234) [학]1978년 부산고졸 1985년 동아대 전자공학과졸 1988년 한양대 대학원 전자공학과졸 1994년 공학박사(미국 노스캐롤라이나주립대) [경]1985~1998년 삼성전자(주) 반도체 · 소재기술그룹 부장 1995년 미국 노스캐롤라이나주립대 박사후연수 1999년 한양대 공과대학 융합전자공학부 교수(현) 2004년 지식경제부 차세대메모리개발사업단장 2008년 교육과학기술부 국가과학기술위원회 운영위원 2008년 同초고속 · 무캐패시터메모리연구단장 2008년 한양대 대학원 나노반도체공학과장, SiWEDS Asia 대표 2008~2011년 한양대 산학협력단장 겸 학술연구처장 2010년 교육과학기술부 지식재산전문위원회 위원장 2011년 국가지식재산위원회 민간위원 2013년 한양대 전자컴퓨터통신공학과 대학원 주임(현) 2013년 同BK21+ 융합 IT기반 미래가치 창조 인재양성 사업단 단장(현) 2013년 한국과학기술한림원 차세대비전위원회 위원(현) 2015년 한국공학한림원 정회원(전기전자정보공학 · 현) 2015년 미래창조과학부 과학기술규제개선 옴부즈맨(현) [상]한겨레신문 '한국의 미래를 열어갈 100인' 선정(2004), 대한민국특허기술상 충무공상(2004), 이달의 과학기술자상(2005), 한국공학한림원 젊은 공학인상(2009), 녹조근정훈장(2010), 기술이전사업화경진대회 최우수상(2010)

박재기(朴在基) Park, Jae-Kie

[생]1955 · 6 · 11 [출]인천 [주]대전 유성구 대학로99 충남대학교 경영학부(042-821-5556) [학]1980년 연세대 경영학과졸 1983년 미국 뉴욕대 경영대학원 국제경영학과졸 1990년 경영학박사(연세대) [경]1980~1981년 연세대 산업경영연구소 연구원 1983~1984년 미국 Transnational Corp 대표 1986~2011년 충남대 경영학부 국제경영학과 전임강사 · 조교수 · 부교수 · 교수 1990~1992년 同경영

ㅂ

학과장 1993년 同국제교류위원 1994~1996년 한국생산성본부 비상임전문위원 1996~2003년 (주)휴먼앤사이버 경영자문 1997년 일본 나고야대 객원연구원 1998~1999년 미국 하버드대 객원교수 2002~2004년 충남대 무역학과장 2003~2004년 同경영학부장 2004년 한국경영학회 이사 2011년 충남대 경영학부 교수(현) 2013~2014년 同경영대학원장 [저]'글로벌 마케팅 : 시장반응적 접근'(2000, 선학사) '전자상거래의 이해'(2002, 학현사) '아시아 주요국가의 전자서명 인증정책 및 제도 조사분석'(2003, 한국정보보호진흥원) 'e-비지니스전략 : 인터넷마케팅(개정판)'(2004, 형설출판사) '그린마케팅'(2005, 집문당)

박재동(朴在東) Park Jae Dong

[생]1953 · 12 · 20 [출]울산 [주]서울 성북구 화랑로32길146의37 한국예술종합학교 영상원 애니메이션과(02-746-9554) [학]1975년 서울대 회화과졸, 同대학원 미술교육과졸 [경]1979년 서울 휘문고 미술교사 1981년 서울 중경고 교사 1988년 한겨레신문 입사, 同시사만평 '한겨레 그림판' 담당, 만화가(현), 미술그룹 '현실과 발언' 동인, (사)우리만화연대 이사 1996년 애니메이션제작사 (주)오돌또기 감독, 서울국제애니메이션 페스티벌(SICAF) 운영위원 2001년 한국예술종합학교 영상원 애니메이션과 부교수 · 교수(현) 2008년 부천국제만화축제 운영위원장(현) 2008년 한국만화100주년위원회 공동위원장 2015년 울주세계산악영화제 추진위원장(현) [상]대한민국 국회대상 올해의 만화가상(2009), 고바우만화상(2010)

박재만(朴載晩) PARK Jae Man

[생]1957 · 11 · 22 [출]경북 [주]서울 양천구 목동서로161 SBS A&T 사장실(02-2113-6101) [학]1976년 휘문고졸 1980년 한국외국어대 러시아어과졸 [경]1991년 SBS 입사 2003년 同스포츠본부 취재CP(차장급) 2004년 同스포츠취재부장 2005년 同보도본부 특임부장 2006년 同보도본부 사회부장 2007년 同보도본부 편집1부장 2008년 同편성본부 홍보팀장(부장급) 2009년 同방송지원본부 노사협력팀장 2010년 同방송지원본부 노사협력팀장(부국장급) 2012~2014년 한국방송협회 사무총장 2014년 SBS 논설위원 겸 남북교류협력단장 2014년 SBS A&T 대표이사 사장(현) [상]제9회 홍성현언론상 방송보도데스크부문(2006)

박재만(朴載萬) PARK Jae Man

[생]1961 · 11 · 12 [주]서울 영등포구 여의대로70 신한금융투자타워15층 이스트스프링자산운용코리아(주) 임원실(02-2126-3500) [학]고려고졸, 고려대 영어영문학과졸, 同대학원 재무관리과졸 [경]1986년 현대증권 리서치센터 근무 1996년 홍콩 Korea Asia Fund 수석운용역, 현대증권(주) 국제영업본부장(상무보대우) 2010년 同경영기획본부 상무보 2011년 KB투자증권 경영지원본부장(전무) 2015년 이스트스프링자산운용코리아(주) 경영관리본부장(전무)(현)

박재만(朴在萬) PARK Jae Man

[생]1963 · 4 · 4 [주]경기 수원시 팔달구 효원로1 경기도의회(031-8008-7000) [학]의정부고졸, 경희대 체육과학대학 체육학과졸, 대진대 법무행정대학원 행정학과졸 [경]제17대 정성호 국회의원 정책보좌관, 양주시무상학교급식추진운동본부 공동대표 2010년 경기 양주시장선거 출마(민주당) 2016년 경기도의회 의원(보궐선거 당선, 더불어민주당)(현) 2016년 同도시환경위원회 위원(현)

박재만(朴宰萬) PARK Jae Man

[생]1964 · 12 · 16 [출]전북 군산 [주]전북 전주시 완산구 효자로225 전라북도의회(063-280-4282) [학]군산동고졸, 원광대 경영대학졸 [경]2002년 새천년민주당 제16대 대통령중앙선거대책위원회 유세부장, 국민정치연대 전북대표 2006년 전북도의원선거 출마(민주당), 노무현재단 전북도 자문위원, 반값등록금실현국민본부 전북대표 2014년 전북도의회 의원(새정치민주연합 · 더불어민주당)(현) 2014년 同운영위원회 위원 2014~2016년 同문화건설안전위원회 위원 2014~2015년 同교육위원회 위원 2015년 同예산결산특별위원회 위원(현) 2015년 새정치민주연합 부대변인 2015년 전북도 항만물류연구자문회의 회장(현) 2015년 더불어민주당 부대변인(현) 2016년 전북도의회 환경복지위원회 위원(현) 2016년 同윤리특별위원회 위원(현) 2016년 同더불어민주당 원내대표(현) 2016년 同남북교류협력위원회 위원(현)

박재만(朴載萬) PARK Jai Man

[생]1947 · 10 · 19 [출]충남 당진 [주]대전 중구 대흥로64 대전성모병원 원장실(042-220-9016) [학]성신고졸, 가톨릭대 신학과졸, 이탈리아 그레고리안대 대학원 영성신학과졸 1983년 이탈리아 로마교황청안토니아대 대학원 교육심리학과졸 1985년 신학박사(이탈리아 그레고리안대) [경]1976년 충남운산 대철중 교사 1977~1982년 논산대건고 교사 1985~1988년 광천천주교회 주임 1988년 가톨릭대 신학과 교수 1993~2012년 대전가톨릭대 신학과 교수 1999년 대흥동 주교좌 본당 주임 2004년 가톨릭대 대전성모병원장(현) 2012년 대전가톨릭대 신학과 강사(현) [저]'영적지도, 그리스도인 성숙을 위한 도움'(1996) [종]가톨릭

박재명(朴在明) PARK Jae Myeong

[생]1959 · 9 · 19 [출]강원 원주 [주]강원 춘천시 중앙로1 강원도청 건설교통국 건축과(033-249-3460) [학]한국방송통신대 행정학과졸, 중앙대 대학원 도시관리자과정 수료 [경]강원도 시설복구담당, 同안전지도담당, 同주택지적과 건축담당 2007년 同건설방재국 재난관리과 시설사무관, 同동계올림픽추진본부 시설과장 2014년 同동계올림픽추진본부 시설2과장 2014년 同건설방재국 건축주택과장 2015년 同건설교통국 건축과장(현) [종]불교

박재목(朴在睦) Park Jae-Mok

[생]1960 · 3 · 26 [출]경북 의성 [주]서울 종로구 세종대로209 행정자치부 의정담당관실(02-2100-3072) [학]1978년 대구고졸 1985년 경북대 농화학과졸 1987년 同행정대학원졸 2001년 국민대 정치대학원졸 [경]관세청 비상계획담당관실 근무, 행정자치부 혁신홍보팀 근무 2007년 同교육홍보팀 서기관, 대구인재개발원 인재팀장, 한국은행 파견 2009년 행정안전부 조직실 서기관, 同재난위기종합상황실 서기관 2011년 행정안전부 기획총괄과장 2013년 안전행정부 기획총괄과장 2014년 同국가기록원 기록관리교육과장 2014년 행정자치부 국가기록원 기록관리교육과장 2014년 同의정관실 의정담당관(서기관) 2016년 同의정관실 의정담당관(부이사관)(현) [저]'시간의 보복'(2004, 뿌리출판사)

박재묵(朴在默) Jae-Mook Park

[생]1950 · 8 · 17 [출]경북 [주]대전 유성구 대학로99 충남대학교 사회학과(042-821-6331) [학]1974년 서울대 사회학과졸 1978년 同대학원 사회학과졸 1995년 문학박사(서울대) [경]1974~1979년 서울대 부설 한국방송통신대 조교 1980~1981년 서울시립산업대 · 충남대 시간강사 1981~2015년 충남대 사회학과 전임강사 · 조교수 · 부교수 · 교수 1991년 同기획실장 1994년 同사회과학대학 부학장 2000년 한국환경사회학회 부회장 · 회장 2005~2008년 한국NGO학회 부회장 · 회장 2007년 환경운동연합 감사 2011년 한국사회학회 회장 2012~2014년 충남대 교수회장 2014년 교수신문 논설위원(현) 2015년 환경운동연합 공동대표(현) 2015년 대전시 대전시민행복위원회 공동위원장(현) 2015년 충남대 사회학과 명예교수(현) [저]'새 사회학통론' '제3세계 사회발전론' '한국의 지방자치와 지역사회발전' '제3세계와 한국의 사회학' '한국사회학' '사회학사' '우리 눈으로 보는 환경사회학'(2004) '공공갈등관리의 이론과 기법'(2005) '한국사회론'(2005)

박재문(朴載文) PARK Jae Moon

[생]1963 · 7 · 9 [본]밀양(密陽) [출]강원 동해 [주]경기 성남시 분당구 분당로47 한국정보통신기술협회(031-724-0001) [학]1981년 숭실고졸 1985년 서울대 법대 공법학과졸 1992년 同행정대학원 행정학과졸 1998년 미국 툴레인대 법학대학원졸 2011년 홍익대 대학원 법학박사과정 수료 [경]1985년 행정고시 합격(29회) 1999년 미국 뉴욕주 변호사자격 취득 2000년 대통령 정책기획수석비서관실 행정관 2002년 정보통신부 정보화지원과장 2004년 同지식정보산업과장 2004년 同지식정보산업팀장 2005년 대통령비서실 행정관 2006년 정보통신부 소프트웨어진흥단장 2007년 同정책홍보관리관 2008년 방송통신위원회 대변인 2008년 미국 Paul Hastings(로펌) 파견(일반직고위공무원) 2010년 국가사이버안전센터 파견(일반직고위공무원) 2010년 방송통신위원회 융합정책관 2011년 同네트워크정책국장 2013년 미래창조과학부 정보화전략국장 2014~2016년 同연구개발정책실장 2016년 한국정보통신기술협회 회장(현) [상]홍조근정훈장(2013)

박재민(朴宰民) PARK Jae Min

⊗1965·9·18 ⊜부산 ㈜서울 종로구 세종대로209 행정자치부 인사기획관실(02-2100-3174) ⊗1984년 한성고졸 1988년 서울대 법학과졸 1990년 同대학원 행정학과졸, 미국 시카고대 대학원 정책학과졸 ⊗1987년 행정고시 합격(31회) 2004년 중앙인사위원회 인사정책국 균형인사과장 2005년 대통령비서실 서기관 2006년 중앙인사위원회 성과후생국 직무분석과장 2007년 同인사정책국 임용관리과장(서기관) 2007년 同인사정책국 임용관리과장(부이사관) 2008년 행정안전부 임용관리과장 2008년 同지방재정세제국 교부세과장 2010년 同본부 근무(부이사관) 2010년 법무부 국적·통합정책단장 2010년 행정안전부 인사실 성과후생관(고위공무원) 2013년 교육 파견(고위공무원) 2014년 안전행정부 성과후생관 2015년 서울시 재무국장 2016년 행정자치부 인사기획관(현)

박재본(朴在本) Park Jae Bon

⊗1954·6·27 ⊜부산 ㈜부산 연제구 중앙대로1001 부산광역시의회(051-888-8235) ⊗동아대 경영대학 경영학부졸 2012년 同경영대학원졸 ⊗한나라당 부산시당 부대변인, 同부산남구乙당원협의회 부위원장 2006년 민주평통 자문위원, 부산시 남구 오륙도여성합창단 후원회 회장, 국제라이온스클럽 355-A지역지구 부총재 겸 고문, 오륙도민주산악회 부회장, 동아대총동문회 부회장(현) 2010년 부산시의회 의원(한나라당·새누리당) 2010년 同보사환경위원회 위원, 同예산결산특별위원회 위원, 同여성정책위원회 부위원장, 同재활용촉진협의회 위원 2012년 새누리당 부산남구乙당원협의회 부위원장 2012년 同전국위원(현) 2012년 부산시의회 보사환경위원회 부위원장 2012년 同운영위원회 위원, (사)사랑의장기기증운동본부 홍보대사 2014년 부산시의회 의원(새누리당)(현) 2014년 同복지환경위원회 위원장 2016년 同복지환경위원회 위원(현) ⊗법무부장관표창(2009)

박재석(朴在錫) PARK Jae Suk

⊗1959·11·27 ⊜밀양(密陽) ⊜강원 홍천 ㈜서울 금천구 가산디지털1로134 ㈜S&T홀딩스 임원실(02-3279-5010) ⊗1977년 배문고졸 1980년 연세대 독어독문학과졸 ⊗1983~1999년 대우그룹 근무 2000~2004년 ㈜녹십자 이사 2004년 통일중공업㈜ 전무이사 2005년 同총괄부사장 2005년 同대표이사 부사장 2005년 S&T중공업㈜ 대표이사 부사장 2008~2014년 同대표이사 사장 2008년 S&T홀딩스㈜ 경영관리실장 2008년 S&T브레이크 대표이사 사장 2013년 ㈜S&T홀딩스 대표이사 사장(현)

박재선(朴宰善) PARK Jayson (正侖)

⊗1946·2·25 ⊜밀양(密陽) ⊜충남 공주 ㈜강원 평창군 대관령면 올림픽로108의27 2018평창동계올림픽조직위원회(033-350-2018) ⊗1964년 경기고졸 1968년 한양대 상학과졸 1973년 프랑스 국제행정대학원 외교학과 수료 ⊗1975년 외무부 입부 1977년 駐프랑스 3등서기관 1982년 駐프랑스 참사관 1986년 외무부 중남아과장 1987년 同마그레브과장(중동 2과장) 1989년 駐유네스코 대표부 부상주대표 1989년 駐프랑스 참사관 1991년 외무부 구주국 심의관 1992년 同중동아프리카국 심의관 1994년 駐프랑스 공사 1997년 駐세네갈 대사 1999년 외교통상부 구주국장 2000~2002년 미국 보스턴 브랜다이스대 중동 유대연구소 객원교수 2000년 駐보스턴 총영사 2004~2006년 駐모로코 대사 2006년 홍익대 교양학부 초빙교수 2009년 명지대 객원교수 2009~2011년 2018평창동계올림픽유치위원회 부위원장 2012년 2018평창동계올림픽조직위원회 자문위원(현) ⊗자이르공화국 공로훈장 기사장(1982), 세네갈공화국 공로훈장 사관장(1982), 근정포장(1983), 프랑스 공로훈장 사관장(1986), 프랑스 레지옹도뇌르 기사장(1992), 프랑스 공로훈장 사령장(1996), 세네갈공화국 공로훈장 사령장(1999), 모로코공화국 공로훈장 사령장(2006), 체육훈장 기린장(2011) ⊗'세계사의 주역 유태인'(1999) '제2의 가나안 : 유태인과 미국'(2002) '월간조선-미국유대인 주제기고'(2008~2009) '세계를 지배하는 유대인 파워'(2010, 해누리) '100명의 특별한 유대인'(2013, 메디치) ⊗불교

박재섭(朴載燮) PARK Jae Sup

⊗1957·1·3 ㈜경남 김해시 인제로197 인제대학교 한국학부(055-320-3407) ⊗1980년 서강대 한국어문학과졸 1986년 同대학원 한국어문학과졸 1994년 문학박사(서강대) ⊗1988~1990년 서강대 시간강사 1990~1991년 일본 상지대 객원연구원 1991~1994년 서강대 전임강사대우 1994년 인제대 전임강사·조교수 1999년 同한국학부 부교수·교수(현) 2001~2003

년 同사무처장 2003~2004년 일본 구주대 방문교수 2004~2012년 인제대 백인제기념도서관장 2007년 同한국학부장 겸 한국어문화원장 2007년 시학과언어학회 회장 2009·2011~2012년 인제대 한국어문화교육원장 2010년 한국어교육기관대표자협의회 부산·경남지회장 2013~2015년 인제대 한국어문화교육원장 2013년 同대외교류처장 2015년 同국제교류처장(현) 2016년 同백인제기념도서관장(현) ⊗현대소설 시점의 시학(1996) '국문학개론'(1998) '대학국어'(1999) '나의 사랑 혜련에게'(1999) '혜촌 김학수 기념박물관 도록'(2008)

박재성(朴在成) PARK Jae Sung

⊗1952·6·6 ⊜고령(高靈) ⊜서울 ㈜서울 성동구 왕십리로222 한양대학교 음악대학 작곡과(02-2220-1256) ⊗1976년 서울대 작곡과졸 1980년 同대학원 작곡과졸 1988년 음악이론박사(미국 뉴욕주립대) ⊗1980~1981년 서울대 음악대학 작곡과 조교 1981~1990년 계명대 음악대학 작곡과 전임강사·조교수·부교수 1989~1990년 아시아작곡가연맹 한국위원회 연구부장 1990~1996년 同한국위원회 사무총장 1990~2000년 미국 서부음악이론학회 창립회원 1990년 한양대 음악대학 작곡과 교수(현) 1994~1996년 한국음악학회 국제교류담당 이사 1994~1997년 아시아작곡가연맹 사무총장 1996~1999년 한국음악학회 부회장 1998년 한국서양음악학회 감사 2001~2002년 한국음악협회 이사 2002년 한국음악지각인지학회 감사 2004~2006년 한국음악학회 수석부회장 2007~2008년 同회장 ⊗John Clifton Memorial Prize(1984) ⊗'Mozart의 작품에 있어서의 반음계주의 : Rondo in A Minor, K.511을 통한 연구 (Generative Chromaticism in Mozarts Music : The Rondo in A Minor, K.511)'(1981) 'Beethoven의 피아노소나타 중 소나타형식으로 된 악장의 재현부에서 나타나는 여러가지 양상들'(1981) '19세기 후반 이후의 작품경향과 작품분석'(1993) '바하양식의 대위법'(1993) ⊗창작발표 '바다에 닿지는 못하지만'(1979) '2개의 클라리넷, 2개의 오보에, 1개의 바순을 위한 5중주곡'(1982) 'Sound Structure for Orchestra'(1989) '바이올린, 첼로, 피아노를 위한 3중주곡'(1989)

박재성(朴宰成) PARK Jae Sung

⊗1956·3·11 ㈜광주 서구 화운로93 전국시·도교육감협의회 사무국(062-380-4523) ⊗광주제일고졸, 전남대 사범대학 불어교육과졸, 同대학원 불문학과졸 ⊗전남대 사범대학 조교, 광주대동고·광주일고·광주여고·전남여고·두암중 교사, 광주교육혁신추진단 단장 2010~2013년 광주시교육청 정책기획담당관, 전국교직원노동조합 광주지부 사무처장, 同광주지부장 2014년 전국시·도교육감협의회 사무소장 2014년 同사무국장(현)

박재순(朴載淳) PARK Jae Soon

⊗1944·9·29 ⊜함양(咸陽) ⊜전남 보성 ㈜경남 통영시 천대국치길38 한국도서섬학회(055-772-9160) ⊗1963년 조선대부속고졸 1968년 조선대 정치외교학과졸 1989년 전남대 행정대학원졸 1999년 정치학박사(조선대) ⊗1988년 전남도 민방위과장 1990년 同관광과장 1991년 同도시계획과장 1992년 同공보관 1993년 同강진군수 1994년 同민방위국장 1995년 同농정국장 1995년 同도청이전사업본부장 1996년 同수산개발국장 1997년 同농정국장 1997년 同내무국장 1998년 同자치행정국장 겸 도청이전사업본부장 2000년 同의회 사무처장 2000~2003년 同기획관리실장 2001~2010년 21세기남도포럼 공동대표 2002년 빛고을미래사회연구원 이사 2003년 명예 퇴직(관리관) 2003년 동신대 객원교수(현) 2003~2006년 전남도체육회 상임부회장 2005년 목포대 겸임교수 2005년 한국도서섬학회 이사(현) 2006년 한나라당 고흥·보성당원협의회 위원장 2006~2008년 同전남도당 위원장 2006년 전남도지사 후보(한나라당) 2007년 한나라당 중앙당 인재영입위원 2008년 제18대 국회의원 후보(비례대표, 한나라당) 2008년 한나라당 태안원유유출사고 대책특별위원 2008년 同국민소통위원장 2008~2010년 同최고위원 2009년 (사)학송회 고문(현) 2009년 호남사랑 상임고문(현) 2010년 한나라당 전남도당 선거대책위원장 2010년 F1코리아그랑프리조직위원회 조직위원 2010년 2015광주하계유니버시아드대회조직위원회 조직위원 2010년 21세기남도포럼 공동대표 2011~2013년 한국농어촌공사 사장 2014년 학교법인 봉강학원 이사(현) 2014년 조선대 정책대학원 초빙교수(현) 2014년 국제관개배수위원회(ICID) 공동조직위원장(현) 2015년 (재)광주비엔날레 이사(현) 2016년 (사)전남지방행정동우회 회장(현) ⊗대통령표창(1974), 문교부장관표창(1983), 내무부장관표창(1989), 녹조근정훈장(1999), 황조근정훈장(2003), 자랑스러운 전남대인상(2012), 자랑스러운 조선대인상(2013), 포브스 최고경영자 대상(2013), 보성군 보성군민의상(2013) ⊗'지역개발정책' '보성의 향약과 계' ⊗불교

ㅂ

박재순(朴載淳) PARK Jae Soon

[생]1960·8·6 [출]서울 [주]경기 수원시 영통구 삼성로 129 삼성전자(주) 생활가전사업부 전략마케팅팀(031-200-1114) [학]1979년 한성고졸 1983년 성균관대 경영학과졸 [경]1985년 삼성전자(주) 입사 1990년 同비엔나지점장 1996년 同해외인사그룹장 2000년 同인사지원그룹장 2003년 同인사팀 상무보 2006년 同미국판매법인담당 상무 2009년 同미국현지영업담당 전무 2009년 同한국총괄장(전무) 2011년 同한국총괄장(부사장) 2012년 同중국총괄장(부사장) 2016년 同생활가전사업부 전략마케팅팀장(부사장)(현) [상]조선일보 광고대상 가전·전자부문 최우수상(2010)

박재순(朴宰淳) PARK Jae Soon

[생]1962·1·29 [주]경기 수원시 팔달구 효원로1 경기도의회(031-8008-7000) [학]동의대 경제학과졸, 아주대 경영대학원 마케팅과졸 [경]한국오티스(주) 부사장, 열린우리당 중앙당 지방자치위원, 同경기도당 국가균형발전위원회 부위원장, 민주평통 수원시협의회 부회장, 아주대경영대학원총동문회 회장 2006년 경기도의원선거 출마(열린우리당), (사)한국지방발전연구원 운영위원장, 새누리당 수원시권선구당원협의회 부위원장 2014년 경기도의회 의원(새누리당)(현) 2014년 同기획재정위원회 위원 2015년 同항공기소음피해대책특별위원회 위원(현) 2015년 경기도 공공기관경영합리화추진협의회 위원(현) 2016년 경기도의회 운영위원회 위원 2016년 同교육위원회 위원(현) 2016년 同예산결산특별위원회 간사(현) 2016년 同경제민주화특별위원회 위원(현) [종]천주교

박재승(朴在承) PARK Jae Seung

[생]1939·3·25 [본]함양(咸陽) [출]전남 강진 [주]서울 강남구 강남대로340 경원빌딩11층 법무법인 봄(02-3477-2103) [학]1958년 광주고졸 1968년 연세대 정법대졸 1994년 同행정대학원 고위정책과정 수료 1995년 고려대 언론대학원 수료 1996년 서울대 경영대학 최고경영자과정 수료 2004년 명예 법학박사(전남대) [경]1967년 軍법무관 합격(1회) 1969년 육군 법무관 1971년 사법시험 합격(13회) 1973년 사법연수원 수료 1973년 서울형사지법 판사 1975년 서울민사지법 판사 1975년 이화여대·숭실대 강사 1977년 제주지법 판사 1979년 수원지법 판사 1981년 서울지법 남부지원 판사 1981년 변호사 개업 1993년 서울지방변호사회 인권위원장 1994년 한겨레신문 감사 1997년 한겨레통일문화재단 감사 1997년 외무부 행정심판위원 2000년 제주4·3사건진상조사 및 희생자 명예회복위원 2001년 서울지방변호사회 회장 2003~2005년 대한변호사협회 회장 2007년 학교법인 대양학원(세종대) 임시이사장 2007년 법무법인 디지털밸리 고문변호사 2008년 통합민주당 4.9총선 공천심사위원장 2009년 법무법인 봄 대표변호사(현) 2012년 희망제작소 이사장(현) [상]대법원장표창 [저]'법과 국가경영'

박재식(朴在植) Park, Jae-Seek

[생]1958·9·27 [본]밀양(密陽) [출]충남 공주 [주]서울 영등포구 국제금융로8길10 한국증권금융 임원실(02-6908-8403) [학]1977년 대전고졸 1982년 성균관대 경제학과졸 1988년 서울대 행정대학원 행정학과졸 1992년 미국 오레곤대 대학원 경제학과졸 2014년 경제학박사(동국대) [경]1982년 행정고시 합격(26회) 1984년 재정경제원 증권업무담당관실 근무, 재무부 증권정책과·국제기구과·관세정책과·공보관실 근무 1998년 미국 워싱턴주 금융감독청 파견 2001~2005년 재정경제부 경제홍보기획단 국내홍보과장·국제금융국 국제기구과장·금융정책국 보험제도과장 2005~2007년 대통령비서실 정책조정선임행정관 2007~2009년 駐제네바국제연합사무처·국제기구대표부 공사참사관 2009~2011년 지식경제부 우정사업본부 보험사업단장 2011년 기획재정부 국고국장 2012년 금융정보분석원 원장 2012~2015년 한국증권금융(주) 대표이사 사장 2013~2015년 同꿈나눔재단 초대이사장 2015년 同고문(현) [상]근정포장

박재억(朴載億) PARK Jae Euk

[생]1958·7·14 [주]부산 부산진구 전포대로217 천일정기화물자동차(주) 사장실(051-647-1001) [학]중앙대 응용통계학과졸, 同대학원 응용통계학과졸 [경]천일정기화물자동차(주) 이사, 同전무이사, Kana Shipping(주) 대표이사, 천일정기화물자동차(주) 대표이사 사장(현), 한국통합물류협회 선임부회장 2013년 同회장(현)

박재억(朴在億)

[생]1971·4·17 [출]경남 고성 [주]서울 서초구 반포대로 157 대검찰청 강력부 조직범죄과(02-3480-2280) [학]1990년 대아고졸 1995년 한양대 법학과졸 [경]1997년 사법시험 합격(39회) 2000년 사법연수원 수료(29기) 2000년 공익법무관 2003년 수원지검 성남지청 검사 2005년 수원지검 검사 2006년 프랑스 파견 2008년 부산지검 검사 2010년 서울중앙지검 검사 2013년 수원지검 안양지청 부부장검사 2014년 광주지검 강력부장 2015년 대검찰청 마약과장 2016년 同조직범죄과장(현) [상]근정포장(2014)

박재영(朴在泳) PARK Jae Young

[생]1954·4·17 [본]밀양(密陽) [출]전남 담양 [주]서울 성동구 뚝섬로377 (주)이마트 임원실(02-380-5678) [학]1974년 광주제일고졸 1981년 서울대 경제학과졸 1983년 同행정대학원졸 1997년 영국 버밍엄대 대학원졸 1998년 행정학박사(한양대) [경]1982년 행정고시 합격(25회) 1983년 전남도 근무 1985년 산림청 근무 1986~1994년 내무부 근무 1995년 전남도 함평군수 1995년 해외 유학 1998년 전남도지사 비서실장 1999년 대통령비서실 행정관 2000년 행정자치부 자치제도과장 2003년 정부혁신지방분권위원회 파견 2005~2006년 기획예산처 균형발전재정기획관 2006년 행정자치부 균형발전지원관 2006년 同지역균형발전지원본부장 2008년 전남도 행정부지사 2009년 행정안전부 소청심사위원회 상임위원 2010년 대통령 정무수석비서관실 행정자치비서관 2011~2014년 국민권익위원회 부위원장 겸 사무처장(차관급) 2015년 (주)이마트 사외이사 겸 감사위원(현) [상]대통령표창(1991), 홍조근정훈장(2003) [저]'영국을 다시 본다'(1998) '여왕의 핸드백엔 무엇이 들었을까'(2000) [종]천주교

박재영(朴在映) PARK Jae Young

[생]1966·3·29 [출]대구 [주]서울 양천구 신월로390 서울남부지방검찰청(02-3219-4200) [학]1984년 대구 계성고졸 1988년 서울대 법대졸 1991년 경북대 법학대학원 수료 [경]1996년 사법시험 합격(38회) 1999년 사법연수원 수료(28기) 1999년 광주지검 검사 2001년 대구지검 김천지청 검사 2003년 인천지검 부천지청 검사 2005년 의정부지검 검사 2008년 대구지검 검사 2010년 서울남부지검 검사 2011년 同부부장검사 2012년 인천지검 부부장검사 2013년 서울고검 검사 2014년 의정부지검 고양지청 부부장검사 2015년 광주지검 목포지청 형사1부장 2016년 서울남부지검 부부장검사(현) 2016년 부산고검 파견(현) [종]기독교

박재영(朴宰瑩)

[생]1974·11·10 [출]경남 진주 [주]경남 창원시 성산구 창이대로681 창원지방법원(055-266-2200) [학]1993년 진주고졸 1999년 서울대 사법학과졸 [경]1998년 사법시험 합격(40회) 2001년 사법연수원 수료(30기) 2001년 변호사 개업 2003년 부산지법 예비판사 2004년 부산고법 예비판사 2005년 부산지법 판사 2006년 수원지법 성남지원 판사 2009년 서울행정법원 판사 2011년 서울남부지법 판사 2012년 서울동부지법 판사 2012년 법원행정처 사법지원심의관 겸임 2014년 서울남부지법 판사 2016년 창원지법 부장판사(현)

박재옥(朴在玉·女) PARK Jae Ok

[생]1948·5·1 [본]밀양(密陽) [출]대구 [주]서울 성동구 왕십리로222 한양대학교 생활과학대학 의류학과(02-2220-0114) [학]1972년 이화여대 정치외교학과졸 1975년 同대학원 사회교육학과졸 1979년 미국 뉴욕주립대 의상디자인학과졸 1981년 미국 드렉셀대 대학원 의상디자인학과졸 1990년 패션마케팅학박사(미국 버지니아폴리테크닉주립대) [경]1981~1986년 계명대 의생활학과 교수·유학상담부장 1986년 미국 Virginia Tech. 강사·강의조교 1989~2013년 한양대 생활과학대학 의류학과 교수 2000~2001년 同생활과학대학장 2005~2007년 한국의류학회 회장 2005~2009년 한양대 디자인경영센터장 2007~2011년 同생활과학대학장 2011~2013년 同일반대학원장 2013년 同명예교수(현) [상]섬유의날표창(2008), 한국과학기술단체총연합회 제23회 과학기술우수논문상(2013), 근정포장(2013)

박재완(朴宰完) BAHK Jaewan (春塘)

[생]1955·1·24 [본]밀양(密陽) [출]경남 마산 [주]서울 종로구 성균관로25의2 성균관대학교 사회과학대학 행정학과(02-760-0371) [학]1973년 부산고졸 1977년 서울대 경제학과졸 1988년 미국 하버드대 Kennedy School 정책학 석사 1992년 정책학박사(미국 하버드대) [경]1979년 행정고시 합격(23회) 1980년 총무처 근무 1981년 국가안전보장회의 행정사무관 1983~1992년 감사원 부감

사관 1992~1994년 재무부 행정사무관 1994~1996년 대통령비서실 서기관 1996~2004 · 2013년 성균관대 사회과학대학 행정학과 교수(현) 1997년 한국공공경제학회 총무이사 1999년 한국정책학회 연구이사 2000년 한국행정학회 연구이사 2000~2002년 한국공공정책연구소 소장 2000~2002년 성균관대 입학처장 2003~2004년 同기획조정처장 2003년 BK21핵심사업팀장협의회 공동의장 2004년 경실련 정책위원장 2004~2008년 제17대 국회의원(비례대표, 한나라당) 2004년 한나라당 여의도연구소 부소장 2005년 同제3정책조정위원장 2005년 同대외협력위원장 2006년 同대표비서실장 2007년 제17대 대통령직인수위원회 국가경쟁력강화특별위원회 정부혁신규제개혁TF팀장 2008년 대통령 정무수석비서관 2008~2010년 대통령 국정기획수석비서관 2009~2010년 청불회(靑佛會) 회장 2010~2011년 고용노동부 장관 2011~2013년 기획재정부 장관 2014년 한반도선진화재단 이사장(현) 2014년 (재)이명박대통령기념재단 이사(현) 2014년 창원시 미래전략위원회 위원장(현) 2014~2016년 성균관대 사회과학연구원장 2015~2016년 同국정전문대학원장 2016년 삼성전자 사외이사(현) 2016년 롯데쇼핑(주) 사외이사(현) [저]'대통령의 성공조건' '국회의 성공조건' 'Building Good Governance' '국가혁신의 비전과 전략' '21세기를 준비하는 국가경영전략'(1998, 박영사) '정책학의 주요이론'(2000, 박영사) '작지만 유능하고 투명한 정부'(2003, 한국경제연구원) [종]불교

박재완(朴宰完)

[생]1968 · 2 · 5 [주]전북 전주시 완산구 효자로225 전라북도의회(063-280-4527) [학]완주고졸, 원광대 농학과졸 [경]새시대새정치연합청년회 완주군 사무장, 전북도민일보 완주지사장, 민주평통 자문위원, 봉동초 운영위원장 2010~2014년 전북 완주군의회 의원(민주당 · 민주통합당 · 민주당) 2010년 同운영위원회 위원 2010년 同산업건설위원회 위원 2012년 同산업건설위원장 2014년 전북도의회 의원(새정치민주연합 · 더불어민주당 · 국민의당)(현) 2014년 同문화건설안전위원회 부위원장 2014 · 2016년 同운영위원회 위원(현) 2015년 同예산결산특별위원회 위원 2016년 同문화건설안전위원회 위원(현) [상]유권자시민행동 선정 '대한민국 유권자대상'(2016)

박재완(朴栽完) Park Jaewan

[생]1970 · 2 · 2 [출]전북 익산 [주]경기 과천시 관문로47 법무부 체류관리과(02-2110-4055) [학]1988년 이리고졸 1997년 고려대 법학과졸 [경]1988년 사법시험 합격(40회) 2001년 사법연수원 수료(30기) 2001~2004년 법무법인 길상 변호사 2005년 법무부 출입국 · 외국인정책본부 사무관 2008년 서울출입국관리사무소 사범과장 2010년 법무부 출입국 · 외국인정책본부 인사팀장(서기관) 2012년 駐태국대사관 1등서기관 겸 영사 2015년 법무부 이민통합과장 2016년 同체류관리과장(현) [상]법무부장관표창(2006), 재외동포신문 제11회 '발로 뛰는 영사상'(2015)

박재용(朴載瑢) PARK Jae Yong

[생]1959 · 9 · 17 [출]경북 [주]대구 북구 호국로807 칠곡경북대학교병원 원장실(053-200-2114) [학]1984년 경북대 의학과졸 1990년 同대학원졸 1995년 의학박사(영남대) [경]1991년 경상대 전임강사 1994년 경북대 의과대학 내과학교실 조교수 · 부교수 1995년 미국 펜실베이니아대 방문교수 1999~2005년 경북대병원 호흡기내과장 2001~2004년 보건의료기술연구기획평가단 위원 2003년 경북대 의과대학 내과학교실 교수(현), 同의학전문대학원 내과학교실 교수(현) 2004~2008년 同보건소장 2004년 대한암학회 편집위원 2005년 대한결핵및호흡기학회 학술위원 2005년 대한폐암학회 이사 2005~2007년 경북대병원 진료지원실장 2006~2010년 경북대 의학전문대학원 BK21사업단장 2008~2010년 대구 · 경북지역암센터장 2008~2010년 칠곡경북대병원 건립추진본부 부본부장 2011년 칠곡경북대병원 진료처장 2013년 同원장(현) [상]제8회 화이자의학상 임상의학상(2010), 제10회 보령암학술상(2011)

박재용(朴在容)

[생]1967 · 10 · 24 [출]경남 창녕 [주]경남 창원시 의창구 중앙대로151 창원시청 제1부시장실(055-225-2011) [학]연세대 행정학과졸, 서울대 대학원 행정학과졸, 미국 덴버대 대학원 경영학과졸, 도시행정학박사(서울시립대) [경]행정고시 합격(37회) 1994~2007년 서울시 마포구 교통행정과 근무 · 마포구 민방위과장 · 서울시의회 사무처 근무 2008~2011년 서울시립대 교무과장(지방서기관) · 대통령 정무수석비서관실 행정관(서기관) 2011~2015년 대통령 정무수석비서관실 행정관(부이사관) · 대통령 행정자치비서관실 행정관(부이사관) · 국민권익위원회 부패영향분석과장 · 창조기획재정담당관 2015년 국민권익위원회 서울종합민원사무소장(일반직고위공무원) 2015년 경남도 재난안전건설본부장 2016년 창원시 제1부시장(현) [상]대통령표창(2004)

박재우(朴載祐) PARK Jae Woo

[생]1946 · 9 · 16 [본]밀양(密陽) [출]경남 밀양 [주]서울 중구 퇴계로97 고려대연각빌딩901호 삼익물류(주) 회장실(02-3708-7000) [학]1965년 경남고졸 1969년 한양대 공업경영학과졸 [경]조양상선 입사, 同이사 · 상무이사 · 전무이사, 삼익선박 이사 · 전무이사 · 부사장, 우성산업 대표이사, 조양상선 수석부사장, 남북수산 부사장, 제일생명보험 부회장, 조양상선 대표이사 사장, 조양상선그룹 수석부회장, 창원개발 대표이사 사장 2004년 삼익물류(주) 회장(현) [상]동탑산업훈장 [종]기독교

박재우(朴宰雨) PARK Jae Woo (樹人)

[생]1954 · 4 · 6 [본]반남(潘南) [출]충남 금산 [주]서울 동대문구 이문로107 한국외국어대학교 중국어대학 중국언어문화학부(02-2173-3192) [학]1973년 경기고졸 1978년 서울대 중어중문학과졸 1982년 국립대만대 중문연구소졸(석사) 1990년 문학박사(국립대만대) [경]1983~1997년 한국외국어대 중국어과 전임강사대우 · 전임강사 · 조교수 · 부교수 1991~1995년 민주화를위한전국교수협의회 서울지회 총무 · 편집국장 · 대외협력위원장 1991년 중국현대문학학회 총무이사 1993년 경기도 지방공무원연수원 · 내무부 지방공무원연수원 강사 1994년 한국중어중문학회 상임이사 1994년 한국외국어대 중국어학과장 1997~2009년 同중국어과 교수 1998년 同홍보실장 1999~2003년 한국중국현대문학회 회장 2000~2004년 참여연대 운영위원 2001년 한국외국어대 학생지원처장 2001년 중국 북경대 교환교수 2002년 서울15개대학학생처장협의회 회장 2002년 중국 화난사대 객좌교수(현) 2002~2013년 한중문화포럼 집행위원장 2003~2005년 한국외국어대 중국연구소장 2004년 중국사회과학원 '當代韓國' 편집위원 2005년 同'當代韓國' 편집위원장(현) 2006~2012년 한국문학번역원 이사 2007년 대산문화재단 한중일동아문학포럼 조직위원(현) 2007~2012년 서울공자아카데미 중국학력검증위원회 위원장 2009~2012년 외교통상부 한중전문가연합연구위원회 위원 2009년 서울국제문학포럼 조직위원(현) 2009~2013년 한국외국어대 중국어대학 중국학부 교수 2010~2011년 한국중어중문학회 회장 2011년 국제루쉰연구회 회장(현) 2013~2014년 한국외국어대 중국어대학장 2014년 同중국어대학 중국언어문화학부 교수(현) 2014~2015년 한국중국언어문화연구회 회장 2015년 한국세계화문학협회 회장(현) [상]한국외국어대 학생지원처장 공로패(2002), 중국대사관 한중교육교류 공로상(2003), 한국외국어대 우수교원표창(2007 · 2010 · 2011 · 2015) [저]'사기한서비교연구' '중문학 어떻게 공부할까' '한국魯迅연구논문집' '일제하중국현대문학수용사' '20세기한인제재소설적통시적고찰' '중국당대문학의 조명' '고대한어기초 스토리텔링 기초편' [역]'문학의 이론과 실천' '중국 현대소설 유파사' '만사형통' '눈부시게 새빨간 부겐빌레아' [종]기독교

박재우(朴宰佑) PARK Jae Woo

[생]1969 · 10 · 30 [출]서울 [주]서울 서초구 서초중앙로157 서울고등법원 판사실(02-530-1114) [학]1988년 화곡고졸 1993년 서울대 법과대학 사법학과졸 1993년 同대학원 법학과졸 [경]1993년 사법시험 합격(35회) 1996년 사법연수원 수료(25기) 1996년 공군 법무관 1999년 서울지법 판사 2001년 서울남부지원 판사 2003년 춘천지법 강릉지원 판사 2006년 의정부지법 판사 2008년 서울고법 판사 2009년 대법원 재판연구관 2011년 서울중앙지법 판사 2012년 광주지법 부장판사 2013년 서울고법 판사(현)

박재윤(朴在潤) PARK Jae Yoon

[생]1940 · 3 · 7 [본]고령(高靈) [출]경기 평택 [주]서울 강남구 도곡로1길25 강산건설(주) 비서실(02-2007-9005) [학]1964년 한양대 전기공학과졸 2000년 同경영대학원 건설경영자과정 수료 [경]1978년 강산개발(주) 대표이사 1997년 수송전기공고총동문회 회장 2002년 학교법인 광운학원 관선이사 2003~2005 · 2006~2008 · 2009~2011년 한양대총동문회 발전위원장 2013년 강산건설(주) 대표이사 회장(현) 2013년 CENTURY21C.C 대표이사 회장(현) 2013년 건설공제조합 비상임감사(현) 2013년 경기도민회 부회장(현) 2013년 고령박씨대종회 부회장(현) 2013년 서초경제인협의회 운영위원 2013년 대한건설협회 기획위원장(현) 2014년 서초경제인협의회 회장(현) [상]노동부장관표창(1984), 서울시장표창(1984), 내무부장관표창(1984), 건설부장관표창(1990), 대통령표창(1993), 교육부장관표창(1997)

ㅂ

박재윤(朴在潤) PARK Jae Yoon

[생]1941·7·25 [본]고령(高靈) [출]부산 [주]서울 관악구 관악로1 서울대학교 경제학부(02-880-6359) [학]1959년 부산고졸 1963년 서울대 경제학과졸 1967년 同대학원졸 1974년 경제학박사(미국 인디애나대) [경]1971~1985년 서울대 전임강사·조교수·부교수 1983년 한국경제학회 사무국장 1983년 재무부 금융산업발전심의위원 1985~1987년 서울대 기획실장 1985~1992년 同경제학과 교수 1987·1997년 금융통화운영위원회 위원 1989년 한국금융학회 회장 1991년 금융연구원 원장 1992년 서울대 경제학부 명예교수(현) 1992년 민자당 김영삼대통령후보 경제특보 1993년 대통령 경제수석비서관 1994년 재무부 장관 1994~1996년 통상산업부 장관 1998년 순천향대 경제학부 교수 1999~2003년 부산대 총장 2004년 경기도지역혁신협의회 의장 2004~2006년 아주대 총장 2009~2014년 미국 유타대 교환교수 2014년 지식사회포럼 대표(현) [상]청조근정훈장(1997) [저]'화폐금융원론'(1979, 박영사) '한국공업노동연구' '한국의 민간저축에 관한 연구' '21세기를 사는 9가지 지혜 - 지식사회에서 어떻게 성공할 것인가'(2014, 한국경제신문) [종]기독교

박재윤(朴在允) PARK Jae Yoon

[생]1948·3·20 [본]밀양(密陽) [출]전북 부안 [주]서울 강남구 테헤란로92길7 바른빌딩 법무법인 바른(02-3479-7567) [학]1965년 전주고졸 1969년 서울대 법과대학졸 1970년 同사법대학원졸 [경]1968년 사법시험 합격(9회) 1971년 軍법무관 1974년 서울민사지법 판사 1982년 서울고법 판사 1985년 전주지법 부장판사 1987년 사법연수원 교수 1990년 서울형사지법 부장판사 1992년 인천지법 수석부장판사 1992년 광주고법 부장판사 1993~1999년 서울고법 부장판사 1993~1997년 대법원 수석재판연구관 겸임 1997년 서울고법 부장판사 1999년 서울지법 민사수석부장판사 직대 2000~2006년 대법원 대법관 2006년 법무법인 바른 고문변호사(현) 2009년 대법원 사법정책자문위원회 위원 2016년 한국기독교화해중재원 원장(현) [상]청조근정훈장(2006) [종]기독교

박재윤(朴宰潤) PARK Jae Youn

[생]1951·8·6 [출]서울 [주]부산 해운대구 해운대해변로296 (주)파라다이스호텔 임원실(051-742-2121) [학]1971년 중앙고졸 1975년 미국 워싱턴주립대 마케팅학과졸 1977년 미국 조지워싱턴대 대학원 국제경영학과졸 [경]현대건설 근무 1988~1992년 하이콤테크날러지 대표이사 1992~1996년 씨게이트(Seagate Technology) 대표이사 1996~2000년 삼성전자(주) 미주 연구법인(SISA) 부사장 2001~2005년 콰르텟NS 대표이사 2006~2015년 컨설팅서비스 컨설턴트 2016년 (주)파라다이스호텔부산 대표이사 사장(현)

박재윤(朴宰潤) Jae Yun Park

[생]1958·3·17 [주]인천 연수구 아카데미로119 인천대학교 공과대학 신소재공학과(032-770-8271) [학]1981년 연세대 물리학과졸 1983년 同대학원졸 1987년 이학박사(연세대) [경]1981~1987년 연세대 자연과학연구소 연구원 1983~1987년 연세대·한국항공대·국민대 강사 1988~2002년 인천대 재료공학과 조교수·부교수·교수 1989년 미국 South Carolina대 교환교수 2000~2002년 미국 Alabama대 MINT 방문교수 2002년 인천대 공과대학 신소재공학과 교수(현) 2010~2012년 同대학발전본부장 2016년 同공과대학장 겸 공학대학원장(현)

박재율(朴在律) PARK Jae Yul

[생]1959·12·22 [출]부산 [주]서울 종로구 세종대로209 정부서울청사8층 대통령소속 지방자치발전위원회(02-2100-2214) [학]1995년 동아대 정치외교학과졸 2000년 부산대 대학원 정치외교학과졸 [경]1995~2004년 부산참여자치시민연대 사무처장 1996년 부산노인대학협의회 지도위원 1997년 부산사회복지협의회 이사 2001년 부산장애인총연합회 후원이사 2001년 주식선물부산이관 범시민대책협의회 공동집행위원장 2002년 신라대 겸임교수 2002년 지방분권부산운동본부 공동집행위원장 2002년 CBS 시사자키 '오늘과 내일' 진행 2003년 부산발전연구원(PDI) 연구기획위원 2004년 제17대 총선 출마(부산 부산진구乙, 열린우리당) 2007~2008년 대통령 민원·제도혁신비서관, 균형발전지방분권전국연대 공동대표(현) 2013·2015년 대통령소속 지방자치발전위원회 위원(현)

박재주(朴再柱) Jaejoo Park (心石·曙園)

[생]1952·11·14 [본]밀양(密陽) [출]경남 거제 [주]충북 청주시 흥덕구 청남로2065 청주교육대학교 윤리교육과(043-299-0710) [학]1972년 경남고졸 1979년 서울대 사범대학 독일어교육과졸 1984년 同대학원 국민윤리교육과졸 1991년 교육학박사(서울대) 1997년 대한유도회부설 한문연수원 수료(3년) 2000년 철학박사(한국학중앙연구원) [경]1980~1984년 화곡고 교사 1984~1986년 서울대 사대 조교 1986~1997년 청주교육대 전임강사·조교수·부교수 1988~1992년 同신문사 주간교수 1996~1998년 同학생처장 1996년 同윤리교육과 교수(현) 1998년 충북초등도덕과교육학회 회장 1999~2001년 청주교육대 초등교원연수원장 겸 박물관장 1999~2001년 한국초등도덕교육학회 회장 2003~2010년 한국국민윤리학회 부회장 2006~2008년 동양윤리교육학회 회장 [저]'남북분단과 사상적 갈등(共)'(1991) '주역의 생성논리와 과정철학'(1999) '동양의 도덕교육사상'(2000) '서양의 도덕교육사상'(2003) [역]'공산주의 정치체제'(1989) '강한 민주주의'(1991) '중국윤리사상사'(1997) '주역과 전쟁윤리'(2004) '윤리탐구공동체교육론'(2007) '해의 양심과 달의 양심'(2008)

박재진(朴在珍) PARK Jae Jin

[생]1962·3·1 [출]충남 논산 [주]충북 청주시 청원구 2순환로168 충북지방경찰청(043-240-2014) [학]대전 보문고졸 1985년 경찰대졸(1기), 한양대 대학원 경찰행정학과졸 [경]2006년 충남 연기경찰서장(총경) 2007년 경찰청 경무기획국 재정과장 2009년 同혁신단 혁신팀장 2009년 서울 수서경찰서장 2011년 경찰청 복지정책과장 2012년 同여성청소년과장 2012년 대전지방경찰청 차장(경무관) 2014년 경찰대학 교수부장(경무관) 2014년 경찰청 대변인(경무관) 2015년 同생활안전국장(치안감) 2016년 충북지방경찰청장(치안감)(현)

박재창(朴載昌) PARK Jai Chang

[생]1948·8·15 [본]밀양(密陽) [출]충남 서천 [주]서울 동대문구 이문로107 한국외국어대학교 L&D학부(02-2173-3256) [학]1967년 서울고졸 1972년 한국외국어대 정치외교학과졸 1977년 同대학원 정치학과졸 1983년 행정학박사(미국 뉴욕주립대) [경]1983년 미국 뉴욕주립대 국제발전연구소 부소장 1984~2013년 숙명여대 행정학과 조교수·부교수·교수 1985~1995년 아세아의회발전연구소장 1986년 미국정치학회 의회연구원 1992년 캐나다 의회 교환연구원 1993~1995년 숙명여대 정법대학장 1994년 독일 자유베를린대 연구교수 1994년 미국 메릴랜드대 방문교수 1998년 행정자치부 지방행정위원장 1998년 공명선거실천시민운동연합 집행위원장 2000년 한국행정학회 회장 2001~2004년 바른선거시민모임 공동대표 2002~2011년 세계YMCA연맹 집행이사 2002년 미국 버클리대 정부학연구소 풀브라이트 객원교수 2003~2006년 한국국제지역학회 회장 2003~2005년 부패방지위원회 교육홍보정책위원장 2004~2006년 지방이양추진위원회 민간측 위원장 2005년 한국NGO학회 회장 2005년 미국 뉴욕주립대 한국총동문회장 2005년 제58차 UN NGO대회 한국대표단 단장 2005~2008년 옴부즈만포럼 대표 2006년 국민고충처리위원회 정책자문위원회 총무위원 2007~2011년 아시아태평양YMCA연맹 회장 2007년 일본 도시샤대 객원교수 2007~2008년 옴부즈만연구소 이사장 2007~2013년 시민사회포럼 대표 2009~2011년 민주시민교육거버넌스 대표 2010~2015년 한국국제협력단 청렴옴부즈만 2013년 새누리당 정치쇄신특별위원회 위원장 2013년 숙명여대 행정학과 명예교수(현) 2013~2015년 지방자치실천포럼 공동대표 2014년 한국외국어대 L&D(Language&Diplomacy)학부 석좌교수(현) [상]황조근정훈장(2007), 한국행정학회 학술상(2015) [저]'의회와 민중'(1989) '한국의회행정론'(1995) '이렇게 바꿔야 나라가 산다'(1998) '정부와 NGO(編)'(2000) '혼돈의 시대, 개혁의 논리'(2001) '한국전자의회론'(2003) '한국의회정치론'(2003) '한국의회개혁론'(2004) '한국의회윤리론'(2005) '분권과 개혁(共)'(2005) '지구시민사회와 한국NGO'(2006) '지구시민권과 지구 거버넌스(編)'(2009) '시민참여와 거버넌스(共)'(2009) '위기의 한국시민사회(編)'(2009) '국가와 시민'(2009) '시민사회(編)'(2010) '한국의 거버넌스'(2010) '지구화 시대의 한국시민사회(編)'(2011) '거버넌스 시대의 국정개조'(2012) 'Responses to the Globalizing World'(2012) '지방분권과 한국시민사회(編)'(2012) '정치쇄신 4.0'(2014) '한국 YMCA운동의 진로'(2016)

박재천(朴在天) PARK Jae Chon

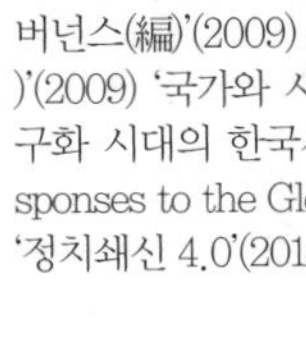

[생]1952·3·8 [출]서울 [주]인천 남구 인하로100 인하대학교 대학원 대학원 IT미디어융합전공과(032-860-8498) [학]1970년 경복고졸 1975년 서울대 컴퓨터응용수학과졸 1982년 미국 조지아대 대학원 산업공학과졸 1988년 경영학박사(미국 Univ. of Hawaii at Manoa) [경]1975~1978년 한국과학기술연구소 연구원 1978~1984년 한국해양개발연구소 선임연구원, 미국 하

와이동서문화센터 연구원 1988년 (주)데이콤 종합기획부장 1995년 同이사 1997년 同상무이사 1998년 同전무이사 1999년 데이콤인터내셔널 사장 겸직 1999~2000년 (주)데이콤 경영기획부문장 2000~2004년 아이클러스터 대표이사 2004~2010년 인하대 정보통신대학원 정보및통신공학과 교수 2007~2011년 同연구처장 2007~2011년 同산학협력단장 2010~2012년 방송통신위원회 기술자문위원 2010년 인하대 대학원 IT미디어융합전공 교수(현) [상]정보통신부장관표창(1989) [저]'정보사회론(共)'(1992) '정보통신산업정책론'(2003) [종]기독교

박재택(朴在澤) Park Jae Tack

[생]1947·9·10 [출]충북 청주 [주]충북 청주시 청원구 내수읍 덕암길10 충북보건대학교 이사장실(043-210-8100) [학]1967년 청주기계공고졸 1969년 광운대 기계공학과 중퇴 [경]1979년 (합)원성화학 대표이사(현) 1985~1995년 청주지검 청소년선도위원 1986~2000년 충북도씨름협회 회장 1999~2000년 북청주로타리클럽 회장 2004년 바르게살기운동 청주시협의회장(현) 2005년 학교법인 주성학원 이사 2013년 同이사장(현) [상]국민훈장 석류장(2007)

박재하(朴在夏) PARK Jae Ha

[생]1957·11·25 [본]밀양(密陽) [출]전북 부안 [주]서울 중구 명동11길19 전국은행연합회 한국금융연구원(02-3705-6300) [학]1976년 전주고졸 1980년 서울대 경제학과졸 1984년 同대학원 경제학과졸 1990년 경제학박사(미국 펜실베이니아주립대) [경]1981~1985년 한국은행 조사부 근무 1985~1991년 미국 펜실베이니아주립대 경제학과 조교 1991년 한국금융연구원 연구위원 1994년 재무부 외환제도개혁위원 1998년 청와대 경제개혁기획단 종합반장 1999년 재정경제부 장관 자문관 2003~2004년 한국금융연구원 거시금융팀장·선임연구위원 2004년 전북은행 사외이사 2007년 한국금융연구원 연구총괄위원장 2007~2011년 신한은행 사외이사 2008~2010년 한국금융연구원 부원장 2009~2010년 대우증권 사외이사 2010년 신한은행 이사회 의장 2010년 한국금융연구원 국제·거시금융연구실 선임연구위원 2011~2015년 아시아개발은행연구소(ADBI) 부소장 2015년 KB금융지주 사외이사(현) 2015년 한국금융연구원 선임연구위원(현) [종]기독교

박재현(朴栽炫) PARK Jai Hyeon

[생]1962·7·7 [출]경남 충무 [주]서울 중구 퇴계로190 매일경제신문(02-2000-2114) [학]1981년 진주고졸 1985년 한국외국어대 영어과졸 [경]1997년 매일경제신문 금융부 머니팀장(차장대우) 1999년 同경제부 차장대우·차장 1999년 일본 아시아경제연구소 객원연구원 2000년 매일경제신문 증권부 차장 2001년 同증권부 부장대우 2002년 同국제부장 2002년 同경제부장 겸 금융부장 직대 2002년 금융발전심의위원 2004년 매일경제신문 금융부장 겸 기획취재총괄 2005~2006년 한국금융학회 이사 2006년 매일경제신문 산업부장(부국장대우) 2008년 同산업부장 겸 지식부장 2009년 同편집국 차장 겸 지식부장(국장대우) 2010년 同편집국장 2012~2015년 同편집담당 상무이사 2013년 대통령자문 국민경제자문회의 거시금융분과 자문위원 2015년 매일경제신문 논설주간 겸직 2015년 대통령직속 국민경제자문회의 기초경제1분과 자문위원(현) 2015년 매일경제신문 편집담당 전무이사 겸 논설주간 2016년 同논설주간 겸 심의실장(전무이사)(현) [상]한국외국어대 언론인상(2011), 한국 참언론인대상(2011) [저]'IMF 신재테크' '2000년 新한국경제보고서'(共)

박재현(朴哉炫) JAE-HYON BAHK

[생]1964·2·19 [주]서울 종로구 대학로101 서울대병원 마취통증의학과(02-760-2818) [학]1987년 서울대 의대졸 1995년 同대학원졸 1997년 의학박사(서울대) [경]1987~1991년 서울대병원 수련의·전공의 1991~1994년 서울지구병원 마취과장(군의관) 1994~1996년 삼성서울병원 전문의 1996년 서울대 의과대학 마취통증의학교실 전임강사·조교수·부교수·교수(현) 1998~2002년 미국 캘리포니아대 Medical School 연수 2005년 대한심폐혈관마취학회 총무학술이사 2010~2012년 서울대병원 교육연구부 수련실장 2012년 서울대 의과대학 기획부학장 2012~2014년 同입학본부장 2016년 同의과대학 마취통증의학교실 주임교수(현) 2016년 서울대병원 마취통증의학과 과장(현) 2016년 同수술부장(현) [상]대한마취과학회 학술상(1995), 대한마취과학회 애보트 학술상(1998)

박재현(朴宰賢) PARK Jae Hyun

[생]1967·12·2 [본]밀양(密陽) [출]경북 김천 [주]서울 중구 남대문로63 한진빌딩 법무법인 광장(02-6386-6228) [학]1986년 대구 달성고졸 1990년 서울대 법학과졸 [경]1991년 사법시험 합격(33회) 1994년 사법연수원 수료(23기) 1994년 대구지법 판사 1997년 同경주지원 판사 1999년 대구지법 판사 2005년 수원지법 판사 2006년 서울고법 판사 2007년 대법원 연구법관 2008년 서울중앙지법 판사 2009년 제주지법 부장판사 2010년 同수석부장판사 2010~2011년 언론중재위원회 제주중재부장 2011년 인천지법 부장판사 2013~2015년 서울서부지법 부장판사 2015년 법무법인 광장 변호사(현) [종]기독교

박재현(朴載現) PARK JAE HYUN

[생]1969·2·20 [본]밀양(密陽) [출]전남 순천 [주]경기 고양시 일산동구 장백로213 의정부지방검찰청 고양지청(031-909-4000) [학]1988년 순천고졸 1997년 연세대 법학과졸 [경]1996년 사법시험 합격(38회) 1999년 사법연수원 수료(28기) 1999년 대구지검 검사 2001년 광주지검 순천지청 검사 2003년 서울지검 검사 2004년 서울중앙지검 검사 2005년 광주지검 형사제1부 검사 2006년 미국 위티어대 로스쿨 방문교수 2007년 광주지검 특수부 검사 2009년 서울동부지검 검사 2010년 사법연수원 교수 2013년 대구지검 경주지청 부장검사 2014년 창원지검 통영지청 부장검사 2015년 부산지검 형사4부장 2016년 의정부지검 고양지청 부장검사(현) [종]천주교

박재현(朴宰賢) PARK Jae Hyeon

[생]1969·12·26 [출]대구 [주]충남 홍성군 홍북면 충남대로21 충청남도청 건설교통국(041-635-2800) [학]1987년 대륜고졸 1994년 연세대 토목학과졸 [경]1995년 건설교통부 입부 2004년 同수자원개발과 경인운하팀장 2004년 원주지방국토관리청 하천국장 2005년 국외연수(영국 버밍햄대 파견) 2007년 건설교통부 중동·플랜트건설팀장 2008년 국토해양부 중동·플랜트건설팀장 2008년 同건설수자원정책실 하천계획과장 2010년 同건설수자원정책실 수자원정책과장 2012년 同동서남해안및내륙권발전기획단 기획총괄과장 2013년 국토교통부 공항정책과장(부이사관) 2015년 충남도 건설교통국장(현)

박재형(朴栽炯) PARK Jae Hyung

[생]1962·3·9 [본]밀양(密陽) [출]대구 [주]대구 수성구 동대구로348의17 우정법원빌딩 302호 박재형법률사무소(053-751-0700) [학]1981년 경북북사대부고졸 1985년 고려대 법학과졸 [경]1989년 사법시험 합격(31회) 1992년 사법연수원 수료(21기) 1992년 인천지법 판사 1994년 서울가정법원 판사 1996년 광주지법 순천지원 판사 1998년 同광양시·구례군 판사 1999년 대구지법 판사 2002년 同김천지원 판사 2003년 대구고법 판사 2007년 대구지법 서부지원 부장판사 2009년 대구지법 부장판사 2013~2015년 同김천지원장 2013~2015년 대구가정법원 김천지원장 겸임 2015년 변호사 개업(현)

박재호(朴在昊) Park Jae-Ho

[생]1959·2·13 [본]밀양(密陽) [출]부산 [주]서울 영등포구 의사당대로1 국회 의원회관832호(02-784-5512) [학]1977년 부산 동성고졸 1987년 부산외국어대 불어불문학과졸 1997년 중앙대 행정대학원 정책학과졸, 명예 정치학박사(가야대) [경]1987년 제13대 대통령선거 민주쟁취선거혁명추진위원회 부산학생연합회장 1988~1992년 서석재 前 국회의원 비서관 1993~1995년 대통령비서실 총무·정무행정관 1995~1998년 同정무행정관·인사재무비서관 1998~1999년 미국 아이오와주립대 국제정치 객원연구원 1999년 부산외국어대 총동창회장 2002년 노무현 대통령후보 부산선대위 부본부장 겸 조직특보 2002~2003년 대통령직인수위원회 정무분과 전문위원 2003년 대통령 정무비서관 2004년 열린우리당 부산시남구지구당 위원장 2004년 제17대 국회의원선거 출마(부산시 남구乙, 열린우리당) 2004~2005년 국민체육진흥공단 상임감사 2005~2008년 同이사장 2008년 제18대 국회의원선거 출마(부산시 남구乙, 무소속) 2009~2012년 (사)코리아스픽스 원장 2011~2012년 가야대 교양학부 초빙교수 2012년 제19대 국회의원선거 출마(부산시 남구乙, 민주통합당) 2012~2013년 민주통합당 부산시당 위원장 2012년 제18대 대통령선거 민주통합당 부산선대위 상임선대위원장 2013년 (사)공공경영연구원 이사 2013~2014년 민주당 부산시당 위원장 2014~2015년 새정치민주연합 부산시당 위원장 2015년 더불어민주당 부산시남구乙지역위원회 위원장(현) 2016년 제20대 국회의원(부산시 남구乙, 더불어민주당)(현) 2016년 국회 윤리특별위원회 위원(현) 2016년 국회 산업통상자원위원회 위원(현) 2016년 국회 정치발전특별위원회 위원(현) 2016년 국회 미래도시창생과재생을위한연구모임 대표(현) [상]홍조근정훈장(1988) [저]'대한민국 공기업에 고함'(2008) '당신이 선물입니다'(2013)

박재홍(朴在鴻) PARK Jae Hong

[생]1941·2·28 [본]고령(高靈) [출]경북 구미 [학]1961년 대구상고졸 1969년 고려대 법대졸 1971년 서울대 행정대학원 수료(1년) [경]1969년 포항종합제철 근무 1973년 동양철관 사장 1978년 대한테니스협회 감사 1980~1996년 동양철관 회장 1981년 제11대 국회의원(경북 구미·군위·칠곡·선산 민주정의당) 1981년 대한테니스협회 부회장 1981년 민주정의당(민정당) 산업노동분과 위원장·원내부총무 1983년 同재해대책위원장 1985년 제12대 국회의원(경북 구미·군위·칠곡·선산 민정당) 1985년 민정당 원내부총무 1988년 제13대 국회의원(경북 구미, 민정당·민자당) 1988년 민정당 정책위원회 부의장 1990년 민자당 구미지구당 위원장 1990년 同당무위원 1992년 제14대 국회의원(전국구, 민자당·신한국당) 1994년 국회 교통위원장 1995년 국회 건설교통위원장 1996년 자민련 구미甲지구당 위원장 1998년 한나라당 구미甲지구당 위원장 1998년 국민회의 당무위원 2000년 자민련 제16대 총선 선거대책위원회 부위원장 [상]새마을훈장 자조장 [종]기독교

박재홍(朴哉泓) Jae-Hong Park

[생]1967·4·10 [주]서울 영등포구 국제금융로8길26 (주)KB금융지주 비서실(02-2073-7114) [학]경기고졸 1990년 서울대 경제학과졸 1995년 경제학박사(미국 프린스턴대) [경]1995~2008년 McKinsey & Company 근무 2008년 삼성화재해상보험(주) 해외전략실장 2009년 同해외사업부장 2010~2012년 同해외사업 총괄 2013~2014년 한화생명보험(주) 미래전략실장·신사업본부장 2015년 (주)KB금융지주 전무 2015년 同글로벌전략부 총괄 전무(현) 2016년 KB국민은행 글로벌사업본부 전무 겸임(현)

박재환(朴才煥) PARK Jae Hwan

[생]1963·9·15 [본]영해(寧海) [출]서울 [주]경기 수원시 영통구 광교산로154의42 경기대학교 일어일문학과(031-249-9117) [학]1987년 경기대 일본어학과졸 1988년 일본 도쿄외국어대 연구생 1992년 일본 도쿄학예대 대학원 일본어교육과졸 1995년 문학박사(일본 도카이대) [경]1987년 새한미디어 수출부 근무 1995년 경기대 일어일문학과 조교수·부교수·교수(현) 1998~2000년 한일일어일문학회 이사 2001~2007년 한국일어교육학회 총무이사·부회장·회장 2001~2003년 한국일본어학회 학술이사 2002년 경기대 교육대학원 교학부장 2004년 한국일어일문학회 관리이사 2006~2009년 경기대 학생지원처장 2007년 同인적자원개발센터장 2013~2015년 同기획처장 [상]경기대 우수교육상(2006·2013) [저]'TEXT일본어'(1996) '일본한자의 연구'(1997) '日本語學要說'(1997) '일본의 언어와 문학'(1999) '日本語學要說(개정증보판)'(2001) '일본어광장'(2001) '고등학교 일본어1 교사지도서'(2001) '고등학교 일본어1'(2001) '고등학교 일본어2 교사지도서'(2002) '고등학교 일본어2'(2002) '日本語 常用漢字'(2003) '日本人の 秘密'(2003) 'main일본어회화1'(2003) 'main일본어회화2'(2003) '높임말이 욕이되었다(共)'(2003) '捷解新語の副詞研究'(2003) '일본어학 중요용어 743(共)'(2005) '일본어 문법과 표현'(2006) '동양 사회와 문화'(2006) '日語나라 일본어1·2'(2013·2014) [역]'언어학 입문(共)'(2004) '일본인의 법칙'(2004) '베이직 일본어교육'(2010) [종]기독교

박재훈(朴宰壎) Park Jae Hun

[생]1970·1·28 [본]밀양(密陽) [출]서울 [주]대전 서구 청사로189 특허청 특허심사3국 멀티미디어방송심사팀(042-481-8332) [학]1988년 서라벌고졸 1992년 서울대 제어계측공학과졸 1994년 同대학원 제어계측공학과졸 2009년 법학박사(영국 노팅햄대) [경]1994년 총무처 5급 4호 1999년 특허청 심사4국 전기심사담당관실 사무관 2002년 서기관 승진 2004년 특허청 전기전자심사국 전기심사담당관실 서기관 2007년 同전기전자심사본부 전자상거래심사팀 서기관, 同전기전자심사본부 반도체설계재산팀 서기관 2008년 同전기전자심사국 전기심사과 서기관 2009년 특허심판원 심판관 2009년 특허청 산업재산정책국 산업재산경영지원팀장 2012년 同고객협력국 다자협력팀장 2013년 특허심판원 심판8부 심판관 2014년 특허법원 파견(과장급) 2016년 특허청 특허심사3국 멀티미디어방송심사팀장(현) [저]'Patents and Industry Standards'(2010, Edward Elgar Publishing Ltd.) [역]'최신 유럽특허(共)'(2009, 한국특허정보원)

박재휘(朴宰輝) Park Je Hwe

[생]1970·5·26 [출]경남 마산 [주]서울 서초구 반포대로158 서울중앙지방검찰청 공공형사부(02-530-4939) [학]1988년 마산고졸 1993년 성균관대 법학과졸 [경]1996년 사법시험 합격(38회) 1999년 사법연수원 수료(28기) 1999년 서울지검 북부지청 검사 2001년 창원지검 밀양지청 검사 2002년 부산지검 검사 2004년 인천지검 검사(네덜란드 교육훈련 연수) 2007년 수원지검 평택지청 검사 2009년 서울남부지검 검사 2011년 대검찰청 연구관 2013년 창원지검 공안부장 2014년 부산지검 공안부장 2015년 수원지검 공안부장 2016년 서울중앙지검 공공형사부장(현)

박채흥(朴在興) PARK Chae Heung (雲山)

[생]1945·4·12 [본]밀양(密陽) [출]경북 영덕 [주]서울 서대문구 이화여대길52 이화여자대학교 경영학과(02-3277-2780) [학]1964년 경북고졸 1968년 서울대 자원공학과졸 1976년 영남대 대학원 경제학과졸 1981년 한국과학기술원 경영과학과졸 1984년 경영학박사(한국과학기술원) [경]1970년 예편(중위) 1976년 영남공업전문대 공업경영학과 교수 1980년 경상대 경영학과 교수 1982~2010년 이화여대 경영학과 교수 1995년 미국 포틀랜드주립대 교환교수 1998~1999년 한국품질경영학회 회장 2000년 미국 퍼듀주립대 교환교수 2003~2004년 한국PL학회 회장 2003~2006년 한국PL협회 부회장 2005년 이화여대 경영연구소장 2007~2010년 한국PL협회 회장 2007년 미주리주립대 교환교수 2010년 이화여대 경영학과 명예교수(현) [상]국민훈장 석류장(1998) [저]'경제, 경제학, 경제학자' '경영통계학' '생산관리론' '작업관리' '품질경영' 'PERT.CPM' '경쟁력은 생산성이다' '품질혁명만이 살 길이다' '현대품질경영론' '현대경영과학' '창조성경영' '품질원가' '논어품질경영'(대한민국학술원 우수도서)

박전교(朴轉敎) PARK Jeon Kyo

[생]1954·5·5 [출]충남 [주]서울 서초구 효령로351 삼천당제약(주) 대표이사실(02-2046-1100) [학]1981년 서울대 수의학과졸 2003년 중앙대 국제경영대학원 국제경영학과졸 [경](주)종근당 근무 2003년 삼천당제약(주) 마케팅팀 이사 2004년 同영업1본부장(이사) 2008년 同마케팅본부장(상무) 2012~2015년 同대표이사 전무 2015년 同대표이사 사장(현)

박전규(朴典圭)

[생]1960·6 [주]서울 영등포구 국제금융로8길10 한국증권금융(주) 영업본부장실(02-3770-8800) [학]광주대 법학과졸, 서강대 경영대학원 재무관리학과졸 [경]1980년 한국증권금융 입사, 同리스크관리실장, 同여신관리부문장, 同분당지점장, 同홍보실장, 同증권증개부문장, 同신탁부문장 2015년 同경영지원본부장(상무) 2016년 同영업본부장(상무)(현)

박 정(朴 釘) PARK Jeung

[생]1962·11·19 [본]함양(咸陽) [출]경기 파주 [주]서울 영등포구 의사당대로1 국회 의원회관318호(02-784-3781) [학]1981년 동인천고졸 1986년 서울대졸 1988년 同대학원 미생물학과졸 2011년 국제관계학박사(중국 국립우한대) [경]1994년 박정어학원 원장, 同CEO(현) 1998년 미래국제교육문제연구소 소장 2000년 에버케이션(에버클래스) 회장 2001년 트루잉글리쉬 회장 2001년 새마을운동 파주시지회장 2001년 파주시축구협회 회장 2002년 PJ실버합창단 이사장 2003년 파주미래발전연구소 소장 2004년 열린우리당 부대변인 2004년 통일파주포럼 상임의장 2004년 미래전략정책연구소 소장 2005~2008년 중국 우한대 객좌교수 2007년 동북아시대위원회 자문위원 2008년 중국 샹판대 객좌교수(현) 2011년 중국 우한대 객좌교수(현) 2011년 파주미래발전연구소 소장(현) 2011년 민주당 중앙당 교육복지특별위원장 2011년 同정책위 부의장 2011년 민주통합당 파주시乙지역위원회 위원장 2011년 민주평통 파주시협의회 부회장 2011년 유니(Uni)심포니오케스트라 단장 2011년 고려대 뇌공학연구소 연구교수 2012년 파주시장애인합창단 단장 2012년 파주시야구협회 회장 2012년 제19대 국회의원선거 출마(파주시乙, 무소속) 2013년 민주당 파주시乙지역위원회 위원장 2014년 새정치민주연합 파주시乙지역위원회 위원장 2014년 同국제위원장 2015년 同원외위원장협의회 회장 2015년 더불어민주당 파주시乙지역위원회 위원장(현) 2015년 同원외위원장협의회 회장 2016년 제20대 국회의원(파주시乙, 더불어민주당)(현) 2016년 더불어민주당 원내부대표(현) 2016년 同청년일자리TF 간사(현) 2016년 국회 산업통상자원위원회 위원(현) 2016년 국회 미래일자리특별위원회 위원(현) [상]한국학원총연합회 최우수학원상(1996), 전국JC경진대회 환경부문대상(1998), 교육부 인터넷경진대회 대상·은상(1998), 한국공간 수필가상 본상(2001), 한맥문학 수필부문 신인상(2002) [저]'선진사회로 가는 길' '조기유학 보낼까 말까 갈까 말까'(을유문화사) '만화에서 건진 영어'(을유문화사) '광고로 꽉 잡는 영어' '박정 비법 누설 CBT TOEFL(비법편·유형편)' '박정 인사이트 토플 시리즈' '사람 꿈 희망'(2012) '4생결단 코리아'(2014) [종]기독교

박정구(朴正九) PARK Chung Koo

[생]1963 · 9 · 30 [출]경남 [주]서울 영등포구 의사당대로97 교보증권빌딩13층 가치투자자문 대표이사실(02-780-3113) [학]연세대 경제학과졸 1988년 同대학원 경제학과졸 [경]1989년 동원증권 입사 1991년 교보증권 펀드매니저 1996년 삼성-JP모건투신운용 펀드매니저 1997년 삼성투신운용 펀드매니저 2000년 새턴투자자문 대표이사 2002년 가치투자자문 대표이사(현) [종]천주교

박정국(朴禎國) PARK Jung Guk

[생]1957 · 3 · 6 [주]경기 군포시 고산로102 현대케피코 임원실(031-450-9015) [학]1976년 경남고졸 1981년 서울대 기계공학과졸, 同대학원 기계공학과졸 [경]2004년 현대자동차(주) 성능시험실장(이사) 2005년 同성능시험실장(상무) 2006년 同연구개발본부장 2009년 同연구개발본부장(전무), 同미국해치 소장 2013년 현대 · 기아자동차 남양연구소 성능개발담당 부사장 2015년 현대엔지비(주) 대표이사 부사장 2015년 현대케피코(주) 대표이사 사장(현)

박정규(朴廷奎) PARK JUNG GYU

[생]1963 · 8 [출]대구 [주]대전 중구 대종로373 한화이글스 단장실(042-630-8200) [학]1982년 대구 능인고졸 1986년 고려대 불어불문학과졸 [경]1990년 한양화학 입사 1996년 한화석유화학 근무 2000년 한화케미칼(주) 업무지원부문장, 同PVC영업담당 임원 2015년 한화이글스 단장(현)

박정규(朴正圭) Park Jung Kyoo

[생]1963 · 10 · 17 [본]밀양(密陽) [출]대전 [주]서울 중구 남대문로5가120 단암빌딩3층 뉴데일리경제 대표이사실(02-6919-7000) [학]1981년 서대전고졸 1988년 연세대 사회학과졸 [경]1988~1991년 서울경제신문 기자 1991년 한국일보 경제부 기자 · 금융팀장 · 재계팀장 2002년 파이낸셜뉴스 산업부장 2005년 아시아경제 편집국장 · 미디어본부장 2008년 아주경제 편집국장 2010~2013년 아시아투데이 상무 겸 편집국장 2013년 (주)이비뉴스(EBN) 전무 겸 편집인 2014년 뉴데일리경제 대표이사(현) [상]백상기자대상(1995), 환경운동연합 언론공로상(1995) [저]'삼성열전(共)'(2010, 도서출판 무한) [역]'인간경영심리학'(2010, 돋을새김) [종]기독교

박정규(朴政圭)

[생]1967 · 6 · 30 [출]충북 청주 [주]경기 안산시 단원구 광덕서로75 수원지방법원 안산지원(031-481-1114) [학]1985년 청주고졸 1991년 서울대 공법학과졸 [경]1996년 사법시험 합격(38회) 1999년 사법연수원 수료(28기) 1999년 대구지법 예비판사 2001년 同판사 2002년 同김천지원 판사 2003년 수원지법 판사 2006년 서울중앙지법 판사 2008년 서울동부지법 판사 2011년 서울고법 판사 2012년 대법원 재판연구관 2014년 청주지법 충주지원장 2016년 수원지법 안산지원 부장판사(현)

박정규(朴晶圭)

[주]인천 중구 공항로272 항공기상청(032-740-2801) [학]연세대 천문대기과학과졸, 同대학원 이학석사 [경]1983년 기상직 7급 특채 1997~1999년 · 2005~2007년 WMO 파견근무 2009~2012년 기상청 항공기상청 예보과장 · 기후과학국 한반도기상기후팀장 · 관측기반국 기상기술과장 2013년 대전지방기상청 인천기상대장 2014년 기상청 항공기상청장(국장급)(현) [상]모범공무원 선정(1994), 대통령표창(2013), 홍조근정훈장(2013)

박정극(朴正克) PARK Jung Keug (瑞峰)

[생]1951 · 8 · 19 [출]경남 마산 [주]경기 고양시 일산동구 동국로32 동국대학교 바이오시스템대학 의생명공학과(031-961-5147) [학]1970년 대광고졸 1975년 연세대 화학공학과졸 1983년 미국 Lehigh Univ. 대학원졸 1987년 공학박사(미국 Lehigh Univ.) [경]1977년 (주)럭키 여천공장 엔지니어 1980년 미국 Lehigh Univ. 연구조교 1987년 미국 U. C. Davis 화학공학과 Post-doctorial Fellow 1988~2008년 동국대 화학공학과 전임강사 · 조교수 · 부교수 · 교수 1994년 한국생물공학회 편집위원장 1994~1995년 미국 U. C. Davis 화학공학과 객원교수 2000년 한국생물공학회 총무이사 2000~2012년 한국화학공학회 감사 2004년 '돼지의 간세포를 활용한 간세포 구상체 반응기' 개발 2004년 과학기술부 바이오기술산업위원 2004년 산업자원부 산업표준심의회 위원 2005년 한국생물공학회 수석부회장 2006년 同회장 2007년 동국대 생명과학연구원장 2008년 同바이오시스템대학장 2008년 同바이오시스템대학 의생명공학과 교수(현) 2008년 한국조직공학재생의학회 수석부회장 2011년 한국공학한림원 화학생명공학분과 정회원(현) 2011~2015년 동국대 학술부총장 겸 대학원장 [상]과학기술훈장 웅비장(2009) [저]'실험실 밖에서 만난 생물공학이야기'(1995) '조직공학과 재생의학'(2002) '미래를 들려주는 생물공학 이야기'(2006) [역]'열전달과 응용'(1999) [종]불교

박정근(朴汀根)

[생]1958 · 7 · 15 [출]전북 전주 [주]전북 진안군 진안읍 우화산길3 진안경찰서 서장실(063-430-0221) [학]1978년 전주 전라고졸 1982년 전북대 문학과졸 [경]1987년 경찰 임용(경사 특채) 1991년 경위 승진 1997년 경감 승진 2004년 경정 승진 2008년 전북지방경찰청 교통계장 2010년 同경비경호계장 2013년 同정보화장비담당관 2014년 총경 승진 2014년 전북 남원경찰서장 2015년 전북지방경찰청 112종합상황실장 2016년 전북 진안경찰서장(현)

박정기(朴正基) PARK Jung Ki (漢南)

[생]1935 · 12 · 19 [본]밀양(密陽) [출]대구 [주]서울 영등포구 여의서로43 한서빌딩811호 (사)한미친선군민협의회(02-701-5566) [학]1954년 대구공고졸 1958년 육군사관학교졸(14기) 1970년 육군대학졸 1984년 서울대 행정대학원 수료 1994년 일본 호세이대 사회학박사과정 수료 2002년 명예 체육학박사(러시아 국립체육대) [경]1973년 예편(중령) 1973년 (주)종근당 부장 1976년 정우개발 상무이사 1981년 同사장 1981년 평통 운영위원 1982년 한국중공업 사장 1983~1987년 한국전력공사 사장 1983년 에너지연구소 이사장 1983년 (사)한미친선군민협의회 회장(현) 1984~1987년 원자력산업회 회장 · 명예회장 1984년 전기협회 회장 1985~1996년 대한육상경기연맹 회장 1985년 KOC 상임위원 1985년 한국전기연구소 이사장 1985년 (재)한국육상진흥회 이사장(현) 1987~2000년 아시아육상연맹 부회장 1989~1999년 한덕생명보험 회장 1991년 세계육상경기연맹(IAAF) 집행이사(현) 1992년 국민체육진흥공단 이사 1992년 체육과학연구원 이사장 1992년 일본 도쿄대 공학부 객원연구원 1997~2004년 대한육상경기연맹 명예회장 2003년 국제육상재단(IAF) 집행이사(현) 2005년 2018평창동계올림픽유치위원회 위원 2007년 2011세계육상선수권대회 조직위원회 명예위원장 [상]대통령표창(1967), 화랑무공훈장(1968), 미국 기계학회(ASME)상(1985), 체육훈장 청룡장(1986), 금탑산업훈장(1987), 미육군협회 공로상(1993), 미육군성공로훈장(1999), 국민훈장 모란장(2012), 세네갈정부 공로훈장(Ordre National Du Lion)(2014) [저]'어느 할아버지의 평범한 이야기'(1989) '어느 할아버지의 평범한 정치론'(1994) '어느 할아버지의 평범한 문명이야기'(1995) '어느 할아버지의 평범한 리더십이야기'(1996) '남북전쟁上 · 下'(2002) '스포츠의 여왕 육상경기, 그 영웅들의 이야기'(2010) [역]'20세기를 움직인 지도자들'(1998) [종]기독교

박정기(朴正基) PARK Cheong Kee

[생]1964 · 2 · 16 [본]밀양(密陽) [출]서울 [주]경기 안산시 상록구 해안로787 한국해양과학기술원 종합연구선건조사업단(031-400-6364) [학]1982년 영훈고졸 1986년 인하대 해양학과졸 1990년 同대학원 해양지질학과졸 1997년 이학박사(고려대) [경]2000~2003년 한국해양연구원 심해해저자원연구센터 선임연구원 2004~2012년 同심해해저자원연구부 책임연구원 2012년 한국해양과학기술원 종합연구선건조사업단 책임연구원 2014년 同종합연구선건조사업단장(현) [종]기독교

박정길(朴貞吉)

[생]1958 · 8 · 30 [주]경기 화성시 현대연구소로150 현대자동차(주) 임원실(031-368-3046) [학]영광실업고졸, 조선대 기계공학과졸 [경]현대자동차(주) 의장설계1팀장, 同의장설계실장(이사) 2009년 同설계2실장(상무) 2010년 同설계2실장(전무), 同바디기술센터장(전무) 2013년 同설계담당 부사장(현) [상]한국공학한림원 일진상 산업협력증진부문(2014)

ㅂ

박정길(朴禎吉)

생1966 · 3 · 1 출경남 창녕 주강원 춘천시 공지로284 춘천지방법원(033-259-9000) 학1985년 마산 중앙고 졸 1996년 한양대 법학과졸 경1997년 사법시험 합격(39회) 2000년 사법연수원 수료(29기) 2000년 수원지법 판사 2002년 서울지법 판사 2004년 창원지법 통영지원 판사 2007년 서울동부지법 판사 2010년 서울중앙지법 판사 2012년 서울고법 판사 2014년 서울북부지법 판사 2015년 춘천지법 부장판사(현)

박정남(朴正男) Park Chung-nam

생1959 · 11 · 10 주서울 종로구 사직로8길60 외교부 인사운영팀(02-2100-7136) 학1982년 연세대 정치외교학과졸 1995년 미국 조지아대 대학원 정치학과졸 경1991년 외무고시 합격(25회) 1991년 외무부 입부 1997년 駐스리랑카 2등서기관 1999년 駐미국 2등서기관 2004년 駐폴란드 1등서기관 2006년 외교통상부 홍보과장 2007년 同남동아프리카과장 2008년 駐이스라엘 공사참사관 2011년 駐이집트 참사관 2014년 駐이르쿠츠크 총영사 2016년 駐가봉 대사(현)

박정란(朴正蘭 · 女) Park Jung Ran

생1958 · 8 · 5 본고령(高靈) 출경기 안양 주경기 수원시 팔달구 효원로1 경기도청 균형발전기획실(031-8030-2100) 학1977년 안양여고졸 2004년 경희대 행정대학원졸 경2004년 경기 시흥시 보건소장 2012년 경기도 식품안전과장 2013년 同복지여성실장 2015년 同여성가족국장 2016년 同균형발전기획실장 직무대리(현)

박정렬(朴正烈)

생1966 · 11 · 4 출경남 함양 주세종특별자치시 갈매로388 문화체육관광부 대변인실(044-203-2904) 학상문고졸, 서울대 철학과졸, 미국 듀크대 대학원 정책학과졸 경행정고시 합격(35회) 2006년 대통령비서실 행정관 2008년 駐미국대사관 참사관 2009년 駐뉴욕총영사관 영사 2011년 駐독일대사관 한국문화원 근무 2012년 문화체육관광부 홍보정책과장 2014년 同홍보정책관 2014년 同미디어정책관 2016년 同대변인(현)

박정림(朴靜林 · 女) Park Jeong Rim

생1963 · 11 · 27 출서울 주서울 중구 남대문로84 KB국민은행 임원실(02-2073-2702) 학서울대 경영학과졸 1991년 同경영대학원졸 경1986년 체이스맨해튼은행 입행 1994년 조흥은행 경제연구소 책임연구원 1999년 삼성화재 자산리스크부장 2003년 기획예산처 기금정책심의회 위원 2003년 국민연금 리스크관리위원회 위원 2004년 KB국민은행 시장리스크부장 2008년 同제휴상품부장 2008년 기획재정부 연기금투자풀운영위원회 위원 2012년 KB국민은행 WM본부장 2013년 同WM사업본부장(부행장급 전무) 2014년 同리스크관리본부 부행장 2015년 同여신그룹 부행장(현)

박정미(女)

생1968 · 7 주경기 수원시 영통구 삼성로129 삼성전자(주) 무선사업부 Experience마케팅그룹(031-200-1114) 학1987년 서울여고졸 1991년 한국외국어대 노어노문학과졸 2013년 한국과학기술원(KAIST) 경영학과졸(석사) 경1991년 삼성전자(주) 통신사업본부 해외마케팅그룹 근무 1999년 同정보통신총괄 홍보그룹 근무 2007년 同무선사업부 해외마케팅그룹 근무 2009년 同글로벌마케팅실 브랜드전략그룹 근무 2011년 同무선사업부 Experience마케팅그룹장 2013년 同무선사업부 Launching마케팅그룹 근무 2015년 同무선사업부 Experience마케팅그룹장 2015년 同무선사업부 Experience마케팅그룹장(상무)(현)

박정배(朴正培) PARK JUNG BAE

생1959 · 9 · 28 본밀양(密陽) 출전남 영광 주충북 청주시 흥덕구 오송읍 오송생명2로187 식품의약품안전처 농축수산물안전국(043-719-1241) 학1977년 영광고졸 1988년 한국외국어대 일본어과졸 2008년 일본 도쿄대 대학원 사회학과졸 경1993년 행정고시 합격(36회) 1994~2002년 보건복지부 사무관 2002~2005년 同서기관 2005~2008년 도쿄대 유학 2008~2012년 보건복지부 요양보험제도과장 · 사회서비스정책과장 2011년 부이사관 승진 2012~2013년 보건복지부 건강정책국 건강정책과장 2013년 식품의약품안전처 본부 근무(부이사관) 2014년 同위해사범중앙조사단장 2015년 同불량식품근절추진단 총괄기획팀장 2015년 同농축수산물안전국장(현) 상대통령표창(2014) 종천주교

박정보(朴正普) PARK Jeong Bo

생1968 출전남 진도 주서울 서대문구 통일로87 경찰청 디지털포렌식센터(02-3150-2711) 학1986년 성남서고졸 1997년 독학사(법학 전공) 2007년 고려대 법무대학원 법학과졸 경1994년 경위 임관(경찰간부 후보 43기) 1994년 서울 성동경찰서 조사과 근무 · 서울 남부경찰서 조사과 근무 · 경찰청 정보2과 근무 · 전남지방경찰청 정보과 정보2계 근무 1999~2006년 서울 중랑경찰서 형사과 강력팀장 · 전북지방경찰청 수사1계장 · 서울 혜화경찰서 형사과장 · 진실화해를위한과거사정리위원회 파견 2013년 경찰청 특수수사과 팀장 2014년 전남지방경찰청 여성청소년과장 2015년 전남 진도경찰서장 2016년 경찰청 사이버안전국 디지털포렌식센터장(현) 상근정포장(2015)

박정부(朴正夫) PARK Jung Boo

생1944 · 12 · 2 출서울 주서울 강남구 도곡로176 한웰그룹 회장실(02-579-0411) 학1963년 영등포고졸 1973년 한양대 공업경영학과졸 2008년 서울과학종합대학원 기후변화리더십과정 수료 2010년 同녹색성장과정 수료 경1973~1988년 풍우실업 근무 1988년 (주)한일맨파워 대표이사 사장(현) 1992년 다이소아성산업 대표이사(현) 2004년 (주)대아에셋 설립 2006년 (주)다이소인터내셔날 설립 2006년 한국중견기업연합회 부회장 2006년 한국무역협회 남북교역투자협의회 부위원장 2007년 국세청 세정자문위원회 위원 2008년 서울과학종합대학총원우회 회장 2008년 (주)한웰이쇼핑 설립 2009년 (주)한웰그룹 대표이사 회장(현) 2009년 (주)에이치원글로벌 설립 2010년 한웰국제무역(상해) 유한공사 회장 2014년 한국중견기업연합회 조세 · 금융위원회 위원장 2015년 한국무역협회 비상근부회장(현) 2015년 서울동부지법 민사조정위원회장(현) 상공부장관표창(1993), 석탑산업훈장(1997), 철탑산업훈장(2002), 1억불 수출의탑(2002), 대한민국 경영인상(2003), 한국생산성학회 생산성대상(2003), 부총리 겸 재정경제부장관표창(2005), 동탑산업훈장(2008), 국무총리표창(2009), 대통령표창(2014), 금탑산업훈장(2016)

박정상(朴正祥) Park Jungsang

생1984 · 8 · 23 출서울 주서울 성동구 마장로210 한국기원 홍보팀(02-3407-3800) 학충암고졸, 한국외국어대졸 경허장회 8단 문하생 2000년 프로 입단 2001년 2단 승단 2002년 3단 승단 2003년 4단 승단 2004년 오스람코리아배 준우승 2004년 SK가스배 신예프로10걸전 우승 2005년 5단 승단 2005년 마스터즈 우승 2006년 6단 승단 2006년 전자랜드배 왕중왕전 준우승 2006년 후지쯔배 세계바둑선수권대회 우승 2006년 9단 승단(현) 2006년 제6기 신예연승최강전 우승 2007년 8회 맥심커피배 입신최강전 · 중환배 준우승 2008년 제1회 세계마인드스포츠게임 바둑종목 남자 개인전 은메달 2013년 KBS 바둑 해설위원(현) 상바둑대상 신예기사상(2004)

박정석(朴廷錫) PARK Jung Seok

생1954 · 5 · 15 출경남 주서울 중구 남대문로63 한진빌딩15층 고려해운(주) 임원실(02-311-6114) 학1973년 서울고졸, 서울대 경영학과졸 1983년 미국 미시간대 경영대학원 경영학과졸 경2007년 고려해운(주) 대표이사 사장 2016년 同대표이사 회장(현) 2016년 한국선주상호보험(Korea P&I Club) 대표이사 회장(현) 상한국경제신문 혁신경영부문 '올해의 CEO 대상'(2014), 미국 미시간대 한국총동문회 자랑스런 동문상(2015), 매일경제 선정 '대한민국 글로벌 리더'(2015), 동탑산업훈장(2015)

박정선(女)

생1972 · 12 주경기 수원시 영통구 삼성로129 삼성전자(주) 인사팀(031-200-1114) 학숙명여대 경영학과졸, 미국 듀크대 대학원졸(MBA) 경2007년 삼성전자(주) 무선사업부 지원팀 차장 2010년 同무선사업부 사업운영그룹 부장 2013년 同무선사업부 해외지원그룹 부장 2014년 同SRA-SV담당 상무(현)

박정수(朴正秀) PARK Cheong Soo

[생]1943 · 10 · 27 [출]일본 [주]서울 서대문구 연세로50의 1 연세대학교 의과대학 외과학교실(02-2019-3370) [학]1962년 경남고졸 1969년 연세대 의대졸 1983년 의학박사(연세대) [경]1976~1991년 연세대 의대 외과학교실 전임강사 · 조교수 · 부교수 1981~1982년 미국 M.D. 엔더슨암센터 · 슬로안케더링암센터 연수 1988년 미국 외과학술원 정회원(현) 1989년 미국 두경부암학회 정회원(현) 1991~2009년 연세대 의대 외과학교실 교수 1994~2000년 아시아내분비외과학회 집행위원 1996년 연세대 의과대학 연구위원장 1998년 대한두경부종양학회 회장 1999~2001년 연세대 의과대학 일반외과장 2000~2002년 대한내분비외과학회 회장 2000년 아시아내분비외과학회 회장 2001년 연세대 의과대학 외과학교실 주임교수 2001년 세계내분비외과학회 정회원(현) 2002년 대한외과학회 학술이사 2003년 연세대 수술실장 2004년 대한외과학회 이사장 2005년 연세대 세브란스병원 갑상선암전문클리닉팀장 2009년 同의과대학 명예교수(현) [상]보원학술상(1995), 대한두경부종양학회 최우수학술상, 서울시의사회 우수학술상, 연세대 연세의학대상(2015) [저]'박정수 교수의 갑상선암 이야기'(2012, 지누)

박정수(朴釘洙) PARK Jung Soo

[생]1962 · 11 · 24 [주]서울 서대문구 이화여대길52 이화여자대학교 행정학과(02-3277-2819) [학]1981년 중앙고졸 1985년 서울대 경제학과졸 1987년 同대학원 행정학과졸 1992년 정책학박사(미국 피츠버그대) [경]1997년 서울시립대 행정학과 부교수 2004년 국회예산정책처 예산분석실 심의관, 한국조폐공사 비상임이사 2006년 이화여대 행정학과 교수(현) 2013~2015년 한국산업기술평가관리원 비상임이사 2015년 이화여대 행정학전공 주임교수(현) 2015년 대통령자문 국민경제자문회의 기초경제1분과 자문위원(현) 2016년 이화여대 교무처장 겸 THE인재양성총괄본부장(현) [저]'Administrative corruption and state capture in korea' '국립대학의 지배구조 개혁' '기회예산 재정분야의 조직개편 : 쟁점과 과제'

박정수(朴正洙) Park Jeong Soo

[생]1965 · 10 · 29 [본]밀양(密陽) [출]서울 [주]서울 중구 청파로463 한국경제신문사빌딩8층 한국항공우주산업 대외협력실(055-851-6420) [학]1980년 숭문고졸 1988년 고려대 기계공학과졸 1996년 부산대 경영대학원졸(MBA) [경]1988년 삼성항공 기체기술담당 1990년 同생산기술담당 1992년 同민항기생산계획부 대리 1993년 同민항기사업관리부 대리 1994년 同독일지역전문가 파견 1996~1998년 同국내마케팅팀 과장 1998년 한국항공우주산업(주) T-50 마케팅 및 International 근무 2002년 同항공기수출팀 차장 2004년 同수출팀장 2006년 同마케팅팀장 2009년 同산업협력실장 2014년 同대외협력실장(상무)(현) [종]기독교

박정수(朴正洙) PARK Jeong Soo

[생]1969 · 11 · 20 [본]순천(順天) [출]광주 [주]서울 서대문구 충정로60 KT&G서대문타워10층 법무법인 지평(02-6200-1784) [학]1987년 광주제일고졸 1992년 서울대 법대졸, 미국 캘리포니아대 버클리교 방문연구자과정 수료 [경]1991년 사법시험 합격(33회) 1994년 사법연수원 수료(23기) 1994년 軍법무관 1997년 서울지법 남부지원 판사 1999년 서울지법 판사 2001년 광주지법 판사 2002년 同담양군 · 곡성군 · 화순군법원 판사 2003년 광주고법 판사 2004년 서울행정법원 판사 2006년 서울고법 판사 2007년 대법원 재판연구관 2009년 광주지법 부장판사 2010년 인천지법 부천지원 부장판사 2013~2015년 서울남부지법 부장판사 2015년 법무법인 지평 파트너변호사(현)

박정수(朴正秀)

[생]1971 · 8 · 18 [출]전북 완주 [주]경기 의정부시 녹양로34번길23 의정부지방법원(031-828-0114) [학]1990년 서울 잠실고졸 1995년 서울대 사법학과졸 [경]1995년 사법시험 합격(37회) 1998년 사법연수원 수료(27기) 1998년 軍법무관 2001년 대전지법 판사 2003년 同천안지원 판사 2004년 인천지법 판사 2006년 서울북부지법 판사 2008년 서울행정법원 판사 2010년 서울고법 판사 2011년 대법원 재판연구관 2013년 창원지법 부장판사 2014년 부산지법 부장판사 2015년 의정부지법 부장판사(현)

박정숙(朴貞淑 · 女) Park Jeung Sook

[생]1966 · 4 · 12 [출]경남 진해 [주]인천 연수구 아트센터대로175 G타워18층 황해광역해양생태계 사무국 [학]1985년 진해여고졸 1989년 부산수산대 자원생물학과졸 1991년 同대학원 해양생물학과졸 1996년 생물학박사(영국 스털링대) [경]1996~1999년 부경대 시간강사 1999~2004년 해양수산부 국립수산과학원 해양수산연구사 2005~2009년 UNEP(유엔환경계획) · 북서태평양해양보존실천계획(NOWPAP) 과학기술담당관 2009~2014년 해양수산부 국립수산과학원 해양수산연구사 2015년 황해광역해양생태계(YSLME)보전사업 사무국장(현) [저]'대한민국 0.2% 세계 13위의 어업이야기'(2013, 선학사)

박정식(朴正植) BAK Jeong Sik

[생]1961 · 7 · 6 [출]대구 [주]서울 서초구 반포대로157 대검찰청 반부패부(02-3480-2202) [학]1980년 경북고졸 1985년 서울대 법과대학졸 2001년 국방대 대학원 정책과정 수료 [경]1988년 사법시험 합격(30회) 1991년 사법연수원 수료(20기) 1991년 서울지검 남부지청 검사 1993년 대구지검 경주지청 검사 1995년 대구지검 검사 1997년 서울지검 검사 1998년 독일 막스플랑크 국제형사법연구소 파견 1999년 서울지검 검사 2000년 인천지검 부천지청 검사 2003년 부산지검 부부장검사 2003년 인천지검 부부장검사 2005년 부산지검 공판부장 2005년 同형사3부장 2006년 수원지검 안산지청 제2부장검사 2007년 인천지검 특수부장 2008년 대검찰청 중수2과장 2009년 서울중앙지검 특수2부장 2009년 대구지검 포항지청장 2010년 인천지검 부천지청 차장검사 2011년 부산지검 제2차장검사 2012년 서울북부지검 차장검사 2013년 서울중앙지검 제3차장검사 2013년 부산고검 차장검사(검사장급) 2014년 제주지검장 직대 2015년 울산지검장 2015년 대검찰청 반부패부장(검사장급)(현) [상]법무부장관표창(2002)

박정애(朴正愛 · 女) PARK Jeong Ae

[생]1970 · 12 · 18 [출]경북 청도 [주]강원 춘천시 강원대학길1 강원대학교 스토리텔링학과(033-250-8762) [학]1993년 서울대 신문학과졸 1998년 同대학원 국어국문학과졸 2003년 국어국문학박사(인하대) [경]1998년 '문학사상'에 등단, 소설가(현) 1999년 인하대 강사 2001~2002년 同사회교육원 강사 2002~2003년 국민대 공연예술센터 지도교수 2002~2003년 인하대 강사 2003년 서울디지털대 초빙교수 2003~2005년 삼척대 문예창작학과 전임강사 2005년 同조교수 2006년 강원대 문화예술대 스토리텔링학과 조교수 · 부교수 · 교수(현) 2010~2011년 同대외협력본부장 [상]문학사상 신인상(1998), 한겨레문학상(2001) [저]소설 '에덴의 서쪽'(2000) '물의 말'(2001) '춤에 부치는 노래'(2002) '내 멋대로 살다 내 멋대로 죽고 싶다'(2002) '죽죽선녀를 만나다'(2004) '환절기'(2005) '강빈'(2006) '똥 땅 나라에서 온 친구'(2006) '여성문학의 타협과 저항'(2008) '친구가필요해'(2008) '다섯 장의 짧은 다이어리'(2009) '사과는 맛있어'(2010) '덴동어미전'(2012) '괴물 선이'(2013) '첫날 밤 이야기'(2013)

박정열(朴正烈)

[생]1961 · 6 · 2 [주]경남 창원시 의창구 상남로290 경상남도의회(055-211-7376) [학]검정고시 합격 2010년 한국국제대 사회복지학부졸 [경]신상개발(주) 대표이사, EV종합중기(주) 대표이사, 코끼리크레인 대표, 사천사랑회 회장, 사천향교청년회 초대회장, 세계타악축제 기획위원장, 사천참여연대 상임위원, (사)한국노인요양협회 경남도 자문위원, 한나라당 경남도당 부위원장, 사천선진성라이온스 회장 2010년 경남도의원선거 출마(한나라당), 사천시학교운영위원회협의회 회장, 새누리당 경남도당 부위원장 2014년 경남도의회 의원(새누리당)(현) 2014년 同경제환경위원회 위원 2015~2016년 同예산결산특별위원회 위원 2015년 同지방자치제도개선특별위원회 위원 2015 · 2016년 同운영위원회 위원(현) 2016년 同남부내륙철도조기건설을위한특별위원회 위원 2016년 同경선관리위원회 위원장 2016년 同경제환경위원회 부위원장(현)

박정오(朴晸午) Park Jeong O

[생]1966 · 11 · 25 [주]경기 용인시 처인구 모현면 외대로81 한국외국어대학교 루마니아어과(031-330-4351) [학]1991년 한국외국어대 루마니아어과졸 1996년 루마니아어박사(루마니아 부쿠레쉬티대) [경]1996년 한국외국어대 동유럽학대학 루마니아어과 전임강사 · 조교수 · 부교수 · 교수(현) 2003년 한국동유럽발칸학회 연구이사 2006년 한국외국어대 동유럽학대학 부학장 2008~2009년 同용인캠퍼스 학생복지처장 2012~2014년 同동유럽발칸연구소장 2016년 同동유럽학대학장(현) [저]'세계문학의 기원(共)'(2001)

박정완(朴政完·女) PARK Jeong Wan

[생]1932·5·7 [본]밀양(密陽) [출]강원 춘천 [주]서울 용산구 효창원로70길10 한민족통일여성중앙협의회(02-704-2193) [학]춘천사범학교 중퇴, 한림대 여성지도자고위과정 수료, 한양대 강원정책 아카데미21C 수료 [경]강원도 부녀아동·청소년과장, 同부녀복지과장, 同여성회관장 1993년 정년 퇴직(서기관), 강원도정신지체인재활원 초대원장 1996~2006년 한민족통일여성강원도협의회 회장, 강원여성정책동우회 회장, 강원도 여성발전위원, 민주평통 자문위원 2008~2013년 대한민국무공수훈자회 부설유족회 강원지부장 2009년 한민족통일여성중앙협의회 전국도협의회 이사장(현) 2010년 '문학마을'에 시 등단 2012년 전국조직활성화특보 이사장(현) 2013년 한국문인협회 춘천지부 회원(현) 2013년 강원도여성문학인회 회원(현) 2013년 춘천현대사생회 회원(현) 2013년 文彩동인 회원(현), 춘주 수필회 회원(현), 수향 시낭송회 회원(현) [상]근정포장(1993), 대통령표창(2007), 제37회 강원미술대전 입상(2009), 제37회 강원미술대전 입선(2009), 제4회 통일미술서예대전 입선(2011), 공작산문예축전백일장 큰상(2011), 만해시인학교백일장 차하 입상(2012), 강원일보 주관 다둥이양육체험수기공모전 입선(2013) [작]수채화 공동전시 다수 [종]천주교

박정욱(朴政昱) Park Jungwook

[생]1968·1·23 [출]대구 [주]세종특별자치시 한누리대로 402 산업통상자원부(044-203-5097) [학]1987년 경성고졸 1992년 연세대 경제학과졸 1994년 서울대 행정대학원 정책학과 수료 2007년 경제학박사(미국 미주리대) [경]1991년 행정고시 합격(35회) 1992년 상공부 수습사무관 1993~2001년 상공자원부 아주통상과·자동차조선과·전기위원회 총괄정책과 근무·제네바국제연합 사무처 및 국제기구대한민국대표부 파견 2001년 산업자원부 전기위원회 사무국 총괄정책과 서기관 2003~2004년 지속가능발전위원회 파견 2004~2007년 국외훈련(미국 Univ. of Missouri-Columbia) 2007년 산업자원부 전기위원회 사무국 전기소비자보호과장 2008년 지식경제부 기후변화에너지정책관실 에너지관리과장 2009~2012년 OECD(IEA) 파견 2012년 지식경제부 주력산업정책관실 부품소재총괄과장 2013년 산업통상자원부 지역경제정책관실 지역경제총괄과장 2014년 同통상협력국 심의관(국장급) 2015년 駐제네바대표부 공사참사관(현)

박정운(朴庭運) Jeong-Woon Park

[생]1960·3·20 [주]서울 동대문구 이문로107 한국외국어대학교 영어학과(02-2173-3026) [학]1983년 한국외국어대 영어과졸 1985년 同대학원 영어과졸 1994년 언어학박사(미국 캘리포니아대 버클리교) [경]1995~1996년 서원대 전임강사 1996년 한국외국어대 영어학과 교수(현) 2000년 同교육대학원 교학부장 2003년 同영어학부 학부장 2005~2007년 국제한국언어문화학회 부회장 2006~2007년 담화인지언어학회 국제학술대회 대회장(공동) 2007년 한국외국어대 언어연구소장 2007~2009년 담화인지언어학회 회장 2007~2009년 한국외국어대 대외협력처장 2010~2011년 同FLEX센터장 2012~2014년 同영어대학장 [저]'의미로 분류한 한국어/영어 학습사전'(한국문화사) '한국사회와 호칭어'(역락) [역]'인지문법'(박이정) '언어의 본질'(박이정) '어원론에서 화용론까지'(박이정) '언어와 언어학'(한국문화사)

박정웅(朴正雄) Park Jeong Ung

[생]1958·5·8 [본]영해(寧海) [출]경북 상주 [주]경북 구미시 3공단1로312의27 대구지방고용노동청 구미지청(054-450-3500) [학]대구 계성고졸, 계명대 영어영문학과졸, 경북대 행정대학원 개발행정학과 수료 [경]2004년 노동부 장관실 근무 2007년 경인지방노동청 근로감독1과장 2009년 同평택지청 평택고용센터 소장 2009년 노동부 고용정책실 외국인력정책과 근무, 同인력수급정책과 근무 2012년 대구지방고용노동청 안동지청장(서기관) 2014년 중부지방고용노동청 안산지청 안산고용센터 소장(서기관) 2015년 同안산지청 의정부고용센터 소장(서기관) 2016년 대구지방고용노동청 구미지청장(서기관)(현) [상]총무처장관표창(1989) [종]기독교

박정원(朴正元) PARK Jung Won

[생]1955·1·21 [출]경북 경산 [주]강원 원주시 상지대길 83 상지대학교 경제학과(033-730-0353) [학]1978년 건국대 행정학과졸 1981년 同대학원 경제학과졸, 고려대 대학원 경제학 박사과정 수료, 경제학박사(강원대) [경]1986년 상지대 경제학과 조교수·부교수·교수(현) 1995~1996년 同사회과학연구소장 1996~1999년 KBS 춘천방송총국 라디오 고정칼럼니스트 1999~2001년 전국사립대교수협의회연합회 부회장 2000~2001년 사립학교법개정과부패사학척결을위한국민운동본부 상임공동대표 2001년 상지대 평생교육원장 2001년 전국대학교수회 교권위원장 2006년 강원도 교육위원선거 출마, 상지대 교수협의회 공동대표 2009~2011년 同부총장 2014년 새정치민주연합 강원도당 비례대표후보추천위원회 위원장 [저]'우리대학, 절망에서 희망으로(共)'(2006)

박정원(朴廷原) PARK Jeong Won

[생]1962·3·9 [본]밀양(密陽) [출]서울 [주]서울 중구 장충단로275 두산그룹 회장실(02-3398-1081) [학]1981년 대일고졸 1985년 고려대 경영학과졸 1989년 미국 보스턴대 경영대학원졸(MBA) [경]1985년 두산산업(주) 입사 1985~1990년 同뉴욕지사 근무 1990~1992년 同동경지사 근무 1992년 일본 기린맥주 과장 1992년 동양맥주 과장 1994~1996년 同이사 1997~1998년 오비맥주(주) 주류부문 관리담당 상무 1998년 (주)두산 관리본부 상무 1999년 同관리본부 전무 1999~2005년 同상사BG 대표이사 2005~2007년 두산산업개발(주) 부회장 2007~2009년 두산건설(주) 부회장 2007~2011년 두산모터스 대표이사 2007~2012년 (주)두산 부회장 2009년 두산건설(주) 회장(현) 2009년 프로야구 두산베어스 구단주(현) 2012~2016년 (주)두산 지주부문 회장 2016년 同이사회 의장(현) 2016년 두산그룹 회장(현) [종]천주교

박정원(朴貞媛·女) Park Jung-Won

[본]반남(潘南) [출]서울 [주]서울 마포구 독막로20길37 서울패션직업전문학교 학장실(02-755-3755) [학]1977년 경희여고졸 1981년 건국대 의상학과졸 1992년 同대학원 의상학과졸 1998년 이학박사(건국대) [경]1981~1983년 태평양화학(주) 미용연구실 근무 1985~1991년 한국화장품(주) 상품기획부 근무·신상품개발팀장 1993~2000년 선프로덕션 상품기획실장 1994~1999년 경원전문대 의상디자인과 강사 1994~2000년 건국대 학부 및 대학원 의상학과 강사 1996~2006년 대전보건대학 패션섬유산업과 겸임교수 2000년 서울패션직업전문학교 학장(현) 2001년 국가기술자격시험 출제·편집·검토전문위원 2004~2006년 서울시 중구상공회 이사 2009~2011년 전국연합중앙회 학생가장돕기 홍보대사 2009~2013년 한국학원총연합회 기술교육협의회 감사 2010~2012년 (사)재외동포교육지원단 이사 2012~2014년 고용노동부 세부직무분야별전문위원회 전문위원 2012년 (사)한국재난구호 이사(현) 2014년 同부총재(현) 2015년 (사)한국학점은행평생교육협의회 자문위원(현) 2015년 同등기이사(현) [상]제일모직 장미니트디자인콘테스트 대상(1989), 서울시 중구청장표창(2004), 한국학원총연합회장표창(2006), 서울시교육감표창(2006), 교육인적자원부장관표창(2007), 한·중교류협회 감사장(2011)

박정율(朴政聿) PARK Jung-Yul (서룡)

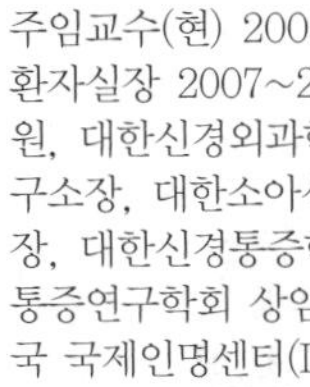

[생]1958·12·27 [본]영해(寧海) [출]서울 [주]서울 성북구 인촌로73 고려대학교 안암병원 신경외과(02-920-5114) [학]1985년 고려대 신경외과졸 1989년 同대학원 신경외과졸 1995년 의학박사(고려대) [경]1990~1993년 3군사령부 제3의무실 신경외과장·대위 1993~1995년 고려대 구로병원 신경외과 임상전담의 1995~1998년 同안산병원 임상전담의·신경외과장 대리 1995년 同의대 신경외과학교실 조교수·부교수·교수(현) 1996~1998년 同안산병원 응급실장·임상연구실장 1998~2000년 캐나다 토론토대 객원교수 2002~2009년 고려대 안산병원 신경외과장, 同의대 의학교육학교실 주임교수(현) 2005~2007년 同안산병원 교육수련위원장, 同안산병원 중환자실장 2007~2009년 同안산병원 진료부원장, 세계신경외과학회 대의원, 대한신경외과학회지 편집위원장(현), 고려대 최소침습연구회장 겸 연구소장, 대한소아신경외과학회 간행이사 및 재무위원장, 대한체열학회 회장, 대한신경통증학회 상임이사(현), 대한척추통증연구회 학술이사, 대한통증연구학회 상임이사 겸 발전위원장 2007년 미국 인명연구소(ABI)·영국 국제인명센터(IBC) 2008·2009·2010·2011·2012년판에 등재 2007년 미국 세계인명사전 'Marquis Who's Who 2008·2009·2010년판'에 등재 2008년 미국 세계인명사전 'Marquis Who's Who International 2009·2010·2011·2012·2013·2014·2015년판'에 등재 미국신경외과학회(AANS&CNS), Joint Section of Pain, Functional & Stereotactic Neurosurgery, Spine 정회원, 세계신경외과연맹(WFNS) 정회원 및 Functional & Stereotactic Section: Editorial Board 및 Nomination Committee Member, 암정복추진연구개발사업 평가위원, 의료기관평가위원, BK21 사업평가단 위원, 국제보건의료재단(KOFIH) 심사평가단 위원 2010년 아시아태평양의학교육학회 사무총장, 한국의학교육학회 상임이사 2010년 대한정위기능신경외과학회 회장·상임이사(현), 전공의교육연구회 회장, 한

국의학평가원 졸업후교육위원장, 한국신경조절학회 회장 2011~2013년 고려대 의무기획처장 2014년 대한신경외과학회 총무, 대한신경초음파학회 부회장(현), 대한노인신경외과학회 부회장, 고려대의대교우회 부회장 2016년 대한노인신경외과학회 회장(현) [상]대한통증연구학회 학술상(2003), 시사투데이 국민감동대상(2010) [저]'파킨슨병의 신경외과적 수술치료' 외 16권 [종]천주교

박정일(朴正一) PAK Jeong Il (미카엘)

[생]1926·12·18 [출]평남 평원 [학]1944년 평양 숭인상업학교졸 1955년 이탈리아 로마 울바노대 대학원 철학과졸 1959년 同대학원 신학과졸 1962년 이탈리아 로마 안젤리움대 대학원 사회학과졸 [경]1958년 이탈리아 로마에서 사제서품 1962년 부산 초량성당 보좌신부 1964년 경남문산 천주교회 주임신부 1967년 진주 옥봉천주교회 주임신부 1970년 대건신학대 교수 1975년 마산 중동천주교회 주임신부 1975년 대건신학대 교수 1977~2002년 천주교 주교 1977년 同제주교구장 1982년 同전주교구장 1989~2002년 同마산교구장 1999~2003년 한국종교지도자협의회 공동대표 2000년 한국천주교주교회의 의장 2004~2012년 同시복시성 주교특별위원장, 천주교 나자렛예수수녀원 지도신부 [종]가톨릭

박정자(朴正子·女) PARK Jung Ja (해가사)

[생]1942·3·12 [출]인천 [주]서울 종로구 이화장길66 객석빌딩3층 (재)한국연극인복지재단(02-741-0332) [학]1961년 진명여고졸 1963년 이화여대 신문학과 중퇴(3년) 2004년 同언론영상학과 명예 졸업 [경]연극인(현) 1963년 동아방송 근무(성우 1기) 1964년 동인극장에서 '악령'으로 연극 데뷔 1966년 극단 자유 창단멤버·단원(현) 1991년 개인후원회 '꽃봉지회' 결성 1991~1999년 한국연극배우협회 부회장 1997년 문화비전2000위원회 위원 2002년 한국영상자료원 이사 2004년 한국기업메세나협의회 홍보대사 2005년 국립중앙박물관 문화재단 이사 2005년 (재)한국연극인복지재단 이사장(현) 2006년 경기도문화의전당 이사 2006년 의정부예술의전당 이사 2007년 서울국제공연예술제 홍보대사 2008년 한국문화예술위원회 문화나눔추진단장 2008년 대한민국예술원 회원(연극·현) 2008년 대통령직속 아시아문화중심도시조성위원회 위원 2012~2014년 한국방송예술교육진흥원 학장 2013~2015년 대통령소속 문화융성위원회 위원 2013년 예술의전당 이사(현) [상]백상예술대상(1970·1972·1986·1990), 서울문화대상(1971), 동아연극상(1971·1975·1987), 대종상 여우조연상(1975·1985), 한국연극예술상(1988), 백상예술대상 대상(1990), 이해랑연극상(1996), 서울시문화상 공연부문(1998), MBC 명예의전당 헌액(2001), 보관문화훈장(2007), 한국외국어대 경영인대상(2009), 파라다이스상 문화예술부문상(2012), 삼성행복대상 여성창조상(2013), 신영균예술문화재단 아름다운예술인상 연극예술인상(2014), 빛나는 이화인상(2016) [저]'사람아 그건 운명이야'(1993) '얘들아 무대에 서면 신이 난단다'(2002, 산하) '박정자와 한국연극 오십년'(2012, 수류산방) [작]연극 '따라지의 향연'(1966) '어디서 무엇이 되어 만나랴'(1970) '위기의 여자'(1986) '굿나잇 마더'(1990) '대머리 여가수'(1990) '엄마는 오십에 바다를 발견했다'(1991·2005·2006·2007·2010) '신의 아그네스'(1992·2007) '내사랑 히로시마'(1993) '피의 결혼'(1995) '우당탕탕, 할머니의 방'(2005) '침향'(2008) 뮤지컬 '넌센스'(1998) '19 그리고 80'(2003·2004·2006) '어머니의 노래'(2010) '오이디푸스'(2011) '안티고네'(2013) '단테의 신곡'(2013) 영화 '육체의 약속' '이어도' '흙' '옛날옛적에 훠이 훠이' '장마' '낮은데로 임하소서' '과부춤' '자녀목' '안개기둥' '말미잘' '자녀목'(1985) '해롤드 앤 모드' 낭독콘서트 '영영이별 영이별' '브람스를 좋아하세요'

박정진(朴丁鎭) PARK Chung Jin (素田)

[생]1937·11·10 [본]울산(蔚山) [출]경기 안양 [주]경기 안양시 만안구 장내로139번길7 삼원플라자호텔 회장실(031-448-6671) [학]1956년 경기고졸 1960년 미국 임포리아대학(The Coll. of Emporia)졸 1963년 미국 캔자스 임포리아주립대(Kansas Emporia State Univ.) 대학원졸 [경]1961년 미국 뉴욕제이웰터톰슨 부사장보좌역 1973년 합동통신 부국장 1977년 (주)오이씨 대표이사 1979년 대진전자공업 대표이사 1982~1997년 안양상공회의소 회장 1982년 경기도체육회 부회장 1982년 경기도배구협회 회장 1983년 민정당 중앙위원 1985~1999년 (주)삼원 대표이사 사장 1985년 안양전자 회장 1986년 경기도사회정화추진협의회 회장 1989~1993년 바르게살기운동중앙협의회 부회장 겸 경기도협의회장 1997년 안양상공회의소 고문(현) 1999년 삼원플라자호텔 회장(현) [상]대통령표창, 미국 육군성봉사메달 [종]기독교

박정찬(朴理讚) PARK Jung Chan

[생]1954·10·15 [출]경남 남해 [주]서울 성북구 안암로 145 고려대학교 미디어학부(02-3290-5149) [학]대구 계성고졸 1979년 고려대 정치외교학과졸 1987년 영국 웨일즈대 대학원졸 [경]1978년 합동통신 기자 1981년 연합통신 기자 1990년 同워싱턴특파원 1994년 同외신2부 차장 1996년 同정치부 부장대우 1999년 연합뉴스 국제뉴스2부장 2000년 同편집국 부국장 2003년 同편집국장 2005년 관훈클럽 총무 2005년 연합뉴스 경영기획실장 2005년 외교통상부 자문위원 2005년 해양수산부 남북수산협력자문위원 2006~2009년 연합뉴스 미디어전략담당 특임이사 2008·2011~2014년 관훈클럽 신영연구기금 이사 2009~2013년 연합뉴스 대표이사 사장 2009~2013년 연합인포맥스 대표이사 회장 2009~2013년 연합P&M 사장 2009~2013년 연합M&B 사장 2009~2013년 연합뉴스 동북아센터 이사장 2009~2013년 한국신문협회 감사 2009~2012년 대한장애인체육회 이사 2010년 아·태통신사정상회의 공동의장 2010년 연합뉴스 보도전문채널(연합뉴스TV) 설립·대표 2011~2013년 국무총리 재외동포정책위원회 위원 2011~2013년 연합뉴스TV(뉴스Y) 대표이사 사장 2014년 관훈클럽 신영연구기금 고문(현) 2014년 고려대 미디어학부 관훈신영 기금교수 2015년 同미디어학부 초빙교수(현) [상]제13회 장한 고대언론인상(2006), 제59회 서울시 문화상 언론분야(2010), 제24회 중앙언론문화상 신문·잡지부문(2012)

박정택(朴正澤) PARK Jung Taek

[생]1951·9·25 [출]전남 [주]대전 동구 대학로62 대전대학교 사회과학대학 행정학과(042-280-2325) [학]1975년 성균관대 행정학과졸 1977년 同대학원졸 1982년 영국 Univ. of Leeds 대학원 보건행정학과졸 1986년 행정학박사(성균관대) [경]1974~1975년 총무처 행정사무관 1975~1977년 보건사회부 사무관 1977~1980년 육군제3사관학교 전임강사 1984~1987년 외무부 서기관 1987~2011년 대전대 법정대학 행정학부 조교수·부교수·교수 2011~2012년 同사회과학대학 행정학부 교수 2011~2013년 同교학부총장 2013년 同사회과학대학 행정학과 교수(현) [상]한국행정학회 저술부문학술상(2011) [저]'국제행정학'(1996) '시민사회와 행정(共)'(2002) '인생은 게임으로 통한다'(2006) '일상적 공공철학하기 1, 2, 3'(2007)

박정하(朴正河) PARK Jung Ha

[생]1966·9·26 [본]고령(高靈) [출]강원 원주 [학]원주 진광고졸, 고려대 농업경제학과졸, 同대학원 행정학 석사과정 수료 [경]한국해양수산개발원(KMI) 초청연구원 1994년 박찬종 국회의원 보좌역 2002년 인천시 공보비서관 2007년 제17대 대통령직인수위원회 부대변인 2008년 대통령실 춘추관장실 선임행정관 2010년 同춘추관장 2011~2013년 대통령 대변인 2014~2015년 제주도 정무부지사

박정학(朴正學) PARK Jung Hag

[생]1953·8·20 [본]밀양(密陽) [출]대구 [주]경북 경산시 대학로280 영남대학교 이과대학 화학생화학부(053-810-2360) [학]1976년 경북대 사범대학 화학교육과졸 1978년 同대학원 화학교육과졸 1980년 한국과학기술원 화학과졸(석사) 1988년 이학박사(미국 미네소타대) [경]1980년 영남대 화학과 전임강사·조교수·부교수 1993년 同생화학과 교수, 同화학생화학부 화학전공 교수(현) 1993~1994년 미국 미네소타대 객원교수 1993년 ZirChrom Separations, Inc. 기술고문 1995~1997년 영남대 화학과장 1995~1997년 同교육대학원 화학교육학과장·주임교수 1997~1999년 同중앙기기센터 소장 2000~2002년 同기초과학연구소장 2002~2004년 同연구처장 2003년 대한화학회 총무실무이사 2003~2004년 (재)한국섬유기계연구소 이사 2006년 대한화학회 분석화학분과 회장 2007~2008년 한국화학올림피아드위원회 위원장 2008~2010년 영남대 이과대학장 2010년 同노인학연구소장 2010년 대한화학회 대구경북지부장 2013~2015년 영남대 대학원장 2015년 同교학부총장(현) [상]제1회 대한화학회 분석분과학술상(1998) [저]'기기분석'(1996) '일반화학실험'(1997) '일반화학'(1999) '대학 기기분석'(2000) '분석화학'(2000)

박정현(朴政炫) PARK Joung Hyen

[생]1962·11·17 [본]밀성(密城) [출]경북 고령 [주]경북 안동시 풍천면 도청대로455 경상북도의회(054-880-5423) [학]포항1대 금속과졸, 대구대 평생교육원 부동산자산관리사과정 수료, 영남대 경영대학원 AMP 72기 수료, 경일대 행정학과졸 2011년 영남대 행정대학원 자치행정학과졸 [경]다산초총동창회 조직부장, 다산면바르게살기협의회 회원, 부동산 중개업 2006년 경북 고령군의

원(비례대표)선거 출마, 고령군음식업지부 감사, 고령경찰서 행정발전위원, 다산면체육회 이사, 한나라당 경북도당 고령·성주·칠곡 자치청년자문위원장 2010년 경북 고령군의회 의원(한나라당·새누리당) 2012년 同부의장 2012년 새누리당 경북도당 대외협력위원회 부위원장 2012년 同박근혜 대통령후보 경북도당 선대위 부위원장 2014년 경북도의회 의원(새누리당)(현) 2014·2016년 同운영위원회 위원(현) 2014년 同농수산위원회 위원 2014년 同경북·대구상생발전특별위원회 위원 2016년 同건설소방위원회 부위원장(현) [상]전국시·도의회의장협의회 우수의정 대상(2016)

박정현(朴政賢)

[생]1964·6·19 [출]충남 부여 [주]충남 천안시 동남구 중앙로281의2 더불어민주당 충남도당(041-569-1500) [학]1982년 부여고졸 1990년 동국대 정치외교학과졸 [경]2001~2008년 (사)민족화합운동연합 사무국장·집행위원장 2009~2011년 민주당 부여·청양지역위원회 위원장 2010년 同안희정 충남도지사후보 공동선거대책본부장 2010~2011년 충남도지사 정책특별보좌관 2011년 충남도축구연합회 직장연맹 회장(현) 2011년 (사)부여정림사복원건립추진위원회 사무총장 2011~2013년 민주통합당 부여·청양지역위원회 위원장 2012년 제19대 국회의원선거 출마(충남 부여·청양, 민주통합당) 2013~2014년 충남도 정무부지사 2014년 충남 부여군수선거 출마(새정치민주연합) 2014~2015년 새정치민주연합 부여·청양지역위원회 위원장 2015년 더불어민주당 부여·청양지역위원회 위원장(현) 2016년 同충남도당 대변인(현)

박정현(朴貞炫·女) PARK Jeong Hyeon

[생]1964·11·4 [본]밀양(密陽) [출]대구 [주]대전 서구 둔산로100 대전광역시의회(042-270-5086) [학]청란여고졸, 충남대 법학과졸 [경]대전YMCA 간사, 전국녹색연합 협동사무처장, 대전대 교양과목 강사, (사)대청호운동본부 집행위원장, 행정도시무산저지충청권비상대책위원회 공동운영위원장, 대전시민사회단체연대회의 공동운영위원장, 금강운하백지화국민행동 상임운영위원장, 대전충남녹색연합 사무처장 2009년 노무현 前대통령서거 대전추모위원회 대변인 2010년 김원웅 야4당 단일 대전시장후보 대변인 2010년 대전시의회 의원(비례대표, 민주당·민주통합당·민주당·새정치민주연합) 2010년 同미래도시연구회 회장 2010년 同운영위원회 위원 2010년 同산업건설위원회 부위원장 2010년 민주당 대전시당 생활정치실현위원장 2012년 대전시의회 대전·충청·세종상생발전특별위원회 부위원장 2012년 同복지환경위원회 위원 2014년 대전시의회 의원(새정치민주연합·더불어민주당)(현) 2014년 同복지환경위원회 위원 2014~2016년 同예산결산특별위원회 위원장 2015년 새정치민주연합 대전시당 여성위원장 2015년 同대전시당 을지로위원회 비정규직대책분과 위원장 2015년 同여성리더십센터 부소장 2015년 더불어민주당 대전시당 여성위원장(현) 2015년 同대전시당 을지로위원회 비정규직대책분과 위원장(현) 2015년 同여성리더십센터 부소장(현) 2016년 대전시의회 행정자치위원회 위원(현) 2016년 同예산결산특별위원회 위원(현) 2016년 同대전의료원설립추진특별위원회 위원장(현) [종]천주교

박정호(朴正浩) PARK Jung Ho

[생]1945·6·23 [본]영해(寧海) [출]경기 안성 [주]서울 영등포구 국회대로786 한·일의원연맹 사무총장실(02-784-6500) [학]1963년 경복고졸 1967년 서울대 문리대학 독어독문학과졸 [경]1969년 서울신문 기자 1980년 국무총리 비서관 1982년 駐나이지리아대사관 공보관 1984년 駐일본대사관 공보관 1988년 해외공보관 외보분석관 1990년 駐시카고총영사관 공보관 1993년 해외공보관 외보부장 1993년 駐일본대사관 한국문화원장 1996년 대통령 공보2비서관 1998~1999년 대통령 해외언론비서관 2000년 국무총리 공보수석비서관 2000년 국무총리 민정수석비서관 2001~2003년 駐센다이 총영사 2004년 중부대 신문방송학과 초빙교수 2005년 한·일의원연맹 사무총장(현) 2014년 동북아역사재단 자문위원(현)

박정호(朴廷浩) Jung Ho Park

[생]1955·12·26 [출]대구 [주]서울 성북구 안암로145 고려대학교 전기전자공학부(02-3290-3226) [학]1974년 경북고졸 1981년 고려대 전자공학과졸 1987년 전자공학박사(미국 Univ. of Delaware) [경]1987~1990년 금성사 중앙연구소 기초연구실장 1990~2006년 고려대 전자공학과 교수 2002년 同정보전산처장 2002~2006년 서울시 정보화기획단장 2006~2014년 고려대 전기전자전파공학부 교수 2008~2009년 방송통신심의위원회 비상임위원 2008~2009년 정보화추진위원회 실무위원장 2009년 대통령직속 국가정보화전략위원회 위원 2011~2014년 고려대 미래전략실장 2011~2013년 同대학원장 2011년 대통령직속 국가정보화전략위원회 위원장 2014년 삼성SDS 사외이사(현) 2014년 고려대 전기전자공학부 교수(현) [상]홍조근정훈장(2009) [종]천주교

박정호(朴政浩) James Jungho PAK

[생]1960·2·5 [본]밀양(密陽) [출]서울 [주]서울 성북구 안암로145 고려대학교 전기전자공학부(02-3290-3238) [학]1978년 우신고졸 1985년 미국 퍼듀대(Purdue Univ.) 전기공학과졸 1988년 同대학원 전기공학과졸 1992년 전기공학박사(미국 퍼듀대) [경]1992년 미국 Intel Corporation 선임연구원 1995~1998년 고려대 전기공학과 조교수 1998년 同전기전자전파공학부 부교수 2003년 同전기전자전파공학부 교수 2014년 同전기전자공학부 교수(현) [저]'최신 센서공학'(共) [역]'전자기학'(共) '전자재료 물성 및 소자'(共) [종]기독교

박정호(朴正鎬) PARK Chung Ho

[생]1960·8·9 [출]전남 목포 [주]서울 송파구 중대로135 한국인터넷진흥원 부원장실(02-405-6334) [학]인천 선인고졸, 한양대 산업공학과졸, 同대학원 산업공학과졸 [경]1990~1992년 (주)데이콤 연구원 1992~1995년 한국전산원 선임연구원 1995~2000년 한국정보보호센터 팀장 2000년 (주)하우리 부사장 2005년 同대표이사 사장, (주)SGA솔루션즈 부사장 2016년 한국인터넷진흥원 부원장(현) [상]정보통신부장관표창(1994)

박정호(朴正鎬) PARK Jeong Ho

[생]1960·8·24 [출]충남 천안 [주]서울 광진구 아차산로404 서울동부지방법원 민사소액전담 판사실(02-2204-2114) [학]1979년 천안고졸 1983년 한양대 법과대학졸 [경]1983년 사법시험 합격(25회) 1985년 사법연수원 수료(15기) 1986년 軍법무관 1989년 마산지법 판사 1992년 청주지법 충주지원 판사 1994년 수원지법 판사 1997년 서울가정법원 판사 1998년 서울고법 판사 1999년 대법원 재판연구관 2001년 대구지법 부장판사 2003년 수원지법 안산지원 부장판사 2005~2008년 서울중앙지법 부장판사 2005년 언론중재위원회 위원 2008년 법무법인 로고스 변호사 2008년 법무법인 서정 변호사 2014년 서울동부지법 민사소액전담 판사(현)

박정호(朴正浩) PARK Jung Ho

[생]1963·5·17 [주]경기 성남시 분당구 성남대로343번길9 에스케이유타워 SK주식회사 C&C 임원실(02-6400-1023) [학]1982년 마산고졸 1988년 고려대 경영학과졸 2000년 미국 George Washington Univ. 대학원 경영학과졸 [경]1989년 (주)선경 입사 1994년 대한텔레콤 근무 1995년 SK텔레콤 해외사업본부 뉴욕지사장 2001년 同마케팅전략본부 팀장 2004년 SK그룹 투자회사관리실 CR지원팀장(상무) 2007년 SK커뮤니케이션즈 사업개발부문장(상무) 2009년 SK텔레콤 사업개발실장(전무) 2012년 同사업개발부문장(부사장) 2013년 SK C&C Corporate Development장(부사장) 2015년 同대표이사 사장 2015년 SK주식회사 C&C 대표이사 사장(현) 2016년 SK하이닉스 사내이사(현)

박정화(朴貞杹·女) PARK Jeong Hwa

[생]1965·10·3 [본]무안(務安) [출]전남 해남 [주]서울 서초구 서초중앙로157 서울고등법원 부장판사실(02-530-1114) [학]1982년 광주중앙여고졸 1987년 고려대 법과대학졸 [경]1988년 사법시험 합격(30회) 1991년 사법연수원 수료(20기) 1991년 서울지법 북부지원 판사 1993년 서울민사지법 판사 1995년 대구지법 판사 1998년 서울지법 판사 2000년 서울가정법원 판사 2002년 서울고법 판사 2003년 대법원 재판연구관 2006년 대전지법 부장판사(수원지검 성남지원 파견) 2008년 사법연수원 교수(부장판사) 2010년 서울행정법원 행정13부 부장판사 2013년 광주고법 행정2부 부장판사 2014년 서울고법 부장판사(현) 2015년 대법원 양형위원회 양형위원(현)

박정환 PARK Jeong Hwan

[생]1950·9·20 [주]경기 수원시 권선구 온정로39 국립산림과학원 산림유전자원부(031-290-1111) [학]서울대 임산가공학과졸, 同대학원 임산가공학과졸, 임학박사(미국 뉴욕주립대) [경]산림청 임업연구원 임산공학부 재료시험과 임업연구사, 국립산림과학원 임산공학부 재료성능과 임업연구관 2010년 同대외협력과장 2010년 同연구기획과장 2011년 同미생물자원연구과장 2012년 同난대·아열대산림연구소장 2014년 同산림생산기술연구소장 2015년 同산림유전자원부장(고위공무원)(현)

박정환(朴政煥) PARK Jeong Hwan

[생]1955·5·24 [출]서울 [주]인천 연수구 인천타워대로 323 (주)포스코엔지니어링 비서실(032-588-5100) [학]경복고졸, 연세대 경제학과졸 [경]2000년 대우인터내셔널 미얀마무역법인 대표 2009년 同기계본부장(전무) 2011년 同미얀마무역법인 대표(부사장) 2014~2015년 同영업2부문장(부사장) 2015년 (주)포스코엔지니어링 대표이사 사장(현)

박정환(朴正煥)

[생]1960·8·23 [출]전남 강진 [주]광주 북구 첨단과기로 208번길43 광주지방조달청(070-4056-8201) [학]2008년 한국방송통신대 행정학과졸 [경]1999년 광주지방조달청 관리과 근무 1999년 同업무과 근무 2002년 조달청 기획관리관실 행정법무담당관실 근무 2004년 同기획관리관실 혁신인사담당관실 근무 2005년 同공보담당관실 행정사무관 2007년 광주지방조달청 경영지원팀장 2008년 조달청 기획조정관실 경영지원팀 행정사무관 2011년 同국제물자국 원자재총괄과 행정사무관 2012년 同국제물자국 원자재총괄과 서기관 2013년 인천지방조달청 자재구매과장 2015년 조달청 전자조달국 국유재산관리과장 2016년 광주지방조달청장(현) [상]조달청장표창(2000), 조달업무유공표창(2003), 국무총리표창(2007)

박정환(朴廷桓) Park Jung-hwan

[생]1993·1·11 [출]서울 [주]서울 성동구 마장로210 한국기원 홍보팀(02-3407-3800) [학]2012년 충암고졸 [경]권갑용 바둑도장 문하생 2006년 입단(초단) 2007년 엠게임 마스터스 챔피언십 우승 2007년 2단 승단 2008년 3단 승단 2009년 제4기 십단전 우승 2009년 4단 승단 2009년 제14기 박카스배 천원전 우승 2009년 5단 승단 2010년 7단 승단 2010년 8단 승단 2010년 제5기 원익배 십단전 우승 2010년 한중통합천원전 우승 2010년 광저우아시안게임 바둑 국가대표 2010년 광저우아시안게임 혼성페어 금메달·단체전 금메달 2010년 9단 승단(현) 2011년 제29기 KBS바둑왕전 우승 2011년 GS칼텍스배 준우승 2011년 제24회 후지쯔배 우승 2013년 제14회 맥심배·제9기 한국물가정보배·KBS바둑왕전 우승(3관왕) 2013년 응창기배 준우승·올레배 준우승·제1회 주강배 세계바둑단체전 우승 2014년 제18기 천원전 우승·제18회 한중천원전 우승·제4회 초상부동산배(한·중 최정상권 7인 단체전) 우승 2015년 제58기 국수전 우승 2015년 제19회 LG배 우승 2015년 제33기 KBS바둑왕전 준우승 2015년 제27회 TV바둑아시아선수권대회 준우승 2015년 국수산맥 국제바둑대회 단체전 우승 2016년 제43기 명인전 준우승 2016년 제1회 엘리트마인드게임스 바둑부문 혼성페어·남자단체전 우승(2관왕) 2016년 제59기 국수전 우승 2016년 제34기 KBS바둑왕전 우승 2016년 국수산맥 국제바둑대회 단체전 우승 [상]바둑대상 신예기사상(2009), 한국바둑대상 최우수기사상(MVP)(2013), KB바둑리그 MVP(2014·2015), 2015 바둑대상 다승상·승률상(2015)

박정훈(朴正勳) PARK Jeong Hoon

[생]1958·5·15 [본]밀양(密陽) [출]대구 [주]서울 관악구 관악로1 서울대학교 법과대학(02-880-7556) [학]1976년 경북고졸 1980년 서울대 법학과졸 1989년 同대학원 법학과졸 1996년 법학박사(독일 괴팅겐대) [경]1983년 사법시험 합격(25회) 1985년 사법연수원 수료(15기) 1986~1989년 공군 법무관 1989년 서울민사지법 판사 1991~1992년 서울형사지법 판사 1997~2003년 서울대 법학과 강사·전임강사·조교수 2000~2002년 同대학원 공법학 전공주임교수 2003년 同법과대학 교수(현) 2003년 법관임용심사위원회 위원 2004년 서울대 법대 교무부학장 겸 법학부장 2008년 국민권익위원회 비상임위원 2011~2014년 경찰위원회 위원 [저]'법학의 이해'(共) 'Rechtsfindung im Verwaltungsrecht'(獨文) [종]가톨릭

박정훈(朴正薰) Park Jeonghoon

[생]1961·1·6 [출]서울 [주]서울 양천구 목동서로161 SBS 임원실(02-2113-3400) [학]1979년 신일고졸 1987년 고려대 영어영문학과졸 1998년 호주 시드니공대(UTS) 대학원 저널리즘과졸 [경]1986년 MBC 입사 1991년 SBS 입사 2003년 同제작본부 부장 2004년 同교양2CP 2005년 同편성본부 편성기획팀장 2007년 同편성본부 편성기획팀장(부국장급) 2008년 同제작본부 예능총괄(부국장급) 2010년 同편성실장 2010년 同편성실장(이사대우) 2011년 同제작본부장(이사) 2012~2013년 (사)여의도클럽 회장 2013년 SBS 드라마본부장 2014년 同제작본부장(상무이사) 2015년 同공동대표이사 부사장(현) [상]삼성언론상, 방송대상(3회), 방송위원회 이달의 좋은 프로그램 대상, 백상예술대상 작품상, 국민포장, 방송위원회 이달의 좋은 프로그램상(3회), 방송프로듀서 작품상(3회) [저]'잘먹고 잘사는 법'(2002) '환경의 역습'(2004)

박정훈(朴正薰) PARK Jung Hun

[생]1964·3·7 [출]경북 예천 [주]서울 중구 세종대로21길 33 조선일보 논설위원실(02-724-5114) [학]대전고졸, 서울대 법학과졸 [경]세계일보 정치부 기자 1991년 조선일보 입사 1997년 同동경특파원 2002년 同동경특파원(차장대우) 2002년 同경제부 차장대우 2004년 同경영기획실장 겸 CRM추진본부장(차장) 2004년 한국신문협회 기조협의회 이사 2005년 조선일보 경제부장 2009년 同사회정책부장 2011년 同기사기획에디터(정치·사회·사회정책·국제담당) 2012년 同편집국 부국장 겸 사회부장 2013년 同편집국 기획·행정담당 에디터 2013~2015년 同편집국 디지털담당 부국장 2014년 관훈클럽 운영위원(서기) 2015년 조선일보 논설위원(현) [저]'닛폰의 실패에서 배운다'(2002) '미래혁명(共)'(2008)

박정훈

[생]1969 [주]서울 종로구 세종대로209 금융위원회 금융현장지원단(02-2100-2690) [학]휘문고, 서울대 경영학과졸, 미국 노스웨스턴대 대학원 MBA [경]1991년 행정시고 합격(35회), 재정경제부 보험제도과 근무, 同증권제도과 근무, 대통령정책실 근무 2007년 아시아개발은행(ADB) Capital Markets Specialist 2010년 기획재정부 G20정상회의준비위원회 파견 2011년 금융위원회 공적자금관리위원회 사무국 운용기획팀장 2012년 금융위원회 글로벌금융과장 2013년 同보험과장 2014년 同자본시장조사단장 2014년 국제통화기금(IMF) 통화자본시장국 Senior Financial Sector Expert 2016년 금융위원회 금융현장지원단장(고위공무원)(현)

박정훈(朴正勳) Park Jeonghun

[생]1971·10·1 [출]전남 장성 [주]경남 창원시 성산구 창이대로681 창원지방법원(055-266-2200) [학]1990년 광주 송원고졸 1997년 서울대 영어영문학과졸 [경]1998년 사법시험 합격(40회) 2001년 사법연수원 수료(30기) 2001년 수원지법 판사 2002년 서울고법 판사 2003년 서울지법 판사 2004년 서울중앙지법 판사 2005년 광주지법 판사 2009년 서울남부지법 판사 2010년 헤이그국제사법회의 상설사무국 파견 2012년 특허법원 판사 2015년 전주지법 정읍지원 판사 2016년 창원지법 부장판사(현)

박정흠(朴正欽) Jung-Heum Park

[생]1962·6·13 [본]밀양(密陽) [출]대구 [주]경기 부천시 원미구 지봉로43 가톨릭대학교 컴퓨터정보공학부(02-2164-4366) [학]1985년 서울대 계산통계학과졸 1987년 한국과학기술원 전산학과졸(석사) 1992년 전산학박사(한국과학기술원) [경]1992~1993년 한국과학기술원 정보전자연구소 연수연구원 1993~1996년 한국전자통신연구소 부호기술연구부 선임연구원 1996년 가톨릭대 컴퓨터정보공학부 조교수·부교수·교수(현) 2005년 컴퓨터이론연구회 편집위원장·부위원장 2007~2008년 가톨릭대 정보통신원장 2007~2008년 同통합정보화시스템프로젝트추진부 CIO [저]'컴퓨터 알고리즘'(2006)

박정희(朴貞姬·女) Park Chung Hee

[생]1957·5·7 [주]서울시 관악구 관악로1 서울대학교 의류학과 222동309호(02-880-6842) [학]1980년 서울대 가정학과졸 1982년 同대학원 가정학과졸 1988년 고분자과학박사(미국 Univ. of Massachusetts at Lowell) [경]1993년 서울대 의류학과 교수(현) 1995~1997년 한국의류학회 상임이사 1997~1998년 한국섬유공학회 편집위원 1997~2007년 한국의류학회 편집위원 2003년 한국섬유공학회 이사 2004~2005년 2006 Seoul International Clothing and textiles Conference 조직위원회 위원 2004~2006년 서울대 생활과학대학 부학장 2006~2008년 한국섬유공학회 이사 2008~2009년 대한가정학회 평이사 2008년 International Conference on Intelligent Textiles Organizing Committee 2008~2010년 서울대 생활과학대학장 2009년 전국생활과학대학장협의회 회장 2010~2012년 서울대 패션산업최고경영자과정 주임교수 2011~2013년 한국의류학회 총무이사 2012~2014년 서울대 생활과학대학 의류학과장 2013년 대한가정학회 평이사(현) 2013년 한국섬유공학회 평의원(현) 2013년 한국의류학회 편집이사 [상]국무총리표창(2013) [저]'패션소재기획(共)'(2001) '생활과학의 이해(共)'(2001) '신섬유사전'(2003) '새의류관리(共)'(2008)

박제국(朴堤國) PARK Je Guk

[생]1962·4·5 [출]부산 [주]세종특별자치시 절재로180 인사혁신처 차장실(044-201-8100) [학]부산 금성고졸 1985년 고려대 법학과졸 1997년 미국 예일대 대학원 경제학과졸 [경]행정고시 합격(31회) 1992년 총무처 조직국 조사담당관실 근무 1994년 同복무감사관실 근무 1997년 同의정국 상훈과 서기관 1998년 제2의건국범국민추진위원회 기획운영실 서기관 2000년 미국 Washington주정부(DSHS) 파견 2002년 행정자치부 정부기능분석작업단 서기관 2003년 대통령자문 정부혁신지방분권위원회 파견 2004년 행정자치부 능률행정과장 2004년 同정책혁신과장 2005년 同전략기획팀장(서기관) 2006년 同전략기획팀장(부이사관) 2006년 대통령 공직기강비서관실 선임행정관 2008년 행정안전부 국정과제실시간관리추진단 부단장(고위공무원) 2009년 同기획조정실 정책기획관 2009년 同인사기획관 2011년 同인력개발관 2012년 대통령 행정자치비서관실 선임행정관 2014년 안전행정부 전자정부국장 2014~2015년 행정자치부 전자정부국장 2015년 충북도 행정부지사 2016년 인사혁신처 차장(현) [상]대통령표창, 근정포장

박제균(朴濟均) Je-Kyun Park

[생]1963·4·25 [주]대전 유성구 대학로291 한국과학기술원 바이오및뇌공학과(042-350-4315) [학]1986년 서울대 식품공학과졸 1988년 同대학원 식품공학과졸 1992년 생물공학박사(한국과학기술원) [경]1992~1995년 금성중앙연구소 선임연구원 1996~1997년 미국 존스홉킨스대 초빙연구원 1996~2002년 LG전자기술원 책임연구원(그룹장) 2002~2009년 한국과학기술원(KAIST) 바이오시스템학과 및 바이오및뇌공학과 부교수 2006~2009년 同바이오시스템학과장 2009년 同바이오및뇌공학과 교수(현) 2010~2012년 국제학술지 '랩온어칩' 편집위원 2012~2015년 (사)한국바이오칩학회 부회장 2016년 同회장(현)

박제근(朴濟根) PARK Je Geun

[생]1965·10·17 [본]밀양(密陽) [출]경남 고성 [주]서울 관악구 관악로1 서울대학교 물리천문학부(02-880-6536) [학]1984년 진주 대아고졸 1988년 서울대 물리학과졸 1990년 同대학원 물리학과졸 1993년 이학박사(영국 런던대) [경]1989년 한국물리학회 정회원·평의원(현) 1990~2008년 영국물리학회 회원 1993~1994년 프랑스 국립과학연구센터 루이네엘자기학연구소 박사후과정 1994~1996년 영국 런던대 박사후 펠로우 1995~1996년 재영한국인과학자협회 간사장 1996~2000년 인하대 물리학과 조교수 2000~2001년 同물리학과 부교수 2001~2006년 성균관대 물리학과 부교수 2001~2005년 한국물리학회 편집위원 2003~2005년 同응집물질물리분과 총무간사 2006~2010년 성균관대 물리학과 교수 2008년 영국물리학회 석학회원(Fellow of the Institute of Physics)(현) 2008년 일본 J-PARC MLF 국제자문위원회 자문위원(현) 2008~2010년 한국물리학회 응집물질물리분과 여름학교 조직위원장 2009년 성균관대 석학교수(SKKU Fellow) 2010~2011년 한국물리학회 응집물질물리분과 운영간사 2010~2012년 한국중성자이용자협회 총무간사 2010년 서울대 물리천문학부 교수(현) 2012년 기초과학연구원 강상관계물질연구단 부단장(현) 2013년 Quantum Materials Symposium 조직위원(현) 2013년 International Conference on Neutron Scattering 2013 Edinburgh 프로그램위원 2015년 삼성재단 물리분과 위원·위원장(현) 2015년 2nd Asia-Oceania Conference on Neutron Scattering 프로그램위원 2015년 20th International Conference Magnetism 프로그램위원 2015년 The 13th Conference of the Asian Crystallographic Association 프로그램위원 2015년 학술지 'Journal of Physics: Condensed Matter' 편집위원회 자문위원(현) 2016년 삼성전자 미래기술연구원 위원(현) [상]Rosalind Franklin Prize(1995), Alexander von Humboldt Research Fellowship(1996), 과학재단 우수연구성과 50선 선정(2006), 성균관대 대표적 우수연구성과 50선(2006), LG Yonam Fellowship(2007), 시사저널 영리더 27인 선정(2007), 영국물리학회 Fellow of the Institute of Physics 선정(2008), 한국연구재단 대표 우수연구성과 선정(2009), 한국과학기술기획평가원 국가연구개발우수성과 100선(2009), 한국물리학회 학술상(2015) [저]'Quantum Tunneling of Magnetization-QTM'94'(1995, Kluwer Academic Publishers, 1995, The Netherlands) '대학물리학(상)'(1998, 인하대 출판부) '대학물리학(하)'(1998, 인하대 출판부) '이공학도를 위한 물리학실험(共)'(2005, 성균관대) [종]불교

박제승(朴濟昇) PARK Je Seung

[생]1955·10·2 [출]서울 [주]경기 용인시 기흥구 공세로150의20 삼성SDI 자동차전지사업부 비서실(031-210-8022) [학]연세대 사학과졸 [경]1996년 삼성전자(주) 영상사업부 수출그룹장 2000년 同싱가폴법인 SET디비전장 2005년 同동남아총괄 호주(SEAU)법인장(상무) 2007년 同생활가전사업부 전략마케팅팀 냉기마케팅담당 상무 2009~2011년 同생활가전사업부 전략마케팅팀장(전무) 2011년 삼성SDI SDL마케팅팀장(전무) 2012년 同자동차전지사업부장(부사장) 2016년 同자문(현)

박조현(朴兆鉉) PARK Cho Hyun

[생]1955·12·8 [주]서울 서초구 반포대로222 서울성모병원 외과(1588-1511) [학]1981년 가톨릭대 의대졸 1986년 同대학원졸 1991년 의학박사(가톨릭대) [경]1981년 성모병원 인턴 1982년 강남성모병원 레지던트 1988년 벨기에 루벤의과대학 연구원 1988년 가톨릭대 의대 외과학교실 교수(현) 1993~1995년 미국 브라운대 암센터 연구원 2007년 가톨릭대 새병원일반외과준비위원장 2009~2011년 서울성모병원 진료부원장 2009년 同암병원 위암센터장 2011~2013년 同외과 과장 2012년 국제위암학회(Gastric Cacer Association : IGCA) 상임위원(현) 2012년 대한임상종양학회 부회장 2013~2015년 대한위암학회 이사장 2014년 대한소화기학회 부회장, 同평의원(현) 2014년 가톨릭대 의과대학 외과학교실 주임교수(현) 2014년 대한종양외과학회 회장, 同자문위원(현)

박종갑(朴鍾甲) PARK Jong Kap

[생]1960·12·25 [출]전북 김제 [주]서울 서초구 강남대로311 한화생명빌딩 (주)삼성전자판매 임원실(02-3460-6778) [학]신흥고졸, 전북대 경제학과졸 [경]삼성전자(주) 국내영업마케팅팀 부장 2003년 同상무보, 同시스템가전영업팀 상무 2006년 同국내영업 CE B2B시스템영업팀장(상무) 2010년 同국내영업 CE B2B시스템영업팀장(전무) 2011~2015년 同한국총괄 마케팅팀장(전무) 2015년 (주)삼성전자판매 대표이사(현)

박종갑(朴鍾甲) PARK Jong Kab

[생]1961·10·14 [출]충남 예산 [주]서울 중구 세종대로39 대한상공회의소 공공사업본부(02-6050-3114) [학]1980년 예산고졸 1986년 건국대 사범대학 외국어교육학과졸 1998년 연세대 경영대학원 경영학과졸 [경]1986년 대한상공회의소 입소 1999년 同아주협력팀장 2000년 同기획과장 2004년 同아주협력팀장 겸 구미협력팀장 2006년 同홍보실장 2012~2013년 同조사2본부장(상무이사) 2012년 국가경쟁력위원회 민관합동규제개혁추진단 부단장 2012년 고용노동부 근로시간면제심의위원회·고용보험위원회·임금채권보장기금심의위원회·장애인고용촉진전문위원회 위원 겸임 2012년 국민건강보험재정위원회 위원 2012년 보건복지부 국민연금심의위원회 위원 2012년 노사정위원회 세대간상생위원회·산재예방시스템선진화위원회 위원 겸임 2012년 한국대학교육협의회 산업계관점대학평가운영위원회 위원 2012년 한국방문의해위원회 운영위원 2013년 고용보험심사위원회 위원 2013년 국제산업보건대회 국내조직위원회 위원 2013년 산업통상자원부 전기요금 및 소비자보호전문위원회 위원 2013년 한국직업능력개발원 자문위원회 위원(현) 2013년 미래창조과학부 창조경제문화운동전문위원 2013년 고용노동부 고용평등상담실 심사위원 2013년 대한상공회의소 공공사업본부장(상무이사)(현) 2013년 同자격평가사업단장 겸임(현) 2013년 산업혁신운동3.0중앙추진본부 사무국장(현) 2013년 S-PPM 중앙추진본부 사무국장(현) 2014년 한국직업자격학회 부회장(현) 2014년 한국소비자원 소비자중심경영인증제도 평가위원(현) 2015년 농식품상생협력추진본부 사무국장(현) 2015년 해양수산산업상생협력추진단 사무국장(현) 2015~2016년 경영·회계·사무분야 인적자원개발위원회 사무국장 2015년 국토교통부 건축물에너지평가사 자격심의위원(현) 2016년 한국소비자원 소비자분쟁조정위원(현) 2016년 한국컨설팅서비스협회 비상임이사(현) [상]산업자원부장관표창(2003), 경찰청장 감사장(2010) 국무총리표창(2015)

박종건(朴鍾建) PARK Jong Keon (峴亭)

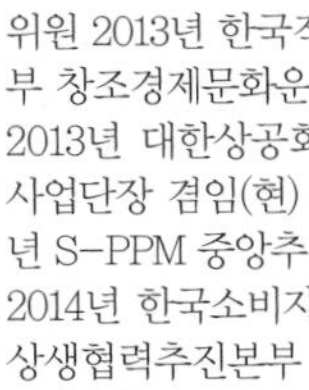

[생]1940·1·11 [본]밀양(密陽) [출]서울 [주]경기 광명시 오리로347번길5의7 충현문화재단(02-898-0504) [학]1958년 경기공고졸 1965년 고려대 법학과졸 1982년 미국 서던캘리포니아대 행정대학원 수료 1993년 국방대 대학원졸 [경]1987년 광주지방환경청장 1990년 환경처 폐기물관리국장 1990년 부산지방환경청장 1991년 서울지방환경청장 1994년 환경처 자연보전국장 1995년 환경

부 공보관 1995년 同자연보전국장 1997~1998년 同중앙환경분쟁조정위원장(관리관) 1999~2014년 밀양박씨해백공파종친회 회장 1999~2005년 (주)한일네트워크엔지니어링 회장, 서울산업대총동문회 회장, 서울산업대 에너지환경대학원 교수, (주)남원건설엔지니어링 고문 2006년 충현문화재단 고문(현) [상]황조근정훈장(1995)

박종구(朴鍾久) PARK Jong Koo

[생]1932·1·25 [본]밀양(密陽) [출]경남 밀양 [주]서울 용산구 청파로40 삼구그룹 회장실(02-705-0085) [학]1951년 경남고졸 1955년 고려대 정치학과졸 1985년 서울대 경영대학원 최고경영자과정 수료 1987년 고려대 경영대학원 최고경영자과정 수료 1992년 同국제대학원 최고위과정 수료 2001년 명예 경영학박사(고려대) 2008년 명예 법학박사(일본 와세다대) [경]1955년 합신공사 전무 1959년 신호사 대표 1966년 협성교역(주) 대표이사 1971년 달성(주) 전무이사 1975~1989년 삼구통상(주) 대표이사 1989년 삼구그룹 회장(현) 1995년 (주)삼구 대표이사 회장 1995~2000년 (주)39쇼핑 회장 1996~2000년 제일방송(주) 대표이사 2000년 i39 설립 2000~2012년 (재)삼구복지재단 이사장 2003~2007년 고려대교우회 회장 [상]대통령표창(1977·1983), 경기도지사표창(1979), 산업포장, 2천만불 수출탑(1986), 국세청장표창(1988), 상공부장관표창(1993), 자랑스런 고대인상(2008), 밀양교육상 교육봉사부문(2013) [저]자서전 '실크로드로 가는 길' [종]기독교

박종구(朴鍾九) PARK Jong Koo (平金)

[생]1943·6·3 [본]밀양(密陽) [출]전남 순천 [주]서울 서초구 반포대로39길36의15 (주)월간목회(02-534-7196) [학]1981년 총회신학교 개혁신학연구원졸 1991년 미국 페이스신학대 대학원 신학과졸 1994년 선교학박사(미국 웨스턴신학교) 2003년 명예 신학박사(미국 코헨대) [경]1974년 경향신문 신춘문예 동화 당선 1976년 '현대시학'에 詩로 데뷔 1976년 (주)신망애출판사 대표(현) 1976년 '월간목회' 편집인 겸 발행인(현) 1979년 돌샘교회 시무 1980년 기독교 대백과사전 편찬위원 1981년 미국 Airlines Clergy Bureau 한국대표 1982년 대한예수교장로회 목사 1983년 목회연구원 원장 1985년 크로스웨이 성경연구원 원장(현) 1986년 한국기독교잡지협의회 회장 1986년 (사)한국잡지협회 이사 1989년 국민일보 자문위원 1992년 한국기독교출판협의회 회장 1992년 (사)대한출판문화협회 이사 1992년 제3세계 선교단체협의회(TWMA) 커뮤니케이션 위원장 1994년 기독교리더십연구원 이사 1995년 미국 Louisiana Baptist Univ. 교환교수 1995년 (사)민족통일에스라운동협의회 이사장 1995년 한국크리스천문학가협회 회장 1995년 장로회신학대학원 강사 1995년 국제선교협력기구 이사장 2001년 한국기독교역사박물관 이사(현) 2002년 한국기독교총연합회 서기 [상]한국출판문화상 제작상(1978), 문화공보부장관표창(1989), 기독교 출판문화상(1998), 국무총리표창(1999), 한국크리스천 문학상(2000), 대통령표창(2005) [저]'하늘나라 편지'(1972) '무디 선생의 생애'(1973) '동화의 이론과 실제'(1973) '스펄젼 목사의 생애'(1977) '설교예화 대사전'(1978) '목회예화 대사전'(1978) '어린 양의 편지'(1981) '은행잎 편지'(1982) '우리 기도를 들어주시고'(1989) '세계선교, 그 도전과 갈등'(1994) '바른 지도자는 누구인가'(1997) '그는'(1999) '미래칼럼 제5물결'(2001) '21세기 세계는 어디로 가는가'(2001) '주어를 바꾸면 미래가 보인다'(2007) [종]기독교

박종구(朴鍾九) PARK Chong Goo

[생]1956·2·7 [출]경북 청송 [주]서울 노원구 광운로20 광운대학교 인문사회과학대학 행정학과(02-940-5336) [학]1983년 경희대 행정학과졸 1985년 미국 플로리다대 대학원 행정학과졸 1989년 행정학박사(미국 플로리다대) [경]1986~1988년 미국 Florida주 생산성향상본부 상임연구원 1988~1989년 미국 Florida주 대학교육성 연구원 1990~2015년 광운대 사회과학대학 행정학과 교수 1993년 행정고시 출제 및 채점위원 1994년 지방고시 출제위원 1995년 내무부 지방자치발전기획단 위원 1997~1999년 광운대 신문사 편집인 겸 주간 1999~2001년 同학생복지처장 2005~2007년 同교무처장 2007년 同중앙도서관장 2009~2010년 同정보복지대학원장 2015년 同사회과학대학장 2015년 同상담복지정책대학원장(현) 2016년 同인문사회과학대학 정책법학행정학과 교수(현) 2016년 전국행정 및 관련원장대학협의회 회장(현) 2016년 한국행정학회 부회장(현) [저]'Modern Public Administration'(1992, 예진출판사) '지방재정론'(1993, 대영문화사) 'Korean Public Administration and Policy in Transition'(1993, 한국행정학회) '정부개혁의 모델'(1999, 지샘)

박종구(朴鍾九) PARK, Jong Ku

[생]1958·1·24 [본]밀양(密陽) [출]경북 상주 [주]서울 강남구 테헤란로7길22 신관306호 (재)나노융합2020사업단(02-6000-7490) [학]1978년 경북대사대부고졸 1982년 경북대 금속공학과졸 1984년 한국과학기술원(KAIST) 재료공학 석사 1990년 재료공학박사(한국과학기술원) [경]1984년 한국과학기술연구원(KIST) 연구원 1990년 同선임연구원 1997년 同책임연구원 2000년 同세라믹공정연구센터장 2001년 同나노재료연구센터장 2007~2009년 同나노과학연구본부장 2008~2015년 한국공학한림원 일반회원 2009년 한국과학기술연구원(KIST) 영년직 연구원(현) 2010~2011년 지식경제부 연구개발특구기획단장(고위공무원) 2012년 한국과학기술연구원(KIST) 다원물질융합연구소장 2012년 同물질구조제어연구센터 책임연구원(현) 2012년 (재)나노융합2020사업단 단장(현) 2016년 한국공학한림원 정회원(재료자원공학분과·현) [상]국무총리표창(2006), 국민포장(2012), 산업통상자원부장관표창(2013), 미래창조과학부장관표창(2015) [저]'분말재료공학(共)'(2004, 한국분말야금학회)

박종구(朴鍾九) PARK, JONG-KOO (靜圓)

[생]1958·3·15 [본]밀양(密陽) [출]광주 [주]전남 무안군 무안읍 무안로380 초당대학교 총장실(061-450-1001) [학]1975년 충암고졸 1979년 성균관대 사학과졸 1982년 미국 시러큐스대 대학원 경제학과졸 1987년 경제학박사(미국 시러큐스대) [경]1987~2003년 아주대 사회과학부 경제학과 조교수·부교수·교수 1992~1998년 대한상공회의소 한국경제연구센터 연구위원 1993~1995년 한국조세학회 총무이사 1993~1998년 전국경제인연합회 자문위원 1994~1995년 한국재정학회 총무이사 1995~1997년 경기도 행정쇄신위원 1996~1998년 아주대 기획처장 1998년 내무부 정책자문위원 1998~1999년 기획예산위원회 정부개혁실 공공관리단장(이사관) 1999년 기획예산처 공공관리단장 2002년 국무조정실 수질개선기획단 부단장 2003~2006년 同경제조정관 2006~2007년 同정책차장(차관급) 2007년 과학기술부 과학기술혁신본부장(차관급) 2008~2009년 교육과학기술부 제2차관 2009년 아주대 교무부총장 2009~2015년 경기개발연구원 이사 2010~2011년 아주대 총장 직대 2011~2014년 한국폴리텍대학 이사장 2012~2015년 광주과학기술원 비상임이사 2013~2014년 한국전문대학교육협의회 전문대학윤리위원회 위원 2015년 초당대 총장(현) [상]한국재정학회 학술상(1996), 황조근정훈장(2006), 중앙일보 대한민국경제리더대상(2012), 매경미디어그룹 2013 대한민국 창조경제리더 고객부문(2013), 한국경제신문 미래경영부문 대상(2013) [저]'지역발전과 지방재정(共)'(1990) '우리나라 기금제도의 문제점과 개선방안'(1991) '지가평가제도의 개선방안'(1992) '도시재정의 안정적 확충방안(共)'(1992) 'Public Finance in Korea(共)'(1992) '지방자치제 실시에 따른 중앙·지방재정기능의 재정립(共)'(1992) '기업과세 제도의 현황과 과제(共)'(1993) '제조업의 국제경쟁력 제고를 위한 조세지원제도 개편방안'(1993) '경기지역연구의 현황과 과제(共)'(1994) '수원지역의 현황과 과제(共)'(1996) '중앙·지방정부간 관계 및 재원조정(共)'(1996) '산업세제의 합리적 개편방향'(1997)

박종구(朴鍾九) Park, Jong Koo

[생]1971·7·16 [본]밀양(密陽) [출]전남 보성 [주]세종특별자치시 도움5로20 법제처 행정법제국(044-200-6621) [학]1990년 순천매산고졸 1997년 건국대 행정학과졸 2003년 서울대 행정대학원 행정학과 수료 2011년 미국 캘리포니아대 버클리교 로스쿨졸(법학석사) [경]1998년 행정고시 합격(42회) 1999~2002년 통일부 통일정책실 사무관 2002~2006년 법제처 기획조정실·행정심판관리국·경제법제국 사무관 2007년 同경제법제국 서기관 2008년 同처장실 비서관 2012년 同법제지원단 법제교류협력과장 2013년 同법제지원단 법제관 2014년 同경제법제국 법제관 2015년 同행정법제국 법제관(현) [상]중앙공무원교육원장표창(1999), 통일부장관표창(2001), 법제처장표창(2005), 재정경제부장관표창(2007) [종]기독교

박종국(朴鍾國) PARK Jong Gook (文園)

[생]1935·12·27 [본]상주(尙州) [출]경기 화성 [주]서울 동대문구 회기로56 세종대왕기념사업회(02-966-2571) [학]1954년 경기상고졸 1959년 연세대 국어국문학과졸 1983년 건국대 대학원 수료 2002년 명예 문학박사(세종대) [경]1961~1968년 세종대왕기념사업회 간사·사무차장 1968~1988년 同사무국장·상무 1979~1992년 세종대왕기념관 관장 1979년 국어순화추진회 감사·부회장·회장(현) 1981~2005년 민주평통 상임위원 1983~1998년 한양대 국문학과 강사 1984년 한국겨레문화연구원 원장·이사(현) 1985~2002년 연세

ㅂ

대 국문학과 강사 1988~1991년 세종대왕기념사업회 부회장 1989년 연세대 문과대학동창회 회장·명예회장·고문(현) 1991~2015년 세종대왕기념사업회 회장 1992~1998년 한글학회 감사 1993~1998년 학교법인 성신학원 감사, 외솔회 부회장·고문(현) 1993년 (재)운정재단 감사·이사(현) 1999년 세종한글서예큰뜻모임 명예회장·고문(현) 2001~2008년 재외동포교육진흥재단 이사 2003년 (재)한글재단 이사(현) 2006~2008년 한글날큰잔치 조직위원회 공동위원장 2007년 세종학연구원 회장(현) 2015년 세종대왕기념사업회 명예회장(현) [상]문교부장관표창(1978), 대통령표창(1988), 외솔상(1995), 옥관문화훈장(1997), 연세대 문과대학총동창회 연문인상(2009), 고운문화상(고운문예인상) 대상(2015) [저]'훈민정음의 주해'(1976) '말본사전'(1980) '세종대왕과 훈민정음'(1984) '주시경 스승 어록'(1991) '국어학사'(1994) '용비어천가 역주'(1994) '한국어 발달사'(1996) '한글글꼴용어사전(共)'(2000) '한국고전용어사전(共)'(2001) '세종대왕기념관'(2001) '한글문헌 해제'(2003) '훈민정음 종합연구'(2007) '겨레의 큰 스승 세종성왕'(2008) '한국어 발달사 증보'(2009) '우리국어학사'(2012) '최현배 선생 저서 머리말'(2014) [역]'훈민정음' '용비어천가' '조선왕조실록-일부'(共) '증보문헌비고-일부'(共)

박종국(朴鍾國) PARK JONG KUK

[생]1964·2·5 [출]충북 괴산 [주]충북 청주시 상당구 상당로127 자연타워12층 연합뉴스 충북취재본부(043-225-1234) [학]1983년 공주사대부고졸 1987년 한양대 신문방송학과졸 [경]2009~2012년 연합뉴스 심양특파원 2014년 同충북취재본부장(현)

박종권(朴鍾權) Park Jong-kwon

[생]1961·11·20 [본]밀양(密陽) [출]서울 [주]충북 청주시 흥덕구 산단로149 SK케미칼 청주공장(043-270-9600) [학]1980년 서울공고졸 1987년 건국대 미생물공학과졸 [경]SK케미칼 입사 2008년 同오산공장 생산팀장(부장) 2009년 同안산공장 생산팀장 2011년 同오산공장 생산팀장 2012년 同안산공장 생산팀장 2013년 同오산공장장 2014년 同청주공장장 2016년 同청주공장장(상무)(현) [종]천주교

박종규(朴鍾圭) PARK Jong Kew

[생]1935·10·27 [출]서울 [주]서울 종로구 인사동5길38 관훈빌딩9층 (주)KSS해운 임원실(02-3702-2846) [학]1955년 서울고졸 1961년 서울대 정치학과졸 2003년 명예 경영학박사(목포해양대) [경]1964년 대한해운공사 조선과장 1970년 한국케미칼해운 대표이사 사장 1993년 바른경제동인회 이사장 1993~1997년 경제정의실천시민연합 중앙위원회 의장 1995~2003년 (주)KSS해운 회장 1997~2001년 행정개혁시민연합 공동대표 1998년 행정규제개혁위원회 공동위원장 1998~2002년 해양수산부 행정규제개혁위원회 공동위원장 2003년 (주)KSS해운 고문(현) 2003년 한국해사재단 이사장 2003년 통일경제연구협회 이사장 2004~2006년 규제개혁위원회 공동위원장 2005년 한국투명성기구 고문 2015년 바른경제동인회 회장(현) [상]국무총리표창, 은탑산업훈장, 좋은 한국인상, 국민훈장 무궁화장(2006) [저]'손해를 보더라도 원칙은 지킨다'

박종규(朴種圭) Park Jong Gyu

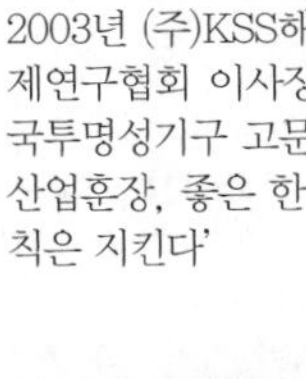

[생]1947·6·20 [주]충북 청주시 상당구 상당로82 충청북도의회(043-220-5073) [학]1965년 청주농고졸 1975년 청주대 문학부 사회교육과졸 [경]1976년 청주 세광고 교사 1979~2003년 청주 신흥고 교사 1982~1991년 청소년적십자 충북본부 지도교사협의회장 2003~2005년 율량·사천동하나봉사대 회장 2004년 율량·사천동주민자치위원회 위원장 2006~2010년 충북 청주시의회 의원, 한나라당 충북도당 정책개발위원회 위원 2008~2010년 충북 청주시의회 복지환경위원장, 대한적십자사 충북지사 봉사협의회장, 율량·사천동 성심신용협동조합 이사 2010년 충북도의원선거 출마(한나라당) 2014년 충북도의회 의원(새누리당)(현) 2014~2016년 同부의장 2014·2016년 同정책복지위원회 위원(현) 2016년 同운영위원회 위원(현) 2016년 同예산결산특별위원회 위원(현) 2016년 同윤리특별위원회 위원장(현) 2016년 충북지속가능발전협의회 공동회장(현) [상]문화부장관표창(1975), 보건사회부장관표창(1985), 충북문화시민상(1985), 충북도지사표창(1987), 대한적십자사총재표창(1997), 대통령표창(1999), 대통령포장(2003)

박종규(朴宗奎) PARK Jong Kyu

[생]1961·3·4 [출]서울 [주]서울 중구 명동11길19 한국금융연구원(02-3705-6257) [학]1984년 서울대 경제학과졸 1986년 미국 노스캐롤라이나대 채플힐교 대학원 통계학과졸 1993년 경제학박사(미국 프린스턴대) [경]1993년 한국조세연구원 연구위원 2001~2009년 한국금융연구원 선임연구위원 2004년 同거시경제팀장 2005년 한국경제의분석패널 편집간사 2007~2008년 미국 스탠포드대 방문학자 2009년 한국금융연구원 연구총괄위원장 2009~2012년 국회예산정책처 경제분석실장 2012년 한국금융연구원 선임연구위원(현)

박종근(朴鍾根) PARK Jong Keun

[생]1937·2·5 [본]순천(順天) [출]경북 상주 [주]서울 영등포구 의사당대로1 국회의사당 구의정연수원 대한민국헌정회(02-757-6612) [학]1955년 경북고졸 1961년 서울대 경제학과졸 1969년 미국 워싱턴주립대 대학원 국제경영학과졸 [경]1962년 경제기획원 근무 1967년 同재경사무관 1971년 同경제협력관 1977년 同예산심의관 1991년 국가안전기획부 경제정책보좌관 1996년 제15대 국회의원(대구 달서甲, 자민련·한나라당) 1998년 한나라당 제2정책조정실장 1998년 同총재 경제특보 1999년 同정책실장 2000년 同총재 경제특보 2000년 제16대 국회의원(대구 달서甲, 한나라당) 2002~2003년 한나라당 정책위원회 부의장 2004년 제17대 국회의원(대구 달서甲, 한나라당·친박연대) 2004~2005년 한나라당 대구시당 위원장 2005~2006년 국회 재정경제위원장 2006년 한나라당 대구시당 위원장 2008년 제18대 국회의원(대구 달서甲, 친박연대·한나라당·새누리당) 2008년 국회 국제경기대회지원특별위원회 위원장 2008년 국회 기획재정위원회 위원 2008~2012년 국회 서민금융활성화 및 소상공인지원포럼 대표의원 2009~2012년 한나라당 대구달서甲당원협의회 위원장 2010~2012년 국회 외교통상통일위원회 위원 2013년 대한민국헌정회 제18대별회 회장(현) [상]근정포장(1979), 자랑스런 대륜인상(2009) [저]'구조조정과 감독기능'

박종근(朴鍾根) PARK Jong Keun

[생]1952·10·21 [출]대전 [주]서울 관악구 관악로1 서울대학교 공과대학 전기·정보공학부(02-880-7247) [학]1973년 서울대 전기공학과졸 1979년 일본 도쿄대 대학원 전기공학과졸 1982년 공학박사(일본 도쿄대) [경]1983년 일본 도시바중전기술연구소·국립에너지물리학연구소 연구원 1983~2011년 서울대 공과대학 전기컴퓨터공학부 교수 1993년 同전기공학부 학과장 1994~1999년 건설교통부 기술심의위원 1999~2002년 서울대 기초전력공동공학연구소장 2001년 대한전기학회 학술이사 2001~2004년 산업자원부 전기위원 2002~2004년 서울대 연구처장 2004년 대한전기학회 전력기술부문회장 2004~2008년 산업자원부 전기위원회 전력계통 및 신뢰도위원회 위원장 2007~ 2009년 전력IT표준화포럼 회장 2009~2010년 대한전기학회 회장 2009~2011년 한국연구재단 이사 2010년 한국스마트그리드사업단 이사장(현) 2011~2013년 서울대 평의원회 의장 2012년 同공과대학 전기·정보공학부 교수(현) 2012~2014년 국회입법조사처 자문위원회 교육사회분과위원장 2013년 IEEE Fellow(현) 2016년 산업통상자원부 전기위원회 위원장(현) [상]대한전기학회 학술상, 한국과학기술단체총연합회 우수논문상, 한전학술대상(2011) [저]'전기전자공학개론'(1992) '학문 어떻게 할 것인가'(1994) '21세기 인간과 공학'(1995) [역]'인공지능'(1991) '회로이론'(1992)

박종근(朴鍾根)

[생]1968·7·6 [출]전남 영광 [주]경기 수원시 영통구 월드컵로120 수원지방검찰청 형사3부(031-210-4309) [학]1988년 창신고졸 1996년 한양대 법과대학졸 [경]1996년 사법시험 합격(38회) 1999년 사법연수원 수료(28기) 1999년 서울지검 검사 2001년 광주지검 순천지청 검사 2003년 광주지검 검사 2005년 수원지검 검사 2008년 대검찰청 연구관 2009년 서울동부지검 검사 2011년 서울중앙지검 부부장검사 2012년 대전지검 홍성지청 부장검사 2014년 울산지검 특별수사부장 2015년 인천지검 부천지청 부장검사 2016년 수원지검 형사3부장(현)

박종기(朴鍾基) PARK Jong Ki

[생]1959·11·15 [본]강릉(江陵) [출]경북 청송 [주]서울 서초구 반포대로158 서울중앙지방검찰청 중요경제범죄조사단(02-530-3114) [학]1978년 대구 달성고졸 1982년 고려대 법과대학졸 [경]1986년 사법시험 합격(28회) 1989년 사법연수원 수료(18기) 1989년 서울지검 동부지청 검사 1991년 부산지검 울산지청 검사 1993년 인천지검 검사 1995년 대구지검 검사 1997년 서울지검 검사 2000년

대전지검 검사 2001년 同부부장검사 2002년 창원지검 통영지청 부장검사 2003년 부산지검 동부지청 형사3부장 2004년 인천지검 강력부장 2005년 同마약·조직범죄수사부장 2005년 대검 형사1과장 2006년 서울북부지검 형사4부장 2007년 同형사1부장 2008년 수원지검 형사1부장 2009년 同안산지청 차장검사 2009~2010년 서울고검 검사 2010~2014년 감사원 감찰관 2016년 서울고검 검사(현) 2016년 서울중앙지검 중요경제범죄조사단 제2단장 파견(현) [종]불교

박종길(朴鐘吉)

[생]1946·5·10 [출]전북 익산 [주]전북 전주시 완산구 충경로102 새누리당 전북도당(063-287-2171) [학]이리농고졸 1984년 광운대 경영학과졸 1995년 고려대 교육대학원 교육학과졸 [경]1974년 제7회 테헤란아시아사격경기대회 동메달 1978년 제8회 방콕아시아사격경기대회 금메달 1978년 제42회 서울세계사격선수권대회 은메달 1982년 제9회 뉴델리아시아사격경기대회 금메달 1986년 제10회 아시아사격경기대회 금메달 1987년 광운대 사격부 감독 1992~1996년 사격 국가대표 감독 2011~2013년 대한체육회 태릉선수촌장 2011~2013년 同선수위원회 부위원장 2011~2013년 목동사격장 대표 2012년 런던올림픽 대한민국선수단 총감독 2013년 문화체육관광부 제2차관 2015년 대한세팍타크로협회 명예회장(현) 2015년 새누리당 전북 익산시乙당원협의회 운영위원장(현) 2016년 제20대 국회의원선거 출마(전북 익산시乙, 새누리당) [상]체육훈장 거상장(1979), 체육훈장 맹호장(1986)

박종길(朴鍾吉) PARK Jong Kil

[생]1965·2·4 [본]밀양(密陽) [출]경남 진주 [주]세종특별자치시 한누리대로422 고용노동부 기획조정실(044-202-7100) [학]1983년 진주고졸 1987년 서울대 사회복지학과졸 1995년 同행정대학원 수료 [경]1986년 행정고시 합격(30회) 1987년 노동부 근무 1988년 포항지방노동사무소 관리과장 1990년 마산지방노동사무소 직업안정과장 1994년 예편(공군 중위) 1994~1996년 노동부 법무관실·기획예산담당관실 근무 1997년 중앙노동위원회 위원장 비서관 1997년 미국 뉴욕시청 파견 1999년 노동부 고용보험관리과장 2001년 同근로복지과장 2002년 ILO 아·태지역사무소 파견 2005년 노동부 비전전략팀장 2006년 同고용정책본부 고용정책팀장 2007년 同고용정책본부 고용정책팀장(부이사관) 2008년 한국고용정보원 기획조정실장(파견) 2008년 한국노동교육원 교육협력관(파견) 2010년 노동부 대변인(고위공무원) 2010년 고용노동부 대변인 2011년 同노동정책실 근로개선정책관 2012년 同고용정책실 인력수급정책관 2013년 同산재예방보상정책국장 2014년 서울지방고용노동청장 2015년 고용노동부 직업능력정책국장 2016년 同기획조정실장(현) [상]근정포장(2004) [저]'미국의 공무원 노사관계 이해'

박종달 PARK Jong Dal

[생]1965·1·16 [주]세종특별자치시 갈매로388 문화체육관광부 국제체육과(044-203-3161) [학]서울대 불어불문학과졸, 프랑스 앙제대 대학원 경영학과졸, 경영학박사(프랑스 앙제대) [경]1999년 행정고시 합격(43회), 문화체육관광부 문화정책국 국제문화과장, 同기획조정실 기획행정관리담당관 2016년 同체육정책실 체육협력관실 국제체육과장(현)

박종대(朴鍾大) Park Jong-dae

[생]1960·9·4 [주]서울 종로구 사직로8길60 외교부 인사운영팀(02-2100-7136) [학]1986년 연세대 정치외교학과졸 1995년 미국 캘리포니아대 대학원 지역연구학과졸 2009년 정치학박사(경남대) [경]1991년 외무고시 합격(25회) 1991년 외무부 입부 1997년 駐미국 2등서기관 2000년 駐코트디부아르 1등서기관 2004년 국가안전보장회의사무처 파견 2006년 대통령비서실 파견 2006년 외교통상부 SOFA운영실장 2007년 同정책총괄과장 2009년 駐이탈리아 참사관 2011년 駐케냐 공사참사관 겸 駐우간다 대사대리 2012년 駐우간다 공사참사관 겸 대사대리 2014년 駐우간다 대사(현) [상]홍조근정훈장(2015)

박종두(朴鍾斗) PARK Jong Doo

[생]1952·5·6 [본]밀양(密陽) [출]전남 목포 [주]전남 무안군 청계면 영산로1666 목포대학교 행정학과(061-450-2242) [학]고려대 심리학과졸, 연세대 행정대학원졸, 행정학박사(연세대) [경]1980년 목포대 행정학과 조교 1981~1991년 同행정학과 전임강사·조교수·부교수, 목포시 인사위원회 부위원장, 목포대 복지사회연구소장 1992년 同행정학과 교수(현) 2000~2002년 목포경제정의실천시민연합 공동대표 2008년 경제정의실천시민연합 중앙위원회 부의장 2012~2014년 同공동대표 2012년 통일연구원 비상임감사(현) 2014년 목포대 경영행정대학원장(현) [종]기독교

박종두(朴鍾斗) PARK Chong Doo

[생]1961·4·24 [주]부산 기장군 장안읍 좌동길40 동남권원자력의학원 마취통증의학과(051-720-5114) [학]1980년 장충고졸 1987년 서울대 의대졸 1996년 同대학원 의학석사 2000년 의학박사(서울대) [경]1990~1991년 서울대병원 수련의 1992~1996년 同전공의 1996~2000년 서울시립보라매병원 전담의사 2000~2002년 국립암센터 자궁암센터 의사 2002~2010년 서울대 의대 마취과학교실 교수 2010년 동남권원자력의학원 마취통증의학과장(현) 2010~2011년 同암센터 진료부장 2011~2014년 同암센터 병원장

박종래 Chong Rae Park

[생]1959·2·25 [주]서울 관악구 관악로1 서울대학교 공과대학 재료공학부(02-880-8030) [학]1981년 서울대 섬유공학과졸 1983년 同대학원 섬유공학과졸 1990년 섬유학박사(영국 리즈대) [경]1984~1987년 한국과학기술연구소 연구원 1990~1992년 미국 리즈대 초빙연구원 1992~1997년 성균관대 조교수·부교수 1997년 서울대 공과대학 재료공학부 조교수·부교수·교수(현) 2011년 同공과대학 교무부학장 2014년 同기술지주(주) 대표이사(현) 2015년 국가과학기술심의회 기계·소재전문위원회 위원(현)

박종렬(朴鍾烈) PARK Jong Ryul (海東)

[생]1952·12·14 [출]전남 영암 [주]인천 연수구 함박뫼로191 가천대학교 가천CEO아카데미(032-820-4667) [학]1979년 고려대 철학과졸 1993년 同언론대학원 최고위과정 수료 1994년 정치학박사(중앙대) [경]1978년 동아일보·동아방송 기자 1982~1988년 코래드 광고전략연구소 수석연구원 겸 해태그룹 홍보부장 1988년 동아일보 신동아부 기자 1990년 同여성동아부 차장 1995년 세계일보 객원논설위원 1995년 동신대 신문방송학과장 1999년 고려대 언론대학원 강사 1999년 경인일보 비상임이사 1999년 한국방송광고공사 공익광고협의회 위원 1999년 광주·전남언론학회 부회장 2000~2006년 가천의대 영상정보대학원 교수 2002년 국정홍보처 자문위원 2005년 한국방송영상산업진흥원 비상임감사 2005년 (재)사회과학연구소 등록이사 2006~2009년 가천의과학대 영상정보대학원 교수 2006년 同영상정보대학원장 직대 2006~2009년 한국교육방송공사(EBS) 비상임이사 2007~2009년 한국방송영상산업진흥원 비상임감사 2008~2009년 가천의과학대 영상정보대학원장 2008~2012년 同경영대학원장 2009~2012년 同경영대학원 교수 2009~2013년 한국교육방송원(EBS) 비상임이사 2012년 가천대 사회과학대학 언론영상광고학과 교수(현) 2012년 同가천CEO아카데미 원장(현) 2014년 방송통신심의위원회 광고특별위원회 위원(현) 2014년 언론중재위원회 서울제7중재부 중재위원(현) 2016년 同시정권고위원(현) [저]'제왕학' '정치광고와 선거전략' '노태우·전두환-박종렬기자가 파헤친 5·6共 파워게임' '언론은 권력의 영원한 시녀인가' [역]'광고심리' '정치선전과 정치광고'

박종렬(朴鍾烈) PARK Jong Leal

[생]1961·10·21 [본]밀양(密陽) [출]전남 곡성 [주]인천 동구 인중로489 두산인프라코어(주) 임원실(032-211-1050) [학]중앙대사대부고졸, 중앙대 경제학과졸 [경]두산인프라코어(주) 관리·노사협력팀장 2006년 同관리지원부문 노사담당 상무 2012년 同경영관리총괄 관리지원부문 전무 2013년 인천상공회의소 부회장, 인천경총부회장 2016년 (주)두산 FM BU장(현)

박종만(朴鍾萬) PARK Chong Man

[생]1950·5·13 [본]밀양(密陽) [출]충남 서천 [주]서울 중구 퇴계로18 대우재단빌딩15층 사단법인 한국MICE협회(02-3476-8325) [학]1969년 경복고졸 1973년 성균관대 경영학과졸 1978년 同무역대학원졸 1994년 경영학박사(경기대) [경]1977년 한국무역협회 입사 1979~1987년 경기대 강사 1980년 한국무역협회 참사 1985~1992년 同총무과장·도쿄지부 과장·기획조정실 과장·무역진흥과장 1992~1995년 숙명여대 강사 1992년 한국무역협회 기획조정실 차장·무역조사 차장·도쿄지부 차장 1996년 同도쿄지부 부장·비서실 부장 2002년 同비서실장(이사대우) 2003년 同경영지원본부장 2006년 同하주·물류서비스본부장 2007~2011년 (주)코엑스 전무이사(총괄임원) 2010년 G20정상회의준비위원회 행사지원단장 2011~2016년 대구전시컨벤션센터(EXCO)

대표이사 사장 2011~2012년 한국전시산업진흥회 회장 2011~2012년 UFI(국제전시연합) 아시아태평양지역 부회장 2013년 한국MICE협회 부회장(현) [상]대통령표창(1994), 보건사회부장관표창(1995), 산업포장(2006)

박종만(朴鍾萬) PARK Jung Man

[생]1957·6·19 [출]부산 [주]경남 진주시 진주대로501 경상대학교 공과대학 나노·신소재공학부 고분자공학전공(055-772-1656) [학]1979년 부산대 재료공학과졸 1984년 同대학원졸 1987년 미국 Univ. of Utah 대학원졸 1991년 공학박사(미국 Washington State Univ.) [경]1982~1984년 부산대 약학대학 조교 1985~1987년 미국 Univ. of Utah 연구원 1988~1991년 미국 Washington State Univ. 연구원 1992년 미국 Cornell Univ. Post-Doctor 1992~1998년 경상대 고분자공학과 전임강사·조교수 1998~2000년 同공과대학 응용화학공학부 고분자공학전공 학부장·학과장·전공주임 1998~2003년 同공과대학 응용화학공항부 고분자공학전공 부교수 2003년 同공과대학 나노·신소재공학부 고분자공학전공 교수(현) 2004~2006년 同공학연구원 첨단소재연구센터장 2005~2006년 미국 Univ. of Utah Dept. of Mechanical Engineering Visiting Professor 2006년 同Dept. of Mechanical Engineering Adjunct Professor(현) 2009년 경상대 BK21 i-cube 부품·소재인력양성사업단 부단장 2010년 한국복합재료학회 부회장·편집위원장 2016년 同회장(현) [상]한국접착및계면학회 학술상(2009)

박종무(朴鍾茂) PAK Jong Moo

[생]1956·4·12 [출]대구 [주]경북 경산시 대학로280 영남대학교 경영대학 경영학부(053-810-2734) [학]1981년 영남대 경영학과졸 1985년 미국 세인트존스대 경영대학원졸 1991년 경영학박사(미국 앨라배마대) [경]대구경북경영학회 상임이사, 대구경북마케팅학회 간사, 한국마케팅학회 이사, 한국산업경영학회 연구위원장 1992년 영남대 경영학부 전임강사·조교수·부교수·교수(현) 2000년 한국마케팅학회 관리이사 2000년 한국소비문화학회 상임이사 2001년 경북마케팅학회 감사 2006~2011년 한국전략마케팅학회 회장 2009~2011년 영남대 총무처장 2011~2012년 同경영대학원장 2015년 同경영대학장(현) [저]'고객가치 창조를 위한 마케팅'(共) '한국산학협동의 실태와 전망'(共) '소비자의 이해'(1999) '마케팅'(2002)

박종문(朴鍾汶) PARK Johng Moon

[생]1932·11·5 [본]밀양(密陽) [출]경남 거창 [주]서울 영등포구 국회대로70길18 한양빌딩 새누리당(02-3786-3000) [학]거창농고졸 1957년 경북대 농대졸 1967년 농학박사(경북대) [경]1959년 농업진흥청 근무 1969년 농림부 농산과장 1973년 농수산부 농산국장 1978년 농업진흥청 농업기술연구소장 1979년 농수산부 식산차관보 1980년 同농산차관보 1980년 국가안전보장회의 비상계획위원회 농수산위원장 1980년 입법회의 의원 1981년 강원도지사 1982~1985년 농수산부 장관 1985년 민주정의당(민정당) 국책평가위원 1985년 제12대 국회의원(전국구, 민정당) 1985년 민정당 중앙위원회 경과분과위원장 1986년 同국책평가위원회 정치행정분과위원장 1993년 민자당 국책자문위원회 경제분과위원장 1993년 경북대 농업생명과학대학원 위촉강사 1996년 신한국당 국책자문위원회 경제분과위원장 1997년 한나라당 국책자문위원회 경제분과위원장 2002~2006년 농우회 회장 2014년 새누리당 국책자문위원회 부위원장(현) [상]동탑산업훈장, 보국훈장 국선장, 청조근정훈장 [저]'내가 겪은 한국농정' '세계식량 사정과 우리의 대응' [종]기독교

박종문(朴鍾文) Park, Jong-Moon (高鳶)

[생]1957·10·15 [본]밀양(密陽) [출]경남 합천 [주]부산 금정구 중앙대로1777 금정구청 부구청장실(051-519-4100) [학]2006년 부산대 행정대학원졸(행정학석사) [경]1991년 부산시 인사과 근무 1996년 同감사관실 근무 2002년 同신발섬유팀장 2005년 경량전철조합 행정과장 2006년 부산시 방재총괄팀장 2008년 부산시의회 의장비서실장 2010년 同홍보담당관 2011년 부산시 감사관실 조사담당관 2013년 同자치행정과장 2015년 同환경국장 2015년 同환경분쟁조정위원회 위원장 2015년 부산시환경관리공단 이사장 직무대행 2015년 부산시 인사위원회 위원 2015년 同도시계획위원회 위원 2016년 부산시 금정구 부구청장(부이사관)(현) 2016년 同금정구 인사위원회 위원장(현) [상]부산광역시장표창(1984), 총무처장관표창(1991), 국무총리표창(2000), 대통령표창(2007), 옥조근정훈장(2014) [종]불교

박종문(朴鍾汶) PARK Jong Moon

[생]1957·12·22 [출]경북 영주 [주]경북 포항시 남구 청암로77 포항공과대학교 환경공학부(054-279-2275) [학]1979년 서울대 공업화학과졸 1981년 同대학원 공업화학과졸 1986년 공학박사(영국 맨체스터대) [경]1981년 한국과학기술연구소 연구원 1986년 영국 맨체스터대 과학기술연구소 연구원 1986년 미국 미네소타대 연구원 1988년 미국 VIPONT연구소 실장 1989년 포항공과대 화학공학과 조교수·부교수 1994년 同환경공학부 교수(현) 2002년 한국과학기술한림원 회원 2004년 포항공과대 환경연구소장(현) 2004~2008년 同환경공학부장 2012년 한국과학기술한림원 정회원(현) 2013~2015년 포항공과대 산업협력단장 겸 연구처장 [상]한국과학기술한림원 젊은 과학자상(1997), 한국지하수토양환경학회 학술상(2004), 경상북도 과학기술대상(2006), 한국과학재단 및 과학논문인용색인(SCI) 주관사 미국 톰슨사이언티픽 선정 '올해 세계 수준급 연구영역 개척자상'(2007)

박종문(朴鍾文) PARK Jong Moon

[생]1959·10·22 [본]밀양(密陽) [출]전남 장흥 [주]서울 서초구 강남대로343 신덕빌딩 법무법인 원(02-3019-3940) [학]1978년 장흥고졸 1984년 서울대 법학과졸 [경]1984년 사법시험 합격(26회) 1987년 사법연수원 수료(16기) 1987년 육군 법무관 1990년 서울지법 의정부지원 판사 1992년 서울민사지법 판사 1994년 광주지법 순천지원 판사 1996년 광주고법 판사 1997년 서울지법 판사 1999년 서울고법 판사 2000년 대법원 재판연구관 2002년 제주지법 부장판사 2004년 수원지법 안산지원 부장판사 2006년 서울북부지법 부장판사 2008년 서울중앙지법 부장판사 2009년 법무법인 원 변호사 2012년 同대표변호사(현) 2015년 삼성카드(주) 사외이사(현)

박종민(朴鍾旻) Chong-Min Park

[생]1956·9·1 [주]서울 성북구 안암로145 고려대학교 행정학과(02-3290-2280) [학]1979년 고려대 행정학과졸 1981년 同대학원 행정학과졸 1983년 미국 캘리포니아 버클리대 대학원 정치학과졸 1989년 정치학박사(미국 캘리포니아 버클리대) [경]1990~1993년 고려대 시간강사 1993~1996년 충남대 전임강사·조교수 1996년 고려대 행정학과 조교수·부교수·교수(현) 1999년 한국정치학회 상임이사 2000년 한국행정학회 섭외이사 2001년 한국정치학회 지방정치분과위원장 2001년 한국행정학회 편집이사 2012~2014년 고려대 정경대학장 겸 정책대학원장 [저]'한국 지방민주주의의 위기: 도전과 과제'(2002, 나남) '한국사회의 불평등과 공정성 의식의 변화'(2005, 성균관대)

박종민(朴鍾珉) PARK Jongmin

[생]1965·2·14 [본]강릉(江陵) [출]강원 강릉 [주]세종특별자치시 다솜1로31 새만금개발청 고객지원담당관실(044-415-1100) [학]1983년 강릉고졸 1987년 서울대 농공학과졸 1994년 네덜란드 델프트공과대 Hydraulics과정 Hydroinformatics전공 수료(diploma) 2000년 서울대 대학원 농공학과졸(석사) 2003년 농공학박사(서울대) [경]1989년 대우건설 근무 1990년 농림부 주무관 2005년 同사무관 2011년 농림수산식품부 사무관 2014년 농림축산식품부 서기관 2015년 同창조행정담당관실 성과팀장 2016년 새만금개발청 개발사업국 사업관리총괄과장 2016년 同기획조정관실 고객지원담당관(현) [상]대통령표창(2013)

박종민(朴鍾敏)

[생]1967·6·6 [출]충남 논산 [주]대전 대덕구 계족로670 대전동부경찰서 서장실(042-600-2004) [학]논산대건고졸, 경찰대 법학과졸(5기) [경]1989년 경위 임용 1995년 경감 승진 2005년 경정 승진, 충남 서산경찰서 생활안전과장, 대전 동부경찰서 정보과장, 대전지방경찰청 정보2계장·정보3계장, 충남지방경찰청 정보과장 직대, 同치안지도관 2013년 충남 세종경찰서장(총경) 2014년 충남지방경찰청 정보과장 2016년 대전 동부경찰서장(현)

박종백(朴鍾栢) PARK Jong Baek

[생]1961·12·16 [출]경북 고령 [주]서울 강남구 테헤란로133 한국타이어빌딩 법무법인 태평양(02-3404-0135) [학]1980년 영남고졸 1985년 서울대 법과대학 사법학과졸 1987년 同대학원 법학과졸 2000년 영국 런던정경대 대학원 국제금융법학과졸(LLM) 2002년 서울대 대학원 세계경제최고전략과정(ASP) 수료 2005년 同대학원 최고지도자인문학과정(AFP) 수료 [경]1986

년 사법시험 합격(28회) 1989년 사법연수원 수료(18기) 1989년 軍법무관 1992~1998년 법무법인 아람 변호사 1999·2002~2008년 법무법인 세화 대표변호사 2000~2001년 영국 Richards Butler 런던본사·홍콩지사 근무 2002~2006년 한국거래소 코스닥시장 자문위원 2003~2005년 벤처기업협회 Venture Advisory Club 위원 2003년 인천시 외국인투자유치자문위원회 위원(현) 2004년 대한상사중재원 중재인(현) 2005~2006년 법무부 외국자문사법제정위원회 위원 2006년 대한상사중재원 중재인협의회 이사(현) 2007~2008·2011~2013년 법무부 상법개정위원회 위원 2009~2014년 법무법인(유) 에이펙스 대표변호사 2010년 한국오픈소스SW법센터 대표(현) 2013년 국제중재실무회 이사(현) 2013년 창조경제연구회 이사(현) 2013~2016년 강릉원주대 치과병원 비상임이사 2014년 법무법인 태평양 변호사(현) 2014년 국민연금공단 대체투자위원회 위원 2014년 同비상임이사(현) [상]서울지방변호사회 공로상(2004), International WHO'S WHO of professionals(2004), Asialaw 선정 FInance Lawyer(2004)

박종복(朴鍾福) PARK Jong Bok

[생]1955·5·29 [출]충북 청주 [주]서울 종로구 종로47 SC제일은행행장실(02-3702-4143) [학]1974년 청주고졸 1979년 경희대 경제학과졸, 연세대 경영대학원 수료 [경]1979년 제일은행 입행 2000년 同전략마케팅부 부부장 2004년 同강남PB센터·부산PB센터장 겸 PrB남부지역본부장 2005년 SC제일은행 PrB사업부 헤드 2007년 同소매사업1본부 상무 2008~2009년 同프리미엄 사업부 상무 2011년 한국스탠다드차타드제일은행 소매채널사업본부 전무 2012년 한국스탠다드차타드은행 소매채널사업본부 전무 2014년 同리테일금융총괄본부 부행장 2015년 한국스탠다드차타드금융지주 회장 겸 은행장 2016년 SC제일은행 은행장(현) [상]자랑스러운 경희인상(2016)

박종봉(朴鍾鳳) PARK Jong Bong

[생]1955·4·23 [출]부산 [주]울산 동구 방어진순환도로 1000 현대중공업(주) 해양플랜트사업본부(052-202-1004) [학]부산 동성고졸, 울산대 기계학과졸 [경]현대중공업(주) 이사 2006년 同해양사업본부 해양설계담당 이사 2008년 同해양견적담당 상무이사 2011년 同해양견적총괄 상무 2011년 同해양설계총괄 상무 2012년 同해양설계총괄 전무 2013년 同골리앗설계총괄 전무 2015년 同해양플랜트사업본부 해양부문 공동대표(부사장) 2016년 同해양플랜트사업본부 해양부문 자문역(현) [상]현대중공업 창사40주년 기념 유공자포상(2012), 무역의날 석탑산업훈장(2013) [종]천주교

박종삼(朴宗三) PARK Jong Sam

[생]1936·10·1 [출]황해 신천 [주]서울 동작구 상도로 369 숭실대학교 조만식기념관745호 사회복지학부(02-820-0500) [학]1960년 서울대 치의학과졸 1962년 장로회신학대졸 1968년 미국 Prinston Theological Seminary 대학원 신학과졸 1970년 미국 Virginia Commonwealth Univ. 대학원 사회사업학과졸 1975년 사회사업학박사(미국 Univ. of Southern California) 1997년 미국 South-East 가족 및 집단치료 Post-graduate과정 수료 [경]1965년 광주기독병원 치과수련의 1970년 同치과의사 1975~1998년 광주보이스타운 원장 1976~1984년 미국 공군부대 민간군 군목 1979~2001년 숭실대 사회사업학과 교수 1979년 同학생지도상담연구소장 1982~1984년 한국사회사업대학협의회 회장 1986~1996년 보건사회부 중앙아동복지위원회 위원·부위원장 1986년 숭실대 사회대학장 1990~2002년 한국사회복지협의회 국제협력위원장 1992~1996년 서울시사회복지협의회 부회장 1995~1996년 한국사회복지학회 회장 1996~2010년 한국교회사회봉사연구소 소장 1996년 한국교류분석연구소 소장 1997년 숭실대 학생지도상담소장 1998년 덕수교회 사회봉사지도 목사 1999~2001년 숭실대 통일사회복지정책대학원장 1999~2001년 한국심리유형학회 회장 2000년 살롬문화원 원장 2001~2002년 숭실대 통일사회복지정책대학원장 2003년 한국자원봉사단체협의회 공동대표 2003~2011년 월드비전 회장 2004~2008년 세계사회복지협회(ICSW) 동북아지역협회 회장 2007~2008년 한국해외원조단체협의회 회장 2008~2010년 한국사회복지협의회 부회장 2008년 숭실대 사회복지학부 명예교수(현) 2011년 글로벌사회봉사연구소 소장(현) [상]국민훈장 목련장(2005), 국토해양부장관표창(2008), 제10회 숭실대상 형남학술대상(2009), 호암상 사회봉사상(2010) [저]'신앙의 눈으로 본 학문(共)'(1998) '사회복지학 개론(共)'(2002) '교회사회봉사 이해와 실천'(2002) [종]기독교

박종서(朴鍾瑞) PARK Jong Suh

[생]1957·5·5 [출]서울 [주]경기 수원시 영통구 삼성로129 삼성전자(주) 무선사업부 구매팀(031-200-1114) [학]동국사대부고졸, 건국대 산업공학과졸 [경]1983년 삼성전자(주) 가전본부 입사 1990년 同말레이시아 Sem법인 구매담당 과장 1995년 同리딩사업구매부장 1999년 同구매전략팀 구매기획부장 2003년 同상무보 2006년 同일본본사 부품구매담당 상무 2009년 同일본본사 부품구매담당 전무 2010년 同상생협력센터장(전무) 2011년 同무선사업부 Global운영실 구매팀장(전무) 2012년 同무선사업부 Global운영실 구매팀장(부사장) 2015년 同무선사업부 구매팀장(부사장)(현) [상]대통령표창

박종서(朴琮緖·女) PARK Jong Seo

[생]1960·1·24 [본]반남(潘南) [출]서울 [주]경기 수원시 권선구 서호로149 수도권기상청 기후서비스과(070-7850-8330) [학]1978년 신광여고졸 1982년 이화여대 과학교육과졸 1985년 同대학원 지구과학과졸 2003년 서울대 대학원 대기과학 박사과정 수료 [경]1985년 이화여대 사범대학 과학교육과 조교 1986~1991년 同사범대학 과학교육과 시간강사 1988년 기상청 기상개발관실 근무 1994년 同관측담당관실 근무 2001년 同응용기상국 응용기상과 근무 2004년 同국가기상위성센터 위성분석팀 근무 2010년 同국가기상위성센터 위성분석팀장 2011년 同기상레이더센터 레이더분석과장 2014년 同안동기상대장 2015년 同수도권기상청 기후과장 2015년 同기후서비스과장(현) [상]기상청 업무개선발표회 대상(1998), 기상청 예보기술발표회 장려상(2005), 국무총리표창(2007) [종]기독교

박종석(朴鍾碩) Park Jong Seok

[생]1958·10·2 [출]충남 예산 [주]서울 중구 한강대로416 서울스퀘어20층 LG이노텍 사장실(02-3777-1114) [학]1977년 용산공고졸 1981년 서울대 전자공학과졸 1983년 한국과학기술원졸(석사) 1991년 전기공학박사(미국 플로리다주립대) [경]1981년 LG전자(주) 중앙연구원 근무 1999년 同디지털TV연구소장 2004년 同전략기획팀장(상무) 2006년 同DDC연구소장(부사장) 2007년 同PDPTV사업부장(부사장) 2009년 同PDP사업부장(부사장) 2010년 同MC연구소장(부사장) 2010년 同MC사업본부장(부사장) 2014년 同MC사업본부장(사장) 2014년 同최고기술자문역(CTA·사장) 2015년 LG이노텍 대표이사 사장(CEO)(현) [상]정보통신부장관표창(1997), 대한민국 멀티미디어기술대상 대통령표창(1998), 산업자원부장관표창(2000), 국무총리표창(2011·2012)

박종석

[생]1963·9 [주]서울 중구 남대문로39 한국은행 통화정책국(02-759-4451) [학]청주 청석고졸, 서울대 경제학과졸, 同대학원 경제학과졸 [경]1992년 한국은행 입행, 同금융시장국 차장, 同영국 런던사무소 차장, 同정책조사팀장, 同정책분석팀장, 同통화정책국 정책총괄팀장 2015년 同정책보좌관 2016년 同통화정책국장(현)

박종석(朴鍾石) Park Jong-Seok

[생]1965·4·2 [출]전북 군산 [주]세종특별자치시 도움5로 19 우정사업본부 우편사업단(044-200-8200) [학]1982년 군산제일고졸 1986년 동국대 행정학과졸 1989년 서울대 대학원 정책학과졸 2003년 미국 콜로라도대 볼더교대학원졸 [경]1987년 행정고시 합격(31회) 1997년 정보통신부 우정국 우정기획과 서기관 1998년 同우표실장 1999년 전남체신청 전파국장 1999년 정보통신부 광주우편집중국장 2004년 同우정사업본부 우편물류과장 2005년 同경영기획실 기획총괄과장 2005년 同경영혁신과장 2006년 同경영혁신팀장 2007년 同경영혁신팀장(부이사관) 2008년 지식경제부 우정사업본부 경영기획실 경영총괄팀장 2010년 同우정사업본부 우편사업단 물류기획관 2010년 전남체신청장(고위공무원) 2012년 부산지방우정청장 2013년 미래창조과학부 우정사업본부 경영기획실장 2015년 同우정사업본부 우편사업단장(현) [상]홍조근정훈장(2013)

박종성(朴鍾晟) PARK Jong Sung

[생]1954·1·21 [본]밀양(密陽) [출]경남 [주]경기 용인시 처인구 명지로116 명지대학교 예술체육대학 체육학부(031-330-6295) [학]1976년 명지대 체육학과졸 1979년 同대학원 체육행정학과졸 1981년 同대학원 보건학과졸 1991년 운동생리학박사(명지대) [경]1976~1981년 명지여중·고 교사 1978~1981년 해병대 교관·중대장 1982~1991년 동남보건대학 교수, 同교무처장 1991

ㅂ

년 명지대 예술체육대학 체육학부 교수(현) 1995~2001년 同학생지원처장 1997~2012년 한국보건교육·건강증진학회 이사 1998년 한국운동생리학회 이사(현) 1999~2000년 전국대학교학생처장협의회 회장 2001~2011년 명지대 체육학부장 2001~2003년 同교수협의회 회장 2002년 대한운동사협회 상임이사 2005~2008년 한국체육학회이사 2008년 대한운동사협회 이사장(현) 2009년 대한체육회 법제상벌위원회 위원 2010~2014년 명지대 예술체육대학장 2012~2014년 한국체육학회 연구윤리위원장 종기독교

박종성(朴鍾聲) Park Jong Sung

생1962·11·28 본밀양(密陽) 출충북 청주 주서울 중구 정동길3 경향신문 논설위원실(02-3701-1071) 학1981년 청주고졸 1986년 서울대 인문대학 서양사학과졸 2006년 미국 서던캘리포니아대 Marshall School of Business대학원 경영학과졸(MBA) 경1990년 경향신문 편집국 입사, 同사회부 기자, 同경제부 기자 2003년 同사회부 차장대우·차장, 미국 듀크대 방문연구원, 경향신문 산업부 차장 2007년 同산업부장 직대(부장대우) 2008년 同산업부장(부장대우) 2009년 同논설위원(부장급) 2009년 同사장실장(부장급) 2012년 同사장실장(부국장급) 2012년 同미디어전략실장 2014년 同편집국 경제에디터 겸 경향비즈n라이프 편집장 2016년 同논설위원(현) 전'DJ시대의 경제읽기(共)'(1998, 영언문화사) '언론이 말해주지 않는 불편한 진실'(2012, 북스코프)

박종수(朴鍾洙) PARK Jong Soo

생1946·5·18 본밀양(密陽) 출전북 정읍 주세종특별자치시 전동면 노장공단로25의9 (주)유아이디 대표이사실(044-862-7576) 학경기상고졸, 건국대 행정학과졸, 연세대 경영대학원 최고경영자과정 수료 경1971~1976년 한국주택은행 금융담당 1976~1991년 극동건설(주) 자금부 근무 1991~1996년 (주)유인정광 대표이사 사장 1996년 (주)나우테크 대표이사 사장(현) 2004년 (주)유아이디 대표이사(현)

박종수(朴鍾洙) PARK Chong Soo

생1958·7·14 출인천 주서울 금천구 가산디지털2로61 국도화학 임원실(02-3282-1445) 학1977년 대건고졸 1984년 인하대 고분자공학과졸 2002년 전북대 대학원 고분자공학과졸 2006년 공학박사(전북대) 2006년 서울대 공과대학원 AIP 수료 2007년 同경영대학원 AMP 수료 경국도화학공업(주) 연구소장·기술본부장·사업본부장, 국도정밀화학(주) 이사, 국도화학(주) 상무이사, 同전무 2002년 SPE(Society of Polymer Engineering) Korea 자문위원(현) 2007~2011년 국도화학(주) 대표이사 사장 2008년 하진켐택 대표이사 사장(현) 2009년 (사)한국복합재료학회 이사(현) 2009년 (사)한국고분자학회 이사(현) 2009년 아주대 분자과학기술학과 겸임교수(현) 2010년 대한상공회의소 조세위원(현) 2011년 (사)한국엔지니어링클럽 이사(현) 2012년 국도화학(주) 부회장(현) 2013년 (사)한국첨단소재기술협회(SAMPE Korea) 이사(현) 상통상산업부장관표창(1995), 석탑산업훈장(2008), 무역의 날 3억불 탑(2011) 종천주교

박종순(朴鍾淳) PARK Chong Soon (天波)

생1940·1·27 본밀양(密陽) 출전북 주서울 용산구 이촌로188 충신교회(02-793-7740) 학전주고등성경학교졸 1964년 장로회신학대졸 1968년 숭실대 철학과졸 1971년 중앙대 사회개발대학원졸 1982년 아세아연합신학대 대학원졸 1983년 목회학박사(아세아연합신학대·미국 풀러신학교 공동학위과정) 1993년 명예 철학박사(카자흐스탄국립종합대) 1997년 명예 철학박사(숭실대) 2000년 명예 법학박사(미국 바이올라대) 2004년 명예 신학박사(장로회신학대) 2005년 명예 문학박사(서울기독대) 경1966년 목사 안수(대한예수교장로회 서울노회) 1967년 영락교회 교육목사 1968년 남현교회 부목사 1972년 목포양동제일교회 담임목사 1973년 목포십대선교회 대표 1976~2010년 서울 충신교회 담임목사 1980년 극동선교회 부회장 1984년 서울시교회와 경찰협의회 회장 1985년 기독교방송(CBS) 이사 1987년 세계개혁교회연맹(WARC) 세계대회준비위원회 예배분과위원장 1987년 국제전도폭발 한국이사 1988년 한국교회지도자전국대회 연구분과위원장 1989년 대한예수교장로회총회(통합) 사이비집단및이단대책위원회 위원장 1989년 同서울서노회장 1990년 한국외항선교회 회장 1990년 대한예수교장로회총회(통합) 공천위원장 1991년 同전도부장 1991년 同기독교사이비이단문제상담소 운영위원장 1992년 한국아세아선교봉사회 회장 1993년 신앙세계사 대표회장 1993년 호남신학대 이사 1993년 세계교회목회연구원 원장 1994년 장로회신학대총동문회 회장 1994년 한국강해설교학교 교장 1994년 숭실대목회자총동문회 회장 1995년 대한예수교장로회총회(통합) 부총회장 1996년 同총회

장 1996년 한국기독교교회협의회 대표회장 1996년 기독공보 이사장 1997년 크리스챤뉴스위크신문 회장 1997년 대한예수교장로회총회(통합) 연합사업위원회 위원장 1998년 同기구개혁위원회 위원장 1998년 한국기독교총연합회 공동회장 1998년 유니세프 이사 1998년 아세아연합신학대총동문회 회장 1998년 국민일보 운영이사 1999년 同편집자문위원장 1999년 한국교회비전큰잔치 대회장 1999년 남북나눔운동 이사장 2000년 2002월드컵기독시민운동 서울시협의회 대표회장 2000년 2000세계선교대회 대표준비위원장 2000년 한국세계선교협의회(KWMA) 이사장 겸 대표회장 2000년 아가페월드오페라단창단준비위원회 대표위원장 2001년 한국스포츠선교협의회 대표회장 2002년 세계스포츠선교회(WSM) 이사장 겸 대표회장 2002년 할렐루야축구단후원회 회장 2002년 대한예수교장로회총회(통합) 훈련원장 2004년 同군선교후원회 회장 2004년 한국선교120주년기념선교대회준비위원회 위원장 2004년 숭실대 재단이사 2005년 극동방송 한국상임이사 회 이사장 2006년 한국기독교총연합회 대표회장 2006년 한국교회부활절연합예배 대회장 2006년 미주 장로회신학대 이사 2006년 평신도교육대학원 원장 2006~2016년 학교법인 숭실대 이사장 2006년 공생복지재단 이사장(현) 2007~2010년 장로회신학대 성지연구원 이사장 2007~2010년 국민문화재단 이사장 2007~2010년 한국세계선교협의회(KWMA) 대표회장 2010년 서울 충신교회 원로목사(현) 2010년 한국세계선교협의회(KWMA) 이사장 2011~2012년 국민문화재단 이사 2011년 기독교IPTV 회장 2011년 씨채널방송 회장 2012년 국민문화재단 명예이사 전'거울보는 사람들' '시원한 사람들' '옷고사는 사람들' '예수를 만난 사람들' '흰옷 입은 사람들' '호세아서 강해' '전도서 강해' '한국교회 설교를 조명한다' '목사님 대답해 주세요' '전도하면 된다' '예수는 나를 어떻게 변화시켰나?'(編) '교회성장과 성경공부' '21세기의 도전과 성장목회' '뜻으로 본 세상이야기' '베들레헴까지 갈보리까지'(共) '하나님의 손'(共) '우물 파는 사람들' 역'수의의 신비' 집칼럼 '뜻으로 본 세상이야기' '목사님 대답해주세요' '굿모닝 크리스천' 종기독교

박종안(朴鍾安) PARK JONG AN

생1952·7·7 출전남 영암 주광주 동구 필문대로309 조선대학교 정보통신공학과(062-230-7064) 학1975년 조선대 전자공학과졸 1978년 同대학원 전기공학과졸 1986년 공학박사(조선대) 경1975~2004년 조선대 전자공학과 조교·전임강사·조교수·부교수·교수 1983~1984년 미국 매사추세츠주립대 객원교수 1990~1991년 영국 Surrey대 객원교수 1994~1996년 조선대 전자공학과 주임교수 1995~1997년 同FA정보시스템 연구부장 1996년 同(사)광주전남부품산업테크노센터 사무국장 1997년 한국통신학회 광주전남지부장 1997년 조선대 부설정보통신창업지원센터 소장 1997~1999년 同부설전자정보통신연구소장 1998~1999년 미국 매사추세츠주립대 전자공학과 주임교수 1999~2001년 조선대 산학협력원장 2001년 광주 금남벤처기업 육성촉진지구 육성전략연구소 용역팀장 2001~2003년 조선대 산학협력원 정보통신창업지원센터 소장 2003~2004년 同산학협력단 특허정보기술센터 소장 2003~2007년 同대학원·산업대학원 정보통신공학과 주임교수 2004년 同정보통신공학과 교수(현) 2004~2006년 同전자정보공과대학장 2005~2006년 同산학협력단 전자부품인력육성사업단장 2006년 同2단계BK21사업팀장 2006년 同문화콘텐츠기술연구소장 2013년 한국정보기술학회 회장 2013년 조선대 창업지원단장(현) 2016년 전국창업선도대학협의회 회장(현) 상조선대 우수상(2000), 특허청 우수지도교수상(2003), (사)한국대학발명협의회 지도교수상(2004), 조선대총장표창(2005), 한국ITS학회 학술상(2009) 전'전자회로실험'(1998) 'C언어 프로그래밍'(2003) 'CAD TOOL을 이용한 디지털 논리회로 실험'(2003) '디지털 논리와 시스템 설계'(2003) '정보통신공학개론'(2006)

박종열(朴鍾烈)

생1966·11·5 출전남 화순 주전남 화순군 화순읍 자치샘로29 화순경찰서 서장실(061-379-4320) 학광주 석산고졸 1990년 경찰대졸(6기) 경1990년 경위 임용 2014년 광주지방경찰청 치안지도관 2015년 同여성청소년과장 2016년 전남 화순경찰서장(현) 상국무총리표창(2009), 행정안전부장관표창(2010)

박종영(朴鍾永) Park, Jong Yeong

생1961·1·30 주서울 중구 을지로55 하나은행 임원실(1599-1111) 학1979년 진주고졸 1983년 부산대 경제학과졸 경1983년 외환은행 입행 1991년 同부전동지점 과장 1996년 同강서본부 차장대우 겸 심사역 1999년 同소매업무개발팀 차장 겸 심사역 2003년 同개인마케팅부 차장 2004년 同강남금융센터 지점장 2007년 同재무본부 팀장(개인사업본부재무지원팀) 2009년 同개인신용관리부장 2009년 同개인마케팅부장 2012년 同동부영업본부장 2013년 同개인본부장 2013년 同마케팅본부장 2014년 同마케팅본부장(전무) 2014년 同

개인본부장 겸 기업본부장(전무) 2015년 同리테일사업본부장 겸 기업사업본부장(전무) 2015년 KEB하나은행 자산관리그룹장(전무) 2016년 同자산관리그룹장(부행장)(현)

박종오(朴鍾午) Jong-Oh Park

[생]1955·9·13 [본]순천(順天) [출]광주 [주]광주 북구 용봉로77 전남대학교 공과대학 기계공학부(062-530-1686) [학]1978년 연세대 기계공학과졸 1981년 한국과학기술원(KAIST) 기계공학과졸(석사) 1987년 로봇공학박사(독일 Stuttgart대) [경]1982~1987년 독일 Fraunhofer생산자동화연구소(FhG-IPA) 객원연구원 1987~2004년 한국과학기술연구원(KIST) 선임·책임연구원 2000~2004년 과학기술부 프런티어사업(지능형마이크로시스템)단장 2005년 전남대 공과대학 기계공학부 교수(현), 同로봇연구소장(현) 2005~2006년 국제로봇연맹(IFR, International Federation of Robotics) 회장 2006년 同집행이사 겸 한국대표(현) 2014년 (사)제어·로봇·시스템학회 부회장(현) 2016년 마이크로의료로봇센터 센터장(현) [상]IR52 장영실상(1991), 정진기언론문화상 과학기술부문 대상(1992), 국제로봇연맹 Golden Robot Award(1997), KIST인 대상(2001), 한국과학기자협회 올해의 과학자상(2010), 과학기술훈장 혁신장(2013), 한국과학기자협회 올해의 과학자상(2013), 국제케이블로봇포럼 프라운호퍼메달(2015) [저]'Untersuchung des Plasmaschneidens zum Gussputzen mit Industrierobotern'(Springer Verlag) [역]'어떻게 로봇을 만들까?'(2000, 사이언스북스) '인간과 똑같은 로봇을 만들 수 있을까?'(2006, 민음인) [종]기독교

박종옥(朴鍾玉) PARK Jong Ok

[생]1957·9·19 [본]밀양(密陽) [출]전남 여수 [주]서울 종로구 새문안로92 오람해운 대표이사실(02-738-0337) [학]1976년 순천고졸 1980년 한국해양대졸 1997년 연세대 경영대학원 경영학과졸 1999년 서울대 경영대학원 최고경영자과정 수료 [경]1989년 오람해운 대표이사(현) 1991년 (재)명산개발 이사장·대표이사(현) 1992년 라한무역 대표이사 1993년 한국해양소년단연맹 고문 1996년 한·미교류협회 이사 1996년 한·러 교류협회 이사 1999년 한국도덕운동협회 자문위원(현) 1999년 한국서화작가협회 자문위원 1999년 장보고기념사업회 추진위원 2003~2007년 대한드래곤보트협회 부회장, 민주평통 자문위원, 제16·17대 총선 여수 국회의원 출마, 민주당 여주(을) 위원장 2012년 제19대 국회의원선거 출마(전남 여수乙, 무소속) [상]문화관광부장관표창(1998), 해양수산부장관표창(1999)

박종왕(朴鍾旺) Park, Jong Wang

[생]1954·9·6 [본]밀양(密陽) [출]충남 보령 [주]세종특별자치시 도움4로9 국가보훈처 제대군인국(044-202-5700) [학]1972년 경신고졸 1976년 육군사관학교 불어학과졸 1980년 서울대 불어불문학과졸 1986년 프랑스 지휘참모대 수료 2008년 동국대 대학원 행정학과졸 [경]1980~1981년 육군사관학교 불어강사 1987년 육군대학 연합·합동작전 교관 2003~2005년 육군본부 인사운영차장 2005~2007년 육군 제72보병사단장 2007~2008년 국방대 안전보장대학원장 2009~2010년 충남대 평화안보대학원 겸임교수 2011년 국가보훈처 제대군인국장(현) [상]대통령표창(1984), 보국훈장 삼일장(2002), 보국훈장 천수장(2008) [종]천주교

박종우(朴鍾偶) PARK Jong Wu

[생]1963·8·19 [주]인천 남동구 정각로29 인천광역시의회(032-440-6073) [학]울산대 일어일문학과졸 [경]조전혁 국회의원 보좌관, (주)베가넷 대표이사 2014년 인천시의회 의원(새누리당)(현) 2014·2016년 同운영위원회 위원(현) 2014·2016년 同교육위원회 부위원장(현) 2014년 同예산결산특별위원회 위원

박종욱(朴鍾郁) Park, Chong-Wook

[생]1953·5·16 [본]순천(順天) [출]부산 [주]서울 관악구 관악로1 서울대학교 자연과학대학 생명과학부(02-880-6681) [학]1972년 경기고졸 1976년 서울대 식물학과졸 1978년 同대학원 식물분류학과졸 1985년 이학박사(미국 코넬대) [경]1981~1983년 미국 코넬대 조교 1986년 미국 New York Botanical Garden Research Associate 1987년 미국 하버드대 박사 후 연구원 1988년 미국 Montclair State Univ. Assistant Professor 1988~1995년 미국 New York Botanical Garden 명예연구원 1990년 서울대 식물학과 조교수 1991~1999년 同생물학과 조교수·부교수 1996~2000년 同생물학과장 1999년 同자연과학대학 생명과학부 교수(현) 1999~2003년 同재정위원 2000년 同자연과학대학 기초교육연구위원 2002년 국립생물자원관 건립위원회 자문위원 2003~2007년 중앙환경보전자문위원회 위원 2005~2006년 한국식물분류학회 회장 2007~2009년 국립생물자원관 초대관장 2015년 한국생물과학협회 회장 [상]한국식물학회 우수논문상(1993), 한국과학기술단체총연합회 우수논문상(1998), 홍조근정훈장(2010) [저]'강릉, 평창(1-11)의 자연환경 : 오대산(강릉, 평창)과 인근산지의 식물상'(1999) 'Recent Progress in the Floristic Research in Korea'(2006) '제2차 전국자연환경조사'(2006) '동경대학교 식물표본관에 소장되어 있는 한국산 기준표본들. 제1권. 돌나무과, 범의귀과, 장미과(共)'(2006)

박종욱(朴鍾旭) PARK Jong Uk

[생]1965·6·29 [본]밀양(密陽) [출]경기 수원 [주]대전 유성구 대덕대로776 한국천문연구원(042-865-3248) [학]1984년 유신고졸 1988년 연세대 천문기상학과졸 1990년 同대학원 천문학과졸 1999년 이학박사(연세대) [경]1993~1999년 한국표준과학연구원 부설 천문대 연구원·선임연구원 1999년 한국천문연구원 책임연구원 1999~2006년 특허청 특허심사자문위원 2001~2003년 충남대 천문우주과학과 겸임부교수 2002년 세계전파통신회의(WRC) 한국준비단 준비위원 2003~2004년 캐나다 캘거리대 방문연구원 2005년 국제GNSS 관측망(IGS) Associate Member 2005~2006년 한국천문연구원 우주과학연구부 우주측지연구그룹장 2006년 과학기술연합대학원대 천문우주과학과 교수(현) 2006년 한국천문연구원 우주측지연구부장 2009년 同우주과학연구부장 2009년 同우주과학연구본부장 2010~2013년 국제위성항법서비스(IGS) 이사 2012년 한국천문연구원 천문우주사업본부장 2013년 同기획부장 2014년 同책임연구원(현) 2015년 국가과학기술심의회 공공·우주전문위원회 위원(현) [상]과학기술처장관표창 [저]'비선형 제어기법을 이용한 인공위성의 궤도조정'

박종욱(朴鍾昱) Park Jong Wook

[생]1966·2·24 [본]문경(聞慶) [출]인천 [주]서울 용산구 한강대로32 (주)LG유플러스 플랫폼서비스부문(1544-0010) [학]1989년 고려대 경영학과졸 [경]2010년 LG유플러스 강남사업부장(상무) 2012년 同전략조정실 전략기획담당 상무 2014년 同전략조정실 IPTV사업담당 상무, 同플랫폼서비스부문 상무(현) 2015년 한국IPTV방송협회(KIBA) 이사

박종운(朴淙澐) PARK JONG-UN

[생]1965·1·12 [출]전남 무안 [주]서울 중구 삼일대로340 나라키움저동빌딩7층 4·16세월호참사특별조사위원회(02-6020-3901) [학]1983년 전남 학다리고졸 1991년 성균관대 법과대학졸 [경]1998년 사법시험 합격(39회) 2000년 사법연수원 수료(29기) 2000~2014년 법무법인 소명 변호사 2005~2009년 국가인권위원회 장애차별전문위원 2006~2007년 대통령자문 빈부격차차별시정위원회 전문위원 2006~2010년 서울시 정신보건심의위원회 위원 2007~2009년 대한변호사협회 인권위원 2007~2010년 대한손해보험협회 자동차보험구상금분쟁심의회 심의위원 2008~2009·2009~2010년 서울 혜화초 변호사·명예교사 2008년 한국기독교화해중재원 조정위원(현) 2008~2009년 기독법률가회(CLF) 사회위원장 2009~2011년 기독교전문잡지 '복음과상황' 이사장 2015년 4·16세월호참사특별조사위원회 상임위원 겸 안전사회소위원회 위원장(현)

박종웅(朴鍾雄) PARK Chong Ung

[생]1953·8·9 [본]충주(忠州) [출]부산 [학]1971년 부산 경남고졸 1975년 서울대 법대졸 [경]1978년 해군 예편(중위) 1979년 신민당 총재기획실 총무 1985년 민주화추진협의회 공동의장 비서·기획위원 1986년 통일민주당 김영삼총재 공보비서관 1988년 국회 정책연구위원 1990년 민자당 김영삼 대표최고위원 보좌역 1992년 同총재보좌역 1993년 대통령 민정비서관 1993년 제14대 국회의원(부산 사하 보선, 민자당·신한국당) 1995년 민자당 民青總團長 1996년 제15대 국회의원(부산 사하乙, 신한국당·한나라당) 1996년 신한국당 홍보위원장 1997년 同기획조정위원장 1998년 한나라당 제1사무부총장 1998년 한국여성민우회 미디어운동본부 자문위원 1998년 한국사회문화연구회 운영이사 2000년 한·이란친선협회 회장 2000~2004년 제16대 국회의원(부산 사하乙, 한나라당) 2002년 (사)민주화추진협의회 공동부이사장 2002년 국회 보건복지위원장 2004년 제17대 국회의원선거 출마(부산 사하乙, 무소속), 민주연대21 회장 2011~2013년 대한석유협회 회장 [상]체육훈장 맹호장

박종웅(朴鍾雄) PARK Jong Woong (家元)

[생]1959 · 6 · 28 [본]밀양(密陽) [출]서울 [주]서울 강남구 언주로329 (주)삼일기업공사 비서실(02-564-3131) [학]1978년 환일고졸 1982년 연세대 기계공학과졸 1984년 미국 위스콘신대 대학원 기계공학과졸 1986년 공학박사(미국 위스콘신대) [경]1986년 미국 기계학회 정회원(현) 1990년 (주)삼일기업공사 대표이사 사장(현) 1995년 아시아 · 서태평양지역건설협회(IFAWPCA) 사무총장 1996년 대한건설협회 IFAWPCA 이사 1997년 同대의원(현) 2004년 同중소특별위원회 위원 2005년 同건설산업혁신위원회 위원 2006년 同서울시회 부회장 2009년 同이사(현) 2009~2011년 同대중소상생협의회 위원 2009년 同기획위원회 위원 2011년 同서울시회 회장(현) 2011년 건설공제조합 대의원(현) 2014년 대한건설협회 회원부회장(현) [상]IFAWPCA Meriterious Service Award(1997), 지식경제부장관표창(2009), 검찰총장표창(2009), 금탑산업훈장(2014), 경찰청장표창(2014) [종]기독교

박종원(朴鍾元) Park Jong Won

[생]1960 · 10 · 20 [본]밀양(密陽) [출]서울 [주]서울 성북구 화랑로32길 한국예술종합학교 영상원(02-746-9500) [학]한양대 연극영화과졸, 한국영화아카데미졸(연출전공), 미국 아카데미오브미술대(AAU) 대학원졸, 명예 문학박사(단국대) [경]1985년 (주)세경흥업 기획실장 1995~2006년 한국예술종합학교 영상원 조교수 · 부교수 1997년 한국공연예술진흥협의회 위원 1999년 영상물등급위원회 위원 2006년 한국예술종합학교 영상원 교수(현) 2007년 (사)한국영화감독협회 부이사장 2009년 한국예술종합학교 영상원장 2009~2013년 同총장 2010년 대종상영화제 조직위원 2010년 (재)신영균예술문화재단 이사(현) 2011~2013년 2018평창동계올림픽조직위원회 위원 2011~2013년 유네스코 한국위원회 문화분과위원회 위원 2012년 유럽예술기관연맹(ELIA) 비유럽회원 이사(현) 2012~2014년 아시아예술교육기관연맹(ALIA) 초대회장 2014년 同상임고문(현) [상]대종상영화제 우수작품상 · 감독상(1992), 청룡영화제 최우수작품상 · 감독상(1992), 백상예술대상 대상 · 작품상 · 감독상(1992), 하와이국제영화제 최우수작품상(1992), 대종상영화제 최우수작품상 · 감독상(1995), 한국영화평론가협회상 최우수작품상(1995), 오늘의 젊은 예술가상(1995), 동경국제영화제 심사위원특별대상(1999), 한국방송비평회 좋은방송프로그램상 드라마부문(2007), 자랑스러운 한양인상(2012) [저]'시나리오에서 스크린까지'(1999) [작]시나리오 · 감독 '구로아리랑'(1989) '우리들의 일그러진 영웅'(1992) '영원한 제국'(1995) '송어'(1999) '파라다이스 빌라'(2001) 연출 '정조 암살 미스테리 8일'(2007) [종]기독교

박종윤(朴鍾允) PRK Jong Youn

[생]1935 · 11 · 20 [본]밀양(密陽) [출]충남 조치원 [주]대전 서구 계룡로598 세창 비서실(042-601-3911) [학]1954년 대전고졸 1959년 동국대 경제학과졸, 충남대 경영대학원 최고경영자과정 수료 [경]동신운수(주) 대표이사, 삼진고속(주) 대표이사, 국제특수금속(주) 대표이사, 대전개발위원회 회장, 대전상공회의소 감사, 한국에프엠 회장, 1987~2000년 한국드라이베아링 대표이사 1989~2001년 한국청소년연맹 대전충남연맹 총장 1989년 국제로타리3680지구 총재 1998~2000년 한국로타리총재단 의장 2000년 한국드라이베아링 회장(현) 2000년 세창 대표이사 회장(현) 2004년 대능장학문화재단 이사장(현)

박종윤(朴鍾允) PARK Chong-Yun

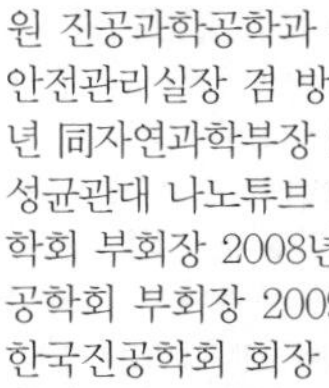

[생]1950 · 12 · 30 [본]밀양(密陽) [출]경남 밀양 [주]경기 수원시 장안구 서부로2066 성균관대학교 자연과학대학 물리학과(031-290-5114) [학]1969년 경동고졸 1973년 성균관대 물리학과졸 1976년 同대학원 물리학과졸 1982년 이학박사(일본 東北大) [경]1973년 성균관대 조교 1978~1979년 일본 東北大 이학연구과 연구원 1983~1992년 성균관대 물리학과 조교수 · 부교수 1986~1987년 일본 東北大 이학연구과 객원연구원 1992~2016년 성균관대 자연과학대학 물리학과 교수 1994~1996년 同진공산업기술연구소장 1995~1996년 미국 UC Berkeley대 객원교수 1996~1998년 성균관대 대학원 진공과학공학과 주임교수 1998년 同기초과학연구소장 1999년 同방사선안전관리실장 겸 방사선안전관리위원장 2000년 同물리학과장 2006~2010년 同자연과학부장 2006~2008년 한국나노연구협의회 감사 2007~2015년 성균관대 나노튜브 및 나노복합구조연구센터 소장 2007~2009년 한국물리학회 부회장 2008년 한국과학기술한림원 정회원(현) 2009~2011년 한국진공학회 부회장 2009~2011년 한국방사광이용자협의회 회장 2011~2012년 한국진공학회 회장 2016년 성균관대 자연과학대학 물리학과 석좌교수(현) [상]성균가족대상(2001), 경기도문화상 자연과학부분(2002), 한국과학기술단체총연합회 제23회 과학기술우수논문상(2013) [저]'진공과학입문'(2001) [역]'대학물리학'(1986 · 1997) 'BASIC에 의한 물리'(1986)

박종익(朴鍾益) PARK Jong Ik

[생]1939 · 12 · 13 [출]경남 합천 [주]부산 동구 중앙대로176 대한통운빌딩1309호 (주)삼익 회장실(051-463-5351) [학]1959년 동아고졸 1966년 부산대 상대졸 1988년 경성대 대학원졸 1990년 부산대 행정대학원 최고행정관리자과정 수료 1996년 경제학박사(경성대) 2006년 명예 경영학박사(부산대) [경]1976년 삼익TR 대표이사 회장 1978년 동명목재상사 영업본부장 1979년 삼원실업(주) 대표이사 1987년 (주)삼원 대표이사 1988년 부산시원목수입협회 회장 1990~2007년 학교법인 동명학원 이사 1998년 부산상공회의소 부회장 1999년 부산시체육회 부회장 2000년 사단법인 문화도시네트워크 이사 2003년 (주)삼익 대표이사 회장(현) 2006년 부산경영자총협회 회장 [상]한국무역협회장표창(1988), 5백만불 수출탑(1988), 재무부장관표창(1991), 국무총리표창(1991 · 1998), 1천만불 수출탑(1991), 산업자원부장관표창(2000), 국민훈장 목련장(2002), 동명대상 산업분야(2011), 자랑스러운 부산대인(2012) [종]불교

박종익(朴鍾翼) Jong-Ik Park

[생]1965 · 12 · 2 [출]서울 [주]강원 춘천시 동산면 영서로824 국립춘천병원 원장실(033-260-3100) [학]1991년 서울대 의대졸 1995년 울산대 대학원졸(의학석사) 2002년 의학박사(울산대) 2012년 강원대 법무전문대학원 법학과졸 2015년 同대학원 법학박사과정 수료 [경]2004년 강원대 의학전문대학원 정신건강의학교실 교수(현), 강원대병원 교육연구실장, 강원도 정신보건사업지원단장, 중앙자살예방센터장, 同자문위원(현) 2005년 춘천시 정신건강증진센터장(현) 2015년 국립춘천병원 원장(현) [상]교육부총리표창(2006), 보건복지가족부장관표창(2008), 강원도지사표창(2011), 보건복지부장관표창(2011 · 2013), 한국직장인지원프로그램(EAP)협회 학술상(2014) [저]'정신장애 진단도구'(2001) '법정신의학'(2012)

박종인(朴鍾仁) Park, Jong In

[생]1954 · 3 · 10 [본]밀양(密陽) [출]서울 [주]서울 서초구 서초중앙로53 대림빌딩7층 리베에이엠씨(주)(02-6295-0806) [학]1972년 대광고졸 1979년 연세대 경제학과졸 1985년 同경영대학원졸 1993년 미국 피츠버그대 마케팅특별과정(석사) 수료 2002년 고려대 기업지배구조특별과정 수료 [경]1978~1984년 삼성생명보험 기획실 근무 1984~1993년 삼성그룹 회장 비서실 근무 1993~1998년 삼성카드 영업기획실장(이사) 1998~2000년 현대캐피탈 영업지원본부장 2000~2001년 한국주택은행 부행장(카드사업담당) 2001~2002년 BC카드 사외이사 2001~2003년 국민은행 부행장 2003~2009년 한국전자금융 대표이사 사장 2004~2005년 나이스D&B 대표이사 사장 겸임 2009~2010년 한국신용평가정보 사장 2010년 한국신용평가(주) 사외이사 2010년 나이스홀딩스 비상임이사 2012년 중앙신용정보 고문 2015년 리베에이엠씨(주) 대표이사(현) [종]기독교

박종인(朴鍾寅) PARK Jong In

[생]1954 · 9 · 28 [출]부산 [주]서울 종로구 종로33 GS건설(주)(02-2154-1114) [학]경복고졸, 서울대 토목학과졸, 국민대 대학원 경영학과졸 [경]2009~2011년 GS건설(주) 토목사업본부장(부사장) 2011~2014년 한국해양과학기술진흥원 비상임이사 2012년 GS건설(주) 국내사업총괄 대표이사 2013년 同국내사업총괄 부사장 2013~2014년 同Q.HSE실장(부사장) 2014년 同자문역(현) [종]기독교

박종일(朴鍾逸) Park, Jongil

[생]1963 · 9 · 3 [주]서울 관악구 관악로1 서울대학교 자연과학대학 수리과학부(02-880-9198) [학]1986년 서울대 수학과졸 1988년 同대학원 수학과졸 1996년 수학박사(미국 미시간주립대) [경]1996~1997년 미국 Univ. of California, Irvine 방문조교수 1997~2004년 건국대 수학과 조교수 · 부교수 2004년 서울대 자연과학대학 수리과학부 부교수 · 교수(현) 2012년 미국수학회 초대펠로(석학회원) 2015년 한국과학기술한림원 정회원(이학부 · 현) [상]포스코 청암과학상(2010), 한국과학상 수학분야(2011), 미래창조과학부 및 한국과학기술단체총연합회 선정 '2013 대한민국 최고과학기술인상'(2013)

박종일(朴鍾一) PARK JONG IL (현곡)

생1964·1·25 본순천(順天) 출대구 주대구 달서구 화암로301 대구지방공정거래사무소 경쟁과(053-230-6320) 학1983년 대구 영신고졸 1990년 영남대 섬유공학과졸 1993년 同대학원 일반행정학과졸 2008년 미국 노스캐롤라이나주립대 대학원 수료 경1986~1988년 軍복무(대구지방경찰청 종합상황실 의무경찰) 1990~2008년 대구시 총무과·교통정책과·관광과 등 근무 2008~2009년 교육과학기술부 파견·대구시 서울사무소 근무 2009~2015년 공정거래위원회 운영지원과·카르텔조사국·소비자정책국 근무 2015년 대구지방공정거래사무소 경쟁과장(현) 2015년 同소비자과장 직대(현) 상대구광역시장표창(1996), 행정자치부장관표창(1999), 문화관광부장관표창(2001), 국무총리표창(2004), 건설교통부장관표창(2005), 중앙공무원교육원장표창(2014), 공정거래위원장표창(2015) 저'NC STATE 박람회'(2008, 삼일사) 종불교

박종일(朴鍾一) PARK Jong Il

생1966·11·7 출전북 김제 주서울 서초구 반포대로138 양진빌딩4층 법무법인 삼우(02-537-0123) 학1984년 덕수상고졸 1988년 성균관대 경영학과졸 1995년 서울대 경영대학원 수료 경1984년 산업은행 근무 1986년 청운회계법인 근무 1992년 해군 중위 전역 1996년 사법시험 합격(38회) 1999년 사법연수원 수료(28기) 1999년 인천지검 부천지청 검사 2001년 전주지검 군산지청 검사 2003년 대구지검 검사 2005년 수원지검 안산지청 검사 2007년 서울북부지검 검사 2010년 인천지검 검사 2011년 同부부장검사 2012년 서울중앙지검 부부장검사 2013년 광주지검 목포지청 부장검사 2014년 부산지검 형사5부장 2015~2016년 수원지검 평택지청 부장검사 2016년 법무법인 삼우 변호사(현)

박종전(朴鍾典) PARK Chong Jeun

생1949·6·14 출전남 진도 주서울 서초구 남부순환로2477 JW중외그룹 임원실(02-840-6777) 학1971년 성균관대 약대졸 1992년 서울산업대졸 1998년 중앙대 의약품식품대학원졸 2002년 약학박사(성균관대) 경한국씨락(주) 상무이사(공장장), 영진약품공업(주) 이사·감사·상무이사·전무이사 1999년 대웅제약(주) 전무이사 2005년 중외신약 대표이사 부사장 2005년 JW생명과학 대표이사 사장 2015년 JW중외그룹 부회장(현) 상보건복지부장관표창(2004) 종가톨릭

박종주(朴鍾柱) PARK Jong Joo

생1965·3·18 본밀양(密陽) 출전남 광양 주대전 서구 청사로189 특허청 특허심사기획국 특허심사기획과(042-481-5389) 학영동고졸, 성균관대 기계설계학과졸 1990년 同대학원 기계공학과졸 1994년 기계공학박사(성균관대) 경1997년 특허청 사무관 2006년 同기계금속건설심사본부 특허심사정책팀 서기관 2009년 同정보기획국 정보기획과 서기관 2010년 同기계금속건설심사국 공조기계심사과장 2011년 同정보기획국 정보기반과장 2013년 특허심판원 심판10부 심판관 2013년 특허청 특허심사1국 국토환경심사과장 2015년 同특허심사기획국 특허심사기획과장(현) 상국무총리표창(2007) 종불교

박종준(朴鍾俊) PARK Jong Joon

생1964·11·10 본밀양(密陽) 출충남 공주 주세종특별자치시 조치원읍 충현로5 새누리당 세종시당(044-866-1219) 학공주사대부고졸 1986년 경찰대졸(2기) 1992년 미국 시라큐스대 대학원 행정학과졸 경1985년 행정고시 최연소 합격(29회) 1994년 서울 양천경찰서 방범과장 1995년 서울 동대문경찰서 형사과장, 경찰청 기획관리관실 기획계장 1999년 인천지방경찰청 교통과장(총경) 2000년 평창경찰서장 2001년 공주경찰서장 2002년 경찰대 교무과장 2002년 경찰청 마약수사과장 2003년 서울 마포경찰서장 2005년 경찰청 혁신기획과장 2006년 同혁신기획단장(경무관) 2006년 경찰대 수사보안연구소장 2007년 서울지방경찰청 수사부장 2008년 경찰청 혁신기획단장 2009년 충남지방경찰청장(치안감) 2010년 경찰청 기획조정관 2010년 2010세계대백제전 명예홍보대사 2010~2011년 경찰청 차장(치안정감) 2012년 제19대 국회의원선거 출마(공주, 새누리당) 2012년 새누리당 공주시당원협의회 운영위원장 2012년 同정치쇄신특별위원회 위원 2013~2015년 대통령경호실 차장 2016년 새누리당 세종특별자치시당원협의회 운영위원장(현) 2016년 제20대 국회의원선거 출마(세종특별자치시, 새누리당) 2016년 새누리당 세종시당 위원장(현) 상대통령표창(1997), 경찰청장표창, 내무부장관표창,

국무총리표창, 근정포장(2005) 저'행정실무' '박종준이 열어가는 도전의 길, 섬김의 꿈'(2012) 종기독교

박종진(朴鍾振) Park Jong Jin

생1953·9·30 출서울 주서울 마포구 와우산로94 홍익대학교 기계시스템디자인공학과(02-320-1637) 학서울대 공업교육학과졸, 미국 캘리포니아대 버클리교 대학원졸 1982년 공학박사(미국 캘리포니아대 버클리교) 경1983~1991년 미국 바텔연구소 선임·주임연구원 1991년 홍익대 기계시스템디자인공학과 교수(현) 2002년 同교무부처장(행정담당) 2002~2005년 同교무처장 2009~2011년 同학사담당 부총장 2010~2011년 한국소성가공학회 수석부회장 2011년 同회장 종기독교

박종진(朴宗珍) PARK Jong Jin

생1956·11·26 출대구 주서울 서초구 서초대로353 유니온타워 고려신용정보(주) 비서실(02-3450-9000) 학1975년 대구고졸 1983년 경북대 법학과졸 경1983~1989년 한국외환은행 근무 1989~1998년 대동은행 차장·자금운용실장·지점장 1998~2003년 고려신용정보 대구지사장 2003년 同대표이사 사장(현)

박종찬(朴鍾讚) Jong-Chan, Park

생1972·4·16 출충북 청주 주대전 서구 청사로189 중소기업청 창업벤처국 벤처투자과(042-481-4416) 학1991년 운호고졸 1999년 서울시립대 행정학과졸 경1999년 행정자치부 사무관 2000년 중소기업청 국제협력담당관실 사무관 2001년 同경영지원국 판로지원과 사무관 2004년 同기업성장지원국 인력지원과 사무관 2005년 同중소기업정책국 정책총괄과 서기관 2006년 同중소기업정책본부 혁신기업팀장 2006년 同정책홍보관리본부 정책정보관리팀장 2007년 同기술경영혁신본부 산학협력팀장 2008년 同기술협력지원과장(서기관) 2013년 同창업벤처국 벤처투자과장 2015년 충북지방중소기업청장 2016년 중소기업청 창업벤처국 벤처투자과장(현)

박종천(朴鍾天) Park, Jong-Chun

생1954·2·23 본순천(順天) 출서울 주서울 서대문구 독립문로56 감리교신학대학교 총장실(02-361-9200) 학1973년 대광고졸 1977년 감리교신학대 신학과졸 1982년 미국 에모리대 대학원 조직신학과졸 1986년 철학박사(미국 에모리대) 경1986~1993년 감리교신학대 종교철학과 부교수 1989~1995년 기독교대한감리회 만남의교회 목사 1989년 한국기독교교회협의회 통일위원회 위원 1993년 감리교신학대 신학과 교수(현) 1993~1994년 同대학원 교학처장 1995~1997년 同교무처장·학생처장 1995~1996년 아이리프신학대 초빙교수 1997년 세계감리교 옥스포드학회 임원 1998년 한국기독교학회 회계 1998~1999년 감리교신학대 기획연구처장 1999년 미국 에모리대 초빙교수 2012년 감리교신학대 총장(현) 2015년 세계감리교협의회(WMC) 회장(현) 저'상생의 신학'(1991, 한국신학연구소) '기어가시는 하느님'(1995, 도서출판 감신) '하느님과 함께 기어라, 성령 안에서 춤추라'(1998, 대한기독교서회) '하나님 심정의 신학'(2012, 대한기독교서회) 종감리교

박종천(朴鍾天)

생1967·6·27 출충북 충주 주서울 서대문구 통일로97 경찰청 교통운영과(02-3150-2753) 학1989년 경찰대졸(5기) 1989년 경위 임용, 경기 안양경찰서 경비교통과장, 경기 남양주경찰서 정보보안과장, 경찰청 정보국 정보4과 정보1계장 2011년 충남지방경찰청 정보과장 2011년 충북지방경찰청 정보과장(총경) 2013년 충북 청주상당경찰서장 2014년 경찰청 교통운영과장 2015년 서울 강북경찰서장 2016년 경찰청 교통운영과장(현)

박종철(朴鍾喆) PARK Jong Chul

생1957·12·10 본밀양(密陽) 출전북 전주 주서울 서초구 반포대로217 통일연구원 통일정책연구실(02-2023-8109) 학1976년 전주고졸 1981년 고려대 신문방송학과졸 1983년 同대학원 문학과졸 1988년 정치학박사(고려대) 경1983년 고려대·강원대·숙명여대·원강대 강사 1985년 경남대 극동문제연구소 연구위원, 현대사회연구소 연구실장 1991년 민족통일연구원 연구위원 1997~1998년 미국 하버드대 교환교수, 통일연구원 경제협력연구실 선임연

구위원 2004년 同통일정책연구실장 2005년 同남북관계연구실장, 同평화기획연구실 선임연구위원, 同통일정책연구실 선임연구위원, 통일부 자문위원, 민주평통 자문위원 2010년 통일연구원 통일정책연구센터 소장 2012년 同통일정책연구실 선임연구위원(현) 2014~2015년 同남북통합연구센터 소장 2014년 북한연구학회 회장 2015년 同고문(현) (상)통일원장관표창, 통일부장관표창 (저)'남북한 정치공동체 형성방안'(1993, 민족통일연구원) '통일한국의 정당제도와 선거제도'(1994, 민족통일연구원) '남북한 군비통제의 포괄적 이해방안'(1995, 민족통일연구원) '북한이탈 주민의 사회적응에 관한 연구 : 실태조사 및 개선방안'(1996, 민족통일연구원) '남북한 교차승인 전망과 한국의 외교안보정책 방향'(1998, 민족통일연구원) '북한과 주변4국 및 남한간 갈등 협력관계'(1998, 민족통일연구원) '4자회담의 추진전략 : 분과위원회 운영방안을 중심으로'(2000, 통일연구원) '페리프로세스와 한·미·일 협력방안'(2000, 통일연구원) '북미 미사일협상과 한국의 대책'(2001, 통일연구원) '남북협력 증진을 위한 군사적 조치의 이행방안'(2002, 통일연구원) '미국과 남북한 : 갈등과 협력의 삼각관계'(2002, 오름) '동북아 안보 경제 협력체제 형성방안'(2003, 통일연구원) '통일 이후 갈등해소를 위한 국민통합방안'(2004, 통일연구원) (종)천주교

박종철(朴鍾哲) Bak Jong Chul

(생)1966·6·21 (출)경북 문경 (주)인천 연수구 해돋이로130 국민안전처 중부해양경비안전본부 기획운영과장(032-835-2516) (학)1984년 동성고졸 1989년 한국해양대 항해학과졸 2012년 인하대 정책대학원 행정학과졸 (경)1996년 해양경찰청 임용(간부공채 44기) 2006년 부산해양경찰서 장비과장(경정) 2007년 속초해양경찰서 경비통신과장 2008년 해양경찰청 정보수사국 정보과 정보3계장 2009년 同정보수사국 수사과 계장 2010~2011년 同경비안전국 경비과 경호작전계장·경비계장 2011년 남해지방해양경찰청 경비안전과장(총경) 2012년 해양경찰청 경비안전국 경비과장 2012년 포항해양경찰서장 2014년 해양경찰청 수색구조과장 2014년 인천해양경찰서 경무기획과장 2014년 국민안전처 동해지방해양경비안전본부 기획운영과장 2015년 同동해해양경비안전본부 기획운영과장 2016년 同중부해양경비안전본부 기획운영과장(현) (상)대통령표창(2009), 근정포장(2013)

박종태(朴鍾泰) PARK Jong Tae

(생)1960·9·20 (출)광주 동구 제봉로42 전남대학교병원 병리과(062-220-4090) (학)1984년 전남대 의대졸 1987년 同대학원 의학석사 1992년 의학박사(전북대) (경)1985~1988년 전남대병원 해부병리과 전공의 1988~1990년 전남대 의과대학 병리학교실 조교 1993~1994년 同의과대학 법의학교실 조교 1995~1997년 同의과대학 법의학교실 전임강사·조교수·부교수·교수(현) 1996년 同의과대학 병리학교실 교수 2007년 同법학전문대학원 교수 2013~2015년 대한법의학회 회장 2015년 대검찰청 법의학자문위원회 위원(현) (상)경찰청 과학수사대상(2014), 대통령표창(2014)

박종태(朴鍾泰) PARK Jong Tae

(생)1975·5·12 (본)무안(務安) (출)광주 (주)서울 서초구 양재천로13길23 특허그룹 인사이트플러스(02-2038-2418) (학)2003년 건국대 건축공학과졸, 한국기업평가 기업가치평가사과정 수료(19기) (경)이지국제특허법률사무소 변리사, 대한민국반도체설계재산유통센터(KIPEX) 책임연구원, 한빛지적소유권센터 상표법 전임강사, 한국발명진흥회 지재권과정 강사, 한국생산성본부 지적재산권 운영실무 강사 2007~2012년 안앤박국제특허법률사무소 파트너변리사 2007년 성균관대 강사 2007년 LEC한빛변리사 강사 2012~2014년 특허법인 이지 변리사 2015년 특허그룹 인사이트플러스 파트너변리사(현) (상)대한변리사회 감사패(2006) (저)'이지저작권법'(2003) '이지상표법'(2004) '신경향상표법사례'(2004) '인사이트플러스 상표법'(2015)

박종택(朴鍾澤) PARK Chong Taik (晩翠)

(생)1943·4·9 (본)밀양(密陽) (출)전북 전주 (주)서울 강남구 논현로566 강남차병원 산부인과(02-3468-3000) (학)1965년 전남대 의대졸 1978년 연세대 대학원 병리학과졸 (경)1966~1974년 한전의료재단 한일병원 인턴·레지던트 1974~2006년 성균관대 의대부속 삼성제일병원 레지던트·산부인과전문의·산부인과장·종양학분과장·대한부인종양 콜포스코피학회 부회장·진료부원장 1995년 포천중문의대 의학부 산부인과학교실 교수 2009년 차의과학대 의학전문대학원 산부인과학교실 교수(현), 강남차병원 산부인과 전문의(현) 2010년 분당차병원 부인암종합진료센터 전문의 2010년 분당차여성병원 산부인과 전문의 2010년 同원장 (종)천주교

박종택(朴鍾澤) PARK Jong Taek

(생)1965·11·29 (본)밀양(密陽) (출)전북 순창 (주)전북 군산시 법원로68 전주지방법원 군산지원(063-450-5000) (학)1983년 전주 영생고졸 1987년 고려대 법학과졸 (경)1990년 사법시험 합격(32회) 1993년 사법연수원 수료(22기) 1993년 육군 법무관 1996년 청주지법 판사 2000년 수원지법 판사 2002년 同안산지원 판사 2003년 서울지법 판사 2004년 서울고법 판사 2006년 서울가정법원 판사 2007년 대법원 연구법관 2008년 서울가정법원 부장판사 2013년 서울남부지법 부장판사 2015년 서울중앙지법 부장판사 2016년 전주지법 군산지원장(현) (종)기독교

박종필(朴鍾泌) PARK Jong Pill

(생)1967·7·22 (본)밀양(密陽) (출)서울 (주)대구 수성구 동대구로231 경북지방노동위원회(053-667-6560) (학)1985년 경동고졸 1989년 고려대 사학과졸 1994년 연세대 행정대학원 행정학과졸 2009년 영국 버밍엄대 대학원 정책학과졸 (경)2003년 노동부 총무과 서기관 2006년 대전지방노동청 관리과장 2006년 기획예산처 사회서비스향상기획단 사회서비스개발팀장 2009년 대전지방노동청 대전종합고용지원센터 소장 2010년 노동부 기획재정담당관 2010년 고용노동부 기획재정담당관 2011년 同기획조정실 기획재정담당관(부이사관) 2012년 同운영지원과장 2013년 同중부지방고용노동청 강원지청장 2015년 경북지방노동위원회 위원장(현) (저)'고수의 보고법'(2015)

박종학(朴鍾鶴) PARK Jong Hak

(생)1944·8·16 (본)밀양(密陽) (출)충남 천안 (주)서울 마포구 월드컵북로6길83 학산빌딩4층 (주)동산테크 대표이사실(02-338-4611) (학)1963년 서울공고졸 1967년 한양대 토목학과졸 1993년 서강대 경영대학원 최고경영자과정 수료 2000년 연세대 경영대학원 수료 (경)1981~2004년 (주)동산종합설비 대표이사 1998년 대한설비건설협회 서울시회 감사 1998년 대한설비건설공제조합 감사 1999년 同서울시회 부회장 1999년 기계설비협의회 윤리위원 2002년 대한설비건설협회 서울시회장 2002년 서울공고 운영위원장 2005년 (주)동산테크 대표이사(현) 2005~2008년 대한설비건설협회 회장 2005년 대한건설단체총연합회 감사 (상)동탑산업훈장(2003), 은탑산업훈장(2009) (종)불교

박종학(朴鍾學) Chong Hak Park

(생)1965·12·1 (본)밀양(密陽) (출)충북 청원 (주)서울 중구 을지로29 삼성화재빌딩7층 베어링자산운용(주) 비서실(02-3788-0513) (학)1990년 서강대 경제학과졸 1998년 미국 Purdue Univ. 경영전문대학원졸(MBA) 2000년 同대학원 금융공학과졸 (경)1990~1998년 한국투자신탁운용(주) 인사부·국제부 조사역 2000년 미국 SEI Investments Asset Allocation Team Analyst 2001년 SEI에셋코리아자산운용(주) 투자전략팀장 2001~2003년 FRM Korea CFA 코스 강사 2001~2002년 국민연금 장기투자정책위원회 조사위원 2003년 도이치투자신탁운용(주) 주식팀 이사 2004년 SEI에셋코리아자산운용(주) 글로벌계량운용팀장 2008년 同운용부문총괄(CIO) 상무 2012~2013년 同운용부문총괄(CIO) 전무 2013년 베어링자산운용 운용부문총괄(CIO) 전무(현)

박종학(朴鍾學)

(생)1970·1·10 (출)전남 화순 (주)경기 수원시 영통구 월드컵로120 수원지방법원(031-210-1114) (학)1989년 광주고졸 1993년 한양대 법학과졸 1995년 사법시험 합격(37회) 1998년 사법연수원 수료(27기) 1998년 軍법무관 2001년 광주지법 판사 2003년 同순천지원 판사 2005년 인천지법 판사 2009년 특허법원 판사 2012년 서울중앙지법 판사 2013년 전주지법 부장판사 2015년 수원지법 부장판사(현)

박종해(朴鍾海) Park, Jong-Hae

(생)1953·2·22 (본)밀양(密陽) (출)충북 청원 (주)서울 동대문구 경희대로26 경희대학교 미술대학 회화과(02-961-0637) (학)1972년 양정고졸 1976년 경희대 미술교육과졸 1978년 同대학원 미술학과졸 (경)1984~2011년 개인전 13회 1989년 경희대 예술학부 미술학과 부교수, 同미술대학 회화과 교수(현) 1994~1997년 同사범대 미술교육학과장 1996년 한국지성의료상전(공평아트센터)·스페인 아시아현대미술제·화랑미술제(예술의전당) 1998년 경희대 부설 현대미술연구소장 1999년 구상전(국립현대미술관) 2003~2013년 경희대 미술대학장, 대한민국미술전람회 심사위원 (상)문화공보부장관표창(1975)

박종혁(朴鍾赫)

ⓢ1958·12·5 ⓑ전남 나주시 전력로55 한국전력공사 원전수출본부(061-345-3012) ⓗ1976년 성동기계공고졸 1982년 경희대 기계공학과졸 2000년 충남대 대학원 기계공학과졸 ⓖ2002년 한국전력공사 전력연구원 연구관리실 정책개발그룹 책임연구원 2003년 同전력연구원 원자력연구실 원전기계재료그룹 책임연구원 2004년 同전력연구원 품질관리팀 책임연구원 2006년 同전력연구원 원자력발전연구소 원전설비운영그룹 책임연구원 2007년 同전력연구원 원자력발전연구소 신뢰도평가그룹 책임연구원 2008년 同전력연구원 원자력발전연구소 원전신뢰성그룹 책임연구원 2010년 同UAE원전사업단 사업총괄팀 책임연구원 2010년 同아부다비지사 사업총괄팀장 2012년 同UAE원자력본부 ENEC대응팀장 2013년 同UAE원자력본부 공사운영실장 2014년 同UAE원전사업처장 2016년 同원전수출본부장(현)

박종현(朴鍾炫) PARK Jong Hyun (等山)

ⓢ1939·12·10 ⓑ순천(順天) ⓒ전남 구례 ⓙ서울 도봉구 도봉로109길78 (사)한국아동문예작가회(02-995-0073) ⓗ1958년 광주사범학교졸 1976년 한국방송통신대 경영학과졸 ⓖ1958~1965년 초등학교 교사 1976년 월간「아동문예」발행인 겸 주간(현) 1977년 도서출판「아동문예」대표(현) 1988~2012년 한국청소년문학회 회장 2001년 한국문인협회 아동문학분과 회장 2001년 아동문학의날운영위원회 운영회장(현) 2003년 국제펜클럽 한국본부 이사(현), 한국문인협회 이사 2007년 同아동문학분과 회장(현) 2010년 (사)한국아동문예작가회 이사장(현) ⓢ한정동 아동문학상(1977), 전남문학상(1981), 문화공보부장관표창(1985), 대한민국 문학상(1987), 국무총리표창(1992), 간행물윤리상 청소년부문(1998), 대통령표창(1998), 펜문학상(2005), 예총예술문화상(2007), 한국문학상 아동문학부문(2008), 문화포장(2010), 도봉문학상(2012), 우수콘텐츠 잡지선정(2014) ⓩ동시집「빨강자동차」(1965)「손자들의 숨바꼭질」(1977)「구름 위에 지은 집」(1980) 동화집「별빛이 많은 밤」(1985)「아침을 위하여」(1987)「꽃파는 아이」(1991)「도깨비나라의 시」(1993)「대추나무집 아이」(1996) 동화시집「참 예쁘구나 할아버지 돋보기 안경」(2000) 여행기「체험솔솔세계기행」(2004, 세계문예)「도봉산 솔솔」(2005, 세계문예)「비 오는 날 당당한 꼬마」(2006, 세계문예)「반짝반짝 돋보기 안경」(2007, 세계문예)「무지갯빛참예쁘구나」(2007, 세계문예)「깡충달리는아기토끼」(2007, 세계문예)「너무나예쁜 하얀 사슴」(2007, 세계문예)「뚝딱뚝딱 만든 오두막집」(2007, 세계문예) 동화「섬에온쌍둥이별」(2008, 세계문예)「오솔길의옹달샘」(2008, 세계문예)「꽃구름아기구름」(2008, 세계문예)「바람이된아이들」(2008, 세계문예)「꽃밭 1·2·3」(2011, 세계문예) ⓩ천주교

박종현(朴鍾賢) PARK, Jong-Hyun

ⓢ1957·5·24 ⓑ밀양(密陽) ⓒ충남 연기 ⓙ경기 성남시 수정구 성남대로1342 가천대학교 식품생물공학과(031-750-5523) ⓗ1982년 서울대 식품공학과졸 1987년 同대학원 식품미생물학과졸 1991년 식품공학박사(서울대) ⓖ1982~1985년 (주)빙그레 개발부 식품분석담당 1987~1988년 일본 오사카대 발효공학연구생 1989~1998년 한국식품개발연구원 생물공학연구 선임연구원 1998~2011년 경원대 식품생물공학과 부교수 1998~2003년 식품의약품안전청 심의위원회 GMO식품인허가자문 1999~2001년 한국식품과학회 식품안전분과 위원장 2004년 영국 Nottingham T. Univ. 연구교수 2005~2006년 미국 North Carolina S. Univ. 연구교수 2011년 경원대 입학처장 2012년 가천대 식품생물공학과 교수(현) 2012~2013년 同중앙도서관장 2014~2015년 同바이오나노대학장 2014~2015년 同자연과학연구소장 2014년 同가천바이오나노연구원장 2014년 同바이오융합사업단장(현) 2016년 同교무처장(현) ⓢ국무총리표창(2008) ⓩ「미생물의 산업적 이용」(1998)

박종현(朴鍾岷) PARK JONG HYUN

ⓢ1962·7·23 ⓑ밀양(密陽) ⓒ충북 증평 ⓙ대전 유성구 가정로218 한국전자통신연구원 융합기술연구소(042-860-5373) ⓗ1989년 경희대 우주과학과졸 1991년 연세대 대학원 천문기상학과졸 2000년 원격탐사박사(일본 지바대) ⓖ2000년 한국전자통신연구원 선임연구원 2003년 同컴퓨터소프트웨어연구소 공간정보기술센터 LBS연구팀장, 同텔레매틱스USN연구단 텔레매틱스연구그룹장 2008년 同융합기술연구부문 텔레매틱스연구부장 2012년 同융합기술연구부문 로봇인지시스템연구부장 2014~2016년 同융합기술연구소장 ⓢ정보통신부장관표창(2002), 대통령표창(2004), 산업포장(2010) ⓩ기독교

박종현(朴琮炫) PARK Jong Hyun

ⓢ1966·2·9 ⓒ전남 고흥 ⓙ서울 영등포구 여의대로60 NH투자증권 EquitySales본부(02-768-7000) ⓗ1983년 광주 진흥고졸 1987년 서울대 국제경제학과졸 ⓖ1989~1993년 LG투자증권 기업분석실 근무 1994~1996년 同국제영업정보팀 근무 1997~1999년 한솔그룹 경영기획실 근무 2000년 LG투자증권 리서치센터 기업분석2팀장 2001~2005년 同리서치센터 기업분석팀장 2005~2010년 우리투자증권(주) 리서치센터장 2011년 同홀세일사업부 이사 2012년 同법인영업그룹장(이사) 2014년 同주식영업그룹장(이사) 2015년 NH투자증권 EquitySales본부장(상무보)(현) ⓩ천주교

박종호 Park Jong Ho

ⓢ1945·5·5 ⓙ인천 남동구 능허대로649번길123 대봉엘에스 회장실(032-712-8800) ⓗ1971년 서울대 제약학과졸 ⓖ1971~1979년 동신제약 개발부 차장 1980년 비봉파인 대표이사 1989년 비봉수산 대표이사 1996년 대봉엘에스 대표이사 2003년 同회장(현) 2008년 대봉엘에프 회장(현) ⓢ어업인의 날 산업포장(2013)

박종호(朴綜虎) PARK Jong Ho

ⓢ1961·11·3 ⓙ대전 서구 청사로189 산림청 산림이용국(042-481-4170) ⓗ수원농고졸 ⓖ2004년 산림청 국제협력담당관 2007년 同자원정책본부 해외자원팀장(부이사관) 2008년 同산림자원국 국제산림협력과장 2009년 同국제협력과장 2010년 同국제산림협력지원단장 2011년 同산림자원국장(고위공무원) 2012년 아시아산림협력기구(AFoCO) 사무차장 2015년 산림청 산림이용국장(현)

박종호(朴鍾昊) PARK Jong Ho

ⓢ1964·1·12 ⓙ대전 대덕구 신일서로95 한온시스템(주) 경영기획본부(042-930-6114) ⓗ배재고졸, 서울대 경제학과졸, 同대학원 행정학과졸, 미국 조지워싱턴대 경영대학원 회계학과졸 ⓖ행정고시 합격(30회), 국세청 근무, 재정경제부 세제실 근무, 미국 공인회계사자격 취득, LG전자(주) 금융팀장(상무), 同북미경영관리팀장(상무) 2009년 同CFO Financial Audit팀장(상무) 2011년 同CFO 재무진단팀장(상무) 2011년 한국타이어 기획재정부문장(전무) 2015년 한온시스템(주) 경영기획본부장(부사장)(현)

박종홍(朴鍾洪) Park Jong Hong

ⓢ1964·1·25 ⓒ경북 청도 ⓙ부산 남구 문현금융로40 주택도시보증공사 기금사업본부(080-800-9001) ⓗ경북고졸, 경북대 경영학과졸 ⓖ1994년 대한주택보증 입사 2005년 同혁신추진팀장 2009년 同감사팀장 2011년 同감사실 부장 2013년 同전략기획실장 2015년 同기금사업본부장 2015년 주택도시보증공사 기금사업본부장(현)

박종화(朴宗和) PARK Jong Wha

ⓢ1945·10·30 ⓑ밀양(密陽) ⓒ충남 보령 ⓙ서울 영등포구 여의공원로101 CCMM빌딩5층 (재)국민문화재단(02-7819-001) ⓗ1964년 군산고졸 1967년 한국신학대학 신학과졸 1970년 연세대 연합신학대학원졸 1986년 신학박사(독일 Tubingen대) 1996년 명예 신학박사(헝가리 Karoli Gaspar Reformed Egyetem) 2002년 명예 신학박사(헝가리 Debreceni Egyetem) ⓖ1970년 한국기독교장로회 충남노회 목사안수 1971~1974년 육군 군목(대위 전역) 1985~1994년 한신대 신학과 교수·기획실장·신학과장·평화연구소장 1989년 기독교사회문제연구원 원장대행 1991~2006년 세계교회협의회(WCC) 중앙위원 1993년 캐나다 토론토대 임마누엘신학대학원 초빙교수 1994~1999년 한국기독교장로회총회 총무 1998~2003년 대통령 통일고문 1999~2015년 경동교회 담임목사 2000년 대화문화아카데미(前 크리스찬아카데미) 이사장(현) 2003년 민주평통 상임위원 2003~2005년 同종교분과위원장, 한민족복지재단 이사, 월간「기독교사상」편집위원 2005~2008년 한국국제보건의료재단 초대총재 2007~2010년 대한기독교서회 이사장 2011년 (재)국민문화재단 이사장(현) 2014년 바른사회운동연합 공동대표(현) ⓢ국민훈장 모란장(2004), 독일 십자공로훈장(2008), 존경받는 목회자대상 세계평화부문(2009) ⓩ「G. 바움(共)」(1981)「평화신학과 에큐메니칼 운동」(1991)「평화, 그 이론과 실제(共)」(1992) ⓮「칼 바르트」(1972)「인간화」(1974) ⓩ기독교

ㅂ

박종화(朴鐘和) PARK Jong Hwa

생1959·2·2 본순천(順天) 출전남 곡성 주서울 용산구 한강대로32 (주)LG유플러스(02-6920-1010) 학1978년 금오공고 전자과졸 1987년 동국대 컴퓨터공학과졸 1989년 서울대 대학원 컴퓨터공학과졸 경1989년 LG정보통신 입사 1995년 LG텔레콤 데이터기술담당 상무 1997년 同고객빌링시스템개발팀장 1998년 同최고정보관리책임자(CIO·상무) 2013~2014년 LG유플러스 정보보호최고책임자(CISO·상무) 2015년 同자문역(현)

박종화(朴鍾和) BHAK Jong Hwa (생자)

생1967·5·20 본밀양(密陽) 출부산 주울산 울주군 언양읍 유니스트길50 울산과학기술원(UNIST) 게놈연구소114동-308-6호(052-217-5329) 학1994년 영국 애버딘대(Univ. of Aberdeen) 생화학과졸 1997년 생명정보학박사(영국 케임브리지대) 경1998년 미국 하버드의대 유전학과 박사 후 연구원 1999~2001년 영국 케임브리지EBI(유럽생물정보학연구소) 박사 후 연구원 2001~2003년 영국 케임브리 MRC-DUNN그룹 리더 2003~2005년 한국과학기술원(KAIST) 바이오시스템학과 부교수 2003년 한국생명공학연구원 바이오매틱스연구실장 2005년 同국가생물자원정보관리센터장 2009~2012년 국제생명정보학회 ISCB(International Society for Computational Biology) 이사 2009~2014년 테라젠 바이오연구소장 2010년 게놈연구재단 이사장(현) 2012~2014년 서울대 나노융합학과 겸임교수 2014년 울산과학기술원(UNIST) Biomedical Engineering 교수(현) 2015년 서울대 수의대학 겸임교수(현) 저'게놈이야기'(2011) 종생교(Bioreligion)

박종환(朴鐘丸) PARK Jong Hwan

생1954·11·30 출경남 사천 주서울 서초구 서초대로254 오퓨런스빌딩12층 법무법인 서광(02-6250-3033) 학1973년 진주고졸 1978년 서울대 법학과졸 1984년 원광대 대학원 법학박사과정 수료 2005년 고려대 대학원 최고위정책과정 수료 경1983년 사법시험 합격(25회) 1985년 사법연수원 수료(15기) 1986년 서울지검 검사 1988년 부산지검 울산지청 검사 1990년 수원지검 검사 1992년 법무부 검찰2국 검사 1995년 서울지검 검사 1997년 부산고검 검사 1999년 대전지검 논산지청장 2000년 서울고검 검사 2001년 광주지검 형사1부장 2002년 사법연수원 교수 2004년 서울남부지검 형사2부장 2005년 창원지검 통영지청장 2006년 춘천지검 차장검사 2007년 인천지검 부천지청장 2008~2009년 서울고검 검사 2009년 법무법인 서광 공동대표변호사(현)

박종환(朴鍾桓) PARK Jong Hwan

생1961·12·17 출경북 경산 주경기 수원시 영통구 삼성로129 삼성전자(주) 전장사업팀(031-200-6517) 학1980년 달성고졸 1984년 연세대 경영학과졸 1986년 同대학원 경영학과졸 경1999년 삼성전자(주) 재무팀 담당부장 2002년 同상무보 2005년 同생활가전사업부 경영지원팀 기획그룹장(상무), 同생활가전사업부 키친솔루션사업팀장(상무) 2010년 同생활가전사업부 키친솔루션사업팀장(전무) 2010년 同생활가전사업부 구매팀장(전무) 2012년 同생활가전사업부 콤프앤모터팀장(전무) 2012년 同생활가전사업부 C&M사업팀장(전무) 2013년 同생활가전사업부 C&M사업팀장(부사장) 2016년 同전장사업팀장(부사장)(현)

박종환 Jong Hwan Park

생1972·3·8 주경기 성남시 분당구 판교역로235 H스퀘어 N동6층 (주)카카오(070-7492-1300) 학1991년 낙동고졸 1999년 동아대 컴퓨터공학과졸 2014년 부산대 일반대학원 컴퓨터공학과졸 경1999년 KTIT 입사 2001~2010년 포인트아이(주) LBS사업담당 이사 2011~2016년 록앤올(주) 공동대표이사 2011년 네비게이션 '김기사' 출시 2012~2013년 방송통신위원회 방송통신정책고객대표자회의 위원 2013~2015년 미래창조과학부 ICT정책고객대표자회의 위원 2014년 록앤올 일본법인 설립 2015년 창조경제혁신센터 부산지역 홍보대사(현) 2016년 카카오 카카오내비팀장(이사)(현) 상방송통신위원회 대한민국 모바일앱어워드 연말대상(2011), 지식경제부 신소프트웨어대상(2011), 국토해양부장관표창(2012), 방송통신위원회 대한민국 인터넷대상 국무총리표창(2012), 한국무선인터넷산업연합회 '올해의 무선인터넷기업인' 선정(2012), 인터넷기업협회 '인터넷을 빛낸 서비스' 선정(2013), Red Herring 'ASIA Top100 기술기업' 선정(2014), 동탑산업훈장(2015)

박종훈(朴宗勳) Park Jong-hoon

생1959·7·7 본밀양(密陽) 출강원 춘천 주강원 춘천시 중앙로1 강원도청 재난안전실 안전총괄과(033-249-3830) 학1978년 춘천고졸 1982년 강원대 행정학과졸 1984년 同대학원 행정학과졸 1997년 행정학박사(강원대) 경2002년 2010평창동계올림픽유치위원회 홍보팀장, 2014평창동계올림픽유치위원회 홍보제작팀장 2009년 2018평창동계올림픽유치위원회 평가준비부장 2011~2012년 강원도 기업지원과장 2014년 同문화관광체육국 문화예술과장 2015년 同재난안전실 안전총괄과장(현) 상옥조근정훈장(2012) 종불교

박종훈(朴鍾勳) Park Jong Hun

생1959·6·12 출부산 주대전 중구 대종로373 프로야구 한화 이글스(042-630-8200) 학1982년 신일고졸, 고려대졸 경1982년 실업야구 상업은행 입단 1983~1989년 프로야구 OB베어스 소속(외야수) 1993년 미국 프로야구 보스턴 레드삭스 연수코치 1994~1996년 프로야구 LG트윈스 코치 1997~2002년 프로야구 현대 유니콘스 코치 2003~2006년 프로야구 SK 와이번스 코치 2007~2009년 프로야구 두산 베어스 2군 감독 2009~2011년 프로야구 LG 트윈스 감독 2016년 프로야구 한화 이글스 단장(현) 상프로야구 최우수신인상(1983), 골든글러브 중견수부문(1983·1985)

박종훈(朴鍾勛) PARK Jong Hoon

생1960·10·22 본밀양(密陽) 출경남 마산 주경남 창원시 의창구 중앙대로241 경상남도교육청 교육감실(055-268-1000) 학1980년 마산고졸 1984년 경남대 법과대학 정치외교학과졸 1990년 同대학원 정치학과졸 2001년 정치학박사(경남대) 경1984~2002년 창원 문성고 교사 1995년 전국교직원노동조합 창원지회장 1996년 同중앙위원 2002년 同경남지부 사립위원장 2002·2006~2010년 경남도교육위원회 교육위원 2004년 (사)경남교육포럼 상임대표 2005년 경남도교육위원회 부의장 2010년 경남도 교육감 선거 출마, 경남대 초빙교수 2011~2012년 마창진환경운동연합 공동의장 2011~2012년 경남민주언론시민연합 공동대표 2014년 경남도교육청 교육감(현) 2014년 경남미래교육재단 이사장(현) 상경남도교육감표창(1973), 교육부장관표창(2001), 자랑스러운 경남대인상(2016) 저'박종훈, 도서관에서 길을 나서다'(2010, 도서출판 샘터) '무릎을 굽히면 아이들이 보입니다'(2014, 도서출판 브레인) 종불교

박종훈(朴鍾薰) PARK Jong Hoon

생1963·8·11 출경남 진주 주부산 연제구 법원로31 부산지방법원 수석부장판사실(051-590-1114) 학1982년 부산진고졸 1986년 서울대 법과대학 공법학과졸 경1987년 사법시험 합격(29회) 1990년 사법연수원 수료(19기) 1993년 수원지법 판사 1995년 서울지법 판사 1997년 창원지법 거창지원 합천군·함양군법원 판사 2002년 부산고법 판사 2005년 부산지법 동부지원 부장판사 2007년 부산지법 부장판사 2011년 창원지법 통영지원장 2013년 부산고법 부장판사 2016년 부산지법 수석부장판사(현) 2016년 언론중재위원회 위원(현) 종불교

박종흠(朴宗欽) PARK Jong Hum

생1957·9·15 출경북 청도 주부산 부산진구 중앙대로644번길20 부산교통공사 사장실(051-640-7102) 학1976년 경북고졸 1981년 서울대졸 1995년 캐나다 브리티시컬럼비아대 교통경제학과졸(석사) 2011년 물류경영학박사(인천대) 경1997년 건설교통부 물류정책과 서기관 2002년 同수송정책실 국제항공과장 2006년 同물류혁신본부 물류정책팀장(서기관) 2007년 同물류혁신본부 물류정책팀장(부이사관) 2008년 국토해양부 철도정책과장 2009년 同자동차정책기획단장 2010년 同항공정책관 2011년 同물류정책관 2013~2014년 국토교통부 교통물류실장 2014년 부산교통공사 사장(현) 2016년 한국도시철도학회 차기(2017년1월) 회장(현)

박종흥(朴鍾興) PARK Jong Heung

생1959·12·25 출서울 주대전 유성구 가정로218 한국전자통신연구원 사업화본부 RnD사업화센터(042-860-5513) 학1982년 한양대 기계공학과졸 1990년 同대학원 기계공학과졸 1997년 기계공학박사(한양대) 경1982년 한국전자통신연구원 무선방송기술연구소 위성통신시스템연구부 위성통신탑재체연구팀장 1994년 영국 Matra Marconi Space사 파견연구원 1995년 미국 Lockheed Martin Astro사 파견연구원, 한국전자통신연구원 전파방송연구소 통신위성개발센터 통신위성RF기술연구팀장 2005년 同정보통신서비스연구단 우정기

술연구센터장 2008년 同융합기술연구부문 우정기술연구센터장 2009년 同우정물류기술연구부장 2012년 同연구원 2014년 同사업화본부 R&D사업화센터장(현) [상]산업포장(2009) [저]'훤히 보이는 우편기술'(2009, 전자신문사)

박종희(朴鍾熙) PARK Jong Hee

[생]1960·5·6 [본]밀양(密陽) [출]경기 포천 [주]경기 수원시 장안구 정조로944 새누리당 경기도당(031-248-1011) [학]1978년 수원고졸 1989년 경희대 무역학과졸 2001년 아주대 공공정책대학원 행정학과졸 [경]1988~1992년 경기일보 편집부·사회부·정치부 기자 1989년 同노조위원장 1992~2000년 동아일보 사회부·수도권부·지방부 기자 2000~2004년 제16대 국회의원(수원시 장안구, 한나라당) 2001년 한나라당 원내부총무 2002년 同대표 비서실장 2002~2003년 同대변인 2004~2006년 수원월드컵경기장관리재단 사무총장 2008~2009년 제18대 국회의원(수원시 장안구, 한나라당) 2009년 예일회계법인 고문 2015년 새누리당 수원시甲당원협의회 운영위원장(현) 2015~2016년 同제2사무부총장 2016년 同총선기획단 위원 2016년 同제20대 총선 공직자후보추천관리위원회 위원 2016년 제20대 국회의원선거 출마(수원시甲, 새누리당) 2016년 중앙대 경영전문대학원 최고경영자과정(AMP) 총동문회 회장(현) [상]한국기자협회 제4회 이달의 기자상 [저]'꿈은 좌절마저 삼킨다- 박종희의 거침없는 도전'(2008) '박종희의 행복일기, 다시 일어나 희망을 쏘다'(2015, 나무와숲) [종]천주교

박주만(朴柱曼) PARK Joo Man

[생]1967·10·8 [출]서울 [주]서울 강남구 테헤란로152 이베이코리아(02-589-7018) [학]1994년 고려대 경영학과졸 1998년 미국 펜실베이니아대 와튼스쿨 경영학과졸 [경]1994년 현대종합금융 근무 1998~2000년 보스턴컨설팅그룹 근무 2000년 두루넷 기획총괄 이사 2002년 (주)옥션 영업총괄 상무이사 2004년 同경영총괄 부사장 2005~2011년 同대표이사 사장 2009년 G마켓·옥션 대표이사 2011~2013년 한국인터넷기업협회 회장 2011~2013년 이베이코리아 대표이사 사장 2013년 이베이오주&뉴질랜드 대표이사(현) 2013년 이베이코리아 이사회 의장 겸임(현)

박주민(朴柱民) PARK JUMIN

[생]1973·11·21 [출]서울 [주]서울 영등포구 의사당대로1 국회 의원회관544호(02-784-8690) [학]1992년 대원외국어고 중국어과졸 1998년 서울대 법과대학 사법학과졸 [경]2004년 사법시험 합격(45회) 2006년 사법연수원 수료(35기) 2006~2012년 법무법인(유) 한결 변호사 2012~2016년 법무법인 이공 변호사 2012~2015년 민주사회를위한변호사모임 사무차장, 세월호피해자가족협의회 법률대리인 2015~2016년 참여연대 집행위원회 부위원장 2016년 더불어민주당 뉴파티위원회 위원(현) 2016년 同서울은평구甲지역위원회 위원장(현) 2016년 제20대 국회의원(서울 은평구甲, 더불어민주당)(현) 2016년 더불어민주당 민주주의회복TF 위원(현) 2016년 국회 여성가족위원회 위원(현) 2016년 국회 안전행정위원회 위원(현)

박주배(朴鉒培) Joobae Park

[생]1949·7·23 [본]밀양(密陽) [출]서울 [주]경기 수원시 장안구 서부로2066 성균관대학교 의과대학 분자세포생물학교실(031-299-6130) [학]1974년 서울대 의대졸 1976년 同대학원졸 1982년 의학박사(서울대) [경]1974~1978년 서울대 의대 조교 1978~1981년 육군 군의관 1981~1994년 서울대 의대 전임강사·조교수·부교수 1985년 미국 National Cancer Inst. Visiting Fellow 1990년 서울대 유전공학연구소 응용연구부장 1994~1998년 同의대 교수 1998~2014년 성균관대 의대 분자세포생물학교실 교수 1999~2007년 同의대 연구담당 부학장 2001~2007년 삼성생명과학연구소 유전체연구센터장 2007~2011년 同소장 2008~2011년 삼성의료원 의과학연구처장 2009년 한국분자세포생물학회 회장 2014년 성균관대 의대 분자세포생물학교실 명예교수(현) [상]홍조근정훈장(2014)

박주석(朴柱錫) PARK Joo Seok

[생]1958·11·5 [출]서울 [주]서울 동대문구 경희대로26 경희대학교 경영대학 경영학과(02-961-0501) [학]1981년 서울대 산업공학과졸 1983년 한국과학기술원 대학원 산업공학과졸 1990년 경영학박사(미국 캘리포니아대 버클리교) [경]1991~2014년 경희대 경영대학 경영학부 E비지니스전공 조교수·부교수·교수 1994년 한국데이타베이스학회 이사 1995~1996년 同편집위원장 1995~1996년 한국경영정보학회 이사 1998~2000년 경희대 비전2000팀장 2000년 국가중앙행정기관 정보화평가위원 2000년 한국경영과학회 이사 2000년 농림부 전산통계 자문교수 2000년 매일경제TV '스페셜TV컨설팅' 사회자 2001년 한국기술벤처재단 전문위원 2001년 대한주택공사 자문위원 2001년 한국마사회 자문위원 2001년 同'벤처포커스' 사회자 2001년 한국경영정보학회 국제학술대회 학술위원장 2001년 매경지식정보화센터 자문교수 2001년 삼성화재 자문교수 2001년 경희대 사회과학연구원 편집위원 2001년 同기획위원회 기획위원 2001·2002·2003년 SK텔레콤 자문위원 2002년 대한주택공사·농림부·삼성화재 자문위원 2003년 경희대 기획위원 2003년 농림부 자문교수 2003년 대한주택공사 주택자문위원 2003년 삼성화재 자문교수 2003년 경희대 경영대 e비즈니스학과 주임교수 겸 학과장 2003년 외교통상부 외교정보화추진분과위원회 위원 2004년 同자문위원 2004년 검찰청·삼성화재·SK텔레콤 자문교수 2012년 한국EA학회 회장 2015년 경희대 경영대학 경영학과 교수(현) 2016년 한국빅데이터학회 회장(현) [상]한국가상캠퍼스 베스트티처상(2001) [저]'경영정보시스템'(1994) '경영정보론'(1998) '전문가를 위한 전자상거래'(2000) 'e-비즈니스시스템'(2001) '사례로배우는e비즈니스 : SK텔레콤 CRM추진사례'(2003) '데이터품질관리지침서'(2004) '사례로배우는e비즈니스'(2005)

박주선(朴柱宣) PARK Joo Sun

[생]1949·7·23 [본]밀양(密陽) [출]전남 보성 [주]서울 영등포구 의사당대로1 국회 의원회관708호(02-784-5288) [학]1968년 광주고졸 1974년 서울대 법과대학 법학과졸 1976년 同대학원 법학과 수료 1987년 영국 케임브리지대 대학원 법학과 수료 [경]1974년 사법시험 수석합격(16회) 1976~1979년 육군 법무관 1979년 서울지검 검사 1982년 제주지검 검사 1983년 서울지검 검사 1988년 부산지검 검사 1989년 광주지검 해남지청장 1990년 대검찰청 검찰연구관 1991년 同환경과장 1993년 同중앙수사부 3과장 1994년 同중앙수사부 2과장 1994년 同중앙수사부 1과장 1995년 서울지검 특수2부장 1996년 同특수1부장 1997년 춘천지검 차장검사 1997년 대검찰청 중앙수사부 수사기획관 1998~1999년 대통령 법무비서관 2000~2004년 제16대 국회의원(전남 보성군·화순군, 무소속·새천년민주당) 2000~2007년 정률 법무법인 변호사 2000년 새천년민주당 총재특보 2001년 同법률구조단장 2002년 同제1정책조정위원장 2002년 제16대 대통령당선자 중국특사 2003년 새천년민주당 기획조정위원장 2003년 同사무총장 직대 2005년 민주당 외부인사영입특별위원장 2006년 서울시장선거 출마(민주당) 2007년 민주당 광주시동구지역위원회 위원장 2008년 제18대 국회의원(광주시 동구, 통합민주당·민주당·민주통합당·무소속) 2008·2010~2011년 민주당 최고위원 2008년 同2010인재위원회 공동위원장 2008년 국회 외교통상통일위원회 위원 2008~2011년 국회 사법제도개혁특별위원회 위원 2008~2011년 국회 검찰개혁소위원회 위원장 2008년 국회 환경포럼 대표의원 2009년 6·15공동선언실천남측위원회 공동대표 2011년 국회 남북관계발전특별위원회 위원장 2012년 제19대 국회의원(광주시 동구, 무소속·새정치민주연합·무소속·국민의당) 2012년 국회 외교통상통일위원회 위원 2013년 국회 외교통일위원회 위원 2014년 국회 교육문화체육관광위원회 위원 2014~2015년 국회 평창동계올림픽 및 국제경기대회지원특별위원회 위원장 2015년 국회 교육문화체육관광위원회 위원장 2016년 국민의당 최고위원 2016년 제20대 국회의원(광주시 동구·남구乙, 국민의당)(현) 2016년 국회 부의장(현) 2016년 국민의당 광주동구·남구乙지역위원회 위원장(현) 2016년 국회 외교통일위원회 위원(현) 2016년 남북관계정상화를위한여야중진모임 공동대표(현) 2016년 국민의당 당헌당규제·개정위원회 위원장(현) [상]검찰총장표창, 법무부장관표창(1988), 황조근정훈장(1995), 세계일보 선정 올해의 인물(2005), 21세기한국인상 정치공로부문상(2008), 대한민국환경문화대상 정치부문상(2009), 무궁화대상 정치부문상(2009), 한국메니페스토약속대상 우수상(2009·2010), NGO모니터단 선정 국정감사우수의원(2011), 한국효도회 효행상(2011), 대한민국 국회의원 의정대상(2011), 자랑스러운 대한민국 우수국회의원(2011), 민주통합당 국정감사 최우수의원(2011), 범시민사회단체연합 선정 '올해의 좋은 국회의원상'(2015) [저]'컴퓨터범죄 방지대책' '영국의 사법경찰제도' '이 땅의 새벽을 위해'(2000) [종]불교

박주승(朴柱承) PARK Joo Seung

[생]1948·12·25 [출]서울 [주]대전 서구 둔산서로95 대전을지대학병원 외과(042-259-1300) [학]1975년 서울대 의대졸 1981년 同대학원졸, 의학박사(충북대) [경]1981~1997년 대전을지병원 일반외과장 및 부장 1994~1997년 同의무원장 1997~2014년 을지대 의대 외과학교실 교수 2004년 을지대학병원 개원준비위원장 2005~2008년 同원장 2008년 同명예원장 2014년 을지대 의대 외과학교실 석좌교수(현)

ㅂ

박주영(朴柱泳) PARK Joo Young

[생]1957·5·15 [출]강원 [주]강원 원주시 일산로20 연세대학교 원주의과대학 미생물학교실(033-741-0322) [학]1982년 연세대 의대졸 1984년 同대학원졸 1992년 의학박사(연세대) [경]1985~1988년 국군수도병원 병리시험과 군의관 1988~1991년 연세대 의대 미생물학교실 연구강사 1991~1995년 同전임강사·조교수 1994~1996년 미국 Univ. of Alabama at Birmingham 교환교수 1996~2001년 연세대 원주의과대학 미생물학교실 부교수 1996년 同원주의과대학 중앙연구실장 1999년 강원장애인스포츠후원회 회장(현) 2001년 연세대 원주의과대학 미생물학교실 교수(현) 2009년 同원주사회복지센터 소장(현) 2011~2013년 同원주의과대학장 2014년 2014소치장애인동계올림픽 국가대표 총감독

박주영(朴柱永)

[생]1968·9·1 [출]대구 [주]대전 서구 둔산중로78번길 45 대전지방법원(042-470-1114) [학]1987년 영신고졸 1994년 성균관대 법학과졸 [경]1996년 사법시험 합격(38회) 1999년 사법연수원 수료(28기) 1999년 변호사 개업 2006년 부산지법 판사 2009년 부산고법 판사 2011년 부산가정법원 판사 2012년 부산지법 판사 2013년 울산지법 판사 2016년 대전지법 부장판사(현) [저]'이것 또한 지나가리라'(2012)

박주진(朴柱鎭)

[생]1958·1·5 [출]대구 [주]경기 용인시 기흥구 용구대로 2469번길32 용인서부경찰서(031-8021-8321) [학]1977년 경북사대부고졸 1993년 한국방송통신대 법학과졸 2010년 한양대 대학원 사법·경찰행정학과졸 [경]1986년 경위 임용(경찰간부후보 34기) 2013년 울산지방경찰청 치안지도관 2013년 同청문감사담당관 2014년 경북 봉화경찰서장(총경) 2015년 인천지방경철청 제2부 수사1과장 2016년 경기 용인서부경찰서장(현) [상]대통령표창(2002)

박주철(朴柱哲) PARK Joo Chul

[생]1948·3·11 [출]인천 [주]경기 성남시 분당구 판교로 332 EcoHub3층 SK D&D 부회장실(02-398-4801) [학]1966년 인천고졸 1974년 연세대 경영학과졸 [경]1973년 (주)대농 근무 1975년 (주)선경 입사 1979년 同의류2부 1과 팀장 1985년 同SK-Montreal 지사장 1991년 同SK-Fashion사업부장 1994년 同해외사업실 해외업무실장 이사대우 겸 카스피사업부장 1996년 SK(주) LA지사장 1998년 同America(New york) C.O.O 1999년 SK Global(주) 내수부문장 겸 기획담당 상무 2000년 同상사부문장 겸 신규사업부문장 2002년 同상사부문 대표이사 사장 2004년 SK케미칼(주) 상근고문 2005년 SK건설(주) 상근고문 2007년 SK D&D(주) 부회장(현) 2008년 UB-Care 대표이사 부회장

박주철(朴柱哲) PARK Ju Chull

[생]1958·6·20 [주]울산 남구 대학로93 울산대학교 공과대학 산업경영공학부(052-259-2177) [학]1981년 서울대 산업공학과졸 1983년 한국과학기술원(KAIST) 산업공학과졸(석사) 1990년 산업공학박사(한국과학기술원) [경]1983년 울산대 공과대학 산업경영공학부 교수(현) 1991~1992년 미국 Auburn대 교환교수 1994~1997년 대한산업공학회 경제성분석학술분과 위원장 2001~2004년 필정보기술(주) 대표이사 2003~2005년 현대중공업(주) 조선PIERP프로젝트 전문위원 2004년 필정보기술(주) 기술고문 2015~2016년 (재)울산창조경제혁신센터 센터장 [상]제6회 대한산업공학회 백암기술상(1995) [저]'산업공학용어사전'(1993, 청문각) '경제성공학'(1999, 경문사) '울산산업의 미래(共)'(2001, 울산대 출판부)

박주철(朴柱哲) PARK Joo Cheol

[본]밀양(密陽) [출]전남 화순 [주]서울 종로구 대학로103 서울대학교 치과대학 구강조직발생학교실(02-740-8668) [학]1987년 조선대 치의학과졸 1989년 同대학원졸 1996년 치의학박사(서울대) [경]1987~1990년 조선대 치대 부속치과병원 인턴·레지던트 1990~1993년 군복무(대위 예편) 1993~1995년 서울대 치대 연구원 1995~2007년 조선대 치대 전임강사·조교수·부교수 1997~1999년 일본 오카야마대 의대 분자생물학교실 객원연구원 2003~2004년 미국 뉴욕주립대 구강생물학 연구조교수 2007년 조선대 치대 교수 2007년 서울대 치대 구강조직발생학교실 부교수·교수(현) 2013~2014년 同치대 연구부원장 2015년 同산학협력단 연건분원장(현) [저]'조직-발생-구강조직학'(2004) [역]'구강조직학'(2004) '치아형태학'(2004)

박주헌(朴周憲) PARK Joo Heon

[생]1961·5·30 [주]울산 중구 종가로405의11 에너지경제연구원 원장실(052-714-2114) [학]1983년 연세대 경제학과졸 1985년 同대학원 경제학과졸 1990년 경제학박사(미국 위스콘신대) [경]1991년 에너지경제연구원 연구위원 1995~2015년 동덕여대 경영경제학부 조교수·부교수·사회과학대학 경제학과 교수 1996~2000년 同취업정보상담실장 1998~2000년 同학생서비스센터 소장 2010~2011년 同교수학습개발원장 2011년 同기획처장 2012년 새누리당 국민행복추진위원회 지속가능국가추진단 위원 2013~2014년 한국석유공사 비상임이사 2015년 에너지경제연구원 원장(현)

박주현(朴柱玹) PARK Joo Hyun

[생]1955·12·10 [본]밀양(密陽) [출]충북 청주 [주]강원 춘천시 신동면 칠전동길72 두산큐벡스(주)(033-260-1200) [학]1974년 중앙고졸 1981년 연세대 행정학과졸 [경]1981년 두산그룹 입사 1981~1990년 OB맥주(주) 근무 1990년 同뉴욕지사장 1995년 同구미지점장 1998년 (주)두산 관리본부 근무 1999년 同상사BG 식자재·물류·외식설비사업부 상무 2007년 두산인프라코어 공작기계BG 상무 2008년 중국 두산기상(연대)유한공사 법인관리 상무 2010~2014년 두산큐벡스(주) 대표이사 부사장 2014년 同자문(현) [종]불교

박주현(朴珠賢·女) PARK Joo Hyun

[생]1963·4·11 [출]전북 전주 [주]서울 영등포구 의사당대로1 국회 의원회관508호(02-784-6341) [학]1981년 전주여고졸 1985년 서울대 법대졸 1990년 同대학원 법학과졸 [경]1985년 사법시험 합격(27회) 1988년 사법연수원 수료(17기) 1988년 변호사 개업 1989년 여성민우회·여성단체연합 정책위원 1992년 경제정의실천시민연합 중앙위원·상임집행위원 1995년 민주사회를위한변호사모임 사회복지특별위원장 1995년 대한변호사협회 인권위원·이사 2003년 대통령직인수위원회 국민참여센터 자문위원 2003년 대통령 국민참여수석비서관 2003~2004년 대통령 참여혁신수석비서관 2005년 YTN '박주현의 시사업클로스' 진행 2005~2007년 대통령직속 규제개혁위원회 위원 2005~2012년 시민경제사회연구소 소장 2006~2008년 대통령직속 저출산고령사회위원회 간사위원 2006~2008년 학교법인 단국대 이사 2010년 서울시교육청 인사위원회 위원 2016년 국민의당 최고위원 2016년 同당규제정TF·경선규칙TF팀장 2016년 제20대 국회의원(비례대표, 국민의당)(현) 2016년 국민의당 구의역스크린도어청년근로자사망사고대책특별위원회 위원장(현) 2016년 국회 기획재정위원회 위원(현) [종]기독교

박주형(朴柱炯) PARK Joo Hyung

[생]1959·12·22 [출]전남 강진 [주]서울 중구 소공로63 (주)신세계 백화점부문 지원본부(02-727-1602) [학]1977년 광주고졸 1985년 동국대 회계학과졸 [경]1985년 (주)신세계 입사 2002년 同경영지원실 기획담당 상무 2006년 同백화점부문 지원본부장(상무) 2007년 同백화점부문 지원본부장(부사장) 2008년 同백화점부문 본점장(부사장) 2011년 (주)이마트 부사장 겸 전략본부장 2011년 同경영지원본부장(부사장) 2013년 (주)신세계 백화점부문 지원본부장(부사장)(현) 2015년 同백화점부문 신규사업본부장 겸임 [종]기독교

박주호(朴主鎬) PARK JOO HO

[생]1965·2·7 [본]울산(蔚山) [출]경북 경주 [주]서울 종로구 종로26 SK(주) 임원실(02-2121-0114) [학]1983년 경주고졸 1991년 연세대 신문방송학과졸 2010년 同언론홍보대학원 저널리즘전공 재학 중 [경]1992~2006년 국민일보 사회부·정치부 기자·정치부 차장 2006~2007년 SK에너지 CR팀 부장 2008~2011년 SK(주) CR팀장 2012년 SK네트웍스(주) CR담당 상무 2016년 SK그룹 SUPEX(Super Excellent)추구협의회 CR팀 상무(현)

박주호(朴柱澔) PARK Joo Ho

[생]1965·10·28 [본]함양(咸陽) [출]전남 광양 [주]서울 성동구 왕십리로222 한양대학교 교육학과(02-2220-2608) [학]1989년 연세대 교육학과졸 1993년 同행정학과졸 2003년 미국 조지아대 대학원 인적자원개발학과졸 2006년 산업교육학박사(미국 조지아대) [경]교육인적자원부 서기관 2001년 한국교원대 서기관 2006년 교육인적자원부 교원평가추진팀장 2006년 同지식정보정책과장

2007년 同대학지원국 학술지원과장 2008년 교육과학기술부 학술연구진흥과장 2009년 同학술연구진흥과장(부이사관) 2009년 同학술연구정책실 학술진흥과장 2009~2010년 同학술연구정책실 대학지원과장 2010년 한양대 교육학과 교수(현) 2014~2015년 同교수학습개발 및 서울권역e-러닝지원센터장

박주환(朴珠煥) PARK Joo Hwan

[생]1943·8·20 [본]밀양(密陽) [출]경남 창녕 [주]서울 서초구 서초중앙로160 법률센터 박주환법률사무소(02-3476-1300) [학]1962년 경북고졸 1967년 서울대 법과대학 법학과졸, 同대학원 법학과졸, 同행정대학원 발전정책과정 수료 [경]1969년 사법시험 합격(10회) 1971년 대전지검 검사 1973년 서울지검 인천지청 검사 1975년 대전지검 천안지청 검사, 서울지검 의정부지청 검사 1980년 同검사 1982년 대전지검 서산지청장 1983년 법무부 인권과장 1986년 대검찰청 형사2과장 1987년 인천지검 형사2부장 1988년 부산지검 형사1부장 1989년 서울지검 남부지청 형사2부장 1990년 同공판부장 1991년 同조사부장 1992년 전주지검 차장검사 1993년 서울고검 검사 1993년 서울지검 남부지청장 1994년 대구고검 차장검사 1995년 서울고검 차장검사 1997년 제주지검장 1997년 대검찰청 형사부장 1998년 울산지검장 1999년 대전지검장 1999년 전주지검장 2000~2001년 법제처장 2001년 변호사 개업(현) [저]'회사법상 특별배임죄에 관한 소고' '민사법률구조의 현대적 경향과 정책방안' '최근 강력범죄의 특성과 대책' [종]불교

박 준(朴 焌) PARK Joon

[생]1948·3·29 [출]울산 [주]서울 동작구 여의대방로112 (주)농심 사장실(02-820-7003) [학]1966년 경남고졸 1971년 중앙대 사회복지학과졸 [경]1984년 농심 미국(샌프란시스코)지사장 1986년 同국제부장 1991년 同이사·해외사업부장 1996년 同상무이사·국제영업본부장 2000년 同전무이사·국제영업본부장 2002년 同부사장 2005년 同국제담당 사장 2008년 농심홀딩스 USA 사장·농심아메리카 사장 2010년 (주)농심 회장실장·국제사업총괄 사장 2012년 同대표이사 사장(현)

박 준(朴 俊)

[생]1971·1·15 [주]경남 창원시 의창구 상남로290 경상남도의회(055-211-7402) [학]가야대 사회복지학과졸, 창원대 행정대학원 행정학과졸 [경]반송동 주민자치위원장, 창원청년회의소(JCI) 회장, 민주평통 자문위원, 바르게살기위원회 창원시 성산구 부위원장, 대한민국청년봉사단(단비) 경남단장, 코리아비전포럼회 경남회장, 창원시지체장애인협회 후원회원, 새누리당 창원성산구당원협의회 청년위원장 2014년 경남도의회 의원(새누리당)(현) 2014년 同건설소방위원회 위원 2015년 새누리당 경남도당 부대변인 2016년 경남도의회 교육청소관 예산결산특별위원회 위원장 2016년 同문화복지위원회 부위원장(현) 2016년 同운영위원회 위원(현)

박준구(朴寯求) PARK Jun Ku

[생]1961·1·10 [주]대전 유성구 엑스포로325 SK바이오텍(주) 대표이사실(042-866-7505) [학]고려고졸, 연세대 화학공학과졸, 同대학원 화학공학과졸, 계측제어공학박사(미국 노스웨스턴대) [경]SK(주) 생산기술개발그룹 책임연구원, 同정밀화학연구팀 수석연구원, 同CRD연구소 수석연구원 2009년 同CMS사업부 CMS생산담당 상무 2011년 SK바이오팜 CMS사업부장 2015년 SK바이오텍(주) 대표이사 2016년 同대표이사 전무(현)

박준동(朴晙東) June Dong Park

[생]1963·5·19 [본]강릉(江陵) [출]강원 강릉 [주]서울 종로구 대학로101 서울대학교병원 소아청소년과(02-2072-3359) [학]1982년 강릉고졸 1988년 서울대 의대졸 1997년 同대학원졸 1999년 의학박사(서울대) [경]1988~1991년 경기 파주보건소 공중보건의 1991~1996년 서울대병원 소아과 인턴·레지던트 1996년 同소아과 신생아학전공 전임의 1998~2000년 서울시립보라매병원 소아과전담의 1998년 서울대 의대 소아과학교실 초빙전임강사·조교수·부교수·교수(현) 2000~2004년 同소아중환자진료실장 2005년 대한심폐소생협회 PLS위원장(현) 2003~2004년 미국 미시간대 소아병원 소아중환자실 교환교수 2010년 서울대병원 홍보실 홍보담당 2011년 대한소아중환자의학연구회 회장(현) 2012~2013년 서울대 의대 대외협력실장 2014년 대한소아응급의학회 초대회장(현) [저]'신생아보조환기요법'(1998) '신생아 집중치료 지침서'(2003) '중환자의학'(2010)

박준모(朴埈模) Park Jun Mo (旦石)

[생]1955·12·29 [본]반남(潘南) [출]충남 천안 [주]서울 서초구 반포대로158 서울고등검찰청(02-530-3242) [학]1973년 천안고졸 1979년 고려대 법학과졸 1993년 서울대 사법발전과정 수료 2010년 건국대 부동산대학원 부동산학과졸 2013년 부동산학박사(서울벤처대학원대) [경]1982년 사법시험 합격(24회) 1984년 사법연수원 수료(14기) 1985년 인천지검 검사 1987년 대전지검 공주지청 검사 1988년 서울지검 의정부지청 검사 1990년 대구지검 검사 1992년 서울지검 동부지청 검사 1993년 국방대학원 파견 1994년 서울지검 동부지청 검사 1995년 수원지검 검사 1997년 서울고검 검사 1998년 창원지검 특수부장 1999년 인천지검 강력부장 2000년 사법연수원 교수 2002년 서울지검 북부지청 형사5부장 2003년 同북부지청 형사1부장 2003년 청주지검 제천지청장 2004년 서울고검 검사 2005년 광주고검 검사 2005년 법무부 통합형사사법체계구축기획단장 파견 2006년 서울중앙지검 부장검사 2007년 서울고검 검사 2009~2010년 부산고검 검사 2010년 교육과학기술부 감사관 2013~2015년 교육부 감사관 2015년 서울고검 검사(현) [상]홍조근정훈장(2007)

박준민(朴埈民)

[생]1966·4·12 [출]경남 김해 [주]인천 남구 소성로163번길17 인천지방법원(032-860-1113) [학]1985년 경남고졸 1989년 서울대 공법학과졸, 同법과대학원졸 [경]1996년 사법시험 합격(38회) 1999년 사법연수원 수료(28기) 1999년 인천지법 판사 2001년 서울지법 남부지원 판사 2003년 부산지법 판사 2006년 서울중앙지법 판사 2008년 서울북부지법 판사 2010년 서울중앙지법 판사, 서울서부지법 판사 2011~2013년 헌법재판소 파견 2014년 부산지법 부장판사 2016년 인천지법 부장판사(현)

박준병(朴俊柄) Joonbyoung Park

[생]1959·12·19 [출]대전 [주]대전 유성구 동서대로125 한밭대학교 경영회계학과(042-821-1294) [학]1983년 연세대 경영학과졸 1985년 同대학원 경영학과졸 1992년 경영학박사(연세대) [경]1993~1999년 대전산업대 경영학과 전임강사·조교수 1999년 한밭대 경상대학 경영회계학과 부교수·교수(현) 1999~2001년 미국 펜실베이니아대 객원교수 2002~2003년 특허청 신기술동향조사위원 2002년 대덕밸리벤처연합회 자문위원 2002~2003년 한국생산관리학회 이사 2002년 원자력연구소 연구성과기업화촉진협의회 위원 2002~2006년 대전첨단산업진흥재단 이사 2003년 대통령직인수위원회 경제2분과 자문위원 2003년 대전대덕밸리동북아R&D허브구축단 정책개발위원장 2003년 대전경제협의회 위원 2004년 대통령직속 중소기업특별위원회 창업벤처분과위원 2004년 대전전략산업기획단 단장 2004년 중소기업진흥공단 INNO-Cafe 오피니언리더 2004~2008년 대전지역혁신협의회 전략산업분과위원장 2006년 산업자원부 지역산업진흥전문가포럼운영위원 2006~2007년 과학기술부 대덕R&D특구육성기획추진위원회 위원 2006년 중소기업학회 감사 2006년 한국창업학회 이사 2007년 대덕INNOPOLIS벤처협회 벤처정책연구소장 2010년 한밭대 산학협력단장 2010년 중소기업인식개선추진위원회 위원 2011~2013년 대전테크노파크 원장 2016년 한밭대 경상대학장·창업경영대학원장(현), 한국창업학회 상임부회장(현) [상]대전시장표창(2003) [저]'경영학연습'(1994, 세경사) '기술관리'(1997, 대전산업대 출판부) '생산전략'(1998, 박영사) '품질경영'(1999, 박영사) 'QUALITY MANAGEMENT PRACTICES IN ASIA'(2000) '중소·벤처기업의 성공사업계획서'(2001, 경영베스트) [역]'경영학 연습'(1994) '생산전략'(1998) '품질경영'(1999) '중소벤처기업의 성공사업계획서'(2001) '이노비즈마케팅'(2003, 북코리아)

박준봉(朴準奉) PARK Joon Bong (姿炫)

[생]1954·10·15 [본]밀양(密陽) [출]경북 [주]서울 강동구 동남로892 강동경희대학교병원 치과병원 치주과(02-440-6201) [학]1971년 대륜고졸 1977년 경희대 치과대학졸 1980년 同대학원졸 1986년 치의학박사(경희대) [경]1977년 경희대부속 치과병원 치주과 수련의·전문의과정 수료 1980년 육군 59후송병원 치무대 치주과장 1981년 대구국군통합병원 치과부 치주과장 1983~1993년 경북대 치과대학 치의학과 전임강사·조교수·부교수 1983~1993년 同병원 치주과장 1984~1986년 同유전공학연구실 운영위원 1986~1987년 미국 캘리포니아주립대(UCLA) 치과대학 교환교수 1988~1989년 경북대 치과대학 교무과장 1988~1998년 同치과대학 학생과장 1990년 일본 오사카대 치학부 객원연구원 1990년 경북대병원 진료부 차장 1991~1992년 미국 뉴욕주립대(Suny at Buffalo) 치과대학 교환교수 1993년 경희대 치과대학 치주과학교

ㅂ

실 부교수 · 교수(현) 1994년 일본 아사히대 치학부 객원연구원 1996년 경희대부속 치과병원 교학부장 1996년 대한치주연구소 이사(현) 1996~1997년 대한공직치과의사회 재무이사 1997년 대한치주과학회 총무이사 1998년 경희대부속 치과병원 치주과장 2000~2001년 同교육부장 2001년 대한치주과학회 부회장 2005년 강동경희대병원 치과병원 치주과 의사(현) 2006년 경희대부속 동서신의학병원 치과병원장 2007~2009년 대한치주과학회 회장 2009~2014년 경희대 치의학전문대학원장 2009~2014년 同치과대학장 2011~2012년 한국치과대학장 · 치의학전문대학원장협의회 회장 2011~2013년 대한노년치의학회 회장 2013~2014년 전국치주과학교수협의회 회장 2014년 의료지도자협의체 이사 겸 기획위원장(현) 2015년 대한치과의사학회 회장(현) 2015년 외교부 시니어공공외교단 단원(현) [저]'치주과학'(2015) [역]'임상치주임플란트학'(2010) [종]가톨릭

박준서(朴駿緖) PARK Jun Seo

[생]1940 · 4 · 20 [본]반남(潘南) [출]경기 파주 [학]1958년 경복고졸 1962년 서울대 법학과졸 1964년 同사법대학원졸 [경]1962년 고등고시 사법과 합격(15회) 1964년 육군 법무관 1967년 대구지법 · 대전지법 판사 1973~1976년 서울형사지법 · 서울민사지법 판사 1977년 서울고법 판사 직대 1979년 대법원 재판연구관 1980년 청주지법 부장판사 1981년 서울민사지법 부장판사 겸 사법연수원 교수 1984년 대구고법 부장판사 1986년 서울고법 부장판사 1991년 서울지법 동부지원장 1992년 서울고법 수석부장판사 1993년 청주지법원장 1993~1999년 대법관 1999년 법무법인 광장 고문변호사 2009~2013년 서울법원조정센터장 [상]황조근정훈장(1999) [저]'주석 민법' [종]천주교

박준서(朴俊緖) Park, Jun-Suh

[생]1940 · 11 · 2 [본]반남(潘南) [출]서울 [주]서울 서대문구 연세로50 연세대학교 신과대학(02-2123-2898) [학]1959년 경기고졸 1964년 서울대 법과대학 법학과졸 1966년 연세대 신과대학 신학과졸 1969년 미국 예일대 대학원 신학과졸 1978년 신학박사(미국 프린스턴신학교) [경]1968년 미국 코네티컷주 듀람교회 목사 1975년 미국 뉴저지주교회 부목사 1977~2006년 연세대 신과대학 조교수 · 부교수 · 교수 1979년 同기독교문화연구소장 1979~1983년 同신과대학장 1981년 기독교사회사업학회 상임이사 1989년 연세대 기독교문화연구소장 1990~1996년 전국신학대학협의회 총무 1990~1996년 동북아시아신학교협의회 협동총무 1992년 연세대 연합신학대학원장 1994년 同연구처장 1994년 한국구약학회장 1995년 연세대 대학원장 1997년 전국신학대학협의회 회장 1997년 전국대학원장협의회 회장 1998~2000년 연세대 교학부총장 1999~2003년 한국기독교학회 회장 2006년 연세대 신과대학 명예교수(현) 2009~2012년 경인여자대학 총장 2011~2012년 한국 · 이스라엘친선협회(KIFA) 회장 [상]국무총리표창(1999), 한국기독교학회 학술상(2001), 근정포장(2006) [저]'구약개론' '성서와 여성' '성지 이스라엘과 소아시아지역' '성지 순례' '성서와 기독교'(共) [종]기독교

박준선(朴俊宣) PARK Jun Seon

[생]1966 · 6 · 23 [본]밀양(密陽) [출]충남 논산 [주]서울 서초구 서초대로255 고덕빌딩4층 법무법인 홍윤(02-3481-4590) [학]1985년 성동고졸 1989년 서울대 법과대학 사법학과졸 [경]1992년 사법시험 합격(34회) 1994년 사법연수원 수료(24기) 1995년 광주지검 검사 1997년 부산지검 울산지청 검사 1998년 울산지검 검사 1999년 서울지검 검사 2002년 호주 시드니법대 객원연구원 2002년 법무부 국제법무과 검사 2005년 법무법인 홍윤 대표변호사(현) 2005년 대한변호사협회 이사 · 인권위원 2005년 대통령직속 진실과화해를위한과거사정리위원회 위원 2007년 제17대 대통령직인수위원회 법무행정분과위원회 자문위원 2008년 제18대 국회의원(용인 기흥, 한나라당 · 새누리당) 2008~2009년 한나라당 원내부대표, (사)한국장애인연맹(한국DPI) 이사, 세계한민족공동체재단 부총재, 한민족미래지도자연대 중앙회장, 단국대 정치외교학과 겸임교수, 국민성공실천연합 공동대표, 한나라당 인권위원 2009년 同일자리만들기나누기지키기특별위원회 위원 2010~2012년 국회 법제사법위원회 위원 2010년 한나라당 공천제도개혁특별위원회 대변인, 同법제사법정책조정위원회 부위원장 2011년 국회 정치개혁특별위원회 위원 2011년 한나라당 헌법개정특별위원회 위원 2011~2012년 同경기도당 윤리위원장 2016년 새누리당 서울동대문乙당원협의회 운영위원장(현) 2016년 제20대 국회의원선거 출마(서울 동대문구乙, 새누리당) [상]전국지역신문협회 의정대상(2009), 국정감사 우수국회의원상(2009) [저]'사랑하는 딸들에게 건네주는 아빠의 세상'

박준성(朴埈成) PARK Joon Sung

[생]1954 · 4 · 25 [본]밀양(密陽) [출]경북 군위 [주]세종특별자치시 한누리대로422 중앙노동위원회(044-202-8201) [학]1971년 경북고졸 1977년 영남대 경영학과졸 1979년 서울대 대학원 경영학과졸 1988년 경영학박사(서울대) [경]1977~1979년 한국행동과학연구소 연구원 1982~1983년 한국방송통신대 경영학과 조교 1983~1984년 관동대 경영학과 전임강사 1984~1993년 성신여대 경영학과 조교수 · 부교수 1988년 同경영학과장 1993년 일본 一橋大 객원연구원 1994~2016년 성신여대 경영학과 교수 1994~2003년 同경영연구소장 1999년 同전산원장 2000~2007년 디지털엠지티(주) 대표이사 겸임 2001년 노사정위원회 비정규직근로자대책특별위원회 위원 2003~2005년 성신여대 인력대학원장 2003~2006년 서울지방노동위원회 공익위원 2005년 한국인사조직학회 회장 2008년 한국노사관계학회 회장 2010~2011년 노동부 최저임금위원회 위원 2010년 경제사회발전노사정위원회 중소기업고용개선위원장 2010년 同노사문화선진화위원회 위원장 2011~2016년 고용노동부 최저임금위원회 제8 · 9 · 10대 위원장 2016년 중앙노동위원회 위원장(장관급)(현) [상]황조근정훈장(2012) [저]'임금체계 개선사례'(1992) '경쟁력강화를 위한 신인사관리'(1992) '경영학연습' '인재육성형 신인사제도'(1995) '일본적 인사노무관리의 비밀'(1995) '인터랙티브 인사평가시스템' '21세기형 인적자원관리'(2000) '인사평가시스템'(2004, 명경사) '임금관리 이론과 실제'(2004, 명경사) '임금체계'(2015, 명경사) [역]'직능자격제도 매뉴얼'(2000) '성과평가시스템' '연봉제'(2000)

박준성(朴俊性) PARK June Sung

[생]1954 · 11 · 10 [본]상주(尙州) [출]서울 [주]대전 유성구 대학로291 한국과학기술원 산업공학과(042-350-3139) [학]1973년 경기고졸 1979년 서울대 경영학과졸 1983년 同대학원 경영학과졸 1988년 전산학 · 시스템공학박사(미국 오하이오주립대) [경]1978~1983년 한국개발금융 기획담당 · 국제경제연구원 · 한국산업기술경제연구원 근무 1981~1983년 현대엔지니어링 고문 1984~1987년 미국 오하이오주립대 전산센터 근무 1987~1989년 미국 루이지애나주립대 조교수 1989~2000년 미국 아이오와대 경영대 부교수(종신교수) 1993년 미국 Telecommunication Systems · Information Technology and Management 학술지 편집인(현) 1994년 미국 Marquis 'Who's Who in Science and Engineering' · 'Who's Who in the Media and Communications' 인명사전에 등재 1995~2000년 미국 오하이오주립대 · 한국과학기술원 · 포항공과대 · 중국 청화대 초청교수 1995~2015년 기획예산처 · 국방부 · 산업통상자원부 · 정보통신부 · 지식경제부 · 미래창조과학부 · 한국전산원 · 한국통신 · 현대정보기술 · 삼성생명 · 삼성전자 · LG전자 · 미국 Unisys · Rockwell Collins · HON Industries · Microsoft · HP Software 등 정보기술자문 1998~2000년 미국 OR/경영과학학회(INFORMS)산하 통신시스템연구회장 2001년 삼성SDS 첨단SW공학센터장 2002~2005년 同기술지원본부장(상무이사) 2006~2009년 同생산성혁신본부장(전무이사 · CTO · CKO) 2009년 한국정보과학회 부회장 2009년 한국소프트웨어기술진흥협회 부회장(현) 2009년 한국공개소프트웨어추진협의회 운영위원 2009년 공공부문클라우드컴퓨팅추진협의회 운영위원 2010년 한국과학기술원 산업 및 시스템공학과 S급 초빙교수 및 전산학과 겸임교수(현) 2010년 지식경제부 IT정책자문위원 2010년 同WBS과제기획위원 2010년 한국SW기술훈련원 원장(현) 2011년 지식경제부 산업원천기술로드맵 지식서비스분과위원장 2012년 同클라우드산업포럼 도입확산분과 위원장 2013년 한국과학기술원 · 미래창조과학부 스마트모바일클라우드릿연구프로그램 총괄책임자(현) 2013년 미래창조과학부 클라우드지원센터 자문위원장 2013년 국제SW방법론및이론협회(SEMAT) 회장(현) 2014년 산업통상자원부 시험인증전략기획단 2014년 행정자치부 전자정부민관협력포럼 클라우드분과 위원장(현) 2015년 OMG Essence 국제표준TF 위원장(현) 2015년 산업통상자원부 자체평가위원(현) 2015년 국방부 IT자문위원(현) 2016년 미래창조과학부 글로벌SaaS육성프로젝트(GSIP) 기획위원장(현) [상]서울대 총동창회장상(1979), SW산업유공자 국무총리표창(2004), 한국SW산업협회 한국소프트웨어기술인대상(2006), 한국정보과학회 기술상(2008), 한국IT서비스학회 IT학술연구상(2012) [종]기독교

박준수(朴準秀) Park Jun-Soo

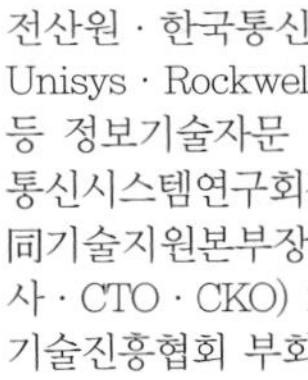

[생]1959 · 1 · 15 [본]밀양(密陽) [출]전남 영광 [주]전남 무안군 무안읍 무안로530 무안군청 부군수실(061-450-5205) [학]1977년 영광종합고졸 1996년 한국방송통신대 행정학과졸 [경]1978~1985년 여수시 근무 1985~1993년 영광군 근무 1993~2004년 전남도 근무 2004년 영광군 불갑면장 2005년 同주민자치과장 2006년 전남도 행복마을과 균형발전담당 2007년 지방행정연수원 중견리더과정 교육 2008년 전남도 인력관리과 인사 · 조직 · 고시담당 2011년 同세

무회계과 세정담당 2012년 同인력관리과장 2014년 同안전행정국 총무과장 2015년 지방행정연수원 교육파견 2016년 전남 무안군 부군수(현) ❸국무총리표창(2000), 대통령표창(2009), 근정포장(2013)

박준수(朴俊洙) PARK Jun Soo

❸1960 · 2 · 21 ❷순천(順天) ❸광주 ❸광주 남구 천변좌로338번길16 광주매일신문 기획관리실(062-650-2004) ❸1979년 검정고시 합격 1987년 전남대 경제학과졸 1991년 同경영대학원졸 2012년 경영학박사(전남대) ❸1988년 무등일보 편집부 기자 1991~1995년 광주매일 편집부 · 경제부 · 편집부 기자 1995년 同문화부 차장대우 1996년 同체육부 차장대우 1998년 同경제부 차장대우 1998년 同사회부 차장대우 · 차장, 광주매일신문 경제부 부국장대우 2008년 同경제부 부국장 2009년 同편집부 부국장 겸 정치부장 2010년 同편집국 부국장 겸 정경부장 2011년 同편집국장 2013년 同미디어사업국장 2014년 同경영사업국장(이사) 2015년 同경영사업본부장(이사) 2015년 同기획관리실장(이사)(현) ❸광주광역시장표창(2008), 교육과학기술부장관표창(2008) ❸시집 '길은 맨처음 간자의 것이다'(2001) '어머니의 강물'(2003) '노천카페에서'(2007) '지방도 잘 살 수 있다-녹색성장시대 광주전남이 가야 할 길'(2009, 시와 사람) '지역의 미래, 브랜드에 달렸다'(2010, 광주선비전) '추억의 피아노'(2012) ❸기독교

박준숙(朴俊淑 · 女) PARK Jun Sook

❸1956 · 11 · 29 ❷밀양(密陽) ❸대전 중구 계룡로771번길77 을지대학교 의과대학 산부인과학교실(042-259-1107) ❸1981년 한양대 의과대학졸 1986년 同대학원졸 1998년 의학박사(일본 도호대) ❸1986~1988년 을지대학병원 산부인과 과장 1997년 同산부인과 부장 1997~2000년 을지대 의과대학 산부인과학교실 부교수 1997~2004년 同모자보건센터 소장 1999~2001년 同의과대학 부학장 2001년 同의과대학 산부인과학교실 교수(현) 2001~2002년 同부총장 2008~2010년 을지대학병원 원장 2010~2013년 을지의료원 원장 2011년 을지대 의무부총장 ❸기독교

박준양(朴駿陽) PARK Joon Yang

❸1931 · 1 · 5 ❷반남(潘南) ❸경북 선산 ❸1949년 경남고졸 1953년 서울대 법과대학졸 1957년 同대학원 수료 ❸1953년 사법시험 합격(5회) 1956년 전주지검 검사 1957년 육군 법무관 1960년 전주지검 남원지청 검사 1962년 서울지검 검사 1965년 대전지검 천안지청장 1967년 대전지검 부장검사 1969년 서울고검 검사 1971년 서울지검 부장검사 1974년 춘천지검 차장검사 1976년 대구지검 차장검사 1977년 법무부 송무담당관 겸 대검찰청 검사 1979년 대검찰청 공안부장 1980년 대구지검장 1981년 대구고검장 1982~1984년 감사원 감사위원 1984년 변호사 개업 1995~2007년 법무법인 동화 변호사 2007~2015년 법무법인 태청 고문변호사 ❸황조근정훈장 ❸불교

박준영(朴晙瑩) PARK Joon Yung

❸1946 · 10 · 21 ❷밀양(密陽) ❸전남 영암 ❸서울 영등포구 의사당대로1 국회 의원회관329호(02-784-9501) ❸1965년 인창고졸 1973년 성균관대 정치학과졸 1985년 미국 오하이오주립대 대학원 신문학과졸 1997년 정치학박사(성균관대) 2005년 명예 경제학박사(여수대) 2006년 명예 농학박사(전남대) ❸1972~1980년 중앙일보 사회부 기자 1980년 신군부에 의해 강제 해직(광주민주화운동시 제작거부 주도) 1981년 (주)대우 기획조정실 부장 1987년 복직 1987년 중앙일보 외신부 차장 1989년 同뉴욕특파원 1993년 同사회부 부장대우 1993년 同통일부장 1994년 同정치2부장 1995년 同편집국 사회담당 부국장 1996년 同시사월간「WIN誌 주간 1998년 대통령 국내언론비서관 1999년 대통령 공보수석비서관 2001~2002년 국정홍보처장 2003년 동국대 신문방송학과 겸임교수 2004 · 2006 · 2010~2014년 전남도지사(새천년민주당 · 민주당 · 통합민주당 · 민주당 · 새정치민주연합) 2008년 전국시도지사협의회 부회장 2011~2012년 同회장 2016년 제20대 국회의원(전남 영암군 · 무안군 · 신안군, 국민의당)(현) 2016년 국민의당 전남영암군 · 무안군 · 신안군지역위원회 위원장(현) 2016년 국회 기획재정위원회 위원(현) ❸중앙일보 특종상 · 노력상, 이탈리아정부 수교훈장(2000), 프랑스정부 수교훈장(2000), 황조근정훈장(2003), 대한민국무궁화대상 행정부문(2009), 자랑스런 성균인상(2009), 5 · 18민주유공자단체통합추진위원회 감사패(2010), 한 · 중우호공헌상(2010), 인물대상 행정부문(2010), 대한민국 경제리더대상 미래경영부문(2011), 한국의영향력있는CEO 미래경영부문(2013), 국민훈장 모란장(2013) ❸'평화의 길' '전라도 사랑' ❸불교

박준영(朴駿榮) Joon Young Park

❸1960 · 1 · 17 ❸서울 ❸서울 중구 필동로1길30 동국대학교 공과대학 산업시스템공학과(02-2260-3714) ❸1982년 한양대 산업공학과졸 1984년 미국 미네소타대 대학원 산업공학과졸 1991년 공학박사(미국 미시간대) ❸1992~1995년 한성대 공과대학 산업공학과 전임강사 · 조교수 1991년 대한산업공학회 종신회원 1995년 동국대 공과대학 산업공학과 조교수 · 부교수 2001년 同공과대학 산업시스템공학과 교수(현), (주)대륙제관 비상근감사 2003~2004년 대한산업공학회 총무이사 2005~2006년 同감사 2006~2007년 한국CAD · CAM학회 편집이사 2008년 同부회장 2010년 同감사(현) 2015년 동국대 정보관리처장 2015년 同정보처장(현) 2016년 한국캐드캠학회 회장(현) ❸대한상공회의소 공로패(2004), 대한상공회의소 감사패(2005), 동국대 명강의상(2007) ❸'제품모델 정보 교환을 위한 국제 표준'(1996) '기계공작법 및 제조공학'(2000) '보고서 작성 및 프리젠테이션기법'(2003)

박준용(朴賰瑢) PARK Jun Yong (厚敏)

❸1965 · 1 · 1 ❷밀양(密陽) ❸울산 ❸부산 연제구 법원로31 부산고등법원 형사1부(051-590-1079) ❸1983년 울산 학성고졸 1987년 서울대 법학과졸 1989년 同대학원 법학과졸 ❸1991년 사법시험 합격(33회) 1994년 사법연수원 수료(23기) 1994년 부산지법 판사 1996년 同동부지원 판사 1998년 울산지법 판사 2002년 일본 히토쯔바시대 연수 2004년 부산고법 판사 2007년 부산지법 판사 2009년 同부장판사 2011년 부산고법 판사(현)

박준우(朴晙雨) Park Joon-woo

❸1953 · 5 · 7 ❷반남(潘南) ❸경기 화성 ❸경기 성남시 수정구 대왕판교로851번길20 세종재단 이사장실(031-750-7500) ❸1971년 중동고졸 1976년 서울대 법학과졸 1978년 同대학원졸 ❸1978년 외무고시 합격(12회) 1978년 외무부 입부 1984년 駐미국 2등서기관 1987년 대통령비서실 행정관 1990년 일본 慶應大 방문연구원 1992년 駐핀란드 참사관 1994년 駐일본 정무과장 1996년 대통령 외교안보수석비서관실 국장 1997년 외무부 동북아2과장 1999년 駐중국 공사참사관 2002년 외교통상부 아시아태평양국 제2심의관 2003년 同아시아태평양국 제1심의관 2004년 同아시아 · 태평양국장 2005년 同장관 특별보좌관 2006년 駐싱가포르 대사 2006년 외교통상부 기획관리실장 2008년 同기획조정실장 2008년 駐벨기에 · 구주연합(EU) 대사 2011년 외교통상부 본부대사 2011년 미국 스탠퍼드대 초빙교수 2012년 연세대 객원교수 2013~2014년 대통령 정무수석비서관 2015년 세종재단 이사장(현) ❸벨기에 대십자훈장(2011), 황조근정훈장(2011)

박준원(朴準遠) PARK Joon Won

❸1957 · 1 · 8 ❸경북 포항시 남구 청암로77 포항공과대학교 화학과(054-279-2119) ❸1979년 서강대 이학과졸 1981년 한국과학기술원 이학과졸(석사) 1988년 이학박사(미국 California Institute of Technology) ❸1981~1984년 럭키중앙연구소 연구원 · 선임연구원 1984~1988년 California Institute of Technology 연구조교 · 교육조교 1988~1990년 미국 Northwestern Univ. 박사 후 연구원 1990년 포항공대 화학과 교수(현) 1998~1999년 미국 Massachusetts Institute of Technology(MIT) 방문학자 2001~2009년 포항공대 바이오나노텍연구센터장 2006~2008년 기술지주회사 (주)엔에스비포스텍 CEO 2008년 NSB POSTECH 대표이사(현) 2009년 Nanogea, Inc.(California C Corp.) Head of Science Adivisors(현) 2011년 (주)LG화학 기술고문 2011년 포항공대 BK21사업단장 겸 BK21plus사업단장(현) 2011년 포스텍 · 가톨릭대 의생명공학연구원 부원장(현) 2012년 대한화학회 이사 2012년 同무기화학분과 회장 2012년 포스텍 이학장(현) 2012~2013년 가톨릭대 암연구소 자문위원 2012년 대한나노의학회 감사(현) 2013년 한국바이오칩학회 고문(현) 2013년 삼성미래기술육성센터 소재부문분과 위원장(현) 2014년 대한화학회 국제협력위원장(현) ❸서강대학교 관구장상(1979), 밝은 빛 이용 우수연구논문(1999), 대한화학회 무기화학분과 우수연구상(2001), 대한민국특허기술대전 국무총리표창(2002), 나노코리아 2007연구혁신분야 조직위원상(2007), 자랑스러운 포스테키안상 봉사부문(2007), 나노코리아 2008공로분야 조직위원장상(2008), 특허청장표창(2009), 대한화학회 학술상(2015) ❸'무기화합물 명명법'(共)

ㅂ

박준일(朴俊一) Park Jun-ill

[생]1956·4·1 [출]전남 고흥 [주]광주 서구 운천로89 CBS 광주방송본부 보도국(062-376-8700) [학]순천대졸, 전남대 대학원졸, 광주대 언론대학원졸 [경]1987년 CBS(기독교방송) 광주방송 보도부 기자 1997년 同광주방송 보도국 차장 2000년 同광주방송 보도제작국장 직대 2001년 同광주방송 보도제작국장 2003년 同전남방송 보도제작국장 2004년 同울산방송 보도제작국 취재팀장 2005년 同광주방송 보도제작국장 2007년 同광주방송 보도제작국 선임기자 2008년 同광주방송본부장 2008~2011년 (재)빛고을결식학생후원재단 이사 2008~2011 (사)한국인권교육원 이사 2010년 CBS 미디어본부 보도국 대기자 2012년 同광주방송본부 보도국 대기자 2014년 同광주방송본부 보도국 선임기자(현) [상]한국방송협회 올해의 한국방송대상(3회), 한국방송기자클럽 올해의 보도기자상(3회), 한국기자협회 이달의 기자상(4회), 일경언론문화재단 제9회 올해의 일경언론상 등 다수 [저]'진실은 스스로 말하지 않는다'(2006, 인물과 사상사)

박준철(朴準哲) Park, jun-cheol

[생]1960·4·14 [본]밀양(密陽) [출]경북 의성 [주]충남 천안시 서북구 성환읍 신방1길 114 국립축산과학원 양돈과(041-580-3440) [학]1979년 안계고졸 1986년 영남대 축산학과졸 1996년 강원대 대학원 축산학과졸 2003년 축산학박사(충남대) [경]1986년 경북 의성군 농촌지도소 농촌지도사 1992년 농촌진흥청 축산과학원 축산자원개발부 축산연구사 2007년 同축산과학원 축산자원개발부 농업연구관 2013년 同축산과학원 축산자원개발부 양돈과장(현) [저]'한국돼지 사양표준'(2012, 국립축산과학원) '돼지기르기'(2013, 농촌진흥청) '돼지 생산성향상(MSY) 사육기술'(2015, 국립축산과학원)

박준택(朴焌宅) PARK Joon Taik

[생]1949·10·26 [출]경북 상주 [주]경기 성남시 분당구 돌마로42 한국과학기술한림원(031-726-7909) [학]1968년 대광고졸 1972년 서울대 문리대 화학과졸 1975년 한국과학원 대학원 화학과졸 1981년 미국 Univ. of Illinois at Urbana-Champaign 대학원 화학과졸 1983년 화학박사(미국 Univ. of Illinois at Urbana-Champaign) [경]1975년 국방과학연구소 연구원 1975~1978년 한국과학기술원 초대동창회장 1976년 대한화학회 종신회원(현) 1983~1984년 미국 Du Pont중앙연구소 연구원 1983년 미국화학회 정회원(현) 1984~1986년 국방과학연구소 선임연구원 1986~1993년 한국과학기술원 화학과 조교수·부교수 1987·1994·1998년 同화학과장 1988년 同학생처장 1992년 일본 분자과학연구소 교환교수 1993년 한국과학기술원(KAIST) 화학과 교수 1994년 미국 일리노이대 교환교수 1999~2000년 한국과학기술원 BK21분자과학사업단장 2000~2005년 국가지정연구실(NRL) 단장 2001년 대한화학회 부회장 2001년 同무기분과회 회장 2002년 한국과학기술한림원 정회원(현) 2003~2004년 한국과학기술원 교수협의회장 2008~2013년 한국기초과학지원연구원 원장 [상]대한화학회 공로상(1991), 대한화학회 우수연구상(1995), 한국과학기술원 학술상(2003), 한국과학기술단체총연합회 과학기술우수논문상(2003), 과학기술부 이달(9월)의 과학기술자상(2004), 대한화학회 학술상(2005) [작]'금속 및 금속 산화물 나노물질 합성 및 특성연구' '태양 및 연료전지 연구'

박준하(朴俊夏) Park, Junha

[생]1961·2·20 [출]경북 상주 [주]서울 종로구 세종대로 209 행정자치부 정책기획관실(02-2100-3210) [학]1980년 수원농림고졸 1984년 건국대 사료학과졸 [경]2000년 행정자치부 행정능률과 서기관 2004년 중앙인사위원회 성과후생국 성과기획과장 2006년 同정책홍보관리관실 혁신인사기획관 2007~2008년 同정책홍보관리실 혁신인사기획관(부이사관) 2009년 행정안전부 인력개발기획과장 2012년 同국가기록원 대통령기록관장 2013년 안전행정부 국가기록원 대통령기록관장 2013년 인천시 기획관리실장 2014년 同기획조정실장 2015년 교육 파견 2016년 대통령소속 국민대통합위원회 기획정책국장(고위공무원) 2016년 행정자치부 정책기획관(현)

박준현(朴埈賢) PARK Joon Hyun (芝峰)

[생]1944·3·19 [본]함양(咸陽) [출]일본 오사카 [주]경북 경주시 원화로389 미림빌딩5층 경북신문(054-748-7901) [학]고려대 대학원 경영학과졸 [경]매일신문 편집국 부국장, 同국장대우, 同동부본부장(국장급), 同편집위원, (사)경주지역발전협의회 부회장 2005년 고려대교우회 포항시지부 운영위원(현), 同경주시지부 산악회장 2009년 경북일보 부사장 2013년 (사)경주지역발전협의회 회장(현) 2013년 경도일보 대표이사 2014년 경북신문 대표이사 사장(현) [상]내무부장관 감사장, 행정자치부장관 감사장, 문화관광부장관 감사장, 대통령표창, 경주시 문화상 [종]천주교

박준현(朴焌鉉) PARK Chun Hyeon

[생]1953·6·11 [출]인천 [주]서울 서초구 서초대로74길4 삼성생명서초타워 삼성경제연구소(02-3780-8100) [학]1971년 인천 제물포고졸 1975년 서울대 법학과졸 1977년 同대학원졸 [경]1979년 삼성생명보험(주) 입사 1988년 同부장 1995년 同이사보 1997년 同재무기획팀 담당이사 2000년 同상무이사 2002년 同전무이사 2004년 同기획관리실장(부사장) 2008~2011년 삼성증권 대표이사 사장 2011년 삼성자산운용 대표이사 사장 2012년 삼성경제연구소 금융산업담당 사장, 同상담역(현) 2013년 인천중·제물포고총동창회 회장(현) [상]제11회 매경증권인상 금상(2008), 조선일보 광고대상 최우수마케팅상(2010) [종]불교

박준형(朴埈亨) PARK Joon Hyung (懸谷)

[생]1936·10·3 [본]밀양(密陽) [출]경북 경산 [주]서울 송파구 백제고분로362 신라에스지(주) 비서실(02-417-7575) [학]1957년 경북고졸 1963년 동국대 경제학과졸 1996년 명예 경제학박사(동국대) [경]1963~1967년 명화직물 대표이사 1967년 신라교역 대표이사 회장(현) 1978년 신라문화장학재단 이사장(현) 1991년 서울상공회의소 상임의원 1991~1995년 전국경제인연합회 이사 1992~1994년 한국원양어업협회 회장 1995년 駐韓콩고공화국 명예영사, 신라수산(주) 회장 2010년 신라에스지(주) 회장(현) [상]대통령표창, 은탑·금탑산업훈장, 자랑스러운 동국인상(2008), 한국경영학회 올해의 기업가상, 제1회 국제거래신용대상, 인사관리학회 경영자대상(2013) [저]'한국경제의 새로운 도약을 위하여' [종]불교

박준호(朴俊鎬) PARK Joon Ho

[생]1949·9·7 [본]밀양(密陽) [출]경기 파주 [주]서울 동작구 상도로369 숭실사이버대학교 경영부동산학부 부동산학과(02-828-5501) [학]서울 한성고졸 1977년 건국대졸 1979년 同행정대학원 부동산학과졸 [경]1981년 서일대·명지대·전주대·한양대·경기대·오산대·경민대·아주대 등 강사 1983~1992년 진로그룹 그룹부동산개발사업본부장 1986~1998년 전국부동산중개업협회 연수교육 강사 1995~2009년 삼성전자(주) 기흥반도체총괄 e-campus 생활경제 대표강사 1995~2013년 (사)대한부동산학회 학술위원 1996~2012년 한국생산성본부(KPC) 부동산전문위원·강사 1998~2000년 同재취업과정 강사 1998~2002년 새마을금고중앙회 임직원부동산직능교육 강사 1998~2006년 공인중개사시험 출제위원·대한공인중개사협회 전임교수 1999년 한국 'NGO황막사(황사를막는사람들)' 대표(현) 2003~2014년 경희대 공공대학원 부동산경공매과정 외래교수 2004~2011년 조선대 경영대학원·대구대 행정대학원 외래강사 2004~2008년 명지대 부동산대학원 R-AMP과정 교수 2007년 서울시 뉴타운투기방지방안연구 책임연구원 2009~2013년 서울교육대 평생교육원 토지최고위과정 주임교수 2009~2012년 충남대 평생교육원 토지최고위과정 주임교수 2009~2010년 서울경제TV 재테크매거진 패널리스트 2009~2013년 (사)한국부동산중개학회 부회장 2010년 라이프TV 부동산패널리스트 2013년 숭실사이버대 경영학부 부동산학과 초빙교수(현) 2013년 부동산경영학회 부회장(현) 2013년 (사)한국부동산경영학회 부회장(현) 2013년 RTN부동산·경제TV 부동산패널리스트(현) 2014년 명지대 부동산대학원 R-AMP부동산자산관리최고위과정 주임교수(현) [상]중국 환경대상(2011, 중화인민공화국: 환경부) [저]'부동산중개업자 교육교본'(1986~1998, 전국부동산중개업협회) '경매·공매이야기'(1993, 한누리미디어) '부동산컨설팅보고서작성요령'(1995, 한누리미디어) '21세기부동산 대예측'(1995, 금탑출판사) '부동산뉴스포커스'(1996, 한누리미디어) '공인중개사 사전교육교재'(1999, 대한공인중개사협회) '전국 도시기본계획 총괄도'(2003, 북스파워) '전국 국토·도시개발계획'(2006, RTN아카데미) '부동산 투자게임'(2006, 부연사) '축(軸) 부동산 대발견'(2007, 부연사) '서울시 뉴타운 투기방지방안 연구'(2007, 서울시) [종]불교

박준희(朴俊熙) PARK Jun Hee

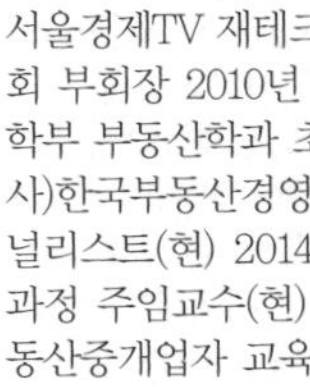

[생]1963·6·27 [본]밀양(密陽) [출]전남 완도 [주]서울 중구 덕수궁길15 서울특별시의회 의원회관714호(02-3783-1581) [학]1989년 경기대 경제학과졸 2001년 동국대 행정대학원 행정학과졸 [경]오산심장사랑협회 부회장, 새정치국민회의 서울관악甲지구당 정책실장, 열린우리당 서울시당 지방자치위원장, 서울 관악구 도시계획심의위원, 이훈평 국회의원 환경정책특별보좌역, 내

외뉴스 환경자문위원, 열린우리당 유기홍 국회의원 환경정책특별보좌역 1998 · 2002년 서울시 관악구의회 의원, 同조례심사소위원회 위원장, 同도시계획심의위원회 위원, 同건축심의위원회 위원 2000~2001년 同총무보사위원장 2004년 同예산결산특별위원회 위원장 2006년 서울시의원선거 출마(열린우리당) 2010년 서울시의회 의원(민주당 · 민주통합당 · 민주당 · 새정치민주연합) 2010 · 2012년 同교통위원회 위원 2010년 同CNG버스안전운행지원특별위원회 위원 2010년 同인권특별위원회 위원 2011~2012년 同예산결산특별위원회 위원장 2011~2012 · 2013년 同윤리특별위원회 위원 2012년 同경전철민간투자사업조속추진지원을위한특별위원회 위원 2012년 同인권도시창조를위한서울특별시의회인권특별위원회 위원 2012년 同지하철9호선및우면산터널등민간투자사업진상규명특별위원회 위원 2013년 同남북교류협력지원특별위원회 위원 2013년 同민간단체지원사업점검특별위원회 위원 2014년 새정치민주연합 중앙당 정책위 부의장 2014년 서울시의회 의원(새정치민주연합 · 더불어민주당)(현) 2014년 同도시계획관리위원회 위원 2014년 同예산결산특별위원회 위원 2015~2016년 同남산케이블카운영사업독점운영 및 인 · 허가특혜의혹규명을위한행정사무조사특별위원회 위원장 2015년 同청년발전특별위원회 위원(현) 2016년 同환경수자원위원회 위원장(현) [종]기독교

박중겸(朴中謙) PARK Jung Gyum

[생]1948 · 7 · 5 [주]충북 청주시 흥덕구 2순환로1262 하나병원 원장실(043-230-6215) [학]전남대 의대졸, 의학박사(연세대) [경]미국 피츠버그의대 신경외과 연수, 한양대 의대 신경외과학교실 전임강사, 청주 한국병원장, 연세대 의대 신경외과학교실 외래교수, 동아대 의대 신경외과학교실 외래교수, 청주 신남궁병원 개설 · 원장, 충북도의사회 부회장, 충북도병원회 회장 1998년 하나병원 원장(현), 同신경외과 전문의, 同노인전문병원장(현), 대한병원협회 이사 2016년 同상임고문(현) [상]청주시민대상(2016)

박중동(朴重東) Park Joong Dong

[생]1955 · 9 · 11 [본]영해(寧海) [출]경북 안동 [주]서울 영등포구 여의대방로67길11 잡지회관4층 (사)한국잡지협회 사무국(02-360-0003) [학]경안고졸, 서울산업대 산업행정학과졸 2013년 동국대 APP최고위과정 수료 [경]1981~1991년 경북도 근무 1992~1999년 문화부 기획관리실 행정관리담당관실 · 중앙도서관 서무과 근무 1999년 한국예술종합학교 교무과 행정사무관 2001년 문화체육부 체육정책과 · 국제체육과 근무 2004년 문화관광부 아시아문화중심도시기획단 서무과 근무 2005년 同미디어국 방송광고과 · 미디어정책과 근무 2010년 문화체육관광부 미디어정책과 서기관 2010~2012년 한국예술종합학교 기획처 대외협력과장 2012년 문화체육관광부 퇴직(부이사관) 2012년 (사)한국잡지협회 사무국장 2014년 同사무총장(현) [상]대통령표창(1995), 녹조근정훈장(2005), 홍조근정훈장(2012)

박중묵(朴重默) Park Jung-muk

[생]1971 · 6 · 7 [본]밀양(密陽) [출]부산 [주]부산 연제구 중앙대로1001 부산광역시의회 의원회관405호(051-888-8090) [학]부산동고졸, 동국대 법정대학 법학과졸, 부산대 행정대학원 행정학과졸 [경]이진복 국회의원 보좌관, 민주평통 자문위원(현), 부산교통공사 민자사업심의위원회 위원, 부산시 도시재정비위원회 위원 2012년 부산시의회 의원(재보선 당선, 새누리당) 2012년 同창조도시교통위원회 위원 2012년 同예산결산특별위원회 위원 2012년 同원전안전특별위원회 위원 2012년 同도시철도시민안전심의위원회 위원 2012년 同교통개선위원회 위원 2014년 부산시 건축심의위원회 위원(현) 2014년 부산시의회 의원(새누리당)(현) 2014년 同교육위원회 위원 2014~2015년 同공기업특별위원회 부위원장 2016년 同교육위원회 위원장(현) [상]부산참여자치시민연대 제1회 좋은 조례상(2013), 대한민국 위민의정대상 우수상(2016)

박중순(朴重淳) PARK Joong Soon

[생]1952 · 1 · 27 [본]밀양(密陽) [출]충남 홍성 [주]경북 포항시 남구 대송면 송덕로18 (주)융진 임원실(054-720-9000) [학]1971년 배재고졸 1978년 인하대 조선학과졸 [경]현대중공업(주) 조선사업본부 지원부문담당 이사 2004년 同조선사업본부 지원부문담당 상무 2006년 同경영지원사업보부 총무담당 전무 2011~2012년 同조선사업본부 군산조선소 소장 2011년 한국경영자총협회 기업안전보건위원장 2011년 환경보호위원회 위원 2013~2014년 현대중공업(주) 조선사업본부 군산조선소 자문역 2014년 (주)융진 사장(현) [상]문화관광부장관표창(2000) [종]가톨릭

박중신(朴重信) Park, Joong Shin

[생]1963 · 6 · 12 [출]서울 [주]서울 종로구 대학로101 서울대병원 산부인과(02-2072-3199) [학]1982년 숭실고졸 1989년 서울대 의대졸 1992년 同대학원 의학석사 1994년 의학박사(서울대) [경]1989~1994년 서울대병원 산부인과 인턴 · 레지던트 1994~1997년 제주의료원 산부인과장 1997~1998년 서울대병원 산부인과 전임의 1998년 서울대 의과대학 산부인과학교실 교수(현) 2002~2003년 미국 하버드의대 산부인과 방문교수 2003~2004년 미국 예일의대 산부인과 방문교수 2004년 대한산부인과초음파학회 총무이사 · 기획위원장 2010년 서울대병원 역량개발실장 2012~2014년 同교육연구부장 2014~2015년 서울대 의과대학 대외협력실장 2015년 대한산부인과초음파학회 회장(현) 2016년 서울대 의과대학 교무부학장 겸 의학대학원 교무부원장(현) [상]대한산부인과학회 학술상(1996), 대한태아의학회 학술상(1999), 일본산부인과학회 국제학술상(2000), 대한주산의학회 학술상(2010)

박중원(朴重遠) PARK Joong Won

[생]1958 · 9 · 28 [본]밀양(密陽) [출]서울 [주]경기 고양시 일산동구 일산로323 국립암센터 연구소 간담췌암연구과(031-920-1605) [학]1977년 한성고졸 1984년 서울대 의대졸 1996년 의학박사(서울대) [경]1985~1989년 서울대병원 인턴 · 내과 레지던트 1989년 육군 군의관(대위) 1992년 서울대병원 소화기내과 전임의 1993~2002년 중앙대 의대 소화기내과 전임강사 · 조교수 · 부교수 1997~1999년 미국 Mayo Clinic 소화기병기초연구소 전임연구원 2002~2009년 국립암센터 연구소 간담췌암연구과 책임연구원 2003년 同부속병원 간암센터장 2006년 同연구소 호발암연구부 간담췌암연구과장 2007년 同연구소 이행성임상제1연구부 간담췌암연구과장 2009년 同연구소 간담췌암연구과 수석연구원(현) 2009~2012년 同연구소 이행성임상제1연구부장 2014년 국제암대학원대 암관리정책학과 겸임교수(현) [상]대한내과학회 최우수논문상(1995), 대한소화기학회 우수논문상(1997), 대한간학회-GSK 학술논문상(2008), 서울대의대 함춘의학상(2008), 보건복지부장관표창(2011)

박중원(朴重源) PARK Jung Won

[생]1964 · 3 · 4 [출]전북 [주]서울 서대문구 연세로50의1 세브란스병원 알레르기내과(02-2228-1961) [학]1982년 경신고졸 1988년 연세대 의대졸 1993년 同대학원 의학석사 1998년 의학박사(연세대) [경]1988~1989년 세브란스병원 인턴 1989~1992년 同내과 전공의 · 전문의 1992~1995년 해군 軍의관 1997년 연세대 의과대학 내과학교실 알레르기내과 전임강사 · 조교수 · 부교수 · 교수(현) 2001~2003년 미국 National Jewish Medical & Research Center 연수 2011년 세브란스병원 알레르기내과장(현) 2015년 연세대 의과대학 알레르기연구소장(현) [상]미래창조과학부 선정 장영실상(2015) [종]기독교

박중윤(朴重潤)

[생]1956 · 9 · 4 [출]전남 [주]서울 마포구 새창로7 남북하나재단 사무총장실(02-3215-5800) [학]1975년 목포고졸 1977년 육군3사관학교졸 1983년 한국외국대 일본어과졸 1988년 국방대학원 안전보장학 석사 [경]2001~2007년 국군정보사령부 820부대장 · 850부대장 · 810부대장 2007~2008년 同제1여단장 2008~2009년 同특수교육단장 2011년 국무총리산하 특수임무수행자보상위원회 심의위원(현) 2012~2013년 국군정보사령부 교육단 교수부 초빙강사 2013년 통일부산하 남북하나재단 사무총장(현) [상]보국훈장 삼일장(1995), 국방부장관표창(3회), 국가정보원장표창

박중현(朴重鉉) PARK Joong Hyun

[생]1955 · 10 · 25 [출]경기 포천 [주]서울 강남구 선릉로514 굿어스(주)(070-7017-4100) [학]포천고졸 1982년 중앙대 수학과졸 1987년 同대학원 전자계산학과졸 [경]1983년 삼성물산 전산팀 근무 1991년 同정보통신팀 근무 1994년 삼성SDS 별정통신사업팀 근무 2000년 유니텔 금융공공BI본부장 2002년 삼성네트웍스 금융사업부장 2003년 同그룹2사업부장(상무보) 2005년 同솔루션사업부장 2006년 同솔루션사업부장(상무) 2007년 同금융공공사업부 상무, 同대외사업부장(상무) 2010년 삼성SDS ICT인프라전략사업부장(상무) 2011년 同자문역, 굿어스(주) 대표이사(현) [종]천주교

ㅂ

박중현(朴重炫) Park, Joong Hyun

[생]1967·2·23 [출]서울 [주]서울 종로구 청계천로1 동아일보 편집국 소비자경제부(02-2020-0114) [학]1985년 충암고졸 1990년 연세대 사학과졸 1994년 同영어영문학과졸 [경]1993년 동아일보 사회부 기자 2000년 同편집국 경제부 기자 2008년 同편집국 경제부 차장 2010년 同편집국 경제부 차장(광고국 파견) 2013년 同편집국 소비자경제부 차장 2013년 채널A 소비자경제부 차장 겸임 2013년 동아일보 편집국 경제부장 2015년 同편집국 소비자경제부장(현) 2015년 채널A 소비자경제부장 겸임(현) [저]'윤리경영이 온다'(2004)

박중화(朴重華) Park Joong Hwa

[생]1961·8·21 [출]서울 [주]서울 중구 덕수궁길15 서울특별시의회 의원회관816호(02-3783-1841) [학]목포과학대 케어복지과졸 [경]서울시 성동구 금호2·3가동 주민자치위원회 위원장, Korea World Acc 대표, 새누리당 서울성동甲당원협의회 부위원장(현) 2014년 서울시의회 의원(새누리당)(현) 2014년 同교통위원회 부위원장 2014~2016년 同싱크홀발생원인조사 및 안전대책특별위원회 위원 2014~2015년 同예산결산특별위원회 위원 2015년 同윤리특별위원회 위원(현) 2015년 同지역균형발전지원특별위원회 위원(현) 2016년 同교통위원회 위원(현) 2016년 同서울시설관리공단이사장후보자인사청문특별위원회 위원 2016년 同서울메트로사장후보자인사청문특별위원회 부위원장(현)

박중환(朴仲煥) Park Joong Whan

[생]1961·1·15 [본]밀양(密陽) [출]전남 순천 [주]전남 나주시 반남면 고분로747 국립나주박물관 관장실(061-330-7840) [학]1987년 전남대 사학과졸 2007년 문학박사(전남대) [경]1991년 국립광주·부여박물관 학예연구사 2002년 국립전주박물관 학예연구관 2004년 국립공주박물관 학예연구관 2008년 국립중앙박물관 역사부 학예연구관 2010년 백제학회 이사(현) 2011년 국립김해박물관 학예연구실장 2013년 국립나주박물관장(현) [상]국립중앙박물관회 학술상 금관상(2009) [저]'금석문으로 백제를 읽다(共)'(2014, 학연문화사)

박중흠(朴重欽) PARK Choong Heum

[생]1954·12·26 [본]밀양(密陽) [출]경남 마산 [주]서울 강동구 상일로6길26 삼성엔지니어링 사장실(02-2053-3403) [학]1974년 중앙고졸 1978년 서울대 조선공학과졸 2013년 명예 공학박사(영국 스트래스클라이드대) [경]1985년 삼성중공업 조선부문 기본설계부 과장 1985년 同조선부문 선박해양연구소 과장 1986년 同조선부문 기본설계부 과장 1989년 同조선부문 기본설계부장 1995년 同기본1설계담당 이사보 1997년 同조선플랜트부문 기본설계팀장(이사) 2000년 同특수선기술영업팀장(상무이사) 2001년 同조선영업1팀장(상무이사) 2003년 同런던지점장(상무이사) 2004년 同런던지점장(전무이사) 2009년 同기술개발실장(부사장) 2013년 同조선소장(부사장) 2013년 삼성엔지니어링 운영총괄 부사장 2013년 同대표이사 사장(현) 2014년 환경재단 이사(현) 2016년 한국공학한림원 정회원(기계공학분과·현) [상]동탑산업훈장(2009), 대한조선학회 기술상(2010), 서울대 공과대학 올해의 발전공로상(2016) [종]불교

박지만(朴志晩) PARK Ji Man

[생]1958·12·15 [출]경북 구미 [주]서울 강남구 언주로 736 EG빌딩5층 (주)EG 회장실(02-3443-0516) [학]1977년 서울 중앙고졸 1980년 육군사관학교졸(37기) [경]1986년 예편(육군 대위) 1989년 삼양산업(주) 부사장 1990~1994년 (재)육영재단 이사 1990년 삼양산업(주) 대표이사 사장 1996년 同대표이사 회장 2000년 (주)EG 회장(현)

박지성(朴智星) PARK Ji Sung

[생]1981·2·25 [출]전남 고흥 [주]경기 수원시 영통구 반정로216 JS파운데이션(031-231-2791) [학]수원공고졸, 명지대 체육학과졸 2011년 同대학원 체육학과졸, 영국 드몽포르대 대학원 스포츠경영학과 재학 중 [경]2000년 시드니올림픽 국가대표 2000~2002년 일본 교토 상가 FC 소속 2001년 컨페더레이션스컵 국가대표 2002년 한·일월드컵 국가대표 2002년 부산아시안게임 국가대표 2002~2005년 네덜란드 PSV 아인트호벤 소속 2005~2012년 영국 맨체스터 유나이티드 소속 2005년 기아자동차 홍보대사 2005년 청소년위원회 홍보대사 2006년 독일월드컵 국가대표 2007년 아시아나항공 명예 홍보대사 2008년 나이키 휴먼레이스 홍보대사 2008년 경기국제보트쇼·세계요트대회 홍보대사 2009년 2022월드컵유치위원회 홍보대사 2009년 선플달기운동 홍보대사 2010년 남아공월드컵 국가대표 2010년 同명예리저브 선정 2010년 서울G20정상회의 홍보대사 2011년 AFC 아시안컵 축구 국가대표 2011년 제주 세계7대자연경관 선정 범국민추진위원회 홍보대사 2011년 JS파운데이션 설립·이사장(현) 2012년 여수세계박람회 홍보대사 2012년 튼튼병원 홍보대사 2012년 낙농자조금관리위원회 우유소비촉진 홍보대사 2012~2014년 영국 퀸즈 파크 레인저스(QPR) FC 소속 2013~2014년 네덜란드 PSV 아인트호벤 임대 2014년 잉글랜드 프리미어리그 맨체스터 유나이티드 앰배서더(홍보대사)(현) 2014년 수원시(2017 FIFA U-20월드컵 수원유치) 홍보대사 2014년 에어아시아 홍보대사 2015년 2019 아랍에미리트(UAE) 아시아축구연맹(AFC) 아시안컵조직위원회 사회공헌위원회 위원(현) 2016년 2017 FIFA U-20월드컵 홍보대사(현) [상]차범근 축구대상(1993), 체육훈장 맹호장(2002), 일본 오사카경제법률대학교표창(2002), 자황컵 체육대상 남자최우수상(2002), 피스컵 국제축구대회 골든볼(2003), 불자대상(2005), 세계경제포럼(WEF)선정 차세대 지도자(2007), 잉글랜드 프리미어리그 우승메달(2007·2008·2009), 슈퍼매거진 슈퍼어워드 아시아선수상(2008), 경기도 스포츠스타상(2009·2010), 대한축구협회 올해의 선수(2010) [저]'멈추지 않는 도전'(2006) '더 큰 나를 위해 나를 버리다'(2010, 중앙북스) '박지성 마이 스토리'(2015, 한스미디어)

박지순(朴志淳) Ji-Soon Park

[생]1967·10·2 [본]순천(順天) [출]충북 청원 [주]서울 성북구 안암로145 고려대학교 법학전문대학원(02-3290-2875) [학]1985년 부산 성도고졸 1989년 고려대 법대졸 1995년 同대학원졸 1997년 同대학원 법학 박사과정 수료 2004년 법학박사(독일 아우크스부르크대) [경]2004~2007년 고려대·경찰대학 강사 2006~2007년 성균관대 BK21법사업단 연구교수 2007년 고려대 법과대학 및 법학전문대학원 교수(현) 2007년 노사정위원회 노동시장선진화위원회 공익위원 2009~2011년 한국고용정보원 비상임이사 2009년 노동부 노동정책자문회의 위원 2009년 서울지방노동위원회 공익위원(현) 2009년 고용노동부 규제심사위원회 위원(현) 2010~2015년 同노동정책자문회의 위원 2010년 同정책평가위원회 위원(현) 2010~2013년 근로복지공단 산재재심사위원회 위원 2011~2015년 同비상임이사 2012년 대통령소속 경제사회발전노사정위원회 자문위원 2012~2014년 한·EU FTA국내자문단 노동부문 자문위원 2013년 안전행정부 지방공기업정책위원회 위원 2015년 건설근로자공제회 비상임이사(현) 2015년 고용노동부 고용보험위원회 위원(현) 2015년 국가인권위원회 정책자문위원(현) 2016년 국무총리정책 자문단위원(현) [저]'기업집단과 노동법(共)'(2007) '사내하도급과 노동법(共)'(2007) '원하청 도급관계에서의 노동법적 쟁점 및 과제'(2007) '합리적 외주화제도 정립방안에 관한 연구'(2008) '4인이하 사업장의 효과적인 퇴직급여제도 적용을 위한 법제화 방안 연구'(2008) '한국의 퇴직급여제도의 법적 성격과 노후소득보장 기능에 관한 연구'(2008) '농업 등 근로기준법상의 업종 분류 등에 관한 연구'(2009) '4인 이하 중소사업장 등에 대한 다수사용자 퇴직연금 플랜 적용방안'(2009) '중소 영세사업장 퇴직연금제도의 합리적 도입 및 운영방안 연구'(2009) '돌봄 노동 등 특수형태근로종사자의 취업경로에 대한 제도적 개선 연구'

박지영(朴智鍈)

[생]1963·9·27 [출]전남 해남 [주]서울 서대문구 통일로97 경찰청 피해자보호담당관실(02-3150-2240) [학]2010년 경찰행정학박사(동국대) [경]1993년 경위 임관(경찰간부후보 41기) 2008~2012년 경기지방경찰청 감찰계장·기획예산계장 2012년 경찰청 교육담당관 2013년 전남 담양경찰서장 2014년 경기지방경찰청 청문감사담당관 2015년 경기 용인동부경찰서장 2016년 경찰청 감사관실 피해자보호담당관(현)

박지영(朴志英·女)

[생]1970·9·3 [출]광주 [주]서울 서초구 반포대로158 서울중앙지방검찰청 총무부(02-530-4305) [학]1989년 광주수피아여고졸 1993년 연세대 법학과졸 [경]1997년 사법시험 합격(39회) 2000년 사법연수원 수료(29기) 2000년 서울지검 검사 2002년 광주지검 순천지청 검사 2004년 인천지검 검사 2006년 법무부 검찰과 검사 2009년 서울동부지검 검사 2011년 법무부 인권정책과 검사 2013년 서울중앙지검 부부장검사 2014년 대검찰청 피해자인권과장 2016년 서울중앙지검 총무부장(현)

박지우(朴贊愚) Park, Ji-woo

[생]1957·1·24 [주]서울 서초구 강남대로327 대륭서초타워 KB캐피탈 비서실(02-3475-3601) [학]1975년 서울고졸 1979년 서강대 외교학과졸 2001년 핀란드 헬싱키경제경영대학원졸(MBA) [경]1983년 KB국민은행 입행 2003년 同룩셈부르크 현지법인장 2005년 同투신상품부장 2008년 同온라인채널본부장 2010~2011년 同신용카드사업그룹 부행장 2011년 KB국민카드 마케팅본부장(부사장) 2013년 同영업본부장(부사장) 2013년 KB국민은행 고객만족본부장(부행장) 2014년 同영업본부장(부행장) 2014년 同은행장 직대 2015년 KB캐피탈 대표이사 사장(현)

박지원(朴智元) PARK Jie Won

[생]1942·6·5 [본]밀양(密陽) [출]전남 진도 [주]서울 영등포구 의사당대로1 국회 의원회관615호(02-784-4177) [학]1960년 목포 문태고졸 1969년 단국대 상학과졸 1994년 한양대 최고경영자과정 수료 1999년 고려대 언론대학원 최고위언론과정 수료(13기) 2009년 명예 법학박사(목포대) 2010년 명예 경제학박사(조선대) 2015년 명예 정치학박사(목포해양대) [경]1970년 럭키금성상사 근무 1972년 동서양행 뉴욕지사장 1975년 데일리팬숀스(주) 대표이사 1980년 미국 뉴욕한인회장 1980년 미주지역한인회 총연합회장 1989년 인권문제연구소 이사장 1991년 민주당 통일국제위원회 부위원장 1992년 제14대 국회의원(전국구, 민주당) 1992~1995년 민주당 대변인 1993년 同당무위원 1995년 새정치국민회의 대변인 1995년 同부천시소사구지구당 위원장 1996년 同기획조정실장 1997년 同총재 언론특보 1998년 김대중 대통령당선자 대변인 1998년 대통령 공보수석비서관 1999~2000년 문화관광부 장관 2001년 대통령 정책기획수석비서관 2002년 대통령 정책특보 2002~2003년 대통령 비서실장 2007년 김대중평화센터 이사장 비서실장 2008년 제18대 국회의원(목포시, 무소속·민주당·민주통합당) 2008년 국회 법제사법위원회 위원 2009~2010년 민주당 정책위 의장 2010~2011년 同원내대표 2010년 同비상대책위원장 2012년 민주통합당 최고위원 2012년 제19대 국회의원(목포시, 민주통합당·민주당·새정치민주연합·더불어민주당·국민의당) 2012년 국회 법제사법위원회 위원 2012년 민주통합당 원내대표 2013년 국회 남북관계발전특별위원회 위원장 2014년 김대중평화센터 부이사장(현) 2014~2016년 국회 정보위원회 위원 2014년 새정치민주연합 비상대책위원회 위원 2015년 同한반도평화안전보장특별위원회 위원장 2015~2016년 더불어민주당 한반도평화안전보장특별위원회 위원장 2016년 제20대 국회의원(목포시, 국민의당)(현) 2016년 국민의당 원내대표(현) 2016년 同목포시지역위원회 위원장(현) 2016년 국회 운영위원회 위원(현) 2016년 국회 법제사법위원회 위원(현) 2016년 국회 정보위원회 위원(현) 2016년 국민의당 비상대책위원회 위원장(현) [상]국민훈장 동백장(1983), 청조근정훈장(2002), 진도군민의상(2005), 백봉신사상 올해의 신사의원 베스트10(2009), 국정감사평가회 우수의원상(2010), 백봉신사상 올해의 신사의원 베스트11(2010·2012), 자랑스런 고려대 언론인상(2014), 경제정의실천시민연합 국정감사 우수의원(2014), 대한민국 유권자대상(2016) [저]'넥타이를 잘 매는 남자' [종]천주교

박지원(朴知原) PARK GEE WON

[생]1965·3·20 [본]밀양(密陽) [출]서울 [주]서울 중구 장충단로275 두산그룹 임원실(02-3398-1081) [학]1984년 경신고졸 1988년 연세대 경영학과졸 1990년 미국 뉴욕대 Stern School of Business졸(MBA) [경]1988년 동양맥주(주) 입사 1992년 McCann-Erickson Hakuhodo(Tokyo) 근무 1992~1993년 同World Wide(New York) 근무 1993~1997년 Doosan America Corporation 근무 1997~1999년 (주)두산상사 이사 1999~2001년 (주)두산 상무 2001~2007년 두산중공업(주) 기획조정실장(부사장) 2007~2012년 同대표이사 사장 2009~2012년 (주)두산 사장(COO) 2012~2016년 同부회장(COO) 2012~2016년 두산중공업(주) 대표이사 부회장 2013년 두산엔진(주) 부회장 2016년 두산그룹 부회장(현) 2016년 두산중공업(주) 대표이사 회장(CEO)(현) [상]대한민국CEO 인재경영부문 대상(2009), 한국CEO 그랑프리 대상(2009), 자랑스런 연세상경인상(2010), 금탑산업훈장(2010) [종]천주교

박지원(朴智遠)

[생]1974·8·21 [출]서울 [주]광주 동구 준법로7의12 광주지방법원(062-239-1114) [학]1993년 구정고졸 1998년 고려대 법학과졸 [경]1998년 사법시험 합격(40회) 2001년 사법연수원 수료(30기) 2001년 軍법무관 2004년 청주지법 판사 2007년 수원지법 판사 2010년 서울서부지법 판사 2012년 서울중앙지법 판사 2015년 서울동부지법 판사 2016년 광주지법 부장판사(현)

박지은(朴銡恩·女) Park Jieun

[생]1983·10·4 [출]경기 부천 [주]서울 성동구 마장로210 한국기원 홍보팀(02-3407-3870) [경]김동엽 7단 문하생 1997년 프로 입단 1999년 2단 승단 1999년 여류명인전 우승 2000년 흥창배·여류명인전 준우승 2001년 3단 승단 2002년 호작배 준우승 2003년 4단 승단 2003년 농심신라면배 한국대표(최초의 여류기사 국가대표) 2003년 정관장배 우승 2004년 5단 승단 2004년 정관장배 세계여자바둑최강전 한국대표 2005년 6단 승단 2007년 대리배 세계여자바둑선수권대회 우승 2007년 7단 승단 2007년 8단 승단 2008년 제1회 원양부동산배 세계여자바둑선수권대회 우승 2008년 9단 승단(현) 2008년 제13기 가그린배 여류국수전 우승 2008년 제1회 세계마인드스포츠게임즈여자개인전 동메달 2009년 2009강릉세계청소년바둑축제 홍보대사 2009년 경기기능성게임페스티벌(KSF2009) 홍보대사 2009년 정관장배 세계여자바둑최강전 한국대표선발 2010년 정관장배 우승(4연승) 2010년 제1회 궁륭산병성배 세계여자바둑대회 초대 챔피언 2010년 지지옥션배 최종전 승리 2011년 정관장배 세계여자바둑최강전·궁륭산병성배 우승 2011년 황룡사가원배 여자단체전 준우승 2012년 여류국수전 준우승 2012년 화정차업배 우승 2014년 국내 여성기사 최초 500승(2무 374패) 달성 [상]여자기사 인기기사상(2004·2005·2006·2007·2008년 5연속 수상), 바둑대상 여자기사상(2007·2008·2009)

박지향(朴枝香·女) Park, Jihang

[생]1953·8·18 [출]서울 [주]서울 관악구 관악로1 서울대학교 서양사학과(02-880-6201) [학]1975년 서울대 서양사학과졸 1978년 同대학원 서양사학과졸 1985년 사학박사(미국 뉴욕주립대) [경]1982~1984년 미국 사회과학연구소 연구원 1982~1983년 영국 런던역사연구소 연구원 1985~1987년 미국 뉴욕프랫(Pratt)대 조교수 1987~1992년 인하대 문과대학 조교수 1992년 서울대 서양사학과 조교수·부교수·교수(현) 1997~1998년 일본 도쿄대 사회과학연구소 객원연구원 1998년 영국 케임브리지대 클레어홀컬리지(Clare Hall College) 객원연구원 2000년 영국사학회 연구이사 2003년 국사편찬위원회 위원 2004년 인문사회연구회 인문정책연구위원 2011~2015년 서울대 중앙도서관장 2013~2014년 대통령소속 인문정신문화특별위원회 역사위원 [상]서울대총동창회 관악대상 영광부문(2015) [저]'영국사-보수와 개혁의 드라마'(1997) '제국주의'(2000) '슬픈 아일랜드'(2002) '일그러진 근대'(2003)

박지홍(朴智弘) PARK Ji Hong

[생]1961·4·27 [본]밀양(密陽) [출]서울 [주]경기 용인시 수지구 죽전로152 단국대학교 예술디자인대학 공연영화학부(031-8005-3112) [학]1989년 미국 빙햄튼 뉴욕주립대 영화학과졸 1991년 미국 School of the Art Institute of Chicago 영화제작과졸 [경]이태리 몬테카티니영화제·일본 야마가타영화제·방콕국제예술영화제·로스앤젤레스 아시아태평양영화제 등 공식초청 1995~1999년 계원조형예술전문대학 전임강사·조교수 1999년 단국대 예술디자인대학 공연영화학부 연극전공 조교수·부교수·교수(현) 2010년 (사)한국디지털영상학회 회장 2015년 단국대 예술디자인대학장(현) [상]제16회 일리노이영화제 최우수작품상 [저]'시각예술로서의 영화'(2005) [역]'시나리오 워크북'(2001) '액팅 원'(2006) [작]'소름'(2001) '예스터데이'(2002) '복수는 나의 것'(2002) '친절한 금자씨'(2005) 등 다수의 영화 예고편 및 뮤직비디오 제작

박지홍(朴志弘) PARK, JI HONG

[생]1971 [출]경남 남해 [주]서울 종로구 청와대로1 대통령 국토교통비서관실(02-770-0011) [학]1989년 부산 동아고졸 2005년 서울대 자원공학과졸 2007년 同대학원 자원공학과졸 2014년 교통경제학박사(영국 사우샘프턴대) [경]2007~2009년 건설교통부(국토해양부) 도로정책과 서기관 2009~2010년 부산지방국토관리청 건설관리실장 2014년 국토교통부 신교통개발과장 2016년 대통령 국토교통비서관실 행정관(현)

박 진(朴 振) PARK Jin (三正)

[생]1956·9·16 [본]여주(驪州) [출]서울 [주]서울 종로구 이화장1길32 (사)건국대통령이승만박사기념사업회(02-741-0815) [학]1974년 경기고졸 1978년 서울대 법대졸 1980년 同대학원졸 1985년 행정학석사(미국 하버드대 케네디스쿨졸) 1993년 정치학박사(영국 옥스퍼드대) 2008년 명예 행정학박사(상명대) [경]1977년 외무부 입부 1980년 해군사관학교 교관 1987년 일본 도쿄대 연구생 1989년 영국 런던대 킹스칼리지 연구원 1990년 영국 뉴캐슬대 정치학 교수 1993년 대통령 공보비서관 1996~1998년 대통령 정무기획비서관 1998

ㅂ

년 연세대 동서문제연구원 연구교수 1998~2001년 김앤장법률사무소 고문 2000년 미국 뉴욕주 변호사 2001년 한나라당 총재 공보특보 2002년 同이회창 대통령후보 공보특보 2002년 同종로지구당 위원장 2002년 제16대 국회의원(서울 종로 보궐선거 당선, 한나라당) 2002년 한나라당 이회창 대통령후보 정책특보(대외협력·공보) 2003년 同대변인 2004년 제17대 국회의원(서울 종로, 한나라당) 2004~2005년 한나라당 국제위원장 2004년 한·영협회(Korea-Britain Society) 회장(현) 2004~2012년 대한장애인농구협회 회장 2006~2007년 한나라당 서울시당 위원장 2007~2008년 同국제위원장 2007년 제17대 대통령직인수위원회 외교통일안보분과위원회 간사 2008년 제18대 국회의원(서울 종로, 한나라당·새누리당) 2008~2012년 대한치어리딩협회 명예회장 2008~2010년 국회 외교통상통일위원장 2008~2012년 국회 아시아문화경제포럼 대표의원 2008~2012년 국회 한·요르단의원친선협회 회장 2010~2012년 국회 지식경제위원회 위원 2010년 서울팝스오케스트라 이사장 2011년 한국외국어대 국제지역대학원 유엔평화학과 석좌교수(현) 2014년 대한민국헌정회 통일문제연구특별위원회 간사(현) 2015년 (사)건국대통령이승만박사기념사업회 회장(현) 2015년 옥스브리지 소사이어티 회장(현) 2015년 (사)아시아미래연구원 이사장(현) 2015년 한국소기업소상공인연합회 상임고문(현) [상]백봉신사상(5회), 대한민국무궁화대상 깨끗한정치인부문(2008), 영국 왕실훈장 '대영제국 지휘관훈장(CBE)'(2013), 영국 옥스퍼드대 우정상(2016) [저]'청와대 비망록' '박진의 북핵리포트' '박진감있는 돌고래 다이어트' '나는 꿈을 노래한다'(2011, 스타북스) [종]기독교

박 진(朴 進) PARK Jin

[생]1964·3·30 [출]서울 [주]세종특별자치시 남세종로 263 한국개발연구원 국제정책대학원(044-550-1027) [학]1987년 서울대 경제학과졸 1991년 경제학박사(미국 펜실베이니아대) [경]미국 펜실베이니아대 조교, 민주평통 자문위원 1992~1998년 한국개발연구원(KDI) 북한경제연구센터 부연구위원 1998~2001년 기획예산처 행정2팀장 2001년 한국개발연구원(KDI) 국제정책대학원 교수(현) 2001년 同기획처장 2003년 同지식협력처장 2005~2007년 대통령직속 정책기획위원 2006년 한국개발연구원(KDI) 갈등조정협상센터 소장 2008~2010년 미래전략연구원 원장 2012년 한국조세연구원 공공기관정책연구센터 소장 2013년 한국조세재정연구원 공공기관정책연구센터 소장 2014년 안민정책포럼 회장(현) 2015년 경찰청 새경찰추진자문위원회 위원 2016년 안민정책연구원 원장(현) [저]'공공갈등관리매뉴얼 : 건설/ 환경 분야 사례(編)(2009, 국무총리실·푸른길) '한반도경제공동체, 그 비전과 전략(共)'(2009, 서울대 출판문화원) '자립형 사립고의 공급 및 수요 예측과 교육재정 절감규모 추정(共)'(2008, 한국교육개발원)

박진경(朴鎭敬) PARK Jin Kyung

[생]1961·6·5 [본]밀양(密陽) [출]광주 [주]강원 강릉시 범일로579번길24 가톨릭관동대학교 관광스포츠대학(033-649-7722) [학]1980년 광주 대동고졸 1984년 전남대 체육교육학과졸 1986년 서울대 대학원 체육교육과졸 1994년 교육학박사(서울대) [경]1992~1994년 서울대·인천대·전북산업대·이화여대 강사 1995~2014년 관동대 스포츠레저학부 조교수·부교수·교수 2001~2002년 문화관광부 정책평가위원 2002년 대한민국체육상 심사위원 2003년 문화관광부 체육정책자문위원·스포츠여가산업실무위원회 실무위원 2003~2007년 국민체육진흥공단 기금지원사업평가심의위원회 위원 2003년 대한체육회 생활체육분과 위원 2004~2007년 同경영평가위원 2005년 문화관광부 규제심의위원 2005년 同한국형스포츠클럽TF 위원 2005년 (사)민족통일체육연구원 이사 2005년 대한체육회 선수자격심의위원 2006~2007년 한국무용학회 편집위원 2006년 문화관광부 체육진흥투표권활용TF 위원 2006년 同정책자문위원 2006년 대한체육회 정보공개심의위원회 부위원장 2007~2008년 한국스포츠사회학회 부회장 2007~2009년 문화관광부 정책평가위원 2007년 同대한민국체육상 심사위원 2007년 교육인적자원부 학교운동부정상화방안TF위원 2011년 관동대 스포츠예술대학장, 同생활체육연수원장 2011년 강원도박중독예방치유센터 운영위원장 2011년 한국야구위원회(KBO) 기념사업분과 위원 2012년 2018평창동계조직위원회 자문위원(현) 2014년 강원도체육학회 회장(현) 2014년 가톨릭관동대 관광스포츠대학 스포츠레저학전공 교수(현) 2014년 同생활체육지도자연수원장 2015년 同유소년스포츠지도사연수원장 2015년 강원도 행복한강원도위원회 부위원장(현) 2015년 KBS강릉방송국 시청자위원장(현) 2015년 국민체력100 강릉체력인증센터장(현) [상]2002 FIFA월드컵 유공자 표창, 대한체육회체육상 우수상(2011) [저]'현대사회와 스포츠'(2002) '스포츠사회학'(2003) '운동으로 자라는 아이'(2003)

박진국(朴鎭國) PARK Jin Gook

[생]1960·11·12 [출]전북 전주 [주]서울 영등포구 여의대로24 FKI타워 (주)LG CNS 금융공공사업본부(02-2099-0800) [학]1979년 전주 신흥고졸 1983년 한양대 수학과졸 1986년 同대학원 통계학과졸 [경]1986년 LG전자(주) 입사 1987년 (주)LG CNS 근무 2003년 同공공영업부문 팀장 2005년 同공공사업본부 통신사업담당 2005년 同공공영업부문 상무 2008년 同u-엔지니어링사업본부 u-엔지니어링1사업부장(상무) 2011년 同공공·SOC사업본부장(전무), 한국정보과학회 이사 2015년 同대외협력회 위원(현), 전자정부포럼 상임위원(현) 2015년 (주)LG CNS 금융공공사업본부장(전무)(현) [상]철탑산업훈장(2014)

박진규(朴眞圭) PARK Jin Kyu

[생]1966·1·26 [본]밀양(密陽) [출]충남 부여 [주]세종특별자치시 한누리대로402 산업통상자원부 무역정책관실(044-203-4011) [학]1985년 대전 대신고졸 1990년 서울대 경제학과졸 1997년 同대학원 정책학과 수료 2000년 영국 버밍엄대 대학원 국제경제학과졸 2004년 경제학박사(영국 버밍엄대) [경]1990년 행정고시 합격(34회) 1991~2003년 산업자원부 해외자원과·통상정책과·지역협력과·투자진흥과·공보관실 행정사무관 2004년 대통령자문 국가균형발전위원회 기획팀 과장 2005년 산업자원부 지역혁신지원담당관 2006년 同구미협력과장 2006년 同구미협력팀장 2007년 駐영국 상무관 2010년 지식경제부 전기위원회 총괄정책과장 2011년 同기획재정담당관(부이사관) 2013년 산업통상자원부 기획조정실 기획재정담당관 2013년 同무역위원회 무역조사실장(고위공무원) 2015년 同통상정책국장 2016년 同무역투자실 무역정책관(현) [종]기독교

박진근(朴振根) PARK Chin Keun (仁谷)

[생]1940·1·2 [출]경기 용인 [주]서울 서대문구 연세로 50 연세대학교 경제학부(02-2123-2465) [학]1958년 경복고졸 1964년 연세대 경제학과졸 1966년 同대학원 경제학과졸 1972년 경제학박사(미국 캘리포니아주립대) [경]1972년 서강대 경제학과 조교수 1973년 KDI 초빙연구원 1974~2005년 연세대 경제학과 교수 1978년 한국국제경제연구원 초빙연구원 1980년 외자도입심의위원회 위원 1980년 국무총리·재무부·국방부 정책자문위원 1980년 한국경제신문 비상임 논설위원 1981년 연세대 산업경영연구소장 1982년 전국경제인연합회 자문위원 1984년 재무부 세제발전심의위원회 위원 1988년 한국동북아경제연구회 부회장 1989년 한국국제경제학회 회장 1991년 한국개발연구원 한국대외경제정책연구원 연구자문위원 1991년 상공부 통상정책자문위원 1991년 금융통화운영위원회 위원 1992년 연세대 상경대학장 1995년 한국동북아경제학회 초대 회장 1996년 한국경제학회 부회장 1997년 同회장 1998년 노사정위원회 금융산업발전대책위원회 위원장 1999년 한국수출보험학회 초대 회장 2001~2004년 연세대 경제대학원장 2003~2004년 同상경대학장 2004년 한국무역보험공사 경영자문심의위원 2005년 연세대 명예교수(현) 2008년 한국외환은행 사외이사 2008년 FTA국내대책위원회 위원장 2009년 한국금융연구원 자문위원 2010~2012년 한국외환은행 선임사외이사 2011~2013년 국무총리산하 경제·인문사회연구회 이사장 [상]옥조근정훈장(2005), 자랑스런 연세상경인상 공로상(2009) [저]'국제경제학'(1975) '미시경제학'(1980) '동구경제론(編)'(1989) '태평양시대의 한일경제협력 : 전망과 대책(共)'(1989) '환율변동의 영향분석과 환율운용방안'(1990) '환율경제학'(1997) '세계경제속의 한국경제 40년'(2000) [종]기독교

박진도(朴珍道) PARK Jin Do

[생]1952·8·5 [출]강원 삼척 [주]서울 서초구 사임당로17길65 예크빌딩3층 (재)지역재단 이사장실(02-588-7731) [학]1970년 서울고졸 1974년 서울대 경제학과졸 1977년 同대학원 경제학과졸 1987년 경제학박사(일본 東京大) [경]1979~2014년 충남대 경제학과 전임강사·조교수·부교수·교수 1993년 미국 하버드대 국제개발연구소 객원연구원 1995년 참여연대 참여사회연구소장 1997년 일본 동경대 객원연구원 1998년 농림부 협동조합개혁위원회 위원 1998년 한국조폐공사 비상임이사 2000년 선거구획정위원회 위원 2003년 대통령자문 정책기획위원, 농어업·농어촌특별대책위원회 위원 2010~2013년 충남발전연구원 원장 2011년 충남도 정책자문위원장 2014년 충남대 명예교수(현) 2014년 (재)지역재단 이사장(현) [저]'한국자본주의와 농업구조' [역]'식량대란' [종]불교

박진두(朴鎭斗) Park Jin Du (흰바위)

[생]1960·5·15 [본]밀양(密陽) [출]전북 진안 [주]전북 전주시 완산구 효자로225 전라북도청 농축수산식품국 농업정책과(063-280-2610) [학]1980년 전주농림고 농업과졸 1999년 전북대 행정대학원 최고관리자과정 수료 2016년 원광디지털대 부동산학과졸 [경]2000년 전북도 보디빌딩협회 재무이사 2004년 진안군 용담면장 2005년 同지역특산과장 2007년 同안천면장 2008년 전북도 농림수산국 농산물수출담당 2009년 同농수산식품국 농업교육복지담당 2010년 同농수산국 친환경농업담당 2012년 同농수산국 친환경유통과장 2013년 전북도농식품인력개발원 원장 2013년 전북도 농업마이스터대학장 2014년 교육 파견(과장급) 2015년 전북도 농축수산식품국 친환경유통과장 2016년 同농축수산식품국 농업정책과장(현) [상]전국서예대회 입선(1974), 농림수산부장관표창(1992), 전북도 모범공무원 선정(1997), 농림부장관표창(1999·2001·2007), 농림수산식품부장관표창(2010), 대통령표창(2011)

박진만(朴珍滿) PARK Jin Man

[생]1965·11·5 [본]밀양(密陽) [출]서울 [주]서울 서초구 반포대로30길82 우서빌딩5층 법무법인 성율(02-534-2114) [학]1984년 경희고졸 1988년 서울대 사법학과졸, 미국 펜실베이니아대 법학전문대학원졸(LL.M.) [경]1989년 사법시험 합격(31회) 1992년 사법연수원 수료(21기) 1992년 서울지검 북부지청 검사 1994년 전주지검 군산지청 검사 1996년 서울지검 검사 1998년 대구지검 검사 2001년 인천지검 검사 2003년 서울지검 서부지청 검사 2003년 대북송금특검 파견 2003년 대검찰청 중앙수사부 파견 2004년 同공적자금비리합동수사반 파견 2004년 서울서부지검 부부장검사 2005년 광주지검 목포지청 부장검사 2006년 대구지검 특수부장 2007년 법무부 감찰관실 검사 2008년 수원지검 특수부장 2009년 서울중앙지검 금융조세조사3부장 2009년 서울서부지검 형사2부장 2010~2011년 서울동부지검 형사1부장 2011년 변호사 개업 2015년 법무법인 성율 변호사(현) [종]불교

박진배(朴珍培) PARK Jin Bae

[생]1954·8·7 [출]서울 [주]서울 서대문구 연세로50 연세대학교 전기전자공학부(02-2123-2773) [학]1977년 연세대 전기공학과졸 1985년 미국 캔자스주립대 대학원 전기 및 컴퓨터공학과졸 1990년 공학박사(미국 캔자스주립대) [경]1979~1981년 대우자동차 특수사업본부 연구원 1985년 미국 캔자스주립대 한국학생회장 1988~1991년 同공대 전기 및 컴퓨터공학과 전임강사·조교수 1992~2001년 연세대 전기공학과 조교수·부교수 1993년 생산기술연구원 전문위원 1993년 교육부 심의위원 1994년 국방부 심의위원 1997년 연세대 전기공학과장 1998년 同창업보육센터장 1998년 同공학원 부원장 2001년 同전기전자공학부 교수(현) 2001~2012년 同자동화기술연구소장 2002년 산업자원부 기획평가위원 2004년 연세대 정보통신처장 2004년 同정보화추진위원장 2005년 同입학관리처장 2006~2008년 同연구처장 겸 산학협력단장 2006년 영문학술지 'International Journal of Control Automation and Systems(SCIE 등재저널)' Editor in Chief(현) 2008년 제어로봇시스템학회 부회장 2009년 연세대 교수평의회 의장 2009년 한국공학한림원 정회원(현) 2012년 한국지식재산연구원 비상임이사 2013년 제어로봇시스템학회 회장 2013~2014년 연세대 윤리경영담당관 2014~2016년 同행정·대외부총장 2014년 同백양로건설사업본부장(현) 2015~2016년 同국제캠퍼스 부총장 2015년 한국지식재산연구원 비상임이사(현) 2015년 서울시 산악연협력포럼 회장(현) [상]육군 참모총장표창(1977), 미국 캔자스주립대 최우수박사학위논문상(1991), 대한전기학회 논문상(1999), 제어자동화시스템공학회 공로상(2003·2004·2005), 연세대 연구업적 우수교수상(2005), 한국퍼지및지능시스템학회 우수논문발표상(2006), 제어자동화시스템공학회 ICASE 학술상(2006), 연세학술상(2006), 연세대 우수강의 교수상(2007), 대한전기학회 학술상(2009), 한국공학한림원 일진상 산학협력증진부문(2016) [저]'디지털제어시스템'(1995) '전기공학개론'(2000) '제어시스템공학'(2002)

박진삼(朴鎭三) Park Jinsam

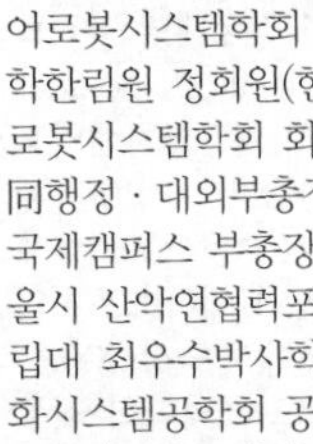

[생]1960·4·1 [주]부산 금정구 공단동로55번길28 DRB동일(주) 대표이사실(051-520-9114) [학]1978년 부산 동성고졸 1986년 부산대 화학과졸 [경]1987년 동일고무벨트(주) 입사 2005~2012년 同면진제진사업팀장 2013년 同생산팀장 2014년 同영업부문장 겸 생산부문장 2015년 同운영이사 2015~2016년 同대표이사 2016년 DRB동일(주) 대표이사(현)

박진선(朴進善) PARK Jin Sun

[생]1950·2·28 [출]서울 [주]서울 중구 충무로2 매일경제신문 별관10층 샘표식품(주) 비서실(02-2279-8619) [학]1968년 경기고졸 1973년 서울대 공대 전자공학과졸 1979년 미국 스탠퍼드대 대학원 전자공학과졸 1988년 철학박사(미국 오하이오주립대) [경]1988년 샘표식품(주) 이사·뉴욕지사장 1990년 同기획이사 1995년 同전무이사 1997년 同대표이사 사장(현) 1998년 한국능률협회 이사 2000년 한국무역협회 이사 2000년 서울상공회의소 상임의원 2000년 한국경영자총협회 이사(현) 2008년 한국중견기업연합회 이사·부회장(현), 양포식품(주) 대표이사 사장(현), 조치원식품(주) 대표이사 사장(현) 2015년 (재)세종문화회관 이사(현) [상]국가환경경영대상, 대통령표창, 기업혁신대상 최우수CEO상(2015)

박진선(朴珍仙)

[생]1960·8·15 [출]전북 군산 [주]전북 전주시 완산구 효자로225 전북도 소방본부 소방행정과(063-280-3840) [학]군산고졸, 전북대 농화학과졸 2006년 同행정대학원 행정학과졸 [경]1990년 소방공무원 임용(소방간부후보생 6기), 김제소방서 방호과장, 정읍소방서 방호과장, 완산소방서 소방과장, 전북도 소방본부 구조구급담당 2008년 同소방안전본부 대응구조과장(소방정) 2010년 무진장소방서장 2012년 전주완산소방서장 2014년 군산소방서장 2016년 전북소방본부 소방행정과장(현)

박진성(朴振成) PARK Jin Sung

[생]1955·11·9 [본]밀양(密陽) [출]서울 [주]세종특별자치시 세종로2511 고려대학교 경상대학 경영학부(044-860-1531) [학]1978년 고려대 경제학과졸 1982년 미국 위스콘신대 대학원 경제학과졸 1996년 경제학박사(미국 조지타운대) [경]1977~1983년 한국은행 조사부 근무 1983년 고려대 경상대학 경영학부 전임강사·조교수·부교수·교수(현) 1991~1995년 同무역학과장 1997~1999년 同국제대학원 겸임교수 2000~2002년 同서창캠퍼스 교학처장 2002~2003년 아시아공과대학원(AIT) 파견교수 2004~2005년 고려대 국제학부 교수 겸임 2005년 산림청 정책평가위원 2005~2007년 관세청 심사행정혁신추진위원 2005년 한국무역전시학회 부회장 2006년 한국국제통상학회 부회장(현) 2007~2009년 고려대 경상대학장 겸 경영정보대학원장 2011~2014년 지역발전위원회 평가자문단 위원 2013~2015년 한국무역전시학회 회장 2015년 同명예회장(현) [상]고려대 석탑강의상(2005·2006·2007) [저]'새로운 공동체를 찾아서'(共) 'Structural Changes and Trade Policy Developments in the Steel Industry : Theory and Evidence'(1996) '한국무역론(共)'(2012, 박영사) '제2판 한국무역론(共)'(2015, 박영사) [역]'Excel 2000과 함께하는 통계데이터 분석'(共) [종]기독교

박진성(朴眞成)

[생]1957·2·28 [주]전남 순천시 중앙로255 순천대학교 총장실(061-750-3000) [학]1976년 순천고졸 1980년 부산대 사범대학 체육교육과졸 1985년 同교육대학원 체육교육과졸 1992년 이학박사(부산대) [경]1988년 서울올림픽대회 본부호텔 VIP 영어통역 1997~2015년 순천대 사회체육학과 교수 2001~2002년 미국 미주리대 컬럼비아교 방문교수 2004~2007년 순천대 학생처 부처장 2004년 KBS 순천방송국 라디오상담실 건강운동상담 방송위원(현) 2005~2006년 순천대 종합인력개발센터장 2006년 전남 순천시 국제심포지움 추진위원 2007년 한국학술진흥재단 번역서 심사위원 2007~2009년 순천대 생활체육연수원장 2008~2015년 전남도체육회 체육진흥자문위원회 위원장 2008년 전남도 정책자문위원회 사회복지위원(현) 2008~2010년 순천대 체육부장 2009~2011년 同인문예술대학장 2009~2014년 한국스포츠심리학회 부회장 2010년 전남도 건강증진사업단 위원(현) 2011년 2012 세계여수박람회 영어통역 자원봉사자 면접위원 2012~2014년 순천대 교수회 의장 2012년 세계여수박람회 영어통역자원봉사자면접위원 2013년 순천시 건강도시 운영위원(현) 2013년 同공직자 윤리위원회 위원(현) 2014년 광주유니버시아드 자원봉사자 영어교육교재 집필위원장 2014~2015년 전남도 체육회 이사 2015년 광주국제대학스포츠연맹(FISU) Conference Expert Researcher(현) 2015년 한국체육교육학회 부회장(현) 2015년 순천대 총장(현), 한국대학교육협의회 대학입학전형위원회 위원(현), 광주전남연구원 발전자문위원(현) [상]문교부장관표창(1989), 순천대 우수학술상(2007), 전남도체육회장표창(2011), 정부포상(2015)

박진수(朴鎭洙) PARK Jin Soo

[생]1952 · 3 · 1 [출]인천 [주]서울 영등포구 여의대로128 LG트윈타워 (주)LG화학 임원실(02-3773-3040) [학]1970년 제물포고졸 1977년 서울대 화학공학과졸 [경]1977년 (주)럭키 프로젝트실 입사 1996년 LG화학 여천 스티렌수지공장장(상무) 1996년 同특수수지사업부장(상무) 2002년 同ABS/PS사업부장(상무) 2003년 현대석유화학 공동대표이사 2005년 LG석유화학 대표이사 2006~2008 · 2012~2014년 한국화학물질관리협회 회장 2008년 LG화학 석유화학사업본부장(사장) 2012년 同대표이사 사장(CEO) 2012~2015년 同석유화학사업본부장 겸임 2013년 同대표이사 부회장(현) 2013년 한국공학한림원 평의회 부의장(현) 2013년 한국석유화학협회 부회장(현) 2016년 (주)팜한농 공동대표이사 겸 이사회 의장(현) [상]금탑산업훈장(2006), 서울대 '올해의 자랑스러운 공대동문'(2015), 다산경영상 전문경영인부문(2015) [종]기독교

박진수(朴鎭洙) Jinsoo PARK

[생]1953 · 10 · 5 [본]순천(順天) [출]전북 고창 [주]부산 영도구 태종로727 한국해양대학교 해사글로벌학부(051-410-4240) [학]1977년 한국해양대 항해학과졸 1990년 동아대 대학원 산업공학과졸 1994년 공학박사(영국 Univ. of Plymouth) [경]1977~1981년 외항상선 승선 근무(3 · 2 · 1등 항해사) 1981~1986년 해운회사 근무(운항부) 1986년 한국해양대 해사글로벌학부 전임강사 · 조교수 · 부교수 · 교수(현) 1995~1996년 同실습선 한바다호 선장 1996~1998년 同해사산업대학원 부원장 1998~2008년 해양수산부 국제기구회의 (IMO) 전문가(항해안전 분야) 2000~2001년 한국해양대 실습과장 2001~2002년 同기획연구처장 2006년 국토해양부 국제항로표지협회 전문가그룹 의장 2008~2010년 한국해양대 해사대학장 2009~2011년 국토해양부 국가물류정책위원회 위원 2014~2015년 (사)한국항해항만학회 회장 2014년 한국해양수산연수원 비상임감사(현) [상]해양수산부장관표창(1997), 한국해양대총장표창(2006), 교육과학기술부장관표창(2009), 2010 Asia Navigation Conference, Best Paper Awards(2010) [저]'해상교통공학'(1998 · 2001 · 2011) '해양교통정책론'(2011) 'IMO표준해사통신영어'(2007 · 2015) '세계의 이목을 집중시킨 해양사고'(2007) [종]가톨릭

박진수(朴鎭秀) Park, Jin Soo

[생]1975 · 9 · 28 [출]대구 [주]경남 통영시 용남면 동달안길67 창원지방법원 통영지원(055-640-8500) [학]1994년 울산 학성고졸 1999년 서울대 법학과졸 2003년 同대학원졸 [경]1998년 사법시험 합격(40회) 2001년 사법연수원 수료(30기) 2001년 軍법무관 2004년 서울남부지법 판사 2006년 서울중앙지법 판사 2008년 창원지법 진주지원 판사 2009년 미국 콜럼비아대 파견 2012년 사법연수원 교수 2014년 서울중앙지법 판사 2016년 창원지법 통영지원 부장판사(현)

박진식(朴振植) PARK Jin Shik

[생]1970 · 4 · 3 [본]밀양(密陽) [주]경기 부천시 소사구 호현로489번길28 부천세종병원(032-340-1208) [학]1995년 서울대 의대졸, 중앙대 대학원졸 2003년 의학박사(중앙대) [경]1995년 서울대병원 수련의 1996~2000년 同내과 전공의 2003년 同순환기내과 전임의 2003년 서울대 의대 응급의학교실 교수 2009년 부천세종병원 심장내과장 겸 전략기획본부장 2013~2016년 同병원장 2014년 同이사장(현) 2015년 대한전문병원협의회 총무위원장(현) 2015년 경기도 메르스대응민관합동의료위원회 위원 [상]경기도지사표창(2015), 대한병원협회장표창(2015)

박진열(朴振悅) PARK Jin Yeul (皓山)

[생]1942 · 2 · 18 [본]밀양(密陽) [출]경남 마산 [주]경남 창원시 성산구 단정로29 라메르빌딩8층 경남도바둑협회(055-263-0660) [학]마산대 법학과 1년 중퇴 [경]1975년 입단 1975년 2단 승단 1975년 경남신문 바둑해설 1977년 3단 승단 1979년 4단 승단 1985년 5단 승단 1995년 6단 승단 1997년 7단 승단 2000~2002년 경남케이블TV 바둑해설위원 2003년 한국기원 경남도바둑협회 지도사범(현) 2004년 8단 승단, 박진열바둑교실 대표 2012년 9단 승단(현)

박진열(朴珍列) PARK Jin Yeol

[생]1953 · 2 · 4 [본]밀양(密陽) [출]경남 고성 [주]서울 서초구 명달로22길8 서덕빌딩3층 환경TV(02-525-8878) [학]1972년 서울 경동고졸 1979년 고려대 중어중문학과졸 1994년 미국 서던캘리포니아대 언론대학원 수료 2000년 연세대 보건대학원 고위정책과정 수료 [경]1978년 한국일보 기자 1994년 同LA특파원 1996년 同기획관리부장 직대 1997년 同사회부장 1999년 同논설위원 1999년 同사장실장 2000년 同기획조정실장 2001년 同편집국 부국장 겸 통일문제연구소장 2002년 同경영전략실장 2002년 同구조조정본부장 2003년 한국아이닷컴 대표이사 사장 2003년 한국일보 편집국장 2004년 同사업본부장(상무) 2004년 同이사 2007~2011년 스포츠한국 대표이사 사장 2011년 한국일보 대표이사 사장 겸 발행인 2011년 同부회장 2013~2014년 同대표이사 사장 겸 발행인 2015년 환경TV 미디어부문 정보관리총괄 사장(CIO)(현) [상]한국기자상, 백상기자대상 금상(2회), 고대언론인교우회 제15회 장한 고대언론인상(2009)

박진영(朴珍永) PARK Jin Young

[생]1961 · 2 · 4 [본]함양(咸陽) [출]전남 목포 [주]서울 송파구 올림픽로289 한라그룹 법무실(02-3434-5222) [학]1979년 서울고졸 1985년 고려대 법학과졸 1988년 同교육대학원졸 [경]1987년 사법시험 합격(29회) 1990년 사법연수원 수료(19기) 1990년 軍법무관 1993년 수원지검 성남지청 검사 1995년 광주지검 순천지청 검사 1997년 서울지검 검사 1999년 제주지검 검사 2002년 부산지검 부부장검사 2003년 광주지검 목포지청 부장검사 2004년 수원지검 안산지청 부장검사 2005년 서울중앙지검 부부장검사 2006년 광주고검 검사 2007년 인천지검 형사2부장 2009년 대구지검 김천지청장 2010~2012년 서울고검 형사부 검사 2010~2011년 형사정책연구원 파견 2012년 한라그룹 법무실 변호사(부사장)(현) [종]가톨릭

박진영(朴秦永) PARK Jin Young

[생]1962 · 2 · 23 [본]밀양(密陽) [출]서울 [주]서울 강남구 선릉로131길8 노벨빌딩 네온정형외과(02-540-3200) [학]1980년 배문고졸 1986년 서울대 의대졸 1994년 同대학원졸 1997년 의학박사(서울대) [경]1986~1987년 서울대병원 인턴 1987~1988년 충북 영동군 용화면 보건지소장 1988~1990년 충북 옥천군 군북면 보건지소장 1990년 서울대병원 전공의 1994~1996년 단국대 의대 정형외과학교실 전임강사 1996년 미국 텍사스대병원 Health Science Center 방문교수 1998년 미국 컬럼비아대 교환교수 2000년 단국대 의대 정형외과 부교수 2000~2002년 제4차 아시아견관절학회 준비위원회 학술위원장 2003년 대한올림픽위원회 의무위원(현) 2003~2004년 The 11th International Congress of the International Musculoskeletal Laser Society · Scientific Committee · Commissioner 2003~2004년 APLAR Scientific Committee · Commissioner 2003년 Journal of Shoulder & Elbow Society Editor in Asia 2005년 의료보험심사평가원 서울지원 비상근위원(현) 2006~2014년 건국대 의학전문대학원 정형외과 교수 2006년 건국대병원 기획관리실장 2006~2008년 서울동부지검 의료자문위원 2006년 대한의학회 건강자료심의위원회 심의위원(현) 2009~2011년 건국대병원 진료부원장 2010~2011년 대한견주관절학회 회장 2010년 'Journal of Shoulder & Elbow' Assistant Editor(현) 2011~2014년 건국대병원 어깨팔꿈치센터장 겸 정형외과장 2011년 한국야구위원회(KBO) 발전위원(현) 2011~2016년 세계견주관절학술대회 조직위원장 2014년 네온정형외과 원장(현) 2016년 세계견-주관절학회 이사회 상임이사(현) [상]대한스포츠의학회 제마스포츠의학상(2008), 대한골절학회 학술상(2008), 대한견주관절학회 학술상(2009), 대한선수트레이너협회 Best MD상(2009), 제45회 대한스포츠의학회 최우수연제상(2014) [저]'어깨가 많이 아프십니까?'(2001) '정형외과의를 위한 해부학'(1996 · 2001 · 2008) 'Sports injury to the Shoulder&Elbow'(2015) '어깨 통증 수술 없이 벗어나라!'(2015)

박진영(朴振榮) PARK Jin Young

[생]1965 · 3 · 9 [본]밀양(密陽) [출]인천 [주]서울 서초구 강남대로447 남서울빌딩8층 인터파크 임원실(02-3479-4231) [학]서울대 지질학과졸 [경]1990~2000년 한국신용평가 근무 2002~2005년 현대카드 근무 2005~2006년 인터파크(주) 여행사업부문 대표(상무보) 2006~2009년 인터파크투어 대표이사 2009~2012년 인터파크INT 투어부문 대표이사 2012년 同투어부문 대표 2012년 인터파크투어 대표이사 사장 2016년 인터파크 대표이사(현) [종]기독교

박진영(女)

[생]1971 · 11 [주]경기 용인시 기흥구 삼성로1 삼성전자(주) DS부문 구매팀(031-209-7114) [학]서울대 인류학과졸 [경]1994년 삼성전자(주) 자재그룹 근무 1997년 同반도체 통합설비구매그룹 근무 2004년 同LCD설비구매그룹 과장 2004년 同반도체설비구매그룹 부장 2015년 同DS부문 구매팀 상무(현)

박진오(朴鎭五) PARK Jin Oh

[생]1959 · 2 · 2 [본]밀양(密陽) [출]강원 평창 [주]서울 중구 세종대로124 프레스센터1310호 강원일보 서울지사(02-733-7228) [학]1978년 춘천고졸 1982년 강원대 행정학과졸 1984년 연세대 대학원 행정학과졸 2011년 강원대 대학원 신문방송학 박사과정 수료 2011년 한국생산성본부 제5기 글로벌CEO아카데미 수료 [경]1987년 강원대학보사 간사 1988년 강원일보 기자 1996년 同정경부 차장대우 1998년 同정치부 차장 1999년 同서울주재 정치부 차장(청와대출입) 2000년 同정치부장 2001년 同제2사회부장 2003년 同서울지사 부국장(취재담당, 청와대출입) 2004년 同취재담당 부국장 2007년 同편집국장 2009년 同서울지사장(이사) 2010년 예맥출판사 대표(현) 2010년 (사)강원도민회 중앙회 이사(현) 2012~2015년 연합뉴스 수용자권익위원회 4 · 5 · 6기 위원 2012년 한국생산성본부인증원 인증정책자문위원 2012년 대통령실 관광진흥분야 정책자문위원 2012년 아세아문예 수필 등단 2014년 강원일보 서울지사장 겸 대외협력본부장(상무)(현) [저]'지방자치와 지방선거' 'B&C 미디어'(2002)

박진오(朴盡五) PARK JIN OH

[생]1971 · 7 · 3 [주]인천 남동구 능허대로649번길123 대봉엘에스(주) 임원실(032-712-8800) [학]1990년 여의도고졸 1993년 연세대 의대졸 2001년 同대학원 의학과졸 [경]2001년 대봉엘에스(주) 입사 2003년 同대표이사(현), 대한화장품산업연구원 이사, 한국의약품수출입협회 이사, 대한화장품협회 감사, 인천뷰티헬스기업협회 부회장, KFDC법제학회 제도기획자문단 단원, 한국제약협회 원료분과위원, 한국의약품수출입협회 원료분과위원

박진오

[주]경기 용인시 처인구 금학로225 용인세브란스병원 원장실(031-331-8888) [학]1989년 연세대 의대졸 1996년 同대학원 의학석사 2000년 의학박사(연세대) [경]1990년 세브란스병원 정형외과 레지던트 1996년 육군사관학교 지구병원 정형외과장 1997년 영동세브란스병원 정형외과 연구강사 2002년 용인세브란스병원 진료부장 2007년 연세대 의과대학 정형외과학교실 교수(현) 2007년 용인세브란스병원 원장(현) 2011년 수원지검 의료자문위원회 부위원장 2011년 용인시노인복지회관 운영위원 2011년 용인시사회복지협의회 이사

박진우(朴珍雨) Park, Jin Woo

[생]1952 · 9 · 18 [출]서울 [주]서울 관악구 관악로1 서울대학교 공과대학 산업공학과(02-880-7179) [학]1974년 서울대 산업공학과졸 1976년 한국과학기술원 산업공학과졸(석사) 1985년 산업공학박사(미국 캘리포니아대 버클리교) [경]1976~1977년 (주)현대인터내셔널 Project Planner 1977~1978년 同사장 보좌역 1979년 同Section Manager 1982~1985년 미국 캘리포니아대 버클리교 연구강사 · 조교수 · 부교수 1985년 서울대 공과대학 산업공학과 교수(현) 2001년 한국경영과학회 부회장 2010~2011년 同회장 2012년 서울대 공과대학 중소기업119 참여교수(현) 2015년 효성ITX(주) 사외이사(현) 2015년 산업통상자원부 스마트공장추진단장(현) 2016년 한국공학한림원 정회원(기술경영정책분과 · 현) 2016년 서울대 산업시스템혁신연구소장(현) [종]기독교

박진우(朴鎭雨) Jinwoo Park

[생]1955 · 7 · 5 [본]반남(潘南) [출]경기 [주]서울 성북구 안암로145 고려대학교 전기전자공학부(02-3290-3225) [학]1979년 고려대 전자공학과졸 1983년 미국 클렘슨대 대학원 전기공학과졸 1987년 공학박사(미국 버지니아주립대) [경]1980~1981년 한국통신기술연구소 연구원 1986~1987년 미국 Fiber and Electro-Optics Research Center VPI&SU연구원 1988~1989년 명지대 전자공학과 전임강사 1989~2013년 고려대 전자공학과 부교수 · 교수 1994~1996년 한국방송개발원 비상위원 1995년 NHK 기술연구소 광무선연구부 연구교수 1996년 한국방송공학회 이사 1998년 한국통신학회 상임이사 2000년 한국표준원 IEC광소자분과 전문위원 2000~2001년 고려대 연구지원실장(처장) 2001년 한국광인터넷포럼 기술분과 위원장 2003~2009년 정보화촉진기금자문평가위원회 기술분과팀장 2004년 광대역연구개발망발전위원회 위원장 2008년 한국통신학회 부회장 2009~2010년 국가정보화추진실무위원회 위원 2009~2011년 국가과학기술위원회 전문위원 2010~2011년 한국통신학회 수석부회장 2010년 국가정보화전략위원회 위원 2011년 한국네트워크산업협회 부회장(현) 2011~2012년 한국통신학회 회장 2012년 한국클라우드산업포럼 의장 2012년 同운영위원장(현) 2013년 고려대 전기전자공학부 교수(현) 2013년 스타트업포럼 운영위원장(현) 2014~2016년 국무총리소속 정보통신전략위원회 민간위원 2014년 고려대 공과대학장 · 공학대학원장 · 기술경영전문대학원장 · 그린스쿨대학원장 겸임(현) [상]한국통신학회 연구우수공로상(1998), 대통령표창(2007) [저]'정보정책론'(1997) '초고속광통신'(1997) [역]'디지털통신공학'(2003)

박진우(朴珍佑) PARK Jin Woo

[생]1956 · 6 · 22 [본]밀양(密陽) [출]경북 경주 [주]경북 영덕군 영해면 원당1길32 사회복지법인 쉼과평화의집(054-733-0835) [학]동국대 법학대학 법학과졸, 연세대 행정대학원 사회복지학과졸, 동국대 일반대학원 법학과 박사과정 중 [경]신용협동조합중앙회 회장(제26대 · 27대), 한동대 이사, MBN(TV) 비상임이사, 경북도체육회 이사, 조달청 정책연구용역심의위원회 위원, 한나라당 제17대 대통령후보 상임특보, 민주평통 상임위원, 여성가족부 정책자문위원 2004년 사회복지법인 '쉼과 평화의집' 대표이사(현) 2010~2016년 한국노인복지중앙회 회장(제18대 · 19대) 2010~2016년 보건복지부 장기요양위원회 위원 2011년 경북도사회복지협의회 회장(제10대 · 11대)(현) 2012년 새누리당 제18대 대통령중앙선거대책위원회 노인복지위원장, 同정책위원회 보건복지위원회 정책자문위원 2012년 국방부 정책자문위원회 인사복지위원 2012년 경북도새마을회 회장(제14대) 2012~2015년 보건복지부 국가치매관리위원회 위원 2013~2015년 同사회보장실무위원회 위원 2013년 새누리당 정책위원회 정무정책자문위원 2014년 금융감독원 금융감독자문위원회 자문위원(현), 경북도사회복지위원회 위원장(현), 경북도행복재단 이사(현), 경북도인사위원회 위원(현), 경북도여성정책위원회 위원(현), 포항의료원 이사(현) [상]경북도지사표창(1981), 치안본부장표창(1982), 대통령표창(1983), 2군사령관표창(1989), 재정경제부장관표창(1998), 한국노인복지중앙회 한국사회복지대상(2012), 제17회 노인의날 국무총리표창(2013), 한국노인복지중앙회 대한민국최우수공공서비스대상(2013), 한국노인복지중앙회 대한민국인권상(2014) [종]기독교

박진우(朴鎭雨) PARK Jin Woo

[생]1957 · 3 · 26 [본]밀양(密陽) [출]서울 [주]서울 동대문구 이문로107 한국외국어대학교 경영대학 경영학부(02-2173-3175) [학]1976년 서울고졸 1981년 한국외국어대 무역학과졸 1983년 서울대 대학원 경영학과졸 1985년 미국 일리노이대 대학원졸 1990년 경영학박사(미국 아이오와대) [경]1990~1994년 미국 캔자스주립대 조교수 1995~2005년 한국외국어대 무역학과 부교수 · 교수 2005~2015년 同글로벌경영대학 경영학부 교수 2006년 한국증권학회 부회장 2007년 同편집위원장 2008년 同상경대학 부학장 2009년 同글로벌경영대학 부학장 2009년 同기업경영연구소장 2009~2011년 同글로벌경영연구소장 2010~2012년 유화증권 사외이사 2010~2011년 기획재정부 공기업경영평가위원 2011~2012년 한국증권학회 회장 2011년 한국외국어대 글로벌경영대학장 2012~2015년 한국정책금융공사 운영위원 2012~2015년 예금보험공사 자문위원 2014년 한국거래소 상장공시위원회 위원장(현) 2015년 한국외국어대 경영대학 경영학부 교수(현) [상]모교를 빛낸 외대 교수상(2010) [저]'선물 옵션의 이해와 활용전략' '파생상품론'(2010)

박진우(朴眞佑) PARK Jin Woo

[생]1960 · 9 · 2 [출]부산 [주]경기 화성시 봉담읍 와우안길17 수원대학교 응용통계학과(031-220-2123) [학]1979년 경남고졸 1983년 서울대 계산통계학과졸 1985년 同대학원졸 1989년 이학박사(서울대) [경]1991~1993년 관동대 산업공학과 조교수 1993년 수원대 응용통계학과 조교수 · 부교수 · 교수(현) 2004년 응용통계연구 편집위원(현) 2009년 한국통계학회 조사통계연구회 소장(현) 2012년 수원대 평가실장 2015년 同부총장(현) [상]농림부장관표창(2000), 한국갤럽학술상 우수상(2003), 통계청장표창(2005) [저]'표본조사론' '통계학의 길잡이'(2005) '조사방법의 이해'(2005) [종]기독교

박진우(朴晋佑)

[생]1962·7·24 [출]제주 [주]서울 서대문구 통일로97 경찰청 수사국(02-3150-1615) [학]한림공고졸, 제주대 법학과졸, 연세대 행정대학원졸 [경]1989년 경위 임용 2007년 강원 인제경찰서장(총경) 2008년 경찰대학 학생과장 2009년 서울지방경찰청 22경찰경호대장 2011년 서울 서초경찰서장 2011년 경찰청 경호과장 2012년 대구지방경찰청 차장(경무관) 2013년 부산지방경찰청 제3부장 2014년 인천지방경찰청 제1부장 2014년 경찰청 수사기획관 2015년 同수사국장(치안감)(현)

박진웅(朴鎭雄) Park Jin-woong

[생]1960·8·19 [주]서울 종로구 사직로8길60 외교부 인사운영팀(02-2100-7136) [학]1984년 중앙대 무역학과졸 1989년 미국 텍사스대 대학원 국제정치학과졸 [경]1984년 외무고시 합격(18회) 1984년 외무부 입부 1991년 駐밴쿠버 영사 1993년 駐필리핀 2등서기관 1997년 駐후쿠오카 영사 2000년 駐홍콩 영사 2004년 외교통상부 문화협력과장 2006년 駐선양 부총영사 2009년 駐상하이 부총영사 2012년 국립외교원 파견 2012년 駐후쿠오카 총영사 2016년 외교부 본부근무(현)

박진원(朴進遠) PARK Jin Won

[생]1946·12·1 [본]밀양(密陽) [출]전북 전주 [주]서울 강남구 강남대로382 메리츠타워28층 오멜버니 앤 마이어스 외국법자문법률사무소 서울사무소(02-6281-1711) [학]1965년 경기고졸 1970년 서울대 상학과졸 1980년 미국 콜럼비아대 대학원 경제학 박사과정 수료 1990년 법학박사(미국 브룩클린대) [경]1970~1976년 한국은행 조사2부 근무 1985년 미주매일신문 편집위원 1988년 미국 뉴욕 브룩클린지방법원 수련 1990년 미국 Paul, Hastings Janofsky & Walker 변호사 1993년 미국 Gibson, Dunn & Crutcher 변호사 1995~2012년 법무법인 세종 외국변호사 1998~2000년 삼부토건(주) 사외이사 1998~1999년 일은증권 사외이사 1998년 한일합섬 사외이사 1999~2002년 금융감독위원회 위원(비상임) 1999년 아주대 경영대학원 국제계약론 강의 2000년 현대중공업 사외이사 2000~2012년 울산학원 재단이사 2002~2003년 채권금융기관조정위원회 위원 2002~2009년 한국증권거래소 기업지배구조연구원 개선위원 2003~2006년 굿모닝신한증권 사외이사 2006~2008년 미국 컬럼비아대 한국총동창회장 2006년 (재)동아시아연구원 이사 2006~2010년 현대중공업 사외이사 2006~2008년 외교통상부 통상교섭자문위원 2007년 국제스포츠분쟁조정위원회(Court for Sports Arbitration) 중재위원 2009년 금융감독평가위원회 위원 2010년 (주)위메이드 사외이사(현) 2010~2013년 국제교류재단(Korea Foundation) 비상근이사 2012년 오멜버니 앤 마이어스 외국법자문법률사무소 서울사무소 대표(현) 2016년 국제스포츠중재재판소(CAS) 특별판정부 아시아 대표(현) [종]원불교

박진원(朴辰遠) PARK Jin Won

[생]1960·1·25 [출]부산 [주]인천 서구 환경로42 국립환경과학원 원장실(032-560-7000) [학]1983년 연세대 화학공학과졸 1985년 同대학원 화학공학과졸 1990년 화학공학박사(연세대) 1994년 환경공학박사(일본 도쿄공업대학) [경]1994년 연세대 화공생명공학과 교수(현) 2009~2010년 한국그린캠퍼스협의회 사무총장 2010~2012년 한국연구재단 기후변화대응기술위원회 위원 2011~2014년 국가과학기술위원회 기초과학연구진흥협의회 위원 2012~2014년 에너지기술평가원 바이오폐기물에너지 기술기획 PD 2014~2015년 한국폐기물자원순환학회 부회장 2015년 국립환경과학원 원장(일반직고위공무원)(현)

박진원(朴振源)

[생]1971·3·29 [출]경기 화성 [주]대전 서구 둔산중로78번길15 대전지방검찰청 공안부(042-470-3000) [학]1990년 대원고졸 1995년 서울대 사법학과졸 [경]1998년 사법시험 합격(40회) 2001년 사법연수원 수료(30기) 2001년 부산지검 검사 2003년 대구지검 안동지청 검사 2004년 인천지검 검사 2006년 서울중앙지검 검사 2009년 대검찰청 연구관 2011년 대구지검 검사 2014년 국가정보원 파견 2015년 서울중앙지검 부부장검사 2016년 대전지검 공안부장(현)

박진탁(朴鎭卓) PARK JIN-TAK

[생]1936·10·5 [출]전북 완주 [주]서울 서대문구 서소문로21 충정타워7층 (재)사랑의장기기증운동본부(02-363-2114) [학]1957년 경복고졸 1963년 한신대 신학과졸 [경]1968년 우석대병원 원목실 근무 1969년 (사)한국헌혈협회 창립 1991년 (재)사랑의장기기증운동본부 창립 2014년 同이사장(현) [상]국민포장(1991), 생명보험의인상(2009), 올해의 한신상(2011), 영곡봉사대상(2011) [저]'나를 불러쓰신 생명나눔운동1·2'(2001, 바른길) '생명나눔'(2013, 바른길)

박진하(朴振河) PARK Jin Ha

[생]1963·1·18 [본]밀양(密陽) [출]강원 강릉 [주]대구 동구 동대구로441 영남일보 경영지원실(053-757-5410) [학]1981년 경신고졸 1988년 계명대 회계학과졸 [경]1987~1991년 (주)갑을 기획실 근무 1991~2009년 영남일보 총무국 경리부 차장·경영기획부장 2007년 국민건강보험공단 자문위원 2008년 법질서확립추진위원회 분과위원 2010년 영남일보 경영지원실장(현) 2012년 드림화인투자운용 감사(현) [상]한국신문협회상(2000)

박진한(朴珍漢) PARK Jin Han

[생]1957·12·25 [주]부산 남구 용소로45 부경대학교 자연과학대학 응용수학과(051-629-5530) [학]동아대졸, 同대학원졸, 이학박사(동아대) [경]부경대 자연과학대학 응용수학과 교수(현) 2008년 同교육대학원 발전연구위원 2012~2014년 同입학관리본부장 2016년 同자연과학대학장 겸 교육대학원장(현)

박진형(朴眞亨) PARK Jin Hyung

[생]1971·1·4 [출]서울 [주]서울 중구 덕수궁길15 서울특별시의회 의원회관717호(02-3783-1596) [학]광주 석산고졸, 고려대 일어일문학과졸 2001년 同대학원 정치외교학과 수료 [경]최규식 국회의원 보좌관, 노무현 대통령당선자 대미고위대표단 공식수행원, 한국에어로빅체조연맹 이사 2010년 서울시의회 의원(민주당·민주통합당·민주당·새정치민주연합) 2010년 同재정경제위원회 위원 2010년 同운영위원회 위원 2010·2012년 同예산결산특별위원회 위원 2011년 同친환경무상급식지원특별위원회 위원 2011년 同장애인특별위원회 위원 2011년 박원순 서울시장후보 정책자문단 2012년 서울시 도시계획관리위원회 위원 2012년 同정책연구위원회 위원 2014년 서울시의회 의원(새정치민주연합·더불어민주당)(현) 2014년 同문화체육관광위원회 위원 2014·2016년 同교통위원회 위원(현) 2015년 同예산결산특별위원회 위원(현) 2015년 새정치민주연합 전국청년위원회 운영위원 2015년 서울시의회 청년발전특별위원회 위원(현) 2015년 더불어민주당 전국청년위원회 운영위원(현) 2016년 서울시의회 서부지역광역철도건설특별위원회 위원(현) 2016년 同서울메트로사장후보자인사청문특별위원회 위원

박진호(朴진호) Park, Chinho

[생]1958·8·22 [본]밀양(密陽) [출]경남 충무 [주]경북 경산시 대학로280 영남대학교 화학공학부(053-810-3815) [학]1981년 한양대 화학공학과졸 1983년 서울대 대학원졸 1992년 공학박사(미국 플로리다대) [경]1984~1992년 (주)현대전자산업 과장 1992~1994년 (주)대영전자공업 전략개발실장 1994년 영남대 화학공학부 교수(현) 2007년 同산학연구처 부처장 2007~2009년 同학생역량개발실장 2011~2013년 同지식경제R&D 태양광PD·에너지기술평가원 2012년 국제에너지기구(IEA) 태양광분과 Task 1 한국대표(현) 2012~2015년 한국태양광발전학회 국제협력부회장(현) 2014년 영남대 산학연구처장 겸 산학협력단장(현) 2014년 정부 미래성장동력추진단 신재생에너지하이브리드시스템분야 추진단장(현) 2015년 한국공학한림원 일반회원(현) 2015년 한국화학공학회 학술부회장 2016년 한국태양광발전학회 수석부회장(현) [상]석명우수화공인상(2013), 한국과학기술단체총연합회 제24회 과학기술우수논문상(2014), 기술사업화부문 미래창조과학부장관표창(2014) [저]'촉매공정'(2002) '알기쉬운 화학공학 입문설계'(2005) '공학입문설계'(2008) [역]'응용태양전지공학'(2012) '화학공학입문설계:현재와 미래를 위한 도구'(2012)

박진호(朴鎭浩) Park Jin Ho

[생]1970·12·10 [출]전북 전주 [주]세종특별자치시 다솜로261 국무조정실 국정운영실 기획총괄과(044-200-2048) [학]1988년 전주고졸 1997년 성균관대 사회학과졸 2004년 미국 델라웨어대 대학원 정책학과졸 [경]1995년 행정고시 합격(39회) 1997년 국무총리 제1행정조정관실 총괄사무관 2004년 국무조정실 총괄심의관실 혁신팀장(서기관) 2006년 대통령비서실 국정상황실 행정관 2007년 국무조정실 교육문화심의관실 문화정책과장 2008년 국무총리실 사회정책관실 사회복지정책과장 2009년 새만금사업추진기획단 정책총괄과장 2015년 국무조정실 규제조정실 규제총괄과장(부이사관) 2015년 同국정운영실 기획총괄과장(현) [상]대통령표창(2004)

박진환(朴鎭煥)

[생]1966·12·15 [출]전남 영암 [주]경기 의정부시 녹양로34번길23 의정부지방법원(031-828-0114) [학]1984년 영암고졸 1988년 성균관대 행정학과졸 [경]1996년 사법시험 합격(38회) 1999년 사법연수원 수료(28기) 1999년 창원지법 예비판사 2001년 同판사 2002년 수원지법 여주지원 판사 2006년 서울동부지법 판사 2009년 서울중앙지법 판사 2010년 서울고법 판사 2012년 대법원 재판연구관 2014년 춘천지법 원주지원장 2016년 의정부지법 부장판사(현)

박진회(朴進會) PARK Jin Hei

[생]1957·9·12 [출]전남 [주]서울 중구 청계천로24 한국씨티은행 은행장실(02-3455-2001) [학]1976년 경기고졸 1980년 서울대 무역학과졸 1983년 미국 시카고대 경영대학원졸 1984년 영국 런던정경대(LSE) 대학원 경제학과졸 [경]1980년 한국개발연구원 근무 1984년 씨티은행 서울지점 Treasury Marketing Officer 1987년 同Chief Dealer(외환거래책임자) 1995년 同자금담당본부장 2000년 삼성증권 운용사업담당상무 2001년 한미은행 기업금융본부장 2002년 同COO(부행장) 2004년 한국씨티은행 수석부행장 2007년 同기업금융그룹 수석부행장 2014년 同은행장(현) [종]기독교

박 찬(朴 燦) PARK Chan (一洋)

[생]1925·1·28 [본]함양(咸陽) [출]경북 의성 [주]대구 수성구 동대구로357 대구종합법률사무소(053-755-0021) [학]1944년 대륜고졸 1950년 고려대 법학과졸 [경]1952년 고시사법과 합격(2회) 1955~1961년 대구·부산지검 검사 1961년 변호사 개업 1965~1973년 영남일보 이사 1966년 신라오릉보존회 경북지부장 1973년 제9대 국회의원(대구 中·西·北, 민주공화당) 1982년 대구지방변호사회 회장 1982년 대한변호사협회 부회장 1985~1994년 바르게살기운동대구시협의회 회장 1988년 대한불교조계종 대구신도회 회장 1988년 대구종합법률사무소 대표변호사(현) 1990년 정화교육재단 이사장 [상]국민훈장 모란장 [종]불교

박 찬(朴 燦) PARK Chan

[생]1960·11·27 [본]밀양(密陽) [출]부산 [주]충북 청주시 흥덕구 오송읍 오송생명2로187 국립보건연구원 약제내성과(043-719-8240) [학]1979년 성동고졸 1984년 연세대 생화학과졸 1988년 同대학원 생화학과졸 1994년 생화학박사(미국 일리노이공대) [경]1994년 미국 NIH(국립보건연구원) Post-Doc. 1997년 국립보건원 바이러스질환부 보건연구관 2000년 同기획연구과 보건연구관 2001~2004년 고려대 의대 외래부교수 2001~2004년 숙명여대 강사 2001년 국립보건원 중앙유전체연구소 조정실장 2002년 同유전체연구소 유전체기술개발실장 2003년 국립보건연구원 유전체연구부 유전체역학정보실장 2005년 同유전체센터 유전체역학팀장 2007년 同질병매개곤충팀장 2009년 同면역병리센터 질병매개곤충과장 2012년 同면역병리센터 신경계바이러스과장 2014년 同감염병센터 약제내성과장(현) [상]보건복지부장관표창(2005) [저]'한국인유전체역학조사사업 보고서'(2004) '영양성분 통합DB 보고서'(2005) '한국인유전체역학조사사업 추적보고서'(2006) [종]기독교

박찬경(朴贊卿) PARK Chan Gyung (栢寬)

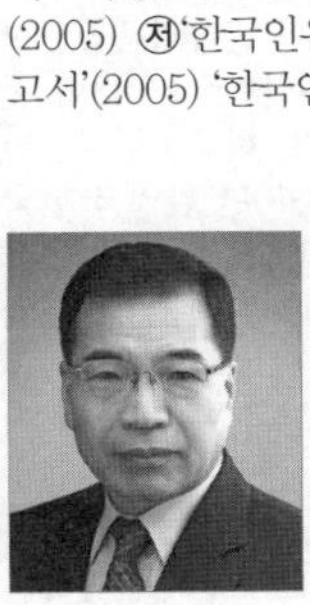

[생]1953·3·25 [본]반남(潘南) [출]경북 영주 [주]경북 포항시 남구 청암로77 포항공과대학교 신소재공학과(054-279-2139) [학]1971년 대광고졸 1975년 서울대 금속공학과졸 1978년 同대학원 금속공학과졸 1983년 재료공학박사(미국 Northwestern Univ.) [경]1978~1983년 미국 Northwestern Univ. 연구조원 1983~1986년 Oak Ridge 국립연구소 연구원 1986~1995년 포항공과대 조교수·부교수 1987~1995년 포항산업과학기술연구소 겸직연구원 1995년 포항공과대 재료금속학과 교수, 신소재공학과 교수(현) 1996~1998년 同기획처장 1998~2006년 한국공학한림원 회원 2007년 同정회원(현) 2008년 한국소성가공학회 회장 2009~2013년 포항공과대 나노기술집적센터장 2011년 한국현미경학회 회장 2012년 포항공과대 세아석좌교수(현) 2012년 同나노융합기술원장(현) 2013~2015년 국가나노인프라협의체 회장 [상]대한금속학회 논문상(1995), 현송금속공학상(2002), 한국소성가공학회 상우학술상(2009), 한국현미경학회 학술상(2012), 대광고 모교를 빛낸동문상(2013) [종]천주교

박찬구(朴贊求) PARK Chan Koo

[생]1948·8·13 [출]광주 [주]서울 중구 청계천로100 시그니쳐타워 동관12층 금호석유화학(주) 회장실(02-6961-1004) [학]1967년 광주제일고졸 1972년 미국 아이오와주립대 통계학과졸 2009년 명예 이학박사(미국 아이오와주립대) [경]1976년 한국합성고무(現 금호석유화학) 근무 1978년 금호실업 이사 1982년 금호건설 상무 1984년 금호석유화학 대표이사 부사장 1989~1996년 금호몬산토 대표이사 사장 1992년 금호그룹 회장실 사장 1996년 금호석유화학(주) 대표이사 사장 2000~2001년 금호미쓰이화학 대표이사 사장 2004년 금호석유화학(주) 대표이사 부회장 2006~2009년 금호아시아나그룹 화학부문 회장 2010년 금호석유화학(주) 대표이사 회장(현) 2010~2011년 세계합성고무생산자협회 회장 [상]생산성대상 대통령표창, 장영실상, 안전경영대상 우수상, 철탑산업훈장(2000), 금탑산업훈장(2005), 이웃돕기유공자 대통령표창(2010) [종]기독교

박찬구(朴贊九) Park Chan Goo

[생]1954·3·12 [본]반남(潘南) [출]충북 [주]서울 강남구 테헤란로534 글라스타워13층 인피니언테크놀로지스파워세미텍(02-3460-0900) [학]보성고졸, 인하대 전자공학과졸, 同대학원 전자공학과졸 [경]Harris Semiconductor Korea 공동대표이사, Motorola Korea 전무, 주성엔지니어링 부사장, 페어차일드코리아반도체(주) 수석부사장 2008~2013년 대한전자공학회 협동부회장 2010~2013년 페어차일드코리아반도체(주) 공동대표이사 2013~2014년 IGL 파트너코치 2014년 인피니언테크놀로지스파워세미텍 대표이사(현) [상]문교부장관표창(1971)

박찬구(朴贊久) Park Chan Koo

[생]1963·7·31 [본]반남(潘南) [출]서울 [주]서울 구로구 디지털로285 에이스트윈타워1차801호 TCK텍스타일(02-6385-0510) [학]1982년 경신고졸 1986년 한양대 섬유공학과졸 1994년 미국 펜실베이니아대 와튼스쿨 대학원 경영학과졸 [경]1986년 제일합섬(주) 기술연구소 주임연구원 1990~1992년 同경영기획실 사업개발팀 기술기획팀 대리 1994~1995년 삼성경제연구소 신경영연구실 선임연구원 1995~1998년 Arthur D.Little Korea Manager 1998~2000년 SIGMA Knowledge Group 이사 2000~2005년 이언그룹 대표이사 2005~2007년 (주)재능교육 상무 2008년 웅진케미칼(주) 전략기획실장(상무) 2009년 同전략기획본부장(상무) 2010년 同전략기획본부장(전무) 2011년 同대표이사 전무 2014~2016년 도레이케미칼(주) 공동대표이사 부사장 2016년 TCK텍스타일 회장(현)

박찬대(朴贊大) PARK CHAN DAE (時雨)

[생]1967·5·10 [본]반남(潘南) [출]인천 [주]서울 영등포구 의사당대로1 국회 의원회관815호(02-784-5477) [학]1984년 동인천고졸 1988년 인하대 경영학과졸 1998년 서울대 대학원 경영학과졸 [경]1997~1999년 세동회계법인 국제부 회계사 1999~2000년 삼일회계법인 국제부 회계사 2001~2003년 금융감독원 회계감독국·공시감독국 근무 2003~2016년 한미회계법인 경인본부장 겸 부대표 회계사(한국·미국공인회계사 겸 세무사), 인천시체육회 감사, 인천환경공단 감사, 인천햇빛발전협동조합 감사, 인천시의제21실천협의회 감사, 인천시협동조합협의회 감사, 인천사회복지보건연대 참여예산센터 운영이사, (사)인천사람과문화 운영이사, 인천시역도연맹 부회장, 인천시연극협회 고문, 인하대·숭실대·한국방송통신대 경영학과 강사 2011년 인천시 산업단지계획심사위원회 위원, 인하대 경영학과 겸임교수 2014~2015년 새정치민주연합 인천시연수구지역위원회 위원장 2016년 더불어민주당 인천시연수구甲지역위원회 위원장(현) 2016년 제20대 국회의원(인천시 연수구甲, 더불어민주당)(현) 2016년 국회 정무위원회 위원(현) 2016년 국회 저출산·고령화대책특별위원회 위원(현) [종]기독교

ㅂ

박찬량(朴贊亮) Park Chan Ryang

[생]1958 · 1 · 23 [출]경북 영주 [주]서울 성북구 정릉로77 국민대학교 자연과학대학 생명나노화학과(02-910-4765) [학]1982년 서울대 화학과졸 1984년 同대학원 화학과졸 1989년 화학박사(미국 코넬대) [경]1992년 국민대 자연과학대학 화학과 조교수 · 부교수, 同생명나노화학과 교수(현) 1992~1993년 미국 코넬대 화학과 방문연구원 1996년 대한화학회 편집위원 2001년 同총무이사 2002~2003년 한국과학재단 전문분과위원 2005~2006년 한국학술진흥재단 학술연구심사평가위원 2006~2007년 대한화학회 출판위원회 부위원장 2014~2016년 국민대 산학협력단장 2016년 同교학부총장 겸 학부교육선도추진단장(현) [저]'한국학술연구의 동향과 전망'(2001) '일반화학실험'(2005) [역]'일반화학'(1995, 탐구당) '기초일반화학'(1996, 탐구당) '화학의 세계'(1998, 자유아카데미) 'Didac'(2001, 대한화학회)

박찬록(朴贊祿)

[생]1970 · 5 · 12 [출]경북 안동 [주]경기 과천시 관문로47 법무부 범죄예방정책국 보호법제과(02-2110-3330) [학]1985년 영문고졸 1995년 서울대 국어국문학과졸 [경]1998년 사법시험 합격(40회) 2001년 사법연수원 수료(30기) 2001년 울산지검 검사 2003년 대구지검 의성지청 검사 2004년 수원지검 검사 2006년 청주지검 검사 2008년 법무부 보호기획과 검사 2009년 同범죄예방기획과 검사 2010년 서울중앙지검 검사 2014년 대검찰청 검찰연구관 2016년 법무부 보호법제과장(현)

박찬모(朴贊謨) PARK Chan-Mo

[생]1935 · 4 · 3 [본]반남(潘南) [출]충남 천안 [주]경북 포항시 남구 청암로77 포항공과대학교(054-279-0114) [학]1954년 경기고졸 1958년 서울대 공대 화학공학과졸 1964년 미국 메릴랜드대 대학원 공학과졸 1969년 공학박사(미국 메릴랜드대) 2001년 명예 문학박사(미국 메릴랜드대) [경]1969~1972년 미국 메릴랜드대 전산학과 조교수 1973~1976년 한국과학기술원(KAIST) 전산학과 부교수 1976~1979년 미국 국립생의학연구소 책임연구원 1979~1989년 미국 가톨릭대 전산학과 부교수 · 교수 1984년 在美한국과학기술자협회 회장 1985년 미국 보스턴대 초빙교수 1988년 在美한인정보과학기술자협회 회장 1989~2007년 포항공과대 컴퓨터공학과 교수 1991년 同정보통신대학원장 1991년 한국시뮬레이션학회 회장 1993년 한국정보과학회 회장 1994년 포항공과대 소프트웨어기술연구센터 소장 1994~2003년 중국 동북대 겸직교수 · 명예교수 1995년 한국과학기술한림원 종신회원(현) 1996년 한국컴퓨터그래픽학회 회장 1996년 중국 연변과학기술대 겸직교수 1997년 미국 메릴랜드대 초빙교수 1997년 국제컴퓨터시뮬레이션학회 아태지역위원장 2000~2004년 통일IT포럼 회장 2000~2003년 포항공과대 대학원장 2003~2007년 同총장 2004~2007년 한국공학교육인증원 원장 2005년 평양과학기술대학 설립추진위원회 공동위원장 겸 개교준비위원장 2006년 동아시아연구중심대학협의회 회장 2007년 한나라당 제17대 대통령선거 중앙선거대책위원회 교육 · 과학기술총괄 위원장 2008년 이명박 대통령 당선인 정책자문위원 2008년 대통령 과학기술특별보좌관 2008년 포항공대 명예교수(현) 2009~2010년 한국연구재단 초대 이사장 2010년 한국IT전문가협회 대한민국소프트웨어공모대전 자문위원장 2011년 한국연구재단 세계자문위원회 위원 2010년 평양과학기술대학(PUST) 명예총장(현) 2011년 한국IT전문가협회 명예회원(현) [상]국민훈장 동백장(1986), 미국 Catholic Univ. of America 최우수교수상(1987), 청조근정훈장(2005), 미국 메릴랜드대총동창회 동문상(2009) [저]'컴퓨터와 인류사회' '정보문화인의 컴퓨터 배우기(共)'(1995) '컴퓨터 과학기술 입문'(1996) '북한의 정보통신기술' '21세기 신기술시나리오' 'IT로 말하는 통일한국의 미래' '스무살에 선택하는 학문의 길' [종]기독교

박찬봉(朴贊奉) PARK Chan Bong

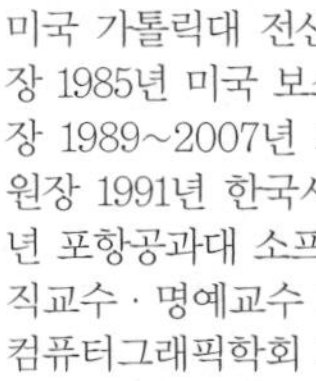

[생]1956 · 7 · 10 [출]충남 논산 [주]서울 중구 세종대로21길 39 사랑의열매회관6층 사회복지공동모금회 사무총장실(02-6262-3000) [학]1975년 대전상고졸 1980년 성균관대 경영학과졸 1985년 서울대 행정대학원졸 1994년 정치학박사(미국 조지아대) [경]1978년 행정고시 합격(22회) 1993년 통일원 교육홍보국 홍보과장 1994년 同비서관 1995년 同교류협력국 협력과장 1996년 同기획관리실 기획예산담당관 1997년 미국 유학 1998년 통일부 교류협력국 총괄과장 1998년 同인도지원국 이산가족과장 2000년 同감사관 2001년 同통일정책실 정책심의관 2005년 同정책홍보실 정책기획관 2006년 同남북회담본부 상근회담대표 2008년 한나라당 통일외교통상위원회 수석전문위원 2012~2013년 새누리당 통일외교통상위원회 수석전문위원 2013~2016년 민주평화통일자문회의 사무처장 2016년 사회복지공동모금회 사무총장(현) [종]천주교

박찬석(朴贊石) PARK Chan Suk (大山)

[생]1940 · 9 · 5 [본]반남(潘南) [출]경남 산청 [주]대구 달성군 현풍면 비슬로128길1 제일에스병원 이사장실(053-602-0101) [학]1958년 진주농고졸 1963년 경북대 지리교육학과졸 1967년 同대학원졸 1972년 네덜란드 사회과학연구소 지역개발학과졸 1981년 지리학박사(미국 하와이대) [경]1971~1987년 경북대 지리학과 전임강사 · 조교수 · 부교수 1986년 대구시 도시계획위원 1987~2004년 경북대 지리학과 교수 1988년 미국 워싱턴대 교환교수 1990년 대구경북지역발전학회 회장 1991년 경북대 교수협의회 의장 1992년 국립대교수협의회 의장 1994년 경북대 사회대학장 1994~2002년 同총장 1996년 대학교육협의회 부회장 1996년 국민통합추진회의 고문 1998년 제2의건국범국민추진위원회 위원 1998년 민주평통 자문위원 2000년 국무총리 정보화추진자문위원장 2003년 열린우리당 교육특별위원장 2003년 同상임고문 2004~2008년 제17대 국회의원(비례대표, 열린우리당 · 대통합민주신당 · 통합민주당) 2004년 열린우리당 열린정책연구원 감사 2007년 同최고위원 2008년 제일삼성병원 이사장 2014년 제일에스병원 이사장(현) [상]청조근정훈장(2002) [저]'계량지리학' '인간과 문화'(共) '미래사회와 교육'(共) '新지리학개설'(共) '지역개발연구' '박찬석의 세계지리산책'(2007, 비엘프레스) [작]'아버지의 마음' '잔치' [종]천주교

박찬성(朴讚星) PARK Chan Sung

[생]1953 · 11 · 20 [본]반남(潘南) [출]충북 제천 [주]서울 종로구 김상옥로9 연금빌딩205호 과소비추방범국민운동본부(02-743-1671) [학]1971년 안법고졸 1985년 중앙총회신학대학 신학과졸 1993년 세계평화군단사관학교 신학과졸 1997년 고려대 노동대학원 고위지도자과정 수료 1999년 필리핀 필리핀크리스찬대 대학원 경영학과졸 1999년 명예 사회학박사(세계평화군단사관학교) [경]1983년 한국기독교교회청년협의회 회장(현) 1984년 사랑의실천국민운동본부 상임대표(현) 1989년 (사)한국화랑청소년육성회 명예회장(현) 1991년 부활절연합예배위원회 청년위원장(현) 1996년 과소비추방범국민운동본부 상임대표(현) 1998년 한국기독교총연합회 사이비종교대책위원회 실행위원(현) 1999년 선진경제사회시민연대회의 대표(현) 2002년 북핵저지시민연대 상임대표(현) 2005년 독도수호국민연대 대표(현) 2006년 전국NGO연대 공동대표(현) 2006년 반핵반김국민협의회 상임대표(현) 2008년 삼성특검반대범국민연대 상임대표 2008년 한미FTA비준촉구범국민연합 상임대표(현) 2008년 KBS공영방송회복추진범국민연대 상임대표(현) 2012년 한국교회연합 실행위원(현) 2012년 범시민사회단체연합 공동대표(현) 2013년 종북척결국민대회 진행위원장(현) [상]국무총리표창 [종]기독교

박찬수(朴贊守) PARK Chan Soo

[생]1949 · 7 · 1 [본]반남(潘南) [출]경남 산청 [주]경기 여주시 강천면 이문안길21 목아박물관(031-885-9952) [학]1972년 서라벌예술대 공예과졸 1988년 홍익대 미술교육원 일반미술전공졸 1989년 연세대 산업대학원 수료 1997년 동국대 문화예술대학원졸(불교미술전공) [경]1985년 문화재수리 기능보유자(조각 제722호)(현) 1986년 대한불교조계종 총무원 포교사 1989년 同국제포교사 1993년 목아박물관 개관 · 관장(현) 1994년 문화체육부 문화학교협의회 위원 1996년 중요무형문화재 제108호 목조각장 기능보유자 지정(현) 1999년 정부지정 신지식인 선정 2001년 독일 HANOVER EXPO 전시 및 공연 초대 2001~2013년 한국예총 여주지구장 2002년 목아전통예술학교 설립 · 교장(현) 2003년 국립한국전통문화학교 목조각 초빙교수(현) 2003년 문화재수리기능자격시험 심사위원 2005년 한국공예문화진흥원 이사 2005년 유네스코 초청 미국 순회전시 2006년 (사)한국사립박물관협회 회장 2006~2011년 (사)한국중요무형문화재기능보존협회 이사장 2006년 프랑스 및 국립종교미술관 초대전 '박찬수 나무새김의 아름다움' 개최 2007년 UN본부 전시 오프닝퍼포먼스 2007년 전국전승공예대전 운영위원장 2007년 중앙대 예술대학 객원교수(현) 2007~2012년 중문의대 객원교수 2008년 (사)부천세계무형문화유산엑스포 집행위원장 · 위원, 광주시 제1회 빛고을전국공예작품공모전 추진위원장, 한국박물관협회 이사 겸 정책위원장(현), 대한민국 제33회 전승공예대전 운영위원장, 경기도박물관협회 분과진흥위원, 한국조형디자인학회 이사(현) 2009년 목아한민족문화재단 이사장(현) 2010년 駐영국 한국문화원 초청 '부처가입을열다(나는누구인가?)' 특별전시회 2011년 프랑스 파리유네스코 중요무형문화재 전시 2011~2014년 한국공예디자인문화진흥원 비상임이사 2012년 새누리당 제18대 대통령선거 박근혜후보 중앙선거대책위원회 총괄본부 불교본부 상임고문 2012~2014년 (사)한국문화예술통 이사 2013년 한국미술협회 국전 초대작가 2014년 경기도교육연수원 발전전문위원회 위원(현) [상]단원예술제 종합대상(1982), 대한민국불교미술특별전 종합대상(종정상, 1986), 대한민국 전승공예대전 대통령상(1989), 대한민국문

화예술상 문화부문 대통령표창(2001), 대한민국 만해예술상(2002), 박물관 및 미술관발전유공자 대통령표창(2008) [저]'佛敎木工藝'(1990, 大元社) '須彌壇(共)'(1990, 佛光出版社) '알기쉬운 불교미술(共)'(1998, 東國佛敎美術人會) '나의 선택 나의 길(共)'(1998, 圖書出版山河) 'TAKASHIMAYAS KOERAN FESTIVAL(共)'(2002, 우리출판사) '아! 목아박찬수'(2002, 우리출판사) '불모(佛母)의 꿈'(2003, 大元社) '목아박물관소장유물도록'(2004, 예맥출판사) '나무새김의 아름다움'(2005, 예맥출판사) '한민족의 마음전'(2008, 예맥출판사) '여인의 향기'(2008, 예맥출판사) '우주의진리 불화전'(2008, 예맥출판사) '목아문방구전'(2009, 모나미) '부처가입을열다'(2010, 모나미) '회향전 부처가입을열다' '목조장인의 연장'(2011, 모나미) '목아박물관 소장 무형문화재 작품전'(2012, 모나미) '세계공예회화전'(2013, 모나미) '마음과 세상을 수 놓다'(2014, 모나미) '독, 불, 장군'(2015, 모나미) [작]'예천용문사 윤장대' '영산회상' '법상' '목조투각화문소통' [종]불교

박찬수(朴贊洙)

[생]1964·1·30 [본]밀양(密陽) [출]서울 [주]서울 마포구 효창목길6 한겨레신문 논설위원실(02-710-0114) [학]1982년 양정고졸, 서울대 정치학과졸 [경]1989년 한겨레신문 편집국 기자 1989~1994년 同사회부·정치부·국제부 기자 1994년 同사회부 경찰팀장 1996년 同정치부 기자 1998년 同한겨레21 정치팀장 1999~2000년 미국 미시간주립대 연수 2001년 한겨레신문 정치부 기자 2003~2006년 同워싱턴특파원 2006년 同정치팀장 2007년 同편집국 정치부문 편집장 2008년 同논설위원 2009년 관훈클럽 편집위원 2009년 한겨레신문 편집국 부국장 2011~2013년 同편집국장 2013년 同콘텐츠본부장 2014년 同통합미디어시스템추진단장 2014년 同논설위원(현) 2016년 관훈클럽 운영위원(서기)(현) [저]'청와대 vs 백악관'(2009, 개마고원)

박찬영(朴燦永)

[생]1962·3 [주]서울 중구 소공로63 신세계그룹 전략실 커뮤니케이션팀(02-727-1234) [학]1982년 대광고졸 1989년 성균관대 신문방송학과졸 [경]1989년 (주)신세계 입사 1994년 同홍보실 대리 1996년 同광주점 총무과장 1998년 同경영지원실 홍보담당 과장 2001년 同경영지원실 홍보팀장 2005년 同이마트부문 이천점장 2007년 同경영지원실 홍보팀장 2008년 同경영지원실 홍보담당 상무보 2010년 同경영지원실 홍보담당 상무 2011년 신세계그룹 경영전략실 홍보팀장(상무) 2013년 同전략실 커뮤니케이션팀장(상무) 2014년 同전략실 커뮤니케이션팀장(부사장보)(현)

박찬우(朴贊佑) PARK Chan Woo

[생]1959·4·15 [본]반남(潘南) [출]충남 천안 [주]서울 영등포구 의사당대로1 국회 의원회관436호(02-784-8540) [학]1976년 서울 용산고졸 1981년 성균관대 행정학과졸 1987년 서울대 대학원 행정학과졸 1990년 미국 인디애나대 행정환경대학원졸 2000년 행정학박사(성균관대) [경]1980년 행정고시 합격(24회) 1981~1994년 특허청·총무처 사무관 1994년 총무처 고시훈련국 서기관 1995년 국무총리행정조정실 세계화추진기획단 기획과장 1996년 국무총리비서실 의전담당관 1997년 대통령비서실 행정관 2000년 논산시 부시장·시장 권한대행 2001년 행정자치부 기획예산담당관 2003년 대통령자문 정책기획위원회 사무국장 2004년 정부혁신세계포럼준비기획단 파견 2004년 행정자치부 국가기록원장 2006년 同윤리복지정책관 2007년 대전시 행정부시장 2008년 행정안전부 조직실장 2009년 同기획조정실장 2011년 同소청심사위원장(차관급) 2013~2014년 안전행정부 제1차관 2013년 국립중앙의료원 비상임이사 2015년 KB자산운용 감사위원 2015년 새누리당 천안시甲당원협의회 운영위원장(현) 2016년 제20대 국회의원(천안시甲, 새누리당)(현) 2016년 국회 국토교통위원회 위원(현) 2016년 국회 남북관계개선특별위원회 위원(현) 2016년 새누리당 충남도당 위원장(현) 2016년 同민생혁신특별위원회 간사(현) 2016년 同재해대책위원회 부위원장(현) [상]대통령표창, 홍조근정훈장, 유엔 공공행정포럼 및 공공행정상(2013) [종]기독교

박찬우(朴贊祐) Park, Chan-woo

[생]1964·1·5 [출]서울 [주]서울 종로구 율곡로75 현대엔지니어링(주) 기획실(02-2134-1114) [학]1982년 서울 대신고졸 1986년 고려대 기계공학과졸 [경]1986년 현대건설(주) 입사 2010년 同건축사업본부 건축기술지원실장(상무보) 2013년 현대엠코(주) 기획실장(상무) 2014년 현대엔지니어링(주) 기획실장(상무) 2016년 同기획실장(전무)(현) [종]불교

박찬욱(朴贊旭) PARK Chan Wook

[생]1949·8·4 [본]반남(潘南) [출]경기 용인 [주]서울 강남구 선릉로86길31 롯데골드로즈Ⅱ 1201호 P&B세무컨설팅(02-568-3636) [학]경동고졸, 명지대 경영학과졸 [경]1968년 9급 공채시험 합격 1985년 사무관 승진, 국세공무원교육원 교관·국제심판원 조사관실 근무 1988년 관악세무서 법인세과장 1990년 국세청 국제조세2과 1991년 서울지방국세청 법인세과 1994년 국세청 법인세과 1996년 구미세무서장(서기관) 1998년 서울지방국세청 특별조사1과장 2000년 용산세무서장 2001년 서울지방국세청 조사1국 1과장 2002년 국세청 부가가치세과장 2003년 同조사국 조사1과장(부이사관) 2005년 서울지방국세청 조사4국장 2006년 국세청 조사국장(이사관) 2006~2007년 서울지방국세청장 2007년 P&B세무컨설팅 개설·대표세무사(현) 2007년 재단법인 정평장학회 이사장 2011~2016년 현대모비스(주) 사외이사 [상]녹조근정훈장(1994), 홍조근정훈장(2006)

박찬욱(朴贊郁) PARK Chan Wook

[생]1954·6·13 [본]반남(潘南) [출]강원 춘천 [주]서울 관악구 관악로1 서울대학교 교육부총장실(02-880-5002) [학]1972년 경동고졸 1976년 서울대 정치학과졸 1978년 同대학원졸 1987년 정치학박사(미국 아이오와대) [경]1987~1989년 미국 프랭클린마샬대 전임강사·조교수 1990~1999 서울대 정치학과 조교수·부교수 1995~1996년 同사회과학대학 부학장 1997~2003 (재)미래인력연구원 원장 1997~1998년 미국 듀크대 초빙교수 1998~2000년 서울대 사회대학 정치학과장 1998~2001년 대통령자문 정책기획위원 1999년 서울대 정치학과 교수, 同정치외교학부 교수(현) 2001~2003년 同미국학연구소장 2002~2004년 同교수협의회 이사 2003~2007년 한국선거학회 부회장, 同고문(현) 2003년 (재)조선일보 미디어연구소 이사(현) 2004~2012년 Asian Consortium for Political Research 사무총장 2004~2008년 서울대 한국정치연구소장 2004~2007년 同평의원 2004·2006년 한국정치학회 부회장 2004~2005년 한국정당학회 부회장 2004~2006년 한국동북아학회 부회장 2005~2009년 아·태정치학회 부회장 2005년 국회의장자문 지원조직개선기획위원장 2006~2007년 서울대 장기발전계획위원회 법인화분과 위원장 2006~2013년 同정치학BK사업단장 2006~2011년 감사원 자문위원 2007~2012년 국회입법조사처 자문위원 2007~2008년 국회사무처 '국회60년사' 집필위원 2007~2009년 국회 법제실 입법지원위원 2007년 일본 와세다대 정치경제대학원 초빙교수 2007~2009년 서울대 사회과학대학 정치학과장 2008~2010년 同법인화추진위원회 분과위원장 2008~2012년 한국행정연구원 연구자문위원·위원장 2008~2009년 국회의장자문 국회운영제도개선위원회 간사 2008~2013년 중앙선거관리위원회 '정당사' 편찬위원 2010년 중앙일보·동아일보 칼럼 집필진 2010~2012년 헌법재판소 자문위원 2011년 한국정치학회 회장, 同고문(현) 2011~2013년 김창준미래한미재단 이사 2012년 한국사회과학협의회 부회장(현) 2012~2015년 국가보훈처 독립유공자심사위원 2013~2015년 국민대통합위원회 갈등관리포럼 위원 2014~2016년 서울대 사회과학대학장 2014년 한국정책재단 이사(현) 2014년 중앙선거관리위원회 선거자문위원(현) 2014~2016년 세계정치학회 집행위원 2015년 중앙선거관리위원회 '정당·선거사 및 선거관리위원회사' 편찬위원(현) 2014~2015년 경제인문사회연구회 인문정책연구심의위원 2016년 국회 우수입법선정위원장 2016년 서울대 정치외교학부장 2016년 同교육부총장 겸 대학원장(현) 2016년 세계정치학회 부회장(현) [저]'한국의 의회정치'(1991) '미래한국의 정치적 리더십'(1997) '비례대표 선거제도'(2000) '4.13총선'(2000) '정치학의 이해'(2002) '한국지방자치와 민주주의'(2002) '21세기 미국의 거버넌스'(2004) '국회의 성공조건'(2004) '미국의 정치개혁과 민주주의'(2004) '제17대 국회의원 총선거 분석'(2005) '정치학의 대상과 방법'(2006) '민주정치와 균형외교'(2006) '제17대 대통령선거를 분석한다'(2008) '한국유권자의 선택1 : 2002총선'(2012) '2012년 국회의원선거 분석'(2012) '한국유권자의 선택2 : 2012년 대선'(2013) '2012년 대통령선거 분석'(2013) '윤보선과 1960년대 한국정치'(2015) [역]'제3의 길'(1998) '질주하는 세계'(2000) '기로에 선 자본주의'(2000) '제3의 길과 그 비판자들'(2002)

박찬욱(朴贊郁) PARK Chan Uk

[생]1963·8·23 [출]서울 [주]경기 고양시 일산동구 백마로 195 SK엠시티오피스동3002호 모호필름(주)(02-3675-4430) [학]1982년 서강대 철학과졸 [경]1988년 영화 '깜동'의 조감독으로 영화계 입문 1992년 영화 '달은 해가 꾸는 꿈'으로 영화감독 데뷔·영화감독(현) 2005년 한국국제협력단(KOICA) 명예 해외봉사단장 2006년 (주)모호필름 대표(현) 2006년 제63회 베니스국제영화제 국제경쟁부문 심사위원 2007년 아이비필름페스티벌 심사위원 2009년 제5회 제천국제음악영화제 명예홍보위원 2012년 제2회 올레스마트폰영화제 심사위원장 2016년 영화예술과학아카데미(AMPAS) 회원(현) [상]제21회 청룡영화상 감독상(공동경비구역JSA, 2001), 제27회 시애틀 국제영화제 심사위원특별상(공동경비

구역JSA, 2001), 제37회 백상예술대상 감독상(공동경비구역JSA, 2001), 제24회 청룡영화상 감독상(올드보이, 2003), 제3회 대한민국영화대상 감독상(올드보이, 2004), 제40회 백상예술대상 감독상(올드보이, 2004), 제57회 칸느영화제 심사위원대상(올드보이, 2004), 제41회 대종상영화제 감독상(올드보이, 2004), 보관문화훈장(2004), 제24회 영평상 감독상(올드보이, 2004), 제62회 베니스영화제 '젊은 사자상(Young Lion Award, 2005)' '베스트 이노베이션상(Best Innovated Award)' '미래영화상' 등 3개상 수상(친절한 금자씨), 마크 오브 리스펙트상(2005), 청룡영화상 작품상(친절한 금자씨, 2005), 방콕 국제영화제 감독상(친절한 금자씨, 2006), 제57회 베를린영화제 알프레드 바우어상(싸이보그지만 괜찮아, 2007), 제62회 칸 국제영화제 심사위원상(박쥐, 2009), 제17회 춘사영화제 감독상(박쥐, 2009), 제9회 마라케시 국제영화제 골드스타상(2009), 제12회 디렉터스컷어워드 올해의 감독상(2009), 브뤼셀 판타스틱 국제 영화제 심사위원특별상(2010), 제61회 베를린영화제 단편영화부문 황금곰상(2011), 스파이크 아시아 광고제 필름크래프트부문 은상(2011), 제44회 시체스영화제 오피셜 놉스 비전 최우수 작품상(2011), 49회 시체스국제판타스틱영화제 관객상(2016) [저]영화평론집 '영화보기의 은밀한 매력' '박찬욱의 오마주'(2005) 산문집 '박찬욱의 몽타주'(2005) [작]'달은 해가 꾸는 꿈'(1992) '3인조'(1997) '공동경비구역JSA'(2000) '복수는 나의 것'(2002) '올드보이'(2003) '여섯개의 시선'(2003) '쓰리, 몬스터'(2004) '친절한 금자씨'(2005) '싸이보그지만 괜찮아'(2006) '박쥐'(2009) '파란만장'(2010) '청출어람'(2012) '스토커'(2013) '고진감래'(2013) 'A Rose Reborn'(2014) '무뢰한'(2015) '아가씨'(2016)

박찬운(朴燦運) Chan Un PARK

[생]1963·1·1 [출]충남 청양 [주]서울 성동구 왕십리로222 한양대학교 법학전문대학원(02-2220-2576) [학]1981년 한영고졸 1985년 한양대 법학과졸 1998년 미국 노트르담대 대학원 국제인권학과졸 2008년 법학박사(고려대) [경]1984년 사법시험 합격(26회) 1987년 사법연수원 수료(16기) 1990~2005년 변호사 개업 1992년 대한변호사협회 대의원·인권위원 1994년 민주사회를위한변호사모임 사무차장 2001년 서울지방변호사회 섭외이사 2002년 한국정신문제대책협의회 법률전문위원장 2003년 대한변호사협회 인권위원회 부위원장 2005년 국가인권위원회 인권정책국장 2006년 同인권정책본부장 2006년 한양대 법과대학 부교수 2006년 同법학전문대학원 교수(현) 2011년 同법학전문대학원 학생부원장 2016년 서울시 인권위원회 위원(현) [상]대한변호사협회 공로상(2005) [저]'일본인의 일과 근성'(共) '한국 감옥의 현실' 'International Human Rights Law' '국제인권법과 한국의 미래(日文)' '인권법'(2008, 도서출판 한울) '국제범죄와 보편적 관할권'(2009, 도서출판 한울) '국제인권법'(2011, 도서출판 한울) '책으로 세상을 말하다'(2011, 도서출판 한울) '인권법의 신동향'(2012, 한울아카데미) '문명과의 대화'(2013, 네잎클로바)

박찬익(朴贊益)

[생]1975·7·31 [출]충남 금산 [주]서울 서초구 서초대로219 법원행정처 사법지원실(02-3480-1100) [학]1994년 대일외고졸 1998년 서울대 사법학과졸 [경]1997년 사법시험 합격(39회) 2000년 사법연수원 수료(29기) 2000년 공군 법무관 2003년 서울지법 판사 2004년 서울중앙지법 판사 2005년 서울동부지법 판사 2007년 전주지법 판사 2008년 창원지법 진주지원 판사 2011년 인천지법 부천지원 판사 2012년 법원행정처 사법정책심의관 겸임 2014년 서울고법 판사 2015년 전주지법 부장판사 2016년 대법원 재판연구관 2016년 법원행정처 사법지원총괄심의관(현)

박찬일(朴贊一) PARK Chan Il

[생]1955·9·29 [본]반남(潘南) [출]서울 [주]서울 동대문구 천호대로64 동아쏘시오홀딩스 비서실(02-920-8114) [학]1978년 서울대 약학대학졸 [경]2005년 호유코리아(주) 이사 2005년 동아제약(주) 개발본부장 2006년 同개발총괄 상무이사 2008년 同개발본부장(전무) 2011년 同개발·해외사업본부장(부사장) 2013년 동아에스티 대표이사 사장 2015년 동아쏘시오홀딩스 사장(현) [종]기독교

박찬일(朴贊日) PARK Chan Il

[생]1964·10·25 [출]서울 [주]부산 연제구 법원로15 부산고등검찰청(051-606-3300) [학]1983년 경성고졸 1987년 고려대 법학과졸 1994년 서울대 법학대학원졸 [경]1992년 사법시험 합격(34회) 1995년 사법연수원 수료(24기) 1995년 변호사 개업 1998년 서울지검 의정부지청 검사 1999년 대전지검 논산지청 검사 2001년 춘천지검 검사 2003년 同강릉지청 검사 2005년 서울중앙지검 검사 2007년 인천지검 부천지청 부부장검사 2009년 창원지검 공판송무부장 2009년 부산지검 동부지청 형사2부장 2010년 제주지검 부장검사 2011년 인천지검 부천지청 부장검사 2012년 수원지검 안양지청 부장검사 2013년 의정부지검 고양지청 부장검사 2014년 광주고검 전주지부 검사 2016년 부산고검 검사(현)

박찬종(朴燦鍾) PARK Chan Jong (尤堂)

[생]1939·4·19 [본]밀양(密陽) [출]부산 [주]서울 강남구 언주로850 스타빌딩4층 아시아경제연구원 이사장실 [학]1958년 경기고졸 1962년 서울대 상대 경제학과졸 1966년 同경영대학원졸, 한국외대 세계경영대학원 최고세계경영자과정 수료 [경]1961년 고등고시 사법과·행정과 합격 1961~1964년 해군 법무관 1962년 공인회계사시험 합격 1964~1970년 서울지검·춘천지검 검사 1971년 변호사·공인회계사 개업 1973년 제9대 국회의원(부산西·東, 민주공화당) 1976년 대한체육회 감사 1978년 변호사 개업(현) 1978년 공인회계사회 회장 1979년 제10대 국회의원(부산西·東, 민주공화당) 1979년 민주공화당 정책위원회 부의장 1979년 대한볼링협회 회장 1979년 민주공화당 정책조정실장 1984년 민주화추진협의회 인권특위 위원장 1985년 제12대 국회의원(부산中·東·영도, 신한민주당) 1985년 신한민주당 인권옹호위원장 1985년 민주화추진협의회 헌법개정특위 위원장 1987년 민주당 정책심의장 1988년 제13대 국회의원(서울 서초甲, 무소속·민주당·신정당) 1990년 민주당 부총재 1991년 정치개혁협의회 대표발기인 1992년 신정당 대표최고위원 1992년 제14대 국회의원(서울 서초甲, 신정당·신민당) 1994년 신민당 공동대표 1996년 신한국당 수도권선거대책위원장 1996년 同상임고문 1997년 한나라당 상임고문 1997년 국민신당 선거대책위원회 의장 1997~1998년 同상임고문 1998~2001년 일본 게이오대 객원연구원 2000년 민주국민당 최고위원 2000년 同부산中·東지구당 위원장 2002년 아시아경제연구원 이사장(현) 2002년 한나라당 이회창대통령후보 정치특별자문역 2003년 同상임고문 2004년 제17대 총선 출마(부산西, 무소속), 국제평화전략연구원 이사장, 안민종합법률사무소 변호사 [상]제1회 아키노자유상(1987) [저]'절도의 논리' '부끄러운 이야기' '광주에서 양키까지' '세대교체선언' '박찬종 서울개혁리포트-서울2020' 수상집 '나는 이제 말하지 않을 수 없다' '서울 이대로 좋은가' '색시 얻어줄께 서울 가지마' '박찬종의 신국부론-경제의 틀을 새로 짜는 21세기를 열자' '박찬종이 찾아낸 일본도 놀란 일본의 성공 벤처이야기' '침몰하는 한국경제 희망은 있는가?' [종]천주교

박찬종(朴贊宗) PARK Chan Jong

[생]1953·8·12 [출]서울 [주]서울 종로구 세종로178 현대해상화재보험(주) 임원실(02-732-1075) [학]1972년 중앙고졸 1977년 서울대 불어교육과졸 [경]1977년 현대건설(주) 입사 1986년 현대전자산업(주) 근무 1994년 同이사대우 1996년 同모니터SBU 이사 2001년 (주)하이닉스반도체 상무이사 2003년 현대해상화재보험(주) 상무이사 2004년 同전무이사 2008년 同부사장 2013년 同대표이사 부사장(현)

박찬주(朴燦柱) PARK Chan Ju (天空)

[생]1947·7·14 [본]함양(咸陽) [출]전남 화순 [주]서울 영등포구 의사당대로1 대한민국헌정회(02-757-6612) [학]1965년 광주제일고졸 1969년 전남대 문리대졸 1975년 연세대 대학원졸 1983년 미국 서던메소디스트대 대학원졸 [경]1971년 행정고시 합격(10회) 1971년 문화공보부 행정사무관 1972년 사법고시 합격(14회) 1974년 사법연수원 수료(4기) 1975년 대전지법 판사 1975년 同강경·홍성지원 판사 1979년 대전지법 판사 1980년 서울지법 의정부지원 판사 1983년 서울가정법원 판사 1985년 서울고법 판사 1989년 광주지법 부장판사 1991~2005년 법무법인 빛고을종합법률사무소 변호사 1996~2000년 제15대 국회의원(보성·화순, 국민회의·새천년민주당) 1997년 국민회의 윤리위원회 수석부위원장 1997년 대통령직인수위원회 경제2분과 위원 1997년 국민회의 총재 법률담당특보 1999년 同원내부총무 2000년 감사원 부정방지대책위원 2000년 광주시주민감사청구위원회 위원장 2001~2003년 법제처장 2001년 국무총리 행정심판위원회 위원장 겸임 2015년 대한민국헌정회 법률고문(현) [종]불교

박찬주(朴贊珠) Chan Ju PARK

[생]1958·9·5 [출]충남 천안 [주]대구 수성구 무열로56 사서함 503-2호 제2작전사령부 [학]1976년 천안고졸 1981년 육군사관학교졸(37기) [경]1997년 30사단 작전참모 1998년 국방부 정책기획국 안보정책담당 1999년 同대변인실 공보담당 2001~2004년 駐독일대사관 교환교관 2004년 11사단 9기계화 보병여단장 2005년 합동참모본부 전략기획부 군사전략과장 2006년 同전시작전통제권 전환이행실무단장 2007년 同전시작전권추진단장 2008년 국방부 군사보좌관(준장) 2010년 同군사보좌관(소장) 2010년 26사단장, 합동참모본부 신연합방위추진단장 2013년 7군단장(중장) 2014년 육군 참모차장(중장) 2014년 전쟁기념사업회 부회장 2015년 육군 제2작전사령관(대장)(현)

박찬중(朴贊仲) PARK CHAN JUNG

[생]1963·4·18 [출]경북 봉화 [주]경기 용인시 기흥구 중부대로200 (주)코디에스 대표이사실(031-322-7788) [경]1999년 (주)코디에스 대표이사(현) 2012년 (주)코디엠 대표이사(현) 2012년 용인상공회의소 이사(현) 2013년 벤처기업협회 부회장(현) 2013년 코스닥협회 이사(현) 2014년 테크노프로브코리아(주) 대표이사(현) [상]과학기술포장(2006), IR52장영실상(2009), 석탑훈장(2011), 기획재정부장관표창(2012)

박찬현(朴讚鉉) PARK Chan Hyun

[생]1959·9·26 [출]부산 [주]강원 동해시 이원길156 동해해양경비안전본부(033-680-2000) [학]1978년 부산 브니엘고졸 1983년 경북대 중어중문학과졸 1997년 중국 중산대 법학연구소졸 [경]1987년 경사 특채 2000~2002년 해양경찰청 외사계장·수사계장·보안계장(경정) 2002년 駐상하이총영사관 주재관 2005년 해양경찰청 수사계장(경정) 2007년 同수사계장(총경) 2007년 국방대 안보과정 교육 2007년 남해지방해양경찰청 정보수사과장 2008년 국토해양부 치안정책관 2009년 포항해양경찰서장 2010년 해양경찰청 전략사업과장 2011년 부산해양경찰서장 2011년 해양경찰청 재정담당관 2012~2013년 통영해양경찰서장 2014년 중앙공무원교육원 교육파견(경무관) 2014년 국민안전처 해양경비안전본부 해양장비기술국장 2015년 同동해해양경비안전본부장(현) [저]'영사일기'(2006) [종]기독교

박찬형(朴贊亨) Park, Chan Hyoung

[생]1959·10·27 [출]강원 춘천 [주]서울 용산구 이태원로222 제일기획 경영지원실(02-3780-2114) [학]춘천고졸, 성균관대 경제학과졸 [경]1984년 삼성전자(주) 입사, 同독일 프랑크푸르트지사장, 同네덜란드물류법인장 2010년 同영국 구주(SLES) 경영지원팀장 2011년 제일기획 CFO(전무), 同경영지원실장(전무) 2014~2015년 프로축구 수원 삼성 블루윙즈 대표이사 2015년 제일기획 경영지원실장(부사장) 2015년 同경영지원실장 겸 솔루션2부문장(부사장)(현)

박찬호(朴贊浩) Park, Chan-Ho

[생]1956·8·11 [본]반남(潘南) [출]경북 영주 [주]서울 영등포구 여의대로24 전국경제인연합회 임원실(02-3771-0234) [학]1975년 서울 양정고졸 1983년 서울대 사회학과졸 2000년 미국 웨스턴일리노이대 대학원 경영학과졸 [경]1983~1995년 전국경제인연합회 산업부 연구원 1994~1995년 한국경제연구원 거시경제실 초빙연구원 1997년 전국경제인연합회 경제조사실장·기획조정실장 2006년 同사회협력본부장(상무보) 2008년 同기획본부장(상무) 2013년 同전무(현)

박찬호(朴璨浩) PARK Chan Ho

[생]1966·3·18 [출]전남 광양 [주]서울 서초구 반포대로158 서울중앙지방검찰청 방위사업수사부(02-530-3114) [학]1985년 순천고졸 1994년 전남대 인문대학 철학과졸 [경]1994년 사법시험 합격(36회) 1997년 사법연수원 수료(26기) 1997년 대구지검 검사 1999년 광주지검 순천지청 검사 2001년 서울지검 검사 2003년 대검찰청 중앙수사부 공적자금비리합동단속반 검사 2005년 광주지검 검사 2007년 대검찰청 검찰연구관 2010년 서울고검 검사 2010년 서울중앙지검 부부장검사 2011년 전주지검 남원지청장 2012년 대검찰청 디지털수사담당관 2013년 서울중앙지검 특수3부장 2014년 인천지검 형사4부장 2015년 서울남부지검 금융조사1부장 2016년 서울중앙지검 방위사업수사부장(현)

박찬호(朴贊浩) Chan Ho PARK

[생]1973·6·29 [출]충남 공주 [주]서울 강남구 강남대로278 한국야구위원회(02-3460-4600) [학]1992년 공주고졸 1994년 한양대 경영학과 중퇴(2년) 2000년 한양대 명예졸업 [경]1991년 한·미·일청소년야구 국가대표 1993년 호주아시안게임 국가대표 1993년 하계U대회 국가대표 1994~2001년 미국 메이저리그(MLB) LA다저스 소속 1994년 계약금 120만달러·연봉 1만5000달러 1995년 연봉 3만달러 1996년 연봉 12만4000달러·시카고컵스전 첫승 1996년 1996시즌 성적-5승5패 1997년 연봉 27만달러·제5선발투수로 30게임 등판·National리그 14승8패·방어율 3.38·탈삼진 166개 1997년 충남도 명예국제협력위원 1998년 연봉 70만달러·15승9패·방어율 3.71·탈삼진 191개 1998년 제13회 방콕아시안게임 국가대표(금메달) 1999년 연봉 230만달러·13승11패·방어율 5.23 2000년 연봉 425만달러·18승10패·방어율 3.27 2001년 연봉 990만달러·15승11패·방어율 3.50·탈삼진 218개 2001년 미국 메이저리그(MLB) 올스타 선정 2001~2005년 미국 메이저리그(MLB) 텍사스 레인저스 소속(5년간 7천100만달러) 2002년 2002시즌 성적-9승8패·방어율 5.75 2003년 2003시즌 성적-1승3패·방어율 7.58 2004년 2004시즌 성적-4승7패·방어율 5.46 2005년 미국 메이저리그(MLB) 샌디에이고 파드리스 입단 2005년 2005시즌 성적-12승8패 2006년 2006시즌 성적- 7승7패 2006년 월드베이스볼클래식(WBC) 투수부문 올스타 선정 2007년 미국 메이저리그(MLB) 뉴욕 메츠 입단 2007년 미국 메이저리그(MLB) 휴스턴 애스트로스 입단 2007년 2012여수세계박람회 홍보대사 2007년 미국 메이저리그(MLB) LA 다저스 입단 2008년 미국 메이저리그(MLB) 필라델피아 필리스 입단 2009년 서울시여성가족재단 홍보대사 2010년 미국 메이저리그(MLB) 뉴욕 양키스 입단 2010년 미국 메이저리그(MLB) 피츠버그 파이리츠 입단 2010년 미국 메이저리그(MLB) 아시아투수 역대 최다승(124승) 기록 2010년 일본 프로야구 오릭스 버팔로스 입단 2011~2012년 프로야구 한화 이글스 소속(투수) 2012년 비비비코리아 홍보대사 2012년 현역 은퇴(미국 메이저리그(MLB) 통산 476경기 124승98패·평균자책점 4.36·삼진 1,715개/ 일본 프로야구 통산 7경기 1승5패·평균자책점 4.29·삼진 21개/ 한국 프로야구 통산 23경기 5승10패·평균자책점 5.06·삼진 68개) 2013년 JTBC WBC해설위원 2014년 한국수출입은행 대외경제협력기금(EDCF) 홍보대사 2014년 SBS 인천아시안게임 야구해설위원 2015년 공주시 홍보대사 2015년 세계야구소프트볼연맹(WBSC) '프리미어12' 글로벌 홍보대사(현) 2016년 한국야구위원회(KBO) 국제홍보위원(현) [상]한중청소년 학술상, 체육훈장 맹호장(1998), 부총리 겸 재정경제부장관표창(1999), 지역사회봉사상(2005), 일구회 특별상(2007), 코리아베스트드레서 스완어워드 스포츠부문상(2008), 미국 경제전문지 포브스 발표 '아시아 기부왕 48명'에 선정(2012), CJ 마구마구 일구대상(2013), 미국 메이저리그 사무국 선정 '야구 개척자(Pioneers of Baseball)'(2015) [저]'박찬호 나의 꿈 나의 도전'(1996) '마운드의 신사 박찬호'(1998) '끝이 있어야 시작도 있다'(2013, 웅진지식하우스) [종]불교

박찬홍(朴贊弘) Chan Hong Park

[생]1960·6·22 [출]충남 천안 [주]경기 안산시 상록구 해안로787 한국해양과학기술원 독도전문연구센터(054-780-3500) [학]1982년 연세대 이과대학 지질학과졸 1984년 同대학원 지질학과졸 1998년 이학박사(일본 지바대) [경]1985~1990년 한국과학기술원 해양연구소 연구원 1990~2012년 한국해양연구원 연구원·선임연구원·책임연구원 1995~1996년 인하대 해양학과 외래강사 1999년 한양대 지구해양학과 외래강사 2000~2001년 세종대 지구과학과 겸임교수 2002~2003년 연세대 지구시스템과학과 외래강사 2004~2005년 한양대 지구해양학과 겸임교수 2005~2007년 한국해양연구원 해양환경연구본부장 겸 수중문화재지표조사단장 2005~2008년 同독도전문연구사업단장 2005년 한국과학재단 과학기술앰배서더(현) 2006년 한국IODP 사무국 과학위원(현) 2007년 한국지구물리탐사학회 이사·부회장(현) 2007~2008년 한국해양연구원 동해기지총괄본부장 2007년 경북해양포럼 이사(현) 2008~2009년 대한지질학회 이사 2008년 경북해양바이오산업연구원 운영위원(현) 2008년 새경북위원회 위원(현) 2008년 한국해양연구원 동해연구소장 2008년 同독도전문연구센터장 2009년 세계해양포럼 기획위원 2009년 경북도 학술용역심의위원회 위원(현) 2009년 同지역연안관리심의회 위원(현) 2009년 동해안권발전공동협의회 위원(현) 2009년 한국이사부학회 부회장(현) 2010년 국가지명위원회 위원 2010년 한국해양바이오학회 이사 2011년 한국해양연구원 동해분원장 2012년 한국해양과학기술원 동해연구소장 2013년 경북도 독도위원회 위원 2013~2014년 한국해양과학기술원 제1부원장 2014년 同원장 직무대행 2014년 同독도전문연구센터 센터장(현) 2015년 정부 독도실무위원회 전문위원 [상]과학기술처장관 연구개발상(1990), 한국해양연구원 우수논문상(1995·1997), 한국해양연구원 우수연구사업수행표창(1999), 한국해양연구원 성취상(2002), 제4회 장보고대상 본상(2010) [저]'독도인근해역의 환경과 자연적 가치'(2003) '내가 사랑한 안용복'(2007)

박찬홍(朴贊洪) PARK Chan Hong

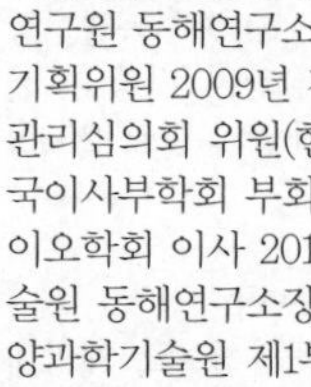

[생]1963·12·28 [출]전남 [주]경남 창원시 성산구 창원대로1144번길55 성우테크론(주) 비서실(055-297-8425) [학]1982년 목포공고졸 1991년 경남대 전기공학과졸 1999년 창원대 대학원 최고경영자과정 수료 [경]1981~1993년 삼성항공산업(주) 자동화설계팀 근무 1993년 성우정밀 창업 1997년 同공동대표이사 사장 2000년 성우테크론(주) 대표이사 사장(현) 2000년 삼우정밀공업(주) 이사(비상근)·대표이사 2004년 (주)아큐텍반도체기술 이사(비상근) 2006~2007년 同각자대표이사 사장 [상]삼성그룹회장표창(1984), 중소기업청 이달의 벤처기업인상(2001)

ㅂ

박찬훈(朴贊訓) Park Chan-hoon

[생]1972·3·7 [주]인천 연수구 아트센터대로175 G타워 22층 인천광역시청 국제협력담당관실(032-440-5002) [학]1997년 고려대 행정학과졸 2005년 미국 서던캘리포니아대 대학원 행정학과졸 [경]1996년 지방고시 합격(2회) 2007~2009년 인천시 정책기획관실 기획팀장 2009~2013년 인천경제자유구역청 예산평가과장·투자전략기획과장·기획정책과장 2013~2016년 駐애틀란타총영사관 영사 2016년 인천시 국제협력담당관(현)

박찬흔(朴贊昕) PARK Chan Heun

[생]1956·12·27 [본]반남(潘南) [출]서울 [주]서울 종로구 새문안길29 강북삼성병원 유방·갑상선암센터(02-2001-1730) [학]1981년 연세대 의과대학졸 1996년 의학박사(연세대) [경]1982~1986년 연세대 의료원 전공의 1986~1989년 육군 군의관(대위) 1989~1990년 연세대 의료원 연구강사 1990년 차병원 외과 과장 1990~2011년 한림대 의과대학 외과학교실 전임강사·조교수·부교수·교수 1996~1998년 미국 NSABP 연구원 2003년 한림대부속 강동성심병원 외과 과장 2004~2005년 同기획실장 2005~2007년 한국유방암학회 총무이사 2008년 한림대부속 강동성심병원장 2011년 성균관대 의과대학 외과학교실 교수(현) 2011년 강북삼성병원 유방·갑상선암센터장(현) 2011~2013년 한국유방암학회 이사장 [상]한림대의료원 학술상(1994) [저]'유방학'(2005)

박찬흥(朴燦興) PARK Chan Heung

[생]1957·3·14 [출]전북 전주 [주]서울 영등포구 여의나루로27 사학연금회관13층 플러스자산운용(주) 임원실(02-3787-2700) [학]1975년 전주고졸 1984년 동국대 회계학과졸 [경]1984~1999년 한국투자신탁 채권운용 및 법인팀장 1999~2000년 매크로에셋투자자문(주) 전무이사 2001~2002년 우리투자신탁운용 마케팅부장 2003년 플러스자산운용(주) 마케팅본부장(전무이사) 2009년 同대표이사(현) [종]기독교

박찬희(朴贊熹) PARK Chan Hi

[생]1964·12·2 [본]반남(潘南) [출]서울 [주]서울 동작구 흑석로84 중앙대학교 경영학과(02-820-5576) [학]1987년 서울대 경영학과졸 1989년 同대학원 경영학과졸 2000년 경영학박사(미국 하버드대) [경]1991~2000년 대우그룹 회장실 대리·과장 2000년 Axisoft 전략기획담당 이사 2001년 성균관대 겸임교수 2001년 중앙인사위원회 직무분석과장 2002년 중앙대 경영학과 조교수·부교수·교수(현) 2002~2008년 한국이사협회(KIOD) 교육위원 2003년 한국기업지배구조개선센터(CGS) 연구원 2004~2005년 MBC 라디오 '손에 잡히는 경제' 진행 2004~2009년 MBC TV '세계석학대담'·SBS TV '2009대한민국 신화를 다시쓰다'·NA TV '나라살림 우리살림'·EBS TV '일과 사람들' 기획·진행 2008~2013년 (주)SK C&C 사외이사 2009~2010년 녹색성장위원회 위원 2012~2014년 TV조선 '박찬희 정혜전의 황금 펀치' 진행 [저]'공직사회조직문화와 젠더파트너십'(2004) '인생을 바꾸는 게임의 법칙'(2005) '한국기업 성과급 제도의 변천(共)'(2007) [종]불교

박창권(朴昌權) PARK Chang Kwon

[생]1954·12·11 [출]대구 [주]대구 중구 달성로56 계명대학교 동산의료원 흉부외과(053-250-7342) [학]1979년 충남대 의대졸 1983년 경북대 대학원졸 1988년 의학박사(충남대) [경]1980~1987년 계명대 동산의료원 흉부외과 레지던트·전문의 1987~1998년 同동산의료원 의학과 전임강사·조교수·부교수 1990년 미국 워싱턴대 흉부외과 폐이식분야 연구원 1998년 계명대 의대 흉부외과학교실 교수(현) 2007년 同의대 흉부외과학교실 주임교수 2007~2009년 同동산의료원 흉부외과장 2015년 대한흉부심장혈관외과학회 회장(현)

박창권(朴昌權) PARK Chang Kwoun

[생]1958·10·18 [출]충북 충주 [주]서울 동대문구 회기로37 한국국방연구원 안보전략연구센터(02-961-1646) [학]1981년 해군사관학교졸 1989년 국방대학원 안전보장학과졸 1995년 국제정치학박사(미국 미주리대) [경]한국국방연구원 책임연구위원 2005~2007년 국방부 및 합동참모본부 정책 및 전략업무담당 2007~2008년 한국국방연구원 국방정책연구실장 2008년 同안보전략연구센터장 2008년 同안보전략연구센터 미국연구실장 2009~2012년 同안보전략연구센터 국방전략연구실장 2012년 同안보전략연구센터 국방전략연구실 국방전문연구위원 2016년 同안보전략연구센터장(현) [저]'중국이냐 미국이냐'(2008) '한국의 안보와 국방: 전략과 정책'(2009)

박창규(朴昌圭) PARK Chang Gyu

[생]1960·11·24 [출]서울 [주]서울 구로구 구로동로148 고려대학교 구로병원 순환기내과(02-2626-3019) [학]1985년 고려대 의과대학졸 1988년 同대학원졸 1995년 의학박사(고려대) [경]2001년 고려대 의과대학 순환기내과 교수(현), 아시아·태평양고혈압학회 조직위원회 부사무총장, 대한순환기학회 부총무 2007~2013년 고려대구로병원 심혈관센터 과장 2010년 일본 고혈압학회 SCI '고혈압 연구(Hypertenson Research)' 편집고문(현) 2012년 고려대 미래발전위원회 위원(현) 2013년 고려대구로병원 심혈관센터장(현) 2014년 대한고혈압학회 저항성고혈압연구회 회장(현) 2015년 국제전문학술지 'BioMed Research International;SCIE(Science Citation Index Expanded)' 편집위원(현) 2015년 고려대구로병원 교수의회 의장(현) 2016년 同순환기내과 과장(현) [상]대한고혈압학회 최우수임상연구상(2010)

박창근(朴昌根) Park Chang-Kun

[생]1961·1·7 [본]밀양(密陽) [출]부산 [주]강원 강릉시 범일로579번길24 가톨릭관동대학교 창의융합공과대학(033-649-7514) [학]1984년 서울대 공과대학 토목공학과졸 1986년 同대학원 토목공학과졸 1993년 공학박사(서울대) [경]1993~1995년 서울대 공학연구소 특별연구원 1995~1997년 한국건설기술연구원 선임연구원 1997~2006년 관동대 공과대학 토목공학과 조교수·부교수 1997년 강원도 지방건설기술심의위원 1999년 속초시 수돗물수질관리위원 1999년 한국수자원학회 지하수분과위원회 위원 2000~2002년 행정자치부 국립방재연구소 지역위원 2000~2007년 속초경실련 집행위원장 2001년 대한토목학회 편집위원 2002년 원주지방국토관리청 설계자문위원 2003년 관동대부설 방재연구센터 소장 2003년 경제정의실천시민연합 중앙상임집행위원회 중앙위원 2004년 환경운동연합 물위원회 부위원장 2004~2005년 대통령직속 지속가능발전위원회 물관리정책팀 TF팀 위원 2005년 한국수자원학회 지하수분과위원회 위원장 2006~2014년 관동대 공과대학 토목공학과 교수 2007~2008년 대한주택공사 토목설계심의위원 2007년 희망제작소 재난관리연구소 운영위원 2008~2014년 (사)시민환경연구소 소장 2008년 한반도대운하반대전국교수모임 상임공동집행위원장 2010년 서울시 양천구의회 재해대책특별위원회 특별전문위원 2014년 가톨릭관동대 공과대학 토목공학과 교수(현) 2016년 (사)대한하천학회 회장(현) [상]환경부장관표창(2007) [저]'유체역학(共)'(1997, 동화기술) '지하수학(共)'(2003, 시그마프레스) '지속가능한 물관리 정책(共)'(2005, 박영사) '물관리, 어떻게 할 것인가'(2005, 커뮤니케이션즈코리아) '수리학(共)'(2005, 동화기술) [종]기독교

박창기(朴昌基) Chang-Ki Park

[생]1959·5·26 [출]경남 하동 [주]서울 종로구 율곡로2길25 연합뉴스 마케팅국(02-398-3114) [학]1985년 한국외국어대 이란어과졸 [경]1988년 연합통신 입사 1998년 연합뉴스 사진부 기자 1999년 同사진부 차장대우 2001년 同사진부 차장 2005년 同사진부 부장대우 2008년 同사진부장 2011년 同통합뉴스국 에디터(부국장대우) 2011년 同콘텐츠센터 에디터 겸임 2013년 同뉴미디어본부장 2013년 同월간부 기획위원(부국장대우) 2014년 同월간부 기획위원(부국장급) 2015년 同마케팅국장(현) [상]상명 언론인상(2016)

박창달(朴昌達) PARK Chang Dal

[생]1946·3·17 [본]구산(龜山) [출]경북 포항 [주]서울 영등포구 의사당대로1 대한민국헌정회(02-757-6612) [학]1964년 대구 계성고졸 1973년 한국외국어대 독어과졸 1995년 영남대 행정대학원졸 2001년 고려대 컴퓨터과학기술대학원 수료 2002년 연세대 행정대학원 최고위과정 수료 2009년 명예 정치학박사(용인대) 2009년 명예 교육학박사(계명대) [경]1975년 경북청년지도자연합회 부회장 1989년 대구시핸드볼협회 회장 1991년 경북산업대 기성회장 1992년 민자당 제14대 대통령선거 경북선거대책위원회 상황실장 겸 대변인 1993년 신한국당 경북도지부 사무처장 1995년 同제1회 지방자치선거 경북선거대책위원회 총괄부본부장 1996년 同제15대 총선 경북도선거대책본부장 1997년 한나라당 대구시지부 사무처장 1997년 同제15대 대통령선거 이회창후보 특보역 1998년 同대구中지구당 위원장 2000년 同중앙선거대책위원회 상황실장 2000년 제15대 국회의원(전국구 승계, 한나라당) 2000년 제16대 국회의원(전국구, 한나라당) 2000년 한나라당 원내부총무 2000

년 한·슬로바키아의원친선협회 부회장 2001년 한나라당 중앙청년위원장 2002년 국회 교육위원회 간사 2003년 국회 여성위원회 위원 2004~2005년 제17대 국회의원(대구東乙, 한나라당) 2004년 국회 보건복지위원회 위원 2005년 한·캄보디아의원친선협회 회장 2007년 한나라당 제17대 대통령선거 중앙선거대책위원회 유세지원단 부단장 2007년 同제17대 대통령선거 이명박후보 특보단장 2008년 제17대 대통령취임준비위원회 상임자문위원 2009~2011년 한국자유총연맹 회장(제11대) 2010~2011년 세계자유민주연맹(WLFD) 의장 2010~2011년 아시아태평양자유민주연맹(APLFD) 의장 겸 총재 2011년 국가정체성회복국민협의회 의장 2011~2013년 한국자유총연맹 총재(제12대) 2015년 대한민국헌정회 이사(현) 2015년 미래실버청년연구원 이사장(현) 2015년 계성학교 총동창회장(현) 2016년 제20대 국회의원선거 출마(대구 중구·남구, 무소속) ⓢ자랑스러운 외대인상(2010) ㉖'박창달, 자유를 말하다'(2011)

박창렬(朴昌烈) PARK Chang Ryul

ⓢ1964·4·25 ⓞ전남 장성 ⓙ서울 광진구 아차산로404 서울동부지방법원 제14민사부 부장판사실(02-2204-2227) ⓗ1983년 조선대사대부고졸 1987년 연세대 법학과졸 ⓖ1993년 사법시험 합격(35회) 1996년 사법연수원 수료(25기) 1996년 부산지법 동부지원 판사 1998년 부산지법 판사 2000년 인천지법 판사 2003년 서울지법 동부지원 판사 2004년 서울동부지법 판사 2005년 서울행정법원 판사 2009년 서울중앙지법 판사 2011년 광주지법 부장판사 2012년 수원지법 부장판사 2015년 서울동부지법 부장판사(현)

박창명(朴昌明) PARK Chang Myung

ⓢ1950·11·28 ⓞ경남 사천 ⓙ대전 서구 청사로189 병무청 청장실(042-481-2603) ⓗ진주고졸, 경상대졸(ROTC 12기) 1989년 국방대 안보과정 수료 1997년 경상대 대학원 행정학 석사 2010년 명예 행정학박사(경상대) ⓖ1985년 68사단 해안대대장 1987년 8군단 교훈처 교훈과장 1989년 37사단 작전참모 1992년 육군대학 전투발전처장 1993년 同지휘학처장 1994년 39사단 118연대장 1995년 11군단 정보참모 1996년 2군사령부 작전처 교육훈련과장 1997년 同작전처 계획편성과장 1998년 同감찰참모 1999년 11군단 참모장 2000년 205특공여단장 2000~2006년 제9·10·11대 대한민국ROTC중앙회 부회장 2002년 교육사령부 교리부 차장 2003년 제36보병사단장(소장) 2005년 육군본부 지휘통신참모장 2006년 제9군단장(중장) 2007년 1군사령부 부사령관 2009년 국방대 총장 2010~2013년 경상대 정치외교학과 교수 2011년 제15대 대한민국ROTC중앙회 부회장 2012년 새누리당 국민행복추진위원회 국방안보추진단 추진위원 2013~2014년 대한민국ROTC중앙회 수석부회장 2013년 병무청장(현) ⓢ대통령표창(1997), 보국훈장 천수장(2005), 자랑스런 경상인상(2006), 보국훈장 국선장(2010) ㉖'한반도통일방안연구' '민·관·군 통합방위작전 이론과 실제' '군리더십 향상 제고 방안'

박창민(朴昌玟) PARK Chang Min

ⓢ1952·12·12 ⓞ경남 마산 ⓙ서울 종로구 새문안로75 (주)대우건설 사장실(02-2288-3114) ⓗ1971년 마산고졸 1976년 울산대 건축공학과졸 1995년 중앙대 건설대학원 건축경영학과졸 ⓖ1979년 현대산업개발(주) 입사 2001년 同건축본부 이사대우 2002년 同건축본부 상무보 2005년 同영업본부 남부지사장(상무), 同용인죽전I-PARK소장(상무) 2008년 同영업본부 재개발1·2담당 상무 2010년 同영업본부장(부사장) 2011~2014년 同대표이사 사장 2011~2014년 대한건설협회 서울시회 대표회원 2012~2016년 한국주택협회 회장 2014년 대한건설협회 회원부회장 2015년 현대산업개발(주) 상임고문 2016년 (주)대우건설 대표이사 사장(현) ⓢ문화관광부장관표창, 주택건설국가산업발전공로 대통령표창, 금탑산업훈장(2015)

박창수(朴昌洙) PARK Chang Soo

ⓢ1957·3·25 ⓞ서울 ⓙ세종특별자치시 도움5로20 국민권익위원회 상임위원실(044-200-7027) ⓗ미국 위스콘신대 메디슨교 대학원 정책학과졸 ⓖ1980년 행정고시 합격(24회) 1994년 총무처 인사기획과 근무, 플로리다대 연수 2001년 중앙인사위원회 기획관리과장 2002년 同인사정책과장 2003년 同인사심사과장 2005년 중앙공무원교육원 기획지원부장(부이사관) 2005년 중앙인사위원회 양성기획부장 2007년 駐OECD 파견 2009년 민주화운동관련자명예회복 및 보상심의위원회 파견(고위공무원) 2011년 한국지역정보개발원 기획조정실장 2011~2012년 중앙공무원교육원 교수부장 2012년 새누리당 행정안전위원회 수석전문위원 2013년 同안전행정위원회 수석전문위원 2014년 국민권익위원회 상임위원(현)

박창수(朴昌洙) PARK chang su

ⓢ1959·4·24 ⓞ경북 청송 ⓙ경북 안동시 풍천면 도청대로455 경상북도의회 사무처 총무담당관실(054-880-5110) ⓗ1977년 대구고졸 1991년 한국방송통신대 행정학과졸 ⓖ1982~1988년 조달청 조정국·물자국 비축관리담당 1989년 경북도 건설국 치수과 근무 1992~2000년 同유통특작과·기획관실·새마을과 근무 2000년 경북 양양군·청송군 지방행정사무관 2003년 경북도 투자유치과·정책기획관실 사무관 2006년 同통상외교팀·투자유치팀 지방행정사무관 2012년 지방서기관 승진 2012년 행정안전부 지방행정연수원 고급리더과정 연수 2013년 (재)문화엑스포 대외협력실장 2014년 경북도 환경정책과장 2015년 경북 예천군 부군수 2016년 경북도 자치행정국 자치행정과 서기관 2016년 경북도의회 사무처 총무담당관(현) ⓢ내무부장관표창(1996), 대통령표창(2009)

박창순(朴昌淳) PARK chang soon (만경·가송·봉호)

ⓢ1961·11·18 ⓞ전남 영암 ⓙ경기 수원시 팔달구 효원로1 경기도의회(031-8008-7000) ⓗ1981년 전북기계공고졸 2006년 서울디지털대 법학과 및 행정학과졸 2008년 단국대 행정법무대학원 행정학과졸(석사) 2013년 同행정대학원 행정학 박사과정 수료 ⓖ1997~2010년 복지종합건설(주) 이사 2000년 (사)한국아마추어무선연맹 강사 2002~2010년 도성건설(주) 사장 2006~2008년 단국대 사회과학연구소 지방자치연구원 2008년 민주당 경기도당 정치아카데미 수료 2009년 同성남수정구지역위원회 상무위원·부위원장 2009년 시민주권모임 준비위원 2009년 민주당 서민경제활성화특별위원회 부위원장 2009년 성남시호남향우회 상임위원(현) 2010~2014년 경기 성남시의회 의원(비례대표, 민주당·민주통합당·민주당·새정치민주연합) 2010년 同행정기획위원회 위원 2010년 同예산결산위원회 위원 2010년 민주당 성남수정지역위원회 운영위원 2010년 단국대총동문회 상임이사 2010년 민주평통 성남시협의회 부회장(현) 2011년 성남시의회 민주당의원협의회 간사 2011년 서울디지털대총동문회 수석부회장 2011~2014년 성남수정초 학교운영위원회 위원장 2012년 성남시 도시개발공사설립 심사위원 2012년 성남시의회 문화복지위원회 위원·간사 2012년 성남시 의료원설립추진위원회 위원 2012년 민주통합당 제18대 대통령중앙선거대책위원회 성남시 수정구선거대책본부장 2014년 경기도의회 의원(새정치민주연합·더불어민주당)(현) 2014년 同새정치민주연합 대변인 2014년 同예산결산특별위원회 위원 2014년 同안전행정위원회 위원 2014년 성남 수진중 학교운영위원장(현) 2015년 경기도의회 더불어민주당 대변인 2015년 同안전사회건설특별위원회 위원(현) 2015년 同항공기소음피해대책특별위원회 위원(현) 2016년 同안전행정위원회 간사(현) ⓢ서울디지털대총장표창(2006), 민주당 파워블로그 당대표상(2010), 민주당 공로상(2011), 전남도지사표창(2014) ⓒ천주교

박창식(朴昌植) Park chang sik

ⓢ1959·10·17 ⓞ충북 단양 ⓙ서울 서대문구 통일로 37길60 디지털서울문화예술대학교(02-379-8828) ⓗ서울예술대학 연극과졸 ⓖ1993~1996년 SBS프로덕션 프로듀서 2006~2007년 방송위원회 외주제작개선위원회 위원 2008~2012년 한국드라마제작사협회 부회장 2009~2012년 (주)김종학프로덕션 대표이사 2011년 (사)한국드라마제작사협회 회장(현) 2012~2016년 제19대 국회의원(비례대표, 새누리당) 2012년 국회 평창동계올림픽 및 국제경기대회지원특별위원회 위원 2012년 국회 문화체육관광방송통신위원회 위원 2012년 새누리당 제18대 대통령중앙선거대책위원회 미디어본부장 2013·2014~2016년 국회 교육문화체육관광위원회 위원 2013년 새누리당 홍보기획본부 부본부장 2013년 同구리시당원협의회 운영위원장 2014년 同세월호사고대책특별위원회 위원 2014~2015년 同원내부대표 2014~2015년 국회 운영위원회 위원 2014년 국회 예산결산특별위원회 위원 2015년 새누리당 홍보기획본부장 2016년 제20대 국회의원선거 출마(경기 구리시, 새누리당) 2016년 디지털서울문화예술대 총장(현) ⓢ글로벌 자랑스러운 인물대상(2015), 시민일보 의정·행정대상(2015)

박창식(朴昌植)

ⓢ1959·11·7 ⓞ경북 안동 ⓙ경남 하동군 하동읍 경서대로139 하동경찰서 서장실(055-880-3210) ⓗ대구 중앙상고졸, 영남대 한문교육과졸, 동아대 경찰법무대학원졸 ⓖ1987년 경찰 임용(경사 특채) 1992년 경위 승진 2000년 경감 승진 2005년 부산진경찰서 경비과장 2005년 경정 승진 2006년 부산 사하경찰서 경무과장 2008년 부산지방경찰청 보안3계장 2010년 同보안수사2대장 2011년 同교통안전계장 2014년 부산 해운대경찰서 여성청소년과장 2015년 부산지방경찰청 보안과장 2015년 총경 승진 2016년 경남 하동경찰서장(현)

ㅂ

박창식(朴昌植) PARK Chang Shik

[생]1960 · 1 · 23 [출]서울 [주]서울 마포구 효창목길6 한겨레신문 전략기획실(02-710-0114) [학]1986년 서울대 사회학과졸 2010년 언론학박사(광운대) [경]1990년 한겨레신문 한겨레21 기자 2000년 同한겨레21 정치팀장 2001년 同편집국 정치부 기자 2005년 同사장실 부장 2006년 同편집국 문화부문 편집장 2008년 同편집국 정치부문 편집장 2009년 同편집국 정치부문 선임기자 2010년 同논설위원 2011년 同한겨레말글연구소장 겸 논설위원 2012년 同연구기획조정실장 2015년 同논설위원 2015년 同전략기획실장(현) 2016년 한국신문협회 기조협의회 부회장(현) [상]한국어문기자협회 특별상(2015) [저]'아시아와 어떻게 사귈까'(1995) '쿨하게 출세하기'(2004)

박창식(朴昶湜) PARK Chang Sik

[생]1961 · 10 · 2 [출]서울 [주]서울 강남구 논현로128길3 (주)대진디엠피 사장실(02-6921-7700) [학]1984년 인하대 기계공학과졸 1986년 미국 스티븐스공과대(Stevens Institute of Technology) 대학원 기계공학과졸 [경]1988년 대진정밀산업(주) 근무 1997년 同대표이사 사장 2001년 (주)대진디엠피 대표이사 사장(현)

박창열(朴昌烈) PARK Chang Yeol

[생]1946 · 6 · 15 [본]밀양(密陽) [출]전남 강진 [주]전북 고창군 심원면 애향갯벌로70 고창컨트리클럽 비서실(063-560-7744) [학]1964년 광주고졸 1972년 한양대졸 2008년 서울대 자연과학대학 과학기술혁신최고전략과정 수료 [경]1972년 광주시 도로과 근무 1973년 광주 대동고 교사 1984년 대동건설(주) 근무 1989년 남광주컨트리클럽 근무 1994~2006년 광주상공회의소 의원(15 · 16 · 17 · 18대) 1995년 남광주컨트리클럽 대표이사 1995~2006년 대동건설(주) 대표이사 1995년 학교법인 우성학원 이사 2000년 대한건설협회 전남지회 상임감사 2000년 한국골프장경영협회 중부권대표 회장 2001년 법무부 범죄예방위원 2001년 한국골프장경영협회 전국부회장 2001년 민주평통 자문위원 2002년 고창컨트리클럽 대표이사(현) 2003년 대한건설협회 전남도회 감사 2003년 在광주 · 전남 한양대총동창회 회장 2003~2006년 학교법인 우성학원 이사장 2004년 남광주컨트리클럽 회장 2006년 한양대총동창회 부회장 2006~2015년 대동갤러리 대표 2007년 광주북성중총동창회 회장 [상]대한주택공사 우수시공업체선정(1988 · 1990), 고흥군수표창(1998), 전남도지사표창(2003), 광주지방국세청장표창(2003), 행정자치부장관표창(2004), 대통령표창(2004), 광주세무서장표창(2005) [종]기독교

박창영(朴昌永) PARK Chang Young

[생]1958 · 11 · 15 [주]경기 안양시 만안구 성결대학로53 성결대학교 신학부(031-467-8117) [학]성결대 신학과졸, 신학박사(아세아연합신학대) [경]성결대 신학부 조교수 · 부교수 · 교수(현) 2006년 同교목실장 2007 · 2009~2012년 同기획처장 2010년 同영암신학사상연구소장 2012~2014년 同성결신학대학원장 2014년 同부총장 2014년 同기획처장 2016년 同신학대학원장(현) [저]'신약헬라어문법'(1999)

박창원(朴昌遠) PARK Chang Won

[생]1954 · 11 · 19 [본]밀양(密陽) [출]경남 고성 [주]서울 서대문구 이화여대길52 이화여자대학교 인문과학대학(02-3277-2141) [학]부산고졸 1981년 서울대 국어국문학과졸 1983년 同대학원졸 1991년 문학박사(서울대) [경]1988년 경남대 교수 1992~1994년 인하대 교수 1994년 이화여대 인문과학대학 국어국문학전공 교수(현) 2001~2003년 국립국어연구원 어문규범연구부장 2004년 한국세계화재단 운영이사 2008년 이화여대 다문화연구소장(현), 同국어문화원장 2009~2011년 전국국어문화원연합회 회장 2012~2015년 한국어문학술단체연합회 공동대표 2013~2015년 국어학회 회장 2013~2015년 언어문화개선범국민연합 공동대표 2016년 이화여대 인문과학대학장 겸 루체테인문학사업단장(현) [상]국어학회 일석상(1989), 문화체육관광부장관표창(2011) [저]'중세국어 자음연구'(1996, 한국문화사) '언어와 여성의 사회적 위치'(1999, 태학사) '국어음운연구사 1'(2002, 태학사) '고대 국어음운 1'(2002, 태학사) '언어의 이론과 분석 1'(2002, 태학사) '남북의 언어와 한국어교육'(2003, 태학사) '한영일 음운대비(共)'(2004) '훈민정음'(2005, 신구문화사) '한영일 음운대비'(2006, 한국문화사) '한국어의 정비와 세계화 1'(2009, 박문사) '외국에서의 한국어 교육 2'(2010, 박문사) '한글 박물관'(2011, 책문) '한국어의 표기와 발음'(2012, 지식과 교양)

박창원(朴昌遠) Park, Chang Won

[생]1964 · 3 · 29 [본]밀양(密陽) [출]서울 [주]충북 청주시 흥덕구 오송읍 오송생명2로187 식품의약품안전평가원 의료기기연구과(043-719-4901) [학]1984년 배문고졸 1989년 성균관대 약학과졸 1991년 同약학대학원 생물약학과졸 1997년 생물약학박사(성균관대) [경]1991~1999년 국립독성연구소 일반독성과 보건연구사 1999~2001년 미국 국립보건원(NIH) Visiting Fellow(Post-Doc.) 2001~2004년 국립독성연구원 신경독성과 · 일반독성과 보건연구관 2004~2010년 식품의약품안전청 의약품심사부 기관계용의약품과 · 종양약품과 · 허가심사조정과 보건연구관 2011년 同의약품심사부 허가초과의약품평가TF팀장 2012년 대전지방식품의약품안전청 유해물질분석과장 2013년 식품의약품안전평가원 화장품연구팀장 2015년 同의료기기연구과장(현) [상]국무총리표창(2009)

박창일(朴昌一) PARK Chang-il

[생]1946 · 10 · 12 [본]밀양(密陽) [출]인천 [주]서울 서대문구 연세로50 연세대학교(1599-1885) [학]1965년 제물포고졸 1972년 연세대 의대졸 1979년 同대학원졸(석사) 1982년 의학박사(연세대) 2010년 명예 의학박사(몽골국립의과대학) [경]1983~2011년 연세대 의대 재활의학교실 전임강사 · 조교수 · 부교수 · 교수 1986년 독일 뮌헨대 소아센터 연수 1987년 독일 하이델베르크대 척수손상센터 연수 1989년 국제키비탄 한국본부 사무총장 1992년 연세대의료원 기획조정실 기획차장 1993년 同세브란스병원 재활의학과장 1993년 同재활병원 진료부장 1994년 아 · 태장애인경기연맹 의무분과 위원장 1995년 연세대의료원 재활의학연구소장 1996년 대한재활의학회 이사장 1998년 연세대의료원 기획조정실장 1998년 한국장애인복지진흥회 이사 1999년 아 · 태지역장애인경기연맹(FESPIC) 부회장 겸 의무분과 위원장 2000~2005년 연세대의료원 재활병원장 2002년 세계재활의학회 부회장 2002~2004년 대한재활의학회 회장 2002~2005년 대한스포츠의학회 회장 2004년 연세대의료원 새병원개원사업본부장 2005~2008년 同세브란스병원장 2006~2010년 사립대학병원장협의회 초대회장 2006~2008년 세계재활의학회(ISPRM) 회장 2006년 한국산재의료원 비상임이사 2008~2010년 연세대 의료원장 겸 의무부총장 2008년 同의료원 암전문병원건설사업단장 2008~2010년 대한병원협회 부회장 2009~2010년 국제키비탄 한국본부 총재 2010~2015년 한국인체조직기증지원본부 이사장 2010~2012년 행복한재단 이사장 2011년 연세대 명예교수(현) 2011~2016년 건양대 의료원장 2012년 대한병원협회 이사 2012~2014년 충남지방경찰청 시민감찰위원장 2014년 법무부 사면위원회 위원(현) 2016년 학교법인 연세대 이사(현) [상]대한민국 체육포장(1996), 보건복지부장관표창(1997), 대한재활의학회 학술상(1998 · 2003), 대한민국 체육훈장(2003), 대한민국글로벌경영인대상 종합병원부문(2008), 자랑스런 연세인상 공로상(2010), 한국경제를 움직이는 인물 가치경영부문(2012), 옥조근정훈장(2012), 대한장애인럭비협회 공로패(2012), 대한민국보건산업대상 올해의 보건산업인(2012), 한국의 영향력있는 CEO 사회책임경영부문(2013), 창조경제리더 고객서비스경영부문(2013), 한국서비스경영학회 한국서비스경영인 대상(2014), 대전시장애인부모회 감사패(2015), 기획재정부장관표창(2016), 연세대 의대 영예동창상(2016), 종근당 '존경받는 병원인상' CEO부문(2016), 헬만프락스상(2016) [저]'척추외과학' '척추외과학(共)' '스포츠 의학'(共) '재활의학'(2007) '세브란스 르네상스의 비밀'(2010) [종]기독교

박창일(朴昌一) PARK Chang Il

[생]1954 · 12 · 16 [본]반남(潘南) [출]경북 예천 [주]대구 달서구 달구벌대로1095 계명대학교 국제통상학과(053-580-5399) [학]1981년 계명대 무역학과졸 1983년 同대학원 무역학과졸 1990년 미국 세인트존스대 대학원 국제금융학졸 2005년 경영학박사(계명대) [경]2000년 신용보증기금 비서실장 2002년 同성남지점장 2003년 同어음보험부장 2004년 同국제업무부장 2006년 同인력개발부장 2007년 同감사실 부장 2008년 同감사실장 2009년 同대구경북영업본부장 2010년 同종합기획부 본부장 2010~2011년 同교육연수(본부장급) 2011년 계명대 국제통상학과 교수(현) [종]기독교

박창제(朴昌濟)

[생]1970 · 4 · 4 [출]경남 합천 [주]대전 서구 둔산중로78번길45 대전지방법원(042-470-1114) [학]1989년 거창 대성고졸 1999년 성균관대 법학과졸 [경]1998년 사법시험 합격(40회) 2001년 사법연수원 수료(30기) 2001년 부산지법 판사 2002년 부산고법 판사 2003년 부산지법 판사 2005년 수원지법 판사 2008년 서울중앙지법 판사 2010년 서울북부지법 판사 2012년 서울동부지법 판사 2014년 서울고법 판사 2016년 대전지법 부장판사(현)

박창종(朴昌鍾) PARK Chang Jong

[생]1952 · 4 · 3 [본]밀양(密陽) [출]경남 의령 [주]서울 강남구 강남대로298 푸르덴셜생명보험(주) 임원실(02-2144-2075) [학]1970년 경남고졸 1975년 서울대 독어독문학과졸 1987년 연세대 경영대학원 경제학과졸 2000년 미국 UC San Diego대 연수 [경]1995년 보험감독원 임원실장 1997년 同생보검사1국 부국장 1998년 同홍보실장 1999년 금융감독원 검사3국 팀장 2001년 同보험검사국장 2002년 同런던사무소장 2003~2006년 同보험감독국장 2006년 생명보험협회 전무 2007~2012년 同부회장 2010~2012년 금융감독원 금융소비자 자문위원 2012년 푸르덴셜생명보험(주) 감사(현)

박창현(朴昌鉉) PARK Chang Hyun (이암)

[생]1952 · 7 · 1 [본]삼척(三陟) [출]경남 [주]충남 천안시 동남구 수신면 장산동길32 (주)DE&T 회장실(041-529-3456) [학]1971년 계성고졸 1975년 경북대 전자공학과졸 1992년 同대학원 반도체공학과졸 2000년 공학박사(경북대) 2001년 서울대 최고경영자과정(AMP 51기) 수료 [경]1975~1977년 육군 중위 전역(ROTC 13기) 1978년 삼성전자(주) 입사 1994~1997년 同반도체부문 부천사업장(공장장) 1995~1997년 인천지방환경친화기업협의회 회장 1997~1998년 삼성전자(주) 반도체부문 기흥1단지장 1998~2002년 한국DNS(現 세메스(주)) 대표이사 사장 2000~2006년 한국기술교육대 정보기술공학부 겸임교수 2002~2014년 (주)DE&T 대표이사 2003~2004년 (사)한국산학기술학회 회장 2007년 한국디스플레이산업협회 감사(현) 2009년 충남북부상공회의소 상임의원 2009~2014년 천안세무서 세정발전협의회 부회장 2010년 충남디스플레이산업기업협의회 회장(현) 2012~2014년 충남북부상공회의소 부회장 2014년 천안세무서 일일세무서장 2014년 (주)DE&T 회장(현) [상]삼성전자 기술포장(동장)(1982), 삼성전자 20년 근속상(1998), 과학기술훈장 도약장(2001), 대통령직속 중소기업특별위원회 위원장표창(2003), 전자IT의 날 동탑산업훈장(2009) [종]가톨릭

박창현(朴昌賢)

[생]1961 · 1 · 19 [주]서울 송파구 송파대로28길28 해양환경관리공단 해양사업본부(02-3498-8504) [학]1980년 경동고졸 1989년 연세대 수학과졸 [경]1989~1996년 무역회사 근무 1996년 한국해양유류오염방제조합 설립기획단 근무 1997년 한국해양오염방제조합 설립기획단 근무 2006년 同군산지부장 2007년 同교육팀장 2008년 해양환경관리공단 정보화팀장 2009년 同인력개발팀장 2010년 同홍보팀장 2014년 同항만예선팀장 2015년 同해양환경교육원장 2016년 同감사실장 2016년 同해양사업본부장(현) [상]해양환경관리공단 이사장표창(2000), 국토해양부장관표창(2010), 산업포장(2013)

박창화(朴昌和) PARK Chang Hwa

[생]1952 · 3 · 23 [주]인천 연수구 아카데미로119 인천대학교 도시과학대학 도시환경공학부(032-835-8774) [학]1978년 동국대 토목공학과졸 1982년 同대학원 토목공학과졸 1995년 공학박사(동국대) [경]1977~1982년 서울시 지하철건설본부 기획조사과 · 건설과 근무 1982~2010년 인천전문대학 토목과 조교수 · 부교수 · 교수 1990년 同산학협동연구소장 1994년 同산업기술연구소장 2000년 인천녹색연합 공동대표 2002년 녹색평화당 공동대표 2004년 녹색사민당 최고위원 2010년 인천대 도시과학대학 도시환경공학부 교수(현) 2012년 새누리당 박근혜 대통령후보 인천시 연수구 선거대책공동위원장 2014년 인천시 연수구청장 예비후보(새누리당) 2016년 인천대 도시과학대학장(현) [상]서울시장표창, 인천시장표창

박창희(朴昌熙) PARK Chang Hee (月岩)

[생]1957 · 8 · 13 [본]무안(務安) [출]전남 무안 [주]경기 수원시 팔달구 동말로105 경기매일(02-783-0099) [학]1998년 연세대 공학대학원 석사과정 수료 [경]2001년 경인매일 편집국 부국장대우 2002년 同편집부국장 2003년 同편집부국장 겸 서울취재본부장 2003~2005년 同편집국장대우 겸 정치부 국장 2005년 경기매일 전무이사(현) [상]자랑스런서울시민상(2002), 서울시장표창(2005), 서울시봉사상 본상(2009), 대통령표창(2011) [종]천주교

박창희(朴暢熙) PARK Chang Hi

[생]1959 · 10 · 22 [본]밀양(密陽) [출]경남 밀양 [주]경남 창원시 성산구 창원대로797 한국기계연구원 재료연구소 대외협력사업화실(055-280-3790) [학]1978년 마산고졸 1985년 중앙대 영어교육학과졸 1996년 창원대 대학원 경영학과졸 2001년 경영학박사(창원대) [경]1985년 한국기계연구원 기술정보실 근무 1992년 同총무과장 1994년 同연구기획과장 1998년 同행정실장 2004년 同연구기획실장 2007년 同부설 재료연구원 연구기획실장 2010년 同차세대소재승용프론티어사업단 기술사업실장 2012년 同재료연구소 기술마케팅홍보실장 2015년 同재료연구소 대외협력사업화실장(현) [상]과학기술처장관표창(1991) [종]불교

박창희(朴昌熙) PARK Chang Hee

[생]1963 · 7 · 10 [본]밀양(密陽) [출]대전 [주]대전 서구 한밭대로809 사학연금회관10층 플러스국제특허법률사무소(042-482-0004) [학]1982년 대전고졸 1986년 서울대 화학과졸 1988년 同대학원 화학과졸 1993년 이학박사(서울대) [경]1993~1996년 한화그룹 종합연구소 선임연구원 1996~2004년 특허청 책임심사관 · 공업서기관 2003년 플러스국제특허법률사무소 대표변리사(현) [상]특허청 심사관 특허맵작성경진대회 최우수상(1997), 특허청 특허넷개통관련 유공표창(1999), 특허청 우수심사관표창(1999), 법무부 특허소송관련우수소송수행관표창(2002) [종]천주교

박창희

[주]경기 성남시 분당구 판교역로235 H스퀘어 N동6층 (주)카카오(070-7492-1300) [학]건국대 항공우주학과졸 [경]퀴크시스템 근무, NHN 근무 2008년 아이위랩 근무, 다음카카오 카카오톡팀장 2015년 (주)카카오 최고품질책임자(CPO)(현)

박천규(朴天圭) Park Chun Kyoo

[생]1964 · 11 · 26 [출]전남 구례 [주]세종특별자치시 도움6로11 환경부 자연보전국(044-201-7210) [학]1983년 광주 동신고졸 1990년 연세대 행정학과졸 1997년 미국 위스콘신대 대학원 정책학과졸 [경]행정고시 합격(34회) 1991~2002년 환경부 국제협력과 · 해외협력과 · 유해물질과 · 환경기술과 · 총무과 근무 2002~2004년 同교통공해과장 · 교통환경기획과장 2004~2008년 駐UN대표부 파견 2008~2010년 환경부 기후변화정책과장 · 기후대기정책과장 · 기획재정담당관 2010~2012년 녹색성장위원회 파견 2012년 환경부 기후대기정책관 2013년 금강유역환경청장 2014년 중앙공무원교육원 파견 2015년 환경부 국제협력관 2015년 同대변인 2016년 同자연보전국장(현)

박천동(朴千東) PARK Cheon Dong

[생]1966 · 3 · 20 [출]울산 [주]울산 북구 산업로1010 북구청 구청장실(052-241-7000) [학]1983년 울산고졸 1991년 동의대 경영학과졸 1998년 同경영대학원졸 2001년 경제학박사(동의대) [경]1991~2000년 (주)삼신정공 입사 · 총무과장 1997~2006년 사회복지법인 수연복지재단 이사 2000년 울산지방경찰청 환경감시위원 2002 · 2006~2010년 울산시의회 의원(한나라당) 2004~2014년 울산과학대학 겸임교수 2006년 울산시의회 산업건설위원, 푸른울산21 환경위원회 위원, (재)울산시중소기업종합지원센터 이사, 울산산업진흥재단 이사, 울산교통포럼 대표, (사)대한경영학회 부회장, 자연보호울산북구협의회 회장 2014년 울산시 북구청장(새누리당)(현) [저]'현대 중국경제의 이해(共)'(2008, 한올출판사) '고개를 숙이면 부딪치는 법이 없습니다'(2013, 한올출판사)

박천만(朴天萬) PARK Chun Man

[생]1952 · 9 · 13 [출]전북 부안 [주]서울 종로구 사직로8길39 세양빌딩 김앤장법률사무소(02-3703-1170) [학]전주상고졸 1981년 전주대 법학과졸 2004년 연세대 경영대학원 경영학과졸 [경]1980년 김포세관 조사국 근무 1984년 서울세관 조사국 근무 1999~2000년 국립세무대학 전임강사 1999년 재무부 관세정책과 근무 2000년 서울세관 외환조사과장 2002년 관세청 외환조사과 근무 2002년 同조사총괄과 근무 2006년 경북 마산세관장 2007년 관세청 조사감시국 조사총괄과장 2008년 충남 천안세관장 2010~2011년 인천본부세관 조사감시국장 2011년 김앤장법률사무소 고문(현) 2013년 서울본부세

ㅂ

관 범칙조사위원(현) 2014년 인천본부세관 보통징계위원(현) [상]국무총리표창(1984), 대통령표창(1993), 홍조근정훈장(2011) [저]'외환조사가이드(共)'(2000) '외환거래판례집(共)'(2000) '관세형법'(2002) [종]기독교

박천수(朴千守)

[생]1965·6·15 [출]경남 고성 [주]경남 양산시 물금읍 신주4길8 양산경찰서(055-392-0211) [학]경남 고성고졸 1989년 경찰대 행정학과졸(5기), 경북대 의과대학원졸 [경]1989년 경위 임관 1999년 경감 승진 2005년 경정 승진 2005년 경남 양산경찰서 생활안전과장 2006년 창원중부경찰서 생활안전과장 2009년 경남지방경찰청 외사1계장 2011년 同경무계장 2014년 同치안지도관(총경 승진) 2015년 同생활안전과장 2015년 경남 양산경찰서장(현)

박천수(朴千壽) PARK Chun Soo

[생]1968·10·12 [출]강원 홍천 [주]서울 종로구 세종대로 209 행정자치부 지역발전과(02-2100-4220) [학]1986년 홍천고졸 1993년 강원대 행정학과졸, 同정보과학대학원 행정정보관리학과졸, 미국 텍사스주립대 대학원 경영학과졸, 미국 콜로라도주립대 대학원 회계학과졸 [경]지방고시 합격(1기), 강원도 유통계획담당 사무관, 同농어업정책담당 사무관 2005년 농어업정책담당 서기관 2008년 미국 파견, 강원도 국제협력실 투자유치단장 2011년 同환경관광문화국 관광진흥과장 2013년 양양군 부군수 2013년 국방대 안보과정 교육파견(서기관) 2015년 강원도 글로벌투자통상국 국제교류과장 2015년 同보건복지여성국 보건정책과장 2015년 同총무행정관실 서기관 2016년 행정자치부 지역발전과장(현) [상]내무부장관표창, 강원도지사표창

박천오(朴天悟) PARK Chun Oh

[생]1954·10·15 [본]밀양(密陽) [출]경북 고령 [주]서울 서대문구 거북골로34 명지대학교 사회과학대학 행정학과(02-300-0661) [학]1976년 건국대 법학과졸 1981년 同대학원 법학과졸 1982년 미국 오하이오대 대학원 정치학과졸 1986년 정치학박사(미국 워싱턴주립대) [경]1987년 명지대 사회과학대학 행정학과 교수(현) 1988~1996년 同행정학과장·교학과장 1990~2003년 중앙공무원교육원·서울시공무원교육원 강사 1994년 미국 Washington주립대 객원교수 1996년 경기도 행정쇄신위원 1997~1998년 명지대 야간교학부장 1998년 同고시원장 1998~2002년 입법고시·행정고시·외무고시 출제위원 1999년 기획예산처 자체심사평가위원 2000년 명지대 정부행정연구센터 소장 2001~2003년 행정개혁시민연합 정부운영개혁분과 위원장 2002년 행정자치부 정책자문위원 2002~2004년 명지대 리서치아카데미 운영위원장 2003년 대통령자문 정부혁신위원회 전문위원 2003년 서울행정학회 학술상위원장 2004년 한국인사행정학회 회장 2004년 중앙인사위원회 인사정책자문위원 2004~2009년 명지대 사회과학연구소장 2005년 한국행정학회 부회장 2005년 국방부 진급제도개선 자문위원 2005~2007년 대통령자문 정부혁신지방분권위원회 위원 2005~2007년 청와대 '고위공직자 인사검증자문회의' 위원 2007~2009년 명지대 사회복지대학원장 2007년 서울시 조직진단자문위원회 위원 2007년 고위공무원단 역량평가위원 2007년 중앙공무원교육원 겸임교수 2008~2009년 명지대 사회과학대학장 2008년 서울시 책임운영기관 운영위원(현) 2013~2015년 한국산업기술평가관리원 비상임이사 2014년 명지대 대학원장(현) 2015년 인사혁신처 자문위원(현) 2016년 명지대 학술연구진흥위원회 위원장(현) 2016년 전국대학원장협의회 회장(현) [저]'비교행정론(共)'(1999) 'Handbook of Global Environmental Policy and Administration(共)'(1999) '고위공무원 개방형 임용제도(共)'(2000) '행정학의 주요이론(共)'(2000) '정책학의 주요이론(共)'(2000) '조직학의 주요이론(共)'(2000) '한국관료제의 이해(共)'(2001) '현대한국정부론(共)'(2001) '인사행정의 이해(共)'(2001) '정부조직진단(共)'(2002)

박천웅(朴天雄) PARK Chun Woong

[생]1952·8·27 [출]충남 금산 [주]서울 중구 동호로14길7 스탭스(주) 사장실(02-2178-8017) [학]1979년 중앙대 전자공학과졸 [경]1978년 삼성그룹 입사(공채) 1982년 삼성전자(주) 일본 東京주재원, 同종합연구소 연구개발팀장 1992년 삼성그룹 회장비서실 감사팀 부장 1995년 삼성전자(주) 전략기획실 기획팀 부장 1997년 同첨단기술센터장(이사) 1998년 스탭스(주) 대표이사 사장(현) 2003년 숙명여대 취업경력개발원 자문위원, 한국아웃소싱기업협회 초대회장 2010년 한국장학재단 100인멘토위원회 위원(현) 2015년 (사)한국진로취업서비스협회 회장(현) [상]삼성그룹 기술상 등 연구개발관련 수상 5건(1985), 교육인적자원부장관표창(2004), 고용노동부 고용서비스우수기관인증상(2010·2013), 한국장학재단 차세대리더육성멘토링 대상(2010·2015), 일자리창출지원유공 산업포장(2011) [저]'분사경영전략'(1999, 21세기북스) '왜 어제처럼 사는가'(2001, 더난출판사) '신입사원 이강호'(2006, 21세기북스) '일과 인생 모두 프로답게'(2008, 청림출판) '졸업전에 취업하라'(2012, 21세기북스) 등

박천웅(朴天雄) PARK Cheon Woong (형산)

[생]1962·4·6 [출]충남 서산 [주]서울 영등포구 여의대로70 신한금융투자타워15층 이스트스프링자산운용코리아(주) 비서실(02-2126-3550) [학]대전고졸, 연세대 경제학과졸 1987년 同대학원 경제학과졸 2000년 미국 노트르담대 경영대학원졸(MBA) [경]현대증권 근무 1993~1995년 홍콩 코리아 아시아펀드 운용Manager 1996년 미국 뉴욕 드래곤 코리아펀드 운용Manager 2000~2003년 메릴린치 인베스트먼트 매니저(MLIM), 同자산운용Manager(싱가포르·런던) 2003~2005년 모건스탠리증권 한국지점 상무(리서치헤드) 2005~2010년 우리투자증권(주) 기관·리서치사업부 대표(전무) 2009년 同Equity사업부 대표(전무) 2009년 同해외사업부 대표(전무) 2010년 미래에셋자산운용 법인·국제마케팅부문 대표(부사장) 2011~2012년 同홍콩법인 사장 2012년 이스트스프링자산운용코리아(주) 대표이사 사장(현) [상]대한민국 금융명품대상 자산운용부문 최우수상(2010)

박천일(朴天一) PARK Chun Il

[생]1961·4·12 [본]반남(潘南) [출]경기 파주 [주]서울 용산구 청파로47길100 숙명여자대학교 미디어학부(02-710-9381) [학]1985년 고려대 신문방송학과졸 1987년 同대학원졸 1994년 언론학박사(미국 오하이오대) [경]1995~1996년 통신개발연구원 책임연구원 1996~2011년 숙명여대 언론정보학부 조교수·부교수·교수 1997년 방송위원회 연예오락심의위원 2000년 문화방송 경영자문위원 2006~2008년 숙명여대 입학처장 2007~2008년 온미디어 사외이사 2008~2009년 방송통신심의위원회 위원 2009년 방송통신위원회 방송분쟁조정위원 2011년 숙명여대 미디어학부 교수(현) 2011년 대통령직속 국가정보화전략위원회 위원 2012~2015년 방송문화진흥회 이사 2012~2014년 숙명여대 대외협력처장 [상]한국언론학회 신진소장학자 우수논문상(1996) [저]'뉴미디어론'(共) '인터넷커뮤니케이션'(共) '케이블TV수신료 인상의논리'(共) '21세기에 대비하여' '방송통신정책'(共) '방송론'(共) [역]'커뮤니케이션이론'(共) '뉴미디어 산업과 문화'(共) [종]기독교

박천일(朴天一) Park (Jason) Chunil

[생]1964·10·2 [본]반남(潘南) [출]전남 순천 [주]서울 강남구 영동대로511 한국무역협회 홍보실(02-6000-5281) [학]1983년 양정고졸 1991년 연세대 행정학과졸 1999년 미국 헐트국제경영대학원 경영학과졸 2015년 단국대 대학원 경영학 박사과정 수료 [경]2000년 한국무역협회 인사팀 과장 2002년 同비서실 차장 2005년 同미주실 차장 2006년 同뉴욕지부 차장 2009년 同국제협력실 부장 2012년 同기업경쟁력실장 2012년 同통상연구실장 2016년 同홍보실장(현) [상]국무총리표창(2011)

박천호(朴天虎) PARK Chun Ho

[생]1951·11·18 [출]서울 [주]서울 성북구 안암로145 고려대학교 생명환경과학대학원 원예생명공학과(02-3290-3486) [학]1977년 고려대 농대 화훼원예학과졸 1980년 同대학원 화훼원예학과졸 [경]1985~1996년 목포대 원예육종학과 전임강사·조교수·부교수 1985년 한국화훼연구회 상임이사 1988~1989년 미국 Minnesota대 Post-Doc. 1996~1998년 고려대 원예과학과 부교수 1998년 원예연구소 겸임농업연구관 1998년 고려대 생명환경과학대학 생명산업과학부 교수 1999년 同자원생명환경학부장 1999년 행정자치부 농업기술고등고시 출제위원 2001년 고려대 생명환경과학대학 생명산업과학부장, 同생명환경과학대학원 원예생명공학과 교수(현) 2005~2015년 同생명과학대학 부속농장장 2013~2015년 同생명과학대학장 겸 생명환경과학대학원장 [저]'실내식물'(2004) '꽃나무'(2008) '절화'(2008)

박천홍(朴天弘) PARK Chun Hong

[생]1960·6·9 [출]서울 [주]대전 유성구 가정북로156 한국기계연구원 연구부원장실(042-868-7117) [학]1983년 한양대 공과대학 정밀기계공학과졸 1985년 同대학원 정밀기계공학과졸 [경]1985~1999년 한국기계연구원 자동화연구부 선임연구원 1999~2014년 同초정밀시스템연구실 책임연구원 2005년 同지능형정밀기계연구본부 지능기계연구센터장 2007년 同지능형생산시스템연구본부장 2012년 同첨단생산장비연구본부장 2015년 同연구부원장(현)

박 철(朴 哲) PARK Cheul

[생]1946·4·27 [본]밀양(密陽) [출]경남 진주 [주]서울 중구 세종대로9길20 (주)신한금융지주회사 임원실(02-6360-3000) [학]1964년 진주고졸 1968년 서울대 경제학과졸 1980년 미국 뉴욕대 대학원 경제학과졸 [경]1968년 한국은행 입행 1976년 同조사제1부 조사역 1978년 同뉴욕사무소 조사역 1980~1985년 同자금부·정책금융과·통화관리과·금융기획과장 1985년 同조사제1부 부부장 1991년 同조사제1부 수석부부장 1992년 同비서실장 1993년 同인사부 조사역 1993년 同런던사무소장 1995년 同자금부장 1998년 同부총재보 2000~2003년 同부총재 2003년 同고문 2003~2008년 고려대 경제학과 초빙교수 2004~2005년 국민경제자문회의 자문위원 2004년 한국금융교육연구회 회장 2006~2010년 한국씨티은행 사외이사 2006~2012년 삼성꿈장학재단 이사 2007~2013년 리딩투자증권 대표이사 회장 2010~2011년 한국씨티은행 선임사외이사 2015년 (주)신한금융지주회사 사외이사 2016년 同이사회 의장(현) [상]재무부장관표창(2회), 석탑산업훈장

박 철(朴 徹) PARK Chul

[생]1949·1·7 [출]인천 [주]서울 성북구 안암로145 고려대학교 의과대학 성형외과학교실(02-920-6723) [학]연세대 의대졸, 同대학원졸, 의학박사(연세대) [경]1976~1981년 연세대 세브란스병원 성형외과 수련의 1984~2003년 同의과대학 성형외과학교실 전임강사·조교수·교수 1989~1991년 미국 UCSF 교환교수 1993~2003년 영동세브란스병원 성형외과 과장 2003~2006년 박철성형외과(귀성형전문의원) 원장 2006~2014년 고려대 의과대학 성형외과학교실 교수 2006년 同안암병원 귀성형연구센터 소장(현) 2013년 미국성형외과의사학회지(Plastic Reconstructive Surgery) 한국대표 겸 국제부편집장 2014년 고려대 의과대학 성형외과학교실 임상교수(현) [상]대통령표창(2014)

박 철(朴 哲) PARK Chul

[생]1951·8·12 [본]밀양(密陽) [출]서울 [주]서울 동대문구 이문로107 한국외국어대학교 스페인어과(02-2173-2001) [학]1967년 경동고졸 1972년 한국외국어대 스페인어학과졸 1974년 연세대 행정대학원 행정학석사 1982년 한국외국어대 대학원 스페인어문학과졸 1985년 스페인어문학박사(스페인 마드리드국립대) 2009년 명예 문학박사(태국 치앙마이라차팟대) [경]1971~1983년 KBS 국제방송국 차장 1985~1992년 한국외국어대 서반아어학과 조교수·부교수 1989~1990년 同홍보실장 1992년 同스페인어과 교수(현) 1992~1993년 同서양어대학 부학장 1995년 同외국문학연구소장 1998년 한국외국어대 연구협력처장 2000년 미국 하버드대 로망스어학부 방문교수 2001년 한국외국어대 재직동문교수회장 2003~2004년 한국서어서문학회 회장 2004~2005년 한국외국어교육학회 회장 2005~2014년 한·스페인포럼 한국측 대표 2006~2014년 한국외국어대 총장 2006년 아·태지역외국어대학총장협의회 회장 2006년 한·스페인우호협회 회장(현) 2007년 울산과학기술대 설립준비위원회 위원장 2008~2015년 포스코청암장학재단 이사 2009년 스페인 왕립한림원 종신회원(현) 2011~2013년 한국사립대학총장협의회 회장 2011~2013년 한국대학교육협의회 수석부회장 2011~2014년 한국전쟁기념재단 부이사장 2014년 한국세르반테스연구소 이사장(현) [상]스페인정부 문화훈장 기사장(1983), BK21 세르반테스연구 인문학분야 최우수표창(2005), 루마니아 국가최고훈장(코멘다도르)(2007), 헝가리 십자기사훈장(2007), 자랑스러운 경동인(2008), 한국협상대상(2008), 스페인정부 까를로스3세 십자기사훈장(2010), 스페인정부 '이사벨 여왕' 훈장(2011) 자랑스러운 외대인상(2013), 폴란드정부 기사훈장(2014) [저]'세스뻬데스-한국방문 최초 서구인'(1987, 서강대 출판부) '스페인 문학사(상·중·하)' '노벨문학상과 한국문학'(2001, 월인) '스페인어 교과서(1·2, 교육부 검인정 고등학교 교과서)' '독학 스페인어 첫걸음(1·2)' '돈키호테를 꿈꿔라'(2009, 시공사) '16세기 서구인이 본 꼬라이'(2011, 한국외국어대 출판부) [역]'빠스구알 두아르떼의 가족'(1989, 삼영서관) '한국천주교전래의 기원'(1993, 서강대 출판부) '착한 성인 마누엘'(1995, 한국외국어대 출판부) '스페인 역사'(2000, 삼영서관) '세르반테스 모범소설'(2003, 오늘의책) '돈키호테'(2004, 시공사) '브레다의 태양'(2005, 시공사) '개들이 본 세상'(2013, 시공사) '돈키호테 1편 개정판'(2015, 시공사) '돈키호테 2편'(2015, 시공사) 외 [종]가톨릭

박 철(朴 哲) PARK Chul

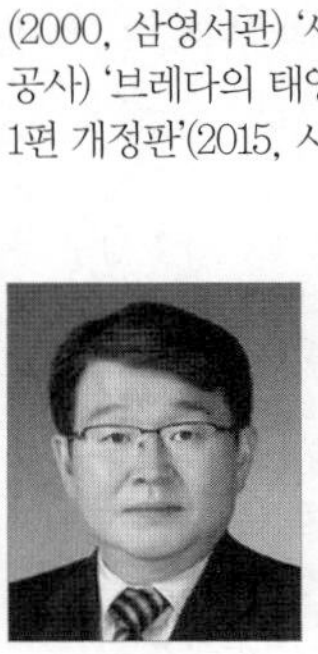

[생]1956·3·11 [주]대전 유성구 대학로99 충남대학교 자연과학대학 해양환경과학과(042-821-6438) [학]1980년 서울대 해양학과졸 1982년 同대학원졸 1987년 이학박사(미국 텍사스A&M대) [경]1981~1983년 강원대 환경학과 조교 1988~1992년 충남대 해양학과 조교수 1989년 同해양학과장 1991~1992년 미국 하와이대 해양학과 객원연구원 1992년 미국 Texas A&M대 해양학과 객원연구원 1992~1997년 충남대 해양학과 부교수 1997년 同자연과학대학 해양환경과학과 교수(현) 2002년 同해양연구소장 2004~2005년 국립수산과학원 해양환경부장 2006~2008년 충남대 자연과학대학장 2010~2011년 한국해양학회 회장 2010년 UN 세계해양환경평가 전문위원(현) 2014년 한국해양과학기술진흥원 전문위원(현) [저]'해양생물학'(1997) '플랑크톤 생태학'(2003)

박 철(朴 徹) PARK Chul

[생]1959·6·3 [본]함양(咸陽) [출]대구 [주]서울 강남구 테헤란로92길7 바른빌딩 법무법인 바른(02-3479-2326) [학]1978년 대구 대건고졸 1982년 서울대 법학과졸 1985년 同대학원 법학과 석사과정 수료 [경]1982년 사법시험 합격(24회) 1984년 사법연수원 수료(14기) 1985년 공군 보통군법회의 검찰부장 1988년 서울민사지법 판사 1990년 서울형사지법 판사 1992년 대구지법 판사 1995년 서울가정법원 판사 1996년 서울고법 판사 1998년 대법원 재판연구관 2000년 대구지법 부장판사 2001년 대법원 재판연구관 2003년 서울지법 북부지원 부장판사 2004년 서울북부지법 부장판사 2005년 서울중앙지법 부장판사 2006년 대전고법 부장판사 2007년 사법연수원 수석교수 2007~2010년 서울고법 부장판사 2010년 법무법인 바른 구성원변호사(현) 2015년 한국공예·디자인문화진흥원 비상임이사(현)

박 철(朴 哲) Park Cheol

[생]1963·4·12 [출]부산 [주]세종특별자치시 세종로2511 고려대학교 경상대학 경영학부(044-860-1566) [학]1986년 서울대졸 1988년 同대학원졸 1995년 경영학박사(서울대) [경]1988~1990년 삼성물산(주) 근무 1995년 서울대 경영연구소 연구원 1996년 동서대 상경매스컴학부장 겸 마케팅학전공 조교수 1999년 동의대 유통관리학과 조교수 2001년 고려대 경영정보학과 조교수, 同경상대학 경영학부 교수(현) 2007년 한국소비자학회 이사·부회장 2009년 고려대 경상대학 부학장 2010년 한국인터넷전자상거래학회 부회장 2010년 한국경영학회 이사, 한국중소기업학회 이사·감사, (사)한국소비자학회 상임이사(현), (사)한국유통학회 부회장(현), (사)한국마케팅학회 상임이사(현) 2015년 세종경영연구소장(현) 2016년 한국소비문화학회 회장(현) 2016년 (사)기독경영연구원 이사 겸 원장(현) [상]Best Paper Award, Australia WWW Conference(2002), Honourable Mention, Society of Asia Distribution and Retailing Conference(2003), 고려대 석탑강의상(2006, 2008, 2009) [저]'커스터머 인사이드'(2008) '마케팅관리'(2010) [역]'마케팅커뮤니케이션'(2008) [종]기독교

박 철(朴 哲) Park, Cheol

[생]1965·2·23 [주]강원 화천군 간동면 간척월명로 302 사서함2호 북한이탈주민정착지원사무소 화천분소(033-440-3653) [학]성남고졸, 서울대 신문학과졸 [경]통일부 정세분석국 경제사회분석과장, 同교류협력국 교류협력기획과장, 同남북협력지구지원단 관리총괄과장, 同북한이탈주민정착지원사무소 교육기획과장, 同통일정책실 정책총괄과장 2013년 同통일교육원 교육총괄과장(부이사관) 2014년 同남북출입사무소 출입총괄과장 2014년 고용휴직(부이사관) 2016년 통일부 북한이탈주민정착지원사무소 화천분소장(현)

박철곤(朴鐵坤) PARK Cheol Gon

[생]1952·5·30 [본]밀양(密陽) [출]전북 진안 [주]서울 성동구 마조로1길42 한양종합기술연구원207호 혁신창조경제포럼(02-2220-1428) [학]1972년 부산진고졸 1979년 한국방송통신대 3년 수료 1982년 한양대 행정학과졸 1985년 同대학원 행정학과졸 1997년 서울대 국가정책과정 수료 2000년 미국 조지타운대 연수 2003년 법학박사(전주대) 2003년 연세대 최고기업인과정 수료 2006년 서울대 최고경영자과정 수료 2007년 세계경영연구원(IGM) 최고경영자과정 수료 2009년 미래혁신경제포럼 최고위과정 수료 2009년 고려대 정보통신정책최고위과정 수료 2012년 한국예술종합학교 최고경영자문화예술과정 수료 2013년 매일경제신문 M명품CEO과정 수료 2013년 한양대 유비쿼터스최고위과정 수료 [경]1981년 행정고시 합격(25회) 1982~1991년 총무처 행정조정실 행정사무관 1991~1999년 국무조정실 기획총괄·교육·의전담당 과장(서기관·부이사관) 1999~2004년 同총괄심의관·복지노동심의관·일반행정심의관·외교안보심의관(이사관) 2001~2002년 부패방지위원회 기획운영심의관 2004~2008년 국무조정실 기획관리조정관·심사평가조정관·규제개혁조정관 겸 규제개혁기획단장(관리관) 2004~2008년 제2중앙징계위원회 위원 2005~2006년 한국규제학회 부회장 2005~2007년 법제처 법령해석심의위원회 위원 2006~2008년 한양대 행정자치대학원 겸임교수 2008~2009년 국무총리실 국무차장(차관급) 2008~2009년 국가정책조정실무회의 의장

ㅂ

2008~2009년 2012여수세계박람회 정부지원실무위원회 위원장 2008~2009년 기후변화대책기획단 단장 2008~2009년 아동·여성보호대책추진점검단 단장 2008~2009년 성매매방지대책추진점검단 공동단장 2008~2009년 국제개발협력실무위원회 위원장 2009~2011년 신한금융투자 사외이사 2009~2011년 한국조폐공사 비상임이사 2009~2011년 한양대 공공정책대학원 특임교수 2009~2010년 세종시 민관합동위원회 위원 2010~2012년 한선국가전략포럼 공동대표 2010~2013년 국제한인경제인총연합회 대외정책위원장 2011~2014년 한국전기안전공사 사장 2013년 혁신창조경제포럼 회장(현) 2013년 한양미래전략포럼 운영위원장 2014년 북한이탈주민미래희망센터 회장(현) 2014년 전북도지사선거 출마(새누리당) 2014년 한양대 특훈교수(현) 2015년 (사)한국인성동요교육협의회 회장(현) 2015~2016년 4대사회악근절 한국여성운동본부 고문 [상]홍조근정훈장(1997), 자랑스러운 한양인상(2008), 글로벌 경영대상 최고경영자대상(2011), 황조근정훈장(2012), 올해의 CEO대상 윤리경영부문(2012), 한국을 빛낸 창조경영인 지속가능경영부문(2013), 동아일보 2013 대한민국 창조경제 CEO대상(2013), 노사문화대상 국무총리표창(2013) [저]자전에세이 '머슴이나 보내지 공부는 무슨'(2014, 북마크)

박철규(朴哲圭) PARK Chul Gyoo

[생]1942·9·28 [본]밀양(密陽) [출]서울 [주]서울 종로구 대학로103 서울대학교 의과대학(02-740-8114) [학]1967년 서울대 의대졸 1969년 同대학원졸 1973년 의학박사(서울대) [경]1967~1972년 서울대 의대 부속병원 인턴·레지던트 1974~1975년 국군수도통합병원 일반외과 과장 1976~2008년 서울대 의대 성형외과학교실 전임강사·조교수·부교수·교수 1978년 대한성형외과학회 정회원(현) 1985년 서울대병원 소아성형외과 분과장 1992~1998년 同성형외과 과장 1995년 아·태 두개안면성형외과학회 한국지회장 1999년 세계미용성형외과학회 편집위원 2000~2002년 한일성형외과학회 회장 2000~2004년 대한성형외과학회 회장 2000~2004년 아·태 두개안면성형외과학회 회장 2008년 서울대 명예교수(현) 2010~2014년 국립중앙의료원 성형외과 전문의 [종]기독교

박철규(朴哲圭) PARK Cheol Kyu

[생]1957·8·12 [본]밀양(密陽) [출]경북 경주 [주]경기 성남시 분당구 돌마로171 K밸리재단 임원실(031-786-0464) [학]1975년 경주고졸 1980년 영남대 법학과졸 1992년 미국 미시간대 대학원 경제학과졸 [경]1980년 행정고시 합격(24회) 1981~1987년 총무처·전매청·관세청 근무 1987~1994년 경제기획원 경제정책국·대외경제조정실·경제교육기획국 근무 1994년 재정경제원 예산실 근무 1996년 경북도지사 경제특별보좌관 1997년 아시아개발은행 파견 2001년 재정경제부 경제홍보기획단 해외홍보과장 2001년 同경제홍보기획단 총괄기획과장 2002년 同조정1과장 2003년 同정책조정과장 2004년 同감사담당관 2005년 행정중심복합도시건설추진위원회 파견 2006년 중앙공무원교육원 파견 2006년 국무조정실 방송통신융합추진지원단 정책산업팀장 파견 2008년 국민경제자문회의 사무처 총괄기획국장 2008년 기획재정부 미래전략정책관 2009년 同대변인 2010~2012년 同기획조정실장 2012~2015년 중소기업진흥공단 이사장 2015년 K밸리재단 이사장(현) 2015년 예금보험공사 비상임이사(현) [상]홍조근정훈장(2008), 2014 한국의 영향력 있는 CEO 창조경영부문대상(2014) [종]불교

박철규(朴哲圭) PARK Cheol Kyoo

[생]1960·6·1 [주]서울 강남구 남부순환로2806 삼성물산(주) 패션부문(070-7130-9114) [학]서울대 국제경영학과졸 [경]1989년 삼성물산(주) 입사, 同패션부문 밀라노법인장, 同패션부문 해외상품·여성복사업부장 2015년 同패션부문 상품본부장(전무) 2015년 同패션부문 부사장(현)

박철근(朴喆根) PARK Cheol Keun

[생]1952·11·25 [본]밀양(密陽) [출]충북 청주 [주]서울 강남구 일원로81 삼성서울병원 병리과(02-3410-2766) [학]1977년 서울대 의학과졸 1980년 同대학원졸 1986년 의학박사(서울대) [경]1977~1982년 서울대병원 인턴·병리과 레지던트 1982~1985년 軍의관 1985~1996년 경상대 의과대학 병리과 전임강사·조교수·부교수 1996년 삼성서울병원 병리과 전문의(현) 1997년 성균관대 의과대학 병리학교실 교수(현) 1999년 일본 구루매의대 병리학교실 방문교수 2003~2007년 대한병리학회 소화기병리연구회 대표 2005~2009년 삼성서울병원 병리과장 2007~2008년 대한간암연구회 회장 2008년 대한병리학회 부회장 [저]'병리학 제4판'(2000) '병리학 제5판'(2003)

박철민(朴哲民) Park Chul-min

[생]1964·6·1 [주]서울 종로구 사직로8길60 외교부 인사운영팀(02-2100-7136) [학]1988년 서울대 외교학과 졸 1997년 미국 플로리다대 대학원 국제관계학과졸 [경]1989년 외무고시 합격(23회) 1989년 외무부 입부 2002년 駐브루나이 참사관 2003년 외교통상부 駐韓공관담당관 2006년 同군축비확산과장 2007년 駐러시아 참사관 2009년 駐유엔대표부 공사참사관 2013년 외교부 국제기구국 국제기구협력관 2015년 同유럽국장 2016년 同본부 근무(국장)(현) [상]근정포장(2008)

박철수(朴哲秀) PARK Chul Soo

[생]1955·2·10 [본]상산(商山) [출]경북 김천 [주]경기 화성시 정남면 세자로288 수원과학대학교 총장실(031-353-8980) [학]1974년 경북고졸 1978년 고려대 산업공학과졸 1981년 미국 Western Illinois Univ. 대학원 경제학과졸 1988년 경제학박사(미국 Univ. of Oregon) [경]1987~1989년 미국 지역경제연구소(Center for Reg. Econ. Issues) 연구위원 1989~1990년 산업연구원(KIET) 지역산업실 책임연구원 1990~2010년 수원대 경제금융학과 교수 1993~1999년 同지역사회개발연구소장 1995~1996년 미국 지역경제연구소(Center for Reg. Econ. Issues) 초청연구위원 2005년 수원대 기획·홍보실장 2007년 한국지역경제학회 회장 2007년 수원대 기획실장 2008년 同비서실장 2008년 한국문화산업학회 부회장 2010년 수원과학대 총장(현) [상]수원대 공로상(2003) [저]'지방자치의 경영학(共)'(1988) '세계화와 경제발전(共)'(1995)

박철수(朴哲秀) PARK Chul Soo

[생]1960·9·1 [출]경북 영천 [주]세종특별자치시 조치원읍 군청로93 농림수산식품교육문화정보원(044-861-8888) [학]대구 성광고졸 1982년 영남대 경영학과졸 1988년 서울대 행정대학원 행정학과 수료 [경]1982년 행정고시 합격(26회) 1995년 농림수산부 국제농업국 기술협력과 근무 1996~1997년 재정경제원 파견 1997~1999년 호주 1차산업에너지부 파견 1999년 농림부 행정관리담당관 2000년 同무역진흥과장 2001년 同정보화담당관 2002년 同시장과장 2003년 同농지과장 2004년 同농지과장(부이사관) 2005년 同농촌정책과장 2007년 同홍보관리관 2007~2008년 농림부 대변인 2008년 중앙공무원교육원 파견(고위공무원) 2008~2009년 국무총리실 새만금사업추진기획단 파견 2009~2012년 농림수산식품부 소비안전정책관 2012~2013년 同수산정책실장 2013~2015년 한국농수산식품유통공사 비상임이사 2014년 경북 영천시장선거 출마(무소속) 2015년 농림수산식품교육문화정보원 원장(현) [종]불교

박철수

[생]1961 [주]경기 성남시 분당구 성남대로343번길9 SK주식회사 C&C 임원실(02-6400-0114) [학]부경대 기계공학과졸, 연세대 대학원 경영학과졸 [경]1993년 하이닉스 입사 1997년 同FA기술부 근무 2000년 同자동화팀장 2010년 同자동화그룹장 2013년 SK하이닉스 자동화기술그룹장 2013년 同FA그룹장 2015년 SK C&C Hi-Tech사업본부장(상무) 2015년 SK주식회사 C&C Hi-Tech사업본부장(상무)(현)

박철수(朴哲秀) PARK Choul Soo

[생]1962·2·20 [본]밀양(密陽) [출]경기 파주 [주]경북 영주시 풍기읍 죽령로1371번길17 (주)비트로시스(054-635-4533) [학]성동고졸 1987년 중앙대 식품가공학과졸, 同대학원 식품가공학과졸, 식품가공학박사(중앙대) [경]동방제약 생명과학연구소 책임연구원, 동남보건전문대 시간강사, 광동제약(주) 부장 2004년 同식품개발담당 이사대우 2006년 同식품개발담당 이사 2014년 同식품개발부문 전무이사, 광동생활건강 대표이사 2016년 (주)비트로시스 대표이사 사장(현)

박철순(朴喆淳) PARK Cheol Soon

[생]1966·3·28 [본]밀양(密陽) [주]경기 성남시 분당구 분당로47 한국정보통신기술협회 소프트웨어시험인증연구소(031-724-0130) [학]1992년 서울대 동양사학과졸 1994년 同외교학과졸 1997년 同행정대학원 정책학과졸 2006년 벨기에 루벤대 사회과학대학원 유럽연합학과졸 2010년 기술경영학박사(서울대) [경]1998년 정보통신부 정보통신정책실 산업기술과 근무(사무관) 2002년 同통신위원회사무국 심의과장 2003년 同통신위원회사무국 총괄과장(서기관)

2008년 同중앙전파관리소 위성전파감시센터장 2008년 방송통신위원회 중앙전파관리소 위성전파감시센터장 2009년 同네트워크정보보호팀장 2011년 同네트워크정보보호팀장(부이사관대우) 2011년 同이용자보호과장 2014년 미래창조과학부 중앙전파관리소 전파보호과장 2016년 同정보통신정책실 정보보호지원과장 2016년 한국정보통신기술협회 소프트웨어시험인증연구소장(현) [상]대통령표창(2003)

박철언(朴哲彦) PARK Chul Un (靑民)

[생]1942·8·5 [본]밀양(密陽) [출]경북 성주 [주]서울 강남구 논현로85길58 한반도복지통일재단(02-569-2212) [학]1960년 경북고졸 1965년 서울대 법과대학 법학과졸 1969년 同사법대학원졸 1977년 미국 조지워싱턴대 법과대학원 수학 1990년 법학박사(한양대) 1991년 명예 법학박사(미국 디킨슨법대) [경]1967년 사법시험 합격(8회) 1969년 육군 법무관 1972~1980년 부산지검·법무부 검찰국·서울지검 검사 1980~1985년 대통령 정무·법률비서관 1985~1988년 국가안전기획부장 특보 1985년 외교안보연구원 연구위원 1986~1988년 법무연수원 연구위원(검사장급) 1987년 아·태법률가협회 고문 1987~2013년 한국복지통일연구소 이사장 1988년 대통령 정책보좌관 1988년 제13대 국회의원(전국구, 민주정의당·민주자유당) 1989년 정무제1장관 1990년 민자당 당무위원 1990년 체육청소년부 장관 1992년 제14대 국회의원(대구 수성甲, 민자당·국민당·신민당·자민련) 1992년 국민당 최고위원 1994년 신민당 최고위원 1995~2000년 자민련 부총재 1995년 순수문학지로 시인등단 1996년 제15대 국회의원(대구 수성甲, 자유민주연합) 1996년 한·독의원친선협회 회장 1998~2000년 민족화해협력범국민협의회 상임의장 1999년 일본 도까이대 객원교수 2000년 자민련 대구수성甲지구당 위원장 2000년 미국 보스턴대 아시아경영연구소 객원교수 2001년 변호사 개업(현) 2002년 (사)대구·경북발전포럼 이사장(현) 2006~2011년 건국대 언론홍보대학원 초빙교수·석좌교수 2013년 한반도복지통일재단 이사장(현) [상]보국훈장 천수장(1980), 청조근정훈장(1990), 제10회 서포 김만중문학상 시부문 대상(2005), 순수문학작가상(2008), 순수문학대상(2011), 제8회 세계문학상 시부문 대상(2013), 다문화예술조직위원회 문학대상(2014) [저]'변화를 두려워하는 자는 창조할 수 없다'(1992) '4077, 면회왔습니다'(1995) '獄中에서 토해내는 恨'(1998) '민들레 꽃' '감옥의 국화꽃밭' 회고록 '바른 역사를 위한 증언'(2005) 시집 '작은 등불 하나'(2004, 행림출판사) '따뜻한 동행을 위한 기도'(2011, 평민사) '바람이 잠들면 말하리라'(2014, 순수문학) [종]불교

박철완(朴哲完) PARK Chul Wan

[생]1961·10·23 [출]전북 익산 [주]서울 서초구 반포대로 158 서울고등검찰청(02-530-3114) [학]1980년 전주고졸 1988년 고려대 법학과졸 [경]1989년 사법시험 합격(31회) 1992년 사법연수원 수료(21기) 1992~1995년 변호사 개업 1995년 수원지검 성남지청 검사 1997년 전주지검 정읍지청 검사 1998년 인천지검 검사 2000년 서울지검 검사 2002년 전주지검 검사 2002년 同부부장검사 2003년 同군산지청 검사 2005년 인천지검 부부장검사 2006년 춘천지검 부장검사 2008년 서울남부지검 공판송무부장 2009년 서울고검 검사 2009년 수원지검 안양지청 부장검사 2010년 서울고검 검사 2010년 의정부지검 검사 2011년 서울고검 공판부 검사 2012년 同형사부 검사 2013년 광주고검 제주지부 검사 2015년 서울고검 검사(수원지검 중요경제범죄조사단 파견)(현)

박철완(朴哲完) Park, Cherl-Oan

[생]1972·1·5 [출]전남 순천 [주]부산 연제구 법원로15 부산고등검찰청(051-606-3300) [학]1989년 순천고졸 1993년 고려대 법학과졸 1995년 同대학원 행정법학과 수료 [경]1995년 사법고시 합격(37회) 1998년 사법연수원 수료(27기) 1998년 軍법무관 2001년 서울지검 남부지청 검사 2003년 전주지검 군산지청 검사 2005년 창원지검 검사 2007년 부산지검 동부지청 검사 2009년 의정부지검 검사 2010년 同부부장검사 2011년 서울중앙지검 부부장검사 2012년 대전지검 공판부장 2013년 부산지검 동부지청 형사2부장 2014년 부산고검 검사(현)

박철우

[생]1971·12·30 [주]울산 남구 법대로45 울산지방검찰청 특수부(052-228-4308) [학]1990년 목포 문태고졸 1995년 서울대 외교학과졸 [경]1998년 사법시험 합격(40회) 2001년 사법연수원 수료(30기) 2001년 공익법무관, 청주지검 검사, 대전지검 천안지청 검사 2009년 서울중앙지검 검사 2013년 부산지검 동부지청 검사 2015년 서울중앙지검 부부장검사 2016년 울산지검 특수부장(현)

박철웅(朴哲雄) Park Cheolung

[생]1963·4·18 [출]경북 경산 [주]충남 천안시 동남구 목천읍 서리4길48 국립중앙청소년수련원 원장실(041-620-7700) [학]대륜고졸, 독일 빌레펠트대 사회학과졸, 同대학원 사회학과졸, 사회학박사(독일 빌레펠트대) [경]1993~1997년 독일 마리안느베버연구소 연구원 2002~2005년 국립중앙청소년수련원 연구기획부장 2005~2007년 한국청소년진흥센터 기획조정부장 겸 자원봉사부장 2007~2014년 백석대 사회복지학부 청소년학과 교수·평생교육원장 겸임 2008~2012년 (사)한국청소년시설환경학회 부회장 2009년 (사)MRA/IC 세계도덕재무장한국본부 이사(현) 2010~2013년 한국청소년활동진흥원 이사 2012년 (재)충남청소년육성재단 이사(현) 2012~2014년 여성가족부 청소년정책자문위원장 2013년 여의도연구원 교육청소년문화여성가족분과 자문위원장(현) 2014년 국립중앙청소년수련원 원장(현) 2014년 국제청소년성취포상제 포상위원(현) 2014년 국제금장총회 한국 조직위원(현) 2015년 국무총리소속 자원봉사진흥위원회 위원(현) 2016년 한국장학재단 차세대리더 육성 멘토링 나눔지기 멘토(현)

박철웅(朴哲雄) PARK Chul Woong

[생]1971·10·6 [출]전남 완도 [주]서울 서초구 반포대로 157 대검찰청 과학수사부 과학수사1과(02-535-4216) [학]1990년 여수고졸 1996년 서울대 법대졸 [경]1996년 사법시험 합격(38회) 1999년 사법연수원 수료(28기) 1999년 수원지검 검사 2001년 同평택지청 검사 2003년 광주지검 검사 2005년 서울중앙지검 검사 2008년 대검찰청 연구관 2010년 부산지검 검사 2011년 同부부장검사 2014년 법무부 형사법제과장 2015년 대검찰청 수사지원과장 2016년 同과학수사1과장(현)

박철원(朴哲源) PARK Chul Won

[생]1964·11·27 [본]밀양(密陽) [출]서울 [주]서울 종로구 새문안로5길37 도렴빌딩6층 (주)협화 비서실(02-737-2751) [학]1983년 경성고졸 1987년 서울대 법대 공법학과졸 1990년 단국대 행정대학원 행정학과졸 2005년 미국 노스캐롤라이나대 대학원 경영학과졸(MBA) [경]2000~2006년 (주)협화 총괄부사장 2006~2010년 同대표이사 사장 2009년 同부회장(현) [종]불교

박철주(朴哲主) Park Chull-joo

[생]1967·8·19 [출]전남 보성 [주]서울 종로구 사직로8길60 외교부 국제법률국(02-2100-7503) [학]전남 순천고졸 1991년 서울대 영문학과졸 1997년 미국 버지니아대 대학원 외교학과졸 [경]1991년 외무고시 합격(25회) 1998년 駐상하이 영사 2002년 駐중국 1등서기관 2005년 駐핀란드 1등서기관 2007년 외교통상부 인사제도팀장 2007년 同국제법규과장 2009년 駐유엔 참사관 2011년 駐네덜란드 공사참사관 2014년 외교부 국제법률국 심의관 2016년 同국제법률국장(현)

박철한(朴哲漢) PARK Cheol Han

[생]1954·10·7 [본]무안(務安) [출]서울 [주]경기 수원시 권선구 오목천로132번길50 갤럭시아디바이스(주) 임원실(031-548-9329) [학]대광고졸, 고려대 전산학과졸 [경]효성컴퓨터 이사, 노틸러스효성(주) 전자연구소장 2005년 同상무 2008년 同수출2본부 중국담당 2009년 同자동기서비스사업본부 전무 2011년 同구미공장장(전무) 2013년 同기술개발총괄 전무 2014년 갤럭시아디바이스(주) 대표이사(현) [종]천주교

박철현(朴哲賢) Park, Chulhyun

[생]1968·2·16 [본]밀양(密陽) [출]부산 [주]경기 성남시 분당구 성남대로343번길9 SK주식회사 C&C 임원실(02-6400-0114) [학]서울대 공법학과졸, 미국 미네소타대 Law School졸 [경]1998년 삼성생명보험(주) 법무팀 근무 2002년 SK C&C 법무팀 근무 2012년 同법무1팀장 2015년 同법무본부장(상무) 2015년 SK주식회사 C&C 법무본부장(상무)(현) [종]천주교

박철홍(朴哲弘) Park Chul-Hong

[생]1956·11·21 [주]전남 무안군 삼향읍 오룡길1 전라남도의회(061-286-8200) [학]광주제일고졸 [경]전남장애인론볼연맹 회장 2014년 전남도의회 의원(비례대표, 새정치민주연합·더불어민주당)(현) 2014년 同기획사회위원회 위원 2014년 同행정환경위원회 위원 2016년 同보건복지환경위원회 위원(현) [상]대한민국 위민의정대상 우수상(2016)

박철홍(朴喆弘) PARK Chul Hong

[생]1957 · 8 · 13 [주]서울 송파구 올림픽로289 (주)한라 임원실(02-3434-5114) [학]광신상고졸 [경]일양약품공업(주) 근무, 현대건설(주) 근무, 한라건설(주) 현장지원본부장(상무) 2010년 同현장지원본부장(전무) 2011년 (주)한라 기획실장 2012년 同관리본부장 2012년 同건축개발사업본부장 2014년 同경영전략담당 비상임고문 2014년 (주)케이에코로직스 대표이사 2016년 (주)한라 각자대표이사 사장(현)

박철홍(朴哲泓) Park Chul-Hong (秋月)

[생]1960 · 7 · 26 [본]밀양(密陽) [출]전남 담양 [주]전남 무안군 삼향읍 오룡길1 전라남도의회(061-286-8200) [학]1979년 전남고졸 1989년 전남대 정치외교학과졸 2003년 同행정대학원 행정학과졸 [경]1989~1991년 법무부 광주교도소 근무 1992~1997년 기아자동차 근무 1995~1997년 새정치국민회의 전남도당 조직국장 1997~2002년 최형식 도의원 보좌관 2002~2006년 최형식 담양군수 비서실장 2006년 전남도의원선거 출마(열린우리당), 인터넷쇼핑몰 DY마케팅(죽이네장터) 대표, 영투어여행사 대표, 민주당 중앙당 다문화위원회 부위원장 2010년 전남도의회 의원(민주당 · 민주통합당 · 민주당 · 새정치민주연합) 2010년 同문화관광정책연구회 총무 2011년 수필가(현) 2012년 민주통합당 전남도당 정책기획위원장 2012년 전남도의회 예산결산특별위원회 부위원장 2012년 同건설소방위원회 위원 2012년 同운영위원회 위원 2014년 전남도의회 의원(새정치민주연합 · 더불어민주당)(현) 2014년 同행정환경위원회 위원 2014년 同예산결산특별위원회 위원 2014년 건축물미술작품심의위원회 위원(현) 2014년 체육진흥기금운용심의위원회 위원(현) 2014년 전남도 지방분권추진협의회 위원(현) 2015년 새꿈도시 자문위원회 위원(현) 2016년 同운영위원회 위원장(현) 2016년 同경제관광문화위원회 위원(현) [상]현대문예 수필부문 신인상(2011), 대한민국위민의정대상(2016) [저]'깊고 맑은 햇살에 영그는 꿈'(2005) '초롱초롱 박철홍과 사람이 넘쳐나는 담양 만들기'(2010) [작]'생태도시로 가야하는 이유' [종]천주교

박철홍(朴哲洪) Park Cheol-hong

[생]1961 · 8 · 10 [본]밀양(密陽) [출]경북 문경 [주]대전 유성구 대학로383(042-864-3108) [학]1980년 문경종합고졸 1991년 한국방송통신대 행정학과졸 1998년 경상대 경영행정대학원 행정학과졸 2014년 이학박사(조선대) [경]1994~1996년 부산지방기상청 남해기상관측소장 1997년 국립진주산업대 농학과 강사 2006년 대전지방기상청 예보관 2008년 기상청 인사제도계장 2011년 同청장 비서실장 2013년 同기후과학국 기후협력서비스팀장 2015년 국립기상과학원 연구기획운영과장 2016년 대전지방기상청 예보과장(현) [상]행정자치부장관표창(1998), 모범공무원표창(2000), 기상청장표창(2005) [종]기독교

박철홍(朴哲弘) PARK Chul Hong

[생]1967 · 5 · 7 [출]전남 영광 [주]서울 영등포구 여의대로70 굿모닝신한타워9층 칸서스자산운용(주) 임원실(02-2077-5025) [학]고려대 농경제학과졸, 同대학원 경제학과졸 [경]1996~2001년 외환코메르쯔투신(주) 조사분석실 · 주식운용팀 주식운용역 2001년 미래에셋투신운용 상품개발팀장 2003년 하나증권 영업부 근무 2004년 칸서스자산운용(주) 상품개발팀장 2006년 同리테일마케팅본부장(이사대우) 2007년 同리테일마케팅본부장(이사) 2009년 同경영관리본부장 겸 리테일마케팅본부장(이사) 2010년 同경영관리본부장 겸 리테일마케팅본부장(상무) 2011년 同경영전략 · 마케팅부문 대표(상무) 2014년 同마케팅부문 · REF사업부문 · TI사업부문 대표(전무)(현)

박철환(朴哲煥) PARK Chul Hwan

[생]1959 · 1 · 2 [출]전남 해남 [주]전남 해남군 해남읍 군청길4 해남군청 군수실(061-530-5114) [학]2002년 대불대 법학과졸 [경]전남 해남군청 공무원(11년 근무), 해남군4H연합회 회장, (사)한국농업경영인연합회 해남군지회 초대회장, 민주평통 자문위원, 해남중 · 고총동창회 운영위원 2002 · 2006~2010년 전남 해남군의회 의원 2004년 同운영위원장 2008~2010년 同부의장 2010년 전남 해남군수(민주당 · 민주통합당 · 민주당 · 새정치민주연합) 2014년 전남 해남군수(새정치민주연합 · 더불어민주당)(현) [상]대통령표창(2002), 광주 · 전남 의정대상(2007), 지역농업발전 선도인상(2012), 창조경영인 대상(2014), (사)전국지역신문협회 행정대상(2015), 한국자치대상 최고경영자상(2015), 대한체육회 체육상 공로부문 장려상(2016)

박철휴(朴哲烋)

[생]1961 · 12 · 7 [출]부산 [주]경북 포항시 남구 지곡로39 한국로봇융합연구원 원장실(054-279-0401) [학]1987년 성균관대 기계설계학과졸 1991년 미국 가톨릭대 대학원 기계공학과졸 1996년 기계공학박사(미국 가톨릭대) [경]1997~1999년 미국 버지니아공대 Post-Doc. 2001~2002년 미국 메릴랜드주립대 연구교원 2002~2006년 포항공과대 조교수 2006~2011년 대구기계부품연구원 본부장 2011~2015년 한국로봇산업진흥원 정책기획실장 · 성장사업단장 2015년 한국로봇융합연구원 원장(현) [상]교과부장관표창(2009), 대구광역시장표창(2012)

박철희(朴喆熙) Park, Cheol-Hee

[생]1963 · 2 · 11 [주]서울 관악구 관악로1 서울대학교 국제대학원(02-880-9219) [학]1986년 서울대 정치학과졸 1988년 同대학원 정치학과졸 1998년 정치학박사(미국 컬럼비아대) [경]1989~1990년 한국국제관계연구소 간사 1994~1995년 미국 컬럼비아대 동양언어문화학과 전임강사 1995~1997년 일본 세계평화연구소 객원연구원 1996~1997년 일본 우정성 우정연구소 해외특별연구관 1998~1999년 미국 컬럼비아대 동아시아연구소 Post-Doctor 1999~2002년 일본 국립정책연구대학원 조교수 2002년 외교안보연구원 아시아태평양연구부 조교수, 서울대 국제대학원 조교수 · 부교수 · 교수(현) 2011~2012년 同국제대학원 부원장 2012년 同일본연구소장(현) 2015년 (재)세종연구소 이사(현) 2016년 서울대 국제대학원장(현) [저]'21세기 일본의 국가전략' '흔들리는 일본의 정당정치' '오직, 부패, 클라이엔텔리즘의 정치학'(2008)

박청수(朴淸洙) PARK Cheong Soo

[생]1958 · 10 · 13 [출]경북 경산 [주]서울 서초구 서초중앙로178 정부법무공단 이사장실(02-2182-0000) [학]1977년 경북고졸 1982년 한양대 법과대학졸 [경]1984년 사법시험 합격(26회) 1987년 사법연수원 수료(16기) 1987년 서울지검 남부지청 검사 1989년 대구지검 영덕지청 검사 1990년 대구지검 검사 1992년 수원지검 검사 1994년 부산지검 검사 1996년 서울지검 검사 1999년 대구지검 부부장검사 1999년 창원지검 거창지청장 2000년 서울지검 북부지청 부부장검사 2001년 울산지검 공안부장 2002년 부산지검 공안부장 2003년 수원지검 공안부장 2003년 대검찰청 공안2과장 2004년 同공안1과장 2005년 서울중앙지검 공안1부장 2006년 춘천지검 강릉지청장 2007년 대검찰청 공안기획관 2008년 서울남부지검 차장검사 2009년 대전지검 차장검사(검사장급) 2009년 사법연수원 부원장 2010년 울산지검장 2011년 의정부지검장 2012~2013년 서울남부지검장 2014~2015년 법무법인(유) 동인 구성원변호사 2015년 정부법무공단 이사장(현) [상]홍조근정훈장(2004)

박청원(朴淸遠) Park Chung Won

[생]1960 · 9 · 27 [출]부산 [주]경기 성남시 분당구 새나리로25 전자부품연구원 원장실(031-789-7005) [학]1979년 동래고졸 1983년 부산대졸 1993년 미국 밴더빌트대 대학원 경제학과졸, 공학박사(건국대) [경]1983년 행정고시 합격(27회), 통상산업부 외국인투자종합지원실장 1998년 산업자원부 외국인투자지원센타 서기관 1998년 미국 워싱턴주정부 파견(서기관) 2001년 산업자원부 무역투자실 투자진흥과장 2002년 駐호주대사관 1등서기관 2006년 산업자원부 생활산업국 생물화학산업과장 2006년 同미래생활산업본부 바이오나노팀장(부이사관) 2007년 同석유산업팀장(부이사관) 2008년 지식경제부 에너지자원정책과장 2008년 미래기획위원회 파견 2008년 지식경제부 경제자유구역기획단장 2010년 同통상협력정책관 2010년 同산업경제정책관 2011~2012년 同대변인 2012년 방위사업청 차장 2013년 산업통상자원부 기획조정실장 2014~2015년 同산업정책실장 2015년 전자부품연구원 원장(현)

박춘근(朴春根) Park, Choon-Keun

[생]1959 · 4 · 28 [본]함양(咸陽) [출]전북 임실 [주]제주특별자치도 제주시 제주대학로102 한국생산기술연구원 제주본부(064-759-9263) [학]1982년 한양대 공대 무기재료공학과졸 1984년 同대학원 무기재료공학과졸 1993년 재료공학박사(미국 Pennsylvania State Univ.) [경]1984~1989년 쌍용 중앙연구소 선임연구원 1994~2000년 同중앙연구소 연구실장 1994~2003년 한밭대 · 전주대 · 충남대 · 홍익대 강사 2000년 한국생산기술연구원 환경 · 에너지본부 청정소재팀장, 同지능형부품소재센터장 2003~2004년 미국 Materials Research Institute Visiting Senior Scholar 2003년 미국 세계인명사전

'Marquis Who's Who'에 등재 2004년 미국 인명사전에 등재 2007년 광주·전남지방중소기업청장 2009년 한국생산기술연구원 기술지원총괄본부장, 同녹색기술사업단장 2010년 同충청강원권기술실용화본부장 2010년 同엔지니어링기술지원센터 소장 2011년 한미국제기술협력센터(미국 실리콘밸리 소재) 소장 2015년 한국생산기술연구원 제주본부장(현) [상]20세기 100대 기술상(1999), 국제인명기관 명예의전당 공학분야(2004), 중소기업육성지원 공로 국무총리표창(2011) [저]'소결세라믹스'(2002) '수경성 세라믹스'(2003) [종]기독교

박춘덕(朴春德) PARK Chun Deuk (용산)
[생]1952·5·1 [본]밀양(密陽) [출]경남 양산 [주]부산 영도구 와치로194 고신대학교 교양학부(051-990-2344) [학]1973년 부산대 국어국문학과졸 1980년 同교육대학원졸 1993년 문학박사(부산대) [경]1975~1976년 경남 장안중 교사 1976~1981년 브니엘고 교사 1981년 경남공업전문대 교양부 조교수·부교수 1993~2003년 고신대 교양과정부 조교수·부교수 2003년 同교양학부 교수(현), 同교양학부장 2005~2010년 同문헌정보관장 2006년 同국제언어교육원장, 국제비교학회 부회장 2011년 크리스천문인협회 회장 [상]기독교문예 신인상(1987) [저]'교양한자(編)'(2007) '대학 한문'(2008) '논술과 작문(編)'(2008) '연극 영화의 이해(編)'(2008) '문학과 영상예술(編)' [종]기독교

박춘란(朴春蘭·女) PARK Chun Ran
[생]1965·5·1 [주]서울 종로구 송월길48 서울특별시교육청 부교육감실(02-3999-206) [학]진주여고졸, 서울대 법과대학졸 [경]1989년 행정고시 합격(33회) 1993년 교육부 기획관리실 법무담당관실 근무 1998년 同학교정책총괄과 서기관 2003년 강릉대 파견 2004년 교육인적자원부 혁신담당관 2005년 同인력수급정책과장 2005년 同대학정책과장(부이사관) 2007년 경북대 사무국장 2008년 교육과학기술부 학술연구지원관 2008년 강릉대 사무국장 2010년 중앙공무원교육원 파견(고위공무원) 2011년 충북도교육청 부교육감 2012년 교육과학기술부 정책기획관 2013년 교육부 대학지원실 대학정책관 2014년 충남도교육청 부교육감 2015년 교육부 평생직업교육국장 2016년 서울특별시교육청 부교육감(현) [상]대통령표창(1997) [종]기독교

박춘배(朴瑃培) PARK Choon Bae
[생]1951·10·4 [본]밀양(密陽) [출]울산 [주]인천 남구 인하로100 인하대학교 항공우주공학과(032-860-7354) [학]1970년 경복고졸 1974년 서울대 항공공학과졸 1976년 同대학원 항공공학과졸 1989년 항공공학박사(서울대) [경]1977~1980년 공군사관학교 교수부 전임강사 1980~2007년 인하대 공대 기계항공공학부 조교수·부교수·교수 1987~1989년 국방과학연구소 위촉연구원 1992~2000년 건설교통부 항공전자과 위성항행시스템자문위원 1995~1997년 인하대 공대 제1교학부장 1999~2001년 同연구교류처 부처장 2002~2005년 인천국제공항공사 사외이사 2005~2006년 국방부 국방획득정책자문위원 2007년 인하대 연구처장 2007년 인하공업전문대학 총장 2012~2014년 인하대 총장 2013년 국토교통과학기술진흥원 사외이사 2014년 통일교육위원회 인천협의회회 회장 2014년 인하대 항공우주공학과 교수(현) 2015년 (사)한국드론산업진흥협회 수석부회장(현) 2015년 국토교통과학기술진흥원 항공R&D 자문위원(현) [상]KAI-KSAS 항공우주공로상(2013) [저]'항공우주학 개론' '비행 동력학 이해'(2004) [역]'항공기 어떻게 나는가' '헬리콥터의 이해' '키티호크의 그날'

박춘배(朴春培) Park Choon Bae
[생]1956·3·13 [출]전남 영광 [주]경기 수원시 장안구 경수대로1150 경기복지재단 대표이사실(031-267-9314) [학]1974년 서울공고(전자과)졸 2002년 한국방송통신대 영어영문학과졸 2006년 명지대 기록과학대학원 기록관리학과졸 2008년 고려대 정책대학원 최고위정책과정(42기) 수료 2013년 강남대 사회복지전문대학원 재학 중 [경]1977년 (주)한국시그네틱스 근무 1981년 화성군 송산면 근무(최초발령) 2000년 경기도 문화행정담당 2005년 同환경정책과 환경기획담당 2006년 同환경관리과장 직대(서기관), 同의회 기획전문위원 2008년 同노인복지과장 2009년 同복지정책과장 2011년 양주시 부시장(부이사관) 2012년 지방행정연수원 파견 2013년 경기도 북부청사 축산산림국장 2013년 同보건복지국장 2014년 부천시 부시장 2014년 서정대 사회복지행정학과 겸임교수 2014년 경기복지재단 대표이사(현) [상]근정포장(2013)

박춘섭(朴春燮) PARK Chun Sup
[생]1960·2·15 [본]밀양(密陽) [출]충북 단양 [주]세종특별자치시 갈매로477 기획재정부 예산실(044-215-2007) [학]1978년 대전고졸 1983년 서울대 국제경제학과졸 1995년 영국 맨체스터대 대학원 경제학과졸 [경]1987년 행정고시 합격(31회) 1988년 경제기획원 사무관 1994~1996년 해외 유학 1996년 재정경제원 예산실 사무관·서기관·과장 2005년 기획예산처 행정예산과장 2006년 同예산제도과장 2008년 기획재정부 예산총괄과장 2009년 국회 예산결산위원회 국장 2010년 중앙공무원교육원 교육파견(고위공무원) 2011년 국무총리실 재정금융정책관 2012년 기획재정부 대변인 2013년 同예산실 경제예산심의관 2014년 同예산실 예산총괄심의관 2015년 同예산실장(현) [상]대통령표창(2005), 녹조근정훈장(2006), 홍조근정훈장(2014)

박춘수(朴春洙) PARK Chun Su
[생]1960·4·14 [본]순천(順天) [주]광주 서구 내방로111 광주광역시의회(062-613-5002) [학]송원고졸, 송원대 토목공학과졸, 광주대 경제학과졸 2010년 전남대 대학원 행정학과졸 [경]씨에스건설(주) 대표이사, 광주대총동창회 상임부회장, 광주생명의숲 교육홍보위원장, 작은예수의집 운영위원, 장애인먼저실천운동본부 운영위원, 민주당 광주시당 부위원장, 호남일보 자문위원장 2006·2010~2014년 광주시 남구의회 의원(민주당·민주통합당·민주당·새정치민주연합) 2006~2008년 同운영위원장 2012~2014년 同의장, 광주청소년교향악단 상임이사(현) 2014년 광주시의회 의원(새정치민주연합·더불어민주당·국민의당)(현) 2014년 同행정자치위원회 위원 2014년 同운영위원회 위원 2014·2015년 同예산결산특별위원회 위원 2015년 同윤리특별위원회 위원 2016년 同제1부의장(현) 2016년 同환경복지위원회 위원(현)

박춘식(朴春植) Choon-Sik Park
[생]1958·9·21 [출]경남 마산 [주]서울 노원구 화랑로623 서울여자대학교 미래산업융합대학 정보보호학과(02-970-5752) [학]1983년 한양대 대학원 전자통신공학과졸 1995년 공학박사(일본 도쿄공업대) [경]1982~1999년 한국전자통신연구소 책임연구원 2000년 국가보안기술연구소 책임연구원 2005~2008년 同소장 2009년 서울여대 미래산업융합대 정보보호학과 교수(현) 2012~2015년 한국인터넷진흥원 비상임이사 2014년 안전행정부 개인정보분쟁조정위원회 위원 2015년 한국정보보호학회 회장 2015년 한국FIDO산업포럼 회장(현) 2016년 금융보안포럼 감사(현) [상]대통령표창(2001·2011), 한국정보보호산업협회 공로패 [저]'현대암호학'(2000) '현대암호학 및 응용'(2002) '사이버테러'(2003) [종]기독교

박춘식(朴春植) Park Chunsik
[생]1970·2·10 [주]경남 창원시 의창구 상남로290 경상남도의회(055-211-7358) [학]남해고졸, 부산대 물리학과 제적, 숭실사이버대 경영학과졸, 한양대 경영전문대학원 글로벌MBA과정 휴학 [경]남해신문(주) 대표이사, 남해사랑의집 대표이사(현), 남해군국제화추진협의회 사무국장, 남해수능시험장유치범군민추진위원회 집행위원장, 남해중 운영위원장, 농어촌지방선거구지키기추진위원회 집행위원장, 국민생활체육 남해군풋살연합회 회장, 남해군축구협회 부회장 2014년 경남도의회 의원(새누리당)(현) 2014년 同농해양수산위원회 위원 2015년 同경남도교육청학교급식에대한행정사무조사특별위원회 위원장 2016년 同운영위원회 위원(현) 2016년 同문화복지위원회 위원(현)

박춘원(朴春園) PARK Choon Weon
[생]1962·11·12 [본]밀양(密陽) [출]경남 사천 [주]서울 강남구 테헤란로311 아남타워2층 삼성화재해상보험(주) 자동차보험본부(1588-3339) [학]1981년 진주고졸 1986년 한양대 경영학과졸 2008년 서울대 대학원 고위의료경영자과정 수료 [경]1986년 삼성화재해상보험(주) 입사 2004년 同경영관리팀 경영관리파트장 2007년 同상품업무실 상품기획팀장 2008~2012년 同경영관리팀장(상무) 2012년 삼성화재손해사정서비스 대표이사 상무 2013년 同대표이사 전무 2013년 삼성화재애니카손해사정(주) 대표이사 전무 2015년 삼성화재해상보험(주) 자동차보험본부 자문역(전무)(현) [종]기독교

박춘호(朴春鎬) Park Choonho

[생]1965·12·15 [본]함양(咸陽) [출]경북 영덕 [주]세종특별자치시 갈매로477 기획재정부 역외소득·재산자진신고기획단 부단장실(044-215-8860) [학]1983년 대구 경신고졸 1988년 연세대 경제학과졸 1993년 서울대 행정대학원 석사과정 수료 [경]1993년 행정고시 합격(37회) 2010년 기획재정부 재정관리국 재정집행관리팀장·세제실 소득세제과장 2011년 同세제실 환경에너지세제과장·국제조세협력과장·부가가치세제과장 2012년 同조세특례제도과장 2013년 제18대 대통령직인수위원회 파견 2013년 기획재정부 세제실 소득세제과장 2014년 同예산실 교육예산과장 2015년 同세제실 법인세제과장 2016년 同세제실 법인세제과장(부이사관) 2016년 同역외소득·재산자진신고기획단 부단장(현)

박춘홍(朴春洪)

[생]1956 [주]서울 중구 을지로79 기업은행 임원실(02-729-6241) [학]대전고졸, 충남대 경영학과졸 [경]1982년 IBK기업은행 입행 2004년 同청주지점장 2006년 同대전지점장 2009년 同천안중앙기업금융지점장·충청지역본부장 2011년 同기업고객본부장(부행장) 2013년 同경영지원본부장(부행장) 2014년 同전무이사(수석부행장)(현) 2014년 (재)중소기업연구원 비상임이사(현)

박춘희(朴椿姬·女) PARK Chun Hee

[생]1954·10·15 [출]경남 산청 [주]서울 송파구 올림픽로 326 송파구청 구청장실(02-2147-2022) [학]경남여고졸, 부산대 의류학과졸 1984년 同행정대학원 행정학과졸, 건국대 일반대학원 행정학 박사과정 수료 [경]사법연수원 자치회장, 초당대 겸임교수, 서울지방변호사회 교수평가위원, 대한변호사협회 노인법률지원위원, 대통령선거 법조지원단 부위원장, 변호사 개업, 서울시 지방세심의위원, 대한변호사협회 재개발재건축법률지원위원, 서울가정법원 가사조정위원, 바른선거시민모임 법률자문위원 2010년 서울시 송파구청장(한나라당·새누리당) 2014년 서울시 송파구청장(새누리당)(현) 2014년 서울시구청장협의회 부회장(현) [상]대통령표창(2011), 자랑스러운 부산대인(2012), 포춘코리아 선정 '2013 한국 경제를 움직이는 인물'(2013), 한빛회 대한민국나눔봉사대상 최고대상(2013), 자랑스러운 대한국민대상 지방자치행정부문(2014), 한국국제연합봉사단 세종대왕 나눔봉사대상(2015), 대한민국 로하스대상 사회복지대상(2015), 전국기초단체장매니페스토 우수사례경진대회 일자리분야 최우수상(2016)

박충기(朴忠基) PARK Choong Ki

[생]1951·3·23 [본]밀양(密陽) [출]서울 [주]서울 성동구 왕십리로222 한양대학교 의과대학(02-2220-0395) [학]1976년 한양대 의대졸 1979년 同대학원졸 1985년 의학박사(한양대) [경]1976~1981년 한양대병원 수련의 1981년 국군진해통합병원 방사선과장 1983년 해군기지병원 방사선과장 1984년 한림대부속 동산성심병원 방사선과장 1989년 미국 Univ. of California Sanfrancisco 방사선과 Research Fellow 1990~1995년 한림대 의대 방사선과 교수 1995년 한양대 의대 방사선과 교수 2005~2007년 同구리병원장 2007~2016년 同의과대학 영상의학교실 교수 2009~2011년 同교수평의회 의장 겸 대학평의회 의장 2013~2015년 同의무부총장 겸 의료원장 2016년 同의과대학 명예교수(현) [종]기독교

박충년(朴忠年) Choong-Nyeon Park

[생]1955·6·6 [본]밀양(密陽) [출]전남 담양 [주]광주 북구 용봉로77 전남대학교 신소재공학부(062-530-1695) [학]1978년 서울대 금속공학과졸 1980년 한국과학기술원 재료공학과졸(석사) 1982년 재료공학박사(한국과학기술원) [경]1984~1994년 전남대 금속공학과 조교수·부교수 1990년 독일 Max-Planck 금속연구소 연구교수 1993~1996년 전남대 학생부처장 1994년 同신소재공학부 교수(현) 2008~2010년 同교무처장 2010~2011년 同부총장 2010~2011년 한국수소 및 신에너지학회 회장 2013~2015년 한국대나무발전협회 회장 2015년 광주수소자동차허브도시추진위원회 위원장

박충학(朴忠學) PARK Choong Hak

[생]1953·6·23 [주]충남 천안시 동남구 단대로119 단국대학교 의과대학 산부인과학교실(041-550-3941) [학]1978년 서울대 의대졸 1986년 同대학원 의학석사 1989년 의학박사(서울대) [경]1978~1981년 육군 군의관 1985~1991년 대한병원 Group 산부인과 과장·교육연구부장·진료부장·부원장 1992~2004년 단국대 의과대학 산부인과학교실 조교수·부교수 1993~1995년 同의과대학 의학과장 1996~2000년 同의료원 산부인과 주임교수 겸 과장 2000~2001년 미국 Vanderbilt Univ. Medical Center 부인종양학부 연구원 겸 교환교수 2004년 단국대 의과대학 산부인과학교실 교수(현) 2011년 전국의과대학교수협의회 회장 [저]'산과학'(1997) '부인과학'(1997) '임신과 분만'(2000) '자궁경부세포진'(2004) '부인과학'(2007)

박충화(朴忠和) PARK Choong Hwa

[생]1961·6·8 [본]밀양(密陽) [출]충남 천안 [주]대전 동구 대학로62 대전대학교 공과대학(042-280-2571) [학]1985년 충남대 해양물리학과졸 1987년 일본 東京大 대학원 지질학과졸 1990년 지반탐사공학박사(일본 東京大) [경]1990~1991년 일본 도쿄대 해양연구소 대양저구조지질부 연구원 1991~1992년 한국해양연구소 해양지질연구부 선임연구원 1992~1995년 경상대 지질학과 시간강사 1995년 대전대 공과대학 지반방재공학전공 전임강사·조교수·부교수·교수(현) 1995년 同지질공학연구소장 1996~2011년 한국철도시설공단 충남도 건설기술자문위원 1996~1998년 금강환경관리청 환경영향평가위원 1997~1999년 同먹는물환경영향조사심사위원회 위원 1998~1999년 한국자원연구소 산업자원부출연과제평가회의 평가위원 2002~2007년 대전대 입학홍보처장 2006~2007년 전국입학관련처장협의회 대전·충북·충남협의회장 2007년 대전대 공과대학 소방방재공학전공 교수 겸 건설안전방재공학과 교수(현) 2007·2009~2010년 同소방방재공학과장 2009~2011년 同공과대학장 2011년 同기획처장 2011년 同연수학습센터장 2011년 대한지질공학회 수석부회장 2013년 대전시 소방기술심의위원회 심의위원(현) 2014~2016년 한국소방산업기술원 비상임이사 2015년 대한지질공학회 학회장(현) 2016년 대전대 대외협력·경영부총장(현)

박치문(朴治文) Chi-Moon, Park (亞山)

[생]1948·12·29 [출]전북 전주 [주]서울 성동구 마장로 210 (재)한국기원(02-3407-3800) [학]1966년 전주고졸 1979년 서울대 국어국문학과졸 [경]1975~1987년 조선일보 바둑해설 1981~1987년 대한석탄공사 홍보과장 1987~1991년 세계일보 차장·부장대우 1992~2014년 중앙일보 편집국 문화부차장·문화부 부장대우·수석전문위원(부국장)·바둑전문기자(국장) 2014년 (재)한국기원 상근부총재(현) [상]한국기원 공로상, 동양3국 아마기전 우승, 전국실업연맹전 우승(3회) [저]'요순에서 이창호까지'(1992) '관철동 시대'(1997)

박치봉(朴致奉)

[생]1966·7·14 [본]울산(蔚山) [출]경북 경산 [주]대구 수성구 동대구로364 대구지방법원(053-757-6600) [학]1984년 경산 무학고졸 1988년 서울대 법과대학 법학과졸 [경]1992년 사법시험 합격(34회) 1995년 사법연수원 수료(24기) 1995년 대구지법 판사 1998년 同경주지원 판사 1999년 대구지법 판사 2001년 同칠곡군·성주군·고령군법원 판사 2003년 대구지법 가정지원 판사 2005년 대구지법 판사 2007년 대구고법 판사 2009년 대구지법 판사 2011년 부산지법 동부지원 부장판사 2012년 대구지법·대구가정법원 영덕지원장 2014년 대구지법 부장판사(현) [종]기독교

박치형(朴致瑩)

[생]1966·9·20 [출]전남 해남 [주]대전 서구 청사로189 중소기업청 경영판로국 인력개발과(042-481-4469) [학]1992년 숭실대 정치외교학과졸 1994년 同대학원 국제정치학과졸 [경]1994~1998년 무등일보 기자 1998~2000년 국민일보 기자 2000년 파이낸셜뉴스 정치팀 기자 2001년 同편집국 정치경제부 기자 2003~2004년 (주)ABS농어민방송 보도국장 2004~2005년 국회사무처 입법보좌관 2005 중소기업청 홍보담당관실 서기관 2006년 同정책홍보관리본부 홍보기획팀장 2008년 同대변인 2013~2015년 해외파견(서기관) 2015년 중소기업청 경영판로국 인력개발과장(현) [상]이달의 기자상(1998)

박칼린(女) PARK Kolleen

[생]1967·5·1 [출]미국 [주]경기 성남시 분당구 성남대로779번길18 코너스톤빌딩2층 킥뮤지컬아카데미(031-701-5258) [학]경남여고졸, 미국 캘리포니아예술대 첼로학과졸, 서울대 대학원 국악작곡학과졸 [경]1991~1999년 뮤지컬 극단 '에이콤' 음악감독 1994~1996년 에이콤뮤지컬아카데미 강사 2005년 동아방송대 공연예술계열 뮤지컬전공 교수 2008년 킥뮤지컬아카데미 대표 겸 예술감독(현) 2010년 호원대 방송연예학부 뮤지컬전공 주임교수 2010~2015년 킥뮤지컬스튜디오 대표·예술감독 2010년 KBS '남자의자격-합창단' 음악감독 2010년 2018평창동계올림픽유치위원회 홍

보대사 2011년 전주소리축제 집행위원장 2011년 tvN 코리아갓탤런트1 심사위원 2012년 同코리아갓탤런트2 심사위원 2012~2015년 KAC한국예술원 뮤지컬학부장 2012년 희망서울 홍보대사 2012년 전주세계소리축제 집행위원장 2012년 제18대 대통령직인수위원회 청년특별위원회 위원 2013~2015년 케이노트뮤직아카데미 뮤지컬원장 2013~2014년 대통령직속 청년위원회 소통분과 위원 2014년 서울시 홍보대사 [상]전국청소년연극제 연기상(1984), 미주 MBC가요제 대상(1989), 연극 '불의가면' 작곡상(1990), 제19회 기독교문화대상 뮤지컬부문 수상(2006), 제13회 뮤지컬대상 음악상(2007), 제3회 스타일 아이콘 어워즈 문화 예술 부문 수상(2010), 올해의 여성문화인상(2010), 제6회 세상을 밝게 만든 사람들 문화 예술 부문 수상(2010), KBS 연예대상 특별상(2010) [저]'그냥'(2010, 달) [작]발매앨범 'I Believe'(2010) '아름다운 널'(2010) 연극 '맥베스'(1988) '불의 가면'(1990) '여자의 선택'(1991) '스타가 될거야'(1994) '가스펠'(1996) 뮤지컬 '명성황후'(1996) '페임'(1999) '한여름 밤의 꿈'(2001) '오페라의 유령'(2002) '노틀담의 꼽추'(2004) '렌트'(2004 · 2011) '미녀와 야수'(2004) '아이다'(2006 · 2010) '사운드 오브 뮤직'(2006) '시카고'(2008) '틱틱붐'(2010) '넥스트 투 노멀'(2011) CF출연 '신한은행 동행'

박태견(朴太堅) PARK Tae Kyun

[생]1959 · 5 · 14 [본]밀양(密陽) [출]서울 [주]서울 마포구 마포대로14가길6 정화빌딩3층 뉴스앤뉴스 대표이사실(02-393-5455) [학]1984년 서울대 인문대학 국어국문학과졸 [경]1988년 국민일보 입사, 同문화부 · 정치부 기자 1989년 평화방송 입사 1990년 문화일보 정치부 · 경제부 · 국제부 기자 1998년 同경제부 차장 2001년 프레시안 경제에디터 2003년 同편집국장 2005년 同편집국 이사 · 논설주간 2006년 뷰스앤뉴스 대표이사 겸 편집국장(현) [저]'가자! 다시 조선으로 세계로' '초국가시대로의 초대' '세계를 움직이는 127대 파워' '앨고어의 정보 초고속도로' '저패니메이션이 세상을 지배하는 이유' '조지 소로스의 핫머니 전쟁' '관료 망국론과 재벌신화의 붕괴' '큰 장사꾼 김정태' '미국의 금융파워' [종]기독교

박태권(朴泰權) PARK Tae Kwon

[생]1946 · 9 · 27 [본]밀양(密陽) [출]충남 서산 [주]서울 영등포구 의사당대로1 대한민국헌정회(02-757-6612) [학]서산농림고졸 1975년 동국대 정치외교학과졸 1981년 同경영대학원졸 1991년 서울대 행정대학원 국가정책과정 수료 [경]1972년 在京충남학우회 회장 1983년 서산군청년단체협의회 회장 1983년 민주화추진협의회 출판문화국장 1985년 신민당 중앙상무위원 1988년 제13대 국회의원(서산, 통일민주당 · 민자당) 1988년 민주당 원내부총무 1990년 민자당 운영실장 1990년 同서산 · 태안지구당 위원장 1992년 민주산악회 본부장 1993년 문화체육부 차관 1993~1994년 충남도지사 1996년 신한국당 서산 · 태안지구당 위원장 1997년 국민신당 서산 · 태안지구당 위원장 1998~2002년 자민련 인천남동乙지구당 위원장 1999~2002년 同당무위원 2000년 同인천시지부장 2002년 충남도지사선거 출마(한나라당) 2003년 충남문화환경연구회 회장 2003년 (사)한국정치발전연구회 사무총장, 순천향대 행정학과 객원교수 2006년 충남도지사선거 출마(한나라당), 한나라당 국가정책자문위원 2010년 동국대 정치외교학과 총동창회장(현) 2014년 제19대 국회의원선거 출마(서산 · 태안 보궐선거, 무소속) 2015년 대한민국헌정회 이사(현), 同민족문화연구특별위원회 부위원장(현) [상]황조근정훈장(1995) [저]'천수만의 썰물 그리고 밀물' '브랜드 충남 세계 트랜드' [종]기독교

박태규(朴泰奎) PARK Tae Gyu

[생]1954 · 1 · 30 [출]경남 남해 [주]서울 서초구 서초대로74길4 삼성생명서초타워17층 법무법인 동인(02-2046-0657) [학]1972년 남해종합고졸 1978년 동아대 법학과졸 1980년 同대학원 법학과 수료 [경]1980년 사법시험 합격(22회) 1983년 사법연수원 수료(13기) 1983년 부산지검 검사 1986년 대구지검 김천지청 검사 1987년 수원지검 검사 1990년 서울지검 북부지청 검사 1993년 대검찰청 검찰연구관 1995년 부산지검 울산지청 부장검사 1996년 대구지검 안동지청장 1997년 서울지검 부부장검사 1998년 수원지검 강력부장 1999년 부산지검 특수부장 2000년 서울지검 남부지청 형사3부장 2000년 同남부지청 형사2부장 2001년 同남부지청 형사1부장 2002년 대구지검 경주지청장 2003년 대검 범죄정보기획관 2004년 서울고검 검사 2005년 의정부지검 고양지청장 2006년 대전고검 검사 2007년 춘천지검장 2008~2009년 의정부지검장 2009년 법무법인 동인 변호사(현) 2013년 법제처 법령해석심의위원회 해석위원(현) 2015년 (재)한국장기기증원 감사(현) 2016년 (주)정산애강 사외이사(현)

박태동(朴泰東) PARK Tae Dong

[생]1953 · 11 · 8 [출]대구 [주]충남 서산시 공림4로24 대전지방법원 서산지원(041-660-0600) [학]1971년 경북고졸 1975년 서울대 법대졸 [경]1981년 사법시험 합격(23회) 1982년 사법연수원 수료(13기) 1983년 수원지법 성남지원 판사 1985년 서울지법 남부지원 판사 1987년 서울형사지법 판사 1988년 청주지법 판사 1991년 서울지법 남부지원 판사 1993년 서울민사지법 판사 1994년 서울고법 판사 1998년 서울가정법원 판사 1999년 대전지법 부장판사 2000년 서울지법 의정부지원 부장판사 2002년 서울지법 부장판사 2004년 서울중앙지법 부장판사 2005년 서울남부지법 부장판사 2006~2007년 수원지법 부장판사 2007년 변호사 개업 2009년 사법연수원 교수 2016년 대전지법 · 대전가정법원 서산지원 부장판사(현) [종]불교

박태범(朴泰範) PARK Tae Beom

[생]1952 · 9 · 24 [출]경북 청도 [주]서울 강남구 봉은사로407 법무법인 삼화(02-561-2710) [학]1971년 경기고졸 1975년 서울대 법대졸 1982년 同법과대학원졸 1987년 미국 워싱턴대 수료 2002년 서울대 국제대학원 GLP과정 수료 [경]1976년 사법시험 합격(18회) 1978년 사법연수원 수료(8기) 1978년 軍법무관 1982년 수원지법 판사 1984년 서울지법 남부지원 판사 1986년 서울형사지법 판사 1988년 대구고법 판사 1990년 서울고법 판사 1991년 대법원 재판연구관 1993년 부산지법 부장판사 1995년 인천지법 부장판사 1997년 서울지법 남부지원 부장판사 1998년 서울지법 부장판사 1998년 법무법인 천지인 대표변호사 2001년 해동합동법률사무소 변호사 2001년 천지인합동법률사무소 변호사 2003~2005년 대한변호사협회 부회장 2006~2009년 한국간행물윤리위원회 위원 겸 감사 2006년 법무법인 한빛 대표변호사 2009~2010년 법무법인 원 변호사 2010년 법무법인 대광 대표변호사, 법무법인 삼화 대표변호사(현) [저]'신용장 매입은행의 조사의무' [종]천주교

박태석(朴泰錫) PARK Tae Sok

[생]1957 · 9 · 10 [본]밀양(密陽) [출]전북 옥구 [주]서울 서초구 서초대로266 한승아스트라703호 법무법인 월드(02-587-2800) [학]1976년 용문고졸 1981년 서울대 법과대학졸 1993년 영국 옥스퍼드대 수료 [경]1981년 사법시험 합격(23회) 1983년 사법연수원 수료(13기) 1983년 육군 법무관 1986년 부산지검 검사 1989년 전주지검 정주지청 검사 1990년 서울지검 의정부지청 검사 1993년 서울지검 검사 1995년 서울고검 검사 1996년 청주지검 제천지청장 1997년 서울지검 동부지청 부부장검사 1998년 서울지검 부부장검사 1998년 同의정부지청 형사4부장 1999년 법무부 관찰과장 2000년 同법무과장 2001년 서울지검 소년부장 2002년 同형사7부장 2003년 춘천지검 차장검사 2004년 창원지검 차장검사 2005년 서울동부지검 차장검사 2006년 서울고검 검사 2006년 변호사 개업 2007년 법무법인 월드 대표변호사(현) 2012년 디도스공격수사특별검사팀 특별검사 [상]대통령표창 [저]'관세형벌법' '정치개혁 이렇게 한다'(共) '미국의 사법제도'(共) [종]기독교

박태석(朴泰錫)

[생]1959 · 8 · 12 [출]전북 부안 [주]서울 중구 통일로120 NH농협은행 부행장실(02-2080-5114) [학]1979년 부안농공고졸 1981년 농협대학 농업협동조합과졸 1996년 한국방송통신대 경영학과졸 2008년 전북대 대학원 회계학과졸(석사) [경]1987년 농협중앙회 입사 · 용인군지부 서기 2005년 同전북지역본부 금융추진팀장 2007년 同전북지역본부 금융지원팀장 2011년 同전북지역본부 군산시지부장 2012년 同PB마케팅부장 2012년 NH농협은행 WM사업부장 2012년 同리테일고객부장 2013년 同전북영업본부장(부행장보) 2015년 농협중앙회 전북지역본부장 2016년 NH농협은행 부행장(현) [상]한국국제회계학회 경영자대상(2013)

박태선(朴太瑄 · 女) PARK Tae Sun

[생]1960 · 7 · 4 [출]부산 [주]서울 서대문구 연세로50 연세대학교 생활과학대학 식품영양학과(02-2123-3123) [학]1979년 동명여고졸 1983년 연세대 식품영양학과졸 1985년 同대학원 영양학과졸 1987년 미국 매사추세츠주립대 대학원 영양학과졸 1991년 이학박사(미국 캘리포니아 데이비스대) [경]1990년 미국 스탠포드대 박사 후 연구과정 수료 1991년 미국 Palo Alto 의료재단연구소 박사 후 연구과정 수료 1994년 미국 스탠포드대 의대 선임연구원 1995~2003년 연세대 식품영양학과 조교수 · 부교수 1996년 한국영양학회 편집위원 · 학술위원 1998년 연세대 식품영양학과장 2000~2002년 보건복지부 식품위생심의위원회 심의위원 2000~2003년 방송심의위원회 상품판매방송심의위원 2001~2003년 연세대 생활과학대학 교학부장 · 학부장 2001~2005년 한국간행물윤리위

원회 심의위원 2002년 한국식품과학회 건강기능식품분과위원회 학술간사 2002년 대한지역사회영양학회 상임이사 2003년 연세대 생활과학대학 식품영양학과 교수(현) 2003~2005년 대한영양의학회 학술위원 2003년 연세대 교수평의회 총무간사 2004년 同대외협력부처장 2004년 한국국제생명과학회 과학자문위원 2004~2005년 건강기능성식품기능성표시광고심의위원회 부위원장 2004~2006년 식품의약품안전청 건강기능식품심의위원회 심의위원 2010년 방송통신심의위원회 광고특별위원회 위원 2011~2013년 同광고특별위원회 위원장 2012~2014년 연세대 연구처장 겸 산학협력단장 [저]'항산화영양소와 건강(共)'(1998) '한국인의 식생활 100년 평가(共)'(1998) '식사요법 실습서(共)'(1999) '현대인의 생활영양'(共) '한국인의 위장질환과 식생활 · 환경요인 및 H. pylori 감염과의 관계(共)'(1999) '21세기 스포츠영양(共)'(2001) '영양생화학실험(共)'(2004) [역]'제58장 영양소와 유전자의 상호작용' [종]기독교

박태성(朴泰晟) Park Tae Sung

[생]1963 · 4 · 15 [본]밀양(密陽) [출]경남 마산 [주]세종특별자치시 한누리대로402 산업통상자원부 감사관실(044-203-5410) [학]문일고졸 1987년 서울대 경제학과졸 1989년 同행정대학원 정책학과졸 1999년 미국 오리건대 대학원 경제학과졸 [경]1991년 행정고시 합격(35회) 1993년 상공부 행정사무관 2001년 산업자원부 산업정책과 서기관 2003년 해양수산부 항만국 민자계획과장 2004년 同국제협력관실 WTO통상협력팀장 2005년 산업자원부 중국협력기획단장 2006년 駐말레이시아대사관 상무관 2008년 同상무참사관 2009년 지식경제부 반도체디스플레이과장 2010년 同지역경제총괄과장 2010년 同지역경제총괄과장(부이사관) 2012년 同FTA무역종합지원센터 종합지원단장 2013년 산업통상자원부 통상정책총괄과장 2013~2015년 중소기업청 기획조정관 2015년 중앙공무원교육원 교육파견 2016년 산업통상자원부 감사관(현) [상]대통령표창(2002) [종]기독교

박태수(朴泰洙) PARK Tae Soo

[생]1958 · 3 · 1 [출]충북 옥천 [주]경기 이천시 부악로40 이천시청 부시장실(031-644-2010) [학]1976년 효명종합고졸 2003년 한경대 법학과졸 2008년 아주대 대학원 경영학과졸 [경]2006년 경기도 경제농정국 기업지원과장 2007년 지방혁신인력개발원 파견 2007년 경기도 경제농정국 산업지원과 근무 2008년 同가족여성정책국 청소년과장 2009년 同자치행정국 특별사법경찰지원과장 2010년 同경제투자실 기업지원과장 2010년 同투자산업심의관실 기업정책과장 2012년 지방행정연수원 파견 2013년 경기도 투자산업심의관 직대 2013년 同경제기획관(부이사관) 2013년 경기 파주시 부시장 2015년 경기 이천시 부시장(현) [상]녹조근정훈장(2002), 국가사회발전기여 대통령표창(2011)

박태순(朴泰錞) PARK Tae Soon

[생]1952 · 12 · 2 [주]대전 유성구 가정로209 한국표준과학연구원 방사선표준센터(042-868-5372) [학]1975년 연세대 물리학과졸 1977년 同대학원 핵물리학과졸 1992년 박사(한국과학기술원) [경]한국표준과학연구원 책임연구원(현), 同물질량표준부 전리방사선그룹장 2008년 同삶의질표준본부 환경측정연구단장, 同방사선표준센터 연구원(현), 과학기술연합대학원대 방사선계측 및 방사선안전학부 교수(현) 2013년 국제방사성핵종계측위원회(ICRM) 부회장(현) [상]한국표준과학연구원 취봉상(2010)

박태신(朴泰信) PARK Tae Shin

[생]1963 · 10 · 16 [본]영해(寧海) [출]충남 서천 [주]서울 마포구 와우산로94 홍익대학교 법과대학 법학과(02-320-1818) [학]1980년 중앙고졸 1985년 연세대 법학과졸 1994년 同대학원 법학과졸 2008년 법학박사(연세대) [경]1986년 사법시험 합격(28회) 1989년 사법연수원 수료, 법무법인 치악종합 변호사 2005~2012년 홍익대 법경대학 법학과 조교수 · 부교수 2008년 한국의료법학회 편집이사 2012년 홍익대 법과대학 법학과 교수(현) [저]'최신 집합건물법의 해설'(2006) '판례중심 민법총칙'(2009, 법문사) [종]기독교

박태안(朴泰安) Park Tae-an

[생]1970 · 5 · 16 [출]서울 [주]인천 남구 소성로163번길17 인천지방법원(032-860-1113) [학]1988년 동북고졸 1993년 성균관대 법학과졸 1994년 서울시립대 대학원 법학과 수료 [경]1995년 사법시험 합격(37회) 1998년 사법연수원 수료(27기) 1998년 공익 법무관 2001년 창원지법 판사 2004년 수원지법 평택지원 판사 2006년 서울북부지법 판사 2008년 서울중앙지법 판사 2010년 서울고법 판사 2012년 서울동부지법 판사 2013년 대전지법 부장판사 2015년 인천지법 부장판사(현)

박태우(朴泰宇) PARK Tae Woo

[생]1963 · 5 · 17 [본]반남(潘南) [출]충남 금산 [주]서울 성북구 안암로145 고려대학교 지속발전연구소(02-3290-1658) [학]1982년 대전고졸 1984년 고려대 사범대 2년 수학 1991년 한국외국어대 정치외교학과졸 1993년 경희대 평화복지대학원 동북아학과졸 1996년 국제정치경제학박사(영국 헐대) 1998년 한국개발연구원(KDI) 국제정책대학원 통상법전문과정 수료 2009년 고려대 국제대학원 그린리더십과정(6개월최고위과정) 수료 [경]1989년 한국외국어대 통역협회장 1996년 국회 통일외교통상위원회 보좌관 1996년 한국외국어대 · 숙명여대 · 국민대 · 덕성여대 강사 1997년 한국유럽학회 감사 1997~1998년 통상산업부 통상사무관 1998~2000년 외교통상부 경제통상외무관 2000년 한 · 대만청년포럼 한국대표 2000~2004년 새천년민주당 이인제 최고위원 보좌관 2001년 계간문학지 '포스트 모던'으로 시인 등단 2003년 중부대 인문학부 겸임교수 2004년 새천년민주당 일산甲지구당 위원장 2004~2005년 대만 국립정치대학 외교학과 방문교수 2005년 민주당 일산甲지역운영위원회 위원장 2005~2011년 한국민주태평양연맹(DPU Korea Chapter) 사무총장 2006년 대전 중구청장 출마(무소속) 2006년 한나라당 중앙위원회 국방안보위원회 부위원장 2006년 駐韓동티모르 명예영사(현) 2006~2008년 대만 국립정치대학 외교학과 방문교수 2007년 한남대 국방전략대학원 초빙교수 2007년 경남대 극동문제연구소 초빙연구위원 2007년 한나라당 제17대 대통령중앙선거대책위원회 상근부대변인 2008년 同부대변인 2008년 (재)여의도연구소 외교안보분야 정책자문위원, 박태우푸른정치경제연구소 소장(현) 2010년 한국정치학회 상임대외협력이사 2011년 同이사, 한국정치외교사학회 섭외이사, 민주평통 상임위원(14기 · 15기), 한국수자원공사 비상임이사 2012년 한국정치학회 특임이사 2012년 새누리당 제18대 대통령중앙선거대책위원회 중앙유세지원본부 유세지원단장 2012년 同제18대 대통령중앙선거대책위원회 특보단 대외협력특보, 고려대 지속발전연구소 연구교수(현) 2013년 한국의회학회 학술위원장(현) 2013~2014년 GCS 인터내셔널 국제협력위원장, 연합뉴스TV · TV조선 · 채널A · YTN 등 정치평론가(현) 2015년 민주평통 상임위원(17기)(현) 2015년 대만 국립정치국제대학 방문학자(현) 2016년 한국외국어대 국제지역대학원 겸임교수(현) [상]미국 문화원 KASA영어웅변대회 대상(1982), 전국 영어웅변 및 토론대회 각각 대상 · 동상 · 장려상(1990 · 1993 · 1999), 제1회 셰익스피어 전국대학생영어토론대회 동상(1992), 제39회 전국영어웅변대회 일반부문 장려상(1999), 한국문화예술신인상 시부문(2001), 한국문화예술상 시부문(2003), The Korea Herald · 헤럴드경제 · 국정홍보처 주최 제43회 전국영어웅변대회 일반부문 장려상(2003), 대한민국재향군인회 애국적인 글쓰기운동을 감사장(2008) [저]'유럽통상정책과 법'(共) '아셈'(共) 칼럼집 '동북아의 진정한 균형자란?' '다시 새벽이 오기에' '신부국강병론' '정치 시를 만나 춤추다' 시집 '당신이 날 부르면' '내가 당신을 부르겠소이다' '이 세상과 함께 불러야 하는 노래들이 있기에' '저 하늘 높이 날아가는 새처럼' '아름다운 사람들 속에서' '하늘을 향해서 입을 벌린 사람'(2009) 영문컬럼집 'Searching for True Patriotism'(2012) '통일된 한반도를 향해한다'(2013, 연인M&B) [종]기독교

박태웅(朴泰雄) PARK Tae Woong

[생]1942 · 3 · 1 [본]밀양(密陽) [출]경기 [주]서울 중구 무교로16 대한체육회관8층 한국체육언론인회(02-777-6072) [학]1960년 포천고졸 1967년 건국대 상학과졸 [경]1967년 TBC 입사 1980~1982년 KBS 근무 1984~1992년 MBC 스포츠국 · 취재부 차장 · 스포츠취재부 부장대우 · 아침스포츠담당 부장 1993년 同스포츠취재부장 1994년 同스포츠제작부장 1995~1997년 同부국장대우 스포츠취재팀장 1997~1998년 同보도위원(부국장급) 2002년 한국스포테크 감사 2005년 한국체육언론인회 부회장 겸 사무총장 2013년 同회장(현) [종]가톨릭

박태원(朴泰源)

[생]1957 · 8 · 18 [주]충북 청주시 서원구 청남로1887번길78 청주여자교도소(043-288-8140) [학]대구대 법학과졸 [경]2007년 서울지방교정청 의정부교도소 교육교화과장 2015년 인천구치소 부소장 2016년 청주여자교도소장(현) [상]국무총리표창(1997), 대통령표창(2012)

박태원(朴兌原) PARK TAE WON

[생]1969 · 1 · 7 [출]서울 [주]서울 강남구 언주로726 두산건설(주) 임원실(02-510-3006) [학]1987년 오산고졸 1993년 연세대 지질학과졸 1996년 미국 뉴욕대 경영대학원 경영학과졸(MBA) [경]1993~1994년 효성물산 자원팀 근무 1996~1997년 미국 Crown Cork & Seal Sales팀 근무 1999~2000년 (주)두산 테크팩BG 기획팀 근무 2000년 네오플럭스캐피탈 Investment팀 근무

2004~2006년 네오플럭스 Venture Investment 총괄담당 상무 2006년 두산산업개발(주) 상무 2007년 두산건설(주) 상무 2008년 同전략혁신부문장(전무) 2011~2014년 同메카텍BG장(부사장) 2011년 同전략혁신부문장(겸임) 2014년 同기자재최고운영책임자(COO · 사장)(현) [종]천주교

박태종(朴泰淙) PARK Tae Jong (목연)

[생]1945 · 12 · 20 [본]밀양(密陽) [출]서울 [주]서울 강남구 영동대로741 법무법인 웅빈(02-553-3000) [학]1964년 경복고졸 1969년 서울대 법학과졸 1985년 프랑스 국립사법관학교 국제부법관연수과정 수료 [경]1974년 사법시험 합격(16회) 1976년 사법연수원 수료(6기) 1976년 軍법무관 1979년 부산지검 검사 1982년 대전지검 서산지청 검사 1983년 서울지검 동부지청 검사 1986년 법무부 검사 1988년 서울지검 검사 1989년 수원지검 여주지청장 1990년 대검찰청 검찰연구관 1991년 同기획과장 1993년 부산지검 특수부장 1993년 법무부 검찰제1과장 1995년 대통령 법률비서관 1997년 서울지검 남부지청 차장검사 1998년 청주지검 차장검사 1999년 대전지검 차장검사 1999년 서울지검 남부지청장 2000년 사법연수원 부원장 2001년 전주지검장 2002년 대검찰청 감찰부장 2003년 대구지검장 2003년 법무법인 신세기 대표변호사 2004년 법무법인 장한 대표변호사 2006년 법무법인 렉스 대표변호사 2009년 법무법인 에이텍스 고문변호사 2011~2013년 대통령소속 개인정보보호위원회 위원장(장관급) 2014년 법무법인 웅빈 고문변호사(현) [상]홍조근정훈장 [종]천주교

박태주(朴泰朱) PARK Tae Joo

[생]1950 · 12 · 13 [본]밀양(密陽) [출]경북 포항 [주]부산 금정구 부산대학로63번길2 부산대학교 공과대학 사회환경시스템공학부(051-510-1434) [학]1976년 부산대 공과대학 화학공학과졸 1980년 고려대 대학원 토목공학과졸 1989년 공학박사(부산대) [경]1977~1979년 한국산업단지공단 기술공해부 근무 1979~1981년 한국건업엔지니어링(주) 환경사업부 과장 1981~1985년 효성중공업(주) 환경사업부 과장 1985~1988년 현대모비스(주) 환경플랜트부 차장 1988~1990년 부산가톨릭대 환경공학과 학과장 1990~2016년 부산대 공과대학 사회환경시스템공학부 환경공학전공 조교수 · 부교수 · 교수 1997~2001년 同환경문제연구소장 2000년 환경부 환경친화성기업심의위원회 위원 2001년 환경관리공단 하수도민자사업평가단 평가위원 2002~2005년 IWA-ICA 국제학술회의조직위원회 위원장 2005~2007년 경남도 지방건설심의위원회 위원 2005~2008년 부산대 환경기술 · 산업개발연구소장 2005~2008년 부산시 수돗물평가위원회 위원장 2007~2009년 同낙동강자문위원회 위원 2008년 대통령자문 국가지속가능발전위원회 위원 겸 에너지산업전문위원회 간사 2008~2010년 중앙환경보전자문위원회 위원 2008~2011년 한국환경정책 · 평가연구원(KEI) 원장 2009~2011년 통일정책연구협의회 공동의장 2009~2012년 IWA-WWC 2012세계물회의 및 전시회 조직위원회 집행위원 2009~2010년 대통령직속 녹색성장위원회 위원 2009~2011년 (사)대학환경안전협의회 회장, 同이사장, 同고문(현) 2010~2011년 (사)대한환경공학회 회장 2010~2011년 유네스코한국위원회 자연과학분과위원 2016년 (사)한국물학술단체연합회 회장(현) 2016년 부산대 공과대학 사회환경시스템공학부 명예교수(현) [상]대한환경공학회 논문상(2000 · 2007), 부산대 공대 기술상(2003), 부산대 공대 효원산학협동상(2005), 과학기술포장(2006), 부산시장표창(2007), 부산대 공대 논문상(2007), 한국생물공학회 BBE 공로상(2008), 한국물환경학회 학술상(2009), 대한환경공학회 학술상(2009), 홍조근정훈장(2012) [저]'실험실 환경과 안전관리'(2000) [종]천주교

박태주(朴泰柱) PARK TAE JOO

[생]1965 · 8 · 22 [본]밀양(密陽) [출]전북 [주]서울 중구 세종대로110 서울특별시청 디지털산업과(02-2133-4801) [학]1984년 선린상업고졸 1992년 서울시립대 세무학과졸 [경]2012년 서울시 서울혁신기획관실 마을공동체담당관실 마을기획팀장 2014년 同정보기획관실 정보기획담당관실 정보기획팀장 2015년 同시민건강국 동물보호과장 2016년 同디지털산업과장(현)

박태준(朴兌俊) PARK Tai Jun

[생]1954 · 10 · 27 [주]서울 중구 필동로1길30 동국대학교 이과대학 화학과(02-2260-3217) [학]1978년 서울대 화학과졸 1980년 한국과학기술원 화학과졸(석사) 1988년 이학박사(미국 시카고대) [경]1980년 한국과학기술원 연구원 1988년 미국 Univ. of Texas at Austin Postdoctoral Fellow 1992년 한남대 화학과 조교수 1993년 동국대 이과대학 화학과 조교수 · 부교수 · 교수(현) 2015년 同이과대학장(현)

박태준(朴泰俊) PARK, Tae Joon

[생]1967 · 10 · 6 [출]부산 [주]서울 강남구 테헤란로133 법무법인(유) 태평양(02-3404-0546) [학]1986년 사직고졸 1990년 동아대 법학과졸 2001년 同대학원 법학과졸 [경]1990년 사법시험 합격(32회) 1993년 사법연수원 수료(22기) 1993년 육군 법무관 1996년 서울지법 판사 1999년 서울가정법원 판사 2000년 부산지법 동부지원 판사 2002년 부산고법 판사 2003년 서울지법 판사 2004년 서울중앙지법 판사 2007년 서울고법 판사 2008년 부산지법 부장판사 2010~2012년 수원지법 부장판사 2010년 법원행정처 윤리감사관 2012년 서울행정법원 부장판사 2013년 법무법인(유) 태평양 변호사(현)

박태진(朴泰辰) PARK Tae Jin

[생]1961 · 7 · 21 [출]부산 [주]서울 중구 서소문로11길35 제이피모건프라자5층 JP모건증권 서울지점(02-758-5101) [학]1984년 서울대 독어독문학과졸 1986년 同경영대학원졸 [경]도이치증권 서울지점장 2000년 同투자금융본부장(상무) 2001년 JP모건증권 기업금융본부장 2007년 同서울지점장 2015년 同한국대표(Managing Director & Country CEO)(현)

박태진(朴台鎭) PARK Tae Jin

[생]1961 · 12 · 2 [주]경기 성남시 분당구 성남대로343번길9 SK주식회사 C&C 임원실(02-6400-1023) [학]미국 오클라호마대 경영학과졸 [경]1987년 다이와증권 근무 1992년 SK증권 국제부 근무 1999년 SK텔레콤 근무 2006년 同IR추진팀장(상무) 2009년 同전략조정실 IR담당 상무 2010년 同GMS사장 보좌 상무 2011년 SK C&C IR담당 상무 2012년 同CR본부장 2013~2015년 同IR담당 상무 2015년 SK주식회사 C&C IR담당 상무(현)

박태철(朴泰澈) PARK Tae Chul

[생]1955 · 7 · 31 [주]경기 의정부시 천보로271 의정부성모병원 산부인과학교실(031-820-3088) [학]1982년 가톨릭대 의대졸 1988년 同대학원졸 1993년 의학박사(가톨릭대) [경]1986년 가톨릭대 의대 수련의 1990~1998년 同의대 산부인과학교실 전임강사 · 조교수 1996년 미국 Pennsylvania의대 연구원 1998년 가톨릭대 의대 산부인과학교실 부교수 · 교수(현) 2001년 同의대 산부인과장 2013년 同의정부성모병원 진료부원장(현)

박태학(朴泰學) PARK Tae Hak

[생]1955 · 4 · 6 [출]전남 목포 [주]부산 사상구 백양대로700번길140 신라대학교 총장실(051-999-5231) [학]1974년 신일고졸 1978년 고려대 교육학과졸 1985년 미국 미시간주립대 대학원 교육심리학과졸 1997년 철학박사(미국 위스콘신대 메디슨교) [경]1998~2012년 신라대 교육학과 교수 2001~2003년 同홍보부장 2001~2004년 부산국제영화제후원회 감사 2003~2004년 신라대 연구지원부장 2005~2012년 한국인력개발학회 이사 2006~2012년 신라대 산학협력단장 2006~2008년 고려대 부산교우회 부회장 2006~2010년 부산시 사상구 사상공업지역발전위원회 위원 2007~2012년 부산테크노파크 운영위원 2007~2008년 국제재생에너지학술대회 조직위원 2009년 고려대 교우회 상임이사(현) 2010~2012년 부산IT융합포럼 회장 2010~2012년 부산지역대학산학협력단장협의회 회장 2011~2012년 부산시발전협의회 운영위원 2011~2013년 부산시지역대학협력협의회 운영위원 2011~2013년 인적자원개발 및 과학기술진흥위원회 운영위원 2011~2013년 부산시 R&D전략위원회 운영위원 2012년 신라대 총장(현) 2015년 고려대 부산교우회 회장(현) 2015년 부산경남방송(KNN) 시청자위원회 부위원장(현) [상]산업자원부장관표창(2006)

박태현(朴泰鉉) PARK Tae Hyun

[생]1942 · 3 · 5 [본]밀성(密城) [출]충북 옥천 [주]서울 중구 을지로204 태명통상 회장실(02-2266-0425) [학]청산고졸 [경]아세아교구사 대표, 동양정밀 근무, 태명상사 대표, 한국스크린인쇄공업협회 회장, 국제스크린인쇄공업협회 이사(미국 워싱턴), 스크린인쇄 교재개발편찬위원, 용인스크린인쇄협동화단지 대표이사, 국제장애자기능경기 지도교수 겸 심사위원(호주) 1974년 태명통상 설립 · 대표이사 2009년 同회장(현) [상]스크린인쇄발전공로상, 중소기업협동조합중앙회 산업경제발전공로상, 석탑산업훈장 [저]'한국스크린인쇄 발전사' '섬유용인쇄기법' [종]기독교

박태현(朴太鉉) PARK Tai Hyun

[생]1957·9·18 [출]서울 [주]서울 관악구 관악로1 서울대학교 화학생물공학부(02-880-8020) [학]1981년 서울대 화학공학과졸 1983년 한국과학기술원 화학공학과졸(석사) 1990년 화학공학박사(미국 퍼듀대) [경]1983~1986년 럭키중앙연구소 유전자공학연구부 연구원 1990~1991년 미국 캘리포니아주립대 박사 후 연구원 1991~1992년 LG바이오텍연구소 선임연구원 1992~1997년 성균관대 유전공학과 교수 1996~1997년 미국 캘리포니아주립대 방문교수 1997년 서울대 화학생물공학부 교수(현) 2001~2002·2006~2007년 미국 코넬대 방문교수 2007~2008년 서울대 바이오최고경영자과정 주임교수 2007~2009년 同바이오공학연구소장 2009~2011년 同공학바이오연계전공 주임 2010~2012년 同생명공학공동연구원장, 'Enzyme and Microbial Technology' Editor(현), 'Biotechnology Journal' Editor(현), 'Biotechnology and Applied Biochemistry' Editorial Board Member(현) 2013년 서울대 차세대융합기술연구원장(현) 2013년 코오롱생명과학 사외이사(현) 2014년 한국공학한림원 정회원(현) 2014~2016년 국가과학기술연구회 융합연구위원 2015년 同비상임이사(현) 2015년 일본 도쿄대 공과대학 Fellow(현) 2015년 한국생물공학회 수석부회장 2015년 국가과학기술심의회의 위원(현) 2016년 한국생물공학회 회장(현) [상]특허기술상 대상(2003), 한국생물공학회 BBE Contribution Award(2005·2006·2007·2008·2009·2010), 우수기술연구상(2008), 한국과학기술단체총연합회 과학기술우수논문상(2009), 우수강의상(2011), 한국공학한림원 해동상 공학기술문화확산부문(2013) [저]'Biological Systems Engineering'(2002) '미래를 들려주는 생물공학이야기'(2006) '처음 읽는 미래과학 교과서-생명공학 편'(2007) '영화 속의 바이오테크놀로지'(2008) '기술의 대융합'(2010) '생명과학 교과서는 살아있다'(2011) [역]'생물공정공학'(2003)

박태형(朴泰炯) PARK TAE HYEONG

[생]1961·10 [주]서울 영등포구 국제금융로2길24 SK증권 WM부문(02-3773-8074) [학]고려대 사회학과졸 [경]브릿지증권 근무, 교보증권 근무 2009년 SK증권 영업본부장 직대 2010년 同자산관리사업부문 3영업본부장(상무) 2011년 同서울지역본부장(상무) 2013년 同강남PIB센터장(상무) 2013년 同도곡PIB센터장(상무) 2014년 同법인영업본부장(상무) 2016년 同WM부문장 겸 법인영업본부장(전무) 2016년 同WM부문장(전무)(현)

박태호(朴泰鎬) Bark, Taeho

[생]1952·7·30 [본]밀성(密城) [출]부산 [주]서울 관악구 관악로1 서울대학교 국제대학원(02-880-8512) [학]1971년 경기고졸 1975년 서울대 경제학과졸 1983년 경제학박사(미국 위스콘신대) [경]1983년 미국 조지타운대 경제학과 조교수 1986년 세계은행 초빙학자 1987년 한국개발연구원 연구위원 1989년 대외경제정책연구원 연구위원 1989년 우루과이라운드협상 총괄 겸 서비스협상 자문위원 1992년 대외경제정책연구원 선임연구위원 1992년 同연구조정실장 1993년 대통령 경제비서실 파견 1994년 대외경제정책연구원 부원장 1997년 서울대 국제대학원 교수(현) 1997년 대통령자문 정책기획위원 1998년 외교통상부 정책자문위원 1998년 ASEM 비전그룹 자문위원 1998년 IMF 초빙교수 2000년 APEC산하 투자전문가그룹 의장 2001년 서울대 대외협력본부장 2001년 미국 워싱턴대 초빙교수 2002년 산업자원부 무역위원회 위원 2003년 국민경제자문위원회 자문위원 2004년 미국 스탠퍼드대 초빙교수 2004년 세계은행 초빙학자 2005년 한국국제통상학회 회장 2005년 국무총리실 정책평가위원 2005년 서울대 국제학연구소장 2006~2010년 同국제대학원장 2007년 산업자원부 무역위원회 위원장 2008~2010년 지식경제부 무역위원회 위원장 2008~2010년 국민경제자문회의 자문위원 2011~2013년 외교통상부 통상교섭본부장 2013년 외교부 경제통상대사 2015년 (사)국제공정무역학회 회장(현) 2015년 (주)효성 사외이사(현) 2015년 한국항공우주산업(주) 사외이사(현) [상]대통령표창(1997), 황조근정훈장(2010) [저]'국제통상론'(共) '한국경제의 이해'(共) '국제경제학원론'(共) [종]기독교

박태환(朴泰桓) PARK Tae Hwan

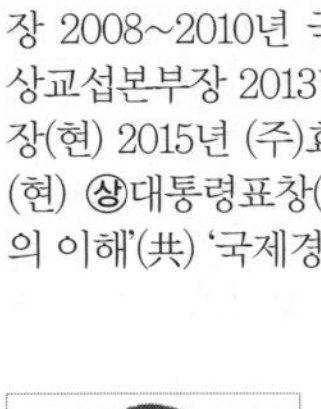

[생]1989·9·27 [출]서울 [학]2008년 경기고졸 2012년 단국대 사범대학 체육교육과졸 2012년 同대학원 체육교육과 석사과정 입학 2016년 同휴학 중 [경]1998년 수영 입문 2004년 아테네올림픽 국가대표 2004년 제76회 동아수영대회 자유형 400m 1위 2004년 국제수영연맹(FINA) 경영월드컵 자유형 1500m 은메달 2005년 마카오 동아시안게임 자유형 400m 금메달·1500m 은메달 2005년 제86회 전국체육대회 남고부 4관왕(자유형 200m·400m, 계영 400m·800m) 및 MVP 2005년 05~06시즌 국제수영연맹(FINA) 쇼트코스 월드컵 1·2차대회 400m 우승 2006년 세계쇼트코스수영선수권대회 남자자유형 400m·1500m 은메달 2006년 제78회 동아수영대회 남자계영 800m 우승 2006년 2006범태평양수영대회 자유형 200m 은메달(1분47초51로 아시아신기록)·400m 금메달(3분45초72로 아시아신기록)·1500m 금메달 2006년 전국체육대회 고등부 5관왕 2006년 카타르 도하아시안게임 자유형 200m·400m·1500m 금메달(3관왕) 및 자유형 100m 은메달·계영 800m·400m·혼계영 400m 동메달 2007년 제12회 국제수영연맹(FINA) 세계선수권대회 자유형 400m 금메달(3분44초30, 한국 최초 세계선수권 우승)·자유형 200m 동메달 2007년 프레올림픽 2007일본국제수영대회 자유형 400m 금메달·1500m 동메달 2007년 제88회 광주전국체전 5관왕(계영 400m·혼계영 400m·자유형 100m·200m·400m) 및 MVP 2007년 호주 시드니 국제수영연맹(FINA) 경영월드컵 3차 시리즈 자유형 200m·400m·1500m 금메달 2007년 스웨덴 스톡홀름 국제수영연맹(FINA) 경영월드컵 5차 시리즈 자유형 200m·400m·1500m 금메달 2007년 독일 베를린 국제수영연맹(FINA) 경영월드컵 6차 시리즈 자유형 200m·400m·1500m 금메달 2008년 제29회 베이징올림픽 수영 400m 자유형 금메달(3분41초86 : 아시아신기록)·200m 자유형 은메달(1분44초85 : 아시아신기록) 2008년 제89회 여수전국체전 5관왕 및 MVP(자유형 50m·자유형 100m(한국신기록:48.94)·혼계형400m·계영 400m·계영 800m) 2009년 2014인천아시아경기대회 홍보대사 2009년 낙농자조금관리위원회 우유 홍보대사 2009년 미국 자넷에반스인비테이셔널 수영대회 자유형 200m 1위·자유형 400m 2위·자유형 1500m 2위 2009년 2009경기국제보트쇼·코리아매치컵 세계요트대회 홍보대사 2010년 뉴사우스웨일스스테이트오픈 자유형 400m 금메달·자유형 100m 금메달 2010년 서울시교육청 홍보대사 2010년 팬퍼시픽수영대회 자유형 200m 은메달·자유형 400m 금메달 2010년 서울학생7560+운동 홍보대사 2010년 광저우아시안게임 자유형 200m 금메달(아시아신기록:1분44초80)·계영 800m 단체전 동메달·자유형 400m 금메달·계영 400m 단체전 동메달·자유형 100m 금메달·자유형 1500m 은메달·혼계영 400m 단체전 은메달 2011년 샌타클래라 국제그랑프리대회 자유형 100m·200m·400m 우승 2011년 국제수영연맹(FINA) 세계수영선수권대회 자유형 400m 금메달 2011년 대구세계육상선수권대회 홍보대사 2011년 맥도널드 퀸즐랜드 챔피언십 자유형 400m·1500m 우승 2012년 뉴사우스웨일스 스테이트오픈 자유형 200m·400m·1500m 금메달 2012년 멜제이젝주니어인터내셔널 수영대회 자유형 50m 은메달·100m 은메달·200m 금메달·400m 금메달·MVP 2012년 산타클라라 국제그랑프리대회 남자 자유형 100m·200m·400m·800m 우승 2012년 제30회 런던올림픽 자유형 400m 은메달·자유형 200m 공동 은메달 2013년 인천시 수영부 입단(현) 2013년 제94회 인천전국체전 4관왕(자유형 400m·계영 400m·자유형 200m·계영 800m)·혼계영 400m 동메달 2014년 빅토리아오픈챔피언십 자유형 100m 은메달·200m 금메달·400m 금메달 2014년 NSW(뉴사우스웨일스) 스테이트오픈 자유형 400m 우승·100m 3위(한국신기록 48초42) 2014년 호주 팬퍼시픽대회 자유형 400m 우승 2014년 제95회 전국체육대회 자유형 200m·자유형 400m·계영 800m·계영 400m 우승(4관왕) 2016년 동아수영대회 남자일반부 자유형 1500m·자유형 200m·자유형 400m·자유형 100m 우승 2016년 제31회 리우데자네이루올림픽 국가대표 2016년 제97회 전국체육대회 수영 남자 자유형 200m·자유형 400m금메달(2관왕) [상]제86회 전국체육대회 최우수선수상(2005), 자황컵 체육대상 남자최우수선수상(2005), 대한수영연맹 최우수선수상(2005·2006·2007·2008년 4년연속), 제11회 스포츠조선 코카콜라 체육대상 남자신인상(2006), 도하아시안게임 삼성 MVP 어워드(2006), 대한체육회 체육대상(2007), 제88회 전국체육대회 최우수선수상(2007), 제89회 전국체육대회 최우수선수상(2008), 서울시체육회 최우수선수상(2008), 자랑스러운 경기인상(2008), 제89회 여수전국체전 최우수선수(MVP)(2008), 코카콜라체육대상 MVP(2007·2009·2011), 대한수영연맹 2010 최우수선수(2011), 자랑스러운 단국인상(2012), 대한수영연맹 2011 최우수선수상 남자부문(2012), 호주 팬퍼시픽대회 최우수선수(2014) [종]기독교

박태훈(朴泰勳) PARK TAE HOON

[생]1960·5·16 [출]경남 함안 [주]경남 창원시 마산합포구 해안대로224의153 (주)경남무역(055-249-8000) [학]창원대 무역학과졸, 同대학원 경제학과졸 [경]1986~2014년 경남은행 입행·점포개발부장·지역개발금융부장·국제영업부장·지점장·본부장 등 역임 2015년 (주)경남무역 대표이사(현)

박택규(朴澤奎) PARK Taek Kyu (志堂)

[생]1938·11·1 [본]밀양(密陽) [출]함남 단천 [주]서울 광진구 능동로120 건국대학교 화학과(02-450-3413) [학]1955년 오산고졸 1959년 서울대 문리대학 화학과졸 1961년 同보건대학원졸 1974년 이학박사(건국대) [경]1963~1968년 중앙고 교사 1968~2004년 건국대 화학과 교수 1980년 同문리대학 이학부장 1981년 미국 펜실베이니아대 교환교수 1985년 한국과학저술인협회 부회장 1987년 건국대 기초과학연구소장 1989년 한국과학사학회 부회장 1991년 한국과학기술단체총연합회 편찬위원회 부위원장 1992년 同이사 1992년

同'과학과 기술' 誌 편집위원장 1993년 건국대 이과대학장 1994년 한국과학기술한림원 정회원 1996~2000년 한국과학저술인협회 회장 1996년 한국과학기술단체총연합회 홍보위원회 부위원장 1998년 건국대 상허기념도서관장 1999년 민주평통 상임위원(9기·10기·11기) 2000년 한국과학저술인협회 명예회장(현) 2001~2002년 건국대 대학원장 2003~2006년 한국과학기술단체총연합회 부회장 겸 홍보출판위원장 2003~2004년 오산중·고 총동문회장 2003년 과학기술 홍보대사 2004년 건국대 명예교수(현) 2006년 학교법인 오산학원 이사 웽국무총리표창(1976), 한국과학저술인협회 저술상(1979), 대한민국과학기술상(대통령상)(1992), 황조근정훈장(2000), 대통령표창(2004) 꿰'생화학' '현대생화학' '환희의 순간' '과학의 탄생' '다가오는 2000년대의한국' '꿈의 신소재' '우수교양과학도서해설' '새 밀레니엄시대의 과학산책' '명예의 전당에 오른 한국의 과학자들' '남북과학기술 용어집(물리, 화학 등 전13권)' 꿹'과학사의 뒷얘기(화학)' '우리가 먹는 화학물질' '화학용어사전' '우리도 도전하자 노벨상' '아시모프의 생물학'(1·2) '화학의 기본 6가지 법칙' '양초 한자루에 담긴 화학이야기' '수소에너지의 경제와 기술' 웽기독교

박판제(朴判濟) PARK Pan Jei (志峯)

쌩1939·12·2 뫈밀양(密陽) 쭐경남 합천 쮜서울 서대문구 증가로9 범우빌딩301호 (재)지봉장학회(02-3143-1368) 핵1960년 덕수상고졸 1964년 고려대 상대 상학과졸 1974년 IMF연수원 금융정책과정 수료 1975년 고려대 경영대학원졸 1999년 국제디자인대학대 뉴밀레니엄과정 수료 2012년 명예 경영학박사(국제신학대학원대) 꽁1963년 공인회계사시험 합격 1964년 육군 소위임관(ROTC 2기) 1967년 행정고시 합격 1967년 재무부 사무관 1969년 대통령외자비서실 행정관 1971년 재무부 법무관 1973~1975년 同증권2과장·이재2과장 1975년 同외화자금과장·증권1과장 1979년 同국고국장 1980년 국가보위비상대책위원회 재무분과위원 1980년 입법회의 경제제1위원회 전문위원 1981년 대통령 사정비서관 1983년 조달청 차장 1986~1988년 환경청장 1989년 민정당 국책자문위원 1990년 민자당 국책자문위원·중앙위원·상무위원·주택특위 간사위원 1991년 (재)지봉장학회 이사장(현) 1991년 지봉정경연구소 이사장(현) 1992년 제14대 총선출마(경남 합천·무소속) 1993년 국회 환경보전특별위원회 위원 1996년 무당파국민연합 최고위원 1996년 同거창·합천지구당 위원장 1996년 제15대 총선출마 1998~2002년 국제디자인대학대(IDAS) 총장 2007년 녹색환경포럼 명예회장(현) 2009년 사랑의녹색운동본부 명예총재(현) 2012년 한국독도역사문화아카데미 명예총재(현) 2015년 세계숲보전협회 명예총재(현) 웽국무총리표창, 보국훈장 천수장, 황조근정훈장, 20세기를 빛낸 환경인 상 꿰'디자인 강국의 꿈'(共) '환경보전의 길(上·下) '나는 새로움에 도전할 때 가장 즐거웠다' 웽기독교

박평균(朴坪均) PARK Pyong Kyun

쌩1965·12·20 뫈밀양(密陽) 쭐경남 통영 쮜서울 마포구 마포대로174 서울서부지방법원(02-3271-1114) 핵1984년 마산중앙고졸 1988년 서울대 법학과졸 꽁1989년 사법시험 합격(31회) 1992년 사법연수원 수료(21기) 1992년 육군 법무관 1995년 부산지법 판사 1997년 同동부지원 판사 1998년 수원지법 판사 2002년 서울행정법원 판사 2004년 서울고법 판사 2005년 대법원 재판연구관 2007년 제주지법 부장판사 2009년 수원지법 안양지원 부장판사 2011년 서울남부지법 부장판사 2013년 서울중앙지법 부장판사 2015년 서울서부지법 부장판사(현)

박평욱(朴平煜) PARK Pyoung Wook

쌩1959·4·16 뫈밀양(密陽) 쭐부산 쮜서울 마포구 성암로267 문화방송 TV심의국(02-789-4058) 핵1978년 경남고졸 1983년 성균관대 경제학과졸 꽁1987년 MBC 관재국 관재부 근무 1992년 同감사실 근무 1994년 同감사국 감사2부 근무 1997년 同사업부 근무 1998년 同사업부 차장 2003년 同경영관리국 법무저작권부장 2005년 同인력자원국 법무저작권부장 2006년 同보도운영팀장 2008년 同윤리경영실 감사1팀 부장 2010년 同감사실 감사2부장(부국장) 2011년 同감사실 감사1부 부국장 2012년 同TV심의부 부국장 2015년 同TV심의국 국장급(현)

박표진(朴杓鎭) PARK Pyo Jin

쌩1955·11·26 뫈함양(咸陽) 쭐전남 강진 쮜서울 용산구 한강대로40길9의3 (사)한국학원총연합회(02-798-8881) 핵광주상고졸, 조선대 법학과졸, 영국 엑스터대 대학원 교육학과졸 2009년 평생교육학박사(숭실대) 꽁1974년 전남대 근무 2001년 교육인적자원부 총무과 서기관 2002년 한국교원대 서기관 2002년 광주시교육청 기획관리국장 2004년 교육인적자원부 홍보기획

담당관 2005년 同민원조사담당관 2006년 同교육단체지원과장 2007년 同교육단체지원과장(부이사관) 2007년 한밭대 사무국장 2009년 제주특별자치도교육청 부교육감(고위공무원) 2010~2013년 광주시교육청 부교육감 2013~2015년 광주대 청소년상담·평생교육학과 교수 2015년 (사)한국학원총연합회 사무총장(현) 웽홍조근정훈장(2013) 웽기독교

박필호

쌩1952·10·27 핵1988년 한국방송통신대 법학과졸 1998년 미국 인디애나대 대학원 비교법학과졸 2004년 법학박사(미국 위스콘신대) 꽁1986~1994년 외무부 남미과·총무과·인권사회과 근무 1988년 세계보건기구(WHO) 서태평양지역사무처 연수 1989년 駐스와질랜드 대사관 행정관 겸 부영사 1994년 세계보건기구(WHO) 서태평양지역사무처 행정담당관 1996년 미국 미시간주립대 방문연구원 1998년 세계보건기구(WHO) 서태평양지역사무처 행정담당관 2008년 법무법인 Park Law Firm PLLC(미국 뉴욕시 소재) 대표변호사 2014년 중앙아시아국제학술연구소(IICAS) 사무소장(현) 웽외무부장관표창(1987)

박필호(朴弼鎬) Pilho Park

쌩1959·6·7 쭐서울 쮜대전 유성구 대덕대로776 한국천문연구원(042-865-3232) 핵1978년 배문고졸 1985년 연세대 천문학과졸 1988년 同대학원 천문학과졸 2002년 천문우주학박사(연세대) 꽁1986년 한국천문연구원 연구위원(현) 2000~2002년 국가과학기술위원회 우주개발전문위원회 위성활용소위원회 위원 2002~2007년 한국우주과학회 총무이사·재무이사·이사 2002~2005년 한국천문연구원 응용천문연구부장·우주과학연구부장 2003~2005년 충북대 천문우주학과 겸임교수 2005~2007년 한국천문연구원 선임연구본부장 2005~2016년 한국IUGG위원회 IAG분과 한국대표 2006년 과학기술연합대학원대(UST) 교수 2007~2008년 캐나다 New Brunswick 연구파견 2008~2011년 한국천문연구원 선임연구본부장 2009~2010년 (사)GNSS기술협의회 회장 2011~2014년 한국천문연구원 원장 2011~2013년 (사)한국위성항법시스템학회 회장 웽과학기술처장관표창(1995), 기초기술연구회 이사장표창 우수연구원(2001), 한국천문연구원 올해의 천문인상(2005)

박필환(朴必桓) PARK Pil Hwan

쌩1960·6·12 쮜경기 과천시 관문로47 미래창조과학부 과학기술전략본부(02-2110-2600) 핵1980년 광주동신고졸 1988년 전남대 전기공학과졸 1994년 영국 맨체스터대 대학원 과학기술정책과졸 꽁2000년 과학기술부 과학기술정책실 정책총괄과 서기관 2001년 同연구개발국 기계전자기술과 서기관, 同연구개발국 기계전자기술과장 2007년 同과학기술기반국 과학기술인육성과장 2007년 同과학기술기반국 과학기술인육성과장(부이사관) 2008년 교육과학기술부 기획조정실 창의혁신담당관 2009년 同원자력국 원자력안전과장, 同과학기술정책과장 2010년 창원대 사무국장 2011년 IAEA 고용휴직(고위공무원) 2013년 미래창조과학부 근무(고위공무원) 2014년 同중앙전파관리소 서울전파관리소장 2015년 미래창조과학부 평가혁신국장 2015년 同과학기술전략본부 성과평가혁신관(현)

박하정(朴夏政) PARK Ha Jeong

쌩1956·3·27 쭐전남 쮜경기 성남시 수정구 성남대로1342 가천대학교 헬스케어경영학과(031-750-8743) 핵1975년 광주제일고졸 1981년 서울대 수학과졸 1997년 미국 산호세주립대졸, 행정학박사(경희대) 꽁1982년 보건사회부 부녀복지과 근무 1986년 同기획예산담당관실 근무 1990년 同약무제도과 근무 1993년 同보험정책과 근무 1995년 미국 산호세주립대 파견 1998년 대통령비서실 파견 2000년 보건복지부 보험정책과장 2002년 同기초생활보장심의관 2002년 국립의료원 사무국장 2003년 대통령직인수위원회 파견 2003년 국외 훈련 2004년 보건복지부 기초생활보장심의관 2005년 同인구가정심의관 겸 노인요양보장추진단장 2005년 同저출산고령사회정책본부 노인정책관 2007년 국립의료원 진료지원부장 2008년 보건복지가족부 저출산고령사회정책국장 2009년 同보건의료정책실장 2010년 보건복지부 보건의료정책실장 2010~2011년 同기획조정실장 2011~2013년 가천대 의학전문대학원 보건행정학과 교수 2012~2014년 한국보건복지정보개발원 비상임이사 2012~2013년 보건복지부자문 보건의료직능발전위원회 부위원장 2013년 가천대 헬스케어경영학과 교수(현) 2013년 건강보험심사평가원 미래전략위원회 경영효율화분과위원장 2014년 가천대 보건대학원장(현) 2014년 건강보험심사평가원 약제급여평가위원회 위원장(현)

박학규(朴學圭)

[생]1964 · 11 · 10 [주]서울 서초구 서초대로74길4 삼성 미래전략실 경영진단팀(02-2255-4141) [학]1982년 청주고졸 1986년 서울대 경영학과졸 1988년 한국과학기술원(KAIST) 경영학 석사 [경]삼성전자(주) 구조조정본부 재무팀 부장 2005년 同구조조정본부 재무팀 상무보, 同사업지원팀 상무 2010년 同사업지원팀 전무 2013~2014년 同무선사업부 지원팀장(부사장) 2014년 삼성 미래전략실 경영진단팀장(부사장)(현)

박학도(朴學道) PARK Hak Do

[생]1950 · 3 · 17 [본]밀양(密陽) [출]부산 [주]강원 정선군 고한읍 지장천로856 영암고속(주)(033-592-6653) [학]휘문고졸, 동국대 상경대학 무역학과졸, 연세대 대학원졸 [경]화성여객자동차(주) 대표이사, 영암고속(주) 대표이사, 화성고속 대표이사(현) 한국청년회의소 강원지구 회장, 강원도 도정자문위원, 새교육공동체태백시협의회 회장, 법무부 범죄예방태백지구 회장 2003~2015년 태백상공회의소 회장 2011년 민주평통 태백시협의회장 2014년 강원버스운송사업조합 이사장(현) 2015년 태백상공회의소 명예회장(현) [종]불교

박학래(朴學來) Park Hak-Rae

[생]1961 · 3 · 17 [본]밀양(密陽) [출]강원 횡성 [주]경기 성남시 분당구 정자일로45 (주)티맥스OS(031-8018-1047) [학]춘천고졸, 고려대 경영학과졸 [경]LG데이콤 시외전화사업본부 과장, 同전화사업부 사업팀장, 同강북지사 유통영업팀장, 同전화사업부장(상무), LG유플러스 전화사업부장, 同HT(Home Telephony)사업부장 2011년 티맥스소프트 전략마케팅실장(전무) 2012년 同전략마케팅실장(부사장) 2012년 同기획조정실장(부사장) 2015년 同글로벌사업부문장(부사장) 2015년 (주)티맥스OS 사장(현)

박학목(朴鶴睦) PARK Hak Mok

[생]1956 · 3 · 20 [본]함양(咸陽) [출]경북 [주]경기 수원시 영통구 광교산로154의42 경기대학교 제2공학관312호(031-249-9738) [학]1978년 한양대 건축공학과졸 1984년 서울대 환경대학원 도시계획학과졸 2007년 同경제학과 세계경제최고전략과정 수료 2011년 부동산학박사(건국대) [경]2002년 (주)현대건설 상무 2005년 도시와사람 개발본부장 2011년 (주)동양건설산업 개발사업본부 전무, 한국리모델링협회 운영이사 2013년 경기대 건축학전공 부교수(현), 김포도시공사 비상임이사(현), 경기도 건설기술심의위원(현), 남양주 건축위원회 위원(현), 김포시 건축위원회 건축위원(현), 수도권교통본부 기술자문위원회 위원(현), 대한국토도시계획학회 정회원(현), 대한건축학회 정회원(현), 한국부동산분석학회 정회원(현)

박학양(朴學陽)

[생]1961 [출]충남 예산 [주]대구 동구 첨단로7 신용보증기금 임원실(053-430-4014) [학]1980년 환일고졸 1988년 고려대 경영학과졸 [경]1988년 신용보증기금 입사(22기) 2007년 同경영전략실 부점장 2008년 同리스크관리실 부점장 2010년 同청주지점장 2011년 同성과평가부 부점장 2012년 同미래전략부장 2012년 同인사부장 2013년 同신용보증본부장 2014년 同특화사업영업본부장 2015년 同충청영업본부장 2015년 同상임이사(현)

박학용(朴鶴用) PARK Hak Yong

[생]1959 · 8 · 15 [출]충북 영동 [주]서울 중구 새문안로22 문화일보 논설위원실(02-3701-5028) [학]1978년 서울 동성고졸 1985년 한국외국어대 이란어과졸 1988년 同대학원 행정학과졸 [경]1988년 연합뉴스 기자 1991~1994년 문화일보 사회부 · 경제부 · 산업부 기자 1994~1997년 同사회부 차장대우 2000년 同경제산업과학부 차장대우 2003년 同경제부 차장 2004년 同경제부장 2008년 同경제산업부장(부국장대우) 2008년 同편집국장 2009년 농림수산식품부 농어업선진화위원회 위원 2011년 농협중앙회 사업구조개편위원회 위원 2012년 문화일보 논설위원(현) [상]대통령표창(2001), 대산농촌문화상(2005), 서울언론인클럽 언론상(2005), 한국신문상(2005), 삼성언론상(2006), 씨티그룹 대한민국언론인상 최우수상(2007), 한국외대언론인상(2009), 한국참언론인대상 경제부문(2009), 동탑산업훈장(2009), 지속가능경영(KBCSD) 언론상(2011) [저]'대한민국 신용리포트 2005-크레디피아를 꿈꾸며'(2005) '한국의 부농들-WTO시대의 희망농업 보고서'(2006)

박학천(朴鶴天)

[생]1961 · 2 · 3 [주]울산 남구 중앙로201 울산광역시의회(052-229-5005) [학]창원 대산고졸 1981년 포항실업전문대 기관과졸 [경]월봉그룹 대표(현), 울산시 동구일산새마을금고 이사, 同부이사장, 울산시 동구 대출심의위원회 위원장, 화정동방위협의회 사무국장, 한나라당 울산시당 동구 사회봉사위원장, 同지방자치위원장, 국제라이온스 355-I지구대왕클럽 이사 2006 · 2010~2014년 울산시 동구의회 의원(한나라당 · 새누리당) 2006년 同부의장 2007년 同의장 대행 2008년 同의장 2014년 울산시의회 의원(새누리당)(현) 2014년 同운영위원회 위원 2014년 同산업건설위원회 부위원장 2015년 同규제개혁특별위원회 위원장 2016년 同환경복지위원회 위원장(현) [상]지방의정 봉사대상(2011), 대한민국 위민의정대상 우수상(2016) [종]천주교

박한범(朴漢範)

[생]1961 · 11 · 9 [출]충북 옥천 [주]충북 청주시 상당구 상당로82 충청북도의회(043-220-5084) [학]옥천공고졸, 중경공업전문대 토목과졸, 한밭대 공과대학 환경공학과졸 [경]전국공무원노동조합 충북지역본부 옥천군지부장, 옥천희망연대 사무국장, 민주평통 옥천군협의회 자문위원 2006 · 2010~2014년 충북 옥천군의회 의원(자유선진당 · 새누리당) 2006~2008년 同부의장 2012~2014년 同행정운영위원장 2014년 충북도의회 의원(새누리당)(현) 2014~2016년 同운영위원회 위원장 2014년 同정책복지위원회 부위원장 2014 · 2016년 同예산결산특별위원회 위원(현) 2015~2016년 전국시 · 도의회운영위원장협의회 부회장 2016년 충북도의회 운영위원회 위원(현) 2016년 同행정문화위원회 위원(현)

박한식(朴漢植) PARK Han Sik

[생]1949 · 12 · 10 [본]밀양(密陽) [출]전북 남원 [주]서울 금천구 가산디지털1로168 우림라이온스밸리C동401호 (주)테크월드(02-2026-5700) [학]1997년 중앙대 경영대학원 수료 2001년 연세대 언론홍보대학원 최고위과정 수료 [경]1972~1994년 (주)첨단 전무이사 1988년 월간 '전자부품' 발행인(현) 1995년 (주)테크월드 대표이사(현) 2002년 한국잡지협회 부회장 2007년 同감사, 한국요양보호협회 회장(현), 한국요양인재개발원 원장(현), 한국요양신문 발행인(현), 스마트미디어 대표(현) [상]문화관광부장관표창, 한국잡지언론상 경영상, 국무총리표창(2005), 대통령표창(2011) [종]기독교

박한오(朴翰浯) PARK Han Oh

[생]1962 · 5 · 16 [출]강원 인제 [주]대전 대덕구 문평서로8의11 (주)바이오니아(042-930-8504) [학]1980년 서울 우신고졸 1984년 서울대 화학과졸 1986년 한국과학기술원(KAIST) 화학과졸(석사) 1992년 생화학박사(한국과학기술원) [경]1984~1986년 산업연구원(KIET) 연구원 1986~1992년 한국과학기술원(KAIST) 한국생명공학연구원 1992년 (주)바이오니아 대표이사(현) 2001년 한국바이오협회 부회장 2001년 (사)벤처기업협회 이사 2002년 대덕밸리벤처연합회(DDVA) 이사 및 수석부회장 2002년 (사)한국분석기기제조업협회 부회장 2002년 한중협력센터 운영위원 2002년 Professional of Who's Who에 등재 2003년 과학기술부 고분해능질량분석기사업추진위원회 위원 2004년 화생방방어학회 부회장 2004년 대한화학회 이사 2005년 산업자원부 산업기술기반운영체계개선을위한 기획위원 2005년 한국유전자검사평가원 이사 2006년 R&D특허센터 자문위원 2007년 한국과학기술원(KAIST) 바이오 및 뇌공학과 겸임교수 2007년 BIT산업협의회 회장 2008~2009년 한국생물공학회 부회장 2011~2012년 국가과학기술위원회 평가전문위원 2011년 국가교육과학기술자문회의 위원 2013~2014년 국가과학기술자문회의 자문위원 [상]KIST 유전공학센터 우수연구원상(1987), 중소기업대상 창업부문(1997), 벤처기업대상 국무총리표창(1998), 대한민국 특허기술대전 금상(1998), 바이오제품상(2000), 대한민국기술대전 산업자원부장관표창(2001), 벤처기업대상 대통령표창(2002), 한국응용생명화학회 기술상(2005), 대한화학회 기술진보상(2006), 대한민국 10대기술대전 우수상(2008), 무역의 날 5백만불 수출탑(2013)

박한용(朴漢用) PARK HANYUNG

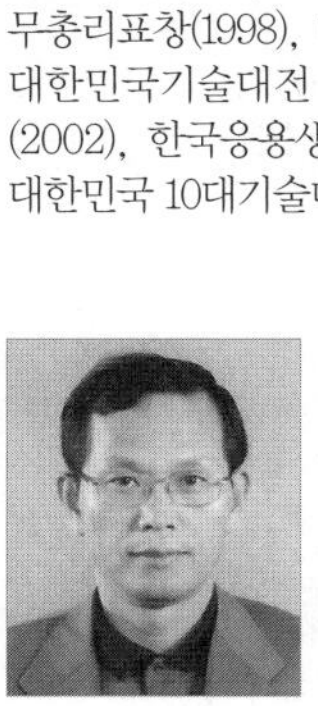

[생]1956 · 4 · 30 [본]밀양(密陽) [출]경북 경산 [주]경기 과천시 코오롱로11 코오롱인더스트리(주) 임원실(02-3677-3114) [학]1976년 경북사대부속고졸 1981년 경북대 고분자공학과졸 [경]1981년 코오롱인더스트리(주) 입사, 同구미 · 경산공장 근무 2012년 同사업1본부장(전무) 2013년 同구미공장장(전무) 2015년 同부사장(현)

박한용(朴漢用) Han-Yong Park
[생]1964 · 12 · 15 [본]밀양(密陽) [출]전북 무주 [주]서울 종로구 율곡로2길25 연합뉴스 ERP팀(02-398-3510) [학]1982년 안양공고 기계과졸 1990년 건국대 전자계산학과졸 [경]1990~1994년 큐닉스데이터시스템 대리 1994년 연합뉴스 입사 2012년 同정보통신국 개발부 ERP팀장 2013년 同미디어기술국 ICT기획부 ERP팀장 2013년 同경영지원상무이사 직속 ERP팀장(부장급)(현) [종]천주교

박한우(朴旱雨) PARK Han Woo
[생]1958 · 1 · 29 [본]반남(潘南) [출]대구 [주]서울 서초구 헌릉로12 기아자동차(주) 사장실(02-3464-5262) [학]단국대 경영학과졸 [경]현대자동차(주) 인도법인(HMI) 이사, 同인도법인(HMI) 상무 2008년 同인도법인(HMI) 전무 2009년 同인도법인장(부사장) 2012년 기아자동차(주) 재경본부장(부사장) 2014년 同재경본부장(사장) 2014년 同공동대표이사 사장(현) 2014년 (주)기아타이거즈 대표이사 사장 겸임(현) [상]산업포장(2010), 은탑산업훈장(2016) [종]불교

박한일(朴漢一) PARK Han Il
[생]1957 · 7 · 11 [본]밀양(密陽) [출]경남 창원 [주]부산 영도구 태종로727 한국해양대학교 총장실(051-410-4000) [학]1977년 마산고졸 1981년 한국해양대 기관학과졸 1988년 서울대 대학원 해양학과졸 1992년 조선해양공학박사(영국 Univ. College London) [경]1981~1982년 영신상운(주) 근무(외항상선 승선) 1984~1987년 한국해양대 조교(실습선 한바다호 2년 승선) 1987~2012년 同해양과학기술대학 해양공학과 교수 1991~1992년 영국 런던대 Research Fellow 2000~2001년 일본 큐슈대 객원교수 2001~2002년 한국해양대 해양과학기술연구소장 2005~2007년 同해양과학기술대학장 2006~2011년 한국해양수산기술진흥원 전문위원 2009~2012년 중국 대련이공대학 海天학자 2010~2011년 한국해양공학회 회장 2012년 한국해양대 총장(제6 · 7대)(현) 2012~2016년 한국해양과학기술원(KIOST) 초대 이사장 2012년 (사)한국해양산업협회 공동이사장 2012년 한국조선해양기자재연구원 공동이사장 2014년 한국공학한림원 회원(현) 2014년 극지해양미래포럼 공동대표 2015~2016년 부산 · 울산 · 경남 · 제주지역대학교총장협의회 회장 [상]ISOPE 올해의 세션오그나이즈상(2005), 근정포장(2006), PACOMS Award(2010), ISOPE Award(2012), 부산문화대상 해양부문(2015) [저]'해양공학개론(共)'(1996) '해양구조물설계개론'(2012) [역]'해양공학의 기초지식'(1997) [종]불교

박한철(朴漢徹) PARK Han Chul
[생]1953 · 10 · 25 [본]밀양(密陽) [출]인천 [주]서울 종로구 북촌로15 헌법재판소(02-708-3456) [학]1971년 제물포고졸 1975년 서울대 법대 법학과졸 1986년 독일 알버트루드비히대 대학원 수료 1993년 서울시립대 대학원 법학과졸 2016년 명예 법학박사(서울시립대) [경]1981년 사법시험 합격(23회) 1982년 사법연수원 수료(13기) 1983년 부산지검 검사 1985년 독일 막스플랑크국제형사법연구소 객원연구원 1986년 독일 슈투트가르트검찰청 파견 1986년 대전지검 강경지청 검사 1987년 법무부 검찰국 검사 1990~1994년 대통령비서실 파견 1994년 서울고검 검사 1995년 춘천지검 속초지청장 1996년 헌법재판소 헌법연구관 1998년 인천지검 특수부장 1998년 同형사4부장 1999년 同형사3부장 1999년 대검찰청 기획과장 2001년 서울지검 형사5부장 2002년 대구지검 김천지청장 2003년 대전지검 차장검사 2004년 수원지검 1차장검사 2005년 同2차장검사 2005년 서울중앙지검 3차장검사 2006년 대구고검 차장검사 2006년 법무부 정책홍보관리실장 2007년 울산지검장 2007년 '삼성비자금사건' 특별수사 · 감찰본부장 2008년 대검찰청 공안부장 2009년 대구지검장 2009~2010년 서울동부지검장 2010~2011년 김앤장법률사무소 변호사 2011년 헌법재판소 재판관 2013년 헌법재판소장(현) [상]홍조근정훈장 [저]'국제형사법 공조제도' '각국의 사법경찰제도' [종]불교

박항구(朴恒九) BAHK Hang Gu
[생]1946 · 8 · 5 [본]고령(高靈) [출]경기 이천 [주]서울 구로구 디지털로306 대륭포스트타워2차1504호 (주)소암시스텔 비서실(02-851-7799) [학]1965년 휘문고졸 1970년 한양대 공과대학 전자공학과졸 1979년 고려대 대학원 공학과졸 1985년 공학박사(고려대) [경]1970년 금산전자 技士 1972~1977년 한국과학기술연구원(KIST) 연구원 1977년 통신기술연구원 선임연구원 1982년 전기통신연구원 책임연구원 1985년 한국전자통신연구원 책임연구원 · 선임연구위원 · TDX개발단장 1988년 同통신정보기술연구단장 1990년 同TDX개발단장 1992년 同교환기술연구단장 1994년 同이동통신기술연구단장 1997년 현대전자산업(주) 통신부문장(부사장) 2001년 (주)하이닉스반도체 통신부문장(부사장) 2001년 (주)현대시스콤 대표이사 사장 2001년 대한전자공학회 회장 2002년 하나로통신 사외이사 2002년 (주)현대시스콤 대표이사 회장 2005년 (주)소암시스텔 회장(현) [상]국민포장, 국민훈장 동백장, 3 · 1문화상, 은탑산업훈장, 해동학술봉사상, 모바일혁신어워즈 미래창조과학부장관 감사패(2014) [저]'전전자교환기' 'TDX-10개요' 'CDMA 이동통신' '공학기술로 21세기 앞장서자' '미래를 위한 공학, 실패에서 배운다' [종]천주교

박항섭(朴抗燮) PARK Hang Sub
[생]1955 · 11 · 13 [출]서울 [주]경기 성남시 수정구 성남대로1342 가천대학교 공과대학 건축학과(031-750-5519) [학]1979년 홍익대 건축학과졸 1981년 同대학원 건축학과졸 1998년 건축학박사(홍익대) [경]1981~1982년 홍익대 환경개발연구소 연구원 1982~1985년 국제기술개발(주) 건축부 대리 1985년 경원대 부설 산업기술연구소장 1985~2015년 同건축학과 전임강사 · 조교수 · 교수 1989~1990년 건축전문지 '플러스' 편집주간 1994년 한국건축가협회 초대작가(현) 1994~1996년 (주)신한종합건축사사무소 기술고문 1994~1996년 건축연구소 한터 대표 1996년 홍익대 일반대학원 및 건축도시대학원 강사 2004~2008년 (사)한국건축가협회 부회장 2007년 작은건축의미학展 2008~2010 · 2011~2013년 대한건축학회 이사 겸 설계위원회 위원장 2009년 한국건축가협회 명예이사(현) 2014년 경기도 공공건축가(현) 2014년 한국청소년시설환경학회 운영이사(현) 2015년 가천대 공과대학 건축학과 교수(현) 2016년 서울시 공공건축가(현) [상]건축대전 대상(1983), 한국건축가협회 공로상(1998), 문화관광부장관표창(2005), 서울시청 증 · 개축을위한아이디어공모 최우수작품상(2005), 서울시건축상 리모델링부분 장려상(2006), 경기도건축문화상 사용승인부분(비주거) 입선(2007), 한국공간디자인문화제 초청작가상(2008), 제22회 예총 예술문화상 예술부문공로상(2008), 문화체육관광부장관표창, 2009 Raemian Design Fair 지도교수 감사장(2009), 대한건축학회상 작품상(2010), 경기건축문화제 유공표창(2014) [저]'건축2000'(1985) '건축의 기본 조형원리'(1988) '옷을 갈아입는 아파트'(1995) '세계의 건축가-사상과 작품'(2007) '건축공간론' '도시재생 현재와 미래'(2010) [역]'근대 건축물 복원을 위한 도면화 작업에 있어서 3차원 스캐닝기술 적용에 관한 연구'(2011, 경원대 환경대학원) '서울소재 도심형 캠퍼스 개발계획의 공간적 특성에 관한 연구'(2012, 디자인융복합학회) '의사표현 도구로서 건축모형에 관한 연구- 설계과정에서의 건축모형을 중심으로'(2012, 디자인융복합학회) '현대건축의 전이공간에 관한 연구'(2012, 디자인융복합학회) '건축 설계과정에서 건축모형의 중요도 요인분석에 관한 연구'(2013, 디자인융복합학회) '현대건축의 상징적 표현에 관한 연구'(2014, 한국문화공간건축학회) [작]대전대학교 인문사회관(1979), 한국외국어대학교 용인 CAMPUS MASTER PLAN 및 인문사회관, 홍익대학교 증축동(1981), 국제그룹 본사 사옥, 양산 통도사 GOLF CLUB HOUSE & CADY DOMITORIUM, 제주 HYATT HOTEL(1982), 국제상사 배구전용 체육관 & 기숙사, 경원대학교 창조관, 경원대학교 강의동 입면 재구성, 경원대학교 STAND 구조물(1985), 성남 성일상업고등학교 강의동 & 체육관(1986), 경원대학교 본관 & 강의동(1987), 경원전문대학 실습동, 둔촌동 경우빌딩(1988), 주식회사 세경 청주 제1공장 & 기숙사, 역삼동 세경빌딩, 세경 청주 제2공장 & 기숙사, 세경 A/S 공장 & 부속동(1990), 경원대학교 복합 강의동, 세신감리교회, 선릉 필병원(1992), 강릉주택문화관, 경원공학연구센터, 부활교회(1999) [종]기독교

박해룡(朴海龍) PARK Hai Ryong
[생]1935 · 11 · 1 [출]서울 [주]서울 강남구 논현로28길34 고려제약(주) 회장실(02-529-6100) [학]1956년 경동고졸 1959년 성균관대 약학과졸 1972년 고려대 경영대학원졸 1980년 연세대 대학원 최고경영자과정 수료 1981년 미국 하버드대 대학원 최고경영자과정 수료 [경](주)종근당 입사 · 상무이사 1976~1980년 한국메디카공업(주) 대표이사 1980~1982년 한국롱프랑제약(주) 대표이사 1980년 고려제약(주) 대표이사 회장(현) [상]대통령표창(1997), 재정경제부장관표창(2002)

박해빈(朴海彬) PARK Hae Bin
[생]1972 · 6 · 28 [출]부산 [주]서울 서초구 서초중앙로157 서울고등법원(02-530-1114) [학]1991년 서인천고졸 1995년 서울대 사법학과졸 [경]1994년 사법시험 합격(36회) 1997년 사법연수원 수료(26기) 1997년 軍법무관 2000년 인천지법 판사 2002년 서울지법 판사 2004년 대구지법 포항지원 판사 2008년 서울중앙지법 판사 2009년 서울고법 판사(헌법재판소 파견) 2011년 서울고법 판사 2012년 대전지법 부장판사 2013년 서울고법 판사(현)

박해상(朴海相) PARK Hae Sang

생1949 · 8 · 28 본밀양(密陽) 출경북 청도 주서울 서초구 서리풀3길20의1 (사)한국단미사료협회 회장실(02-585-2223) 학1976년 경북대 농학과졸 1989년 고려대 식량개발대학원 식량경제학과졸 2005년 농학박사(경북대) 경1977년 기술고시 합격(12회) 1977~1988년 국립농산물검사소 영동출장소장 · 농수산부 비료과 · 미산과 근무 1988년 국립종자공급소 밀양지소장 1990년 同평택지소장 1993년 농림수산부 식물방역과장 1994년 同농산과장 1995년 同농산기술과장 1995년 同환경농업과장 1996년 농림부 환경농업과장(부이사관) 1997년 同원예특작과장 1997년 同농산기술과장 1999년 국립식량검역소장(이사관) 2000년 국방대 파견 2001년 농림부 식량생산국장 2002년 한국농업전문학교 학장 2004년 농림부 차관보 2006~2008년 同차관 2008년 농촌사랑지도자연수원 원장 2009~2013년 농협대학 총장 2012~2014년 의정부지검 고양지청 시민위원회 위원장 2013~2015년 경북도 농어업FTA대책특별위원회 위원장 2014년 (사)한국단미사료협회 회장(현) 상근정포장, 홍조근정훈장 종불교

박해성(朴海成) PARK Hai Sung

생1955 · 6 · 8 출부산 주서울 강남구 테헤란로518 섬유센터빌딩12층 법무법인 율촌(02-528-5663) 학1974년 경기고졸 1978년 서울대 법과대학졸 1986년 同법과대학원 법학과졸 경1977년 사법시험 합격(19회) 1980년 사법연수원 수료(10기) 1980년 軍법무관 1983년 서울민사지법 판사 1986년 서울형사지법 판사 1987년 춘천지법 강릉지원 판사 1989년 해외 연수(미국 버클리대) 1990년 서울고법 판사 1991년 서울형사지법 판사 1992년 서울고법 판사 1993년 대법원 재판연구관 1994년 대전지법 부장판사 1995년 대법원 재판연구관 1997년 수원지법 부장판사 1998년 서울지법 동부지원 부장판사 1999년 서울행정법원 부장판사 1999년 수원지법 성남지원장 2001년 대전고법 부장판사 겸 대전지법 수석부장판사 직대 2002년 서울고법 부장판사 2005년 대법원 수석재판연구관 2005년 서울고법 부장판사 2007년 법무법인 율촌 변호사(현) 2013~2015년 현대미포조선 사외이사

박해식(朴海植) PARK Hae Sik

생1959 · 12 · 5 출경북 구미 주서울 강남구 테헤란로518 섬유센터빌딩12층 법무법인 율촌(02-528-5645) 학1978년 대구 계성고졸 1987년 고려대 법과대학졸 2000년 同법과대학원 법학과졸 2000년 서울대 공정거래과정 연구과정 수료 2006년 고려대 법과대학원 법학박사과정 수료 경1986년 사법시험 합격(28회) 1989년 사법연수원 수료(18기) 1989년 서울형사지법 판사 1991년 서울민사지법 판사 1993년 대구지법 상주지원 판사 1996년 서울지법 남부지원 판사, 서울지법 판사 2002년 대법원 재판연구관 2006~2007년 인천지법 부천지원 부장판사 2007년 법무법인 율촌 대표변호사(현) 2007년 미국 UC Berkely Law School Visiting Scholar 2009년 한국케이블TV방송협회 방송광고심의위원 위원(현) 2009년 문화체육관광부 고문변호사 2010년 한국마사회 기부심의위원회 심의위원 2010년 연합뉴스 수용자권익위원회 위원 2010년 국가인권위원회 행정심판위원회 위원(현) 2010~2014년 한국보건복지정보개발원 비상임감사 2010년 한국상사중재원 중재인(현) 2010년 중앙행정심판위원회 위원(현) 2010~2012년 대통령실 행정심판위원회 위원 2011년 한국거래소 시장감시위원회 규율위원회 위원(현) 2011년 공정거래위원회 하도급정책자문단 위원(현) 2011년 CJ E&M(주) 사외이사 겸 감사위원(현) 2012~2013년 한국보건복지정보개발원 비상임이사 2015년 대동공업(주) 사외이사 겸 감사위원(현) 2015년 고려대 법무대학원 지적재산권법학과 교우회 회장(현) 상대통령표창(2011)

박해식(朴海植) Haesik Park

생1963 · 4 · 20 본밀양(密陽) 출서울 주서울 중구 명동11길19, 은행회관5층 한국금융연구원 국제금융연구실(02-3705-6327) 학1986년 미국 보스턴대 경제학과졸 1988년 미국 브라운대 대학원 경제학과졸 1997년 경제학박사(미국 브라운대) 경대외경제정책연구원 책임연구원, 한국금융연구원 국제금융팀장, 감사원 재정 · 금융감사국 자문위원, 외교통상부 금융부문 통상교섭자문위원, 싱가포르국립대 초빙연구원, 외교통상부 한 · EU FTA 전문가 자문위원 2008년 한국금융연구원 금융시장연구실장, 두산(주) 감사 겸 사외이사 2011년 한국금융연구원 거시국제금융연구실 선임연구원 2015년 同금융동향센터장 2015년 同국제금융연구실장, 同국제금융연구실 선임연구위원(현) 상니어학술상(2009) 종가톨릭

박해심(朴海心 · 女) PARK Hae Sim

생1958 · 3 · 27 본월성(月城) 출대구 주경기 수원시 영통구 월드컵로164 아주대학교 의과대학 알레르기내과학교실(031-219-5150) 학1977년 경북여고졸 1983년 연세대 의대졸 1986년 同대학원졸 1989년 의학박사(연세대) 경1983~1987년 연세대 의과대학 인턴 · 내과 전공의 수료 1987~1989년 同의과대학 내과 강사 1990~1993년 국립의료원 알레르기내과 근무 1993년 영국 사우샘프턴대 연구원 1995년 아주대 의과대학 알레르기면역내과학교실 교수 1995년 同의료원 알레르기면역내과 과장 2005년 同의료원 알레르기류마티스내과 과장 2005년 同병원 임상시험센터장(현), 대한천식 · 알레르기학회 국제협력이사 2007~2011년 아주대 의과대학 알레르기류마티스내과학교실 주임교수 2007년 한국과학기술한림원 정회원(현) 2008년 세계알레르기학회(WAO) Board Member(현) 2011년 아주대 의과대학 알레르기내과학교실 교수(현) 2011~2012년 同의료원 임상과장 2012년 同의료원 연구지원실장 2012년 대한직업성천식학회 회장(현) 2013년 아주대 의과대학 알레르기내과학교실 주임교수(현) 2014년 同의료원산학협력단 부단장(현) 2015년 同의료원 첨단의학연구원장(현) 상광혜학술상, 유한의학상, 한국과학기술단체총연합회 우수과학자상, 한국여자의사회 학술연구상, 대한내과학회 우수논문상(1998), 소오 우수논문상(1998), 유한양행 유일한상(2013), 세계알레르기학회(WAO) 공로상(2013)

박해영(朴海榮) Park Haeyeong

생1958 · 5 · 30 출경남 의령 주경남 창원시 의창구 상남로290 경상남도의회(055-211-7374) 학창신공고졸, 창원전문대 행정실무학과졸, 창원대 경영대학원 최고경영자과정 수료, 부산대 행정학과졸 2009년 창원대 행정대학원 행정학과졸, 경남대 대학원 정치외교학 박사과정 수료 경롯데리아 도계점 대표, (주)도계유통 대표이사, 한나라당 창원시甲지구당 중앙위원, 同제17대 국회의원 창원시甲지구선거대책위원회 부위원장, 의창새마을금고 이사, 바르게살기운동 창원시협의회 부회장, 同도계동위원회, 한국BBS 경남도연맹 사무국장, 서부경찰서 청소년지도위원회 고문 2002 · 2006 · 2010~2014년 경남 창원시의회 의원(한나라당 · 새누리당) 2006~2008년 同산업건설위원회, 同총무위원회 위원 2012년 同예산결산특별위원회 위원장, 새누리당 중앙위원(현) 2014년 경남도의회 의원(새누리당)(현) 2014년 同운영위원회 위원 2014년 同경제환경위원회 위원 2015년 同문화복지위원회 위원 2015~2016년 同예산결산특별위원회 위원 2016년 同건설소방위원회 위원(현) 상경찰청장표창(2003)

박해윤(朴海潤) Park Hae-yun

생1957 · 12 · 8 주서울 종로구 사직로8길60 외교부 인사운영팀(02-2100-7141) 학1981년 서울대 해양학과졸 1988년 미국 펜실베이니아대 대학원 정치학과졸 경1984년 외무고시 합격(18회) 1984년 외무부 입부 1990년 駐영국 2등서기관 1992년 駐카타르 1등서기관 1997년 駐유엔 1등서기관 2002년 외교통상부 국제연합과장 2004년 국가안전보장회의 파견 2005년 駐오스트리아 공사참사관 2008년 駐이라크 공사참사관 2010년 駐아프가니스탄 대사 2011년 외교통상부 남아시아태평양국장 2013년 외교부 남아시아태평양국장 2013년 駐아일랜드 대사 2015년 駐노르웨이 대사(현) 상근정포장(2012)

박해일(朴海一) PARK Hae Il

생1957 · 9 · 19 출서울 주강원 춘천시 강원대학길1 강원대학교 약학과(033-250-6920) 학1981년 서울대 제약학과졸 1983년 同대학원 약화학과졸 1995년 약화학박사(미국 캔자스대) 경1982년 (주)동아제약연구소 책임연구원 1985년 일본 생물유기화학연구소 방문연구원 1990년 미국 캔사스대 약대 연구조교 1995년 캐나다 몬트리얼대 유기화학과 Post-Doc. 1996년 미국 캔터키대 약대 Post-Doc. 1998년 강원대 약학과 교수(현) 2007~2009년 同약학대학장 2015년 同신약개발연구소장 2016년 同약학대학장 겸 약초원장(현)

박해철(朴海哲) PARK Hae Churl

생1957 · 9 · 13 출경남 사천 주서울 동작구 흑석로84 중앙대학교 경영학부(02-820-5550) 학1980년 연세대 응용통계학과졸 1982년 한국과학기술원(KAIST) 경영과학과졸(석사) 1991년 경영학박사(미국 예일대) 경1991~1992년 Bell Laboratories 연구위원 1992~1994년 한국국방연구원 연구위원 1994년 중앙대 경영학부 교수(현) 1996~1998 · 2002~2004 · 2006년 同경영학부장 2001~2003년 同경영연구소장 2007~2009년 同경영대학장 2013년 同경영전문대학원장 2015년 同행정부총장(현)

박해철(朴海哲)

[생]1957·10·29 [주]서울 마포 성암로189 중소기업DMC타워 중소기업중앙회 중소기업인력개발원활성화추진단(02-2124-3438) [학]1976년 마산상고졸 1985년 국민대 경영학과졸 1996년 동의대 대학원 경영학과졸 [경]1985년 중소기업중앙회 입사 2004년 同대전충남지역본부장 2005년 同공공구매지원팀장 2009년 同정책총괄실장 2010년 同공제사업본부장 2011년 同정책개발2본부장 2014년 同정책개발1본부장 2014년 同경영기획본부장 2015년 同공제사업본부장 2015년 同중소기업인력개발원활성화추진단장(상근이사)(현)

박해헌(朴海憲) PARK Hae Heon (錦山)

[생]1950·7·20 [본]밀양(密陽) [출]경남 의령 [주]경남 의령군 의령읍 충익로52 (주)의령신문 대표이사실(055-573-7800) [학]국민대 정치외교학과졸, 대만 중국문화대 대학원졸 1987년 정치학박사(대만 중국문화대) [경]1985~1987년 대만 중국문화대 겸임교수 1987~1990년 동의대 강사 1990~1993년 경남대 강사 1991~1999년 동남정치조사연구소 소장 1993~1996년 신라대 겸임교수 1996년 부산매일신문 논설위원 1997년 同정치부국장 1997년 同사업국장 1997~1999년 국제지역학회 이사 1998~1999년 영산대 겸임교수 1999년 새의령신문 사장 겸 발행인 2002년 (주)의령신문 대표이사 겸 발행인(현) 2004~2007년 (사)한국지역신문협회 경남지역신문협의회장 [저]'三新의 中國'(1997, 세종출판사) '중공의 권력투쟁과 노선투쟁'(1995, 대만 문사철출판사)

박행보(朴幸甫) PARK Heang Bo (金峰)

[생]1935·9·14 [출]전남 진도 [주]서울 종로구 인사동길 20의5 한국문인화협회(02-722-9345) [학]毅齋 許百鍊 선생에게 사사, 孫在馨선생에게 사사 [경]1969~1977년 국전 사군자부문 특선 6회 1976~1999년 연진회 회원전 출품 1976년 전남도전 심사위원 1978년 경미화랑·부산화랑 초대전 1980년 국전 추천작가 1980~1984년 조선대 미술대학 출강 1981~1999년 현대한국화협회전 출품 1982년 국전 초대작가 1983~2001년 미술대전 심사위원·운영위원장 1983~2001년 동아미술제 심사위원·운영위원 1983·1985·1987년 대한민국미술대전 심사위원 1983년 프랑스 파리 한국문화원 초대개인전 1985년 르-싸롱 한국초대 특별기획전(파리 그랑팔레미술관) 1985년 전남대 예술대학 출강 1985~1996년 국제예술문화교류회 회장 1986~1991년 호남대 미술대학 조교수 1988년 한국서예100년전 출품 1996~1998년 베세토 국제서화전 초대 출품(서울·東京) 1997년 전국한국화특장대전 심사위원장 1997년 광주시전 심사위원 1998년 선화랑 초대기인전 1999년 한국문인화협회 이사장 2000년 현대한국화협회 부회장 2002년 대한민국미술축전 출품 2010년 한국문인화협회 상임고문(현) [상]국전 문공부장관표창, 국무총리표창, 추천작가상, 전남도 문화상, 옥관문화훈장 [저]'금봉 박행보 화집' [작]'달마산의 여름' '무등산의 가을' '竹林풍경' '산에는 꽃이피네' '송순해방연도'

박행열(朴幸烈)

[생]1972 [주]세종특별자치시 절재로180 인사혁신처 기획재정담당관실(044-201-8120) [학]연세대 행정학과졸 [경]2006년 행정고시 합격(43회) 2007년 중앙인사위원회 인력개발정책과 서기관, 대통령직속 미래기획위원회 파견, 대통령 의전비서관실 행정관 2014년 중앙공무원교육원 교육총괄과장 2015년 인사혁신처 기획재정담당관(현)

박행용(朴幸勇) PARK Haeng Yong

[생]1951·1·8 [출]전남 목포 [주]광주 동구 준법로7의12 광주지방법원조정센터(062-239-1271) [학]1969년 광주제일고졸 1974년 서울대 법학과졸 [경]1973년 사법시험 합격(15회) 1975년 사법연수원 수료 1976년 軍법무관 1978년 광주지법 판사 1981년 同장흥지원 판사 1982년 同목포지원 판사 1984년 同판사 1986년 광주고법 판사 1990년 대법원 재판연구관 1991년 광주지법 부장판사 1993년 同순천지원장 1994년 광주지법 부장판사 1997년 광주고법 부장판사 1999년 광주지법 수석부장판사 2000년 광주고법 수석부장판사 2005~2006년 광주지법원장 2013년 광주지법조정센터 상임조정위원장(현)

박헌기(朴憲基) PARK Heon Kee

[생]1936·2·23 [본]밀양(密陽) [출]경북 영천 [주]대구 중구 태평로242 (주)신성조명하우징 3층 공증인가 팔공합동법률사무소(053-425-9019) [학]1950년 영천 대창국민학교졸 1991년 경북대 경영대학원 수료 [경]1955년 보통고시 합격(11회) 1961년 고등고시 사법과 합격(13회) 1962년 軍법무관 1965년 청주지법 판사 1969년 同제천지원장 1970~1975년 대구지법·대구고법 판사 1975년 대법원 재판연구관 1977년 대구지법 상주지원장 1978~1981년 대구지법 부장판사·안동지원장 1981년 변호사 개업(현) 1985~1987년 대구지방변호사회 총무이사 1989~1991년 同회장 겸 대한변호사협회 부회장 1992년 제14대 국회의원(영천시·군, 무소속·민자당·신한국당) 1992년 민자당 원내부총무 1993~1996년 국회 공직자윤리위원회 부위원장 1996년 제15대 국회의원(영천, 신한국당·한나라당) 1996년 신한국당 중앙당기위원장 1997년 同경북도지부 위원장 1997년 한나라당 법률자문위원장 1998년 同인권위원장 2000~2004년 제16대 국회의원(영천, 한나라당) 2000~2002년 국회 법사위원장 2003년 한나라당 공천심사위원장, 同지도위원, 同상임고문 2012년 새누리당 상임고문(현) [종]불교

박헌수(朴憲守) Park Heon Su

[생]1967·10·9 [출]전북 익산 [주]전남 무안군 삼향읍 후광대로359번길28 전남지방경찰청 112종합상황실(061-289-2329) [학]1987년 이리고졸 1994년 전북대 법학과졸 2008년 원광대 행정대학원 경찰학과졸 [경]1996년 경위 임관(경찰간부 후보 44기) 1996~2001년 익산경찰서 경비과 교통지도계장 등(경위) 2001~2005년 전북 장수경찰서 경무과장·전북 순창경찰서 경무과장(경감) 2005~2014년 전북지방경찰청 교통안전계장·기획예산계장·인사계장(경정) 2013년 전북지방경찰청 치안정책과정(총경) 2013년 同생활안전과장 2015년 전북 순창경찰서장 2016년 전남지방경찰청 112종합상황실장(현) [상]국무총리표창(2006), 건설교통부장관표창

박헌옥(朴憲玉) Park Heon Ok

[생]1961·9·16 [본]밀양(密陽) [출]전남 영광 [주]경기 수원시 장안구 경수대로1110의17 중부지방국세청 개인납세2과(031-888-4431) [학]1981년 광주 진흥고졸 1983년 세무대학 내국세학과졸 1991년 한국방송통신대 경영학과졸 1997년 경희대 경영대학원 경영학과졸 [경]1984~1999년 국세청 조사국·수원세무서 법인세과·경인지방국세청 부동산조사반 등 근무 1999~2007년 중부지방국세청 조사1국1과·국세공무원교육원 서무과 등 근무 2007~2014년 국세청 납보실·중부지방국세청 조사1국·운영지원과·이천세무서 법인세과 근무 2014년 중부지방국세청 법인신고분석과·운영지원과 근무 2015년 홍성세무서장 2016년 중부지방국세청 개인납세2과장(현) [상]국무총리표창(2005), 대통령표창(2015)

박헌용(朴憲鎔) PARK Heon Yong

[생]1961·8·15 [본]밀양(密陽) [출]강원 동해 [주]경기 부천시 원미구 부천로198번길18 경기콘텐츠진흥원(032-623-8000) [학]1979년 강원 북평고졸 1983년 강원대 경영학과졸 [경]1987년 (주)KT 입사 1998년 同기획조정실 근무 2003년 同비전경영실 기업개선팀장 2004년 同경영전략실 전략기획팀장(상무) 2005년 同전략기획실 전략기획담당 상무 2006년 同전략기획실 기업전략담당 상무 2007~2009년 (주)KT엠하우스 대표이사 2009년 KT파워텔 경영기획부문장 2011~2012년 同대표이사 사장 2012년 KT문화재단 이사장 2014년 KT링커스 대표이사 사장 2015년 (주)KT CR협력실장(전무) 2016년 경기콘텐츠진흥원 원장(현) [상]정보통신부장관표창(2001)

박헌주(朴憲珠·女) PARK, HEON JOO

[생]1960·3·7 [주]인천 중구 서해대로366 인하대학교 의학전문대학원 미생물학교실(032-860-9800) [학]1986년 가톨릭대 의대졸 1989년 미국 미네소타대 대학원 미생물학과졸 1993년 의학박사(미국 미네소타대) [경]1986~1993년 미국 미네소타대 조교·연구조교 1994~2006년 인하대 의과대학 미생물학교실 전임강사·조교수·부교수·교수 2006년 同의학전문대학원 미생물학교실 교수(현) 2014년 同의학전문대학원장(현) [상]대한정형외과연구학회 우수논문상(1998), Scientific Award(1999), 제15회 인천시 과학기술상 과학부문 금상(2014) [저]'Cancer Drug Resistance'(2006)

ㅂ

박헌중(朴憲重) PARK Hun Joong
생1958·12·24 본영해(寧海) 출경기 수원 주경기 화성시 정남면 귀래길46번길1 (주)액티패스(031-353-5001) 학1983년 광운대 전자통신공학과졸 1993년 同대학원 전자통신공학과졸 경1983~1987년 대영전자공업(주) 기술연구소 주임연구원 1987~1991년 (주)금성사 중앙연구소 선임연구원 1991~1992년 에이스안테나 연구소 연구부장 1992년 액티패스 RF&Microwave 설립 1996년 (주)액티패스 대표이사, 同회장(현) 상한국산업기술대전 우수상(1998), 신기술실용화촉진대회 대통령표창(2002·2004) 종불교

박헌행(朴憲幸) PARK Heon Haing
생1968·11·28 출전남 담양 주충남 천안시 동남구 신부7길17 대전지방법원 천안지원(041-620-3000) 학1987년 광주 인성고졸 1993년 고려대 법학과졸 경1999년 서울지법 예비판사 2001년 同동부지원 판사 2003년 전주지법 군산지원 판사 2007년 전주지법 판사 2008년 광주고법 전주부 판사 2011년 전주지법 군산지원 판사 2012년 대법원 재판연구관 2014년 전주지법 부장판사 2016년 대전지법·대전가정법원 천안지원 부장판사(현)

박 현(朴 賢) PARK Hyun
생1965·7·25 본밀양(密陽) 출강원 인제 주서울 동대문구 회기로57 국립산림과학원 국제산림연구과(02-961-2522) 학1987년 서울대 산림자원학과졸 1989년 同대학원졸 1993년 토양학박사(미국 위스콘신대) 경1994년 산림청 임업연구원 연구사·토양미생물연구실 임업연구사 1998~1999년 일본 농림수산성 식품종합연구소 세포기능연구실 교환연구원, 국립산림과학원 기획과 임업연구관, 산림청 산림정책팀 임업연구관 2008년 국립산림과학원 연구기획과 임업연구관 2010년 同바이오에너지연구과장 2011년 同연구기획과장 2013년 同산림정책연구부 기후변화연구센터장 2015년 同국제산림연구과장(현) 상모범공무원표창(2005), 대통령표창(2007) 종기독교

박 현(朴 炫) PARK Hyun
생1967·2·13 출전남 해남 주광주 동구 준법로7의12 광주지방법원(062-239-1114) 학1985년 광주 서석고졸 1991년 전남대 사법학과졸 경1995년 사법시험 합격(37회) 1998년 사법연수원 수료(27기) 1998년 광주지법 예비판사 2000년 同해남지원 판사 2001년 변호사 개업 2004년 광주지법 목포지원 판사 2006년 광주고법 판사 2009년 광주지법 판사 2014년 전주지법 정읍지원장 2016년 광주지법 부장판사(휴직)(현)

박현갑(朴賢甲) PARK Hyun Kap
생1964·2·16 주서울 중구 세종대로124 서울신문 온라인뉴스국(02-2000-9821) 학1990년 부산대 독어독문학과졸 경1990년 대한매일 입사 1990~2003년 同행정뉴스팀·경제팀·전국팀·정치부 기자 2004년 서울신문 사회부 기자 2007년 同정치부 차장 2007년 同기획탐사부장 2009년 同편집국 사회2부 차장(부장급) 2011년 同편집국 정책뉴스부장 2012년 同사회뉴스2부장 2012년 同사회부장 2013년 同논설위원 2013년 同사업단 부단장 2014년 同사업단 부단장(부국장급) 2014년 同편집국 부국장 2015년 同온라인뉴스국장(현) 2016년 한국신문윤리위원회 윤리위원(현)

박현국(朴賢國)
생1959·12·20 주경북 안동시 풍천면 도청대로455 경상북도의회(054-880-5319) 학봉화고졸, 경북전문대 행정학과졸, 동양대 경영학과졸 경한국농업경영인연합회 봉화군연합회 회장, 민주평통 자문위원 2006년 봉화군수선거 출마(무소속) 2007년 4.25재보선 봉화군수선거 출마(무소속) 2012년 새누리당 제18대 대통령선거 대책위원회 봉화군민통합위원회 단장 2014년 경북도의회 의원(무소속)(현) 2014년 同운영위원회 위원 2014·2016년 同기획경제위원회 위원(현) 2014·2016년 同경북·대구상생발전특별위원회 위원(현) 종기독교

박현국(朴鉉國) PARK Hyun Kuk
생1963·1·15 출서울 주서울 영등포구 여의대로66 KTB빌딩3층 토러스투자증권(주)(02-709-2300) 학1981년 영등포고졸 1985년 고려대 경영학과졸 1988년 서울대 대학원 경영학과졸 경동산회계법인 회계사, 세동회계법인 국제부 회계사, 삼성증권(주) 기업금융2담당 상무 2005년 同기업금융팀장(상무보) 2007년 同기업금융2사업부장(상무) 2008년 同해외전략팀장 겸임 2009년 同홍콩현지법인장(상무) 2010~2012년 同어드바이저리사업부장(상무) 2012년 딜로이트안진회계법인 부대표 2014년 동부증권 투자은행(IB)사업부장(부사장) 2016년 토러스투자증권 IB사업부장(부사장)(현)

박현규(朴鉉奎) PARK Hyon Kyu (默庵)
생1927·7·3 출울산 주서울 중구 을지로80의1 한국해사문제연구소(02-776-9153) 학1945년 유신고졸 1948년 한국해양대 항해학과졸 1961년 국민대 법학과졸 1967년 고려대 경영대학원 수료 1980년 서울대 경영대학원 최고경영자과정 수료 1992년 명예 경영학박사(한국해양대) 경1953~1964년 해운공사 근무·기획실 조사역 1964년 풍국해운 사장 1970년 고려해운 전무이사 1973년 고려컨테이너터미널 대표이사 1976년 고려공수 대표이사 1980년 고려해운 사장 1981~1991년 해양소년단연맹 부총재 1982년 선주협회 부회장 1982년 해운학회 부회장 1983년 인간개발연구원 부회장 1985년 한국해사문제연구소 이사장(현) 1985년 월간 '해양한국' 발행인 1986년 대한상사중재원 중재인 1988년 국제로타리 3650지구 사무총장 1991년 민주평통 자문위원 1992년 해양소년단연맹 고문 1996년 해운학회 명예회장 1996년 국제로타리 3640지구 청소년활동위원장 1998년 同3640지구 총재 2004년 해법회 고문 상부총리표창, 동탑산업훈장, 해운공로상 저'해운론' 종불교

박현남(朴現南) PARK Hyun Nam
생1953·3·22 출전남 주서울 금천구 가산디지털1로205의17 성호전자(주)(02-855-5931) 학1973년 선린상고졸 1993년 중앙대 대학원 국제경영학과졸 경1977~1985년 진영전자(주) 근무 1986~1993년 성호전자(주) 설립·대표이사 1993~2000년 진영전자(주) 대표이사 회장 2000년 성호전자(주) 대표이사 회장(현) 2011년 강진다산강좌 강사 상대통령표창(2000), 자랑스런 선린기업인상(2004)

박현동(朴玄東) PARK Hyun Dong
생1961·8·20 본밀양(密陽) 출울산 주서울 영등포구 여의공원로101 국민일보 논설위원실(02-781-9288) 학1981년 학성고졸 1988년 성균관대 영어영문학과졸 2004년 서강대 경제대학원 OLP과정 수료 2007년 同언론대학원 중퇴 2011년 미국 하와이대 미래학과 단기연수 경1988년 국민일보 기자 1989년 同외신부·사회부 기자 1993년 同경제부 기자 2000년 同경제부 차장대우 2002년 同사회부 차장 2004년 同경제부 차장 2005년 同기획취재부장 직대 2005년 同사회부장 직대 2006년 同논설위원 2007년 同경제부장 2009년 同산업부장 2010년 同인터넷뉴스부장 2011년 同경제·사회·디지털뉴스담당 부국장 직대 2012년 同사업국장 2014년 同편집국장 2016년 同논설위원(현) 상자랑스러운 성균언론인상(2015), 한국언론인연합회 산업경제부문 한국참언론인대상(2016)

박현민(朴玄珉) Hyunmin PARK
생1962·11·14 출전남 주대전 유성구 가정로209 한국표준과학연구원 미래융합기술본부 소재계측측정센터(042-868-5114) 학1986년 서울대 재료공학과졸 1988년 同대학원 재료공학과졸 1994년 재료공학박사(서울대) 경1996년 한국표준과학연구원 책임연구원, 同물질량표준부 재료평가그룹 연구원 2008년 同전략기술연구본부 전략팀장 2009년 同나노소재측정센터장 2010년 同나노소재평가센터장 2014~2016년 同부원장 2016년 同원장 직무대행 2016년 同미래융합기술본부 소재계측측정센터 책임연구원(현)

박현석(朴泫錫) Hyun-Seok Park
생1963·9·16 출대구 주서울 서대문구 이화여대길52 이화여자대학교 컴퓨터공학과(02-3277-2831) 학1986년 서울대 전기공학과졸 1990년 미국 캔자스주립대 전산학과졸 1994년 미국 펜실베이니아대 대학원 전산정보학과졸 1998년 전산학박사(영국 케임브리지대) 경1994년 미국 펜실베이니아대 연구원 1997년 일본 도쿄대 연구원 1999~2001년 (주)마크로젠 이사 2000~2002년 세종대 컴퓨터공학과 조교수 2000~2002년 同과학기술원 소프트웨어연구소장

2002년 同바이오인포매틱스연구소장 2002년 이화여대 컴퓨터정보통신공학과 조교수·부교수 2003~2006년 (주)마크로젠 대표이사 2008년 이화여대 컴퓨터공학과 교수(현) 2013~2015년 同정보통신연구소장 겸 공학융합연구소장 2015년 디지탈옵틱 사외이사(현) [저]'자바 프로그래밍'(2000) '펄로 시작하는 바이오인포매틱스'(2002) '자바로 배우는 바이오인포매틱스(共)'(2006)

박현석(朴賢錫) PARK Hyun Seok

[생]1971·10·21 [주]서울 서초구 서초중앙로26길17 법무법인 이래(02-594-7755) [학]1995년 서울대 서양사학과졸 1999년 同사법학과졸 [경]1998년 사법시험 합격(40회) 2001년 사법연수원 수료(30기) 2001년 법무법인 서정 변호사 2009년 법무법인 이래 대표변호사(현), 방송통신심의위원회 방송통신정책자문위원 2014년 同6.4지방선거 선거방송심의위원 2015년 새정치민주연합 윤리심판원 위원 2016년 더불어민주당 공직선거후보자추천재심위원회 위원장

박현선(朴鉉善) PARK Hyun Seon

[생]1960·5·20 [출]서울 [주]인천 중구 인항로27 인하대학교 의과대학 신경외과학교실(032-890-2370) [학]1985년 연세대 의대졸 1988년 同대학원졸 1996년 의학박사(연세대) [경]1996년 연세대 의대 신경외과학교실 조교수 1997년 인하대 의대 신경외과학교실 조교수·부교수·교수(현) 2013년 同기획조정실장 겸 신관기획단장(현) 2016년 대한뇌혈관외과학회 회장(현)

박현선(朴炫宣·女) PARK Hyun Sun

[생]1967·12·25 [출]서울 [주]서울 광진구 능동로209 세종대학교 공공정책대학원 사회복지학과(02-3408-3805) [학]1991년 이화여대 사회복지학과졸 1993년 서울대 대학원 사회복지학과졸 1998년 사회복지학박사(서울대) [경]1993년 한림대 부속한강성심병원 정신의료사회복지사 1996년 삼성생명 사회정신건강연구소 전임연구원 1998~2001년 전북대 사회복지학과 조교수 2001~2007년 同사회복지학과 부교수 2007년 세종대 정책과학대학원 사회복지학과 교수 2014년 同공공정책대학원 사회복지학과 교수(현)

박현수(朴峴秀) PARK Hyune Su

[생]1959·12·16 [본]밀양(密陽) [출]전북 완주 [주]인천 남동구 정각로29 인천광역시청 대변인실(032-440-3057) [학]1978년 전주 신흥고졸 1984년 동국대 경영학과졸 2004년 국방대학원 안보과정 수료 2005년 동국대 언론정보대학원 신문방송학과 수료 2014년 서울대병원 산학정과정 수료 [경]1993년 경인일보 입사 2000년 同사회부 차장 2001년 同사회부장 2003년 同서부지역취재본부장 2007년 同서부권취재본부장(김포) 2010년 同편집국 지역사회부 김포주재 부국장 2013년 同편집국장 2015년 同인천본사 경영본부장 겸 편집제작국장 2016년 인천시 대변인(현) [상]내무부장관표창, 한국기자상, 이달의 기자상(1994·2007·2009), 한국언론인연합회 한국참언론인대상 지역사회부문(2013)

박현수(朴賢洙) PARK Hyoun Soo

[생]1966·3·22 [출]서울 [주]경기 용인시 수지구 죽전로152 단국대학교 사회과학대학 커뮤니케이션학부(031-8005-3345) [학]1985년 영동고졸 1993년 중앙대 국어국문학과졸 1995년 미국 플로리다대 대학원 광고학과졸 1998년 광고학박사(미국 플로리다대) [경]1998년 순천향대 신문방송학과 교수 2000년 단국대 언론영상학부 언론홍보학전공 조교수·부교수·교수 2005~2006년 한국언론학회 광고홍보연구회장 2005~2010년 광고학연구 편집장 2010년 단국대 사회과학대학 커뮤니케이션학부 광고홍보전공 교수(현) 2011년 한국신문협회 정책기획자문위원 2011년 한국케이블TV방송협회 자문교수(현) 2013·2016년 방송통신위원회 방송광고균형발전위원회 위원(현) 2015~2016년 한국광고학회 회장 2015년 한국ABC협회 인증위원(현) [상](사)한국광고학회 최우수논문상(2006), 방송통신위원장표창(2009) [저]'광고매체기획론'(2008, 한경사)

박현숙(朴賢淑·女) PARK Hyun Sook

[생]1926·6·1 [본]밀양(密陽) [출]황해 재령 [주]서울 서초구 반포대로37길59 대한민국예술원(02-3479-7223) [학]1946년 북한 해주음악전문학교 성악과 수학 1951년 중앙대 심리학과졸 1974년 同사회개발대학원졸 [경]1948년 KBS 입사(2기) 1950년 한국문화연구소 수필 '어머니' 당선·문단데뷔 1950년 문화연구소 문예誌 기자 1952년 부산희망잡지사 기자 1960년 조선일보 신춘문예 희곡 입선 1962년 조선일보 신춘문예 당선 1965년 한국연극협회 극작분과 위원 1965~1995년 서울가정법원 조정위원 1969~1973년 극단 제작극회 명예회장·대표 1970년 국제펜클럽 한국본부 이사 1976년 국제극예술협회 한국본부 회원 1977년 한국희곡작가협회 회장·고문(현) 1988년 한국여성개발원 자문위원 1991년 연극의해 연극제 심사위원 1994~1996년 한국여성문학인회 회장 1994년 문학의해(96년)조직위원회 위원 1994년 한국여성문학인회 고문 1996~1999년 한국여성연극인회 자문위원 1997년 대한민국예술원 회원(희곡·현) 1999년 한국여성연극인회 고문 1999년 한국연극협회 종신회원(현) [상]한국문학상(1976), 한국희곡문학상(1986), 한국중앙문학상 대상(1991), 조국문학상(1992), 화관문화훈장(1995), 국제펜클럽 문학상(2000), 대한민국 예술원상 연극·영화·무용 부문(2002) [저]'여인' '막은 오르는데' '가면무도회' '쫓기며 사는 행복' '그 찬란한 유산' '여자의 城' '나의 독백은 끝나지 않았다' '박현숙문학전집'(7권) '박현숙 수상희곡 선집'(2013) [역]'그리움은 강물처럼'(2005) [종]기독교

박현숙(朴賢淑·女) PARK Hyun Suk

[본]밀양(密陽) [출]서울 [주]서울 종로구 세종대로209 여성가족부 기획조정실(02-2100-6060) [학]성신여대사대부고졸, 한국방송통신대 행정학과졸, 同초등교육학과졸, 경기대 대학원 도시 및 지역개발학과졸 [경]2001년 여성부 총무과 서기관 2002년 同총무과장 2002년 同정책총괄과장 2003년 同총무과장 2005년 국방대학원 파견 2006년 여성가족부 권익증진국 권익기획팀장 2008년 여성부 권익증진국 권익기획과장 2008년 同운영지원과장(서기관) 2009년 同운영지원과장(부이사관) 2010년 여성가족부 운영지원과장 2011년 同경력단절여성지원과장 2011년 同청소년정책과장 2013년 同여성정책국장(고위공무원) 2015년 同기획조정실장(현) [상]녹조근정훈장(2000)

박현신(朴炫信·女) Park Hyun Shin

[생]1958·7·26 [본]밀양(密陽) [출]경북 [주]서울 도봉구 삼양로144길33 덕성여자대학교 예술대학 의상디자인학과(02-901-8433) [학]1981년 이화여대 복식디자인학과졸 1984년 同대학원 복식디자인학과졸 1991년 아카데미오브미술대학(Academy of Art College) 대학원 패션디자인학과졸 2004년 패션디자인학박사(홍익대) [경]1981~1982년 우연상사 디자이너 1982~1984년 (주)세봉 디자이너 1984~1988년 박현신패션일러스트레이션스튜디오 대표, 개인전 3회, 광주비엔날레 국제미술의상 초대작가 1994년 덕성여대 예술대학 의상디자인학과 교수(현) 2001년 同학생부처장 2005~2006년 同학생처장 2005~2006년 (사)한국패션디자인학회 회장 2007~2008년 덕성여대 예술대학장 2008~2013년 同교무처장 2015~2016년 同예술대학장 [역]'패션칼라'(1996) '텍스타일 디자인북'(1996) [종]기독교

박현애(朴賢愛·女) PARK Hyeoun Ae (和亭)

[생]1957·12·18 [본]밀양(密陽) [출]경북 선산 [주]서울 종로구 대학로103 서울대학교 간호대학(02-740-8827) [학]1976년 창덕여고졸 1980년 서울대 간호학과졸 1983년 미국 미네소타대 대학원 간호학과졸 1986년 同대학원 보건통계학과졸 1987년 이학박사(미국 미네소타대) [경]1980년 서울대병원 간호사 1988년 한국보건사회연구원 연구위원 1994~2004년 서울대 간호대학 간호학과 전임강사·조교수·부교수 2004년 同교수(현) 2006~2012년 세계간호정보학회(IMIA-NI) 부회장 2009~2013년 서울대 간호대학 부학장 2012년 세계간호정보학회 회장 2013~2015년 서울대 간호대학장 2014년 한국간호대학장협의회 회장 2015년 세계의료정보학회(IMIA) 제16대 회장(현) [저]'간호·의료 연구와 통계분석' '간호연구방법론 입문' '간호정보학' '간호정보관리' '간호와 정보기술' '보건통계학개론' '간호와 인터넷' '간호진단·중재·결과 분류체제' [종]기독교

박현오(朴炫午) Park Hyun Oh

[생]1958·11·18 [본]밀양(密陽) [출]경남 창원 [주]경남 창원시 의창구 중앙대로210번길3 경남신문 임원실(055-210-6008) [학]1977년 창신고졸 1985년 경남대 행정학과졸 2007년 창원대 대학원 행정학과졸 [경]1986년 경남신문 입사 1991년 同정치부 기자 1995년 同정치부 국회출입기자 1998년 同정치부 청와대출입기자 2002년 同경제부장 2003년 同정치부장 2006년 同사회부장 2007년 同광고사업국장 2009년 同편집국장 2012년 同논설실장 겸 방송팀장 2013년 同다올(외부사업부문) 대표 2014년 同상무이사(현)

ㅂ

박현욱(朴賢煜) PARK Hyun Wook

[생]1955·2·23 [본]울산(蔚山) [출]부산 [주]부산 수영구 남천동로100 수영구청 구청장실(051-610-4001) [학]1973년 동성고졸 1978년 동아대졸 1998년 부산외국어대 국제경영대학원 경영학과졸 [경]동아대총동문회 부회장(현), 수영구초등학교운영위원장협의회 회장, 한국환경보호운동실천연합 자문위원, 대한민국ROCT 재부부회장, 아코르청소년오케스트라 고문, (사)부산콘텐츠마켓조정위원회 조직위원, 한나라당 부산수영지구당 사무국장, 同제15대 대통령선거 부산수영지구당 선거연락소장 1998~2006년 부산시의회 의원(한나라당) 2004~2006년 同건설교통위원장 2006·2010년 부산시 수영구청장(한나라당·새누리당) 2014년 부산시 수영구청장(새누리당)(현) [상]세계자유민주연맹 자유장(2012)

박현욱(朴玄旭) PARK Hyun Wook

[생]1959·7·5 [본]밀양(密陽) [출]전남 진도 [주]대전 유성구 대학로291 한국과학기술원 정보과학기술대학 전기및전자공학과(042-350-3466) [학]1981년 서울대 전기공학과졸 1983년 한국과학기술원(KAIST) 전기 및 전자공학과졸(석사) 1988년 공학박사(한국과학기술원) [경]1983~1986년 금성통신연구소 연구원 1988~1989년 한국과학기술원(KAIST) 선임연구원 1989~1992년 미국 워싱턴대 Research Associate 1992~1993년 삼성전자(주) 정보컴퓨터연구소 수석연구원 1993년 한국과학기술원(KAIST) 정보과학기술대학 전기및전자공학과 교수(현) 1994년 한국통신학회 영상통신연구회 간사 1994년 대한의료정보학회 이사 2002년 대한뇌기능매핑학회 대외협력이사 2006년 한국과학기술원(KAIST) 전자전산학부장 2013년 同교무처장 2013·2015년 대통령소속 국가지식재산위원회 민간위원(현) 2015년 한국과학기술원(KAIST) 교학부총장(현) [저]'Chemical-shift imaging- principles and applications, A chapter of Advances in Magnetic Resonance Imaging'(1989) 'Techniques in image segmentation and 3D visualization in brain MRI and their applications a chapter of Medical imaging systems technology'(2005)

박현일(朴鉉一) PARK Hyun Il

[생]1958·4·25 [본]밀양(密陽) [출]인천 [주]서울 강남구 테헤란로7길12 (주)반도건설 임원실(02-3011-2737) [학]동국대사범대학부속고졸, 건국대 건축공학과졸, 同대학원 건축공학과졸(계획설계전공), 공학박사(건국대) [경]삼성물산(주) 건설부문 주택기술본부 트라팰리스 PM(상무보), 同건설부문 신공덕2재개발아파트현장소장(상무), 同건설부문 주택사업본부 목동트라팰리스총괄현장소장, 同건설부문 공사PM(상무) 2010년 同건설부문 주택사업본부 주택공사팀장(전무) 2011년 同건설부문 주택기술본부장(전무) 2014년 同건설부문 주택사업부장(전무) 2015년 (주)반도건설 부사장(현) [상]동탑산업훈장(2011) [저]'단상'(2006) [종]천주교

박현주(朴炫柱) PARK Hyeon Joo

[생]1958·10·17 [본]충주(忠州) [출]광주 [주]서울 중구 을지로5길26 센터원빌딩 미래에셋그룹 회장실(02-3774-1713) [학]1977년 광주제일고졸 1983년 고려대 경영학과졸 1995년 연세대 경영대학원 고위경영자과정 수료 2002년 미국 하버드대 비즈니스스쿨 최고경영자과정(AMP) 수료 [경]1986~1996년 동양증권 근무 1997년 미래에셋벤처캐피탈 설립 1997년 미래에셋자산운용 설립 1997년 미래에셋그룹 회장(현) 1999년 미래에셋증권 설립 2003년 미래에셋박현주재단 설립 2003년 미래에셋자산운용(홍콩) 설립 2004년 미래에셋맵스자산운용 설립 2005년 미래에셋생명 설립 2006년 미래에셋자산운용(인도) 설립 2007년 미래에셋자산운용(영국) 설립 2008년 미래에셋익재투자자문(상해) 설립 2008년 미래에셋자산운용(미국) 설립 2008년 미래에셋자산운용(브라질) 설립 2011년 미래에셋자산운용(대만) 설립 2016년 KDB대우증권 회장 2016년 미래에셋자산운용 창업추진위원회 위원장(현) 2016년 미래에셋대우 회장(현) [상]한국일보 선정 '2000년대 주역 50인'(1998), 월간조선 선정 '한국의 50대 기업인'(1999), 매일경제 증권인상 대상(1999), 매일경제 선정 '한국을 이끄는 올해의 금융 CEO' 1위(2007), 머니투데이 선정 '한국 증시를 이끄는 파워맨' 1위(2007), 한국능률협회 한국의 경영자상(2008), 언스트앤영 최우수기업가상 마스터상(2009), 금융투자협회 금융투자인상 대상(2011), 매일경제 럭스멘 기업인상(2013) [저]'돈은 아름다운 꽃이다'(2007)

박현진(朴賢鎭) PARK Hyun Jin

[생]1958·9·27 [출]강원 홍천 [주]서울 성북구 안암로145 고려대학교 생명과학부(02-3290-3450) [학]1983년 고려대 식품공학과졸 1985년 同대학원졸 1991년 공학박사(미국 조지아주립대) [경]1985년 한국과학기술원 식품공학연구실 연구원 1987년 고려대 생명과학부 교수(현) 1991년 미국 Clemson Univ. 농공생물학과 연구원·조교수 1993년 미국 Clemson Univ. 겸임교수 2003년 고려대 식품가공핵심기술연구센터 소장(현) 2008~2011년 롯데제과 사외이사 2015년 미국식품과학회(IFT) 석학회원(현) 2016년 한국과학기술한림원 국제협력부장(현) 2016년 세계식품공학회(IUFoST) 국제식품공학 석학회원(현) 2016년 한국식품과학회 차기(2017년) 회장(현) [상]오뚜기재단 오뚜기 학술상(2015)

박현진(朴賢眞·女) PARK Hyeon Jin

[생]1966·10·6 [주]경기 고양시 일산동구 일산로323 국립암센터 부속병원 소아암센터(031-920-1651) [학]1991년 서울대 의대졸 1997년 同대학원졸 2004년 의학박사(서울대) [경]1991~1992년 서울대병원 수련의 1992~1996년 同소아과 전공의 1996년 同소아혈액종양분과 전임의 1996~1999년 충북대 의대 소아과학교실 전임강사 1999~2003년 同조교수 2003~2005년 同부교수 2005년 국립암센터 부속병원 특수암센터 소아혈액종양클리닉 의사(현) 2010년 同소아암센터 교수(현) 2015년 同소아암센터장(현) [상]아해 우수연구상(2010)

박현창(朴玹昌) PARK Hyeon Chang

[생]1954·12·10 [본]밀양(密陽) [출]강원 평창 [주]강원 춘천시 중앙로1 강원도의회(033-256-8035) [학]영월공고졸, 세경대학 건설환경학과졸 [경]평창군 기반조성계장, 同수도계장, 同건설과장, 同지역도시과장, 同평창읍장, 同건설과장, 同건설방재과장 2014년 강원도의회 의원(새누리당)(현) 2014·2016년 同경제건설위원회 위원(현) 2014년 同2018평창동계올림픽지원특별위원회 위원 2015년 전통시장연구회 회장(현) [상]내무부장관표창, 농림부장관표창, 국무총리표창, 녹조근정훈장

박현철(朴賢哲) PARK Hyun Chul

[생]1958·12·11 [본]밀양(密陽) [출]경북 청도 [주]제주특별자치도 제주시 첨단로213의4 제주국제자유도시개발센터 투자개발본부(064-797-5645) [학]1977년 경북고졸 1982년 성균관대 행정학과졸 1986년 서울대 행정대학원 행정학과졸 1989년 태국 AIT(Asian Inst. of Tech.) 대학원 교통공학과졸 2000년 교통공학박사(서울대) [경]1982년 중앙공무원교육원·총무처 근무 1986년 중앙해난심판원 근무 1987년 태국 AIT 파견 1989년 교통부 육운국·도시교통국 근무 1993년 ESCAP 파견 1997년 건설교통부 해외건설과장 1998년 同국제협력과장 2001년 대전지방국토관리청 관리국장 2002년 건설교통부 신공항기획단 운영지원과장 2002년 同항공안전본부 신공항개발과장 2003년 同육상교통기획과장 2004년 同교통안전과장 2005년 同자동차관리과장 2006년 同항공안전본부 자격관리팀장 2007년 同항공안전본부 기획총괄팀장 2008년 국토해양부 항공안전본부 기획총괄과장 2009년 同항공안전본부 기획총괄과장(부이사관) 2009년 同교통정책실 교통안전복지과장 2010년 동서남해안권발전기획단 해안권기획과장 2010년 同기획관 2012년 부산지방항공청 제주항공관리사무소장 2015년 제주지방항공청장 2016년 제주국제자유도시개발센터(JDC) 투자개발본부장(상임이사)(현) [저]'아시아횡단철도 북방노선 타당성 보고서'(1995) '아시아횡단철도 남방노선 사전조사 보고서'(1996) [종]기독교

박현철(朴鉉撤) PARK Hyou Chul

[생]1964·12·24 [주]서울 영등포구 국제금융로6길17 유리자산운용(주) 임원실(02-2168-7900) [학]동서대 일본어학과졸, 한양대 대학원 행정학과졸 [경]1986년 부국증권(주) 입사, 同강남지점장, 同영업부장, 同이사보 2010년 同영업총괄 상무 2012년 유리자산운용(주) 부사장 겸 최고마케팅책임자(CMO) 2014년 同공동대표이사 2015년 同대표이사(현)

박현출(朴玄出) PARK Hyun Chool

[생]1956·10·27 [본]무안(務安) [출]전남 무안 [주]서울 송파구 양재대로932 서울시농수산식품공사 사장실(02-3435-0501) [학]1976년 목포고졸 1980년 단국대 법학과졸 1982년 同대학원졸 1989년 스페인 Universidad de Complutense 수료 [경]1981년 행정고시 합격(25회) 1982년 농림수산부 양정과·농업구조정책과 행정사무관 1994년 同농업구조정책과 서기관 1994년 同행정관리

담당관 1995년 同농지관리과장 1997년 농림부 무역진흥과장 1999년 同협동조합과장 2001년 同유통정책과장 2002년 同기획예산담당관 2003년 同농업정보통계관 2004년 중앙공무원교육원 파견 2004년 농림부 축산국장 2006년 同농업구조정책국장 2007년 제17대 대통령직인수위원회 경제2분과위원회 전문위원 2008년 농림수산식품부 농업정책국장 2009년 同기획조정관 2009년 同식품산업본부장(고위공무원) 2009년 同식품산업정책실장 2010년 同기획조정실장 2011~2013년 농촌진흥청장 2013년 농업협동조합중앙회 사외이사 2013년 단국대 생명자원과학대학 초빙교수 2015년 서울시농수산식품공사 사장(현) [상]대통령표창(1991), 홍조근정훈장(2002)

박현태(朴鉉泰) Park Hyun-Tae

[생]1951·7·17 [출]경기 부천 [주]서울 영등포구 버드나루로12가길51 전자신문 부회장실(02-2637-8117) [학]1979년 고려대 신문방송학과졸 2003년 同컴퓨터과학대학원 최고위정보통신과정 수료 2009년 광운대 경영대학원졸 [경]1987년 전자신문 편집국 정보산업부 차장 1990년 同정보산업부장·가전산업부장·논설위원 1997년 同편집국 부국장 1999년 同편집국장 1999년 민주평통 자문위원 2000년 전자신문 편집국장(이사대우) 2000년 한국정보과학회 비상임이사 2002년 전자신문 논설주간(이사) 2002년 同총괄상무이사 겸 편집인 2003년 同대표이사 전무 겸 편집인 2003년 한국게임산업진흥원 비상임이사 2006년 전자신문 대표이사 부사장 겸 편집인 2010년 同고문 2013년 同부회장(현) 2015년 전북디지털산업진흥원 이사장 [종]천주교

박현호(朴炫昊)

[생]1951·6·14 [주]전남 무안군 삼향읍 오룡길1 전라남도의회(061-286-8200) [학]살레시오고졸, 육군사관학교졸(30기) 1983년 전남대 대학원 행정학과졸 1994년 同대학원 경영학과졸 2001년 행정학박사(전남대) [경]1992년 목포시의회 사무국장 1993년 목포시 기획실장 1994년 완도군 부군수 1996년 전남도 관광진흥과장 1997년 同자치행정과장 1999년 무안군 부군수 2001년 곡성군 부군수 2002년 영광군 부군수 2004년 광양시 부시장 2006년 전남 완도군수선거 출마(민주당), 순천대·목포대·조선대·호남대·전남도립대 객원교수 2014년 전남도의회 의원(무소속·국민의당)(현) 2014년 同경제관광문화위원회 위원 2014년 同예산결산특별위원회 위원 2016년 同보건복지환경위원회 위원(현) [상]근정포장(2006) [종]가톨릭

박현호 PARK HYUN HO

[생]1962·5·10 [주]경기 수원시 영통구 삼성로129 삼성전자(주) 임원실(031-200-1114) [학]1987년 계명대 영어영문학과졸 [경]1988년 삼성전자(주) 컴퓨터사업부 개발팀 근무 1997년 同컴퓨터사업부 System S/W그룹 근무 1998년 同네트워크사업부 인터넷인프라사업팀 근무 2001년 同컴퓨터사업부 서버개발그룹 근무 2009년 同무선사업부 System S/W개발그룹 근무 2012년 同무선사업부 System S/W개발그룹장(상무) 2013년 同무선사업부 개발실 연구위원(전무)(현) [상]자랑스런 삼성인상 기술상(2014)

박형건(朴亨健) PARK Hyung Gun

[생]1960·2·11 [출]부산 [주]서울 동대문구 왕산로51 한국의류시험연구원 원장실(02-3668-3020) [학]1978년 부산 동성고졸 1983년 부산대 경제학과졸 1985년 同대학원 경제학과졸 [경]1991년 행정고시 합격(35회) 1999년 재정경제부 국고국 회계제도과 사무관 2000년 同국고국 국유재산과 사무관 2002년 同국고국 국유재산과 서기관 2002~2004년 이탈리아 국외훈련 2004년 국무조정실 정책상황실 과장 2007년 재정경제부 지역특화발전특구기획단 특구운영1과장 2008년 지식경제부 지역특화발전특구기획단 특구운영1과장 2008년 울산시 산업경제협력관 2009년 지식경제부 연구개발특구기획단 연구개발특구기획팀장 2011년 同입지총괄과장(부이사관) 2012년 同무역구제정책팀장 2013년 산업통상자원부 실물경제지원단 부이사관 2014년 同국가기술표준원 제품안전정책과장(부이사관) 2016년 한국의류시험연구원(KATRI) 제18대 원장(현)

박형건(朴亨健) PARK, Hyong-Kun

[생]1962·11·5 [출]서울 [주]인천 서구 환경로42 국립환경인력개발원 인력개발과(032-560-7770) [학]1981년 이화여대사대부고졸 1986년 연세대 행정학과졸 [경]1991년 행정고시 합격(35회) 1995년 환경부 총무과 서기관 1995년 同장관실 비서관 1997년 同교통공해과장 2000년 국립환경연구원 환경연수부 교육과장 2006년 국립환경인력개발원 인력개발과장 2010년 同인력개발과장(부이사관)(현)

박형규(朴炯奎) PARK Hyung Gyu

[생]1956·11·27 [본]죽산(竹山) [출]서울 [주]서울 동대문구 회기로85 고등과학원 물리학부(02-958-3823) [학]1975년 경기고졸 1979년 서울대 물리학과졸 1981년 同대학원졸 1988년 이학박사(미국 워싱턴대) [경]1988~1990년 미국 Carnegie Mellon대 물리학과 연구원 1990~1992년 미국 Boston대 연구원 1992~2001년 인하대 물리학과 조교수·부교수 1998년 미국 워싱턴대 방문교수 2001~2002년 인하대 물리학과 교수 2002년 고등과학원 물리학부 교수(현) 2005년 同물리학부장 2006~2008년 한국물리학회 통계물리분과위원장 2007년 고등과학원 교수부장 2008~2009년 同부원장 [저]'복잡성 과학의 이해와 적용' '대학물리학(上·下)' 'World Scientific Corp' [역]'카오스에서 인공생명으로' [종]천주교

박형남(朴炯南) PARK Hyung Nam

[생]1960·6·9 [본]죽산(竹山) [출]전북 군산 [주]서울 서초구 서초중앙로157 서울고등법원(02-530-1114) [학]전주고졸 1982년 서울대 법학과졸 [경]1981년 사법시험 합격(23회) 1984년 사법연수원 수료(14기) 1988년 서울형사지법 판사 1990년 서울민사지법 판사 1992년 춘천지법 판사 1995년 서울가정법원 판사 1996년 서울고법 판사(행정부 재판장) 1996년 법원행정처 송무심의관 겸임 1999년 서울지법 판사 2000년 춘천지법 원주지원장 2001년 사법연수원 교수 2004년 서울동부지법 부장판사 2006년 서울중앙지법 부장판사 2006년 부산고법 부장판사 2008년 서울고법 부장판사(선거전담부 재판장) 2014년 전주지법원장 2016년 서울고법 부장판사(현) [종]가톨릭

박형덕(朴亨德)

[생]1959·10·18 [주]경기 수원시 팔달구 효원로1 경기도의회(031-8008-7000) [학]동두천고졸, 경희사이버대 행정학과졸 [경]생연1동통장협의회 회장, 경기 동두천시 자원봉사센터 상임이사, 민주평통 동두천시협의회 회장, 바르게살기협의회 동두천시지회 고문(현), 사회단체 어수회 회장, 한울체인마트 대표, 한국예술문화단체총연합회 동두천시지회 상임이사·명예이사(현) 2006·2010~2014년 경기 동두천시의회 의원(한나라당·새누리당) 2008~2010년 同부의장 2012~2014년 同의장, 동보초 운영위원장 2014년 경기도의회 의원(새누리당)(현) 2014년 同문화체육관광위원회 위원 2016년 同기획재정행정위원회 위원(현) [상]전국시·도의회의장협의회 우수의정 대상(2016)

박형덕(朴炯德) Park Hyung-duck

[생]1961·3·10 [출]강원 평창 [주]경기 수원시 팔달구 중부대로120 한국전력공사 경기지역본부(031-230-8313) [학]1978년 원주 육민관고졸 1985년 강원대 행정학과졸 2007년 핀란드 헬싱키경제대학 대학원 공익기업경영학과(UM-MBA)졸(석사) [경]1985년 한국전력공사 입사 1996년 同노사제도부 차장 2004년 同영업총괄팀장 2009년 同서인천지점장 2010년 同기획처 경영평가팀장 2012년 同구매처장 2013년 중앙공무원교육원 고위정책과정 교육 2014년 한국전력공사 영업처장 2014년 同홍보실장 2015년 同경기지역본부장(현)

박형동(朴亨東)

[주]세종특별자치시 갈매로388 문화체육관광부 관광콘텐츠과(044-203-2851) [학]연세대 법학과졸 [경]문화관광부 출판신문과 사무관 2004년 同출판신문과 서기관 2004년 同APEC정상회의준비기획단 서기관 2006년 국립중앙도서관 도서관정책과장 2006년 문화관광부 문화중심도시조성추진기획단 정책기획팀장 2007년 同도서관정보정책기획단 정책기획팀장 2008년 문화체육관광부 도서관정보정책기획단 정책기획과장 2008년 同문화콘텐츠산업실 영상산업과장 2009년 同문화콘텐츠산업실 영상콘텐츠산업과장 2010년 국무총리실 파견(서기관) 2011년 문화체육관광부 미디어정책국 출판인쇄산업과장 2012년 同미디어정책국 출판인쇄산업과장(부이사관) 2013년 同국민소통실 국민홍보과장 2016년 同체육관광정책실 관광레저정책관실 관광레저기반과장 2016년 同관광정책실 관광정책관실 관광콘텐츠과장(현)

박형명(朴炯明) PARK Hyeong Myeong

[생]1961·6·10 [출]경남 남해 [주]서울 강남구 테헤란로123 여삼빌딩12층 법무법인 양헌 강남사무소(02-3453-8200) [학]1979년 부산진고졸 1984년 서울대 법학과졸 [경]1983년 사법시험 합격(25회) 1985년 사법연수원 수료(15기) 1986년 공군 법무관 1989년 서울지법 남부지원 판사 1991년 서울형사지법 판사 1993년 대구지법 경주지원 판사 1996년 인천지법 판사 1997년 서울고법 판사 1998년 대법원 재판연구관 2000년 서울지법 판사 2001년 춘천지법 원주

지원장 2002년 수원지법 부장판사 2005년 서울중앙지법 부장판사 2007년 서울남부지법 부장판사 2009~2011년 수원지법 안양지원장 2011년 법무법인 양현 강남사무소 파트너변호사(현)

박형민(朴炯珉) PARK HYEONG MIN

(생)1960 · 12 · 8 (출)전남 (주)서울 중구 소공로51 우리은행 자금시장사업단(02-2002-3613) (학)1979년 광주 인성고졸 1987년 서울대 영어영문학과졸 (경)1988년 한일은행 입행 2006년 우리은행 기업영업전략팀 수석부부장 2007년 同본점기업영업본부 기업영업지점장 2008년 同글로벌사업단 부장 2010년 同남대문기업영업본부 기업영업지점장 2011년 同한강로지점장 2013년 同남대문기업영업본부장 2014년 同마케팅지원단 상무 2015년 同연금신탁사업단 상무 2016년 同자금시장사업단 상무(현) (상)기획재정부장관표창(2009)

박형석(朴炯錫) PARK Hyung-Seok

(생)1963 · 2 · 25 (주)서울 광진구 능동로120의1 건국대학교병원 소화기내과(02-2030-5011) (학)1987년 연세대 의과대학졸 1992년 同대학원졸 1995년 의학박사(고려대) (경)1987~1991년 건국대 의과대학 인턴 · 레지던트 1991년 同의과대학 내과학교실 교수(현) 2006년 同병원 교육연구부장 2007~2009년 同의학전문대학원장 2007년 同의과대학장 2009~2011년 同병원 기획관리실장 겸 내과 과장 2011~2012년 同병원 진료부원장 (저)'기능성 소화불량증'(2006) (역)'근거중심의 소화기병학'(2002) '소화기내시경학'(2004) '위산 연관 질환의 병태와 치료'(2006)

박형수(朴炯秀)

(생)1967 · 8 · 17 (출)전남 화순 (주)세종특별자치시 시청대로336 한국조세재정연구원(044-414-2100) (학)1986년 광주 동신고졸 1990년 서울대 경제학과졸 1998년 경제학박사(미국 캘리포니아대 로스앤젤레스교) (경)1990~1994년 한국은행 외환관리부 · 국제국 근무 1999~2001년 同조사국 근무 2001~2013년 한국조세연구원 전문연구위원 · 선임연구위원 2003년 同동향분석팀장 2005년 同재정분석센터장 2007년 同기획조정실장 2009년 同재정분석센터장 2011~2013년 同예산분석센터장 · 연구기획본부장 2013년 제18대 대통령직인수위원회 경제1분과 전문위원 2013~2015년 통계청장 2015년 한국조세재정연구원 원장(현) 2016년 대통령직속 규제개혁위원회 경제분과 민간위원(현) (상)은탑산업훈장(2016)

박형순(朴洞淳) PARK Hyung Soon

(생)1971 · 5 · 31 (출)경북 안동 (주)경기 수원시 영통구 월드컵로120 수원지방법원(031-210-1114) (학)1990년 단국대 사대부고졸 1995년 서울대 사법학과졸 (경)1995년 사법시험 합격(37회) 1998년 사법연수원 수료(27기) 1998년 軍법무관 2001년 서울지법 서부지원 판사 2003년 서울지법 판사 2004년 서울중앙지법 판사 2005년 부산지법 판사 2008년 수원지법 판사 2010년 서울고법 판사 2011년 서울중앙지법 판사 2013년 대구지법 부장판사 2016년 수원지법 부장판사(현)

박형식(朴亨植) PARK Hyung Sik

(생)1953 · 2 · 8 (본)밀양(密陽) (출)제주 (주)경기 의정부시 의정로1 의정부예술의전당 사장실(031-828-5806) (학)1972년 숭문고졸 1978년 한양대 음대 성악과졸 1986년 단국대 대학원 음악과졸 1997년 이탈리아 Nino Rota Accademia 성악 및 합창지휘과정 수료 1997년 이탈리아 Niccolo Piccinni Accademia 대학원 성악과정 수료 2010년 교육사회학 및 평생교육학박사(단국대) (경)1978~2000년 세종문화회관 서울시립합창단 수석단원 · 기획실장 · 단장 직대 2000~2004년 정동극장 극장장 2001년 세계일보 자문위원, 대통령자문 사람입국일자리위원회 위원 2004~2008년 (재)국립중앙박물관문화재단 사장 2004년 한국관광공사 한류관광추진위원회 자문위원, 경향신문 자문위원 2004~2013년 한국문화재보호재단 비상임이사 2005~2011년 한국공예문화진흥원 비상임이사 2005~2008년 국립중앙박물관회 비상임이사 2008~2010년 홍익대 대학원 강의교수 2009~2012년 안양문화예술재단 대표이사 2011~2012년 한국문화예술연합회 경기지회장 2013년 의정부예술의전당 대표이사 사장(현) 2014년 한국문화예술회관연합회 경기지회장(현) 2014년 한양대 국제관광대학원 겸임교수(현) (상)서울시장표창(1984), 세종문화회관장표창(1994), 중구청 음악부문 문화상(2001), 대통령 표창장(2002), 아름다운 관광한국을 만드는 사람들 10인상(2002), 산업포장(2002), 문화예술진흥 유공표창(2015) (작)'오페라 갈라'La Traviata 바리톤 주역'(이탈리아 Accademia Internazionale di Musica Niccolo Piccinni 주최) '2인 음악회'(

이탈리아 Accademia Internazionale di Musica Niccolo Piccinni 주최) '1997년 1월 Concerto'(이탈리아 Accademia Internazionale di Musica Niccolo Piccinni 주최) '독창회 2회 개최' '서울 정도 600주년 및 광복 50주년 기념 연주를 포함하여 150여회 기획연주' '한국로얄오페라단 창단 공연 총괄 기획' '초분 · 카르멘 · 팔리앗치 · 춘희 등 20여회 오페라 주역 출연'(국립 김자경 서울오페라단 주최) '30여 회의 가곡의 밤 및 음악회 출연' (종)기독교

박형우(朴亨宇) PARK Hyung Woo

(생)1957 · 8 · 13 (본)밀양(密陽) (출)인천 (주)인천 계양구 계산새로88 계양구청 구청장실(032-450-5002) (학)1976년 인천기계공고졸 1978년 동양공업전문대학 건축과졸, 인천대 행정대학원 수료 (경)1992년 (주)우진토건 대표이사 1995년 민주당 인천계양지구당 부위원장 1995 · 1998년 인천시의회 의원(국민회의 · 새천년민주당) 1998년 새정치국민회의 인천계양 · 강화甲지구당 부위원장 1999년 인천시 도시계획위원회 위원 2000년 인천시의회 건설위원장 2000년 새천년민주당 인천계양지구당 부위원장 2000년 인천시 제2의건국범국민추진위원회 위원 2006년 인천시 계양구청장선거 출마(열린우리당) 2007년 대통합민주신당 정동영 대통령후보 인천계양甲선거대책위원회 부위원장 2010년 민주당 인천시당 사무처장 2010년 同인천시당 건설특별위원장 2010년 인천시 계양구청장(민주당 · 민주통합당 · 민주당 · 새정치민주연합) 2014년 인천시 계양구청장(새정치민주연합 · 더불어민주당)(현)

박형일(朴炯日) PARK Hyoung Il

(생)1957 · 1 · 22 (본)밀양(密陽) (출)서울 (주)강원 춘천시 공지로280 법무법인 새빌(033-257-4502) (학)1976년 경복고졸 1980년 서울대 법학과졸, 同대학원 법학과졸 (경)1981년 사법시험 합격(23회) 1983년 사법연수원 수료(13기) 1985년 수원지법 성남지원 판사 1987년 서울지법 남부지원 판사 1989년 춘천지법 속초지원 판사 1991년 춘천지법 판사 1991년 변호사 개업, 법무법인 새빌 변호사(현) 1997년 춘천지방변호사회 총무이사 2005~2007년 강원지방변호사회 회장 2006년 언론중재위원회 중재위원 2010년 춘천경제정의실천시민연합 공동대표 2012~2015년 춘천YMCA 이사장 2013년 춘천지속발전가능협의회 상임대표 2015년 춘천YMCA 회원(현) (종)기독교

박형일(朴亨日)

(생)1963 · 5 · 23 (출)서울 (주)서울 용산구 한강대로32 (주)LG유플러스 임원실(1544-0010) (학)서울 우신고졸, 고려대 신문방송학과졸, 핀란드 헬싱키대 대학원 경영학과졸 (경)LG그룹 홍보팀 근무, LG정보통신 홍보팀 부장, LG전자 홍보팀 그룹장, LG데이콤(주) 사업협력담당 상무, LG텔레콤 대외협력담당 상무 2010년 (주)LG유플러스 대외협력담당 상무 2012년 同사업협력담당 상무(현) 2015년 한국IPTV방송협회(KIBA) 이사 2016년 同부회장(현)

박형일(朴炯一) PARK HYEONG IL

(생)1968 · 3 · 13 (출)제주 (주)서울 종로구 청와대로1 대통령 통일비서관실(02-770-2536) (학)당곡고졸, 연세대 행정학과졸, 서울대 행정대학원졸(석사), 법학박사(중국 중국인민대) (경)1993년 행정고시 합격(37회), 통일부 교류협력국 총괄과 사무관 2005년 同개성공단사업지원단 지원총괄과 서기관 2005년 국가안전보장회의(NSC) 행정관 2007년 통일부 개성공단사업지원단 개발기획팀장 2008년 駐중국대사관 홍보관 2009년 통일부 개성공단사업지원단 운영지원팀장 2009년 同장관비서관 2011년 駐중국대사관 통일관 2014년 통일부 통일정책실 정책기획과장 2015년 同통일정책실 정책기획과장(부이사관) 2015년 대통령 외교안보수석비서관실 통일비서관실 행정관(부이사관)(현) (저)'중국 통일전선 연구'(2001, 중국학@센터)

박형정(朴炯政) PARK Hyung Jung

(생)1959 · 11 · 9 (주)대전 서구 둔산북로90번길34 대전지방고용노동청(042-480-6201) (학)1978년 진흥고졸 1985년 한국외국어대 터키어과졸 1988년 서울대 환경대학원 수료 1997년 일본 요코하마국립대 대학원 국제경제법학과졸 2013년 법학박사(아주대) (경)1997년 노동부 고용정책실 고용관리과 서기관 1998년 同노정국 노정과 서기관 2000년 同국제협력관실 서기관 2001년 광주지방노동청 관리과장 2001년 노동부 기획관리실 노동경제담당관 2002년 세종연구소 파견 2002년 인천북부지방노동사무소장 2004년 노동부 장관비서관 2005년 同근로기준국 임금정책과장 2006년 同고용정책본부 능력개발정책팀장 2007년 同고용보험정책팀장 2009년 同고용보험정책과장(부이사관) 2009년 경기지방노동위원회 상임위원(고위공무원) 2014년 중앙노동위원회 조정심판국장 2016년 대전지방고용노동청장(고위공무원)(현)

박형주(朴炯珠) PARK Hyung Joo

[생]1957·9·11 [주]서울 서초구 반포대로222 서울성모병원 흉부외과(02-2258-2858) [학]1982년 고려대 의과대학졸 1989년 同대학원 의학석사 1994년 의학박사(고려대) [경]1985~1986년 고려대의료원 인턴 1986~1990년 同흉부외과 레지던트 1990~1993년 고려대 구로병원 흉부외과 전임의 1993~2001년 순천향대 의과대학 흉부외과학교실 조교수·부교수 2001~2006년 同교수 2001~2006년 同천안병원 흉부외과 과장 2006~2011년 고려대 의대 흉부외과학교실 교수 2006~2011년 同안산병원 흉부외과 과장 2011년 가톨릭대 의대 흉부외과학교실 교수(현) 2011년 同서울성모병원 흉부외과 과장(현) 2016년 세계흉벽학회(CWIG) 회장(현) [상]이영균 학술상(2004)

박형주(朴炯柱) Hyungju Park

[생]1964·3·11 [본]함양(咸陽) [출]충남 부여 [주]대전 유성구 유성대로1689번길70 국가수리과학연구소(042-717-5702) [학]1986년 서울대 물리학과졸 1995년 수학박사(미국 버클리대) [경]미국 버클리대 대학원 전자공학 박사후 연구원 1995~2003년 미국 오클랜드대 수학과 조교수·부교수 2004~2009년 고등과학원 계산과학부 교수 2009~2015년 포항공과대 수학과 교수 2013~2014년 기초과학연구원(IBS) 부설 국가수리과학연구소 수학원리응용센터장, 대한수학회 국제교류위원장, 2014 서울국제수학자대회조직위원회 위원장 2014년 국제수학연맹(IMU) 집행위원(한국인 최초) 2015년 아주대 수학과 석좌교수 2015년 기초과학연구원(IBS) 부설 국가수리과학연구소장(현) [저]'수학이 불완전한 세상에 대처하는 방법'(2015, 해나무)

박형준(朴亨埈) PARK Heong Joon

[생]1959·12·21 [본]밀양(密陽) [출]부산 [주]부산 서구 구덕로225 동아대학교 사회학과(051-200-8642) [학]대일고졸 1982년 고려대 사회학과졸 1984년 同대학원졸 1992년 문학박사(고려대) [경]1983~1985년 중앙일보 기자 1993~1996년 부산경실련 기획위원장 1993~1998년 동아대 사회학과 전임강사·조교수 1994년 대통령자문 정책기획위원 1998~2001년 포럼신사고 사무총장 1998~2004년 동아대 사회학과 부교수·교수 2004~2008년 제17대 국회의원(부산 수영, 한나라당) 2004년 한나라당 여의도연구소 부소장 2004년 국회 문화관광위원회 상임위원 2004년 한나라당 언론발전특별위원회 간사 2005년 국회 정치개혁특별위원회 간사 2005년 한나라당 혁신위원회 총간사 2005년 同새정치수요모임 대표 2007년 同대변인 2007년 제17대 대통령직인수위원회 기획조정분과위원회 위원 2008년 대통령 홍보기획관 2009~2010년 대통령 정무수석비서관 2010~2011년 대통령 사회특보 2011~2014·2016년 동아대 사회학과 교수(현) 2012년 제19대 국회의원선거 출마(부산 수영, 무소속) 2014~2016년 국회 사무총장(장관급) [상](사)한국청년유권자연맹 청년통통(소통·통합) 정치인상(2016) [저]'마르크스주의의 위기와 포스트 마르크스주의(共)'(1992, 의암출판사) '후기 자본주의와 사회운동의 전망(共)'(1993, 의암출판사) '기호와 공간의 경제'(1998, 현대미학사) '현대노동 과정론-자동화에 대한 연구' '네트워크형 시스템이론 구축을 위한 시론' '21세기를 위한 국가경영의 논리' '21세기의 이해' '한국형 지방자치의 청사진'(共) '한국 사회 무엇을 어떻게 바꿀 것인가- 박형준의 공진국가 구상'(2014) [역]'현대의 조건, 탈현대의 쟁점'(共)

박형준(朴亨濬) Park Hyeung-joon

[생]1965·6·1 [본]밀양(密陽) [출]서울 [주]울산 남구 법대로14번길37 울산지방법원(052-228-8000) [학]1983년 경복고졸 1987년 고려대 법학과졸 [경]1992년 사법시험 합격(34회) 1995년 사법연수원 수료(24기) 1998년 창원지법 판사 2000년 同함안군·의령군법원 판사 2001년 창원지법 판사 2002년 부산지법 판사 2005년 同동부지원 판사 2006년 부산고법 판사 2009년 부산지법 판사 2010년 창원지법 부장판사 2012년 부산지법 부장판사 2016년 울산지법 부장판사(현)

박형준(朴亨浚)

[생]1966·1·10 [출]서울 [주]경기 수원시 장안구 창룡대로223 경기남부지방경찰청 제1부 경무과(031-888-2020) [학]1988년 경찰대 행정학과졸(4기), 경기대 대학원 석사과정 수료 [경]1988년 경위 임관 1992년 경감 승진 2001년 경정 승진 2003년 경기지방경찰청 기획예산계장 2004년 同정보4계장 2005년 同정보2계장 2009년 경찰대학 치안정책과정 교육파견 2009년 경기지방경찰청 홍보담당관(총경) 2010년 강원 화천경찰서장 2011년 경기지방경찰청 경비과장 2011년 경기 성남중원경찰서장 2013년 경기지방경찰청 경비과장 2014년 경기 성남수정경찰서장 2015년 경기남부지방경찰청 제1부 경무과장(현)

박형준(朴炯俊) PARK Hyung Joon

[생]1969·4·28 [출]서울 [주]대전 서구 둔산중로69 특허법원(042-480-1400) [학]1988년 부산진고졸 1992년 서울대 법학과졸 1998년 同대학원졸 2001년 독일 프라이부르크대 연수 [경]1991년 사법시험 합격(33회) 1994년 사법연수원 수료(23기) 1994년 수원지법 판사 1996년 서울지법 판사 1998년 울산지법 판사 2001년 서울지법 판사 2004년 서울중앙지법 판사 2005년 법원행정처 법무담당관 2005년 同기획2담당관 2007년 서울고법 판사 2009년 창원지법 부장판사 2010년 대법원 재판연구관 2014년 서울중앙지법 부장판사 2016년 특허법원 부장판사(현) [종]가톨릭

박형채(朴炯採) PARK Hyung Chae

[생]1955·7·4 [출]전남 [주]경기 성남시 분당구 성남대로69 로드랜드EZ타워610호 (주)코센 비서실(02-2604-6648) [학]1985년 순천제일대학 경영학과졸 [경]성원파이프(주) 상무이사 2007년 同STAINLESS사업본부장(전무) 2008년 同STS사업본부장(전무) 2009년 同대표이사 부사장 2009년 중평금속 대표이사 부사장 겸임 2010년 성원파이프(주) 대표이사 사장 2013년 DS제강 대표이사 사장 2014년 (주)코센 각자대표이사(현) [상]철의 날 산업포장(2011)

박형철(朴亨澈) Park, Hyung Cheol

[생]1961·7·17 [출]전남 목포 [주]전남 고흥군 도양읍 소록해안길65 국립소록도병원(061-840-0500) [학]1988년 전남대 의대졸 1991년 同대학원 의학석사 1997년 의학박사(전남대) 2005년 전남대 행정대학원 행정학과졸 2007년 한국교육개발원 사회복지학과졸(문학사) [경]1995~2007년 광주시 동구보건소장 1999~2000·2002~2003년 조선대 환경보건대학원 겸임교수 2000~2008년 전남대 의과대학 임상조교수 2001~2008년 조선대 의과대학 외래부교수 2007년 국립소록도병원장(현)

박형철(朴炯哲) PARK Hyeong Chul

[생]1968·4·17 [출]서울 [주]서울 서초구 서초대로250 스타갤러리브릿지1102호 법률사무소 담박(淡泊)(02-548-4301) [학]1987년 서울고졸 1993년 서울대 공법학과졸 [경]1993년 사법시험 합격(35회) 1996년 사법연수원 수료(25기), 미국 캘리포니아대 버클리교 대학원 Visiting Scholar 1996년 공익 법무관 1999년 서울지검 동부지청 검사 2001년 춘천지검 원주지청 검사 2002년 광주지검 검사 2004년 서울중앙지검 검사 2006년 인천지검 검사 2008년 부산지검 검사 2009년 同부부장검사 2010년 창원지검 밀양지청장 2011년 대검찰청 공안2과장 2013년 서울중앙지검 공공형사수사부장 2014년 대전고검 검사 2016년 부산고검 검사 2016년 법률사무소 담박(淡泊) 변호사(현)

박형출(朴炯出)

[생]1962·2·2 [주]서울 영등포구 여의대로14 KT빌딩 (주)케이티스 사장실(02-3215-2054) [학]광주 진흥고졸, 전남대 공대 전기공학과졸, 한국과학기술원(KAIST) 석사 [경]1988년 한국통신 입사 2009년 KT 전남법인사업단장 2010년 同경기남부법인사업단장 2013년 同수도권강남고객본부 신사지사장 2014년 同전남고객본부장 2014년 同충남고객본부장 2016년 (주)KT is(케이티스) 대표이사 사장(현)

박형호(朴瀅浩) PARK Hyung Ho

[생]1958·9·21 [출]서울 [주]서울 서대문구 연세로50 연세대학교 공과대학 신소재공학부(02-2123-2853) [학]1981년 한양대 금속공학과졸 1984년 한국과학기술원 대학원 재료공학과졸 1988년 재료공학박사(프랑스 Bordeaux1대) [경]1988~1989년 프랑스 보르도국립과학연구소 박사후연구원 1989~1995년 한국전자통신연구소 선임연구원 1995년 연세대 공대 세라믹공학과 교수 1999년 KISTEP 평가위원 2000년 (주)CIJ 자문교수 2000년 한국결정학회 재료분과 이사 2004년 한국세라믹학회 정보화위원장 2004년 신기술인정(KT마크)제도 심사위원 2006년 연세대 공학대학원 부원장 2007년 한국세라믹학회 조직위원장 2008년 대한금속재료학회 편집위원 2009년 한국세라믹학회 학술운영이사 2009년 연세대 공과대학 신소재공학부교수(현) [저]'세라믹실험' '한국의 산업기술과 미래전망'(2006) '하이테크 세라믹스 용어사전'(2007)

박혜경(朴惠慶 · 女) Park Hye Kyung
[생]1960 · 2 · 17 [본]밀양(密陽) [출]서울 [주]충북 청주시 흥덕구 오송읍 오송생명2로187 식품의약품안전평가원 독성평가연구부(043-719-5101) [학]식품공학박사(고려대) [경]1996년 서울지방식품의약품안전청 시험분석실 보건연구관 1998년 식품의약품안전청 식품규격과 보건연구관 2003년 同영양기능식품본부 영양평가팀장 2008년 同영양기능식품국 영양평가과장 2008년 同영양기능식품국 식품첨가물과장 2009년 同영양기능식품국 영양평가과장 2009년 同식품안전국 영양정책관실 영양정책과장 2010년 同식품안전국 영양정책관(연구직고위공무원) 2013년 식품의약품안전처 식품영양안전국장 2014년 국방대 파견(고위공무원) 2015년 식품의약품안전처 식품의약품안전평가원 독성평가연구부장(현) [상]대통령표창(2007), 중앙일보 선정 '새뚝이' 과학의학분야(2007) [종]기독교

박혜란(朴惠蘭 · 女) PARK Hye Ran

[생]1964 · 2 · 26 [출]경기 [주]인천 남동구 정각로29 인천시 브랜드담당관실(032-440-3041) [학]1982년 연세대 국어국문학과졸 1991년 중앙대 대학원 PR광고학과졸 1998년 미국 뉴스쿨대 대학원 Media Studies전공졸 [경]1986년 대우 기획조정실 제작부 근무 1988~1995년 LG애드 차장(Copywriter) 1998~1999년 다이아몬드베이츠 사치앤사치코리아 CR팀 부장 1999년 (주)LG애드 CD팀 부장(크리에이티브 디렉터) 2001년 同CD팀 국장 2006년 同CD팀 상무 2007~2013년 SK텔레콤 마케팅커뮤니케이션실장 2016년 인천시 브랜드담당관(현) [상]한국방송광고대상(1988), 한국일보광고대상(1986), 조선일보광고대상(1990), 뉴욕페스티벌 파이널리스트(1999), 깐느 Short-list(2004) [저]'빵이요, 꿈이로다'(1992, 운정출판사) '프로냐 포로냐, 삶과꿈'(1995) [종]기독교

박혜련(朴慧蓮 · 女) PARK Hye Ryeon

[생]1957 · 9 · 20 [주]대전 서구 둔산로100 대전광역시의회(042-270-5089) [학]대성여상졸 2006년 주성대학 청소년문화복지과졸, 한밭대 경영학과졸, 충남대 행정대학원 행정학과졸 [경]대전생활체육협의회 상임이사, 열린우리당 대전서구乙지역위원회 여성위원장, 민주당 대전서구甲지역위원회 여성위원장, 同대전시당 여성위원회 운영위원, 민주평통 자문위원 2006~2010년 대전시 서구의회 의원(비례대표, 열린우리당), 대전내동초등학교 운영위원 2010~2014년 대전시 서구의회 의원(민주당 · 민주통합당 · 새정치민주연합), 대전서부초등학교 운영위원회 부위원장(현) 2014년 대전시의회 의원(새정치민주연합 · 더불어민주당)(현) 2014년 同행정자치위원회 위원 2015년 同운영위원회 위원 2015년 同행정자치위원회 부위원장 2015 · 2016년 同국립철도박물관유치특별위원회 위원(현) 2015년 새정치민주연합 대전시당 을지로위원회 시민행복증진분과 위원장 2015년 더불어민주당 대전시당 을지로위원회 시민행복증진분과 위원장(현) 2016년 대전시의회 행정자치위원장(현) 2016년 同운영위원회 위원(현)

박혜린(朴惠璘 · 女) Park Hye Rin

[생]1969 · 9 · 1 [주]서울 성동구 광나루로172 린하우스8층 (주)바이오스마트(070-8897-8433) [학]1987년 잠실여고졸 1991년 서울여대 도서관학과졸 2015년 연세대 대학원졸 [경]2007년 (주)바이오스마트 회장(현) 2009년 옴니시스템(주) 대표이사(현) 2009년 (주)한생화장품 대표이사(현) 2013년 라미화장품 대표이사(현) 2013년 비즈니스온커뮤니케이션(주) 대표이사 2012~2013년 국가경쟁력강화위원회 민간위원 2012~2016년 코스닥협회 이사 2012년 지식경제부 에너지위원회 위원 2013년 중소기업중앙회 중소기업창조경제확산위원회 위원 2013년 미래창조과학부 ICT정책고객대표 자문위원 2013년 중소기업중앙회 기업성장촉진위원회 위원 2013년 (주)비즈니스온커뮤니케이션 대표이사(현) 2014년 (재)중소기업연구원 비상임이사(현) 2014년 중소기업학회 부회장 2015년 국가과학기술심의회 에너지환경전문위원회 위원 2015년 한국무역협회 부회장(현) 2015년 동방성장위원회 위원(현) 2015년 국제과학비즈니스벨트위원회 위원(현) 2015년 중소기업기술정보진흥원 이사(현) 2016년 대한서울상공회의소 중소기업위원회 부위원장(현) 2016년 코스닥협회 부회장(현) [상]국회 신성장산업포럼 대한민국한류대상(2009), 지식경제부장관표창(2011), 대한민국친환경대상위원회 친환경대상(2011), 중소기업연구원 환경친화경영 여성기업인상(2012), 벤처활성화유공부문 산업포장(2012), 중소기업청 이달의 자랑스러운 중소기업인상(2013), 소비자시민모임 에너지위너상(2014), 한국거래소 코스닥시장 아시아뷰티어워즈 라이징브랜드상(2015), 코리아메이크업브랜드어워즈 글로벌브랜드부문 대상(2015), 한국벤처창업학회 혁신기업가 대상(2015), 중소기업중앙회 중소기업을 빛낸 얼굴들 헌정증(2016), 한국거래소 코스닥시장 개장20주년 감사패(2016)

박혜원(朴惠苑 · 女) PARK Hye Won

[생]1957 · 6 · 27 [주]울산 남구 대학로102 울산대학교 생활과학대학(052-259-2367) [학]1983년 서울대 대학원졸 1985년 심리학박사(미국 매사추세츠대) [경]1983년 미국 아동발달연구회 정회원(현) 1987~1988년 미국 MIT 객원교수 1989년 (사)인간발달복지연구소 비상임연구원 1990년 한국아동학회 정회원(현) 1995년 울산대 조교수, 同가정관리학과 부교수, 同생활과학대학 아동가정복지전공 교수(현) 2013~2014년 한국발달심리학회 회장 [저]'발달심리의 연구법'

박혜자(朴惠子 · 女) PARK Hae Ja

[생]1956 · 5 · 23 [본]진원(珍原) [출]전남 구례 [주]광주 서구 죽봉대로37 하이모빌딩8층 더불어민주당 광주시당(062-385-8400) [학]1974년 전남여고졸 1978년 이화여대 정치외교학과졸 1980년 同대학원 정치외교학과졸 1984년 미국 오리건대 대학원 도시행정학과졸 1993년 도시행정학박사(서울시립대) [경]1985년 현대사회연구소 연구원 1989~2004 · 2008~2012년 호남대 행정학과 교수 1996년 YMCA 지도위원 1998년 미국 Univ. of Delware 방문교수 1999년 행정자치부 정책자문위원 1999년 광주시 시정자문위원장 2000~2004년 대통령직속 지방이양추진위원회 실무위원 2002년 호남발전연구원 자치행정연구소장 2004년 대통령직속 정부혁신지방분권위원회 전문위원 2004~2008년 전남도 복지여성국장 2009~2010년 호남대 인문사회대학장, 한국거버넌스학회 회장, 국무총리실 행정정보공유추진위원회 · 행정선진화추진위원회 위원 2011년 광주여성재단 설립추진위원회 위원장 2011년 同이사 2012년 민주통합당 정책위원회 부의장 2012~2016년 제19대 국회의원(광주 서구甲, 민주통합당 · 민주당 · 새정치민주연합 · 더불어민주당) 2012년 국회 교육과학기술위원회 위원 2012년 국회 윤리특별위원회 위원 2013 · 2014년 국회 교육문화체육관광위원회 위원 2013년 민주당 최고위원 2014년 새정치민주연합 최고위원 2014년 국회 여성가족위원회 위원 2014~2015년 국회 평창동계올림픽및국제경기대회지원특별위원회 위원 2015년 새정치민주연합 광주시당 위원장 2015년 同전국시 · 도당위원장협의회 간사 2015년 국회 메르스대책특별위원회 위원 2015년 국회 예산결산특별위원회 위원 2015년 여성소비자신문 자문위원(현) 2015년 국회 평창동계올림픽및국제경기대회지원특별위원회 위원 2015년 더불어민주당 광주시당 위원장 2015년 同전국시 · 도당위원장협의회 간사 2016년 同광주시서구甲지역위원회 위원장(현) [상]대통령표창(2002), 국정감사NGO모니터단 선정 '국정감사 우수국회의원상'(2012 · 2014 · 2015), 유권자시민행동 대한민국유권자대상(2015) [저]'행정학개론'(共) '정부와 여성참여'(共) '문화정책과 행정'(2011) '사회서비스정책론(共)'(2011) [종]기독교

박 호(朴 虎) Park Ho

[생]1964 · 3 · 27 [주]서울 종로구 사직로8길60 외교부 인사운영팀(02-2100-7136) [학]1990년 한국외국어대 정치외교학과졸 [경]1991년 외무고시 합격(25회) 1991년 외무부 입부 1997년 駐영국 2등서기관 2000년 駐라오스 1등서기관 2005년 외교통상부 혁신기획팀장 2007년 同서유럽과장 2009년 駐프랑스 참사관 2011년 駐이탈리아 공사참사관 2014년 미국 조지타운대 외교연구소 파견 2016년 駐바레인 대사(현)

박호국(朴鎬國) PARK Ho Guk

[생]1955 · 8 · 25 [본]밀양(密陽) [출]경남 밀양 [주]부산 부산진구 새싹로174 부산시설공단 이사장실(051-851-7500) [학]1974년 수송전기공고졸 1988년 한국방송통신대 행정학과졸 1990년 인제대 대학원 보건학과졸 2002년 보건학박사(인제대) [경]1979년 밀양군 보건소 임용(보건기원보) 1981~1989년 밀양군 보건소 · 사회과 · 밀양읍사무소 근무 1989년 부산시 북구청 총무국 위생과 근무 1990년 부산시 보건사회국 위생과 근무 1991~1997년 부산시 서구청 · 부산진구청 · 남구청 · 영도구청 근무 1995년 보건사무관 승진 1997년 부산시 보건사회국 보건과 사무관 2001년 同보건복지여성국 보건위생과장(서기관) 2007년 同보건환경연구원장 2009년 同대변인(부이사관) 2011년 同복지건강국장 2014년 부산시설공단 이사장(현) [종]불교

박호군(朴虎君) PARK Ho Koon

[생]1947 · 12 · 1 [본]진주(晋州) [출]서울 [학]1966년 제물포고졸 1970년 서울대 문리과대학 화학과졸 1975년 미국 일리노이대 대학원 이학과졸 1979년 이학박사(미국 오하이오주립대) [경]1980년 미국 하버드대 연구원 1982년 한국과학기술연구원(KIST) 선임연구원 1985년 同스테로이드분석실장 1985~1999년 同책임연구원 1989년 同천연물화학연구실장 1991년 同정밀화학연구

부장 1992년 同연구조정부장 1996년 同응용과학연구부장 1998년 同생체과학연구부장 1999~2003년 同원장 2001년 한국환경분석학회 회장 2001년 대통령자문 정책기획위원 2003년 과학기술부 장관 2004년 한국과학기술연구원(KIST) 석좌연구원 2004년 LG화학 사외이사 2004~2008년 인천대 총장 2004년 인천지역혁신협의회 의장 2012~2015년 한독미디어대학원대 총장 2013년 국민과함께하는새정치추진위원회 공동위원장 2014년 새정치연합 창당준비위원회 공동위원장 2015~2016년 서울미디어대학원대(SMIT) 총장 [상]인천시 과학기술상(2000), 국민훈장 목련장(2001) [종]천주교

박호근(朴昊根) PARK Ho Keun

[생]1955·2·1 [출]울산 [학]1974년 학성고졸 1978년 고려대 정치외교학과졸 [경]1982년 연합통신 입사 1982~1994년 同외신부·사회부·경제부·지방부 기자 1994년 同경제부 차장대우 1996년 同경제부 차장 1997~1998년 미국 미주리대 저널리즘스쿨 객원연구원 1998년 연합뉴스 경제부 차장 1999년 同지방부 부장대우 2000년 관훈클럽 편집위원 2000년 (주)연합인포맥스 취재담당 이사 2003년 同상무이사 2005년 공정거래위원회 정책홍보자문위원 2006~2009년 (주)연합인포맥스 전무이사 2009~2012년 同대표이사 사장 2010년 한국양방향방송콘텐츠산업협의회 회장 2012~2014년 (주)연합인포맥스 상임고문 [상]한국개발연구원(KDI) 정책대학원 특별공로상(2009)

박호근(朴浩根) PARK Ho Keun

[생]1968·12·29 [주]서울 중구 덕수궁길15 서울특별시의회(02-3705-1047) [학]교육학박사(고려대) [경]중부대 원격대학원 교육행정경영학과 교수, 한국체육대 교양교직과정부 교수(현) 2014년 서울시의회 의원(새정치민주연합·더불어민주당)(현) 2014~2016년 同교육위원회 위원 2014~2015년 同의회개혁특별위원회 위원 2015년 同청년발전특별위원회 위원(현) 2015년 同하나고등학교특혜의혹진상규명을위한행정사무조사특별위원회 위원(현) 2015년 同청년발전특별위원회 위원(현) 2016년 同장기미집행도시공원특별위원회 위원(현) 2016년 同서울메트로사장후보자 인사청문특별위원회 위원(현) 2016년 同운영위원회 위원(현) 2016년 同행정자치위원회 위원(현) [상]숭실고 감사패(2016)

박호기(朴浩基) Park Ho Gi

[생]1961·1·28 [출]대구 [주]제주특별자치도 제주시 오현길90 제주은행 부행장실(064-720-0200) [학]1979년 대구상고졸 1988년 단국대 경영학과졸 [경]1983년 신한은행 입행 1986년 同대구지점 은행원 1989년 同제주지점 대리 1990년 同인사부 대리 1994년 同종로지점 대리 1998년 同쌍문동지점장 2004년 同아현동지점장 2004년 同양재하이브랜드지점장 2005년 同삼성역지점장 2009년 同BPR추진부장 2012년 同업무개선본부장 2013년 同대구경북본부장 2015년 同미래채널본부장 2016년 제주은행 부행장(현)

박호생(朴浩生) PARK Ho Sang

[생]1949·11·5 [본]밀양(密陽) [출]대구 [주]대구 북구 검단동로35 (주)성안 비서실(053-382-4772) [학]1966년 대구 계성고졸 1971년 영남대 정치외교학과졸 [경]대구상공회의소 상공의원, (주)성안 전무이사 1998년 同부사장, 유일통상 대표, 한국패션센타 이사 2010년 (주)성안 부회장(현) 2011년 한국섬유개발연구원 이사장(현) [종]불교

박호서(朴皓緖) PARK Ho Seo

[생]1964·12·5 [출]경남 산청 [주]부산 사상구 학장로268 부산구치소(051-324-5501) [학]부산대 법학과졸, 국방대학원 국제관계학과졸(석사) [경]1996년 행정고시 합격(39회) 1997년 청송제1보호감호소 용도과장(교정관) 2008년 부산구치소 총무과장(서기관) 2009년 대구지방교정청 의료분류과장 2010년 수원구치소 부소장 2011년 경주교도소장 2012년 김천소년교도소장 2013년 춘천교도소장 2014년 대구지방교정청 보안과장 2015년 부산교도소장 2016년 창원교도소장(부이사관) 2016년 부산구치소장(현) [상]근정포장(2015)

박호성(朴好成) Park Ho-song

[생]1964·10·27 [주]전북 남원시 양림길54 국립민속국악원 원장실(063-620-2319) [학]공연예술학박사(성균관대) [경]2002~2009년 성남국악관현악단 상임지휘자·부산시립국악관현악단 예술감독 겸 수석지휘자, 세종국악관현악단 단장 겸 상임지휘자 2014년 국립민속국악원장(현) [작]관현악 '신어민동락', '하늘소리', '열정', '뿌리 깊은 나무' 등 60여곡 작·편곡

박호영

[생]1955·2·25 [주]서울 마포구 월드컵북로75 한국위너스약품(주)(02-333-7983) [학]1998년 연세대 경영대학원 경영학과졸, 서울대 보건대학원 보건의료정책최고위과정(HPM) 수료 [경]1979년 현대약품 병원영업마케팅본부장 1997년 한국위너스약품(주) 설립·대표이사(현), 한국의약품도매협회 부회장(현), 한국의약품유통협회 총무위원장, 세계의약품도매연맹(IFPW) 사무부총장 2012년 한국보건정보정책연구원 원장 2012년 서울대 보건대학원 HPM 총동문회장(현) 2013년 민주평통 고양시 일산지회장 2015년 한국소아당뇨인협회 이사장(현) 2016년 수요포럼 회장(현) 2016년 민주평통 고양시협의회 회장(현) [상]보건복지가족부장관표창(2009), 대통령표창(2013)

박호용(朴鎬用) PARK Ho Yong

[생]1957·11·19 [출]부산 [주]대전 유성구 과학로125 한국생명공학연구원 산업바이오소재연구센터(042-860-4650) [학]1976년 부산고졸 1980년 서울대 농대졸 1983년 同대학원 곤충병리학과졸(석사) 1987년 곤충병리학박사(서울대) [경]1984년 한국생명공학연구원 산업바이오소재연구센터 책임연구원(현) 1997년 중국과학원 객좌교수(현) 1999~2002년 한국생명공학연구원 유전자원센터장 1999년 한중생명공학협력센터장 2000년 생명공학기술평가단 단장 2000년 (주)인섹트바이오텍 CTO(현) 2006년 한국생명공학연구원 곤충소재연구센터장 2008년 한국곤충생명공학연구회 회장(현) 2012년 한국곤충학회 회장 2012년 세계곤충학회 진행위원장 2012년 한국생명공학연구원 미래연구정책부장 2012년 한국R&DIP협의회 회장(현) 2014년 한국잠사학회 회장(현) 2014년 아시아태평양잠사학회 회장(현) 2016년 한국지식재산전략원 비상임이사(현) [상]과학기술훈장 도약장 [저]'한국의 생물다양성 2000' '한국의 화분' '중국 생명공학 현황의 이해' '자원곤충학' '생명공학백서' [역]'약용곤충의 효능과 처방'(2004, 한중생명공학협력센터)

박호철(朴豪徹) PARK Ho Chul

[생]1952·8·11 [본]밀양(密陽) [출]부산 [주]서울 강동구 동남로892 강동경희대학교병원 외과(02-440-7704) [학]1978년 경희대 의과대학졸 1981년 同대학원졸 1988년 외과학박사(경희대) [경]1978~1983년 경희대 의과대학 부속병원 수련의·전문의과정 수료 1983~1986년 공군 군의관 1986~1989년 경희대 의과대학 부속병원 외과 임상강사 1987~2007년 대한혈관외과학회 이사 겸 학술위원 1989년 경희대 의과대학 외과학교실 조교수·부교수·교수(현) 1990~1991년 미국 뉴욕대·버지니아대 의과대학 혈관외과 연수 1995년 대한이식학회 이사 겸 간행위원 1999년 대한외과학회 총무 겸 재무위원 2006~2008년 同세부전문분과학회 이사 2006~2008년 경희의료원 외과중환자실장 2007년 同의과대학병원 진료부장 2007~2010년 대한외과학회 상임이사 2008년 동서신의학병원 부속병원장 2008~2011년 강동경희대학교병원 의과대학병원장 2009년 대한정맥학회 회장 2009년 대한외과학회 부회장 2009년 대한혈관외과학회 부회장 2011년 同회장 [상]유한의학상(1993), 고황의학상(1998), World Congress of the International Union of Angiology 학술상(1999, 일본 동경), 대한혈관외과학회 우수논문상

박호표(朴浩杓) PARK Ho Pyo

[생]1956·6·5 [주]충북 청주시 청원구 대성로298 청주대학교 관광경영학과(043-229-8156) [학]1980년 강원대 관광경영학과졸 1982년 경희대 대학원졸 1988년 관광경영학박사(경기대) 1997년 미국 미시간주립대 국제대학원 VIPP과정 수료 [경]1981~1986년 경주전문대학 조교수 1986년 청주대 관광경영학과 교수(현) 1986~1988년 한국관광학회 이사 1992~1994년 同홍보이사 1995년 한국관광정책학회 부회장 1998년 대한관광경영학회 감사 1998~2000년 한국관광학회 학술기획출판위원장 1998년 한국호텔·외식경영학회 이사 1999년 한국관광학회 부회장, 한국관광진흥연구원 이사, 한국관광개발학회 부회장, 충북경제포럼 지식관산업분과 위원장 2003년 청주대 학생취업지원실장 2008~2009년 同기획조정처장 2012~2013년 同

ㅂ

교무처장 2014년 同경상대학장 겸 경영경제연구소장 2016년 同대학원장 겸 청주학연구원장(현) [상]경북도관광협회장표창(1984), 간송문화재단 학술상(2000), 충북도지사표창(2001) [저]'관광서비스'(1991) '관광학의 이해'(1997) '호텔 · 관광마케팅'(1998) '스포츠게임산업개론'(2001) '관광사업의 이해'(2001)

박호형(朴虎螢) PARK, Ho-Hyoung

[생]1967 · 2 · 4 [본]밀양(密陽) [출]전남 해남 [주]대전 서구 청사로189 특허청 상표심사정책과(042-481-5266) [학]1985년 광주서석고졸 1989년 중앙대 정치외교학과졸 2008년 미국 미주리주립대 행정대학원졸 [경]1994년 행정고시 합격(38회) 1995년 특허청 발명진흥과 근무 1998~1999년 공정거래위원회 총괄정책과 근무 2000년 특허청 발명정책과 근무 2002년 同상표2심사담당관실 서기관 2004~2006년 同혁신인사기획팀 혁신팀장 2008년 同산업재산경영지원과장 2009년 특허심판원 심판관 2010년 특허청 기획조정관실 기획재정담당관 2011년 駐미국 주재관(파견) 2014년 특허청 상표디자인심사국 상표심사정책과장(부이사관)(현)

박홍근(朴弘根) PARK Hong Geon

[생]1950 · 10 · 8 [본]밀양(密陽) [출]부산 [주]부산 북구 낙동대로1786 구포성심병원 원장실(051-330-2088) [학]1969년 부산고졸 1975년 부산대 의대졸 1988년 의학박사(고려대) 1995년 부산대 경영대학원 최고경영자과정 수료 [경]1976년 부산대병원 인턴 1980년 同정형외과 레지던트 1980년 同정형외과 전문의 1983년 구포성심병원 개원 · 원장(현) 1995년 민주평통 자문위원 1997~1998년 부산시 사상구로타리클럽 회장 1997~2009년 부산북구장학회 이사 2000년 부산 북부경찰서 선진질서위원장, 대한병원협회 이사 2000년 구포향토회 회장(현) 2010년 부산 북구장학회 이사장(현), 부산 북구노인후원회 회장(현), (사)부산북구문화관광축제 조직위원회 부회장(현), 부산과학기술대 이사(현), 부산어린이어깨동무 이사(현), 쿠쿠사회복지재단 이사(현) [상]산업포장(1996), 저축의 날 금융위원장표창(2014) [종]불교

박홍근(朴洪根) Park, Hong-Keun

[생]1969 · 10 · 8 [본]밀양(密陽) [출]전남 고흥 [주]서울 영등포구 의사당대로1 국회 의원회관442호(02-784-8370) [학]1988년 순천 효천고졸 1994년 경희대 국어국문학과졸 1999년 同행정대학원 환경행정학과졸 [경]1992~1993년 경희대 총학생회장 2001~2005년 KYC 공동대표 2003~2005년 한국자원봉사협의회 이사 2004~2007년 시민사회단체연대회의 운영위원 2004년 서울시민포럼 공동대표 2005~2008년 민주평통 상임위원 2007년 대통합민주신당 창당준비위원회 대변인 2012년 제19대 국회의원(서울 중랑구乙, 민주통합당 · 민주당 · 새정치민주연합 · 더불어민주당) 2012년 민주통합당 전국청년위원장 2012년 국회 교육과학기술위원회 위원 2012년 민주통합당 제18대 대통령중앙선거대책위원회 청년위원장 2013년 同비상대책위원 2013년 국회 교육문화체육관광위원회 위원 2013년 민주당 전국청년위원장 2014~2015년 국회 남북관계 및 교류협력발전특별위원회 위원 2014~2015년 새정치민주연합 비상대책위원장 비서실장 2015년 민족화해협력범국민협의회 정책위원장(현) 2015~2016년 더좋은미래 책임운영간사 2016년 제20대 국회의원(서울 중랑구乙, 더불어민주당)(현) 2016년 더불어민주당 청년일자리TF 위원(현) 2016년 국회 예산결산특별위원회 위원(현) 2016년 국회 미래창조과학방송통신위원회 간사(현) 2016년 더불어민주당 서울중랑구乙지역위원회 위원장(현) [상]법률소비자연맹 선정 국회 헌정대상(2013), 경제정의실천시민연합 국정감사 우수의원(2014), 대한민국교육공헌대상 의정교육부문(2016) [종]기독교

박홍기(朴洪基) Hongki Park

[생]1961 · 4 · 12 [주]서울 중구 퇴계로213 일흥빌딩5층 한솔PNS(주) 감사실(02-772-5306) [학]1985년 한남대 경영학과졸 [경]1987년 경제기획원 예산실 근무 1991~1995년 同심사평가국 근무 1995년 공정거래위원회 조사2국 조사1과 근무 1996년 同조사담당관실 근무 1997년 同조사국 조사기획과 근무 2001년 同심판관리2담당관실 근무 2002년 同혁신인사담당관실 근무 2005년 同종합상담실 근무 2006년 同시장조사과 근무 2009~2010년 同소비자안전정보과 근무 2010~2015년 법무법인 광장 전문위원 2015년 한솔PNS(주) 상근감사(현)

박홍기(朴弘基) Park, Hong Ki

[생]1963 · 12 · 7 [출]충남 당진 [주]서울 중구 세종대로124 서울신문 논설위원실(02-2000-9055) [학]천안고졸, 성균관대 사회학과졸, 同언론정보대학원 언론매체학과졸(석사), 同대학원 언론학 박사과정 수료, 미국 캘리포니아대 버클리교 연수 [경]1999년 대한매일 편집국 사회팀 기자 2002년 同편집국 사회교육부 차장 2003년 한국기자협회 대학언론위원회 위원장 2003~2004년 교육인적자원부 교육과정심의위원회 위원 2003년 대한매일 편집국 사회부 차장 2004년 서울신문 편집국 사회교육부 차장 2005년 同논설위원(차장) 2005년 同편집국 정치부 차장 2008년 同편집국 국제부 도쿄특파원(부장급) 2010~2011년 同논설위원(부장급) 2010~2011년 교육과학기술부 교육정책심의위원 2011년 서울신문 편집국 사회부장 2011~2012년 한국자살예방협회 미디어위원회 위원 2012년 서울신문 편집국 사회에디터 겸 부국장 2013~2014년 대한민국인재상 중앙심사위원 2013년 교육부 대학교원임용양성평등위원회 위원(현) 2013~2015년 서울신문 온라인뉴스국장 2015년 포털뉴스제휴평가위원회 위원(현) 2015년 서울신문 논설위원(현) [상]한국기자협회 이달의 기자상(1993 · 1995 · 2000 · 2003 · 2004), 한국마약퇴치운동본부 한국마약대상(1999) [저]'학벌리포트(共)'(2003, 더북) '태평양 건너를 몰라도 너무 모른다'(2006, 집문당)

박홍래(朴洪來) Park Hong Rae

[생]1962 · 9 · 21 [본]밀양(密陽) [출]전남 담양 [주]인천 남구 소성로163번길17 인천지방법원(032-860-1113) [학]1981년 광주 동신고졸 1985년 전남대 법학과졸 1987년 同대학원 법학과졸 2000년 인하대 대학원 법학과졸 [경]1985년 사법시험 합격(27회) 1988년 사법연수원 수료(17기) 1988~1991년 군법무관 1991~1994년 인천지검 · 광주지검 목포지청 검사 1994~1999년 인천제일법무법인 변호사 1999~2005년 전남대 법대 전임강사 · 조교수 · 부교수 2006년 광주고법 판사 2009년 인천지법 판사 2010년 춘천지법 수석부장판사 2010~2011년 언론중재위원회 강원중재부장 2011년 수원지법 여주지원장 2013년 서울중앙지법 부장판사 2014년 수원지법 성남지원장 2016년 인천지법 부장판사(현) [종]기독교

박홍률(朴洪律) Park Hong Ryull

[생]1953 · 9 · 9 [출]전남 진도 [주]전남 목포시 양을로203 목포시청 시장실(061-272-3011) [학]1972년 목포고졸 1979년 조선대 법학과졸 2005년 한양대 행정대학원 경찰행정학과졸 2015년 명예 법학박사(목포대) [경]1974~1975년 조선대 법정대학 직선제 학생회장(유신체제 반대운동 중 경찰에 구금) 1979년 목포 덕인고 교사 1980~2010년 국가공무원 30년 근속 · 국가정보원 충북도지부장 2002년 제16대 대통령직인수위원회 전문위원 2005년 세종연구소 객원 연구위원 2011~2012년 조선대 사회과학대학 객원교수 2010년 전남 목포시장선거 출마(무소속) 2014년 전남 목포시장(무소속)(현) [상]보국훈장 천수장(2006)

박홍석(朴鴻錫) PARK Hong Suk

[생]1952 · 8 · 22 [본]밀양(密陽) [출]부산 [주]부산 사하구 낙동대로550번길37 동아대학교 사회과학대학 정치외교학과(051-200-8614) [학]1975년 연세대 정치외교학과졸 1983년 미국 캔자스대 대학원 정치학과졸 1985년 정치학박사(미국 캘리포니아대) [경]1985년 동아대 사회과학대학 정치외교학과 조교수 · 부교수 1994년 同교수(현) 2000년 동북아연구소 연구원 2002년 동아시아연구원 국제정치팀장 2003년 동아대 학보사 주간 겸 방송국 편성인 2005년 同동북아국제대학원 국제학과 교수 2005년 同사회복지대학원장 2005년 同언론홍보대학원장 2006년 同언론홍보대학원 광고홍보학과 책임교수 2008년 同정치외교학과장 2009년 同대외협력처장 2013~2014년 同국제전문대학원장 2014~2016년 同부총장 [저]'American Politics and Foreign Economic Challenges'(1990) [종]기독교

박홍석(朴弘錫) PARK Hong Seok

[생]1965 · 6 · 16 [주]서울 종로구 새문안로76 금호아시아나그룹 전략경영실(02-6303-1671) [학]경복고졸, 성균관대 기계설계학과졸, 미국 미시간대 대학원 경영학과졸(MBA) [경]대우건설 근무 2007년 금호아시아나그룹 전략경영본부 경영관리부문 상무보 2010년 同전략경영본부 경영관리부문 상무 2013년 금호아시아나그룹 전략경영실 전무 2014년 금호타이어 경영기획본부 전무 2016년 금호아시아나그룹 전략경영실장(부사장)(현)

박홍섭(朴弘燮) PARK Hong Sup

[생]1942·6·6 [본]밀양(密陽) [출]서울 [주]서울 마포구 월드컵로212 마포구청 구청장실(02-3153-8050) [학]1961년 숭문고졸 1968년 성균관대 법정대학 법률학과졸 1991년 한국노동연구원 노사관계고위지도자과정 수료 1997년 고려대 노동대학원 수료 1997년 서강대 경영대학원 최고경영자과정 수료 [경]1974~1985년 한국노총 기획부장·노사대책부장·홍보실장 1987년 민주당 창당발기인 1988년 同서울마포甲지구당 위원장 1991년 민자당 서울마포甲지구당 고문 1993~1995년 근로복지공단 사장 1994년 민자당 국책자문위원 1995~1998년 근로복지공단 이사장 1998년 서울시 마포구청장선거 출마(한나라당) 2000년 한나라당 노동위원회 부위원장 2002~2006년 서울시 마포구청장(한나라당) 2006년 서울시 마포구청장선거 출마(무소속) 2008년 생명과평화포럼 대표 2010년 서울시 마포구청장(민주당·민주통합당·민주당·새정치민주연합) 2014년 서울시 마포구청장(새정치민주연합·더불어민주당)(현) 2014년 서울시구청장협의회 고문(현) [상]서울특별시 모범시민상(1972), 지역산업정책대상 최우수 자치단체장상(2004), 자랑스러운 숭문인상(2013) [종]기독교

박홍식(朴弘植) PARK Hong Sik

[생]1950·7·15 [본]밀양(密陽) [출]대구 [주]충남 금산군 추부면 대학로201 중부대학교 공과대학 건축공학과(041-750-6737) [학]1973년 한양대 건축공학과졸 1983년 한남대 대학원 지역사회개발학과졸 2001년 행정학박사(대구대) [경]1977~1990년 박홍식건축설계사무소·(주)대전종합건축 대표건축사 1983~1984년 중경공업전문대학 건축과·산업디자인과 시간강사 1984~1991년 同건축과 겸임교수 1991년 중부대 공과대학 건축공학과 교수(현) 1994~1998년 同건축공학과장 1998년 同공과대학장 1999년 同건설공학부장 2002년 同학생복지처장 2005~2007년 同인문산업대학원장, (사)도시건축연구원 이사장 2008년 한국건축가협회 대전지회장 2011~2014년 同지역위원회 위원장 [저]'건축설계'(1995) '건설제도'(1995) '세계건축기행'(1999) '세상구경 건축구경'(1999) '건축과 도시 그리고 세상이야기'(2002) '건축물의 리모델링의 이해'(2003) '건축관계법의 이해'(2003) '건축과 도시 그리고 세상이야기'(2004) '건축물 리모델링의 이해'(2004) '건축법규해설'(2006, 오름) '건축공학제도설계'(2006)' '동양의 도시와 건축이야기'(2009, 관성문화사) '유럽의 도시와 건축이야기'(2009, 관성문화사) '신대륙의 도시와 건축이야기'(2009, 관성문화사) '건축관계법 요약해설'(2009, 관성문화사) [종]천주교

박홍식(朴洪植) PARK Hong Sik (閒山)

[생]1954·9·17 [본]밀양(密陽) [출]경기 시흥 [주]경북 경산시 한의대로1 대구한의대학교 국제문화정보대학 외국어학부(053-819-1320) [학]1977년 성균관대 유학과졸 1984년 同대학원졸 1994년 동양철학박사(성균관대) [경]1990~2001년 경산대 동양철학과 전임강사·조교수·부교수 2001~2003년 同교수 2002년 同기획연구처장 2003년 대구한의대 국제문화정보대학 외국어학부 일본어전공 교수(현) 2005~2006년 同교무처장 2006~2007년 同문화과학대학장 2007년 同교무처장 2009년 同중앙도서관장 2010~2011년 同국제문화정보대학장 2013년 한국유교학회 회장 2013년 대구한의대 국제문화정보대학장, 同화랑정신문화연구소장(현), 同국제문화연구소장(현) 2015년 한국동양철학회 회장(현) 2015년 대구한의대 항공서비스학과 교수(현)

박홍열(朴洪烈)

[생]1959 [출]경북 영양 [주]경북 청송군 청송읍 군청로51 청송군청 부군수실(054-870-6005) [학]경북대 대학원 행정학과졸 [경]1978년 경북 영양군청 공무원 임용(9급) 1987년 경북도 내무국 총무과 근무 2003~2006년 경북 고령군 개진면장 2008년 경북도 예산담당관실 근무 2012년 同체육진흥과장 2014년 同안전정책과장 2015년 同문화예술과장 2016년 경북 청송군 부군수(현) [상]국무총리표창(1988), 대통령표창(2010·2015), 경북지방경찰청장표창(2014)

박홍우(朴洪佑) PARK Hong Woo

[생]1952·7·2 [출]대구 [주]서울 종로구 종로5길58 석탄회관빌딩 법무법인 케이씨엘(02-721-4000) [학]1972년 경북고졸 1976년 서울대 법학과졸 1979년 同대학원 법학과졸 1986년 헌법학박사(서울대) [경]1980년 사법시험 합격(22회) 1982년 사법연수원 수료(12기) 1982년 춘천지법 판사 1985년 수원지법 성남지원 판사 1989년 서울지법 남부지원 판사 1991년 서울민사지법 판사 1991년 미국 코넬대 연수 1993년 서울고법 판사 겸 헌법재판소 헌법연구관 1997년 사법연수원 교수, 국민대 교수 1998년 창원지법 부장판사 1999년 서울지법 의정부지원 부장판사 2000년 同북부지원 부장판사 2003년 서울중앙지법 부장판사 2005년 대구고법 부장판사 2006년 서울고법 부장판사 2008~2010년 헌법연구회 회장 2010년 서울중앙지법 형사수석부장판사 2011년 의정부지법원장 2012년 서울행정법원장 2013년 서울가정법원장 겸임 2014~2016년 대전고등법원장 2016년 법무법인 케이씨엘 대표변호사(현) [저]'주석헌법'(1988) '헌법판례해설 I (共)'(2010, 사법발전재단)

박홍재(朴洪在) PARK Hong Jae (晶巖)

[생]1947·8·11 [본]밀양(密陽) [출]경남 의령 [주]부산 부산진구 중앙대로989 (주)한국휀스 임원실(051-863-2500) [학]1966년 부산정보산업고졸 1987년 부산대 행정대학원 수료 1989년 同경영대학원 수료 1989년 미국 조지워싱턴대 행정대학원 행정학과 수료 1991년 부산대 환경대학원 수료 2001년 경상대 행정학과졸 [경](주)한국휀스 대표이사 회장(현) 1986~1987년 부산육대주라이온스클럽 회장 1986~1989년 부산태양라이온스클럽 창립회장 1990~2008년 부산지법 동부지원 조정위원 1991~1995년 국제라이온스 부산지구 사무부총장·부총재·총재 고문·창립회장단연합회 회장 1995~1998년 한나라당 부산진甲지구당 홍보위원장 1995~1998년 부산시 부산진구의회 의원 1995~2006년 민주평통 자문위원 2001~2006년 부산지법 가정지원 조정위원 2001년 유석조병옥박사기념사업회 이사 2001년 한나라당 부산진甲지구당 부위원장 2002~2006년 부산시의회 의원(한나라당) 2004년 同예산결산특별위원회 위원장 2004~2005년 부산APEC 유치특별위원회 위원 2006~2007년 부산대경영대학원AMP총동문회 회장 2006년 박씨종친회 부산시본부 부회장(현) 2005년 세계주니어역도선수권대회 고문 2011년 새누리당 부산시당 부산진구甲당원협의회 고문 겸 최고위원(현) [종]불교

박홍재(朴弘裁) Park Hong Jae

[생]1962·1·16 [주]서울 서초구 헌릉로12 현대자동차(주) 한국자동차산업연구소(02-3464-0130) [학]1980년 전주고졸 1988년 서울대 국제경제학과졸 1990년 同대학원 경제학과졸 2000년 경제학박사(영국 런던대) [경]1990~1992년 매일경제신문 경제부 기자 1992~1995년 현대자동차써비스 노무기획과·인사제도과·경영개선팀 근무 2000~2004년 현대자동차(주) 한국자동차산업연구소 연구위원·경영연구팀장 2003~2004년 대통령자문 동북아경제중심추진위원회 국가혁신체제전문위원 2004년 현대자동차(주) 한국자동차산업연구소 부소장·소장 2005~2007년 대통령자문 국민경제자문회의 산업통상회의 전문위원 2008년 현대자동차(주) 한국자동차산업연구소장(상무) 2013년 同한국자동차산업연구소장(부사장)(현)

박홍준(朴洪埈) PARK Hong Joon

[생]1948·2·15 [본]밀양(密陽) [출]평남 중화 [주]인천 남구 아암대로287번길7 (주)DCRE 비서실(032-830-2582) [학]1967년 배재고졸 1975년 연세대 경영학과졸 [경]1974~1981년 진양화학 근무 1981~1985년 동부그룹 근무 1985년 영신퀴츠(주) 총괄부장 1988년 한국카리화학(주) 개발·기획이사 1991년 청구물산(주) 총괄이사 1994년 삼광유리공업(주) 상무이사 1996년 동양제철화학(주) 상무이사 1997년 인천방송 상무이사 1998년 삼광유리공업(주) 전무이사 2000년 동양제철화학(주) 전무 2001년 同인천공장장(전무) 2006~2009년 同인천공장장(부사장) 2007~2009년 同인천개발추진본부장 겸임 2009~2010년 OCI(주) 인천개발추진본부장 2009년 同인천공장장 겸 부사장 2012년 (주)DCRE 대표이사 부회장(현) [종]기독교

박홍진(朴弘鎭)

[생]1964·3·1 [주]경기 용인시 수지구 문인로30 (주)현대그린푸드 비서실(031-525-2002) [학]경북고졸, 서울대 농경제학과졸, 경제학박사(서울대) [경]1996~2000년 현대경제연구원 수석연구위원 2000년 (주)현대백화점 기획조정본부 전략기획팀장, (주)디씨씨 감사(비상근) 2006년 (주)현대백화점 이사대우 2007년 同기획조정본부 기획담당 상무 2008년 同무역센터점장(상무갑) 2010년 同무역센터점장(전무) 2012년 同기획조정본부 부본부장(부사장) 2013년 同영업본부장(부사장) 2015년 (주)현대그린푸드 공동대표이사 부사장(현) [종]불교

ㅂ

박화병(朴華秉)
[생]1963 [주]부산 연제구 중앙대로999 부산지방경찰청 수사1과(051-899-2166) [학]부산 해동고졸 1985년 경찰대졸(1기), 부산대 행정대학원 행정학과졸 [경]1985년 경위 임관 1992년 경감 승진 1998년 부산지방경찰청 기획예산계장(경정), 부산 서부경찰서·사상경찰서·사하경찰서·해운대경찰서·부산진경찰서 정보과장 2007년 울산지방경찰청 청문감사담당관(총경) 2008년 부산지방경찰청 홍보담당관 2009년 부산 사하경찰서장 2010년 교육 2011년 부산지방경찰청 정보과장 2011년 울산지방경찰청 보안과장 2012년 부산 남부경찰서장 2014년 부산지방경찰청 정보과장 2015년 부산 금정경찰서장 2016년 부산지방경찰청 수사1과장(현)

박화진(朴華珍) Park, Hwa-Jin
[생]1962·10·7 [본]밀양(密陽) [출]부산 [주]세종특별자치시 한누리대로422 고용노동부 산재예방보상정책국(044-202-7500) [학]1981년 대동고졸 1985년 서울대 사회학과졸 2002년 미국 위스콘신대 그린베이교 대학원 노사관계학과졸 [경]1990년 행정고시 합격(34회) 2002년 청주지방노동사무소장 2002년 노동부 장관 비서관 2003년 同노사정책국 노동조합과장 2005년 同노사정책국 노사관계법제팀장 2006년 同총무과장(서기관) 2007년 同총무과장(부이사관) 2008년 同근로기준국 차별개선과장 2009년 同근로기준국 근로기준과장 2009년 同근로기준국장(일반직고위공무원) 2010년 국방대 파견 2011년 대통령 고용노사비서관실 선임행정관 2012년 부산지방고용노동청장 2013년 고용노동부 노동정책실 노사협력정책관 2014~2015년 同인력수급정책국장 2015년 대통령 고용노동비서관실 선임행정관 2016년 고용노동부 산재예방보상정책국장(현)

박화진(朴和鎭) Park Hwa Jin
[생]1963·1·2 [출]대구 [주]서울 종로구 청와대로1 대통령 치안비서관실(02-770-0011) [학]1982년 대구 계성고졸 1986년 경찰대 법학과졸 2003년 연세대 언론홍보대학원 광고홍보학과졸 [경]2005~2007년 駐인도네시아대사관 경찰주재관 2008년 경기 과천경찰서장 2009년 경찰청 감찰과장 2011년 서울 관악경찰서장 2012년 서울지방경찰청 경무과장 2013년 충북지방경찰청 차장 2013년 중앙공무원교육원 고위정책과정 파견 2014년 안전행정부 치안정책관 2015년 경찰청 사이버안전국장 2015년 대통령 정무수석비서관실 치안비서관(치안감)(현) [상]대통령표창(1999) 근정포장(2002), 홍조근정훈장(2015) [저]'자카르타파출소 박순경에서 대한민국 경찰청장까지'(2008) '마음이 따뜻한 경찰이 되고 싶다'(2012, 지식공감)

박 환(朴 桓) PARK Hwan (淸軒)
[생]1958·8·15 [본]밀양(密陽) [출]경북 청도 [주]경기 화성시 봉담읍 와우안길17 수원대학교 사학과(031-220-2346) [학]1977년 휘문고졸 1982년 서강대 사학과졸 1985년 同대학원졸 1990년 문학박사(서강대) [경]1986년 수원대 사학과 전임강사·조교수·부교수·교수(현) 1990년 독립기념관 한국독립운동사연구소 연구위원 1997년 한국민족운동사학회 연구이사 1999년 국가보훈처 독립유공자공적심사위원회 심사위원 2005~2010년 한국민족운동사학회 회장 2009~2015년 국무총리소속 대일항쟁기강제동원피해조사 및 국외강제동원희생자등지원위원회 위원 [상]독립기념관 학술상(2015) [저]'만주한인 민족운동사 연구'(1991) '나철 김교헌 윤세복'(1992) '러시아 한인 민족운동사'(1995) '재소한인민족운동사'(1998) '한국사연구 100년 : 과거-문제'(2000) '만주지역 항일독립운동답사기'(2001) '20세기 한국근현대사 연구와 쟁점'(2001) '박환의 항일유적과 함께 하는 러시아기행 1, 2'(2002) '대륙으로 간 혁명가들'(2003) '잊혀진 혁명가 정이형'(2004) '식민지시대 한인아나키즘운동사'(2005) '만주벌 호랑이 김좌진장군'(2010) '강우규의사평전'(2010) '만주지역 한인민족운동의 재발견'(2014, 국학자료원)

박환근(朴還根) Park Hwan Geun
[생]1957·2·14 [본]밀양(密陽) [출]경남 합천 [주]부산 사하구 장평로270 사하소방서(051-204-0119) [학]1977년 삼가고졸 2010년 영산대 법경대학 행정학과졸 [경]2011~2012년 부산시 소방안전본부 재정계장 2013년 同소방안전본부 종합상황실장 2014년 부산 항만소방서장 2016년 부산 사하소방서장(현) [상]국무총리표창(2007) [종]불교

박환선(朴煥善) Park Whan-seon
[생]1956·10·8 [학]1986년 한국방송통신대 행정학과졸 [경]1982년 외무부 입부 1986년 駐볼리비아 행정관 1992년 駐후쿠오카 부영사 1994년 駐파라과이 2등서기관 2001년 駐칠레 1등서기관 2003년 駐칭따오 영사 2007년 駐온두라스 참사관 2009년 외교안보연구원 총무과장 2011년 駐센다이 부총영사 2013~2016년 駐나고야 총영사

박효관(朴孝寬) PARK Hyo Kwan
[생]1961·1·26 [본]밀양(密陽) [출]경남 진주 [주]부산 연제구 법원로31 부산고등법원(051-590-1114) [학]1979년 부산대사대부고졸 1983년 서울대 법학과졸 1985년 同대학원졸 [경]1983년 사법시험 합격(25회) 1985년 사법연수원 수료(15기) 1986년 軍법무관 1989년 마산지법 판사 1992년 부산지법 판사 1996년 同동부지원 판사 1996년 부산고법 판사 1998년 부산지법 판사 2001년 창원지법 밀양지원장 2003년 부산지법 부장판사 2007년 창원지법 진주지원장 2009년 부산고법 부장판사 2011년 부산지법 수석부장판사 2012년 同동부지원장 2013년 부산가정법원장 겸임 2014년 부산고법 수석부장판사 2016년 同부장판사(현)

박효대(朴孝大) PARK Hyo Dae
[생]1954·3·20 [본]밀양(密陽) [출]부산 [주]서울 강남구 선릉로514 성원빌딩10층 에스넷시스템(주) 비서실(02-3469-2805) [학]1972년 동아고졸 1976년 서울대 전기공학과졸 1984년 미국 펜실베이니아대 대학원 전자공학과졸 1988년 전자공학박사(미국 Purdue대) [경]1989~1993년 삼성종합기술원 컴퓨터응용연구실장·그룹 CAE센터장 1993~1994년 삼성SDS 사업부장·연구소장 1998~1999년 사라정보(주) 대표이사 1999년 에스넷시스템(주) 대표이사 부회장 2014~2016년 同각자대표이사 부회장 2016同 부회장(현) [상]대통령표창

박효성(朴曉星) Park Hyo-sung
[생]1958·6·18 [본]밀양(密陽) [출]서울 [주]서울 종로구 사직로8길60 외교부 인사운영팀(02-2100-2114) [학]1981년 한국외국어대 정치외교학과졸 1988년 미국 펜실베이니아대 대학원 국제정치학 및 행정학 석사 [경]1981년 외무고시 합격(15회) 1981년 외무부 입부 1990년 駐토론토 영사 1992년 駐자메이카대사관 1등서기관 1997년 駐미국 1등서기관 2001년 외교통상부 구주통상과장 2002년 同북미통상과장 2002년 駐체코대사관 참사관 2004년 駐제네바대표부 공사참사관 2007년 외교통상부 통상교섭본부장 보좌관 2007년 同자유무역협정제2기획관 2008년 同자유무역협정교섭국장 2009년 미국 하버드대 케네디스쿨 기업정부연구소 선임연구원(Mossavar-Rahmani Center for Business and Government) 2009년 駐제네바대표부 차석대사 2014년 駐루마니아 대사 2016년 외교부 본부대사(현) 2016년 미국 하버드대케네디스쿨M-RCBG 연구위원

박효식
[출]경북 고령 [주]대구 북구 동암로130 대구강북경찰서(053-380-3211) [학]경북대사대부고졸, 경북대 경영학과졸, 同행정대학원졸 [경]1991년 경위 임관(경찰간부후보 39기), 경북 울진경찰서 정보보안과장, 경북 성주경찰서 정보보안과장, 경북 김천경찰서 청문감사관, 경북 경산경찰서 수사과장 2004년 경북지방경찰청 교육계장 2006년 同경무계장 2008년 同청문감사담당·인사계장 2011년 경북 울릉경찰서장(총경) 2012년 경북 청도경찰서장 2013년 경북지방경찰청 청문감사담당관 2014년 대구 달성경찰서장 2015년 대구지방경찰청 홍보담당관 2016년 대구강북경찰서장(현)

박효종(朴孝鍾) PARK Hyo Chong
[생]1947·11·6 [출]서울 [주]서울 양천구 목동동로233 방송회관 방송통신심의위원회(02-3219-5011) [학]1966년 경북 순심고졸 1973년 가톨릭대 신학과졸 1975년 同대학원졸 1979년 서울대 대학원 국민윤리학과졸 1986년 정치학박사(미국 Indiana Univ. at Bloomington) [경]1976년 덕성여고 교사 1980년 통일원 연구원 1987~1999년 경상대 교수 1999~2013년 서울대 사범대학 윤리교육과 교수 2001년 한국간행물윤리위원회 심의위원 2001년 동북아학회 편집위원장 2001년 한국체계과학회 회장 2003년 한국국민윤리

학회 편집위원장 2003년 바른사회를위한시민회의 정책위원장 2004년 同공동대표 2005년 교과서포럼 상임공동대표 2005년 동아일보 객원논설위원 2008년 조선일보 객원논설위원 2009 · 2011년 대통령직속 사회통합위원회 위원 2011년 한반도포럼 회원 2011년 마중물여성연대 고문 2012년 새누리당 정치쇄신특별위원회 위원 2013년 제18대 대통령직인수위원회 정무분과 간사 2013년 서울대 사범대학 윤리교육과 명예교수 2014년 방송통신심의위원회 위원장(현) 2014년 同광고심의소위원회 위원장 겸임(현) [상]한국백상출판문화상 저작상(2001), 대통령표창(2013) [저]'네오마르크스주의에 있어 국가의 재조명'(1991) '정치경제학에 있어 국가의 위상에 대한 비판적 고찰'(1992) '최소한의 국가의 위상정립을 위한 정치경제학적 접근'(1993) '시장의 실패와 국가의 실패에 관한 정치경제학적 조명'(1993) '한국에 있어 산업민주주의의 발전과 복지체제'(1994) '정당국고보조금제 비판과 대안'(1997) '사회주의 운동과 노동운동'(1998) '한국 민주정치와 3권분립'(1998) '한국의 보수주의'(1999) '국가와 권위'(2001) '성찰의 사회학'(2002) '세계화 과정에서 공동체주의'(2002) '한국의 인념적 담론과 노무현현상'(2002) '자유와 법치'(2002) '아들에게 건네주는 인생의 나침반'(2003) [종]가톨릭

박효진(朴孝津) PARK Hyo Jin

[생]1959 · 9 · 25 [출]부산 [주]서울 강남구 언주로211 강남세브란스병원 소화기내과(02-2019-3318) [학]1985년 연세대 의대졸 1988년 同대학원졸 1996년 의학박사(연세대) [경]1992~1994년 연세대 의과대학 내과학교실 강사 1993~1994년 영국 런던 ST. Mark's 병원 Research Fellow 1994~2005년 연세대 의과대학 내과학교실 전임강사 · 조교수 · 부교수 1998~2000년 미국 Iowa대 병원 Visiting Scientist 2005~2006년 한국평활근학회 학술위원 2006~2009년 同회장 2006년 연세대 의과대학 내과학교실 교수(현) 2007~2009년 강남세브란스병원 교육수련부장 2010~2014년 同대장암클리닉팀장 2011~2013년 대한소화기기능성질환운동학회 회장 2013 · 2015년 강남세브란스병원 소화기내과장(현) 2014년 同강남세브란스체크업 소장(현) 2016년 아시아소화관운동학회(ANMA) 차기(2017년) 회장(현) [저]'소화관 운동질환'(1999) '변비와 식사요법'(2002) '소화운동질환 아트라스'(2006)

박 훈(朴 勳) PARK Hoon

[생]1969 · 5 · 5 [출]서울 [주]서울 강남구 테헤란로512 신안빌딩14층 (주)휴스틸 비서실(02-828-9025) [학]1987년 한영고졸, 삼육의명대학졸, 경희대 경영대학원졸 [경]1988년 신안종합건설(주) 입사, 강남엔지니어링 대표이사, (주)신안스포츠클럽 대표이사, (주)신안 전무이사 2001년 同건설부문 기술담당 상무, (주)휴스틸 전무이사 2004년 同대표이사 2005년 同경영기획실 이사 2006년 同비상근전무 2007년 신안레져(주) 대표이사 2009년 (주)휴스틸 비상근이사 2012년 신안그룹 총괄부사장 2014년 (주)휴스틸 부사장 2016년 同대표이사 사장(현) [종]기독교

박훈기(朴勳基) PARK Hun Ki

[생]1962 · 9 · 6 [본]밀양(密陽) [출]경기 용인 [주]서울 성동구 살곶이길200 한양여자대학교 교수회관720호(02-2290-2215) [학]1986년 서울대 경영학과졸 2007년 한국과학기술원(KAIST) 경영대학 최고경영자과정(정보미디어) 수료 [경]1986~2001년 한국IBM(주) 입사 · 교육본부장 · 시스템통합사업부장 2003년 SAP-Korea 마케팅 · 전략기획 총괄상무 2004년 (주)LG홈쇼핑 정보전략부문장(상무) 2005~2010년 (주)GS홈쇼핑 정보전략부문장(상무 · CIO) 2011~2012년 KT 기업고객부문 상무 2013년 한국기술교육대 교수 2014년 경희사이버대 사무처장 2015년 한양여자대 컴퓨터정보과 교수(현) [상]한국CIO포럼 제6회 올해의 CIO(최고정보책임자)상(2005) [종]기독교

박흥경(朴興暻) Park Heung-kyeong

[생]1962 · 8 · 30 [주]서울 종로구 사직로8길60 외교부 인사운영팀(02-2100-7136) [학]1984년 서강대 정치외교학과졸 1993년 미국 뉴욕주립대 대학원 정치학과졸 [경]1989년 외무고시 합격(23회) 1989년 외무부 입부 1995년 駐영국 2등서기관 1997년 駐리비아 1등서기관 2002년 駐오스트레일리아 1등서기관 2005년 외교통상부 환경협력과장 2007년 UN 아시아 · 태평양경제사회이사회(UNESCAP) 사무국 파견 2009년 녹색성장기획단 파견 2010년 외교통상부 에너지기후변화환경과장 2012년 駐이스라엘 공사 2015년 駐카타르 대사(현) [상]근정포장(2013)

박흥권(朴興權) Park, Heung Gweon

[생]1971 · 2 · 20 [출]부산 [주]경남 창원시 성산구 두산볼보로22 두산중공업(주) 임원실(055-278-3055) [학]1989년 해운대고졸 1996년 고려대졸 2002년 미국 펜실베이니아대 와튼스쿨졸(MBA) [경]두산중공업(주) 전략기획담당 상무, McKinsey & Company Engagement Manager, 두산 밥콕 최고운영책임자(COO · 상무), 두산중공업(주) EPC BG EPC영업총괄 전무, 同Power BG 관리총괄 전무 2013년 同터빈 · 발전기BG장(부사장)(현) [종]기독교

박흥규(朴興圭)

[생]1960 · 6 · 17 [출]경남 창녕 [주]강원 춘천시 충열로83 강원도농업기술원 원장실(033-254-7901) [학]1983년 서울대 농과대학졸 1998년 同대학원 교육학과졸 2003년 同대학원 박사과정 수료 [경]1983년 의창군농촌지도소 농촌지도원 1994년 농촌진흥청 농촌지도사(농업경영) 2001년 同농촌지도관(기획예산 · 채소 · 경영 · 교육기획 담당) 2008년 국립축산과학원 기술지원과장 2009년 농촌진흥청 작목기술과장 · 지도정책과장 · 원예특작과장 2012년 同농촌지원국 기술보급과장 2015년 강원도농업기술원 원장(현) [상]대통령표창(2011)

박흥대(朴興大) PARK Heung Dae

[생]1954 · 4 · 21 [출]경남 창원 [주]부산 연제구 법원로38 로펌빌딩7층 법무법인 유석(051-714-6661) [학]1973년 경남공고졸 1977년 부산대 법학과졸 1979년 同대학원 법학과 수료 [경]1979년 사법시험 합격(21회) 1981년 사법연수원 수료(11기) 1981년 해군 법무관 1984년 광주지법 판사 1987년 부산지법 판사 1991년 부산고법 판사 1994년 부산지법 판사 1997년 同울산지원 부장판사 1998년 부산지법 부장판사 2002년 창원지법 진주지원장 2003년 부산고법 부장판사 2005년 부산지법 수석부장판사 2006년 부산고법 수석부장판사 2009년 부산지법 동부지원장 2010년 제주지법원장 2011년 부산지법원장 2011년 부산가정법원장 겸임 2013~2015년 부산고법원장 2015년 법무법인 유석 대표변호사(현) 2015년 S&T모티브(주) 사외이사 2015년 경남대 고문변호사(현) [상]부산여성NGO연합회 감사패(2013), 황조근정훈장(2015) [저]'형사소송법 연구' [종]불교

박흥렬(朴興烈) PARK Heung Ryul (退弦)

[생]1949 · 3 · 18 [본]밀양(密陽) [출]부산 [주]서울 종로구 청와대로1 대통령 경호실(02-770-0011) [학]부산고졸 1972년 육군사관학교졸(28기) 2008년 명예 행정학박사(대전대) [경]1972년 소위 임관 1999년 7사단장 2001년 육군본부 인사참모부장 2003년 육군발전위원회 위원장 2003년 3군단장(중장) 2005년 육군 참모차장(중장) 2006~2008년 육군 참모총장(대장) 2012년 새누리당 제18대 대통령중앙선거대책위원회 국방안보추진단 위원 2013년 대통령 경호실장(장관급)(현) [상]보국훈장 천수장(1997), 보국훈장 국선장(2004), 미국 Legion of Merit(공로훈장)(2008), 보국훈장 통일장(2008)

박흥석(朴興錫) PARK Heung Seok

[생]1945 · 2 · 12 [출]광주 [주]광주 광산구 하남산단1번로43 (주)럭키산업 회장실(062-951-7881) [학]1974년 전남대 행정대학원 수료 1994년 同경영대학원 최고경영자과정 수료 2003년 명예 경영학박사(전남대) 2010년 명예 경영학박사(호남대) [경]1970년 전남지방병무청 근무 1974년 흥국상사 대표이사 1985년 (주)럭키산업 설립 · 대표이사 회장(현) 1994년 한국우주정보소년단 광주전남본부장 1996년 장백산업 설립 · 대표이사 1998년 광주방송 이사 1999년 한국발명진흥회 광주지회장 2001~2012년 광주방송 대표이사 사장 2002년 광주 · 전남교수포럼 고문 2004년 전남대병원 발전후원회장(현) 2002~2007년 전남사회복지공동모금회 회장 2008년 (사)여의도클럽 부회장 2009~2015년 광주상공회의소 회장 2009~2013년 민주평통 부의장 2010년 광주FC프로축구단 초대 대표이사 2011~2013년 대통령직속 지역발전위원회 민간위원 2011년 전남대병원 비상임이사(현) 2013년 제18대 대통령직인수위원회 경제1분과 인수위원 2014년 광주과학기술원 비상임이사(현) [상]동탑산업훈장(1987), 대통령표창(1991), 광주시민대상(1994), 국민훈장 동백장(2013), 해남군민의 상(2015)

ㅂ

박흥석(朴興碩) PARK Heng Seok

④1955·1·17 ③경북 영천 ㈜서울 강남구 테헤란로 222 도원빌딩 대명그룹(02-2222-7154) ㉠1973년 영천고졸 ③1982년 대명그룹 입사 1994년 同구매관제이사 2000년 同상무이사 2001년 同총괄사장(현), 在京영천고동창회 회장 ㉡산업포장(2007), 은탑산업훈장(2013)

박흥석(朴興錫) Park Hung Suck

④1956·11·7 ③강원 강릉 ㈜울산 남구 대학로93 울산대학교 건설환경공학부(052-259-2258) ㉠1975년 춘천제일고졸 1984년 서울시립대 환경공학과졸 1986년 한국과학기술원(KAIST) 토목공학과졸(석사) 1990년 환경공학박사(KAIST) ③1990~1991년 한국과학기술원(KAIST) 환경연구센터 연구원 1991~1993년 환경관리공단 수도권매립사업부 실험실장 1993년 울산대 토목환경공학부 조교수·부교수, 同지구환경시스템공학부 교수, 同건설환경공학부 교수(현) 19952014년 한국산업단지공단 울산EIP사업단장 1996년 울산대 청정자원순환연구센터장(현) 1996년 한국수자원공사 설계자문위원 1998년 환경관리공단 하수분야 평가위원 2008~2010년 APRSCP(Asia and Pacific Roundtable for Sustainable Consumption and Production) 이사 2011년 지식경제부 기후변화정책협력단 감축인프라분과위원 2011년 울산대 친환경건자재사업단장(현) 2012년 한국산업생태학회 회장 2013~2015년 국제산업생태학회(ISIE: International Society for Industrial Ecology) 이사 ㉡국무총리표창(2013), 근정포장(2015) ㉢'환경공학' '수질 및 수자원관리'

박흥석(朴興錫) HEUNG SEOK, PARK

④1961·2·20 ⑥함양(咸陽) ③전남 담양 ㈜전북 김제시 백산면 자유무역길215 김제자유무역지역관리원 원장실(063-545-4811) ㉠1979년 송원고졸 1987년 전남대 지역개발학과졸 2013년 연세대 행정대학원 공공정책학과졸 ③1989년 동력자원부 총무과 근무 2001년 산업자원부 산업정책과 사무관 2005년 同가스산업과 사무관 2006~2008년 한국수력원자력 방사성폐기물관리제도개선준비사무국 정책팀장 2008년 지식경제부 무역정책과 서기관 2011년 同디자인브랜드과 서기관 2012~2014년 대한무역투자진흥공사(KOTRA) 해외진출지원센터 해외투자협력실장 2014~2015년 사용후핵연료공론화위원회 지원단 부단장 2015년 산업통상자원부 김제자유무역지역관리원장(현) ㉡모범공무원표창(1999) ㉣기독교

박흥수(朴興洙) PARK Heung Soo

④1953·2·10 ⑥밀양(密陽) ③전남 목포 ㈜서울 서대문구 연세로50 연세대학교 경영학과(02-2123-2519) ㉠1971년 동성고졸 1975년 연세대 경영학과졸 1978년 同대학원 경영학과졸 1980년 미국 워싱턴대 경영대학원 경영학과졸 1988년 마케팅학박사(미국 피츠버그대) ③1988~2005년 연세대 경영학과 조교수·부교수·교수 1992년 조선일보 광고대상 심사위원 1998년 SK(주) 사외이사 1999~2002년 삼성출판사 사외이사 1999년 ㈜NSF 사외이사 1999~2005년 연세대 마케팅전략연구소장 2002년 ㈜지나월드 사외이사 2002년 소양소프트타운진흥원 이사장 2005~2006년 ㈜KT 마케팅연구소장(상무급) 2006~2016년 연세대 경영학과 교수 2006~2008년 同출판문화원장 2006~2009년 同경영연구소장 2008~2010년 한국소비자학회 회장 2013~2014년 한국경영학회 회장 2016년 연세대 경영학과 명예교수(현) ㉡한국경영학회 최우수논문상 ㉢'신제품마케팅(1997, 학현사) '마케팅원론'(1998, 학현사) '크로스마케팅 경영전략(共)(2004, 라이트북닷컴) '신제품개발'(2005, 중소기업진흥공단) 'Creative Leadership- 창조경영을 논하다'(2008, 연세대 출판부) '신제품 마케팅전략'(2009, 박영사)

박흥수(朴興洙) Park Heung Soo (晟齊)

④1958·10·9 ⑥밀양(密陽) ③경기 양평 ㈜경기 수원시 권선구 호매실로12 권선구청(031-228-6201) ㉠1977년 수원고졸 2008년 한경대 법학과졸 ③1999년 수원시 화성관리사무소장 2002년 同문화관광과장 2004년 同회계과장 2005년 同총무행정과장 2006년 同국제통상과장 2009년 同기획예산과장 2010년 同상수도사업소장 2012년 同푸른녹지사업소장 2013년 同교통건설국장 2015년 同권선구청장(현) ㉡경기일보 경기공직대상(1997), 국무총리표창(2010)

박흥수(朴興洙) PARK Heungsoo

④1961·8·3 ⑥밀양(密陽) ③충남 예산 ㈜서울 동대문구 이문로107 한국외국어대학교 중국어대학 중국언어문화학부(02-2173-2296) ㉠1980년 천안고졸 1985년 한국외국어대 중국어과졸 1987년 同대학원 중국어과졸 1994년 문학박사(대만국립사범대) ③1994~1996년 한국외국어대·용인대·성신여대 강사 1996~2006년 한국외국어대 중국어과 전임강사·조교수·교수 1998~2002년 同중국어과 학과장 1999년 중국 북경대 교환교수 2002~2003년 미국 그랜드밸리주립대 교환교수 2004~2006년 한국외국어대 교육대학원 중국어교육과 주임교수 2006년 同중국어대학 중국언어문화학부 교수(현) 2006년 중국 상해복단대 교환교수 2007·2009~2010년 한국외국어대 중국어대학 부학장 2007년 同중국어학과장 2010~2012년 同입학처장 2011~2012년 서울·경인지역대학입학처장협의회 회장 2013~2014년 한국중국어교육학회 회장 2013~2014년 사이버한국외국어 학장 2015년 한국외국어대 공자아카데미 원장(현) 2016년 한국중국언어학회 회장(현) ㉣'중국이 보인다(共)'(1998) '짜오 차이나(共)'(2000) '차이나하우스'(2007) ㉤'朱駿聲 說文學 研究(A STUDY OF ZHU, JUN-SHENG'S SHUOWEN STUDIES)'(1994) ㉥기독교

박흥식(朴興植) Park heung sik (검박)

④1947·5·12 ⑥영해(寧海) ③서울 ㈜서울 종로구 송월1길68 지층 부정부패추방실천시민회(02-586-8436) ㉠1999년 한양대 시민사회리더쉽과정 수료 2007년 서울대 NGO와법의지배강좌 수료 ③1979~1987년 한국청년회의소 동대문JC 이사 1988~1998년 만능기계(주) 설립 대표이사 1993~1995년 경제정의실천시민연합 부정부패추방본부 부패감시단 회원 1996~1997년 부정부패추방시민연합 창립(발기인) 및 기획사업단 부단장 1998년 부정부패추방실천시민회 창립 공동대표·상임대표(현) 2000년 한국NGO지도자협의회 상임공동대표(현) 2000~2005년 서울종로세무서 세무고충처리위원회 심의위원 2001~2006년 서울 관악구 규제개혁위원회 심의위원 2002~2003년 바른선거유권자운동 감시고발분과 위원장 2004~2006년 민주평통 광진구협의회 유공자문위원 2007년 인터넷뉴스 '밝은세상뉴스' 발행인(현) ㉡제25회 발명의날 상공부장관 공로표창(1990) ㉣불교

박흥식(朴興植) PARK Heung Sik

④1948·8·25 ③충남 태안 ㈜인천 부평구 광장로16 부평역사(주) 회장실(032-515-0151) ㉠동산고졸 1974년 중앙대 경상대학 상학과졸 1984년 인하대 경영대학원졸 ③1989년 부평역사(주) 대표이사·회장(현) 1991~1995년 인천시의회 의원 1991년 同부의장, 동인천청년회의소 회장, 새마을운동협의회 동구지회 회장, 민주평통 동구협의회장, (주)대아개발 대표이사

박흥신(朴興信) PARK Heung Shin

④1954·2·16 ③전북 전주 ㈜서울 종로구 사직로8길39 김앤장법률사무소(02-3703-1114) ㉠1972년 전주고졸 1976년 서울대 외교학과졸 1987년 프랑스 국립행정학교(ENA) 수료 ③1976년 외무고시 합격(10회) 1977년 외무부 입부 1981년 駐벨기에 2등서기관 1987년 駐모리타니아 1등서기관 1990년 駐미국 1등서기관 1993년 외무부 문화협력1과장 1994년 同문화협력과장 1994년 同환경기구과장 1995년 駐케냐 참사관 1997년 대통령비서실 파견 1998년 외교안보연구원 미주연구부 연구관 1999년 외교통상부 기획관리실 제2기획심의관 2000년 駐카나다 공사 2003년 외교통상부 문화외교국장 2005년 駐핀란드 대사 2008년 전북도 국제관계자문대사 2009~2012년 駐프랑스 대사 2013년 김앤장법률사무소 고문(현) ㉡핀란드 일등급 사자훈장(2008), 황조근정훈장(2011), 프랑스정부 공로훈장 그랑 오피시에(Grand Officer de l'Ordre national du Merite)(2012) ㉣'외규장각 의궤의 귀환'(2014, 행복에너지)

박흥영(朴興榮) PARK Heung Young

④1949·3·24 ③서울 ㈜전북 임실군 신평면 창인로117 예원예술대학교 교양학부(063-640-7114) ㉠1972년 홍익대 미대졸, 동국대 언론대학원졸, 고려대 언론대학원 고위과정 수료 ③1973년 MBC TV제작국 PD 1987년 同교양제작국 기획제작부 차장 1988년 同올림픽특집국 특집부 차장 1989년 同교양제작2부 부장대우 1991년 同교양제작1부장 1992년 同문화정보팀장 1994년 同생활정보팀장(부국장대우) 1995년 同교양제작국 부국장 겸 생활정보팀장 1996년 同영상미술국장 직대 1998년 同예능국 제작위원 2001년 同TV편성국 위

원 2002년 同편성위원(국장급) · 편성본부 외주제작센터 전문프로듀서2국장 2007년 에이멘(A-men)기획 대표(현) 2008~2010년 세명대 저널리즘스쿨대학원 초빙교수, 同방송연예학과 겸임교수 2011~2013년 同방송연예학과 교수 2014년 同공연영상학과 교수 2015년 예원예술대 교양학부 교수(현) [상]호암상 언론부문, 국무총리표창 [저]'텔레비전 콘텐츠 제작론'(2013, 양서각) [작]'대 사하라', '인간시대', '한강의 4계' '명작의 고향'

박흥용(朴興鎔) PARK Hung-Young

[생]1958 · 2 · 19 [본]밀양(密陽) [출]강원 동해 [주]강원 춘천시 중앙로1 강원도청 보건복지여성국(033-249-2400) [학]북평고졸, 한국방송통신대 행정학과졸, 강원대 대학원 행정학과졸 [경]강원도 관광정책과 동아시아관광포럼담당, 同문화예술과 향토문화담당, 同환동해출장소 개발사업담당, 同청소년담당, 同감사기획담당 2009년 2018평창동계올림픽유치위원회 협력부장 · 홍보부장 2011년 강원도 관광마케팅팀장 2012년 同자치행정국 총무과 서기관(교육 입교) 2013년 同문화관광체육국 문화예술과장 2013~2014년 강원 고성군 부군수 2014년 강원도 경제진흥국 경제정책과장 2015~2016년 강원도의회 사무처 의사관 2016년 강원도 보건복지여성국장 직대 2016년 同보건복지여성국장(현) [상]대통령표창(1991), 강원도지사표창(1998), 감사원장표창(2007), 옥조근정훈장(2012), 장관표창(5회) [종]불교

박흥준(朴興俊) PARK HEUNG-JUN

[생]1969 · 10 · 29 [본]밀양(密陽) [출]경북 영덕 [주]서울 양천구 신월로390 서울남부지방검찰청 형사3부(02-3219-4308) [학]1988년 대구고졸 1992년 서울대 법과대학졸 2006~2007년 중국 상해사범대 법정대학 연수 [경]1996년 사법시험 합격(38회) 1999년 사법연수원 수료(28기) 1999년 부산지검 검사 2001년 대구지검 포항지청 검사 2003년 인천지검 부천지청 검사 2005년 청주지검 충주지청 검사 2006년 서울중앙지검 금융조세조사1부 · 형사1부 검사 2011년 수원지검 안양지청 검사 2011년 同안양지청 부부장검사 2012년 대구지검 서부지청 부장검사 2014년 부산지검 특별수사부장 2015년 인천지검 형사5부장 2016년 서울남부지검 형사3부장(현) [상]검찰업무유공 법무부장관표창(2010)

박희경(朴熙敬) PARK Heekyung

[생]1957 · 1 · 21 [주]대전 유성구 대학로291 한국과학기술원 건설및환경공학과(042-350-3620) [학]1980년 서울대 토목공학과졸 1982년 同대학원 토목공학과졸 1990년 공학박사(미국 일리노이주립대) [경]1982년 현대건설(주) 토목기사 1984~1985년 한국건설기술연구원 연구원 1989년 미국 육군 엔지니어 1990년 미국 HARZA Engineering Co. 선임환경기사 1995년 한국과학기술원(KAIST) 건설및환경공학과 교수(현) 2001년 대한상하수도학회 이사 2001년 국토교통부 중앙하천관리위원 2002년 산업통상자원부 기술표준원 전문위원 2002년 한국상하수도협회 해외협력위원 2004년 한국과학재단 전문분과위원 2005년 한국수자원공사 일반기술심의위원 2006년 한국과학기술원(KAIST) 건설 및 환경공학과장 2010년 同교학기획처장 2013~2015년 한국환경산업기술원 비상임이사 2014년 (재)APEC기후센터(APCC) 비상임이사(현) [상]동경 국제심포지움논문 2등상(1998), 대한환경공학회 춘계학회 논문상(1999), 미국수도협회 최우수논문상(2002), 대한상하수도학회 논문상(2003) [저]'물의 위기'(2002) [종]기독교

박희권(朴喜權) Park Hee-kwon

[생]1957 · 5 · 27 [본]밀양(密陽) [출]광주 [주]서울 종로구 사직로8길60 외교부 인사운영팀(02-2100-7138) [학]1975년 광주제일고졸 1980년 한국외국어대 스페인어과졸 1985년 스페인 왕립외교관학교 국제정치 · 국제법과졸(수석 졸업) 1989년 국제법학박사(스페인 마드리드자치대) [경]1979년 외무고시 합격(13회) 1979년 외무부 입부 1981~1983년 해군본부 해양법연구위원 1986년 駐아르헨티나 2등서기관 1990~1991년 고려대 법과대학원 국제법 강사 1992년 영국 국제전략문제연구소(IISS) 연구원 1993년 駐브라질 참사관 1995년 외무부 조약과장 1996년 同국제법규과장 1997년 駐유엔대표부 참사관 1999년 제3차 국제해저기구 총회 부의장 1999~2000년 제9차 유엔해양법협약 당사국회의 부의장 2000년 제6차 국제해저기구총회 아시아그룹 의장 2000년 대통령비서실 파견 2001년 외교통상부 안보정책담당심의관 2002년 駐제네바대표부 공사참사관 2004년 제네바군축회의(CD) 서방그룹 의장 2005년 국가안전보장회의(NSC) 사무처 정책조정관 2005년 외교통상부 조약국장 2005년 국제해저기구(ISA) 이사회 의장 2007년 외교통상부 영유권공고화지원대사 2007~2008년 駐유엔대표부 차석대사 2008년 중앙대 외교통상학과 겸임교수 2011년 駐페루 대사 2014년 駐스페인 대사(현) [상]대통령표창(2006), 행정안전부장관표창(2008), 페루 대십자훈장(2014), 페루 태양훈장(2014) [저]'한반도의 비핵화'(1992) 'The Law of the Sea and Northeast Asia: A Challenge for Cooperation'(2000, Kluwer Law international) 'International Law and the Republic of Korea'(2006) '전문국제회의 영어' '실무국제회의 영어' '21세기 유엔과 한국' '문화적 혼혈인간'(2010) [역]'유엔해양법협약'(1983) [종]기독교

박희근(朴熙槿) Park Huigeun

[생]1971 · 12 · 29 [출]경북 예천 [주]제주특별자치도 제주시 남광북5길3 제주지방법원(064-729-2000) [학]1990년 금천고졸 1999년 성균관대 법학과졸 [경]1998년 사법시험 합격(40회) 2001년 사법연수원 수료(30기) 2001년 부산지법 동부지원 판사 2003년 부산지법 판사 2005년 의정부지법 판사 2008년 서울북부지법 판사 2010년 서울중앙지법 판사 2012년 서울가정법원 판사 2014년 대법원 재판연구관 2016년 제주지법 부장판사(현)

박희두(朴熙斗) Park Hee-Doo (刀仁)

[생]1946 · 7 · 25 [본]충주(忠州) [출]경북 김천 [주]부산 남구 수영로175 부산성소병원 원장실(051-633-1123) [학]1965년 경북고졸 1972년 부산대 의과대학졸 1981년 의학박사(부산대) 1998년 서울대 보건대학원 최고관리자과정 수료 2001년 미국 노스웨스턴대 대학원 의료정책과정 수료 [경]1972년 미국 ECFMG자격시험 합격 1977년 부산대병원 외과전문의과정 수료 1980년 예편(해군 소령) 1981~1986년 부산대 의대 외과학교실 전임강사 · 조교수 1984년 중국 홍콩대 퀸메리병원 · 일본 순천당대 의과대학 교환교수 1986년 박희두외과 원장 1991~2012년 부산성소의원 원장 1991년 부산 대연교회 장로(현) 1995년 (사)목요학술회발간 월간 '시민시대' 발행인 1998~2000년 부산시남구의사회 회장 2002~2006년 부산YMCA 이사장 2003년 부산외과학회 회장 2003년 부산시의사회 수석부회장 2003년 부산대 의과대학 외래교수협의회장 2004년 국제와이즈멘 한국동부지구 총재 2004~2011년 YMCA 그린닥터스 창립 공동대표 · 이사장 2005년 민주평통 수영구협의회장 2006년 한울장애인자활센터 이사장 2006~2009년 부산시의사회 회장 2006년 대한의사협회 부회장 2006년 한국의정회 회장 2007년 부산시민사회총연합 상임공동대표(현) 2007년 대한의사협회 대외협력사업위원장 2008년 同사업특별위원회 위원장 2008년 (사)부산시민재단 이사장(현) 2009~2012년 대한의사협회 대의원회 의장 2009년 부산의과대학동창회 회장 2010년 부일CEO아카데미원우총회 3기 회장 2011~2013년 (사)목요학술회 회장 2011~2013년 국제와이즈멘 국제의원 2011년 민주평통 상임위원 2012~2013년 국제와이즈멘 한국지역 총재 2012년 부산성소병원 원장(현) 2016년 자유총연맹 부산시민남구회장(현) [상]국제와이즈맨 국제봉사상, 국제와이즈맨 엘마크로우상(1997), 부총리 겸 경제기획원장관표창(2002), 보건복지부장관표창(2004), 부산시 자랑스런 시민상 대상(2005), ABI Man of the Year(2007), 누가문학상(2008), 오륙도문학상(2010), 자랑스러운 부산대인상(2010) [저]'생활인의 건강'(1993) '생활인의 수상'(1997) '감상선과 건강'(2004) '또 하나의 작은 결실'(共) '크리스찬문학'(共) '사과나무 과수원과 아이들'(2008) [종]기독교

박희문(朴喜門) Park, Hee-Moon

[생]1958 · 4 · 17 [본]밀양(密陽) [출]부산 [주]대전 유성구 대학로99 충남대학교 미생물 · 분자생명과학과(042-821-6417) [학]1976년 부산고졸 1980년 서울대 미생물학과졸 1982년 同대학원 미생물학과졸 1986년 이학박사(서울대) [경]1983~1987년 서울대 시간강사 · 조교 1987~1990년 미국 National Institutes of Health 연구원 1990년 충남대 미생물 · 분자생명과학과 조교수 · 부교수 · 교수(현) 1993~1995년 同자연과학대학 미생물학과장 2001~2003년 한국미생물학회연합 대의원 2004년 (사)한국미생물학회 학술위원장 2004년 Journal of Microbiology and Biotechnology 편집위원 2005~2007년 충남대 구조개혁위원회 위원 2006년 (사)한국균학회 학술위원장 2007~2008년 同편집위원장 2010~2011년 同부회장 2011년 (사)한국미생물학회 공익위원장 2012년 (사)한국균학회 회장 2012년 (사)한국미생물학회 이사 2012년 한국미생물학회연합 회장 2013~2015년 충남대 생명시스템과학대학장 2014년 한국미생물학회 부회장 2015~2016년 충남대 ACE사업단장 2015~2016년 同기초교양교육원장 2016년 한국미생물학회 수석부회장(현) 2016년 同차기(2017년) 회장(현) [저]'균류와 자연과 인간생활'(1998, 월드사이언스) '미생물학실험서'(1998, 을유문화사) '균학용어집'(2007, 정행사) '과학기술분야별 발전전략보고서: 2. 미생물학'(2007, 한국과학재단) [역]'기초균류학(수정판)'(2005, 월드사이언스) '균류생물학 제4판'(2006, 월드사이언스)

ㅂ

박희봉(朴熙鳳) PARK Hee Bong

[생]1960·6·29 [출]경남 밀양 [주]부산 연제구 중앙대로 1217 국제신문(051-500-5029) [학]1979년 김해고졸 1986년 경북대 국어국문학과졸 [경]1987년 상주고 교사 1987년 부산일보 기자 1988년 국제신문 기자 1998년 同사회1부장 직대 2000년 同체육부장 직대 2001년 同국제부장 직대 2003년 同문화부장 2004년 同논설위원 2008년 同수석논설위원 2011년 同독자서비스국장 2012년 同전략기획실장 2012년 同논설실장 2014년 同논설주간(이사) 2015년 同고문(현) 2015년 금융도시부산포럼 감사(현) 2015년 한국신문방송편집인협회 부회장(현)

박희섭(朴喜燮) PARK Hee Sub

[생]1948·12·20 [본]밀양(密陽) [출]경북 상주 [주]서울 금천구 시흥대로155 (주)에스제이일레콤 부회장실(02-808-4333) [학]1966년 상주농잠고졸 1969년 한양대 전자공학과졸 [경]1969~1981년 대한전선(주) 근무 1981년 삼지전자(주) 근무, 同부사장, 푸로테크국제무역(주) 감사 1988·2007~2009년 (주)제이일레콤 대표이사 사장 2005~2007년 (주)에스제이윈텍 대표이사 2009년 (주)에스제이일레콤 부회장(현) [상]상공부장관표창(1977) [종]불교

박희승(朴熙承) PARK Hee Seung

[생]1963·9·28 [출]전북 남원 [주]서울 서초구 서초중앙로24길12 박희승법률사무소(02-592-8181) [학]1981년 전주고졸 1986년 한양대 법학과졸 [경]1986년 사법시험 합격(28회) 1989년 사법연수원 수료(18기) 1992년 광주지법 판사 1994년 전주지법 판사 1996년 인천지법 판사 1998년 同인천시법원 판사 2000년 서울지법 판사 2001년 서울고법 판사 2003년 서울지법 판사 2004년 울산지법 부장판사 2006년 수원지법 성남지원 부장판사 2008년 서울중앙지법 부장판사 2011년 서울서부지법 부장판사 2012년 同수석부장판사 2014~2015년 수원지법 안양지원장 2016년 더불어민주당 남원·임실·순창지역위원회 위원장(현) 2016년 제20대 국회의원선거 출마(전북 남원시·임실군·순창군, 더불어민주당) 2016년 변호사 개업(현) 2016년 더불어민주당 전북도당 법률고문단장(현)

박희영(朴喜映·女) Park, Hee Young

[생]1987·5·24 [학]2006년 한영외국어고졸 2010년 연세대 체육교육학과졸 [경]2002년 한국여자아마추어챔피언십 우승 2003년 용인대총장배 우승 2003년 명지대총장배 우승 2004년 KLPGA 하이트오픈 우승 2005년 KLPGA 파브인비테이셔널 우승 2005년 푸켓태국여자마스터스 2위 2005년 LPGA투어 CJ나인브릿지클래식 2위 2005년 국내 여자프로골프선수 상금랭킹 3위 2006년 휘닉스파크 클래식 우승 2006년 레이힐스클래식 우승 2006년 대만여자프로골프(TLPGA)투어 로열오픈 우승 2007년 휘닉스파크 클래식 준우승 2007년 KB국민은행 스타투어 2차대회 준우승 2007년 SK에너지인비테이셔널 준우승 2007년 이수건설 소속 2008년 하나금융그룹 소속(현) 2009년 LPGA투어 혼다 LPGA 타이랜드 2위 2009년 LPGA투어 미즈노 클래식 공동2위 2010년 위스타트운동 홍보대사 2010년 JLPGA투어 퀄리파잉스쿨 우승 2011년 LPGA투어 세이프웨이 클래식 3위 2011년 LPGA투어 CME그룹 타이틀홀더스 우승 2013년 LPGA투어 숍라이트 클래식 3위 2013년 LPGA투어 매뉴라이프 파이낸셜 클래식 우승 2013년 LPGA투어 브리티시여자오픈 공동2위 2015년 LPGA투어 노스 텍사스 슛아웃 공동2위 [상]한국여자프로골프협회 신인상(2005)

박희옥(朴喜鈺) PAKR Hee Ok

[생]1953·5·1 [출]경북 상주 [주]경남 창원시 성산구 외동반림로51의88 한국폴리텍Ⅶ대학 창원캠퍼스 학장실(055-279-1711) [학]김천고졸, 경북산업대 기계공학과졸, 경일대 대학원 기계공학과졸 2004년 기계공학박사(부경대) [경]대구직업훈련원 기계과 교사, 同기능개발과장, 거창기능대학 교수, 同산학협력과장, 대구기능대학 교수, 同교무과장, 한국폴리텍Ⅵ대학 대구캠퍼스 교수, 同교학처장 2007~2012년 同포항캠퍼스 학장 2012년 한국폴리텍Ⅶ대학 창원캠퍼스 학장(현)

박희옥(朴熙玉) Park Hee Ok

[생]1962·8·9 [본]밀양(密陽) [출]경남 진주 [주]충북 청원군 오송읍 오송생명2로187 식품의약품안전처 식품안전정책국 주류안전관리기획단(043-719-6051) [학]1981년 진주 동명고졸 1988년 경상대 식품공학과졸 2002년 중앙대 의약식품대학원 식품안전성관리과졸 2006년 식품의약학박사(조선대) [경]1996~1998년 정무1장관실 사무관 1998~2004년 식품의약품안전청 식품관리과 사무관 2004~2005년 부산지방식품의약품안전청 수입관리과 사무관 2005~2008년 식품의약품안전청 기획관리관실 사무관 2008~2009년 同재정기획팀 사무관 2009~2010년 同기획조정관실 서기관 2010년 서울지방식품의약품안전청 식품안전관리과장 2012년 同운영지원과장 2014년 식품의약품안전처 식품안전정책국 주류안전관리기획단장(서기관) 2016년 同식품안전정책국 주류안전관리기획단장(부이사관)(현) [상]보건복지부장관표창(2003), 대통령표창(2007) [종]불교

박희운(朴熙澐) PARK Hee Woon

[생]1964·7·30 [출]서울 [주]서울 서초구 서초대로74길 11 삼성자산운용 리서치센터(02-3774-7600) [학]1983년 서울 숭문고졸 1987년 성균관대 경상대 회계학과졸 1989년 同대학원 재무회계학과졸 [경]1995~1997년 한누리살로먼증권 S.E.A 1997년 도이치모건그렌펠증권 S.E.A 1999~2000년 CJ투자신탁운용 차장(S.A) 2000~2007년 삼성투자신탁운용 리서치팀장 2007년 서울증권 리서치본부장(상무) 2008년 유진투자증권 리서치본부장(상무보) 2009년 KTB투자증권 리서치본부장 2011~2013년 同리서치센터장(전무) 2013~2014년 同자문위원 2014년 삼성자산운용 리서치센터장(상무)(현)

박희원(朴喜源) Park Hee Won

[생]1949·4·30 [출]대전 [주]대전 서구 대덕대로176번길51 대전상공회의소(042-480-3114) [학]1982년 충남대 경영대학원 수료 1994년 同경영대학원 최고경영자과정 수료 2005년 同평화안보대학원 평화안보최고위과정 수료 2011년 명예 공학박사(충남대) [경]1973년 (주)라이온켐텍 설립·대표이사 회장(현) 1994년 (주)라이온포리텍 설립·대표이사(현) 1993년 국제라이온스협회 355-D지구 부총재 1995년 대전시승마협회 회장 1996년 대덕이업종교류연합회 회장 1996년 건양대 사회교육원 겸임교수 2001년 대전·충남중소기업이업종교류연합회 회장 2007년 대전충남경영자총협회 회장 2011년 충남대 경상대학 겸임교수 2012년 대전상공회의소 부회장 2015년 同회장(현) [상]노동부장관표창(2004), 전국이업종교류연합회 대통령표창(2006), 무역의 날 대통령표창(2012), 기획재정부장관표창(2012), 투명경영대상(2013), 한국창업대상 최첨단과학기술부문(2014), 대전MBC 한빛대상(2014), 산업포장(2014)

박희재(朴喜載) PARK Hee Jae

[생]1961·1·27 [본]밀양(密陽) [출]경기 [주]서울 관악구 관악로1 서울대학교 기계항공공학부(02-880-7467) [학]1979년 우신고졸 1983년 서울대 기계설계학과졸 1985년 同대학원졸 1990년 공학박사(영국 Univ. of Manchester) [경]1985~1987년 한국생산성본부 연구원 1988~1990년 영국 UMIST대 기계공학과 RA 1991~1993년 포항공과대 산업공학과 교수 1993년 서울대 공과대학 기계항공공학부 교수(현) 1998년 SNU프리시젼(서울대 벤처창업1호) 창업·대표이사(현) 2013년 산업통상자원부 R&D전략기획단장(현) 2013~2016년 한국산업기술평가관리원 비상임이사 2014년 한국공학한림원 정회원(현) 2016년 청년희망재단 이사장(현) [상]통상산업부장관표창(1995·1996), 백암논문상(1995), 은탑산업훈장(2004), 장영실상(2005), 한국공학한림원 젊은공학인상(2006), 백남기념사업회 백남상 공학부문(2013)

박희재(朴熙在) PARK Hee Jae

[생]1967·1·17 [주]서울 중구 을지로5길26 미래에셋증권(주) 기업RM부문 1본부(02-3774-1333) [학]고려대 통계학과졸 [경]동원증권 근무, 미래에셋증권(주) 기업금융1본부장(상무보) 2012년 同기업RM2부문 1본부장(상무보) 2012년 同기업RM부문 3본부장(상무보) 2013년 同기업RM부문 3본부장(상무보) 2014년 同기업RM부문 1본부장(상무보) 2015년 同기업RM부문 1본부장(상무)(현)

박희진(朴喜辰) PARK Hee Jin

[생]1962·11·13 [출]충북 영동 [주]대전 서구 둔산로100 대전광역시의회(042-270-5008) [학]방송통신고졸 2006년 목원대 무역학과졸 2009년 한남대 행정대학원 사회복지학과졸 [경]그랑프리웨딩홀 대표, 새마을운동 대덕구지회장, 대전시 오정동 주민자치위원장, 민주평통 자문위원, 대전시 대덕구자생단체장연합회 회장, 법동푸드마켓 운영위원장 2006~2010년 대전시의회 의원(한나라당) 2008~2010년 同교육사회분과위원회 위원장, 대전시 대덕구생활체육협의회 회장 2010년 대전시의원선거 출마(한나라당) 2014년 대전시의회 의원(새누리당)(현) 2014년 同복지환경위원회 위원 2014년 同예산결산특별위원회 위원 2014·2016년 同대전의료원설립추진특별위원회 위원(현)

2014 · 2016년 同국립철도박물관유치특별위원회 위원(현) 2016년 同복지환경위원장(현) 2016년 同운영위원회 위원(현) [상]대통령유공표창(2005), 물관리우수수자 K-water상(2016)

박희찬(朴喜粲) Park Hee Chan

[생]1949 · 3 · 1 [본]반남(潘南) [출]대구 [주]서울 서초구 동산로55 (사)한국문화스포츠진흥원 이사장실(02-577-7718) [학]1967년 대구 영신고졸 1997년 용인대졸 1999년 同경영대학원졸 2014년 명예 체육학박사(용인대) [경]1995년 용인대 장학재단 이사(현) 1998~2009년 용인대총동문회 사무총장 2001년 대한유도회 심의위원(현) 2006년 서울시유도회 회장(현) 2008년 (사)한국문화스포츠진흥원(언남문화체육센터) 이사장(현) 2009년 서울시체육회 이사(현) 2009년 민주평통 자문위원(현) 2009년 용인대총동문회 실무부회장(현) 2011년 서울시체육회 인사위원(현) 2011년 민주평통 상임위원(현) 2013년 법무부 교정교화위원회 회장(현) 2013년 서울시체육회 감사(현) 2013년 용인대 객원교수(현) [상]대통령표창(2011), 대한체육회 공로상(2013), 법무부장관표창(2013) [종]천주교

박희철(朴熙喆)

[생]1959 · 11 · 3 [주]부산 부산진구 중앙대로644번길20 부산교통공사 운영본부(051-640-7208) [학]밀양고졸, 한국해양대 전기전자공학과졸, 同대학원 전기전자공학과졸 [경]1984년 부산시 지하철건설본부 임용, 부산교통공사 차량처 차량팀장, 同차량검수팀장, 同노포차량사업소장, 同호포차량사업소장 2015년 同차량처장 2016년 同운영본부장(상임이사)(현)

박희춘(朴喜春) Heechoon Park

[생]1960 · 2 · 26 [본]반남(潘南) [출]대전 대덕 [주]서울 영등포구 여의대로38 금융감독원 전문심의위원실(02-3145-5327) [학]1979년 대전고졸 1983년 연세대 경영학과졸 1986년 同대학원 경영학과졸 [경]1984년 공인회계사 2차시험 합격 1985~2006년 삼일회계법인 근무 · 파트너 상무이사 1986년 공인회계사 3차시험 합격 1991~1993년 미국 Coopers & Lybrand 시드니 Office 근무 2006년 금융감독원 회계감독1국 팀장 2008년 同회계서비스1국 팀장 2010년 同회계서비스1국 부국장 2011년 同회계제도실장 2012년 同회계감독2국장 2014년 同회계감독1국장 2015년 同회계담당 전문심의위원(현) [상]삼일회계법인 5년근속표창(1991), 삼일회계법인 공로사원표창(1995), 삼일회계법인 10년근속표창(1996), 삼일회계법인 20년근속표창(2006), 금융위원장표창(2010) [종]가톨릭

박희태(朴熺太) PARK Hee Tae

[생]1938 · 8 · 9 [본]밀양(密陽) [출]경남 남해 [주]서울 영등포구 국회대로70길18 한양빌딩 새누리당(02-3786-3000) [학]1957년 경남고졸 1961년 서울대 법대졸 1970년 미국 캘리포니아대 버클리교 수학 1987년 법학박사(건국대) [경]1961년 고시사법과 합격 1962년 육군 법무관 1966~1976년 청주지검 · 법무부 법무실 · 부산지검 · 서울지검 검사 1976년 대검찰청 특수부 1과장 1977년 대구고검 검사 1978~1980년 법무부 검찰3과장 · 송무과장 1980년 서울지검 성동지청 부장검사 1981년 同남부지청 차장검사 1981년 대검찰청 공판송무부장 1982년 법무부 출입국관리국장 1983~1987년 춘천지검 · 대전지검 · 부산지검 검사장 1987년 부산고검장 1988년 제13대 국회의원(남해 · 하동, 민정당 · 민자당) 1988년 민정당 원내부총무 1988년 同대변인 1988년 변호사 개업(현) 1990년 민자당 대변인 1990년 同당기위원 1992년 제14대 국회의원(남해 · 하동, 민자당 · 신한국당) 1993년 법무부 장관 1994년 국회 법제사법위원장 1996년 제15대 국회의원(남해 · 하동, 신한국당 · 한나라당) 1997년 신한국당 원내총무 1997년 국회 운영위원장 1998년 한나라당 당무위원 · 원내총무 2000년 제16대 국회의원(남해 · 하동, 한나라당) 2000년 한나라당 부총재 2002년 同최고위원 2002년 同제16대 대통령선거대책위원회 부위원장 2003년 同대표 권한대행 2003년 同대표최고위원 2003년 同지도위원 2004~2008년 제17대 국회의원(남해 · 하동, 한나라당) 2004~2006년 국회 부의장 2007년 한나라당 제17대 대통령선거 중앙선거대책위원회 상임고문 2008년 이명박 대통령 당선인 법률고문 2008년 한나라당 제18대 총선 중앙선거대책위원회 공동위원장 2008~2009년 同대표최고위원 2009년 제18대 국회의원(양산 재보선 당선, 한나라당 · 무소속) 2010~2012년 국회 의장 2013~2015년 건국대 법학전문대학원 석좌교수 2014년 새누리당 상임고문(현) [상]홍조근정훈장(1973), 브라질 하원공로훈장(2011) [저]회고록 '대변인' '화(和)'(2013)

반기문(潘基文) BAN Ki Moon

[생]1944 · 6 · 13 [본]광주(光州) [출]충북 음성 [학]1963년 충주고졸 1970년 서울대 외교학과졸 1985년 미국 하버드대 케네디스쿨졸 2008년 명예 외교학박사(서울대) 2008년 명예박사(미국 뉴저지주 페어리디킨슨대) 2010년 명예박사(러시아 모스크바국립국제관계대) 2010년 명예박사(중국 난징대) 2015년 명예 여성학박사(이화여대) 2016년 명예 법학박사(영국 케임브리지대) 2016년 명예박사(미국 LA 로욜라메리마운트대) 2016년 명예 법학박사(미국 뉴욕 컬럼비아대) 2016년 명예박사(프랑스 팡테옹소르본대) 2016년 명예박사(싱가포르국립대(NUS)) 2016년 명예박사(미국 메릴랜드대) [경]1970년 외무고시 합격(3회) 1970년 외무부 입부 1972년 駐뉴델리 부영사 1974년 駐인도 2등서기관 1978년 駐유엔대표부 1등서기관 1980년 외무부 국제연합과장 1983년 同장관보좌관 1985년 국무총리 의전비서관 1987년 駐미국 참사관 겸 총영사 1990년 외무부 미주국장 1992년 同장관특보 1992년 駐미국 공사 1995년 외무부 외교정책실장 1996년 同제1차관보 1996년 대통령 의전수석비서관 1996년 대통령 외교안보수석비서관 1998년 駐오스트리아 대사 겸 駐비엔나 국제기구대표부 대사 1999년 포괄적핵실험금지조약기구(CTBTO) 준비위원회 의장 2000~2001년 외교통상부 차관 2001년 제56차 유엔총회 의장 비서실장 2003년 대통령 외교보좌관 2004~2006년 외교통상부 장관 2006~2011년 제8대 유엔(UN) 사무총장 2012년 제9대 유엔(UN) 사무총장(현) [상]녹조근정훈장(1975), 홍조근정훈장(1986), 오스트리아 명예대훈장(2001), 브라질 리오 블랑코 대십자훈장(2002), 밴 플리트(Van Fleet)상(2004), 페루 최고등급 수교훈장 '페루 태양 대십자 훈장'(Gran Cruz del Sol del Peru, 2006), 헝가리 자유의영웅 기념 메달(2006), 알제리 국가유공훈장(2006), 청조근정훈장(2006), 한국이미지디딤돌상(2006), 관악대상(영광부문)(2007), 제1회 포니정 혁신상(2007), 국제로터리 영예의 상(2008), 필리핀 최고훈장 '시카투나 훈장'(2008), 국민훈장 무궁화장(2009), UCLA메달(2010), 탁월한 국제지도자상(2012), 서울평화상(2012), 대한민국실천대상 국위선양부문상(2012), IOC 올림픽훈장 금장(2012), 자랑스러운 서울대인상(2013), 국제평화언론대상 국제평화부문 대상(2013), 미국 하버드대 '올해의 인도주의자 상'(2014), 티퍼래리 국제평화상(Tipperary International Peace Award)(2015), 2015 독일미디어상(2016), 네덜란드 사자 기사 대십자 훈장(2016), 러시아 우호훈장(2016), 아프가니스탄 최고훈장 '가지 아마눌라 칸 훈장'(2016)

반병률(潘炳律) BAN Byung Yool

[생]1956 · 7 · 19 [본]광주(光州) [출]충북 음성 [주]경기 용인시 처인구 모현면 외대로81 한국외국어대학교 사학과(031-330-4973) [학]1981년 서울대 국사학과졸 1986년 한양대 대학원 사학과졸 1996년 역사학박사(미국 하와이대 마노아교) [경]1997년 한국외국어대 사학과 조교수 · 부교수 · 교수(현) 2001년 同외대학보 편집인 겸 주간 2002년 同국제지역대학원 교학부장 2006년 同역사문화연구소장 2006년 동북아역사재단 제2연구실장 2013~2015년 국제한국사학회 상임대표 [상]월봉저작상(1999) [저]'성재 이동휘 일대기'(1998) '우스베키스탄 한인의 정체성연구(共)'(2001, 한국정신문화연구원) '1920년대 전반 만주 · 러시아지역 항일무장투쟁'(2009) '국외 3 · 1운동(共)'(2009) '여명기 민족운동의 순교자들'(2013, 신서원) '망명자의 수기(編)'(2013, 한울아카데미) '홍범도 장군-자서전 홍범도일지와 항일무장투쟁'(2014, 한울아카데미) 'The Rise of the Korean Socialist Movement: Nationalist Activities in Russia and China, 1905-1921'(2016, Hanul Academy) [종]기독교

반병욱(潘炳旭)

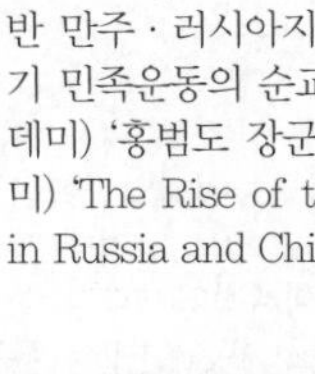

[생]1957 · 3 · 10 [출]충북 음성 [주]인천 서구 탁옥로77 서부경찰서 서장실(032-453-3321) [학]서울 중동고졸, 동국대 경찰행정학과졸 [경]1986년 경찰 임용(경사 특채) 1989년 인천지방경찰청 정보2계 근무(경위), 경찰청 정보1 · 2과 근무(경위) 1998년 경찰청 정보2 · 3과 근무(경감), 인천지방경찰청 정보2계장 2004년 인천 남동경찰서 정보과장(경정), 인천지방경찰청 교육계장 · 정보2계장 · 정보3계장 2014년 강원 정선경찰서장(총경) 2015년 인천지방경찰청 청문감사담당관 2016년 인천 서부경찰서장(현)

반병호(潘炳浩) BAN BYEONG HO

[생]1958 · 6 [본]거제(巨濟) [출]부산 [주]서울 성북구 화랑로32길146의37 한국예술종합학교 시설관리과(02-746-9160) [학]1977년 서울 동성고졸 1987년 경기공업개방대학(現서울과학기술대) 건축공학과졸 1996년 인하대 대학원 교통학과졸 [경]1979년 7급 건축직공무원 합격(舊4급 을류) 1983년 교통부 항공국 근무 1994년 문화체육부 관광국 근무 2000년 국립중앙도서관 총무과 시설사

무관 2001년 용산 국립중앙박물관건립추진기획단 근무 2002년 문화관광부 체육국 근무 2006년 한국예술종합학교 시설관리과 근무 2007년 문화관광부 관광레저기획관실 근무 2008년 문화체육관광부 관광레저기획관실 근무 2010년 同관광레저도시과장(기술서기관) 2013~2015년 同국립중앙박물관 관리과장 2013년 조달청 우수제품지정 심사위원(현) 2014년 同기술용역기술제안서 및 기술자평가서 평가위원(현) 2015년 한국예술종합학교 시설관리과장(현) [상]교통부장관표창(1989), 국무총리표창(1993), 대통령표창(2005)

반상자(潘相子 · 女) BAN Sang Ja

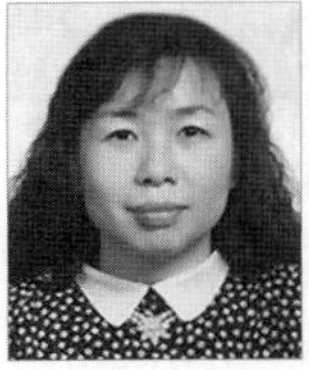

[생]1960 · 1 · 15 [출]충북 옥천 [주]충북 청원군 오송읍 오송생명2로187 식품의약품안전평가원 백신검정과(043-719-5401) [학]1981년 경희대 생물학과졸 1998년 미생물학박사(경희대) [경]1984년 국립보건원 병독부 근무 1996년 식품의약품안전본부 생약생물학제제 안전평가실 근무 2001년 식품의약품안전청 생물학평가부 세균제제과 연구관, 同생물의약품본부 생물진단제제팀 보건연구관 2006년 同생물의약품본부 바이러스백신팀장 2008년 同생물의약품국 바이러스백신과장 2009년 식품의약품안전평가원 의료제품연구부 제조품질연구팀장 2009년 同국가검정센터장 2009년 同국가검정센터 혈액제제검정팀장 2013년 同생물의약품연구과장 2016년 同백신검정과장(현)

반선섭(潘先燮) BAN Seon Seob

[생]1959 · 9 · 25 [주]강원 강릉시 죽헌길7 강릉원주대학교 총장실(033-640-2001) [학]1981년 한국항공대 항공경영학과졸 1983년 연세대 대학원 경영학과졸 1990년 경영학박사(연세대) [경]1988~2008년 강릉대 회계학과 교수 1991년 同사회과학연구소 조사부장 1993년 同사회과학대학 교학과장 1994년 同사회과학대학 학생과장 2000년 同영동산업문제연구소장 2001~2003년 同학생처장 2009년 강릉원주대 회계학과 교수(현) 2009년 同회계학과장 2016년 同총장(현) [상]강릉대 학술상(2008) [저]'기업회계기준해설'

반용음(潘容崟) BAN Yong Eum

[생]1958 · 2 · 19 [출]대구 [주]서울 중구 서소문로100 중앙미디어네트워크 임원실(02-751-9110) [학]1976년 대구계성고졸 1981년 서울대 경영학과졸 [경]1981~2000년 제일모직 근무 2000년 삼성증권(주) 재무담당 상무보 2003년 同재무관리실장(상무) 2004년 同대표이사 대행 2006년 同경영지원본부장(전무) 2006년 同정보시스템팀장(전무) 겸임 2009년 同Retail총괄 전무 2010년 同Retail사업본부장(부사장) 2011년 삼성선물(주) 대표이사 사장 2012~2013년 포커스신문 대표이사 사장 2012~2013년 경제투데이 대표이사 겸임 2012~2013년 (주)인피니트헬스케어 CEO 2014년 JTBC 경영지원총괄 부사장 2015년 중앙미디어네트워크 경영총괄(경영기획 · 지원총괄) 부사장 2015년 조인스닷컴(주) 공동대표이사(현) 2015년 제이콘텐트리 지주부문 대표이사(현) 2016년 중앙미디어네트워크 공동대표이사(현)

반원익(潘元益) Bahn, Won-Ick

[생]1953 · 10 · 10 [본]거제(巨濟) [출]경북 영주 [주]서울 마포구 마포대로34 도원빌딩10층 (사)한국중견기업연합회(02-3275-2985) [학]1972년 영광고졸 1981년 고려대 경영학과졸 1997년 한국외국어대 최고세계경영자과정 수료 [경]1980년 삼익건설(주) 외자부 입사 1986년 同사우디아라비아지사장 1989~1992년 同사업부장 · 개발부장 1993~1995년 同이사(관리 · 개발 · 수주총괄) 1994년 세계한인상공인총연합회 사무국장 1995년 시마텍(주)(舊 삼익리빙) 대표이사 사장 1996년 이탈리아 SIMMAPARK 사장 1997~2004년 한국주차설비공업협동조합 이사장 1999년 (사)ITS Korea 이사 1999년 중소기업협동조합중앙회 이사 2000년 대통령 유럽순방수행 경제사절단원 2000년 제조하도급분쟁조정협의회 위원 2001년 중소기업진흥재단 이사 2001년 공정거래위원회 하도급자문위원 2003년 중소기업청 중소기업공제사업기금 운영위원 2004년 고려대교우회 상임이사 2004년 한국수입업협회 이사 2004년 한국주차설비공업협동조합 명예이사장 2005년 신용보증기금 열린기금참여위원회 위원 2006년 (주)신영금속 사외이사 2007년 (사)국제10021클럽 이사장 2008년 이명박대통령 방미 공식수행 2010년 한국중견기업학회 부회장(현) 2011년 고려대 경영대교우회 부회장(현) 2011년 한애전자(주) 회장 2012~2015년 (재)중소기업연구원 이사 2012년 (주)신영 고문 2012~2015년 중소기업중앙회 자문위원회 간사 2013~2015년 (사)통일문화연구원 부원장 2013년 (사)한국중견기업연합회 상근고문 2013년 同대외협력부회장 2015년 同상근부회장(현) 2014년 (사)군인자녀교육진흥원 이사(현) 2014년 대한주식회사 사외이사(현) 2015년 (재)중견기업연구원 이사(현) [종]기독교

반장식(潘長植) BAHN Jahng Shick

[생]1956 · 6 · 2 [출]경북 상주 [주]서울 마포구 백범로35 서강대학교 BW관 기술경영전문대학원(02-705-7501) [학]덕수상고졸 1978년 국제대 법학과졸 1983년 서울대 행정대학원 수료 1995년 미국 위스콘신대 대학원 공공정책행정학과졸 2003년 행정학박사(고려대) [경]1977년 행정고시 합격(21회) 1995년 재정경제원 지역경제과장 1996년 同기술정보과장 1998년 기획예산위원회 재정정책과장 1999년 기획예산처 건설교통예산과장 2000년 同예산제도과장 2000년 同예산총괄과장 2002년 중앙공무원교육원 파견 2003년 기획예산처 사회재정심의관 2004년 同예산총괄심의관 2005년 대통령직속 국가균형발전위원회 국가균형발전기획단장 2006년 기획예산처 예산실장 2007~2008년 同차관 2008년 서강대 서강미래기술연구원(SIAT) 교수 2008년 同서강미래기술원(SIAT) 원장 2010년 同기술경영전문대학원장(현) 2014년 OCI(주) 사외이사 겸 감사위원(현) 2015년 기획재정부 공공기관경영평가단장(현) 2015년 (주)대한항공 사외이사 겸 감사위원(현) 2016년 대한체육회 미래기획위원회 위원(현) [상]홍조근정훈장

반재구(潘在龜) PAN Jae Gu

[생]1958 · 4 · 10 [출]전북 군산 [주]대전 유성구 과학로125 한국생명공학연구원 감염병연구센터(042-860-4483) [학]1980년 연세대 식품공학과졸 1982년 한국과학기술원(KAIST) 생물공학과졸 1985년 생물공학박사(한국과학기술원) [경]1985년 한국생명공학연구원 책임연구원 2000년 (주)제노포커스 최고기술경영자(CTO) 2006년 한국생명공학연구원 바이오소재연구부장 2006년 同시스템미생물연구센터장 겸임 2009~2011년 同바이오화학에너지연구센터 책임연구원 2011년 同바이오시스템연구본부 바이오합성연구센터 책임연구원 2013년 同슈퍼박테리아연구센터장, 同감염병연구센터 책임연구원(현)

반재신(潘齋晨) BAN Jae Sin

[생]1962 · 10 · 22 [주]광주 서구 내방로111 광주광역시의회(062-613-5114) [학]광주 서석고졸, 광주대 법학과 중퇴 2007년 동아인재대학 사회복지학과졸 [경]광주시의회 근무, 민주당 광주북구甲지역위원회 기획정책특별위원장, 同참여자치21 정책위원 2006년 광주시 북구의원선거 출마 2010년 광주시 북구의회 의원(민주당 · 민주통합당 · 민주당 · 새정치민주연합) 2010~2012년 同운영위원장 2014년 광주시의회 의원(새정치민주연합 · 더불어민주당)(현) 2014년 同산업건설위원회 위원 2014 · 2016년 同예산결산특별위원회 위원장(현) 2014년 同도시재생특별위원회 위원장 2015년 同윤리특별위원회 위원 2016년 同행정자치위원회 위원(현) [상]전국시 · 도의회의장협의회 우수의정 대상(2016)

반재훈(潘在勳)

[생]1975 · 3 · 29 [출]충북 음성 [주]인천 서구 서곶로369번길17 서인천세무서(032-560-5200) [학]청주 청석고졸, 서울대 경영학과졸, 同행정대학원 수료, 미국 듀크대 행정대학원(ITP)졸 [경]2001년 행정고시 합격(45회) 2003년 대전지방국세청 충주세무서 납세자보호담당관 2007년 국세청 납세지원국 납세홍보과 근무 2009년 同국제조세관리관실 국제세원관리담당관실 근무 2013년 서울지방국세청 조사3국 조사관리6팀장 2013년 국외 파견 2015년 국세청 50년사TF 근무 2015년 서울지방국세청 국제거래조사국 조사관리과 근무 2015년 춘천세무서장 2016년 서인천세무서장(현)

반정모(潘正模) BAN Jeong Mo

[생]1971 · 2 · 6 [출]전남 순천 [주]경기 수원시 영통구 월드컵로120 수원지방법원(031-210-1114) [학]1989년 순천고졸 1995년 서울대 공법학과졸 [경]1996년 사법시험 합격(38회) 1999년 사법연수원 수료(28기) 1999년 육군 법무관 2002년 인천지법 판사 2004년 서울중앙지법 판사 2006년 광주지법 목포지원 판사 2009년 서울남부지법 판사 2010년 서울고법 판사 2012년 서울중앙지법 판사 2014년 부산지법 부장판사 2016년 수원지법 부장판사(현)

반정우(潘侹佑) BAN Jung Woo

[생]1968 · 10 · 27 [본]거제(巨濟) [출]대구 [주]서울 양천구 신월로386 서울남부지방법원(02-2192-1114) [학]1987년 대구 덕원고졸 1991년 서울대 사법학과졸 [경]1991년 사법시험 합격(33회) 1994년 사법연수원 수료(23기) 1994년 軍법무관 1997년 대구지법 판사 2000년 同경주지원 판사 2001년 서울지법 의정부지원 판사 2003년 수원지법 성남지원 판사 2005년 법원행정처 국제담당관

2006년 同사법정책실 판사 2007년 서울고법 재판부 형사3부 판사 2009년 춘천지법 강릉지원 부장판사 2010년 인천지법 부장판사 2013년 서울행정법원 부장판사 2016년 서울남부지법 부장판사(현) [종]불교

반채홍(潘采鴻) BAHN Che Hong (鹿苑)

[생]1940 · 11 · 15 [출]경기 평택 [주]서울 서초구 논현로87 삼호물산빌딩B동1902호 (사)한국인성문화원 이사장실(02-2253-3224) [학]1957년 남산고졸 1961년 한국외국어대 독어학과졸 1988년 同세계경영대학원 국제통상학과졸 [경]1966년 의사시보 편집국 차장 1970년 후생일보 편집국 부장 1976~1998년 한의신문 편집국장 1998년 월간 의림사 발행인 겸 편집인 1998년 한국한자교육연합회 부회장 겸 서울본부장 2000년 同특별검정본부장 2000년 대한인성문화추진회 이사장 2000~2010년 (사)한국청소년인성문화추진회 이사장 2006년 서해천수만청소년수련원장(현) 2010년 (사)한국인성문화원 이사장(현) [종]기독교

방귀희(方貴姬 · 女) BANG Gui Hee (青桃)

[생]1957 · 8 · 7 [본]온양(溫陽) [출]서울 [주]서울 영등포구 국회대로70길18 한양빌딩 새누리당(02-3786-3000) [학]1976년 무학여고졸 1981년 동국대 불교철학과졸 1983년 同대학원 불교철학과졸 2010년 숭실대 사회복지대학원졸 2013년 사회복지학박사(숭실대) [경]1981년 KBS 제1라디오 '내일은 푸른 하늘'로 방송작가 입문 1987년 조계종 포교원 중앙상임법사 1989년 장애인복지신문 이사 1990년 한국장애인문인협회 회장(현) 1991년 '솟대문학' 발행인(현) 1991~2015년 '솟대문학' 발행인(현) 1992년 도서출판 솟대 대표(현) 1999년 BBS '그리운 등불 하나' MC 2002년 KBS 제3라디오 '방귀희가 만난 사람' MC, 同제1라디오 '생방송 오늘' 행복통신 고정 출연, 同제3라디오 '내일은 푸른 하늘' 집필, 불교텔레비전 '열린마당' 및 시사토론 집필, 복지TV '방귀희의 세상 바로보기' MC 2004~2008년 장애인식바로잡기연구소 소장 2007년 경희대 국어국문학과 강사(현) 2007~2009년 우송대 의료사회복지학과 겸임교수 2007~2016년 경향신문에 '희망 솟대' 연재 2007년 조선일보 · 동아일보 · 한겨레신문 등 컬럼 집필(현) 2007~2015년 국가인권위원회 정책자문위원 2008년 한국사회복지협의회 '복지저널' 편집자문위원(현) 2009년 (주)희망복지방송 복지TV 논설위원 겸 칼럼니스트(현) 2009~2015년 (재)한국장애인개발원 이사 2009년 장애인문화진흥회 회장 2010년 한국장애인올림픽위원회 위원 2010년 2013평창동계스페셜올림픽세계대회조직위원회 위원 2011~2013년 한국광고자율심의기구 기사형광고심의위원회 위원 2012~2013년 대통령 문화특별보좌관 2012년 한국체육대 노인체육복지학과 초빙교수(현) 2012년 숭실대 사회복지학과 강사(현) 2013년 문화예술연구소 소장(현) 2013년 (사)한국장애예술인협회 회장(현) 2013년 평창스페셜 국제뮤직&아트페스티벌 추진위원(현) 2013~2015년 대통령소속 문화융성위원회 위원 2013년 숭실사이버대 한국어문화예술학과 특임교수2013년 미래창조과학부 창조경제문화운동 추진위원(현) 2015년 (사)한국장애인문화예술단체총연합회 상임대표(현) 2016년 경향신문에 '우리 여기 있어요' 연재(현) 2016년 '이미지' 창간 · 발행인(현) 2016년 새누리당 최고위원(현) [상]삼애봉사상(1982), 보건사회부장관표창(1986), KBS 장애인 수기공모 최우수상, KBS 우수평가 리포터상, 국민훈장 석류장(1996), 불이상(2000), 보리방송 MC상(2002), 방송작가대상(2006), 젊은여성지도자상(2007), 대한민국장애인문화예술대상(2009), 제2회 여성문화인대상(2009), 불자대상(2011) [작]수필 '그래도 이 손으로'(1981) '그대 나의 속살이라 부르는 것은'(1982) '동자야 어디로 가니'(1984) '날지 않는 새'(1986) '라홀라'(1988) '극복의 얼굴들'(1988) '후회하지 않기 위해서'(1989) '작은 일에서 행복 찾기'(1999) '버리면 자유로워진다'(2000) '나랑 친구하지 않을래요'(1991) '유리구두를 신지 않은 신데렐라'(1992) '깃털이 같은 새는 함께 앉기를 거부한다'(1994) '종이인형의 사랑'(1997) '숨바꼭질'(2001) '세르반테스'(2004) '희망으로 빛을 만든 사나이'(2005) '세상을 바꾸고 싶다'(2008) 장편소설 '샴사랑'(2009) 동화 '정경부인이 된 맹인 이씨부인'(2009) 교재 '영화와 예술로 보는 장애인복지'(2010) 산문 '당신이 있어 행복합니다'(2011) '한국장애인사'(2014) '장애인문화예술의 이해'(2014) '가정이 웃어야 나라가 웃는다'(2015) [종]불교

방규식(方奎植) BANG KYU SIK

[생]1962 · 9 · 4 [본]온양(溫陽) [출]충남 예산 [주]서울 영등포구 버드나루로84 한국경제TV 마케팅본부(02-6676-0000) [학]홍주고졸, 경희대 신문방송학과졸 [경]2000년 매일경제TV 산업부 기자 2002년 同차장 2002년 同뉴스총괄부 차장대우 2003년 한국경제TV 보도본부 기업팀장 2008년 同보도본부 부본부장, 同부국장 겸 경제팀장 2010년 同보도본부 국장대우 겸 경제팀장 2011년 同보도국장 2012년 同보도본부장 2013년 同마케팅본부장(국장급) 2015년 同마케팅본부장(이사)(현) [저]'장수기업의 조건'

방극봉(房極奉) Bang, Geuk-Bong

[생]1965 · 7 · 4 [출]전남 담양 [주]세종특별자치시 도움5로 20 법제처 법령해석정보국 자치법제지원과(044-200-6752) [학]1995년 고려대 정치학과졸 [경]1998년 행정자치부 행정사무관 1999년 법제처 행정사무관 2002년 한국환경법학회 회원 2005년 법제처 법제조정실 서기관 2007년 同사회복지심판팀장 2008년 同법제총괄담당관 2009~2010년 同행정법제국 법제관 2010~2011년 중앙공무원교육원 파견(교수) 2011년 법제처 경제법령해석과장 2012년 同대변인 2013년 同경제법제국 법제관 2014년 同행정법제국 법제관 2014년 국회사무처 법제사법위원회 파견 2016년 법제처 법령해석정보국 자치법제지원과장(부이사관)(현) [저]'도로교통법 해설'(2010)

방극성(房極星) BANG Keuk Seong

[생]1955 · 10 · 16 [본]남양(南陽) [출]전북 남원 [주]전북 전주시 덕진구 사평로24 방극성법률사무소(063-276-2500) [학]1974년 전주고졸 1978년 서울대 법학과졸 1980년 同대학원 민사법학과 수료 [경]1980년 사법시험 합격(22회) 1982년 사법연수원 수료(12기) 1982년 軍법무관 1985년 전주지법 판사 1988년 同군산지원 판사 1990년 전주지법 판사 1992년 광주고법 판사 1995년 전주지법 남원지원장 1997년 전주지법 판사 1998년 同부장판사 2000년 同수석부장판사 2002년 同군산지원장 2004년 광주고법 부장판사 2006년 同전주부 부장판사 2008년 광주고법 수석부장판사 2011년 제주지법원장 2012년 광주고법 부장판사 2013년 전주지법원장 2014~2016년 광주고법원장 2016년 변호사 개업(현)

방기열(房基烈) BANG Ki Yual

[생]1948 · 3 · 2 [출]경남 밀양 [주]서울 성북구 안암로145 고려대학교 그린스쿨 창의관714B(02-3290-5911) [학]1967년 동아고졸 1975년 고려대 지질학과졸 1984년 同대학원 응용지질학과졸 1998년 자원경제학박사(호주 맥콰이어대) [경]1976~1980년 자원개발연구소 연구원 1981~1986년 한국동력자원연구소 책임연구원 1986년 에너지경제연구원 연구위원 1991년 同선임연구위원 1991~1998년 호주 MEF연구원 파견 2004~2010년 에너지경제연구원 원장 2011년 고려대 그린스쿨(에너지환경정책기술대학원) 교수(현) [상]자원경제학회 에너지산업대상(2009), 국민훈장 목련장(2010) [저]'통일대비 남북한 에너지 수급분석' '남북한 에너지 · 자원사업의 효율적 교역방안 연구'(2003)

방기태(房基泰) BANG Ki Tae (潔引)

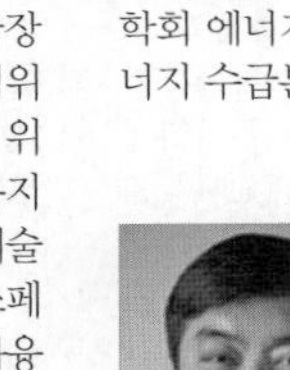

[생]1967 · 12 · 1 [본]남양(南陽) [출]경남 밀양 [주]서울 강남구 영동대로517 아셈타워 법무법인(유) 화우(02-6003-7098) [학]1985년 밀양고졸 1992년 부산대 법학과졸 [경]1993년 사법시험 합격(35회) 1996년 사법연수원 수료(25기) 1996년 수원지검 검사 1998년 창원지검 진주지청 검사 2000년 전주지검 검사 2002년 인천지검 검사 2004년 서울중앙지검 검사 2005년 미국 워싱턴대 연수 2006년 외교통상부 파견 2009년 청주지검 부부장검사 2009년 춘천지검 강릉지청 부장검사 2010년 사법연수원 교수 2012년 법무부 인권국 인권정책과장 2013~2014년 서울북부지검 형사4부장 2014년 국무조정실 국정과제 자문단 자문위원(현) 2014년 법무법인(유) 화우 변호사(현)

방대현(方大鉉) Bang Dai Hyun

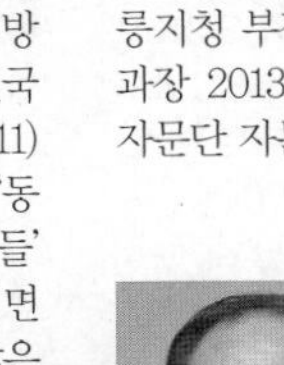

[생]1946·8·15 [본]온양(溫陽) [출]경기 양평 [주]서울 용산구 한강대로45 (주)Digital Contents Works(02-793-8639) [학]1981년 동국대 행정대학원 행정학과 수료 [경]1974~1980년 (사)동양통신 총무국 차장 1981~1993년 연합뉴스 근무·기획실 부국장 1994~2004년 서울미디어그룹(서울문화사·일요신문·시사저널) 이사 1994~2008년 (주)씽글로골프·씽글로골프제조(주) 감사 2008~2014년 서울미디어그룹(서울문화사·일요신문·시사저널) 감사 2010년 (주)Digital Contents Works 감사(현) 2016년 연합뉴스사우회 감사(현) [종]불교

방동식(方東植) Dongsik Bang

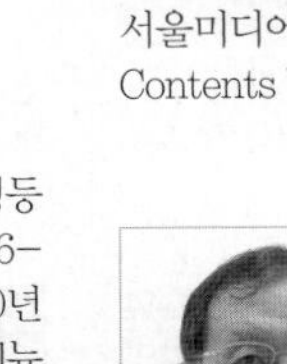

[생]1949 · 9 · 4 [출]서울 [주]인천 서구 심곡로100번길25 가톨릭관동대학교 국제성모병원 피부과(032-290-3885) [학]1976년 연세대 의대졸 1982년 同대학원 의학석사 1985년 의학박사(연세대) [경]1979~1983년 연세대 세브란스병원 인턴 · 피부과 전공의 1983~1998년 同의과대학 피부과학교실 연구강사 · 전임강사 · 조교수 · 부교수 1985년 일본 Kawasaki Medical School 연구원 1986년 일본 Juntendo Univ. 연구원 1997~1999년 대한피부연구학회 이사장 1998~2015

년 연세대 의과대학 피부과학교실 교수 1999~2001년 대한피부과학회 학술이사 1999~2007년 대한베체트병연구회 총무이사 2000년 연세대 의과대학 피부생물학연구소장 2000년 同의과대학 자체평가위원장 2000~2012년 한국희귀의약품센터 희귀질병위원회 위원 2001~2006년 연세대의료원 발전기금 사무총장 2001~2012년 통계청 한국표준질병·사인분류전문가위원회 위원 2002~2004년 연세대 의과대학 교무부장 2004년 국제베체트병학회 상임이사·총무이사·이사 2005~2007년 연세대 세브란스병원 적정진료관리실장 2005년 同세브란스병원 진료협력센터 소장 2005년 대한피부과학회 감사 2007~2012년 同간행위원장 2007~2010년 연세대 세브란스병원 제1진료부원장 2007~2013년 대한베체트병학회 회장 2008~2015년 연세대 의과대학 인사제도연구위원회 위원장 2009년 해관 오긍선기념사업회 이사장(현) 2011~2012년 대한피부연구학회 회장 2011~2013년 경찰병원 자문의 2013~2014년 건강보험심사평가원 진료심사평가위원회 비상근심사위원 2014년 세계베체트병학회 부회장(현) 2015년 국제성모병원 피부과 전문의(현) 2015년 연세대 명예교수(현) [상]과학기술 우수논문상, Gold Award(The 50th American Academy of Dermatology), Behcet's Award(International Society for Behcet's Disease), Education Award of Yonsei University, 대한피부과학회 공로상 [저]'Behcet's Disease : A guide to its clinical understanding'(2001) 'Behcet's Disease in Korea'(2013) [역]'건선(Psoriasis)' [종]기독교

방명균(方明均) BANG Myung Gyoon

[생]1955·5·11 [본]온양(溫陽) [출]강원 강릉 [주]강원 춘천시 후석로462번길22 강원도민일보 경영본부(033-260-9000) [학]1974년 강릉 명륜고졸 1980년 강원대 임학과졸 [경]1988년 강원일보 사회부 차장 1991년 同영동취재부장 1992년 강원도민일보 영동본부 취재부장 1995~1998년 同취재부 국장 1998년 同편집부 국장 2000년 同편집국장 2005년 同광고국장(이사) 2006년 한국ABC협회 이사 2007년 강원도민일보 편집기획담당 상무이사 2011년 同경영기획본부장 겸 출판국장(상무이사) 2016년 同경영본부장(전무이사)(현) [상]대통령표창(2000)

방문규(方文圭) BANG Moon Kyu

[생]1962·2·26 [출]경기 수원 [주]세종특별자치시 도움4로13 보건복지부 차관실(044-202-3001) [학]1981년 수성고졸 1985년 서울대 영어영문학과졸 1995년 미국 하버드대 행정대학원 석사 2009년 행정학박사(성균관대) [경]1984년 행정고시 합격(28회) 1997년 재정경제원 회계총괄과 서기관 1999년 기획예산처 예산실 예산총괄과 서기관 2000년 세계은행(IBRD) 파견 2003년 기획예산처 산업재정3과장 2004년 同균형발전재정총괄과장(부이사관) 2005년 同재정정책과장 2006년 대통령비서실 행정관 2008년 중앙공무원교육원 교육파견(고위공무원) 2009년 농림수산식품부 식품산업정책단장 2009년 同식품유통정책관 2010년 기획재정부 성과관리심의관 2010년 同대변인 2011년 同사회예산심의관 2012년 同예산실 예산총괄심의관 2013년 同예산실장 2014~2015년 同제2차관 2015년 보건복지부 차관(현)

방문석(方文奭) Moon Suk Bang

[생]1961·6·20 [본]온양(溫陽) [출]서울 [주]서울 종로구 대학로101 서울대병원 재활의학과(02-2072-2114) [학]1986년 서울대 의대졸 1994년 同대학원졸 1996년 의학박사(서울대) [경]1986~1987년 서울대병원 인턴 1990~1997년 同레지던트 1994~1995년 同전임의 1995~1997년 同임상전임강사 1997~2001년 서울대 의대 기금조교수 1998~1999년 미국 하버드 의대 Spaulding재활병원(해외연수) 2001~2007년 서울대 의대 재활의학교실 조교수·부교수 2006년 대한재활의학회지 편집장, American Journal of Medicine & Rehabilitation 국제편집자문위원 2007년 서울대 의대 재활의학교실 교수(현) 2008~2011년 同의대 재활의학교실 주임교수 2008~2011년 서울대병원 재활의학과장 2011~2013년 국립재활원 원장 2013년 서울대병원 홍보실장 2014~2016년 同대외협력실장 2014~2016년 대한재활의학회 이사장 [상]Athena Award for Outstanding Paper Presentation(1998), 대한재활의학회 학술상(1998) [저]'스포츠의학(共)'(2001) '인간생명과학개론(共)'(2005) '신경학(共)'(2005) '소아재활의학(共)'(2006) '재활의학(共)'(2014)

방병일

[생]1966·4·18 [주]경기 성남시 분당구 대왕판교로644번길49 한글과컴퓨터(031-627-7000) [학]서강대 경영학과졸 [경]2002년 코오롱그룹 입사 2004년 MDS테크놀로지 CFO(재무담당 최고책임자) 2014년 한글과컴퓨터 기획조정본부장 2015년 同부사장(현)

방봉혁(房峰爀) BANG Bong Hyeok

[생]1962·2·11 [출]전북 장수 [주]서울 서초구 반포대로158 서울고등검찰청(02-530-3114) [학]1980년 전주고졸 1984년 고려대 법학과졸 [경]1989년 사법시험 합격(31회) 1992년 사법연수원 수료(21기) 1992년 광주지검 검사 1994년 전주지검 정읍지청 검사 1995년 서울지검 검사 1998년 대전지검 검사 2000년 법무부 보호과 검사 2002년 서울지검 서부지청 검사 2004년 전주지검 부부장검사 2005년 同군산지청 부장검사 2006년 수원지검 안산지청 부장검사 2008년 부산지검 동부지청 형사1부장 2009년 수원지검 형사4부장 2009년 同형사3부장 2010년 서울서부지검 형사1부장 2011년 부산고검 검사 2013년 서울고검 검사 2015년 대전고검 검사 2016년 서울고검 검사(현) 2016년 서울중앙지검 중요경제범죄조사단 파견(현)

방사익(方士翊) Sa Ik Bang

[생]1960·10·26 [본]온양(溫陽) [출]서울 [주]서울 강남구 일원로81 삼성서울병원 성형외과(02-3410-2215) [학]1985년 서울대 의대졸 1993년 同대학원졸 2000년 의학박사(서울대) [경]1988~1993년 서울대병원 인턴·레지던트 1993~1996년 강남병원 성형외과장 1996~2002년 충북대 의대 성형외과장 1996~1997·2000~2001년 미국 UCLA의대 연수 2002년 삼성서울병원 성형외과 의국장 2003년 성균관대 의대 성형외과학교실 부교수·교수(현) 2007·2013년 삼성서울병원 성형외과장(현) 2007년 同연구협력실장 2008년 삼성의료원 전략기획실장, 同대외협력실장 2010년 同삼성국제진료센터설립추진본부 기획단 부단장 2012년 성균관대 리더스헬스캠프(최고경영자과정) 주임교수

방상만(房相萬) BANG Sang Man

[생]1956·2·23 [본]남양(南陽) [출]경기 수원 [주]경기 의왕시 양지편로3 청계예수성심성당(031-689-5591) [학]1975년 서울 성신고졸 1979년 가톨릭대 신학과졸 1986년 오스트리아 인스브루크대 대학원 신학과졸 1992년 독일 트리어대 대학원 신학박사과정 수료 [경]1985년 사제서품 1986년 지동성당 보좌 1992~1995년 안중성당 주임신부 1994~2014년 수원가톨릭대 신학과 교수 1997~1998년 同학생처장 1998~2000년 同기획관리처장 2002~2003년 본오동성당 주임신부 2003~2004년 수원가톨릭대 기획관리처장 2004~2006년 同부설 하상신학원장 2007~2010년 同총장 2008년 한국가톨릭신학학회 회장 2011~2016년 분당성마태오성당 주임신부 2016년 청계예수성심성당 주임신부(현) [상]황조근정훈장(2014) [역]'예수-참 행복의 선포자'(1987) [종]가톨릭

방상원(方常源) BANG Sang Won

[생]1958·6·18 [출]충남 [주]경기 수원시 영통구 삼성로129 삼성전자(주)(02-2255-0114) [학]천안고졸, 한양대 기계공학과졸 [경]삼성전자(주) 일본본사 전략기획실장(상무보) 2005년 同일본본사 전략기획실 상무 2010년 同사업전략팀 상무 2010년 同사업전략팀 전무 2011~2013년 同의료기기사업팀장(전무) 2011~2013년 삼성메디슨 대표이사 2013년 삼성전자(주) 일본법인장(전무) 2015년 同일본법인장(부사장) 2016년 同전장사업팀 고문(현)

방상천(方相天)

[생]1967·11·5 [출]광주 [주]충남 당진시 역천로838 당진소방서(041-350-5201) [학]광주 대동고졸, 1994년 조선대 행정학과졸 2011년 강원대 대학원 소방방재학과졸, 미국 오클라호마주립대 대학원졸 [경]1993년 소방공무원 임용(소방간부후보생 7기) 1995년 나주소방서 방호과 방호팀장 1995년 소방방재청 중앙소방학교 교학과 근무 2002년 충남도 소방본부 소방지도팀장 2005년 공주소방서 소방행정과장 2008년 충청소방학교 교관단장 2010년 충남도 소방본부 종합상황실장 2011년 同소방본부 방호팀장 2012년 同소방본부 방호구조과장(소방정) 2013년 同소방본부 소방행정과장 2014년 천안서북소방서장 2016년 충남 당진소방서장(현) [상]나주시장표창(1994), 내무부장관표창(1997), 대통령표창(1998)

방상훈(方相勳) BANG Sang Hoon

[생]1948·2·6 [본]온양(溫陽) [출]서울 [주]서울 중구 세종대로21길30 조선일보 비서실(02-724-5002) [학]1966년 경복고졸 1972년 미국 오하이오주립대 경영학과졸 1988년 연세대 대학원 행정학과졸 1997년 同언론홍보대학원 최고위과정 수료 2001년 명예 매스컴학박사(미국 오하이오주립대) [경]1970년 조선일보 외신부 기자 1971년 同駐미국 특파원 1972년 同기획관리실장 1973년 同

이사 1974~1984년 同상무이사 1983년 국제언론인협회(IPI) 한국위원회 이사 1984~1988년 조선일보 대표이사 전무 1984~2006년 소년조선일보 발행인 1988~1993년 조선일보 대표이사 부사장 1988~1996년 중학생조선일보 발행인 1989~2006년 조선일보 발행인 1993년 한국데이터베이스진흥센터 이사장 1993년 조선일보 대표이사 사장(현) 1993년 국제언론인협회(IPI) 한국위원회 위원장(현) 1993년 방일영문화재단 이사 1994~2005년 IPI본부 이사 1995~2005년 同부회장 1997년 연합통신 이사(비상임) 1997~2003년 한국신문협회 회장 1998년 전국재해대책협의회 회장 1999년 세계신문협회(WAN) 한국대표 1999년 대우재단 이사 2000년 한국신문협회 이사 2002년 아시아신문재단(PFA) 한국위원회 이사 2003년 한국신문협회 이사·고문(현) 2004년 올림푸스한국 등기이사 2005년 국제언론인협회(IPI) 종신회원 2010년 월남이상재선생기념사업회 공동대표(현) 2011년 (주)조선방송(TV조선) 이사 겸 이사회 의장(현) [상]로타리 특별상(1993), 미국 미주리대 언론공로상(1996) [종]기독교

방석종(方錫淙) BANG Suk Jong

[생]1940·10·30 [본]온양(溫陽) [출]서울 [주]서울 용산구 한남대로28가길9 원암빌딩201호 (사)훈민정음학회(02-880-6164) [학]1969년 감리교신학대졸 1971년 연세대졸 1981년 신학박사(독일 Erlangen대) [경]1970년 영란여중·상고 교사 1971년 이화여대 기독학과 강사 1981~1985년 목원대 신학부 조교수 1985~1990년 감리교신학대 조교수·부교수 1986년 同신학과장 1989년 독일 Heidelberg대 교환교수 1990~2006년 감리교신학대 신학과 교수 1994~1996년 同신학대학원장 1995~1997년 同대학원장 겸 박사원장 1997년 同평생교육대학원장 2004년 同대학원장 2007년 고조선단군학회 이사 겸 감사(현), 同고문(현) 2008년 (사)훈민정음학회 회원(현) 2013년 성서역사연구출판사 대표(현) [상]부총리 겸 교육인적자원부장관표창(2006) [저]'구약성서 해석 입문서'(1992, 성광) '호세아·요엘 성서주석'(1996·2007, 대한기독교서회) '히브리어문법'(2000, 대한기독교서회) '구약원문 해석 가이드'(2001, 한들출판사) '역사비평주석 신명기'(2004, 감신대 출판부) '신화와 역사'(2006, 감신대 출판부) '성서와 역사비평해석'(2006, 한우리) '훈민정음의 세계문자화'(2008, 전통문화연구회) 성서번역기초입문서 '창세기 역주'(2011, 전통문화연구회) '성서번역 기초입문'(2014, 성서역사연구) '출애굽기 역주'(2015, 월드북) [역]'구약·신약성서 개설'(1984) '구약성서개론 상·하'(1985·1986) '이스라엘 역사'(1986) '성서해석학 입문'(1987) '성서본문비평 입문'(1987) [종]기독교

방선규(方宣圭) BANG SUN GYU

[생]1959·3·15 [출]충남 서천 [주]광주 동구 문화전당로 38 국립아시아문화전당(062-601-4015) [학]고려대 문과대학 사회학과졸, 미국 시라큐스대 대학원 미디어정책과졸 [경]1991년 청와대 행정관 2000년 국정홍보처 홍보조사과장·해외과장 2002년 駐시드니대사관 홍보관 2004년 국정홍보처 국정홍보국 행정경제홍보과장 2005년 同홍보협력단 협력총괄팀장 2006년 同홍보협력단장 2008년 문화체육관광부 홍보지원국 홍보정책관 2010년 同도서관정보정책기획단장 2011년 同문화예술국 문화정책관 2012년 同문화예술국장 2013년 同국민소통실장 2014년 同국립중앙도서관 디지털자료운영부장 2015년 국립아시아문화전당 전당장 직대(현) [상]근정포장(2006)

방성석(方聖錫) BANG Seong Seok

[생]1949·11·22 [본]온양(溫陽) [출]충남 아산 [주]서울 강남구 삼성로509 이글빌딩5층 (주)이글코리아 비서실(02-3442-3866) [학]1969년 서울공업고졸 1977년 한양대 섬유공학과졸 1988년 연세대 경영대학원 연구과정 수료 1993년 서강대 경영대학원 경영학과졸 1998년 同경영대학원 최고경영자과정 수료 2002년 홍익대 국제디자인대학원(IDAS) 수료 2005년 경제학박사(광운대) 2008년 중국 베이징대 경제학원 국정고위과정 수료 [경]1974~1977년 삼성물산 봉제사업부 근무 1977~1983년 (주)효성 특수사업부 특판과장 1983년 이글코리아 대표이사 사장(현) 1994년 한국경영기술지도사회 경영지도자 1996년 국방대학원·산업인력공단·중소기업진흥공단 초빙강사 1997년 한국·이스라엘상공회 이사 1997년 한국경영연구원 기업가회 부회장 1998년 대한상사중재원 무역중재인 2000~2007년 한국중재학회 부회장 2003~2007년 서강대경영대학원총동문회 회장 2003~2004년 국제로터리 제3650지구 서울사직클럽 회장 2004~2007년 광운대 국제통상학과 겸임교수 2009년 가천대 무역학과 겸임교수 2009년 서강대 경영전문대학원 최고경영자과정총동우회 회장 2010년 서강대 개교50주년발전위원회 공동위원장 [상]대통령표창(1996), 5백만불 수출탑(1996), 철탑산업훈장(1998), 1천만불 수출탑(1998), 무역협회장표창(1999), 우수수출상품상(1999), 자랑스러운 서울공고인상(1999), 자랑스런 서강인상(2008) [저]'국제입찰을 잡아라'(1996) '한국경제신문사'(1996) [종]기독교

방성환(方成煥)

[생]1966·8·3 [주]경기 수원시 팔달구 효원로1 경기도의회(031-8008-7000) [학]풍생고졸, 성균관대 행정학과졸, 연세대 행정정치대학원 정치행정리더십학 석사과정 수료 [경]노무법인 정성 대표노무사(현), 새누리당 성남분당甲당원협의회 지역경제위원장, 민주평통 분당구협의회 자문위원, 경기도장애인부모회 자문위원, 성남시청소년지도협의회 이사(현), 경기도 법률상담위원, 성남시생활체육회 이사, 성남시새마을회 이사, 수원지법 성남지원 민사조정위원(현), 풍생고총동문회 회장(현) 2014년 경기도의회 의원(새누리당)(현) 2014년 同경제과학기술위원회 위원 2015년 同예산결산특별위원회 위원 2015년 同청년일자리창출특별위원회 간사(현) 2015년 同안전사회건설특별위원회 위원(현) 2016년 同경제민주화특별위원회 간사(현) 2016년 同운영위원회 위원(현) 2016년 同교육위원회 간사(현) 2016년 同노동자인권보호특별위원회 위원(현)

방성훈(方聖勳) BANG Sung Hoon

[생]1973·4·3 [본]온양(溫陽) [출]서울 [주]서울 양천구 목동동로233의1 현대드림타워20층 스포츠조선(02-3219-8114) [학]경복고졸, 미국 루이스앤드클라크대 국제정치학과졸 2000년 일본 게이오대 대학원 정책미디어학과졸 [경]2001년 조선일보 편집국 사회부 기자 2002년 同경제부 기자 2004년 同산업부 기자 2006~2007년 同경영기획실 기자 2007년 스포츠조선 전무이사 2008년 同대표이사 부사장 2010년 조선일보 이사(현) 2016년 스포츠조선 대표이사 발행인(현) [종]기독교

방세현(方世鉉) BANG Sei Hyun

[생]1965·9·20 [본]온양(溫陽) [출]서울 [주]서울 중구 소공로95 부원빌딩501호 (주)GCN 비서실(02-753-7280) [학]1984년 경복고졸 1988년 서강대 정치외교학과졸 1991년 同대학원 정치외교학과졸 [경]1986·1991년 한·일학생회의 창립·초대회장·동우회장 1988년 한국청년외교협회 창립·회장 1988년 한국청년회의소 국제실 전문위원 1992년 시사정책연구소 소장 1997년 서울의 제21추진위원회 문화분과 전문위원 1997년 부정부패추방시민연합 사무차장 1997년 한국시민단체협의회 운영위원 2000년 한국신당 부대변인·종로구지구당 위원장 2000년 同선거대책위원회 미디어기획위원장 2000년 (주)GCN 대표이사(현) 2008~2014년 제일의료재단 이사 [저]평론집 '주민은 없고 국민만 있다'(1996) 국제의례해설집 '프로토콜 매뉴얼'(1997)

방승만(方承晩) BANG Seung Man

[생]1961·2·13 [본]온양(溫陽) [출]충남 아산 [주]대전 서구 둔산중로78번길45 대전지방법원(042-470-1114) [학]1979년 천안중앙고졸 1984년 동국대 경영학과졸 1986년 同대학원 법학과 수료 [경]1986년 사법시험 합격(28회) 1989년 사법연수원 수료(18기) 1992년 변호사 개업 2000년 광주지법 판사 2002년 광주고법 판사 2003년 대전고법 판사 2005년 청주지법 부장판사 2007년 대전지법 부장판사 2009년 同가정지원장 2011년 同부장판사 2012년 대전지법·대전가정법원 천안지원장 2014년 청주지법 수석부장판사 2016년 대전지법 부장판사(현) 2016년 언론중재위원회 위원(대전중재부장)(현) [종]불교

방승찬(方承燦) Seung Chan Bang

[생]1962·8·9 [본]온양(溫陽) [출]경기 안성 [주]대전 유성구 가정로218 한국전자통신연구원 미래기술연구부(042-860-6114) [학]1980년 관악고졸 1984년 서울대 전자공학과졸 1986년 同대학원 전자공학과졸 1994년 공학박사(서울대) [경]1986~1987년 금성사(주) 중앙연구원 주임 1987~1992년 디지콤정보통신연구소 선임 1994년 한국전자통신연구원 책임연구원(현) 2016년 同미래기술연구부장(현) [상]정보통신부장관표창(1998), 국무총리표창(2007), 미래창조과학부 통신분야 한국공학상(2014)

방 열(方 烈) PANG Yul

[생]1941·10·10 [본]온양(溫陽) [출]서울 [주]서울 송파구 올림픽로424 벨로드롬104호 대한농구협회(02-420-4221) [학]1961년 경복고졸 1965년 연세대 정치외교학과졸 1986년 同체육대학원졸 1997년 한국체육대 대학원 박사과정 수료 1999년 이학박사(한국체육대) [경]1962~1964년 제4회 아시안게임·ABC아세아선수권대회·동경올림픽 국가대표 농구선수 1968~1973년 조흥

ㅂ

은행 여자농구단·ABC여자농구 국가대표·세계유니버시아드대회 여자농구 국가대표 코치 1974~1977년 쿠웨이트 남자농구 국가대표·청소년농구 국가대표 감독 1978~1986년 현대 남자농구단 코치·감독 1982~1983년 제9회 아시안게임·아세아 남자농구 국가대표 감독 1985년 남자실업농구연맹 부회장 1986년 기아산업 남자농구단 감독 1987년 ABC남자농구 국가대표 감독 1988년 서울올림픽 남자농구 국가대표 감독 1990년 기아자동차 농구단 총감독 1990년 경원대 교양체육과 객원교수 1993~2007년 同사회체육학과 교수 1993년 同학생처장 1994년 세계코치협회 부회장 겸 아시아코치협회 회장 1994년 대한농구협회 국제담당 부회장 1998년 아시아농구연맹 중앙이사 1999년 한국사회체육학회 부회장 2000년 한국스포츠교육학회 부회장 2000년 서울시농구협회 회장 2002년 한국올림픽성화회 회장 2003년 경원대 사회체육대학원장 2003년 한국운동처방학회 회장 2004년 대한체육회 이사 2010~2012년 건동대 총장 2013년 대한농구협회 회장(현) 2013년 대한체육회 이사(현) 2014년 FIBA(국제농구연맹)아시아 차석부회장(현) 2014년 가천대 명예교수(현) 2014년 한국체육대 스포츠코칭론과 교수(현) 2015년 한세대 대학원 스포츠교육학과 교수(현) (상)대한민국 체육지도상(1973), 최우수감독상(1984), 체육훈장 백마장(1982), 대통령표창(1983), 장관표창(2007) (저)'인생만들기, 농구만들기'(1995) '바스켓볼'(1997) '사회체육프로그램'(2000) '스포츠보도론'(2001) '농구(기초편)' '농구(전술편)-지역수비의 모든것' '농구바이블'(2006, 대경북스) '전략농구'(2010, 대경북스) (역)'실전현대농구Ⅰ·Ⅱ'(1997) (종)불교

방영민(方泳敏) BANG Young Min

(생)1959·8·19 (출)서울 (주)서울 서초구 서초대로74길11 삼성생명보험(주) 기획실(02-2259-7060) (학)1978년 중앙대부고졸 1982년 서울대 법학과졸 1987년 同행정대학원졸 1999년 미국 밴더빌트대 대학원 경제학과졸 (경)1982년 행정고시 합격(25회) 1987~1994년 재무부 이재국·증권보험국 사무관 1995년 재정경제원 예산실 서기관 1999년 同공보관실 과장 2000년 대통령 경제수석비서관실 행정관 2003년 재정경제부 경제홍보기획단 총괄기획과장 2003년 삼성증권(주) 경영전략담당 상무이사 2004년 同전략기획실장(상무) 2005년 同전략기획팀장(상무) 2008년 同전략기획팀장(전무) 2009년 同법인사업본부장(전무) 2010년 同투자은행(IB)사업본부장(전무) 2012년 同SNI본부장(부사장) 2013년 삼성생명보험(주) 기획실장(부사장)(현) (종)기독교

방영주(方英柱) BANG Yung-Jue

(생)1954·11·11 (본)온양(溫陽) (출)서울 (주)서울 종로구 대학로101 서울대학교병원 내과(02-2072-2390) (학)1979년 서울대 의대졸 1982년 同대학원졸 1989년 의학박사(서울대) (경)1979~1983년 서울대병원 인턴·레지던트 1983~1986년 해군 군의관 1986~1999년 서울대 의대 혈액종양내과 전임강사·조교수·부교수 1989년 미국 국립암연구소 Visiting Fellow 1999년 서울대 의과대학 내과학교실 교수(현) 2000~2006년 同암연구소장 2000~2004년 대한암학회 학술위원장 2004~2008년 同편집위원장 2004~2008년 서울대병원 혈액·종양분과장 2007~2011년 국제암연구소 학술위원 2008~2010년 한국임상암학회 이사장 2009년 서울대병원 임상시험센터장(현) 2010~2014년 同내과 과장 2010~2011년 同국제사업본부장 2012~2014년 대한암학회 이사장 2013년 서울대병원 의생명연구원장(현) (상)보령암학술상(2004), 보건산업기술대상 대통령표창(2009), 아시아 최초 미국임상종양학회(ASCO) 최우수논문(Plenary Session)에 선정(2010), 바이엘쉐링 임상의학상(2011), 함춘창의논문상(2011), 김진복암연구상(2011), 지식창조대상(2012), 고바야시재단 어워드(2012), 광동 암학술상(2016)

방용훈(方勇勳) BANG Yong Hoon

(생)1952·5·5 (본)온양(溫陽) (출)경기 의정부 (주)서울 중구 세종대로135 (주)코리아나호텔 비서실(02-2171-7801) (학)용산고졸 1975년 미국 오하이오대 경영학과졸 (경)조선일보 미국특파원, 同이사(현) 1982년 (주)코리아나호텔 부사장 1984년 同대표이사 사장(현) (종)기독교

방이엽(房二燁)

(생)1972·9·9 (출)서울 (주)대전 서구 둔산중로78번길45 대전고등법원(042-470-1114) (학)1991년 화곡고졸 1996년 서울대 공법학과졸 (경)1997년 사법시험 합격(39회) 2000년 사법연수원 수료(29기) 2000년 해군 법무관 2003년 수원지법 판사 2005년 서울중앙지법 판사 2007년 전주지법 군산지원 판사 2008년 제주지법 판사 2008년 광주고법 제주재판부 판사 겸임 2010년 대전고법 판사 2013년 대법원 재판연구관 2015년 대전지법·대전가정법원 천안지원 부장판사 2016년 대전고법 판사(현)

방인성(方仁聖) BANG In Sung

(생)1956·10·24 (출)서울 (주)제주특별자치도 제주시 첨단로213의4 제주국제자유도시개발센터 영업관리단(064-797-5500) (학)동두천종합고졸, 세무대학 관세과졸, 한국방송통신대 행정학과졸 (경)1983년 서울세관 서기 1987년 주사보 승진 1989년 주사 승진 1997년 사무관 승진 1997년 광주세관 감시과장 1998년 관세청 화물감시과 사무관 1998년 대전세관 감시과장 2000년 김포세관 휴대품검사관 2001년 인천공항세관 휴대품검사과 사무관 2001년 관세청 통관기획과 사무관 2001년 재정경제부 대외금융거래정보시스템구축기획단 파견 2001년 금융정보분석원 파견 2003년 인천세관 외환조사과장 2005년 서울본부세관 심사관 2007년 同심사관(서기관) 2009년 마산세관장 2011년 청주세관장 2012년 관세청 관세국경관리연수원 교수부장 2012~2014년 김포세관장 2016년 제주국제자유도시개발센터(JDC) 영업관리단장(현) (상)홍조근정훈장(2014)

방재욱(方在旭) BANG Jae Wook (柱岩)

(생)1948·6·28 (본)온양(溫陽) (출)서울 (학)1968년 양정고졸 1975년 서울대 사범대학 생물교육과졸 1977년 同대학원 생물교육과졸 1984년 이학박사(서울대) (경)1976년 이화여고 교사 1977년 서울대 사범대학 생물교육과 조교 1981~1986년 목포대 전임강사·조교수 1986~2013년 충남대 생명시스템과학대학 생물학과 교수 1988년 영국 Rothamsted연구소 객원연구원 1993년 일본 Fukuoka대 생물학과 방문교수 1999년 미국 텍사스A&M대 방문교수 2000~2012년 한국식물염색체연구센터 대표 2001년 한국약용작물학회 회장 2002년 한국식물학회 부회장 2002년 충남대 자연과학대학장 2002년 전국국립대학자연과학대학장협의회 회장 2002년 이공계활성화특별대책위원회 위원 2004년 한국유전학회 부회장 2005년 충남대 산학연지원처장 2005년 同산학협력단장 2005년 전국산학협력단장협의회 부회장 2005년 대전지역대학산학협력단장협의회 회장 2006년 한국유전학회 회장 2006년 한국유채연구회 부회장 2008년 한국과학기술단체총연합회 대전지역연합회 부회장(현) 2009년 충남대 환경·생물시스템연구소장 2009~2014년 충청광역경제권위원회 자문위원 2011년 미국 인명사전(ABI) '21세기 위대한 지성 1000명'에 선정 2011년 미국 세계인명사전 'Marquis Who's Who'에 3년 연속 등재 2011년 영국 인명사전(IBC)에 등재 2011~2012년 한국생물과학협회 회장 2012년 자유칼럼그룹 칼럼니스트(현), 충남대 명예교수(현) (상)한국식물학회 우수논문상(1991), 한국식물학회 공로상(1998), 최우수강의상(2004), 헤럴드경제 경영대상(2006) (저)'생명과학의 이해' '일반식물학' '한국자생식물염색체자료집(영문판)'(2006) '생명 너머 삶의 이야기'(2008) '세포유전학'(2009) 등 20권 (역)'생물과학'(2012)

방재홍(方在鴻) BANG JAE HONG (일민)

(생)1952·10·17 (본)온양(溫陽) (출)서울 (주)서울 서초구 반포대로18길37 서울미디어빌딩 전관5층 (주)서울미디어그룹(02-523-8541) (학)2012년 고려대 언론대학원 언론학과졸 2012년 명예 경영학박사(미국 칼빈대) 2013년 서경대 경영대학원 박사과정 재학中 (경)1990년 한국시사신문 대표이사 1990년 독서신문 발행인(현) 1992~1998년 독서문화센터 회장 1993년 동국대총동창회 이사(현) 1995~2000년 독서문화연구원 원장 1998~1999년 경인매일신문 편집위원 1999~2002년 (주)인터피아엠 대표이사 1999~2002년 (주)인터피아닷컴 사장 2000~2006년 고려대언론대학원교우회 사무총장 2001년 대한민국재향군인회 서울시 직능대표(현) 2002~2005년 신한종합비료(주) 회장 2004~2006년 오늘시사신문 논설위원장 2004년 오늘경제신문 발행인 2004년 고려대 100주년기념후원회 기획위원 2004년 고려대총교우회 상임이사(현) 2005년 한국자유총연맹 자문위원 2006년 한국전문신문협회 부회장 2006년 고려대언론대학원교우회 부회장(현) 2006~2015년 경복대 인터넷정보과 외래교수 2006년 대한민국유권자승리 전국의장 2006년 왕인문학협회 회장 2007년 이뉴스투데이 발행인(현) 2008년 이뉴스TV 발행인(현) 2008년 한국인터넷신문협회 수석부회장 2011년 (주)서울미디어그룹 대표이사 회장(현) 2012년 전북일보 편집위원(현) 2012년 한국신문협회 윤리위원회 심의위원(현) 2014년 한국인터넷신문협회 고문(현) 2014년 서경대 겸임교수(현) 2014년 한국인터넷신문위원회 위원장(현) (상)자랑스런 고언인인상(2001), 국무총리표창(2003), 화관문화훈장(2008), 동암언론상(2011) (저)'어제 오늘 그리고 내일'(2009, 고요아침) '대한민국 건강지도가 바뀐다'(2014, 한국식용연구소) (종)기독교

방정오(方正梧)

생1978 주서울 중구 세종대로21길30 TV조선(1661-0190) 학미국 시카고대 동양사학과졸 경2006년 조선일보 총무국 입사 2008년 同경영기획실 미디어전략팀장(과장급) 2010년 디지털조선일보 이사, 조선에듀케이션 대표이사(현) 2011년 조선일보 뉴미디어실 부실장 겸 전략기획마케팅팀장 2011년 TV조선 미래전략팀장 겸임 2013년 TV조선 마케팅실장(국장급) 2014년 同마케팅실장(상무) 2015년 同미디어사업본부장(상무)(현) 2015년 조선일보 경영기획실 크로스미디어팀장 2015년 디지틀조선일보 이사(현) 2015년 TV조선 편성담당 상무 2016년 同제작 및 편성담당 상무(현)

방정항(方正恒) BANG Jung Hang

생1940·9·6 본온양(溫陽) 출함남 북청 주부산 서구 대신공원로32 동아학숙 임원실(051-255-9021) 학1959년 서울고졸 1963년 연세대 정치외교학과졸 1965년 서울대 행정대학원 수료 1988년 행정학박사(부산대) 경1967~1973년 동아대 사회과학대학 정치행정학부 행정학과 전임강사·조교수·부교수 1973~2006년 同행정학과 교수 1985년 同학생부처장 겸 학생생활연구소장 1993년 부산·경남행정학회 회장 1993년 동아대 사회과학대학장 1994·1999~2001년 同언론홍보대학원장 1996년 한국정책학회 부회장 2006년 동아대 명예교수(현) 2013~2015년 학교법인 동아학숙 이사장 2014년 同이사(현) 상근정포장(2006) 전'전후일본의 정치와 경제(共)'(1992) '한국관료제와 정책과정(共)'(1994) '지방자치의 기초이론'(共) '조직입문학' 종기독교

방준필(方俊弼) BANG John Junpil

생1971·2·4 본온양(溫陽) 출서울 주서울 강남구 테헤란로133 한국타이어빌딩 법무법인 태평양(02-3404-0270) 학1989년 미국 러셀칼리지고졸(수석졸업) 1993년 미국 펜실베이니아대졸 1996년 미국 템플대 대학원 법학과졸 경1996~1997년 미국 뉴저지주연방법원 'Kathryn C. Ferguson 판사'의 재판연구관(Law Clerk) 1998년 법무법인 태평양 변호사(현) 2007~2015년 영국 세계전문변호사인명사전 'Who's Who Legal The International Who's Who of Commercial Arbitration'에 수록 2011년 국제중재법률지 글로벌아비트레이션리뷰 'GAR 45 Under 45'에 선정 2012년 국제중재실무회(KOCIA) 이사(현) 2013년 IBA Litigation Committee위원(현) 상아시아로 아시아-태평양 분쟁해결분야 시상식 2016 (Asia-Pacific Dispute Resolution Awards 2016) '올해의 분쟁스타 상'(2016) 전'Commentary on Using Legal Experts in International Arbitration(共)'(2007, Kluwer Law International) 'Arbitration Law of Korea: Practice and Procedure(共)'(2011) '중재실무강의(共)'(2012, 박영사) 종천주교

방준혁(房俊爀) BANG Joon Hyuk

생1968·12·23 주서울 구로구 디지털로300 넷마블게임즈(주)(02-2271-7114) 학관악고졸, 경희대 건축공학과졸 경2000~2003년 넷마블 대표이사 2003년 同서비스기획담당 이사 2003년 플레너스엔터테인먼트 사업기획 및 신규사업부문 사장 200~2004년 플레너스 사업기획 및 신규사업부문 사장 2004~2006년 CJ인터넷(주) 사장·고문 2011~2014년 CJ E&M 게임부문총괄 상임고문 2014년 넷마블게임즈(주) 이사회 의장(현) 상동탑산업훈장(2015)

방창섭(方昌燮)

생1960·12 주울산 북구 염포로700 현대자동차(주) 울산공장 품질본부(052-215-2114) 학경북대 기계공학과졸, 영국 크랜필드대 대학원 기계공학과졸 경1983년 현대자동차(주) 입사, 同울산공장 샤시설계1팀 차장 2008년 同미국법인 기술연구소 이사대우 2010년 同품질경영실장(이사) 2011년 同현대품질사업부장(상무) 2013년 同품질본부장(전무) 2015년 同품질본부장(부사장)(현)

방창현(房昌炫)

생1973·1·8 출전북 남원 주전북 전주시 덕진구 사평로25 전주지방법원(063-259-5400) 학1991년 전주 완산고졸 1996년 서울대 공법학과졸 경1996년 사법시험 합격(38회) 1999년 사법연수원 수료(28기) 1999년 軍법무관 2002년 전주지법 판사 2004년 同군산지원 판사 2006년 인천지법 부천지원 판사 2009년 서울동부지법 판사 2010년 서울북부지법 판사 2012년 서울고법 판사 2014년 전주지법 부장판사(현)

방창훈(方昌勳)

생1958·1·23 출서울 주서울 용산구 청파로378 코레일관광개발(주) 대표이사실(1544-7755) 학1976년 국립철도고졸 1989년 한국방송통신대졸 경1976년 철도청 입사 2005년 한국철도공사 근무 2006년 同서울지사 영업팀장 2007년 同객사업본부 여객마케팅팀장 2010년 同여객본부 여객마케팅처장 2011년 同수도권동부본부장 2012년 同광역철도본부장 2013년 同인재개발원장 2014년 同부산경남본부장 2015년 同수도권서부본부장 2015년 코레일관광개발(주) 대표이사(현) 상국토해양부장관표창(2007), 한국철도공사사장표창(2007), 산업포장(2008)

방태수(方泰守) BANG Tae Soo

생1945·1·12 본온양(溫陽) 출함남 북청 학1964년 드라마센터 한국연극아카데미졸(1기) 1966년 건국대졸 1981년 미국 컬럼비아대 수학 1981년 미국 뉴욕 판토마임센터 수료 1982년 동국대 대학원 연극과졸(문학석사) 경1969년 극단 '에저또' 창립·대표·연출가(현) 1969년 한국 최초 판토마임극단과 극단전용소극장 개관 1970년 한국 최초 가두극 '헤프닝' 공연 1973년 한국 최초 사이코드라마 '무늬' 이대정신과병동 공연 1985년 서울연출가그룹 회장 1986년 국제아동청소년연극협회 한국본부 부이사장 1986년 한국국제아마연극협회(IATA) 한국본부 회장 1995~2000년 부산예술대학 연극과 교수 2001~2008년 한성디지털대학 연극영화과 겸임교수 2015년 극단 '에저또' 대표(현) 상백상예술대상 특별상(1973), 대한민국연극제 문화공보부장관표창(1977), 대한민국연극제 대상·작품상(1981), 대한민국연극제 작품상(1982), 백상예술대상 대상·작품상(1982), 문화공보부장관표창(1982) 역'연극 만들기' '자유도시(희곡)' '판토마임' '건널목 삽화' '참새와 기관차' '바람타는 성' '쥐덫에 걸린 고양이' '자유도시' '세일즈맨의 죽음' '정의의 사람들' '말괄량이 길들이기' '춤추는 영웅들' '수전노' '목소리' '뱀' '농녀' '농토' '겨울강 하늬바람' '흔들리는 의자' 등 80여편 연출 종천도교

방태진(方泰振) BANG Tae Jin

생1962·7·20 출부산 주세종특별자치시 다솜2로94 해양수산부 운영지원과(044-200-5070) 학부산 금성고졸, 부산수산대 해양학과졸 경기술고시 합격(27회) 1993~1996년 수산청 어장보전·자원관리담당 1997~2001년 해양수산부 해양정책실 공유수면·해양환경담당 2003년 전남도 경제협력관 2004년 해양수산부 해양환경발전팀장 2005년 同통상협력팀장 2007년 유엔식량농업기구(FAO) 파견 2010년 농림수산식품부 허베이스피리트피해어업인지원단 파견 2013년 해양수산부 수산정책실 수산정책관(고위공무원) 2015년 同수산정책실 어업자원정책관 2016년 국방대 교육파견(고위공무원)(현)

방태호(方泰浩) Bang Tae Hoo

생1958·5·22 본온양(溫陽) 출인천 강화 주경기 여주시 청심로221 여주여자중학교 교장실(031-880-8380) 학1974년 교동종합고졸 1979년 관동대졸 1989년 강원대 교육대학원졸 경2003년 경기예술고 교감 2005년 경기도교육청 장학사 2008년 이포고 교장 2012~2014년 여주중 교장 2014년 세종고 교장 2016년 여주여자중 교장(현)

방하남(房河男) PHANG Ha-Nam

생1957·12·16 출전남 완도 주세종특별자치시 시청대로370 한국노동연구원 원장실(044-287-6002) 학1975년 서울고졸 1982년 한국외국어대 영어학과졸 1990년 미국 밴더빌트대 대학원 사회학과졸 1995년 사회학박사(미국 위스콘대) 경1991~1995년 미국 빈곤문제연구소 연구원 1995년 한국노동연구원 부연구위원·연구위원 1999~2001년 同연구조정실장 2003년 同고용보험연구센터소장 2004~2013년 同선임연구위원 2004~2005년 미국 Univ. of Michigan Visiting Scholar 2005~2007년 한국노동연구원 노동시장연구본부장 2008년 대통령소속 경제사회발전노사정위원회 수석전문위원 2009~2010년 한국인구학회 수석부회장 2010년 한국사회보장학회 회장 2011~2012·2015년 한국연금학회 회장 2013년 제18대 대통령직인수위원회 고용·복지분과 전문위원 2013~2014년 고용노동부 장관 2015년 한국노동연구원 원장(현) 2016년 駐韓글로벌기업CEO협회 고문(현) 상재정경제부장관표창(2002), 자랑스런 외대인상(2014) 전'기업연금제도 도입방안연구Ⅰ, Ⅱ'(共) '사회보험 통합방안연구'(共) '한국 가구와 개인의 경제활동'(共) '한국노동시장의 구조와 변화' '한국의 직업이동과 계층이동' '인구고령화와 노동시장'(共) '현대한국사회의 불평등'(共) '베이비붐세대의 근로생애와 은퇴과정연구'(2010·2011) 종기독교

방형남(方炯南) BHANG Hyong Nam (鄕石)

[생]1957·10·24 [본]온양(溫陽) [출]경기 화성 [주]서울 강북구 4.19로8길17 국립4.19민주묘지관리소(02-996-0419) [학]제물포고졸 1983년 한국외국어대 불어과졸 1992년 프랑스 파리제2대 신문연구DEA과정 수료 2008년 한양대 언론정보대학원졸 2009년 고려대 국제대학원 최고위과정 수료 2011년 同언론정보대학원 최고위과정 수료 [경]1982년 동아일보 사회부 기자 1986년 同국제부 기자 1993년 同파리특파원 1996년 同정치부 차장 2000년 同국제부장서리 2001년 同국제부장 2001년 同논설위원(부장급) 2002년 한국기독언론인클럽(CJCK) 총무 2004~2012년 외교통상부 정책자문위원 2005년 한국신문방송편집인협회 남북교류분과 위원장 2005년 동아일보 논설위원(부국장급) 2005년 同편집국 부국장 2006년 同편집국 부국장 겸 수도권본부장 2007년 同논설위원(부국장급) 2008년 同부설 21세기평화연구소장(현) 2010~2016년 同논설위원(국장급) 2011년 국방부 정책자문위원 2011년 민주평통 상임위원(현) 2013년 외교부 정책자문위원(현) 2016년 국가보훈처 국립4·19민주묘지관리소장(현) [상]한국기자상(1988), 외대언론인상(2005) [저]'일어서는 나라 주저앉는 나라' [종]기독교

방효원(方孝元) BANG Hyoweon

[생]1959·2·27 [본]온양(溫陽) [출]부산 [주]서울 동작구 흑석로84 중앙대학교 의과대학 생리학교실(02-820-5650) [학]1983년 중앙대 의과대학 의학과졸 1985년 同대학원졸 1988년 의학박사(중앙대) [경]1983~1988년 중앙대 의과대학 의학과 조교 1988~1991년 공군 항공의학 적성훈련원 연구부장 겸 생리학과장 1992년 중앙대 의과대학 생리학교실 강사·조교수·부교수·교수(현) 1998~2000년 미국 시카고 메디컬스쿨 연구교수 2001~2002년 중앙대 의과대학 의학부장 2002~2009년 대한생리학회 총무이사·학술이사 2005~2009년 同의과대학 학장보 2010~2012년 同평의원회 의장 2010~2014년 한국이온통로연구회 회장 2011~2013년 한국피지옴연구회 회장 [종]천주교

방효진(方孝進) BANG Hyo Jin

[생]1955·3·28 [출]서울 [주]서울 중구 세종대로136 싱가포르개발은행 서울지점 임원실(02-6322-2660) [학]1981년 미국 캘리포니아대 버클리교 경제학과졸 [경]1983년 미국 멜론은행 근무, S.G워버그 애널리스트 1988년 스위스은행 한국사무소장 1993년 미국 메릴린치 홍콩법인 서울디렉터 1994년 미국 골드만삭스 서울사무소장 1997년 영국 내셔널 웨스트민스터뱅크 한국디렉터 1999년 독일 드레스드너 클라인워트은행 한국대표 2002년 I-Reality Group 한국고문 2003~2005년 하나은행 부행장보 겸 투자은행(IB)사업본부장(이사) 2005년 싱가포르개발은행(DBS) 서울지점 한국대표(현) 2015년 금융정보분석원 자금세탁방지정책자문위원회 위원(현) [종]기독교

방효철(方孝哲) BANG Hyo Chul (東岩)

[생]1943·12·9 [본]온양(溫陽) [출]충북 청원 [주]경남 창원시 성산구 성주로53 삼우금속공업(주) 부속실(055-282-4235) [학]1962년 청주공고졸 1966년 청주대 법학과졸 1969년 성균관대 경영대학원졸 [경]1984년 삼우금속공업(주) 대표이사 사장, 同대표이사 회장(현) 1986년 삼성항공산업(주) 협의회장 1993년 민주평통 자문위원 1995년 (주)삼우반도체 대표이사 사장 1996~2008년 한국도금공업협동조합 이사장 1996~2000년 삼우정밀공업(주) 대표이사 회장 2001년 (사)한국추진공학회 부회장 2002년 (사)중소기업진흥재단 이사·중소기업법 개정위원장 2003~2012년 (주)엠피티 대표이사 2003~2007년 (사)한국방위산업진흥회 부회장 2004년 (주)삼우KJS텍 대표이사 2007년 중소기업중앙회 부회장 2008년 한국도금공업협동조합 명예이사장(현) 2008년 (사)글로벌CEO클럽 동남지역본부장(현) 2009년 중소기업중앙회 정책자문위원(현) 2009~2014년 한국무역협회 이사 2009년 창원상공회의소 상임의원 2009~2013년 창원국가산업단지경영자협의회 회장 2013년 경남중소기업대상수상기업협의회 고문(현) 2014년 한국자유총연맹 경남지회장(현) [상]국무총리표창(1990), 경남산업평화상(1991), 동탑산업훈장(1995), 창원상공대상(1996), 환경부장관표창, 중소기업대상(1998), 국세청장표창(1998), 산업자원부장관표창(2000), 은탑산업훈장(2006), 한국을 빛낸 이달의 무역인상(2007), 자랑스러운 중소기업인 선정(2008), 한국의 아름다운기업 대상(2009), 금탑산업훈장(2012), 경남도 산업평화상 금상(2015) [종]기독교

방효충(方孝忠) BANG Hyo Choong

[생]1964·2·20 [본]온양(溫陽) [출]충남 서산 [주]대전 유성구 대학로291 한국과학기술원 공과대학 기계항공시스템학부(042-350-3722) [학]1981년 충남 서령고졸 1985년 서울대 항공공학과졸 1987년 同대학원 항공공학과졸 1992년 공학박사(미국 텍사스A&M대) [경]1992~1994년 미국 해군대학원 연구조교수 1995~1999년 한국항공우주연구소 선임연구원 1995·1997년 한국항공우주학회 편집위원 1999~2000년 충남대 항공우주공학과 조교수 2001년 한국과학기술원 항공우주공학전공 조교수·부교수 2009년 同공과대학 기계항공시스템학부 항공우주공학전공 교수(현) [상]과학기술우수논문상(2004), 부총리 겸 과학기술부장관 표창(2007) [저]'The Finite Element Method using MATLAB' '비행동역학 및 제어'(2004) [종]천주교

방희석(房熙錫) BANG Hee Seok

[생]1951·8·15 [본]남양(南陽) [출]전북 고창 [주]경기 안성시 대덕면 서동대로4726 중앙대학교 경영경제대학 국제물류학과(031-670-4771) [학]1968년 고창고졸 1973년 중앙대 무역학과졸 1976년 同대학원 무역학과졸 1994년 경영학박사(영국 웨일즈대) [경]1977~1985년 한국과학기술원 해양연구소 선임연구원 1985년 한국해운산업연구원 연구위원 1996년 중앙대 사회과학대학 상경학부 교수 1996년 同안성캠퍼스 학생처장 1997년 한국국제상학회 부회장 1997년 한국항만경제학회 회장 1997~1999년 중앙대 도서관장 1999년 한국국제상학회 회장 2001~2003년 중앙대 제2캠퍼스 교무처장 2002년 해양수산부 정책평가위원회 위원장 2002년 한국해운학회 부회장 2003년 한국무역학회 회장 2006~2008년 중앙대 사회과학대학장 2009년 인천항만위원회 위원장 2011년 중앙대 경영경제대학 국제물류학과 교수(현) 2012년 同해운물류인력양성사업단장(현) 2014년 여수광양항만공사 항만위원회 위원장(현) 2015년 CJ대한통운(주) 사외이사 겸 감사위원(현) [상]산업포장, 근정포장(2000), 자랑스러운 중앙인상(2013) [저]'무역영어(共)'(1992) '무역학개론'(1994) '현대해상운송론'(1997) '국제운송론'(1999) '물류관리론'(1999) '국제통상론(共)'(2000) [종]기독교

방희선(方熙宣) Heeseon Bang

[생]1955·11·16 [본]온양(溫陽) [출]충북 진천 [주]서울 서초구 서초대로266 한승아스트라 1201호 법무법인 케이파트너스(02-525-5539) [학]1974년 경기고졸 1979년 서울대 법학과졸 1981년 同대학원 법학과졸(석사) 1994년 법학박사(서울대) [경]1981년 사법시험 합격(23회) 1981~1984년 육군 법무장교 1986년 사법연수원 수료(13기) 1984~1987년 김앤장법률사무소 변호사 1987년 인천지법 판사 1989년 서울형사지법 판사 1991년 광주지법 목포지원 판사 1991~1997년 무안·장성·안성·과천시 선거관리위원장 1992~1996년 광주지법 판사 1994년 미국 사법제도 특별연수 1996년 수원지법 판사 1997년 법무법인 이산 변호사 1998년 대한변호사협회 이사 1998년 법무부 사법시험위원 1998년 형사소송법학회 감사 1998·2002년 민주화보상심의위원회 위원 1998년 법제처 법령심의위원 1999~2002년 경희대 법대 겸임교수 2002~2008년 변호사 개업 2005년 '시민과함께하는변호사들' 발기인, 세계일보·내일신문 객원논설위원 2007~2015년 동국대 법과대학 교수 2008년 同법과대학장 2015년 법무법인 케이파트너스 변호사(현) 2016년 방송통신위원회 미디어다양성위원회 위원(현) [상]육군참모총장표창(1983), 시사저널 선정 '올해의 인물'(1993) [저]'가지 않으면 길은 없다' '저작권법'(共) '형법(총론·각론)'(1986·1987) '양형기준제와 양형위원회 도입방안 연구'(2010) [종]기독교

배경록(裵坰錄) BAE Kyung Lock

[생]1958·8·6 [본]성주(星州) [출]전남 광양 [주]서울 마포구 와우산로48 씨네21(주) 임원실(02-6377-0500) [학]1984년 한국외국어대 인도네시아어과졸 2002년 서강대 공공정책대학원졸 [경]1985년 경인일보 근무 1988년 한겨레신문 기자 1997년 同민권사회1부 차장 2001년 同정치부 차장 2003년 同미디어사업본부 한겨레21부장 2005년 同제2창간운동본부 주주배가추진단장 2006년 同지역담당 편집장 2006년 同문화교육사업단장 2007년 同편집국 인사교육담당 부국장 2008년 同편집국 사회부문 선임기자 2009년 同광고국장 2010년 同광고국장(이사대우) 2011년 同애드본부장(상무이사) 2013~2014년 한국신문협회 광고협의회 부회장 2014년 씨네21(주) 부사장(현) [종]천주교

배경석(裵慶錫) BAE Kyung Suk

[생]1942·1·26 [출]중국 하남성 [주]서울 영등포구 국제금융로6길33 맨하탄빌딩8층 (주)워터스 비서실(02-783-5206) [학]청주대사대부고졸 1965년 고려대 법학과졸 [경]서울시약(주) 입사·상무이사, (주)우신순약 설립·대표이사, (주)워터스 대표이사, 同물연구소장, 同대표이사 회장(현), 한중교류협회 부회장, 물사랑세계선교회 회장, 여의도순복음교회 장로, 유전자와생명공학 이사장, 물과생명과학 이사장 [상]수출의 탑, 물사랑 대상, 100대 우수 특허제품 대상, 한국발명진흥회 회장상, 제1회 환경대청상, 대한경영학회 추계경영자대상(2008) [종]순복음

배경섭(裵京燮) bae kyung sub

[생]1959·4·3 [본]성산(星山) [출]전남 [주]서울 강남구 학동로426 강남구청 도시환경국(02-3423-5050) [학]1978년 철도고졸 1982년 서울시립대 건축학과졸 [경]2009년 서울 노원구 도시기획국장 2012년 서울시 도시기반본부 건축부장 2013년 同주택정책실 재생지원과장 2014년 서울 강남구 도시환경국장(현) [종]기독교

배경주(裵坰柱) Bae Kyung Ju

[생]1964·10·13 [출]전남 순천 [주]서울 영등포구 여의대로60 NH투자증권 인사홍보본부(02-768-7012) [학]1982년 순천고졸 1989년 고려대 독문학과졸 [경]1989년 LG증권 입사 2003년 우리투자증권 경영기획혁신팀장 2005년 同경영관리팀장 2010년 同대치WMC센터장 2012년 同광화문광역센터장 2013년 同경영전략본부장 2015년 NH투자증권 인사홍보본부장(상무보) 2015년 同인사홍보본부장(상무)(현)

배경태(裵敬泰) BAE Kyung Tae

[생]1958·3·10 [주]경기 수원시 영통구 삼성로129 삼성전자(주) 임원실(02-2255-0114) [학]김천고졸, 동국대 경영학과졸 [경]삼성전자(주) 디지털미디어총괄 인사그룹장 2002년 同디지털미디어총괄 경영지원팀 상무보 2005년 同디지털미디어총괄 경영지원실 인사팀장(상무) 2005년 同폴란드법인장(상무) 2009년 同SEPOL법인장(전무) 2009년 同중아총괄 전무 2010년 同중동총괄 전무 2011년 同중동총괄 부사장 2013년 同한국총괄 부사장 2016년 同중국총괄 부사장(현)

배광국(裵珖局) BAE Kwang Kook

[생]1961·10·6 [본]경주(慶州) [출]서울 [주]서울 서초구 서초중앙로157 서울고등법원 제16민사부(02-530-1229) [학]1980년 광성고졸 1985년 서울대 법과대학 사법학과졸 1987년 同대학원졸 [경]1986년 사법시험 합격(28회) 1989년 사법연수원 수료(18기) 1989년 軍법무관 1992년 서울지법 동부지원 판사 1994년 서울민사지법 판사 1996년 부산지법 형사6부 판사 1999년 수원지법 판사 2000년 서울고법 판사 2002년 대법원 재판연구관 2004년 청주지법 부장판사 2005년 사법연수원 교수 2008년 서울중앙지법 민사합의41부·형사합의26부 부장판사 2011년 의정부지법 고양지원장 2012년 특허법원 부장판사 2013년 同수석부장판사 2014년 서울고법 부장판사(현) [종]기독교

배광식(裵珖植) BAE Kwang Sik

[생]1959·7·19 [출]경북 의성 [주]대구 북구 옥산로65 북구청 구청장실(053-665-2000) [학]능인고졸, 경북대 행정학과졸, 영남대 행정대학원졸 [경]1982년 행정고시 합격(26회) 1983년 통일부 행정사무관, 대구시 청소년계장, 同노정계장, 同지역경제계장 1994년 同시정계장 1995년 同사회진흥과장 1995년 同지역경제과장 1998년 同경제산업국장 2002년 同환경녹지국장 2004년 同행정관리국장 2004년 同남구 부구청장 2008년 同수성구 부구청장 2012~2014년 同북구 부구청장 2014년 대구시 북구청장(새누리당)(현) [상]대통령표창, 근정포장

배광언(裵光彦) BAE Kwang Un

[생]1936·6·18 [본]달성(達城) [출]전남 목포 [주]서울 중구 세종대로9길53 대한통운빌딩1007호 전국출장소연합회(02-777-7470) [학]목포고졸 1962년 성균관대졸 1994년 전남대 행정대학원 수료 [경]1964년 대양운수(합) 사장(현) 1969년 대한통운(주) 신안출장소장 1974년 전남지구청년회의소 회장 1977년 목포시축구·테니스협회 회장 1979년 전남의용소방대연합회 회장 1985년 목포시체육회 부회장 1987년 전남도 도정자문위원 1991년 민주당 목포지구당 부위원장 1991·1995~1998년 전남도의회 의원 1991년 同산업건설위원장 1993년 同부의장 1995년 同의장 1998년 대한통운 전국출장소연합회 중앙회장 1998년 한국운수창고(주) 대표이사 회장(현) 1999년 민주평통 부의장 2011년 CJ대한통운 전국출장소연합회 중앙회장(현) [상]대통령표창(1985), 체육부장관표창(1988), 재무부장관표창(1989), 국민훈장 동백장(1996) [저]'연설문집 1집'(1997, 제일기획문화사) '연설문집 2집'(1998, 제일기획문화사) [종]기독교

배국원(裵國源) BAE Kook Won

[생]1952·9·5 [출]부산 [주]대전 유성구 북유성대로190 침례신학대학교 총장실(042-828-3112) [학]1975년 연세대 철학과졸 1981년 미국 서던침례신학교 대학원졸 1983년 미국 하버드대 대학원졸 1997년 신학박사(미국 하버드대) [경]1983~1989년 미국 Harvard Univ. 강사 1990년 연세대·서울대 강사 1991~2012년 사회복지법인 은강회 이사장 1991~2012년 침례신학대 신학과 교수 1993년 同신학과장 1995년 同도서관장 1999년 同신학연구소장 2001년 同학생처장 2002년 同교무처장 2002년 同대학원장 2002년 同목회신학대학원장 2005년 同교무처장 2012년 同총장(현) [저]'현대 종교철학의 이해'(2000) 'Homo Fidei'(2003) [역]'Karen Armstrong(신의역사)(共)'(1999) 'Walter Capps(현대종교학 담론)(共)'(2000) 'Ted Peters, ed(과학과종교 : 새로운 공명)(共)'(2002) 'Hans Kung(카톨릭교회)'(2003) [종]기독교

배규진(裵圭振) BAE Gyu Jin

[생]1955·8·15 [본]달성(達城) [출]경북 [주]경기 고양시 일산서구 고양대로283 한국건설기술연구원 SOC성능연구소 Geo-인프라연구실(031-910-0212) [학]1980년 경북대 농공학과졸 1982년 연세대 대학원졸 1984년 일본 전국건설연구센터 건설기술과정 수료 1990년 토목공학박사(연세대) [경]1982~1983년 연세대 공과대학 토목공학과 연구조교 1983~1984년 同산업기술연구소 객원연구원 1984~1990년 한국건설기술연구원 토목연구부 연구원 1990~1994년 同지반연구실 선임연구원 1992년 미국 Comtec Research Company 객원연구원 1995년 한국건설기술연구원 지반연구실 수석연구원 1996~1998년 同지반연구실장 1999년 同기획조정실장 2000년 同토목연구부 지하구조물그룹 수석연구원 2001년 同토목연구부장 2001년 同연구위원 2003년 同지반연구부장 2005년 同선임연구부장 2005년 同원장 직대 2006~2009년 同지하구조물연구실 책임연구위원 2008~2010년 한국터널공학회 회장 2009~2011년 한국건설기술연구원 선임본부장 2011년 同기반시설연구본부 지반연구실 선임연구위원 2011년 同SOC성능연구소 Geo-인프라연구실 선임연구위원(현) [상]과학기술자상(1998), 대한토목학회 기술상(1998), 대한토목학회 학술상(2002) [종]가톨릭

배규한(裵圭漢) BAE Kyu Han

[생]1951·4·5 [본]김해(金海) [출]경북 칠곡 [주]서울 성북구 정릉로77 국민대학교 사회학과(02-910-4473) [학]1970년 계성고졸 1974년 서울대 사회학과졸 1979년 同대학원 사회학과졸 1985년 사회학박사(미국 일리노이대 어배나교) [경]1979~1980년 서울대 강사 1985~1986년 同사회과학연구소 특별연구원 1985~1995년 국민대 조교수·부교수 1985~1988년 同학보사 부주간·주간 1989~1994년 대통령자문 21세기위원회 위원 1992~1993년 미국 캘리포니아대 버클리교 연구교수 1995년 국민대 사회학과 교수(현) 1995~1999년 同학생처장 1996년 한겨레신문 미래칼럼위원 1996~1998년 종합유선방송위원회 심의위원 1996~1998년 전국대학교학생처장협의회 회장 2000~2002년 국민대 사회과학대학장 2001년 중앙일보 옴부즈맨칼럼위원 2002~2004년 국무총리 비상기획위원회 위원 2002~2004년 KBS 객원해설위원 2002~2003년 동아일보 객원논설위원 2003~2006년 서울시정자문단 위원 2004년 매일신문 화요포럼 칼럼위원 2004~2007년 한국청소년정책연구원 원장 2005~2008년 서울시 사회복지위원회 위원 2005~2011년 아산문화재단 아산봉사상 심사위원 2005~2006년 청소년특별회추진단 단장 2006~2007년 국무총리 제대군인지원위원회 위원 2006~2012년 삼성사회정신건강연구소 자문위원 2007~2011년 아산문화재단 장학위원장 2008~2010년 대통령직속 미래기획위원회 위원 2008~2010년 교육과학기술부 자체평가위원회 위원장 2009년 한국학술진흥재단 사무총장 2009년 同이사장 직대 2009~2012년 한국연구재단 초대 사무총장 2010년 여성가족부 청소년정책자문위원장 2012년 국가청소년수련활동인증위원회 위원장 2012년 청소년보호위원회 위원장(현) 2013년 뉴질랜드 오클랜드대 연구교수 2014년 한국천문연구원 비상임감사(현) [저]'21세기 한국과 한국인(共)'(1994) '21세기 한국의 사회발전전략(共)'(1994) '학생운동과 대학생 자치활동'(1999) '조사방법론과 사회통계(共)'(2000) '미래 사회학'(2000)

ㅂ

'변화하는 사회, 기업의 대응(共)'(2002) '글로벌화와 한국경제의 선택(共)'(2002) '통계조사론(共)'(2003) '매스미디어와 정보사회(共)'(2004) '청소년학개론(共)'(2007) '청소년학연구방법론(共)'(2007) '사회학적 통찰과 상상'(2011) [종]기독교

배규한(裵圭漢) BAE Kyu Han

[생]1962 · 11 · 22 [본]분성(盆城) [출]부산 [주]경기 포천시 호국로1007 대진대학교 글로벌경제학과(031-539-1761) [학]1986년 건국대 경제학과졸 1988년 同대학원졸 1994년 경제학박사(건국대) [경]1992~2015년 대진대 디지털경제학과 교수 1992년 同기획처장 1994년 同지역경제연구소장 1998~2001년 同사회과학대학장 2002~2003년 미국 오레곤주립대 경제학부 연구교수 2003~2004년 대진대 중국캠퍼스 설립추진위원장 2005~2007년 同국제협력대학장 2010년 일본 간사이외대 교수 2012년 대진대 대학원장 2012년 同통일대학원장 겸임 2013년 同부총장 2014년 同교학부총장(현) 2015년 同글로벌경제학과 교수(현) 2015년 同교학부총장 겸 대외협력부총장 2016년 同총장 직무대행(현) [상]포천군 문화상(1999), 경기도공적표창(2002)

배금자(裵今子 · 女) BAE Keum Ja (山)

[생]1961 · 2 · 2 [출]경북 영일 [주]서울 종로구 새문안로5가길28 광화문플래티넘911호 해인법률사무소(02-3471-2277) [학]1978년 부산 혜화여고졸 1984년 부산대 사학과졸 1998년 미국 하버드대 로스쿨(LL.M.)졸 [경]1985년 사법시험 합격(27회) 1988년 사법연수원 수료(17기) 1988~1989년 부산지법 판사 · 동부지원 판사 1989년 동서로펌 변호사 1990년 변호사 개업 1994년 MBC '오변호사 배변호사' 진행 1998년 미국 뉴욕주 변호사시험 합격 1998~1999년 미국 조지타운로스쿨 객원연구원 1999년 해람합동법률사무소 변호사 2000년 해인법률사무소 대표변호사(현) 2000~2003년 방송위원회 고문변호사 2000~2004년 KBS 객원해설위원 2001~2004년 전자거래분쟁조정위원회 조정위원 2002~2004년 서울지방변호사회誌 '시민과 변호사' 편집위원 2003~2004년 저작권심의조정위원회 조정위원 2004년 동아일보 객원논설위원 2005~2007년 정보통신윤리위원회 위원 2008년 한국문화콘텐츠진흥원 국제거래 책임변호사 2008년 저작권위원회 위원 2008년 대한상사중재원 중재인(현) 2009년 법제처 법령해석심의위원회 위원 2012년 대한변호사협회 징계위원(현) 2012년 대통령소속 개인정보보호위원회 위원(현) 2012년 문화콘텐츠분쟁조정위원회 위원(현) 2013년 공공데이터제공분쟁조정위원회 위원 2014년 동아일보 객원논설위원(현) [상]대한변호사협회장표창(1995), 서울지방변호사회 공익봉사상(2004), 여성권익디딤돌상(2004), 세계보건기구(WHO) 공로상(2006) [저]'종군위안부문제 특별보고서'(1991, 대한변호사협회 인권보고서) '이의있습니다'(1995) '인간을 위한 법정'(1999) '공직자 명예훼손 소송과 그 법리'(2002, 언론중재) '집단명예훼손'(2002) '저작권에 있어서의 병행수입 문제'(2003) '미국에서의 퍼블리시티권'(2004) '법보다 사람이 먼저다'(2005) '화재안전담배 도입방안'(2010, 서울지방변호사회 시민과 변호사) 외 다수 [작]'미국에서의 종교의 자유'(2006, 대한변협신문 연재) [종]불교

배금주(裵今珠 · 女)

[생]1964 · 11 · 28 [주]세종특별자치시 도움4로13 보건복지부 기획조정담당관실(044-202-2310) [학]미국 메릴랜드주립대 대학원 여성학과졸 [경]여성가족부 행정사무관 2005년 대통령비서실 사회정책행정관 2008년 보건복지가족부 국민연금급여과장 2009년 同사회복지정책실 국민연금정책과장 2010년 보건복지부 사회복지정책실 국민연금정책과장 2010년 同보건의료정책실 식품정책과장 2011년 同보건의료정책실 의료기관정책과장(서기관) 2012년 同건강정책국 건강증진과장 2013년 국방대 교육파견 2014년 보건복지부 사회복지정책실 급여기준과장 2015년 同사회복지정책실 지역복지과장 2016년 同기획조정실 기획조정담당관(현)

배긍찬(裵肯燦) BAE Geung Chan

[생]1956 · 5 · 17 [출]서울 [주]서울 서초구 남부순환로2572 국립외교원 아시아 · 태평양연구부(02-3497-7693) [학]1979년 고려대 정치외교학과졸 1983년 미국 클레어먼트대 대학원 정치학과졸 1988년 정치학박사(미국 클레어먼트대) [경]1988~1989년 고려대 · 성균관대 · 중앙대 강사 1989~2000년 외교안보연구원 조교수 · 부교수 1996~2000년 同아시아 · 태평양연구부장 1999년 인도네시아 CSIS(Center for Strategic and International Studies) 객원연구원 2001년 외교안보연구원 교수 2008~2012년 同연구실장 2012년 국립외교원 아시아 · 태평양연구부 교수(현) [저]'정치적 현실주의의 역사와 이론(共)'(2003) '국제적 통일역량 강화방안(共)'(2003) '동남아 정치변동의 동학 : 안정과 변화의 갈림길(共)'(2004)

배기동(裵基同) BAE Ki Dong (尋恒)

[생]1952 · 5 · 6 [본]성주(星州) [출]대구 [주]서울 용산구 서빙고로137 국립박물관문화재단(1544-5955) [학]1971년 서울대 고고인류학과졸 1976년 同대학원 고고학과졸 1988년 인류학박사(미국 캘리포니아대 버클리교) [경]1976~1979년 호암미술관 학예연구원 1979~1983년 서울대 박물관 연구원 1984~1988년 미국 캘리포니아대 동아시아연구소 연구원 1989년 문화재연구소 연구원 1991~2008 · 2010년 한양대 인문학부 문화인류학과 교수(현) 1992년 동아시아고고학연구소 소장(현) 2002 · 2008년 한양대 박물관장 2002~2005년 서울 · 경기고고학회 회장 2003~2005년 문화재청 매장문화재분과 위원 2004년 2004세계박물관대회조직위원회 사무총장 2004~2006년 대학박물관협회 회장 2004~2007년 세계고고역사박물관위원회 집행위원 2005~2006년 문화재보호재단 이사 2005~2006년 경기도 문화재위원 2005년 한미문화재단 이사(현) 2005년 고려문화재연구원 이사(현) 2006년 한양대 박물관문화환경연구센터장 2007~2009년 문화재위원회 사적분과 위원 2007~2009년 한국박물관협회 회장 2009년 세계적 영문인류학잡지 '인간진화 저널(Journal of Human Evolution)' 편집위원 2009~2010년 한국전통문화학교 총장 2011년 국제박물관협의회(ICOM) 한국위원회 위원장(현) 2011~2015년 전곡선사박물관 관장 2012년 유네스코한국위원회 집행위원 겸 문화분과 부위원장(현) 2013년 유네스코 아시아태평양국제이해교육원 이사회 의장(현) 2013년 프랑스 고인류연구소(Institute of Paleontologie Hamain) 과학위원(현) 2013년 국외문화재재단 이사(현) 2013년 삼성문화재단 이사(현) 2013~2015년 한양대 국제문화대학장 겸 문화산업대학원장 2014년 국제박물관협의회(ICOM) 국가위원회 의장(현) 2016년 同아시아태평양지역연합(ASPAC) 위원장(현) 2016년 국립박물관문화재단 이사장(현) [상]최우수교수상(1997), 제4기 위해 학술상(2009), 경남중 · 고동창회 용마상(2010) [저]'전곡리 구석기유적'(2009) 'Museum and History of the Jeongok Paleolithic Site'(2012) 'Paleolithic Archaeology in Korea'(2012) 등 [역]'인간이 된다는 것의 의미' '문명의 여명' '일본인의 기원' '고고학이론과 방법실습' '아프리카 5백만년의 역사' '대한민국박물관기행'

배기영(裵基英) Bae, Ki Young

[생]1955 · 11 · 2 [본]성산(星山) [출]충북 옥천 [주]서울 강남구 강남대로284 더클래스효성(주) 사장실(02-575-7500) [학]1974년 보성고졸 1981년 연세대 행정학과졸 [경]1981~1994년 극동정유 과장 · 부장 1994~1996년 고성진흥(주) 신규사업개발부장 1996~2000년 선인모터스 Director 2000~2004년 고진모터스 Managing Director 2004~2011년 선인모터스 CEO 2011~2013년 同고문 2013년 더클래스효성(주) 대표이사 사장(현) [종]기독교

배기원(裵淇源) BAE Ki Won (靑湖)

[생]1940 · 12 · 1 [본]경주(慶州) [출]대구 [학]1959년 경북고졸 1963년 영남대 법학과졸 1967년 서울대 사법대학원 수료 [경]1965년 사법시험 합격(5회) 1967~1970년 軍법무관 1970~1979년 부산지법 판사 1979년 대구고법 판사 1981년 대법원 재판연구관 1981년 대구지법 김천지원장 1983~1988년 대구지법 부장판사 1988~2000년 변호사 개업 1995년 대구지방변호사협회 부회장 1997~1999년 同회장 1997년 대한변호사협회 부회장 2000~2005년 대법원 대법관 2005~2010년 영남대 법과대학 석좌교수 2008년 서초구 무료법률상담위원 2008년 방배동성당 무료법률상담위원 [상]청조근정훈장(2006) [종]천주교

배기현(裵基賢) Bae Kihyen (무애)

[생]1953 · 2 · 1 [출]경남 마산 [주]경남 창원시 마산합포구 오동북16길27 천주교 마산교구청(055-249-7001) [학]1983년 광주가톨릭대졸 1985년 同대학원졸 1994년 오스트리아 인스브루크대 철학과졸 1996년 독일 뮌헨대 대학원 철학 박사과정 수료 [경]1985년 사제서품 1985~1989년 천주교 마산교구 남해본당 주임신부 1996~1998년 부산가톨릭대 교수 1998~2001년 미국 덴버 한인성당 교포사목 2001년 안식년 2002~2005년 천주교 마산교구 사천성당 주임신부 2005~2008년 同마산교구 덕산동성당 주임신부 2008~2014년 미국 로스앤젤레스 한인성당 교포사목 2014년 안식년 2015년 천주교 마산교구 총대리 겸 사무처장 2016년 同마산교구장(주교)(현)

배남철(裵南喆) BAE Nam Chul
[생]1958·6·5 [본]달성(達城) [출]경남 남해 [주]서울 송파구 오금로111 세기빌딩2층 기산텔레콤(주) 임원실(02-3433-8283) [학]1977년 경남고졸 1981년 서울대 전기공학과졸 [경]1981~1987년 대우조선 근무 1995년 (주)디지콤 부장 2000년 (주)성미전자 이사 2003년 (주)브리지텍 부사장 2006년 (주)기산텔레콤 전무이사 2007년 同부사장(현)

배대경(裵大慶) BAE Dae Kyung (靜菴)
[생]1946·9·18 [본]성산(星山) [출]대구 [주]서울 동대문구 경희대로23 경희대학교병원 정형외과(02-958-8366) [학]1964년 경북대사대부고졸 1970년 서울대 의대졸 1973년 同대학원졸 1979년 의학박사(서울대) [경]1978~1988년 경희대 의대 정형외과학교실 전임강사·조교수·부교수 1981년 미국 위스콘신대 임상연구원 1988년 미국 하버드의대 브리감우먼병원 교환교수 1988~2012년 경희대 의대 정형외과 교수, 경희대병원 정형외과 진료교수(현) 1991~1997년 同응급의료센터실장 1997~2003년 同정형외과장 1997년 대한슬관절학회 회장 1997~1998년 대한정형외과생체역학회 회장 1999년 대한관절경학회 회장 2000년 대한정형외과연구학회 회장 2002년 대한골관절종양학회 회장 2002년 대한정형외과학회 이사장 2011년 중국 연변제2인민병원 객좌교수(현) 2012년 대한정형외과학회 회장 2013년 대한민국의학한림원 정회원(현) 2014~2016년 대한운동계줄기세포재생의학회 회장 2016년 同평의원(현) [상]고황의학상(1995), 서울대총장표창 [저]'정형외과학'(1993) '스포츠의학' '퇴행성 슬관절염의 관절경적 치료' [역]'알기 쉬운 스포츠의학'(2003) [종]기독교

배덕광(裵德光) Bae Duk Kwang
[생]1948·6·22 [출]경남 창원 [주]서울 영등포구 의사당대로1 국회 의원회관1007호(02-784-0797) [학]1967년 마산상고졸 1974년 동아대 경영학과졸 1983년 부산대 행정대학원졸(행정학석사) 2003년 경영학박사(경성대) 2006년 부산대 국제전문대학원졸(국제학석사) [경]1967~1987년 부산지방국세청 근무 1987~1989년 경주세무서 간세과장 1989~1992년 부산지방국세청 사무관 1992~1993년 同징세조사국 특별조사관 1993~1996년 대통령비서실 행정관 1996~1997년 춘천세무서장 1997~1998년 서울지방국세청 조사1국 조사관리과장 1999~2001년 세무회계사무소 개업 2001년 (주)동성화학 사외이사 2001~2002년 창원대 회계학과 겸임교수 2001~2002년 세무법인 광원 대표세무사 2002년 한나라당 제16대 대통령후보 보좌역 2003년 부산지방세무사회 회장 2004년 (사)한국회계정보학회 부회장 2004년 동부산대학경영과 겸임교수 2004·2006·2010~2014년 부산시 해운대구청장(한나라당·새누리당) 2008년 동부산대학 금융경영과 겸임교수 2008년 영산대 호텔경영학과 겸임교수 2010~2014년 부산구청장·군수협의회 회장 2010년 동아대경영학부총동문회 초대회장(현) 2011년 전국시장·구청장·군수협의회 사무총장 2012~2014년 同대표회장 2012년 새누리당 지방자치안전위원회 부위원장 2014년 제19대 국회의원(부산시 해운대구·기장군甲 보궐선거, 새누리당) 2014년 국회 미래창조과학방송통신위원회 위원 2015년 새누리당 정책위원회 미래창조방송통신정책조정위원회 부위원장 2015년 同부산시당 수석부위원장(현) 2015년 同핀테크특별위원회 위원 2016년 同부산시해운대구乙당원협의회 운영위원장(현) 2016년 제20대 국회의원(부산시 해운대구乙, 새누리당)(현) 2016년 국회 미래창조과학방송통신위원회 위원(현) 2016년 국회 정치발전특별위원회 간사(현) 2016년 새누리당 대외협력위원장(현) [상]국세청 우수공무원상(1977), 국무총리표창(1985), 녹조근정훈장(1995), 국세청장표창(2000), 한국지방자치대상 경영혁신단체장부문(2009), 한국공공디자인학회 공로상(2010), 올해의 부부상(2011), 한국을 빛낸 자랑스런 한국인 대상(2011) [저]'해운대이펙트'(2013)

배덕수(裵悳秀) BAE Duk Soo
[생]1955·9·18 [출]서울 [주]서울 강남구 일원로81 삼성서울병원 산부인과(02-3410-3511) [학]경기고졸 1980년 서울대 의대졸 1988년 同대학원졸 1990년 의학박사(서울대) [경]1983~1988년 서울대병원 인턴·레지던트 1988~1992년 서울적십자병원 산부인과 부과장 1992~1994년 미국 Duke Comprehensive Cancer Center 연구원 1994년 삼성서울병원 산부인과 전문의(현) 1997~2002년 성균관대 의대 산부인과학교실 부교수 2001~2007년 삼성서울병원 산부인과장 2001~2007년 성균관대 의대 산부인과학교실 주임교수 2002년 同의대 산부인과학교실 교수(현) 2002년 대한산부인과내시경학회 재무위원장 2003년 삼성서울병원 암센터 부인암센터장 2004~2014년 대한부인종양콜포스코피학회 상임이사 2005~2007년 대한산부인과학회 정보위원장 2006년 대한비뇨부인과학회 정보위원장, 同이사(현) 2006년 대한암학회 이사 2006~2010년 대한산부인과내시경학회 학술위원장·부회장 2009~2011년 삼성서울병원 산부인과장 2009~2011년 성균관대 의대 산부인과학교실 주임교수 2011~2012년 대한산부인과내시경학회 회장 2013년 同명예회장(현) 2013년 아시아태평양부인과내시경학회(APAGE) 조직위원장 2014년 대한부인종양학회 회장(현) 2015년 대한산부인과학회 이사장(현)

배도순(裵度淳) BAE Do Soon
[생]1953·2·28 [출]대구 [주]경북 경주시 강동면 동해대로261 위덕대학교 경영학과(054-760-1571) [학]1972년 경북고졸 1977년 국민대 무역학과졸 1980년 고려대 대학원 경영학과졸 1994년 경영학박사(경희대) [경]1982~1996년 강릉대 무역학과 교수 1991~1993년 同사회과학연구소장 1996년 위덕대 경영학과 교수(현) 1996~2000년 同사무처장 1999~2000년 同경영대학원장 겸 도서관장 2000~2004년 同교육대학원장 2000~2006년 同경영대학원장 2000~2006년 경북도의회 포항시 자문위원 2007~2008년 한국노동교육원 객원교수 2008년 위덕대 부총장 2008~2012년 同총장 [종]불교

배동현(裵東鉉) BAE Dong Hyun
[생]1955·10·17 [본]달성(達城) [출]전북 고창 [주]서울 중구 청계천로100 시그니쳐타워 서관11층 아모레퍼시픽그룹(02-709-5900) [학]1974년 법성상고졸 1981년 국민대 경영학과졸 [경]2000년 (주)태평양 경리팀 부장 2002년 同재경담당 상무 2005년 同기획재경부문 부사장 2006년 (주)아모레퍼시픽 기획재경담당 부사장 2008년 同기획재경부문 부사장(CFO) 2011년 同지원총괄 대표이사 부사장 2013년 同경영지원부문 각자대표이사 부사장 2015년 아모레퍼시픽그룹 사장(현) [상]공정거래위원장표창(2010)

배동훈(裵東薰) BAI Dong Hoon
[생]1953·7·25 [주]충남 천안시 동남구 단대로119 단국대학교 융합기술대학 식품공학과(041-550-3562) [학]1976년 연세대 식품공학과졸 1978년 同대학원졸 1988년 식품공학박사(미국 퍼듀대) [경]1982~1989년 미국 퍼듀대 교환연구원·연구조교·연구원 1989년 단국대 공학부 조교수·부교수, 同식품공학과 교수(현) 1998년 미국 뉴욕주립대 구강미생물학교실 방문교수 1999년 한국종균협회 이사(현) 1999~2011년 한국미생물보존센터 소장 [저]'식품 품질 검사 기초'(1995) '응용미생물학'(2007) '응용미생물학실험'(2007) '식품미생물학'(2007) '발효공학'(2008) [종]천주교

배만규(裵晩奎) BAE MAN GYU
[생]1960·11·15 [본]성산(星山) [출]경북 고령 [주]경북 안동시 풍천면 도청대로455 경상북도청 생활안전과(054-880-2330) [학]대구 달성고졸, 경북산업대 토목공학과졸, 경북대 산업대학원 산업공학과졸 [경]1986~2009년 경북도 주무관 2009~2011년 김천시 혁신도시건설지원단장(시설사무관) 2011년 경북도 시설사무관 2015년 同생활안전과장(현) 2016同건설소방위원회 수석전문위원(현) [상]내무부장관표창, 행정자치부장관표창, 국토부장관표창, 국무총리표창(2회)

배만종(裵晩鍾) BAE Man Jong
[생]1953·1·27 [출]대구 [주]경북 경산시 한의대로1 대구한의대학교 바이오산업대학 바이오산업융합학부(053-819-1425) [학]1973년 영남고졸 1981년 영남대 식품가공학과졸 1983년 同대학원 식품생화학과졸 1989년 식품생화학 및 생물공학박사(영남대) [경]1984~1988년 대구한의대 한의학과 조교·전임강사 1988~2003년 경산대 자연과학대학 생명자원공학부 식품과학전공 조교수·부교수·교수 1992년 일본 동경대 의학부 면역학교실 객원교수 1995년 경산대 사무처장 1996년 생명자원개발연구소장 2001년 同대학원장 2002년 同교무처장 2002년 경북테크노파크 대구한의대 특화센터 효능검증원장 2003~2015년 대구한의대 한방산업대학 한방식품약리학과 교수 2006년 同한방산업대학원장 2006년 식품위생검사소장 2007~2008년 대구한의대 한방식품약리학과장 2008~2009년 同한방산업대학장 2009년 同교무처장 2011년 同한방바이오창업보육센터장 2011년 同한방산업대학장 2012년 同대학원장 겸 교육대학원장 2014~2016년 同교학부총장 2015년 同한방산업대학 바이오산업융합학부 식품생명공학전공 교수 2016년 同바이오산업대학 바이오산업융합학부 식품생명공학전공 교수(현) [저]'식품면역학'(1995) '식품영양실험 핸드북'(2000) '생명자원의 이해'(2001) [종]불교

ㅂ

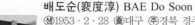

배명국(裵命國) BAE Myung Gook (庭岩)
[생]1934 · 11 · 6 [본]달성(達城) [출]경남 진해 [주]서울 영등포구 의사당대로1 대한민국헌정회(02-757-6612) [학]1958년 육군사관학교졸(14기) 1962년 서울대 문리대학졸 1971년 同행정대학원졸 [경]육군사관학교 교수 1972년 예편(육군 중령) 1972년 대통령 민정비서실 근무 1981년 제11대 국회의원(창원 · 진해 · 의창, 민주정의당) 1981년 국회 건설위원장 1983년 同상공위원장 1985년 민주정의당(민정당) 중앙집행위원 1985년 제12대 국회의원(창원 · 진해 · 의창, 민정당) 1985년 한 · 호주의원친선협회 회장 1986년 한 · 브라질의원친선협회 회장 1987년 민정당 경남지부 위원장 1988년 同진해 · 의창지구당 위원장 1988년 지역개발연구소 이사장 1990년 홍익재활원 대표이사 1992년 제14대 국회의원(진해 · 창원, 민자당 · 신한국당) 1992년 민자당 경남도지부장 1992년 同당무위원 1995년 한 · 일의원연맹 경제과학기술위원장 1996년 자민련 부총재 1998년 同정책자문위원장 2000년 同진해지구당 위원장 2005년 대한민국헌정회 사무총장 · 이사 2013년 同고문(현) [상]충무무공훈장 [종]불교

배명수(裵命銖) BAE Myung Soo
[생]1961 · 8 · 11 [본]성주(星州) [출]서울 [주]서울 강남구 테헤란로504 해성빌딩12층 한국BMS제약 임원실(02-3404-1301) [학]1984년 서울대 약학과졸 1987년 同대학원 약학과졸 2005년 약학박사(영남대) [경]1990년 럭키제약 근무 1991~1994년 현대약품 근무 1994~1997년 한국MSD 근무 1997년 한국BMS제약 입사, 同메디컬부 · 등록업무부 근무, 同대외협력업무총괄 상무 2009년 同대외협력업무총괄 전무(현)

배명인(裵命仁) BAE Myung In (周峰)
[생]1932 · 11 · 8 [본]달성(達城) [출]경남 진해 [주]서울 강남구 테헤란로133 한국타이어빌딩 법무법인(유) 태평양(02-3404-0110) [학]1952년 진해고졸 1956년 서울대 법과대학졸 [경]1957년 고등고시 사법과 합격(8회) 1958년 서울지검 검사 1959년 청주지검 검사 1960년 부산지검 검사 1964년 서울지검 검사 1968년 대구지검 검사 1968년 법무부 송무과장 1971년 서울지검 성동지청 부장검사 1973년 서울지검 부장검사 1974년 同형사1부장 1976년 同성북지청장 1978년 대구지검 차장검사 1979년 광주지검장 1980년 법무부 검찰국장 1981년 대검찰청 차장검사 1981년 광주고검장 1982년 법무연수원 원장 1982~1985년 법무부 장관 1985~1986년 일본 慶應大 객원교수 1986년 대한변호사협회 · 서울지방변호사회 소속(현) 1987년 법무법인(유) 태평양 대표변호사(현) 1988년 국가안전기획부장 1995년 대한불교진흥원 이사 1997년 불교방송 이사, 학교법인 동명문화학원 이사 [상]황조근정훈장(1983), 청조근정훈장(1985) [종]불교

배명철(裵明鐵) BAE Myung Chul
[생]1955 · 11 · 2 [본]분성(盆城) [출]경남 통영 [학]경남고졸 1978년 서울대 사회학과졸 2002년 한양대 언론정보대학원 수료 [경]1980년 한일은행 입사 1982년 조선일보 입사 1994년 同사회부 차장대우 1997년 同사회부 차장 1999년 同영남취재팀장 2000년 同사회부장 2001년 同편집국 편집위원 2001년 同부장대우 영남취재팀장 2005년 同전국뉴스부 부산취재팀장 2006년 同부산취재본부장 2010년 경상일보 대표이사 사장 2015~2016년 同고문

배명한(裵明漢) Bae Myunghan
[생]1965 · 9 · 18 [본]분성(盆城) [출]경남 김해 [주]서울 영등포구 여의대로24 전국경제인연합회 중소기업협력센터(02-6336-0611) [학]1991년 서울대 경제학과졸 2000년 미국 미시간대(Ann Arbor) 대학원졸(MBA) [경]1991년 전국경제인연합회 입회 2000년 同국제본부 아주협력팀장 2003년 자유무역협정(FTA) TF팀장 2005년 금융감독원 금융소비자패널 2006년 통계청 국가통계품질진단 심의위원 2011년 한국광고공사 공익광고협의회 심의위원 2012년 전국경제인연합회 중소기업협력센터 자문단지원팀장 2015년 同중소기업협력센터 소장(현)

배병만(裵秉萬) BAE Byung Man
[생]1962 · 10 · 28 [본]달성(達城) [출]서울 [주]서울 종로구 경희궁길26 스포츠월드(02-2000-1800) [학]서울 영일고졸, 경희대 사학과졸, 同대학원 한국사 수료 [경]1988년 한국일보 · 일간스포츠 사회부 기자 1999년 同문화레저부 기자 2001년 同레저팀장 2003년 同경제부 차장 2005년 스포츠월드 레저생활부장 2010년 同레저부장 2011년 同편집국 전문기자 2011년 同생활경제부장(부국장급) 2012년 同레저부장(부국장급) 2013년 同편집국 생활경제부장(부국장급) 2014년 同편집국 연예문화부장(부국장급) 2015년 同편집국장 2016년 同본부장(현) [상]한국일보 백상기자대상 은상(1992) [저]'여행기자들이 다시 찾고 싶은 여행지 베스트 34'(2009, 컬러그라퍼)

배병선(裵秉宣) BAE Byeong Seon
[생]1960 · 10 · 4 [출]경북 포항 [주]충남 부여군 규암면 충절로2316번길34 국립부여문화재연구소 소장실(041-830-5600) [학]1984년 서울대 건축공학과졸 1986년 同대학원 건축공학과졸 1993년 건축공학박사(서울대) [경]1996~2000년 군산대 공대 건축공학과 조교수 2000년 한국전통문화학교 전통건축학과 교수 2005년 문화재청 매장문화재분과 문화재전문위원 2005년 국립문화재연구소 건조물연구실장, 한국문화콘텐츠기술학회 이사, 국립문화재연구소 건축문화재연구실장 2010년 국립해양문화재연구소 전시홍보과장 2011년 국립문화재연구소 건축문화재연구실장 2013년 국립부여문화재연구소장(현) [저]'부석사(共)'(1995) '한국건축사'(1996) [종]불교

배병수(裵秉水) Bae, Byeong-Soo
[생]1962 · 7 · 7 [출]서울 [주]대전 유성구 대학로291 한국과학기술원 공과대학 신소재공학과(042-350-4119) [학]1981년 오산고졸 1986년 서울대 공대 무기재료공학과졸 1988년 미국 드렉셀대 대학원 재료공학과졸 1993년 재료공학박사(미국 애리조나대) [경]1993~1994년 미국 Arizona Materials Lab 연구원 1994년 한국과학기술원(KAIST) 공과대학 신소재공학과 교수(현) 1997년 일본 교토대 방문교수 1997년 독일 신소재연구소(Univ. of Saalandes) 방문교수 1997년 호주 Photonics CRC(호주 국립대) 초빙교수 2000~2003년 일본 도쿄대 방문교수 2003~2012년 한국과학기술원 솔-젤응용기술연구센터 소장 2006~2007년 미국 애리조나주립대 초빙교수 2008년 한국과학재단 화공소재 전문위원 2008~2016년 한국과학기술한림원 준회원 2008~2009년 한국연구재단 화학화공소재단장 2010년 한국과학기술원 나노융합연구소장 2011년 LG전자 자문교수 2011~2013년 국가과학기술위원회 첨단융합전문위원회 위원 2011~2012년 LG디스플레이 상임 지도교수 2011~2012년 삼성디스플레이 자문교수 2012년 국가나노인프라협의체 이사(현) 2012년 삼성정밀화학 자문교수 2012년 ANF(Asia Nanotechnology Fund) 과학자문위원 2012년 (주)솔잎기술 대표이사 2013~2014년 국가과학기술위원회 첨단융합전문위원회 위원 2014년 국가과학기술연구회 기획평가위원회 위원(현) 2016년 한국과학기술한림원 정회원(공학부 · 현) [상]대한민국기술대상 은상(2004), 산업자원부장관표창(2005), KAIST 학술상(2008), 국제정보디스플레이 대상(2009), KAIST 기술혁신상(2010), 국가연구개발 우수성과 100선 최우수성과(2012), 제2회 EEWS 사업기획경진대회 최우수상(2012), 과학기술훈장 웅비장(2012)

배병우(裵炳雨) BAE Byung Woo
[생]1950 · 5 · 22 [출]전남 여수 [학]여수고졸 1974년 홍익대 응용미술학과졸 1978년 同대학원 공예도안과졸 [경]1976년 홍익대 · 숙명여대 · 한국종합예술학교 강사 1981~1998년 서울예술전문대 사진과 조교수 · 부교수 · 교수 1985년 제2회 개인전 마라도(한마당화랑) 1988년 라이파이센 은행화랑 개인전(독일 밤베르크), 독일 빌레펠트대 사진디자인과 연구 1991년 한국사 진의 수평전 운영위원 1992년 한국사진수평전(시립미술관) 1993년 개인전(한가람미술관) 1994년 한국사진수평전(공평아트센터) 1996년 일본 국립근대미술관 '90년대 한국미술' 전 1997년 토론토 파워 플래닛 'Fast Forward' 전 1998~2011년 서울예술대학 사진과 교수 1998년 파리 OZ 갤러리 '배병우 개인전' 2000년 서울 박영덕갤러리 '배병우 개인전' 2009년 개인전(덕수궁미술관) 2014년 경기도 혁신위원회 위원 [상]옥관문화훈장(2009), 제28회 이중섭 미술상(2016) [저]'사진의 실제'(1982) '배병우사진집'(1982) '디자인과 사진'(1985) 'Art Vivant 배병우'(1995) '창덕궁'(2009) [역]'사진' [작]작품집 '배병우'(1982) '마라도'(1985) '소나무'(1993) '종묘'(1998) '청산에 살어리랏다'(2005) 'Sacred Woo'(2008) '창덕궁 : 배병우 사진집'(2010) '배병우 빛으로 그린 그림'(2010) 등

배병일(裵炳日) BAE Byung Il
[생]1957 · 8 · 13 [출]경북 경산 [주]경북 경산시 대학로280 영남대학교 법과대학 법학과(053-810-2614) [학]1980년 영남대 법학과졸 1982년 同대학원졸 1988년 법학박사(영남대) [경]1985~1992년 강릉 법학과 조교수 · 부교수 1988년 한국민사법학회 이사 1992년 민사법의이론과실무학회 부회장 1992~1996년 영남대 법학과 부교수 1995년 한국비교사법학회 이사 1996년 영남대 법

과대학 법학과 교수(현) 1996년 同취업지원센터장 1997~1998년 미국 워싱턴주립대 교환교수 1999~2000년 영남대 생활관장 2000~2001년 同기획처 부처장 2000~2004년 대구시 동구 인사위원회 위원 2002~2004년 영남대 법과대학장 2002년 同법학연구소장 · 운영위원 2002~2004년 전국법과대학장협의회 부회장 2002~2008년 경북도 행정심판위원회 위원 2004~2008년 同지방세심사위원회 위원 2004~2005년 영남대 교수회 사무국장 2005~2007년 100인포럼 상임공동대표 2006년 대구일보 독자권익위원회 위원장(현) 2007~2008년 미국 버지니아주 올드도미니언대 교환교수 2008~2012년 영남대 법과대학장 겸 법학전문대학원장 2008년 경북도교육청 행정심판위원회 위원 2010~2012년 전국법과대학장협의회 회장 2010~2014년 통일교육원 대구지역협의회 회장 2012~2014년 법학전문대학원협의회 법학적성시험연구사업단장 2013년 검찰총장후보추천위원회 위원 2013~2014년 한국법학교수회 회장 2014년 대법관후보추천위원회 위원 2014~2015년 영남대 대외협력처장 2014~2015년 성요셉교육재단 이사장 2014년 국회 윤리심사자문위원회 위원 2014년 교육부 대학수학능력시험 개선자문위원회 위원 2015년 경북 청도군 정책자문위원회 위원장(현) 2015년 대구지검 검찰시민위원회 위원장(현) 2016년 대구고검 시민모니터링단장(현) 2016년 국회 윤리심사자문위원회 위원장(현) [저]'부패의 현상과 진단'(1996) '북한체제의 이해'(1997) '주석민법'(1999) '법학개론'(1999 · 2005) '물권법'(2002 · 2003) '생활법률'(2006)

배병준(裵秉俊) BAE BYOUNG JUN

[생]1966 · 10 · 30 [본]경주(慶州) [출]경북 상주 [주]세종특별자치시 도움4로13 보건복지부 인사과(044-202-2161) [학]1984년 심인고졸 1988년 고려대 사회학과졸 1991년 서울대 행정대학원 정책학과졸 2003년 미국 하버드대 대학원 행정학과졸 2011년 보건학박사(차의과학대) [경]1988년 행정고시 합격(32회) 1989년 행정사무관 시보 1990년 국가보훈처 사무관 1994년 보건사회부 아동복지과 사무관 1996년 보건복지부 기획예산담당실 사무관 1999년 同기획예산담당실 서기관 2000년 同연금재정과 서기관 2001년 해외훈련 2003년 보건복지부 연금재정과장 2004년 同사회정책총괄과장(서기관) 2005년 同사회정책총괄과장(부이사관) 2005년 同전략조정팀장 2006년 同보험연금정책본부 보험정책팀장 2007년 同보건의료정책본부 의약품정책팀장 2007년 서울지방식품의약품안전청장 2008년 대통령 보건복지비서관실 선임행정관 2009년 보건복지가족부 사회복지정책실 사회서비스정책관 2009년 한국사회서비스학회 부회장 2010년 보건복지가족부 사회정책선진화기획관 겸임 2010~2011년 보건복지부 사회정책선진화기획관 2010년 同사회서비스정책관 겸임 2011년 駐영국 공사참사관 2014~2015년 보건복지부 보건산업정책국장 2014~2015년 한국보건산업진흥원 비상임이사 2015년 고용휴직(서울대 의대 이종욱글로벌의학센터 근무)(현) [상]대통령표창(1998) [저]'보육정책의 이해' 'Pension Reform in Korea' [종]불교

배병철(裵炳澈) BAE BYUNG CHEOL

[생]1968 · 8 · 15 [본]달성(達城) [출]경남 고성 [주]부산 연제구 중앙대로1001 부산광역시청 신성장산업국 창업지원과(051-888-6730) [학]1997년 부산대 행정대학원 행정학과졸 [경]2007~2009년 국외훈련(미국) 2009년 안전행정부 자치제도기획관실 자치제도과 근무 2010년 同기획조정실 정보화담당관실 근무 2011년 행정자치부 기획조정실 기획재정담당관실 국회팀장(서기관) 2015년 부산시 시민안전국 원자력안전과장 2015년 同신성장산업국 창업지원과장(현)

배병휴(裵秉烋) BAE Byung Hyu

[생]1941 · 4 · 17 [본]성산(星山) [출]경북 금릉 [주]서울 중구 퇴계로189 동화빌딩508호 월간경제풍월(02-2264-4750) [학]1959년 김천고졸 1963년 고려대 정경대졸 1975년 同대학원 수료 [경]1966~1988년 매일경제신문 기자 · 차장 · 부장 · 부국장 · 주간국장 · 광고국장 · 논설위원 1988년 同논설주간 1988년 同이사 1989년 同편집국장 1991~1996년 同상무이사 · 논설주간 1992년 同주간매경 편집인 1993년 행정쇄신위원회 위원 1996년 매일경제신문 전무이사 · 주필 1998~2000년 同편집고문 1999년 월간 '경제풍월' 대표(현) 2001~2003년 극동도시가스 사외이사 2002년 21C서울기획위원회 위원장 2006년 고려대언론인교우회 회장 2010년 사랑의장기기증운동본부 생명나눔 친선대사(현) [상]은탑산업훈장 [저]'재계 비화' '생존경제와 반칙경제' '재벌에게 띄우는 공개장' '누군가 하고 싶은 이야기'(1993) '아직 갈 길이 멀다' '정치벌 사회벌'(1999) '한국의 기업인은 누구인가' '꼴불견 권력욕(上)' '하인이 주인 몰라봐(下)' '대통령 위기 나라의 위기' '대한민국 뒤죽박죽'(2006) '죽기살기식 그때의 추억' '세월은 바뀌어도 때론 피가 끓는다오'(2007) [종]불교

배보윤(裵輔允) BAE Bo Yoon

[생]1960 · 4 · 9 [본]경주(慶州) [출]경북 영양 [주]서울 종로구 북촌로15 헌법재판소 공동부(02-708-3516) [학]1983년 고려대 법학과졸 1985년 同법과대학원 수료 [경]1988년 사법시험 합격 1991년 사법연수원 수료 1994년 헌법재판소 헌법연구관(2급) 2000년 미국 하버드 법대 장기연수 2002년 헌법재판소 헌법연구관(1급) · 선임연구관 2008년 同전속부 부장연구관 겸 비서실장 2010년 同기획조정실장 2011년 헌법재판연구원 연구교수부장 2014년 헌법재판소 전속부 부장연구관 2015년 同공동부 부장연구관(총괄)(현) 2016년 同공보관 겸임(현) [종]천주교

배봉길(裵奉吉) BAE Bong Gil

[생]1962 · 5 · 19 [출]경북 성주 [주]서울 종로구 사직로8길 31 서울지방경찰청 보안부(02-700-6010) [학]1981년 대구 청구고졸 1985년 경찰대졸 2002년 경북대 경영대학원 경영학과졸 [경]1985년 경찰 배명 2006년 경북지방경찰청 경비교통과장 2007년 칠곡경찰서장 2008년 경산경찰서장 2010년 대구지방경찰청 보안과장 2010년 성서경찰서장 2011년 경북지방경찰청 생활안전과장 2011년 수성경찰서장 2013년 경북지방경찰청 정보과장 2014년 同차장(경무관) 2014년 경찰대 교수부장(경무관) 2015년 서울지방경찰청 보안부장(경무관)(현) [상]근정포장(2014)

배비룡(裵飛龍) BAE Bey Ryong

[생]1953 · 1 · 8 [본]경주(慶州) [출]경남 밀양 [주]부산 남구 용소로101 영남제분(주) 비서실(051-626-2841) [학]1971년 경남공고졸 1986년 미국 캔자스주립대 Milling Short Course 수료 1996년 부산대 환경대학원 최고관리자과정 수료 [경]영남제분(주) 상무이사 2002년 同부사장 2010~2014년 同공동대표이사 사장 2014년 同사장(현) [상]장기신용은행 산업기술상(1989), 부산산업대상 봉사대상(2011) [종]불교

배삼철(裵三喆) BAE Sam Chul

[생]1941 · 8 · 12 [본]분성(盆城) [출]경남 김해 [주]서울 송파구 백제고분로362 신라교역 비서실(02-3434-9722) [학]1959년 목포고졸 1965년 부산수산대 어로학과졸 1967년 同대학원 수산물리학과졸, 한국과학기술원 경영대학 최고경영자과정 수료 [경]1967~1968년 부산수산대 강사 1988년 (주)비전힐스컨트리클럽 이사(현) 1995년 신라교역 부사장 1996년 同대표이사 부사장 2003년 同대표이사 사장(현)

배상근(裵祥根) Sang-Kun Bae

[생]1966 · 1 · 7 [본]성주(星州) [출]서울 [주]서울 영등포구 여의대로24 전경련회관45층 한국경제연구원 부원장실(02-3771-0023) [학]1984년 대일고졸 1988년 연세대졸 1997년 미국 미주리주립대 대학원졸(경제학석사) 1998년 경제학박사(미국 미주리주립대) [경]1999~2001년 산업연구원(KIET) 산업계량분석실 연구위원 2000~2002년 태평양경제협력위원회(PECC) PEO/Structure분과위원회 전문위원 2001~2009년 한국경제연구원 경제연구본부 연구위원 2003~2005년 국무조정실 정책평가위원회 재경부담당 전문위원 2007년 미국 샌프란시스코 연방준비은행(Federal Reserve Bank of San Francisco) Visiting Scholar 2008년 미국 존스홉킨스대 SAIS Visiting Scholar 2008년 미국 미주리주립대 Visiting Scholar 2008년 금융감독원 거시금융감독전문가포럼 위원(현) 2009년 MBC 시청자위원회 위원 2009~2013년 한국국제금융학회 이사 2009~2014년 최저임금위원회 위원 2009~2014년 고용보험위원회 위원 2009~2014년 국민건강보험공단 재정운영위원회 위원 2009~2014년 관세청 규제심사위원회 위원 2009~2014년 한국회계기준원 비상임이사 2009~2014년 전국경제인연합회 경제본부장(상무) 2010~2011년 무역교육인증판정위원회 위원 2010~2012년 관세청 옴부즈만위원회 옴부즈만 2010~2011년 노사정위원회 노사문화선진화위원회 위원 2010~2014년 同근로시간면제심의위원회 위원 2011~2012년 同노동시장선진화위원회 위원 2011년 법무부 상법시행령개정을위한준법경영법제개선단 위원 2011~2014년 同상사법무과 선진법제포럼 회원 2011~2015년 同법무자문위원회 국제법무자문특별분과위원회 위원 2011~2014년 구조조정기업고충처리위원회 위원 2011~2013년 CBS 객원해설위원 2011~2015년 국민연금기금운용위원회 위원 2011~2013년 동반성장위원회 창조적동반성장실무위원회 위원 2011~2014년 공정경쟁연합회 경쟁정책위원회 위원 2011~2014년 채널A 시청자위원 2011~2012년 교육과학기술부 경영전문대학원설치심사위원회 위원 2011~2012년 同국립대학발전추진위원회 위원 2012년 同미래인재포럼 위원 2012~2013년 노사정위원회 실근로시간

단축위원회 위원 2013~2016년 한국소비자원 소비자분쟁조정위원회 위원 2013~2014년 노사정위원회 일가정양립을위한일자리위원회 위원 2014년 공정거래위원회 청년시민감사 감사관 2014~2016년 교육부 법학교육위원회 위원 2014년 전국경제인연합회 전무 2014년 한국경제연구원 부원장 겸 기획조정본부장(현) 2015년 고용노동부 고용영향평가위원회 위원(현) 2015년 서울시 투자심사위원회 위원(현) 2015년 금융감독원 금융감독자문위원회 위원(현) [상]대통령표창(2014) [저]'국내은행의 소유형태에 따른 정치적 영향과 경영성과'(2002) '통화의 장기 중립성에 관한 연구'(2003) '정책금리에 대한 의견개진의 효과분석'(2005) '국책사업표류와 정책혼선'(2006) '조세부담률과 국가채무에 대한 국제비교분석'(2007) '선진경제로의 도약방안 모색'(2009)

배상두(裵相斗) Bae, Sangdoo

[생]1966 · 4 · 14 [주]세종특별자치시 다솜2로94 농림축산식품부 국제협력국 국제협력총괄과(044-201-2036) [학]1988년 경북대 행정학과졸 2002년 미국 서던캘리포니아대 대학원 경제학과졸 [경]2008~2010년 국립식물검역원 방제과장 2010년 농림부 양자통상협력과장 2010~2013년 駐러시아대사관 농무관 2013~2014년 국립농산물품질관리원 소비안전과장 2014년 농림축산식품부 재해보험정책과장 2016년 同식품산업정책관실 식품산업진흥과장 2016년 同국제협력국 국제협력총괄과장 2016년 同국제협력국 국제협력총괄과장(부이사관)(현)

배상록(裵相綠) BAE, SANGROCK

[생]1958 [본]대구(大丘) [출]전남 장성 [주]세종자치시 갈매로477 기획재정부 역외소득재산자진신고기획단(044-215-8850) [학]1978년 광주 대동고졸 1985년 전남대 경제학과졸 1999년 미국 코넬대 대학원 국제농업개발석사과정 수료 2008년 서울대 환경대학원 도시계획학과졸(석사) [경]1986~1989년 국세청 근무 1990~1998년 재무부 증권국 · 금융실명제실시단 · 국제협력관실 근무 1999~2008년 기획예산처 재정기획국 · 예산실 · 인사담당 2009~2012년 미국 미주개발은행(IDB) 파견 2012년 기획재정부 복권위원회 발행관리과장 2013년 同재정기획국 재정정보과장 2015년 同역외소득재산자진신고기획단 과장(현) [저]'Korea and Latin America Planning and Budgeting Systems'(2015, IDB)

배상문(裵相文) BAE Sang Moon

[생]1986 · 6 · 21 [출]대구 [학]2004년 분당중앙고졸 [경]2004년 프로 입문 2004년 한국프로골프협회 회원(현) 2006년 한국프로골프(KPGA)투어 에머슨퍼시픽그룹오픈 우승 2006년 SBS가야오픈 준우승 2006년 한국프로골프대상 최장타상 2007년 SK텔레콤오픈 우승 2008년 한 · 중 KEB 인비테이셔널 우승 2008년 코오롱 · 하나은행 한국오픈골프선수권대회 우승 2009년 GS칼텍스 매경오픈 우승 2009년 KPGA투어 SK텔레콤오픈 3위 2009년 키움증권 스폰서계약 2009년 대구대 소속 2009년 코오롱 · 하나은행 한국오픈골프선수권대회 우승 2010년 원아시아투어 SK텔레콤오픈 우승 2010년 신한동해오픈골프대회 공동3위 2011년 우리투자증권 골프단 소속 2011년 JGTO투어 PGA챔피언십 준우승 2011년 JGTO투어 바나 H컵 KBC 오거스타 우승 2011년 JGTO투어 코카콜라 도카이 클래식 우승 2011년 JGTO투어 일본오픈 우승 2012년 캘러웨이골프 메인스폰서십 계약 · 소속(현) 2012년 KPGA투어 최경주CJ인비테이셔널 공동2위 2013년 PGA투어 바이런넬슨챔피언십 우승 2013년 KPGA투어 제29회 신한동해오픈 우승 2014년 PGA투어 프라이스닷컴 오픈 우승 2015년 프레지던츠컵 골프대회 출전 [상]한국프로골프 최장타상(2006), 한국프로골프 스릭슨 상금왕 및 덕춘상(2008), 대한골프협회 최우수프로(2008), 한국프로골프 발렌타인 대상 · 발렌타인 상금왕 · 덕춘상 · 최저타수상(2009), 동아스포츠대상 남자프로골프부문 대상(2009), 일본프로골프 상금왕(2011), 한국프로골프대상 해외특별상(2013) [종]불교

배상민(裵相旻) Bae, Sang-Min

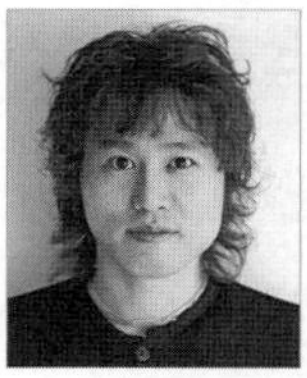

[생]1971 · 12 · 26 [주]대전 유성구 과학로335 한국과학기술원 산업디자인학과(042-350-4520) [학]1997년 미국 파슨스디자인학교졸 2002년 同대학원졸 [경]1997~1998년 미국 Smart Design Inc. 디자이너 1998~2000년 미국 Deskey Associate Inc. 디자이너 1998~2005년 미국 파슨스디자인학교 겸임교수 1998~2005년 Frame29 Inc. 사장 2005년 한국과학기술원(KAIST) 산업디자인학과 교수(현) 2015년 대통령소속 문화융성위원회 위원(현) [상]미국산업디자인협회(IDSA) 우수상(1998), 대만국제디자인공모전 장려상(2006), 영국디자인붐공모전 우수상(2006), 독일 레드닷 최우수상(2007), 미국 IDEA 은상(2008), 일본 2009굿디자인어워드 최고디자인상(2009), 굿디자인어워드 2010 제품디자인부문 최고디자인상(G-Mark)(2010), 독일 레드닷 어워드(Reddot Award) 디자인콘셉트부문 대상(Best of the Best) 및 스노에너지 본상 2개(2015), 국제디자인공모전 'IDEA(International Design Excellence Awards) 2015' 은상 및 동상(2015)

배상승(裵祥勝)

[생]1968 · 8 · 11 [출]강원 화천 [주]서울 강남구 학동로201 구연빌딩4층 (주)라이트앤슬림(02-516-2332) [학]고려대 경영대학원졸(석사) [경]1992~2000년 삼성물산 기획실 근무 2000~2002년 KTB네트워크 VC사업본부 책임심사역 2005~2012년 가온미디어 상무이사 2012년 씨티엘 부사장 2013~2016년 판도라TV 부사장 2016년 (주)라이트앤슬림 대표이사(현)

배상재(裵祥在) BAE Sang Jae

[생]1967 · 5 · 6 [출]경남 산청 [주]서울 서대문구 세무서길 11 서대문세무서(02-2287-4200) [학]방송통신고졸, 부산대 법학과졸 [경]1993년 행정고시 합격(37회) 1994년 국세심판원 행정사무관 1997년 부산 동래세무서 총무과장 1998년 부산 영도세무서 부가가치세과장 1999년 서울지방국세청 조사1국 · 조사3국 · 조사6국 계장 2002년 同납세자보호관 2003년 국세청 법무심사국 근무 2006년 同법무과 서기관 2006년 서울지방국세청 국제거래조사국 서기관 2006년 국무총리국무조정실 사회보험적용 · 징수통합추진단 파견 2008년 청주세무서장 2009년 부산 수영세무서장 2010년 서울지방국세청 법무2과장 2011년 同신고분석1과장 2012년 서울 성북세무서장 2013년 국세청 전산기획담당관 2015년 서울 반포세무서장 2016년 서울 서대문세무서장(현)

배상진(裵相珍) BAE SANG JIN (夕曜)

[생]1954 · 7 · 8 [본]분성(盆城) [출]부산 [주]부산 금정구 오륜대로50 지산고등학교 교장실(051-580-2601) [학]1972년 부산공업고졸 1980년 동아대 국어국문학과졸 [경]1980~1983년 대양전자정보고 교사 1983~1994년 데레사여고 교사 1994~2003년 성모여고 교사 2003~2009년 지산고 교사 2009~2011년 성모여고 교감 2011년 지산고 교감 2012년 同교장(현) [상]교육부장관표창(2000) [종]천주교

배상철(裵祥哲) BAE Sang Cheol

[생]1959 · 8 · 9 [출]대구 [주]서울 성동구 왕십리로222 한양대학교 류마티스병원(02-2290-9200) [학]1984년 한양대 의대졸 1987년 同대학원졸 1993년 의학박사(한양대) 1998년 미국 하버드대 대학원졸(MPH) [경]1991~1993년 한양대 류마티스내과 전임의 1993~2005년 同의대 내과학교실 전임강사 · 조교수 · 부교수 1996~1999년 미국 하버드대 의대 객원연구원 · 전임강사 1997년 SLICC(세계루푸스전문가모임) 아시아 대표 1998년 한양대 류마티스병원 루푸스클리닉실장 1998년 同임상역학 · 경제연구실장 2002년 同류마티스병원 류마티스내과 과장 2004년 '전신홍반성낭창(루푸스)의 원인이 되는 유전자변이'를 최초로 발견 2005년 한양대 류마티스병원장(현) 2005년 同의대 내과학교실 교수(현) 2007년 보건복지부 약재급여평가위원 2011년 대한민국의학한림원 정회원(현) [상]아시아태평양류마티스학회 APLAR Award(2008), 한미 자랑스런 의사상(2010), 한양UP상(2011), 대한류마티스학술상(2011), HYU석학교수상(2012)

배석규(裵錫圭) BAE Seok Kyu

[생]1951 · 7 · 26 [본]성산(星山) [출]경북 성주 [주]서울 서대문구 서소문로21 충정타워5층 한국케이블TV방송협회(02-735-6511) [학]1970년 경남고졸 1980년 한국외국어대 러시아어과졸 2007년 연세대 언론홍보대학원 방송영상학졸(석사) [경]1979년 동아방송 기자 1980년 KBS 입사 1990년 同정치부 차장 1993년 同통일부 차장 1994년 YTN 뉴스총괄부장 1998년 同경제부장(부국장대우) 1999년 同보도국 부국장 겸 영상마케팅사업단장 1999년 同보도본부 제작담당 부국장 2000년 同취재담당 부국장 겸 통일외교팀장 2001년 同방송위원 2001년 同워싱턴지국장 2003년 同워싱턴지국장(국장대우) 2004년 (주)YTN미디어 전무 2006년 同대표이사 사장 2007년 同상임고문 2008년 (주)CU미디어 상임고문 2008년 YTN 전무 2009~2015년 同대표이사 사장 2010~2015년 YTN DMB · YTN 라디오 대표이사 사장 2016년 한국케이블TV방송협회 회장(현) [상]대통령표창, 이달의기자상(2000), 외대 언론인상(2010), 제24회 중앙언론문화상 방송 · 영상부문(2012), 동탑산업훈장(2015) [저]'한국을 뒤흔든 특종'(共) '대몽골 시간여행'(2004)

배석주(裴奭柱) BAE SEOK JOO
생1973·12·10 본김해(金海) 출경북 상주 주세종특별자치시 도움6로 11 국토교통부 운영지원과(044-201-3158) 학1992년 상주 상산고졸 2001년 경북대 행정학과졸 2010년 영국 사우샘프턴대 대학원 교통공학과졸 경2001년 행정고시 합격(45회) 2002년 건설교통부 정보화담당관실 사무관 2003년 외교통상부 APEC정상회의준비기획단 사무관 2004년 건설교통부 항공정책과 사무관 2007년 同물류정책과 사무관 2008년 국토해양부 제2차관 비서관 2009년 同해안안전정책과 사무관 2009년 영국 사우샘프턴대 대학원 교육파견 2010년 영국 교통연구소(Transport Research Laboratory) 근무 2011년 국토교통부 철도운영과 서기관 2014년 同대중교통과장 2016년 駐인도네시아대사관 파견(현) 상근정포장(2014)

배석철(裴錫哲) BAE Suk Chul

생1958·9·9 출광주 주충북 청주시 서원구 충대로1 충북대학교 의과대학 생화학교실(043-261-2842) 학1985년 서울대 약학대학 약학과졸 1987년 同대학원졸 1991년 생화학박사(서울대) 경1991~1994년 일본 교토대 Institute for Virus Reserach Post-Doctor 1994~1995년 프랑스 리옹 ENS(Ecole Normale Superiole)암연구소 Post-Doctor 1995년 충북대 의과대학 생화학교실 교수(현) 2002년 세계 최고의 생명과학학술誌 '셀(Cell) 誌에 '위암을 억제하는 유전자 렁스3(RUNX3)의 기능상실로 위암이 발생' 논문 발표 2002~2006년 충북대 종양연구소장 2003~2013년 과학기술부 창의적연구진흥사업 암억제유전자기능연구단장 2008~2012년 교육과학기술부 창의적연구진흥사업 암억제유전자기능연구단장 2008~2011년 충북대 종양연구소장 2013년 교육부 창의적연구진흥사업 암억제유전자기능연구단장(현) 상한국과학재단 과학기술자상(2002), 한국과학기자협회 올해의 과학자상(2002), 보령암학술상(2005) 저'Oncogenes as Transcription Regulators: The Runt domain transcriptionfactor, PEBP2/CBF, and its involvement in human leukemia'

배선경(女) Sun Pai

생1963·9 출서울 주서울 중구 남대문로90 SK네트웍스 임원실(02-450-6478) 학1986년 서강대 영어영문학과졸 1995년 미국 코넬대 대학원 호텔경영학과졸 2007년 관광학박사(경희대) 경1985년 Bank of America 근무 1996년 Grande Hyatt Seoul 판촉부장 겸 지역담당 마케팅실장 2003년 워커힐 마케팅팀장 2004년 쉐라톤그랜드워커힐 부총지배인 2006년 W서울워커힐 사업본부 부총지배인 2010년 SK네트웍스(주) 쉐라톤그랜드워커힐 총지배인 대행 2011년 同워커힐 Sales&Marketing 통합마케팅본부 실장 2012년 워커힐아카데미 원장 2013년 SK네트웍스(주) 워커힐 운영총괄 사장 겸 쉐라톤그랜드워커힐 총지배인 2015년 同워커힐 총괄사장 2016년 同비상근고문(현)

배선웅(裴善雄)

생1958·3·11 주서울 강서구 하늘길78 한국공항공사 안전보안본부(02-2660-2261) 학영주고졸, 서울산업대 기계공학과졸 경2006년 한국공항공사 감사2팀장 2009년 同건설관리실 공항계획TF팀장 2010년 同안전보안실 안전환경팀장 2013년 同여수지사장 2014년 同인사관리실장 2016년 同안전보안본부장(현)

배성동(裴成東) PAI Seong Tong

생1936·6·21 본흥해(興海) 출대구 주서울 용산구 한강대로109 용성비즈텔 1101호 평화연구원(02-777-4983) 학1956년 계성고졸 1960년 서울대 문리과대학졸 1964년 독일 뮌헨대 대학원졸 1975년 정치학박사(서울대) 경1964~1979년 서울대 정치학과 전임강사·조교수·부교수 1968~1970년 일본 도쿄대 교환교수 1979~1988년 서울대 정치학과 교수 1981년 제11대 국회의원(전국구, 민주정의당) 1981년 민주정의당 중앙집행위원·정책조정실장 1982년 同정책연구원 당이념제2연구실장 1983년 同중앙정치 연수원장 1985년 同의식개혁추진본부장 1985년 제12대 국회의원(전국구, 민정당) 1985년 한·일의원연맹 부간사장 1987년 사회개발연구소장 1988년 민정당 서울도봉구乙지구당 위원장 1990년 일본 가쿠슈인대 강사 1992년 현대경제사회연구원 원장 1994~2001년 명지대 북한학과 교수 2009~2012년 한국학중앙연구원 비상근이사장 2011~2014년 운영재단 이사장, 同이사(현) 2013년 (사)평화연구원 이사장(현) 저'신정치학개론(共)'(1978) '한일관계의 정치적 조명'(1983) '정치의 이상과 현실'(1988) '일본근대정치사'(1996) '21세기 일본의 국가개혁(編)'(2000) 역'이데올로기와 유토피아' '정치적 낭만' 종기독교

배성례(裴聖禮) Bae Sung-Rye

생1958·7·29 출서울 주서울 종로구 청와대로1 대통령 홍보수석비서관실(02-770-0011) 학1977년 경기고졸 1982년 서강대 영어영문학과졸 2002년 同언론대학원 방송과졸 경1982년 KBS 국제방송국 PD 1984년 同보도본부 기자 1991년 SBS 보도본부 기자 1994년 同정치부·사회부 기자 1994년 同편집부·국제부 차장 1998년 독일 뒤셀도르프대 국제관계연구소 연수 1999년 SBS 인사1팀 차장 2000년 同미디어정책실 심의팀장(차장) 2002년 同미디어정책실 심의팀장(부장) 2003년 同기획실 심의팀장(부장급) 2004년 同기획본부 홍보팀장(부장급) 2005년 同콘텐츠운용팀장(부장) 2006년 同콘텐츠전략팀장(부장) 2007년 同남북교류협력단장(부장급) 2009년 同라디오총괄부장, 서울예술대학 방송영상과 교수 2011년 방송통신심의위원회 방송언어특별위원회 위원 2012~2014년 국회 대변인 2016년 대통령 홍보수석비서관(현) 종가톨릭

배성로(裴聖魯) BAE SEONG RO

생1955·2·27 출달성(達城) 출대구 주대구 동구 동대구로441 영남일보 임원실(053-757-5100) 학1973년 경북고졸 1979년 울산대 공대 토목공학과졸 경1979~1992년 포항종합제철(주) 근무 2005년 영남일보 대표이사 사장 2009년 同회장(현) 상경북체육협회 공로패(1997), 경북핸드볼협회 공로패(1998), 울산대를 빛낸 40인의 동문(2010)

배성배(裴成培) Bae Sungbae

생1958·7·7 본분성(盆城) 출부산 주경기 과천시 코오롱로11 코오롱타워 본관6층 코오롱LSI(주)임원실(02-3677-6520) 학혜광고졸 1985년 부산대 경영학과졸 1991년 성균관대 대학원 경영학과졸 경1984년 (주)코오롱 입사 2002년 同이사보 2003년 同조직개발실장(이사보) 2003년 同조직개발실장(상무보) 2004년 同조직개발실장(상무) 2008년 同구미공장장 2009년 同생산지원본부장 겸 구미공장장(전무) 2011년 코오롱인더스트리 경영지원본부장(부사장) 2012~2015년 코리아e플랫폼(주) 공동대표이사 부사장 2015년 (주)엠오디 대표이사(현) 2015년 코오롱LSI(주) 대표이사 겸임(현) 상석탑산업훈장(2011) 종불교

배성범(裴城範) BAE Sung Bum

생1962·8·24 출부산 주경기 안산시 단원구 광덕서로73 수원지방검찰청 안산지청(031-481-4200) 학1980년 마산고졸 1985년 서울대 법과대학졸 경1991년 사법시험 합격(33회) 1994년 사법연수원 수료(23기) 1994년 부산지검 울산지청 검사 1996년 청주지검 검사 1998년 서울지검 검사 2000년 부산지검 검사 2002년 법무부 검찰2과 검사 2004년 서울남부지검 검사 2005년 미국 캘리포니아대 리버사이드교 사회과학대학원 방문교수 2006년 서울남부지검 부부장검사 2007년 부산지검 동부지청 형사3부장 2008년 대구지검 상주지청장 2009년 부산지검 특수부장 2009년 서울남부지검 형사6부장 2010년 서울중앙지검 조사부장 2011년 인천지검 형사4부장 2012년 대구지검 부장검사 2012~2013년 금융정보분석원 파견 2013년 서울동부지검 형사1부장 2014년 부산지검 제2차장검사 2014~2016년 서울고검 검사 2014년 국무총리소속 부패척결추진단 부단장(파견) 2016년 수원지검 안산지청장(현)

배성중(裴晟中) BAE Seong Zhong

생1968·8·20 출서울 주경기 성남시 수정구 산성대로451 수원지방법원 성남지원(031-737-1410) 학1987년 한성고졸 1992년 고려대 문과대 서어서문학과졸 1997년 명지대 대학원 법학과졸, 스페인 국립콤플루텐스대 법대 방문연구자과정 수료 경1995년 사법시험 합격(37회) 1998년 사법연수원 수료(27기) 1998~2000년 서울지검 북부지청 검사 2000~2001년 수원지검 여주지청 검사 2001~2003년 대구지검 검사 2003~2006년 서울중앙지검 검사 2006~2007년 의정부지검 검사 2007년 법무법인 다래 변호사 겸 변리사 2007년 사법연수원 법관임용연수 2008년 대구지법 판사 2011년 수원지법 판사 2012년 서울고법 판사 2014년 청주지법 제천지원장 2016년 수원지법 성남지원 부장판사(현)

ㅂ

배성진(裵星珍) Bae Seong Jin

[생]1970·10·11 [본]달성(達城) [출]경남 진주 [주]서울 서대문구 충정로60 KT&G서대문타워10층 법무법인 지평(02-6200-1731) [학]1989년 진주 동명고졸 1995년 서울대 공법학과졸 2005년 미국 Univ. of Minnesota Law School. LL.M. 수료 [경]1996년 사법시험 합격(38회) 1999년 사법연수원 수료(28기), 법무법인 세종 변호사 2000년 법무법인 지평 변호사 2005년 미국 뉴욕주 변호사시험 합격, 법무법인 지평지성 변호사 2014년 법무법인 지평 파트너변호사(현)

배성현(裵成賢) BAE Sung Hyun

[생]1972·3·6 [본]경주(慶州) [출]서울 [주]서울 용산구 후암로38 주빌딩5층 (주)한중B&B 임원실(02-318-1155) [학]1991년 중앙고졸 1996년 고려대 사범대학 지리교육학과졸 1999년 同대학원 경영학과졸(MBA) 2000년 명예정치학박사(카자흐스탄국립대 국제법 국제관계대학원) 2003년 미국 컬럼비아대 대학원졸 행정학과졸 2007년 법학박사(미국 뉴욕주립대) [경]1996~2000년 (주)한일기획 기획실장 2003년 미국 뉴욕총영사관 인턴 2008년 (주)한중B&B 부사장(현) 2009~2011년 민주평통 자문위원(제14기·15기) 2009년 同마포구 대외교류협력분과위원장(제14기) 2010년 중국 요녕성 영구시 투자유치 고문(현) 2011~2013년 민주평통 마포구 대외교류협력분과위원장(제15기) 2012년 승정개발 대표(현) 2013년 한양대 법학과 겸임교수(현) 2014년 중국 푸단(復旦)대 객원교수(현) 2014년 수원대 겸임교수(현)

배성환(裵成煥) BAE Seung Hwan

[생]1934·1·18 [본]성주(星州) [출]전북 익산 [주]서울 마포구 백범로202 KCC웰츠타워101동2001호(010-5393-7262) [학]1954년 이리농림고졸 1967년 고려대 경영대학원졸 [경]1973년 한국일보 비서실장 1978년 同총무국장 겸임 1979년 同이사 1983년 일간스포츠 부사장 1983년 한국일보 부사장 1985년 同건설본부장 1987년 在京성주배씨종친회 회장 1995년 한주건설 회장 1997년 한국공론 회장(현) 1999~2012년 在京익산시향우회 회장 2000년 이리농고총동창회 부회장 2004~2013년 在京전북도민회 부회장 2013년 在京익산시향우회 명예회장(현) [상]여산초등학교 개교100주년기념 자랑스러운 여산인상(2012), 익산시장 공로패(2013), 전남도지사 공로패(2013) [종]천주교

배성환(裵成煥)

[생]1959·8·16 [주]전남 나주시 전력로55 한국전력공사 신성장기술본부(061-345-3114) [학]1978년 충주공업고등전문학교졸 1980년 건국대 전기공학과졸 1990년 미국 유니언대 대학원 전기공학과졸 [경]2008년 한국전력공사 기술기획처 품질경영팀장 2009년 同기술기획처장 2009년 同스마트그리드추진실장 2012년 同서울지역본부장 2013년 同품질경영처장 2015년 同영업본부장 2016년 同신성장기술본부장(현)

배성효(裵成孝) BAE Sung Hyo

[생]1964·12·28 [출]부산 [주]경기 수원시 영통구 월드컵로120 수원지방검찰청(031-210-4200) [학]1983년 부산진고졸 1993년 서울대 철학과졸 [경]1997년 사법시험 합격(39회) 2000년 사법연수원 수료(29기) 2000년 대구지검 검사 2002년 수원지검 여주지청 검사 2003년 同성남지청 검사 2005년 인천지검 검사 2006년 미국 파견 2008년 부산지검 검사 2010년 同동부지청 검사 2012년 서울중앙지검 검사 2013년 同부부장검사 2014년 창원지검 부부장검사 2015년 부산지검 공판부장 2016년 수원지검 부부장검사(현)

배수문(裵秀紋) BAE Soo Moon

[생]1965·8·16 [출]서울 [주]경기 수원시 팔달구 효원로1 경기도의회(031-8008-7000) [학]2003년 성결대 사회복지대학원 사회복지행정과졸, 강남대 사회복지전문대학원 사회복지학 박사과정 재학 중 [경]과천시노인복지관 부장, 경기도노인복지관협회 사무국장, 과천중 운영위원장, 과천시장애인합창단 지휘자 2010년 경기도의회 의원(민주당·민주통합당·민주당·새정치민주연합) 2010~2012년 同윤리특별위원회 간사 2010~2012년 同입법활동지원위원회 위원 2012년 同기획재정위원회 간사 2014년 경기도의회 의원(새정치민주연합·더불어민주당)(현) 2014~2016년 同기획재정위원회 위원장 2015년 同안전사회건설특별위원회 위원(현) 2016년 同여성가족교육협력위원회 위원(현) 2016년 同경제민주화특별위원회 위원(현) [상]의정행정대상 광역지방의원부문(2010)

배수진(裵守鎭) BAE Soo Jin (靑松)

[생]1946·4·28 [본]흥해(興海) [출]경북 청송 [주]경북 청송군 부동면 주왕산로494 (재)청송문화관광재단(054-874-0101) [학]1974년 동아대 경영학과졸 1978년 계명대 대학원 경영학과졸 1983년 경영학박사(경희대) 1988년 경영학박사(미국 하와이퍼시픽대) 1992년 경영학박사(미국 오하이오주립대) [경]1971~1973년 연합철강(주) 근무 1974~1978년 대구 상서여상 교사 1978~1980년 영진전문대 경영과 전임강사 1980년 계명전문대 경영과 전임강사·조교수·부교수·교수 1982년 同경영학과장 1986~1988년 同직업보도실장 1993~1994년 대구·경북경영학회 부회장·이사 1994~1996년 계명전문대 경영학과장 1995~1996년 한국인사관리학회 상임이사 1995~1996년 한국상업교육학회 이사 1995~1996년 한국경영사학회 이사 1995~1996년 한국생산성학회 이사 1996~1998년 계명전문대 산업개발연구소장 1998년 同산학협력처장 1998년 한국상업교육학회 부회장 1998년 한국소비문화학회 부회장 2000~2012년 계명문화대 경영과 교수 2000~2002년 同경영학과장 2001~2004년 한국기업경영학회 부회장 2003~2004년 한국인적자원관리학회 부회장 2003~2005년 대구시 명예감사관 2013년 (재)청송문화관광재단 대표이사 2016년 同이사장(현) 2016년 (재)전국문화재단연합회 부회장(현) 2016년 (재)영남문화관광진흥재단 상임이사(현) [상]교육부장관표창(2000), 대통령표창(2004), 홍조근정훈장(2011) [저]'현대자제관리' '경영학연습' '신경영학연습' '사무관리' '최신 리더쉽론' '현대경영학연습' '사무자동화' '경영학원론' '문서관리' '최신 스트레스 관리' '임금관리' '대학과 경영' 'e-사무관리' '경영학의 이해' '조직론' '글로벌리더십과 문화경영' '문서실무' '경영지도' '경영사례연구' [종]불교

배수한(裵守漢) Bae Soo Han

[생]1958·10·21 [본]경주(慶州) [출]경북 선산 [주]서울 마포구 월드컵북로396 MBC C&I 임원실(02-789-0123) [학]1977년 오상고졸 1985년 경북대 사회학과졸 1995년 연세대 경영대학원졸 [경]1985년 MBC 제작지원부 근무 1990년 同총무국 인사부 근무 1993년 同기획조정실 방송정책팀 근무 1995년 同총무국 인사1팀 근무 1998년 同인사부 차장 2001년 同인사부장 2003년 同총무부장 2005년 同인력자원국 부국장 2007년 同광고국 광고기획부장 2008년 同인력자원국장 2009년 同경영지원국장 2010년 同경영본부장 직대 2010년 同감사실장 2011년 同감사기획국장 2013년 MBC C&I 부사장(현) [종]천주교

배순일(裵淳一)

[생]1967·7·23 [출]서울 [주]충남 아산시 신창면 황산길100의50 경찰대학 치안정책연구소 과학기술연구부(041-968-2017) [학]서울 성보고졸, 연세대 컴퓨터과학과졸, 同대학원 컴퓨터과학과졸, 컴퓨터과학박사(미국 텍사스A&M대) [경]LG전자 주임연구원, SK텔레콤 연구원, 삼성테크윈 수석연구원, 한화테크윈 수석연구원 2015년 경찰대학 치안정책연구소 과학기술연구부장(일반직고위공무원)(현)

배순훈(裵洵勳) BAE Soon Hoon (琵梧)

[생]1943·4·30 [본]흥해(興海) [출]서울 [주]경남 창원시 의창구 남면로319 S&T중공업 임원실(055-280-5000) [학]1961년 경기고졸 1966년 서울대 기계과졸 1968년 미국 MIT 대학원졸 1970년 공학박사(미국 MIT) [경]1969~1972년 미국 Borg-Warner사 주임기사 1972년 한국과학기술원(KAIST) 부교수 1976년 대우중공업 기술본부장 1977년 대우엔지니어링 부사장 1979년 대우조선 부사장 1980년 (주)대우 기획조정실 전무 1982년 대우전자 사장 1983년 미국 스탠퍼드대 객원연구원 1984년 미국 MIT 강사 1985년 대우기전 사장 1989년 대우조선 자동차부문 사장 1991~1995년 대우전자 사장 1993년 국가과학기술자문회의 자문위원 1994년 한국과학기술한림원 정회원 1995년 대우전자 회장 1998년 대우그룹 프랑스지역본사 사장 1998년 정보통신부 장관 1999년 한국과학기술원(KAIST) 테크노경영대학원 초빙교수 2000년 밀레니엄엔젤클럽 초대회장 2000년 리눅스원 회장 2000년 미래온라인 회장 2003년 한글과컴퓨터 사외이사 2003~2004년 대통령직속 동북아경제중심추진위원회 위원장 2003년 대통령자문 정책기획위원 2005년 (주)제우스 사외이사 2006~2009년 한국과학기술원 서울부총장 2008년 맥쿼리캐피탈그룹 고문 2009~2011년 국립현대미술관 관장 2010~2014년 육군사관학교 자문위원 2013년 S&T중공업 회장(현) [상]동탑산업훈장, 철탑산업훈장, 대한민국 과학기술상(1989), 프랑스 레종도뇌르훈장(1993), 브라질 히오브랑코훈장(2002), 청조근정훈장(2002), 인물대상 정보통신부문(2010), (재)협성문화재단 협성사회공헌상 경제진흥부문(2015) [저]'기본으로 돌아가자'(2000) '우리에겐 위기극복의 유전자가 있습니다'(2008) [종]천주교

배승남(裵承男) BAE Sung Nam (秋男)

[생]1944 · 11 · 1 [본]경주(慶州) [출]서울 [주]서울 용산구 후암로38 추빌딩5층 (주)한중B&B 임원실(02-318-1155) [학]1994년 연세대 경영대학원 최고경영자과정 수료 1994년 고려대 국제대학원 최고경영자과정 수료 1994년 영국 런던비즈니스스쿨 수료 1995년 명예 정치학박사(러시아 모스크바대) 1999년 한국과학기술원 최고정보경영자과정 수료 1999년 중국 청화대 수료 [경]1964년 한일기획 대표이사 1982년 (사)한국문화광고영화제작자협회 회장 1989년 충남승마협회 회장 1994년 한국케이블TV방송협회 감사 1995년 한국프레스클럽 회원 1995년 카자흐스탄공화국국립대 명예교수 1997년 용산케이블TV 대표이사 1998년 (사)서울외신기자클럽 회원 1999년 용산케이블TV 회장 1999~2005년 민주평통 용산구협의회 회장 2000년 중국 보아포럼 회원 2002년 모스크바대학 알마티 정치학박사(현) 2002년 同명예교수(현), 용산구 한미친선협의회 위원, 한일실업 대표, (사)세계한민족평화통일협의회 부총재, 미국 아칸소주 명예대사(현), 同리틀락시 명예시민(현), 중국 요녕성 영구시 경제기술고문, 중국 소안박애국제학교 명예교장(현), 미국 태권도협회 특별대사(현) 2006년 새마을운동 직 · 공장서울시 회장 2008년 (주)한중B&B 대표이사(현) 2008년 중국 랴오닝성 잉커우시 경제기술고문(현) 2009년 민주평통 상임위원(현), 고려대 교우회 제29대 상임이사 2015년 국가원로회의 자문위원(현) [상]미국 CLIO광고상(1974 · 1975 · 1976 · 1984), 일본 ACC광고상(1974 · 1975 · 1975 · 1976-2편 · 1982), 서울시공로표창(1976 · 1987 · 1988 · 1990 · 1997), 치안본부장공로표창(1978), 한국방송광고대상 TV부문 우수상(1983 · 1985), (사)일본TV광고제작자연맹 공로표창 2회(1985), 전일본IM협의회 공로표창(1986), 문화체육부장관표창(1993), 공보처장관표창(1995), 산업표창(1996), 경찰청장표창(1996), 대통령표창(1998 · 2000), UN PKO 표창(1998), 비상기획위원장표창(1998), 駐韓 미8군사령관 5회 표창(1999), 미 의회 헤롤드 포드 하원의원 표창(1999), 국세청장표창(2000), 국민훈장 동백장(2001), 대통령 공로장(2005) [작]해외광고상수상 TV CF '일동제약 아로나민(등대수)' '호남정유 백등유(작은별)' '종근당 러미라(피아노 연주회)' '삼아약품 코코시럽(야구)' '한독약품 훼스탈(난파선)' '삼아약품 코코시럽(축구)' '한독약품 썰감(공항)' '녹십자 헤파박스-B' 등 TV광고 1천 여편

배승수(裵承守) BAE Seung Soo

[생]1955 · 12 · 3 [본]대구(大丘) [출]전남 화순 [주]광주 서구 회재로905 광주시청자미디어센터(062-650-0310) [학]1974년 광주제일고졸 1978년 동국대 법학과졸 [경]1984년 광주MBC 기자 1995년 한국기자협회 광주 · 전남 회장 1996~1997년 同부회장 1997~1998년 광주MBC 노조위원장 1999년 同보도국 차장 1999년 同취재팀장 2000년 同취재1부장(차장) 2001년 同취재1부장(부장대우) 2003년 同취재부장 2005년 同보도제작부장 2007년 同경영국장 2008년 同보도국장 2009년 同보도제작국장 2010년 同보도국 보도위원 2013년 방송통신위원회산하 한국방송통신전파진흥원 광주시청자미디어센터장 2015년 시청자미디어재단 광주시청자미디어센터장(현) [상]한국방송대상 지역사회우수상 [종]기독교

배승철(裵承哲) BAI Sungchul

[생]1954 · 12 · 23 [본]흥해(興海) [출]경남 거제 [주]부산 남구 용소로45 부경대학교 해양바이오신소재학과(051-629-5916) [학]1980년 건국대 축산학과졸 1984년 미국 캘리포니아주립대 대학원 농학과졸 1990년 영양학박사(미국 UC Davis) [경]1986~1990년 미국 캘리포니아대 수의대학 연구조교 · 연구원 1990년 미국 텍사스A&M대 책임연구원 1993년 미국 오하이오주립대 연구 · 객원교수 1993년 부경대 해양바이오신소재학과 전임강사 · 조교수 · 부교수 · 교수(현) 1996~1998년 同양식학과장 · 부속어장장 1999년 미국 캘리포니아대 방문교수 2000~2007년 부경대 사료영양연구소장 2001년 세계양식학회 학술지 부편집장(현) 2002~2006년 同Asian Pacific Chapter 이사 2002~2006년 한국양식학회 학술지 편집위원장 2002년 과학기술부 국가기술지도 참여위원 2003~2006년 세계양식학회(WAS) 이사 2003~2008년 비전21양식포럼 회장 2007~2008년 세계양식학회 회장 2008년 부경대 사료영양연구소장(현) 2009년 한국수산과학회 부회장 2012년 同수석부회장 2013년 同회장 2013년 한국수산과학총연합회 회장 2014년 한국연구재단 생명과학단 전문위원(현) 2014년 한국수산과학회 영문지편집위원장(현) [상]IBC선정 세계적인 과학자 100인(2008), American Medal of Honor(2008), 부경대학교 우수강의상(2008), 세계양식학회 표창(2008), 세계양식학회 감사장(2009), 미국 IBC 과학분야 연구 및 교육 영예의 전당 등재(2009), 한국양식학회 공로패(2009), 한국양식학회 감사패(2009) 한국수산과학회 원종훈학술상(2016) [저]'수산양식' '영양과 사료' '어류 영양과 사료' '수산해양 정책의 현실과 미래' '어류영양과 사료'(共) '양식사료영양'(共) '첨단수산기술과 정책'(共) '압출성형사료공항(共)'(2005) '넙치현장 가이드북(共)'(2007) 등 다수 [종]기독교

배시화(裵是花 · 女) BAE Si Hwa

[생]1952 · 4 · 6 [본]달성(達城) [출]광주 [주]경기 성남시 수정구 성남대로1342 가천대학교 공학관706호(031-750-5733) [학]1976년 서울대 건축학과졸 1979년 同대학원졸 1992년 건축계획박사(서울대) [경]1976~1981년 대한주택공사 연구원 1980~1995년 단국대 · 성신여대 강사 1985~1987년 하나기연 건축설계직 근무 1992년 경원전문대 건축학과 교수 1993~2009년 성남시 도시계획심의위원회 위원 2001~2006년 경기도 교통영향평가 심의위원회 위원 2002년 경원전문대 중앙도서관장 2004~2008년 서울시 기술심의위원회 위원 2004~2006년 여성공학기술인협회 부회장 2006~2009년 한국여성건축가협회 회장 2006~2007년 한국태양에너지학회 부회장 2006~2008년 경기도 건축심의위원회 위원 2006년 대한주택공사 친환경건축물인증심의위원회 위원(현) 2007년 경원대 공대 건축전공 교수 2007년 同기획처장 2008년 同재무처장 2011년 성남시 지방재정계획심의위원회 위원(현) 2011년 서울시 송파구 계약심의위원회 위원(현) 2011~2013년 SH공사 제12기 건설디자인위원회 위원 2011~2013년 국무총리직속 세종특별자치시지원위원회 민간위원 2011~2013년 대통령직속 국가건축정책위원회 민간위원 2012년 경기도 청사설계자문위원(현) 2012년 대한건축학회 참여이사(현) 2012년 한국건축가협회 명예건축가(현) 2012년 가천대 건축대학 건축학과 교수(현) 2013~2014년 국방부 특별건설기술심의위원회 설계심의분과위원 2014년 가천대 R&D기획추진단장 겸 펀캠퍼스추진TFT위원장(현) [상]동력자원부장관표창(1979), 문화관광부장관표창(2008), 대한건축학회 학술상(2016) [저]'탁아시설 확대방향과 건축설계방향'(1993, 여성건축가협회) '미래형스틸하우스의 설계'(2002, 문운당) '실내건축구조'(2004, 기문당) '건축학개론'(2013, 기문당)

배양호(裵良鎬) Yang Ho BAE

[생]1960 · 3 · 23 [본]성산(星山) [출]경북 성주 [주]경북 경주시 양북면 불국로1655 한국수력원자력(주) 그린에너지본부 에너지신사업실(054-704-2609) [학]1978년 청구고졸 1985년 영남대 전기공학과졸 [경]1985~2000년 현대중전기 근무 2000~2004년 현대중공업 런던지사 파견 2005~2009년 同전기전자사업본부 해외영업부장 2010~2011년 현대종합상사 전략사업본부장(상무보) 2011~2012년 同그린에너지본부장(상무) 2013년 同자문역 2013년 한국수력원자력 신재생사업실장 2016년 同그린에너지본부 에너지신사업실장(현) [종]가톨릭

배연국(裵然國) BAE Youn Koog

[생]1960 · 9 · 14 [본]성주(星州) [출]대구 달성 [주]서울 종로구 경희궁길26 세계일보 논설위원실(02-2000-1669) [학]1979년 청구고졸 1983년 경북대 행정학과졸 [경]1990년 세계일보 편집국 사회부 기자 2001년 同특별취재팀 차장대우 2001년 同정치부 차장대우 2002년 同특별기획취재팀장(차장대우) 2003년 同경제2부 차장대우 2004년 同경제부 차장 2006년 同기획팀장(부장대우) 2006년 同사회부장 2007년 同편집국 지방팀장 2008년 同편집국 경제부장 2009년 同편집국 경제부 선임기자 2010년 同편집국 기동취재팀장 2010년 同기획조정실장 2011년 同논설위원 2012년 同편집국 부국장 겸 경제부장 겸 그린라이프추진운동본부장 2013년 同논설위원 2013년 同기획조정실장 2013년 同논설위원 2016년 同수석논설위원(현) [상]한국기자협회 이달의 기자상(2회) [저]'어린이를 참부자로 만드는 돈 이야기'(2004) '거인의 어깨를 빌려라'(2016)

배연진(女)

[생]1975 · 6 · 25 [주]대전 유성구 대학로417 환경부 금강유역환경청 환경관리국(042-865-0706) [학]서울대 대학원 행정학과졸 [경]2003년 환경부 국토환경보전과 근무 2004년 同지구환경담당관실 사무관, 同수질보전국 유역총량제도과 사무관 2013년 同자원순환국 폐자원에너지팀 사무관 2013년 同환경정책관실 정책총괄과 서기관 2015년 새만금개발청 개발사업국 복합도시조성과장 2016년 同대변인 2016년 금강유역환경청 환경관리국장(현)

배영규(裵永圭) Bae, Yeong-gyu

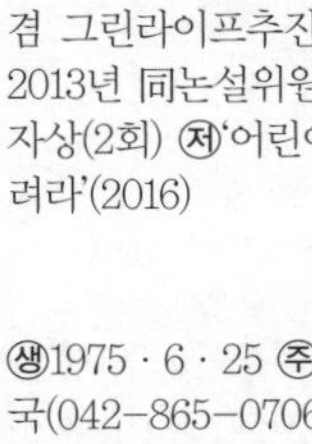

[생]1955 · 8 · 20 [주]울산 남구 중앙로201 울산광역시의회(052-229-50266) [경]울산시 북구 효문동 주민자치위원장, 同북구 자율방재단장 2014년 울산시의회 의원(새누리당)(현) 2014년 同교육위원회 위원 2014~2016년 同제2부의장 2014년 중울산농협 대의원(현) 2016년 울산시의회 환경복지위원회 위원(현)

배영기(裵英基) BAE Young Ki

[생]1946·3·1 [본]흥해(興海) [출]경북 봉화 [주]부산 사하구 다대로946 (주)세기하이텍 비서실(051-264-9001) [학]1983년 부산대 경영대학원 최고경영자과정 수료 2003년 한국방송통신대 경영학과졸 [경]1968년 조달청 근무 1969년 국세청 근무 1980~1984년 세기상사 대표 1984년 세기 대표이사 1991~2000년 렉스로스세기 대표이사 1994년 부산상공회의소 상임위원 1998~2001년 부산기계공업협동조합 이사장 2000년 (주)세기하이텍 대표이사(현) 2001~2007년 한국기계공업협동조합연합회 회장 2004~2006년 부산상공회의소 부회장 2007년 同의원(현)

배영상(裵永相) BAE Young Sang

[생]1950·1·20 [본]성산(星山) [출]경북 성주 [주]대구 달서구 달구벌대로1095 계명대학교 태권도학과(053-580-5114) [학]1968년 대구고졸 1972년 경북대 체육교육학과졸 1977년 同교육대학원 체육교육학과졸 1990년 교육학박사(일본 쓰쿠바대) [경]1974~1977년 원화여고 교사 1977~1978년 연암축산전문대학 전임강사 1978년 계명대 이공대학 전임강사 1980~2005년 한국대학태권도연맹 이사 1981~1990년 계명대 체육대학 조교수·부교수 1988~1990년 同체육대학장 1988~2005년 대구시체육회 이사 1990~2015년 계명대 태권도학과 교수 1994~1996년 同생활과학연구소장 1996년 同체육대학장 1996~2000년 同학생처장 2000~2005년 同체육대학장 겸 스포츠산업대학원장 2001년 한국운동역학회 부회장·자문위원 2005~2006년 대구·경북체육학회 회장 2007년 한국·베트남협회 회장 2008~2010년 계명대 스포츠산업대학원장 2009~2010년 同체육대학장 2010~2012년 한국대학태권도연맹 명예회장 2010~2014년 대구시 체육진흥위원회 부위원장 2010~2011년 (재)국기원 이사 2011~2015년 계명대 총장보좌역 겸 명교생활관장 2011~2012년 한국운동역학회 회장 2015년 계명대 태권도학과 명예교수(현) [상]대구시문화상 체육부문(1999), 국무총리상(2005), 베트남 공안부공로훈장(2009) [저]'육상경기의 운동역학'(1983) '태권도의 Biomechanics'(1992) '생활체육' '오늘에 다시 보는 태권도'(共) '비만과 운동'(共) '현대사회와 스포츠'(共) '태권도동작학'(2006) '행복한 노후와 태권도 근력운동'(2009, 동아출판사) [역]'바이오메카닉스(신체운동의 과학적 기조)'(2008)

배영수(裵永洙) Youngsoo Bae

[생]1953·2·26 [주]서울 관악구 관악로1 서울대학교 인문대학 서양사학과(02-880-6208) [학]1972년 용산고졸 1976년 서울대 서양사학과졸 1978년 同대학원 서양사학과졸 1989년 문학박사(미국 하버드대) [경]1989~1999년 서울대 인문대학 서양사학과 조교수·부교수 1994년 미국 뉴베리도서관 가족사연구소 연구원 1995~1997년 서울대 인문대학 서양사학과장 1999년 同인문대학 서양사학과 교수(현) 2000년 미국 미들베리대 객원교수 2001년 서울대 대한신문사 주간 2003~2005년 同미국학연구소장 2007~2010년 同역사연구소장 2012~2014년 同인문대학장 [상]미국 일리노이 역사학회 우수저술상(2002) [저]'서양사 강의(共)'(1992, 한울) 'Labor in Retreat : Class and Community among Men's Clothing Workers in Chicago, 1871-1929'(2001, 미국 State Univ. of New York Press) '미국 예외론의 대안을 찾아서'(2011, 일조각) [역]'미국 혁명의 이데올로기적 기원'(1999, 새물결)

배영수(裵永洙) Bae Yeong Soo

[생]1962·2·22 [본]달성(達城) [출]부산 [주]세종특별자치시 다솜3로95 공정거래위원회 시장구조개선정책관(044-200-4351) [학]1980년 경남고졸 1988년 서울대 국사학과졸 2004년 국방대 대학원 국방관리학과졸 [경]2001년 공정거래위원회 소비자보호국 소비자기획과 서기관 2004년 同특수거래보호과 서기관 2007년 同서울사무소 건설하도급과장 2008년 同기간산업경쟁과장 2009년 同소비자안전정보과장 2009년 同서울지방공정거래사무소 총괄과장 2011년 同경쟁심판담당관(부이사관) 2014년 同심판총괄담당관 2015년 중앙공무원교육원 교육파견(고위공무원) 2016년 공정거래위원회 시장구조개선정책관(현)

배영식(裵英植) BAE Young Shik

[생]1949·3·15 [본]성주(星州) [출]경북 성주 [학]1968년 경북고졸 1974년 성균관대 법률학과졸 1987년 미국 오리건대 대학원졸(경제학석사) 1990~1992년 미국 조지워싱턴대 엘리엄 스쿨 Research Fellow 2009년 고려대 국제대학원 글로벌그린리더십과정 수료 [경]1973년 행정고시 합격(13회) 1978~1983년 경제기획원 물가정책국·공정거래실 사무관 1984~1990년 同심사평가국 심사분석3과장·투자기관2과장·투자기관1과장, 同물가정책국 조정과장·수급계획과장 1990~1992년 미국 조지워싱턴대 중소문제연구소 파견 1992~1993년 경제기획원 공정거래실 조사1과장·기획예산담당관·총무과장 1994~2001년 同대외경제심의관(부이사관)·공보관, 재정경제원 공보관, 駐런던 재정경제관(참사관), 재정경제부 경제홍보센터 소장(이사관), 同감사관·경제협력국장 2001년 同기획관리실장(관리관) 2002~2005년 신용보증기금 이사장 2005~2008년 한국기업데이터(주) 대표이사 2007년 한나라당 원내대책회의 규제개혁위원회 위원 2007년 同대구중구·남구당원협의회 운영위원장 2008~2012년 제18대 국회의원(대구 중구·남구, 한나라당·새누리당·무소속) 2008~2010년 국회 기획재정위원회 위원 2008년 국회 공기업관련대책특별위원회 위원 2008~2012년 국회 국가균형발전연구포럼 대표의원 2009~2010년 한나라당 제3정책조정위원회 부위원장 2009년 同인재영입위원회 위원 2009년 同대구시당 수석부위원장 2010~2012년 국회 정무위원회 위원 2011~2012년 국회 예산결산특별위원회 위원(계수조정소위원회 위원) [상]근정포장(1983), 대통령표창(2002), 한국능률협회 국제표준경영시스템 최고경영자상(2004), 21세기경영인클럽 21세기관리부문 경영대상(2007), 제2회 매니페스토 약속대상 우수상(2010), NGO모니터단 선정 '국정감사 우수국회의원상'(2011) [저]'경제를 담(談)다'(2014)

배영애(裵永愛·女) BAE Young Ae

[생]1945·10·19 [출]경북 김천 [주]경북 안동시 풍천면 도청대로455 경상북도의회(054-880-5126) [학]1962년 김천여중졸 1967년 성인기술학원 디자인 수료 2001년 여성정치아카데미 수료 [경](주)동해요업 이사, 태동봉제 대표, 김천여중·고 비둘기장학회 이사(현), 김천시통일봉사단 단장(현), 민주평통 김천시 여성위원장(현), 민주당 경북도당 여성위원장 1968년 인천성바오로수도원 관찬실 근무 1974~1985년 동도백화점 경영 1985~1996년 동해요업 이사 1986~1995년 태동봉제 대표 1990~2001년 진미술원 경영, 민족통일 김천시협의회장, 새천년산악회 회장 2002년 새천년민주당 김천지구당 위원장 2004년 제17대 국회의원선거 출마(김천, 새천년민주당) 2005년 민주당 김천지역운영위원회 위원장 2008년 제18대 국회의원선거 출마(비례대표, 통합민주당), 민주통합당 김천시지역위원회 위원장 2012년 제19대 국회의원선거 출마(김천, 민주통합당) 2013년 민주당 김천시지역위원회 위원장 2014년 경북도의회 의원(비례대표, 새정치민주연합·더불어민주당)(현) 2014년 同운영위원회 위원 2014년 同문화환경위원회 위원 2014년 새정치민주연합 김천지역위원회 위원장 2015년 同경북도당 여성위원회 위원장 2015년 경북도의회 정책연구위원회 위원 2015년 6.4지방선거386당선자 대표(현) 2015년 더불어민주당 김천지역위원회 위원장(현) 2015년 同경북도당 여성위원회 위원장 2016년 경북도의회 농수산위원회 위원(현) 2016년 더불어민주당 경북도당 여성위원회 위원장(현)

배영창(裵永昌)

[생]1961·9 [주]경기 수원시 영통구 삼성로129 삼성전자(주) System LSI사업부(031-209-7114) [학]휘문고졸, 명지대 전자공학과졸 [경]삼성전자(주) 구주총괄 SSEL법인장(부장) 2005년 同구주총괄 SSEL법인장(상무보), 同메모리영업팀 담당임원(상무) 2010년 同메모리영업팀장(상무) 2010년 同메모리영업팀장(전무), 同SSI법인장, 同DS부문 미주총괄장 2013년 同DS부문 미주총괄장(부사장) 2015년 同System LSI사업부 전략마케팅팀장(부사장)(현)

배영철(裵泳哲) BAE Young Cheol

[생]1957·2·5 [본]성주(星州) [출]경북 고령 [주]대구 중구 공평로88 대구광역시청 국제협력관실(053-803-3250) [학]1982년 영남대 정치외교학과졸 1986년 미국 볼스테이트대 대학원졸 1994년 미국 뉴욕시립대 버룩교 경영학과졸 [경]1986~1995년 우리아메리카은행 뉴욕현지법인 회계 및 투자담당 1996~1998년 대구가톨릭대 어학교육센터 영어강사 1998년 대구시 국제통상협력연구원 2000년 同외국인투자유치요원 2001년 同투자통상과장 직대 2003년 同국제통상과장 2015년 同국제협력관(현) [상]국무총리표창(2002)

배영호(裵英鎬) PAI Young Ho

[생]1956·3·6 [본]성주(星州) [출]경기 여주 [주]경기 평택시 송탄로51 효명고등학교 교장실(031-664-1022) [학]1974년 성신고졸 1978년 가톨릭대 신학과졸 1984년 오스트리아 Innsbruck대 대학원 신학과졸 2000년 신학박사(가톨릭대) [경]1985년 사제수품 1988년 수원교구 병점성당 임시주임 1988~1989년 同지동성당 보좌 1989~2007년 수원가톨릭대 신학과 전임강사·조교수·부교수·교수 1994~1996년 同학생처장 1995~2006년 천주교 수원교구 교회법인 변호인 1996~2009년 한국천주교주교회의 사무처

장 1996~2009년 한국천주교중앙협의회 사무총장 1997~1999년 수원가톨릭대 사목부장 1999~2007년 한국천주교주교회의 신앙교리위원회 위원 2001~2003년 수원가톨릭대 기획관리처장 2003~2004년 同대학원장 2004~2006년 同교무처장 2009년 평촌성당 주임신부 2011년 평택 효명고 교장(현) [저]'신학의 주제로서의 맑스주의'(2000) '건전한 신앙생활을 돕는 길(共)'(2005) [역]'고통이라는 걸림돌'(1990) '세계관과 신학'(1998) [종]가톨릭

배영환(裵英煥) BAE Young Hwan

[생]1933·10·11 [출]경남 양산 [주]인천 중구 서해대로418번길70 2층 삼화고속 회장실(032-508-1580) [학]1951년 동래고졸 1956년 연세대 상경대 상학과졸 [경]1958년 전남제사·광주여객자동차 상임감사 1960년 삼양타이어 상임감사 1966~1991년 삼화교통 사장 1969년 한국합성고무 상임감사 1970년 서울좌석버스운송사업조합 이사장 1970년 교통회 관리사장 1972년 검도협회 회장 1973~1991년 조일제지 사장 1973~1986년 전국버스운송사업조합연합회 회장 1979년 동서여행사 회장(현) 1991년 삼화고속 회장(현) 1991~2004년 조일제지 회장

배오식(裵午植) BAE Oh Sig

[생]1952·2·1 [주]서울 강서구 하늘길170 아시아나에어포트 임원실(02-2669-8518) [학]익산 남성고졸, 전북대졸 [경]금호타이어(주) 대리, 아스공항 상무 2007년 同전무 2011년 同부사장 2013년 同대표이사 사장 2013년 아시아나에어포트 대표이사 사장(현) [종]기독교

배용원(裵鏞元) BAE Yong Won

[생]1968·1·13 [출]전남 순천 [주]서울 서초구 반포대로158 서울중앙지방검찰청 형사6부(02-530-4313) [학]1985년 순천고졸 1991년 서울대 사법학과졸 [경]1995년 사법시험 합격(37회) 1998년 사법연수원 수료(27기) 1998년 창원지검 검사 2000년 광주지검 순천지청 검사 2002년 인천지검 검사 2004년 서울동부지검 검사 2007년 법무부 법무심의관실 검사 2007~2010년 국무총리실 파견 2009년 광주지검 검사 2010년 同부부장검사 2012년 창원지검 거창지청장 2013년 대검찰청 디엔에이수사담당관 2014년 同공안3과장 2015년 법무부 법무심의관 2016년 서울중앙지검 형사6부장(현)

배용주(裵容珠) BAE Yong Joo

[생]1962·11·1 [출]광주 [주]서울 서대문구 통일로97 경찰청 보안국(02-3150-2131) [학]광주 정광고졸 1986년 경찰대졸(2기) [경]1986년 경위 임용 1991년 전북 군산경찰서 방범과장(경감) 1993년 전북 장수경찰서 경비과장 1997년 경남 창원경찰서 방범과장(경정) 2002년 서울지방경찰청 과학수사계장 2003년 同형사과 폭력계장 2005년 同생활안전과 지도관 2005년 부산지방경찰청 보안과장(총경) 2006년 전남 보성경찰서장 2007년 서울지방경찰청 제3기동대장 2008년 광주 광산경찰서장 2009년 경찰청 사이버테러대응센터장 2010년 서울 성북경찰서장 2011년 서울지방경찰청 형사과장 2014년 同형사과장(경무관) 2014년 전북지방경찰청 차장 2014년 경찰수사연수원 원장 2015년 경찰청 과학수사관리관 2016년 同보안국장(치안감)(현)

배용준(裵容浚)

[생]1974·1·25 [출]서울 [주]울산 남구 법대로14번길37 울산지방법원(052-228-8000) [학]1992년 서울고졸 1997년 서울대 사법학과졸 [경]1998년 사법시험 합격(40회) 2001년 사법연수원 수료(30기) 2001년 軍법무관 2004년 서울동부지법 판사 2006년 서울중앙지법 판사 2008년 대전지법 논산지원 판사 2009년 춘천지법 원주지원 판사 2011년 서울고법 판사(춘천지법 파견) 2012년 수원지법 판사 2012년 법원행정처 인사제2심의관 겸임 2013년 同인사제1심의관 겸임 2014년 서울중앙지법 판사 2016년 울산지법 부장판사(현)

배용찬(裵龍贊) BAE Yong Chan

[생]1967·9·20 [본]경주(慶州) [출]서울 [주]서울 서초구 반포대로158 서울중앙지방검찰청 공판1부(02-530-4318) [학]1985년 우신고졸 1991년 서울대 법과대학졸 1993년 同대학원 수료 [경]1995년 사법시험 합격(37회) 1998년 사법연수원 수료(27기) 1998년 인천지검 검사 2000년 광주지검 목포지청 검사 2002년 서울지검 의정부지청 검사 2003년 의정부지검 고양지청 검사 2005년 법무부 관찰과 검사 2007년 서울중앙지검 검사 2010년 부산지검 부부장검사 2011년 대구지검 포항지청 부장검사 2012년 청주지검 부장검사 2013년 대구지검 안동지청장 2014년 법무부 범죄예방기획과장 2015년 법무연수원 기획과장 2016년 서울중앙지검 공판1부장(현) [종]기독교

배원복(裵元福) Paul Bae

[생]1961·11·30 [본]분성(盆城) [출]서울 [주]서울 금천구 가산디지털1로51 LG전자(주) 마케팅그룹장실(02-2033-6600) [학]관악고졸, 성균관대 기계공학과졸, 영국 Lancaster대 MBA졸 [경]2001년 LG전자(주) MC상품기획팀장(상무) 2008~2010년 同디자인경영센터장(부사장), 同MC사업본부 글로벌상품전략담당 부사장 2012년 同마케팅그룹장(부사장)(현) [종]천주교

배원진(裵原進)

[생]1950·9·3 [출]경남 창원 [주]경남 창원시 의창구 용지로239번길19의22 창원문화원(055-284-8870) [학]1970년 경남대 중퇴 1987년 同경영대학원 수료 [경]1986년 창원JC 회장·창원시 시정자문위원 1988년 범민족올림픽추진중앙협의회 대의원 1990년 경남산업사 대표 1991~1994년 창원시의회 의원 1995년 통합 창원시의회 의원 1997~1998년 同부의장, 창원문화원 부원장 2015년 同원장(현)

배유례(裵兪禮·女) BAE YU RAE

[생]1960·3·20 [본]경주(慶州) [출]전남 화순 [주]전남 무안군 삼향읍 오룡길1 전라남도청 세정담당관실(061-286-3610) [학]1979년 광주 중앙여고졸 1983년 전남대 독어독문학과졸 [경]1984~1986년 광주중앙여고 교사 1986~1991년 함평군·담양군 근무(지방행정주사보) 1991~2004년 전남공무원교육원·전남공영개발사업단·전남도청 근무 2005~2011년 전남도 세입운영담당·정책평가담당·정책개발담당·경리담당 사무관 2012~2016년 同세무회계과장·세정담당관·국제통상과장·문화예술과장 2016년 同세정담당관 2016년 同세정과장(현)

배유현(裵有鉉) BAI Yoo Hyun (雲岩·論山)

[생]1957·11·14 [본]달성(達城) [출]충남 논산 [주]서울 은평구 통일로599 청수1빌딩205호 한국산업전시협회(02-355-0141) [학]1980년 고려대 경영학과졸 1983년 同대학원 경영학과졸, 同교육대학원 일반사회과 경제학전공 수료, 연세대 대학원 경영학박사과정 수료, 건양대 대학원 최고경영자과정 수료 [경]1982~1990년 동아일보 기자 1990년 스포츠조선 기자 1990년 순국선열배영직선생기념사업회 운영위원장(현) 1990~2000년 중앙일보 기자·경제부 차장 1999년 백제권발전추진운동본부장 겸 백제문화예술단 이사(현) 2000~2003년 한나라당 논산·금산지구당 위원장 2000년 同선대위 부대변인 겸 충남도 대변인 2000년 은서포럼 회장(현) 2000년 고은산하회 회장(현) 2000년 고려대교우회 상임이사 겸 은평고대교우회 부회장(현) 2000년 3·1운동기념사업회 부회장(현) 2000년 한국사회체육육상중앙연합회 부회장 2000년 한국공공정책연구원 원장(현) 2000년 시사뉴스 주필(현) 2003년 뉴스 & 뉴스 논설위원(현) 2003년 고양포럼 공동회장(현) 2005년 프런티어타임스 논설위원 2005년 인터넷뉴스 폴리에코 발행인(현) 2006년 한국산업전시협회 회장(현) 2008년 북한산포럼 회장(현) 2008년 행복세상 공동대표 겸 은평 회장(현) 2008년 사랑의 띠잇기 회장(현), 은평소상공인포럼 회장(현), 고양시소상공인회 부회장(현), 고려대교육대학원교우회 수석부회장(현) 2014년 요양복지신문 주필(현) 2015년 한국노년인권신문 주필(현) 2015년 새누리당 은평갑당원협의회 상임고문(현) 2015년 은평발전포럼 상임이사(현) 2015년 민주평통 자문위원(현), 바르게살기운동 고양시마두동 부회장(현) [상]중소기업중앙회장표창(2010) [저]'21세기 우리민족의 비전'(2002, 세진사)

배윤수(裵潤洙) Bae, Yoon Soo

[생]1960·6·19 [주]서울 종로구 와룡공원길20 통일부 남북회담본부 회담지원과(02-2076-1084) [학]검정고시 합격, 성균관대 행정학과졸, 서울대 행정대학원 행정학과졸 [경]통일부 개발기획팀장, 同납북피해자지원단 심사과장, 同납북피해자지원단 지원총괄과장, 同규제개혁법무담당관 2013년 통일교육원 지원관리과장 2014년 통일부 남북협력지구발전기획단 제도개선팀장 2015년 同남북회담본부 회담지원과장(서기관) 2016년 同남북회담본부 회담지원과장(부이사관)(현)

ㅂ

배윤자(裵允子 · 女) BAE Yun Ja (珍明)

[생]1946 · 3 · 19 [본]달성(達城) [출]평남 진남포 [주]서울 마포구 월드컵북로6길49 서울연희직업전문학교(02-337-9900) [학]1964년 수도여고졸 1971년 동국대 국어국문학과졸 1994년 연세대 대학원 고위여성경영인과정 수료 2003년 초당대 조리과학과졸 2005년 순천향대 대학원 관광경영학과졸 2009년 조리학박사(세종대) [경]1983~1989년 (사)한국식생활개발연구회부설 한국조리직업전문학교 강사, 식생활개발연구회 감사 1990~1991년 동아요리학원 원장 1991년 SBS '남편은 요리사' MC · KBS '가정요리' 출연 1992년 배윤자제과제빵요리학원 원장 1994~1999년 롯데문화센터 강의 1994~1996년 (주)동원산업 식품연구소 연구위원 1996~2000년 (주)태훈산업 연구위원 1997~1999년 세계음식문화학술회 회장 1997년 국제문화친선협회 분과위원장 1997년 서울시 강동교육청 자문위원 1998년 국제라이온스협회 서울선사라이온스 회장 1998년 전국요리학원연합회 수석부회장 1998년 한국학원총연합회 상임이사(현) 1998년 국제문화친선협회 부회장(현) 2000~2008년 서울보건대 조리예술과 겸임교수 2000년 을지대 평생교육원 호텔조리과 지도교수 2005~2010년 전국요리학원연합회 회장 2008년 세종대 조리외식경영학과 강사, 한국외식산업학회 요리분과위원장 2013년 서울연희직업전문학교 학장(현) 2013년 배윤자요리연구소 원장(현) [상]한국학원총연합회 공로상(1994), 교육부장관표창(1995), 문화체육부장관표창(1998), 강동구청장표창(1998), 강동교육청장표창(1999), 교육감표창(2000), 국제문화친선협회표창, 강동구방위협의회표창, 강동경찰서장 감사장, 서울시의회의장표창 [저]'배윤자의 남편은 요리사' 'Happy Cooking' '한국의 죽'(共) '음식맛은 손끝에서 나와요'(共) '요리하는 남자는 아름답다'(요리감수) '약이 되는 야채사전'(요리감수) '몸에 좋은 생선사전'(요리감수) [종]기독교

배인구(裵寅九 · 女) BAE In Gu

[생]1968 · 6 · 27 [출]충남 논산 [주]서울 서초구 서초중앙로157 서울중앙지방법원(02-530-1114) [학]1986년 대전여고졸 1990년 고려대 법학과졸 [경]1993년 사법시험 합격(35회) 1996년 사법연수원 수료(25기) 1996년 부산지법 울산지원판사 1999년 대전지법 판사 2002년 서울지법 의정부지원 판사 2004년 의정부지법 판사 2006년 서울북부지법 판사 2007년 서울고법 판사 2008년 헌법재판소 파견 2010년 서울중앙지법 판사 2011년 서울가정법원 부장판사 2016년 서울중앙지법 부장판사(현) [종]가톨릭

배인준(裵仁俊) BAE In Joon

[생]1953 · 1 · 10 [본]분성(盆城) [출]경북 선산 [주]서울 강남구 남부순환로2748 한국교육방송공사(EBS)(02-526-2502) [학]1974년 서울대 철학과졸 2003년 연세대 언론홍보대학원졸 2007년 고려대 언론홍보대학원 최고위과정 수료 [경]1977년 동아일보 사회부 기자 1984년 同신동아부 기자 1987년 同사회부 기자 1988년 同경제부 기자 1992년 同국제부 차장 1993년 同도쿄특파원 1994년 同도쿄지국장 1997년 同경제부장 1999년 同논설위원 2000년 同편집국 기획편집담당 부국장 2002년 同편집국 국장급 부국장 2003년 同수석논설위원 2003~2015년 同'배인준칼럼' 필자 2005년 同논설위원실장 2007년 同논설주간(이사대우) 2007년 한국신문방송편집인협회 부회장 2008년 동아일보 논설주간(이사) 2009~2011년 한국신문방송편집인협회 회장 2009~2011년 한국신문윤리위원회 비상임이사 2009~2014년 신문박물관 관장 2009~2011년 동아일보 방송설립추진위원회 부위원장 2010~2011년 한국언론진흥재단 비상임이사 2010년 대한변호사협회 인권재단 이사(현) 2010년 삼성언론재단 이사(현) 2010~2015년 동아일보 주필(상무이사 · 전무이사) 2011~2015년 관악언론인회 회장 2011년 한국신문방송편집인협회 고문(현) 2011~2015년 한국신문방송편집인협회기금 이사 2014년 대통령직속 통일준비위원회 언론자문단 자문위원 2015년 동아일보 고문 2015년 서초문화재단 이사 2016년 한국교육방송공사(EBS) 감사(현) [상]서울언론문화상(1995), 한국기자협회 이달의 기자상(1995), 동아대상(1996), 한국언론인연합회 한국참언론인대상(2006), 삼성언론상(2007), 위암 장지연상 언론부문(2007), 서울대 언론인대상(2008), 중앙언론문화상 신문 · 잡지부문(2009) [저]'대한민국 되찾기'(2007) '누가 미래세력인가'(2013)

배인휴(裵仁烋) Bae Inhyu (梅岸)

[생]1952 · 10 · 26 [본]성주(星州) [출]전남 순천 [주]전남 순천시 중앙로225 순천대학교 생명산업과학대학 동물자원과학과(061-750-3233) [학]1973년 순천농림고등전문학교 축산과졸 1975년 건국대 축산대학 낙농학과졸 1981년 同대학원 낙농학과졸 1989년 농학박사(성균관대) [경]1991년 스위스연방공과대 낙농식품연구소 박사후과정 1982~1994년 순천대 동물자원과학과 전임강사 · 조교수 · 부교수 1984년 同영농교육원장 1991년 스위스연방공과대학 낙농식품연구소 Post-Doc. 1991~1994년 순천대 기획연구실 부실장 1994년 同동물자원과학과 교수(현) 1997년 同동물사육장장 1998~1999년 同기획연구실장 2002~2005년 同평생교육원장 2006년 同동물자원과학과장 2009~2010년 同산학협력단장 2011년 한국유가공기술과학회 회장 2014년 (사)한국동물자원과학회 제1부회장 2015년 同회장 [상]교육부장관표창(1997) [저]'농가형 유가공장 운영론'(1998, 도서출판 필방) '낙농식품가공학'(1999, 선진문화사) '축산식품 즉석가공학'(2001, 선진문화사) '유식품가공학'(2002, 선진문화사) '최신유가공학'(2005, 유한문화사) '한우학'(2006, 선진문화사) '친환경축산물생산학'(2006, 인쇄나라) '증보개정판 최신유가공학'(2011, 유한문화사) 'Cheese Types, Nutrition and Consumption'(2011) '동물미생물공학'(2012, 유한문화사) 'NCS기반 학습모듈-유제품 가공'(2015, 한국직업능력개발원) [역]'유산균실험메뉴얼'(2005) '치즈과학과 제조기술'(2007) [종]기독교

배일도(裵一道) BAE Il Do

[생]1950 · 9 · 14 [본]성주(星州) [출]전북 김제 [학]1972년 태인고졸 1973년 전북대 공대 자원공학과 수료(2년) 2002년 고려대 언론대학원 수료 [경]1979년 서울시 공무원 임용(9급) 1987년 서울시지하철공사노동조합 설립 · 초대 위원장 1988년 서울지역노동조합협의회 설립 · 초대 의장 1988년 노동조합활동관련 구속 1989년 해고 1990년 전국노동조합협의회 대기업노조특별대책위원장 1991년 국민연합민중생존권 특별대책위원장 1991년 노동조합활동관련 구속 1992년 노동인권회관 실행이사 1998년 복직 1999~2004년 제9 · 10 · 11대 서울시지하철공사 노조위원장 2001년 서울시투자기관노동조합협의회 상임의장 2001년 전국지방공기업노동조합협의회 설립 · 초대 의장 2004~2008년 제17대 국회의원(비례대표, 한나라당) 2009년 (사)한국사회발전전략연구원 대표(현) 2011년 10.26재보선 서울시장선거 출마(무소속) 2012년 제19대 국회의원선거 출마(경기 남양주甲, 국민생각) 2012년 한국기술대 고용노동연수원 객원교수 [상]협상대상(2001), 체육훈장 기린장(2002) [저]에세이 '공존의 꿈'(2004) '새로운 시대의 노사교섭제도 어떻게 할 것인가?'(2005) '승자와 패자'(2008) [종]불교

배일환(裵一煥) Bae, Il Hwan

[생]1965 · 12 · 12 [출]서울 [주]서울 서대문구 이화여대길 52 이화여자대학교 관현악과(02-3277-2459) [학]1988년 미국 줄리어드음대졸 1990년 미국 예일대 대학원졸 1992년 미국 인디애나대 음대 박사과정 수료 [경]1990년 삿포로 페스티발 첼로 수석 1992년 코리안심포니 첼로 수석 1993년 이화여대 관현악과 교수(현) 1994년 MBC TV 문화집중 공동MC 1995년 기독교방송 공동MC 2005~2007년 미국 스탠퍼드대 방문학자 2006년 서울시 문화교육 정책위원, Soma Trio Korea Festival Ensemble 멤버 2007년 (사)뷰티플마인드채리티 총괄이사(현), 한국국제기아대책기구 음악대사 2008년 이화여대 실용음악대학원 교학부장 2008~2009년 외교통상부 문화홍보 외교사절 [상]예음실내악상 및 예음 창작음악연주상(1995) [저]'만화로 보는 서양음악사 감수' [종]기독교

배임호(裵任鎬) BAE Im Ho

[생]1957 · 4 · 13 [주]서울 동작구 상도로369 숭실대학교 사회복지학부(02-820-0505) [학]1981년 숭실대 사회사업학과졸 1986년 同대학원졸 1991년 사회복지학박사(미국 미네소타대) [경]1987~1991년 미국 미네소타 Citizen Council 연구원 1992~2006년 숭실대 사회사업학과 조교수 · 부교수 · 교수 1995~2005년 세계교도소신부목사연합회(IPCA) 아시아지역회장 1997년 청소년보호위원회 위원 1998년 미국 캘리포니아대 버클리교 방문교수 1999~2001년 숭실대 사회사업학과장 1999~2001년 한국사회복지학회 감사 2001년 (사)아시아청소년 · 교정연구원 원장(현) 2001년 (재)아가페 민영교도소 전문위원 2005~2006년 미국 하버드대 로스쿨 연구교수 2006년 숭실대 사회복지학부 교수(현) 2006년 미국 세계인명사전 'Marquis Who's Who in the World 23rd Edition'에 등재 2006년 (사)한국교정선교회 이사 2006년 한국소년보호학회 상임이사 2008년 중국 연변과학기술대 겸임교수(현) 2008년 평양과학기술대학(PUST) 개교준비위원 2008년 (사)민족사랑나눔 전문위원(현) 2009년 한국교정사회복지학회 회장(현) 2010~2012년 숭실대 사회과학대학장 2010년 Global CBMC 부회장(현) 2010년 전국사회과학대학장협의회 부회장 및 운영위원 2011년 한국보호관찰학회 부회장(현) 2011년 숭실대 갈등해결 · 평화연구소 소장(현) 2012~2014년 同사회복지대학원장 2013년 싱가폴 Global Institute of Social Work 국제편집위원(현) 2014년 굿네이버스 법인이사(현) [상]세계범죄학회 논문응모대회 최우수상, 법무부장관표창, 미국 미네소타대 국제지도자 특별상(2011) [저]'교정 복지론' '어린이-청소년

: 어떻게 사랑할것인가' 'Socialwork Around The world'(共) 'Restorative Justice in Trial' ⓒ기독교

배재규(裵在圭) BAE Jae Kyu

ⓢ1961·6·25 ⓑ분성(盆城) ⓞ경남 산청 ⓦ서울 서초구 서초대로74길11 삼성자산운용 Passive총괄본부(02-3774-7927) ⓗ보성고졸 1985년 연세대 경제학과졸 1987년 同행정대학원 행정학과졸 ⓒ1989년 한국종합금융 증권신탁부 근무 1994년 同국제투자팀장 1995년 SK증권 국제영업부 자산운용팀장 2000년 삼성투자신탁운용 코스닥팀장·同주식3팀장·同주식2팀장 2002년 同인덱스운용본부 부장 2007년 同ETF운용팀장 2008년 同인덱스운용2본부장(상무) 2010년 삼성자산운용 인덱스운용2본부장 2011년 同ETF운용본부장 2013년 同Passive본부장(전무) 2015년 同Passive총괄본부장(전무)(현) ⓢ신지식인상, 금융감독원장표창 ⓔ'성공하는 투자전략-인덱스 펀드'

배재덕(裵在德) BAE Jae Duk

ⓢ1966·9·28 ⓞ부산 ⓦ서울 중구 남대문로63 한진빌딩본관 법무법인 광장(02-772-5960) ⓗ1985년 부산 중앙고졸 1992년 부산대 법학과졸 1994년 同대학원졸 ⓒ1994년 사법시험 합격(36회) 1997년 사법연수원 수료(26기) 1997년 서울지검 동부지청 검사 1999년 창원지검 진주지청 검사 2001년 부산지검 동부지청 검사 2003년 대구지검 검사 2005년 법무부 보호과 검사 2007년 서울중앙지검 특수1부·형사2부 검사 2009년 수원지검 특수부 부부장검사 2010년 同여주지청 부장검사 2011년 광주지검 장흥지청장 2012년 대구지검 강력부장 2013~2014년 대검찰청 형사1과장 2014년 법무법인 광장 형사담당 변호사(현) ⓢ검찰총장표창(1998·2002·2008)

배재문(裵栽問) BAE Jae Moon

ⓢ1960·11·15 ⓞ대구 ⓦ서울 강남구 일원로81 삼성서울병원 소화기외과분과(02-3410-0252) ⓗ1986년 서울대 의대졸 1989년 同대학원졸 1991년 의학박사(서울대) ⓒ1986~1991년 서울대병원 인턴·일반외과 레지던트 1991~1994년 軍의관 1994~2001년 이화여대 의대 전임의·전임강사·조교수 1998년 일본 국립암센터 위암분과 연구원 2000년 미국 국립암연구소 연구원 2001~2012년 대한위암학회 이사·상임이사 2001년 국립암센터 부속병원 위암센터 전문의 2002년 同연구소 위암연구과장 2002~2006년 同위암센터장 2004~2006년 同부속병원 부원장 2004년 同진료지원센터장 겸임 2006년 同기획조정실장 2007년 同연구소 이행성임상제1연구부 위암연구과장 2007년 성균관대 의대 외과학교실 교수(현) 2007~2009년 대한위암학회 홍보이사 겸 학술위원 2009~2011년 同홍보위원장 2010년 대한외과대사영양학회 학술위원장 2010~2012년 대한외과학회 학술위원 2010~2012년 한국정맥경장영양학회 보험위원장 2011~2013년 대한위암학회 학술위원장 2011~2013년 삼성서울병원 소화기외과분과장 2012~2013년 同연구기획부장 2012~2014년 대한외과대사영양학회 기획위원장 2012~2014년 한국정맥경장영양학회 학술위원장 2012년 대한외과학회 고시위원(현) 2013~2015년 한국보건산업진흥원 PM제도 운영위원 2013~2016년 대한암협회 집행이사 2013년 대한위암학회 총무위원장 겸 KINGCA조직위원회 사무총장 2014~2016년 대한외과대사영양학회 부회장 2014년 보건복지부 전문평가위원회 위원(현) 2015년 대한위암학회 감사(현) 2016년 대한외과대사영양학회 회장(현) 2016년 대한암학회 이사(현)

배재성(裵在成) BAE, JAY-SONG

ⓢ1963·1·3 ⓑ경주(慶州) ⓞ부산 ⓦ서울 영등포구 버드나루로88 인따르시아빌딩701호 KBS스포츠(유)(02-781-4851) ⓗ1981년 대일고졸 1988년 국민대 경영학과졸, 동국대 대학원 신문방송학과졸, 한양대 체육대학원 박사과정 재학中 ⓒ1987년 KBS 스포츠취재부 기자 2001년 同스포츠취재부 차장 2004~2008년 同보도본부 스포츠취재·제작팀 차장 2009년 同스포츠국 스포츠취재·제작팀장(부장급) 2010년 同보도본부 스포츠국 스포츠취재부장 2011년 同보도본부 해설위원 2011년 同보도국 부국장 2013~2015년 KBS 보도본부 스포츠국장 2015년 태권도진흥재단 비상임이사(현) 2015년 KBS 보도본부 스포츠국 스포츠사업부 근무(국장급) 2016년 KBS스포츠(유한회사) 대표(현) 2016년 한국문화산업교류재단 이사(현) ⓢ제18회 이길용 체육기자상(2008), 한국방송대상 개인상(2010), 장애인체육진흥유공 대통령표창(2010), 대한축구협회(KFA) 감사패(2015)

배재웅(裵載雄) Bae Jae-ung

ⓢ1963·8·27 ⓞ충남 서산 ⓦ경기 과천시 관문로47 미래창조과학부 연구성과혁신정책관실(02-2110-2460) ⓗ1982년 안양공고졸 1988년 한양대 기계공학과졸 2002년 영국 맨체스터대 대학원 과학기술정책학과졸 ⓒ1988년 기술고시 합격(24회) 1990~1997년 국립중앙과학관 조성과·대전세계박람회조직위원회·원자력발전소 울진주재 관실·과학기술부 원자력정책과 기계사무관 1997~1999년 과학기술부 원자력개발과·기초과학지원과 공업서기관 2001~2003년 同과학기술정책실 과학기술문화과·기술개발지원과 공업서기관 2005년 同과학기술문화과장 2005년 문화관광부 문화기술인력과장 2006년 同문화산업국 문화기술인력팀장 2006년 과학기술부 원자력방재과장 2007년 同원자력안전과장 2008년 교육과학기술부 원자력안전과장(서기관) 2009년 同원자력안전과장(부이사관) 2009년 국제원자력기구(IAEA) 파견 2012년 교육과학기술부 기초과학정책과장 2013년 미래창조과학부 미래선도연구실 연구개발정책과장 2013년 同연구개발정책실 연구개발정책과장 2014년 공주대 사무국장(고위공무원) 2016년 미래창조과학부 연구성과혁신정책관(현)

배재정(裵在禎·女) Bae Jae Jeung

ⓢ1968·2·16 ⓑ경주(慶州) ⓞ부산 ⓦ부산 동구 중앙대로263 국제오피스텔201호 더불어민주당 부산시당(051-802-6677) ⓗ1986년 데레사여고졸 1990년 부산대 영어영문학과졸, 同대학원 예술·문화와영상매체협동과정 수료 ⓒ1989~2007년 부산일보 기자·인터넷뉴스부장 2009~2011년 부산국제광고제 조직위원회 홍보실장 2011~2012년 부산문화재단 기획홍보팀장 2012년 민주통합당 언론정상화특별위원회 간사 2012~2016년 제19대 국회의원(비례대표, 민주통합당·민주당·새정치민주연합·더불어민주당) 2012년 국회 문화체육관광방송통신위원회 위원 2012·2015년 국회 예산결산특별위원회 위원 2013년 민주통합당 비상대책위원회 위원 2013년 국회 미래창조과학방송통신위원회 위원 2013년 국회 교육문화체육관광위원회 위원 2013년 민주당 대변인 2014~2016년 한국신문윤리위원회 위원 2014년 새정치민주연합 6.4지방선거 부산시당 공동선거대책위원장 2014년 同정책위원회 부의장 2014년 同공적연금발전TF 위원 2014~2015년 국회 동북아역사왜곡대책특별위원회 위원 2015년 새정치민주연합 부산시당 을지킴위원회 위원장 2015년 同부산사상구지역위원회 위원장 직대 2015년 더불어민주당 공적연금발전TF 위원 2015년 同부산시당 을지킴위원회 위원장 2015년 同부산사상구지역위원회 위원장(현) 2016년 제20대 국회의원선거 출마(부산 사상구, 더불어민주당) ⓢ민주통합당 국정감사 우수의원상(2012), 민주당 국정감사 우수의원상(2013) ⓔ'재정아 부산가자'(2014)

배재홍(裵在弘) BAE Jae Hong

ⓢ1960·11·7 ⓞ강원 삼척시 중앙로346 강원대 삼척캠퍼스 인문사회과학대학(033-570-6619) ⓗ1982년 경북대 사학과졸 1984년 同대학원 국사학과졸 1995년 문학박사(경북대) ⓒ1995~2006년 삼척대 사학과 교수 2006년 강원대 교양학부 교수, 同인문사회과학대학 교양과정 교수(현) 2006~2009년 同교무처장 2006년 同교양학부장 2008~2009년 同미디어센터 주간 2012~2014년 同교수학습개발원장 2014년 同교육지원처장 2015~2016년 同삼척캠퍼스 부총장 ⓔ'삼척 준경묘 영경묘 역사문화가치 조명과 활용'(2011, 강원도민일보출판국) '문헌으로 본 태백시의 지명'(2011, 태백시, 강원대 강원전통문화연구소) '조선후기 울릉도 수토제 운용의 실상'(2011, 대구사학)

배재훈(裵宰君)

ⓢ1979·9·20 ⓞ대구 중구 공평로88 대구광역시의회(053-803-5091) ⓗ영남대졸 2010년 중국 칭화대 대학원 국제관계학과졸 2013년 국제관계학박사(중국 중국사회과학원) ⓒ중국사회과학원 아시아태평양연구소 연구원, 새누리당 대구수성구甲지역위원회 청년위원회 부위원장 2016년 대구시의회 의원(보궐선거 당선, 새누리당)(현) 2016년 同교육위원회 부위원장(현) 2016년 同운영위원회 위원(현) 2016년 同예산결산특별위원회 위원(현)

배정근(裵貞根) Pae, Jung Kun

ⓢ1959·5·6 ⓞ충북 증평 ⓦ서울 용산구 청파로47길100 숙명여대 행파교수회관 605호(02-2077-7373) ⓗ1977년 경동고졸 1983년 고려대 신문방송학과졸 1995년 영국 옥스퍼드대 연수 2002년 미국 뉴욕주립대 대학원졸 2012년 언론학박사(고려대) ⓒ1983년 한국일보 입사 1998년 同논설위원 1999년 同생활과학부장 직대(차장) 2000년 同기획조정부장 2001년 同경제부장 2004년

ㅂ

同편집국 부국장 2006년 同논설위원 2007~2010년 한국철도시설공단 비상임이사 2008~2011년 숙명여대 언론정보학부 교수 2010~2011년 관훈클럽 편집위원 2010년 선거기사심의위원회 위원 2011년 숙명여대 미디어학부 교수(현) 2011~2016년 한국씨티은행 사외이사 겸 감사위원 2013~2015년 국회방송 자문위원장 2015년 관훈클럽 편집위원 2015년 포털뉴스제휴평가위원회 위원(현) [상]한국기자협회상(1989), 한국PR학회 최우수논문상(2013), 한국언론학회 학술상 우수논문상(2015)

배정운(裵正運) BAE Jung Woon

[생]1940·10·10 [본]성주(星州) [출]부산 [주]서울 서초구 명달로120 KMJ빌딩7층 S&M미디어(주) 비서실(02-583-4161) [학]1959년 경남고졸 1963년 서울대 경제학과졸 [경]1963~1965년 ROTC 1기(육군 소위) 1965~1967년 천양산업 근무 1967~1974년 연합철강공업(주) 수출부장 1974~1977년 同뉴욕지점장(이사) 1977~1981년 同상무이사 1981~1985년 국제상사 철강금속본부장(전무·부사장) 1985~1986년 연합철강공업(주) 부사장 1987~1992년 두양금속·영흥철강(주) 대표이사 1994년 (주)한국철강신문 대표이사 회장 2014년 S&M미디어(주) 대표이사 회장(현) [상]석탑산업훈장(2004)

배정원(裵正遠) BAE Jeoung Won

[생]1952·6·19 [본]분성(盆城) [출]전북 남원 [주]서울 성북구 인촌로73 고려대 안암병원 유방내분비외과(02-920-5305) [학]1970년 인창고졸 1977년 고려대 의대졸 1980년 同대학원졸 1991년 의학박사(중앙대) [경]1977~1982년 고려대병원 인턴·외과 레지던트 1982~1996년 軍의관 1985년 고려대 의과대학 외과학교실 전임강사·조교수·부교수·교수(현) 1995~1996년 同의과대학 의학과장 1999년 한국유방암학회 이사 2001~2010년 한국내분비외과학회 이사 2001~2003년 고려대 의과대학 교학부장·교무부학장, 同대학원 교학부장 2007~2009년 한국유방암학회 부회장 2007~2009년 고려대 안암병원 호스피스회장 2009~2013년 한국유방암학회 회장 2009~2014년 고려대 안암병원 외과 과장 2014년 同안암병원 유방내분비외과 과장(현) [상]고려대총장표창(1977), 국방부장관표창(1985) [저]'유방학' '림프부종 자가치료와 예방'

배정찬(裵丁贊) BAE Jung Chan

[생]1954·10·4 [출]광주 [주]광주 북구 첨단과기로333 (재)광주테크노파크(062-602-7000) [학]광주제일고졸 1979년 서울대 공대 금속공학과졸 1984년 미국 위스콘신대 메디슨교 대학원 금속공학과졸 1988년 금속공학박사(미국 위스콘신대 메디슨교) [경]1978~1982년 대우자동차 엔진제조기술부 대리 1982~1988년 미국 위스콘신-메디슨대 RA 및 TA 1988~1991년 미국 Idaho national Engineering Lab Research Scientist 1991~1997년 한국생산기술연구원 생산기반기술개발 수석연구원 1998~2001년 同연구기획본부장 2002년 同벌크비정질나노소재사업단장 2003년 同광주연구센터 소장 2008년 同호남권기술지원본부장 2008~2010년 同생산기반기술연구본부장 2010~2011년 同인천지역본부 뿌리산업연구부문 주조공정연구그룹 선임연구원 2015년 (재)광주테크노파크 원장(현)

배정태(裵訂泰) BAE Jeong Tae

[생]1959·2·12 [주]서울 종로구 세문안로58 (주)더페이스샵 임원실(02-6924-6194) [학]배재고졸, 서울대 식품공학과졸, 연세대 경영대학원 마케팅학과졸 [경](주)LG생활건강 ERP추진TFT팀장, 同화장품유통전략부문장, 同마케팅부문장, 同HG특수유통부문 상무 2009년 同CM시판영업부문 상무 2011~2014년 코카콜라음료(주) 사업부장(전무) 2014년 (주)LG생활건강 뷰티사업부장(전무) 2014년 (주)더페이스샵 대표이사(현) 2015년 (주)LG생활건강 뷰티사업부장(부사장) 겸임(현) [종]천주교

배정호(裵正浩) BAE Jeong Ho

[생]1957·12·15 [출]경북 성주 [주]서울 서초구 동작대로 186 신흥빌딩 한국산지보전협회(02-2058-3700) [학]1975년 경북고졸, 한국방송통신대 경영학과졸, 고려대 행정대학원 정책학과졸 [경]9급 공채 합격 1999년 산림청 총무과 총무담당 서기관 2000년 同법무담당관 2002년 同국유림관리국 국유림관리과장 2004년 同산림자원국 임산물이용과장 2006년 同경영지원팀장 2008년 同산림자원국 산림경영지원과장 2009년 同감사담당관 2009년 同법무감사담당관 2010년 同법무감사담당관(부이사관) 2013년 同산림항공본부장(이사관) 2014~2015년 同남부지방산림청장 2016년 한국산지보전협회 회장(현) [상]모범공무원 국무총리표창(1990), 근정포장(1997)

배종대(裵鍾大) BAE Jong Dae

[생]1952·7·10 [본]분성(盆城) [출]부산 [주]서울 성북구 안암로145 고려대학교 법과대학 법학과(02-3290-1881) [학]1970년 동아고졸 1972년 고려대 법학과졸 1979년 同대학원졸 1984년 법학박사(독일 프랑크푸르트대) [경]1985년 고려대 법과대학 법학과 조교수·부교수·교수(현) 1993년 同법과대학 교학부장 1993~1995년 同법학과장 1994~1996년 同신문사 주간 1996~1998년 同기획처장 2000~2002년 同법학연구원장 2002~2004년 同법과대학장 겸 법무대학원장 2002년 동아일보 객원논설위원 2003~2004년 한국비교형사법학회 회장 2004~2006년 안암법학회 회장 2005년 한국형사정책학회 회장 2006년 한국형사법학회 회장 2012~2013년 대법원 양형위원회 자문위원 [상]한국범죄방지재단 학술상(2009) [저]'형법총론' '형사소송법' '형법각론'

배종렬(裵鍾烈) PAE Chong Yeul

[생]1943·2·18 [본]김해(金海) [출]부산 [주]서울 서초구 서초대로74길14 삼성물산(주) 임원실(02-2145-2114) [학]1961년 부산고졸 1965년 서울대 상과대학 무역학과졸 [경]1969~1976년 한국은행 조사부 근무 1973년 대통령경제비서관실 행정관 1976년 삼성물산(주) 입사 1983년 同LA현지법인 사장 1985년 同뉴욕현지법인 사장 1986년 同상무이사 1988년 삼성전자(주) 반도체부문 영업본부장 1990년 同전무이사 1991년 삼성그룹 비서실 차장(부사장) 1994년 중앙일보 부사장 1997년 제일기획 대표이사 사장 2001~2004년 삼성물산(주) 총괄대표이사 사장, (주)재능교육 회장, 삼성물산(주) 고문(현) 2012년 동일고무벨트(주) 사외이사(현) [상]은탑산업훈장(1994) [종]기독교

배종면(裵鍾冕) BAE Jong Myon

[생]1962·3·23 [주]제주특별자치도 제주시 제주대학로 102 제주대학교 의학전문대학원 예방의학교실(064-754-3856) [학]1987년 서울대 의대졸 1994년 同대학원 의학석사 1999년 의학박사(서울대) [경]충북대 의대 전임강사, 제주대 의학전문대학원 예방의학교실 교수(현), 국립암센터 암등록통계과장, 캐나다 McMaster 교환교수, 한국보건의료연구원 임상성과분석실장, 대한예방의학회 이사, 한국역학회 이사, 한국보건협회 이사, 대한암협회 이사 2015년 제주도 메르스민간역학조사지원단장 2016년 제주감염병관리본부 초대본부장(현) [저]'예방의학'(2004, 계축문화사) '역학의 원리와 응용'(2005, 서울대 출판부)

배종민(裵鍾旻) PAI Chong Min

[생]1961·10·10 [출]서울 [주]서울 중구 세종대로23 창화빌딩 문배철강(주) 비서실(02-758-6609) [학]1980년 배문고졸 1985년 미국 콜로라도주립대 경제학과졸 [경]문배철강(주) 이사 1994~2013년 同사장 2001~2007년 (주)NI테크 대표이사, 창화철강 대표이사 회장(현) 2007년 (주)NI스틸 대표이사 회장(현) 2013년 문배철강(주) 부회장 2015년 同회장(현) [종]천주교

배종범(裵鍾凡) BAE Jong Bum

[생]1959·12·25 [주]전남 무안군 삼향읍 오룡길1 전라남도의회(061-286-8200) [학]2010년 초당대 사회복지학과졸, 목포대 경영행정대학원 행정학과 수료 [경]전국택시노동조합연맹 부위원장, 同전남지부장(제1·2대), 목포노동자회 회장, 同지도위원, 목포민주시민운동협의회 시민권익위원장, 同자주통일위원장, 同의장, 서부초 운영위원장, 목포민주시민운동협의회 공동의장 1998·2002·2006·2010~2014년 전남 목포시의회 의원(민주당·민주통합당·민주당), 同산업건설위원회 간사, 同교통정책소위원장, 同경제건설위원장, 同예산결산특별위원장 2006~2008년 同부의장 2010·2012~2014년 同의장 2012년 전남시·군의회의장회 회장, 목포세계마당페스티벌추진위원회 공동위원장(현), 목포환경운동연합 정책자문위원(현), 목포시청소년성문화센터 운영위원(현) 2014년 전남도의회 의원(새정치민주연합·더불어민주당)(현) 2014년 同건설소방위원회 위원 2015년 同윤리특별위원회 위원 2016년 同보건복지환경위원회 위원장(현) [상]자랑스러운 한국인 대상(2015) [종]기독교

배종육(裵宗六) BAE Jong Yuk

[생]1962·5·21 [출]경남 밀양 [주]서울 중구 서소문로 100 중앙일보 인사팀(02-751-5114) [학]한국과학기술원(KAIST) 최고벤처경영자과정(AVM) 수료 [경]1999년 중앙일보 경영기획팀장 2004년 중앙M&B 전략기획팀장 2005년 중앙M&B무비 대표이사 2007년 중앙일보 LA경영지원실 이사 2007년 일간스포츠 전략기획실장 겸 드라마사업(가칭) 공동대표 2008년 일간스포츠 & JES 경영담당 이사 2008년 (주)아이에스플러스코프 경영담당 이사 2008년 JES

경영담당 이사 겸임 2009~2010년 주간 '무비위크' 발행인 2014년 중앙일보 워싱턴법인 대표 2014년 뉴욕중앙일보 대표(현)

배종태(裵鍾太) BAE Zong Tae

[생]1959·12·25 [출]대구 [주]서울 동대문구 회기로85 한국과학기술원 테크노경영대학원(02-958-3607) [학]1978년 대구 청구고졸 1982년 서울대 산업공학과졸 1984년 한국과학기술원(KAIST) 경영과학과졸(석사) 1987년 경영과학박사(한국과학기술원) [경]1987~1992년 한국과학기술연구원(KIST) 경제분석실·기술정보실 선임연구원 1989년 태국 Asian Inst. of Technology 경영대학원 객원교수 1991년 과학기술처 G7 전문가기획단 간사 1992~1993년 한국과학기술원 산업경영연구소 선임연구원 1993년 同테크노경영대학원 산업경영학과 조교수 1996년 정부투자기관 경영평가단 평가교수 1996년 한국과학기술원 테크노경영대학원 교수(현) 1998년 同최고벤처경영자과정 책임교수 1998~1999년 벤처정보교류협회 회장 2014년 중소기업사랑나눔재단 이사(현) 2014~2015년 한국중소기업학회 회장 2015년 LG하우시스(주) 사외이사(현) [상]과학기술처장관표창(1992), 송곡과학기술상(2000) [저]'경영학 뉴패러다임 : 기술경영과 생산전략(共)'(2002, 박영사) [종]기독교

배종하(裵鍾河) BAE Jong Ha

[생]1956·12·27 [본]달성(達城) [출]대구 [학]1975년 경북고졸 1979년 서울대 경제학과졸 1984년 同행정대학원 행정학과 수료 1990년 경제학박사(미국 미네소타대) [경]1979년 행정고시 합격(23회) 1980년 농수산부 행정사무관 1983년 同기획예산담당관실 차관 비서관 1990년 농림수산부 농업협력심의관실·국제협력담당관실 근무 1992년 同농어촌개발국 개발기획과 근무 1994년 同농정국 농지관리과 근무 1995년 同국제농업국 통상협력과장 1997년 농림부 국제협력과장 2001년 同농업정책국 농업정책과장 2001년 同식량생산국 식량정책과장 2002년 한국농촌경제연구원 파견 2004년 중앙공무원교육원 파견 2005~2007년 농림부 국제농업국장 2005년 DDA 농업협상그룹 수석대표 2006년 한·미FTA 농업분과장 2007년 농림부 농촌정책국장 2007~2008년 대통령 농어촌비서관 2008~2009년 농림수산식품부 수산정책실장 2009년 한국농촌경제연구원 초빙연구위원 2010~2012년 한국농수산대학 총장 2013년 UN산하 국제식량농업기구(FAO) 베트남국가사무소장(현) [상]대통령표창, 홍조근정훈장(2005) [저]'통상이야기'(2001) '현장에서 본 농업통상이야기'(2006) [역]'농산물 무역전쟁'(1999) [종]천주교

배종혁(裵鐘赫) BAE Jong Hyuk

[생]1967·11·11 [본]분성(盆城) [출]경남 고성 [주]대구 수성구 동대구로364 대구지방검찰청 특수부(053-740-4315) [학]1986년 양정고졸 1994년 한양대 법학과졸 [경]1995년 사법시험 합격(37회) 1998년 사법연수원 수료(27기) 1998년 서울지검 서부지청 검사 2000년 광주지검 목포지청 검사 2002년 인천지검 검사 2004년 부산지검 검사 2006년 서울중앙지검 특수1부 검사 2008년 금융감독원 파견 2010년 수원지검 부부장검사 2011년 同여주지청 부장검사 2012년 법무부 감찰담당관실 검사 2014년 서울중앙지검 특수4부장 2016년 대구지검 특수부장(현) [종]기독교

배종화(裵鍾華) BAE Jong Hoa

[생]1940·11·30 [본]분성(盆城) [출]중국 [주]서울 동대문구 경희대로26 경희대학교(02-440-6105) [학]1959년 경남고졸 1965년 서울대 의대졸 1969년 同대학원졸 1976년 의학박사(서울대) [경]1973~2006년 경희대 의대 내과 전임강사·조교수·부교수·교수 1982년 미국 UCLA 파견교수 1985년 대한순환기학회 학술이사 겸 편집인 1989년 아시아태평양심초음파학술대회 사무총장 1991년 대한초음파의학회 부회장 1994년 대한내과학회 순환기분과 위원장 1996년 대한순환기학회 회장 1997년 한국심초음파학회 회장 1997년 경희대 부속병원 내과 과장 1999~2001년 同부속병원 진료부장 2006년 同명예교수(현) 2007~2016년 (사)한국고혈압관리협회 회장 2008~2011년 경희대 의무부총장 겸 의료원장 [상]대한순환기학회 학술상(1988), 지석영의학상(1999), 옥조근정훈장(2006)

배종훈 BAE Jong Hoon

[생]1956·12·8 [출]경남 진해 [주]경남 창원시 의창구 대산면 봉강가술로537번길6 (주)나산전기산업 사장실(055-291-6887) [학]경남전문대 전기학과졸 [경]1978~1982년 삼미특수강 근무 1982~1987년 삼성중공업 설계담당 1987~1995년 (주)나산전기산업 대표 1996년 同대표이사 사장(현) [상]산업포장(2015)

배준근(裵準根) PAE JOON KEUN

[생]1961·7·19 [출]서울 [주]서울 영등포구 여의대로56 (주)한화투자증권 WM본부(02-3772-7000) [학]1980년 경복고졸 1987년 연세대 경영학과졸 [경]1988년 한화증권(주) 입사 2006년 同분당지점 부장 2007년 同대치지점장 2009년 同상무보 2010년 同중부1본부장(상무보) 2011년 同영남지역본부장(상무보) 2012년 (주)한화투자증권 재경1지역본부장(상무보) 2013년 同리테일사업본부장(상무) 2014년 同재경1지역사업부장(상무) 2016년 同리테일본부장(상무) 2016년 同WM본부장(전무)(현)

배준동(裵俊東) BAE Joon Dong

[생]1959·1·9 [본]성주(星州) [출]대구 [주]서울 중구 남대문로90 SK네트웍스 임원실(02-2221-2117) [학]1978년 서울 중앙고졸 1983년 서울대 불어불문학과졸 [경]1985~1994년 SKC 근무 1995~1999년 SK텔레콤(주) 판매본부 판매팀장 2000년 同비즈니스마케팅본부장(상무대우) 2000년 同기획조정실 전략기획팀장(상무) 2002년 同Global Marketing본부장(상무) 2003년 同June사업본부장(상무) 2003년 同PMSB사업추진단장 직대 겸 사업전략담당 상무 2004년 TU미디어콤 COO(상무) 2006년 SK텔레콤(주) 비즈니스부문장(상무) 2007년 同마케팅부문장(전무) 2010년 同마케팅부문장(부사장) 2010~2011년 同네트워크 CIC 사장 2011년 개인정보보호협회 회장 2011~2013년 SK텔레콤(주) 사업총괄 2012~2013년 동반성장위원회 위원 2013년 SK네트웍스(주) IM총괄 2013~2014년 同정보통신총괄 사장 2015년 同고문(현) [종]천주교

배준현(裵峻鉉) BAE Jun Hyun

[생]1965·7·24 [출]경남 산청 [주]경기 수원시 영통구 월드컵로120 수원지방법원(031-210-1114) [학]1983년 경복고졸 1987년 고려대 법학과졸 [경]1987년 사법시험 합격(29회) 1990년 사법연수원 수료(19기) 1993년 軍법무관 1993년 대전지법 판사 1996년 同천안지원 판사 1997년 수원지법 판사 1998년 同안산시법원 판사 1999년 수원지법 판사 2000년 서울지법 판사 2001년 사법연수원 교수 2003년 서울고법 판사 2005년 의정부지법 부장판사 2008년 서울북부지법 민사12부 부장판사 2010년 서울중앙지법 민사합의11부·형사합의29부 부장판사 2013년 특허법원 부장판사 2014년 同수석부장판사 2015년 서울고법 부장판사 2016년 수원지법 수석부장판사(현)

배준현(裵俊炫) BAE Jun Hyun

[생]1973·2·8 [본]성주(星州) [출]부산 [주]서울 마포구 마포대로38 국민의당(02-715-2000) [학]1992년 부산남일고졸 1999년 부산대 정치외교학과졸 2001년 同대학원 정치외교학 석사과정 수료 [경]2002년 새천년민주당 제16대 대통령선거 부산선거대책본부 공보팀장 2004년 열린우리당 이해성 국회의원후보 총괄기획단장 2006년 오거돈 부산시장후보선거본부 총괄유세팀장, 열린우리당 중앙당 민생경제특별위원, 同부산시당 지방자치특별위원회 전문위원, 전국참여정치실천연대 이사, (주)유니언컨설팅 해운대센터 이사 2006년 부산시 남구의원선거 출마, 부산경제도약을위한시민연대 기획위원장, 한민족미래지도자연대 부산·울산·경남지회 부회장, (주)유니언컨설팅 금정센터장 2014년 새정치민주연합 6·4지방선거 공직선거후보자추천관리위원회 위원 2014~2015년 同부산수영구지역위원회 위원장 2016년 국민의당 정책위원회 부의장 2016년 제20대 국회의원선거 출마(부산 수영구, 국민의당) 2016년 국민의당 부산수영구지역위원회 위원장(현) [상]새천년민주당 총재 감사장(2000), 새천년민주당 총재표창(2001), 제16대 대통령당선자 노무현 감사장(2003) [종]기독교

배중호(裵重浩) BAE Joong Ho

[생]1953·5·18 [본]달성(達城) [출]대구 [주]서울 강남구 봉은사로641 (주)국순당 비서실(02-513-8500) [학]1971년 용산고졸 1978년 연세대 생화학과졸 1998년 同경영대학원 최고경영자과정 수료 [경]1978년 롯데상사 무역부 근무 1980~1992년 (주)배한산업 입사·부설연구소장 1992년 (주)국순당 대표이사 사장(현) 2000년 한국산업미생물학회 감사 2000년 한국미생물학회 이사 2001년 코스닥등록법인협의회 감사 [상]농림부장관표창(1994·1996), 과학기술부장관표창(2000), 철탑산업훈장(2002), 자랑스러운 용산인(2010) [종]천주교

배지숙(裵智淑 · 女) BAE Gi Sook

[생]1968 · 4 · 9 [출]대구 [주]대구 중구 공평로88 대구광역시의회(053-803-5034) [학]효성여고졸, 계명대 영어영문학과졸 2005년 경북대 대학원 정치학과졸 [경]한나라당 여성파워네트워크 5기 부회장, 남대구세무서 납세자보호위원, 상인초 · 상원중 운영위원장, TBC대구방송 시청자위원, 국민건강보험공단 달서지사 자문위원, 민주평통 자문위원, 대구달서경찰서 경찰행정발전위원, 대구시여성단체협의회 총무이사 · 서기이사, TBC Dream FM라디오 '우리 아이 바른 교육법' 상담역, 민주시민교육센터 교수, 자녀교육학부모연대 공동대표, 한나라당 대구시당 대외협력위원회 부위원장, 한국자유총연맹 대구시지부 여성회장, 세계학원 원장 2010년 대구시의회 의원(한나라당 · 새누리당), 同문화복지위원회 부위원장, 同영남권통합신공항추진특별위원회 위원장, 同대구광역시공사 · 공단선진화추진특별위원회 부위원장 2013년 새누리당 부대변인 2013년 대경대 사회복지학과 겸임교수 2013년 새누리당 중앙당 차세대위원회 자문위원 2014년 대구시 사회복지사처우개선위원회 위원 2014년 대구시의회 의원(새누리당)(현) 2014년 同기획행정위원회 위원장 2016년 同문화복지위원회 위원(현) 2016년 同예산결산특별위원회 위원(현) 2016년 同윤리특별위원회 위원(현) 2016년 同대구국제공항통합이전추진특별위원위원회 위원(현) [상]대통령표창, 대구안전생활실천시민연합 감사패(2016)

배지숙(裵志淑 · 女) Bae Jisook

[생]1974 · 1 · 4 [본]달성(達城) [주]세종특별자치시 도움5로20 법제처 사회문화법제국(044-200-6675) [학]이화여대 법과대학졸 [경]1999년 법제처 경제법제국 사무관 2004년 同행정심판관리국 사무관 2005년 同재정기획관실 서기관 2006년 同사회복지심판팀장 2007년 同행정법령해석팀장 2007년 同국정과제실시간관리추진단 서기관 2008년 한국개발연구원(KDI) 국제정책대학원 파견 2009년 법제처 경제법제국 법제관 2010년 제주특별자치도 파견(서기관) 2011년 법제처 법령해석정보국 수요자법령정보과장 2011년 同법령해석정보국 생활법령과장 2012년 同법제지원단 법제관 2013년 同행정법제국 법제관 2014년 금융위원회 기획조정관실 규제개혁법무담당관 2016년 법제처 사회문화법제국 법제관(부이사관)(현)

배진건(裵震鍵) Jin Keon PAI

[생]1951 · 12 · 13 [출]서울 [주]서울 강남구 테헤란로132 (주)한독 중앙연구소(02-527-5114) [학]1970년 서울고졸 1974년 연세대 생화학과졸 1977년 미국 Univ. of Connecticut 대학원 생화학과졸 1982년 약리생화학박사(미국 Univ. of Wisconsin-Madison) [경]1982~1986년 미국 Univ. of Wisconsin-Madison McAdle Lab(암연구기관) 연구원(Research Associate) 1986~1988년 쉐링프라우(Schering-Plough)연구소 알러지 및 감염Dep. Post-Doc. 1988~1991년 同분자약물 및 약리학Dep. Senior Scientist 1992~1994년 同분자약물 및 약리학Dep. Associate Principal Scientist 1994~1995년 同분자약물 및 약리학Dep. 수석연구원 1995~2001년 同종양생물학Dep. Principal Scientist 2001~2008년 同종양생물학Dep. 수석연구위원 2008년 중외제약 R&D총괄 전무 2008년 미국 쎄리악(Theriac)연구소 총괄전무 2008~2011년 C&C신약연구소 대표이사 겸임 2011년 (주)JW중외제약 R&D총괄 전무 2011년 同고문 2011~2013년 한독약품 중앙연구소 상임고문 2013년 (주)한독 중앙연구소 상임고문(현) [상]Schering-Plough Research Principal Award(1988), 대웅 · KASBP 제1회 특별상(2006)

배진교(裵晋敎) BAE Jin Kyo

[생]1968 · 8 · 26 [출]전북 정읍 [주]인천 남동구 인주대로843 (사)남동이행복한재단(032-468-0704) [학]2001년 한국방송통신대 행정학과졸, 인천대 대학원 행정학 석사과정 수료 [경]1989년 인천대총학생회 사회부장 1994년 한국노동운동협의회 노조정책부장 1997년 민주주의민족통일인천연합 청년위원회 기획실장 1998년 평화와참여로가는인천연대 사무부처장 2000년 同남동지부장 2002년 국민건강을위한시민연대 조직국장 2002년 평화와참여로가는인천연대 협동사무처장 2003년 민주노동당 인천남동乙지구당 위원장 2003년 시민과함께하는인천대학교만들기모임 집행위원장 2004년 제17대 국회의원선거 출마(인천 남동乙, 민주노동당) 2004년 민주노동당 인천남동乙지역위원회 위원장 2005년 同인천남동지역위원회 상임위원장 2006년 인천시 남동구청장선거 출마(민주노동당) 2006년 국회의원 재 · 보궐선거 출마(인천 남동乙, 민주노동당) 2008년 제18대 국회의원선거 출마(인천 남동乙, 민주노동당), 상인천중 운영위원장 2010~2014년 인천시 남동구청장(민주노동당 · 통합진보당 · 진보정의당 · 정의당), (사)남동이행복한재단 이사 2014년 인천시 남동구청장선거 출마(정의당) 2014~2016년 인천광역시교육청 감사관 2015년 (사)남동이행복한재단 이사장(현) [종]기독교

배진석(裵晋奭)

[생]1974 · 4 · 30 [주]경북 안동시 풍천면 도청대로455 경상북도의회(054-880-5303) [학]경주고졸, 건국대 사학과졸, 고려대 대학원 정치학과졸 [경]제78회 계림초 동기회장(현), 경주고총동창회 부회장(현), 송영선 국회의원 보좌관(4급), 김문수 경기도지사 정책보좌관, (재)서라벌공원 본부장, ROTC중앙회 경주지회 임원(현), BBS경주지부 임원, 경주상공회의소 상공의원(현), 경북도 학교폭력대책지역위원회 위원(현), 대구경북경제자유구역청 조합 부의장(현) 2014년 경북도의회 의원(새누리당)(현) 2014년 同운영위원회 위원 2014 · 2016년 同기획경제위원회 위원(현) 2014 · 2016년 同원자력안전특별위원회 위원(현)

배진철(裵辰澈) BAE Jin Chul

[생]1959 · 1 · 2 [출]경남 김해 [주]서울 중구 세종대로39 상공회의소회관9층 한국공정거래조정원(02-2056-0016) [학]1982년 성균관대 정치외교학과졸 1994년 미국 미시간대 대학원 경제학과졸 2013년 미국 조지워싱턴대 법학전문대학원졸(LL.M.) [경]1987년 행정고시 합격(31회), 공정거래위원회 경쟁국 단체과 서기관 2000년 同경쟁촉진과 서기관 2002년 同독점정책과 서기관 2002년 同부산사무소장 2004년 同심판관리3담당관 2004년 유럽연합(EU)대표부 파견(서기관) 2006년 공정거래위원회 소비자정보팀장 2007년 同심판관리관실 심결지원3팀장 2007년 同심판관리관실 심결지원1팀장 2008년 同소비자정책과장 2009년 同심판총괄담당관 2009년 同운영지원과장 2011년 駐미국 공사참사관(파견) 2014~2015년 공정거래위원회 기업거래정책국장 2015년 한국공정거래조정원 원장(현)

배진한(裵震漢) BAI JinHan

[생]1949 · 9 · 16 [주]서울 종로구 세종대로209 경제사회발전노사정위원회 수석전문위원실(02-2100-1040) [학]서울대 경제학과졸, 同대학원졸, 경제학박사(서울대) [경]1976년 한국은행 자금부 행원 · 춘천지점장 대리 1980~2015년 충남대 경상대학 경제학과 교수 1991년 미국 텍사스A&M대 경제학과 방문교수 1992년 고용보험연구기획단 위원 1993년 충남지방노동위원회 공익위원 2000년 한국노동경제학회 부회장 2001~2003년 충남대 기획연구실장 2003년 미국 오클랜드대 경제학과 교환교수 2003년 노동부 정책자문위원 2005년 대전고용포럼 공동대표 2005년 충남대 중소기업정책연구소장 2006년 한국노동경제학회 부회장 2007년 교육인적자원부 인력수급전망공동연구위원회 위원장 2008년 충남대 경상대학 경영연구소장 2008년 한국노동경제학회 회장 2015년 충남대 경제학과 명예교수(현) 2016년 대통령소속 경제사회발전노사정위원회 수석전문위원(현) [상]녹조근정훈장(2015) [저]'고용보험실시에 대비한 노동력수급전망 및 직업훈련수요 분석' 'GAT TandTrade Liberalization in Agriculture'(共) '한국의 노동경제-쟁점과 전망'(共)

배진환

[생]1960 · 2 · 5 [주]부산 연제구 중앙대로999 부산지방경찰청 정보화장비과(051-899-2241) [학]1978년 동래공고졸 1983년 울산공과대학졸 [경]2007년 부산해양경찰서 수사과장 2009년 해양경찰청 광역수사계장 2010년 同수사계장 2011년 남해지방해양경찰청 정보수사과장 2012년 同경비안전과장 2013년 부산해양경찰서장 2014년 부산지방경찰청 수사2과장 2016년 울산지방경찰청 정보화장비과장 2016년 부산지방경찰청 정보화장비과장(현)

배진환(裵晋煥) Jinhwan Bae

[생]1965 · 1 · 22 [출]강원 평창 [주]강원 춘천시 중앙로1 강원도청 행정부지사실(033-249-2010) [학]1982년 원주대성고졸 1987년 서울대 외교학과졸 2002년 미국 시라큐스대 행정대학원졸 [경]1987년 행정고시 합격(31회) 1989~1992년 해군(해병) 정훈장교 1992~1995년 강원도 지방행정사무관 1995~2000년 내무부 행정자치부 사회진흥과 재난총괄과 사무관 2000년 행정자치부 자치운영과 서기관 2003년 同장관비서실장 2004년 同세정과장 2005년 同분권지원팀장 2006년 同자치제도팀장 2007년 同자치분권제도팀장(부이사관) 2007년 대통령비서실 혁신관리비서관실 선임행정관(고위공무원) 2008년 진실 · 화해를위한과거사정리위원회 파견(고위공무원) 2009년 국가기록원 기록정책부장 2011년 중앙공무원교육원 기획부장 2011년 강원도 기획관리실장 2012년 同기획조정실장 2013~2014년 안전행정부 지방재정세제실 지방세제정책관 2014~2015년 행정자치부 지방재정세제실 지방세제정책관 2015년 강원도 행정부지사(현)

배창경(裵昶慶)

[생]1967 [출]경북 경주 [주]대구 달서구 구마로184 서대구세무서 서장실(053-659-1200) [학]영신고졸, 경북대 경영학과졸 [경]1993년 국세청 초임발령(7급 공채) 1999년 동대구세무서 조사2과 근무 2000년 대구지방국세청 납세지원과 근무 2001년 경주세무서 세원관리과 근무 2003년 대구지방국세청 개인납세2과 근무 2006년 서대구세무서 세원관리2과 근무 2007년 대구지방국세청 조사2국 조사2과 근무 2008년 同조사2국 조사1과 근무 2010년 포항세무서 울릉지서장(사무관) 2012년 대구지방국세청 조사2국 조사1과장 2014년 同조사2국 조사관리과장 2014년 同조사2국 조사관리과장(서기관) 2015년 국세청 법인납세국 원천세과 근무 2015년 서대구세무서장(현) [상]국무총리표창(2009)

배창규(裵昌圭) Bae Chang Gyu

[생]1969 · 2 · 2 [주]대구 중구 공평로88 대구광역시의회(053-803-5071) [학]달서고졸, 경북대 토목공학과졸, 同과학기술대학원 토목공학과졸 [경]에스티건설(주) 대표이사, 새누리당 전국위원(현), 同대구시당 대변인, 민주평통 자문위원, 대구시장애인체육회 이사 2014년 대구시의회 의원(비례대표, 새누리당)(현) 2014년 同교육위원회 위원 2016년 同교육위원회 위원장(현)

배창대(裵唱大) BAE Chang Dae

[생]1972 · 4 · 6 [출]경남 김해 [주]인천 남구 소성로163번길49 인천지방검찰청(032-860-4000) [학]1990년 낙동고졸 1995년 서울대 법학과졸 1998년 同대학원 법학과졸 [경]1997년 사법시험 합격(39회) 2000년 사법연수원 수료(29기) 2000년 수원지검 검사 2002년 대전지검 홍성지청 검사 2004년 인천지검 검사 2006년 대전지검 서산지청 검사 2007년 서울중앙지검 검사 2013년 수원지검 안산지청 부부장검사 2014년 부산지검 부부장검사 2015년 창원지검 진주지청 형사2부장 2016년 인천지검 부부장검사(현)

배창호(裵昶浩) BAE Chang Ho

[생]1953 · 5 · 16 [본]분성(盆城) [출]대구 [학]1976년 연세대 경영학과졸 [경]1976년 한국개발리스 입사 1978년 현대종합상사(주) 나이로비지사장 1982년 '꼬방동네 사람들'로 영화감독 데뷔, 영화감독(현) 1988년 미국 산호세주립대 초빙교수 1994~2000년 배창호프로덕션 대표 1997년 서울예술대학 겸임교수 2003~2007년 건국대 예술학부 교수 2010년 전주국제영화제 국제경쟁부문 심사위원 2010년 제8회 아시아나국제단편영화제 심사위원장 2013~2014년 대통령소속 국민대통합위원회 위원 [상]대종상 작품상(2회), 대종상 감독상(2회), 한국연극영화예술상 감독상, 아 · 태영화제 작품상 · 감독상, 서울시문화상, 이탈리아 우디네이 아시아영화제 최우수관객상, 프랑스 베노데국제영화제 심사위원 대상 · 최우수 관객상, 대한민국문화예술상, 미국 필라델피아영화제 최우수작품상(Jury Award of Best Feature Film) [저]'창호야 인나 그만 인나'(2003) [작]'꼬방동네 사람들' '철인들' '적도의 꽃' '고래사냥' '그해 겨울은 따뜻했네' '깊고 푸른 밤' '고래사냥2' '황진이' '기쁜 우리 젊은날' '안녕하세요 하나님' '꿈' '젊은 남자' '천국의 계단' '러브스토리' '정' '흑수선' '길' '여행' [종]기독교

배창환(裵昌煥) Bae Chang Whan

[생]1950 · 6 · 8 [출]서울 [주]서울 강남구 학동로160 국제빌딩303호 (주)창성 비서실(02-512-3211) [학]1972년 연세대 경영학과졸 [경]1972년 서울신탁은행 근무 1974년 삼보증권(주) 근무 1975년 (주)창성 대표이사 회장(현), (주)동현전자 대표이사(현), (주)도일코리아 대표이사(현), (주)창성건설 대표이사(현) 2000 · 2005 · 2013년 대한바이애슬론연맹 회장 2010년 2018평창동계올림픽 유치위원회 감사 2010년 아시아바이애슬론연맹(ABC) 초대회장 [상]산업포장(1987), 과학기술훈장 도약장(2004), 금탑산업훈장(2010), 체육포장(2012)

배춘환(裵春煥) BAE CHOON WHAN

[생]1969 · 3 · 4 [본]흥해(興海) [출]경북 봉화 [주]서울 종로구 청와대로1 대통령비서실(02-770-0011) [학]1988년 풍생고졸 1995년 연세대 사회학과졸 2008년 同대학원 법무학과졸 2013년 서울대 행정대학원 정보통신방송정책과정 수료 [경]1995년 종합유선방송위원회 근무 2000년 방송위원회 근무 2003년 同방송정책실 선임조사관 2005년 同방송통신구조개편기획단 선임조사관 2008년 방송통신위원회 근무 2008년 대통령 언론비서관실 행정관 2009년 대통령 대변인실 행정관 2011년 대통령 홍보기획비서관실 행정관 2013년 방송통신위원회 공보팀장 2014년 同홍보협력담당관 2016년 대통령비서실 행정관(현) [상]대통령실장표창(2009)

배충식(裵忠植) BAE Choong Sik

[생]1963 · 3 · 27 [본]성주(星州) [출]충남 금산 [주]대전 유성구 대학로291 한국과학기술원 기계공학과(042-350-3044) [학]1981년 대전고졸 1985년 서울대 항공공학과졸 1987년 同대학원 항공공학과졸 1994년 기계공학박사(영국 임페리얼대) [경]1987년 한국항공우주연구소 연구원 1988년 한국과학기술원(KAIST) 기계재료공학부 조교 1995년 충남대 공대 항공우주공학과 조교수 1998년 한국과학기술원 기계공학과 부교수 · 교수(현), 同연소기술연구센터 소장(현) 2013년 세계자동차공학회(SAE, Society of Automotive Engineers) 석학회원(Fellow)(현) 2014년 한국과학기술원(KAIST) 기계공학과장(현) 2014년 同기계항공공학부장 겸임(현) 2014년 액체미립화학회 부회장(현) [상]세계자동차공학회 최우수논문상 콜웰상(Arch T. Colwell Merit Award)(1997), 세계자동차공학회 호닝상(Harry L. Horning Memorial Award)(2006), KAIST 연구상(2011), 지식경제부장관표창(2012) [역]'내연기관(共)'(1996)

배태민(裵泰民) BAE Tae Min

[생]1965 · 3 · 4 [출]대구 [주]경기 과천시 관문로47 미래창조과학부 거대공공연구정책관실(02-2110-2420) [학]1988년 서울대 원자핵공학과졸 1990년 한국과학기술원(KAIST) 원자력공학과졸(석사) [경]1990년 과학기술처 5급(특채) 임용 2004년 과학기술부 과학기술협력국 동북아기술협력과장 2005년 산업자원부 무역투자실 국제협력투자심의관실 아주협력과장 2005년 과학기술부 과학기술정책국 기술혁신제도과장 2007년 同원천기술개발과장 2008년 교육과학기술부 미래원천기술과장 2009년 대통령 과학비서관실 행정관 2011년 국립중앙과학관 전시연구단장 2012년 국가과학기술위원회 성과평가국장 2013년 대통령 과학기술비서관실 선임행정관 2014년 미래창조과학부 성과평가국장 2015년 중앙공무원교육원 교육파견 2016년 미래창조과학부 연구개발정책실 거대공공연구정책관(현) [상]대통령표창(2007) [종]기독교

배택휴(裵澤休) BAE Taek Hue

[생]1970 · 10 · 10 [출]전남 순천 [주]전남 무안군 삼향읍 오룡길1 전남도청 해양수산국(061-286-6800) [학]전남대 행정학과졸 [경]1994년 행정고시 합격(38회) 2003년 전남도 기획관실 정책개발담당 2004년 同혁신분권담당관실 혁신기획담당 2006년 2012여수세계박람회유치위원회 파견(서기관) 2008년 전남도 기획관리실 엑스포지원관 2008~2010년 해외 유학 2010년 전남도 경제과학국 경제통상과장 2011년 同기획조정실 정책기획관 2013년 해남군 부군수 2013년 전남도 투자정책국장(지방부이사관) 2014년 同경제과학국장 2015년 교육파견 2016년 전남도 해양수산국장(지방부이사관)(현)

배판덕(裵判德) BAE Pan Dug

[생]1954 · 1 · 28 [본]분성(盆城) [출]경남 합천 [주]경북 경산시 경산로44길7 경상북도개발공사 사장실(053-602-7002) [학]1975년 경북사대부고졸 1982년 영남대 정치외교학과졸 [경]1981년 한국토지공사 입사 1999년 同경영관리실 법규제도부장 2000년 同경북지사 부지사장 2002년 同부산지사 부지사장 2004년 同인천지역본부 부본부장 2005년 서울대 교육파견 2005년 한국토지공사 행정중심복합도시건설단 단장 2006년 同대구경북지역본부장 2008년 同재무처장 2009년 한국토지주택공사 경영지원부문장 2010~2011년 同PF사업단 전문직(스마트시티자산관리회사 파견) 2011~2013년 스마트시티자산관리회사 대표이사 2015년 경상북도개발공사 사장(현) [상]한국토지공사사장표창(1991), 건설교통부장관표창(1999)

배한철(裵漢喆) BAE HAN CHOL

[생]1949 · 1 · 10 [출]경북 경산 [주]경북 안동시 풍천면 도청대로455 경상북도의회(054-880-5126) [학]대구상고졸, 경동정보대학 사회복지과졸 [경]경산군농업협동조합 근무, 진량농업협동조합 근무, 경산축산업협동조합 이사, 경산시체육회 감사, 민주자유당 경산 · 청도지구당 홍보부장, 同14대 대통령선거대책위원회 위원, 同중앙당 상무위원, 신한국당 제15대 대통령선거 지역운영위원회 위원, 민주평통 자문위원, 한나라당 경산 · 청도지구당 운영위원, (주)e-서비스코리아 전무이사 2002 · 2006 · 2010~2013년 경북 경산시의회 의원(한나라당 · 새누리당) 2006~2008년 同부의장 2008~2010년 同의

장 2013년 경북도의회 의원(보궐선거, 새누리당) 2013년 同행정보건복지위원회 위원 2014년 경북도의회 의원(새누리당)(현) 2014년 同문화환경위원회 위원 2014·2016년 同윤리특별위원회 위원장(현) 2016년 同문화환경위원회 위원장(현) ⊗경북의정봉사대상(2011) ⊛천주교

배현기(裵顯起) BAE Hyeon Kee

⊗1965·11·6 ㊨서울 영등포구 의사당대로82 하나대투증권빌딩12층 하나금융경영연구소(02-2002-2600) ⊛1988년 서울대 경제학과졸 1990년 同대학원 경제학과졸 1998년 경제학박사(서울대) ㉝1992년 한국장기신용은행 선임연구원 1998년 기획예산처 정부개혁실 사무관 1999년 머니투데이 이코노미스트 2000년 FN가이드 리서치센터장 2002년 동원증권 금융산업팀장 2003년 하나금융경영연구소 전략기획실장 2005년 하나금융지주 전략기획팀장 겸임 2009~2010년 하나카드 비상임이사 겸임 2011년 하나아이앤에스 기타비상무이사 2012년 하나금융지주 전략본부장 2012년 외환은행 전략본부장 2012년 하나금융경영연구소 대표이사 소장(현)

배현숙(女)

⊗1966·3·28 ㊨서울 중구 세종대로110 서울특별시청 여성가족정책실(02-2133-5088) ⊛1984년 한양여고졸 1988년 서울시립대 전산통계학과졸 2007년 미국 미주리대 컬럼비아교 대학원 공공행정학과졸 ㉝1988~1989년 서울 강남구 가정복지과 근무 2002~2003년 (재)서울여성 교육연구부장(파견) 2003년 서울시 대변인실 언론담당관실 신문팀장 2004~2005년 同재무국 계약심사과 구매심사팀장 2008년 同디자인서울총괄본부 디자인기획담당관실 대외협력팀장 2009년 同경쟁력강화본부 관광진흥담당관실 관광정책팀장 2011년 同문화관광디자인본부 문화정책과 문화정책팀장 2012년 同여성가족정책실 저출산대책담당관 2012년 同여성가족정책실 외국인다문화담당관 2014년 同경제진흥실 산업경제정책관실 소상공인지원과장 2015년 서울 금천구 복지문화과장 2015년 서울시 여성가족정책실 보육담당관(현) ⊗서울특별시장표창(1994), 국무총리표창(1998)

배현태(裵玄太) BAE Hyeon Tae

⊗1969·9·22 ㊧달성(達城) ㊚서울 ㊨서울 종로구 사직로8길39 세양빌딩 김앤장법률사무소(02-3703-1872) ⊛1988년 신일고졸 1992년 서울대 법과대학졸 2004년 미국 버지니아대 법학대학원 법학과졸 ㉝1991년 사법시험 합격(33회) 1994년 사법연수원 수료(23기) 1994~1996년 해군법무관 1997년 서울지법 서부지원 판사 1999년 서울지법 판사 2001년 춘천지법 강릉지원 판사 2005년 서울고법 판사 2007년 법원행정처 홍보심의관 2009년 광주지법 부장판사 2010~2011년 인천지법 부장판사 2011년 김앤장법률사무소 변호사(현) ⊛천주교

배형원(裵亨元) BAE Hyung Won

⊗1968·9·3 ㊧성산(星山) ㊚서울 ㊨서울 서초구 서초중앙로157 서울고등법원(02-530-1114) ⊛1986년 서울대사대부고졸 1990년 서울대 법학과졸 2000년 미국 컬럼비아대 Law school졸(LL.M) ㉝1989년 사법시험 합격(31회) 1992년 사법연수원 수료(21기) 1992년 軍법무관 1995년 인천지법 판사 1997년 서울지법 판사 1999년 광주지법 목포지원 판사 2002년 광주고법 판사 2003년 서울고법 판사 겸 법원행정처 국제담당관 2005년 법원행정처 사법정책연구심의관 2005년 同국제심의관 2006~2008년 외교통상부 파견(駐오스트리아대사관 겸 비엔나국제기구대표부 사법협력관) 2007년 광주지법 형사3부 부장판사 2009년 인천지법 제1행정부·제16민사부 부장판사 2011년 서울중앙지법 민사합의46부 부장판사 2011~2012년 법원행정처 인사총괄심의관 겸임 2014년 부산고법 부장판사 2016년 서울고법 부장판사(현)

배호경(裵浩耿)

⊗1963·12·30 ㊨서울 강남구 테헤란로432 동부생명보험 전략사업본부(02-3011-4060) ⊛1980년 안동고졸 1984년 경북대 사학과졸 ㉝1986년 삼성생명보험 입사 1990년 신한생명보험(주) 입사 1990년 同동부영업국 보문영업소장 1992년 同중앙단영업국 경북직단영업소장 1993년 同영업기획부 과장 1994년 同총무부 과장 1995년 同영업관리부 과장 1996년 同강남직단영업국장 1998년 同구월지점장 2002년 同강서지점장 2006년 同수도지원단장 2008년 同CS지원단장 2008년 同부사장보 2010년 同부사장 2015년 동부생명보험 전략사업본부장(부사장)(현)

배호근(裵豪根) BAE Ho Keun

⊗1964·1·23 ㊧성주(星州) ㊚서울 ㊨서울 중구 퇴계로100 스테이트타워남산8층 법무법인 세종(02-316-4006) ⊛1982년 용산고졸 1986년 서울대 법과대학졸 1988년 同법과대학원 법학과졸 ㉝1989년 사법시험 합격(31회) 1992년 사법연수원 수료(21기) 1992년 부산지법 판사 1995년 同울산지원 판사 1996년 수원지법 판사 1998년 同용인시법원 판사 2000년 서울지법 판사 2000~2001년 미국 데이비스대 방문교수 2003년 同서부지원 판사 2004년 서울고법 판사 2005년 대법원 재판연구관 2007년 춘천지법 속초지원장 2007~2009년 속초시선거관리위원회 위원장 2009년 수원지법 부장판사 2010~2011년 용인 수지구선거관리위원회 위원장 2011년 서울서부지법 부장판사 2011~2015년 공정거래위원회 약관심사자문위원회 위원 2012~2013년 서울 은평구선거관리위원회 위원장 2013~2015년 서울중앙지법 부장판사 2015년 법무법인 세종 파트너변호사(현)

배호열(裵昊烈) BAE Ho Yeol

⊗1958·9 ㊨서울 강남구 테헤란로133 한국타이어 임원실(080-022-8272) ⊛대전고졸, 서울대 인문학과졸 ㉝한국타이어(주) 해외기획팀장, 同미국법인 마케팅팀장(부장) 2004년 同미국법인 마케팅팀장(상무보) 2007년 同미국법인 마케팅팀장(상무) 2009년 同마케팅기획부문장(상무) 2011년 同마케팅본부 마케팅기획부문 전무 2014년 同구주지역본부장(전무) 2015년 同구주지역본부장(부사장)(현)

배호원(裵昊元) BAE Ho Won

⊗1950·1·20 ㊧분성(盆城) ㊚경남 함양 ㊨서울 송파구 올림픽로25 대한육상경기연맹 회장실(02-414-3032) ⊛1968년 경남고졸 1977년 연세대 경영학과졸 ㉝1977년 삼성그룹 입사 1992년 삼성생명보험(주) 관리담당 대우이사 1993년 同관리담당 이사 1997년 同경영지원담당 상무이사 1999년 同기획관리실장(전무) 1999년 同투자사업본부장(전무) 2001년 同부사장 2001년 삼성투자신탁운용 사장 2003년 삼성생명보험 자산운용BU 대표이사 사장 2004년 한국증권업협회 이사 2004~2008년 삼성증권 대표이사 사장 2008년 삼성사회공헌위원회 위원 2009~2010년 삼성정밀화학(주) 대표이사 사장 2016년 대한육상경기연맹 회장(현) ⊗대통령표창(2003), 자랑스런 연세상경인상(2007)

배효점(裵孝漸) BAE Hyo Jeom

⊗1952·11·20 ㊧성주(星州) ㊚경북 청도 ㊨서울 금천구 가산디지털1로88 IT프리미어타워 동양피엔에프(02-2106-8002) ⊛대건고졸 1977년 영남대 공과대학 기계공학과졸 ㉝1977~1983년 현대건설 근무 1984~1991년 (주)삼성엔지니어링 부장 1991~1998년 (주)삼성항공산업 임원 1998~2012년 (주)에스에프에이 대표이사 2013~2014년 同상담역 2016년 동양피엔에프 대표이사 사장(현) ⊗철탑산업훈장(2010)

백강진(白康鎭) Baik Kang-jin

⊗1969·11·11 ㊚경남 양산 ㊨대전 서구 둔산중로78번길45 대전고등법원(042-470-1114) ⊛1988년 서울고졸 1992년 서울대 사법학과졸 2004년 미국 조지워싱턴대 로스쿨(LLM) 수료 ㉝1991년 사법시험 합격(33회) 1994년 사법연수원 수료(23기) 1994년 서울지법 동부지원 판사 1996년 서울지법 판사 1998년 대전지법 홍성지원 판사 2000년 대전지법 판사 2003년 서울지법 북부지원 판사 2004년 서울중앙지법 판사 2005년 법원행정처 정보화심의관 2009년 창원지법 부장판사 2010년 수원지법 부장판사 2011년 서울고법 판사 2015년 유엔 캄보디아 특별재판소(ECCC : Extraordinary Chambers in the Courts of Cambodia) 전심재판부 국제재판관 2016년 대전고법 부장판사(현)

백건우(白建宇) PAIK Kun Woo

⊗1946·5·10 ㊚서울 ㊨서울 강남구 논현로653 유니버셜뮤직 클래식부(02-2106-2030) ⊛1968년 미국 줄리어드음대 피아노과졸 1971년 同대학원졸 ㉝피아니스트(현) 1971년 제1회 독주회(뉴욕 앨리스튤리홀) 1972년 미국 카네기홀에서 뉴욕오케스트라와 협연 1979년 국립관현악단과 미국 순회 공연 1980년 프랑스 파리 거주·한국을 오가며 활동 1993년 프랑스 뉴벨아카데미 뒤 디스크에 선정 1994년 프랑스 디나르 에메랄드해변 페스티벌 예술감독 1995

년 아카데미 오브 세인트 마틴 인더 필즈와 협연(예술의 전당) 1995년 성마틴 아카데미합주단 내한공연 협연(예술의 전당) 1995년 한국교향악50년 특별연주회 1996~2000년 BMG인터내셔날 전속 아티스트 1996년 오슬로 필하모닉 오케스트라와 협연(예술의 전당) 1996년 MBC TV 문화특급 선정 올해의 예술가 1997년 프랑스 디나르 음악제 · 콜 음악제 1997년 피아노인생40년 기념연주회 1997년 꽃동네 돕기 자선연주회 1998년 라디오 프랑스 필하모닉 오케스트라와 협연 1998년 프랑스 방송관현악단과 협연(프랑스 라디오방송회관) 1998년 라벨피아노 전곡 연주회(대전 우송문화예술회관 · 예술의 전당) 1998년 크라코프 2000 페스티벌-모자이코 음악제(폴란드 크라코프) 1998년 러시아 내셔널오케스트라와 협연(세종문화회관) 1999년 파리오케스트라앙상블 협연 쇼팽150주기 기념연주회(파리샹젤리제극장) 1999년 서울국제음악제(예술의 전당) 1999년 베토벤 피아노소나타 연주회(순천문화예술회관 · 대구문화예술회관 · 예술의 전당 · 부산문화회관 · 춘천문화예술회관 · 대전 우송문화예술회관) 2000년 신년 음악회(예술의 전당) 2000년 중국 교향악단 협연(베이징 世紀劇院) 2000년 유니버설뮤직 전속 아티스트(현) 2007년 러시아 모스크바 차이코프스키콩쿠르 피아노부문 심사위원 2011년 이탈리아 부조니콩쿠르 피아노부문 심사위원 [상]미국 레벤트리트 콩쿠르 특별상(1967), 이태리 부조니 콩쿠르 금상(1970), 미국 나움버그 콩쿠르 대상(1971), 프랑스 파리 디아파종상(1992 · 1993), 프랑스 누벨 아카데미 디스크상, 대한민국 문화훈장(1995), 일신문화상(1996), 호암상 예술상(2000), 프랑스 예술 및 문학훈장(2000), 프랑스 황금 디아파종상(2002), 한인하상(2004), 제3회 대원음악상 대상(2008), 경암학술상 예술부문(2009), 한불문화상(2010), 은관문화훈장(2010), Steinway & Sons 명예의전당 헌액(2011), 제2회 예술의전당 예술대상 독주부문 최우수상(2016) [작]음반 '무언가'(1994) '라흐마니노프 피아노협주곡 1 · 2 · 3 · 4번'(1998) '나라 사랑'(1998) '쇼팽연주집' [종]천주교

백경남(白京男 · 女) PAIK Kyung Nam

[생]1941 · 8 · 20 [본]수원(水原) [출]전북 남원 [주]서울 중구 필동로1길30 동국대학교 사회과학대학(02-2260-3104) [학]1959년 전주여상졸 1965년 동국대 정치학과졸 1972년 일본 早稻田大 대학원졸 1973년 독일 하이델베르크대 수료 1977년 정치학박사(독일 뮌헨대) [경]1978~1987년 동국대 정치외교학과 조교수 · 부교수 1983년 한국여성개발원 자문위원 1985~1987 · 1990~1992년 국토통일원 북한분과위원회 정책자문위원 1987~2006년 동국대 정치외교학과 교수 1990년 서울대 정치외교학과 강사 1990년 정무제1장관 자문위원 1994~2000년 민주평통 자문위원 1994~1997년 아 · 태평화재단 운영위원 1995~1996년 여성정책심의위원회 심의위원 1996년 한국정치학회 부회장 1997년 한독사회과학회 · 유럽학회 부회장 1998~2003년 대통령자문 정책기획위원 1998년 제2의건국범국민추진위원회 상임위원 1999년 동국대 사회과학대학장 1999년 제3기 노사정위원회 공익위원 1999년 외교통상부 정책자문위원 1999년 한국국제정치학회 부회장 1999년 사랑의친구들 이사 1999년 새정치국민회의 담론21 편집위원 2000년 제23차 유엔특별총회 한국수석대표 기조연설 2000년 OECD 장관회의 한국수석대표 기조연설 2000~2001년 대통령직속 여성특별위원회 위원장 2001~2004년 한국여성단체협의회 여성정치지도위원 2002년 민족화해협력범국민협의회 상임의장 2002년 국가안전보장회의 사무처 비상임자문위원 2002~2006년 서울가톨릭사회복지회 성가정입양원 봉사원 2002~2006년 민주화보상심의위원회 위원 2002~2007년 서울신문 명예논설위원 2006년 참여불교재가연대 공동대표 · 상임고문(현) 2007년 동국대 명예교수(현) [상]자랑스런 早稻田人賞 [저]'Korea und Japan in Kraftefed'(1978) '한국여성정치론'(1981) '민주주의와 공산주의'(1985) '바이마르공화국'(1985) '민주주의론'(1987) '국제관계사'(1987) '분단 · 평화 · 여성(共)'(1987) '새로운 정치학(共)'(1987) '독일, 분단에서 통일까지'(1991) '열강의 점령정책과 분단국의 독립 · 통일'(1996) '이성적 사회를 위한 작은 이야기'(1996) '독일의 길, 한국의 길'(1996) '대화공동체를 위한 작은 이야기'(1996) '새천년의 한국정치와 행정'(共) '세계의 새천년 비교'(共) '한반도평화론'(2006) [역]'사회화된 인간' '하인츠 라우퍼' [종]불교

백경란(白敬蘭 · 女) Peck Kyong Ran

[생]1962 · 3 · 25 [출]서울 [주]서울 강남구 일원로81 삼성서울병원 감염내과(02-3410-0322) [학]1987년 서울대 의과대학졸 1994년 同의과대학원 내과학과졸 1999년 내과학박사(서울대) [경]1987~1992년 서울대병원 인턴 · 레지던트 1992~1993년 同감염분과 전임의 1993~1994년 미국 예일대 의과대학 감염내과 연구전임의 1994년 삼성서울병원 감염내과 전문의(현) 1996~1997년 미국 Johns Hopkins Hospital 연수 1997~2001년 성균관대 의과대학 내과학교실 조교수 2001~2007년 同의과대학 내과학교실 부교수 2003~2005년 삼성서울병원 감염관리실장 2005년 同감염내과장(현) 2007년 성균관대 의과대학 내과학교실 교수(현)

백경욱(白京煜) Paik Kyung-Wook

[생]1956 · 2 · 16 [출]서울 [주]대전 유성구 대학로291 한국과학기술원 공과대학 신소재공학과(042-350-3335) [학]1979년 서울대 금속공학과졸 1981년 한국과학기술원 재료공학과졸(석사) 1989년 재료공학박사(미국 코넬대) [경]1989년 미국 General Electric Corporate 연구센터 책임연구원 1995~2004년 한국과학기술원 응용공학부 재료공학과 조교수 · 부교수 1999~2000년 미국 조지아공과대학 패키징연구센터 교환교수 2004년 한국과학기술원 공과대학 신소재공학과 교수(현) 2008년 同학생처장 2011~2013년 同연구부총장 [상]범태평양 마이크로일렉트로닉 심포지움 최우수논문상(2012), 범태평양 마이크로일렉트로닉 심포지움 최우수논문상(2014)

백경태(白炅台) BAIK Kyong Tae

[생]1961 · 11 · 26 [출]전북 무주 [주]전북 전주시 완산구 효자로225 전라북도의회(063-280-3060) [학]중부대 노인복지학과졸 [경]1987~1996년 (주)고속도로관리공단 근무, (사)무주읍진흥회 이사장, 무주읍행사추진위원회 위원장, 무주군축구연합회 회장, (사)반딧불제전위원회 이사, 법무부 범죄예방위원회 위원, 무주군 민주평통 위원, 민주당 중앙대의원, 무주군사회복지협의회 회원 2006년 전북도의원선거 출마(민주당) 2010년 전북도의회 의원(민주당 · 민주통합당 · 민주당 · 새정치민주연합) 2010년 同부의장 2010년 同문화관광건설위원회 위원 2010년 同예산결산특별위원회 위원 2014년 전북도의회 의원(새정치민주연합 · 더불어민주당)(현) 2014년 同운영위원회 위원장 2014년 同문화관광건설위원회 위원 2016년 同산업경제위원회 위원(현)

백경현(白慶鉉)

[생]1958 · 6 · 21 [출]경기 양주 [주]경기 구리시 아차산로 439 구리시청 시장실(031-557-1010) [학]2007년 연세대 행정대학원 행정학과졸 [경]1998년 경기 구리시 수택1동 · 수택3동 동장 1999년 경기 구리시 경영사업과장 · 청소과장 · 재난안전과장 · 기획감사실장 2007년 同주민생활지원국장 2010년 同행정지원국장 2014년 경기 구리시장선거 출마(새누리당) 2016년 경기 구리시장(재선거 당선, 새누리당)(현)

백경호(白暻昊) BAEK Kyoung Ho

[생]1961 · 8 · 14 [본]수원(水原) [출]부산 [주]서울 종로구 종로58길30 사단법인 청소년내길찾기(02-743-1319) [학]1980년 동래고졸 1986년 부산대 경제학과졸 1988년 同대학원 경제학과졸 [경]1987년 동원증권 입사 · 법인부 · 채권영업팀 근무 1991~1997년 SK증권 채권부 근무 1998년 한국주택은행 자본시장실장 1999년 同채권시장안정기금운용부장 2000년 同자본시장본부장 직대 2000~2002년 주은투자신탁운용(주) 대표이사 사장 2002년 국민투자신탁운용(주) 대표이사 사장 2002년 (사)청소년내길찾기 대표이사(현) 2004년 KB자산운용 대표이사 사장 2005년 LG투자신탁운용 대표이사 사장 2005년 우리자산운용(주) 대표이사 사장 2005년 연합인포맥스 자문위원 2006~2008년 우리CS자산운용 대표이사 사장 2008년 그린부산창업투자(주) 대표이사 2012~2013년 부산은행 자금시장본부 부행장 2014~2016년 아이솔라솔루션 대표이사 [상]부총리 겸 재정경제원장관표창(1995)

백경희(白炅姬 · 女) BAEK Kyoung Hee

[생]1959 · 7 · 7 [본]수원(水原) [출]강원 철원 [주]서울 용산구 이태원로22 국방부 본관513호 국방교육정책관실 인적자원개발과(02-748-5180) [학]1994년 한국방송통신대 법학과졸 2001년 영국 애버딘대 로스쿨졸 [경]1979년 국방부 총무과 인사계 행정주사 1990년 同공보관실 · 재정국 행정사무관 1994년 同정책기획관실 대외정책과 동남아담당 행정사무관 1998년 同정책기획관실 대외정책과 대양주 · 중동담당 행정사무관 1999년 同정책기획국 대외정책과 동남아담당 서기관 2000~2003년 영국 Aberdeen Univ. 유학 2003년 국방부 대북정책과 군사회담운영T/F 회담기획담당 서기관 2005년 同정책기획관실 대북정책과 남북군사회담 · 국군포로정책담당 서기관 2006년 同혁신기획본부 전력유지예산팀장 2007년 同혁신기획본부 회계관리팀장 2008년 세종연구소 교육파견(서기관) 2009년 국방부 계획예산관실 민간투자팀장, 同계획예산관실 민간투자관리담당관 2011년 同국방정책실 군비통제과장 2013년 同정책기획관실 군비통제과장(부이사관) 2014년 同국방교육정책관실 인적자원개발과장(현) [상]국방부장관표창(1996), 대통령표창(2005) [저]'국민연금제도 : 운영실태 및 개선방향' [종]기독교

ㅂ

백광진(白光鎭) BAEK Kwang Jin

[생]1959·2·5 [출]강원 춘천 [주]서울 동작구 흑석로 84 중앙대학교 의과대학 생화학교실(02-820-5654) [학]1977년 경북고졸 1987년 중앙대 의대졸 1989년 同대학원졸 1992년 의학박사(중앙대) [경]1992~1994년 미국 The Cleveland Clinic Foundation 박사 후 과정 연구원 1994년 중앙대 의대 생화학교실 조교수·부교수·교수(현) 1999년 미국 The Cleveland Clinic Foundation 연구교수 2009년 중앙대 의과대학장 2016년 同입학처장(현) [종]기독교

백광현(白光鉉) PAIK Kwang Hyun (陽園)

[생]1932·11·30 [본]수원(水原) [출]충북 단양 [학]1951년 청주고졸 1956년 연세대 정법대학졸 1977년 한양대 대학원졸 [경]1957년 고시사법과 합격(8회)·해군 법무관 1960년 서울지검 검사 1963~1970년 서울지검 의정부지청·대전지검·인천지청·서울지검·법무부 법무실 검사 1970년 대구고검 검사 1971년 대검찰청 수사국 제2과장 1973년 서울지검 부장검사 1975년 대전지검 차장검사 1977년 서울고검 검사 1979년 서울지검 제1차장검사 1980년 同성동지청장 1980년 전주지검장 1981년 법무부 법무실장 1981~1983년 광주지검장·부산지검장 1983년 대구고검장 1986년 법무연수원장 1987년 헌법위원회 상임위원 1988~1992·1993년 변호사 개업(휴업) 1992~1993년 내무부 장관 [상]홍조·청조근정훈장, 자랑스러운 청고인상(2009) [종]기독교

백광현(白光鉉) BACK Kwang Hyun

[생]1964·5·29 [본]수원(水原) [출]경기 수원 [주]경기 성남시 분당구 판교로335 차의과학대학교 의생명과학과(031-881-7134) [학]1987년 경희대 생물학과졸 1990년 미국 서던미시시피대 대학원 생물학과졸 1995년 유전학박사(미국 아이오와주립대) [경]1988년 미국 서던미시시피대 Teaching Assistant 1990~1995년 미국 아이오와주립대 Teaching Assistant·Research Assistant 1996~1999년 미국 하버드대 의과대학 HHMI BWH Post-Doc·DFCI Post-Doc. 1999년 포천중문의과대 미생물학교실 조교수 1999년 강남차병원 여성의학연구소 분자생식면역학연구실장 2002년 강남차병원 세포유전자치료연구소 분자신호전달연구실장 2002년 포천중문의과대 생명과학전문대학원 교학부장 2002년 同미생물학교실 부교수 2003년 미국 세계인명사전 'Marquis Who's Who'에 등재 2004~2013년 차의과학대 세포유전자치료연구소 부소장 2004~2011년 보건복지부지정 생식의학 및 불임유전체사업단 부소장 2007년 차의과학대 의생명과학과 교수(현) 2014~2016년 同생명과학대학장 2014년 同세포유전자치료연구소장 2016년 Journal of Molecular Medicine 편집위원(현) [상]미국 생식의학회 Poster Award(1999), 제일의학 학술대회 학술상(1999), 대한불임학회 최우수논문상(2002), 대한민국과학기술논문상(2003), 포스터 우수발표상(2003), 대한불임학회 우수논문상(2005), 한국프로테옴학회 최우수포스터상(2006), 한국프로테옴학회 우수포스터상(2006·2007·2009), 대한생화학분자세포생물학회 우수포스터상(2008·2011), 대한생식의학회 우수논문상(2009·2010·2013), 대한생화학분자생물학회 우수포스터상(2009), 글로벌 보건산업기술유공 보건복지부장관표창(2011), Human Proteome Organisation Travel Award(2012), 과학기술진흥유공 국무총리표창(2013), 한국분자세포생물학회 우수포스터상(2014), 대한암학회 노바티스 Merit Award(2015) [저]'인체 유전학(共)'(2000) '태교혁명(共)'(2003) '의학 미생물학(共)'(2004) '스테드만 의학사전'(2006, 군자출판사) '의학미생물학'(2007, 엘스비어코리아) 'Advances in Protein and Peptide Sciences(共)'(2013, Bentham Science Publishers) 'Resistance to Proteasome Inhibitors in Cancer(共)'(2014, Springer) [역]'인체 유전학(共)'(2000)

백구섭(白九燮) BACK Koo Sub

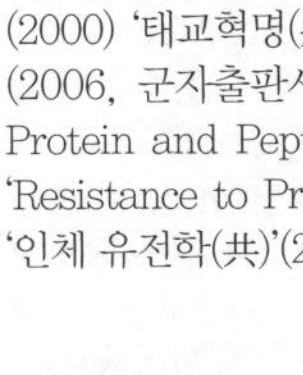

[생]1939·4·25 [본]수원(水原) [출]평북 태천 [주]서울 서대문구 신촌로31의8호 수원백씨 종친회관(02-325-0365) [학]1977년 성균관대 경영행정대학원 기업경영학과 수료 [경]1969~1979년 통일산업(주) 전무이사 1969~1987년 예화총포사 예화사격장 대표 1970년 국제라이온스협회 354-D지구 사무총장 1970년 同354-D지구 감사 1970년 同354-D지구 자문위원장 1975~1977년 통일건설(주) 대표이사 1978~1985년 대학사격연맹 부회장 1979~1986년 한국티타늄(주) 전무이사 1985~1992년 서울시 동대문구체육회 수석부회장 1985년 평안북도 태천군 군민회장, 同태천군 명예군수, 同중앙도민회 수석상임부회장, 同장학회장, 압강회 수석부회장, 맹호회 부회장 1986~2004년 서울지검 범죄예방위원협의회 상임부회장·지도위원 1988~1993년 세진(주) 대표이사 1994년 스톤아트 대표 1996~2002년 유진전력(주) 대표이사·회장 1996년 (사)세계평화청년연합회 이사장 1996년 (사)한국청소년순결운동본부 이사(현) 2000~2005년 일천만이산가족재회추진위원회 부위원장 2004년 수원백씨중앙종친회 부회장, 同중랑장공파 회장 2007~2009·2011~2013년 민주평통 이북5도지역회의 부의장 2008년 대한민국건국회 자문위원(현) 2008년 통일부 통일교육위원경기협의회 위원 2008년 평안북도행정자문위원회 부위원장 2009~2011년 민주평통 이북5도지역회의 고문 2013~2016년 이북5도위원회 평안북도지사(차관급) 2016년 수원백씨중앙종친회 회장(현) [상]대통령표창(1987), 내무부장관표창(1988), 법무부장관표창(1997), 검찰총장표창(1998), 국무총리표창(2001), 대통령공로장(2009·2013), 국민훈장 동백장(2011) [종]기독교

백구현(白具鉉) BAEK Goo Hyun

[생]1957·8·29 [본]수원(水原) [출]서울 [주]서울 종로구 대학로101 서울대병원 정형외과(02-2072-3787) [학]1976년 중앙고졸 1982년 서울대 의대졸 1986년 同대학원졸 1993년 의학박사(서울대) [경]1987년 대한정형외과학회 편집간사 1987~1990년 군의관 1990년 원자력병원 정형외과 의사 1992년 한일병원 정형외과 부과장 1993년 서울대 의과대학 정형외과학교실 전임강사·조교수·부교수·교수(현) 1993년 대한미세수술학회 감사·대한수부외과학회 총무 2003~2004년 대한정형외과학회 총무 2012년 서울대 의과대학 정형외과학교실 주임교수(현) 2012·2014년 서울대병원 정형외과 진료과장(현) 2014~2015년 대한미세수술학회 이사장 [상]대한정형외과학회 만례재단상(1999), 대한정형외과학회 임상부문 본상(2000), 세계수부외과학회 연맹 포스터 2등상(2004), 대한수부외과학회 임상부문 최우수논문상(2006), 대한미세수술학회 임상부문 우수논문상(2007), 대한정형외과연구학회 우수논문상(2007) [저]'하지 재건과 수부 종양학'(2003, 대한미세수술학회) '임상미세수술학'(2003, 대한미세수술학회) '수부 피판과 손목 질환의 최신 지견'(2004, 대한미세수술학회)

백군기(白君基) BAEK Gun Ki

[생]1950·2·12 [출]전남 장성 [주]서울 영등포구 국회대로68길14 신동해빌딩5층 더불어민주당 국방안보센터(02-3667-3700) [학]1969년 광주고졸 1973년 육군사관학교졸(29기) 1985년 경남대 경영대학원 경영학과졸(인사관리석사) 2008년 명예 경영학박사(용인대) [경]특수전사령부 작전처장, 1군단 참모장, 1공수여단장, 육군사관학교 생도대장, 31사단장 2002년 육군 교육사령부 교리발전부장 2003년 육군대학 총장 2004년 특전사령관(중장) 2005년 육군본부 감찰실장(중장) 2006년 육군 인사사령관(중장) 2006~2008년 제3야전군사령관(대장) 2007년 부천대 초빙교수 2012~2016년 제19대 국회의원(비례대표, 민주통합당·민주당·새정치민주연합·더불어민주당) 2012년 민주통합당 제18대 대통령중앙선거대책위원회 안보특별위원장 2013년 민주당 정책위원회 원내부의장 2013년 同경기용인시甲지역위원회 위원장 2013년 同안보담당 원내부대표 2014~2015년 국회 지방자치발전특별위원회 위원 2014년 국회 국방위원회 위원 2014년 국회 운영위원회 위원 2014~2015년 국회 군인권개선및병영문화혁신특별위원회 위원 2014~2015년 국회 예산결산특별위원회 위원 2014년 새정치민주연합 안보담당 원내부대표 2014년 同새로운대한민국위원회 안전사회추진단 생활안전분과위원장 2015~2016년 더불어민주당 안보담당 원내부대표 2015년 同새로운대한민국위원회 안전사회추진단 생활안전분과위원장 2016년 同총선정책공약단 한반도평화본부 공동본부장 2016년 同경기용인시甲지역위원회 위원장(현) 2016년 제20대 국회의원선거 출마(경기 용인시甲, 더불어민주당) 2016년 더불어민주당 민주정책연구원 산하 국방안보센터장(현) [상]보국훈장 삼일장(1997), 대통령표창(1998), 보국훈장 천수장(2002), 미국공로훈장(2005·2008), 보국훈장 통일장(2007), 선플운동본부 '국회의원 아름다운 말 선플상'(2014), 글로벌 자랑스런 한국인대상(2015), (사)대한민국가족지킴이 대한민국실천대상 의정활동 국방안보부문(2015)

백규현(白奎鉉) BAIK, KYU HYUN

[생]1948·8·15 [출]경북 성주 [주]대구 중구 북성로19의1 목화표장갑(053-526-8824) [학]성주농업고졸, 영남대 경영대학원 수료 [경]목화표장갑 대표이사(현), 대구북부경찰서 선진질서위원 1995년 달서공고육성회 회장 1997년 대구경북장갑공업협동조합 이사장 1997년 대한니트공업협동조합연합회 이사 1997년 한국섬유개발연구원 이사 1997년 대구경북섬유산업협회 이사 2001년 同육성추진위원 2001년 달성군상공회의소 상공의원 2014년 장애인기업종합지원센터 이사장(현) [상]대구시장표창, 경북도지사표창, 제8회 전국장애경제인대회 산업통상자원부장관표창(2013)

백기승(白起承) Baik Keeseung

[생]1957·12·6 [본]수원(水原) [출]서울 [주]서울 송파구 중대로135 IT벤처타워18층 한국인터넷진흥원(02-405-5000) [학]1976년 경동고졸 1980년 연세대 정치외교학과졸 [경]1982~2000년 대우그룹 기획조정실 홍보담당 이사 2000~2004년 코콤포터노벨리 커뮤니케이션전략연구소 부사장 2006~2007년 한나라당 박근혜 대통령경선후보 공보기획단장 2012년 새누리당 박근혜 대통령후보 선거대책위원회 공보상황실장 2013~2014년 대통령 홍보수석비서관실 국정홍보비서관 2014년 한국인터넷진흥원(KISA) 원장(현) 2014년 방송통신위원회 인터넷문화정책자문위원회 위원(현) [저]'신화는 만들 수 있어도 역사는 바꿀 수 없다'(2000) [종]불교

백기엽(白基燁) PAEK Kee Yoeup

[생]1951·2·24 [주]충북 청주시 서원구 충대로1 충북대학교 농업생명환경대학 원예과학과(043-261-2525) [학]1976년 경북대 원예학과졸 1978년 同농학과졸 1984년 농학박사(경북대) [경]1981년 미국 캘리포니아대 연구원 1982~2005년 충북대 농업생명환경대학 원예학과 조교수·부교수·교수 1987년 충북농촌진흥원 겸직연구관 1992년 이탈리아 국립원자력연구소 초청연구원 1996년 충북대 첨단원예기술개발연구센터 소장 1999년 한국식물조직배양학회 부회장 1999년 중국 북경의과학원 약용식물연구소 명예교수 2002년 '제9회 아시아태평양난학술회의 및 전시회' 유치위원장 2003년 한국식물생명공학회 회장 2003년 중국 절강임학원 객좌교수 2005~2016년 충북대 농업생명환경대학 원예과학과 교수 2005년 한국원예학회 부회장 2006년 충북대 BK21 사업바이오농업기술실용화사업단장 2008년 同농업생명과학연구원장, 同첨단원예기술개발연구센터 소장 2010~2011년 한국원예학회 회장 2010년 한국농식품생명과학협회 이사 2016년 충북대 농업생명환경대학 원예과학과 석좌교수(현) [상]대한민국 최고과학기술인상(2011)

백기엽(白基燁) Walter K. Paik

[생]1965·5·31 [본]수원(水原) [출]서울 [학]1984년 여의도고졸 1988년 한국외국어대 불어과졸 1990년 同대학원 국제관계학과졸 1998년 미국 아메리칸대 국제관계대학원(SIS)졸 [경]2003년 한나라당 부대변인 2005년 同국제위원회 간사위원 2005년 同여의도연구소 국제관계담당 연구위원 2007년 同대통령후보 비서실 국제관계담당특보 2008년 同제18대 국회의원 후보(비례대표) 2008~2012년 同국제국장 2012년 새누리당 국제국장 2012년 同제19대 국회의원 후보(비례대표) 2013~2016년 駐호놀룰루 총영사 [종]기독교

백기완(白基玩) BAIK Ki Wan

[생]1933·1·24 [출]황해 은율 [주]서울 종로구 대학로9길27 통일문제연구소(02-762-0017) [학]1946년 일도국교졸 [경]1946년 월남 1954~1960년 농민·빈민·綠化운동 1964년 한일협정반대운동 1967년 백범사상연구소 소장 1974년 반유신백만인 서명운동 1974년 긴급조치 제1호 위반으로 투옥 1979년 '명동 YWCA 위장결혼 사건' 주도혐의로 투옥 1983년 민족통일민중운동연합 부의장 1985년 통일문제연구소 소장(현) 1986년 '부천 권인숙양 성고문폭로대회' 주도혐의로 투옥 1987년 제13대 대통령선거 입후보(무소속) 1990년 전국노동조합협의회 고문 1992년 제14대 대통령선거 입후보(무소속) 1997년 민족문화대학설립위 위원장 2000년 계간지 '노나메기' 발행인 2000년 한양대 겸임교수 2010년 노나메기재단 추진위원회 고문(현) [상]우리말살리는겨레모임 선정 '올해의 우리말 으뜸 지킴이상'(2002) [저]'항일민족론'(1971) '백범어록' 수필집 '자주고름 입에 물고 옥색치마 휘날리며' 시집 '이제 때는 왔다'(1986) 평론집 '통일이냐 반통일이냐'(1987) '거듭 깨어나서' '대륙' '항일민족론' 시집 '백두산 천지'(1989) '우리 겨레 위대한 이야기'(1990) '젊은 날'(1990) '나도 한때 사랑을 해 본 놈 아니요'(1992) '장산곶매 이야기'(1994) '아 나에게도' '단돈 만 원' '이심이 이야기' 평론집 '그들이 대통령 되면 누가 백성 노릇을 할까' 수필 '벼랑을 거머쥔 솔뿌리여' '백기완의 통일 이야기'(2003) '장산곶매 이야기(증보판)'(2004) 회고록 '사랑도 명예도 이름도 남김없이'(2009) [작]'묏비나리'(1980) 창작영화극본집 '대륙'

백기청(白基淸) PAIK Ki Chung

[생]1955·1·14 [출]부산 [주]충남 천안시 동남구 망향로 201 단국대학교병원 정신건강의학과(041-550-3850) [학]1973년 부산고졸 1983년 서울대 의대졸 1987년 同대학원졸 1991년 의학박사(서울대) [경]1983~1987년 서울대병원 인턴·정신과 전공의 1987~1988년 서울대병원 정신과 연구원 1988~1994년 국립서울정신병원 의무서기관 1994년 단국대 의대 정신과 전임강사·조교수·부교수·교수(현) 1998~2000년 미국 하버드대 의대 강박장애크리닉 방문교수 2007~2013년 단국대병원 부원장 2007년 단국대의료원 환경보건센터장(현) [상]정신의학학술상(1991) [저]'현대인의 건강'(1999) '스트레스 연구'(1999) '자신감에 이르는 10단계'(2000) '기억'(2001)

백기훈(白基勳) Paek, Kihun

[생]1958·6·11 [출]서울 [주]서울 강남구 테헤란로305 (재)한국스마트그리드사업단(02-6009-4901) [학]경기평택고졸 1982년 서울대 영어영문학과졸 1992년 同행정대학원졸 2001년 영국 런던정경대 대학원 정보체계학 박사과정 수료 2015년 공학박사(숭실대) [경]1989년 행정고시 합격(32회) 1990년 충청체신청 영업과장 1992년 체신공무원교육원 도서실장 1994년 정보통신부 정보통신정책실 정책총괄과 사무관 1997년 同총무과 인사담당 사무관(서기관) 2001년 남포항우체국장 2002년 정보통신부 장관 비서관 2003년 同정보화기획실 인터넷정책과장 2005년 대통령 정보과학기술보좌관실 행정관 2006년 대통령 정보과학기술보좌관실 행정관(부이사관) 2007년 정보통신부 정보통신협력본부 협력기획팀장 2007년 同총무팀장 2008년 방송통신위원회 조사기획총괄과장 2009년 同기획조정실 국제협력관(일반직고위공무원) 2010년 외교안보연구원 교육훈련 2011년 방송통신위원회 기획조정실 정책기획관 2013년 미래창조과학부 성과평가국장 2014년 同정보통신방송정책실 정보통신융합정책관 2015~2016년 경인지방우정청장 2016년 (재)한국스마트그리드사업단 단장(현) [상]대통령표창(1997) [종]천주교

백낙구(白樂俅) Baek nakkoo

[생]1947·2·16 [본]남포(藍浦) [출]충남 보령 [주]충남 예산군 삽교읍 도청대로600 충청남도의회(041-635-5147) [학]영명고졸, 한국방송통신대 행정학과졸 [경]1993년 충남도 법무담당관 1994년 同예산투자담당관 1996년 同체육청소년과장 1999~2002년 보령시 부시장 2003~2005년 부여군 부군수 2006~2010년 충남도의회 의원(한나라당) 2008년 同예산결산특별위원회 위원장 2014년 충남도의회 의원(새누리당)(현) 2014년 同행정자치위원회 위원장 2014~2015년 同윤리특별위원회 위원 2014~2015년 同서해안살리기특별위원회 위원 2016년 同교육위원회 위원(현) [상]홍조근정훈장, 대통령표창, 내무부장관표창, 재무부장관표창, 농수산부장관표창, 문화공보부장관표창, 한국을 빛낸 자랑스러운 한국인 대상(2015), 세종·충남지역신문협회 풀뿌리자치대상 충청인상(2015) [종]기독교

백낙기(白洛基) BAEK Nak Ki

[생]1953·7·22 [본]수원(水原) [출]전북 정읍 [주]경기 시흥시 산기대학로237 한국산업기술대학교 경영학부(031-8041-0675) [학]1975년 고려대 경영학과졸 1983년 서울대 대학원 경영학과졸 1985년 태국 타마사트대 대학원 경제학과졸 1997년 국제경영학박사(고려대) [경]1978~1981년 국제경제연구원(KIEI) 동남아연구실 책임연구원 1985~1986년 산업연구원 동향분석실 근무 1988~1989년 同산업정책실장 1988~1989년 상공부 첨단기술산업발전심의회 총괄분과위원회 위원 겸 간사 1989~1995년 산업연구원 중소기업연구실장(연구위원) 1989~1995년 공정거래위원회 제조하도급분쟁조정협의회 위원 1992~1996년 국무총리 행정조정실 정책평가자문위원 1993~1995년 중소기업협동조합중앙회 중소기업정책위원회 위원 1996~1998년 산업연구원(KIET) 정책연구부 연구위원 1996년 통상산업장관 산업정책자문위원회 자문위원 1998~1999년 산업연구원 워싱턴D.C. 지원장 1999~2001년 同중소벤처기업실장(선임연구원) 2000~2001년 한국과학기술연구원(KIST) 벤처기업평가심의위원회 위원 2001~2004년 중소기업정보진흥원 원장 2002~2005년 한국중소기업학회 부회장 2005년 同회원(현) 2006~2012년 한국산업기술대 e-비즈니스학과 교수 2006년 同홍보실장 2007년 同산업기술·경영대학원장 2012년 同경영학부 교수(현) [상]상공부장관표창, 부총리 겸 경제기획원장관 감사패 [저]'한국·일본·대만·싱가포르의 수출경쟁력 비교분석(共)'(1983) '한국산업의 현 위상과 발전방향(共)'(1989) '구조전환기를 맞은 한국중소기업-기로에 선 한국기업경영-'(1994) '대기업·중소기업간 협력실태 및 강화방안(共)'(1995) '하도급거래구조 변화분석과 발전방안(共)'(1996) '국제경영(共)'(1999) '한국 제조부문 해외투자기업의 국제소싱 행태 및 결정요인 분석'(1999) '중소기업백서 2000(共)'(2000) '단체수의계약제도 운영 개선방안(共)'(2001) 'Entrepreneurship in Korea(共)'(2002) '기술이전 및 사업화 관련사업의 문제점 및 개선과제 연구(共)' (2008)

백낙문(白樂文)

(생)1955·9·15 (주)경남 진주시 소호로102 한국승강기안전공단 이사장실(055-751-0794) (학)1973년 김천고졸 1977년 육군사관학교 관리학과졸 2004년 가톨릭대 행정대학원 행정학과졸 2000년 서울대 공기업고급경영자과정 수료 (경)1977~1981년 군복무(육군 대위 전역) 1988~1992년 한국산업안전보건공단 비서실장 1997~1999년 同총무국장 2002~2005년 同수원지원장 2005년 同교육정보국장 2007년 同경인지역본부장 2008년 同경영기획실장 2010~2014년 同기획이사 2014~2016년 한국승강기안전기술원 이사장 2016년 한국승강기안전공단 초대 이사장(현) (상)노동부장관표창(1994), 대통령표창(2009)

백낙청(白樂晴) PAIK Nak-chung

(생)1938·1·10 (본)수원(水原) (출)대구 (주)서울 관악구 관악로1 서울대학교 인문대학 영어영문학과(02-880-6078) (학)1955년 경기고졸 1959년 미국 브라운대(Brown Univ.) 영문학과졸 1960년 미국 하버드대 대학원졸 1972년 영문학박사(미국 하버드대) 1994년 명예 인문학박사(미국 브라운대) (경)1963~1984년 서울대 영어영문학과 조교·전임강사·조교수·부교수 1966·1988~2015년 계간 '창작과 비평' 편집인 1974년 민주회복국민선언으로 서울대 교수직 징계 파면 1976년 창작과비평 대표 1978년 해직교수협회 부회장 1980~2003년 서울대 영어영문학과 부교수·교수 1987년 민족문학작가회의 부회장 1996~1998년 同이사장 1998년 미국 하버드대 객원교수 2002~2007년 시민방송 RTV 이사장 2003년 서울대 영어영문학과 명예교수(현) 2003~2005년 환경재단 136포럼 공동대표 2005년 6·15공동선언실천 남측위원회 상임대표 2006년 대통령자문 통일고문회의 고문 2007년 시민방송 RTV 명예이사장(현) 2008년 시민평화포럼 고문(현) 2009년 6·15공동선언실천 남측위원회 명예대표(현) 2009년 한반도평화포럼 공동이사장(현), 계간 '창작과비평' 명예편집인(현) (상)심산상(1987), 대산문학상(1993), 요산문학상(1997), 은관문화훈장(1998), 만해상(2001), 옥조근정훈장(2003), 늦봄통일상(2006), 후광 김대중 학술상(2009) (저)'민족문학과 세계문학(1·2)' '한국문학의 현 단계(共)' '현대문학을 보는 시각' '분단체제 변혁의 공부길' '흔들리는 분단체제'(창작과비평사) '통일시대 한국문학의 보람'(2006) '한반도식 통일, 현재진행형'(2006) '백낙청 회화록'(2007) '민족주의란 무엇인가(共)' '서구 리얼리즘소설 연구(共)' '리얼리즘과 모더니즘(共)' '어디가 중도며 어째서 변혁인가'(2009, 창작과비평사) '주체적 인문학을 위하여'(2011, 서울대 출판문화원) '문학이 무엇인지 다시 묻는 일-민족문학과 세계문학5'(2011, 창작과비평사) (역)'문학과 예술의 사회사(A. 하우저)'(共) '목사의 딸들(D.H. 로렌스)'

백낙환(白樂晥) PAIK Nak Whan (仁堂)

(생)1926·9·27 (본)수원(水原) (출)평북 정주 (주)경남 김해시 인제로197 인제대학교(055-320-3001) (학)1944년 휘문고졸 1946년 경성대 예과 수료 1951년 서울대 의대졸 1962년 의학박사(서울대) 2008년 명예 박사(일본 벳부대) 2010년 명예 철학박사(부산대) (경)1953년 (재)백병원 수련 1956~1963년 가톨릭대 의대 외과 전임강사·조교수 1960년 외과전문의 자격 취득 1961~1986년 백병원 원장 1966년 대한병원협회 상임이사 1966년 1차 미국·유럽 의학연수 1966년 대한외과학회 이사 1968년 백병원 이사 1968년 서울대 의대 외래교수 1968년 광화문라이온스클럽 창립·회장 1970년 대한장기이식학회 이사 1972년 대한소화기병학회 이사 1975년 학교법인 숭의학원 이사 1976년 2차 미국·유럽 의학연수 1979년 인제의과대학 설립·이사장 1979~2014년 인제학원 설립·이사장 1979~1998년 백중앙의료원 원장 1979년 인제대 의대 외과 교수 1979년 대한병원협회 부회장 1979~1983년 서울대의과대학동창회 회장 1981년 민주평통 상임위원 1983년 인제연구장학재단 설립 1983~1996년 서울대의대장학재단 이사장 1984~1988년 대한병원협회 회장 1984년 대한외과학회 회장 1985~1990년 전국사립대학의료원장회 회장 1987~1993년 국제병원연맹(IHF) 운영이사 1989~2000년 인제대 총장 1990년 仁堂장학재단 설립 1991·1994년 교육개혁위원회 위원 1995년 서재필기념사업회 이사 1995년 도산안창호선생기념사업회 이사 1995~1999년 한국병원경영학회 회장 1997년 우리민족서로돕기운동 공동대표 1998년 백중앙의료원 명예의료원장 1998년 희망의행진추진본부 공동본부장 1999년 전국한자교육추진총연합회 공동대표 2000~2002년 신사회공동선운동연합 상임대표 겸 이사장 2000년 인제대 명예총장(현) 2000년 제2의건국범국민추진위원회 상임위원 2001년 대한의사협회 고문(현) 2002~2003년 제2의건국범국민추진위원회 공동위원장 2003년 전국한자교육추진총연합회 이사장 2003~2011년 복십자(Double Cross)후원회 회장 2006~2010년 서재필기념회 이사장 2007~2015년 성산장기려선생기념사업회 이사장 2008~2013년 도산안창호선생기념사업회 회장 2008~2015년 전국한자교

육추진총연합회 회장 2015년 성산장기려선생기념사업회 명예이사장(현) (상)국민훈장 목련장(1983), 평북도 문화상(1985), 상허대상·함춘대상(2001), 국민훈장 무궁화장(2002), 자랑스런 서울대인상(2008), 한일국제환경상(2009), 부산흥사단 존경받는인물상(2010) (저)'외길 70년'(1996) 자서전 '영원한 청년정신으로'(2007) (종)기독교

백낙흥(白樂興) Paik Nack Heung

(생)1959·6·26 (출)충남 보령 (주)충남 서천군 서천읍 군청로57 서천군청 부군수실(041-950-4205) (학)천안고졸, 서울디지털대 경찰학과졸, 한국외국어대 LA E-MBA 수료 (경)7급 공무원시험 합격 2007년 대한무역투자진흥공사(KOTRA) LA통상사무소장 2011년 충남도 경제통상실 투자유치1담당 2014년 同경제통상실 기업지원과장 2015년 충남 서천군 부군수(현)

백남근(白南根) PAIK Nam Kun

(생)1944·11·6 (본)수성(隋城) (출)경남 함양 (주)서울 서초구 신반포로162 (주)동양고속 비서실(02-590-8515) (학)1963년 국립체신고졸 1968년 성균관대 경제학과졸 1997년 서울대 행정대학원졸 (경)1978~1986년 교통부 수송조정국 해운담당관·관광국 총무과장·도시교통국 기획과장·관광지도국 시설과장·수성조정국 조정통계과장 1983~1986년 同공보관 1986~1988년 同안전관리국장 1988~1990년 同도시교통국장 1990~1991년 同관광국장 1992년 同수송정책실장 1996년 한국관광협회 상근부회장 1998~2005년 서울고속버스터미널(주) 대표이사 사장 2006년 (주)동양고속운수 부회장 2007년 同대표이사 사장 2013년 (주)동양고속 대표이사 사장(현) (상)홍조근정훈장(1998) (종)불교

백남선(白南善) Nam-Sun Paik (海峰)

(생)1947 (본)수원(水原) (출)전북 익산 (주)서울 양천구 안양천로1071 이대여성암병원(02-2650-2801) (학)1966년 이리고졸 1973년 서울대 의대졸 1976년 同대학원졸 1984년 의학박사(서울대) 2001년 경희대 국제법무대학원 지도자과정 수료 2006년 고려대 컴퓨터대학원 고대ICP 최고경영자과정 수료 2006년 중국 칭화대 한국분교 최고경영자과정 수료 2008년 한국체육대 WPTM 최고경영자과정 수료 2009년 중앙대 예술대학원 한류최고경영자과정 수료 2010년 건국대 경영대학원 최고경영자과정 수료(47기) 2010년 숙명여대 CEO과정 SELP 5기 수료 2012년 MBC 문화예술리더스포럼 수료(1기) 2012년 미래지식최고경영자포럼 수료(1기) 2012년 한국생산성본부 글로벌CEO아카데미 수료 2012년 한중여의도리더스포럼 최고위CEO과정 수료(1기) 2013년 매일비즈뉴스 M명품최고위과정 수료 2016년 한중국제경영교육원-칭화대 칭화88인동문특별연구과정 수료 (경)1973~1978년 서울대병원 인턴·외과 레지던트 1978년 대한암학회 회원(현) 1979~1981년 국군수도통합병원 암연구실장 1981년 영일병원 외과 과장 1982~2008년 원자력병원 외과2과장 1984년 미국 메모리얼 슬로언 케이터링 암센터(MSKCC) 임사의사 연수 1985~1986년 일본 국립암센터 초빙연구원 1987년 일본 암치료학회 회원(현) 1995~2000년 Philos(자선봉사단체) 회장 1995~1997년 원자력병원 임상의학연구실장 1997~1999년 同의무부원장 1998년 서울대병원 외과 초빙교수 1998년 대한외과학회 국제학술위원 1998~1999년 한국비타민정보센터 자문위원장 1999~2003년 중앙암등록사업본부 자문위원 1999~2001년 원자력병원 원장 1999~2001년 대한병원협회 상임이사 1999~2007년 아시아유방학회 이사 1999~2003년 아시아태평양주임상종양학회 위원 2001~2003년 한국유방암학회 회장 2003~2010년 대한암협회 부회장 2005년 중국 칭화대 한국캠퍼스 교수 겸 부원장 2005~2009년 대한임상암예방학회 초대 회장 2006년 영국 IBA '세계 위암 및 유방암 100대 의사'에 선정 2007년 영국 케임브리지 국제인명센터(IBC) '세계 100대 의사(TOP 100 Health Professionals)'에 선정 2007~2010년 아시아유방암학회(Asian Breast Cancer Society) 회장 2008~2011년 건국대 의대 외과학교실 교수 2009년 아시아외과학회 상임이사(현) 2009~2010년 건국대병원 원장 2009~2011년 同유방암센터 소장 2010~2012년 대한병원협회 경영위원장 겸 경영이사 2011년 이화여대 의과대학 교수(현) 2011년 이대여성암병원 원장(현) (상)서울대총장표창(1973), 국군 의무사령관표창(1978), 내무부장관표창(1990), 전북도지사표창(1994), 경찰청장 감사표창(2009), 한국신지식인협회 선정 명예신지식인(2011), 한국지식경영원 지식경영인대상(2011), 자랑스러운 미령인상(2012), 한국재능기부협회 한국재능나눔대상(2012), 한국재능기부협회 자랑스러운 재능기부천사상(2013), 한국창조경영브랜드대상 병원부문(2013), (사)한국창조경영인협회 신창조인상(2015), 한국재능기부협회 재능나눔의료대상(2015), 도전한국인운동본부 2016년을 빛낼 도전한국인(2016) (저)'암의 모든것<공인받지 못한 항암 치료제>'(1985) '암 예방의 길잡이(共)'(1991) '민족 대백과사전(共)'(1992) '비타민(共)'(1996) '유방학(共

)'(1999) '암 알아야 이긴다'(1999) '다시보는 세상(共)'(1999) '화학적 암 예방(共)'(2000) 'Aromatase Inhibition and Breast Cancer'(共)(2000) '알기 쉬운 암의학(共)'(2002) '유방학(共)'(2006) '암을 이기는 한국인의 음식 54가지(共)'(2007) '소이주스'(2007) '명의가 추천하는 약이 되는 밥상 1'(2010)

백남오(白南伍) Baek Nam Oh

③1960 · 12 · 24 ⑤수원(水原) ⑥강원 영월 ㉣경기 시흥시 공단1대로259번길47 206호 (주)에스엘하이테크(031-439-5678) ⑪고입검정고시 합격 2007년 대입검정고시 합격 2010년 전북과학대 사회복지과졸 ㉡(사)안산시아파트연합회 회장, 在안산강원도민회 자문위원 2006년 경기도의원선거 출마(무소속), 한나라당 박근혜 대통령예비후보 안산시 단원乙 선거대책본부장, 同제17대 총선 안산시 단원乙 예비후보, 신안산선유치추진위원회 위원장 2010년 (주)에스엘하이테크 대표이사(현) 2012년 제19대 국회의원선거 출마(안산 단원구乙, 자유선진당), 새누리당 부대변인 ㉠안산시장표창(2004) ⑤기독교

백남욱(白南郁) BACK Nam Wook

③1946 · 11 · 5 ⑤수원(水原) ⑥전남 광양 ㉣대전 서구 청사로189 문화재청(1600-0064) ⑪1965년 순천고졸 1976년 건국대 사학과졸 1979년 同대학원졸 1988년 문학박사(건국대) ㉡1981~1983년 대우공업전문대학 전임강사 1983~1988년 同조교수 1989~1999년 동서울대 부교수 1999~2012년 同교양과 교수 2012~2013년 同교양과 명예교수 2014년 경기도문화재위원회 기념물분과 위원장(현) ㉠부총리 겸 교육인적자원부장관표창(2006), 녹조근정훈장(2012) ㉢'성남의 역사와 문화유산(共)'(2001) '한국문화사(共)'(2005) '경기도서원총람上(共)'(2006) '경기도서원총람下(共)'(2007) '한국문화의 이해(共)'(2007) '경기도능원총람下(共)'(2008) ㉥'고려명신전下(共)'(2006) ⑤천주교

백남종(白南淙) Nam-Jong Paik

③1966 · 1 · 9 ⑤수원(水原) ⑥서울 ㉣경기 성남시 분당구 구미로173번길82 분당서울대병원 재활의학과(031-781-7731) ⑪1990년 서울대 의대졸 1997년 同대학원졸 2000년 의학박사(서울대) ㉡1990~1991년 서울대병원 인턴 1991~1995년 同재활의학과 레지던트 1995~1998년 국립재활원 공중보건의 1995~2000년 서울대병원 재활의학과 전임의사 1999~2001년 인천중앙병원 재활의학과장 2001년 서울대 의과대학 재활의학교실 교수(현) 2003~2010년 분당서울대병원 의학자료정보센터장 2003~2010년 同재활의학과장 2004~2010년 서울대 의대 교무부학장보 2005~2006년 미국 국립보건원(NIH) 방문연구원 2010년 미국 노스캐롤라이나대 채플힐캠퍼스 객원연구원 2010~2012년 분당서울대병원 진료협력센터장 2012~2013년 同홍보대외정책실 부실장 2013~2014년 同홍보대외정책실장 2014~2016년 同홍보실장 2015년 아시아 · 오세아니아신경재활학회 초대 회장(현) 2015~2016년 일동제약(주) 사외이사 2016년 세계신경재활학회 상임이사(현) 2016년 분당서울대병원 기획조정실장(현) ㉠미국재활의학회 베스트 포스터 프레젠테이션 어워드(2004), 미국신경재활학회 플레처 맥도웰 어워드(2007), 대한재활의학회 재활의학학술상(2014)

백남천(白南天) PAEK Nam Chon

③1962 · 2 · 27 ㉣서울 관악구 관악로1 서울대학교 농업생명과학대학 식물생산과학부(02-880-4543) ⑪1980년 영등포고졸 1985년 서울대 농학과졸 1987년 同대학원 농학과졸 1994년 농학박사(미국 텍사스A&M대) ㉡1987년 한국방송통신대 농학과 조교 1990년 미국 텍사스 A&M대 조교 1994년 미국 아이오와주립대 농학과 박사후연구원 1996년 미국 농무성 농업연구소 Research Geneticist 1997년 금호석유화학(주) 금호생명환경과학연구소 전임연구원 1998년 서울대 농업생명과학대학 식물생산과학부 교수(현) ⑤기독교

백남치(白南治) PAEK Nam Chi

③1944 · 1 · 22 ⑤수원(水原) ⑥충남 서천 ⑪1962년 동성고졸 1968년 서울대 법대졸 1976년 미국 뉴욕대 대학원 정치학과졸 1978년 미국 컬럼비아대 정치학 박사과정 수료 ㉡1975년 미국 뉴욕시립대 Asian-American 협회 연구원 1976년 미국정치학회 회원 1979년 서울대 강사 1981~1986년 경희대 정치학과 교수 1987년 민주화추진협의회 통일문제위원회 부위원장 1987년 민족문제연구소 정치외교안보위원회 부위원장 1987년 통일민주당(민주당) 창당발

기인 1988년 제13대 국회의원(서울 노원甲, 민주당 · 민자당) 1988년 민주당 부대변인 1988년 同정책연구실장 1989년 同재외동포협력위원회 부위원장 1990년 민자당 해외동포특별위원장 1991년 同국책연구소 부원장 1992년 제14대 국회의원(서울 노원甲, 민자당 · 신한국당) 1992년 민자당 제3정책조정실장 1993년 同기획조정실장 1993~1998년 대한웅변인협회 총재 1993년 (사)한국지체장애인협회 후원회장 1993년 민자당 제2정책조정실장 1994년 同정치담당 정책조정실장 1994~1997년 한국보이스카우트 서울북부연맹 위원장 1995년 중국 밍위엔대 객원교수 1995~1996년 2002월드컵유치지원단 부단장 1996년 제15대 국회의원(서울 노원甲, 신한국당 · 한나라당 · 자민련) 1996~1997년 국회 건설교통위원장 1997~1998년 국회 문화체육위원장 1998~2000년 한나라당 당무위원 1998년 국회 정무위원회 위원 2000년 제16대 국회의원선거 출마(서울 노원甲, 자민련) 2000년 자민련 서울노원구甲지구당 위원장 2000~2001년 同부총재 ㉢'국제정세' '한 목소리' '미완의 장' ⑤기독교

백남홍(白南紅) BAEK NAM HONG

③1943 · 4 · 8 ⑤수원(水原) ⑥대전 ㉣경기 하남시 감일로15번길81 (주)을지전기(02-406-1214) ⑪1961년 대전사범학교졸 1965년 경희대 법학과졸 1987년 서울대 경영대학원 최고경영자과정(AMP) 수료 ㉡1968~1980년 국회의원 비서관 1968~1980년 국회 운영위원장 겸 원내총무 보좌관 1980~1982년 제1무임소장관 비서관 1986년 (주)을지전기 대표이사(현) 2002년 대한상공회의소 중소기업위원회 위원장 2003~2015년 하광상공회의소(3 · 4 · 5 · 6기) 회장 2004~2012년 이천세무서 세정자문위원회 회장 2006년 수원지검 성남지청 범죄예방위원회 회장(현) 2009~2015년 경기도상공회의소연합회 회장 2009~2012년 대한상공회의소 부회장 ㉠대통령표창, 법무부장관표창, 국세청장표창 등 ⑤불교

백대현(白大鉉) Paek Daehyun

③1978 · 5 · 15 ⑥대구 ㉣서울 성동구 마장로210 한국기원 홍보팀(02-3407-3870) ⑪1999년 명지대 바둑학과졸 ㉡1994년 한국기원 입단 1998년 4단 승단 2002년 제6기 SK가스배 신예프로10걸전 준우승 2002년 5단 승단 2003년 제7기 SK가스배 신예프로10걸전 준우승 2004년 6단 승단 2009년 7단 승단 2010 8단 승단 2014년 9단 승단(현) 2016년 바둑 BGF리테일CU팀 감독(현)

백동산(白東山) Paek Dong San (曉泉)

③1951 · 8 · 15 ⑤수원(水原) ⑥전북 익산 ㉣서울 서대문구 연세로5길26의17 창천빌딩 한국노년복지연합(1661-9988) ⑪1972년 남성고졸 1980년 동국대 경찰행정학과졸 ㉡1980년 경사 특채 2003년 전남 장성경찰서장 2004년 총경 승진 2004년 경기지방경찰청 기동대장 2005년 인천 중부경찰서장 2006년 경기 수원중부경찰서장 2007년 서울지방경찰청 국회경비대장 2008년 서울 용산경찰서장 2009년 경기 성남중원경찰서장 2010~2011년 경기지방경찰청 보안과장 2014년 한국노년복지연합 상품검증위원회 위원장 2015년 同이사장(현) ⑤불교

백동원(白東源) BAIK Dong Won

③1955 · 3 · 14 ⑥서울 ㉣경기 파주시 탄현면 평화로711 시그네틱스(주) 임원실(031-940-7400) ⑪보성고졸, 고려대 재료공학과졸, 同대학원 재료학과졸 ㉡(주)하이닉스반도체 HSMA담당 전무 2007년 同CIS사업부본부장 겸 기술지원사업부본부장(전무) 2008년 同CIS사업부장 2008년 同품질보증실장(전무) 2011년 同PKG&TEST제조본부장(부사장) 2012년 SK하이닉스 PKG&TEST제조본부장(부사장) 2013년 同기업문화실부 자문위원 2013~2014년 同충칭법인 동사장(부사장) 2015년 시그네틱스(주) 대표이사 사장(현) ⑤불교

백동현(白東鉉) BAEK Dong-Hyun

③1956 · 1 · 18 ⑤수원(水原) ⑥충남 공주 ㉣경기 성남시 수정구 성남대로1342 가천대학교 공과대학 설비 · 소방공학과(031-750-5712) ⑪1979년 명지대 전기공학과졸 1981년 同대학원졸 1997년 공학박사(명지대) ㉡1979~1981년 명지대 전기공학과 조교 1983~1986년 경원공업전문대 강사 1986~2011년 경원대 전기소방공학부 소방방재공학과 전임강사 · 조교수 · 부교수 · 교수 1990~1991년 제7차 경제사회발전5개년 계획위원 1992~2002년 한국화재소방학회 이사 · 부회장 1994~2002년 전국대학소방학과교수협의회 회장

ㅂ

1995~1997년 행정쇄신위원회 위원 1999년 행정자치부·한국소방검정공사 국가화재안전기준경보설비분과위원회 위원장 2000년 의용소방상 심사위원장 2002년 국립과학수사연구원 과학수사자문위원(현) 2003년 문화관광부 종합호텔 등급심사위원 2003년 인천국제공항공사 소방자문위원(현) 2005년 노동부 국가기술자격정책심의위원회 위원 2005년 서울시 건설심의위원회 위원 2005년 한국안전시민연합 사무총장 2005년 한국전기안전공사 전기안전정책 자문위원 2005~2006년 同서울지역본부 명예사업소장 2006~2012년 한국전력기술인협회 교육출판위원장 2006~2009년 대한주택공사 설계자문위원 2007~2009년 한국화재소방학회 감사 2007년 한국안전시민연합 공동대표(현) 2007년 한국과학수사학회 부회장 2008년 대한전기학회 전기설비부문회 학술위원장 2008년 서울시 U-city 자문위원 2008~2010년 한국소방산업기술원 비상임이사 2011~2014년 가천대 소방방재공학과 교수 2013~2015년 한국화재소방학회 회장 2014~2015년 국토교통부 중앙건설기술심의위원회 위원 2014년 법안전포럼 대표(현) 2015년 가천대 설비·소방공학과 교수(현) **②**내무부장관표창(1997), 서울시장표창(1998), 경원전문대 공로상(2000), 소방방재청장표창(2007), 행정안전부장관표창(2008) **㉖**'소방전기실습'(1992) '소방전기시설론'(1996) 'AutoCAD를 이용한 소방설계실무(共)'(1997) '화재신호처리공학'(2001) '소방검정개론(共)'(2004) '소방전기설비의 설계 및 시공(共)'(2004) **㉙**특허 '온도감지용 케이블 제조방법'(2003)

백동흠(白東欽) Baek dong heum

생1968·1·30 **출**대구 **주**서울 서대문구 통일로97 경찰청 규제개혁법무담당관실(02-3150-2204) **학**대구 영신고졸, 경북대 법학과졸, 연세대 행정대학원 행정학과졸 **경**2001년 사법시험 합격(43회) 2004년 경정 임용(특채) 2005년 경찰청 법무과 송무담당 2007년 同지식관리담당 2009년 同교육담당 2010년 同보안1담당 2012년 대구지방경찰청 수사과장 2012년 同경무과장 2013년 경북 김천경찰서장 2014년 경찰청 외사수사과장 2015년 경기 구리경찰서장 2016년 경찰청 기획조정관실 규제개혁법무담당관(현)

백두권(白斗權) BAIK Doo Kwon (木牛)

생1952·11·23 **본**수원(水原) **출**경남 창녕 **주**서울 성북구 안암로145 고려대학교 정보대학 컴퓨터학과(02-3290-3192) **학**1970년 서울 성동고졸 1974년 고려대 수학과졸 1977년 同대학원 산업공학과졸(석사) 1983년 미국 웨인주립대 대학원 전산학과졸(석사) 1986년 전산학박사(미국 웨인주립대) **경**1977~1978년 대전초급대학 전임강사 1978~1982년 전남대 공대 전임강사 1981~1985년 미국 웨인주립대 컴퓨터과학과 조교·강사 1986년 고려대 정보대학 컴퓨터학과 조교수·부교수·교수(현) 1989~1991년 同전산과학과 학과장 1989~2001년 도산아카데미연구원 창립운영위원·부원장 1990~1991년 미국 애리조나대 컴퓨터공학과 객원교수 1991년 ISO/IEC-JTC1/SC14 국내위원회 위원·SC32 국내위원회 위원장 1992년 고려대 정보전산원 운영위원·전문위원 1993~1999년 한국과학기술원 객원책임연구원 1993~1999년 한국데이터베이스진흥센터 표준화위원 1995년 흥사단 이사·공의원(현) 1996~1997년 고려대 컴퓨터과학기술연구소 초대소장 1997~1998년 同정보전산원장 1999~2000년 정보통신부 정책자문위원 2001~2016년 도산아카데미연구원 원장 2002~2003년 한국시뮬레이션학회 회장 2002~2004년 고려대 정보통신대학 초대학장 2003~2004년 국무총리실 교육정보화위원회 위원 2003년 프로그램심의조정위원회 위원 2004~2008년 한국정보처리학회 부회장 2005~2009년 한국소프트웨어진흥원 사외이사 2006~2007년 한국정보과학회 부회장 2007~2008년 흥사단 부이사장 2009~2011년 고려대 정보통신대학장 겸 컴퓨터정보통신대학원장 2010~2011년 同융합소프트웨어전문대학원 초대원장 2010년 한국소프트웨어기술진흥협회 부회장(현) 2010~2012년 DB산업인력양성위원회 위원장 2010~2015년 인터넷윤리진흥협의회 부의장 2015년 Federation of Asia Simulation Societies Fellow(현) **②**정보통신부장관표창(1999·2005), 대통령표창(2003), 매경비트학술상(2003), 한국정보과학회 학술상(2010), 국무총리표창(2013) **㉖**'컴퓨터과학'(1991) '컴퓨터시스템의 시뮬레이션'(1995) '즐거운 컴퓨터교실'(1995) '컴퓨터 과학기술의 길'(1996) '컴퓨터과학총론'(1996) **종**기독교

백두옥(白斗玉) BECK Du Ock

생1954·10·20 **본**수원(水原) **출**전북 익산 **주**전북 전주시 덕진구 반룡로110의5 전북테크노파크(063-219-2112) **학**1973년 이리 남성고졸 1977년 원광대 영어교육과졸 1984년 서울대 행정대학원졸 1993년 미국 밴더빌트대 대학원 경제학과졸 2007년 법학박사(동아대) **경**1982년 행정고시 합격(26회) 1983년 상공부 아주통상과·기획예산과 사무관 1985~1991년 同수입과·중소기업진흥과 사무관 1993년 통상산업부 기업규제담당관실 다자협상과·

섬유원료과 사무관 1995~1997년 同섬유원료과·전기공업과 서기관 1997년 駐타이페이대표부 상무관 2001년 산업자원부 무역위원회 수출입조사과장 2002년 駐인도네시아 상무관 2005년 산업자원부 전략물자운영과장 2006년 同무역위원회 조사총괄팀장(부이사관) 2007년 同무역구제정책팀장 2007년 同자원개발총괄팀장 2008년 지식경제부 자원개발정책실 자원개발총괄과장, 중소기업청 감사담당관 2009~2010년 서울지방중소기업청장 2010~2014년 창업진흥원 원장 2014년 전북테크노파크 원장(현) **②**재무부장관표창(1988) **㉖**'수험 미시경제학' **종**기독교

백롱민(白霥民) Rong-Min Baek

생1958·4·12 **출**부산 **주**경기 성남시 분당구 구미로166 분당서울대병원 성형외과(031-787-1123) **학**1984년 서울대 의대졸 1989년 同대학원졸 1993년 의학박사(서울대) **경**1993~2003년 인제대 의과대학 성형외과학교실 교수 1994~1995년 미국 UCLA Medical Center 성형외과 교환교수 1996년 세민얼굴기형돕기회(Smile for Children) 회장(현) 1999년 인제대 백병원 성형외과장·주임교수 2003년 서울대 의과대학 성형외과학교실 교수(현) 2003년 분당서울대병원 성형외과장 2008~2013년 同진료부원장 2014년 정부 미래성장동력추진단 맞춤형웰니스시스템분야단장(현) 2016년 분당서울대병원 의생명연구부원장(현) **②**외무부장관표창, 서울시교육감표창, 대한성형외과학회 최우수논문상, 대한적십자사 적십자박애장 은장(2009), 서울대 사회봉사상(2013), 오드리헵번어린이재단 오드리헵번인도주의상(2014)

백만기(白萬基) PAIK Man Gi

생1954·1·5 **출**경기 **주**서울 중구 정동길21의15 정동빌딩5층 김앤장법률사무소(02-2122-3501) **학**1972년 경기고졸 1976년 서울대 공과대학 전자공학과졸 1978년 한국과학기술원(KAIST) 전기 및 전자공학과졸(석사) 1984년 미국 펜실베이니아대 와튼스쿨 경영대학원졸(MBA) **경**1978년 특허청 전자심사담당관실 심사관 1980년 상공부 전자전기공업국 사무관 1987~1988년 특허청 전자심사담당관·국제특허연수원 부교수 겸임 1988~1989년 대통령자문 전산망조정위원회 사무국·특허청 전산과장 겸임 1989~1992년 상공부 정보기기과장·정보진흥과장 1992년 同반도체산업과장 1993년 통상산업부 산업기술정책과장 1996년 특허청 항고심판관 1996~2000년 (재)기술과법연구소 이사 1997년 통상산업부 기술품질국장 1998년 산업자원부 산업기술국장 1998년 특허청 심사4국장 1998~2000년 대한전자공학회 이사 1999년 김앤장법률사무소 변리사(현) 1999년 벤처기업협회 고문 1999년 E-CEO협의회 위원장 1999~2002년 컴퓨터프로그램심의조정위원회 조정위원 2000년 대산문화재단 이사 2000~2003년 벤처리더스클럽 회원 2000년 정보화비전포럼 회원 2001~2004년 한국외국기업협회 부회장 2001~2004년 전자정보기술인클럽 이사 2003~2005년 아시아변리사회 한국지부 부회장 2003~2006년 산업자원부 산업기술발전심의회 위원 2004~2005년 국가과학기술위원회 종합조정실무위원 2004~2006년 국무조정실 지적재산보호협의회 위원 2005년 한국공학한림원 정회원(현) 2005~2009년 서울국제악연구원 위원 2005년 한국지식재산연구원 비상임이사 2005년 한국국제지적재산보호협회 부회장 2005~2007년 특허청 지식재산정책위원회 위원 2006~2007년 한국공학한림원 공학교육위원회 위원 2006~2008년 과학기술부 과학기술혁신정책협의회 위원 2008년 한국지식재산서비스협회 회장(현) 2008년 특허청 변리사자격심의위원회 위원 2008년 국무총리실 정부업무평가위원 2009년 한국공학한림원 CEO운영위원장 2009년 대한전자공학회 협동부회장(현) 2009년 한국과학기술원(KAIST) 과학영재교육연구원 차세대영재기업인교육·운영프로그램 자문위원 2009년 한국산업기술미디어문화재단 감사 2010~2011년 국무총리실 지식재산협의회 자문위원 2010년 대통령직속 녹색성장위원회 민간위원 2010년 한국과학기술원(KAIST) 지식재산대학원 겸임교수(현) 2010~2011년 국가지식재산위원회 민간위원 2011~2014년 산업기술연구회 이사 2011년 한국지식재산학회 부회장 2012년 아이피리더스포럼 회장(현) 2012년 한국과학기술원(KAIST) 이사(현) 2013년 특허청 정책자문위원 2014~2016년 한국과학기술원총동문회 회장 2015년 한국지식재산연구원 비상임이사(현) **②**국무총리표창(1991), 중소기업특별위원장표창(2005), 동탑산업훈장(2015) **㉖**'노벨상을 가슴에 품고(共)'

백맹기(白孟基) Baek, Maeng Ki

생1966 **주**경기 수원시 팔달구 효원로1 경기도청 감사관실(031-8008-2050) **학**대구 덕원고졸 1988년 서울대 건축공학과졸 2010년 영국 셰필드대 대학원 지역계획학과졸 **경**2006년 감사원 대전사무소 근무 2012년 同특별조사국 조사4과장 2013년 同공공기관감사국 제4과장 2015년 同지방행정감사국 제2과장 2016년 경기도 감사관(현)

백명기(白明基) BAEK Myeong Ki

⊛1968·7·1 ⊜충남 보령 ㈜대전 서구 청사로189 조달청 구매사업국(070-4056-7003) ⊜1986년 충남고졸 1991년 고려대 무역학과졸 ⊜1992년 행정고시 합격(36회) 2001년 조달청 기술심사팀 서기관 2004년 同물자정보국 정보기획과장 2005년 同정책홍보관리관실 혁신인사기획관 2005년 同정책홍보본부 혁신인사팀장 2006년 駐뉴욕총영사관 영사(뉴욕 구매관) 2009년 조달청 기획조정관실 창의혁신담당관 2009년 同기획조정관실 기획재정담당관(부이사관) 2011년 중앙공무원교육원 교육파견(고위공무원) 2012년 조달청 전자조달국장 2015년 同구매사업국장(현) ⊛대통령표창(2000)

백명현(白明鉉·女) SUH, Myunghyun Paik

⊛1948·12·29 ⊜수원(水原) ⊜전북 전주 ㈜서울 관악구 관악로1 서울대학교 화학부(02-880-7760) ⊜1967년 경기여고졸 1971년 서울대 화학과졸 1974년 미국 시카고대 대학원 화학과졸(석사) 1976년 이학박사(미국 시카고대) ⊜1977년 한국과학원 대우교수 1977~2000년 서울대 사범대학 화학교육과 조교수·부교수 1979~1980년 미국 플로리다주립대 방문학자 1982년 미국 노스웨스턴대 방문교수 1988~1999년 서울대 사범대학 화학교육과 교수 1997~2001년 Bull. Korean Chem. Soc. 상임편집위원 1997년 Coordination Chemistry Reviews(Elsevier) 편집위원 2000년 European Journal of Inoranic Chemistry 편집고문 2000~2014년 서울대 화학부 교수 2000~2009년 European Journal of Inorganic Chemistry 편집고문 2002~2005년 IUPAC(세계순수 및 응용화학총연맹) 상임위원 2004년 과학기술부·한국과학문화재단 '닮고 싶고 되고 싶은 과학기술인' 10명에 선정 2004년 한국화학연구원 정회원(현) 2005년 Bulletin of Chemistry Society of Japan 편집고문 2006년 '2005 국가석학지원사업대상자(화학분야)' 선정 2006~2009년 IUPAC(세계순수 및 응용화학총연맹) 최고상임위원 2006년 대한화학회 부회장 2014년 서울대 자연과학대학 화학부 명예교수(현) ⊛한국과학기술단체총연합회 최우수연구논문상(1999), 대한화학회 우수연구상(1999), 올해의 여성과학기술자상(2001), 비추미여성대상(2006), 자랑스런 경기인(2006), 과학기술부 및 한국과학재단 선정 제11회 한국과학상 화학분야(2008), 녹조근정훈장(2014) ⊛가톨릭

백문기(白文基) PAIK Moon Ki

⊛1927·11·5 ⊜수원(水原) ⊜서울 ㈜서울 서초구 반포대로37길59 대한민국예술원(02-3479-7223) ⊜1944년 휘문고졸 1950년 서울대 미대 조소과졸 ⊜1949년 국전 특선 1950년 공군본부 미술대 대장 1950년 한국미술협회 조각분과위원 1958~1969년 이화여대 미대 조각과 교수 1968년 국전 심사위원 1969년 현대조각아카데미 대표 1976~1988년 서울대미술대학동창회 회장 1982년 현대작가초대전 초대작가 1983년 대한민국예술원 회원(조각·현) 1983년 한국미술대전 심사부위원장 1985~1987년 한국미술협회 고문 1985년 서울조각회 고문(현) 1985년 한국조각가협회 고문(현) 1985년 MBC 한국현대작가초대전 운영위원 1985년 서울미술대전 초대작가 1988년 아시아국제미술대전 초대작가 1992~2006년 又誠 金鍾瑛조각기념사업회 회장 1993~1995년 대한민국예술원 미술분과 회장 1993년 국립현대미술관 운영위원 1996년 97동계유니버시아드대회 국제조각추진위원회 자문위원 1999년 국제조각교류전 및 한국조각전 초대 1999년 한국원로작가초대전 초대 1999년 一民예술상 운영위원·심사위원 2000년 서울대총동창회 고문(현) 2001년 단원미술제 심사위원장 2005년 이중섭미술상 심사위원 2006년 3·1문화상 심사위원 2006년 又誠 金鍾瑛조각기념사업회 명예회장(현) ⊛국전 문교부장관표창(1949), 대통령표창(1952), 서울시 문화상(1983), 대한민국예술원상(1988), 은관문화훈장(1995) ⊛'교역자'(1943) '포병 위령탑'(1963) '전국 노래비'(1968) '모자상' 'L夫人' 構想' 故 임통춘대위상'(1973) 남아프리카공화국 '정헌 서정익선생 동상'(1974) '남아공UN참전비'(1975) '故 육영수여사 흉상'(1976) '6·25참전 기념비' 네덜란드 '李儁열사 동상'(1977) 한·미 수교100주년기념 '申櫶大臣 동상'(1977) '포항지구·영천지구·강릉지구 전적비'(1979) '삼성그룹 이회장상'(1984) '閔忠正公유적비'(1986) '이재형상'(1990) '문국진 박사상'(1990) 'SCLANTON 여사상'(1995) '김재순 국회의장상'(1999) '민관식 문교부장관상'(2002) '대한민국학술원회장 윤일선 박사상'(2002)

백문흠(白文欽)

⊛1969 ⊜경남 창원 ㈜서울 종로구 북촌로15 헌법재판소(02-708-3516) ⊜중앙고졸, 부산대졸 ⊜1992년 행정고시 합격(36회), 법제처 행정심판관리국 일반심판담당관 2002년 同행정심판관리국 경제심판담당관 2006년 同사회문화법제국 법제관 2010년 同행정법제국 법제관 2011년 同법령해석정보국 법령해석총괄과장(부이사관) 2012년 同행정법제국 법제관 2014년 同기획조정관실 기획재정담당관 2015년 同행정법제국 법제관 2015년 同행정법제국 법제심의관(고위공무원) 2015년 헌법재판소 파견(현)

백민우(白民友)

⊛1948 ㈜경기 김포시 김포한강3로283 뉴고려병원 뇌혈관센터(031-980-9114) ⊜1973년 가톨릭대 의대졸, 同대학원 의학석사, 의학박사(가톨릭대) ⊜1974년 가톨릭대 성모병원 인턴 1980년 신경외과 전문의 취득(인제대 서울백병원 신경외과 수련) 1982년 가톨릭대 강남성모병원 신경외과 전임강사 1983년 同성가병원 신경외과 조교수·신경외과장 1988~1989년 영국 런던대 왕실신경연구소 임상교수 1995~2013년 가톨릭대 성가병원 신경외과 교수 1996년 일본 도호쿠대 고난병원 혈관내치료학 임상교수 1997~2001년 대한뇌혈관내수술학회 회장 2000년 대한신경외과학회 연구재단 이사(현) 2001~2005년 가톨릭대 성가병원 의무원장 2003년 대한신경외과학회 서울경인지회 회장 2010~2015년 가톨릭대 부천성모병원장 2013년 대한병원협회 평가이사 겸 수련이사 2014년 同감사 2015년 뉴고려병원 뇌혈관센터 원장(현)

백방준(白邦埈) BAEK Bang Joon

⊛1965·9·5 ⊜인천 ⊜1984년 부평고졸 1988년 고려대 법학과졸 ⊜1989년 사법시험 합격(31회) 1992년 사법연수원 수료(21기) 1992년 軍법무관 1995년 서울지검 검사 1997년 대전지검 천안지청 검사 1998년 인천지검 검사 2000년 법무부 법무과 검사 2002년 서울지검 서부지청 검사 2004년 부산지검 부부장검사 2004년 법무부 정책기획단 파견 2005년 청주지검 부장검사 2006년 대전지검 공주지청장 2007년 서울중앙지검 부부장검사 2007년 미국 일리노이주립대 국외연수 2008년 법무부 법질서·규제개혁담당관 2009년 同법무과장 2009년 同법무심의관 2010년 대구지검 형사2부장 2011년 서울중앙지검 형사1부장 2012년 춘천지검 차장검사 2013년 서울고검 검사 2015년 대전고검 검사 2015~2016년 대통령소속 특별감찰관실 특별감찰관보

백범흠(白範欽) Bek Bum-hym

⊛1962·12·21 ㈜서울 종로구 사직로8길60 외교부 인사운영팀(02-2100-7136) ⊜1988년 연세대 신문방송학과졸 1998년 독일연방행정원 법학석사 2006년 정치학박사(우즈베키스탄 세계경제외교대) ⊜1993년 외무고시 합격(27회) 1993년 외무부 입부 2000년 駐오스트리아 2등서기관 2002년 駐우즈베키스탄 참사관 2005년 대통령비서실 파견 2006년 駐제네바 1등서기관 2008년 외교통상부 통상정책총괄과장 2009년 同경제공동체과장 2011년 駐중국 참사관 겸 총영사 2013년 駐다렌출장소장 2016년 駐프랑크푸르트 총영사(현) ⊜'백범흠의 동양사 오딧세이 중국은 있다'(2007, 혜민원) '중국'(2010, 늘품플러스)

백복인(白福寅) Baek Bok In

⊛1965·9·21 ⊜경북 경주 ㈜서울 강남구 영동대로416 (주)KT&G 임원실(02-3404-4239) ⊜영남대 조경학과졸, 충남대 경영대학원졸, 서울대 경영대학원 최고경영자과정 수료 ⊜1993년 한국담배인삼공사 입사 2007년 (주)KT&G 글로벌본부 터키사업팀장 2009년 同터키법인장 2010년 同마케팅본부 마케팅실장 2011년 同마케팅본부장 2013년 同전략기획본부장 2015년 同전략기획본부장 겸 생산R&D부문장(부사장) 2015년 同사장(현) ⊛메세나대상(2015)

백봉기(白鳳基)

⊛1959·4·15 ㈜광주 서구 내방로111 광주광역시청 도시재생국(062-613-4400) ⊜1976년 광주고졸 1980년 전남대 산업대학원 토목공학과졸 ⊜1980년 지방토목기사보 임용 2008년 전남도 종합건설본부 토목부장(지방시설서기관) 2009년 同건설교통국 건설도로과장 2010년 同환경녹지국 수질보전과장 2010년 同환경생태국 생태환경수질과장 2011년 同도시디자인국 도시계획과장 2012년 同종합건설본부장(지방부이사관) 2013년 同교통건설국장 2014년 세종연구소 국가전략연수과장 2015년 2015 광주하계유니버대회조직위원회 시설운영본부장 2015년 광주시 남구 부구청장 2016년 광주시 도시재생국장(현) ⊛국무총리표창(1995), 국무총리표창(2005), 근정포장(2009)

백삼균(白三均) BAEK Sam Kyun

⊛1956·2·3 ㈜서울 종로구 대학로86 한국방송통신대학교 사회과학대학 경영학과(02-3688-4621) ⊜1979년 서울대 경영학과졸 1981년 同대학원졸 1988년 경영학박사(서울대) ⊜1982년 서울대·고려대·이화여대 강사 1982~1993년 한국방송통신대 경영학과 전임강사·조교수·부교수 1993년 同사회과학대학 경영학과 교수(현) 1993~1994년 미국 일리노이대 노사관계연구소 연

ㅂ

구교수 1995~1997년 한국방송통신대 기획실장 1997~1998년 한국도로공사 기술 및 설계 자문위원 1999~2002년 경제정의실천시민연합 정책위원(노동위원회) 2000~2003년 경제정의연구소 기업평가위원 2000~2002년 한국방송통신대 교수협의회장 2002~2004년 同출판부장 2004~2006년 경제정의실천시민연합 경제정의연구소 기업평가위원장 2005~2006년 SR표준화포럼 환경노동분과위원장 2007년 경제정의실천시민연합 경제정의연구소 이사 2008년 한국방송통신대 경기지역대학장 2009년 同경기지역산학협력단장 2015~2016년 同서울지역대학장 [저]'조직환경론(共)'(1989) '기업문화혁신을 위한 CI전략실무(共·編)'(1991) '인사관리(共)'(1992) '조직구조론(共)'(1993) '조직행위론(共)'(1994) '기업과 사회(共)'(1995) '전환경영(共)'(1997) '인사관리(共)'(1999) '조직구조론(共)'(1999) '경영학특강(문화경영론)(共)'(2002) '한국경영의 새로운도전(共)'(2002) '한국기업의 조직관리'(2005) '인적자원관리(共)'(2006) '조직설계론(共)'(2006) '경영학특강(共)'(2008) '조직행위론(共)'(2008)

백상렬(白尙烈)

[생]1970·10·25 [출]광주 [주]전남 순천시 왕지로19 광주지방검찰청 순천지청(061-729-4200) [학]1989년 광주서석고졸 1993년 고려대 법과대학졸 [경]1996년 사법시험 합격(38회) 1999년 사법연수원 수료(28기) 1999년 공익법무관 2002년 변호사 개업 2002년 대한법률구조공단 창원지부 소속변호사 2005년 대전지검 천안지청 검사 2007년 인천지검 검사 2009년 광주지검 검사 2011년 서울남부지검 검사 2011년 同부부장검사 2012년 서울중앙지검 부부장검사 2013년 인천지검 공판송무부장 2014년 수원지검 평택지청 부장검사 2015년 광주지검 형사3부장 2016년 同순천지청 부장검사(현)

백상엽(白尙曄) BAEK Sang Yeop

[생]1966·8·25 [본]수원(水原) [출]전북 전주 [주]서울 영등포구 여의대로128 LG트윈타워 (주)LG 시너지팀(02-3777-1114) [학]1985년 전주 해성고졸 1990년 서울대 산업공학과졸 1992년 同산업대학원 산업공학과졸 1996년 산업공학박사(서울대) 2000년 미국 Colorado Univ. Denver Global Business Communication Program 수료 2003년 동국대 행정대학원 부동산최고위과정 수료 2007년 한국과학기술원(KAIST) 경영대학 정보미디어최고경영자과정 수료 2008년 매일경제 M&A 최고경영자과정 수료 2010년 미국 스탠포드대 Graduate School of Business 경영자과정(Executive Program for Growing Company) 수료 [경]1996~2000년 LG EDS(現 LG CNS) 컨설팅부문 과장·차장·책임컨설턴트 1999년 WorldBank 컨설턴트·Kazakhstan National Oil Co. 컨설팅 2001~2004년 LG CNS 공공사업본부 대법원사업담당 수석(대법원 등기전산화·사법정보화·집행관전산화 총괄 PM) 2002~2007년 과학기술 앰버서더 2004~2007년 대한산업공학회 IE Magazine 편집위원 2005년 서울대 컴퓨터공학과 발전자문위원 2005년 LG CNS 공공사업본부 공공3사업부장(상무) 2006년 한국경영정보학회 이사 2006년 LG CNS 공공사업본부 공공2사업부장(상무) 2008년 同사업이행본부장(상무) 2009년 同사업이행본부장(전무) 2009년 서울대동창회 이사(현) 2010~2011년 한국경영과학회 비상임부회장 2010~2012년 LG CNS 전략마케팅본부장(전무) 2012~2013년 서울중앙지법 시민사법위원 2013년 LG CNS 글로벌전략본부장(전무) 2013년 (주)LG 사업개발팀장(전무) 2015년 同사업개발팀장(부사장) 2015년 同시너지팀장(사장)(현) [상]한국프로젝트경영협회 올해의 프로젝트대상(2003), LG그룹 Skill Olympic 회장상(2004), LG그룹 Skill Olympic 혁신상(2005), LG그룹 Skill Olympic 우수성과상(2006), 전자정부구축공로 산업포장(2007)

백상원(白尙源) BAEK Sang Won

[생]1964·4·16 [주]경남 창원시 마산회원구 내서읍 광려천남로59 (재)경남로봇랜드재단(055-608-2000) [학]1987년 창원대 독어독문학과졸 1989년 미국 조지워싱턴대 행정대학원 수료 1994년 경남대 행정대학원졸 2001년 행정학박사(경남대) [경]1988~1994년 경남일보 기자 1993년 한국청년지도자연합회 경남지부 회장 1993년 同중앙회 부회장 1998·2002~2004년 경남도의회 의원(한나라) 2002~2004년 同교육사회위원장 2012년 제19대 국회의원선거 출마(창원 마산회원, 무소속) 2015년 (재)경남로봇랜드재단 원장(현)

백석기(白錫基) BAEK Sok Ghee

[생]1936·3·2 [출]경기 가평 [주]서울 마포구 잔다리로 111 대진빌딩3층 공옥출판사(02-336-5151) [학]1955년 인천고졸 1959년 해군사관학교졸 1966년 성균관대 경제학과졸 1989년 서울대 경영대학원 AMP과정 수료 1994년 고려대 국제대학원 최고국제관리과정 수료 1999년 한국과학기술원 AIM 수료 2005년 명예 인문학박사(미국 센터너리대) [경]1977년 한국함대 경남함장 1982년 해군본부 인사참모차장(준장) 1983년 해군 함대훈련단 사령관 1984년 해군 제2해역사령관 1985년 해군본부 인사참모부장(소장) 1986년 합동참모본부 무기체제국장 1989년 해군 참모차장(중장) 1990년 해군사관학교장 1990년 예편(중장) 1991년 웅진출판(주) 대표이사 사장 1996년 한국출판문화협회 부회장 1999년 (주)생각나라 대표이사 사장 1999년 공옥출판사 대표(현) 2000년 아시아태평양출판협회(APPA) 실무위원장 2003~2007년 협성대 총장 2008~2010년 대한출판문화협회 회장 2008년 아시아태평양출판협회(APPA) 회장 2009년 웨스텍코리아 사외이사 2009년 한국간행물윤리위원회 위원 2009년 국제출판협회 부회장 2009년 (주)예림당 사외이사(현) [상]인헌무공훈장, 베트남 1등민사훈장, 베트남 참모근무훈장, 보국훈장 삼일장·천수장·국선장, 대통령표창 [저]수필집 '바다여 젠틀맨이여'(1999) [종]기독교

백석기(白晳基) PAIK Seok Kie (우허)

[생]1938·10·31 [본]수원(水原) [출]서울 [주]서울 영등포구 의사당대로1길34 아시아투데이(02-769-5015) [학]1963년 고려대 법학과졸 1988년 同경영대학원졸 [경]1982~1988년 (주)데이콤 관리본부장 1986~1987년 (주)정보시대 발행인 1988~1998년 한국정보문화센터 기획실장 1998~2001년 정보통신교육원 원장·중앙대 예술대학원 객원교수 2001년 동국대 정보산업대학 겸임교수 2005~2016년 아시아투데이 대표이사 2008년 한국미디어융합산업협회 회장(현) 2009~2016년 한국디지털컨버전스협회 회장 2016년 아시아투데이 상임고문(현) [상]대통령표창 [저]'정보문화운동의 바람직한 방향'(1992) '정보예술의 미래'(1995) '한국인의 성공 DNA'(2007)

백석현(白錫鉉) PAEK Sok Hyon

[생]1960·2·19 [주]서울 중구 퇴계로24 남산그린빌딩19층 SK해운 비서실(02-3788-8317) [학]삼일실업고졸, 서울대 경영학과졸 1984년 同대학원 경영학과졸 1990년 미국 뉴욕대 대학원 경영학과졸 [경]1983년 SK해운 입사, 同벌크선영업본부장 2004년 同전략기획담당 상무 2007년 SK(주) R&I부문 글로벌사업지원센터장 2008년 SK해운 전략경영부문장(전무), 同부사장 2013년 同대표이사 사장(현) 2013년 同해운영업부문장 2013년 한국해양소년단연맹 총재(현)

백선기(白宣基) BAEK Seon Gi

[생]1947·7·7 [출]경남 합천 [주]부산 해운대구 중동2로11 해운대구청 구청장실(051-749-4001) [학]1995년 한국방송통신대 유아교육과졸, 경성대 교육대학원졸 [경]부산시 내무국 행정과 행정사무서기, 우주유치원 설립·이사장(현) 2001년 부산시학교운영위원연합회 사무총장 2001년 한나라당 부산해운대·기장甲지구당 부위원장 2002년 부산시유치원연합회 정책실장 2002·2006·2010~2014년 부산시의회 의원(한나라당·새누리당) 2006~2008년 同행정문화교육위원장, 포럼부산비전의정회 대표 2010년 부산시의회 교육위원회 위원 2012년 同행정문화위원회 위원 2014년 부산시 해운대구청장(새누리당)(현) [상]아시아문화대상 국제지역교류부문 대상(2014), TV조선 '한국의 영향력 있는 CEO' 고객만족경영부문(2016) [종]불교

백선기(白善璣) BAEK SEON GI

[생]1955·1·21 [출]서울 [주]서울 종로구 성균관로25의2 성균관대학교 신문방송학과(02-760-0399) [학]1979년 성균관대 신문방송학과졸 1981년 서울대 대학원 신문학과졸 1985년 同대학원 신문학박사과정 수료 1989년 신문학박사(미국 미네소타대) [경]1979~1981년 서울대 신문연구소 조교 1989년 미국 미네소타대 연구원 1992~1997년 경북대 신문방송학과 조교수·부교수·교수 1992년 한국언론학회 이사 1997년 성균관대 신문방송학과 교수(현) 1998년 한국언론학회 총무이사 1999년 성균관대 신문방송학과장 1999년 同언론정보연구소장 2001년 同신문사 주간 2003년 同대외협력처장 2003년 동아일보 객원논설위원 2004~2005년 성균관대 국제교류교육센터장 2005~2007년 同언론정보대학원장 2006~2007년 한국방송학회 회장 2012년 아시아태평양커뮤니케이션학회(PACA·Pacific and Asian Communication Association)회장(현) 2015년 세계커뮤니케이션학회(WCA·World Communication Association) 차기(2016년) 회장(현) [상]한국언론학회 최우수 저술상(1998), 한국언론학회 최우수 번역상(2000), 성균관대 최우수 연구교수상(2001) [저]'보도의 기호학'(1995) '선거와 홍보전략(共)'(1995) '정·체면·연줄 그리고 한국인의 인간관계(共)'(1995) '한국선거보도연구(共)'(1997) '한국선거보도의 기호학'(1997) '언론보도와 신화적 인식'(1998) '영화, 그 기호학적 해석의 즐거움'(2007) '보도비평, 그 기호학적 해석의 즐거움'(2010) '광고기호학'(2010) '미디어 기호학'(2015) '미디어 담론'(2015) [역]'텔레비전과 사회, 그 함축적 의미'(1994) '텔레비전 뉴스'(1997) '문화연구란 무엇인가'(2000) '미디어 담론'(2004) '문화연구와 담론분석'(2009)

백선기(白善基) Baek Sunki (玄翁)

[생]1955·2·18 [본]수원(水原) [출]경북 칠곡 [주]경북 칠곡군 왜관읍 군청1길80 칠곡군청 군수실(054-979-6002) [학]1975년 경북 순심고졸 2002년 한국방송통신대 행정학과졸 2005년 경북대 행정대학원 행정학과(지방자치학전공)졸 [경]1980년 경북도 근무 1997년 同상황실장 2002년 同감사관실 근무 2007년 同자치협력팀장 2008년 지방혁신인력개발원 고급리더과정 파견 2009년 경북도 사회복지과장 2009년 同자치행정과장 2011년 경북 청도군 부군수 2011년 경북 칠곡군수(한나라당·새누리당) 2012년 전국농어촌지역군수협의회 감사 2014년 경북 칠곡군수(새누리당)(현) [상]대통령표창(2002), 녹조근정훈장(2009), 홍조근정훈장(2011), TV조선 '한국의 영향력 있는 CEO'(2015) [종]천주교

백선엽(白善燁) PAIK Sun Yup (愚村)

[생]1920·11·23 [본]수원(水原) [출]평남 강서 [주]서울 용산구 이태원로29 전쟁기념관432호 (사)대한민국육군협회(02-796-7128) [학]1940년 평양사범학교졸 1941년 만주군관학교졸 1946년 군사영어학교졸 1972년 연세대 경영대학원 수료 1973년 고려대 경영대학원 수료 1976년 서울대 경영대학원 최고경영자과정 수료 2010년 명예 군사학박사(충남대) 2015년 명예 군사학박사(국방대) [경]1949년 사단장 1951~1952년 군단장·휴전회담 한국대표 1952~1954년 육군 참모총장 1953년 초대 육군대장 1954~1957년 제1야전군사령관 1957~1959년 육군 참모총장 1959~1960년 연합참모본부 총장 1960년 예편(대장) 1960년 駐중국 대사 1961년 駐프랑스·네덜란드·벨기에 대사 1965년 駐캐나다 대사 1969~1971년 교통부 장관 1971년 충남비료 사장 1972년 호남비료 사장 겸임 1973년 한국종합화학 사장 1973년 한국에타놀 사장 1974년 대한화학펄프 사장 1975년 비료공업협회 회장 1976~1981년 한국화학연구소 이사장 1980년 한국에타놀 사장 1980년 국제상공회의소 국내위원장 1984~1999년 한국후지쯔 고문 1986년 통일고문 1986년 한·캐나다협회 회장 1987~1991년 밝은사회국제클럽 한국본부 총재 1989~1991년 전쟁박물관후원회 회장 1989년 성우회 회장 1999년 6·25전쟁 50주년기념사업위원회 위원장 1999~2001년 노근리사건대책단자문위원회 위원장 2003년 군사편찬연구 자문위원장(현) 2007년 (사)대한민국육군협회 회장(현) 2010~2012년 한국전쟁기념재단 이사장 2011년 한국행정연구원 초청연구위원 2013년 美8군 명예사령관(현) [상]태극무공훈장(2회), 미국 은성무공훈장, 금탑산업훈장, 日勳一等瑞寶章, 캐나다 무공훈장, 자유수호의 상(2000), 을지무공훈장, 충무무공훈장, 駐韓미군 '좋은 이웃상', 호라스 그란트 언더우드박사 특별상(2009), 미국 코리아소사이어티 '2010 밴 플리트 상'(Van Fleet Award), 駐韓미군 38의학학회 특별공로상(2011) [저]'한국전쟁 一千日'(1988) '軍과 나'(1989) '실록 지리산'(1992) 'From Pusan to Panmunjum'(1992) '길고 긴 여름날 1950년 6월 25일'(1999) '한국전쟁 Ⅰ, Ⅱ, Ⅲ'(2000) 회고록 '조국이 없으면 나도 없다'(2010, 월간 아미) 6.25전쟁 회고록 '내가 물러서면 나를 쏴라'(2010, 중앙일보) '노병은 사라지지 않는다'(2012, 늘품출판사) [종]기독교

백선하(白善河) Paek, Sun Ha

[생]1963·1·14 [주]서울 종로구 대학로101 서울대병원 신경외과(02-840-3993) [학]1987년 서울대 의대졸 1992년 同대학원졸 1998년 의학박사(서울대) [경]1987~1992년 서울대병원 수련의·전공의 1992~1995년 제주의료원 신경외과 과장(공중보건의) 1995~1996년 서울대병원 신경외과 전임의 1996년 서울적십자병원 신경외과 제2부과장 1996~1999년 경상대 의대 신경외과학교실 교수 1999년 서울대 의대 신경외과학교실 교수(현) 2010~2011년 서울대병원 대외협력단 부단장 2014년 同신경외과 과장(현) [상]제주도지사 공로상(1995)

백성기(白聖基) BAEK Sung Gi (島岩)

[생]1940·1·4 [본]수원(水原) [출]부산 [주]경남 양산시 충렬로303 한신모방(주) 비서실(055-365-4061) [학]1958년 부산고졸 1963년 서울대 약학과졸 1967년 부산대 경영대학원 수료 2004년 총신대 선교대학원 선교학과졸 [경]1961년 서울대 약대 학생회장 1961년 同총학생회 학예부장 1962년 전국약대학생연합회 회장 1966년 예편(공군 중위) 1966년 경기기독청장년연합회 총무 1975년 부산기독청장년연합회 회장 1981년 한신모방(주) 대표이사(현) 1986~1997년 양정3동새마을금고 이사장 1988~1990년 민정당 부산3지구부위원장 1989~2010년 총신대 상임이사 1989~1991년 부산초중고육성회협회 회장 1991~1997년 한국자유총연맹 부산진구지부장 1994년 아시아경기대회유치 추진위원 1995~1997년 부산진기독실업인회 회장 1995~2000년 부산개성중총동창회 회장 1996~1997년 전국남전도회연합회 회장 1996년 사랑의장기부산본부 부산각막은행 회장 1996~1997년 부산중노회 장로회 회장 1996~1998년 사랑의장기본부 각막은행 부산본부장 1996년 부산섬유패션산업연합회 부회장·고문(현) 1997년 중소기업협동조합 이사장협의회 부회장 1997년 한국자원봉사협의회 이사 1999~2009년 (사)부산중소기업자원봉사단 이사 2008년 부산패션칼라산업협동조합 이사장(현) 2009년 새시대문학사 수필부문 등단 2011년 부산 사하문화원 원장(현) [상]섬유의 날 모범경영인 산업포장, 대통령표창(2회), 노동부장관표창, 대한적십자사총재표창, 통상산업부장관표창, 부산시장표창, 상공부장관표창 [종]기독교

백성기(白聖基) Sunggi Baik

[생]1949·3·30 [본]수원(水原) [출]서울 [주]서울 중구 퇴계로197 충무빌딩511호 (사)선진통일건국연합(02-774-9940) [학]1967년 경기고졸 1971년 서울대 금속공학과졸 1981년 재료공학박사(미국 Cornell대) [경]1981~1983년 미국 Cornell대 연구원 1983~1986년 미국 Oak Ridge National Laboratory 연구원 1986~2014년 포항공과대 신소재공학과 교수 1986년 한국세라믹학회 회원(현) 1994년 세계세라믹학술원 종신회원(현) 1999년 미국세라믹학회 석학회원(현) 2000~2004년 포항공과대 포항가속기연구소장 2007~2011년 포항공과대 총장 2009~2010년 한국세라믹학회 회장 2010~2013년 원자력위원회 위원 2011~2013년 국가교육과학기술자문회의 과학기술분야 위원장 2014년 교육부 대학구조개혁위원회 위원장(현) 2014년 포항공과대 신소재공학과 명예교수(현) 2014년 국립대학법인 서울대 이사(현) 2015년 (사)선진통일건국연합 상임대표(현) 2016년 교육부 정책자문위원회 대학교육개혁분과 위원장(현) [상]한국세라믹학회 학술상(2010), 한국언론인연합회 자랑스러운 한국인대상(2010), 미국 Cornell Univ. Distinguished Alumni Award(2011), 한국세라믹학회 성옥상(2011), 청조근정훈장(2014) [저]'Ceramic Microstructure : Control at the Atomic Level'(1998, SPRINGER) [종]기독교

백성운(白成雲) PAIK Sung Woon (釣牛)

[생]1949·6·16 [출]경북 경산 [주]경기 고양시 일산동구 강송로170 현대프라자 (사)일산미래포럼 [학]1977년 고려대 법대졸 1981년 미국 시라큐스대 대학원졸 1987년 행정학박사(고려대) [경]1976년 행정고시 합격(18회) 1985년 내무부 행정과 사무관 1988년 고양군수 1991년 경기도 민방위국장 1991년 대통령비서실 파견 1995년 안양시장 1995년 미국 하버드대 객원교수 1997년 안산시 부시장 1998년 경기도 경제투자관리실장 2000년 同제1행정부지사 2001~2003년 국민고충처리위원회 상임위원 2002년 전국시도지사협의회 사무총장 2003년 고려대 행정학과 초빙교수 2003년 한나라당 중앙위원 2007년 同이명박 대통령후보 종합행정실장 2007년 同이명박 대통령후보 행정특보 2007~2008년 제17대 대통령직인수위원회 행정실장 2008년 제18대 국회의원(고양일산東, 한나라당·새누리당) 2008~2010년 한나라당 인재영입위원회 부위원장 2009년 同제4정책조정위원장 2010~2012년 국회 국토해양위원회 위원 2010~2012년 국회 지방행정체제개편특별위원회 위원 2010~2012년 한나라당 대표특보 2011년 同중앙위원회 수석부의장 2011~2013년 세계태권도연맹 특별자문위원 2011~2012년 한나라당 중앙연수원장 2012년 새누리당 제18대 대통령중앙선거대책위원회 종합상황실 부실장 2015년 (사)일산미래포럼 이사장(현) 2016년 새누리당 경기고양시丙당원협의회 운영위원장(현) 2016년 제20대 국회의원선거 출마(경기 고양시丙, 새누리당) [상]근정포장, 녹조근정훈장, 미국 시라큐스대한국총동문회 자랑스러운 동문상(2008), 자유경제입법상(2009) [종]천주교

백성일(白聖一) BAIK Sung Il

[생]1957·5·1 [본]수원(水原) [출]전북 임실 [주]전북 전주시 덕진구 기린대로418 우석빌딩 전북일보(063-250-5510) [학]1980년 전북대 정치외교학과졸 1982년 同정보과학대학원 언론홍보학과졸 1999년 同대학원 정치학과졸 [경]1980년 전북일보 기자 1988년 同지방부 차장 1990년 同사회부 차장 1990년 同노조위원장, 전북도 물가대책위원 1995년 농업진흥공사 자문위원 1995년 전북일보 경제부장 1997년 同사회부장 1998년 同사회문화부장 1999년 同정경부장 2000년 同정치부장(부국장대우) 2001년 同편집국장 2003년 同논설위원 2004년 同판매광고국장 2007~2011년 同수석논설위원 2009년 전북대 초빙교수(현) 2011년 전북일보 주필 2013년 同상무이사 주필(현) [상]한국참언론인대상 지역언론부문(2009), 전북대 동문언론인상 [종]가톨릭

백성일(白成日) BAEK Sung Il

[생]1959 · 3 · 12 [출]경기 양주 [주]강원 평창군 대관령면 올림픽로108의27 2018평창동계올림픽조직위원회(033-350-3906) [학]1978년 의정부고졸 1983년 건국대 경영학과졸 2002년 연세대 교육대학원졸 [경]1993년 대한체육회 비서실장 2000년 同국제부장 2003년 同감사실장 2004년 태릉선수촌 관리부장 2005년 대한체육회 공보실장 2006년 同국제기구부장 2008년 미국올림픽위원회 파견 2009년 대한체육회 국제협력본부장 2013년 同사무차장 2015~2016년 2018평창동계올림픽조직위원회 경기국장 2016년 2018평창동계올림픽조직위원회 운영사무차장(현) [상]국무총리표창(1990), 대통령표창(1992), 체육훈장 백마장(2012) [종]가톨릭

백성학(白聖鶴) BAIK Sung Hak

[생]1940 · 4 · 18 [출]중국 흑룡강성 [주]경기 부천시 오정로215 영안모자(주) 비서실(032-681-2814) [학]독학 [경]1959년 영안모자점 창업 · 대표 1969년 영안모자상사 대표 1984년 영안모자(주) 설립 · 회장(현) 1995년 코스타리카 마우코사(버스사업) 인수 1996~2014년 안중근의사숭모회 부이사장 1999~2001년 학교법인 숭의학원 이사장 2003년 대우버스 인수 2003년 클라크지게차 인수 2007년 OBS 경인TV 이사회 의장(현) 2008년 (재)백학재단 이사장(현) 2011년 대우자판 버스부문 인수 [종]기독교

백성현(白聖鉉) BAEK Seong Hyeon

[생]1958 · 9 · 30 [본]수원(水原) [출]충남 부여 [주]경기도 안산시 단원구 신원로 305(주)TLB 비서실(031-8040-2051) [학]1976년 부여고졸 1984년 국민대 기계설계학과졸 [경]대덕전자(주) TLB부문장(상무이사) 2010년 同TLB부문장(전무이사) 2011년 (주)TLB 대표이사(현) [상]산업자원부장관표창(1999), 7천만불 수출의탑(2014), 산업통상자원부장관표창(2014), 중소기업청장표창(2015) [종]기독교

백성희(白盛喜 · 女) Baek, Sung Hee

[생]1970 · 6 · 30 [출]서울 [주]서울 관악구 관악로1 서울대학교 자연과학대학 생명과학부(02-880-9078) [학]1994년 서울대 분자생물학과졸 1996년 同대학원 분자생물학과졸 1999년 이학박사(서울대) [경]1999~2000년 서울대 분자생물학과 Post-Doc. 2000~2002년 미국 Univ. of California San Diego Post-Doc.(유전자발현연구) 2002~2003년 미국 Univ. of California San Diego 연구교수 2003년 서울대 자연과학대학 생명과학부 조교수 · 부교수 · 교수(현) 2006년 Frontiers in Biosciences 경영에디터(현) 2008년 BBA Molecular Basis of Disease에디터(현) 2009년 크로마틴다이나믹스창의연구단 단장(현) 2009년 한국과학기술한림원 이학부 준회원(현) 2013년 Human Frontier Science Program 평론협회 회원(현) 2015년 국가과학기술자문회의 전문위원(현) 2015년 한국연구재단 기초연구본부 생명과학단 전문위원(현) 2015년 Keystone Symposia Asian Advisory Committee(현) 2015년 DNA and Cell Biology 에디터(현) [상]한국로레알-유네스코 여성과학상 약진상(2005), 마크로젠 신진과학자상(2005), 김진복암연구상(2006), 차세대 인물 30인(과학기술분야) 선정, 마크로젠 여성과학자상(2007), 아모레퍼시픽 여성과학자상 '신진과학자상'(2007), 교육과학기술부 젊은과학자상(2009), 서울대 자연과학 연구상(2010), 한국로레알-유네스코 여성생명과학상 진흥상(2011), 삼성행복대상 여성창조상(2014), 경암교육문화재단 경암학술상(2015)

백세현(白世鉉) Baek, Se-Hyun

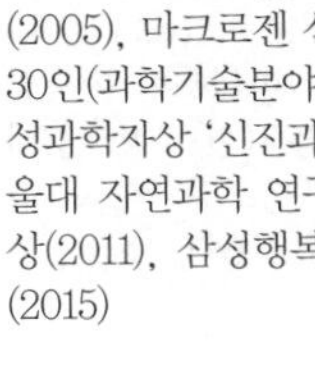

[생]1959 · 3 · 8 [출]서울 [주]서울 구로구 구로동로148 고려대학교 구로병원 내분비내과(02-2626-3009) [학]1984년 고려대 의대졸 1989년 同대학원 의학석사 1993년 의학박사(고려대) [경]1984~1985년 고려대의료원 인턴 1988년 同내과전공의 · 전문의 1991년 고려대 안암병원 내분비내과 임상강사 1994년 同의과대학 내분비내과학교실 교수(현) 1996~1998년 미국 UCLA 내분비내과 당뇨병센터 연수 2008~2012년 고려대 구로병원 검진센터소장 2012~2013년 同구로병원 진료부원장 2014~2015년 同구로병원장, 대한안과학회 정보통신위원장(현) [상]고의의학상(2016)

백수동(白洙童) BAEK Su Dong

[생]1964 · 4 · 17 [본]수원(水原) [출]경남 고성 [주]서울 종로구 인사동5길29 태화빌딩4층 (주)에프앤자산평가(02-721-5300) [학]1982년 마산 경상고졸 1989년 부산대 경영학과졸 2011년 미국 미시간주립대 경영대학원 재무학과졸 [경]1989~1997년 대우증권(주) 입사 · 채권부 근무 1997년 템플턴투신운용 채권운용팀장 2000~2002년 ABN AMRO은행 서울지점 부지점장 2003년 CJ자산운용 채권운용본부장 2005년 산은자산운용 채권운용본부장 2008~2010년 한국스탠다드차타드증권(주) ALM담당 전무 2012년 (주)에프앤자산평가 총괄부사장(현) 2012년 건국대 부동산대학원 겸임교수(현) [상]재무부장관표창(1994)

백수인(白洙寅) BAEK Soo In

[생]1954 · 4 · 12 [본]수원(水原) [출]전남 장흥 [주]광주 동구 필문대로309 조선대학교 사범대학 국어교육과(062-230-7314) [학]1973년 장흥고졸 1977년 조선대 국어교육과졸 1979년 同대학원 국어국문학과졸 1994년 국문학박사(전북대) [경]1982~1997년 조선대 국어교육과 전임강사 · 조교수 · 부교수 1997년 同국어교육과 교수(현) 1999년 계간 '문학전남' 주간 2001~2003년 민주화를위한전국교수협의회 공동의장, (재)5.18기념재단 이사, 한국언어문학회 이사, KBS 광주방송총국 시청자위원, 국어국문학회 이사, 한국언어문학회 감사, 광주시문인협회 부회장, 학교법인 조선대 정상화추진위원장, 조선대 학생처장 2010~2011년 중국 광동외국어대 연구교수 2011년 한국시학회 지역이사(현) 2011~2012년 조선대 교육대학원장 2012년 (재)지역문화교류호남재단 이사장(현) 2015년 한국언어문학회 회장 2015년 한국어문학술단체연합 대표 [상]전남문학상(2000) [저]'대학문학의 역사와 의미'(2003, 국학자료원) '기봉 백광홍의 생애와 문학세계'(2004) '소통과 상황의 시학'(2007, 국학자료원) '소통의 창'(2007) [작]시 '투명한 난꽃' 외 다수

백수하(白水夏) Soo Ha Baik

[생]1964 · 2 · 28 [본]수원(水原) [출]강원 평창 [주]서울 서초구 서초대로74길11 삼성전자(주) 커뮤니케이션팀(02-2255-8220) [학]1983년 신일고졸 1990년 한양대 정치외교학과졸 [경]1991~1995년 서울신문 기자 1995~1998년 YTN 기자 2000~2006년 문화일보 기자 2004~2005년 캐나다 브리티시컬럼비아대 아시아연구소 Visiting Scholar 2006~2007년 삼성전자(주) 차장 2007~2013년 한국마이크로소프트 상무 2013년 삼성전자(주) 커뮤니케이션팀 상무(현)

백수현(白壽鉉) Soo Hyun, Baek (韡賢)

[생]1949 · 5 · 2 [본]수원(水原) [출]인천 [주]서울 강남구 테헤란로305 한국표준협회(02-6009-4500) [학]1972년 한양대 전기공학과졸 1974년 同대학원졸 1981년 공학박사(한양대) [경]1977~2014년 동국대 공과대학 전기공학과 교수 1991년 대한전기학회 평의원 · 재무이사 · 총무이사 · 학술이사 · 산학협동이사 1994~1996년 감사원 자문위원, 램프 및 조명기기연구회 회장 1999년 동국대 산업기술연구원장 2000년 同산학기술협력센터 소장 2001년 대한전기학회 부회장 2003년 동국대 산학기술협력센터 소장 겸 창업지원단장 2004년 同산학협력단장 2004년 ICEMS Chairman 2006년 산업기술연구회 기획평가위원장 2009년 대한전기학회 회장 2009~2011년 지식경제부 신기술인증심의위원회(전기전자) 위원장 2010년 중소기업청 기술혁신추진위원회 위원 2011년 대한전기학회 윤리위원장 2012년 지식경제부 기술표준원 적합성정책위원회 위원 2013~2015년 국제전기기술위원회(IEC) 이사 2014년 동국대 공과대학 전자전기공학부 석좌교수(현) 2014년 한국표준협회 회장(현) [상]대한전기학회 논문상(1997), 대한전기학회 공로상(1998), 중소기업특별위원장표창(2000), 동국대 30년 근속상, 홍조근정훈장(2014), 제1회 전기자동차의 날 '전기차산업발전 유공표창'(2016) [저]'유도전동기 설계기준'(1976) '직류전동기 설계기준'(1977) '정지형 정전압 장치의 설계기준'(1979) '소형모터 설계편람'(1988, 세화) '센서 핸드북'(1990, 세화) '전력전자공학'(1999 · 2006)

백수현(白守鉉) BAEK SU HYEON

[생]1963 · 1 · 8 [출]전북 [주]서울 서초구 서초대로74길11 삼성전자(주) 커뮤니케이션실(02-2255-8261) [학]1981년 전주고졸 1987년 서울대 서양사학과졸 1994년 同행정대학원 수료 [경]1991년 SBS 입사 1999년 同보도본부 기자 2001년 同워싱턴특파원(차장대우) 2008년 同보도본부 사회2부장 2010년 同보도본부 편집1부장 2012년 同보도본부 경제부장(부국장급) 2013년 관훈클럽 운영위원(회계) 2013년 삼성전자(주) 커뮤니케이션실 홍보담당 전무(현)

백숙기(白淑基) PACK Sook Ki

[생]1952·2·10 [출]경북 성주 [주]서울 강남구 삼성로96길23 (주)동부 임원실(02-3484-1062) [학]1972년 성주농공고졸 1979년 영남대 경제학과졸 [경]1979년 제일합섬 입사 1991년 삼성증권(주) 부장 1995년 同이사보 1997년 同이사 2000년 同상무 2002년 同WM영업담당 상무 2004년 (주)동부 경영지도팀 부사장 2007년 동부CNI(주) 컨설팅부문 경영지도팀 부사장 2012년 同컨설팅부문 사장 2012년 동부증권 사장 2015년 (주)동부 컨설팅부문 사장(현) [종]기독교

백순근(白淳根) Sun-Geun, Baek

[생]1961·12·18 [출]대구 달성 [주]서울 관악구 관악로1 서울대학교 사범대학 교육학과(02-880-7645) [학]서울대 사범대학 교육학과졸, 同대학원 교육학과졸, 교육학박사(미국 Univ. of California at Berkeley) [경]서울대 사범대학 교육학과 강의 및 연구조교, 同교육연구소 연구원, 미국 UC Berkeley 대학원 한인학생회 회장, 同대학원 특별연구원, 한국교육개발원 부연구위원, 한국교육과정평가원 연구위원, 서울대 사범대학 교육학과 교수(현), 同사범대학 기획실장, 한국학술단체총연합회 사무총장, 서울대 입학본부장, 대통령직속 미래기획위원회 위원 2012~2013년 한국교육평가학회 회장 2013~2016년 한국교육개발원(KEDI) 원장 2013~2015년 경제협력개발기구(OECD) 교육연구혁신센터(CERI) 운영위원 2013~2015년 유네스코(UNESCO)한국위원회 운영위원 2013년 전국경제인연합회 창조경제특별위원회 위원 2013~2016년 한국대학교육협의회 대학평가인증위원회 위원 2015년 기획재정부 재정정책자문회의 위원(현) 2016년 교육부 정책자문위원(현) [상]제1회 칼리파교육상 감사패(2014) [저]'수행평가의 이론과 실제'(1996, 국립교육평가원) '컴퓨터를 이용한 개별적응검사(共)'(1998, 원미사) '수행평가의 원리'(2000, 교육과학사) '일제강점기의 교육평가'(2003, 교육과학사) '학위논문 작성을 위한 교육연구 및 통계분석'(2004, 교육과학사) '교육측정의 이론과 실제'(2007, 교육과학사) '백교수의 백가지 교육 이야기 : 밝은 미래를 위한 교육학적 담론'(2009, 교육과학사)

백순길(白淳吉) BAIK Soon Kil

[생]1957·4·19 [본]대흥(大興) [출]대구 [주]서울 송파구 올림픽로25 잠실야구장內 LG트윈스프로야구단 단장실(02-2005-5709) [학]경북고졸, 영남대 경제학과졸 [경]1984년 LG전자(주) 입사 1988~1995년 同미국법인 주재원 2000년 同해외CS팀장 2002년 同해외CS팀장(상무), 同고객서비스부문장(상무) 2007년 同CS경영팀장(상무) 2010년 LG트윈스 프로야구단 단장(상무)(현)

백순현(白淳鉉) BAEK Sun Hyun

[생]1959·11·18 [출]대구 달성 [주]서울 서초구 반포대로158 서울고등검찰청(02-530-3114) [학]1977년 용산고졸 1981년 서울대 사범대학졸 [경]1981년 사법시험 합격(23회) 1983년 사법연수원 수료(13기) 1983년 공군 법무관 1986년 서울지검 북부지청 검사 1989년 대구지검 안동지청 검사 1990년 부산지검 검사 1993년 서울지검 동부지청 검사 1995년 서울고검 검사 1996년 서울지검 공판부 부부장검사 1997년 대구지검 김천지청 부장검사 1998년 청주지검 부장검사 1999년 서울지검 의정부지청 형사4부장 2000년 서울고검 검사 2001년 수원지검 형사1부장 2002년 同형사2부장 2002년 대전고검 검사 2003년 서울지검 전문부장검사 2004년 서울중앙지검 전문부장검사 2005년 서울서부지검 전문부장검사 2006년 서울동부지검 전문부장검사 2007년 창원지검 전문부장검사 2009년 인천지검 전문부장검사 2009년 대전고검 검사 2011년 서울고검 검사 2013년 부산고검 검사 2015년 서울고검 검사(현)

백승근(白承根) PAEK Seung Geun

[생]1964·6·13 [출]제주 [주]세종특별자치시 도움6로11 국토교통부 정책기획관실(044-201-4646) [학]1983년 제주 오현고졸 1990년 서울대 농경제학과졸 [경]2003년 건설교통부 물류개선기획팀장 2004년 同지속가능발전위원회 팀장 2005년 同공공기관지방이전지원단 이전지원과장 2007년 同감사팀장 2008년 국토해양부 물류산업과장 2009년 同항공철도국 철도운영과장 2009년 同교통정책실 철도운영과장 2010년 同기획조정실 재정담당관 2010년 同기획조정실 재정담당관(부이사관) 2012년 미국 국외 훈련(부이사관) 2013년 국토교통부 기술기준과장 2013년 2015세계물포럼조직위원회 사무처장 2015년 국토교통부 지적재조사기획단 기획관 2016년 同정책기획관(현)

백승두(白承斗) PAIK Seung Doo

[생]1951·12·29 [출]경남 함양 [주]강원 평창군 대관령면 꽃밭양지길458의23 우덕축산(하늘목장)(033-332-8061) [학]1970년 안의고졸 1976년 성균관대 신문방송학과졸 [경]한일시멘트(주) 부장, 同이사 2002년 同상무이사 2003년 同전무이사 2006년 同단양공장장(부사장) 2008~2015년 한일산업(주) 대표이사 사장 2010년 우덕축산(하늘목장)(주) 대표이사 사장(현)

백승면

[주]경남 밀양시 상남면 밀양대로1545 밀양경찰서(1566-0112) [학]경찰대 법학과졸, 창원대 행정대학원 행정학과졸 [경]경남 창원경찰서 경비과장·청문감사관, 경남 김해경찰서 수사과장 2003년 경남 창원중부경찰서 경무과장 2004년 경남지방경찰청 수사1계장 2005년 경남 창원서부경찰서 정보보안과장 2007년 경남지방경찰청 홍보담당관 2008년 同수사과장 2009년 울산 울주경찰서장 2010년 경남지방경찰청 청문감사담당관 2011년 경남 김해중부경찰서장 2013년 경남지방경찰청 보안과장 2014년 경남 사천경찰서장 2015년 경남지방경찰청 정보화장비과장 2016년 경남 밀양경찰서장(현)

백승민(白承旻) Seung Min BAEK

[생]1963·7·11 [출]경남 진주 [주]서울 서초구 서초중앙로125 로이어즈타워606호 변호사백승민법률사무소(02-587-0053) [학]1981년 대신고졸 1985년 연세대 법학과졸 1987년 同행정대학원졸 [경]1987년 사법시험 합격(29회) 1990년 사법연수원 수료(19기) 1993년 청주지검 검사 1994년 대구지검 경주지청 검사 1996년 서울지검 검사 1998년 수원지검 검사 2000년 대검찰청 검찰연구관 2002년 대전지검 부부장검사 2003년 법무연수원 기획부 교수 2004년 대검찰청 컴퓨터수사과장 2005년 同첨단범죄수사과장 2005년 연세대 법학과 교수 2008년 同법무대학원 부원장 2010년 인터넷주소분쟁조정위원회 위원 2011년 버추얼텍 사외이사 2013~2016년 테크앤로법률사무소 고문변호사 2016년 백승민법률사무소 대표변호사(현) [저]'형사소송법(전정 제1판)'(2007, 대명출판사) '형사소송법'(2008, 대명출판사) '형법강의(전정 제1판)'(2008, 대명출판사)

백승보(白勝普) Baek Seung-Bo

[생]1971·7·16 [출]대구 [주]대전 서구 청사로189 조달청 국제물자국(070-4056-7005) [학]1990년 브니엘고졸 1994년 고려대 경제학과졸 [경]행정고시 합격(39회) 2005년 조달청 성과관리팀장 2010년 同조달교육담당관 2010년 同시설총괄과장 2011년 同기획재정담당관(부이사관) 2014년 同구매사업국장 2015년 교육 파견(부이사관) 2016년 조달청 조달품질원장 2016년 同국제물자국장(현)

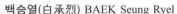

백승열(白承烈) BAEK Seung Ryel

[생]1959·3·10 [출]충북 음성 [주]서울 성동구 천호대로386 대원제약(주) 비서실(02-2204-7000) [학]1978년 경기고졸 1983년 서울대 농생물학과졸 1988년 미국 조지아대 대학원 식물병리학과졸 2008년 농학박사(서울대) [경]대원제약(주) 이사 1992년 同상무 1995년 同전무 2002년 同총괄부사장 2008년 同대표이사 사장 2011년 同대표이사 부회장(현) 2013년 한국제약협동조합 이사(현)

백승엽(白承燁) Baik Seung-Yup (治薰)

[생]1962·7·28 [본]수원(水原) [출]충남 예산 [주]경기 성남시 수정구 성남대로1342 가천대학교 법과대학 경찰안보학과(031-750-8810) [학]1981년 대전고졸 1985년 경찰대졸(1기) 2000년 서울시립대 대학원 도시계획학과졸(석사) 2012년 교통공학박사(서울시립대) [경]1985년 경위 임용 1988년 경찰대학동창회 회장 2003년 대구지방경찰청 경비교통과장(총경) 2004년 대구 달성경찰서장 2005년 경찰청 혁신팀장 2006년 경기 시흥경찰서장 2007년 경찰청 인사과장 2008년 서울 서대문경찰서장 2009년 경찰청 총무과장 2010년 충남지방경찰청 차장(경무관) 2011년 서울지방경찰청 교통지도부장 2012~2013년 대통령 치안비서관(치안감) 2013년 충남지방경찰청장(치안감) 2013년 경찰청 보안국장(치안감) 2014~2015년 경남지방경찰청장(치안감) 2016년 가천대 법과대학 경찰안보학과 교수(현) [상]국무총리표창(1993), 대통령표창(2002), 근정포장(2007), 홍조근정훈장(2013) [저]'교통경찰실무론'(2002, 화학사)

백승완(白承玩) BAIK Seong Wan (佛岩)

생1953·1·30 본수원(水原) 출부산 주경남 양산시 물금읍 금오로20 양산부산대학교병원 국제진료센터(055-360-2750) 학1977년 부산대 의과대학졸 1981년 同대학원졸 1990년 의학박사(충남대) 2005년 명예 철학박사(몽골학술원) 2011년 명예 철학박사(키르기즈스탄 Chui대) 경1985~2006년 부산대 의과대학 마취통증의학교실 교수 1998년 同중앙수술실장 1998년 同의과대학 마취통증의학교실 주임교수 2001년 대한중환자의학회 회장 2002년 대한마취과학회 고시이사 2003년 부산대 의학연구소장 2003~2007년 한국호스피스완화의료학회 부산·울산·경남지부장 2004년 양산부산대병원 건립기획본부장 2006년 대한마취과학회 회장 2006년 대한민국의학한림원 정회원(현) 2006년 부산대 의학전문대학원 마취통증의학교실 교수(현) 2008~2011년 양산부산대병원 병원장 2011~2012년 부산대 의무부총장 2011년 양산부산대병원 국제진료센터(현) 상불국토 사회봉사대상(1997), 아호학회기념 학술상(1998), 정맥마취학회 최우수논문상(2003), 몽골 대통령훈장(2012) 제'암환자의 통증관리' '소아마취' '의료윤리학(共)' '정맥마취' '수술실 감염관리' '노인마취' '생명건축' '의료윤리' 등 약 25권 종불교

백승운(白承雲) PAIK Seung Woon

생1957·8·11 본수원(水原) 출서울 주서울 강남구 일원로81 삼성서울병원 소화기내과(02-3410-3402) 학1976년 경기고졸 1982년 서울대 의대졸 1986년 同대학원졸 1995년 의학박사(서울대) 경1982~1986년 서울대병원 전공의 1994년 삼성서울병원 소화기내과 전문의(현) 1994년 일본도쿄여대 단기연수 1996년 미국 존스홉킨스병원 단기연수 1997~2002년 성균관대 의대 내과학교실 부교수 1997~1998년 미국 존스홉킨스병원 연수 1998~2005년 대한소화기학회 보험이사 1999~2005년 삼성서울병원 소화기내과장 2002년 성균관대 의대 내과학교실 교수(현) 2004~2009년 삼성서울병원 외래부장 2005~2015년 同암센터 간암센터장 2005~2007년 同소화기연구소장 2010~2011년 대한간학회 총무이사 2016년 삼성서울병원 암병원 간암센터장(현)

백승주(白承周) BAEK SEUNG JOO

생1961·3·20 출경북 구미 주서울 영등포구 의사당대로1 국회 의원회관830호(02-784-6730) 학1979년 대구 심인고졸 1983년 부산대 정치외교학과졸, 경북대 대학원 정치학과졸 1993년 정치학박사(경북대) 경1990~2013·2015~2016년 한국국방연구원 책임연구위원 2002~2006년 同對북한연구실장 2003~2007년 통일부 자문위원 2007년 민주평통 상임위원 2008년 통일부 평가위원 2009년 한국정치학회 북한통일분과위원장 2009~2012년 한국국방연구원 안보전략연구센터장 2013년 한국정치학회 부회장 2013년 제18대 대통령직인수위원회 외교·국방·통일분과 전문위원 2013~2015년 국방부 차관 2016년 새누리당 경북구미시甲당원협의회 운영위원장(현) 2016년 제20대 국회의원(경북 구미시甲, 새누리당)(현) 2016년 국회 국방위원회 위원(현) 2016년 국회 미래일자리특별위원회 위원(현) 2016년 새누리당 경북도당 위원장(현) 상페루정부 '공군 대십자훈장'(2015) 제'북한 후계체제와 대미정책 전망'(2008)

백승주(白承柱) Baek, Seung-Ju

생1964·12·15 출전남 장성 주세종특별자치시 갈매로477 기획재정부 인사과(044-215-2251) 학1982년 동신고졸 1988년 서울대 경제학과졸 1990년 同대학원 행정학과졸 경2002년 기획예산처 정부개혁실 개혁기획팀 서기관 2005년 同재정전략실 균형발전협력팀장 2006년 재정경제부 조세지출예산과장 2007년 기획예산처 건설교통예산과장 2008년 기획재정부 예산실 지식경제예산과장 2009년 同정책조정국 신성장정책과장 2010년 同정책조정국 산업경제과장 2011년 同무역협정본부 무역협정지원단 총괄기획팀장 2011년 同무역협정본부 무역협정지원단 총괄기획팀장(부이사관) 2012년 同기획조정실 정책기획관 2014년 경제협력개발기구(OECD) 고용 휴직(현)

백승필(白承弼) Baeg Seung Pil

생1960·3·10 본수원(水原) 출충남 아산 주세종특별자치시 갈매로388 문화체육관광부 운영지원과(044-203-2000) 학1979년 천안 북일고졸 1988년 숭실대 행정학과졸 2007년 호원대 자동화학과졸(학사) 경1990년 공무원 임용(7급 공채) 1990년 공보처 기획관리실 근무 2003년 국정홍보처 총무과 사무관 2012년 문화체육관광부 감사담당관실 서기관 2015년 同감사담당관 2016년 대통령직속 지역발전위원회 파견(과장급)(현) 종불교

백승한(白承邯) PAEK Seung Han

생1953·1·5 본수원(水原) 출경북 주서울 서초구 효령로96 삼호개발(주) 비서실(02-2046-7700) 학1975년 서울대 토목공학과졸 1985년 미국 Case Western Reserve대 대학원 토목공학과졸 1988년 미국 미주리대 대학원 토목공학 박사과정 수료 경1975~1978년 해군 시설창 중위 1978~1984년 미륭건설(現 동부건설) 근무 1988~1990년 (주)대한시스템 전무이사, 삼호개발(주) 이사 2007년 同부사장 2009년 同대표이사 사장(현)

백승헌(白承憲) Seunghun BAIK

생1963·12·14 출서울 주서울 서초구 남부순환로2583 법무법인 지향(02-3471-4004) 학1976년 검정고시 합격 1984년 연세대 법학과졸 경1983년 사법시험 합격(25회) 1985년 사법연수원 수료(15기) 1986년 변호사 개업 1988~2004년 대한변호사협회 인권위원 1996~1998년 민주사회를위한변호사모임 사무국장 2000년 총선시민연대 대변인 2000~2002년 대통령소속 의문사진상규명위원회 비상임위원 2000년 서울지방중소기업청 법률지원자문단 2001~2005년 한겨레신문 사외이사 2003~2004년 대검찰청 검찰개혁자문위원회 위원 2003~2006년 민주사회를위한변호사모임 부회장 2004~2006년 사회복지공동모금회 감사 2004~2006년 학교법인 동원육영회 감사 2005~2006년 KBS 이사 2005~2006년 법무부 정책위원회 위원 2006~2010년 민주사회를위한변호사모임 회장 2015년 법무법인 지향 변호사(현) 2016년 민주사회를위한변호사모임 박근혜정권퇴진 및 헌정질서회복을위한특별위원회 위원장(현)

백승호(白承浩) BAEK Seung Ho

생1956·5·15 출충북 음성 주서울 성동구 천호대로386 대원제약(주) 비서실(02-2204-6907) 학1975년 중앙고졸 1982년 한양대 토목공학과졸 1986년 미국 서던캘리포니아대 대학원 MBA 경1982년 대원제약(주) 입사 1987년 同상무이사 1989년 同전무이사 1994~2007년 同대표이사 사장 1999년 한국제약협회 이사 2008년 대원제약(주) 회장(현) 2011~2013년 한국제약협동조합 이사 종불교

백승호(白承浩) BAEK Seung Ho

생1956·5·23 본수원(水原) 출전남 영광 주서울 중구 장충단로275 두산타워19층 (주)두산(02-3398-3850) 학1974년 순천고졸 1981년 성균관대 경영학과졸 2008년 메타비 MBA 수료 2009년 건국대 CGO과정 수료 2010년 서울과학종합대학원 4T CEO 수료 2013년 한국코칭센터 전문코칭과정 수료 경1996~1999년 한국중공업 북경지점장·중국합작사 대표 1999~2000년 同전략사업T/F팀장 2001년 두산중공업(주) 발전국내영업담당 상무 2004년 同기획·변화관리담당 2005년 두산그룹 기획관리본부 전략관리팀장 2006년 두산중공업(주) 발전해외영업담당 전무이사 2007년 同발전국내영업·사업관리총괄 전무 2009~2013년 同파워국내영업·미래에너지사업(풍력·IGCC)총괄 전무 2009~2013년 대한상공회의소 녹색성장·환경기후위원회 위원 2010~2013년 녹색서울시민위원회 위원 2013~2015년 두산중공업(주) 자문역 2015년 (주)두산 상근고문(현) 상철탑산업훈장(2007)

백승호(白承昊) BAEK Seong Ho

생1961·5·24 본수원(水原) 출경남 함양 주서울 서초구 남부순환로2477 JW신약 부사장실(02-2109-3300) 학1979년 거창고졸 1983년 부산수산대 냉동공학과졸 2010년 한국과학기술원(KAIST)졸((EMBA : Executive Master of Business Administration)) 경1985년 (주)대응제약 입사, 同소장, 同과장 2003년 同영업부 상무이사 2007년 同영업본부장(전무) 2007년 同ETC사업본부장(전무) 2013~2015년 同신규사업본부장(부사장) 2013년 (주)DNC 부사장 겸임 2014년 (주)폴라리스 대표이사 겸임 2015~2016년 한올바이오파마 관리·영업본부 부사장 2016년 JW신약 부사장(현) 종기독교

백승호(白昇昊) BAEK Seung Ho

생1964·1·10 출전남 장흥 주충남 아산시 신창면 황산길100의50 경찰대학 학장실(041-968-2114) 학금호고졸, 전남대 법학과졸 경1991년 사법시험 합격(33회) 1994년 사법연수원 수료(23기), 부산 동래경찰서 경비과장, 부산 해운대경찰서 수사과장, 경찰청 법제계장 2001년 경찰청 경무계장 2002년 제주지방경찰청 방범과장(총경) 2003년 전남 강진경찰서장 2004년 경찰청

법무과장 2005년 경기 수원중부경찰서장 2007년 서울 관악경찰서장 2008년 경찰청 인권보호센터장 2009년 同수사과장 2010년 중앙공무원교육원 교육파견(경무관) 2011년 강원지방경찰청 차장 2012년 경찰수사연수원장 2012년 경찰청 정보통신관리관 2013년 同정보화장비정책관 2013년 경기지방경찰청 제1차장 2014년 전남지방경찰청장 2015년 경찰대학장(치안정감)(현) [상]근정포장(2006)

백승훈(白承勳) BAEK Seung Hoon

[생]1958·6·15 [본]수원(水原) [출]제주 서귀포 [주]제주특별자치도 제주시 애월읍 평화로2700 제민일보 임원실(064-741-3111) [학]1976년 제주제일고졸 1980년 제주대 농화학과졸 [경]1982~1990년 제주신문 기자 1990년 제민일보 기자 1991년 同제2사회부 차장대우 1996년 同사회부 차장 1997년 同사회부 부장 1998년 同서귀포지사장 겸 편집국 부국장대우 1999년 同기획관리실장 2001년 同편집부국장 2002년 同논설위원 겸 광고국장 2003년 同편집국장(이사) 2005~2008년 同논설위원실장(이사) 2009~2010년 제주도지역협력특보 2011년 제민일보 상무이사 2014년 同대표이사 사장(현) [종]기독교

백승훈(白承勳) Baik Seung Hun

[생]1964·6·12 [출]충남 논산 [주]경기 수원시 장안구 경수대로1110의17 중부지방국세청 조사1국 조사1과(031-888-4662) [학]동국대부속고졸, 세무대졸, 연세대 경제대학원 경제학과졸 [경]공무원 임용(8급 특채) 2007년 사무관 승진 2009년 국세청 조사국 근무 2013년 서울지방국세청 조사4국 조사관리과 근무(서기관) 2014년 충남 서산세무서장 2015년 중부지방국세청 조사1국 조사1과장(현)

백여현(白麗鉉) BAEK Yer Hyun

[생]1964·2·20 [출]서울 [주]서울 강남구 영동대로517 아셈타워10층1001호 한국투자파트너스(주) 사장실(02-6001-5300) [학]1982년 화곡고졸 1987년 성균관대 경영학과졸 [경]1987년 동원증권 기획실·경영관리실 근무 2003년 동원창업투자 지원본부장(상무) 2005년 한국투자파트너스(주) 지원본부장(상무) 2008년 同대표이사 사장(현) [종]불교

백영서(白永瑞) BAIK Young Suh

[생]1953·8·7 [출]인천 [주]서울 서대문구 연세로50 연세대학교 문과대학 사학과(02-2123-2385) [학]1981년 서울대 동양사학과졸 1984년 단국대 대학원 사학과졸 1993년 문학박사(서울대) [경]1985~1988년 한림대 사학과 시간강사·전임강사 1988~1994년 同사학과 조교수·부교수 1994년 연세대 사학과 부교수 1998년 同교수(현) 2003~2005년 同박물관장 2006~2015년 계간 「창작과 비평」 편집주간 2007년 연세대 박물관 간사 2009~2014년 同국학연구원장 2016년 同문과대학장(현) [저]'중국현대대학문화연구 : 정체성위기와 사회변혁' '발견으로서의 동아시아' '동아시아의 귀환 : 중국의 근대성을 묻는다' '주변에서 본 동아시아(共)'(2004) '公共空間中的知識分子(共)'(2007) '제국의 교차로에서 탈제국을 꿈꾸다(共)'(2008, 창비) '동아시아 근대이행의 세 갈래(共)'(2009, 창작과비평사) '동아시아인의 '동양' 인식'(共)'(2010, 창비) '사회인문학이란 무엇인가(共)'(2011, 한길사) '경계초월자와 도시연구(共)'(2011, 라움) '핵심현장에서 동아시아를 다시 묻다'(2013, 창비) '사회인문학의 길'(2014, 창비) 외 다수 [역]'중국사회성격논쟁' '동아시아: 문제와 시각' '동아시아인의 동양인식 : 19-20세기'

백영선(白暎善) Paek Young-Sun

[생]1954·8·3 [출]서울 [주]서울 중구 세종대로9길42 부영빌딩13층 해외건설협회(02-3406-1002) [학]1973년 경기고졸 1978년 서울대 외교학과졸 [경]1977년 외무고시 합격(11회) 1977년 외무부 입부 1981년 駐스위스 3등서기관 1985년 대통령비서실 파견 1993년 외무부 의전담당관 1994년 駐유엔대표부 참사관 1998년 아시아·유럽정상회의(ASEM) 준비기획단 기획총괄부장 1999년 외교통상부 의전심의관 2001년 駐러시아 공사 2004년 외교통상부 의전장 2007년 駐인도 대사 2010년 경기도 국제관계자문대사 2012년 駐폴란드 대사 2014년 해외건설협회 부회장(현) [상]근정포장(1988), 녹조근정훈장(1992), 황조근정훈장(2006), 폴란드 Commander's Cross with Star 훈장(2014)

백영철(白永哲) PAIK Young Chul (靑松)

[생]1938·3·5 [본]수원(水原) [출]평북 용천 [주]서울 종로구 김상옥로30 한국기독교연합회관1604호 한국기독교학교연맹(02-708-4428) [학]1962년 동국대 법학과졸 1968년 미국 인디애나주립대 대학원 정치학과 수료 1969년 미국 데이튼대 대학원 행정학과졸 1978년 연세대 법학대학원졸 1981년 법학박사(연세대) [경]1970년 국무총리 비서관 1971년 국회사무처 비서관 1972~1979년 국회의장 수석비서관 1981년 명지대 부교수 1984년 同사무처장 1987년 관동대 학장 1989~2001년 同총장 1990~2001년 강원교수선교회 고문 1992년 세계대학총장회의 이사 1993~2001년 강원도체육회 부회장 1993~2001년 한국기독교대학협의회 이사 겸 회장 1994~2001년 한국기독교학교연맹 부이사장 1995년 한국대학총장협회 부회장 1996년 한국기독교리더십연구원 부이사장 1996~2001년 강원개발연구원 이사 1997~2001년 한국사립대학총장협의회 부회장 1997~1999년 경찰위원회 위원 2000년 한국대학교육협의회 부회장 2001~2002년 미국 웨인즈버그대 교환교수 2001~2003년 명지대 법정대학 교수 2001년 방목기념사업회 위원장 2003~2009년 혜천대학 학장 2008년 한국기독교학교연맹 이사장(현) 2008년 혜천학원(혜천대학) 이사 2008년 동방학원 이사 2009~2013년 이북5도위원회 평안북도지사 [상]국회의장표창, 국방부장관표창, 청조근정훈장(2003) [저]'농업개발을 위한 행정의 역할' [종]기독교

백영철(白永喆) BAEK Young Chul

[생]1958·5·13 [출]경북 청도 [주]서울 종로구 경희궁길26 세계일보(02-2000-1606) [학]1977년 대륜고졸 1983년 경북대 철학과졸 [경]1983~1984년 삼성생명 근무 1985~1988년 한국일보 사회부·일간스포츠 체육부 기자 1991년 세계일보 기자(시경캡) 1993년 同정당팀장 2000년 同행정팀장 2001년 同정치부 차장 2002년 同특별기획취재팀장 2002년 同정치부장 2003년 同논설위원 2004년 同사회부장 2005년 同문화생활부장 2006년 同편집국 부국장 2007년 同편집국장 2008년 同논설위원 2009년 同논설위원실장 2010년 同논설위원 2011년 同편집국 정치전문기자 2013년 同편집국 정치부 선임기자 2015년 同편집인(현) [상]한국참언론인대상 탐사보도부문(2008), 경북대 자랑스런 언론인상(2009)

백영훈(白永勳) PAIK Young Hoon (연암)

[생]1930·7·20 [출]전북 김제 [주]서울 서초구 남부순환로319길13 한국산업개발연구원(02-2023-9700) [학]1949년 이리농림고졸 1953년 고려대 상과대학졸 1955년 서울대 대학원졸 1956년 독일 쾰른대 대학원졸 1962년 경영학박사(독일 뉘른베르크대) [경]1959~1974년 중앙대 상대 교수 1959~1964년 상공부장관 경제고문 1962~1968년 한국생산성본부 연구소장 1962~1966년 경제개발계획자문위원회 위원장 1964~1973년 대통령 경제고문 1970년 한국생산성본부 산업개발연구소장 1970~1979년 아세아공업개발기구 상임고문 1976년 제9대 국회의원(통일주체국민회의·유신정우회) 1976년 유신정우회 정책연구실 차장 1976년 중앙대 상임이사 1979년 제10대 국회의원(통일주체국민회의·유신정우회) 1981년 한국산업개발연구원 부원장 1982년 同원장(현) 1988~1990년 과학기술처 과학기술정책자문위원 1990~1999년 중소기업중앙회 중소기업정책위원장 1991~1999년 한국방위산업학회 회장 1996~2010년 한국질서경제학회 회장 1996년 한국중견기업연합회 정책자문위원장 2010~2012년 한국질서경제학회 고문 [상]대통령포상(1970), 은탑산업훈장(1972), 대통령 유공기념비(1977), 효령대상(1997), 세계중소기업연맹 중소기업지도자대상(2001), 독일외교협회 민간외교훈장(2001), 독일 대십자훈장(2002), 국민훈장 모란장(2002), 한국방산학회 특별공로상(2012) [저]'공업화과정의 이론'(1959) '현대경제의 이론과 실제'(1959) '한국경제와 공업화과정에 관한 연구'(1962) '현대경제정책의 이론'(1965) '한국의 공업화 발전론'(1972) '우리나라 중화학공업정책'(1973) '한국경제의 도전'(1980) '경영21세기'(1989) '21세기는 너무 늦다'(1993) '아우토반에 뿌린 눈물'(1997) '한국자본주의 제3의 혁명'(2001) '한강에 흐르는 라인강의 기적'(2002) '무엇이 잘산다는 것인가 경제를 새로 쓰자'(2003) '경제키워드100'(2004) '대한민국에 고함'(2005) '조국 근대화의 언덕에서'(2014, 마음과생각) [종]기독교

백완기(白完基) PAIK Wan Ki

[생]1936·11·9 [본]수원(水原) [출]전북 고창 [주]서울 성북구 안암로145 고려대학교 행정학과(02-3290-2270) [학]1955년 전주고졸 1959년 서울대 문리대학 정치학과졸 1961년 同행정대학원졸 1972년 정치학박사(미국 플로리다주립대) [경]1975년 국민대 행정학과 부교수 1976년 同교무처장 1978년 고려대 정경대학 부교수 1979~2002년 同행정학과 교수 1981년 한국정치학회 연구이사

ㅂ

1982년 사회과학연구협의회 편집위원장 1982년 同이사 1985년 한국행정학회 회장 1988년 고려대 행정문제연구소장 1994~1996년 한국사회과학연구협의회 회장 1996~1998년 고려대 정경대학장 1998년 同행정문제연구소장 1999~2002년 同정부학연구소장 2002년 同행정학과 명예교수(현) 2004년 한국외국어대 이사장 2004~2008년 행정개혁시민연합 공동대표 2005년 감사원 시민감사청구위원회 위원장 2007년 대한민국학술원 회원(한국행정·행정문화)(현) 2008년 행정개혁시민연합 고문 [상]근정포장(2002), 학술공로상(2005), 제30회 인촌상 인문·사회부문(2016) [저]'한국정치론(共)'(1976) '한국정치행정의 체계(共)'(1980) '한국의 행정문화'(1982) '행정학'(1984) '민주주의 문화론'(1994) '한국행정학의 기본문제들' '문화와 국가경쟁력(共)'(1997) '성경과 민주주의'(1999) '한국행정학 50년 : 문헌검토를 중심으로'(2005) [종]기독교

백용매(白容梅) Yongmae Baek

[생]1960·2·4 [본]수원(水原) [출]경북 경산 [주]경북 경산시 하양읍 하양로13의13 대구가톨릭대학교 사회과학대학 심리학과(053-850-3233) [학]영남대 심리학과졸, 경북대 대학원 심리학과졸, 심리학박사(경북대) [경]1988년 해인정신건강상담센터 소장 1998년 대구가톨릭대 사회과학대학 심리학과 교수(현) 2002년 한국임상심리학회 정신보건임상심리사 수련위원장 2002년 대구가톨릭대 사회과학부장 2004년 국방부 심리평가자문위원 2004년 대구가톨릭대 사회과학연구소장 2004년 미국 캘리포니아주립대 객원교수 2005년 한국동서정신과학회 회장 2006년 한국임상심리학회 편집위원 2007년 대구동구정신건강증진센터 센터장(현) 2008년 대구가톨릭대 사회과학대학장 2011년 한국임상심리학회 회장 2011년 대구가톨릭대 교양교육원장 2011년 대구시정신보건기관협의회 회장 2012년 한국중독심리학회 회장 2013~2015년 한국도박문제관리센터 비상임이사 2014년 대구가톨릭대 특성화사업추진단 부단장 2014년 同중독과폭력의예방·치유·재활을위한전문인력양성사업단장(현) 2016년 同특성화추진단장(현) 2016년 同교학부총장(현) [상]보건복지부장관표창(2009), 교육부장관표창(2016) [역]'아동의 심리치료'(2003, 학지사) '치료자의 자기분석과 성장을 위한 워크북'(2006, 학지사) '표현치료'(2009, 시그마프레스) '마음의 정원'(2014, 학지사) [종]천주교

백용천(白龍天) BAEK Yong Chun

[생]1966·1·4 [출]대구 [주]세종특별자치시 갈매로477 기획재정부 미래경제전략국(044-215-4900) [학]1984년 대구 성광고졸 1988년 서울대 경제학과졸 1990년 同행정대학원졸 1998년 미국 조지아대 대학원 경영학과졸 [경]1994년 재정경제부 금융정책실 자금시장과 사무관 1998년 同국민생활국 물가정책과 사무관 2000년 同물가정책과 서기관 2005년 同경제자유구역기획단 송도청라팀장 2006년 同정책조정국 지역경제정책과장 2008년 대통령 재정경제비서관실 행정관 2009년 대통령 경제비서관실 행정관 2009년 기획재정부 국고국 국고과장 2011년 駐중국대사관 파견(공사참사관) 2014년 교육 파견(고위공무원) 2015년 대통령소속 국민대통합위원회 국민소통국장 2015년 기획재정부 미래경제전략국장(현) [상]대통령표창(1993)

백용하(白龍夏) BAEK Yong Ha

[생]1968·1·31 [본]수원(水原) [출]서울 [주]경기 수원시 영통구 월드컵로120 수원지방검찰청(031-210-4200) [학]1986년 서울고졸 1992년 서울대 사법학과졸 2009년 미국 조지워싱턴대 연수 [경]1993년 사법시험 합격(35회) 1996년 사법연수원 수료(25기) 1999년 청주지법 판사 2002년 同보은군·괴산군·진천군법원 판사 2003년 수원지법 판사 2005년 서울동부지검 검사 2007년 창원지검 검사 2009년 同부부장검사 2010년 同통영지청 부장검사 2010년 울산지검 공안부장 2011년 춘천지검 영월지청장 2012년 인천지검 부천지청 부장검사 2013년 의정부지검 고양지청 부장검사 2014년 서울중앙지검 공판2부장 2015년 춘천지검 부장검사 2016년 수원지검 부부장검사(국민권익위원회 파견)(현) [종]기독교

백용호(白容鎬) Baek Yong Ho

[생]1956·9·2 [출]충남 보령 [주]서울 서대문구 이화여대길52 이화여자대학교 정책과학대학원 이화포스코관연구동306호(02-3277-4689) [학]1980년 중앙대 경제학과졸 1983년 미국 뉴욕주립대 대학원 경제학과졸 1985년 경제학박사(미국 뉴욕주립대) [경]1993년 경제정의실천시민연합 상임집행위원 및 국제위원장 1994년 대통령자문 21세기위원회 위원 1996년 여의도연구소 부소장 2002년 서울시정개발연구원 원장 2005년 이화여대 정책과학대학원 교수 2006년 공적자금관리위원회 위원 2008년 제17대 대통령직인수위원회 경제1분과위원회 위원 2008년 공정거래위원회 위원장 2009~2010년 국세청장 2010~2011년 대통령실 정책실장 2012~2013년 대통령 정책특별보좌관 2012년 이화여대 정책과학대학원 교수(현) [상]미국 뉴욕주립대 최우수논문상(1986), 자랑스러운 중앙인상(2008), 한국여성단체협의회 감사패(2009), 미국 뉴욕주립대 자랑스러운 한국동문상(2010), 한국정책대상(2010), 청조근정훈장(2013) [저]'증권금융론'(1992) '돈의 경제학'(1997) '금융증권 시장론(共)'(2000) '백용호의 반전'(2014, 김영사)

백운기(白雲起) PAEK WOON KEE

[생]1962·4·1 [본]수원(水原) [출]부산 해운대 [주]대전 유성구 대덕대로481 국립중앙과학관 연구진흥과(042-601-7981) [학]1981년 부산 브니엘고졸 1986년 경남대 생물학과졸 1988년 同대학원 동물학과졸 1995년 이학박사(경남대) 2015년 명예 교육학박사(몽골 국립사범대) [경]1990년 한국조류학회 이사, 同편집위원 겸 부회장(현) 1992년 국립중앙과학관 연구관, 同홍보협력과장, 同연구진흥과장 겸 자연사연구실장(현) 1997년 일본 환경청 국제협력센터 객원연구원 2000~2007년 대전일보·중도일보 칼럼위원 2001년 문화재위원회 전문위원(현) 2004~2012년 충청매일 칼럼위원 2006~2014년 시화호관리위원회 위원 2007~2008년 충남대 겸임교수 2008년 행정중심복합도시건설청 문화재위원회 위원(현) 2010년 미래창조과학부 기탁등록보존기관(국립중앙과학관) 센터장(현) 2011년 (사)한국환경생태학회 편집위원장·부회장(현) 2011~2013년 디지털타임즈 칼럼위원 2015년 범부처 생명연구자원책임기관협의회 동물자원실무위원장(현) [상]한국환경생태학회 저술상(2002), 한국환경생태학회 우수발표상(2003), 한국환경생태학회 우수포스타상(2004), 한국조류학회 공로상(2006), 한국동물분류학회 감사장(2008), 국무총리표창(2008), 한국환경생태학회 저술상(2010), 국제 몽골야생조류 사진콘테스트 2위(2010), 한국환경생태학회 저술상(2011·2012·2014), 미래창조과학부장관표창(2015) [저]'금강유역 수질환경 및 자연생태'(1998, 이화출판사) '조류학생태학'(2000, 아카데미서적) '자연탐구길라잡이'(2004, 대문사) '자연탐구길라잡이Ⅱ'(2007, 대문사) '숲생태계 해설 안내'(2009, 란기획) '생물다양성정보의 오늘과 내일'(2009, 세계생물다양성정보기구(GBIF) 한국사무국) '시각장애인을 위한 숲속동식물점자도감 숲속의 조류'(2009, 대구대점자도서관) '자연사길라잡이 한국의 조류'(2010, 국립중앙과학관) '생물다양성 99 세상에 알리다'(2011, 신진기획) '한국의 노래기'(2011, 신진기획) '환경생태학 생태계의 보전과 관리'(2012, 라이프사이언스) '숲 생태 도감'(2012, 국립중앙과학관) '2차원 바코드로 보는 SMART 생물도감'(2012, 우림엔알) '자연사 표본채집 및 제작기법'(2012, 신진기획) '생태계의 보고 독도·울릉도'(2012, 서원기획) '국립중앙과학관 소장 희귀조류표본(1907~1917) 도록'(2013, 란기획) '아시아 멸종위기 야생 동·식물 적색목록집'(2013, 란기획) '우리나라의 푸른 섬 제주'(2014, 자연과생태) '천연보호구역 독도'(2014, 서원기획) '한국의 천연기념물(조류) 자연의 숨은 보물을 찾아서'(2014, 란기획) '자연사 표본 채집 및 제작기법'(2014, 프랜즈아이플러스) 'Biodiversity of Ikh Nart Nature Reserve(2015, 프랜즈아이플러스) 'Biodiversity of Shatan'(2015) '민물고기(자연도감1)'(2015, 자연과생태) '거미(자연사도감2)'(2015, 자연과생태) '2014년 생물다양성 심층 조사·연구 철새의 낙원 유부도'(2015, 서원기획) [역]'생물종데이터 품질의 원칙'(2009, 현대영상미디어) '생물종데이터 정제원칙과 방법'(2009, 현대영상미디어) '1차 생물종-발생 데이터 이용방법'(2009, 현대영상미디어) '생물종 기준표본의 디지털이미지 매뉴얼(2010, Korean Biodiversity Information Facility) '생물다양성 연구의 데이터 이용과 접근'(2011, 세계생물다양성정보기구(GBIF)한국사무국) '조류·포유류 조사 및 모니터링 기법 연구'(2013, 란기획) '양서·파충류·어류 조사 및 모니터링 기법 연구'(2013, 란기획) [작]'숲에서 만난 곤충·우리동네 곤충친구' 발매 (2012·2013, 엔씨소프트) '곤충도감 앱 개발'(2012, 동아사이언스) '한국의 조류 앱 개발'(2013, LG상록재단)

백운석(白雲石) BAEK Woon Suk

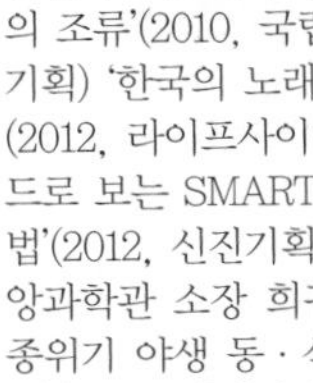

[생]1961·11·3 [출]충남 보령 [주]인천 서구 환경로42 환경부 국립생물자원관 관장실(032-590-7454) [학]1980년 성동기계공고졸 1983년 서울보건전문대학 환경관리학과졸 1990년 한국방송통신대 행정학과졸 1996년 서울대 대학원 환경보건학과졸 2006년 미국 콜로라도주립대 대학원 행정학과졸 2012년 환경보건학박사(서울대) [경]1992년 기술고시 합격(27회) 2001년 환경부 국제협력관실 지구환경담당관실 서기관 2002년 同수질보전국 유역제도과 서기관 2006년 국립환경인력개발원 교육혁신기획과장 2007년 환경부 환경감사담당관 2008년 同환경전략실 생활환경과장 2009년 同물환경정책국 상하수도정책관실 토양지하수과장 2010년 同환경보건정책관실 환경보건정책과장 2012년 한국환경정책평가연구원(KEI) 파견(고위공무원) 2013년 국방대 교육파견 2014년 환경부 낙동강유역환경청장 2016년 同국립생물자원관장(현)

백운용(白雲龍) BAEK Woon Young

[생]1958·4·13 [출]인천 [주]강원 원주시 봉산로1 원주경찰서 서장실(033-738-0332) [학]인천고졸, 아주대 경영대학원졸 [경]1997년 부산 남부경찰서 경비과장 2006년 서울지방경찰청 교통안전과 순찰대 총경 2006년 울산지방경찰청 정보과장 2007년 울산 동부경찰서장 2009년 울산지방경찰청 정보과장 2010년 서울지방경찰청 교통관리과장 2010년 서울 강북경찰서장 2011년 인천지방경찰청 외사과장 2011년 인천 남동경찰서장 2013년 인천지방경찰청 보안과장 2014년 인천 부평경찰서장 2015년 강원지방경찰청 정보화장비담당관 2016년 강원 원주경찰서장(현)

백운일(白雲一) BAEK Woon Il

[생]1957·2·15 [주]서울 종로구 종로1길36 대림산업(주) 토목사업본부(02-2011-7114) [학]경희고졸, 한양대 토목공학과졸, 同대학원 토목공학과졸 [경]대림산업(주) 토목사업본부 사업담당 이사 2004년 同토목사업본부 사업담당 상무보 2008년 同기술연구소장(상무) 2011년 同기술연구소장(전무) 2012년 同토목사업본부 전무 2016년 同토목사업본부 부사장(현)

백운찬(白雲瓚) BAEK Un Chan

[생]1956·2·13 [본]수원(水原) [출]경남 하동 [주]서울 서초구 명달로105 한국세무사회(02-521-9454) [학]1976년 진주고졸 1980년 동아대 법대졸 1982년 同대학원 법학과졸(석사) 2000년 미국 위스콘신대 대학원 공공정책학과졸(석사) 2012년 세무학박사(서울시립대) [경]1980년 행정고시 합격(24회) 1995년 재정경제원 세제실 법인세제과 서기관 1995년 대통령비서실 파견 2001년 재정경제부 조세지출예산과장 2002년 同소득세제과장 2004년 同세제실 조세정책과장(부이사관) 2005년 국회 재정경제위원회 파견 2006년 재정경제부 EITC추진기획단 부단장 2007년 同부동산실무기획단 부단장 2008년 기획재정부 관세정책관 2008~2010년 同재산소비세정책관 2010년 국무총리실 조세심판원장(고위공무원) 2011년 기획재정부 세제실장 2011~2013년 지식경제부 무역위원회 비상임위원 2013~2014년 관세청장 2015년 한국세무사회 제29대 회장(현) [상]근정포장(1994), 홍조근정훈장(2012), 납세자권익상(2012), 황조근정훈장(2014)

백원국(白源國)

[생]1967·10·2 [주]경기 수원시 팔달구 효원로1 경기도청 도시주택실(031-8008-3501) [학]거창 대성고졸, 성균관대 건축공학과졸 [경]1996년 기술고시 합격(31회) 1997~2007년 건설교통부 기획조정실·기획담당관실·복합도시기획과·기술정책과 사무관 2007년 기술서기관 승진 2007~2008년 건설교통부 국토정책과 남북정상회담종합대책반·국토정보정책과 기술서기관 2007년 미국 연방지리정보청(USGS) 파견(과장급) 2011년 국토해양부 공공기관지방이전추진단 종전부동산기획과장 2013년 국토교통부 공공주택건설추진단 행복주택정책과장 2014년 부이사관 승진 2016년 경기도 도시주택실장(현)

백원우(白元宇) BAEK Won Woo

[생]1966·5·2 [본]수원(水原) [출]서울 [주]경기 수원시 장안구 정자로146 더불어민주당 경기도당(031-258-1219) [학]1984년 동국대사대부고졸 1993년 고려대 신문방송학과졸 [경]1988년 전국대학생대표자협의회 연대사업국장 1989년 평화민주통일연구회 기획실 간사 1992년 통합민주당 시흥·군포지구당 총무부장 1994년 제정구 국회의원 비서관 1997년 새정치국민회의 노무현부총재 보좌역 1997년 同김대중후보 선거대책위원회 수도권특별유세단 기획팀장 1998년 노무현 국회의원 비서관 2002년 새천년민주당 노무현 대통령후보 정무비서 2003년 제16대 대통령직인수위원회 행정실 전문위원 2003년 대통령 민정수석비서관실 행정관 2004년 제17대 국회의원(경기 시흥甲, 열린우리당·대통합민주신당·통합민주당) 2006~2007년 열린우리당 전자정당위원장 2008~2012년 제18대 국회의원(경기 시흥甲, 통합민주당·민주당·민주통합당) 2008~2010년 민주당 유비쿼터스위원장 2008~2010년 국회 보건복지가족위원회 간사 2009년 민주당 홍보미디어위원장 2010년 한국U헬스협회 고문 2010년 국회 행정안전위원회 민주당 간사위원 2011년 민주통합당 경기도당 시흥甲지역위원회 위원장 2012년 제19대 국회의원선거 출마(경기 시흥甲, 민주통합당) 2015년 더불어민주당 경기시흥甲지역위원회 위원장(현) 2016년 제20대 국회의원선거 출마(경기 시흥시甲, 더불어민주당)

백원인(白原寅) BAEK Wonin

[생]1957·1·9 [출]전북 임실 [주]경기 성남시 분당구 판교로562번길1 클리포드빌딩 이미지넥스트(031-8022-7504) [학]1983년 단국대 화학공학과졸 2007년 연세대 경영전문대학원 경제학과졸 2008년 미국 컬럼비아대 Executive Education과정 수료 [경]1983년 아남반도체 근무 1984~1987년 현대전자산업 근무 1988~2001년 컨실리엄 아시아·Korea지사장 2001~2011년 미라콤아이앤씨 대표이사 2004~2006년 현대정보기술 대표이사 사장 2006~2008년 소프트웨어공제조합 이사장 2007년 벤처협회 부회장 2011년 이미지넥스트 대표이사(현) [종]기독교

백원필(白源弼) Baek, Won-Pil

[생]1961 [주]대전 유성구 대덕대로 989번길111 한국원자력연구원(042-868-8913) [학]1982년 서울대 공과대학 원자핵공학과졸 1984년 한국과학기술원(KAIST) 원자력공학 석사 1991년 원자력공학박사(한국과학기술원) [경]1991~2001년 한국과학기술원(KAIST) 신형원자로연구센터 연구원·원자력공학과 연구부교수 2001~2007년 한국원자력연구원 열수력대과제 책임자 2007~2010년 同열수력안전연구부장 2010~2015년 同원자력안전연구본부장 2016년 同연구개발부원장(현) 2016년 경제협력개발기구(OECD) 산하 원자력기구(NEA) 부의장(현) [상]한국원자력학회 제1회 두산원자력기술상(2009), 과학기술훈장 도약장(2011), 동아일보 '10년 뒤 한국을 빛낼 100인' 선정(2014)

백윤기(白潤基) PAIK Yoon Ki

[생]1955·8·15 [본]수원(水原) [출]경북 청도 [주]경기 수원시 영통구 월드컵로206 아주대학교 법과대학(031-219-2758) [학]1973년 경북고졸 1977년 서울대 법학과졸 1983년 同대학원 법학과졸 1988년 미국 컬럼비아대 법과대학원(Law School) 수료 1995년 법학박사(서울대) [경]1976년 사법시험 합격(18회) 1978년 사법연수원 수료(9기) 1979년 부산지법 판사 1982년 수원지법 성남지원 판사 1984년 서울민사지법 판사 1985년 법제처 파견 1986년 서울민사지법 판사 1988년 서울고법 판사 1991년 대법원 재판연구관 1993년 대구지법 부장판사 1995년 인천지법 부천지원 부장판사 1997년 서울지법 동부지원 부장판사 1998년 서울행정법원 부장판사 2000년 서울지법 부장판사 2000~2005년 변호사 개업·법무법인 두우 대표변호사 2002~2006년 법원행정처 행정소송법개정위원회 위원 2002년 방송위원회 행정심판위원회 위원 2002년 同보도교양심의위원회 위원 2005~2009년 국무총리 행정심판위원회 위원 2005년 한국공법학회 부회장 2005년 아주대 법과대학 교수(현) 2005·2012~2014년 同법과대학장 2006~2010년 경기지방소청심사위원회 위원장 2008~2014년 아주대 법학전문대학원장 2008~2014년 방송통신위원회 행정심판위원회 위원 2009·2013~2014년 아주대 법무대학원장 2009년 법학전문대학원평가위원회 위원(현) 2011~2014년 법제처 법령해석심사위원 2012년 제1회 변호사시험 출제위원 2012~2014년 대통령직속 규제개혁위원회 위원 2013년 대한변호사협회 사법평가위원회 위원(현) [저]'행정작용과 행정소송'(2007) '주제별 행정구제법 강의'(2009) [종]천주교

백윤수(白允秀) BAEK Yoon Soo

[생]1956·2·2 [주]서울 서대문구 연세로50 연세대학교 기계공학과(02-2123-2827) [학]1979년 연세대 기계공학과졸 1981년 同대학원 기계공학과졸 1986년 미국 Oregon State Univ. 대학원 기계공학과졸 1990년 기계공학박사(미국 Oregon State Univ.) [경]연세대 공과대학 기계공학과 교수(현) 1996년 同기전공학부 기획위원장 1997년 한국자동차공학회 춘계학술대회 좌장 1997년 국립기술품질원 품질인증(EM 마크)위원 1997년 연세대 기전공학부 학사위원장 1998년 한국산업기술진흥협회 국산신기술(KT마크) 심사위원 1999년 한국창업보육센터협회 부회장 1999년 연세대 창업보육센터장 2004년 同입학관리처장 2005~2006년 同정보통신처장 2005년 同정보화추진위원장 2007~2009년 창의공학연구원 이사장 2012년 연세대 윤리경영담당관 2013~2016년 同법인본부장 [저]'정역학'(1995) '디지털 제어시스템'(1995) '기구학'(1996)

백윤재(白允才) Baek, Yun-Jae (白虎)

[생]1959·6·23 [본]수원(水原) [출]서울 [주]서울 강남구 테헤란로87길36 도심공항타워19층 법무법인 한얼(02-6004-2522) [학]1978년 한영고졸 1982년 서울대 법학과졸 1985년 同대학원 법학과 수료 1993년 미국 하버드대 로스쿨 법학과졸 [경]1982년 사법고시 합격(24회) 1984년 사법연수원(14기) 1985~1988년 육군 법무관 1988~1992년 동서종합법률사무소 변호사, 코리아벤처포럼 부회

장 겸 법률자문 1993년 미국 뉴욕·워싱턴 Bryan Cave 변호사 1994년 법무법인 광장 변호사 1995년 대한상사중재원 중재인(현) 1995~2002년 MBC '백윤재의 생활법률' 라디오 진행 1997년 법무법인 한얼 대표변호사(현) 1998~1999년 숭실대 통상대학원 강사 2004년 한국중재학회 부회장 2004년 대한중재인협회 부회장 2005~2009년 재정경제부 정보공개심의회 심의위원 2006년 ICC Korea 중재위원(현) 2006~2009년 한국보건사회연구원 감사 2006년 법무부 국가배상심의회 심의위원(현) 2009년 중국 대련 및 이집트 카이로 국제중재센터 중재인(현) 2010년 서울대법과대학동창회 부회장(현) 2013년 (주)심팩 사외이사(현) 2014년 문화체육관광부 콘텐츠분쟁조정위원회 위원장(현) 2014년 말레이시아 쿠아라룸푸르국제중재센터 중재인(현) 2015년 중국 상해상사중재원 중재인(현) 徵산업자원부장관표창(2014), 법무부장관표창(2015) 困'돈과 법률'(1998, 한국경제신문 연재) 종천주교

백윤흥(白潤興) Paek, Yunheung

倖1965·7·25 邑수원(水原) 畜서울 冑서울 관악구 관악로1 서울대학교 공과대학 전기·정보공학부(02-880-1748) 學1984년 배문고졸 1988년 서울대 컴퓨터공학과졸 1990년 同대학원 컴퓨터공학과졸 1997년 전산학박사(미국 일리노이대) 徑1997년 미국 일리노이대 박사후연구원 1997~1999년 미국 New Jersey Inst. Tech. 조교수 1999~2003년 한국과학기술원 전자전산학과 조교수·부교수 2003년 서울대 공과대학 전기공학부 부교수·교수 2012년 同공과대학 전기·정보공학부 교수(현) 종기독교

백융기(白融基) Young-Ki Paik (松川)

倖1953·1·8 邑수원(水原) 畜대전 冑서울 서대문구 연세로50 연세대학교 생명시스템대학 생화학과(02-2123-4242) 學1975년 연세대 생화학과졸 1983년 생화학박사(미국 미주리대 컬럼비아교) 徑1977~1979년 국방과학연구소 Research Associate 1979~1981년 미국 Univ. of Missouri-Columbia Research Associate 1981~1983년 E.I. du Pont Co. Cardiovascular Group Visiting Scientist 1983~1986년 Gladstone Institute of Cardiovascular Diseases, Univ. of California/Postdoctoral Fellow 1986~1989년 Gladstone Foundation Laboratories Univ. of California, San F Staff Research Inv. 1989~1993년 한양대 생화학과 부교수 1992년 同생화학과장 1993년 농업유전공학연구소 전문위원 1993년 연세대 생화학과 부교수 1995~2009년 同생화학과 교수 2000년 同연세프로테옴연구원 원장(현) 2001년 Human Proteome Organization Council Member 2001~2005년 한국인간프로테옴기구 회장 2001~2007년 아세아·오세아니아인간프로테옴기구 사무총장 2002~2008년 세계인간프로테옴기구(HUPO) 사무총장·부회장, 同총회 공동조직위원장 겸 학술위원장 2003~2011년 질병유전단백체연구지원센터 소장 2007년 한국인간프로테옴기구(KHUPO) 이사(현) 2008~2010년 아세아·오세아니아인간프로테옴기구(AOHUPO) 회장 2009~2010년 세계인간프로테옴기구(HUPO) 회장 2009년 연세대 생명시스템대학 생화학과 특훈교수(현) 2011년 글로벌인간염색체단백질지도사업(C-HPP) 의장(현) 2013년 한국과학기술한림원 이학부장 徵MSD Award(1996), 한국생화학회 동헌생화학상(1999), 세계인간프로테옴기구(HUPO) 공로상(2004), 과학교육기술부 이달의 과학기술자상(2005), 경암학술상(2005), 보건복지부 이달의 보건인상(2005) 困실험생화학(共) 종가톨릭

백을선(白乙善) BAEK Eul Seon

倖1956·3·1 畜광주 冑서울 강서구 공항대로475 한국임업진흥원 총괄본부(02-6393-2700) 學1981년 전남대 임학과졸 1983년 同대학원 임학과졸 1989년 임학박사(일본 홋카이도대) 徑2004~2012년 한국임학회 부회장 2007~2008년 광릉숲보전협의회 부위원장 2007년 국립산림과학원 산림생산기술연구소장 2008~2010년 同산림자원육성부장 2009~2010년 한국종자연구회 부회장 2010년 국립산림과학원 녹색자원이용부장 2012년 한국임업진흥원 총괄본부장(현) 徵대통령표창(2005), 홍조근정훈장(2011) 困'생태계경영'(2005, 전남대 출판부) '주요국의 국유림정책 및 경영실태'(2009, 국립산림과학원) '조경수 재배기술 및 관리'(2009, 국립산림과학원) 종불교

백인균(白仁均) Baek In Gyun

倖1963·4·29 冑서울 영등포구 은행로14 KDB산업은행 경영관리부문장실(02-787-4000) 學1982년 충남고졸 1986년 충남대 회계학과졸 徑1989년 KDB산업은행 입행 1999년 同수신기획부 대리 2002년 同기업구조조정실 차장 2003년 同M&A실 차장 2005년 同프로젝트파이낸스실 부팀장 2006년 同홍보실 팀장 2007년 同투자금융실 팀장 2011년 同사모펀드실 팀장 2013년 同사모펀드2실장 2015년 同홍보실장 2016년 同경영관리부문장(집행부행장)(현)

백인근(白仁根) Paik, In-Keun

倖1956·4·6 邑수원(水原) 畜서울 冑서울 중구 삼일대로363 장교빌딩20층 고려제강 영업본부(02-316-6108) 學1974년 숭문고졸 1984년 한국외국어대 서반아어학과졸 徑1984년 고려제강 입사 2010년 同영업본부 부사장(현)

백인성(白仁成) BAIK In Sung

倖1955·12·4 畜서울 冑부산 남구 용소로45 부경대학교 환경지질과학과(051-629-6625) 學1979년 서울대 이학과졸 1981년 同대학원졸 1986년 이학박사(서울대) 徑1982년 한국동력자원연구소 연구원 1983~1995년 부산수산대 응용지질학과 전임강사·조교수·부교수 1991년 미국 마이애미대 방문연구원 1995년 부산수산대 응용지질학과 교수 1996년 부경대 환경지질과학과 교수(현) 2006~2008년 同교무처장 2016년 同부총장 겸 기록관장(현) 徵대한지질학회 학술상(1990), 제9회 과학기술우수논문상(1999), 부산과학기술상(2005) 困'전남 보성 공룡알화석과 고환경'(1999, 한국고생물학회) '백악기 경상분지의 퇴적환경과 화석기록'(1999, 지구과학교육연구회) 母'국제지층구분지침서'(1997) '자연재해와 재난'(2006, 시그마프레스)

백인현(白仁鉉) Paek, In-Hyun (松溪·大平·月照)

倖1956·10·20 邑수원(水原) 畜충남 공주 冑충남 공주시 웅진로27 공주교육대학교 미술교육과(041-850-1712) 學1975년 공주사대부고졸 1979년 공주사대 미술교육과졸 1985년 홍익대 대학원 동양화과졸 徑1981년 충남미술대전 초대작가·심사위원·운영위원 1981년 경향미술대전 심사위원·서해미술대전 심사위원·나혜석미술대전 심사위원·인천직할시미술대전 심사위원 1987년 공주교육대 미술교육과 전임강사·조교수·부교수·교수(현) 1987년 同대학신문사 주간교수·미술교육과 학과장·교육대학원 초등미술교육전공 주임교수·학생처장 1994~1995년 충남한국화협회 회장 1995년 초등학교미술교과용도서 연구위원·집필위원·검정심사위원 1997년 공주시 시정평가위원·도시계획위원·웅진문화상 심사위원·미술장식품설치 심의위원, 충남도 미술장식품설치 심의위원 1998~1999년 한길한국화회 회장 1999~2000년 한국미술협회 공주지부장 2002년 중등교사임용고사 미술과 출제위원 2004~2005년 충남한국화협회 회장 2004·2006년 한국화전통미술제 추진위원장(현) 2005년 중국 당산사범대학 미술과 연구교수 2008년 중등교사임용고사 미술과 출제위원 2007~2009년 백제문화예술대전 대회장 2007년 백제문화제추진위원회 집행위원(충남 공주시), 백제문화예술네트워크 대표(현) 2010~2011년 충남문화재위원회 전문위원·충남문화지원사업 심사위원·경남도립미술관 작품심의위원 2014~2015년 공주교육대 박물관장 徵충남미술대전 특선·대상(1977~1980), 대한민국미술대전 입선(1982), 충남도지사표창(1982, 1989) 困'한국 蘆雁圖의 연구' '초등학교 미술(교과서)' 母'충남미술대전 특선 및 대상'(1977~1980) '한길한국화회전'(1979~현재) '충남미술대전 초대작가전'(1981~현재) '한국미술협회 공주지부 창립 및 회원전'(1981~현재) '대한민국미술대전 입선'(1982) '충남한국화협회 창립 및 회원전'(1983~현재) '대전직할시미술대전 초대작가전'(1989~현재) '공주교육대학교 교수작품전'(1992~현재) '요산요수 한국화개인전 10회(서울, 공주, 대전, 중국 북경, 중국 단동)'(1986~현재)

백인호(白仁鎬) BAIK In Ho

倖1938·9·2 邑수원(水原) 畜전남 장성 冑경기 성남시 수정구 성남대로1342 가천대학교 언론영상광고학과(031-750-5114) 學1964년 중앙대 법학과졸 1975년 고려대 경영대학원 수료 1982년 중앙대 대학원졸 徑1965년 매일경제신문 입사 1976~1979년 同산업부장·경제부장·정경부장 1979년 同편집부 부국장 1984년 同편집국장 1986년 同광고연구소장 겸 조사자료실장 1987년 同데이터뱅크국장 1988년 同이사 1990년 同이사·주간매경 편집인 1991년 同상무이사 1991년 한국신문편집인협회 감사 1992년 IPI 한국위원회 위원 1993년 매일경제TV 대표이사 전무 1996~1999년 同대표이사 부사장 1997년 한국케이블TV방송협회 이사 1997년 同부회장 1998년 프로그램공급사협의회 회장 1999~2003년 YTN 대표이사 사장 2003년 중앙대 신문방송학과 초빙교수 2003~2013년 금호종합금융(주) 사외이사 2004년 광주일보 사장 2006년 리빙TV 대표이사 사장 겸임 2006년 프라임방송(부동산전문 케이블TV) 대표이사 2007년 同각자대표이사 2007년 同프라임개발 고문 2008~2010년 리빙TV 대표이사 회장 2010~2012년 경원대 신문방송학과 초빙교수 2012~2014년 가천대 신문방송학과 초빙교수 2014~2016년 중앙대 신문방송대학원 초빙교수 2016년 가천대 언론영상광고학과 초빙교수(현) 徵중앙언론문화상 신문부문(2004) 困'산업정보전략'

백일섭(白一燮) Il Sub BAEK
[생]1973·11·9 [주]경기 과천시 관문로47 미래창조과학부 과학기술전략본부 생명기초조정과(02-2110-2650) [학]1992년 배명고졸 1998년 서울대 기계공학과졸 2005년 한국방송통신대 경제학과졸 2010년 영국 버밍엄대 대학원 경제학과졸 [경]1998년 기술고시 합격(34회) 2000~2011년 과학기술부 기계사무관·교육과학기술부 기계사무관 2011~2012년 교육과학기술부 기술서기관·특성화고취업촉진팀장 2012년 同연구기관지원팀장, ITU전권회의준비기획단 의장지원과장 2015년 미래창조과학부 원천기술과장 2016년 同과학기술전략본부 생명기초조정과장(현) [상]특허청장표창(2004), 근정포장(2015)

백일헌(白日田) PAIK ILHON
[생]1967·4·2 [본]수원(水原) [출]경북 성주 [주]서울 중구 덕수궁길15 서울특별시청 감사위원회(02-2133-3050) [학]1986년 영남고졸 1993년 서강대 경영학과졸 [경]2010년 서울시 한강사업본부 공원사업부장 2011년 同행정국 서기관 2012년 대통령 공직기강비서관실 행정관 2013년 서울시 재무국 재정사업단장 2015년 同감사위원회 안전감사담당관(현) [상]대통령표창(2008)

백일현(白一鉉) BAEK Il Hyun
[생]1967·12·29 [출]충남 연기 [주]세종특별자치시 다솜로261 국무조정실 공직복무관리관실(044-200-2745) [학]1986년 공주대사대부고졸 1990년 서울대 사회복지학과졸 [경]1991년 행정고시 합격(35회) 2000년 국무조정실 외교안보의정심의관실 서기관 2000년 同농수산건설심의관실 서기관 2003년 同농수산건설심의관실 과장 2006년 同외교안보심의관실 통일안보과장 2007년 同규제개혁2심의관실 일반행정과장 2008년 국무총리실 사회규제관리관실 사회규제심사1과장 2009년 同규제개혁정책관실 규제총괄과장(서기관) 2010년 同규제총괄정책관실 규제총괄과장(부이사관) 2010년 同국정운영2실 농수산국토정책관(고위공무원) 2011년 교육파견(고위공무원) 2012년 국무총리실 개발협력정책관 2013년 국무조정실 개발협력정책관 2014년 同교육문화여성정책관 2015년 同공직복무관리관(현)

백재명(白宰明) BAEK Jae Myung
[생]1967·11·10 [출]부산 [주]부산 연제구 법원로15 부산지방검찰청 공안부(051-606-4306) [학]1986년 부산 동천고졸 1990년 서울대 법과대학 법학과졸 [경]1994년 사법시험 합격(36회) 1997년 사법연수원 수료(26기) 1997년 서울지검 검사 1999년 대구지검 안동지청 검사 2000년 부산지검 검사 2002년 대구지검 검사 2004년 법무부 검찰3과 검사 2006년 서울동부지검 검사 2008년 국가정보원 파견 2009년 서울동부지검 부부장검사 2010년 서울중앙지검 부부장검사 2011년 대구지검 상주지청장 2012년 서울동부지검 형사6부장 2013년 법무부 검찰국 공안기획과장 2014년 대검찰청 공안1과장 2015년 서울중앙지검 공안1부장 2016년 부산지검 공안부장(현)

백재봉(白在峯) JAEBONG PAIK
[생]1958·10·21 [출]서울 [주]서울 강남구 언주로30길39 삼성SEI타워20층 삼성안전환경연구소(02-3014-1700) [학]1977년 환일고졸 1981년 연세대졸 2004년 광운대 환경대학원졸 [경]1983년 삼성 공채 입사 2010년 삼성경제연구소 전무 2013년 대한상공회의소 화학물질안전대책단장 2013년 삼성경제연구소 부사장(현) 2013년 삼성안전환경연구소 소장 겸임(현) 2015년 제8기 지속가능발전위원회 위원(현) 2016년 대한상공회의소 환경기후위원회 위원장(현) [상]산업포장(1999), 녹색경영대상 매일경제 회장표창(2010), 국민포장(2012)

백재승(白宰昇) PAICK Jae Seung
[생]1953·3·14 [출]서울 [주]서울 종로구 대학로101 서울대학교병원 비뇨기과(02-2072-2422) [학]1977년 서울대 의대졸 1980년 同대학원 의학석사 1984년 의학박사(서울대) [경]1978~1982년 서울대병원 전공의 1982년 계명대 의대 전임강사 1983년 국립의료원 과장 1985년 원자력병원 과장 1987년 서울대 의과대학 비뇨기과학교실 교수(현) 1995년 일본 삿포로의대 초청교수 1995년 일본 관서의대 초청교수 2002~2007년 서울대병원 임상의학연구소 연구기획부장 2003년 同비뇨기과장 2007년 대한불임학회 회장 2007년 서울대병원 임상의학연구소장 2008년 대한비뇨기과학회 이사장 2009~2010년 同회장 2014~2016년 서울대병원 의학역사문화원장 [상]KABI-PHARMACIA-PREIS des Forum Urodynamicume.V(1992), 국외발표우수논문상(4회), 과학기술우수논문상(2001), 해외학술상(2004), 페링해외학술상(2004), Best Abstract on Basic Science Male(2004), 서울대병원 SCI I.F상(2005·2006·2007), 대한남성과학회 해외논문 학술상(2005·2006·2008·2012), 대한비뇨기과학회 우수논문상(2006), 대한배뇨장애요실금학회 학술상(2006·2009), 서울대병원 학술상(2008·2009) [저]'폐경기 건강(共)'(2006) '비뇨기과학(共)'(2007) '미래의학(共)'(2008) '남성의 성기능 장애(共)'(2008) '제2판 배뇨장애와 요실금(共)'(2009) '남성갱년기(共)'(2009) '부인과 내분비학(共)'(2012) '제2판 남성건강학(共)'(2013) '남성건강 15대 질환 길라잡이(共)'(2015) '제3판 배뇨장애와 요실금(共)'(2015) '제3판 남성과학(共)'(2016) [종]천주교

백재현(白在鉉) BAEK Jae Hyun (솔뫼)
[생]1951·7·4 [출]전북 고창 [주]서울 영등포구 의사당대로1 국회 의원회관729호(02-788-2326) [학]1969년 검정고시 합격 1979년 경기대 무역학과졸 1996년 연세대 행정대학원 고위정책과정 수료 1997년 서울대 행정대학원 정보통신정책과정 수료 [경]1970~1982년 국세청 근무 1982년 세무사 개업 1990년 한국청년회의소 재정실장 1990~1994년 광명예총 자문위원 1991~1995년 경기 광명시의회 의원 1991년 평화민주당 광명시甲지구당 부위원장 1991년 경기 광명시의회 총무상임위원장 1991~1992년 평화방송 '세무상담' 생방송 진행, 광명청년회의소 회장 1991~1998년 광명종합사회복지관 자문위원장 1995~1998년 경기도의회 의원·통상경제위원장 1995~1998년 광명문화원 부원장 1997~1999년 연청중앙회 부회장 1998~2000년 새정치국민회의 중앙위원 1998~2006년 광명시체육회 회장 1998~2002년 광명시장(국민회의·새천년민주당) 1999~2006년 (재)광명애향장학회 이사장 2002~2006년 광명시장(새천년민주당·열린우리당) 2003~2006년 (재)광명애향장학회 자원봉사센터 이사장 2007년 대통합민주신당 중앙위원 2008년 제18대 국회의원(광명시甲, 통합민주당·민주당·민주통합당) 2009~2010년 국회 지방행정체제개편특별위원회 법안심사소위원 2009~2010년 민주당 당무담당 원내부대표 2010년 국회 국토해양위원회 위원 2010년 민주당 제4정책조정위원장 2011년 同책위 부의장 2011년 同주거복지특별위원회 위원장 2012년 민주통합당 정책위 수석부의장 2012년 제19대 국회의원(광명시甲, 민주통합당·민주당·새정치민주연합·더불어민주당) 2012~2013년 민주통합당 경기도당 위원장 2012년 국회 지방자치포럼 공동대표 2013년 국회 안전행정위원회 위원 2013~2014년 국회 정치개혁특별위원회 야당 간사 2014년 새정치민주연합 정책위원회 수석부의장 2014년 국회 산업통상자원위원회 야당 간사 2014~2015년 새정치민주연합 정책위원회 의장 2014~2015년 同새로운대한민국위원회 희망사회추진단장 2014년 국회 산업통상자원위원회 위원 2015년 국회 정치개혁특별위원회 위원 2015년 새정치민주연합 공직선거후보자검증위원장 2015년 더불어민주당 공직선거후보자검증위원장 2016년 제20대 국회의원(광명시甲, 더불어민주당)(현) 2016년 더불어민주당 전국대의원대회준비위원회 공동부위원장 2016년 국회 윤리특별위원회 위원장(현) 2016년 국회 안전행정위원회 위원(현) 2016년 국회 남북관계개선특별위원회 위원(현) 2016년 한국아동인구환경의원연맹(CPE) 회원(현) 2016년 더불어민주당 경기광명시甲지역위원회 위원장(현) 2016년 국회포럼 자치·분권·균형발전 공동대표(현) [상]법률소비자연맹 선정 국회 헌정대상(2013) [저]'CEO의 꿈은 희망을 디자인한다'(2002) '꿈있는 사람은 행복을 디자인한다'(2007) '힘들수록 광명정대'(2011) [종]가톨릭

백점기(白点基) PAIK, Jeom Kee (청곡)
[생]1957·1·7 [본]수원(水原) [출]경남 사천 [주]부산 금정구 부산대학로63번길2 부산대학교 조선해양공학과 11공학관512호(051-510-2429) [학]1981년 부산대 조선공학과졸 1984년 일본 오사카대 대학원 조선공학석사 1987년 조선공학박사(일본 오사카대) 2012년 명예박사(벨기에 리에주대) [경]1987~1989년 한국기계연구소 선임연구원 1988년 부산대 조선해양공학과 강사 1989년 同조선해양공학과 조교수·부교수·교수(현) 1993~1994년 덴마크 공과대학 초빙교수 1993~1995년 부산대 조선해양공학과장 1994~1996년 미국 캘리포니아대 버클리교 초빙교수 1999~2000년 미국 버지니아공대 초빙교수 2000년 미국 선급협회 연구개발부 객원연구원 2000년 영국왕립조선학회 상임이사(현) 2000~2003년 국제선박해양플랜트전문가회의(ISSC) 충돌좌초전문가위원회 위원장 2003~2006년 同노후선박안정성평가전문가위원회 위원장 2003년 국제표준화기구(ISO) TC8/SC8/WG3 의장(선박구조강도 국제표준개발)(현) 2004년 영국왕립조선학회 한국지회장 2006년 국제학술논문집 'Ships and Offshore Structures' 편집장(현) 2006~2013년 UNESCO '조선해양플랜트 기술 백과사전' 편집장 2006~2007년 부산대 조선해양공학과장 2006~2007년 호주 뉴캐슬대 초빙교수 2006~2012년 국제선박해양플랜트전문가회의(ISSC) 최종강도기술자문위원장 2006~2013년 제2단계 Brain Korea 21 사업단장(IT기반 선박·해양플랜트설계분야) 2008~2015년 World Class Univ. 사업단장(비선형구조역학기술분야) 2008년 부산대-로이드선급재단 우수연구센터장(현) 2009~2015년 국제학술논문집 'Struc-

ㅂ

tural Longevity' 편집장 2011~2015년 이탈리아 선급협회 한국조선자문위원장 2011~2013년 국제해양플랜트대학원대 설립위원장 2011년 부산대 선박해양플랜트기술연구원장(현) 2012~2014년 대한조선학회 선박해양플랜트구조연구회장 2012년 일본 선급협회 기술자문위원장(현) 2012년 Nowatec E&C 사외이사(현) 2013년 말레이시아 페트로나스공대 자문이사(현) 2013년 미국 조선해양공학회의 국제업무담당 부회장(현) 2013년 (사)화재폭발안전포럼 이사장(현) 2015년 영국 런던대 Department of Mechanical Engineering 교수(1년 중 2~3개월 가량 강의)(현) [상]영국왕립조선학회 최우수논문상(1995 · 2008 · 2010 · 2013), 부산대 공대 공학상(1995), 대한조선학회 우수논문상(1996), 한국과학기술단체총연합회 우수논문상(1996), 영국 국제인명센터(IBC) 20세기 세계 우수과학자 2000인상(1999), 미국 조선학회 최우수논문상(2000), 영국 기계공학회 최우수논문상(2002), 제1회 부산과학기술공학상(2002), 미국 조선학회 최우수논문상(2004), 영국 국제인명센터(IBC) The Da Vinci Diamond(2007), 영국왕립조선학회 최고과학기술상(2008), 대한조선학회 학술상(2008), OMAE 학술상(2010), International Conference on Computational & Experimental Engineering 'THH Pian' 메달(2011), 벨기에 리에주대 Doctor Honoris Causa(2012), 미국조선해양공학회 데이비드 W. 테일러 메달(David W. Taylor Medal)(2013), 경암학술상 공학부문(2013), 과학기술훈장 웅비장(2014), 영국왕립조선학회 윌리엄 프루드 메달(William Froude Medal)(2015) [저]'Computational Analysis of Complex Structures'(2003, 미국 토목공학회) 'Ultimate Limit State Design of Steel-Plated Structures'(2003, John Wiley & Sons) 'Engineering Design Reliability Handbook'(2005, 미국 CRC Press) 'Ship-shaped Offshore Installations : Design, Building, and Operation'(2007, 영국 Cambridge University Press Installations Computational & Experimental Engineering) 'Condition Assessment of Aged Structures'(2008, 미국 CRC Press) 'Ship Structural Analysis and Design'(2010, 미국 조선학회) [종]불교

백정기(白定基) PACK Jeong Ki

[생]1954 · 3 · 30 [본]수원(水原) [출]경북 경주 [주]대전 유성구 대학로99 충남대학교 공과대학 전파정보통신공학과(042-821-6883) [학]1974년 경주고졸 1978년 서울대 전자공학과졸 1985년 미국 버지니아공대 대학원졸 1988년 공학박사(미국 버지니아공대) [경]1978~1983년 국방과학연구소 연구원 1988년 한국전자통신연구원 선임연구원 1989~1995년 동아대 전자공학과 교수 1995~2015년 충남대 공과대학 전파공학과 교수 2004년 ITU-R SG3 국가대표 위원(현) 2005년 세계보건기구(WHO) 국제전자기장(EMF) 한국대표(현) 2008년 (사)한국전자파학회 수석부회장 2009년 同회장, 同명예회장(현) 2013년 국제비이온화방사보호위원회(ICNIRP) 과학자문위원(현) 2015년 충남대 공과대학 전파정보통신공학과 교수(현) [상]정보통신부장관표창(2003) [종]가톨릭

백정현(白正鉉)

[생]1962 · 11 · 11 [출]경북 고령 [주]대구 수성구 동대구로 364 대구지방법원 부장판사실(053-757-6600) [학]1982년 대구 성광고졸 1989년 영남대 법학과졸 [경]1992년 사법시험 합격(34회) 1995년 사법연수원 수료(24기) 1995년 대구지법 판사 1998년 同경주지원 판사, 同포항지원 판사 2000년 대구지법 판사 2007년 대구고법 판사 2009년 대구지법 판사 2010년 부산지법 동부지원 부장판사 2011년 대구지법 안동지원장 2013년 대구지법 부장판사(현)

백정호(白正鎬) Baek, Jeong Ho

[생]1958 · 9 · 3 [출]부산 [주]부산 사하구 신산로99 (주)동성그룹 회장실(051-200-4532) [학]1981년 연세대 사회학과졸 [경]1992년 동성그룹 회장(현) 2003년 駐韓캐나다 명예영사 2012년 부산상공회의소 부회장(현) 2016년 한국메세나협회 부회장(현) [상]매일경제 선정 '대한민국 글로벌 리더'(2015)

백종문(白鍾文) BAIK JONG MOON

[생]1958 · 12 · 11 [출]서울 [주]서울 마포구 성암로267 문화방송 미래전략본부(02-780-0011) [학]1985년 한양대 신문방송학과졸 [경]2000년 MBC 시사정보2차장 · 시사교양국 4CP 2002년 同시사제작6CP 2002년 同시사제작4CP 2003년 同시사제작3CP(부장대우) 2005년 同홍보심의국 심의부장 2007년 同시청자연구소장 2008년 同TV편성부장 2010년 同편성국장 2011년 同편성제작본부장 2013년 同편성제작본부장(이사) 2014년 同미래전략본부장(이사)(현) 2014년 (사)여의도클럽 회장(현) [상]한양언론인상(2011)

백종범(白鍾範) Baek, Jong-Beom

[생]1967 · 3 · 17 [본]수원(水原) [출]경북 고령 [주]울산 울주군 언양읍 유니스트길50 울산과학기술원(UNIST) 에너지 및 화학공학부(052-217-2510) [학]1991년 경북대 공업화학과졸 1993년 同대학원 고분자공학과졸 1998년 고분자공학박사(미국 애크런대) [경]1998년 미국 캐이스웨스턴리저브대 고분자학부 박사 후 연구원 1998~1999년 미국 캔드주립대 액정연구소(LCI) 박사 후 연구원 1999~2003년 미국공군연구소(AFRL/UDRI) 고분자부 연구원(P2) 2003~2008년 충북대 화학공학부 조교수 · 부교수 2008~2009년 미국 조지아공대 방문연구원 2008~2015년 울산과학기술대 에너지 및 화학공학부 교수 2011~2015년 同저차원탄소혁신소재연구센터장 2014년 同차원조절유기구조체연구단장 2015년 울산과학기술원(UNIST) 에너지 및 화학공학부 교수(현) 2015년 同저차원탄소혁신소재연구센터장(현) 2015년 同차원조절유기구조체연구단장(현) [상]국비장학생(1993), 미국 학술진흥재단 연구원상(1999), 충북대 연구부문 우수교원상(2005), 학술진흥재단 '우수 연구성과 51' 선정(2007), 충북대 공적상(2007), 교육과학기술부 우수교원장관표창(2011), 한국연구재단 '우수 연구성과 50' 선정(2011), 국가기술자문위원회 '우수연구성과 100선' 선정(2011), 지식경제부장관표창(2013)

백종수(白種琇) BAEK Jong Soo

[생]1960 · 11 · 26 [출]인천 [주]서울 서초구 서초대로74길 4 법무법인 동인(02-2046-0825) [학]1979년 부평고졸 1983년 고려대 법학과졸 1985년 경희대 행정대학원졸 [경]1985년 사법시험 합격(27회) 1988년 사법연수원 수료(17기) 1988년 육군 법무관 1991년 전주지검 검사 1993년 대전지검 서산지청 검사 1994년 서울지검 북부지청 검사 1996년 대구지검 검사 1998년 대검찰청 검찰연구관 2000년 부산지검 부부장검사 2000년 전주지검 남원지청장 2001년 법무연수원 기획부 교수 2002년 서울지검 북부지청 부부장검사 2002년 교육 파견(미국 뉴욕검찰청) 2003년 수원지검 공판송무부장 2003년 법무연수원 기획과장 2004년 대검찰청 감찰2과장 2005년 광주지검 형사2부장 2006년 서울서부지검 형사1부장 2007년 대구지검 서부지청 차장검사 2008년 법무연수원 연구위원 2009년 서울고검 검사 2009년 인천지검 부천지청장 2010년 대구지검 1차장검사 2011년 광주고검 차장검사 2012년 대검찰청 형사부장겸 공판송무부장 2012년 제주지검장 2013년 서울북부지검장 2013~2015년 부산지검장 2015년 법무법인(유) 동인 변호사(현)

백종우(白種宇) PAEK Jong Woo

[생]1964 · 9 · 15 [출]서울 [주]서울 서초구 반포대로158 서울고등검찰청(02-530-3114) [학]1983년 신일고졸 1987년 연세대 법학과졸 1989년 同대학원졸 [경]1990년 사법시험 합격(32회) 1993년 사법연수원 수료(22기) 1993년 軍법무관 1996년 서울지검 북부지청 검사 1998년 춘천지검 원주지청 검사 1999년 청주지검 검사 2001년 법무부 기획관리실 검사 2004년 서울중앙지검 검사 2005년 울산지검 부부장검사 2006년 서울중앙지검 부부장검사 2007년 창원지검 공안부장 2008년 同거창지청장 2009년 법무부 인권지원과장 2009년 서울서부지검 형사3부장 2010년 부산지검 형사3부장 2011년 서울동부지검 형사3부장 2012년 서울북부지검 형사1부장 2013년 서울고검 검사(현) 2013년 법무연수원 파견 2014~2015년 서울시 사법정책보좌관(파견)

백종원(白鍾元)

[생]1966 · 9 · 4 [출]충남 예산 [주]서울 강남구 봉은사로1길39 유성빌딩4층 (주)더본코리아(02-549-3864) [학]1985년 서울고졸 1989년 연세대 사회복지학과졸 [경]1994년 (주)더본코리아 대표이사(현) 2005년 더본차이나 대표이사(현) 2008년 더본아메리카 대표이사(현) 2010~2011년 SBS '진짜 한국의 맛' 출연 2012년 더본재팬 대표이사(현) 2012년 학교법인 예덕학원(예산고 · 예화여고) 이사장(현) 2014년 O'live '한식대첩2' 심사위원 2015년 MBC '마이 리틀 텔레비전' 출연 2015년 tvN '집밥 백선생' 출연(현) 2015년 O'live '한식대첩3' 심사위원 2015년 SBS '백종원의 3대 천왕' 진행(현) 2016년 충남 예산군 명예홍보대사(현) [저]'돈 버는 식당 비법은 있다'(2004, 청림출판) '백종원의 식당 조리비책'(2009, 한국외식정보) '전문식당'(2010, 서울문화사) '작은식당'(2010, 서울문화사) '외식 경영전문가 백종원의 창업 레시피 세트'(2010, 서울문화사) '백종원의 육'(2013, 한국외식정보) '백종원이 추천하는 집밥 메뉴 52'(2014, 서울문화사)

백종천(白鍾天) BAEK Jong Chun (河松)

[생]1943·7·30 [출]광주 [학]1962년 목포고졸 1966년 육군사관학교졸 1970년 서울대 정치학과졸 1972년 同대학원졸 1980년 정치학박사(미국 노스캐롤라이나대) [경]1981년 육군사관학교 정치학과 조교수 겸 사회과학과장 1983년 미국 포틀랜드주립대 초빙교수 1985년 미국 메릴랜드대 국제발전연구소 객원연구위원 1986년 육군사관학교 부교수 겸 인문사회과학처장 1988년 同교수 겸 교학처장 1990년 同화랑대연구소장 1993년 同교수부장 1994~1999·2003년 대통령자문 정책기획위원 1995년 예편(준장) 1995년 세종연구소 수석연구위원 1996~1999년 同부소장 1999~2001년 국방정책자문위원 2000~2006년 세종연구소 소장 2000년 한국국제정치학회 회장 2000~2003년 통일부 통일정책평가위원장·위원 2005년 동북아시대위원회 위원 2005~2006년 대통령직속 국방발전자문위원회 위원 2006~2008년 대통령 통일외교안보정책실장(장관급) 2007~2008년 국가안전보장회의(NSC) 사무처장 겸임 [상]보국훈장 삼일장(1988), 대통령표창(1993), 청조근정훈장(2009) [저]'한반도 공동안보론(共)'(1993) '한반도 군비통제의 이론과 실제(共)'(1993) '한국의 군대와 사회(共)'(1994) '한·미 군사협력 : 현재와 미래(共)'(1998) '탈냉전기 한국 대외정책의 분석과 평가(共)'(1998) '21세기 동북아 평화증진과 북한(共)'(2000) '2000년대초 동북아 군비경쟁과 군비통제(共)'(2001) '한미동맹50년(編)'(2003) '한국의 국가전략(編)'(2004) '한반도 평화안보론'(2006) 회고록 '노무현의 한반도 평화구상-10·4 남북 정상선언(共)'(2015) [종]기독교

백종헌(白宗憲) BAEK Jong Hean

[생]1962·12·23 [출]부산 [주]부산 연제구 중앙대로1001 부산광역시의회(051-888-8131) [학]브니엘고졸, 경성대 화학과졸, 부산대 환경대학원 도시계획학과졸 [경](주)백산금속 대표이사(현), 새마을문고중앙회 부산시회장, 금정소방서 의용소방대장, 부산시 금정구장애인협회 후원회장, 한나라당 부산금정지구당 부위원장, 경호고 명예이사장(현), (사)한국한마음등불회 수석부회장(현), 직장공장새마을부산시협의회 부회장(현) 2002·2006·2010년 부산시의회 의원(한나라당·새누리당) 2006~2010년 同보사환경위원장 2009년 한나라당 부산시당 홍보위원장 2010년 부산시의회 부의장, 同교육위원회 위원 2014년 부산시의회 의원(새누리당)(현) 2014년 同교육위원회 위원 2016년 同의장(현) 2016년 전국시·도의회의장협의회 수석부회장(현)

백종현(白琮鉉) PAEK Chong Hyon

[생]1950·3·29 [본]수원(水原) [출]전북 부안 [주]서울 관악구 관악로1 서울대학교 철학과(02-880-5114) [학]1969년 전주고졸 1973년 서울대 철학과졸 1975년 同대학원졸 1985년 철학박사(독일 Freiburg대) [경]1975~1978년 육군제3사관학교 교수부 전임강사(대위) 1986~1988년 인하대 철학과 조교수 1988~2015년 서울대 철학과 조교수·부교수·교수 1994~1998년 한국철학회 '철학' 편집인 1999~2001년 한국칸트학회 회장 2002~2004년 서울대 철학사상연구소장 2002~2004년 철학연구회 부회장 2003~2007년 한국철학회 철학용어정비위원장 2004~2007년 서울대 법인이사 2007~2013년 同BK21 철학교육연구사업단장 2013~2015년 同인문학연구원장 2015~2016년 (사)한국철학회 회장 겸 이사장 2015~2016년 철학문화연구소 소장 2015년 서울대 철학과 명예교수(현) 2015년 한국포스트휴먼학회 회장(현) [상]서우철학상(2002), 서울대 교육상(2007), 한국출판문화상(2007) [저]'칸트 순수이성비판에서 대상개념에 대한 현상학적 연구'(1985) '칸트비판철학의 형성과정과 체계'(1992) '칸트 실천이성비판 논고'(1995) '독일철학과 20세기 한국의 철학'(1998) '칸트 비판철학의 체계' '철학논설-대화하는 이성'(1999) '존재와 진리 : 칸트 순수이성비판의 근본문제'(2000) '서양근대철학'(2001·2003) '존재와 진리'(2002·2008) '윤리개념의 형성'(2003) '사회운영원리'(2004) '철학의 개념과 주요문제'(2007) '시대와의 대화 : 칸트와 헤겔의 철학'(2010) '칸트 이성철학 9서 5제'(2012) '동아시아의 칸트철학'(2014, 아카넷) [역]'실천이성비판'(2002) '윤리형이상학 정초'(2005) '순수이성비판'(2006) '판단력 비판'(2009, 아카넷) '이성의 한계 안에서의 종교'(2011, 아카넷) '윤리형이상학'(2012, 아카넷) '형이상학 서설'(2012, 아카넷) '영원한 평화'(2013, 아카넷) '실용적 관점에서의 인간학'(2014, 아카넷)

백종현(白鐘鉉)

[생]1957·10 [주]서울 종로구 새문안로75 (주)대우건설 발전사업본부(02-2288-3114) [학]경복고졸, 한양대졸 [경](주)대우건설 셀트리온PJ팀 근무, 同셀트리온바이오2차현장 근무, 同플랜트기술영업팀 근무, 同수주지원2팀 근무, 同BPA PJ팀 근무, 同여수BR생산시설현장 근무 2008년 同나이지리아 Orbainbiri F/S현장 상무보 2011년 同나이지리아 Orbainbiri F/S현장사무소 상무, 同이라크 DGS PJ PM 상무 2015년 同발전사업본부장(전무)(현)

백종호(白鍾昊) BAEK Jong Ho

[생]1960·1·4 [주]세종특별자치시 아름서길21 축산물품질평가원(044-410-7000) [학]달성고졸, 경북대 대학원 작물육종학과졸, 한국개발연구원(KDI) 국제정책대학원 국제관계학과졸 [경]1997년 농림부 기술협력과 서기관 1998년 同통상협력과 서기관 2001년 한국개발연구원(KDI) 파견 2003년 국가전문행정연수원 파견 2003년 국립종자관리소 밀양지소장 2004년 국립식물검역소 국제검역협력과장 2006년 同검역기획과장 2006년 농림부 소득정책과장 2007년 同소득관리과장 2008년 농림수산식품부 과수화훼팀장(기술서기관) 2009년 同과수화훼팀장(부이사관) 2009년 同농업정책국 농가소득안정추진단장 2010년 국립농산물품질관리원 원장(고위공무원) 2011년 국방대 파견(고위공무원) 2012년 산림청 산림교육원장 2013~2016년 농림축산식품부 농림축산검역본부 동식물위생연구부장 2016년 축산물품질평가원 원장(현)

백주현(白宙鉉) BAIK Joo-hyeon

[생]1957·5·28 [주]서울 종로구 사직로8길60 외교부 인사운영팀(02-2100-7143) [학]1984년 서울대 영어교육학과졸 1989년 미국 육군성 Defense Language Institute 연수 1993년 역사학박사(러시아 외교아카데미) [경]1985년 외무고시 합격(19회) 1985년 외무부 입부 1990년 駐러시아 2등서기관 1996년 경제협력개발기구(OECD) 파견 1997년 駐경제협력개발기구(OECD) 대표부 1등서기관 1999년 외교통상부 인사제도계장 2000년 同인사운영계장 2001년 同동구과장 2001년 同러시아·CIS과장 2002년 駐뉴욕 영사 2003년 駐러시아 참사관 2006년 외교통상부 의전업무지원 2007년 同유럽국 심의관 2008년 국무총리실 외교심의관 2010년 외교통상부 재외동포영사국장 2012년 駐카자흐스탄 대사 2015년 駐휴스턴 총영사(현) [상]근정포장(2011)

백지아(白芝娥·女) PAIK Ji Ah

[생]1963·1·1 [주]서울 종로구 사직로8길60 외교부 기획조정실(02-2100-7094) [학]경명여고졸 1985년 서울대 외교학과졸 1989년 미국 존스홉킨스 School of Advanced International Studies(SAIS)졸(석사) [경]1984년 외무고시 합격(18회) 1985년 외무부 입부 1991년 駐뉴욕 영사 1992년 駐유엔대표부 2등서기관 1998년 駐태국 1등서기관 2001년 대통령비서실 파견 2002년 외교통상부 인권사회과장 2004년 駐제네바대표부 참사관 2004~2008년 유엔 인권소위원회 교체위원 2006년 駐말레이지아 공사참사관 2009년 외교통상부 국제기구국 협력관 2009년 同저출산·고령사회문제담당 대사 겸임 2010~2012년 同국제기구국장 2013년 외교부 안보리업무지원대사 2013년 駐유엔대표부 차석대사 2015년 외교부 국제안보대사 2016년 同기획조정실장(현) [상]홍조근정훈장(2012)

백진기(白珍基) BAIK Jin Ki

[생]1957·6·27 [출]강원 춘천 [주]서울 강남구 테헤란로132 (주)한독 임원실(02-527-5114) [학]춘천고졸, 강원대 법학과졸, 연세대 대학원 행정학과졸, 성균관대 대학원 경영학과졸 [경]2002년 (주)한독약품 인사교육팀 이사 2003년 同인사교육팀 상무보 2005년 同인사교육팀 상무 2008년 同전무 2013년 (주)한독 인사담당 부사장(현)

백진현(白珍鉉) PAIK Jin Hyun

[생]1958·2·1 [본]수원(水原) [출]부산 [주]서울 관악구 관악로1 서울대학교 국제대학원 국제학과(02-880-8513) [학]1976년 경기고졸 1980년 서울대 법대졸 1983년 미국 컬럼비아대 대학원졸 1989년 법학박사(영국 케임브리지대) [경]1985년 네덜란드 헤이그 국제법아카데미 연구원 1988년 미국 뉴욕주 변호사 1990~1997년 외교안보연구원 교수 1994~1997년 대통령자문 정책기획위원 1997년 서울대 국제지역원 교수 2000년 미국 랜드연구소 초빙연구원 2000년 외교통상부 정책자문위원 2001년 서울대 국제대학원 국제학과 교수(현) 2005년 同국제대학원 부원장 2006~2014년 해성국제문제윤리연구소 소장 2008~2011년 (사)한국유엔체제학회(KACUNS) 회장 2009년 국제해양법재판소(ITLOS) 재판관(현) 2010~2012년 서울대 국제대학원장 2015년 국제법학술원(IDI) 종신회원(현) 2015년 아시아국제법학회 회장 [저]'한반도 평화체제의 모색'(共) '국제기구와 한국외교(共)'(1996) '4자회담과 한반도평화(共)'(1997) 'Maritime security and Cooperation' [종]기독교

백찬하(白攢河) BAEK Chan Ha

[생]1964·11·1 [출]경기 [주]경기 수원시 영통구 월드컵로 120 수원지방검찰청(031-210-4200) [학]1983년 대성고졸 1987년 서울대 법학과졸 [경]1986년 사법시험 합격(28회) 1989년 사법연수원 수료(18기) 1989년 서울지검 검사 1991년 대구지검 경주지청 검사 1993년 수원지검 검사 1995년 대구지검 검사 1997년 법무부 검찰국 검사 1999년 서울지검 동부지청 검사 2001년 同동부지청 부부장검사 2001년 사법연수원 교수 2003년 인천지검 공판송무부장 2004년 청주지검 부장검사 2005년 대전지검 논산지청장 2006년 서울서부지검 형사3부장 2007년 同형사1부장 2008~2011년 서울고검 검사 2008년 진실화해를위한과거사정리위원회 파견 2011년 법무연수원 연구위원 2012년 서울고검 검사 2015년 수원지검 부장검사(현) 2015년 同중요경제범죄조사단장 겸임(현) [상]홍조근정훈장(2011)

백창곤(白昌坤) PAIK Chang Gohn

[생]1944·9·20 [본]수원(水原) [출]경북 청송 [주]대구 북구 유통단지로14길17 패션디자인개발지원센터3층 (사)대구컨벤션관광뷰로(053-382-5221) [학]1963년 계성고졸 1967년 한국외국어대 스페인어학과졸 2002년 경희대 국제법무대학원졸 [경]1981년 대한무역투자진흥공사 산호세무역관장 1985년 同기획과장 1987년 同마이애미무역관장 1990년 同총무과장 1991년 同인사교육과장 1992년 同멕시코시티무역관장 1994년 同대구·경북무역관장 1996년 同기획관리처장 1997년 同중남미지역본부장 1998년 同외국인투자지원센터 소장 1999년 同외국인투자지원센터 소장(이사) 2000~2002년 同전략경영본부장 겸 부사장 2002~2008년 (주)대구전시컨벤션센터 대표이사 사장 2003~2008년 (사)대구컨벤션관광뷰로 이사장 2008년 同대표이사(현) 2008년 계명대 관광경영학과 초빙부교수 2009~2012년 同정책대학원 전시컨벤션학과 초빙부교수 2009~2012년 한국컨벤션학회 부회장 2010~2013년 한국무역전시학회 회장 2013년 한국컨벤션학회 명예회장(현) 2015년 한국MICE협회 부회장(현) [상]상공부장관표창(1990), 국무총리표창(1996), 석탑산업훈장(2001) [종]기독교

백창수(白昌洙) BAEK Chang Soo

[생]1958·10·26 [본]수원(水原) [출]경북 영천 [주]서울 강남구 학동로401 금하빌딩4층 법무법인 정률(02-2183-5539) [학]1976년 경북고졸 1980년 서울대 법학과졸 1987년 同대학원 법학과졸 [경]1983년 사법연수원 수료 1983년 육군 법무관 1986년 부산지검 검사 1989년 춘천지검 강릉지청 검사 1990년 수원지검 성남지청 검사 1992년 대구지검 검사 1994년 서울지검 서부지청 검사 1995년 대구고검 검사 1996년 창원지검 진주지청 부장검사 1997년 서울지검 부부장검사 1998년 광주고검 검사 2000년 대구고검 검사 2002년 서울고검 검사 2003년 서울지검 서부지청 부장검사 2004년 서울서부지검 부장검사 2005~2006년 서울중앙지검 부장검사 2006~2010년 법무법인 한별 대표변호사 2010년 법무법인 정률 변호사(현) [저]'주관식 행정법 문제집'

백창현(白昌鉉) BAEK Chang Hyun

[생]1956·3·20 [출]경북 칠곡 [주]강원 원주시 배울로85 대한석탄공사 기획관리본부(033-749-0600) [학]1975년 경북고졸 1982년 영남대 무역학과졸 [경]1982년 대한석탄공사 입사 1996년 同영업처 영업1과장 1997년 同사업운영처 신규사업관리역 1998년 同기획처 경영관리역 2001년 同기획처 기획부장 2002년 同기획처 기획팀장 2005년 同기획처장 2008년 同기획조정실장 2008년 同기획관리본부장(상임이사)(현) [상]산업자원부장관표창(2004)

백창훈(白昌勳) BAEK Chang Hoon

[생]1957·7·24 [본]수원(水原) [출]부산 [주]서울 종로구 사직로8길39 김앤장법률사무소(02-3703-1067) [학]1976년 경기고졸 1980년 서울대 법학과졸 1993년 미국 캘리포니아주립대 버클리교 연수 [경]1981년 사법시험 합격(23회) 1983년 사법연수원 수료(13기) 1983년 軍법무관 1986년 서울민사지법 판사 1989년 서울형사지법 판사 1990년 청주지법 판사 1992년 서울지법 판사 1994년 법원행정처 법정심의관 1997년 서울고법 판사 1998년 창원지법 진주지원 부장판사 1999년 同진주지원장 2000~2002년 사법연수원 교수 2002~2015·2016년 김앤장법률사무소 변호사(현) 2002년 중앙일보 법률자문위원 2009년 도산법연구회 이사(현) 2010년 민사판례연구회 운영위원(현) 2014년 감사원 정책자문위원(현) 2015년 증권법학회 이사(현) 2015년 U.C. Berkeley Law School 한국동창회 회장(현) 2015년 한양대 법학전문대학원 교수 2016년 同법학전문대학원 특임교수(현) [저]'회사정리법 상·하(共)'(1998)

백철규(白哲圭) BAEK Chul Kyu

[생]1954·11·25 [본]수원(水原) [출]전북 완주 [주]전북 익산시 서동로594 ECO융합섬유연구원(063-830-3500) [학]1972년 이리고졸 1976년 전북대 섬유공학과졸 1984년 同대학원 섬유공학과졸 [경]1979년 공무원 임용(7급) 1992년 산업자원부 섬유사무관 1992년 이리수출자유지역관리소 운영과장 1993년 무역위원회 사무관 1996년 산업자원부 화학생활공업과 사무관 1997년 同섬유패션산업과 사무관 2002년 同디자인브랜드과 서기관 2004년 전기위원회 총괄정책과 서기관 2005년 산업자원부 비상계획관실 서기관 2006년 국가과학기술자문회의 국정과제1국 총괄과장 2007년 산업자원부 기술표준원 문화서비스표준팀장 2008년 지식경제부 기술표준원 문화서비스표준과장 2009년 同기술표준원 문화서비스표준과장(부이사관) 2009년 한국산업단지공단 전략사업본부장(상무) 2010년 同수도권광역본부장(상무) 2011~2015년 한국니트산업연구원 원장 2015년 ECO융합섬유연구원 원장(현) [상]산업자원부장관표창(1995), 국무총리표창(2000), 근정포장(2009), 패션·섬유혁신리더CEO대상(2012) [종]기독교

백태균(白泰均)

[생]1963·4·9 [출]경남 밀양 [주]부산 연제구 법원로38 로펌빌딩7층 법무법인 유석(051-714-6661) [학]1982년 밀양 밀성고졸 1990년 부산대 법학과졸 [경]1994년 사법시험 합격(36회) 1997년 사법연수원 수료(26기), 부산지법 판사 2006년 부산고법 판사 2009년 부산지법 판사 2011년 울산지법 판사 2012~2014년 창원지법 밀양지원장 2014년 법무법인 유석 대표변호사(현)

백태승(白泰昇) PAIK Tae Seung

[생]1952·12·29 [출]강원 강릉 [주]서울 서대문구 연세로50 연세대학교 법학전문대학원(02-2123-3007) [학]1971년 강릉고졸 1979년 연세대 법학과졸 1981년 同대학원졸 1990년 법학박사(독일 프라이부르크대) [경]1980~1984년 한국은행 근무 1992~1999년 연세대 법학과 조교수·부교수 1993년 同법대 교학부장(부학장) 1993년 同특허법무대학원 교학부장(부원장) 1994~1996년 서울지법 서부지원 민사조정위원 1999~2004년 법무부 민법(재산법)개정위원(간사), 독일 지적재산 막스프랑크연구소 초빙교수 2000년 연세대 법학과 및 법학전문대학원 민법전공 교수(현) 2000~2004년 同학생복지처장 2000년 한국민사법학회 부회장(현) 2005~2006년 국회 법사위원회 자문교수 2006년 연세대 법무대학원장 겸 법과대학장 2009~2014년 미국 세계인명사전 'Marquis Who's Who 2010~2015년판'에 등재 2010·2014년 영국 국제인명센터(IBC) '2000 Outstanding Intellectuals of the 21st Century 2011·2015'에 선정 2010~2013년 금융감독원 규제심사위원장 2010년 서울지방경찰청 집회시위자문위원장(현) 2011~2014년 법무부 민법개정심의위원회 채권법분과위원장 2011~2014년 서울서부지법 민사조정위원 2012~2014년 한국문화예술위원회 위원 2012·2015년 영국 국제인명센터(IBC) 'Top 100 Professionals'에 선정 2013년 독일 지적재산법막스프랑스연구소 초빙교수, 일본 도쿄대 법대 초빙교수 2015년 한국인터넷법학회 회장(현) [상]재무부장관표창, 연세대 우수연구업적상(2000·2001), 연세대 우수강의교수상(2012) [저]'민법총칙 제5판'(집현재) '주석민법'(共) '주석물권법'(共) '법학개론'(共) 'Die Beruecksichtigung der Geldentwertung im Vertargs(계약법상 화폐가치 하락에 대한 고려)'(1990, 독일 Nomos) 'Die Berucksichtsitgung der galdentwertung im deutschen und koreanischen Vertragsrecht(독일법과 한국법에 있어 금가치약관에 대한 고찰)'(1990) '한국민법이론의 발전 1·2'(1999) '현대계약법'(2009) '민법쟁점연구(1)'(2009) '채권관리법'(2009) '민법사례연습 제5판'(2015, 법우사) [종]성공회

백태현(白泰鉉) BAEK Tae Hyun

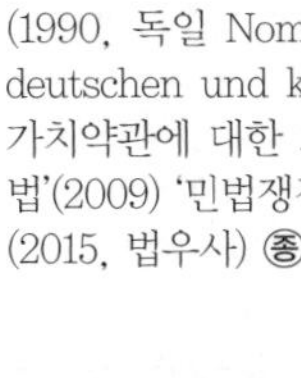

[생]1962·7·4 [출]부산 [주]부산 동구 중앙대로365 부산일보(051-461-4032) [학]1981년 대동고졸 1986년 연세대 사학과졸 [경]1999년 부산일보 사회부 기자 2000년 同사회부 차장 2001년 同제2사회부 차장 2002년 同경제과학부 차장 2003년 同사회부 부장대우 2004년 同독자여론팀 부장 2005년 同문화부장 2007년 同편집국 사회부장 2008년 同논설위원 2008년 同편집국 부국장 2010년 同총무국 부국장 2011년 同논설위원, 同해양문화연구소장 2015년 同논설위원 2016년 同논설실장(현)

백태현(白泰鉉) BAIK Tae Hyun

[생]1965·2·2 [출]서울 [주]서울 종로구 청와대로1 대통령비서실(02-770-0011) [학]1983년 이대사대부고졸 1987년 서울대 공법학과졸 1989년 고려대 대학원 행정학과 중퇴 2000년 미국 미네소타대 Law School졸(LL.M.) 2012년 북한대학원대 박사과정 재학 중 [경]1991년 행정고시 합격(35회) 1992~1995년 통일부 통일정책실 사무관 1995~1996년 駐독일대사관 통일연구관(3등서기관) 1998~1999년 통일부 차관비서관 2001년 同교류협력국 총괄과 사무관 2003년 同통일정책실 정책총괄과 서기관 2004~2006년 대통령비서실 행정관 2007년 통일부 정책홍보본부 정책총괄팀장 2008~2009년 同통일정책실 정책기획과장 2009~2010년 미국 스팀슨센터 객원연구원 2011년 통일부 기획조정실 기획재정담당관 2012년 대통령실 행정관(부이사관) 2013년 통일부 장관비서관 2014년 同교류협력국장 2015년 중앙공무원교육원 교육파견 2016년 대통령비서실 선임행정관(현) [상]대통령표창(2008) [종]기독교

백학순(白鶴淳) PAIK Hak Soon

[생]1954·6·15 [본]수원(水原) [출]전남 보성 [주]경기 성남시 수정구 대왕판교로851번길20 세종연구소 남북한관계연구실(031-750-7532) [학]1973년 광주제일고졸 1977년 서울대 영어교육학과졸 1982년 同대학원 정치학과 수료 1986년 미국 Univ. of Georgia 대학원 정치학과졸 1993년 정치학박사(미국 Univ.of Pennsylvania) [경]1994년 세종연구소 남북한관계연구실 수석연구위원(현) 1994년 서재필기념회 이사(현) 1996년 미국 Harvard Univ. Korea Institute Post-doctoral Fellowship 2002~2007년 세종연구소 남북한관계연구실장 2002~2007년 同북한연구센터장 2002~2006년 KBS 남북교류협력단 자문위원 2003~2008년 통일부 자체평가위원장 2005~2008년 同통일정책자문회의 통일정책분과위원장 2005년 KBS 객원해설위원 2005년 한국정치학회 한미학술교류협력특별위원회 위원장 2006년 同부회장 2006~2010년 외교통상부 정책자문위원 2006~2008년 서울·워싱턴포럼 사무총장 2006년 민족화해협력범국민협의회 정책위원장 2007년 김대중평화센터 자문위원(현) 2007년 아리랑국제평화재단 자문위원 2008~2010년 국회 외교통상통일분과위원회 정책자문위원 2009~2013년 통일부 남북관계발전위원회 위원 2009~2014년 경제정의실천시민연합 통일협회 이사 2009~2011년 한반도평화포럼 운영위원 2009~2010년 북한연구학회 부회장 2009~2010년 세종연구소 남북한관계연구실장 2010년 광주평화재단 자문위원(현) 2012년 한반도평화포럼 이사(현) 2014년 정책네트워크 내일 이사(현) 2015년 한반도평화포럼 대외집행위원장 [저]'남북한 통일외교의 구조와 전략(編)'(1997) '북한문제의 국제적 쟁점(共·編)'(1999) '국가형성 전쟁으로서의 한국전쟁'(1999) '북한의 근로단체 연구'(共) '김정일시대의 당과 국가기구(共)'(2000) '21세기 남북관계와 대북전략(共)'(2000) '21세기 남북한과 미국(共)'(2001) '부시정부 출범 이후의 북미관계 변화와 북한 핵문제'(2003) '북한의 국가전략(共)'(2003) '베트남의 개혁·개방경험과 북한의 선택'(2003) '북한의 개혁·개방과 탈사회주의화 전망'(2003) '북한의 대외관계(共)'(2007) '북한의 당·국가기구·군대(共)'(2007) '김대중정부와 노무현정부의 대북정책비교'(2009) '역대 남한정부의 대북·통일정책 : 정체성과 이익의 정치'(2009) '북한권력의 역사 : 사상 정체성 구조'(2010) '북한정치에서의 군대 : 성격·위상·역할'(2011)

백헌기(白憲基) BAEK Hun Ki

[생]1955·12·4 [본]수원(水原) [출]인천 [주]서울 관악구 조원로24 새한빌딩2층 안전생활실천시민연합(02-843-8616) [학]2010년 숭실대 경영대학원졸(경영학석사) [경]1989~2000년 한국공항 노조위원장(4선) 1994~1999년 한국노동조합총연맹 서울지역본부 부의장 1995~2000년 전국연합노동조합연맹 부위원장 1997~2002년 서울지방노동위원회 근로자위원 1998~2001년 서울시실업대책위원회 대책위원 2000~2008년 전국연합노동조합연맹 위원장 2000~2012년 중앙노동위원회 위원 2000~2011년 최저임금위원회 위원 2001~2008년 한국노동조합총연맹 부위원장 2001~2013년 민주평통 자문위원 2005~2011년 한국노동조합총연맹 사무총장 2005~2008년 한국노동교육원 비상임이사 2005~2010년 국제노동재단 이사 2005~2008년 중앙근로자복지정책위원회 정책위원 2005~2011년 국민건강보험공단 재정운영위원 2005~2008년 한국산재의료원 비상임이사 2006~2009년 저출산고령화대책연석회의 위원 2006~2011년 중소기업직업능력개발지원사업심의위원회 위원 2006~2011년 예산자문회의 위원 2006~2011년 세제발전심의위원회 위원 2006~2008년 서울남부지법 조정위원 2007~2011년 경제사회발전노사정위원회 상임위원 2007~2011년 노사발전재단 이사 2009~2011년 근로복지공단 이사 2010~2011년 국민건강보험공단 재정운영위원회 직장가입자대표 2011년 한전KPS 사외이사 2011~2014년 한국안전보건공단 이사장 2015년 기획재정부 공공기관운영위원회 위원(현) 2015년 안전생활실천시민연합 부대표(현) 2015년 고용노동부 기타공공기관평가위원(현) [상]국무총리표창(1995), 금탑산업훈장(2008), 한국경제신문 2012 올해의 CEO 대상(2012), 베트남정부 훈장(2012), 몽골정부 훈장(2012), 캄보디아정부 훈장(2013), 동아일보 2013 창조경제 CEO대상(2013)

백 현(白 鉉)

[생]1963·8·15 [주]서울 종로구 세종대로149 광화문빌딩 5층 롯데관광개발(주) 임원실(02-2075-3020) [학]2002년 경희대 경영대학원 경영학과졸 2005년 호텔관광학박사(경희대) [경]경희대 관광대학원 겸임교수(현), 종로청계관광특구발전위원회 부회장, 대한상공회의소·서울상공회의소 관광사업위원회 위원(현), 서울시 관광발전협의회 위원(현), 한국관광공사 크루즈관광 자문위원(현), 제주도 크루즈발전협의회 부회장(현), 제주도 크루즈산업진흥특구 위원(현), 한국공항공사 자문위원(현), 강원도크루즈발전협의회 위원(현), 서울시관광협회 일반여행업위원회 위원(현), 경희대 관광대학원 관광경영학과 겸임교수(현), 롯데관광개발(주) 해외영업본부장(영업이사) 2001년 同해외영업총괄본부장(상무이사) 2004년 同해외영업총괄본부장(전무이사) 2007년 (주)NH여행 초대 대표이사, 롯데관광개발(주) 총괄부사장 2014년 코레일관광개발(주) 비상임이사(현) 2015년 롯데관광개발(주) 대표이사 사장(현) [상]대통령표창(2012)

백현기(白鉉己) BAEK Hyun Kie

[생]1952·3·9 [출]전남 장흥 [주]서울 강남구 봉은사로524 도심공항타워14층 법무법인(유) 로고스(02-2188-1006) [학]1971년 광주제일고졸 1976년 한양대 법학과졸 1982년 한림대 어학연수과정 수료 1989년 서울대 사법발전연구과정 수료(2기) 1994년 미국 산타클라라대 미국법입문과정 수료 2001년 한국외국어대 세계경영대학원 GAMP(글로벌최고경영자과정) 수료 2010년 법학박사(한양대) [경]1979년 사법시험 합격(21회) 1981년 사법연수원 수료(11기) 1981~1984년 대전지법 판사 1985~1988년 인천지법 판사 1988~1989년 서울지법 남부지원 판사 1989~1991년 서울형사지법 판사 1991~1994년 서울고법 판사 1994년 (사)기독대학인회 이사(현) 1995년 대한상사중재원 중재인(현) 1996~1998년 한국교원단체총연합회 교권옹호위원회 위원 1997~2003년 한양대총동문회 부회장 1998~2001년 사법연수원 교수 1999~2006년 대한무역투자진흥공사(KOTRA) 법률고문 2000년 법무법인 로고스 구성원변호사 2000년 (재)한양대총동문장학회 이사(현) 2001~2004년 중기·벤처기업고문변호사단특별위원회 위원장 2001년 변리사 등록(현) 2001년 사법시험 및 군법무관시험 출제위원 2002년 서울중앙지법 민사조정위원(현) 2002~2014년 (사)기독교세진회 부이사장 2002~2008년 중소기업제조물책임분쟁조정위원회 위원장 2003~2010년 한국소비자보호원 소송지원변호사 2003년 영산대 법무대학원 겸임교수(현) 2003~2005년 (주)쌍용 사외이사 2006~2007년 국가정보원 행정심판위원 2006~2013년 한국기독교총연합회 법률고문 2006년 기독교대한감리회 장로회 전국연합회장 직대 2007~2008년 한양대 법과대학 동문회장 2007~2008년 법무법인 로고스 대표변호사 2007~2014년 (사)대한상사중재인협회 부회장 2008년 대한변호사협회 변호사등록심사위원회 위원 2008년 기독교화해중재원 이사(현) 2008년 대한상사중재원 국제중재인(현) 2009년 한양대 법학전문대학원 입학전형위원 2009년 (사)기독대학인회 이사장 2010~2012년 기독대한감리회 감독회장 직대 2011~2012년 법무법인(유) 로고스 대표변호사 2011~2014년 기독신문 논설위원 2011년 한양대 법학전문대학원 겸임교수(현) 2012~2016년 대한변호사협회 변호사등록심사위원회 위원장 2012년 EBM포럼 이사장(현) 2013년 법무법인(유) 로고스 상임고문변호사(현) 2013년 학교법인 한양학원 감사(현) 2013년 도화엔지니어링 사외이사(현) 2015년 (사)기독교세진회 이사장(현) [종]기독교

백현식(白鉉植) BAIK, HYEON-SHIK

[생]1965·9·18 [주]세종특별자치시 도움6로11 국토교통부 첨단도로환경과(044-201-3921) [학]1984년 경기고졸 1988년 한양대 토목공학과졸 1990년 同대학원 토목공학과졸 2003년 토목환경공학박사(미국 퍼듀대) [경]2009년 서울시 균형발전본부 남산르네상스담당관 2010년 대통령 국토해양비서관실 행정관 2012년 국토해양부 광역도시철도과장 2013년 국토교통부 광역도시철도과장 2014년 同첨단도로환경과장(현)

백형덕(白亨德)

[생]1960·8 [주]경기 성남시 분당구 성남대로343번길9 SK주식회사 C&C 임원실(02-6400-0114) [학]전남대 건축공학과졸, 세종대 대학원 정보통신학과졸 [경]2004년 SK C&C 정보기술원 IT서비스관리팀장 2010년 同Application운영본부장(상무) 2012년 同전략사업운영본부장(상무) 2013~2015년 同전략사업1본부장(상무) 2015년 SK주식회사 C&C 전략사업1본부장(상무) 2016년 同금융사업1본부장(상무)(현)

ㅂ

백형선(白烔善) BAIK Hyoung Seon

[생]1952·2·16 [본]수원(水原) [출]서울 [주]서울 서대문구 연세로50의1 연세대학교 치과대학병원 725호(02-2228-3102) [학]1971년 서울 중앙고졸 1977년 연세대 치의학과졸(수석졸업) 1980년 同대학원 치의학과졸 1986년 치의학박사(연세대) 1999년 연세대 보건대학원 고위정책과정수료 [경]1977~1980년 연세대 치대 부속병원 인턴·레지던트 1980년 해군 군의관 1984~1996년 연세대 치대 교정과 전임강사·조교수·부교수 1988년 미국 노스캐롤라이나대 교정과 방문교수 1990년 대한치과교정학회 총무이사 1996년 연세대 치대 교정과 교수(현) 1996~2004년 同부속병원 교정과장 1997년 同부속병원 교육연구부장 1997년 미국 치과교정학회지 논문심사위원 1998~2000년 연세대 치대 교육연구부장 2000년 세계치과교정학회지 편집위원 2000년 미국 남가주대 방문교수 2000~2002년 연세대 치과대학 학생부장 2000년 대한치과교정학회 부회장 2000년 사랑의교회 장로(현) 2000년 한국세계선교협의회 법인이사·운영이사 2000년 이화여대 다락방전도협회 이사·실행이사 2000~2014년 ISF 이사 2000~2003년 대한치의학회 재무이사 2000~2014년 한국기독치과의사회 부회장 2004~2006년 대한치과교정학회 회장 2004년 연세대 치과대학병원 진료부장 2007~2009년 대한구순구개열학회 부회장 2008~2010년 연세대 치과대학병원장 2011~2013년 대한구순구개열학회 회장 2012년 대한치과교정학회 편집위원장(현) 2014년 전국치과대학교수협의회 회장 2014년 대한치과교정학회 평의원회 의장(현) [상]과학기술우수논문상(1989), 올해를 빛낸 중앙인상(2008), 자랑스러운 연아인상(2013) [저]'頭部방사선 계측 분석학'(1989) '최신 頭部방사선 계측 분석학'(1998) '최신 가철식교정치료학'(1999) '교정치료 길잡이Ⅰ'(2001) '교정치료 길잡이Ⅱ'(2004) '임상 치과교정학 매뉴얼'(2006) '최신가철식교정학'(2015) [역]'치과교정학'(1994) '교정치료의 보정과 안정성'(1996) '교정치료와 교합'(1998) '교정학의 미래'(2002) '미래의 교정학' '체계적인 임상교정 치료'(2002) '임상교정치료 : 위험요소의 분석과 해법'(2004) '치열안면변형증의 최신 치료법'(2005) '최신 치과교정학'(2013) [종]기독교

백형찬(白衡燦) PAIK Hyung Chan

[생]1957·1·7 [본]수원(水原) [출]서울 [주]경기 안산시 단원구 예술대학로171 서울예술대학교 예술창작기초학부(031-412-7384) [학]1975년 제물포고졸 1980년 고려대 농과대학 농학과졸 1996년 교육학박사(세종대) [경]1987~1997년 서울산업대 산업교육연구소 책임연구원 1997~2004년 청강문화산업대 유아교육과 부교수 2001년 대통령자문 교육인적자원정책위원회 연구위원 2001~2003년 한국직업능력개발원 전문가 모니터위원 2002년 교육부 전문대학특정화사업 평가위원 2003~2005년 한국교육개발원 교육현안문제 모니터위원 2004년 한국성인교육학회 실행이사 2004년 경기도문화상 심사위원 2004~2011년 서울예술대 교양학부 부교수·교수 2005~2007년 同교무처장 2006~2012년 한국직업교육학회 편집위원 2006~2008년 한국교육정치학회 선임위원 겸 윤리위원회 위원 2006년 한국교육행정학회 규정개정위원회 위원 2007년 한국직업능력개발원 연구사업평가위원 2007년 국방부 정신전력논문 심사위원 2007년 한국문화예술교육진흥원 사회문화예술교육 강사 겸 현장평가위원 2007년 (사)대한민국국기선양회 자문위원 2007~2009년 학교법인 동랑예술원 사무국장 2008년 서울대 대학원 고등직업교육 외래교수 2008년 청소년문화포럼 자문위원 2009~2011년 서울예술대 교무처장 2011년 同예술창작기초학부 교수(현) 2012~2013년 同예술창작기초학부장 2014년 한국국제협력단 기술평가위원 2014년 청소년문화포럼 자문위원(현) 2015년 서울예술대 예술한국학연구소장(현) 2016년 교육부 전문대학특성화사업 평가위원(현) 2016년 한국고등직업교육평가인증원 평가위원(현) [상]청강문화산업대 올해의 교수상(1999), 문학나무 수필부문 신인작품상(2010), 서울예술대 연구포상(2012) [저]'공업입문'(1996, 교육부) '안전사회 이렇게 만들자'(2003, 나남) '예술예찬'(2006, 연극과인간) '문화의 힘 교육의 힘'(2008, 서현사) '글로벌리더'(2008, 살림출판사) '예술혼을 찾아서'(2010, 서현사) '공업입문(직업윤리)'(2011, 교학사) '교육이야기'(2012, 서현사) '한국 예술의 빛 동랑 유치진'(2013, 살림지식총서) '공업일반/직업윤리(共)'(2014, 씨마스) '예술가를 꿈꾸는 젊은이에게'(2015, 태학사) '빛나는 꿈의 계절아'(2015, 태학사) '교육'(2016, 서현사) [종]천주교

백혜련(白惠蓮·女) BAEK HYERYUN

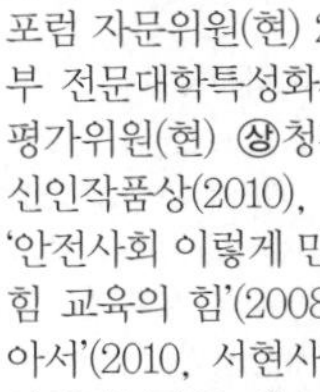

[생]1967·2·17 [출]전남 장흥 [주]서울 영등포구 의사당대로1 국회 의원회관833호(02-784-6130) [학]1985년 서울 창덕여고졸 1992년 고려대 사회학과졸 [경]1997년 사법시험 합격(39회) 2000년 사법연수원 수료(29기) 2000년 수원지검 검사 2002년 대구지검 김천지청 검사 2003년 수원지검 안산지청 검사 2005년 서울중앙지검 검사 2010~2011년 대구지검 검사 2011년 변호사 개업 2012년 민주통합당 중앙선거대책위원회 MB정권비리척결본부장 2012년 同제18대 대통령중앙선거대책위원회 반부패특별위원회 위원 2013년 민주당 경기도당 여성위원장 2014년 새정치민주연합 경기도당 6.4지방선거공천관리위원회 위원 2014년 同윤리위원회 위원 2014년 제19대 국회의원선거 출마(수원乙(권선) 보궐선거, 새정치민주연합) 2015년 더불어민주당 수원시乙지역위원회 위원장(현) 2016년 제20대 국회의원(수원시乙, 더불어민주당)(현) 2016년 더불어민주당 법률담당 원내부대표(현) 2016년 同민주주의회복TF위원(현) 2016년 국회 운영위원회 위원(현) 2016년 국회 법제사법위원회 위원(현) 2016년 국회 대법관(김재형)임명동의에관한인사청문특별위원회 위원

백혜웅(白惠雄) BAIK Hyae Woong

[생]1964·8·5 [출]광주 [주]전남 장성군 장성읍 영천로 164 장성경찰서(061-399-4210) [학]조선대부고졸, 경찰대졸(3기) [경]1996년 광주 서부경찰서 수사과장 1997년 광주 동부경찰서 교통과장 2000년 전남지방경찰청 경무과 기획계장 2001년 同경비계장·생활안전계장 2005년 전남 곡성경찰서장(총경) 2006년 전남지방경찰청 생활안전과장 2007년 同수사과장 2008년 광주 서부경찰서장 2010년 전남지방경찰청 경비교통과장 2010년 광주 광산경찰서장 2011년 광주지방경찰청 경무과 치안지도관 2012년 전남지방경찰청 경무과 치안지도관 2013년 광주지방경찰청 경비교통과장 2014년 전남 영광경찰서장 2015년 광주지방경찰청 수사과장 2016년 전남 장성경찰서장(현) [상]대통령표창(2002)

백 호(白 虎) BAEK Ho

[생]1964·6·13 [출]전남 [주]서울 광진구 자양로117 광진구청(02-450-1304) [학]1982년 검정고시 합격 1987년 단국대 행정학과졸 2007년 미국 콜로라도대 행정대학원 공공행정학과졸 [경]1989년 행정고시 합격(33회) 1991년 총무처 조직국 제도2과 근무 1995년 同능률국 행정능률과 근무 1996년 서울시 경제진흥과 근무 1998년 同기획담당관 2002년 同환경기획과 근무 2003년 同뉴타운총괄과 근무 2004년 대통령직속 정부혁신지방분권위원회 파견 2008년 서울시 경쟁력강화본부 문화산업담당관 2008년 同대변인실 언론담당관 2010년 同행정과장 2011년 同행정과장(부이사관) 2011년 同도시교통본부 교통운영관 2012년 同도시교통본부 교통정책관 2015년 서울시립대 행정처장 2016년 서울시 광진구청 부구청장(현) [상]대통령표창(2001), 녹조근정훈장(2009), 서울특별시장표창(2012) [종]기독교

백호기(白浩基) BAECK Ho Gie (盛波)

[생]1945·3·25 [본]수원(水原) [출]대구 [주]서울 서초구 남부순환로323길1 (주)벡스파인투자자문(02-582-9601) [학]1963년 경북고졸 1967년 중앙대 상학과졸, 연세대 사학과졸 1970년 고려대 대학원 경영학과졸 [경]1967년 한국주택은행 입행 1983~1994년 同양재동·천안·사당동·신림동·신당동지점장 1995년 同신탁증권부장 1996년 同영업1부장 1997년 同경수지역본부장 1998~2000년 同부행장 겸 대구·영남총본부장 2005년 (주)벡스파인투자자문 회장(현), 산은금융지주 사외이사 겸 감사위원 [상]재무부장관표창 [종]천주교

백홍석(白洪淅) Baek Hongsuk

[생]1986·8·13 [주]서울 성동구 마장로210 한국기원 홍보팀(02-3407-3870) [경]2001년 입단 2004년 3단 승단 2005년 4단 승단 2006년 SK가스배 우승 2007년 원익배 십단전·비씨카드배 신인왕전·오스람배 준우승 2008년 6단 승단 2008년 기성전 준우승 2009년 십단전 준우승 2009년 7단 승단 2011년 KBS바둑왕전 준우승 2011년 8단 승단 2011년 하이원리조트배 명인전 준우승 2011년 9단 승단(현) 2011년 KB국민은행 2011한국바둑리그 우승 2012년 비씨카드배 월드바둑챔피언십 우승 2012년 TV바둑 아시아선수권대회 우승 2012년 하이원리조트배 명인전 준우승 2013년 제40기 하이원리조트배 명인전 준우승 [상]2006 바둑대상 신예기사상(2007), 2012 바둑대상 우수기사상(2012)

백홍열(白鴻悅) PAIK Hong Yul

[생]1953·3·5 [본]수원(水原) [출]서울 [주]서울 강남구 테헤란로305 한국기술센터15층 한국공학한림원(02-6009-4000) [학]1971년 경기고졸 1975년 서울대 응용물리학과졸 1983년 미국 코넬대 대학원 응용물리학과졸 1985년 응용물리학박사(미국 코넬대) [경]1975~1980년 국방과학연구소 연구원 1980~1981·1985~1989년 同선임연구원 1985년 미국 코넬대 Post-Doc. 1989~1995년 국방과학연구소 책임연구원 1995~1999년 한국항공우주연구원 위성응용그룹장 2000년 同우주응용센터장 2005~2007년 대한원격탐사학회 회장 2005~2008년

한국항공우주연구원 원장 2008년 '2009 대전국제우주대회 조직위원회' 공동위원장 2008년 항국항공우주연구원 연구위원 2011~2014년 국방과학연구소 소장 2011년 교육과학기술부 국가우주위원회 위원 2011년 국방부-지식경제부 국방산업발전협의회 자문위원 2013년 미래창조과학부 국가우주위원회 위원 2013~2014년 국가과학기술자문회의 자문위원 2014년 국방과학연구소 정책위원 2014년 한국공학한림원 정회원(현) [상]대통령표창(1993), 국민훈장 석류장(2000), 러시아 로마노소프훈장(2006), 보국훈장 천수장(2013) [종]기독교

백효흠(白孝欽) Baik Hyo Heum (欽齊)

[생]1951·9·20 [본]수원(水原) [출]경남 고성 [주]서울 종로구 삼봉로95 대성스카이렉스102동506호 (사)대불(02-720-1963) [학]경상대 축산학과졸, 단국대 대학원 행정학과졸 [경]현대자동차(주) 서부지역본부장(이사), 同영업지원사업부장(상무), 同상용판매사업부장(전무) 2008년 북경현대기차유한공사 판매본부장(전무) 2009년 同판매본부장(부사장) 2011년 同총경리(부사장) 2012년 同총경리(사장) 2013~2014년 同고문 2014년 대불련총동문회 회장(현) 2014년 (사)대불 이사장(현) [상]개교60주년 자랑스러운 경상인상(2008), 경상대 개척명예장(2009) [종]불교

백흥건(白興建) PAIK Heung Keon

[생]1952·7·6 [출]서울 [주]서울 마포구 마포대로119 (주)효성 임원실(02-707-7000) [학]선린상고졸, 고려대 무역학과졸 [경](주)효성 중공업PG 기획관리팀장, 同중공업PG 미주지역 수출담당 이사 2005년 同중공업PG 피츠버그법인장(상무) 2008년 同피츠버그법인장(전무) 2012년 同중공업PG 전력PU장(부사장) 2015년 同남통효성변압기유한공사 총경리(부사장)(현)

백희영(白喜英·女) PAIK Hee Young

[생]1950·9·30 [출]서울 [주]서울 관악구 관악로1 서울대학교 식품영양학과(02-880-6831) [학]1969년 경기여고졸 1973년 서울대 식품영양학과 수료(3년) 1974년 미국 미시시피여대 식품영양학과졸 1978년 미국 캘리포니아대 버클리교 대학원 영양과학과졸 1981년 이학박사(미국 하버드대 보건대학원) [경]1984~1992년 숙명여대 조교수·부교수 1990~1991년 독일 베를린자유대 사회의학대학 방문교수 1992~2009년 서울대 생활과학대학 식품영양학과 조교수·부교수·교수 1999~2000년 미국 샌디에이고주립대 식품영양학과 겸임교수 2002년 대한가정학회 회장 2003~2009년 가정을건강하게하는시민의모임 대표이사 2004~2009년 대한암협회 이사 2005년 한국영양학회 회장 2005~2009년 세계영양학회(IUNS) 이사 2008~2009년 한국여성과학기술단체총연합회 부회장 2009년 대한민국의학한림원 회원 2009년 한국보건산업진흥원 비상임이사 2009년 여성부 장관 2010~2011년 여성가족부 장관 2011~2016년 서울대 식품영양학과 교수 2014~2015년 한국여성과학기술단체총연합회 회장 2015년 대통령소속 국가생명윤리심의위원회 위원(현) 2016년 서울대 식품영양학과 명예교수(현) [상]한국영양학회 우수논문상(4회), 한국과학기술단체총연합회 과학기술우수논문상(2005), 과학기술포장(2008), 아시아태평양임상영양학회상(2009), 청조근정훈장(2012) [저]'한국의 생활문화'(2003) '건강한 미래를 위한 식생활 길라잡이'(2004) 등 다수

범희승(范熙承) BOM Hee Seung (下新)

[생]1957·11·22 [본]금성(錦城) [출]광주 [주]전남 화순군 화순읍 서양로322 화순전남대병원 핵의학과(061-379-7270) [학]1976년 광주제일고졸 1982년 전남대 의대졸 1985년 同대학원졸 1988년 의학박사(전남대) [경]1988~1991년 육군 군의관 1991~2002년 전남대 의대 핵의학교실 전임강사·조교수·부교수 1993~2002년 전남대병원 핵의학과장 1994~1995년 미국 Emory대병원 핵의학과 교환교수 1996년 전남대 전산실장 1998년 대한핵의학회 정보이사 2002년 전남대 의대 핵의학교실 교수(현) 2002년 同의대 핵의학교실 주임교수 2003~2004년 화순전남대병원 개원준비단 진료부장 2004~2006년 同진료지원실장·핵의학과장 2005~2006년 전남대 의대 대외협력위원장 2008~2010년 화순전남대병원 병원장 2008~2010년 대한핵의학회 회장 2010~2013년 아시아지역핵의학협력회의 의장 2010~2015년 한국F1그랑프리 의료단장 2011~2014년 광주권의료관광협의회 회장 2012~2013년 한국F1그랑프리 최고의료책임자(CMO) 2012년 아시아·오세아니아 핵의학생물학회(AOFNMB) 회장(현) 2013~2015년 전남대 의대 교수협의회장 2013년 同의대 장기발전기획위원장(현) [상]대한핵의학회 학술상, 대한의료정보학회 학술상, 전남대병원 우수논문상, 보건복지부장관표창, 문화체육관광부장관표창, 전남대총장표창 [저]'증례중심핵의학' '미국의학연수 길라잡이' '핵의학' '핵의학 입문' '병원인문학' '다른 생각 같은 길' [종]불교

법 등(法 燈)

[생]1948·12·21 [출]전북 임실 [주]경북 김천시 대항면 직지사길95 직지사(054-436-6084) [학]1969년 해인사 승가대 대교과졸 [경]1961년 직지사에서 녹원스님을 계사로 사미계 수지 1974년 직지사에서 고암대종사를 계사로 비구계 수지 1977년 직지사 총무국장 1983년 대한불교조계종 비상종단 운영위원 1984년 同총무원 총무국장 1984년 조계사 주지 1988~2012년 구미 도리사 주지 1988·1997년 직지사 부주지 1990년 대한불교조계종 제9·10·11·12·13대 중앙종의회 의원 1996년 同제11대 중앙종의회 수석부의장 1998~2000·2004년 同중앙종의회 의장 1999년 금오종합사회복지관 관장(현) 2005~2008년 경제정의실천시민연합 공동대표 2007년 더프라미스 이사장(현) 2009·2011년 대통령직속 사회통합위원회 위원 2013~2014년 대통령소속 국민대통합위원회 위원 2016년 직지사 주지(현) [종]불교

법 륜(法 輪) Pomnyun

[생]1953·4·11 [본]경주(慶州) [출]울산 [주]서울 서초구 서초중앙로62 우일빌딩1층 평화재단(02-581-0581) [학]1972년 경주고졸 [경]1969년 경주 분황사에서 득도(은사 불심도문 : 조계종 원로의원) 1983년 한국대학생불교연합회 상임법사 1985년 중앙불교교육원 설립 1988년 정토포교원 설립 1988년 월간 '정토' 창간·발행인 1988년 한국불교사회교육원(現 에코붓다) 설립·이사장(현) 1988년 한국불교사회연구소 설립 1991년 정토불교대학 설립 1992년 문경정토수련원 설립(깨달음의 장·나눔의 장·명상수련 등 진행) 1994년 한국JTS 설립·이사장(인도에 학교·병원 설립 등 국제봉사활동) 1996년 우리민족서로돕기불교운동본부 집행위원장 1999년 (사)좋은벗들 설립·이사장 2004년 (재)평화재단 설립·이사장(현) [상]교보환경문화재단 제1회 교보 사회교육부문 환경문화상(1998), 만해사상실천선양회 포교부문 만해상(2000), 막사이사이재단 평화 및 국제이해부문 막사이사이상(2002), 제2회 교류협력부문 DMZ평화상(2006), 민족화해협력범국민협의회 제5회 개인부문 민족화해상(2007), 제1회 천지일보 천지인상(2010), 포스코청암재단 봉사상(2011), 통일문화대상(2011) [저]'실천적 불교사상' '젊은 불자들을 위한 수행론' '우물에서 바다로 나간 개구리(수상집)' '인간 붓다 그 위대한 삶과 사상'(1990) '반야심경 이야기'(1991) '금강경 이야기 상·하'(1996·1997) '함께 사랑한다는 것, 그 아름다움에 대하여(共)'(조선일보 출판부) '마음의 평화와 자비의 사회화'(2002) '붓다, 나를 흔들다'(2005) '스님, 마음이 불편해요'(2006) '행복하기 행복전하기' '답답하면 물어라'(2007) '행복한 출근길'(2009, 김영사) '날마다 웃는 집'(2009, 김영사) '스님의 주례사'(2010, 도서출판 휴) '붓다에게 물들다' '기도-내려놓기'(2010, 정토출판) '힘내라 청춘' '엄마 수업'(2011, 도서출판 휴) '방황해도 괜찮아'(2012, 지식채널) '법륜 스님의 행복'(2016, 나무의마음) [종]불교

법 안(法 眼) buban

[생]1960·10·20 [본]영성(靈城) [출]전남 영광 [주]서울 종로구 비봉길137 금선사(02-395-0441) [학]1983년 범어사 불교전문강원졸 1988년 동국대 선학과졸 1999년 경남대 북한대학원 최고위과정 수료 [경]1980년 부산 범어사에서 덕명스님을 계사로 사미계 수지 1983년 부산 범어사에서 자운스님을 계사로 비구계 및 보살계 수지 1988년 동국대 불교대학 학생회장 1989~1992년 불교정토구현전국승가회 사무처장 1990년 서울대 총불교학생회 지도법사 1992~2007년 민족의화해와통일을위한종교인협의회 운영위원 1992년 실천불교전국승가회 사무처장 1994~2007년 참여연대 운영위원 1994년 대한불교조계종 총무원 총무국장 1994년 북한산 금선사 주지(현) 1996년 대한불교조계종 중앙종회 의원(제11대·12대·13대·15대) 1998년 실천불교전국승가회 집행위원장 1999년 총선연대 상임집행위원장 2000~2006년 국민고충처리위원회 비상임위원 2001년 제2의건국범국민추진위원회 위원 2004년 실천불교전국승가회 부의장 2005년 대한불교조계종 총무원 기획실장 2005~2009년 민주평통 상임위원 2005~2009년 백두대간보호위원회 위원 2006~2009년 국민고충처리위원회 명예옴부즈만 2006~2007년 국방부 과거사진상규명위원회 위원 2007~2009년 군의문사진상규명자문위원회 자문위원 2007~2010년 민족의화해와통일을위한종교인협의회 공동대표 2007~2010년 국가인권위원회 인권위원 2007년 불교미래사회연구소 소장 2008~2010년 실천불교전국승가회 대표 2008~2010년 진실과화해를위한과거사위원회 위원 2009년 대한불교조계종 교육위원장 2010~2016년 同화쟁위원회 위원 2010~2013년 同승가교육진흥위원회 위원 2010~2012년 서울시 전통사찰보존위원회 위원장 2011년 대한불교조계종 불교사회연구소장 2012년 同결사위원회 위원(현) 2012~2015년 同중앙종의회 부의장 2012~2013년 同종단쇄신위원회 위원 2015년 더불어민주당 윤리심판원 위원(현) 2015년 종단개혁계승을위한사부대중위원회 위원(현) 2016년 BTN불교TV 붓다회 자문위원(현) [상]대한불교조계종 총무원장표창(1983), 동국대총장표창(1988), 국민훈장 동백장(2006) [종]불교

ㅂ

법 일(法 一)

[생]1954·1·26 [주]대구 중구 명덕로261 대구불교방송 사장실(053-427-5114) [경]1980년 해인사에서 일타스님을 은사로 득도, 경주 기림사 주지, 청송 대전사 주지 1995~2010년 대한불교조계종 제11·12·14대 중앙종회 의원 2010년 학교법인 능인학원(능인중·고) 감사 2015년 대구불교방송 사장(현)

법 조(法 祖)

[생]1944·4·4 [출]경북 포항 [주]경북 포항시 북구 방장산길5 조계종 옥천사(054-272-4633) [학]1962년 해인사 강원졸 1973년 동국대 불교학과졸 [경]1957년 해인사에서 도원스님을 계사로 사미계 수지 1963년 해인사에서 자운스님을 계사로 비구계 및 보살계 수지 1974년 옥천사 주지 1982년 포항불교연합회 회장 1986년 미국주재 불교방송협회 이사 1986년 전국불교유아·유치원협회 회장 1988년 대한불교조계종 9대종회 의원 1990년 (주)대한불교신문 이사 1994년 고운사 주지 1996년 21세기불교연합회 회장 1999년 동국대 석림동문회 회장 2001년 경북지방경찰청 경승(현) 2001년 학교법인 능인학원 이사 2002년 대한불교조계종 중앙종회 수석부의장 2004~2008년 대구불교방송 사장 2006년 (재)불교방송 이사 2010년 옥천사 승려(현) 2015년 포항불교총연합회 원로의장 겸 위원장(현) [상]대한불교조계종 총무원장표창(1989), 조계종총무원 포교대상 특별상(1990) [종]불교

법 현(法 顯) Beophyeon

[생]1958·4·12 [출]전남 화순 [주]서울 은평구 연서로17길18의6 열린선원(02-386-4755) [학]1985년 중앙대 기계공학과졸 1989년 동국대 대학원 불교학과졸, 同대학원 불교학 박사과정 수료 [경]한국불교태고종 종정 예하로부터 선덕·중덕·대덕·종덕 법계 품수 1980년 평택 명법사청년회 창립·초대회장 1981년 중앙대 불교학생회장 1981년 한국대학생불교연합회 서울지부장 1984년 현대사회연구소 경인사무소 과장 1985년 태고사에서 득도(이운산), 한국불교태고종 총무원 교무간사 1989년 同교무과장 1990년 대덕법계(안덕암 종정) 1990~1992년 한국불교태고종 총무원 교무국장 1991년 덕암스님을 계사로 비구계 수지 1992년 동방불교대 통신과장 1992년 경제정의실천불교시민연합 상임운영위원회 부위원장 1996년 한국불교태고종 총무원 총무부장 1997년 천중사 부주지 2003~2014년 종교간대화위원회 위원 2003~2005년 동방불교대 교학처장, 동방대학원대 행정실장·사회부장·교류협력실장, 한국불교종단협의회 상임이사, 한국종교인평화회의 감사, 한국불교태고종 총무원 부원장, 원각사 주지, 고심사 주지, 불교레크리에이션포교회 회장 2005년 열린선원 원장(현) 2006~2011년 자운암 주지 2013년 중국 상하이 복단대 겸임교수(현) 2014~2016년 종교간대화위원회 위원장 2014년 불교생명윤리협회 집행위원장(현) 2015년 서울시 에너지산림홍보대사(현) 2015년 국가인권위원회 생명인권포럼위원(현) 2015년 대통령소속 국가생명윤리심의위원회 생명존중헌장제정을위한특별위원회 위원(현) 2016년 성공회대 '스님과 함께하는 채플' 강사(현) [상]국토통일원장관표창, 경기도교육감표창, 설법대회우수상, 한국불교종단협의회장상 [저]'왜 불교를 믿는가'(共) '불교학교지도자 강습지침서' '놀이 놀이 놀이' '수행의 길 세속의 길'(共) '풍경소리'(共) '부루나의 노래' '추워도 향기를 팔지 않는 매화처럼'(2014) [종]불교

변경훈(邊京勳) BYEON Kyeong Hoon

[생]1956·3·16 [주]서울 강남구 테헤란로432 (주)동부대우전자 임원실(02-360-7114) [학]경동고졸 1979년 한국외국어대 노어학과졸 [경]1981년 LG전자(주) 입사 1997년 同CIS총괄(상무), 同모스코바지사장(부사장) 2005년 同중국MC마케팅담당(부사장) 2007년 同중남미지역본부장(부사장) 2010~2012년 同HE사업본부 해외마케팅담당 부사장 2012~2015년 티맥스소프트 해외사업부문 총괄책임자(사장) 2016년 (주)동부대우전자 영업부문 사장(COO)(현)

변관수(卞寬洙) Byeon Kwan Su

[생]1965·2·24 [출]충북 청원 [주]서울 서대문구 통일로87 경찰청 경호과(02-3150-1258) [학]충북고졸 1987년 경찰대 법학과졸(3기), 연세대 대학원 법학과졸 [경]2010년 경북지방경찰청 경비교통과장 2010년 경북 상주경찰서장 2011년 서울지방경찰청 정부중앙청사경비대장 2013년 경기 과천경찰서장 2014년 서울지방경찰청 기동본부 제4기동단장 2015년 서울 남대문경찰서장 2016년 경찰청 경비국 경호과장(현) [상]근정포장(2015)

변광용(邊光龍)

[생]1966·4·2 [본]황주(黃州) [주]경남 창원시 성산구 중앙대로85 더불어민주당 경남도당(055-274-5005) [학]거제고졸 1989년 서울대 사범대학졸 1995년 연세대 대학원 행정학과졸 [경]1988년 김봉조 국회의원 보좌역 1997년 거제경실련 사무국장 2005년 월간 '거제' 편집장 2006년 거제시장선거 출마(열린우리당), 열린우리당 상무위원 2006~2008년 대통령직속 국가균형발전위원회 자문위원 2008년 6.4재보선 경남도의원 출마(무소속) 2009년 거제신문 편집국장 2010년 창신대 강사 2012~2016년 거제프레시전 대표 2012년 민주통합당 문재인 대통령후보 특보 2012년 同제18대 대통령중앙선거대책위원회 거제시선대위원장 2013년 민주당 거제시지역위원회 위원장 2013년 同정책위 부의장 2014~2015년 새정치민주연합 거제시지역위원회 위원장 2015년 더불어민주당 거제시지역위원회 위원장(현) 2016년 제20대 국회의원선거 출마(경남 거제시, 더불어민주당) 2016년 더불어민주당 경남도당 대변인(현) [종]기독교

변광윤

[생]1969 [출]충남 [주]서울 강남구 테헤란로152 강남파이낸스센터34층 이베이코리아(02-589-7018) [학]홍익대 기계공학과졸 [경]1993년 LG전선 근무, 삼성엔지니어링 근무 2000년 옥션 근무, 쇼핑닷컴(Shopping.com) 마케팅이사, 이베이코리아 옥션사업본부장 2012년 同G마켓비즈니스총괄 상무 2013년 同사장(현), (사)한국인터넷기업협회 수석부회장(현)

변광호(邊光鎬) BYUN Kwang Ho

[생]1966·2·16 [본]장연(長淵) [출]부산 [주]경기 수원시 영통구 중부대로345번길20 대산프라자403호 법무법인 단원(031-216-9988) [학]1984년 부산 배정고졸 1988년 서울대 법과대학졸 1990년 同대학원 법학과졸 [경]1990년 사법시험 합격(32회) 1993년 사법연수원 수료(22기) 1993년 軍법무관 1996년 창원지검 검사 1998년 광주지검 순천지청 검사 2000년 서울지검 검사 2003년 수원지검 안산지청 검사 2005년 부산지검 동부지청 부부장검사 2006년 전주지검 군산지청 부장검사 2007년 부산지검 외사부장 2008년 사법연수원 교수 2010년 수원지검 형사4부장 2011년 同안산지청 부장검사 2012년 수원지검 부장검사 2012년 변호사 개업 2013년 법무법인 단원 대표변호사(현)

변귀영(卞貴永) Kui Young Byun

[생]1971·7·23 [출]서울 [주]서울 마포구 마포대로20 다보빌딩4층 모닝스타투자자문(주) 대표이사실(02-3771-0772) [학]1990년 경기고졸 1994년 국민대 경제학과졸 1997년 미국 유타주립대 대학원 경제학과졸 [경]푸르덴셜투자증권 근무 2004~2007년 모닝스타투자자문(주) 입사·본부장 2007년 同대표이사(현)

변기영(卞基榮) BYUN Peter

[생]1940·7·23 [출]경기 용인 [주]경기 광주시 퇴촌면 천진암로1203 한국천주교회창립사연구소(031-762-5950) [학]1973년 가톨릭대 신학대학원 신학과졸 1978년 同대학원 신학 박사과정 수료 [경]1971년 사제 서품 1972년 천주교 용인본당 주임 1973~1974년 가톨릭농촌사회지도자교육원 창설·원장 1974년 천주교 수원교구 사목국장·교육원 원장 1976~1984년 신장성당 주임 1978년 천진암강학기념사업회 결성 1979년 이벽성조시복시성추진위원회 결성·총무 1980년 천주교주교회의 한국천주교회200주년기념사업회 초대 사무국장 1980년 103위추후손회·한국순교자후손회·한국천주교회창립선조후손회 결성·지도신부, 천주교주교회의 한국순교자시복시성추진위원회 총무, 同103위시성추진부장 1982년 한국천주교회창립사연구소 설립·소장(현) 1984~2012년 천진암성지 주임신부 1985~2005년 천진암 본당 주임 1986년 100년계획천진암대성당건립위원회 지도신부 1992년 천진암박물관 관장 1998년 천주교 수원교구 성지위원회 위원장 2000년 도서출판 천진암성지 설립 2005년 몬시뇰 임명 [상]한국주교회의 대표 김수환추기경·윤공희 대주교 위원장 공동명의 '103위시성 공로감사패' [저]'이벽 성조와 천진암'(1982) '무혈의 순교'(1991) '한국 천주교회 창립사 논증'(1996) '조선 천주교회 창립사'(2004) '간추린 우리나라 천주교회 창립사'(2007) '우리교회가 나아갈 길'(2008) '우리겨레가 나아갈 길'(2009) '오늘의 인류가 나아갈길'(2009) '한국천주교회 창립사'(英·佛·伊·中·日) '천진암 성지 자료집 1~131권'(編) [역]'도미니코사비오'(1967) '테이야르 샤르댕의 사상'(1968) '오늘의 인간과 종교'(1969) '신애론'(1976) '성모님이 가장 사랑하시는 사제들에게'(1977) [종]천주교

변대규(卞大圭) BYUN Dae Gyu

[생]1960·3·8 [출]경남 거창 [주]경기 성남시 분당구 황새울로216 (주)휴맥스홀딩스 비서실(031-776-6001) [학]영남고졸 1983년 서울대 제어계측공학과졸 1985년 同대학원 제어계측공학과졸 1989년 공학박사(서울대) [경]1989~1998년 (주)건인시스템(現 휴맥스) 설립·대표이사 1998~2014년 (주)휴맥스 대표이사 사장 1998~2005년 한국벤처기업협회 부회장 2001~2008년 SK Telecom 사외이사 2001~2007년 (사)벤처리더스클럽 회장 2005년 한국공학한림원 정회원(현) 2006~2011년 KAIST 이사 2007~2011년 공정거래위원회 경쟁정책자문위원 2008~2010년 국가과학기술위원회 민간위원 2009년 (주)휴맥스홀딩스 회장(현) 2011~2013년 포스코 사외이사 2011~2014년 국립대학법인 서울대 초대이사 2014년 (주)휴맥스 이사회 의장 겸임(현) 2015년 한국공학한림원 부회장(현) 2015년 롯데그룹 기업문화개선위원회 위원(현) [상]철탑산업훈장(1999), 한국공학한림원 젊은공학인상(2002), 5억불 수출탑(2006), 금탑산업훈장(2006), 대통령표창(2008), 한국공학한림원 대상(2015)

변도윤(邊道潤·女) BYUN Do Yoon

[생]1947·12·5 [본]원주(原州) [출]서울 [주]경기 의정부시 호암로95 신한대학교 교수학습개발원(031-870-3145) [학]1965년 중앙여고졸 1969년 중앙대 사회사업학과졸 1980년 同대학원 노동정책과졸 [경]1969~1970년 공주기독교사회관 사회사업가(Social Worker) 1970~1974년 여성문제연구회 연구간사 1974~1978년 노동부 부녀소년근로자보호위원회 전문위원·산업카운슬러 1978~1986년 서울YWCA 근로여성회관장·성동청소년회관장·종합사회복지관장 1992~1995년 서울YWCA 사무총장 1993년 KBS 시청자위원회 부위원장 1997~2000년 전국여성인력개발센터중앙협의회 회장 1998년 서울시 실업대책위원회 위원 2000~2002년 봉천종합사회복지관 관장 2002년 (재)서울여성 상임이사 2002~2006년 (재)서울여성플라자 대표 2002년 한국사회복지사협회 부회장 2003년 국무총리실 시민사회발전위원회 위원 2004년 서울세계여성지도자회의 한국조직위원회 운영위원장 2004년 한국IT여성기업인협회 자문위원 2004년 여성부 여성사전시관 자문위원 2005년 서울YWCA 이사 2005년 한국YMCA전국연맹 사회교육정책위원회 위원 2008~2009년 여성부 장관 2010년 사회복지공동모금회 이사(현) 2014년 신한대 석좌교수(현) 2014년 同교수학습개발원장 2016년 同인재개발원장(현) 2016년 U통일희망포럼 이사장(현) [상]서울시장표창(1985), 대통령표창(2001), 자랑스러운 중앙인상(2008) [저]'자원봉사프로그램 백과-여성'(共) '여성근로자의 현황' '청소년근로자의 현황' '청소년 백서- 근로청소년부문' [종]기독교

변동걸(卞東杰) BYUN Dong Gul

[생]1948·12·8 [본]초계(草溪) [출]경북 문경 [주]서울 강남구 영동대로412 아셈타워22층 법무법인 화우(02-6003-7570) [학]1966년 대광고졸 1970년 서울대 법학과졸 [경]1971년 사법시험 합격(13회) 1973년 사법연수원 수료(3기) 1974년 육군 법무관 1977년 부산지법 판사 1979년 同진주지원 판사 1980년 수원지법 인천지원 판사 1982년 서울민사지법 판사 1984년 대구고법 판사 1985년 서울고법 판사 1986년 대법원 재판연구관 1988년 전주지법 부장판사 1991년 사법연수원 교수 1993년 서울형사지법 부장판사 1995년 부산고법 부장판사 1996년 부산지법 수석부장판사 1998년 사법연수원 수석교수 1999년 서울고법 부장판사 2001년 서울지법 파산수석부장판사 2003년 서울고법 부장판사 2004년 울산지법원장 2005년 서울중앙지법원장 2005~2014년 법무법인 화우 대표변호사 2008~2011년 한국도산법학회 회장 2009년 삼성정밀화학(주) 사외이사(현) 2010년 대한상사중재원 중재인(현) 2012년 서울중앙지법 조정위원(현) 2013년 同조정위원협의회 회장(현) 2014년 법무법인 화우 고문변호사(현) [저]'회사정리 실무·파산사건 실무'(共) [종]불교

변동언(邊東彦) BYUN DONGAN

[생]1957·6·5 [주]서울 종로구 율곡로75 현대건설 전력플랜트본부(02-746-2425) [학]울산대 기계공학과졸, 서울대 경영대학원졸 [경]현대엔지니어링 전력플랜트영업부장(상무보B), 同전력플랜트부문 영업담당 상무보A 2008년 同전력플랜트사업본부 상무 2011년 同전력플랜트사업본부장(전무) 2015년 同전력플랜트사업본부장(부사장) 2016년 현대건설 전력플랜트본부장(부사장)(현)

변동준(邊東俊) Dong-Jun Pyun

[생]1953·11·7 [본]원주(原州) [출]서울 [주]경기 성남시 중원구 사기막골로47 삼영전자공업(주)(031-740-2102) [학]1972년 중앙고졸 1980년 한양대 체육학과졸 1984년 일본 산업능률대 최고경영자과정 수료 [경]1986년 삼영전자공업(주) 총무부장 1988년 同이사 1989~2016년 同대표이사 사장 1996년 성남전기공업 대표이사 회장(현) 2016년 삼영전자공업(주) 각자대표이사 사장 2016년 同대표이사 회장(현) [상]경영력10대기업선정(1977), 무재해1000만시간달성탑(1981), 2000만불 수출의 탑(1983), 품질경영유공자상(1994), 1억불 수출의탑 및 산업포장(1994), 한국경영대상 최우수기업상(1996), 산업포장(1996), 철탑산업훈장(1999)

변동필(邊東必) BYUN Dong Pil

[생]1957·1·31 [출]서울 [주]서울 서초구 효령로53길21 신정비즈니스B동401호(02-581-5324) [학]1975년 경기고졸 1979년 서울대 섬유공학과졸 1983년 미국 미시간대 경영대학원졸(MBA) [경]1987년 일화모직공업(주) 무역부장 1987~1993년 同이사 1993년 同상무이사, 同전무이사 2005년 同대표이사 사장(현) [종]천주교

변명기(邊明基) BYON Myong Ki

[생]1955·9·8 [출]강원 홍천 [주]부산 강서구 체육공원로43 아이파크스포츠(주)(051-941-1100) [학]계성고졸, 고려대 경영학과졸 [경]1982년 SK(주) 소매부 입사 1988년 同원유운영과장 1991년 SK그룹 경영기획실 근무 1996년 SK(주) 경북지사장 1998년 同IT기획팀장 2003년 SK C&C 에너지사업부장(상무) 2006년 SK(주) 정보담당 CIO(상무) 2008년 SK에너지(주) 정보담당 CIO 2009~2013년 제주유나이티드FC 대표이사 2015년 아이파크스포츠(주) 대표이사(현) [종]천주교

변명우(邊明宇) BYUN Myung Woo

[생]1954·9·15 [출]경북 예천 [주]대전 동구 동대전로171 우송대학교 외식조리영양학부(042-630-9864) [학]1973년 예천농고졸 1980년 영남대 식품가공학과졸 1982년 고려대 대학원 식품공학과졸 1995년 농학박사(일본 교토대) [경]1982년 한국식품영양과학회 평의원(간사장·이사·부회장 역임) 1983년 한국원자력연구소 입소 1993~2009년 한국식품저장유통학회 학술지 편집위원장 겸 부회장 1994~2012년 식품의약품안전청 식품위생심의위원 1995년 FAO/ IAEA/ WHO Section of Food Irradiation 한국대표 1998년 한국과학기술평가원 연구사업 기획·평가위원 1998년 국립수의과학검역원 자문관 1999년 International Association for Food Protection 정회원(현) 2000년 The Institute of Food Technologists 논문심사위원(현) 2000년 충남대 대학원 식품영양학과 강사 2001년 조선대 응용과학부 초빙교수 2002~2009년 한국원자력연구소 책임연구원 2002년 同방사선이용연구부장 2003년 전북도 과학기술자문관 2003년 미국 항공우주국 우주식품개발센터 겸임교수(현) 2004년 미국 Food Microbiology Editorial Board(현) 2006~2010년 한국방사선산업학회 이사·회장·고문 2006년 미국 세계인명사전 'Marquis Who's Who'·ABI(American Biographical Institute) 및 영국 IBC 발행 세계인명사전에 4년 연속 등재 2007~2008년 한국원자력연구원 정읍방사선과학연구소장 2007~2013년 국무총리실 식품안전정책위원회 자문위원 2008~2010년 농촌진흥청 바이오그린21사업 심의위원 2008년 미국 'Recent Patents on Food, Nutrition & Agriculture' Editorial Board(현) 2010년 우송대 식품생물과학과 교수, 同외식조리영양학부 교수(현) 2011년 정읍시 미래전략자문위원 2013년 한국식품영양과학회 회장 2013년 식품의약품안전처 식품위생심의위원(현) 2014년 우송대 호텔외식조리대학장(현) [상]한국식품과학회 학술진보상(1988), 한국식품영양과학회 국·영문 학술상(1997·2003), 과학기술부장관 한국원자력기술상 금상(1998), 한국과학기술단체총연합회 제11회 과학기술우수논문상(2001), 과학기술부 우수과제 선정(2001~2006), 한국식품저장유통학회 학술상(2005), 과학기술유공 대통령표창(2006), 대전MBC 한빛대상 과학기술유공(2006) [저]'Food Irradiation Research and Technology'(Blackwellpub.USA) 외 5건

변무장(邊茂長) Mu-Jang Byun

[생]1958·4·15 [본]원주(原州) [출]강원 원주 [주]부산 북구 금곡대로 441번길26 한국산업인력공단 부산지역본부(051-330-1910) [학]강원 원주고졸, 부산수산대졸, 한국노동연구원 노사관계고위지도자과정 수료, 건국대 대학원 기술경영학과졸, 경영학박사(건국대) [경]한국산업인력공단 부산지방사무소 검정1부장, 同영남지역본부 관리부장, 同고용촉진국 고용관리부장, 同총무국 복리후

ㅂ

생부장, 同총무국 인사부장, 同정선직업전문학교 원장, 同감사실장 2009년 同국제HRD교류원장, 同글로벌HRD협력원장 2011년 同직업능력지원국장 2012년 同직업능력기획국장 2014년 同서울지역본부장 2016년 同부산지역본부장(현) [상]노동부장관표창(3회), 대통령표창(2014) [종]불교

변민선(邊珉宣) Byeon Minseon

[생]1965·5·11 [출]제주 [주]제주특별자치도 제주시 남광북5길3 제주지방법원(064-729-2000) [학]1984년 제주오현고졸 1990년 서울대 사회학과졸 [경]1996년 사법시험 합격(38회) 1999년 사법연수원 수료(28기) 1999년 부산지법 판사 2003년 同동부지원 판사 2005년 의정부지법 판사 2008년 서울북부지법 판사 2012년 서울중앙지법 판사 2013년 서울북부지법 판사 2015년 제주지법 부장판사(현) 2016년 언론중재위원회 위원(현)

변보경(卞普經) BYUN Bo Kyung

[생]1953·8·9 [출]부산 [주]서울 강남구 봉은사로524 (주)코엑스 비서실(02-6000-1001) [학]1972년 경기고졸 1977년 서울대 공과대학 기계설비학과졸 2000년 미국 펜실베이니아대 와튼스쿨 MBA과정 수료 [경]1979년 한국IBM(주) 입사 1984년 同영업부장 1988년 IBM 아시아·태평양본사 아세아지역본부장 1990년 한국IBM(주) 중소형시스템PC영업지사장 1992년 同기획조정실장 1996년 同PC사업본부장 1996년 LG-IBM PC(주) 시스템사업본부장(상무) 2000년 同대표이사 사장 2002~2006년 코오롱정보통신(주) 대표이사 사장 2006~2008년 국민은행 사외이사 2006~2010년 코오롱아이넷 대표이사 사장 2006~2008년 코오롱베니트 대표이사 2008~2010년 KB금융지주 사외이사 2011~2012년 서울산업통상진흥원 대표이사 2013년 (주)코엑스(COEX) 대표이사 사장(현) 2014~2016년 한국전시산업진흥회 회장 2014~2016년 아시아전시컨벤션협회연맹(AFECA) 이사

변봉덕(邊鳳德) BYUN Bong Duk

[생]1940·7·1 [본]원주(原州) [출]평남 평양 [주]경기 성남시 중원구 둔촌대로494 (주)코맥스 비서실(031-739-3504) [학]1958년 양정고졸 1962년 한양대 문리대학 수학과졸 1966년 同산업대학원 경영학과 수료 1987년 同경영대학원졸 2004년 한국과학기술원 최고경영자과정 수료 2006년 중국 칭화대 최고경영자과정 수료 [경]1968년 중앙전자공업사 창립·대표 1976~1999년 중앙전자공업(주) 대표이사 1979년 한국전자공업협동조합 이사(현) 1983년 한국전자공업진흥회 이사 1987~1996년 한양대총동문회 회장 1990년 한국전기통신협회 대표회원·경기지부장 1994년 천진중앙전자유한공사 설립·총경리 1997년 (사)한국전기제품안전진흥원 이사장 1997년 (사)전자파장해공동연구소 이사장 1999년 민주평통 자문위원 1999년 (주)코맥스 대표이사 회장(현) 2001년 무한넷코리아 이사 2003~2006년 성남상공회의소 부회장 2005년 성남벤처기업육성촉진지구발전협의회 운영위원회 부위원장 2005년 한국전자부품연구원(KETI) 이사 2005~2015년 성남산업진흥재단 이사 2006~2013년 경원대 감사 2006~2014년 한양대총동문회 명예회장 2006~2015년 성남상공회의소 회장 [상]수출산업포장(1994), 한국전자산업대상(1997), 모범시민상(2000), 우수중소수출기업상(2000), 무역진흥대상(2000), 국무총리표창(2001), 대통령표창(2004), 성남상공회의소대상(2005), KAIST최고테크노경영자상(2005), 석탑산업훈장(2006), 한양경영대상 창업경영인부문(2008), 4.19혁명공로자 건국포장(2010), 자랑스러운 한양인상(2010), 대한민국 글로벌CEO(2012), 한국의 영향력 있는 CEO(2013), 5월의 자랑스러운 중소기업인상(2013)

변상경(卞相慶) BYUN Sang Kyung

[생]1950·4·30 [출]전북 고창 [주]경기 안산시 상록구 해안로787 한국해양과학기술원(031-400-6127) [학]1968년 전주고졸 1972년 서울대 문리대학 해양학과졸 1978년 프랑스 Bretagne Occidentale대 대학원 해양물리학과졸 1980년 해양물리학박사(프랑스 Bretagne Occidentale대) 2003년 서울대 행정대학원 국가정책과정 수료 2005년 同법과대학 최고지도자과정 수료 [경]1972~1975년 해군사관학교 교관(중위 예편) 1977년 프랑스 국립해양개발연구소 연수생 1981년 한국해양연구원 해양환경연구본부 책임연구원 1984년 미국 Woods Hole 해양연구소 Post-Doc 1988년 한국해양연구원 해양물리연구실장·물리특성연구실장·해양물리연구부장 1991년 충남대 해양학과 겸임교수 1995년 태평양해양과학기구(PICES) 물리해양 및 기후분과위원회 한국대표 1997년 정부간해양학위원회(IOC/UNESCO) 총회 및 집행이사회 한국대표(현) 2002년 한국해양연구원 원장 2003년 대통령자문 국가균형발전위원회 자문위원 2003년 해양수산부 정책자문위원 2004년 한국해양학위원회 위원장 2004년 국가과학기술위원회 우주개발전문위원 2005년 한국해양학회 회장 2009년 정부간해양학위원회(IOC/UNESCO) 부의장 2011·2015년 同의장 2012년 한국해양과학기술원 명예연구위원(현) [상]국민훈장 무궁화장(2014) [저]'Oceanographic Atlas of Korean Waters : Volumn 4 Southwest of the East Sea'(1998, Korea Ocean Research and Development Institute) 등 2권

변상기(卞相基) BYUN Sang Ki

[생]1954·3·2 [본]초계(草溪) [출]경북 영주 [주]서울 동대문구 천호대로405 (주)국동 회장실(02-3407-7772) [학]1972년 장충고졸 1976년 경희대 물리학과졸 1978년 성균관대 무역대학원 경제학과졸 1985년 미국 국제대 대학원 국제경제학과졸 [경]1978~1983년 삼익악기제조(주) 근무 1985년 (주)국동 이사·상무이사·전무이사·부사장 2001년 同대표이사 사장 2002년 한국의류시험검사소 비상근이사 2015년 (주)국동 대표이사 회장(현) [종]불교

변상봉(卞相鳳)

[생]1961·4·23 [주]경남 사천시 사남면 공단1로78 한국항공우주산업(주) 민수사업본부(055-851-1000) [학]1979년 대전고졸 1984년 고려대 화학공학과졸 1986년 同대학원 화학공학과졸 [경]1986년 삼성항공 입사 2000년 한국항공우주산업(주) 사천기체생산기술팀장 2006년 同기체생산기술팀장 2008년 同기체생산담당 2011년 同기체생산담당 임원 2011년 同민수사업본부장(상무) 2016년 同민수사업본부 민수사업총괄(상무)(현)

변상욱(卞相昱) BYUN Sang Wook *(夕流)*

[생]1959·2·7 [본]초계(草溪) [출]충북 청주 [주]서울 양천구 목동서로159의1 CBS 선교TV본부 신천지특별취재단(02-2650-7194) [학]1977년 청주고졸 1984년 고려대 사회학과졸 [경]1983년 기독교방송 PD 1987년 同기자 1993년 同청주방송본부 보도국장 직대 1994년 同편성국 제작부장·종교부장 1996년 同보도제작국 국제부장 겸 시사정보1팀장 1997년 同편성제작국장·기획조정실 기획부장 1998년 同보도제작국 뉴스제작부장 겸 해설주간 1999년 同편성제작국 제작부장 2002년 同편성제작국 방송위원 2003년 同울산방송설립본부장·부산방송본부 총무국장 2004년 同편성국 편성부장·보도국 대기자 2005년 CBS 보도국 부국장, 同대기자(국장급) 2009년 同부산방송본부장 2010년 同대기자 2012년 同콘텐츠본부장 2016년 同선교TV본부 신천지특별취재단장(현) [상]이달의 좋은 프로그램상(1994), 한국민주언론상(1996), 올해의 프로듀서상(1997), 한국방송대상 라디오시사부문(2005), 송건호 언론상(2015) [저]'언론 가면 벗기기'(1996) '아빠 뭐해?'(2002) '굿바이 MB'(2012) '대한민국은 왜 헛발질만 하는가'(2014) '우리 이렇게 살자'(2015) '인생 강하고 슬픈 그래서 아름다운'(2016) '권력과 맘몬에 물든 한국교회(共)'(2016) [종]기독교

변상진(卞相鎭) BYUN Sang Jin

[생]1962·12·19 [주]경북 포항시 남구 동해안로6363 현대제철(주) 포항공장 경영지원실(054-271-1114) [학]마산상고졸, 경상대 경영학과졸 [경]현대제철(주) 인력운영담당 겸 인사지원1팀장(이사대우), 同포항공장 경영지원실장(이사) 2015년 同포항공장 경영지원실장(상무)(현)

변상현(邊尙鉉) BYEON Sang Hyun (綠山)

[생]1931·11·20 [본]원주(原州) [출]경기 안성 [주]경기 수원시 팔달구 중부대로165 동수원병원 이사장실(031-210-0110) [학]1957년 서울대 의과대학졸 [경]변외과의원 원장 1975~1982년 수원제일병원 원장 1981년 동수원병원 이사장(현) 1983년 청소년연맹 경기지부장 1989년 대한병원협회 경기지회장 1989~1995년 대한적십자사 경기도지사장 1991~1994년 경기도의사회 회장, 대한병원협회 이사 1995년 경인일보 사외이사 1996~2007년 범죄예방수원지역협의회 회장 [상]국민훈장 석류장, 청소년대훈장 [종]기독교

변석찬(邊碩燦) Byun Suk Chan

[생]1956·3·3 [출]대구 [주]서울 영등포구 여의공원로13 KBS 인사부(02-781-1000) [학]1985년 국민대 법학과졸 [경]1996년 한국방송공사(KBS) 창원방송총국 편성부장 1997년 同라디오국 차장 1997년 同라디오편성 차장 2004년 同라디오제작본부 라디오편성제작팀 프로듀서 2009년 同라디오1국 EP 2010년 同콘텐츠본부 라디오센터 라디오1국장 2012년 同콘텐츠본부 라디오센터장

2013~2014년 KBS비즈니스 감사 2015년 한국방송공사(KBS) 이사(현) [상]국무총리표창

변성렬(邊聖烈) Byun Sung-Ryul

[생]1960·7·4 [본]원주(原州) [출]경북 안동 [주]대구 동구 이노밸리로291 한국감정원 부원장실(053-663-8454) [학]1979년 대륜고졸 1988년 영남대 건축공학과졸 2009년 서울대 경영대학 공기업고급경영자과정 수료 [경]1988년 한국감정원 입사 2003년 同안동지점장 2006년 同지방이전추진실장 2010~2011년 同기업평가처장 2012년 안동시·영주시 공유토지심의회 위원 2013년 대구시 지방토지수용위원회 위원 2013년 대구가톨릭대 산학협력교수 2013년 한국감정원 대구경북지역본부장 2014년 同홍보실장 2015년 同대외협력본부장 2016년 同혁신경영본부장 겸 부원장(현)

변성완(邊城完) Byun Seong Wan

[생]1965·7·16 [주]부산 연제구 중앙대로1001 부산광역시청 기획관리실(051-888-1800) [학]부산 배정고졸, 고려대 행정학과졸 [경]1994년 행정고시 합격(37회) 1994~2003년 부산 해운대구 문화공보실장·한국지방자치단체국제화재단 파견·안전행정부 지방재정세제국 재정경제과 및 자치행정국 자치행정과 행정사무관 2003~2011년 안전행정부 자치행정국 자치행정과 서기관·지방자치국 자치제도과 서기관·비서실장실 행사의전팀 의전행정관·지방재정세제국 회계계약제도과장·지방재정세제국 지방세제관실 지방세정책과장·지방재정세제국 교부세과장 2011~2014년 同재난안전실 국민안전종합대책TF팀 부이사관·기획조정실 창의평가담당관·기획조정실 정책평가담당관 2014년 부산시 정책기획실장 2014년 同기획관리실장(현) [상]홍조근정훈장(2015)

변성원(卞星源) BYUN Sung Won

[생]1964·9·22 [본]밀양(密陽) [출]서울 [주]경기 양주시 남면 검준길170 한국섬유소재연구원(031-860-0980) [학]1995년 섬유고분자학박사(한양대) [경]1995년 한국생산기술연구원 수석연구원 2001년 同산업용섬유사업단장 겸 섬유소재신뢰성평가센터장 2005년 同산업용섬유팀장 2007년 同섬유소재본부장 2008년 同경기기술지원본부장 2010년 同산업용섬유기술센터장, 同산업융합섬유연구실용화그룹 연구원 2015년 同융합생산기술연구소 산업융합섬유그룹장, 同섬유소재신뢰성평가센터장 2016년 한국섬유소재연구원 원장(현)

변성환(邊成桓)

[생]1972·7·12 [출]전남 장성 [주]인천 남구 소성로163번길17 인천지방법원(032-860-1113) [학]1990년 서울고졸 1996년 서울대 공법학과졸 [경]1996년 사법시험 합격(38회) 1999년 사법연수원 수료(28기) 1999년 육군 법무관 2002년 인천지법 판사 2004년 서울중앙지법 판사 2006년 대구지법 상주지원 판사 2007년 同서부지원 판사 2010년 서울고법 판사 2012년 대법원 재판연구관 2014년 전주지법 부장판사 2016년 인천지법 부장판사(현)

변수강(卞秀罡) BYUN Soo Kang

[생]1957·1·25 [출]부산 [주]부산 연제구 중앙대로1079 장천빌딩 (주)화승엑스월(051-860-3600) [학]부산공고졸 1983년 부산공업전문대 공업경영학과졸 [경](주)화승알앤에이 산업용품사업총괄 상무이사 2011년 (주)화승엑스윌 대표이사 부사장(현)

변수남(邊壽男) Byun Soo Nam

[생]1960·3·7 [본]원주(原州) [출]제주 서귀포 [주]서울 서초구 남부순환로340길29 서울특별시소방학교(02-2106-3612) [학]1979년 오현고졸 1989년 한국방송통신대 행정학과졸 1999년 제주대 행정대학원 행정학과 수료 [경]2011~2012년 제주 서귀포소방서장 2012~2013년 경기도소방재난본부 청문감사담당관 2013년 경기 일산소방서장 2013~2014년 중앙소방학교 소방과학연구실장 2014~2015년 국민안전처 소방상황센터장 2015년 同방호조사과장 2016년 同서울특별시소방학교장(현) [상]행정자치부장관표창(2003), 국무총리표창(2008) [저]'소방승진수험 총서-행정실무'(2005, 와이즈고시) '소방승진수험 총소-행정실무 예상문제집'(2005, 와이즈고시) '중견 간부반-소방인사론'(2005, 중앙소방학교) '최근 20년 대형화재 사례집'(2011, 소방방재청) [역]'소방혁신 리더십'(2006, 중앙소방학교) [종]불교

변식룡(卞植龍) Byoun, Shik-ryong

[생]1958·10·30 [주]울산 남구 중앙로201 울산광역시의회(052-229-5020) [학]학성고졸 2009년 동국대 상경대학 경영학과졸 [경]동원케이터링 대표이사, 울산시 신정5동 동정자문위원 1998년 울산시 남구의회 의원 1998년 同운영위원장, (주)트인이엔씨 대표이사(현) 2010~2014년 울산시 남구의회 의원(한나라당·새누리당) 2012년 새누리당 제18대 대통령선거대책위원회 울산유세본부장 2014년 울산시의회 의원(새누리당)(현) 2014년 同산업건설위원회 위원 2014년 새누리당 민원정책자문위원회 부의장, 울산남구문화원 이사(현) 2014년 울산시 지방재정심의위원(현) 2015년 새누리당 울산시당 홍보위원장(현) 2016년 울산시의회 제2부의장(현) 2016년 同교육위원회 위원(현)

변신철(卞信喆)

[생]1963 [주]경기 평택시 경기대로245 평택시청 산업환경국(031-8024-3400) [학]서울대 보건대학원졸 [경]1998년 지방행정사무관 공채 2011년 평택시 서탄면장 2014년 同송탄출장소 환경위생과장 2014년 평택시 산업환경국 자원환경위생과장 2015년 同자원순환과장 2015년 同산업환경국장(지방기술서기관)(현) [상]경기도지사표창(2004)

변양균(卞良均) BYEON Yang Kyoon

[생]1949·9·25 [출]경남 통영 [주]경기 성남시 분당구 판교역로220 Ahnlab5층 스마일게이트인베스트먼트(주)(031-622-4770) [학]1968년 부산고졸 1973년 고려대 경제학과졸 1987년 미국 예일대 대학원졸 2002년 경제학박사(서강대) [경]1973년 행정고시 합격(14회) 1993년 경제기획원 예산실 예산총괄과장 1994년 재정경제원 예산실 제1심의관 1995년 同예산실 경제개발예산심의관 1997년 同국제협력관 1998년 예산청 행정예산국장 1999년 기획예산처 사회예산심의관 2000년 同재정기획국장 2000년 새천년민주당 정책위원회 수석전문위원 2002년 기획예산처 기획관리실장 2003년 同차관 2004년 연합인포맥스 자문위원 2005~2006년 기획예산처 장관 2005년 광복60년기념사업추진위원회 정부위원 2006~2007년 대통령 정책실장(장관급) 2011년 코리아본뱅크 고문 2015년 (주)옵티스 회장 2015년 스마일게이트인베스트먼트(주) 회장(현) 2016년 MG손해보험 사외이사(현) [상]조선일보 신춘문예 입선, 대통령표창(1982), 녹조근정훈장(1993) [저]'노무현의 따뜻한 경제학'(2012, 바다출판사)

변양호(邊陽浩) BYEON Yang Ho

[생]1954·7·30 [본]원주(原州) [출]서울 [주]서울 중구 소공로109 한화빌딩11층 보고인베스트먼트(02-3788-0777) [학]1973년 경기고졸 1977년 서울대 무역학과졸 1983년 미국 노던일리노이주립대 대학원졸 1985년 경제학박사(미국 노던일리노이주립대) [경]1975년 행정고시 합격(17회) 1977~1990년 재무부 행정사무관 1991~1992년 국제통화기금(IMF) 근무 1993년 대통령비서실 행정관 1995년 재정경제원 산업경제과장 1997년 同정책조정과장 1997년 同국제금융담당관 1998년 재정경제부 국제금융과장 1999년 同국제금융심의관 2000년 국방대학원 입교 2001년 재정경제부 정책조정심의관 2001~2004년 同금융정책국장 2003년 이화여대 겸임교수 2003년 연합인포맥스 자문위원 2004~2005년 재정경제부 금융정보분석원장 2005~2015년 보고인베스트먼트 설립·각자대표 2011~2015년 동양생명 사외이사 2014년 LG실트론 사외이사(현) 2015년 부산시 경제금융분야 정책고문(현) 2015년 보고인베스트먼트 고문(현) [상]근정포장(1990) [저]'변양호 신드롬'(2013, 홍성사) [종]기독교

변영삼(卞永三) BYUN Young Sam

[생]1958·5·10 [주]경북 구미시 3공단3로132의11 (주)LG실트론 비서실(054-470-8201) [학]경북고졸 1981년 서울대 금속공학과졸 1983년 同대학원 금속공학과졸 1989년 재료공학박사(미국 노스웨스턴대) [경]1989년 LG반도체 입사 2003년 하이닉스반도체 생산본부 상무 2007년 동부일렉트로닉스 생산총괄 부사장 2008년 동부하이텍 기획관리총괄 부사장 2008년 (주)LG실트론 생산기술본부장(부사장) 2011년 同대표이사 부사장 2012년 同대표이사 사장(현) 2016년 한국공학한림원 정회원(재료자원공학분과·현) [상]석탑산업훈장(2012)

ㅂ

변영섭(邊英燮 · 女) Byun Young Sup

[생]1951 · 3 · 22 [출]경북 봉화 [주]세종특별자치시 조치원읍 세종로2511 고려대학교 고고미술사학과(044-860-1261) [학]안동여고졸 1971년 이화여대 사학과졸 1973년 同대학원졸 1987년 미술사학박사(이화여대) [경]1977~1991년 이화여대 · 서울여대 강사 1991~2016년 고려대 인문대학 고고미술사학과 조교수 · 부교수 · 교수 1993~1994년 한국미술사교육연구회 회장 1994~2001년 충북도 문화재위원회 전문위원 1999~2000년 서울시 문화재위원회 위원 2003년 문화재청 문화재위원회 전문위원 2003~2004년 한국미술사학회 회장 2009~2012년 국사편찬위원회 위원 2013년 문화재청장 2016년 고려대 고고미술사학과 명예교수(현) [상]동원학술상(1988) [저]'표암 강세황 회화연구'(1988) '장서각소장회화자료(編)'(1990) '藏書閣所藏繪畫資料(共)'(1991, 韓國精神文化硏究院) '중국길상도안'(1992) '강세황론'(1995) '1월의 문화인물-미술인 강세황'(1995, 문화체육부) '畵眼 : 董其昌의 화론(共)'(2003, 시공사) '한국미술사(共)'(2006, 문예출판사) '미술사, 자료와 해석 : 秦弘燮先生賀壽論文集(共)'(2008, 일지사) '표암유고(共)'(2010, 지식산업사) '중국미술상징사전 : 상서로운 도안과 문양의 상징적 의미(共)'(2011, 고려대 출판부) '문인화, 그 이상과 보편성 : 21세기 문인화의 가치에 새로이 눈뜨다'(2013, 허원미디어)

변용석(邊龍錫)

[생]1958 · 9 · 1 [출]전북 부안 [주]전남 나주시 그린로20 한국농어촌공사 농어촌개발본부(061-338-5061) [학]1977년 광주 석산고졸 2006년 전주대 전기전자학과졸 [경]2009년 한국농어촌공사 녹색기술팀장 2011년 同전남지역본부 영광지사장 2012년 同녹색사업처장 2013년 同금강사업단장 2015년 同전북지역본부장 2015년 同농어촌개발본부 상임이사(현)

변용식(邊龍植) BYUN Yong Shik

[생]1949 · 1 · 11 [본]원주(原州) [출]서울 [주]서울 중구 세종대로21길30 TV조선 임원실(02-2180-1001) [학]1967년 서울고졸 1971년 서울대 정치학과졸 [경]1975년 조선일보 입사(공채 14기) 1975년 同사회부 기자 1978년 同경제부 기자 1985년 同워싱턴특파원 1989년 同정치부 차장대우 1989년 同경제부 차장 1992년 同경제부장 1995년 同사회부장 1997년 同편집국 부국장 1998년 同사장실장 2001년 同편집국장 2002년 同편집국장(이사대우) 2003년 同편집국장 겸 편집인(이사) 2003년 한국신문방송편집인협회 운영위원장 2004~2010년 조선일보 편집인(이사) 2005년 한국신문방송편집인협회기금 이사 2006년 LG상남언론재단 이사(현) 2007~2009년 한국신문방송편집인협회 회장 2007년 한국언론재단 비상임이사 2007년 한국신문윤리위원회 이사 2009년 한국신문방송편집인협회기금 이사장(현) 2009년 조선일보 방송진출기획단장 2010~2014년 同대표이사 전무(발행인 · 인쇄인 겸임) 2010년 한국신문협회 부회장 2011년 (주)조선방송(TV조선) 이사 2012년 LG상남언론재단 이사장(현) 2013~2014년 한국신문윤리위원회 이사장 2014년 한국신문협회 이사 2015년 (주)조선방송(TV조선) 대표이사 사장(현) [저]'재벌 25시'(共) '세계경제대전'(共) [종]기독교

변용찬(卞俗粲) BYUN Yong Chan

[생]1957 · 6 · 18 [본]밀양(密陽) [출]대구 [주]세종특별자치시 시청대로370 한국보건사회연구원(044-287-8130) [학]1975년 경북고졸 1980년 서울대 수의학과졸 1982년 同보건대학원졸 1991년 사회학박사(미국 유타주립대) [경]1982~1992년 한국보건사회연구원 연구원 · 주임연구원 · 책임연구원 1992년 동덕여대 강사 1992년 통계청 사회통계과 사무관 1995년 한국보건사회연구원 부연구위원 1995년 국민복지기획단 전문위원 1995년 한국보건사회연구원 가족복지연구실장 1996년 同인구가족연구실장 1997년 同연구위원 1998년 同사회정책연구실장 2005년 同사회정책연구본부 장애인복지연구팀장 2008년 同사회정책연구본부장 2008년 同연구혁신본부장 겸임 2008~2009년 同연구기획조정실장 2010~2011년 同선임연구위원 2011~2015년 한국장애인개발원 원장 2015년 한국보건사회연구원 선임연구위원(현) [상]석탑산업훈장(2010) [종]천주교

변용환(卞容煥) BYEON Yong Hwan

[생]1955 · 5 · 5 [출]경남 마산 [주]강원 춘천시 한림대학길1 한림대학교 경영대학 경영학부(033-248-1832) [학]마산고졸, 서강대 무역학과졸, 미국 UCLA 대학원졸, 경영학박사(고려대) [경]1985년 한림대 경영대학 경영학부 교수(현), 同기획실장 1996~1997년 同경영연구소장 1999~2000년 同기획처장 2003~2004년 한국회계학회 상임이사 2005~2007년 강원도 민원개선위원장 겸 규제개혁위원장 2006~2007년 한국회계학회 부회장 2006~2009년 강원발전연구원 초빙연구위원 2007~2009년 한림대 교수평의회 의장 2008년 농공단지발전전략포럼 운영위원장 2008~2009년 지방분권국민운동본부 정책위 의장 2010~2012년 한림대 경영대학원장 2010~2011년 춘천경제정의실천시민연합 집행위원장 2015년 한림대 부총장(현) 2016년 강원발전연구원 이사(현) [저]'기업투자유치연구' '수도권규제완화에 대한 고뇌' '제조업투자유치연구' '바이오클러스터구축전략' '세금과 부패' [종]천주교

변웅전(邊雄田) BYUN Ung Jun

[생]1940 · 10 · 15 [본]원주(原州) [출]충남 서산 [학]1958년 서산농고졸 1964년 중앙대 문리대학졸 1995년 고려대 언론대학원 최고위과정 수료 1997년 서울대 행정대학원 최고위과정 수료, 중앙대 행정대학원 석사 [경]1963~1969년 한국방송공사 아나운서 1988~1991년 문화방송 방송위원 1995~1996년 MBC프로덕션 대표이사 사장 1995년 자민련 창당준비위원회 대변인 1996년 同홍보위원장 1996년 제15대 국회의원(충남 서산 · 태안, 자민련) 1996년 국회 운영위원회 위원 1997년 국회 농림해양수산위원회 위원 1997년 국회 건설교통위원회 위원 1998년 국회 재정경제위원회 위원 1999년 국회 2002월드컵지원특별위원회 위원 2001년 자민련 총재 비서실장 2002~2004년 同서산 · 태안지구당 위원장 2003년 同전당대회 의장 2004년 제16대 국회의원(전국구 승계, 자민련) 2004년 국회 통일외교통상위원회 위원 2004년 제17대 국회의원선거 출마(충남 서산 · 태안, 자민련) 2005년 충청경제사회발전연구소 이사장 2008~2012년 제18대 국회의원(충남 서산 · 태안, 자유선진당) 2008~2010년 국회 보건복지가족위원장 2009년 자유선진당 최고위원 2009년 同인재영입위원장 2010년 同6 · 2지방선거공천심사위원장 2010~2011년 同최고위원 2010년 한 · 일의원연맹 부회장 2010년 한국 · 파라과이의원친선협회 회장 2011년 자유선진당 대표 [상]자랑스러운 중앙인상(2008), 국회를 빛낸 바른언어상 품격언어상(2011)

변윤성(邊潤成) Youn Sung Byun

[생]1957 · 3 · 30 [주]울산 중구 종가로305 한국석유공사 감사실(052-216-2225) [학]1975년 삼육고(現 한국삼육고)졸 1979년 고려대 전자공학과졸 1990년 경제학박사(미국 조지아주립대) [경]1990~1992년 에너지경제연구원 정보분석실장 1992~1993년 동력자원부 장관자문관 1993~2015년 피치홀딩스(주) 대표이사 1995년 대외경제정책연구원 OECD에너지정책위원회 대외경제전문가 1999~2015년 피치텔레컴(주) 대표이사 2015년 한국석유공사 상임감사위원(현)

변장호(卞張鎬) BYUN Jang Ho (靑岩)

[생]1939 · 4 · 27 [본]초계(草溪) [출]경기 이천 [주]서울 중구 퇴계로27길35 대종필름(주)(02-2266-1001) [학]1958년 한양공업고졸 1966년 한양대 연극영화과졸 2003년 연세대 언론홍보대학원 방송영상학과졸 [경]1973~1979년 제11 · 12 · 13대 한국영화감독협회 회장 1980~1984년 제12 · 13대 한국영화인협회 이사장 1980~1984년 영화진흥공사 비상임이사 1986년 (주)대종필름 대표이사(현) 1987년 미스코리아 심사위원 1987~2003년 한양대 연극영화과 겸임교수 · 객원교수 1990~1994년 (주)SKC 영상고문 1995 · 1999 · 2006년 제6 · 7회 · 14회 춘사영화제 심사위원장 1999~2011년 한국영화감독협회 고문 2000~2002년 제8회 춘사영화제 집행위원장 2000년 아세아태평양대학영화제 집행위원장(현) 2001년 제38회 대종상영화제 심사위원장 2006~2010년 동덕여대 방송연예과 초빙교수 2006년 (사)한국영상예술인협회 이사장(현) 2012년 대한민국예술원 회원(영화 · 현) [상]제8회 청룡영화제 신인감독상(1971), 제9회 백상예술대상 감독상 · 작품상 · 대상(1973), 제19 · 22회 아태영화제 감독상(1973 · 1976), 문화공보부장관상(1973), 제12회 대종상영화제 작품상(1973), 제11회 백상예술대상 감독상 · 작품상(1975), 제20 · 23회 백상예술대상 감독상(1984 · 1987), 제23회 대종상영화제 우수작품상(1984), 제32회 아태영화제 심사위원특별상(1987), 제33회 아태영화제 예술영화최우수작품상(1988), 제23회 문화예술대상 대통령상(1991), 미국 폴라더데일국제영화제 최우수작품상(1994), 유공영화인상(1996), 제13회 예술문화대상(1999), 보관문화훈장(2006), 고양시 문화대상(2007), 자랑스러운 고양인상(2007), 제20회 경기예술대상 대상(2008) [작]감독 작품 '홍살문' '눈물의 웨딩드레스' '벙어리 삼용이' '망나니' '보통여자' '을화' '0양의 아파트' '푸른하늘 은하수' '사랑 그리고 이별' '이브의 건너방' '감자' '밀월' [종]천주교

변재상(邊在相) BYUN Jae Sang

[생]1963 · 4 · 21 [본]황주(黃州) [출]대전 [주]서울 강남구 테헤란로507 미래에셋생명보험 비서실(02-3774-1720) [학]대전고졸, 서울대 공법학과졸 [경]동부증권 근무, 살로먼스미스바니증권 근무 2005년 미래에셋증권(주) 채권본부장 2006년 同경영지원부문장 2007년 同홍보담당 겸 HR본부장 2011년 同경영서비스부문 대표 2012년 同리테일부문 대표 2012년 同대표이사 전무 2013년 同리

테일 · 해외 · 경영서비스부문 각자대표이사 사장 2016년 미래에셋생명보험 법인총괄대표(사장)(현)

변재승(邊在承) BYUN Jae Seung

[생]1943 · 1 · 16 [본]원주(原州) [출]평남 평양 [학]1960년 서울고졸 1964년 서울대 법과대학 법학과졸 1966년 同사법대학원졸 [경]1963년 사법고시 합격(제1회) 1969~1979년 서울형사지법 · 서울민사지법 · 청주지법 · 서울민사지법 판사 1979~1981년 변호사 개업 1981년 대법원 재판연구관 겸 광주고법 판사 1982년 대구지법 부장판사 1983년 사법연수원 교수 1985년 서울민사지법 부장판사 1987년 법원행정처 법정국장 겸임 1988년 대구고법 부장판사 1991년 서울고법 부장판사 1993년 서울민사지법 수석부장판사 겸임 1993년 대법원 공직자윤리위원 1994년 서울고법 수석부장판사 1995년 서울지법 동부지원장 1996년 제주지법원장 1997년 창원지법원장 1997년 법원행정처 차장 1999~2005년 대법원 대법관 1999~2001년 법원행정처장 겸임 2005~2007년 법무법인 화우 대표변호사 2007~2015년 同고문변호사 [상]청조근정훈장(2005)

변재용(邊在鎔) BYUN Jae Yong

[생]1956 · 1 · 1 [출]전북 고창 [주]서울 마포구 월드컵북로361 (주)한솔교육 비서실(02-2001-5659) [학]1975년 서울고졸 1981년 서울대 토목공학과졸 [경]1982년 영재수학교육연구회 사장 1985년 모범수학회 사장 1991년 한솔출판(주) 사장 1993년 (주)한솔미디어 사장 1995~2007년 (주)한솔교육 대표이사 사장 1999년 한겨레신문 자문위원 2003~2004년 여성부 정책자문위원 2006년 (재)한솔교육희망재단 이사장(현) 2008년 (주)한솔교육 대표이사 회장(현) [상]한국능률협회 최고경영자상(2004), 노동부 남녀평등고용대상, 대한민국 마케팅대상 브랜드명품부문 명품상(2005), 한글학회 공로표창(2008), 대통령표창(2010) [저]'아이를 부자로 키우는 법'(2000)

변재운(卞在運) BYUN Jae Woon

[생]1958 · 5 · 6 [출]충북 청주 [주]서울 영등포구 여의공원로101 쿠키미디어(주)(02-781-9114) [경]2000년 국민일보 경제부 차장대우 2002년 同경제부 차장 2004년 同경제부장 직대 2005년 同산업부장 직대 2006년 同광고마케팅국장 2008년 同편집국장 2009년 同편집국 경제담당 대기자 2009년 同논설위원 2011년 쿠키미디어(주) 대표이사 사장(현) 2013~2015년 한국디지털뉴스협회 이사 2013~2016년 한국신문윤리위원회 위원 [상]한국참언론인대상 산업부문(2008)

변재일(卞在一) BYUN Jae Il

[생]1948 · 9 · 2 [출]충북 청주 [주]서울 영등포구 의사당대로1 국회 의원회관701호(02-784-1626) [학]1967년 청주고졸 1974년 연세대 정치외교학과졸 1983년 미국 펜실베이니아대 대학원 정치학과졸(석사) 2011년 명예 정치학박사(충북대) [경]1975년 행정고시 합격(16회) 1975~1984년 국방부 기획국 · 공보관실 사무관 1984~1986년 서울올림픽대회조직위원회 파견 1987~1989년 서울장애자올림픽대회 조직위원회 기획조정실장 1989년 국무총리 행정조정실 근무 1992년 국무총리 비서실 정무비서관 1994년 국무총리 행정조정실 산업심의관 1998년 국무조정실 산업심의관 1998년 정보통신부 정보화기획실장 2001년 同기획관리실장 2003~2004년 同차관 2004년 제17대 국회의원(충북 청원군, 열린우리당 · 중도개혁통합신당 · 중도통합민주당 · 대통합민주신당 · 통합민주당) 2006~2007년 열린우리당 제4정책조정위원장 2007년 중도개혁통합신당 정책위 수석부의장 2008년 제18대 국회의원(충북 청원군, 통합민주당 · 민주당 · 민주통합당) 2010년 국회 일자리만들기특별위원장 2010년 국회 교육과학기술위원장 2012년 제19대 국회의원(충북 청원군, 민주통합당 · 민주당 · 새정치민주연합 · 더불어민주당) 2012년 민주통합당 민주정책연구원장 2012년 同제18대 대통령중앙선거대책위원회 충북도당 공동선거대책위원장 2013년 同비상대책위원회 정책위 의장 2013 · 2014년 국회 국토교통위원회 위원 2013년 민주당 민주정책연구원장 2013년 同충북도당 위원장 2014년 민주당 · 새정치연합 신당추진단 정강정책분과 공동위원장 2014년 새정치민주연합 민주정책연구원장 2014~2015년 同충북도당 공동위원장 2014~2015년 同조직강화특별위원회 위원 2015년 국회 예산결산특별위원회 위원 2015년 새정치민주연합 재벌개혁특별위원회 위원 2016년 더불어민주당 비상대책위원회 위원 2016년 제20대 국회의원(청주시 청원구, 더불어민주당)(현) 2016년 더불어민주당 정책위 의장 2016년 국회 미래창조과학방송통신위원회 위원(현) 2016년 더불어민주당 청주시청원구지역위원회 위원장(현) 2016년 同충북도당 인재영입위원회 위원장(현) [상]체육훈장, 황조근정훈장(1999), 한국IT전문가협회 올해의 정보인상(2016)

변정권(卞正權) BYEON Jeong Kwon

[생]1957 · 1 · 27 [본]초계(草溪) [출]서울 [주]경기 안양시 만안구 박달로351 (주)노루페인트(031-467-6128) [학]1976년 오산고졸 1984년 동국대 회계학과졸, 연세대 경영대학원 최고경영자과정 수료 [경]동양정밀공업(주) 팀장, 대한페인트잉크(주) 팀장, 同감사, 대한비케미칼 감사, DAC(주) 감사 1999년 (주)디피아이홀딩스 감사 2000년 노루페인트 감사, 대한코일코팅 감사 2010~2011년 (주)노루홀딩스 감사 2012년 노루비케미칼 대표이사 부사장 2014년 노루오토코팅 영업총괄 부사장 겸임 2015년 (주)노루비케미칼 대표이사 사장 2016년 노루페인트 중국본부 '노루도료(상해)유한공사' 동사장 겸 총경리(현) [종]기독교

변정섭(卞政燮) Jung Seop Byeon (요한)

[생]1956 · 7 · 19 [본]초계(草溪) [출]경남 하동 [주]부산 사하구 을숙도대로755길64 부산복지중앙교회(051-262-9442) [학]1995년 대한신학교 신학대학원졸 1997년 한국기독교복지연구원졸 2004년 동아대 경영대학원 최고경영자과정 수료 2005년 고신대 의료보건대학원 최고경영자과정 수료 2008년 명예 신학박사(미국 켈리포니아 센트럴대) 2009년 사회복지학박사(미국 켈리포니아 센트럴대) 2010년 부산시 자원봉사대학과정 수료 2010년 법무부 범죄예방대학과정 수료 2011년 부산보호관찰소 범죄예방역량강화교육 수료 2011년 법무부 보호간찰전문화교육 수료 [경]1992년 부산복지중앙교회 당회장 목사(현) 1993년 '무엇을 도와드릴까요?' 상담소 대표(15년) 1994년 법무부 범죄예방부산북구자원봉사협의회 대표위원 2002년 장애인복지생활관 믿음의집 대표 2003년 (사)한국민간복지시설협의회 회장(5년 역임) 2008년 (재)국제독립교회 · 선교단체연합총회 총회장 2008년 (재)국제복지신학 · 연구원 이사장 2008년 (재)가나안노인복지센터 대표(5년 역임) 2009년 복지법인 기아대책부산 이사 2010년 (재)나눔과행복 자원봉사단 이사장 2010년 (재)국제장애인복지총연합회 중앙회 대표회장 2010년 (재)국제구국기도봉사협회 이사장 2010년 (사)엘림장애인선교회 이사 2010년 (사)한국기독교단체총연합회 상임회장(3년 역임) 2011년 교회복음신문 이사장 2011년 대한적십자사 부산지사 대의원 2012년 환경부 낙동강유역환경감시위원 2012년 한국자유총연맹 부산시지부 운영위원 2012년 한국법무보호복지공단 부산지부 주거보호위원회 회장 2013년 (사)자유대한지키기국민운동본부 부산지구 공동대표 회장 2013년 민주평통 자문위원(현) 2013년 포럼 동서남북중앙회 부회장 2015년 민주평통 부회장(현) 2015년 법무부 부산구치소 교정교화위원(현) 2016년 대구지방교정청 교정위원회 운영위원(현) [상]법무부 부산보호관찰소장 공로패(1995), 엘림장애인선교회장 감사장(1997), 대한장애인공예협회장 감사장(1999), 검찰총장표창(2002), 사랑의장기기증운동본부장 공로패(2002), 참빛장애인선교단장 공로패(2003), 법무부장관표창(2004), 부산시교육감 감사장(2004), 덕명정보여고교장 감사패(2005), 부산 북구청장표창(2005), 중국 용정시장애인연합회 감사패(2008), 법무부 갱생보호공단 부산지부장표창(2009), 부산 사하구청장표창(2009), 법무보호복지공단이사장표창(2009), 엘림장애인선교회 공로장(2010), 스포츠조선 '대한민국 자랑스러운 혁신한국인상'(2011), 헤럴드경제 '대한민국 미래를 여는 혁신인물상'(2011), 월간뉴스피플 '희망을 주는 인물상'(2011), 대한적십자사 유공포장(2011), 대한적십자사 유공포장 금장(2012), 부산시장표창(2012), 서울신문 한국기독교리더 30인 대상(2012), 시사매거진 신년특집 177호(2013), 동아일보 한국사회를 빛낸 글로벌리더(2013), 한국일보 한국을 빛낸 그랑프리 종교인대상(2013), 행정자치부 자원봉사상(2015), 행정자치부 국가안보상(2016) [저]'나는 술의 제왕이었다'(2009, 세종출판사) '나눔과 행복'(2010, 백양출판사) '주제별성경'(2013, 로고스출판사) [종]기독교

변정우 Byun, Jung Woo

[생]1955 · 8 · 24 [주]서울 동대문구 경희대로26 경희대학교 관광학부(02-961-0818) [학]1982년 경희대졸 1985년 한양대졸 1999년 공학박사(경희대) [경]1983~1996년 경희대 컴퓨터센터 근무 1986~1996년 오산대 전자계산과 교수 1996~1999년 경희호텔경영전문대 교수 · 학생처장 · 호텔전자계산연구소장, 한국관광공사 e-Tourism본부 자문위원(현), 경희대 관광학부 교수(현), (주)하나투어 사외이사(현) 2013년 서비스사이언스학회 회장 2015~2016년 경희대 호텔관광대학장 겸 관광대학원장

변정우(邊正雨) BYUN Jung Woo

⬤생1956·12·28 ⬤출대구 ⬤주경기 평택시 진위면 진위산단로75 (주)원익아이피에스 임원실(031-8047-7000) ⬤학1975년 대건고졸 1982년 경북대 전자공학과졸 ⬤경1982년 삼성전자(주) 입사, 同메모리FAB팀장 2003년 同메모리사업부 A1-t/project 상무 2007년 同메모리FAB팀장(전무) 2007년 同제조센터장(전무) 2009년 同스토리지사업부장(전무) 2010년 同스토리지담당 전무 2011년 삼성모바일디스플레이 생산기술센터장 2012년 (주)원익아이피에스 사장 2014년 同대표이사 사장(현) ⬤종천주교

변정일(邊精一) BYON Jong Il (石巖)

⬤생1942·5·14 ⬤본원주(原州) ⬤출제주 남제주 ⬤주서울 영등포구 의사당대로1 대한민국헌정회 사무처(02-757-6618) ⬤학1960년 제주 오현고졸 1964년 서울대 법대졸 1967년 同사법대학원졸 1994년 건국대 대학원졸 1995년 법학박사(건국대) ⬤경1965년 사법시험 합격(5회) 1967~1970년 육군 법무관 1970년 서울형사지법 판사 1973~2008년 변호사 개업 1976년 제주대 강사 1979년 제10대 국회의원(제주·북제주·남제주, 무소속·민주공화당) 1980년 민주정의당 제주지구당 위원장 1982년 제주도야구협회 회장 1985년 제주지구JC특우회 회장 1988~1992년 헌법재판소 초대 사무처장 1992년 제14대 국회의원(서귀포·남제주, 무소속·국민당·민자당·신한국당) 1992년 국민당 대변인 1993년 한·일의원연맹 간사 겸 법적지위분과 위원장 1994년 민자당 서귀포·남제주지구당 위원장 1996년 제15대 국회의원(서귀포·남제주, 신한국당·한나라당) 1996년 국회 윤리특별위원회 위원장 1997년 국회 법제사법위원회 위원장 1998년 한나라당 총재 비서실장 2000년 同서귀포·남제주지구당 위원장 2002년 법무법인 한별 변호사 2004~2008년 同대표변호사 2004년 제17대 국회의원선거 출마(제주 서귀포·남제주, 한나라당) 2005~2006년 한나라당 제주도당 위원장 2008년 법무법인 신우 고문 2009~2013년 제주국제자유도시개발센터(JDC) 이사장 2010~2012년 제주대 법학전문대학원 석좌교수 2013년 대한민국헌정회 제주지회장(현) 2014~2016년 서울제주특별자치도민회 회장 2015년 대한민국헌정회 법률고문 2015년 同법정관개정위원장(현) ⬤상대법원장표창(1967), 황조근정훈장(1994) ⬤저'미국헌법과 아시아 입헌주의' '자유·질서 그리고 정의' ⬤종기독교

변정환(卞廷煥) BYUN Chung Whan (香山)

⬤생1932·7·22 ⬤본밀양(密陽) ⬤출경북 청도 ⬤주대구 중구 달구벌대로2134 제한한의원 원장실(053-423-2233) ⬤학1955년 영남고졸 1959년 경희대 한의대졸 1970년 同대학원졸 1985년 보건학박사(서울대) 1986년 한의학박사(경희대) ⬤경1959~1970년 제한의원 원장 1969~1974년 경북한의사회 회장 1969~1972년 대동역경연구원 이사장 1970~1986년 제한한방병원 원장 1971~1987년 제한동의학원 이사장 1975~1986년 제한장학회 회장 1976~1986년 계간 '동서의학' 사장 1976~1980년 국제동양의학회 회장, 同세계학술대회 회장 1977년 제풍제약 사장 1977년 삼성장학회 회장 1980년 한의사협회 회장 1980~1986년 제한학원 이사장 1981년 민주평통 자문위원 1985년 국제라이온스협회 309-D지구 총재 1985년 同한국복합지구총재협의회 의장 1986~1988년 대구한의대학 학장 1990년 유교학회 회장 1991~1992년 경산대 학장 1991년 제한의료원 초대원장 1991년 慈光학원 이사장 1992~1998년 경산대 총장 1996~1998년 대구·경북총장협회 회장 1996~1998년 대구·경북대학교육협의회 회장 2006~2010년 대구한의대 총장 2010년 同명예총장(현) 2010년 제한한의원 원장(현) 2010년 (사)대자연사랑실천본부 이사장(현) ⬤상대한한의사협회 공로표창(1965), 대구지검장 공로표창(1969), 보건사회부장관 감사장(1971), 경희대한의과대학 제8회 동문공로패(1974), 국제Lions협회 309-D지구총재 공로표창(1975), 경북도지사 감사장(1975), 한국보이스카우트연맹 경북연맹장 감사패(1975), 한국사회의학연구소이사장 감사패(1976), 국제Lions협회 309-D지구총재 표창(1976), 대구Lions Club회장 봉사상·공로패(1977), 국제Lions협회장 공로패(1978), 대구한의사협회장 감사패(1978), 경북도지사 감사패(1978), 영남일보사사장 감사패(1978), 경찰의날 재무부장관 감사장(1978), 국민포장(1978), 내무부장관 감사장(1978), 윤제장(1979), 경북도지사 공로패(1979), 대구약령시 개발위원장 감사패(1979), 국제Lions협회 수성Club회장 감사패(1979), 경북한의사회 공로패(1980), 대한한의사협회장 공로패(1982), 5·16 민족상(1984), 국제Lions협회장 20년 쉐보론상(1985), 국제Lions협회장 훈장(1985), 새마을훈장 협동장(1985), 국제Lions 한국사자대상(1986), 경희인 상(1994), 청도군수 감사장(1998), 이서면장 감사패(2000), 대구·경북 아젠다21 봉사대상(2007), 국가유공자증서(2008), 2012자랑스런 한·중인상(2013) ⬤저'한의의 맥박'(1980) '낮이나 밤이나'(1980) '맥'(1984) '부인 양방'(1987) 자서전 '아직은 쉼표를 찍을 수 없다'(1992) '민족정기론'(1995) '오늘도 삼성산 돌층계를 오르며'(1995) 'The Road to Korean Medicine'(2001) '역질의 보건사적 구료시책'(2001) '일흔'(2002) '자연의 길, 사람의 길'(2003) '시련을 딛고 밝은 세계로'(2007) ⬤역'도덕경'(1994) '주역'(2010) ⬤종불교

변종문(卞鍾文) BYUN JONG MOON

⬤생1953·6·22 ⬤본초계(草溪) ⬤출경북 경주 ⬤주경남 창원시 성산구 웅남로618 지엠비코리아(주) 임원실(055-278-2108) ⬤학1976년 서울대 공대졸 ⬤경현대자동차(주) AUTO TM부 차장 1997년 (주)화신 기술연구소장, 同상무이사, 지엠비코리아(주) 전무이사 2011년 同대표이사 사장(현) ⬤상산업포장, 캄보디아국가재건훈장 금장(2015) ⬤종기독교

변종환(卞宗煥) BYUN Jong Hwan (草牛·牧雲)

⬤생1950·4·13 ⬤본밀양(密陽) ⬤출경북 청도 ⬤주부산 남구 용소로78 부산예술문화단체총연합회(051-631-1377) ⬤학부산상고졸, 경희대졸, 부산대 경영대학원졸 ⬤경1980~2007년 삼성안전기업사 대표 1981~1987년 평통 정책자문위원 1988~1992년 민주평통 자문위원 1999~2002년 부산대 경영대학원동문회 이사 2000~2001년 부산상고총동창회 부회장 2001~2003년 부산문인협회 사무처장 2003~2004년 (사)한국JC특우회 부회장 2003년 부산시문인협회 감사 2006년 (사)한국바다문학회 회장 2007~2009년 부산시인협회 회장 2009년 한국현대시인협회 중앙위원 2010년 부산진구문화예술인협의회 회장(현) 2011~2012년 부산시문인협회 부회장 2012년 한국현대시인협회 지도위원(현) 2013~2016년 부산시문인협회 회장 2013년 국제펜클럽 한국본부 이사(현) 2015년 한국문인협회 이사(현) 2016년 부산예술문화단체총연합회 감사(현) ⬤상국회의장표창(1966), 문교부장관표창(1967), 부산진구 자랑스런구민상(1988), 부산지구JC특우회 자랑스런후배상(1990), 한국바다문학 작가상(2004), 제7회 설송문학상, 제1회 한국바다문학 작가상, 제4회 한국문학상 시부문 본상, 제17회 부산문학상 본상(2010), 부산시인상(2015) ⬤저시집 '수평선 너머'(1967, 親學社) '思念의 江'(1998, 삼아) '우리 어촌계장 박씨'(2002, 다동) '풀잎의 잠'(2010, 두손컵) '송천리(松川里)에서 쓴 편지'(2015, 두손컵) 산문집 '餘適'(1998, 삼아) 'K형에게'(2013, 두손컵) ⬤종가톨릭

변주선(卞柱仙·女) BYUN Ju Seon (예빈)

⬤생1940·11·10 ⬤본초계(草溪) ⬤출서울 ⬤주서울 영등포구 시흥대로657 대림성모병원 비서실(02-829-9254) ⬤학1960년 서울사대부고졸 1964년 서울대 사범대학 영어과졸 1988년 연세대 보건대학원졸 2002년 보건학박사(연세대) ⬤경1965~1971년 선린중 교사 1971년 한국걸스카우트연맹 대외분과위원 1977~1994년 대림성모병원 행정부원장 1978년 한국걸스카우트연맹 중앙이사 1990~1994년 同부총재 1991년 세계잼버리 국제분단장 1993년 세계걸스카우트연맹 지원재단 세계이사 1994년 同특별연구위원회 위원 1994~1998년 한국걸스카우트연맹 총재 1994년 한국에이즈연맹 고문 1994년 대림성모병원 행정부원장(현) 1996년 서울대총동창회 부회장 1997~2014년 구로성모병원 이사장 1998년 한국청소년단체협의회 부회장 1998년 세계걸스카우트연맹 아시아태평양지역 의장 2000년 2002월드컵축구대회 문화시민운동중앙협의회 이사 2000년 6·25전쟁50주년기념사업위원회 위원 2001·2007~2015년 한국아동단체협의회 회장 2001~2004년 세계걸스카우트연맹 아태지역 의장 2001~2004년 同지원재단 세계이사 2002년 미국 세계인명사전 'Marquis Who's Who in the World 2002년판'에 등재, 세계도덕재무장(MRA) 이사, 한국UN협회 이사, 한국유방건강재단 이사(현), 사회복지공동모금회 이사 2008~2014년 서울대사범대학동창회 회장 2009~2014년 사랑의열매 사회복지공동모금회 이사 2012년 말레이시아 술탄 하지 아흐마드샤 파항주국왕 다투(Dato) 작위 수여 2014년 의료법인 다나의료재단 구로다나병원 이사장(현) 2015년 한국아동단체협의회 명예회장(현) ⬤상국민훈장 동백장(1966), 국무총리표창(1991), 인도정부 은코끼리상(1991), 세계걸스카우트연맹 최고훈장(1998), 대통령표창(2001), 한국여성단체협의회 여성지도자상(2004), 'WAGGGS 브론즈메달' 수상(2005), 제9회 비추미여성대상 해리상(2009), 유관순상위원회 유관순상(2012), 청관대상 공로상(2015), 서울대총동창회 제18회 관악대상 참여부문(2016) ⬤종천주교

변주연(卞株淵) BYUN Joo Youn (高遠)

⬤생1963·4·16 ⬤본초계(草溪) ⬤출충북 청주 ⬤주충북 청주시 흥덕구 직지대로735 충청매일(043-277-5555) ⬤학1982년 청주기계공고졸 1990년 청주대 지적학과졸 2003년 충북대 경영대학원 최고경영자과정 수료 ⬤경1999년 한빛일보 경영이사 2001년 同대표이사 사장 2005년 (사)책사랑운동본부 이사장 2007년 충청매일 대표이사 사장(현) ⬤종불교

변주영(邊周榮) Ju Young Byun

[생]1965 · 1 · 5 [주]인천 연수구 아트센터대로175 인천광역시청 투자유치전략본부(032-440-5076) [학]2000년 한국개발연구원 국제정책대학원 경제정책학과졸 2001년 미국 미시간주립대 대학원 국제응용학과졸 [경]1996년 지방고등고시 합격(1회) 1997~1999년 인천 부평구 사회산업국 사회복지과장 2003~2004년 인천시 정책투자진흥관실 투자진흥1팀장 2005년 인천경제자유구역청 기획정책과 기획팀장 2007년 同유시티사업과장 2010~2012년 駐애틀란타총영사관 영사 2012년 인천시 건설교통국 교통기획과장 2013년 同국제협력관 2015년 인천경제자유구역청 기획조정본부장 2015년 인천시 투자유치전략본부장(현) [상]대통령표창(2003)

변준석(卞俊晳) BYUN Joon Seok

[생]1963 · 11 · 28 [본]밀양(密陽) [출]대구 [주]대구 수성구 신천동로136 대구한의대학교 의료원(053-770-2015) [학]1982년 대구 능인고졸 1988년 대구한의대 한의학과졸 1994년 경희대 대학원 한의학과졸 1997년 한의학박사(대구한의대) [경]1988년 자광학술원 부속 제한한방병원 일반수련의 1992년 同임상한의사 1995~1997년 서울 제한한의원 원장 1997년 대구한의대 한의학과 전임강사 1998년 同부속 구미한방병원 3내과 진료과장 1999~2002년 同한의학과 조교수 1999~2007년 능인동문보리수한의사회 회장 2000~2001년 대구시한의사회 대구한의대분회장 2000~2001년 대구한의대 부속 대구한방병원 진료부장 2001~2003년 同부속 구미한방병원장 2002~2003년 대구한의대한의과대동창회장 2002~2003년 근로복지공단 구미지사 한방전문자문위원 2002년 대구한의대 한의학과 부교수 2005~2007년 同대구한방병원 원장 2005 · 2007년 同의료원 한방임상시험센터장 2007년 同의료원 기획처장 2007년 同한의학과 비계내과학교실 교수(현) 2009~2011년 (재)대구테크노파크 한방산업지원센터장 2012년 대구한의대 의료원장(현) 2014년 同의무부총장 겸임(현) [상]구미시장표창(2001), 보건복지부장관표창(2007)

변중석(卞重錫) Jung Suk PYUN (曉寬)

[생]1942 · 1 · 27 [출]서울 [주]서울 강남구 테헤란로103길6 대현회계법인(02-552-6100) [학]1960년 상주고졸 1964년 서울대 경제학과졸 1977년 미국 뉴욕대 경영대학원졸 1989년 경영학박사(건국대) [경]한국산업은행 독일현지법인 사장 2001년 딜로이트하나회계법인 회장, 대현회계법인 회장, 同고문(현) 2004년 전국은행연합회 감사 2004년 삼성증권 감사위원회 위원 2014~2016년 한국감사협회 회장 [저]'우량기업의 자금관리' '국제회계와 신용평가실무' '비지니스가치평가' [종]천주교

변지석(卞智錫)

[생]1965 · 2 · 27 [출]경북 의성 [주]세종특별자치시 정부2청사로10 에스엠타워 국민안전처 임차청사 재난보험과(044-205-5350) [학]부산 대동고졸, 명지대 건축공학과졸, 미국 조지워싱턴대 대학원 토목공학과졸, 구조공학박사(미국 조지워싱턴대) [경]1997~2004년 미국 AIR Worldwide 수석연구원 2004~2006년 삼성에버랜드 방재컨설팅팀장 2006~2010년 삼성지구환경연구소 수석연구원 2010~2015년 현대해상화재보험 교통기후환경연구소 수석전문위원 2015년 국민안전처 재난보험과장(현)

변찬우(邊瓚雨) BYUN Chan Woo

[생]1961 · 9 · 23 [본]원주(原州) [출]경북 문경 [주]서울 서초구 법원로1길1 서호빌딩203호 변찬우법률사무소(02-593-0100) [학]1979년 대건고졸 1983년 경북대 법학과졸 1985년 同대학원 법학과졸 [경]1986년 사법시험 합격(28회) 1989년 사법연수원 수료(18기) 1989년 軍법무관 1992년 서울지검 북부지청 검사 1994년 대구지검 안동지청 검사 1995년 대구지검 검사 1997년 법무부 법무심의관실 검사 1999년 서울지검 검사 2001년 울산지검 부부장검사 2001년 청주지검 영동지청장 2002년 서울고검 검사 2003년 청주지검 형사2부장검사 2004년 대검찰청 환경보건과장 2005년 同형사2과장 2006년 서울중앙지검 총무부장 2007년 同형사7부장 2008년 대구지검 포항지청장 2009년 同2차장검사 2009년 서울동부지검 차장검사 2010년 수원지검 성남지청장 2011년 서울고검 형사부장 2012년 서울중앙지검 제1차장검사 2013년 울산지검장 2013년 광주지검장 2015년 대검찰청 강력부장(검사장급) 2016년 변호사 개업(현)

변창남(邊昌男) Byun Chang-Nam (松溪)

[생]1943 · 7 · 14 [본]원주(原州) [출]황해 봉산 [주]부산 연제구 중앙대로1124길6 경로복지회관 (사)한국경로복지회(051-852-4100) [학]1971년 웨스트민스터신학교 신학과졸 1981년 대한예수교장로회 총회신학교 신학과졸 1985년 웨스트민스터신학대학원대학교 신학과졸 1987년 동의대 행정대학원 최고경영자과정 수료 1991년 명예 신학박사(미국 트리니티신학대학원) [경]1972~1998년 예비군 · 민방위대원 정신교육강사 1973년 대한예수교장로회 목사 안수(현) 1975~1977년 대한구국봉사단 부산시단 설립자 · 단장 1975년 (사)한국경로복지회 설립자 · 회장(현) 1976~2007년 부산경로의원 원장 1977~1986년 법무부 부산소년원 선도위원장 1977~1985년 (사)부산의료봉사단 설립 · 단장 1978~1981년 부산시통일꾼협의회 설립 · 사무국장 · 부회장 1981~1991년 민족통일부산시협의회 설립 · 사무국장 · 부회장 1981~1995년 민주평통 자문위원 1982~1988년 88범민족올림픽 추진위원 1982년 통일부 통일교육위원(현) 1984~1990년 부산시사회복지협의회 조직위원 · 감사 · 운영위원 1987년 부산시문화상 심사위원 1988~2002년 부산신학교 이사장 1990~2003년 통일문화협회 회장 1992~1999년 한국복지신문 부사장 1992~2002년 제14회 아시아경기대회 범시민추진위원 1995년 사회복지법인 송계재단 이사장(현) 1996년 '경로문화' 발행인 겸 편집인(현) 1997~1998년 기독교보사 사장 1997~2003년 경로한의원 원장 1998~2003년 (사)한국평생교육노인대학협의회 부회장 1998~2000년 (재)세계노인의해 한국조직위원회 부위원장 1999~2013년 송계사회교육원 원장 1999년 경로복지회관 관장(현) 1999~2002년 부산기독인기관장회 사무총장 2000~2003년 (사)전국노인복지단체협의회 수석부회장 2000년 법무부 법사랑위원(현) 2000년 同부산보호관찰분과위원회 상임부위원장 2002~2004년 국회 노인복지정책연구회 전문위원 2002~2004년 교회복지연구원 교수 2003~2006년 교회복음신문사 회장 2003~2006년 전국노인복지단체연합회 회장 2003~2005년 대통령자문 고령화 및 미래사회위원회 자문위원 2004년 부산노인대학협의회 명예회장(현) 2004년 국민건강보험공단 부산연제지사 자문위원(현) 2005~2009년 부산지검 범죄예방청소년선도강연단 위원 2005~2006년 한국노년학회 이사 2005~2008년 부산시사회복지대표이사협의회 감사 2005년 임수복장학재단 이사(현) 2006년 황해도지사 후보 2007년 '시와 수필사' 가을호 수필가 등단 2007~2009년 한국사회복지법인협의회 공동대표 2007~2011년 전국노인복지단체연합회 이사 겸 명예회장 2008~2010년 법무부 부산청소년예방센터 강사 2008년 노인장기요양보험협의회 부산연제지사 위원(현) 2008~2014년 한국노인권리연대 회장 2008년 신서정문학회 회원(현) 2010년 (사)한국문인협회 회원(현) 2011~2014년 전국노인복지단체연합회 회장 2014년 새누리당 실버세대위원회 수석부위원장(현) [상]국민훈장 목련장, 국민포장, 대통령표창(5회), 대한민국팔각상, 세계평화봉사상, 세계복지인물상, 잡지언론상, 경로대상, 신인문학상 수필상(2008) [저]'효문화 빛나는 미래'(1997, 은혜기획) '인생은 복지, 인간은 복지사'(2003, 코람데오) '병약한 노인들의 등대'(2006, 은혜기획) '노인의료와 효운동의 발자취'(2007, 코람데오) '송계야 욕봤다'(2014, 코람데오) [종]기독교

변창범(邊昶範) BYUN Chang Bum

[생]1963 · 1 · 29 [출]제주 남제주 [주]인천 남구 소성로163번길49 인천지방검찰청 형사2부(032-860-4309) [학]1981년 제주 오현고졸 1985년 고려대 법학과졸 [경]1993년 사법시험 합격(35회) 1996년 사법연수원 수료(25기) 1996년 인천지검 검사 1998년 전주지검 남원지청 검사 1999년 광주지검 검사 2001년 서울지검 서부지청 검사 2003년 수원지검 성남지청 검사 2005년 대구지검 검사 2008년 서울북부지검 검사 2009년 同부부장검사 2009년 대구지검 경주지청 부장검사 2010년 인천지검 공판송무부장 2011년 서울북부지검 공판부장 2012년 창원지검 형사2부장 2013년 제주지검 부장검사 2014년 서울서부지검 형사3부장 2015년 수원지검 안산지청 부장검사 2016년 인천지검 형사2부장(현)

변창훈(卞暢壎) BYUN Chang Hoon (용담)

[생]1965 · 3 · 15 [본]밀양(密陽) [주]경북 경산시 한의대로1 대구한의대학교 총장실(053-819-1001) [학]영남대 건축공학과졸, 同대학원 공학과졸, 미국 프랫인스티튜트 대학원 건축학과졸, 공학박사(영남대) [경]1994~2013년 대구한의대 건축 · 토목설계학부 교수 2005년 경북도 도시계획위원회 위원(현) 2006년 경북도개발공사 설계자문위원(현) 2006년 대구지역환경기술개발센터 연구협의회 위원(현) 2006~2007년 대구한의대 산학협력단장 2009~2010년 同학교기업단장 2009~2010년 同미래발전기획단장 2009년 대경권광역경제발전위원회 자문위원(현) 2009년 대구시건축사회 자문위원(현) 2010년 경북도 미래경북전략위원회 위원(현) 2010년 대구한의대 교학부총장 2011~2015년 민주평통 자문위원 2012~2015년 경산시 인사위원 2012년 대한적십자사 대구지사 상임위원(현) 2013년 경북도 실크로드프로젝트 추진위원(현) 2013년 (

ㅂ

사)한국건축가협회 대구·경북건축가회 대외이사(현) 2013년 (사)대한건축학회 대구·경북지회 연구부회장(현) 2013년 한국주거환경학회 영남지회장(현) 2013년 한국산업기술진흥원 산업단지캠퍼스조성사업 심의위원(현) 2013년 경북테크노파크 이사(현) 2013년 대구한의대 총장(현) 2016년 대구·경북지역대학교육협의회 회장(현) [상]미국 프랫인스티튜트대 졸업우수상(2000)

변창훈(邊昶勳) BYUN Chang Hoon

[생]1969·7·17 [출]경북 예천 [주]서울 도봉구 마들로747 서울북부지방검찰청 차장검사실(02-3399-4200) [학]1988년 대구 심인고졸 1992년 서울대 사법학과졸 1994년 同대학원졸 [경]1991년 사법시험 합격(33회) 1994년 사법연수원 수료(23기) 1994년 軍법무관 1997년 서울지검 1999년 수원지검 여주지청 검사 2000년 同검사 2003년 서울지검 남부지청 검사 2006년 광주지검 부부장검사 2007년 대구지검 공판부장 2008년 서울고검 검사(법무연수원 교수 파견) 2009년 울산지검 공안부장 2009년 수원지검 공안부장 2010년 인천지검 형사5부장 2011년 서울중앙지검 공안2부장 2012년 수원지검 형사3부장 2013년 서울중앙지검 부장검사(국가정보원 파견) 2015년 대검찰청 공안기획관 2016년 서울북부지검 차장검사(현) [상]홍조근정훈장(2016)

변창흠(卞彰欽) BYEON Chang Heum (七夕)

[생]1964·8·14 [본]초계(草溪) [출]경북 의성 [주]서울 강남구 개포로621 서울주택도시공사 사장실(02-3410-7001) [학]1983년 능인고졸 1988년 서울대 경제학과졸 1990년 同환경대학원 환경계획학과졸 2000년 행정학박사(서울대) [경]1994~2004년 충북대·강남대·연세대·서울대 강사 1996~1999년 서울시도시개발공사 선임연구원 2000~2003년 서울시정개발연구원 부연구위원 2001~2003년 同DMC지원연구팀장 2003~2014년 세종대 행정학과 교수 2003년 同산업경영대학원 교학부장 2003년 同부동산경영학과 주임교수 2003년 서울시 DMC MA위원·실무위원 2003년 인천경제특구특별위원회 위원 2003년 국가균형위원회 및 동북아경제중심추진위원회 전문위원 2003년 건설교통부 신도시포럼 위원 2003년 서울 영등포구 도시계획위원회 위원 2004년 지속가능발전위원회 및 빈부격차차별시정위원회 전문위원 2004년 중앙공무원교육원 및 서울시공무원교육원 객원교수 2005년 국민경제자문회의 부동산정책분야 전문위원 2005년 공인중개사시험 출제위원, 환경정의 토지정의센터장 2007년 서울시 투자유치자문단 위원 2007년 KBS 객원해설위원 2008년 서울시 주거환경개선정책자문위원 2008년 세종대 도시부동산대학원 주임교수 2008년 입법고시 출제위원 2008년 2012여수세계박람회조직위원회 전략기획연구위원 2008년 서울시 산업특정개발진흥지구 심의위원 2008년 국회 환경노동위원회 환경정책자문위원 2009년 2012여수세계박람회조직위원회 총괄계획가(MP) 2010년 경남도 낙동강사업특별위원회 위원 2011년 충북도정 정책자문위원 2014년 SH공사 사장 2016년 서울주택도시공사 사장(현) [상]대통령표창(2007), 서울시장표창(2009) [저]'서울연구'(1993) '세계화시대 일상공간과 생활정치'(1995) '18C 신도시 & 20C 신도시'(1996) '신산업지구: 지식, 벤처, 젊은 기업의 네트워크'(2000) '공간의 정치경제학: 현대 도시 및 지역연구'(2001) '공간이론의 사상가들'(2001) '도시: 현대도시의 이해'(2002) '서울의 미래를 읽는다'(2004) '수도권 재창조의 비전과 전략'(2005) '개발공사와 토건국가'(2005) '토지문제의 새로운 이해'(2006) '현대의 장소판촉'(2006) '살기좋은 지역만들기'(2006) '국가균형발전의 이론과 실천(共)'(2007) 'Balanced National Development Policy in Korea : Theory and Practice(共)'(2007) '토지공사의 문제와 개혁(共)'(2008) '위기의 부동산(共)'(2009) '도시, 인간과 공간의 커뮤니케이션(共)'(2009) '녹색의 나라, 보금자리의 꿈(共)'(2010) '이기는 진보: 진보의 미래를 위한 대안과 전략(共)'(2010) '독단과 퇴행, 이명박 정부 3년 백서(共)'(2011) '저성장시대의 도시정책(共)'(2011) [역]'현대도시계획의 이해(共)'(2004) [종]불교

변철식(邊哲植) BYUN Chul Shik

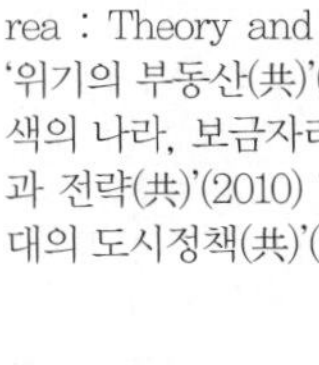

[생]1954·7·21 [출]서울 [주]서울 용산구 장문로6길12 범양빌딩3층 (재)서울의과학연구소(02-790-6500) [학]1972년 신일고졸 1977년 고려대 심리학과졸 1991년 미국 UCLA 대학원 사회복지행정학과졸 2004년 경희대 대학원 행정학박사과정 수료 [경]1976년 행정고시 합격(19회) 1978년 보건사회부 행정사무관 1988년 同법무담당관 1991년 사회복지연수원 기획연구과장 1992년 보건사회부 가정복지과장 1993년 보건복지부 의료관리과장 1995년 同복지자원과장 1997년 同약무정책과장 1999년 국립보건원 훈련부장 1999년 식품의약품안전청 식품안전국장 2000년 同기획관리관 2000년 보건복지부 보건정책국장 2002년 同한방정책관 2003년 同보건정책국장 2004년 同인구가정심의관 2004~2005년 식품의약품안전청 차장 2006년 한의학정책연구원 초대 원장 2008년 하나로의료재단 부회장 2010년 (재)서울의과학연구소 부회장(현) [상]국무총리표창(1987) [종]기독교

변철형(邊哲亨) BYUN Chul Hyung

[생]1970·6·1 [출]서울 [주]서울 마포구 마포대로174 서울서부지방검찰청 식품의약조사부(02-3270-4309) [학]1989년 전주 신흥고졸 1994년 고려대 경영학과졸 [경]1996년 사법시험 합격(38회) 1999년 사법연수원 수료(28기) 1999년 공익 법무관 2002년 울산지검 검사 2004년 전주지검 정읍지청 검사 2006년 서울중앙지검 검사 2009년 인천지검 검사 2011년 광주지검 검사 2011년 同부부장검사 2012년 同목포지청 부장검사 2013년 서울고검 검사 2014년 창원지검 특수부장 2015년 인천지검 특수부장 2016년 서울서부지검 식품의약조사부장(현)

변추석(卞秋錫) BYUN Choo Suk

[생]1956·10·3 [본]초계(草溪) [출]경남 마산 [주]서울 성북구 정릉로77 국민대학교 조형대학 시각디자인학과(02-910-4628) [학]1976년 용마고졸 1982년 중앙대 예술대학 시각디자인과졸 1996년 미국 프랫인스티튜트 대학원졸(커뮤니케이션디자인전공) [경](주)LG애드 국장, 미국 콜로라도 국제포스터초대전 초대작가, 미국 'Communication Art' 작가·작품 소개, 포스터 개인전(뉴욕 아트디렉터스클럽), 프랑스 깐느세계광고제 심사위원 2000~2014·2015년 국민대 조형대학 시각디자인학과 교수(현) 2002년 한·일월드컵 공식포스터 제작, 대한민국광고대상 심사위원, 대한민국공익광고대상 심사위원 2007년 한국관광공사 브랜드광고자문위원 2010~2014년 국민대 디자인대학원장 겸 조형대학장, 한국시각정보디자인협회 특별위원, 애드타임즈 '베스트오브더베스트' 심사위원장 2012년 새누리당 제18대 대통령중앙선거대책위원회 홍보본부장 2013년 제18대 대통령 당선인비서실 홍보팀장 2014~2015년 한국관광공사 사장 [상]대한민국산업디자인전 한국방송공사장표창(1986), 한국시각디자인협회 회원상, 대한민국광고대상 대상, 뉴욕세계광고제 은상, CONERSTONE AWARD(2010), KAID 공로상(2012) [종]기독교

변태석(卞泰錫) BYUN Tae Suk (伊堂)

[생]1936·9·24 [본]초계(草溪) [출]경북 상주 [주]대구 동구 동부로26길37 (주)B&B커뮤니케이션즈 회장실(053-751-0777) [학]1956년 상주농잠고졸 1960년 부산수산대 제조학과졸 [경]1963년 상주고 교사 1969년 (주)문화방송 지방방송설립부장 1970년 영남TV방송(주) 총무부장 1971년 대구문화방송(주) 총무국장 1975년 同관리국장 1976년 경북 축구협회 이사 1979년 (주)문화방송·경향신문 대구지사장 겸임 1979년 경북 체육회 감사 1981년 대구체육회 감사 1985년 대구문화방송(주) 상무이사 1985년 대구경찰청 자문위원 1986년 안동문화방송(주) 대표이사 사장 1986년 대한적십자사 경북지사 장학위원 1987년 경북도 자문위원 1994년 TBC(주) 대구방송 대표이사 사장 1995년 민주평통 자문위원 1996년 (사)대구경북언론클럽 초대이사장·고문(현) 1997년 (재)동일문화장학재단 이사(현) 1997년 계명대 신문방송학과 초빙교수 1997년 (주)B&B커뮤니케이션즈 대표이사 회장(현) 1999년 경북신용보증재단 이사장 1999년 경북통상(주) 감사(현) 2000년 건강관리협회 대구시지부장(현) 2002년 대경대 사회교육대학원 학장 2006년 경북사회복지공동모금회 회장 2006~2012년 구미1대학 평의원회 의장 2011년 아시아포럼21 이사장(현) 2012년 구미대 평의원회 의장(현) [상]부총리 겸 재정경제부장관표창(2007) [종]천주교

변태엽

[생]1957 [주]제주특별자치도 제주시 선덕로23 제주웰컴센터 4층 제주특별자치도관광협회(064-741-8710) [학]제주고졸, 제주대졸 [경]1977년 공무원 임용 2013년 제주시 자치행정국장(지방서기관) 2013년 同안전자치행정국장 2014년 제주도 국제통상국 투자정책과장 2015년 同문화예술진흥원장 2016년 제주시 부시장 직대 2016년 제주특별자치도관광협회 본부장(지방부이사관)(현)

변필건(卞弼建) BYUN Pil Gun

[생]1975·2·3 [본]초계(草溪) [출]서울 [주]경기 과천시 관문로47 법무부 검찰국 형사법제과(02-2110-3307) [학]1993년 여의도고졸 1998년 서울대 경영학과졸 [경]1997년 사법시험 합격(39회) 2001년 사법연수원 수료(30기) 2001년 해군 법무관, 서울중앙지검 검사 2006년 수원지검 평택지청 검사 2009년 법무부 국제법무과 검사 2013년 서울남부지검 검사 2015년 同부부장검사(법무부 검찰제도개선기획단장 파견) 2016년 법무부 형사법제과장(현)

변해철(卞海喆) BYUN HAE CHEOL

[생]1955·5·25 [주]서울 동대문구 이문로107 한국외국어대학교 법학전문대학원(02-2173-3220) [학]1978년 한국외국어대 법학과졸 1980년 同대학원 법학과졸 1989년 법학박사(프랑스 파리제2대) [경]1990년 한국외국어대 법학과 조교수·부교수 1996~2002년 법제처 법령정비위원 1997~1998년 한국외국어대 학보사 주간 1999년 同법학과 교수(현) 2000~2002년 미국 인디애나대 객원교수 2000~2002년 한국스포츠법학회 감사 2002년 한국법제연구원 자문위원 2003년 한국국제지역학회 부회장 2003~2005년 한국외국어대 교수협의회 회장 2004년 同법학연구소장 2005년 한국공법학회 부회장 2005년 국회 입법지원위원 2006~2007년 한국외국어대 법과대학장 2007년 한국국제지역학회 회장 2008년 한국외국어대 법학전문대학원 교수(현), 유럽헌법학회 회장 [상]한국공법학회 학술상(2000) [저]'법학입문'(1995) '신법학입문'(1996) '헌법학'(2001) '통합유럽과 유럽시민권(共)'(2004) [역]'1789년 인간과 시민의 권리선언'(1999)

변 혁(邊 赫) Daniel H. BYUN

[생]1966·1·1 [출]광주 [주]서울 종로구 성균관로25의2 성균관대학교 예술대학 영상학과(02-760-0661) [학]고려대 불문학과졸, 제7기 한국영화아카데미 수료, 프랑스 파리제8대 대학원 영화학과졸, 프랑스 국립영화학교 영화연출학과졸, 미학박사(프랑스 파리제1대) [경]1991년 제35회 샌프란시스코국제영화제 단편영화부문 출품(단편영화 호모비디오쿠스) 1991년 제29회 뉴욕영화제 출품(단편영화 호모비디오쿠스) 1992년 제38회 오버하우젠국제영화제 출품작 경쟁부문 선정(단편영화 호모비디오쿠스) 1996년 오버하우젠영화제 초청(단편영화 생일) 1996년 카를로비바리국제영화제 초청(단편영화 생일) 1996년 부산국제영화제 초청(단편영화 생일) 1997년 프랑스 국립영화학교(FEMIS) 졸업작품전(단편영화 ORSON) 1997년 프랑스 국내 개봉(단편영화 ORSON) 2000년 아시아 최초 도그마 인증(영화 인터뷰) 2006년 성균관대 예술대학 영상학과 부교수(현) 2013~2015년 영화진흥위원회 위원 [상]글레르몽 페랑영화제 심사위원상 비평가 대상(1991), 몬테카티니영화제 심사위원 대상(1991), 샌프란시스코 국제영화제 단편영화부문 최우수작품상(1992), 방돔 국제영화제 다큐멘터리부문 대상(1995), 장띠이영화제 다큐멘터리부문 대상(1995), 부산영화평론가협회 신인감독상(2000), 대한민국무용대상 문화부장관상(2012) '윤이상을 만나다' 평론가가뽑은올해의작품상(2013), 브느와 드 라 당스(Benois de la Dance) 작품상(2013) [작]단편영화 '호모비디오쿠스'(1991) 'FROID'(1994) '생일'(1996) 'ORSON'(FEMIS 졸업작품 1997) 다큐멘터리 '브루노 뤼당 34세'(1995) 장편영화 '인터뷰'(2000) '서프라이즈'(2002) '주홍글씨'(2004) '오감도'(2009) 오페라연출 '윤동주'(2013, 세종문화회관·일본 오사카 인터내셔널홀) 복합장르공연 '자유부인'(2012, 예술의전당 오페라극장) '윤이상을 만나다'(2013, LG아트센터) '통영국제음악당 개관기념공연 : 최후의 만찬'(2014, 아르코대극장) 영상전시 '70mK : 7천만의 한국인들'(2013, 서울메트로미술관)

변현철(邊賢哲) BYUN Hyun Chul

[생]1960·6·11 [출]경기 파주 [주]서울 강남구 테헤란로 518 섬유센터12층 법무법인 율촌(02-528-5987) [학]1979년 경성고졸 1984년 서울대 법대졸 1986년 同대학원 법학과졸 2000년 일본 히토쓰바시대 방문과정 수료 [경]1985년 사법시험 합격(27회) 1988년 사법연수원 수료(17기) 1988년 軍법무관 1991년 서울지법 서부지원 판사 1993년 서울형사지법 판사 1995년 광주지법 순천지원 판사 1996년 광주고법 판사 1998년 서울지법 판사 2000년 서울고법 판사 2001년 대법원 재판연구관 2003년 광주지법 부장판사 2005년 사법연수원 부장판사 2006년 법원행정처 공보관 2008년 서울중앙지법 부장판사 2010년 특허법원 부장판사 2012~2013년 서울고법 부장판사 2013년 법무법인 율촌 변호사(현)

변형섭(邊亨燮) BYUN Hyung Sup

[생]1966·3·18 [본]원주(原州) [출]강원 인제 [주]서울 강남구 강남대로372 화인타워10층 (주)오비맥주(02-2149-5000) [학]1985년 신일고졸 1992년 고려대졸 [경]1992~2005년 한국일보 기자 2005~2007년 중앙인사위원회 정책홍보전문관 2007~2010년 한국주택금융공사 홍보팀장 2010년 부영그룹 이사 2010년 (주)오비맥주 홍보이사(현) [종]기독교

변형윤(邊衡尹) BYUN Hyung Yoon (學峴)

[생]1927·1·6 [본]원주(原州) [출]황해 황주 [주]서울 종로구 사직로102 신동아광화문의꿈402호 (사)서울사회경제연구소(02-598-4652) [학]1944년 경기중졸(5년제) 1951년 서울대 상과대학졸 1957년 同대학원 경제학과졸 1964년 미국 밴더빌트대 대학원 수료 1968년 경제학박사(서울대) [경]1955~1965년 서울대 상대 경제학과 강사·조교수·부교수 1960년 同상과대학 교무과장 1962년 세계계량경제학회 회원(현) 1965~1980년 서울대 상과대학 경제학과 교수 1967~1971년 同경제연구소장 1968년 유엔 경제개발연구소 강사 1970년 아시아통계연구원 운영위원 1970~1975년 서울대 상과대학장 1973년 대한통계협회 회장 1974년 무역연구소 소장 1980년 서울대 교수협의회장 1980~1984년 교수 해직 1983년 '오늘의 책' 선정위원장 1984~1992년 서울대 경제학과 교수 1986년 계량경제학회 회장 1987년 서울이코노미스트클럽 회장 1987~1991년 한국사회경제학회 회장 1987년 서울대 교수협의회장 1987~2002년 국민은행 고문 1989년 한국경제학회 회장 1989~2007년 노사문제협의회 이사장 1989~1995년 남북교수·학생교류협회 자문위원 1989년 경제정의실천시민연합 공동대표 1991~1997년 한겨레신문 비상임이사 1992년 서울대 명예교수(현) 1993년 (사)서울사회경제연구소 이사장(현) 1993년 대한민국학술원 회원(경제학·현) 1994년 한국노동연구원 이사장 1994년 한국경제발전학회 회장·이사장(현) 1996~2005년 포항공과대 이사 1996년 대림수암장학문화재단 이사장(현) 1996년 한겨레통일문화재단 이사장 1996년 서울시정개발연구원 이사장 1997년 한국사회경제학회 이사장 1998년 수산중공업 사외이사 1998~2000년 통일부 통일고문회의 고문 1998~2000년 한국외국어대 이사장 1998~2000년 제2의건국범국민추진위원회 대표공동위원장 1999~2002년 한국사회정책학회 회장 2001년 개혁과대안을위한전문지식인회의 대표 2002년 한국사회정책학회 명예회장(현) 2004~2007년 상지학원 이사장 2004년 (사)따뜻한한반도사랑의연탄나눔운동 이사장(현) 2005년 월간 '현대경영' 이사장(현) [상]대통령표창(1977), 한국경제학술상(1978), 다산경제학상(1987), 황해도민상(1987), 국민포장(1992), 국민훈장 무궁화장(2000), 서울시 문화상(2001) [저]'통계학'(1958) '현대경제학'(1962) '한국경제론'(1977) '한국경제의 진단과 반성'(1980) '분배의 경제학'(1983) '현대경제학연구'(1985) '한국경제연구'(1995) '경제를 되새기면서'(2000) '역사와 인간'(共) '분배의 경제학'(2003)

변호석(邊浩釋)

[생]1961·1·11 [출]서울 [주]전남 나주시 문화로245 사립학교교직원연금공단 연금사업본부(061-338-0013) [학]1979년 대일고졸 1981년 인하공업전문대 조선공학과졸 1986년 순천향대 경영학과졸 [경]1986년 사립학교교직원연금공단 총무팀 근무 1995년 同기획예산과 근무 2005년 同홍보팀 근무 2009년 同서울지부장 2012년 同총무부장 2013년 同경영지원실장 2015년 同기획조정실장 2015년 同연금사업본부장(상임이사)(현)

변희석(邊熙錫) BYEON Hee Suk

[생]1961·11·22 [출]인천 [주]대전 서구 청사로189 조달청 신기술서비스국(070-4056-6100) [학]연세대 기계공학과졸, 미국 오하이오주립대 대학원 기계공학과졸 [경]2000년 조달청 물자비축국 정보관리과장 2002년 同물자정보국 정보기획과장 2004년 駐샌프란시스코총영사관 영사 2005년 駐중국대사관 구매관 2008년 조달청 품질관리단 품질총괄과장 2008년 同시설사업국 시설총괄과장 2008년 同시설사업국 시설총괄과장(부이사관) 2009년 同품질관리단장 2011년 同시설사업국장(고위공무원) 2014년 중앙공무원교육원 교육파견(고위공무원) 2015년 조달청 신기술서비스국장(현) [상]홍조근정훈장(2015)

보 광(普 光) Bo Kwang

[생]1951·3·29 [출]경북 경주 [주]서울 중구 필동로1길30 동국대학교 총장실(02-2260-3011) [학]1971년 경주고졸 1975년 동국대 불교대학 불교학과졸 1980년 同대학원졸 1989년 문학박사(일본 붓교대) [경]1970년 범어사에서 득도 1975년 서울 대성사 주지 1980년 범어사에서 비구계 수지 1982년 성남 정토사 주지(현) 1983년 대각회 이사 1985년 일본 교토대 인문과학연구소 연구원 1986~1999년 동국대 선학과 강사·전임강사·조교수·부교수 1989~2000년 대각사 부주지 1993~2010년 가산불교연구원 감사 1993~1995년 동국대 정각원장 1995~1998년 同개교백주년기념사업본부장 1997년 同전자불전문화콘텐츠연구소장(현) 1998~1999년 同선학과장 1998년 대각사상연구원 원장(현) 1998년 한국정토학회 총무이사(현) 1999~2005년 불교호스피스 자문위원 1999년 도서출판 여래장 대표이사(현) 1999~2015년 동국대 선학과 교수 1999~2003년 同대외협력처장 2001~2003년 同불교대학장 2002~2008년 국제전자불전학회 회장 2003~2005년 동국대 불교대학원장 2005~2006년 서울대 수

의과대학 연구윤리심의위원 2006~2008년 한국정토학회 회장 2010~2016년 국가인권위원회 비상임위원 2013년 문화재청 문화재위원회 위원(현) 2015년 동국대 총장(현) [상]일본 인도학불교학회상(1991) [저]'용성선사연구'(1981) '신라정토사상연구'(1991) '통일불교성전 설법지침서'(1993) '오늘의 사회문제 그 불교적 대응'(1994) '선과 자아'(1999) '신앙결사연구'(2000) '일본선의 역사'(2001) [역]'淨土敎汎論' '淨土敎槪論 韓譯 弘法院'(1984) '禪淨雙修의 展開'(1991) '禪과 日本文化'(1995) '반주삼매경'(1998) '정토삼부경'(2000) [종]불교

보 성(菩 成)

[생]1928·5·3 [출]경북 성주 [주]전남 순천시 송광면 송광사안길100 조계총림 송광사(061-755-0108) [경]1945년 해인사에서 구산스님을 은사로 사미계 수지 1950년 해인사에서 상월스님을 계사로 비구계 수지 1950년 통영 미래사·증심사 주지 1973년 송광사 주지 1994년 조계종 단일수계산림 증사, 조계총림 율주 1997년 同송광사 방장(현) 1997년 대한불교조계종 원로회의 의원 2004~2005년 同원로회의 부의장, 同법계위원장 [종]불교

복거일(卜鉅一) POCK Gu Il

[생]1946·3·20 [출]충남 아산 [학]1963년 대전상고졸 1967년 서울대 경제학과졸 [경]중소기업은행 전주지점 근무, 한국과학연구원 선박연구소 연구개발실장 1987년 가상역사소설 '碑銘을 찾아서'로 소설가 등단·소설가(현) 1998년 경향신문 정동칼럼 기고 2006~2008년 문화미래포럼 대표 2009·2011년 대통령직속 사회통합위원회 위원 2014~2015년 새누리당 보수혁신특별위원회 위원 2014년 자유와창의교육원 교수 [상]시장경제대상 기고문부문(2010), 동리목월문학상(2014), 자유경제원 '올해의 자유인상'(2014), 전국경제인연합회 제25회 시장경제대상 공로상(2014) [저]소설 '碑銘을 찾아서'(1987) '높은 땅 낮은 이야기'(1988) '파란 달 아래'(1992) '캠프 세네카의 기지촌'(1994) '마법성의 수호자, 나의 끼끗한 들깨'(2001) '목성잠언집'(2002) '숨은 나라의 병아리 마법사'(2005) '보이지 않는 손'(2006) '한가로운 걱정들을 직업적으로 하는 사내의 하루'(2014, 문학동네) 시집 '五丈原의 가을'(1988) '나이들어가는 아내를 위한 자장가'(2001) 평론집 '현실과 지향' '진단과 처방' '쓸모 없는 지식을 찾아서'(1996) '아무것도 바라지 않는 죽음 앞에서'(1996) '소수를 위한 변명'(1997) '국제어 시대의 민족어'(1998) '영어를 공용어로 삼자'(2003) '죽은 자들을 위한 변호'(2003) '진화적 풍경'(2004) '정의로운 체제로서의 자본주의'(2005) '조심스러운 낙관'(2005) '21세기 한국(자유, 진보 그리고 번영의 길)'(2005) '현명하게 세속적인 삶'(2006) SF단편소설집 '애틋함의 로마'(2008, 문학과지성사) 'The Jovian Sayings'(2014, 싱가포르 스탤리온) 산문집 '서정적 풍경'(2009) '수성의 옹호'(2010, 문학과 지성사) '서정적 풍경2'(2010, 북마크) 희곡 'The Unforgotten War'(2014, 싱가포르 스탤리온) 장편소설 '역사 속의 나그네 전6권'(2015, 문학과지성사)

복기왕(卜箕旺) BOK Ki Wang

[생]1968·4·10 [출]충남 아산 [주]충남 아산시 시민로456 아산시청 시장실(041-540-2201) [학]1986년 아산고졸 1990년 명지대 무역학과졸 2003년 고려대 정책대학원 도시 및 지방행정학과졸 [경]1989년 명지대 총학생회장 1992년 (주)코리아제록스 근무 1994년 (주)봉성농수산 근무 1999년 한국청년연합회(KYC) 상임운영위원 2001년 '정치개혁과 정당민주주의를 위한 국민경선 2030네트워크' 운영위원장 2002년 전대협동우회 회장 2002년 새천년민주당 노무현 대통령후보 시민사회특보 2002년 同노무현 대통령후보 아산시선거대책위원장 2003년 대통령정책실 신행정수도건설추진기획단 자문위원 2003년 열린우리당 충남창당추진위원회 공동위원장 2004~2005년 제17대 국회의원(충남 아산, 열린우리당) 2004년 (사)청년세계탐구단 이사 2004년 민주평통 자문위원 2004년 개혁전략연구소 이사 2010년 충남 아산시장(민주당·민주통합당·민주당·새정치민주연합) 2014년 충남 아산시장(새정치민주연합·더불어민주당)(현) [상]전국지역신문협회 기초단체장부문 행정대상(2014), 세종·충남지역신문협회 자치단체장부문 대상(2014), 소충·사선문화상 모범공직자부문(2015), 자랑스런 명지인상(2015) [저]'기분 좋은 시정이야기 : 작지만 기분 좋은 변화가 시민의 삶을 바꾼다'(2013, 우물이있는집) [종]기독교

복기찬(卜箕讚) BOK Kee Chan

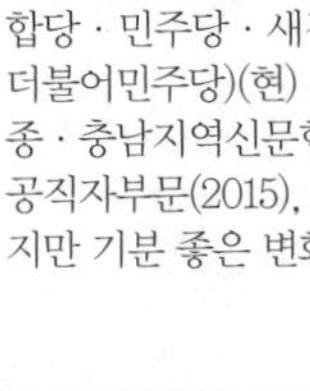

[생]1950·4·6 [본]면천(沔川) [출]충남 보령 [주]경기 안양시 동안구 시민대로187 홍익기술단 사장실(031-440-9700) [학]1968년 홍성고졸 1973년 충남대 농공학과졸 1986년 한양대 산업대학원 토목공학과졸 2001년 국방대학교 대학원 안보과정 수료 2007년 건설교통공학박사(아주대) [경]1976년 한국도로공사 입사 1980년 同설계과장 1994~2000년 同기획조정실 조사개발역·경남지역본부 기술처장·중앙1사업소장·민자사업실장 2001년 同도로처장 2002년 同경북지역본부장 2003년 同설계처장 2004년 同건설본부장 2004년 도로 및 공항기술사회 감사 2004년 건설교통부 중앙기술심의위원 2006~2007년 한국도로공사 기술본부장 2008년 (주)홍익기술단 사장(현) [상]국무총리표창(1987), 산업포장(1993), 석탑산업훈장(2000) [종]기독교

복성해(卜成海) Song Hae BOK

[생]1943·4·25 [본]면천(沔川) [출]충남 청양 [주]대전 유성구 유성대로1662 대전바이오벤처타운409호 바이오뉴트리젠(042-861-0638) [학]1962년 공주사대부속고졸 1966년 서울대 농생물학과졸 1972년 미국 매사추세츠공과대 대학원 생물화학공학과졸 1976년 미생물학박사(미국 펜실베이니아주립대) [경]1966년 한국화이자(주) 연구원 1976년 미국 A.E.Staley Mfg. Co. 선임연구원 1980년 미국 Hoffmann La Roche제약 책임연구원 1985년 미국 Monsanto Co. 생물공정연구그룹 Manager 1987년 한국화학연구소 생물공학연구실장 1988년 세계최초 무공해항진균제 개발 1989년 한국화학연구소 응용생물연구부장 1989년 충남대 강사 1992년 한국과학기술연구원(KIST) 유전공학연구소 생물공학연구실장 1992년 충남대 미생물학과 겸임교수 1993년 한국과학기술연구원 생명공학연구소 생물소재연구그룹장 1998~2003년 캐나다 몬트리올대 생물학과 겸임교수 1999년 생명공학연구소 소장 1999년 한국미생물학회 부회장 2000년 농림부 장관 자문위원 2000년 세계인명사전(Who's Who in the World) 밀레니엄판 등재 2001~2002년 한국생명공학연구원장 2001년 한국과학기술한림원 정회원(현) 2001년 한국분자·세포생물학회 산학협력위원장 2001년 영국 케임브리지국제인명센터(IBC) 21세기 저명과학자 2000인에 선정 2001년 대통령직속 국민경제자문회의 위원 2001년 국가과학기술위원회 바이오기술·산업위원회 위원 2002년 (주)바이오뉴트리젠 대표이사(현) 2004년 중국 연변과학기술대 명예교수 2004년 건양대 제약공학과 석좌교수 2004년 同생명산업연구원장 2004년 (재)충남동물자원센터 센터장 2005년 대전충남북바이오커뮤니티협의회 회장 2008년 미국 Bionutrigen Inc. 회장 2009년 대전시 국제과학비즈니스벨트조성 자문위원 2009년 (사)한국엔지니어클럽 이사 2010년 한글사랑나라사랑본부 이사 2010년 대전시 식품산업정책분과위원회 위원 2011년 식품의약품안전청 신소재과학전문가 자문위원 2013년 식품의약품안전처 신소재과학전문가 자문위원(현) 2014년 KOTRA 서비스자문단 대전충남지역 자문위원(현) [상]과학기술처장관표창(1988), 특허청 세종대왕상(1997), 대한민국 특허기술 대전 국무총리상(1997), 우수발명진흥회 국무총리상(1998), 독일국제발명기술대회 금메달(1998), 국무조정실장표창(2001), 감사원장표창(2001), 대한민국농업과학기술상 산업포장(2001), 석탑산업훈장(2008), 특허청 최우수지식재산경영인상(2012), 무역의날 1백만불 수출의 탑(2013) [저]'생명공학연구와 함께한 복성해 박사의 45년 발자취(복성해 박사 연구논문집)'(2013) '생명공학연구와 함께한 복성해 박사의 45년 발자취(복성해 박사 특허집)'(2013) [종]기독교

봉두완(奉斗玩) PONG Du Wan (多爲)

[생]1935·12·8 [본]하음(河陰) [출]황해 수안 [주]서울 종로구 율곡로190 여전도회관10층(02-765-1994) [학]1954년 경복고졸 1960년 연세대 영어영문학과졸 1966년 미국 아메리칸대 대학원 수료 [경]1959년 동화통신 정치부 기자 1962~1968년 한국일보 미국특파원 1969~1980년 중앙일보·동양방송 논평위원 1973년 제28차 유엔총회 한국대표 1975년 관훈클럽 총무 1976년 새서울라이온스클럽 회장 1981년 제11대 국회의원(서울 마포·용산, 민주정의당) 1981년 민주정의당 대변인 1981년 한·캐나다의원친선협회 회장 1983년 국회 외무위원장 1985년 제12대 국회의원(서울 용산·마포, 민주정의당) 1985년 국회 외무위원장 1985년 IPU 부의장 1989년 미국 메릴랜드대 객원교수 1990년 천주교북한선교후원회 회장 1991년 남북한장애인걷기운동본부 고문(현) 1992년 성나자로마을돕기회 회장, 同고문(현) 1993~2001년 광운대 신문방송학과 교수 1994년 세계가톨릭꾸르실료협의회 의장 1995년 대한적십자사 봉사회중앙협의회 의장 1996년 천주교 서울대교구 한민족복음화추진회장 1998년 생활개혁실천협의회 운영위원장, 천주교한민족돕기회 회장 1998~2002년 대한적십자사 부총재 2001년 미국 American Univ. 객원교수 2001년 6·25순교자현양사업추진위원회 공동대표 2001년 제17차 세계자원봉사대회(IAVE) 실행위원장 2002년 클린인터넷국민운동협의회 의장 2002년 바른사회를위한시민회의 공동대표 2005년 생활개혁실천협의회 대표의장 2005년 위성방송 한강건강TV(채널556) '봉두완의 의료계 진단' 진행 2005~2006년 원음방송 상임고문 2006년 한미클럽 초대회장(현) 2008년 공정언론시민연대 고문 2009~2015년 (재)기쁨나눔재단 이사 2011년 성심발전위원회 위원장(현) 2011년 통일TV방송 이사장(현) 2015년 서울중구문화재단 충무아트홀후원회 회장(현) 2015년 북한대학원대 석좌교수(현) [상]적십자광무장 금장(2001), 연문인상(2006) [저]'워싱톤정가' '뉴스전망대' '안녕하십니까 봉두완입니다' '정치전망대' '봉두완의 목소리' '안녕하십니까 MBC 전국패트롤 봉두완' '뉴스전망대Ⅱ' '봉두완의 세상읽기' [작]수필집 '여자가 좋다 사람이 좋다' 회고록 '앵커맨' '너 어디 있느냐'(2010) [종]가톨릭

봉 욱(奉 旭) BONG Wook

[생]1965 · 7 · 24 [본]하음(河陰) [출]서울 [주]서울 광진구 아차산로404 서울동부지방검찰청 검사장실(02-2204-4000) [학]1984년 여의도고졸 1988년 서울대 법과대학졸 1994년 同대학원 수료 [경]1987년 사법시험 합격(29회) 1990년 사법연수원 수료(19기) 1993년 軍법무관 1993년 서울지검 검사 1995년 수원지검 여주지청 검사 1997년 부산지검 검사 1997년 미국 예일대 로스쿨 방문학자 1997년 법무부 검찰2과 검사 1999년 서울지검 북부지청 검사 2000년 대통령 민정수석비서관 2002년 대전지검 부부장검사 2002년 청주지검 제천지청장 2003년 대검찰청 검찰연구관 2005년 同첨단범죄수사과장 2007년 同혁신기획과장 2008년 서울중앙지검 금융조세조사1부장 2009년 수원지검 여주지청장 2009년 대검찰청 공안기획관 2010년 서울서부지검 차장검사 2011년 부산지검 동부지청장 2012년 법무부 인권국장 2013년 同기획조정실장 2013년 울산지검장 2015년 법무부 법무실장(검사장급) 2015년 서울동부지검장(현) [저]'미국의 힘, 예일 로스쿨'(2000 · 2009) [종]천주교

봉원석(奉原奭) BONG Won Suk

[생]1965 · 12 · 4 [주]서울 영등포구 국제금융로56 미래에셋대우(02-768-3355) [학]서라벌고졸, 서울대 공법학과졸, 미국 워싱턴대 대학원졸(MBA) [경]한국산업은행 근무, 대웅제약 근무, LG투자증권 근무 2005년 미래에셋증권(주) Structured Finance 본부장(이사) 2007년 同프로젝트금융1본부장(상무) 2011년 同기업RM2본부장(상무) 2014년 同CRO(상무) 2015년 同CRO(전무) 2016년 미래에셋대우 기업금융(IB)2부문 대표(전무) 내정(현)

봉준호(奉俊昊) BONG Jun Ho

[생]1969 · 9 · 14 [출]서울 [학]1994년 연세대 사회학과졸 1995년 한국영화아카데미졸(11기) [경]1993년 6mm단편 '백색인' 으로 영화감독 데뷔 2000년 한국영화감독협회 회원(현) 2009년 미쟝센단편영화제 대표집행위원 2010년 同심사위원 2011년 미국 선댄스영화제 심사위원 2011년 제64회 칸국제영화제 황금카메라상부문 심사위원장 2013년 제3회 올레스마트폰영화제 심사위원장 2013년 영국 에든버러국제영화제(EIFF) 심사위원장 2014년 제19회 부산국제영화제(BIFF) 뉴커런츠부문 심사위원 2015년 독일 베를린국제영화제 심사위원 2015년 미국 영화예술과학아카데미(AMPAS · 미국 최고 영화상인 아카데미상을 주관) 회원(현) [상]신영청소년영화제 수상(1993), 홍콩국제영화제 국제영화비평가상(2001), 스페인산세바스티안국제영화제 최우수감독상 · 신인감독상(2003), 대한민국영화대상 작품상 · 감독상, 춘사나운규영화예술제 감독상 · 각본상(2003), 올해의 최우수예술인(2003), 맥스무비 최고의영화상 최고의감독상(2004 · 2007), 청룡영화상 최우수작품상(2006), 대한민국영화대상 감독상(2006), 시체스국제영화제 오리엔탈익스프레스상(2006), 대종상영화제 감독상(2007), 백상예술대상 영화부문 작품상(2007), 브뤼셀국제판타스틱영화제 황금까마귀상(2007), 판타스포르토영화제 경쟁부문 감독상(2007), 제29회 영평상 작품상(2009), 청룡영화상 최우수작품상(2009), 두바이국제영화제 각본상(2009), 올해의 영화상 작품상(2010), 제4회 아시안필름어워즈 각본상(2010), APN 아시아영화인상 감독상(2010), 제34회 청룡영화제 감독상(2013), 한국예술평론가협의회 제33회 올해의 최우수 예술가상 영화부문(2013), 한국영화배우협회 자랑스러운 KOREA 영화인상(2013), 백상예술대상 영화부문 연출 · 감독상(2014), 프랑스 문화예술공로훈장 오피시에(2016) [작]영화감독 '지리멸렬'(1994) '모텔 선인장'(1997) '유령'(1999) '플란다스의 개'(2000) '살인의 추억'(2002) '이공'(2004) '남극일기'(2005) '괴물'(2006) '도쿄! Tokyo!'(2008) '마더'(2009) '이키'(2011) '설국열차'(2013) '해무'(2014) '옥자'(2017) 등 [종]천주교

봉현수(奉賢秀) Bong Hyon Soo

[생]1950 · 10 · 6 [본]하음(河陰) [출]경기 안성 [주]부산 중구 충장대로6 한진중공업R&D센터11층 (주)한진중티엠에스 사장실(051-998-7301) [학]1969년 경복고졸 1978년 서울대 공과대학 조선공학과졸 1987년 영국 뉴캐슬대 대학원졸(M.Phil) [경]1977년 현대중공업(주) 대리 1980년 대우조선공업(주) 대리 1994년 대우중공업(주) 선체설계실장(이사부장) 1995년 同선박기술영업담당 이사 1999년 同기본설계담당 이사 2000년 同기본설계담당 상무 2000년 미국선급협회(ABS) 기술대표 2003년 영국왕립조선학회(RINA) Fellow(현) 2004~2008년 (주)한진중공업 기술본부장(전무) 2005~2012년 한국조선협회 기술협의회장 2006년 대한조선학회 선박설계연구회장 2008년 (주)한진중공업 조선영업총괄 부사장 2011년 同조선부문 기술총괄 부사장 2012년 同조선부문 기술 · 생산총괄 부사장 2013년 미국선급협회(ABS) Member(현) 2013~2015년 (주)한진중공업 상임고문 2015년 (주)한진중티엠에스 대표이사 사장(현) 2016년 미국조선학회(SNAME) Fellow(현) [상]미국 조선학회 논문상(1989), 대한조선학회 충무기술상(1992), 대한조선학회 논문상(1993), 과학기술진흥유공 국무총리표창(1993), 대한조선학회 기술상(2011) [종]가톨릭

부경희(夫敬喜 · 女) BU Kyung-Hee

[생]1960 · 4 · 19 [출]서울 [주]서울 노원구 광운로20 광운대학교 미디어영상학부(02-940-5374) [학]1983년 이화여대 교육심리학과졸 1991년 미국 코넬대 대학원 심리학과졸 1995년 심리학박사(미국 코넬대) [경]1995~1996년 한국방송진흥원 선임연구원 1996~1999년 제일기획 브랜드마케팅연구소 책임연구원 1999~2003년 한림대 언론정보학부 조교수 2003년 광운대 미디어영상학부 교수(현) 2005년 同교육방송국 주간 2008~2011 · 2014년 同입학처장 2014년 국제전기통신연합(ITU) 전권회의(Plenipotentiary Conference) 의장분야 자문위원 2015년 광운대 입학처장(현) [상]한국방송광고공사 최우수논문상(1998) [저]'The Development of Individualist and Collectivist Self Concept and Its Effects on the Response to Television Commercial'

부공남(夫公男) Bu Gong-nam

[생]1953 · 8 · 10 [주]제주특별자치도 제주시 문연로13 제주특별자치도의회 교육위원회(064-741-1944) [학]제주제일고졸, 제주대 사범대학 수학교육과졸, 同교육대학원 수학교육과졸 [경]동여중 · 제일중 · 세화중 · 제주고 · 중문고 교사, 제주특별자치도교육청 장학관, 남원중 · 제주서중 교장, 제주특별자치도수학교육연구회 회장, 백록봉사회 자문위원, 제주특별자치도연합청년회 자문위원, 세화중총동문회 부회장, 同회장(현), 제주대총동문회 부회장, 제주시구좌읍민회 부회장, 同감사(현), 해병대전우회 제주특별자치도연합회 부회장, 한국청소년지도자 제주특별자치도연맹 고문, 제주상록회 · 한솔팔각회 · 손뜻모아봉사회 자문위원, 제주특별자치도배드민턴연합회 자문위원, 제주일보 논설위원(비상임), 제주특별자치도미래제주교섭단체 대표(현) 2014년 제주특별자치도의회 교육의원(현) 2014년 同교육위원회 부위원장 2015년 同예산결산특별위원회 위원 2016년 同의회운영위원회 위원(현) 2016년 同교육위원회 위원(현) 2016년 同윤리특별위원회 위원(현) [상]교육과학기술부장관표창(2009), 제9회 전국아름다운교육상 경영자부문 최우수상

부광진(夫光辰) Boo Kwang Jin

[생]1957 · 6 · 26 [출]제주 서귀포 [주]제주특별자치도 제주시 조천읍 남조로1717의35 제주특별자치도개발공사 정책협력관실(064-780-3300) [학]1976년 제주 서귀고졸 1985년 제주대 행정학과졸 2004년 연세대 대학원 행정학과졸 [경]2009년 제주특별자치도 조직기획과장 2010년 행정안전부 파견 2010년 제주특별자치도 세정과장 2011년 同정보정책과장 2013년 同인재개발원 교육운영과장 2014년 제주문화예술재단 사무처장 2014년 서귀포시 부시장 직대 2015년 同부시장(지방부이사관) 2016년 제주특별자치도개발공사 정책협력관(현) 2016년 시인 등단(현) [상]현대문예 시부문 신인상(2016)

부구욱(夫龜旭) BU Gu Wuck

[생]1952 · 2 [출]부산 [주]경남 양산시 주남로288 영산대학교 총장실(055-380-9100) [학]1970년 경기고졸 1974년 서울대 법과대학 법학과졸 1979년 同대학원졸 2001년 명예 법학박사(한양대) [경]1979년 사법시험 합격(21회) 1981년 사법연수원 수료(11기) 1981년 부산지법 판사 1984년 同울산지원 판사 1986년 수원지법 판사 1989~1994년 서울지법 동부지원 판사 · 서울고법 판사 1994년 서울형사지법 판사 1994년 대법원 재판연구관 겸임 1997년 청주지법 부장판사 1998년 인천지법 부천지원 부장판사 2000~2001년 서울지법 부장판사 2001년 영산대 총장(현) 2008~2011년 부산관광컨벤션포럼 이사장 2008~2014년 부산국제영화제후원회 회장 2009년 한국대학교육협의회 로스쿨(법학전문대학원) 대책위원장 2009~2016년 한국조정학회 초대 회장 2010년 한국대학교육협의회 대학윤리위원장 2011년 한국대학총장협회 회장 2012~2014년 한국대학교육협의회 부회장 2013년 부산관광컨벤션포럼 이사(현) 2014~2015년 한국사립대학총장협의회 회장 2014년 대통령직속 통일준비위원회 통일교육자문단 자문위원(현) 2015~2016년 한국대학교육협의회 회장 [상]부산문화대상 사회공헌부문(2015) [종]불교

부동호(夫東鎬) BU, DONG HO

[생]1960 · 5 · 27 [본]제주(濟州) [출]전남 진도 [주]경기 안양시 동안구 관평로212번길70 수원지방법원 안양지원(031-8086-1084) [학]연세대 법대졸, 서울대 행정대학원 수료, 국방대 안보대학원 수료 [경]1997년 법원행정처 기획조정실 서기관 1998년 서울지법 동작등기소장 1999년 서울남부지법 총무과장 2001년 수원지법 안양등기소장 2003년 법원행정처 호적과장 2005년 서울남부지법 민사과장 2006년 법원행정처 등기호적심의관(부이사관) 2008년 춘천지법 사무국장

ㅂ

2009년 인천지법 사무국장 2011년 법원행정처 재판사무국장(법원이사관) 2012년 사법연수원 사무국장 2013년 서울고법 사무국장 2014년 수원지법 안양지원 집행관(현) [상]법원행정처장표창(1996) [저]'가족관계의 등록 등에 관한 법률 강해'(2008) '부동산등기법 강해'(2012) '판례중심 부동산등기법'(2013) [종]기독교

부만근(夫萬根) BOO Man Keun

[생]1942·5·16 [본]제주(濟州) [출]제주 북제주 [주]제주특별자치도 제주시 제주대학로102 제주대학교(064-754-2114) [학]1962년 제주 오현고졸 1966년 제주대 법학과졸 1977년 동국대 행정대학원 행정학과졸 1993년 행정학박사(건국대) [경]1968~1976년 제주신문 기자 1978~1993년 제주대 전임강사·조교수·부교수 1980~1987년 제주신문 논설위원 1981년 언론중재위원 1985년 제주대 학생생활연구소장 1987년 同학생처장 1990년 同기획실장 1990년 한라일보 논설위원 1990년 한국교원단체총연합회 부회장 1993~2007년 제주대 행정학과 교수 1993년 同법정대학장 1995년 同행정대학원장 겸임 2001~2005년 同총장 2001년 제주지역대학총·학장협의회 회장 2001년 제주대병원 이사장 2001~2003년 민주평통 자문위원 2002~2005년 부산·울산·경남·제주지역대학교총장협의회 회장 2002년 21세기국토포럼 공동대표 2004~2005년 제주지역혁신협의회 의장 2004년 대통령자문 국가균형발전위원회 위원 2004~2005년 전국지역혁신협의회 회장 2004년 대통령자문 정책기획위원회 위원, 제주도공직자윤리위원회 위원장 2008년 대한민국건국60년기념사업위원회 위원 2007년 제주대 명예교수(현) 2015년 (재)고·양·부삼성사재단(삼성혈) 이사장(현) [상]언론중재위원회 공로표창(1983), 부총리 겸 통일원장관표창(1987), 민주평통 사무총장표창(1993), 대한체육회장표창(2002), 청조근정훈장(2007) [저]'광복제주30년'(1975) '제주도 개발특별법의 제정과정연구'(1995) '제주지역 주민운동론'(1997) '한국지방자치론'(1999) [종]천주교

부상일(夫相一) BOO Sang-Il

[생]1971·8·19 [출]제주 [주]서울 강남구 학동로401 금하빌딩4층 법무법인 정률(02-2183-5612) [학]1990년 제주제일고졸 1998년 서울대 사법학과졸 [경]1999년 사법시험 합격(41회) 2002년 사법연수원 수료(31기) 2000~2004년 청주지검 검사 2004년 제주지검 검사 2006~2007년 의정부지검 검사 2007년 한나라당 대통령선거중앙선거대책위원회 클린정치위원회 BBK팀 위원 2007년 제주대 법학부 조교수 2008년 대통령직인수위원회 취임준비위원회 상근자문위원, 한나라당 중앙청년위원회 상임전국위원, 한나라당 제주도당 위원장 2008년 同제주시乙당원협의회 운영위원장 2010년 同대표 특보, 법무법인 정률 변호사(현) 2016년 제20대 국회의원선거 출마(제주시乙, 새누리당) 2016년 새누리당 제주시乙당원협의회 운영위원장(현) 2016년 同중앙당 수석부대변인(현)

부상준(夫相俊) BOO Sang Jun

[생]1969·3·29 [출]제주 [주]서울 서초구 서초중앙로157 서울중앙지방법원(02-530-1114) [학]1987년 제주 제일고졸 1991년 고려대 법학과졸 2000년 同대학원 법학과졸 [경]1993년 사법시험 합격(35회) 1996년 사법연수원 수료(25기) 1999년 부산지법 판사 2003년 서울지법 의정부지원 판사 2006년 서울중앙지법 판사 2007년 서울고법 판사 2008년 대법원 연구법관 2009년 서울북부지법 판사 2011~2012년 제주지법 수석부장판사 2011~2012년 언론중재위원회 위원 2012년 사법연수원 교수 2014년 의정부지법 부장판사 2015년 서울중앙지법 부장판사(현)

부윤경(夫允敬) BOO YOON-GYUNG

[생]1957·10·12 [출]전남 완도 [주]서울 서초구 서초대로74길14 삼성물산 상사부문 화학소재사업부(02-2145-2114) [학]광주일고졸, 서울대 경제학과졸 [경]삼성물산 콜롬보지점장, 同화공설비팀장 2006년 同기획팀 상무보 2008년 同기계플랜트본부 상무 2011년 同상사부문 전무 2013~2014년 同기계플랜트사업부 부사장 2014년 삼성 미래전략실 전략2팀장(부사장) 2015년 삼성물산 상사부문 화학소재사업부장(부사장)(현) [종]가톨릭

부임춘(夫林春·女)

[생]1963·3·18 [주]제주특별자치도 제주시 도공로9의1 제주신문(064-744-7220) [학]세화고졸, 부산여자대학 영어과 중퇴(2년) [경]APID Korea 제주본부장, 제주시태권도협회 부회장, (주)국제도매센터 대표이사, (주)남경개발 대표이사, 제주신문 대표이사 사장(현) 2006년 제주도의원선거 출마(민주당) [종]불교

부좌현(夫佐炫) BOO Jwa Hyun

[생]1956·5·13 [본]제주(濟州) [출]제주 [주]서울 마포구 마포대로38 국민의당(02-715-2000) [학]1975년 목포고졸 1980년 서강대 철학과 수료 2001년 한국방송통신대 법학과졸, 한양대 행정대학원졸 [경]법무법인 해마루 상담실장 1996년 새정치국민회의 안산乙지구당 정책실장 1997년 천정배 국회의원 보좌관, 새천년민주당 안산乙지구당 사무국장 1998년 경기도의회 의원(국민회의·새천년민주당), 열린우리당 천정배 원내대표 비서실장, 국회 정책연구위원, (사)경기서부지역혁신연구원 이사, 열린우리당 안산시당 상무위원, 안산풀뿌리환경센터 공동대표, 안산문화원 이사 2006년 안산시장선거 출마(열린우리당) 2009~2010년 안산통일포럼 대표 2011년 민주통합당 안산단원乙지역위원회 위원장 2012년 同정책위원회 부의장 2012년 제19대 국회의원(안산 단원乙, 민주통합당·민주당·새정치민주연합·더불어민주당·국민의당) 2012년 민주통합당 원내부대표 2012년 同경기도당 직능위원장 2012·2015년 국회 운영위원회 위원 2013·2014년 국회 산업통상자원위원회 위원 2013년 민주당 의원담당 원내부대표 2013년 同경기도당 수석부위원장 2014~2015년 국회 창조경제활성화특별위원회 위원 2014년 새정치민주연합 다문화위원회 위원장 2014년 同새로운대한민국위원회 안전사회추진단 산업안전분과위원장 2015년 同의원담당 원내부대표 2015년 국회 예산결산특별위원회 위원 2015~2016년 더불어민주당 다문화위원회 위원장 2015~2016년 同새로운대한민국위원회 안전사회추진단 산업안전분과위원장 2015~2016년 同의원담당 원내부대표 2016년 제20대 국회의원선거 출마(안산시 단원구乙, 국민의당) 2016년 국민의당 수석사무부총장(현) 2016년 同안산시단원구乙지역위원회 위원장(현) [종]기독교

부준홍(夫俊洪) BOO Joon Hong

[생]1956·2·27 [본]제주(濟州) [출]서울 [주]경기 고양시 덕양구 항공대학로76 한국항공대학교 항공우주 및 기계공학부(02-300-0107) [학]1978년 서울대 기계공학과졸 1984년 미국 조지아공대 대학원 기계공학과졸 1989년 기계공학박사(미국 조지아공대) [경]1979~1982년 공군사관학교 교관 1982~1983년 코오롱상사 신규사업팀 주임 1989~1998년 한국항공대 항공우주 및 기계공학부 조교수·부교수 1994년 미국 텍사스A&M대 연구교수 1995~1996년 한국항공대 교무처장 1998년 同항공우주 및 기계공학부 교수(현) 2000년 同연구·평가관리실장 2000~2005년 대한기계학회 히트파이프분과 회장 2000년 국제히트파이프학회(IHPCC) 운영위원(현) 2001년 일본우주과학연구소(ISAS) 초빙교수 2002~2004년 한국항공대 기획처장 2004~2006년 同항공우주박물관장 2007~2008년 일본 와세다대 연구교수 2007~2008년 대한기계학회 이사 2008~2014년 경기도 에너지위원 2009~2011년 대한기계학회 마이크로나노부문 이사 2012~2013년 한국공학교육인증원 공학인증위원회 위원장 2012~2014년 한국항공대 대학평의원회 의장 [상]교과교육우수자 교육인적자원부장관표창(2003), 일본히트파이프협회 오시마코이치학술상(2006), 한국항공대 공로상(2006), 한국신재생에너지학회 학술대회 우수논문상(2009·2013), 산학협력우수자 교육과학기술부장관표창(2010) [저]'분사추진기관'(1997·2001) 'Heat Pipe Technology'(2004) [역]'열역학'(1996·2002·2007·2011·2016), '열전달'(1999·2003,·2007· 2014) [작]Marquis Who's Who in the World 2016 (33rd Edition) 등재

부하령(夫夏玲·女) POO Haryoung

[생]1961·1·16 [출]부산 [주]대전 유성구 과학로125 한국생명공학연구원 바이오과학연구부 감염병연구센터(042-860-4157) [학]1983년 서강대 생명과학과졸 1990년 미국 미주리대 대학원 생물학과졸 1994년 면역학박사(미국 웨인주립대) [경]1994~1995년 미국 미시간대 의대 Post-Doc. 1996년 서강대 생명과학과 강사 1997년 한국생명공학연구원 선임연구원 1998년 同프로테옴연구실 선임연구원, 同바이러스감염대응연구단장, 同노화과학연구소 생명체방어시스템연구센터 책임연구원, 同바이오과학연구부 감염병연구센터 책임연구원(현) 2006년 과학기술연합대학원대(UST) 겸임교수(현) 2006~2013년 질병관리본부 예방접종심의위원회 위원 2008~2009년 대한여성과학기술인회 부회장 2008~2010년 중앙약사심의위원회 전문가 2010~2014년 한국연구재단 전문위원 2012년 한국과학기술단체총연합회 다산컨퍼런스 조직위원장(농수산분야) 2012년 코스닥 상장심사위원회 전문가(현) 2014년 한국과학기술단체총연합회 정책위원(현) 2015년 연구발전협의회총연합회 부회장(현) 2016년 대한여성과학기술인회 회장(현) 2016년 한국과학기술한림원 정회원(농수산학부·현) [상]대전시 경제과학대상(2009), 과학기술유공자포장(2012), 한국미생물생명공학회 여성과학자상(2015)

한국인물사전

2017

YONHAPNEWS

ㅅ

[수록 순서] 가나다 · 생년월일순

[약 호] [생] 생년월일 [본] 본관 [출] 출생지
[주] 주소(연락처) [학] 학력 [경] 경력 (현) 현직
[상] 상훈 [저] 저서 [역] 역서
[작] 작품 [종] 종교

사공근(司空根) SAKONG Kun (卓成)

[생]1953 · 9 · 16 [본]군위(軍威) [출]경북 상주 [주]서울 서초구 효령로77길28 (주)경농 법무실(02-3488-5900) [학]1971년 상주고졸 1975년 건국대 법학과졸 1993년 同경영대학원 경영학과졸 [경]1978~1989년 (주)대웅제약 근무, 경농 법제실장 · 이사대우 · 기획조정실장(이사대우) 1985년 (주)조비 감사(현) 2000년 (주)경농 이사 2004년 同기획조정실장(상무) 2005년 同감사실장(상무) 2005년 同법무실장(상무)(현) [종]불교

사공영진(司空永振) SAGONG Young Jin

[생]1958 · 4 · 25 [출]경북 군위 [주]대구 수성구 동대구로 364 대구고등법원(053-757-6600) [학]1977년 경북고졸 1981년 서울대 법과대학졸 2001년 미국 버클리대 방문과정 연수 [경]1981년 사법시험 합격(23회) 1983년 사법연수원 수료(13기) 1985년 대구지법 판사 1988년 同안동지원 판사 1990년 대구지법 판사 1995년 대구고법 판사 1998년 대구지법 판사 1999년 同부장판사 2003년 同가정지원장 2005년 대구고법 부장판사 2007년 대구지법 수석부장판사 2007~2009년 경북도선거관리위원회 위원장 2009년 대구고법 부장판사 겸임 2012년 청주지법원장 2012년 충북도선거관리위원회 위원장 겸임 2014년 대구고법 부장판사(현) 2016년 대구지법 부장판사 겸임(현) [종]천주교

사공일(司空壹) SAKONG Il

[생]1940 · 1 · 10 [본]효령(孝令) [출]경북 군위 [주]서울 강남구 봉은사로524 무역회관2505호 세계경제연구원(02-551-3334) [학]1958년 경북고졸 1964년 서울대 상과대학졸 1966년 미국 UCLA 대학원 경영 · 경제학과졸 1969년 경제학박사(미국 UCLA) [경]1969~1973년 미국 뉴욕대 교수 1973~1983년 한국개발연구원(KDI) 재정금융실장 · 부원장 1981년 부총리 겸 경제기획원 장관 자문관 1983년 산업연구원 원장 1983~1987년 대통령 경제수석비서관 1987~1988년 재무부 장관 1989~1992년 국제통화기금(IMF) 특별고문 1993년 세계경제연구원 이사장(현) 1998~2000년 아시아유럽정상회의(ASEM) 아시아 · 유럽비전그룹(AEVG) 의장 2000~2002년 외교통상부 대외경제통상대사 2003년 고려대 석좌교수 2008~2009년 대통령직속 국가경쟁력강화위원회 위원장(장관급) 2008~2009년 대통령 경제특별보좌관 2009~2011년 대통령직속 G20정상회의준비위원장 2009~2012년 한국무역협회 회장 2012년 중앙일보 고문(현) [상]국민훈장 모란장(1983), 벨기에 국왕 왕관대관장(1986), 중화민국 대수경성훈장(1987), 청조근정훈장(1990), 고려대 정책인대상(2002), 한국통번역사협회 올해의 연사상(2009), 주한미국상공회의소 특별공로상(2009), 미국 UCLA 한국동창회 동문상(2010), 미국 UCLA 총장표창(2010), 서울대상과대학총동창회 '빛내자상'(2011), 경북중고교총동창회 자랑스러운 경맥인상(2011), 국민훈장 무궁화장(2012) [저]'경제개발과 정부 및 기업가의 역할(Government, Business, and Entrepreneurship in Economic Development : The Korean Case)'(1980, Harvard University Press) '세계속의 한국경제'(Korea in the World Economy)'(1991, 미국 Washington IIE) '세계는 기다리지 않는다'(2001) '한국무역 프리미엄시대 열자'(2013) '한국경제 갈 길 멀다'(2013) 외 다수 [종]천주교

사공진(司空珍) SAKONG Jin

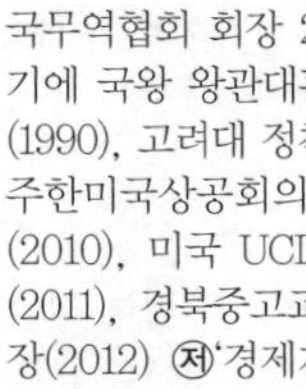

[생]1956 · 1 · 6 [출]대구 [주]경기 안산시 상록구 한양대학로55 한양대학교 경상대학 경제학부(031-400-5605) [학]1974년 경기고졸 1979년 서울대 국제경제학과졸 1985년 미국 뉴욕주립대 올바니교 대학원 경제학과졸 1989년 경제학박사(미국 뉴욕주립대 올바니교) [경]1982~1983년 한국해양연구소 연구원 1990년 한국개발연구원(KDI) 초빙연구원 1990년 한국보건사회연구원 초빙연구원 1992년 한국의료관리연구원 연구위원 1992년 한양대 경상대학 경제학부 교수(현) 2000년 한국사회보장학회 이사 2002~2010년 한국보건행정학회 이사 2003~2005년 한국보건경제학회 회장 2005년 한국사회보장학회 회장 2006년 한국재정학회 이사 2009~2012년 한국보건산업진흥원 비상임이사 2010년 건강보험정책심의위원회 위원 2011년 한국보건행정학회 회장 2012~2014년 대통령소속 규제개혁위원회 위원 2012~2014년 한양대 ERICA캠퍼스 기업경영대학원장 겸 경상대학장 2012~2016년 보건복지부 건강보험정책심의위원회 부위원장 2012~2014년 同보건의료직능발전위원회 위원 2013~2015년 同건강보험료부과체계개선기획단 위원 2013년 건강보험심사평가원 미래전략위원회 평가분과위원장(현) 2015년 同의료평가위원회 위원(현), 국세청 자체평가위원(현), 산림청 자문위원 [상]한국과학기술단체총연합회 과학기술우수논문상(2001), 옥조근정훈장(2014)

사광기(史光基) SA Kwang Kee

[생]1950 · 8 · 15 [본]청주(靑州) [출]충북 청원 [주]서울 강남구 논현로507 성지하이츠빌딩3차1805호 CNI홀딩스 대표이사실(02-2051-2611) [학]1969년 청주고졸 1973년 청주대 영어영문학과졸 2003년 고려대 언론대학원 최고위언론과정 수료 2005년 명예 철학박사(선문대) [경]1975~1985년 전국대학원리연구회 사무국장 1985~1993년 세계대학원리연구회 유럽회장 1993~2003년 세계평화통일가정연합 유럽회장 2000년 세계평화초종교 · 초국가연합 유럽회장 2003년 2003피스컵코리아조직위원회 부위원장 2003~2006년 세계일보 대표이사 사장 2003~2006년 전교학신문 사장 2003년 (재)여순순국선열기념재단 이사 2003~2006년 종교신문 사장 2003년 UPI통신 이사 2005~2006년 스포츠월드 사장 2006년 CNI홀딩스 대표이사(현) 2007년 피스컵코리아조직위원회 부위원장 2010~2012년 일성건설 회장 [저]'섭리와 책임' 'Providence and Responsibility'(2000) [종]통일교

사동석(史東晳) Sah Dong Seok

[생]1957 · 8 · 22 [출]서울 [주]서울 중구 충무로15 코리아타임스 임원실(02-724-2860) [학]1984년 한국외국어대 영어과졸 [경]1984년 (주)코리아타임스 입사 1984년 同편집부 기자 1989년 同경제부 기자 2000년 同사회문화부 차장 2001년 同정치부장 2002년 同종합편집부장 겸 국제부장 2003년 同종합편집부 국제부장(부국장대우) 2004년 同편집국차장 2007년 同편집국차장 겸 경제부장 2008년 同편집국 국차장 겸 뉴미디어부장 2010년 同편집국장 2012년 同논설주간 2014년 同주필 겸 CQO(상무)(현) [상]외대언론인상(2011)

사득환(史得煥) SA Deug Whan (벽안)

[생]1964 · 12 · 20 [본]청주(靑州) [출]경북 울진 [주]강원 고성군 토성면 봉포4길46 경동대학교 행정학과(033-639-0180) [학]1988년 고려대 행정학과졸 1990년 同대학원 행정학과졸 1996년 행정학박사(고려대) [경]1996년 경동대 행정학과 교수(현) 1999~2015년 민주평통 자문위원 2002~2009년 해오미속초21실천협의회 회장 2005~2014년 속초시지역사회복지협의체 의장 2006년 보건복지부 사회복지시설 평가위원 2006년 행정자치부 지방행정혁신평가위원 2008~2012년 행정안전부 정부합동평가단 위원 2008~2010년 설악여중 운영위원장 2009~2010년 대통령직속 녹색성장위원회 생생도시평가위원 2012~2014년 춘천지검 속초지청 검찰시민위원장 2013년 통일부 통일교육위원(현) 2014년 경동대 산학협력단장 2014년 同DMZ통일연구원장(현) 2015년 강원도산학협력단협의회 회장(현) 2015년 경동대 산학협력단장(현) 2015년 同행정학과장 [상]경동대 이사장 공로표창(2000), 강원도지사 감사패(2006 · 2007), 한국로타리클럽 총재 감사패(2006), 대통령표창(2008 · 2016), 교육과학기술부장관표창(2012) [저]'한국 환경정책의 이해'(1997) '속초시 거주피난민 정착사'(2001) '새행정이론'(2002) '지속가능발전과 환경거버넌스'(2002) '공인행정관리사 문제연구'(2005) '사회복지행정론'(2012) [종]기독교

사봉관(史奉官) SA Bong Kwan

[생]1968 · 4 · 8 [출]전남 장흥 [주]서울 서대문구 충정로60 KT&G서대문타워10층 법무법인 지평(02-6200-1781) [학]1985년 광주 대동고졸 1989년 서울대 법학과졸 1991년 조선대 대학원 법학과졸 [경]1991년 사법시험 합격(33회) 1994년 사법연수원 수료(23기) 1994년 軍법무관 1997년 서울지법 북부지원 판사 1999년 서울지법 판사 2001년 광주지법 순천지원 판사 2002년 同광양시 · 구례군법원 판사 2003년 同순천지원 판사 2004년 서울서부지법 판사 2006년 서울고법 판사(헌법재판소 파견) 2009년 광주지법 부장판사 2010년 사법연수원 교수 2012년 수원지법 성남지원 부장판사 2014~2016년 서울중앙지법 부장판사 2016년 법무법인 지평 파트너변호사(현)

사이로(史二路) SAIRO

[생]1940·6·10 [출]강원 삼척 [주]서울 중구 소파로130 한국만화가협회(02-757-8485) [학]1958년 삼척공고졸 1963년 한양대 법학과졸 [경]만화가(현) 1965년 아리랑지 신인만화상 당선 1975년 주간 시민에 '사이로' 만평 연재 1976년 전우신문에 각종만화 연재 1976~1981년 영남일보에 만평·시사만화 연재 1977년 월간 신동아 '신동아 만평' 연재 1978~1988년 주간 경향 '조가비' 연재 1979~1984년 스포츠동아 '스포츠카툰' 연재 1979~1985년 주간만화 카툰 연재 1982~1996년 농수축산신문 만평·시사만화 연재 1986년 경향신문 카툰 '만화응접실' 연재 1987~1990년 미국 만화정보지 'Witty World' 편집위원 1988년 국제만화심포지움전 카툰 출품(일본 가고시마) 1990~1993년 스포츠서울 카툰 '서울별곡' 연재 1990~1992년 조선일보 '월요 경제 만평' 연재 1991년 서울카툰회 회장 1995년 일간스포츠 '사이로 카툰' 연재 1995~2000년 일간스포츠 네칸만화 '도루묵' 연재 1996~1997년 서울국제만화애니메이션축제(SICAF) 자문위원 1999년 부천만화정보센터 카툰교실 강의 1999~2000년 해변카툰학교 교장 2000년 월간만화창작 카툰교실 '카툰, 이렇게 완성한다' 연재 2000~2005년 청강문화산업대 만화창작과 교수 2001~2005년 청강만화역사박물관 관장 2002년 서울카툰회 명예회장(현) 2004년 국제문화전문가단체 서울총회 조직위원, 한국만화가협회 정회원(현) [상]아리랑지 신인만화상(1965), 일본 요미우리 국제만화전 우수상(1982), 일본 요미우리 국제만화전 입선(1983~1986), 일본 요미우리 국제만화전 특별상(1987), 사이로 카툰집4권 문화관광부 선정 우수만화상(1996), 카툰집 사이로여행기 만화애니메이션학회 선정 만화 저작상(2003), 부천국제만화축제(BICOF) 카툰부문 만화상(2004), 제3회 만화의날 공로상(2005), 청강카툰상 대상(2005) [작]'무풍대'(1976) '조가비'(1979) '조가비 양'(1979) '카툰'(1992) '움직이는산'(1995) '물구나무로 본 세상'(1995) '반칙게임'(1995) '하늘찌르기'(1995) '팝툰'(2003) '사이로 여행기'(2003)

상기숙(尚基淑·女) Sang, Key-sook

[생]1954·8·1 [본]목천(木川) [출]서울 [주]충남 서산시 해미면 한서1로46 한서대학교 인문사회학부 중국학과(041-660-1221) [학]1976년 경희대 문리대학 국어국문학과졸 1980년 同대학원 국어교육학과졸 1982년 同대학원 국문학과졸 1984년 대만사범대학 국문연구소 박사과정 수료 1989년 문학박사(홍콩 원동대) [경]1978~1982년 경희대 교양학부 및 부설 인류사회재건연구원 연구조교 1982~1983년 서경대 강사 1987년 홍콩 원동대 강사 1989~1992년 경희대·경원대 강사 1993년 한서대 인문사회학부 중국학과 조교수·부교수·교수(현) 1993년 (사)한국민속예술연구원 무속위원회 학술원장(현) 1996년 서령신문 논설위원 1997년 (사)한국사회통일연구원 비상임위원 1998~2005년 한국무속학회 편집위원 겸 충남지역 이사 1999~2002년 경희대 인문학연구원 민속학연구소 연구원 2000~2001년 일본 廣島여자대 국제문화학부 객원연구원 2001년 최영장군당굿보존회 자문위원 2002~2012년 경희대 민속학연구소 특별연구원 2003년 한국무속학회 이사(대전·충남·충북지구) 겸 편집위원 2003년 한서대 내포지역발전연구소 연구원 2003~2004년 한국한자능력검정회 한서대시험시행위원장 2004~2009년 한서대 대학원 교학부장 2004년 한국역사민속학회 대전·충남지역 이사 2004년 화성재인청복원사업추진위원회 무속분과 위원 2004년 한서대 중장기발전위원회 분과위원 2004~2005년 同성폭력대책위원 2005년 한국무속학회 실무이사 2005~2008년 한국귀신학회 이사 2006년 내포지역발전연구소 섭외이사 2007년 한국무속학회 부회장 2007년 한서대 부설 동양고전연구소 편집위원 2008년 한국중국문화학회 연구이사 2008~2010년 지역민속학회 국제이사(중국지역) 2008년 (사)한국무속연희연구회 이사 2008년 한국귀신학회 편집위원 2008년 同부회장 2009~2010년 한서대 도서관운영위원 2009년 한국역사민속학회 지역이사(충남·대전)(현) 2010년 한국무교학회 부회장(현) 2010~2012년 전국한자능력검정시험 시험시행위원장 2011~2012년 국립민속박물관 2011년 샤머니즘특별전 자문위원 2011년 인문정치연구소 지도·자문위원 2011년 한국무속학회 연구윤리위원 2011~2014년 GH인문정치연구소 자문위원 2012~2014년 한서대 중국학과장 2012~2014년 同대학원 동아시아학과 및 정보산업대학원 한중언어문화학과 주임교수 2012~2016년 학교법인 동인학원(상문고) 이사 2014년 이북5도 무형문화재연합회 자문위원(현) 2014년 同무형문화재지정 조사위원(현) 2014년 GH인문정치연구소 자문위원(현) 2015년 서산문화발전연구원 부원장 겸 학술위원 및 간사(현) 2015년 서산문화춘추 편집위원(현) 2015년 한국중국문화학회 운영이사(현) 2015년 아시아퍼시픽해양문화연구원(APOCC) 연구위원(현) 2016년 학교법인 상문학원(상문고) 이사(현) [저]'巫俗信仰(한국민속학총서3 : 民俗學會編)(共)'(1989, 교문사) '韓國의 山村民俗Ⅰ-치악산편(共)'(1995, 교문사) '韓國의 山村民俗Ⅱ-노적산편(共)'(1995, 교문사) '韓國의 占卜(共)'(1995, 민속원) '實用大學漢字(共)'(1997, 서문문화사) '民俗文學과 傳統文化(共)'(1997, 박이정) '韓國文化의 原本思考(共)'(1997, 민속원) '古典作家作品의 理解(共)'(1998, 박이정) '고전산문교육의 이론(共)'(2000, 집문당) '세시풍속1(共)'(2002, 우리마당 터 도서출판) '중국명시감상(共)'(2005, 명문당) '세계의 고전을 읽는다1 (동양 문학편)(共)'(2005, 휴머니스트) '인간과 신령을 잇는 상징, 巫具-충청도(共)'(2005, 민속원) '대학생을 위한 한자와 한문의 이해(共)'(2007, 신아사) '민속문화의 조명과 새지평(共)'(2007, 민속원) '한자와 한문의 이해(개정판)(共)'(2010, 신아사) '한자쓰기연습 사자성어를 중심으로(共)'(2010, 신아사) '대만 샤머니즘 연구의 흐름과 경향(共)' '샤머니즘의 사상(共)'(2013, 민속원) '홍루몽에 나타난 중국점복의 윤리사상(共)' '샤머니즘의 윤리사상과 상징(共)'(2014, 민속원) [역]'荊楚歲時記'(1996) '〈夢遊桃源圖〉贊詩文'(2007) '夢遊桃源圖 贊詩文'(2008) '帝京歲時紀勝'(2012) '형초세시기'(2015)

상승만(尚承萬) SANG SEUNG MAN

[생]1969·4·26 [본]목천(木川) [출]서울 [주]서울 종로구 사직로8길60 외교부 인사운영팀(02-2100-7143) [학]재현고졸 1995년 한국외대졸 2003년 영국 에식스대 대학원 법학과졸(LL.M.) [경]1996년 외교부 입부 2000년 일본 게이오대 방문연구원 2002~2003년 국외연수(영국) 2005년 駐일본대사관 1등서기관 2008~2010년 駐스리랑카대사관 참사관 2011년 駐일본대사관 참사관 2013년 국립외교원 외교역량평가과장 2015년 외교부 정책기획국 정책분석담당관 2016년 駐칭다오총영사관 부총영사(현) [종]기독교

상영조(尚煐祚) YOUNG JO SANG

[생]1960·5·22 [출]대구 [주]서울 서초구 서초대로74길4 삼성경제연구소 임원실(02-3780-8079) [학]1979년 청구고졸 1983년 서울대 경제학과졸 [경]1983년 삼성물산(주) 입사(섬유관리부 근무) 1990년 삼성 회장비서실 인사팀 과장 1996년 同회장비서실 인사팀 차장 1998년 同기업구조조정본부 인사팀 부장 2002년 同기업구조조정본부 기획팀 상무보·상무 2008년 同기업구조조정본부 기획홍보팀 기획담당 전무 2011년 삼성물산 경영기획실장(CFO·부사장) 2013~2014년 同경영기획실장(CFO) 겸 상사부문 경영지원실장(부사장) 2015년 삼성BP화학(주) 대표이사 부사장 2016년 삼성경제연구소 고문(현)

상원종(尚元鍾) SANG Won Jong

[생]1952·4·30 [본]목천(木川) [출]서울 [주]서울 중구 퇴계로100 스테이트타워남산8층 법무법인 세종(02-316-4403) [학]1971년 서울고졸 1978년 연세대 행정학과졸 1995년 同행정대학원졸 2002년 同대학원 행정학 박사과정 수료 [경]1979년 입법고시 합격(4회) 1980년 국회사무처 입법조사국 조세금융담당 사무관 1982년 同국제국 국제협력담당 사무관 1984년 미국 하와이대 대학원 정치학과 교육파견 1985년 국회사무처 문교공보위원회 입법조사관 1988년 同사무총장 비서관 1990년 同의안과장 1993년 同국제기구과장 1994년 同총무과장 1994년 同의정연수원 연구부장 1995년 同감사관 1996년 同재정경제위원회 입법심의관 1997년 同교육위원회 전문위원 2000년 同교육위원회 수석전문위원 2003년 同정무위원회 수석전문위원 2004~2006년 同입법차장 2006년 同사무총장 직대 2006년 LECG코리아 부설 한국입법연구원장 2007년 한국전문가컨설팅그룹(KECG)부설 한국입법연구원장 2009~2012년 KB자산운용 사외이사 2012~2016년 상문고 이사 2012년 현대캐피탈 비상근고문(현) 2013년 법무법인 세종 고문(현) 2015년 국회 입법지원위원(현) 2016년 학교법인 상문학원(상문고) 이사장(현) [상]국회의장표창(1986), 황조근정훈장(2008) [종]불교

상채규(尚埰圭) SANG Chae Kyu (茶軒)

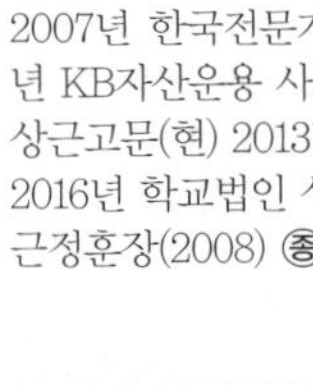

[생]1939·12·26 [본]목천(木川) [출]대구 [주]경북 경산시 하양읍 하양로13의13 대구가톨릭대학교(053-850-3114) [학]1958년 경북사대부고졸 1964년 경북대 원예학과졸 1974년 동아대 대학원 농학과졸 1979년 농학박사(동아대) [경]1964년 농촌진흥청 원예연구소 근무 1970~1982년 대구가톨릭대 자연대 원예학과 강사·조교수·부교수·교수 1972~1976년 대구시 도시계획위원회 위원 1974~1976년 대구장기개발계획위원회 위원 1981~1986년 대구가톨릭대 새마을연구소장 1982~1995년 同화훼학과 교수 1987년 同자연대학장 1988년 同교무처장 1988~1991년 同교수협의회 초대의장 1992~2001년 경북농업산학협동심의회 전문위원 1993~2001년 경북농촌진흥원 겸임연구관 1996~2001년 경북화훼발전협의회 위원 1996~1997년 한국원예학회 부회장 1998~2001년 한국화훼연구회 회장 2002~2004년 한국원예학회 대구·경북지회장, 경북원예개발수출공사 자문위원 2005년 대구가톨릭대 명예교수(현) 2007~2013년 목천상씨대종중종친회 회장 2012~2016년 학교법인 상문학원(상문고) 이사장 [상]원예학회 학술본상, 새마을훈장 협동장, 옥조근정훈장(2005) [저]'화훼 원예학각론'(共)

서가람(徐가람)

⽣1969 · 11 · 17 ⽥강원 원주 ㈜세종특별자치시 한누리대로402 산업통상자원부 원전수출진흥과(044-203-5330) ⽥1988년 면목고졸 1992년 서울대 외교학과졸 ⽥2007년 산업자원부 지식서비스팀 서기관 2007년 同무역정책팀 서기관 2008년 지식경제부 무역정책과 서기관 2008년 대통령직속 국가경쟁력강화위원회 파견(서기관) 2009년 지식경제부 자유무역협정팀 서기관 2011년 同에너지절약협력과장 2012~2015년 駐벨기에 · 유럽연합 1등서기관 2015년 산업통상자원부 본부 근무 2015년 同에너지자원실 원전수출진흥과장(현)

서갑원(徐甲源) SUH Gab Won

⽣1962 · 6 · 24 ⽥대구(大丘) ⽥전남 순천 ㈜서울 성북구 정릉로77 국민대학교 행정대학원(02-910-4246) ⽥1981년 순천 매산고졸 1989년 국민대 법대졸 1991년 同대학원 법학과졸 2004년 同대학원 법학 박사과정 수료 ⽥1992년 민주당 노무현 최고위원 비서 1994년 지방자치실무연구소 연구원 1996년 황규선 국회의원 보좌관 1998년 노무현 국회의원 보좌관 1999년 용인송담대 법률실무학과 겸임교수 2002년 새천년민주당 노무현 대통령후보 정무보좌역 · 의전팀장 2003년 노무현 대통령당선자 의전팀장 2003년 대통령 의전비서관 2003년 대통령비서실 행사의전팀장 겸 대통령 의전비서관 2003년 대통령 정무1비서관 2004년 제17대 국회의원(순천, 열린우리당 · 대통합민주신당 · 통합민주당) 2004년 열린우리당 제4정책조정위원회 부위원장 2005년 同원내부대표 2008년 대통합민주신당 전자정당위원장 2008~2011년 제18대 국회의원(순천, 통합민주당 · 민주당) 2008~2009년 민주당 원내수석부대표 2009년 국회 여수세계박람회유치특별위원회 위원 2010~2011년 국회 문화체육관광방송통신위원회 간사 2010~2011년 국회 예산결산특별위원회 계수조정소위원 2013년 국민대 행정대학원 특임교수(현) 2014년 제19대 국회의원선거 출마(순천 · 곡성 보궐선거, 새정치민주연합) ⽥기독교

서갑종(徐甲鍾) SEO Kab Jong

⽣1958 · 2 · 20 ⽥이천(利川) ⽥광주 ㈜광주 북구 첨단과기로176번길39 광주지방식품의약품안전청(062-602-1300) ⽥1976년 정광고졸 1986년 건국대 경제학과졸 ⽥1976년 보건사회부 국립서울정신병원 5급 공채 2006년 부산지방식품의약품안전청 의약품감시과장 2006년 국립독성연구원 연구기획팀장 2007년 식품의약품안전청 식품본부 수입식품팀장 2008년 同식품안전국 수입식품과장 2009년 同식품안전국 식품안전정책과장 2010년 同위해예방정책국 위해예방정책과장 2011년 同기획조정관실 행정관리담당관 2012년 同의료기기안전국 의료기기관리과장 2013년 식품의약품안전처 운영지원과장(부이사관) 2015년 광주지방식품의약품안전청장(현) ⽥국민포장(2003), 보건복지부장관표창

서강문(徐康文) Kangmoon Seo

⽣1963 · 9 · 30 ⽥이천(利川) ⽥서울 ㈜서울 관악구 관악로1 서울대학교 수의과대학(02-880-1258) ⽥1986년 서울대 수의학과졸 1988년 同대학원 수의학과졸 1995년 수의학박사(서울대) ⽥1988~1993년 수의장교(식검 · 방역) 예편 1992~1994년 서울대 수의과대학 부속동물병원 조교 1994~1995년 경상대 수의과대학 시간강사 1994~1995년 서울대 수의과대학 수의과학연구소 연수연구원 1995~1996년 영국 왕립수의과대 안과학교실 Post-Doc. 1996년 삼성생명과학연구소 안과학교실 연구원 1996~1997년 서울대 수의과대학 수의과학연구소 연구원 1997~2002년 강원대 축산대학 수의학과 전임강사 · 조교수 2002년 서울대 수의과대학 조교수 · 부교수 · 교수(현) 2003년 한국전통수의학회 학술위원장 2003년 한국수의임상교육협의회 임상교육위원장 2006년 한국임상수의학회 부회장 2009~2010년 미국 위스콘신대 수의과대학 방문교수 2010~2012년 한국수의안과연구회 회장 2011년 아시아수의안과학회 회장(현) 2011~2013년 서울대 수의과대학 부학장 2012~2013년 한국임상수의학회 부회장 2013년 서울대 부속동물병원장(현) 2015년 세계수의안과협회(ISVO : International Society of Veterinary Ophthalmology) 차기(2017년) 회장(현) ⽥대법원장표창(1986) ⽥'개의 안과학'(2003)

서강석(徐康錫) SEO Kang Suk

⽣1957 · 6 · 25 ⽥달성(達城) ⽥서울 ㈜서울 송파구 양재대로932 서울시농수산식품공사 경영본부(02-3435-0502) ⽥1976년 대광고졸 1980년 서울시립대 행정학과졸 1986년 서울대 행정대학원 정책학과졸 1991년 미국 펜실베이니아주립대 대학원 행정학과졸 ⽥1995년 서울시 전산통계담당관 1995년 대통령비서실 지방행정담당 행정관 1996년 서울시 세무운영과장 1997년 同뉴욕주재관 1999년 同세무행정과장 2003년 同주택기획과장 2003년 同행정과장 2006년 同성동구 부구청장(부이사관) 2009년 同인재개발원장(고위공무원) 2010년 同재무국장 2012년 교육파견(고위공무원) 2013년 서울시농수산식품공사 경영본부장(현) ⽥녹조근정훈장(2006) ⽥'서강석 주재관의 뉴욕보고서'(2001, 도서출판 범한) '인재의 조건'(2010, 네모북스)

서강석(徐康錫) SEO Kang Suk

⽣1958 · 7 · 17 ⽥광주 ㈜광주 광산구 어등대로417 호남대학교 총장실(062-940-5100) ⽥광주제일고졸 1982년 서울대 공과대학졸 1989년 미국 일리노이대 대학원졸 1993년 공학박사(미국 일리노이대) ⽥1982~1987년 현대건설 근무 1990~1993년 미국 일리노이공대 토목공학과 Teaching Assistant 1992~1993년 (주)청전건설 관리이사 1994~2010년 호남대 건축토목공학부 토목환경공학전공 부교수 · 교수 2002~2010년 同부총장 2005~2010년 同총장 직대 겸임 2010년 同총장(현) ⽥대한민국 참교육대상(2011) ⽥'흙막이 굴착과 현장계측' ⽥기독교

서강호(徐康浩) SUH Kang Ho

⽣1950 · 3 · 2 ⽥서울 ㈜서울 동대문구 망우로49의7 백합빌딩 (주)이브자리(02-2243-0175) ⽥부산남고졸 1973년 부산대 무역학과졸 ⽥1975년 삼성물산 입사 1985년 삼성그룹 회장비서실 재무팀운영담당 1989년 同일본도쿄지사 기획부장 1993년 同일본 오사카지사장 1997년 同일본 도쿄지사장 1999년 同상사부문 일본본사 수출본부장 · 화학금속사업부장(상무이사) 2000년 同인터넷쇼핑몰 총괄담당 상무이사, 삼성재팬 대표 2003~2009년 한솔CSN(주) 대표이사 2012년 (주)이브자리 공동 대표이사(현) ⽥불교

서강호(徐康鎬) KANG-HO SEO

⽣1959 · 11 · 20 ⽥이천(利川) ㈜경기 수원시 팔달구 효원로1 경기도청 자치행정국(031-8008-2200) ⽥1978년 평택기계공고졸 1996년 아주대 경영학과졸 2002년 한국개발연구원 국제정책대학원 경영학과졸(석사) 2003년 미국 미시간주립대 국제전문인양성과정(VIPP) 수료 2009년 한국과학기술원 경영대학원 최고컨설턴트과정(AIC) 수료 ⽥2007년 경기도 총무 · 의전팀장 2008년 同교육컨설팅과장 2010년 同총무과장 2012년 同자치행정과장 2013년 同인사과장 2014년 경기 평택시 부시장 2015년 교육 파견(지방부이사관) 2016년 경기도 자치행정국장(현) ⽥경기도공무원교육원장표창(1990), 경기도지사표창(1994), 경기일보 선정 경기공직대상(1996), 내무부장관표창(1996), 국무총리표창(2001), 대통령표창(2012), 제8회 다산대상 청렴봉사부문(2014) ⽥'행사, 기획에서 실행까지'(2009)

서강훈(徐康勳) SEO Kang Hun

⽣1937 · 6 · 15 ⽥이천(利川) ⽥서울 ㈜인천 남구 인중로5 정산빌딩9층 기호일보 비서실(032-761-0001) ⽥1958년 인천사범학교졸 1963년 건국대 법정대학졸 ⽥1964년 경기일보 기자 1966년 同사회부장 1968~1973년 同편집국 부국장 1975년 경기교육신보 설립 · 발행인 1983년 주간신문협회 감사 1988년 기호일보 발행인 겸 대표이사 사장 2008년 同발행인 겸 대표이사 회장(현) ⽥서울언론인클럽 향토언론인상(2002) ⽥불교

서거석(徐巨錫) SUH Geo Suk

⽣1954 · 6 · 7 ⽥달성(達城) ⽥전북 전주 ㈜전북 전주시 덕진구 백제대로567 전북대학교 법학전문대학원(063-270-2661) ⽥1977년 전북대 법학과졸 1980년 同대학원 법학과졸 1990년 법학박사(일본 中央大) ⽥1982~2006년 전북대 법과대학 교수 1993~1995년 일본 東京大 법학부 객원교수 1997~2001년 전북대 법과대학장 1999~2001년 전주경제정의실천시민연합 공동대표 1999~2000년 국립법과대학장협의회 회장 2004~2006년 중국 서북정법대학 객좌교수 2004~2006년 한국소년법학회 회장 2005년 독일 막스프랑크 외국형법연구소 객원교수 2006~2007년 한국비교형사법학회 회장 2006~2014년 전북대 총장(제15 · 16대) 2007~2008년 국제발효식품EXPO 조직위원장 2008~2009년 정부혁신지방분권위원회 위원 2009~2010년 전국국공립대학교총장협의회 회장 2009년 민주평통 자문위원(현) 2011~2013년 정부사회통합위원회 위원 2012~2013년 대통령직속 국가교육과학기술자문회의 교육분야 위원장 2013~2015년 대학구조개혁위원회 위원 2013~2014년 한국대학교육협의회 회장 2014년 한국 · 러시아대회(KRD)포럼 교육분과위원장(현) 2014년 헌법재판소 자문위원회 위원(현) 2014년 전북대 법학전문대학원 교수(현) 2015년 미국 프린스턴대 객원교수 ⽥한국일보 올해의 CEO대상(2007), 일본능률협회 글로벌경영대상(2008), 중앙일보 대한민국 창조경영인

상(2009), 국민훈장 목련장(2010), TV조선 한국의 영향력 있는 CEO(2013), 전북애향운동본부 전북애향대상(2015) [저]'現代の韓國法'(2014, 日本 有信堂) 'How World-Class Affect Global Higher Education'(2014, SensePublishers) '위기의 대학, 길을 묻다'(2016, 전북대 출판문화원) [역]'일본형법 대표판례(총론)'(2014, Fides) '일본형법 대표판례(각론)'(2014, Fides) [종]기독교

서경교(徐敬敎·女) SEO KYOUNG KYO

[생]1960 [주]서울 동대문구 이문로107 한국외국어대학교 사회과학대학 정치외교학과(02-2173-3128) [학]1982년 한국외국어대 사회과학대학 정치외교학과졸 1987년 미국 사우스일리노이대 대학원 정치학과졸 1993년 정치학박사(미국 사우스일리노이대) [경]1995~1996년 여의도연구소 연구위원 1996년 한국외국어대 사회과학대학 정치외교학과 조교수·부교수·교수(현) 1998~2000·2010~2012년 同사회과학대학 정치외교학과장 2005년 한국정치학회 편집이사 2007년 한국외국어대 사회과학연구소장 2007~2009년 同글로벌정치연구소장 2007·2010년 한국정치학회 연구이사 2009~2011년 한국태국학회 부회장 2009~2011년 서울시 여성위원회 위원 2010~2013년 대통령 외교안보수석비서관실 정책자문위원 2011~2012년 대통령직속 국가브랜드위원회 위원 2011년 국회 윤리특별위원회 자문위원, 국회 윤리심사자문위원회 위원 2012~2014년 한국외국어대 사회과학대학장 2014~2015년 새누리당 보수혁신특별위원회 위원

서경덕(徐擎德) SEO Kyoungduk

[생]1974·5·25 [출]서울 [주]서울 성북구 보문로34다길 2 성신여자대학교 교양학부(02-920-7272) [학]성남고졸, 성균관대 조경학과졸, 고려대 생명과학대학원 환경생태공학 박사과정 수료 [경]2008년 독립기념관 홍보대사 2009년 서울시장애인복지시설협회 홍보대사 2009년 나눔의집 홍보대사 2009년 성신여대 교양학부 교수(현) 2010년 소년의집 홍보대사 2010년 해외문화홍보원 자문위원 2011년 대통령직속 국가브랜드위원회 위원 2012년 푸르메재단 홍보대사 2012년 문화체육관광부 세종학당재단 비상임이사(현) 2012~2014년 UN새천년개발목표지원 특별자문위원 2013년 독립기념관 제1대 독도학교 교장(현) 2013년 제20회 광주세계김치문화축제 홍보대사 2013년 범국민언어문화개선운동 홍보대사 2014년 IBK기업은행 '힘내라! 대한민국' 마케팅홍보대사 2014년 서울브랜드추진위원회 위원(현) 2016년 (재)대한국인 초대 이사장(현) 2016년 국방부 유해발굴감식단 홍보대사(현) [상]제6회 환경재단 세상을 밝게만든사람들(2010), 광고진흥발전유공자 문화체육관광부장관표창(2011)

서경배(徐慶培) SUH Kyung Bae

[생]1963·1·14 [본]이천(利川) [출]서울 [주]서울 중구 청계천로100 아모레퍼시픽그룹(02-709-5026) [학]1981년 경성고졸 1985년 연세대 경영학과졸 1987년 미국 코넬대 경영대학원 경영학과졸 [경]1987년 (주)태평양 과장 1989~1990년 태평양종합산업(주) 기획부장·이사 1990년 (주)태평양 이사 1990년 同상무이사 1991년 同전무이사 1993년 태평양그룹 기획조정실 사장 1997년 (주)태평양 대표이사 사장 2002년 세계경제포럼(WEF) 「아시아의 미래를 짊어질 차세대 한국인 리더」에 선정 2003년 대한화장품공업협회 회장 2003~2004년 (주)국민은행 경영전략 및 리스트관리위원회 위원(사외이사) 2004년 대한화장품협회 회장(현) 2006년 (주)아모레퍼시픽 대표이사 사장 2013년 아모레퍼시픽그룹 대표이사 회장(현) 2014년 서울상공회의소 부회장(현) 2015년 연세대 상경·경영대학동창회 회장(현) [상]대통령표창(1998·2008·2012), 한국능률협회 가치경영대상 최우수기업상(1999), 한국능률협회 월드베스트골드상(1999), 한국능률협회컨설팅 대한민국마케팅대상 개인상(2001), 올해의 청년연세상경인상(2002), 연세대 경영대학 기업윤리대상(2004), BPW 골드어워드(2005), 대한민국마케팅대상(신상품부문 명품상)(2005), 프랑스정부 최고훈장 '레종 도뇌르'(2006), 자랑스러운 코넬동문상(2007), 대한민국 브랜드이미지어워드 기업인부문(2009), 언스트앤드영 최우수기업가상 마스터상(2010), 경영학자선정 경영자대상(2010), 한국경제신문 소비재부문 '대학생이 뽑은 올해의 최고경영자(CEO)'(2014), 한국능률협회(KMA) 선정 '제47회 한국의 경영자'(2015), 포브스아시아 선정 '올해의 기업인'(2015), 금탑산업훈장(2015) [종]불교

서경석(徐京錫) SUH Kyung Suk

[생]1947·12·23 [본]달성(達城) [출]부산 [주]서울 강남구 논현로508 (주)GS 부회장실(02-2005-8092) [학]1966년 경남고졸 1971년 서울대 법학과졸 [경]1970년 행정고시 합격(9회) 1971~1975년 국세청 사무관 1975~1978년 재무부 세제국 총괄과 사무관 1978~1981년 同국세심판소 조사관·조정실장 1981~1989년 同간접세과장·소득세제과장·조세정책과장 1990년 駐일본대사관 재무관 1991년 LG그룹 회장실 고문 1992년 同상무이사 1994년 同전무이사 1996년 同전략사업개발단 부사장 1997년 LG투자신탁운용 사장 1998년 LG종합금융 사장 2000년 극동도시가스 사장 2001년 LG투자증권 사장 2004~2008년 (주)GS홀딩스 대표이사 사장 2009년 同대표이사 부회장 2009년 (주)GS 대표이사 부회장 2015년 同부회장(현)

서경석(徐京錫) SOH Kyung Suk

[생]1948·10·6 [본]달성(達城) [출]서울 [주]서울 구로구 구로중앙로18길9 서울조선족교회(02-857-7257) [학]1966년 서울고졸 1971년 서울대 공과대학 기계공학과졸 1984년 미국 프린스턴신학교 대학원 신학과졸 1986년 미국 유니언신학교 대학원 기독교윤리학과졸 [경]1975년 한국기독학생총연맹 간사 1977년 한국기독청년협의회 간사 1979년 한국사회선교협의회 총무 1985년 미국 장로교 목사안수 1985년 미국 부룩클린 한인교회 목사 1988년 한국기독교사회문제연구원 원장서리 1989~1995년 경제정의실천시민연합 사무총장 1991년 공명선거실천시민협의회 사무처장 1994년 한국기독교총연합회 협동총무 1995년 경제정의실천시민연합 경제정의연구소장 1995년 개혁신당 사무총장 1995년 민주당 정책위원회 의장 1996년 同서울양천甲지구당 위원장 1996~2004년 우리민족서로돕기운동 집행위원장 1998~2001년 한국시민단체협의회 사무총장 1998~2001년 민족화해협력범국민협의회 집행위원장 1998년 (사)지구촌나눔운동 부이사장 1999년 서울조선족교회 담임목사(현) 2002년 경제정의실천시민연합 상임집행위원장 2003년 공명선거실천시민운동협의회 공동대표 2004년 경제정의실천시민연합 중앙위원회 의장 2004년 대검찰청 감찰위원 2004년 국가정보원 자문위원 2004년 우리민족서로돕기운동 공동대표 2004년 인터넷신문 업코리아 대표(현) 2004년 기독교사회책임 공동대표(현) 2004년 나눔과기쁨 상임대표(현) 2005년 선진화시민행동 상임대표(현) 2013년 세금바로쓰기납세자운동 공동대표(현) 2014~2015년 (사)지구촌나눔운동 이사장 2014년 새로운한국을위한국민운동 공동대표 겸 집행위원장(현) [상]국회인권포럼 제3회 올해의 인권상(2008) [저]'21세기 기독교인의 사명과 비전' '꿈꾸는 자만이 세상을 바꿀 수 있다'(1996, 웅진출판) [종]기독교

서경석(徐敬錫) Suh, Kyung-Suk

[생]1960·1·19 [출]서울 [주]서울 종로구 대학로101 서울대병원 외과(02-2072-3789) [학]1984년 서울대 의대졸 1989년 同대학원졸 1991년 의학박사(서울대) [경]1984~1985년 서울대병원 인턴 1985~1989년 同전공의 1989~1991년 同전임의 1991~1993년 서울대 의대 간연구소 연구보조원 1993년 同의대 외과학교실 임상전임강사 1993년 同의대 외과학교실 기금조교수 1994~2003년 한국세포주연구재단 이사 1995~1997년 미국 Cedars-Sinai Medical Center, Liver Support Lab. 연수 1998년 서울대 의대 외과학교실 조교수·부교수·교수(현) 1998~2000년 서울대병원 외과학교실 의무장 2000~2003년 대한소화기학회 학술위원 2007년 서울대병원 간담췌외과분과장 2012년 同외과 과장(현) 2015년 (주)유비케어 사외이사(현) 2015년 한국간담췌외과학회 이사장(현) 2016년 대한외과학회 이사장(현) [상]8th Annual Congress International Travel Award, International Liver Transplantation Society(2002), Traveler's Award, International Liver Transplantaion Society(2006)

서경환(徐慶桓) SEO Gyung Hwan

[생]1966·2·22 [출]서울 [주]서울 서초구 서초중앙로157 서울고등법원(02-530-1114) [학]1984년 건국대사대부고졸 1988년 서울대 법학과졸 1990년 同대학원 법학과졸 [경]1988년 사법시험 합격(30회) 1992년 사법연수원 수료(21기) 1992년 軍법무관 1995년 서울지법 서부지원 판사 1997년 서울지법 판사 1999년 춘천지법 강릉지원 판사 2000년 미국 조지워싱턴대 연수 2003년 서울고법 판사 겸 법원행정처 송무심의관 2005년 서울고법 판사 2007년 전주지법 형사1부 부장판사 2008년 대법원 재판연구관(부장판사) 2010년 인천지법 형사3부 부장판사 2011년 서울서부지법 형사12부 부장판사 2013년 서울중앙지법 부장판사 2014년 광주고법 부장판사 2016년 서울고법 부장판사(현)

서경희(徐璟嬉·女) SEO Kyung Hi

[생]1962·8·27 [출]대구 [주]대구 수성구 동대구로364 대구지방법원(053-757-6600) [학]1981년 대구 효성여고졸 1985년 경북대 법학과졸 1988년 同대학원졸 [경]1992년 사법시험 합격(34회) 1995년 사법연수원 수료(24기) 1995년 대구지법 판사 1998년 同경주지원 판사 2000년 대구지법 판사 2002년 同가정지원 판사 2004년 대구지법 판사 2007년 대구고법 판사 2009년 대구지법 판사 2010년 부산지법 부장판사 2011년 대구지법 김천지원장 2013년 대구지법 부장판사(현)

서계숙(徐桂淑 · 女) SEO Kye Sook

[생]1937 · 3 · 4 [출]서울 [주]서울 서초구 반포대로37길59 대한민국예술원(02-596-6209) [학]1960년 서울대 음악대학 기악과졸 1962년 프랑스 파리음악대졸 1963년 同대학원졸 [경]1966~1969년 한양대 전임강사 1969~1983년 서울대 음악대학 기악학과 전임강사 · 조교수 · 부교수 1983~2002년 同음악대학 기악과 교수 1992~1994년 同음악대학 기악과장 1997~1999년 同음악대학 부학장 2002년 同명예교수(현) 2003년 同음악대학 피아노발전기금후원회 회장(현) 2006년 대한민국예술원 회원(음악 · 현) [상]서울대총장표창(2000), 녹조근정훈장(2002), 한국음악상 특별상(2007)

서광덕(徐光德) SEO Kwang Deok

[생]1972 · 5 · 15 [본]달성(達城) [출]대구 [주]강원 원주시 연세대길1 연세대학교 과학기술대학 컴퓨터정보통신공학부(033-760-2788) [학]심인고졸 1996년 한국과학기술원 전기 및 전자공학과졸 1998년 同대학원 전기 및 전자공학과졸 2002년 공학박사(한국과학기술원) [경]2002~2005년 (주)LG전자 단말연구소 선임연구원 2005년 연세대 과학기술대학 컴퓨터정보통신공학부 교수(현), 미국 세계인물사전 '마르퀴즈 후즈후'에 등재 [상]삼성휴먼테크논문대상 은상(2002), LG지식인상(2005), 연세대 연구우수교수상(2006)

서광수(徐光洙) SEO Kwang Soo

[생]1947 · 12 · 6 [출]전남 함평 [주]전북 전주시 완산구 서원로383 예수대학교 총장실(063-230-7701) [학]1967년 광주고졸 1992년 광주대졸 2001년 연세대 행정대학원졸 [경]1988~1995년 광주시교육위원회 지방행정사무관 1995~1998년 광주시교육청 지방서기관 2000년 새교육공동체위원회 파견 2001년 교육인적자원부 직업교육정책과장 2002년 국제교육진흥원 총무과장(부이사관) 2002년 광주시교육청 부교육감 2004년 전남대 사무국장 2006~2007년 同사무국장(이사관) 2007년 공로연수 2007년 학다리고 교장 2010년 예수대 총장(현) [종]기독교

서교일(徐教一) SUH Kyo Il

[생]1959 · 8 · 3 [출]서울 [주]충남 아산시 신창면 순천향로22 순천향대학교 총장실(041-530-1007) [학]1978년 배문고졸 1984년 서울대 의대졸 1988년 同대학원졸 1994년 의학박사(서울대) [경]1984~1988년 서울대병원 내과 전공의 1991~1993년 미국 남가주주립대 내분비내과 전임의 1993~1997년 순천향대 중앙의료원 기획조정실장 1995년 동은의료재단 이사장 1996~2001년 순천향대 의대 내과 교수 1997~2001년 同부총장 겸 중앙의료원장 1998년 학교법인 혜화학원(대전대) 이사 2001~2009년 순천향대 총장 2006~2008년 국무조정실 의료산업선진화위원회 위원 2006년 (재)대정장학회 이사(현) 2006~2008년 호서지역총학장협의회 회장 2006~2009년 대전 · 충남지역총장협의회 공동회장 2007년 (사)충남벤처협회 고문 2007년 도덕성회복국민연합회 고문 2008년 한국과학기술단체총연합회 이사 2008년 대학입학전형위원회 위원 2009~2013년 학교법인 동은학원(순천향대) 이사장 2009~2011년 민주평통 충남지역회의 부의장 2009년 한국대학총장협의회 감사 2013년 순천향대 총장(현) 2015년 대전 · 충남지역총장협의회 수석회장(현) 2015년 한국사립대학총장협의회 부회장(현) 2016년 호서지역총장협의회 수석회장(현) [상]과학기술훈장 웅비장(2003), 캄보디아 국가재건훈장 금장(2005), 청조근정훈장(2009) [종]기독교

서구원(徐求源) Koo-Won Suh

[생]1960 · 8 · 9 [본]달성(達城) [출]충북 보은 [주]서울 성동구 왕십리로222 한양사이버대학교 광고미디어학과(02-2290-0442) [학]1978년 충북 청주고졸 1982년 고려대 경영학과졸 1995년 同경영대학원 경영학과졸 2000년 호주 웨스턴시드니대 대학원 커뮤니케이션 · 문화과졸 2004년 경영학박사(호주 울런공대) [경]2005~2006년 고려대 경영대학 초빙교수 2005년 한국광고학회 이사 2005년 애니메이션학회 이사 2006년 한양사이버대 광고미디어학과 교수(현) 2007년 서울시 정책조사자문단 자문위원 2007~2010년 한국인터넷광고심의기구 한국인터넷광고자율심의위원회 부위원장 2009~2013년 한양사이버대 기획처장 2009~2012년 대통령직속 국가브랜드위원회 위원 2009~2012년 서울시 홍보영상물심의위원회 위원 2009년 로컬푸드운동본부 전략연구소장(현) 2011년 한국마케팅학회 부회장 · 감사 · 이사 2012년 한국이벤트컨벤션학회 이사 2014년 2018평창올림픽조직위원회 홍보전문위원(현) [상]보건복지부장관표창(2011) [저]'도시마케팅'(2005, 커뮤니케이션북스) '광고와 사회'(2006, 한국광고학회) '경영마인드로 국가경제를 살린 지도자들'(2007, 디자인티엠)

서귀현

[생]1962 · 8 · 10 [주]경기 화성시 동탄기흥로550 한미약품(주) 임원실(031-371-5114) [학]경희대 화학과졸, 同대학원 화학과졸, 화학박사(경희대) [경]한미약품(주) 개량신약팀장 2011년 同신약부문 연구위원 2012년 同합성신약부문 연구위원 2013년 同연구부문 상무, 同연구센터 부소장(상무) 2016년 同연구센터 부소장(전무)(현) [상]제33회 정진기언론문화상 과학기술연구부문우수상(2015)

서규선(徐圭善) SUH Gyu Sun

[생]1952 · 6 · 13 [본]이천(利川) [출]전남 구례 [주]전북 전주시 완산구 콩쥐팥쥐로1515 한국농수산대학 교양공통학과(063-238-9310) [학]1971년 구례농고졸 1975년 서울대 농과대학 농교육 · 지도과졸 1985년 同대학원졸 1989년 교육학박사(서울대) [경]1992~1996년 농촌진흥청 지도국 청소년과 · 기술연수과 지도관 1996~2005년 한국농업전문학교 조교수 · 부교수 2005년 한국농수산대학 교양공통학과 교수(현) 2006년 同평생교육원장 2010년 同교수부장 2010년 서울대농산업교육학과동문회 회장 2011년 한국농수산대학 도서관장 2014년 미국 노스다코타주립대 교환교수 [상]녹조근정훈장(2003), 제15회 과학기술우수논문상(2005) [저]'농민지도기법(共)'(1981) '농업조직'(2002) '지방분권과 농촌개발(共)'(2003) '논문작성요령(共)'(2004) '지역사회개발과 사회교육(共)'(2005) '4-H농심배양 학습프로그램'(2008) '농촌관광(共)'(2009, 한국농업대학) '농업마이스터 자격시험제도 개발연구(共)'(2010, 농업인재개발원) '지역 청년농업인(영농) 4-H연간활동지도서'(2010, 한국4-H본부) '농어업철학'(2012, 한국농수산대학) '농촌교육농장 운영관리 전략(共)'(2013, 한국농수산대학) '농촌지역사회개발론'(2014) '실습교수법(농업마이스터과정 교재)'(2015, 한국농수산대학) '농어업과 인문학'(2015, 한국농수산대학) '지역사회개발론'(2015, 한국농수산대학) '농어촌자회지도자론'(2015, 한국농수산대학) '농수산조직론'(2016, 한국농수산대학) '생태관광계획론'(2016, 한국농수산대학)

서규용(徐圭龍) SUH Kyu Yong (桂山)

[생]1948 · 1 · 9 [본]달성(達城) [출]충북 청주 [학]1966년 청주고졸 1973년 고려대 농학과졸 1978년 미국 농무성대학원 수학 1984년 국방대학원 국방관리학과졸(석사) [경]1973년 농림수산부 농림기좌 1980~1993년 同농업공무원교육원 교관 · 전작과장 · 채소과장 · 농산과장 1993년 同농업공무원교육원 교수부장 1994년 해외 연수 1995년 농업진흥청 종자공급소장 1996년 농림부 농산정책심의관 1998년 同농산원예국장 · 식량생산국장 1999년 농촌진흥청 차장 2000년 농림부 차관보 2001년 농촌진흥청장 2002년 농림부 차관 2002~2005년 한국마사회 상임감사 2006~2007년 고려대 환경생태공학부 겸임교수 2006~2008년 한국농어민신문 사장 2008~2011년 (사)로컬푸드운동본부 회장 2011~2013년 농림수산식품부 장관 2013년 (사)로컬푸드운동본부 명예회장(현) 2013년 (사)식품안전국민운동본부 초대회장 2014년 同명예회장(현) 2015년 로컬푸드코리아 대표(현) [상]국무총리표창(1980), 녹조근정훈장(1992), 황조근정훈장(1996) [저]'양곡 전산화에 관한 연구' 자서전 '꿈이 있는 곳에 희망이 있다' '돌직구 서규용 장관 이야기'(2013) [종]천주교

서균렬(徐鈞烈) SUH Kune Yull

[생]1956 · 1 · 20 [본]이천(利川) [출]광주 [주]서울 관악구 관악로1 서울대학교 원자핵공학과(02-880-8324) [학]1974년 광주제일고졸 1978년 서울대 원자핵공학과졸 1985년 미국 MIT 대학원 핵공학과졸 1987년 핵 · 기계공학박사(미국 MIT) [경]1979~1981년 한국원자력연구소 노심계통실 연구원 1985~1986년 미국 MIT 핵공학과 연구조교 1987~1988년 프랑스 국립유체역학연구소 방문연구원 1988년 미국 MIT 핵공학과 방문연구원 1988~1994년 미국 웨스팅하우스 원자력안전 선임연구원 1994~1996년 한국원자력연구소 응용연구그룹 실장 1996년 서울대 공과대학 원자핵공학과 조교수 · 부교수 · 교수(현) 2002년 필로소피아 공학기업 대표 2003년 프린시피아 공학기술소장 2012년 유토피아 공학마당 설립 · 올림피아 공학화랑 개장 [상]서울대 우수강의교수상(2003) [저]'실험안전의 길잡이(共)'(2005) [역]'원자력은 공포가 아니다'(1999) [종]가톨릭

서근철(徐根哲) SUH Kun Chul

[생]1960 · 9 · 7 [주]경기 이천시 부발읍 경충대로2091 SK하이닉스 임원실(031-630-4114) [학]영동고졸, 고려대 영어영문학과졸 [경](주)하이닉스반도체 HST법인장 겸 HSH법인장 2012년 SK하이닉스 대만법인장(상무) 2013년 同미주법인장(전무) 2015년 同중화총괄 전무(현)

ㅅ

서금택(徐今澤)

[생]1953·3·20 [주]세종특별자치시 조치원읍 군청로 87의16 세종특별자치시의회(044-300-7030) [학]충청대 아동복지과졸 [경]연기군 행정중심복합도시건설지원사업소장, 同주민생활지원과장, 同자치행정과장, 同환경보호과장, 전동면 면장, 전의면 면장, 남면 면장, 세종특별자치시 행복나눔과장, 민주당 세종특별자치시당 부위원장 2014년 세종특별자치시의회 의원(새정치민주연합·더불어민주당)(현) 2014년 同운영위원회 위원장 2014년 同행정복지위원회 위원 2016년 同운영위원회 위원(현) 2016년 同행정복지위원회 부위원장(현)

서기동(徐沂東) SEO Gi Dong

[생]1949·10·1 [출]전남 구례 [주]전남 구례군 구례읍 봉성로1 구례군청 군수실(061-780-2201) [학]1969년 경동고졸, 서울대졸, 미국 위스콘신대 대학원졸 [경]1978년 고등고시 합격 1995년 전남 구례군 환경보호과장 1997년 전남 구례읍장 1998년 전남 구례군의회 사무과장 1999년 명예 퇴직 1999년 민주평통 자문위원(9·10기), 새천년민주당 새시대새정치연합청년회 구례군지회 자문위원장, 열린우리당 전남구례군당원협의회 초대회장, 同광양·구례군당원협의회 수석부위원장, 대통령직인수위원회 실무위원, 평화엔지니어링 부회장 2006·2010년 전남 구례군수(열린우리당·대통합민주신당·통합민주당·민주당·민주통합당·민주당·새정치민주연합) 2014년 새정치민주연합 전남도당 상무위원 2014년 전남 구례군수(새정치민주연합·더불어민주당)(현) [상]녹조근정훈장, 자랑스런 대한국민대상 지방자치행정대상(2014) [종]천주교

서기봉(徐基奉)

[생]1959·12·27 [출]전남 구례 [주]서울 중구 통일로120 NH농협은행 부행장실(02-2080-5114) [학]1978년 구례농고졸 1980년 농협대학 협동조합과졸 1995년 한국방송통신대 경영학과졸 [경]1986년 농협중앙회 입사·전남지역본부 여천군지부 서기 2006년 同전남지역본부 화순군지부 부지부장 2007년 同전남지역본부 순천시지부 부지부장 2008년 同오목교역지점장 2009년 同공공금융서비스부 부부장 2011년 同광주지역본부 금융사업부 부본부장 2012년 同농업금융부장 2014년 NH농협은행 기관고객부장 2015년 同공공금융부장 2016년 同부행장(현) [상]이데일리 대한민국금융산업대상 전국은행연합회장상(2016)

서기석(徐基錫) SUH Ki Suhk

[생]1953·2·19 [본]달성(達城) [출]경남 함양 [주]서울 종로구 북촌로15 헌법재판소 재판관실(02-708-3357) [학]1972년 경남고졸 1977년 서울대 법학과졸 1981년 同대학원 법학과졸 [경]1979년 사법시험 합격(21회) 1981년 사법연수원 수료(11기) 1981년 서울지법 남부지원 판사 1983년 서울민사지법 판사 1985년 마산지법 충무지원 판사 1987년 서울지법 동부지원 판사 1989년 서울형사지법 판사·서울고법 판사 1991년 일본 게이오대학 방문연구원 1994년 대법원 재판연구관 1998년 인천지법 부장판사 1999년 서울지법 남부지원 부장판사 1999년 헌법재판소 연구부장 2000년 서울지법 부장판사 2002년 서울행정법원 부장판사 2004년 대전지법 수석부장판사 2005년 서울고법 민사25부 부장판사 2006년 서울행정법원 수석부장판사 직대 겸임 2006년 서울고법 형사1부 부장판사 2009년 同행정2부 부장판사 2010년 同수석부장판사 2010~2012년 청주지법원장 2010년 충북도선거관리위원회 위원장 2012년 수원지법원장 2012년 경기도선거관리위원회 위원장 2013년 서울중앙지법원장 2013년 헌법재판소 재판관(현) [저]'주석민법'(共) '주석 민사집행법'(共)

서기원(徐起源)

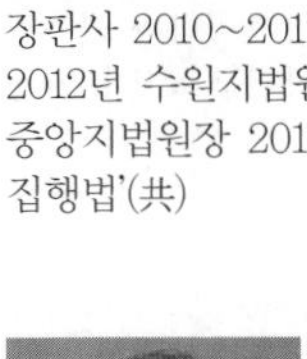

[생]1958·5·20 [출]전남 여수 [주]전남 무안군 삼향읍 오룡길1 전남도청 관광문화체육국(061-286-5200) [학]한국방송통신대 행정학과졸 [경]9급공무원 공채 2006년 행정자치부 조사팀 근무 2007년 행정안전부 제주특별자치도지원위원회 사무처 근무 2009년 同지방재정세제국 회계공기업과 근무 2013년 안전행정부 사회통합지원과장(서기관) 2014년 同민간협력과장 2015년 광주U대회 조직위원회 문화행사본부장 2015년 전남도 한국전력공사 협력관(부이사관) 2016년 同관광문화체육국장(현)

서기호(徐基鎬) SEO Gi Ho

[생]1970·3·9 [본]이천(利川) [출]전남 목포 [주]서울 서초구 서초중앙로24길10 서기호법률사무소(02-537-5892) [학]1988년 목포고졸 1996년 서울대 법과대학 공법학과졸 [경]1990년 서울대교구 가톨릭대학생연합회 회장 1997년 사법시험 합격(39회) 2000년 사법연수원 수료(29기) 2000년 제주지법 판사 2004년 인천지법 판사 2006년 서울남부지법 판사 2008년 서울중앙지법 판사 2010~2012년 서울북부지법 판사 2012~2016년 제19대 국회의원(비례대표, 통합진보당·진보정의당·정의당) 2012년 국회 법제사법위원회 위원 2012년 국회 김소영대법관임명동의에관한인사청문특별위원회 위원 2013년 국회 헌법재판소장후보임명동의에관한인사청문특별위원회 위원 2013년 국회 사법제도개혁특별위원회 위원 2014년 국회 윤리특별위원회 위원 2014년 국회 지속가능발전특별위원회 위원 2015년 국회 박상옥대법관임명동의에관한인사청문특별위원회 위원 2015년 국회 서민주거복지특별위원회 위원 2015년 국회 예산결산특별위원회 위원 2015~2016년 정의당 원내대변인 2016년 변호사 개업(현) [상]대한변호사협회 선정 '최우수 국회의원상'(2016), 대한민국교육공헌대상 의정교육부문(2016) [저]'국민판사 서기호입니다'(2012) [종]천주교

서길수(徐吉洙) SEO Kil Soo

[생]1961·4·15 [주]서울 서대문구 연세로50 연세대학교 경영대학 정보시스템학과(02-2123-2522) [학]1983년 연세대 경영학과졸 1986년 미국 인디애나대 대학원졸 1989년 경영정보학박사(미국 인디애나대) [경]1983~1984년 쌍용컴퓨터 사원 1987~1989년 미국 인디애나대 경영대학 강사 1990년 연세대 경영학과 조교수·부교수 1991~2000년 경영정보학회 데이터베이스연구회 간사·위원장 1996년 캐나다 브리티시컬럼비아대 경영대학 교환교수 1999~2001년 경영학회 e저널편집위원·상임이사 2000년 연세대 정보시스템학과 교수(현) 2001년 데이터베이스학회 이사 2015년 연세대 교수평의회 의장(현) [상]액센츄어 최우수논문상(2001), 우수강의교수상(2007, 연세대 경영대학) [저]'데이터베이스 관리'(2005)

서길준(徐佶儁) SUH Gil Joon

[생]1959·9·6 [본]이천(利川) [출]부산 [주]서울 종로구 대학로101 서울대학교병원 응급의학과(02-2072-2196) [학]1984년 서울대 의대졸 1994년 同대학원졸 1996년 의학박사(서울대) [경]1987년 강남병원 인턴 1988년 서울대병원 외과 전공의 1992년 한국보훈병원 외과 전문의 1997년 미국 스탠퍼드의대 응급의학과 방문연구원 1999년 서울대 의대 응급의학교실 교수(현) 2000~2010년 서울대병원 응급의학과장 2001년 대한응급의학회 간행이사 2001년 대한외상학회 학술위원장 2003~2009년 대한임상독성학회 재무이사·기획이사 2003년 대한응급의학회 수련이사·기획이사 2003년 서울대 의대 응급의학교실 주임교수 2003년 대한외상학회 총무위원장·부회장, 同명예회장(현) 2009년 대한응급의학회 이사장 2012~2014년 국립중앙의료원 진료부원장 [상]보건복지부장관표창(2005) [저]'외상학'(2001) '스포츠 응급처치'(2003) '소아과학'(2007)

서낙영(徐樂泳)

[생]1967·3·13 [출]전북 정읍 [주]서울 중구 새문안로22 디지털타임스 편집국(02-3701-5500) [학]용산고졸, 성균관대 산업공학과졸 [경]2000년 디지털타임스 편집부 디바이스방송콘텐츠부 팀장 2001년 同디바이스·방송콘텐츠부 기자 2002년 同경제과학부 차장대우 2003년 同산업과학부 차장 2005년 同디지털산업부장 2008년 同지식산업부장 직대 2012년 同편집국 정경과학부장 2014년 同편집국 정경부장 2015년 同광고국장 2016년 同편집국장(현)

서남수(徐南洙) SEO Nam Soo

[생]1952·3·22 [본]당성(唐城) [출]서울 [주]충북 제천시 세명로65 세명대학교(043-645-1125) [학]1971년 서울고졸 1975년 서울대 철학과졸 1985년 미국 일리노이대 대학원 교육학과졸 1988년 서울대 행정대학원 행정학과졸 1996년 교육학박사(동국대) [경]1979년 행정고시 합격(22회) 1979년 문교부 행정사무관 1985년 대통령비서실 행정관 1988년 문교부 서기관 1990년 서울대 연구진흥과장 1992년 교육부 과학교육과장 1993년 同대학학무과장 1994년 영국 런던대 교육학대학원 객원연구원 1997년 교육부 교육정책총괄과장 1997년 同대학교육정책관 1998년 同교육정책기획관 1999년 경기도교육청 부교육감 2001년 교육인적자원부 대학지원국장 2002년 서울대 사무국장 2004년 미국 APEC 사무국 객원연구원 2004년 교육인적자원부 차관보 2005년 서울시교육청 부교육감 2007~2008년 교육인적자원부 차관 2012~2013년 위덕대 총장 2013~2014년 교육부 장관 2014년 세명대 석좌교수(현) 2015년 한국교육방송공사(EBS) 이사장(현) [상]근정포장(1986), 미국 일리노이대총동문회 공로상(2014) [종]불교

서남원

[생]1967·2·1 [출]충북 [주]대전 대덕구 벚꽃길71 KGC인삼공사 프로배구단(042-939-6651) [학]서울시립대졸, 한성대 경영대학원졸 [경]1986~1990년 서울시청 배구단 소속 1990~1996년 LIG손해보험 배구단 소속 1992~1994년 국군체육부대 소속 1996~2006년 삼성화재 블루팡스 코치 2000~2003년 배구국가대표팀 코치 2004년 아테네올림픽 국가대표팀 코치 2007년 아시아남자배구선수권대회 국가대표팀 코치 2008년 베이징올림픽 국가대표팀 코치 2008년 월드리그국제남자배구대회 국가대표팀 감독대행 2009년 GS칼텍스 수석코치 2010년 AVC컵 남자배구대회 국가대표팀 코치 2010년 광저우아시안게임 국가대표팀 코치 2010~2013년 대한항공 점보스 수석코치 2013~2015년 한국도로공사 하이패스 감독 2015년 프로배구 V리그 여자부 정규리그 우승 및 챔피언결정전 준우승 2016년 KGC인삼공사 프로배구단 감독(현)

서남표(徐南杓) SUH Nam Pyo

[생]1936·4·22 [출]경북 경주 [학]1959년 미국 매사추세츠공과대학(MIT)졸 1961년 同대학원졸 1964년 공학박사(미국 카네기멜론대) 2008년 명예 과학기술박사(미국 카네기멜론대) 2009년 명예 과학기술박사(루마니아 바베시보여이대학) 2012년 명예박사(터키 빌켄트대) [경]1965~1969년 미국 사우스캐롤라이나대 조교수·부교수 1970~1975년 미국 MIT 기계공학과 부교수 1973년 同제조생산연구소 초대 소장 1975~2006년 同기계공학과 교수 1984~1988년 미국 국립과학재단(NSF) 공학담당 부소장 1991~2001년 미국 MIT 기계공학과장 1995년 한국과학기술한림원 공학부 종신회원(현) 2001~2006년 한국과학기술원(KAIST) 기계공학과 석좌교수 2006~2013년 同총장 2007~2010년 한국공학교육인증원 원장 2008~2009년 지식경제부 신성장동력기획단장 2008~2010년 대통령직속 국가과학기술위원회 위원 2009~2011년 헌법재판소 자문위원 2013년 미국 MIT 기계공학과 명예교수(현) [상]미국 기술사협회 올해의 기술자상, 미국 과학재단 공로표창, 미국 공학교육학회 백주년 기념상, 한국방송공사 학술상, 호암상(공학부문), 미국 플라스틱공학회 '종신 업적상(Lifetime Achievement Award)'(2007), 자랑스러운 MIT 동문상(2007), 포니정 혁신상(2008), 인촌상 교육부문(2008), 미국 기계공학학회(ASME) 메달(2009), 대한민국경제리더 대상(2010), 국제디자인프로세스과학회(SDPS) 평생업적상(2010), 한미경제연구소(KEIA) 선정 '자랑스러운 한국계 미국인'(2011), 덴마크공과대학 금메달(DTU Gold Medal)(2011) [저]'Axiomatic Design and Fabrication of Composite Structures(共)'(2006) [종]기독교

서노원 Suh No Won

[생]1962 [주]서울 양천구 목동동로105 양천구청 부구청장실(02-2620-3011) [학]서울대 행정대학원 행정학과졸, 미국 위스콘신대 메디슨교 대학원 행정학과졸 [경]1990년 행정고시 합격(32회) 2010년 서울시 문화국 체육진흥과장 2012년 同문화관광디자인본부 문화정책과장 2013년 同마곡사업추진단장(부이사관) 2014년 서울 양천구 부구청장(현)

서능욱(徐能旭) Seo Neung-uk

[생]1958·5·5 [출]인천 [주]서울 성동구 마장로210 한국기원 홍보팀(02-3407-3870) [학]1976년 남산공고졸 [경]타이젬 이사 1972년 프로바둑 입단 1974년 2단 승단 1975년 3단 승단 1977년 4단 승단 1979년 제4기 최강자전 준우승 1979년 5단 승단 1979년 최강자전 준우승 1980년 6단 승단 1980년 전일왕위전 준우승 1983년 7단 승단 1983·1984·1985·1986년 대왕전 준우승 1986년 8단 승단 1987~1999년 (주)대우 지도사범 1990년 9단 승단(현) 1990년 제왕전·KBS배 바둑왕전 준우승 1991년 패왕전·최고위전 준우승 1992년 SBS 제1회 세계선수권 단체전 우승 2000년 인터넷바둑 타이젬 감사 2011·2013년 대주배 우승 2012년 7월 30일 1000승 달성(국내 5번째) [상]기도문화상 신예기사상(1978), 바둑문화상 감투상 [종]불교

서대석(徐大錫) Seo, Dai Seok

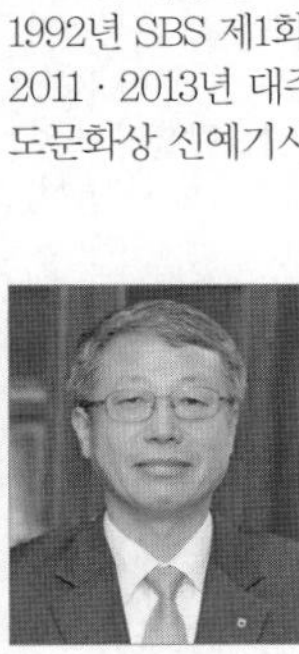

[생]1957·1·6 [출]대전 [주]서울 강동구 올림픽로48길 7 NH개발 임원실(02-2140-5000) [학]1975년 배문고졸 1979년 농협대 협동조합과졸 2005년 연세대 대학원 국제학과졸 [경]1979년 농협중앙회 입사 2003~2006년 同자금부 자금기획팀장 2009~2011년 同여의도대기업RM센터장 2012~2013년 NH농협은행 자금운용부장 2014~2015년 同자금운용본부 부행장 2016년 NH개발 전무이사(현) [상]지방재정발전유공 행정자치부장관표창(2005)

서대식(徐大植) DAE SHIK SUH

[생]1959·8·3 [본]장성(長城) [출]서울 [주]서울 용산구 원효로138 청진빌딩8층 (주)피씨디렉트 비서실(02-785-3001) [학]1978년 성남서고졸 1982년 아주대 산업공학과졸 1984년 건국대 대학원 산업공학과졸 [경]1985~1998년 (주)삼보컴퓨터 구매본부장(이사) 1998년 (주)피씨디렉트 대표이사(현) [상]한국능률협회 최우수마케팅 대상(1992), 산업자원부 한국전자거래진흥원 우수사이버쇼핑몰 대상(1999)

서대원(徐大源) SUH Dae Won

[생]1949·8·8 [본]대구(大丘) [출]서울 [주]서울 마포구 서강로60 유니세프 한국위원회(02-724-8506) [학]1968년 경기고졸 1973년 서울대 문리대학 외교학과졸 1975년 同대학원 국제정치학 석사과정 수료 [경]1973년 외무고시 합격(7회) 1973년 외무부 입부 1986년 同조약과장 1987년 同총무과장 1989~1990년 미국 하버드대 국제문제연구소 객원연구원 1990년 駐유엔대표부 공사 1993년 외무부 국제연합심의관 1995년 同공보관 1997년 同국제연합국장 1998년 駐유엔대표부 차석대사 2001~2003년 駐헝가리 대사 2003년 연세대 국제학대학원 외교특임교수 2004년 국가정보원 해외담당 제1차장 2007~2010년 광운대 석좌교수 2007~2010년 현대로템 상임고문 2009~2011년 2022월드컵축구대회유치위원회 사무총장 2009~2013년 국가브랜드위원회 국제협력분과 위원장 2010~2016년 한식재단 이사 2012~2014년 한식세계화추진단 단장 2015년 유니세프 한국위원회 사무총장(현) [상]홍조근정훈장(1991), 헝가리정부 십자수교훈장(2003), 황조근정훈장(2007) [저]'글로벌 파워매너'(2007) [종]기독교

서대원(徐大源) SEUH Dae Won

[생]1961·4·26 [출]충남 공주 [주]세종특별자치시 노을6로8의14 국세청 법인납세국(044-204-3300) [학]천안공고졸, 경희대 정치외교학과졸, 서울대 행정대학원졸 [경]행정고시 합격(34회), 국세청 민원제도과 근무 1995년 서울 양천세무서 부가가치세과장 1997년 국세청 납세지도과 근무 1997년 서울 구로세무서 법인세과장 1998년 서울지방국세청 제1조사담당관실 근무 2000년 국세청 기획예산담당관실 서기관 2001년 해외 교육파견 2003년 국세청 조사3과 서기관 2004년 충남 공주세무서장 2005년 서울지방국세청 조사3국 조사1과장 2006년 국세종합상담센터장 2008년 국세청 세원정보과장 2009년 영등포세무서장 2010년 국세청 대변인 2010년 대전지방국세청 조사2국장(부이사관) 2011년 중부지방국세청 감사관 2012년 서울지방국세청 징세법무국장(고위공무원) 2014년 국세청 기획조정관 2015년 同법인납세국장(현)

서대헌(徐大憲) SUH Dae Hun

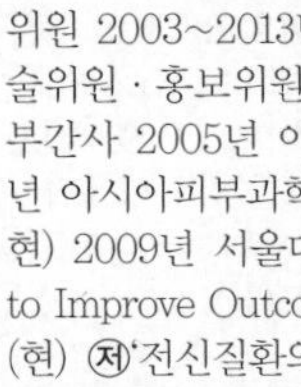

[생]1964 [주]서울 종로구 대학로101 서울대학교병원 피부과(02-2072-2411) [학]1987년 서울대 의과대학졸 1992년 同대학원졸 1997년 의학박사(서울대) [경]1987~1988년 서울대병원 인턴 1988~1991년 同피부과 레지던트 1993~1995년 울산대 의대부속 서울중앙병원 피부과 전임의 1995~1996년 서울대병원 피부과 전임의 1996~2009년 서울대 의과대학 피부과학교실 전임강사·조교수·부교수 2000~2002·2006년 미국 토마스제퍼슨의대 피부과 Research Fellow 2000~2002·2006년 미국 펜실베이니아주립대 피부과 Research Fellow 2003~2005년 KBS 피부과부문 의료자문위원 2003~2013년 대한여드름학회 상임이사 2003년 대한피부과학회 학술위원·홍보위원·보험위원, 同평의원(현) 2005~2007년 同간행위원회 부간사 2005년 아시아여드름위원회(Asian Acne Board) 한국대표 2005년 아시아피부과학회 조직위원회 총무 2007년 국가보훈처 의학자문위원(현) 2009년 서울대 의과대학 피부과학교실 교수(현), GA(Global Alliance to Improve Outcomes of Acne) Member(현) 2014년 대한여드름학회 회장(현) [저]'전신질환의 피부소견'(1997, 고려의학) '의대생을 위한 피부과학(共)'(2001, 고려의학) '개정판 의대생을 위한피부과학(共)'(2006, 고려의학) '피부과학 개정 5판(共)'(2007, 여문각)

서덕호(徐德昊) Seo Deog Ho

[생]1966·1·15 [본]달성(達城) [출]충북 보은 [주]서울 중구 세종대로39 대한상공회의소 유통물류진흥원(02-6050-1472) [학]1985년 충북고졸 1989년 서울대 농경제학과졸 2005년 국방대 대학원 국방경제과졸 [경]1993년 건설부 장관실 근무 1993~1994년 同법무담당관실 근무 1994년 건설교통부 지역교통과 근무 1996년 통상산업부 산업배치과 근무 1998년 산업자원부 구아협력과 근무

2000년 同무역진흥과 근무 2001~2002년 同석유산업과 근무 2005년 대통령자문 사람입국일자리특별위원회 근무 2005~2006년 산업자원부 아주협력과장 2006~2009년 駐홍콩총영사관 영사 2010년 지식경제부 경제자유구역기획단 정책기획과장 2010년 駐아랍에미리트대사관 공사참사관 2014년 산업통상자원부 무역위원회 무역구제정책과장 2015~2016년 同통상정책총괄과장 2016년 대한상공회의소 유통물류진흥원장(현)

서도식(徐道植) SEO Do Sik

[생]1956·1·28 [출]경북 경주 [주]서울 강남구 봉은사로 406 한국문화재재단(02-3011-2103) [학]1978년 서울대 응용미술과졸 1984년 同대학원졸 [경]개인전2회, 헬싱키 국립응용미술관 초대 한국현대공예대전, 예술의 전당 개관기념초대 현대미술전, 갤러리 스타 초대전, 한국금속공예 100인전(서경갤러리) 1981~1984년 서울대 미대 조교 1985~1988년 단국대 예술대학 강사 1994~1996년 서울대 미대 디자인학부 전임강사 1996년 同디자인학부 공예과 조교수·부교수·교수(현) 2003~2005년 문화재청 문화재전문위원 2007년 서울대 미술대학 부학장 2010년 청주국제공예비엔날레 조직위원회 금속분과 부위원장 2011년 한국공예디자인문화진흥원 비상임이사 2015년 한국문화재재단 이사장(현) [상]동아공예대전 동아공예상(1984), 대한민국 공예대전특선(1988·1989·1990), 군포시민회관 미술장식품 현상공모전 당선(1997), 실버트리엔날레 공모전 당선(1998) [저]'두석장(共)'(2008)

서동구(徐東鷗) Suh Dong-gu

[생]1955·12·30 [주]서울 종로구 사직로8길60 외교부 인사운영팀(02-2100-7136) [학]1979년 한국외국어대 정치외교학과졸 1989년 미국 조지워싱턴대 대학원 정치학과졸 2013년 정치학박사(경남대) [경]1992년 駐토론토 영사 1994년 駐미국 1등서기관 1998년 駐시카고 영사 2004년 駐미국 공사참사관 2005년 駐국제연합 공사 2007년 駐미국 공사 2008년 한국전력공사(KEPCO) 해외자원개발 자문역 2011년 부경대 초빙교수 2013년 통일연구원 객원연구위원 2016년 駐파키스탄 대사(현) [상]보국포장(2003)

서동권(徐東權) SUH Dong Kwon (東軒)

[생]1932·10·30 [본]달성(達城) [출]경북 영천 [주]서울 종로구 새문안로5길19 로얄빌딩1410호 서동권법률사무소(02-734-5511) [학]1952년 경북고졸 1957년 고려대 정법대학졸 [경]1956년 고등고시 사법과 합격(8회) 1961~1965년 서울지검·광주지검·대구지검 검사 1965년 대구지검 의성지청장 1967년 同상주지청장 1968~1973년 대구지검·서울지검 검사 1973년 대구지검 부장검사 1975년 서울고검 검사 1978~1980년 광주지검·대구지검·대구고검 차장검사 1980년 법무부 송무담당관 1981년 同보호국장 1981년 同차관 1981년 대검찰청 차장검사 1982년 서울고검장 1985년 검찰총장 1987년 변호사 개업(현) 1989~1992년 국가안전기획부장 1992년 대통령 정치담당 특보 1995~2001년 검찰동우회 회장 1997~1998년 대통령 통일고문 1998~2000년 대우자판 사외이사 [상]황조·청조근정훈장, 보국훈장 통일장, 자랑스런 고대법대인상 [저]'한국검찰사' [종]불교

서동규(徐東圭) Tong-Kyu Seo

[생]1966 [출]강원 속초 [주]서울 용산구 한강대로92 LS용산타워6층 삼일회계법인(02-3781-9557) [학]속초고졸, 서울대 경영학과졸(84학번), 同대학원 경영학과졸 [경]1990~1993년 동양맥주 근무 1994년 삼일회계법인 입사 2005년 2018평창동계올림픽유치위원회 감사 2005년 삼일회계법인 상무이사 2007년 同전무이사 2009~2010년 숙명여대 경영학부 겸임교수 2012년 삼일회계법인 부대표 2013년 방송통신위원회 방송광고균형발전위원회 위원, 대한축구협회 감사(현) 2015년 삼일회계법인 복합서비스그룹 총괄대표(현)

서동기(徐東基) SEO Dong Ki

[생]1958·2·27 [출]경남 함양 [주]서울 송파구 중대로135 IT벤처타워 동관7층 (주)경일감정평가법인(02-2142-3800) [학]성균관대 대학원 경영학과졸 2001년 부동산학박사(단국대) [경]1987년 감정평가업계 근무, 서울디지털대 겸임교수, 행정자치부 지방세과세심의위원회 심의위원, 건설교통부 중앙토지수용위원회 자문위원 2002년 (주)경일감정평가법인 감정평가사(현) 2003년 미국 콜로라도주립대 감정평가분야 연수 2004년 (사)한국감정평가협회 연수위원장 2006년 同부동산이사 2007년 同부회장 2008년 同회장 2009년 국제부동산정책학회 회장, 건국대 부동산대학원 겸임교수 2014~2016년 한국감정평가협회 회장 2014~2015년 IBK자산운용 사외이사, 국민희망포럼 이사(현) [저]'부동산학개론'(2002·2005) '사회조사분석사'(2003)

서동록(徐東淥)

[생]1969·1·5 [주]서울 중구 세종대로110 서울특별시청 경제진흥본부(02-2133-5200) [학]서울 재현고졸, 서울대 경영학과졸, 미국 예일대 대학원 경영학과졸 [경]1993년 행정고시 합격(37회) 1994년 재정경제원 국고국 행정사무관 1996년 재정경제부 국제금융국 행정사무관 1999년 교육파견(Yale School of Management) 2001년 맥킨지(McKinsey&Company) 한국지점(서울) 컨설턴트 2003년 同한국지점(서울) 팀장 2005년 同한국지점(서울) 부파트너 2007~2014년 同한국지점(서울) 파트너 2014년 서울시 경제진흥실장 2015년 同경제진흥본부장(현)

서동만(徐東萬) SUH Dong Man

[생]1958·7·4 [본]대구(大丘) [출]전북 남원 [주]대전 유성구 학하동로74 (주)레이나(042-931-8410) [학]1978년 전주고졸 1985년 전북대 전자공학과졸 1992년 同대학원 전자공학과졸 1997년 공학박사(충남대) [경]1985~1995년 한국원자력연구소 선임연구원 1995년 同위촉연구원 1995~2010년 군장대학 조선공학부 교수 1997년 한국원전연료기술연구원 위촉연구원 2000~2002년 미국 세계인명사전 'Marquis Who's Who in the World'에 3년 연속 등재 2001~2005년 미국 세계인명사전 'Marquis Who's Who in Finance and Industry'에 5년 연속 등재 2001년 International Biographical Center(IBC)에 등재 2001년 미국 Barons Who's Who 500 Great Minds of the Early 21st Century에 등재 2001년 Barons Who's Who(USA) 500 Great Asians of the Early 21st Century에 등재 2002년 (주)레이나 대표이사(현) 2002년 영국 International Biographical Center(IBC) One Thousand Great Asians로 선정 2010~2015년 군장대 비파괴검사과 교수 [상]대통령표창(2001)

서동면(徐東冕) SEO Dong Myun

[생]1963·2·10 [본]달성(達城) [출]강원 원주 [주]서울 서초구 서초대로74길11 삼성 미래전략실(02-2255-3531) [학]1982년 원주고졸 1986년 한양대 화학과졸 [경]1993년 삼성서울병원 근무 1997~2003년 同과장 2001~2002년 전국병원홍보협의회 회장 2003년 삼성서울병원 홍보팀장 2009년 삼성 커뮤니케이션팀 부장 2010년 同미래전략실 상무(현) [종]천주교

서동숙(徐東淑·女) SEO Dong Sook

[생]1959·4·25 [출]충북 [주]서울 은평구 진흥로215 월간 환경미디어(02-358-1700) [학]1986년 인하대 경상대학 무역학과졸 1990년 한국방송통신대 국어국문학과졸 1999년 연세대 언론홍보대학원 최고경영자과정 수료 2005년 광운대 환경경영대학원 경영학과졸 [경]1990년 월간 '환경미디어' 발행인 겸 대표(현) 1997년 도서출판 봄·여름 발행인 1999년 한국잡지협회 회원 2000년 한국정기간행물협동조합 이사 2001년 한국여성경제인협회 회원 2001년 경인쇄정보산업협동조합 회원 2001년 월간 '환경신기술' 발행인 2005년 (사)한국잡지협회 부회장, 문화관광부 정기간행물등록 최고심사위원, 한국간행물윤리위원회 심의위원 [상]문화관광부장관표창(1998), 환경부장관표창(2004), 국무총리표창(2011)

서동영(徐東榮) SEO Dong Young

[생]1960·9·19 [출]경북 상주 [주]서울 마포구 상암산로 34 디지털큐브12층 케이씨코트렐(주) 임원실(02-320-6311) [학]1979년 동북고졸, 서울대 경제학과졸 1985년 同대학원 국제경제학과졸 [경]1987~1992년 삼성전자(주) 근무, 한국코트렐(주) 인사담당 상무 2008년 KC코트렐(주) 인사담당 전무 2010년 케이씨그린홀딩스(주) 관리총괄 전무 2015년 KC코트렐(주) 대표이사 사장(현)

서동완(徐東完) Seo Dong-woan

[생]1958·2·8 [본]대구(大丘) [출]경기 남양주 [주]경기 의정부시 청사로1 경기도청 교통국 택시정책과(031-8030-3610) [학]퇴계원고졸, 서울과학기술대 토목공학과졸, 건국대 행정대학원 행정학과졸(석사), 고려대 정책대학원 경제학과졸(석사) [경]2005년 남양주시 진건읍장 2006년 同화도읍장 2014년 경기도 장애인복지과장(서기관) 2015년 同교통국 택시정책과장(현)

서동욱(徐東旭) SEO Dong Wook (남파)

[생]1963·1·24 [본]달성(達城) [출]울산 [주]울산 남구 돋질로233 남구청 구청장실(052-275-7541) [학]1981년 울산 학성고졸 1987년 울산대 경제학과졸, 동국대 사회과학대학원 행정학과졸 [경]1999년 유니세프 울산시후원회 부회장 1999년 처용문화제추진위원회 집행위원 1999년 울산시 제2의건국범국민추진위원회 집행위원 1999년 울산청년회의소 회장 1999년 2002월드컵축구대회문화시민운동 울산시협의회 집행위원 2002년 한국청년회의소 대외정책실장 2003년 민주평통 자문위원 2004년 울산시야구협회 부회장 2004년 한나라당 울산시당 청년위원장 2004년 민족통일울산시협의회 운영위원 2004·2006·2010~2014년 울산시의회 의원(한나라당·새누리당) 2005년 한나라당 울산시당 홍보위원장 2006년 울산시의회 교육사회위원장 2006년 (사)자연보호중앙연맹 울산시협의회장 2007년 울산시야구협회 회장 2009년 한나라당 울산시당 대변인 2010년 울산시의회 부의장 2010년 同행정자치위원회 위원 2011년 同환경복지위원회 위원 2012~2014년 同의장 2014년 울산시 남구청장(새누리당)(현) [종]기독교

서동욱(徐東煜) Seo Dong-Wook

[생]1969·9·11 [출]전남 순천 [주]전남 무안군 삼향읍 오룡길1 전라남도의회(061-286-8154) [학]순천고졸 1992년 순천대 농업생물학과졸, 전남대 행정대학원 행정학과졸 [경]순천대총학생회 회장, 순천민주단체협의회 정책실장, 새벽을여는노동문제연구소 정책실장, 서갑원 국회의원 보좌관, 순천시새마을협의회 이사, 노무현재단 전남지역위원회 상임집행위원장(현) 2002~2006년 전남 순천시의회 의원, 同예산결산특별위원장 2006년 전남 순천시의원선거 출마 2010년 전남도의회 의원(민주당·민주통합당·민주당·새정치민주연합) 2010년 同경제관광문화위원회 위원, 순천대총동창회 부회장 2014년 전남도의회 의원(새정치민주연합·더불어민주당)(현) 2014년 同행정환경위원회 위원 2014년 광양만권경제자유구역조합회의 의장 2016년 전남도의회 기획행정위원회 위원장(현) [상]전국시·도의회의장협의회 우수의정대상(2016)

서동원(徐東源) SUH Dong Won

[생]1952·1·11 [본]대구(大邱) [출]서울 [주]세종특별자치시 다솜로261 대통령직속 규제개혁위원회(044-200-2630) [학]경기고졸 1974년 서울대 전자공학과졸 1976년 同법학과졸 1989년 미국 컬럼비아대 대학원 LL.M(법학석사) 1997년 법학박사(한양대) [경]1974년 행정고시 합격(15회) 1974년 총무처 수습행정관(5급) 1976~1981년 경제과학심의회의 제1·제2심사분석실 사무관 1981~1988년 경제기획원 심사분석국·정책조정국·기획관리실 사무관 1990~1994년 공정거래위원회 총괄정책국·독점관리국 사무관 1994년 경제기획원 예산실 방위예산2담당관 1994년 재정경제원 금융정책실 중소자금담당관 1996년 공정거래위원회 독점국장 1998년 한반도에너지개발기구(KEDO) 파견 2000년 국민경제자문회의 정책분석실장 2001년 기획예산처 재정개혁단장 2003년 同재정개혁국장 2003~2006년 공정거래위원회 상임위원 2006~2008·2010~2014년 김앤장법률사무소 고문 2007년 제17대 대통령직인수위원회 자문위원 2008~2009년 공정거래위원회 부위원장(차관급) 2010~2011년 대통령자문 국민경제자문회의 민간위원 2010~2011년 서울대 공대 객원교수 2013년 대통령자문 국민경제자문회의 공정경제분과 위원장 2014년 대통령직속 규제개혁위원회 공동위원장(현) [상]근정포장 [종]기독교

서동진(徐東震) SUH Dong Jin

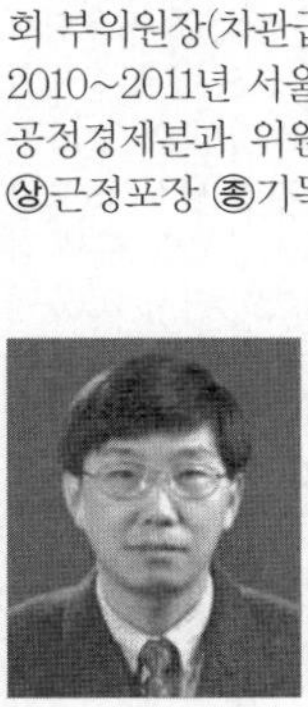

[생]1958·6·12 [본]이천(利川) [출]대구 [주]서울 성북구 화랑로14길5 한국과학기술연구원 국가기반기술연구본부 청정에너지연구센터(02-958-5192) [학]1977년 경북고졸 1982년 서울대 화학공학과졸 1984년 한국과학기술원 화학공학과졸(석사) 1991년 공학박사(한국과학기술원) 1993년 미국 카네기멜론대 박사 후 과정 수료 [경]1984년 한국과학기술연구원 연구원·선임연구원·책임연구원 1995년 일본 동경대 생산기술연구소 초빙연구원 2003년 미국 노트르담대 화학공학과 초빙연구원 2004년 한국과학기술연구원 청정기술연구센터장, 同청정에너지연구센터 책임연구원 2008년 同청정에너지연구센터장 2013년 한국화학공학회 촉매부문위원회 위원장 2014년 한국청정기술학회 수석부회장 2015년 한국과학기술연구원 국가기반기술연구본부 청정에너지연구센터 책임연구원(현) 2015년 한국청정기술학회 회장 [상]KIST인 대상(2012) [저]'초다공성 에어로젤의 제조 및 응용'(2006) [종]천주교

서동칠(徐東七) SEO Dong Chil

[생]1973·10·9 [출]서울 [주]경남 창원시 성산구 창이대로 681 창원지방법원(055-266-2200) [학]1992년 잠실고졸 1997년 서울대 법학과졸 [경]1997년 사법시험 합격(39회) 2000년 사법연수원 수료(29기) 2000년 서울지법 동부지원 판사 2002년 서울지법 판사 2004년 춘천지법 강릉지원 판사 2007년 의정부지법 판사 2010년 서울중앙지법 판사 2011년 법원행정처 홍보심의관 겸임 2013년 서울고법 판사 2015년 창원지법 부장판사(현)

서동혁 SEO Dong Hyuk

[생]1960·7·20 [출]광주 [주]세종특별자치시 시청대로 370 산업연구원 신성장산업연구실(044-287-3032) [학]1984년 한국외국어대 경제학과졸 2003년 경영학박사(한국외국어대) [경]산업연구원 디지털경제실 연구위원 2003년 관세청 정보화자문위원 2007년 산업연구원 전자산업팀장 2010년 同융합산업팀장 2012년 同선임연구위원(현) 2013년 同성장동력산업연구실장 2014년 同신성장산업연구실장(현) [저]'수출벤처전략에 관한 연구'(共) '세계화상네트워크 분석과 한·화인 경제권 협력 강화방안'(共)

서동희(徐東熙) SUH Dong Hee (海松)

[생]1960·9·15 [본]이천(利川) [출]전북 정읍 [주]서울 강남구 언주로432의6 성보2빌딩5층 법무법인 정동국제(02-755-0199) [학]1979년 관악고졸 1984년 서울대 법학과졸 1996년 미국 툴레인대 법과대학원졸 1998년 연세대 보건대학원 수료 [경]1983년 사법시험 합격(25회) 1985년 사법연수원 수료(15기) 1986년 변호사 개업 1989~1992년 법무법인 광장(前 한미합동법률사무소) 변호사 1992~2000년 김·장 법률사무소 변호사 1997년 대한상사중재원 중재인(현) 2000년 법무법인 정동국제 대표변호사(현) 2000~2001년 한국외국어대 법대 외래강사 2000년 한국해운신문 해사법률칼럼 고정집필 2001~2008년 해양수산부 고문변호사 2003년 대한중재인협회 이사 2003년 부산해양경찰서 고문변호사 2003년 한국학술진흥재단 분쟁조정위원 2004년 서울대 법대총동창회 운영위원 2004~2005년 법무부 상법개정특별분과 위원 2004년 한국해법학회 섭외이사 2004년 국제거래법학회 이사 2004년 한국상사법학회 이사(현) 2004년 미국해법학회 회원 2004년 대한변호사협회지 명예기자 2005년 한국외국어대 법대 조교수 2006년 한국철도공사 고문변호사 2008년 항공·철도사고조사위원회 자문위원 2009~2013년 국토해양부 고문변호사 2011년 서울대 법대 80학번동창회 회장 2011년 同법대 총동창회 부회장(현) 2011년 사법연수원 외래강사 2012년 금융감독원 금융분쟁조정위원회 전문위원(현) 2013~2015년 대한중재인협회 부회장 2013년 국토교통부 고문변호사(현) 2013년 해양수산부 고문변호사(현) 2014년 한국해양과학기술진흥원 비상임감사(현) 2014년 감사원 행정심판위원회 위원 2016년 同행정심판위원회 위원(현) 2016년 同자체감사활동심사위원회 위원(현) [저]'사례별로 본 실무해상법 해상보험법'(2007, 법문사) 'Getting the Deal Through-Shipping'(2011) 'Getting the Deal Through- Shipping & Shipbuilding'(2012) '주석 상법(해상편)'(2014) [종]가톨릭

서두원(徐斗源) Suh Duwon

[생]1958·1·10 [본]대구(大丘) [출]서울 [주]서울 양천구 목동서로161 SBS 보도본부(02-2061-0006) [학]1976년 경기고졸 1981년 서울대 사회학과졸 2004년 국방대 국방대학원 수료 [경]1982년 서울대 환경계획연구소 연구원 1984년 한국경제신문 기자 1988년 국민일보 기자 1991년 SBS 입사 1999년 同보도본부 차장대우 2000년 同보도본부 정치CP 2003년 同전국CP(부장) 2005년 同보도본부 미래부장 2005년 서울디지털포럼 기획 및 총괄(사무국장) 2008년 SBS 보도본부 보도제작2부장 2009년 同보도본부 라디오뉴스총괄(부국장급) 2011년 관훈클럽 감사 2011년 SBS 라디오 '서두원의 SBS전망대' 진행 2013년 同보도본부 논설위원 2013년 同TV토론프로 '이슈 인사이드' 진행 2014년 同비서실장 2015년 同비서실장(이사대우) 2016년 同보도본부장(이사)(현) [상]방송기자클럽 취재부문 대상(2000)

서두현(徐斗鉉) SUH DOO HYUN

[생]1959·9·22 [출]전남 여수 [주]서울 종로구 세종대로 209 통일부 북한인권기록센터(02-2135-7047) [학]중앙대 문학과졸, 同대학원 신문학과졸, 국제정치학박사(베이징대) [경]2005년 통일부 정책의제담당관 2005년 駐중국 통일안보관 2008년 통일부 경제분석과장 2009년 同교육협력과장 2011년 同사회문화교류과장 2013년 同6·25사무국 기획총괄과장 2014년 同정보관리과장

2015년 同인도개발협력과장 2015년 대통령직속 통일준비위원회 기획연구부장 2016년 통일부 북한인권재단TF 근무 2016년 同북한인권기록센터장(고위공무원)(현)

서련석(徐煉錫) SEO Yeon Suk

[생]1957·12·17 [주]인천 서구 가좌로64 SIMPAC인더스트리 비서실(032-590-8800) [학]한양고졸, 동국대 경영대학원 수료, 서울대 경영대학원 최고경영자과정 수료 [경]1981년 (주)쌍용정공 입사 2000년 同부장 2003년 (주)SIMPAC 전무·부장 2003년 同대표이사 사장 2011년 심팩메탈(주) 대표이사 사장 2014년 SIMPAC인더스트리 대표이사 사장(현) [상]국무총리표창(2004), 대통령표창(2010), 무역의 날 5백만불 수출탑(2013)

서만욱(徐萬旭) SEO Man Wook

[생]1958·1·29 [주]전북 전주시 덕진구 건지로20 전북대학교병원 신경과(063-250-1895) [학]1982년 전북대 의대졸 1986년 서울대 대학원 의학석사(신경과 전공의) 1990년 의학박사(전북대) [경]전북대 의대 신경과학교실 교수(현), 미국 앨러바마대병원 임상신경생리연구소 연수, 미국 캔자스의대 파킨슨병치매연구소 객원교수, 전북대 의학전문대학원 신경과장 겸 주임교수, 대한파킨슨병이상운동질환학회 부회장 2015~2016년 대한신경과학회 회장 2016년 대한치매학회 회장(현) [상]아시아오세아니안 임상신경생리학회 우수논문상, 대한신경과학회 최우수논문상, 보건복지부장관표창(2015)

서만철(徐萬哲) SUH Man Cheol

[생]1955·3·6 [본]이천(利川) [출]경북 영천 [주]충남 공주시 공주대학로56 공주대학교 지질환경과학과(041-850-8512) [학]1979년 공주대 사범대학 지구과학교육과졸 1981년 서울대 대학원 지구화학과졸 1989년 이학박사(미국 루이지애나주립대) [경]1990년 한국동력자원연구소 해저물리탐사연구실 선임연구원 1991년 공주대 지질환경과학과 교수(현) 1991년 한국자원연구소 비상근위촉연구원 1995~2001년 금강환경관리청 환경영향평가심의위원 2000년 문화재청 전문위원 2000년 공주대 문화재보존과학연구소장 2000년 국가지정문화재비파괴진단연구실 책임연구원 2000년 대전시 문화재전문위원 2002년 공주대 기획연구팀장 2005~2007년 同자연과학대학장 겸 공동실험실습관장 2008~2009년 한국문화재보존과학회 회장 2009~2013년 문화재위원회 건축문화재분과 위원 2010~2014년 공주대 총장 2010년 충남물포럼 대표 2011년 푸른충남21 회장 2012년 백제역사유적지구유네스코세계유산등재추진준비위원회 위원 2012~2013년 전국국공립대총장협의회 회장 2014년 충남도 교육감선거 출마 2015년 세종YMCA 이사장(현) [상]국무총리표창(2013), 대통령표창(2013) [저]'고등학교 지구과학(共)'(1995) '지구환경과학1·2(共)'(2000) '석조문화재 보존관리 연구(共)'(2003) '서만철의 교육 솔루션'(2014) [종]기독교

서만호(徐萬鎬) SEO Man Ho

[생]1956·3·24 [본]이천(利川) [출]충남 [주]서울 성동구 왕십리로326 코스모타워8층 (주)에이치엔씨네트워크 경영관리부(02-772-7900) [학]1975년 공주고졸 1983년 서강대 경영학과졸 [경]1983년 상업은행 입행 2002년 우리은행 가계여신센터 수석부부장 2004년 同대전북지점장 2004년 同여신심사센터장 2005년 同영통지점장 2007년 同여신감리부장 2008년 同광진성동영업본부장 2009년 同U뱅킹사업단장 2010년 同리스크관리본부장(집행부행장) 2011년 同여신지원본부장(부행장) 2013년 BC카드(주) 지불결제연구소장 2013년 同고객지원본부장(부사장) 2014년 同리스크관리총괄장(부사장) 2015년 (주)에이치엔씨네트워크 대표이사 2016년 同고문(현)

서명관(徐明寬) SUH Myung Kwan

[생]1962·9·18 [출]경북 [주]서울 강남구 테헤란로512 신안빌딩17층 (주)강스템바이오텍 부사장실(02-888-1590) [학]경북고졸, 서울대 국사학과졸 [경](주)코오롱 전략기획실 경영지원팀 상무보, FnC코오롱 상무이사, (주)캠브리지 인수기획단장 2007년 同대표이사 보좌역 겸 경영지원PU장 2008년 同경영지원PU장(상무) 2008년 코오롱생명과학 경영지원본부장(상무) 2012~2016년 同경영지원본부장(전무) 2016년 (주)강스템바이오텍 재무최고책임 부사장(CFO)(현)

서명교(徐明敎) SUH Myeong Kyo

[생]1959·1·18 [본]달성(達城) [출]경북 안동 [주]서울 동작구 보라매로5길15 대한건설정책연구원(02-3284-2601) [학]1984년 한양대 건축학과졸 1996년 영국 버밍엄대 대학원졸 2009년 서울대 환경대학원졸 [경]1998년 건설교통부 고속철도건설기획단 서기관 2001년 익산지방국토관리청 건설관리실장 2002년 서울지방항공청 공항시설국장 2004년 신행정수도건설추진단 파견 2005년 건설교통부 주거환경과장 2005년 同주거환경팀장 2007년 同주택건설기획팀장(부이사관) 2008년 국토해양부 주택건설과장 2009년 동서남해안권발전기획단 파견(부이사관) 2010년 국토해양부 국토정보정책관(고위공무원) 2012년 국방대 파견(고위공무원) 2013년 서울지방국토관리청장 2014~2015년 국토교통부 수자원정책국장 2016년 대한건설정책연구원 원장(현)

서명범(徐明範) SEO Myung Bum

[생]1956·10·12 [본]이천(利川) [출]충북 진천 [주]서울 영등포구 63로 50 63한화생명빌딩15층 한국교직원공제회(02-767-0110) [학]서울 경동고졸, 고려대 경영학과졸, 同정책과학대학원 행정학과졸, 미국 오리건대 대학원 교육학과졸 [경]1979년 행정고시 합격(22회) 1979~1995년 충북도교육위원회 학생과학관 서무과장·한국교원대·문교부 설비관리과·교육부 양성과 사무관 1995~2002년 교육부 기획예산담당관실·교육개혁추진기획단·학술연구지원과장·유아교육정책과장·교원복지담당관·대통령비서실 행정관·교육부 대학행정지원과장·교육인적자원부 평생학습정책과장(부이사관) 2002~2005년 경상대 사무국장·대통령 사회정책수석비서관실 근무 2005년 충북도교육청 부교육감(이사관) 2007년 교육인적자원부 기획홍보관리관 2007년 同홍보관리관 겸 대변인 2008년 교육과학기술부 평생직업교육국장 2009년 충남도교육청 부교육감 2012년 교육과학기술부 교육과학기술연수원장 2013년 교육부 중앙교육연수원장 2014년 한국교직원공제회 회원사업이사(현) [상]대통령표창(1992), 홍조근정훈장(2001)

서명석(徐明錫) SUH Myung Suk

[생]1961·4·19 [출]서울 [주]서울 중구 을지로76 유안타증권(주) 임원실(02-3770-2200) [학]1980년 충암고졸 1986년 서강대 경영학과졸, 고려대 대학원 경영학과졸 [경]1986~1990년 동양증권 을지지점 근무 1993년 同투자전략팀 근무, 同투자전략팀 차장, 同투자전략팀장 1999년 同상품운용팀장 2003년 동양종합금융증권(주) Wrap운영팀장 2006년 同리서치센터장(상무보) 2007년 同투자전략팀장 2008년 同투자전략·파생상품리서치팀장 2009년 同리서치센터장 2009~2011년 同리서치센터장(상무) 2011년 同경영CFO 2011년 동양파워 발전사업추진본부장 2012년 동양증권(주) 경영기획부문장(CFO·전무) 2013년 同부사장 2013년 同대표이사 사장 2014년 同공동대표이사 사장 2014년 유안타증권(주) 공동대표이사 사장(현)

서명수(徐明洙) SUR Myong Soo

[생]1956·7·26 [출]경남 창원 [주]서울 강남구 테헤란로92길7 법무법인 바른(02-3479-2307) [학]1975년 서울고졸 1980년 서울대 법학과졸 [경]1980년 사법시험 합격(22회) 1982년 사법연수원 수료(12기) 1982년 서울민사지법 판사 1984년 서울형사지법 판사 1986년 부산지법 울산지원 판사 1988년 서울지법 의정부지원 판사 1990년 同서부지원 판사 1991년 서울민사지법 판사 1993년 서울고법 판사 1994~1999년 대법원 재판연구관 1994년 서울고법 판사 겸임 1999년 인천지법 부장판사 2000년 서울지법 남부지원 부장판사 2002년 서울지법 부장판사 2004년 서울중앙지법 부장판사 2005년 인천지법 수석부장판사 2006~2010년 서울고법 부장판사 2010년 법무법인 바른 변호사(현) [저]'법인의 비자금과 횡령죄, 형사재판의 제문제3'(2000, 박영사)

서명숙(徐明淑·女) SEO Myung Sook

[생]1957·10·23 [출]제주 [주]제주특별자치도 서귀포시 칠십리로214번길17의17 제주올레(064-739-0815) [학]1976년 제주 신성여고졸 1980년 고려대 교육학과졸 [경]1980~1983년 기독교사회문제연구원 출판간사 1985년 월간 '마당' 기자 1987~1989년 월간 '한국인' 기자 1989~2003년 '시사저널' 정치부 기자·정치팀장·취재1부장·편집장 2003~2005년 프리랜서 저술가 2005~2006년 인터넷신문 '오마이뉴스' 편집국장 2007년 (사)제주올레 이사장(현) 2007~2013년 시사IN 편집위원 [상]대통령표창(2009), 재암문화상(2010), 일가재단 일가상 사회공익부문(2013) [저]'흡연여성잔혹사' '놀멍 쉬멍 걸으멍 제주 걷기여행' '꼬닥꼬닥 걸어가는 이 길처럼'(2010) '식탐'(2012)

서명원(徐明源) SEO MYONG WON

[생]1959·2·26 [본]달성(達城) [출]충북 충주 [주]서울 관악구 보라매로3길23 대교타워 대교에듀캠프(02-829-0600) [학]1977년 충주실업고졸 1981년 충북대 사범대학 체육교육학과졸 1987년 경희대 교육대학원 교육학과졸 [경]1975~1976년 청소년 배드민턴 국가대표 1981~1989년 서울 태능중 체육교사 1997~2005년 (주)대교 배드민턴단 감독 2005년 대교그룹 스포츠단장(현) 2005년 세계장애인배드민턴선수권대회 국가대표팀 감독 2006년 아시아태평양장애인경기대회 배드민턴 국가대표팀 감독 2009~2016년 아시아장애인배드민턴연맹 회장 2009년 대한배드민턴협회 전무이사 2010년 대교그룹 사회공헌실장(현) 2010년 학교법인 봉암학원(경기외국어고) 감사(현) 2013년 (주)대교에듀캠프 대표이사(현) 2015년 스포츠안전재단 이사(현) 2015~2016년 서울시배드민턴협회 회장 2015년 (주)강원심층수 대표이사 겸임(현) [상]체육훈장 거상장(2008) [저]'교육부 검인정 고등학교1종도서- 배드민턴교과서'(1981) '뉴 배드민턴 교본'(2007, 도서출판 예가) '장애인을 위한 배드민턴 기초이론과 실제'(2011, 대교출판)

서명환(徐明煥) SUH Myoung Hwan

[생]1955·9·15 [출]서울 [주]서울 중구 퇴계로307 광희빌딩9층 대원전선(주) 대표이사실(02-3406-3400) [학]1974년 경동고졸 1980년 한양대 섬유공학과졸 1982년 미국 캘리포니아대 대학원졸 [경]1984년 청화기업(주) 대표이사 1987년 갑도물산(주) 대표이사(현) 1988년 청화전자(주) 대표이사 1989~1996년 (주)현도 대표이사 1999~2011년 대원전선(주) 대표이사 1999년 대원특수전선(주) 대표이사 2004년 한송하이테크(주) 대표이사 2011년 대원전선(주) 각자대표이사 2016년 同대표이사(현) [상]은탑산업훈장(2007)

서무규(徐武揆) Moo Kyu Suh

[생]1958·2·3 [본]이천(利川) [출]대구 [주]경북 경주시 동대로87 동국대학교 경주병원 피부과(054-770-8268) [학]1976년 경북고졸 1982년 경북대 의대졸 1985년 同대학원졸 1993년 의학박사(경북대) [경]1982~1983년 경북대병원 인턴 1983~1986년 同피부과 전공의 1986~1989년 국군진해병원 피부과장(해군 軍의관) 1989~1991년 대구 예수의원 피부과장 1991년 동국대 의대 피부과학교실 전임강사·조교수·부교수·교수(현) 1991년 同경주병원 피부과장(현) 2013~2015년 대한의진균학회 이사장 2015년 同차기(2017년) 회장(현) [상]대한의진균학회 우수논문상(2001·2010), 대한피부과학회 오헌학술상(2011) [저]'피부과학(共)'(2001·2008, 여문각) [역]'Molecular phylogenetics of Fonsecaea strains isolated from chromoblastomycosis patients in South Korea, Mycoses'(2011) 등 150여편

서문규(徐文奎) SUH Moon Kyu

[생]1953·1·17 [본]달성(達城) [출]서울 [학]1971년 보성고졸 1978년 고려대 불어불문학과졸 2002년 에너지연구원 에너지최고경영자과정 수료 2004년 중앙대 국제경영대학원 최고경영자과정 수료 2004년 서강대 경영대학원 최고경영자과정 수료 2007년 서울과학종합대학원 4T CEO과정 수료 2008년 서울과학종합대학교대학원 기후변화리더십과정 수료 [경]1977~1979년 대한항공 근무 1979년 한국석유공사 입사 1993년 同런던지사장 1996년 同파리지사장 2001년 同감사실장 2003년 同관리본부장 2004~2010년 同부사장 2010~2012년 同사장 고문 2010~2012년 영국 KCCL 상임고문 2012~2016년 한국석유공사 사장 2012~2016년 해외자원개발협회 회장 2015~2016년 세계석유회의(WPC) 한국위원회 회장 겸 이사회 의장 [상]국무총리표창(2000), 동탑산업훈장(2004), 한국을 빛낸 창조경영상 글로벌경영부문(2014), 대한한국 창조경제 CEO대상 글로벌경영부문(2014), 일하기 좋은 기업 TV조선 경영대상(2014) [종]천주교

서문용채(西門龍彩) Yong-Chae, Seomun

[생]1956·2·14 [본]안음(安陰) [출]전북 장수 [주]서울 서대문구 충정로60 KT&G서대문타워10층 법무법인 지평(02-6200-1926) [학]1975년 전주고졸 1984년 성균관대 행정학과졸 1995년 영국 맨체스터대 대학원 International Managers Course 수료 [경]1984년 한국은행 입행 1999년 금융감독원 입사, 同런던사무소 과장, 同신용정보팀장 2003년 同기획조정국 시니어팀장, 同비은행검사2국 상시감시1팀장, 同제재심의실 부국장 2007년 同제재심의실장 2008년 同기업금융2실장 2009~2011년 同기획조정국장 2011~2014년 KB국민카드 상근감사위원 2014년 법무법인 지평 상임고문(현)

서문환(徐文桓) Seo Mun-hwan

[생]1960·4·28 [본]달성(達城) [출]대구 달성 [주]경북 예천군 예천읍 군청길33 예천군청 부군수실(054-650-6006) [학]영남대 지역사회개발학과졸, 동국대 대학원 지역사회개발학과졸 [경]1987년 경북도 월성군청 공무원 임용(7급 공채) 2003년 공정거래위원회 행정사무관 2004년 경북도 전입(지방행정사무관) 2012년 同사회통합위원회 파견(지방서기관) 2013년 同2013전국생활체육대축전추진단장 2014년 同총괄지원과장(지방서기관) 2016년 경북 예천군 부군수(현) [상]여성가족부장관급기관장표창(2007), 대통령표창(2009)

서문희(徐文姬·女) SUR Moon Hee

[생]1954·3·6 [출]서울 [주]서울 용산구 청파로345 한국보육진흥원 원장실(02-6901-0100) [학]1976년 고려대 신문방송학과졸 1979년 同대학원 신문방송학과졸 1985년 신문방송학박사(고려대) [경]1978~2010년 한국보건사회연구원 연구위원 2005~2010년 육아정책연구소 기획조정연구실장 2007년 대통령직속 저출산고령사회위원회 위원(현) 2008~2010년 보건복지부 저출산고령사회정책위원회 위원 2011~2014년 육아정책연구소 선임연구위원·명예연구위원 2015~2016년 한국보건사회연구원 인구정책연구실 초빙연구위원 2016년 (재)한국보육진흥원 원장(현)

서미정(徐美貞·女) SEO Mi Jeoung

[생]1967·5·4 [주]광주 서구 내방로111 광주광역시의회(062-613-5110) [학]광주여고졸, 광주대 사회복지학과졸, 同사회복지전문대학원졸 [경](사)광주여성장애인연대 성폭력상담원 겸 사무국장, (사)광주장애우권익문제연구소 소장, 同장애인인권센터장, 민주당 광주시서구甲지역위원회 장애인위원장, 광주시 장애인생활지원금심의위원회 위원, 통합민주당 광주시당 장애인부위원장, (사)광주서구장애인협회 이사, 광주대총동창회 복지국장, YWCA어린이집 운영위원, 광주일보 은펜칼럼리스트, 광주장애인차별철폐연대 공동대표, 전국장애인차별철폐연대 공동대표, (사)광주장애인가족복지회 회장 2014년 광주시의회 의원(비례대표, 새정치민주연합·더불어민주당)(현) 2014년 同환경복지위원회 위원 2014년 同운영위원회 위원 2015년 同윤리특별위원회 위원 2016년 同운영위원회 부위원장(현) 2016년 同도시재생특별위원회 위원(현) 2016년 同환경복지위원회 부위원장(현) 2016년 더불어민주당 광주시당 장애인위원장(현)

서민석(徐敏錫) SUH Min Sok

[생]1943·6·15 [본]대구(大邱) [주]서울 강남구 테헤란로516 정헌빌딩901호 동일방직(주) 비서실(02-2222-3020) [학]1961년 경기고졸 1966년 서울대 섬유공학과졸 1968년 미국 미시간대 대학원졸 2000년 명예 경영학박사(세종대) [경]1970년 동일방직(주) 입사 1973년 同이사·전무이사 1976년 同부사장 1978~1991년 同대표이사 사장 1985년 한국Y.P.O 회장 1987년 駐韓벨리즈 명예총영사 1989년 한국섬유기술연구소 이사장 1990년 한국상장회사협의회 부회장(현) 1991년 동일방직(주) 대표이사 회장(현) 1992년 한국섬유공학회 부회장 1994년 한국무역협회 국제통상분과 위원장 1994년 서울상공회의소 부회장(현) 1995년 조흥은행 회장 1995년 대한방직협회 회장 1996년 한·일경제협회 부회장(현) 1997년 한국섬유산업연합회 부회장 1998년 국제섬유제조업자연합회(ITMF) 회장 1999년 (사)대한중재인협회 부회장(현) 1999년 대한상사중재원 중재인(현) 2000년 한·미경제협의회 부회장 2000년 한국무역협회 재정분과위원장 2001년 한국페스티벌앙상블 이사장 2002~2004년 대한방직협회 회장 2005~2009년 한국무역협회 비상근부회장 2006년 서울대·한국공학한림원 선정 '한국을 일으킨 엔지니어 60인' 2006년 한국메세나협의회 부회장(현) 2007년 현대미술관회 부회장(현) 2013년 (재)정헌재단 이사장(현) [상]철탑산업훈장, 대통령표창(1979), 석탑산업훈장(1986), 재무부장관표창(1993), 올해의 섬유인(1998), 은탑산업훈장(1999), 금탑산업훈장(2006) [종]기독교

서민석(徐敏錫) SEO Min Suk

[생]1966·6·7 [출]충북 청주 [주]서울 서초구 서초중앙로157 서울중앙지방법원(02-530-1114) [학]1985년 청주고졸 1990년 서울대 공법학과졸 [경]1991년 사법시험 합격(33회) 1994년 사법연수원 수료(23기) 1994년 인천지법 판사 1996년 서울지법 남부지원 판사 1998년 창원지법 진주지원 판사 2000년 수원지법 판사 2002년 서울지법 판사 2003년 영국 스탠포드대 파견 2004년 서울중앙지법 판사 2005년 서울고법 판사 2006년 대법원 재판연구관 2008년 서울중앙지법 판사 2009년 대전지법 부장판사 2011년 사법연수원 교수 2014년 서울중앙지법 부장판사(현)

서배원(徐培源) Seo Bae Won

[생]1961·1·7 [본]이천(利川) [출]충남 서산 [주]서울 중구 세종대로124 프레스센터1305호 한국신문윤리위원회 심의위원실(02-734-3081) [학]1979년 공주대사대부고졸 1985년 연세대 정치외교학과졸 1997년 미국 인디애나대 저널리즘스쿨 연수 [경]1985년 경향신문 사회부 기자 1986년 同외신부 기자 1988년 同경제부 기자 1999년 同국제부 차장 2000년 同경제부 정책·금융팀장 2002년 同경제부장 2006년 同경제담당 논설위원 2008년 同전략기획실장 2009년 同경제담당 논설위원 2012~2015년 同상무이사 2016년 한국신문윤리위원회 심의위원(현)

서범석(徐凡錫) Suh, Bumsuk

[생]1951·1·10 [본]달성(達城) [출]전남 광양 [주]경기 오산시 청학로45 오산대학교 총장실(031-370-2510) [학]1969년 광주고졸 1975년 서울대 사범대학 교육학과졸 1984년 同행정대학원 행정학과졸 1992년 미국 위스콘신대 메디슨교 대학원 교육정책학과졸 2005년 명예 행정학박사(백석대) 2010년 교육학박사(한양대) [경]1975년 행정고시 합격(18회) 1993년 교육부 학술지원과장 1994년 同지방교육기획과장 1996년 同국제교육협력관 1997년 同산업교육정책관 1997년 서울대 사무국장 1999년 대통령비서실 교육비서관 2001년 서울시교육청 부교육감 2003~2004년 교육인적자원부 차관 2003~2004년 사법개혁위원회 위원 2004년 홍익대 교육경영대학원 초빙교수 2005~2006년 경원대 법정대학 석좌교수 2006~2008년 사립학교교직원연금관리공단 이사장 2008년 동신대 교육대학원 객원교수 2010~2012년 현대고 교장 2012년 오산대 총장(현) [상]근정포장(1988), 황조근정훈장(2005) [종]기독교

서범수(徐範洙) SUH Beom Soo

[생]1963 [출]울산 [주]경기 의정부시 금오로23번길22의49 경기북부지방경찰청 청장실(031-961-2210) [학]부산 혜광고졸, 서울대 농업경제학과졸, 부산대 대학원 행정학 박사과정 수료 [경]1989년 행정고시 합격(33회) 1993년 경정 임용(특별채용) 2002년 울산지방경찰청 방범과장(총경) 2003년 부산지방경찰청 교통과장 2003년 同강서경찰서장 2005년 同남부경찰서장 2005년 同수사과장 2006년 同동래경찰서장 2007년 同교통과장 2009년 同부산진경찰서장 2010년 同경무과장 2011년 울산지방경찰청 차장(경무관) 2012년 부산지방경찰청 제2부장 2012년 同제1부장 2013년 경찰청 교통국장 2013년 同생활안전국장(치안감) 2014년 울산지방경찰청장 2015년 경기지방경찰청 제2차장 2016년 경기북부지방경찰청장(현)

서병규(徐丙圭) SUH Byung-Kyu

[생]1956·9·23 [주]서울 서초구 반포대로222 가톨릭대학교 서울성모병원 소아청소년과(02-2258-2832) [학]1981년 가톨릭대 의대졸 1985년 同대학원졸 1990년 의학박사(가톨릭대) [경]1981~1985년 가톨릭대 의대 인턴·소아과 전공의 1985~1996년 同의대 소아과학교실 전임강사·조교수 1992년 미국 Univ. of South Florida 소아과 Visiting Professor 1996년 가톨릭대 의대 소아과학교실 교수(현), 同강남성모병원 소아과장 2009~2011년 同서울성모병원 PI실장 2009~2011년 대한소아내분비학회 회장 2011년 同고문, 同명예회장(현) 2013~2015년 가톨릭대 서울성모병원 소아청소년과장 [저]'소아내분비학'(1996) '홍창의 소아과학(7)'(2007) '소아 비만증클리닉'(2007)

서병규(徐柄奎) Seo Byoung Gyu

[생]1959·1·11 [출]강원 화천 [주]부산 영도구 해양로367 한국해양수산연수원(051-620-5701) [학]1988년 단국대 행정학과졸 1992년 서울대 대학원 행정학과졸 [경]1988년 행정고등고시 합격(32회) 1989~1996년 건설교통부 법무담당관실·항공국·수로국 사무관 1996~2000년 해양수산부 정보화담당관실·수산정책과 근무 2000~2001년 同법무담당관·해양개발과장 2001~2003년 국무조정실 해양수산정책과장 2003년 해양수산부 장관비서관 2003년 同품질위생팀장 2005년 同해양정책국 연안계획과장(서기관) 2006년 同해양정책국 연안계획과장(부이사관) 2007년 통일교육원 파견 2008년 국토해양부 태안피해조사지원단 부이사관 2008년 同허베이스피리트호피해보상지원단 지원기획팀장 2008년 마산지방해양항만청장 2009년 국토해양부 해양정책국 해양환경정책관(고위공무원) 2010년 교육 파견(고위공무원) 2012년 여수지방해양항만청장 2013~2015년 부산지방해양수산청장 2015년 한국해양수산연수원 원장(현) 2016년 해양클러스터기관장협의회 회장(현)

서병기(徐昞基) Suh Byung Ki

[생]1963·2·16 [출]경북 김천 [주]서울 영등포구 국제금융로8길16 신영증권(주) 임원실(02-2004-9000) [학]1980년 김천고졸 1988년 연세대 경제학과졸 1998년 한국과학기술원(KAIST) 경영대학원졸(석사) [경]외환은행 근무, 한국투자공사(KIC) 근무, 신영증권(주) 전무이사 2012년 同자산운용본부장 2015년 同WM부문장(부사장)(현)

서병륜(徐炳倫) SUH Byong Yoon

[생]1949·9·3 [출]전남 광양 [주]서울 마포구 마포대로63의8 삼창빌딩6층 로지스올(주)(02-711-7255) [학]순천고졸 1972년 서울대 농공학과졸 [경]1977~1984년 대우중공업 근무 1984년 한국물류연구원 원장, 한국로지스틱스학회 부회장 1985년 로지스올(주) 대표이사 회장(현) 1985년 한국파렛트풀 회장(현) 1985년 한국컨테이너풀(주) 회장(현) 1985년 한국로지스풀(주) 회장(현) 2000~2009년 (사)한국물류협회 회장 2003년 아시아태평양물류연맹 회장 2008년 아시아팔레트시스템연맹(APSF) 명예회장(현) [저]'물류의 길'(2000) [종]천주교

서병문(徐炳文) SEO Byung Moon

[생]1944·3·4 [출]경북 영주 [주]경남 창원시 진해구 남의로43번길42 비엠금속 비서실(055-548-9000) [학]영광고졸 1967년 경희대 체육학과졸 1981년 同경영대학원졸 2001년 명예 경영학박사(중앙대) [경]1981~2001년 신일금속공업 관리이사·대표이사 1991~1997년 진해마천주물공단사업협동조합 이사장 1994년 진해마천주물공업관리공단 이사장 1997년 한국주물공업협동조합 이사장(현) 1997년 중소기업협동조합중앙회 부회장 2001년 비엠금속 대표이사(현) 2007~2011년 중소기업중앙회 비상근부회장 2009년 同중소기업TV홈쇼핑추진위원회 공동위원장 2011년 同부회장 2012~2015년 중소기업사랑나눔재단 이사 2016년 대한배구협회 회장(현) [상]중소기업협동조합대상 대상(2009)

서병문(徐炳文) SUH Byung Moon

[생]1948·12·4 [본]이천(利川) [출]부산 [주]경기 용인시 수지구 죽전로152 단국대학교 공과대학 응용컴퓨터공학과(031-783-4747) [학]1967년 경남고졸 1974년 부산대 공과대학 섬유공학과졸 1998년 서울대 행정대학원 통신방송정책과정 수료 2001년 홍익대 국제경영대학원졸(석사) [경]1973~1983년 한국과학기술연구원(KIST) 선임연구원 1983~1994년 삼성물산(주) 부장·이사(사업개발실장) 1994~1996년 삼성그룹 회장비서실 이사(정보통신팀장) 1996년 삼성전자(주) 정보통신본부 상무이사 1996~2001년 同전무·부사장(미디어컨텐츠센터장) 1997~2002년 하나로통신(주) 사외이사 1998~1999년 방송개혁위원회 실행위원회 위원 2000~2001년 한국프로게임단협의회 초대회장 2001~2007년 한국문화콘텐츠진흥원 원장 2003년 한국문화재재단 이사(현) 2003~2012년 한국문화관광연구원 이사 2003~2006년 디지털미디어시티(DMC) 기획위원 2003~2015년 한국문화산업교류재단 이사 2004~2007년 전경련 문화산업특별위원회 자문위원 2005~2007년 정보통신진흥기금 운용심의회 위원 2005~2007년 저작권심의조정위원회 위원 및 제1분과위원장 2006년 대한상사중재원 중재인(현) 2006~2007년 유네스코 한국위원회 위원 2006~2009년 부산일보 경영자문위원 2007~2010년 국립중앙박물관 운영자문위원 2007~2012년 부산영상산업진흥협의회 위원 2007~2014년 단국대 멀티미디어공학과 교수 2008~2015년 경기콘텐츠진흥원 이사장 2008~2011년 문화체육관광부 정책위원 2008~2014년 한국공예디자인진흥원 이사 2009~2012년 대통령실 교육과학문화 자문위원 2009~2015년 한솔P&S(주) 사외이사 2009년 대성창업투자(주) 사외이사(현) 2010~2015년 CBS기독교방송 경영자문위원 2011~2014년 융합콘텐츠산업포럼 의장 2012년 웨스턴심포니오케스트라 고문(현) 2014년 단국대 공과대학 응용컴퓨터공학과 초빙교수(현) 2015년 솔브레인(주) 사외이사(현) [저]'웃음의 미학'(2003, 도서출판 머릿돌) '엔터테인먼트산업(共)'(2004, 김영사) '퓨처코드(共)'(2008, 한국경제신문) '하이트렌드(共)'(2009, 21세기북스) '엔터테인먼트 산업의 이해(共)'(2009, 넥서스BIZ) [종]기독교

서병삼(徐丙三) SEO Byung Sam

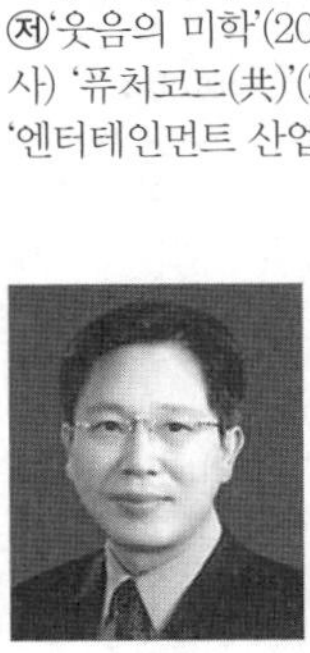

[생]1957·6·3 [주]경기 수원시 영통구 삼성로129 삼성전자(주) 임원실(031-200-6350) [학]홍익대사대부고졸, 아주대 기계공학과졸 [경]1984년 삼성전자(주) 입사, 同생활가전총괄 전자레인지사업팀장(상무보) 2005년 同생활가전총괄 전자레인지사업팀장(상무), 同조리기기사업팀장(상무) 2009년 同조리기기사업팀장(전무) 2009년 同SSEC법인장(전무) 2010년 同생활가전사업부 전무

2013년 同생활가전Global CS팀장(부사장) 2016년 同CE(생활가전)부문 생활가전사업부장(부사장)(현) 2016년 한국스마트홈산업협회(KASHI) 회장(현) [상]철탑산업훈장(2013)

서병수(徐秉洙) SUH Byung Soo (宇津)

[생]1952·1·9 [본]달성(達城) [출]울산 [주]부산 연제구 중앙대로1001 부산광역시청 시장실(051-888-1001) [학]1971년 경남고졸 1978년 서강대 경제학과졸 1980년 同대학원 경제학과졸 1987년 경제학박사(미국 노던일리노이주립대) [경]1987년 (주)우진서비스 대표이사 1992년 동부산대학 경영정보과 겸임교수 1992년 직장새마을운동해운대구협의회 회장 1993년 동백장학회 회장 1993년 해운대케이블TV방송(주) 대표이사 1994년 새마을운동중앙회 해운대구지회 회장 1996년 한나라당 중앙상무위원 1997년 신해운대로타리클럽 회장 1998년 장애인정보화협회 자문위원장 2000년 부산시 해운대구청장(한나라당) 2002년 한나라당 부산해운대·기장甲당원협의회 운영위원장 2002년 제16대 국회의원(부산 해운대·기장甲 보궐선거, 한나라당) 2003년 한나라당 원내부총무 2004년 제17대 국회의원(부산 해운대·기장甲, 한나라당) 2004년 한나라당 재해대책위원장 2005년 同제1정책조정위원장 2005년 同정책위원회 부의장 2005년 同여의도연구소 부소장 2006~2007년 同부산시당 위원장 2007년 同여의도연구소장 2008년 제18대 국회의원(부산 해운대·기장甲, 한나라당·새누리당) 2008~2010년 국회 기획재정위원장 2010~2011년 한나라당 최고위원 2011년 同재외국민협력위원장 2012년 새누리당 도시재생특별위원회 위원장 2012년 同부산해운대·기장甲당원협의회 운영위원장 2012~2013년 同사무총장 2012~2014년 제19대 국회의원(부산 해운대·기장甲, 새누리당) 2012년 새누리당 조직강화특별위원회 위원장 2012년 同제18대 대통령중앙선거대책위원회 당무조정본부장 2014년 부산광역시장(새누리당)(현) 2014년 극지해양미래포럼 이사(현) 2014년 교육부 지방대학 및 지역균형인재육성지원위원회 위원(현) 2014~2016년 부산국제영화제(BIFF) 조직위원장 2016년 부산시 '어린이 텃밭학교' 교장(현) [상]대한민국 헌정대상(2011), 재외동포신문 '올해의 인물 정치·행정부문'(2014), 한국의 영향력 있는 CEO선정 미래경영부문상(2016) [저]'일하는 사람이 미래를 만든다'(2014)

서병식(徐秉植) SOH Byong Sik (廷岩)

[생]1928·12·2 [본]달성(達城) [출]황해 연백 [주]서울 강남구 압구정로210 융기빌딩 (재)정암(02-548-6237) [학]1944년 연백공립농업학교졸 1955년 동국대 경제학과졸 1985년 전국경제인연합회 국제경영원 최고경영자과정 수료 1985년 연세대 행정대학원 수료 [경]1958년 융기산업 창립·대표이사 1962년 동남갈포공업 창립·회장 1972~1983년 한국벽지수출조합 이사장 1977년 서대문구공장새마을협의회 회장 1980년 서부공장새마을추진지부 부회장 1981년 연백장학회 이사장(현) 1983년 가헌과학기술재단 이사 1984년 황해도민회 부회장·자문위원(현) 1985년 민주평통 자문위원 1985년 이북5도행정자문위원회 위원·위원장 1987년 민족통일중앙협의회 부의장·지도위원(현) 1988년 안산상공회의소 고문 1990년 남서울로타리클럽 회장 1990년 전국경제인연합회 국제경영원최고경영자과정총동문회 회장 1996년 밝은사회서울중앙클럽 회장·고문(현) 2007년 (재)정암 이사장(현) [상]산업포장(1979), 새마을훈장 노력장(1979), 국민훈장 목련장(1993), 국민훈장 모란장(2001), 대통령표창(4회), 국무총리표창(3회) [종]천주교

서병조(徐炳祚) SUH, Byung-jo

[생]1959·5·15 [출]서울 [주]대구 동구 첨단로53 한국정보화진흥원 원장실(053-230-1005) [학]1977년 배재고졸 1982년 고려대 법과대학 행정학과졸 1985년 서울대 행정대학원 행정학과졸 1994년 프랑스 파리5대 법대 국제경제·개발법 박사과정 수료(DEA) [경]1982년 행정고시 합격(25회) 1982~1985년 총무처·문교부 충북교육위원회 사무관 1986~1996년 경제기획원·재정경제원 예산실·경제기획국·기획관리실 사무관 1996~2000년 정보통신부 기획관리실·전파방송국·정보화기획실 과장 2000~2003년 외교통상부 駐경제협력개발기구(OECD)대표부 정보통신주재관 2003~2006년 정보통신부 공보관, 전략기획관 2006년 同정보보호기획단장 2008~2010년 방송통신위원회 융합정책관·방송통신융합정책실장 2010년 김앤장법률사무소 정보방송통신 고문 2011년 국가정보화전략위원회 운영지원단장 2013년 미주개발은행(IDB) 수석컨설턴트 2014~2015년 고려대 정보보호대학원 초빙교수 2015년 한국정보화진흥원 원장(현) [상]근정포장(1995), 홍조근정훈장(2009)

서병주(徐柄疇) SUH Byoung Chu (素齡)

[생]1935·3·7 [본]달성(達城) [출]대구 [주]서울 금천구 가산디지털1로168 우림라이온스밸리A동608호 비스코아시아(02-2026-2121) [학]1953년 경북고졸 1964년 동아대 법경대학 상학과졸 1989년 연세대 행정대학원 수료 [경]1979~1985년 KBS 라디오국 제작1부 차장·부장·부국장 1985년 同라디오국장 1986년 同창원방송총국장 1989년 同라디오본부 라디오국장·부본부장 1990년 同춘천방송총국장 1991년 同라디오본부장 1993~2000년 비씨엔터프라이즈 회장 1994년 교통문화클럽 부회장 1996년 同회장 1996년 KBS 방송70년사 집필위원장 1996~1998년 한국평생교육기구 이사장 2000년 비스코아시아 대표이사 사장(현) [상]농림수산부장관표창, 국토통일원장관표창, 문화공보부장관표창(1969), 국민포장(1982), 국무총리표창(1983), KBS 방송대상(1997) [종]천주교

서보신(徐補信) SEO BO SIN

[생]1957·1·10 [주]서울 서초구 헌릉로12 현대자동차(주) 임원실(02-3464-1114) [학]대구 대륜고졸, 한양대 정밀기계공학과졸 [경]2008년 현대자동차(주) 해외생기실장(이사) 2012년 同인도(HMI)법인장(상무), 同파워트레인·툴링담당 전무 2016년 同파워트레인·툴링담당 부사장(현)

서보학(徐輔鶴) SUH Bo Hack

[생]1962·3·23 [출]대구 [주]서울 동대문구 경희대로26 경희대학교 법학전문대학원(02-961-0610) [학]1985년 고려대 법학과졸 1987년 同대학원 형사법학과졸 1996년 법학박사(독일 쾰른대) [경]1997~1999년 아주대 법학부 조교수 1999~2008년 경희대 법대 법학부 교수, 한국형사정책학회 이사, 한국비교형사법학회 상임이사, 한국보호관찰학회 상임이사, 경찰청 혁신위원회 위원, 사법제도개혁추진위원회 기획연구팀장, 미국 일리노이주립대 로스쿨 방문교수 2009년 경희대 법학전문대학원 교수(현) 2009년 경찰청 인권위원회 위원 2013~2015년 대법원 양형위원회 위원 2015년 대법원 사실심충실화사법제도개선위원회 위원(현) [상]대통령표창(2005) [저]'형법총론(共)'(2002, 박영사) '형법각론(共)'(2003, 박영사) '검찰공화국, 대한민국(共)'(2011, 삼인)

서봉규(徐奉揆) Suh Bong-Kyu

[생]1970·11·29 [본]이천(利川) [출]대구 [주]서울 양천구 신월로390 서울남부지방검찰청 금융조사1부(02-3219-2413) [학]1989년 현대고졸 1994년 서울대 법과대학졸 [경]1994년 사법시험 합격(36회) 1997년 사법연수원 수료 2000년 서울지검 검사 2002년 수원지검 여주지청 검사 2003년 대구지검 검사 2005년 법무부 법무심의관실 검사 2007년 서울북부지검 형사부 검사 2007~2008년 호주 파견 2009년 대검찰청 공판송무 양형팀 검사 2011년 청주지검 영동지청장 2012년 법무부 상사법무과장 2014년 서울중앙지검 형사6부장 2015년 대전지검 형사2부장 2016년 서울남부지검 금융조사1부장(현) 2016년 同증권범죄합동수사단장 겸임(현) [종]천주교

서봉수(徐鳳洙) SEO Bong Soo (眞空)

[생]1938·8·12 [본]당성(唐城) [출]경남 의령 [주]부산 동구 중앙대로231번길16 한국댄스스포츠지도자협회(051-467-6477) [학]1958년 부산 광성공고졸 1961년 경희대 체육학과졸 1976년 同대학원 체육학과졸 [경]1984년 한국댄스스포츠지도자협회 이사장(현) 1991년 한국여가레크리에이션협회 부산지부장 1995년 법무부 부산보호관찰소 보호선도위원 1997년 한국청소년마을 부산시지부장 1997년 부산지검 범죄예방위원 1998년 독도사랑문학회 자문위원 1998년 청소년유해환경감시단 단장(현) 2002년 부산동부교육청 학교환경위생정화위원회 위원장 2004~2014년 충·효·예실천운동본부 부산경남연합회 부회장 2004년 3.1동지회중앙회 부회장 2004년 계간 '농민문학' 시부문 신인상 당선, 한국댄스스포츠 프로페셔널심사위원장(현), 고려대 사회체육학과 댄스스포츠 지도교수(현), 동지대 생활체육학과 지도교수(현), 보성노인대학 이사장(현), 독립유공자 호국연각회 회장 2008년 3.1동지회중앙회 회장(현) 2008~2010년 해운대교육청 학교환경위생정화위원회 위원장 2009년 대한민국재향군인회 부산중·동구 회장(현) 2010년 해운대교육지원청 학교환경위생정화위원회 위원장(현) 2011년 6.25참전국가유공자 부산지부 운영위원(현) 2013년 노인대학연합회 부회장(현) 2015년 박재혁의사기념사업회 회장(현) 2015년 충·효·예실천운동본부 부총재(현) [상]부산시 동구청장표창(1986), 문화체육부장관표창(1997), 문화관광부장관표창(1999), 한국여가레크리에이션협회장표창(2001), 부산시장표창(2001), 부산시청소년단체협의

회장표창(2002), 대한민국불교문화상 댄스스포츠교육부문 지도대상(2004), 대한민국통일문화예술대축제 제1회 한국예술문화대상 보훈문화기념사업부문 대상(2005), 행정자치부장관표창(2005), 3.1동지회중앙회장표창(2005), 대한민국재향군인회장표창(2006) (저)'주민 여가생활을 위한 레크리에이션 안내서'(1994) '2005학년도 부산광역시교육청 교원직무연수 : 댄스스포츠 지도자 양성과정 교육교재'(2005) '고려대학교 사회체육학과 댄스스포츠 교육교재'(2005) (종)불교

서봉수(徐奉洙) Seo Bongsoo

(생)1953 · 2 · 1 (출)대전 (주)서울 성동구 마장로210 한국기원 홍보팀(02-3407-3870) (학)배문고졸 (경)1970년 프로바둑 입단 1971년 2단 승단 1971년 제4기 명인전 우승(7연패) 1973년 3단 승단 1975년 제10기 왕위전 우승 1978년 6단 승단 1980년 7단 승단 1980년 제6기 국기전 · 제15기 왕위전 우승 1980년 제20기 최고위전 우승 1982년 제8기 기왕전 우승 1983년 제9기 기왕전 우승 1983년 제7기 KBS 바둑왕전 · 제왕전 · 명인전 · 제왕전 우승 1986년 9단 승단(현) 1986년 제30기 국수전 우승 1987년 제31기 국수전 · 명인전 · 제왕전 우승 1988년 제13기 기왕전 · 국기전 우승 1991년 동양증권배 우승 1992년 제14기 국기전 우승 1993년 응씨배 우승 1993 · 1994 · 1995 · 1996 · 1997년 진로배 한국우승(5연패) 1995년 신사배 우승 1999년 제4기 LG정유배 우승 1999년 제1회 프로시니어기전 우승 2000년 제34기 왕위전 준우승 2001년 서봉수바둑사이버학교 개설 2003년 제3회 프로시니어기전 우승 2006년 제3기 전자랜드배 왕중왕전 현무부 우승 2006년 국수전 50주년 기념 역대국수 초청전 우승 2008년 한국바둑리그 티브로드 감독 2008년 제5기 전자랜드배 현무왕전 우승 2009년 KB국민은행 한국바둑리그 티브로드 감독 2009년 SKY바둑배 시니어연승대항전 우승(명인팀 주장) 2013년 제1기 대주배 시니어최강자전 준우승 2014년 시니어바둑클래식 시니어왕위전 우승 2015년 시니어국기전 준우승 2015년 '2014~2015 시니어 바둑 클래식 왕중왕전' 준우승 (상)바둑문화상 수훈상(1980 · 1981 · 1982 · 1993 · 1999), 최우수기사상(1992), 바둑대상 감투상(2006)

서삼석(徐參錫) SEO Sam Seog (南松)

(생)1959 · 8 · 3 (출)전남 무안 (주)전남 무안군 삼향읍 후광대로274 더불어민주당 전남도당(061-287-1219) (학)1979년 조선대부고졸 1988년 조선대 행정학과졸 2000년 전남대 행정대학원졸 2012년 NGO학박사(전남대) (경)1988~1994년 13 · 14대 국회의원 보좌관 1993년 민주당 전남도지부 총무부장 1995년 同전남도지부 부대변인 1995 · 1998~2002년 전남도의회 의원(국민회의 · 새천년민주당) 2001년 同예산결산특별위원회 위원장 2001~2002년 同기획재정위원장 2002 · 2006 · 2010~2011년 전남 무안군수(새천년민주당 · 열린우리당 · 무소속 · 민주당) 2010~2011년 미래한국해양수산선진화포럼 사무총장, 무안군장애인협회후원회 회장(현) 2012년 민주통합당 제18대 문재인 대통령후보 선거대책위원회 인재영입위원회 부위원장 2013년 전남대 NGO연구회 회장(현) 2013년 조선대 정책대학원 초빙객원교수(현) 2015년 국민생활체육 전국걷기연합회 고문(현) 2015년 한국대학배구연맹 부회장(현) 2016년 더불어민주당 전남영암군 · 무안군 · 신안군지역위원회 위원장(현) 2016년 제20대 국회의원선거 출마(전남 영암군 · 무안군 · 신안군, 더불어민주당) 2016년 더불어민주당 전남도당 상임부위원장(현) (상)풀뿌리민주대상(2001 · 2003)

서상구(徐相九) SEO Sang Koo

(생)1961 (출)부산 (주)서울 노원구 광운로20 광운대학교 경영정보학과(02-940-5435) (학)1980년 부산남고졸 1984년 서울대 전자계산기공학과졸 1986년 한국과학기술원(KAIST) 전산학과졸(석사) 1995년 공학박사(KAIST) (경)1986~1989년 현대전자(주) 소프트웨어연구소 연구원 1995~1998년 同정보시스템사업부 차장 1998~1999년 현대정보기술(주) 기술지원본부 수석 1999년 광운대 경영정보학과 조교수 · 교수(현) 2005~2006년 미국 인디애나대 켈리비즈니스스쿨 방문교수 2008~2009년 광운대 산학협력단장 2009~2010년 同취업지원처장 2014년 同대외국제처장(현) (종)기독교

서상귀(徐相貴) Seo Sang Kwi

(생)1958 · 8 · 27 (출)전북 부안 (주)경기 의정부시 금오로23번길22의49 경기북부지방경찰청 형사과(031-961-2371) (학)부안고졸, 전북대 경영학과졸 (경)1987년 경사 임관(대공경사 특채) 1990년 경위 승진 1995년 경감 승진 2003년 경정 승진 2011년 울산지방경찰청 수사과장(총경) 2011년 충북지방경찰청 수사과장 2013년 경기 군포경찰서장 2014년 경기지방경찰청 제2청 수사과장 2015년 경기 안성경찰서장 2016년 경기북부지방경찰청 형사과장(현)

서상기(徐相箕) SUH Sang Kee

(생)1946 · 1 · 29 (본)달성(達城) (출)대구 (주)서울 강남구 테헤란로7길22 과학기술회관 신관 407호 한국과학우주청소년단(02-739-6369) (학)1964년 경기고졸 1970년 서울대 공과대학 금속공학과졸 1972년 미국 웨인주립대 대학원졸 1976년 공학박사(미국 드렉셀대) (경)1975년 미국 피츠버그대 조교 1976~1981년 미국 Ford자동차연구소 선임연구원 1978년 미국 웨인주립대 객원교수 1980년 한국기계연구소 제조야금실장 1987년 同선임연구부장 1987~1992년 한국기계연구원 원장 1992~1998년 한국산업기술인회 회장 1996년 국가과학기술자문회의 자문위원 1999~2004년 호서대 공대 신소재공학과 교수 2000~2002년 경남미래산업재단 대표 2000~2004년 충남환경기술개발센터장 2002년 한나라당 이회창 대통령후보 정책특보(과학기술) 2003~2004년 전국지역환경기술개발센터협의회 회장 2004년 제17대 국회의원(비례대표, 한나라당) 2004년 국회 디지털포럼 회장 2005년 한나라당 과학기술지원특별위원회 위원장 2007년 同과학기술정보통신분과위원회 위원장 2008년 제18대 국회의원(대구 북구乙, 한나라당 · 새누리당) 2008~2010년 한나라당 대구시당 위원장 2009년 미국 웨인주립대 '명예의전당' 헌정 2010년 국회 교육과학기술위원회 간사 2010~2012년 한나라당 과학기술특별위원장 2010년 국회 예산결산특별위원회 계수조정소위원 2011년 한국과학우주청소년단 총재(현) 2012~2013년 한국대학야구연맹 초대회장 2012년 제19대 국회의원(대구 북구乙, 새누리당) 2012~2014년 국회 정보위원회 위원장 2012년 과학기술혁신포럼 회장(현) 2012년 국회 선플정치위원회 공동위원장 2013년 국회 교육문화체육관광위원회 위원 2013~2015년 국민생활체육회 회장 2013~2015년 스포츠안전재단 이사장 2014년 국회 미래창조과학방송통신위원회 위원 2014년 (사)문화재찾기한민족네트워크 공동대표(현) 2015년 국회 예산결산특별위원회 위원 2015년 새누리당 핀테크특별위원회 위원장 2015년 한국자동차공학한림원 명예회원(현) (상)국민훈장 동백장(1983), 在美과학기술자협회 한미학술대회 공로상(2010), 전국청소년선플SNS기자단 선정 '국회의원 아름다운 말 선플상'(2015) (종)기독교

서상목(徐相穆) SUH Sang Mok (明泉)

(생)1947 · 7 · 11 (본)달성(達城) (출)충남 홍성 (주)서울 강남구 테헤란로33길3의12 우리빌딩6층 데일리경제(02-563-0839) (학)1965년 경기고졸 1969년 미국 앰허스트대 경제학과졸 1973년 경제학박사(미국 스탠퍼드대) 1991년 서강대 대학원 최고경영자과정 수료 1996년 세종대 대학원 최고경영자과정 수료 (경)1973~1978년 세계은행(IBRD) 경제조사역 1978년 한국개발연구원(KDI) 수석연구원 1982년 同연구조정실장 1983년 부총리 · 경제기획원장관 자문관 1983년 KDI 부원장 1988년 민주정의당(민정당) 정책조정부실장 1988년 제13대 국회의원(전국구, 민정당 · 민자당) 1990년 민주자유당 제4정책조정실장 1990~1993년 21세기정책연구원 원장 1991년 민자당 제2정책조정실장 1992년 제14대 국회의원(전국구, 민자당 · 신한국당) 1993년 민자당 제1정책조정실장 1993년 보건사회부 장관 1993년 민자당 서울강남甲지구당 위원장 1994~1995년 보건복지부 장관 1995년 21세기정책연구원 원장 1996년 UN 환경자문위원 1996~1999년 제15대 국회의원(서울 강남甲, 신한국당 · 한나라당) 1996년 한나라당 당무위원 1996년 한국아동 · 인구 · 환경의원연맹 회장 1996년 아시아 · 태평양환경개발의원회의 집행위원장 1996년 21세기교육문화포럼 이사장(현) 1997년 경제자유찾기모임 공동대표 1998년 한나라당 정책위원회 의장 2000~2002년 미국 스탠퍼드대 후버연구소 연구위원 2001년 명지대 교수 2002년 同정보통신경영대학원장 2005년 도산기념사업회 부회장 2008년 인제대 석좌교수 2009~2011년 경기복지재단 이사장 2012년 제19대 국회의원선거 출마(충남 홍성 · 예산, 자유선진당) 2012년 선진통일당 국책자문위원장 2014년 도산안창호선생기념사업회 이사장(현) 2015년 지속가능경영재단 이사장(현) 2015년 인터넷매체 데일리경제 회장(현) 2016년 한국복지경영학회 회장(현) (상)국민포장(1983), 청조근정훈장(1996), WHO 금연운동 공로훈장(1996), 아 · 태지역 환경보존공로패(1997), 남녀평등정치인상(1998) (저)'빈곤의 실태와 영세민대책'(1981) '한국자본주의의 위기 : 어떻게 극복할 것인가'(1989) '새로운 도전앞에서 : 21세기를 향한 한국경제의 선택'(1992) '공짜점심은 없다 : 서상목의 경제이야기'(1994) '말만하면 어쩝니까, 일을 해야지요'(1996) '경기종합지수 작성에 관한 연구보고서' '긴급점검 김대중정부의 경제개혁'(共) 'To the Brink of Peace'(共) '시장(市場)을 이길 정부는 없다'(2003) '정치시대를 넘어 경제시대로'(2004) '김정일 이후의 한반도'(2004) (종)기독교

서상범(徐尙範) SEO, Sang Beom

(생)1970 · 2 · 16 (본)달성(達城) (출)서울 (주)서울 중구 세종대로110 서울특별시청 법무담당관실(02-2133-6680) (학)1988년 서울 중앙고졸 1992년 서울대 법대 공법학과졸 (경)1995년 외무고시 합격(29회) 1995년 외무부 국제연합국 군축원자력과 외무사무관 2000년 사법고시 합격(42회) 2003년 사법연수원 수료(32기) 2003~2007년 여는 합동법률사무소(민주노총 법률원) 변호사

2006~2010년 국민연금심사위원회 심사위원 2008~2015년 법무법인 다산 구성원변호사 2010~2015년 경기지방노동위원회 공익위원 2015년 서울시 기획조정실 법무담당관(현) [종]불교

서상수(徐相守) Seo Sang Soo (구경)

[생]1962·2·8 [본]달성(達城) [출]경북 포항 [주]서울 서초구 서초대로287 석정빌딩4층 법무법인 서로(02-3476-3000) [학]1980년 달성고졸 1984년 서울대 법학과졸 1986년 同대학원 법학과졸 1998년 同대학원 법학 박사과정 수료 [경]1995~2012년 종합법률사무소 서로 대표변호사, (주)서광건설산업 사외이사 2000년 한국국방연구원 고문변호사(현), 서울시버스운송사업조합 고문변호사, 한국휠체어농구연맹 부회장(현), 한국육영학교 학교운영위원회 위원장, 서울비전휠체어농구단 단장(현) 2005년 한국자폐인사랑협회 인권위원장(현) 2005년 (사)안보경영연구원 감사(현) 2005년 서울중앙지법 조정위원(현) 2005년 한국소비자보호원 의료관련분쟁조정위원회 전문위원(현) 2005년 이화여대 법학전문대학원 겸임교수(현) 2007~2009년 보건복지부 중앙의료심사조정위원회 위원 2008년 同장기요양심판위원회 위원(현), 의료문제를생각하는변호사모임 대표, 대한변호사협회 인권위원 2012년 법무법인 서로 대표변호사(현) [종]기독교

서상수(徐祥洙) Seo Sang Soo

[생]1970 [주]경기 고양시 일산동구 일산로323 국립암센터 자궁암센터(031-920-1230) [학]1996년 서울대 의대졸 2002년 同대학원졸 2007년 의학박사(서울대) [경]1996~1997년 서울대병원 수련의 1997~2001년 同산부인과 전공의 2001~2003년 同전임의 2003년 국립암센터 자궁암센터 의사(현) 2012년 同산부인과 의사(현) 2014년 同자궁암센터장(현)

서상우(徐相佑) Suh Sang Woo

[생]1960·12·8 [출]경북 안동 [주]대구 중구 공평로88 대구광역시의회 사무처(053-803-5030) [학]1978년 안동고졸 1983년 경북대 사회학과졸 [경]2011년 대구시 대변인 2014년 同문화체육관광국장 2015년 同자치행정국장 2016년 대구시의회 사무처장(현)

서상욱(徐相旭) SUH Sang Wook

[생]1960·7·4 [주]경기 성남시 수정구 성남대로1342 가천대학교 건축대학 건축공학과(031-750-5300) [학]1984년 서울대 건축학과졸 1986년 同대학원 건축시공학과졸 1992년 건축시공학박사(서울대) [경]1993~2012년 경원대 건축공학과 교수 1993~1997년 성남시 건축심의위원회 심의위원 1993~1998년 한국산업인력관리공단 출제 및 채점위원 1993~1998년 경기도건축심의위원회 심의위원 1995년 건설공무원교육원 강사 1996~1998년 미국 버클리 캘리포니아대 Post-Doc.(Research Associate) 2006~2010년 경원대 학생처장 2006년 同신문방송국장 겸임 2011~2012년 同공과대학장 2012년 가천대 건축대학 건축공학과 교수(현) 2014~2016년 同교무처장 [상]한국건설관리학회 우수논문상(2002), 건설교통부장관표창(2004) [저]'건축공정관리학(共)'(2002) '건축재료학(共)'(2002) '건축시공(共)'(2003)

서상혁(徐相赫) SUH Sang Hyuk (자륜)

[생]1954·4·12 [출]서울 [주]서울 서초구 반포대로9 호서대학교 글로벌창업대학원(02-2059-2321) [학]1971년 중앙고졸 1979년 한국외국어대 영어과졸 1982년 서울대 대학원 경영학과졸 1986년 프랑스 그르노블제2대 경영학과졸 1989년 경영학박사(프랑스 그르노블제2대) [경]1980~1981년 산업연구원 연구원 1981~1985년 현대사회연구소 선임연구원, 산업자원부산하 생산기술연구원 교수, 同기술경영실장, 同대외협력부장, 한국산업기술평가원 기술기획부장, 同기술정책조사기획단장 2001~2002년 호남대 부교수 2001년 同교류협력실장 2002년 호서대 글로벌창업대학원 교수(현), 한국기술경영·경제학회 이사, 프랑스 마케팅학회(AFM) 회원, 한국소비자학회 초대이사, 한국중소기업학회 편집위원 2009년 한국기업·기술가치평가협회 회장 2011년 한국기술혁신학회 회장 [저]'기술라운드 그 대안을 제시한다(共)'(1994, 한국무역협회) '산업기술의 국제협력(共)'(1996, 산업기술정책연구소) '21세기 유망산업기술 발전전략과 과제(共)'(2000, 한국산업기술평가원) '기술가치평가메뉴얼(共)'(2002, 한국기술가치평가협회) '기업 및 기술의 가치평가 요인분석(共)'(2003, 한남대 출판부) '기술거래평가 전문인력양성을 위한 기술가치평가(共)'(2004, 한국기술거래소) '기술이전 거래 전문인력양성을 위한 기술마케팅(共)'(2004, 한국기술거래소) '기술마케팅 핸드북(共)'(2005, 산업자료센터) '부동산마케팅 : 전략과 기법'(2006, 경문사) '기술마케팅'(2007, 산업자원부) '동반성장의 지렛대, 네트워킹'(2007, 산업자원부·한국산업기술평가원) '동반성장의 지렛대, 네트워킹(2)'(2008, 산업자원부·한국산업기술평가원) '기술혁신 하이웨이'(2009, 지식경제부·한국산업기술평가원) '상생오디세이'(2010, 한국산업기술진흥원) '국경을 뛰어넘는 R&D 이야기'(2011, 지식경제부·한국산업기술진흥원) '산학연연계사례집V : 상생오디세이'(2011, 지식경제부·한국산업기술진흥원) '하이테크혁신마케팅'(2012) '창업마케팅'(2012, 두남) [역]'도해로 설명한 기술마케팅(共)'(2007, 경문사) '잭웰치에게 배우는 소통의 노하우'(2010, K-북스) '소통의 노하우'(2010, K-북스) '하이테크혁신마케팅'(2012, 경문사) [종]가톨릭

서상현(徐祥玄) Suh, Sang-Hyun

[생]1956·2·21 [주]대전 유성구 유성대로1312번길32 한국해양과학기술원 선박해양플랜트연구소(042-866-3000) [학]1979년 서울대 조선공학과졸 1982년 同대학원 조선공학과졸 1991년 공학박사(미국 Univ. of Michigan) [경]1982~1985년 한국기계연구소 연구원 1991~1993년 해사기술연구소 선임연구원 1993~1998년 국내전자해도위원회 위원장 1993~1999년 한국기계연구원 선임연구원 1994년 GNSS협의회 Steering Committee 위원 1997~1998년 충남대 선박해양공학과 겸임교수 1998~1999년 과학기술부 정책자문위원 1999년 한국해양정보통신학회 국제이사 1999~2000년 한국해양연구원 선임연구원 2000년 동춘과학재단 이사 2000~2012년 한국해양연구원 해양시스템기술연구본부 책임연구원 2012년 한국해양과학기술원 선박해양플랜트연구소장(현) [상]석탑산업훈장(2015)

서상홍(徐相弘) SUH Sang Hong

[생]1949·12·4 [본]달성(達城) [출]부산 [주]서울 서초구 법원로4길41 명광빌딩2층 법무법인 세아(02-532-7300) [학]1968년 경기고졸 1973년 서울대 법과대학졸 1975년 同대학원 수료 1985년 영국 케임브리지대 수학 [경]1975년 사법시험 합격(17회) 1977년 사법연수원 수료(7기) 1977·1986년 서울민사지법 판사 1980년 서울형사지법 판사 1981년 청주지법 충주지원 판사 1983년 서울지법 북부지원 판사 1987년 서울고법 판사 1990년 대법원 재판연구관 1991년 부산지법 부장판사 1993년 헌법재판소 연구부장 1994년 서울민사지법 부장판사 1995년 서울지법 부장판사·서울가정법원 부장판사 1997년 인천지법 부천지원장 1999년 서울지법 부장판사 1999년 변호사 개업 2000년 헌법재판소 사무차장 2006~2007년 同사무처장 2008~2009년 정부법무공단 초대 이사장 2009년 서&현법률사무소 대표변호사 2010년 법무법인 세아 대표변호사(현) [상]청조근정훈장(2007)

서상훈(徐相薰)

[생]1963·1·22 [출]경북 영천 [주]대구 수성구 무학로227 대구지방경찰청 정보화장비과(053-804-7027) [학]경북고졸 1985년 경찰대 행정학과졸(1기) [경]1985년 경위 임관 1991년 경감 승진 1996년 경정 승진 2006 총경 승진 2006년 경북 청송경찰서장 2008년 대구 중부경찰서장 2009년 대구지방경찰청 보안과장 2010년 경북 영천경찰서장 2011년 대구지방경찰청 청문감사담당관 2012년 대구 동부경찰서장 2013년 대구 강북경찰서장 2014년 대구지방경찰청 여성청소년과장 2015년 대구 남부경찰서장 2016년 대구지방경찰청 정보화장비과장(현)

서상희(徐相熙) SUH Sang Hee

[생]1952·2·13 [본]이천(利川) [출]부산 [주]서울 성북구 화랑로14길5 한국과학기술연구원 차세대반도체연구소 전자재료연구단(02-958-5691) [학]1970년 경기고졸 1974년 서울대 금속공학과졸 1976년 한국과학기술원(KAIST) 재료공학과졸(석사) 1982년 공학박사(미국 노스웨스턴대) [경]1976~2012년 한국과학기술연구원(KIST) 연구원·선임연구원·책임연구원 1984~1985년 미국 Stanford대 재료공학과 객원연구원 1987~1992년 한국과학기술원(KAIST) 재료공학과·생산공학과 겸무교수 1990년 한국과학기술연구원(KIST) 전자금속연구실장 1991년 고려대 재료공학과·물리학과 객원교수 1992년 한국과학기술연구원 광센서연구실장 1997~2002년 同정보재료·소자연구센터장 2002년 과학기술부 프런티어사업단 나노소재기술개발사업단장 2002~2012년 교육과학기술부 프런티어사업단 나노소재기술개발사업단장 2004~2006년 대한금속재료학회 이사 2007~2012년 한국재료학회 감사 2011년 나노기술연구협의회 회장(현) 2013년 한국과학기술연구원 미래융합기술연구본부 전자재료연구센터 책임연구원 2013~2015년 고려대·한국과학기술연구원(KU-KIST) 융합대학원장 2015년 한국과학기술연구원(KIST) 차세대반도체연구소 전자재료연구단 책임연구원(현) [상]국무총

리표창, 송곡과학기술상(1999), 올해의 KIST인 대상(2003), 과학기술포장(2006), 과학기술훈장 진보장(2012) [종]기독교

서상희(徐相熙) SEO Sang Heui

[생]1965·5·30 [본]달성(達城) [출]경북 영천 [주]대전 유성구 대학로99 충남대학교 수의학과(042-821-7819) [학]1988년 경북대 수의학과졸 1997년 바이러스면역학박사(미국 텍사스A&M대) [경]1997~1999년 미국 Univ. of Minnesota 박사후연구원 1997년 홍콩 조류독감바이러스의 인체손상원인 세계최초 규명 1999~2002년 미국 St. Jude Children's Research Hospital 박사후연구원 2002~2010년 충남대 수의학과 조교수·부교수 2007~2008년 同수의학과장·부학장 2008년 세계보건기구(WHO) 및 미국 정부의 허가를 받아 도입한 고병원성 조류독감 균주를 유전자재조합 기법으로 약독화해 'AI 인체백신'을 개발하는 데 성공 2009년 신종 인플루엔자(신종플루)의 인체백신 세계 최초 개발에 성공 2009년 충남대 독감바이러스연구소장(현) 2010년 同수의학과 교수(현) [상]국제독감바이러스학회 젊은과학자상(2003)

서석구(徐錫龜) SUH Suk Koo

[생]1955·1·15 [본]달성(達城) [출]서울 [주]경기 성남시 분당구 황새울로258번길25 (주)서영엔지니어링(02-6915-7272) [학]1973년 서울고졸 1977년 한양대 토목공학과졸 1985년 同대학원 토목공학과졸 1998년 同대학원 토목공학박사과정 수료 [경]특수교량설계 전문가(현) 1979~1995년 (주)삼우기술단 상무이사 1995~2012년 (주)서영엔지니어링 구조설계실장(부사장) 1998~2010년 국토해양인재개발원 초빙강사 2000~2006년 중앙대 건설환경공학과 겸임교수 2009~2011년 한국콘크리트학회 부회장 2012년 (주)서영엔지니어링 감리본부장(부사장) 2015년 同기술영업총괄 수석부사장(현) 2015년 한국사단법인 한국토목구조기술사회 회장(현) [상]건설교통부장관표창, 행정자치부장관표창, 국무총리표창, 과학기술부 이달(3월)의 엔지니어상 [저]'철도설계기준 : 철도교편'(2004, 철도청) '도로교 설계기준'(2005, 도로교통협회) '도로교 표준시방서'(2005, 도로교통협회) '강도로교 상세부 설계지침'(2006, 건설교통부) '콘크리트 구조설계기준 해설'(2007, 한국콘크리트학회) '도로교 설계기준 해설'(2008, 대한토목학회) '고속도로공사 전문시방서'(2009, 한국도로공사)

서석권(徐錫權)

[생]1958·3·5 [출]경기 수원 [주]경기 군포시 고산로429 군포소방서(1666-5119) [경]1986년 소방사 임용(공채) 2006년 경기소방학교 교육기획과장 2007년 경기도 소방재난본부 의무소방담당 2009년 경기 오산소방서 소방행정과장 2009년 경기 화성소방서 대응과장 2009년 경기 용인소방서 현장지휘과장 2011년 경기도 소방재난본부 특수구조1팀장 2013년 同소방재난본부 특수대응단장 직대 2014년 同소방재난본부 특수대응단장(지방소방정) 2015년 경기 용인소방서장 2016년 경기 군포소방서장(현) [상]옥조근정훈장(2000), 대통령표창(2013)

서석진(徐錫珍) SEO Seok Jin

[생]1958·5·29 [본]달성(達城) [출]강원 삼척 [주]경기 과천시 관문로47 미래창조과학부 소프트웨어정책관실(02-2110-1800) [학]함백공고졸 1988년 한양대 전자공학과졸 1990년 同대학원 전자공학과졸, 미국 오클라호마주립대 경영학과졸(MBA) [경]기술고시 합격(22회) 1999년 정보통신부 전파방송관리국 전파기획과 서기관, 同월드컵조직위원회 통신부장 2002년 해외 파견 2004년 정보통신부 광대역통합망과장 2006년 同정보보호기획단 정보보호정책팀장 2007년 同정보통신정책본부 기술정책팀장 2008년 同정보통신정책본부 기술정책팀장(부이사관) 2008년 지식경제부 산업융합정책과장 2009년 同정보통신총괄과장 2010년 同한국형헬기개발사업단 민군협력부장(고위공무원) 2011년 同우정사업본부 부산체신청장 2011년 부산지방우정청장 2012년 국방대 교육파견 2013년 강원지방우정청장 2013년 미래창조과학부 국립전파연구원장 2014년 同소프트웨어정책관(현) [상]녹조근정훈장(2002)

서석형(徐錫亨) Seok-Hyoung Seo

[생]1952·11·3 [출]경북 성주 [주]충남 아산시 음봉면 연암율금로288의7 디젠스(주) 비서실(041-913-1000) [학]1972년 대구 계성고졸 1980년 영남대 기계공학과졸 [경]1979~1994년 동원산업 근무 1994~1996년 동원금속(주) 생산담당 이사 1996~2002년 동원테크(주) 관리담당 이사 2002~2008년 同총괄상무이사 2008~2012년 同총괄부사장 2012년 디젠스(주) 각자대표이사 총괄부사장 2014년 同고문(현)

서석호(徐石虎) SEO Suk Ho

[생]1960·9·8 [출]대구 [주]서울 종로구 사직로8길39 세양빌딩 김앤장법률사무소(02-3703-1652) [학]1979년 경복고졸 1983년 서울대 법학과졸 2000년 미국 워싱턴대 경영대학원졸 2001년 미국 뉴욕대 School of Law졸(LL. M. in Corporation Law) 2002년 同School of Law졸(LL. M. in Taxation) [경]1982년 사법시험 합격(24회) 1984년 사법연수원 수료(14기) 1985~1988년 육군 軍법무관 1988년 변호사 개업 1996년 회명합동법률사무소 변호사 2001년 미국 뉴욕주 변호사시험 합격 2002년 삼일회계법인 고문변호사(현) 2004년 서맥법률사무소 대표변호사 2005년 법무법인 바른 변호사 2005~2007년 대한변호사협회 재무이사 2005년 SKC(주) 사외이사 2005~2007년 경제인문사회연구회 감사 2005~2009년 재정경제부 세제발전심의위원회 위원 2006년 서울고검 항고심사위원(현) 2006년 서울중앙지법 조정위원(현) 2006~2007년 명지대 법대 부교수 2006년 부영그룹 고문변호사 2009~2011년 대한변호사협회 법제이사 2009년 김앤장법률사무소 변호사(현) 2009년 법무부 법교육위원회 위원(현) 2009년 同사법시험관리위원회 위원(현) 2011년 서울대 법과대학동창회 부회장(현) 2011년 서울지방변호사회 정책자문위원(현) 2011년 법무부 변호사제도개선위원회 위원(현)

서석홍(徐錫洪) SUH Suk Hong

[생]1945·6·19 [본]달성(達城) [출]경북 고령 [주]서울 서초구 남부순환로2636 성문빌딩308호 동선합섬(주) 임원실(02-578-0202) [학]1968년 영남대 공대 섬유과졸 1974년 고려대 경영대학원 연구과정 수료 1991년 서울대 경영대학 최고경영자과정 수료 1993년 고려대 국제대학원 최고국제관리과정 수료 [경]1968년 삼덕무역(주) 입사 1971년 同영등포공장장(이사) 1973년 同부평공장장(이사) 1973년 동선산업사 설립 1982년 동선합섬(주) 대표이사(현) 1999~2004년 한국폴리프로필렌섬유공업협동조합 이사장 2002년 화학산업협동조합 위원장 2002년 중소기업중앙회 이사 2003~2014년 용인상공회의소 부회장 2004년 한국P.P섬유공업협동조합 이사장(현) 2009년 중소기업중앙회 부회장 2012~2015년 중소기업사랑나눔재단 이사 2015년 용인상공회의소 수석부회장(현) [상]500만불 수출의탑(1987), 1천만불 수출의탑(1988), 대통령표창(1989), 은탑산업훈장, 자랑스러운 영대인상(2011)

서석희(徐奭熙) Suh Suk-hee (乙用)

[생]1956·5·14 [본]달성(達城) [출]경남 통영 [주]서울 중구 세종대로9길20 신한은행빌딩 법무법인 충정(02-772-2875) [학]1975년 경남고졸 1980년 서울대 법학과졸 1986년 부산대 법과대학원졸 1990년 미국 육군법무관학교 국제법학과졸 2008년 서울대 공정거래법전문과정 수료 2011년 법학박사(중앙대) [경]1982년 軍법무관 임용시험 합격(5회) 1984년 사법연수원 수료(법무 5기) 1984~1994년 軍판사·軍검찰관·법무참모·교육장교·법무전속부관·법무담당관 1994년 대통령비서실 민정수석실 민정·사정행정관(과장) 1998년 공정거래위원회 소비자보호국 약관심사2과장 2000년 同약관제도과장 2001년 同심판관리3담당관 2001년 同송무담당관 2002년 영국 관리정책연구센터(CMPS) 수료 2003년 미국 워싱턴주립대 파견 2004년 同교환교수(독점규제법) 2005년 공정거래위원회 정책국 제도법무과장 2006년 同심판관리관실 심판행정팀장 2006년 네덜란드 EIPA과정 수료 2007년 공정거래위원회 카르텔조사단 카르텔정책팀장 2008년 同시장분석정책관 2009년 명예퇴직(일반직고위공무원) 2009년 법무법인 충정 변호사(현) 2012~2015년 공정거래위원회 비상임위원 [종]불교

서선호(徐仙鎬) SEO Seon Ho (古潭)

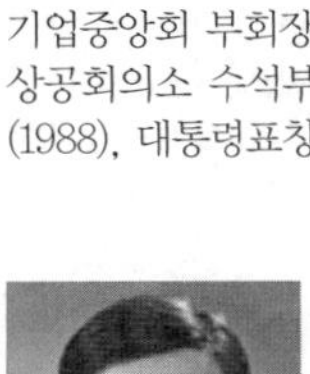

[생]1962·2·23 [본]달성(達城) [출]전남 담양 [학]1982년 담양공고졸 1989년 광주대 법학과졸 1993년 경희대 행정대학원 행정학과졸 1998년 서울대 환경대학원 수료 2008년 행정학박사(상명대) [경]1988~1992년 한국청년봉사협회 회장 1989년 통일기전국웅변대회 지도위원장 1992년 대한법률중앙회 중앙법률연수원장 1994년 공해추방국민운동중앙본부 청소년협의회장 1996년 한국사회복지개발원 원장(현) 1997년 담양공고총동창회 회장 1997·2003년 在京광주·전남향우회 부회장 1997년 전국시민단체연합 사회복지위원장 1998년 전국시민단체연합 복지분과위원장 1998년 경희대부설 한국정책개발연구소 이사 1998년 국민회의 서울시선거대책위원회 공해추방국민본부협의회장 1999년 경민대 중소기업지원제품환경디자인센터 자문위원 1999년 농업·환경·생명을위한WTO협상범국민연대 공동대표 2001년 UN NGO·GCS·SNM클럽 운영위원장 2003년 중국 연변대 객원교수 2003년 대한법률중앙회 중앙법률연수원장 2003년 '백두산문학'으로 시인 등단 2003년 전국시민단체연합 정책위원장(현) 2003년 대한민국사이버국회 사

회복지위원장 2003년 (사)유석조병옥박사기념사업회 기획위원장 2003년 (사)공해추방국민운동중앙본부 부총재(현) 2003년 담양공고총동문회 회장 2003년 한국비정부기구연합(NGO) 한국범죄예방연합 사회복지위원장 2003년 한국청소년보호육성회 부이사장 2003년 백두산문인협회 기획위원장 2005년 대통령자문 국가균형발전위원회 정책연구자문위원 2005년 국제장애인휠체어마라톤조직위원회 상임홍보위원장 2006년 한국정신문화연대 운영위원장(현) 2006년 Hi Seoul장애인취업박람회 기획위원장 2006년 법무부 범죄예방위원 2006년 서울시편의시설설치시민촉진단 전문위원 2006년 바르게살기운동 서울시협의회 부회장 2006년 국민생활체육 송파복싱연합회 회장 2007년 세계학생UN본부 복지위원장 2007년 광주대충동문회 부회장 2007년 駐韓인도대사관 명예총영사 2007년 2007국민연대 공동집행위원장 2007년 미래한국연대 복지정책위원장 2007년 미국 아메리칸주립대 교수 2008년 (사)한국장애인중심기업협회 법인이사 2008년 청운대 사회복지학과 외래교수(현) 2009년 서울시 장애인일자리통합지원센터 자문위원장(현) 2009년 (사)국내외통합호남향우회중앙회 초대청년회장 겸 청년담당 부회장(현) 2010년 상명대대학원행정학박사과정동문회 회장 2010년 한국전력 평가위원 2011년 (사)한국문인협회 남북문학교류위원(서울시대표) 2011년 환경소방경찰신문 상임논설위원(현) 2011년 한·일 문학교류대회 한국공동대표시인 2012년 계간백두산문학작가회 회장(현) 2012년 상명대 행정학과 겸임교수(현) 2012년 국제라이온스협회 총재협의회 의장 정책특보(현) 2013년 서울시의회 의장 사회복지특보 2014년 한국산업상담경영원 전문위원 교수(현) 2014년 (사)유석조병옥선생기념사업회 사무총장(현) 2015년 2015담양세계대나무박람회 홍보위원(현) 2015년 사회복지법인 행복복지재단 정책개발자문위원장(현) 2015년 서울시도시철도공사 잠실역장(현) 2015년 한국노벨재단 사회복지위원장 2016년 경희대 행정대학원 총동문회 사회복지위원장(현) 2016년 同공공대학원 외래교수(현) 2016년 국제한국어평생교육원 교수부장(현) 2016년 한반도평화통일협동조합 보건복지본부장(현) 2016년 한국현대시인협회 이사 겸 국제PEN클럽 한국본부 위원(현) 2016년 한국문인협회 남북문학교류위원회 부위원장(현) 2016년 서울시체육회 복싱협회 부회장(현) [상]법무부장관표창(1990), 대법원장표창(1991), 서울시장표창(1999), 백두산문학 신인문학상(2003), 백두산문학상(2012), 제2회 황금찬문학상, 스웨덴 아카데미 문학상, 중국 두만강 문학상, 미국 뉴욕 아카데미 문학상 [저]'세계사회복지발달사'(2010) '사회복지행정론'(2011) [작]시집 '늘푸른 소나무의 마음'(2007) '추월산'(2013) [종]기독교

서성동(徐聖東) Suh, Seong Dong

[생]1959·1·13 [본]이천(利川) [출]대구 [주]서울 강남구 언주로711 건설공제조합 감사실(02-3449-8607) [학]1977년 대구 경북고졸 1981년 고려대 법과대학 행정학과졸 1994년 同정책대학원 도시및지방행정학과졸 [경]1983~1986년 학사장교 복무(중위 제대) 1986년 대통령 경호실 입사 2012~2013년 대통령실 경호차장(1급) 2013년 건설공제조합 감사(현) [상]대통령표창(1997), 근정포장(2006), 홍조근정훈장(2012)

서성원(徐晟源) SUH Sung Won

[생]1964·4·23 [출]경기 수원 [주]경기 성남시 분당구 판교로264 SK플래닛(주) 임원실(02-6119-0114) [학]1983년 서울고졸 1987년 연세대 경영학과졸 1990년 미국 노스웨스턴대 대학원 경영학과졸 [경]1990년 (주)대우 외환부 근무 2002년 SK(주) 구조조정추진본부 상무 2004년 SK텔레콤(주) 신규사업추진본부장(상무) 2005년 同신규사업전략본부장(상무) 2008년 同글로벌비즈니스 기획실장(상무) 2009년 同C&I기획실장(전무) 2010년 同PM사업단장(전무) 2010년 同오픈마케팅추진단장(전무) 2012년 同통합마케팅추진실장(전무) 2013년 同서비스혁신부문장(전무) 2013~2014년 SK텔링크 대표이사 사장 2015년 SK플래닛(주) 최고운영책임자(COO) 2016년 同최고운영책임자(COO·부사장)(현)

서성일(徐成一) Seo Seongil

[생]1965·2·5 [본]달성(達城) [출]경남 거제 [주]경기 과천시 관문로47 미래창조과학부 소프트웨어진흥과(02-2110-1840) [학]1984년 해성고졸 1989년 서울대 지리학과졸 1995년 同대학원 환경계획학과졸 2009년 영국 엑세터대 대학원 경영학과졸(MSc) [경]1996년 행정고시 합격(40회) 1998~2005년 정보통신부 지식정보산업과·정책총괄과·통신이용제도과·통신기획과 행정사무관 2005~2006년 同통신기획과·혁신기획담당관실 서기관 2009년 대통령직속 미래기획위원회 파견(서기관) 2011~2013년 지식경제부 규제개혁법무담당관·정보통신산업과장 2013년 미래창조과학부 정보통신산업과장 2013년 同소프트웨어융합과장 2015년 同소프트웨어진흥과장(현) [상]정보통신부장관표창(2001), 대통령표창(2002)

서성준(徐成俊) SEO Seong Jun

[생]1958·9·17 [출]부산 [주]서울 동작구 흑석로102 중앙대학교병원 피부과(02-6299-1538) [학]1983년 중앙대 의대졸 1989년 同대학원졸 1993년 의학박사(중앙대) [경]1994~1999년 대한의학협회 편집자문의원 1994년 중앙대 의과대학 피부과학교실 교수(현) 1996~1997년 미국 콜로라도대 덴버교 의대 피부과 연구교수 2003년 중앙대병원 피부과 과장, 대한피부연구학회 재무이사, 미국피부과학회 정회원, 세계피부연구학회 정회원, 대한아토피피부염학회 학술이사 2010~2014년 중앙대병원 피부과장, 同연구중심병원 사업단장(현) 2015년 대한아토피피부염학회 회장(현) [상]중앙대학술상(2003), MSD 학술상(2004), 대한피부과학회 스티펠학술상(2014) [저]'피부과학 전자교과서(共)' '비타민' '피부과학' '아토피피부염의 역학과 관리'

서성호(徐聖昊)

[생]1970·9·2 [출]대구 [주]경기 의정부시 녹양로34번길23 의정부지방검찰청 공안부(031-820-4748) [학]1989년 대구고졸 1996년 고려대 법학과졸 [경]1997년 사법시험 합격(39회) 2000년 사법연수원 수료(29기) 2000년 청주지검 검사 2002년 대구지검 김천지청 검사 2003년 창원지검 검사 2005년 서울북부지검 검사 2008년 부산지검 검사 2010년 서울중앙지검 검사 2013년 의정부지검 부부장검사 2015년 광주지검 공안부장 2016년 의정부지검 공안부장(현)

서세옥(徐世鈺) SUH Se Ok (山丁)

[생]1929·2·7 [본]달성(達城) [출]대구 [주]서울 관악구 관악로1 서울대학교 미술대학 동양화과(02-880-7470) [학]계성중졸 1950년 서울대 예술대학 미술부 제1회화과졸 1998년 예술학박사(미국 Rhode Island School of Design) [경]1961~1969년 서울대 미술대학 조교수 1961~1982년 국전 심사위원·운영위원 1964년 국제조형예술한국위원회 부위원장·위원장 1969~1971년 서울대 미술대학 부교수 1971~1994년 同동양화과 교수 1974년 (사)한국미술협회 이사장 1977년 同고문 1982년 서울대 미술대학장 1983년 전국미술대학장협의회 회장 1991년 한·중미술협회 초대회장 1994년 서울대 미술대학 동양화과 명예교수(현) 2008년 대한민국예술원 회원(동양화·현) [상]국전 국무총리표창(1949), 국전 문교부장관표창(1954), 국민훈장 석류장(1993), 서울시 문화상(1994), 일민예술상(1997), 예총 예술문화상 대상, 국립현대미술관 올해의 작가상(2005), 대한민국 예술원상 미술부문(2007), 은관문화훈장(2012) [작]'즐거운 비' '군무' '운월의 장'

서수길(徐洙吉) SEO Soo Kil

[생]1967·3·9 [출]서울 [주]경기 성남시 분당구 판교로228번길15 판교세븐벤처밸리1단지2동9층 아프리카TV 임원실(031-622-8080) [학]1986년 서울 환일고졸 1990년 서울대 항공우주학과졸 1997년 미국 펜실베이니아대 경영대학원졸(MBA) [경]1990~1995년 국방과학연구소 유도무기추진기관본부 연구원 1997년 Boston Consulting Group 근무 2000년 (주)아이텍스타일 대표이사 2001년 Valmore Partners(clayman) 부사장 2002~2005년 SK C&C 기획본부장(상무) 2005~2006년 (주)액토즈소프트 대표이사 사장 2007~2011년 위메이드엔터테인먼트 대표이사 사장, (주)조이맥스 대표이사 2011년 나우콤 대표 2013년 아프리카TV 대표이사(현) [종]기독교

서수옥(徐守玉·女) FLORA SUOK SEOH

[생]1931·2·5 [본]이천(利川) [출]광주 [학]1950년 여수여고졸 1963년 고려대 정법대학 정치학과졸 1968년 일본 소오게츠류 이에모도본부(草月流 家元本部) 이께바나(꽃꽂이) 사범과졸 1968년 일본 오오니시(大西粉子) 플라워디자인스쿨 사범과졸 1968년 일본 스즈끼(鈴木 澄江) 훼더 플라워수예학원 사범과졸 1970년 일본 하나모(花茂) 플라워디자인스쿨 연구과 수료 1976년 일본 이와다(岩田一惠) 오시바나(押花)스튜디오 사범과졸 1976년 일본 미유끼(深雪) 아트플라워스튜디오 연구과 수료 1977년 일본 플라워기예협회 Bridal Fashion)연구회 연구반 수료 1987년 미국 American Floral Art School Modern Floral Design Diploma졸 1997년 캐나다 Continuing Education Dept School, Flower Arrangement Diploma(8개 전과정)졸 [경]1957~1960년 대한배드민턴협회 초대 상임이사 1958~1968년 장미원 생화(꽃꽂이)연구소 창립 운영 1968~1971년 서수옥 플라워디자인연구회 창립·운영 1969년 MBC 플라워디자인담당 강사 1970~1975년 (사)한국꽃꽂이협회 창립위원·초대 이사·감사 1971년 KBS 플라워디자인담당 강사 1971년 국내최초 플라워디자인 발표전 개최(반도호텔) 1971~1972년 이화여대·경희대·한국외국어대 플라워디자인 초빙강사 1971~1972년 명지대학 플라워디자

ㅅ

인 초빙강사(교수대우) 1971~1992년 서수옥 플라워디자인학원 창립·운영 1971~1982년 (사)NFD(일본 플라워디자이너협회) 정회원 1972~1982년 한국플라워디자이너협회 이사장 1972~1981년 코리아플로럴센터 창립·운영 1979년 한국플라워디자이너협회전 개최(로얄호텔) 1982년 (사)한국국제꽃기예개발협회 창립·이사장(초대~4대)·명예이사장(현) 1983년 WAFA(세계꽃장식가협회) 회원국 가입(한국 꽃단체 대표) 1984~2002년 同제1차~7차 월드플라워쇼 및 총회 참가(한국대표) 1985~1990년 영국 STUK(The Society of Floristry Ltd. United Kingdom: 화훼재배자협회)·RHS(Royal Horticulture Society: 왕립원예협회) 회원(한국 최초) 1985년 한국국제꽃기예협회전 개최 1986년 국가기술자격검정시험 출제위원 1987년 WAFA(세계꽃장식가협회) 한국위원회 창립·위원장(현) 1995년 同국제심사위원 겸 국제데몬스트레이터 겸 국제강사(현) [저]'생활의 꽃꽂이(編)'(1971, 집현각) '한국플라워디자인전집'(1981, 삼성출판사) '세계대백과사전－플라워디자인편'(1981, 동아출판사) '생활백과 DIANA책－플라워디자인편'(1988, 삼성출판사) '플라워디자인 교본－플라워디자인편, 코사지부케편'(1999, 알라딘) [종]기독교

서순식(徐淳植) SEO Soon Sik

[생]1968·2·5 [본]이천(利川) [주]강원 춘천시 공지로126 춘천교육대학교 컴퓨터교육과(033-260-6534) [학]1992년 고려대 영어교육과졸 1996년 연세대 대학원 교육행정학과졸 1997년 미국 플로리다주립대 대학원 교육공학과졸 2000년 교육공학박사(미국 플로리다주립대) [경]1992년 서울 숭의여중 교사 1997년 미국 플로리다주립대 원격교육센터 연구원 1998년 同수행공학연구소 연구원 2000년 행정자치부 중앙공무원교육원 사이버교육팀장 2001년 춘천교대 컴퓨터교육과 교수(현) 2007년 同정보전산원 소장 2011년 同교수학습개발원장 2014·2015년 미국 세계인명사전 'Marquis Who's Who in the World'에 등재 2014년 영국 세계인명사전 'International Biographical Centre 2015년판'에 등재 2015년 춘천교대 대외협력처장 겸 산학협력단장(현)

서순팔(徐淳八) SUH Soon-Pal

[생]1953·3·1 [본]이천(利川) [출]전남 완도 [주]광주 남구 덕남길100 광주시립제2요양병원 원장실(062-612-9800) [학]1979년 전남대 의대졸 1982년 同대학원졸 1988년 의학박사(전남대) [경]1979~1987년 전남대병원 인턴·전공의 1987~1998년 전남대 의대 진단검사의학교실 전임강사·조교수·부교수 1990~1991년 미국 MD Anderson Cancer Center 교환교수 1998년 전남대 의대 진단검사의학교실 교수(현) 2001~2002년 전남대병원 홍보실장 2002~2005년 同기획조정실장, 대한진단검사의학회 이사, 대한임상검사정도관리협회 이사, 한국유전자검사평가원 이사 2007년 대한임상화학회 회장 2009~2011년 전남대 기획처장 2015년 광주시립제2요양병원 원장(현) [상]대한임상병리학회 Sysmex 학술상 [저]'환경과 건강'(1997) '제4판 진단검사의학(共)'(2009) [종]기독교

서승남(徐承男) Seo, Seung-Nam

[생]1954·7·6 [본]부여(扶餘) [출]서울 [주]경기 안산시 상록구 해안로787 한국해양과학기술원 이사부호기반시설건설단(031-400-6331) [학]1972년 대광고졸 1977년 서울대 해양학과졸 1983년 미국 델라웨어대 대학원 연안공학과졸 1988년 공학박사(미국 델라웨어대) [경]1977~1981년 해군 정보참모부 해양담당 1988년 한국해양연구원 연안개발연구본부 책임연구원 1992~1993년 미국 코넬대 토목공학과 Visiting Scientist 1996년 한국해양연구원 해양환경공학그룹장 1997년 同항만공학실장 1997년 同연구기획부장 1999년 同연안·항만공학연구센터장 2000년 同연안·항만공학연구본부장, 同항만·연안공간연구사업단 책임연구원, 同연안개발·에너지연구부 책임연구원 2014년 한국해양과학기술원 응용기술연구본부장 2014년 同연안공학연구본부장 2015년 同이사부호기반시설건설단장(현) [저]'어항구조물 설계기준' [종]기독교

서승렬(徐昇烈) SEO Seung Ryul

[생]1969·1·7 [출]경남 마산 [주]서울 서초구 서초중앙로157 서울고등법원(02-530-2655) [학]1987년 마산 창신고졸 1993년 서울대 법학과졸 [경]1992년 사법시험 합격(34회) 1995년 사법연수원 수료(24기) 1998년 부산지법 판사 2001년 同동부지원 판사 2003년 수원지법 판사 2006년 서울고법 판사 2007년 법원행정처 기획제2담당관 2008년 同기획제1담당관 2009년 서울중앙지법 판사 2010년 창원지법 부장판사 2011년 서울고법 판사(현)

서승우(徐承佑) Seo, Soungwoo

[생]1968·11·6 [출]충북 청원 [주]충북 청주시 상당구 상당로82 충청북도청 기획관리실(043-220-2100) [학]충북 세광고졸, 서울대 외교학과졸, 同행정대학원졸, 미국 콜로라도주립대 행정대학원졸 [경]1993년 행정고시 합격(37회), 충북지방공무원교육원 교관, 충북도 국제협력담당관·기획홍보팀장 2004년 同국제통상과장(서기관) 2005년 한국개발연구원(KDI) 교육파견 2007년 행정자치부 국제협력팀장 2007년 同지방세제팀장 2008년 대통령직인수위원회 법무행정분과 실무위원 2008년 대통령 행정자치비서관실 행정관 2009년 행정안전부 장관비서실장(부이사관) 2010년 同자치제도과장 2011년 駐시드니 주재관 2013년 안전행정부 지방세분석과장 2014년 同지방재정세제실 재정정책과장 2014년 행정자치부 지방재정세제실 재정정책과장 2015년 대통령 행정자치비서관실 선임행정관 2015년 충북도 기획관리실장(현) [상]근정포장(2003)

서승원(徐昇源) SEO Seung Won

[생]1953·9·15 [본]달성(達城) [출]인천 [주]경기 안양시 동안구 시민대로74 (주)효성 섬유기술원 섬유연구그룹 임원실(031-428-1320) [학]1972년 제물포고졸 1978년 서울대 섬유공학과졸 1982년 同대학원 섬유공학과졸 1989년 공학박사(서울대) [경]1981년 (주)효성 입사, 同섬유연구소 이사대우 2004년 同섬유PG 안양공장 생산기술연구소 스판덱스담당 상무 2008년 同생산기술연구소 스판덱스담당 전무 겸 스판덱스PU SCTO 2011년 同섬유PG 생산기술연구소 부사장 2012년 同섬유기술원 섬유연구그룹 부사장(현) [상]과학기술부장관표창(1999) [저]'인조섬유' [종]기독교

서승원(徐承源) SEO Seung Won

[생]1965·1·3 [출]서울 [주]경기 수원시 영통구 반달로87 경기지방중소기업청(031-201-6802) [학]1983년 한성고졸 1987년 서울대 경제학과졸 2001년 미국 콜로라도대 대학원 경제학과졸 2004년 경제학박사(미국 콜로라도대) [경]1987년 행정고시 합격(31회) 1988년 총무처 사무관 1989년 농림부 국립농산물검사소 강원지소 서무과장 1989년 同농수산통계관실 근무 1992년 同농업협력통상관실 근무 1994~1998년 상공자원부 국제협력관실·국제협력과·세계무역기구담당관실·지도과·중소기업경영지원담당관실·기획예산담당관실 근무 1998~1999년 중소기업청 정책총괄과·구조개선과 서기관 2003년 同기획관리관실 행정법무담당관 2004년 同창업벤처국 벤처진흥과장 2005년 同기획관리관실 혁신인사담당관 2005년 同정책홍보관리관실 혁신인사기획관(서기관) 2006년 同정책홍보관리관실 혁신인사기획관(부이사관) 2006년 同정책홍보관리본부장 2007~2008년 한남대 교수(파견) 2010년 중소기업청 기업호민관실 고위공무원 2010~2013년 同창업벤처국장 2013년 중앙공무원교육원 파견 2014년 경기지방중소기업청장(현) [상]상공자원부장관표창(1994), 중부일보 율곡대상 공공기관 경영부문(2016)

서승일(徐承佚) SEO Sung Il

[생]1962·7·17 [본]달성(達城) [출]서울 [주]경기 의왕시 철도박물관로176 한국철도기술연구원 신교통연구본부(031-460-5623) [학]1980년 경동고졸 1984년 서울대 조선공학과졸 1986년 同대학원 조선공학과졸 1994년 공학박사(서울대) 2007년 한국방송통신대 대학원 경영학과졸 [경]1986~1991년 한진중공업 대리 1994~2002년 同수석연구원 2002년 한국철도기술연구원 책임연구원 2006년 미국 세계인물사전 'Marquis Who's Who in Science & Engineering'에 등재 2006년 미국 세계인물사전 'Marquis Who's Who in Asia'에 등재 2007년 미국 세계인물사전 'Marquis Who's Who in the World'에 등재 2007년 한국철도기술연구원 정책개발실장 2008년 同기획정책부장 2009년 同기획정책부장(수석연구원) 2010년 同선임연구부장 2011년 同신교통연구본부장(현) [상]대한조선학회 우수논문상(1997), 한국과학기술단체총연합회 과학기술우수논문상(2005), 대한기계학회 기술상(2008), 한국경제신문 다산기술상(2009), 산업포장(2010) [종]기독교

서승진(徐承辰·女) SUH Seung Jin

[생]1951·6·30 [출]서울 [주]서울 강남구 역삼로405 한림국제대학원대학교 컨벤션이벤트경영학과(02-557-4672) [학]1969년 경기여고졸 1973년 이화여대 영어영문학과졸 1975년 同대학원 정치외교학과졸 1977년 미국 하와이대 대학원 정치학과졸 1982년 한국외국어대 동시통역대학원 한영과졸 1988년 영문학박사(명지대) [경]1983년 한림대 영어영문학과 교수 1994년 한국방문의해 추진위원 1997~2004년 한림대 국제대학원 교수 1997년 同국제학대학원 국제

회의학과 주임교수 1997~2003년 한국컨벤션산업경영연구원장 1998~2007년 관광정책심의위원회 심의위원 1999년 APEC(아·태경제협력체) 투자박람회 자문위원 1999~2003년 한림대 국제학대학원장 2000년 고양국제전시장건립추진위원회 위원 2000년 무역정책자문위원회 위원 2001년 컨벤션협의회 위원 겸 감사 2002년 문화관광부 정책자문위원회 위원 2003년 (재)서울여성운영위원회 위원 2003~2005년 (사)한국관광학회 제17대 부회장 겸 국제위원장 2003~2004년 한림성심대학 학장 2004년 행정자치부 정부혁신세계포럼행사 자문위원 2005년 국무총리산하 청소년위원회 위원 2005년 한림국제대학원대 컨벤션이벤트경영학과 교수(현) 2005년 同평생교육원장 2007년 문화관광부 국제회의산업육성위원회 위원 2008년 제3차 C40(세계40개도시) 정상회의 및 기후변화박람회 자문위원 [상]한국산업인력공단 이사장 공로상(2000), 문화관광부장관표창(2001), 한국관광공사 사장 공로상 [저]'언어학 그 이론과 응용' '영어지도법'(1991) '인지심리학적 영어지도법'(1991) '컨벤션 산업론 : 그 학문적접근과 실무이해'(2002) '컨벤션 기획·운영 실무자들을 위한 컨벤션 영어'(2003) '컨벤션 기획사(2급)'(2003) '컨벤션 산업론'(2006·2007) '컨벤션 기획론'(2006) '컨벤션 영어'(2007) [종]기독교

서승혁(徐承爀) Seo Seung Hyeuk

[생]1966·11·24 [출]광주 [주]서울 서초구 신반포로194 강남고속버스터미널904호 금호고속(주)(02-530-6202) [학]1985년 전남대사대부고졸 1992년 전남대 경영학과졸 [경]1991년 금호고속(주) 입사 1992~2005년 금호이큐에스 컨설팅 담당 2006년 금호고속(주) 윤리경영팀장 2008년 同EQS팀장 2011년 同전략경영1팀장 2014년 同재무지원팀장 2015년 同전략경영1팀장 2016년 同경영관리담당 상무(현) [상]대한민국 녹색경영대상 국무총리표창(2012)

서승화(徐承和) SUH Seung Hwa

[생]1948·9·8 [출]경기 양주 [주]서울 강남구 테헤란로133 한국타이어(주) 비서실(02-2222-1064) [학]1967년 보성고졸 1971년 한국외국어대 정치외교학과졸 [경]1973년 한국타이어제조(주) 근무 1976년 효성물산(주) 대리·런던지점 부장·이사 1997년 한국타이어(주) 상무이사 1997년 同미국지사 사장 2001년 同마케팅본부장(부사장) 2006년 同구주지역본부 사장 2007년 同대표이사 사장 2009년 同부회장 2010년 헝가리 라칼마스시 명예시민(현) 2012년 한국타이어(주) 대표이사 부회장(현) 2012년 한국표준협회 비상임이사 2015년 대한타이어산업협회 회장(현) [상]매일경제 선정 '대한민국 글로벌 리더'(2014) [종]천주교

서승환(徐昇煥) SUH Seoung Hwan

[생]1956·6·28 [출]서울 [주]서울 서대문구 연세로50 연세대학교 상경대학 경제학부(02-2123-2483) [학]서울고졸 1979년 연세대 경제학과졸 1981년 同대학원졸 1985년 경제학박사(미국 프린스턴대) [경]1987~2013년 연세대 경제학과 교수, KBS 경제전망대 앵커, 통계청 전문직공무원, 핀란드 헬싱키 경제학스쿨 교환교수 1993년 미국 사우스캐롤라이나대 교환교수 2001년 한국응용경제학회 감사, 同회장 2003년 연세대 경제연구소장 2004년 (사)숲은생각 이사장 2005~2006년 한국응용경제학회 회장 2006~2008년 연세대 기획실장 2008년 同송도국제화복합단지건설추진단장 겸 건설기획본부장 2009~2010년 한국지역학회 회장 2010년 연세대 국제캠퍼스 총괄본부장 2010년 국가미래연구원 국토·부동산·해운·교통분야 발기인 2012년 연세대 국제캠퍼스 부총장 2013년 제18대 대통령직인수위원회 경제2분과 인수위원 2013~2015년 국토교통부 장관 2015년 연세대 상경대학 경제학부 교수(현) [상]한국경제학회 청람상(1993), 근정포장(2004), 제20회 시장경제대상 대상(2009), 자랑스런 연세상경인상 사회·봉사부문(2013)

서시주(徐時柱) SUH See Joo (青松)

[생]1940·9·30 [본]달성(達城) [출]경남 고성 [학]1959년 경남고졸 1964년 연세대 정치외교학과졸 [경]1968~1976년 동양통신 입사·사회부 차장대우 1976년 同정치부 차장 1981년 연합통신 LA특파원 1984년 同편집위원 1985년 同사회부장 1989년 同논설위원 1990년 同북한부장 1992년 同방송뉴스부장 1993년 同지방국 부국장 1995년 同특별기획북한취재본부장 1997년 同논설위원실장 1997~1998년 同편집·제작담당 상무이사 1999년 경남대 극동문제연구소 연구위원 1999년 흥사단 민족통일운동본부 운영위원 1999년 민주평통 상임위원 2001년 흥사단 민족통일운동본부 정책담당 본부장 2003~2005년 인터넷TV방송 '바른방송' 창립·대표이사 사장 2003~2005년 반핵반김국민협의회 대변인 겸 집행위원 2007~2009년 (사)아프리카미래재단 고문 [상]수교훈장 숙정장 [저]'세계학생운동 격돌의 현장' '北, 행복도 강요되는 땅'(共) [종]기독교

서양순(徐良順·女) SUH Yang Soon

[생]1940·4·16 [본]이천(利川) [출]전북 정읍 [학]정읍여고졸 1961년 세종대 미술과졸 1981년 프랑스 그랑드쇼미에르아카데미 수학 [경]서양화가(현) 1964년부터 개인전 총12회 개최 1965~1967년 대한민국미술전람회 입선 1972~1976년 가톨릭미술가협회전 출품 2000년 여성미술단체연합 새천년대한민국의희망전 기획위원장 2006년 경기미술대전 심사위원장 2006년 제10회 세계미술무역박람회 특별개인전 2007년 (사)한국미술협회 여성위원장 2007년 제10회 북경국제예술박람회 특별개인전 개최 2007년 광화문국제아트페스티벌 초대부스전 개최 2007년 목우회 전국미술공모대상전 심사위원장, 同자문위원(현) 2007년 전국장애인미술대전 심사위원장 2007년 북경국제문화창의박람회 부스전 개최 2007년 꽃과 여인전 개인전 개최·화집발간 2007년 국제CIVITAN 한국본부 부총재, 한국여류화가회 회장·고문, 한국여성미술단체연합회 회장 세종회화제 회장·고문, 군자회 회장·고문, 정읍여고동창회 회장, 정읍여고장학재단 이사장 2010~2013년 한국미술협회 부이사장 2012년 한국여류화가협회 이사(현) 2013년 한국미술협회 고문(현) [상]대한민국미술전람회 입선(1965·1966·1967), 스페인국제미술제 특별상(1981), 한국문화미술대상전 대상(1984), IMA국제현대미술제 동상(1986), AAI국제공모전 우수상 및 특선(1987), 일본 예술공론상(1998), 세계미술가연합회 국제예술상(2005), 홍콩국제아트페어 특별상(2005), 북경예술박람회 10대작가상 금상(2007), 아세아미술상 대상(2008) [저]발간 '서양순화집'(2007) [종]기독교

서양원(徐洋遠) SEO YANG-WEON

[생]1965·3·21 [본]달성(達城) [출]전남 장성 [주]서울 중구 퇴계로190 매일경제신문 편집국(02-2000-2114) [학]1983년 광주 살레시오고졸 1987년 연세대 경제학과졸 1989년 同대학원 경제학과졸 2006년 경제학박사(연세대) [경]1991년 매일경제신문 국제부 기자 1992년 同정치부 기자 1995년 同금융부 기자 1999년 同산업부 기자 2003년 영국 셰필드대 연수 2004년 매일경제신문 증권부 기자 2006년 同순회특파원(인도) 2007년 同정치부 차장 2008년 同경제부 차장 2009년 同국제부장 직대 2010년 同금융부장 직대 2011년 同경제부장 2013년 同편집국 산업부장(부국장대우) 2014년 同편집국 지식부장 겸임 2015년 同편집국 국차장 겸 레이더 총괄 2016년 同편집국장(현) [상]씨티은행 아시아언론인상(1999), 한국언론인연합회 심층보도부문 한국참언론인대상(2016) [저]'남북경제협력 이렇게 풀자(共)'(1995) '경제기사는 돈이다(共)'(2000) '다가오는 경제지진(共)'(2012) '대동강의기적(共)'(2013)

서연수(徐連洙) SEO Yeon Soo

[생]1958·6·8 [주]대구 달성군 현풍면 테크노중앙대로333 대구경북과학기술원 융합연구원(053-785-1827) [학]1982년 서울대 미생물학과졸 1984년 同대학원 미생물학과졸 1992년 분자생물학박사(미국 코넬대) [경]1983~1986년 두산연구소 연구원 1992~1994년 Sloan-kettering Cancer Center Post-Doc. 1994~1999년 삼성생명과학연구소 연구책임자 1999년 성균관대 의과대학 부교수 1999~2000년 삼성생명과학연구소 연구책임자 2000~2002년 성균관대 의과대학 부교수 2002~2015년 한국과학기술원 생명과학기술대학 생명과학과 부교수·교수 2015년 대구경북과학기술원 대학원 뉴바이올로지전공 교수 2015년 同교무처장 2016년 同융합연구원 교수(현) 2016년 同핵심단백질자원센터장(현) [상]과학기술부장관표창(2001), 한국분자세포생물학회 생명과학상(2003)

서연식(徐延式)

[생]1966·11·5 [출]충남 논산 [주]서울 서대문구 통일로87 경찰청 재정담당관실(02-3150-1176) [학]서대전고졸 1988년 경찰대졸(4기), 연세대 언론홍보대학원졸 [경]1988년 경위 임관 2008년 충남지방경찰청 홍보담당관 2009년 총경 승진 2010년 충남 홍성경찰서장 2011년 경찰청 미래발전담당관 2013년 서울 관악경찰서장 2014년 경찰청 규제개혁법무담당관 2015년 同자치경찰TF팀장(미래발전담당관) 2016년 同재정담당관(현)

서연호(徐淵昊) SUH Yon Ho (南浦)

[생]1941·8·22 [출]강원 고성 [주]서울 성북구 안암로145 고려대학교 국어국문학과(02-3290-1960) [학]1961년 속초고졸 1966년 고려대 국어국문학과졸 1970년 同대학원졸 1982년 문학박사(고려대) [경]1967~1972년 금란여고·배재고 교사 1972년 고려대 강사 1976~1980년 서울시립대 국어국문학과 전임강사·조교수 1981년 고려대 국어국문학과 부교수 1983년 同국어국문학과 교

人

수 1984년 일본 天理大 객원교수 1991년 한국연극학회 이사 1999년 문화재위원, 한국문화예술위원회 비상임이사 2006년 고려대 국어국문학과 명예교수(현) 2006~2010년 한국예술종합학교 전통원 객원교수 2012년 한국문화관광연구원 이사장(현) [상]간행물윤리상, 한국비평가상, 서송한일학술상(2010) [저]'산대탈놀이' '황해도 탈놀이' '야유 · 오광대 탈놀이' '꼭두각시놀이' '서낭굿탈놀이' '한국근대희곡사'(1994, 고대출판부) '꼭두각시놀음의 역사와 원리'(2001, 연극과인간) '한국가면극연구'(2002, 월인) '한국연극사: 근대편'(2003, 연극과인간) '한국전승연희학 개론'(2004, 연극과인간) '향토축제의 가능성과 미래' '한국문학50년'(共) '한국희곡전집'(編) '한국 근대 극작가론' '일본문화예술의 현장'(2008, 도서출판문) '동서공연예술의 비교연구'(2008, 연극과인간)

서영거(徐永鉅) SUH Young Ger

[생]1952 · 5 · 30 [본]이천(利川) [출]전북 고창 [주]서울 관악구 관악로1 서울대학교 약학대학 제약학과(02-880-7820) [학]1970년 전주고졸 1975년 서울대 약학과졸 1980년 同대학원졸 1987년 유기화학박사(미국 피츠버그대) [경]1987년 미국 피츠버그대 연구원 1988~1998년 서울대 약대 제약학과 조교수 · 부교수 1993년 同약대 중앙기기실장 1998년 同제약학과 교수(현) 1999년 同제약학과장 1999~2001년 대한약학회 산학협력위원장 2001~2003년 서울대 약학대학 부학장 2003년 대한약학회 편집위원장 2007~2011년 서울대 약학대학장 2007~2009년 한국약학대학협의회 회장 2011~2014년 한국약학교육평가원 원장 2013~2014년 대한약학회 회장 2014년 한국과학기술한림원 정회원(의약학부 · 현) [상]대한약학회 학술장려상(1995), 이선규 약학상(1998), 과학기술우수논문상(2000), 보건복지부장관표창(2004), 남양알로에 생명약학학술상(2005), 세종대왕상(2005), 대한약학회 녹암학술상(2005), 서울대총동창회장표창(2006), Asia Core Program Lectureship Award(2006), 한독약품 · 대한약학회 학술대상(2011) [저]'학회정보화 실태조사 및 보급대책' '유기의약품 화학각론' '유기의약품 화학총론' '실험의약품화학' '의약화학' '유기화학' [종]기독교

서영관(徐永官) Suh, Young Kwan

[생]1965 · 3 · 29 [주]서울 중구 덕수궁길15 서울특별시청 서소문별관 재무국 재무과(02-2133-3211) [학]1984년 서울 영신고졸 1988년 서울대 법학과졸 [경]2008년 서울시 경영기획실 법무담당관 2008년 同디자인서울총괄본부 WDC담당관 2012년 同기후환경본부 자원순환과장 2013년 同여성가족정책실 외국인다문화담당관 2014년 同한강사업본부 총무부장 2014년 同재무국 재무과장(현)

서영교(徐瑛敎 · 女) SEO Young Kyo

[생]1964 · 11 · 11 [본]달성(達城) [출]경북 상주 [주]서울 영등포구 의사당대로1 국회 의원회관928호(02-784-8490) [학]혜원여고졸 1988년 이화여대 정치외교학과졸 2002년 同정책과학대학원 공공정책학과졸, 同대학원 동아시아학 박사과정 수료 [경]1982년 혜원여고총학생회 회장 1986년 이화여대총학생회 회장 · 구속 1987년 구속청년학생협의회 청년여성대표 1988~1995년 푸른소나무무료도서대여실 대표 1988년 민주쟁취국민운동본부 간사 1988~1995년 새날청년회 대표 2001년 이화여대정책과학대학원 총학생회 회장 2002년 새천년민주당 노무현 대통령후보 중앙선거대책위원회 여성본부 부국장 2003년 同부대변인 2004년 열린우리당 부대변인 2004년 同서울시당 집행위원 겸 상무위원 2005년 同서울시당 여성위원장 2005년 同중앙위원 2005~2007년 同부대변인 2007년 대통령 보도지원비서관 겸 춘추관장 2007년 남북정상회담 실무접촉보도분야 남측대표 2008년 동국대 언론정보대학원 겸임교수, 불교신문 논설위원, 6월항쟁계승사업회 이사 2012년 제19대 국회의원(서울 중랑구甲, 민주통합당 · 민주당 · 새정치민주연합 · 더불어민주당) 2012년 민주통합당 홍보위원장 2012~2013년 同원내부대표 2012 · 2014년 국회 법제사법위원회 위원 2014~2015년 국회 예산결산특별위원회 위원 2014~2015년 새정치민주연합 원내대변인 2015년 여성소비자신문 자문위원(현) 2015~2016년 더불어민주당 전국여성위원장 2016년 제20대 국회의원(서울 중랑구甲, 더불어민주당 · 무소속)(현) 2016년 국회 법제사법위원회 위원 2016년 국회 예산결산특별위원회 위원 2016년 국회 국방위원회 위원(현) [상]미래여성지도자상(2005), 맑은 여성 정치인100인에 선정, 경제정의실천시민연합 국정감사 우수의원(2014), 범시민사회단체연합 좋은국회의원상(2014), 글로벌기부문화공헌대상 정당인 봉사부문(2015), (사)도전한국인운동협회 · 도전한국인운동본부 국정감사 우수의원(2015), 대한민국 혁신경영대상 정치신인부문(2015) [종]불교

서영도(徐泳都) SEO Young Do

[생]1960 · 12 · 24 [본]이천(利川) [출]전남 영광 [주]서울 종로구 종로47 스탠다드차타드은행 빌딩 17층(02-397-7162) [학]1979년 관악고졸 1986년 서강대 신문방송학과졸 2005년 한양대 언론정보대학원 신문출판학과졸 [경]1987~1998년 한국일보 기자 1999~2004년 스포츠투데이 종합편집부장 · 부국장 2004년 가톨릭다이제스트 편집부장 2005년 메트로신문 편집국 부국장 2006~2008년 서일대 강사 2009년 이브닝신문 편집국장 2011년 이데일리 종합편집부장(국장대우) 2011~2014년 데일리노컷뉴스 편집국장 2014~2016년 에너지경제신문 국장대우 2016년 뉴스1 전국취재본부 편집위원(현) [종]불교

서영두(徐永斗) SEO Young Doo

[생]1961 · 6 · 15 [출]경북 의성 [주]서울 강남구 테헤란로507 미래에셋생명보험 임원실(02-3271-4221) [학]영신고졸, 건국대졸, 고려대 대학원졸, 연세대 최고경제인과정 수료, 중앙일보 최고경영자과정 수료 [경]한국투자신탁 근무, 삼성증권 근무, 미래에셋증권(주) 금융상품영업2팀 상무보 2008년 同퇴직연금컨설팅1본부장(상무) 2011년 同기업RM1본부장(상무) 2012년 同퇴직연금영업 대표 2012년 미래에셋생명보험 법인영업 대표 2014년 同법인영업 연금마케팅 대표(전무)(현)

서영민(徐榮敏)

[생]1969 · 11 · 16 [출]경남 창녕 [주]경기 과천시 관문로47 법무부 감찰관실(02-2110-3015) [학]1987년 경상고졸 1992년 고려대 법학과졸 [경]1993년 사법시험 합격(35회) 1996년 사법연수원 수료(25기) 1996년 軍법무관 1999년 부산지검 검사 2000년 수원지검 평택지청 검사 2002년 서울지검 의정부지청 검사 2004년 서울중앙지검 검사 2006년 국가청렴위원회 파견 2006년 대구지검 검사 2006~2008년 국민권익위원회 파견 2008년 대구지검 검사 2009년 同부부장검사 2010년 울산지검 특수부장 2011년 서울서부지검 형사5부장 2012년 대검찰청 과학수사담당관 2013년 서울남부지검 형사5부장 2014년 서울중앙지검 첨단범죄수사1부장 2015년 대구지검 형사1부장 2016년 법무부 감찰담당관(현)

서영배(徐榮倍) SEO Young Bae

[생]1956 · 6 · 14 [출]경기 수원 [주]서울 관악구 관악로1 서울대학교 제약학과(02-880-2486) [학]1975년 경남고졸 1979년 서울대 생물학과졸 1981년 同대학원 식물학과졸 1985년 생물학박사(미국 텍사스A&M대) 1989년 식물학박사(미국 텍사스대 오스틴교) [경]1983년 전북대 생물교육학과 시간강사 1985년 미국 텍사스대 식물학과 조교 1989년 미국 루이지애나주립대 연구원 1990년 미국 국립자연사박물관 연구원 1993년 서울대 천연물과학연구소 조교수 · 부교수, 同제약학과 교수(현) 1995년 한국생약학회 이사, 한국식물분류학회 이사, 한국식물학회 이사 2009년 문화재위원회 천연기념물 · 세계유산분과 위원 2009년 세계자연보존연맹(IUCN) 한국위원회 위원장(현) 2009년 同아시아지역위원회 의장(현) 2016년 생물다양성과학기구(IPBES) 아시아 · 태평양지역 부의장(현) [저]'Medicinal Plants in Republic of Korea'

서영석(徐暎錫) SEO Young Suk

[생]1964 · 9 · 16 [주]경기 수원시 팔달구 효원로1 경기도의회(031-8008-7000) [학]성균관대 약학대학 약학과졸, 가톨릭대 행정대학원졸 [경]구생약국 대표약사, 부천국제판타스틱영화제조직위원회 부위원장, 부천지역정보센터 이사, 부천시장애인체육회 수석부회장, 부천시농구협회 회장, 부천시약사회 회장 1995 · 1998 · 2002~2006년 경기 부천시의회 의원 1998~2000년 同행정복지위원장 2006년 경기도의원선거 출마(열린우리당) 2014년 경기도의회 의원(새정치민주연합 · 더불어민주당)(현) 2014년 同경제과학기술위원회 위원 2015년 同항공기소음피해대책특별위원회 위원장(현) 2015년 同수도권상생협력특별위원회 위원(현) 2016년 同교육위원회 위원(현) 2016년 同윤리특별위원회 위원(현) [상]환경처장관표창 [종]기독교

서영성(徐榮成) SUH Yeong Sung

[생]1958 · 1 · 13 [출]서울 [주]대전 대덕구 한남로70 한남대학교 기계공학과(042-629-7999) [학]1981년 서울대 공과 기계공학과졸 1987년 미국 랜실레어폴리테크닉대 대학원 기계공학과졸 1990년 기계공학박사(미국 랜실레어폴리테크닉대) [경]1982년 롯데슈나이더엔진(주) 기술부 계장 1986년 미국 랜실레어폴리테크닉대 기계공학 · 항공공학 및 역학과 교육조교 1987년 同기계공

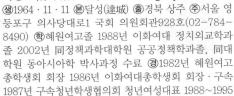

학·항공공학 및 역학과 연구조교 1991년 同기계공학·항공공학 및 역학과 박사 후 연구원 1991년 미국 오하이오주립대 재료과학 및 공학과 박사 후 연구원 1993년 시스템공학연구소 고성능컴퓨팅응용연구실 선임연구원 1996년 충남대 기계설계학과 겸임조교수 1997년 한남대 기계공학과 교수(현) 1999년 조달청 우수제품심사위원 2002년 미국 메릴랜드대 볼티모어카운티 기계공학과 겸임부교수 2004년 충남도 지방건설기술심의위원 2005년 한국철도공사 부패방지기획위원회 위원 2005년 대전시 서구안전관리자문단 자문위원 2006년 중국 연변과학기술대 재료기계자동화공학부 겸임교수 2008년 미국 존스홉킨스대 기계공학과 겸임교수 2010년 한남대 대외협력처장 2012년 同기계공학과장 2016년 同공과대학장(현) [상]시스템공학연구소 최우수연구원(1996), 대학생 자작자동차대회 지도교수상(2009) [저]'CBT로 배우는 유한요소법(共)'(2001, 문운당) '재료역학시험'(2004, 한남대 출판부) '재료역학시험 2판'(2008, 한남대 출판부) [역]'정역학 : Engineering Mechanics, Statics(共)'(1999, 반도출판사) '창의적 공학설계I(共)'(2001, Pearson Education Korea) '창의적 공학설계II : 제조고려설계(共)'(2001, Pearson Education Korea) '정역학 : Engineering Mechanics Statics SI(共)'(2004, Pearson Education Korea) '유한요소해석 개론 : Fundamentals of Finite Element Analysis(共)'(2006, 인터비전) '정역학 : Engineering Mechanics Statics SI(共)'(2007, Pearson Education Korea) [종]기독교

서영세(徐永世) Suh Young Sea

[생]1955·7·11 [주]경북 포항시 남구 철강로173 포스코강판(주) 임원실(054-280-6220) [학]국립철도고졸, 한국외국어대 영어과졸 [경]1984년 포항제철(주) 입사, 同수출2실 수출개발팀장, (주)포스코 도쿄지점(나고야주재) 근무, 同스테인리스판매실장, 同홍보실장, 同스테인리스마케팅실장(상무) 2012~2014년 同스테인리스마케팅실장(전무) 2013~2014년 한국철강협회 스테인리스스틸(STS)클럽 회장 2013~2014년 국제스테인리스스틸포럼(ISSF) 부회장 2014년 포스코특수강(주) 대표이사 부사장 2015년 포스코강판(주) 대표이사 사장(현)

서영수(徐暎受) SEO Young Soo

[생]1969·11·7 [출]서울 [주]부산 해운대구 재반로112번길 19 부산지방검찰청 동부지청(051-780-4302) [학]1988년 재현고졸 1994년 고려대 법학과졸 [경]1993년 사법시험 합격(35회) 1996년 사법연수원 수료(25기) 1999년 대구지검 검사 2000년 수원지검 여주지청 검사 2002년 수원지검 검사 2004년 서울중앙지검 검사 2006년 대전지검 검사 2009년 서울중앙지검 부부장검사 2009년 법무부 감찰담당관실 검사 2011년 대검찰청 공판송무과장 2012년 同감찰부 감찰2과장 2013년 서울북부지검 형사5부장 2014년 서울중앙지검 공판1부장 2015년 대전지검 천안지청 형사1부장 2016년 부산지검 동부지청 차장검사(현)

서영아(徐永娥·女) SOH Young Ah

[생]1965·10·18 [본]달성(達城) [출]서울 [주]서울 종로구 청계천로1 동아일보(02-2020-311) [학]1984년 경기여고졸 1989년 연세대 영어영문학과졸 [경]1989년 동아일보 입사 1990년 同여성동아·음악동아·과학동아 기자 1995년 同뉴스플러스·주간동아 기자 2000년 동아일보 편집국 이슈부·사회2부 기자 2002년 同오피니언팀 기자 2003년 同기획특집부 기자(차장급) 2004년 일본 게이오대 연수 2005년 동아일보 편집국 국제부 차장 2006년 同도쿄지국장 겸 특파원 2009년 同편집국 통합뉴스센터 인터넷뉴스팀장(부장급) 2011년 同편집국 교육복지부장 2012년 채널A 보도본부 부본부장(부국장급) 2013년 同보도본부 보도제작팀장 2015년 同국제부 부국장급 2016년 동아일보 도쿄지사 지국장 겸 특파원(현) 2016년 채널A 도쿄특파원 겸임(현)

서영애(徐英愛·女) SEO Young Ae

[생]1969·5·7 [출]경북 청송 [주]대구 수성구 동대구로 364 대구지방법원(053-757-6600) [학]1987년 청송여고졸 1991년 영남대 법학과졸 [경]1994년 사법시험 합격(36회) 1997년 사법연수원 수료(26기) 1997년 창원지법 진주지원 판사 1999년 대구지법 판사 2002년 同포항지원 판사 2004년 대구지법 판사 2005년 同가정지원 판사 2008년 대구고법 판사 2011년 대구지법 서부지원 판사 2012년 창원지법 부장판사 2014년 대구지법 부장판사(현)

서영제(徐永濟) Seo Young Jae

[생]1950·1·1 [본]달성(達城) [출]충남 서천 [주]서울 서대문구 충정로23 리인터내셔널법률사무소(02-2262-6009) [학]1967년 대전고졸 1972년 성균관대 법과대학 법학과졸 1974년 同대학원졸 1986년 미국 미시간대 대학원 수료 1988년 일본 UNAFEI 보험범죄연수과정 수료 2000년 법학박사(성균관대) [경]1974년 사법시험 합격(16회) 1976년 사법연수원 수료(6기) 1979년 서울지검 검사 1982년 대전지검 천안지청 검사 1983년 서울남부지검 검사 1986년 광주지검 순천지청 검사 1989년 대전지검 강경지청장 1990년 대검찰청 검찰연구관 1991년 同공안3과장 1993년 부산지검 공안부장 1993년 서울지검 서부지청 특수부장 1995년 서울지검 강력부장 1997년 同서부지청 차장검사 1998년 전주지검 차장검사 1999년 대검찰청 범죄정보기획관 1999년 서울지검 서부지청장 2000년 법무연수원 기획부장 2001년 대검찰청 마약부장 2002년 청주지검장 2003년 서울지검장 2004년 서울중앙지검장 2004년 대전고검장 2005년 대구고검장 2005년 변호사 개업 2005년 법무법인 리인터내셔널 상임고문변호사 2006~2008년 同대표변호사 2008년 법무법인 산경 대표변호사 2009~2011년 충남대 법학전문대학원장 2011년 리인터내셔널법률사무소 변호사(현) 2011년 대한건설협회 법률고문(현) 2012년 CBS 정책자문위원 겸 뉴스해설위원(현) 2013년 동아ST 사외이사 2013년 학교법인 대양학원 이사(현) [상]홍조근정훈장(1998) [저]'미국 검찰의 실체분석' '미국 특별검사제도의 과거와 미래' '주요 조직폭력 및 마약사범 수사사례' '보험범죄에 관한 연구' '누구를 위한 검사인가'

서영주(徐泳柱) Suh Young Ju

[생]1952·7·19 [출]대구 [주]서울 강남구 강남대로308 랜드마크타워18층 한국조선해양플랜트협회 부회장실(02-2112-8041) [학]1971년 경북고졸 1976년 서울대 법학과졸 2012년 경영학박사(경희대) [경]1977년 행정고시 합격(20회) 1977~1989년 사회정화위원회 과장(사무관) 1989~1991년 공업진흥청 공보담당관·상공부 산업피해조사1과장 1991~1995년 駐런던 무역관 1995~1998년 산업자원부 아주통상2담당관·장관비서관·전자기기과장·생활전자과장 1998년 대통령비서실 경제구조조정기획단 국장 2000년 대구·경북지방중소기업청장 2001년 중앙공무원교육원 파견 2001년 중소기업청 벤처기업국장 2003년 同중소기업정책국장 2004년 산업자원부 무역유통심의관 2005년 열린우리당 수석전문위원 2006년 중소기업특별위원회 정책조정실장 2007년 전자부품연구원 원장 2009~2012년 한국산업기술평가관리원 원장 2012~2013년 한국조선협회 부회장 2013년 한국조선해양플랜트협회 부회장(현) [종]기독교

서영주(徐暎珠·女) SEO Young Joo

[생]1962·10·28 [출]경남 진해 [주]강원 춘천시 외솔길25 강원도여성가족연구원(033-248-6338) [학]신광여고졸, 이화여대 법학과졸, 강원대 대학원 법학과졸, 법학박사(강원대) [경]1995~2000년 춘천성폭력상담소 소장 1999년 강원도아동학대예방협회 감사 2000~2003년 여성부 위촉 성희롱예방·남녀평등교수요원 2000년 강원대 비교법학연구소 특별연구원 2000년 同강사 2001년 강원도 여성정책과 전문계약직 2004년 교육인적자원부 기획관리실 여성교육정책담당관 2005년 同여성교육정책과장 2007년 同평생직업교육지원국 여성교육정책과장 2016년 강원도여성가족연구원 원장(현) [상]행정자치부장관표창

서영준(徐榮俊) SURH Young Joon

[생]1957·9·26 [본]달성(達城) [출]인천 [주]서울 관악구 관악로1 서울대학교 약학과(02-880-7845) [학]1976년 영훈고졸 1981년 서울대 제약학과졸 1983년 同대학원 약학과졸 1990년 이학박사(미국 위스콘신대) [경]1985년 미국 위스콘신대 McArdle 암연구소 연구조교 1990년 미국 하버드대 암연구소 연구원 1991년 미국 MIT 연구원 1992~1996년 미국 예일대 의대 조교수 1996년 서울대 약학과 조교수·부교수·교수(현), 미국암학회 공식학술지 'Cancer Prevention Research' 포함 25개 SCI급 국제학술지 편집위원, 대한암예방학회 부회장, 아시아환경돌연변이원학회 부회장, 한국프리라디칼학회 회장, 대한암협회 이사 2000~2001년 대한암예방학회 학술이사 2009년 서울대 융합과학기술대학원 분자의학 및 바이오제약학과 교수(현) 2012년 대한암예방학회 부회장 2014~2016년 同회장 2016년 아시아태평양 영양유전체기구 차기(2017년) 회장 [상]Ochi Young Scholar Award(1995), 이선구 약학상(2000), 한국과학기술단체총연합회 과학기술우수논문상(2002·2003), 한국생화학분자생물학회 최다논문인용상(2004), 이달의 과학기술자상(2006), 한국과학기자협회 '2008 올해의과학인'(2008), 한국과학기술정보원 지식창조대상(2011), 보령암학술상(2012), 한국과학상(2013), 인촌상 과학·기술부문(2015) [저]'Oxidative Stress, Inflammation and Health'(2004) '화학적암예방'(共) '분자약품생화학'(共) 'Dietary Modulation of Cell Signaling'(2008) [역]'종양생물학의 원리'(2008)

서영진(徐榮振) Seo, Young Jin

[생]1949·7·3 [출]광주 [주]광주 남구 천변좌로338번길 7 광주문화재단(062-670-7403) [학]1969년 광주고졸 1974년 조선대 경제학과졸 1987년 전남대 대학원 행정학과졸 [경]1970~1980년 전남일보 기자 1980년 광주일보 기자 1984년 同특집부 차장 1988년 同체육부장 1989년 일본 아사히신문 초청연구원 1990년 광주일보 편집위원 1991년 同생활과학부장·제2사회부장 1993년 (사)맥지청소년 사회교육원장 1994년 광주일보 정치1부장(부국장대우) 1995년 同편집국 부국장 1999년 일본 히로시마 슈도대 객원교수 2000년 광주일보 편집국장 2002년 同논설위원실장 2003~2004년 同주필 겸 편집인(이사) 2004년 일본 구마모토가쿠엔대 산업경영연구소 객원연구원 2005년 대통령자문 동북아시대위원회 위원 2006~2008년 駐히로시마 총영사 2008~2013년 광주매일신문 대표이사 사장 2011년 특수법인 아시아문화개발원 이사 2012년 광주평화방송 이사 2012년 광주비엔날레 감사 2014년 (재)전남복지재단 초대 대표이사 2014년 광주문화재단 대표이사(현) 2016년 한국광역문화재단연합회 이사(현) 2016년 홍콩예술발전위원회 국제자문위원회 위원(현) [저]'지방자치와 지역활성화'(1992, 나남) '지방경영시대의 선택'(共) '한국의 시도지사와 지역정책(共)'(1994, 나남) '한국의 시도지사와 지역정책'(1996, 나남) [종]가톨릭

서영진(徐榮振) SUH Young Jin

[생]1966·1·1 [본]이천(利川) [출]충북 영동 [주]서울 중구 덕수궁길15 서울특별시의회(02-3783-1601) [학]보성고졸, 건국대 정치외교학과졸 2007년 연세대 행정대학원 지방자치및도시행정학과졸 [경]새천년민주당 서울노원甲지구당 사무국장 1995·1998·2002년 서울 노원구의회 의원, 同결산검사대표위원, 同예산결산특별위원장, 同행정복지위원장 2004년 同재무건설위원장 2006년 서울 노원구의원선거 출마 2010년 서울시의회 의원(민주당·민주통합당·민주당·새정치민주연합) 2010년 同건설위원회 위원 2010년 同윤리특별위원회 위원 2010년 同해외문화재찾기특별위원회 위원 2010년 同음식물쓰레기자원선순환종합대책지원특별위원회 부위원장 2011년 同한강르네상스특혜비리규명행정사무조사특별위원회 위원 2011년 同정책연구위원회 위원 2011·2013년 同예산결산특별위원회 위원 2012년 同서울특별시의회도시외교지원특별위원회 위원 2012년 同운영위원회 위원 2012년 同교통위원회 위원 2013년 同강남·북교육격차해소특별위원회 위원 2014년 同동남권역집중개발특별위원회 위원 2014년 서울시의회 의원(새정치민주연합·더불어민주당)(현) 2014년 同운영위원회 위원 2014~2016년 同교통위원회 위원 2015년 同하나고등학교특혜의혹진상규명을위한행정사무조사특별위원회 위원(현) 2015년 同지역균형발전지원특별위원회 위원(현) 2016년 同서울시설관리공단이사장후보자인사청문특별위원회 위원 2016년 同교통위원회 위원장(현) [상]전국시·도의회의장협의회 우수의정 대상(2016)

서영철(徐英哲) Suh, Youngcheol

[생]1964·8·22 [본]이천(利川) [출]경북 문경 [주]서울 서초구 서초중앙로164 신한국빌딩8층 특허법인 이노(02-536-7536) [학]1983년 영동고졸 1988년 서울대 법대 사법학과졸 2005년 연세대 법과대학 경영법무최고위과정 수료(22기) [경]1992년 사법시험 합격(34회) 1995년 사법연수원 수료(24기) 1995년 변호사 개업 1999년 광주지법 판사 2000년 청주지법 충주지원 판사 2002년 인천지법 판사 2005년 서울동부지법 판사 2006~2008년 특허법원 판사 2008년 변호사 개업(현) 2009년 특허법인 이노 대표변리사(현) [저]'특허법주해서'(共) '특허소송연구(3집)'(共) '특허판례연구(共)'(한국특허법학회)

서영태(徐泳泰) Seo Young Tae

[생]1951·4·28 [출]서울 [주]서울 서대문구 신촌로203 대현빌딩7층 서울과학종합대학원(070-7012-2766) [학]1971년 대구상고졸 1975년 건국대 경영학과졸 1977년 고려대 경영대학원졸 1980년 미국 선더버드국제경영대학원 국제경영학과졸 2000년 서울대 경영대학원 최고경영자과정 수료 2009년 경영학박사(서울과학종합대학원) [경]1975년 서울신탁은행 국제부·해외영업부 근무 1980년 캐나다 Royal Bank, Montreal 입사 1982년 同서울지점 심사부장 1983년 체이스맨하탄은행 Seoul Institutional Banking 팀장·지배인 1985년 국민대 강사 1986년 체이스맨하탄은행 Seoul Corporate Banking 팀장·부지점장 1988년 두산씨그램 경리·기획·IT담당 이사 1992년 同경리·기획·IT담당 상무 1995년 조셉·이·씨그램뉴욕 아시아·남미담당 재무본부장(이사) 1998년 두산씨그램 부사장 2000년 살로먼스미스바니환은증권 상무 2001년 현대정유 경영지원본부장·CFO(부사장) 2002~2010년 현대오일뱅크 대표이사 사장 2003년 한국UAE민간경제협력위원회 위원장 2007년 다국적기업최고경영자협회(KCMC) 부회장 2009~2010년 同회장 2009년 서울과학종합대학원 초빙교수(현) [상]금탑산업훈장(2003), 한국능률협회컨설팅주관 고객만족경영대상 최우수상(2004), 장애인먼저실천운동본부주관 장애인실천상 대상(2004), 한국마케팅연구원주관 한국마케팅대상(2005), 한국능률협회 컨설팅주관 한국경영대상 윤리경영부문 최우수상(2005), 산업자원부 선정 민간기업제조업부분 최우수상(2006), 국무총리표창 장애인고용우수기업(2006), 한국인사관리학회 제1회 글로벌인재경영대상(2007), 월간조선 대한민국경제리더대상 윤리경영부문(2008), 한국상품학회주관 대한민국상품대상 서비스품질부문 대상(2008), 신산업경영원 윤리경영대상(2009), 모범납세자 대통령표창(2009), 글로벌리더상(2009) [종]가톨릭

서영택(徐榮澤) SUH Young Taek

[생]1939·4·23 [본]달성(達城) [출]대구 [주]서울 종로구 사직로8길39 세양빌딩 김앤장법률사무소(02-3703-1050) [학]1957년 경북고졸 1962년 서울대 상대졸 1967년 同대학원 경제학과졸 1969년 미국 하버드대 대학원 수료 [경]1961년 행정고시 합격 1966년 천안세무서 과장 1970년 재무부 세제국장 1975년 대전·대구지방국세청장 1977년 국세청 간세국장 1980년 재무부 세제국장 1982년 국세심판소장 1983년 국회 재무위원회 전문위원 1985년 재무부 제2차관보 1988년 국세청장 1991~1993년 건설부 장관 1993년 미국 하버드대 법대 객원연구원 1994년 김앤장법률사무소 상임고문(현) 1995~1997년 국제조세협회 이사장 1998~2004년 국세동우회 회장 2007년 국세공무원교육원 명예교수(현) [상]홍조근정훈장(1978), 청조근정훈장(1993) [종]가톨릭

서영택(徐榮澤) SEO Young Thaec

[생]1950·10·31 [출]부산 기장 [주]서울 서초구 효령로 304 국제전자센터10층72호 동서해운(주) 임원실(02-3788-4000) [학]1969년 부산고졸 1973년 고려대 경제학과졸 [경]1974년 동서해운(주) 입사 1980년 同뉴욕주재원 1981년 뉴욕 Trigo Chartering Inc 근무 1982년 同기획실장 1984년 同영업2부장 1987년 동남아해운(주) 상무이사 1990년 동서해운(주) 대표이사(현) [상]한국해운신문 선정 올해의인물(2003)

서영필(徐詠筆) SEO Young Pil

[생]1964·6·30 [출]부산 [주]서울 금천구 가산디지털1로 119 SK트윈타워A동3층 (주)에이블씨엔씨 비서실(02-6292-6789) [학]1990년 성균관대 화학공학과졸 [경]1990~1993년 피죤(주) 중앙연구소 근무 1995년 엘트리 대표이사 2000년 에이블커뮤니케이션 대표이사 2003년 (주)에이블씨엔씨 대표이사(현) [상]한경마케팅대상 산업자원부장관표창(2004), 소비자포럼 선정 브랜드대상(2004), 대한민국 전자상거래대상(2004)

서영학(徐榮鶴) Seo, Young-hak

[생]1971·2·19 [본]달성(達城) [출]전남 여수 [주]서울 종로구 세종대로209 여성가족부 홍보담당관실(02-2100-6021) [학]1989년 여수고졸 1996년 전남대 임학과졸 1997년 同행정학과졸(복수전공) 2004년 同대학원 산림정책과 수료 [경]2004~2006년 전남 여수시 혁신분권기획단장·묘도동장 2006~2011년 여성가족부 여성정책과·여성인력개발과·인권보호과·정책총괄과 근무 2011년 同권익지원과장·기획재정담당관 2013년 휴직 2016년 여성가족부 홍보담당관(현) [종]기독교

서영호(徐永浩) SUH Yung Ho

[생]1956·11·15 [출]서울 [주]서울 동대문구 경희대로26 경희대학교 경영대학 경영학과(02-961-0780) [학]1979년 서울대 경영학과졸 1981년 한국과학기술원(KAIST) 산업공학과졸 1990년 경영학박사(미국 시라큐스대) [경]1981년 국방연구원 연구원 1990~1995년 미국 위스콘신대 경영대 조교수 1995년 경희대 경영대학 경영학부 부교수·교수(현) 1999~2000년 한국경영정보학회 이사 2000~2001년 한국품질경영학회 편집위원장 2000~2007년 한국방위산업학회 감사 2007년 아시아품질네트워크(ANQ) 회장 2007년 경희대 경영대학원장 2008~2009년 한국품질경영학회 회장 2008년 한국방위산업학회 감사·부회장 2009~2012년 경희대 경영대학장 2011년 한국경영대학·원장협의회 회장 2012~2014년 한국경영커뮤니케이션학회 회장 [상]국방관리연구상 우수상, 품질경영 우수논문상, 근정포장(2008) [저]'경영성과를 높이는 101가지 기법'(共) '오피스2000과 인터넷'(共) '경영품질의 세계기준: 말콤볼드리지'(共) '한글오피스97과 인터넷'(共) '네트워크 트렌드'(共) [종]기독교

서영화(徐英華) Young Hwa Suhr

[생]1961·7·17 [출]부산 [주]부산 해운대구 센텀동로99 벽산센텀클래스원1117호 법무법인 청해(051-244-9697) [학]1980년 경남고졸 1984년 서울대 법학과졸 1986년 同대학원 법학과졸 1994년 미국 코넬대 법과대학원졸 [경]1986년 사법시험 합격(28회) 1989년 사법연수원 수료(18기) 1989년 김앤장법률사무소 변호사 1989년 해양수산부 해양안전심판원 심판변론인(前 해사보좌인) 1994년 미국 뉴욕주 변호사시험 합격 1994년 변호사 개업 1997년 법무법인 청해 대표변호사(현) 1998년 한국수출보험공사 고문변호사 1998년 덴마크 명예영사 2000~2008년 동아대 법학과 겸임교수·부교수 2001년 (주)아이즈비전 사외이사 2001년 (주)알보고 감사 2002년 (주)한국해저통신 사외이사 2002년 한국자산관리공사 고문변호사 2003년 부산은행 고문변호사 2003년 해양수산부 어업재해보상심사위원 2004년 (주)우리홈쇼핑 사외이사 2010년 (주)아이즈비전 사외이사(현) 2010년 대한변호사협회 국제거래법·회사법전문 변호사(현) 2011~2013년 부산대 법학전문대학원 겸임교수 [종]불교

서영훈(徐英勳) SUH Young Hoon (嘉溫·道原)

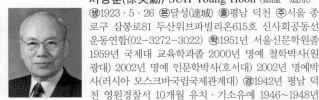

[생]1923·5·26 [본]달성(達城) [출]평남 덕천 [주]서울 종로구 삼봉로81 두산위브파빌리온615호 신사회공동선운동연합(02-3272-3022) [학]1951년 서울신문학원졸 1959년 국제대 교육학과졸 2000년 명예 철학박사(원광대) 2002년 명예 인문학박사(호서대) 2002년 명예박사(러시아 모스크바국립국제관계대) [경]1942년 평남 덕천 영원경찰서 10개월 유치·기소유예 1946~1948년 조선민족청년단 중앙훈련소 교무간부 1952년「사상」誌 편집기자 1953년 대한적십자사 청소년국장 1960년 同청소년부장 1972년 남북적십자회담 대표 1972~1981년 대한적십자사 사무총장 1980년 한국청소년단체협의회 회장 1981년 생명의전화 실행위원장 1982~1986년 흥사단 이사장 1984~1998년 홍역학회 회장 1985년 평통 정책심의분과위원장 1985년 한모음회 회장·명예회장 1988~1990년 KBS 사장 1988년 한국방송협회 회장 1988년 세계평화올림픽 설립·부회장 1989년 아·태방송연맹(ABU) 이사 1990~1994년 흥사단 공의회장 1992년 세계선린회 이사장(현) 1993년 정의사회구현협의회 상임공동대표 1993년 시민의신문 대표이사 1993~1995년 백범시해진상규명위원회 위원장 1994~1997년 시민단체협의회 상임공동대표 1994~2007년 신사회공동선운동연합 이사장 겸 상임공동대표 1995~1997년 감사원 부정방지대책위원장 1996년 시민의신문 회장 1996년 우리민족서로돕기운동 상임대표 1997년 도산사상연구회 회장 1998년 대통령 통일고문 1998년 제2의건국범국민추진위원회 공동위원장 1999년 同상임위원장 2000년 새천년민주당 대표최고위원 2000년 제16대 국회의원(전국구, 새천년민주당) 2001~2003년 대한적십자사 총재 2001~2010년 재외동포교육진흥재단 이사장 2001~2004년 島山안창호기념사업회 회장 2003~2005년 한국자원봉사협의회 상임대표 2004년 島山안창호기념사업회 고문(현) 2004년 미래사회와종교성연구원 초대이사장(현) 2007년 대한적십자사 명예총재(현) 2007년 신사회공동선운동연합 이사장 겸 상임대표(현) 2009~2012년 철기이범석장군기념사업회 이사장 [상]국민훈장 동백장, 국민훈장 무궁화장, 대한적십자 인도장(금장), 스페인적십자사 금메달, 효령대상(2003), 헨리데이비슨상(2007), 제33회 월남 이상재선생 월남장(2009) [저]'청소년지도의 바른길' '평화의 도정' '숲이 깊으면 둥지가 많다' '한우리 공동선' '벽오동 심은 뜻은' '자유시민 徐英勳의 세상읽기' '평화의 계단' '부름받아 걸어온 길' [종]기독교

서영희(徐英姬·女) SUH Young Hee

[생]1939·12·10 [출]서울 [주]서울 영등포구 의사당대로1 대한민국헌정회(02-757-6612) [학]1957년 이화여고졸 1961년 이화여대 문리대학 불문과졸 1968년 미국 미주리주립대 신문대학원졸 1977년 명예 철학박사(대만 China Academy) 1984년 명예 정치학박사(미국 캘리포니아유니언대) [경]1961년 KBS TV 편성국 제작부 근무 1968년 미국 뉴욕CBS 뉴스부 연구원 1969년 경희대 정경대학 부교수 1971년 한국사회통신연구회 회장 1973년 제9대 국회의원(통일주체국민회의, 유신정우회) 1975년 국제의원연맹 이사 1977년 세계반공연맹총회 한국대표 1977년 한국아마추어무선연맹 이사장 1979년 제10대 국회의원(통일주체국민회의, 유신정우회) 1979년 KOC 위원 1982년 미국 캘리포니아대 버클리교 동아시아문제연구소 객원교수 1984년 일본 국제문제연구소 연구위원 1985년 경남대 극동문제연구소 연구위원 1985~1995년 경희대 평화복지대학원 교수 1993년 한국지역사회복리회 이사 1996년 한국여성정치연맹 부총재 1998~2005년 선문대 신문방송학과 교수 1998~2005년 同부총장 1999~2001년 전문직여성한국연맹 회장 2000년 전국여교수연합회 회장 2004년 대한민국헌정회 여성분과위원회 위원장 2013년 同고문 2015년 同부회장(현) [상]이화를 빛낸상(1973), 부총리 겸 교육인적자원부장관표창(2005) [저]'도전과 보람의 순간들 : 국가와 언론 그리고 여성' [역]'닉슨대통령과 언론계' '미국시대의 종말' '커뮤니케이션'(共) '새롭게 태어나는 여성' [종]불교

서옥식(徐玉植) SUH Ok Shik

[생]1944·5·13 [본]이천(利川) [출]전남 광양 [주]서울 종로구 종로3길38 연합뉴스사우회(02-741-9787) [학]1963년 순천 매산고졸 1973년 서울대 동양사학과졸 1984년 캐나다 오타와대 정치학과 수료 2003년 경기대 정치전문대학원 북한학과졸 2006년 정치학박사(경기대) [경]1973~1980년 동양통신 외신부·사회부 기자 1981~1986년 연합통신 기획취재부·정치부 기자 1986년 同정치부 차장대우 1987~1991년 同방콕특파원 1991년 同외신2부 부장대우 1992~1994년 同외신1부장 직대·외신1부장 1994년 同방콕특파원 1995년 同방콕특파원(부국장대우) 1997년 同편집국 부국장대우 겸 북한부장 1998~2000년 연합뉴스 편집국장 직대·편집국장 1999~2000년 한국신문방송편집인협회 운영위원 1999~2001년 민주평통 자문위원 1999~2015년 서울대총동창회보 논설위원 2000년 연합뉴스 논설위원실 고문 2000년 同기사심의실 고문 2001~2003년 미국 인명연구소(ABI) '국제인명사전' 제10판·11판에 등재 2002년 연합뉴스 기사심의실 고문(이사대우) 2002~2003년 미국 현대인명사전 'Contemporary Who's Who' 등재 2003년 경남대 극동문제연구소 초빙연구위원(현) 2003~2005년 호남대 사회과학대학 초빙교수 2003~2016년 미국 세계인명사전 'Marquis Who's Who in the World' 2004·2005·2006·2007·2008·2009·2010·2011·2012·2013·2014·2015·2016년판 연속 등재 2004년 영국 국제인명사전 'Dictionary of International Biography' 제31판 등재 2004년 동학농민혁명기념재단 자문위원 2004~2007년 현대정치발전연구원 현대정치아카데미 회장 2005~2012년 통일부 통일교육위원 2006년 한국기독교평생교육연구소 협력이사 2006~2007년 숭실대 언론홍보학과 강의교수 2006~2008년 성결대 행정학부 외래교수 2006~2007년 경기대 정치전문대학원 연구교수 2006~2007년 한남대 국방전략대학원 초빙교수 2008년 언론중재위원회 선거기사심의위원 2008~2009년 한국언론재단 사업이사 2009~2015년 관악언론인회 감사 2009~2011년 서울대사학과총동문회 부회장 겸 동양사학과총동문회 회장 2010~2011년 서울대 인문대총동문회 부회장 2010~2014년 성결대 행정학부 초빙교수 2010년 한국언론진흥재단 전문위원 겸 언론인금고관리위원회 위원 2010~2012년 한국광고자율심의기구 기사형광고심의위원회 위원 2011년 '통영의 딸' 송환대책위원회 대책위원(현) 2012~2014년 언론중재위원회 중재위원 2014년 서울대 총장추천위원회 추천위원 겸 총장후보 검증소위원회 검증위원 2015년 국회개혁범국민연합 고문(현) 2016년 연합뉴스사우회 회장(현) 2016년 대한언론인회 이사 겸 편집위원(현) 2016년 서울대총동창신문 논설위원(현) [상]경기대 정치전문대학원 최우수학업졸업상(2006) [저]'통일을 위한 남남갈등 극복 방향과 과제'(2003, 도서출판 도리) '신동북아 질서의 제문제(共)'(2004, 법영사) '김정일 통일대통령 만들기 북한의 선군정치론'(2006, 도서출판 도리) '서해 NLL은 우리 영토선 아니다-어록으로 본 노무현의 종북좌파 진보주의와 그 적들'(2010, 도서출판 도리) '오역의 제국-그 거짓과 왜곡의 세계'(2013, 도서출판 도리) '나는 북한의 대변인 변호인이었다'(2014, 도서출판 도리) '실록-언론·언론인의 길(4) : 그때 그 현장 못다한 이야기(共)'(2014, 대한언론인회) '북한 교과서 대해부'(2015, 해맞이미디어) [역]'랭군 아웅산묘소 폭탄공격사건 조사위원회의 조사결과 및 버마정부가 취한 조치에 관한 보고서 全文'(1984) [종]기독교

서완석

[생]1961 [출]경기 부천 [주]강원 횡성군 횡성읍 어사매로78 횡성경찰서(033-342-2386) [학]경복고졸, 인하대 행정학과졸, 서강대 경영대학원졸 [경]1992년 경위 공채(경찰간부후보 40기), 경찰종합학교(現 경찰교육원) 경비교통학과 교수, 횡성경찰서 생활안전교통과장, 서울 영등포경찰서 생활안전과장 2013년 서울 종로경찰서 교통과장(경정) 2015년 광주지방경찰청 홍보담당관 2016년 강원지방경찰청 정보화장비과장 2016년 同정보화장비담당관 2016년 강원 횡성경찰서장(현)

서요원(徐堯源) SUH Yo Won

[생]1946·11·17 [본]달성(達城) [출]충남 아산 [주]서울 강서구 공항대로375 미성엠프로(주) 비서실(02-3660-6883) [학]1964년 휘문고졸 1971년 연세대 경영학과졸 1995년 同행정대학원 수료 [경]1984~1988년 삼성건설 관리이사 1988~1993년 삼성항공산업(주) 상무이사 1993~1994년 삼성건설(주) 경영지원본부장(전무이사) 1994~1998년 同개발사업본부장(부사장) 1999년 미성엠프로(주) 대표이사 사장(현) [종]불교

서용교(徐龍敎) SUE Yong Kyo

[생]1955·4·5 [출]대구 [주]경북 칠곡군 왜관읍 공단로209의6 대원GSI 대표이사실(054-973-2221) [학]대륜고졸 1981년 경북대 문리대학 사회학과 수료 [경]1981년 대원산업 관리부장 1983년 同대표이사 1983년 대원GSI 대표이사(현) 1997·2003년 칠곡군상공회의소 제1·2대 상공의원 2000년 대구볼링협회 회장, 일성유치원 이사장, 한국농업기계학회 이사 2007년 칠곡상공회의소 부회장 2007년 한국RPC연구회 부회장 2007년 새마을운동협의회 대구시 북구지회장 [상]상공부장관표창 청산기술상, 경북도 중소기업표창, 농림부장관표창, 국세청장표창, 500만불 수출의탑, 3천만불 수출의탑(2009)

서용교(徐瑢敎) Yong Gyo Seo

[생]1968·1·21 [출]경남 밀양 [주]부산 수영구 황령대로 497 새누리당 부산시당(051-625-6601) [학]1987년 부산동천고졸 1993년 서울대 국사학과졸 [경]동천고총동창회 부회장, 민주평통 자문위원, 국회 정책연구위원, 한나라당 부산시당 상근부대변인 2012년 새누리당 수석부대변인 2012년 제19대 국회의원(부산 남구乙, 새누리당) 2012~2013년 새누리당 원내부대표 2012년 同제17대 대통령선거 박근혜후보 경선캠프 특별보좌관 2012년 同박근혜 대통령후보 공보단 위원 2014년 국회 지속가능발전특별위원회 위원 2014년 국회 교육문화체육관광위원회 위원 2014~2015년 새누리당 보수혁신특별위원회 위원 2014년 同부산시당 정책위원회 위원장 2016년 제20대 국회의원선거 출마(부산 남구乙, 새누리당) 2016년 새누리당 부산시당 수석부위원장 겸 대변인(현) [상]범시민사회단체연합 선정 '올해의 좋은 국회의원상'(2015)

서용석(徐龍錫) SEO YONG-SEOG

[생]1960·10·24 [출]전남 [주]대전 유성구 가정로152 한국에너지기술연구원(042-860-3612) [학]1985년 한국과학기술원 기계공학과졸 2000년 기계공학박사(한국과학기술원) [경]1985년 한국에너지기술연구원 책임연구원(현) 2008년 同수소시스템연구단장 2008년 同수소에너지연구센터장 2011년 同수소에너지센터장 2011년 同신재생에너지연구본부장 2012년 同효율소재연구본부장 2013~2015년 同미래창의융합연구본부장

서용원(徐龍源) SUH Yong Won

[생]1949·8·10 [출]충남 [주]서울 중구 남대문로63 (주)한진(02-728-5501) [학]1968년 대전고졸 1977년 서울대 교육학과졸 [경]1977년 (주)대한항공 입사 1997년 同인재개발관리본부 인사관리팀장 2000년 同노사협력실장 2003년 同인재개발·노사협력담당 상무 2005년 同인재개발관리본부장(전무) 2008년 同인재개발관리본부장(부사장) 2010년 同대표이사 수석부사장 2010년 한진그룹 경영지원실장 2010년 대한항공 인력관리본부장(수석부사장) 2014년 (주)한진 대표이사 사장(현) [상]금탑산업훈장(2008), 체육훈장 거상장(2012)

서우락

[생]1941·11·11 [본]달성(達城) [출]경기 수원 [학]1960년 서라벌고졸 1962년 서라벌예대졸 1994년 중앙대 사회개발대학원 수료 2002년 광운대 경영대학원 수료 [경]한국방송공사 근무, 연예인새마을중앙협의회 서울시지부 회장 1988년 올림픽 성화봉송특별주자 1991년 수원시의회 의원 1991년 민주평통 자문위원 1995~1997년 경기도의회 의원, 수원미술전시관 관장, 수원예술문화단체총연합회 회장, 한국방송코미디협회 상임고문(현), KBS 희극인협회 고문(현), (사)열관리협회중앙회 고문(현), 중앙대총동문회 이사(현), 환경보호문화시민연대 상임공동대표, 전남과학대 모델이벤트과 교수 2007~2015(주)미로체 대표이사 회장 2010년 대한환경연합회 총재(현) 2016년 한국연예 예술총연합회 대위원(현) [상]수원시문화상, 문화예술대상(1994), 경기예술대상 [저]'뿌리깊은 나무' [작]'웃는날 좋은날' '유모어극장' '코미디출동' '코미디 하이웨이' '명랑극장' '폭소코미디' '시추에이션, 싱글레 벙글레' 등 [종]가톨릭

서우정(徐宇正) SEO Woo Jeong

[생]1956·4·8 [출]경남 통영 [주]서울 서초구 서초대로74길11 삼성생명보험(주) 준법경영실(02-2259-7226) [학]1982년 서울대 법학과졸 [경]1981년 사법시험 합격(23회) 1984년 사법연수원 수료(13기) 1985년 서울지검 검사 1987년 제주지검 검사 1988년 서울지검 동부지청 검사 1992년 법무부 검찰4과 검사 1994년 대통령비서실 파견 1996년 법무부 검찰국 검사 1997년 춘천지검 속초지청장 1998년 사법연수원 교수 2000년 법무부 관찰과장 2001년 同공보관 2002년 서울지검 특수3부장 2003년 同특수1부장 2003년 부산고검 검사 2004년 서울고검 검사 2004년 삼성그룹 구조조정본부 법무실 부사장 2006년 同전략기획위원회 부사장 2007년 同법무실 부사장 2008년 삼성생명보험(주) 법무실장(부사장) 2010년 同윤리경영실장(부사장) 2014년 同준법경영실장(부사장)(현) [종]천주교

서 원(徐 源) Seo Won

[생]1958·11·7 [본]달성(達城) [출]경북 문경 [주]경북 안동시 풍천면 도청대로455 경상북도청 문화관광체육국(054-880-3100) [학]1976년 문창고졸 1980년 영남대 지역개발학과졸 2000년 同대학원 지방행정학과졸 2009년 지역개발학박사(영남대) [경]1986~2007년 경북 문경시청 근무 2008~2011년 경북도 관광진흥과장 2012년 국방대 안보정책과정 교육파견 2013년 경북도 서울지사장 2014년 경북 영주시 부시장 2016년 경북도 동해안발전본부장 직대 2016년 同문화관광체육국장 직대(현) [상]국무총리표창(1998·2007) [종]불교

서원석(徐源錫) SUH Won Seok

[생]1957·4·17 [본]달성(達城) [출]경남 진주 [주]서울 은평구 진흥로235 한국행정연구원(02-2007-0580) [학]연세대 행정학과졸, 同대학원졸 1990년 행정학박사(연세대) [경]1990~1992년 연세대 도시문제연구소 선임연구원 1992~1998년 한국행정연구원 초청연구원·행정관리연구부장·수석연구원 1995~1997년 국무총리행정조정실 심사평가위원 1998~2009년 한국행정연구원 연구위원 1999~2000년 미국 캘리포니아주 산호세스테이트유니버스티 방문교수 2000년 행정개혁시민연합 상임집행위원(현) 2001~2007년 한국행정연구원 인적자원센터소장 2004년 대통령자문 정책기획위원회 정치행정분과위원 2006년 한국인사행정학회 회장 2007년 한국행정연구원 한국행정60년연구기획단장 2008년 同수석연구위원 2009~2011년 행정안전부 자체평가위원 2009년 지식경제부 우정사업운영위원 2009~2013년 법무부 검사징계위원 2009년 한국행정연구원 선임연구위원(현) 2010년 同기획조정본부장 2012년 同행정관리연구부장 2012년 한국국정관리학회 회장 2013년 한국행정연구원 대외협력실장 2014년 인사혁신처 자문위원(현) 2014년 한국행정연구원 사회조사센터장 2015~2016년 同기획조정본부장 2016년 同부원장(현) [상]국민포장(2007) [저]'시민과 정부개혁(共)'(2002) '노무현정부의 국가관리 중간평가와 전망(共)'(2006) [종]기독교

서원선(徐元善) SEO WON SEON

[생]1958·9·6 [주]경남 진주시 소호로101 한국세라믹기술원(055-792-2420) [학]1978년 홍익고졸 1982년 연세대졸 1988년 同대학원졸 1992년 공학박사(일본 도쿄대) [경]1992년 일본 도쿄대 외국인 연구원 1999~2000년 일본 나고야대 공학연구과 조교수·부교수 2000년 요업기술원 차세대사업단장·책임연구원 2012년 한국세라믹기술원 에너지환경소재본부장 2016년 同선임본부장(현) 2016년 同융합연구사업단장 겸임(현)

서유미(徐裕美·女) SUH You Mi

[생]1964·2·27 [본]이천(利川) [출]전북 전주 [주]세종특별자치시 갈매로408 교육부 대학정책관실(044-203-6810) [학]1982년 전주여고졸 1986년 서울대 가정관리학과졸 2004년 교육학박사(미국 아이오와대) [경]1988년 교육부 사무관 1998년 교육인적자원부 대학행정지원과·대학원지원과 서기관 2004년 同학술정책과장 2005년 同BK21기획단 사업기획팀장 2006년 同국제교육협력과장(부이사관) 2007년 전북대 교육학과 초빙교수(파견) 2009년 교육과학기술부 연구정책과장 2010년 순천대 사무국장 2011년 전북대 사무국장 2011년 교육과학기술부 국제협력관(고위공무원) 2013년 교육부 대학지원실 학술장학지원관 2014년 중앙공무원교육원 파견 2015년 여성가족부 청소년가족정책실 청소년정책관 2016년 교육부 대학정책실 대학정책관(현) [상]홍조근정훈장(2009)

서유석(徐柳錫) SEO Yoo Seok

[생]1962·8·4 [출]서울 [주]서울 중구 을지로5길26 미래에셋자산운용 ETF마케팅부문(1577-1650) [학]배재고졸, 고려대 경제학과졸, 同대학원 재무관리학과졸 [경]대한투자신탁 근무, 미래에셋증권(주) 돈암지점장(이사대우) 2005년 同마케팅1본부장 2005년 同마케팅1본부장(상무보) 2006년 同리테일사업부문장(상무) 2006년 同리테일사업부 대표 2007년 同리테일사업부 대표(사장) 2009년 同퇴직연금추진부문 대표(사장) 2011~2012년 미래에셋맵스자산운용(주) 공동대표이사 2012년 미래에셋자산운용(주) ETF마케팅부문 사장(현)

서유성(徐有成) Yousung Suh

[생]1957·8·23 [출]부산 [주]서울 용산구 대사관로59 순천향대학교서울병원 원장실(02-709-9128) [학]1983년 고려대 의대졸, 순천향대 대학원졸(의학석사) 1994년 의학박사(순천향대) [경]1988년 순천향대 의과대학 정형외과학교실 교수(현) 2006년 순천향대서울병원 진료부장 2008년 同부원장 2010년 순천향대 중앙의료원 기획조정실장 2010년 同의과대학 정형외과학교실 주임교수 2012년 대한병원협회 이사(현) 2012년 순천향대서울병원 원장(현)

서유헌(徐維憲) Suh, Yoo Hun (菊史一舟)

[생]1948·2·8 [본]달성(達城) [출]경북 김천 [주]인천 남동구 남동대로774 가천대학교 뇌과학연구원(032-460-8227) [학]1967년 중동고졸 1973년 서울대 의과대학졸 1976년 同대학원졸 1981년 신경약리학박사(서울대) [경]1980~1993년 서울대 의과대학 약리학교실 전임강사·조교수·부교수 1984년 미국 Cornell대 교환교수 1989년 독일 하이델베르그대 객원교수 1993~2013년 서울대 의과대학 약리학교실 교수 1993년 일본 東京大 객원교수 1995년 Journal of Neurochemistry Editor(현) 1996년 아·태신경화학회 회장 1996년 국제치매학회 이사 1996~1998년 뇌연구촉진법제정준비위원회 위원장 1997년 J. Molecular Neuroscience Editor 1997~1999년 강원대 의과대학 초대학장 1998년 한국뇌학회 회장 1998년 중국 하얼빈의대 종신객원교수(현) 1998년 J.Neuroscience Research Editor 1998년 노의약학센터 소장 1999~2009년 전문인참여포럼 공동대표 1999년 미국 세계인명사전 'Marquis Who's Who 새세기의 전세계 500명 지도자'에 선정 1999년 국가뇌연구촉진심의위원회 심의위원 2000년 과학기술부 지정 치매정복창의연구단장 2000~2013년 서울대 신경과학연구소장 2000년 한국뇌신경과학회 이사장 2002년 서울대 의과대학 약리학교실 주임교수 2002년 대한약리학회 회장 2002년 Neurochemical Research 편집위원 2003년 한국인지과학회 회장 2003년 대한민국의학한림원 정회원(현) 2004년 '퇴행성 뇌질환인 파킨슨병을 혈액검사를 통해 조기진단'에 성공 2004년 의협신문 객원논설위원 2005년 국제HFSP(인간프론티어과학)기구 본부이사(현) 2005~2010년 서울대 인지과학연구소장 2007년 '미노사이클린이 뇌세포 파괴를 막고 인지 및 기억기능을 돕는다는 것' 규명 2007년 한국컨벤션 명예홍보대사 2007~2008년 국가과학기술위원회 위원 2007~2010년 대한신경퇴행성질환학회 회장 2007년 한국뇌연구원 설립추진기획단장 2010년 교과교육과정개정TF 위원 2011년 Journal of Pharmacological Sciences 부편집인(현) 2011~2013년 국가생명공학종합정책심의회 위원 2012~2015년 한국뇌연구원 초대 원장 2013년 서울대 의대 명예교수(현) 2015년 (주)네이처셀 사외이사(현) 2015년 가천대 의과대학 석좌교수(현) 2015년 同뇌과학연구원장(현) [상]유한의학상(1992), 광혜학술상(1995), 세종문화상(1997), 한국과학기술저술상(1997), 과학기술훈장 웅비장(2002), 5.16민족상(2004), 의당학술상(2004), 우수SCI(2007), 서울대 우수연구자상(2008), 심호섭상(2008), 제7회 대한민국 최고과학기술인상(2009), 옥조근정훈장(2013) [저]'약리학 실습'(1986) '신경약리학의 생화학적기초'(1988) '약물치료: 기초와 임상'(1988) '노인병'(1991) '호흡기학'(1992) '신경학'(1992) '신경전달물질'(1992) '분자생물학'(1993) '과학과 철학'(1994) '내분비학'(1994) '놀라운 뇌의 세계'(1995) '뇌를 알고 머리를 쓰자'(1995) '인간은 유전자로 결정되는가'(1995) '두뇌 장수학'(1996) '너의 뇌를 알라'(1997) '지성과 실천'(1998) '노인정신의학(共)'(1998) '생명코드 AGCT(共)'(1998) 'Neuroscientific Basis of Dementia'(2000) '과학이 세계관을 바꾼다(共)'(2000) '잠자는 뇌를 깨워라'(2000) '신경학원론'(2001) '생활건강교실'(2001) '인지과학'(2001) '천재아이를 원한다면 따뜻한 부모가 되라'(2001) '학부모는 아무나 하나요'(2002) '어떻게 영원히 살까?'(2002) '임상약리학'(2002) 'Research and Perspectives in Alzheimer's Disease'(2002) 'Mapping the Progress of Alzheimer's Parkinson's Disease'(2002) '의학자 114인이 내다보는 의학의 미래'(2003) '120가지 뇌계발 육아비법'(2003) '어린이, 청소년 어떻게 사랑할 것인가(共)'(2004) '나는 두뇌짱이 되고 싶다'(2005) '유아 백과사전(共)'(2005) '태교 동화'(2005) '똑똑한 동요·동시'(2005) '똑똑한 동화'(2005) '생태적 상호의존성과 인간의 욕망(共)'(2006) '머리가 좋아지는 뇌과학 세상'(2008) '너무 늦기 전에 사랑한다고 말하세요'(2008) '내 아이의 미래가 달라지는 엄마표 뇌교육'(2010) [역]'놀라운 뇌의 세계' '약리학'(2004) '노화'(2004) '노화의 과학'(2006) 'Katzung 약리학'(2008) '뇌는 정말 신기해'(2009) 'Katzung 약리학'(2010) [종]기독교

서윤기(徐允基) SEO Youn Gi

[생]1970·9·29 [출]전남 영암 [주]서울 중구 덕수궁길15 서울특별시의회(02-3783-1721) [학]2005년 숭실대 교육대학원 교육공학과졸 [경]서울시민연대 공동대표, 관악자치포럼 공동대표, 인터넷교육업체 (주)조이런 대표, 대통령자문 국가균형발전위원회 자문위원 2006~2010년 서울시 관악구의회 의원 2008년 (사)미래교육희망 이사(현) 2010~2014년 서울시의회 의원(민주당·민주통합당·민주당·새정치민주연합) 2010~2014년 同교육위원회 위원 2010~2012년 同친환경무상급식지원특별위원회 위원 2011~2012년 同정책연구위원회 위원 2012년 同지하철9호선 및 우면산터널등민간투자사업진상규명특별위원회 위원 2012~2013년 同예산결산특별위원회 위원 2013~2014년 同윤리특별위원회 위원 2013~2014년 同사립학교투명성강화특별위원회 위원 2014년 서울시의회 의원(새정치민주연합·더불어민주당)(현) 2014·2016년 同행정자치위원회 위원(현) 2014·2016년 同남북교류협력지원특별위원회 위원(현) 2015~2016년 同남산케이블카운영사업독점운영 및 인·허가특혜의혹규명을위한행정사무조사특별위원회 위원 2015년 同하나고등학교특혜의혹진상규명을위한행정사무조사특별위원회 위원(현) 2015년 同청년발전특별위원회 위원장(현) 2015년 同윤리특별위원회 위원(현) 2016년 同서울메트로사장후보자인사청문특별위원회 위원 2016년 同예산결산특별위원회 위원(현) 2016년 同지방분권TF 위원(현) [상]제1회 매니페스토 약속대상 최우수상(2009) [종]기독교

서윤덕(徐潤德) SUH YOUN DUG

[생]1955·4·6 [본]대구(大丘) [출]경기 [주]경기 용인시 기흥구 마북로154번길49 코오롱 인재개발센터 원장실(031-289-2501) [학]고려대 경영학과졸 [경](주)코오롱 관리팀장, 同구조조정본부 경영관리팀담당 이사 2005년 코오롱그룹 중국전략본부 상무 2006~2007년 同경영전략본부 중국지원TF장(상무) 2008년 코오롱패션머티리얼 지원본부장(전무) 2011~2014년 同지원본부장(부사장) 2014년 코오롱 인재개발센터 원장(현) 2014년 (재)오운문화재단 대표(현) [종]불교

서윤석(徐允錫) SUH Yoon Suk

[생]1955·1·3 [본]달성(達城) [출]서울 [주]서울 서대문구 이화여대길52 이화여자대학교 경영대학(02-3277-3351) [학]1977년 서울대 경제학과졸 1981년 미국 텍사스대 대학원 회계학과졸 1985년 회계학박사(미국 텍사스대) [경]1977~1979년 한국은행 조사제1부 근무 1981년 미국 공인회계사(현) 1985~1993년 미국 UCLA 경영대학 조교수 1993년 미국 Illinois대 부교수 1994년 정보통신정책연구원 연구위원 1995~2002년 아주대 경영대 교수 2000년 두산중공업 사외이사, LG텔레콤 사외이사 2001년 한국관리회계학회 부회장 2002년 이화여대 경영대학 교수(현) 2002~2007년 同경영대학장 겸 경영대학원장 2004년 (주)포스코 사외이사 2004~2010년 (주)SK 사외이사 2004~2005년 한국관리회계학회 회장 2006년 (주)포스코 감사위원 2006~2007년 이화여대 경영전문대학원장 2008년 (주)포스코 이사회 의장 2009년 한국이사협회 회장(현) 2009년 한국경영학회 부회장 2010년 (주)엔씨소프트 사외이사(현) 2011~2016년 쌍용자동차(주) 사외이사 겸 감사위원장 [종]기독교

서윤식(徐允植) SEO Yoon Shick

[생]1953·10·13 [출]전남 광양 [주]서울 강남구 테헤란로8길21 세무법인 다솔(02-550-2000) [학]한국방송통신대졸, 경희대 대학원 법학과졸, 세무학박사(서울시립대) [경]2000년 국세청 법무과 서기관 2002년 서울지방국세청 조사2국 조사4과 서기관 2004년 전남 순천세무서장 2005년 서울지방국세청 국제조세2과장 2005년 同국제조사3과장 2006년 국세청 국제세원관리담당관 2006년 同개인납세국 부가가치세과장 2009년 同법무심사국 심사1과장 2009년 同납세보호관실 심사1담당관(부이사관) 2010년 중부지방국세청 조사3국장(고위공무원) 2011년 同조사1국장 2012년 세무법인 다솔 고문(현) 2013~2016년 한솔로지스틱스(주) 상근감사

서윤원(徐允源) SEO Yoon Weon

[생]1957·6·17 [출]인천 [주]서울 강남구 영동대로517 아셈타워23층 관세법인 화우(02-6182-6506) [학]1976년 인천 제물포고졸 1983년 한국외국어대 행정학과졸 1986년 서울대 행정대학원졸 1992년 미국 아이오와주립대 경영대학원졸 [경]1983년 행정고시 합격(27회) 1985년 특허청 행정관리담당관실 행정사무관 1986년 同국제협력담당관실 행정사무관 1987년 同심사1국 상표심사1담당관실 행정사무관 1993년 관세청 평가협력국 평가1과 행정사무관 1995년 同통관관리국 총괄징수과 행정사무관 1998년 관세공무원교육원 서무과장 1998년 뉴질랜드 관세청 파견 2000년 관세청 기획관리관실 행정법무담당관 2001년 同정보협력국 국제협력과장 2001년 인천공항세관 조사감시국장 2002년 관세청 조사감시국 조사총괄과장 2003년 인천본부세관 조사감시국장 2003년 관세청 통관지원국 수출통관과장 2003년 同통관지원국 통관기획과장 2005년 국세공무원교육원 교수부장 2006년 관세국경관리연수원 원장 2007년 중앙공무원교육원 파견(국장급) 2008년 관세청 정보협력국

장 2010년 同조사감사국장 2011년 同부산본부세관장 2012년 同관세국경관리연수원장 2013년 同인천공항본부세관장 2015~2016년 同서울본부세관장 2016년 관세법인 화우 대표관세사(현)

서은석(徐銀錫) Seo EunSeog
[생]1960·2·3 [출]전남 무안 [주]경기 양주시 백석읍 꿈나무로156 양주소방서(031-849-8120) [학]목포대 경제학과졸 [경]1987년 소방사 임용(공채) 1995년 경기 과천소방서 주암파출소장·예방계장 1996년 내무부 소방국 구조구급과 구급계 근무 1998년 행정자치부 소방국 구조구급과 구급계 근무 2003년 경기 의정부소방서 소방행정과장·방호예방과장 2006년 경기도 제2소방재난본부 방호구조과 예방홍보담당 2010년 同제2소방재난본부 소방행정기획과 예산장비담당 2011년 경기 연천소방서장 2013년 경기 일산소방서장 2016년 경기 양주소방서장(현) [상]행자부장관표창(2000), 국무총리표창(2002)

서은수(徐銀洙) SUH Eun Soo
[생]1970·10·19 [출]전남 광양 [주]전남 장흥군 장흥읍 장흥로21 장흥군청 부군수실(061-860-0205) [학]서울대 농업교육과졸 [경]1996년 지방고시 합격(제1회), 광양시 농업정책과장, 교육 파견 2006년 지방기술서기관 승진 2008년 전남도 농산물유통과장 2008년 同농산물원종장장 2009년 同농업정책과장 2013년 同식품유통과장 2014년 同정책기획관 2015년 전남 장흥군 부군수(현)

서을성(徐乬盛) Seu Ull Sung
[생]1961·8·25 [출]경남 진주 [주]대전 대덕구 신탄진로 200 한국수자원공사 수변사업본부(042-629-2206) [학]1979년 대아고졸 1986년 경상대 농기계공학과졸 [경]1986년 한국수자원공사 입사 2010년 同경남부산지역본부 운영처장 2011년 同시화지역본부 시화조력관리단장 2013년 同수도사업본부 수도선진화처장 2014년 同수변사업본부장(상임이사)(현) [상]국토해양부장관표창(2009·2012)

서을수(徐乙洙) SEO Eul Soo
[생]1967·9·7 [주]대전 서구 청사로189 특허심판원 심판6부(042-481-5847) [학]1986년 울산남고졸 1990년 서울대 농생물학과졸 [경]1994년 총무처 5급 공채 합격 1995년 농림수산부 국립식물검역소 부산지소 사무관 1997년 특허청 심사2국 심사조정과 사무관 2001년 同심사3국 농림수산심사담당관실 서기관 2002년 同유전공학심사담당관실 서기관, 同기획관리관실 국제협력담당관실 서기관 2005년 同화학생명공학심사국 농림수산심사담당관실 서기관, 同화학생명공학심사본부 식품생물자원심사팀 서기관 2008년 同복합기술심사1팀장 2009년 고용 휴직 2013년 특허청 고객협력국 국제협력과장(서기관) 2013년 同산업재산보호협력국 국제협력과장(서기관) 2014년 同산업재산보호협력국 국제협력과장(부이사관) 2015년 同산업재산보호협력국 산업재산보호정책과장 2016년 특허심판원 심판6부 심판관 2016년 同심판6부 심판장(고위공무원)(현)

서의택(徐義澤) SUH Eui Taik
[생]1937·7·24 [출]부산 [주]부산 남구 신선로428 동명문화학원 이사장실(051-629-0023) [학]1962년 부산대 건축공학과졸 1964년 同대학원 건축공학과졸 1977년 도시계획학박사(프랑스 파리대) [경]1965년 부산공전 조교수 1972~1989년 부산대 건축공학과 조교수·부교수·교수 1978~1990년 부산시·경남도 중앙도시계획위원 1987년 부산대 공과대학장 1987년 대통령 지역균형기획단 자문위원 1989~1998년 부산대 도시공학과 교수 1990년 同환경대학원장 1991년 부산·경남정보화추진협의회 의장 1993년 대한국토·도시계획학회 부회장 1998~2006년 부산외국어대 총장 1998년 부산시제2의건국범국민추진위원회 위원장 2003년 열린사이버대학(OCU) 이사장 2004년 신행정수도건설추진위원회 위원 2006년 행정중심복합도시건설 추진위원회 위원장 2006년 부산대 건축공학과 석좌교수(현) 2007년 중앙도시계획위원회 위원장 2008년 경북도 도청이전신도시건설위원회 위원장(현) 2008년 부산상공회의소 경제정책자문위원장 2010년 (사)100만평문화공원조성협의회 공동의장 2010년 낙동강살리기전문가자문위원회 경관조경분과위원장 2011년 동명문화학원 이사장(현) [상]부산시문화상(1985), 눌원문화상(1988), 대한국토·도시계획학회 학술상(1997), 국민훈장 석류장(1999), 제1회 자랑스런 부산대인상(2004), 황조근정훈장(2008), 동명대상 교육연구분야(2011) [저]'건축설계제도' '천수공간(waterfront)' '도시계획론 : 이론과 실제'(1991) [종]기독교

서익제(徐益濟)
[생]1951·2·27 [본]달성(達城) [출]대구 [주]경북 영주시 구성로380 영주기독병원(054-635-6161) [학]1969년 경북사대부고졸 1976년 경희대 의학과졸 [경]1985년 영주기독병원 원장(현) 1986년 대한적십자사 경북지사 상임위원 1987년 영주시의사회 회장 1988년 영주시 시정자문위원 1990년 민자당 중앙위원 1993년 새마을운동중앙협의회 영주시지회장, 영주소백라이온스클럽 회장, 안동KBS 시청자위원, 경북도민체육대회추진위원회 부위원장 1995년 민자당 영주시지구당 부위원장 1996년 영주경찰서 방범자문위원장 1998년 영주시체육회 부회장 1999년 영주경찰서 경찰행정발전위원장 2003년 영주시축구협회 회장 [상]재무부장관표창, 보건복지부장관표창, 새마을훈장 근면장 [종]가톨릭

서인덕(徐仁德) SEO In Deok (淸泉)
[생]1960·10·6 [본]달성(達城) [출]전남 구례 [주]전남 무안군 삼향읍 오룡2길40 전남도선거관리위원회(061-288-8113) [학]1979년 송원고졸 1984년 전남대 섬유공학과 2년중퇴, 성균관대 법과대학 1년중퇴 1995년 한국방송통신대 법학과졸 [경]1989년 전남 구례군 근무 1990년 同구례군선거관리위원회 근무 1991~1993년 전남도선거관리위원회 관리과 근무 1999년 중앙선거관리위원회 사무관 1999년 전남 여수시선거관리위원회 관리담당관 2000년 同신안군선거관리위원회 사무과장 2001년 同순천시선거관리위원회 관리담당관 2001년 광주北선거관리위원회 관리담당관 2002년 중앙선거관리위원회 홍보담당관실 공보계장 2005년 同정당국 정당과 정당계장 2006~2008년 同정당국 정책정당지원팀 과장(서기관) 2008년 同여수시선거관리위원회 사무국장 2010년 전남도관리위원회 홍보과장 2011년 중앙선거관리위원회 홍보담당관 2013~2014년 광주시선거관리위원회 관리과장(부이사관) 2016년 전남도선거관리위원회 사무처장(현) [상]전남도선거관리위원장표창(1998), 대통령표창(2008), 매니페스토약속대상 공직분야 우수상(2009) [저]'각국의 선거관계 언론법제'(共)

서인석(徐仁錫) SUH Een Seok
[생]1952·9·13 [출]서울 [주]충남 천안시 동남구 병천면 가전5길133 새론오토모티브 비서실(041-560-4224) [학]1971년 경동고졸 1975년 한양대 기계공학과졸 2002년 서울대 공과대학 최고산업전략과정 수료 [경]1975년 현대양행 입사, 만도기계(주) 평택사업본부 생산부장·승용공장장·연구소장(이사)·부본부장(상무이사) 2000년 (주)만도 평택사업본부장(전무) 2007년 同평택사업본부장(부사장) 2008년 새론오토모티브 대표이사 사장(현)

서인수(徐仁洙) SEO In Soo
[생]1955·3·15 [출]서울 [주]서울 강남구 영동대로106길 42 성도이엔지(주) 회장실(02-6244-5200) [경]1987년 성도이엔지(주) 대표이사 회장(현), 한국공기청정협회 이사, 한국디스플레이산업협회 이사 2009년 에스티아이 대표이사 2010년 同각자대표이사(현) [상]산업자원부장관표창(2002), 건설산업기술경영대상(2006), 국무총리표창(2008)

서인화(徐仁化) SEO In Hwa (東崖)
[생]1938·5·17 [본]대구(大丘) [출]전북 정읍 [주]전북 전주시 완산구 태진로16 2층 신성산업(유) 대표이사실(063-272-9000) [학]1968년 전주대 상학과졸 1977년 전북대 경영대학원 수료 [경]1976년 전주중앙로타리클럽 창립회원 1983년 同회장 1989~1997년 전주대총동창회 회장·전주대동창회장학재단 창립이사장 1990~2011년 (주)신성 대표이사 1992~2010년 대구달성서씨 전북도종회 회장, 한국열관리시공협회 전북지부장 2012년 신성산업(유) 대표이사(현) [상]국제로타리회장표창(1984), 건설부장관표창(2004) [저]'훌륭한 조상 빛나는 가문'(1999)

서 일(徐 一) SUH Il
[생]1954·3·23 [본]달성(達城) [출]서울 [주]서울 서대문구 연세로50 연세대학교 의과대학 예방의학교실(02-2228-1868) [학]1978년 연세대 의대졸 1981년 同대학원 보건학과졸 1987년 보건학박사(연세대) [경]1978~1979년 경기도립수원병원 인턴 1980~1982년 강화군보건소 소장 1982~1983년 연세대 의대 예방의학교실 연구원 1982~1983년 보건사회부 의무기좌 1986년 연세대 의대 예방의학교실 교수(현) 1989~1991년 미국 NIH(National Institutes of Health) 초청연구원 1991년 미국 American Heart Association Fellow 1994년 세계보건기구 서태평양지역사무소 단기자문관 1997년 연세대 보건대학원

역학 및 건강증진학과 주임교수 1997~2001년 보건복지부 건강증진기금운영위원회 위원 1998년 심혈관질환예방및관리연구회 회장 1999년 대한적십자사 지역보건사업 자문위원 1999년 국민의료보험관리공단 건강증진사업 자문위원 2000년 연세대 보건대학원 국민건강증진연구소장 2000년 同보건대학원 교학부장 2000년 World Heart Federation Counsil on Epidemiology and Prevention Board Member 2004년 한국역학회 부회장 2006~2008년 연세대 의과대학장 2007~2008년 한국역학회 회장, 한국금연운동협의회 이사 2010~2013년 대한심뇌혈관질환예방학회 회장 2010년 International Society of Cardiovascular Disease Epidemiology and Prevention Board Member(현) 2011년 Lancet Non Communicadle Disease(NCD) Action Group Member(현) 2014년 대한심뇌혈관질환예방학회 고문(현) [상]보원학술상(2002)

서일용(徐一龍) Seo Il-yong

[생]1963·10·21 [주]전남 무안군 삼향읍 오룡길1 전라남도의회(061-683-3300) [학]2008년 전남대 산학협력대학원 문화산업학과졸, 고려대 행정대학원 행정학과졸 [경]민주당 중앙당 문화관광특별위원회 부위원장, (사)지체장애인협회 후원회장, (사)장애인기업협회 후원회장, 여수관광인협회 공동대표, 새여수신문 발행인, 호남투데이 부사장, B3지구녹색클럽 회장, 새정치경제아카데미 이사, 통합민주당 전남도당 대변인 2006~2010년 전남도의회 의원(민주당·열린우리당·통합민주당·민주당), 同여수세계박람회지원특별위원회 위원장, 전남도 도시계획심의위원 2010년 전남 여수시의원선거 출마(무소속) 2014년 전남도의회 의원(새정치민주연합·더불어민주당·국민의당)(현) 2014년 同경제관광문화위원회 위원 2015·2016년 同여수세계박람회장사후활용특별위원회 위원(현) 2015년 同전남도동부권산업단지안전·환경지원특별위원회 위원장(현) 2016년 同기획행정위원회 위원(현) 2016년 同예산결산특별위원회 위원(현) 2016년 광양만권경제자유구역조합회의 의장(현) [종]천주교

서일원(徐一源) SEO Il Won

[생]1957·8·25 [출]서울 [주]서울 관악구 관악로1 서울대학교 공과대학 건설환경공학부(02-880-7345) [학]1981년 서울대 토목공학과졸 1983년 同대학원졸 1990년 공학박사(미국 일리노이주립대) [경]1985년 미국토목학회 회원 1990년 미국 수자원학회 회원 1991년 국제수리학회 회원 1992년 서울대 공과대학 건설환경공학부 조교수·부교수·교수(현) 1993년 한국수자원학회 회원 1995년 대한토목학회 회원 2003~2004년 서울대 공학연구소 방재안전관리연구센터장 2008~2010년 同공과대학 건설환경공학부 부학부장 2008년 대한토목학회 이사 겸 학술대회위원회 위원장 2008년 국제수리학회 한국지회 부회장 2012년 (주)태영건설 사외이사 겸 감사위원(현) 2014년 한국공학한림원 정회원(현) [상]한국수자원학회 논문상, 한국수자원학회 공로상, 대한토목학회 학술상(2010) [저]'자연하천의 2차원 확산 해석을 위한 추적자 실험방법 개발 및 적용, 수자원의 지속적 확보기술 개발 사업단 기술보고서(共)'(2004) 'Water for Our Future(제5장 우리가 바라는 하천의 모습)'(共)

서일준(徐一俊) SEO IL JUN

[생]1965·5·10 [출]경남 거제 [주]경남 창원시 의창구 중앙대로300 경남도청 문화관광체육국(055-211-4511) [학]마산고졸, 한국방송통신대 행정학과졸, 연세대 대학원 공공정책학과졸 2015년 행정학박사(서울시립대) [경]1987년 경남 거제군 근무 1995년 서울 송파구 재무과 근무 2001년 2002년월드컵축구대회조직위원회 근무 2002년 서울시 행정관리국 인사행정과 근무 2007년 서울 서초구 전산정보과장·감사담당관(지방행정사무관) 2008년 대통령 총무비서관실 행정관 2012년 대통령 총무기획관실 총무인사팀장(부이사관) 2013년 경남 거제시 부시장 2013~2014년 국방대 교육파견(부이사관) 2014년 경남도 안전건설국장 2015년 同재난안전건설본부장 2015년 同문화관광체육국장(현) [상]근정포장(2010)

서일홍(徐一弘) SUH Il Hong

[생]1955·4·16 [출]서울 [주]서울 성동구 왕십리로222 한양대학교 공과대학 융합전자공학부(02-2281-3832) [학]1977년 서울대 전자공학과졸 1979년 한국과학기술원(KAIST) 전기 및 전자공학과졸 1982년 전기 및 전자공학박사(한국과학기술원) [경]1982년 한국과학기술원(KAIST) 전기 및 전자공학과 대우교수 1982~1985년 대우중공업(주) 기술연구소 선임연구원 1985~2000년 한양대 공대 전자공학과 교수 1987년 미국 Univ. of Michigan CRIM연구소 객원연구원 2000~2013년 한양대 정보통신대학 컴퓨터전공 교수 2003년 대한전자공학회 시스템부문 회장 2003년 대한전기학회 로보틱스및자동화분과 위원장 2004~2006년 한양대 정보통신대학원장 2004~2006년 同정보통신대학장 겸임 2006~2010년 同네트워크기반지능형로봇교육센터장 2008년 한국로봇학회 회장 2009~2014년 지식경제부 로봇특성화대학원 사업단장 2010년 한국공학한림원 일반회원 2013년 同정회원(현) 2013년 한양대 융합전자공학부 교수(현) 2015년 한국뇌공학회 회장(현) 2016년 세계지능로봇학술대회(IEEE/RSJ IROS 2016) 조직위원장(현) [상]한국로봇학회 우수논문상(2009), 대한민국 100대 기술과 그 주역상 로봇제어기부문(2010), 로봇산업유공 국무총리표창(2011) [저]'해외 로봇 인력양성 현황 조사 및 분석(共)'(2009, 지식경제부) 'Robot Intelligence : From Reactive AI to Semantic AI'(2009, 한양대 로봇특성화대학원 사업단) '로봇지능 : 기술분야별 연구동향 및 대표기술'(2010, 한양대 로봇특성화대학원 사업단)

서장석(徐壯錫) seo jang seock

[생]1963·4·21 [본]달성(達城) [출]충남 부여 [주]세종특별자치시 한누리대로402 산업통상자원부 홍보담당관실(044-203-4570) [학]서울대 사회복지학과졸 [경]2005년 교통방송 라디오국 보도부장 2007년 건설교통부 홍보기획팀장 2008년 국토해양부 홍보담당관실 기획홍보총괄서기관 2008년 지식경제부 홍보기획담당관 2013년 산업통상자원부 홍보담당관(현) [종]천주교

서장수(徐長洙) Suh Jang Soo

[생]1957·7·1 [출]대구 [주]대구 중구 국채보상로680 경북대학교 의학전문대학원 임상병리학교실(053-200-2831) [학]1981년 경북대 의대졸 1987년 同대학원 의학석사 1993년 의학박사(충남대) [경]1981~1984년 육군 군의관 1984년 경북대 의대 임상병리과학교실 전공의·전임강사·조교수·부교수·교수, 同의학전문대학원 임상병리학교실 교수(현) 1995년 미국 위스콘신대 방문교수 2012~2014년 경북대 의학전문대학원장 2014년 대한진단혈액학회 부회장 2015년 同회장 2016년 대한수혈학회 부회장(현) [상]애보트학술상 [저]'임상병리학'

서장우(徐壯雨) SEO Jang Woo

[생]1962·12·20 [출]경북 청도 [주]세종특별자치시 다솜2로94 해양수산부 수산정책관실(044-200-5410) [학]1981년 경남고졸 1985년 부산수산대 수산교육학과졸 1987년 同대학원 수산생물학과졸 [경]기술고시 합격(22회) 1987년 중앙공무원교육원·내무부 사무관 1989년 경남도 수산국 생산과·자원조성과 사무관 1991년 수산청 사무관 1991년 국립수산진흥원 지도과·수산공무원교육원 교무과 사무관 1995년 수산청 생산국 자원조성과 사무관 1996년 국립수산진흥원 연구기획과 사무관 1997년 同남해수산연구소 기획과 사무관 1999년 해양수산부 어업진흥국 자원조성과·양식개발과 사무관 2000년 同어업자원국 국제협력과 사무관 2000년 同국제협력관실 국제협력과 사무관 2000년 同국제협력관실 국제협력과 서기관 2002년 국립수산물품질검사원 품질검사과장 직대 2002년 同분석과장 직대 2002년 同품질관리과장 2003년 일본 어항어촌건설기술연구소 파견 2005년 국립수산과학원 수산자원관리조성센터 소장 2005년 同자원관리조성본부 자원회복단장 2006년 농림부 통계기획팀장 2007년 해양수산부 무역진흥팀장 2008년 농림수산식품부 어항과장(기술서기관) 2009년 同어항과장(부이사관) 2009년 同양식산업과장 2010년 同국제기구과장 2011년 同수산개발과장 2012년 농림수산검역검사본부 수산물안전부장 2013년 교육 파견 2014년 해양수산부 어업자원정책관 2015년 同수산정책실 수산정책관(현) [상]홍조근정훈장(2015)

서장원(徐章源) Jangwon SEO

[생]1965·11·5 [본]달성(達城) [출]서울 [주]대전 유성구 대학로383 대전지방기상청 청장실(042-862-0366) [학]1984년 상문고졸 1989년 한양대 지구해양학과졸 1991년 同대학원 지구해양학과졸 1998년 지구해양과학박사(한양대) [경]1998년 한국해양연구소 물리연구부 연수연구원 1998~2000년 기상연구소 해양기상연구실 기상연구사 2000~2007년 同해양기상지진연구실 기상연구관 2007~2008년 同지구환경시스템연구팀 기상연구관 2008년 기상청 해양기상과장 2016년 대전지방기상청장(현) [상]대통령표창(2009)

서장은(徐張恩) SEO Jang Eun

[생]1965·7·21 [출]경북 포항 [주]서울 종로구 사직로8길 60 외교부 인사운영팀(02-2100-7143) [학]1984년 남강고졸 1989년 고려대 법학과졸 2002년 단국대 행정법무대학원 지방자치법학과졸 2007년 법학박사(중앙대) [경](주)클라우드나인 부사장, 정치발전협의회 기획위원, 새로운한국을준비하는국회의원연구모임 기획실장, (주)한국바이오비료 이사, (주)닷솔루션 이사, (주)아세아종합

ㅅ

금융 증권신탁부 근무, 한나라당 대표최고위원 공보특보, (사)한국법제발전연구소 선임연구위원 2004년 제17대 국회의원선거 출마(서울 동작甲, 한나라당) 2007년 (사)한중친선협회 이사·부회장 2008년 서울시 정무조정실장 2009~2010년 同정무부시장 2010~2012년 중앙대 행정대학원 특임교수 2011년 한나라당 수석부대변인 2012년 새누리당 서울동작甲당원협의회 위원장 2012년 제19대 국회의원선거 출마(서울 동작구甲, 새누리당) 2012년 새누리당 국민공감위원장 2012년 同제18대 대통령중앙선거대책위원회 종합상황실 부실장 2014년 駐히로시마 총영사(특임대사)(현) [저]'공존의 정치'(2012)

서재건(徐在健) SEO Jae Keon

[생]1944·7·24 [출]경북 경산 [주]경북 경산시 서상길75 경산문화원 원장실(053-815-0593) [학]1963년 경북대사대부고졸 1967년 경북대 문리과대학 사학과졸 [경](주)세원정공 비상근감사, (주)세원물산 사외이사, 경산새마을금고 이사장, 경산시 축제추진위원회 위원장, 경산시체육회 상임부회장 2012년 경산시장선거 출마(보궐선거, 무소속), 경산문화원 이사 2014년 同원장(현)

서재경(徐在景) SUH Jae Kyoung

[생]1947·10·22 [본]이천(利川) [출]전남 [주]서울 동작구 여의대방로44길46 남도학숙(02-820-3208) [학]1966년 광주제일고졸 1974년 한국외국어대 서반아어과졸 1990년 서강대 대학원 최고경영자과정 수료 1998년 미국 하버드대 행정대학원 수료 [경]1973년 한국일보 기자, 서울경제신문 기자, 대우건설 자재과장, 대우그룹 회장비서실 상무, 同중남미본부장, 同기획조정실 이사, 同부사장 1998년 미국 하버드대 한국학연구소 객원연구원, 전국경제인연합회 회장보좌역, 한국경제연구원 감사, 에스피알 대표이사 사장 2000~2012년 SPR경영연구소 대표, 한국외국어대 상경학부 겸임교수, 미국 세계인명사전 Marquis Who's Who in the World·영국 International Biographical Centre 인명록에 등재 2002년 영국 IBC '20세기의 탁월한 인물 200인'에 선정 2004년 아름다운서당 이사장(현) 2005~2012년 영리더스아카데미 대표 2007~2012년 조선대 초빙교수 2009년 희망제작소 상임고문 2011년 박원순 서울시장후보 선거대책본부 총괄본부장 2012~2014년 서울신용보증재단 이사장 2013년 신용보증재단중앙회 비상임이사 2016년 남도학숙 원장(현) [상]체육포장(1997), 희망제작소 제1회 해피시니어어워즈 희망씨앗상(2008) [저]'PI : 기업인의 이미지'(1992, 김영사) '시장은 넓고 팔 물건은 없다'(1997) [역]'한반도 운명에 관한 보고서'(1998) '리더여 두려움을 극복하라'(2001)

서재국(徐在國)

[생]1972·7·2 [출]전남 함평 [주]부산 연제구 법원로31 부산지방법원(051-590-1114) [학]1991년 광주 고려고졸 1995년 성균관대졸 1998년 同대학원 법학과 수료 [경]1997년 사법시험 합격(39회) 2000년 사법연수원 수료(29기) 2000년 청주지법 판사 2005년 同충주지원 판사 2008년 청주지법 판사 2012년 同충주지원 판사 2013년 전주지법 판사 2015년 부산지법 부장판사(현)

서재석(徐在錫) SUH Jae Suhk

[생]1960·2·5 [출]부산 [주]서울 영등포구 여의대방로359 KBS별관7층 KBS아트비전 사장실(02-6099-7799) [학]1977년 부산고졸 1981년 고려대 국어국문학과졸 [경]1985년 KBS 기획제작실 근무 1996년 同부산방송총국 제작부장 1997년 同TV1국 차장 2001년 同기획제작국 부주간 2003년 同기획제작국 제작위원 2004년 同'KBS스페셜' 선임프로듀서(부장급) 2005년 同교육문화팀 프로듀서 2006년 同외주제작팀장 2008년 同편성본부 편성기획팀장 2009년 同편성본부 편성국장 2010년 同편성센터장 2011년 同방송문화연구소 근무 2012년 同정책기획본부 기획국장 2014년 同TV본부장 2014~2015년 同정책기획본부장 2015~2016년 (주)KT스카이라이프 사외이사 겸 감사위원 2015년 한국IPTV방송협회(KIBA) 이사 2015년 KBS아트비전 사장(현) [상]대한언론인회 대한언론상(2004), 방송위원회 이달의 좋은 프로그램상(2005), 한국방송협회 한국방송대상 작품상(2005)

서재석(徐在錫) Jae-Seok, Seo

[생]1962·2·10 [주]울산 남구 중앙로202 경남은행 울산영업본부(052-260-1202) [학]1980년 부산 개성고졸 1988년 홍익대 경영학과졸 [경]1980년 경남은행 입행 2003년 同경영기획부 부부장 2005년 同서창지점장 2008년 同학성지점장 2012년 同울산본부 부장 2013년 同양산기업금융 지점장 2014년 同금융소비자보호총괄책임자(본부장) 2016년 同울산영업본부장 겸 서울영업본부장(현)

서재용(徐載熔) SEO JAEYONG

[생]1966·9·1 [본]달성(達城) [출]경남 밀양 [주]대전 서구 청사로189 관세청 조사감시국 조사총괄과(042-481-7910) [학]1985년 부산 성도고졸 1989년 부산대 무역학과졸 2012년 미국 피츠버그대 대학원 국제공공정책학과졸 [경]1999~2007년 관세청 통관기획과·수출통관과 근무·외환조사과 사무관·인천공항세관 감시과장·마산세관 조사심사과장 2007~2009년 관세청 국제협력과 서기관 2009~2010년 거제세관장·관세청 운영지원과장 2012~2013년 관세청 국제협력과장·FTA협력담당관 2013년 同통관기획과장 2016년 同조사감시국 조사총괄과장(현)

서재원(徐在源) SEO Jae Won

[생]1955·7·21 [본]대구(大丘) [출]경기 포천 [주]경기 포천시 해룡로120 차의과학대학교 의료홍보미디어학과(031-850-9202) [학]1974년 포천고졸 1982년 서울대 사범대학 국어교육과졸, 세종대 언론홍보대학원졸 [경]1986년 KBS 방송운용국 운행부 근무 1986년 同라디오본부 아나운서실 근무 1991년 同편성실 근무 1995년 同편성국 외주제작담당 차장 1998년 同편성국 편성정책편성부 차장 2003년 同편성국 편성제작부 주간 2004년 同이사회사무국 전문위원 2007년 同안동방송국장 2009년 同편성본부 편성국 1TV편성팀장 2010년 同편성센터 편성국장 2011년 同편성센터장 2013년 同방송문화연구소 연구위원, 차의과학대 의료홍보영상학과 교수 2013년 포천시 시정정책자문위원(현) 2015년 차의과학대 행정대외부총장 겸 교양교육원장(현) 2016년 同의료홍보미디어학과 교수(현) [상]국무총리표창 [저]'바로 쓰는 우리말 아름다운 우리말'(1992)

서재익(徐在益)

[생]1962·7·26 [출]전남 강진 [주]세종특별자치시 노을6로8의14 국세청 정보개발1담당관실(044-204-3162) [학]광주제일고졸, 전남대졸 [경]1994년 공무원 임용(7급 공채) 1994년 재무부 경제협력국·재정경제부 세제실·기획재정부·기획예산처 근무 2008년 용산세무서 법인세과장 2011년 국세청 전산정보관리관실 사무관 2012년 同전산정보관리관실 서기관 2013년 서울지방국세청 조사2국 서기관 2014년 광주지방국세청 징세법무국장 2015년 서울 영등포세무서장 2016년 국세청 정보개발1담당관(현)

서재일(徐載鎰) SEO Jae Il (장우)

[생]1949·5·28 [본]달성(達城) [출]경북 안동 [주]강원 원주시 행구로215 원주영강교회(033-761-1188) [학]한국신학대 신학과졸, 한신대 대학원 신학과졸, 목회학박사(미국 리젠트대) 1988년 캐나다 토론토대 어학교육원 수료 [경]1980년 원주영강교회 담임목사(현) 1988년 캐나다 토론토한인연합교회 임시목사, 연세대 원주기독병원 이사, 민주개혁국민연합 공동대표 1999년 한국지뢰대책회의 대표 1999년 반부패국민연대 강원본부 상임회장, 자주평화통일민족회의 원주시의장, 한국기독교교회협의회 인권위원회 위원장, 同원주지역회장 2000년 상지대 이사, 21세기목회협의회 상임회장, 제2의건국범국민추진위원회 추진위원 2001년 한국기아대책기구와섬기는사람들 원주지부 설립·회장 2002~2008년 한국가정법률상담소 원주지부 이사장 2008년 영강쉐마기독학교 설립·이사장(현) 2008~2009년 한국기독교장로회총회 총회장 2011년 同WCC 제10차 부산총회 기장준비위원회 위원 2011년 同기장21세기중장기발전기획위원회 위원 [저]'거룩한 곳에 피하라'(1996) '마음이 뜨거워지는 말씀'(1996) '빛되는 교회성장' '순종과 저항의 기도' '장애우와 함께 사랑으로 개혁해가는 교회' '행복한 새 가정' '멍에를 메고 배우라' '자라는 교회' '사람을 쓰십시오' '웃게 하시는 하나님' '성령의 생명강 성전' '사람을 쓰십니다' [종]기독교

서재철(徐載喆) SEO Jai Churl (家源)

[생]1947·7·10 [본]달성(達城) [출]전북 군산 [주]전북 전주시 완산구 기린대로222 전주매일신문 임원실(063-288-9700) [학]1965년 군산고졸 1967년 군산수산대 기관학과졸 1993년 원광대 행정대학원 수료 1998년 총회신학교 신학과졸 2004년 한국방송통신대 중어중문학과졸 2007년 총신대 신학대학원졸 [경]1967년 호남일보 기자 1976년 한국소설가협회·한국문인협회 회원(현) 1988년 전북도민일보 문화부장·편집부장 1991년 전주일보 편집국장 1994년 同수석논설위원·업무국장 1996년 전북매일신문 대표이사 사장 1997년 同편집국장 1998년 전주일보 이사·편집국장 1999년 일요시사 주필 2003년 전민일보 이사·편집국장 2004년 전북중앙신문 편집국장 2006~2008년 同주필 2008년 목사 안수 2008년 전주방주교회 담임목사(현) 2009년 전주매일신문 부회장 겸 주필(현) 2013~2015년 대한예수교장로회 전주노회장 2015년 同전주증

경노회장(현) [상]통일원장관표창, 해양문학상 [저]'어떤 귀향'(1977) '벽지의 4계절'(1980) '독불장군'(1982) '아버지, 우리 아버지'(1982) '춤추는 교단'(1982) '부안 향토문화지'(共) '알을 낳은 아이' '한국은 지금 몇시인가' [종]기독교

서재호(徐在浩)

[생]1965 · 10 · 23 [주]경북 김천시 혁신8로177 농림축산검역본부 위험평가과(054-912-0501) [학]1984년 강진고졸 1988년 전남대 낙농학과졸 2011년 충남대 대학원 낙농식품 · 생명과학과졸 [경]1990년 농림축산식품부 축산경영과 축산주사보 1996년 同축산정책과 축산주사 2003년 同친환경축산팀 축산사무관 2003년 同축산정책과 농업사무관 2013년 同축산경영과 기술서기관 2016년 同농림축산검역본부 위험평가과장(기술서기관)(현)

서재홍(徐在弘) SUH, JAE HONG

[생]1965 · 4 · 16 [본]달성(達城) [출]서울 [주]서울 종로구 세종대로209 금융위원회 국제협력관실(02-2100-2821) [학]1984년 여의도고졸 1989년 미국 오리건주립대 경영학과졸 1990년 同대학원 경영학과졸 [경]1996~2000년 조흥은행 근무 2000년 금융감독위원회 구조개혁기획단 근무 2004년 同은행감독과 사무관 2006년 同감독정책1국 감독정책과 사무관 2007년 同감독정책1국 비은행감독과 사무관 2010년 금융위원회 금융정책국 글로벌금융과 서기관 2011년 同금융서비스국 중소금융과 구조조정TF팀장 2012년 同금융정책국 글로벌금융과 금융협상지원팀장 2013년 同국제협력관(현) [상]국무총리표창(2011) [종]천주교

서재환(徐在煥) Suh Jae Hwan

[생]1954 · 10 · 2 [본]이천(利川) [출]전남 나주 [주]서울 종로구 새문안로76 금호아시아나본관 금호건설 비서실(02-6303-0896) [학]신일고졸, 한국외국어대 경제학과졸, 한국항공대 대학원 항공경영학과졸 2009년 물류학박사(인천대) [경]1988년 아시아나항공 입사 2003년 한국도심공항터미널 관리총괄 상무보 2005년 한국복합물류 경영지원총괄 상무 2009년 대한통운(주) 경영관리부문장(전무) 2011년 同경영관리부문장(부사장) 2012년 금호아시아나그룹 전략경영실 부사장 2013년 同전략경영실장(사장) 2016년 금호건설 대표이사 사장(현) [상]산업포장(2010) [저]'3PL 이렇게 공략하라'(2007) [종]기독교

서재희(徐宰熙) Suh, Jae Hee

[생]1936 · 4 · 20 [출]울산 [주]서울 마포구 월드컵북로402 KGIT상암센터18층 (주)방림 비서실(02-2085-2114) [학]1963년 동국대 경영학과졸, 서울대 경영대학원 최고경영자과정(AMP) 수료 [경]방림방적(주) 상무이사, 同전무이사, 同부사장 1989년 (주)방림 대표이사 사장 1994년 同부회장 1997~1998년 (주)대양상호신용금고 회장 2003년 (주)방림 회장 2012년 同대표집행임원(현) [종]불교

서 정(徐 定) SU Jung

[생]1960 · 8 · 2 [출]서울 [주]서울 마포구 월드컵북로434 상암IT타워 CJ CGV(주) 임원실(02-371-6505) [학]1979년 영등포고졸 1984년 한국외국어대 스웨덴어학과졸 [경]1986년 삼성물산 입사 2001년 (주)CJ오쇼핑 CJmall 사업부장(상무대우) 2004년 同미디어지원담당 상무 2007년 同마케팅실장(상무) 2008년 同TV사업부장 2010년 同글로벌전략담당 상무 2010년 同영업본부장(부사장대우) 2012년 CJ CGV(주) 대표이사 부사장대우 2013년 同대표이사 부사장(현) [상]보건복지부장관표창(2013), 대통령표창(2014)

서정갑(徐貞甲) SUH Jung Kap

[생]1940 · 11 · 29 [본]이천(利川) [출]중국 만주 [주]서울 강남구 테헤란로309 삼성제일빌딩1804호 국민행동본부(02-527-4515) [학]1964년 연세대 행정학과졸 1978년 육군대학 정규과정졸(22기), 경기대 안보대학원졸 [경]ROTC 2기, 월남전 참전, 육군대학 행정처장, 육군본부 총무과장, 同부관차감, 육군 중앙문서관리단장 1992년 예편(육군 대령) 1993년 한국군사문제연구원 대령군사연구위원장 · 연구위원 1995~2007년 육해공군해병대대령연합회 설립 · 회장 1997년 밝고힘찬나라운동 사무총장 1997년 대한민국ROTC중앙회 사무총장 1998년 同상근부회장, 민주평통 7 · 8 · 9대 상임위원, 대한민국재향군인회 이사, 반핵반김국민협의회 운영위원장 2001년 국민행동본부 이사장 겸 본부장(현), 아시아문화교육진흥원 상임고문(현) 2007년 육해 · 공군 · 해병대대령연합회 명예회장(현) 2014년 밝고힘찬나라운동 집행위원장(현) 2015년 대한민국재향군인회 정책자문위원(현) [상]보국포장(1977), 美육군공로훈장, 보국훈장 삼일장(1982), 대통령표창, 자랑스런 연세인 ROTCian에 선정(2003), 美대사관 감사장(2004), 우남 애국상 국민행동본부단체상(2008), 자랑스러운 연세인상(2010) [종]기독교

서정권

[생]1960 · 4 · 20 [출]서울 [주]대전 서구 둔산중로77 대전지방경찰청 생활안전과(042-609-2146) [학]서울 충암고졸, 단국대 건축공학과졸 [경]1987년 경위 임관(건축기사 특채) 1996년 경감 승진 2002년 경정 승진 2013년 충남 아산경찰서장(총경) 2014년 충남지방경찰청 생활안전과장 2015년 충남 부여경찰서장 2016년 대전지방경찰청 생활안전과장(현)

서정기(徐廷琪) SEO Jeong Kee

[생]1949 · 1 · 19 [본]이천(利川) [출]서울 [주]서울 종로구 대학로103 서울대학교 의과대학(02-740-8114) [학]1967년 경기고졸 1973년 서울대 의과대학졸 1976년 同대학원졸 1981년 의학박사(서울대) [경]1973~1978년 서울대병원 인턴 · 레지던트 1981~2014년 서울대 의과대학 소아청소년과학교실 교수 1984~1986년 미국 하버드의과대 부속 소아병원 소화기 · 영양분과 전임의 1995~2012년 아시아태평양소아소화기영양학회(APPSPGHAN) 상임이사 · 한국측 대표 2001~2003년 대한소아소화기영양학회 회장 2004년 서울대병원 소아과장 2004년 대한민국의학한림원 정회원(현) 2008년 대한소화기내시경학회 회장 2009~2012년 아시아태평양소아기영양학회(APPSPGHN) 회장 2010~2012년 4th World Congress of Pediatric Gastroenterology Hepatology and Nutrition 준비위원회 소아내시경분야 책임위원 2014년 서울대 명예교수(현) [상]옥조근정훈장(2014) [저]'소화기계질환(共)'(2010) '소아과학(共)'(2012)

서정묵(徐正默) SUH Chung-Mook

[생]1948 · 10 · 22 [출]대구 달성 [주]서울 영등포구 경인로775 에이스하이테크시티1동1106호 (주)아이커머 사장실(02-466-3700) [학]1968년 대구상업고졸 1976년 고려대 법학과졸 [경]1968년 한국은행 조사부 입행 1979년 삼성그룹 입사 1984~1987년 同기획관리과장 1987~1992년 同부장 1993~1994년 同컴퓨터사업부장(이사대우) 1994~1996년 삼성데이타시스템 컴퓨터사업부장(이사) 1996년 同공공1사업부장(이사) 1997~1999년 삼성SDS(주) 공공사업부장(이사) 2000~2001년 同공공사업부장(상무) 2001~2002년 同일본사업총괄 본부장(상무) 2002년 (주)아이커머 대표이사 사장(현) [상]재무부장관표창(1974), 국민포장(1996)

서정민(徐廷旻) SEO Jeong Min

[생]1962 · 2 · 21 [출]서울 [주]서울 강남구 일원로81 삼성서울병원 소아외과(02-3410-2114) [학]1986년 서울대 의대졸 1994년 同대학원졸 2000년 의학박사(서울대) [경]1990~1994년 서울대병원 일반외과 전공의 1994년 대한소아외과학회 정회원(현) 1994년 대한외과학회 정회원(현) 1994~1996년 한양대병원 소아외과 전임의 1996~2001년 인하대 의대 전임강사 · 조교수 2000~2001년 미국국립보건원 연구원 2001년 삼성서울병원 소아외과 전문의(현) 2002년 성균관대 의대 외과학교실 부교수 · 교수(현) 2003년 한국정맥경장영양학회 정회원(현), 同학술위원장(현) 2007년 삼성서울병원 영양지원팀장(현) 2008년 대한외과학회 학술위원회 위원(현) 2009년 삼성서울병원 소아외과 과장(현) [역]'Chassin 외과수술의 원칙과 실제'(2007)

서정배(徐定培) SEO Jung Bae

[생]1967 · 10 · 30 [본]달성(達城) [출]경기 용인 [주]서울 강북구 4.19로123 통일교육원 개발협력부(02-901-7103) [학]1986년 수원고졸 1994년 서울시립대 행정학과졸 1997년 서울대 대학원 행정학과졸, 미국 럿거스대 대학원 도시계획과졸, 한국개발연구원(KDI) 국제정책대학원졸 [경]1993년 통일원 남북회담사무국 사무관 1998년 통일부 인도지원국 사무관 2002년 경수로기획단 파견 2003년 통일부 기획관리실 사무관 2004년 同기획관리실 서기관 2005년 同남북회담본부 회담기획3팀장 2007년 한국개발연구원(KDI) 파견 2008년 미국 뉴저지주립대 교육파견 2009년 통일부 통일정책실 정착지원과 근무 2011년 통일교육원 교육총괄과장 2013년 통일부 교류협력국 남북경협과장 2013년 同교류협력국 교류협력기획과장 2015년 同교류협력국 교류협력기획과장(부이사관) 2016년 同통일교육원 개발협력부장(고위공무원)(현) [상]국무총리표창(1999), 대통령표창(2009) [종]천주교

서정선(徐廷善) SUH Jung Sun (正山·直谷)

❸1942·11·3 ❷달성(達城) ❸충남 청양 ㈜서울 서대문구 명지2길37 학교법인 명지학원 비서실(02-300-8719) ❸1960년 대전고졸 1964년 서울대 사범대 화학교육과졸 1970년 同교육대학원 교육학과졸 1980년 이학박사(서울대) ❸1967~2008년 명지대 화학과 교수 1982~1983년 미국 피츠버그대 교환교수 1984~1988년 명지대 교무처장 1985~1986년 기술고등고시 시험위원 1988년 명지대 기획관리실장 1990~1994년 대한화학회 평의원 1990~1995년 명지대 본부 부총장 1991년 同총장 직대 1992~1993년 同이과대학장 1993~1994년 同총장 직대 1995~1996년 대전대 초빙교수 1996~1997년 한국결정학회 회장 1997~2001년 학교법인 명지학원 법인사무처장 1997~2010년 명지의료재단 이사 2001년 명지전문대 학장 2001년 학교법인 명지학원 이사(현) 2002~2005년 한국과학기술단체총연합회 이사 2003~2006년 한국전문대학교육협의회 부회장 2004~2007년 명지교육학원(명지외국어고) 이사 2004~2010년 한국기독교전문대학협의회 부회장 2005~2006년 미국 피츠버그대한국동창회 회장 2006~2007년 한국전문대학교육협의회 감사 2008년 명지대 자연과학대학 화학과 명예교수 2009~2012년 명지전문대 총장 ❸근정포장(2000), 한국일보 신한국인 대상(2005), 헤럴드경제 '올해를 빛낸 인물 20인상' 선정(2006), 헤럴드경제 '2007년을 빛낸 자랑스런 한국인' 선정(2007), 황조근정훈장(2008), 중앙일보 '한국을 빛낸 창조경영대상'(2010), 한국참언론인대상 공로상(2011) ❸'물리화학(共)'(1978) '일반화학(共)'(1982) ❸기독교

서정선(徐廷瑄) SEO Jeong Sun

❸1952·6·11 ❷이천(利川) ❸서울 ㈜서울 종로구 대학로103 서울대학교 의과대학 생화학교실(02-740-8246) ❸1970년 경기고졸 1976년 서울대 의대졸 1978년 同대학원졸 1980년 의학박사(서울대) ❸1980~1983년 서울지구병원 생화학과장 1981~1982년 미국 국립보건원 분자유전학실 연구원 1983~1996년 서울대 의대 생화학교실 전임강사·조교수·부교수 1983년 同암연구소 분자생물학실장 1984년 미국 M.D.Anderson암연구소 연구원 1987년 미국 뉴욕과학아카데미사이언스 정회원(현) 1989년 서울대 유전공학연구소 응용연구부장 1990년 미국 Rockefeller대 객원연구원 1995년 한국유전체의학연구재단 상임이사(현) 1996년 서울대 의대 생화학교실 교수(현) 1997년 同의학연구원 유전자이식연구소장 1997~2000년 ㈜마크로젠 창립·기술고문 1999년 한국생화학회 간사장 2000~2004년 ㈜마크로젠 대표이사 2000~2002년 랩벤처(Lab Venture)협의회 회장 2000년 한국바이오벤처협회 부회장 2003년 한국과학기술한림원 정회원(의약학부·현) 2003년 한국분자세포생물학회 부회장 2004년 ㈜마크로젠 회장(현) 2004년 대한민국의학한림원 제1분과 회장 2004년 대한생화학분자생물학회 부회장 2005년 한국유전체학회 회장 2005년 미국 생화학분자생물학회 정회원(현) 2005년 인천경제자유구역 바이오메디컬허브 자문위원장(현) 2006년 서울대 의학연구원 인간유전체연구소장 2007년 同유전체의학연구소장(현) 2007년 한국바이오벤처협회 회장 2009~2013·2015년 한국바이오협회 회장(현) 2016년 한국유전체의학연구재단 이사장(현) ❸Bio Industry Award 기술상(2000), 벤처기업대상 중소기업특별위원회장표창(2000), 대한민국 국회 과학기술대상(2001)

서정섭(徐廷燮) Seo, Jeoung-Seoup

❸1958·10·9 ❸충남 ㈜서울 서초구 반포대로30길12의6 한국지방행정연구원 지방재정연구실(02-3488-7324) ❸서울대 환경대학원졸, 행정학박사(단국대) ❸한국지방행정연구원 재정진단팀 수석연구원 2001년 同재정진단팀장 2007년 同정책연구실 지방재정분석센터 소장(연구위원), 同정책연구실장 2008년 同자치재정연구부장(연구위원), 한국지방재정학회 총무이사, 한국지방행정연구원 연구기획부장 2010년 同지방재정연구실장(연구위원) 2011년 한국지방재정학회 부회장 2012년 지방분권촉진위원회 제2실무위원 2013년 한국지방공기업학회 부회장 2014년 한국지방행정연구원 선임연구위원(현) 2014년 同지방재정연구실장, 서초구 지방보조금심의위원회 위원장(현) 2015년 경인행정학회 부회장(현) ❸국무총리표창(2000), 행정자치부장관표창(2015) ❸'도시관리론(共)'(2005) '지역계획론(共)'(2009) '자립적 지역발전론(共)'(2013) ❸기독교

서정수(徐廷洙) SEO Jeong Soo

❸1953·11·28 ❸충남 당진 ㈜인천 남동구 만수로19번길10 인천광역시 남동구도시관리공단(032-460-0500) ❸충남 서야고졸, 경기대 행정대학원 수료 ❸민주평통 자문위원 1995~1998·2002~2006년 인천시 남동구의회 의원 2002~2003년 同운영위원장 2006년 인천시 남동구의원선거(비례대표) 출마, 인천광역시 남동구도시관리공단 비상임이사 2016년 同이사장(현)

서정숙(徐正淑·女) SUH Jung Sook

❸1953·2·18 ❸대구 ㈜강원 원주시 혁신로60 건강보험심사평가원 상임감사실(033-739-2402) ❸1970년 대구 경북여고졸 1974년 이화여대 약학과졸, 중앙대 의약식품대학원졸 ❸1974년 동아제약 연구과 근무·전문지기자 1980년 우주약국 약사 1983년 진선약국 약사 1984년 고려약국 약사 1988년 한국약센 외래강사 1989년 서울강남구약사회 여약사위원 1992년 同홍보위원장 2003년 同회장 2003년 한국여약사회 부회장, 대한약사회 정책기획단 정책위원, 同이사, 한나라당 서울시지부 여성위원회 부위원장, 同중앙위원회 총간사, 우리민족서로돕기운동본부 집행위원 2005년 한국자유총연맹 중앙회 이사 2006~2010년 서울시의회 의원(한나라당) 2007년 同여성특별위원회 위원장, 同결산검사대표위원 2007~2008년 同보건복지위원회 부위원장, (사)21C여성정치연합 부회장 2007~2010년 한나라당 전국여성지방의원협의회 공동대표 2007~2010년 同정책위원회 복지정책자문위원 2008년 同중앙여성위원회 부위원장, 同서울시당 부위원장, 서울시 도시경력력분과 위원장, 강남장애인복지관 운영위원, 시립수서청소년수련관 운영위원, 강남교육발전위원회 위원 2010~2011년 한나라당 부대변인 2015년 건강보험심사평가원 상임감사(현) ❸서울시장표창, 대한주부클럽연합회장표창(1990), 강남구청장표창(1990), 대한약사회장표창(2005) ❸기독교

서정식(徐政植) SUH Jung Shik

❸1953·3·5 ❸서울 ㈜서울 강남구 봉은사로133 MJL빌딩5층 ㈜비앤피인터내셔널 임원실(02-546-1457) ❸동성고졸 1978년 연세대 전자공학과졸, 同대학원 전자공학과졸 ❸명코퍼레이션 사업본부장(전무) 1992년 ㈜비앤피인터내셔널 대표이사 사장(현) 1999년 한국플루크 영업담당 부사장

서정식(徐晶植) SEO Jeong Sik

❸1960·8·23 ❸대구 ㈜광주 동구 준법로7의12 광주고등검찰청(062-231-3114) ❸1979년 대구고졸 1987년 고려대 법학과졸 ❸1987년 사법시험 합격(29회) 1990년 사법연수원 수료(19기) 1990년 서울지검 의정부지청 검사 1992년 춘천지검 원주지청 검사 1993년 서울지검 검사 1996년 부산지검 검사 1998년 서울지검 남부지청 검사 2001년 대구지검 검사 2002년 同부부장검사 2003년 춘천지검 강릉지청 부장검사 2004년 인천지검 공판송무부장 2005년 서울중앙지검 부부장검사 2006년 헌법재판소 파견 2007년 서울동부지검 형사3부장 2008년 서울서부지검 형사2부장 2009년 대구지검 경주지청장 2010년 대전고검 검사 2010~2011년 경기도 파견 2013년 서울고검 형사부 검사 2015년 광주고검 검사(현) 2016년 서울중앙지검 중요경제범죄조사단 파견(현)

서정식(徐正植) Seo Jeong Sik

❸1969·11·15 ❸경남 밀양 ㈜광주 동구 준법로7의12 광주지방검찰청 형사3부(062-231-4312) ❸1988년 밀양고졸 1997년 건국대 법학과졸 ❸1998년 사법시험 합격(40회) 2001년 사법연수원 수료(30기) 2001년 수원지검 검사 2003년 광주지검 목포지청 검사 2005년 대전지검 검사 2007년 창원지검 진주지청 검사 2009년 서울중앙지검 검사 2013년 수원지검 안양지청 검사 2015년 同성남지청 부부장검사 2016년 광주지검 형사3부장(현)

서정연(徐正燕) SEO Jung Yun

❸1956·9·15 ❸대구 ㈜서울 마포구 백범로35 서강대학교 공학부(02-705-8488) ❸1981년 서강대 수학과졸 1985년 미국 텍사스오스틴대 대학원 컴퓨터과학과졸 1990년 컴퓨터과학박사(미국 텍사스오스틴대) ❸1982년 삼성전자 컴퓨터사업부 Software Engineer 1984년 미국 텍사스오스틴대 Research Assistant 1991~1995년 한국과학기술원 조교수 1991년 同인공지능연구센터 선임연구원 1995~2002년 서강대 공대 전자계산학과 조교수·부교수 1999년 同전자계산소장 2000년 ㈜다이퀘스트 대표이사 2002년 서강대 공학부 컴퓨터공학전공 교수(현) 2002년 ㈜다이퀘스트 기술총괄 부사장 2004~2006년 서강대 정보통신대학원장 2009년 한국정보과학회 학술부회장 2013~2014년 한국정보기술학술단체총연합회 회장 2013~2014년 한국정보과학회 회장 2014년 同명예회장(현) 2014년 ㈜포스코ICT 사외이사(현) 2014년 한국정보기술학술단체총연합회 명예회장(현) 2015년 한국정보과학교육연합회 공동대표 2015년 同이사회 의장(현) ❸홍조근정훈장(2016) ❸'객체지량 데이타베이스'(1994) '인공지능 : 이론 및 실제'(1998)

서정우(徐廷友) SURH Jeong Woo

[생]1943·6·28 [출]서울 [주]서울 중구 남대문로63 한진빌딩 본관18층 법무법인 광장(02-2191-3002) [학]1961년 경기고졸 1965년 서울대 법과대학졸 1968년 同사법대학원 수료 [경]1966년 사법시험 합격(6회) 1968년 해군 법무관 1971년 대전지법 판사 1973년 同강경지원 판사 1974년 서울민·형사지법 수원지원 판사 1977년 서울가정법원 판사 1978년 서울민사지법 판사 1980년 서울고법 판사 1981년 대법원 재판연구관 1982년 부산지법 부장판사 1984년 인천지법 부장판사 1985년 사법연수원 교수 1987년 서울민사지법 부장판사 1990년 대법원 수석재판연구관 1992년 서울고법 부장판사 1993년 변호사 개업 1994년 법무부 민법개정위원회 위원 1995년 법무법인 광장 대표변호사·고문변호사(현) 1997년 국무총리 행정심판위원회 위원 1998년 삼성중공업 사외이사 2002년 한나라당 이회창 대통령후보 법률고문 [종]기독교

서정우(徐正雨) SEO Jung Woo

[생]1955·5·3 [출]서울 [주]서울 성북구 정릉로77 국민대학교 경영대학 기업경영학부(02-910-4553) [학]1978년 서울대 지리학과졸 1981년 同경영대학원졸 1988년 회계학박사(미국 일리노이대 어배나 샘페인교) [경]1988년 국민대 경영대학 기업경영학부 교수(현) 1990~1992년 同회계학과 학과장 1992년 한국회계학회 이사, 기가텔레콤(주) 감사, 기업지배구조개선센터 연구위원, 한국회계연구원 회계자문위원 2000~2002년 국민대 경영연구소장 2005년 한국회계기준원 상임위원·위원장 2008년 同원장 2012년 同자문위원(현) 2012~2017년 국제회계기준위원회(IASB) 위원(현)

서정욱(徐廷旭) SEO Jung Uck

[생]1934·11·14 [본]이천(利川) [출]서울 [주]전남 순천시 중앙로255 순천대학교(061-750-3114) [학]1953년 휘문고졸 1957년 서울대 전기공학과졸 1969년 공학박사(미국 텍사스A&M대) [경]1957~1970년 공군사관학교 전자공학과 주임교수 1970~1982년 국방과학연구소 실장·부장·부소장·소장 1982년 IEEE 펠로우 1984년 한국전기통신공사 전자교환기사업단장·품질보증단장 1986년 대한전자공학 회장·명예회장(현) 1987년 한국전기통신공사 품질보증단장·사업개발단장 1990년 同부사장 1990년 과학기술처 차관 1992~1993년 한국과학기술연구원(KIST) 원장 1993년 체신부 전파통신기술개발추진협의회 의장 1995년 한국이동통신 사장 1997년 SK텔레콤 사장 1998년 同부회장 1999년 초당대 총장 1999~2001년 과학기술부 장관 2001년 한국인터넷청소년연맹 총재 2001년 한국인정원 회장 2002년 한국시스템엔지니어링협회(KCOSE) 초대회장 2002년 명지대 정보공학과 석좌교수 2002년 서울대 초빙교수 2003년 이화여대 초빙교수 2004년 국제과학기술협력재단 이사장 2004년 전자무역추진위원회 위원장 2004년 한국전자거래협회 회장 2004년 산업기술발전심의회 비상근위원장, Personal Space Communication협회 의장(현), 공군사관학교 명예교수(현) 2005년 순천대 석좌교수(현) 2008년 영국 왕립공학한림원 외국회원(현) 2008년 한국과학기술원(KAIST) 특훈초빙교수(현) [상]철탑산업훈장(1978), 국민훈장 동백장(1986), 황조근정훈장(1992), 금탑산업훈장(1996), 정보통신대상(1996), 전자대상, 한국공학한림원 대상(2002) [저]'미래엘리트를 위한 텔레마띠끄'(1990) '정보화사회의 길목에 서서(共)'(1993) '한국의 2001년 설계(共)'(1995) '미래를 열어온 사람들-통신과 함께 걸어온 길'(1996) [역]'일렉트로닉스 신소재'(1984) '암기편중교육에 대한 직언'(1994) [종]기독교

서정욱(徐正旭) SEO Jung Wook

[생]1947·1·13 [출]전남 목포 [주]서울 송파구 오금로62 수산업협동조합중앙회(02-2240-2114) [학]1965년 목포상고졸 1982년 전남대 경영대학원 경영자과정 수료 [경]1970년 수산업협동조합중앙회 입회 1996년 同전남도지회장 1998~2000년 同총무부장 2000년 同지도관리 상임이사 2001~2004년 同상임감사 2006~2010년 수협개발 대표이사 2015년 수산업협동조합중앙회 감사위원장(현)

서정욱(徐廷昱) SUH Jeong Wook

[생]1964·7·14 [본]달성(達城) [출]서울 [주]울산 중구 단장골길1 중구청 부구청장실(052-290-3015) [학]서울대 경영학과졸, 同행정대학원졸, 경제지리학박사(미국 뉴욕주립대) [경]행정고시 합격(39회), 통상산업부 사무관, 외교통상부 1등서기관 2007년 행정자치부 국제협력팀장 2008년 행정안전부 국제협력팀장 2008년 同지역발전정책국 서기관 2009년 제주특별자치위원회 사무처 파견(서기관) 2012년 행정안전부 국가기록원 기록관리부 특수기록관리과장 2013년 안전행정부 국가기록원 기록관리부 특수기록관리과장 2014년 同정보공유정책관실 행정정보공유과장 2014~2015년 행정자치부 전자정부국 행정정보공유과장 2015년 울산시 중구 부구청장(현) [상]국무총리표창(2008)

서정원(徐貞元) SEO Jung Won

[생]1970·12·17 [본]당성(唐城) [출]경기 광주 [주]경기 수원시 팔달구 월드컵로310 수원 삼성 블루윙즈(031-247-2002) [학]1988년 거제고졸 1992년 고려대 경영학과졸 [경]1987년 청소년국가대표 축구선수 1990년 북경아시안게임 국가대표 1990년 이탈리아월드컵 국가대표 1992년 바르셀로나올림픽 국가대표 1992년 럭키 금성 축구단 소속 1994년 미국월드컵 출전 1994년 히로시마아시안게임 국가대표 1994년 상무 입대 1995년 안양 LG 치타스 축구단 입단 1996년 아시안컵 국가대표 1998년 프랑스월드컵 국가대표 1998년 프랑스 스트라스부르크 입단 1999년 수원 삼성 블루윙즈 입단 2005년 오스트리아 SV 잘츠부르크 입단 2005~2007년 오스트리아 SV리트 선수 겸 코치 2009년 U-20청소년국가대표팀 기술분석관 2009년 런던올림픽 국가대표팀 코치, 스포츠조선 유럽축구 해설위원, (주)세오스포츠 서정원축구교실 감독 2010년 국가대표축구팀 코치 2011년 수원 삼성 블루윙즈 수석코치 2013년 同감독(현) [상]프로축구대상 인기상(1993·1997), 프로축구 베스트11(1999), 타이거풀스 프로축구대상 MVP(2001), FA컵 MVP(2002), 오스트리아 쿠리어 선정 올해의 최고선수(2005) [종]불교

서정인(徐廷仁) Su Jung In

[생]1936·12·20 [본]달성(達城) [출]전남 순천 [주]서울 서초구 반포대로37길59 대한민국예술원(02-3479-7223) [학]순천고졸, 서울대 문리과대학 영어영문학과졸, 同대학원 영어영문학과졸, 영문학박사(전남대) [경]1962년 사상계에 단편 '후송'으로 소설가 등단, 소설가(현) 1968~2002년 전북대 영어영문학과 교수, 同인문과학대학장 2002년 同영어영문학과 명예교수(현) 2009년 대한민국예술원 회원(소설·현) [상]한국문학작가상(1976), 월탄문학상(1983), 한국문학창작상(1986), 동서문학상(1995), 김동리문학상(1998), 대산문학상(1999), 이산문학상(2002), 순천문학상(2010·2011) [저]'Erza Pound의 The Pisan Cantos에 나타난 혼란의 의미'(1992) [작]'강'(1976) '가위'(1977) '토요일과 금요일 사이'(1980) '철쭉제'(1986) '달궁'(1987) '달궁 둘'(1988) '달궁 셋'(1990) '지리산 옆에서 살기'(1990) '봄꽃 가을 열매'(1991) '붕어'(1994) '베네치아에서 만난 사람'(1999) '용병대장'(2000) '말뚝'(2000) '모구실'(2004) '빗점'(2011) 산문집 '개나리 울타리'(2012) 장편 '바간의 꿈'(2014) [종]불교

서정인(徐廷仁) Suh Jeong-in

[생]1962·3·1 [본]달성(達城) [출]경북 상주 [주]서울 종로구 사직로8길60 외교부 인사운영팀(02-2100-7136) [학]1980년 관악고졸 1986년 한국외국어대 독일어과졸 1992년 미국 조지워싱턴대 대학원 국제관계학과졸 [경]1988년 외무고시 합격(22회) 1988년 외무부 입부 1994년 駐이탈리아 영사(2등서기관) 1997년 駐인도네시아 영사(1등서기관) 1999년 외교통상부 아시아태평양국 동남아과 외무서기관 2002년 駐호주 영사(1등서기관) 2004년 외교통상부 공보과장 2005년 同아시아태평양국 동남아과장 2007년 駐일본 참사관 2009년 駐태국 공사참사관 2012년 외교통상부 남아시아태평국 심의관 2013년 외교부 남아시아태평양국 심의관 2013년 同남아시아태평양국장 2015년 駐아세안대표부 대사(현) [상]체신부장관표창, 외교부장관표창 [종]가톨릭

서정일(徐正日)

[생]1959 [출]경남 합천 [주]광주 북구 첨단과기로208번길 43 관세청 광주본부세관(062-975-8000) [학]합천초계고졸 [경]7급 공채 2005년 관세청 외환조사과 서기관 2008년 포항세관장 2010년 관세청 기획심사팀장 2010년 同조사총괄과장 2011년 同조사총괄과장(부이사관) 2012년 평택세관장 2013년 관세청 본부 근무(부이사관) 2014년 관세국경관리연수원 원장(고위공무원) 2016년 관세청 광주본부세관장(현)

서정진(徐廷珍) SEO Jung Jin

[생]1957·10·23 [출]충북 청주 [주]인천 연수구 아카데미로23 (주)셀트리온 임원실(032-850-5100) [학]1977년 제물포고졸 1983년 건국대 산업공학과졸 1990년 同대학원 경영학과졸 [경]1983~1986년 삼성전기 근무 1986~1991년 한국생산성본부 전문위원 1992~1999년 대우자동차 상임고문 2002년 (주)셀트리온 대표이사 회장 2009년 (주)셀트리온제약 대표이사 회장 2010년 코

스닥협회 이사·부회장(현) 2012~2014년 충북도 명예도지사 2015년 (주)셀트리온 이사회 회장(현) [상]바이오스펙트럼 올해의 기업인상(2009), 제46회 무역의날 금탑산업훈장(2009), 자랑스런 건국인상(2009), 제1회 생생코스닥대상 대상(2010), 5.16민족상 과학기술개발부문(2011), 메디컬코리아대상 식품의약품안전처장표창(2013), 자랑스러운 충청인 특별대상 경제부문(2016)

서정찬(徐廷燦) SEO Jeong Chan

[생]1963·1·15 [출]대구 [주]서울 종로구 종로1길42 이마빌딩9층 법무법인 천고(02-2055-3313) [학]1981년 경북고졸 1986년 서울대 법학과졸 1988년 同법과대학원졸 1997년 미국 노스웨스턴대 대학원 법학과졸 [경]1986년 사법시험 합격(28회) 1989년 사법연수원 수료(18기) 1989년 軍법무관 1992년 변호사 개업 1992년 김앤장법률사무소 변호사 1998년 제너럴일렉트릭 한국법률고문 1999년 통일부 고문 2000년 우정합동법률사무소 변호사 2001년 법무법인 율촌 변호사 2002년 법무부 국제거래법연구단 위원(현) 2003년 법무법인 리더스 변호사 2005~2014년 리더스법률사무소 대표변호사 2005년 대한상사중재원 중재인(현) 2006년 한국신용정보 사외이사 2007년 제일의료재단 비상근감사(현) 2010년 인천아시안게임 고문변호사 2014~2015년 법무법인 청화 대표변호사 2015년 법무법인 천고 대표변호사(현)

서정하(徐正河) Suh Chung-ha

[생]1955·8·17 [본]달성(達城) [학]1974년 경기고졸 1978년 서울대 정치학과졸 1983년 미국 존스홉킨스대 국제관계대학원졸(Master of International Public Policy) 1984년 서울대 대학원 정치학과졸(정치학석사) 2012년 국제정치학박사(중앙대) [경]1979년 외무고시 합격(13회) 1979년 외무부 입부 1984년 駐스웨덴 2등서기관 1990~1992년 일본 게이오대 방문연구원 1993년 駐일본 1등서기관 1996년 외무부 군축원자력과장 1998년 駐이집트 참사관 2000년 국가안전보장회의사무처 정책조정부장 2001년 외교통상부 정보상황실장 2001년 同정책기획담당심의관 2003년 駐오스트리아대사관 및 駐빈국제기구대표부 공사 2005년 바세나르체제(Wassenaar Arrangement) 이사회 의장 2005년 경수로사업지원기획단 특보 2006년 국회의장 의전국제비서관 2007년 외교안보연구원 교수부장 2008~2011년 駐헝가리 대사 2011년 서울시 국제관계자문대사 2013년 駐싱가포르 대사 2016년 외교부 본부 근무 [상]체신부장관표창(1989), 헝가리공화국 십자공로훈장(2011), 헝가리공화국 과학원공로훈장(2011) [종]불교

서정한(徐正漢) SEO Jung Han

[생]1959·9·1 [출]전남 여수 [주]전남 무안군 삼향읍 오룡길1 전라남도의회(061-286-8063) [학]여수고졸 [경]민주당 여수甲지역위원회 사무국장, 민주당 전남도당 상무위원, 민주평통 자문위원, 김성곤 국회의원 비서관, 여수광양항정책발전협의회 특별자문위원, (주)효성ENG 이사, 화양고 총동문회장, 화양장학회 이사, 한빛무의탁노인복지원 운영위원 2012년 전남도의회 의원(보궐선거 당선, 민주통합당·민주당·새정치민주연합) 2012년 同경제관광문화위원회 위원 2012년 同예산결산특별위원회 위원 2012년 남해안발전연구소 집행이사, 쌍봉복지관 주간보호센터 운영위원장(현) 2014년 전남도의회 의원(새정치민주연합·더불어민주당·국민의당)(현) 2014년 同경제관광문화위원회 위원장 2015·2016년 同여수세계박람회장사후활용특별위원회 위원(현) 2015·2016년 同전남도동부권산업단지안전·환경지원특별위원회 위원(현) 2016년 同윤리특별위원회 위원(현) 2016년 同교육위원회 위원(현)

서정해(徐正解) SEO Joung Hae

[생]1958·10·12 [본]달성(達城) [출]경북 청도 [주]대구 북구 대학로80 경북대학교 경영학부(053-950-5419) [학]1977년 경북고졸 1983년 경북대 경영학과졸 1987년 일본 히토쓰바시대 상학연구과 수료 1989년 同대학원 상학연구과졸 1995년 상학박사(일본 히토쓰바시대) [경]1983년 산업연구원 연구원 1992~1996년 일본 히토쓰바시대 상학부 전임강사·조교수 1996년 계명대 경영학과 교수 1998년 경북대 경상대학 경영학부 경영학전공 교수(현), 대구테크노파크사업단 부단장, 대구경북경제통합연구단 단장 2007년 (재)대구테크노파크 대구전략산업기획단장 2010년 국가미래연구원 산업·무역·경영분야 발기인 2011년 경북대 대외협력처장 2016년 同경상대학장 겸 경영대학원장(현) [저]'기업전략과 산업발전'

서정향(徐正享) Jung-Hyang Sur

[생]1963·7·13 [주]서울 광진구 능동로120 건국대학교 수의학과(02-450-4153) [학]1982년 진해고졸 1986년 경상대 수의학과졸 1994년 수의병리학박사(경상대) [경]1994~1998년 미국 네브라스카주립대 수의병리진단센터 Research Associate 1998~2002년 미국 농무성(USDA) Plum Island Animal Disease Center 수의병리학실장 2001년 同외래악성질병진단 전문의 2002년 건국대 수의과대학 수의학과 교수(현) 2002년 미국 수의진단학회(AAVLD) 위원(현) 2008~2009년 미국 네브라스카주립대 진단센터 겸임교수 2010~2012년 건국대 수의과대학 주임교수 2012~2014년 농림수산검역검사본부 기술자문위원 2012~2013년 국방부 의무자문관 2012년 건국대 산학협력단장(현) 2013년 건국대기술지주회사 대표이사(현) 2014년 식품안전정보원 이사(현) 2016년 2017 인천세계수의사대회조직위원회 위원(현) 2016년 건국대 연구부총장(현) [상]농림부장관표창(2005)

서정협(徐正協)

[생]1965·1·29 [주]서울 중구 세종대로110 서울특별시청 시민소통기획관실(02-2133-6400) [학]학성고졸, 서울대 국제경제학과졸, 한국방송통신대 영어영문학과졸, 서울대 행정대학원 정책학과졸, 미국 하버드대 케네디스쿨 행정학과졸 [경]1991년 행정고시 합격(35회) 2004년 서울시 홍보기획과 청계천축제추진반장 2005년 同DMC담당관 2006년 同인재양성기획반장 2007년 同정책기획관실 창의혁신담당관 2010년 同언론담당관 2011년 同행정과장 2013년 同문화관광디자인본부 관광정책관 2015년 同기획조정실 정책기획관 2015년 서울시장 비서실장 2016년 서울시 시민소통기획관(이사관)(현)

서정호(徐廷豪) SUH Jung Ho

[생]1937·12·27 [본]달성(達城) [출]경남 함양 [주]서울 강남구 밤고개로1길10 현대벤처빌1820호 고견산업(주) 비서실(02-702-2222) [학]1957년 경남고졸 1961년 고려대 상과대학졸 1988년 연세대 행정대학원졸 [경]1971년 고견산업(주) 대표이사(현) 1975년 서울청년회의소 회장 1980년 한국인슈로산업 대표이사 1986년 대원여행사 회장 1987년 고견데이타시스템(주) 대표이사 1987년 이공교역 회장 1988년 국제라이온스협회 309K지구 부총재 1988년 무역대리점협회 회장 [상]철탑산업훈장(1989) [종]불교

서정호(徐廷昊) Seo Jung-Ho (준호)

[생]1958·11·25 [본]달성(達城) [출]전북 무주 [주]세종특별자치시 도움6로11 국토교통부 공공기관지방이전추진단 지원정책과(044-201-3364) [학]1979년 대전공업전문대학(現 한밭대) 건축공학과졸 1990년 전주대 대학원 행정학과졸 2005년 성결대 신학대학원졸(M.div) 2014년 경영학박사(성결대) [경]1978~2001년 무주군청·완주군청·전주시청·정읍시청·전북도청 근무 1997~1998년 일본 자치협력교류연수(도쿄·시가현·가고시마현 등) 2005년 대통령 총무비서관실 행정관 2006~2008년 건설교통부 도시환경팀·항공청·주택건설기획팀 사무관 2006~2010년 성결대 지역사회개발학과 객원교수 2008년 국토해양부 주택건설과·주택건설공급과 서기관 2011년 同공공기관이전추진단 건축디자인과장 2013년 국토교통부 주택토지실 주택건설공급과장 2016년 同공공기관지방이전추진단 지원정책과장(현) 2016년 한밭대 건축공학과 겸임교수(현) [상]체육부장관표창, 보건사회부장관표창, 건설교통부장관표창(2회), 대통령표창(1997), 국무총리표창(2008) [저]'동계스포츠해설집'(1997) [종]기독교

서정호(徐禎浩) SUH Jeong Ho

[생]1964·3·27 [출]부산 [주]서울 중구 명동11길19 한국금융연구원 은행·보험연구실(02-3705-6348) [학]1983년 대성고졸 1987년 연세대 경영학과졸 1994년 미국 텍사스공대 대학원졸(MBA) 1998년 경영학박사(미국 텍사스공대) [경]1987~1992년 한국은행 조사부 행원 1998년 은행감독원 경영지도국 근무 1999년 금융감독원 은행감독국 조사역 2000년 아더앤더슨리스크컨설팅그룹 이사 2001년 하나은행 리스크관리본부장(이사) 2002년 同리스크관리본부장(부행장보) 2004년 同자금본부장(부행장보·상무) 2006년 同상품전략그룹 부행장 2008년 同마케팅그룹 부행장 2008~2009년 (주)하나금융지주 최고리스크관리책임자(CRO·부사장), 한국금융연구원 자본시장연구실 선임연구위원 2013~2014년 금융감독원 금융자문관 2015년 한국금융연구원 해외금융협력지원센터장 2015~2016년 KB캐피탈(주) 사외이사 2016년 한국금융연구원 은행·보험연구실장(현) [상]금융감독원장표창 [저]'금융업리스크관리'(共)

서정호(徐政鎬) SEO Jeongho

[생]1970 · 12 · 26 [주]세종특별자치시 다솜2로94 해양수산부 해양정책실 해양환경정책과(044-200-5283) [학]1989년 경기 수성고졸 1996년 성균관대 행정학과졸 2010년 영국 카디프대 경영대학원 국제물류 · 교통학과졸 [경]1996년 행정고시 합격(40회) 1997~1998년 중앙공무원교육원 교육 2002년 해양수산부 해양정책국 해양환경과 사무관 2003년 同기획조정실 행정법무담당관실 사무관 2004년 同기획조정실 혁신기획관실 사무관 2005년 同해운물류국 항만물류과 서기관 2006년 同해양정책본부 해양정책과 서기관 2007년 2012여수세계박람회 조직위원회 해외유치팀장 2008~2010년 영국 카디프대 유학 2010년 국토해양부 부산지방해양항만청 항만물류과장 2011~2014년 駐블라디보스톡총영사관 산업통상자원관(파견) 2014년 해양수산부 해운물류국 연안해운과장 2016년 同해양정책실 해양환경정책과장(현) [상]대통령표창(2015) [종]가톨릭

서정화(徐廷和) SUH Chung Hwa (一默)

[생]1933 · 3 · 4 [본]달성(達城) [출]경남 충무 [주]서울 영등포구 국회대로70길18 한양빌딩 새누리당(02-3786-3000) [학]1951년 통영고졸 1955년 서울대 법과대학졸 1966년 同행정대학원 수료 1967년 국방대학원졸 1981년 명예 법학박사(대만 국립정치대) 1987년 한양대 행정대학원 사법행정학과 수료 1990년 법학박사(한양대) 1997년 명예 정치학박사(숙명여대) [경]1961~1962년 경남도 감사실장 · 사회과장 1962년 경남 사천군수 · 김해군수 1964년 내무부 총무과장 1967년 同지방행정연수원장 1968~1972년 경기도 부지사 · 전남도 부지사 1972년 부산시 부시장 1973년 내무부 기획관리실장 1974년 충남도지사 1976년 내무부 차관 1980년 중앙정보부 차장 1980~1982년 내무부 장관 1983년 국토통일 고문 1983년 민주평통 사무총장 1985년 민주정의당(민정당) 국책평가위원회 부위원장 1985년 제12대 국회의원(전국구, 민정당) 1985년 민정당 평화통일특별위원장 1985년 韓 · 日의원연맹 부회장 1986년 한 · 타이의원친선협회 회장 1988년 민정당 국책조정위원장 1988년 제13대 국회의원(서울 용산구, 민정당 · 민자당) 1988년 민정당 중앙집행위원 1990년 민자당 서울시지부 위원장 1990년 同정책평가위원장 1992년 제14대 국회의원(서울 용산구, 민자당 · 신한국당) 1992년 국회 내무위원장 1995년 아 · 태의원연맹 회장 1996년 신한국당 중앙상무위원회 의장 1996년 제15대 국회의원(서울 용산구, 신한국당 · 한나라당) 1997년 내무부 장관 1997년 한나라당 중앙상무위원회 의장 1997~2000년 同전당대회 의장 2000~2004년 제16대 국회의원(전국구, 한나라당) 2000년 한나라당 지도위원 2002년 국회 통일외교통상위원장 2003년 한나라당 상임고문 2012년 새누리당 상임고문(현) 2014년 서울대총동창회 회장(현) [상]홍조 · 황조 · 청조근정훈장, 세네갈공화국훈장, 대만 경성대수훈장, 미국 육군성지휘관훈장 [저]'서울시청을 용산으로' '도시문제개설' '한국부동산 중개입법론' '한국내무행정 발전론' '임차권 계속성 연구' '사용자배상책임론' [종]기독교

서정화(徐廷華) SUH Jung Hwa

[생]1939 · 8 · 20 [본]달성(達城) [출]경기 양평 [학]1959년 인천고졸 1963년 육군사관학교졸 1989년 연세대 행정대학원졸 1997년 행정학박사(인하대) [경]1963년 육군 보병 소대장 1968년 월남 파병 1969년 육군 보병 중대장 1972년 육군본부 작전참모부 근무 1973년 보안사령부 근무 1978년 예편(육군 중령) 1978년 경일섬유 사장 1980년 민주정의당(민정당) 총무부장 1981년 同총무부국장 · 훈련국장 1983년 同기획조정국장 · 조직국장 1985년 同정치연수원 부원장 1985년 제12대 국회의원(전국구, 민정당) 1987년 민정당 조직국장 1988년 제13대 국회의원(인천中 · 東, 민정당 · 민자당) 1990년 민자당 정책위원회 부의장 1990년 同수석부총무 1992년 제14대 국회의원(인천中 · 東, 민자당 · 신한국당) 1992년 국회 건설위원장 1994년 민자당 인천시지부장 1994년 同당무위원 1995년 同원내총무 1995년 국회 운영위원장 1996년 신한국당 원내총무 1996년 제15대 국회의원(인천中 · 東 · 옹진, 신한국당 · 한나라당 · 국민회의 · 새천년민주당) 1998년 국민회의 부총재 2000년 새천년민주당 지도위원 2000년 同고문 2000년 同인천中 · 東 · 옹진지구당 위원장 2002년 국민통합21 인천中 · 東 · 옹진지구당 위원장 2002년 同정치연수원장 [상]무공훈장, 대통령표창 [종]기독교

서정환(徐正煥) SEO Jeong Hwan

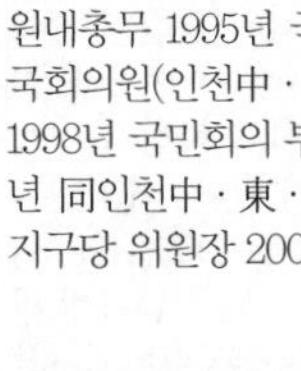

[생]1962 · 11 · 11 [주]전북 전주시 덕진구 건지로20 전북대병원 재활의학과(063-250-1797) [학]1987년 연세대 의대졸 1993년 同대학원졸 1996년 의학박사(연세대) [경]영동세브란스병원 전공의, 전북대 의대 부속병원 전임의, 同의과대학 재활의학교실 전임강사 · 조교수 · 부교수 · 교수(현) 2002년 전북대병원 재활의학과장(현) 2015년 同진료처장(현) 2016년 대한임상통증학회 회장(현)

서정훈(徐廷熏) Seo Jung Hoon

[생]1978 · 7 · 21 [본]달성(達城) [출]대구 [주]서울 종로구 세종대로209 행정자치부 지방세입정보과(02-2100-3637) [학]1997년 대구 영신고졸 2002년 경북대 행정학과졸 2014년 영국 요크대 대학원 행정학과졸(MPA) [경]2001년 행정고시 합격(45회) 2002년 정보통신부 수습사무관 2003년 서울은평우체국 영업과장 2003~2007년 軍 복무(공군 군수사령부) 2007~2008년 정보통신부 정보화기획단 개인정보보호팀 사무관 2008년 행정안전부 정보화전략실 개인정보보호과 사무관 2009년 同지방세운영과 사무관 2011~2012년 同지방세정책과 사무관 2012~2014년 국외훈련(영국 요크대) 2014~2015년 행정자치부 지방재정세제실 재정정책과 재정팀장(서기관) 2015년 국립과학수사연구원 연구기획과장 2016년 행정자치부 지방세입정보과장(현) [종]천주교

서정희(徐廷禧)

[생]1962 · 8 · 5 [본]대구(大丘) [출]서울 [주]서울 중구 퇴계로190 매경미디어센터 매일경제TV(02-2000-4999) [학]서울대 국제경제학과졸, 미국 미주리주립대 대학원 경제학과졸 2000년 경제학박사(미국 미주리주립대) [경]1990년 매일경제신문 입사, 同정보통신부 · 경제부 기자 2002년 同워싱턴특파원(차장대우), 한국금융학회 이사, 재정경제부 금융발전심의위원, 공정거래위원회 소비자정책자문위원 2007년 매일경제신문 논설위원 2007년 규제개혁위원회 위원 2008년 매일경제신문 금융부장 직대 2010년 금융감독원 금융소비자자문위원 2010년 매일경제신문 경제부장 2011년 관훈클럽 편집위원 2011년 매일경제신문 증권부장 2012년 同증권2부장 겸임 2013년 同지식부장(부국장대우) 2014년 매일방송(MBN) 보도국장 직대 2015년 同매일경제TV 공동대표(현) [상]한국유럽학회 유럽언론인대상(2011), 씨티언론대상(2011 · 2012) [저]'나는 분노한다'(2012)

서종길(徐鍾吉) Seo Jonggil

[생]1959 · 9 · 2 [출]경남 진해 [주]경남 창원시 의창구 상남로290 경상남도의회(055-211-7334) [학]동아대 대학원 경영학과졸, 경영학박사(인제대) [경]서종길세무회계사무소 대표(현), 김해시세무사협의회 회장, 동아대총학생회 회장, 경운초등학교 운영위원장, 인제대 겸임교수, 김해시 내외동발전위원회 위원장, 김해시생활체육협의회 부회장, 김해시 내외동새마을금고 감사, 김해경운로타리클럽 초대회장, 김해시 내외동체육회 이사, 김해시체육회 이사, 김해경찰서 행정발전위원, 김해세무서 이의신청심사위원, 김해가야로타리클럽 부회장, 마산교도소 교화위원, 김해시축구연합회 상임자문위원 2006~2010년 경남 김해시의회 의원, 임호중 운영위원장, 동아대 석사과정동창회 부회장 2010년 경남 김해시의원선거 출마(한나라당) 2014년 경남도의회 의원(새누리당)(현) 2014년 同교육위원회 위원(현) 2014 · 2016년 同예산결산특별위원회 위원(현)

서종대(徐鍾大) SEO Jong Dae

[생]1960 · 8 · 2 [출]전남 순천 [주]대구 동구 이노밸리로291 한국감정원(053-663-8000) [학]1978년 순천고졸 1983년 한양대 경제학과졸 1989년 서울대 행정대학원졸 1990년 영국 버밍햄대 대학원졸(경제개발정책 전공) 2011년 도시공학박사(한양대) [경]1981년 행정고시 합격(25회) 1988년 건설부 토지정책과 근무 1991~1995년 同법무담당관실 · 주택정책과 · 기획예산담당관실 근무 1995년 대통령비서실 파견 1997년 駐필리핀 건설교통관 2000년 건설교통부 주택관리과장 2001년 同주택정책과장 2001년 同예산담당관 2001년 同총무과장 2003년 同도시건축심의관 2003년 同신도시기획단장 2005년 同주택국장 2005~2011년 고려대 정책대학원 겸임교수 2006년 건설교통부 건설선진화본부장 2007년 同주거복지본부장 2007년 제17대 대통령직인수위원회 경제2분과위원회 전문위원 2008~2010년 행정중심복합도시건설청 차장 2009~2010년 국무총리실 세종시기획단 부단장 겸임 2010~2011년 한국과학기술원 초빙교수 2011~2014년 한국주택금융공사 사장 2014~2016년 부동산산업학회 회장 2014년 한국감정원 원장(현) [상]대통령표창(1994), 홍조근정훈장(2004), 다산금융상 공공금융CEO특별상(2012) [저]'미국의 주택금융'(1986) '지역개발론 강의'(2003) '주택문제의 해법(共)'(2005) [종]기독교

서종범(徐鍾範) SEO Jong Bum

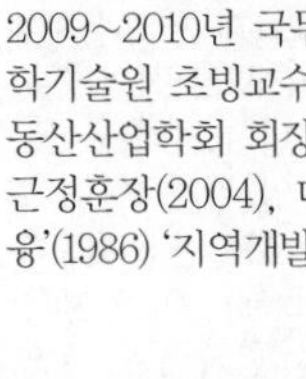

[생]1955 · 12 · 5 [본]달성(達城) [출]부산 [주]부산 북구 만덕고개길84 아하브병원 병원장실(051-333-8600) [학]1973년 부산 브니엘고졸 1992년 부산신학대 신학과졸 1996년 연세대 행정대학원 도시행정학과졸 2010년 의학박사(고신대) [경]1974년 양정재건중 · 고 설립 1980년 B.B.S기술학교장 1985년 사랑의전화 설립 · 대표 1985~1990년 신한민주당 의원 비서 1996년 민주당 부

ㅅ

산진甲지구당 위원장 1997년 국민신당 부산진甲지구당 위원장 1999년 혜성장학재단 이사장 1999년 만덕복음병원 이사장 1999년 아하브병원 이사장(현) 2001년 同병원장(현) 2001~2014년 한서사회복지재단 이사장 (상)새마을훈장 근면장(1986) (저)'마음에서 마음으로' '우동젓가락과 비닐우산' '자신감을 갖고 말합시다' '세번째의 부름' (종)기독교

서종석(徐鍾錫) SUH Chong Suk

(생)1943 · 4 · 24 (출)서울 (주)부산 강서구 녹산산단289로6 (주)오리엔탈정공 회장실(051-979-0808) (학)1964년 연세대 국어국문학과졸 (경)1965~1971년 (주)과학세계사 주간 1971~1986년 (주)대한조선공사 상무이사 1986~2009년 (주)오리엔탈정공 대표이사 사장 2009년 同회장(현) 2009~2012년 부산상공회의소 상공의원 2010년 IBK기업은행 CEO클럽 회장 (상)산업포장, 산업자원부장관표창, 은탑산업훈장(2001), 석탑산업훈장(2003) (종)불교

서종진(徐鍾振) SEO Jong Jin

(생)1953 · 10 · 2 (본)이천(利川) (출)광주 (주)광주 서구 내방로111 광주광역시 감사위원회 상임위원실(062-613-2043) (학)1972년 조선대부속고졸 1980년 조선대 건축공학과졸 (경)1978년 7급 공채 1978~1984년 전남 광산군 부군수실 · 새마을과 · 건설과 지방건축주사보 1984년 전남도 기획관리실 · 문화공보담당관실 지방건축주사보 1987년 내무부 조사과 · 감사담당관실 건축주사 1994년 지방행정연수원 민방위교육담당관실 건축사무관 1995~1999년 내무부 민방위본부 재해복구과 · 지방재정세제국 지역진흥과 건축사무관 1999년 행정자치부 민방위재난통제본부 민방위재난관리과 시설서기관 2001년 同재난관리과장 2004년 소방방재청 재난종합상황실장 2006년 同재난전략상황실장 2007년 同방재관리본부 복구지원팀장 2008년 同방재관리국 복구지원과장 2008년 同방재관리국장 직대 2009년 광주시 광산구 부구청장 2011년 광주시 도시철도건설본부장 2012년 同교통건설국장 2013년 광산미래포럼 이사장(현) 2013년 정책네트워크 '내일' 조직실행위원(현) 2013년 대동문화재단 운영이사(현) 2015년 광주광역시 감사위원회 상임위원(현) (상)대통령표창(1992), 녹조근정훈장(2001) (종)천주교

서종태(徐宗台) Seo Jong tae

(생)1957 · 3 · 3 (주)경북 김천시 혁신로269 한국전력기술(주) 원자로설계개발단(054-421-8002) (학)1982년 서울대 핵공학과졸 1986년 미국 뉴멕시코대 대학원 핵공학과졸 1988년 핵공학박사(미국 뉴멕시코대) 2008년 한국외국어대 글로벌경영자과정 수료 (경)1981~1983년 한국전력공사 근무 1988년 한국원자력연구소 안전해석부 실장 1997년 한국전력기술(주) 안전해석처 성능해석분야책임자 1998~2007년 同안전해석처장 · 유체계통설계처장 2008~2011년 同ARP+ 개발사업책임자 2008~2014년 同신고리3 · 4호기 원자로계통설계 사업책임자 2008년 同ARP1400 USNRC DC 사업책임자 2013년 同원자로국내사업BG장 2013년 同원자로설계개발단장 2016년 同원자로설계개발단 수석연구원(현) (상)한국원자력연구소장표창(1994), 대통령표창(2000)

서종택(徐宗澤) SOH Jongteg

(생)1944 · 10 · 6 (본)이천(利川) (출)전남 강진 (주)세종특별자치시 세종로2511 고려대학교 인문대학(044-860-1205) (학)1963년 광주살레시오고졸 1968년 고려대 국어국문학과졸 1971년 同대학원 국문학과졸 1982년 문학박사(고려대) (경)1972년 고려대 문과대학 강사 1979~1985년 홍익대 사범대학 국어교육과 조교수 · 부교수 1985~1998년 고려대 인문대학 국어국문학과 교수 1991~1992년 미국 뉴욕 콜럼비아대 객원교수 1992~1994년 고려대 국어국문학연구회 대표 1997~1998년 同한국학연구소장 1998년 일본 와세다대 교환교수 1998~2010년 고려대 인문대학 문예창작학과 교수 2010년 同인문대학 명예교수(현) (상)월간문학 소설부문 신인상(1969), 근정포장(2010) (저)'외출'(1977) '한국근대소설의 구조'(1982) '선주하평전'(1990) '한국현대소설연구'(1991) '문학이란 무엇인가(共)'(1992) '백치의 여름'(1998) '한국현대소설사론'(1999) '변시지'(2000) '풍경과 시간'(2001) '서종택문학선 : 원무'(2004) '한일 전환기소설에 나타난 근대인의 초상'(2005) '한중전환기소설의 근대적 자아'(2006) '한러전환기소설의 근대적 초상'(2007) '갈등의 힘'(2015) '한국근대소설과 사회갈등'(2015)

서종혁(徐鍾赫) SEO Jong Hyouk

(생)1968 · 4 · 9 (출)서울 (주)경남 창원시 성산구 창이대로669 창원지방검찰청 형사1부(055-239-4309) (학)1986년 휘문고졸 1990년 연세대 법학과졸 1995년 同대학원 법학과졸 (경)1994년 사법시험 합격(36회) 1997년 사법연수원 수료(26기) 1997년 軍법무관 2000년 수원지검 검사 2002년 대전지검 홍성지청 검사 2004년 인천지검 검사 2006년 서울북부지검 검사 2009년 부산지검 부부장검사 2010년 춘천지검 강릉지청 부장검사 2011년 창원지검 공안부장 2012년 서울북부지검 공판부장 2013년 사법연수원 교수 2015년 수원지검 성남지청 부장검사 2016년 창원지검 형사1부장(현)

서종환(徐鍾煥) SUH Jong Hwan

(생)1945 · 3 · 10 (본)달성(達城) (출)충북 청원 (주)서울 송파구 올림픽로424 올림픽공원 제2체육관103호 대한소프트볼협회(02-420-4316) (학)1963년 대전고졸 1967년 서울대 법학과졸 1997년 경희대 행정대학원졸 2000년 同대학원 정치학박사과정 수료 (경)1971년 행정고시 합격(10회) 1971년 문화공보부 입부 1974년 駐유엔대표부 공보관보 1977~1980년 해외공보관 지역2과장 · 문화과장 1980년 駐인도 공보관 1983~1986년 문화공보부 조사과장 · 해외공보관 기획과장 1986년 대통령비서실 정무행정관 1987년 공보부 홍보기획관 1987년 駐유엔대표부 공보관 1992년 해외공보관 문화교류부장 1993년 공보처 방송행정국장 1994년 同방송매체국장 1994년 同신문방송국장 1996년 同여론국장 1996년 대통령 정책1비서관 1997년 대통령 기획조정비서관 1997년 대통령직인수위원회 정무분과 전문위원 1998~1999년 국무총리 정무비서관 1999년 서울예술기획(주) 회장 2001년 (주)유진데이타 회장 2004년 대한소프트볼협회 회장 2004년 (주)유진테이타 명예회장 2006년 국민중심당 대표 특보단장 겸 인재영입위원장 2008년 자유선진당 대표 비서실장 2008년 친박연대 제18대 국회의원 후보(대전 서구乙) 2009년 대한소프트볼협회 명예회장(현) (상)국무총리표창(1982), 황조근정훈장(1994)

서주석(徐柱錫) SUH Choo Suk

(생)1958 · 10 · 17 (본)대구(大丘) (출)경남 진주 (주)서울 동대문구 회기로37 한국국방연구원 안보전략연구센터 국방전략연구실(02-961-1648) (학)1977년 우신고졸 1981년 서울대 외교학과졸 1986년 同대학원 외교학과졸 1996년 정치학박사(서울대) (경)1983년 예편(ROTC 19기) 1986년 한국국방연구원 안보전략연구센터 책임연구위원 1991년 성신여대 · 서울산업대 · 성균관대 강사 1993년 미국 랜드연구소 워싱턴분소 객원연구원 1997년 민주평통 자문위원 1999년 한국정치외교사학회 연구이사 2000년 통일부 정책자문위원 2001년 한국전쟁연구회 총무이사 2001년 미래전략연구원 연구위원 2002년 국가안전보장회의 정책전문위원 2002년 대통령직인수위원회 외교 · 통일 · 안보분과 위원 2003년 국가안전보장회의(NSC) 사무처 전략기획실장 2006년 대통령 통일외교안보정책수석비서관 2006년 한국국방연구원 안보전략연구센터 국방전략연구실 책임연구위원(현) 2007~2008년 대통령자문 정책기획위원회 위원 2007~2008년 대통령직속 국방발전자문위원회 위원 2007년 북한대학원대 겸임교수(현) 2009~2010년 미국 노스캐롤라이나대 채플힐 교수(방문학자) (저)'한국전쟁의 새로운 접근(共)'(1990) '21세기 한 · 미 안보협력 발전방향(共)'(1994) '북한의 군사정책 재평가(共)'(2000) '탈냉전기 한국전쟁의 재조명(共)'(2000) '누구를 위한 전쟁이었나(共)'(2000) '한국전쟁과 중국(共)'(2001) '한국 국가체제의 재형성'(2008) '북한 체제의 이해(共)'(2009) '한미관계론(共)'(2012) '미중 소프트패권경쟁 시대 한국의 전략적 선택(共)'(2013) '한국의 안보와 국방 2014(共)'(2014) (역)'북한의 지도자 김일성(서대숙 著)'(1989) (종)불교

서주태(徐柱泰) Ju Tae Seo

(생)1961 · 9 · 4 (출)부산 (주)서울 중구 서애로1길17 제일병원 비뇨기과(02-2000-7585) (학)1986년 연세대 의대졸 1995년 경희대 대학원졸 2003년 의학박사(경희대) (경)1986~1991년 이화여대 부속병원 인턴 · 레지던트 1991~1994년 광주육군병원 軍의관(과장) 1995~1997년 삼성제일병원 비뇨기과 과장 1997~2007년 성균관대 의과대학 비뇨기과 조교수 · 부교수 1999~2004년 대한불임학회 이사 겸 학술위원 2000~2001년 미국 Univ. of Tennessee Medical Center 방문교수 2001~2003년 대한남성과학회 이사 겸 편집위원 · 편집이사 2004~2005년 대한배뇨장애 및 요실금학회 총무이사 2006년 대한불임학회 윤리위원 · 학술이사 2007년 대한생식의학회 학술위원 2007년 대한배뇨장애 및 요실금학회 교류 · 협력이사 2007~2014년 관동대 의과대학 비뇨기과학교실 교수 2007~2014년 同제일병원 비뇨기과장 2007년 대한여성건강학회 회장 2013년 대한생식의학회 부회장 2014년 가톨릭관동대 의과대학

비뇨기과학교실 교수(현) 2014년 제일병원 비뇨기과장(현) 2014년 대한생식의학회 회장(현) [상]대한불임학회 세로노학술상(2005), 제일의학 우수논문상(2005), 화이자 해외학술상(2006), 대한배뇨장애 및 요실금학회 페링해외학술상(2006) [저]'남성갱년기와 안드로겐'(共)

서주현(徐周鉉) Seo Joohyun

[생]1972·4·25 [본]이천(利川) [출]경북 경주 [주]서울 종로구 세종대로209 행정자치부 협업행정과(02-2100-3440) [학]1991년 서울 보성고졸 1995년 서울대 경제학과졸 1997년 同행정대학원 정책학과졸 2005년 同대학원 행정학 박사과정 수료 [경]1997년 행정고시 합격(41회) 1999년 중앙공무원교육원 입교·수료(44기) 2000년 중앙인사위원회 행정사무관 2001~2005년 軍복무(공군 중위 전역) 2005년 중앙인사위원회 행정사무관 2006년 同서기관 2007년 同성과관리담당관 2008년 행정안전부 민원제도개선팀장 2009년 대통령실 파견 2010년 행정안전부 선진화담당관 2011년 同지방행정연수원 기획협력과장 2012년 同균형인사정보과장 2013년 안전행정부 교육훈련과장 2014년 행정자치부 협업행정과장(현)

서주홍(徐州洪) SEO Ju Hong

[생]1955·1·4 [출]대구 [주]서울 강남구 테헤란로119 대호레포츠빌딩6층 법무법인 대호(02-568-5200) [학]1973년 경북고졸 1977년 서울대 법학과졸 [경]1978년 사법시험 합격(20회) 1980년 사법연수원 수료(10기) 1980년 軍법무관 1983년 서울지검 남부지청 검사 1987년 부산지검 검사 1990년 법무부 법무심의관실 검사 1991년 서울지검 동부지청 검사(고등검찰관) 1992년 대구지검 의성지청장 1993년 전주지검 부장검사 1993년 창원지검 형사2부장 1994년 대구지검 강력부장 1996년 수원지검 형사3부장 1997년 부산지검 형사2부장 1998년 서울지검 서부지청 형사2부장 1999년 대전지검 홍성지청장 2000년 부산지검 동부지청 차장검사 2001년 서울지검 남부지청 차장검사 2002년 서울고검 검사 2003년 同송무부장 2004년 대구고검 검사 2005년 변호사 개업 2013년 법무법인 대호 변호사, 同대표변호사(현)

서준모(徐俊模) Suh Joon Mo

[생]1952·9·3 [주]충남 논산시 광석면 사계로680 동부팜 대표이사실(041-733-3635) [학]1971년 경기고졸 1976년 성균관대 경영학과졸 [경]CJ(주) 해외사업부담당 사업부장·해외사업부 이사보·미국개발법인장(상무보)·미국법인장(상무)·미주법인장(상무) 2004년 同글로벌BU장(상무), KC글로벌 Inc. 총괄부회장, 동부정밀화학(주) 무역사업부장(부사장), (주)동부한농 농식품사업부장 2010년 (주)동부팜 부사장 2010년 同대표이사(현)

서준희(徐俊熙) SUH Joon Hee

[생]1954·2·16 [출]경남 통영 [주]서울 서초구 효령로275 BC카드(주) 사장실(02-520-4301) [학]1972년 경남고졸 1977년 연세대 정치외교학과졸 2002년 同행정대학원 고위정책과정 수료 2007년 서울대 경영대학원 최고경영자과정 수료 2007년 同인문대학원 최고지도자과정(AFP) 수료 [경]1979년 삼성그룹 입사 1999년 삼성증권(주) e-biz기획·인터넷사업담당 이사 2000년 한국투자신탁증권(주) e-biz사업본부장(상무) 2001년 同Retail사업본부장(전무) 2001년 한국투자신탁운용 부사장 2003년 삼성생명보험(주) 자산부문 전무 2004년 同법인BU장(전무) 2005년 삼성증권(주) PB사업본부장·영업전략팀장(전무) 2006년 同PB사업본부장(부사장) 2009년 (주)에스원 대표이사 사장 2012년 삼성사회봉사단 사장 2014년 BC카드(주) 대표이사 사장(현)

서중석(徐重錫) SUH Joong-Suk

[생]1949·10·1 [출]서울 [주]서울 서대문구 연세로50 연세대학교(02-2123-2915) [학]1971년 연세대 신학과졸 1976년 同연합신학대학원 신학과졸 1981년 미국 유니언신학대 대학원 신학과졸 1986년 신학박사(미국 보스턴대) [경]1987~2014년 연세대 신과대학 조교수·부교수·교수 2000~2003년 同신과대학장 겸 연합신학대학원장 2004~2006년 同일반대학원장 2005~2006년 전국대학원장협의회 회장 2008~2009년 한국신약학회 회장 2008~2010년 연세대 행정대외부총장 2014년 同명예교수 2014년 同법인이사(현) [상]대한기독교서회 저작상(1992), 연세대 학술상(1993), 연세대 우수업적교수상(1996), 연세대 우수강의교수상(2008), 대통령표창(2014) [저]'마가의 예수 이야기'(1987) '신약성서이해'(1990) 'Discipleship and Community : Mark's Gospel in Sociological Perspective'(1991) '복음서해석'(1991) '예수'(1993) 'The Glory in the Gospel of John: Restoration of Forfeited Prestige'(1995) '청정한 빛'(1996) '바울서신해석'(1998) 'The Gospel of Paul'(2003) '복음서의 예수와 공동체의 형태'(2007) '주기도문과 제자의 길'(2008) '요한복음해석'(2012) '마가복음'(2013) '눈을 들어 하늘 보라'(2014, 대한기독교서회) '주기도문'(2014, 동연) [종]기독교

서중석(徐重錫) Seo, Jong Seok

[생]1969·11·11 [출]전남 해남 [주]인천 남구 소성로163번길17 인천지방법원(032-860-1113) [학]1988년 문성고졸 1994년 서울대 법학과졸 2003년 전남대 대학원 법학과졸 [경]1996년 사법시험 합격(38회) 1999년 사법연수원 수료(28기) 1999년 軍법무관 2002년 대전지법 판사 2004년 同서산지원 판사 2005년 의정부지법 판사 2007년 영국 캠브리지대 파견 2007년 서울중앙지법 판사 2009년 서울북부지법 판사 2011년 서울고법 판사 2012년 사법연수원 교수 2014년 대전지법·대전가정법원 논산지원장 2016년 인천지법 부장판사(현)

서지문(徐之文·女) SUH Ji Moon (百禾·素如)

[생]1948·3·28 [본]대구(大丘) [출]충북 청주 [주]서울 성북구 안암로145 고려대학교(02-3290-1114) [학]1965년 경기여고졸 1969년 이화여대 영어영문학과졸 1971년 미국 웨스트조지아대 대학원 영어영문학과졸 1978년 영문학박사(미국 뉴욕주립대) [경]1968~1969년 코리아헤럴드 기자 1972년 문화공보부 해외공보관 전문위원 1974년 단국대 전임강사 1978~1982년 고려대 영어영문학과 조교수·부교수 1982~2013년 同교수 1983년 영국 런던대 초빙교수 1988년 미국 하버드대 연구교수 1999년 미국 스탠퍼드대 연구교수 2001·2003·2005년 동아일보 객원논설위원 2002년 고려대 도서관장 2003년 교육공동체시민연합 공동대표 2005년 선진화정책운동 공동대표 2005년 한국아메리카학회 회장 2009~2011년 '석학과 함께하는 인문강좌' 운영위원장 2012~2015년 한국문학번역원 비상임이사 2013년 고려대 명예교수(현) 2013~2015년 국립대법인 서울대 이사 2013~2015년 대통령소속 도서관정보정책위원회 위원 2014~2015년 한국독서진흥원 좋은책선정위원회 위원장 [상]대한민국 문학상(1984), 한국PEN문학상(2000), 옥조근정훈장(2013), 한국문학번역원 문학번역대상(2014) [저]'인생의 기술 : 빅토리아조 문필·사상가들의 윤리적 미학이론 연구'(1986) 'Faces in the Well'(1998) '어리석음을 탐하며'(1998) 'Remembering the Fogotten War(共)'(2001) '서양인이 사랑한 공자, 동양인이 흠모한 공자 I, II'(2012) '서지문의 소설 속 인생'(2013) '영국소설을 통해 본 영국 신사도의 명암'(2014) [역]'The Rainy Spell and Other Korean Stories' 'Discover Korea' 'The Descendants of Cain' 'The Golden Phoenix: Seven Contemporary Korean Short Stories' 'Brother Enemy: Poems of the Korean War' 'The House with a Sunken Courtyard'(2013)

서지은(徐智銀·女) SEO Ji Eun

[생]1959·1·28 [출]부산 [주]충북 진천군 진천읍 대학로66 우석대학교 에코바이오학과(043-531-2891) [학]1981년 이화여대 생물학과졸 1983년 同대학원 생물학과졸 1987년 생물학박사(이화여대) [경]1988~2014년 우석대 생명과학과 교수·보건복지대학 재활학과 교수 1996년 한국동물분류학회 편집간사 1996~1997년 우석대 생물학과장 2003~2004년 同생물과학전공 주임교수 2003~2004년 한국수중과학회 감사 2003~2004년 생물다양성협회 편집이사 2006년 한국생물과학협회 간행위원 2014년 우석대 에코바이오학과 교수(현) 2015년 국가과학기술심의회 에너지·환경전문위원회 위원(현) 2016년 우석대 부총장(현) [상]과학기술우수논문상(2010) [저]'생물학개론'

서지현(徐知賢·女) SUH JI HYUN

[생]1965·1·12 [출]부산 [주]서울 마포구 마포대로25 신한DM빌딩12층 (주)버추얼텍 임원실(02-3140-1017) [학]1983년 홍익여고졸 1987년 연세대 전산학과졸 [경]1991년 아이오시스템 사장 1994년 (주)버추얼아이오시스템 사장 1998~2005년 여성벤처기업협회 이사·부회장 1999년 (주)버추얼텍 대표이사(현) 2000년 (주)버추얼메디 이사 2001년 아시아위크 '아시아경제 뉴리더 25인'에 선정 2002년 소프트산업협회 이사 2002년 세계경제포럼(WEF) '아시아의 미래를 짊어질 차세대 한국인 리더'에 선정, 페이퍼코리아(주) 이사 2006년 벤처기업협회 이사 [상]벤처대상 국무총리표창(1999), 중소기업청 신지식인상(1999), 여성미지상, 인터넷그랑프리진흥대상

서지훈(徐志勳) Seo ji-hoon

[생]1969·7·22 [출]부산 [주]서울 영등포구 63로50 한화생명보험 홍보팀(02-789-8890) [학]1988년 부산 가야고졸 1992년 한양대 정치외교학과졸 1993년 미국 미주리주립대 IEP과정 연수, 서강대 경제대학원 경제학과졸 [경]1994~1999년 부산매일신문 서울지사 정치부 기자 1999~2005년 파이낸셜뉴스 정치경제부·증권부 기자 2005~2009년 KTF 대외협력팀 부장 2009~2010년 방송통신위원회 방송통신융합실 근무 2011~2014년 KT파워텔 커뮤니케이션실장(상무) 2015년 한화생명보험 홍보팀장(상무)(현) [상]이데일리 대한민국 금융산업대상 생명보험협회장상(2016)

서지희(徐知希·女) SUH Ji Hee

[생]1962·8·15 [출]제주 제주시 [주]서울 강남구 테헤란로152 강남파이낸스센터10층 삼정회계법인(02-2112-0222) [학]1981년 제주 신성여고졸 1985년 이화여대 법정대학 경영학과졸 1987년 同대학원 경영학과졸 [경]1986년 공인회계사시험 합격 1986~2000년 산동회계법인 근무 2000년 미국 공인회계사시험 합격 2001~2011년 삼정회계법인 회계사(상무이사) 2003~2005년 정부회계기준위원회 위원 2003~2008년 서울시 물가대책위원회 위원 2004~2005년 재정경제부 금융발전심의회 위원 2004~2006년 금융감독위원회 회계제도자문위원회 위원 2005~2010년 재정경제부 시장효율과위원회 위원 2006~2010년 여성공인회계사회 회장 2009~2011년 한국공인회계사회 이사회 이사 2009~2011년 공적자금관리위원회 위원 2011~2014년 안전행정부 책임운영기관운영위원회 위원 2011년 삼정회계법인 회계사(전무이사)(현) 2014년 행정자치부 책임운영기관운영위원회 위원(현) 2016년 방송통신위원회 방송광고균형발전위원회 위원(현) [상]한국공인회계사회 국세청장상(2003), 자랑스런 이화경영인(2004), 한국공인회계사회 금융위원장상(2008) [종]가톨릭

서진교(徐溱敎) SUH Jin Kyo

[생]1960·9·22 [출]서울 종로 [주]세종특별자치시 시청대로370 대외경제정책연구원 다자통상팀(044-414-1156) [학]1984년 고려대 농업경제학과졸 1986년 同대학원 농업경제학과졸 2000년 농업자원경제학박사(미국 메릴랜드주립대) [경]2001~2006년 한국농촌경제연구원 연구위원 2002~2004년 국무조정실 정부정책평가전문위원 2004년 외교통상부 농수산물부문 통상교섭민간자문그룹 전문위원 2005년 KBS미디어 객원해설위원(현) 2005~2007년 한국농업정책학회 상임이사 2005~2007년 한국농업경제학회 편집위원, 대외경제정책연구원 연구조정실장 2014년 同무역통상실 다자통상팀 선임연구위원(현) 2014~2016년 同무역통상본부장 2014년 (재)국제원산지정보원 비상임이사(현) [상]농림부장관표창(1991), 재정경제부장관표창(2001), 대통령표창(2004) [저]'TRQ 관리제도의 효율적 개선방향(共)'(2004, 한국농촌경제연구원) '쌀 관세화유예협상 시나리오별 영향 평가와 협상 대책(共)'(2004, 한국농촌경제연구원) 'DDA 농업협상 시장접근분야 쟁점 분석과 협상대책(共)'(2005, 한국농촌경제연구원) '한미 FTA협상 농업분야 쟁점분석과 대응방안(共)'(2007, 한국농촌경제연구원)

서진발(徐鎭發) Seo, Jin Bal

[생]1961·3·15 [본]달성(達城) [출]울산 [주]울산 남구 돋질로44 융진빌딩 연합뉴스 울산취재본부(052-256-9300) [학]1979년 울산고졸 1988년 경남대 국어국문학과졸 [경]1988년 경남매일 근무 1992년 국제신문 근무 1993년 연합통신 근무 1998년 연합뉴스 근무 2013년 同울산취재본부장(부장급) 2014년 同울산취재본부장(부국장대우)(현)

서진석(徐振錫) SUH Jin Suck

[생]1955·3·23 [주]서울 서대문구 연세로50의1 세브란스병원 영상의학과(02-2228-7400) [학]1979년 연세대 의과대학졸 1982년 同대학원졸 1999년 의학박사(아주대) [경]1980~1983년 연세의료원 방사선과 전공의 1984~2000년 연세대 의대 진단방사선과학교실 강사·전임강사·조교수·부교수 1990년 미국 미네소타대 연구교수 1999년 미국 스탠퍼드대 방문연구원 2000년 연세대 의과대학 진단방사선과학교실 교수, 同의과대학 영상의학교실 교수(현) 2000~2002년 대한자기공명의과학회 학술이사 2004년 同총무이사 2004년 대한분자영상의학회 부회장 2006년 同회장 2007년 연세대 의과대학 진단방사선과학교실 주임교수 2007년 同세브란스병원 진단방사선과장, 同세브란스병원 영상의학과장 2009~2014년 연세대 의료원-생명공학연구원 메디컬융합연구소장 2014~2016년 대한자기공명의과학회 회장 [상]대한민국 최고과학기술인상(2007)

서진석 Jin-Sug, Suh

[생]1965·8·1 [출]서울 [주]서울 영등포구 여의공원로111 태영빌딩 EY한영(02-3787-6362) [학]1983년 신일고졸 1988년 연세대 경영학과졸 2005년 同대학원 경영학과졸 2006년 同법무대학원 경영정책법무고위자과정 수료 [경]1990년 EY한영 입사 1998~2000년 EY글로벌 미국지사 근무 2006년 同Technology industry leader 2007년 同글로벌고객서비스부분감사 리더 2012년 EY한영 감사본부장 2015년 同대표이사(현) [상]금융감독위원장표창(2007), 경제부총리 겸 기획재정부장관표창(2014)

서진수(徐鎭秀) Jin Soo Suh

[생]1963·5·6 [주]경기 고양시 일산서구 주화로170 일산백병원(031-910-7500) [학]서울대 의대졸, 인제대 대학원 의학석사(정형외과 전공), 의학박사(인제대) [경]1999년 인제대 의과대학 정형외과학교실 교수(현) 2003~2005년 미국 IOWA대 족부족관절센터 임상교수 2013년 인제대 일산백병원 병원장(현)

서진식(徐珍湜) SUH JINSIK

[생]1970 [주]서울 서초구 바우뫼로27길2 일동제약(주) 임원실(02-526-3114) [학]1994년 서울대 경영학과졸 2002년 미국 버지니아주립대 다든스쿨(Darden School) MBA졸 [경]현대종합상사 근무, (주)한국얀센 재정부장 2008년 同재정부 이사대우 2010년 同재정부 이사 2012년 同재정부 상무이사, 동원F&B 건강식품사업부 상무 겸 CFO 2015년 일동제약 부사장(현)

서진우(徐鎭宇) SO Jin Woo

[생]1961·12·20 [출]서울 [주]경기 성남시 분당구 판교로264 SK플래닛 비서실(02-6119-1000) [학]1980년 우신고졸 1984년 서울대 전기공학과졸 1987년 미국 아이오와대 대학원졸(MBA) [경]1988~1989년 삼성전자 중장기경영전략팀 근무 1989~1994년 (주)유공 정보통신투자관리팀 근무 1994~1996년 대한텔레콤 정보통신투자전략팀장 1997~2000년 SK텔레콤(주) 마케팅전략수립총괄 2000년 (주)와이더덴닷컴 대표이사 2001년 넷츠고 대표이사 사장 겸임 2002년 SK커뮤니케이션즈 대표이사 사장 2004년 SK텔레콤(주) 신규사업부문장(상무) 2005년 同신규사업부문장(전무) 2008년 同Global Biz. CIC 사장 2009년 同GMS CIC 사장 겸 Top Team Coordination실장 2010년 同C&I CIC 사장 2010년 同Platform 사장 2011년 同대표이사 2011년 SK플래닛 대표이사 사장(현)

서진웅(徐珍雄) SEO Jin Wung

[생]1965·9·18 [본]달성(達城) [출]전북 진안 [주]경기 수원시 팔달구 효원로1 경기도의회(031-8008-7000) [학]전주제일고졸, 단국대 사회과학대학 정치행정학과졸 2013년 연세대 행정대학원 행정학과졸 [경](주)창성 대표이사, 부천시범시민지하철사업재원대책위원회 위원, 한국마사회TV실내경마장상동입점저지를위한범시민공동대책위원회 위원장, 상동신도시아파트입주자대표회의연합회 회장, 부천상동종합병원건립을위한시민대책위원회 위원장, 서울외곽순환고속도로 하부공간시민대책위원장, 부천시 호남향우회 상임부회장, (사)자연보호연맹 부천시협의회 자문위원, 민주당 부천원미乙지역위원회 부회장 2010년 경기도의회 의원(민주당·민주통합당·민주당·새정치민주연합) 2010년 同행정자치위원회 위원, 同민주통합당 부대표 2012년 同교육위원회 위원 2014년 경기도의회 의원(새정치민주연합·더불어민주당)(현) 2014년 同교육위원회 위원 2015년 同안전사회건설특별위원회 위원(현) 2015년 同항공기소음피해대책특별위원회 위원(현) 2016년 同경제과학기술위원회 위원(현) 2016년 同개발제한구역특별위원회 위원(현) [종]기독교

서진호(徐鎭浩) SEO Jin Ho

[생]1953·12·24 [본]달성(達城) [출]서울 [주]서울 관악구 관악로1 서울대학교 식품·동물생명공학부 식품생명공학과(02-880-4855) [학]1976년 서울대 화학공학과졸 1978년 한국과학기술원 생물공학과졸(석사) 1985년 화학공학박사(미국 캘리포니아공과대) [경]1978~1981년 한국과학기술원 화학공정연구실 연구원 1981~1985년 미국 California Institute of Tech. 화학공학연구소 연구조교 1985년 同화학공학연구소 연구원 1986~1989년 미국 퍼듀대 화학공학과 조교수 1990년 서울대 농업생명과학대학 식품·동물생명공학부 식품생

명공학과 조교수·부교수·교수(현) 1995년 同농업생명과학대학 기획실장 1997~1999년 同교무처 교무부처장 1997년 미국 산업미생물학회(SIM) 회원 1999년 국가과학기술위원회 바이오기술산업위원 2003~2005년 한국학술진흥재단 사무총장 2005년 생물공학전문학술지 'Journal of Biotechnology' 편집장(현) 2005년 서울대 생명공학공동연구원장 2005년 한국과학기술한림원 정회원(현) 2006년 'Journal of Bioprocess and Biosystems Engineering' 편집위원(현) 2006년 'Journal of Biotechnology' 편집장(현) 2006년 한국생물공학회 부회장 2008년 同회장 2008~2010년 서울대 연구처장 겸 산학협력단장 2008년 한국공학한림원 정회원(현) 2010~2011년 국가과학기술위원회 운영위원회 운영위원 2011년 서울대 평의원회 평의원 겸 기획연구위원장(현) 2011~2012년 한국연구재단 WCU위원회 위원장 2011~2013년 국가인권위원회 정책자문위원 2013년 KOREA바이오경제포럼 회장(현) 2014년 한국연구재단 비상임이사(현) [상]범석 우수논문상(1994), 과학기술우수논문상(2002), 한국생물공학회 학술대상(2005), 서울대 학술상(2007), 한국화학공학회 석명우수화공인상(2008), 듀폰과학기술상(2011), 한국화학공학회 양정생물화공상(2014) [저]'생물공정공학'(1993) '실험실 밖에서 만난 생물공학이야기'(1995) '생물화학공학'(2001) [종]천주교

서창록(徐昌祿) Soh Changrok

[생]1961·5·26 [본]달성(達城) [출]서울 [주]서울 성북구 안암로145 고려대학교 국제대학원(02-3290-2402) [학]1980년 경복고졸 1984년 서울대 외교학과졸 1987년 미국 터프츠대 대학원졸 1992년 정치학박사(미국 터프츠대) [경]1989년 제네바 UN사무국 근무 1991~1993년 미국 터프츠대 방문연구원 1992~1993년 미국 하버드대 연구원 1992~1994년 미국 캘리포니아대 버클리교 연구원 1996년 국제무역경영연구원 연구위원(현) 1996년 고려대 국제대학원 교수(현) 2002년 한국국제정치학회 이사(현) 2002~2003년 미국 뉴욕대 초빙교수 2004~2005년 한국행정학회 연구위원 2005년 북한인권시민연합 이사(현) 2005년 한국국제정치학회 국제기구 및 평화연구분과위원회 위원장 2005~2007년 한국정책학회 운영위원회 이사 2006년 한국국제정치학회 연구이사 2006~2010년 아시아인권센터 부소장 2007년 한국행정학회 운영이사(현) 2007~2009년 고려대 국제대학원장 2007~2008년 同세계지역연구소장 2008~2014년 (주)휘닉스커뮤니케이션즈 사외이사 2010년 국가인권위원회 국제인권전문위원회 위원(현) 2010년 외교부 자체평가위원회 위원(현) 2010년 휴먼아시아 대표(현) 2012~2014년 한국사회과학협의회(KOSSREC) 대외협력위원장 2012~2015년 한국전력 국제원자력대학원대 개방이사 2012년 통일부 정책자문위원회 위원(현) 2013년 국가인권위원회 인권정책관계자협의회 위원(현) 2013년 국무총리실 납북자피해보상및지원심의위원회 위원(현) 2014년 한국국제교류재단 이사추천위원회 위원(현) 2014년 유엔 인권이사회 자문위원회 위원(현) 2015년 일동제약(주) 사외이사(현) 2015년 (주)파라다이스그룹 사외이사(현) 2015년 민주평통 상임위원(현) 2016년 고려대 인권센터장(현) [저]'현대국제정치경제'(2000, 법문사) '거버넌스의 정치학'(2002, 법문사) '세계화와한국'(2003, 을류문화사) '국제기구 : 글로벌 거버넌스의 정치학'(2004, 다산출판사) '글로벌 거버넌스와 한국'(2006, 한양대 출판부) '거버넌스 : 확산과 내재화'(2009, 대경출판사) '국제기구와 인권, 난민, 이주'(2015, 오름출판사) [종]천주교

서창석(徐昌錫) Suh, Chang Suk

[생]1961·4·27 [주]서울 종로구 대학로101 서울대학교병원 원장실(02-2072-2100) [학]경기고졸 1985년 서울대 의대졸 1994년 同대학원 의학석사 1998년 의학박사(서울대) [경]1986~1989년 공중보건의 1990~1994년 서울대병원 산부인과 전공의 1994~1996년 同산부인과 생식내분비 및 불임전임의 1996~2010년 서울대 의대 산부인과학교실 전임강사·조교수·부교수 1999~2001년 미국 캘리포니아대 샌디에이고교 산부인과 연구교수 2003~2008년 분당서울대병원 산부인과장 2008~2013년 同기획조정실장 2010년 서울대 의대 산부인과학교실 교수(현) 2014~2016년 대통령 주치의 2016년 서울대병원 병원장(현) 2016년 대한병원협회 부회장(현) [저]'폐경여성을 위한 지침서'(2006, 군자출판사) '불임길라잡이'(2006, 보건복지부) '부인과 초음파학'(2007, 아카데미아) '폐경기여성의 관리'(2007, 군자출판사) '부인과학'(2007, 군자출판사) '부인과 내시경학'(2011, 군자출판사) '부인과 내분비학'(2012, 군자출판사)

서창수(徐昌洙) Changsoo Suh

[생]1958·6·15 [본]이천(利川) [출]경북 문경 [주]충남 아산시 순천향로22 순천향대학교 일반대학원(041-530-4750) [학]1977년 문경종합고졸 1983년 건국대 행정학과졸 1987년 서울대 행정대학원졸 1992년 영국 브루넬대 대학원 MBA 2003년 기술경영학박사(호서대) [경]1982년 행정고시 합격(26회) 1983~1990년 공업진흥청 검사행정과·소비자보호과·품질관리과 사무관 1993년 同청장비서관 1996년 중소기업청 조사평가담당관 1997년 同청장비서관 1998년 서울지방중소기업청 지원총괄과장 1999~2000년 중소기업청 창업지원과장 겸 벤처정책과장 2000~2004년 다산벤처(주) 부사장 2005년 순천향대 일반대학원 교수(현) 2007~2008년 同산학협력단장, 대한상사중재원 중재위원(현), 국무총리실 규제개혁실무위원, 교육인적자원부 규제개선심의위원 2009년 순천향대 대외협력처장 2010년 한국산업기술평가관리원 청렴옴부즈맨(현) 2011년 순천향대 기업가정신연구소장(현) 2012년 창업진흥원 비상임이사(현) 2013년 순천향대 순천향BIT창업보육센터 소장(현) 2013년 同평생교육원장 2014년 同창업지원단장(현) [저]'1인 1업: 내 일은 내가 만든다'(2016, 맥스미디어) [역]'갈등을 경영하라'(2005) [종]천주교

서창옥(徐昌玉·女) SUH Chang Ok

[생]1953·3·17 [본]달성(達城) [출]대구 [주]서울 서대문구 연세로50의1 세브란스병원 연세암센터(02-2228-4370) [학]1977년 연세대 의대졸 1981년 同대학원졸 1990년 의학박사(연세대) [경]1977~1982년 세브란스병원 인턴·방사선과 레지던트 1982년 대한암학회 정회원·이사 1982~2001년 연세대 의과대학 강사·조교수·부교수 1990~1991년 미국 존스홉킨스대 의과대학 암센터 방사선종양학과 연수 1994~1997년 대한치료방사선과학회 학술위원장 1994년 同간행위원장 1997~2005년 연세대 의대 방사선종양학교실 과장 2001년 同의대 방사선종양학교실 교수(현) 2003년 한국유방암학회 이사 2005~2007년 영동세브란스 방사선종양학과장 2006~2008년 대한소아뇌종양학회 회장 2007~2009년 대한방사선종양학회 이사장 2008년 세브란스병원 호스피스실장 2011~2014년 대한의학학술지편집인협의회 회장, 同회원(현) 2014~2015년 대한암학회 회장 [상]대한치료방사선과학회 Varian 학술상(1990), 근정포장(2016) [종]기독교

서창우(徐昌祐) SOH Chang Woo (宥齊)

[생]1958·8·18 [출]서울 [주]서울 강남구 압구정로210 용기빌딩4층 한국파파존스(주) 비서실(02-518-8080) [학]1977년 경복고졸 1982년 연세대 경영학과졸 1984년 미국 Miami Univ. 대학원졸(MBA) 1991년 고려대 최고경영자과정 수료 1997년 同국제대학원 국제관리최고과정 수료 [경]1977년 CISV한국협회 이사(현) 1985~1990년 동남갈포공업(주) 이사 1989~2009년 (주)흥신 대표이사 사장 1990~1995년 (주)동남정보시스템 사장 1990~1997년 동남갈포공업(주) 사장 1991년 젊은경영인회·경영연구회 회원(현) 1996~1997년 젊은경영인회 회장 1996~2006년 경영연구회 회장 1999년 동남갈포공업(주) 고문(현) 2002년 한국파파존스(주) 대표이사 회장(현) 2002년 한국유라시아포럼 이사장(현) 2003년 남산로타리 회원(현) 2006년 (주)리타산업 회장(현) 2009년 중앙아시아태권도협회 자문위원(현) 2009년 민주평통 자문위원(현) 2011년 (주)그린파크 사장(현) 2011~2012년 국제로타리3650지구 인터렉트위원장 2012년 同로타렉트위원장(현) 2012년 남산로타리클럽 회장 [상]경기도지사표창(1997) [종]천주교

서창원(徐昌沅) SEO Chang Won

[생]1964·4·13 [본]달성(達城) [출]서울 [주]서울 서초구 서초중앙로118 카이스빌딩5층 법무법인 오늘(02-532-4800) [학]1983년 경기고졸 1987년 서울대 사법학과졸 [경]1987년 사법시험 합격(29회) 1990년 사법연수원 수료(19기) 1990년 軍법무관 1993년 대구지검 검사 1994년 변호사 개업 1998년 창원지법 진주지원 판사 1999년 광주지법 판사 2002년 서울지법 동부지원 판사 2004년 서울중앙지법 판사 2005년 인천지법 부장판사 2008년 서울북부지법 부장판사 2010년 서울중앙지법 부장판사 2013~2015년 서울동부지법 부장판사 2015년 법무법인 오늘 변호사(현)

서창훈(徐彰焄) SUH Chang Hoon

[생]1962·12·11 [출]전북 전주 [주]전북 전주시 덕진구 기린대로418 전북일보(063-250-5510) [학]1981년 전주고졸 1985년 서울대 법과대학졸 [경]1997년 우석대 기획조정처장 1998년 전북일보 상무이사 1999~2007년 同대표이사 사장 2000년 우석학원 이사장(현) 2002년 국제언론인협회(IPI) 한국위원회 회원(현) 2003~2008년 한국신문협회 이사 2007년 전북일보 대표이사 회장(현) 2008년 한국신문협회 이사 2009~2012년 한국신문윤리위원회 이사 2009년 한국디지털뉴스협회 부회장 2012~2014년 한국신문협회 부회장 2013~2015년 한국디지털뉴스협회 이사 2014년 한국신문협회 이사(현) 2015년 새만금개발청 새만금투자분과 자문위원(현) [종]기독교

서천범(徐千範) Seo, Cheon Beom

[생]1958·7·4 [본]이천(利川) [출]충북 음성 [주]서울 영등포구 국회대로750 금산빌딩1110호 한국레저산업연구소(02-786-6765) [학]한국외국어대 대학원 무역학과졸 [경]LG경제연구원 근무, 기아경제연구소 연구조정실장, MBC라디오 '손에 잡히는 경제' 패널, 경희대 체육대학원 겸임교수, 한국레저산업연구소 소장(현), 제주도 골프장운영특별기획단 위원, 국민체육진흥공단 기금지원평가위원회 심의위원, 스포츠토토 자문위원, (주)나눔로또 자문위원(현), 국무조정실 낙후지역투자촉진 민간자문위원회 위원, 공무원연금관리공단 실물자산운용위원회 자문위원(현) 2008년 문화관광부 갈등관리심의위원회 위원, 강원랜드 KL중독관리센터 자문위원, (사)한국골프소비자모임 대표(현) [상]문화체육관광부장관표창(2014) [저]'한국과 일본의 레저산업 현황'(1990) '2000년대의 레저산업'(1997) '레저산업 21'(1999) '레저산업론(共)'(1999) '레저백서'(2001~) '갬블백서'(2007~) [종]불교

서철모(徐轍模) SEO Cheol Mo

[생]1964·10·7 [본]연산(連山) [출]충남 홍성 [주]충남 천안시 서북구 번영로156 천안시청 부시장실(041-521-2004) [학]1983년 대전고졸 1991년 충남대 행정학과졸 2002년 영국 엑스터대 대학원 행정학과졸 2009년 공주대 대학원 건설환경공학박사과정 수료 [경]1991년 행정고시 합격(35회) 1992~1995년 수습 및 교육 파견·충남도 지방공무원교육원 지방행정사무관 1995~1996년 충남도 지방과·중소기업과·총무과 지방행정사무관 1996년 내무부 재난관리과 행정사무관 1997년 국무조정실 행정사무관 1998년 행정자치부 재정경제과 행정사무관 1999년 同장관실 행정사무관 2000년 同장관실 서기관 2001년 同조직관리과 문화조직담당 서기관 2003년 지속가능발전위원회 파견 2004년 충남도 정책기획관(서기관) 2006년 同정책기획관(부이사관) 2007년 同문화관광국장 2008년 중앙공무원교육원 파견 2009년 행정안전부 지역발전정책국 지역활성화과장 2009년 同지역발전정책국 지역녹색성장과장 2011~2013년 駐뉴욕 영사 2013년 안전행정부 UN공공행정포럼준비기획단 부단장 2014년 행정자치부 본부 근무(부이사관) 2015년 충남도의회 사무처장 2015년 천안시 부시장(이사관)(현) [상]충남도지사표창(1993), 국무총리표창(1999), 대통령표창(2006)

서철헌(徐哲憲) SEO Chul Hun

[생]1959·10·10 [주]서울 동작구 상도로369 숭실대학교 전자정보공학부(02-820-0903) [학]1983년 서울대 전자공학과졸 1985년 同대학원 전자공학과졸 1993년 전자공학박사(서울대) [경]1990~1992년 미국 Univ. of Texas Fasion center 연구조교 1993~1995년 미국 MIT 연구원 1999~2000년 同MIT 교환교수, 숭실대 정보통신전자공학부 교수, 同전자정보공학부 IT융합학과 교수(현) 2015년 同IT대학장(현)

서철환(徐哲煥) SEO Cheol-hwan

[생]1961·1·12 [본]이천(利川) [출]전남 영암 [주]세종특별자치시 갈매로477 기획재정부 인사과(044-215-2252) [학]1979년 덕수상고졸 1987년 서울시립대 행정학과졸 1997년 영국 요크대 대학원 경제학과졸 [경]1987년 행정고시 합격(31회) 1989년 경제기획원 기획관리실 법무담당관실 사무관 1991년 同예산실 보사노동예산담당관실 사무관 1992년 同예산실 상공과학예산담당관실 사무관 1993년 同예산실 예산정책과 사무관 1994년 同예산실 농수산예산담당관실 사무관 1995년 재정경제원 경제정책국 산업경제과 사무관 1997년 同국고국 국유재산과 사무관 1999년 재정경제부 국고국 회계제도과 사무관 2000년 同국고국 회계제도과 서기관 2002년 同공보관실 서기관 2002~2006년 일본 재무성 재무종합정책연구소 파견 2006년 재정경제부 지역특화발전특구기획단 특구기획과장 2007년 同국고국 국유재산과장 2008년 기획재정부 국고국 회계제도과장 2009년 통계청 통계개발원장 2011년 기획재정부 본부 근무(부이사관) 2012년 국립외교원 파견(부이사관) 2013년 기획재정부 본부 근무(부이사관) 2014년 대통령소속 지방자치발전위원회 행정체제개편국장(고위공무원) 2016년 국가공무원인재개발원 파견(현) [상]재정경제부장관표창(1998) [종]기독교

서청원(徐淸源) SUH Chung Won

[생]1943·4·3 [본]달성(達城) [출]충남 천안 [주]서울 영등포구 의사당대로1 국회 의원회관601호(02-784-9515) [학]1962년 중앙대사대부고졸 1966년 중앙대 정치외교학과졸 1989년 서울대 경영대학원 최고경영자과정 수료 1990년 연세대 행정대학원 고위정책과정 수료 1992년 중앙대 국제경영대학원 최고경영자과정 수료 1995년 고려대 언론대학원 최고위언론과정 수료 2000년 명예 인문학박사(미국 클리블랜드주립대) [경]1964년 중앙대총학생회 회장 1966년 세계국제학생회의 한국대표 1969년 조선일보 기자 1980년 민주한국당(민한당) 선전분과 부위원장 1981년 제11대 국회의원(서울 동작구, 민한당) 1985년 민주화추진협의회 상임운영위원 1987년 同민주통신 주필 1988년 통일민주당(민주당) 대변인 1988년 제13대 국회의원(서울 동작구甲, 민주당·민자당) 1989년 민주당 총재 비서실장 1990년 민자당 제3정책조정실장 1992년 제14대 국회의원(서울 동작구甲, 민자당·신한국당) 1993~1994년 정무제1장관 1996년 제15대 국회의원(서울 동작구甲, 신한국당·한나라당) 1996년 신한국당 원내총무 1996년 국회 운영위원장 1997년 신한국당 서울시지부장 1997년 6.3동지회 회장 1997년 한·중친선협회 회장 1998년 한나라당 사무총장 2000년 同선거대책본부장 2000~2004년 제16대 국회의원(서울 동작구甲, 한나라당) 2001년 한나라당 국가혁신위원회 정치발전분과 위원장 2001~2005년 중앙대총동창회 회장 2002년 (사)민주화추진협의회 수석부이사장 2002년 한나라당 서울시지부장 2002~2003년 同대표최고위원 2002년 同6.13지방선거대책위원장 2002년 同제16대 대통령선거대책위원장 2007년 同제17대 대통령중앙선거대책위원회 상임고문 2008~2010년 친박연대 공동대표 2008~2009년 제18대 국회의원(비례대표, 친박연대) 2010년 미래희망연대 대표 2013년 새누리당 상임고문 2013년 同화성시甲당원협의회 운영위원장(현) 2013년 제19대 국회의원(화성시甲 보궐선거 당선, 새누리당) 2014년 추계최은희문화사업회 회장(현) 2014년 국회 안전행정위원회 위원 2014~2016년 새누리당 최고위원 2014년 한·일의원연맹 회장(현) 2016년 새누리당 제20대 총선 중앙선거대책위원회 공동위원장 2016년 제20대 국회의원(화성시甲, 새누리당)(현) 2016년 새누리당 전국위원회 의장 직무대행 2016년 국회 정보위원회 위원(현) 2016년 국회 외교통일위원회 위원(현) [상]청조근정훈장, 2015 자랑스런 중앙인상(2015) [저]'아직도 먼길을 가야할 약속이 있다'(1992) '5·18특파원리포트(共)'(1997) '카리스마의 시대는 끝났다'(1998) '새천년, 우리정치의 과제는 자기 혁신이다'(2000) '퀴바디스 코리아 : 정치혁신 대안은 없는가?'(2002) 자서전 '우정은 변치 않을 때 아름답다'(2013) [종]기독교

서청원(徐淸源) SEO Cheong Won

[생]1964·6·23 [출]강원 춘천 [주]강원 춘천시 후석로462번길22 강원도민일보 경영기획본부 총무국(033-260-9100) [학]강원대 회계학과졸 [경]1997년 강원도민일보 경리부 차장 1998년 同경리부장 직대 1999년 同경리부장 2002년 同부국장대우 2003년 同총무국 부국장 겸 경리부장 2006년 同총무국장 2006년 同문화사업국장 겸임 2011년 同경영기획본부 총무국장(이사대우) 2012년 同경영본부 총무국장(이사)(현) 2016년 한국신문협회 기조협의회 부회장(현)

서충일(徐忠日) DANIEL SEO

[생]1955·3·3 [본]달성(達城) [출]부산 [주]서울 중구 후암로98 (주)STX 임원실(02-316-9657) [학]1973년 부산고졸 1977년 서울대 무역학과졸 2005년 인하대 물류전문대학원 물류최고경영자과정(GLMP) 수료 2008년 고려대 언론대학원 최고위과정 수료 2011년 서울대 경영대학 최고경영자과정(AMP) 수료 [경]1981년 범양상선(주) 입사 1985년 同기획실 기획과장 1991년 同전용선부 연료탄팀장 1994년 同CANADA VANCOUVER 사무소장 1997년 同자동차선 영업부 부서장 1998년 同컨테이너선 영업부 부서장 1999년 同정기선3부 부서장 2001년 同정기선1부 부서장(이사) 2002년 同컨테이너선 영업부 부서장(이사) 2005년 STX팬오션(주) 자동차선 영업본부장(상무) 2007년 同PMO본부장 겸 미래경영TFT장(전무) 2008년 (주)STX 대외협력본부장(전무) 2010년 同지주부문 전략경영본부장(부사장) 2010~2013년 STX팬오션(주) 경영지원부문장(부사장) 2013년 (주)STX 기획조정부문 사장 2013년 同고문 2014년 同대표이사 사장(현) [종]기독교

서치호(徐致熇) SEO Chi Ho

[생]1953·8·7 [출]부산 [주]서울 광진구 능동로120 건국대학교 건축학부(02-450-3454) [학]1972년 중앙고졸 1976년 한양대 건축공학과졸 1978년 同대학원졸 1986년 공학박사(한양대) [경]1979~1981년 청주대 이공대학 건축공학과 교수 1981~1991년 건국대 건축대학 건축공학과 전임강사·조교수·부교수 1989~1991년 건설교통부 중앙건축위원 1990년 국방부 특별건설기술심의위원 1991년 건국대 건축학부 건축공학전공 교수(현) 1997년 대한주택공사 자문위원 1998~2002년 서울시 건설기술심의위원 2001~2002년 건국대 건축전문대학원장·건축대학장 2004~2006년 한국건설순환자원학회 회장 2004년 국토해양부 중앙건설기술심의위원회 위원 2008~2010년 대한건축학회 총무담당 부회장 2011년 현대건설 사외이사(현) 2012~2014년 대한건축학회 회장 2012년 한국건축단체연합 대표 회장 2015년 미국 세계인명사전 'Marquis Who's Who in the World 2016년판'에 등재 [상]대통령표창(2010)

서태건(徐太健) SEO Tae Geon

생1958·11·14 본이천(利川) 출서울 주부산 해운대구 센텀동로41 센텀벤처타운1층 부산정보산업진흥원(051-749-9401) 학1977년 대일고졸 1984년 서강대 경영학과졸 1988년 미국 뉴욕주립대 대학원 경영학과졸(MBA) 경1984~1985년 반도상사(LG그룹) 근무 1988~1991년 삼성전자(주) 경영기획실 사업기획부 근무 1992~1995년 同광소프트사업팀 음악·영화·멀티미디어과장 1995~1998년 삼성영상사업단 전략기획팀장 1998~2001년 삼성전자(주) 미디어콘텐츠센터 게임·콘텐츠그룹장 2002~2003년 (주)에스오티 전무이사 2004년 (주)비트원 DVD콘텐츠제작영업담당 전무이사 2005~2009년 한국게임산업진흥원 산업문화본부장 2009년 한국콘텐츠진흥원 게임산업본부장 2009년 同글로벌게임허브센터장 2010년 (재)부산정보산업진흥원 원장(현) 2013년 문화체육관광부 게임물관리위원회 위원(현) 2014~2015년 (재)부산문화재단 이사 2015년 한국콘텐츠진흥원 비상임이사(현) 2016년 한국VR산업협회 명예회장(현) 종기독교

서태범(徐泰範) SEO, TAE-BEOM

생1960·1·5 본이천(利川) 출인천 주인천 남구 인하로100 인하대학교 공과대학 기계공학과(032-860-7327) 학1978년 인천 동산고졸 1982년 인하대 기계공학과졸 1985년 한국과학기술원 기계공학과졸(석사) 1994년 공학박사(미국 Rensselaer Polytechnic Inst.) 경1985~1989년 한국기계연구원 연구원 1994년 삼성코닝(주) 선임연구원 1997~2004년 인하대 공대 기계공학부 조교수·부교수 2004년 同교수(현) 2012년 한국태양에너지학회 회장 2013년 국제태양에너지학회 'Solar World Congress 2015' 공동조직위원장 2014~2015년 인천테크노파크 원장 상한국태양에너지학회 학술상(2007·2008) 재'에너지변환' 역'열전달'(2007, 텍스트북스) 'Fundamentals of Engineering Thermodynamics'(2008, Wiley & Sons, Korea Branch)

서태설(徐泰雪) SEO Tae Sul

생1961·8·14 본이천(利川) 출인천 주서울 동대문구 회기로66 한국과학기술정보연구원 정보서비스실(02-3299-6290) 학1984년 연세대 기계공학과졸 1986년 한국과학기술원 대학원 생산공학과졸 2004년 공학박사(한국과학기술원) 경1986~1990년 산업연구원 연구원 1991~2000년 산업기술정보원 선임연구원 2001년 한국표준협회 전문위원(현) 2001년 한국과학기술정보연구원 책임연구원 2005년 同지식정보센터 지식기반팀 책임연구원 2006년 영국 Cardiff Univ. 방문연구원 2008년 World Wide Science Alliance 임원 2009년 한국과학기술정보연구원 정보유통본부 정보서비스실 책임연구원 2012년 同정보서비스센터 국내정보팀장 2013년 同정보서비스센터 국내정보실 책임연구원 2015년 同과학기술정보센터 정보서비스실 책임연구원(현) 상한국표준협회 표준화우수논문상(2003), 정보통신부장관표창(2003), 방송통신위원장표창(2013), 산업통상자원부장관표창(2015) 재'21세기 인터넷 시대의 표준과 기술'(2001) '인터넷 시대의 데이터기술 표준화 동향'(2002) 'ISO 9000과 정보유통시스템의 품질표준화'(2002) '문헌정보 메타데이터 관리 표준화'(2002) '지식 콘텐츠의 표준과 기술동향'(2003) '학술지 국제출판 가이드'(2013) '학술정보 시각화 서비스 전략'(2014) '정보검색을 위한 분류, 시소러스, 온톨로지'(2015) 종기독교

서태식(徐泰植) SUH Tae Sik

생1938·11·22 출대구 주서울 용산구 한강대로92 LS용산타워 삼일회계법인(02-709-0548) 학1957년 경북고졸 1963년 서울대 경제학과졸 1987년 경영학박사(경기대) 경1962년 계리사시험 본시 합격(8회) 1965년 공인회계사 개업 1971~2003년 삼일회계법인 설립·대표이사 회장 1978년 서강대 강사 1979~1989년 공인회계사 시험위원 1980~1987년 한국공인회계사회 회계감사·연구위원장·심리위원 1981~1988년 서울대 강사 1988년 아·태지역회계사연맹(CAPA) 부의장 1989년 同의장 1989~1998년 COOPERS & LYBRAND(INTERNATIONAL) 이사 1989~1995년 새마을운동중앙협의회 감사 2003년 삼일회계법인 명예회장(현) 2004~2008년 한국공인회계사회 회장 2009년 삼일미래재단 이사장(현) 상회계발전공로상

서태열(徐泰烈) Seo, Tae-Yeol

생1961·3·15 출경북 주대전 유성구 가정로201 한국연구재단 인문사회연구본부(042-869-6077) 학1984년 서울대졸 1987년 同대학원졸 1993년 교육학박사(서울대) 경1984~1988년 경기상고 교사 1988~1993년 서울대·이화여대·강원대·상명대·숭실대·서울교대 강사 1991년 미국 Macalester College 객원연구원 1993년 미국 Colorado대 박사후 연구원 1994~2014년 고려대 사범대학 지리교육과 교수 2001년 미국 텍사스대 객원교수 2003년 고려대 사범대학 교학부장 2007~2009년 한국지리환경교육학회 회장 2008~2011년 고려대 입학처장 2008년 한국신문협회 산하 NIE한국위원장 2010~2012년 한국사회과교육연구학회 회장 2014년 한국연구재단 인문사회연구본부장(현) 재'도시와 국토'(1995) '한국의 도시'(1999) '지리교육학의 이해'(2005) 역'초등지리교육론(共)'(2001)

서태원(徐泰源) Seo Tae Won

생1959·11·13 출경북 군위 주대전 유성구 테크노10로7 한국조폐공사 ID본부(042-939-3700) 학1977년 예산고졸 1979년 대전공업전문대학 기계공학과졸 1988년 대전산업대 전자계산학과졸 1998년 대전대 산업정보대학원 컴퓨터통신학과졸 경1979년 한국조폐공사 입사 2006년 同서울사업본부 시스템사업팀장 2007년 同마케팅본부 시스템마케팅부장 2007년 同 ID본부 여권제조부장 2008년 同ID본부 여권발급부장 2009년 同품질시스템 PL(파트너리더) 2010년 同차기주민증사업단장 2010년 同시설현대화실장 2011년 同ID본부 생산처장 2013년 同화폐본부 검사실장 2013년 同ID사업단장 2014년 同기술연구원장 2015년 同ID본부장(현)

서태종(徐太鍾) Seo, Tae Jong

생1964·8·20 출전남 무안 주서울 영등포구 여의대로38 금융감독원 수석부원장실(02-3145-5320) 학1981년 광주 대동고졸 1985년 전남대 경제학과졸 1987년 서울대 행정대학원 행정학과졸 경1985년 행정고시 합격(29회) 1986년 총무처 수습행정관 1987년 재무부 관세국 사무관 1993년 同이재국 사무관 2000년 공정거래위원회 서기관 2001년 금융감독위원회 제2금융권팀장 2002년 同감독정책2국 비은행과장 2003년 세계은행 파견 2005년 금융감독위원회 기획행정실 기획과장 2006년 同감독정책2국 조사기획과장 2007년 同감독정책1국 은행감독과장 2007년 同혁신행정과장(부이사관) 2007년 同감독정책1국 감독정책과장 2008년 대통령 경제수석비서관실 금융비서관실 행정관 2009년 대통령 경제수석비서관실 경제비서관실 선임행정관(고위공무원) 2009년 駐OECD대표부 참사관 2010년 금융위원회 서민금융정책관 2012년 同기획조정관 2013년 同자본시장국장 2014년 새누리당 수석전문위원 2014년 금융위원회 증권선물위원회 상임위원 2014년 금융감독원 수석부원장(현)

서태창(徐泰昌) SEO Tai Chang

생1957·2·19 출대구 주서울 용산구 한강대로92 LS용산타워 삼일회계법인(02-709-8131) 학1975년 양정고졸 1979년 연세대 사회학과졸 경1979년 현대건설 입사 1986년 현대해상화재보험(주) 과장 1993~1995년 同부장 1998년 同장기보험담당 이사 1999년 同재경담당 상무 2002년 同재경담당 전무 2005년 同기업보험총괄 전무 2005년 同기업보험총괄 부사장 2007년 同대표이사 부사장 2008~2013년 同대표이사 사장 2013~2015년 同5개 자회사 이사회 의장 2016년 삼일회계법인 상임고문(현)

서태환(徐泰煥) SEO Tae Hwan

생1964·12·2 본이천(利川) 출전북 정읍 주서울 서초구 서초중앙로157 서울고등법원 제11형사부(02-530-2499) 학1983년 재현고졸 1987년 고려대 법학과졸 1999년 同대학원 법학과졸(석사) 경1987년 사법시험 합격(29회) 1990년 사법연수원 수료(19기) 1990년 軍법무관 1993년 서울지법 북부지원 판사 1995년 서울지법 판사 1997년 청주지법 제천지원 판사 1999년 수원지법 판사 2001년 서울행정법원 판사 2003년 대법원 재판연구관 2005년 광주지법 부장판사 2006년 사법연수원 교수 2009년 서울행정법원 행정11부·행정3부 부장판사 2012년 서울북부지법 부장판사 2013년 同수석부장판사 2013년 同법교육참여위원회 위원 2014년 광주고법 부장판사 2015년 서울고법 부장판사(현) 종기독교

서판길(徐判吉) SUH Pann Ghill

생1952·3·9 출경북 영덕 주울산 울주군 언양읍 유니스트길50 울산과학기술원(UNIST) 생명과학부(052-217-2621) 학1980년 서울대 수의학과졸 1983년 同대학원 생화학과졸 1988년 생화학박사(서울대) 경1981년 서울대 의대 조교 1986년 미국 국립보건원 연구원 1989~1998년 포항공대 생명과학과 조교수·부교수 1995년 미국 듀크대 교환교수 1997년 포항공대 환경공학부 겸직교수 1997년 서울대 의대 외래교수 1999~2010년 포항공대 생명

과학과 교수 2006년 同연구처장 2006~2009년 교육과학기술부 지정 산학협력정책연구소장 2007년 포항공대 산학협력단장 2007년 교육인적자원부 및 한국학술진흥재단 '국가석학(우수학자)' 선정 2010~2015년 울산과학기술대 나노생명화학공학부 교수 · 생명과학부 교수 2010~2011년 同기획연구처장 2010년 同산학협력단장 2010년 국가과학기술위원회 기초과학협의회 위원장 2012~2014년 울산과학기술대 연구부총장 2013년 기초과학연구원 비상임이사(현) 2015년 울산과학기술원(UNIST) 생명과학부 교수(현) ㉲문교부장관표창, 대한민국특허기술대전 은상(2001), 과학기술부 및 한국과학재단 선정 '이달의 과학기술자상'(2007), 교육인적자원부 · 한국학술진흥재단 선정 '2007년 우수학자'(2007), 국무총리표창(2007), 근정포장(2011), 아산사회복지재단 아산의학상 기초의학부문(2014)

서필언(徐弼彦) SEO Pil Eon

㉲1955 · 12 · 4 ㉥경남 통영 ㉦경남 통영시 천대국치길38 경상대학교 해양과학대학(055-772-9189) ㉲1974년 동아고졸 1981년 고려대 통계학과졸 1996년 미국 시라큐스대 대학원 행정학과졸 2002년 행정학박사(경희대) ㉢1980년 행정고시 합격(24회) 1981년 총무처 행정사무관 1983~1993년 同조직기획과 · 조직2과 사무관 1996년 국가상징기획단 부단장 1998년 행정자치부 공보담당관 1998년 同조직관리과장 2000년 同조직정책과장 2002년 영국정부(Cabinet Office 내각사무처) 파견 2005년 행정자치부 혁신기획관 2006년 同정부혁신본부 조직혁신단장 2007년 同전자정부본부장 2008~2009년 울산시 행정부시장 2009년 행정안전부 조직실장(고위공무원) 2010년 同인사실장 2011년 同기획조정실장 2011~2013년 同제1차관 2013~2014년 서울대 행정대학원 초빙교수 2015년 경상대 해양과학대학 석좌객원교수(현) ㉲대통령표창(1991), 녹조근정훈장(2000), 황조근정훈장(2014) ㉢'新정부혁신론'(1997) '영국행정개혁론'(2005) ㉲원불교

서학수(徐學秀) SUH Hak Soo

㉲1963 · 6 · 9 ㉥달성(達城) ㉥부산 ㉦서울 마포구 월드컵북로400 문화콘텐츠센터 대성창업투자(주) 임원실(02-3153-2961) ㉲부산상고졸, 서울대 경영학과졸 ㉢산은캐피탈 투자조합팀장, 마일스톤벤처투자(주) 대표이사 2004~2010년 (주)바이넥스트창업투자 상무 · 전무 · 대표이사 2010년 대성창업투자(주) 대표이사(현) 2016년 한국지식재산전략원 비상임이사(현) ㉲기독교

서한샘(徐한샘) SUH Han Saem

㉲1944 · 1 · 9 ㉥이천(利川) ㉥인천 ㉦경기 포천시 가산면 부흥로641의27 한샘아카데미 포천본원(031-543-0202) ㉲1962년 동산고졸 1969년 서울대 사범대학 국어교육과졸 1991년 문학박사(경기대) 1998년 인하대 경영대학원 고급경영자과정 수료 ㉢1969~1973년 인천 동산고 교사 1973~1978년 홍익대부속여고 교사 1978~1989년 대성학원 · 한샘학원 강사 1980년 한샘출판(주) 회장 1984년 한샘학원 이사장 1984년 (주)한샘문화 회장 1985년 부산 한샘학원 이사장 1987년 포천한샘아카데미 이사장 1987년 월간 '우리시대' 발행인 1988~1992년 한국중고배구연맹 회장 1989년 월간 '대학으로 가는길' 발행인 1989년 한샘인쇄공사 회장 1991년 한국잡지연구소 소장 1991~1995년 서울시교육위원 1992년 한샘학술장학재단 이사장 1993년 한국예술교육연맹 · 한국청소년예술연맹 창단 1993년 다솜방송 회장 1995년 인천시씨름협회 회장 1995년 인천시교육발전연구소 이사장 1996년 제15대 국회의원(인천 연수, 신한국 · 한나라 · 국민회의 · 새천년민주당) 1996년 신한국당 교육평가위원장 1997년 同대표특보 1998년 한나라당 교육평가위원장 1998년 국민회의 원내부총무 1999년 同교육위원장 2000년 새천년민주당 총재특보 2000년 同인천연수지구당 위원장 2000년 한샘닷컴(주) 회장 2001년 경원대 겸임교수 2010년 한샘아카데미 포천본원 고문이사 2014년 광릉한샘기숙학원 고문이사(현) 2015년 대한민국헌정회 이사(현) ㉢'젊은이여 네 꿈을 펼쳐라' '한샘국어' ㉲기독교

서한순(徐漢淳)

㉲1962 ㉦세종특별자치시 절재로180 인사혁신처 인사조직과(044-201-8010) ㉲호남대 법학과졸 ㉢9급 공채, 행정자치부 소청심사위원회 행정과 근무 2012년 행정안전부 인력기획과 서기관 2013년 안전행정부 인력개발관실 인력기획과 서기관, 인사혁신처 성과복지국 T/F팀장 2015년 同공무원노사협력실 노사협력담당관 2016년 同인사조직과장(현) ㉲근정포장(2015)

서행정(徐幸正) SUH Haing Jung

㉲1945 · 4 · 10 ㉥이천(利川) ㉥함남 고원 ㉦서울 동대문구 이문로107 한국외국어대학교 동양어대학 인도어과(02-2173-3199) ㉲1964년 광주고졸 1976년 한국외국어대 인도어과졸 1981년 동국대 대학원 인도철학과졸 1991년 철학박사(동국대) ㉢1979~1997년 한국외국어대 강사 · 전임강사 · 조교수 · 부교수 1991년 경찰청 국가대테러협상 통역위원(현) 1994~1996년 인도 네루대 한국어교환교수 1997~2010년 한국외국어대 동양어대학 인도어과 교수 2002~2005년 한국인도학회 부회장 2003~2005년 한국인도철학회 부회장 2007~2009년 국제인도아세안학회 회장 2008년 한국외국어대 세계민속박물관장 2009~2010년 한국인도학회 회장 2009년 한국인도철학회 회장 2010년 한국외국어대 동양어대학 인도어과 명예교수(현) ㉲Silver Jubilee(In Recognition Korean Studies in J.N.U.)(1996) ㉢'한국인을 위한 힌디 발음 교육'(1981, Prakashan Sansthan Delhi-110032) '학습을 위한 힌디발음연습'(1986, 명지출판사) '힌디-한국어 사전'(1995, 한국외국어대 출판부) '힌디발음입문'(2000, 한국외국어대 출판부) '동남아의 인도문화와 인도인사회'(2001, 한국외국어대 동남아연구소) '인도의 사상가(共)'(2007, 한국외국어대 출판부) '한글만 알면 찡먹고 알먹는 힌디어 첫걸음'(2009, 문예림) '인도철학이야기'(2010, 한국외국어대 출판부) '인도사상의 사색'(2010, 한국외국어대 출판부) ㉥'비폭력 저항'(1984, 김영사) '아시아 이야기 보따리(共)'(2007, 정익출판사) ㉲가톨릭

서헌제(徐憲濟) SUH Hun Je

㉲1950 · 1 · 4 ㉥달성(達城) ㉥대구 ㉦서울 동작구 흑석로84 중앙대학교 법학전문대학원(02-820-5423) ㉲1968년 경기고졸 1973년 서울대 법과대학 법학과졸 1981년 同대학원 법학과졸 1986년 법학박사(서울대) ㉢1982~1990년 부산대 법과대학 교수 1986년 미국 워싱턴대 교환교수 1990~2009년 중앙대 법과대학 교수 1996~2001년 민주평통 자문위원 1997~1999년 법과이론학회 회장 1998년 중앙대 법과대학장 겸 행정대학원장 1998~2002년 외교통상부 자문위원 2001년 경제정의실천시민연합 바른기업시민운동본부장 2009~2014년 중앙대 법학전문대학원 교수 2010~2012년 同인문사회계열 부총장 2015년 同법학전문대학원 명예교수(현) ㉲공정거래위원회 국민포장(2001) ㉢'통상문제와 법'(1994) '국제경제법'(1996) '국제거래법'(1996) '공정거래법심결예'(1996) '대외통상환경의 변화와 법제개편'(1997) '어음, 수표법'(1998) '사례중심체계 회사법'(2000, 법문사) '상법의 이해'(2001, 율곡출판사) '공정거래 심결사례국제비교'(2003년, 법문사) '상법의 이해'(2004, 율곡출판사) '국제거래법'(2006, 법문사) '캐나다 영국의 문화정책 및 법제에 관한 연구'(2006, 한국법제연구원) '베트남 토지법제에 관한 연구-외국인투자를 중심으로'(2007, 아시아법연구소) ㉲기독교

서현상(徐鉉相) Seo Hyun Sang

㉲1956 · 12 · 15 ㉥이천(利川) ㉥전남 나주 ㉦경기 과천시 교육원로17 과천중앙고등학교(02-3677-1807) ㉲전남대 국사교육과졸 1996년 홍익대 대학원 역사교육과졸 2010년 한약자원학박사(중부대) ㉢1980년 광주종합고 교사 1982년 남해종합고 교사 1987년 동부여중 교사 1989년 안양고 교사 1996년 광명여고 교사 1999년 고양교육청 학무과 장학사 2000년 경기도교육청 교육정책과 교육연구사 2004년 광명북고 교감 2007년 서해고 교장 2009년 경기도교육청 공보담당관 2010년 同대변인실 장학관 2011년 경기도교육연구원 교육정책연구부 교육연구원 2012년 용인교육지원청 교육장 2014년 경기도교육청 제2부교육감 2015년 과천중앙고 교장(현) ㉲교육부장관표창(2004)

서현석(徐現碩) SEO Hyun Seok

㉲1972 · 9 · 10 ㉥강원 삼척 ㉦제주특별자치도 제주시 남광북5길3 제주지방법원(064-729-2000) ㉲1991년 도계고졸 1998년 서울대 국사학과졸 ㉢1998년 사법시험 합격(40회) 2001년 사법연수원 수료(30기) 2001년 창원지법 판사 2004년 의정부지법 판사 2007년 서울중앙지법 판사 2009년 서울남부지법 판사 2011년 서울중앙지법 판사 2014년 서울고법 판사 2016년 제주지법 부장판사(현)

서현주(徐現周) Hyun Ju SEO

㉲1960 · 7 · 5 ㉥부산 ㉦서울 중구 세종대로9길20 대경빌딩 신한은행 영업추진그룹(02-2151-2265) ㉲1979년 부산상고졸 2003년 성균관대 경영전문대학원졸(MBA) 2012년 고려대 최고경영자과정 수료 ㉢1987년 신한은행 입행 1989년 同마산지점 대리 1991년 同부전동지점 대리 1993년 同부산지점 대리 1994년 同영남본부 대리 겸 심사역 1996년 同사상지점 대리 1997년 同부산중앙지

점 차장 1998년 同마산지점장 2000년 同마포지점장 2004년 同흑석동지점장 2004년 同고객만족센터실장 2007년 同개인고객부장 2009년 同무교금융센터장 2011년 同시너지지원본부장 2012년 同IPS본부장 2013년 同마케팅지원그룹 부행장보 2015년 同영업추진그룹 부행장 2016년 同개인그룹 부행장(현)

서형근(徐亨根) Seo Hyung Keun

⊛1960·1·10 ㈜서울 중구 을지로79 IBK기업은행 임원실(02-729-6114) ㈎1978년 덕수상고졸 ㈐1978년 기업은행 입행 2005년 同돈암동지점장 2007년 IBK기업은행 업무지원센터장 2008년 同총무부장 2010년 同성수동지점장 2013년 同경동지역본부장 2015년 同카드사업본부장 겸 신탁연금본부장(집행간부·부행장) 2016년 同IB그룹장(부행장)(현)

서형달(徐亨達) Seo Hyung Dal (錦湖)

⊛1947·2·20 ㉯달성(達城) ㉱충남 장항 ㈜충남 예산군 삽교읍 도청대로600 충청남도의회(041-635-5327) ㈎1965년 군산고졸 1972년 경희대 정치외교학과졸 1975년 同교육대학원 사회학과졸 2012년 경제통상학박사(군산대) ㈐1975~1978년 중·고등학교 교사 1984~1985년 충남장항라이온스클럽 회장 1987~1988년 국제라이온스협회 대전·충남지구 부총재 1988~1991년 고려대 정책대학원 최고위과정 이사·운영위원 1988~1995년 학교법인 장항고재단 이사·감사 1992~1998년 정의여자중·고육성회 회장 1992~2000년 민족통일촉진회 중앙운영위원 1995~2001년 서천군골프협회 회장·충남도골프협회 이사 2001년 민주평통 자문위원(현) 2004년 장항재향군인회 이사(현) 2005~2009년 (사)남북나눔공동체 발기인·서천군지부장 2005~2006년 해병대장항읍전우회 회장 2005년 장항은평교회 집사(현) 2006~2007년 서천고 학교운영위원회 위원장 2006~2007년 서천군 학교운영위원장협의회 회장 2006년 장항중총동창회 회장(현) 2007~2009년 민주평통 서천군협의회장·상임위원 2009~2010년 국제라이온스협회 서천군자문회의 의장 2009~2015년 새마을지도자 장항읍 회장 2010년 충남도의회 의원(민주당·민주통합당·민주당) 2010~2012년 同건설소방위원회 위원장 2010~2015년 통일부 교육위원 2012~2014년 충남도의회 교육위원회 위원 2012~2013년 同민주당 원내대표 2013~2014년 同통일교육연구회 대표 2013년 장항초총동창회 회장(현) 2014년 충남도의회 의원(새누리당)(현) 2014·2016년 同교육위원회 위원(현) 2015년 同내포문화권발전지원특별위원회 위원 2015년 同3농혁신등정책특별위원회 위원 2015년 同예산결산특별위원회 위원 2016년 同예산결산특별위원회 위원장(현), 서천군 발전협의회 고문(현), 새누리당 여의도연구팀 정책위원(현) ㉠경희대 교육대학원장표창(1975), 국제라이온스협회장 감사상(4회), 충남지방경찰청장표창(1993), 국제라이온스협회 대전충남지구 금장(봉사상)(2001·2007), 충남도교육감표창(2006), 국민훈장 석류장(2007), 새마을중앙회장표창(2013), 풀뿌리자치언론대상 광역의원부문 대상(2014) ㉰'근대화과정에서의 한말교육의 전개과정'(풀잎) ㉱'최고의 한순간 찾아진 꿈들'(1990, 풀잎) ㉲기독교

서형수(徐炯洙) SEO Hyung Soo

⊛1957·4·5 ㉱경남 양산 ㈜서울 영등포구 의사당대로1 국회 의원회관932호(02-784-1524) ㈎1976년 동래고졸 1983년 서울대 법과대학 법학과졸 ㈐1983년 롯데그룹 입사·근무 1987년 한겨레신문 창간사무국 근무·기획부장 1991년 언론문화연구소 사무국장 1994년 나산백화점 이사 1995년 한겨레신문 운영기획실장 1997년 同사업국장 1998년 同판매국장 겸 C&P실장 1999년 한겨레리빙 감사 1999년 한겨레신문 사업국장 1999년 同뉴미디어국장 겸임 1999년 인터넷한겨레 부사장 겸임 2000년 同이사 2003년 同대표이사 사장 2004년 한겨레신문 경영총괄 전무이사 2006년 同고문역 2007~2008년 同대표이사 사장 2008년 同상임고문 2008년 희망제작소 소기업발전소장 2009~2010년 경남도민일보 대표이사 사장 2011년 풀뿌리사회적기업가학교 교장 2014년 흙살림 경영고문 2016년 더불어민주당 경남양산시乙지역위원회 위원장(현) 2016년 제20대 국회의원(경남 양산시乙, 더불어민주당)(현) 2016년 국회 환경노동위원회 위원(현) 2016년 국회 예산결산특별위원회 위원(현) 2016년 국회 미래일자리특별위원회 위원(현)

서형열(徐亨烈) SUH Hyung Ryur

⊛1956·3·1 ㉯이천(利川) ㉱광주 ㈜경기 수원시 팔달구 효원로1 경기도의회(031-8008-7000) ㈎1995년 한국방송통신대 행정학과졸 ㈐민주당 구리시지역위원회 상무위원, 독도문제연구소 부소장 2010년 경기도의회 의원(민주당·민주통합당·민주당·새정치민주연합) 2010~2012년 同건설교통위원회 간사 2012년 민주통합당 경기도당 대외협력위원장 2012년 경기도의회 건

설교통위원회 위원 2012년 경기도민교통안전교육위원회 자문위원장 2014년 경기도의회 의원(새정치민주연합·더불어민주당)(현) 2014년 同안전행정위원회 간사 2014년 同윤리특별위원회 위원 2015년 同예산결산특별위원회 위원 2016년 同건설교통위원회 위원(현) 2016년 同간행물편찬위원회 위원장(현) ㉠의정행정대상 광역지방의원부문(2010) ㉲기독교

서형원(徐炯源) Suh Hyung-won

⊛1956·2·4 ㈎1978년 서울대 철학과졸 1984년 同행정대학원 수료 1988년 일본 게이오대 연수 ㈐1984년 외무고시 합격(18회) 1984년 외무부 입부 1989년 駐일본 2등서기관 1992년 駐리비아 2등서기관 1996년 외무부 인사제도계장 1997년 同인사운영계장 1998년 미국 조지타운대 방문연구원 1999년 駐일본 1등서기관 2001년 대통령비서실 파견 2003년 국가안전보장회의 사무처 행정관 2004년 외교통상부 동북아1과장 2004년 駐호주 참사관 2007년 駐일본 공사참사관 2008년 외교안보연구원 파견(글로벌리더십과정) 2010년 G20정상회의준비위원회 행사기획국장 2011년 駐일본 공사 2013~2016년 駐크로아티아 대사 2016년 외교부 본부 근무 ㉠근정포장(2009)

서형주(徐亨周)

⊛1972·1·22 ㉱전남 광양 ㈜부산 연제구 법원로31 부산지방법원(051-590-1114) ㈎1990년 순천고졸 1998년 연세대 행정학과졸 ㈐1997년 사법시험 합격(39회) 2000년 사법연수원 수료(29기) 2000년 청주지법 판사 2004년 수원지법 판사 2007년 서울중앙지법 판사 2009년 서울남부지법 판사 2011년 서울가정법원 판사 2013년 서울남부지법 판사 2015년 부산지법 부장판사(현)

서혜란(徐惠蘭·女) Suh, Hye-ran

⊛1955·7·13 ㉯달성(達城) ㉱부산 ㈜부산 사상구 백양대로700번길140 신라대학교 문헌정보학과(051-999-5290) ㈎1978년 연세대 도서관학과졸 1980년 同대학원졸 1985년 문헌정보학박사(연세대) ㈐1985년 신라대 문헌정보학과 전임강사·조교수·부교수·교수(현) 2001~2003년 한국정보관리학회 편집위원 2001~2003년 신라대 여성문제연구소장 2003~2005년 한국비블리아학회 편집위원장 2003~2005년 한국기록관리학회 편집위원장 2004년 대통령소속 정보공개위원회 위원 2005년 한국문헌정보학회 부회장 2005년 재정경제부 혁신자문평가위원 2005~2006년 2006서울세계도서관정보대회(WLIC) 조직위원 2005~2007년 신라대 교원인사위원회 위원 2006년 행정자치부 국가기록원 기록물관리표준화자문위원 2007~2008년 한국비블리아학회 회장 2007년 산업표준심의회 문헌정보기록관리전문위원(현) 2007~2013년 국무총리소속 국가기록관리위원회 위원 겸 표준전문위원회 간사위원 2009년 한국기록학회 연구이사(현) 2009~2010년 한국기록관리학회 편집위원장 2009~2010년 한국비블리아학회 기획이사 2009년 신라대 종합정보센터 소장 2010~2012년 행정안전부 제3기 정책자문위원회 조직분과위원 2011년 국가기록원 기록물관리전문요원시험 자문위원(현) 2011~2012년 한국기록관리학회 부회장 2012~2014년 울산시 정책자문위원 2013~2014년 한국기록관리학회 회장 2013년 신라대 도서관장(현) 2014년 국립중앙도서관 장서개발위원회 위원(현) 2014년 국회도서관 분관 부산유치범시민위원회 위원(현) 2015년 한국기록관리학회 편집위원장(현) 2015년 한국문헌정보학교수협의회 회장(현) 2015년 한국도서관협회 부회장(현) ㉠문화관광부장관표창(2007), 대통령표창(2010) ㉰'최신 문헌정보학의 이해'(2006, 한국도서관협회) '기록관리론 : 증거와 기억의 과학'(2008, 아세아문화사) '최신 문헌정보학의 이해'(2008, 한국도서관협회) '도서관편람'(2009, 한국도서관협회) '주제별정보원'(2015, 신라대 출판부) 외 다수 ㉲'색인 및 초록작성법' '색인지침'

서혜석(徐惠錫·女) SUH Hae Suk

⊛1953·11·14 ㉱서울 ㈜서울 강남구 테헤란로87길36 도심공항타워빌딩16층 법무법인 로고스(02-2188-1033) ㈎1972년 정신여고졸 1976년 이화여대 영어영문학과졸 1981년 서울대 인문대학원 영문학과졸 1987년 미국 산타클라라대 로스쿨졸 ㈐1981년 인하대·서울대 강사 1988년 미국 Baker & McKenzie 법무법인 변호사 1988년 미국 캘리포니아주변호사협회 회원(현) 1990~2001년 법무법인 광장 국제변호사 1994년 대한상사중재원 중재인(현) 2001~2005년 법무법인 우현 국제변호사 2001년 코스닥등록법인협의회 자문위원 2002년 우리금융지주 사외이사 2004년 열린우리당 민생·경제특별본부 부본부장 2005~2008년 제17대 국회의원(비례대표, 열린우리당·대통합민주신당·통합민주당) 2006년 ICC KOREA 국제중재위원회 부위원장(현) 2006년 열린우리당 여성경제인특별위원회 위원장 2007년 同

원내부대표 2007년 同공동대변인 2008년 법무법인 우현지산 고문변호사 2009년 대외무역분쟁조정위원회 위원(현) 2009년 법무법인 로고스 고문변호사(미국변호사)(현) 2014년 주식백지신탁심사위원회 위원(현) 2016년 더불어민주당 공직선거후보자추천관리위원회 위원

서홍관(徐洪官) SEO Hong Gwan

[생]1958·10·30 [출]전북 완주 [주]경기 고양시 일산동구 일산로323 국립암센터 부속병원 암예방검진센터(031-920-1707) [학]1977년 전주고졸 1983년 서울대 의대졸 1991년 同대학원 보건학과졸 1995년 의학박사(서울대) [경]1985년 창작과 비평 「16인 신작시집」에 '흙바닥에서' 외 6편으로 등단, 시인(현) 1990~2003년 인제대 의과대학 가정의학과 조교수·부교수·교수 1995년 미국 메사추세츠주립대 의과대학 연구원 2003년 국립암센터 부속병원 암예방검진센터 전문의(현) 2003년 同부속병원 지원진료센터 금연클리닉 책임의사(현) 2009년 同부속병원 가정의학클리닉 전문의(현) 2010년 한국금연운동협의회 회장(현) 2011년 국립암센터 부속병원 가정의학과 전문의(현) 2011~2013년 同국가암관리사업본부장 2012~2014년 同암정복추진기획단 암관리연구전문위원회 위원장 2014년 국제암대학원대 암관리정책학과 겸임교수(현) [상]대통령표창(2002), 대한의사협회 의사문학상(2011), 국민훈장 석류장(2015) [저]'한국인의 평생건강관리' 시집 '어여쁜 꽃씨 하나' '지금은 깊은 밤인가' '어머니 알통' 수필집 '이 세상에 의사로 태어나' 전기 '전염병을 물리친 빠스뙤르' '궁금해요 의사가 사는 세상' [역]'히포크라테스'(2004) '꼭 알아야 할 남편 건강지키기'(2009) '잘못알려진 건강상식'(2009)

서홍기(徐洪紀) SEO Hong Ki

[생]1965·8·12 [출]경기 평택 [주]대전 서구 둔산중로78번길15 대전고등검찰청(042-470-3000) [학]1984년 평택고졸 1992년 성균관대 법학과졸 [경]1992년 사법시험 합격(34회) 1995년 사법연수원 수료(24기) 1996년 변호사 개업 1998년 전주지검 검사 2000년 춘천지검 영월지청 검사 2002년 수원지검 검사 2004년 서울동부지검 검사 2007년 대전지검 부부장검사 2009년 춘천지검 부장검사 2009년 창원지검 형사2부장 2010년 부산지검 동부지청 형사2부장 2011년 수원지검 안산지청 부장검사 2012년 사법연수원 검찰교수실 교수 2014년 법무연수원 교수 2015년 창원지검 마산지청장 2016년 대전고검 검사(현)

서홍석(徐弘錫) Hongsuk Suh

[생]1955·1·11 [본]달성(達城) [출]서울 [주]부산 금정구 부산대학로63번길2 부산대학교 자연과학대학 화학과(051-510-2203) [학]1981년 서강대 화학과졸 1986년 이학박사(미국 텍사스대 오스틴교) [경]1986~1987년 미국 Univ. of Texas at Austin 화학과 Post-Doc. 1988~1989년 미국 Columbia Univ. 화학과 Post-Doc. 1989~1993년 미국 Novartis 의약화학 Senior Scientist 1993~2002년 부산대 자연과학대학 화학과 조교수·부교수 2000~2001년 同화학과장 2002년 同화학과 교수(현) 2008~2011년 同기능성물질화학연구소장 2011~2013년 同자연과학대학장 [상]대한화학회 우수포스터상(1999), 대한화학회 장세희유기화학 학술상(2009), 부산과학기술협의회 부산과학기술상(2010), 대한화학회 시그마알드리치화학자상(2010) [저]'유기안료의 가교결합을 통한 새로운 타입의 색재합성과 그응용기술개발'(1996) '새로운 콜린산 유도체에 의한 혈관형성억제제의 개발'(1996) '혈관관계 조절 작용물질의 탐색 및 합성 연구'(2000) [역]'최신 일반화학'(1999) [종]기독교

서홍석(徐洪錫) SEO Hong Seok

[생]1960·11·20 [출]충남 공주 [주]서울 강남구 학동로206 한국소프트웨어산업협회(02-2188-6910) [학]대전고졸, 단국대 행정학과졸, 서울대 대학원 행정학과졸 [경]행정고시 합격(28회) 1995년 정보통신부 정보통신정책실 정보망과 서기관 1996년 同통신개발연구원 서기관 1998년 서울송파우체국장 1998년 정보통신부 체신금융국 보험과장 1999년 同정보통신지원국 부가통신과장 2002년 同통신위원회 사무국장 2002년 同정보통신지원국 통신경쟁정책과장 2003년 同정보화기획실 초고속정보망과장 2004년 同정보화기획실 기획총괄과장(부이사관) 2005년 중앙전파관리소 감시1과장 2005년 미국 파견 2007년 정보통신부 우정사업본부 금융사업단 금융총괄팀장 2007년 同우정사업본부 예금사업단 금융총괄팀장 2008년 지식경제부 우정사업본부 금융총괄팀장 2009~2010년 同우정사업본부 예금사업단장 2011년 (주)KT CR부문 대외협력실장(전무) 2012~2014년 同대외협력실 부사장 2013~2015년 남북방송통신교류추진위원회 위원 2015년 한국소프트웨어산업협회 상근부회장(현)

서훈택(徐勳鐸) SEO Hun Taek

[생]1961·11·15 [출]경북 고령 [주]세종특별자치시 도움6로11 국토교통부 항공정책실(044-201-4200) [학]1980년 우신고졸 1988년 단국대 행정학과졸 1990년 서울대 행정대학원 정책학과 중퇴 [경]1989년 행정고시 합격(32회) 2002년 건설교통부 수송정책실 수송물류정책과 서기관 2003년 同수송정책실 철도정책과장 2004년 同철도정책국 철도정책과장 2006년 同종합교통팀장(부이사관) 2007년 同도시환경팀장 2008년 국토해양부 물류정책과장 2010년 同용산공원조성추진기획단장 2011년 국방대 교육파견(고위공무원) 2012년 지역발전위원회 파견(고위공무원) 2013년 국토교통부 항공정책관 2014년 同종합교통정책관 2015년 同항공정책실장(현)

서흥원(徐興源) SEO Heung Won

[생]1969·8·8 [본]달성(達城) [출]경기 남양주 [주]세종특별자치시 도움6로11 환경부 환경보건정책관실 환경보건정책과(044-201-6752) [학]1988년 덕소고졸 1992년 서울대 대기과학과졸 2016년 환경학박사(미국 델라웨어대) [경]1993년 기술고시 합격 1995년 전주지방환경청 근무 2004년 환경부 수질보전국 수질정책과 서기관 2005년 同환경감시담당관 2005년 미국 교육파견 2009년 영산강유역환경청 환경관리국장 2009년 환경부 자원순환국 폐자원관리과장 2010년 국무총리 안전환경정책관실 환경정책과장 2011년 환경부 환경정책실 기후변화협력과장 2014년 同물환경정책국 유역총량과장(서기관) 2015년 同물환경정책국 유역총량과장(부이사관) 2015년 同환경보건정책관실 환경보건정책과장(부이사관)(현)

서희덕(徐喜德) SEO Hee Deok

[생]1952·2·24 [본]달성(達城) [출]대전 [주]서울 영등포구 여의대방로65길23 포레스텔빌딩905호 (주)THE CnS(02-780-5561) [학]1972년 대전고졸 1981년 한양대 토목학과졸 [경]1981~1984년 대성음반 문예부장 1984년 (주)뮤직디자인 대표이사(현) 1991~1999년 (사)한국음악산업협회 이사 1993~1997년 (사)한국연예제작자협회 이사 1999년 한국저작권법 개정위원 1999년 문화관광부 음반산업진흥위원회 위원 1999년 일본대중문화개방시 음악부분 담당 1999년 일본·중국·대만 등에 대중문화 '한류' 전파 2000년 (재)한국음악산업진흥재단 이사장(현) 2001~2006년 (사)한국음원제작자협회 회장 2001년 문화관광부 문화산업단지지정 심의위원 2001년 同자체평가위원회 위원 2002~2003년 (재)아시아문화교류재단 초대이사장 2003년 인터넷 및 모바일 음악서비스 유료화사업 기틀마련 2006년 (주)세아BNK 회장 2007~2013년 (사)한국음원제작자협회 명예회장 2013년 (사)한국음반산업협회 명예회장 2013년 (주)THE CnS 회장(현) 2016년 (사)한국음반사업협회 회장(현) [작]정광태 '독도는 우리땅' 신형원 '개똥벌레' 등 국내가요음반 250여종 기획·제작 [종]기독교

서희석(徐希錫) SEO Hee Seok

[생]1952·11·8 [출]서울 [주]서울 도봉구 마들로749 서울북부지방법원조정센터(02-910-3505) [학]1971년 경기고졸 1975년 서울대 법대졸 1977년 同대학원 수료 [경]1976년 사법시험 합격(18회) 1978년 사법연수원 수료(8기) 1978년 軍법무관 1981년 춘천지법 판사 1984년 서울민사지법 판사 1986년 미국 버클리대 대학원 연수 1987년 수원지법 성남지원 판사 1989년 서울고법 판사 1990년 법원행정처 사법정책연구심의관 겸임 1992년 창원지법 진주지원 부장판사 1993년 同진주지원장 1995년 수원지법 부장판사 1997년 서울지법 동부지원 부장판사 1997년 서울지법 부장판사 2000년 부산고법 부장판사 2001년 사법연수원 수석교수 2002년 서울고법 부장판사 2003년 법률사무소 정명 대표변호사, 법무법인 대광 변호사 2013년 서울북부지법조정센터 상임조정위원(현) [종]불교

서희열(徐熙烈) SUH Hi Youl

[생]1953·7·9 [주]경기 용인시 기흥구 강남로40 강남대학교 사회과학대학 세무학과(031-280-3810) [학]1979년 건국대 경제학과졸 1981년 성균관대 경영대학원졸 1986년 경영학박사(건국대) [경]1982~1986년 국제대·서울시립대·덕성여대·건국대 강사 1986~1990년 전주대 경상대학 조교수 1990년 강남대 사회과학대학 세무학과 교수(현) 1996~2000년 국세청 과세적부재심사위원 1998년 경기도 지방세심사위원 1998년 재정경제부 세제발전위원 1998~2000년 한국세무학회 이사 2005년 한국세무학회 회장 2008~2010년 강남대 총무처장 2010~2012년 同사회과학대학장 2013년 한국회계정보학회 회장 2016년 (사)한국조세법학회 회장(현) [상]한국세무학회 공로비(1993), 한국세무학회 공로패(1999) [저]'세무회계'(1992, 세경사) '세법개론'

(1992, 대왕사) '세법총론'(1993, 세학사) '소득세법'(1994, 세학사) '소비세제법'(1994, 세학사) '세무회계연습'(1995, 세학사) '세무학입문'(2000, 광교아카데미) '세법99'(2000, 광교아카데미) '2000 법인세법'(2000, 광교아카데미) '현대생활과 세금'(2002, 세학사) '법인세법실무'(2002, 세학사)

서희종(徐熺宗) SEO Hee Jong

[생]1952 · 1 · 14 [출]전북 완주 [주]대전 서구 둔산중로78번길45 대전지방법원조정센터(042-470-1413) [학]1969년 전주고졸 1975년 성균관대 법정대 법학과졸 1978년 한양대 대학원 법학과졸 [경]1976년 사법시험 합격(18회) 1978년 사법연수원 수료(8기) 1978년 육군 법무관 1981년 서울지법 동부지원 판사 1983년 서울민사지법 판사 1985년 청주지법 영동지원장 1987년 서울지법 남부지원 판사 1988년 부산고법 판사 · 대구지법 영덕지원장 직대 1990년 서울고법 판사 1992년 춘천지법 강릉지원 부장판사 1993년 同강릉지원장 1994년 대전지법 부장판사 1995년 변호사 개업 2003년 대전지방변호사회 부회장 2005~2007년 同회장 2005~2007년 대한변호사협회 감사 2011년 대전지법조정센터 상임조정위원장(현)

석경협(石炅協) Seok Gyeong Hyeop

[생]1960 · 10 · 13 [주]서울 중구 소공로48 프라임타워 (주)시큐아이 사장실(02-3783-6600) [학]서울시립대 전자공학과졸, 아주대 대학원 행정학과졸 [경]1985년 삼성그룹 공채 입사, 삼성전자(주) 네트워크영업팀 담당부장, 同네트워크국내영업팀 담당임원, 同네트워크영업전략팀 담당임원(상무) 2013년 同전무 2015년 (주)시큐아이 대표이사 사장(현)

석광현(石光現) Kwang Hyun Suk

[생]1956 · 9 · 6 [본]충주(忠州) [출]서울 [주]서울 관악구 관악로1 서울대학교 법과대학(02-880-2612) [학]1975년 경기고졸 1979년 서울대 법학과졸 1981년 同대학원 법학과 수료 1991년 독일 Albert-Ludwigs-Universitat Freiburg 대학원졸(LL.M.) 2000년 법학박사(서울대) [경]1979년 사법시험 합격(21회) 1981년 사법연수원 수료(11기) 1981~1984년 해군 법무관 1984~1999년 김앤장 법률사무소 변호사 1999~2005년 한양대 법과대학 부교수 2005~2007년 同교수 2007년 서울대 법과대학 교수(현) 2009년 同법학전문대학원 교수(현) [상]서울대 2008년우수강의상(2009), 한국국제거래법학회 심당국제거래학술상(2011), 법무부장관표창(2014), 한국법학원 법학논문상(2015) [저]'국제사법과 국제소송' '국제상사중재법연구'

석교준(石敎俊) Seok, Kyo-iun

[생]1958 · 10 · 11 [출]강원 태백 [주]강원 태백시 태백로 1120 태백소방서(033-553-1119) [학]황지고졸, 영남전문대학 경영과졸, 한국방송통신대 경영학과졸 [경]1985년 소방사 임용(강원 제8기 공채), 강원 태백소방서 황지파출소장 · 소방계장, 경기도소방학교 교관(파견), 강원 영월소방서 방호계장, 강원 태백소방서 방호구조과장, 강원 영월소방서 방호구조과장, 365세이프타운 태백시지원단 파견, 강원 홍천소방서 소방행정과장 · 현장지휘대장 2009년 강원 태백소방서 예방안전과장 · 소방행정과장, 강원 영월소방서 방호구조과장 2015년 강원 태백소방서장(지방소방정)(현)

석대식(石大植) SEOK Dae Sik

[생]1956·3·3 [출]서울 [주]서울 중구 청계천로100 시그니쳐타워 금호석유화학(주) 관리본부(02-6961-1114) [학]1976년 경남고졸 1986년 고려대 금속공학과졸 [경]1986~1987년 금호석유화학(주) 신규사업부 근무 1987~1999년 同영업1부 근무 2000~2003년 同부산영업팀장 2004~2008년 同전자재료사업본부장(이사) 2008~2009년 同수지영업담당 상무 2010년 同관리본부장(전무) 2016년 同관리임원(현) [상]일자리창출지원 유공 산업포장(2013) [종]천주교

석동규(昔東奎) SEOK Dong Kyu

[생]1962 · 2 · 15 [출]충북 진천 [주]충북 청주시 서원구 산남로70번길14 하이탑빌딩3층 법무법인 주성(043-286-1259) [학]1980년 청주고졸 1989년 연세대 법학과졸 [경]1990년 사법시험 합격(32회) 1993년 사법연수원 수료(22기) 1993년 전주지법 판사 1995년 同군산지원 판사 1996년 대전지법 판사 1998년 同연기군 · 금산군법원 판사 1999년 同서산지원 태안군법원 · 당진군법원 판사 2003년 대전고법 판사 2006년 대전지법 판사 2007년 사법연수원 연구법관 2008~2010년 청주지법 부장판사 2010년 법무법인 주성 대표변호사 겸 변리사(현)

석동연(石東演) SEOK Tong Youn

[생]1954 · 8 · 30 [본]홍주(洪州) [출]광주 [주]전북 익산시 익산대로 460 원광대학교(063-850-7511) [학]1972년 광주고졸 1976년 한국외국어대 인도어과졸(1회 수석) 1993년 미국 터프츠대 플래처법률외교대학원졸(석사) [경]1976년 외무고시 합격(10회) 1977년 외무부 입부 1981년 駐인도 3등서기관 1987년 駐샌프란시스코 영사 1993년 외무부 외교정책실 정보과장 1995년 駐중국 정무참사관 · 총영사 1998~2000년 駐호주 공사참사관 1998~1999년 同대사 대리 2000년 대통령비서실 의전국장 2001년 외교통상부 아시아태평양국 심의관(이사관) 2002년 同대변인 2004년 駐중국 정무공사(수석공사) 2006년 외교통상부 재외동포영사대사(차관보급) 2007년 駐홍콩 총영사 2010년 경기도 국제관계자문대사 2012~2015년 동북아역사재단 사무총장(차관급), 원광대 한중정치외교연구소장(현), 21세기 한중교류협회 부회장(현) [상]외무부장관표창(2회), 국무총리표창(1983), 근정포장(1999), 홍조근정훈장(2013) [종]기독교

석동현(石東炫) SEOK Dong Hyeon (修堂)

[생]1960 · 7 · 10 [본]충주(忠州) [출]부산 [주]서울 강남구 테헤란로119 대호레포츠빌딩6층 법무법인 대호(02-568-5200) [학]1979년 부산동고졸 1983년 서울대 법대졸 1986년 同대학원 법학과졸 1998년 미국 조지타운대 법과대학원 연수 [경]1983년 사법시험 합격(25회) 1985년 사법연수원 수료(15기) 1987년 부산지검 검사 1989년 춘천지검 원주지청 검사 1990년 서울지검 남부지청 검사 1993년 대구지검 검사 1995년 법무부 법무과 검사 1998년 서울지검 검사 1998년 미국 조지타운대 법과대학원 방문연구원 1999년 서울고검 검사 1999년 청주지검 영동지청장 2000년 대검찰청 검찰연구관 2002년 同공보담당관 2002년 同특별수사지원과장 2003년 법무부 법무과장 2004년 서울고검 검사 2005년 서울중앙지검 형사1부장 2006년 대전지검 천안지청장 2007년 서울고검 검사 2008년 同송무부장(검사장급) 2009년 대전고검 차장검사 2009년 법무부 출입국 · 외국인정책본부장 2011년 부산지검장 2012년 서울동부지검장 2013년 법무법인(유) 화우 변호사 2013년 부산시 고문변호사 2013년 '아너 소사이어티' 회원(현) 2013년 한반도인권과통일을위한변호사모임 공동대표(현) 2013년 (사)동포교육지원단 이사장 2014~2016년 법무법인 대호 고문변호사 2014년 한국이민법학회 회장(현) 2014년 다동이정책포럼 상임대표(현) 2014년 4 · 16세월호참사특별조사위원회 비상임위원 2016년 법무법인 대호 대표변호사(현) [상]대통령표창(2000) [저]'대한민국 신국적법해설(共)'(1999) '국적법연구'(2004) '국적법'(2011) '희망이 되어주는 사람 석동현(共)'(2016) [종]기독교

석봉출(石奉出) SUK Bong Chool

[생]1951 · 2 · 28 [본]충주(忠州) [출]부산 [주]경기 안산시 상록구 해안로787 한국해양과학기술원 지질지구물리연구본부(031-400-6271) [학]1974년 부산대 지질학과졸 1979년 同대학원졸 1989년 이학박사(일본 동경대) [경]1975~1977년 한국과학기술연구소 부설 해양개발연구소 해양과학실 연구원 1977~1979년 국방과학연구소 해양과학부 연구원 1989~2012년 한국해양연구원 책임연구원, 同지구물리연구실장 · 부장 · 단장 1990~1992년 인하대 해양과학과 객원교수 1991~1998년 Interridge Program 한국대표 1994~1999년 해양학회 평의원 이사 · 지구물리학회 이사 2000~2001년 미국 William & Mary대 교환교수 2005~2008년 과학기술연합대학원대 겸임교수 2006~2008년 한국해양학회 부회장, 국제IMAGES프로그램 한국대표 2008~2010년 한국해양연구원 남해연구소장 2009~2010년 인하대 겸임교수 2010~2012년 한국해양연구원 종합연구선건조사업단장 2013~2015년 한 · 페루해양과학기술공동연구센터 소장 2015년 한국해양과학기술원 지질지구물리연구본부 책임연구원, 同관할해역지질연구센터 책임연구원(현) [저]'해양미고생물학과 지구과학'(1992) '글로벌 텍토닉스'(1994) '지구환경변화사와 해저자원'(1999) [종]대한성공회

석성균(石成均) SUK Sung Kyoon (德宇)

[생]1966 · 11 · 30 [본]충주(忠州) [출]경북 영주 [주]강원 춘천시 중앙로1 강원도청 농정국 축산과(033-249-2650) [학]1984년 영주 영광고졸 1988년 서울대 농학과졸 1998년 강원대 대학원 농학석사과정 수료 2004년 미국 미시간주립대 국제전문인과정 수료 2005년 한국개발연구원(KDI) 국제정책대학원 정책학과졸(석사) [경]1993년 제주도농촌진흥원 근무 1995년 강원도농촌진흥원 농업연구사 1997년 제3회 지방고등고시합격(농업직) 1998년 횡성군 새농어촌건설운

동추진팀장 2000년 강원도 밀레니엄기획단 파견 2001년 同감자종자보급소 사업과장 同유통특작과 원예특용작물담당 2005년 同농어업소득담당 2006년 同유통원예과장(서기관) 2007년 同감자원종장장 2008년 同감자종자진흥원장 2011년 同농정산림국 유통원예과장 2013년 횡성군 부군수 2014년 안전행정부 지방행정연수원 고급리더과정 파견 2015년 강원도 농산물원종장장 2016년 同농정국 축산과장(현) [상]대통령표창(2012) [종]기독교

석승징(石承澄) Seog Seung Jing

[생]1963 · 2 · 25 [주]서울 중구 남대문로9길24 하나카드(1800-1111) [학]1981년 덕수상고졸 1989년 한국외국어대 노어노문학과졸 2010년 성균관대 유학대학원 한국사상사학과졸 [경]1981년 한국외환은행 입행 1989년 외환카드 입사 2000년 同사이버영업팀장 2002년 同E-비즈니스팀장 2003년 同마케팅부장 2004년 한국외환은행 신용카드사업본부 근무(2급) 2004년 同카드마케팅팀장 2006년 同BCP(Business Continuity Planning)수립TFT팀장 2007년 同TFT관리팀장 2008년 同카드고객분석팀장 2011년 同카드시스템개발부장 2012년 同IT카드개발부장 2014년 외환카드(주) 정보보호최고책임자(CISO) 2014~2016년 하나카드(주) 정보보호최고책임자(CISO) 2016년 同준법감시인(현)

석승한(石勝瀚) Suk, Seung-Han

[생]1963 · 7 · 24 [주]서울 영등포구 국회대로76길10 의료기관평가인증원(02-2076-0600) [학]1988년 원광대 의과대학졸 1993년 연세대 대학원 의학석사 2001년 의학박사(가톨릭대) [경]1994년 국립춘천정신병원 신경과장 1997년 용인효자병원 신경과장 1998년 산본병원 신경과장 2005년 同교육부장 2005년 원광대 의과대학 교수(현) 2007년 안산시 뇌졸중 · 치매예방사업단 단장(현) 2007년 안산시립노인전문병원 원장(현) 2013년 의료기관평가인증원 원장(현) 2013년 대한치매학회 정책이사(현) [상]국민포장(2015)

석영중(石玲仲 · 女) Seog, Young Joong

[생]1959 · 3 · 24 [본]충주(忠州) [출]서울 [주]서울 성북구 안암로145 고려대학교 노어노문학과(02-3290-2134) [학]1981년 고려대졸 1983년 미국 오하이오주립대 대학원 문학과졸 1987년 문학박사(미국 오하이오주립대) [경]1991년 고려대 노어노문학과 교수(현) 2010~2011년 한국러시아문학회 회장 2013년 한국슬라브학회 회장 [저]'러시아 시의 리듬'(고려대 출판부) '러시아 현대시학'(민음사) '러시아정교'(고려대 출판부) '도스토예프스키, 돈을 위해 펜을 들다'(2008, 예담) '톨스토이, 도덕에 미치다'(2009, 예담) '뇌를 훔친 소설가'(2011, 예담) [역]'친구와의 서신 교환선'(나남) '우리들'(열린책들) '레퀴엠'(고려대 출판부) '광기의 에메랄드'(고려대 출판부) '마호가니'(열린책들) '가난한 사람들'(열린책들) '벌거벗은 해'(열림원) '스탈린 혁명'(신서원) '마르크스 이후'(신서원) '잠 안오는 밤에 쓴 시'(열린책들) '청동 기마상'(열린책들) '보리스 고두노프'(열린책들) '예브게니 오네긴'(열린책들) '벨낀 이야기'(열린책들) '대위의 딸'(열린책들) '세상이 끝날 때까지 아직 10억년'(2009, 열린책들)

석영철(石暎哲) SEOK Yeong Cheol

[생]1957 · 4 · 28 [본]충주(忠州) [출]서울 [주]서울 강남구 테헤란로305 한국기술센터8층 산업통상자원R&D전략기획단 국제협력본부(02-6009-7760) [학]1981년 서울대 국사학과졸 1983년 同대학원 경제학과 수료 1987년 미국 오하이오주립대 대학원졸 1989년 경제학박사(미국 오하이오주립대) [경]1989년 미국 오터바인대 · 오하이오도미니칸대 겸임교수 1990년 미국 신시내티대 경제학과 조교수 1994~2001년 한국산업기술평가원 정책연구부장 1999~2004년 국가과학기술위원회 1 · 2기 정책 및 기획조정전문위원 2001년 한국산업기술재단 정책연구위원 2001~2009년 同정책연구센터장 2004~2007년 同미국사무소장 2009~2013년 한국산업기술진흥원 부원장 2010~2011년 국가과학기술위원회 제2기 정책전문위원 2013년 한국산업기술진흥원 기술기반본부장 2014년 산업통상자원R&D전략기획단 국제협력본부장(현) 2016년 한국공학한림원 정회원(기술경영정책분과 · 현) [상]국무총리표창(2003) [저]'환경폐해의 경제적 분석'

석왕기(石旺基) SEOK Wang Kee (石舟)

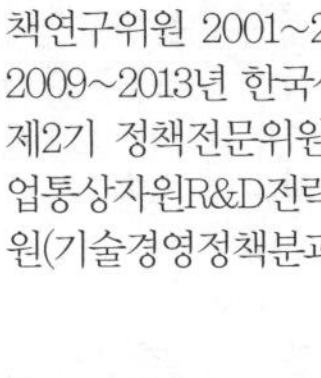

[생]1956 · 3 · 24 [본]충주(忠州) [출]대구 달성 [주]대구 수성구 동대구로348의15 율촌빌딩7층 석왕기법률사무소(053-753-8280) [학]1975년 대구고졸 1983년 국민대 법학과졸 1999년 영남대 법과대학원 법학과졸 [경]1987년 사법시험 합격(29회) 1990년 사법연수원 수료(19기) 1990년 변호사 개업(현) 1993년 대구지방변호사회 소송실무연수원 민사소송부문 교수 1993년 신용보증기금 고문변호사 1993년 동양화재해상보험 고문변호사 1995년 한국도로공사 고문변호사 1995~1997년 영남대 겸임교수 1999년 경북도 공직자윤리위원회 위원 2001년 대구지법 (주)매원개발(경북컨트리클럽) 파산관재인 2002년 (주)파미힐스클럽 공동대표이사 · 감사 2007년 경북도 행정심판위원(현) 2008년 同고문변호사(현) 2011년 대구시교육청 고문변호사(현) 2013~2014년 대구지방변호사회 회장 2015년 대한변호사협회 부회장(현) 2015년 제4이동통신 대구경북유치위원회 공동위원장(현)

석용진(石容鎭) SEOK Yong Jin

[생]1938 · 4 · 4 [출]경북 영천 [주]부산 연제구 법원로18 세종빌딩3층 법무법인 신성(051-949-5003) [학]1957년 경북고졸 1963년 서울대 법학과졸 1967년 同사법대학원 수료 [경]1965년 사법시험 합격(5회) 1967년 육군 검찰관 1969년 수도경비사령부 법무사 1970년 부산지법 판사 1972년 同진주지원 판사 1973년 부산지법 판사 1977년 同통영지원장 1978년 同소년부지원장 1979년 대구고법 판사 1981년 대구지법 경주지원장 1983년 부산지법 부장판사 1985년 변호사 개업 1997~1999년 부산지방변호사협회 회장 겸 대한변호사협회 부회장, 부산시 법률고문 2001년 법무법인 신성 대표변호사, 同고문변호사(현) [종]불교

석원혁(石元赫) Won Hyuk Seok

[생]1961 · 10 · 8 [본]충주(忠州) [출]부산 [주]서울 마포구 성암로267 문화방송 매체전략국(02-789-0011) [학]1980년 경남고졸 1986년 한국항공대 통신공학과졸 [경]1986년 문화방송 입사 2005년 同뉴미디어전략팀장 2011년 同제작기술국 부국장 2012년 同기획국 부국장 겸 관계회사부장 2012년 同제작기술국장 2013년 同디지털본부장 2014년 同특보 2014년 同매체전략국장(현)

석위수(石衛洙) SUK Wi Soo

[생]1950 · 5 · 1 [본]충주(忠州) [출]경북 성주 [주]경남 창원시 성산구 두산볼보로160 볼보건설기계코리아(주) 비서실(055-260-7434) [학]1968년 성주농고졸 1975년 고려대 기계공학과졸 [경]1975년 대한석유관공사 입사, 한국중공업 제품기담당 과장, 同설계1담당 과장, 同설계실장, 同연구개발실장, 삼성중공업(주) 연구개발실장, 同상용차담당, 同상용차본부 생산담당 이사보, 同건설기계생산담당 이사, 同전기부문 생산총괄(이사) 1999년 볼보건설기계코리아(주) 부사장 겸 볼보건설기계 생산총괄 2009년 同대표이사 사장(현) 2009년 볼보건설기계 아시아오퍼레이션 총괄사장 겸임(현) [상]삼성회장표창(1985), 무역통상인대상(2003), 산업자원부장관표창(2006), 산업포장(2006), 금탑산업훈장(2012)

석인영(石仁榮) Seok In Young

[생]1960 · 10 · 17 [본]충주(忠州) [출]서울 [주]제주특별자치도 제주시 첨단로213의4 엘리트빌딩 제주국제자유도시개발센터 사업관리본부(064-797-5605) [학]1979년 경기고졸 1983년 서울대 토목공학과졸 1986년 同대학원 도시계획및설계학졸(공학석사) [경]1986~1990년 (주)대우건설 개발사업부 대리 1990~1994년 (주)한진중공업 건설부문 개발사업부 차장대리 1995~1997년 동양시멘트(주) 건설부문 개발팀장(차장) 1998~2005년 (주)스페이드 대표이사 2006~2008년 CJ건설(주) 전략사업실 이사대우 2008~2012년 현대엠코(주) 베트남법인 대표이사 2013년 제주국제자유도시개발센터(JDC) 사업관리본부장(상임이사)(현) [상]한진중공업 건설 최우수직원상(1992), 건설기술교육원 우등상(1994), 중앙대 대학원 최우수논문상(2008) [종]가톨릭

석제범(石濟凡) SEOK Jae Bum

[생]1963 · 3 · 10 [주]서울 종로구 청와대로1 대통령 정보방송통신비서관실(02-770-0011) [학]미국 시라큐스대 대학원 행정학과졸 [경]1997년 정보통신부 정보통신정책과 서기관 1999년 한국정보보호센터 파견 2003년 정부혁신지방분권위원회 파견 2004년 정보통신부 정보통신진흥국 통신경쟁정책과장 2005년 同정보통신진흥국 통신기획과장 2006년 同통신방송정책총괄팀장(부이사관) 2006년 대통령비서실 산업정책 행정관 2007년 同정책홍보관리본부 재정기획관(고위공무원) 2008년 방송통신위원회 기획조정실 국제협력관 2009년 외교안보연구원 파견 2010년 방송통신위원회 정책기획관 2011년 同방송진흥기획관 2011년 同네트워크정책국장 2011년 同통신정책국장 2013년 새누리당 미래창조과학방송통신위원회 수석전문위원 2014년 대통령 미래전략수석비서관실 정보방송통신비서관(현)

석종현(石琮顯) SEOK Jong Hyun (天鳳)

[생]1943·10·23 [본]충주(忠州) [출]경북 상주 [주]경기 용인시 수지구 죽전로152 단국대학교 법학과(031-8005-3278) [학]1962년 대구 계성고졸 1967년 중앙대 정법대학졸 1974년 독일 루르대 수학 1978년 법학박사(독일대 슈파이어) 1990년 법학박사(독일 튀빙겐대) [경]1979~1988년 단국대 법정대 조교수·부교수 1982~1983년 독일 본대 객원교수 1988~2009년 단국대 법학과 교수 1990년 독일 튀빙겐대 객원교수 1990년 총무처 정책자문위원 1994년 독일 스파이어대 객원교수 1994년 한국토지공법학회 회장(현) 1996년 단국대 노사관계대학원장·법과대학장 1998년 여의도연구소 소장 1998년 한국공법학회 부회장 2001년 同회장 2001년 한국법제발전연구소 소장·이사장(현) 2002년 바른사회를위한시민회의 공동대표 2002년 국무총리 행정심판위원회 위원 2002년 단국대 행정법무대학원장 2007년 미래행복포럼 이사장·총재(현) 2008년 한국미래연합 대표 2008년 친박연대 제18대 국회의원 후보(비례대표) 2009년 단국대 법학과 석좌교수 2009년 친박연대 정책위 의장 2010년 미래희망연대 정책위 의장 2010년 미래연합 최고위원 2010년 서울시장선거 출마(미래연합) 2011년 단국대 법학과 명예교수(현) 2012년 공생정책연구원 이사장(현) 2012~2016년 충주홍주석씨 在京종친회 회장 [상]한국공법학회 학술장려상, 근정포장(2009) [저]'신토지공법론' '고시 행정법' '신 행정법' '부동산공법론' '중개업법령 및 실무'(共) '부동산 공법' '객관식 부동산공법'(共) '행정법원론' '건축공론'(共) '공법학개론'(共) '문민4년, 망국4년?'(1997) '행정법강의(上·下)' '손실보상법론'(2005) '일반행정법(上) 제11판'(2005) '일반행정법(하)' '일반행정법(상) 제15판(共)'(2015) [종]기독교

석준형(昔俊亨) SOUK Jun Hyung

[생]1949·2·1 [출]대구 [주]서울 성동구 왕십리로222 한양대학교 융합전자공학부 IT관1202호(02-2220-4901) [학]1967년 경북고졸 1971년 서울대 물리학과졸 1975년 同대학원 물리학과졸 1979년 미국 Drexel대 대학원 재료공학과졸, 명예박사(미국 켄트주립대) [경]1983년 IBM Watson연구소 근무 1996년 삼성전자(주) 입사, 同AMLCD사업부 LCD개발팀장, 同LCD연구팀장 2001년 성균관대 전기전자공학부 겸임교수 2002년 삼성전자(주) AM LCD연구소장(전무) 2005년 同LCD총괄연구소장(부사장) 2009년 同상근고문 2009년 한국공학한림원 회원(현) 2009년 세계정보디스플레이학회(SID) Fellow(현) 2012년 한양대 융합전자공학부 특임교수(현) 2015년 (주)이엔에프테크놀로지 사외이사(현) [상]IBM Technical Achievement Award(1994), 삼성그룹기술상(2002), 대통령표창(2002), 과학기술훈장 도약장(2005), 세계정보디스플레이학회(SID) Special Recognition Award(2006)

석창성(石昌星) SEOK Chang Sung

[생]1957·3·24 [본]충주(忠州) [출]전북 익산 [주]경기 수원시 장안구 서부로2066 성균관대학교 공과대학 기계공학부(031-290-7446) [학]1981년 성균관대 기계공학과졸 1983년 同대학원졸 1990년 공학박사(성균관대) [경]1993년 성균관대 공과대학 기계공학부 조교수·부교수·교수(현) 1997년 同기계공학과장 1997년 한국산업안전공단 KOSHA CODE 제정위원회 위원(현) 1998년 미국 노스캐롤라이나대 방문교수 2003년 대한기계학회 편집위원 2004~2008년 국제냉동기구 한국위원회 위원 2005년 한국정밀공학회 평의원(현) 2005~2008년 同설계 및 재료부문위원장 2005~2009년 국민체육진흥공단 체육과학연구원 객원연구원 2005~2007년 성균관대 기계공학부장·기계기술연구소장 2007년 대한기계학회 평의원 2009~2012년 성균관대 미래가전연구센터장 2011~2013년 교육과학기술부 2단계BK성균관대기계공학부사업단장 2013년 교육부 BK21+성균관대기계공학부사업단장(현) 2015년 한국정밀공학회 부회장(현) 2015년 국토교통부 자동차제작결함심사평가위원회 위원(현) 2015년 한국연구재단 책임전문위원(현) [상]대한기계학회 유담학술상(1999), 제7회 현대·기아자동차 자동차설계공모전 은상(2005), 한국과학기술단체총연합회 과학기술우수논문상(2011), 한국정밀공학회 가헌학술상(2014) [종]가톨릭

석태수(石泰壽) SUK Tal Soo

[생]1955·11·3 [출]충남 [주]서울 영등포구 국제금융로2길25 (주)한진해운 사장실(02-3770-6032) [학]경기고졸, 서울대 경제학과졸, 미국 MIT 대학원 경영학과졸 [경]1984년 (주)대한항공 입사 1986년 同비서실 근무 1989년 (주)한진해운 파견 1993년 (주)대한항공 미주지역본부 여객마케팅담당 2000년 同경영계획팀장(이사) 2003년 同경영계획실장(상무) 2003년 同미주지역본부장(상무) 2008~2013년 (주)한진 대표이사 2011~2012년 한국통합물류협회장 2011년 S-OIL 비상무이사 2013년 한진칼 이사(현) 2013년 한진물류연구원 원장(현) 2013년 (주)한진해운 사장 2014년 同대표이사 사장(현)

석학진(石學鎭) SUK Hak Jin

[생]1938·7·20 [본]충주(忠州) [출]경북 영주 [주]서울 강남구 테헤란로87길13 서영엔터프라이스 회장실(02-555-5946) [학]1958년 경북고졸 1964년 서울대 상과대학졸 [경]1963년 방림방적 입사 1970년 (주)코오롱 구매과장 1977년 同영업담당 이사 1981년 한국섬유산업연합회 근대화사업전문위원회 부위원장 1982년 (주)코오롱 전무이사 1983년 한국염공 사장 겸임 1984년 코오롱건설 사장 1995년 同회장 1995년 코오롱그룹 부회장 1997년 (주)글로텔 대표이사 1998~2000년 코오롱그룹 고문 2000년 상지경영컨설팅 사장 2000년 서영엔터프라이스 회장(현) [상]동탑산업훈장 [종]기독교

석 현(石 泫)

[생]1945·5·12 [본]파평(坡平) [출]함남 함흥 [주]서울 양천구 목동서로225 (사)한국연예예술인협회(02-2655-3157) [학]1964년 경남상고졸 1966년 서라벌예술대학 방송학과졸 1989년 경원대 대학원 경영학과졸 [경]1966년 연예계 데뷔 1983년 KBS 전속희극인 1984~1992년 한국연예협회 이사 1988년 同연기분과 위원장 1992~2000·2004년 (사)한국연예예술인협회 이사장(현) 2007년 한국예술문화단체총연합회 부회장(현) [상]문화체육부장관표창, 내무부장관표창 [종]기독교

석현덕(石玄德) SEOK Hyun Deok

[생]1961·2·11 [본]충주(忠州) [출]경북 영주 [주]전남 나주시 빛가람로601 한국농촌경제연구원 산림정책연구부(061-820-2192) [학]1980년 대구 영신고졸 1984년 서울대 농업생명과학대 산림자원학과졸 1989년 미국 미시간주립대 대학원 산림및자원경제학과졸 1991년 산림및자원경제학박사(미국 미시간주립대) [경]1991~1995년 한국농촌경제연구원 책임연구원 1995~2001년 同부연구위원 1995년 강원대 산림경영학과 강사 1995년 산림청 임정개혁위원회 위원 1998~2002년 同종묘가격심의위원회 겸 규제개혁심의위원회 심의위원 1998년 임협중앙회 개혁위원회 위원 1998~2001년 한국농촌경제연구원 산림경제연구실장 1999년 산림청 정책평가위원회 평가위원 2000~2002년 국무조정실 정책평가위원회 전문위원 2000년 한국자원경제학회 편집위원 2001~2002년 한국농촌경제연구원 산림정책연구실장 2001~2010년 同연구위원 2002년 산림청 산림재해공제도입준비위원회 위원 2002~2003년 미국 University of Washington Visiting Scholar 2003~2005년 (재)서울그린트러스트 자문위원 2004년 한국산림경제학회 편집위원 2004년 한국임학회 정책분과위원회 위원장 2004년 산림청 산림및임업연구심의회 위원 2005~2010년 한국농촌경제연구원 산림정책연구실장 2005년 산림조합중앙회 경영평가위원회 위원 2006년 同경영진단위원회 위원 2006년 산림청 산림산촌클러스터 심의위원회 위원 2006년 한국산림경제학회 부회장 2006~2008년 산림청 산림정책심의회 위원 2007~2008년 同산림정책평가위원회 위원 2008년 同산림과학기술개발사업 실무위원회 위원 2010년 同중앙산지관리위원회 위원(현) 2010~2012년 국토해양부 중앙물류단지계획심의위원회 위원 2010~2012년 同중앙산업단지계획심의위원회 위원 2010년 한국농촌경제연구원 선임연구위원(현) 2012년 同산림정책연구부장(현) 2013년 국토교통부 중앙물류단지계획심의위원회 위원(현) 2013년 (사)산지포럼 회장(현) 2014년 한국산림경제학회 회장 [종]기독교

석호영(昔浩榮) SEOK Ho Young

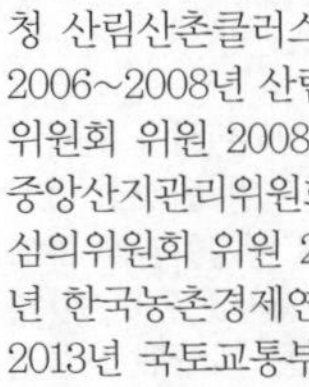

[생]1957·3·1 [출]충남 홍성 [주]서울 강남구 테헤란로8길33 청원빌딩4층 세무법인 오늘(02-6929-0624) [학]육군사관학교 정경학과졸, 홍익대 경영대학원 회계학과 수료, 서울대 행정대학원 국가정책과정(ACAD) 수료 [경]천안세무서 간세과장, 대전세무서 재산세과장, 서울 소공세무서 직세과장, 서울지방국세청 재산세국 부동산조사담당 1998년 同감사관실 서기관 2000년 대전지방국세청 서산세무서 개청준비위원장 2000년 同서산세무서장 2002~2003년 울산세무서장 2004년 용산세무서장 2005년 국세청 납세자보호과장 2006년 同정보개발2과장 2006년 대구지방국세청 조사2국장 2006년 국세청 소득세과장 2008년 同개인납세국 소득세과장(부이사관) 2009년 同전산정보관리관실 전산기획담당관 2009년 서울지방국세청 납세지원국장(고위공무원) 2010년 삼화왕관(주) 부회장 2010~2012년 同대표이사 사장 2012년 현대글로비스(주) 사외이사 겸 감사위원(현) 2013년 세무법인 오늘 부회장(현)

석호익(石鎬益) SUK Ho Ick

생1952·11·27 본충주(忠州) 출경북 성주 주서울 서초구 서초중앙로69 (재)한국디지털융합진흥원(070-4914-0258) 학1971년 순심고졸 1978년 영남대 상경대학 경영학과졸 1981년 서울대 행정대학원 행정학과졸 1998년 고려대 언론대학원 최고위언론과정 수료 2002년 행정학박사(성균관대) 2003년 순천향대 부설 산학정책과정 수료 경1977년 행정고시 합격(21회) 1979~1987년 체신부 우정국·통신정책국 행정사무관 1987년 대통령비서실 조산망조정위원회 파견 1989년 미국 AT&T社 파견 1990년 국제전기통신연합(ITU) 파견 1992년 체신부 전파연구소 감시기술담당관 1992년 同전파관리국 방송과장 1993년 대통령 경제수석비서관실 행정관 1996년 정보통신부 정책심의관 1997년 97소프트엑스포 운영위원장 1998년 정보통신부 정보화기반심의관 1998년 同우정국장 1999년 同전파방송관리국장 2000년 同정보통신지원국장 2002년 서울체신청장 2003년 정보통신부 정보화기획실장 2005년 同기획관리실장 2005~2006년 同정책홍보관리실장 2006~2008년 정보통신정책연구원 원장 2007~2016년 (사)통일IT포럼 회장 2007년 미래사회연구포럼 정책위원회 초대집행위원장 2008~2009년 김앤장법률사무소 고문 2008년 한나라당 재해대책위원회 부위원장 2009~2011년 (주)KT CR부문장(부회장) 2009년 대통령직속 국가정보화전략위원회 위원 2010년 대한민국소프트웨어공모대전 부대회장 2010년 한국전자정부포럼 공동수석대표 2010년 미래무선통신기술(CS,SDR)포럼 의장 2010년 스마트워크포럼 의장 2011년 한국지능통신기업협회 초대회장 2012년 제19대 국회의원선거 출마(고령·성주·칠곡, 무소속) 2012년 연세대 겸임교수 2012~2013년 인하대 겸임교수 2012년 ICT대연합 공동의장(현) 2012~2016년 서울대 의과대학 산학정책과정 운영위원 2013~2014년 한국전자통신연구원 초빙연구원 2014년 (재)한국디지털융합진흥원 원장(현) 2016년 동북아공동체ICT포럼 회장(현) 2016년 서울대 의과대학 산학정책과정 학사부원장(현) 2016년 한국정보통신공사협회 대외협력위원회 위원장(현) 상체신부장관표창(1982), 근정포장(1983), 홍조근정훈장(2000), 정보통신부장관표창(2004), 뉴미디어대상 특별상 올해의 정보통신인(2007), 하이테크어워드 정보통신부문 대상(2009) 저'내일을 준비하라 : 정보통신의 부활을 꿈꾸며'(2011, 다밋) '22인의 지성, 내일의 대한민국을 말한다'(2014, 휴먼컬처아리랑) 종천주교

석호철(石鎬哲) SUK Ho Chul

생1956·5·15 본충주(忠州) 출경남 창녕 주서울 강남구 테헤란로92길7 법무법인 바른(02-3479-7855) 학1974년 경북고졸 1978년 서울대 법과대학졸 경1978년 사법시험 합격(20회) 1980년 사법연수원 수료(10기) 1980년 공군 법무관 1983년 부산지법 판사 1983년 인천지법 판사 1989년 서울지법 동부지원 판사 1990년 서울고법 판사 1993년 대법원 재판연구관 1995년 대구지법 부장판사 1997년 사법연수원 교수 2000년 서울지법 부장판사 2002년 부산고법 부장판사 2003~2007년 서울고법 부장판사 2003~2005년 법원행정처 인사관리실장 겸임 2007년 법무법인 바른 변호사(현) 2016년 지스마트글로벌(주) 사외이사(현)

석희진(石熙鎭) SUK Hee Jin

생1950·10·20 본충주(忠州) 출경북 주서울 관악구 남부순환로1965 (사)한국축산경제연구원 원장실(02-873-1997) 학1987년 한국방송통신대 행정학과졸 2011년 건국대 농축대학원 식품유통경제학과졸 2015년 경영학박사(건국대) 경1975년 경남농업통계사무소 울산출장소 근무 1976년 농림수산부 국립동물검역소 서무과 사무관 1995년 同농업정책실 농업금융과 사무관 1999년 농림부 기획관리실 기획예산담당관실 서기관 2001년 국무총리실 수질개선기획단 농림사업지원과장 2002년 농림부 농업정보통계관실 통계기획담당관 2004년 同축산국 축산물위생과장 2006년 同농촌정책국 농촌진흥과장 2007년 同농촌정책국 농촌지역개발과장(부이사관) 2008년 농림수산식품부 축산정책팀장 2009년 同농업연수원 전문교육과장(일반직고위공무원) 2009~2012년 축산물위해요소중점관리기준원 원장 2013년 친환경축산협회 회장 2016년 (사)한국축산경제연구원 원장(현) 상모범공무원표창(1989), 근정포장(1998), 녹조근정훈장(2009)

선　경(宣　卿) SUN, Kyung (漢影)

생1957·2·15 출서울 주충북 청주시 흥덕구 오송읍 오송생명1로194의41 오송첨단의료산업진흥재단(043-200-9100) 학1981년 고려대 의대졸 1984년 고려대학원 의학석사 1990년 의학박사(고려대) 2007년 고려대 경영전문대학원(MBA) 경1981~1986년 고려대병원 인턴·전공의 1982~1989년 軍의관 1989년 고려대 임상강사 1989~1991년 청주리라병원 과장 1991년 고려대 임상강

사 1993년 일본 Kurume Univ. 외과강사 1993~1996년 미국 Indiana Univ. Research Associate 1996~1998년 인하대 부교수 1998년 고려대 의과대학 부교수 1999년 同BK21 책임교수 1999~2014년 同의과대학 흉부외과학교실 교수 2001년 고려대의료원 홍보위원장 2003~2014년 한국인공장기센터 소장 2004~2014년 고려대 안암병원 흉부외과장 2004~2014년 同의과대학 의공학교실 주임교수 2005~2008년 대통령자문 의료산업선진화위원회 의료 R&D전문분과위원 2005~2007년 고려대의료원 대외협력실장 2007~2009년 고려대 의무기획처장 2008년 보건복지부 보건의료기술정책심의위원 2009년 同HT포럼 공동대표 2010~2011년 국가과학기술위원회 운영위원 2010~2012년 한국보건산업진흥원 R&D진흥본부장 2011~2013년 국가과학기술위원회 생명복지전문위원회 운영위원 및 전문위원 2012~2014년 고려대 KU-KIST융합대학원 겸무교수 2013년 대한의용생체공학회 회장 2013년 국가과학기술심의회 생명복지전문위원회 위원(현) 2013~2014년 대한흉부심장혈관외과학회 이사장 2014년 오송첨단의료산업진흥재단 이사장(현) 2015년 보건복지부 보건의료기술정책심의위원(현) 2016년 한국생체재료학회 회장(현) 2016년 세계생체재료학회총연합회(IUSBSE) Fellow(현) 상대한의용생체공학회 메디슨 의공학상, 일본 외과학회 Young Surgeons Travel Grant, 의사신문 일간보사 의약학평론가상(2006), 오스트리아 ICR Workshop Scientific Committee Awards(2006), 고려대 경영대학원 공로상(2007), 서울대 의료경영고위과정 금상·우수상(2007), 보건산업진흥 유공자 대상(2008), 옥조근정훈장(2013), 동아일보 주최 '10년 뒤 한국을 빛낼 100인'(2014), 월간조선 주최 '한국의 미래를 빛낼 CEO' 창조부문(2015) 역'관상동맥질환 관리지침'(2005) '의사를 위한 영어회화 표현법 500-외래진료편'(共)(2009) '의사를 위한 영어회화 표현법 500-학회발표편'(共)(2009) 종천주교

선길균(宣吉均) SUN Kil Kyun

생1952·3·24 출서울 주대전 동구 대학로62 대전대학교 국제통상학과(042-280-2353) 학1979년 홍익대 무역학과졸 1983년 同대학원 경영학과졸 1989년 경영학박사(홍익대) 경1981~1997년 대전대 무역통상학과 전임강사·조교수·부교수 1998년 同무역통상학과 교수, 同국제통상학과 교수(현) 2003년 同대학발전정책기획단장, 同방송국 주간교수, 同기획협력처장, 대전시지역혁신협의회 인적자원개발분과위원, 대전시국제화추진협의회 위원 2007~2009년 대전대 경영대학장 2011년 同무역통상학과장 2013~2015년 同일반대학원장 2015년 同교학부총장·본부대학장·혜화봉사단장·R&I학부장 겸임(현) 저'무역영어' '국제무역규칙' '국제무역통상학개론'

선남국(宣南國) Sun Nahm-kook

생1967·3·8 출제주 주서울 종로구 사직로8길60 외교부 부대변인실(02-2100-7042) 학장훈고졸 1990년 연세대 천문기상학과졸 경1992년 외무고시 합격(26회) 1992년 외무부 입부 2003년 駐토론토 영사 2005년 駐인도 1등서기관 2008년 외교통상부 공보담당관 2009년 同서남아태평양과장 2011년 駐독일 참사관 2013년 駐인도네시아 공사참사관 2015년 외교부 부대변인(현)

선동열(宣銅烈) SUN Dong Yuhl

생1963·1·10 본보성(寶城) 출광주 주서울 강남구 강남대로278 (사)한국야구위원회(02-3460-4600) 학1981년 광주제일고졸 1985년 고려대졸 경1981년 세계청소년야구대회(미국) 국가대표 1985~1995년 프로야구 해태 타이거즈 소속(투수) 1996~1999년 일본프로야구 주니치 드레곤즈 소속(투수) 1998년 일본프로야구 정규리그 성적(방어율 1.48, 3승 29세이브) 1999년 일본프로야구 정규리그 성적(방어율 2.61, 1승 2패 28세이브) 1999년 현역 은퇴(국내통산 전적 : 367경기 146승 40패 132세이브, 평균자책 1.20, 일본 프로야구 : 10승 4패 98세이브, 평균자책 2.79) 2000~2003년 한국야구위원회(KBO) 홍보위원 2000년 (주)DB&SOFT 사외이사 2000년 제주도스포츠산업 정책자문위원 2003년 프로야구 삼성 라이온즈 수석코치(연봉 1억2000만원) 2004년 한국시리즈 준우승 2004·2009~2010년 프로야구 삼성 라이온즈 감독(계약금 5억·연봉 2억/ 계약금 8억·연봉3억8000만원) 2005·2006년 프로야구 페넌트레이스 우승 및 한국시리즈 우승(2연패) 2005년 월드베이스볼클래식(WBC) 투수코치 2006년 프로야구 올스타전 동군 감독 2007년 베이징올림픽 야구예선 국가대표팀 수석코치 2008년 프로야구 올스타전 동군 코치 2009년 대구지방경찰청 법질서 홍보대사 2011년 프로야구 삼성 라이온즈 운영위원 2011~2014년 프로야구 기아 타이거즈 감독 2015년 세계야구소프트볼연맹(WBSC) 주관 '2015 프리미어 12' 국가대표팀 투수코치·우승 2015년 한국야구위원회(KBO) 기술위원회 위원(현) 상대통령배·황금사자기 전국고교야구대회 최우수투수상(1980), 체육훈장 거상장(1982), 프로야구 골든글러브 투수부문상(1986·1988·1989·1990·1991·1993), 체육훈장 맹호장(2000), 한국프로야구 최우수감독상(2005), 자황컵 체육대

상 최우수지도자(2005), 프로야구 올스타전 최우수지도자상(2005), 프로야구 올스타전 승리감독상(2006) [종]천주교

선두훈(宣斗勳) SUN Doo Hoon

[생]1957·9·24 [출]서울 [주]대전 중구 목중로29 대전선병원 이사장실(042-220-8007) [학]1976년 신일고졸 1982년 가톨릭대 의과대학졸, 同대학원 의학석사 1994년 의학박사(가톨릭대) [경]1982~1987년 가톨릭대 강남성모병원 인턴·수련의 1987~1990년 軍의관 1990~2001년 가톨릭대 의과대학 정형외과학교실 교수 2001년 영훈의료재단 대전선병원 이사장(현) 2005년 (주)코렌텍 대표이사 사장(현) 2012년 대한병원협회 보험이사 2016년 국립중앙과학관후원회 회장(현) [상]제7회 한독학술·경영대상(2010), 대통령표창(2014)

선미라(宣美羅 · 女) SUN Mira

[생]1958 [주]서울 종로구 종로1 교보빌딩16층 법무법인(유) 한결(02-3458-0980) [학]1981년 고려대 영어영문학과졸 1984년 미국 Cal State Bakersfield 대학원 영문학과졸 1995년 영문학박사(고려대) 2002년 미국 뉴욕시립대(CUNY) 법과대학원졸 [경]1986~1990년 공군사관학교 전임강사 1987년 미국 Indiana Univ. 풀브라이트 교환교수 1992~1999년 駐韓미국공보원 문화과 상임고문 2003~2004년 미국 뉴욕시 Yi Cho & Brunstein 변호사 2005~2007년 대통령 해외언론비서관 2007년 법무법인(유) 한결 미국변호사(현) 2009~2015년 한국인권재단 비상임이사 2014년 대한상사중재원 중재인(현) 2016년 국회 윤리심사자문위원(현) 2016년 한국인권재단 이사장(현) [상]미국 국무부 표창(1998), 전미여성변호사협회 우수법과대학원상(2002) [저]'US-China Lawyers Society Collected Papers(共·編)'(2002) '미국의 군복무 중 사망사고 조사과정 및 비전투 사망자와 유가족 예우 연구 : 자살사고사망자 및 유가족을 중심으로'(2007)

선민규(宣玟圭) Sun Min Kyu

[생]1957·9·4 [본]보성(寶城) [출]강원 속초 [주]강원 춘천시 충열로83 강원도농업기술원 총무과(033-248-6010) [학]속초고졸 [경]강릉시 주문진읍 부읍장, 강원도 동해출장소 민원계장, 同수산정책계장, 同민방위재난관리과 재난상황실장, 同여성복지담당, 同해양수산출장소 총무담당, 同민원담당, 同기록관리담당, 同재난관리담당, 同방재계획담당 2007년 同국제관광정보센터 소장 2008년 스노보드조직위원회 행사운영과장 2009년 강원도 국제행사과장 2010년 세종연구소 국정과제연수과정 파견 2011년 강원도 남북협력담당관 2012년 同기획관리실 지역발전담당관 2012년 同기획조정실 법무통계담당관 2013년 同안전자치행정국 안전총괄과장 2015년 同소방안전본부 안전총괄과장 2015년 강원도농업기술원 총무과장(현) [상]국무총리표창(2005), 대통령표창(2013) [종]불교

선병렬(宣炳烈) SUN Byung Ryul

[생]1958·4·3 [본]보성(寶城) [출]충남 논산 [학]1977년 서대전고졸 1986년 충남대 사회학과졸 1995년 고려대 정책과학대학원 수료, 충남대 평화안보대학원 수료 [경]1979년 충남대 학원자유화추진위원장 1979~1982년 민주화운동으로 3회 투옥 1993~1998년 대전환경운동연합 집행위원 2000년 (사)국민정치연구회 상임이사 2002년 5.18민주화운동 유공자 2002년 새천년민주당 노무현 대통령후보 조직보좌역 2003년 (사)민족화합운동연합 공동의장 2003~2010년 대전미래발전연구소 소장 2003년 대통령정책실 신행정수도기획단 자문위원 2003년 열린우리당 대전지부 창당준비위원회 공동위원장 2004~2008년 제17대 국회의원(대전 동구, 열린우리당·대통합민주신당·민주당) 2005년 열린우리당 대전시당 중앙위원 2006년 同원내부대표 2007년 同사무부총장 2007년 대통합민주신당 원내부대표 2008년 同교육연수위원장 2008~2012년 민주당 대전동구지역위원회 위원장 2008~2010년 同대전시당 위원장, 대전국민동행 상임대표 2014~2015년 새정치민주연합 대전시당 집행위원 2016년 제20대 국회의원선거 출마(대전 동구, 국민의당) [저]'여성과 사회'(1983)

선상신(宣尙伸) SUN Sang Sin

[생]1960·11·9 [출]부산 [주]서울 마포구 마포대로20 불교방송 사장실(02-705-5201) [학]1979년 용문고졸 1985년 고려대 영어영문학과졸 2002년 同정책대학원졸 [경]1989년 불교방송 입사(공채 1기) 1997년 同정치부 차장 2000년 同정치보도팀장 2003년 同정치경제보도부장 직대 2004년 同방송제작국 해설위원 2005년 同보도국장 2007년 同해설위원 2007년 同보도국장 2008~2009년 한국언론재단 연구이사 2010~2012년 한국언론진흥재단 경영본부장(상임이사) 2010~2012년 同기금관리위원 2015년 불교방송 사장(현) [상]한국방송기자클럽 보도제작상(1993), 한국기자협회 공로상(1995) [저]'美클린턴 행정부의 대북정책에 관한 연구' [종]불교

선석기(宣石基) SUN Seog Ki

[생]1961·11·10 [출]전남 보성 [주]서울 서초구 헌릉로13 대한무역투자진흥공사 중소기업지원본부(02-3460-7300) [학]1980년 숭일고졸 1986년 전남대 경제학과졸 2015년 핀란드 헬싱키경제대 MBA [경]1989년 대한무역투자진흥공사(KOTRA) 기획관리부 근무 1991년 同로스엔젤레스무역관 근무 1994년 同기획관리부 근무 1995년 同기획관리처 근무 1998년 同더블린한국무역관장 2001년 同투자전략팀 근무 2004년 同코펜하겐무역관장 2008년 同지방사업지원단장 2009년 同기획조정실 경영혁신팀장 2009년 同기획조정실 성과관리팀장 2010년 同기획조정실 경영관리팀장 2010년 同하노이KBC센터장 2013년 同정보전략실장 2014년 同기획조정실장 2016년 同중소기업지원본부장(상임이사)(현) [상]창립기념일 장관표창(2002), 외국기업의날 대통령표창(2003), 경영평가유공 장관표창(2010)

선승혜(宣承慧 · 女) Seunghye Sun

[주]서울 종로구 사직로8길60 외교부 문화외교국 문화교류협력과(02-2100-8334) [학]1993년 서울대 미학과졸 1996년 同대학원 미학과졸 2010년 문학박사(일본 도쿄대) [경]2001~2002년 미국 셔먼리 미술연구소 근무 2002~2003년 미국 하버드대 엔칭연구소 펠로우 2002~2009년 국립중앙박물관 학예연구사 2010~2011년 미국 클리블랜드미술관 한국일본미술큐레이터 2011~2013년 同한국일본미술 컨설팅큐레이터 2011~2013년 성균관대 동아시아학술원 조교수 2013~2015년 서울시립미술관 학예연구부장 2014~2015년 이화여대 조형예술학부 겸임교수 2016년 외교부 문화외교국 문화교류협력과장(현) [상]전국대학생논문대회 인문분야 최우수상(1992) [저]'미학대계 1권(共)'(2007, 서울대 출판사) '일본근대서양화'(2008, 국립중앙박물관) '일본미술의 복고풍'(2008, 국립중앙박물관) 'Seunghye Sun, The Lure of Painted Poetry: Japanese and Korean Art'(2011, The Cleveland Museum of Art) '동아시아 유교문화의 재발견(共)'(2013, 성균관대 출판부)

선우명호(鮮于明鎬) SUNWOO, Myoungho

[생]1953·3·30 [출]대전 [주]서울 성동구 왕십리로222 한양대학교 공과대학 미래자동차공학과(02-2220-0453) [학]1979년 한양대 전기공학과졸 1983년 미국 Univ. of Texas at Austin 대학원 전기공학과졸 1990년 자동차전자제어박사(미국 오클랜드대) [경]1984년 Philips 연구원 1985~1993년 General Motors Research Labs. 연구원 1993~2011년 한양대 자동차공학과 교수 1997년 세계자동차공학회(SAE) 한국지부 대표 2002년 제19회 세계전기자동차학술대회 및 전기회(EVS-19) 대회조직위원장 2003~2008년 과학기술부 및 산업자원부 주관 10대 차세대성장동력산업 '미래형자동차' 추진위원장 2006년 한양대 공과대학 부학장 2006년 아·태지역전기자동차학회(EVAAP) 부회장 2006년 자동차부품산업진흥재단 이사(현) 2008~2010년 한양대 대외협력처장 2008~2011년 한국과학기술단체총연합회(KOFST) 이사 2009년 한국자동차공학회 회장 2009년 한국공학한림원 정회원(현) 2010~2015년 아시아태평양지역전기차협회(EVAAP) 회장 2010년 세계자동차공학회(SAE) Fellow 2011년 同석좌회원(현) 2011~2012년 한국공학한림원 기획사업위원회 위원장 2011년 한양대 공과대학 미래자동차공학과 교수(현) 2011년 세계전기자동차협회(WEVA) 부회장 2013년 국가과학기술심의회 주력기간전문위원회 위원 2013~2015년 한양대 경영부총장 2013~2015년 세계전기자동차협회(WEVA) 회장 2013~2015년 제28회 세계전기자동차학술대회 및 전시회(EVS28) 대회장 2014~2016년 정부 미래성장동력추진단 스마트자동차분야 단장 2014년 국립대학법인 서울대 이사(현) 2014년 대통령 국가과학기술자문위원회 자문위원(현) 2015년 (주)LG유플러스 사외이사(현) 2015년 대통령 국가과학기술자문위원회 창조경제분과 의장(현) 2016년 국토교통부 '자율주행차 융·복합 미래포럼' 총괄위원(현) 2016년 과학기술전략회의 주관 국가전략 프로젝트 '자율주행자동차 사업' 기획단장(현) [상]미국자동제어학회 최우수논문발표상(1990·1991), 한국자동차공학회 학술상(2001), 한국자동차공학회 공로상(2002), 산업자원부장관표창(2004), 국무총리표창(2004), 교육과학기술부 우수연구성과 50선 선정(2008), 산학협동상 대상(2009), 산업포장(2010), '국가연구개발 우수성과 100선' 선정 및 미래창조과학부장관표창(2014), 한국공학한림원 해동상(2015), 국제전기전자기술자협회(IEEE) 혁신상(2015), 한양대 YU학술상(2016) [저]'자동차 공학' '전기전자 공학개론'

선우명훈(鮮于明勳) SEONWOO Myung Hoon

[생]1958·3·25 [본]태원(太原) [출]서울 [주]경기 수원시 영통구 월드컵로206 아주대학교 정보통신대학 전자공학과(031-219-2369) [학]1980년 서강대 전자공학과졸 1982년 한국과학기술원 대학원졸 1990년 전자공학박사(미국 텍사스대) [경]1982~1985년 한국전자통신연구원 연구원 1992년 아주대 정보통신대학 전자공학과 교수(현) 2000년 미국 캘리포니아대학교 데이비스교 초청교수 2007년 한국컨벤션 명예홍보대사 2010년 미국 전기전자공학회(IEEE) 석학회원(현) 2012~2013년 대한전자공학회 반도체소사이어티 회장 [저]'VisTA-An Image Understanding Architecture'(1991)

선우석호(鮮于奭皓) SONU Suk Ho

[생]1951·9·16 [본]태원(太原) [출]부산 [주]서울 마포구 와우산로94 홍익대학교 경영대학(02-320-1717) [학]1970년 경기고졸 1974년 서울대 공과대학 응용수학과졸 1981년 미국 노스웨스턴대 켈로그스쿨졸(MBA) 1987년 경영학박사(미국 펜실베이니아대 와튼스쿨) [경]1984~1986년 미국 로드니화이트재무연구센터 연구원 1987~1991년 산업연구원 연구위원·첨단산업실장·동향분석실장 1991년 홍익대 경영대학 경영학(재무·금융)전공 교수(현) 1993년 상공부 신경제5개년계획 자문위원 1995년 국무총리실 산하 세계화추진위원회 기업제도개선분과 실무위원 1997~2005년 기획예산처 정부투자기관 경영평가팀장 1998년 은행감독원 2차은행평가팀 평가위원 2003~2006년 감사원 자문위원 2003년 신용보증기금 자산관리위원회 위원 2004년 외교통상부 민간자문위원(금융서비스) 2004년 한국금융학회 부회장 2005~2011년 한국기업지배구조원(CGS) 연구위원장 2006년 공기업학회 부회장 2006~2012년 LG패션 사외이사 2007년 한국재무학회 회장 2009~2010년 한국금융학회 회장 2010년 금융위원회 선진화위원 2011년 국무총리실 산하 금융감독선진화T/F 위원 2011년 홍익대 경영대학원장 겸 세무대학원장 2011~2014년 한국기업지배구조원(CGS) 기업지배구조위원회 위원장 [저]'KIET 통상백서: 통상정책의 중장기 구상(共)'(1988, KIET) '2000년 한국무역전망과 장기정책방향(共)'(1989, KIET) '가전산업의 국제경쟁력 증대를 위한 연구(共)'(1990, KIET) '기업집단의 업종전문화 촉진방안'(1991, KIET) '한국의 지역경제: 이론과 90년대 정책방안'(1991, KIET 연구보고서) 'ALM: 자산부채종합관리(共)'(1993, 법문사) '인도네시아 통신사업의 자금조달 방안 1994~2005'(1993, ADB) '한국기업의 경쟁전략과 기업구조 개선(1994, 한국경제연구원) '주가변동과 이례현상(共)'(1994, 학현사) '금융분야별 학술연구동향(共)'(1995, 한국금융학회) '정보사회의 역기능과 법적 대응에 관한 연구(共)'(1995, 통신개발연구원) '21세기 한국기업의 통합체제(共)'(1996, 서울대 경영대학 증권금융연구소) 'M&A : 기업 합병매수와 구조재편'(1997·1999·2001, 법문사) '한국기업의 운명을 바꿀 21세기 미래경영(共)'(2000, 김영사) '고성장의 미련을 버려라(共)'(2002, 매일경제신문사) '선우석호 교수의 재무관리'(2004, 율곡) '운용리스크 추정과 손실분포 적합성 검증(共)'(2006, 한국금융연구원) '왜 금융선진화인가?(共)'(2008, 한반도 선진화재단) [역]'금융공학 & 금융혁신(共)'(1999, 삼성경제연구소) [종]천주교

선우영석(鮮于永奭) SUNWOO Young Suk

[생]1944·3·6 [본]태원(太原) [출]서울 [주]서울 중구 을지로100 파인애비뉴 B동25층 한솔홀딩스(02-3287-6074) [학]1962년 경복고졸 1970년 연세대 경영학과졸 1998년 고려대 언론대학원 최고위언론과정 수료 [경]1970년 제일모직(주) 입사 1977년 삼성물산 몬트리올지점장 1984년 삼성중공업 해외사업부 이사 1988년 同상무이사 1989년 삼성항공 항공기사업본부 부본부장 1991년 同KFP사업본부장(전무이사) 1993년 한솔무역(주) 대표이사 전무 1997년 (주)한솔 대표이사 사장 1998년 한솔제지(주) 신문용지사업부문 사장 1999년 팝코전주(주) 대표이사 사장 2000년 팬아시아페이퍼코리아(주) 대표이사 사장 2002년 한솔제지(주) 총괄대표이사 부회장 2003~2009년 同대표이사 2009년 同대표이사 부회장 2015년 한솔홀딩스(주) 대표이사(현) [상]국무총리표창(1999), 대통령표창(1999), WBA생산기술역부문 금상(1999), 은탑산업훈장(2003) [종]기독교

선우정(鮮于鉦) SON U JONG

[생]1967·2·9 [출]서울 [주]서울 중구 세종대로21길30 조선일보 논설위원실(02-724-5114) [학]1985년 서울 배재고졸 1992년 연세대 사학과졸 1998년 일본 게이오대 매스커뮤니케이션센터 수료 2014년 서강대 경제대학원 수료 [경]1991년 조선일보 입사 2005~2010년 同일본특파원 2013년 同주말뉴스부장 2014년 同국제부장 2015년 同논설위원(현) [상]일한문화교류기상(2011) [저]'일본, 일본인, 일본의 힘'(2008)

선우정택(鮮于晶澤)

[생]1968·2·27 [본]태원(太原) [출]서울 [주]세종특별자치시 갈매로477 기획재정부 제도기획과(044-215-5530) [학]1986년 중동고졸 1991 서울대 경제학과졸 1995년 同대학원 행정학과졸 2005년 영국 버밍엄대 대학원졸 [경]2002년 기획예산처 기금정책국 사회기금과 사무관 2003년 同기금정책국 기금제도과 사무관 2003년 同기금정책국 기금제도과 서기관 2007년 同홍보관리관실 팀장 2007년 同기금정책국 기금운용계획과장 2008년 기획재정부 공공정책국 경영혁신과장 2009년 同재정정책국 재정분석과장 2014년 기획재정부 공공정책국 인재경영과장 2016년 同공공정책국 제도기획과장(현)

선우중호(鮮于仲皓) SONU, JUNG-HO

[생]1940·11·28 [본]태원(太原) [출]서울 [주]서울 관악구 관악로1 서울대학교(02-880-9019) [학]1958년 경기고졸 1963년 서울대 토목공학과졸 1969년 캐나다 서스캐처원대 대학원 토목공학과졸 1973년 토목공학박사(미국 콜로라도주립대) 1997년 명예 이학박사(미국 콜로라도주립대) 2001년 명예 교육관리학박사(중국 하얼빈사범대) [경]1972~1973년 미국 콜로라도주립대 연구원 1974~1996년 서울대 토목공학과 조교수·부교수·교수 1977~1993년 건설부 중앙설계심사위원 1978~1993년 同중앙하천관리위원 1981~1982년 미국 콜로라도주립대 교환교수 1987~1991년 한국수자원공사 이사 1988~1993년 한국건설기술연구소 이사 1989~1993년 국립대도서관협회 의장 1991~1993년 국공립대도서관장협의회 회장 1991~1993년 서울시 하천관리위원 1991년 대한토목학회 부회장 1994년 서울대 공과대학장 1995년 同부총장 1996~1998년 同총장 1997~1999년 한국수자원학회 회장 1998~2000년 서울대 지구환경시스템공학과 교수 1999년 대한토목학회 회장 2000년 행정자치부 중앙분쟁위원장 2000~2004년 명지대 총장 2003~2004년 한국대학총장협의회 회장 2004~2007년 예술의전당 이사 2005년 명지대 토목환경공학과 석좌교수 2005~2007년 한국공학한림원 이사 2005~2008년 한국학술진흥재단 비상근이사 2006년 서울대 명예교수(현) 2007년 S-Oil(주) 사외이사 2008~2012년 광주과학기술원 원장·총장 2010년 광주세계도시환경포럼 부이사장, 포스코청암재단 이사(현) [상]한국수문학회 학술상, 대한토목학회 논문상, Morgan Alumni Achevement Award, 청조근정훈장(2006) [저]'수문학'(1983) [종]천주교

선원표(宣元杓) SUN Weon Pyo

[생]1957·10·13 [본]보성(寶城) [출]전남 보성 [주]전남 광양시 항만대로465 여수광양항만공사 사장실(061-797-4301) [학]1975년 순천고졸 1980년 해군사관학교졸 2000년 국방대학원 국제관계학과졸 [경]1987~1996년 해운항만청 사무관 1997년 해양수산부 연안해운과·총무과 서기관 2000년 2010년세계박람회유치위원회 파견 2001년 해양수산부 법무담당관 2002년 同물류기획과장 2002년 同장관비서관 2003년 同유통가공과장 2004년 同기획관리실 혁신담당관 2005년 同수산정책국 수산정책과장 2006년 同감사담당관 2007년 同감사관 2008년 국토해양부 여수지방해양항만청장 2009년 국방대 안보과정 교육파견(고위공무원) 2010년 인천지방해양항만청장 2011년 국토해양부 해사안전정책관 2012~2013년 중앙해양안전심판원장 2014년 여수광양항만공사 사장(현) 2015년 (사)대한민국해양연맹 여수·광양해양연맹 회장(현) [상]홍조근정훈장(2013) [종]가톨릭

선의종(宣宜宗) Sun Uijong

[생]1974·8·18 [출]서울 [주]경기 성남시 수정구 산성대로451 수원지방법원 성남지원(031-737-1410) [학]1993년 서울 장훈고졸 1997년 고려대 법학과졸 [경]1996년 사법시험 합격(38회) 1999년 사법연수원 수료(28기) 1999년 공군 법무관 2002년 청주지법 판사 2005년 인천지법 부천지원 판사 2007년 서울중앙지법 판사 2009년 서울가정법원 판사 2011~2014년 서울고법 판사 2011~2013년 헌법재판소 파견 2014년 창원지법 부장판사 2016년 수원지법 성남지원 부장판사(현)

선정규(宣釘奎) SUN Jung Kyu

[생]1952·11·2 [주]세종특별자치시 세종로2511 고려대학교 중국학부(044-860-1220) [학]1976년 고려대 중어중문학과졸 1983년 대만 국립대만대 대학원졸 1986년 문학박사(성균관대) [경]1983~1984년 고려대 인문대학 중어중문학과 강사 1984~1995년 청주대 인문대학 중어중문학과 교수 1986~1996년 중국어문연구회 총무간사 1997년 고려대 인문대학 중국학부 부교수·교수(현) 1999~2000년 중국학연구소 총무이사 1999~2001년 중국어문연구회 회장

2001년 미국 Univ of Washington 방문교수 2003년 고려대 기획홍보처장 2003년 중국어문연구회 상임이사(현) 2008년 제1회 아시아오픈포럼 운영위원장 2015년 고려대 세종캠퍼스 부총장(현) [저]'중국신화연구'(1996) '중국문학사'(2003)

선종근(宣鍾根) SUN Jong Kun

[생]1953·10·29 [본]보성(寶城) [출]울산 울주 [주]부산 금정구 부산대학로63번길2 부산대학교 행정대학원(051-510-1373) [학]1971년 경남공고졸 1982년 부산대 법대 행정학과졸 1985년 서울대 행정대학원 행정학과졸 2011년 행정학박사(건국대) [경]1986년 문화공보부 행정사무관 1990~1993년 공보처 신문과·홍보과·기획과 근무 1993년 同장관비서관 1995년 同법무담당관 1998년 문화관광부 본부 근무 1998년 교육부 국제교육진흥원 교재개발과장 2000년 경북대 사무국 경리과장 2002~2004년 재외동포재단 교육지원부장 파견 2004년 미국 조지타운대 Visiting Scholar 2006년 교육인적자원부 국제교육진흥원 유학지원부장(서기관) 2008년 교육과학기술부 국제교육진흥원 유학지원부장(서기관) 2008년 同국립국제교육원 영어교육지원부장(서기관) 2009년 한국방송통신대 교무과장 2009년 강원대 삼척캠퍼스 행정본부장(부이사관) 2010~2012년 한국해양대 사무국장 2012~2014년 한국교과서연구재단 이사장 2015년 부산대 행정대학원 강사(현) [상]대통령표창(1988) [종]불교

선준영(宣晙英) SUN Joun Yung

[생]1939·6·16 [본]보성(寶城) [출]경기 광주 [주]서울 종로구 북촌로15길2 경남대학교 극동문제연구소(02-3700-0700) [학]1958년 경기고졸 1962년 서울대 법학과졸 1967년 미국 아메리칸대 대학원 수료 [경]1963년 외무부 입부 1968년 駐미국 3등서기관 1973년 외무부 통상2과장 1975년 駐이란 참사관 1978년 駐영국 참사관 1981년 駐브라질 공사 1984년 駐제네바 공사 1986년 駐미국 경제공사 1987년 외무부 국제경제국장 1988년 同통상국장 1990~1992년 駐체코슬로바키아 대사 1993년 외무부 국제경제통상담당 대사 1993~1996년 同제2차관보 1994년 APEC 무역투자위원회 의장 1996~1998년 駐제네바대표부 대사 1997년 세계무역기구(WTO) 서비스이사회 의장 1997년 유엔 군축회의 의장 1998~2000년 외교통상부 차관 2000~2003년 駐유엔대표부 대사 2003년 경남대 북한대학원 석좌교수 2003년 (주)영원무역 사외이사(현) 2004년 Korea Economic Institute(한미경제연구소) 자문이사(현) 2005~2015년 북한대학원대 석좌교수 2006~2013년 유엔한국협회 부회장(CEO) 2007년 유엔글로벌콤팩트한국협회 부회장(현) 2010년 미국 우드로윌슨센터 수석학자(현) 2015년 경남대 극동문제연구소 석좌교수(현) 2016년 유엔한국협회 명예회장(현) [상]근정포장, 홍조근정훈장, 황조근정훈장

선진규(宣晋圭) SUN Jin Kyu

[생]1934·4·3 [본]보성(寶城) [출]경남 김해 [주]경남 김해시 진영읍 본산리3 봉화산 정토원(055-342-2991) [학]1955년 부산공고졸 1959년 동국대졸 1964년 同대학원 수료 [경]1957년 동국대총학생회 회장 1958년 전국대학생회장단협의회 의장 1978년 대한불교청년회 중앙회장 1984년 봉화산청소년수련원 원장, 봉화산 정토원장(현) 1985년 대한불교조계종 전국포교사단 부단장 1995~1998년 경남도의회 의원 1995년 同무소속동우회 부회장 1999년 한국청소년수련시설협회 회장 2004~2005년 열린우리당 경남도당 위원장 2005~2007년 同전국노인위원장 2007년 대통합민주신당 전국노인위원장 2008년 통합민주당 노인위원장 2008년 민주당 노인위원장 2008년 同당무위원 2012년 민주통합당 전국노인위원장 2012년 同제18대 대통령중앙선거대책위원회 노인특보실장 2013년 민주당 전국노인위원장 2013년 同고문 2014년 새정치민주연합 고문 2015년 더불어민주당 고문(현) [상]문화체육부장관표창 [저]'불교포교론' [종]불교

선채규(宣彩奎) SUN Chae Kyu

[생]1945·4·30 [본]보성(寶城) [출]전남 무안 [주]서울 강남구 도산대로507 한국기업연구원(02-540-0837) [학]1967년 선인상고졸 1974년 전남대 경영대학원 수료 1989년 장로회연합신학대 종교철학과졸 1991년 미국 트리니티신학대 신학과졸 1993년 미국 미드웨스트대 대학원졸(석사) 1995년 선교학박사(미국 미드웨스트대), 고려대 정책대학원 수료 [경]1974년 예편(육군 대위) 1974~1979년 한국경제분석연구소 이사장 1978년 선우기업(주) 대표이사 1980~1982년 청화그룹 종합기획조정실장 1982~1984년 한일그룹 종합기획감사담당 상무이사 1982~1984년 한국프로레슬링협회 이사 1986~2004년 한국기업연구원 이사장 1998~2003년 국가경영전략위원회 경제과학위원 2000~2003년 국정 자문위원 2002년 在京광주·전남향우회 부회장 2002년 한국산업인력공단 자격검정이사 2003~2005년 민주평통 자문위원 2004~2007년 한국원자력문화재단 전무이사 2006~2007년 同이사장 직대 2007년 서남해안포럼 운영위원 2007~2008년 전국호남향우회총연합회 사무총장 2007년 한나라당 제17대 이명박 대통령후보 정책특보 2008~2009년 한국토지공사 비상임이사 2008년 한국기업연구원 이사장(현) 2008년 한나라당 정책위원회 자문위원 2012년 새누리당 제18대 대통령중앙선거대책위원회 총괄본부 대외정책특보 2012년 同제18대 대통령중앙선거대책위원회 대외협력특보 2013년 同정책위원회 산업통상자원위원회 정책자문위원 2013년 여의도연구원 정책고문위원(현) 2014년 '한국수필'에 수필가 등단 [상]駐越한국군사령관표창, 대통령표창, 한국수필 신인상(2014) [저]'한국교회 선교전략에 대한 연구' '꾸쇠의 죽음' '생사의 갈림길' [종]기독교

선태무(宣泰武)

[생]1958·10·1 [출]전남 보성 [주]전남 무안군 삼향읍 어진누리길10 전라남도교육청 부교육감실(061-260-0212) [학]1977년 광주 대동고졸 1984년 전남대 사범대학 교육학과졸 2002년 캐나다 브리티시컬럼비아대 대학원졸(석사) 2009년 숭실대 대학원졸(박사) [경]1984~1988년 해남 현산중 교사 1987년 행정고시 합격(31회) 1988~1998년 충남도교육위원회 진흥계장·행정관리계장, 순천대 학적과장·총무과 사무관 1998년 교육부 교원양성담당관실 서기관 1999년 전북대 학생과장 2001년 同교무과장 2002년 교육인적자원부 학술진흥과장 2003년 同교육정보화기획과장 2004년 한국교원대 총무과장·교무과장 2005년 전북대 학생과장·교무과장 2005년 한국방송통신대 교무과장 2006년 국무조정실 교육문화심의관실 교육정책과장 2007년 서울대 연구처 연구진흥과장 2009년 교육과학기술부 지방과학팀장 2010년 同과학기술문화과장(부이사관) 2011년 세종연구소 파견 2012년 한국해양대 사무국장 2014년 전남대 사무국장(일반직고위공무원) 2015년 전남도교육청 부교육감(현)

선 향(宣 饗) SUN, HYANG

[생]1965·3·31 [본]보성(寶城) [출]부산 [주]서울 종로구 사직로8길60 외교부 인사운영팀(02-2100-7136) [학]1984년 배문고졸 1991년 인하대 섬유공학과졸 1993년 同대학원 섬유공학과졸 1999년 공학박사(인하대) [경]1993~1999년 기술표준원 공업연구사 2000~2009년 同공업연구관 2003~2004년 미국 상무성(D.O.C) 국립표준기술원(NIST) 객원연구원 2005~2006년 국제표준화기구 수처리기술표준분야 국제간사 2010년 지식경제부 기술표준원 소재나노표준과장 2010~2012년 일본 아시아경제연구소 파견관 2012년 지식경제부 산업경제정책관실 산업환경과장 2013년 미래창조과학부 미래성장조정과장 2014년 駐일본 과학기술정보통신관(현) [상]대통령표창(2008) [저]'표준이 경제효과 분석 방법론(日文)'(2012, 일본 아시아경제연구소) [종]천주교

선형렬(宣泂列) SUN Houng Yeol

[생]1969·1·25 [본]보성(寶城) [출]광주 [주]서울 영등포구 여의대방로67길22 태양빌딩4층403호 에이원투자자문(주)(02-6732-7001) [학]1987년 광주 석산고졸 1994년 성균관대 회계학과졸 [경]1995~2000년 조흥증권 리서치팀 근무 2000년 KTB자산운용(주) 벤처투자팀 선임펀드매니저 2006년 同전략투자팀장 겸 수석펀드매니저 2011년 同전략투자본부장 겸 수석펀드매니저 2013년 同메짜닌투자담당 이사 2015년 에이원투자자문(주) 대표이사(현) [저]'제3주식시장 투자기업이 보인다'(2000)

설경구(薛景求) SEOL Gyeong Gu

[생]1968·5·1 [출]충남 서천 [주]서울 강남구 테헤란로25길45 씨제스엔터테인먼트(02-512-4637) [학]마포고졸 1993년 한양대 연극영화과졸 [경]영화배우(현), 씨제스엔터테인먼트 소속(현) 1996년 영화 '꽃잎'으로 데뷔 2002년 관객이 뽑은 한국영화 최고배우 선정 2007년 전국미아실종가족찾기시민의모임 홍보대사 2007년 KTX시네마 홍보대사 2014~2015년 한양대 연극영화학과 특임교수 [상]대종상영화제 신인남우상(2000), 청룡영화제 남우주연상(2000·2001), 춘사영화제 남우주연상(2000), 슬로바키아 브라티슬라바영화제 남우주연상(2000), 노르웨이 오슬로영화제 스페셜멘션상(2000), 카를로비바리영화제 심사위원 특별상(2000), 황금촬영상 신인남우상(2000), 영화평론가협회 신인남우상(2000), 대종상영화제 남우주연상(2001), 백상예

술대상 영화부문 대상(2001), 부산영평상 남우주연상(2002), 춘사나운규영화제 남자연기상(2002), 영화평론가협회 남우주연상(2002), MBC영화제 남우주연상(2002), 제29회 청룡영화상 인기스타상(2008), 제18회 춘사대상영화제 남우주연상(2010), 청룡영화상 인기스타상(2013), 백상예술대상 영화부문 남자최우수연기상(2014), 뉴욕아시안영화제 아시안스타상(2014), 황금촬영상 최우수남우주연상(2015) [작]출연영화 '꽃잎'(1996) '러브스토리'(1996) '처녀들의 저녁식사'(1998) '유령'(2000) '새는 폐곡선을 그린다'(2000) '박하사탕'(2000) '단적비연수'(2000) '나도 아내가 있었으면 좋겠다'(2001) '공공의 적'(2001) '오아시스'(2001) '광복절특사'(2002) '실미도'(2003) '역도산'(2004) '공공의적2'(2005) '사랑을 놓치다'(2006) '열혈남아'(2006) '그놈 목소리'(2007) '싸움'(2007) '강철중'(2008) '해운대'(2009) '타워'(2012) '스파이'(2013) '소원'(2013) '감시자들'(2013) '나의 독재자'(2014) '서부전선'(2015) 연극 '심바새매'(1993) '구렁이 신랑과 그의 신부'(1996) '러브레터'(2005) 뮤지컬 '지하철1호선'(1996) '모스키토' 등

설경석(薛敬錫) SEOL Kyoung Seog

[생]1964·4·25 [주]서울 강남구 테헤란로507 일송빌딩 미래에셋생명보험(주) 방카슈랑스영업2부문(1588-0220) [학]상문고졸, 고려대 법학과졸 [경]동원증권 근무, 미래에셋증권 경영지원본부장(이사대우) 2006년 미래에셋생명보험(주) 기획인력부문 상무 2007년 同기획인력부문장(상무보) 2008년 同경영관리부문장(상무) 2008~2009년 미래에셋캐피탈(주) 대표이사 2014년 미래에셋생명보험(주) 삼성역은퇴설계센터장(전무) 2015년 同Retail영업부문 대표(전무) 2016년 同방카슈랑스영업2부문 대표(전무)(현)

설경훈(薛暻勳) Sul Kyung-hoon

[생]1958·7·7 [주]대전 서구 둔산로100 대전광역시청(042-270-3041) [학]1981년 서울대 경제학과졸 1986년 미국 버지니아대 대학원 외교학과졸 [경]1982년 외무고시 합격(16회) 1982년 외무부 입부 1987년 駐뉴욕 영사 1993년 駐이란 1등서기관 1998년 駐제네바대표부 참사관 2001년 외교통상부 외국어교육과장 2002년 同안보정책과장 2003년 駐쿠웨이트 공사참사관 2005년 駐유엔대표부 참사관 2006년 同공사참사관 2009년 외교통상부 국제기구국협력관 2009년 同개발협력국장 겸임 2011년 유엔재단 파견 2011년 駐유엔대표부 차석대사 2014년 駐우크라이나 대사 2016년 외교부 본부대사 2016년 대전시 국제관계대사(현) [상]홍조근정훈장(2005)

설균태(薛均泰) SEOL Kyun Tai (信谷)

[생]1938·3·2 [본]순창(淳昌) [출]전북 순창 [주]서울 영등포구 의사당대로97 교보증권빌딩14층 현대인베스트먼트자산운용(02-6276-7011) [학]1959년 환일고졸 1965년 한국외국어대 영어과졸 1990년 서울대 행정대학원 행정학과졸 [경]1966년 전매청 업무국 근무 1969~1987년 재무부 이재국·국제금융국·보험국 사무관 1987년 관세청 세관협력과장(서기관) 1989년 재무부 국세심판소 조사관 1991년 아시아개발은행(ADB) 자문관 1993년 재무부 외자관리과장 1994~1998년 국민신용카드(주) 수석부사장 1994년 VISA International 아·태지역 집행이사 2000~2004년 한국인삼공사 사외이사 2001~2004년 교보생명보험 감사위원·사외이사 2001~2003년 전북신용보증재단 초대 이사장 2003년 교보생명보험 자문위원 2004~2005년 현대캐피탈 고문 2006~2008년 삼성화재보험 고문 2009~2011년 한국컨테이너부두공단 비상임감사 2009년 민주평통 중앙상임위원(현) 2011년 여수광양항만공사 항만위원 2011년 同감사위원장 2011년 IBK투자증권 사외이사 겸 감사위원장 2013~2014년 유네스코 한국위원회 수석특별위원 2014년 백두산문학에 '내 나이가 어때서'로 수필가 등단 2015년 현대인베스트먼트자산운용 사외이사 겸 감사위원장(현) [상]재무부장관표창(1981), 대통령표창(2006), 국민훈장 석류장(2011), 제28회 백두산문학 신인문학상 수필부문(2014)

설기문(薛耆汶) SEOL Ki Moon

[생]1957·9·15 [본]순창(淳昌) [출]경남 창녕 [주]서울 서초구 강남대로82 삼덕빌딩4층 설기문마음연구소(02-757-8008) [학]1975년 대구 계성고졸 1979년 경북대 사범대학 교육학과졸 1982년 계명대 대학원 교육학과졸 1986년 교육학박사(미국 United States Int'l Univ.) [경]1982년 계명대 학생생활연구소 연구원 1986~2003년 동아대 교육학과 조교수·부교수·교수 1996년 캐나다 빅토리아대 교육학과 객원교수 2001년 미국 California State Polytechnic Univ. Pomona 심리학과 객원교수 2003년 설기문마음연구소 원장(현) 2007~2015년 동방대학원대 자연치유학과 교수·초빙교수 [저]'인간관계와 정신건강' '최면과 전생퇴행' '최면과 최면치료' '전생가기 참 쉽다' '멈출 수 없는 발걸음'(2003) '최면의 세계'(2003) '시간선치료'(2007) 'Only One:내 삶을 움켜쥔 오직 한 가지'(2007) '스스로 학습법으로 유턴하라(共)'(2007) 'Yes, I Can'(2009) '에릭슨최면과 심리치료'(2009) '난 EFT로 두드렸을 뿐이고'(2009) '창조적 성공최면'(2009) '위대한 삶으로 가는 길'(2010) '돈속에 빠져버려라'(2010) '너에게 성공을 보낸다'(2011) '그래도 가족입니다'(2013) '걱정하지마 잘될거야'(2013) '좸좸기법'(2016) [역]'NLP의 원리'(2002) '두려움극복을 위한 NLP(共)'(2007) '최면상담'(2009) '행복한 머니코칭'(2010) 'NLP 입문'(2010)

설기현(薛琦鉉) SEOL Ki Hyeon

[생]1979·1·8 [출]강원 정선 [주]경기 수원시 장안구 서부로2066 성균관대학교 축구부(031-299-6971) [학]강릉상고졸 2001년 광운대졸 [경]1998년 광운대축구단 입단 1998년 청소년 국가대표 1999년 나이지리아 세계청소년선수권 국가대표 2000년 아시안컵 국가대표 2000년 시드니올림픽 국가대표 2000년 벨기에 로열앤트워프FC 입단 2001년 벨기에 1부리그 안더레흐트 입단 2002년 한·일월드컵 국가대표 2004~2006년 잉글랜드 울버햄튼 원더러스FC 소속 2005년 기아자동차 홍보대사 2006년 독일월드컵 국가대표 2006년 잉글랜드 프리미어리그 레딩FC 입단 2007년 잉글랜드 프리미어리그 풀럼FC 입단 2007년 롯데호텔 명예홍보대사 2009년 사우디아라비아 알 힐랄 클럽 입단(6개월 임대) 2009년 잉글랜드 풀럼FC 입단(MF) 2010년 포항스틸러스 입단 2011년 울산현대축구단 입단(공격수) 2012~2015년 인천 유나이티드 축구선수(공격수) 2015년 성균관대 축구부 감독 직대·감독(현) [상]아시아청소년선수권대회 우승(1998), 던힐컵 우승(1999), 체육훈장 맹호장(2002), 자황컵 체육대상 남자최우수상(2002)

설도원(薛都元) SEOL Do Won

[생]1956·10·17 [본]순창(淳昌) [출]대구 [주]서울 서초구 반포대로63 진석빌딩 7층 한국체인스토어협회(02-522-1271) [학]경북고졸, 중앙대 경영학과졸, 연세대 대학원 경영학과졸 2007년 경영학박사(연세대) [경]삼성테스코 유통·판촉홍보파트 부장 2001년 同홍보마케팅담당 상무보 2002년 同PR&마케팅부문장(상무보) 2004년 同PR부문장(상무) 2007년 同PR사회공헌부문장(전무) 2011~2015년 홈플러스 부사장 2015년 同경영자문역 2015년 한국체인스토어협회 상근부회장(현) [상]고려대 유통경영인 대상(2003), 연세대 유통전문경영인 공로상(2004), 철탑산업훈장(2005), 연세MBA 경영인상(2008), 자랑스런 연세MBA인상(2010), 한국참언론인대상 공로상(2010), 연세경영자상(2011), 한국창조경영인협회 2015신창조인 선정(2015) [종]천주교

설동근(薛東根) SEOL Dong Keun (慧松)

[생]1948·5·23 [본]순창(淳昌) [출]경남 의령 [학]1967년 마산고졸 1969년 부산교육대졸 2004년 동아대 대학원졸(행정학석사) 2006년 부산대 국제전문대학원졸(국제학석사) 2007년 행정학박사(동아대) [경]1969~1975년 부산 용호초교·좌천초교 교사 1983~2000년 삼영선박 대표 1998~2000년 부산시 교육위원 2000년 제12대 부산광역시 교육감 2003~2007년 제13대 부산광역시 교육감 2004~2006년 EBS 수능방송·인터넷강의자문위원장 2005~2006년 대통령자문 교육혁신위원회 위원장 2007~2010년 제14대 부산광역시 교육감 2009~2010년 전국시·도교육감협의회 회장 2009~2010년 EBS 학교교육자문위원회 위원장 2010~2012년 교육과학기술부 제1차관 2011~2012년 한국공무원불자연합회 회장 2012~2015년 동명대 총장 2013년 교육부 정책자문위원회 위원장 겸 미래교육전략분과위원장 2015년 한국진로진학교육학회 초대회장 [상]체육훈장 거상장(2003), 한국방송통신대 자랑스런 방송대인상(2005), 한국투명성기구 투명사회상(2005), 황조근정훈장(2012), 범시민사회단체연합 선정 '좋은사회지도자상'(2015) [저]'교육이 국가의 미래다'(2010, 밀과창조사) [종]불교

설동호(薛東浩) SUL Dongho

[생]1950·11·21 [출]충남 예산 [주]대전 서구 둔산로89 대전광역시교육청 교육감실(042-480-7500) [학]1970년 보문고졸 1972년 공주교육대졸 1976년 한남대 영어교육과졸 1980년 충남대 교육대학원졸(영어교육전공) 1987년 영어영문학박사(충남대) [경]1984~1988년 대전공업대·충남대·한국방송대·한남대 강사 1988~2001년 대전산업대 영어과 교수 1997~1998년 미국 Univ. of Cincinnati 교환교수 1999~2000년 전국국공립대교수협의회 부회장 1999~2001년 대전산업대 교수협의회장 2001~2011년 한밭대 인문과학대학 영어과 교수 2001~2003년 한국현대언어학회 부회장 2001~2002년 전

국대학교수회 공동회장 2002~2010년 한밭대 총장 2003~2005년 민주평통 자문위원 2005~2007년 대전권대학발전협의회 공동의장 2005~2007년 전국국립산업대학교총장협의회 회장 2005~2006년 대통령자문 지속가능발전위원회 자문위원 2006~2010년 CBS 대전방송본부 시청자위원장 2007~2010년 (사)대청호보전운동본부 이사장 2008~2010년 대전·충남지역총장협의회 수석회장 2008~2010년 한국대학교육협의회 이사 2011년 한국산림아카데미 원장 2012~2014년 한밭대 인문대학 영어영문학과 교수 2014년 대전광역시 교육감(현) 2015년 대전CBS 시청자위원회 고문(현) [상]근정포장(2009), 매니페스토약속대상 선거공약서부문 우수상(2014) [저]'미래를 준비하는 교육' [종]기독교

설문식(薛文植) SEOL Mun Sik

[생]1957·5·16 [본]순창(淳昌) [출]강원 강릉 [주]충북 청주시 상당구 상당로82 충청북도청 정무부지사실(043-220-2020) [학]서울 대일고졸, 서울대 경제학과졸 [경]재무부 이재국 근무, 同관세국 근무, 재정경제원 예산실 근무 1999년 예산청 법무담당관실 서기관 1999년 기획예산처 예산관리국 관리총괄과 서기관 2001년 국무총리실 수질개선기획단 파견 2002년 기획예산처 사회재정과장 2004년 同사회재정1과장 2005년 同국방예산과장 2005년 同국방재정과장(서기관) 2006년 同국방재정과장(부이사관) 2007년 대통령비서실 파견 2008년 국회 예산결산특별위원회 파견(국장급) 2009년 외교안보연구원 교육파견 2010년 2012여수세계박람회조직위원회 홍보마케팅본부장 2012년 충북도 정무부지사 2013년 同경제부지사 2014년 同정무부지사(현) 2016년 충북지속가능발전협의회 공동회장(현)

설미영(薛美映·女) Sol, Meeyoung

[생]1956·8·9 [주]경남 양산시 물금읍 부산대학로49 부산대학교 의학전문대학원 병리학교실(051-510-8004) [학]1981년 부산대졸 1984년 同대학원졸 1988년 의학박사(부산대) [경]봉생병원 임상병리과 과장 1987년 부산대 의과대학 전임강사 1988년 일본 九州대 의과대학 제1병리학교실 방문연구원 1988년 부산대 의과대학 병리학교실 교수 1994~1995년 미국 토마스제퍼슨의대 병리학교환교수 2003~2009년 부산대 의과대학 병리학교실 주임교수 2006년 同의학전문대학원 병리학교실 교수(현)

설민수(薛敏洙) Seol Minsu

[생]1969·7·17 [출]서울 [주]서울 서초구 서초중앙로157 서울중앙지방법원(02-530-1114) [학]1988년 장훈고졸 1993년 서울대 경제학과졸 [경]1993년 사법시험 합격(35회) 1996년 사법연수원 수료(25기) 1999년 대전지법 판사 2002년 수원지법 성남지원 판사 2006년 서울중앙지법 판사 2007년 서울고법 판사 2009년 서울동부지법 판사 2011년 부산지법 동부지원 부장판사 2013년 수원지법 부장판사 2016년 서울중앙지법 부장판사(현)

설 범(薛 范) SULL Buhm

[생]1958·3·5 [출]서울 [주]서울 영등포구 국제금융로2길 17 삼성생명여의도빌딩13층 대한방직(주) 비서실(02-368-0114) [학]1977년 배재고졸 1981년 연세대 경영학과졸 1985년 미국 Dubuque대 경영대학원졸 [경]1985년 대한방직(주) 상무이사·전무이사 1995년 同부사장 1996년 同사장 1998~2008년 同회장 2009년 同대표이사 회장(현) [종]기독교

설범식(薛範植) SEOUL Beom Shik

[생]1962·12·10 [출]충남 태안 [주]서울 서초구 서초대로 219 대법원 비서실(02-3480-1100) [학]1980년 천안고졸 1985년 한국외국어대 법학과졸 1988년 同대학원졸 [경]1988년 사법시험 합격(30회) 1991년 사법연수원 수료(20기) 1991년 軍법무관 1994년 대전지법 판사 1996년 同홍성지원·서천·보령·예산군법원 판사 1998년 대전지법 판사 2000~2004년 대전고법 판사 2001년 일본 동경대 연수 2002년 법원행정처 송무심의관 2004년 특허법원 판사 2006년 대전지법 부장판사 2007년 대법원 재판연구관 2009년 대전지법 부장판사 2010년 서울동부지법 부장판사 2012년 서울중앙지법 부장판사 2014년 특허법원 부장판사 2015년 대법원장 비서실장(현) 2015년 서울고법 부장판사 겸임(현) [저]'지적재산 소송실무(共)'(2006, 박영사) [역]'특허판례백선(共)'(2005)

설성경(薛盛璟) SUL Sung Gyung (香史)

[생]1944·1·19 [본]경주(慶州) [출]대구 [주]서울 서대문구 연세로50 연세대학교(02-2123-2114) [학]1961년 대구 계성고졸 1969년 연세대 국어국문학과졸 1971년 同대학원 국문학과졸 1981년 국문학박사(연세대) [경]1977~1980년 계명대 전임강사·조교수 1980년 한양대 문과대 조교수 1982~1989년 연세대 국어국문학과 조교수·부교수 1989~2009년 同국어국문학과 교수 1991년 배달말학회 부회장 1995~1997년 문학과의식 주간 1996년 동방문학비교연구회 부회장 2000~2004년 춘향예술연구회 대표 2005~2007년 연세대 국학연구원장 겸 국학연구단장 2009년 同명예교수(현) [상]연세학술상, 외솔상 [저]'한국고전소설의 본질'(1991) '근대전환기 소설연구'(1993) '옥루몽의 작품세계'(1994) '춘향전의 통시적연구'(1994, 서광학술자료사) '근대전환기 시가연구'(1996, 국학자료원) '구운몽연구'(1999, 국학자료원) '서포소설의 선과 관음'(1999, 장경각) '암행어사란 무엇인가'(1999) [종]기독교

설성수(薛晟洙) SEOL Sung Soo

[생]1954·4·30 [출]광주 [주]대전 대덕구 한남로70 한남대학교 경상대학 경제학과(042-629-7608) [학]1981년 고려대 경제학과졸 1984년 同대학원 경제학과졸 1989년 경제학박사(고려대) [경]1981~1982년 체이스맨해튼은행 근무 1982~1983년 고려대 경제연구소 간사 1982~1983년 同노동문제연구소 간사 1984년 고려대·성신여대·경기대 강사 1985년 한남대 경상대학 경제학과 전임강사·조교수·부교수·교수(현) 1993~1995년 同경상대학 교학과장 1993~1998년 대덕과학기술정책연구회 창설 발기위원 1994년 산업기술정책연구소 선정평가위원 1995년 영국 Science Policy Research Unit 방문교수 1996년 同상무성 기술정책프로젝트(Ernst & Young) 참여 1997~2000년 한남대 경제연구센터 소장 1997년 한국기술혁신학회 학술위원장·편집위원장·부회장·회장·고문·명예회장(현) 1997~1998년 한남대 중국경제학부 학부장 1997~1999년 同경제학과장 1999년 (사)한국기술가치평가협회 창설 발기위원 2000년 同부회장 2002년 同회장 2003년 산업자원부 산업기술개발사업선정평가위원 2003년 한남대 하이테크비즈니스연구소장 2004~2005년 중소기업청 이노비즈정책협의회 위원 2004~2006년 한국학술진흥재단 학술연구심사평가위원회 위원 2004~2005년 국가연구개발사업 종합조정위원장 2004~2006년 과학기술부 평가위원 2004~2006년 국가과학기술위원회 기획예산전문위원회 위원 2005~2006년 한국기술혁신학회 회장 2005~2006년 국가연구개발사업 부품소재전문위원회 위원장 2006년 정보통신부 정보통신기술개발사업 자문위원 2006년 중소기업청 산학협력지원사업심의조정위원회 위원 2006년 한국과학재단 모스트투자조합 심의위원장 2007년 대덕연구개발특구투자조합 투자심의위원장 2010년 미국 세계인명사전 'Marquis Who's Who in the World'에 등재 2010년 미국 인명정보기관(ABI) '21세기 위대한 지성'에 등재 2010년 영국 국제인명센터(IBC) '21세기 2000명의 탁월한 지식인'에 등재 2011년 'Asian Journal of Innvation and Policy' Editor-in-Chief 2012년 아시아기술혁신학회 회장 [상]한남대 연구비수주 우수교수(2000), 한국기술혁신학회 논문대상(2001), 한남대 우수연구교수(2001), 한남학술상(2014), 과학기술훈장 웅비장(2016) [저]'PC통신과 온라인 경제정보' '기술혁신과 산업과학기술정책' '대덕연구단지 중장기발전전략' '지식활동분류의 이론과 실제' '21세기대비 기초과학 발전전략' '국제가치평가기준 2000'(2001, 기술가치평가협회) '가치평가 용어사전'(2002) '기업과 기술의 가치 요인분석'(2003) '기업과 기술의 가치평가 원칙과 보고'(2003) '가치평가 원칙과 보고'(2004) '기술시장 정보분석의 체계화 연구(共)'(2004) '바이오 기술과 산업(共)'(2007) 'IFRS 무형/지적자산 가치평가 용어사전(共)'(2010, 한국기업기술가치평가협회) '기술혁신론'(2011, 법문사) '기술가치평가론(共)'(2012, 법문사) '기술가치평가론연구(共)'(2013, 한국기업기술가치평가협회)

설수덕(薛秀德) SEUL Soo Duk

[생]1949·7·23 [출]부산 [주]부산 사하구 낙동대로550번길37 동아대학교 공대 화학공학과(051-200-7717) [학]1973년 동아대 공대졸 1975년 同대학원졸 1986년 공학박사(부산대) [경]1977~1991년 동아대 공대 전임강사·조교수·부교수 1979~1980년 미국 웨스턴버지니아대 초빙교수 1991~2014년 동아대 화학공학과 교수 1995년 한국고분자학회 부산경남지부 부지부장 2002년 한국접착및계면학회 편집위원 2009년 부산안전실천시민연합회 부대표 2009년 부산시 건설기술심의위원 2014년 동아대 화학공학과 명예교수(현) [상]한국고무학회 우수논문상, 동아학술상, 한국고분자학회 우수논문상(2010), 한국접착·계면학회 학술상(2011), 황조근정훈장(2014) [저]'일반화학' '무기공업화학' '반응공학' '화학반응공학'

ㅅ

설승기(薛承基) Sul, Seung-Ki

[생]1958·3·25 [출]서울 [주]서울 관악구 관악로1 서울대학교 공과대학 전기·정보공학부(02-880-7243) [학]1976년 중앙고졸 1980년 서울대 전기공학과졸 1983년 同대학원 전기공학과졸 1986년 전기공학박사(서울대) [경]미국 Wisconshin Medision 연구원, LG산전(주) 책임연구원 1991년 서울대 공대 전기공학부 교수, 同공대 전기·정보공학부 교수(현) 1998~2000년 현대엘리베이터(주) 사외이사 2005~2007년 서울대 공과대학 학생부학장 2008~2011년 기초전력연구원 원장 2015년 (사)전력전자학회 회장 [상]서울대 훌륭한 공대 교수상 산학협력상(2015), 국제전기전자공학회(IEEE) 산업응용부문회(Industry Applications Society) '2015 최우수 논문상 1등상·2등상'(2015), 국제전기전자공학회 산업응용부문회 산업전력컨버터위원회(IEEE Transaction on Industry Applications, Industrial Power Converter Committee) 최우수논문상(2015), 국제전기전자기술자협회(IEEE) 주관 2017 IEEE 윌리엄 E.뉴웰 전력전자어워드(William E.Newell Power Electronics Award)(2016), 국제전기전자기술자협회(IEEE) 산업응용분과 한국인 최초 '2016년 최고업적상'(2016) [저]'전기기기제어론'(2002)

설영오(薛榮五) SEOL YOUNG OH

[생]1959·11·17 [본]경주(慶州) [출]경북 경주 [주]서울 중구 청계천로54 신한은행빌딩5층 신한캐피탈 임원실(02-6742-7511) [학]1978년 부산진고졸 1982년 부산대 회계학과졸 1990년 연세대 경영대학원졸(경영학석사) 2000년 핀란드 헬싱키대 대학원졸(EMBA) [경]1985년 신한은행 입행 1988년 同대기업지원부 심사역 1997년 同여신심사부 심사역 1998년 同기업구조조정팀장 2002년 同호치민지점장 2007년 同BPR추진부장 2009년 同개인금융부장 2009년 同프로세스개선본부장 2010년 同리스크그룹 부행장(전무) 2010년 同글로벌사업그룹 부행장 2014년 同고문 2014년 신한아이타스(주) 대표이사 사장 2016년 신한캐피탈 대표이사 사장(현) [상]은행연합회 논문우수상(1990), 기업구조조정위원회 위원장표창(2000), 금융감독위원회 위원장표창(2001), 베트남 중앙은행 총재표창(2005), 제35회 연세경영자상(2015)

설용수(薛勇洙) SEOL Yong Soo (志松)

[생]1942·1·6 [본]순창(淳昌) [출]전북 순창 [주]경기 용인시 처인구 포곡읍 포곡로188의18 (재)중앙노동경제연구원(031-333-1062) [학]1965년 태인고졸 1968년 상지대 경영학과졸 1986년 연세대 행정대학원 외교안보학과졸 1987년 미국 조지워싱턴대 행정대학원 최고경영자과정 수료 1992년 한국노동연구원 노사정고위지도자과정 수료 1993년 한양대 행정대학원 최고경영자과정 수료 1998년 명예 경영학박사(미국 캘리포니아 유인대) 1999년 중앙대 산업대학원 세계학아카데미졸 2002년 서울대 행정대학원 국가정책과정 수료 2002년 고려대 언론대학원졸 2005년 명예 철학박사(선문대) [경]1974년 (사)치안문제연구소 전문위원 1974년 경찰대 행정학과 교수 1975년 통일부 통일교육전문위원 1979년 국제승공연합 중앙연수원장 1981년 국정홍보위원 1981년 민주평통 자문위원 1981년 국제라이온스클럽 K-309지구 일주라이온스 회장 1982년 국가보훈처 상임지도위원 및 보훈연수원 초빙교수 1984년 국방대학원 전임교수 1984년 육군대·해군대·공군대 전임교수 1985년 대한웅변가협회 부총재 1989년 사회과학연구원 원장 1990년 (재)현대사회문제연구소 원장 1991년 옥천향토문화연구소 소장 1991년 남북통일운동국민연합 두익사상연수원장 1992년 (재)중앙노동경제연구원 원장 1993년 중국 길림성 연변대학 객원교수 1993년 동북연구소 소장 1997년 남북사회문화연구소 이사장 1998년 선문대 겸임교수 1998년 옥천향토문화연구소 이사장 1998년 도덕성회복국민운동본부 부총재 1998년 (재)중앙노동경제연구원 이사장(현) 2001년 세계일보 사장 2001년 민주평통 상임위원 2002년 아시아신문재단(PFA) 한국위원회 이사 2002년 국제언론인협회(IPI) 한국위원회 이사 2003년 행정자치부 자문위원 2004년 남북청소년교류평화연대 이사장(현) 2007년 남북사회문화연구소 이사장(현) 2008년 제18대 국회의원선거 출마(남원·순창) 2008년 한국노동연구원 노사관계고위지도자과정 총동창회장 2009년 통일교육협의회 상임공동의장 2011년 민주평통 자문위원(현) 2011~2012년 선문대 객원교수 2013년 경주·순창설씨대종회 회장(현) 2015년 (사)남북통일운동국민연합 상임고문(현) [상]국민포장, 올림픽 체육기장, 라이온스 무궁화대훈장, 내무부장관표창, 통일부장관표창, 국방부장관표창, 국민훈장 석류장(2005), 제1회 노사발전대상(2008), 21세기위원회 한민족평화통일대상 [저]'한민족의 가치관정립'(1971) '전환시대의 위기관리'(1974) '민주주의와 공산주의'(1975) '남과 북이 함께 사는길'(1984) '한국노동운동의 발전방안'(1986) '한국노동운동발달사'(1990) '격동의 시대 총체적 위기 그 실상과 대안'(1994) '중국 동북지역(만주) 조선족의 삶과 역사적 의의'(1995) '노사갈등 매듭풀기'(1995) '동북아 질서재편과 정치경제환경'(1997) '의식개혁과 직업윤리'(1998) '세계화시대 한국과 한국인'(1999) '작은 거인의 세상 보기'(1999) '다매체시대 한국언론의 방향'(2001) '통일대비 통일교육의 올바른 방향'(2001) '북한핵과 남북관계 발전방향'(2002) '화해와 협력시대 남북관계와 민방위역할'(2003) '재중동포 조선족 이야기'(2004) '전변의 현장에서 본 북한'(2005) '팍스 코리아나, 한국인 시대가 온다'(2009) [종]기독교

설용숙(薛溶淑·女) SEOL Young Suk

[생]1958·12·20 [출]충북 보은 [주]대구 북구 연암로40 경북지방경찰청 제1부(053-429-2213) [학]2001년 대구대 행정학과졸 2002년 경북대 행정대학원졸 [경]1977년 순경 임용, 대구지방경찰청 민원실장·방범지도계장 1999년 대구서부경찰서 보안과장·청문감사관 2000년 대구지방경찰청 보안1·2계장 2005년 총경 승진 2005년 대구지방경찰청 정보통신담당관 2006년 경북 성주경찰서장 2007년 경북지방경찰청 경무과 소속(교육파견) 2007년 대구남부경찰서장 2008년 대구지방경찰청 홍보담당관 2009년 대구수성경찰서장 2010년 경북지방경찰청 정보통신담당관 2011년 대구북부경찰서장 2011년 대구지방경찰청 경무과장 2011년 同경무과장(경무관) 2012년 경기 분당경찰서장(경무관) 2014년 대구지방경찰청 제2부장(경무관) 2014년 同제1부장(경무관) 2015년 경북지방경찰청 제1부장(경무관)(현)

설용태(偰龍泰) SUL Yong Tae

[생]1958·8·4 [본]경주(慶州) [출]전북 [주]충남 아산시 배방읍 호서로79번길20 호서대학교 그린에너지반도체공학부(041-540-5653) [학]1979년 한양대 전기공학과졸 1981년 同대학원졸(공학석사) 1984년 공학박사(한양대) [경]1984년 한국전자기술연구소 전자기기연구부 선임연구원 1985년 호서대 전기공학과 교수, 同그린에너지반도체공학부 디지털디스플레이공학전공 교수(현), 1995~1996년 미국 위스콘신주립대 교환교수 1998~2002년 호서대 반도체제조장비국산화연구센터 소장 2003~2004년 同디스플레이기술교육센터장 2004~2006년 同충남디스플레이인력양성사업단장 2006~2009년 한국정보디스플레이학회 사업이사 2007년 호서대 교무처장 2008~2012년 同학사부총장 2012~2013년 同산학부총장 2012~2013년 同LINC사업단장 2013년 미국 미네소타주립대 방문교수 2014년 한국정보디스플레이학회 협동부회장(현) 2015년 호서대 산학부총장 겸 산학협력단장(현) [저]'전력전송공학(共)'(2007, 청문각) [종]기독교

설우석(薛又碩) SEOL Woo Seok

[생]1961·5·10 [본]순창(淳昌) [주]대전 유성구 과학로169의84 한국항공우주연구원 발사체신뢰성·안전·품질보증단(042-860-2337) [학]1984년 서울대 기계공학과졸 1987년 미국 미네소타대 대학원 기계공학과졸 1993년 기계공학박사(미국 미네소타대) [경]1984~1993년 미국 Univ. of Minnesota, Mech. Eng. 연구조교 1985~1993년 同교육조교 1993~1994년 同Post-Doc. 1994년 한국항공우주연구원 항공추진기관그룹 선임연구원, 同로켓엔진연구그룹 책임연구원 2001년 세계인명사전 '마르퀴즈 후즈후 인 더 월드'에 등재 2002년 영국 국제인명센터(IBC) '21세기 저명지식인 2000인'에 선정 2003년 同'위대한 아시아인 1000인'에 선정 2003년 한국항공우주연구원 우주발사체연구본부 엔진팀장(책임연구원) 2005년 과학기술연합대학원대 겸임교수(현) 2006년 영국 국제인명센터(IBC) '세계 100대 과학자'에 선정 2011년 한국항공우주연구원 한국형우주발사체엔진개발실장 2012~2015년 同한국형발사체개발사업단 엔진개발실장 2015년 同발사체신뢰성·안전·품질보증단장(현) [상]한국항공우주연구원장표창, 과학기술부장관표창, 공공기술연구회 이사장표창, 나로호 개발유공 과학기술훈장(2013)

설원기(薛源基) SUL Won Gi

[생]1951·11·9 [출]서울 [주]경기 수원시 팔달구 인계로178 경기문화재단(031-231-7214) [학]1974년 미국 벨로이트대 미술과졸 1981년 미국 프랫대 대학원 회화과졸 [경]1975~1978년 미국 로스엔젤레스 커뮤니티 칼리지 Overseas 강사(미술강좌창설·회화 및 드로잉 강의) 1977년 Haryland Univ. 오산분교 강사 1982~1986년 Sol Graphics 대표 1989~1993년 Amrus Corporation 수석부사장 1993~1998년 덕성여대 서양학과 교수 1998~2016년 한국예술종합학교 미술원 조형예술과 교수 2000년 同미술원 조형예술과장 2004~2006년 同미술원장 2009년 한국예술영재교육연구원 원장 2011~2012년 한국예술종합학교 교학처장 2016년 경기문화재단 대표이사(현) [상]Beloit College 미술학과 우등상(1974), Los Angeles Community College 공로상(1978), Pratt Institute 공로상(1998)

설인철(薛寅哲) Seul In-Cheul

[생]1958·6·10 [본]순창(淳昌) [출]전남 해남 [주]울산 남구 장생포고래로271 울산항만공사 경영본부(052-228-5310) [학]1989년 동아대 행정학과졸 1991년 부산대 대학원 행정학과 수료 [경]1984년 공무원 7급 임용 1984년 수산청 국립수산진흥원 서무과 행정주사보 1999년 해양수산부 양식개발과 근무 2001년 同해양환경과·수질개선기획단·해양정책과·수산정책과 근무 2006년 同정책홍보관리실 행정법무팀장 2008년 농림수산식품부 동해어업지도사무소장(서기관) 2010년 국립수산과학원 연구기획과장 2010년 同운영지원과장 2013년 해양수산인재개발원 원장 2014년 해양수산인재개발원 원장(부이사관) 2014~2015년 국립해양박물관 관장 2015년 울산항만공사 경영본부장(현) [상]모범공무원표창(1996)

설재훈(薛載勳) SUL Jae Hoon

[생]1956·2·25 [출]충남 논산 [주]세종특별자치시 시청대로370 한국교통연구원 도로교통본부(044-211-3220) [학]1974년 강원대사대부고졸 1978년 서울대 토목공학과졸 1980년 同대학원 교통공학과졸 1987년 공학박사(서울대) 1994년 영국 런던대 대학원 박사후과정 수료 [경]1979~1985년 대림산업(주) 근무 1986년 단국대·아주대 강사 1988~1993년 교통개발연구원 교통안전연구실장 1994~1997년 청와대 국가경쟁력강화기획단 교통담당 1997년 바른운전자들의모임 공동대표 1997~2013년 대한교통학회 교통안전분과 위원장 1999년 교통개발연구원 도로교통연구실장 1999년 국무총리실 교통안전관리대책기획단 교통개선팀장 2001년 국무총리실 안전관리개선기획단 전문위원 2003년 교통개발연구원 선임연구위원 2003년 同ITS연구센터장 겸 국가교통핵심기술센터장 2004년 同도로교통연구실장 2005년 한국교통연구원 선임연구위원 2005년 同도로교통연구실장 2006년 同교통기술연구본부장 2008년 同부원장 2010년 同도로·교통안전연구본부장 2010년 同교통안전방재연구실장 2011년 同감사실장 겸 교통안전·문화·방재연구센터장 2012년 同교통안전·도로본부장 2013년 同교통안전·도로본부 도로정책기술연구실 선임연구위원, 同도로교통본부 선임연구위원(현) 2015년 대한교통학회 자문위원 겸 고문(현) [상]국민훈장 목련장 [저]'영국의 교통안전정책' '교통관계법규개론' '교통관계법규' [종]기독교

설효찬(薛孝燦) Sul Hyo-chan

[생]1959·12·10 [본]순창(淳昌) [출]경북 안동 [주]대구 달서구 성서로405 대구지방식품의약품안전청(053-592-7133) [학]1977년 경안고졸 1983년 영남대 제약학과졸 1987년 同대학원 약학과졸 2007년 약학박사(조선대) [경]1987년 중앙사심의위원회 참사(4급상당) 1990년 보건사회부 약정국 약무제도과 특채(5급 2호) 2003년 광주지방식품의약품안전청 의약품감시과장 2006년 식품의약품안전청 GMP평가팀장 2008년 同의약품안전국 의약품품질과장 2008년 경인지방식품의약품안전청 의약품과장 2009년 식품의약품안전청 식품안전국 해외실사과장 2010년 서울지방식품의약품안전청 의료제품안전과장 2010년 식품의약품안전청 화장품정책과장 2012년 同위해예방정책국 임상제도과장 2013년 식품의약품안전처 의약품안전국 임상제도과장 2013년 同의료기기안전국 의료기기정책과장 2015년 대구지방식품의약품안전청장(현) [상]모범공무원표창(1996), 국무총리표창(2004)

설 훈(薛 勳) SUL Hoon

[생]1953·4·23 [본]순창(淳昌) [출]경남 창녕 [주]서울 영등포구 의사당대로1 국회 의원회관948호(02-784-8570) [학]1972년 마산고졸 1974년 고려대 사학과 입학 2000년 同한국사학과졸 [경]1977년 긴급조치 9호 위반으로 구속 1980년 김대중내란음모사건으로 구속 1984년 민주화청년연합 상임위원 1987년 평민당 마산시지구당 위원장 1988년 同서울시성북구甲지구당 위원장 1992년 김대중총재 보좌관 1993년 민주당 부대변인 1995년 국민회의 서울시도봉구乙지구당 위원장 1995년 同수석부대변인 1996년 제15대 국회의원(서울 도봉구乙, 국민회의·새천년민주당) 1996년 국민회의 총재특보 1997년 同비서실 수석차장 1998년 同원내부총무 1998년 同기획조정위원장 1998년 아·태평화재단 이사 1998~2000년 민족화해협력범국민협의회 집행위원장 1999년 국민회의 총재특보 2000년 새천년민주당 시민사회위원장 2000년 제16대 국회의원(서울 도봉구乙, 새천년민주당·무소속) 2000년 민족화해협력범국민협의회 수석집행위원장, 同공동의장 2007년 대통합민주신당 대통령중앙선거대책위원회 대외협력위원장 2008년 민주당 서울시당 부위원장 2012년 제19대 국회의원(부천시 원미구乙, 민주통합당·민주당·새정치민주연합·더불어민주당) 2012년 민주통합당 대선후보경선준비기획단 부단장 2012년 국회 기획재정위원회 위원 2013년 민주통합당 비상대책위원회 위원 2014년 민주당·새정치연합 신당추진단장 2014~2015년 국회 교육문화체육관광위원회 위원장 2015년 국회 교육문화체육관광위원회 위원 2015년 국회 평창동계올림픽및국제경기대회지원특별위원회 위원장 2015년 민족화해협력범국민협의회 상임의장 2016년 제20대 국회의원(부천시 원미구乙, 더불어민주당)(현) 2016년 국회 외교통일위원회 위원(현) 2016년 국회 남북관계개선특별위원회 위원(현) 2016년 더불어민주당 경기부천시원미구乙지역위원회 위원장(현) [저]'통계로 본 대학교육' '국립대학재정 운용의 문제점과 개선방향' '김대중 내란음모의 진실(共)'(2000, 문이당) '지식정보화시대와 사립전문대학의 현실' [종]기독교

성강경(成彊慶) SUNG Gang Keyng

[생]1962·11·13 [본]창녕(昌寧) [출]전북 진안 [주]광주 남구 회재로1140의23 원광대 광주한방병원(062-670-6500) [학]1981년 전라고졸 1987년 원광대 한의학과졸 1990년 同대학원 한의학과졸 1993년 한의학박사(원광대) [경]1987년 청양한의원 원장 1993년 원광대 한의대학 전임강사 1993년 同광주한방병원 내과장 1995년 同한의과대학 한의학과 조교수·부교수·교수(현) 2012년 同광주한방병원장(현) [저]'동의심계내과학'

성건웅(成健雄) SUNG Kun Woong

[생]1958·4·4 [출]강원 춘천 [주]서울 영등포구 국제금융로2길28 유진투자선물 대표이사실(02-3771-8888) [학]1977년 춘천고졸 1984년 고려대 농업경제학과졸 [경]1983년 LG그룹 입사 1999년 LG투자증권(주) 동수원지점장 2001년 同중부지역본부장 2003년 同WM기획담당 본부장 2003년 同WM고객담당 본부장 2005년 同영업지원담당 상무보 2005년 우리투자증권(주) 영업지원담당 상무 2006년 同영업전략부문 상무 2006년 同강북지역담당 상무 2008년 同WM사업부 대표 겸 영업전략담당 전무 2009년 同Non Equity사업부 대표(전무) 2009년 同홀세일사업부 대표(전무) 2012~2014년 유진투자증권(주) 영업총괄 부사장 2015년 유진투자선물 대표이사(현) 2016년 한국금융투자협회 회원이사(현)

성게용(成歆鏞) Key Yong Sung

[생]1959 [출]충남 천안 [주]대전 유성구 과학로62 한국원자력안전기술원(042-868-0158) [학]1980년 한양대 원자력공학과졸 1985년 同대학원 원자력학과졸 1992년 한국과학기술원(KAIST) 원자력학과졸(석사) 1997년 원자력학박사(한국과학기술원) [경]1984년 한국원자력안전기술원(KINS) 입사 1984~1997년 同원자력발전소 규제업무(검사 및 심사) 1998~2003년 同원자력발전소 중장기연구 PM(계통성능 및 리스크정보활용) 2003~2006년 同원자력발전소 규제업무 PM(영광부지) 2006~2011년 同전문실장(리스크평가실) 2012년 同국제원자력안전학교장 2013년 同가동원자력규제단장 2013년 同원자력심사단장 2015년 同부원장 2016년 同원장(현)

성경륭(成炅隆) SUNG Kyoung Ryung

[생]1954·10·2 [출]경남 진주 [주]강원 춘천시 한림대학길 1 한림대학교 사회학과(033-248-1742) [학]1977년 서울대 사회복지학과졸 1979년 同대학원졸 1990년 사회학박사(미국 스탠퍼드대) [경]1991~2000년 한림대 사회학과 조교수·부교수 1992년 同사회조사연구소장 1996년 同사회교육원장 1997년 교육부 시도교육청평가위원 1998년 대통령자문 정책기획위원 2000년 한림대 사회학과 교수(현) 2001년 동아일보 객원논설위원 2001년 한림대 연구협력처장 2002년 제16대 대통령직인수위원회 기획조정분과 위원 2003~2007년 대통령자문 국가균형발전위원회 위원장 2003년 대통령자문 정책기획위원 2007~2008년 대통령 정책실장 2008~2009년 한국미래발전연구원 원장 2010년 한림대 사회과학대학장 [저]'춘천리포트'(共) '복지국가론'(共) '체제변동의 정치사회학' '국민국가개혁론' '지방자치와 지역발전'(共) '새천년의 한국인'(共) '국가혁신의 비전과 전략'(共) '국가균형발전정책의 이론과 실천'(共) [종]기독교

성경희(成京姬·女)

[생]1975·2·17 [출]대구 [주]울산 남구 법대로14번길37 울산지방법원(052-228-8000) [학]1993년 경화여고졸 1999년 성균관대졸 [경]1998년 사법시험 합격(40회) 2001년 사법연수원 수료(30기) 2001년 대구지법 판사 2004년 同포항지원 판사 2006년 대구지법 판사 2010년 同서부지원 판사 2013년 대구고법 판사 2015년 대구지법 김천지원·대구가정법원 김천지원 판사 겸임 2015년 대구가정법원 판사 2016년 울산지법 부장판사(현)

ㅅ

성규동(成圭東) Kyu Dong Sung

[생]1957 · 9 · 20 [출]부산 [주]경기 안양시 동안구 동편로 91 (주)이오테크닉스 비서실(031-420-2808) [학]1981년 서울대 전기공학과졸 1983년 同대학원 전기공학과졸 [경]1982~1984년 금성 중앙연구소 근무 1984~1986년 대우중공업 기술연구소 근무 1986~1989년 코리아레이저 근무 1989년 (주)이오테크닉스 설립 · 대표이사 사장(현) 2007년 한국반도체산업협회 이사(현) [상]무역의날 대통령표창(2000), 자랑스런 삼성인상 특별상(2014), IBK기업은행 제12회 기업인 명예의 전당 헌정(2015)

성극제(成克濟) Sung, Keuk Je

[생]1953 · 6 · 4 [주]경기 용인시 기흥구 덕영대로1732 경희대학교 국제대학원(031-201-2351) [학]1972년 서울대졸 1981년 경제학박사(미국 Northwestern Univ.) [경]1985~1991년 정보통신정책연구원 연구위원 1991~1995년 대외경제정책연구원 연구위원 1994~1995년 대통령 경제수석실 행정관 1995년 경희대 국제대학원 교수(현) 1998년 APEC학회 이사 2000년 외교통상부 통상법률지원팀장 2001년 한국협상학회 이사 2004년 경희대 아 · 태국제대학원장 2005~2007년 한국협상학회 회장 2013~2016년 대외경제정책연구원 감사 [저]'AFTA의 확대이후 한국과 AFTA간의 교역증진 및 경제협력방안'(1998) '1997년 APEC 개별실행계획평가'(1998) '협상매뉴얼'(2004)

성금석(成金石)

[생]1969 · 1 · 15 [출]경남 거제 [주]경남 창원시 성산구 창이대로681 창원지방법원(055-266-2200) [학]1988년 거제종고졸 1993년 부산대 법학과졸 1995년 同대학원 석사과정 수료 [경]1993년 사법시험 합격(35회) 1996년 사법연수원 수료(25기) 1996년 공익법무관 1999년 부산지법 판사 2002년 창원지법 밀양지원 판사 2003년 同창녕군법원 판사 2004년 부산지법 동부지원 판사 2006년 부산고법 판사 2009년 부산지법 판사 2011년 울산지법 부장판사 2013년 부산지법 부장판사 2016년 창원지법 부장판사(현)

성기권(成基權)

[생]1967 · 8 · 29 [출]경남 함안 [주]전북 군산시 법원로68 전주지방법원 군산지원(063-450-5000) [학]1985년 부산 낙동고졸 1990년 서울대 법학과졸 [경]1997년 사법시험 합격(39회) 2000년 사법연수원 수료(29기) 2000년 서울지법 판사 2002년 同동부지원 판사 2004년 청주지법 충주지원 판사 2007년 대전지법 판사 2010년 同천안지원 판사 2011년 대전고법 판사 2013년 대전지법 · 대전가정법원 천안지원 판사 2015년 전주지법 군산지원 부장판사(현)

성기문(成箕汶) SEONG Kee Moon

[생]1953 · 10 · 1 [출]충남 당진 [주]서울 서초구 서초중앙로157 서울고등법원(02-530-1114) [학]1972년 대전고졸 1976년 서울대 상과대학졸 1978년 同법학과졸 [경]1981년 사법시험 합격(23회) 1984년 사법연수원 수료(14기) 1985년 서울민사지법 판사 1987년 서울지법 동부지원 판사 1989년 광주지법 판사 1991년 서울지법 남부지원 판사 1993년 미국 듀크대 연수 1994년 서울민사지법 판사 1995년 사법연수원 교수 1997년 서울고법 판사 1999년 서울지법 판사 1999년 특허법원 판사 2002년 서울지법 동부지원 부장판사 2004년 서울동부지법 부장판사 2005년 서울중앙지법 부장판사 2006년 부산고법 부장판사 2007년 특허법원 부장판사 2008년 同수석부장판사 2009년 서울고법 부장판사(부패전담 형사재판장) 2010년 同형사4부 부장판사 2013년 同행정4부 부장판사 2014년 춘천지법원장 2016년 서울고법 부장판사(현) [종]기독교

성기선(成基善) SUNG Ki Sun

[생]1964 · 4 · 4 [본]창녕(昌寧) [출]경남 [주]경기 파주시 법원읍 자운서원로184 경기도율곡교육연수원(031-950-0034) [학]1986년 서울대 국어교육학과졸 1988년 同대학원 교육학과졸 1997년 교육학박사(서울대) [경]1993~1997년 한국방송통신대 학생생활연구소 연구원 1997~1998년 한국문화정책개발원 책임연구원 1998~2000년 한국교육개발원 부연구위원 2000년 가톨릭대 교직과 조교수 · 부교수 · 교수(현) 2003~2004년 同교수학습센터장 2006~2008년 교육인적자원부 혁신서포터즈 2010년 가톨릭대 교수학습센터장 2015년 경기도율곡교육연수원 원장(현) [상]한국교육개발원 우수논문연구상(2000), 인문사회연구회 이사장상(2001) [저]'학교효과 연구의 이론과 방법론' '공부의 왕도' '대학입시와 교육제도의 스펙트럼'(2007, 학지사) [종]가톨릭

성기선(成耆瑄) Sung ki sun

[생]1964 · 4 · 11 [본]창녕(昌寧) [출]충남 예산 [주]충북 청주시 흥덕구 흥덕로159 충청투데이(043-263-0070) [학]1983년 예산고졸 1990년 단국대 농학과졸 2016년 한남대 대학원졸(문학석사) [경]1990~1997년 대전매일신문 기자 1997~2001년 同사회부 · 경제부 · 문화체육부 차장 2001년 충청투데이 사회부장 2002년 同편집국 행정부장 2003년 同기획조정부장 2005년 同편집국 문화레저부장 2006년 同기획조정실장 2007년 同편집국 부국장 2008년 同경영전략실장 2008년 同기획조정실장 2009년 同기획조정실장(상무보) 2010년 同편집국장(상무보) 2012년 同기획조정실장(부사장) 2015년 同충북본사 사장(현) [종]기독교

성기섭(成基燮) SUNG Ki Sup

[생]1959 · 4 · 3 [출]경북 [주]서울 중구 소공로48 LG CNS 임원실(02-6363-5000) [학]김천고졸, 영남대 경영학과졸 [경]1984년 럭키 입사, (주)LG 구조조정본부 상무 2003년 同재무개선담당 상무 2005년 (주)데이콤 최고재무책임자(CFO) 2006년 同재경담당 상무 2006년 (주)LG데이콤 CFO(이사) 2007년 同CFO(상무) 2009년 同CFO(전무) 2010년 (주)LG유플러스 CFO(전무) 2013년 LG CNS CFO(부사장)(현)

성기숙(成基淑 · 女) Ki Sook Soung

[생]1966 · 6 · 10 [주]서울 성북구 화랑로32길46의37 한국예술종합학교 전통예술원 한국예술학과(02-746-9722) [학]1988년 수원대 무용학과졸 1992년 중앙대 사회개발대학원 문화예술학과졸 1998년 성균관대 대학원 동양철학과졸 2002년 중앙대 대학원 연극학박사과정 수료 2004년 동양철학박사(성균관대) [경]1992~1996년 국립문화재연구소 연구원 1995~2005년 국립한국체육대 · 국민대 · 대전대 · 성균관대 대학원 · 수원대 · 한국예술종합학교 전통예술원 시간강사, 대전대 겸임교수 2003년 서울시 문화재위원회 전문위원 2004년 국립무용단 자문위원 2004년 한국국제교류재단 심의위원, 문화재청 문화재전문위원, 한국문화예술위원회 위원, 경기도 문화재위원 2005년 한국예술종합학교 전통예술원 한국예술학과 교수(현) 2006년 춤전문자료관 연낙재 관장(현) 2006년 한국춤문화유산기념사업회 회장(현) 2009년 한국춤평론가회 회장 2011년 한국예술종합학교 전통예술원 한국예술학과장(현) 2012년 (재)한국예술인복지재단 비상임이사 2013년 (재)한국공연예술센터 이사, 한국전통공연예술학회 이사(현), (재)전문무용수지원센터 자문위원(현) 2014년 한국예술종합학교 교학제1부처장(현) 2015년 (재)세종문화회관 이사(현) [상]현대미학사 예술비평상(1988), 예음문화재단 예술평론상(1996), 원로무용가원 한성준예술상(1998), 문화관광부 우수학술도서선정(1999), 문화관광부 우수학술도서선정(2001), 한국무용예술학회 우수논문상(2002), 한국미래춤학회 무용학술대상(2003) [저]'이 달의 문화인물-한성준' '전통의 변용과 춤창조' '한국 전통춤 연구' '춤의 현실과 비평적 인식' '이 달의 문화인물- 김창하' '한국 무용학 연구의 지평' '춤창조의 새 지평과 비평' '한국 근대무용가 연구' '한국춤의 역사와 문화재' '아시아 춤의 근대화와 한국의 근대춤' '정재의 예악론과 공연미학'

성기영(成基榮) SUNG, KI-YOUNG

[생]1957 · 11 · 22 [주]서울 강남구 언주로709 송암빌딩3층 한국선박금융(주) 사장실(02-590-1400) [학]1975년 경북고졸 1983년 고려대 행정학과졸 [경]1983년 한국산업은행 입행 2007년 同대구지점장 2009년 同영업부장 2009년 同싱가폴지점장 2011년 同인사부장 2012년 同성장금융본부장(부행장) 2013년 同기획관리부문장(부행장) 2014년 同기업금융부문장(부행장) 2015년 한국선박금융(주) 대표이사 사장(현)

성기준(成基俊) SUNG Ki Joon

[생]1957 · 8 · 18 [본]창녕(昌寧) [출]서울 [주]강원 춘천시 한림대학길1 한림대학교 미디어커뮤니케이션학부(033-248-1910) [학]1982년 한국외국어대 서반아어과졸 [경]1981년 연합통신 입사 1981년 同국제뉴스부 기자 1983~1993년 同사회부 기자 1993년 同부에노스아이레스특파원 1996년 同사회부 차장 1998년 연합뉴스 사회부 차장 2000년 同멕시코시티특파원 2003년 同부국장대우 사회부장 2005년 同편집국 정치 · 민족뉴스 · 스포츠 · 문화담당 부국장 2006년 同편집국장 2008년 同논설위원실장 2009년 同기획 · 총무담당 상무이사 2012~2013년 同전무이사 2013~2015년 연합뉴스 동북아센터 상무이사 2015년 한림대 언론정보학부 초빙교수, 同미디어커뮤니케이션학부 초빙교수(현) 2015년 언론중재위원회 위원(현) [상]한국언론인연합회 한국참언론인대상(2006), 외대언론인상(2007) [종]가톨릭

성기철(成耆哲) SUNG Kee Chul

생1960·5·13 본창녕(昌寧) 출경남 주서울 영등포구 여의공원로101 국민일보 독자마케팅국(02-781-9751) 학대건고졸 1986년 경북대 사회학과졸 2005년 연세대 언론홍보대학원졸 경1986년 매일신문 사회부 기자 1990년 국민일보 정치부 기자 1993년 同사회부 기자 1995년 同정치부 기자 1999년 同정치부 차장대우 1999년 同교육생활부 차장대우 2001년 同정치부 차장대우 2002년 同사회2부 차장 2005년 同사회부 차장 2005년 同사회부장 2005년 同정치부장 2006년 同논설위원 2007년 同취재담당 부국장 2009년 同취재·기획담당 부국장 2009년 한국신문윤리위원회 윤리위원 2010년 국민일보 논설위원 2011년 同카피리더 2011년 同정치기획담당 부국장 2013년 同논설위원 2014년 同논설위원(국장대우) 2014년 대통령직속 통일준비위원회 언론자문단 자문위원 2016년 국민일보 판매국장, 同독자마케팅국장(현) 상경북대 언론인상(2015) 저'김영삼의 사람들(共)'(1996) 종가톨릭

성기태(成基泰) SUNG Ki Tae (삼보)

생1952·5·24 본창녕(昌寧) 출충북 제천 주충북 충주시 대소원면 대학로50 한국교통대학교 건설교통대학 토목공학과(043-841-5187) 학1972년 충주공업고등전문학교졸 1974년 동국대 토목공학과졸 1981년 건국대 대학원 토목공학과졸 1996년 공학박사(동아대) 2004년 서울대 행정대학원 국가정책과정 수료 경1980~1993년 충주공업전문대 토목과 전임강사·조교수·부교수·교수 1990년 同토목과학과장 1992년 同산업과학기술연구소장 1993~1999년 충주산업대 토목공학과 교수 1993~1995년 同산학협력처장 겸 기획실장 1995년 同기획연구실장 1995~1996년 대통령직속 국민고충처리위원회 전문위원 1998년 충주대 대학종합평가총괄위원장 1999~2001·2005~2012년 同토목공학과 교수 2001~2005년 同총장 2001~2005년 同학술진흥장학재단 이사장 2001년 민주평통 자문위원 2001~2003년 지방대학육성법 제정위원 2003~2005년 충북지역총학장협의회 회장 2003~2004년 국제키비탄 한국본부 부총재 2004~2013년 중증장애인복지시설 나눔의집 운영위원장 2005년 충주대 명예총장 2006년 충주다문화가족지원센터 운영위원장(현) 2006년 뉴라이트 충북상임대표 2007년 同고문 2009년 한국위기관리연구소 자문위원(현) 2009년 청주지법 충주지원 조정위원(현) 2012년 한국교통대 건설교통대학 토목공학과 교수(현) 2012년 同명예총장(현) 2013년 충주여성단체협의회 자문위원장(현) 2013년 법무부 충주보호관찰소 자문위원(현) 2014년 (사)국제키비탄 한국본부 총재 2016년 同이사(현) 상대한적십자사총재표창(3회), 홍조근정훈장, 시사투데이 올해의 신한국인 대상(2014) 저'응용역학' '토목시공학' '토목실험법' '기자재조작기술법' '21세기를 향한 산업대학의 발전방향' '토목공학개론' 종불교

성기학(成耆鶴) SUNG Ki hak

생1947·7·8 출경남 창녕 주서울 중구 만리재로159 (주)영원무역 회장실(02-390-6200) 학1965년 서울대사대부고졸 1970년 서울대 무역학과졸 2011년 명예경영학박사(한림대) 경1971~1974년 (주)서울통상 이사 1974년 (주)영원무역 설립 1984년 同대표이사 1992년 골드윈코리아 설립 1996년 한·방글라데시경제협력위원회 위원장 1997년 (주)영원무역 대표이사 회장(현) 1997~2014년 골드윈코리아 대표이사 회장 2009~2016년 (주)영원무역홀딩스 대표이사 회장 2010~2015년 (재)박영석탐험문화재단 이사장 2010년 (사)선농문화포럼 이사장(현) 2014년 (주)영원아웃도어 대표이사 회장(현) 2014년 한국섬유산업연합회 회장(현) 2016년 한국학중앙연구원 비상임이사(현) 상무역진흥대상(1997), 무역의날 1억불 수출의 탑(1998), 삼우당 대한민국패션대상 최우수수출부문 대상(2004), 삼우당 대한민국패션대상 내수패션아웃도어부문 대상(2005), 납세자의날 대통령표창(2006), 섬유산업의날 금탑산업훈장(2008), 언스트앤영 최우수기업가상 소비재부문(2009), 국제월드비전 총재상(2010), 서울대 발전공로상(2013), 삼우당 섬유패션대상 대상(2014)

성기현(成基鉉) SUNG Ki Hyun

생1958·10·24 출인천 주서울 중구 동호로310 태관산업빌딩 별관7층 한국케이블텔레콤 비서실(070-8188-0114) 학1976년 동북고졸 1981년 연세대 기계공학과졸 1983년 미국 텍사스공과대 대학원 기계공학과졸 1992년 미국 조지워싱턴대 대학원 국제경영학과졸 1992년 기계공학박사(미국 Univ. of Maryland) 경1981~1983년 미국 Texas Tech Univ. Research and Teaching Assistant 1983~1987년 미국 Univ. of Maryland Research and Teaching Assistant 1987~1991년 미국 Bendix Field Engineer-ing Co. Senior Engineer 1992~1996년 한국통신 위성사업본부 사업감리2실 발사감리부장 1995~2000년 현대전자 정보통신서비스사업본부 근무 2002~2005년 C&M커뮤니케이션 전략기획실장 2005년 CJ케이블넷 기술전략실장 2007년 同서부운영사업부장 겸 드림씨티 대표이사 2007년 同대외협력담당 2008~2010년 한국케이블TV방송협회(KCTA) 사무총장 2008년 케이블TV시청자협의회 간사 2008년 시청자불만처리위원회 위원 2010년 태광그룹 종편설립법인 편성책임자(전무) 2011~2012년 국민대 법무대학원 교수 2015년 한국케이블텔레콤 대표이사(현) 상한국통신사장표창(1995), 정보통신부장관표창(1996) 종기독교

성기호(成耆虎) SUNG Kee Ho (恩泉)

생1940·10·7 본창녕(昌寧) 출서울 주서울 중앙우체국 사서함5998호 월간 한국인선교사(070-8884-6636) 학1959년 경복고졸 1964년 서울대 상학과졸 1970년 성결교신학교졸 1977년 미국 Faith Theological Seminary 졸 1990년 철학박사(미국 Drew대) 경1965~1973년 중·고교 교사 1973~1987년 성결대 신학과 조교수·부교수 1987~2006년 同교수 1989년 성결교신학교 교장 1992년 성결교신학대 학장 1992년 同총장 1998~2002년 성결대 총장 1999년 월간 한국인선교사 발행인(현) 2002년 성결대 명예총장 2011년 새에덴교회 원로목사 2011년 세계성령부흥운동협의회 총재 상출판문화상, 근정포장, 청조근정훈장(2006) 저'주일학교 운영관리'(1979) '하나님을 기쁘게 하라 사람을 기쁘게 하라'(1986) '교회와 신학논쟁'(1995) '이야기 신학'(1997) '하나님이 열면 닫을 자 없다'(2001) '지성과 도전'(2002) '마음에 새길 하나님의 말씀'(2005) '신학과 영성목회의 비전'(2007) '이야기 조직신학'(2009) 종기독교

성기홍(成耆洪) SUNG Ki Hong

생1963·9·20 주서울 송파구 중대로40길13 CTC빌딩 (주)씨티씨바이오 임원실(070-4033-0205) 학1982년 영훈고졸 1989년 서울대 농대 축산학과졸 경1988~1994년 한국화이자(주) 근무 1994년 (주)세축상사 근무 1996년 (주)씨티씨바이오 부사장 2012년 同대표이사 부사장 2013년 同공동대표이사 사장(현)

성기홍(成耆洪) Ghi-Hong Seong

생1968·7·29 본창녕(昌寧) 출경남 의령 주서울 종로구 율곡로2길25 연합뉴스 정치부(02-398-3114) 학1986년 창원고졸 1990년 서울대 사회학과졸 경1992년 연합뉴스 입사 1992~1994년 同경제2부 기자 1994~1998년 同정치부 기자 1998~2003년 同사회부 기자 2003~2004년 일본 게이오대 커뮤니케이션연구소 방문연구원 2004~2005년 연합뉴스 영상취재팀장 2005~2009년 同정치부 기자 2009~2012년 同워싱턴특파원 2012~2014년 연합뉴스TV 정치부장 2014년 관훈클럽 편집위원 2015년 연합뉴스 정치부장 2016년 同정치부장(부국장대우)(현) 저'50년 금단의 선을 걸어서 넘다'(共) 종가톨릭

성낙문(成洛文) SUNG Nak Moon

생1962·6·20 출충남 당진 주세종특별자치시 시청대로370 한국교통연구원 종합교통본부(044-211-3204) 학1989년 한양대 도시계획공학과졸 1998년 미국 Michigan State Univ. 대학원 토목공학과졸 2000년 공학박사(미국 Michigan State Univ.) 경1989~1996년 교통개발연구원 연구원 2001년 미국 미시간주립대 연구원 2001~2012년 한국교통연구원 책임연구원·연구위원 2006년 同도로교통연구실장 2008년 同유상교통연구본부 연구위원 2008년 同도로교통연구실장 2010년 同도로교통안전연구본부 센터장 2010년 同도로연구실장 2012년 同도로정책·기술연구실장 2013년 同도로정책·기술연구실 선임연구위원 2014년 세계은행 파견(선임연구위원) 2016년 한국교통연구원 종합교통본부장(현) 상건설교통부장관표창(1996)

성낙문(成樂文) Nackmoon Sung

생1967·2·1 출서울 주서울 송파구 오금로91 태원빌딩 (주)씨젠(02-2240-4000) 학1996년 미국 위스콘신대 메디슨교 대학원 미생물학과졸 2003년 同대학원 수의학박사(Ph.D of Pathobiological Sciences) 경2003~2006년 미국 공중보건연구소(Public Health Research Institute) Postdoctoral Fellow 2006~2007년 同Research Associate Ⅱ 2007~2016년 보건복지부 국립마산병원 임상연구소장 2016년 (주)씨젠 연구소장(현) 상보건복지부장관표창(2013)

성낙송(成樂松) SUNG Rak Song

[생]1958·1·19 [출]경남 산청 [주]서울 서초구 서초중앙로157 서울고등법원(02-530-1114) [학]1976년 경기고졸 1981년 서울대 법과대학졸 1983년 同대학원졸 1991년 영국 캠브리지대 연수 [경]1982년 사법시험 합격(24회) 1984년 사법연수원 수료(14기) 1985년 해군 법무관 1988년 서울형사지법 판사 1990년 서울민사지법 판사 1992년 대전지법 강경지원 판사 1994년 대전고법 판사 1996년 서울고법 판사 1996년 법원행정처 사법정책연구심의관 겸임 1999년 서울지법 판사 2000년 대전지법 서산지원장 2001년 사법연수원 교수 2004년 서울남부지법 부장판사 2006년 대구고법 부장판사 2007~2011년 서울고법 부장판사 2007~2009년 대법원 양형위원회 초대 상임위원 겸임 2011년 서울중앙지법 형사수석부장판사 2012년 同민사수석부장판사 2013년 서울고법 부장판사 2014년 수원지법원장 2014년 경기도선거관리위원회 위원장(현) 2016년 서울고법 수석부장판사(현) [종]기독교

성낙수(成洛秀) SEONG Nack Soo (東菴)

[생]1949·11·10 [본]창녕(昌寧) [출]충남 당진 [주]충북 청주시 흥덕구 강내면 태성탑연로250 한국교원대학교 국어교육과(043-230-3500) [학]1966년 공주대사대부고졸 1971년 연세대 국어학과졸 1973년 同대학원졸 1983년 문학박사(연세대) [경]1978~1981년 청주사범대 전임강사·조교수 1981년 동덕여대 조교수 1984~2015년 한국교원대 국어교육과 조교수·부교수·교수 1989~1990년 프랑스 파리7대학 객원교수 1998년 同새마을연구소장 2002년 同도서관장 2004~2005년 同교무처장 2006년 중국 중앙민족대학 객원교수 2009년 외솔회 회장(현) 2015년 한국교원대 명예교수(현) [저]'국어학서설'(共) '제주도방언의 통사론적 연구' '우리말 방언학' '논술강좌' '고등학교 작문' '고교생이 알아야 할 논술'(編) [작]수필집 '삶과 앎의 터전' '한 세상 살다보면' '날이면 날마다 새로운 날' 논문집 '국어와 국어학 1·2'

성낙승(成樂承) Sung Nak-Seung (丈山)

[생]1935·2·12 [본]창녕(昌寧) [출]경남 창녕 [주]서울 마포구 독막로324 동서식품장학회(02-3271-0009) [학]1954년 대구 대건고졸 1959년 고려대 법대 행정학과졸 1964년 同경영대학원 수료 1971년 서울대 행정대학원 행정학과졸 1997년 정치언론학박사(성균관대) [경]1961년 국무원사무처 방송과 근무 1961년 공보부 방송과·보도과·문화과·총무과 근무 1968년 문화공보부 사무관 1973~1979년 同문예진흥담당관·법무담당관·종무과장·신문과장(서기관) 1977년 동국대 강사 1979년 문화공보부 홍보조정관(부이사관) 1980년 同감사관 1983년 同매체국장(이사관) 1983년 KBS·한국통신 이사 1985~1988년 MBC 방송자문위원 1985년 EBS교육방송 자문위원 1985~1988년 민정당 정책조정실 문화공보전문위원 1988년 문화공보부 종무실장 1990년 공보처 기획관리실장 1992년 남북교류공동위원회 사회문화위원 1993~1996년 한국방송광고공사 사장 1993년 한국방송개발원 이사·한국프레스센터 이사 1993~1996년 한국문화예술진흥원 이사 1997년 동국대 교수 1997년 국제방송교류재단(아리랑TV) 이사장 1998~2000년 불교방송 사장·한국방송협회 이사 1998~1999년 대통령자문 방송개혁위원회 위원 1998~2000년 제2의 건국범국민추진위원회 위원 1999~2003년 민주평통 상임위원·문화관광부 정책평가위원 2000년 천안대 초빙교수 2001~2003·2007~2009년 민주평통 자문위원 2002~2007년 (주)동서그룹 상임감사 2002년 동서식품장학회 이사(현) 2003년 방송위원회 방송광고심의위원회 위원장 2005년 금강대 재단이사 겸 대학발전위원장 2006~2007년 (주)성재개발 회장 2007~2010년 금강대 대학원장 2007~2011년 同총장 [상]국무총리표창(1968), 대통령표창(1971), 보국포장(1981), 홍조근정훈장(1990) [종]불교

성낙인(成樂寅) SUNG Nak In

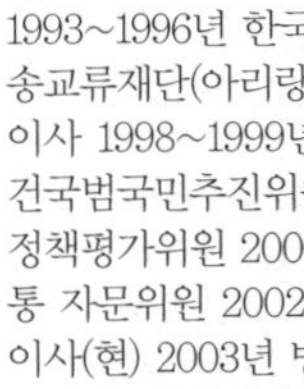

[생]1950·8·24 [본]창녕(昌寧) [출]경남 창녕 [주]서울 관악구 관악로1 서울대학교 총장실(02-880-5001) [학]경기고졸 1973년 서울대 법대졸 1982년 同대학원 법학과졸 1983년 同법학 박사과정 수료 1987년 법학박사(프랑스 파리제2대) 2015년 명예박사(카자흐스탄 카자흐국립대) [경]1980~1988년 영남대 법과대학 전임강사·조교수·부교수 1988~1999년 同법과대학 교수 1991~1997년 언론중재위원회 위원 1996년 교육개혁위원 1997~2003년 국무총리 행정심판위원 1999~2002년 서울대 법과대학 부교수 2000~2002년 同법과대학 교무담당 부학장 겸 법학부장 2001년 한국헌법학회 부회장 2002년 한국공법학회 부회장 2002년 서울대 법과대학 교수 2004~2006년 同법과대학장 2004~2007년 헌법재판소 자문위원 2005~2007년 한국공법학회 회장 2005~2006년 법무부 법교육연구위원회 위원장 2006~2012년 한국법교육학회 회장 2007년 한국공법학회 고문(현) 2007년 한국헌법학회 고문(현) 2008년 영남대 임시이사 2008~2010년 국회의장직속 헌법연구자문위원회 부위원장 2008년 정보공개위원회 위원장 2009~2012년 통일부 정책자문위원장 2009년 서울대 법학전문대학원 교수 2009~2015년 국립암센터 비상임이사 2009~2013년 (사)한국법학교수회 회장 2009년 헌법재판소 자문위원 2010년 대법원 대법관제청자문위원 2010년 대검찰청 진상규명위원회 위원장 2010~2013년 국회 공직자윤리위원장 2011~2014년 대구은행 사외이사 2011~2014년 문화체육관광부 콘텐츠분쟁조정위원장 2011년 국회 선거구획정위원회 위원 2012~2014년 경찰위원회 위원장 2012년 대법원 대법관후보추천위원회 위원 2013년 세계헌법학회 한국학회장(현) 2014년 서울대 총장(현) 2014년 대통령직속 통일준비위원회 통일교육자문단 자문위원(현) 2015년 동아시아연구중심대학협의회(AEARU) 의장(현) 2016년 한국장학재단 경영고문(현) [상]신진학술상(1989), 황조근정훈장(2005), 상허대상 법률부문(2010), 한국헌법학회 학술상(2012), 법률소비자연맹 대한민국법률대상(2014), 법무부장관 감사패(2014), 2015 자랑스러운 경기인상(2016) [저]'Les ministres de la 5e Republique francaise'(1988, 불어판) '프랑스헌법학'(1995) '언론정보법'(1998) '선거법론'(1998) '헌법학'(2000) 'PD수첩과 프로듀스 저널리즘'(2000) '헌법연습'(2000) '법률가의 윤리와 책임'(2000) '통일헌법상의 경제질서'(2001) '인터넷과 법률'(2002) '절차적 정의와 법의 지배'(2003) '한국과 프랑스의 권력구조'(2004) '한국법과 세계화'(2006) '공직선거와 선거방송심의'(2007) '자금세탁 방지법제론'(2007) '우리헌법읽기'(2008, 법률저널) '개인정보보호법제에 관한 입법평가'(2008, 한국법제연구원) '헌법학'(2009) '판례헌법'(2009) '대한민국헌법사'(2012, 법문사) '만화판례헌법 1'(2012, 법률저널) '만화판례헌법 2'(2013, 법률저널) '국민을 위한 사법개혁과 법학교육'(2014, 법률저널)

성낙제(成樂濟) SEONG Nak Je

[생]1957·5·15 [본]창녕(昌寧) [출]경남 [주]경남 김해시 유하로154의9 동아화성(주) 사장실(055-313-1800) [학]1982년 경남대 경영학과졸 [경]동진산업 근무 1984년 동아화성(주) 입사, 同영업·생산·개발 총괄이사, 同전무 2008년 同대표이사 사장(현) [종]불교

성낙천(成樂天)

[생]1958·12·17 [출]충남 당진 [주]충남 보령시 웅천읍 갓골큰길162 충청남도수산연구소(041-635-7760) [학]한국방송통신대 행정학과졸 [경]1981년 공무원 임용 1981~1983년 서천군 수산과 근무 1983~1985년 보령군 수산과 근무 1985~1986년 홍성군 식산과 근무 1986~2007년 충남도 해양수산과 근무 2006년 지방혁신인력개발원 교육훈련 2007~2009년 태안군 해양수산과장 2009~2010년 충남도수산관리소 수산관리과장 2010~2015년 충남도 수산과 수산자원담당 2015년 충남도수산연구소 소장(서기관)(현) [상]보령군수표창(1984), 수산청장표창(1987), 내무부장관표창(1991), 국무총리표창(1991), 농림부장관표창(1996), 해양수산부장관표창(2001), 행정자치부장관(2007), 농림수산식품부장관표창(2011)

성남기(成南基) SUNG Nam Gi

[생]1955·8·14 [출]경북 영천 [주]강원 원주시 세계로10 한국관광공사 감사실(033-738-3032) [학]1974년 대구대륜고졸 1978년 영남대 법학과졸 2012년 서울대 법과대학 최고지도자과정 수료 [경]행정고시 합격(24회) 1978년 국방부 행정주사보 1981년 문화공보부 문화과·출판과 행정사무관 1986년 국가안전기획부 파견 1991년 문화관광부 법무담당관 1992년 同저작권과장 1994년 同체육시설과장 1996년 同영상음반과장 1997년 同관광기획과장 1998년 同문화정책과장 1998년 同감사담당관 1999년 同체육진흥과장 2000년 同청소년정책과장 2001년 同도서관박물관과장 2002년 세종연구소 파견 2003년 문화관광부 종무1과장 2003년 예술원 사무국장 2003년 통일부 정보분석국장 2005년 문화관광부 감사관 2006년 同문화정책국장 2008년 국립중앙도서관장 2009년 문화체육관광부 대한민국역사박물관건립추진단장 2010~2013년 국민체육진흥공단(KSPO) 전무이사 2016년 한국관광공사 상임감사(현) [상]국가안전기획부장표창(1986), 홍조근정훈장(2007)

성단근(成檀根) SUNG Dan Keun

[생]1952·7·19 [본]창녕(昌寧) [출]경남 진주 [주]대전 유성구 과학로291 한국과학기술원 전기·전자공학과(042-350-3439) [학]1975년 서울대 전자공학과졸 1982년 미국 텍사스주립대 대학원 전기컴퓨터공학과졸 1986년 공학박사(미국 텍사스주립대) [경]1977~1980년 한국전자통신연구원(ETRI) 전임연구원 1981년 미국 텍사스대 조교 1986년 한국과학기술원(KAIST) 전기·전

자공학과 조교수·부교수·교수(현) 1993년 정보통신진흥원 교환관리위원 1996년 한국과학기술원 인공위성연구센터 소장 1998~2007년 Journal of Communications and Networks 편집위원 2002년 전기·전자기술자협회(IEEE) Communications Magazine 편집위원 2002년 미국 국립표준기술연구소 방문연구원 2003년 IEICE(Japan) 정회원(현) 2003년 IEEE(USA) Senior Member(현) 2003년 한국정보과학회 정회원(현) 2003년 한국통신학회 정회원(현) 2005년 IEEE(Seoul) General Conference Chair, TPC Vice-Chair [상]국민훈장 동백장(1992), KAIST 연구업적상(1997), MoMuC 학술대회 우수논문상(1997), KAIST 학술상(2000), APCC학술대회 최우수논문상(2000), 이달의 과학자상(2004), 한국통신학회 해동학술대상(2013)

성대경(成大慶) SEONG Dae Kyung

[생]1956·4·5 [본]창녕(昌寧) [출]경남 김해 [주]서울 마포구 매봉산로45 KBS미디어센터 KBS N 감사실(02-787-3333) [학]1976년 마산고졸 1982년 경남대 경영학과졸 1994년 중앙대 신문방송대학원졸 [경]1992년 KBS 라디오제작2국 근무 1994년 同부산방송총국 편성부장 1995년 同라디오2국 차장 1999년 同라디오2국 부주간 2000년 同라디오3국 부주간 2002년 同라디오2국 부주간 2003년 同라디오2국장 2004년 同라디오제작본부 2라디오팀장 2006~2008년 同인적자원센터 연수팀장 2008년 同라디오제작본부 1라디오팀장 2009년 同라디오제작본부 라디오1국장 2010년 同콘텐츠본부 라디오센터장 2012년 KBS미디어 상임이사 2014년 KBS방송문화연구소 연구위원 2014년 KBS N 감사(현) [상]한국방송대상

성대규(成大奎)

[생]1967 [주]서울 영등포구 국제금융로6길38 보험개발원(02-368-4011) [학]대구 능인고졸, 한양대 경제학과졸 [경]1989년 행정고시 합격(33회), 재정경제원 보험제도담당관실 사무관, 국민경제자문회의 사무처 조사관, 駐프랑스 재경관, 기획재정부 국정기획수석비서관실 행정관 2009년 금융위원회 보험과장, 同은행과장, 同공적자금관리위원회 사무국장, 경제규제행정컨설팅 수석연구위원 2014년 법무법인 태평양 외국변호사 2016년 보험개발원 원장(현)

성대석(成大錫) SEONG daeseock

[생]1938·10·20 [본]창녕(昌寧) [출]서울 [주]서울 영등포구 국제금융로6길30 백상빌딩412호 (사)한국언론인협회(02-3775-3733) [학]1964년 중앙대 정치외교학과졸 1983년 同신문방송대학원졸(방송학전공) [경]1964년 The Korean Republic 기자 1964년 동양방송 기자 1976~1980년 同사회부 차장·라디오앵커·TV앵커 1981~1984년 KBS 해외특집부장·라디오앵커·KBS 9시뉴스 앵커 1984년 同미국특파원·LA지국장 1989년 同보도본부 취재담당 부국장 1990년 同시청자본부 홍보국장 1992년 同보도본부 해설위원 1993년 同중기기획단 주간 1993년 同편성운영부 홍보실장 1996년 同시설관리사업단 감사 1999년 디지털코리아헤럴드·내외경제 부회장 1999년 Young Asia TV 한국지사장 1999년 SM미디어 대표이사 사장 2000·2006·2009·2015년 (사)한국언론인협회 회장(현) 2000년 중앙대 신문방송대학원총동창회 회장, 대통령 정책자문위원 2004년 국제의료발전재단 이사 2004년 중앙대 신문방송대학원 겸임교수 2005년 KBS 시청자위원 2005년 씨티그룹 대한민국언론상 심사위원(현) 2008년 (사)한국불교종단협의회 언론위원회 수석부위원장 2008년 서울시 정기간행물심의위원(현) 2008년 노사정민 위원(현) 2011년 (사)한국불교종단협의회 언론위원장(현) 2012년 서울시 문화상 언론분과위원회 위원장(현) 2013년 국가원로회의 위원(현) 2014년 한국정치문화연구원 명예회장(현) 2016년 공익법인 맑은물결 이사장(현) [상]중앙대 중앙언론문화상(2006) [저]'한반도 UN본부'(2014) [종]불교

성동규(成東圭) SUNG Dong Kyu

[생]1964·9·23 [출]충남 부여 [주]서울 동작구 흑석로47 중앙대학교 미디어커뮤니케이션학부(02-820-5513) [학]1987년 중앙대 신문방송학과졸 1990년 同대학원 신문방송학과졸 1995년 언론학박사(영국 러프버러대) [경]1996~1998년 한국언론재단 선임연구위원 1998~2014년 중앙대 신문방송학과 교수 2001~2003년 同신문방송대학원 부원장 2005년 한국언론학회 총무이사 2005년 KBS 객원해설위원 2007~2009년 중앙대 신문방송대학원장 2008년 한국방송영상산업진흥원 비상임이사 2010~2013년 여론집중도조사위원회 위원 2011~2013년 중앙대 신문방송대학원장 2012~2015년 한국교육방송공사(EBS) 비상임이사 2014년 중앙대 사회과학대학 미디어커뮤니케이션학부 교수(현) 2015년 同미디어커뮤니케이션대학원장(현) [저]'국제커뮤니케이션의 이해' '인터넷과 커뮤니케이션' '사이버 커뮤니케이션' '모바일 커뮤니케이션'

성명호(成明浩) Myungho Sung

[생]1960·7·15 [출]대구 [주]대구 달성군 구지면 과학서로201 (재)지능형자동차부품진흥원(053-670-7800) [학]오성고졸, 영남대 기계설계학과졸, 서울대 대학원 기계설계학과졸, 기계공학박사(서울대) [경]2000년 현대자동차 기능시험팀 책임연구원(그룹장) 2006년 同차량성능개발팀장 2012년 同차량성능개발팀장(이사대우) 2013~2015년 同고성능기술개발실장(이사대우) 2014년 중앙대 대학원 기계공학부 강사 2015년 (재)지능형자동차부품진흥원 원장(현)

성명환(成明煥) SUNG MYUNGHWAN

[생]1960·3·15 [출]경북 청도 [주]부산 동구 범일로92 부산은행 범일동지점5층 BNK신용정보(051-890-5000) [학]부산상고졸 [경]1976년 부산은행 입행 2008년 同중앙동지점장 2010년 同양산지점장 2012년 同지역본부장 2013년 同경남영업본부장(부행장보) 2014년 同울산영업본부장(부행장) 2016년 BNK신용정보 대표이사(현)

성명훈(成明勳) SUNG Myung Whun

[생]1957·10·5 [출]서울 [주]서울 종로구 대학로101 서울대학교병원 이비인후과(02-2072-3830) [학]1982년 서울대 의대졸 1989년 同대학원졸 1991년 의학박사(서울대) [경]1985~1990년 서울대병원 인턴·전공의·전임의 1990~1995년 同임상전임강사·임상조교수 1993~1995년 미국 피츠버그대 Pittsburgh Cancer Institute, Research Fellow 1995년 서울대 의과대학 이비인후과학교실 조교수·부교수·교수(현) 2007~2010년 서울대병원 헬스케어시스템 강남센터 원장 2010·2012~2014년 同이비인후과 진료과장 2012년 同국제사업본부장 2012년 서울대 의과대학 이비인후과학교실 주임교수 2015년 아랍에미리트(UAE) 쉐이크칼리파전문병원장(현) [상]녹조근정훈장(2015)

성문옥(成文玉)

[생]1959·2·24 [출]전남 무안 [주]광주 서구 내방로111 광주광역시청 감사위원회(062-613-2040) [학]조선대 법학과졸, 호남대 대학원 부동산학과졸, 행정학박사(호남대) [경]1981년 전남 신안군청 근무, 행정안전부 조사담당관실 근무, 同감사관실 지방세TF팀장, 同감사담당관실 전산지원팀장 2011년 同감사담당관실 서기관 2012년 同감사담당관 2012년 인천시 재정전산감사단장 2013년 同감사관 2014~2016년 대통령소속 경제사회발전노사정위원회 관리과장 2016년 광주광역시 감사위원장(현) [저]'종부세 이론과 전산실무' '부동산 보유세제 실무'(2006, 영화조세통람)

성문희(成文喜) Sung, Moon Hee

[생]1957·6·3 [본]창녕(昌寧) [출]서울 [주]서울 성북구 정릉로77 국민대학교 자연과학대학 바이오발효융합학과(02-910-4808) [학]1976년 경복고졸 1982년 성균관대 농과대학 생명과학과졸 1985년 同대학원 식품미생물학과졸 1989년 미생물생화학박사(일본 교토대) [경]1989~2003년 한국생명공학연구원 선임연구원·책임연구원 1993~1995년 산·학·연연구회 생물촉기술연구회 총무 1995년 산·학·연협동연구회 생물전환기술 및 공정연구회 간사 1995~1999년 충남대 수의과대학 겸임부교수 1995~1966년 과학기술처 신경제장기구상과학기술부문 위원 1996~1998년 (사)한국미생물생명공학회 생물촉매학술분과 위원장 1996~1998년 과학기술처 미래원천기술전문위원회 위원 1996~1998년 同특정연구개발사업 실무 및 전문위원회 위원 1996~1999년 한국생명공학연구원 미생물전환 Research Unit장 1997~1999년 제6차 국제생화학회(IUBMB) 학술대회조직위원회 총무간사 1997~1998년 일본 오사카대학 산업과학연구소 Research Fellow 1998~1999년 과학기술부 국가연구개발사업 조사분석평가위원회 평가위원 1999년 (사)한국미생물생명공학회 SCI국제영문지 'Journal of Microbiology Biotechnology' Editor 및 Editorial Board, 同Editor 및 Advisory board(현) 1999~2002년 제9차 국제산업미생물유전학(GIM)심포지엄조직위원회 사무차장 1999~2004년 과학기술부 국가지정연구실(생물촉매기술) 연구책임자 2000~2002년 (사)한국생물공학회 편집이사 2000~2015년 (주)바이오리더스 대표이사 2000년 국민대 자연과학대학 생명나노화학과 교수, 同바이오발효융합학과 교수(현) 2002~2003년 한국생명공학연구원

人

미생물기능연구실장 2002년 (사)한국바이오협회 이사(현) 2003~2004년 국민대 바이오텍연구소장 2003~2005년 과학기술부 2003연구클러스터(의학 및 생명공학) 대표간사 2004년 (사)한국생물공학회 국제협력위원회 위원장 2004~2005년 제18차 Enzyme Engineering Conference 조직위원회 부위원장 2004~2005년 PACIFICHEM 2005 Symposium Combinatorial Bioengineering-Protein Display Co-organizer 2005년 (사)한국생화학회 교육위원회 위원장 2005~2006년 산업자원부 부품소재전략연구회(바이오신소재) 대표간사·총괄연구책임자 2006~2007년 과학기술부 규제심사위원회 위원 2006~2008년 식품의약품안전청 식품위생심의위원회 민간위원 2006년 국민대 산학협력단 바이오신소재산업화지원센터장 2006~2011년 서울시 산학연협력사업 바이오소재산업화혁신클러스터 총괄연구책임자 2006년 한국과학기술한림원 농수산학부 정회원(현) 2007년 과학기술부 인수공통전염병R&D협의회 민간위원 2007년 제1·2·3·4·5차 한·일바이오매스심포지엄조직위원회 한국위원장 2008년 제4차 한·일조합생물공학워크샵조직위원회 한국위원장 2008년 제12차 한국펩타이드심포지엄조직위원회 위원장 2008년 (사)한국미생물학회연합 대의원(현) 2008년 (사)생화학분자생물학회 대의원(현) 2009년 한국생명공학연구원 경영·정책자문위원회 자문위원(현) 2009~2012년 국민대 발효융합기술연구원 부원장·원장 2009~2011년 기초기술연구회 기획평가위원회 전문위원 2010년 (사)한국미생물생명공학회 장기발전기획위원회 위원장 2010년 同이사(현) 2010년 국회-한림원 과학기술혁신연구회 회원(현) 2011년 (사)한국미생물학회연합 이사 2011년 (사)한국미생물생명공학회 수석부회장 2011~2012년 한국과학기술단체총연합회 대의원 2012년 (사)한국미생물생명공학회 학술진흥위원회 위원장 2012~2013년 (사)한국생물공학회 부회장 2012년 국민대 바이오발효융합기술연구소장(현) 2012년 (사)한국과학기술개발원 이사(현) 2012년 한국과학기술한림원 농수산학부 제1분과장 2013년 (사)한국미생물생명공학회 장기발전기획위원회 위원장 2014년 국민대 LINC사업단 헬스케어산학협력센터장(현) 2015년 (주)바이오리더스 각자대표이사(현) [상]한국과학기술연구원장표창(1990), 국무총리표창(2000), 한국산업미생물학회 학술장려상(2001), 중소기업청장표창(2001), 벤처대상(2002), 한국미생물공학회 송암학술상(2004), 보건복지부장관표창(2004), 장영실상(2005), 대한민국기술대상 은상(2007), 지식경제부장관표창(2008), 과학기술포장(2009), 과학기술우수논문상(2009), 폴리머재료포럼 우수발표상(2011), 한국미생물·생명공학회 기술상(2012) [저]'생명공학기술 현재와 미래'(1997, 생명공학연구소) '산업과 미생물'(1998, 한림원) '일반화학'(2003·2005, 자유아카데미) 'Frontier of Combinatorial Bioengineering'(2004) 'Proceeding of the 29th Aso Symposium 2005 : A Bird's-eye View of Protections against Infection'(2006) 'Microbial Bioconversion and Bioproduction : Development of White Biotechnology beyond Chemical Synthesis'(2008) [역]'일반화학'(2005, 녹문당) '일반화학'(2005, 삼경문화사) [종]불교

성미영(成美映·女) SUNG Mi Young

[생]1959·8·7 [주]인천 남구 도화2동117 인천대학교 컴퓨터공학과(032-770-8496) [학]1982년 서울대 식품영양학·계산통계학과졸 1987년 프랑스 리옹 국립응용과학원(INSA de Lyon) 대학원졸 1990년 공학박사(프랑스 Insa de Lyon대) [경]1982~1983년 현대건설(주) 시스템 분석가 1984~1985년 (주)한국전력기술(KOPEC) 시스템분석가 1987~1990년 프랑스 INSA de Lyon대 연구원 1990~1993년 한국전자통신연구소(ETRI) 선임연구원 1993년 인천대 컴퓨터공학과 조교수·부교수·교수(현), 교육인적자원부 2단계BK21 핵심사업팀장 2006년 인천시의원선거(비례대표, 한나라당) 출마 2012년 인천대 교무처장 겸 인재개발원장 2016년 同정보기술대학장 겸 정보기술대학원장(현) [저]'PC 100배 활용' '윈도우98 교양PC' '정보화시대와 컴퓨터'

성백린(成百麟) SEONG Baik Lin

[생]1955·3·28 [본]창녕(昌寧) [출]대전 [주]서울 서대문구 연세로50 연세대학교 생명시스템대학 생명공학과(02-2123-2885) [학]1973년 용산고졸 1977년 서울대 약학과졸 1979년 한국과학기술원 생명공학과졸 1988년 유전공학박사(미국 MIT) [경]1979~1982년 한국과학기술연구원 생물공학부 연구원 1987년 미국 MIT 박사후연구원 1988년 영국 옥스퍼드대 박사후연구원 1992년 미국 Aviron 창립연구원 1993~1998년 한효과학기술원 생물과학연구소장 1996~1998년 한일그룹 이사 1998년 연세대 생명시스템대학 생명공학과 부교수·교수(현) 1998년 생물무기금지국제협약특별그룹 유엔회의 한국대표 1999년 영국 Int'l Biographical Center 부의장(현) 1999년 미국 American Biographical Inst. 연구위원(현) 2000~2010년 프로테온 대표이사 2013년 면역백신기반기술개발센터장(현) [상]한탄생명과학상, 미국 인명기관 20세기 공적상(2000), 보건복지부장관표창(2013) [종]기독교

성백유(成百柔)

[생]1960·3·26 [출]서울 [주]강원 평창군 대관령면 올림픽로108의27 2018평창동계올림픽조직위원회 대변인실(033-350-2018) [학]대신고졸 1984년 고려대 체육교육학과졸 1987년 미국 노스캐롤라이나대 대학원 체육학과졸 [경]1989~1993년 스포츠조선 기자 1993년 중앙일보 LA지사 기자 1999년 同체육부 기자 2000년 교육연수(미국 올랜도필릿튼골프아카데미) 2000년 중앙일보 스포츠부 기자 2005년 同스포츠부 차장 2007년 同골프사업부장 2009년 SBS미디어넷 골프·스포츠본부 총괄팀장(국장급) 2013년 하키뉴스코리아 대표 겸 발행인 2015년 2018평창동계올림픽대회조직위원회 대변인(현)

성백전(成百詮) SUNG Baik June

[생]1931·9·10 [출]충북 영동 [주]경기 안양시 동안구 시민대로401 대륭테크노타운15차7층 한국해외기술공사 회장실(02-546-6181) [학]1952년 대전고졸 1956년 서울대 공대 토목학과졸 1967년 同행정대학원 수료 1968년 미국 미네소타대 대학원 수료, 서울대 경영대학원 최고경영자과정 수료 [경]1963년 고등고시 합격 1963~1968년 울산특별건설국·건설부 수자원국 및 태백산국토건설국 계장·과장 1969~1971년 인천축항사무소장·남강댐건설사무소장 1971년 건설부 준설과장·건설과장 1973년 同인천항건설사무소장 1974년 同수자원국장 1976년 서울지방국토관리청장 1978년 국립건설연구원 기술심사부장 1979년 건설부 기술심사관 1980~1999년 한국해외건설 사장 1981년 건설부 정책자문위원회 위원 1982년 한국해외기술공사 회장(현) 1990~1999년 한국엔지니어링진흥협회 회장 1991년 기술고시동지회 회장 1996~1997년 同부회장 2002년 서울대공과대학동창회 회장 [상]홍조근정훈장, 한국토목학회 기술상(1976), 동탑산업훈장(1994) [저]'엔지니어링 산업과 건설컨설턴트 21세기'(1998) [역]'콘크리트 구조물의 진단과 보수'(1999) [종]기독교

성백진(成百珍) SEONG Baek Jin

[생]1950·8·20 [출]전북 고창 [주]서울 중구 덕수궁길 15 서울특별시의회(02-3705-1141) [학]서울 성지고졸, 대한예수장로회총회신학교졸, 명지대 사회교육원졸 2008년 송곡대학 사회복지상담과졸 [경]새천년민주당 서울중랑甲지구당 부위원장, 환경감시중앙연합회 부회장, 명지대 사회교육원총동문회 회장, 민주평통 서울중랑구협의회 부회장, 열린우리당 서울중랑甲지역위원회 부위원장 1991·1995·1998·2002년 서울시 중랑구의회 의원, 同부의장, 同의장, 서울시구의회협의회 부회장, 전국중고핸드볼연맹 부회장, 용마산지킴이 회장(현) 2006년 서울시 중랑구의원선거 출마 2009~2012년 한국대학핸드볼연맹 회장 2010년 서울시의회 의원(민주당·민주통합당·민주당·새정치민주연합) 2010·2012·2014·2016년 同보건복지위원회 위원(현) 2011~2012년 同예산결산특별위원회 위원 2011년 同독도수호특별위원회 위원 2012년 同부의장 2012년 민주통합당 서울시당 국민건강증진특별위원회 위원장 2013~2014년 서울시의회 여성특별위원회 위원 2013~2014년 同남북교류협력지원특별위원회 위원 2013~2014년 同의장직대, 박원순 서울시장후보 정책자문위원 2014년 서울시의회 의원(새정치민주연합·더불어민주당)(현) 2014·2016년 同남북교류협력지원특별위원회 위원(현) 2015년 同메르스확산방지대책특별위원회 위원 2016년 同예산결산특별위원회 위원(현) [상]대통령표창(1997), 시민일보 봉사대상, 서울시장표창, 보건사회부장관표창, 한국청년회의소 회장표창, 2013 매니페스토약속대상 광역의원부문 대상(2014), 2014 대한민국인물대상 지자체의정활동부문(2014)

성백현(成百玹) SUNG Baek Hyun

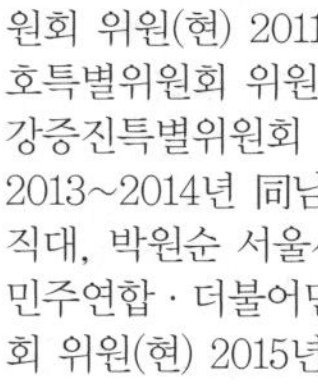

[생]1959·2·5 [본]창녕(昌寧) [출]경북 상주 [주]서울 서초구 서초중앙로157 서울고등법원 제5행정부(02-530-1258) [학]1977년 용산고졸 1983년 서울대 법과대학 법학과졸 [경]1981년 사법시험 합격(23회) 1983년 사법연수원 수료(13기) 1983년 육군 법무관 1986년 서울지법 남부지원 판사, 미국 워싱턴주립대 연수 1989년 서울민사지법 판사 1991년 청주지법 판사 1993년 서울지법 동부지원 판사 1994년 서울고법 판사 1997년 대법원 재판연구관 1999년 춘천지법 강릉지원 부장판사 1999년 同강릉지원장 2000년 수원지법 부장판사 2002년 서울행정법원 부장판사(재판장) 2005년 서울서부지법 부장판사 2006년 대전고법 부장판사 2006년 同수석부장판사 2007년 서울고법 부장판사 2010년 同행정4부 부장판사(재판장) 2013년 제주지법원장 2013년 제주도선거관리위원회 위원장 2014~2015년 서울북부지법원장 2015년 서울고법 부장판사(현)

성병욱(成炳旭) SEONG Byong Wook

[생]1940·12·24 [본]창녕(昌寧) [출]서울 [주]서울 중구 세종대로124 한국프레스센터1311호 한국신문방송편집인협회(02-732-1726) [학]1961년 서울대 문리대 정치학과졸 1985년 영국 에든버러대 연수 1999년 고려대 언론대학원 최고위과정 수료 [경]1965년 중앙일보 기자 1975년 同논설위원 1979년 同정치부장 직대 1980년 신문윤리위원회 위원 1981년 중앙일보 정치부장 1985년 同편집국 부국장 1988년 한국신문편집인협회 보도자유위원장 1989년 중앙일보 편집국장 1989년 한국신문편집인협회 운영위원장 1991년 중앙일보 출판담당 이사대우 1992년 同논설주간 1992년 한국신문편집인협회 부회장 1993년 중앙일보 이사 1995~1999년 同상무이사·주필 1996~1999년 한국신문방송편집인협회 회장 1997~1998년 통일부 고문 1999년 한국신문방송편집인협회 고문(현) 1999~2004년 중앙일보 상임고문 1999~2002년 세종문화회관 이사 2000~2003년 고려대 언론대학원 초빙교수 2002~2004년 세종대 사회과학부 신문방송학전공 석좌교수 2004~2006년 同신문방송학과 교수 2004~2005년 同언론홍보대학원장 2005~2009년 한국신문방송편집인협회기금 이사장 2005~2008년 뉴스통신진흥회 이사 2006~2008년 세종대 사회과학부 신문방송학과 석좌교수 2008년 공정언론시민연대 공동대표 2009년 同고문 2009~2011년 한국신문윤리위원회 독자불만처리위원 겸 윤리위원 2010년 同인터넷신문윤리강령제정위원장 2011~2013년 同인터넷신문심의위원장 [종]기독교

성병욱(成炳旭) SUNG Byung Wook

[생]1961·8·13 [출]부산 [주]서울 금천구 가산디지털1로 226 에이스하이엔드타워5차19층 에스앤소프트(주) 대표이사실(1600-4707) [학]부산해동고졸, 홍익대 경제학과졸, 한국외국어대 경영정보대학원졸 [경](주)상운 마케팅팀장, (주)삼테크 마케팅팀장, 한국DB(주) 마케팅팀장 1995년 에스앤소프트(주) 대표이사(현) [상]하이테크어워드 ERP부문 대상(2015)

성병호(成炳鎬) SUNG Byung Ho

[생]1946·6·17 [본]창녕(昌寧) [출]서울 [주]경기 안양시 동안구 시민대로167 안양벤처텔1010호 센서즈엔솔루션즈(주)(031-385-4547) [학]1965년 서울 대광고졸 1973년 한양대 금속공학과졸 [경]1976~2000년 현대정공(주) 입사·이사·상무이사·전무이사 1999년 기아자동차(주) 전무이사 2000년 현대자동차 해외영업본부장(부사장) 2002년 同해외영업본부장(부사장) 2004년 同HMI법인장(부사장) 2005년 현대INI스틸(주) 사장 2006년 센서즈엔솔루션즈(주) 대표이사(현) [상]동탑산업훈장

성보기(成輔基)

[생]1965 [출]부산 [주]경기 수원시 영통구 월드컵로120 수원지방법원 형사 11부(031-210-1311) [학]1984년 부산고졸 1988년 서울대 공법학과졸 1991년 부산외국어대 대학원 법학과졸 [경]1995년 사법시험 합격(37회) 1998년 사법연수원 수료(27기) 2000년 서울지법 북부지원 판사 2009년 서울고법 판사 2010년 대법원 재판연구관 2013년 대전지법·대전가정법원 서산지원장 2015년 수원지법 형사 11부 부장판사(현) [상]전국성폭력상담소협의회 '여성인권 디딤돌상'(2014)

성보영(成輔暎) SUNG Bo Young

[생]1961·4·4 [본]창녕(昌寧) [출]대구 [주]서울 마포구 성암로267 문화방송 미래전략본부 관계회사국(02-789-0011) [학]1980년 대구 성광고졸 1984년 경북대 전자공학과졸 2000년 서강대 경제대학원 경제학과졸 [경]1985~1998년 문화방송 제작기술국·기술관리국 근무 1998~2003년 同기술관리국 차장 2003~2005년 同제작기술국 부장대우 2005년 同영상기술부장 2005~2006년 同제작기술1부장 2006~2008년 同온라인기술부장 2008년 同기술관리국 부국장 2008~2009년 同뉴미디어사업부장 2009~2010년 同제작기술국 부국장 2010년 同뉴미디어사업부 부국장 2011년 同뉴미디어사업국장 2012년 同글로벌사업국장 2013년 同미래방송연구실 국장급 2014년 同디지털본부 차세대방송추진TF 국장 겸 방송인프라본부 특임국장 2016년 同미래전략본부 관계회사국장(현)

성삼제(成三濟) Sung, Sam Je

[생]1959·12·10 [본]창녕(昌寧) [출]대구 [주]서울 관악구 관악로1 서울대학교 사무국 국장실(02-880-5013) [학]1978년 대구 능인고졸 1988년 연세대 교육학과졸 1998년 영국 셰필드대 대학원 교육학과졸 [경]1991년 행정고시 합격(35회) 2000년 교육부 교육정책담당관실 서기관 2001년 교육인적자원부 정책분석과·교육과정정책과 서기관 2003년 서울대 기획담당관 2005년 교육인적자원부 지방교육재정담당관 2007년 同교육복지정책과장 2008년 교육과학기술부 학교제도기획과장 2009년 同학교제도기획과장(부이사관) 2010년 同교육비리근절 및 제도개선추진단장 2010년 同교육복지국장(고위공무원) 2011년 同미래인재정책관 2012년 同학교지원국장 2012년 대구시교육청 부교육감 2013년 제18대 대통령직인수위원회 교육과학분과 전문위원 2013년 교육부 기획조정실장 2014년 同교원소청심사위원회 위원장 2016년 서울대 사무국장(현)

성상철(成相哲) SEONG Sang Cheol (曉尙)

[생]1948·11·10 [본]창녕(昌寧) [출]경남 거창 [주]강원 원주시 건강로32 국민건강보험공단 이사장실(033-736-1057) [학]1967년 경남고졸 1973년 서울대 의대졸 1976년 同대학원졸 1983년 의학박사(서울대) [경]1973~1978년 서울대 의대 인턴·정형외과 레지던트 1978년 국군서울지구병원 정형외과장 1981~1994년 서울대 의대 정형외과학교실 전임강사·조교수·부교수 1985~1986년 미국 하버드대 의대 연구교수 1990년 스웨덴 Karolinska병원 연구원 1994~2014년 서울대 의대 정형외과학교실 교수 1995년 同기획조정실장 1995년 한국인체기초공학연구재단 이사장 1995년 대한노인병학회 부회장 1998~2001년 서울대병원 진료부원장 2001년 대한스포츠의학회 회장 2001년 대한슬관절학회 부회장 2001년 분당서울대병원 개원준비단장 2002년 대한슬관절학회 회장 2002~2004년 분당서울대병원장 2003년 대한관절경학회 회장 2003년 한국노화학회 회장 2004~2010년 서울대병원장 2004~2010년 대한병원협회 부회장 2005년 대통령소속 의료산업선진화위원회 위원 2005년 대한정형외과학회 이사장 2007년 u-Health산업활성화포럼 초대의장 2007년 덕형포럼 회장 2008년 대한의사협회 창립100주년위원회 위원장 2008년 한글학회 홍보대사 2009년 한국국제의료서비스협의회 회장 2010년 한국국제의료협회 초대회장 2010년 한국U헬스협회 회장 2010~2012년 대한병원협회 회장 2010년 의료기관평가인증원 이사 2013~2014년 대한정형외과학회 회장 2014년 서울대 의과대학 명예교수(현) 2014년 분당서울대병원 정형외과 외래교수 2014년 국민건강보험공단 이사장(현) [상]홍조근정훈장(2002), 올해의 CEO대상(2007), 대한민국 보건산업대상 올해의 보건산업인상(2009), 제4회 종근당 존경받는 병원인상 CEO부문(2014), 월간조선 주최 '한국의 미래를 빛낼 CEO' 혁신경영부문(2015) [저]'골절학' '정형외과 진단'(共) '인간생명과학'(共) '학생을 위한 정형외과학' [종]불교

성상헌(成尙憲)

[생]1973·2·1 [출]서울 [주]서울 광진구 아차산로404 서울동부지방검찰청 형사6부(02-2204-4317) [학]1991년 서울 영동고졸 1997년 서울대 공법학과졸 [경]1998년 사법시험 합격(40회) 2001년 사법연수원 수료(30기) 2001년 육군 법무관, 서울중앙지검 검사 2006년 춘천지검 영월지청 검사 2008년 대전지검 검사 2012년 대검찰청 검찰연구관 2014년 서울남부지검 검사 2015년 대검찰청 검찰연구관 2016년 서울동부지검 형사6부장(현)

성석제(成錫濟) SUNG Suk Je

[생]1960·12·27 [출]충북 [주]서울 서초구 사평대로343 제일약품(주) 비서실(02-549-7451) [학]1978년 천안중앙고졸 1986년 충북대 경영학과졸 1999년 한양대 경영대학원졸 [경]1986년 CCT, Infomag Korea 근무 1989년 텍사스인스트루먼트 근무 1997년 밀리포아 근무 2000년 한국화이자제약 재정담당 상무 2001년 同운영담당 부사장 2003년 同영업·노사담당 부사장 2005년 제일약품(주) 대표이사 사장(현) 2009년 한국제약협회 감사(현)

성석호(成碩鎬) Sung Seok-Ho

[생]1959·1·1 [출]서울 [주]서울 영등포구 의사당대로1 국회사무처 국방위원회 수석전문위원실(02-788-2722) [학]배문고졸, 서울시립대 경영학과졸, 서울대 대학원 행정학과졸 [경]입법고시 합격(8회) 1996년 국회사무처 환경노동위원회 입법조사관 1997년 同기획조정실 행정관리담당관 1999년 同환경노동위원회 입법조사관 2002년 駐러시아 주재관(부이사관) 2004년 국회사무처 농림해양수산위원회 입법심의관 2005년 국회도서관 기획관리관(이사관) 2006년 국회사무처 건설교통위원회 전문위원 2007~2008년 同의정연수원장 2009년 同국토해양위원회 전문위원 2010년 제주특별자치도 특별자치추진단장(파견) 2011년 국회사무처 외교통상통일위원회 수석전문위원(차관보급) 2014년 同국방위원회 수석전문위원(차관보급)(현)

성세정(成世正)

[생]1967 [주]서울 영등포구 여의공원로13 한국방송공사 아나운서실 아나운서2부(02-781-1000) [학]서울대 사회과학대학 정치학과졸, 한양대 국제관광대학원 엔터테인먼트콘텐츠전공 석사과정 수료 [경]KBS 아나운서 입사(공채 19기), 同'스포츠 뉴스' 앵커, 同'성세정의 0시의 스튜디오' DJ, 同'서바이벌(도전) 역사퀴즈' 진행, 同'행복한밥상' 진행, 同'도전주부가요스타' 진행, 同'6시 내고향' 진행, 同'생방송 세상의 아침' 진행, 同'사랑의 리퀘스트' 진행 2009~2011년 한국아나운서연합회 회장 2015년 KBS 아나운서실 아나운서2부장(현) [저]'살아있는 역사의 흔적을 찾아서'(2003, 영진투어) '아나운서 성세정의 역사기행'(2003, 영진팝)

성세환(成世煥) Se-Whan Sung

[생]1952·2·15 [본]창녕(昌寧) [출]경북 청도 [주]부산 남구 문현금융로30 BNK금융지주 회장실(051-663-1101) [학]1972년 배정고졸 1979년 동아대 경제학과졸 [경]1979년 부산은행 입행 1999년 同인력개발부 부부장 2001년 同엄궁동지점장 2004년 同사상공단지점장 2005년 同녹산중앙지점장 2006년 同기업영업본부 지역본부장 2007년 同기업영업본부장(부행장보) 2008년 同기업영업본부장(부행장) 2009~2012년 同경영기획본부장(부행장) 2011~2012년 BS금융지주 부사장 2012년 부산은행장(현) 2013~2015년 BS금융지주 회장 2013년 부산관광컨벤션포럼 이사 2013년 부산시육상경기연맹 회장(현) 2014년 부산국제영화제 후원회 회장(현) 2015년 금융도시부산포럼 공동이사장(현) 2015년 BNK금융지주 대표이사 회장(현) [상]전국경제인연합회 경제단체장상(1985), 재정경제부장관표창(1987), 산업자원부장관표창(2003), 동아대 자랑스런동아인상(2009), 국민훈장 모란장(2013), 한국의 최고경영인상 창조경영부문(2013), 제23회 다산금융상 은행부문 금상(2014), 대한민국디지털경영혁신대상 최우수CEO상(2014), 대한민국금융대상 은행대상(2014)

성수제(成秀濟) SUNG Soo Je

[생]1965·12·18 [본]창녕(昌寧) [출]경북 상주 [주]대구 수성구 동대구로364 대구고등법원 민사 1부(053-757-6283) [학]1983년 성광고졸 1988년 서울대 인문대학졸 1991년 同대학원 법학과졸 [경]1990년 사법시험 합격(32회) 1993년 사법연수원 수료(22기) 1993년 軍법무관 1995년 육군사관학교 전임강사 1996년 인천지법 판사 1998년 서울지법 남부지원 판사 2000년 춘천지법 영월지원 판사 2000년 同영월지원 평창군법원 판사, 태백시선거관리위원회 위원장 2001년 춘천지법 영월지원 판사 2003년 서울지법 판사 2004년 서울고법 판사 2006년 서울행정법원 판사 2007년 대법원 연구법관 2008년 대전지법 공주지원장 2008년 공주시선거관리위원회 위원장 2010년 사법연수원 교수 2013년 서울중앙지법 부장판사 2016년 대구고법 민사 1부 부장판사(현) [종]불교

성숙환(成俶煥) Sook Whan, SUNG

[생]1954·2·19 [본]창녕(昌寧) [출]경북 상주 [주]서울 서초구 반포대로222 서울성모병원 흉부외과(02-2258-6130) [학]1978년 서울대 의대졸 1982년 同대학원졸 1989년 의학박사(서울대) [경]1978~1983년 서울대병원 전공의 1983~1986년 수도통합병원 군의관 1986~1987년 서울대병원 전임의 1987~2001년 서울대 의대 흉부외과학교실 전임강사·조교수·부교수 1990년 미국 하버드대 의대 교환교수 1991년 미국 워싱턴대 의대 교환교수 1996년 미국 피츠버그대 의대 교환교수 2001~2010년 서울대 의대 흉부외과학교실 교수 2003~2010년 분당서울대병원 흉부외과장 2004년 세계폐암학회 한국조직지부 부회장 2005년 분당서울대병원 폐센터장 2007~2009년 대한흉부종양외과학회 회장 2007년 대한폐기관식도연구회 회장 2008~2010년 서울대 의대 흉부외과학교실 주임교수 2009년 대한기관식도과학회 부회장 2010년 同회장 2010년 가톨릭대 의대 흉부외과학교실 교수(현) 2011년 同서울성모병원 흉부외과장(현) 2014~2015년 대한흉부심장혈관외과학회 회장 [종]천주교

성승용(成承鏞) Seung-Yong Seong

[생]1965·8·14 [출]강원 춘천 [주]서울 종로구 대학로103 서울대학교 의과대학 의생명과학관308호(02-740-8301) [학]1990년 서울대 의대졸 1992년 同대학원 미생물학과졸 1995년 미생물학박사(서울대) [경]1995~1998년 한국과학기술연구원 공중보건의사 1998년 서울대 의과대학 기금조교수 1999년 식품의약품안전청 생물학적제재분과위원 2002~2004년 서울대 의대 조교수 2002~2004년 미국 국립보건원 Research Fellow 2004~2010년 서울대 의대 미생물학교실 부교수 2004~2006년 同학생부학장보 2006년 同기획실장보 2006~2012년 同시스템면역의학연구소 설립추진단장 2008년 한국보건산업진흥원 질병연구단장 2010년 서울대 의과대학 미생물학교실 교수(현) 2012~2014년 同기획부학장 2013년 同시스템면역의학연구소장(현) 2016년 同의과대학 미생물학교실 주임교수(현) [상]유한의학상 대상(2012) [저]'Protein Microarrays(共)'(2005) '의학미생물학'(2005·2007) '간호미생물학'(2008)

성시연(女) Shi-Yeon Sung

[생]1976 [출]부산 [주]경기 수원시 팔달구 효원로307번길 20 경기도문화의전당 경기필하모닉오케스트라 예술단(031-230-3322) [학]1994년 서울예술고졸 1994년 스위스 취리히국립음악원 피아노과 입학 1996년 독일 베를린국립음악대 이적 2002년 독일 베를린국립음악대 피아노과졸(석사) 2006년 독일 한스아이슬러음악대 오케스트라지휘 및 카펠마이스터과정 디플로마(Diploma) 2007년 스웨덴 스톡홀름대 로열콘서바토리 최고연주자과정졸 2008년 독일 한스아이슬러음악대 최고연주자과정졸 [경]1994년 '에카르트 하일리거스(Eckert Heiligers)'에게 사사 1996년 '라즐로 시몬(Simon Laszlo)'에게 사사 1996년 '에리히 안드레아스(Erich Andreas)'에게 사사 2001년 '롤프 로이터(Rolf Reuter)'에게 사사 2002년 독일 베를린에서 '마술피리' 지휘로 공식 데뷔 2002년 독일 포츠담 한스오토극장 보조지휘자 2002년 독일 괴를리츠극장 보조지휘자 2002년 독일 카펜부르크 여름페스티벌 개막공연 종신객원지휘자 2003~2006년 독일 훔볼트대 오케스트라 '카첼라 아카데미아' 수석지휘자 2006년 요르마 파눌라(Jorma Panula)' 사사 2007년 스웨덴 스톡홀름 오페라 오케스트라 지휘 2007~2010년 미국 보스턴심포니오케스트라 부지휘자 2008년 스웨덴 로열스톡홀름필하모닉 지휘 2008년 통영국제음악제 지휘 2009~2013년 서울시립교향악단 부지휘자 2014년 경기필하모닉오케스트라 예술단장 겸 상임지휘자(현) [상]독일음악협회 음악지휘포럼 지휘자콩쿠르 우승(2004), 독일 졸링엔(Solingen) 여성지휘자콩쿠르 우승(2004), 게오르그솔티(Georg Solti) 국제지휘콩쿠르 1위(2006), 제2회 밤베르크(Bamberg) 구스타프 말러(G. Mahler) 국제지휘콩쿠르 1위 없는 2위(2007), 독일음악협회 지휘콩쿠르 2위(2009), 제2회 더 우먼 오브 타임 어워드(The Women of Time Award) 올해의 여성상(2010), 오늘의 젊은 예술가상 음악부문(2015)

성시웅(成始雄) SUNG Si Oong

[생]1953·5·2 [본]창녕(昌寧) [출]충남 예산 [주]서울 서초구 서초대로264 법무법인 클라비스(02-525-7200) [학]1972년 경기고졸 1981년 서울대 법학과졸 [경]1983년 사법시험 합격(25회) 1985년 사법연수원 수료(15기) 1986년 서울지검 검사 1988년 춘천지검 속초지청 검사 1990년 부산지검 검사 1992년 서울지검 남부지청 검사 1995년 대검찰청 검찰연구관 1997년 서울고검 검사 1998년 부산고검 검사 1999년 서울지검 부부장검사 2000년 울산지검 형사2부장 2001년 인천지검 형사5부장 2002년 사법연수원 교수 2004년 서울중앙지검 형사2부장 2005년 인천지검 부천지청 차장검사 2006년 대구지검 포항지청장 2007년 창원지검 차장검사 2008~2009년 인천지검 부천지청장 2009년 법무법인 주원 구성원변호사 2011년 법무법인 이지스 대표변호사 2013년 법무법인 클라비스 대표변호사(현)

성시찬(成始燦) Si Chan SUNG

[생]1954·3·26 [출]부산 [주]경남 양산시 물금읍 금오로 20 양산부산대병원 흉부외과(055-360-1409) [학]1972년 동래고졸 1978년 부산대 의대졸 1982년 同대학원졸 1986년 의학박사(부산대) [경]1986년 부산대 의과대학 전임강사·조교수 1988년 홍콩 그랜탐병원·퀸메리병원 CMB Fellow(식도 및 심장외과 연수) 1990년 일본 동경여자의대 순환기센터 심장외과 연수 1990~2003년 동아대 의과대학 흉부외과학교실 조교수·부교수·교수 1992년 일본 후쿠오카소아병원 심장외과 연수 1995년 호주 멜버른소아병원 심장외과 연수 1995년 대한흉부외과학회 고시위원 1999년 同교육위원 2001년 同학술위원 2003년 부산대 의과대학 흉부외과학교실 교수(현) 2003년 양산부산대병원 흉부외과장 2004년 同흉부외과 주임교수(현) 2005년 대한흉부외과학회 상임이사 2007년 同교육위원장 2008년 아시아태평양소아심장학회 조직위원장 2008년 同학술위원장 겸임 2008년 양산부산대병원 흉부외과장 2009년 아시아흉부심장혈관학회 조직위원 2009년 同프로그램위원장 겸임 2011년 대한흉부외과학회 부회장 2013~2015년 양산부산대병원 원장 [상]대한흉부외과학회 이영균학술상(2005)

성시철(成始喆) SUNG Si Chul

생1949 · 11 · 30 출충남 당진 주충남 서산시 해미면 한서1로46 한서대학교 산학협력단(041-660-1785) 학건국대 경영학과졸, 고려대 경영대학원졸 2013년 명예 이학박사(한서대) 경국가보훈처장 비서관, 교통부장관 비서관, 한국공항공단 실장, 同부산지사장, 同운영본부장 2001년 同관리본부장(이사) 2002년 한국공항공사 관리본부장(이사) 2005년 同부사장 2008~2013년 同사장 2008년 국제공항협회(ACI) 아시아태평양지역이사회 임원 2014년 한서대 산학협력단 교수(현) 2014~2016년 同항공정보산업대학원장 2016년 同행정부총장(현) 상은탑산업훈장(2009), 국제비즈니스(IBA)대상 올해의 CEO 본상 · 올해의 마케팅CEO본상 · 올해의 아시아CEO본상(2010), 한국경영대상 한국의인재육성리더상(2010), 국제비즈니스대상(IBA) 항공부문 올해의 CEO대상(2011), 한국서비스경영인대상(2011), 한국항공우주법학회 항공부문대상(2011)

성언주(成彦周 · 女) Sung, Un Joo

생1975 · 11 · 15 출경남 진주 주제주특별자치도 제주시 남광북5길3 제주지방법원(064-729-2201) 학1994년 마산 성지여고졸 1998년 고려대 법학과졸 2007년 同대학원 석사과정 수료 경1998년 사법시험 합격(40회) 2001년 사법연수원 수료(30기) 2001년 서울지법 동부지원 예비판사 2002년 서울고법 예비판사 2003년 서울지법 판사 2005년 대구지법 판사 2008년 인천지법 판사 2009년 미국 조지워싱턴대 파견 2011년 서울중앙지법 판사 2013년 사법연수원 교수 2015년 서울서부지법 판사 2016년 제주지법 부장판사(현)

성연기

생1959 · 3 출서울 주서울 강동구 상일로6길26 삼성엔지니어링 임원실(02-2053-3000) 학대일고졸, 광운대 전기공학과졸 경1982년 삼성엔지니어링 입사 2003~2011년 同전기제어팀장 2009년 同전기제어팀장(상무) 2012~2013년 同설계2본부장, 同조달2팀장, 同조달본부장 2015년 同조달본부장(전무)(현)

성열각(成烈恪) Yurl Gak Sung

생1950 · 8 · 4 출충남 부여 주충남 천안시 성거읍 오송1길114의41 대원강업(주) 비서실(041-520-7510) 학1969년 강경고졸 1973년 명지대 법학과졸 경대원강업(주) 영업2부장, 同상무이사 1996년 同전무이사 1998년 同영업본부장(부사장) 2006년 同대표이사 사장(현) 상제33회 연세경영자상(2013), 은탑산업훈장(2014) 종기독교

성열우(成烈宇) SUNG Yeul Woo

생1959 · 2 · 7 출대구 주서울 서초구 서초대로74길11 삼성 미래전략실 법무팀(02-2255-3725) 학1977년 경북고졸 1981년 서울대 경영대졸, 영국 케임브리지대 국제상사소송연구과정 수료 경1982년 회계법인 근무 1986년 사법시험 합격(28회) 1989년 사법연수원 수료(18기) 1989년 대구지법 판사 1994년 인천지법 판사 1997년 서울지법 판사 1999년 同남부지원 판사 2001년 서울고법 판사 2002년 대법원 재판연구관 2005년 삼성 구조조정본부 법무실 전무 2006년 同법무실 전무 겸 사장단협의회 전무 2010년 同미래전략실 준법경영실 부사장 2014년 同미래전략실 준법경영실장(부사장) 2014년 同미래전략실 법무팀장(부사장) 2015년 同미래전략실 법무팀장(사장)(현)

성영목(成映穆) SEONG Young Mok

생1956 · 7 · 14 출경북 김천 주서울 중구 소공로106 신세계조선호텔 비서실(02-771-0500) 학1973년 김천고졸 1977년 성균관대 경제학과졸 1982년 同대학원 경제학과졸 경1979~1985년 신세계백화점 관리과장 1985년 삼성 비서실 운영2팀 · 경영관리3팀 차장 1991~1992년 同비서실 재무팀 차장 1992~1997년 삼성증권 경영기획팀장 1997년 삼성물산 분당점 영업기획담당 이사보 1998년 同기획관리실 관리담당 이사 1998년 同경영지원팀장(이사) 1999년 同분당점장(상무) 2001~2002년 同플라자사업총괄 상무 2002년 호텔신라 제주호텔사업부장 2003년 同면세점총괄 겸 총지배인(전무) 2004년 同면세점총괄 겸 면세서울점장 2005년 同면세사업부 총괄부사장 2007~2010년 同대표이사 사장 2011~2013년 웨스틴조선호텔 대표이사 2012년 센트럴관

광개발(주) 대표이사(현) 2013년 신세계조선호텔 대표이사 사장(현) 2015년 (주)신세계디에프 대표이사(현) 상삼성그룹 사장표창, 대통령표창, 올해의 연세경영자상(2010), 서울대 ASP(세계경제최고전략과정)인상(2014), 중소기업학회 기업가정신대상(2016)

성영신(成瓔信 · 女) SUNG Young Shin

생1953 · 9 · 29 출서울 주서울 성북구 안암로145 고려대학교 심리학과(02-3290-2063) 학1976년 고려대 심리학과졸 1978년 同대학원 심리학과졸 1985년 심리학박사(독일 함부르크대) 경1985년 고려대 심리학과 전임강사 · 조교수 · 부교수 · 교수(현) 1988~1989년 한국심리학회 총무이사 1991~2000년 LG애드 CRB자문위원 1992년 조선일보 광고대상 심사위원 1993~1994년 한국심리학회 홍보이사 1993~2001년 상암기획 CRB자문위원 1995~1997년 한국산업및조직심리학회 편집위원장 겸 학술위원장 1995년 국민일보 광고대상 심사위원 1996 · 2003~2004년 한국소비자학회 부회장 1998~2000년 한국심리학회 편집위원장 1999~2000년 한국광고학회 편집위원 1999~2003년 한국소비자광고심리학회 회장 2001~2003년 대한민국광고대상 심사위원 2002~2003년 한국심리학회 부회장 2002~2004년 한국방송광고공사 공익광고협의회 위원 2002년 공정거래위원회 표시광고심사위원회 자문위원 2003~2005년 同정책평가위원회 자문위원 2004년 한국광고학회 편집위원장 2005~2006년 고려대 학생처장 2006~2007년 한국소비자학회 회장 2010년 중앙공무원교육원 교육정책자문위원 2014~2016년 한국과학창의재단 비상임이사 전'실험심리 연구법 각론'(共) '남북의 장벽을 넘어서'(共) '한국인의 경제가치관' '性과 사회'(共) '사이버공간의 심리'(共)

성영용(成永龍) SUNG Young Yong (靑垠)

생1947 · 3 · 20 출충북 제천 주충북 청주시 흥덕구 가로수로1000 대한적십자사 충북지사(043-230-8600) 학1969년 건국대 농약학과졸 2002년 세명대 경영대학원졸 경1987년 태서지구구도회 회장 1991년 대한적십자사 충북지사 제천적십자봉사관장 · 상임위원 1993~2007년 법무부 범죄예방위원회 제천지역협의회 운영실장 1997~2007년 제천시새교육공동체 회장 2002 · 2006~2010년 충북도교육위원회 교육위원 2006~2008년 同의장 2008년 대한적십자사 충북지사 부회장 2012 · 2015년 同충북지사 회장(제28 · 29대)(현) 상법무부장관표창 종불교

성영은(成永恩) SUNG Yung Eun

생1964 · 1 · 8 본창녕(昌寧) 출경남 남해 주서울 관악구 관악로1 서울대학교 화학생물공학부(02-880-1889) 학1982년 진주고졸 1986년 서울대 공업화학과졸 1988년 同대학원졸 1991년 미국 컬럼비아대 대학원 화학과졸 1996년 이학박사(미국 Univ. of Illinois at Urbana-Champaign) 경1989년 한국과학기술원 연구원 1996년 미국 Univ. of Texas at Austin Post-Doc. 1998년 미국 Univ. of Illinois at Urbana-Champaign Visiting Researcher 1998년 광주과학기술원 신소재공학과 전임강사 · 조교수 · 부교수 2004년 서울대 화학생물공학부 부교수 · 교수(현) 2012~2014년 同화학생물공학부 부학부장 상미국전기화학회 우수연구상(1995), 전국벤처경연대회 장려상(2001), 한국전기화학회 논문발표상 3회(2002 · 2003 · 2004), 대통령표창(2004), 공업화학회 최우수논문상(2004) 전'Computer Simulation studies in Condensed-Matter Physics VIII'(1995) 'Electrode Processes'(1996) 'Solid-Liquid Electrochemical Interfaces'(1997) 종기독교

성영철(成永喆) SUNG Young Chul

생1956 · 5 · 7 출충북 제천 주경북 포항시 남구 청암로77 포항공과대학교 생명과학과(054-279-2294) 학1981년 연세대 생화학과졸 1988년 생화학박사(미국 미네소타대) 경1988년 미국 하버드대 Medical School 박사 후 과정 연구원 1990~1999년 포항공과대 생명과학과 조교수 · 부교수 1998년 대한면역학회 이사 1999년 포항공과대 생명과학과 교수(현) 1999년 에이즈DNA백신 개발 2004~2007년 산업자원부 성장동력사업면역치료사업단 운영위원장 2005~2011년 포항공과대 의생명공학연구원장 2006~2015년 (주)제넥신 대표이사 2006~2007년 대한면역학회 회장 2008년 대한에이즈학회 부회장 2015년 (주)제넥신 이사회 의장 겸 기술총책임자(CTO)(현) 상목암생명과학상 장려상(1994), 산학협동상 우수상(1998), 한국과학기자협회 2014 과학자상(2014), 대통령표창(2016)

성영훈(成永薰) SUNG Yung Hoon (灘馨)

생1960 · 1 · 2 출서울 주세종특별자치시 도움5로20 국민권익위원회(044-200-7001) 학1978년 명지고졸 1981년 연세대 법학과졸 1984년 同대학원 법학과졸 2004년 同법과대학원 법학 박사과정 수료 경1983년 사법시험 합격(25회) 1985년 사법연수원 수료(15기) 1986년 부산지검 검사 1988년 춘천지검 원주지청 검사 1989년 서울지검 북부지청 검사 1992년 광주지검 검사(독일연방법무부 베를린지검 정권범죄특별수사본부 파견) 1993년 법무부 특수법령과 검사 1995년 서울지검 특수2부 검사 1997년 인천지검 특수부 부부장검사 1998년 대구지검 영덕지청장 1999년 법무부 검찰국 연구검사 2001년 同검찰4과장 2002년 同공보관 2002년 법무연수원 연구위원 2003년 법무부 검찰1과장 2004년 서울중앙지검 형사5부 부장검사 2005년 춘천지검 강릉지청장 2006년 서울고검 검사 겸 대검찰청 전략과제연구관 2006년 독일 막스플랑크 국제형사법연구소 파견 2007년 서울남부지검 차장검사 2008년 의정부지검 고양지청장 2009년 대구지검 1차장검사 2009년 법무부 법무실장 2009~2011년 교육과학기술부 법학교육위원회 위원 2010년 광주지검장 2010~2011년 사법연수원 운영위원 2011년 대검찰청 공판송무부장 2011~2015년 법무법인(유) 태평양 고문변호사 2013년 국회의장직속 법정형정비자문위원회 위원 2014~2015년 법무부 정책위원회 위원 2015년 대법원 사실심충실화사법제도개선위원회 위원 2015년 법무부 자체평가위원회 위원장 2015년 국민권익위원회 위원장(장관급)(현) 상검찰총장표창(1991), 법무부장관표창(3회) 저'통일독일의 구동독 몰수재산처리 개관(共)'(1994) '통일독일의 구동독체제 불법 청산개관(共)'(1995) 종천주교

성완경(成完慶) SUNG Wan-Kyung

생1944 · 10 · 19 본창녕(昌寧) 출대전 주인천 남구 인하로100 인하대학교(032-860-7895) 학1964년 경기고졸 1971년 서울대 미대 회화과졸 1972년 同대학원 수료 1974년 프랑스 파리국립장식미술학교 대학원졸 1975년 프랑스 파리제8대학 조형예술학부 수학 경1981년 파리비엔날레 국제운영위원회 한국대표 1982~2010년 인하대 예술체육학부 미술전공 교수 1982~2003년 同사범대 미술교육과 교수 1985~1996년 한국민족예술인총연합 지도위원 1986~1997년 상산환경조형연구소 소장 1992년 서울정도600년기념사업단 기획단장 1993년 일본 후쿠이국제비디오비엔날레 한국전 커미셔너 1995년 제1회 광주비엔날레 국제전 커미셔너 1997년 국제델픽대회 예술위원(현) 1997년 제2회 광주비엔날레 국제전 커미셔너 1998~2003년 한국영상문화학회 창립준비위원회 공동위원장 · 공동회장 · 회장 1999년 뉴욕시 퀸즈뮤지엄오브아트「Global Conceptualism : Points of Origin 1950's~80's」전 한국섹션담당 큐레이터 1999년 부천만화정보센터 운영위원장 2000~2003년 同이사장 2002년 광주비엔날레 예술감독 2003년 프랑스 앙굴렘 세계만화페스티벌 한국만화특별전 총괄큐레이터 2003~2007년 미술인회의 운영위원장 · 이사장 2004년 프랑스 앙굴렘 세계만화페스티벌 심사위원 2004~2005년 주안미디어문화페스티벌(JuMF) 집행위원장 겸 총감독 2005년 이탈리아 코미콘 국제만화특별전 공동큐레이터 2006년 전주국제영화제 디지털스펙트럼부문 심사위원 2006년 (사)미술인회의 이사장 2006년 제주4.3평화공원기념관 전시 · 연출자문위원 겸 단장 2007년 실험영화동인지 '나방'(N'Avant) 편집주간 2007년 한국만화애니메이션학회 회장 2007년 부천국제학생애니메이션페스티벌(PISAF) 조직위원장 2007년 서울국제만화애니메이션페스티벌(SICAF) 이사 2007년 노근리사건희생자위령공원조성 자문위원 2008년 프랑스 앙블렌 유럽고등이미지학교(EESI) 초빙강사 2010년 인하대 명예교수(현) 상대통령표창(1996), 제7회 대한민국 환경문화상 환경조형부문(1996), 프랑스 예술인문학훈장 슈발리에(기사)장(2007) 저'레제와 기계시대의 미학' '산업사회와 미술'(共) '한국현대미술과 비평(編) 평론집 '기계시대의 미학'(1979) '시각과 언어1-산업사회와 미술'(1982) '시각과 언어2-한국 현대미술과비평'(1985) '민중미술을 향하여-현실과발언 10년사(共)'(1989) '민중미술 모더니즘 시각문화'(1999) '성완경의 세계만화탐사'(2001) '세계만화'(2005, 생각의나무) '희망을 새긴 판화가 오윤(共)'(2005) 역'현대미술의 개념'(1994) '사진과 사회'(1998) '만화의 미학' 작한국투자신탁, 지하철 부산 중앙동역, 서울 김포공항역, 인천 시청역 등 공공미술 다수 제작

성용길(成墉吉) SUNG Yong Kiel (瑞巖 · 思誠齊)

생1941 · 1 · 19 본창녕(昌寧) 출충남 당진 주서울 중구 필동로1길30 동국대학교 이과대학 화학과(02-2260-3212) 학1959년 당진정보고졸 1964년 동국대 화학과졸 1968년 同대학원 화학과졸 1975년 이학박사(부산대) 1978년 Ph.D. 공학박사(미국 유타대) 경1968년 가톨릭대 의대 조교 1969년 한국과학기술연구원 연구원 1971~1981년 부산대 조교수 · 부교수 1975~1978년 미국 유타대 연구원 1981년 동국대 이과대 부교수 1984~2006년 同화학과 교수 1985년 同대학원 학감 1989년 同과학관장 1995년 同기획조정실장 1997

년 同이과대학장 1997년 한국생체재료학회 부회장 1999년 한국고분자학회 회장 2000년 미국 유타대 교환교수 2001~2014년 (사)과학문화연구원 연구위원 2003년 한국생체재료학회 회장 2003~2005년 在京당진군민회 회장 2004년 (사)과학문화연구원 용어제정위원장 2006년 동국대 화학과 명예교수(현) 2010년 한국과학기술정보연구원 전문연구위원(현) 2011~2015년 한국원자력문화진흥원 이사 2016년 한국노벨과학문화연구원 원장(현) 2016년 한국노벨지원재단 총재(현) 2016년 한국시니어과학기술인연합회(KASSE) 이사 상과학기술처장관표창(1990), 동국대 우수연구학술상(1991), 대통령표창(2005), 서울시교육연합회 교육공로상(2006), 녹조근정훈장(2006), 자랑스런 당진인상(2007) 저'고분자 물성론'(共) '물리화학'(共) 역'물리화학'(共)

성용락(成龍洛) Sung Yong Rak

생1958 · 12 · 26 출경북 영천 주서울 강남구 테헤란로133 법무법인 태평양(02-3404-7506) 학1977년 용문고졸 1981년 고려대 법학과졸 1997년 미국 시라큐스대 Maxwell school졸 2001년 미국 뉴욕주립대 올바니교 Rockefeller College 정부정책 및 전략과정 수료 2009년 경희대 대학원 행정학 박사과정 수료 경1981년 행정고시 합격(24회) 1981년 총무처 행정사무관 1981년 국세청 행정사무관 1984년 감사원 부감사관 1992년 同감사관 1995년 同법무담당관 1998년 同국제협력담당관 1999년 同제1국 제6과장 2000년 同제1국 제6과장(부이사관) 2002년 감사원 총무과장 2004년 미국 버클리대 방문학자 2005년 감사원 법무심사관(이사관) 2006년 同재정금융감사국장 2007년 同기획홍보관리실장(관리관) 2008년 제17대 대통령직인수위원회 정무분과 전문위원 2008년 감사원 제1사무차장 2009년 同사무총장(차관급) 2009~2013년 同감사위원 2013년 同원장 직대 2014~2015년 서울대 행정대학원 초빙교수 2014~2015년 한국예탁결제원 비상임이사(공익대표) 2015년 경기도시공사 비상임이사(현) 2016년 법무법인 태평양 고문(현) 2016년 유진투자증권 사외이사 겸 감사위원(현) 상감사원장표창(4회), 근정포장(1991), 감사원 마패상(1994), 감사원 삼청상(2001) 종불교

성용우(成墉宇) SUNG Young Woo

생1947 · 4 · 28 본창녕(昌寧) 출충남 당진 주서울 영등포구 버드나루로6길10 백광의약품(주) 비서실(02-2639-0100) 학동국대 대학원 경영학과졸 경1972년 (주)우리약품 이사 1992년 (주)경희제약 상무 1994~2009년 백광의약품(주) 대표이사, 한국의약품도매협회 이사, 同서울시지부 회장 2010년 백광의약품(주) 회장(현) 2010~2012년 (사)한국의약품도매협회 감사 2012년 서울시도매협회 부회장 2012년 한국경영혁신중소기업협회 영등포지회장, 同등포고문 겸 이사(현) 2014~2015년 약업발전협의회 제약 · 도매협의회 회장 상보건복지부장관표창(2000), 한국의약품도매협회 모범업소상(2005), 푸른영등포신문사 '영등포를 빛낸 인물' 선정(2005), 자랑스런 송산인상(2011), 서울시장표창(2012), 산업포장(2014) 종불교

성용판(成鏞判)

생1957 · 7 · 4 출경남 창녕 주부산 연제구 고분로216 부산소방안전본부 소방행정과(051-760-3003) 경1985년 소방위 임용(소방간부후보 4기) 1987년 내무부 민방위본부 소방국 예방과 근무 1993년 경남도 소방본부 예방계장(소방령) 2001년 부산 중부소방서장(소방정) 2003년 부산 남부소방서장 2005년 소방방재청 소방대응본부 시설장비팀 근무 2006년 同소방정책본부 소방기획팀 근무 2007년 부산소방학교장 2010년 부산시 소방안전본부 혁신감찰팀장 2012년 同소방안전본부 예방대응과장(소방준감) 2014년 同소방안전본부 소방행정과장(현) 상대통령표창, 행정자치부장관표창

성 우(性 愚)

생1943 · 1 · 15 출경남 밀양 주서울 서초구 남부순환로2265 불교TV(02-3270-3321) 학1963년 경남 세종고졸 1967년 불교전문강원졸 경1963년 파계사에서 출가 1970년 시조문학으로 시조시인 등단 1971년 중앙일보 신춘문예 시조 당선, 대한불교신문 주간, 홍콩 홍법원장, 대한불교조계종 국제포교사, 월간 '현대불교' 발행인 겸 편집인 1994년 대한불교조계종 제11 · 12대 중앙종회 의원 1995~2008년 파계사 주지, 대한불교조계종 원로의원 2000년 제6대 불교TV 회장(현) 2015년 대한불교조계종 전계대화상(현) 상월간문학 신인상, 정운시조문학상(1994), 다촌茶문화상 학술상(1998), 초의차문화상(1999), 명원차문화상(2000), 불교언론문화상 불교언론인상(2006) 저동시집 '연꽃' '열반사상' '반야사상' 시집 '우리들의 약속' '어둠이 온다고 서러워 말라' '금가락지' '다도' 수필집 '죄없이 미운사람' '선문답' '산바람 들바람' '해와 달 사이' '태교 에세이' '화엄의 바다' '연꽃 한송이' '선시' '태교시집' 종불교

성우경(成愚慶) SUNG Ukyung

[생]1952·5·6 [본]창녕(昌寧) [출]대구 [주]서울 중구 무교로 15 남강빌딩301호 세화공증합동사무소(02-3481-4451) [학]1970년 경북대사대부고졸 1975년 고려대 법대 행정학과졸 1989년 미국 조지아주립대 로스쿨졸(LL.M.) [경]1978년 軍법무관 임용시험 합격(3회) 1980년 육군본부 검찰관 1981년 제27사단 법무참모 1985년 제5군단 법무참모·제2군단 軍판사 1989년 종합행정학교 법률학과장 1991년 한미연합사 법무실장 1993년 변호사 개업 1996년 서울지방변호사회 이사·재정위원장 2003년 대한변호사협회 통일문제연구위원·탈북자보호위원 2005년 서강대 대우교수 2009년 대한변호사협회 사무총장 2009년 법무법인 현대 대표변호사 2011년 법무법인 중추 변호사 2014년 공증인가 장안합동법률사무소 구성원변호사 2016년 세화 공증합동사무소 변호사(현) [종]불교

성우제(成宇濟) SEONG Woojae

[생]1960·1·6 [출]서울 [주]서울 관악구 관악로1 서울대학교 조선해양공학과(02-880-8359) [학]1982년 서울대 조선공학과졸 1984년 同대학원 조선공학과졸 1990년 해양공학박사(미국 매사추세츠공과대) [경]1985년 한국과학기술원 연구원 1991년 미국 MIT Post-Doc. 1992~1996년 인하대 선박해양과 조교수·부교수 1996년 서울대 조선해양공학과 교수(현), 한국음향학회 편집위원장 2013년 同회장 2013년 한국공학한림원 정회원(현) 2014~2016년 서울대 최고산업전략과정 주임교수 2015~2016년 同해양시스템공학연구소장 [상]한국음향학회 학술상(1999·2005), 한국음향학회 최우수논문상(2006), 한국과학기술단체총연합회 과학기술우수논문상(2010) [저]'Structure-Borne and Flow Noise Reductions(Mathematical Modeling)'(2001, 서울대 출판부)

성우제(成雨濟) Sung woo je

[생]1963·1·25 [주]대전 중구 보문로282 대전보호관찰소(042-280-1271) [학]1982년 천안북일고졸 1990년 서울시립대 도시행정학과졸 2009년 한양대 행정자치대학원 사법경찰행정학과졸 2013년 법학박사(한양대) [경]1996년 행정고시 합격(40회) 2005년 법무부 보호국 소년제2과장 2007년 안양소년원장 2008년 광주보호관찰소장 2010년 대전소년원장 2011년 법무부 소년과장 2012년 서울동부보호관찰소장 2013년 대구보호관찰소장(부이사관) 2016년 대전보호관찰소장(부이사관)(현)

성원규(成元圭) SUNG Won Kyu

[생]1952·2·6 [출]서울 [주]충북 청주시 흥덕구 무심서로 715 충북일보(043-277-2114) [학]1970년 청주고졸 1978년 고려대 경영학과졸 [경]1977년 럭키금성 기획조정실 입사, 럭키증권(주) 부장 1994년 LG증권(주) 이사대우 1998년 同이사 1998년 同영업지원부문 상무보 1999년 同상무이사 1999년 LG투자증권 상무이사 2001년 LG전자 상무이사 2003년 LG인화원 상무이사 2004~2007년 同부사장 2007~2010년 LG화학 청주공장 부사장 2014년 충북일보 대표이사 회장(현)

성원근(成元根) Seong Won Keun

[생]1960·8·8 [본]창녕(昌寧) [출]서울 [주]충북 청주시 흥덕구 오송읍 오송생명2로187 국립보건연구원 감염병센터(043-719-8100) [학]1979년 용문고졸 1983년 서울대 미생물학과졸 1990년 同보건대학원 환경보건학과졸 1998년 이학박사(성균관대) [경]1983~1994년 국립보건원 미생물부 보건연구사 1989년 미국 질병관리센터(CDC) 연수 1989~1990년 미국 국립보건원 연수 1994년 국립보건원 생물공학과 보건연구관 1996~2003년 同세균질환부 독소세균과 보건연구관 2003년 同병원체방어연구실장 2006~2011년 질병관리본부 국립보건연구원 생물안전평가과장 2011년 同국립보건연구원 감염병센터장 2013~2015년 식품의약품안전평가원 독성평가연구부장 2015년 국립보건연구원 감염병센터장(현) [상]보건복지부장관표창(2000), 대통령표창(2011) [종]기독교

성원용(成元鎔) Sung Wonyong

[생]1955·4·14 [출]서울 [주]서울 관악구 관악로1 서울대학교 공과대학 전기정보공학부(02-880-1816) [학]1978년 서울대 전자공학과졸 1980년 한국과학기술원 전자공학과졸 1987년 공학박사(미국 캘리포니아대 샌타바버라교) [경]1980년 금성사 중앙연구소 근무 1988년 세방정밀 근무 1989년 서울대 반도체공동연구소 조교수 1993년 同전기공학부 부교수, 同전기컴퓨터공학부 교수, 同전기정보공학부 교수(현) 2015년 국제전기전자공학회(IEEE) 석학회원(fellow)(현)

성윤모(成允模) Yunmo Sung

[생]1963·6·27 [출]대전 [주]세종특별자치시 다솜로261 국무조정실 경제조정실(044-200-2170) [학]1982년 대전 대성고졸 1986년 서울대 경제학과졸 1988년 同행정대학원 행정학과졸 1998년 경제학박사(미국 미주리대) [경]1988년 행정고시 합격(32회) 1990년 산업자원부 중소기업국 지도과 근무 1992년 同산업정책국 산업기술과 근무 1994년 同산업기술국 산업기술정책과 근무 1994년 同산업정책국 산업기술기획과 근무 1995년 미국 미주리대 파견 1998년 산업자원부 무역정책실 미주협력과 근무 1999년 同산업정책국 산업정책과 근무 2000년 同산업기술국 산업기술정책과 서기관 2001년 일본 경제산업성 파견 2003년 산업자원부 자본재통상팀장 2004년 대통령 국정상황실 파견 2006년 산업자원부 에너지산업본부 전력산업팀장(부이사관) 2007년 同산업정책본부 산업정책팀장 2008년 지식경제부 산업경제정책과장 2009년 국가경쟁력강화위원회 실무추진단 파견(고위공무원) 2009년 駐제네바대표부 공사참사관 2013년 지식경제부 중견기업정책관(고위공무원) 2013년 중소기업청 중견기업정책국장 2014년 同경영판로국장 2014년 산업통상자원부 기획조정실 정책기획관 2015년 同대변인 2016년 국무조정실 경제조정실장(현) [저]'기술중심의 산업 발전전략'(1992) '산업기술정책의 이해'(1995) '한국의 제조업은 미래가 두렵다'(2003, 마이넌)

성윤환(成允煥) SEONG Yoon Hwan

[생]1956·8·29 [본]창녕(昌寧) [출]경북 상주 [주]경북 상주시 중앙시장길51의4 성윤환법률사무소(054-531-1234) [학]1976년 경복고졸 1980년 한양대 법대 법학과졸 2001년 同법과대학원 수료 [경]1981년 사법시험 합격(23회) 1983년 사법연수원 수료(13기) 1983년 수원지검 성남지청 검사 1986년 전주지검 검사 1988년 서울지검 검사 1991년 대구지검 검사 겸 대구보호관찰소장 1993년 창원지검 검사 1995년 서울지검 서부지청 검사 1995년 부산고검 검사 1996년 서울지검 부부장검사 1997년 부산지검 울산지청 부장검사 1998년 대전지검 특수부장 1998년 사법연수원 교수 2000년 서울지검 북부지청 형사3부장 2001년 同형사2부장 2002년 변호사 개업 2003년 사법연수원 교수 2005~2007년 법무법인 문형 대표변호사 2006~2015년 중앙대 법대 부교수 2007년 한나라당 법률지원단 2008~2012년 제18대 국회의원(상주, 무소속·한나라당·새누리당) 2008~2010년 국회 문화체육관광방송통신위원회 위원 2009~2010년 국회 운영위원회 위원 2009~2010년 한나라당 원내부대표 2009~2012년 同상주당원협의회 운영위원장 2010~2011년 同인권위원장 2010~2011년 국회 예산결산특별위원회 위원 2010~2012년 국회 농림수산식품위원 위원 2010~2012년 국회 일자리만들기특별위원회 위원 2011~2012년 국회 정치개혁특별위원회 위원 2011년 한나라당 경북도당 수석부위원장 2015년 변호사 개업(현)

성의경(成義慶) SUNG Euy Kyung (長溪)

[생]1941·10·30 [본]창녕(昌寧) [출]경기 파주 [주]서울 영등포구 국제금융로8길34 오륜빌딩406호 신산업경영원(02-784-5292) [학]1960년 용산고졸 1965년 성균관대 문리대 철학과졸 1972년 서울대 신문대학원 수료 1983년 성균관대 대학원 수료 [경]1967년 서울경제신문 기자 1973~1980년 내외경제신문 기자·차장 1981~1982년 한국능률협회 조사출판부장 겸 월간 '현대경영' 편집장 1982~1985년 전자신문 이사 겸 편집국장 1985년 신산업경영원 원장(현) 1985년 21세기경영인클럽 간사·사무총장·상근부회장(현) 1985~1986년 월간 'NIMA리포트' 발행인 1987년 월간 'New Media' 창간발행인(현) 1987년 정보문화추진협의회 위원 1990년 세계한인상공인총회 사무총장 1991~1992년 한국데이타베이스학회 감사 1994년 연감 '한국 30대 재벌 재무분석' 발행인 2003년 연감 '한국 대기업그룹 재무분석' 발행인(현) [저]에세이 '아웃사이더'(2009)

성익경(成益慶) SUNG Ick Kyung

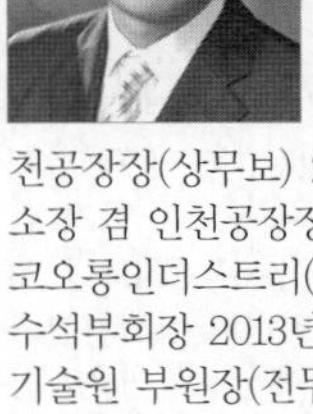

[생]1959·12·15 [본]창녕(昌寧) [출]경남 창녕 [주]경기 과천시 코오롱로11 코오롱타워 코오롱인더스트리(주) 환경안전기술본부(02-3677-3114) [학]대륜고졸, 경북대 고분자공학과졸, 인하대 대학원 고분자공학과졸 1997년 고분자공학박사(인하대) 2010년 한국과학기술원 최고경영자과정 수료 [경]2000~2006년 (주)코오롱유화 수석연구원 2006년 (주)코오롱 유화부문 기술연구소장 겸 인천공장장(상무보) 2009~2011년 코오롱인더스트리(주) 유화부문 기술연구소장 겸 인천공장장(상무) 2010년 한국청정기술학회 회장·고문(현) 2011년 코오롱인더스트리(주) 여수공장장(상무) 2012~2013년 한국접착및계면학회 수석부회장 2013년 코오롱인더스트리(주) 여수공장장(전무) 2014년 同중앙기술원 부원장(전무) 2014년 한국접착및계면학회 회장 2015년 코오롱인더스트리(주) 환경안전기술본부장(현) [상]과학기술부 및 한국산업기술진흥협

회 선정 '이달의 엔지니어상'(2007), 대통령표창(2007), 기술경영인상 연구소장부문(2010), 국무총리표창(2010), 은탑산업훈장(2015) [저]'접착과 접착제 선택의 포인트'(2009) [종]기독교

성익경(成益慶) SEONG Ik Kyeong

[생]1970·5·25 [출]충남 공주 [주]부산 연제구 법원로31 부산지방법원(051-590-1869) [학]1988년 고려고졸 1992년 한양대 법학과졸 1995년 同대학원 법학과 수료 [경]1994년 사법시험 합격(36회) 1997년 사법연수원 수료(26기) 1997년 軍법무관 2000년 인천지법 판사 2002년 서울지법 판사 2004년 창원지법 밀양지원 판사 2008년 부산고법 판사 2011년 부산지법 판사 2012년 울산지법 부장판사 2014년 부산지법 부장판사(현)

성인철(成寅哲) SEONG Ihn Cheol

[생]1960·4·2 [본]창녕(昌寧) [출]강원 철원 [주]서울 동작구 여의대방로16길61 기상청 국제협력담당관실(070-7850-1372) [학]유한공고졸 1988년 경희대 불어불문학과졸, 한국방송통신대 법학과졸 [경]1978~1979년 (주)대우엔지니어링 기계제도사 1989~1991년 서울 노원구청 근무 1991년 과학기술부 기술협력국 근무 1996년 프랑스 리옹2대 파견(유럽 과학기술정책연구) 1998년 과학기술부 기획예산담당관실 근무 2000년 강릉지방기상청 근무 2004년 기상청 청장 비서실장 2005년 同국제협력담당관실 근무 2009년 부산지방기상청 기획운영팀장 2013년 기상청 예보국 예보정책과 근무(서기관) 2014년 同기획조정관실 인력개발담당관 2014년 세계기상기구(WMO) 파견 2015년 기상청 국제협력담당관(현) [상]국무총리표창(2003)

성인희(成仁熙) SUNG In Hee

[생]1957·1·3 [출]강원 원주 [주]서울 용산구 이태원로55길48 삼성생명공익재단(02-2014-6860) [학]1975년 경희고졸 1983년 경희대 행정학과졸 [경]삼성전자(주) 인력팀담당 임원 2003년 삼성그룹 기업구조조정본부 상무 2006년 同전략기획실 인사지원팀 전무 2007~2009년 삼성전자(주) 인사팀장(전무) 2008년 중앙노동위원회 사용자위원 2009년 삼성경제연구소 이사 2010년 삼성인력개발원 부사장 2011~2016년 삼성정밀화학 대표이사 사장 2016년 삼성생명공익재단 대표이사(현) [종]기독교

성일모(成一模) SUNG IL MO

[생]1955·10·12 [주]경기 성남시 분당구판교로255번길 21 (주)만도 임원실(02-6244-2114) [학]1974년 서울고졸 1978년 한양대 전기공학과졸 1983년 同대학원 산업공학과 수료 [경]1978~1981년 현대양행 입사·근무 1981~1994년 신도리코 근무 1994년 만도기계(주) 입사·부장 2003년 (주)만도 상무 2008년 同전무 2010년 同부사장 2012년 同대표이사 사장 2013년 同대표이사 최고운영책임자(COO) 2014년 同대표이사 수석사장 2015년 同각자대표이사 수석사장(현) [상]금탑산업훈장(2016)

성일종(成一鍾) Il Jong Sung

[생]1963·3·19 [출]충남 서산 [주]서울 영등포구 의사당대로1 국회 의원회관423호(02-784-6290) [학]1980년 서산고졸 1985년 고려대 경영학과졸 2014년 환경공학박사(광운대) [경]엔바이오컨스 대표이사 2000~2006년 대한택견협회 부회장 2008년 국토해양부 자문위원 2009년 안면도국제꽃박람회조직위원회 조직위원 2009~2010년 민주평통 중앙상임위원 2012년 월드휴먼브리지 법인이사(현) 2014~2015년 독도사랑운동본부 총재 2014~2016년 고려대 그린스쿨대학원 겸임교수 2016년 새누리당 서산시·태안군당원협의회 운영위원장(현) 2016년 제20대 국회의원(서산시·태안군, 새누리당)(현) 2016년 새누리당 원내부대표(현) 2016년 국회 운영위원회 위원(현) 2016년 국회 보건복지위원회 위원(현) 2016년 국회 예산결산특별위원회 위원(현) [상]은탑산업훈장(2009), 동아일보 10년 뒤 한국을 빛낼 100인(2012·2013), 포브스코리아 최고경영자대상(2012), 동아일보 창조경제CEO대상(2013)

성일홍(成日弘) SUNG Il Hong

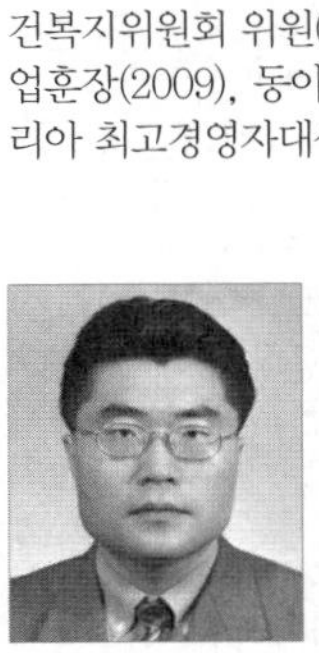

[생]1965·2·26 [출]서울 [주]경기 과천시 관문로47 미래창조과학부 연구개발투자심의관실(02-2110-2600) [학]1987년 서울대 사법학과졸 [경]1993년 행정고시 합격(37회) 2002년 기획예산처 기금제도과 서기관 2003년 同기금총괄과 서기관 2004년 국가청렴위원회 정책기획실 평가조사담당관 2006년 기획예산처 예산낭비대응팀장 2007년 同성과관리본부 총사업비관리팀장 2008년 기획재정부 재정정책국 타당성심사과장 2010년 同예산실 기금운용계획과장 2011년 同예산총괄심의관실 예산기준과장 2012년 同경제예산심의관실 농림수산예산과장 2013년 同경제예산심의관실 농림해양예산과장 2014년 同산업경제과장 2014년 同국고국 국고과장(서기관) 2015년 同국고국 국고과장(부이사관) 2016년 미래창조과학부 연구개발투자심의관(현)

성일환(成日煥) SUNG Il Hwan

[생]1954·4·20 [출]경남 창녕 [주]서울 강서구 하늘길78 한국공항공사 사장실(02-2660-2212) [학]대구 영남고졸 1978년 공군사관학교졸(26기) 1997년 국방대 안보과정 수료 2000년 한남대 대학원 경영학과졸 2012년 청주대 대학원 사회복지학 박사과정 수료 [경]2001년 공군 제29전술개발훈련비행전대 전대장 2003년 공군본부 기획참모부 전력계획처장 2004년 공군 교육사령부 참모장 2005년 공군 제17전투비행단장(준장) 2007년 공군본부 감찰실장(소장) 2008년 공군사관학교장(중장) 2010년 공군 참모차장(중장) 2011년 공군 교육사령관(중장) 2012~2014년 공군 참모총장(대장) 2014년 영남대 석좌교수 2016년 한국공항공사 사장(현) [상]공군참모총장표창(1989), 국방부장관표창(1991), 합참의장 공로표창(1992), 대통령표창(2000), 보국훈장 천수장(2007)

성장현(成章鉉) SUNG Jang Hyun (靑松)

[생]1955·5·17 [본]창녕(昌寧) [출]전남 순천 [주]서울 용산구 녹사평대로150 용산구청 구청장실(02-2199-6333) [학]1976년 순천 매산고졸 1997년 안양대 행정학과졸 1999년 동국대 행정대학원졸(석사) 2004년 행정학박사(단국대) 2011년 명예 정치학박사(몽골 항가이대) [경]1979년 관인세종학원 원장 1988~1991년 전국웅변인협회 총본부 사무총장 1991~1998년 민주평통 자문위원 1991·1995년 서울 용산구의회 의원(초대·2대) 1992년 민주연합청년동지회 용산구회장 1998~2000년 서울시 용산구청장(국민회의·새천년민주당) 1998년 국민회의 청년위원회 부위원장·용산지구당 부위원장 1998~2001년 백범기념관건립위원회 용산구회장 2002년 새천년민주당 노무현 대통령후보 선거대책위원회 조직부위원장 2003~2007년 단국대 외래교수 2004년 제17대 국회의원선거 출마(서울 용산구, 새천년민주당) 2004년 민주당 노인복지특별위원회 위원장 2005~2010년 同서울용산지역위원회 위원장 2006년 서울시 용산구청장선거 출마(민주당) 2007년 민주당 지방자치위원장 2008년 통합민주당 직능위원장 2008년 同중앙당 주거복지위원장 2008년 제18대 국회의원선거 출마(서울 용산구, 통합민주당) 2009년 (사)충·효·예실천운동본부중앙회 부총재(현) 2010년 동국대총동창회 부회장(현) 2010년 서울시 용산구청장(민주당·민주통합당·민주당·새정치민주연합) 2010년 용산구체육회 회장(현) 2010년 서울시구청장협의회 부회장 2012년 단국대 겸임교수 2012년 중국 연변대 객원교수 2014년 서울시 용산구청장(새정치민주연합·더불어민주당)(현) [상]보건사회부장관표창, 체신부장관표창, 3군단장표창, 대한민국소비자대상 소비자행정부문(2016) [종]기독교

성재생(成在鉎) SUNG Jae Saeng

[생]1948·4·14 [본]창녕(昌寧) [출]경남 진주 [주]서울 강남구 영동대로315 대경빌딩 에스에이엠티 비서실(02-3458-9000) [학]1967년 진주기계공고졸 1971년 동아대 기계공학과졸 2000년 고려대 산업정보대학원 반도체최고위과정 수료 2008년 한국산업기술대 박사과정 수료 [경]1973년 육군 중위 예편(ROTC 9기) 1977년 삼성전자 TV·오디오구매과장 1980년 同생산관리과장 1983~1991년 同국내영업부장·지사장 1992년 同반도체부분 국내영업총괄 1994년 同반도체부문 시스템LSI 국내영업총괄 상무 1999년 (주)삼테크 기획담당 사장 2004~2006년 同대표이사 부회장 2006년 에스에이엠티 대표이사 부회장 2007년 同대표이사 회장(현) [상]석탑산업훈장(2006)

성재영(成宰榮) SUNG Jae Young (고당)

[생]1945·1·5 [본]창녕(昌寧) [출]경남 창녕 [주]부산 남구 신선로335 동남여객자동차(주)(051-628-0788) [학]1963년 부산고졸 1970년 성균관대 경제학과졸 1996년 동아대 대학원 정치학과졸 1999년 정치학박사(동아대) [경]1979년 동남여객자동차(주) 회장(현) 1985년 새마을운동 부산시 남구지회장 1991년 민주평통 상임위원 1991~1994년 부산시의회 의원·교통항만위원장 1992년 해외참전전우회 부산남구지부 명예회장 1993년 민주평통 부산시 남구협의회장 1995년 영남통운(주) 회장(현) 1996~2000년 민주평통 중앙상임위원 1998년 교통방송 부산본부 시청자위원장 2003년 민주평통 부산시 남구협의회장 2003년 PSB 시청자위원장 2003년 부산시 홍보위원회장 2005년 창성여객(주) 회장(현) 2006년 KNN 시청자위원장 2007년 부산남구문화원 원장(현)

2016년 부산문화연합회 회장(현) [상]대통령표창(1993), 새마을훈장 근면장(1998), 국민훈장 동백장(2004) [저]'북한 핵문제의 해법 모색' '한국지방자치법 개정과정' [종]불교

성재호(成宰豪) SUNG Jae Ho

[생]1960·3·18 [본]창녕(昌寧) [출]대구 [주]서울 종로구 성균관로25의2 성균관대학교 법학과(02-760-0355) [학]1984년 성균관대 법학과졸 1986년 同대학원졸 1991년 법학박사(성균관대) 1994년 법학박사(미국 조지타운대) [경]1986~1992년 국제대·경기대·광운대 강사 1992~1993년 미국 조지타운대 연구원·조교수 1994~2002년 성균관대 법학과 조교수·부교수 1998~2000년 국제법평론회 편집위원 1999년 대한국제법학회 연구이사 2002년 성균관대 법학과 교수(현) 2002~2004년 同비교법연구소장 2005~2007년 同학생처장 2007~2009년 同입학처장 2009~2010년 한국국제경제법학회 회장 2011~2012년 성균관대 기획조정처장 2015년 대한국제법학회 회장(현) 2015년 신한카드(주) 사외이사(현) 2015년 대한적십자사 인도법자문위원회 위원장(현) 2015년 (재)통일과나눔 '통일나눔펀드' 기금운용위원회 위원(현) 2016년 세계국제법협회(ILA) 한국지부 회장(현) 2016년 대통령직속 규제개혁위원회 경제분과 민간위원(현) [저]'국제법해제' '환경보호와 국제법 질서' '과학기술의 정치경제학' '국제통상법개론' '국제법' '국제법 판례연구' 'WTO와 통상질서의 이해'

성정주(成貞柱) SUNG JUNG JU (心軒)

[생]1957·4·15 [본]창녕(昌寧) [출]경남 합천 [주]경남 창원시 성산구 창이대로669 창원지방검찰청 사무국(055-239-4200) [학]진주공고졸, 한국방송통신대 법학과졸, 경상대 행정대학원 사법행정학과졸 [경]1982년 부산지검 진주지청 근무(9급) 2005년 대검찰청 형사2과 사무관 2006년 창원지검 거창지청 사무과장 2007년 同진주지청 수사과장 2010년 울산지검 수사과장(서기관) 2012년 창원지검 조사과장 2013년 창원지검 진주지청 사무과장 2015년 광주지검 순천지청 사무국장(부이사관) 2015년 창원지검 사무국장(고위공무원)(현) [상]국무총리표창(1999·2014), 대한민국문인화대전 대상(2011), 공무원미술대전 특선(2011·2012), 남도서예문인화대전 대상(2012), 대한민국서예문인화대전 동상(2013), 대한민국미술대전 문인화부문 특선(2014·2015·2016), 광주무등미술대전 문인화부문 대상(2016)

성주영(成周永) Sung joo yung

[생]1962·9·20 [출]대전 [주]서울 영등포구 은행로14 KDB산업은행 기업금융부문장실(02-787-6014) [학]1981년 대전고졸 1988년 서울시립대 회계학과졸 [경]1988년 한국산업은행 입행 1999년 同국제투자본부 과장 2002년 同자본시장실 차장 2005년 同재무관리본부 부팀장 2006년 同홍보실 팀장 2009년 同뉴욕지점 팀장 2012년 同뉴욕지점장 2012년 同M&A실장 2014년 同홍보실장 2015년 同창조기술금융부문장(부행장) 2016년 同기업금융부문장(부행장)(현)

성중기(成仲基) Sung Joong Gi (겸조)

[생]1960·11·3 [주]서울 중구 덕수궁길15 서울특별시의회 의원회관818호(02-3783-1851) [학]고려대 정책대학원 행정학과졸, 동국대 행정대학원 행정학 박사과정 재학 중 [경]고려대 경영대학원 총교우회 사무총장 2010년 (사)한국새생명복지재단 후원회장(현) 2012년 여의도연구소 정책자문위원 2013년 여의도연구원 정책자문위원(현) 2014년 서울시의회 의원(새누리당)(현) 2014~2016년 同운영위원회 위원 2014~2016년 同교통위원회 위원 2014년 同새누리당 대변인 2014~2015년 同의회개혁특별위원회 위원 2014~2015년 同예산결산특별위원회 위원 2014·2016년 同남북교류협력지원특별위원회 위원(현) 2014~2015년 同윤리특별위원회 부위원장 2015년 同항공기소음특별위원회 위원(현) 2015~2016년 同남산케이블카운영사업독점운영 및 인·허가특혜의혹규명을위한행정사무조사특별위원회 위원 2015년 서울시 선플위원회 공동위원장(현) 2015년 同교통문화교육원 운영자문위원장(현) 2015년 서울시의회 청년발전특별위원회 위원(현) 2016년 同교통위원회 부위원장(현) 2016년 同새누리당 부대표(현) 2016년 同서울메트로사장후보자인사청문특별위원회 위원 2016년 同지방분권TF 위원(현) [상]창조경영인대상(2014), 한국재능나눔대상(2014), 유권자시민행동 대한민국유권자대상(2015), 자랑스런대한민국시민대상 지역발전공로대상(2016), 소비자대상(2016)

성지용(成智鏞) Sung Ji-Yong

[생]1964·1·15 [출]강원 춘천 [주]서울 서초구 서초중앙로 157 서울고등법원(02-530-1235) [학]1982년 춘천고졸 1986년 서울대 법과대학 사법학과졸 1989년 同대학원 법학과 수료 [경]1986년 사법시험 합격(28회) 1989년 사법연수원 수료(18기) 1992년 창원지법 판사 1995년 同통영지원 판사 1996년 인천지법 판사 2000년 사법연수원 교수 2002년 서울고법 판사 2004년 대구지법 부장판사 2006년 수원지법 평택지원장 2008년 서울행정법원 부장판사 2011년 서울남부지법 수석부장판사 2012년 대전고법 부장판사 2013년 대전지법 수석부장판사 2013~2014년 세종특별자치시선거관리위원회 위원장 2014년 서울고법 부장판사(현)

성지호(成志鎬) SUNG Ji Ho

[생]1962·2·10 [출]경북 상주 [주]경기 의정부시 녹양로 34번길23 의정부지방법원(031-828-0403) [학]1980년 중앙대사대부고졸 1985년 고려대 법대졸 [경]1987년 사법시험 합격(29회) 1990년 사법연수원 수료(19기) 1990년 서울지법 의정부지원 판사 1992년 서울민사지법 판사 1994년 대전지법 서산지원 판사 1997년 서울지법 남부지원 판사 1999년 同판사 2002년 서울고법 판사 2003년 대법원 재판연구관 2005년 인천지법 부장판사 2006년 미국 버클리대 Law School Visiting Scholar 2007년 인천지법 부천지원 부장판사 2008년 서울남부지법 부장판사 2010년 서울중앙지법 부장판사 2013년 서울서부지법 부장판사 2015년 의정부지법 부장판사(현)

성창경(成昌慶) SUNG Chang Kyung

[생]1958·12·22 [본]창녕(昌寧) [출]부산 [주]서울 강남구 테헤란로114길14 한국에너지기술평가원 전력원자력실(02-3469-8871) [학]1977년 부산 금성고졸 1982년 부산대 기계공학과졸 1984년 한국과학기술원 원자력공학과졸 1996년 원자력공학박사(한국과학기술원) [경]1984~1993년 한국전력공사 입사·원자력발전처 연구기획과장 1993년 한국과학기술원 원자력공학과 연구조교 1996년 한국전력공사 전력연구원 부장 2006년 한국과학재단 원자력전문위원 2007년 同원자력단장 2007년 국가산업기술보호위원회 원자력분과위원장 2009년 한국연구재단 원자력연구센터장 2009년 원자력안전 전문위원 2010년 한국에너지기술평가원 평가관리단장 2011년 同기술기획본부장 2013~2015년 同해상풍력추진단장 2015년 同전력원자력실 수석연구원(현)

성창순(成昌順·女) SUNG Chang Soon (素汀)

[생]1934·11·10 [출]광주 [학]전남여중졸 [경]1950년 김연수창극단·여성국극단 입단·조선국극단에서 창극활동 1955년 공기남 선생에게 사사·한만갑제 거문고 김난주씨에게 사사·강태홍제 가야금 원옥화씨에게 사사·춤 광대 김영철씨에게 칠현금 사사 1961년 만정 김소희씨에게 사사 1964년 전남보성 정응민씨에게 강산제판소리 사사 1965년 우전 신호열에게 한문서예 사사 1969년 일본 교포 위문공연·일본·미국·유럽 등 국외공연 1985년 춘향가 전판공연 1985년 중요무형문화재 제5호 판소리예능보유자 후보자 지정 1985년 국악협회 이사 1988년 심청가 서독 쾰른음대 초청공연 1988년 춘향가 완창 1989년 흥보가 발표 1991년 중요무형문화재 제5호 판소리예능보유자 지정(현) 1991년 미국 카네기홀에서 심청가·춘향가 공연 1992년 심청가 완창 1992년 일본 도쿄에서 심청가 공연 1992년 대한전통예술보존회 설립·이사장 1993년 인간문화재진흥회 부회장 1994년 성창순 국악한마당 공연 1994년 '국악의 해' 기념 민속예술 대공연 1999년 광주시립국극단 단장 2001년 미국 순회공연 2007년 춘향가 완창 2013년 (사)한국판소리보존회 고문(현) [상]신인서예전 서예부 특선, 제17회 국전 서예부 입선, 국악협회 명창대회 세종상, 대통령표창, 한국예술문화단체총연합회 예술대상, KBS 제1회 국악대상, 국악부문 방송대상, 광주시민대상 예술부문, 대통령 문화훈장 [저]'넌 소리 도둑년이여' [작]주해 '춘향가' '심청가' 창극 '쑥대머리' [종]불교

성창익(成昌益) Chang Ik Sung

[생]1970·12·29 [출]경남 창녕 [주]서울 서초구 강남대로 343 신덕빌딩12층 법무법인(유) 원(02-3019-3945) [학]1988년 대구 오성고졸 1993년 서울대 법학과졸 2004년 미국 조지타운대 법과대학원졸(LL.M) [경]1992년 사법시험 합격 1995년 사법연수원 수료 1995~1998년 공군 법무관 1998~1999년 서울지법 남부지원 판사, 변호사 개업 1999~2006년 김앤장법률사무소 변호사 2007~2009년 부산고법 판사 2009~2011년 특허법원 판사 2011~2012년 울산지법 부장판사 2011~2012년 울산중구선거관리위원회 위원장 2012년

법무법인(유) 원 변호사(현) 2012년 대한상사중재원 중재인(현) 2014년 한국지적재산권변호사협회 이사(현) 2015년 중소기업기술분쟁조정·중재위원회 중재위원(현) [저]'특허판례연구(共)'(2012, 박영사)

성창호(成昌昊) SUNG Chang Ho
[생]1972·3·26 [출]부산 [주]서울 서초구 서초중앙로157 서울중앙지방법원(02-530-1114) [학]1990년 성동고졸 1994년 서울대 법대 사법학과졸 2005년 미국 조지타운대 대학원 법학과졸(LL.M) [경]1993년 사법시험 합격(35회) 1996년 사법연수원 수료(25기) 1996년 軍법무관 1999년 서울지법 남부지원 판사 2001년 서울지법 판사 2003년 창원지법 판사 2005년 同통영지원 판사 2006년 수원지법 판사 2007년 법원행정처 인사관리심의관 2009년 同인사심의관 2010년 서울고법 판사 2011년 전주지법 군산지원 부장판사 2012~2014년 대법원장 비서실 파견 2012년 수원지법 부장판사 2016년 서울중앙지법 부장판사(현)

성창훈(成昌壎) Sung Chang Hun

[생]1967·4·19 [주]세종특별자치시 갈매로477 기획재정부 운영지원과(044-215-2252) [학]1985년 김천고졸 1989년 고려대 경제학과졸 2003년 경제학박사(프랑스 파리정치대학) [경]1993년 행정고시 합격(37회) 1994년 총무처 수습행정관 1995~2006년 재정경제원 종합정책과·금융정책과 근무 2006~2009년 駐EU대표부 재경관 2009년 기획재정부 물가정책과장 2013년 대통령비서실 행정관 2014년 기획재정부 산업경제과장 2015년 同정책조정국 정책조정총괄과장 2016년 駐홍콩 주재관(부이사관)(현)

성춘복(成春福) SUNG Choon Bok (尙南)

[생]1936·12·10 [본]창녕(昌寧) [출]경북 상주 [주]서울 종로구 혜화로35 경주이씨중앙화수회빌딩205호(02-743-5793) [학]1952년 부산공고졸 1959년 성균관대 국문학과졸 1988년 명예 문학박사(세계문화예술아카데미) [경]1958년「현대문학」詩 추천으로 문단 데뷔 1959~1970년 을유문화사 편집부 근무 1970년 한국문인협회 이사·시분과회장 1970~1976년 삼성출판사 편집국장 1972년 성균관대 강사 1976년 한국시인협회 상임위원 1976년 노벨문화사 상무이사 1979년 세계시인회의 한국위원회 사무국장 1988년 계간「시대문학」주간 1989년 한국문인협회 상임이사 1992년 同부이사장 1993~2001년 SBS문화재단 이사 1998~2000년 한국문인협회 이사장 1998~2001년 한국예술문화단체총연합회 부회장 2001년 계간「문학시대」발행인(현) 2002년 (사)자연을사랑하는문학의집서울 이사(현) [상]월탄문학상, 서울시 문화상, 한국시인협회상, 예술문화대상, PEN문학상 [저]'마음의 불'(2000) '話頭와 때깔'(2001) '길을 가노라면'(2007) [작]'오지행' '복사꽃제' '네가없는 이 하루는' '길 하나와 나는' '그리운죄 하나만으로도 나는' '혼자 부르는 노래' '부끄러이' [종]불교

성충용(成忠容) SEONG Chung Yong

[생]1970·8·22 [출]서울 [주]서울 서초구 서초중앙로157 서울고등법원(02-530-1114) [학]1989년 배명고졸 1994년 서울대 사법학과졸 1998년 同대학원 법학과 수료 [경]1994년 사법시험 합격(36회) 1997년 사법연수원 수료(26기) 1997년 軍법무관 2000년 서울지법 의정부지원 판사 2002년 同판사 2004년 전주지법 정읍지원 판사 2007년 전주지법 판사 2008년 서울고법 판사 2010년 사법연수원 교수 2012년 대전지법 부장판사 2013년 서울고법 판사(현)

성 타(性 陀) SUNG-TA

[생]1941·8·19 [출]울산 [주]서울 종로구 우정국로55 대한불교조계종 호계원(02-2011-1700) [학]1955년 수계 1961년 통도사강원 대교과졸, 동국대 역경연수원 수료 [경]1952년 출가(恩師월산) 1970년 법주사 강사 1974년 불국사 총무·교무담당 1978년 대한불교조계종 비상종회 의원 1980년 同제6·7·8·10·11대 중앙종회 의원 1980년 同총무원 교무부장 1980년 능인학원 이사 1982년 대한불교조계종 총무원 교무부장 1984년 충북 반야사 주지 1985년 불국사 총무 1986년 同의전실장 1988년 반야사 주지 1991·1994년 불국사 부주지 1993년 대자연환경보존회 회장 1994년 대한불교조계종 개혁위원 1995년 경주경제정의실천시민연합 공동대표 1995년 대한불교조계종 포교원장 1995년 원효학연구원 이사장(현) 1996년 청정국토만들기운동본부 회장 1996년 파라미타청소년연합 총재 1997년 중앙승가학원 이사 1997년 한국대인지뢰대책회 공동대표 1998~2002년 불국사 주지 1999년 우리민족서로돕기운동본부 공동대표 1999년 민주평통 자문위원(현) 2000~2005년 대구불교방송 사장 2001년 (재)불교방송 이사 2001년 대한불교조계종 환경위원장 2002~2014년 불국사 주지 2002년 同회주(현) 2003년 (재)성림문화재연구원 이사장(현) 2005년 경북지방경찰청 경승실장 2007년 동국대 이사(현) 2010~2012년 대한불교조계종 화쟁위원회 위원 2015~2016년 학교법인 동국학원(동국대) 이사장 직무대행 2016년 대한불교조계종 호계원장(현) [상]통상산업부장관표창, 국무총리표창(1997), 대통령포장(2000), 국민훈장 모란장(2002) [저]'금오집' '백암의 사상' '경허의선사상' '경허선사와 한말의 불교' '한국불교의 사회적 성격' '자연과 나' [역]'불소행찬' [종]불교

성태연(成泰連) SEONG Tae Yeon

[생]1959·12·11 [본]창녕(昌寧) [출]전남 목포 [주]서울 성북구 안암로145 고려대학교 신소재공학부(02-3290-3288) [학]1978년 목포고졸 1982년 울산대 재료공학과졸 1985년 한국과학기술원(KAIST) 재료공학과졸 1992년 재료공학박사(영국 옥스퍼드대) [경]1985~1988년 한국과학기술연구원(KIST) 연구원 1992~1994년 영국 옥스퍼드대 Post-Doc. Fellow 1994~2005년 광주과학기술원 신소재공학과 교수 2002~2008년 기술신용보증기금 기술자문위원 2003~2004년 광주과학기술원 신소재공학과장 겸 BK21재료사업단장 2004년 교육인적자원부 BK21후속사업(Post-BK21)기획단 위원 2004년 지방대학혁신역량강화누리사업단 연차평가지표개발위원장 2005~2006년 同선정단장 2005~2007년 교육인적자원부 정책자문위원 2005년 고려대 신소재공학부 교수(현) 2005~2011년 同신소재공학부장 2006~2007년 지방대학혁신역량강화사업(누리사업)단 연차평가단장 2006~2011년 고려대 BK21첨단부품소재사업단장 2007년 국가균형발전사업평가위원 2008~2010년 반도체조명 및 LED학회 이사 2008년 영국물리학회 석학회원(Fellow)(현) 2008년 'Semiconductor Science & Technology' 편집위원 2010년 'ECS journal of Solid-State Science and Technology' 편집자문위원(현) 2010년 'Electrochemical & Solid-State Letters' 편집자문위원 2011년 고려대 나노포토닉스공학과장(현) 2013년 'Semiconductor Science & Technology' Associate Editor(현) 2013년 국제광전자학회(SPIE) 석학회원(Fellow)(현) 2014년 한국광전자학회 회장 2015년 한국재료학회 이사(현) 2015년 고려대 공과대학 연구부학장 [상]광주과학기술원 교육상(2001), 광주과학기술원 창립10주년기념 연구상(2003), 공학연구상(2011), 석탑강의상(2011·2012), 석탑기술상(2012) [종]기독교

성태제(成泰濟) SEONG Tae Je

[생]1954·9·20 [출]서울 [주]서울 서대문구 이화여대길52 이화여자대학교 교육학과(02-3277-2114) [학]1973년 서울 양정고졸 1982년 고려대 교육학과졸 1986년 미국 위스콘신대 메디슨교 대학원 교육심리학과졸 1988년 철학박사(미국 위스콘신대 메디슨교) [경]1989년 이화여대 교육학과 교수(현) 1996년 미국 Wisconsin대 교환교수 1997년 이화여대 교육학과 학과장 1999년 학술연구지원사업 학술연구심사평가위원 1999년 2000학년도대학수학능력시험출제위원단 평가부위원장 2001년 2002학년도대학수학능력시험 총괄부위원장 2002년 이화여대 입학처장 2003년 서울지역대학교입학처장협의회 회장 2004~2005년 이화여대 교무처장 2004년 한국교육평가학회 부회장 2005~2009년 경제인문사회연구회 기획평가위원장 2006~2008년 국무조정실 정부정책평가위원·정부업무평가위원 2006~2008년 한국교육평가학회 회장 2008년 대학중점정책연구소 평가위원장 2009년 대통령 교육과학문화수석비서관실 정책자문위원 2009년 국가교육과정개정자문위원회 위원장, 한국교원단체총연합회 한국교육정책연구소 이사, 한국교육신문 논설위원, 대학자율화위원회 위원, 대학입학제도선진화위원회 위원장, 한국창의재단 이사 2010년 한국대학교육협의회 사무총장, 한국의학교육평가원 이사, 한국간호평가원 이사, 청년고용촉진특별위원회 위원, 유네스코 한국위원회 위원, 육군사관학교 자문교수 2011~2014년 한국교육과정평가원 원장 [상]홍조근정훈장(2008) [저]'현대 기초통계학의 이해와 적용'(1991) '타당도와 신뢰도'(1995) '문항제작 및 분석의 이론과 실제'(1996) '교육연구방법의 이해'(1998) '문항반응이론의 이해와 적용'(1998) '현대교육평가'(2002) '타당도와 신뢰도'(2002) '수행평가의 이해와 실제'(2003) '연구방법론'(2006) '최근교육학개론(共)'(2007) '알기쉬운 통계분석'(2007) '교육평가의 기초'(2008) '2020 한국 초중등교육의 향방과 과제'(2013) '교육단상'(2015) '교수학습과 하나되는 형성평가'(2015) [역]'문항반응이론 입문'(1991) '준거설정'(2010)

성태환(成泰煥) Tae Hwan, Sung

[생]1963·8·26 [본]창녕(昌寧) [출]전북 고창 [주]서울 중구 퇴계로190 매일경제TV AD마케팅국(02-2000-4930) [학]1982년 전주 제일고졸 1989년 군산대 무역학과졸 2014년 한국과학기술원(KAIST) 과학저널리즘과정졸(경영학석사) [경]1994년 매일경제 보도국 산업부 기자 2000년 매일경제TV 보도국 정경부 기자 2001년 同뉴스총괄부 기자 2002년 同뉴스총괄부 차장대우 2002

년 同증권부 차장대우 2004년 同증권부 차장 2004년 同보도국 보도제작1부장 2004년 한국기자협회 권익옹호분과위원장 2005년 매일경제TV 보도제작2부장 2006년 同증권부장 2006년 同보도국 문화스포츠부장 2008년 MBN 매일방송 사회2부장 2010년 同스포츠부장 겸임 2010년 同사회1부장 2012년 同보도국 보도제작부장 겸 국제부장 2013년 매일경제TV AD마케팅국장(현) ⊛기독교

성풍현(成豊鉉) POONG HYUN SEONG

⊛1955 · 8 · 8 ⊛창녕(昌寧) ⊛서울 ⊛대전 유성구 대학로291 한국과학기술원 원자력 및 양자공학과(042-350-3820) ⊛1973년 경복고졸 1977년 서울대 원자핵공학과졸 1984년 미국 매사추세츠공대 대학원 원자핵공학과졸 1987년 원자핵공학박사(미국 매사추세츠공과대) ⊛1977~1982년 국방과학연구소 연구원 1982년 강원대 강사 1983~1987년 미국 매사추세츠공대(MIT) 연구원 · 강의조교 1987~1991년 미국 AT&T Bell연구소 연구원 1991년 한국과학기술원(KAIST) 원자력 및 양자공학과 교수(현) 1997~1998년 미국 Lucent Techonologie Bell 연구소 방문연구원 1997~2003년 과학기술부 안전전문위원회 원자로계통분과 위원 2003~2008년 Nuclear Engineering and Technology(NET) 편집장 2006~2007년 미국원자력학회 인간요소분과(HFD) 회장 2006~2009년 한국원자력안전위원회 위원 2010~2011년 아랍에미리트 Khalifa Univ. of Science Technology and Research 교수 2010~2011년 미국원자력학회(ANS) 한국지부 의장 2010년 네덜란드 Reliability Engineering and System Safety Elsevier 편집위원(현) 2011년 아랍에미리트 Khalifa Univ. of Science Technology and Research 방문교수(현) 2014년 (사)한국원자력학회 수석부회장 2015~2016년 同회장 ⊛미국 AT&T Bell 연구소 Achievement Award(1988), 한국과학기술단체총연합회 우수논문상(1996), 한국원자력학회 공로상(2001 · 2008), 한국원자력학회 학술상(2001), 한국원자력학회 우수논문상(2001 · 2005 · 2008 · 2011 · 2012), 한국과학기술원 국제협력상(2005), 한국원자력학회40주년 교육과학기술부장관표창(2009), 한국원자력학회지 발전기여상(2010), 한국원자력학회 감사패(2011), 한국원자력학회 ICI2011 감사패(2012), 한국원자력공로상(2015) ⊛'Reliability and Risk Issues in Large-scale Digital Control Systems'(2008, Springer) ⊛기독교

성하현(成夏鉉) SUNG Ha Hyun

⊛1940 · 5 · 24 ⊛충남 아산 ⊛경기도 고양시 덕양구 신원2로57 뉴코리아CC(02-353-0091) ⊛1959년 경복고졸 1963년 서울대 상학과졸 ⊛1976년 한국화약그룹 비서실장 1980년 한국화약 상무이사 1984년 同그룹종합기획실 근무 1986년 (주)삼희기획 대표이사 1995년 (주)한국국토개발 부사장 1995년 同사장 1996년 한국여자프로골프협회 회장 1997년 한화국토개발(주) 대표이사 사장 1998년 한화유통 · 한화개발 총괄사장 겸임 1999년 한국휴양콘도미니엄협회 회장 1999~2006년 한화국토개발 부회장 2000년 (주)한컴 회장 2006~2014년 한화그룹 부회장 2014년 뉴코리아CC 대표이사(현) ⊛한국능률협회 인재개발대상, 대통령표창

성한경(成漢慶) SUNG Han Kyong (晩堂)

⊛1941 · 8 · 25 ⊛경남 창녕 ⊛부산 영도구 태종로808 신한여객자동차(주) 회장실(051-405-0514) ⊛1964년 성균관대 법학과졸 1969년 同경영대학원 수료 ⊛1977년 신한여객(주) 대표이사 1979년 부산상공회의소 상공의원 1982년 부산시버스운송사업조합 이사장 1990년 신한여객자동차(주) 회장(현) 1998년 새마을운동중앙회 부산시지부 회장 2003년 同부산시지부 명예회장 2009~2015년 부산경영자총협회 회장 2016년 同명예회장(현) 2010년 영도문화원 원장(현) ⊛새마을훈장 근면장, 석탑산업훈장 ⊛원불교

성한용(成漢鏞) SEONG, HAN YONG

⊛1959 · 11 · 11 ⊛대전 ⊛서울 마포구 효창목길6 한겨레신문 편집국 정치부(02-710-0322) ⊛1977년 배재고졸 1984년 서강대 정치외교학과졸, 한양대 언론정보대학원졸 ⊛1985년 서울신문 기자 1988년 한겨레신문 기자 1998년 同정치부 차장 2002년 同민권사회2부장 2003년 同정치부장 2005년 同정치부 선임기자(부장급) 2008년 同편집국 선임기자(부국장대우) 2009년 同편집국장 2011~2013년 관훈클럽 신영연구기금 감사 2011년 한겨레신문 편집국 정치부 선임기자(현) ⊛서강언론인상(2010), 자랑스런 한양언론인상(2012) ⊛'DJ는 왜 지역갈등 해소에 실패했는가'(2001)

성항제(成亢濟) SUNG Hang Je

⊛1959 · 9 · 11 ⊛창녕(昌寧) ⊛충남 ⊛서울 중구 소공로48 프라임타워 이데일리TV(02-3772-0219) ⊛1977년 천안중앙고졸 1985년 한국외국어대 아랍어과졸 1997년 한양대 경영대학원졸 ⊛2000년 내외경제신문 사회문화부장 2000년 同사회생활부장 2001년 同정경부장 2002년 同증권부장 2003년 同산업1부장 2004년 헤럴드미디어 광고국장 직대 2005년 헤럴드경제 전략마케팅국장 2006년 同논설위원 2007년 同산업부문 선임기자 2008년 同수석논설위원 2010년 同선임기자 2011년 同논설위원 2011년 헤럴드미디어 CS본부장 2012년 이데일리 편집국장(이사) 2013년 同상무 2014년 同사업총괄본부장 겸 경영지원실장(상무) 2015년 이데일리TV 총괄본부장(현) ⊛기독교

성현주(成炫周) Sung Hyun-Joo

⊛1961 · 1 · 20 ⊛서울 종로구 새문안로75 (주)대우건설 해외인프라사업본부(02-2288-3114) ⊛1978년 진주고졸 1982년 서울대 농공학과졸 ⊛(주)대우건설 해외토건사업관리팀 근무, 同GK PJ팀 근무, 同GK공무팀 근무, 同해외토목팀 근무 2010년 同오만수리조선소현장담당 상무 2013년 同외주구매본부장(상무) 2013년 同토목사업본부장(전무) 2015년 同해외인프라사업본부장(전무)(현)

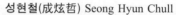

성현철(成炫哲) Seong Hyun Chull

⊛1960 · 2 · 13 ⊛창녕(昌寧) ⊛부산 ⊛부산 부산진구 신천대로156 부산도시공사 감사실(051-810-1203) ⊛1979년 부산동고졸 1984년 부산대 물리학과졸 ⊛1988년 국제신문 기자 1988년 同생활특집부 기자 1991년 同정치부 기자 1993년 同경제부 기자 1997년 同정치부 기자 1998년 同사회부 기자 2000년 同사회2부 차장 2002년 同경제부장직대 2003년 同경제부장 2003년 同사회2부장 2004년 同정치부장 2006년 同기획탐사팀장 2007년 同생활과학부장 2008년 同경제부장 2008년 同문화사업국장 2011년 同편집국장 2012년 同문화사업국장 2013~2014년 同광고국장 2014년 부산도시공사 감사(현) ⊛일경언론재단 일경언론상 장려상(2006), 한국기자협회 한국기자상(2007)

성현출(成炫出) Seong Hyeon Chul

⊛1963 · 5 · 13 ⊛광주 남구 봉선로208 광주시 남구문화원(062-671-7356) ⊛목포고졸, 광주보건대졸, 광주대졸, 전남대 행정대학원졸 2006년 조선대 대학원 박사과정 수료, 전남대 법정대학원 박사과정 재학中 ⊛새생명찾아주기범시민운동본부 '늘사랑공동체' 회장, 월드복지회 광주지회장, (주)유원 상무이사, 민주평통 광주남구협의회 청소년분과 · 기획분과 위원장, 새천년민주당 광주南지구당 사무국장, 민주당 광주시당 홍보위원장 겸 부위원장, (사)광주전남청소년지도사협회 상임이사, 민주연합청년협의회 광주南지구 회장, 한국웅변가협회 광주전남지부 사무국장, 조선대 객원교수, 대한일보 칼럼리스트 1998 · 2002~2006년 광주시 남구의회 의원 2000년 同총무사회위원장 2002년 同운영위원장 2011년 광주시 남구문화원 원장(현) 2013~2016년 광주시문화원연합회 회장 2013~2016년 광주환경공단 비상임이사

성환갑(成煥甲) SEONG Hwan Gap (동민)

⊛1946 · 2 · 23 ⊛창녕(昌寧) ⊛경남 진주 ⊛서울 동작구 흑석로84 중앙대학교 국어국문학과(02-820-5114) ⊛1965년 진주고졸 1969년 중앙대 국어국문학과졸 1972년 同대학원 국어학과졸 1983년 문학박사(중앙대) ⊛1969~1973년 중앙대사대부중 · 고 교사 1973년 인하대 조교 1975~1979년 전주대 전임강사 · 조교수 1979~1988년 중앙대 문리대 조교수 · 부교수 1988~2012년 同국어국문학과 교수 1991~1993년 同교무처장 1994년 일본 神田외국어대 객원교수 1996년 한국어문교육연구회 부회장 1997~1999년 중앙어학연구회 회장 1997~1999년 중앙어문학회 부회장 1997년 중앙대 기획실장 1998~2000년 전국대학인문학연구소협의회 초대회장 1998~2000년 중앙대 인문과학연구소장 1999~2001년 同문과대학장 1999~2010년 한국한자능력검정회 회장 2007~2009년 중앙대 대학원장 2007~2009년 국어학회 회장 2010~2012년 한국어문교육연구회 회장 2012년 중앙대 국어국문학과 명예교수(현) 2016년 (사)한국어문회 이사장(현) ⊛일석 국어학연구장려상 ⊛'고유어의 한자어 대체에 관한 연구' ⊛'월인천강지곡'(共)

성효용(成孝鏞 · 女) Hyo-Yong Sung

[생]1963 · 11 · 18 [본]창녕(昌寧) [출]충남 천안 [주]서울 성북구 보문로34다길2 성신여자대학교 사회과학대학 경제학과(02-920-7506) [학]1982년 천안여고졸 1986년 성신여대 경제학과졸 1992년 미국 이스턴미시간대 대학원 경제학석사 수료 1997년 경제학박사(미국 뉴욕주립대 빙엄턴교) [경]1993~1994년 미국 뉴욕주립대 빙엄턴교 경제학과 조교 1993~1996년 미국 Universal교육센터 통역사 1993~1996년 미국 뉴욕주정부 지방법원 통역사 1994~1996년 미국 뉴욕주립대 경제학과 강사 1997~1998년 同경제학과 연구원 1998~1999년 서울여대 대학원 경제학과 강사 1999년 성신여대 사회과학대학 경제학과 전임강사 · 조교수 · 부교수 · 교수(현) 2003~2006년 재정경제부 세제발전심의위원회 심의위원 2003년 서울 성북구 지방세이의신청심의위원회 심의위원(현) 2004년 同부동산심의위원회 심의위원(현) 2004년 서울 강북구 재정계획심의위원회 심의위원(현) 2005~2008년 한국여성경제학회 편집위원장 2006~2008년 여성가족부 국가청소년위원회 자체평가소위원회 재정성과부문 위원 2006~2010년 통계청 자체평가위원회 재정성과부문 위원 2009~2010년 우정사업본부 우체국금융위험관리위원회 위원 2009~2010년 한국여성경제학회 부회장 2011~2013년 同회장 2011~2013년 성신여대 사회과학대학장 2013년 고용노동부 고용보험심사위원회 위원(현) 2013년 보건복지부 저출산 · 고령사회정책운영위원회 위원(현) 2013년 예금보험공사 자문위원 2014년 국세청 기준경비율심의회 위원(현) 2014년 (재)우체국금융개발원 비상임이사(현) 2014년 IBK기업은행 사외이사(현) [저]'한국의 빈곤 확대와 노동시장구조(共)'(2011, 서울사회경제연구소) '여성주의 연구의 도전과 과제(共)'(2013, 한울아카데미) [종]가톨릭

성효현(成孝鉉 · 女) SUNG Hyo Hyun

[생]1955 · 11 · 15 [출]서울 [주]서울 서대문구 이화여대길 52 이화여자대학교 사회과교육과(02-3277-2668) [학]1978년 이화여대 사회생활학과졸 1982년 同대학원 사회생활학과졸 1990년 지리학박사(미국 캘리포니아대 리버사이드교) [경]1990년 이화여대 · 동국대 강사 1991~2000년 이화여대 사범대학 사회생활학과 지리교육전공 조교수 · 부교수 2000년 同사회과교육과 교수(현) 2006년 同총무처 부처장 2008년 同부속 이화 · 금란중학교 교장 2007년 한국지형학회 이사(현) 2007년 한국지역지리학회 이사 2007년 한국지도학회 부회장 2009년 同회장 2009년 국제수로기구(IHO) 해저지형도운영위원회(GGC) 위원(현) 2014~2016년 이화여대 교육대학원장 2016년 同사범대학장 · 교육연수원장 · 영재교육원장 겸임(현) [상]근정포장(2012) [저]'한국지도학 발달사'(2009, 국토지리정보원)

세 영(世 英)

[생]1955 · 2 · 11 [출]서울 [주]서울 종로구 우정국로55 대한불교조계종 호법부(02-2011-1838) [학]1987년 장안실업전문대졸, 해인사승가대학졸, 동국대 교육대학원 수료 [경]1974년 용주사에서 득도(은사 정무), 대한불교조계종 총무원 포교국장 1994년 同제11대 중앙종회 의원 1995~2013년 신륵사 주지 1998년 대한불교조계종 제12대 중앙종회 의원 2001년 불교환경연대 집행위원장 2003년 同공동대표 2004년 여주군 노인복지회관 등 사회복지단체 설립 · 운영 2006년 생태지평연구소 공동이사장 2007~2009년 대한불교조계종 총무원 사회부장 2014년 同총무원 호법부장(현) 2014년 수원사 주지(현) 2015년 수원 남부경찰서 경승(현) 2016년 동국대 이사(현) [종]불교

소경용(蘇炅龍) So Kyung Yong

[생]1959 · 9 · 18 [주]서울 종로구 새문안로75 (주)대우건설 경영지원본부(02-2288-3114) [학]신흥고졸, 서강대 정치외교학과졸 [경]1985년 (주)대우건설 입사 2000년 同주택사업1팀장 2005년 同주택사업기획팀장 2007년 同주택사업담당 상무보 2010년 同주택사업본부 상무 2012년 同주택사업본부 전무 2013년 同경영지원실장(전무) 2013년 同전략기획실장(전무) 2015년 同경영지원본부장(전무)(현)

소 근(蘇 槿)

[생]1962 · 10 · 22 [주]서울 마포구 토정로174 세이브더칠드런코리아 사무총장실(02-6900-4400) [학]서울대 외교학과졸, 미국 듀크대 대학원 MBA(경영학 석사) [경]1988~1997년 쌍용투자증권 근무 1997~1999년 UBS은행 서울지점 근무 1999~2004년 노무라증권 서울지점 근무 2004~2007년 LG카드 근무 2007년 신한카드 경영지원 이사대우 2007년 同고객지원본부장 2009년 同브랜드전략본부장(상무) 2010~2013년 同전략기획본부장(상무) 2014~2015년 KB국민카드 마케팅본부 상무 2016년 세이브더칠드런코리아 사무총장(현)

소기홍(蘇基洪) SO Ki Hong

[생]1960 · 7 · 19 [출]전북 남원 [주]세종특별자치시 도움5로20 국민권익위원회 중앙행정심판위원회(044-200-7038) [학]1978년 전주고졸 1984년 서울대 영어교육학과졸 1986년 同행정대학원졸 [경]1983년 행정고시 합격(27회) 1996년 재정경제원 소비자정책과 서기관 1997년 미국 델라웨어대 유학 2002년 기획예산처 재정기획국 사회재정과장 2003년 同재정기획실 산업재정2과장 2004년 同재정개혁국 재정개혁총괄과장(서기관) 2004년 同재정개혁국 재정개혁총괄과장(부이사관) 2005년 同공공혁신기획팀장 2005년 제주특별자치도추진기획단 산업진흥관 2007년 중앙공무원교육원 파견(고위공무원) 2007년 국민경제자문회의 사무처 대외산업국장 2008년 디지털예산회계시스템추진기획단 파견 2009년 기획재정부 행정예산심의관 2010년 同사회예산심의관 2011~2014년 대통령직속 지역발전위원회 기획단장 2014년 국민권익위원회 중앙행정심판위원회 상임위원(현) [종]천주교

소병석(蘇秉錫)

[생]1972 · 11 · 23 [출]전북 진안 [주]경기 고양시 일산동구 호수로550 사법연수원(031-920-3102) [학]1991년 전주고졸 1997년 성균관대 법대졸 [경]1996년 사법시험 합격(38회) 1999년 사법연수원 수료(28기) 1999년 軍법무관 2002년 대전지법 판사 2004년 同천안지원 판사 2005년 수원지법 성남지원 판사 2008년 서울동부지법 판사 2010년 서울고법 판사 2012년 서울중앙지법 판사 2014년 울산지법 부장판사 2016년 사법연수원 교수(현)

소병세(蘇秉世) So Byeong Se

[생]1962 · 9 · 17 [주]경기 수원시 영통구 삼성로129 삼성전자(주) 임원실(031-200-1114) [학]1984년 서울대 전자공학과졸 1986년 同대학원 전자공학과졸 1994년 전자공학박사(미국 위스콘신대 메디슨교) [경]1998년 삼성전자(주) 메모리사업부 SYSTEM설계그룹장 2002년 同메모리사업부 DRAM Module개발팀장 2004년 同Module개발팀장(연구위원) 2005년 同메모리사업부 Module개발팀장(연구위원) 2008년 同메모리사업부 Flash Solution팀장(연구위원) 2009년 同메모리사업부 품질보증실장(상무) 2010년 同메모리사업부 품질보증실장(전무) 2011년 同메모리사업부 상품기획팀장(전무) 2012년 同메모리사업부 전략마케팅팀 연구위원(전무) 2014년 同SSIC 기술전략팀장(전무) 2015년 同부사장 겸 DS부문 삼성전략혁신센터 기술전략팀장(현)

소병철(蘇秉哲) SO Byung Chul

[생]1958 · 2 · 15 [출]전남 순천 [주]경기 고양시 덕양구 서삼릉길281 농협대학교(031-960-4000) [학]1977년 광주제일고졸 1982년 서울대 법대졸 1984년 同대학원 법학과졸 2007년 서울시립대 대학원졸 [경]1983년 사법시험 합격(25회) 1985년 사법연수원 수료(15기) 1986년 서울지검 검사 1988년 마산지검 거창지청 검사 1989년 서울지검 서부지청 특별수사부 검사 1991년 법무부 검찰2과 검사 1994년 서울지검 공안1부 검사 1994년 미국 워싱턴주립대 방문교수 1996년 미국 조지타운대 법과대학원 객원연구원 1997년 대검찰청 검찰연구관 1998년 수원지검 여주지청장 1999년 서울고검 검사 1999년 駐미국 법무협력관(참사관) 2000년 부산고검 검사 2002년 법무부 검찰2과장 2002년 同검찰1과장 2003년 서울지검 조사부장 2004년 수원지검 형사1부장 2005년 법무부 정책기획단장 2006년 대검찰청 범죄정보기획관 2007년 대전지검 차장검사 2008년 법무부 기획조정실장 2009년 同범죄예방정책국장 2009년 대검찰청 형사부장 2010년 대전지검장 2011년 대구고검장 2012~2015년 한국법무보호복지공단 비상임이사 2012년 상설중재재판소(Permanent Court of Arbitration, 헤이그소재) 중재재판관(현) 2013년 법무연수원장 2014년 농협대 석좌교수(현) 2014년 순천대 법학과 석좌교수(현) 2015년 법무연수원 석좌교수(현) [상]대통령표창 [역]'미국검찰-연원과 발전'(共)

소병택(蘇秉澤) SO Byoung Taek

[생]1960 · 12 · 22 [출]경북 칠곡 [주]대전 유성구 가정북로 104 KOTRA 대전충청KOTRA지원단(042-862-8315) [학]1978년 경북고졸 1984년 경북대 경제학과졸 2007년 핀란드 헬싱키경제대 대학원 경영학과졸 [경]1984년 대한무역투자진흥공사(KOTRA) 입사 1987년 同해외조사부 근무 1988년 同프랑크푸르트무역관 근무 1991년 同구아부 근무 1992년 同기획관리부 근무 1994년 同함부르크무역관 근무 1996년 同전시사업처 근무 1997년 同프랑크푸르트무역관 부관장 2000년 同감사실 검사역 2002년 고양국제전시장(KINTEX)건립단

파견 2002년 대한무역투자진흥공사(KOTRA) 오슬로무역관장 2005년 同자원협력팀장 2007년 同아대양주팀장 2008년 同프라하무역관장 2008년 同프라하코리아비즈니스센터장 2012년 同경기보트쇼전담반장 2013년 同CIS지역본부장 겸 모스크바무역관장 2016년 同대전충청KOTRA지원단장(현)

소병훈(蘇秉勳) SO Byung Hoon

(생)1954 · 6 · 3 (본)진주(晉州) (출)전북 군산 (주)서울 영등포구 의사당대로1 국회 의원회관1020호(02-784-5020) (학)1973년 전주고졸 1981년 성균관대 철학과졸 (경)1983년 도서출판이삭 대표 1988년 도서출판 산하 대표 1993년 남북민간교류협의회 사무총장 1994년 참교육을위한전국학부모회 자문위원 1996년 대한출판문화협회 이사 1998년 문화유통북스 이사 1999~2000년 산하기획 대표 2000년 산하출판사 사장, 한강Society 이사장 2008년 제18대 국회의원선거 출마(경기 광주시, 통합민주당) 2008년 민주당 경기광주지역위원회 위원장 2012년 제19대 국회의원선거 출마(경기 광주시, 민주통합당) 2012년 민주통합당 정책위 부의장 2015년 더불어민주당 경기광주지역위원회 위원장 2016년 同경기광주시甲지역위원회 위원장 2016년 제20대 국회의원(경기 광주시甲, 더불어민주당)(현) 2016년 더불어민주당 오직민생특별위원회 사교육대책TF 위원(현) 2016년 국회 안전행정위원회 위원(현) 2016년 국회 문화 · 관광산업연구포럼 책임연구위원(현) (저)'나는 레이스북으로 세상과 소통한다'(2011) (종)기독교

소병희(蘇秉熹) SOH Byung Hee

(생)1951 · 6 · 27 (출)대구 (주)서울 성북구 정릉로77 국민대학교(02-910-4513) (학)1974년 미국 캘리포니아대 버클리교 경제학과졸 1985년 경제학박사(미국 노스웨스턴대) (경)1985~1986년 미국 오클라호마주립대 객원조교수 1986~1988년 미국 Northern Illinois Univ. 객원조교수 1988~1995년 포항공과대 부교수 1995년 국민대 경상학부 경제학과 교수 1998~1999년 한국협상학회 회장 2005~2008년 기획예산처 기금운용평가단 · 성과관리자문단 · 예산타당성조사위원회 2005~2011년 한국과학기술원(KAIST) 문화기술대학원 겸직교수 2006~2007년 한국문화경제학회 회장 2009년 공군사관학교 명예교수(현) 2009~2014년 국제문화경제학회(ACEI) 집행위원 2010~2012년 문화체육관광부 규제심의위원 2010~2012년 한국문화예술위원회 규제개혁위원 2015년 한국개발연구원(KDI) 경제전문가 자문위원(현) 2016년 국민대 명예교수(현) (상)Award of Excellence Institute of International Education and Academy of International Business(1977), Asia Foundation Certificate of Merit(1978), 부총리 겸 경제기획원장관표창(1983), 제2회 현우문화경제학상(2013) (저)'公共選擇의 政治經濟學'(1993, 博英社) '한국경제와 한국정치 : 공공선택론적 분석'(2006, 국민대 출판부) '문화예술지원 및 저작권'(2006, 국민대 출판부) 'Essays on the Economy and Politics'(2006, Kookmin University Press) '정부실패'(2007, 삼성경제연구소) '재정학'(2008, 박영사) '저작권 관련 통계 및 지표개발에 관한 기초 연구'(2011, 한국저작권위원회) '문화예술경제학'(2012, 율곡) 'The Impact of Copyright Law on the Musical Industry in Korea(共)'(2012, Copyrights in the Musical Industry in Korea)

소성수(蘇成洙) So Sung Soo

(생)1958 · 2 · 28 (출)전북 (주)서울 영등포구 국제금융로6길11 삼덕빌딩 IBK투자증권 상품전략본부(02-6915-5120) (학)전주 영생고졸, 한국방송통신대 경제학과졸 (경)2001년 대우증권(주) 송파지점장 2003년 同역삼동지점장 2004년 同호남지역본부장 2007년 同강서지역본부장 2009년 同강북지역본부장 2009년 同영업부 담당임원(상무) 2009~2010년 同고문(경영자문역) 2014년 IBK투자증권 상품전략본부장(전무)(현) (종)천주교

소순무(蘇淳茂) SOH Soon Moo

(생)1951 · 3 · 23 (출)전북 남원 (주)서울 강남구 테헤란로518 섬유센터빌딩12층 법무법인 율촌(02-528-5302) (학)1969년 전주고졸 1974년 서울대 법대졸 1977년 同법과대학원 법학과졸 1990년 독일 본(Bonn)대학 법관장기연수 1999년 법학박사(경희대) (경)1978년 사법시험 합격(20회) 1980년 사법연수원 수료(10기) 1980년 수원지법 판사 1982년 서울가정법원 판사 1983년 서울민사지법 판사 1986년 창원지법 밀양지원장 1988년 서울지법 동부지원 판사 1990년 서울고법 판사 1993년 대법원 재판연구관 1997~1998년 인천지법 부천지원 부장판사 1997~2000년 사법연수원 강사 1998년 서울지법 서부지원 부장판사 1999~2000년 서울지법 부장판사 2000년 법무법인 율촌 변호사(현) 2000~2003년 국세심판원 비상임심판관 2000~2005

년 서울대 대학원 조세법 강사 2000~2005년 세제발전심의위원회 기업과세분과위원 2002~2007년 대한변호사협회 이사 2002~2007년 KT&G 사외이사 2003~2004년 금융감독원 제재심의위원 2003~2005년 KBS 방송 자문변호사 2003~2006년 대한의사협회 자문변호사 2004~2010년 국세청 고문변호사 2005년 대한상사중재원 중재인(현) 2005~2011년 기획재정부 세제실 고문 2005~2008년 국가청렴위원회 비상임위원 2006~2008년 서울시립대 대학원 조세법 강사 2006년 대한암연구재단 이사(현) 2007~2009년 대한변호사협회 부회장 2007~2009년 국세청 법령해석심의위원 2007~2011년 한국대학교육협의회 대학평가인정위원회 위원 2008~2011년 한국조세연구원 감사 2008~2014년 서울지방변호사회 조세연구위원장 2008~2012년 고려대 법과대학 겸임교수 2013~2014년 기획재정부 세제발전심의위원회 위원 2015년 서울대 법학전문대학원 겸임교수(현) 2016년 (사)온율 이사장(현) 2016년 조선일보 윤리위원회 윤리위원(현) (상)대통령표창(2006), 동탑산업훈장(2011) (저)'조세소송(개정7판)'(2014, 조세통람사)

소영술(蘇泳述) SOH Young Sool

(생)1960 · 4 · 7 (본)진주(晉州) (주)서울 서초구 헌릉로13 대한무역투자진흥공사 IT사업단(02-3460-7460) (학)1979년 전주고졸 1986년 한국외국어대 독어학과졸 1990년 영국 글래스고대 대학원 정치경제학과 수료 2009년 핀란드 헬싱키경제대학 경영대학원졸(MBA) (경)1998년 대한무역투자진흥공사(KOTRA) 하노이무역관장 2003년 同강원무역관장 2004년 同구주지역본부 부본부장 2007년 同투자환경개선팀장 2009년 同블라디보스토크 무역관장 2012년 同IT사업단장 2013년 同산업자원협력실장 2014년 同글로벌기업협력실장 2015년 同쿠알라룸푸르무역관장 2016년 同IT사업단장(현)

소영진(蘇榮鎭) SO Young Jin

(생)1966 · 10 · 22 (출)경남 합천 (주)서울 서초구 법원로16 정곡빌딩 동관507호 법무법인 주원(02-593-5900) (학)1985년 부산 배정고졸 1989년 서울대 법학과졸 (경)1988년 사법시험 합격(30회) 1992년 사법연수원 수료(20기) 1994년 창원지법 판사 1996년 同통영지원 판사 1998년 부산지법 판사 2001년 부산고법 판사 2004년 의정부지법 고양지원 판사 2006년 창원지법 부장판사 2007년 수원지법 안산지원 부장판사 2010~2012년 서울동부지법 부장판사 2012년 법무법인 주원 변호사(현)

소의영(蘇義永) SOH Euy Young

(생)1954 · 9 · 12 (본)진주(晉州) (출)전북 익산 (주)경기 수원시 영통구 월드컵로164 아주대병원 외과(031-219-5201) (학)1973년 중앙고졸 1979년 연세대 의대졸 1986년 同대학원졸 1992년 의학박사(연세대) (경)1982년 연세대 세브란스병원 인턴 1983년 同세브란스병원 일반외과 레지던트 1987~1991년 同의과대학 일반외과학교실 연구강사 · 전임강사 1991~2000년 아주대 의대 외과학교실 조교수 · 부교수 1992~1996년 同의료원건립추진본부 기획부장 1994~1996년 미국 캘리포니아대 샌프란시스코교 연수 1999년 아주대 의대 의학부장 2000년 同의과대학 외과학교실 교수(현) 2000년 아주대병원 병원장 직대 2002년 아주대의료원 기획조정실장 2005~2010년 아주대병원 병원장 2007년 대한병원협회 이사 2010~2012년 同기획이사 2010~2014년 아주대 의무부총장 겸 의료원장 2010년 사립대의료원장협의회 부회장 2011년 (재)한국의학원 이사(현) 2012~2014년 대한갑상선내분비외과학회 회장 2012년 한국의료분쟁조정중재원 의료사고예방자문위원(현) 2012년 同비상임감정위원(현) 2012년 대한임상보험의학회 이사(현) 2013~2015년 대한두경부종양학회 회장 2013~2016년 한국보건의료연구원 비상임이사 2013년 미국 Thyroid Journal 편집위원(현) 2014~2015년 대한갑상선학회 회장 2014~2016년 아시아내분비외과학회(Asian Association of Endocrine Surgeon) Congress President 2014년 아주대병원 갑상선내분비외과장(현) 2015년 세계내분비외과학회 이사회원(council member)(현) 2015년 건강보험심사평가원 상임심사위원(현) (상)경기도병원회 도지사상(2009), 보건산업최고경영자희의 보건산업대상 종합부문(2009), 자랑스런 올해의 중앙인(2009), 대한갑상선학회 Genzyme 학술상(2010), 연세대 의과대학 동창회 올해의 동창상(2010), JW중외박애상(2011) (저)'표준화 환자를 이용한 임상실습 평가'(2000, 도서출판 한의학) '갑상선암 진단 및 치료(Thyroid cancer Diagnosis and treatment)'(2000) '응급질환의 진단과치료(Emergency Medicine)(共)'(2001, 도서출판 한우리) '외과학(共)'(2011, 군자출판사) '내분비외과학(共)'(2012, 군자출판사) (역)'현대의학의 위기'(2001) (종)기독교

소재선(蘇在先) SO Jae Seon
[생]1953·4·12 [본]진주(晉州) [출]전북 익산 [주]서울 동대문구 경희대로26 경희대학교 법과대학(02-961-0740) [학]1970년 이리고졸 1980년 성균관대 법률학과졸 1983년 同대학원 법학과졸 1992년 법학박사(독일 뮌헨대) [경]1980~1982년 성균관대 법학과 조교 1983~1992년 독일 뮌헨대 민법·민소법연구소 연구원, 경희대·숙명여대·경기대 사회교육원·한국방송통신대·한국항공대·건국대·국민대·숭실대 법학과 강사, 경희대 법대 교수, 同법학전문대학원 교수(현), 경기도 경찰청 자문교수, 법무부 재산법개정위원, 국회환경포럼 전문위원 1994~1996·2001~2002년 경희대 법대 고시지도교수 1994년 한국비교사법학회 이사(현) 1994년 학교법인 대제학원 이사(현) 1994~1997년 한국비교사법학회 대륙법연구위원장 1994~1998년 경희대 도서관위원회 위원 1994~1996년 同교수협의회 평의원 1995~1997년 同대학발전위원회 교육환경개선소위원회 위원장 1995년 독일 Hanns-Seidel-Stiftung(Hannsi-Club Kora) 총무 1995~1997년 한국법학교수회 총무간사 1996년 경희대 국제법무대학원 지적소유권법무학과 주임교수 1996~1999년 한국가족법학회 총무이사 1996~2001년 한국여성경제인연합회 자문교수 1996~2005년 한국그린크로스 연구위원 1997~1999년 경희대 교수협의회 감사 1997~2005년 同국제법무대학원 지도자과정 주임교수 1997~2005년 同행정대학원 사법·치안행정학과 주임교수 1998년 국회환경포럼 정책자문위원(현) 1998~2001년 한국민사법학회 총무이사 1998~2006년 동대문구 규제개혁위원회 위원장 1999~2004년 법무부 민법개정심의위원회 위원 1999~2006년 경기지방경찰청 치안정책연구위원회 위원 2000~2005년 경희대 국선관장 2000년 공인회계사연수원 강사(현) 2000년 치안정책연구소 강사(현) 2000년 동대문구 자문교수(현) 2000년 同제안심사위원회 위원 2000~2008년 밝은사회SNM클럽 장학위원장 2000~2001년 한국가족법학회 섭외이사 2000~2005년 학교법인 경희학원 징계위원회 위원 2001~2003년 경희대 교수협의회 부회장 2001~2005년 同진상조사위원 2001~2003년 同대학발전위원회 위원 2002년 한성로타리클럽 총무 2002년 한국민사법학회 부회장 2003년 한성로타리클럽 부회장 2003년 한국부동산법학회 부회장 2004년 한성로타리클럽 회장 2005년 한국비교법학회 부회장 2005년 독일 Hanns-Seidel-Stiftung(Hannsi-Club Kora) 회장(현) 2005~2006년 독일 뮌헨대 민법·민소법연구소 교환교수 2006년 건강가족실천운동본부 부총재·총재(현) 2007년 서초구 정책자문교수 2008~2009년 경희대 대학원 법학과 주임교수 2008년 한국법학교수회 이사(현) 2008년 밝은사회중앙클럽 회원(현) 2008년 (사)옥랑문화재단 이사(현) 2009년 경희대 법학연구소장 2009년 한국인터넷법학회 회장 2009~2013년 한국환경법학회 부회장 2009년 서울지방경찰청 치안정책위원회 부위원장 2009년 온라인광고분쟁조정위원회 부위원장·위원장 2015년 동대문구 인사위원회 위원(현) 2015년 同공직자윤리위원회 위원장(현) [저]'Der soziale Mieterschutz in Deutschland und Korea'(1995) '주택임대차보호법의 이해와 적용사례'(1998) '민법총칙기본판례평석 100선(共)'(1998, 현암사) '물권법, 채권법'(1998) '남북한 가족의 동질성회복(共)'(1998, 도서출판 하우) '현대민법총칙론(I)'(1999, 도서출판 예당) '새로운 계약유형의 입법화에 관한 연구(共)'(1999, 법무부) '商街建物賃貸借法'(2005) '中國統一契約法'(2005) '中國合同法上(契約法解說)'(2005) '中國契約法解說'(2008) [종]기독교

소진광(蘇鎭光) SO Jin Kwang (雉巖·꿩바위)
[생]1953·5·14 [본]진주(晉州) [출]충남 부여 [주]경기 성남시 수정구 성남대로1342 가천대학교 행정학과(031-750-5008) [학]1979년 서울대 사범대학 지리교육과졸 1984년 同환경대학원 도시계획학과졸 1994년 행정학박사(서울대) [경]1987년 한양대 사회과학대학 강사 1989년 내무부 지방행정연수원 교수 1990~2012년 경원대 도시행정학과 교수 1994~1996년 同사회교육원장 1998~2000년 대한국토·도시계획학회 지역개발분과위원장 1999~2000년 중앙권한지방이양추진실무위원회 위원 1999~2000년 경원대 성남발전연구소장 2000~2001년 미국 미시간주립대 사회과학대 방문학자 2001~2002년 베트남 국립하노이건축대 초빙교수 2002~2004년 한국지역개발학회 학회지편집위원장 2002~2004년 경원대 동남아지역국제협력센터 소장 2002~2004년 同법정대학장·사회과학연구소장 2003~2005년 정부혁신지방분권위원회 위원 2003년 알바니아 티라나시청 정책자문관 2004~2005년 한국지방자치학회 부회장 2004~2006년 한국지역개발학회 부회장 2005~2007년 건설교통부 전략환경평가위원회 위원 2005년 UNESCAP 지역개발사업 평가위원 2005~2006년 한국지방자치학회 학회지편집위원장 2006년 행정자치부 지방재정투·융자심사위원회 위원 2006~2008년 同지방채발행심사위원회 위원 2006~2012년 (재)한국자치경영평가원 이사 2007~2008년 한국지방자치학회 회장 2008년 지방자치단체 정부시책합동평가단 단장 2008~2009년 베트남 국립하노이건축대 도시행정학부 초빙교수 2011~2012년 경원대 사회정책대학원장 2011년 글로벌새마을운동 자문위원(현) 2012년 가천대 도시행정학과 교수, 同행정학과 교수(현) 2012~2015년 同대외부총장 2012년 (재)한국자치경영평가원 인사위원(현) 2012~2015년 새마을운동중앙회 이사 2012~2014년 법제처 국민법제관 2012년 국무총리산하 경제·인문사회연구회 비상임이사(현) 2014~2016년 (사)한국지역개발학회 회장 2015년 중앙도시계획위원회 위원(현) 2016년 새마을운동중앙회 회장(현) [상]경원대 학술상(1999·2004·2005·2006), 대한국토·도시계획학회 공로상(2000·2004), 한국지역개발학회 공로상(2004), 한국지방자치학회 저술부문 학술상(2006), 한국지역개발학회 논문부문 학술상(2008), 사회부총리 겸 교육부장관표창(2015), 홍조근정훈장(2015) [저]'정보화시대의 경제활동과 공간'(1999) '국토지역계획론'(2003) '지방자치와 지역발전'(2005) '지역특성을 고려한 사회적 자본 측정지표 개발'(2006) '한국지방자치의 이해'(2008) 외 15권

소진세(蘇鎭世) SO Jin Sei
[생]1950·5·8 [본]진주(晉州) [출]대구 [주]서울 중구 을지로30 롯데그룹 임원실(02-750-7380) [학]대구고졸 1977년 고려대 행정학과졸 [경]1977년 롯데쇼핑(주) 입사 1977년 同가정·잡화·아동·가정·신사·판촉실장 1995년 同본점 판매담당 겸 마트사업부문 이사 1997년 同영등포점장 1998년 同본점 점장 2000년 同상품본부장(전무) 2005년 同마케팅부문장 2005년 (주)롯데미도파 대표이사 2006년 롯데쇼핑(주) 슈퍼사업본부 대표이사 겸 총괄부사장 2009~2014년 同슈퍼사업본부 대표이사 사장 2010~2014년 (주)코리아세븐 대표이사 2014년 롯데쇼핑(주) 슈퍼사업본부 총괄사장 2014년 코리아세븐(주) 총괄사장 2014년 롯데그룹 대외협력단장(사장)(현) [상]보건복지부장관표창(2010) [종]불교

손건익(孫建翼) Sohn Gunn Yik
[생]1956·11·15 [출]경북 경주 [주]서울 성북구 정릉로77 국민대학교 행정대학원(02-910-4246) [학]1975년 인창고졸 1981년 국민대 행정학과졸 1992년 서울시립대 대학원졸 1998년 영국 런던대 대학원 행정학과졸, 보건학박사(차의과학대) [경]1988~1994년 보건복지부 생활보호과·보험정책과·복지정책과 사무관 1994~2002년 同복지정책과·생활보호과·노인복지과·보험정책과 서기관 2002~2004년 同보험정책과·복지정책과 부이사관 2004년 국립의료원 사무국장 겸 보건복지부 보건복지정책혁신단장 2005년 보건복지부 국민연금심의관 2005년 同감사관 2005년 同저출산고령사회정책본부 정책총괄관 2007년 同저출산고령사회정책본부 노인정책관 2008년 보건복지가족부 노인정책관 2009년 同건강정책국장 2009년 同사회복지정책실장 2010년 보건복지부 사회복지정책실장 2010년 同보건의료정책실장 2011~2013년 同차관 2013년 국민대 행정대학원 사회복지학전공 석좌교수(현) 2015년 (주)신세계인터내셔날 사외이사 겸 감사위원(현) [상]보건복지부장관표창, 국무총리표창, 근정포장, 홍조근정훈장(2011)

손경수(孫慶秀) SON Kyoung Soo
[생]1962·12·19 [출]부산 [주]서울 영등포구 국제금융로2길32 동양증권빌딩 동양자산운용(주) 채권운용본부(02-3770-1360) [학]서울대 경영학과졸 [경]1986~1988년 (주)선경 해외업무부 근무 1988~1996년 동양증권 채권팀 근무 1996~2001년 동양투자신탁운용 채권운용팀장 2001~2006년 한국채권평가 평가본부장 2006년 동양투자신탁운용 채권운용본부장 2010년 동양자산운용(주) 채권운용본부장 2013년 同채권운용본부장(상무보)(현)

손경식(孫敬植) SON Kyung Sik (海淸·海靖·陽道)
[생]1934·12·4 [본]밀양(密陽) [출]충남 논산 [주]서울 서대문구 연희로28 홍익사랑빌딩6층 해정갤러리(02-336-5885) [학]1963년 국학대졸 [경]1958~1967년 국무원 사무처·총무처 근무(사무관) 1964~1971년 국전 서예부 특선(5차) 1967~1974년 노동청 사무관·서기관 1972~1981년 국전 추천작가 5회·국전 초대작가 5회 1974~1979년 국가안보회의 서기관 1978~2004년 개인전 8회 1978~1979년 국전 심사위원 1980~1987년 노동문화제 심사위원 1982~1991년 현대미술초대전 초대작가 1990~2016년 현정회 이사 1990~1996년 공무원미술대전 심사위원(3회) 1992년 한중일서예문화교류협회 부회장 1992~2000년 서울시립미술관 초대출품 1992~1995년 근로자문화예술제 심사위원 1994년 한국서예100인초특전 초대작가 1994년 서울정도600주년기념 예술의전당 초대작가 1995~1996년 국민예술협회 회장 1995~2004년 민주평통 자문위원·상임위원 1995~2003년 민족통일중앙협의회 이사 1997년 통일건국민족회 공동대표 1997~2014년 일월서단 고문 1999년 인간개발연구원 회원 1999~2005년 대한민국종교예술제·미술제 초대출품 2001년 홍익삼경개명원 원장(현) 2004~2005년 한국서도협회 고문 2004~2005년 해

청미술관 개관·관장 2004년 세계효문화협회 이사 2005년 해청갤러리 회장(현) 2006~2014년 대한민국서예문인화 원로총연합회장 2008년 삼일서법회 회장 2009년 양우회 회장 2009년 목요회 회장 2012년 홍익정신중흥회 회장(현) 2014년 대한민국서예문인화 원로총연합회 명예회장(현) ⓢ자랑스런시민상(1984), 대통령표창(1999) ⓩ오체백림문(1985) '칠체백림문(1995) '천도동학론'(1997·2000) '충효진리'(2007) ⓥ'홍익삼경'(2001) '생명의 씨알 홍익삼경선해'(2005) '천부경'(2005) ⓩ'코오롱호텔장식(경주)' '크라운호텔장식(부산)' '민주평통 사무국(平和統一, 4M)' '국정원 원훈(6M)'

손경식(孫京植) SOHN, KYUNG-SHIK

ⓢ1939·9·15 ⓑ밀양(密陽) ⓞ서울 ⓩ서울 중구 소월로2길12 CJ(주) 회장실(02-726-8000) ⓗ1957년 경기고졸 1961년 서울대 법과대학 법학과졸 1968년 미국 오클라호마주립대 경영대학원졸(MBA) 1987년 서울대 경영대학원 최고경영자과정 수료 ⓩ1961~1964년 한일은행 근무 1968~1973년 삼성전자공업(주) 근무 1973년 삼성화재해상보험 이사 1974년 同대표이사 전무 1977년 同대표이사 사장 1991년 同대표이사 부회장 1993년 CJ(주) 대표이사 부회장 1994년 同대표이사 회장(현) 1995년 CJ그룹 회장(현) 2005~2013년 대한상공회의소 회장 겸 서울상공회의소 회장 2005년 한중민간경제협의회 회장 2005년 세제발전심의위원회 위원장 2005년 소비자정책심의위원회 위원 2005년 지속가능경영원 이사장 2006~2013년 환경보전협회 회장 2006년 농촌사랑범국민운동본부 공동대표 2006년 한국경영교육인증원 이사장 2006년 통일고문회의 고문 2006년 코리아외국인학교재단 이사장 2006년 FTA민간대책위원회 공동위원장 2007년 CJ제일제당 대표이사 회장(현) 2007년 경제사회발전노사정위원회 위원 2007년 지식서비스산업협의회 회장 2007년 서울대 발전위원회 공동위원장(현) 2010년 서울G-20정상회의 준비위원 겸 Business Summit 조직위원장 2011~2013년 대통령자문 국가경쟁력강화위원회 위원장 2013년 CJ그룹 경영위원회 위원장(현) ⓢ석탑산업훈장(1996), 미국 오클라호마주립대 우수동문대상(1997), 제16회 신산업경영대상 신산업경영인(2001), 서울대총동창회 관악대상(2002), 금탑산업훈장(2002), 한국능률협회 한국의 경영자상(2002), 자랑스런 서울법대인(2002), 서울대AMP대상(2005), 자랑스러운 서울대인(2009), 우즈베키스탄 도스트릭(Dostlik)훈장(2011), 국민훈장 무궁화장(2013) ⓩ불교

손경연(孫景淵) Peter SON (石樵)

ⓢ1957·8·18 ⓑ밀양(密陽) ⓞ대전 ⓩ서울 성북구 삼선교로16길116 한성대학교 융·복합교양학부(02-760-4088) ⓗ1975년 충남고졸 1980년 단국대 영어영문학과졸 1995년 고려대 경영대학원 금융경제학과졸 ⓩ1982~1995년 쌍용건설(주) 해외영업부·자카르타지사 수주과장·쿠칭사무소장 1991년 제17회 세계잼버리국제본부 총괄부장 1995년 쌍용그룹 회장비서실 전략기획부장 1999년 서울산업진흥재단 외국인투자유치팀장·국제경제자문단 사무차장 2002년 서울국제만화애니메이션페스티벌조직위원회 사무국장 2004년 서울산업통상진흥원 국제협력본부장, 同서울관광마케팅본부장, 同마케팅본부장 2011년 同통상사업본부장 2012년 한성대 산학협력단 교수 2015년 同융·복합교양학부 교수(현) ⓢ서울시장유공표창(2002), 문화부장관표창(2004) ⓩ천주교

손경윤(孫炅鈗)

ⓢ1959·11·14 ⓩ서울 동대문구 정릉천동로102 FITI시험연구원(02-3299-8117) ⓗ조선대병설공업전문대 금속학과졸, 한국방송통신대 행정학과졸, 한양대 도시대학원 도시개발최고위과정 수료, 전북대 경영대학원 최고경영자과정 수료 ⓩ1984년 마산수출자유지역관리소 금속기원 1985년 상공부 기초공업국 금속과 금속주사보 1989년 同기초공업국 제철과 금속주사 1996년 통상산업부 기술품질국 산업기술개발과 공업사무관 2004년 지식경제부 산업정책국 산업구조과 기술서기관 2006년 同주력산업정책관실 철강석유화학팀 기술서기관 2009년 군산자유무역지역관리원장 2011년 경제자유구역기획단 개발지원1팀장 2014년 산업통상자원부 통상국내대책관실 활용촉진과장 2016년 FITI시험연구원 부원장(현)

손경한(孫京漢) SOHN Kyung Han (한범)

ⓢ1951·3·22 ⓑ밀양(密陽) ⓞ부산 ⓩ서울 종로구 성균관로25의2 성균관대학교 법과대학 법학과(02-760-0596) ⓗ1973년 서울대 법학과졸 1983년 同대학원졸 1985년 미국 펜실베이니아대 대학원졸 1988년 독일 뮌헨 Max Planck Inst. 연구과정 수료 2002년 법학박사(일본 오사카대) ⓩ1977년 사법시험 합격(19회) 1979년 사법연수원 수료(9기) 1979~1988년 중앙법률사무

소 변호사 1981년 서울시립대 강사 1983년 한국외국어대 강사 1985년 미국 뉴욕주 변호사시험 합격 1986년 미국 Madison & Sutro 법률사무소 변호사 1987년 미국 Vinson & Elkins 법률사무소 변호사 1988년 대한변리사회 부회장 1988~1993년 법무법인 태평양 변호사 1989년 대한상사중재원 중재인(현) 1990~1993년 AIPPI 한국협회 부회장 1993~2010년 공정거래위원회 약관심사위원 1993~2007년 법무법인 아람 대표변호사 1995년 한국상사법학회 감사 1996년 한국중재학회 부회장 1996년 AIPPI 한국협회 부회장 1997년 서울지방변호사회 섭외위원장 2000~2004년 한국법학원 섭외이사 2000~2009년 전자거래분쟁조정위원회 조정위원 2001~2005년 한국상사법학회 부회장 2002년 국제거래법학회 부회장 2006~2007년 건국대 법학과 교수 2007~2009년 국제거래법학회 회장 2007년 성균관대 법과대학 법학과 교수(현) 2007년 법무법인 화현 변호사·고문변호사(현) 2011년 한국국제사법학회 회장(현) 2011~2014년 한국지식재산학회 회장 2012년 한국과학기술법학회 회장(현) 2012~2016년 한국지식재산연구원 비상임이사 2014년 한국방송광고진흥공사 비상임이사(현) 2015년 한국의료분쟁조정중재원 의료분쟁조정위원장(현) 2016년 한국지식재산연구원 이사장(현) ⓢ국무총리표창(2002), 서울지방변호사회장표창(2003), 국민훈장 동백장(2005) ⓩ'특허법원소송(編)'(1998) '사이버지적재산권법(編)'(2004) '신특허법론(編)'(2006) '엔터테인먼트법(編)'(2008) '과학기술법(編)'(2010) ⓥ'문답스포츠법(共)'(2002)

손경호(孫慶鎬) SHON Kyung Ho

ⓢ1944·4·6 ⓞ경북 경주 ⓩ울산 북구 염포로260의10 (주)경동도시가스 임원실(052-289-5300) ⓗ1963년 부산고졸 1967년 부산대 경영학과졸 1970년 고려대 경영대학원졸 ⓩ1986년 (주)왕표 대표이사 사장 1988년 (주)원진 대표이사 사장 1992~2014년 (주)경동 회장 1993년 (주)원진 대표이사 회장 1994~2003년 경동보일러 대표이사 회장 2001년 (주)경동도시가스 대표이사 2007~2015년 同대표이사 회장 2015년 同회장 2016년 同명예회장(현) ⓢ내무부장관표창(1986), 산업표준화대상(1995), 노사화합정진 산업포장(1998), 노사화합대상(1998), 금탑산업훈장(2001) ⓩ불교

손경환(孫炅煥) SOHN Kyung Hwan

ⓢ1953·9·29 ⓞ대구 ⓩ대전 유성구 엑스포로539번길99 한국토지주택공사 토지주택연구원(042-866-8600) ⓗ1972년 경북고졸 1977년 한양대 경제학과졸 1980년 연세대 대학원 응용통계학과졸(경제학석사) 1993년 경제학박사(한양대) ⓩ1995~2006년 국토연구원 연구위원 2000~2001년 미국 일리노이대 방문교수, 안양대 정책대학원 겸임교수, 인하대 행정대학원 겸임교수, 한국주택학회·한국중재학회 이사 2003~2006년 국토연구원 토지주택연구실장 2006년 同선임연구위원 2007년 同부동산시장연구단장 2008년 同SOC·건설경제연구실장 2009년 同주택토지·건설경제연구본부장 2010~2011년 同부원장 2012~2013년 同도시연구본부 선임연구위원 2016년 한국토지주택공사 토지주택연구원장(현) ⓢ대통령표창(2009)

손관수(孫寬洙) SHON Kwan Soo

ⓢ1960·10·1 ⓞ서울 ⓩ서울 중구 세종대로9길53 CJ대한통운 임원실(02-700-0525) ⓗ증평고졸, 충북대 토목학과졸 ⓩ1985년 삼성물산 근무 1988년 삼성 비서실 과장 1996년 삼성자동차 부장 2001년 아이디에스 부사장 2004년 오렌지디스플레이 부사장 2006년 CJ GLS 3PL사업본부장 2009년 同택배사업본부장 2010년 同택배사업본부장(부사장대우) 2010년 同부사장 2012년 同대표이사 부사장 2013년 CJ대한통운 종합물류부문장 겸 각자대표이사 부사장 2013~2014년 한국항만물류협회 수석부회장 2013년 CJ 인재교육원장 2014년 CJ대한통운 공동대표이사 부사장 겸 국내부문장 2015년 同각자대표이사 부사장 겸 국내부문장(현) 2015년 (사)한국자동차경주협회(KARA) 회장(현) 2016년 한국항만물류협회 회장(현)

손광락(孫光洛) Son, Gwang Lag

ⓢ1955·12·6 ⓞ경북 경주 ⓩ경북 경산시 대학로280 영남대학교 상경대학 경제금융학부(053-810-2711) ⓗ1978년 서울대 경제학과졸 1991년 경제학박사(미국 워싱턴대) ⓩ1977년 행정고시 합격(21회) 1978년 국세청 근무 1982년 재무부 근무 1992년 한국조세연구원 연구위원 1994년 영남대 상경대학 경제금융학부 교수(현) 2001년 LG마이크론 사외이사 2002년 영남대 기획처장 2013년 同교무처장 2014년 同총무처장 2016년 同상경대학장(현) ⓢ재무부장관표창 ⓩ'국세행정 조직개편' '지방행정 확충방안' '조세체계의 적정화' '토지·주택세제의 적정화'

손광섭(孫光燮) SON Kwang Sub

[생]1960 · 9 · 26 [출]경북 경주 [주]서울 강서구 양천로 583 우림블루나인 (주)엑스크립트 대표이사실(02-2093-3131) [학]1979년 대구 대건고졸 1984년 고려대 물리학과졸 2000년 한국과학기술원 AIM과정 수료 [경]1984~1987년 공군사관학교 교수부 물리학 교관 1987~1991년 삼성전자(주) 반도체사업본부 수출담당 근무 1991년 (주)동화서미텍 과장 1994년 (주)네스트 대표이사 1997~2000년 (주)팬택 해외사업부장 · 제조본부장 · 연구소장 · 상무이사 2000~2003년 서두인칩(주) 전무이사 2003년 (주)엑스크립트 대표이사(현) [상]전국우수발명품 금상 특허청장표창(1996), 무역의날 국무총리표창(2005) [종]천주교

손광식

[생]1960 · 9 · 8 [출]경남 [주]경남 진주시 사들로123번길32 한국남동발전 기획관리본부(070-8898-1003) [경]1984년 한국전력공사 입사 2002년 한국남동발전 계약관리처 전력거래팀장 2006년 同관리처 총무팀장 2007년 同발전처 발전운영팀장 · 발전계획팀장 2010년 同발전처장 2011년 同삼천포화력본부장 2012년 同영흥화력본부장 2014년 同관리처장 2016년 同기획관리본부장(상임이사)(현) [상]국무총리표창(2013), 고용노동부장관표창(2015)

손광주(孫光柱) SOHN Kwang Ju

[생]1957 · 10 · 28 [본]일직(一直) [출]대구 [주]서울 마포구 새창로7 SNU장학빌딩(02-3215-5800) [학]1976년 대구 계성고졸 1981년 고려대 불어불문학과졸 [경]1985년 동아일보 기자, 통일정책연구소 연구위원, 국제문제조사연구소 이념연구센터장 1999~2010년 故황장엽 前북한민주화위원장 연구비서 2004~2010년 북한전문뉴스 'Daily NK' 창립 · 초대 편집인 겸 편집국장, 제17대 대통령직인수위원회 자문위원(외교안보통일), 여의도연구소 정책자문위원, (사)북한민주화네트워크 이사, 민주평화통일자문회의 '통일시대' 기획편집위원, (사)한국개발전략연구소 선임연구위원, 민주평통 기획조정법제위원회 상임위원 2015년 남북하나재단(북한이탈주민지원재단) 이사장(현) [저]'다큐멘터리 김정일(共)'(1997) '김정일 리포트'(2003) '주체사상과 인간중심철학(共)'(2004) '김정일 대해부'(共)

손광희(孫光熙) SON KWANG-HEE

[생]1955 · 1 · 9 [출]경북 청송 [주]서울 구로구 디지털로30길28 마리오타워8층 벤처기업협회(02-6331-7101) [학]1973년 진보농고졸 1990년 한국방송통신대 행정학과졸 2002년 충남대 대학원 경영학과졸 [경]2000년 중소기업청 인사담당(서기관) 2003년 同충남지방사무소장 2004년 同홍보담당관 2006년 同소상공인정책팀장 2007년 同판로지원팀장 2008년 同공공구매판로과장 2009년 同행정법무담당관(부이사관) 2009년 同운영지원과장 2011년 대구 · 경북지방중소기업청장(고위공무원) 2012년 중소기업진흥공단 상임감사 2014년 벤처기업협회 상근부회장(현) [상]홍조근정훈장(2011)

손교덕(孫校德) Son, Kyo-Deok

[생]1960 · 11 · 17 [출]경남 창원 [주]경남 창원시 마산회원구 3 · 15대로642 경남은행 은행장실(055-290-8000) [학]1978년 용마고졸 1988년 경남대 경영학과졸 1993년 同경영대학원 경영학과졸 [경]1978년 경남은행 입행 2004년 同신탁부장 2007년 同녹산지점장 2008년 同영업부장 2009년 同중부본부장(본부장보) 2010년 同개인고객본부장 2011년 同자금시장본부장 · 서울본부장(부행장보) 2014년 同은행장(현) 2016년 경남메세나협의회 회장(현) [상]경남은행 업무수행(증권업무) 우수직원 공로상(1994), 경남은행 업무수행 유공직원 공로상(1999), 2008 경영성과평가 최우수 공로상(2009), 2009 경영성과평가 경영대상(2010), 국민훈장 모란장(2014), 경남대총동창회 자랑스런 경남대인상(2015)

손교명(孫敎明) Kyomyung Sohn

[생]1960 · 5 · 11 [출]부산 [주]서울 서초구 법원로2길15 길도빌딩408호 법무법인 위너스(02-3478-1060) [학]1979년 부산남고졸 1984년 동아대 법과대학졸 1986년 同대학원 법학과졸 1991년 同대학원 법학 박사과정 수료 1996년 경희대 언론정보대학원 스피치토론전문과정 수료 2004년 서울대 법과대학 전문분야법학연구과정 수료 [경]동아대 법학연구소 조교, 한국방송통신대 강사, 통일민주당 전문위원(공채 1기) 1990년 민주자유당 정책부장 1993년 同재정국 재정1부장 1995년 신한국당 재정국 부국장 1996년 同재정국장 1997년 국회 재경담당 정책연구위원(이사관) 2001년 사법시험 합격(43회) 2004년 사법연수원 수료(33기), 법무법인 위너스 구성원변호사, 동아대 법대 강사, 서울시 고문변호사, 대한체육회 법제상벌위원 2007년 한나라당 대선후보경선준비위원 2007년 同당헌당규개정특별위원회 위원 2007년 同이명박 대통령예비후보 법률지원특보 2007년 同이명박 대통령후보 정책특별보좌역 2008년 제17대 대통령직인수위원회 법무행정분과 자문위원 2009년 북한인권시민연합 이사(현) 2009~2010년 대통령 정무2비서관 2010~2011년 예금보험공사 감사 2011년 법무법인 위너스 구성원변호사(현) 2012년 대통령선거 불법선거감시단 부단장 2013년 새누리당 정치쇄신특별위원회 위원 2014년 同예산결산위원회 위원 2015년 경기도 옴부즈만(현) [종]가톨릭

손국진(孫國振) Son, Kook-Jin

[생]1963 · 10 · 26 [출]경남 창원 [주]경남 창원시 마산회원구 3.15대로642 경남은행 자금부(055-290-8000) [학]1983년 진주 대아고졸 1990년 경상대 농업경제학과졸 [경]1990년 경남은행 입행 2001년 同자금부 과장 2006년 同자금시장부 부부장 2007년 同리스크관리부 부부장 2010년 同평거동지점장 2010년 同자금부장 2011년 同자금관리지원부장 2013년 同덕산지점장 2014년 同자금시장본부장 2015년 同자금부장(현)

손금주(孫今柱) SON KUMJU

[생]1971 · 7 · 29 [출]전남 나주 [주]서울 영등포구 의사당대로1 국회 의원회관905호(02-784-9401) [학]1989년 광주고졸 1995년 서울대 국어국문학과졸 2007년 일본 와세다대 법학전문대학원 지적재산권 단기과정 수료 2008년 미국 노스캐롤라이나대 법학전문대학원 연수 2008년 서울대 법과대학원 법학과졸 [경]1998년 사법시험 합격(40회) 2001년 사법연수원 수료(30기) 2001년 수원지법 판사 2003년 서울지법 판사 2004년 서울중앙지법 판사 2005년 광주지법 순천지원 판사 2008년 서울동부지법 판사 2008~2009년 서울행정법원 판사 2009~2016년 법무법인 율촌 변호사 2009~2015년 서울시 동작구청 고문변호사 2009년 방송통신위원회 고문변호사 2009년 同행정심판위원회 위원 2010년 법제처 국민법제관 2016년 同법령해석심의위원 2016년 국민의당 정책위원회 부의장 2016년 제20대 국회의원(전남 나주시 · 화순군, 국민의당)(현) 2016년 국민의당 수석대변인(현) 2016년 同전남나주시 · 화순군지역위원회 위원장(현) 2016년 국회 산업통상자원위원회 간사 겸 법안심사소위원회 위원장(현) [상]방송통신위원장표창(2013)

손기락(孫基洛) SOHN Ki Rak

[생]1938 · 5 · 24 [출]경북 영주 [주]경북 영천시 봉도길30 삼양연마공업(주) 비서실(054-335-4513) [학]1965년 미국 뉴욕주립대졸 1972년 미국 우스터폴리테크닉대 대학원졸 [경]1965년 Cincinnati Milracron 근무 1976~1981년 Norton Co. 근무 1981년 삼양연마공업(주) 입사 1983년 同이사 1984년 同사장 1988년 同공동대표이사 1990년 한국연마공업협동조합 이사장 1991~2013년 삼양연마공업(주) 대표이사 사장 2013년 同대표이사 회장(현) [상]대통령표창

손기식(孫基植) Ki-Sik Sonn

[생]1950 · 9 · 28 [본]일직(一直) [출]대구 [주]서울 강남구 테헤란로317 법무법인(유) 대륙아주(02-563-2900) [학]1968년 경북대사대부고졸 1972년 서울대 법과대학졸 1975년 同대학원 법학과졸 1980년 독일 브레멘대 연수 1985년 법학박사(서울대) [경]1972년 사법시험 합격(14회) 1974년 사법연수원 수료 1975년 해군 법무관 1977년 대구지법 판사 1983년 수원지법 판사 1984년 서울지법 동부지원 판사 1986년 서울고법 판사 1987년 법원행정처 조사심의관 1989년 대법원 재판연구관 1990년 대구지법 경주지원 부장판사 1991년 서울민사지법 부장판사 1991년 법원행정처 건설관리국장 겸임 1993년 서울지법 부장판사 1996년 同의정부지원장 1997년 부산고법 부장판사 1999년 서울고법 부장판사 · 법원행정처 사법정책연구실장 겸임 2004년 서울고법 수석부장판사 2005년 청주지법원장 2005~2009년 사법연수원장 2005~2009년 중앙선거관리위원회 위원 2009~2013년 성균관대 법학전문대학원 교수 2009~2013년 同법학전문대학원장 겸 법과대학장 2011~2015년 서울시 행정심판위원회 위원 2011~2015년 헌법재판소 공직자윤리위원회 위원 2012년 한국형사소송법학회 회장 2013년 서울남부지법 조정센터 상임조정위원장 2013~2015년 사학분쟁조정위원회 위원장 2015년 서울중앙지법 조정센터 상임조정위원장 2016년 법무법인(유) 대륙아주 고문변호사(현) [상]황조근정훈장(2009) [저]'교통 · 산재 손해배상소송실무(共)'(1994, 한국사법행정학

회) '주석행법(각칙2)(共)'(2006, 한국사법행정학회) '교통형법(제4판)'(2008, 한국사법행정학회) [종]기독교

손기용(孫基龍)

[생]1960 [출]충북 옥천 [주]서울 중구 소공로70 포스트타워 8층 신한카드(주) 임원실(02-6950-8467) [학]대전 보문고졸, 충남대 경영학과졸 [경]ROTC 21기 1987년 신한은행 입행 2002년 同자금경제실장, 同기획부 팀장 2006년 신한금융지주 시너지추진팀장 2008년 신한은행 학동기업금융센터장 2010년 同대기업영업부장 겸 PRM 2012년 同영업추진그룹 본부장 2013년 同대전·충남본부장 2015년 신한카드(주) 부사장(현)

손기웅(孫基雄) Son, Gi-Woong

[생]1959·10·17 [본]안동(安東) [출]대구 [주]서울 서초구 반포대로217 통일연구원(02-2023-8113) [학]1982년 영남대 경제학과졸 1984년 연세대 대학원 정치학과졸 1992년 정치학박사(독일 Freie Univ. Berlin) [경]1993년 연세대 정치외교학과 강사 1993~1999년 한국국제정치학회 이사 1994~1999년 통일연구원 통일정책연구실 연구위원·남북관계연구실 선임연구위원 2002~2003년 同기획조정실장 2004년 영국 왕립문제연구소(RIIA) Associate Fellow 2004~2011년 독일 Freie Univ. Berlin 정치학과 객원교수 2004년 충남대 평화안보대학원 겸임교수 2006~2009년 통일연구원 통일문제연구협의회 사무국장 2007~2013년 경찰청 보안국 자문위원 2010년 통일연구원 기획조정실장 2010~2015년 한국외국어대 국제지역대학원 겸임교수 2010년 (사)코리아DMZ협의회 공동대표 겸 사무처장(현) 2011년 민주평화통일자문회 위원(현) 2012~2013년 통일연구원 북한인권연구센터 소장 2012년 한국DMZ학회 초대 회장(현) 2013년 통일연구원 선임연구위원(현) 2015년 同감사실장 2015년 한국정치학회 부회장 2015년 한국국제학회 부회장, 통일연구원 부원장(현) [저]'환경군국주의, 사회적 군국주의와 생태적 군국주의'(1992, 독일 LIT) '북한 50년(共)'(1995, 연합통신) '북한인권백서'(1996, 민족통일연구원) '남북한 환경분야 교류협력 방안 : 양자적, 다자적 접근'(1996, 민족통일연구원) '국제정치제도와 한반도'(1997, 박영사) '북한 환경개선 지원방안 : 농업분야 및 에너지 효율성개선 관련'(1997, 민족통일연구원) '녹색한국의 구상'(1998, 숲과 나무) '통일독일의 군통합 사례연구'(1998) '한국의 외교정책(共)'(1998) '대북포용정책과 신동방 정책(共)'(1999) '비무장지대내 유엔 환경기구 유치방안'(2000) 'CSCE(OSCE) 분석과 동북아다자안보협력'(2004) '청소년의 통일문제 관심제고방안'(2005)

손기호(孫基浩) SON Ki Ho

[생]1959·4·17 [본]안동(安東) [출]부산 [주]경북 김천시 혁신2로26 대한법률구조공단 사무총장실(054-810-0132) [학]1978년 해동고졸 1983년 서울대 법학과졸 1985년 同대학원 법학과졸 [경]1985년 사법시험 합격(27회) 1988년 사법연수원 수료(17기) 1988년 부산지검 검사 1990년 대전지검 서산지청 검사 1991년 서울지검 검사 1994년 제주지검 검사 1996년 법무부 조사과 검사 1998년 서울지검 북부지청 검사 2000년 청주지검 부부장검사 2001년 광주지검 순천지청 부장검사 2002년 서울지검 부부장검사 2002년 울산지검 형사2부장 2003년 법무부 관찰과장 2004년 同보호과장 2005년 서울중앙지검 조사부장 2006년 대구고검 검사 2007년 춘천지검 원주지청장 2008년 제주지검 차장검사 2009년 서울북부지검 차장검사 2009년 의정부지검 고양지청장 2010~2013년 변호사 개업 2014년 대한법률구조공단 사무총장(현) 2016년 同이사장 직대 [상]대통령표창

손기환(孫基煥) SOHN Ki Hwan (峻石)

[생]1956·1·3 [본]밀양(密陽) [출]서울 [주]충남 천안시 동남구 상명대길31 상명대학교 예술대학 만화애니메이션학과(041-550-5253) [학]1985년 홍익대 대학원 서양화과졸 [경]개인전 9회 1996~1997년 상명대 예술대 만화예술과 강사 1997~2000년 청강문화산업대 애니메이션학과 교수 2000년 상명대 예술대학 만화예술학과 교수, 同만화·애니메이션학부 만화콘텐츠전공 교수, 同상명디지털영상미디어센터장(현) 2005년 한국만화애니메이션학회 명예회장·고문(현) 2007~2013년 서울국제만화애니메이션페스티벌(SICAF) 집행위원장 2009~2015년 상명대 만화학과 교수, 同산학협력부단장 2015년 한국애니메이션예술인협회 수석부회장(현) 2015년 상명대 예술대학 만화애니메이션학과 교수(현) [상]문화관광부장관표창(2005) [저]'ART TOON ATR'(2005) '애니메이션의 감상과 이해'(2005) [작]애니메이션 '호수'

손길승(孫吉丞) Son Kil Seung

[생]1941·2·6 [출]경남 진주 [주]서울 중구 을지로65 SK텔레콤 임원실(02-6100-2000) [학]1959년 진주고졸 1963년 서울대 상과대학졸 [경]1965년 선경직물(주) 입사 1978~1998년 선경그룹 경영기획실장 1982~1997년 유공해운 사장 1994년 한국이동통신 부회장 1997년 SK텔레콤 부회장 1997년 SK해운 사장 1998년 SK 구조조정추진본부장 1998~2004년 SK그룹 회장 1998년 전국경제인연합회 부회장 2000~2003년 한국기업메세나협의회 회장 2002년 전국경제인연합회 중국위원회 초대위원장 2003년 同회장 2008년 SK텔레콤 명예회장(현) 2009년 전국경제인연합회 명예회장(현) 2009~2015년 대한펜싱협회 회장, SK와이번스 프로야구단 구단주 2011~2014년 한국학중앙연구원 비상임이사 2014년 전국경제인연합회 통일경제위원회 초대위원장(현) [상]동탑산업훈장(1988), 은탑산업훈장(1994), 뉴미디어대상 올해의 정보통신인(1996), 한국능률협회 한국의 경영자상(1998), 신산업경영인상(1999), 한국경영학회 한국경영자대상(1999), 금탑산업훈장(2000), 한국의 최고전문경영인 '한국의 CEO' 선정(2001), 다산경영상(2001), 관악대상(2001) [종]불교

손남수(孫南洙)

[생]1959 [출]충북 영동 [주]대전 대덕구 계족로677 대전지방국세청 성실납세지원국(042-620-3370) [학]충북 영동고졸, 한국방송통신대 경영학과졸, 대전대 경영행정대학원 경영학과졸 [경]대전지방국세청 조사2국 3과장, 同조사1국 4과장, 同납세자보호담당관실 근무, 대전고법 파견 2005년 대전지방국세청 납세지원국 징세과장, 同조사2국 2과장 2007년 同조사2국 1과장 2008년 同총무과장 2008년 同운영지원과장(서기관) 2009년 同감사관 2011년 同전산관리과장 2011년 보령세무서장 2012년 서대전세무서장 2013년 대전지방국세청 세원분석국장 2014년 同조사2국장 2014년 同조사1국장 2015년 同성실납세지원국장 2016년 同성실납세지원국장(부이사관)(현)

손달호(孫達鎬) SON Dal Ho

[생]1957·3·5 [출]경북 경주 [주]경남 양산시 산막공단북4길39 (주)원진 비서실(055-383-8001) [학]1977년 부산공고졸 1985년 한양대 경제학과졸 [경](주)삼손 상무이사 1997년 (주)원진 대표이사 사장, 同대표이사 회장(현) 2010~2014년 대한석탄협회 회장 2012년 지식경제부 2060해외탄광경영사업단장 2012~2013년 한국광해관리공단 비상임이사

손대경(孫大炅) Sohn Dae Kyung

[생]1972·11·24 [주]경기 고양시 일산동구 일산로323 국립암센터 부속병원 대장암센터(031-920-1140) [학]1997년 서울대 의대졸 2005년 충북대 대학원 의학석사 2011년 의학박사(충북대) [경]1997~1998년 서울대병원 인턴 1998~2002년 同일반외과 레지던트 2002~2003년 국립암센터 부속병원 암예방검진센터 전임의 2003~2004년 同암예방검진센터 의사 2003년 대한소화기내시경학회 평생회원(현) 2003년 대한대장항문학회 평생회원(현) 2004~2009년 국립암센터 대장암센터 의사 2004~2009년 同암예방검진센터 의사 2004년 미국 대장항문외과학회 정회원(현) 2004년 미국 소화기내시경학회 회원(현) 2004년 대한암학회 평생회원(현) 2008년 미국 메사추세츠종합병원 연구전임의 2009년 국립암센터 대장암센터 전문의(현) 2009~2015년 同대장암연구과 선임연구원 2009년 同암예방검진센터 전문의(현) 2009년 미국 소화기내시경복강경외과학회 정회원(현) 2011~2013년 대한무흉터내시경수술연구회 총무이사 2012년 국립암센터 외과 전문의(현) 2012년 同의공학연구과장(현) 2014년 同부속병원 대장암센터장(현) 2015년 同대장암연구과 책임연구원(현) 2015년 대한무흉터내시경수술연구회 학술이사(현) [상]보건복지부장관표창(2010), 대한대장항문학회 학술상(2014·2015)

손대락(孫大洛) SON De Rac

[생]1955·6·29 [주]대전 대덕구 한남로70 한남대학교 공과대학 컴퓨터통신무인기술학과(042-629-7512) [학]1979년 충남대 물리학과졸 1981년 한국과학기술원(KAIST) 석사 1990년 공학박사(독일 함부르크대) [경]1981~1992년 한국표준과학연구원 선임연구원 1986~1990년 독일 연방물리기술연구소 객원연구원 1992년 한남대 물리학과 교수 2000년 同광·전자물리학과 교수 2008~2009년 同자연과학연구소장 2009~2010년 한국자기학회 부회장 2015년 한남대 공과대학 컴퓨터통신무인기술학과 교수(현) 2016년 同대학원장(현) [상]한국압력기기공학회 우수논문상(2007), 한국원자력학회 우수논문상(2007), 국제전기기술위원회(IEC) 1906어워드(2010) [저]'자기공학실험기초'(2003) '일반물리학 실험'(2003)

손대식(孫大植) SON Dae Sig

[생]1965 · 11 · 15 [출]대구 [주]대구 달서구 장산남로30 대구지방법원 서부지원(053-570-2114) [학]1984년 대구 오성고졸 1988년 고려대 법학과졸 [경]1990년 사법시험 합격(32회) 1993년 사법연수원 수료(22기) 1993년 대구지법 판사 1996년 同상주지원 판사 1997년 同상주지원(예천군) 판사 1998년 대구지법 판사 1999년 同청도군법원 판사 2001년 同가정지원 판사 2003년 대구지법 판사 2004년 대구고법 판사 2005년 대구지법 판사 2007년 同서부지원 판사 2008년 同영덕지원장 2010년 대구지법 부장판사 2015년 同서부지원 부장판사(현)

손대오(孫大旿) SON Dae O (一宇)

[생]1945 · 2 · 19 [본]밀양(密陽) [출]경북 경산 [주]서울 마포구 마포대로34 도원빌딩13층 (사)한국평화연구학회(02-717-4009) [학]1964년 부산고졸 1968년 고려대 국어국문학과졸, 1973년 同대학원졸 1985년 문학박사(고려대) [경]1982~1984년 고려대 국어국문학과 강사 1985년 세계평화교수협의회 상임이사 · 회장 1985~1988년 전국대학원리연구회 회장 1986~1988년 선문대 교수 1987~1988년 남북통일운동국민연합 사무총장 1989~1992년 (주)전교학신문 편집인 겸 주필 1990~1991년 세계일보 논설위원 1990~2005년 선문학원 이사 1991~1997년 세계일보 편집인 겸 주필 1993년 여순순국선열기념재단 이사(현) 1997년 워싱턴타임즈 부사장 1997년 뉴스월드커뮤니케이션 부사장 2000~2001년 세계일보 편집인 2000년 전교학신문 편집인 겸 발행인 2001년 미국 UPI통신 근무 2003년 (사)세계평화교수협의회 회장 2008년 선문대 부총장 2010년 (사)한국평화연구학회 이사장(현) 2014~2015년 세계일보 회장 [저]'통일시대를 위한 새로운 가치'(2002) '한국고전문학의 의식지향'(2005) [역]'도덕, 정치를 말하다(Moral Politics)'(2010, 김영사) [종]통일교

손동식(孫東植) SON Dong Sik

[생]1963 · 7 · 17 [출]부산 [주]서울 중구 을지로5길26 센터원 빌딩 이스트타워 26층 미래에셋자산운용투자자문(주) 비서실(02-3774-1600) [학]1989년 서울대 국제경제학과졸 [경]1989년 장기신용은행 주식운용역 1998년 미래에셋자산운용투자자문(주) 주식운용수석팀장 2001년 同관리총괄담당 대표이사 2004년 同주식운용본부장(상무 · CIO) 2005년 同주식운용부문 대표(부사장) 2012년 同주식운용부문 대표(사장)(현) [상]장기신용은행 우수펀드매니저(1997)

손동연 Sohn Dong-youn

[생]1958 · 7 [주]서울 중구 장충단로275 두산인프라코어(주) 임원실(02-3398-8114) [학]1981년 한양대 정밀기계학과졸 1984년 서울대 대학원 기계공학과졸 1989년 기계공학박사(미국 펜실베이니아주립대) 1999년 미국 보스턴대 대학원 경영학과졸 [경]1989년 대우자동차 입사 2007~2010년 GM대우 글로벌경차개발본부장 2010~2011년 同기술연구소장 2010~2012년 同기술개발부문 부사장 2011~2012년 한국GM 기술연구소장 2012~2015년 두산인프라코어 기술본부 사장 2015년 同대표이사 총괄사장(CEO)(현) 2015년 한국건설기계산업협회 회장(현) 2015년 건설기계부품연구원 이사장(현)

손동원(孫東源) SOHN Dong Won

[생]1961 · 2 · 14 [본]밀양(密陽) [출]경기 안양 [주]인천 남구 인하로100 인하대학교 경영학과(032-860-7746) [학]1983년 고려대 경영학과졸 1985년 同대학원 경영학과졸 1993년 경영학박사(미국 미주리대 컬럼비아교) [경]1994~1995년 정보통신정책연구원(KISDI) 책임연구원 1995년 인하대 경영학과 조교수 · 부교수 · 교수(현) 1999~2001년 (주)유화 사외이사 2001년 프랑스 르아브르대 초빙교수 2004~2005년 미국 캘리포니아대 객원교수 2009~2012년 인하대 기획처장 2011~2012년 한국복잡계학회 회장 2011년 경인일보 객원논설위원(현) 2011~2014년 인천지방노동위원회 공익위원 2013년 코스닥시장위원회 위원(현) 2013년 미국 세계인명사전 'Marquis Who's Who in the World 2014년판'에 등재 2014년 인하대 기업가센터장(현) 2015년 同경영대학장 겸 경영대학원장 [상]Journal of Conflict Resolution Best Article Award(1993), Superior Graduate Achievement Award(1993), 인하대 우수연구업적상(2005), 기술경영경제학회 우수논문상(2013) [저]'네트워크 시대의 기업환경'(2000) '사회 네트워크 분석'(2002) '벤처 지역혁신 클러스터'(2004) '벤처진화의 법칙 : 벤처기업과 벤처생태계의 공진화'(2004) '벤처기업 창업경영론'(2006) '기업 생로병사의 비밀(2007) '지역혁신 거버넌스의 진단과 대안 모색(共)'(2007, 과학기술정책연구원) '하이테크 경영론'(2009) '자녀의 창의성을 살리는 창조투어(共)'(2011, 다인아트) '벤처의 재탄생'(2013)

손동창(孫東昌)

[생]1948 [학]1964년 경복중졸 1970년 경기공업고등전문학교(現서울과학기술대)졸 [경]1983년 (주)퍼시스 설립 · 대표이사 사장 1994년 (주)일룸 설립 1996년 (주)퍼시스 기업공개 1997년 (주)바로스 설립 1998년 (주)퍼시스 대표이사 회장(현) 2002년 공익재단 '퍼시스 목훈재단' 설립 · 이사장(현) 2007년 (주)시디즈 설립 [상]무역의날 국무총리표창(1990), 상공의날 국무총리표창(1997), 경제정의실천시민연합 경제정의기업상(1998 · 2003), 근로자의 날 장관표창(1999), 경제정의실천시민연합 경제정의기업상 대상(2001), 대한민국디자인경영대상 국무총리표창(2001), 납세의날 대통령표창(2002), 상공의날 은탑산업훈장(2005), 상공의날 금탑산업훈장(2016)

손동철(孫東哲) Son, Dongchul

[생]1952 · 8 · 1 [출]대구 [주]대구 북구 대학로80 경북대학교 부총장실(053-950-6001) [학]1975년 서울대 문리과대학 물리학과졸 1982년 물리학박사(미국 메릴랜드대) [경]1982~1985년 미국 컬럼비아대 연구원 1985년 경북대 자연과학대학 물리학과 교수 · 석좌교수(현) 1993년 유럽입자물리공동연구소(CERN) 방문교수 1994~1996년 경북대 제2기획연구부실장 겸 국제학술부장 1996~1998년 同전자계산소장 1998~2010년 同고에너지물리연구소장 1999년 한국과학기술한림원 정회원(현) 2002~2005년 국제미래가속기위원회 위원 2008~2010년 경북대 자연과학대학장 2009~2013년 고에너지물리협의회 회장 2015년 경북대 대학원장 겸 부총장(현) 2015~2016년 同총장 직대 [상]한국과학재단 우수연구성과 30선 선정(2004), 미국 캘리포니아 교육망사업단 전산망혁신상(2008), 교육과학기술부 장관공로패(2009)

손동화(孫東和) SHON Dong Hwa

[생]1954 · 10 · 16 [본]밀양(密陽) [출]경남 진해 [주]경기 성남시 분당구 안양판교로1201의62 한국식품연구원 기능성식품연구본부(031-780-9133) [학]1981년 서울대 식품공학과졸 1985년 同대학원 식품공학과졸 1989년 농예화학박사(일본 도쿄대) [경]1981~1983년 대한제당(주) 생산관리기사 1983~1984년 남양유업(주) 연구기사 1989~1990년 서울대 식품공학과 조교 1989~1990년 일본 도쿄대 대학원 농예화학과 연수연구원 1990~1991년 미국 캘리포니아대 생화학과 연수연구원 1991~1992년 서울대 농업생물신소재연구센터 연수연구원 1992년 한국식품연구원 연구원 1997~1998년 한국식품과학회 편집위원 1999~2003년 식품의약품안전청 GMO식품안전성평가 심사위원 2000~2003년 세종대 과학기술대학원 겸임교수 2001~2003년 기능성식품연구회 회장 2004년 캐나다 구엘프대 교환교수 2005~2014년 한국식품면역연구회 회장 2006년 세계인명사전 마르퀴즈 후즈후 과학기술분야 인명사전에 등재 2011~2013년 한국식품연구원 기능평가연구단장 2014년 과학기술연합대학원대 교수 2015년 한국식품연구원 기능성식품연구본부 책임연구원(현) [상]농림부장관표창(1997), 미생물생명공학회 학술장려상(2000), 과학기술부장관표창(2002) [저]'식품면역학'(1991) [역]'식품과 생체방어' '식품중의 생체조절기능연구법'(1996) [종]불교

손동환(孫東煥) Son Donghwan

[생]1973 · 11 · 7 [출]부산 [주]경기 고양시 일산동구 장백로209 의정부지방법원 고양지원(031-920-6114) [학]1992년 상문고졸 1997년 서울대 법학과졸 [경]1996년 사법시험 합격(38회) 1999년 사법연수원 수료(28기) 1999년 공군법무관 2002년 수원지법 판사 2004년 서울중앙지법 판사 2006년 울산지법 판사 2010년 서울고법 판사 2012년 대법원 재판연구관 2014년 부산지법 부장판사 2016년 의정부지법 고양지원 부장판사(현)

손맹현(孫孟鉉) Son Maeng-Hyun

[생]1959 · 9 · 15 [본]밀성(密城) [출]경남 밀양 [주]전남 여수시 화양면 세포당머리길22 남해수산연구소 양식산업과(061-690-8970) [학]1979년 밀성고졸 1983년 부경대 양식학과졸 1988년 同대학원 수산생물학과졸 1998년 수산생물학박사(부경대) [경]1989~2002년 국립수산과학원 해양수산연구사 2002~2009년 同해양수산연구관 2009~2011년 同전략양식부 사료연구센터장 2011~2013년 同전략양식부 양식관리과장 2013년 同남해수산연구소 양식산업과장(현) [상]해양수산부장관표창(2000) [저]'넙치양식표준지침서'(2006, 한글그라피스) '넙치현장가이드북'(2007, 신광종합출판) '조피볼락양식표준지침서'(2007, 한글그라피스) '전복양식표준지침서'(2008, 한글그라피스) '뱀장어양식표준지침서'(2009, 한글그라피스)

손명세(孫明世) SOHN Myong Sei (밝음)

[생]1954·7·28 [출]서울 [주]강원 원주시 혁신로60 건강보험심사평가원 원장실(033-739-2401) [학]1973년 경기고졸 1980년 연세대 의과대학졸 1983년 同대학원 보건학과졸 1989년 보건학박사(연세대) 1991년 미국 존스홉킨스대 보건대학원 수료 [경]1981~1984년 연세대 의과대학 예방의학교실 전공의 1987~2014년 同의과대학 예방의학교실 전임강사·조교수·부교수·교수 1998년 보건복지부 장관자문관 1999년 대한에이즈예방협회 이사 1999년 대한예방의학회 이사 1999년 연세대 보건대학원 의료법윤리학과 주임교수 2000년 아주남북한보건의료연구소 이사 2000년 대한의학회 이사 2002년 세계의료법학회 이사·부회장·집행이사 2004~2006년 연세대 보건대학원 교학부장 2005년 세계의료법학회 조직위원장 2006년 연세대 의료법윤리학연구소장 2006년 대한의학회 부회장 2007~2010년 세계보건기구(WHO) 집행이사 2010년 연세대 보건대학원장 2010~2013년 UN UNAIDS 특별보좌관 2011~2013년 연세대의료원 의료법윤리학과장 2012~2015년 유네스코 국제생명윤리심의위원회 위원 2012년 한국보건행정학회 회장 2013년 건강보험심사평가원 고문 2013~2014년 한국건강증진재단 비상임이사 2013~2014년 (주)한독 사외이사 2014년 건강보험심사평가원 원장(현) 2015년 아시아태평양공중보건학회(APACPH) 회장(현) [상]대통령표창, 올해의 교수상(2002), 녹조근정훈장(2010) [저]'의학의 한계와 새로운 가능성' '의료윤리의 네원칙' '통일독일의 보건의료체계 변화'

손명수(孫明秀) Son, Myung Soo

[생]1966·11·9 [출]전남 완도 [주]세종특별자치시 도움6로11 국토교통부 공항항행정책관실(044-201-4326) [학]1984년 용산고졸 1988년 고려대 정치외교학과졸 1990년 서울대 행정대학원졸 [경]1989년 행정고시 합격(33회) 1990년 사무관 임용 2004년 건설교통부 공공기관이전지원단 이전계획과장 2006년 駐미국대사관 1등서기관 2009년 국토해양부 정책기획관실 녹색미래전략담당관 2010년 同해양정책국 해양정책과장 2011년 同교통정책실 철도운영과장 2011년 서울지방항공청장 2013년 익산지방국토관리청장 2014년 국립외교원 파견(고위공무원) 2015년 국토교통부 항공정책실 공항항행정책관(현)

손명숙(孫明淑·女) SHON Myung Sook

[생]1953·5·15 [본]밀양(密陽) [출]대구 [주]대구 달서구 달구벌대로301길186 사회복지법인 자용복지재단 대표이사실(053-564-1043) [학]경희대 행정대학원 사회복지학과졸, 행정학박사(경희대) [경]1992년 (사)자용복지재단 대표이사(현) 1995~1998년 대구시 교육위원(제2대) 2002~2006년 대구시의회 의원(한나라당) 2009~2012년 한국폴리텍Ⅵ대학 총장(산하 대구·구미·달성·포항·영주 캠퍼스 총괄) [상]교육부장관표창(1985), 보건복지부장관표창(1999), 대통령표창(2002) [저]'교육행정의 문제점과 그 개혁의 방향' '교육재정 보완과 사교육비 부담 해소 방안' '우리나라 노령화에 따른 직업보도 활성화 방안에 관한 연구' '공직선거 및 선거부정방지법 위반죄로 인한 당선무효의 문제점' '지방재정자립도 강화방안' '지방의회의원의 집행기관 견제기능 실질화 방안' '노인복지시설 운영실태 및 서비스 만족도 분석-대구광역시 주거복지 및 의료복지시설을 중심으로' [종]불교

손명호(孫明鎬) Son, Myung Ho

[생]1962·11·29 [본]안동(安東) [출]경남 밀양 [주]서울 중구 삼일대로358 신한생명보험(주) 임원실(02-3455-4011) [학]1990년 고려대 신문방송학과졸 [경]1992년 신한생명보험(주) 입사 1997년 同교육팀 과장 1998년 同탐라지점장 2004년 同중부지점장 2004년 同개인고객부장 2007년 同광화문 WINNERS지점장 2008년 同동부사업단장 2010년 同동부사업본부장 2011년 同중앙사업본부장 2011년 同경인사업본부장 2013년 同부사장보 2015년 同부사장(현) [상]제1회 서울경제참보험인 지점장부문대상

손명희(孫明姬·女) Son, Myeung-hee

[생]1956·8·22 [출]서울 [주]서울 은평구 진흥로16길8의4 한국여성의전화(02-3156-5400) [학]한국방송통신대졸 [경]1996~1999년 강화여성의전화 회장 2003~2004년 청주여성의전화 회장 2006년 인천시 강화군의원 출마 2007~2010년 강화여성의전화 회장, 충주대 성폭력전문위원, 충북행정서비스 심사위원, 강화도시민연대 운영위원, 강화군민관사회복지협의체 운영위원 2013년 한국여성의전화 공동대표(현)

손문기(孫文其) SOHN Mun Gi

[생]1963·12·14 [출]서울 [주]충북 청주시 흥덕구 오송읍 오송생명2로187 식품의약품안전처 처장실(043-719-1204) [학]1982년 경기고졸 1986년 연세대 식품공학과졸 1989년 미국 럿거스대 대학원 식품공학과졸 1996년 식품공학박사(미국 럿거스대) [경]1990년 국립보건원 기능5급 10호 특채 2001~2003년 식품의약품안전청 식품안전국 식품유통과·식품안전과 사무관 2005년 보건복지부 보건정책국 식품정책과장 2005년 同보건의료정책본부 식품정책팀장 2007년 식품의약품안전청 식품본부 식중독예방관리팀장 2008년 同식품안전국 식중독예방관리팀장 2008년 同식품안전국 식품관리과장 2010년 同식품안전국 식품안전정책과장 2010년 同식품안전국장(고위공무원) 2013년 휴직(고위공무원) 2013년 식품의약품안전처 소비자위해예방국장 2015년 同농축수산물안전국장 2015년 同차장 2016년 同처장(차관급)(현) [상]고운문화상 창의부문(2008)

손범규(孫範奎) SON Bum Kyu

[생]1966·12·19 [본]밀양(密陽) [출]서울 [주]서울 서초구 반포대로138 양진빌딩 2층 법무법인 비전인터내셔널(02-581-9500) [학]1985년 숭실고졸 1989년 연세대 법학과졸 [경]1991년 삼성물산(주) 법무팀 근무 1996년 사법시험 합격(38회) 1999년 사법연수원 수료(28기) 1999년 변리사자격 취득 1999년 낮은합동법률사무소 대표변호사 2000년 한빛지적소유권센터 교수 2000년 대한민국ROTC중앙회 부회장 2000년 한나라당 인권위원회 부위원장 2001년 숭의여대 외래교수 2001~2002년 한나라당 부대변인 2001년 민주평통 자문위원 2002~2003년 한나라당 인권위원회 위원 2003~2004년 전국택시노동조합연맹 경기북부고양지부 법률고문 2003년 한나라당 경기도지부 대변인 2004년 同법률지원단 부단장 2004~2005년 (사)한국정신지체인애호협회 고양시지부 법률자문 2004년 경기북부자동차부분정비사업조합 법률고문 2005년 주식백지신탁심사위원회 위원 2006년 한나라당 고양시덕양구甲당원협의회 운영위원장 2006년 同경기도당 법률지원단장 2007년 同제1정책조정위원회 부위원장 2008~2012년 제18대 국회의원(고양시 덕양구甲, 한나라당·새누리당) 2008년 한나라당 법률지원단 부단장 2008년 同인권위원회 위원 2008년 同예산결산특별위원회 위원 2008년 同법제사법위원회 위원 2008년 同여성위원회 위원 2009~2010년 同원내부대표 2009년 법무법인 성신 대표변호사 2010~2012년 국회 환경노동위원회 위원 2010~2013년 법무법인 한우리 고양분사무소 고문변호사 2010~2012년 국회 예산결산특별위원회 위원 2012년 새누리당 총선공약개발단 일자리창출팀장 2012년 제19대 국회의원선거 출마(고양시 덕양구甲, 새누리당) 2013~2015년 정부법무공단 이사장 2015년 법무법인 비전인터내셔널 고문변호사(현) 2016년 새누리당 경기고양시甲당원협의회 운영위원장(현) 2016년 제20대 국회의원선거 출마(경기 고양시甲, 새누리당) [저]'대법원 전원합의체 판결집'(1997) '新민사소송법'(1998) '시민생활과 법률'(2000) '민사소송법 연습'(2000) [종]기독교

손병관(孫炳瓘) SON Byong Kwan

[생]1949·4·29 [본]경주(慶州) [출]충북 청원 [주]충북 청주시 서원구 흥덕로48 청주의료원 원장실(043-279-0112) [학]1967년 청주고졸 1975년 서울대 의대졸 1980년 同대학원졸 1985년 의학박사(서울대) [경]1983~1985년 부천세종병원 소아과장 1985년 성남한미병원 소아과장 1987~1994년 인하대 의과대학 소아과 부교수·소아과장 1994~2014년 同의과대학 소아과학교실 교수 1996년 인하대병원 소아과장 1996년 同기획조정실장 1996년 대한소아알레르기 및 호흡기학회 이사 2000년 대한소아과학회 이사 2002~2006년 인하대병원 진료부원장, 대한소아알레르기호흡기학회 부이사장·이사장 2008~2014년 환경부 지정 알레르기질환환경보건센터장 2008~2013년 인하대 의과대학장 2010~2013년 同의학전문대학원장 겸임 2014년 청주의료원 원장(현) 2014년 충북대병원 비상임이사(현) [상]국무총리표창(2014) [저]'가정의학' '소아과학' '4000만의 알레르기' '감기를 달고 사는 아이들' '어린이 알레르기를 이겨내는 101가지 지혜' [종]기독교

손병두(孫炳斗) SOHN Byungdoo (志松)

[생]1941·8·3 [본]밀양(密陽) [출]경남 진양 [주]서울 서초구 서초대로74길4 호암재단 이사장실(02-2255-0457) [학]1959년 경북고졸 1964년 서울대 상대 경제학과졸 1982년 同경영대학 최고경영자과정 수료 1983~1984년 미국 조지타운대·조지워싱턴대·메릴랜드주립대 대학원 수료 1985년 미국 헐트국제경영대학원(舊 Arthur D. Little, Management Education Institute) 경영학과졸 1988년 고려대 경영대학원 최고경영자과정 수료 1990년 경

人

영학박사(한양대) 1999년 서강대 경영대학원 가톨릭최고경영자과정 수료 2002년 명예 경제학박사(경희대) 2008년 명예 교육학박사(성신여대) 2013년 명예 박사(대만 문화대) [경]1966~1970년 전국경제인연합회 조사부 조사역 1970~1972년 중앙일보 동양방송 기획실 및 광고국 차장 1972~1981년 삼성그룹 회장비서실 과장·차장·부장·이사 1981~1983년 제일제당(주) 기획·홍보·마케팅·지역관리담당 이사 1981~1982년 재무부 정책자문위원 1985~1988년 한국생산성본부 상무이사 1987년 한국생산성학회 이사 1987~1988년 한국기업상담(주) 전무이사 1988~1994년 동서경제연구소 대표이사 1989~1997년 대한상공회의소 부설 한국경제연구센터 연구위원 1993~2006년 카네기클럽 초대회장 1993~1998년 KBS 시청자위원 1994~1995년 동서투자자문(주) 대표이사 사장 1995~1997년 한국경제연구원 대표이사 부원장 1997~1998년 한국외국어대 국제지역대학원 특별초빙교수 1997~1998년 노동개혁위원회 위원 1997~1998년 통상산업부 정책자문위원회 자문위원 1997~2003년 한국능률협회 부회장 1997~2003년 한·미친선회 부회장 1997~2003년 한·일경제협회 이사 1997~2003년 태평양지역민간경제위원회(PBEC) 부위원장 1997~2003년 한국노동교육원 이사 1997~2003년 전국경제인연합회 상근부회장 1997~1998년 금융개혁위원회 위원 1997~2003년 공정거래위원회 경제규제개혁위원 1997~1998년 금융발전심의회 위원 1997년 세계발전심의위원회 소득과세분과위원 1997년 한국산업디자인진흥원 이사 1998~2003년 이화여대 색채디자인연구소 고문 1998~2003년 성균관대 경영대학원 산학자문위원 1998~2006년 (재)고려학술문화재단 이사 1998~2003년 노사정위원회 상임위원 1998~2003년 중소기업특별위원회 위원 1998~2003년 한미기업협력재단 이사 1998~2003년 전국경제인연합회 국제산업협력재단 이사장 1998~2002년 (사)사회복지공동모금회 부회장 1998~2002년 IBM Korea 자문위원 1998~2003년 전국경제인연합회 국제경영원(IMI) 원장 1999~2002년 미국 Hult International Business School 한국동문회장 1999~2003년 공정거래위원회 경쟁정책자문위원 1999~2012년 박정희대통령기념사업회 이사 1999~2005년 (재)한국학중앙연구원 이사 2000~2005년 경희대 경영대학원 겸임교수 2000~2003년 자유기업원 이사 2001~2007년 민주평통 자문위원 2002~2004년 가톨릭경제인회 부회장 2003~2004년 전국경제인연합회 상임고문 2003~2005년 우석대 객원교수 2004~2005년 한국천주교평신도사도직협의회 회장 2004~2005년 천주교 서울대교구 평신도사도직협의회장 2004~2010년 코피온(COPION) 총재 2005~2009년 서강대 총장 2006~2007년 한국사립대학총장협의회 부회장 2006년 김대중평화센터 이사(현) 2006~2008년 대통령자문 지속가능발전위원회 자문위원 2006~2009년 동아시아 및 오세아니아지역 예수회대학총장회의 부의장 2007~2008년 한국사립대학총장협의회 회장 2007~2008년 대학자율화추진위원회 위원장 2007~2008년 한국대학교육협의회 부회장 2008~2009년 同회장 2008년 대한민국건국60년기념사업위원회 위원 2008년 한국과학기술기획평가원 이사장(현) 2009년 한국경제연구원 상임고문(현) 2009년 교육과학강국실천연합 이사장 2009~2012년 KBS 이사장 2009년 교육과나눔 이사장 2009~2010년 삼성고른기회장학재단 이사장 2010년 사회적기업활성화포럼 공동대표 2011~2014년 삼성꿈장학재단 이사장 2011~2014년 한국과학기술기획평가원 비상임이사 2013년 학교법인 숙명학원 이사장 2013~2016년 (재)박정희대통령기념재단 이사장 2013년 (주)효성 사외이사(현) 2014년 (재)호암재단 이사장(현) 2014년 자유와창의교육원 석좌교수(현) 2015년 한국학중앙연구원 이사장(현) 2016년 환주복지재단 이사(현) [상]데일카네기 리더쉽상(1998), 동탑산업훈장(1999), 세계자유민주연맹 자유상(2001), 자랑스런 가톨릭경제인상(2002), 서울대 최고경영자과정 경영대상(2003), 한국 신지식인·신한국인상(2003), 서울대 자랑스러운 ROTC 동문상(2009), 코피온(COPION) 감사패, 미국 헐트국제경영대학원 올해의 동문상(2012) [저]'경제상식의 허와 실(編)'(1996) '시민이 고객 되는 지방경영(共)'(1997) '보다 밝은 삶을 위하여'(1997) '뉴밀레니엄 생존전략-IMF 파고를 넘고'(2000) '꽃을 세며 정원을 보라'(2000) '지송 경제담론'(2001) [역]'의욕적인 사람으로 만들어주는 101가지 방법'(1998) '미래의 경영'(2000) [종]천주교

손병두(孫炳斗) SOHN Byung Doo

[생]1964·8·1 [본]밀양(密陽) [출]서울 [주]서울 종로구 세종대로209 금융위원회 상임위원실(02-2100-2820) [학]1983년 서울 인창고졸 1987년 서울대 국제경제학과졸 1993년 同행정대학원 정책학과졸 2000년 경제학박사(미국 브라운대) [경]1990년 총무처 행정사무관 1992년 경제기획원 통상조정1과·지역경제1과·차관실 근무 2000년 재정경제부 조정2과 근무 2001년 同경제정책국 종합정책과 서기관, 同경제분석과 서기관 2002년 대통령비서실 파견 2003년 세계은행 선임이코노미스트 2005년 대통령비서실 행정관 2006년 재정경제부 국제금융국 국제기구과장 2008년 기획재정부 국제금융국 외화자금과장 2010년 同국제금융국 국제금융과장 2011년 同G20기획조정단장(고위공무원) 2012년 국방대 파견(고위공무원) 2013년 금융위원회 공적자금관리위원회 사무국장 2014년 同금융서비스국장 2015년 同금융정책국장 2016년 同상임위원(현) [상]홍조근정훈장(2015)

손병문(孫炳文) SON Byung Moon

[생]1950·8·20 [출]서울 [주]서울 서초구 효령로64 ABC상사(주) 비서실(02-522-4900) [학]1972년 건국대 국문학과졸 1991년 동국대 경영대학원 경영학과졸 2003년 전경련 국제경영원과정 수료 2004년 고려대 컴퓨터과학기술대학원 수료 2006년 서울과학종합대학원 4T CEO과정 수료 2006년 同3T CEO과정 수료 2006년 IGM 세계경영연구원 CEO협상스쿨 수료 2006년 서울과학종합대학원 지배구조CEO과정 수료 2006년 홍익대 미술전문디자인대학원 뉴비전과정 수료 2007년 삼성경제연구소 뮤직&컬쳐과정 수료 2007년 同포토&컬쳐과정 수료 [경]1977년 ABC상사 설립·회장(현) 1987년 ABC상사(주) 법인전환 1988년 ABC통상(주) 설립 1990년 ABC상사(주) 안산공장 설립 1991년 ABC개발 설립 1991년 ABC농산(주) 설립 1995년 강남 뉴욕제과빌딩 인수 1996년 세무사협회 자문위원 1998년 한국합기도협회장 1999년 세계합기도연맹 고문 2000년 동국대경영대학원총동창회 회장 2001년 중앙아시아개발(주) 카자흐스탄 정유공장 설립 2002년 타이페이클럽 감사 2003년 한국예술인총연합회 자문위원 2003년 고려대 컴퓨터과학기술대학원 회장 2003년 전국경제인연합회 자문위원장 2003년 ABC나노텍(주) 인수 2004년 전국경제인연합회 Y.L.C(Young Leaders Club) 부회장 2004년 밝은사회중앙클럽 부회장 2005년 국제경영원(IMI) 이사 2005년 민주평통 상임위원 2005년 ABC나노텍(주) 대전사옥 및 공장준공 2005년 동티모르법인 설립 2006년 ABC상사(주) 뉴욕제과점 아비치로마 설치 2006년 同중국 상해법인 아이비스건축공정기술유한공사 설치 2006년 同창원지점 설치 2006년 同아이티텍 성남지점 설치 2006년 同폴란드법인 AIC SPO.ZO.O. 설치 2006년 ABC상사(주)·ABC통상(주) 합병 2007년 ABC USA법인(LA) 설립 2007년 ABC USA법인(괌) 설립 2007년 ABC탄자니아(주) 법인 설립 2007년 민주평통 강남구협의회장 2008~2009년 국제경영원 총동문회장 2009년 민주평통 서울부의장 [상]한국상업은행 유망중소기업 선정(1996), 한국경제신문 우수기업 선정(1996), 한국상업은행 공로업체수상(1998), 대통령표창 수출탑수상(1998), 국무총리표창(2003), 미국 캘리포니아주지사표창(2004), 미국 LA시장 공로상(2005), 국제경영원(IMI) 공로상(2006), 미국 명예시민권 수상(2006), 미국 LA COUNTY 감사장(2006), 한국일보(주) 2006 한국을 빛낸 기업인대상(2006), 전국경제인연합회 IMI글로벌경영자과정 총동문회 최우수경영인상(2006), 민주평통 의장표창(2007)

손병석(孫昞錫) SON Byeong Seok

[생]1962·1·25 [출]경남 밀양 [주]세종특별자치시 한누리대로402 국토교통부 기획조정실(044-201-3200) [학]배재고졸, 서울대 대학원 건축학과졸 [경]1998년 건설교통부 건설지원실 기술정책과 서기관 1999년 同기술안전국 기술정책과 서기관 2006년 同국토균형발전본부 복합도시기획팀장 2007년 행정중심복합도시건설청 정책홍보관리본부 혁신기획팀장 2008~2009년 同기획재정담당관 2009년 세종시기획단 파견(부이사관) 2010년 대통령자문 국가경쟁력강화위원회 파견 2011년 2012여수세계박람회조직위원회 파견(부이사관) 2012년 국토해양부 국토정책국장 2013년 국토교통부 수자원정책국장 2014년 同철도국장 2015년 同중앙토지수용위원회 상임위원 2016년 同기획조정실장(현)

손병옥(孫炳玉·女) Sohn Byoung Ok

[생]1952·4·3 [출]부산 [주]서울 강남구 강남대로298 푸르덴셜생명보험(주) 회장실(02-2144-2094) [학]1970년 경기여고졸 1974년 이화여대 영어영문학과졸 1995년 미국 조지메이슨대 대학원 영어교육학과졸 [경]1979년 미국 보스턴주재 브루클라인 세이빙즈은행 근무 1981년 크라커내셔널은행 서울지점 근무 1986년 미들랜드은행 서울지점 근무 1987년 한국HSBC은행 서울지점 근무 1994년 체이스맨해튼은행·HBSC은행 근무 1996년 푸르덴셜생명보험(주) 인사부장 1997년 同인사담당 이사 1999년 同인사담당 상무이사 2001년 同인사담당 전무이사 2002년 同인사담당 부사장 2002년 한국메이크어위시재단 이사·부이사장·이사장(현) 2004~2006년 정부혁신지방분권위원회 인사개혁전문위원회 전문위원 2004년 금융발전심의회 4개분과위원회(정책·은행·증권·보험) 위원 2004년 숙명여대 커리어자문위원회 자문위원(현) 2005년 이화여대 리더십개발원 자문위원(현) 2007년 푸르덴셜사회공헌재단 이사장(현) 2008년 메이크어위시재단 국제본부 위원(현) 2011~2015년 푸르덴셜생명(주) 대표이사 사장 2011년 국가브랜드위원회 위원 2015년 금융위원회 금융개혁회의 위원 2015년 푸르덴셜생명보험(주) 회장(현) 2016년 세계여성이사협회 한국지부 초대공동대표(현) [상]올해의 이화인, 국민훈장 목련장(2010), 매일경제 선정 '대한민국 글로벌 리더'(2014) [종]불교

손병우(孫炳雨) SOHN Byung Woo

생1963·8·28 출서울 ㈜대전 유성구 대학로99 충남대학교 사회과학대학 언론정보학과(042-821-6377) 학1986년 서울대 신문학과졸 1988년 同대학원졸 1994년 신문학박사(서울대) 경1991~1994년 건국대·계명대·광운대 강사 1995년 순천향대 신문방송학과 교수 1998년 충남대 사회과학대학 언론정보학과 교수(현) 2008~2012년 同신문방송사 주간 2008~2009년 한국방송통신심의위원회 방송제2분과특별위원회 위원장 2014~2016년 충남대 언론정보학과장 2015년 同교수회 부회장(현) 전'TV를 읽읍시다'(1991) '대중매체의 이해와 활용(共)'(1996·2002) '풍자바깥의 즐거움'(2002) '미디어 문화 비평'(2007) '디지털시대 미디어의 이해와 활용(共)'(2009) '한국사회와 미디어 공공성(共)'(2012) '두꺼운 언어와 얇은 언어(共)'(2012) 역'문화·일상·대중(共)'(1996) '라깡 정신분석사전(共)'(1998) '문화이론사전(共)'(2003) '개정판 문화이론사전(共)'(2012)

손병재(孫昺在) Byong jae Sohn

생1963·8·15 본밀성(密城) 출부산 ㈜서울 영등포구 의사당대로8 까뮤이앤씨빌딩10층(02-769-6001) 학1982년 부산 배정고졸 1986년 서울대 경영학과졸 2010년 건국대 부동산대학원 건설개발학과졸 2007년 Thunderbird Int'l Consortium II Leadership과정 수료 2008년 서울대 ASP과정 14기 수료 2009년 IGM NCP과정 8기 수료 2016년 서울대 ACPMP 13기 수료 경1986년 ㈜선경 입사 1997년 ㈜SK 경영기획실·구조조정본부 근무 1999년 SK글로벌 경영분석팀장(부장급) 2002년 SK건설 경리팀장 2004년 同상무 2004년 SK케미칼 사장실장(상무) 2007년 SK건설 자산관리본부장(상무) 2010년 同사업지원총괄 상무 2012년 同건축영업총괄 전무 2014년 ㈜삼환까뮤 상근감사 2015년 同대표이사 사장 2015년 ㈜까뮤이앤씨 대표이사 사장(현) 종가톨릭

손병조(孫炳照) SOHN Byung Jo

생1956·6·27 출대구 ㈜서울 강남구 테헤란로133 한국타이어빌딩 법무법인 태평양(02-3404-7514) 학1976년 경북고졸 1980년 영남대 경제학과졸 1986년 U.S Customs Academy 수료 2004년 고려대 행정대학원졸 2007년 경영학박사(한남대) 경1980년 행정고시 합격(23회) 1981년 목포세관 감시과장 1985년 관세청 지도과장 1987년 同총괄징수과장 1992~1994년 대통령실 사회간접자본투자기획단(SOC) 파견 1994년 관세청 지도과장 1995년 관세사 자격취득 1996년 서울세관 감시국장 1997년 관세청 통관과장 1998년 同검사분류과장 2000년 同기획예산담당관 2001년 同심사정책과장 2001년 부산세관 조사국장 2002년 국외훈련 2002년 국세공무원교육원 교수부장 2003년 관세청 통관지원국장 2004년 同기획관리관 2005년 同정책홍보관리관 2007년 국방대 파견 2008~2010년 관세청 차장 2010년 법무법인(유) 태평양 고문(현) 2011년 행정안전부 고위공무원단 역량평가위원 2012~2013년 고려대 대학원 법학과 겸임교수 2012년 삼성화재해상보험 사외이사(현) 2012~2016년 同감사위원 겸임 상대통령표창(1992), 홍조근정훈장(2003) 전'싱글윈도우로 가는 길'(2004)

손병주(孫炳柱) Byung-Ju Sohn

생1956·6·27 본밀양(密陽) 출전북 임실 ㈜서울 관악구 관악로1 서울대학교 지구환경과학부(02-880-7783) 학1975년 전주고졸 1980년 서울대 사범대학졸 1985년 同대학원졸 1990년 기상학박사(미국 플로리다주립대) 경1990년 미국 플로리다주립대 박사 후 연구원 1991년 미국 NASA 연구원 1993년 서울대 지구환경과학부 부교수·교수(현) 2000~2009년 한국기상학회 재무이사·연구이사·국제협력이사 2004년 국제복사학회 심포지움 조직위원장 2006년 서울대 중앙전산원 부원장 2009년 일본 동경대 객원교수 2009년 국제대기복사학회 사무총장 2010년 한국기상학회 부회장 2016년 同회장(현) 2016년 국제대기복사위원회 차기(2017년) 회장(현) 상한국기상학회 학술상(2004), 근정포장(2009), 국가R&D사업 우수연구사례 100선 선정

손병준(孫秉錂) SON Byeong Jun

생1966·3·25 출경남 밀양 ㈜서울 중구 남대문로63 한진빌딩 본관18층 법무법인 광장(02-772-4420) 학1985년 밀양고졸 1989년 고려대 법학과졸 2003년 서울시립대 세무대학원졸 경1992년 행정고시 합격(36회) 1993년 사법시험 합격(35회) 1996년 사법연수원 수료(25기) 1996년 창원지법 진주지원 판사 1998년 창원지법 판사 2000년 서울지법 의정부지원 판사 2003년 서울행정법원 판사 2005년 서울북부지법 판사 2006년 일본 도쿄대 법관연수 2007년 서울고법 판사 2008년 대법원 재판연구관 2010년 서울중앙지법 판사 2011~2012년 대전지법 부장판사 2012년 법무법인 광장 변호사(현) 상국무총리표창(2014)

손병해(孫炳海) SOHN Byeong Hae

생1949·4·8 본밀양(密陽) 출경북 청송 ㈜대구 북구 대학로 80 경북대학교 경제통상학부(053-950-5406) 학1967년 경북대사대부고졸 1971년 경북대 경제학과졸 1973년 同대학원 경제학과졸 1982년 프랑스 파리제2대 대학원 유럽경제전공 DEA 1984년 경제학박사(프랑스 파리제2대) 경1978~1993년 경북대 전임강사·조교수·부교수 1991년 대외경제정책연구원(KIEP) 초청연구위원 1992·2000년 프랑스 파리제2대 초빙교수 1993년 경북대 경상대학 무역학과 교수 1994년 同기획연구실장 1997~2014년 同경제통상학부 교수 1998년 캐나다 몬트리올대 객원교수 2002~2004년 경북대 경상대학장 겸 경영대학원장 2004~2006년 한국EU학회 회장 2004~2009년 동아시아경제통합연구소 소장 2006년 한국국제경제학회 부회장 2007년 同회장 2014~2016년 대구가톨릭대 무역학과 석좌교수 2014년 경북대 경제통상학부 명예교수(현) 상홍조근정훈장(2014) 전'경제통합론'(1992) '경제통합의 이해'(2002) '유교문화와 동아시아경제'(2006) '국제경제통합론'(2016) 종천주교

손봉기(孫鳳基) SON Bong Ki

생1965·12·5 출경주(慶州) 출대구 ㈜울산 남구 법대로14번길37 울산지방법원(052-228-8000) 학1984년 달성고졸 1988년 고려대 법학과졸 1990년 同대학원 법학과 수료 경1990년 사법시험 합격(32회) 1993년 사법연수원 수료(22기) 1993년 軍법무관 1996년 대구지법 판사 1999년 同안동지원 판사 2001년 同영주시법원·봉화군법원 판사 2002년 대구지법 판사 2005년 대구고법 판사 2006년 대법원 재판연구관 2008년 대구지법 상주지원장 2010년 사법연수원 교수 2013년 대구지법 부장판사 2016년 울산지법 수석부장판사(현)

손봉락(孫鳳洛) Sohn Bong Rak

생1950·4·16 출경주(慶州) 출서울 ㈜서울 영등포구 국회대로543 동양타워20층 ㈜TCC동양(02-2633-3311) 학1968년 동성고졸 1972년 경희대 식품가공학과졸 1976년 연세대 경영대학원 수료 1982년 일본 와세다대 Business School 수료 1986년 미국 서던캘리포니아대 경영대학원졸 경1975년 ㈜쌍용 근무 1976년 효성물산㈜ 철강부 근무 1977년 同런던지사 근무 1978년 同해외관리부 근무 1979년 동양석판공업㈜ 생산부 차장 1980년 同동경사무소장 1982년 同전무이사 1984년 同대표이사 부사장 1988~1999년 同대표이사 사장 1990년 한국철강협회 이사 1994년 同감사(현) 1994년 한·미경제협의회 이사(현) 1996년 문화복지협의회 감사(현) 1997년 한국무역협회 이사(현) 1997~2009년 서울상공회의소 상공의원 2000~2010년 동양석판㈜ 대표이사 회장 2002년 駐韓헝가리 명예영사(현) 2003~2007년 유네스코 서울협장 2004년 우석문화재단 이사장(현) 2008년 한·일경제협회 상임이사(현) 2009년 서울상공회의소 상임의원(현) 2009년 대한상공회의소 국제통상위원회 위원장 2010년 ㈜TCC동양 각자대표이사 회장(현) 2011년 미국 Ohio Coatings Company 회장(현) 2012년 한일산업기술협력재단 감사(현) 상재무부장관표창(1989), 환경처장관표창, 재정경제부장관표창, 국무총리표창(1991), 철탑산업훈장(2005), 미국 서던캘리포니아대(USC)동문회 '2014 APAA Service Award'(2014)

손봉수(孫鳳秀) SON Bong Soo

생1958·1·7 출경남 진주 ㈜서울 강남구 영동대로714 하이트진로㈜ 임원실(02-520-3021) 학1976년 대아고졸 1994년 경상대 대학원 식품공학과졸, 이학박사(경상대) 경1982년 하이트맥주㈜ 입사 1997년 同이사 2003년 同생산관리담당 상무, 同전주공장장(상무) 2006년 同전주공장장(전무) 2007년 同강원공장장(전무이사) 2010년 ㈜진로 생산·연구소·인사담당 전무 2010년 同생산·연구소·인사담당 부사장 2010~2011년 同생산담당 사장 2010년 하이트맥주㈜ 생산담당 사장 겸임 2011년 하이트진로㈜ 생산총괄 사장(현) 2011~2013년 한국용기순환협회 회장 2013년 하이트진로음료㈜ 대표이사 사장 겸임(현)

손봉수(孫鳳洙) Son, Bong Soo

생1959 ㈜서울 서대문구 연세로50 연세대학교 공과대학 도시공학과(02-2123-5891) 학1982년 연세대 토목공학과졸 1990년 캐나다 맥매스터대 대학원 교통공학과졸 1996년 교통공학박사(캐나다 토론토대) 경1998년 서울시립대 도시행정대학원 겸임교수 1999~2001년 경기대 첨단산업공학부 겸임교수 1999~2005년 대한교통학회 논문편집위원 2001~2002년 한양대 교통시스템공학전공 겸임교수 2002년 同안산캠퍼스 첨단도로연구센터 연구교수 2002년 연세대 공과대학 도시공학과 교수(현) 2005~2008년 同도시공학과장 2005~2008년 同공학원 부원장 2011~2012년 同도시교통과학연구소장

2011~2012년 同공학대학원 도시계획전공 주임교수 2012~2014년 同학생복지처장 2012~2014년 同장애학생지원센터 소장 2014~2016년 同공과대학장 2015년 교통안전공단 비상임이사(현)

손봉숙(孫鳳淑 · 女) SOHN Bong Scuk

[생]1944 · 3 · 17 [출]경북 영주 [주]서울 마포구 만리재로15 제일빌딩906호 한국여성정치연구소 이사장실(02-706-6761) [학]1962년 영주여고졸 1966년 이화여대 정치외교학과졸 1968년 同대학원졸 1975년 미국 하와이대 대학원 정치외교학과졸 1981년 미국 프린스턴대 우드로윌슨스쿨 수료 1985년 정치학박사(이화여대) [경]1977년 국토통일원 자료조사담당관 1982년 총무처 중앙공무원교육원 조교수 1982년 이화여대 강사 1988년 미국 럿거스대 객원교수 1990~2000년 한국여성정치연구소 소장 1992년 한국정치학회 이사 1992~1997년 공명선거실천시민운동협의회 집행위원장 1994년 영국 옥스포드대 객원연구원 1995년 한국여성NGO위원회 공동대표 1996년 싱가포르 동남아연구소 객원연구원 1996~2000년 한국여성정보원 원장 1997~2003년 중앙선거관리위원회 위원 1998년 정치개혁시민연대 공동대표 1999년 시민개혁포럼 대표운영위원 1999년 한국시민단체협의회 공동대표 1999년 동티모르주민투표 UN선거관리위원 2000년 한국여성정치연구소 이사장(현) 2001년 동티모르 UN독립선거관리위원회 위원장 2001년 한국시민사회단체연대회의 공동대표 2001년 경희대 NGO대학원 객원교수 2002년 同경영대학원 베스트우먼아카데미원장 2004~2008년 제17대 국회의원(비례대표, 새천년민주당 · 민주당 · 통합민주당) 2004년 새천년민주당 비상대책위원회 부위원장 2007년 민주당 최고위원 [상]국민포장(1999), 한국여성단체협의회 올해의 여성상(2001) [저]'한국지방자치연구' '현대한국정치론'(共) '한국의 정당'(共) '북한의 여성생활'(共) '리더십과 여성'(共) '북한여성-그 삶의 현장'(共) '꼼꼼한 정치, 확 트인 정치' '선거운동전략 25시' '지방의회와 여성엘리트'(共) '여성이 정치를 바꾼다' '동티모르의 탄생'(2003) '국회를 바꾸고 싶다'(2008) '세계에서 문화를 만나다'(2008) [역]'리더십과 정치' '소련의 여성과 정치' [종]기독교

손봉영(孫鋒榮) Shon Bong Young

[생]1957 · 10 · 10 [주]서울 종로구 새문안로76 금호타이어(주) 생산기술본부(02-6303-8114) [학]광주고졸, 전남대 화학공학과졸, 同대학원 화학공학과졸, 공업화학박사(전남대) [경]2006년 금호타이어(주) 연구소 컴파운드개발팀장(이사) 2007년 同컴파운드평가담당 상무 2008년 同KRDC 상무 2008년 同KTC공장(중국 장춘공장) 상무 2013년 同KTC공장(중국 장춘공장) 전무 2013년 同연구본부장(전무) 2015년 同생산기술본부장(전무)(현) [종]불교

손봉원(孫烽源) SOHN Bong Won

[생]1968 · 7 · 28 [본]밀양(密陽) [출]서울 [주]대전 유성구 대덕대로776 한국천문연구원(042-865-2173) [학]1987년 중동고졸 1992년 연세대 천문대기학과졸 1994년 同대학원 천문대기학과졸 2003년 전파천문학박사(독일 본대) 2004년 과학문화아카데미 리더십과정 수료 [경]1996~2002년 독일 본대 전파천문학연구소 연구원 2002~2004년 독일 막스플랑크(Max-Planck-Institute) 전파천문학연구소 Research Fellow 2004년 한국천문연구원 KVN사업그룹 선임연구원 2005년 과학기술연합대학원 천문우주학과 조교수 2005년 미국 세계인명사전 '마르퀴즈 후즈후'에 등재 2006년 한국천문연구원 선임연구원(현) 2009년 과학기술연합대학원 천문우주학과 부교수(현) 2013년 한국천문연구원 AGN그룹 리더 2015년 연세대 대학원 천문우주학과 객원교수(현) [상]과학기술연합대학원대 최우수교수상(2011) [종]기독교

손봉호(孫鳳鎬) SON Bong Ho

[생]1938 · 8 · 18 [본]경주(慶州) [출]경북 포항 [주]서울 성북구 동소문로5길12의6 나눔국민운동본부(070-7710-6300) [학]1957년 경주고졸 1961년 서울대 영어영문학과졸 1965년 미국 웨스트민스터신학교 대학원 신학과졸 1972년 철학박사(네덜란드 자유대) [경]1966~1973년 네덜란드 자유대 철학부 조교 · 전임강사 1973~1983년 한국외국어대 화란어과 조교수 · 부교수, 同철학과 교수 1983~1993년 서울대 사범대학 사회교육학과 조교수 · 부교수 1985~1997년 한국간행물윤리위원회 부위원장 1990~1999년 한국칸트철학연구회 회장 1991년 기독교윤리실천운동 이사장 1992년 공명선거실천시민운동협의회 집행위원장 1992년 밀알복지재단 이사장 1993~2003년 서울대 사범대학 사회교육과 교수 1993년 샘물호스피스 이사장(현) 1994~1997년 경제정의실천시민연합 공동대표 1995년 세계밀알연합회 이사장 1995~1998년 정보통신윤리위원회 위원장 1995~2000년 한국시민운동협의회 공동대표 1997년 경제정의실천시민연합 고문(현) 1998~2000년 기독교윤리실천운동 공동대표 1998년 한국기독교철학회 회장 1999~2015년 국제학생회 이사장 2000~2003년 사회복지법인 아이들과미래 이사장 2000년 푸른아시아 이사장(현) 2001년 한국철학회 회장 2002년 공명선거실천시민운동협의회 상임공동대표 2003년 서울대 사범대학 명예교수(현) 2003~2004년 한성학원(한성대) 이사장 2003년 광역단체분쟁조정위원회 위원장 2003~2007년 서울시 공직자윤리위원회 위원장 2004~2016년 대검찰청 감찰위원장 2004~2008년 동덕여대 총장 2005~2012년 KBS강태원복지재단 이사장 2005~2008년 세종문화회관 이사장 2005년 대산신용호기념사업회 이사장(현) 2008년 고신대 석좌교수(현) 2009~2011년 KBS 시청자위원장 2011년 나눔국민운동본부 대표(현) 2013년 일가재단 이사장(현) 2014년 국방부 중앙전공사망심사위원장(현) 2015년 성산장기려선생기념사업회 이사장(현) 2015년 국제구호단체 기아대책 이사장(현) 2015~2016년 대통령소속 국가생명윤리심의위원회 생명존중헌장제정을위한특별위원회 위원장 2016년 조선일보 윤리위원회 위원장(현) [상]현대수필문학상(1992), 島山人상(1996), 국민훈장 모란장(1998), 율곡문화상(2015) [저]'Science and Person'(1972) '윗물은 더러워도'(1983) '나는 누구인가'(1986) '오늘을 위한 철학'(1986) '꼬집어 본 세상'(1990) '약한 자 편들기'(1991) '고통 받는 인간'(1995) '고상한 이기주의'(1998) '잠깐 쉬었다가'(2011, 홍성사) '한국사회의 발전과 기독교(共)'(2012) '답이 없는 너에게'(2014, 홍성사) '약자중심의 윤리'(2015, 세창) [역]'현상학과 분석철학'(共) '몸 · 마음 · 정신'(共) '종교현상학입문'(共) '인성교육'(共) [종]기독교

손부한(孫富漢) SOHN, BU HAN

[생]1963 · 4 · 6 [본]밀양(密陽) [출]충남 태안 [주]서울 강남구 강남대로382 메리츠타워21층 아카마이코리아 대표이사실(02-2193-7214) [학]1982년 천안고졸 1986년 서울대 조선공학과졸 1995년 연세대 대학원 경영학과졸 2011년 서울대 경영대학원 최고경영자과정 수료 [경]1986~1990년 대우조선해양(주) 입사 · 과장 1991~1994년 한국HP 부장 1995~1999년 액센츄어컨설팅 이사 2000년 i2테크놀러지코리아 영업 · 마케팅담당 부사장 2004년 비즈니스오브젝티브코리아 지사장 2006년 머큐리인터액티브 한국지사장 2007년 한국휴렛팩커드 BTO세일즈매니저(상무) 2008~2014년 SAP Korea 영업총괄 부사장 2014년 아카마이코리아 대표이사(현) [상]국무총리표창(2010) [저]'CIM 실천전략' 'Auto Marking Robot'

손삼락(孫三洛) Son Samrak

[생]1969 · 4 · 15 [출]서울 [주]서울 서초구 서초중앙로157 서울고등법원(02-530-2225) [학]1988년 대구 대건고졸 1994년 서울대 법학과졸 [경]1994년 사법시험 합격(36회) 1997년 사법연수원 수료(26기) 1997년 軍법무관 2000년 대전지법 판사 2002년 同공주지원 판사 2003년 同청양군법원 판사 2004년 대전지법 판사 2006년 대전고법 판사 2009년 대전지법 판사 2011년 수원지법 판사 2013년 대구지법 서부지원 부장판사 2014년 서울고법 판사(현)

손삼석(孫三錫) SON Sam Seok

[생]1955 · 11 · 3 [출]부산 [주]부산 수영구 수영로427번길 39 천주교 부산교구청(051-629-8710) [학]1980년 광주가톨릭대 신학과졸 1982년 同대학원 역사신학과졸 1988년 이탈리아 우르바노대 대학원졸 1990년 성서신학박사(이탈리아 우르바노대) [경]1982년 사제 서품 1982년 범일본당 보좌신부 1983년 전포본당 보좌신부 1984년 同주임신부 1987년 필리핀 EAPI 연수 1992년 로마 성서대 연수 1994~2001년 부산가톨릭대 교수 1996년 同영성수련원장 1998년 同대학원장 2001~2006년 同총장 2010년 천주교 부산교구청 보좌주교(현) [상]청조근정훈장(2011) [저]'성서의 마흔 열쇠'(1999, 양업서원) [종]가톨릭

손상목(孫尙穆) SOHN Sang Mok

[생]1953 · 11 · 11 [본]밀양(密陽) [출]경북 상주 [주]충남 천안시 동남구 단대로119 단국대학교 생명자원과학대학 환경원예학과(041-550-3663) [학]1979년 건국대 농학과졸 1981년 同대학원 작물학과졸 1982년 독일 Bonn대 농과대학원졸 1986년 농학박사(독일 괴팅겐대) [경]1979~1981년 농촌진흥청 농업기술연구소 농업연구사 1979년 한국작물학회 상임이사 · 편집위원 1979년 한국토양비료학회 회원 · 평의원 · 편집위원 1981년 국제유기농업연맹(IFOAM) 회원(현) 1982~1986년 독일 Gottingen대 농대 작물영양연구실 연구원 1986년 단국대 생명자원과학대학 환경원예학과 교수(현) 1991년 한국유기농업학회 상임이사 · 편집위원 · 부회장 1992년 영국 맨체스터대 객원교수 1994년 농촌진흥청 농업과학기술원 농업연구관 1994년 미국 버지니아대 방문교수 1995년 독일 괴팅겐대 객원교수 1997년 일본 농림수산성 농업연구센터 방문교수 1998년 단국대 유기농업연구소장(현) 1999년 경제정의실천시민연합 경제정책위원회 농업분과 정책위원 2001~2004년 아시아유기농업연구기구(ARNOA) 회장 2002년 농림수산식품부 친환경농업발전위

원회 위원 2003년 울진세계친환경농업엑스포조직위원회 부위원장 2003년 세계유기농업학회(ISOFAR) 상임이사 겸 토양비옥도분과위원장 2005년 식품의약품안전청 유기식품연구위원회 위원장 2005년 농촌진흥청 농업과학기술원 유기농업연구관 겸임(현), 생태나라운동 공동대표 2011~2014년 세계유기농업학회(ISOFAR) 회장 2015년 同명예회장(현) [저]'친환경 채소재배'(2001, 충남농업기술원) '친환경농산물인증유통과정'(2002, 농수산물유통공사) '유기농업 : 참먹거리 생산의 이론과 기술'(2007, 향문사)

손상용(孫相龍) Son Sang Yong

[생]1964·8·3 [본]밀양(密陽) [출]부산 [주]부산 연제구 중앙대로1001 부산시의회 의원회관 411호(051-888-8255) [학]부산가야고졸, 대구대 사범대학 물리교육학과졸, 동아대 경영대학원 경영학과졸 [경]2006년 부산디엠(주) 대표이사 2006·2010년 부산시의회 의원(한나라당·새누리당), 부산시청년연합회 회장, 부산 구포중총동창회 회장, 부산시 수도요금조정심의위원회 위원장, 同보조금평가위원회 위원, 신라대 외래교수, 부산시 북구리틀야구단 단장, 덕천종합사회복지관 후원회장 2009년 부산시 보육정책위원장 2010년 同수도요금조정시민위원회 위원장 2010년 同상수도수돗물평가위원회 위원 2010년 부산 북구 교통정책안전심의위원회 위원 2010년 부산시노사정협의회 위원 2010~2012년 부산시의회 보사환경위원장 2012년 同보사환경위원회 위원 2013년 同예산결산특별위원회 위원장 2014년 부산시의회 의원(새누리당)(현) 2014년 同제2부의장 2014년 同경제문화위원회 위원 2016년 同도시안전위원회 위원(현) [상]매니페스토약속대상 '광역의원 의정 활동계획서' 분야 최우수상(2010), 매니페스토약속대상 광역의원부문 대상(2011·2014), 부산여성발전디딤돌상 의정상부문(2015) [종]불교

손상원(孫祥源)

[생]1971·6·13 [출]서울 [주]서울 중구 정동길43 정동극장(02-751-1500) [학]2009년 서경대 연극영화과졸 2012년 同경영대학원 문화예술경영학과졸 [경]2007년 (주)이다엔터테인먼트 대표이사 2010~2014년 (재)경기문화의전당 이사 2010년 (사)한국소극장협회 이사 2013년 (사)한국공연프로듀서협회 회장 2013년 문화융성위원회 전문위원(현) 2014년 국립자료원 이사 2014년 기획재정부 민간자문위원(현) 2015년 대통령소속 문화융성위원회 위원(2기) 2016년 (사)한국연극협회 이사 2016년 정동극장 극장장(상임이사)(현) 2016년 국립박물관문화재단 비상임이사(현) [상]문화체육관광부장관표창(2012), 오늘의 젊은예술가상(2015) [작]뮤지컬 '해를품은달' '그날들' '락오브에이지' '페임' '달콤한 나의 도시' '샤인' '판타스틱스' '트라이앵글' 연극 '모범생들' '뜨거운바다' '연애시대' '극적인하룻밤' '늘근도둑 이야기' '멜로드라마' '환상동화' 등

손상철(孫相喆) SOHN Sang Cheol (평산)

[생]1940·2·5 [본]밀양(密陽) [출]경남 진주 [주]서울 강서구 등촌로13아길20 학교법인 인권학원(02-2644-3542) [학]1958년 진주사범학교졸 1984년 미국 뉴포트대 교육학과졸 1991년 성균관대 교육대학원 교육행정학과졸 2000년 일본 쓰쿠바대 대학원 교육학과 수료 [경]1958~1978년 부산중·부산 동래고·서울 여의도고 교사 1978~1981년 교육부 교육연구사·교육연구관 1981~1985년 駐일본대사관 교육관 1985~1988년 駐후쿠오카 한국총영사관 영사 1988~1992년 교육부 장학관 1992~1994년 서울시교육청 중등장학관 1994~1997년 서울 개포중 교장 1997~2000년 일본 도쿄한국학교장 2000~2005년 서울 구룡중·신정여자상업고 교장 2005년 (사)한국교육삼락회총연합회 사무국장 2006년 同사무처장 2007년 同사무총장 2014년 同상임이사 2014년 한국문학사 편찬위원 2014년 한국현대시인협회 이사 겸 중앙위원(현) 2014~2015년 학교법인 인권학원 이사장 2015년 同이사(현) 2015년 한국문인협회 전통문학연구위원(현) 2015년 서초문인협회 이사(현) [상]대통령표창(1981), 황조근정훈장(2002), 월간한국시 신인상(2007), 제19회 한국시문학대상(2008) [저]'한국 국어교육문제 연구'(1979, 예지각) '교육의 새 좌표를 찾아서'(2001, 교음사) 시집 '고독한 여행'(2008, 한국시사) '날 수 없는 새'(2009, 평음사) [역]'가정교육 면허증'(1993, 재능교육) [작]칼럼집 '아침을 열고' [종]불교

손상호(孫祥皓) SOHN Sang Ho

[생]1957·2·13 [본]일직(一直) [출]인천 [주]서울 중구 명동11길19 한국금융연구원 금융혁신성평가센터(02-3705-6358) [학]1975년 경기고졸 1981년 고려대 경영학과졸 1983년 同대학원 경제학과졸 1989년 경제학박사(미국 오하이오주립대) [경]1990~1995년 산업연구원 연구위원 1995년 한국금융연구원 연구위원 2000~2008년 同선임연구위원 2001년 조흥은행 사외이사 2001년 금융감독위원회 자문관 2003년 대통령자문 정책기획위원 2004년 한국금융연구원 정책제도팀장 2005년 同연구총괄위원장 2006~2008년 同부원장 2007년 LG카드 사외이사 2008~2009년 금융감독원 전략기획본부장(부원장보), 한국금융연구원 선임연구위원 2010~2012년 同부원장 2012~2014년 同중소서민금융·소비자보호연구실 선임연구위원 2014~2016년 NH농협금융지주(주) 사외이사 2015년 한국금융연구원 금융혁신성평가센터장(현)

손석규(孫錫奎) Sohn, Sugkyoo

[생]1965·2·28 [본]밀양(密陽) [출]서울 [주]서울 종로구 율곡로88 삼환빌딩4층 한국자산평가(02-2251-1300) [학]1983년 우신고졸 1987년 서울대 경제학과졸 1989년 同행정대학원 정책학과졸 [경]1993~2002년 한국산업은행 근무 2002년 Salomon Smith Barney증권 서울지점 근무 2003년 한국씨티은행 근무 2005~2013년 한국HSBC은행 서울지점 자금부 부대표 2013년 NH농협증권 상품운용본부장(상무) 2014년 NH투자증권 Global Trading Center장(상무) 2015년 同FICC운용본부장(상무) 2016년 한국자산평가 전무이사(현)

손석근(孫錫根) Son Seok-Keun

[생]1966·8·17 [주]서울 영등포구 국제금융로2길28 BNK자산운용 비서실(02-6910-1111) [학]1985년 인천 송도고졸 1992년 연세대 경영학과졸 [경]1992년 대한보증보험 자산운용팀 대리 1999년 동원증권 대리 1999년 국민연금공단 기금운용본부 증권운용실 채권팀장 2009년 同기금운용본부 운용전략실 위탁팀장 2011년 同기금운용본부 주식운용실 주식위탁팀장 2011년 同기금운용본부 채권운용실장 2012년 한화생명보험 투자전략본부 변액계정운용사업부 상무 2014년 트러스톤자산운용 채권운용부문 전무(CIO) 2015년 BNK자산운용 대표이사 사장(현)

손석락(孫錫洛) SOHN Seok Rak

[생]1953·1·4 [출]경북 경주 [주]대구 남구 중앙대로219 대구교육대학교 과학교육과(053-620-1345) [학]1975년 경북대 생물학과졸 1980년 同대학원 동물학과졸 1988년 이학박사(경북대) [경]1982~1994년 대구교대 과학교육과 전임강사·조교수·부교수 1985년 일본 덕도대 연구(일본 문부성 초청) 1994년 대구교대 과학교육과 교수(현) 2007~2011년 同총장

손석민(孫錫民) Seok-Min Son

[생]1967·5·11 [출]경기 수원 [주]충북 청주시 서원구 무심서로377의3 서원대학교 총장실(043-299-8006) [학]1986년 경기과학고졸 1990년 연세대 공과대학 식품공학과졸 1992년 同대학원 식품공학과졸 1998년 식품공학박사(미국 퍼듀대) [경]1993~1998년 미국 퍼듀대 식품공학과 연구조교 1998~2001년 미국 코넬대 식품공학과 연구원 2001~2012년 호서대 식품생물공학과 교수 2002~2004년 한국산업식품공학회 편집간사 2003~2005년 호서대 식품생물공학전공 주임교수 2006~2012년 同식품생물공학과 학과장 2009~2011년 경기과학고 총동문회장 2012년 서원대 총장(현)

손석우(孫錫宇) SOHN Suck Woo

[생]1945·1·21 [본]밀양(密陽) [출]충북 영동 [주]서울 강남구 학동로106 (사)해외동포책보내기운동협의회(02-3442-1937) [학]1960년 영동중졸 1987년 건국대 경영대학원 수료 2006년 명예 경영학박사(미국 유인대) [경]1973년 신민주당 영동 조직부장 1986년 민주화추진협의회 문화부장 1988년 통일민주당 인권민원부국장 1996년 신한국당 경기도지부 사무처장 2000년 새정치국민회의 홍보위원회 부위원장 2001년 해외동포도서보급운동본부 본부장 2002년 새천년민주당 노무현 대통령후보 조직본부 부본부장 2003년 열린우리당 용인乙지구당 고문 2003~2005년 바르게살기운동중앙협의회 부회장 2006년 (사)해외동포책보내기운동협의회 이사장(현) 2007~2013년 (사)충북협회 부회장 2010년 중국 연변과학기술대 겸임교수(현) [상]독서문화 대통령상(2010), 세종문화상 대통령포상(2015) [종]천주교

손석원(孫錫原) SON Seog Weon

[생]1953·10·6 [출]경북 경주 [주]서울 서초구 서초대로74길4 삼성생명서초타워 삼성경제연구소(02-3780-8000) [학]1972년 부산고졸 1979년 서울대 화학공학과졸 [경]1979년 삼성석유화학(주) 입사 1988년 삼성종합화학(주) 근무 2000년 同원료생산담당본부장(상무) 2002년 同원료생산사업부장(상무) 2003년 同공장장(상무) 2003년 삼성아토피나(주) 공장장(상무) 2004년 同

人

공장장(전무) 2004년 삼성토탈(주) 공장장(전무) 2007년 同공장장(부사장) 2010~2015년 同대표이사 사장 2012년 한국석유화학협회 부회장 2012년 한국공학한림원 정회원(현) 2013년 한국화학공학회 회장 2014~2015년 삼성종합화학 공동대표이사 2015년 삼성경제연구소 자문위원(현) [상]금탑산업훈장(2014)

손석천(孫錫仟) SON Suk Chun

[생]1965·11·8 [출]경북 경주 [주]경남 창원시 마산합포구 중앙동로21 창원지방검찰청 마산지청(055-259-4200) [학]1984년 금오공고졸 1990년 조선대 법학과졸 [경]1997년 사법시험 합격(39회) 2000년 사법연수원 수료(29기) 2000년 부산지검 동부지청 검사 2002년 전주지검 정읍지청 검사 2003년 인천지검 검사 2005년 서울중앙지검 검사 2008년 대구지검 검사 2010년 수원지검 안산지청 검사 2012년 수원지검 검사 2013년 同부부장검사 2013년 서울동부지검 부부장검사 2014년 인천지검 공판송무부장 2015년 광주지검 강력부장 2016년 창원지검 마산지청 부장검사(현)

손석희(孫石熙) SOHN Suk Hee

[생]1956·6·20 [출]서울 [주]서울 마포구 상암산로48의6 JTBC 보도담당 사장실(02-751-6600) [학]1975년 휘문고졸 1981년 국민대 국어국문학과졸 1999년 미국 미네소타주립대 대학원 저널리즘학과졸 [경]1985년 MBC '현장85 여기' 앵커 1985년 同'아침뉴스' 앵커 1985년 同'1분뉴스' 앵커 1986년 同'심야 0시뉴스' 앵커 1989년 同'뉴스센터' 앵커 1993년 同'선택토요일이 좋다' MC 1994~1999년 同'생방송 아침만들기' MC·'뉴스투데이' 앵커·편성국 아나운서실 차장대우 1999년 同'아침뉴스2000' 앵커 2000년 同'TV 와! e-멋진세상' MC 2000~2002년 성균관대 신문방송학과 겸임교수 2000~2013년 MBC AM '손석희의 시선집중' MC 2001년 同'TV미디어비평' 앵커 2002~2009년 同'100분토론' 진행 2002~2005년 同아나운서2부장 2004~2006년 연세대 신문방송학과 겸임교수 2005~2006년 MBC 아나운서국장 2006년 성신여대 인문과학대학 문화정보학부 교수 2006년 同문화정보학부장 2007년 同인문과학대학 문화커뮤니케이션학부 교수 2009~2013년 同사회과학대학 미디어커뮤니케이션학과 교수 2013년 JTBC 보도총괄 사장(현) 2013~2014년 同'News 9' 앵커 2015년 同뉴스룸 앵커(현) [상]한국방송대상 아나운서상(1995·2004), 한국아나운서대상(2003), 한국방송학회상(2006), 한국프로듀서연합회상(2006), 자랑스러운 북악언론인상(2006), 한국참언론인대상 시사토론부문(2007), MBC 브론즈마우스상(2008), 2008 자랑스러운 휘문인(2009), 대한민국영상대전 MC부문 포토제닉상(2009), MBC연기대상 라디오부문 최우수상(2009), 한국방송대상 라디오진행자상(2012), 송건호 언론상(2014), 국민대총동문회 자랑스런 국민인상(2015) [저]'풀종다리의 노래'(1993) '세상은 꿈꾸는 자의 것이다(共)'(1995)

손선익(孫善益) SON SUN IK

[생]1963·10·20 [주]경기 과천시 코오롱로11 코오롱베니트 경영지원본부(02-3677-4477) [학]1981년 성의상업고졸 1985년 경북대 경영학과졸 [경]1987~2007년 (주)코오롱 경영관리팀장 2007~2012년 코오롱글로텍 경영지원본부장 2013년 코오롱베니트 경영지원본부장(전무)(현) 2014년 同IT혁신본부장

손성규(孫晟奎) Sohn Sungkyu

[생]1959·12·16 [본]밀양(密陽) [출]서울 [주]서울 서대문구 연세로50 연세대학교 경영대학(02-2123-2525) [학]1984년 연세대 경영학과졸 1986년 미국 캘리포니아주립대 버클리교 경영대학원졸 1992년 회계학박사(미국 노스웨스턴대) [경]1992년 미국 뉴욕시립대 Baruch College 조교수 1993년 미국 공인회계사 1993년 연세대 경영대학 회계학전공 교수(현) 2002~2005년 금융감독원 감리위원회 위원 2005~2008년 연세대 재무처장 2006~2010년 롯데쇼핑(주) 사외이사 2006~2008년 (주)와이비엠시사닷컴 비상근감사 2008~2010년 STX엔진 사외이사 2008~2010년 한국거래소 유가증권시장공시위원장 2009~2010년 한국회계기준원 회계기준위원회 비상임위원 2010~2013년 금융위원회 증권선물위원회 비상임위원 2012~2015년 연세대 상남경영원장 2013~2014년 유니온스틸 사외이사 겸 감사위원 2013년 SGI서울보증 사외이사 겸 감사위원장 2015년 제주항공 사외이사 겸 감사위원장(현) 2016년 한국회계학회 회장(현) 2016년 KB생명보험 사외이사 겸 감사위원장(현) [상]한국공인회계사회 최우수논문상, 한국회계학회 선정 삼일저명교수 [저]'원가회계'(1996) '회계원리'(1999) '자본시장에서의 회계정보유용성 : 분석, 평가, 활용'(2003) '회계감사이론, 제도 및 적용'(2005) '수시공시이론, 제도 및 정책'(2008) '금융감독, 제도 및 정책'(2012) '회계환경, 제도 및 전략'(2014) '금융시장에서의 회계의 역할과 적용'(2016) [종]기독교

손성근(孫聖根) SOHN Sung Keun

[생]1944·11·19 [본]일직(一直) [출]경남 밀양 [주]울산 중구 종가로340 근로복지공단(052-704-7000) [학]1970년 연세대 의대졸 1974년 同대학원졸 1981년 의학박사(연세대) [경]1978~1985년 전주예수병원 정형외과장 1978년 연세대 의대 전임강사·조교수·부교수 1985년 고신대 의대 부교수 1989~2010년 동아대 의대 정형외과 부교수·교수 1993~1994년 同병원 기획조정실장 2001년 同의과대학장 2001~2009년 同의료원장 2010~2013년 울산병원 정형외과 과장 2010~2013년 同의료원장 2014년 근로복지공단 자문의사(현) [상]대통령표창(2003), 국무총리표창(2004), 보건복지가족부장관표창(2008), 한국을 빛낸 경영인대상 종합병원부문(2008) [저]'척추외과학(共)'(1998, 의학문화사) '정형외과학(1~6판)'(共)

손성락(孫晟洛) SOHN Sung Rak

[생]1960·12·10 [본]경주(慶州) [출]경북 경주 [주]충북 음성군 맹동면 용두로54 한국소비자원 소비자안전센터(043-880-5550) [학]1978년 경주고졸 1983년 부산대 경영학과졸 1999년 고려대 경영대학원 마케팅과졸 [경]1987년 한국소비자보호원 기획관리실 기획팀 근무, 同비서실장 1999~2001년 이화여대 평생교육원 소비자보호법 강사 2000년 한국소비자보호원 사이버거래조사팀장 2003년 同기획관리실 기획예산팀장 2005년 同리콜제도팀장 2007년 세종연구소 파견(국정과제연수) 2008년 한국소비자원 전략기획실장 2008년 同전략경영본부장 2009년 同소비자안전본부장 2010년 同소비자안전국장 2012년 同시장조사국장 2013년 同피해구제1국장 2013년 同지원총괄실장 2013년 同서울지원장 2015년 同소비자안전센터 소장(현) [상]대통령표창(2001) [종]불교

손성수(孫聖銖) Son, Sungsoo

[생]1976·7·21 [본]안동(安東) [출]서울 [주]대전 서구 청사로189 관세청 원산지지원담당관실(042-481-3207) [학]2001년 서울대 경제학과졸 2013년 한국개발연구원 국제정책대학원 정책학과졸(석사) 2013년 미국 뉴저지주립대 대학원 도시지역학과졸(석사) [경]2001년 관세청 근무, 同FTA협력과장 2013년 同외환조사과장 2014년 同법인심사과장 2014년 同청장 비서관 2016년 同자유무역협정집행기획관실 원산지지원담당관(현) [상]'올해의 관세인'(2008)

손성오(孫成五) Shon, Sung-Oh

[생]1957·1·28 [출]서울 [주]경기 고양시 일산서구 한류월드로408 (주)킨텍스 임원실(031-995-8100) [학]1975년 서울공고 토목과졸 1984년 한국교육개발원 토목공학과졸 2006년 연세대 공학대학원 토목공학과졸 [경]1982년 공무원 임용(지방토목기사보) 2007년 경기도 상하수관리과장 2009년 同상하수과장 2009년 同계약심사담당관 2010년 同도로건설과장 2011년 同건설본부장 직대 2012년 외교안보연구원 교육파견(지방부이사관) 2013년 경기도 팔당수질개선본부장 2013년 경기 구리시 부시장 2015년 경기 남양주시 부시장 2016년 (주)킨텍스 관리본부장(현) [상]근정포장(2007), 경기도지사표창(2012)

손성은(孫聖恩) SON Seong Eun

[생]1967·2·16 [주]서울 서초구 효령로321 덕원빌딩 메가스터디교육(주) 임원실(02-3489-8200) [학]1995년 연세대 전자공학과졸 [경]신세기통신 근무 2000년 메가스터디(주) 서비스·개발담당 이사, 同고등사업부문 사장 2009년 同이사, 메가넥스트(주) 이사, 메가엠디(주) 대표이사, 아이비김영(주) 대표이사 2014~2015년 메가스터디(주) 각자대표이사 2015년 메가스터디교육(주) 대표이사(현)

손성진(孫成珍) SON Sung Jin

[생]1961·12·3 [본]밀양(密陽) [출]부산 [주]서울 중구 세종대로124 서울신문 논설위원실(02-2000-9051) [학]서울대 독어독문학과졸 [경]1999년 대한매일 사회팀 기자 2000년 同경제팀 차장 2000년 同사회팀 차장 2002년 同사회교육부 차장 2004년 서울신문 논설위원 2005년 同편집국 사회부 차장(부장급) 2005년 同편집국 사회부장 2006년 同편집국 경제부장 2008년 同편집국 미래기

획부장 2009년 同광고마케팅국 부국장 2010년 同편집국 부국장 2011년 同편집국 사회에디터 2012년 同편집국장 2013년 同수석논설위원 2015년 同논설실장(현) 2016년 同지방자치연구소장 겸임(현) [상]국가인권위원회 대한민국인권상(2007), 국제앰네스티 '앰네스티 언론상'(2007) [저]'뉴스 속에 담긴 생각을 찾아라'(2007, 주니어김영사) '럭키 서울 브라보 대한민국'(2009, 추수밭)

손성현(孫聖鉉) SON Sung Houn

[생]1954·8·4 [출]전남 보성 [주]서울 서초구 반포대로 110 산우빌딩6층 법무법인 혜민(02-582-6694) [학]1973년 인천 송도고졸 1980년 경희대 법학과졸 [경]1982년 사법시험 합격(24회) 1984년 사법연수원 수료(14기) 1985년 수원지검 검사 1987년 광주지검 목포지청 검사 1988년 부산지검 동부지청 검사 1991년 서울지검 의정부지청 검사 1993년 창원지검 검사 1995년 서울지검 검사 1997년 광주지검 부부장검사 1998년 서울고검 검사 1999년 대구지검 조사부장 2000년 同형사3부장 2001년 사법연수원 교수 2003년 서울지검 공판1부장 2004년 청주지검 충주지청장 2005년 서울고검 검사 2006년 변호사 개업, 법무법인 상선 대표변호사 2009년 법무법인 혜민 대표변호사(현)

손성환(孫聖煥) Son Sung-hwan

[생]1955·3·23 [주]인천 연수구 아트센터대로175 G타워 녹색기후기금(GCF)(032-458-6059) [학]1978년 한국외국어대 불어과졸 2006년 서강대 공공정책대학원 환경정책과졸 2007년 연세대 행정대학원 최고위정책과정 수료 2009년 미국 노스웨스턴대 대학원 분쟁해결과정 수료 [경]1977년 외무고시 합격(11회) 1977년 외무부 입부 1980년 대통령비서실 파견 1982년 駐뉴욕 영사 1990년 미국 국방언어교육원 연수 1991년 駐러시아 1등서기관 1993년 駐카자흐스탄 참사관 1995년 외무부 환경기구과장 1996년 駐제네바 참사관 2000년 아시아·유럽정상회의(ASEM)준비기획단 파견 2001년 외교통상부 환경과학담당심의관 2002년 駐러시아 공사 2005년 외교안보연구원 구주·아프리카연구부장 2007년 駐시카고 총영사 2010년 한국외국어대 초빙교수 2011년 외교통상부 기후변화대사 2013년 외교부 기후변화대사 2013~2015년 駐스웨덴 대사 2016년 녹색기후기금(GCF) 자문대사(현)

손세근(孫世根) SOHN Sei Keun

[생]1955·8·31 [출]서울 [주]서울 구로구 경인로518 CJ제일제당 영등포공장2층 (재)식품안전상생협회(02-6224-0801) [학]1974년 용산고졸 1978년 서울대 공업화학과졸 [경]CJ개발 리조트사업부 상무, CJ(주) 고객경영팀 상무 2008~2009년 CJ제일제당 인천1공장장(상무) 2014년 (재)식품안전상생협회 상임이사(현) [상]보건복지부장관표창(2005) [저]'무지개공감 : 세월만큼 스며든 열정(共)'(2014, 매일경제신문사)

손세일(孫世一) SONN Se Il (淸溪)

[생]1935·6·10 [본]밀양(密陽) [출]부산 [주]서울 영등포구 국회대로70길7 한일문화교류기금(02-784-1023) [학]1954년 경남고졸 1959년 서울대 문리과대학 정치학과졸 1967년 미국 인디애나대 저널리즘스쿨 수료 1973년 일본 도쿄대 대학원 법학부 수료 [경]1958~1962년 사상계 기자·편집부장 1963년 조선일보 기자 1964~1971년 동아일보 신동아 차장·부장 1971~1980년 同논설위원 1979년 서울언론문화클럽 이사장 1981년 제11대 국회의원(서울 서대문·은평, 민주한국당) 1981년 민주한국당(민한당) 당무위원·서울시지부장 1982년 한·일의원연맹 부간사장 1983년 한일문화교류기금 이사(현) 1985~2016년 淸溪연구소장 1986년 민주화추진협의회 상임운영위원 1992년 제14대 국회의원(서울 은평甲, 민주당·새정치국민회의) 1992년 민주당 통일국제위원장 1995년 새정치국민회의(국민회의) 정책위원회 의장 1996년 제15대 국회의원(서울 은평甲, 국민회의·새천년민주당) 1996년 국회 통상산업위원장 1998년 국회 산업자원위원장 1998년 해외한민족연구소 이사·이사장 1998년 한·대만의원친선협회 회장 1998년 한·일의원연맹 부회장 1999년 국민회의 원내총무 1999년 국회 운영위원장 2000년 대한민국헌정회 회원(현) [상]우남 이승만 애국상(2014), 제6회 민세(民世)상(2015) [저]'이승만과 김구'(1970, 일조각) '한국논쟁사(전5권·編)'(1976, 청람문화사) '인권과 민족주의'(1980, 홍성사) '이승만과 김구(1부 1·2·3권)'(2008, 나남) '이승만과 김구(1~7권)'(2015, 조선일보뉴스프레스) [역]'현대정치의 다섯가지 사상'(1960, 사상계사) '트루먼 회고록(상·하)'(1968, 지문각) [종]기독교

손세환(孫世煥) SON Sehwan

[생]1960·8·1 [출]서울 [주]대전 유성구 문지로188 LG화학 기술연구원 재료연구소(042-866-2534) [학]1979년 여의도고졸 1984년 연세대 화학공학과졸 1986년 同대학원 화학공학과졸 1994년 재료공학박사(미국 일리노이대) [경]1994~1995년 AT&T 벨연구소 근무 1995년 LG화학 입사·차장 2003년 同기술연구원 신소재연구소 연구위원(상무급) 2006년 同기술연구원 소재연구소 연구위원(상무급), 同기술연구원 정보전자소재연구소 연구위원(상무) 2013년 同기술연구원 정보전자소재연구소장(전무) 2015년 同기술연구원 재료연구소장(전무)(현) [종]기독교

손수근(孫秀根) Son Soo Geun

[생]1961·6·6 [출]대구 [주]서울 강남구 테헤란로104길21 (주)인디에프 임원실(02-3456-9000) [학]1980년 인창고졸 1984년 관동대 이학부졸 2008년 서울대 패션산업최고경영자과정 수료 [경]1986년 논노 입사 1991년 (주)신원 입사 2005년 同숙녀복사업본부장(이사) 2006년 同내수영업본부장(전무) 2010년 同에벤에셀영업본부장(부사장) 2011~2013년 同에벤에셀부문 사장, (사)개성공단기업협회 부회장 2015년 (주)인디에프 대표이사 사장(현)

손수상(孫壽相) SOHN Soo Sang

[생]1949·6·23 [본]안동(安東) [출]대구 [주]대구 중구 달성로56 계명대학교 의과대학 외과학교실(053-250-7313) [학]1968년 계성고졸 1973년 경북대 의대졸 1977년 同대학원졸 1985년 의학박사(경북대) 1988년 미국 에모리의대 癌외과 수료 [경]1973년 계명대 동산병원 외과 전공의 1978년 육군 軍의관 1981년 대구파티마병원 외과 부과장 1982~1993년 계명대 의대 외과학교실 전임강사·조교수·부교수 1993~2014년 同의대 외과학교실 교수 1994년 同교학부장 겸 의학과장 1997년 대구시의사회 부회장 1998년 대한온열종양학회 부회장 1998~2001년 계명대 의대 경주동산병원장 2000년 대한위암학회 부회장 2000년 대한온열종양학회 회장 2003~2005년 계명대부속 동산병원장 2003~2005년 대한위암학회 회장 2003년 대한암협회 경북지부장·경북지사 이사(현) 2005년 대한위암학회 자문위원(현) 2006년 대한암학회 부회장 2007년 同회장, 同자문위원(현) 2007년 계명대 의무부총장 겸 동산의료원장 2007년 한국·카자흐스탄협회 회장(현) 2008년 대한기독병원협회 회장 2009년 계명대 의대 석좌교수(현) 2009년 영국 국제인명센터(IBC) '세계 100대 의학자' 선정 2009년 대한외과학회 수석부회장 2010년 삼남외과학회 회장 2011~2012년 대한외과학회 회장 2012년 대한의학회 분쉬의학상운영위원회 위원(현) 2013년 대한외과학회 자문위원(현) [상]옥조근정훈장(2014) [저]'대장항문학' '외과학 교과서' '최신외과학 교과서' '위암과 위장관질환' '대한외과학회 50년사' [종]기독교

손 숙(孫 淑·女) SON Sook

[생]1944·5·13 [출]경남 밀양 [주]서울 서초구 반포대로37길59 대한민국예술원(02-3479-7223) [학]풍문여고졸 1965년 고려대 사학과 중퇴 1998년 同명예졸업, 연세대 언론홍보대학원 최고위과정 수료 [경]1967년 '동인극장' 연극 데뷔 1968년 '상복이 어울리는 엘렉트라' 주인공으로 데뷔 1969년 극단 '산울림' 창단단원 입단 1971년 국립극단 입단·MBC AM라디오 '여성시대' 진행자 1990년 영화 '단지 그대가 여자라는 이유만으로' 출연 1994년 MBC '문화집중' MC·일요아침드라마 '짝' 출연 1995년 영화 '개같은 날의 오후' 출연 1997년 '담배피우는 여자' 출연 1998년 대통령식속 여성특별위원회 민간위원 1998년 예술의전당 비상임이사 1999년 환경운동연합 공동대표 1999년 환경부장관 1999년 밀양연극촌 이사장 2000년 (주)웨딩TV 대표이사 2001년 한·호주 영상관광산업협회 창립회장 2001년 하이텔아이스쿨 교장 2002년 아름다운가게 공동대표 2003년 SBS라디오 '손숙·김범수의 아름다운 세상' 진행 2004년 아시아나국제단편영화제집행위원회 위원장 2005년 同이사장 2005년 영화 '극장전' 출연 2006년 단국대 연극영화과 초빙교수 2006년 삼성고른기회장학재단 이사 2006년 MBC라디오 '여성시대' 진행 2007년 (주)웨디안(결혼정보회사) CEO 2010년 (재)국립극단 이사 2010년 DMZ다큐멘터리영화제 조직위원 2011년 한국방송예술진흥원 부학장 2011~2012년 아름다운가게 이사장 2013년 마포문화재단 이사장(현) 2016년 대한민국예술원 회원(연극영화무용분과·현) [상]대한민국연극제 여우주연상(1986), 한국일보 연극영화상 여우주연상, 청룡영화제 여우조연상(1991), 베스트드레서 백조상, 이해랑연극상(1997), 서울시 문화상, 문화훈장 대통령표창 및 올해의 배우상(1998), 은관문화훈장(2012), 제3회 아름다운예술인상 연극예술인상(2013), 밀양시민대상 문화부문(2015) [저]'마음에 상처없는 사람은 없지요' '벼랑끝에서 하늘을 보다' '무엇이 이토록 나를' '울며 웃으며 함께살기' '사랑아 웃어라(共)'(2006) '손숙의 아주 특별한 인터뷰'(2007) [작]'홍당무' '파우스

트' '상복이 어울리는 엘렉트라' '느릅나무 그늘의 욕망' '헨리8세와 그 여인들' '베르나르다알바의 집' '오해' '신의 아그네스' '동지섣달 꽃 본 듯이' '셜리 발렌타인' '리어왕' '위기의 여자' 에세이 '무엇이 이토록 나를' '여성수첩' '그 여자' '세여자' '메디슨카운티의 추억' '밤으로의 긴 여로'(2009) [종]천주교

손숙미(孫淑美·女) SON Sook Mee

[생]1954·9·10 [출]경남 거제 [주]경기 부천시 지봉로43 가톨릭대학교 생활과학부(02-2164-4318) [학]1973년 경남여고졸 1977년 서울대 식품영양학과졸 1979년 同대학원 식품영양학과졸 1984년 영양학박사(미국 노스캐롤라이나대) [경]1989~1990년 미국 텍사스대 의과대학 영양학교실 Research Fellow 1989~1995년 성심여대 식품영양학과 조교수 1995년 가톨릭대 식품영양학과 부교수 1999년 同생활과학부 식품영양학전공 교수(현) 2000~2001년 미국 코넬대 영양학부 객원교수 2001년 가톨릭대 생활과학부 학부장 2004년 대한영양사회 학술위원장 2006~2008년 경기도의회 의원(비례대표, 한나라당) 2008년 대한영양사협회 회장 2008~2012년 제18대 국회의원(비례대표, 한나라당·새누리당) 2008년 국회 보건복지위원회 위원 2008년 국회 여성가족위원회 위원 2009년 한나라당 정책조정위원회 부위원장 2010년 同원내부대표 2010년 국회 운영위원회 위원 2011년 한나라당 직능특별위원회 부위원장 2011~2012년 국회 저출산특별위원회 위원 2012년 새누리당 부천원미乙당원협의회 운영위원장 2012년 제19대 국회의원선거 출마(부천 원미구乙, 새누리당) 2012년 대한영양사협회 부회장 2013년 인구보건복지협회 회장(현) 2014년 대한지역사회영양학회 회장 [상]한국영양학회 우수논문학술상, 자랑스러운 국회의원상(2011), 대한민국 헌정우수상(2011) [저]'영양교육과 상담의 실제(共)'(라이프사이언스) '임상영양학(共)'(교문사) '다이어트와 체형관리'(교문사) '식사요법과 실습(共)'(교문사) '소금, 알고 먹으면 병 없이 산다'(한언출판사) [종]가톨릭

손순혁(孫淳爀) SON Soon Hyuk

[생]1960·9·15 [출]경북 월성 [주]대구 수성구 동대구로 364 대구고등검찰청(053-740-3300) [학]1979년 대구대륜고졸 1984년 한양대 법학과졸 1986년 同대학원 법학과졸 [경]1986년 사법시험 합격(28회) 1989년 사법연수원 수료(18기) 1992년 대구지검 검사 1994년 同김천지청 검사 1995년 서울지검 남부지청 검사 1997년 부산지검 동부지청 검사 1999년 대구지검 검사 2001년 同부부장검사 2001년 대구고검 검사 2003년 울산지검 형사2부장 2004년 대구지검 형사4부장 2005년 대구고검 검사 2006년 부산지검 형사3부장 2007년 대구지검 형사2부장 2007년 대구고검 검사 2007~2008년 미국 파견 2012년 부산고검 검사 2014년 대구고검 검사(현)

손승광(孫勝光) SON Seung Kwang

[생]1958·2·10 [주]전남 나주시 건재로185 동신대학교 건축공학과(061-330-3122) [학]1983년 울산대 건축학과졸 1985년 서울대 대학원 건축학과졸 1992년 건축공학박사(고려대) [경]울산대 시간강사, 동신대 건축공학과 교수(현), 영국 뉴캐슬어펀타인대 객원교수 2010년 동신대 건축공학과장 2013~2015년 아시아태평양주거학회 부회장 2014~2015년 한국주거학회 회장 2016년 광주시 건축위원회 위원장(현) [상]한국주거학회 학술상(2012), 대한건축학회 학술상(2012)

손승국(孫勝國) SON Seung Kuk

[생]1960·9·27 [본]청주(淸州) [출]강원 춘천 [주]대구 달서구 이곡동로8 한국국토정보공사 대구경북지역본부(053-550-2900) [학]강원대 무역학과졸 [경]대한지적공사 업무부 담당·인력관리부 차장 2005년 同평창지사장 2006년 同양구군지사장 2007년 同경영기획팀 부장, 同고객지원팀 부장, 同사업진행팀 부장 2009년 同감사실 부장 2010년 同지적정보사업단 사업운영파트팀장 2011년 同고객지원부장 2011년 同지적연수원 인재개발실장 2014년 同LX비상대책단장 2014년 同기획조정실장 2015년 同대구경북지역본부장 2015년 한국국토정보공사 대구경북지역본부장(현) [상]대한지적공사장표창(3회) [종]천주교

손승온(孫丞瑥·女)

[생]1973·10·28 [출]경기 구리 [주]대구 수성구 동대구로 364 대구지방법원(053-757-6600) [학]1992년 숙명여고졸 1996년 고려대 법학과졸 [경]1998년 사법시험 합격(40회) 2001년 사법연수원 수료(30기) 2001년 서울지법 판사 2003년 서울가정법원 판사 2005년 청주지법 판사 2008년 수원지법 여주지원 판사 2011년 서울중앙지방법원 판사 2013년 서울서부지법 판사, 서울남부지법 판사 2016년 대구지법 부장판사(현)

손승철(孫承喆) SON Seung Cheul

[생]1952·3·31 [본]경주(慶州) [출]서울 [주]강원 춘천시 강원대학길1 강원대학교 사학과(033-250-8219) [학]1970년 서울고졸 1977년 성균관대 사학과졸 1979년 同대학원졸 1990년 문학박사(성균관대) [경]1977년 성균관대 조교 1979년 서울시사편찬위원회 연구원 1980년 영남대 국사학과 전임강사 1981년 강원대 사학과 조교수·부교수·교수(현) 1985년 일본 北海島大 연구원 1992년 일본 東京大 객원교수 1994~1996년 한일관계사학회 회장 2001~2003년 강원대 박물관장 2003~2005년 한일역사공동연구위원회 위원 2003~2004년 한국독서인증센터장 2006년 강원대 인문과학연구소장 2007~2008년 同학생입학처장 2007~2010년 한일역사공동연구위원회 총간사 2009년 미국 세계인명사전 '마르퀴스 후즈후 2010년판'에 등재 2009년 국사편찬위원회 위원(현) 2010년 일본 구주대 연구교수 2010년 한국이사부학회 회장 2013~2014년 대통령소속 문화융성위원회 인문정신문화특별위원회 위원 2014년 동북아역사재단 자문위원(현) 2015~2016년 광복70년기념사업추진위원회 위원 [상]강원도문화상 학술부문(2012) [저]'조선시대 한일관계사연구' '근세 한일관계사연구' '동아시아 속의 중세 한국과 일본' '해동제국기의 세계' '조선통신사—일본과 통하다' '한일역사의 쟁점' [역]'한일관계 사료집성(전32권)' '조선통신사' [종]천주교

손승현(孫承鉉) SON Seung Hyun

[생]1965·6·19 [출]충북 청주 [주]경기 과천시 관문로47 미래창조과학부 운영지원과(02-2110-2110) [학]1984년 충북 운호고졸 1991년 한양대 행정학과졸 [경]1994년 행정고시 합격(37회), 춘천우체국장, 정보통신부 기획관리실 경영분석담당관, 同정보화기획실 기획총괄과 근무, 同정보화지원과 근무, 同우정사업본부 경영기획실 근무, 同정보통신정책본부 중소기업팀장 2007년 同정책홍보관리본부 법무팀장 겸 IT중소벤처기업지원총괄팀장 2008년 방송통신위원회 중앙전파관리소 지원과장 2009년 호주 직무파견(서기관) 2010년 방송통신위원회 뉴미디어정책과장 2011년 同감사담당관 2012년 同방송정책기획과장 2013년 미래창조과학부 통신정책국 통신정책기획과장 2015년 同기획조정실 기획재정담당관 2016년 同운영지원과장(부이사관)(현)

손신명(孫伸明) SON Shin Myung

[생]1960·4·2 [주]서울 서대문구 충정로23 (주)풍산 임원실(02-3406-5690) [학]1978년 일본 도쿄한국고졸 1982년 서울대 무역학과졸 [경](주)풍산 압연사업부장, 同일본법인장(상무대우) 2007년 풍산재팬 법인장(전무대우) 2011년 (주)풍산 부사장(현)

손아섭(孫兒葉) SON A SEOP

[생]1988·3·18 [주]부산 동래구 사직로45 롯데 자이언츠(051-505-7422) [학]부산고졸, 영남사이버대졸 [경]2007년 프로야구 롯데 자이언츠 입단(외야수)(현) 2013년 제3회 월드베이스볼클래식(WBC) 국가대표 2014년 인천아시안게임 국가대표(금메달) 2015년 프로야구 정규시즌 성적(타율 0.317·홈런 13·타점 54·안타 141·득점 86·도루 11개) 2015년 세계야구소프트볼연맹(WBSC) 주관 '2015 프리미어 12' 국가대표·우승 [상]프로야구 외야수부문 4년연속 골든글러브상(2011·2012·2013·2014)

손애리(孫愛利·女) Ae Lee SHON

[생]1960·1·16 [출]부산 [주]서울 종로구 세종대로209 여성가족부 청소년가족정책실(02-2100-6220) [학]1978년 부산중앙여고졸 1982년 부산대 사회학과졸 1984년 同대학원졸 1996년 사회학박사(미국 유타주립대) [경]통계청 통계기획국 근무, 여성부 권익증진국 권익기획과 사무관 2003년 同통계사무관 2003년 同권익기획과 서기관 2004년 同장관비서관 2004년 同여성정책국 사회문화담당관 2005년 여성가족부 가족정책과장 2006년 同가족정책팀장 2006년 해외 교육파견 2008년 여성부 대변인(서기관) 2009년 同대변인(부이사관) 2010년 여성가족부 국제협력담당관 2011~2013년 同대변인 2013년 중앙공무원교육원 파견 2014년 여성가족부 청소년가족정책실 청소년정책관 2014년 同청소년가족정책실장(현)

손양훈(孫良薰) SONN Yang Hoon

[생]1958·9·13 [본]경주(慶州) [출]대구 [주]인천 연수구 아카데미로119 인천대학교 동북아경제통상대학 경제학과(032-835-8537) [학]1977년 경북고졸 1982년 연세대 경제학과졸 1984년 同대학원 경제학과졸 1989년 경제학박사(미국 플로리다대) [경]1990~1998년 에너지경제연구원 연구위원 1998~2013년 인천대 동북아경제통상대학 경제학과 교수, 통상산업부 장기전력수급 심사위원, (주)신일건업 사외이사 2007년 한국자원경제학회 편집위원장·부회장 2007~2013년 (주)경동도시가스 사외이사 2007년 산업자원부 전기위원회 경제학계 대표위원 2009~2010년 대통령직속 녹색성장위원회 위원 2010년 지식경제부 전기위원회 위원 2010년 국가미래연구원 환경·에너지분야 발기인 2013년 제18대 대통령직인수위원회 경제2분과 전문위원 2013~2014년 대통령자문 국민경제자문회의 창조경제분과 민간위원 2013~2014년 에너지경제연구원 원장 2015년 한국자원경제학회 회장 2015년 인천대 동북아경제통상대학 경제학과 교수(현) 2015~2017년 대통령자문 국민경제자문회의 혁신경제분과위원장(현) 2015년 한국가스공사 사외이사(현) [저]'표류하는 한국경제 활로는 없는가'(2004) '한국의 경제정책'(2005)

손여원(孫麗源·女) SOHN Yeo Won

[생]1959·9·20 [출]전남 [주]충북 청주시 흥덕구 오송읍 오송생명2로187 오송보건의료행정타운 식품의약품안전평가원 원장실(043-719-4101) [학]경기여고졸, 서울대 약대 제약학과졸, 同대학원 약학석사, 약학박사(서울대) [경]1990년 국립보건원 병독부 생물공학과 공직 입문 1997년 식품의약품안전청 생물의약품평가부 생물공학과장 2005년 同생물의약품본부 재조합의약품팀장 2008년 同생물의약품국 재조합의약품과장 2008년 同생물의약품국 세균백신과장 2009년 식품의약품안전평가원 국가검정센터장 2009년 경인지방식품의약품안전청 시험분석센터장 2010~2015년 미국약전(USP) 생물·생명공학의약품분과 전문위원 2010년 식품의약품안전청 바이오생약국 바이오생약심사부장(연구직고위공무원) 2011년 세계보건기구(WHO) 생물의약품표준전문위원(현) 2013년 식품의약품안전평가원 바이오생약심사부장 2015년 同원장(현)

손연기(孫鉛技) SON Yeon Gi

[생]1958·11·4 [본]경주(慶州) [출]강원 강릉 [주]서울 마포구 성암로301 한국지역정보개발원(KLID) 원장실(02-3279-0800) [학]1977년 경신고졸 1984년 고려대 심리학과졸 1988년 미국 유타주립대 사회학과졸 1992년 미국 Texas A&M대 대학원 사회학과졸 1994년 사회학박사(미국 Texas A&M대) [경]1989~1994년 미국 텍사스대 연구조교 1995년 고려대 강사 1995~1999년 한국정보문화센터 정책연구실장·정보문화기획본부장 1999~2002년 숭실대 사회과학대학 정보사회학과 교수·학과장 2000년 대통령직속 전자정부특별위원회 실무위원 2001~2007년 정보통신윤리위원회 위원 2001년 국무총리실 정보화평가위원 2001년 인문사회연구회 기관경영평가위원 2001년 정보통신부 정책평가 및 심사위원 2001~2002년 숭실대 사이버연구센터장 2001~2002년 행정자치부 정책자문위원 2002년 한국정보문화센터 소장 2002~2009년 정보통신접근성향상표준화포럼 의장 2003~2009년 유네스코 한국위원회 위원 2003년 同한국위원회 정보·커뮤니케이션분과위원 2003~2009년 한국정보문화진흥원(KADO) 원장 2004년 2004대한민국과학축전조직위원회 공동대표 2005년 사이버명예시민운동 공동준비위원장 2005년 국회 과학기술정보통신위원회 정책자문위원 2005~2006년 문화관광부 2010게임산업전략위원회 위원 2006~2009년 DIGITAL OPPORTUNITY FORUM 사무총장 2007~2009년 정보통신국제협력진흥원 이사 2007~2012년 행정안전부 정보화분과 자문위원 2009년 사이버정화운동i클린 공동추진위원 2008년 해군본부 정보화분과 자문위원 2009~2010년 대통령소속 국가정보화전략위원회 위원 2010년 전자신문 객원논설위원 2010~2012년 고려대 정보보호대학원 초빙교수 2010~2013년 정보통신윤리학회 회장 2012년 새누리당 국민행복추진위원회 방송통신추진단 위원 2012~2014년 서울시립대 도시사회학과 초빙교수 2014년 한국정책재단 이사(현) 2014~2015년 ICT폴리텍대학 학장 2015년 한국지역정보개발원(KLID) 원장(현) 2015년 여성가족부 청소년보호위원회 위원(현) [상]정보통신부장관표창(1998), 대통령표창(2000), 캄보디아 국민훈장(2003), WITSA(세계정보기술서비스연합) Global IT Excellence Award(2004), 글로벌신지식경영인(2005), 신한국인대상(2005), 하이테크어워드 공로부문(2006), 정부산하기관경영평가 2년연속1위 정보통신부장관표창(2006), 한국최고의리더대상(2006), 한국최고의경영자대상(2007), 대한민국퍼플오션경영대상(2007), 한국최고의경영자대상(2008), 국민훈장 동백장(2008), 대한민국글로벌경영인대상(2008) [저]'한국의 지역정보화 정책' '정보문화 지수개발에 관한 연구' '정보사회와 정보문화'(1999) '인간과 사회'(2000) '노인복지와 정보화'(2004) [종]기독교

손연재(孫延在·女) Son Yeon Jae

[생]1994·5·28 [출]서울 [주]서울 강남구 학동로311 미성빌징 7층 (주)갤럭시아SM 홍보팀(02-775-1300) [학]2013년 서울세종고졸 2016년 연세대 교육과학대학 스포츠레저학과 재학 중(4년) [경]2005년 전국소년체육대회 초등부 리듬체조 금메달 2005년 KBS배 전국리듬체조대회 단체 1위·팀경기 1위·개인종합 1위·줄 1위·후프 1위 2006년 전국소년체육대회 리듬체조 1위 2006년 KBS배 전국리듬체조대회 개인종합 1위 2006년 회장배 전국리듬체조대회 개인종합 1위 2007년 KBS배 전국리듬체조대회 개인종합 1위 2007년 전국소년체육대회 여자초등부 리듬체조 2위 2007년 회장배 전국리듬체조대회 개인종합 1위 2008년 회장배 전국리듬체조대회 개인종합 1위 2008년 말레이시아엔젤컵 개인종합 1위 2008년 KBS배 전국리듬체조대회 개인종합 1위 2009~2013년 IB스포츠 소속 2009년 회장배 전국리듬체조대회 단체전 1위·곤봉 1위·후프 1위·줄 1위·개인종합 1위 2009년 KBS배 전국리듬체조대회 중등부 곤봉 1위·줄 1위 2009년 슬로베니아 챌린지대회 주니어부문 개인종합 우승 2010년 회장배 전국리듬체조대회 고등부 개인종합 1위 2010년 KBS배 전국리듬체조대회 고등부 개인종합 1위 2010년 전국체육대회 리듬체조 고등부 금메달 2010년 광저우아시안게임 체조 동메달 2010년 국제사이클대회 '투르 드 코리아2011' 홍보대사 2011년 독일 베를린마스터스그랑프리대회 미스 토너먼트 선정 2011년 'SEOUL Sports Day 운동' 홍보대사 2011년 몽펠리에 세계선수권대회 개인종합 11위(런던올림픽 출전권 획득) 2011년 전국체전 리듬체조 여자고등부 금메달 2011년 스포츠바우처 홍보대사 2012년 런던올림픽 뷰티대사 선정 2012년 러시아 리듬체조 월드컵시리즈 후프 동메달 2012년 국제체조연맹 리듬체조월드컵시리즈 소피아대회 후프 동메달·리본 동메달 2012년 제30회 런던올림픽 여자체조 국가대표 2012~2015년 2015 광주하계유니버시아드 홍보대사 2013년 포르투갈 국제체조연맹(FIG) 월드컵대회 볼 동메달 2013년 이탈리아 국제체조연맹(FIG) 월드컵대회 리본 은메달 2013년 불가리아 국제체조연맹(FIG) 월드컵대회 후프 동메달 2013년 벨라루스 국제체조연맹(FIG) 월드컵대회 후프 및 곤봉 은메달 2013년 리듬체조아시아선수권대회 개인종합 우승 2013년 러시아 카잔 유니버시아드대회 볼 은메달 2013년 러시아 상트페테르부르크 국제체조연맹(FIG) 월드컵대회 후프 은메달·리본 동메달 2013~2014년 2014 인천아시안게임 홍보대사 2013년 제94회 인천전국체전 여자 일반부 리듬체조 금메달 2013~2015년 IB월드와이드 소속 2014년 국제체조연맹(FIG) 슈투트가르트월드컵 리본종목 은메달 2014년 포르투갈 리스본 국제체조연맹(FIG) 월드컵시리즈 개인종합 금메달·볼(17.500점) 금메달·곤봉(17.450점) 금메달·리본(17.150점) 금메달·후프(17.500점) 동메달 2014년 이탈리아 페사로 국제체조연맹(FIG) 월드컵대회 곤봉(18.000점) 은메달·볼(17.850점) 동메달 2014년 벨라루스 민스크 국제체조연맹(FIG) 월드컵 후프(17.883점) 은메달·리본(17.783) 동메달 2014년 불가리아 소피아 국제체조연맹(FIG) 리듬체조 월드컵 개인종합 동메달·후프(17.900점) 동메달·볼(17.700점) 동메달 2014년 터키 이즈미르 국제체조연맹(FIG) 리듬체조 세계선수권대회 후프(17.966점) 동메달 2014년 인천아시안게임 리듬체조 단체전 은메달·개인종합 금메달(한국리듬체조 최초 금메달) 2015년 포르투갈 리스본 국제체조연맹(FIG) 리듬체조 월드컵 후프(18.050점) 은메달 2015년 제7회 리듬체조 아시아선수권대회 후프(18.150점) 금메달·볼(17.850점) 금메달·리본(17.200점) 동메달·개인종합 우승(합계 72.500점·2연패) 2015년 제28회 광주 하계유니버시아드대회 리듬체조 개인종합·후프·볼 금메달(3관왕)·리본 은메달·곤봉 은메달 2015년 러시아 카잔 국제체조연맹(FIG) 리듬체조 월드컵 후프 동메달(18.300점) 2015년 (주)갤럭시아SM 소속(현) 2016년 리듬체조 모스크바 그랑프리 후프(18.283점) 은메달·볼(18.383점) 동메달·리본(18.133점) 동메달·개인종합(총점 72.964점) 은메달 2016년 국제체조연맹(FIF) 리듬체조월드컵 개인종합 은메달(볼 금메달·리본 은메달·후프 동메달) 2016년 국제체조연맹(FIG) 리듬체조월드컵 곤봉(18.550점) 은메달·리본(18.550점) 은메달 2016년 제8회 아시아체조연맹(AGU) 아시아리듬체조선수권대회 후프·볼·곤봉·리본·개인종합 우승(5관왕) 2016년 국제체조연맹(FIG) 리듬체조월드컵 후프 은메달·리본 동메달 2016년 리우올림픽 리듬체조 국가대표 [상]대한민국 인재상(2011), 대한민국 윤곡여성체육대상(2014), 연세체육회 자랑스러운 연세선수상(2014), MBN 여성스포츠대상(2014), 대한체육회 체육상 최우수상(2015), 제20회 코카콜라 체육대상 최우수선수상(2015), 대한체육회 체육대상(2016), 대한체조협회 최우수선수상(2016)

손열음(孫烈音·女) SON Yeol Eum

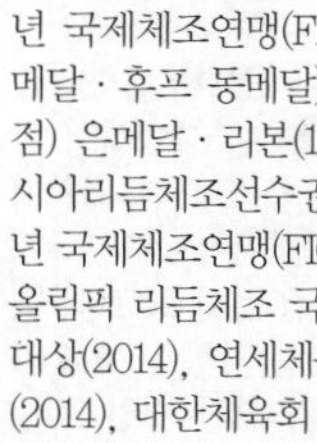

[생]1986·5·2 [출]강원 원주 [주]서울 종로구 삼청로7길38 YES M&ART(02-733-0301) [학]2006년 한국예술종합학교 피아노과졸, 독일 하노버국립음악대 재학中 [경]1996년 보스턴 롱우드 심포니 오케스트라 협연 2001년 독일 바덴바덴 오케스트라 협연 2001년 독일 쇼팽협회 초청 독주회 2001년 에틀링겐 초청 독주회 2002년 강남심포니 오케스트라 협연 2004년 로린 마젤 지휘 뉴욕 필하모닉 오케스트라 협연 2005년 도쿄 필하모닉 오케스트라 협연 2006년 '2006 아트프런티어' 독주회 2010년 원주시 홍보대사 2011년 예술의전당 홍보대사(현) 2015년 뮤지엄SAN 홍보대사(현) 2016년 평창대관령음악제 부예술감독(현)

㈇미국 오빌린 국제피아노콩쿠르 1위(1999), 독일 에틀링겐 국제피아노 콩쿠르 1위(2000), 이탈리아 비오티 콩쿠르 최연소 1위(2002), 한국음악협회 한국음악상 신인상(2003), 제1회 금호음악인상(2004), 루빈스타인 국제피아노콩쿠르 3위(2005), 동아일보 '프로가 뽑은 프로' 차세대 유망 연주자 1위(2005), 반 클라이번 국제 피아노콩쿠르 2위·체임버 뮤직상(2009), 차이콥스키기념 국제콩쿠르 쉐드린 피아노부문 2위·에튜드 특별상·모차르트 피아노 협주곡 특별상(2011), 자랑스러운 강원여성상(2013), 오늘의 젊은예술가상 문화체육관광부장관표창(2014) ㈆하노버에서 온 음악 편지(2015, 중앙북스)

손영기(孫榮基) SON Young Ki

㈃1953·10·1 ㈄밀양(密陽) ㈁부산 ㈊서울 중구 후암로98 ㈜GS E&R 임원실(02-6960-4000) ㈕1971년 삼선고졸 1978년 연세대 화학공학과졸 ㈎1978년 호남정유㈜ 기술판매부 입사 1999년 LG칼텍스정유㈜ 윤활유부문장(상무) 2000년 同법인영업부문장(상무) 2004년 연세대 화학생명공학과, 同화공·생명공학과 겸임교수(현) 2005년 LG칼텍스정유㈜ 부사장 2005~2007년 GS칼텍스㈜ 가스·전력사업본부장(부사장) 2008~2015년 GS파워㈜ 대표이사 사장 2009년 아시아클린에너지펀드 대표(현) 2011년 한국지역냉난방협회 회장 2014년 한국화학공학회 수석부회장 2014년 ㈔민간발전협회 비상근감사 2015년 한국화학공학회 회장 2015년 GS E&R 대표이사 사장(현) 2015년 GS EPS 대표이사 겸임(현) ㈅국가환경경영대상 산업포장(2009) ㈈불교

손영래(孫永來) SON Young Lae

㈃1946·2·2 ㈁전남 보성 ㈊서울 금천구 가산디지털2로61 국도화학 임원실(02-3282-1400) ㈕1965년 광주고졸 1973년 연세대 행정학과졸 ㈎1972년 행정고시 합격(12회) 1973년 여수세무서 총무과장 1984년 중부세무서 법인세과장 1984년 제주세무서장 1986년 부산진세무서장 1989년 서울지방국세청 국제조세과장 1990년 수원세무서장 1993년 남대문세무서장 1996년 국세청 부가가치세과장 1997년 서울지방국세청 조사2국장 1999년 국세청 조사국장 2000년 서울지방국세청장 2001~2003년 국세청장 2005년 법무법인 서정 고문(현) 2008년 ㈜삼천리 사외이사(현) 2011년 ㈜신세계 사외이사(현) 2015년 국도화학㈜ 사외이사(현)

손영목(孫永牧) SON Yeong Mok

㈃1941·1·4 ㈄밀양(密陽) ㈁경남 거제 ㈊서울 강남구 테헤란로327 빅토리아빌딩614호 ㈔한국민물고기보존협회(02-554-5154) ㈕1964년 서울대 생물교육학과졸 1981년 중앙대 대학원 동물학과졸 1987년 이학박사(중앙대) ㈎1982~1987년 청주사범대 전임강사·조교수 1988~1992년 서원대 사범대학 생물교육과 부교수 1989년 同교무처장 1991년 同기초과학연구소장 1993~2006년 同사범대학 생물교육과 교수 1998년 한국어류학회 부회장 2001~2002년 서원대 교육대학원장 2002~2003년 한국어류학회 회장 2003년 서원대 명예교수(현) 2006년 ㈔한국민물고기보존협회 회장(현) ㈅교육부장관표창(1995), 황조근정훈장(2006) ㈆'원색 한국담수어 도감' '충북의 자연-척추동물편' '한국산 담수어 분포도'(1989) '금강의 민물고기'(2006)

손영배(孫榮培) Son Yeongbae

㈃1972·7·14 ㈁경북 칠곡 ㈊서울 서초구 반포대로158 서울중앙지방검찰청 첨단범죄수사제1부(02-530-4285) ㈕1991년 대구 경신고졸 1995년 연세대 법학과졸 1999년 서울대 법학대학원 수료 ㈎1996년 사법시험 합격(38회) 1999년 사법연수원 수료(28기) 1999년 수원지검 성남지청 검사 2001년 대구지검 김천지청 검사 2003년 대구지검 검사 2005년 서울중앙지검 검사 2005년 대검찰청 공적자금비리합동단속반 파견 2008년 수원지검 안산지청 검사 2011년 同안산지청 부부장검사 2011년 법무부 법질서선진화과 검사 겸임 2012년 서울중앙지검 부부장검사 2013년 인천지검 부부장검사 2013년 광주지검 순천지청 부장검사 2014년 대검찰청 형사2과장 2015년 서울북부지검 형사5부장 2016년 서울중앙지검 첨단범죄수사제1부장(현) ㈈기독교

손영수(孫永守) son young soo

㈃1948·3·26 ㈄밀양(密陽) ㈁부산 ㈊부산 중구 중앙대로147 일신빌딩3층 ㈜범호기획(051-751-9922) ㈕1966년 경남상고졸 1972년 동아대 도시계획과졸 ㈎1973~1981년 MBC·경향신문 부산지사 기자 1981~1998년 한국방송광고공사 부산지사 근무 1999년 同울산지사장 2001년 同대구지사장 2003~2006년 同부산지사장 2006~2007년 ㈜해금광고 대표이사 2007년 ㈜범호기획 대표이사(현) 2010년 MBN 부산경남지사장(현) ㈅문화부장관표창

손영식(孫榮飾) SON Young Sik

㈃1965·6·2 ㈁경남 밀양 ㈊대전 서구 청사로189 특허청 기획조정관실(042-481-5037) ㈕1990년 한양대 법학과졸 2002년 충남대 특허법무대학원 특허법무과졸(석사) 2006년 미국 워싱턴주립대 법학대학원 지식재산권(IP)법학과졸(석사) 2014년 법학박사(한남대) ㈎1992년 행정고시 합격(36회) 1993년 중앙공무원교육원 수습사무관(교육파견) 1997년 특허청 정보기획과 사무관 2000년 同산업재산정책과 서기관 2001년 同국제특허연수부 교육과장 2002년 同정보자료과실 정보개발담당관 2003년 同공보담당관 2004년 특허심판원 심판관 2005년 국외훈련(미국 워싱턴주립대) 2007년 특허청 국제상표심사팀장 2008년 同산업재산진흥과장 2009년 특허심판원 심판관 2010년 특허청 대외협력고객지원국 고객협력총괄과장 2011년 同고객협력국 고객협력정책과장(부이사관) 2011년 同상표디자인심사국 상표심사정책과장 2012년 국가지식재산위원회 지식재산전략기획단 지식재산진흥관 2013년 특허심판원 심판관 2014년 同심판장(고위공무원) 2016년 특허청 기획조정관(현) ㈆'디자인보호법 주해(共)'(2015)

손영익(孫瑛翼) Son Young-Ik

㈃1963·3·27 ㈊서울 강남구 일원로81 삼성서울병원 이비인후과(02-3410-3579) ㈕1987년 서울대 의대졸 1991년 同대학원 의학석사 1999년 의학박사(서울대) ㈎1987~1991년 서울대병원 인턴·이비인후과 레지던트 1991~1994년 육군 軍의관 1994~1997년 삼성서울병원 이비인후과 전문의 1997년 성균관대 의대 이비인후과학교실 조교수·부교수·교수(현) 1999~2001년 미국 피츠버그대 암연구소 연수 2006년 대한음성언어의학회 총무이사·홍보이사 2006년 대한두경부외과학회 상임위원 2006년 미국 MD Anderson 암센터 이비인후과 교환교수 2006년 미국 피츠버그대 메디컬센터 이비인후과 교환교수 2007년 삼성서울병원 두경부암팀장 2009~2013년 同삼성암센터 두경부암센터장 2011년 同이비인후과장(현) 2013년 同SMC파트너스센터장(현) 2013년 同암병원 두경부암센터장(현) 2015년 대한후두음성언어의학회 회장(현)

손영준(孫榮晙) SON Young Jun

㈃1965·12·7 ㈄밀양(密陽) ㈁대구 ㈊서울 성북구 정릉로77 국민대학교 사회과학대학 언론정보학부(02-910-4266) ㈕1983년 대구 영신고졸 1987년 서울대 외교학과졸 1989년 同행정대학원 정책학과졸 2003년 매스컴학박사(미국 인디애나대) ㈎1991년 연합통신 기자 1995년 대구방송 기자 2000년 미국 인디애나대 저널리즘스쿨 부강사 2001년 同연구원 2003년 국민대 사회과학대학 언론정보학부 교수(현)·주임교수·학부장 2003년 한국사이버커뮤니케이션학회 연구이사 2004년 한국언론학회 총무이사 2006년 한국언론재단 언론교육원 자문위원 2006년 국민대 정치대학원 주임교수 2007년 同신문방송사 주간 2009년 미국 조지워싱턴대 Visiting Scholar 2010년 KBS 공정성·독립성확보방안연구위원회 위원장 2011~2014년 언론중재위원회 서울제3중재부 위원 2012년 同시정권고위원 2012년 KBS 제18대 대선방송 자문위원 2012년 사용후핵연료정책포럼 위원 2012년 채널A 시청자위원 2014~2016년 국민대 교무처장 2014년 방송통신연구 편집이사 2014년 뉴스통신진흥회 이사(현) ㈆'매스미디어와 정보사회(共)'(2004, 커뮤니케이션북스) '현대 정치커뮤니케이션 연구(共)'(2006, 나남)

손영진(孫榮振)

㈃1964·2·28 ㈁대구 ㈊대구 수성구 달구벌대로2460 수성경찰서 서장실(053-600-6321) ㈕대구 오성고졸 1986년 경찰대졸(2기), 서울대 행정대학원 행정학과졸, 미국 미시간주립대 대학원 범죄학과졸 ㈎1986년 경위 임용 2009년 경찰청 외사국 외사기획과 근무 2010년 駐태국대사관 주재관(참사관) 2011년 강원 철원경찰서장 2012년 駐LA총영사관 주재관 2015년 경북지방경찰청 보안과장 2016년 대구 수성경찰서장(현)

손영철(孫永澈) SON Young Chul

㈃1955·7·1 ㈄밀양(密陽) ㈁대구 ㈊서울 중구 청계천로100 시그니처타워 ㈜아모레퍼시픽 임원실(02-709-5981) ㈕경북고졸, 서울대 정치학과졸, 고려대 대학원 경영학과졸 2009년 연세대 경영전문대학원졸 ㈎㈜태평양 대구지역 영업지원팀 과장, 同마케팅본부 화장품마케팅기획팀 차장, 同대구지역사업부장 2003년 同방판서울사업부 상무 2005년 ㈜아모레퍼시픽 방판부문 부사장 2008년 同방판연구담당 부사장, 同사외이사 2013년 ㈜아모레퍼시픽 대표이사 사장 2014년 同감사(현) ㈈불교

손영택(孫英澤) SOHN Young Taek
[생]1955·1·6 [본]경주(慶州) [출]서울 [주]서울 도봉구 삼양로144길33 덕성여자대학교 약학대학 약학과(02-901-8385) [학]1973년 중앙고졸 1977년 서울대 제약학과졸 1981년 同대학원졸 1986년 이학박사(독일 브라운슈바이크대) [경]1980년 한국인삼연초연구소 연구원 1981년 (주)대웅제약 개발부 주임 1986~1987년 충북대·덕성여대 시간강사 1987년 강원대 약학과 조교수 1989년 同보건진료소장 1991~1992년 同약학대학 부교수 1991년 同약학과장 1992년 同약학대학 약학과 교수(현) 2001년 同학생처장 2002~2005년 同약학대학장 2002년 한국약학대학협의회 부회장 2003년 대한약학회 이사 2005년 한국약학대학협의회 회장 2007년 한국약제학회 회장 2010년 교육부 고등교육평가인증인정기관소위원회 위원 2011년 건강보험심사평가원 약제급여평가위원회 위원장 [상]한국약제학회 학술장려상(1991), 한국과학기술단체총연합회 우수논문상(1998), 한국약제학회 학술상(1999), 식품의약품안전청장표창(2003), 동암 약의상 의학부문(2014) [저]'약제학' '제제학' '조제학' '제제공학' [종]기독교

손영호(孫永浩) Son Yeong Ho
[생]1957·12·14 [주]전남 무안군 삼양읍 남익로210 전남도립도서관(061-288-5200) [학]1976년 순천 매산고졸 1998년 한국방송통신대 행정학과졸 [경]1977년 공무원 임용·광양군 봉강면사무소 근무 1988년 전남도 건설도시국·기획관리실·경제통상국 근무 1999년 同광양시·의회사무처·해양수산국·행정지원국 사무관 2010년 同의회사무처 농수산환경전문위원·농업정책과장·순천만국제정원박람회조직위원회 서기관·인력관리과 서기관 2014년 전남 영광군 부군수 2014년 전남 진도군 부군수 2016년 전남도립도서관 관장(현) [상]대통령표창, 장관 및 도지사 표창 등 다수

손영환(孫榮桓) Sohn Young Hwan
[생]1959·3·18 [본]밀양(密陽) [출]경남 김해 [주]서울 광진구 능동로209 세종대학교 국정관리연구소(02-3408-3346) [학]1978년 경희고졸 1982년 고려대 산업공학과졸 1984년 한국과학기술원(KAIST) 산업공학과졸(석사) 1998년 산업공학박사(한국과학기술원) [경]1984~1988년 육군사관학교 교수부 수학과 전임강사 1988~2002년 한국국방연구원(KIDA) 연구위원(유도·전자무기연구실장) 2002~2004년 미국 St. Louis Univ. 객원교수 2004~2005년 미국 루이빌대(Univ. of Louisville) UPS Foundation Post-doctoral Fellow 2005~2008년 안보경영연구원(SMI) 분석평가연구센터 소장 2006~2009년 한성대 산업시스템공학과 겸임교수 2008~2010년 (주)기술과가치 이사 2010~2013년 (주)심네트 기술경영분석연구소장 2014년 세종대 국정관리연구소 부소장(현) [저]'통계학(共)'(1992, 청문각) '무인항공기 시대의 도래와 개발 전략(共)'(2000, 한국국방연구원) '21세기 군사혁신과 한국의 국방비전-전쟁 패러다임의 변화와 군사발전(共)'(2003, 한국국방연구원) [종]기독교

손예철(孫叡徹) SON Yea Chul
[생]1951·1·6 [본]밀양(密陽) [출]경남 진주 [주]서울 성동구 왕십리로222 한양대학교 중어중문학과(02-2220-0772) [학]1968년 진주고졸 1976년 서울대 중어중문학과졸 1977년 同대학원 수료 1980년 중화민국 국립대만대 대학원 문학과졸 1986년 문학박사(중화민국 국립대만대) [경]1982~1993년 한양대 중어중문학과 전임강사·조교수·부교수 1986~1988년 한국중국학회 상임감사 1992년 미국 하버드대 객좌교수 1993~2015년 한양대 중어중문학과 교수 2002~2004년 同인문학연구소장 2002~2004년 한국중국학회 회장 2004~2006년 (사)제정구기념사업회 운영이사 2006년 同상임이사 2006년 (사)71동지회 회장 2008~2009년 同이사 2008~2010년 한양대 인문과학대학장 2008년 同수행인문학특성화사업단장 2016년 同인문과학대학 중어중문학과 명예교수(현) [상]백남학술상(2002) [저]'모범 최신중국어'(1985, 우종사) '중국어회화Ⅲ'(1987, 한국방송통신대) '새로엮은 대학중국어'(2001, 한양대 출판부) '東亞 프라임 中韓사전'(2002, 두산동아) '東亞 프라임 中韓辭典(콘사이스판)'(2003, 두산동아) '중국문자학'(2003, 아카넷) '東亞 프라임 中韓사전(포켓판)'(2004, 두산동아) '東亞 프라임 中韓·韓中사전(합본판)'(2005, 두산동아) '인문사회계 중국어와 漢字'(2005, 한양대 출판부) '실용한자와 기초한문'(2005, 한양대 출판부) '세계의 고전을 읽는다Ⅱ—동양 교양편'(2005, 휴머니스트) '東亞 프라임 中韓辭典(탁상판)'(2007, 두산동아) '중국어 독해 야무지게 다지기'(2007, 시사중국어) '중국문화 읽기'(2007, 한양대 출판부) '한양중국어Ⅰ·Ⅱ'(2009, 한양대 출판부) '漢字學槪論'(2014, 도서출판 박이정) [역]'殷代貞卜人物通考Ⅰ·Ⅱ·Ⅲ'(1996, 民音社)

손옥동(孫玉東) SON Ok Dong
[생]1958·8·5 [출]경남 [주]서울 영등포구 여의대로128 LG트윈타워 LG화학 기초소재사업본부(02-3773-3710) [학]동래고졸, 부산대 경영학과졸, 캐나다 맥길대 대학원 경영학과졸 [경]2002년 (주)LG화학 ABS·PS국내영업담당 상무 2003년 同ABS·PS사업부장(상무) 2005년 同LG Yongxing법인장(상무) 2008~2013년 同PVC사업부장(부사장) 2010~2012년 한국바이닐환경협의회 회장 2013년 (주)LG화학 ABS사업부장(부사장) 2015년 同기초소재사업본부장(부사장) 2016년 同기초소재사업본부장(사장)(현)

손왕석(孫旺錫) SON Wang Suk
[생]1956·7·1 [출]경남 밀양 [주]경기 수원시 영통구 월드컵로120 수원지방법원(031-210-1114) [학]1974년 경복고졸 1980년 서울대 철학과졸 1986년 同대학원 법학과졸 [경]1985년 사법시험 합격(27회) 1988년 사법연수원 수료(17기) 1988년 대전지법 판사 1991년 同서산지원 판사 1993년 인천지법 판사 1995년 同부천지원 판사 1996년 서울지법 남부지원 판사 1998년 서울지법 판사 2000년 서울고법 판사 2002년 서울지법 판사 2003년 대전지법 부장판사 2005년 서울가정법원 부장판사 2010년 서울남부지법 부장판사 2011년 서울가정법원 수석부장판사 2013년 대전가정법원장 2016년 수원지법 부장판사(현)

손외철(孫外哲) SOHN Yoi Chull
[생]1962·12·5 [본]안동(安東) [출]대구 [주]서울 동대문구 한천로272 서울보호관찰소(02-2200-0200) [학]1987년 영남대 경영학과졸 2003년 영국 헐대 대학원 범죄학과졸 2011년 범죄학박사(동국대) [경]1993~1995년 대구보호관찰소 관호과 근무 1995년 同사무과장 1996년 제주보호관찰소장 1999~2001년 대구보호관찰소 관호과장 2001~2004년 영국 국비유학·서울보호관찰소 관호과장 2004년 인천보호관찰소장 2006년 부산보호관찰소장 2007년 법무부 범죄예방정책국 보호관찰과장 2010년 同치료감호소 서무과장 2011년 대구보호관찰소장(부이사관) 2013년 법무부 보호관찰과장(부이사관) 2015년 서울보호관찰소장(고위공무원)(현) [상]법무부장관표창(2009) [저]'외국의 보호관찰제도 연구'(1993, 법무부) '보호관찰 20년사—열정과 희망의 발자취'(2009, 법무부)

손 용(孫 龍) SON Yong
[생]1938·4·6 [본]밀양(密陽) [출]서울 [주]서울 동작구 흑석로84 중앙대학교 신문방송학부(02-820-5114) [학]1957년 경기고졸 1963년 미국 Yuba College졸 1967년 미국 Don Martin방송전문학교졸 1968년 미국 Columbia College Hollywood 방송학과졸 1969년 同대학원 방송학과졸 1980년 명예 언론학박사(미국 Columbia College Hollywood) [경]1973~1998년 중앙대 신문방송학과 교수 1980~1983년 한국교육개발원(EBS) 자문위원 1980~1982년 미국 컬럼비아칼리지 헐리우드 교환교수 1986~1988·1991~1996년 미국 태평양전기통신협의회(PTC) 이사 1987~1991년 중앙대 신문방송대학원장 1988~1990·1996~1997년 영국 City Univ. 명예객원교수 1989~1990년 한국방송학회 회장 1991년 미국 PanAm Satellite 자문교수 1992~1993년 미국 AT&E 자문교수 1992~1994년 중앙대 정경대학장 1993~1996년 교통방송 시청자자문위원회 위원장 1993~1994년 한국언론학회 회장 1997~1998년 영국 Univ. of Essex 객원교수 1998~2000년 방송문화진흥회 이사 1998년 중앙대 신문방송학부 명예교수(현) 2000년 (주)와이어리스테크 상임고문 2001년 한국디지털위성방송(KDB) 정책자문위원장 2002~2003년 초당대 석좌교수 2004~2006년 국회 방송자문위원회 위원장 2008~2011년 OBS 경인TV 이사 겸 정책자문위원 2010년 同대표이사 사장 2010~2011년 同자문역 [상]21세기경영인클럽 뉴미디어 경영문화대상(1992), 국무총리표창(1999), 자랑스러운 중앙언론인 특별상(2008) [저]'방송 편성·제작론'(1974, 중앙대 출판국) '방송제작론(共)'(1976, 전예원) '방송제작론(共)'(1983, 법문사) '뉴미디어론'(1983, 세영사) '텔리커뮤니케이션(共)'(1986, 세영사) '현대방송이론'(1989, 나남출판사) '디지털 네트워크 시대의 텔레커뮤니케이션'(2003, 한울아카데미) [종]기독교

손용근(孫容根) SOHN Yong Keun (修仁)
[생]1952·1·25 [본]밀양(密陽) [출]전남 강진 [주]서울 서초구 서초대로74길4 삼성생명서초타워18층 법무법인 동인(02-2046-0618) [학]1971년 광주제일고졸 1975년 한양대 법학과졸 1980년 同대학원 법학과졸 1987년 미국 컬럼비아대 법과대학원 수학 1993년 연세대 대학원 법학과 수료 1997년 법학박사(연세대) 2008년 한국예술종합학교 최고경영자문화예술과정(CAP) 수료 [경]

1975년 사법시험 합격(17회) 1977년 사법연수원 수료(7기) 1977년 공군 법무관 1980~1983년 대구지법·대구지법 안동지원 판사 1983~1987년 서울지법 남부지원·의정부지원·수원지법 성남지원 판사 1986년 한양대 법대 강사 1987년 미국 컬럼비아대 법과대학원 방문연구원 1988년 서울고법 판사 1989년 헌법재판소 헌법연구관 1991년 대법원 재판연구관 1991년 대전지법 부장판사 1993년 충남대 법대 강사 1994년 수원지법 부장판사 1995년 서울지법 서부지원 부장판사 1997년 서울지법 부장판사·언론중재위원 1999년 부산고법 부장판사 2000~2005년 서울고법 부장판사 2002년 한국비교사법학회 부회장 2003년 대법원 법원도서관장 겸임 2005년 춘천지법원장 2006년 서울행정법원장 2009년 특허법원장 2010~2011년 사법연수원장 2011~2014년 한양대 법학전문대학원 석좌교수 2014년 同특훈교수(현) 2011년 법무법인(유) 동인 대표변호사(현) 2012~2014년 민사소송법학회 회장, 同고문(현) 2014~2016년 법학전문대학원협의회 평가위원회 위원장 [상]황조근정훈장, 한양대총장표창, 한국법학원 법학논문상, 자랑스런 한양인상, 자랑스런 강진인상, 대한변호사협회 공로상(2016) [저]'주석 민사소송법 Ⅱ·Ⅲ·Ⅳ'(共) '주석 신민사소송법Ⅴ'(共) '주석중재법'(共) [종]기독교

손용근(孫鎔根) SON Yong Keun

[생]1955·10·20 [본]밀양(密陽) [출]서울 [주]경기 수원시 장안구 서부로2066 성균관대학교 화학과(031-290-7068) [학]1979년 성균관대 화학과졸 1981년 同대학원 화학과졸 1990년 화학박사(미국 메인대) [경]1990~1992년 미국 텍사스대 알링턴교 박사 후 연구원 1992~1993년 캐나다 사이먼프레이져대 연구원 1993년 성균관대 화학과 조교수·부교수·교수(현) 2000~2001년 미국 플로리다대 방문교수 2010·2012년 성균관대 기숙사학사장 2013년 同자연과학대학장 2014~2015년 同학사처장 2014~2015년 同식물원장

손용기(孫龍基) Son, yongki

[생]1936·7·7 [출]경기 수원 [주]충북 청주시 서원구 무심서로377의3 서원대학교 부속실(043-299-8006) [학]1956년 배재고졸 1963년 성균관대 법정대학 상학과졸 [경]1976~1978년 경기축산조합 조합장 1986~1988년 수원시방범연합회 회장 2003년 농업회사법인 (유)목민 감사(현) 2004년 (주)에프액시스 대표이사(현) 2007년 수원생명의전화 이사장(현) 2010년 손용기캄보디아선교센터 설립 2011년 (주)에드밴스개발 대표이사(현) 2012년 학교법인 서원학원 이사장(현)

손용호(孫庸豪) Sohn Yong Ho

[생]1962·5·29 [본]밀양(密陽) [출]서울 [주]서울 영등포구 영신로136 김안과병원 녹내장센터(1577-2639) [학]1981년 신일고졸 1988년 한양대 의대 의학과졸 1993년 同의과대학원 의학과졸 1997년 의학박사(고려대) [경]1988년 한양대병원 수련의 1989~1992년 軍의관 1994~1998년 한양대병원 전공의(안과 전문의 자격취득) 1998년 한양대 구리병원 안과 전임의 1999년 김안과병원 녹내장센터 전문의(현) 2001년 미국 UCLA Jules Stein Eye Institute 연수 2006~2009년 김안과병원 부원장 2010~2013년 同병원장

손우성(孫宇成) SON Woo Sung

[생]1956·9·30 [본]밀양(密陽) [출]부산 [주]경남 양산시 물금읍 부산대학로49 부산대학교 치의학전문대학원 치과교정학교실(055-360-5160) [학]1975년 부산고졸 1981년 서울대 치의학과졸 1984년 同대학원 치의학과졸 1990년 치의학박사(서울대) [경]1981~1984년 서울대병원 인턴·레지던트 1987~1998년 부산대 치의학과 교수 1990년 국제치과연구학회(IADR) 회원 1990~1991년 미국 Chicago Children's Memorial Hospital 객원교수 1992년 일본 규슈대 객원교수 1992~2003년 부산대 치과교정학교실 과장 1993~1994년 同학생과장 1994~1995년 同교무과장 1995년 同치과대학 부학장 1998년 대한치과교정학회 이사 1998~2000년 부산대 치과교정학교실 주임교수, 同치의학전문대학원 치과교정학교실 교수(현), 同치과병원 치과교정과 전문의(현) 2003년 同치과진료처장 2005~2007년 同치과대학장 2007년 同치의학전문대학원장 2009~2011년 대한구순구개열학회 부회장 [상]The Japanese Orthodontic Society 'Excellent Exibition Award'(2006), 대한치과교정학회 관송학술상(2014) [저]'알기쉬운 구순·구개열 이야기'(2001, 지성출판사) '치과교정학 실습'(2002, 정원사) '악교정수술학'(2006, 군자출판사) 'Interdisciplinary Management of Seriously Compromised Periodontal Diseases'(2013, Korea Quintessense Publishing) '치과교정학 3판'(2014, 지성출판사) '치과 외상의 체계적인 접근:교정치료를 중심으로'(2015, 명문출판사) [역]'서인의 치과치료와 교정(共)'(1995, 정원사) [종]불교

손우준(孫宇準) SON Woo Joon

[생]1964·6·1 [출]경북 영주 [주]세종특별자치시 도움6로 11 국토교통부 지적재조사기획단(044-201-4655) [학]1982년 대구 청구고졸 1986년 연세대 정치외교학과졸 1998년 법학박사(미국 네브래스카주립대) [경]1992년 공무원시험 합격(5급 공채) 1992년 건설부 조정2과 사무관 1994년 대구시 교통협력관 1996년 해외 훈련 1999년 건설교통부 주택도시국 도시정책과 사무관 2001년 同도시관리과 사무관 2003년 미국 버클리시정부 파견 2005년 건설교통부 행정중심복합도시건설실무지원단 기획과장(서기관) 2007년 同공공기관지방이전추진단 기획국 혁신도시2팀장 2008년 대통령실 파견(서기관) 2010년 駐베트남 주재관, 교육파견 2013년 駐베트남 참사관 2014년 국토교통부 국토정보정책과장(서기관) 2015년 同국토정보정책과장(부이사관) 2016년 同지적재조사기획단 기획관(현)

손우택(孫宇澤) SOHN Woo Taek

[생]1960·3·10 [본]경주(慶州) [출]부산 [주]부산 해운대구 해운대로774번길11 해천빌딩10층 케이피에스(주) 대표이사실(051-809-5955) [학]부산진고졸, 고려대 경영학과졸 [경]데이콤 CRM지원팀장, 同영업전략담당 2006년 同마케팅전략담당 상무 2006년 (주)LG파워콤 상무 2007~2009년 同사업지원담당 상무 2009년 同고문 2009년 (주)해천 대표이사 2011년 케이피에스(주) 대표이사(현) [상]정보통신부장관표창(1989·1999) [종]불교

손우현(孫又鉉) SOHN Woo Hyun

[생]1948·12·29 [본]경주(慶州) [출]서울 [주]강원 춘천시 한림대학길1 한림대학교 국제학부(033-248-1880) [학]서울고졸 1973년 한국외국어대 불어과졸 1989년 프랑스 파리외교전략대학원(CEDS)졸(DESS) [경]1966~1967년 New York Herald Tribune지 주최 '세계청소년토론대회' 한국대표 1972~1981년 코리아헤럴드 기자 1977~1978년 同파리지사장 1981~1984년 연합통신 기자 1984년 駐인도네시아 공보관 1985~1989년 駐프랑스대사관 문화관·공보관 1989년 駐제네바대표부 공보관 1991~1992년 공보처 공보정책실 제3기획관 1993년 대전세계박람회조직위원회 프레스센터 본부장 1993년 同홍보2국장 1994년 駐캐나다 공보관 1995년 공보처 해외공보관 외보부장 1996~1998년 대통령 공보비서관(해외담당) 1998~1999년 문화관광부 정부간행물제작소장 2000~2004년 駐프랑스 공사 겸 문화원장 2003년 제115차 IOC총회(프라하 개최) 정부대표 2004~2007년 서울평화상문화재단 사무총장 2007년 한림대 국제학부 객원교수(현) 2009년 한국과학기술원(KAIST) 인문사회과학부 대우교수 2011년 광화문문화포럼 운영위원(현) 2014년 한강포럼 회원(현) 2015년 한불협회 이사(현) 2015년 한미협회 회원(현) 2015년 국무총리 프랑스공식방문 특별수행원('한·불 상호교류의 해' 개막행사 참가) 2016년 경제지 「이투데이」에 '프랑스는 지금' 집필(현) 2016년 한미협회 편집위원(현) [상]근정포장(1994), 프랑스정부 예술문화훈장 기사장(2004), 방일영문화재단 선정 저술지원 대상자(2013) [저]'프랑스를 생각한다'(2014, 기파랑) [종]천주교

손 욱(孫 郁) SUN Wook

[생]1945·1·24 [본]밀양(密陽) [출]경남 밀양 [주]경기 수원시 영통구 광교로145 (재)차세대융합기술연구원 기술경영솔루션센터(031-888-9158) [학]1963년 경기고졸 1967년 서울대 공대 기계공학과졸 1989년 연세대 경영대학원 수료 [경]1967년 한국비료공업 입사 1973년 제2종합제철 입사 1975년 삼성전자(주) 입사 1983년 同기획조정실장 1984년 同기획조정실 이사대우 1985년 同이사 1987~1990년 삼성전기 상무이사 1987년 同기술본부장·종합연구소장 겸임 1990년 同생산기술본부장(전무이사) 1993년 삼성전자(주) 기획실 전무이사 1993년 同전략기획실장(부사장) 1995년 삼성전관 대표이사 부사장 1997~1999년 한국전지연구조합 이사장 1998년 삼성전관 대표이사 사장 1999~2004년 삼성종합기술원 원장 2000년 한국산업기술사학회 부회장 2000년 한국공학한림원 최고경영인평의회 운영위원장 2000~2010년 테라급나노소자개발사업단 이사장 2004년 KMA 경영자교육위원·경영위원회 위원(현) 2004년 삼성인력개발원 원장 2004~2008년 한국공학한림원 부회장 2005년 삼성SDI 상담역 2005~2011년 포스코 사외이사 2005년 同감사위원 겸임 2005~2007년 태평양 사외이사 2006~2008년 서울대 공과대학 최고산업전략과정(CEO) 주임교수 2007년 한국형리더십연구회 회장·이사장(현) 2008년 한국학중앙연구원 이사 2008~2010년 (주)농심 대표이사 회장 2008~2010년 전주국제발효식품엑스포조직위원회 위원장 2009년 (주)포스코 이사회 의장 2010~2012년 서울대 융합과학기술대학원 초빙교수 2010년 한국트리즈학회 자문위원회장(현) 2011년 광양시 홍보대사 2012~2014년 포스코ICT 사외이사 2012년 (재)차세대융합기술연구원 기술경영솔루션센터장(현) [상]석탑산업훈장, 한국능률협

회 최우수기업상, 한국능률협회컨설팅 98생산혁신세계컨퍼런스 최고경영자상, 과학기술훈장(2001), 3.1문화상 기술상(2003), 일진상 공학한림원발전부문(2010) [저]'초일류 목표설정의 길'(2001) '전통속의 첨단 공학기술'(2002) '변화의 중심에 서라'(2006) '지식을 넘어 창조로 전진하라'(2007) '삼성, 집요한 혁신의 역사'(2013) [역]'4세대 혁신'(2000) '즐거운 품질경영' [종]기독교

손 욱(孫 煜) SOHN Wook

[생]1968·4·2 [본]밀양(密陽) [출]서울 [주]대전 유성구 유성대로1312번길70 한국수력원자력(주) 중앙연구원 방사선환경연구소 해체기술팀(042-870-5114) [학]1991년 연세대 이과대학 지질학과졸 1994년 同대학원졸 1999년 공학박사(일본 도쿄대) [경]1999~2001년 일본 도쿄대 객원연구원 2001년 전력연구원 원자력발전연구소 방사선화학그룹 선임연구원 2005~2008년 세계인명사전 'Marquis Who's Who in Science and Engineering'에 3회 연속 등재 2011년 한국수력원자력(주) 중앙연구원 방사선환경연구소 화학환경그룹 선임연구원 2015년 同중앙연구원 방사선환경연구소 해체기술팀 책임연구원(현) [종]기독교

손 욱 Sohn, Wook

[주]서울 중구 남대문로39 한국은행 경제연구원 원장실(02-759-5401) [학]1989년 서울대 경제학과졸 1999년 미국 컬럼비아대 대학원 경제학과졸 2003년 경제학박사(미국 컬럼비아대) [경]한국은행 자금부·정책기획국 등 근무(차장) 2003년 同수석이코노미스트 2005년 한국개발연구원(KDI) 국제정책대학원 교수(현) 2005년 同국제정책대학원 기획처장, 同금융경제연구부 연구위원 2015년 캐나다 Univ. of British Columbia 객원교수 2016년 한국은행 경제연구원장(현)

손원익(孫元翼) Won Ik Son

[생]1959·10·13 [본]경주(慶州) [출]서울 [주]서울 영등포구 국제금융로10 서울국제금융센터OneIFC5층 딜로이트안진회계법인(02-6676-2577) [학]미국 윌리엄펜대 경제학과졸, 미국 위스콘신대 메디슨교 대학원졸, 경제학박사(미국 위스콘신대 메디슨교) [경]1991년 미국 위스콘신주립대 경제학과 강사 1992년 미국 캘리포니아 산타크루스대 객원교수 1993년 한국조세연구원 초빙연구위원 1994년 同연구위원 1997년 대통령비서실 국가경쟁력강화기획단 파견 1998년 한국조세연구원 소득세팀장·연구1팀장·연구조정부장 1999년 한국문화경제학회 이사 2000년 국세청 규제개혁위원 2000년 재정경제부 규제개혁위원 2000년 한국조세연구원 연구조정부장 2002년 한국재정공공경제학회 이사 2004년 한국조세연구원 연구조정실장 2006~2007년 同부원장 2007~2013년 同재정연구본부 선임연구위원 2008년 국세청 자체평가위원 2011~2012년 한국재정학회 회장 2012년 한국문화경제학회 회장 2012~2015년 한국담배인삼공사(KT&G) 사외이사 2013년 대통령자문 국민경제자문회의 민생경제분과 민간위원 2013~2014년 한국조세재정연구원 재정연구본부 선임연구위원 2013년 대통령직속 사회보장위원회 위원 2014~2016년 대통령직속 규제개혁위원회 위원 2014년 딜로이트안진회계법인 R&D센터 원장(현) 2016년 현대증권 사외이사 [상]정보통신부장관표창(2002), 대통령표창(2002), 한국재정공공경제학상(2004), 은탑산업훈장(2012) [저]'연구개발과 조세정책'(1997) '준조세의 실태와 정책방향'(1998) '문화경제학 만나기'(2001) '디지털경제학'(2001) '병원 관련 조세정책의 현황과 정책방향'(2003) '한국경제 선진화와 법치(共)'(2004) '21세기 경제환경변화에 따른 조세·재정정책 방향'(2005) '지속성장을 위한 중장기 조세정책방향 : 법인세를 중심으로(共)'(2012, 국가경쟁력강화위원회) '민간비영리조직을 통한 재정지출의 효율성 제고방안-문화예술분야를 중심으로(共)'(2012, 한국조세연구원) '비영리분야 통계의 실태와 통계구축을 위한 정책과제'(2012, 한국조세재정연구원) '공적자금 정기재계산 관련 재정분야 상환방안(共)'(2013, 예금보험공사) '사회서비스 공급모형과 재정효율성(共)'(2013, 한국조세재정연구원) '공익법인 관리체계의 근본적 개선방안(共)'(2013, 한국조세재정연구원) [종]천주교

손원현(孫元鉉) SON Won-Hyun

[생]1957·6·23 [본]경주(慶州) [출]경기 광주 [주]서울 영등포구 국제금융로6길42 (주)삼천리 전략본부(02-368-3300) [학]1976년 동성고졸 1984년 성균관대 사회학과졸 [경]동양나이론 근무 2003년 (주)삼천리 지원담당 이사 2006년 同경영지원총괄 홍보담당 상무, 同대외협력담당 상무 2009년 에스엘앤씨 대표이사 2009년 (주)삼천리 대외협력담당 전무 2010년 同전략기획본부 대외협력실장(전무) 2012년 同미래전략본부장(부사장) 2014년 同대외협력본부장(부사장) 2015년 同전략본부장(부사장)(현) [종]기독교

손유원(孫裕遠) SHON You Won

[생]1951·3·21 [출]제주 제주시 [주]제주특별자치도 제주시 문연로13 제주특별자치도의회(064-741-1971) [학]제주 오현고졸, 제주대 영어교육과졸, 同교육대학원 교육학과(영어교육 전공)졸 [경]제주 오현고·남녕고 교사, (주)경원산업 대표이사, 제주도생활체육회 회장, 해병ROTC동우회 회장, 해병대전우회중앙회 부총재, 제주상공회의소 상임의원, 제주대총동창회 부회장, 법무부 범죄피해자지원센터 이사(현) 2010년 제주특별자치도의회 의원(한나라당·새누리당) 2012년 同예산결산특별위원회 위원장 2014년 제주특별자치도의회 의원(새누리당)(현) 2014년 同부의장 2014년 同교육위원회 위원 2016년 同행정자치위원회 위원(현) 2016년 同예산결산특별위원회 위원(현)

손은남(孫殷男) SON Eun Nam

[생]1943·6·5 [본]밀양(密陽) [출]강원 춘천 [주]경기 성남시 중원구 둔촌대로537 쌍용트윈IT타워1차605호 (주)아세테크 비서실(031-609-7000) [학]1961년 배재고졸 1966년 고려대 농학과졸 [경]예편(중위) 1971년 농업협동조합중앙회 입사 1978년 同비서실 비서역 1988년 농수산부장관 비서관 1990년 농협중앙회 철원군지부장 1993년 同종합기획부 차장 1994년 同강원도지회 부지회장 1995년 同농촌지원부장 1997년 同강원지역본부장 1998년 同상무 1999년 同부회장 1999년 (사)강원도민회 부회장(현), 同사무총장 2000년 농협중앙회 농업경제 대표이사 2002년 (주)농협사료 상임감사 2005~2006년 (주)농협물류 대표이사 2007년 대한익스트림스포츠협회 회장 2007년 2010춘천월드레저총회 및 경기대회 조직위원장 2008년 在춘천고려대교우회 회장 2008년 고려대교우회 부회장·사무총장 2012년 UBTC 회장 2013년 (주)아세테크 회장(현) [상]산업포장(1993), 농협중앙회 우수경영자상(1998) [종]기독교

손은락(孫殷洛) SON EUN RAK

[생]1963·11·7 [본]경주(慶州) [출]경북 상주 [주]대전 서구 청사로189 통계청 경제통계국 서비스업동향과(042-481-2585) [학]1982년 김천고졸 1991년 경희대 경제학과졸 2011년 한남대 행정복지대학원 정보통계학과졸 [경]2009년 통계청 사회통계국 복지통계과 서기관 2012년 호남지방통계청 목포사무소장 2013년 同농어업조사과장 2014년 同조사지원과장 2015년 통계청 경제통계국 서비스업동향과장(현)

손은익(孫銀翼) Eun-Ik Son

[생]1955·6·1 [출]대구 [주]대구 중구 달성로56 동산병원 신경외과(053-250-7306) [학]1975년 경북고졸 1980년 경북대 의대졸 1984년 同대학원졸 1993년 의학박사(경북대) [경]1980년 계명대 동산의료원 신경외과 전공의 1985년 공군 대구기지 신경외과장·항공의무과장 1988년 계명대 의대 전임강사 1989년 미국 에모리의대·하버드의대병원 연수 1990년 계명대 의대 신경외과학교실 조교수 1991년 미국 워싱턴의대 신경외과 교환교수 1994년 계명대 의대 신경외과학교실 교수(현) 2007년 同동산의료원 의학유전연구소장 2009~2011년 同동산의료원 대외협력처장 2011~2013년 同경주동산병원장 2013~2015년 대한뇌전증학회 회장

손을재(孫乙宰) SOHN ULL-JAI

[생]1950·1·21 [출]경남 거제 [주]경기 화성시 삼성1로3길19 (주)아이엠 대표이사실(031-231-3114) [학]서울대 경영학과졸 [경]1977년 삼성그룹 입사 1994년 삼성전기 스피커팀장 1999년 同기전사업부장·정보기기사업부장(상무보) 2002년 同상무이사 2006년 (주)아이엠 대표이사(현)

손의동(孫宜東) SOHN Uy Dong

[생]1956·7·5 [본]병산(屛山) [출]대구 [주]서울 동작구 흑석로84 중앙대학교 약학대학(02-820-5614) [학]1978년 중앙대 약학과졸 1983년 부산대 대학원 약리학과졸 1989년 약학박사(중앙대) [경]1983~1984년 부산대 의과대학 약리학교실 조교 1985~1990년 경북대 의과대학 약리학교실 조교·강사 1991년 미국 브라운대 의과대학 소화기질병연구소 연구원 1994~1995년 同의과대학 조교수 1996~1997년 영남대 의과대학 약리학과 조교수 1997년 중앙대 약학대학 부교수·교수(현) 1999~2000년 대한약학회 총무간사 2000년 중앙대 의약식품대학원 주임교수 2000년 미국 하버드대 의대 의과학연구소 객

원교수 2003년 한국보건의료인국가시험원 약사시험위원회 간사 2004년 중앙대 분자조절신약개발연구소장 2005년 미국 세계인명사전 '마르퀴즈 후즈 후'에 등재, 휴먼케어 대표이사, 보건복지부 중앙약사심의위원, 식품의약품안전청 국립독성연구소 연구조정위원회 자문위원, 중앙대 멀티미디어센터 운영위원, 대한약사회 약학발전위원·교육연장특별위원 2007~2009년 중앙대 약학대학장 2009년 同PostBK21연구단장 2012년 대한약리학회 회장 2013~2016년 한국보건의료인국가시험원 비상임이사 2014~2016년 대한약학회 회장 [상]7058부대 사단장표창(1980), 미국소화기학회 Young Investigator Award(1992), 국제소화기학회 Young Investigator Award(1993), 한국응용약물학회 우수초록상(1999), 대한약학회 우수포스터상(2001), 중앙대 학술상(2001), 한국평활근학회 우수논문상(2001), 대한약리학회 학술상(2002), 중앙대 연구기금수상(2003), 대한약학회 녹암학술상(2004), 대한약학회 우수포스터상(2008), 대한약리학회 최우수약리학자상(2009), 병원약사대회·추계학술대회 우수논문상(2009), 올해의 교수상(2009), 한국연구재단·특허청 선정 우수특허기술이전10인(2009), 제48회 東巖 藥의상 약학부문(2011), 한국과학기술단체총연합회 우수논문상(2011), 의약사 평론가 기장 [저]'독성학'(1993) '약물학'(1998) '처방조제와 복약지도'(1999) '약물상호작용'(2000) '하버드핵심약리학(共)'(2006, 범문사) '독성학강의(共)'(2006, 신일상사) '약물학(共)'(2007, 신일상사) '소화기생리중개연구의 길잡이(共)'(2009)

손이태(孫理泰) SHON Li Tai

[생]1944·12·11 [출]부산 [주]경상남도 양산시 어실로77 (주)흥아 부회장실(055-371-3707) [학]1964년 부산고졸 1969년 고려대 경영학과졸 1982년 부산대 경영대학원졸 [경]1978년 (주)흥아 입사, 同이사·상무, 同대표이사 사장 1996년 (주)흥아포밍 대표이사 사장, (주)썬텔 비상근감사 1999년 (주)흥아포밍 각자대표이사(현) 2007년 (주)흥아 부회장(현) 2009~2012년 대한타이어공업협회 회장 2012년 同이사(현)

손인국(孫麟國) SON In Kuk

[생]1949·8·6 [출]서울 [주]경기 안산시 단원구 번영2로 58 시화공단4라201호 국일신동(주) 임원실(031-499-9192) [학]1968년 용산고졸 1972년 경희대 상학과졸 1974년 고려대 경영대학원 인사관리학과졸 1976년 연세대 산업대학원 공업재료과졸 1996년 서울대 최고경영자과정 수료 [경]1974년 이구산업(주) 입사 1983~2016년 同대표이사 1993~2002년 국일신동(주) 대표이사 사장 2001년 덕흥제선(주) 대표이사 2004~2014년 한국동공업협동조합 이사장, 산업자원부 기술표준원 자문위원 2011~2014년 중소기업중앙회 부회장 2016년 국일신동(주) 각자대표이사(현), 이구산업 대표이사(현) [상]수출의 날 천만불탑, 금탑산업훈장(2009)

손인락(孫仁洛) SOHN In Rak

[생]1954·3·22 [본]월성(月城) [출]경북 경주 [주]대구 동구 동대구로441 영남일보 임원실(053-757-5101) [학]1980년 영남대 정치외교학과졸 [경]1988년 영남일보 제2사회부 기자 1994년 同제1사회부 차장대우 1997년 同정치부 부장대우·서울취재본부장 직대 1998년 同문화부장 2001년 同정치부장 2003년 同편집국 부국장 2005년 同광고사업국장 2007년 同편집국장 2009년 同편집국장(이사) 2009년 同대표이사 사장(현) 2013년 한국신문윤리위원회 이사(현) 2015년 제4이동통신 대구경북유치위원회 공동위원장(현) 2015년 한국신문협회 이사(현) [상]대구시문화상 언론부문(2004), 在京영남대동창회 천마언론인상(2014) [종]기독교

손인옥(孫寅玉) SON In Ok

[생]1952·11·25 [출]전남 보성 [주]서울 강남구 영동대로 517 아셈타워22층 법무법인 화우(02-6003-7061) [학]1970년 광주고졸 1975년 서울대 경영학과졸 1980년 同행정대학원 수료 1986년 독일 콘스탄츠대 대학원 경제학과 수료 [경]1979년 행정고시 합격(23회) 1980년 총무처 행정사무관 1982년 경제기획원 행정사무관 1994년 국무총리행정조정실 서기관 1995년 공정거래위원회 광고경품과장 1995년 독일 연방카르텔청 파견 1998년 공정거래위원회 기업결합과장 2001년 同공동행위과장 2002년 同소비자기획과장(부이사관) 2003년 同총무과장 2003년 同소비자보호국장 2004년 同세계공정거래위원장회의(ICN) 준비기획단장 겸 경쟁제한규제개혁작업단장 2004년 미국 로펌 'Reed Smith LLP' 파견 2006년 공정거래위원회 심판관리관(고위공무원) 2007년 同상임위원 2009~2010년 同부위원장(차관급) 2009년 OECD 경쟁위원회 부의장 2011년 법무법인 화우 고문(현) 2012년 (주)삼성자산운용 사외이사(현) 2013년 (주)신세계 사외이사(현) [종]가톨릭

손인웅(孫寅雄) Son In Woong

[생]1942·7·10 [출]경북 안동 [주]경기 이천시 신둔면마소로11번길311의43 실천신학대학원대학교 총장실(031-638-8657) [학]대구서고졸, 경북대 사범대학 국어교육과졸, 장로회신학대 신학대학원졸, 박사(미국 시카고맥코믹신학교) 2001년 명예 신학박사(장로회신학대) 2009년 명예 실천신학박사(실천신학대학원대) [경]덕수교회 담임목사, 同원로목사(현), 한국기독교목회자협의회 대표회장, (재)국민문화재단 이사장, (사)한국교회희망봉사단 이사장, 학교법인 실천신학대학원대 이사장, (사)한국샬롬노인복지원 이사장, (재)대한성서공회 이사장, (재)덕수장학재단 이사장, (사)세계결핵제로운동본부 이사장, 기독교사회복지엑스포 2005 조직위원장, 同2010 상임대회장, W.C.C 제10차 부산총회 공동대회장 2015년 서울시자원봉사센터 이사장(현) 2016년 종교계자원봉사협의회 회장(현) 2016년 실천신학대학원대 총장(현) 2016년 대한성서공회 이사장(현) [상]서울특별시장 감사패(2004), 국민훈장 동백장(2013) [저]'육경강해' '풀밭이 있는 잔잔한 물가 1·2권' '우리는 이렇게 기도합니다'(編) '평신도 신학' '예배와 강단(共)' '섬김, 화해, 일치의 목회와 신학-담임목회 30주년 기념논문집' '뜻있는 만남, 소중한 사람들-담임목회 30주년 기념문집' '하나님 나라를 세우는 오색목회' [종]기독교

손인철(孫仁喆) SOHN In Chul

[생]1949·7·22 [주]서울 강서구 허준로91 한국한의학교육평가원 원장실(02-2659-1141) [학]1980년 원광대 한의대학졸 1984년 同한의과대학원졸 1988년 한의학박사(원광대) [경]1980~1986년 성남 보화당한의원 원장 1982년 원광보건전문대 강사 1986~1990년 서울 보화당한의원 원장 1991년 원광대 한의과대학 전임강사·조교수 1997~2014년 同한의과대학 부교수·교수 2001년 대한경락경혈학회 회장, 원광대 한의과대학장 2014년 한국한의학교육평가원 원장(현) [상]국무총리표창(2014)

손인춘(孫仁春·女) SHON In Choon

[생]1959·5·13 [출]충남 태안 [주]서울 동작구 상도로30길8, 2층 (사)한국씨니어연합(02-815-1922) [학]1977년 태안여고졸 2004년 남서울대 경영세무학과졸 2006년 상명대 정치경영대학원 경영학과졸 2010년 건국대 대학원 벤처전문기술학 박사과정 수료 [경]1987~1998년 (주)코리아비바 설립·대표이사 1999년 (주)인성내츄럴 대표이사 사장 2001년 한국여성단체협의회 재무위원 2001년 신지식인 선정 1호(여성부) 2003년 21세기여성CEO연합회 수석부회장 2004년 상명대 정치경영대학원 대체의학전문가과정 외래교수, 한국여성발명협회 이사, 의료복지재단 샘코리아 이사, 자연보호중앙협의회 이사, 민주평통 자문위원, (사)한국여성경제인협회 이사 2011년 (사)한국씨니어연합 대표(현) 2012년 제19대 국회의원(비례대표, 새누리당) 2012~2015년 새누리당 광명시乙당원협의회 운영위원장 2012·2014년 국회 운영위원회 위원 2012·2014년 국회 국방위원회 위원 2012년 국회 허베이스피리트호유류피해특별대책위원회 위원 2012·2014~2015년 새누리당 원내부대표 2014년 同세월호사고대책특별위원회 위원 2014년 국회 여성가족위원회 위원 2014~2015년 새누리당 제3사무부총장 2014년 同재외국민위원회 북미주서부지역 부위원장 2015년 同중앙여성위원회 수석부회장 [상]자랑스런 서울시민상(1992), 여성부장관표창(2001), 행정자치부장관표창(2007), 서울시장표창(2008), 대통령표창(2009), 국가보훈처장표창(2010), 전북도지사표창(2011), 환경부장관 최우수상(2011), 대한민국나눔봉사 소외계층봉사부문 대상(2013), 대한민국인물대상 국정감사 우수국회의원(2013), 위대한한국인100인대상 정치부문 우수국회의원(2013), 대한민국신창조인 대상(2014), 의정행정대상 국회의원부문(2014), 선플운동본부 '국회의원 아름다운 말 선플상'(2014) [저]'세상을 뒤엎는 리더십' '나는 행복한 바보 경영자'

손일근(孫一根) SOHN Yil Keun (白餘·白如)

[생]1932·7·29 [본]밀양(密陽) [출]서울 [주]서울 종로구 인사동5길29 태화빌딩1205호 풍석문화재단(02-6959-9921) [학]1955년 서울대 법과대학졸 1982년 중앙대 대학원 매스컴과졸 2007년 명예 철학박사(미국 캘리포니아 유니언대) [경]1955년 서울타임즈 편집국장 1955년 한국일보 기자 1958~1968년 同비서실장·도서관장·조사부장·기사심사부장·방송뉴스부장 1968년 同논설위원 1970년 한국공해대책협의회 이사 1971년 대종상 심사위원 1971년 노동문제연구소 이사 1972년 한국일보 도쿄지사장 겸 논설위원 1977년 同출판국장 겸 논설위원 1978년 同통일문제연구소장·백상기념관장 1978년 (주)삼익주택 전무 1979년 한국국제관계연구소 운영위원 1979년 (주)삼주유업 사장 1980년 同회장 1980년 서울법대장학회 이사 1980년 한국일보 논설위원 겸 백상기념관장 1983년 同이사 1987년 백상재단 이사 겸 사무총장 1992년

(주)한국일보 종합출판 대표이사 사장 1993년 대한언론인회 기획담당 이사 1996년 백상재단 상임이사 1996년 서울대법과대학동창회 수석부회장 1998년 전국손씨화수회 회장 1999년 한국일보 상임고문 2000~2014년 서울대총동창회 상임부회장 2001년 경원대 겸임교수 2004년 同초빙교수 2005년 고미술저널사 회장 2007~2014년 한국일보 고문 2012년 가천대 초빙교수 2014년 국외소재문화재재단 이사(현) 2014년 가천대 석좌교수(현) 2015년 풍석문화재단 고문(현) 2015년 서울대 발전위원회 고문(현), 同법과대학동창회 고문(현) [상]보관문화훈장(2002), 자랑스러운 서울법대인(2009) 서울언론인클럽 원로언론인특별상(2012), 서울대 자랑스러운 서울대인(2015) [저]컬럼 및 평론집 '독백의 여운'(1977, 상문당) '나는 고발자이고 싶었다-고뇌에 찬 체험 속의 에세이 신문론'(2001, 한국문원) [종]기독교

손일호(孫一鎬) SON Il Ho

[생]1953·7·12 [출]경남 밀양 [주]대구 서구 국채보상로 104 경창산업(주) 회장실(053-555-2333) [학]1972년 경북사대부고졸 1976년 중앙대 국어국문학과졸 [경]1979년 경창산업(주) 이사 1983년 同전무이사 1990년 同부사장 1990년 대구JC 회장 1991년 경창산업(주) 대표이사 회장(현) 1991~2015년 경창와이퍼시스템(주) 대표이사 2000년 대구상공회의소 상공의원 2000년 한국자동차공업협동조합 이사 2012~2015년 대구상공회의소 부회장 2015년 KB와이퍼시스템(주) 대표이사(현) [상]무역의날 대통령표창(2013) [종]불교

손일호(孫一豪) SON Il Ho

[생]1956·8·11 [출]광주 [주]광주 광산구 하남산단9번로 90 부국철강(주) 비서실(062-954-3800) [학]1974년 광주제일고졸 1982년 한양대 기계공학과졸 [경]부국철강(주) 상무이사, 同전무이사, 同대표이사 부사장 1999년 同대표이사 사장(현) 2007년 철강유통협의회 충청·전라지역협의회장 [상]제44회 납세자의날 동탑산업훈장(2010) [종]천주교

손장목(孫丈睦) SOHN Jang Mok

[생]1967·12·31 [본]밀양(密陽) [출]경북 경산 [주]서울 서대문구 통일로97 경찰청 감사담당관실(02-3150-2118) [학]심인고졸, 경찰대졸(6기), 영국 런던대 대학원졸 [경]2010년 제주지방경찰청 홍보담당관 2011년 경기지방경찰청 청문감사담당관 2011년 경기 일산경찰서장 2013년 경기지방경찰청 제2청 정보보안과장 2014년 경찰청 인권보호담당관 2015년 서울 강동경찰서장 2016년 경찰청 감사관실 감사담당관(현) [상]감사원장표창, 대통령표창, 근정포장(2014)

손재식(孫在植) SOHN Jae Shik (衡齊)

[생]1934·1·17 [본]밀양(密陽) [출]경남 밀양 [주]서울 종로구 율곡로110 (사)밝은사회국제클럽 한국본부(02-741-2274) [학]1952년 대전고졸 1956년 서울대 법대졸 1965년 同행정대학원졸 1967년 영국 버밍검대 지방행정연수원 수료 1993년 행정학박사(단국대) [경]1969년 내무부 지방행정연수원 교수부장 1971년 同지방국 지방재정담당관 1973년 충남도 부지사 1975년 내무부 지방국장 1976년 경기도지사 1980년 부산시장 1981년 내무부 차관 1982~1985년 국토통일원 장관 1985~1988년 한국전력공사 이사장 1988년 민족통일중앙협의회 의장 1989년 지방행정연구원 원장 1990년 同이사장 1990~2000년 경희대 평화복지대학원장 1991~1993년 민주평통 부의장 1993년 경희대 국제평화연구소장 1996~1998년 통일고문 1999년 통일동우회 초대회장 1999~2013년 경희대 평화복지대학원 명예원장 1999년 (사)밝은사회국제클럽 한국본부 대표이사·이사(현) [상]체육포장, 홍조·청조근정훈장, 간디평화상, 일본 창가대 최고영예상, 일본 소오까 최고영예상 [저]'현대지방행정론' '지방행정개론' '한국지방자치의 진로' 'Peace & Unification of Korea' '한국지방자치론' [종]천주교

손재영(孫在英) SON Jae Young

[생]1957·12·3 [출]서울 [주]서울 광진구 능동로120 건국대학교 정치대학 부동산학과(02-450-3587) [학]1980년 서울대 경제학과졸 1981년 同대학원졸 1987년 경제학박사(미국 캘리포니아대 버클리교) [경]1987년 국토개발연구원 책임연구원 1989~1995년 한국개발연구원 연구위원 1995년 건국대 정치대학 부동산학과 교수(현) 2005~2007년 同정치대학장 2006년 同기획조정처장 2007~2010년 同부동산대학원장 2009~2010년 同정치대학장 2012~2013년 同대학원장 2014~2016년 한국감정원 비상임이사 [저]'땅과 한국인의 삶'(1999) '한국의 부동산 금융'(2008, 건국대 출판부)

손재영(孫載榮) SON Jae Young

[생]1964·5·12 [본]밀양(密陽) [출]경남 합천 [주]대전 유성구 유성대로1534 한국원자력통제기술원(042-860-9702) [학]1982년 부산 가야고졸 1986년 서울대 원자핵공학과졸 1988년 同대학원졸 1990년 同대학원 박사과정 수료 [경]1990년 과학기술처 원자력국 사무관 1996~1999년 同연구개발조정실·연구개발국 사무관 1999년 과학기술부 과학기술정책실 서기관 2000년 영국 Sussex Univ. 연수 2003년 과학기술부 원자력국 서기관 2004년 同연구개발국 우주항공기술과장 2004년 同장관 비서관 2005년 駐영국 주재관 2008년 교육과학기술부 우주개발과장 2009년 同우주정책과장 2009년 同기초연구지원과장 2009년 同학술연구정책실 기초연구과장(부이사관) 2010년 同학술연구정책실 연구정책과장 2010년 同대구경북과학기술원건설추진단장(고위공무원) 2011년 同국제과학비즈니스벨트추진지원단장 2011년 同원자력안전국장 2011년 대통령직속 원자력안전위원회 사무처장 2013년 국무총리직속 원자력안전위원회 사무처장 2015년 한국원자력통제기술원 원장(현) [종]기독교

손재학(孫在學) Son, Jae Hak

[생]1961·11·20 [본]밀양(密陽) [출]부산 [주]부산 영도구 해양로301번길45 국립해양박물관 관장실(051-309-1709) [학]1979년 부산 동성고졸 1986년 부산수산대 자원생물학과졸 1999년 국방대학원 국제관계학과졸 2011년 경영학박사(부경대) [경]1985년 기술고시 합격(21회) 1987년 수산청 위생계장 1990년 駐라스팔마스총영사관 수산사무관 1995년 해양수산부 개발계장 1999년 同선박관리담당관 1999년 同어업지도과장 2000년 同원양어업과장 2001년 駐미국대사관 파견 2004년 해양수산부 어업교섭과장 2005년 同어업정책과장 2005년 同수산정책국장 2006년 同국제협력관 2008년 농림수산식품부 어업자원관 2009년 외교안보연구원 교육파견(고위공무원) 2010년 농림수산식품부 어업자원관 2011년 국립수산물품질검사원 원장 2011년 농림수산식품부 농림수산검역검사본부 수산물안전부장 2011년 同수산정책관 2012년 국립수산과학원 원장 2013~2014년 해양수산부 차관 2015년 국립해양박물관 관장(현) [상]홍조근정훈장(2008) [종]기독교

손정미(孫靜美·女) Son, Jeong Mi

[생]1965·9·23 [출]서울 [주]제주특별자치도 서귀포시 중문관광로224 제주국제컨벤션센터 임원실(064-735-1001) [학]1984년 중경고졸 1988년 한국외국어대 영어학과졸 2000년 한림대 대학원 경영학과졸 2005년 관광학박사(경희대) [경]1988~1990년 (주)능률영어사 근무 1990~1992년 (주)라이볼트코리아 근무 1992~1993년 (주)스파이렉스코리아 근무 1994~1997년 (주)렉솔코리아 근무 2000~2001년 한국컨벤션전시산업연구원 근무 2004~2014년 한국관광대 조교수 2012년 문화체육관광부 국제행사심사위원회 위원(현) 2013년 한국 MICE협회 자문위원(현) 2013년 한국관광공사 지역특화컨벤션 자문위원(현) 2013년 경기도 MICE유치자문위원(현) 2013년 오송국제바이오산업엑스포 자문위원(현) 2014년 (주)제주국제컨벤션센터 대표이사(현) [상]교육부 우수교수상(2013), 한국MICE협회 공로상(2013) [저]'컨벤션전략기획실무(編)'(2005, 한올출판사) '컨벤션경영전략과 기획(編)'(2012, 한올출판사) [역]'페스티발과 스페셜이벤트 경영(共)'(2002, 백산출판사) '컨벤션전시원론(共)'(2006, 백산출판사)

손정선(孫禎宣) SOHN Jung Sun

[생]1957·10·19 [출]서울 [주]서울 종로구 새문안로58 LG광화문빌딩 (주)서브원 임원실(02-6924-5004) [학]인창고졸, 중앙대 건축공학과졸, 同대학원 건축공학과졸 [경]2006년 한미파슨스 상무 2007년 (주)서브원 CM사업부장 2009년 同CM사업부장(전무) 2011년 同건설사업부장(전무) 2016년 同고문(현)

손정표(孫正彪) SOHN Jung Pyo (秀庸)

[생]1943·3·28 [본]밀양(密陽) [출]전남 해남 [주]대구 북구 대학로80 경북대학교(053-950-5236) [학]1960년 광주제일고졸 1964년 연세대 도서관학과졸 1973년 同대학원졸 1994년 문학박사(연세대) [경]1964~1974년 건국대 중앙도서관 근무 1970년 한국도서관학회 감사 1976~1990년 경북대 문헌정보학과 전임강사·조교수·부교수 1990~2008년 同교수 1991~1996년 한국도서관협회 이사·법제위원장 1992~1996년 한국도서관정보학회 부회장·회장 1995~1999년 대구경북도서관협의회 회장 1996년 한국도서관정보학회

고문 2000년 한국도서관협회 도서관기준특별위원장 2008년 경북대 명예교수(현) **(상)**한국도서관상 공적상(1988), 한국도서관상 연구상(1994), 한국도서관정보학회 학술상(2002), 한국교원단체총연합회 교육공로상, 옥조근정훈장(2008) **(저)**'독서지도방법론' '선정도서목록' '도서관정보관리편람' **(共)**'문헌정보학용어사전' '신독서지도방법론' '학교도서관업무편람' '한국도서관기준' **(역)**'도서관경영경제학' **(종)**불교

손정호(孫正鎬)

(생)1961 **(출)**대전 **(주)**세종특별자치시 정부2청사로10 에스엠타워 국민안전처 임차청사 중앙소방본부 소방제도과(044-205-7240) **(학)**1980년 남대전고졸 1993년 대전산업대졸 **(경)**1985년 공주소방서 임용(초임) 1999년 대전시 소방안전본부 소방행정계장 2002년 대전 서부소방서 방호과장 2005년 중앙소방학교 경리·서무계장·교수운영팀장 2008년 소방방재청 소방정책국 소방제도과 근무 2009년 충남 보령소방서장(소방정) 2011년 충남도 소방안전본부 소방행정과장 2013년 충남 홍성소방서장 2015년 충남 공주소방서장 2016년 국민안전처 중앙소방본부 소방제도과장 2016년 同중앙소방본부 소방제도과장(소방준감)(현) **(상)**국무총리표창(2001), 대통령표창(2012)

손종국(孫鍾國) SON Chong Kuk (智山)

(생)1952·6·19 **(본)**밀양(密陽) **(출)**서울 **(주)**서울 서초구 사평대로98 6층 대한민국ROTC중앙회(02-552-1961) **(학)**1970년 미국 데프틴스고졸 1975년 성균관대 수학과졸 1981년 同대학원졸 1992년 문학박사(성균관대) 2000년 명예 문학박사(카자흐스탄 크즐로오르다대) **(경)**1978년 기호학원(미) 이사 1985년 同이사장·회장 1991~1995년 한·중우호협회 이사 1991~2002년 한국교정교화사업연구소 고문 1991년 한국대학배구연맹 회장 1993~2004년 한국대학법인협의회 부회장 1993~2004년 경기대 총장 1994~2004년 민주평통 자문위원 1994년 경기항공여행사 대표이사 1994~2004년 대한민국ROTC중앙회 부회장 1999~2002년 한국공공정책학회 회장 2002년 한국대학유도연맹 회장 2006년 세계대학생유도선수권대회장 2007년 ROTC NGO 창립준비위원회 준비위원장 2013년 한국대학유도연맹 고문(현) 2015년 대한민국ROTC중앙회 회장(현) **(상)**미국 조지워싱턴대 총장메달 **(저)**'함께 사는길' '북한학' '동북아론' '손종국총장 연설문집' '손종국총장 강연론집' 등 **(종)**불교

손종국

(출)서울 **(주)**충남 서산시 안견로327 서산경찰서(041-689-9324) **(학)**경희고졸, 한양대 법학과졸 **(경)**1984년 경위 임관(경찰간부후보 32기) 2002년 대전 동부경찰서 경무과장 2011년 대전지방경찰청 청문감사관 2011년 충남지방경찰청 청문감사담당관 2012년 충남 보령경찰서장 2013년 충북지방경찰청 경무과장 2014년 충남 금산경찰서장 2015년 충남지방경찰청 세종청사경비대장 2016년 충남 서산경찰서장(현)

손종익(孫鍾翼) SON Jong Ik (日月)

(생)1959·8·15 **(본)**경주(慶州) **(출)**경북 영양 **(주)**대구 동구 동대구로598 동기빌딩2층 상생정치연구원(010-2038-1133) **(학)**2000년 한국방송통신대졸 2002년 영남대 행정대학원 정치학과졸 **(경)**1972년 대망4-H 회장 1985년 사치품외제불매운동 본부장 1985년 정신개벽운동본부 총재 1998년 국채보상운동을위한돈(달러)모으기운동 본부장 2002년 국채보상운동기념사업회 이사 2002년 한나라당 중앙위원회 환경분과 부위원장 2002년 同제16대 대통령선거 직능특별위원회 불교대책부위원장 2003년 세계상생정치포럼 대표(현) 2003년 한국지하철안전시민연대 상임대표 겸 집행위원장(현) 2003년 대구하계유니버시아드대회 성화봉송주자 2003년 민족통일대구시협의회 부회장 2003년 영남대 행정대학원총동창회 부회장(현) 2003년 법무부 범죄예방위원 2003년 한나라당 중앙위원회 문화관광분과 부위원장 2003년 민주평통 자문위원(11기·12기·14기·15기·16기·17기), 同대구동구 부회장 겸임 2003년 상생정치연구원 원장(현) 2003년 공동체의식개혁대구경북협의회 공동의장 2003년 민족통일대구시협의회 부회장 2004년 제17·18대·19대·20대 대구시 동구甲 국회의원 예비후보 2004년 대구경북NGO환경운동본부 회장 2004년 한나라당 정보과학분과 부위원장 2007년 NGO푸른환경운동본부 회장 2007년 한나라당 제17대 대통령선거 이명박 대통령예비후보 직능특보 2007년 同제17대 대통령선거 이명박 대통령당선자 직능분과 대구경북동창회 상임이사(현) 2008년 (사)한국장애인고용안정협회 자문위원(현) 2008년 한나라당 중앙위원회 불교분과 부위원장 2008년 (사)지구환경보존운동본부 명예총재(현) 2011년 同중앙위원회 평화통일분과 부위원장 2011년 평상포럼 공동대표(현) 2011년 영남권신공항밀양유치범시도민결사추진

위원회 공동위원장(현) 2011년 (사)사회정의실현시민연합 중앙회 상임고문(현) 同대구경북지부 회장 2011년 대한지방자치학회 이사(현) 2012년 대한민국사이버국회 의장 겸 민의원(현) 2012년 전자국가혁신위원회 부위원장(현) 2012년 UN인권위원회 산하 국제인권옹호한국연맹 전문위원 겸 인권전문교수 2012년 새누리당 제18대 대통령선거 박근혜 후보 중앙선대위 사회복지분과 수석부위원장 2012년 同직능총괄본부 ICT본부 전자국가혁신위원회 부위원장·불교본부 자문위원·국민화합총괄본부 국민화합네트워크 대구본부 정책자문위원 2012년 同유세지원본부 유세단(빨간목도리) 대구지단장 2012년 국제인권옹호한국연맹 대구경북본부 부위원장(현) 2013년 팔공산국립공원승격추진위원회 공동대표(현) 2013년 한국지식정보관리공사 설립추진위원회 수석부위원장(현) 2013년 한반도세계평화포럼(DMZ세계평화공원·CCZ세계평화도시)추진위원회 공동추진위원장(현) 2013년 좋은정치인추대연대 공동준비위원장(현) 2013년 새세상(상생·행복·평화)운동 추진위원장(현) 2013년 환구단(원구단)복원추진위원회 위원장(현) 2013년 (사)2.28민주화운동기념사업회 이사(현) 2013년 (사)국민재난안전교육단 중앙회 고문(현) 2014년 국가개조연구원 상임부원장(현) 2014년 대한민국국민평화상 제정위원(현) 2014년 (사)문화시민운동협의회 이사 2014년 (사)한국장애인단체총연합회 자문위원 2014년 대구NGO환경감시단 명예회장(현) 2014년 천지인예술단 명예회장(현) 2014년 새누리당 제6회 지방선거 권영진 대구시장 후보 대구시민선거대책위원회 상임위원 2014년 새로운한국을위한한국민운동본부 대구경북 공동대표 2014년 대한민국박사모(박근혜를 사랑하는 모임) 대구본부 상임고문(현) 2014년 박근혜서포터즈 중앙회 상임고문(현) 2014년 (사)한국산재장애인협회 고문(현) 2015년 (재)여의도연구원 정책자문위원 2015년 바르게살기운동 중앙회 국제교류위원 겸 대구시협의회 자문위원(현) 2015년 대한신보 상임고문 겸 대기자 2015년 한국장애경제인협회 대구경북지회 자문위원 2015년 대한가수협회 대구광역시지회 상임고문 2016년 대한민국지키기 불교도총연합 대구지회 고문(현) 2016년 대구경북하늘길살리기운동본부 공동위원장(현) 2016년 산학연구원 이사 2016년 국민행복써포터즈 멘토단 상임고문 **(상)**이명박대통령당선인 감사장(2008), 뉴스메이커 선정 '2011 한국을 이끄는 혁신리더'(2011), 대한민국을 빛낸 21세기 한국인상(2011·2015), 月刊 한국문단 대한민국시민문화상 대상(2011), 대한민국 국민평화상(2014), 산림청장상(2015), 대통령(민주평통 의장)표창(2014), 한국평화언론대상 정치부문 대상(2015), 한국문학을 빛낸 100인 선정(2015) **(저)**'22인의 지성, 내일의 대한민국을 말하다(共)'(2014, 휴먼컬처아리랑)

손종철(孫鍾喆) SON Jong Chul

(생)1957·1·5 **(본)**밀양(密陽) **(출)**경남 마산 **(주)**부산 남구 문현금융로40 주택도시보증공사 금융사업본부(051-955-5700) **(학)**경남산업전문대 토목과졸, 부산공업대학 토목공학과졸, 한양대 산업대학원 토목공학과졸, 공학박사(경희대) **(경)**1980년 7급 공채 1997년 진주국도관리사무소 보수과장 1999년 부산지방국토청 도로공사과장 2001~2006년 건설교통부 근무 2006년 同기반시설본부 도로건설팀 서기관 2008년 부산지방국토관리청 건설관리실장 2008년 同도로시설국장 2009~2015년 한국도로학회 부회장 2010년 국토해양부 교통정책실 첨단도로환경과장 2010년 同교통정책실 간선도로과장 2012년同교통정책실 간선도로과장(부이사관) 2013년 국토교통부 도로국 간선도로과장 2014~2015년 원주지방국토관리청장 2015년 주택도시보증공사 금융사업본부장(상임이사)(현) **(상)**녹조근정훈장 **(저)**'도로관리학'

손종학(孫宗鶴) SON JONG HAK

(생)1957·8·3 **(본)**경주(慶州) **(출)**울산 **(주)**울산 남구 중앙로201 울산광역시청 문화체육관광국 체육지원과(052-229-3770) **(학)**1976년 울산고졸 2003년 울산대 지역개발학과졸 2006년 同정책대학원 공공정책학과졸 **(경)**1980년 공무원 임용(9급) 1988년 울산시 보건사회국 복지위생과 근무 1993년 同노정담당관실 근무 1995년 同재무국 세정과 근무 2001년 同경제통상국 경제통상과 근무 2007년 同문화예술회관 관리과장(지방사무관) 2009년 同박물관추진단 기획운영담당 2011년 同행정지원국 자치행정과 여론담당 2014년 同문화체육관광국 관광과 관광기획담당 2016년 同문화체육관광국 체육지원과장(지방서기관)(현) **(상)**전국공무원노동문학상 으뜸상(2003), 대통령표창(2012) **(종)**불교

손종학(孫鍾學) Sohn, Jonghak

(생)1961·8·10 **(출)**대전 **(주)**대전 유성구 대학로99 충남대학교 법학전문대학원(042-821-5824) **(학)**1980년 충남고졸 1984년 충남대 법학과졸 1986년 同대학원 법학과졸 **(경)**1989년 사법시험 합격 1992년 사법연수원 수료 1992년 전주지법 판사 1995년 同정읍지원 판사 1997년 수원지법 판사 1998년 同오산시법원 판사 1999년 수원지법 판사, 변호사 개업 2005년 충남대 법

과대학 교수 2009년 同법학전문대학원 교수(현), 同학생처장 2015년 同법학전문대학원장(현) 2015년 同특허법무대학원장(현) 2015년 同법과대학장 겸임(현) 2015년 디트뉴스24 객원논설위원(현) [상]행정중심복합도시건설청장표창(2015)

손종현(孫鐘鉉) SOHN Jong Hyun

[생]1948·3·22 [출]대전 [주]대전 대덕구 대전로1331번길 17 남선기공 비서실(042-625-5561) [학]대전고졸, 경희대 경영학과졸, 충남대 경영대학원 수료, 한남대 최고경영자과정 수료, 고려대 최고경영자과정 수료, 배재대 최고경영자과정 수료 [경]1971년 남선기공사 상무이사, 남선기공 부사장 1987년 同사장, 대전상공회의소 상임의원, 중부리스금융 비상근이사 2006년 남선기공 대표이사 회장(현) 2006년 대전상공회의소 부회장 2011년 한국공작기계산업협회 회장(현) 2011~2012년 대전범죄피해자지원센터 이사장 2012~2015년 대전상공회의소 회장 2012~2015년 대한상공회의소 부회장 [상]한국과학기술대상, 국무총리표창(2006) [종]제칠일 안식일 예수재림교

손주옥(孫周玉) SON Joo Og (海廣)

[생]1957·10·5 [본]밀양(密陽) [출]전북 순창 [주]서울 동대문구 전농로22 MJ빌딩403호 SR그룹 임원실(02-541-8552) [학]1976년 순창고졸 1980년 인천체육전문대학졸 2012년 서남대 사회체육과졸 2014년 단국대 문화예술대학원 문화관리학과졸 [경]1981~1982년 고창북고 체육교사 1982~1991년 역사문제연구소 간사 1990~1991년 국회의원 비서관 1991~2006년 서울예술단 마케팅팀장 2000~2006년 한국검도협회 부회장 2001~2006년 한국에어로빅협회 부회장 2006년 국립중앙극장 공연기획단장 2009년 同마케팅팀장 2011~2012년 성남문화재단 대표이사 직무대행·경영국장 2012~2014년 同예술국장 2014년 SR그룹 엔터테인먼트 대표이사(현) [상]문화체육부장관표창(1996), 서울예술단이사장효행상(1996), 서울예술단이사장표창(2001), 문화부장관표창(2006), 문화부장관표창(2007), 서울시교육청 감사장(2010), 국립중앙극장 최우수마케터상(2010), 단국대총장표창(2014) [종]불교

손주은(孫主恩) SON Joo Eun

[생]1961·3·21 [출]경남 창원 [주]서울 서초구 효령로 321 덕원빌딩 메가스터디(주) 임원실(02-3489-8200) [학]부산 동성고졸 1987년 서울대 서양사학과졸 [경]1987~1994년 입시강사·학원 경영 1994년 사회탐구영역 전문강사·입시전문가로 활동 2000~2015년 메가스터디(주) 대표이사·각자대표이사 2000년 同사회탐구영역 대표강사 2015년 同이사회 의장(현) 2015년 메가스터디교육(주) 이사회 의장 겸임(현) 2016년 윤민창의투자재단 이사(현) [상]한국재무혁신 기업대상 최우수상, 대한민국코스닥대상 최우수경영상, 자랑스런 서울대 사학인(2010) [저]'고3 혁명'(2003) [종]기독교

손주철(孫周哲)

[생]1973·11·3 [출]전북 전주 [주]강원 원주시 시청로149 춘천지방법원 원주지원(033-738-1000) [학]1992년 전주 완산고졸 1997년 서울대 법학과졸 [경]1997년 사법시험 합격(39회) 2000년 사법연수원 수료(29기) 2000년 공익 법무관 2003년 광주지법 판사 2005년 同목포지원 판사 2006년 인천지법 판사 2010년 서울남부지법 판사 2012년 서울고법 판사 2014년 서울중앙지법 판사 2015년 춘천지법 원주지원 부장판사(현)

손주항(孫周恒) SON Joo Hang (愚地)

[생]1934·2·25 [본]밀양(密陽) [출]전북 임실 [주]서울 양천구 목동서로225 대한민국예술인센터9층 한국예술문화단체총연합회(02-2655-3000) [학]1952년 전주고졸 1956년 중앙대 법정대 명예졸업 [경]1960년 4-H연맹 自願지도자 1961년 전북도 의원 1973년 제9대 국회의원(임실·남원·순창 무소속) 1975년 전주대사습놀이보존회 이사장 1977년 4-H연맹 고문 1978년 국악협회 고문 1979년 제10대 국회의원(임실·남원·순창 獄中당선·무소속) 1984년 민주화추진협의회 상임운영위원 1984년 삼성그룹 상임고문 1985년 역사문제연구소 이사장 1988년 평화민주당 부총재 1988년 제13대 국회의원(전주乙 평화민주당·신민당·민주당) 1990년 전주대사습놀이보존회 장학재단 이사장 1992~2007년 한국고서화협회 고문 1993년 한국국악협회 후원회장 1993년 일본 나라대 조선고고학회 연구원 1994년 손주항사랑방 座長 1997년 유선방송 심의위원 1998년 세계서법교류전 초대작가 2002년 전북도지사 출마(무소속) 2004년 세계서예서울비엔날레 상임고문 2004년 전주대사습놀이보존회 장학재단 회장 2013년 한국예총 문인서각장(현) 2013년 대한민국 서각명인에 지정 [상]KBS 국악대상 특별공로상 [저]'하늘도 알고 땅도 알고' '외로운 勇者' '백의종군' '산·산넘고 물건너' '天下爲公' '일편단심' 시집 '思母曲' '百戰老兵손주항' '어머니' [작]'風雲의 政治人 孫周恒(上·下)

손주환(孫柱煥) SON Chu Whan

[생]1939·4·20 [본]밀양(密陽) [출]경남 김해 [학]1958년 마산고졸 1966년 고려대 법학과졸 1974년 미국 컬럼비아대 언론대학원 수료 1996년 경남대 행정대학원졸 1996년 명예 경제학박사(러시아 플레하노프경제아카데미) 1998년 정치학박사(경남대) [경]1962~1974년 경향신문 기자·월남특파원·사회부 차장·외신부 부장대우 1971년 한국기자협회 회장 1974~1988년 중앙일보 사회부장·외신부장·편집부국장·편집국장 대리·광고국장·이사 1985년 관훈클럽 총무 1988년 민주정의당(민정당) 선거대책본부 대변인 1988년 同국책연구소 부소장 겸 정세분석실장 1988년 同기획조정실장 1988년 제13대 국회의원(전국구, 민정당·민자당) 1990년 민자당 국책연구원 부원장 1990년 同당기위원 1990년 대통령 정무수석비서관 1992년 공보처 장관 1992~1994년 한국국제교류재단 이사장 1995~1998년 서울신문 사장 1996~2007년 노비산장학재단 이사장 1999~2007년 경남대 북한대학원 초빙교수 2003~2011년 文信예술발전위원회 위원장 2008년 북한대학원대 초빙교수(현) [상]청조근정훈장 [저]'불타는 월남' 'Journalism and Unionization-A Comparative Study of the Korean and Foreign Press' '자유언론의 현장' '북한 인권통제 실상에 관한 연구' '북한 이탈 주민문제에 관한 연구' [종]기독교

손준성(孫準晟) SON Jun Sung

[생]1974·3·21 [본]밀양(密陽) [출]대구 [주]서울 서초구 반포대로157 대검찰청 기획조정부 정책기획과(02-3480-2120) [학]1993년 경북고졸 1998년 서울대 사법학과졸 2003년 同대학원졸 [경]1997년 사법시험 합격(39회) 2000년 사법연수원 수료(29기) 2000년 해군법무관 2003년 서울지검 검사 2004년 서울중앙지검 검사 2005년 대구지검 포항지청 검사 2008년 법무부 검찰과 검사 2011년 서울남부지검 검사 2013년 同부부장검사 2013년 대검찰청 연구관 2015년 서울서부지검 형사5부장 2016년 대검찰청 정책기획과장(현) [종]천주교

손준철(孫俊哲) Son, Joon Chul

[생]1958·1·26 [출]경북 칠곡 [주]서울 마포구 상암산로 34 디지털큐브10층 (주)케이토토 비서실(02-6350-3700) [학]1977년 대구고졸 1981년 단국대 행정학과졸 1983년 同대학원 행정학과졸 2001년 행정학박사(단국대) [경]1981년 입법고시 합격(5회) 1981~1995년 국회사무처 입법조사국·보건사회위원회·노동위원회·재정경제위원회 입법조사관 1991년 일본 와세다대 정치학부 외국인연구원 1996~1999년 국회사무처 재정경제위원회·예산결산특별위원회 입법심의관(부이사관) 1998년 중앙공무원교육원 연수 2000년 국회사무처 연수국장(이사관) 2001년 단국대 행정법무대학원 강사·겸임교수(현) 2002년 국회사무처 문화관광위원회 전문위원(이사관) 2002~2005년 방송통신위원회 남북방송교류추진위원회·방송심의위원회 위원 겸임 2005년 캐나다 브리티시컬럼비아대 객원연구원 2006년 국회사무처 정무위원회 전문위원(이사관) 2010~2013년 同정보위원회 수석전문위원(차관보급) 2013년 同의정연수원 교수(현) 2013년 법무법인 푸르메 고문(현) 2014년 한국수자원공사 경영자문위원(현) 2014년 (주)케이토토 대표이사(현) 2015년 한국스포츠산업협회 회장(현) [상]국회의장표창(1987), 근정훈장(2013) [저]'입법과 정론'(1995, 법문사)

손준호(孫峻鎬) SON Joon Ho

[생]1965·8·27 [본]경주(慶州) [출]경북 의성 [주]서울 서초구 반포대로158 서울고등검찰청(02-530-3114) [학]1984년 경북고졸 1988년 연세대 법학과졸 1991년 同대학원졸 [경]1990년 사법시험 합격(32회) 1993년 사법연수원 수료(22기) 1993년 공군 법무관 1996년 서울지검 검사 1998년 대구지검 김천지청 검사 2000년 부산지검 검사 2002년 수원지검 검사 2004년 서울남부지검 검사 2005년 同부부장검사 2006년 수원지검 여주지청 부장검사 2007년 인천지검 부천지청 3부장검사 2008년 부산지검 동부지청 2부장검사 2009년 수원지검 안산지청 3부장검사 2009년 서울중앙지검 조사부장 2010년 법무연수원 검사교수 2011년 서울고검 검사 2013년 부산고검 검사 2015년 서울고검 검사(수원지검 중요경제범죄조사단 파견)(현) [상]법무부장관표창(2002)

손지열(孫智烈) SON Ji Yol

[생]1947·6·23 [본]밀양(密陽) [출]대구 [주]서울 종로구 사직로8길39 세양빌딩 김앤장법률사무소(02-3703-1401) [학]1965년 경기고졸 1969년 서울대 법대졸 1970년 同사법대학원졸 [경]1968년 사법시험 합격(9회) 1971년 해군 법무관 1974~1980년 서울민사지법·서울지법 남부지원 판사 1980년 대구지법 김천지원장 1981년 同판사 1981년 법원행정처 법무담당관 1982년 서울고법 판사 1985년 부산지법 부장판사 1986년 서울지법 의정부지원 부장판사 1988년 서울민사지법 부장판사 겸 법원행정처 법정국장 1990년 서울지법 의정부지원장 1992~1997년 서울고법 부장판사 1992년 대법원 수석재판연구관 겸임 1993년 법원행정처 기획조정실장 겸임 1997년 서울지법 형사수석부장판사 1999년 법원행정처 차장 2000~2006년 대법관 2003~2005년 법원행정처장 2005~2006년 중앙선거관리위원회 위원장 2006년 김앤장법률사무소 변호사(현) 2007~2009년 헌법재판소 자문위원 2008년 포스코청암재단 이사 [상]청조근정훈장(2006) [종]기독교

손지호(孫志皓) SON Ji Ho

[생]1964·2·1 [출]경남 하동 [주]부산 연제구 법원로31 부산고등법원(051-590-1114) [학]1982년 동아고졸 1987년 서울대 법과대학졸 [경]1988년 사법시험 합격(30회) 1991년 사법연수원 수료(20기) 1991년 서울형사지법 판사 1993년 서울민사지법 판사 1995년 창원지법 판사 1997년 同김해시법원 판사 1998년 서울지법 동부지원 판사 2000년 同판사 2003년 법원행정처 공보관 2005년 대법원 연구법관 2005년 서울고등법원 판사 2006년 청주지법 부장판사 2007~2008년 사법연수원 교수 2008년 인천지법 부장판사 2010년 서울중앙지법 부장판사 2013년 수원지법 성남지원장 2014년 부산고법 창원재판부 부장판사 2015년 부산고법 부장판사(현)

손지훈(孫芝薰) SON Ji Hoon

[생]1964·2·23 [주]서울 중구 후암로98 동화약품(주) 임원실(02-2021-9300) [학]1986년 고려대 경제학과졸 1988년 미국 보스턴대 대학원 경영학과졸(MBA) [경]1989년 미국 BMS제약 영업분석가 1991년 동아제약 수출팀 과장, 同해외사업담당 전무, 디아지오코리아 커머셜디렉터 2006년 박스터코리아 부사장 2008~2014년 同대표이사 사장 2016년 동화약품(주) 대표이사 사장(CEO)(현)

손진군(孫晋君)

[생]1953·12·24 [주]경북 포항시 남구 지곡로56 포항금속소재산업진흥원313의1호 포스텍기술투자(주) 임원실(054-279-8486) [학]금속학박사(고려대) [경]포항산업과학연구원(RIST) 자원활용연구팀장, 同환경에너지연구센터장 2007년 同연구소 부소장(상무대우) 2012년 포스텍기술투자(주) 벤처금융본부장(전무) 2014년 同부사장 2014년 포스코기술투자(주) 부사장(현)

손진욱(孫珍旭) Son Jin Wook

[생]1970·12·23 [주]서울 종로구 청와대로1 대통령비서실 국정과제비서관실(02-770-0011) [학]1989년 거창고졸 1998년 서울대 국민윤리교육학과졸 [경]1999년 행정고시 합격(43회) 2003년 국무조정실 규제개혁기획단 사무관 2007년 同정책홍보심의관실 서기관 2008년 국무총리 정무기획비서관실 입법관리팀장 2009년 휴직(서기관) 2013년 국무조정실 안전환경정책관실 안전정책과장 2014년 同성과관리정책과장 2014년 국무조정실장 비서관 2015년 국무조정실 기획총괄정책관실 정책관리과장 2015년 대통령 정책조정수석실 국정과제비서관실 행정관(현)

손진책(孫振策) SON Jin Chaek

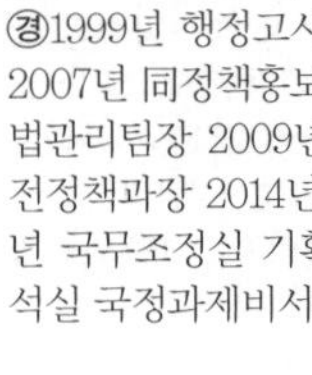

[생]1947·11·18 [본]경주(慶州) [출]경북 영주 [주]서울 성북구 아리랑로5길92 해피트리아파트106동1103호 극단 미추(010-5255-2697) [학]1965년 대광고졸 1970년 서라벌예술대 연극과졸 [경]1967년 극단「산하」연출부 입단 1973년 극단「민예극장」창단동인 1982~1986년 同대표 1986년 극단「미추」창단·대표(현) 1986년 국제극예술협회(ITI) 한국본부 이사 1987년 (사)중앙국악관현악단 지도위원 1988년 (사)한국연극협회 감사 1988년 서울올림픽문화예술축전 한강축제 총감독 1989년 서울연극연출가그룹 회장 1994년 국제극예술협회(ITI) 한국본부 부회장 1998~2000년 서울연극제 예술감독 2002년 한·일 월드컵축구대회 개막식 총연출 2004~2007년 예술의전당 이사 2007년 대통령취임식 연출 2008년 건국60년행사 총감독 2009년 광화문광장 개장식 연출 2010~2013년 (재)국립극단 초대예술감독 2011년 핵안보정상회의 문화부문 자문위원 2014년 경북도 문화융성위원회 위원장(현) 2015년 문경세계군인체육대회 개·폐회식 총감독 [상]한국연극영화예술대상 신인연출상(1976), 한국연극예술상(1983), 서울연극제 연출상(1987), 백상예술대상 연출상(1988·1989·1994), 대통령표창(1989), 동아연극상, 국립극장 선정 올해의 연출가상(1996), 보관문화훈장(2002), 이해랑 연극상(2003), 허규 예술상(2005), 동아연극상 연출상(2008), 국민훈장 목련장(2010), 고운문예인상(2011) [작]마당놀이 '허생전' '토선생전' '춘향전' '흥부전' '심청전' '홍길동' '이춘풍전' '변강쇠전' '삼국지' 연극 '서울말뚝이'(1974) '한네의 승천'(1976) '쌀'(1977) '꼭두각시 놀음'(1977) '지킴이'(1986) '오장군의 발톱'(1987) '신이국기'(1988) '시간의 그림자'(1989) '영웅만들기'(1990) '죽음과 소녀'(1992) '남사당의 하늘'(1993) '봄이 오면 산에 들에'(1996) '둥둥낙랑둥'(1996) '그볼'(1999) '히바카리-400년의 초상(한일합동공연)'(2000) '최승희'(2003) 'The Other Side(일본 신국립극장)'(2004) '벽속의 요정'(2005) '삼국지(중국 남경연예집단)'(2005) '디 아더 사이드'(2005) '주공행장'(2006) '열하일기만보'(2007) '은세계'(2008) '템페스트'(2009) 창극 '광대가' '임꺽정' '아리랑' '천명' '춘향전' '윤봉길의 사등' 음악극 '하늘에서 땅에서' '백두산신곡' '햄릿'(2016) [종]불교

손진호(孫進鎬) Son jin ho

[생]1945·5·6 [본]밀양(密陽) [출]경북 성주 [주]서울 송파구 올림픽로424 벨로드롬1층 대한장애인체육회(02-3434-4502) [학]1972년 경북공고졸 1986년 한국방송통신대 행정학과졸 [경]1982년 체육부 기획관리실 근무 1992년 월드컵축구대회조직위원회 파견 1994년 체육청소년부 국제체육과 근무(사무관) 2005년 문화관광부 관광정책과·장애인체육과 근무(서기관) 2006년 同스포츠여가산업과 근무(서기관) 2007년 국립민속박물관 섭외교육과장 2008년 국립중앙도서관 총무과장 2009년 문화체육관광부 스포츠산업과장, 한국예술종합학교 총무과장 2011년 국립국악원 국악진흥과장(부이사관) 2012년 대한장애인체육회 사무총장(현) [상]서울올림픽유공 대통령표창(1989), 월드컵축구대회유공 근정포장(2002), 홍조근정훈장(2012)

손진홍(孫振鴻) SON Jin Hong

[생]1967·3·3 [본]밀양(密陽) [출]광주 [주]경기 평택시 평남로1036 수원지방법원 평택지원(031-650-3114) [학]1986년 송원고졸 1990년 한양대 법학과졸 2003년 전남대 대학원 법학과 수료 [경]1998년 광주지법 예비판사 2000년 同목포지원 판사 2002년 同판사 2008년 광주고법 판사 2011년 사법연수원 교수 2013년 전주지법 남원지원장 2015년 인천지법 부장판사 2016년 수원지법 평택지원 부장판사(현) [저]'채권등집행실무편람(共)'(법원행정처) '공탁실무편람(共)'(법원행정처) '주석 민사집행법(共)'(한국사법행정학회) '주석 민법(共)'(한국사법행정학회) '법원실무제요 민사집행(共)'(법원행정처) '부동산집행(경매)의 실무'(2013, 법률정보센터) '채권집행의 이론과 실무'(2013, 법률정보센터) '부동산집행의 이론과 실무'(2015, 법률정보센터) [종]천주교

손진훈(孫晋勛) Sohn, Jin-Hun

[생]1954·10·16 [본]경주(慶州) [출]부산 [주]대전 유성구 대학로99 충남대학교 사회과학대학 심리학과(042-821-6369) [학]1978년 고려대 심리학과졸 1984년 同대학원 심리학과졸 1988년 심리학박사(고려대) [경]1978~1982년 한국행동과학연구소 심리검사개발부장·통계분석실장 1982~1987년 효성여대 심리학과 조교수 1986~1989년 미국 UCLA·USC 심리학과 연구교수 1989년 충남대 사회과학대학 심리학과 교수(현) 1991~1992년 미국 Miami의대 'Project to Cure Paralysis' 신경외과 연구교수 1996~1999년 과학기술부 G-7감성공학 기획위원 겸 대과제책임자 1998~1999년 표준과학연구원 초빙연구원 2002~2003년 International Society for Physiological Anthropology(ISPA) 사무총장 2002~2003년 미국 Cincinnati Children Hospital 방사선과 연구교수 2004년 한국감성과학회 회장 2006~2009년 공공기술연구회 선임이사 2007~2008년 한국뇌신경과학회 국제이사 2007~2008년 충남대 뇌과학연구소장 2007년 항공우주연구원 고문위원 2008~2010년 뇌신경과학회 이사 2008~2009년 과학기술부 한국뇌연구원설립추진위원 2008~2010년 일본 규슈대 객원교수 2008~2010년 한국전자통신연구원 지능로봇단 초빙연구원 2010~2011년 교육과학기술부 출연 선진화정책자문위원장 2010년 뇌신경과학회 대의원 2011~2013년 국가과학기술위원회 정책자문위원 2011~2013년 대통령직속 국가지식재산위원회 민간위원 겸 신지식재산전문위원회 위원장 2012~2013년 제3차 과학기술기본계획전문위원회 위원 2012~2013년 同인재양성부문 위원장 [상]미국 Miami대 의대 공로패(1992), 한국음향학회 학술상(1996), 한국음향학회 우수논문상(1998), 한국감성과학회 공로패(2001·2004), 한국뇌학회 공로패(2002),

충남대 우수교수 선정, 응용미약자기에너지학회 감사패(2005), 충남대 20년 근속표창(2009), 한국감성과학회 춘계학술대회 최우수논문상(2011), 과학기술훈장 웅비장(2014) 졚'심리탐험'(1992) '심리학의 이해'(1994, 영진서관) '인간이해를 위한 심리학'(1995)

손창동(孫昌東) Sohn, Chang Dong

솅1965 · 11 · 9 冏경북 선산 ㈜서울 종로구 북촌로112 감사원 감사교육원(031-940-8802) 졚1983년 대구 대건고졸 1991년 영남대 행정학과졸 1994년 서울대 행정대학원 행정학과 수료 2004년 미국 미시간주립대 대학원 행정학과졸 졍1991년 행정고시 합격(35회) 1993~2000년 감사원 제2국 제2과 · 제3과 · 제5과 · 감찰담당관실 부감사관 2000~2006년 同기획담당관실 · 국제협력담당관실 · 국가전략사업평가단 제1과 · 총괄과 감사관 2006년 同기획홍보관리실 혁신인사담당관 2007년 同산업환경감사국 제1과장 2008년 同기획관리실 기획담당관 2010년 同행정지원실장 2011년 同공보관(고위공무원) 2011년 국방대 파견(고위공무원) 2012년 감사원 특별조사국장 2014년 同산업 · 금융감사국장 2016년 同재정 · 경제감사국장 2016년 同감사교육원장(현) 졓감사원장표창(1997 · 2006), 바른감사인상(2009) 졚'대한민국 시스템 Up(共)'(2006, 중앙M&B)

손창석(孫昌石) Son Chang Suk

솅1962 · 10 · 10 ㈜서울 중구 남대문로9길24 하나카드(주) 채널영업본부(02-6399-3537) 졚1981년 광주 대동고졸 1986년 서강대 경영학과졸 졍1989년 외환카드 입사 2002년 同IR(Investor Relations)팀장 2003년 同신용관리부장 서리 2004년 한국외환은행 신용카드사업본부 근무(카드3급) 2004년 同법인회원팀 차장대우 2007년 同법인회원팀 차장 2011년 同카드사업본부 차장 2012년 同카드기획실장 직대 2013년 同카드기획실 조사역(하나금융지주 파견) 2013년 同외환카드 설립 사무국장 2014년 외환카드(주) 경영지원본부장 2014년 하나카드(주) 경영지원본부장 2016년 同고객관리본부장 2016년 同채널영업본부장(현)

손창성(孫昌星) SON Chang Sung

솅1953 · 1 · 29 冏강원 춘천 ㈜서울 성북구 인촌로73 고려대안암병원 소아청소년과(02-920-5650) 졚1977년 고려대 의과대학졸 1980년 同대학원졸 1983년 분석화학박사(고려대) 졍고려대 부교수 1987년 同의과대학 소아청소년과학교실 교수(현) 1989~1990년 일본 도쿄여대 심혈관센터 1994~1999년 대한소아과학회 고시위원 · 간행위원 1999~2000년 미국 캘리포니아주립대 샌디에이고교 소아심장과 근무 2002~2009년 대한소아심장학회 간행이사 2007년 고려대 안암병원장 2009~2011년 同의무부총장 겸 의료원장 2011~2012년 대한병원협회 부회장

손창완(孫昌浣) SON Chang Wan

솅1955 · 10 · 10 冏전남 장성 ㈜경기 수원시 장안구 정자로146 더불어민주당 경기도당(031-244-6501) 졚1973년 광주제일고졸, 동국대 경찰행정학과졸, 同대학원 행정학과졸(석사) 졍2000년 경찰청 인사교육과 인사계장(총경) 2001년 경기지방경찰청 감사담당관 2002년 경기 안산경찰서장 2003년 서울지방경찰청 인사교육과장 2005년 서울 강남경찰서장 2006년 경찰청 홍보담당관 2006년 경기지방경찰청 3부장(경무관) 2008년 전남지방경찰청 차장 2008년 서울지방경찰청 교통지도부장 2009년 同차장(치안감) 2010년 전북지방경찰청장 2010~2011년 경찰대학장(치안정감) 2012~2014년 한국철도공사(코레일) 상임감사위원 2016년 더불어민주당 경기안산시단원구乙지역위원회 위원장(현) 2016년 제20대 국회의원선거 출마(안산시 단원구乙, 더불어민주당) 졓녹조근정훈장(2003), 쏘나타 K리그 대상 공로상(2010)

손창욱(孫昌郁) Tristan Son

솅1976 · 11 · 21 冏밀양(密陽) 冏경남 밀양 ㈜서울 강남구 학동로175 미디어센터6층 (주)미투온(02-515-2864) 졚1995년 대구 경상고졸 2000년 서울대 조선해양공학과졸 졍1997~1998년 서울대재경경상동문회 회장 2000~2002년 (주)새하정보시스템 인터넷사업부 근무 2002년 (주)넥슨 포털개발팀 근무 2003년 (주)프리챌 전략기획팀장 2004년 (주)SKCP 기획팀장 · CTO 2004~2005년 (주)넥슨JAPAN 개발팀장 2005~2009년 (주)프리챌 대표이사 사장 2010년 (주)미투온 대표이사(현)

손창환(孫昌煥) SON Chang Hoan

솅1970 · 8 · 27 冏경주(慶州) 冏강원 강릉 ㈜강원 평창군 대관령면 올림픽로108의27 2018평창동계올림픽조직위원회 시설국(033-350-3906) 졚강릉고졸, 서울대 조선해양공학과졸 졍1999년 기술고시 합격 1999년 공무원 임용, 인제군 민원봉사과 토지전산화팀장, 同통합상수도팀장, 강원도 국제스포츠위원회 홍보지원팀장, 同평창동계올림픽유치위원회 시설지원팀장, 同평창동계올림픽유치위원회 기술지원팀장 2007년 同국제스포츠정책관실 국제행사담당 2009년 2018평창동계올림픽유치위원회 파견 2012년 강원도 건설방재국 수자원관리팀장 2012년 同건설방재국 재난방재과장 2012년 同건설방재국 방재담당관 2014년 同건설방재국 도로철도교통과장 2015년 同건설교통국 도로철도과장 2015년 2018평창동계올림픽대회조직위원회 시설국장(부이사관)(현) 졓행정안전부장관표창(2011)

손철우(孫哲宇)

솅1970 · 10 · 19 冏전남 여수 ㈜광주 동구 준법로7의12 광주고등법원(062-239-1114) 졚1989년 여수고졸 1994년 서울대 사법학과졸 졍1993년 사법시험 합격(35회) 1996년 사법연수원 수료(25기) 1996년 육군 법무관 1999년 서울지법 판사 2001년 同동부지원 판사 2003년 대전지법 판사 2007년 서울고법 판사(현) 2007년 법원행정처 정책연구심의관 2008년 同형사정책심의관 2009년 서울고법 판사 2016년 광주고법 판사(현)

손철운(孫喆雲) Cheol-un Son

솅1959 · 11 · 10 冏인천 남동구 정각로29 인천광역시의회(032-440-6072) 졚인하사대부고졸 1987년 인하대 사범대학 영어교육학과졸 졍인천시 부평구축제위원회 부위원장, 同청소년수련관건립심의위원회 위원장, 모란장학회 부회장, 부평고 운영위원장, 부개여고 운영위원장, 산곡중 운영위원장, 한나라당 중앙위원, 同인천부평乙당원협의회 청년위원회 자문위원, 인천시 교육정책자문위원 2006 · 2010~2014년 인천시 부평구의회 의원(한나라당 · 새누리당) 2006~2008년 同행정자치위원장 2012년 同운영위원장 2012년 새누리당 제18대 대통령선거 인천부평乙당원협의회 사무국장 2014년 인천시의회 의원(새누리당)(현) 2014년 同건설교통위원회 위원 2014 · 2015년 同예산결산특별위원회 위원장 2016년 同교육위원회 위원(현) 2016년 同예산결산특별위원회 위원(현) 2016년 同윤리특별위원회 위원(현) 졓전국시 · 도의회의장협의회 우수의정 대상(2016) 졗기독교

손충덕(孫忠惠) SOHN Choong Duk

솅1959 · 1 · 19 冏밀양(密陽) 冏경북 안동 ㈜서울 영등포구 의사당대로1 국회사무처 환경노동위원회(02-788-2283) 졚1978년 부평고졸 1986년 성균관대 경제학과졸 졍1991년 국방대학원 입교 1996년 국회사무처 법제예산실 입법민원과 서기관 1996년 同법제예산실 입법민원과장 1997년 同의사국 의안과장 1999년 同예산결산특별위원회 입법조사관 2001년 同환경노동위원회 입법조사관 2002년 同국제국 아주(중국)주재관(부이사관) 2005년 同정보위원회 입법심의관 2005년 同이사관(파견) 2006년 同국방위원회 전문위원 2009년 同행정안전위원회 전문위원 2011년 국회입법조사처 경제산업조사실장(관리관) 2013년 국회사무처 안전행정위원회 수석전문위원(차관보급) 2015년 同환경노동위원회 수석전문위원(차관보급)(현) 졗불교

손태근(孫太根) SON Tae Geun

솅1963 · 1 · 15 冏밀양(密陽) 冏경남 거제 ㈜서울 강남구 테헤란로98길11 법무법인 평원(02-555-6785) 졚1982년 마산고졸 1986년 연세대 법학과졸 1988년 同대학원졸 졍1990년 사법시험 합격(32회) 1993년 사법연수원 수료(22기) 1993년 광주지검 검사 1995년 창원지검 통영지청 검사 1997년 서울지검 북부지청 검사 1999년 인천지검 검사 2001년 춘천지검 검사 2003년 부산지검 검사 2005년 同부부장검사 2005년 인천지검 부부장검사 2007년 대구지검 형사5부장 2008년 同서부지청 부장검사 2009년 서울고검 검사 2010년 同춘천지부장 2011년 수원지검 성남지청 부장검사 2012~2013년 대전고검 검사 2013~2015년 법무법인 거화 대표변호사 2015년 대한주짓수회(JJAK) 법률자문위원장(현) 2015년 법무법인 평원 대표변호사(현) 졗기독교

손태락(孫太洛) SOHN Tae Rak

[생]1962·10·5 [출]경북 포항 [주]세종특별자치시 도움6로 11 국토교통부 국토도시실(044-201-3500) [학]1981년 성광고졸 1985년 경북대 행정학과졸 1987년 同대학원 행정학과졸 [경]행정고시 합격(31회) 2002년 건설교통부 대도시권광역교통정책실 광역철도과장 2002년 同기획관리실 정보화담당관 2003년 同해외파견 2005년 同건설경제담당관 2005년 同건설경제팀장 2006년 同부이사관 승진 2008년 국토해양부 운영지원과장 2009년 同용산공원조성추진기획단장(고위공무원) 2010년 중앙공무원교육원 고위정책과정 교육파견(고위공무원) 2011년 국토해양부 정책기획관 2012년 同토지정책관 2013년 부산지방국토관리청장 2014년 국토교통부 주택토지실장 2015년 同국토도시실장(현) [상]근정포장(2014)

손태승(孫泰升) Sohn Tae Seung

[생]1959·5·16 [출]광주 [주]서울 중구 소공로51 우리은행 글로벌그룹장실(02-2002-3000) [학]1978년 전주고졸 1983년 성균관대 법학과졸 1986년 서울대 대학원 법학과졸 2000년 핀란드 헬싱키대 경제경영대학원졸 [경]1987년 한일은행 입행 2003년 우리은행 전략기획팀 부장 2006년 同LA지점장 2010년 同인사부 부장대우(지주사 파견) 2012년 同관악동작영업본부장 2014년 同자금시장사업단 상무 2014년 同글로벌사업본부장(집행부행장) 2015년 同글로벌그룹장 겸 글로벌사업본부장(집행부행장)(현) [상]외교통상부장관표창(2005), 재정경제부장관표창(2006), 기획재정부장관표창(2008) [종]기독교

손태웅(孫泰雄) SON Tae Wung

[생]1955·7·4 [본]안동(安東) [출]경남 밀양 [주]서울 영등포구 여의대로24 전국경제인연합회(02-3771-0114) [학]고려대 기계공학과졸 [경]두산인프라코어(주) 건설기계BG 구매팀장, 同국내영업담당 상무, 同생산담당 상무 2007년 同건설기계BG GLOBAL OPERATIONS 생산담당 상무 2008년 同건설기계BG GO장(상무) 2009년 同건설기계BG GO장(전무) 2010~2012년 同DILC담당(전무) 2013~2014년 同자문역 2013년 전국경제인연합회 경영자문단 자문위원(현) [종]불교

손태원(孫泰元) Tae Won Sohn (一江)

[생]1950·5·1 [본]평해(平海) [출]경기 개성 [주]서울 성동구 왕십리로222 한양대학교 HIT 212호 한국경영교육인증원(02-2220-4604) [학]1969년 중동고졸 1974년 한국외국어대 영어과졸 1977년 서울대 행정대학원 수료 1985년 경영학박사(미국 럿거스-뉴저지주립대) [경]1977년 평화통일연구소 연구원 1978년 외교안보연구원 연구원 1980년 미국 뉴저지주립대 럿거스교 조교 1985~2015년 한양대 경영대학 조교수·부교수·교수 1988년 한국경영연구원 연구위원(현) 1996년 한국사회과학연구협의회 감사 1999년 한양대 경영대학원 주임교수 2000년 (주)크리에티즌 대표이사 2001~2002년 한국인사조직학회 회장 2002년 한국시스템다이내믹스학회 회장 2003~2005년 행정자치부 지방공기업경영평가위원 2005년 한국지식경영학회 회장 2005~2007년 한양대 경영대학장 2005년 대통령자문 정책기획위원회 위원 2005~2006년 기초기술연구회 기획평가위원 2005~2011년 (사)한국경영교육인증원 수석부원장 2006~2008년 한국경영대학(원)장협의회 회장 2007년 정부혁신컨설팅위원회 위원장 2007~2009년 사립학교교직원연금관리공단 비상임이사 2008년 서울시정개발연구원 이사 2010~2011년 한국경영학회 부회장 2013년 한국경영교육인증원 원장(현) 2015년 한양대 경영대학 명예교수(현) [상]녹조근정훈장(2007) [저]'한국사회의 불평등과 형평'(1992, 나남) '한국사회의 불평등과 공정성(編)'(1997, 나남) '학습조직의 이론과 실제'(1997, 삼성경제연구소) '조직학의 주요이론(共·編)'(2000, 법문사) '조직행동과 창의성'(2004, 법문사) [역]'학습조직의 5가지수련(共)'(1996, 21세기북스) '살아있는 기업'(2000, 세종서적) [종]불교

손태원(孫泰遠) Terry SON (聖道)

[생]1960·5·17 [본]경주(慶州) [출]경북 예천 [주]서울 관악구 보라매로3길23 (주)대교 해외사업총괄본부(02-829-0050) [학]장충고졸, 고려대 신문방송학과졸, 同언론대학원 광고홍보학과졸 1992년 미국 피츠버그대 경영대학원 EMBA과정 수료 [경]1984년 (주)제일기획 입사 1995년 同런던지점장, 同광고팀장, 同영국법인장(상무보) 2007년 同구주법인장(상무), 同글로벌본부 2그룹장(상무), 同글로벌광고본부장(상무) 2011년 同자문 2012년 부산국제광고제 부집행위원장 2012년 (주)대교 해외사업총괄본부장(전무)(현) [상]한국방송광고대상, 한국광고우수광고상, 대한민국광고대상 TV금상, 대한민국광고대상 TV은상, 대한매일광고대상, 대통령표창(2011) [저]'프로의 눈물에는 맛이 있다'(共)

손태호(孫台浩) SON Tae Ho

[생]1957·2·24 [출]대구 [주]서울 강남구 영동대로517 아셈타워22층 법무법인 화우(02-6003-7109) [학]1975년 경북고졸 1980년 서울대 법학과졸 2015년 同대학원 법학과졸 [경]1981년 사법시험 합격(23회) 1983년 사법연수원 수료(13기) 1983~1986년 공군 법무관 1986~1989년 서울민사지법 판사 1989~1991년 서울형사지법 판사 1991~1992년 대구지법 김천지원 판사 1991년 미국 워싱턴대 로스쿨 객원연구원 1992년 대구지법 판사 1993~1994년 대구고법 판사직대 1994~1996년 서울고법 판사 1996~2000년 대법원 재판연구관 2000~2002년 수원지법 부장판사 2000~2003년 언론중재위원회 중재부장 2002~2004년 서울지법·서울중앙지법 부장판사 2004년 법무법인 화우 변호사(현) 2007~2013년 국무총리 행정심판위원회 위원 2010~2012년 국민권익위원회 중앙 행정심판위원회 비상임위원 2011~2015년 구조조정기업 고충처리위원회 위원 2012년 동양자산운용 사외이사(현) 2012년 한국철도시설공단 고문변호사(현) 2012년 서울지방변호사협회 행정법커뮤니티위원장(현) 2012년 저축은행중앙회 적립금관리위원회 위원(현) 2014년 한국동서발전 법률담당 고문(현) 2014년 건설공제조합 고문변호사(현) 2014년 한국서부발전 법률담당고문(현) [종]기독교

손풍삼(孫豊三) Son, Pung Sam

[생]1944·8·22 [본]밀양(密陽) [출]전북 김제 [주]충남 아산시 신창면 순천향로22 순천향대학교 국제문화학과(041-530-1147) [학]1964년 전주고졸 1978년 고려대 정치외교학과졸 1980년 대만 타이완정치작전학교참모대 수료 1981년 고려대 교육대학원졸 1986년 서울대 행정대학원 정책발전과정 수료 1996년 정치학박사(단국대) [경]1985년 대통령 교육·문화비서관 1985~1997년 경기대·서울교육대·원광대·단국대·군산대·한성대 강사 1989년 예편(육군 대령) 1989년 국무총리 제5행정조정실 심의관 1991년 국방부 대변인 1992~1996년 도서출판 고려원 이사 겸 국제사회문화연구소장 1996~1998년 세종연구소 객원연구위원 1996년 K-TV 전문위원·방송주간 1998~2001년 성균관대 신문방송학과·언론정보대학원 겸임교수 2002~2009년 순천향대 어문학부 국제문화전공 교수 2002~2005년 국군방송 '손풍삼의 출발 새아침' 진행 2003~2005년 EBS 시청자위원회 부위원장 2005~2008년 순천향대 대외협력부총장 2009~2013년 同총장 2010년 코레일 철도발전자문위원회 여객·광역위원장 2011년 사회통합위원회 충남지역협의회 위원 2013년 순천향대 명예교수(현) 2013년 同국제문화학과 석좌교수(현) [상]보국훈장 삼일장, 대통령표창, 선진공자아카데미상(2009), 중소기업기술혁신대전 산학연부문 대통령상(2011) [저]'우리시대의 보통사람들을 위하여' '나무도 아닌 것이 풀도 아닌 것이' '낙원이냐 지옥이냐' '보통사람 이야기' '카네기 인생지침서(全6권)' '한국의 정치교육과 정치발전' '인생은 교과서 밖에 있다' [역]'모택동의 사생활(全3권)' '루즈벨트 전기'

손학규(孫鶴圭) SOHN Hak Kyu

[생]1947·11·22 [본]밀양(密陽) [출]경기 시흥 [학]1965년 경기고졸 1973년 서울대 문리과대학 정치학과졸 1988년 정치학박사(영국 옥스포드대) [경]1973년 기독교교회협의회 간사 1986년 기독교사회문제연구원 원장 1988년 인하대 정치외교학과 교수 1990~1993년 서강대 정치외교학과 교수 1992년 同사회과학연구소장 1993년 제14대 국회의원(광명乙 보선, 민자당·신한국당) 1993년 민자당 부대변인 1995년 同국제기구위원장 1995년 同대변인 1996~1997년 제15대 국회의원(광명乙, 신한국당·한나라당) 1996년 신한국당 정책조정위원장 1996~1997년 보건복지부 장관 1997~1998년 한나라당 총재비서실장 1999년 미국 조지워싱턴대 교환교수 2000~2002년 제16대 국회의원(광명, 한나라당) 2001년 국회 한·중포럼 회장 2002~2006년 경기도지사(한나라당) 2002~2006년 경기디지털아트하이브종합지원센터 이사장 2007년 선진평화연대 발족 2007년 대통합민주신당 제17대 대통령 중앙선거대책위원회 공동선거대책위원장 2008년 同대표 2008년 통합민주당 공동대표 2008년 민주당 서울종로지역위원회 위원장 2008~2010년 同상임고문 2010~2011년 同대표 최고위원 2011~2012년 제18대 국회의원(성남 분당乙 재보선 당선, 민주당·민주통합당) 2011년 민주통합당 상임고문 2013년 민주당 상임고문 2014~2015년 새정치민주연합 상임고문 2014년 同6.4지방선거대책위원회 공동위원장 2014년 제19대 국회의원선거 출마(수원 丙(팔달) 보궐선거, 새정치민주연합) 2015년 더불어민주당 상임고문 [상]청조근정훈장, 백봉신사상(2000·2001), 평등부부상(2001), 한국을 빛낸 CEO 글로벌경영부문(2005) [저]'Authoritarianism and Opposition in South Korea, London'(1989) '한국사회 인식논쟁(共)'(1990) '한국정치와 개혁'(1993) '경기 2002, 새로운 희망의 중심지'(1998) '진보적 자유주의의 길'(2000) '손학규와 찍새, 딱새들'(2006) '저녁이 있는 삶'(2012, 폴리테이아) [종]기독교

손학래(孫鶴來) SON Hak Lae

⊛1942·3·1 ⊜전남 보성 ㈜서울 강남구 테헤란로 317 법무법인 대륙아주(02-3016-5233) ⊕1960년 광주고졸 1966년 조선대 토목과졸 1974년 네덜란드 델프공과대 수료 2002년 명예 경영학박사(금오공대) ⊚1981~1988년 건설부 산업입지과·자연공원과 근무 1988년 국회 건설위원회 파견 1990년 건설부 자연공원과장 1991년 同신도시택지담당 1993년 同기술심의담당 1994년 同건설기준과장 1994년 건설교통부 기술정책과장 1995년 국토개발연구원 파견 1995년 건설교통부 건축기획관 1996년 同익산지방국토관리청장 1998년 同고속철도건설기획단장 1999년 同도로심의관 1999년 同광역교통기획단장 2001~2003년 철도청장 2004~2007년 한국도로공사 사장 2008년 대륙아주 법무법인 고문(현) ⊛근정포장(1984), 홍조근정훈장(1998) ㉙'국립공원' '이야기따라 가는 국립공원' ⊛불교

손한주(孫漢柱) SOHN Han Joo

⊛1938·9·28 ⊛밀양(密陽) ⊜서울 ㈜서울 종로구 새문안로3길36 용비어천가1034호 ㈜대항 비서실(02-733-0138) ⊕1957년 경기고졸 1962년 서울대 상대졸 ⊚1962~1973년 ㈜대농 입사·상무 1971년 同홍콩현지법인 사장 1973년 대고무역유한공사(홍콩소재) 회장 1981년 홍콩한인상공회 회장 1982년 민주평통 자문위원 1986년 홍콩한인회 회장 1989년 홍콩 한국국제학교 설립·재단이사장 1994년 대농창업투자㈜ 부회장 1996년 한국창업투자 사장 2000년 ㈜대항 회장(현) ⊛석탑산업훈장, 국민훈장 동백장 ⊛기독교

손해일(孫海鎰) SOHN HAE IL (石綠浩然 雲鄕)

⊛1948·2·25 ⊛밀양(密陽) ⊜전북 남원 ㈜서울 영등포구 국회대로76길18 국제펜클럽 한국본부(02-782-1337) ⊕1967년 전주고졸 1975년 서울대졸 1987년 홍익대 대학원 국문학과졸 1991년 문학박사(홍익대) ⊚1978년 월간「시문학」등단, 한국현대시인협회 사무국장·상임이사·부이사장·이사장·평의원 1984년 도쿄아시아시인대회 참가·홍익문인회 회장·시문학회 회장·서초문인협회 회장 1987~1994년 농협대학 교수·홍익대 강사, 세계시인대회 참가(밀라노·타이페이·서울·방콕), 제78차·80차 국제PEN 세계총회 참석(경주·키르기즈스탄), 농업중앙회 부산다대포지점장 1989~1994년 농민신문 편집부국장·취재국장 1999년 同논설실장 2001~2004년 同편집국장 2002년 한국현대시인협회 상임이사, 同부이사장 2002년 홍익대총동문회 부회장 2004년 농민신문 기획관리실장 2005년 서울대 농생대동창회보 편집인, 同상임부회장(현) 2005년 서울대 총동창회 이사(현) 2006년 농민신문 논설고문, 서초문인협회 회장, 同고문(현), 국제PEN한국본부 부이사장(현) 2014~2016년 한국현대시인협회 이사장, 同의원(현), 한국문인협회 이사(현) 2015년 한국문학비평가협회 부회장(현) ⊛서울대 대학문학상, 제4회 홍익문학상, 제23회 시문학상, 제8회 서초문학상, 제10회 서울대 자랑스러운상록인 대상, 제12회 소월문학상 ㉙'박영희 문학연구' '박종화시연구' '현대의 문학이론과 비평'(共) '한국현대시와 심리비평' ⊗'만남'(고려 혜자시집) ㉙시낭송집 '아름다운 세상 만들기' 시집 '흐르면서 머물면서' '왕인의 달' '떴다방 까치집' '물고기열전' 대표시 '새벽바다안개꽃' '참매미동편제' 500행 장시 '그날의 핵심자가' 등 ⊛기독교

손혁상(孫赫相) Hyuk-Sang SOHN

⊛1962·6·19 ⊛일직(一直) ⊜서울 ㈜서울 동대문구 경희대로26 경희대학교 청운관604호(02-961-9272) ⊕1980년 서울 경동고졸 1985년 서울대 정치학과졸 1987년 미국 펜실베이니아대 대학원 정치학과졸 1999년 同대학원 정치학박사과정 수료 2006년 정치학박사(경희대) ⊚2006년 경희대 공공대학원 부교수 2007년 한국국제협력단(KOICA) 정책자문위원(현) 2007~2010년 참여연대 국제연대위원장 2009년 한국정치학회 편집이사, 同이사(현) 2009년 외교부 정책자문위원(현) 2010년 경희대 국제개발협력연구센터장(현) 2010~2012년 한국국제개발협력시민사회포럼(KoFID) 운영위원 2011년 경희대 공공대학원 교수(현) 2011년 부산세계개발원조총회(HLF-4)추진단 자문위원 2011년 국제개발협력민간협의회(KCOC) 정책홍보위원(현) 2012년 국무조정실 국제개발협력실무위원회 민간위원 2012년 유엔인권정책센터 정책전문위원(현) 2012년 한국국제정치학회 국제개발협력연구분과위원장, 同이사(현) 2013년 서울시 국제교류자문단 자문위원(현) 2013년 법무부 이민정책자문위원(현) 2014년 한국국제교류재단 자문위원(현) 2015년 국회 입법조사처 자문위원(현) 2015년 한국국제개발협력학회 회장(현) 2016년 한국정치학회 부회장(현) 2016년 한국국제협력단 비상임이사(현) 2016년 국제개발협력위원회 민간위원(현) 2016년 경희대 공공대학원장(현) ㉙'시민사회와 국제개발협력: 한국 개발NGO의 현황과 과제'(2015, 집문당) ⊗'구성주의 이론과 국제관계 연구 전략(共)'(2011, 경희대 출판문화원)

손혁재(孫赫載) SOHN Hyuk Jae

⊛1954·11·17 ⊜충남 청양 ㈜서울 종로구 세종대로209 대통령소속 지방자치발전위원회(02-2100-2214) ⊕1974년 경성고졸 1978년 성균관대 정치외교학과졸 1984년 同대학원졸 1991년 정치외교학박사(성균관대) ⊚참여연대 의정감시센터 상임집행위원·협동사무처장, 포럼2001 자문위원, 지방자치실무연구소 부소장, 경기지역정책연구소 소장, 한국유권자연합 의정평가단 부단장 2001년 한국간행물윤리위원회 제3심의위원장 2001년 성공회대 사회과학정책대학원 연구교수 2003년 참여연대 운영위원장 2003~2006년 한국간행물윤리위원회 심의위원 2004년 同제3심의위원장 2005년 국가과학기술위원회 민간위원 2005~2007년 학교법인 대양학원(세종대) 이사 2007년 참여연대 정책자문위원회 부위원장 2007년 학교법인 대양학원(세종대) 임시이사 2011년 국회 선거구획정위원회 위원 2013~2016년 수원시정연구원 원장 2015년 대통령소속 지방자치발전위원회 위원(현), 경기대 초빙교수(현) 2016년 국민의당 당헌당규제·개정위원회 부위원장(현) 2016년 국회의장직속 국회의원특권내려놓기추진위원회 위원 ㉙'전환기의 세계정세'(共) '현대정당정치론'(共) '현대이념의 제문제'(共) '김대중정부 권력 대해부' '한국 민주주의와 지방자치'(共) '부정부패의 사회학'(共) '참여민주주의와 한국사회'(共) '보수주의자들'(共) '창조적 참여를 위하여' '서울의 정치'(共)

손현덕(孫顯德) SOHN Hyun Duck

⊛1961·9·3 ⊛경주(慶州) ⊜충북 충주 ㈜서울 중구 퇴계로190 매일경제신문 논설위원실(02-2000-2114) ⊕1979년 대성고졸 1983년 한양대 경제학과졸 1985년 同대학원 경제학과졸 ⊚1989년 매일경제신문 경제부 기자 1995년 同증권부 기자 1997년 同산업부 기자 1998년 同경제부 기자 1998년 同편집부 기자 2000년 미국 워싱턴특파원(차장대우) 2004년 同정치부 차장 2004년 同유통부장 2005년 同국제부장 겸 유통경제부장 2006년 同중소기업부장 직대 2006년 同경제부장 2008년 同정치부장 2010년 同증권부장 2011년 同편집국 증권부장 겸 여론독자부장(부국장대우) 2011년 同편집국 산업부장(부국장급) 2012년 同지식부장 겸임 2012년 관훈클럽 편집위원 2013~2014년 매일경제신문 편집국 차장(부국장급) 2014년 대통령직속 규제개혁위원회 위원 2014년 매일경제신문 편집국장 2016년 同논설실장 겸 편집담당 이사대우(현) ⊛삼성언론상 기획보도부문(2000), 한양언론인회 한양언론인상(2014) ㉙'재미있는 보험이야기' '월급을 알면 주식이 보인다' '신지식 업그레이드' '뉴이코노미시대에는 新경제기사가 돈이다'(共) '부자 나라 가난한 나라' ⊗'마스터링 매니지먼트' '네이비 실 리더십의 비밀'

손현식(孫賢植) Son Hyun-Sik

⊛1954·9·14 ⊜대구 ㈜서울 강남구 광평로281 노틸러스효성㈜ 비서실(02-6181-2114) ⊕1973년 경북고졸 1977년 한양대 전자학과졸 ⊚1977년 효성컴퓨터 입사 1996년 同구미공장장 2002년 同국내영업총괄담당 임원 2003년 노틸러스효성㈜ 금융자동화기기사업총괄 상무 2006년 同금융자동화기기사업총괄 전무 2010년 同부사장 2011년 同대표이사 부사장 2011년 同대표이사 사장(현)

손현찬(孫鉉讚) SON Hyeon Chan

⊛1970·5·5 ⊜대구 ㈜대구 수성구 동대구로364 대구지방법원(053-757-6600) ⊕1989년 대구 대륜고졸 1994년 서울대 법대 사법학과졸 ⊚1993년 사법시험 합격(35회) 1996년 사법연수원 수료(25기) 1999년 대구지법 판사 2002년 同포항지원 판사 2005년 대구지법 판사 2008년 대구고법 판사 2010년 대구지법 판사 2011년 울산지법 부장판사 2013년 대구지법 서부지원 부장판사 2014년 대구지법·대구가정법원 상주지원장 2016년 대구지법 부장판사(현)

손현호(孫鉉浩) Son, hyonho

⊛1969·1·7 ⊜경남 밀양 ㈜경남 거창군 거창읍 거함대로3324 거창소방서(055-940-9200) ⊕계명대 공업화학과졸 ⊚1994년 소방위 임용(소방간부후보 8기) 1995년 경남 밀양소방서 구조대장 1999년 경남 김해소방서 계장(소방경) 2002년 경남 창원소방서 계장 2005년 경남 진해소방서 계장 2006년 경남 동마산소방서 구조구급대장(소방령) 2009년 경남 양산소방서 예방안전과장 2014년 경남 함안소방서 소방행정과장 2015년 경남도 소방본부 119종합방재센터장(소방정) 2016년 경남 거창소방서장(현)

손형진(孫炯璡) Hyeung Jin, Son

[주]서울 서대문구 이화여대길52 이화여자대학교 약학대학(02-3277-4504) [학]1978년 서울대 미생물학과졸 1980년 한국과학기술원(KAIST) 생화학과졸 1987년 이학박사(미국 아이오와대) [경]1980~1983년 한국과학기술원(KAIST) Research Scientist 1983~1987년 미국 아이오와대 Research Assistant 1987~1990년 미국 컬럼비아대 Postdoctoral Associate 1990~1996년 미국 코넬대 의대 Assistant Professor 1990~2005년 미국 Burke Medical Research Institute Principal Investigator · Transgenic Mice Core Facility, Chief Scientist 1997~2005년 미국 코넬대 의대 Associate Professor 2000~2004년 미국 국립보건원 근무, 이화여대 약학대학 교수(현) 2008~2016년 同뇌질환기술연구소장 2012~2016년 同약학연구소장 2014년 同대학원 뇌인지과학과장(현) [상]Mathers Foundation Award(1990~1993), N.Y. Alzheimer's disease Research Center Award(1992)

손혜리(孫惠利 · 女) Sohn, hyeri

[생]1968 · 2 · 4 [출]경북 경주 [주]서울 서초구 남부순환로 2364 전통공연예술진흥재단(02-580-3140) [학]1990년 이화여대 음대 작곡과졸 1992년 同대학원 음악학과졸 [경]아시아문화중심도시조성위원회 위원(현), 문화창조융합본부 문화창조융합자문위원회 위원(현), (재)국립극장진흥재단 이사(현) 1995~1999년 기독교TV 편성제작국 제작PD 2004~2010년 서울문화재단(공채 1기) 예술교육팀장(부장급) 2010~2014년 경기도문화의전당 사장 2013~2015년 문화융성위원회 전문위원 2014년 UN공공행정포럼 자문위원 2015년 전통공연예술진흥재단 이사장(현)

손혜원(孫惠園 · 女) Sohn Hye Won

[생]1955 · 1 · 23 [본]밀양(密陽) [출]서울 [주]서울 영등포구 의사당대로1 국회 의원회관317호(02-784-9241) [학]숙명여고졸 1977년 홍익대 미술대학 응용미술과졸 1981년 同대학원 공예도안과졸 [경]1977년 현대양행 근무 1979년 판 디자인 근무 1984년 디자인포커스 근무 1986년 크로스포인트 대표, 홍익대 산업미술대학원 시각디자인과 부교수, 한국시각정보디자인협회 회원, 同부회장, 한국나전칠기박물관 관장(현) 2012~2014년 한국디자인진흥원 비상임이사 2015년 새정치민주연합 홍보위원장 2015년 더불어민주당 홍보위원장(현) 2016년 同제20대 총선 선거대책위원회 위원 2016년 同서울마포구乙지역위원회 위원장(현) 2016년 제20대 국회의원(서울 마포구乙, 더불어민주당)(현) 2016년 국회 교육문화체육관광위원회 위원(현) 2016년 한국신문윤리위원회 윤리위원(현) 2016년 국회 문화 · 관광산업연구포럼 공동대표의원(현) [상]홍콩디자인협회 아시아 디자인상(2003) [저]'브랜드와 디자인의 힘' '꿈꾀까꼴깡(共)'(2008, 미래를소유한사람들)

손호권(孫湖權) SON Ho Kwon

[생]1964 · 11 · 5 [출]부산 [주]서울 중구 을지로16 백남빌딩6층601호 (주)모두투어인터내셔널 비서실(02-3788-4800) [학]세종대 관광경영학과졸, 경기대 대학원 관광산업과졸 [경]1989년 국일여행사 입사, (주)모두투어네트워크 경영지원본부장(이사) 2009년 同상품기획본부장(상무) 2011년 同상품기획본부장(전무이사) 2011~2013년 호텔앤에어닷컴 대표이사 2014년 (주)모두투어인터내셔널 대표이사(현) [상]일반여행업협회선정 우수종사원상(2001)

손호상(孫豪常) SON Ho Sang

[생]1962 · 1 · 15 [주]대구 남구 두류공원로17길33 대구가톨릭대병원 내분비대사내과(053-650-4026) [학]영남대 의대졸, 의학박사(영남대) [경]대구가톨릭대 의대 내과학교실 전임강사 · 조교수 · 부교수 · 교수(현) 2011년 同의대 교무부학장 2015년 同병원 진료부원장(현)

손호중(孫鎬中) Son Ho Jung

[생]1959 · 3 · 19 [출]강원 횡성 [주]강원 화천군 화천읍 화천새싹길33 화천경찰서(033-442-2122) [학]강원 횡성고졸, 동국대 행정학과졸 1933년 同행정대학원졸, 강원대 대학원 행정학 박사과정 수료 [경]1985년 경찰 간부후보(33기) 2007년 총경 승진 2007년 강원지방경찰청 정보과장 2008년 강원 평창경찰서장 2010년 강원지방경찰청 홍보담당관 2010년 同경무과 총경(경찰대 교육) 2011년 강원 정선경찰서장 2012년 강원지방경찰청 경비교통과장 2013년 강원 춘천경찰서장 2015년 강원지방경찰청 정보과장 2016년 강원 화천경찰서장(현)

손호철(孫浩哲) SOHN Ho Chul

[생]1952 · 12 · 19 [출]부산 [주]서울 마포구 백범로35 서강대학교 사회과학부 정치외교학과(02-705-8396) [학]1970년 부산중앙고졸 1978년 서울대 정치학과졸 1982년 미국 Univ. of Texas at Austin 대학원 정치학과졸 1987년 정치학박사(미국 Univ. of Texas at Austin) [경]1977년 동양통신 경제부 기자 1983년 한국일보 LA특파원 1988~1990년 서울대 · 서강대 · 이화여대 · 국민대 · 인하대 강사 1990년 전남대 정치외교학과 조교수 1994년 서강대 사회과학부 정치외교학과 조교수 · 부교수 · 교수(현) 1996~2000년 참여사회연구소 이사 1999년 민주화를위한전국교수협의회 공동의장 1999년 학술지 '진보평론' 공동대표 2000년 총선시민연대 정책자문교수단 공동단장 2004년 국가정보원 '과거사건진실규명을통한발전위원회' 민간위원 2010~2012년 서강대 사회과학부학장 겸 공공정책대학원장 2013~2015년 同대학원장 2015년 국민모임신당추진위원회 운영위원장 2015년 국민모임 정강정책위원장 2015년 정의당 미래정치센터 이사장(현) [저]'한국정치학의 새 구상' '한국전쟁과 남북한 사회의 구조적 변화'(共) '현대 세계체제의 재현과 제3세계'(共) '국가와 공공정책'(共) '현대 민주주의론' '전환기의 한국정치'(1993, 창작과비평사) '해방50년의 한국정치'(1995, 새길) '3김을 넘어서'(1997, 푸른숲) '신자유주의시대의 한국정치' '현대 한국정치이론과 역사 1945~2003'(2003, 사회평론) '빵과 자유를 위한 정치'(2010, 해피스토리) [역]'계급으로부터의 후퇴'(編)

손 훈(孫 勳) SOHN Hoon

[생]1969 · 10 · 5 [출]서울 [주]대전 유성구 대학로291 한국과학기술원 건설및환경공학과(042-350-3625) [학]1992년 서울대 공대 토목공학과졸 1994년 同대학원 토목공학과졸 1998년 공학박사(미국 스탠퍼드대) [경]1999~2004년 미국 로스아라모스 국립연구소(Los Alamos National Laboratory) 기술지원연구원 1999~2010년 미국 로스아라모스 다이나믹스(Los Alamos Dynamics) LLC 공동 · 책임연구원 2004~2006년 미국 카네기 멜론대(Carnegie Mellon Univ.) 조교수 2007~2010년 同겸임교수 2007~2010년 한국과학기술원 건설및환경공학과 부교수 2007~2010년 同미래도시연구소 참여교수 2007~2013년 미국공군연구소(Air Force Research Laboratory, USA) 여름Faculty 2009 · 2010년 미국 마르퀴즈 후즈 후 등재 2009년 국제인명센터(IBC) 100인의 교육자 등재 2009년 한국과학기술한림원 준회원(현) 2011~2013년 한국과학기술원 석좌교수 2011년 同건설및환경공학과 교수(현) 2011~2012년 미국 퍼듀대 건설및환경공학과 객원교수 2012~2013년 미국 미시간주립대 Electrical and Computing Engineering 겸임교수 2013년 ICT교량연구단 단장(현) [상]과학기술부 및 한국과학기술한림원선정 '제11회 젊은과학자상'(2008), 미국 퍼듀대 방문교수상(2011), 국제구조물건전도모니터링학회 올해의 인물상(2011), 동아일보선정 10년 뒤 한국을 빛낼 100인(2012) [저]'Signal processing for structural health monitoring'(a book chapter in Encyclopedia of Aerospace Engineering) 'Applications of statistical pattern recognition paradigms to structural health monitoring'(a book chapter in Encyclopedia of Structural Health Monitoring) 'Guided wave based nondestructive testing: a reference-free pattern recognition approach'(a book chapter of Ultrasonic and Advanced Methods for Nondestructive Testing and Material Characterization) 'Statistical pattern recognition paradigm applied to defect detection in composite plates'(a book chapter of Damage Prognosis for Aerospace, Civil and Mechanical System) 'Sensor technologies for civil infrastructures, Volume 1: sensing hardware and data collection methods for performance assessment'(2014) 'Sensor technologies for civil infrastructures, Volume 2: applications in structural health monitoring'(2014)

손흥민(孫興慜) Son Heung-Min

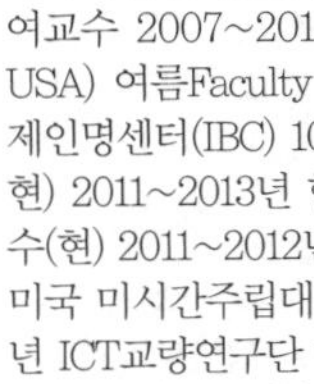

[생]1992 · 7 · 8 [출]강원 춘천 [학]동북고 중퇴 [경]2009년 U-17 청소년월드컵 국가대표 2010~2013년 독일 함부르크 SV 소속 2011년 AFC아시안컵 국가대표 2013~2015년 독일 TSV 바이어 04 레버쿠젠 소속 2014년 브라질월드컵 국가대표 2015년 2015 AFC 아시안컵 국가대표(준우승) 2015년 잉글랜드 프리미어리그 토트햄 핫스퍼 FC 입단(이적료 : 약 402억원)(현) 2016년 제31회 리우데자네이루 올림픽 국가대표(와일드카드) [상]분데스리가 전반기 최우수신인(2010), 피스컵 베스트 네티즌상(2012), AP통신 선정 주간 톱10(2013), ESPN 선정 '올해 최고의 아시아 축구선수'(2013), 대한축구협회 선정 '올해의 선수상'(2013 · 2014), AFC 호주아시안컵 베스트 11 우측 공격수부문(2015), 영국 축구전문지 포포투 선정 '아시아 최고의 축구선수'(2015), 아시아축구연맹(AFC) 선정 '올해의 아시아 해외파 선수상'(2015), 한국갤럽 조사 '2015년을 빛낸 스포츠선수 1위'(2015), 영국 축구전문지 포포투 선정 '아시아 최고의 축구선수' 2위(2016), 잉글랜드 프리미어리그(EPL) 선정 '9월의 선수상'(2016)

손흥수(孫興洙)

ⓢ1965·6·3 ⓞ전남 장흥 ⓐ서울 강남구 테헤란로92길7 법무법인(유) 바른(02-3479-2416) ⓗ1984년 장흥 관산고졸 1990년 서울대 동양사학과졸 1997년 서강대 대학원 법학과 수료 ⓒ1990년 근로복지공단 근무 1990년 대한주택공사 근무 1996년 사법시험 합격(38회) 1999년 사법연수원 수료(28기) 1999년 서울지법 남부지원 판사 2001년 서울지법 판사 2003년 전주지법 정읍지원 판사 2007년 의정부지법 판사 2010년 서울고법 판사 2012년 서울중앙지법 판사 2014~2016년 대전지법·대전가정법원 천안지원 부장판사 2016년 법무법인(유) 바른 변호사(현)

손희송(孫凞松) SON Hee Song

ⓢ1957·1·28 ⓞ경기 연천 ⓐ서울 중구 명동길74 천주교 서울대교구(02-727-2114) ⓗ1975년 성신고졸 1979년 가톨릭대졸 1986년 오스트리아 인스브루크대 대학원 교의신학과졸 1996년 교의신학박사(가톨릭대) ⓒ1986년 사제 수품 1992~1994년 용산성당 주임신부 1994~2015년 가톨릭대 교수 2012~2015년 천주교 서울대교구 사목국장 2015년 同서울대교구 보좌주교(현) 2015년 同서울대교구 중서울지역·가톨릭학교법인담당 교구장 대리(주교)(현) 2015년 학교법인 가톨릭학원 상임이사 겸임(현) 2016년 천주교 서울대교구 총대리 겸임(현) 2016년 평화방송·평화신문 이사장(현) 2016년 (재)바보의나눔 이사장(현) ⓩ'열려라 7성사'(1997, 생활성서사) '신앙인'(1999, 생활성서사) '신비를 만나는 사람들'(2000, 생활성서사) '나에게 희망이 있다'(2001, 생활성서사) '주님이 쓰시겠답니다'(2002, 생활성서사) '성사 하느님 현존의 표지'(2003, 가톨릭대 출판부) '믿으셨으니 정녕 복되십니다'(2003, 가톨릭대 출판부) '미사 마음의 문을 열다'(2008, 생활성서사) '주님은 나의 목자'(2010, 생활성서사) '우리는 혼자가 아닙니다'(2011, 가톨릭출판사) '일곱 성사, 하느님 은총의 표지'(2011, 가톨릭대 출판부) '행복한 신앙인'(2014, 가톨릭출판사) '주님의 어머니, 신앙인의 어머니'(2014, 가톨릭대 출판부) '일곱 성사'(2015, 가톨릭출판사)

손희식(孫熙植) Sohn, Hi-Shik

ⓢ1962·3·20 ⓑ밀양(密陽) ⓞ대구 ⓐ서울 중구 청파로463 한국경제매거진 임원실(02-360-4801) ⓗ1980년 대륜고졸 1985년 연세대 정치외교학과졸 ⓒ1990년 한국경제신문 편집국 외신부 기자 1991년 同경제부 기자 1993년 同증권부 기자 1995년 同한경비즈니스 창간 1996년 同증권부 기자 1998년 同정보통신부 기자 1999년 同건설부동산부 기자 2001년 同산업부 대기업팀 기자 2003년 同경영기획실 기자 2004년 同사장실장 2005년 同편집국 증권부 차장 2010년 同편집국 생활경제부장 2013년 한국경제매거진 이사대우 2015년 同이사 겸 한경비즈니스 편집장(현) ⓡ천주교

송갑수(宋甲洙) SONG Kab Soo

ⓢ1964·6·2 ⓞ충북 ⓐ서울 중구 마장로45 서울지방경찰청 기동본부(02-2237-8103) ⓗ1982년 김천고졸 1986년 경찰대 법학과졸 ⓒ1986년 경위 임용 1999년 부산 동래경찰서 교통과장(경정) 1999년 同청문감사관실 감시관 2000년 경찰대 치안연구소 근무 2001년 서울 북부경찰서 방범과장 2003년 서울 청량리경찰서 방범과장 2003년 서울 강남경찰서 방범과장 2003년 同생활안전과장 2006년 서울지방경찰청 경무과 근무 2006년 同경무부 인사교육과 근무(경정) 2007년 충북 영동경찰서장(총경) 2008년 경찰종합학교 교무과장 2009년 경기 분당경찰서장 2010년 서울지방경찰청 제2기동대장 2011년 서울 종로경찰서장 2012년 서울지방경찰청 경비1과장 2014년 同경비1과장(경무관) 2014년 부산지방경찰청 제1부장 2014년 인천지방경찰청 제2부장 2014년 同제1부장 2015년 서울지방경찰청 기동본부장(현) ⓢ문화부장관표창(2002), 경찰청장표창(2004·2005), 서울지방경찰청장표창(2004·2006)

송 강(宋 岡)

ⓢ1974·1·31 ⓞ충북 보은 ⓐ서울 서초구 반포대로157 대검찰청 공안부 공안3과(02-3480-2340) ⓗ1992년 휘문고졸 1997년 고려대 법학과졸 2003년 同대학원졸 ⓒ1997년 사법시험 합격(39회) 2000년 사법연수원 수료(29기) 2000년 공익법무관 2003년 수원지검 검사 2005년 청주지검 충주지청 검사 2007년 법무부 법무과 검사 2009년 서울중앙지검 검사 2013년 창원지검 부부장검사 2013년 대검찰청 연구관 2014년 대전지검 공안부장 2015년 서울남부지검 형사6부장 2016년 대검찰청 공안3과장(현)

송강영(宋江永) SONG Kang Young

ⓢ1965·8·1 ⓞ전북 ⓐ부산 사상구 주례로45 동서대학교 레포츠과학부 레저스포츠전공(051-320-1884) ⓗ1984년 남강고졸 1991년 수원대 체육학과졸 1993년 서울대 대학원 체육교육과졸 1999년 교육학박사(서울대) ⓒ2000년 동서대 레저스포츠과 부교수 2004년 부산YMCA 시민체육위원 2005년 同유소년축구단장 2005년 한국콘텐츠학회 편집위원(현) 2005년 同스포츠레저분과 학술위원장(현) 2008년 부산시축구협회 대외협력이사(현) 2010년 한국여가레크리에이션협회 편집위원장 2012년 한국시큐리티융합경영학회 부회장(현) 2013년 체육인재육성재단 이사장 2016년 한국여가레크리에이션학회 회장(현) 2015년 동서대 레포츠과학부 레저스포츠전공 교수(현) ⓩ'축구 100% 즐기기'(2003, 대한미디어) '중학교1 체육'(2009, 형설출판사) '중학교 체육'(2013, 형설출판사)

송강호(宋岡鎬) SONG Gang Ho

ⓢ1956·2·6 ⓞ경북 경산 ⓐ서울 구로구 디지털로26길123 꿈과희망법률사무소(02-6969-7123) ⓗ1974년 경북고졸 1981년 서울대 법학과졸 1999년 연세대 대학원 행정학과졸 2009년 한림대 법학대학원 박사과정 재학中 ⓒ1984년 사법시험 합격(26회) 1987년 사법연수원 수료(16기) 1987년 경찰청 정보2계장 1994년 서울지방경찰청 수사지도과 1995년 경북지방경찰청 칠곡경찰서장 1995년 同상주경찰서장(총경) 1996년 대통령비서실 파견 1998년 서울지방경찰청 수사과장 1998년 同용산경찰서장 2000년 경찰청 방범기획과장 2002년 중앙공무원교육원 파견 2002년 경찰대 학생지도부장(경무관) 2004년 경찰청 기획정보심의관 2005년 同혁신기획단장 2006년 중앙경찰학교장(치안감) 2006년 경북지방경찰청장 2008년 경찰청 수사국장 2009년 강원지방경찰청장 2010~2014년 법무법인(유) 정률 변호사 2010년 서울 강동구·관악구·마포구·용산구 고문변호사 2010년 한국마사회 고문변호사(현) 2010년 한국철도시설공단 고문변호사(현) 2010~2013년 한국수력원자력 고문변호사 2010년 한국방정환재단 자문변호사(현) 2010년 현대리서치연구소 고문변호사(현) 2011년 서울 마포구 분쟁조정위원(현) 2011년 서울 용산구 도시재개발분쟁조정위원장(현) 2011년 동국대 경찰사법대학원 겸임교수 2012년 한국프라스틱연합회 고문변호사(현) 2012년 강원랜드 고문변호사 2014년 꿈과희망법률사무소 대표변호사(현) 2014년 서울 용산구·강동구 고문변호사(현) ⓩ'경찰이 친절하면 국민이 편합니다' '수사권논의의 새로운 패러다임' '협동조합의 이해와 핵심'

송강호(宋康昊) SONG Gang Ho

ⓢ1967·1·17 ⓞ경남 김해 ⓐ서울 영등포구 여의대로8 여의도파크센터A동801호 호두엔터테인먼트(02-542-517) ⓗ김해고졸 1987년 경상전문대학 방송연예과졸 ⓒ영화배우(현) 1991년 연극 '동승' 1991년 극단 '새벽'·'차이무'·'연우무대' 단원 1995년 영화 '돼지가 우물에 빠진 날'로 데뷔 2003년 미장센단편영화제 명예심사위원 2008~2013년 매니지먼트호두 소속 2011년 同명예 심사위원장 2013년 호두엔터테인먼트 소속(현) 2014년 제51회 대종상영화제 홍보대사 2015년 미국 영화예술과학아카데미(AMPAS·미국 최고 영화상인 아카데미상 주관) 회원(현) ⓢ청룡영화상 남우조연상(1997), 대종상영화제 신인남우상(1997), 영화평론가협회 남자연기상(1998), 디렉터스컷 남자연기상(2000), 부산영화평론가협회 남우주연상(2000·2003·2007), 대종상영화제 남우주연상(2001), 프랑스 도빌영화제 남우주연상(2001), 백상예술대상 영화부문 인기상(2001), 대종상영화제 남우주연상·네티즌인기상(2003), 대한민국영화대상 남우주연상(2003), 춘사대상영화제 남우주연상(2003), 대통령표창(2004), 디렉터스컷 남우주연상(2003·2006), 홍콩 아시아필름어워드 남우주연상(2007), 황금촬영상 연기대상(2007), 제28회 청룡영화제 남우주연상(2007), 대한민국영화대상 남우주연상(2007), 한국영화평론가협회상 남우주연상(2007), 부산영화평론가협회상 남우주연상(2007), 팜스프링스 국제영화제 남우주연상(2008), 제17회 춘사영화제 남우주연상(2009), 제12회 디렉터스컷어워드 올해의 연기자상(2009), 올해의 영화상 남자배우상(2010), 대종상영화제 남우주연상(2013), 한국영화배우협회 대한민국 영화 톱스타상(2013), 올해의영화상 남우주연상(2014), 제19회 춘사영화상 남자연기상(2014), 백상예술대상 영화부문 대상(2014), 제35회 청룡영화제 남우주연상(2014), 신영균예술문화재단 제6회 아름다운 예술인상(2016) ⓩ출연영화 '돼지가 우물에 빠진날'(1997) '초록물고기'(1997) '나쁜영화'(1997) '넘버3'(1997) '쉬리'(1999) '반칙왕'(2000) '공동경비구역JSA'(2000) '복수는 나의 것'(2002) 'YMCA 야구단'(2002) '살인의 추억'(2003) '효자동 이발사'(2004) '동창회'(2004) '남극일기'(2005) '마다카스카(더빙)'(2005) '괴물'(2006) '우아한 세계'(2007) '밀양'(2007) '좋은놈, 나쁜놈, 이상한놈'(2008) '박쥐'(2009) '의형제'(2010) '푸른소금'(2011) '하울링'(2012) '설국열차'(2013) '관상'(2013) '변호인'(2013) '사도'(2014) '밀정'(2016) 단편영화 '청출어람'(2012) 연극 '동승'(1991) '비언소' '국물있사옵니다'

송경근(宋景根) SONG Kyong Keun

[생]1964·9·25 [본]은진(恩津) [출]충북 청주 [주]서울 광진구 아차산로404 서울동부지방법원(02-2204-2114) [학]1982년 운호고졸 1990년 연세대 법학과졸 [경]1990년 사법시험 합격(32회) 1993년 사법연수원 수료(22기) 1993년 수원지법 판사 1995년 서울지법 판사 1997년 청주지법 제천지원 판사 2000년 서울지법 판사 2000년 변호사 개업 2004년 대전고법 판사 2006년 서울서부지법 판사 2007년 대법원 재판연구관 2009년 춘천지법 수석부장판사 2010년 인천지법 부장판사 2013년 서울중앙지법 부장판사 2016년 서울동부지법 부장판사(현)

송경빈(宋敬彬) SONG Kyung Bin

[생]1956·8·20 [본]은진(恩津) [출]경기 부천 [주]대전 유성구 대학로99 충남대학교 농업생명과학대학 식품공학과(042-821-6723) [학]서울대 식품공학과졸, 미국 노스캐롤라이나주립대 대학원졸, 식품공학박사(미국 위스콘신대) [경]1981~1982년 서울대 조교 1983~1984년 미국 노스캐롤라이나주립대 조교 1984~1989년 미국 위스콘신대 조교 1989~1991년 同생화학과 Post-Doc. 1996~1997년 미국 캘리포니아주립대 화학과 방문교수, 충남대 농업생명과학대학 식품공학과 조교수·부교수 1998~2004년 同식품공학과장 2000년 同농업생명과학대학 식품공학과 교수(현) 2002~2008년 관세청 자문위원 2003~2006년 한국식품과학회 편집위원 2004~2006년 한국학술진흥재단 심평위원 2004~2005년 한국산학협동재단 운영위원 2005~2006년 미국 Fred Hutchinson Cancer Research Center 방문연구원 2007년 한국식품영양과학회 편집위원장 2011년 同부회장 2014년 한국식품저장유통학회 부회장 2013년 한국식품과학회 편집위원장(현) [상]한국식품영양과학회 학술상(2004), JFN(Journal of Food Science and Nutrition) 학술상(2009), 과학기술단체총연합회 우수논문상(2010), 보건복지부장관표창(2011), 한국식품과학회 식품저장학분야학술대상(2015) [종]기독교

송경섭(宋京爕) SONG Kyung Sup

[생]1942·9·26 [본]여산(礪山) [출]충북 제천 [주]경기 용인시 수지구 만현로88 302호 경희명한의원(031-276-1075) [학]1962년 중앙고졸 1968년 경희대 한의대졸 1971년 서울대 보건대학원졸 1995년 보건학한의학박사(대구한의대) [경]1971~1980년 보건사회부 의료제도과·의정3과 한의담당관 1980~1985년 국립군산검역소장 1985~1988년 국립서울병원 임상심리과장 1988~1990년 보건사회부 만성병과장·질병관리과장 1990~1994년 국립중앙의료원 한방과장 1994~2000년 同한방진료부장 1996~2000년 보건복지부 한·중동양의학협력조정위원 2000~2002년 건강보험심사평가원 진료심사평가위원(상근심사위원) 2003년 의료법인 남영·실로암한방병원장 2004년 경희명한의원 원장(현), 同부설체질침연구소장(현), 대구한의대·원광대 외래교수 2006년 국립중앙의료원 한방진료부 동문회장(현) 2013년 용인시한의사회 명예회장(현) [상]보건사회부장관표창(1974), 근정포장(1984), 자랑스런 경희인상(1995), 대통령표창(2000) [저]'전문한의사 108인의 비법'(1995) '닥터 동의보감'(1998) '중풍·비만의 예방과 치료'(1999) 외 다수 [종]천주교

송경섭(宋京爕) Song Kyung Sub

[생]1971·2·25 [주]전남 광양시 폭포사랑길20의26 광양축구전용구장(061-815-0114) [학]단국대졸 [경]1994년 프로축구 부산 대우로얄즈 입단, 프로축구 수원삼성 소속 2001년 U-13 청소년대표팀 코치 2008년 U-16 청소년대표팀 코치, U-17 청소년대표팀 코치, U-22 청소년대표팀 코치 2015년 프로축구 FC서울 코치 2016년 프로축구 전남 드래곤즈 감독(현)

송경애(宋敬愛·女) Kyoung-Ae, Song

[생]1961·5·15 [출]강원 [주]서울 중구 무교로20 어린이재단빌딩11층 어린이재단(1588-1940) [학]1984년 이화여대 경영학과졸 1986년 미국 조지워싱턴대 회계·국제비즈니스·마케팅과정 수료 1995년 미국 뉴욕대 여행에 이전시매니지먼트과정 수료 2009년 고려대 경영대학원 최고경영자과정 수료 2015년 서울대 경영전문대학원 경영학석사과정 재학中 [경]1986년 서울 신라호텔 마케팅매니저 1987년 BT&I 대표 2008년 어린이재단 이사(현) 2009년 서울상공회의소 관광산업위원회 위원(현) 2011년 숙명여대 취업경력개발원 멘토교수(현) 2012~2016년 SM C&C 여행사업부 사장 2012년 국세행정위원회 위원(현) 2014년 미스코리아선발대회 심사위원 2015년 초록우산어린이재단 홍보대사 [상]한국일보 올해의 CEO대상(2007), 제14회 여성경제인의 날 모범여성기업인부문 대통령표창(2010), 아름다운 납세자상 기획재정부장관표창(2012), 포브스 최고경영자 대상 나눔경영부문(2012), 제34회 김만덕상 경제인부문(2013), 제41회 관광의날 산업포장(2014) [저]'나는 99번 긍정한다'(2011, 위즈덤하우스)

송경용(宋京龍) SONG Gyoung Yong

[생]1961·2·11 [본]신평(新平) [출]전남 해남 [주]전남 나주시 건재로185 동신대학교 문화관광대학 관광경영학과(061-330-3664) [학]1980년 해남고졸 1989년 조선대 경영학과졸 1991년 同대학원 경영학과졸 1996년 경영학박사(조선대) 2005년 고려대 언론대학원 최고위과정 수료 2006년 한양대 대학원 최고엔터테인먼트과정 수료 [경]1991~1994년 호남대·조선대·동신전문대 강사 1992년 (사)한국BBS 광주전남연맹 이사 1995년 동신대 문화관광대학 관광경영학과 조교수·부교수·교수(현) 1997~2000년 광주전남경제정의실천시민연합 집행위원 1998년 대한경영학회 이사 1999년 광주경제정의실천시민연합 집행위원 1999년 (사)밀알중앙회 21세기밀알회 부회장 1999년 (사)한국경영평가연구소 지방자치단체 경영대상선정위원 2001년 (사)한국청년회의소 연수원 교수(현) 2002·2006~2010년 동신대 사무처장 2003~2007년 무등일보·무등교육신문 편집자문위원 겸 교육시론 필진 2003년 전남남북교류협의회 감사 2003년 행정자치부 정책위원 2005년 전남도 도정평가위원 2005년 소방방재청 정책위원 2005년 우리민족서로돕기운동본부 광주·전남공동위원장 2007~2009년 전남발전연구소 경영평가위원 2008년 광주지방경찰청 상담위원 2009년 전국대학사무·총무·관리·재무처(국)장협의회 회장 2011~2015년 동신대 대외협력실장 2012년 同문화관광대학 관광경영학과장(현) [상]대한적십자사총재표창(2011), 서울일보 제5회 대한민국바른지도자상 공직부문 대상(2011) [저]'수신제가치국평천하 리더십' '21세기 리더십의 새로운 패러다임' '21세기 사회속의 여성' '현대여성과 사회' [종]천주교

송경원(宋京垣) SONG Kyung Won

[생]1966·1·15 [본]여산(礪山) [출]전남 고흥 [주]세종특별자치시 다솜로261 국무조정실 안전환경정책관실(044-200-2339) [학]1984년 순천고졸 1991년 서울대 법학과졸 2005년 영국 리즈대 경영대학원졸(MBA) 2006년 同대학원 사회정책학과 수료 2011년 북한대학원대 박사과정 수료 [경]2002년 국무조정실 규제개혁조정관실 연구지원심의관실 사무관 2003년 同사회수석조정관실 복지심의관실 사무관 2004년 同사회수석조정관실 복지심의관실 서기관 2007년 국무총리실 외교안보심의관실 통일안보과장 2008년 同국정운영실 외교안보정책관실 통일안보정책과장(서기관) 2009년 통일부 남북회담본부 회담3과장 2010년 국무총리실 복지여성정책관실 보건복지정책과장 2010년 대통령 정무수석비서관실 행정관 2012년 국무총리실 산업정책총괄과장(부이사관) 2013년 국무조정실 경제조정실 산업통상정책과장 2014년 同재정금융기후정책관실 경제총괄과장 2015년 同광복70년기념사업추진기획단장 2016년 同안전환경정책관(현)

송경일(宋炅鎰) Song, Kyungil

[생]1959·3·20 [출]전남 고흥 [주]전남 무안군 삼향읍 오룡길1 전라남도청 F1대회지원담당관실(061-286-7910) [학]1978년 고흥 영주고졸 2000년 광주대 행정학과졸 2003년 전남대 대학원 행정관리학과졸 [경]1984년 7급 공채 2003년 전남도 자치행정국 총무과 근무 2003년 재정경제부 경제자유구역기획단 파견 2004년 전남도 관광문화국 체육청소년과 청소년담당 2005년 同기획관리실 정책기획관실 평가분석담당 2006년 同건설재난관리국 도로교통과 교통기획담당 2008년 同건설재난관리국 도로교통과 도로행정담당 2008년 同투자정책국 투자개발과 투자기획담당 2009년 同투자정책국 투자개발과 경제자유구역담당 2010년 同경제과학국 경제통상과 희망일자리추진단장 2011년 同행정지원국 인력관리과 근무(지방서기관) 2012년 同경제산업국 경제통상과장 2014년 광양만권경제자유구역청 국내유치부장 2014년 전남 신안군 부군수 2016년 전남도 F1대회지원담당관(현)

송경종(宋璄鍾) SONG Kyoung Jong (밝뫼)

[생]1969·12·29 [본]여산(礪山) [출]전남 고흥 [주]광주 광산구 목련로337 광주·전남지방자치정책연구원(062-714-3213) [학]1996년 전남대졸 2008년 同행정대학원졸, 同대학원 행정학 박사과정中 [경]2005·2007·2009·2011·2013·2014년 민주평통 자문위원 2006~2010년 광주시 광산구의회 의원 2008년 민주당 광주시당 청년위원장·부위원장 2008년 광산구 생활체육협의회 부회장 2008~2010년 광주시 광산구의회 산업도시위원장

2009년 전남대총동창회 상임이사(현) 2010~2014년 광주시의회 의원(민주당·민주통합당·민주당·무소속) 2011년 수안수영장원안건립추진위원회 공동위원장 2011년 광주군용비행장이전대책위원회 공동위원장(현) 2012년 광주시의회 부의장 2013년 KTX정차역광주송정역단일화추진위원회 위원장(현) 2014년 광주·전남지방자치정책연구원 원장(현) 2016년 (사)광주자동차산업밸리 광산구 추진위원장(현) **상**행정자치부장관표창(2002·2005), 새마을중앙회장표창(2003), 대통령표창(2009) **저**'신 영산강 시대 광산의 비전'(2013) **종**기독교

송경주(宋京珠·女) Song Kyoung Ju

생1972 **주**서울 종로구 세종대로209 행정자치부 지방세운영과(02-2100-3611) **학**1991년 부산 혜화여고졸 1995년 고려대 사회학과졸 **경**2011년 행정안전부 지방경쟁력지원과장 2012년 同주소정책과장 2013년 안전행정부 주소정책과장 2014년 同지방세입정보과장 2014년 행정자치부 지방세입정보과장 2015년 同지방세특례제도과장 2016년 同지방세운영과장(부이사관)(현)

송경진(宋坰鎭) SONG Kyung Jin

생1955·12·8 **본**연안(延安) **출**전북 전주 **주**전북 전주시 덕진구 건지로20 전북대병원 정형외과(063-250-1770) **학**1981년 전북대 의대졸 1984년 同대학원졸 1990년 의학박사(전북대) **경**1990년 일본 아키타대 방문교수 1992~1993년 미국 케이스웨스턴리저브대 방문교수 2002년 전북대 의대 정형외과학교실 교수 2003~2006년 전북대병원 진료처장 2006년 대한골절학회 평의원(현) 2008년 대한정형외과학회 이사(현) 2008~2012년 전북대 의학전문대학원 정형외과학교실 주임교수 2009년 대한정형통증의학회 평의원 2012~2014년 아시아태평양경추연구학회 회장 2012년 전북대 의학전문대학원 정형외과학교실 교수(현) 2013년 대한정형통증의학회 감사(현) 2014년 대한정형외과연구학회 평의원 2014년 대한척추외과학회 편집위원(현) **상**미국경추연구학회 기초과학연구상(2009), 아·태경추연구학회 우수포스터상(2010), 일본척추외과학회 우수논문상(2012), 아·태경추연구학회(CSRS-AP) 최우수학술상(2015) **저**'척추외과학'(2003, 최신의학사) **종**기독교

송경진(宋璟眞·女) SONG Kyung Jin

생1967·9·25 **출**전남 고흥 **주**서울 강남구 봉은사로524 무역센터2505호 세계경제연구원(02-551-3334) **학**1985년 예일여고졸 1990년 한국외국어대 영어과졸 1991년 미국 보스턴대 대학원 이중언어교육학과졸 1997년 언어학박사(미국 Univ. of Kansas) **경**1997~1999년 한국국제노동재단 국제협력부장 1999~2001년 국제자유노련 아태지역기구(ICFTU-APRO) 여성부장 2001~2003년 同아태지역기구(ICFTU-APRO) 여성국장 2003~2004년 同아태지역기구(ICFTU-APRO) 노동권실장 2004년 재정경제부 외신대변인 2008년 국가경쟁력강화위원회 위원장 보좌관 2010년 대통령직속 G20정상회의준비위원회 위원장 특별보좌관 2011년 한국무역협회 회장 특별보좌관 2012년 세계경제연구원 부원장 2016년 同원장(현) **상**흥조근정훈장(2011) **저**'지역신문에 묘사된 LA 韓黑갈등' '아태지역 노동권 현황' '아태지역 여성노동운동'

송경철(宋京哲) Song Kyung Chul

생1956·12·17 **출**제주 **주**서울 중구 세종대로67 삼성증권(주) 감사실(02-2020-8000) **학**1975년 제주제일고졸 1980년 연세대 법학과졸 **경**1982년 증권감독원 입사 1999년 금융감독원 감독10국 팀장 2000년 同공시감독국 팀장 2002년 同총무국 팀장 2005년 同증권검사1국장 2007년 同증권감독국장 2008년 同변화추진단장(부원장보) 2008~2011년 同금융투자업서비스본부 부원장 2014년 삼성증권(주) 사내이사 겸 감사위원(현)

송경철(宋京喆) SONG Kyoung Chul

생1962·10·18 **본**은진(恩津) **출**경기 과천 **주**서울 마포구 상암산로76 YTN 보도국 앵커실(02-398-8000) **학**1988년 고려대 국어국문학과졸 2002년 미국 인디애나주립대 저널리즘스쿨 연수 2005년 한국개발연구원(KDI) 경제정책과정 수료 2006년 고려대 언론대학원 신문방송학과졸 **경**1987년 제주MBC 아나운서 1991년 SBS 아나운서 1995년 YTN 사회부 기자 1998년 'YTN24'·'YTN뉴스출발' 진행 1999년 同정치부 차장대우 2000년 同뉴스편집부 차장대우 2001년 해외연수 2002년 YTN 뉴스편집부 차장대우·'YTN 뉴스퍼레이드' 진행 2004년 同보도국 앵커팀장 2005년 同보도국 경제부 차

장 2007년 同보도국 국제부 차장 2007년 同보도국 뉴스5팀장 2008년 同보도국 해외방송팀장(부장대우) 2009년 同보도국 해외방송팀장(부장급) 2009년 同보도국 앵커팀 부장급 2010년 同앵커팀장 2015년 同앵커실장(현) **상**프로그램진행상(1995·1996), 특별상(1999), 특종상(2000) **종**기독교

송경태(宋景太) SONG Kyung Tae

생1947·3·5 **본**야성(冶城) **출**경북 의성 **주**서울 동대문구 약령중앙로2길2 흥일약업(주) 대표이사실(02-962-2220) **학**2004년 고려대 경영대학원 최고위경영자과정 수료 **경**1987~1996년 민주평통 동대문지회 운영위원 1988년 흥일약업(주) 대표 1988~1994년 (사)한국생약협회 회장 1991~1997년 민자당 중앙상무위원 1992~1998년 同서울동대문甲지구당 부위원장 1993~1998년 同노승우국회의원 후원회장 1997년 (사)한국의약품수출입협회 부회장 2001~2006년 同한약재수급조절위원회 위원장 2003~2006년 同수석부회장 겸 한약분과 위원장 2004년 고려대 경영대학원 최고위경영자과정 57기 교우회장 2006~2009년 (사)한국의약품수출입협회 회장 2007년 재경의성군 향우회장 2008년 재경대구경북도민회 상임부회장 2010년 (주)동북무역 대표이사 2011년 흥일약업(주) 대표이사(현) **상**석탑산업훈장(1991), 국민훈장 모란장(2011) **종**불교

송경호(宋景鎬)

생1970·10·10 **주**경기 수원시 영통구 월드컵로120 수원지방법원(031-210-1114) **학**1989년 제주대사대부고졸 1994년 서울대 법학과졸 **경**1996년 사법시험 합격(38회) 1999년 사법연수원 수료(28기) 1999년 서울고검 법무관 2002년 대구지법 판사 2005년 同김천지원 판사 2006년 수원지법 안산지원 판사 2009년 서울중앙지법 판사 2011년 서울고법 판사 2012년 대법원 재판연구관 2014년 대전지법 부장판사 2016년 수원지법 부장판사(현)

송경호(宋庚鎬)

생1970·11·17 **출**충북 보은 **주**경기 수원시 영통구 월드컵로120 수원지방검찰청 특별수사부(031-210-4315) **학**1989년 중동고졸 1995년 서울대 법학과졸 **경**1997년 사법시험 합격(39회) 2000년 사법연수원 수료(29기) 2000년 부산지검 검사 2002년 대구지검 안동지청 검사 2003년 서울지검 동부지청 검사 2004년 서울동부지검 검사 2005년 광주지검 검사 2008년 법무부 형사기획과 검사 2009년 서울중앙지검 검사 2013년 수원지검 성남지청 부부장검사 2013년 대검찰청 연구관 2014년 춘천지검 원주지청 부장검사 2015년 대검찰청 범죄정보2담당관 2016년 수원지검 특수부장(현)

송계신(宋桂新) SONG Kye Sin

생1961·11·8 **본**여산(礪山) **출**전북 김제 **주**서울 마포구 성미산로1길26 2층 베이비타임즈(070-7756-6500) **학**1980년 전주 신흥고졸 1988년 한국외국어대 경제학과졸 2006년 한국개발연구원 국제정책대학원 경제정책과정 수료 **경**2000년 파이낸셜뉴스 증권금융부 기자 2001년 同국제부 기자 2002년 同증권금융부 차장대우 2002년 同국제부 차장 2003년 同정치경제부장 2004년 同논설위원 2005년 同국제부장 2007년 同증권전문기자(부장급) 2007년 同정치경제부장 2009년 同국제부장 2010년 아주경제 정경부장 겸 정치경제사회담당 부국장 2011년 同금융부장(부국장) 2012년 뉴스투데이 편집국장 2013년 아시아타임스 편집국장 2014년 베이비타임즈 대표(현) **역**'매직넘버 33-성공으로 이끄는 33가지 투자분석기법(編)'(2004) '아줌마가 3억 벌었어?'(2005) '사우디아라비아 석유의 비밀'(2007) **종**기독교

송계충(宋桂忠) SONG Kye Chung

생1951·2·17 **본**여산(礪山) **출**광주 **주**대전 유성구 대학로99 충남대학교 경상대학 경영학부(042-821-5114) **학**1969년 광주제일고졸 1973년 서울대 상과대학 경영학과졸 1975년 同대학원 경영학과졸 1981년 미국 루이지애나대(몬로캠퍼스) 대학원 경영학과졸 1985년 경영학박사(미국 오하이오주립대) **경**1973~1976년 서울대 상과대학 경영학과 조교 1976~1991년 충남대 경상대학 경영학과 전임강사·조교수·부교수 1991~1993년 인도네시아 기술평가청(BPPT) STAID11연구 책임자 1991~2016년 충남대 경상대학 경영학부 교수 1995~2000년 미국 교육부 이문화리더십 연구(GLOBE) 한국책임자 1995~1997년 충남대 경상대학장 겸 경영대학원장 1995년 한국인사조직학회 부회장 1997~1998년 한국경영학회 부회장 1999~2001년 한국인적자원개발학회 회장 2001~2009년 한국학술진흥재단 감사 2003~2004년 한국인사관리학회 회장 2004~2005년 대통령 인사수석비서관실 인사자문위원 2004~2006년 한국원자력안전기술원 성과평가위원회 위원장

2004~2007년 특허청 정부업무평가자체평가위원회 위원장 2007~2008년 미국 South Dakota State Univ. 교환교수 2014~2016년 충남대 평생교육원장 2014~2016년 (사)한국국공립대학평생교육원협의회 이사장 2015년 중앙노동위원회 공익위원(현) 2016년 충남대 경상대학 경영학부 명예교수(현) 2016년 (사)한국국공립대학평생교육원협의회 사무총장(현) [상]녹조근정훈장(2016) [저]'마케팅연습' '조직행위론' '인사조직 용어사전'

송관호(宋官浩) SONG Kwan Ho (永甫)

[생]1952·1·26 [본]여산(礪山) [출]전북 전주 [주]서울 동작구 상도로369 숭실대학교 IT대학 글로벌미디어학부(02-828-7265) [학]1971년 전주고졸 1980년 서울대 전자공학과졸 1984년 한양대 산업대학원 전자공학과졸 1995년 전자통신공학박사(광운대) 1997년 서울대 행정대학원 정보통신정책과정 수료 2005년 전국경제인연합회 글로벌최고경영자과정 수료 2007년 CFO School CEO재무관리과정 수료 [경]1979~1985년 금성전선연구소 입사·정보시스템과장 1985~1987년 (주)데이콤 미래연구실장 1987~1999년 한국전산원 연구위원·초고속국가망구축실장·표준본부장·국가정보화센터단장 1998~1999년 미국 메릴랜드대 컴퓨터공학과 교환교수 1998~2002년 APAN(Asia Pacific Advanced Network) 부회장 1999년 서울시 정보화추진 자문위원 1999년 한국인터넷정보센터 사무총장 2001~2004년 同원장 2001년 대우증권(주) 사외이사 2001년 정보통신윤리위원 2002~2006년 한국통신학회 부회장 2002년 건국대 정보통신대 겸임교수 2004~2007년 한국인터넷진흥원 원장, (주)다산네트웍 사외이사, 한국통신학회 산학협동위원장 2005~2007년 한국모바일학회 회장 2007년 숭실대 IT대학 글로벌미디어학부 교수(현) 2009년 한국방송통신학회 부회장 2012년 한국정보통신윤리지도자협회 회장, 한국IT전문가협회(IPAK) 이사 2015년 同회장(현) [상]체신부장관표창(1990), 대통령표창(1996), 동탑산업훈장(2002), 인터넷그랑프리 인터넷진흥대상(2002), 한국통신학회 공로대상(2004), 한국의 CEO대상(2005), 서울대학교 AIC대상(2006) [저]'광통신개론'(1982) '근거리 정보통신망 이론과 OA·FA응용'(1985) '컴퓨터통신망'(1990) '정보통신시스템- 뉴미디어 기술 및 응용사례'(1990) '알기쉬운 정보기술 핸드북'(1996) '21세기로의 정보기술 산책'(1998) '인터넷의 두얼굴'(2005) '사이버세상의 길을 묻다'(2009) 'IT융합기술개론' [역]'유비쿼터스 모바일인터넷'(2004) [종]가톨릭

송광석(宋光錫) SONG Kwang Suk

[생]1953·7·30 [출]경기 화성 [주]경기 수원시 팔달구 효원로299 경인일보(031-231-5206) [학]1972년 수원고졸 1976년 광운대 응용전자과졸 [경]1980년 경인일보 입사 1988년 同지방부·사회부 차장 1989년 同정경부장·사회부장 1995년 同편집국 부국장 2000년 同편집국장 2001년 同논설실장 2002년 同이사 편집국장 2004년 同상무이사 편집국장 2004년 한국기자협회 기금이사(현) 2005년 아시아기자협회 이사(현) 2005년 북경경인문화교류유한공사 이사장(현) 2006년 경인일보 대표이사 사장 겸 발행인(현) 2006년 중국 연변과학기술대학 겸임교수(현) 2007년 미래사회발전연구원 이사장(현) 2008년 경기도선거관리위원회 위원(현) 2009년 한중경제인협회 총재(현) 2011년 한중문화관광미디어연합회 총재(현) 2011년 (사)남북체육교류협회 후원회장 2011년 협성대 석좌교수(현) 2012~2016년 한국지방신문협회 회장 2013년 인민일보 한국대표처 대표이사 사장(현) 2014년 한국디지털뉴스협회 감사 2015년 同이사(현) 2015년 (사)남북체육교류협회 회장(현) [상]한국기자대상(1995·1996), 백범언론상(2009) [종]천주교

송광수(宋光洙) Kwang Soo SONG

[생]1950·1·4 [본]은진(恩津) [출]경남 마산 [주]서울 종로구 사직로8길39 세양빌딩 김앤장법률사무소(02-3703-1355) [학]1967년 서울고졸 1971년 서울대 법학과졸 [경]사법시험 합격(13회) 1973년 사법연수원 수료(3기) 1974년 육군 법무관 1977년 서울지검 수원지청 검사 1979년 부산지검 검사 1982년 법무부 검찰1과 검사 1985년 대검찰청 검찰연구관 1986년 마산지검 충무지청장 1989년 법무부 검찰2과장 1991년 同검찰1과장 1992년 서울지검 형사6부장 1994년 부산지검 제2차장검사 1995년 수원지검 성남지청장 1996년 서울지검 제2차장검사 1997년 同동부지청장 1999년 사법연수원 부원장 1999년 법무부 법무실장 1999년 대구지검장 2000년 부산지검장 2001년 법무부 검찰국장 2002년 대구고검장 2003~2005년 검찰총장 2005년 변호사 개업 2007년 김앤장법률사무소 변호사(현) 2009년 두산중공업(주) 사외이사 2011년 (주)GS리테일 사외이사 2012~2014년 국립대학법인 서울대 이사 2014년 천고법치문화재단 이사(현) 2016년 삼성전자(주) 사외이사(현) 2016년 (주)두산 사외이사(현) [상]홍조근정훈장(1990), 황조근정훈장(1999), 청조근정훈장(2005) [종]천주교

송광수(宋廣秀) SONG KWANG SOO

[생]1955·4·23 [출]충북 보은 [주]서울 서초구 헌릉로12 기아자동차(주) 감사실(02-3464-0148) [학]충남고졸, 중앙대 기계공학과졸 [경]기아자동차(주) 기획총괄본부 경영개선2팀, 同감사2팀, 同수출관리실장(이사), 同수출사업부장(이사) 2008년 同수출사업부장(상무) 2008년 同감사실장(전무) 2011년 同감사실장(부사장)(현)

송광용(宋光鏞) SONG Kwang Yong

[생]1953·4·17 [본]여산(礪山) [출]충남 보령 [주]서울 서초구 서초중앙로96 서울교육대학교 초등교육과(02-3475-2532) [학]1971년 대전고졸 1976년 서울대 사범대학 교육학과졸 1978년 同대학원 교육학과졸 1989년 교육학박사(서울대) [경]1976~1978년 성일중 교사 1978~1981년 육군 제3사관학교 전임강사(대위) 1981~1982년 한국교육개발원(KEDI) 연구원 1984~2014·2015년 서울교육대 초등교육과 교수(현) 1996~1997년 한국대학교육협의회 연구개발부장 1999~2013년 정수장학회 이사 2003~2006년 교육인적자원부 교사교육프로그램개발추진기획단 실무위원장 2004~2007년 대통령자문 교육혁신위원회 자문위원 2004~2007년 한국교원교육학회 부회장 2006년 교육인적자원부 시·도교육분쟁조정위원회 위원 2006~2008년 한국초등교육학회 회장 2007년 서울교육대 총장 2009년 한국대학교육협의회 이사 2009년 전국교육대학교총장협의회 회장 2009년 한국교원교육학회 수석부회장 2010년 한국교육행정학회 회장 2011년 한국교원교육학회 회장 2014년 대통령 교육문화수석비서관 [상]국방부장관표창(1987), 학생중앙군사학교장표창(1988·1990), 서울교대 10년 근속상(1994), 서울시교원단체협의회 회장표창(연공상)(2002), 서울교대 20년 근속상(2004), 대통령자문 교육혁신위원장 감사장(2005) [저]'교육인사행정론'(1995) '열린교육 교실개혁론' '교직실무'(2001) '교육지도성 및 인간관계론'(2003) '한국교육행정학의 탐구' '교직과 교사'(2007)

송광운(宋光運) SONG Kwang Woon

[생]1953·8·3 [출]전남 장성 [주]광주 북구 우치로77 북구청 구청장실(062-410-6000) [학]1973년 광주제일고졸 1978년 고려대 법과대학 행정학과졸 1995년 전남대 행정대학원 행정학과졸 2009년 정치학박사(조선대) [경]1976년 행정고시 합격(18회) 1991년 광주시 감사실장 1993년 同지역경제국장 1994년 同광산구청장 1995년 내무부 교육훈련과장 1995년 同세정과장 1998년 광주시 도시계획국장 1998년 同환경녹지국장 2000년 행정자치부 장관비서실장 2000년 同정부기록보존소장 2003년 국무조정실 안전관리개선기획단 부단장 2003년 전남도 행정부지사(관리관) 2006·2010년 광주시 북구청장(민주당·통합민주당·민주당·민주통합당·민주당·새정치민주연합) 2012년 전국시장·군수·구청장협의회 대변인 2014년 광주시 북구청장(새정치민주연합·더불어민주당)(현) 2014~2016년 전국시장·군수·구청장협의회 감사 [상]한국효도회 효행상(2009), 매니페스토 지방선거부문 도서분야 최우수상(2010), 한국여성단체협의회 우수지방자치단체장상(2010), 다산목민대상 대통령상(2010), 평생학습도시 선정(2011), 여성친화도시 선정(2011), '청렴도 평가 광역자치구 1위'(2011), 광남일보 지방자치경영대상 종합대상(2012), 한국메니페스토실천본부 '공약이행평가결과 최우수(SA)등급', '지방자치단체 복지정책평가' 최우수기관(2012), 복지행정상 장애인복지분야 대상(2013), 지방재정균형집행평가 대상(2013), 행정제도개선우수사례경진대회 국무총리상(2013), 광주전남유권자연합회 선정 최우수자치단체장(2013), 한국공공자치연구원 선정 '올해의 지방자치CEO'(2013), 한국매니페스토실천본부 '민선5기 기초단체장 공약이행 평가 최우수(SA) 등급'(2014) [종]기독교

송광인(宋廣仁) Song Kwang In

[생]1963·12·15 [본]여산(礪山) [출]전북 전주 [주]전북 전주시 완산구 천잠로303 전주대학교 문화관광대학 관광경영학과(063-220-2899) [학]1983년 전북 신흥고졸 1990년 경기대 관광경영학과졸 1996년 일본 도쿄농업대 대학원 농업경제학과졸 2000년 농업경제학박사(일본 도쿄농업대) [경]2002년 전주대 문화관광대학 관광경영학과 교수(현) 2008~2011년 전주경제정의실천시민연합 공동대표 2009~2012년 전주대 문화관광대학장 2010~2014년 산림청 산촌생태마을위원회 중앙자문위원 2011~2013년 문화관광부 콘텐츠융합형사업위원회 중앙자문위원 2012~2014년 국무총리실 새만금관광개발협의회 자문위원 2012~2016년 전북지방경찰청 집회·시위분야 자문위원 2013~2016년 同시민감찰위원회 위원 2014년 전북도 지역축제육성위원회 위원(현) 2015년 同세계유산위원회 위원(현) 2015년 同도지사공약사업평가자문단 위원(현) 2015년 (사)한국농어촌관광학회 부회장(현) 2015년 (사)대한관광경영학회 부회장(현) 2016년 (사)관광

경영학회 회장(현) [상]전북도지사표창(2003) [저]'그린 투어리즘의 이론과 실제(共)'(2003, 백산출판사) '농촌관광의 이론과 실제(共)'(2004, 명진씨앤피) '전통문화의 이해(共)'(2005, 신아출판사) '문화와 관광(共)'(2006, 기문사) '지역관광의 이슈 진단과 과제(共)'(2007, 한국문화관광정책연구원) [종]기독교

송귀홍(宋貴洪) SONG Kwi Hong

[생]1960·9·9 [본]은진(恩津) [출]부산 [주]울산 남구 북부순환도로17 경상일보 경영기획실(052-220-0515) [학]부산 대동고졸 1987년 부산대 무역학과졸, 울산대 정책대학원 수료 [경]1987년 국제상사 근무 1989년 경상일보 기자 1997년 同정경부장 직대 2001년 同정경부 부장대우 2003년 同편집국장 직대 2004년 同나눔울산추진본부장 겸 논설위원 2006년 同광고사업국장 직대 2008년 同편집기획이사 2009년 同편집국장 겸 이사 2011년 同광고사업본부장(이사) 2013년 同상무이사 2015년 同경영기획실장(상무이사)(현)

송규영(宋圭暎·女) SONG Kyu Young

[생]1957·5·30 [출]서울 [주]서울 송파구 올림픽로43길 88 울산대학교 의과대학 생화학분자생물학교실(02-3010-4277) [학]1979년 연세대 의대졸 1981년 同대학원 생물학과졸 1987년 이학박사(미국 일리노이대 시카고교) [경]1981~1988년 미국 일리노이주립대 의대 Post-Doc. 1988년 독일 EMBL(European Molecular Biology Laboratory) Post-Doc. 1989~1990년 서울대 의대 암연구소 연구원 1990~2001년 울산대 의대 전임강사·조교수·부교수 2000년 '국제컨소시엄 인간게놈프로젝트(HGP)' 연구·게놈지도 작성 2001년 울산대 의대 생화학분자생물학교실 교수(현) 2012년 새누리당 국민행복추진위원회 창의산업추진단 추진위원 2013~2016년 한국연구재단 비상임이사 2013~2016년 한국원자력의학원 비상임이사

송규종(宋奎鍾) SONG Keu Jong

[생]1969·10·17 [출]전남 고흥 [주]서울 양천구 신월로 390 서울남부지방검찰청 형사1부(02-3219-4312) [학]1988년 순천고졸 1992년 부산대 법학과졸 [경]1994년 사법시험 합격(36회) 1997년 사법연수원 수료(26기) 2000년 서울지검 북부지청 검사 2002년 청주지검 제천지청 검사 2003년 부산지검 검사 2005년 수원지검 평택지청 검사 2007년 서울중앙지검 검사 2009년 수원지검 안양지청 부부장검사 2011년 광주지검 공안부장 2012년 대검찰청 디엔에이수사담당관 2013년 同공안부 공안1과장 2014년 서울중앙지검 형사7부장 2015년 광주지검 순천지청 형사1부장 2016년 서울남부지검 형사1부장(현)

송규헌(宋奎憲) Kyu Heon SONG

[생]1957·4·28 [출]충남 [주]서울 서초구 매헌로16 하이브랜드빌딩4층 (주)오픈베이스 비서실(02-3404-5700) [학]1975년 중앙고졸 1981년 서울대 동양사학과졸 1990년 서강대 대학원 경영학과졸 2004년 서울대 AMP(최고경영자과정) 수료 [경]1991년 IBM 아시아태평양지역본부 1999년 한국IBM 마케팅총괄본부장 2003년 (주)오픈베이스 대표이사(현) 2008년 국산소프트웨어솔루션CEO모임(국솔모) 회장 [상]주민등록시스템구축 공로 국무총리표창(2004), SW산업유공 대통령표창(2008), 제15회 대한민국 소프트웨어대상 국무총리표창(2014) [종]원불교

송근일(宋根一) Song keun ill

[생]1956·7·28 [주]부산 해운대구 APEC로55 벡스코(BEXCO) 경영본부(051-740-7303) [학]부산대 교육대학원졸 [경]2002년 부산시의회 사무처 전문위원 2004년 부산시공무원교육원 교육운영과장, 부산시 과학기술과장 2005년 同투자개발기획단장 2007년 同투자개발기획팀장 2008년 同영도구 부구청장 직대 2009년 중앙공무원교육원 교육파견 2010년 부산·진해경제자유구역청 행정개발본부장 2011년 부산시 감사관(부이사관) 2014년 同복지건강국장 2015년 벡스코(BEXCO) 경영본부장(상임이사)(현) [상]홍조근정훈장(2013)

송근채(宋根采) SONG Keun Chai

[생]1960·11·23 [본]은진(恩津) [출]서울 [주]서울 강남구 선릉로635 LG유플러스빌딩 아인텔레서비스(02-3416-7264) [학]경신고졸, 중앙대 영어영문학과졸 [경](주)LG CNS 근무, (주)LG 인사팀 근무 2005년 (주)LG텔레콤 경영지원실장(상무) 2010년 (주)LG유플러스 인재경영실장(CHO) 2012~2015년 同인재경영실장(전무) 2016년 (주)아인텔레서비스 대표이사(현) 2016년 (주)씨에스리더 대표이사 겸임(현) [종]기독교

송근호(宋根浩) SONG Keun Ho

[생]1946·1·12 [본]은진(恩津) [출]황해 [주]서울 성동구 왕십리로115 대한민국재향군인회(02-417-0641) [학]1964년 경복고졸 1968년 해군사관학교졸(22기) 1981년 연세대 행정대학원졸 1983년 영국 해군대학졸 1991년 서울대 행정대학원 국가정책과정수료 [경]해군 2함대 2전투전단장, 해군본부 인사참모부장, 同정보참모부장, 해군 2함대 사령관, 해군본부 함참전략기획부장 1999년 해군사관학교 교장(중장) 2000년 해군 작전사령관(중장) 2001년 합동참모본부 인사군수참모본부장 2001년 同인사군수본부장 2002년 同전략기획본부장 2004년 한국군사문제연구원 연구위원 2005~2008년 駐쿠웨이트 특명전권대사 2009년 한국해양전략연구소 소장 2015년 대한민국재향군인회 해군부회장(현) [상]보국훈장 천수장·국선장, 대통령표창, 보국포장 [종]기독교

송금영(宋金永) Song Geum-young

[생]1958·11·24 [주]서울 종로구 사직로8길60 외교부 인사운영팀(02-2100-7136) [학]1985년 동아대 정치외교학과졸 1989년 同대학원 정치학과졸 1994년 미국 Defense Language Institute(DLI) 연수 1995년 러시아 외교아카데미 연수 [경]1990년 외무고시 합격(24회) 1990년 외무부 입부 1996년 駐러시아 2등서기관 1999년 駐아일랜드 2등서기관 2003년 駐러시아 1등서기관 2006년 외교통상부 주한공관담당관 2007년 同러시아·CIS과장 2008년 駐로스앤젤레스 영사 2010년 駐우크라이나 참사관 2012년 駐카자흐스탄 공사참사관 2013년 駐카자흐스탄 공사 2015년 駐탄자니아 대사(현)

송기도(宋基道) SONG Gui Do

[생]1952·7·27 [본]여산(礪山) [출]전북 정읍 [주]전북 전주시 덕진구 백제대로567 전북대학교 사회과학대학 정치외교학과(063-270-2941) [학]1970년 양정고졸 1977년 한국외국어대 서반아어과졸 1978년 同대학원 수료 1982년 스페인 마드리드대 대학원 정치학과졸 1986년 정치학박사(스페인 마드리드대) [경]1987~2006·2008년 전북대 사회과학대 정치외교학과 전임강사·조교수·부교수·교수(현) 1990년 스페인정부 외무성 초청교수 1992년 전북대 사회과학대학 학생과장 1993년 칠레 Univ. Catolica de Valparaiso 초청교수 1994년 전북대 정치외교학과장 1995년 미국 American Univ. 초청교수 1996~2003년 CBS 전북방송 시사프로그램 생방송 '사람과 사람' 진행 1997년 한국라틴아메리카학회 총무이사·호남지회장 1998~2000년 전주시민회 공동대표 1998년 전북민주언론시민연합 공동대표 1999년 월간 '열린전북' 발행인 2001년 미국 Duke Univ. 객원교수 2002년 한국정치정보학회 상임이사 2003년 전북대 사회과학연구소장 2003년 제16대 대통령직인수위원회 자문위원 2003년 대통령자문 정책기획위원회 위원 2003년 외교통상부 정책자문위원회 위원 2003년 KBS 시청자위원 2003년 호남국제정치학회 회장 2004년 KBS 전주방송총국 생방송 '포커스전북21' 진행 2004년 대통령자문 국가균형발전위원회 위원 2005년 한국지역혁신교육원 원장 2006~2008년 駐콜롬비아 대사 2011년 한국라틴아메리카학회 회장, 同명예회장(현) [저]'콜럼버스에서 후지모리까지' '권력과 리더십' '라틴아메리카의 역사와 사상' '비례대표 선거제도' '콜럼버스에서 룰라까지' [역]'눈까마스 : 아르헨티나 군사독재의 실상' [종]기독교

송기민(宋基玟)

[주]제주특별자치도 제주시 제주대학로102 제주대학교 사무국(064-754-2005) [학]진주고졸, 성균관대 교육학과졸, 미국 오레곤대 대학원 교육행정학과졸(석사) [경]1989년 행정고시 합격(33회) 2002년 교육인적자원부 대학재정과 서기관 2004년 국가균형발전위원회 파견 2006년 울산시교육청 기획관리국장 2007년 교육인적자원부 지방교육재정담당관 2008년 교육과학기술부 영어교육강화추진단 영어정책총괄팀장 2008년 同연구성과관리과장 2009년 同원자력국 방사선관리과장 2010년 기획재정부 정책조정국 기업환경과장(부이사관) 2012년 교육과학기술부 감사관실 감사총괄담당관 2012년 제주대 사무국장 2014년 국방대 파견(고위공무원) 2014년 군산대 사무국장 2015년 경기도교육청 기획조정실장 2016년 제주대 사무국장(현) [상]대통령표창(2001)

송기방(宋基方) SONG Ki Bang

[생]1941·11·27 [본]여산(礪山) [출]서울 [주]서울 서대문구 충정로60 KT&G서대문타워10층 법무법인 지평(02-6200-1874) [학]1959년 서울대사대부고졸 1963년 서울대 법과대학졸 1964년 同사법대학원 수료 1992년 同공과대학원 최고산업전략과정(AIP) 수료 1996년 고려대 컴퓨터과학기술대학원 최고위정보통신과정과정(ICP) 수료 [경]1963년 고등고시 사법과 합격(16

ㅅ

회) 1965년 육군 법무관 1968년 부산지법 판사 1973년 서울지법 영등포지원 판사·수원지원 판사 1975년 서울형사지법 판사 1976년 서울고법 판사 1980년 대법원 재판연구관 1981년 춘천지법 원주지원장 1983년 수원지법 부장판사 1985년 서울지법 동부지원 부장판사 1987년 사법연수원 교수 1988년 서울형사지법 부장판사 1989년 부산고법 부장판사 1990년 변호사 개업 1994~2000년 사법연수원 외래교수 1994년 언론중재위원회 중재위원 1997년 사법시험 운영위원 1997년 정보통신윤리위원회 부위원장 1999년 광고자율심의기구 제2분과위원장 2002년 저작권심의조정위원회 부위원장, 서울법대장학회 이사(현), 한국배출권거래협회 법률고문(현) 2003년 법무법인 지성 고문변호사 2008년 법무법인 지평지성 고문변호사 2014년 법무법인 지평 고문변호사(현), 서울이웃분쟁조정센터 조정위원(현) [종]천주교

송기봉(宋起奉) SONG Ki Bong

[생]1957·6·20 [본]은진(恩津) [출]서울 [주]서울 금천구 가산디지털2로184 벽산디지털밸리2차1308호 (주)포어링크 사장실(02-2113-9400) [학]숭문고졸, 동국대 전자공학과졸, 연세대 경영대학원 최고위과정 수료 [경]금성반도체 과장, LG정보통신 책임 2002년 LG텔레콤 정보기술실장(상무·CIO) 2008년 同단말데이터기술실장(상무·CIO) 2009년 (주)아인텔레서비스 대표이사 2010~2011년 (주)CS LEADER 대표이사 2012년 (주)포어링크 대표이사 사장(현) [상]올해의 CIO상 전자통신산업부문(2005) [종]불교

송기봉(宋基奉) SONG Gi Bong

[생]1965·4·20 [본]여산(礪山) [출]전북 고창 [주]세종특별자치시 국세청로 8-14 국세청 운영지원과(044-204-2242) [학]1984년 한양공고졸 1994년 성균관대 경제학과졸 [경]1995년 행정고시 합격(38회) 1996년 동래세무서 총무과장 1997년 제주세무서 재산세과장 1998년 성남세무서 총무과장 1999년 국세청 납세지도과·홍보과·조사과 근무 2001년 서울지방국세청 조사4국 1과 근무 2006년 국세청 조사1과 근무(서기관) 2008년 영주세무서장 2009년 중부지방국세청 조사2국 3과장 2009년 서울지방국세청 조사4국 3과장 2010년 同조사4국 2과장 2010년 국세청 원천세과장 2012년 同대변인 2014년 同대변인(부이사관) 2014년 서울지방국세청 조사1국 조사1과장 2014년 同납세자보호담당관 2016년 국방대 파견(고위공무원)(현)

송기석(宋基錫) Song Kiseok

[생]1963·10·28 [출]전남 고흥 [주]서울 영등포구 의사당대로1 국회 의원회관534호(02-784-5750) [학]1981년 영주고졸 1993년 건국대 법학과졸 [경]1993년 사법시험 합격(35회) 1996년 사법연수원 수료(25기) 1996년 광주지법 판사 1998년 同목포지원 판사 2000년 광주지법 판사 2002년 同가정지원 판사 2004년 광주지법 판사 2005년 광주고법 판사 2008년 광주지법 판사 2011년 同순천지원 부장판사 2013~2016년 광주지법 부장판사 2016년 국민의당 정책위원회 부의장 2016년 제20대 국회의원(광주시 서구甲, 국민의당)(현) 2016년 국민의당 광주시서구甲지역위원회 위원장(현) 2016년 국회 교육문화체육관광위원회 간사(현) 2016년 국회 가습기살균제사고진상규명과피해구제 및 재발방지대책마련을위한국정조사특별위원회 국민의당 간사(현) 2016년 국민의당 당헌당규제·개정위원회 제4소위원장(현) 2016년 同제6정책조정위원회 위원장(현)

송기섭(宋起燮) SONG Gi Seop

[생]1956·8·18 [본]여산(礪山) [출]충북 진천 [주]충북 진천군 진천읍 상산로13 진천군청 군수실(043-539-3000) [학]청주고졸 1979년 서울시립대 토목과졸 1991년 영국 노팅햄대 대학원 환경계획학과졸 2011년 공학박사(아주대) [경]1998년 건설교통부 건설기술연구원 과장 2000년 제주개발건설사무소 소장 2001년 서울지방항공청 공항시설국장 2003년 서울지방국토관리청 도로시설국장 2004년 건설교통부 도로환경과장 2006년 同도로정책팀장(부이사관) 2007년 同대전지방국토관리청장 2008년 국토해양부 대전지방국토관리청장 2010년 同공공기관지방이전추진단 부단장(파견) 2010년 행정중심복합도시건설청 차장 2011~2012년 同청장 2013~2015년 충북대 도시공학과 초빙교수 2016년 충북 진천군수(재선거 당선, 더불어민주당)(현) [상]대통령표창(1998), 근정포장(2004), 황조근정훈장(2012), 대한민국최고국민대상 지역발전의정부문 대상(2016)

송기숙(宋基淑) SONG Kee Sook (廻山)

[생]1935·7·4 [본]여산(礪山) [출]전남 장흥 [주]광주 북구 용봉로77 전남대학교 국어국문학과(062-530-3130) [학]1956년 장흥고졸 1961년 전남대 국어국문학과졸 1964년 同대학원졸 [경]1965년 현대문학 「이상서설」로 소설가 등단 1965~1973년 목포교육대 교수 1973~1978년 전남대 문리대학 교수 1978년 긴급조치9호 위반으로 구속·해직 1984~2000년 전남대 국어국문학과 교수 1988~1996년 한국현대사 사료연구소 개설·소장 1988년 민주화를위한전국교수협의회 공동의장 1991년 민족문학작가회의 부회장 1994년 同회장 1996년 국민통합추진회의 공동대표 1996년 전남대 5.18연구소장 2000년 총선시민연대 공동대표 겸 광주·전남정치개혁시도민연대 상임대표 2000년 전남대 국어국문학과 명예교수(현) 2004~2006년 대통령직속 문화중심도시조성위원회 위원장 [상]현대문학상(1973), 만해문학상(1994), 금호예술상(1995), 樂山문학상(1996) [작]장편 '자랏골의 悲歌'(1977) '岩泰島'(1981) '녹두장군(12권)'(1994) '은내골 기행'(1996) '오월의 미소'(2000) 단편집 '백의민족'(1971) '도깨비 잔치' '재수없는 금의환향' '테러리스트' '개는 왜 짖는가' '들국화 송이 송이' '어머니의 깃발' '파랑새' 민담집 '보쌈' 산문집 '녹두꽃이 떨어지면' '마을, 그 아름다운 공화국'(2005)

송기영(宋基榮) SONG Kee Young (謙堂)

[생]1948·12·19 [본]여산(礪山) [출]전북 정읍 [주]서울 강남구 테헤란로87길36 법무법인 로고스(02-2188-1012) [학]1968년 경기고졸 1973년 서울대 법학과졸 2003년 감리교신학대 목회신학대학원졸 [경]1979년 사법시험 합격(21회) 1981년 사법연수원 수료(11기) 1981년 전주지법 판사 1984년 同정주지원 판사 1986년 수원지법 판사 1988년 서울가정법원 판사 1990년 서울민사지법 판사 1991년 변호사 개업 1993~1998년 한국사회인검도연맹 회장 1996~1999년 대한변호사협회 및 서울지방변호사회 당직변호사 운영위원장 1999~2001년 기산상호신용금고(주) 파산관재인 1999~2000년 사법연수원 교수 2000년 법무법인 로고스 창립구성원 변호사 2000년 기독교대한감리회 선한목자교회 장로(현) 2002년 영산대 법무대학원 겸임교수(현) 2005~2008년 (사)한국해비타트 감사 2008~2010년 (주)현대미포조선 사외이사 2008~2011년 감리교신학원 감사 2008~2011년 태양학원(경인여자대) 감사 2008~2010년 법무법인 로고스 대표변호사 2009년 (사)한국해비타트 이사(현) 2011년 법무법인 로고스 상임고문변호사(현) 2015년 현대중공업(주) 사외이사(현) [종]기독교

송기영(宋基暎) Song Ki Young

[생]1963·5·11 [본]여산(礪山) [출]경북 영주 [주]경기 양평군 양동면 작은황골길64의8 슬로동양평(031-774-2582) [학]1982년 영주제일고졸 1986년 안동대 미술학과졸 [경]2007년 바이오피톤(주) 대표이사(현) 2007년 슬로동양평 대표(현) [상]대한민국발명특허대전 금상(2014)

송기원(宋基源) SONG Ki Weon

[생]1958·9·3 [출]전북 전주 [주]서울 마포구 성암로267 문화방송 논설위원실(02-780-0011) [학]전주고졸, 고려대졸 [경]2000년 MBC 보도국 정치부 차장대우 2002년 同보도국 정치부 차장 2003년 同LA특파원(부장대우) 2006년 同보도국 뉴스투데이팀장 2007년 同보도국 문화스포츠에디터 2008년 同보도제작국 시사토론팀장 2009년 同보도국 부국장 2010년 同보도제작국장 2011년 同FM '뉴스포커스' 앵커 2011년 同선거방송기획단장 2013년 同논설위원(부국장) 2015년 同논설위원(국장)(현), 同라디오 뉴스 '2시의 취재현장' 앵커(현) [저]'재외선거의 두 얼굴'(2015)

송기정(宋起貞·女) SONG KI-JEONG

[생]1957·3·31 [출]서울 [주]서울 서대문구 이화여대길52 이화여자대학교 인문과학대학 불어불문학과(02-3277-2183) [학]1980년 이화여대졸 1982년 프랑스 파리제3대 대학원졸, 문학박사(프랑스 파리제3대) [경]1988년 전북대 전임강사 1989년 이화여대 불어불문학과 교수(현) 2008년 한국프랑스학회 부회장 2011년 이화여대 이화미디어센터 주간 2011~2012년 한국기호학회 회장 2013년 한국불어불문학회 부회장 2013년 이화여대 이화인문과학원장(현) [저]'프랑스 문학과 여성(共)'(2005, 이화여대 출판부) '현대 프랑스 문학과 예술(共)'(2006, 이화여대 출판부) '신화적 상상력과 문화(共)'(2008, 이화여대 출판부) '광기, 본성인가 마성인가? 종횡으로 읽는 광기의 문학 서설'(2011, 이화여대 출판부) '스크린 위의 소설들'(2013, 그린비) '역사의 글쓰기(共)'(2013, 이화여대 출판부) [역]'루이 랑베르'(2010, 문학동네) '여명'(2010, 문학동네)

송기창(宋基昌) SONG Ki Chang

[생]1957·7·26 [본]여산(礪山) [출]충남 부여 [주]서울 용산구 청파로47길100 숙명여자대학교 교육학부(02-710-9348) [학]1976년 대성고졸 1983년 서울대 사범대학 교육학과졸 1987년 同대학원 교육학과졸 1994년 교육학박사(서울대) [경]1983~1994년 서울 언북중·방이중·용산공고·서울북공고 교사 1994~1995년 대통령자문 교육개혁위원회 전문위원 1995~1997년 인제대 교육대학원 전임강사·조교수 1997년 숙명여대 교육학부 조교수·부교수·교수(현) 1999년 대통령자문 새교육공동체위원회 전문위원 1999~2000년 한국교육재정경제학회 상임이사 1999~2000년 교육재정GNP6%확보를위한국민운동본부 정책위원장 2000~2002년 학교바로세우기실천연대 사무처장 2000~2001년 교육부 시도교육청 평가위원 2001~2002년 숙명여대 전략기획실장 2001~2003년 교육인적자원부 정책자문위원회 위원 2001~2003년 국무총리실 인문사회연구회 기관평가위원 2002~2004년 숙명여대 기획처장 2004년 국가균형발전위원회 평가위원 2010~2011년 숙명여대 평생교육원장 2011~2013년 同교육대학원장 2012~2013년 한국교육재정경제학회 회장 2013~2015년 교육부 정책자문위원회 위원 2015년 同교육개혁추진협의회 위원 [저]'교육행정학원론(共)'(1994) '한국교육정책의 탐구(共)'(1996) '교육재정정책론(共)'(1997) '학교재무관리 이론과 실제(共)'(2000) '한국교육개혁의 과제와 접근(共)'(2000) '한국교육정책의 쟁점(共)'(2002) '전환기의 한국교육정책(共)'(2008) '중등 교직실무(共)'(2009) '교육재정학(共)'(2014) '신교육재정학(共)'(2015) [종]기독교

송기항(宋基恒)

[생]1958·9·17 [출]전북 임실 [주]전북 전주시 완산구 효자로225 전라북도청 생활안전과(063-280-2760) [학]1977년 전주공고졸 1987년 원광대 건축공학과졸 [경]1983년 전북도 투자유치과장 2008년 전주시 건설교통국장 2010년 同도시재생사업단장 2012년 전주시의회 사무국장 2014년 전북 임실군 부군수 2016년 전북도 도민안전실 생활안전과장(서기관)(현)

송기헌(宋基憲) SONG Ki Heon

[생]1963·10·2 [본]여산(礪山) [출]강원 원주 [주]서울 영등포구 의사당대로1 국회 의원회관535호(02-784-6150) [학]1982년 원주고졸 1986년 서울대 법학과졸 1998년 미국 듀크대 법대 연수 [경]1986년 사법시험 합격(28회) 1989년 사법연수원 수료(18기) 1989년 육군 법무관 1992년 서울지검 검사 1994년 대구지검 안동지청 검사 1995년 인천지검 검사 1997년 부산지검 검사 1999년 치악합동법률사무소 변호사, 밥상공동체복지재단법인 이사, 원주시축구협회 부회장, 사회복지법인 밥상공동체복지법인 법인이사(현) 2012년 제19대 국회의원선거 출마(원주시乙, 민주통합당) 2014년 새정치민주연합 강원도당 집행위원 2014~2015년 同원주시乙지역위원회 위원장 2015년 더불어민주당 원주시乙지역위원회 위원장(현) 2016년 제20대 국회의원(원주시乙, 더불어민주당)(현) 2016년 더불어민주당 법률담당 원내부대표(현) 2016년 국회 운영위원회 위원(현) 2016년 국회 산업통상자원위원회 위원(현) 2016년 국회 평창동계올림픽 및 국제경기대회지원특별위원회 간사(현) 2016년 더불어민주당 조직강화특별위원장(현) [종]기독교

송기호(宋基豪) SONG KI HO

[생]1956·1·13 [주]서울 관악구 관악로1 서울대학교 인문대학 국사학과(02-880-6186) [학]1981년 서울대 국사학과졸 1984년 同대학원 국사학과졸 1995년 문학박사(서울대) [경]1984~1988년 한림대 사학과 교수 1988년 서울대 인문대학 국사학과 교수(현), 진단학회 이사, 역사학회 이사, 한국상고사학회 부회장, 한국사연구회 연구이사 2002~2005년 서울대 기록관장 2007년 同박물관장 2012~2015년 국사편찬위원회 위원 2012년 동북아역사재단 비상임이사(현) [저]'江原道의 先史文化(共)'(翰林大學 아시아文化硏究所) '洪川郡의 傳統文化(共)'(1987, 翰林大學 아시아文化硏究所) '驪州 梅龍里 용강골古墳群 發掘報告書(共)'(1988, 翰林大學博物館) '驪州 梅龍里 용강골古墳群 發掘報告書 II (共)'(1989, 翰林大學博物館) '발해를 찾아서-만주, 연해주 답사기'(1993, 솔출판사) '渤海 政治史 硏究'(1995, 潮閣) '발해를 다시 본다'(1999, 주류성) '2000년전 우리 이웃-중국 요령지역의 벽화와 문물 특별전(共)'(2001, 서울대 박물관) '한국생활사박물관 06-발해·가야생활관(共·내용감수)'(2002, 사계절) '한반도와 만주의 역사 문화(共)'(2003, 서울대 한국문화연구소) '해동성국 발해(共)'(2003, 서울대 박물관) '한국의 역사(베트남국립대학 교재·共)'(2005, 서울대 한국학교재편찬위원회) '한국 고대의 온돌 : 북옥저, 고구려, 발해'(2006, 서울대 출판부) '역사용어 바로쓰기(共)'(2006, 역사비평사) '동아시아의 역사분쟁'(2007, 솔출판사) '한국 고고학 강의(共)'(2007, 사회평론) '하늘에서 본 고구려와 발해'(2008, 서울대 박물관) '동아시아속의 渤海와 日本(共)'(2008, 경인문화사) '한국 고대사국의 국경선(共)'(2008, 서경문화사) '개정증보판 발해를 다시 본다'(2008, 주류성) '새로운 한국사 길잡이 상(共)'(2008, 지식산업사) '개정신판 한국사특강(共)'(2008, 서울대 출판부) '이 땅에 태어나서'(2009, 서울대 출판문화원) '시집가고 장가가고'(2009, 서울대 출판문화원) '말 타고 종 부리고'(2009, 서울대 출판문화원) '발해를 왜 해동성국이라고 했나요?'(2010, 다섯수레) 'The Clash of Histories in East Asia'(2010, 동북아역사재단) '발해 사회문화사 연구'(2011, 서울대 출판문화원)

송기홍(宋基弘) Song Ki-hong

[생]1942·7·12 [본]여산(礪山) [출]일본 오사카 [주]서울 중구 세종대로9길42 부영빌딩6층 법무법인 충정(02-750-9005) [학]1960년 경기고졸 1964년 서울대 법대졸 [경]1971년 사법시험 합격(13회) 1973년 사법연수원 수료(3기) 1973~1978년 서울형사지법·서울민사지법 판사 1978년 대전지법 서산지원 판사 1980년 서울지법 남부지원 판사 1982년 서울가정법원 판사 1983년 서울고법 판사 1987년 부산지법 부장판사 1990년 수원지법 부장판사 1991년 서울지법 남부지원 부장판사 1992년 서울형사지법 부장판사 1994년 대구고법 부장판사 1996년 서울고법 부장판사 2000년 법원도서관장 2003년 춘천지법원장 2004~2005년 서울가정법원장 2005년 법무법인 한승 대표변호사 2009년 법무법인 충정 고문변호사(현) [종]불교

송길대(宋吉大)

[생]1971·10·27 [출]경남 함양 [주]충북 충주시 계명대로101 청주지방검찰청 충주지청(043-841-4200) [학]1990년 진주동명고졸 1995년 서울대 공법학과졸 [경]1998년 사법시험 합격(40회) 2001년 사법연수원 수료(30기) 2001년 공익법무관 2004년 수원지검 여주지청 검사 2006년 광주지검 검사 2008년 창원지검 검사 2010년 서울중앙지검 검사 2013년 헌법재판소 파견 2015년 부산지검 부부장검사 2016년 청주지검 충주지청 부장검사(현)

송길룡(宋吉龍) SONG Gil Yong

[생]1966·12·5 [출]전남 고흥 [주]광주 동구 동명로102 법무법인 아크로(062-229-8300) [학]1985년 조선대부속고졸 1989년 조선대 법학과졸 2011년 아주대 대학원 금융보험학과졸 [경]1988년 사법시험 합격(30회) 1991년 사법연수원 수료(20기) 1994년 청주지검 검사 1995년 대전지검 홍성지청 검사 1997년 부산지검 검사 1999년 서울지검 검사 2002년 수원지검 검사 2003년 同부부장검사 2003년 청주지검 부부장검사 2004년 광주고검 검사 2004년 미국 조지워싱턴대 연수 2005년 대검찰청 검찰연구관 직대 2006년 서울중앙지검 부부장검사 2007년 서울동부지검 형사5부장 2008년 서울북부지검 형사5부장 2009년 의정부지검 형사2부장 2009년 대전고검 검사 2009년 법무부 형사사법통합정보체계추진단장 2011~2014년 광주고검 검사 2011~2012년 대통령직속 국가경쟁력강화위원회 법·제도선진화국 파견 2015년 법무법인 아크로 대표변호사(현) [상]검찰총장표창

송낙영(宋落榮) SONG Nag Young

[생]1966·4·17 [주]경기 수원시 팔달구 효원로1 경기도의회(031-8008-7000) [학]퇴계원고졸, 한국체육대 경기지도과졸 [경]국회 교섭단체대표의원 행정비서관, 경기도태권도협회 자문위원, 남양주시태권도협회 자문위원(현), 박기춘 국회의원 보좌관, 한국스카우트경기북부연맹 이사(현), 남양주시유소년야구단 자문위원(현), 생활체육남양주시게이트볼후원회 부회장(현), 별내중 운영위원장(현), 육군학사장교총동문회 자문위원(현) 2014년 경기도의회 의원(새정치민주연합·더불어민주당)(현) 2014년 同교육위원회 위원 2015년 同예산결산특별위원회 위원 2015년 同장기미집행도시공원특별위원회 위원(현) 2016년 同문화체육관광위원회 위원(현) 2016년 同개발제한구역특별위원회 간사(현) 2016년 同간행물편찬위원회 위원(현)

송대곤(宋大坤)

[생]1958·12·6 [주]울산 북구 염포로700 현대자동차 울산공장(052-215-2114) [학]부산진고졸, 동아대 경영학과졸 [경]현대자동차(주) 자산관리팀장, 同울산경리원가실장(이사대우) 2007년 同울산경리원가실장(이사) 2009년 同울산경리원가실장(상무) 2010년 同울산경리원가실장(전무), 同공장원가관리사업부장(전무) 2015년 同공장원가관리사업부장(부사장) 2015년 同울산공장 부공장장(부사장)(현)

송대남(宋大南) SONG DAENAM

[생]1979 · 4 · 5 [출]경기 용인 [주]서울 송파구 올림픽로424 올림픽회관504호 대한유도회(02-422-0581) [학]경민고졸, 청주대졸 [경]남양주시청 소속 2006년 KRA컵 국제오픈유도대회 남자 81kg급 금메달 2007년 가노컵 국제유도대회 남자 81kg급 금메달 2008년 크로아티아 오픈 국제유도대회 81kg급 금메달 2009년 파리 그랜드슬램 유도대회 남자 81kg급 우승 2009년 모스크바 그랜드슬램 국제유도대회 남자 81kg급 동메달 2009년 몽골 월드컵 국제유도대회 남자 81kg급 금메달 2010년 그래미컵 전국유도대회 남자 81kg급 우승 2011년 회장기 전국유도대회 남자 90kg급 우승 2011년 KRA 코리아월드컵 국제유도대회 남자 90kg급 금메달 2012년 여명컵 전국 유도대회 90kg급 금메달 2012년 제30회 런던올림픽 남자 유도 90kg이하급 금메달 2012년 남자유도 국가대표팀 코치(현)

송대성(宋大成) SONG Dae Sung

[생]1963 · 4 · 12 [출]부산 [주]부산 동구 중앙대로365 부산일보 광고국(051-461-4114) [학]1990년 부산대 영어영문학과졸 [경]1990년 부산일보 입사 1999년 同사회부 기자 2000년 同스포츠레저부 기자 2002년 한국기자협회 부산지회장 2003년 부산일보 편집부 차장대우 2003년 同사회부 차장 2006년 同정치부 차장 2006년 同위크앤조이팀장 2008년 同경영지원팀 부장 2009년 同레포츠부장 2010년 同경제부장 2010년 同정치부장 2012년 同국제팀장 2012년 同스포츠부장 2013년 同편집국 라이프레저부 선임기자 2015년 同편집국장 2016년 同광고국장(현) [상]한국편집기자협회 편집상(2003), 한국언론인연합회 지역언론부문 한국참언론인대상(2016)

송대수(宋大洙) SONG Dae Soo (지아)

[생]1956 · 3 · 22 [본]홍주(洪州) [출]전남 여수 [주]전남 무안군 삼향읍 후광대로274 도청프라자 403호 더불어민주당 전남도당(061-287-1219) [학]1974년 서울 보성고졸 1981년 전남대 공대 토목공학과졸 1992년 중앙대 국제경영대학원 수료 2001년 미국 펜실베이니아대 와튼스쿨 수료, 여수대 산업대학원 최고경영자과정 수료, 전남대 대학원 산업공학과졸 [경](주)대우 근무, 전원예식장 대표, 가송개발 대표 1994년 여수청년회의소 회장 1995~1998년 전남 여수시의회 의원 1999년 여수경찰서 청소년지도위원장, 민주평통 자문위원(현), 새천년민주당 여수시지구당 사무국장 2002 · 2006 · 2010~2014년 전남도의회 의원(새천년민주당 · 민주당 · 통합민주당 · 민주당 · 민주통합당 · 민주당), 同여수엑스포유치특위 위원장, 민주당 중앙당 기업경쟁력강화특별위원장 2005년 同여수甲지역위원회 위원장 2006~2008년 전남도의회 건설소방위원장 2007년 여수마음놓고학교가기추진협의회 회장 · 고문 2009년 전남도의회 교육사회위원회 위원 2010~2012년 同부의장 2010년 광양만권경제자유구역조합회의 의장 2012년 전남도의회 행정환경위원회 위원 2016년 더불어민주당 전남여수시甲지역위원회 위원장 2016년 제20대 국회의원선거 출마(전남 여수시甲, 더불어민주당) 2016년 더불어민주당 전남도당 상임부위원장(현) [상]전남지구청년회의소 최우수회장상, 내무부장관표창, 경찰청장표창, 전국지역신문협회 의정대상(2010) [저]'많은 거짓말을 하지 않습니다'(2014) [종]가톨릭

송대윤(宋對允) SONG Dae Yun

[생]1973 · 12 · 10 [주]대전 서구 둔산로100 대전광역시의회(042-270-5222) [학]대전 동아공업고졸, 한남대 법학부졸, 충남대 행정대학원 자치행정학 석사 [경]자유선진당 대전시당 청년부위원장, 대전사이클연맹 부회장 2010~2014년 대전시 유성구의회 의원(자유선진당 · 민주통합당 · 새정치민주연합) 2010~2012년 同부의장 2012~2014년 同사회도시위원회 위원장 2012년 민주당 제18대 대통령중앙선거대책위원회 특보 2014년 대전시의회 의원(새정치민주연합 · 더불어민주당)(현) 2014년 同교육위원회 위원장 2014년 同운영위원회 위원 2014 · 2016년 同국립철도박물관유치특별위원회 위원(현) 2016년 同산업건설위원회 위원(현) 2016년 同예산결산특별위원회 위원(현) 2016년 더불어민주당 대전시의회 원내대표(현)

송대현(宋大鉉) SONG Dae Hyun

[생]1958·12·12 [출]경남 진주 [주]서울 영등포구 여의대로128 트윈타워 서관25층 LG전자(주)(02-3777-1114) [학]진주고졸, 부산대 기계공학과졸, 캐나다 맥길대 대학원 경영학과졸 [경]2000년 LG전자(주) 조리기기사업부장, 同에어컨컴프레서사업부장(상무), 同MC사업본부 전자구매전략구매팀장(상무) 2008년 同중국 톈진(天津)법인장(부사장) 2009년 同창원공장 냉장고사업부장(부사장) 2012년 同러시아법인장(부사장)(현) 2015년 同CIS지역 대표(부사장) 겸임(현)

송덕빈(宋德彬) SONG Deok Bin

[생]1946 · 2 · 8 [출]충남 논산 [주]충남 예산군 삽교읍 도청대로600 충청남도의회(041-635-5322) [학]1992년 충남대 행정대학원 관리자과정 수료 [경]논산농협 이사, 선우회 고문, 논산시풍물연합회 지회장 1995~2006년 논산시의회 의원, 同산업건설위원장, 同부의장 1997년 (사)한국국악협회 논산시지부장(현) 2002년 논산시의회 의장 2006 · 2010년 충남도의회 의원(국민중심당 · 자유선진당 · 선진통일당 · 새누리당), 同장항국가산업단지조기착공추진지원특별위원회 위원, 同행정자치위원회 위원 2006년 同농수산경제위원회 위원 2008~2010년 同농수산경제위원회 위원장 2010년 同예산결산특별위원회 위원장 2012년 同제2부의장 2012년 同농수산경제위원회 위원 2013년 새누리당 충남도당 부위원장(현) 2013년 同충남도당 체육진흥위원장 2014년 충남도의회 의원(새누리당)(현) 2014년 同교육위원회 위원 2014~2015년 同예산결산특별위원회 위원, 민주평통 논산시협의회 회장(현), 대한민국특수임무수행자회 논산지부 고문(현), 백석초총동창회 회장(현) 2016년 충남도의회 농업경제환경위원회 위원(현), 同윤리특별위원회 위원(현), 同백제문화유적세계유산확장등재 및 문화관광활성화특별위원회 위원(현) [상]대통령표창(2015)

송덕수(宋德洙) SONG Tuck Soo

[생]1956 · 8 · 10 [출]전북 임실 [주]서울 서대문구 이화여대길52 이화여자대학교 법과대학 법학과(02-3277-2749) [학]1979년 서울대 법학과졸 1982년 同대학원 법학과졸 1989년 법학박사(서울대) [경]1981~1983년 서울대 법과대학 조교 1983년 한국민사법학회 상임이사 1983~1986년 경찰대 법학과 전임강사 1986~1988년 同법학과 조교수 1988~1997년 이화여대 법정대학 조교수 · 부교수 1994~1996년 同법정대학 법학과장 1997년 同법과대학 민법전공 교수(현) 1998~2000년 同기획처 차장 2003~2004년 미국 Santa Clara Univ. Law School Visiting Scholar 2004~2005년 이화여대 학생처장 2005~2006년 同교무처장 2005년 한국민사법학회 부회장 2007년 법무부 법무자문위원 2009년 同민법개정위원회 4분과위원장 2010~2012년 이화여대 법학전문대학원장 겸 법과대학장 2010~2011년 법무부 민법개정위원회 제2분과 위원장 2012년 同민법개정위원회 제3분과 위원장 2013년 법제처 민법알기쉽게새로쓰기자문위원회 위원장 2016년 이화여대 학사부총장 2016년 同총장 직대 겸 교육혁신단장(현) [상]홍조근정훈장(2014) [저]'객관식 민법총칙' '민법, 민사특별법' '착오론-법률행위에서의 착오를 중심으로' '민법주해 제2 · 8 · 9 · 13권'(共) '법학입문' '법률행위와 계약에 관한 기본문제' '부동산 점유취득시효와 자주점유' '대상청구권에 관한 이론과 판례연구' '법률행위에 있어서의 착오에 관한 판례연구' '계약체결에 있어서 타인 명의를 사용한 경우의 법률효과-이론과 판례' '주석민법 채권각칙(7)' '흠있는 의사표시 연구' '민법개정안 의견서' '제3자를 위한 계약 연구' '민법사례연습' '민법강의(상)' '민법강의(하)' '신민법강의'(2008) '신민법사례연습'(2008)

송도균(宋道均) SONG Do Kyun

[생]1943 · 9 · 20 [본]여산(礪山) [출]황해 연백 [주]서울 강남구 테헤란로133 한국타이어빌딩 법무법인 태평양(02-3404-7517) [학]1963년 제물포고졸 1971년 한국외국어대 스페인어학과졸 1998년 고려대 언론대학원 수료 2001년 한국외국어대 대학원 세계최고경영자과정 수료 [경]1970년 동양방송(TBC) 기자 1980년 중앙일보 기자 1981년 KBS 외신부 차장 1981년 MBC 경제부 차장 1985년 同외신부장 · 보도제작부장 · 정치부장 · 편집부장 · 북한부장 1988년 同부국장대우 1992년 SBS 보도국장 1994년 同해설위원장(이사대우) 1995년 일본 동경대 사회정보연구소 객원연구원 1996년 SBS 보도본부장(이사대우) 1997년 同보도본부장(이사) 1997년 同편성본부장(이사) 1998년 同기획편성본부장(상무이사) 1998년 同보도본부장(상무이사) 1999~2005년 同대표이사 사장 1999~2005년 SBS스타즈 구단주 1999년 한국방송학회 부회장 2001~2005년 한국방송협회 부회장 2003~2004년 同회장 2005~2007년 SBS 상임고문 2005~2008년 숙명여대 언론정보학부 정보방송학과 석좌교수 2007~2008년 SBS 고문 2008~2011년 방송통신위원회 상임위원 2008~2009년 同부위원장 2008년 同지역방송발전위원회 위원장 2008년 2008OECD장관회의 준비위원장 2009년 방송통신위원회 방송분쟁조정위원장 2011년 법무법인 태평양 고문(현) 2013년 KT 사외이사(현) [상]황해도민의날 도민상(2000), 외대 언론인회 '2001 외언상'(2001), 한국방송프로듀서연합회 2001방송인상(2001), 중앙대 중앙언론문화상 방송부문(2002), 물사랑대상, 금관문화훈장(2007)

송도근(宋道根) SONG Do Gun (石川)

[생]1947 · 11 · 27 [본]은진(恩津) [출]경남 사천 [주]경남 사천시 용현면 시청로77 사천시청 시장실(055-831-2100) [학]경남자영고졸 1985년 한국방송통신대 행정학과졸 [경]1997년 건설교통부 공보관 1998년 부산지방국토관리청장 2000년 한국건설기술연구원 파견 2001년 건설교통부 대도시권광역교통기획단 교통관리국장 2003년 서울지방국토관리청장 2004년 한국건설기술연구원 파견 2006년 명예 퇴직(관리관) 2006 · 2010년 경남 사천시장선거 출마(무소속), 한국시대학회 대표 2013년 새누리당 여의도연구원 정책자문위원 2014년 경남 사천시장(무소속)(현) [상]대통령표창(1988), 근정포장(1989), 황조근정훈장(2006), 한국도로학회 공로상(2016) [종]불교

송동근(宋東根) SONG Dong Keun

[생]1956 · 10 · 29 [본]야성(冶城) [출]대구 [주]강원 춘천시 한림대학길1 한림대학교 의과대학 약리학교실(033-248-3290) [학]1981년 서울대 의대졸 1986년 同대학원 약리학과졸 1989년 의학(약리학)박사(서울대) [경]1981년 육군 군의관(중위) 1984년 서울대 의대 조교 1986~1998년 한림대 의대 약리학교실 전임강사 · 조교수 · 부교수 1989년 미국 Colorado State Univ. Post-Doc. 1998년 한림대 의대 약리학교실 교수(현) 2002~2006년 同천연의약연구소장 2005~2014년 同감염성질환제어연구센터(IDMRC) 센터장 2014년 대한약리학회 회장 2015년 同감사(현) [상]의당학술상(2001), 특허기술상(2002), 함춘의학상(2004) [종]기독교

송동섭(宋東燮) SONG Dong Sub

[생]1959 · 5 · 26 [출]강원 원주 [주]경기 용인시 수지구 죽전로152 단국대학교 상경대학 경영학부(031-8005-3366) [학]검정고시 합격 1988년 단국대 회계학과졸 1991년 同대학원 재무회계학과졸 1997년 경영학박사(단국대) [경]1984~1990년 경제기획원 조사통계국 근무 1991~1994년 통계청 통계분석과 · 자료관리과 · 서울사무소 계장 1994~2001년 여주전문대 세무회계정보과 전임강사 · 조교수 2001년 단국대 상경대학 경영학부 회계학전공 교수(현) 2005~2008년 同재무처장 2008년 한국학교회계학회 회장 2010년 한국국제경상교육학회 회장 2010~2014년 단국대 죽전캠퍼스 상경대학부장(학장) 2011~2013년 同죽전캠퍼스 야간학부장(학장) 2014년 한국상업교육학회 회장 2014년 단국대 경영대학원장(현)

송동원(宋東源) SONG Dong Won

[생]1952 · 2 · 8 [본]은진(恩津) [출]경북 의성 [주]서울 도봉구 마들로749 서울북부지방법원 조정센터(02-910-3505) [학]1970년 경북고졸 1974년 서울대 법대졸 [경]1974년 사법시험 합격(16회) 1976년 사법연수원 수료(6기) 1977~1979년 육군 법무관 1979년 춘천지법 판사 1981년 同강릉지원 판사 1982년 수원지법 판사 1984년 서울지법 북부지원 판사 1986년 서울형사지법 판사 1987년 서울고법 판사 1990년 대법원 재판연구관 1991년 대구지법 부장판사 1993년 수원지법 여주지원장 1995년 서울지법 동부지원 부장판사 1996년 서울지법 부장판사 1998년 법무법인 태평양 변호사 2000~2002년 사법연수원 강사 2001~2011년 부국증권(주) 사외이사 2002~2004년 서울시 행정심판위원회 위원 2002~2007년 영산대 법률학부 겸임교수 2005~2009년 서울시 정보공개심의위원회 위원장 2005~2011년 한국소비자보호원 소비자분쟁조정위원회 조정위원 2006~2008년 대한변호사협회 이사 2015년 서울북부지법 조정센터 상임조정위원장(현)

송동호(宋東鎬) SONG Dong Ho

[생]1957 · 9 · 6 [본]은진(恩津) [출]서울 [주]서울 서대문구 연세로50의1 연세대학교 의과대학 정신과학교실(02-2228-1620) [학]1982년 연세대 의학과졸 2006년 의학박사(가톨릭대) [경]1985~1988년 연세대의료원 전공의 1988~1990년 인천기독병원 정신과장 1990~1992년 미국 일리노이대 의대 소아정신과 임상펠로우 1992년 연세대 의과대학 정신과학교실 교수(현) 2007~2009년 대한소아청소년정신의학회 이사장 2008년 세브란스병원 소아청소년정신과장 2009~2013년 대한소아청소년정신의학회 수련교육이사 2012년 연세대 의과대학 의학행동과학연구소장(현) 2014년 대한소아청소년정신의학회 고시위원회 이사(현) 2014년 대한청소년학회 이사장(현) 2016년 연세대의료원 어린이병원 소아정신과장(현) [저]'정신분열증'(1996) '의학행동과학-제4장 인격의 발달'(2001) '한방신경정신의학-제3-21장 소아청소년기의 정신장애'(2005) '소아정신의학-제34장 약물치료 및 기타 생물학적 치료'(2005) '최신정신의학-제5장 인격발달'(2006) '재활의학'(2007) 'Clinical Neuropsychopharmacology-제34장 틱장애, 강박성장애 및 유뇨증'(2008) '양극성 장애-소아청소년 양극성 장애'(2009) '청소년정신의학-제28장 정신치료'(2012) '서울해바라기아동센터 10년 이야기'(2014) [종]기독교

송두환(宋斗煥) SONG Doo Hwan

[생]1949 · 5 · 29 [본]여산(礪山) [출]충북 영동 [주]서울 종로구 종로1 교보생명빌딩16층 법무법인 한결(02-3458-0901) [학]1967년 경기고졸 1971년 서울대 법학과졸 [경]1980년 사법시험 합격(22회) 1982년 사법연수원 수료(12기) 1982년 서울지법 북부지원 판사 1985년 서울민사지법 판사 1986년 춘천지법 영월지원 판사 1988년 서울형사지법 판사 1990~2007년 변호사 개업(법무법인 한결 대표변호사) 1996년 대한변호사협회 공보이사 1996~2000년 민주사회를위한변호사모임 부회장 1997년 간행물윤리위원회 위원 1998년 대한변호사협회 인권이사 1999년 한국외환은행 사외이사 2000~2002년 민주사회를위한변호사모임 회장 2000~2003년 정부혁신추진위원회 민간위원 2003년 대북송금의혹사건 특별검사 2005년 대통령직속 중앙인사위원회 비상임위원 2005~2007년 국민은행 사외이사 2006년 同평가보상위원장 2007~2013년 헌법재판소 재판관 2013년 同소장 권한대행 2013년 법무법인(유) 한결 대표변호사(현)

송만익(宋萬翼) SONG Man Eek

[생]1955 · 5 · 11 [출]대구 [주]대전 유성구 동서대로125 한밭대학교 인문사회대학 일본어과(042-821-1351) [학]1981년 계명대 일본학과졸 1988년 일본 도쿄대 대학원졸 2003년 교육학박사(일본 히로시마대) [경]1991년 대전공업대 전임강사 1991년 계명대 시간강사 1993~1999년 대전산업대 조교수 · 부교수 1995~2001년 일본어문학회 학술이사 1996년 한국일본문화학회 감사 2000~2015년 한밭대 인문대학 일본어과 교수 2002년 同학생처장 2004년 한국일본어교육학회 부회장 2005년 일어문학회 부회장 2005년 한국일본문화학회 부회장 2008~2010년 同회장 2009년 한밭대 인문대학장 2015년 同인문사회대학 일본어과 교수(현), 同일본어과 학과장(현) [종]불교

송맹근(宋孟根) Song Maeng-Keun

[생]1965 · 2 · 20 [출]서울 [주]서울 영등포구 여의나루로81, 1202호 앱솔루트자산운용(주)(02-785-3343) [학]1989년 고려대 경제학과졸 [경]1989년 LG증권 국제부 근무 1993년 同런던현지법인 근무 1998~2000년 同주식운용팀 근무 2007~2008년 우리투자증권 주식운용팀장 2008~2014년 이트레이드증권(주) Retail · Trading사업부 대표(전무이사) 2014년 앱솔루트투자자문 대표이사 2016년 앱솔루트자산운용(주) 대표이사(현)

송맹수(宋孟洙) Song Meng Su

[생]1957 · 4 · 7 [출]전남 [주]서울 강동구 양재대로1378 (주)선진 임원실(02-2225-0777) [학]1975년 경동고졸 1983년 서울대 축산학과졸 [경]1988년 (주)선진 입사 2003년 同총괄판매 이사 2008년 同선진기술연구소 상무 2015년 同생산서비스BU장(전무)(현)

송명근(宋明根) SONG Meong Gun

[생]1951 · 9 · 16 [본]은진(恩津) [출]서울 [학]1970년 경복고졸 1976년 서울대 의대졸 1979년 同대학원 의학과졸 1986년 의학박사(서울대) [경]'국내 심장수술 최고의 권위자' 1981년 국군서울지구병원 흉부외과장 1984년 미국 오리건대 부속병원 전문의 1986년 부천세종병원 과장 1989~1998년 울산대 의대 흉부외과학교실 조교수 · 부교수 1991년 미국 베일러대학병원 임상조교수 1992년 서울아산병원 심장이식팀장 1997년 사이언스시티(심장판막 장비 제조 · 판매 회사) 설립 1998년 서울아산병원 흉부외과장 1998~2007년 울산대 의대 흉부외과학교실 교수 1998년 同심장센터 소장 1998년 대통령 자문의 2002~2007년 서울아산병원 인재개발아카데미 소장 2007~2014년 건국대 의대 흉부외과학교실 교수 2009~2012년 同병원 심장혈관센터장 2013년 중국 인촨(銀川)시 제1인민병원 국제카바심장센터장(현) [상]대통령표창, 대한민국보건산업대상 올해의 보건산업인상(2008), 상허대상 의료부문(2009), 자랑스러운 경복인상(2011) [종]가톨릭

송명빈(宋名濱) MYUNG BEAN SONG

[생]1969·4·20 [본]여산(礪山) [출]서울 [주]서울 종로구 종로3길33 (주)KT 광화문빌딩 East 플랫폼서비스사업단(02-3495-3977) [학]1988년 경복고졸 1994년 연세대 국어국문학과졸 2011년 同언론홍보대학원 방송전공졸 2011년 방송정책학박사(서울과학기술대) 2016년 언론학박사(성균관대) [경]1995~2000년 온미디어BTV PD(공채1기) 2000년 인터넷MBC 대외사업팀장 2003년 KBS 인터넷총괄사업팀장 2006년 예당그룹 전략기획실장 2008년 CJ시스템즈 브릿지플랫폼부장 2009년 (주)KT 미디어본부 커머스사업팀 부장 2014년 同마케팅부문 스마트금융담당 부장 2015년 同마케팅부문 융합서비스개발담당 부장 2016년 同플랫폼서비스사업단 융합서비스개발담당 부장(현) 2016년 성균관대 신문방송학과 겸임교수(현) [상]체육부장관표창 봉사장(1988), 미래창조과학부 창조경제박람회 최우수아이디어상(2014), 대한민국특허대상 전기전자부문 대상(2016) [저]'잊혀질 권리-나를 잊어주세요'(2015) [종]천주교

송명재(宋明宰) SONG Myung Jae

[생]1948·7·16 [출]전북 정읍 [주]서울 성동구 성수일로77 한국방사선진흥협회 방사선기술연구센터(02-3490-7140) [학]1967년 이리 남성고졸 1975년 서울대 원자력공학과졸 1977년 미국 피츠버그대 대학원 보건물리학과졸 1988년 보건물리학박사(미국 미시간대) [경]1975년 한국전력공사 입사 1995년 同전력연구원 방사선안전그룹장 1998년 한국수력원자력(주) 원자력환경기술원 연구개발실장 2004년 同원자력환경기술원장 2006년 同원자력환경기술원 정책자문위원 2006년 同방사성폐기물사업본부장(상임이사), 한국방사성폐기물학회 부회장, 한국원자력학회 방사성폐기물연구부회장, 국제원자력기구(IAEA) 및 국제방사선관련기구 자문위원 2007~2008년 한국수력원자력(주) 발전본부장(상임이사) 2009년 한국방사성동위원소협회 교육연구원장 2011~2013년 한국방사성폐기물관리공단 이사장 2013년 한국원자력환경공단 이사장 2014년 (사)한국방사성폐기물학회 회장, 同부설 연구소장(현) 2014년 사용후핵연료관리및방사성폐기물안전협약 부의장(현), 한국방사선진흥협회 방사선기술연구센터장(현), 同부회장 겸임(현) [상]경향 전기에너지대상(원자력)(1991), 전력연구원 최우수연구원상(1994), 한국원자력학회 학술상(1999), 한전인대상(1999), 과학기술포장(2002), 동탑산업훈장(2007), 원자력 스토리텔링 공모전 대상(2010) [저]'방사능 분석기술'(1991) '아인슈타인의 실수'(1992) '방사선피폭평가'(1994) '방사선의 세계'(2000)

송명학(宋明學) SONG Myoung Hak

[생]1960·6·2 [출]대전 [주]대전 중구 계룡로832 중도일보 임원실(042-220-1001) [학]1977년 대전상고졸 1982년 충남대 경영학과졸 1985년 성균관대 대학원졸 [경]1988년 중도일보 정치행정부 기자 1990년 同정치부 기자 1993년 同교열부 기자 1996년 同사회부 기자 1996년 同정치행정부 기자 1999년 同정치행정부 차장대우·차장 2002년 同정치행정부 부장대우 겸 기획조정실 부장대우 2004년 同정치·경제팀장 겸 경제부장(부국장대우) 2005년 同정치행정담당 부국장 2006년 同편집국 외근담당 부국장 2007년 同마케팅국장 2008년 同마케팅국장(이사) 2009년 同편집국장 2012~2013년 同부사장 2012년 (사)목요언론인클럽 회장 2013년 중도일보 사장 2016년 同부회장(현) [상]제25회 대전문화상 언론부문(2013)

송무현(宋戊鉉) Song Moo Hyun

[생]1948·6·2 [출]경남 진주 [주]경기 성남시 분당구 운중로136 송현타워 송현그룹 비서실(031-8038-9810) [학]1967년 경북대사대부고졸 1977년 고려대 금속공학과졸 [경]1977~1988년 대우중공업 구매부장 1989~1991년 진로산업 연구소장·공장장·이사 1991년 (주)티엠씨 대표이사 회장(현) 2008년 (주)케이피에프 대표이사 회장 2012년 (주)송현홀딩스 대표이사 회장(현) 2015년 (주)케이피에프 회장(현) [상]충남도 우수기업인상(2003), 천안시기업인대회 대상(2007), 철탑산업훈장(2008), 한국무역학회 무역진흥상(2009)

송문석(宋汶錫) SONG Moon Seok

[생]1963·1·16 [출]전남 고흥 [주]부산 연제구 중앙대로 1217 국제신문(051-500-5114) [학]1987년 전남대 토목공학과졸 2009년 경성대 멀티미디어대학원 언론학과졸(석사) [경]1988년 국제신문 기자 1999년 同경제부 기자 2000년 同사회1부 차장 2002년 同사회2부장 직대 2004년 同조사부장 2005년 同사회1부장 2006년 同논설위원 2008년 同편집국 부국장 2012년 同편집국장 2013년 同문화사업국장 2015년 同논설위원 2015년 同수석논설위원 2015년 同논설실장 2016년 同논설주간(이사)(현)

송문현(宋文鉉) Song Moon Hyun

[생]1964·1·9 [출]서울 [주]부산 연제구 연제로36 부산지방고용노동청 청장실(051-853-0009) [학]한양대 행정학과졸 [경]1987년 행정고시 합격(31회) 1998년 대통령직인수위원회 경제2분과 파견(서기관) 2004년 노동부 자격지원과장 2005년 同외국인력정책과장 2005년 同고용정책본부 외국인력고용팀장 2006년 同고용정책본부 고령자고용팀장 2007년 광주종합고용지원센터 소장(부이사관) 2008년 한국고용정보원 기획조정실장 2010년 노동부 고용평등정책과장 2010년 고용노동부 고용정책실 고용평등정책과장 2011년 광주지방고용노동청장 2013년 고용노동부 노동정책실 공공노사정책관 2015년 중앙공무원교육원 교육파견(고위공무원) 2016년 부산지방고용노동청장(현)

송문홍(宋文弘) Song, Moon Hong

[생]1960·1·23 [본]여산(礪山) [출]서울 [주]강원 원주시 혁신로60 건강보험심사평가원 홍보실(033-739-0150) [학]1979년 우신고졸 1986년 한국외국어대 정치외교학과졸 2002년 연세대 행정대학원 국제정치과 수료 2011년 고려사이버대 사회복지학과졸 [경]1985~1990년 동아일보 출판국 음악동아 기자 1990~2001년 同출판국 월간신동아 기자(차장) 2001~2006년 同논설위원 2007~2009년 同출판국 주간동아·신동아팀장 겸 편집장 2009~2011년 대한법률구조공단 홍보실장 2012년 한국조폐공사 홍보협력실장 2013년 건강보험심사평가원 홍보실장(현) [저]'영어 한풀이'(1999, 동아일보) [역]'데드라인 : 제임스 레스턴 회고록'(1992, 동아일보)

송문희(宋文喜) SONG Moon Hee

[생]1958·5·19 [출]제주 [주]제주특별자치도 제주시 관덕로11길 17 TBN제주교통방송(064-717-8114) [학]제주대 행정학과졸 [경]1984년 제주MBC 입사 1998년 同보도부 차장대우 2000년 同보도국 차장 2004년 同보도국 기획보도부장 2006년 同기획사업국 취재부장 2008년 同기획사업국 광고사업팀장 2009년 同기획사업국장 2010년 同보도제작국장 2012년 同보도국장 2013년 同보도국 보도위원 2014년 同특임국장 2016년 TBN제주교통방송 본부장(현) [상]한국기자협회 이달의기자상(1997·2001), 한국방송기자클럽 촬영보도상(1998), 제주도기자협회 제주도기자상(1998), 제주방송인클럽 제주방송인대상(2002), 제11회 방송문화진흥회 지역프로그램상 은상(2009)

송미숙(宋美淑·女) SONG Mi Sook

[생]1943·12·13 [본]은진(恩津) [출]서울 [주]서울 성북구 보문로34다길2 성신여자대학교 서양화과(02-920-7248) [학]1962년 이화여고졸 1966년 한국외국어대 불어과졸 1969년 미국 오리곤대 대학원 미술사학과졸 1980년 철학박사(미국 펜실베이니아주립대) [경]1978년 미국 Pennsylvania State Univ. Teaching Assistant 1981년 국제문화협회 회장 비서역 1982~2008년 성신여대 미술대학 서양화과 교수 1991년 서양미술사학회 회장 1995년 삼성미술관 현대미술총괄 특별자문위원 1995~1999년 호암문화재단 자문 1999년 48회 베니스비엔날레 한국관 커미셔너 2001년 문화관광부 21세기문화정책위원 2003년 동아시아문화학회 회장(현) 2003년 성신여대 박물관장 2008년 同서양화과 명예교수(현) [상]서울문화예술평론상(1987) [저]'Art Theories of Charles Blanc (1813-1882)'(1984, UMI Research Press) [역]'The American Century 현대미술과 문화 1950-2000'(2008, 학고재) '큐레이팅의 역사'(2013, 미진사) '현대건축비평사'(2015, 마티출판사)

송미연(宋美娟·女) Mi-Yeon Song

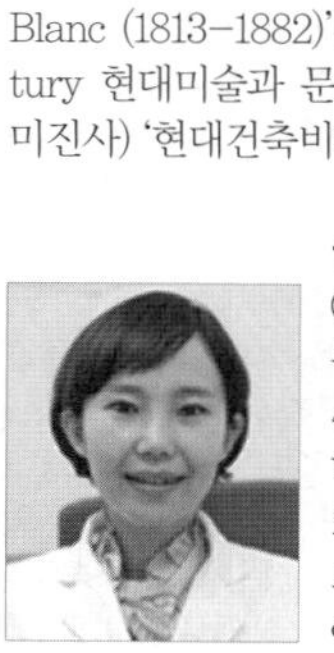

[생]1971·12·21 [본]은진(恩津) [출]경기 [주]서울 강동구 동남로892 강동경희대학교병원 한방재활의학과(02-440-7580) [학]1996년 경희대 한의대졸 1998년 同대학원 한방재활의학전공(석사) 2001년 한의학박사(경희대) [경]1996~1999년 경희대부속한방병원 한방재활의학과 전문의과정 수료 2001~2003년 미국 컬럼비아대 의대 비만연구센터 연구교수 2003년 경희대 한의학과 전임강사·조교수·부교수·교수(현) 2005년 미국 존스홉킨스대 의대 보완통합의학센터 교환교수 2007년 강동경희대병원 한방재활의학과 과장(현) 2011~2013년 제17대 대통령 의료자문의 2011~2016년 강동경희대병원 웰니스센터장 [저]'약선학'(2009) '조화와 균형의 과학, 우리 한의학'(2010) '평생 살찌지 않는 몸 만드는 체형교정다이어트'(2012) '나는 통증 없이 산다'(2014, 비타북스) [역]'바디워크 : 수기치료에 대한 새로운 관점'(2010)

송미영(宋美瑩 · 女) Song, mi young
[생]1961 · 11 · 10 [출]서울 [주]대전 유성구 유성대로1672 한국한의학연구원 미병연구단(042-868-9454) [학]1984년 숙명여대 화학과졸 1987년 한국과학기술원 화학과졸(석사) 1991년 화학박사(한국과학기술원) [경]1992~1994년 (주)비트컴퓨터 부설 교육센터장 1995~1996년 (주)선경정보 교육센터장 1996~2004년 (주)신우정보시스템 부설 정보통신연구소장 2004년 한국한의학연구원 선임연구본부장(책임연구원) 2015년 同미래정책실장, 同미병연구단 책임연구원(현)

송민선(宋珉宣 · 女) SONG Min Sun
[생]1963 · 5 · 13 [출]충북 청주 [주]대전 서구 청사로189 문화재청 운영지원과(042-481-4641) [학]단국대 대학원 사학 박사과정 수료 [경]1990년 문화재청 학예연구사 2001년 同학예연구관 2004년 同사적과 학예연구관 2005년 同예능민속연구실 학예연구관 2007년 同문화유산국 동산문화재과장 2009년 국립문화재연구소 무형문화재연구실장(학예연구관) 2013년 同연구기획과장 2014년 국립나주문화재연구소장 2014년 국립무형유산원 무형유산진흥과장 2016년 통일교육원 교육파견(현) [저]'종가의 제례와 음식(編)'(2004, 김영사) '한산모시짜기(共)'(2004, 국립문화재연구소) '국외 무형문화유산 보호제도 연구(共)'(2010, 국립문화재연구소)

송민순(宋旻淳) SONG Min Soon
[생]1948 · 7 · 28 [출]경남 진주 [주]서울 종로구 북촌로15길 2 북한대학원대학교 총장실(02-3700-0775) [학]마산고졸 1975년 서울대 독어독문학과졸 2014년 명예 정치학박사(경남대) [경]1975년 외무고시 합격(9회) 1975년 외무부 입부 1978년 독일 본대 연수 1979년 駐서베를린 부영사 1981년 駐인도 2등서기관 1986년 駐미국 1등서기관 1989년 외무부 안보과장 1991년 同북미과장 1992년 駐싱가포르 참사관 1994년 미국 하버드대 국제문제연구소 연구원 1995년 외교안보연구원 연구관 1996년 외무부 북미국 심의관 1997년 同장관보좌관 1997년 대통령 국제안보비서관 · 외교통상비서관 1999년 외교통상부 북미국장 2001년 駐폴란드 대사 2003년 경기도 국제관계자문대사 2004년 외교통상부 기획관리실장 2005년 同차관보 2006년 대통령 통일외교안보정책실장(장관급) 2006~2008년 외교통상부 장관 2008~2012년 제18대 국회의원(비례대표, 통합민주당 · 민주당 · 민주통합당) 2008년 북한대학원대 초빙교수 2008년 민주당 제2정책조정위원장 2012~2014년 한국국제협력단(KOICA) 자문위원 2013~2015년 경남대 정치외교학과 석좌교수 2015년 북한대학원대 총장(현) [상]근정포장(1991), 폴란드 공로십자훈장(2003), 청조근정훈장(2008) [저]회고록 '빙하는 움직인다-비핵화와 통일외교의 현장'(2016, 창비)

송민주(宋玟周 · 女) Song, minjoo
[생]1957 · 4 · 8 [출]인천 [주]강원 인제군 인제읍 인제로 209번길9 인제경찰서 서장실(033-461-2511) [학]장안대졸, 한국방송통신대 법학과졸, 한세대 경찰법무대학원 경찰학과졸 [경]1977년 순경 임용 1988년 경장 승진 1992년 경사 승진 1996년 경위 승진 1999년 경감 승진 2003년 경정 승진 2011년 경찰대 운영지원과 근무 2011년 강원지방경찰청 생활안전과장 2011년 강원 평창경찰서장(총경) 2013년 경찰대 운영지원과장 2013년 강원 동해경찰서장 2015년 경찰수사연수원 교무과장 2016년 강원 인제경찰서장(현)

송민헌(宋敏憲) SONG MIN HUN
[생]1969 · 5 · 24 [출]경북 칠곡 [주]서울 서대문구 통일로 97 경찰청 치안정책관실(02-3150-2121) [학]고려대 행정학과졸, 한양대 대학원 법학과졸 [경]1995년 행정고시 합격(39회) 1999년 경정 임용 2008년 경북 칠곡경찰서장(총경) 2009~2011년 駐시카고 총영사 2012년 서울 은평경찰서장 2013년 경찰청 경찰쇄신기획단 총경 2014년 同인사담당관 2014년 대구지방경찰청 제2부장(경무관) 2015년 경찰청 경무담당관실 치안정책관(현)

송민호(宋珉虎) SONG Min Ho
[생]1956 · 7 · 6 [출]경기 양주 [주]서울 서초구 서초중앙로 117 훈민타워7층 법무법인 충무(02-3472-2700) [학]1979년 성균관대 법학과졸 1981년 충남대 대학원 법학과졸 [경]한국은행 근무, 법원행정고시 합격(4회), 원주지원 법원사무관 1981년 사법시험 합격(23회) 1983년 사법연수원 수료(13기) 1983년 軍법무관 1986년 수원지검 성남지청 검사 1988년 대전지검 검사 1990년 서울지검 검사 1993년 부산지검 검사 1996년 대전지검 공주지청장 1997년 대전지검 공안부장 1999년 사법연수원 교수 2001년 서울지검 남부지청 형사4부장 2002년 同남부지청 형사2부장 2002년 서울고검 검사 2003년 수원지검 안산지청 차장검사 2005년 부산고검 검사 2005년 변호사 개업 2005~2014년 법무법인 영진 공동대표변호사 2008년 방송통신심의위원회 통신분과특별위원장 2014년 법무법인 한국 변호사 2016년 법무법인 충무 변호사(현) [저]'제1회 동시지방선거 백서' [종]천주교

송백규(宋白圭) Song baik kyu
[생]1958 · 4 · 23 [본]진천(鎭川) [출]인천 [주]충남 천안시 서북구 번영로465 (주)삼성디스플레이 임원실(041-599-1114) [학]1977년 제물포고졸 1984년 고려대 경제학과졸 [경]2002년 삼성전자(주) 반도체총괄 지원팀장(상무보) 2004년 同LCD총괄 지원팀장(상무) 2007년 同감사팀장(상무) 2009년 (주)삼성모바일디스플레이 재무담당 최고책임자(CFO)(전무) 2011년 同재무담당최고책임자(CFO)(부사장) 2014년 (주)삼성디스플레이 대외협력담당 부사장 2014년 同상임고문(현)

송 범(宋 范) SONG Pum
[생]1955 · 5 · 23 [주]서울 중구 다동길43 대림C&S(주) 임원실(02-311-3300) [학]1974년 경복고졸 1979년 고려대 토목공학과졸 1996년 서강대 대학원 경영학과졸 2008년 공주대 대학원 공학석사 2011년 공학박사(공주대) [경]1981년 대림산업(주) 입사 2008년 同토목사업본부 상무 2012년 대림C&S 대표이사 전무 2013년 同대표이사 부사장 2015년 同대표이사 사장(현)

송병국(宋炳國) SONG Byeong Kug
[생]1964 · 3 · 7 [본]진천(鎭川) [출]충북 청원 [주]충남 아산시 신창면 순천향로22 순천향대학교 청소년교육상담학과(041-530-1145) [학]신흥고졸, 서울대졸, 同대학원졸 1996년 교육학박사(서울대) [경]1989~1996년 한국교육개발원 연구원 1996년 순천향대 교육학부 조교수 · 부교수 · 교수, 同인문과학대학 청소년교육상담학과 교수(현) 1997년 교육부 교육과정심의위원 2003~2005년 순천향대 대외협력실장, 국가청소년위원회 정책자문위원 2006년 同자문교수 2006~2007년 미국 오하이오주립대 교환교수, 아산시 평생학습협의회 부위원 2008년 한국평생교육학회 편집위원장 2008~2010년 순천향대 평생교육원장 2009년 한국진로교육학회 사무국장 2009~2010년 순천향대 평생교육학부장 2010~2012년 아산시 청소년교육문화센터 관장 2013년 순천향대 교무처장(현), 미래를여는청소년학회 회장, 충남청소년진흥원 이사, 충남도학교폭력대책위원회 위원, 충남도 평생교육위원회 위원(현), 한국진로교육학회 부회장(현), 한국평생교육학회 부회장, 同이사(현) 2014년 국가평생교육진흥원 비상임이사(현) 2015년 충남도교육청 교원인사위원(현) 2015년 한국교직원공제회 대의원(현) 2016년 한국진로교육학회 회장(현) [상]부총리 겸 교육부장관표창(2016) [저]'진로교육의 이론과 실제'(共) '청소년학총론'(共) '청소년지도학'(共) '사회교육자의 직업소외' '평생교육학원론' '청소년프로그램개발과 평가론' '청소년학개론'(共) '진로상담론'(共) [종]기독교

송병권(宋秉權) song byeong kweon
[생]1958 · 10 · 20 [본]은진(恩津) [출]경남 산청 [주]경남 진주시 동진로155 진주시청 부시장실(055-749-2005) [학]1976년 진주 동명고졸 1978년 경남과학기술대 토목공학과졸 1991년 경남대 행정대학원 행정학과졸 2010년 공학박사(경상대) [경]1978~2011년 경남도 입청 · 치수방재과장 2012년 同도시교통국 도시계획과장 2015년 同감사관 2015년 진주시 부시장(현) [상]홍조근정훈장(2015) [종]불교

송병길(宋炳姞 · 女) SONG Byong Kil
[생]1961 · 7 · 7 [본]진천(鎭川) [출]강원 춘천 [주]울산 남구 중앙로201 울산광역시의회(052-229-5036) [학]1984년 울산과학대 공업경영과졸, 울산대 정책대학원 재학 중 [경]울산시여성단체협의회 부회장 2002~2010년 울산시 녹색환경보전회 회장 2010년 울산시의회 의원(한나라당 · 새누리당) 2010년 同운영위원회 위원 2012년 同예산결산특별위원회 위원 2012년 同산업건설위원회 위원장 2014년 울산시의회 의원(새누리당)(현) 2014년 同행정자치위원회 위원장 2014~2015년 새누리당 울산시당 여성위원장, 울산시립예술단 운영자문위원회 부위원장(현), (사)아이코리아 울산지부 부회장(현) 2016년 울산시의회 산업건설위원회 위원(현)

人

송병락(宋丙洛) SONG Byung Nak

생1939·8·15 본여산(礪山) 출경북 영주 주서울 관악구 봉천로576 동아벤처타운빌딩205호 자유와창의교육원(02-872-1664) 학1963년 서울대 경제학과졸 1967년 同경영대학원 수료 1970년 경제학박사(미국 남캘리포니아대) 1971년 미국 하버드대 포스트닥터과정 수료 경1971~1980년 한국개발연구원 수석연구원 및 산업정책실장 1974~1979년 한국과학기술원 산업공학과 대우교수 1974~1985년 국제연합·세계은행·아시아개발은행 자문위원 1980~2004년 서울대 경제학부 교수 1990~1991년 미국 하버드대 초빙교수 1995년 同국제개발연구원 연구교수 1998~2001년 LG전자(주) 사외이사 1998~2000년 서울대 부총장 2002년 바른사회를위한시민회의 공동대표 2002년 보건복지부 국민연금발전위원회 위원장 2004년 서울대 명예교수(현) 2006년 법무부 이민행정연구위원회 위원장 2006~2010년 (재)자유기업원 이사장 2010~2011년 포스코전략대 석좌교수 2014년 자유와창의교육원 원장(현) 상제1회 경제학회상, 국무총리표창, 제10회 시장경제대상 출판부문 우수상, 중앙공무원교육원 제1회 BEST강사 선정(2010), 제21회 시장경제대상 출판부문 우수상 저'한국경제론' '마음의 경제학' 'The Rise of the Korean Economy(제3판)'(Oxford대 출판부) 'Urbanization and Urban Problems'(Harvard대 출판부) '기업을 위한 변명' '싸우고 지는 사람 싸우지 않고 이기는 사람' '자본주의 공산주의' '세계경제전쟁, 한국인의 길을 찾아라'(2009) '한국경제의 길(제5판)' '전략의 신, 당신이 쓸 수 있는 세상의 모든 전략'(2015, 쌤앤파커스) 등 작무궁화신품종 송(병)락무궁화 등록 종기독교

송병무(宋柄武) SONG Byung Mu

생1965·7·25 출부산 주서울 중구 칠패로37 HSBC빌딩16층 르노삼성자동차(주) 인사본부장실(02-3707-5000) 학부산고졸, 한양대 교육행정학과졸, 미국 미시간주립대 대학원 행정학졸 경SK그룹 인사팀 근무, 타워스페린 컨설턴트, 와슨와이어트 컨설턴트, PwC 컨설턴트 2005년 동부제강 기획관리실 인사팀장(상무) 2008년 동부제철 기획관리실 인사팀장(상무) 2013년 르노삼성자동차 인사(HR)본부장(전무)(현) 역'성공적인 M&A로의 초대' 'CEO의 몸값은 얼마인가?' 종기독교

송병선(宋炳善) Byeong S. SONG

생1960·11·10 본여산(礪山) 출전북 정읍 주서울 종로구 세종대로209 정부서울청사4층 대통령직속 지역발전위원회 지역발전기획단(02-2100-1122) 학관악고졸 1986년 성균관대 신문방송학과졸 1991년 서울대 행정대학원 정책학과정 수료 1995년 미국 아메리칸대 대학원졸 1998년 同대학원 경제학 박사과정 수료 경1986년 행정고시 합격(30회) 1987~1994년 경제기획원 정책조정국·대외경제조정실 사무관 1998년 재정경제부 세제실 국제조세과 사무관 1999년 기획예산처 예산실 자치환경예산과 서기관 2000년 同법사행정예산과 서기관 2002년 재외동포재단 파견 2003년 기획예산처 재정개혁국 재정개혁2과장 2004년 同재정개혁국 산하기관정책과장 2005년 同예산실 산업정보예산과장 2005년 同산업재정기획단 산업정보재정과장 2006년 同사회서비스향상기획단 기획총괄팀장 2007년 과학기술부 과학기술혁신본부 연구개발예산담당관 2008년 기획재정부 예산실 연구개발예산과장 2009년 同기획조정실 기획재정담당관 2010년 駐뉴욕재경관(고위공무원) 2013년 국민대통합위원회 파견(고위공무원) 2014년 기획재정부 국고국 국유재산심의관 2016년 대통령직속 지역발전위원회 지역발전기획단장(현) 상재정경제부장관표창(1998), 녹조근정훈장(2002) 저'정부계약제도의 합리적 개선방안'(1994) '변화를 선택한 리더들'(2004) 종기독교

송병승(宋炳承) Byoung Seung Song

생1963·8·10 본진천(鎭川) 출대전 주서울 종로구 율곡로2길25 연합뉴스 편집국 융합뉴스팀(02-398-3850) 학1987년 서울대 독어독문학과졸 경1988~1991년 세계일보 기자 1991~1992년 한국일보 기자 1994년 연합뉴스 기자 1999~2002년 同베를린특파원 2003년 同국제뉴스2부 차장대우 2005년 同베를린특파원(차장) 2008년 同국제뉴스2부 차장 2009년 同국제뉴스2부 부장대우 2010년 同정보사업국 대외업무팀장(부장대우) 2011년 同정보사업국 PR기획서비스팀장 2012년 同국제국 기획위원(부장급) 2012년 同브뤼셀특파원 2016년 同편집국 융합뉴스팀장(현) 저'앙겔라 메르켈'(2013) 종기독교

송병일(宋炳日)

생1964·5·20 출경북 안동 주부산 연제구 중앙대로999 부산지방경찰청 제2부장실(051-899-2012) 학1983년 대구 심인고졸 1988년 경찰대 법학과졸(4기) 2005년 연세대 법무대학원 법학과졸 경2009년 경북 의성경찰서장(총경) 2010년 대구지방경찰청 수사과장 2010년 대구북부경찰서장 2011년 경찰청 수사국 특수수사과장 2012년 교육 2012년 서울 강서경찰서장 2014년 경찰청 수사국 지능범죄수사과장 2015년 同수사국 형사과장 2015년 부산지방경찰청 제2부장(경무관)(현) 상대통령표창(2007), 녹조근정훈장(2015)

송병주(宋炳周) SONG Byoung Ju

생1955·5·20 출대구 주경남 창원시 마산합포구 경남대학로7 경남대학교 법정대학 행정학과(055-249-2524) 학1978년 경북대 행정학과졸 1980년 서울대 대학원 행정학과졸 1993년 행정학박사(서울대) 경1984~1996년 경남대 법정대학 전임강사·조교수·부교수 1996년 同법정대학 행정학과 교수(현) 2003~2006년 同행정대학원장 2011년 同기획처장 2015년 同대학원장(현) 상근정포장(2011)

송병준(宋秉俊) SONG Byoung Jun

생1955·10·9 본김해(金海) 출경북 금릉 주서울 강서구 강서로396 (주)팬코 임원실(02-2210-8600) 학1979년 고려대 정경대학 경제학과졸 1985년 미국 뉴욕주립대 대학원 경제학과졸 1990년 경제학박사(미국 뉴욕주립대) 경1981년 한국동력자원연구소 연구원 1990년 산업연구원 산업정책실 책임연구원 1991년 同산업인력연구팀장 1994년 同일반기계산업연구실장 1995년 同기계산업연구실장 1998년 同자본재산업연구실장 2001년 同지식산업연구실장 2002~2010년 기획재정부 정책평가위원 2003~2004년 미국 Johns Hopkins대 국제대학원(SAIS) 방문교수 2004~2010년 산업연구원 성장동력산업실 선임연구위원 2010~2013년 同원장 2010~2011년 국가경쟁력강화위원회 위원 2010~2013년 세제발전심의위원회 위원 2010~2013년 동반성장위원회 위원 2010년 인재포럼(Global HR Forum) 자문위원 2010년 그린카전략포럼 위원 2010년 세계일류상품발전심의위원회 위원 2010년 온실가스·에너지관리위원회 위원 2010년 300만고용창출위원회 자문위원 2010년 한국노동경제학회 이사 2011~2013년 국방산업발전협의회 자문위원 2011~2013년 재정정책자문회의 민간위원 2012~2014년 국토정책위원회 민간위원 2013~2014년 산업연구원 위촉연구위원 2013년 (사)청년위한 일자리정책연구소장(현) 2014년 순천향대 경제금융학과 초빙교수(현) 2015년 (주)대우인터내셔널 사외이사(현) 2016년 (주)팬코 수석부사장(현) 저'산업인력의 수급원활화 방안 : 외국인력을 중심으로'(1993, 산업연구원) '2000년대 첨단기술산업의 비전과 발전과제 : 메카트로닉스(共)'(1995, 산업연구원) '기계류·부품 국산화사업의 효율화 방안(共)'(1995, 산업연구원) '한국산업의 대해부(共)'(1997, 산업연구원) '한국 자동차산업의 장기 발전방향(共)'(1999, 산업연구원) '한국산업의 발전비전 2020(共)'(2005, 산업연구원) '2020 유망산업의 비전과 발전전략(共)'(2006, 산업연구원) '주력산업의 인력 고령화 전망과 대응방안(共)'(2007) '산업발전과 일자리 창출(共)'(2012, 산업연구원) 종기독교

송병준(宋秉峻) James Song

출대구 주서울 서초구 서초중앙로4 게임빌빌딩 (주)게임빌(02-876-5252) 학1998년 서울대 전기공학부졸 경1996~1998년 서울대 벤처 창업 동아리 초대회장 2000년 (주)게임빌 설립·대표이사 사장(현) 2013년 (주)컴투스 인수·대표이사(현) 2015년 대통령소속 문화융성위원회 위원(현) 상정보통신부장관표창(2005), 정보통신의 날 대통령표창(2010), 모바일콘텐츠 2010 어워드(2010), 제7회 EY 최우수기업가상 특별상(2013)

송병훈(宋炳勳) Song, Byong Hoon (島松)

생1941·3·28 본진천(鎭川) 출강원 춘천 주서울 서초구 서초대로77길45 실버빌딩806호 (사)푸른세상(02-785-4155) 학강원 춘천고졸, 강원대 임학과졸, 총신대졸, 서울성경신학대학원대 신학과졸, 효학박사(성산효대학원대) 경서울신문 사회부 기자, 삼영잉크페인트제조(주) 상무이사, (사)한국인적자원개발원 고문, (사)남북경제협력진흥원 상임고문, (사)남북청소년통일교류회 자문위원, (사)경기원로회 수석부이사장, (사)한국노동문화예술협회 부이사장, 한국문인협회 상벌위원, 국제펜클럽한국본부 이사, 한국기독시협 자문위원, 한국현대시협 지도위원 2006년 계간 '아시아문예' 발행인(현), 법무부 교정위원 2011년 (사)푸른세상 이사장(현) 2012년 서울효교육원 고문(현) 저시집 '소나무의 기도' 종기독교

송보경(宋寶炅·女) SONG Vo Kyung

생1945·3·3 본여산(礪山) 출서울 주서울 종로구 새문안로42 소비자리포트(02-739-5441) 학1963년 이화여고졸 1967년 서울여대 사회학과졸 1983년 필리핀 필리핀대 대학원졸 1988년 철학박사(필리핀 필리핀대) 경1967~1978년 협동교육연구원 조사·교육부장 1973~1980년 한강신용협동조합 이사·이사장 1983~2016년 국제소비자기구(IOCU) (사)소비자시민모임 이사 1983~2001년 同부회장·회장 1988~2010년 서울대 바룸교육부 교수 1990~1996년 KBS 시청자위원회 위원·위원장 1991년 국제소비자기구 집행이사 1995~2001년 소비자보호단체협의회 이사 1995년 국무총리실 여성정책심의위원 1996년 보건복지부 중앙약사심의위원 1996년 KBS 이사 1997년 사법연수원 운영위원 1998년 국무총리실 정책평가위원 1999년 제2의건국범국민추진위원회 상임위원 1999년 한국관광공사 이사 1999년 재정경제부 소비자정책심의위원 1999~2001년 대통령자문 반부패특별위원회 위원 2000년 한국소비자보호원 이사 2000년 국제소비자기구 부회장 2000~2002년 대통령자문 지속가능발전위원회 위원 2001~2003년 서울여대 교무처장 2003~2006년 한국간행물윤리위원회 위원 2004년 同제1심의위원장 2004~2008년 에너지관리공단 비상임이사 2004년 소비자리포트 대표(현) 2005~2008년 주식백지신탁심사위원회 위원장 2006~2009년 농어촌청소년육성단 이사장 2010년 서울여대 바롬교양대학 바롬교육부 명예교수(현) 2011년 이화여고총동창회 회장 상국민포장, 산업포장, 국민훈장 동백장, 제8회 유관순상(2009), 동탑산업훈장(2011) 저'소비자를 위한 협동사회'(共) '소비사회학'(共) '소비자운동'(共) '협동조합론'(共) '환경호르몬' 역'지구자원과 환경'(共·編) '농약독성의 악순환' 종기독교

송복철(宋福哲) Song, Bok Cheol

생1964·1·20 주대전 서구 한밭대로713 통계교육원 원장실(042-366-6100) 학부산대 행정학과졸 경2003년 기획예산처 사회재정2과 서기관 2006년 건설교통부 공공기관지방이전추진단 파견 2007년 기획예산처 예산낭비대응팀장(서기관) 2008년 해외 파견 2011년 기획재정부 기획조정실 규제개혁법무담당관 2013년 同경영혁신과장 2013년 同국방예산과장 2014년 同법사예산과장 2015년 同제도기획과장 2016년 통계청 통계교육원장(고위공무원)(현)

송봉규(宋奉奎) SONG Bong Kyu (財岩)

생1931·2·14 본여산(礪山) 출제주 주제주특별자치도 제주시 한림읍 한림로300 (주)한림공원(064-796-0001) 학1950년 제주농고졸 1953년 성균관대 정치학과 중퇴 경1951~1956년 한림중·한림공고 교사 1956~1960년 제주도의회 의원 1966~1989년 제주도 정책자문위원 1968~1971년 재건국민운동 제주도위원장 1971~1990년 (주)한림공원 대표이사 1978~1983년 한국반공연맹 제주지부장 1983년 한국청소년연맹 제주지부장 1986~1991년 대한적십자사 제주지사장 1987년 제주교도소 교화협의회장 1989년 제주도 정책자문위원회 부위원장 1989~1992년 제주도관광협회 회장 1990~2013년 (주)한림공원 회장 1991~1997년 제주상공회의소 부회장 1993~2010년 대한적십자사 중앙위원 1994~2003년 제주도한일친선협회 회장 1995~1998년 제주도의회 의원 1996년 공동체의식개혁국민운동제주도협의회 상임고문 1997~1998년 제주도의회 의장 1997~1998년 민주평통 운영위원 1999~2001년 제주국제자유도시추진협의회 위원장 2000~2003년 민주평통 제주지역 부의장 2000~2004년 제주도의정회 회장 2000년 (재)재암문화재단 이사장(현) 2003년 제주도한일친선협회 명예회장 2005년 제주세계평화의섬 범도민추진협의회 의장 2013년 (주)한림공원 명예회장(현) 상향토문화공로상 상록수상(1965), 국민훈장 목련장(1970), 제주도문화상(1983), 대통령표창(1987), 적십자회원유공 금장(1989), 적십자봉사장 금장(1991), 교정대상(1996), 제주상공대상(1998), 일본 국훈장(훈4등서보장)(1999), 국민훈장 모란장(2002), 모범성실 납세자 표창(2005), 제주관광대상 종합부문 대상(2005) 저'바람코지 모래밭 돌빌레라도'(1999, 제주문화) '황무지에 뜻을 심고'(2000, 제주문화) 종천주교

송봉근(宋鳳根) SONG Bong Keun

생1955·10·10 본여산(礪山) 출경기 양주 주서울 광진구 능동로120 건국대학교 경영대학(02-450-3581) 학1973년 덕수상고졸 1980년 건국대 법학과졸 1985년 서울대 행정대학원 행정학과 수료 1987년 미국 미시간주립대 대학원 노사관계학과졸 2008년 경영학박사(숭실대) 경1980년 행정고시 합격(24회) 1981~1992년 노동부 노사정책실·직업훈련국·직업안정국 행정사무관 1992년 同법무담당관 1994년 駐미국대사관 노무관 1997년 노동부 노동조합과장 2000년 충남지방노동위원회 위원장 2001년 노동부 고용보험심사위원

장 2001년 중앙노동위원회 사무국장 2002년 노동부 공보관 2003년 同산업안전국장 2004년 숭실대 노사관계대학원 교육파견 2005년 대구지방노동청장 2006년 노동부 노사정책국장 2008년 同대변인 2008년 서울지방노동위원회 위원장 2009~2011년 한국기술교육대 노동행정연수원장 2011~2014년 강남대 경영대학 경영학부 특임교수 2015년 건국대 경영대학 특임교수(현) 상대통령표창, 홍조근정훈장(2007) 저'노동관계법판례해설' '채용에서 퇴직까지 노동문제는 이렇게 해결한다'(2006) '한국노사관계론'(2011) '사람이 경쟁력이다 : 기업경영자의 노사관계리더십'(2011) 종천주교

송봉식(宋奉埴) SONG Bong Sig

생1951·9·22 본은진(恩津) 출대전 주서울 강남구 강남대로308 강남랜드마크타워6층 Y.S.Chang특허법률사무소(02-2194-2001) 학1969년 대전고졸 1973년 육군사관학교졸(29기) 1984년 연세대 대학원 전자공학과졸 1996년 미국 일리노이대 대학원 산업공학과졸 2001년 서울대 행정대학원 국가정책과정 수료 2010년 장로회신학대 리더십정책과정 수료 경1985년 미국 Electronic Computer Programming Institute 파견 1991년 통상산업부 과장(일본 통상산업성 파견) 1996년 국가과학기술자문회의 실장 1997년 특허청 심사4국 반도체심사담당관 1999년 同심사4국장 1999~2005년 고려대 경영대학원 밀레니엄CEO과정 강사 2000년 특허청 특허심판원 심판장 2001~2006년 한국사이버대 겸임교수 2002년 특허청 심사4국장 2004년 同전기전자심사국장 2005년 同관리관 2005년 한양국제특허법인 변리사 2006~2008년 변리사기독신우회 회장 2006년 Y.S.Chang특허법률사무소 대표변리사(현) 2006년 Gerson Lehrman Group 카운슬멤버(현), 중국 북경구주세초적식재산권사법감정센터 감정원(현), 무역관련지식재산권보호협회 자문위원(현), 법무부 법교육 출장강사(현), 전자정보인클럽 이사(현), 한국국제기드온협회 회원 2015년 대한예수교장로회 새문안교회 장로(현) 2016년 한국수입협회 국제특허분과위원회 위원장(현) 상상공부장관표창(1983), 대통령표창(1989), 미국 일리노이대총장상(1996), 서울대 행정대학원장표창(2001), 근정포장(2005), Leading Lawyer(2008·2009) 역'전자상거래와 사이버법'(2000) '비즈니스모델특허'(2000) 종기독교

송삼석(宋三錫) SONG Sam Suk (恒笑)

생1928·1·19 본여산(礪山) 출전북 군산 주경기 용인시 수지구 손곡로17 (주)모나미 회장실(02-517-2677) 학1945년 전주고졸 1952년 서울대 상학과졸, 고려대 경영대학원 최고경영자과정 수료 경1955년 광신산업 상무이사 1968년 모나미화학 전무이사 1974년 모나미 부사장 1975~1992년 同사장 1979~1998년 문구성실신고회원 조합장 1993년 (주)모나미 회장(현) 1995년 在京전북도민회 회장 상상공부장관표창, 새마을훈장 노력장 저'역경의 열매'(1996) '저 높은 곳을 향하여'(1997) '나의 이력서'(2003) 종기독교

송삼현(宋三鉉) SONG Sam Hyun

생1962·4·16 출전남 고흥 주부산 연제구 법원로15 부산지방검찰청(051-606-4302) 학1982년 순천고졸 1986년 한양대 법학과졸 경1991년 사법시험 합격(33회) 1994년 사법연수원 수료(23기) 1994년 부산지검 검사 1996년 광주지검 순천지청 검사 1998년 서울지검 서부지청 검사 2000년 광주지검 검사 2003년 법무부 특수법령과 검사 2007년 광주지검 순천지청 부장검사 2008년 同마약·조직범죄수사부장 2009년 법무부 감찰담당관실 검사 2009년 수원지검 특수부장 2010년 서울중앙지검 특수3부장 2011년 법무연수원 교수 2012년 서울남부지검 형사3부장 2013년 의정부지검 형사1부장 2014년 대구지검 서부지청 차장검사 2015년 대검찰청 검찰연구관(미래기획단장 겸 형사정책단장) 2016년 부산지검 제1차장검사(현)

송상근(宋相根) SONG Sang Keun

생1968·12·14 본은진(恩津) 출경남 함안 주세종특별자치시 다솜2로94 해양수산부 해양환경정책관실(044-200-5270) 학1987년 진주동명고졸 1992년 서울대 경제학과졸 경1994~1995년 마산지방해양수산청 근무 1998년 해양수산부 해양정책국 해양총괄과 근무 2001년 同행정관리담당관실 서기관 2002년 同해운물류국 해운정책과 서기관 2003년 부산지방해양수산청 항만물류과장 2004년 해양수산부 해운물류국 항만물류과장 2006년 同정보화홍보관리실 혁신기획팀장 2007년 同항만국 민자계획과장 2008년 국토해양부 항만민자계획과장 2008년 同국토정책국 지역발전지원과장 2009년 同국토정책국 산업입지정책과장 2009년 同장관비서관(서기관) 2011년 同장관비서관(부이사관) 2011년 同물류항만실 항만물류기획과장 2013년 대통령비서실 행정관 2014년 해양수산부 해양정책실 해양환경정책관(현)

人

송상민(宋尚旻) SONG Sang Min

[생]1964·10·23 [본]여산(礪山) [출]전남 고흥 [주]경기 과천시 관문로47 공정거래위원회 서울지방공정거래사무소(02-2110-6100) [학]1983년 경문고졸 1987년 서울대 법학과졸 1989년 同행정대학원 정책학과졸 1996년 미국 Univ. Washington Law School졸 [경]행정고시 합격(33회) 2002년 공정거래위원회 약관제도과장 2005년 同서비스카르텔팀장 2007년 UN 파견 2010년 공정거래위원회 카르텔총괄과장 2011년 同카르텔총괄과장(부이사관) 2012년 同심판총괄담당관 2014년 국방대 교육파견(고위공무원) 2015년 공정거래위원회 시장감시국장 2016년 同서울지방공정거래사무소장(현) [종]기독교

송상용(宋相庸) SONG Sang-yong (小松·省史)

[생]1937·9·20 [본]여산(礪山) [출]서울 [주]강원 춘천시 한림대길1 한림대학교(033-248-1000) [학]1955년 경동고졸 1959년 서울대 문리대학 화학과졸 1962년 同철학과졸 1967년 同대학원졸 1970년 미국 인디애나대 대학원 과학사·과학철학과졸 [경]1965년 한국외국어대 강사 1969~1978년 서울대 강사 1977~1980년 성균관대 조교수 1979~1990년 한국과학사학회지 편집인 1983년 영국 리즈대 객원연구원 1984~2003년 한림대 사학과 교수 1984~1985년 同교무처장 1986~1987년 영국 케임브리지대 객원연구원 1987~1991년 독일 베를린공대·함부르크대·뮌헨대 객원연구원 1990~1992년 철학연구회 회장 1990~1993년 한국과학사학회 회장 1993~2000년 환경운동연합 시민환경대학장 1994~1996년 한국과학저술인협회 회장 1994~2002년 한국과학기술한림원 정책연구부 정회원 1995~2000년 환경운동연합 환경연수원장 1997~1999년 한림대 도서관장 1997~1999년 同인문학연구소장 1998년 일본 도호대 객원교수 1999~2001년 한국과학철학회 회장 2000~2005년 자연사박물관연구협의회 부회장 2001~2002년 한림대 인문대학장 2002~2004년 한국생명윤리학회 회장 2002~2008년 (사)환경운동연합 환경교육센터 이사장 2002~2003년 한국과학기술한림원 남북과학기술교류위원회 위원장 2002~2007년 同종신회원 2003~2004년 대통령자문 정책기획위원 2003~2005년 한양대 역사철학부 석좌교수 2004~2010년 국제고려학회 서울지회 과학기술분과 회장 2004~2007년 유네스코 세계과학기술윤리위원회(COMEST) 위원 2004~2005년 同한국위원회 자연과학분과위원회 위원장 2004~2006년 同한국위원회 집행위원 2004~2008년 한국과학기술한림원 한국과학기술사편찬위원회 위원장 2004~2006년 아시아생명윤리학회(ABA) 회장 2005~2007년 유네스코 세계과학기술윤리위원회(COMEST) 부위원장 2005~2006년 同한국위원회 인문사회과학분과 위원장 2005~2007년 (사)시민과학센터 이사장 2006~2007년 유네스코 한국위원회 위원 2008~2012년 (사)철학아카데미 이사장 2009년 한림대 명예교수(현) 2009년 이탈리아 산타나고급연구대학 객원연구원 2011년 한국과학기술한림원 종신회원(현) 2012년 (사)환경교육센터 고문(현) [상]서울시장상(1955), 대한적십자사총재상(1955), 한국과학저술인협회 저술상(1987), 대한민국과학기술상 진흥상(1997), 부총리 겸 교육부장관표창(2003), 한국과학기술한림원 공로상(2010) [저]'우주·물질·생명' '환희의 순간' '한국과학기술 30년사' '서양과학의 흐름' [역]'현대과학과 현대인' '종교와 과학' '인간에게 기술이란 무엇인가'

송상용(宋尚勇) SONG SangYong

[생]1963·8·16 [출]서울 [주]서울 강남구 일원로81 삼성서울병원 병리과(02-3410-2768) [학]1982년 배문고졸 1988년 서울대 의대졸 1992년 同대학원졸 2000년 의학박사(서울대) [경]1988~1989년 서울대병원 인턴 1989~1990년 강남우신향병원 의사 1990~1994년 서울대병원 병리과 레지던트 1994~1995년 同병리과 전임의 1995~1996년 미국 국립보건원 Visiting Fellow 1996년 삼성서울병원 병리과 전문의(현) 1997년 성균관대 의대 병리학교실 전임강사·조교수·부교수·교수(현) 2007~2008년 삼성서울병원 기획조정실 경영혁신팀장·의료기획팀장 2008년 삼성의료원 인사기획실 차장 2013년 삼성서울병원 인체유래자원은행장 2014~2015년 同미래혁신센터장 2014년 同바이오뱅크은행장(현) [상]미국 국립보건원 NIDR Visiting Fellow Travel Award(1996), 삼성서울병원 교수우수업적상(2006) [저]'In vitro invasion through basement membrane Matrigel. In: Brain tumor invasion: Biological, clinical, and therapeutic considerations'(1998, Wiley-Liss Inc)

송상종(宋相鍾) SONG Sang Jong

[생]1960·11·15 [출]전남 나주 [주]서울 영등포구 의사당대로97 교보증권빌딩14층 피데스투자자문(주) 비서실(02-567-8400) [학]1977년 광주제일고졸 1984년 서울대 국제경제학과졸 [경]교보생명 펀드매니저, 거래창업투자 이사, 미래창업투자 이사 1998년 피데스투자자문(주) 대표이사(현)

송상현(宋相現) SONG Sang Hyun (心堂)

[생]1941·12·21 [출]서울 [주]서울 마포구 서강로60 유니세프 한국위원회(02-724-8506) [학]1959년 경기고졸 1963년 서울대 법과대학졸 1966년 同사법대학원 법학과졸 1968년 미국 툴레인대 대학원 법학과졸 1969년 영국 케임브리지대 대학원 Diploma 1970년 법학박사(미국 코넬대) [경]1962년 고등고시 행정과 합격(14회) 1963년 고등고시 사법과 합격(16회) 1970년 미국 뉴욕법률사무소 근무 1972~2007년 서울대 법대 교수 1978년 대한상사중재원 중재인(현) 1979~2003년 대법원 송무제도개선위원회 위원 1981~2004년 법무부 정책 및 법무자문위원 1986년 세계은행 투자분쟁센터(ICSID) 중재인(현) 1986~1996년 (사)한국지적소유권학회 회장 1988~1994년 한국증권거래소 이사 1990~1994년 국제거래법학회 회장 1990~1999년 한국법제연구원 이사 1990~2004년 민사판례연구회 회장 1990·1992·1994년 호주 멜버른대 법대 교수 1991·1993·1995·1999·2003년 미국 하버드대 법대 교수(봄학기) 1991~1994년 해운산업연구원 이사 1992~1996년 한국대학골프연맹 회장 1993~1994년 대법원 사법제도발전위원회 제3분과위원장 1994~2003년 미국 뉴욕대 석좌교수 1994년 세계지적소유권기구(WIPO) 중재위원회 자문위원(현) 1994~1996년 특허청 반도체배치설계 심의조정위원장 1995~2001년 한국발명진흥회 특허기술정보센터 운영위원 1996년 미국 컬럼비아대 법대 교수 1996~1998년 서울대 법과대학장 1997~1999년 특허청 특허행정정책자문위원회 위원장 1998~2012년 유니세프 한국위원회 이사·부회장 1999~2005년 (사)한국법학교수회 회장 1999~2001년 유네스코 한국위원회 위원 1999~2009년 (재)한국백혈병어린이재단 이사장 1999년 세계자연보전연맹(IUCN) 한국위원회 이사(현) 2000년 아름다운재단 이사(현) 2001~2003년 (사)한국디지털재산법학회 회장 2001~2008년 산업자원부 전자거래분쟁조정위원장 2002년 미래포럼 공동대표(현) 2003~2015년 국제형사재판소(ICC) 재판관 2003~2007년 미국 코넬대 평의회 회원 2003~2005년 민주평통 자문위원 2004년 법률전문인터넷신문 '리걸타임즈' 고문(현) 2005~2007년 산업자원부 무역위원회 위원장 2005~2006년 사법제도개혁추진위원회 민간위원 2007년 서울대 명예교수(현) 2007년 사법연수원 운영위원장(현) 2008년 대한민국건국60년기념사업위원회 사회통합분야 민간위원(현) 2009~2015년 국제형사재판소(ICC) 소장 2010년 대법원 대법관제청자문위원 2012년 유니세프 한국위원회 회장(현) 2012년 국립외교원 국제자문위원회 위원(현) 2015년 국가인권위원회 정책자문위원회 위원장(현) [상]미국 코넬대 최우수동문표창·메달(1994), 국민훈장 모란장(1997), 한국법률문화상(1998), 독일 훔볼트재단 학술연구상(2001), 자랑스러운 경기인상(2003), 자랑스러운 서울법대인상(2006), 부총리 겸 교육인적자원부장관표창(2007), 자랑스러운 코넬동문상(2007), 문화일보 선정 3.1절특집 21세기의 33인(2007), 제10회 관악대상 영광부문(2008), 제5회 영산법률문화상(2009), 국민훈장 무궁화장(2011), 세계변호사협회 법의 지배상(2012), 한국풀브라이트동문회 자랑스러운 동문상(2012), 경기고 졸업55주년 평화인의상(2014), 화란 최고훈장 기사대십자훈장(Ridder Groot Kruis Orde)(2015), 서울국제포럼 영산외교인상(2016) [저]'신정7판 민사소송법' '판례교재 민사소송법' 'Intro. to the Law & Legal System of Korea' 'Korean Law in the Global Economy' '제4판 해상법원론' '지적소유권법전' '신저작권법상의제문제' '컴퓨터프로그램보호법축조연구' 'WTO는 법의 지배체제의 출범이다' '心堂 法學論集 Ⅰ·Ⅱ·Ⅲ' [역]'서양법에 있어서의 정통성과 권리중심의 법학' '법경제학입문' '주식회사법리의 새로운 경향'

송상현

[생]1971 [주]서울 영등포구 여의대로66 KTB프라이빗에쿼티 임원실(02-2184-4100) [학]미국 하버드대졸, 미국 컬럼비아대 경영대학원 MBA [경]2001~2004년 도이치뱅크 Securities Japan M&A사업부 Associate 2004~2006년 리먼브러더스 Japan M&A사업부 부사장 2006~2011년 유니타스캐피탈(Unitas Capital) 한국대표 2011~2015년 일본 Sangyo Sosei Advisory Inc. 대표이사 2016년 KTB프라이빗에쿼티 대표이사(현)

송상훈(宋尚勳) Sang-Hoon, Song

[생]1960·9·29 [출]서울 [주]서울 마포구 상암산로48의6 JTBC 광고전략실(02-751-6000) [학]1979년 서울 성남고졸 1985년 중앙대 경제학과졸 1987년 同대학원 경제학과졸 [경]1987~1990년 한국개발연구원(KDI) 근무 1990년 중앙일보 입사, 同섹션편집팀 기자 1999년 同경제부 기자 2002년 同정치부 차장대우 2003년 同경제부 차장대우 2004년 同편집국 정책사회부 차장 2007년 同편집국 정책사회데스크 2009년 同중앙Sunday본부 사회탐사에디터 2011년 同시사미디어 포브스코리아 대표 겸 이코노미스트 대표 2013년 JTBC 광고사업본부장 2013년 同사업본부장 2014년 제이미디어렙 사업부문 대표(상무) 2015년 JTBC 광고전략실장(현) [상]자랑스러운 중앙언론인상(2013)

송상훈(宋相勳) Song, Sanghoon
[생]1969 · 3 · 16 [본]여산(礪山) [출]서울 [주]경기 과천시 관문로47 미래창조과학부 인터넷제도혁신과(02-2110-2830) [학]1987년 대원외국어고졸 1991년 서울대 전자공학과졸 1993년 同대학원 전자공학과졸 1996년 공학박사(일본 도쿄대) 2002년 미국 스탠퍼드대 SEIT과정 수료 [경]1997년 정보통신부 통신사무관 임용(박사특채) 1997년 同정보통신정책국 기술기준과 근무 2000년 한양대 정보통신대학원 겸임교수 2002~2003년 정보통신부 정보통신정책국 기술정책과 근무 2003~2004년 同전파방송정책국 전파방송총괄과 근무 2004년 미국 국무성 특별초청(International Visitor Leadership Program) 2004~2006년 일본 노무라종합연구소 파견 2006~2007년 정보통신부 전파방송기획단 방송위성팀 근무(기술서기관) 2007~2008년 同전파방송기획단 주파수정책팀 근무 2008~2009년 방송통신위원회 이병기 위원 비서관 2009년 同전파연구소 이천분소장 2009~2010년 同디지털방송지원과장 2010~2011년 同방송통신녹색기술팀장 2011년 同디지털방송정책과장 2013년 미국 캘리포니아대 샌디에이고교 국외훈련(과장급) 2014년 대통령 정보방송통신비서관실 행정관 2016년 미래창조과학부 인터넷제도혁신과장(현) [상]대통령표창(2009), 녹조근정훈장(2013) [저]'WiMAX의 모든 것'(2006) [종]천주교

송석구(宋錫球) SONG Suk Ku
[생]1940 · 7 · 23 [본]은진(恩津) [출]대전 [주]서울 용산구 후암로107 삼성꿈장학재단 이사장실(02-727-5400) [학]1958년 중동고졸 1962년 동국대 철학과졸 1969년 同대학원졸 1981년 철학박사(동국대) 1981년 대만대 철학연구소 수학 [경]1972년 국민대 조교수 1977~1986년 동국대 조교수 · 부교수 1982년 철학연구회 감사 1986~2003년 동국대 철학과 교수 1986년 同총무처장 1988년 同도서관장 1989~1991년 동국대의료원 기획관리실장 · 의료원장 1993년 동국대 부총장 1994년 한국동양철학회 회장 1995~2003년 동국대 총장 1995년 국제중국철학회 회장 1996년 孤雲학회 회장 1998년 한국철학회 회장 1998년 한국사립대학총장협회 회장 2001년 한국대학총장협회 회장 2002년 국제불교문화사상사학회 회장 2002년 율곡학회 회장 2003년 동국대 명예교수(현) 2003~2004년 동덕여대 총장 2006~2008년 국제신문 발행인 겸 대표이사 사장 2008년 이명박 대통령 당선인 정책자문위원 2008~2012년 가천의과학대 총장 2008~2011년 국제신문 명예회장 2008년 밝은사회국제클럽 한국본부 총재 2009년 세종시 민관합동위원회 민간공동위원장 2009~2011년 대통령직속 사회통합위원회 위원 2010년 경기학원 임시이사 2010~2013년 대통령직속 사회통합위원회 위원장 2012년 가천대 명예총장(현) 2012~2013년 同길병원 이사장 2014년 삼성꿈장학재단 이사장(현) 2016년 (사)율곡연구원 이사(현) [상]율곡대상(2000), 미국 미시간주립대 글로벌 코리아상(2003), 청조근정훈장(2003), 일맥학술대상(2003), 자랑스러운 동국인상 사회교육부문(2009), 밝은사회국제클럽한국본부 에메랄드상(2011) [저]'한국의 유불사상' '율곡철학사상연구' '무상을 넘어서' '바람이 움직이는가 깃발이 움직이는가' '불교와 유교' '지혜의 삶 믿음의 삶' '대통합'(2015, 아템포) '송석구 교수의 율곡철학 강의'(2015, 예문서원) '송석구 교수의 불교와 유교 강의'(2015, 예문서원) [종]불교

송석근(宋錫根) SONG Seok Geun
[생]1952 · 12 · 13 [주]전남 여수시 여수산단3로118 금호석유화학(주) 생산본부(061-688-3200) [학]1971년 광주 동신고졸 1978년 전남대 전기공학과졸 [경]1978년 금호그룹 입사 1999년 금호석유화학(주) 열병합발전소장(상무대우) 2001년 同열병합발전소장(상무) 2005년 同여수공장장(상무) 2006년 同생산본부장(전무) 2010년 금호항만운영(주) 총괄임원(전무) 2010년 금호석유화학(주) 생산본부장(전무) 2012년 同생산본부장(부사장)(현) [상]환경부장관표창(2005), 국무총리표창(2008 · 2015), 국가보훈처장표창(2009), 동탑산업훈장(2012)

송석두(宋錫斗) SONG Suk Doo
[생]1960 · 9 · 4 [본]은진(恩津) [출]대전 대덕 [주]대전 서구 둔산로100 대전광역시청 행정부시장실(042-270-2010) [학]1979년 대전고졸 1987년 서울대 영어영문학과졸 2003년 同행정대학원 행정학과졸 [경]1988년 행정고시 합격(32회) 1989년 총무처 행정사무관시보 1990년 경기도공무원교육원 행정사무관 1992년 경기도 사회과 복지계장 1993년 대전시 총무과 근무 1993년 대전세계박람회 조직위원파견 1994년 대전시 통상협력계장 1994년 내무부 파견 1995년 국무총리 행정조정실 파견 · 내무부 안전지도과 근무 1996년 내무부 행정과 행정사무관 1997년 행정자치부 재정경제과 서기관 1998년 충남도 기획관 2001년 同복지환경국장 2002년 同경제통상국장(부이사관) 2005년 미국 UC버클리대 연수 2005년 同객원연구원 2007년 행정자치부 부내혁신전략팀장 2007년 대전시 기획관리실장(일반직고위공무원) 2010년 대통령직속 G20정상회의준비위원회 운영총괄국장 2010년 대통령 정무수석비서관실 행정자치비서관실 선임행정관 2011년 행정안전부 재난안전관리관 2013년 안전행정부 재난관리국장 2013~2016년 충남도 행정부지사 2014~2015년 백제문화제추진위원회 위원장 2016년 대전시 행정부시장(현) [상]근정포장(2003), 홍조근정훈장(2011)

송석배(宋錫培) SONG SEOK BAE
[생]1965 · 11 · 7 [주]서울 강남구 도산대로46길21 (주)애드라인 대표이사실(02-511-2333) [학]경기 풍생고졸, 신구대학 세무회계학과졸 [경]1987~1994년 세무회계사무소 사무장 1994~2002년 (주)아나기획 차장 2003년 (주)애드라인 경영관리본부장, 同경영관리본부장(상무) 2013년 同경영관리본부장(사장) 2014년 同대표이사(현)

송석봉(宋錫奉) SONG Seok Bong
[생]1967 · 3 · 9 [출]대전 [주]서울 서초구 서초중앙로157 서울고등법원(02-530-1114) [학]1985년 대전고졸 1994년 서울대 사법학과졸 [경]1997년 사법시험 합격(39회) 2000년 사법연수원 수료(29기) 2000년 서울지법 동부지원 판사 2002년 서울지법 판사 2004년 전주지법 판사 2007년 수원지법 판사 2009년 서울서부지법 판사 2012년 서울고법 판사 2013년 대법원 재판연구관 2015년 광주지법 부장판사 2016년 서울고법 판사(현)

송석준(宋錫準) SONG Seok Zun
[생]1956 · 3 · 5 [본]은진(恩津) [출]경북 김천 [주]제주특별자치도 제주시 제주대학로102 제주대학교 자연과학대학 수학과(064-754-3562) [학]1977년 경북대 사범대학 수학교육과졸 1979년 同대학원 수학과졸 1988년 이학박사(경북대) [경]1983년 제주대 자연과학대학 수학과 교수(현) 1990년 미국 Utah주립대 객원교수 1994년 일본 북해도대 객원교수 1995년 교육부 고등학교수학교재 검정심사위원 1996년 독일 Bielefeld대 객원교수 1997~1998년 제주대 자연과학대학 부학장 1998년 폴란드 Warsaw대 객원교수 1999년 인도 통계연구소(Delhi) 객원교수 2003~2004년 미국 Utah주립대 객원교수 2003년 미국인명연구소 The Contemporary Who's Who에 등재 2003년 세계인명사전 Marquis Who's Who에 등재 2003년 영국인명연구소 '21세기 위대한 지성인 2000명'에 등재 2004년 스페인 CSIC(마드리드)연구소 객원교수 2006년 미국인명연구소 'Research Board of Advisors'에 등재 2006~2008년 제주대 기초과학연구소장 2007~2008년 대한수학회 감사 · 호남수학회 부회장 · 창조과학회 제주지부 회장 2008년 제주대 수학과장 2008년 스페인 CSIC(마드리드)연구소 객원교수 2008년 제주성안교회 장로(현) 2009년 프랑스 Rouen대 객원교수 2010년 호주 Monash대 객원교수 2010년 세계수학자대회(ICM)위원회 위원 2011년 서울대 수리과학부 초빙교수 2011년 미국 Utah주립대 방문교수 2014년 스페인 응용물리연구소(마드리드) 객원연구원 2014년 이스라엘 테크니온대 방문교수 2015년 미국 Utah주립대 방문교수 2015년 스페인 응용물리연구소(마드리드) 객원연구원 [상]제주대 학술상(1989), 제주도지사표창(2004), 호남수학회 학술상(2005), 호남수학회 교육상(2012), 대한수학회 논문상(2012) [저]'수론의 이해'(2001) '수와 논리'(2010, 청문각) '수리적 사고와 논리'(2015, 청문각) [종]기독교

송석준(宋錫俊) Song, Seog-Jun
[생]1964 · 3 · 10 [본]진천(鎭川) [출]경기 이천 [주]서울 영등포구 의사당대로1 국회 의원회관734호(02-784-3161) [학]1983년 인창고졸 1987년 서울대 국제경제학과졸 1990년 同행정대학원 정책학과졸 2005년 경제학박사(미국 미주리주립대) [경]1990년 행정고시 합격(34회) 1991년 건설교통부 신도시기획관실 · 지가조사과 · 도시계획과 · 토지정책과 사무관 2001년 同토지정책과 · 수도권계획과 서기관 2005년 同주거복지과장 2005년 同주거복지지원팀장 2006년 同복합도시개발팀장 2007년 대통령비서실 파견(서기관) 2008년 국토해양부 재정담당관 2010년 국무총리 새만금사업추진기획단 개발사업부 개발정책관(파견) 2011년 중앙공무원교육원 교육연수 2012년 국토해양부 국토정보정책관 2013년 국토교통부 대변인 2014년 同건설정책국장 2015년 서울지방국토관리청장 2015년 새누리당 경기이천시당원협의회 운영위원장(현) 2016년 제20대 국회의원(이천시, 새누리당)(현) 2016년 국회 보건복지위원회 위원(현) 2016년 국회 예산결산특별위원회 위원(현) [상]대통령표창(2000) [종]기독교

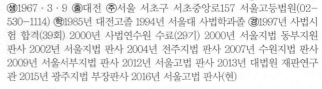

송석환(宋昔煥) SONG Suk Hwan

생1944 · 3 · 30 출경북 상주 종서울 강남구 테헤란로 503 옥산빌딩16층 동진기업(주) 비서실(02-528-1631) 학김천고졸, 동국대 농경과졸 경아세아자동차(주) 과장, 동양프라스틱공업사 대표이사, 동진프라스틱(주) 대표이사, 상주기업(주) 이사, 대한역도연맹 이사, 동진기업(주) 대표이사 사장 1975년 同회장(현) 2008~2014년 동국대총동창회 수석부회장 2011년 송설당교육재단 이사장(현) 2014년 동국대총동창회 회장 상노동부장관표창

송석환(宋石煥) SONG Seok Whan

본여산(礪山) 출충북 영동 종서울 영등포구 63로10 가톨릭대 여의도성모병원 정형외과(02-3779-2069) 학1981년 가톨릭대 의대졸 1990년 同대학원졸 1994년 의학박사(가톨릭대) 경1986년 대한정형외과학회 정회원(현) 1989년 가톨릭대 의대 정형외과학교실 조교수 · 부교수 · 교수(현) 1994년 대한미세수술학회 정회원(현) 1994년 대한수부외과학회 정회원(현) 1994년 세계수부외과학회 정회원(현) 1995~1997년 미국 Mayo Clinic 연수 2001~2009년 가톨릭대 여의도성모병원 정형외과 과장 2002년 대한류마티스학회 정회원(현) 2004년 대한골절학회 정회원(현) 2005년 자동차보험진료수가분쟁심의회 전문위원(현) 2006년 스위스 Schulthes Clinic 객원교수 2007년 대한정형외과사이버학회 이사(현) 2008년 손해보험협회 의료심사위원(현) 2009년 WSRM 정회원(현) 2010~2011년 대한미세수술학회 이사장 2010~2015년 대한골절학회 편집위원장 2010년 同평의원(현) 2011~2014년 대한정형외과학회 수련교육이사 2011~2012년 대한수부외과학회 이사장 2011년 AO Trauma Member(현) 2012~2015년 가톨릭대 의대 정형외과학교실 주임교수 2013~2015년 同여의도성모병원장 2013~2014년 서울시의사회 대의원회 위원 2013~2014년 (사)대한병원협회 법제이사 2013년 서울시병원회 수련교육위원장 2014~2015년 同총무위원장 2014년 대한정형외과학회 학회제도연구위원회 위원(현) 2014~2015년 (사)대한병원협회 법제위원장 2014~2015년 同총무위원회 · 병원경영정상화특별위원회 · 의료행위표준화및심사평가합리화특별위원회 · 국제위원회 위원 2015년 서울시병원회 감사 2015년 가톨릭대 의료경영대학원장(현) 2016년 대한골절학회 회장(현) 저'수부 건 및 조갑'(2007, 최신의학사) '주관절질환과 미세수술의 최신지견'(2008) '수근부 손상과 수부의 미세재건술'(2009) '골절학'(2013) '정형외과'(2013) '수부외과학'(2014) '류마티스학'(2014)

송선양(宋宣亮)

생1967 · 3 · 6 출서울 종대전 서구 둔산중로78번길45 대전지방법원(042-470-1114) 학1986년 광주 송원고졸 1993년 고려대 법학과졸 경1997년 사법고시 합격(39회) 2000년 사법연수원 수료(29기) 2000년 변호사 개업 2006년 전주지법 판사 2010년 광주고법 판사 2012년 同판사(사법연구) 2013년 전주지법 정읍지원 부안군법원 판사 2016년 대전지법 부장판사(현)

송선호(宋先浩) Song Sun-ho

생1966 · 1 · 4 종경기 부천시 원미구 소사로482 부천 FC 1995(032-655-1995) 경1988~1986년 부천 SK 프로축구단 소속 1997~2000년 영등포공고 축구부 코치 2001~2008년 부천 SK 스카우터 2007~2010년 대한축구협회 기술위원 2008~2009년 제주 유나이티드 2군 감독 2010~2013년 인천 유나이티드 스카우트 2013년 '부천 FC 1995' 수석코치 2015년 同감독대행 2015년 同감독(현)

송성엽 SONG Seong Yeob

생1966 · 7 · 7 출전북 김제 종서울 영등포구 여의대로 70 브레인자산운용(주)(02-6277-5000) 학1989년 서울대 신문학과졸 경1991~1998년 동부증권 조사부 · 주식부 근무 1999년 대신투자신탁운용 주식운용팀 근무 2003년 PCA투자신탁운용 주식운용팀 근무 2006년 KB자산운용 주식운용본부장(상무) 2014년 同최고투자책임자(CIO · 전무) 2015년 브레인자산운용(주) 대표이사(현)

송성진(宋城鎭) SONG Sung Jin

생1959 · 3 · 9 출전남 고흥 종경기 수원시 장안구 서부로2066 성균관대학교 공과대학 기계공학부(031-290-7451) 학1976년 광주제일고졸 1981년 서울대 기계공학과졸 1983년 한국과학기술원(KAIST) 기계공학과졸(석사) 1991년 공학박사(미국 아이오와주립대) 경1981~1987년 대우중공업(주) 근무 1991년 미국 아이오와주립대 박사 후 연구원 1992년 산업과학기술연구

소 계측연구실 주임연구원 1993~1997년 조선대 기계설계공학과 전임강사 · 조교수 1998년 성균관대 공과대학 기계공학부 조교수 · 부교수 · 교수(현) 2009년 同공학교육혁신센터장 2012년 공학교육혁신협의회 회장 2013~2014년 성균관대 기획조정처장 2015년 同공과대학장 겸 과학기술대학원장(현) 2015년 同성균나노과학기술원 부원장 겸직(현) 종기독교

송성호(宋晟豪) SONG Sung Ho

생1963 · 1 · 7 종서울 중구 동호로249 (주)호텔신라 임원실(02-2230-3222) 학경동고졸, 고려대 농학과졸 경1987년 삼성화재해상보험(주) 입사 1999년 同교육파트장 2008년 同전략채널사업부장(상무) 2009년 (주)호텔신라 인사지원실장(상무) 2015년 同인사지원실장(전무)(현)

송성환(宋誠桓) Song Seong-hwan

생1970 · 1 · 18 종전북 전주시 완산구 효자로225 전라북도의회(063-280-4511) 학전주 신흥고졸 1999년 우석대 인문사회과학대학 법학과졸, 전북대 행정대학원 지방자치학과졸 경전주 삼천초 운영위원장, 민주당 전주완산乙지역위원회 정책실장, (주)전북총판 대표, (재)한국전통문화전당 창립발기인 겸 이사, 민주평통 자문위원 2010~2014년 전북 전주시의회 의원(민주당 · 민주통합당 · 민주당 · 새정치민주연합) 2010년 同문화경제위원회 부위원장 2012년 同문화경제위원회 위원장 2014년 전북도의회 의원(새정치민주연합 · 더불어민주당)(현) 2014년 同행정자치위원회 위원 2015년 同예산결산특별위원회 위원 2015년 同윤리특별위원회 위원 2016년 同행정자치위원회 위원장(현) 상대한민국경로효친대상 사회봉사대상(2015), 전북환경대청상 은상(2015), 전국환경감시협회 중앙본부 표창(2015), 자랑스런대한민국시민대상 사회복지공로대상(2016) 저'달팽이가 사랑한 온고을'(2013, 문정기획)

송수갑(宋秀甲) SONG Soo Gap

생1947 · 6 · 10 본은진(恩津) 출경남 창녕 학1989년 경기대 행정학과졸 1991년 연세대 교육대학원 교육학과졸(석사) 2004년 명예 교육학박사(부산대) 경1996~1998년 교육부 과학기술과장 · 교원정책과장 1998~1999년 한경대 사무처장 1999~2000년 교육부 행정관리담당관 2000~2002년 안동대 사무국장 2002~2004년 부산대 사무국장 · 교육인적자원부 이사관 2004~2006년 경문대학 학장 2006~2012년 백석대 법정경찰학부 교수 2006~2012년 同기획조정부총장 2012~2014년 학교법인 세방학원 이사 2014~2015년 서일대 총장 상대통령비서실장표창(1990), 근정포장(1992), 홍조근정훈장(2004), 황조근정훈장(2013) 종기독교

송수건(宋守健) Song Su-gun

생1951 · 3 · 18 종부산 남구 수영로309 경성대학교 총장실(051-663-4000) 학1970년 경남고졸 1975년 서울대 법과대학 행정학과졸 1988년 미국 조지아주립대 대학원 행정학과졸 1993년 행정학박사(미국 조지아주립대) 2004년 미국 미드아메리카침례신학교 신학석사 2008년 同박사과정 수료 경1993~1995년 미국 조지아서던대 행정학과 조교수 1995~1999년 미국 웨스트버지니아주립대 행정학과 조교수 2000~2009년 미국 미드아메리카침례신학교 대학평가처장 2004~2011년 同교수 2009~2011년 同대학평가부총장 2011년 경성대 총장(현)

송수근(宋秀根) SONG Soo Keon

생1961 · 9 · 13 출경북 성주 종세종특별자치시 갈매로 388 문화체육관광부 기획조정실(044-203-2201) 학1978년 성동고졸 1985년 고려대 영어영문학과졸 1987년 同행정학과졸 1997년 同법과대학원 법학과졸 2000년 미국 인디애나대 법학전문대학원졸 2013년 행정학박사(경희대) 경1987년 행정고시 합격(31회) 1988년 경기도 송무계장 1991~1995년 공보처 보도과 · 유선방송과 · 광고교류과 근무 1995년 同장관 비서관 2000년 문화관광부 국립민속박물관 섭외교육과장 2001년 대통령비서실 행정관 2004년 문화관광부 문화산업국 방송광고과장 2006년 同정책홍보관리실 기획총괄담당관 2006년 同문화중심도시조성추진기획단 기획실장 2006년 同문화중심도시조성추진기획단 정책관리실장 2006년 同문화미디어국장 2007년 駐뉴욕총영사관 한국문화원장 2010년 국립중앙박물관 교육문화교류단장 2011년 문화체육관광부 홍보지원국장 2012년 국방대 파견 2013년 문화체육관광부 문화콘텐츠산업실 콘텐츠정책관 2013년 새누리당 수석전문위원 2014년 문화체육관광부 기획조정실장(현) 상홍조근정훈장(2002) 저'매력을 부르는 피아노'(2014, 새벽) 종기독교

송숙희(宋淑熙 · 女) Sook Hee, Song

[생]1959 · 5 · 5 [본]은진(恩津) [출]부산 [주]부산 사상구 학감대로242 사상구청 구청장실(051-310-4002) [학]1978년 동래여고졸 1982년 부산대 사회학과졸 2002년 同행정대학원 사회복지학과졸 2009년 同대학원 사회복지학 박사과정 수료 [경]제2 · 3대 부산시 사상구의회 의원, 同총무위원장, 신라대 사회복지학부 겸임교수 1996년 (사)여성정책연구소 이사 1999~2002년 부산시 사상구자원봉사센터 공동대표 2000년 부산시 여성정책자문위원회 부위원장, 同보육위원회 위원장, 전국여성과학기술협의회 자문위원, 부산시과학기술협의회 운영위원, APEC 여성의제연대 공동집행위원장, (사)사상구장애인협회 후원회장, (사)사상구청년연합회 상임고문, 부산시 아파트연합회 자문위원 2001년 한나라당 부산시지부 여성위원장 2002 · 2006~2010년 부산시의회 의원(한나라당), 同윤리특별위원회 위원장 2007년 한나라당 전국여성지방의원협의회 공동대표 2008년 부산시의회 미래도시부산연구회 회장 2009년 同예산결산특별위원회 위원장 2010년 부산시 사상구청장(한나라당 · 새누리당) 2014년 부산시 사상구청장(새누리당)(현) 2014년 부산시구청장 · 군수협의회 총무(현), 새누리당 전국위원(현) [상]대한민국 의정대상 개인부문 최고의원상(2007), 자랑스런 옥샘인상(2009), 자랑스런 한국인 대상(2011), 자랑스런 부산대인 선정(2013) [저]'부산여성들의 정치이야기 Ⅰ(共)'(1996, 여름3미디어) '부산여성들의 정치이야기 Ⅱ(共)'(2007, 대주기획) '제5대 부산지방의회 여성의원 의정활동 사례집'(2009, 프린테크) [종]기독교

송순섭(宋順燮) SONG Soon Seob (운산)

[생]1939 · 2 · 3 [본]여산(礪山) [출]전남 고흥 [주]서울 강남구 봉은사로406 한국판소리보존회(02-566-9457) [경]1957~1978년 공대일 · 김준섭 · 김연수 · 박봉술 선생께 판소리 사사 1957년 중요무형문화재 제5호 적벽가판소리 입문 1974년 한국국악협회 부산지부 부지부장 · 지부장 1977년 중요무형문화재 제5호 적벽가판소리 이수자 선정 1979년 미국 뉴멕시코주 · LA한인친선공연 1983년 한국예술문화단체총연합회 부산지구 부회장 1983년 부산대 · 전남대 강사 1983년 서울대 강사 1983년 한국예술종합학교 강사 1987~1990년 전남도립국악단 창악부장 1989년 중요무형문화재 제5호 판소리(적벽가) 예능보유자 후보 선정 1990년 미국 미주리주 · 오하이오주 한인위문공연 1991년 전남대 강사 1996년 한국전통예술진흥회 광주지부장 1999년 (사)임방울국악진흥회 이사(현) 2002년 중요무형문화재 제5호 판소리(적벽가) 예능보유자 지정(현) 2002년 서울대 음대 국악과 강사 2003년 한국예술종합학교 전통예술원 겸임교수 2006년 광주시립국극단 단장 2006년 (사)동편제판소리보존회 이사장(현) 2010년 (재)서암문화재단 이사(현) 2013년 (사)한국판소리보존회 이사장(현) [상]부산 눌원문화상 학예부문(1984), 전주대사습놀이 명창부 장원 대통령표창(1994), KBS 판소리부문 국악대상(1999), 광주시 문화예술상 국악상(2003), 고흥군민의상(2004), 화관문화훈장(2009), 한민족문화예술대상 국악부문(2010), 제비꽃 명창상(2011), 이승휴문화상 예술상(2016) [종]기독교

송순택(宋淳澤) SONG Soon Taek

[생]1955 · 7 · 23 [출]전북 익산 [주]경기 수원시 팔달구 효원로1 경기도의회(031-8008-7000) [학]1984년 성균관대 동양철학과졸 1996년 同행정대학원 행정학과졸 [경]거상펄프산업 이사 1985년 의정뉴스 취재부장 1991년 한국환경보호협의회 경기도지부장 1992년 국회 입법보좌관 1995년 同환경포럼 수질분과 자문위원 1998년 새정치국민회의 경기도당 대변인 2002 · 2010년 경기도의회 의원(민주당 · 민주통합당 · 민주당 · 새정치민주연합) 2010~2012년 同보건복지공보위원장 2014년 경기도의회 의원(새정치민주연합 · 더불어민주당)(현) 2014년 同운영위원회 위원 2014년 同예산결산특별위원회 위원 2014년 同농정해양위원회 위원 2014년 同남북교류추진특별위원회 위원장 2015년 同남북교류추진위원회 위원 2016년 同도시환경위원회 위원(현) [상]장애인정책우수의원상(2010) [저]'아름다워라 모스크바'

송승부(宋勝府) SONG Seung Bu

[생]1950 · 2 · 17 [출]서울 [주]서울 중구 세종대로124 프레스센터 15층 언론중재위원회(02-397-3114) [학]1968년 중동고졸 1973년 경희대 신문방송학과졸 [경]1975년 대구MBC 취재부 기자 1977~1994년 同사회부 · 정경부 · 제작부 기자 · 편집부 차장 · 사회부 차장 1996년 同취재2부장 1997년 同정경부장 1999년 同부국장대우 취재부장 2001년 同보도국장 2003~2014년 同기획심의실 위원 2015년 언론중재위원회 감사(현)

송승섭(宋承燮) SONG Sung Sab

[생]1960 · 2 · 7 [본]은진(恩津) [출]대전 [주]서울 서초구 반포대로158 서울고등검찰청 송무부(02-530-3114) [학]1977년 여의도고졸 1981년 고려대 법학과졸 2006년 同법무대학원 국제경제법학과졸 2012년 법학박사(고려대) [경]1983년 사법시험 합격(25회) 1985년 사법연수원 수료(15기) 1986년 軍법무관 1989년 마산지검 검사 1991년 청주지검 충주지청 검사 1992년 수원지검 검사 1993년 대검찰청 중앙수사부 수사연구관 1995년 유엔아시아극동범죄방지연수소 파견 1996년 서울지검 검사 1997년 대전지검 부부장검사 1998년 대구지검 부부장검사 1999년 同안동지청장 2000년 서울고검 검사 2001년 대구지검 형사2부장 2002년 대전지검 형사3부장 2002년 同형사2부장 2003년 同형사1부장 2003년 서울지검 형사5부장 2004년 서울북부지검 형사3부장 2005년 同형사1부장 2006년 의정부지검 고양지청 차장검사 2007년 창원지검 진주지청장 2008년 대전고검 검사 2010년 서울고검 검사 2010년 대통령자문 국가경쟁력강화위원회 법제도선진화단장 2013년 부산고검 검사 2014년 서울고검 검사(현) 2014년 서울중앙지검 중요경제범죄조사팀장(파견) 2015년 同중요경제범죄조사단 제1단장(파견) [상]홍조근정훈장(2014) [종]기독교

송승용(宋昇龍)

[생]1974 · 6 · 28 [주]경남 통영시 용남면 동달안길67 창원지방법원 통영지원(055-640-8500) [학]1993년 안양고졸 1998년 서울대 사법학과졸 [경]1997년 사법시험 합격(39회) 2000년 사법연수원 수료(29기) 2000년 공군 법무관 2003년 수원지법 판사 2005년 서울중앙지법 판사 2007년 울산지법 판사 2011년 수원지법 판사 2015년 창원지법 통영지원 부장판사(현)

송승우(宋承祐)

[생]1974 · 11 · 18 [출]서울 [주]울산 남구 법대로14번길37 울산지방법원(052-228-8000) [학]1993년 보성고졸 1998년 서울대 사법학과졸 [경]1998년 사법시험 합격(40회) 2001년 사법연수원 수료(30기) 2001년 軍법무관 2004년 부산지법 판사 2007년 인천지법 판사 2010년 서울북부지법 판사 2015년 서울중앙지법 판사 2016년 울산지법 부장판사(현)

송승종(宋承鍾) Song seung jong (松竹)

[생]1958 · 6 · 16 [본]여산(礪山) [출]전남 장흥 [주]광주 광산구 소촌로152번길53 의27 광주시지방공무원교육원 교육기획과(062-613-7030) [학]1977년 장흥고졸 1988년 한국방송통신대 행정학과졸 2003년 전남대 행정대학원 행정학과졸 [경]1978년 전남도 공무원 임용(5급을류 공채) 1978년 장흥군 근무 1986년 광주 북구 근무 1994년 광주시 근무 2003년 광주시공무원불자회 회장(현) 2006년 광주시 민방위계장(사무관) 2007년 전남대행정대학원총동창회 이사(현) 2007~2010년 대한산악연맹 광주지부 이사 2007년 광주시 일자리창출계장 2009년 同여성정책계장 2010년 同민간협력계장 2011년 同보도총괄계장 2014년 同투자유치서울사무소장(서기관) 2014년 同대중교통과장 2015년 광주하계유니버시아드대회 대변인 겸 홍보부장 2015년 (사)자비신행회 감사(현) 2016년 광주시 기획조정실 수영대회지원단장 2016년 同지방공무원교육원 교육기획과장(현) [상]행정자치부장관(1998), 국무총리표창(2002), 국방부장관표창(2006), 노동부장관표창(2007), 대통령표창(2010) [종]불교

송승철(宋承哲) SONG Seong Chul

[생]1954 · 9 · 29 [출]부산 [주]강원 강릉시 주문진읍 연주로270 강원도립대학 총장실(033-660-8033) [학]1981년 서울대 영어영문학과졸 1983년 同대학원 영어영문학과졸 1991년 영어학박사(미국 Southern Carolina대) [경]1985~2000년 한림대 인문대학 전임강사 · 조교수 · 부교수 1998년~2000년 영미문학연구회 공동대표 2000~2015년 한림대 인문대학 영어영문학과 교수, 同외국어교육원장, 同어문학부장, 영어권기출간도서번역평가사업 평가위원장 2008~2010년 한림대 국제교육원장 2010~2012년 同교무처장 2013년 (사)책읽는춘천 상임대표(현) 2014~2015년 한림대 부총장 2015년 강원도립대 총장(현) [저]'영미시의수정주의적 접근'(共) '산업혁명과 기계문명'(共) '우리시대의 시인 읽기'(共)

송승철(宋承哲) SONG Seung Chul

[생]1957 · 6 · 11 [출]서울 [주]서울 성동구 광나루로310 한불모터스(주) 대표이사실(02-545-5665) [학]1976년 중앙고졸 1981년 연세대 경영학과졸 [경]1980~1986년 코오롱상사 외환부 근무 1986~1991년 同자동차사업부 BMW마케팅수입과장 1993~1997년 신한자동차(주) Saab 공식수입 판매원 · 영업마케팅총괄부장 1998년 한비테크 상무 2000년 (주)평화자동차 영업 · 마케팅총괄이사 2002년 한불모터스(주) 대표이사(현) 2005~2008년 한국수입자동차협회 회장

송승환(宋承桓) SONG Seung Whan

생1957·1·10 출서울 추서울 종로구 대학로57 홍익대학교대학로아트센터11층 (주)PMC프로덕션(02-721-7600) 학1975년 휘문고졸 1976년 한국외국어대 아랍어과 입학 1996년 同아랍어과 명예졸업 경1965년 KBS 아역배우 데뷔 1968년 KBS TV '똘똘이의 모험'으로 연예계 데뷔 1977~1988년 극단 '76극장' 단원 1989~1995년 환퍼포먼스 대표 1996~2012년 (주)PMC프로덕션 창립·대표이사 2000년 국내최초 '난타' 전용 상설극장 개관 2000년 국내최초 '문화산업 벤처기업' 인증 2001년 명지대 문화예술대학원 겸임교수 2004년 벤처기업협회 부회장 2005~2010년 명지대 영화뮤지컬학부 부교수 2006~2011년 한국뮤지컬협회 부이사장 2010년 성신여대 융합문화예술대학 문화예술경영학과 교수(현) 2010~2012년 同융합문화예술대학장 2011~2012년 한국뮤지컬협회 이사장 2011년 전국체육대회 개·폐회식 총감독 2012년 (주)PMC프러덕션 회장 겸 예술감독(현) 2012년 2014인천아시아경기대회 개·폐회식 자문위원 2012년 한국콘텐츠진흥원 비상임이사 2012~2015년 삼성카드(주) 사외이사 2013~2015년 대통령소속 문화융성위원회 위원 2015년 (재)세종문화회관 이사(현) 2015년 2018평창동계올림픽 개·폐회식 총감독(현) 2016년 예술경영지원센터 비상임이사(현) 상동아연극상 특별상(1968), 백상연기대상 남자연기상(1982), 서울연극제 남자연기상(1994), 동아연극상 작품상(1998), 한국뮤지컬대상 특별상(1998), 올해의 예술상(2005), 타워상(2006), 한국CEO그랑프리 문화CEO상(2006), 제13회 한국뮤지컬대상 프로듀서상(2007), 서울시문화상 연극부문(2007), 대한민국 문화예술상(2008), 외대를 빛낸 동문상(2009), 보관문화훈장(2012) 전세계를 난타한 남자 작영화 '주고 싶은 마음'(1976) '꿈나무'(1978) '오빠하고 나하고'(1978) '가시를 삼킨 장미'(1979) '춘자는 못말려'(1980) '색깔있는 여자'(1981) '갈채'(1982) '내 인생은 나의 것'(1983) '스물하나의 비망록'(1983) '연인들의 이야기'(1983) '가고파'(1984) '나도 몰래 어느새'(1984) '낮과 밤'(1984) '젊은 시계탑'(1984) '랏슈'(1989) '홀로 서는 그날에'(1990) '달은… 해가 꾸는 꿈'(1992) TV SHOW 'KBS 젊음의행진'(1980) 'KBS 100분쇼'(1981) 'KBS 가요톱텐'(1981) 'KBS 쇼특급'(1989) 'MBC 장학퀴즈'(1993) 'MBC 한밤의 데이트'(1994) 'HBS 연예특급'(1995) 'EBS 문화산책'(2007) 'KBS 두드림쇼'(2011) 'MBC 댄싱 위드 더 스타2'(2012) RADIO DJ 'KBS 별들의 합창'(1981) 'KBS 밤을 잊은 그대에게'(1981) 'KBS 송승환의 음악앨범'(1992) 'SBS 안녕하세요. 강부자 송승환입니다'(1997) 'KBS 송승환의 문화읽기'(2001) 'MBC 여성시대'(2004) TV 드라마 'KBS 똘똘이의 모험'(1969) 'KBS 알개전'(1969) 'TBC 아씨'(1970) 'MBC 사돈댁'(1970) 'KBS 여로'(1972) 'KBS 행복의 문'(1977) 'TBC 딸'(1980) 'KBS 한강'(1981) 'MBC 사랑합시다'(1981) 'KBS 어떤 여름방학'(1982) 'KBS 봉순의 하늘'(1983) 'MBC 다녀왔습니다'(1983) 'KBS 불타는바다'(1984) 'KBS 세노야'(1989) 'MBC 거인'(1989) 'MBC 대원군'(1990) 'MBC 고개숙인 남자'(1991) 'KBS 저린 손 끝'(1991) 'MBC 분노의 왕국'(1992) 'MBC 두자매'(1992) 'MBC 창밖에는 태양이 빛났다'(1992) 'KBS 사랑은 못말려'(1993) 'SBS 댁의 남편은 어떻습니까'(1993) 'KBS 목욕탕집 남자들'(1995) 'KBS 유혹'(1996) 'MBC 아줌마'(2000) 'KBS 내사랑 누굴까'(2002) 'MBC 아일랜드'(2004) 'MBC 내 마음이 들리니'(2011) 'JTBC 무자식 상팔자'(2012) '채널A 스타 패밀리송'(2013) 'KBS2 부탁해요, 엄마'(2015) 'SBS 그래, 그런거야'(2016) 연극 '학마을사람들' '관객모독' '고도를 기다리며' '에쿠우스' '미국에산다' '유리동물원' '아마데우스' '밤으로의 긴여로' '갈매기' '로미오와줄리엣' '사의찬미' '너에게나를보낸다' '영원한제국' '아트' '갈매기' 제작작품 'LUV' '우리집 식구는 아무도 못말려' '고래사냥' '남자충동' '난타' '달고나' '벽속의 요정' '대장금' '젊음의행진' '형제는 용감했다' '금발이너무해' '뮤직인마이하트' '뮤직쇼웨딩' 종기독교

송승환(宋承煥) SONG Seung Hwan

생1960·2·4 추부산 사상구 주례로47 동서대학교 에너지생명공학부(051-320-2016) 학1986년 부산대 화학과졸 1988년 同대학원 화학과졸 1991년 화학박사(부산대) 경1989~1990년 부산공업대학 강사 1991~1992년 부산대 기초과학연구소 연구원 1991~1992년 제주대 강사 1992년 동서대 응용공학부 화학공학전공 교수, 同에너지생명공학부 신소재공학전공 교수(현), 同기획실장 2000년 同기획연구처장 2003년 同산학연구지원처장 2008년 同기획연구처장 2015~2016년 同제2부총장 2016년 同경영부총장(현) 전'일반화학실험'(共) '기초일반화학'(1998)

송승훈(宋昇勳)

생1967·1·3 출서울 추강원 춘천시 공지로284 춘천지방법원(033-259-9000) 학1986년 양정고졸 1991년 연세대 경영학과졸 경1998년 사법시험 합격(40회) 2001년 사법연수원 수료(30기) 2001년 변호사 개업 2006년 광주지법 판사 2010년 전주지법 정읍지원 판사 2012년 광주고법 판사 2014년 광주지법 판사 2015년 인천지법 부천지원 판사 2016년 춘천지법 부장판사(현)

송시영(宋始英) SONG Si Young

생1958·2·12 본여산(礪山) 출서울 추서울 서대문구 연세로50의1 세브란스병원 소화기내과(02-2228-1957) 학1983년 연세대 의대졸 1989년 同대학원졸 1993년 의학박사(연세대) 1998년 세포생물학박사(미국 밴더빌트대) 경1983~1986년 군복무 1986~1987년 연세의료원 인턴 1987~1990년 同수련의 1990~1993년 연세대 의대 내과학교실(소화기내과) 강사 1993~2005년 同조교수·부교수 1996~1998년 미국 밴더빌트대 암센터(세포생물학) 연구조교수 2003년 세계 최소형 최고기능 캡슐형 내시경 '미로(MIRO)' 개발 참여 2004년 磁性으로 암세포를 추적하는 '항암 나노캡슐' 개발 2005년 연세대 의과대학 내과학교실(소화기내과) 교수(현) 2007년 대한소화기항암학회 창립회장 2008~2010년 건강보험심사평가원 암질환심의위원회 위원 2009~2011년 한국산업기술평가관리원 사외이사 2009년 세브란스병원 췌장·담도암전문클리닉 팀장 2010년 연세의료원 의과학연구처장 겸 산학협력단장 2010년 세브란스병원 의료기기평가연구센터장 2010년 연세대 의대 의생명과학부 교수 겸임 2011년 연세대기술지주회사 이사 2012년 연세대 바이오헬스융복합연구원 추진위원장 2013년 대한민국의학한림원 정회원 2013년 세브란스병원 소화기내과장 2013~2014년 식품의약품안전처 외래전문가참여심사제 외래전문가 2013년 보건복지부 연구중심병원의체 국제협력분과위원장 2013년 산업통상자원부 바이오융성전략수립(의약분과) 외부전문가 2013년 미래창조과학부 사회문제해결형R&D기획위원회 민간위원 2013년 보건복지부 보건의료기술정책심의위원회 전문위원회 기획전문위원(현) 2013년 대한소화기암학회 이사장(현) 2013~2014년 보건복지가족부 연구중심병원 육성사업기획위원장 2014~2015년 대한의용생체공학회 수석부회장 2014년 보건복지부 국제보건의료기술교류협의회 R&D국제기술협력위원장 2014년 미래창조과학부 KAIST융합의과학원 설립추진위원 2014년 국무조정실 국정과제자문단(창조경제2) 위원(현) 2014년 식품의약품안전처 의료기기 외부전문가 2015년 대한의용생체공학회 회장 2015년 연세대 의대 소화기병연구소장(현) 2015년 한국보건산업진흥원 비상임이사(현) 2015년 한국보건산업진흥원 R&D전략위원 2015년 오송첨단의료산업진흥재단 첨단의료기기개발지원센터 첨단의료기기개발전략위원회 위원(현) 2015년 연세의료원 의과학연구처 산학융복합의료센터 소장(현) 2016년 보건복지부 통합재정사업 통합평가(R&D부문)R&D자체평가위원회 총괄위원장(현) 2016년 同디지털헬스케어 해외진출협의체 전문가(현) 2016년 연세대 의과대학장 겸 의학전문대학원장(현) 2016년 대구경북첨단의료산업진흥재단 첨단의료기기개발지원센터 전략기획위원회의 전략기획분과 기획위원(현) 2016년 미래창조과학부 제3차 생명공학육성기본계획 기획위원(현) 2016년 한국과학기술단체총연합회 국가발전포럼 4기 과학기술계(의료계 대표) 회원(현) 2016년 한국의과대학·의학전문대학원협회 상임이사(연구이사)(현) 상World Congress of Gastroenterology 'Young Investigator Award'(1994), 미국 소화기연관학회 Outstanding Poster Prize(1998·1999·2002·2004·2007·2008), 연세대 의대 최우수교수상(연구)(2001), 연세의료원 최우수임상교수상(2003), 연세대 연구업적 우수교수상(2005·2007·2010), 'Gut and Liver' 우수논문 공로상(2012), 연세대 우수연구실적창(2013), 보건의료기술진흥유공 보건복지부장관표창(2013) 전췌장암가이드북(2007) 종기독교

송시헌(宋時憲) SONG Si Hun

생1953·5·31 출대전 추대전 중구 문화로282 충남대학교병원 신경과(042-280-7114) 학1978년 대전고졸 1978년 충남대 의예과졸 1980년 同대학원 의예과졸 1988년 의학박사(충남대) 경1978~1979년 충남대병원 인턴 1979~1983년 同레지던트 1986년 충남대 의대 신경외과학교실 전임강사·조교수·부교수·교수(현) 1990~1991년 미국 Univ. of Southern California 의대 및 LA 소아병원 소아신경외과 객원연구원 1993~1995년 충남대병원 진료비심사실장 1996~1998년 同진료차장 1999~2000년 충남대 의대 의학장 1999~2003년 충남대병원 신경외과 과장 2001~2005년 충남대 의대 신경외과학교실 주임교수 2001~2004년 충남대병원 기획조정실장 2002~2004년 대한신경외과학회 교과서편찬위원회 위원 2002~2004년 대한소아신경외과학회 회장 2004~2009년 제15차 세계신경외과학회 한국유치단 재무부위원장 2005~2006년 대한신경외과학회 학술위원 2005년 충남대총동창회 이사(현) 2006~2012년 대전지법 민사조정위원 2006~2007년 충남대병원 진료처장·외국인진료센터장 2006~2012년 대한신경외과학회 학술지심사위원·특별상임이사 2006년 대한뇌종양학회 진료심의위원장 2007년 건강보험심사평가원 진료심사평가위원(대전지원) 2007년 대전중부경찰서 보안협력위원회 위원 2007~2013년 대한병원협회 이사 2007~2011년 대전·충남병원회 회장 2007~2013년 대전충남의료스톱지원센터 운영위원장 2007~2008년 대전메디칼포럼 회장 2007~2013년 충남대병원 병원장 2008~2011년 대전지역종합병원장협의회 회장 2008~2012년 대전고법 조정위원 2009~2012년 대전시 서부교육청 지방공무원인사위원 2009년 CMB대전방송 시청자위원장(현) 2010~2012년 대전일보 독자권익위원회 위원 2010~2013년 TJB대전방송 문화재단 이사 2011년 대전시선거관리위원회 위원(현)

송시화(宋時和)

[생]1969·5·15 [주]세종특별자치시 도움6로11 국토교통부 녹색건축과(044-201-3768) [학]충남 서령고졸, 고려대 건축공학과졸 [경]2007년 건설교통부 복합도시기획팀 기술서기관 2009년 국토해양부 국토해양인재개발원 기획과장 2011년 駐이란 1등서기관 2015년 국토교통부 동서남해안및내륙권발전기획단 기획총괄과장 2016년 同녹색건축과장(현) [상]국무총리표창(2001), 대통령표창(2005)

송신용(宋信鏞) Song Shin Yong

[생]1963·7·11 [출]대전 [주]서울 중구 다동길30 삼덕빌딩 3층 대전일보 서울지사(02-753-3236) [학]1981년 충남고졸 1987년 충남대 사학과졸 [경]1988년 대전일보 문화부 기자 2002년 同편집국 문화체육부 차장 2003년 同편집국 문화체육부 부장대우 2005년 同편집국 문화부장 2006년 同문화팀장(문화교육부장) 2006년 同편집국 정치행정부장 2008년 同편집국장 2009년 同논설위원실장 2011년 同편집국장(이사) 2012년 同서울지사장(이사)(현)

송양민(宋洋民) SONG Yang Min

[생]1959·1·27 [본]여산(礪山) [출]전남 보성 [주]경기 성남시 수정구 성남대로1342 가천대학교 헬스케어경영학과(031-750-8742) [학]1982년 서울대 영어영문학과졸 1994년 벨기에 루뱅대 대학원 유럽학과졸(석사) 2007년 보건학박사(연세대) [경]1983년 조선일보 기자 1999년 同경제과학부 차장 2000년 同경제과학부 부장대우 2001년 同경제과학부장 2004년 同논설위원 2006년 同사회부 선임기자 2008년 同논설위원 2008~2011년 가천의과학대 보건복지대학원장 2010~2011년 同보건행정학과 교수 2012년 가천대 사회과학대학 헬스케어경영학과 교수(현) 2012년 同보건대학원장 2014년 同특수치료대학원장(현) [저]'경제기사는 돈이다'(1996) '경제기사는 지식이다'(2001) '30부터 준비하는 당당한 내인생'(2002) '너와 나누고 싶은 이야기가 있다'(2003) '초등학생들이 가장 궁금해하는 경제이야기 51'(2003) '준비된 노후는 아름답다'(2007) '밥 돈 자유'(2010) '100세 시대 은퇴 대사전(共)'(2014) [역]'자신있게 나이드는 법'(2002)

송양헌(宋良憲) SONG Yang-Heon

[생]1959·11·19 [본]은진(恩津) [주]대전 서구 도안북로88 목원대학교 테크노과학대학(042-829-7562) [학]1987년 이학박사(연세대) [경]1990~1991년 미국 하버드대 박사 후 연구원 1997년 미국 오리건대 교환교수 2005~2008년 캐나다 포브스메디 신약개발국제공동연구 책임과학자, 목원대 생의약화전공 교수 2007년 同생의약화장품학부 교수(현) 2007~2009년 同테크노과학대학장 2007~2009년 한국연구재단 콜레스테롤저하제연구 책임과학자 2010~2015년 한국연구재단 헤테로고리시스템연구 책임과학자 2011년 국제학술잡지 'Heterocyclic Letters' 편집위원(현) 2011~2012년 LG생명과학(주) 신약공동연구책임과학자 [상]목원대 최우수연구자상(2010) [역]'인생 최대의 질문'(1996) '유기화학'(2010)

송언석(宋彦錫) SONG Eon Seok

[생]1963·5·16 [출]경북 김천 [주]세종특별자치시 갈매로 477 기획재정부 제2차관실(044-215-2002) [학]1982년 경북고졸 1986년 서울대 대학원 법학과졸, 미국 뉴욕주립대 대학원 경제학과졸, 경제학박사(미국 뉴욕주립대), 서울대 대학원 행정학과졸 [경]1985년 행정고시 합격(29회) 2000년 기획예산처 서기관(미국 뉴욕주 버펄로시청 파견), 同재정1팀장 2003년 同건설교통예산과장 2005년 同균형발전정책팀장 2005년 同균형발전정책팀장(부이사관) 2006년 同재정정책과장 2007년 대통령자문 국민경제자문회의 대외산업국장 2007년 국제부흥개발은행(IBRD) 파견 2010년 기획재정부 예산실 행정예산심의관 2011년 소방방재청 소방산업진흥정책심의위원회 위원 2012년 기획재정부 예산실 경제예산심의관 2012년 한국해양과학기술원 당연직이사 2013년 기획재정부 예산실 예산총괄심의관 2014년 同예산실장 2015년 同제2차관(현)

송언종(宋彦鍾) SONG Eon Jong (奉山)

[생]1937·4·5 [본]여산(礪山) [출]전남 고흥 [주]광주 동구 동명로101의1 21세기종합법률사무소(062-224-1114) [학]1956년 경동고졸 1960년 서울대 법대졸 1980년 국방대학원 국가안보과정 수료 [경]1961년 고등고시 행정과(제1부) 합격(13회) 1963년 사법시험 합격(2회) 1970~1972년 장성군수·장흥군수 1972년 대통령비서실 파견(새마을 담당) 1975~1977년 내무부 행정과장·새마을담당관 1977년 광주시장 1980년 경남도 부지사 1981년 경기도 부지사 1982년 사회정화위원회 제3부장 1987~1988년 내무부 차관 1988~1990년 전남도지사 1990~1993년 체신부 장관 1995년 사법연수원 수료 1995~1998년 광주광역시장(민주·국민회의) 1998~2000년 변호사 개업 2001~2002년 광주·전남발전연구원 원장 2003년 21세기종합법률사무소 고문변호사(현) [상]홍조근정훈장(1989), 황조근정훈장(1990), 청조근정훈장(1993), 대통령표창

송연규(宋然奎) Song Yeongyu

[생]1966·2·20 [출]충남 당진 [주]경기 고양시 일산동구 장백로213 의정부지방검찰청 고양지청(031-909-4000) [학]1984년 인천 대건고졸 1988년 서울대 국제경제학과졸 [경]1996년 사법시험 합격(38회) 1999년 사법연수원 수료(28기) 1999년 대전지검 검사 2001년 대구지검 안동지청 검사 2002년 인천지검 검사 2004년 의정부지검 검사 2006년 서울동부지검 검사 2010년 광주지검 검사 2010년 헌법재판소 파견 2011년 광주지검 부부장검사 2012년 서울중앙지검 부부장검사 2013년 광주지검 순천지청 부장검사 2014년 대구지검 강력부장 2015년 서울서부지검 공판부장 2016년 의정부지검 고양지청 부장검사(현)

송영근(宋泳勤) SONG Young Keun

[생]1947·9·28 [출]경기 용인 [주]서울 성동구 왕십리로115 대한민국재향군인회(02-461-5226) [학]1967년 성동고졸 1971년 육군사관학교졸(27기) 1984년 경희대 경영대학원졸 2006년 동국대 불교대학원 불교학과졸(문학석사) [경]1996년 육군본부 인사운영처장 1998년 국방부 장관군사보좌관 2000년 1사단장 2001년 육군 3사관학교장 2002년 韓美연합사 부참모장 겸 지상구성군사령부 참모장 2002년 유엔군사령부 군사정전위 수석대표 2003년 국군 기무사령관(소장) 2003~2005년 국군 기무사령관(중장) 2012년 대한민국재향군인회 안보정책자문위원(현) 2012~2016년 제19대 국회의원(비례대표, 새누리당) 2012~2016년 국회 국방위원회 위원 2013~2014년 국회 국가정보원개혁특별위원회 위원 2014년 새누리당 북한인권 및 탈북자·납북자위원회 부위원장 2015년 同정책위원회 국방정책조정위원회 부위원장 2015년 대한학도의병동지회 고문(현) [상]대통령표창, 보국훈장 삼일장·천수장·국선장 [저]'유엔 평화유지 활동의 실체' [종]불교

송영길(宋永吉) Song Young Gil (黃海)

[생]1963·3·21 [본]여산(礪山) [출]전남 고흥 [주]서울 영등포구 의사당대로1 국회 의원회관818호(02-784-8957) [학]1981년 광주 대동고졸 1988년 연세대 경영학과졸 2005년 한국방송통신대 중어중문학과졸 2013년 同일본학과졸 [경]1982년 연세대 학보지 '연세춘추' 기자 1984년 연세대 총학생회장 1985년 대우자동차 르망공장 건설현장 근무 1991년 전국택시노동조합 인천시지부 사무국장 1994년 사법시험 합격(36회) 1995년 인천지검 검사시보·인천지법 판사시보 1997년 변호사 개업 1997년 민주화를위한변호사모임 회원 1997년 전국민주택시노련·인천개인택시사업조합 고문변호사 1998년 i-TV·YTN 생활법률코너 상담변호사 1998년 국민회의 인천시지부 정책실장 겸 고문변호사 1999년 한국통신 노동조합 고문변호사 2000~2004년 제16대 국회의원(인천시 계양구, 새천년민주당·열린우리당) 2001년 새천년민주당 노동특별위원장 2002년 同원내부총무 2002년 同노무현 대통령후보 선대위 노동위원장 2002년 국민참여운동본부 부본부장 2003년 열린우리당 시민사회위원장 2004년 제17대 국회의원(인천시 계양구乙, 열린우리당·대통합민주신당·통합민주당) 2004년 열린우리당 전자정당위원장 2004년 한·일의원연맹 21세기위원장 2004년 한·불의원친선협회 회장 2006년 열린우리당 정책위 수석부의장 2007년 同사무총장 2007~2010년 국회 시장경제와사회안전망포럼 공동대표 2008~2010년 제18대 국회의원(인천시 계양구乙, 통합민주당·민주당) 2008~2010년 민주당 최고위원 2008~2010년 한·일의원연맹 법적지위위원회 위원장 2008~2010년 한·말레이시아의원친선협회 회장 2008~2010년 국회 보건복지가족위원회 위원 2008~2010년 국회 정보위원회 위원 2010~2014년 인천광역시장(민주당·민주통합당·민주당·새정치민주연합) 2010~2014년 대한적십자사 인천지사 명예회장 2010~2014년 인천사회복지공동모금회 명예회장 2011년 전국시도지사협의회 감사 2013년 2014인천장애인아시아경기대회조직위원회 집행위원장 2015년 새정치민주연합 국정자문회의 자문위원, (사)먹고사는문제연구소 이사장(현) 2016년 더불어민주당 인천시계양구乙지역위원회 위원장(현) 2016년 제20대 국회의원(인천시 계양구乙, 더불어민주당)(현) 2016년 국회 기획재정위원회 위원(현) [상]프랑스 최고훈장 '레종 도뇌르 슈발리에章'(2007), 자랑스런 연세상경인상 사회·봉사부문(2010), 아시아생물공학연합체(AFOB) 공로상(2011), 러시아 대통령표창(2013), 한국VE협회 제21회 대한민국VE컨퍼런스 최고 경영자상(2013) [저]'그래, 황소처럼 이 길을 가는거야'(2003) '벽을 문으로-송영길, 새로운 도전과 비전'(2009) '룰을 지배하라'(2013, 중앙북스) '경제수도 인천 미래보고서'(2014, 시륜) '송영길의 누구나 집 프로젝트'(2015, 미래플러스미디어) [작]'군사법원 제도개선 방안'(2000) '8.15 방북의 진실과 독일통일의 교훈'(2001) '성전환자의 인격과 호적정정'(2001) '이라크에 보내는 편지'(2003) [종]천주교

송영만(宋永萬) SONG Young Man

[생]1957 · 9 · 14 [본]은진(恩津) [출]경기 오산 [주]경기 수원시 팔달구 효원로1 경기도의회(031-8008-7000) [학]경기 오산고졸 2008년 한경대 토목학과졸 [경]일산건설(주) 대표이사, 대한전문건설협회 경기도회 오산시협의회장 2000~2001년 국제로타리3750지구 오산중앙로타리클럽 회장, 대한적십자사 오산매홀봉사회장, 오산시 중앙동 주민자치위원, 오산시 무상급식실현운동본부 공동대표, 오산시중앙동체육진흥회 회장 2006년 경기도의원선거 출마(열린우리당) 2010년 경기도의회 의원(민주당 · 민주통합당 · 민주당 · 새정치민주연합) 2010년 同간행물편찬위원회 위원장 2012년 同도시환경위원회 위원, 오산시 사회복지시설 '늘푸름' 운영위원장(현) 2014년 경기도의회 의원(새정치민주연합 · 더불어민주당)(현) 2014~2016년 同건설교통위원회 위원장 2015년 同평택항발전추진특별위원회 위원(현) 2015년 同장기미집행도시공원특별위원회 위원(현) 2016년 同보건복지위원회 위원(현) [종]불교

송영명(宋泳明) SONG Yung Myung (류원)

[생]1943 · 6 · 4 [출]일본 [주]부산 남구 우암로84의1 부산문화재단(051-744-7707) [학]1962년 부산사범학교졸 2001년 부산대 교육대학원 미술교육학과졸 [경]1977~2009년 개인전 및 초대개인전 15회 1985년 제10회 부산미술대전 초대작가전 1986년 서울갤러리 개관기념 서양화300호 초대전 1986년 한국방송60주년 KBS기획초대전 한국의 농촌전 · 한국의 어촌전 · 한국의 꽃과 정물전 1989년 롯데잠실미술관 초대전 1992년 국립현대미술관 초대전 1993년 엑스포93초대전 1995년 서울시립미술관 미술의해특별기획50인전 2003년 광주시립미술관 초대전 2003년 한국회화조명 특별초대전 2003년 대한민국미술대전 심사위원 2004년 대전시립미술관 아시아국제미술전 2004년 오지호미술상 운영위원 겸 심사위원 2004년 부산미술협회 이사장 2005년 부산시문화상 심사위원, 부산디자인고 교감, 구포중 · 경남상고 교장, (사)목우회 부산시지회장 겸 정책위원 · 자문위원, 한국파스텔화협회 회장, (사)한국미술협회 부산지회장, (사)한국예술문화단체총연합회 부산연합회 부회장 2010년 부산수채화협회 고문(현) 2012~2016년 (사)한국예술문화단체총연합회 부산연합회 회장 2015년 (재)부산문화재단 이사(현) 2016년 (사)대한민국독립유공자추모기념사업회 자문위원장(현) [상]국전 특선(2회), 국전 입선(5회), 목우회 공모미술대전 특선, 황조근정훈장(2005), 부산시 문화상 시각예술부문(2011)

송영무(宋永武) SONG Young Moo (格甫)

[생]1949 · 2 · 24 [본]은진(恩津) [출]충남 논산 [주]충남 논산시 대학로121 건양대학교 군사학과(041-730-5735) [학]대전고졸 1973년 해군사관학교졸(27기) 1983년 미국 육군 사업관리과정 수료 1984년 경남대 경영대학원졸 1985년 해군대학졸 1987년 미국 상륙전고급반과정 수료 1997년 국방대학원 안보과정 수료 2006년 고려대 경영대학원 최고경영자과정 수료 [경]1973년 소위 임관 1992년 청주함장(호위함 FF-961) 1993년 합동참모본부 해상작전과장 1997년 同시험평가부장(준장) 1999년 제2함대 2전투전단장 2000년 제1함대 사령관(소장) 2002년 해군본부 조함단장 2003년 同기획관리참모부장 2005년 합동참모본부 인사군수본부장(중장) 2005년 同전략기획본부장(중장) 2006~2008년 해군 참모총장(대장) 2009~2011년 법무법인 율촌 고문 2012년 담쟁이포럼 창립멤버 2012년 국가인권위원회 정책자문위원(현) 2013년 건양대 군사학과 석좌교수(현) 2015년 새정치민주연합 국방안보연구소 연구위원(현) [상]대통령표창(1980), 국무총리표창(1988), 충무무공훈장(1999), 보국훈장 천수장(2004), 터키해군 최고훈장(2008), 보국훈장 통일장(2008), 미국해군 명예훈장(2008) [종]천주교

송영무(宋英武) Song Yeong Moo

[생]1954 · 1 · 17 [출]전북 임실 [주]전남 순천시 중앙로255 순천대학교 사범대학 수학교육과(061-750-3365) [학]1973년 광주 숭일고졸 1977년 전남대 사범대학 수학교육과졸 1983년 同대학원 수학과졸 1988년 이학박사(전북대) [경]1985~2011년 · 2015년 순천대 사범대학 수학교육과 전임강사 · 조교수 · 부교수 · 교수(현) 1989~1990년 영국 Univ. of Sheffield Post-Doc. 1992~1993년 순천대 방송국 주간 1997~1998년 同전자계산소장 1998~1999년 미국 Univ. of Kentucky Vsiting Sholar 2001~2002년 순천대 교무처장 2003~2006년 同과학영재교육원 초대원장 2006~2008년 학교법인 조선대 이사 2007~2009년 순천대 수학교육학과장 2011~2013년 광주지검 순천지청 검찰시민위원장 2011~2015년 순천대 총장 2012~2013년 국가수리과학연구소 운영위원 2012~2015년 (재)전남테크노파크 이사 2012~2014년 전남도 녹색성장위원장 2012~2015년 (재)순천천연물의약소재개발연구센터 이사장 2012~2013년 2012여수세계박람회조직위원회 위원 2012~2013년 2013순천만국제정원박람회조직위원회 고문 2013~2014년 광주 · 전남지역대학총장협의회 회장 2013~2014년 한국대학교육협의회 이사 2013년 KBC 라디오 객원논설위원 2014~2015년 전남도 지역산업총괄위원회 위원 2014~2015년 한국대학교육협의회 감사 2014년 대한수학교육학회 고문(현) 2015년 중국 광서사범대 명예교수 [상]제24회 스승의 날 기념 부총리 겸 교육부장관표창(2005)

송영배(宋榮培) SONG Young Bae (宜山)

[생]1944 · 2 · 10 [본]여산(礪山) [출]경기 수원 [주]서울 관악구 관악로1 서울대학교 철학과(02-880-6218) [학]1962년 국립교통고졸 1967년 서울대 철학과졸 1969년 同대학원졸 1972년 대만 국립대만대 대학원 철학과졸 1982년 철학박사(독일 프랑크푸르트대) [경]1982~1988년 한신대 철학과 조교수 · 부교수 1988~1997년 서울대 철학과 조교수 · 부교수 1992~1994년 同규장각 자료연구부장 1996~1998년 同철학과장 · 철학연구회 부회장 1997~2009년 同철학과 교수 1998~2000년 한국동양철학연구회 부회장 2004년 한국동양철학회 회장 2006년 同명예회장 2009년 서울대 철학과 명예교수(현) 2015년 한국동양철학회 고문(현) [저]'중국사회사상사' '대화의 철학(共)' '제자백가의 사상' [역]'공자의 철학' '천주실의 역주(共)' [종]천주교

송영선(宋永仙 · 女) SONG Young Sun

[생]1953 · 8 · 9 [본]은진(恩津) [출]경북 경산 [주]서울 영등포구 의사당대로1 대한민국헌정회(02-757-6612) [학]1971년 경북여고졸 1975년 경북대 영어교육학과졸 1981년 미국 하와이대 대학원 매스컴학과졸 1984년 국제정치학박사(미국 하와이대) [경]1972년 경북대총학생회 여학생회장 1975년 경북사대부속중 영어교사 1985년 한국국방연구원 책임연구위원 1985년 서강대 · 고려대 · 이화여대 · 한국외국어대 대학원 강사 1989년 한국여성정치문화연구소 이사 1990년 한국국제정치학회 연구이사 1991~1992년 한국국방연구원 국방정책실장 1992년 同정책기획연구부 일본연구실장 1993년 국방정책 전문해설위원 2003~2004년 한국국방연구원 안보전략연구센터장 2004~2008년 제17대 국회의원(비례대표, 한나라당) 2004년 한나라당 여성위원장 2006년 同제2정책조정위원장 2008년 친박연대 대변인 2008~2012년 제18대 국회의원(비례대표, 친박연대 · 미래희망연대 · 새누리당) 2008년 북한자유이주민인권을위한국제의원연맹 사무총장 2008년 한 · 일의원연맹 회원 2009년 경북대 겸임교수 2010년 안보방재포럼 대표 2010~2012년 국회 국방위원회 위원 2012년 제19대 국회의원선거 출마(경기 남양주甲, 새누리당) 2015년 대한민국헌정회 여성위원회 부위원장(현) [상]문교부장관표창, 국방부장관표창, 한국국방연구원 최우수연구상, 국제적십자사 봉사상, 유엔 어린이의 해 봉사상 [저]'동북아 평화체제구상과 전망' '일본의 군사력평가와 전망' '일 · 미 · 한 안전보장협력' '한국과 유엔평화유지 활동' '일본군사력 증강과 법적 · 제도적 정비' '유사시 일본의 대미지원에 관한 연구'

송영수(宋英洙) SONG Young Soo

[생]1948 · 1 · 6 [본]홍주(洪州) [출]광주 [주]전남 광양시 태인4길30 서강기업(주) 비서실(061-798-0600) [학]고려대 경영학과졸, 同대학원 경영학과졸 [경]전남도육상경기연맹 부회장, 여수시육상협회 회장, 순천여고 육성회장 2001년 서강기업(주) 대표이사(현) 2006~2012년 순천광양상공회의소 회장 2007~2010년 전남사회복지공동모금회 회장 2012~2015년 순천상공회의소 회장 2013~2015년 민주평통 전남지역 부의장, 2013순천만국제정원박람회 조직위원장, 법사랑전국연합회 부회장(현) 2015년 (재)자녀안심하고학교보내기운동국민재단 이사장(현) [상]국무총리표창, 법무부장관표창, 순천시민의 상(2010)

송영수(宋永洙) SONG Young Soo

[생]1960 · 11 · 11 [출]서울 [주]서울 성동구 왕십리로222 한양대학교 교육공학과(02-2220-2744) [학]배문고졸 1982년 중앙대 교육학과졸 1997년 미국 플로리다주립대 대학원 교육공학과졸 1999년 교육공학박사(미국 플로리다주립대) [경]1991년 삼성종합연수원 교육기획과장 1998년 삼성인력개발원 기획개발파트 차장 · 부장 1999년 同HRD컨설팅팀장, 한국인력개발학회 이사(현) 2003년 삼성인력개발원 리더십팀장(상무보) 2006년 同컨설팅팀장(상무) 2006년 한양대 교육공학과 교수(현) 2006 · 2008 · 2010년 同리더십센터장 2007년 한국산업교육학회 회장 2009년 미국 세계인명사전 '마르퀴스 후즈후 인 더 월드 2010년판'에 등재 2010년 한국교육공학회 이사(현) 2010년 대한리더십학회 회장, 한국기업교육학회 부회장 2014년 한양대 한양인재개발원장 2016년 同인성교육센터장(현) [상]한양대 Best Teacher Award(2008 · 2009) [저]'True Color(編)'(2006) '리더웨이'(2007) '인아웃코칭'(2011) [종]기독교

송영승(宋永丞) SONG Young Seung

[생]1955·12·26 [출]대전 [주]서울 동대문구 황물로168 번지(010-3545-5400) [학]1982년 고려대 사학과졸 [경]1982년 경향신문 입사 1996년 同정치부 차장 1998년 同논설위원 1999년 同정치부 차장 2000년 同정치부장 2003년 同논설위원 2003년 同정치·국제담당 부국장 직대 2004년 同논설위원실장 2005년 同미디어전략연구소장 2006년 同편집국장 2008년 同편집국장(상무이사) 2009~2015년 同대표이사 사장 2010~2013년 한국신문협회 이사, (사)충청포럼 운영위원(현) [상]장한 고대언론인상(2010)

송영언(宋煐彦) SONG Young Eon

[생]1954·7·6 [본]남양(南陽) [출]전남 고흥 [주]서울 종로구 청계천로1 동아미디어센터8층 스포츠동아(02-2020-1000) [학]1972년 조선대부고졸 1980년 고려대 정치외교학과졸 2005년 한양대 언론정보대학원졸 2007년 고려대 언론대학원 최고위과정 수료 2010년 성균관대 대학원 공연예술협동과정 박사과정 수료 [경]1980년 동아일보 편집부 기자 1984년 同문화부 기자 1989년 同정치부 기자 1995년 同사회2부 차장 1997년 同문화부 차장 1998년 同정치부 차장 1999년 同뉴스플러스 부장서리·'주간동아' 편집장 2000년 同이슈부장 2000년 同논설위원 2003~2005년 한국신문윤리위원회 위원 2004년 동아일보 논설위원(부국장급) 2006년 同독자서비스센터장(부국장급) 2008년 同경영지원국장(국장급) 2011년 동아프린테크·동아프린컴 상무이사 2012~2016년 동아프린테크 대표이사 사장 2014~2016년 한국신문협회 기술협의회 회장 2016년 스포츠동아 대표이사 사장(현) [상]대한언론상(1990) [저]'한국인진단(共)'(1990, 동아일보)

송영오(宋永吾) Song Young-oh

[생]1948·8·22 [본]은진(恩津) [출]전남 나주 [학]1970년 서울대 문리대 독어독문학과졸 1991년 미국 하버드대 국제문제연구소 연수 [경]1971년 외무고시 합격(4회) 1971년 외무부 입부 1974~1978년 駐오스트리아 3등서기관·駐시에라리온 2등서기관 겸 영사 1980년 외무부 여권과장 1981년 駐유엔대표부 1등서기관 1984년 외무부 서구2과장 1987년 駐태국 참사관 1992년 駐호주 공사 1993년 외무부 외교정책심의관 1993년 남북고위급회담 군사분과위원회 위원 1995년 駐독일 공사 1997년 외무부 아프리카중동국장 1998년 외교통상부 아프리카중동국장 1999년 駐스리랑카 대사 2001년 외교통상부 의전장 2002~2004년 駐이탈리아 대사 2005년 외교통상부 본부대사 2006~2009년 전남대 대학원 초빙교수 2008년 창조한국당 최고위원 2009~2010년 同대표 권한대행 2012년 민주통합당 상임고문 2012년 同국제위원장 겸임 2013년 민주당 상임고문 2014년 새정치민주연합 상임고문 2015~2016년 더불어민주당 상임고문 [상]이탈리아정부 최고대십자기사훈장(Cavaliere di Gran Croce)(2006), 에콰도르정부 대십자훈장, 황조근정훈장 [저]'사랑과 명예'(2012) '대사의 정치'(2014) [종]기독교

송영완(宋永完) Song Young-wan

[생]1957·11·8 [주]서울 종로구 사직로8길60 외교부 인사운영팀(02-2100-7136) [학]1980년 서울대 언어학과졸 1985년 프랑스 국제행정대학원(IIAP)졸 [경]1980년 외무고시 합격(14회) 1986년 駐유엔 2등서기관 1992년 駐불가리아 참사관 1995년 駐구주연합 1등서기관 1998년 외교통상부 국제연합경제과장 1999년 同국제연합과장 2000년 駐이집트 공사참사관 2005년 駐유엔대표부 공사 2006년 외교통상부 외교정책실 국제기구국장 2008년 미국 조지타운대학 외교연구소 파견 2009년 유엔 대북제재위원회 파견 2011년 駐시애틀 총영사 2014년 駐오스트리아 대사(현) 2014년 駐빈국제기구대표부 대사 겸임(현)

송영우(宋永禹) Song youngwoo

[생]1947·4·2 [본]은진(恩津) [출]서울 [주]서울 동작구 노량진로100 기독교TV네트워크(02-6333-1000) [학]1974년 고려대 경제학과졸 1976년 同경영대학원 수료 1995년 한국과학기술원 최고경영자정보과정 수료 2008년 명지대 크리스천최고경영자과정 수료 [경]1973~1980년 동아상사(주) 관리부장 1980~1986년 극동건설(주) 종합기획실 경영관리팀장 1987년 강원산업(주) 그룹 제2관리부장 1988년 同그룹 총무부장 1990~1992년 同그룹 삼표산업 기획관리실장 1993~1999년 同그룹 삼표산업계열 관리본부장 2000~2007년 CTS 기독교TV 전무이사 2007년 同부사장 2012년 기독교TV네트워크 대표이사(현) [종]기독교

송영욱(宋永煜) SONG Young Wook (智山)

[생]1937·11·30 [본]은진(恩津) [출]서울 [주]서울 중구 퇴계로18 대우재단빌딩1103호 법무법인 우일(02-752-3101) [학]1956년 보성고졸 1961년 서울대 법학과졸 [경]1961년 사법시험 합격(13회) 1963년 변호사 개업(현) 1966년 한국소아마비아동특수보육협회 이사 1973~2003년 국민은행 법률고문 1977~1997년 대우그룹 법률고문 1984~1988년 88서울장애자올림픽조직위원회 감사 1986~2002년 세계장애자연맹(D.P.I) 아·태지역 부회장 1986~2002년 한국장애인연맹 회장 1989년 한국장애인복지신문 회장 1990·1993년 한국소아마비협회 이사장 1997년 한국장애인고용촉진공단 이사 1997~1998년 RNN(Regional NGO Network) 의장 1998년 한국장애인재활협회 이사 1999년 우리은행 법률고문 2000년 (주)대우인터내셔널 사외이사 2000년 법무법인 우일 변호사(현) 2002년 한국장애인연맹 명예회장(현) 2004~2013년 한국장애인재단 이사장 2009·2011년 대통령직속 사회통합위원회 위원 [상]국민포장(1981), 서울지방변호사회 백노상(1994), 자랑스런 서울대인상, 보성인상, 우경복지대상, 자랑스러운 서울법대인(2012) [저]'한국금융법론'(共) [역]'ADA(미국장애인법)의 충격'

송영욱(宋永旭) SONG Yeong Wook

[생]1956·2·13 [본]은진(恩津) [출]대전 [주]서울 종로구 대학로101 서울대학교 의과대학 내과학교실(02-2072-2234) [학]1974년 대전고졸 1980년 서울대 의대졸 1984년 同대학원졸 1990년 의학박사(서울대) [경]1980~1984년 서울대병원 인턴·전공의 1987년 同전임의 1988~2000년 서울대 의대 내과학교실 전임강사·조교수·부교수 1990~1992년 미국 UCLA 메디컬센터 Clinical Fellow in Rheumatology 1996년 同메디컬센터 연수 2000년 영국 Guys and St. Thomas Hospital 연수 2000년 서울대 의대 내과학교실 교수(현) 2001~2005년 대한류마티스학회 총무 2001~2010년 서울대병원 류마티스내과 분과장 2004~2007년 대한류마티스연구회 회장 2004~2007년 대한내과학회 류마티스분과관리위원장 2005~2007년 동아시아류마티스학회 회장 2010~2012년 대한류마티스학회 이사장 2010~2013년 대한내과학회 보험이사 2012년 대한민국의학한림원 정회원(현) 2013년 대한내과학회 부이사장 겸 노년내과위원장(현) 2013년 대한베체트병학회 회장(현) 2014~2016년 대한류마티스학회 회장 2014~2016년 아시아태평양류마티스학회 학술위원장 [상]Ellis Dressner Award, 대한류마티스학회 학술상(1992), 젊은연구자상(1999), 송촌 지석영 의학상(2000), 우수연구상(2004), Seoul National University Hospital Academic Award(2008) [저]'노인의학(共)'(1997, 의학교육연수원) '면역학(共)'(2000, 서울대 의대 출판부) '가정의학(共)'(2001, 서울대 출판부) '인간생명과학개론(共)'(2005, 서울대 출판부) '관절염119'(2005) '피부경화증'(2010, 하누리) '루푸스 환자와 보호자를 위한 설명서 루푸스(共)'(2011, 하누리) [종]불교

송영웅(宋英雄) SONG Young Woong

[생]1954·2·19 [출]광주 [주]전남 순천시 장명로5 순천중앙병원 병원장실(061-749-5003) [학]1972년 광주고졸 1978년 전남대 의대졸 1981년 同대학원졸 1985년 의학박사(전남대) 2000년 연세대 보건대학원 고위자과정 수료 2000년 순천대 경영행정대학원 수료 [경]1983년 국군광주병원 정형외과 과장 1985년 국군 동해병원 정형외과 과장 1986년 광주기독병원 정형외과 과장 1989년 순천중앙병원 원장(현) 1992년 프랑스 깔레대학 척추수술 연수 1994년 미국 뉴올리언스대 연수 1996년 미국 뉴욕대 관절경 연수 2002년 미국 척추관절학회 연수 2004년 미국 정형외과학회 연수, YMCA 이사, 순천경찰서 청소년지도위원, 순천 이수중 운영위원장, 대한결핵협회 광주·전남지회장, 전남도사회복지협의회 이사, 대검찰청 청소년보호위원, 전남도의사협회 부회장, 순천대경영행정대학원총동창회 회장, 대한병원협회 이사, 순천시 전문의용소방대장 2014년 대한에이즈예방협회 이사(현) 2014년 대한중소병원협의회 이사(현) [상]국민의료보험관리공단 공로패(1991), 순천시장표창(1999), 보건복지부장관표창(2000), 순천시장감사패(2000), 광양시장감사패(2000), 전남도지사표창(2003·2011), 보건복지부장관표창(2004), 순천시장감사패(2004), 법무부장관표창(2005), 국민포장(2008)

송영태(宋榮泰) Young Tai Song

[생]1948·12·24 [주]서울 중구 동호로195의7 한국해비타트(02-3407-1901) [학]1967년 경복고졸 1976년 서울대 경영학과졸 2005년 햇불트리니티신학대학원대졸(MTS과정 석사) [경]1975~1996년 (주)대우 해외무역현지법인 상무이사 1997~2000년 대우자동차(주) 본부장·법인장 2001~2006년 (주)도서출판 두란노 대표이사 2006~2011년 (주)이화다이아몬드공업 대표이사·고문 2012~2014년 SK브로드밴드 사외이사 2015년 (주)Bluecom 경영고문 2015년 (사)한국해비타트 상임대표(현) [상]은탑산업훈장(2008)

ㅅ

송영호(宋榮鎬) SONG Young Ho

[생]1962·9·21 [출]대전 [주]서울 서초구 서초중앙로22길 17 법무법인 윈앤윈(02-3476-8811) [학]1980년 대전고졸 1988년 충남대 법학과졸 1990년 同대학원졸 [경]1989년 사법시험 합격(31회) 1992년 사법연수원 수료(21기) 1992년 부산지검 검사 1994년 대전지검 천안지청 검사 1995년 서울지검 의정부지청 검사 1997년 제주지검 검사 1998년 스페인 마드리드국립대 연수 2000년 서울지검 검사 2002년 부산지검 검사 2004년 同부부장검사 2004년 부산고검 부장검사 2005년 서울북부지검 부부장검사 2006년 의정부지검 고양지청 부장검사 2007년 同형사4부장 2008년 대구지검 형사3부장 2009년 서울고검 검사(법무연수원 교수 파견) 2010~2011년 서울중앙지검 부장검사 2011년 변호사 개업 2015년 법무법인 윈앤윈 변호사(현)

송영환(宋永桓) SONG Young Hwan

[생]1958·3·3 [출]강원 원주 [주]강원 평창군 대관령면 대관령로219의66 국립종자원 동부지원(033-336-6244) [학]1977년 원주고졸 1982년 충북대 연초학과졸 [경]1985년 총무처 공무원 임용(공채) 1987년 국립농산물검사소 제주도지소 사무관 1989년 同강원도지소 원주출장소 사무관 1994년 同강원도지소 검사지도과 사무관 1999년 同품질관리과 사무관 2000년 국립농산물품질관리원 품질관리과 서기관 2003년 국립종자관리소 안동지소장 2006년 同동부지소장 2007년 국립종자원 종자유통과장, 同재배시험과장 2013년 同경남지원장 2014년 同서부지원장 2016년 同동부지원장(현) [상]국무총리표창(1998)

송영환(宋永煥)

[생]1962·11·1 [출]대전 [주]충북 청주시 서원구 산남로62번길51 청주지방법원(043-249-7243) [학]1981년 명지고졸 1985년 연세대 경제학과졸 [경]1997년 사법시험 합격(39회) 2000년 사법연수원 수료(29기) 2000년 서울지법 남부지원 판사 2002년 서울지법 판사 2004년 전주지법 남원지원 판사 2006년 대전지법 서산지원 판사 2007년 인천지법 판사 2010년 서울남부지법 판사 2014년 인천지법 부천지원 판사 2015년 청주지법 부장판사(현)

송오섭(宋午燮) SONG Oh Seop

[생]1954·11·27 [본]여산(礪山) [출]충남 부여 [주]대전 유성구 대학로99 충남대학교 공과대학 기계공학부(042-821-5650) [학]1978년 서울대 기계설계학과졸 1986년 미국 뉴저지공과대 대학원졸 1990년 기계공학박사(미국 버지니아공과대) [경]1978~1984년 국방과학연구소 연구원 1991~1994년 미국 버지니아공대 박사후연구원 1994년 충남대 공과대학 기계공학과 조교수·부교수·교수, 同공과대학 기계공학부 교수(현) [상]주미한국대사관 재미한인장학생(1988), Thin-Walled Beams Theory and Application(2005) [저]'Current topics in acoestical research'(1997, Council of Scientific Information india) 'Ch.4 Structronic System : Smart Structures, Devices and System'(1998, World Scienific Publishing Co) 'Thin-walled Composite Beams : Theory and Application'(2006, Springer International) [역]'동역학'(1999) 'SI동역학'(2007) [종]기독교

송옥주(宋玉珠·女) SONG Ok Joo

[생]1965·12·20 [본]여산(礪山) [출]경기 화성 [주]서울 영등포구 의사당대로1 국회 의원회관319호(02-784-9470) [학]1983년 수원여고졸 1987년 연세대 신문방송학과졸 2002년 同대학원 지방자치 및 도시행정학과졸 [경]2005~2006년 대통령자문 국가균형발전위원회 자문위원 2008년 통합민주당 여성국장 2008년 제18대 국회의원선거 출마(경기 화성甲, 통합민주당) 2008년 민주당 여성국장, 국회 정책연구위원(2급 상당) 2015년 더불어민주당 홍보국장 2016년 제20대 국회의원(비례대표, 더불어민주당)(현) 2016년 더불어민주당 대변인 2016년 同청년일자리TF 위원(현) 2016년 국회 환경노동위원회 위원(현) 2016년 국회 윤리특별위원회 위원(현)

송옥환(宋鈺煥) SONG Ok Hwan

[생]1945·9·22 [본]은진(恩津) [출]서울 [주]서울 노원구 노원로75 한국원자력의학원(02-970-2023) [학]1964년 경기고졸 1971년 고려대 화학과졸 2001년 명예 공학박사(순천향대) [경]1981~1989년 대통령비서실 근무 1989년 과학기술처 연구개발조정실 화공생물연구조정관 1995년 同연구개발조정실장 1995년 대통령 경제비서관 1996년 과학기술처 기획관리실장 1997년 同연구개발조정실장 1997년 同원자력실장 1998~1999년 과학기술부 차관 1999년 한양대 공학기술연구소 연구교수 2000~2006년 한국원자력안전기술원 이사장 2001~2005년 세종대 경영학과 교수 2001년 同과학기술대학원장 2001년 同정보통신대학원장 2002~2005년 同연구담당 부총장 2013년 한국원자력의학원 이사장(현) [상]녹조근정훈장 [종]기독교

송용관(宋容寬) SONG Yong Kwan

[생]1963·8·4 [출]제주 [주]제주특별자치도 제주시 태성로3길4 제주신보(064-740-6111) [학]1989년 명지대 수학과졸, 제주대 경영대학원 경제학과졸 [경]1990년 제주일보 기자 1995년 同제2사회부 차장대우 1996년 同제2사회부 차장 1997~1998년 同특집부 차장 1999년 同사회부 차장 1999년 同사회부 부장대우 2001년 同사회1부장 2003년 同사회2부장 2004년 同남부지사장 2005년 同남부취재본부장 겸임 2007년 同남부취재본부장(부국장) 겸임 2009년 同편집국장 2011년 同영업본부장 겸 논설위원(이사대우) 2012년 同영업본부장(이사) 2013년 同편집인(상무이사) 2015년 제주신보 편집인(상무이사)(현) 2016년 한국신문협회 기조협의회 이사(현)

송용덕(宋容悳) SONG YONGDOK

[생]1955·1·14 [본]은진(恩津) [출]서울 [주]서울 중구 을지로30 호텔롯데 사장실(02-771-1000) [학]1972년 서울양정고졸 1977년 한국외국어대 영어과졸 1984년 경희대 경영대학원 관광호텔경영학과졸 1991년 미국 New School for Social Research 대학원 관광학과졸 1999년 경영학박사(경기대) 2005년 서강대 경영대학원 최고경영자과정 수료 [경]1979년 호텔롯데 인사팀 입사 1989년 同뉴욕사무소장 1992년 同판촉부장 1997년 수원과학대 항공관광과 교수 2000년 호텔롯데 마케팅부문장(이사) 2006년 롯데호텔월드(잠실) 총지배인(이사) 2007년 롯데호텔제주 총지배인(상무이사) 2008년 롯데루스 호텔본부장(상무이사) 2011년 同대표이사 전무 2012년 호텔롯데 대표이사 전무 2012~2015년 (주)부산롯데호텔 대표이사 2013~2014년 (주)호텔롯데 대표이사 부사장 2013년 롯데스카이힐C.C.(주) 대표이사(현) 2015년 (주)호텔롯데 대표이사 사장(현) [상]자랑스러운 외대인상(2013), 대통령표창(2015), 부산시 산업평화상(2015), 유엔평화기념관 감사패(2015)

송용상(宋容相) Yong-Sang Song

[생]1958·8·28 [출]서울 [주]서울 종로구 대학로101 서울대학교병원 산부인과(02-2072-2822) [학]1983년 서울대 의대졸 1987년 同대학원 산부인과학졸 1994년 산부인과학박사(서울대) [경]1983년 서울대병원 수련의 1984년 同전공의 1987년 논산백제병원 과장(공중보건의) 1990년 서울대 산부인과학교실 전임의 1992년 同암연구소 특별연구원 1993년 同산부인과 임상교수요원 1994~1996년 대한부인종양콜포스코피학회 사무총장 1995년 서울대 의과대학 산부인과학교실 조교수·부교수·교수(현) 1999년 미국 와이오밍대 Research Fellow 2001년 한국부인암재단 이사(현) 2006년 서울대 연구부처장 2009~2015년 同암연구소장 2013년 대한암예방학회 회장 2014~2016년 대한부인비뇨기학회 회장 [상]임상의학연구소 Acadmey Award(2010), 대통령표창(2014)

송용식(宋庸植) SONG Yong Shik (峯雪)

[본]신평(新平) [출]전남 영광 [주]서울 강남구 강남대로128길28 KG플러스빌딩601호 한국지역정책연구원(02-512-7800) [학]1951년 전남 목포고졸 1955년 서울대 법대졸 [경]1958년 합동통신 기자 1969년 同사회부 차장 1973년 同사회부장 1975년 同편집부국장 1977년 同편집국장 서리 1979년 同편집국장 1980~1984년 신문회관 감사 1980~1983년 한국신문방송편집인협회 운영위원장 1981년 연합통신 편집국장 1981년 민주평통 상임위원 1983년 한국신문방송편집인협회 부회장 1983년 연합통신 상무이사 1985년 민주정의당(민정당) 국책조정위원회 상근위원 1985년 제12대 국회의원(전국구, 민정당) 1989년 민정당 국책평가위원회 부위원장 1990년 한국지역정책연구원 이사장(현) 1990년 민자당 정책평가위원회 부위원장 1990~1993년 한국프레스센터 이사장 1991~1997년 언론중재위원회 위원 2013~2015년 대한민국헌정회 이사 [상]한국신문협회 특별공로상 [저]'정책연구'

송용태(宋龍台) SONG Yong Tae (霓川)

[생]1952·9·20 [본]은진(恩津) [출]경북 봉림 [주]서울 강남구 봉은사로406 중요무형문화재전수회관704호 강령탈춤보존회(02-556-2335) [학]1972년 안양예술학교졸 2008년 단국대 대중문화예술대학원졸 [경]탤런트(현) 1970년 중요무형문화재 제34호 강령탈춤 입문 1977~1985년 서울시립뮤지컬단 단원 1980년 중요무형문화재 제34호 강령탈춤 이수자 선정 1982년 同전수조

교 선정 1989~2000년 (재)서울예술단 연기감독 2002년 중요무형문화재 제34호 강령탈춤(취발이) 예능보유자 지정(현) 2005~2011년 청강문화산업대 뮤지컬학과 겸임교수 2008년 한국뮤지컬협회 감사 2011년 청강문화산업대 뮤지컬스쿨 교수 [상]제3회 한국뮤지컬대상 남우조연상(1997), 한국뮤지컬대상 남우주연상(1999·2006) [작]TV드라마 'KBS1 대하드라마 태조 왕건'(2001) 'KBS1 무인시대'(2003) 'KBS1 대조영'(2006) 'KBS1 서울1945'(2006) 'KBS2 최강칠우'(2008) '거상 김만덕' '장희빈' '부자의 탄생' '왓츠업' '도망자' '천추태후' 출연영화 '평양 폭격대'(1971) '마유미'(1990) '개벽'(1991) '쉬리'(1998) '단적비연수'(2000) '베사메무쵸'(2001) '오버 더 레인보우'(2002) '튜브'(2002) '실미도'(2003) '동해물과 백두산이'(2003) '분신사바'(2004) '공공의 적 2'(2005) '영화는 영화다'(2008) 출연뮤지컬 '로미오 앤 줄리엣' '돈주앙' '햄릿 시즌 1·2' '프로듀서스' '태풍' '크리스마스캐롤' '여름밤의 꿈' '뜬쇠가되어 돌아오다' '꿈꾸는 철마' '성춘향' '시집가는날' '애니깽' '지붕위의 바이올린' '살짜기옵서예' '지저스 크라이스트 슈퍼스타' '넌센스A-men' 출연연극 '지킴이' '오장군의발톱' 출연 만화영화(대사 및 노래 녹음) '라이온 킹' '노틀담의 꼽추' '아나스타샤' '인어공주' '길 떠나기 좋은날' [종]기독교

송용팔(宋容杋) SONG Yong Pal

[생]1944·2·2 [본]은진(恩津) [출]경북 울진 [학]1962년 국립체신고졸 1964년 국민대 법학과 중퇴 2001년 한국방송통신대 행정학과졸, 서울대 정보통신방송정책과정 및 최고경영자과정 수료 2005년 연세대 행정대학원 정치학과졸 [경]1960년 보통고시 합격(15회) 1982~1983년 체신부 통신정책국 총괄담당·포항우체국장(서기관) 1983~1987년 同기획관리실 TQC담당관·경영분석담당관 1987~1993년 한국통신 경영계획국장·경영관리국장·기획조정국장 1993년 同업무개발실장 1994년 同강원사업본부장 1995년 同경영전략실장 1996년 同전산지원단장 1997~1998년 同전략영업본부장(집행간부) 1997~1998년 한국인터넷협회 부회장 1998년 한국통신 정보시스템본부장·전략기획실장·연수원장(전무이사)·개방대책반장·민영화대책반장 1998~2000년 CIO라운드테이블 부회장·정보통신연구진흥원 우수정보통신대학원 평가위원 2001~2002년 국민신용정보(주) 대표이사 사장 2005년 충북대 전자정보대학 겸임교수 2005~2013년 한국엔터테인먼트산업학회 이사 2008년 네츠컨설팅(주) 회장(현), (사)한국방송통신학회 부회장, (사)선진한국정책충북연구원 이사장(현) 2013년 민주평통 자문위원(현), (주)크레스 회장, KT리더스포럼 부회장(현), KT스마트티처 강의(현) [상]보국훈장 광복장(1980), 대통령표창(1984), 체신부장관표창 6회, 교육부장관표창, 서울대 우수논문상(1996), 한국능률협회 인재개발대상 특별상(1999), 제6회 시장경제컬럼 공모대회 우수상(2007) [저]'엔터테인먼트산업학 개론'(2010, 내하출판사) [작]기고문 '전기통신사업 제5차5개년계획 개요'(1981, 체신지) '전화대량공급시대의 개막'(1981, 체신지) '통신정책의 기본방향'(1982, 체신지) '체신TQC의 추진방향'(1983, 체신지) '체신사업의 전산화'(1985, 전자진흥지) '체신경영평가의 새로운 이해'(1985, 체신지) 'Post project, 그 의미와 초점'(1986, 체신지) '민영화, 어떻게 대응할 것인가'(1988, 전기통신) '통신사업의 영역변화와 대응'(1989, 전기통신) '경쟁도입의 의미와 우리의 자세'(1990, 전기통신) '21세기를 지향하는 기업경영전략'(1990, 경영과 기술) '통신사업구조조정에 관한 통신공사의 입장'(1990, 정책연구) '국제통신사업 경쟁에 임하는 출사표'(1992, 전기통신) '다시 보는 정보강국론'(2005, 정보화사회) '우리들의 NGO 이야기'(2005, 향기로운 삶) '이공계의 글쓰기'(2008, 향기로운 삶) '햇볕정책은 위장과 거짓말로 종말을 자초했다'(2009, 동아일보) '한 지붕 두 가족 방통융합체제 어떻게 할것인가?'(2009, 전자신문) '바보야, 창조경제는 통섭이다'(2013, 동아일보)

송용호(宋容浩) Song Yong Ho

[생]1952·7·15 [본]은진(恩津) [출]대전 [주]대전 유성구 대학로99 충남대학교(042-821-5617) [학]1970년 대전고졸 1978년 서울대 건축공학과졸 1981년 同대학원 건축공학과졸 1989년 공학박사(서울대) 2007년 충남대 경영대학원 최고경영자과정 수료 [경]1978~1979년 현대건설 해외기술부 근무 1979~1981년 서울대 공과대학 조교 1981~1994년 충남대 공과대학 건축공학과 전임강사·조교수·부교수 1990~1992년 독일 바이에른주 뮌헨공대(T.U.M) Post-Doc. 1994~2012년 충남대 공과대학 건축학과 교수 2001~2002년 전국대학교수회 고등교육위원장 2001년 한국대학교육발전포럼 사무총장 2001~2002년 충남대 개교50주년기념사업추진단장 2002년 대전엑스포과학공원 비상임이사 2003년 (사)도시삶연구원 대표 2004년 대전시 문화재위원 2008~2012년 충남대 총장 2008년 대통령직속 지역발전위원회 위원 2009년 한국대학교육협의회 국공립대학발전특별위원회 위원 2010~2012년 (사)대청호보전운동본부 이사장 2010년 대전·충남지역총장협의회 공동의장 2010년 한국대학교육협의회 부회장 2010~2011년 거점국립대총장협의회 회장 2011년 국가교육과학기술자문회의 교육분야 위원장 2011년 대전·충남지역총장협의회 공동회장 2012년 충남대 명예교수(현) 2013년 교육부 대학구조개혁위원회 위원장 2014년 새정치연합 대전시당 창당준비위원장 [상]도시건축연구원 공로패(2000), 대한건축학회 공로패(2002), 충남대 20년근속표창(2002), 청조근정훈장(2012) [종]천주교

송용호(宋庸鎬) SONG, YONG-HO

[생]1967·4·7 [주]서울 성동구 왕십리로222 한양대학교 공과대학 융합전자공학부(02-2220-1987) [학]1989년 서울대 공학과졸 1991년 同대학원 공학과졸 2002년 공학박사(미국 서던캘리포니아대) [경]1991~1996년 삼성전자(주) 정보통신총괄 전임연구원 2003년 한양대 공과대학 융합전자공학부 조교수·부교수·교수(현) 2007~2008년 대한전자공학회 SoC학술대회 조직위원 2010년 同ISOCC학술대회 조직위원 2014~2016년 정부 미래성장동력추진단 지능형반도체분야 단장 [상]IEEE ICPP 우수논문발표상(2002), 정보처리학회 우수논문발표상(2007), 정보과학회 우수논문발표상(2009), 지식경제부장관표창(2012), 대한전자공학회 공로상(2012)

송용훈(宋容薰) SONG Yong Hoon

[생]1957·9·16 [출]서울 [주]강원 강릉시 강릉대로79 강릉관광개발공사 사장실(033-642-0436) [학]영등포고졸, 서강대 사학과졸, 서울대 대학원 경영학과 단기 MBA 수료 [경]1982년 대한항공 입사, 同사장 비서실장, 同일본지역본부 부장, 同한국지역본부장(상무B), 同고문 2014년 (주)캠프파라다이스 대표이사 2014년 강릉관광개발공사 사장(현) [종]기독교

송우근 Song Woo Keun

[생]1958·8·1 [주]광주 북구 첨단과기로123 광주과학기술원 생명과학과(062-970-2487) [학]1982년 서울대 분자생물학과졸 1984년 同대학원 분자생물학과졸 1992년 미생물학박사(미국 일리노이대 어배나교) [경]1992~1993년 미국 일리노이대 박사 후 연구원 1993~1994년 서울대 세포분화센터 박사 후 연구원 1994년 광주과학기술원 생명과학과 교수(현) 2006년 同기획처장 2010년 국가과학기술위원회 R&D예산검토·조정전문위원회 위원, 광주과학기술원 바이오광학영상센터장(현) 2015년 同부총장 겸임(현) [상]국무총리표창(2009)

송우달(宋宇達) SONG Woo Dal

[생]1959·11·2 [출]경북 영주 [주]서울 마포구 효창목길 6 한겨레신문 임원실(02-710-0114) [학]1985년 중앙대 정경대학 경제학과졸 1987년 同신문방송대학원 신문과졸 [경]1980년 중앙대 중대신문사 학생편집장 1988년 한겨레 창간·편집부 기자 1994~1996년 同제7대·제8대 노동조합 위원장 1995~1996년 전국언론노조연맹 부위원장 2000년 한겨레신문 민권사회2부 부장대우 2001년 同광고영업2부장 2003년 同광고국 부국장 2004년 同광고국장 직대 2005년 同광고국장 2006년 同광고국장(이사대우) 2008년 同광고담당 상무 2009년 同총괄상무이사 2011년 同콘텐츠비지니스협력위원장(상무) 2012년 同전략사업본부장(상무) 2012~2016년 중앙대언론동문회 회장 2014년 한겨레신문 경영총괄 전무 2016년 同경영총괄 겸 광고·사업 전무이사(현) [상]중앙언론동문상(2010) [종]기독교

송우진(宋禹鎭) Woo-Jin Song

[생]1956·10·28 [주]경북 포항시 남구 청암로77 포항공대 전자전기공학과(054-279-2229) [학]1979년 서울대 전자공학과졸 1981년 同대학원졸 1986년 전자공학박사(미국 랜실레어폴리테크닉대) [경]1981년 한국전자통신연구소 위촉연구원 1989~2001년 포항공대 전자전기공학과 조교수·부교수 2001년 同교수(현) 2015년 同기획처장 겸 대외협력처장(현)

송우철(宋雨哲) SONG Woo Chul

[생]1962·8·27 [출]부산 [주]서울 강남구 테헤란로133 법무법인 태평양(02-3404-0182) [학]1981년 부산중앙고졸 1985년 서울대 법과대학졸 [경]1984년 사법시험 합격(26회) 1987년 사법연수원 수료(16기) 1990년 서울지법 동부지원 판사 1992년 서울형사지법 판사 1994년 제주지법 판사 1997년 서울지법 의정부지원 판사 1998년 수원지법 성남지원 판사 겸 법원도서관 조사심의관 1999년 법원도서관 조사심의관 2000년 서울고법 판사 2002년 서울지법 의정부지원 부장판사 2004년 의정부지법 부장판사 2005년 서울동부지법 부장판사 2006년 법원행정처 윤리감사관 2007년 서울중앙지법 부장판사 2009년 대

ㅅ

전고법 원외재판부(청주) 부장판사 2010년 대법원 선임재판연구관 2011년 同수석재판연구관 2013년 서울고법 부장판사 2013년 서울행정법원 수석부장판사 겸임 2013년 법무법인 태평양 변호사(현) [저]'주석민사소송법 Ⅳ(共)'(2012, 사법행정학회)

송욱환 David Wook-Hwan Song

[생]1970 [주]서울 강남구 테헤란로152 강남파이낸스센터 30F 나이키코리아 [학]1994년 캐나다 웨스턴온타리오대 경영학과졸 2001년 미국 하버드대 대학원 경영학과졸(MBA) [경]1994년 (유)나이키코리아 입사 2001~2003년 맥킨지앤컴퍼니 어소시에이트 근무 2003~2008년 (유)나이키코리아 신발 총괄 및 국내영업총괄 2008년 나이키 아시아태평양지역본부 신발 및 러닝부문 영업총괄 2009년 同이머징마켓지역본부 신발부문 브랜드판매 총괄 2010년 나이키 범중화권 지역본부 브랜드머천다이징총괄 및 전략기획 총괄 2012년 同북중국지역 총괄대표 2015년 (유)나이키코리아 대표(현)

송웅순(宋雄淳) SONG Woong Soon

[생]1953·2·4 [본]은진(恩津) [출]충남 공주 [주]서울 중구 퇴계로100 스테이트타워남산8층 법무법인 세종(02-316-4001) [학]1971년 서울고졸 1975년 서울대 법학과졸 1977년 同대학원 법학과 수료 1990년 미국 컬럼비아대 대학원 법학과졸(석사) [경]1978~1982년 삼성그룹 근무 1982년 사법시험 합격(24회) 1984년 사법연수원 수료(14기) 1984~1994년 법무법인 세종 변호사 1990년 미국 White & Case 법률사무소 객원변호사 1991년 미국 뉴욕주 변호사시험 합격 1991년 영국 Linklaters and Paines 법률사무소 객원변호사 1994~1997년 삼성그룹 법무실장 1998년 미국 스탠퍼드대 법과대학원 및 아시아태평양연구소 객원연구원 1999년 (주)삼성생명보험 전무이사 1999년 법무법인 세종 변호사, 同대표변호사(현) 2004·2009년 채권금융기관조정위원회 위원 2005~2008년 증권선물위원회 비상임위원 2008년 전국경제인연합회 경제정책위원회 자문위원 2009~2012년 한국증권법학회 회장 2009~2012년 한국법경제학회 회장 2009년 국가경쟁력강화위원회 금융규제개혁 자문위원 2009년 한국금융투자자보호재단 감사 2009~2012년 명동정동극장 이사 2011년 대한변호사협회 외국법자문사제도운영위원회 부위원장 2011년 同이사 2015년 법무부 국제법무자문위원회 자문위원, KDB나눔재단 이사(현), 한국금융투자자보호재단 감사(현), (주)ING생명보험 사외이사(현), 금융투자협회 자율규제자문위원(현), 국제투자분쟁해결기구(ICSID) 조정위원(현) [저]'자본시장법 시행에 따른 상장회사의 대응방안'(2009, 한국상장회사협의회) '자본시장법의 시행과 자율규제 문제'(2009, BULLS REVIEW) '자본시장법 주석서 1·2(共)'(2009, 박영사) '주식회사법의 법경제학'(2011, 해남) [종]천주교

송웅엽(宋雄燁) Song Woong-yeob

[생]1958·4·20 [주]서울 종로구 사직로8길60 외교부 인사운영팀(02-2100-7146) [학]1984년 한국외국어대 아랍어과졸 [경]1984년 외무고시 합격(18회) 1984년 외무부 입부 1990년 駐카이로 영사 1992년 駐사우디아라비아 2등서기관 1997년 駐오스트리아 1등서기관 1999년 駐시카고 영사 2002년 외교통상부 중동과장 2002년 駐아일랜드 참사관 2004년 駐이란 공사참사관 2007년 외교통상부 아중동국 심의관 2008년 駐아프가니스탄 대사 2010년 국방대 파견 2011년 외교통상부 아프리카중동국장 2012년 駐이란 대사 2015년 국회의장 외교특임대사 2016년 駐이라크 대사(현) [상]녹조근정훈장(1996), 국무총리표창(1997)

송위섭(宋瑋燮) SONG Wi Sup

[생]1943·3·30 [본]여산(礪山) [출]서울 [주]경기 수원시 영통구 월드컵로206 아주대학교(031-219-2731) [학]1967년 서울대 경제학과졸 1971년 同대학원 경제학과졸 1981년 경제학박사(미국 하와이대) [경]1967~1984년 한국은행 행원·대리·과장·차장 1984~2008년 아주대 경제학과 교수 1986년 同경제학과장 1987~1991년 同사회과학대학장 1992~2003년 경기지방노동위원회 공익위원 1993년 한국인구학회 부회장 1995년 통계청 통계위원 1996년 한국노동경제학회 부회장 1996년 한국은행 수원지점 자문교수 1997년 한국경영자총협회 자문교수(현) 1997~2006년 노동부 최저임금위원회 공익위원 1998~2002년 한국북방학회 부회장 1998년 한국노사관계학회 부회장 2001년 同회장 2002년 한국경제학회 부회장 2002~2005년 국무총리실 정부정책평가위원회 경제제1소위원회 간사 겸 정책평가위원 2003~2007년 노사정위원회 공익위원 2005~2006년 대통령자문 정책기획위원회 위원 2005~2007년 대통령자문 사람입국일자리위원회 위원장 2008년 아주대 명예교수(현) 2008년 호서대 초빙교수 2009년 노동부 옴부즈만위원회 위원장 2009년 한국산업인력공단 내부평가위원회 위원장 2010년 고용노동부 옴부즈만위원회 위원장 2011년 중앙노동위원회 조정담당 공익위원 2014년 노사정위원회 공공발전위원회 위원장(현) 2015년 同노동시장구조개선특별위원회 위원장(현) [상]녹조근정훈장(2005) [저]'한국경제론(共)'(1986) '명강의선집'(1993) '최근의 인구동향에 관한 종합분석'(1993) '직무보수교육과정교재-바람직한 노사관계 및 경제'(1993) [종]기독교

송위진(宋偉賑) SONG Wi Chin

[생]1961·8·20 [본]은진(恩津) [출]서울 [주]세종특별자치시 시청대로370 과학기술정책연구원 사회기술혁신연구단(044-287-2109) [학]1979년 우신고졸 1984년 서울대 해양학과졸 1987년 同대학원졸 1999년 행정학박사(고려대) [경]대통령직인수위원회 경제제2분과 자문위원, 과학기술정책연구원 산업혁신연구부 선임연구원, 同부연구위원 2004년 同기술사회팀장 2005년 同혁신정책연구센터 연구위원 2007년 同혁신정책연구센터 소장 2008년 同과학기술시스템연구단장 2010년 同기술사회팀장 2011년 同과학기술사회팀장 2011년 同선임연구위원(현) 2013년 同혁신정책본부장 2014년 同사회기술혁신연구단장(현) [상]송곡과학기술상(2008) [저]'혁신체제 전환의 유형과 과정'(2005) '기술혁신과 과학기술정책'(2006)

송유면(宋遺勉)

[생]1960·3·25 [주]경기 파주시 시청로50 파주시청 부시장(031-940-4011) [학]2002년 경희대 기업경영학과졸 2004년 同대학원 경영학과졸 [경]2001년 경기도 투자정책담당 2006년 경기도의회 사무처 문화공보전문위원(지방서기관) 2007년 통일교육원 파견 2008년 경기도 인재개발원 인재개발1과장 2009년 同경제투자실 테마파크추진단장 2010년 同경제투자실 교류통상과장 2012년 同문화체육관광국 문화예술과장 2013년 同축산산림국장 2014년 지방행정연구원 교육파견(지방부이사관) 2015년 경기도 농정해양국장 2016년 경기 파주시 부시장(현) [상]내무부장관표창(1991), 공보처장관표창(1992), 대통령표창(1997)

송유성(宋裕成)

[생]1960 [출]경남 [주]부산 남구 문현금융로40 한국자산관리공사 국유재산본부(1588-3570) [학]1979년 경상고졸 1987년 경상대 영어영문학과졸 [경]1988~2006년 재정경제부 경제정책국·국제금융국 등 근무 2006년 한국자산관리공사 입사 2008년 同자금회계부장 2009년 同국유정책실장 2011년 同대전·충남지사장 2013년 同조세정리부장 2013년 同인사부장 2016년 同국유재산본부장(상임이사)(현)

송유종(宋裕鍾) SONG Yu Jong

[생]1960·8·28 [출]전남 고흥 [주]경기 군포시 흥안대로27번길22 한국기계전기전자시험연구원(031-455-7202) [학]1979년 고흥 영주고졸 1984년 전남대 행정학과졸 1987년 서울대 행정대학원졸 [경]1984년 행정고시 합격(28회) 1985~1995년 행정사무관 1995년 정보통신부 정보통신정책실 정책총괄과 서기관 1996년 광주시 파견 1997년 미국 지오텍사 파견 1998년 한국정보보호센터 파견 1999년 정보통신부 정보통신지원국 부가통신과장 1999년 同체신금융국 보험과장 1999년 同정보통신지원국 통신업무과장 2002년 同정보통신정책국 기술정책과장 2003년 同정보통신정책국 정책총괄과장 2004년 同정보통신정책국 정책총괄과장(부이사관) 2005년 同기획관리실 혁신기획관 2005년 同정책홍보관리실 혁신기획관 2005년 同정책홍보관리본부 재정기획관 2007년 同전파방송기획단장 2008년 지식경제부 연구개발특구기획단장 2009년 외교안보연구원 교육파견(고위공무원) 2010년 중소기업청 기획조정관 2011년 지식경제부 에너지절약추진단장 2013년 산업통상자원부 에너지자원실 에너지자원정책관 2014~2016년 同감사관 2016년 한국기계전기전자시험연구원(KTC) 원장(현)

송유황(宋裕煌)

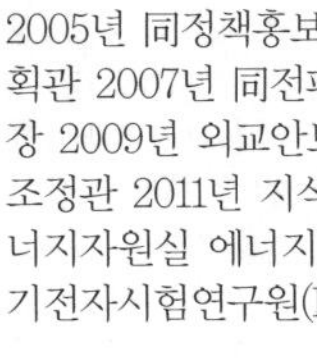

[생]1962·1·18 [출]경남 김해 [주]서울 서초구 헌릉로13 대한무역투자진흥공사 기획조정실(02-3460-7060) [학]1980년 마산고졸 1988년 한양대 행정학과졸 2005년 핀란드 헬싱키경제대 대학원 MBA [경]1999년 대한무역투자진흥공사(KOTRA) 트리폴리한국무역관장 2002년 同해외조사팀 근무 2002년 同기획조정실 근무 2003년 同기획조정실 예산부장 2004년 同기획조정실 혁신전략부

장 2005년 同북미지역본부 부본부장 2006년 同워싱턴무역관 근무 2007년 同워싱턴무역관장 2009년 同투자유치처 금융서비스산업유치팀장 2010년 同투자유치처 서비스산업유치팀장 2011년 同기획조정실 기획팀장 2013년 同기획조정실 기획팀 근무 2013년 同자카르타무역관장 2016년 同통상지원실장 2016년 同기획조정실장(현) [상]장관표창(2회)

송윤구(宋允九) SONG Yun Goo

[생]1961·1·28 [주]충남 아산시 탕정면 만전당길30 코닝정밀소재(주) 임원실(041-520-1114) [학]경기고졸 1983년 연세대 화학공학과졸 [경]1983년 삼성코닝(주) 입사, 삼성코닝정밀유리(주) 천안공장 제조그룹장 2002년 同천안공장 생산2팀장(상무보) 2005년 同용해성형3팀장(상무이사) 2008년 同용해성형4팀장(상무) 2010년 삼성코닝정밀소재 제조센터장(전무) 2012년 삼성코닝어드밴스드글라스 대표이사 2014년 코닝정밀소재(주) 제조센터장(전무) 2015년 同부사장(현) [종]기독교

송윤순(宋潤淳) Song Yoon-Soon

[생]1954·1·30 [출]강원 [주]경기 광명시 하안로60 광명테크노파크 E동501호 대양금속(02-2156-5500) [학]춘천고졸, 한양대 경제학과졸 [경]1978년 현대그룹 공채 1기 2001년 인천제철(주) 중국지역담당 이사대우 2001년 INI스틸(주) 이사대우 2002년 同해외영업본부장(이사) 2003년 同해외영업본부장(상무) 2004년 同해외영업본부장(전무) 겸 STS영업본부장 2006년 현대제철(주) 영업부문 판재영업본부장 겸 원료구매본부장(전무) 2007~2011년 同영업본부장(부사장) 2009년 한국철강협회 스테인리스스틸(STS)클럽 비상임부회장 2014년 대양금속 대표이사(현)

송윤호(宋潤昊) SONG Yun Ho

[생]1961·3·2 [본]은진(恩津) [출]서울 [주]서울 구로구 디지털로33길28 우림e-Biz센터5층 (주)한국사이버결제 비서실(02-2108-1000) [학]1989년 한양대 전자공학과졸 2005년 한국과학기술원 최고경영자과정 수료 [경]LG소프트웨어(주) 근무, 델타정보통신(주) 근무 2000년 한국사이버페이먼트(주) 입사 2004년 同마케팅부문총괄 전무이사 2004년 同대표이사 사장 2005년 (주)시스네트 대표이사 사장 2006년 (주)한국사이버결제 대표이사(현) [종]가톨릭

송윤호(宋允鎬) SONG Yoon Ho

[생]1962·12·20 [주]대전 유성구 과학로124 한국지질자원연구원 전략기술연구본부(042-868-3175) [학]1985년 서울대 공대 자원공학과졸 1992년 자원공학박사(서울대) [경]1992년 한국지질자원연구원 지하수지열연구부 지열자원연구실장 1996~1997년 미국 Ernest Orlando Lawrence Berkeley National Lab. Visiting Scholar, 에너지관리공단 지하열자원기술연구위원장 2008~2014년 한국지질자원연구원 국토지질연구본부 지열연구실 책임연구원 2011~2013년 국제에너지기구(IEA)산하 지열연구실행분과(GIA) 집행위원회의 부의장 2014년 한국지질자원연구원 지구환경연구본부장 2016년 同전략기술연구본부장(현)

송은규(宋銀圭) SONG Eun Kyu

[생]1954·1·14 [출]광주 [주]광주 동구 백서로160 전남대학교 의과대학 정형외과학교실(061-379-7675) [학]1978년 전남대 의대졸 1981년 同대학원졸 1989년 의학박사(전남대) [경]1986년 광주남광병원 정형외과 과장 1986년 전남대 의과대학 정형외과학교실 교수(현) 1987년 캐나다 Orthopedic & Arthritis Hospital 연수 1989년 미국 Hospital for Joint Diseases Orthopedic Institute Sports Fellowship 1997~1999년 전남대병원 교육연구실 부실장 2002~2003년 同홍보실장 2003~2009년 화순전남대병원 관절센터 소장 2004~2009년 同퇴행성질환 및 류마티스질환센터추진단장 2007~2010년 아시아컴퓨터정형외과수술학회(CAOS-ASIA) 회장 2009~2011년 화순전남대병원 원장 2010~2011년 대한관절경학회 회장 2011년 한국컴퓨터정형외과학회 회장 2011~2014년 전남대병원 원장 2012년 광주전남병원회 회장 2012년 대한슬관절학회 회장 [상]대한정형외과학회 학술상(1997), 대한관절경학회 우수논문상(2002), 대한골절학회 학술우수상(2003), 대한슬관절학회 학술우수상(2004), 아시아컴퓨터정형외과수술학회 최우수논문발표상(2009), 세계컴퓨터정형외과수술학회 최우수포스터상(2010), 대한정형외과학회 학술본상 임상부문(2013) [저]'흔히 보는 정형외과 질환'(2002) '증례로 보는 골절치료'(2003)

송의달(宋義達) SONG EUI DAL

[생]1963·12·6 [본]여산(礪山) [출]경북 영주 [주]서울 중구 세종대로135 조선경제i 대표이사실(02-724-6090) [학]1982년 안동고졸 1986년 서울대 외교학과졸 1988년 同대학원 외교학과졸 [경]1989~1990년 중앙일보 근무 1990년 조선일보 입사 1998~1999년 미국 전략국제문제연구소(CSIS) 연수 2004~2008년 조선일보 홍콩특파원 2009~2010년 同산업부 차장 2011년 同애드마케팅팀장 2012년 同위클리비즈(Weekly Biz) 에디터 겸 산업부장 대우 2013년 同디지털뉴스부장 2014년 同산업1부장 2016년 (주)조선경제i 대표이사(현) [저]'세계를 움직이는 미국 의회'(2000, 한울아카데미) '한국의 외국인 CEO'(2004, 조선일보 출판부) '외국인 직접투자-글로벌 뉴 트렌드'(2004, 살림출판사) '미국을 로비하라'(2007, 삼성경제연구소)

송익호(宋翊鎬) SONG Iickho

[생]1960·2·20 [본]은진(恩津) [출]서울 [주]대전 유성구 대학로291 한국과학기술원 전기및전자공학과(042-350-3445) [학]1978년 고려대사대부고졸 1982년 서울대 전자공학과졸 1984년 同대학원 전자공학과졸 1985년 미국 펜실베이니아대 대학원졸 1987년 공학박사(미국 펜실베이니아대) [경]1980년 미국 전기전자공학회 학생회원 1982년 대한전자공학회 학생회원 1987년 미국 전기전자공학회 회원 1987~1988년 미국 벨통신연구소 연구원 1988년 한국통신학회 회원(현) 1988년 대한전자공학회 회원(현) 1988~1991년 한국과학기술원 전기 및 전자공학과 조교수 1989년 한국음향학회 회원(현) 1990년 한글학회 특별회원 1991~1998년 한국과학기술원 전기 및 전자공학과 부교수 1995년 한국통신학회 논문지 편집위원(현) 1996년 미국 전기전자공학회 준석학회원 1998년 한국과학기술원 전기 및 전자공학과 교수(현) 1998년 영국 전기공학회 회원 1998년 Journal of Communications and Networks 편집위원 2000년 대한전자공학회 논문지 편집위원 2000년 영국 전기공학회 석학회원(현) 2002년 한국과학기술한림원 준회원 2005년 同정회원(현) 2009년 미국 전기전자공학회 석학회원(현) 2009년 한국통신학회 이사 2009~2010년 同논문지 편집부위원장 2010년 한국전자정보통신기술학회 부회장(현), 일본 전자정보통신공학회 회원 [상]한국통신학회 학술상(1991·1996), 한국음향학회 우수연구상(1993), 한국통신학회 모토로라학술상(1998), 대한전자공학회 해동논문상(1999), 한국과학기술한림원 젊은과학자상(2000), 한국과학재단 우수연구50선(2006·2007), 영국공학기술학회 우수업적상(2006), 한국통신학회 해동정보통신 논문상(2006), 한국연구재단 우수연구50선(2013) [저]'Advanced Theory of Signal Detection'(2002, 슈프링거 출판사) '확률과정'(2004, 생능출판) 'Signals and Systems'(2008, 홍릉과학 출판사) '확률과정의 원리'(2009, 교보출판사) '확률변수와 확률과정'(2014)

송인권(宋寅權) Song Inkwon

[생]1969·7·31 [출]서울 [주]서울 광진구 아차산로404 서울동부지방법원(02-2204-2114) [학]1988년 보문고졸 1992년 고려대 법대졸 1993년 同대학원 법학과졸 [경]1993년 사법시험 합격(35회) 1996년 사법연수원 수료(25기) 1999년 서울지법 판사 2003년 대구지법 판사 2006년 수원지법 성남지원 판사 2007년 서울고법 판사 2008년 대법원 연구법관 2009년 서울중앙지법 판사 2011년 제주지법 형사제2부 부장판사 2012년 同민사합의부 부장판사 2013년 수원지법 부장판사 2015년 서울동부지법 부장판사(현)

송인근(宋寅根) SONG In Keun (雲光)

[생]1960·5·28 [본]은진(恩津) [출]충북 옥천 [주]서울 영등포구 여의공원로101 CCMM빌딩5층 국민문화재단 사무국(02-781-9681) [학]1979년 보은고졸 2000년 한세대 신문방송학과졸 2002년 서강대 언론대학원졸(언론학석사) [경]1985년 육영재단 어깨동무사 근무 1987년 한국소비자보호원 근무 1988~1998년 국민일보 판매관리팀장 1999~2006년 국민지주(주) 경영지원실장 2005~2008년 신문유통원 비상임이사 2006년 국민문화재단 사무국장(현) 2008~2015년 출판잡지협회 감사 2009년 신문유통원 감사 2009~2012년 독도의용수비대기념사업회 감사 2009년 국민P&B(주) 대표이사(현) 2010년 국민CTS(주) 대표이사(현) 2012~2013년 2013충주세계조정선수권대회조직위원회 위원 2015년 미주국민일보 상무이사(현) [상]한국신문협회상(1997), 환경부장관표창(2010) [저]'나는 프로신문 지국장'(1998) '신문을 보면 21세기가 보인다'(2000) 'CEO의 좋은생각 좋은말'(2013) [종]기독교

송인만(宋寅萬) SONG, In Man (경암)

[생]1950 · 8 · 28 [본]은진(恩津) [출]대전 [주]서울 종로구 성균관로25의1 성균관대학교 경영대학 경영학과(02-760-0951) [학]1975년 성균관대 경영학과졸 1982년 미국 위스콘신대 메디슨교 대학원 회계학과졸 1986년 경영학박사(미국 위스콘신대 메디슨교) [경]1983년 미국 공인회계사 1986~2015년 성균관대 경영대학 경영학과 조교수 · 부교수 · 교수 1994년 금융감독위원회 회계기준 심사위원 1997년 성균관대 교학처장 2000년 同경영연구소장 2000년 同양현관장 2001~2003년 同경영학부장 겸 경영전문대학원장 2005~2006년 한국회계학회 회장 2009년 KT 사외이사 2011~2013년 성균관대 인문사회과학캠퍼스 부총장 2012년 삼성중공업 사외이사(현) 2015년 성균관대 경영대학 경영학과 명예교수(현) [상]한국경영학회 학술논문상(1991), 한국회계학회 학술공로상(2015) [저]'회계원리'(1989) '중급 재무회계'(1993) '경영분석'(1997) [역]'자본시장 회계론' [종]기독교

송인배(宋仁培) SONG In Bae

[생]1968 · 12 · 3 [출]서울 [주]경남 창원시 성산구 중앙대로85 리제스타워(055-274-5005) [학]1987년 부산 사직고졸 1996년 부산대 독어독문학과졸 [경]1991년 부산대 총학생회장 1991년 부산 · 울산지역총학생회협의회 의장 1997년 부산참여자치시민연대 조직부장 1998년 노무현 국회의원 비서관 2000년 해양수산부 별정직사무관(5급) 2001년 (사)자치경영연구원 연구원 2002년 새천년민주당 양산지구당 위원장 2003년 열린우리당 양산지구당 발전위원장 2003년 대통령직속 국가균형발전위원회 자문위원 2004년 열린우리당 양산시지역위원회 위원장 2004년 대통령 시민사회수석비서관실 행정관 2007년 대통령 사회조정2비서관, 영산대 로스쿨유치위원회 공동위원장, 아세아식품 전무 2008년 제18대 국회의원선거 출마(양산, 무소속) 2009년 10.28재보선 국회의원선거 출마(양산, 민주당) 2010년 민주당 부대변인, IB Communication 대표(현) 2012년 민주통합당 양산지역위원회 위원장 2012년 제19대 국회의원선거 출마(양산, 민주통합당) 2012년 민주통합당 부대변인 2014년 새정치민주연합 경남도당 운영위원 2016년 더불어민주당 경남양산甲지역위원회 위원장 2016년 제20대 국회의원선거 출마(경남 양산시甲, 더불어민주당) 2016년 더불어민주당 양산시인재영입위원회 위원장(현)

송인섭(宋寅燮) SONG In Sub

[생]1941 · 7 · 12 [본]은진(恩津) [출]대전 [주]대전 유성구 유성대로298번길132 (주)진미식품 비서실(042-543-5500) [학]1959년 대전고졸 1963년 성균관대 약학과졸 1990년 충남대 경영대학원 최고경영자과정 수료 [경]1963년 약사시험 합격(12회) 1965년 진미식품공업사 입사 1981년 서대전청년회의소 초대회장 1982~1983년 同특우회장 1988년 ㈜진미식품 대표이사 사장 1991~1997 · 2003~2006년 대전상공회의소 상임의원 1993년 한국JC특우회 대전지구 특우회장 1994년 뉴대전로타리클럽 회장 1995년 대전충남경영자협회 부회장 1997~2003년 대전상공회의소 감사 및 상임의원 2001~2007년 대한장류공업협동조합 이사장 2004년 대전중소기업CEO아카데미 회장 2004년 대전고총동창회 수석부회장 2004년 중소기업중앙회 중견기업특별위원회 위원장 2004~2007년 중소기업연구원 이사 2005년 대전지법 민사 및 가사조정위원 2006~2012년 대전상공회의소 회장 2006~2012년 대한상공회의소 부회장 겸임 2006년 (주)진미식품 대표이사 회장(현) 2007년 충청권경제협의회 위원장 2008년 대한상사중재원 중재인 2009년 아이낳기좋은세상 대전운동본부 공동위원장 [상]국방부장관표창(1965), 국무총리표창(1982), 내무부장관표창(1986), 대통령표창(1987), 농림수산부장관표창(1992), 통상산업부장관표창(1997), 철탑산업훈장(2000)

송인성(宋仁誠) SONG In Sung

[생]1946 · 8 · 22 [본]여산(礪山) [출]황해 안악 [주]경기 성남시 분당구 구미로173번길82 분당서울대학교병원 소화기내과(031-787-7061) [학]1965년 경기고졸 1971년 서울대 의대졸 1974년 同대학원졸 1979년 의학박사(서울대) [경]1982~1992년 서울대 의대 내과학교실 조교수 · 부교수 1987년 아 · 태소화기병학회 사무총장 1990년 서울대 의대 특수검사부장 1992~2011년 同의대 내과학교실 교수 1992년 한국내과학연구지원재단 이사 1995년 대한소화기병학회 부회장 1998년 대한내과학회 총무이사 2001~2005년 대한소화기학회 이사장 2003~2008년 노무현대통령 주치의 2004년 서울대병원 내과 과장 2007~2010년 대한내과학회 이사장 2010년 분당서울대병원 소화기내과 전문의(현) 2011년 서울대 명예교수(현) [저]'설사' '약물요법' '소화기학' '가정의학' '응급처치' '증상별 임상검사' '위장에 또 하나의 뇌가 있다' '또 하나의 뇌, 위장'(2011, 사이언북스) [종]기독교

송인준(宋寅準) SONG In June

[생]1944 · 9 · 27 [출]대전 [주]서울 영등포구 의사당대로1길34 아시아투데이(02-769-5000) [학]1963년 대전고졸 1967년 서울대 법학과졸 1970년 同사법대학원 수료 [경]1969년 사법시험 합격(10회) 1971년 공군 법무관 1974~1983년 서울지검 · 인천지청 · 법무부 검찰국 · 수원지검 검사 1983년 대구고검 검사 1985년 광주지검 순천지청 부장검사 1986년 대전지검 부장검사 1987년 사법연수원 교수 겸 수원지검 부장검사 1989년 인천지검 형사1부장 1990년 서울지검 동부지청 형사2부장 1991년 同형사1부장 1992년 서울고검 검사 1993년 서울지검 서부지청 차장검사 1993년 同북부지청장 1994년 광주고검 차장검사 1995년 대구고검 차장검사 1997년 대검찰청 강력부장 1998년 대전지검장 1999년 창원지검장 1999년 대구고검장 2000~2006년 헌법재판소 재판관 2007년 법무법인 서린 대표변호사 2007년 아시아투데이 회장(현) 2008년 법무법인 서린 고문변호사 2009~2010년 대법원 사법정책자문위원회 위원 2009년 세종특별자치시 민관합동위원회 민간위원 2010년 법무법인 에이펙스 고문변호사 2015년 학교법인 성신학원 이사장(현) [상]홍조근정훈장(1985 · 2007), 청조근정훈장(2007) [저]시집 '바람 그리고 나무'(1993) '겨울숲 봄빛통로'(2001) '이후'(2005) 컬럼집 '달리기구조사회 이것이 문제다'(2000) [종]기독교

송인진(宋寅眞) SONG In Jin

[생]1955 · 9 · 30 [본]은진(恩津) [출]대전 [주]대전 유성구 과학로62 한국원자력안전기술원 대전방사능방재센터(042-868-0104) [학]1973년 대전고졸 1976년 육군 제3사관학교졸(13기) 1981년 경북대 정치외교학과졸 1983년 고려대 대학원 정치외교학과졸 1999년 정치학박사(충남대) 2001년 한나라당 정치대학원졸 [경]1990년 한국원자력안전기술원 안전정책실 책임연구원 2000~2002년 충남대 정치외교학과 강사 2001년 한나라당 대전대덕지구당 수석부위원장 2002년 대덕발전연구소 소장 2004~2011년 충남대 평화안보대학원 강사 2006년 대전 대덕구청장 후보(국민중심당) 2008~2012년 한국공공행정학회 이사 2010년 한국원자력안전기술원 대전방사능방재센터 책임연구원(현) 2012년 한국핵정책학회 회원(현) [저]'제2공화국의 중립화 통일논쟁 연구'(1986) '한반도 비핵화 정책의 이론과 실천에 관한 연구'(2001) [종]천주교

송인창(宋寅昌) Song In Chang

[생]1962 · 4 · 4 [주]세종특별자치시 갈매로477 기획재정부 국제경제관리관실(044-215-2004) [학]영등포고졸 1986년 서울대 경제학과졸 1988년 同행정대학원 행정학과졸 [경]행정고시 합격(31회) 2001년 재정경제부 경제정책국 경제분석과 사무관 2002년 同세제실 관세협력과 서기관, 해외 파견 2007년 재정경제부 경제협력국 국제경제과장 2007년 同국제금융국 외환제도혁신팀 과장 2008년 기획재정부 국제금융국 국제금융과장 2009년 同혁신인사과장 2010년 유럽부흥개발은행(EBRD) 고용 휴직(국장급) 2014년 기획재정부 국제금융협력국장 2014년 同국제금융정책국장 2016년 同국제경제관리관(현) [상]근정포장(2016)

송인택(宋寅澤) SONG In Taek

[생]1963 · 1 · 14 [출]대전 [주]충북 청주시 서원구 산남로70번길51 청주지방검찰청 검사장실(043-299-4301) [학]1982년 충남고졸 1986년 고려대 법학과졸 [경]1989년 사법시험 합격(31회) 1992년 사법연수원 수료(21기) 1992년 軍법무관 1995년 수원지검 검사 1996년 同평택지청 검사 1998년 부산지검 검사 2000년 법무부 사법시험 이관준비반 검사 2002년 서울지검 검사 2004년 대전지검 부부장검사 2005년 광주지검 순천지청 부장검사 2006년 전주지검 남원지청장 2007년 서울중앙지검 부부장검사(미국 노스캐롤라이나대 방문연구자) 2008년 수원지검 안산지청 부장검사 2009년 법무연수원 기획과장 2010년 대구지검 포항지청장 2011년 인천지검 부천지청 차장검사 2012년 전주지검 차장검사 2013년 대전지검 천안지청장 2014년 인천지검 제1차장검사 2015년 서울고검 송무부장 2015년 청주지검장(현) [상]홍조근정훈장(2013)

송인혁(宋寅赫) Song In Hyeok

[생]1969 · 3 · 1 [출]충북 청주 [주]충북 청주시 서원구 산남로62번길51 청주지방법원(043-249-7114) [학]1988년 청주고졸 1992년 서울대 공법학과졸 [경]1992년 사법시험 합격(34회) 1995년 사법연수원 수료(24기) 1995년 軍법무관 1998년 대전지법 판사 2001년 同천안지원 판사 2002년 同아산시법원 판사 2003년 同판사 2005년 대전고법 판사 2008년 대전지법 판사 2009년 同천안지원 판사 2010년 同천안지원 부장판사 2012년 대전지법 부장판사 2016년 청주지법 부장판사(현)

송인호(宋寅豪) SONG In Ho

[생]1957·12·29 [출]충남 [주]서울 종로구 새문안로55 서울역사박물관(02-724-0103) [학]1976년 중앙고졸 1980년 서울대 건축학과졸 1982년 同대학원 건축학과졸 1990년 건축학박사(서울대) [경]1983~1985년 삼정건축 근무 1986~1988년 모람건축 근무 1988~1996년 한남대 공과대학 건축공학과 부교수 1994~1995년 이탈리아 국립피렌체대 건축대학 초청연구원 1996~1997년 서울시립대 도시과학대학 건축학과 조교수 1998년 同부교수·교수(현) 2007년 同서울학연구소장(현) 2016년 서울역사박물관장(현) [상]대한건축학회 논문상(2006), 한국건축역사학회 송현논문상(2006) [저]'일상의 건축'(2000) '북촌 옛길의 생명력과 독특함'(2002) '집을 지어요'(2002) '한옥에 살어리랏다'(2007, 돌베개) '살기좋은 집을 찾아서'(2008, 웅진싱크빅)

송인호(宋仁鎬)

[생]1958·7·23 [주]경기 의정부시 전좌로76 경기북부병무지청 지청장실(031-870-0201) [학]영남대 행정학과졸, 고려대 행정대학원졸 [경]1978년 공무원 임용(9급 공채) 2012년 병무청 운영지원과 근무 2014년 同기획조정관실 기획재정담당관실 서기관 2015년 부산지방병무청 징병관 2015년 병무청 사회복무국 산업지원과장 2016년 경기북부병무지청장(현)

송인호(宋仁浩) song inho

[생]1964·7·7 [본]은진(恩津) [출]전북 익산 [주]전북 전주시 완산구 선너머1길50 전주문화방송 광고사업국(063-220-8031) [학]1983년 이리고졸 1990년 경희대 신문방송학과졸 2000년 전북대 대학원 정치학과졸 [경]1990년 전주문화방송 입사 1993~2000년 同전북권 뉴스데스크 앵커 2007년 同편집부장 2008년 同뉴스팀장 2012년 同보도제작국장 2013년 同보도국장 2015년 同편성제작국장 2016년 同광고사업국장(현) [상]MBC 특종상(2003), 올해의 좋은 지역방송상(2004), 지속가능협회 지역보도우수상(2011), 한국방송협회 지역다큐멘터리우수상(2013) [종]천주교

송인호(宋仁豪) SONG, IN HO

[생]1966·12·7 [본]은진(恩津) [출]경기 연천 [주]세종특별자치시 남세종로263 한국개발연구원 거시경제연구부 실물자산연구T/F팀(044-550-4136) [학]1986년 관악고졸 1990년 고려대졸 2004년 미국 컬럼비아대 대학원 통계학과졸 2011년 경제학박사(미국 오하이오주립대) [경]1993~1994년 삼성물산 영상사업본부 재무팀 근무 1994~1999년 LG투자증권 기업금융팀·M&A팀 근무 1999~2001년 굿모닝증권 M&A팀장 2007~2011년 미국 오하이오주립대 경제학과 강사 2011년 한국개발연구원 거시금융정책연구부 연구위원 2013년 同거시경제연구부 실물자산연구T/F팀 부연구위원(현) [저]'미국의 거시경제와 주택시장 : 한국경제에 대한 시사점'(2011) '주택금융 및 신용채널의 거시경제 연관성에 대한 분석(共)'(2012) '우리나라의 주택가격과 통화정책 : 주택과소비간 기간내 대체탄력성을 중심으로'(2012) '글로벌금융위기 이후 선진적 주택정책 패러다임 모색'(2012) '선진주택금융시스템 도입 방안(共)'(2012) '신용카드 가맹점수수료 체계 개편(共)'(2012) '주택담보대출 시장에서의 질적 변화 필요성과 적격대출'(2012) '한국 산업 및 금융발전에 따른 무역보험공사의 역할과 과제(共)'(2012) 'The Global Financial Crisis and Housing : A New Policy Paradigm'(2013, Edward Elgar-KDI) [종]기독교

송인환(宋仁煥)

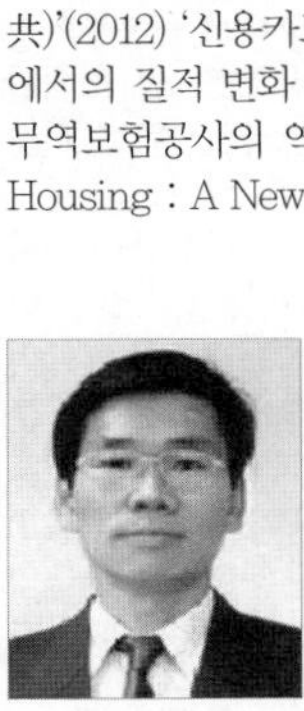

[생]1957·2·24 [주]경기 과천시 관문로47 경인지방식품의약품안전청 식품안전관리과(02-2110-8040) [학]1986년 한국방송통신대 농학과졸 1988년 건국대 행정대학원 행정학과졸 1997년 서울대 보건대학원 보건학과졸 2003년 식품공학박사(세종대) [경]1983~1991년 국립의료원 근무 1991~1992년 보건사회부 의료보험국 보험관리과 1992~1996년 국립보건원 근무 1996~1999년 보건복지부 의정국 보건관리과·보건정책국 의료정책과 근무 1997~2008년 을지대 겸임교수 1999~2006년 식품의약품안전청 고객지원담당관실·총무과·건강기능식품과·식품안전정책팀 근무 2006년 同식중독예방관리과 사무관 2013년 同식품의약품안전처 추진기획단 사무관 2013년 식품의약품안전처 기획재정담당관실 서기관 2013년 同기획조정관실 국회협력관 2013~2014년 서울지방식품의약품안전청 수입관리과장 2014~2015년 同식품안전관리과장 2015~2016년 부산지방식품의약품안전청 운영지원과장 2016년 경인지방식품의약품안전청 식품안전관리과장(현) [상]보건복지부장관표창(1987), 국무총리표창(1998·2002)

송일근(宋一根) Song Il Keun

[생]1961·3·3 [본]은진(恩津) [출]대전 [주]대전 유성구 문지로105 전력연구원 에너지신사업연구소(042-865-5114) [학]1984년 숭실대 전기공학과졸 1986년 同대학원 전기공학과졸 1997년 전기공학박사(숭실대) [경]1985년 한국전력공사 전력연구원 근무 1997~2003년 한국조명·전기설비학회 편집위원 1997~1999년 한밭대 강사 1998~2001년 전력케이블연구회 운영위원 1998~2008년 전기전자재료학회 감사·이사 2004~2008년 대한전기학회 편집위원·총무이사 2004~2005년 전력연구원 배전연구센터 책임연구원·배전설비진단그룹장 2006~2011년 국제배전협의회(CIRED) 간사 2006년 미국 마르퀴스인명사전·ABI·영국 IBC 등재 2007년 미국 ABI 세계우수공학자 100인·영국 IBC 우수공학자100인 선정 2009~2011년 IEC Smart Grid SMB SG3 국가대표 2010년 전력연구원 송배전연구소 수석연구원 2011년 스마트에너지연구소 스마트그리드 PM(Program Manager) 2014~2016년 전력연구원 마이크로그리드연구사업단장 2016년 同에너지신사업연구소장 겸 부원장(현) [상]산업자원부 제17회 전기산업진흥촉진대회 국산화개발공로표창(1999), 제18회 경향전기에너지대상(2002), 국무총리표창(2005), 산업자원부장관표창(2007) [저]'전기설비응용(共)'(1997) '배전기술전문가반(共)'(1999) '최신배전기술정보반(共)'(2001) '배전기술총람(共)'(2004) [종]기독교

송일종(宋一鍾) Song Iljong

[생]1957·2·27 [출]전남 강진 [주]인천 중구 축항대로10 인천해양경비안전서 서장실(032-650-2212) [학]강진농업고졸, 한국방송통신대 행정학과졸, 인하대 대학원 행정학과졸 [경]1981년 해양경찰청 입청 2005년 경정 승진 2011년 서해지방해양경찰청 정보수사과장 2012년 同경비안전과장 2012년 총경 승진 2012년 同정보수사과장 2014년 군산해양경찰서장 2015년 국민안전처 해양경비안전본부 해양장비관리과장 2016년 同인천해양경비안전서장(현)

송일호(宋一浩) Shong, Ilho (청파)

[생]1956·8·20 [본]은진(恩津) [출]서울 [주]서울 중구 필동로1길30 동국대학교 사회과학대학 경제학과(02-2260-3269) [학]1982년 동국대 경제학과졸 1986년 미국 콜로라도대 대학원 경제학과졸(석사) 1993년 경제학박사(미국 텍사스공과대) [경]1995년 동국대 사회과학대학 경제학과 교수(현) 1996년 터키 카라데니스국립대 초빙교수 2004~2007년 동국대 소비자생활협동조합이사장 2008년 한국생산성학회 회장 2011~2015년 동국대 행정대학원장·경찰사법대학원장 겸 사회과학대학장 2013~2014년 한국창업학회 회장 2013년 (사)한국지역정책학회 부회장 2013년 한국창업보육협회 이사(현) 2015년 동국대총동창회 상임부회장(현) 2016년 (사)한국지역정책학회 차기(2017년) 회장(현) [상]국무총리표창(2007), 지식경제부장관표창(2011) [저]'계량경제 실증분석' '생산성 연구의 신조류' [종]불교

송 자(宋 梓) SONG Ja (修民)

[생]1936·12·2 [본]은진(恩津) [출]대전 [주]서울 관악구 조원로24 새한빌딩2층 안전생활실천시민연합(02-843-8616) [학]1955년 대전고졸 1959년 연세대 상학과졸 1962년 미국 워싱턴대 경영대학원졸 1967년 경영학박사(미국 워싱턴대) 1996년 명예 법학박사(고려대) [경]1967~1976년 미국 코네티컷대 경영대학원 조교수·부교수 1976~1996년 연세대 경영학과 교수 1977년 同산업경영연구소장 1979년 同재무처장 1980년 同상경대학장 1982년 한국경영학회 회장 1984년 연세대 기획실장 1987년 한국회계학회 회장 1990년 연세대 교수평의회 의장 1992~1996년 同총장 1993년 한·러시아친선협회 회장 1996년 안전생활실천시민연합 공동대표(현) 1997년 연세대재단 이사 1997~2000년 명지대 총장 1997~2006년 (재)자유기업원 이사장 2000년 새천년민주당 21세기국정자문위원장 2000년 교육부 장관 2000년 학교법인 명지학원 재단이사 2001~2007년 (주)대교 대표이사 회장 2003~2016년 아이들과미래 이사장 2003년 (사)세이프키즈코리아(국제어린이안전기구) 공동대표(현) 2003~2006년 한국사이버대 총장 2007~2009년 (주)대교 고문 2007년 일신방직(주) 사외이사(현) 2008~2015년 학교법인 명지학원 이사장 2010~2014년 국제구호개발기구 월드비전 국제이사회 이사 2010~2013년 (주)대교 사외이사 2014년 자유와창의교육원 석좌교수(현) [상]은탑산업훈장, 국민훈장 무궁화장, 제14회 상남경영학자상(2009), 안전행정부장관표창(2013) [저]'회계원리' '관리회계원리' '관리경제학' '회계감사' '원가회계' '국제회계' '통일사회로 가는 길'(共) '21세기 대학경영' [종]기독교

송재경(宋在京) SONG Jae Kyung

[생]1967 · 10 · 21 [출]서울 [주]경기 성남시 분당구 대왕판교로645번길14 네오위즈판교타워 XL게임즈(031-789-3570) [학]1990년 서울대 컴퓨터공학과졸 1992년 한국과학기술원(KAIST) 전산학과졸(석사) 1993년 同전산학박사과정 중퇴 [경]1993년 한글과컴퓨터 근무 · 애플레이터 한터 개발 1994년 상용머드게임 '쥬라기공원' 제작참여 1994년 넥슨 공동창업 1995년 국내 최초 그래픽머드게임 '바람의 나라' 개발 1996년 아이네트 게임개발실 팀장 · MMPOG '리니지(Lineage)' 개발 1997년 (주)엔씨소프트 입사 1998년 리니지 상용화 · 부사장 2000년 同미국법인 엔씨인터렉티브 근무 · '리니지 파트2' 개발, 同이사 · 부사장 2003년 엑스엘게임즈 설립 · 대표이사 사장(현) 2013년 온라인 MMORPG '아키에이지' 개발 2015년 '문명 온라인' 개발 [상]게임대상 수상(리니지)(1998), 게임대상 우수개발자상(2010), 대통령 게임대상(아키에이지)(2013)

송재광(宋在光) SONG Jae Kwang (은봉)

[생]1961 · 8 · 17 [본]은진(恩津) [출]서울 [주]서울 서대문구 이화여대길52 이화여자대학교 음악대학(02-3277-3455) [학]독일 쾰른(Koln)대졸 1988년 同대학원졸 [경]1995~2004년 이화여대 음악대학 조교수 · 부교수 2004년 同음악대학 관현악전공 교수(현), 바이올린독주회 매해 개최 [종]천주교

송재국(宋在國) SONG Jae Kook

[생]1953 · 7 · 20 [본]은진(恩津) [출]충북 청원 [주]충북 청주시 청원구 대성로298 청주대학교 인문대학 문헌정보학과(043-229-8416) [학]1974년 대전고졸 1983년 한남대 경영학과졸 1987년 충남대 대학원 철학과졸 1992년 철학박사(충남대) [경]1995년 청주대 인문대학 철학과 교수 2010년 同인문대학 문헌정보학과 교수(현) 2014~2015년 同인문대학장 2014~2015년 同한국문화연구소장 [저]'周易集論'(1989, 성정출판사) '천하가 물에 빠지면 道로써 건져야지'(1997, 솔출판사) '송재국 교수의 주역풀이'(2000, 예문서원) '송재국 교수의 역학담론 : 하늘의 빛 정역 땅의 소리 주역'(2010, 예문서원) '神話의 이해(共)'(2010, 청주대 인문과학연구소)

송재근

[생]1962 [주]서울 중구 퇴계로173 생명보험협회(02-2262-6600) [학]서천고졸, 단국대 독어독문학과졸 [경]1988년 7급 공채 합격 · 재무부 근무 2007년 금융감독위원회 혁신행정과 서기관, 금융위원회 인사팀장 2009년 同금융정보분석원 제도운영과장 2012년 同감사담당관 2015~2016년 同감사담당관(부이사관) 2016년 생명보험협회 전무이사(현)

송재기(宋在沂) SONG Jae-Ki

[생]1955 · 3 · 30 [출]전북 완주 [주]서울 강남구 강남대로308 해외자원개발협회 부회장실(02-2112-8700) [학]경희대 경제학과졸, 서울대 대학원 행정학과졸, 법학박사(경희대) [경]2000년 국무총리국무조정실 심사평가2과장 2001년 同산업심의관실 과장 2002년 同경제조정관실 산업정책과장(부이사관) 2003년 同복지심의관실 복지정책과장 2004년 同심사평가2심의관 2005년 同심사평가1심의관(이사관) 2006년 同평가정책심의관 2008년 국무총리실 규제개혁실 규제개혁정책관 2009~2011년 행정안전부 과거사관련권고사항 처리기획단장 2011년 국무총리실 본부 근무 2013년 국무총리국무조정실 근무 2013년 해외자원개발협회 상근부회장(현)

송재길(宋在吉) SONG Jae Kil

[생]1962 · 12 · 14 [출]경북 [주]서울 구로구 디지털로271 벽산디지털밸리3차2층 (주)썸텍 임원실(02-2025-1003) [학]인하대 경영학과졸 [경](주)빙그레 근무, (주)지인텍 이사 2009년 (주)썸텍 상무이사(현) [종]기독교

송재만(宋在萬) SONG Jae Mann

[생]1952 · 10 · 1 [출]서울 [주]강원 원주시 일산로20 원주세브란스 기독병원 비뇨기과(033-741-0212) [학]1971년 대광고졸 1977년 연세대 의대졸 1980년 同대학원졸 1995년 의학박사(연세대) [경]1977~1982년 연세대 세브란스병원 인턴 · 비뇨기과 레지던트 1983년 공군 군의관 1985~1996년 연세대 의대 비뇨기과학교실 전임강사 · 조교수 · 부교수 1988년 미국 Mayo Clinic Urology Research Fellow 1996년 연세대 원주의대 비뇨기과학교실 교수(현) 1995년 同원주의대 평교수협의회 의장 1997년 同원주의대 및 원주기독병원 기획관리실장 2007~2013년 同원주기독병원장 2011~2013년 同원주의료원장 겸임 2012~2013년 강원도병원회 회장 [상]대한비뇨기과학회 학술상 [종]기독교

송재빈(宋在彬) SONG Jae Bin

[생]1957 · 11 · 24 [출]대전 [주]서울 강남구 테헤란로134 포스코P&S타워19층 한국철강협회 부회장실(02-559-3501) [학]1976년 충남고졸 1980년 충남대 정밀기계공학과졸 1992년 미국 뉴욕주립대 대학원 기계공학과졸 2010년 기술경영학박사(성균관대) [경]기술고시 합격(16회) 1997년 중소기업청 충북지방중소기업사무소장 1998년 충북지방중소기업청장 1998년 중소기업청 인력지원과장 2000년 同벤처정책과장 2002년 同기술정책과장 2003년 서울지방중소기업청장 2004년 중앙공무원교육원 파견 2004년 광주 · 전남지방중소기업청장 2006년 중소기업청 기술지원국장 2006년 同기술경영혁신본부장 2007년 산업자원부 기술표준원 제품안전정책부장 2008~2011년 지식경제부 기술표준원 제품안전정책국장(고위공무원) 2011~2015년 한국건설생활환경시험연구원(KCL) 원장 2015년 충북도 명예도민(현) 2015년 한국철강협회 상근부회장(현)

송재성(宋在成) SONG, JAESUNG

[생]1956 · 8 · 31 [본]여산(礪山) [출]충남 [주]경남 창원시 성산구 불모산로10번길12 한국전기연구원 연구부원장실(055-280-1640) [학]1980년 서울대 금속공학과졸 1982년 한국과학기술원(KAIST) 재료공학석사 1991년 재료공학박사(한국과학기술원) [경]1982~1987년 한국전기연구원 연구원 1986년 한국전기전자재료학회 평의원 1987년 한국전기학회 정회원 1987~1996년 한국전기연구원 선임연구원 1990년 한국자기학회 정회원 1996~2014년 한국전기연구원 책임연구원(그룹장 · 센터장) 2014~2016년 同창의원천연구본부장 2004~2010년 창원대 겸임교수 2015년 과학기술연합대학원(UST) 전기기능소재공학전공 책임교수(현) 2016년 한국전기연구원 연구부원장(현) 2016년 과학기술연합대학원(UST) 한국전기연구원캠퍼스 대표교수(현)

송재소(宋載邵) SONG Jae So (止山)

[생]1943 · 4 · 2 [본]야성(冶城) [출]경북 성주 [주]서울 종로구 창경궁로29길25 퇴계학연구원(02-765-2181) [학]1961년 경북고졸 1966년 서울대 영어영문학과졸 1978년 同대학원 국어국문학과졸 1984년 문학박사(서울대) [경]1979년 계명대 한문교육과 전임강사 1980~2008년 성균관대 한문학과 교수 1994년 다산연구소 이사(현) 1997~1999년 한국한문교육학회 부회장 1999~2001년 한국한문학회 회장 2000년 전통문화연구회 부회장 2000년 민족문화추진회 편집위원 2002년 퇴계학연구원 편집위원 겸 부원장 2003년 18세기학회 회장 2004~2007년 남명학회 회장 2005~2008년 한국실학학회 회장 2006~2007년 성균관대 박물관장 2008년 同명예교수(현) 2008년 전통문화연구회 이사장 2009~2012년 한국고전번역학회 회장 2011년 실시학사 이사(현) 2011년 순암기념사업회 회장(현) 2012년 도산서원 선비문화수련원 이사 2013년 퇴계학연구원 원장(현) [상]다산학술상(2002), 대통령표창(2008), 벽사학술상(2015) [저]'다산시선'(1981) '다산시 연구'(1986) '탁영 김일손의 문학과 사상'(1998) '조선후기 한시 작가론 2'(1998) '한시미학과 역사적 진실'(2001) '도은 이숭인의 시문학'(2003) '몸은 곤궁하나 시는 썩지 않네'(2003) '한국한문학의 사상적 지평'(2005) '주먹바람 돈바람' '목민심서'(共) '한국의 차 문화 천년1 · 2'(2009, 돌베개) '한국한시작가열전'(2011) '시와 술과 차가 있는 중국 인문기행'(2015, 창비) [역]'역주 목민심서(共)'(1985)

송재오(宋在五) SONG Jae Oh

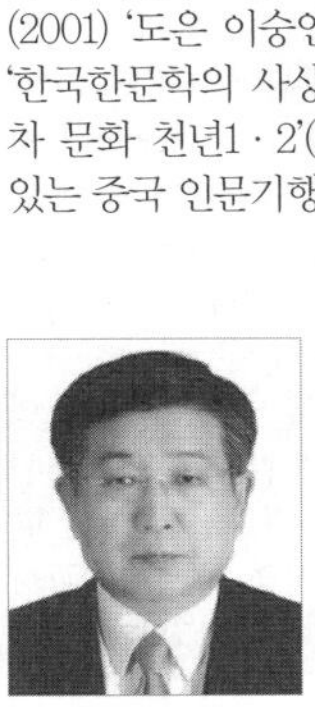

[생]1947 · 12 · 3 [출]경북 김천 [주]서울 송파구 위례성대로14 한미사이언스(주) 감사실(02-410-9114) [학]1970년 한양대 기계공학과졸 [경]1978년 대우건설 입사 1996년 (주)대우 건설부문 이사 1999년 同상무이사 2002년 同플랜트사업본부장(전무) 2006~2008년 (주)한양 사장 2008~2014년 성창E&C(주) 해외담당 사장 2015년 한미사이언스(주) 상근감사(현) [상]금탑산업훈장(2014)

송재우(宋在偶) SONG Jai Woo

[생]1946·7·4 [본]은진(恩津) [출]대전 [주]서울 마포구 와우산로94 홍익대학교(02-320-1114) [학]1964년 청주고졸 1968년 연세대 공대 토목공학과졸 1976년 同대학원 토목공학과졸 1981년 토목공학박사(연세대) [경]1983~2011년 홍익대 공대 토목공학과 교수 1997년 한국수자원학회 부회장 1998년 대한토목학회 부회장 1998~2000년 행정자치부 국립방재연구소장 2000~2002년 홍익대 건축도시대학원장 2000년 한국도시방재학회 부회장 2002~2009년 한국대댐회 부회장 2002~2004년 홍익대 방재연구센터 소장 2003~2005년 한국방재학회 회장 2005~2007년 한국수자원학회 회장, 대한적십자사 자문위원, KBS 객원해설위원 2008~2010년 한국물학술단체연합회 회장 2009~2013년 한국수자원공사 비상임이사 2010~2013년 행정중심복합도시건설추진위원회 위원장(장관급) 2011~2014년 인천대 도시과학대학 석좌교수 2012년 홍익대 명예교수(현) [상]대한토목학회 논문상(1994), 한국수자원학회 학술상(1997), 대한토목학회 학술상(1998), 서울시장표창(1998·2001), 행정자치부장관표창(2000), 한국수자원학회 공로상(2001), 건설교통부장관표창(2002), 한국방재학회 공로상(2005), 대통령표창(2005), 뉴질랜드수문학회 국제교류상(2008), 황조근정훈장(2011) [저]'수리학'(1998) '교량수리학'(2002) 'Mission of Water'(2004) [역]'배가 다니는 도시'(2010) [종]기독교

송재우(宋在祐)

[생]1957·10·17 [출]충남 서천 [주]강원 춘천시 수변공원길54 춘천MBC 비서실(033-259-1213) [학]경복고졸 1984년 연세대 신문방송학과 2002년 미국 위스콘신대 대학원 정치학과졸 [경]1984년 문화방송(MBC) 입사 2002년 同보도국 뉴스편집2부 차장대우 2004년 同사회3부 차장 2005년 同뉴스편집센터 2CP(부장대우) 2005년 同특임1CP(부장대우) 2005년 同뉴스편집센터 2CP 2007년 同뉴스편집센터 2CP 2009년 同보도국 부국장 2011년 DTV코리아 사무총장 2012년 문화방송 보도국 부국장 2013년 同미래방송연구실 프로젝트연구팀장(부국장) 2014년 同시사제작국장 2015년 同논설위원실장 2016년 춘천문화방송 대표이사 사장(현)

송재조(宋在兆) SONG Jae Cho

[생]1958·6·7 [본]은진(恩津) [출]서울 [주]서울 영등포구 버드나루로84 한국경제TV 임원실(02-6676-0011) [학]1977년 서울 중앙고졸 1985년 한양대 신문방송학과졸 [경]한국경제신문 경제부 차장 2000년 同사회부 차장 2000년 同벤처중기부장 2001년 同금융부장 2002년 同증권부장 2004년 한국경제TV 보도본부장(이사) 2004년 同상무이사 2008년 同경영총괄상무 2010년 同경영총괄전무 2012년 同뉴미디어본부장(전무이사) 2013년 同대표이사 사장(현) [상]한양언론인회 '자랑스런 동문상'(2014) [저]'보험이 뭐길래'

송재찬(宋在燦) SONG Jae Chan

[생]1958·6·25 [출]대전 [주]대전 동구 동대전로171 우송대학교 보건의료경영학과(042-630-4612) [학]1977년 대전고졸 1986년 고려대 사회학과졸 2000년 미국 노스캐롤라이나대 대학원 보건학과졸 2007년 고려대 의과대학 보건협동과정 박사과정 수료 [경]1992년 행정고시 합격(36회), 대통령비서실 근무, 보건복지부 공보관실 근무, 同자활지원과장, 同의약품정책과장 2006년 同보건의료정책본부 의약품정책팀장 2007년 同저출산고령사회정책본부 기획총괄팀장 2008년 보건복지가족부 보건산업정책과장 2009년 同보험정책과장 2009년 同보험정책과장(부이사관) 2010년 보건복지부 보건의료정책실 한의약정책과장 2010년 同사회복지정책실 국민연금정책과장 2012~2013년 同장애인정책국장(고위공무원) 2013년 우송대 보건의료경영학과 교수(현) 2013년 同보건의료경영학과장 2014년 同보건복지대학장(현) 2014~2016년 행정중심복합도시건설추진위원회 위원

송재학(宋在鶴) SONG Jae Hack

[생]1958·12·10 [본]은진(恩津) [출]강원 영월 [주]서울 용산구 두텁바위로54의99 국방홍보원 전략기획실(02-2079-3600) [학]영월고졸, 인천대졸, 성균관대 대학원졸 [경]국방부 계획예산관실 예산편성과 사무관, 同운영평가팀 사무관, 同민정협력팀 서기관 2008년 同기획총괄담당관 2009년 교육파견(서기관) 2009년 국방부 기획조정실 민정협력담당관 2010년 통일교육원 교육파견(서기관) 2012년 국방부 전력자원관리실 군수기획관리과장 2013년 同군수관리실 군수기획관리과장(부이사관) 2016년 同기획조정실 창조행정담당관 2016년 국방홍보원 전략기획실장(현) [상]국무총리표창(1993·1994) [종]기독교

송재헌(宋哉憲) SONG Jae Hun

[생]1943·4·17 [출]함남 함흥 [주]서울 강남구 테헤란로 408 대치빌딩13층 법무법인 정률(02-2183-5762) [학]1960년 경기고졸 1964년 서울대 법학과졸 1967년 同사법대학원 수료 [경]1965년 사법시험 합격(4회) 1967년 해군 법무관 1970년 대구지법 판사 1971년 서울민사지법 판사 1973년 서울형사지법 판사 1975년 전주지법 금산지원장 1977년 서울지법 성동지원 판사 1979년 서울가정법원 판사 1980년 서울고법 판사 1981년 대법원 재판연구관 1981년 부산지법 부장판사 1983년 서울지법 남부지원 부장판사 1985년 서울민사지법 부장판사 1987년 대구고법 부장판사 1989년 서울고법 부장판사 1993년 서울지법 서부지원장 1994년 청주지법원장 1995년 인천지법원장 1998년 서울행정법원장 1999~2000년 서울고법원장 1999~2000년 중앙선거관리위원회 위원 2000~2009년 법무법인 일신 대표변호사 2002년 새롬기술 사외이사 2009년 법무법인 정률 고문변호사(현) [상]황조근정훈장(2000) [저]'주석형법(編)'(1997)

송재형(宋在亨) Song Jae Hyeong

[생]1959·10·10 [본]은진(恩津) [출]충북 청주 [주]서울 중구 덕수궁길15 서울특별시의회(02-3783-1761) [학]한양대 대학원 체육학과졸 [경]육군사관학교 전임강사, 서울시 강동구청장 비서실장, 신동우 국회의원 보좌관(4급) 2014년 서울시의회 의원(새누리당)(현) 2014·2016년 同운영위원회 부위원장(현) 2014년 同교육위원회 위원 2015년 한국환경체육청소년연맹 총재(현) 2015년 서울시의회 예산결산특별위원회 부위원장(현) 2016년 同새누리당 원내총무(현) 2016년 同서울메트로사장후보자인사청문특별위원회 위원 2016년 同교육위원회 부위원장(현) 2016년 同지방분권TF 위원(현) [종]기독교

송재호(宋在祜) SONG Jae Ho

[생]1960·12·20 [본]여산(礪山) [출]제주 서귀포 [주]제주특별자치도 제주시 제주대학로102 제주대학교 관광개발학과(064-754-3173) [학]1979년 제주제일고졸 1987년 연세대 정치외교학과졸 1993년 경기대 대학원 관광경영학과졸 1997년 경영학박사(경기대) [경]1993~1994년 한국관광진흥연구원 연구원 1994~1996년 제주도 정책전문위원 1996년 한국관광진흥연구원 책임연구원 1997년 제주발전연구원 연구실장 1998~2000년 제주대 시간강사 2000~2009년 同관광개발학과 전임강사·조교수·부교수 2002~2005년 (사)곶자왈사람들 공동대표·지방노동위원회 공익조정위원·농아복지관 후원회장·북제주군자활운영지원 위원장·제주시 지체장애인협회 정책고문 2005~2008년 대통령직속 정책기획위원회 위원 2006~2009년 한국문화관광연구원 원장 2006~2008년 대통령직속 국가균형발전위원회 위원 2006~2008년 유네스코 한국위원회 위원 2006~2008년 전국경제인연합회 관광특별위원위 위원 2006~2008년 통일연구원 통일문제협의회 공동의장 2006~2007년 대통령자문 동북아시대위원회 위원 2006~2008년 유엔개발계획(UNDP) National Project Director 2006~2008년 한·태평양경제협력위원회 상임이사 2006~2008년 한국게임산업개발원 이사 2006~2009년 국립중앙박물관 운영자문위원 2006~2009년 아시아문화산업교류재단 이사 2006~2008년 관광진흥발전기금운용위원회 위원 2008~2015년 제주경제연구센터 연구위원장 2008년 글로벌제주상공인대회 조직위원장 2009년 아·태문화관광창의포럼 조직위원장 2009년 제주대 관광개발학과 교수(현) 2013년 한국미래발전연구원 원장, 同이사(현) 2015년 제주경제연구소 소장(현) [저]'제주관광의 이해'(2002) '하와이 낙원의 이면1 : 여기에서 당신은 행복한가'(2002) '하와이 낙원의 이면2 : 알로아 정신은 사라졌는가'(2002) '전환기 제주도 지역개발정책의 성찰과 방향'(2003) '농촌관광의 이론과 실제'(2005) [종]가톨릭

송재호(宋在晧) SONG JAE-HO

[생]1967·10·31 [출]서울 [주]울산 북구 염포로260의10 (주)경동도시가스 임원실(052-289-5300) [학]1986년 홍익대사대부고졸 1992년 서강대 경영학과졸 2000년 미국 펜실베이니아대 와튼스쿨 경영대학원 경영학석사(MBA) [경]1992~1998년 한국장기신용은행 근무 2000~2002년 Booz Allen Hamilton 경영전략컨설턴트 2002~2003년 Monitor Group Project Manager 2003~2005년 (주)경동도시가스 기획이사 2005~2015년 同대표이사 사장 2006년 울산대 겸임교수(현) 2010년 울산상공회의소 부회장(현) 2014년 (주)경동 대표이사 회장(현) 2014~2015년 대한석탄협회 회장 2015년 국제가스연맹(IGU) 부회장(현) 2015년 (주)경동도시가스 대표이사 부회장·대표이사 회장(현) 2015년 울산과학기술원(UNIST) 이사(현) [상]대한민국 가스산업 경영부문 대상(2007), 제18회 대한민국 가스안전대상 대통령표창(2011), 법무부장관표창(2015) [종]불교

송재희(宋在希) SONG Jae Hee

[생]1956·1·26 [출]대전 대덕 [주]서울 영등포구 은행로 30 중소기업중앙회(02-2124-3006) [학]1974년 대전고졸 1979년 서울대 무역학과졸 1983년 同행정대학원 행정학과졸 1986년 영국 웨일즈대 대학원 경영학과졸 1987년 영국 버밍햄대 대학원 수료 2008년 경영학박사(한남대) [경]1979년 행정고시 합격(23회) 1980년 공업진흥청 사무관 1981년 국립공업시험원 마산도자기시험소 서무과장 1981년 공업진흥청 감사담당관실 사무관 1983년 同기획예산담당관실 사무관 1985년 영국 웨일즈대 연수 1987년 공업진흥청 행정관리담당관실 사무관 1989년 상공부 미주통상과 사무관 1991년 同통상정책과 사무관 1993년 공업진흥청 행정관리담당관 1994년 同국제협력과장 1996년 중소기업청 자금지원과장 1998년 同기술정책과장 1998년 同기획예산담당관 1999년 同정책총괄과장 2002년 중소기업특별위원회 사무국장 2003년 중앙공무원교육원 파견 2003년 중소기업청 기술지원국장 2006년 同정책홍보관리관 2006년 경기지방중소기업청장 2007년 중소기업청 중소기업정책본부장 2008년 同중소기업정책국장 2008년 同차장 2009년 중소기업중앙회 상근부회장(현) 2009년 노사발전재단 비상임이사(현) 2013~2016년 한국표준협회 비상임이사 2015년 금융위원회 금융개혁회의 위원(현) 2015년 대통령소속 지방자치발전위원회 위원(현) [상]감사원장표창(1982), 대통령표창(1992), 국민훈장 동백장(2016) [종]기독교

송 전(宋 典) Jun Song

[생]1953·12·6 [본]여산(礪山) [출]전남 영암 [주]대전 대덕구 한남로70 한남대학교 독일어문학과(042-629-7350) [학]1977년 서울대 독어독문학과졸 1983년 同대학원 독어독문학과졸 1990년 문학박사(서울대) [경]1982~1983년 서울대·전남대 독어독문학과 강사 1985년 한남대 독일어문학과 전임강사·조교수·부교수·교수(현) 1989~1989년 독일 보쿰대 DAAD 연구교수 1990~1992년 한남대 학생처 부처장 1992~1994년 同학생처장 1997~1998년 독일 Freie Universitaet Berlin(베를린자유대학) 연구교수 1998~2000년 한국뷔히너학회 총무이사 1999~2001년 한남대 인문과학연구소장 2000년 한국독어독문학회 연구이사 2001년 同편집상임이사 2003~2004년 연세대 국내교류교수 2004~2006년 대전연극협회 이사 2004년 한국브레히트학회 편집위원 2004~2005년 대전문화예술의전당 운영자문위원 2005~2006년 대전문화예술진흥위원회 위원 2005년 문화예술진흥기금지원심의위원회 위원 2005~2007년 한남대 문과대학장 2005년 제23회 전국연극제 심사위원 2008~2011년 한남대 사회문화대학원장 2010~2015년 대전문화재단 비상근이사 [저]'하우프트만의 사회극 연구'(1991) '라이젠보그 남작의 죽음'(기우사) '이문열세계명작 산책(1)'(1996) '이문열세계명작 산책(7)'(1997) '드라마 분석론(Einfuehrung in die Dramenanalyse)'(2000) '에밀리아 갈로티'(2000) '녹색의 앵무새'(2001) '공연장 집중분석'(2004) [종]기독교

송정근(宋政根) SONG Joung Keun

[생]1957·10·14 [출]부산 [주]부산 사하구 낙동대로550번길37 동아대학교 전자공학과(051-200-7711) [학]1980년 서울대 전자공학과졸 1984년 同대학원 전자공학과졸 1992년 공학박사(미국 신시내티대) [경]1992~1998년 동아대 전임강사·조교수 1998년 同전자공학과 부교수·교수(현), 차세대융합기술연구원 자문위원, 교육과학기술부 국가기술수준평가 전문위원, 한국정보디스플레이학회 편집이사, 지식경제부 프론티어사업총괄과제 책임자 2016년 동아대 산업정보대학원장 겸 공과대학장(현)

송정로(宋禎老) SONG Jung Ro

[생]1959·10·7 [본]여산(礪山) [출]인천 [주]인천 계양구 계산새로65번길13 인천녹색연합(032-548-6274) [학]1978년 제물포고졸 1987년 고려대 영어영문학과졸 [경]1988년 인천일보 기자 2000년 同사회부 차장 2001년 同사회부장 2002년 同문화부장 2003년 同편집국장 2006~2008년 인천신문 사회부 선임기자(부국장급) 2009~2014·2015년 (주)인사이트인천(인천in) 대표이사(현) 2015년 인천녹색연합 공동대표(현) [저]'인천시민사회운동 20년사'(2008)

송정모(宋正模) SONG Jeong-Mo

[생]1962·3·2 [본]여산(礪山) [출]전북 김제 [주]전북 완주군 삼례읍 삼례로443 우석대학교 한의과대학(063-220-8627) [학]1988년 경희대 한의학과졸 1992년 同대학원졸 1995년 한의학박사(경희대) [경]1988년 사상체질의학회 이사 1998년 우석대 한의과대학 교수(현) 1998년 同부속 한방병원장 2005~2011년 同의료원장 겸 전주한방병원장 [저]'사상의학'(1997·2004)

송정섭(宋正燮) SONG Jong Sup

[생]1942·7·16 [본]연안(延安) [출]서울 [주]서울 중구 남대문로5길27 (주)해외항공화물(02-779-0744) [학]1961년 중앙고졸 1967년 고려대 법학과졸 [경]1969~1976년 일본항공 서울지점 매니저 1976~1979년 (주)삼보항운 전무이사 1979년 (주)해외항공화물 대표이사 사장(현) 2003~2006년 한국복합운송협회 회장 2003년 민주평통 자문위원 2003~2006년 TSR(러시아대륙횡단철도)운영협의회 부의장 2004년 (주)인천국제물류센터 대표이사 사장 [종]기독교

송정수(宋禎秀) Song, Jung Soo

[생]1964·8·14 [본]여산(礪山) [출]인천 [주]서울 동작구 흑석로102 중앙대학교병원 류마티스내과(02-6299-1409) [학]1983년 제물포고졸 1989년 중앙대 의대졸 1992년 同대학원 의학석사 1996년 의학박사(중앙대) [경]1989년 중앙대의료원 인턴 1990년 同내과 레지던트(내과전문의 자격 취득) 1994년 의료법인 혜성병원 내과 과장(공중보건의) 1997년 인하대병원 류마티스내과 전임의 1999년 인하대 의대 류마티스내과학교실 전임강사 2001~2005년 同조교수 2005~2010년 중앙대 의대 류마티스내과학교실 부교수 2008~2009년 미국 UCSD 연수(Visiting Scholar) 2010년 중앙대 의대 류마티스내과학교실 교수(현) 2014~2016년 중앙대병원 의무기록실장 2015~2016년 同홍보실장 2015년 서울시의사회 학술이사(현) 2016년 대한류마티스학회 통풍연구회장(현) [상]대한내과학회 우수논문상(1999) [종]기독교

송정수(宋正守) SONG Jung Soo

[생]1965·6·30 [출]경북 영천 [주]경기 과천시 관문로47 미래창조과학부 정보보호정책관실(02-2110-2900) [학]1983년 대구 청구고졸 1987년 고려대 법학과졸 1993년 서울대 행정학과졸 1998년 미국 조지워싱턴대 대학원 정보통신정책학과졸 2005년 행정학박사(서울대) [경]1999년 정보통신부 전파방송관리국 방송과 서기관 1999년 마산우체국장 2002년 남인천우체국장 2005년 정보통신부 정보통신정책국 산업기술팀장 2006년 同정보통신정책본부 산업기술팀장 2007년 同정보통신협력본부 통상협상팀장 2008년 방송통신위원회 기획조정실 창의혁신담당관 2009년 同이용자네트워크국 네트워크기획과장 2009년 同네트워크기획보호과장 2010년 대통령직속 국가브랜드위원회 파견(부이사관) 2011년 방송통신위원회 융합정책과장 2011년 국가사이버안전센터 파견(국장급) 2012년 국방대 교육파견 2013년 IBRD(국제부흥개발은행) 파견 2015년 미래창조과학부 정보보호정책관(현) [상]대통령표창(2007)

송정아(宋貞我·女) Song, Jung Ah

[생]1949·10·15 [본]여산(礪山) [출]전북 정읍 [주]서울 서초구 효령로34길23의7 2층 한국가족상담코칭센터(02-523-2364) [학]1967년 전주여고졸 1970년 서울교육대 아동교육학과졸 1986년 미국 Kansas State Univ. 대학원졸 1989년 상담학박사(미국 Kansas State Univ.) 2003년 이화여대 신학대학원졸 [경]1987~1988년 미국 캔사스주립대 가정대학 가족문제상담소 강사 1990~1991년 미국 Westmont Counseling Center Asian Counselor 1990~1992년 미국 Chicago Marriage & Family Center Executive Director·Counselor 1993~1999년 고신대 가정복지학과 부교수·학생생활연구소 상담실장 2000년 백석대 기독교학부 교수 2000~2015년 同상담대학원 교수 2000~2001년 同산학협동센터 소장 2001~2004년 同기독교상담연구소장·백석상담센터 소장 2002~2004년 한국결혼가족상담학회 회장 2003~2008년 백석대 상담대학원장 2006~2007년 가정을사랑하는모임 공동대표 2009년 미국 Westminster Theological Seminary Visiting Professor 2013~2015년 백석대 상담대학원 주임교수 2013~2015년 同상담센터 소장 2013년 중앙가족상담협회 회장(현) 2015년 한국가족상담코칭센터 소장(현) [상]Omicron Nu Postdoctoral Fellowship(1990), 기독교상담심리치료학회 연구논문상(2006), 근정포장(2015) [저]'가족생활교육론'(1998) '가족치료 이론과 기법'(2004) '행복한 결혼 위기의 결혼'(2006) 등 [역]'가족놀이치료'(1997) '이마고 부부치료'(2004) '행복한 결혼생활 만들기'(2004) [종]기독교

송정애(女)

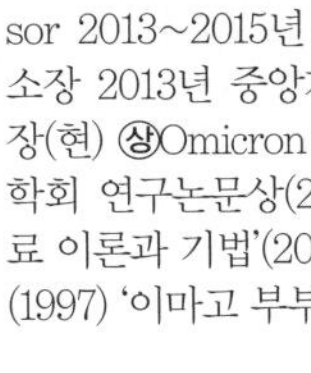

[주]대전 대덕구 대덕대로1417번길11 대전대덕경찰서(042-600-4110) [학]한밭대 경영학과졸, 한남대 행정복지대학원 경찰행정학과졸 [경]1981년 순경 임용 2006년 충남지방경찰청 여성청소년계장, 충남 연기경찰서 생활안전과장 2007년 충남지방경찰청 교육계장 2012년 충남 당진경찰서장 2013년 충남지방경찰청 홍보담당관 2014년 대전 중부경찰서장 2015년 대전지방경찰청 생활안전과장 2016년 대전대덕경찰서장(현)

송정원(宋政原) SONG Jung Won

[생]1965 · 5 · 28 [주]세종특별자치시 다솜3로95 공정거래위원회 시장구조개선과(044-200-4353) [학]서울대 경제학과졸, 同행정대학원 행정학과 수료 [경]2004년 공정거래위원회 경쟁국 경쟁촉진과 서기관 2005년 同시장감시본부 독점감시팀 서기관 2006년 同부산지방공정거래사무소장 2007년 同경쟁정책국 국제협력과장 2009년 OECD 사무국 파견 2012년 공정거래위원회 기업협력국 유통거래과장 2013년 同기업거래정책국 유통거래과장 2014년 同시장구조개선과장(서기관) 2015년 同시장구조개선과장(부이사관)(현)

송정일(宋正日) SONG Jeong Il

[생]1955 · 8 · 28 [출]제주 대정 [주]제주특별자치도 제주시 연삼로95 제주국제자유도시방송(JIBS)(064-740-7800) [학]1974년 남주고졸 1978년 제주대 원예학과졸, 同행정대학원졸 [경]1979년 제주문화방송 입사 1991년 同TV편성부 차장 1995년 同TV제작팀 부장대우 1995년 同창사30주년기획단 부장대우 1998년 同TV제작부장 1998년 제주축제문화연구원 사무국장 2003년 제주국제자유도시방송(JIBS) 편성제작국장 2011년 同기획실장 2013년 同방송본부장 2015년 同기획실장(상무이사) 2016년 同대표이사(현)

송정호(宋正鎬) SONG Jeong Ho (益山)

[생]1942 · 7 · 16 [본]여산(礪山) [출]전북 익산 [주]서울 서초구 반포대로30길81 웅진타워15층 법무법인 한중(02-535-8900) [학]1961년 익산 남성고졸 1965년 고려대 법대졸 1968년 서울대 사법대학원졸 1986년 同행정대학원 국가정책과정 수료 2003년 고려대 언론대학원 최고위과정 수료 [경]1966년 사법시험 합격(6회) 1968년 육군 법무관 1971~1982년 청주지검 · 대구지검 · 서울지검 의정부지청 · 서울지검 동부지청 · 수원지검 검사 1982년 전주지검 남원지청장 1983년 대구지검 상주지청장 1985년 인천지검 형사1부장 1987년 서울지검 공판부장 1988년 청주지검 차장검사 1989년 마산지검 차장검사 1990년 서울지검 남부지청 차장검사 1991년 광주지검 차장검사 1992년 서울지검 서부지청장 1993년 법무연수원 기획부장 1993년 전주지검장 1994년 광주지검장 1995년 부산지검장 1997년 법무부 보호국장 1997년 광주고검장 1998~1999년 법무연수원장 1999~2001년 변호사 개업 1999~2002년 중앙선거관리위원회 위원 1999~2002년 대통령직속 반부패특별위원회 위원 2000~2002년 재정경제부 자문위원(FIU창설주도) 2002년 법무부 장관 2002년 법무법인 한중 고문변호사(현) 2004~2006년 가톨릭대 인권법연구소장 2005~2007년 남성총동창회 회장 겸 남성장학재단 이사장 2007~2009년 고려대 법과대학 교우회장 2007~2011년 同교우회 수석부회장 2007년 한나라당 제17대 대통령선거 경선후보자 이명박 후원회장 2008~2014년 고려아연(주) 사외이사 2009년 (재)청계재단 이사장(현) 2009년 시카고 한인문화회관 고문(현) 2010~2012년 대한공증인협회 회장 2011년 대한변호사협회인권재단 이사(현) [상]황조근정훈장(1997), 자랑스러운 고대 법대인상(2010) [종]천주교

송정호(宋正鎬) Song, Jung-ho

[생]1962 · 11 · 23 [출]충북 보은 [주]서울 종로구 율곡로2길 25 연합뉴스 정보사업국(02-398-3114) [학]1981년 대전고졸 1988년 경희대 영어영문학과졸 2006년 미국 듀크대 연수 [경]1989년 연합통신 입사(8기) 1989년 同업무2부 근무 1990년 同업무1부 근무 1994년 同TV광고부 근무 1995년 同텔리레이트1부 근무 1998년 연합뉴스 텔리레이트부 근무 2000년 同텔리레이트부 차장대우 2002년 同텔리레이트부 차장 2006년 同미디어사업부 차장 2006년 同정보사업부 부장대우 2006년 同뉴미디어사업부장 2008년 同뉴미디어국 시장개발팀장 2009년 同한민족센터 기획사업팀장 2010년 同정보사업국 정보사업부장 2012년 同정보사업국 부국장 겸 정보사업부장(현)

송종국(宋鍾國) SONG Jong Guk

[생]1956 · 4 · 4 [출]경북 영주 [주]세종특별자치시 시청대로370 세종국책연구단지 과학 · 인프라동 과학기술정책연구원(044-287-2001) [학]1980년 서강대 경제학과졸 1982년 同대학원 경제학과졸 1990년 경제학박사(미국 텍사스A&M대) [경]1983~1985년 한국과학기술원부설 해양연구소 경제실 연구원 1987~1990년 미국 텍사스A&M대 강사 1990~1998년 과학기술정책관리연구소 정책연구단 기술제도팀장 · 책임연구원 1991년 고려대 · 서울산업대 강사 1991~1992년 과학기술자문회의 전문위원 1992~1994년 종합과학기술심의회의 투자분과 전문위원 1994년 한국과학기술원 대우교수 1997~1998년 미국 조지메이슨대 객원교수 1999년 과학기술정책연구원 정책연구팀 책임연구원 1999~2001년 과학기술부 장관정책자문관 2002~2004년 국정홍보처 과학기술부문 국정홍보위원 2003년 과학기술기본계획 총괄분과위원회 부위원장 2003~2005년 한국재정 · 공공경제학회 이사 2003~2008년 과학기술부 규제개혁위원회 위원 2004~2005년 과학기술정책연구원 기획조정실장 2004년 과학기술중심사회추진기획단 위원 2004년 서강대 경제대학원 대우교수 2006년 과학기술정책연구원 기술경영연구센터 선임연구위원, 同미래과학기술전략센터 선임연구위원 2006~2011년 기술보증기금기술평가위원회 위원장 2010~2011년 기술경영경제학회 회장 2011년 한국공학한림원 회원(현) 2011년 과학기술정책연구원 원장(현) 2012~2015년 유네스코 한국위원회 자연과학분과위원회 위원 2012~2013년 글로벌인재포럼 자문위원 2012년 국제과학기술전략연구훈련센터(CISTRAT) 이사(현) 2013년 제18대 대통령직인수위원회 교육 · 과학분과 전문위원 2013~2015년 국가과학기술심의회 위원 2013년 창조경제특별위원회 위원 2013년 국제과학비즈니스벨트위원회 위원(현) 2015년 한국공학한림원 정회원(기술경영정책 · 현) 2015년 기획재정부 재정정책자문회의 위원(현) [상]과학기술부 우수연구원상(1997) [저]'산업지원정책(共)'(1995) '인문학자, 융합을 탐하다(共)'(2012) [역]'과학기술과 정책에 대하여'(2012) [종]천주교

송종근(宋鍾根) SONG Jong Geun

[생]1965 · 12 · 9 [출]전북 남원 [주]서울 중구 남대문로9길24 하나카드(주) 경영지원본부(02-6399-3900) [학]1984년 전주고졸 1988년 서울대 국제경제학과졸 1990년 同대학원 국제경제학과졸 2003년 미국 워싱턴대 대학원졸(MBA) [경]1991년 하나은행 입행 2001년 同대기업1본부 RM(기업금융전담역) 2005년 同경영관리부장, 同뉴욕지점장 2014년 同무교기업센터지점장 겸 기업금융전담역(RM) 2015년 하나카드(주) 전략기획본부장 2016년 同경영전략본부장 2016년 同경영지원본부장(현) [종]기독교

송종길(宋鍾吉) SONG JONG GIL

[생]1964 · 6 · 13 [주]서울 서대문구 경기대로9길24 경기대학교 예술대학 언론미디어학과(02-390-5075) [학]1991년 중앙대 신문방송학과졸 1996년 미국 앨라배마주립대 텔레커뮤니케이션학과졸 2000년 커뮤니케이션학박사(미국 오클라호마주립대) [경]2000~2005년 한국방송영상산업진흥원 연구2팀 책임연구원(팀장) · 연구팀장 2001~2009년 문화체육관광부 책임운영기관심의위원 2001~2002년 방송위원회 방송통신법제정비위원회 위원 2002년 KBS 대통령후보TV토론위원회 위원 2002~2004년 경인방송(iTV) 시청자평가원 2003~2005년 경기디지털콘텐츠진흥원 이사 2005~2006년 경북대 신문방송학과 교수, 경기대 예술대학 언론미디어학과 교수(현), 同예술대학 언론미디어학과장(현) 2006~2007년 국무총리소속 방송통신융합추진위원회 전문위원 2006~2008년 영화진흥위원회 위원 2006~2008년 중앙선거방송토론위원회 위원 2006~2012년 서울시선거방송토론위원회 위원 2007~2010년 SBS 시청자위원회 위원 2008년 기획재정부 공기업 · 준정부기관평가단 평가위원 2008~2012년 법무부 교화방송 자문위원 2010년 한국교원단체총연합회 현장대변인 2011년 방송통신심의위원회 광고특별위원회 위원 2011~2013년 문화체육관광부 평가위원회 위원 2012~2013년 방송통신위원회 정책고객대표자회의 위원 2012년 문화체육관광부 국제행사심의위원회 위원 2013년 同신탁관리단체경영평가위원회 위원 2014~2016년 국제방송교류재단 아리랑TV 비상임이사 2014년 同사장 직대 2016년 同사장 직대 [저]'대통령후보TV토론의 법적, 제도적 쟁점과 개선사항'(2002, 한국방송영상산업진흥원) '2002년 대통령 후보경선 TV토론'(2002, 한국영상방송산업진흥원) '사회위기와 TV저널리즘(共)'(2003, 커뮤니케이션북스) '디지털시대의 재해방송(共)'(2003, 커뮤니케이션북스) '디지털시대 장애인 방송 활용론(共)'(2003, 커뮤니케이션북스) '정치냉소주의와 TV저널리즘'(2004, 커뮤니케이션북스) '현대정치커뮤니케이션 연구(共)'(2006, 나남출판사) '엔터테이먼트 매니지먼트(共)'(2006, 커뮤니케이션북스) '현대정치커뮤니케이션(共)'(2007, 커뮤니케이션북스) '미디어선거와 케이블TV'(2008, 커뮤니케이션북스)

송종욱(宋鍾旭) SONG Jong Wook

[생]1962 · 5 · 23 [출]전남 순천 [주]광주 동구 제봉로225 광주은행 임원실(062-239-5000) [학]1981년 순천고졸 1988년 전남대 정치외교학과졸 1991년 同대학원 정치학과졸 [경]1991년 광주은행 입행 2000년 同공보팀장 2001년 同금호지점장 2003년 同순천지점장 2004년 同여의도지점장 2006년 同서울지점장 2007년 同서울지점장(이사대우) 2007년 同서울영업본부장(부행장보) 2011년 同자본시장본부장(부행장보) 2012년 同자본시장본부장(부행장) 2013년 同리스크관리본부장(부행장) 2014년 KBC플러스 대표이사 2014년 광주은행 부행장(현) [상]경영이념상(2002), 자랑스런 광은인 공로상(2004), 자랑스런 광은인 대상(2005), 우리금융 회장표창(2007)

ㅅ

송종의(宋宗義) SONG Jong Eui

[생]1941 · 9 · 13 [본]은진(恩津) [출]평남 중화 [주]충남 논산시 양촌면 이메길232 천고법치문화재단(041-741-5775) [학]1959년 용산고졸 1964년 서울대 법대졸 1965년 同사법대학원졸 [경]1966년 육군 법무관 1969~1981년 대구지검 · 대전지검 강경지청 · 서울지검 성동지청 · 법무부 검찰3과 · 서울지검 · 법무부 검찰국 검사 1981년 법무부 법무과장 겸 서울고검 검사 1982년 서울지검 특수3부장 1983년 同특수1부장 1985년 전주지검 차장검사 1986년 부산지검 제1차장검사 1987년 법무부 기획관리실장 1989년 대검찰청 형사제2부장 1989년 同강력부장 1991년 대전지검장 1992년 대검찰청 중앙수사부장 1993년 서울지검장 1993~1995년 대검찰청 차장검사 1996~1998년 법제처장 1998년 (주)금강 사외이사 2004 · 2007년 아세아시멘트(주) 사외이사(현) 2014년 천고법치문화재단 설립 · 이사장(현) [상]홍조 · 황조근정훈장, 청조근정훈장(2003), 자랑스러운 서울법대인(2012) [저]'밤나무 검사가 딸에게 쓴 인생연가'(2009)

송종준(宋鐘俊) SONG Jong Joon

[생]1955 · 6 · 27 [주]충북 청주시 서원구 충대로1 충북대학교 법학전문대학원(043-261-2631) [학]1981년 고려대 법학과졸 1985년 同대학원 법학과졸 1990년 법학박사(고려대) [경]1981~1991년 대한상공회의소 근무 1991년 충북대 법과대학 법학부 교수 1998~2000년 同법학연구소장 1999~2001년 同법과대학 부학장 2002~2003년 미국 Emory Law School 교환교수 2003~2006년 충북대 법학대학장 겸 법무대학원장 2005~2006년 법무부 회사법개정특별분과위원회 위원 2007~2008년 한국증권선물거래소 증권분쟁조정위원장 2008년 同규율위원장 2008년 법무부 경영권방어법제개선위원장 2009년 충북대 법학전문대학원 교수(현), 한국상사법학회 부회장(현), 한국증권법학회 부회장, 한국경영법률학회 부회장(현) 2011년 한국거래소 규율위원장 2011~2013년 한국기업법학회 회장 2011~2014년 법무부 상법특별위원회 위원 2013~2015년 한국증권법학회 회장 [상]학술연구상 [저]'기업매수합병의 법적규제'(1992) '증권거래법상 경영자 민사법책임론'(1998) '주석상법 Ⅳ · Ⅵ'(2003) '적대적 M&A의 법리'(2008) '자본시장법 주석서1'(2010) 'M&A판례노트'(2013) [역]'기업사냥 기업전쟁'(1995)

송종호(宋宗鎬) SONG Jong Ho

[생]1956 · 12 · 6 [출]대구 [주]경북 경산시 하양읍 가마실길 50 경일대학교 경영학부(053-600-5060) [학]1975년 계성고졸 1982년 영남대 전기공학과졸 2012년 호서대 대학원 창업학과졸 2012년 명예 경영학박사(순천향대) [경]1986년 기술고시 합격(22회) 1989~1994년 상공부 전자부품과 · 전기공업과 · 정보진흥과 근무 1994~1996년 공업진흥청 품질환경인증과 · 전자정보표준과 근무 1996년 중소기업청 기술개발과 근무 1997년 同창업지원과장 1998년 同벤처진흥과장 2001년 同기술정책과장 2001년 同벤처정책과장 2004년 同혁신인사담당관 2005년 중소기업특별위원회 파견 2006년 국방대학원 파견 2006년 중소기업청 창업벤처본부장 2008~2010년 대통령 경제수석비서관실 중소기업비서관 2010년 중소기업진흥공단 이사장 2011~2013년 중소기업청장 2013년 경일대 경영학부 석좌교수(현) 2014년 대경벤처창업성장재단 이사장(현) 2015년 키움증권(주) 사외이사(현) 2015년 중소기업기술혁신협회 자문위원(현) [상]대통령표창(1998), 감사원장표창(2000), 한-EU 협력 최고책임감상(2011)

송종호(宋鍾昊) SONG Jong-Ho

[생]1965 · 8 · 24 [출]서울 [주]서울 중구 퇴계로100 스테이트타워남산8층 법무법인 세종(02-316-4237) [학]1984년 휘문고졸 1988년 서울대 경영학과졸 1990년 同대학원 경영학과졸 2002년 미국 컬럼비아대 로스쿨 법학과졸 2007년 한국방송통신대 중어중문학과졸 2014년 同일본학과졸 [경]1990년 삼일회계법인 컨설턴트 1990~1991년 예비역 사관(육군 소위) 1991~1992년 서울대 경영대 조교 1994년 사법시험 합격(36회) 1997년 사법연수원 수료(26기) 1997년 법무법인 세종 파트너변호사(현) 2000년 가톨릭대 강사 2002~2003년 미국 Simpson Thacher & Bartlett 법률사무소 국제변호사(뉴욕 · 홍콩 근무 홍콩변호사회 한국법 등록외국변호사)

송종환(宋鍾奐) Song Jong Hwan

[생]1944 · 9 · 5 [학]1968년 서울대 외교학과졸 1972년 同대학원 외교학과졸(정치학석사) 1984년 미국 터프츠대 플레처스쿨 외교학과졸 2002년 정치학박사(한양대) [경]1968~1971년 해군사관학교 국제법 · 정치학 교관(해군 중위) 1977~1982년 대통령비서실 외무부 · 통일원담당 행정관 1989~1993년 駐유엔 공사 1994~1997년 駐미국 공사 1997~1998년 국가안전기획부 해외정보실장 1999~2002년 충북대 정치외교학과 초빙교수 2002~2013년 명지대 북한학과 초빙교수 2008년 제17대 대통령직인수위원회 정무분과위원회 상임자문위원 2010~2011년 통일연구원 초청연구위원 2011~2013년 민주평화통일자문회의 상임자문위원 2013~2016년 駐파키스탄 대사 [상]홍조근정훈장(1992), (사)지속가능과학회 해외협력부문 대상 및 공로상(2016) [저]'가까이 다가온 자유민주주의 통일과 과제들'(2013, 오름출판사)

송주현(宋株鉉) SONG Joo Hyun

[생]1949 · 10 · 15 [본]여산(礪山) [출]전남 고흥 [주]서울 강남구 테헤란로115 서림빌딩12층 유미특허법인(02-3458-0700) [학]1968년 군산고졸 1989년 한남대 법학과졸 1991년 중앙대 행정대학원 행정학과졸 2000년 고려대 행정대학원 수료 [경]1981년 특허청 상표심사관 1989년 同인사담당관 1991년 국제특허연수원 교수 겸 교학과장 1992년 특허청 산업재산권보호과장 · 디자인과장 1997년 특허심판원 심판관 1998년 특허청 총무과장 1999년 특허심판원 심판장 2002년 특허청 심사1국장 2002~2004년 同산업재산권운영협의회 위원장 2003년 충남대 법무대학원 겸임교수 2004년 특허청 상표디자인국장 2004년 同발명정책국장 2004~2005년 同특허심판원장(관리관) 2005년 유미특허법인 대표변리사(현) 2006~2008년 대 · 중소기업협력재단 경영자문위원 2007~2009년 (주)명문제약 고문변리사 2009년 (주)와토스코리아 사외이사(현) 2010~2011년 대한변리사회 대의원회 초대 의장 2010~2013년 SK그룹 법률고문 [상]특허청장표창, 통일부장관표창, 대통령표창, 녹조근정훈장

송준상(宋浚相) SONG Jun-Sang

[생]1964 · 10 · 26 [출]경남 산청 [주]세종특별자치시 갈매로 477 기획재정부 복권위원회 사무처(044-215-7801) [학]1983년 진주고졸 1987년 서울대 불문학과졸 1990년 同행정대학원 정책학과졸 [경]1994년 경제기획원 경제기획국 사무관 1994년 재정경제원 금융정책실 사무관 2000년 재정경제부 경제정책국 산업경제과 서기관 2002년 同경제정책국 종합정책과 서기관 2004년 同경제자유구역기획단 과장 2005년 대통령비서실 파견 2007년 재정경제부 정책조정국 산업경제과장 2008년 기획재정부 정책조정국 산업경제과장 2010년 同정책조정국 정책조정총괄과장(부이사관) 2011년 국방대 안보과정 교육파견(부이사관) 2012년 농림수산식품부 녹색성장정책관 2013년 국무조정실 재정금융기후정책관 2016년 기획재정부 복권위원회 사무처장(현)

송준섭(宋俊燮) SONG Joon Sup

[생]1956 · 12 · 28 [출]인천 [주]서울 영등포구 가마산로343 (주)콤텍정보통신 부회장실(02-3289-0233) [학]1975년 인천 송도고졸 1985년 서울산업대 전자공학과졸, 서울대 경영대학원 최고경영자과정(AMP) 수료(63기) [경]1983~1989년 서울은행 전산부 근무 1990년 (주)콤텍시스템 네트워크영업담당 상무이사, 同전무이사 2003년 同네트워크사업본부 부사장 2009년 同영업부문총괄 사장 2015년 (주)콤텍정보통신 부회장(현)

송준태(宋埈泰) SONG Joon Tae

[생]1952 · 2 · 15 [출]전북 김제 [주]경기 수원시 장안구 서부로2066 성균관대학교 정보통신대학 전자전기공학부(031-290-7105) [학]1975년 연세대 전자공학과졸 1977년 同대학원졸 1981년 공학박사(연세대) [경]1981년 성균관대 공대 전기전자컴퓨터공학부 조교수 · 부교수, 同정보통신공학부 전자전기공학전공 교수 1985~1986년 미국 렌셀러폴리테크닉대학교(Rensselaer Polytechnic Institute) 방문교수 1997~1998년 영국 Univ. of Surrey 방문교수 2004~2005년 중국 북경대 방문교수 2012년 성균관대 정보통신대학 전자전기공학부 교수(현) 2013~2014년 한국전기전자재료학회 회장

송지나(宋智娜 · 女) SONG Ji Na

[생]1959 · 9 · 12 [출]서울 [학]1982년 이화여대 신문방송학과졸 [경]드라마작가(현), KBS라디오 구성작가 MBC라디오 '별이 빛나는 밤에' 스크립터 1996년 SBS 송지나의 취재파일 '세상속으로' MC 1999년 (주)제이콤 공동대표 1999년 영화 '러브' 시나리오 집필 1999년 한국과학기술원 명예동문 2000년 환경부 홍보사절 [상]백상예술대상 극본상(모래시계)(1995), 한국방송대상 작가부문(1995), 한국방송작가상(1996), 대한민국과학문화상(2000), 자랑스러운 이화여대 언론홍보영상인상(2000) [저]'내일을 준비하는 오늘'(1996) '카이스

트'(2000) '대망'(2003) '로즈마리'(2004) '태왕사신기'(2007) [작]'KBS 추적 60분' 'SBS 그것이 알고 싶다' MBC드라마 '퇴역전선' '호랑이선생님' '인간시장' '여명의 눈동자' '태왕사신기' SBS드라마 '모래시계' '달팽이' '카이스트' '대망' '신의' KBS드라마 '로즈마리' '남자이야기' '힐러' MBN드라마 '왓츠 업' [종]기독교

송지열(宋志烈) SONG Ji Yeol (錦山)

[생]1959 · 9 · 25 [본]야성(冶城) [출]충남 금산 [주]제주특별자치도 제주시 오남로45 대한적십자사 제주특별자치도 혈액원(064-720-7800) [학]한남대 영문학과졸 1991년 중앙대 대학원 사회복지학과졸 [경]1995년 대한적십자사 국제기구과장 1997년 同혈액수혈연구원 골수사업팀장 1999년 同혈장분획센터 자재과장 2002년 同서부혈액원 운영팀장 2002년 同서부혈액원 기획과장 2004년 同인천혈액원 운영과장 2005년 同혈액사업본부 총무과장 2005년 同혈액관리본부 인력관리팀장 2006년 同울산혈액원장(2급) 2008년 同대구경북혈액원장 2010년 同부산지사 사무처장 2013년 同대전 · 세종 · 충남혈액원장 2015~2016년 同인천지사 사무처장 2016년 同제주특별자치도 혈액원 원장(현) [상]헌혈유공장 금장(2005) [종]기독교

송지오(宋志午) SONG Ji Oh

[생]1947 · 2 · 19 [출]서울 [주]경기 수원시 영통구 삼성로 129 삼성전자(주) 글로벌기술센터 부속실(031-200-2225) [학]1965년 대전고졸 1970년 서울대 기계공학과졸 1972년 同대학원졸 1977년 미국 아이오와주립대 대학원 응용역학과졸 1979년 기계공학박사(미국 아이오와주립대) [경]1975년 미국 Univ. of IOWA 연구원 1979년 미국 United Tech. Co. 수석엔지니어 1983년 GM연구소 책임연구원 1986년 同중형차사업부 선행개발부문 매니저 1999년 삼성자동차 중앙연구소장 2000년 삼성종합기술원 부사장 2001년 삼성전자(주) 메카트로닉스연구소장(부사장) 2007~2012년 同생산기술연구소 고문 2013년 同제조기술센터 고문, 同글로벌기술센터 고문(현) [종]기독교

송지용(宋智龍) Song Ji-yong

[생]1963 · 10 · 7 [주]전북 전주시 완산구 효자로225 전라북도의회(063-280-4512) [학]우석고졸, 원광대 경제학과졸 [경](주)한양물류 대표, 열린우리당 완주군지역위원회 운영위원, 민주당 완주군지역협의회 상무위원, 同중앙당 대의원, 민주평통 완주군협의회 간사, 완주교육청 교육행정자문위원회 위원, 법무부 범죄예방완주군협의회 위원 2006 · 2010~2014년 전북 완주군의회 의원(민주당 · 민주통합당 · 민주당) 2006~2008년 同운영위원장 2008년 同예산결산특별위원장 2010년 同산업건설위원장 2010년 同운영위원회 위원 2012년 同산업건설위원장 2014년 전북도의회 의원(새정치민주연합 · 더불어민주당)(현) 2014 · 2016년 同행정자치위원회 위원(현) 2014~2015년 同예산결산특별위원회 위원 2016년 同운영위원회 위원장(현) 2016년 전국시 · 도의회운영위원장협의회 감사(현)

송지헌(宋志憲) Song Ji Hun

[생]1965 · 1 · 17 [주]서울 종로구 율곡로75 현대중공업 커뮤니케이션팀(02-746-8536) [학]1983년 관악고졸 1990년 서울대 신문학과졸 [경]1990년 현대그룹 입사 2014년 현대중공업 커뮤니케이션팀장(상무)(현)

송지호(宋智浩) SONG Ji Ho

[생]1946 · 6 · 26 [본]여산(礪山) [출]제주 [주]대전 유성구 대학로291 한국과학기술원(KAIST) 기계공학과(042-350-3015) [학]1969년 일본 오사카대 기계공학과졸 1971년 同대학원 기계공학과졸 1974년 공학박사(일본 오사카대) [경]1975년 독일 뮌헨공대 연구원 1977년 한양대 공대 조교수 · 부교수 1982년 일본 오사카대 문부교관 조수 1985년 한국과학기술원(KAIST) 기계공학과 부교수 1989년 同자동화 및 설계공학과 교수 1996~2011년 同기계공학과 교수 2011년 同기계공학과 명예교수(현) [상]한국과학기술원(KAIST) 기계공학과 우수강의상(2004 · 2006 · 2009) [저]'기계제도기초'(2003) '피로균열-일본판'(2005) '피로균열-한국판'(2006) '신뢰성공학 입문'(2007) '재료피로파괴강도 용어사전'(2011) [역]'고체역학의 기초와 응용'(1980) [종]불교

송지호(宋志鎬 · 女) SONG Ji Ho

[생]1948 · 9 · 10 [본]은진(恩津) [출]충북 옥천 [학]1967년 대전여고졸 1970년 국립의료원간호대 간호학과졸 1987년 이화여대 대학원 간호학과졸(석사) 1991년 간호학박사(이화여대) [경]1981~2007년 국립의료원 간호대 교수 1990~2002년 대한간호협회 기획위원 1991~1993년 간호사국가시험 심사위원 1993~1995년 대한아동간호학회 총무이사 1995~1997년 同학술이사 1996년 미국 캘리포니아대 로스앤젤레스교 교환교수 1996~1997년 대한간호학회 학술이사 1997년 국제간호협의회 전문위원 1997~2001년 한양대 간호학과 외래교수 1997~1999년 同박사학위 논문심사위원 1997~1999년 대한아동간호학회 회장 1997년 한국보건의료인국가시험원 간호사국가시험분과위원회 위원 1997년 대한간호협회 국가시험위원회 위원 1997~2002년 한국보건의료인국가시험원 문항개발기획위원회 위원 1998년 국립의료원 간호대학 교학과장 겸 학장 직대 1998년 대한아동간호학회 학술지 논문심사위원 1998~2000년 전국전문대학간호계열교무처장협의회 부회장 · 회장 1998~2000년 대한간호학회지 논문심사위원 1999~2003년 대한아동간호학회 따르릉아기상담센터 소장 1999~2004년 사회복지법인 덕산 이사 1999년 동아TV 이사 1999년 미국 캘리포니아대 로스앤젤레스교 교수업적 외부평가위원 2000년 국립의료원 간호대학장 2000~2004년 한국간호전문대학 학장 · 학과장협의회 회장 2001~2003년 간호교육평가원 운영위원 2002년 同저작권관리위원장 2002~2004년 대한간호협회 이사 2002~2004년 同출판위원장 2003~2004년 한국전문대학교육협의회 이사 2004~2010년 한미국제간호재단 이사 2004년 대한간호사협회 연수원운영위원회 위원 2005년 서울시 건강증진사업지원단 생애주기관리팀 분과위원 2005년 교육인적자원부 구조조정본부 사립대학교통폐합 심사위원 2005년 국립의료원 간호대학 산학협력단장 · 평생교육원장 2006년 한인국제간호재단(GKNF) 부회장 2007~2014년 성신여대 간호학과 교수 2007년 同간호대학장 2008~2012년 한국간호평가원 감사 2008년 한국간호대학학장협의회 감사 2009~2011년 교육과학기술부 도서심의위원 2013~2016년 한국간호교육평가원 원장 2013~2016년 한국보건의료인평가원연합회 회장 2013~2016년 한국평가인증기관연합회 공동대표 [상]보건복지부장관표창, 옥조근정훈장(2014) [저]'아동간호학 Ⅰ · Ⅱ'(共) '임상간호매뉴얼'(共) '공부에 날개를 달자' '아동간호진단'(共) 등 [역]'고운 살결 부드러운 머리결' '머리 좋은 아기를 낳는 비결'

송진섭(宋鎭燮) SONG Jin Seoub

[생]1955 · 3 · 23 [출]충남 서천 [주]서울 종로구 율곡로75 현대건설(주) 원자력사업단(02-746-1114) [학]군산고졸, 울산대 기계공학과졸 [경]현대건설(주) 플랜트사업본부 근무, 同기전사업본부 상무보, 同플랜트사업본부 상무, 同전력사업본부 상무 2011년 同원자력사업본부 전무, 同원자력사업단장 겸 원자력사업단PD(전무)(현) [상]국무총리표창, 산업포장(2007), 철탑산업훈장(2014) [종]천주교

송진수(宋鎭洙) SONG Jinsoo (雲汀)

[생]1949 · 9 · 5 [본]은진(恩津) [출]부산 [주]부산 사상구 백양대로700번길140 신라대학교 에너지융합공학부(051-999-5902) [학]1967년 부산고졸 1971년 고려대 이공대학 전기공학과졸 1976년 同대학원졸 1986년 공학박사(고려대) [경]1976~1978년 대한전선 종합조정실 근무 1979년 한국에너지기술연구소 책임연구원 1979년 미국 아르곤국립연구소 교환연구원 1982년 한국에너지기술연구소 재료연구실장 1985~2011년 한국에너지기술연구원 책임연구원 1986년 미국 미네소타대 교환교수 1987년 한국에너지기술연구원 태양광연구실장 1995년 同신발전연구부장 1995~2013년 IEA PVPS 집행위원 2001년 중국 연변과학기술대학 초빙교수 2001년 한 · 몽골자원협력위원회 한국대표 2004년 IEC(국제전기전자 표준화기구) TC82(태양광) 한국대표 2004년 한국신재생에너지학회 부회장 겸 편집위원장 2007년 同회장 2008년 재생에너지국제학술대회 및 전시회(RE2008) 의장 2008년 지식경제부산하 신성장동력기획단 신재생에너지소위원회 위원장 2008~2012년 한국신재생에너지학회 회장 2009년 저탄소녹색성장국민포럼 위원 2009년 중국 저탄소녹색성장국제심포지움 공동의장 2009년 대통령직속 녹색성장위원회 위원 2011년 한국에너지기술연구원 태양광연구단 전문연구위원 2011년 한국태양광산업협회 고문(현) 2012년 에너지대안포럼 공동대표(현) 2013년 ESS-RE융합포럼 의장(현) 2013~2015년 한국태양광발전학회 초대회장 2014년 신라대 에너지융합공학부 특임교수(현) 2015년 기후변화 · 에너지융합포럼 의장(현) 2015년 Int'l Consortium for Super Grid in Northeast Asia 공동의장(현) [상]대한전기학회 학술상(1986), 과학기술처장관표창(1992), 과학기술훈장 진보장(2001), 신재생에너지학회 학술상(2005), PVSEC Award(2009), 산업포장(2013) [종]기독교

송진현(宋鎭賢) SONG Jin Hyun

[생]1952·7·10 [출]대구 [주]서울 강남구 테헤란로87길36 도심공항타워빌딩 법무법인 로고스(02-2188-2820) [학]1971년 경북고졸 1975년 서울대 법학과졸 [경]1976년 사법시험 합격(18회) 1978년 사법연수원 수료 1978년 軍법무관 1981년 서울민사지법 판사 1983년 서울형사지법 판사 1985년 춘천지법 속초지원장 1987년 서울가정법원 판사 1988년 서울고법 판사 1992년 대구지법 부장판사(대법원 재판연구관) 1994년 서울지법 의정부지원 부장판사 1996년 同서부지원 부장판사 1997년 서울지법 부장판사 2000년 대전고법 부장판사 2001년 서울고법 부장판사 2005년 서울중앙지법 민사수석부장판사 2006년 서울동부지법원장 2008~2009년 서울행정법원장 2009년 법무법인 로고스 상임고문변호사(현) 2012년 보건복지부 자문 보건의료직능발전위원회 위원장 2015년 경찰위원회 위원장(현) 2015년 서울시행정심판위원회 위원(현)

송진화(宋眞和) SONG, JIN-HWA

[생]1971 [주]서울 종로구 종로26 SK빌딩 SK트레이딩인터내셔널(주) 임원실(02-2121-5213) [학]고려대 산업공학과졸, 산업시스템공학박사(미국 조지아공과대) [경]2004년 스미스핸리 컨설팅그룹 근무 2006년 미국 엑슨모빌 R&E 담당 2011년 SK이노베이션(주) Optimization & Analytics 실장 2013년 同OPI실장 2013년 同OPI실장 겸 Optimization본부장(전무) 2014년 同BI본부장 2016년 SK트레이딩인터내셔널(주) 대표이사 사장(현)

송진훈(宋鎭勳) SONG Jin Hoon

[생]1941·5·25 [본]은진(恩津) [출]대구 [주]서울 강남구 테헤란로133 한국타이어빌딩 법무법인 태평양(02-3404-0149) [학]1959년 경북고졸 1963년 서울대 법대졸 1964년 同사법대학원졸 [경]1963년 고등고시 사법과 합격(16회) 1964년 軍법무관 1968~1977년 광주지법·목포지원·대구지법·영덕지원·대구지법 판사 1977년 대구고법 판사 1979년 대법원 재판연구관 1981년 대구지법 부장판사 1984년 부산지법 울산지원장 1986~1991년 대구고법 부장판사 1987~1989년 대구지법 수석부장판사 겸임 1991년 대구고법 수석부장판사 1993년 대구지법원장 1996년 부산고법원장 1997~2003년 대법원 대법관 2003년 법무법인 태평양 고문변호사(현) 2005~2007년 공직자윤리위원회 위원장

송찬엽(宋讚燁) SONG Chan Yeop

[생]1960·6·1 [출]전북 전주 [주]서울 중구 남대문로63 한진빌딩 법무법인 광장(02-772-4807) [학]1979년 전주고졸 1984년 서울대 사회교육과졸 1986년 同대학원 법학과졸 [경]1985년 사법시험 합격(27회) 1988년 사법연수원 수료(17기) 1988년 사단 검찰관 1989년 군단 검찰관 1991년 서울지검 서부지청 검사 1993년 광주지검 순천지청 검사 1995년 수원지검 성남지청 검사 1998년 서울지검 검사 2000년 同서부지청 부부장검사 2001년 춘천지검 원주지청장 2002년 대검찰청 연구관 2003년 대전지검 특수부장 2004년 서울중앙지검 부부장검사 2005년 대검찰청 공안1과장 2006년 서울중앙지검 공안1부장 2007년 창원지검 통영지청장 2008년 인천지검 2차장검사 2009년 서울서부지검 차장검사 2009년 법무부 인권국장 2010년 부산지검 1차장검사 2011년 서울중앙지검 1차장검사 2012년 서울고검 차장검사 2013년 대검찰청 공안부장 2013~2015년 서울동부지검장 2015년 법무법인 광장 변호사(현)

송창권(宋昌權) Song Chang Gweon

[생]1964·8·15 [본]여산(礪山) [출]제주 서귀포 [주]제주특별자치도 제주시 통물길122 성지요양원(064-713-5405) [학]1983년 제주 오현고졸 1990년 제주대 행정학과졸 2005년 同행정대학원 지방자치학과졸 2008년 同대학원 지방자치학박사과정 수료 [경]2002~2010년 (주)제주퍼블릭웰 대표이사 2003년 제주도소방교육대 행정법 강사 2004~2009년 제주시태권도협회 이사 2004년 (사)자치분권전국연대 이사(현) 2005~2006년 제주산업정보대학 강사 2005년 제주도농아복지관 운영위원 겸 후원회 사무국장 2006년 오현고총동창회 이사(현) 2006년 제주도의원 후보출마 2007년 열린우리당 제주시甲당원협의회 운영위원장 2007~2008·2009~2010년 외도초 학교운영위원장 2007~2008년 대통령자문 국가균형발전위원회 위원 2008~2009년 제주서중 학교운영위원장 2008년 대한예수교장로회 제주성지교회 장로(현) 2008~2009년 제주특별자치도지역혁신협의회 특별자치분과 위원 2008년 (사)제주자치분권연구소 소장(현) 2009년 제주시태권도협회 부회장 2010년 성지요양원 원장(현) 2013년 외도동복지위원협의체 위원장(현) [종]기독교

송창근(宋昌根)

[생]1970·1·11 [본]여산(礪山) [출]전남 순천 [주]인천 서구 환경로42 국립환경과학원 대기질통합예보센터(032-560-7660) [학]1988년 순천고졸 1995년 서울대 대기과학과졸 1997년 同대학원 대기과학과졸 2004년 대기과학박사(서울대) [경]1998~1999년 서울대 기초과학연구원 조교 2002~2003년 상지대 외래교수·시간강사 2004~2006년 미국 휴스턴대 Post-doctoral Fellow 2007~2013년 국립환경과학원 지구환경연구과·기후변화연구과 연구관 2014년 同대기질통합예보센터장(현) [저]'환경과 녹색성장(共)'(2011, 중앙교육진흥연구소)

송창기(宋昌基) SONG Chang Ki (露逸)

[생]1937·1·17 [본]은진(恩津) [출]전북 순창 [주]서울 마포구 동교로250 동방문화연구원 원장실(02-335-3745) [학]1956년 광주고졸 1963년 서울대 문리대 중국어문학과졸 1967년 同대학원졸 1977년 문학박사(대만 국립정치대) [경]1966년 한국외내단공(外內丹功)연구학회 이사장 1967년 신아일보 기자 1969~1973년 한국신문연구소 간사 1978~1981년 서울대·숙명여대 강사 1978년 청주대 중어중문학과 조교수 1980~1986년 국민대 중어중문학과 부교수 1981~1982년 중국 東海大 대학원 초빙교수 1983년 동방문화연구원 원장(현) 1986년 (사)한국건강체조보급회 이사장(현) 1986~2002년 국민대 문과대 중어중문학과 교수 1987년 중국 요령사범대 객원교수(현) 1993년 중국詩經(시경)학회 고문(현) 1997년 한국詩經(시경)학회 회장(현) 1997~1998년 미국 하버드대 방문학자 2001년 일본詩經(시경)학회 고문(현) 2002년 국민대 명예교수(현) [저]'중국고대여성윤리관(中國古代女性倫理觀)'(1977) '장경국평전(蔣經國評傳)'(1982) '잘사는 작은 나라(共)'(1984) '노자(老子)와 유가사상(儒家思想)(共)'(1988) '중국어(上·下)'(1989) '후야오빵의 죽음(胡耀邦之死)'(1989) '중국어교사 지도서'(1991·2001) '종합중국어강좌'(1991) '중국어 1·2'(1996) '명심보감신석(明心寶鑑新釋)(共)'(1999) '중국어 1'(2001) '중국고대여성윤리관(中國古代女性倫理觀)'(2002) '길손의 마음-노일(露逸) 송창기(宋昌基)교수 시문집'(2002) [종]기독교

송창길(宋昌吉) SONG Chang Khil

[생]1952·11·1 [본]여산(礪山) [출]제주 [주]제주특별자치도 제주시 제주대학로102 제주대학교 생명자원과학대학 생물산업학부(064-754-3318) [학]1976년 제주대 농학과졸 1982년 건국대 대학원 농학과졸 1989년 농학박사(동아대) [경]1985~2001년 제주대 강사·전임강사·조교수·부교수 1996년 호주 연방산업과학연구소 객원교수 2001년 제주대 생명자원과학대학 생물산업학부 식물자원환경전공 교수(현) 2001~2005년 제주도농업기술원 겸직연구관 2001~2003년 제주대 아열대농업생명과학연구소장 2003년 남제주 의제21실천협의회 의장 2004~2006년 제주대 생명과학대학장 2004~2009년 同아열대생물산업 및 친환경농업생명산업 인력양성사업단장 2007년 同친환경농산물인증센터장(현) 2008~2010년 서귀포시의제21협의회 의장 [저]'제주도의 귀화식물'(2005) '원색 제주의 식물도감'(2009) '자원식물의 이해'(2010) '약용자원식물학'(2012) [종]기독교

송창룡(宋昌龍) SONG Chang Lyong

[생]1960·9·5 [주]경기 의왕시 고산로56 삼성SDI 임원실(031-596-3901) [학]1983년 고려대 전자공학과졸 [경]1983년 삼성반도체통신 입사, 삼성전자(주) 반도체연구소 공정기술팀장 2003년 同디바이스솔루션 총괄책임자 2003년 同공정기술팀장(상무보) 2006년 同메모리공정기술팀장(상무) 2007~2008년 同메모리사업부 Fab1팀장 2009년 제일모직(주) 반도체소재사업부장(상무) 2010년 同공정소재사업부장(전무) 2012년 同전자재료사업부 개발팀장(전무) 2013년 同전자재료사업부장(부사장) 2014년 삼성SDI 전자재료사업부장(부사장)(현)

송창섭(宋昌燮) Song, Chang Seob

[생]1957·7·18 [출]경남 [주]충북 청주시 서원구 충대로 1 충북대학교 농업생명환경대학 지역건설공학과(043-261-2578) [학]1981년 서울대 농공학과졸 1990년 同대학원 농공학과졸 1994년 농학박사(서울대) [경]1995년 충북대 농대 농공학과 전임강사·조교수·부교수, 同농업생명환경대학 지역건설공학과 교수(현) 2003~2005년 同농업과학기술연구소장 2013~2015년 同농업생명환경대학장 2016년 同기획처장(현)

송창의(宋昌儀) SONG Chang Eui (晨園)

⊗1953·1·23 ⊗여산(礪山) ⊗서울 ㈜서울 마포구 월드컵북로402 KGIT센터 코엔미디어(02-6393-4500) ⊗1970년 성남고졸 1975년 서강대 신문방송학과졸 ⊗1977년 MBC TV제작국 PD 1984년 同교양제작국 PD 1991년 同공개·가족오락담당 1991년 同예능2담당 1996년 同TV제작국 예능1팀장 1997년 同예능국 위원 1997년 同예능3팀장 1999년 同예능국 위원 2000년 同예능국 부국장 2001~2006년 (주)조이엔터테인먼트 대표이사 2006~2009년 CJ tvN(주) 공동대표 2008년 CJ미디어 제작본부장 2009년 同제작본부장(부사장) 2012~2015년 CJ E&M 방송부문 크리에이티브 어드바이저(부사장) 2015~2016년 TV조선 제작본부장(부사장) 2016년 코엔미디어 제작본부 대표(현) ⊗한국방송대상 국무총리표창(1984), 백상예술대상 연출상(1991), 한국프로듀서대상(1991), 한국프로듀서연예오락작품상(1995), MBC코미디대상(2000), 자랑스러운 서강인상(2010) ⊗'격을 파하라'(2011, 랜덤하우스코리아) ⊗연출 MBC '토요일 토요일은 즐거워' '일요일 일요일 밤에' '남자 셋 여자 셋' '세 친구' ⊗불교

송창호(宋昌虎) SONG Chang Ho

⊗1961·7·27 ⊗은진(恩津) ⊗전북 김제 ㈜전북 전주시 덕진구 건지로20 전북대학교 의학전문대학원 해부학교실(063-270-3101) ⊗1986년 전북대 의대졸 1988년 同대학원졸 1992년 의학박사(전남대) ⊗1992~1995년 육군 군의관 1995년 전북대 의대 해부학교실 전임강사·조교수·부교수·교수, 同의학전문대학원 해부학교실 교수(현) 1997~1999년 미국 하버드대 의대 연구원 2007~2008년 미국 스탠퍼드대 의대 방문교수 2016년 전북대 의학전문대학원장(현) ⊗전북대총장표창(1997), 한곡학술상 빛날상(2003) ⊗'인체해부실습 길잡이' '기본 인체해부학' '해부학' ⊗가톨릭

송천헌(宋千憲) SONG Cheon Heon

⊗1956·11·5 ㈜경기 과천시 대공원광장로102 서울대공원 원장실(02-500-7001) ⊗경신고졸, 경희대 임학과졸, 세종대 경영대학원 경영학과졸 ⊗1984년 유한킴벌리 입사 2000년 同영업혁신총괄 이사, 同상무, 同전무 2013년 同경영지원부문 부사장 2015년 서울대공원 원장(현)

송철의(宋喆儀) SONG Cheol Eui

⊗1952·12·6 ⊗서울 강서구 금낭화로154 국립국어원 원장실(02-2669-9775) ⊗1976년 서울대 국어국문학과졸 1978년 同대학원 국어국문학과졸 1990년 문학박사(서울대) ⊗1982~1997년 단국대 전임강사·조교수·부교수·교수 1990~1992년 국어학회 편집이사 1997~1999년 同총무이사 1997~2015년 서울대 인문대학 국어국문학과 부교수·교수 2001~2003년 국어국문학회 총무이사 2006~2008년 서울대 규장각 한국학연구원 부원장 2009~2010년 국어학회 부회장 2011~2013년 同회장 2012~2013년 진단학회 회장 2015년 국립국어원 원장(현) ⊗제30회 두계학술상(2011), 한글학회 2014년도 우수논문상(2015) ⊗'국어국문학 연구사'(1985, 우석) '국어의 파생어형성 연구'(1992, 태학사) '17세기 국어사전'(1995, 태학사) '어휘자료 처리를 위한 파생접사 연구'(2001, 국립국어연구원) '방언학사전'(2001, 태학사) '한국 근대 초기의 언어와 문학(共)'(2005, 한국문화연구소) '역주 오륜행실도(共)'(2006, 서울대 출판부) '일제식민지시기 한국의 언어와 문학'(2007, 서울대 출판부) '일제식민지시기 한국의 언어와 문학'(2007, 서울대 출판부) '한국어 형태음운론적 연구'(2008, 태학사) '한국 근대 초기의 어휘'(2008, 서울대 출판부) '세계속의 한글'(2008, 도서출판 박이정) '주시경의 언어이론과 표기법'(2010, 서울대 출판문화원) ⊗'역주증수무원록언해'(2004, 한국문화연구소) '역주 오륜행실도(共)'(2006, 서울대 출판부)

송철호(宋哲鎬) SONG Chul Ho (一波)

⊗1949·5·26 ⊗여산(礪山) ⊗부산 ㈜울산 남구 문수로481 법무법인 정우종합법률사무소(052-274-2231) ⊗1968년 부산고졸 1976년 고려대 법과대학 행정학과졸 1989년 한국해양대 대학원졸 2000년 울산대 정책대학원 도시개발학과졸 ⊗1982년 사법시험 합격(24회) 1984년 사법연수원 수료(14기) 1986년 법무법인 정우종합법률사무소 대표변호사(현) 1987년 현대계열사노동조합 고문변호사 1988년 울산노동법상담소 소장 1992년 울산민주시민회의 의장 1995년 울산시쟁취시민운동본부 공동본부장 1995년 YMCA 사회봉사위원장 1998년 천주교 울산지역평신도협의회장 1998·2002년 민주노동

당 울산시장 후보 1999년 울산YMCA 이사장 2001년 경부고속철도울산역 유치범시민추진위원회 공동대표 2003년 사랑의장기기증운동 울산지역본부 이사장 2003년 열린우리당 지방자치특별위원장 2003~2005년 同울산시당 위원장 2005~2007년 국민고충처리위원회 위원장 2012년 민주통합당 울산중구지역위원회 위원장 2012년 제19대 국회의원선거 출마(울산 중구, 민주통합당) 2014년 제19대 국회의원선거 출마(울산 남구乙 보궐선거, 무소속) 2016년 제20대 국회의원선거 출마(울산 남구乙, 무소속) ⊗청조근정훈장(2010) ⊗수필집 '그래도 피보다 나락이 많다' '뒤처리 분과위원장의 꿈'(2012) ⊗천주교

송충석(宋忠錫) SONG Choong Seok

⊗1949·7·24 ⊗여산(礪山) ⊗전남 보성 ㈜강원 횡성군 우천면 하대5길101 한국골프대학 총장실(070-7877-2101) ⊗1973년 건국대 경영학과졸 1983년 연세대 경영대학원 경영학과졸 1988년 경영학박사(건국대) ⊗1973년 세무공무원교육원 강사 1977~1988년 공인회계사 개업 1985~1994년 건국대·한양대·서울시립대·광운대·상명여대 강사 1988년 동양투자자문(주) 부장 1991년 同이사 1994년 동양증권(주) 이사 1995년 同기업금융본부장(상무) 2000~2001·2002~2003년 한국회계정보학회 부회장 2001년 한국공인회계사회 경영자문연구위원 2004~2015년 한양대 경상대학 겸임교수 2004~2005년 서울도시철도공사 회계고문 2007년 강남대 대우교수 2011년 우리회계법인 공인회계사 2012년 더블에셋리츠 감사 2015년 한국골프대 총장(현) ⊗'회계학연습'(1981) '고급회계예해'(1982) '전산세무회계이론'(2006) 'IFRS회계원리'(2008) ⊗천주교

송충식(宋忠植) SONG CHOONG SIK

⊗1960·2·4 ⊗진천(鎭川) ⊗강원 춘천 ㈜서울 서초구 헌릉로12 현대제철(주) 재경본부(02-3464-6016) ⊗1978년 춘천고졸 1983년 강원대 경영학과졸 ⊗현대제철(주) 경리부장, 同재정·IR담당, 同당진공장 원가관리팀장 2006년 同경리담당 이사 2006~2014년 현대비앤지스틸 감사위원회 위원 2007년 현대제철(주) 제철투자·원가담당 이사(경영관리실장) 2008년 同경영관리실장 2010년 同경영관리실장(전무) 2014년 同재경본부장(전무) 2015년 同재경본부장(부사장)(현)

송충원(宋忠元) SONG Choong Won

⊗1941·6·27 ⊗여산(礪山) ⊗서울 ㈜서울 종로구 종로1길42 이마빌딩608호 (주)삼선로직스 임원실(02-399-8501) ⊗1960년 보성고졸 1965년 한국해양대 항해학과졸 ⊗1965년 미국 라스코쉬핑 입사 1967년 범양상선 입사 1979년 (주)삼미 이사 1980년 同상무 1981년 同전무 1983년 삼미해운(주) 대표이사 1983년 삼선해운(주) 대표이사 1987년 (주)삼선 대표이사 1995년 同회장 1995년 삼선해운(주) 회장 1995년 삼선에이전시(주) 회장 1998년 신광스테인레스(주) 회장 2001년 (주)삼선 대표이사 회장 2004년 (주)삼선글로벌 회장(현) 2004년 (주)삼선로직스 회장 2004년 (주)신광 회장(현) 2007년 (주)삼선로직스 대표이사 회장(현) ⊗동탑산업훈장

송치호(宋致浩) Song Chi-Ho

⊗1959·2·21 ⊗은진(恩津) ⊗서울 ㈜서울 영등포구 여의대로128 (주)LG상사 임원실(02-3773-5681) ⊗영등포고졸 1984년 고려대 경제학과졸 2010년 미국 Wharton-KMA CEO Institute 수료 ⊗1984년 (주)LG상사 국제금융과 입사 1997년 同홍콩법인 부장 2001년 同홍콩법인장(부장) 2005년 同재경담당 부장 2006년 同재경담당 상무 2007년 同경영기획담당 상무 2010년 同산업재2부문장(전무) 2011년 同인도네시아지역총괄 전무 2013년 同자원·원자재부문장(부사장) 2014년 同최고운영책임자(COO) 겸 대표이사 부사장 2014년 同대표이사 부사장(CEO)(현) 2015년 (사)한일경제협회 부회장(현)

송태곤(宋泰坤) Song Taekon

⊗1986·9·8 ㈜서울 성동구 마장로210 한국기원 홍보팀(02-3407-3870) ⊗허장회 8단 문하생 1992년 KBS배·조치훈배 우승 1995년 오리온배 우승 1999년 입단 2001년 2단 승단 2002년 3단 승단 2002년 박카스배 천원전 우승 2002·2003년 오스람코리아배 신예연승최강전 우승 2003년 4단 승단 2003년 비씨카드배 신인왕전·KBS바둑왕전 우승 2003년 후지쯔배 준우승 2003년 6단 승단 2004년 7단 승단 2004년 TV아시아바둑선수권대회 준우승 2006년 8단 승단 2008년 9단 승단(현) ⊗바둑문화상 승률상·신예기사상(2002)

송태권(宋太權) SONG Tae Gueon

[생]1957·10·25 [출]서울 [주]서울 서대문구 통일로81 임광빌딩8층 HMG퍼블리싱 임원실(02-725-2730) [학]1983년 연세대 정치외교학과졸 [경]1984년 한국일보 입사, 同사회부·국제부·경제부 기자 1995년 同파리특파원(차장) 1999년 同논설위원 2002년 同경제부 차장 2003년 同여론독자부장 2004년 同경제과학부장 2006년 同편집국 부국장 2006년 同편집국 수석부국장 2007년 同출판국장 2007년 관훈클럽 편집위원 2009년 한국일보 포춘코리아 매니징에디터 2011년 同포춘코리아 발행인 2011년 HMG퍼블리싱 상무 겸임 2012년 서울경제신문 논설위원실장 2013~2014년 한국일보 상무 2014년 HMG퍼블리싱 부사장 2014년 同대표이사 사장(현) 2014년 서울경제신문 부사장 겸임(현) [상]백상기자대상(1987)

송태민(宋泰玟) SONG Tae Min

[생]1956·10·18 [본]은진(恩津) [출]경남 진주 [주]세종특별자치시 시청대로370 한국보건사회연구원 정보통계연구실 빅데이터연구센터(044-287-8201) [학]1975년 진주고졸 1980년 동국대 전자계산학과졸 1982년 同경영대학원 전자정보처리학과졸 2005년 컴퓨터공학박사(동국대) [경]1980년 한국가족계획연구원 입사 1988년 한국보건사회연구원 책임전산원 1990~1996년 수원공전·연세대·배화여전 강사 1998년 한국보건사회연구원 책임연구원 1998년 同정보통계연구실장 1999년 同연구위원 2006년 同지식경영정보본부장 2007년 同건강정보센터 소장 2008~2011년 同보건사회통계실장 2013년 同통계정보연구실장 2013년 同보건정책연구본부 사회정신건강연구센터장 2014년 同정보통계연구실장 2015년 同연구위원 2016년 同정보통계연구실 빅데이터연구센터장(선임연구위원)(현) [상]보건복지부장관표창(2006)

송태영(宋泰榮) SONG Tae Young

[생]1947·1·12 [출]서울 [주]경기 수원시 팔달구 효원로265번길40 용하빌딩5층 (사)대한설비관리학회(070-7582-9050) [학]1965년 보성고졸 1969년 서울대 공대 응용화학과졸 2002년 아주대 산업대학원 산업공학과졸 2006년 공학박사(아주대) [경](주)동양맥주 부장, (주)백화양조 공장장·이사, (주)두산백화 상무이사 1997년 同전무이사 1998년 OB맥주 전무이사 1999년 카스맥주 전무이사 2000~2007년 OB맥주 생산부문 부사장 2008년 (사)대한설비관리학회 회장 2010년 同고문(현) [상]산업포장(1990), 은탑산업훈장(2003)

송태영(宋泰永) SONG Tae Young

[생]1961·3·20 [출]충북 보은 [주]충북 청주시 흥덕구 공단로97 새누리당 충북도당(043-235-0001) [학]1979년 충북고졸 1986년 충북대 행정학과졸 2008년 연세대 언론홍보대학원졸(문학석사) [경]한나라당 정책부장, 同의원부장, 同대변인실 부실장, 국회 정책연구위원(2급), 한나라당 사무처협의회 공동대표, 자유를위한행동 운영위원 겸 충청대표, 미래연대 운영위원 2003년 한나라당 부대변인 2004년 同충북도당 사무처장 2007년 同이명박 대통령후보 공보특보 2007년 이명박 대통령당선자 부대변인 2008년 제18대 국회의원선거 출마(청주시 흥덕乙, 한나라당), 국민생활체육전국검도연합회 부회장 2009년 한나라당 충북도당 위원장 2009년 同충북도당 인사위원장 2010~2015년 한국엔터테인먼트산업학회 회장 2015년 새누리당 중앙연수원 부원장(현) 2016년 同청주시흥덕구당원협의회 운영위원장 2016년 제20대 국회의원선거 출마(청주시 흥덕구, 새누리당) 2016년 새누리당 충북도당 위원장(현) 2016년 충북대 사회과학연구소 초빙객원교수(현)

송태호(宋泰鎬) SONG Tae Ho

[생]1945·1·11 [본]은진(恩津) [출]충남 서천 [주]서울 서대문구 통일로107의39 사조빌딩308호 동아시아미래재단(02-364-9111) [학]1964년 경기고졸 1972년 서울대 문리대 사회학과졸 1983년 미국 미주리주립대 저널리즘스쿨 수료 [경]1972~1983년 경향신문 정치부·외신부 기자 1983년 同미국특파원 1986년 同외신부 부장대우 1986년 대통령 공보비서관 1989~1992년 국무총리 정무비서관 1993년 대통령 교육문화비서관 1994년 대통령 교육문화사회비서관 1994~1997년 국무총리 비서실장 1997~1998년 문화체육부 장관 1998년 미국 워싱턴아메리칸대 초빙연구원 1999년 동양기전 사외이사 1999~2002년 홍익대 동북아연구소 초빙교수 2001년 한양대 언론정보대학원 객원교수 2002~2006년 경기문화재단 대표이사 2008년 (사)우리문화사랑 이사장(현) 2010년 벽산문화재단 이사장 2013년 동아시아미래재단 이사장(현) [상]홍조근정훈장, 청조근정훈장 [종]기독교

송평근(宋平根) SONG Pyoung Keun

[생]1966·3·29 [출]전남 보성 [주]서울 중구 남대문로63 한진빌딩본관18층 법무법인 광장(02-772-4880) [학]1984년 신일고졸 1988년 서울대 법학과졸 2002년 同법과대학 전문분야법학연구(공정거래법)과정 수료 [경]1987년 사법시험 합격(29회) 1990년 사법연수원 수료(19기) 1990년 軍법무관 1993년 서울민사지법 판사 1995년 서울지법 서부지원 판사 1997년 청주지법 충주지원 판사 1999년 수원지법 성남지원 판사 2001년 서울행정법원 판사 2003년 대법원 재판연구관 2005년 춘천지법 영월지원장 2006년 대법원 재판연구관 2008~2010년 서울북부지법 부장판사 2010년 법무법인 광장 변호사(현) 2011년 (주)사람인에이치알 사외이사(현) 2012년 서강대 법학전문대학원 겸임교수(현)

송필호(宋弼鎬) SONG Pil Ho

[생]1950·8·12 [본]은진(恩津) [출]충북 청원 [주]서울 중구 서소문로88 중앙일보 임원실(02-751-9100) [학]1968년 서울대사대부고졸 1972년 서울대 경제학과졸 [경]1983년 삼성그룹 비서실 경영관리담당 부장 1987년 삼성건설 개발담당 이사 1993년 삼성그룹 비서실 경영관리담당·홍보담당 이사 1994년 중앙일보 관리담당 이사 1995년 同경영지원실장(이사) 1995년 同경영지원실장(상무이사) 1998년 同경영지원실장(전무이사) 2000년 同경영지원실장(부사장) 2000년 조인스닷컴(주) 대표이사 2001년 중앙일보 경영담당 대표이사 부사장 2005년 同대표이사 사장 2007~2015년 同발행인 2007~2014년 한국신문협회 부회장 2008년 전국재해구호협회 부회장(현) 2009~2011년 아이에스플러스코프 대표이사 2009~2010년 헌법재판소 자문위원 2011년 위스타트운동본부 회장(현) 2011년 중앙일보 대표이사 부회장(현) 2011~2013년 제이콘텐트리 대표이사 2014~2016년 한국신문협회 회장 2014년 한국언론진흥재단 비상임이사(현) 2016년 한국신문협회 이사 겸 고문(현) 2016년 아시아기자협회 부이사장(현) 2016년 한국기원 비상근부총재(현) [상]대한민국경제리더 대상(2010), 중앙SUNDAY 선정 '2013 한국을 빛낸 창조경영대상'(2013), 한국언론인연합회 '자랑스런 한국인대상' 언론경영부문 종합대상(2014)

송하경(宋河璟) SONG Ha Kyung (友山)

[생]1942·10·14 [본]여산(礪山) [출]전북 김제 [주]서울 종로구 성균관로25의2 성균관대학교(02-760-0114) [학]1960년 이리 남성고졸 1965년 성균관대 동양철학과졸 1986년 문학박사(대만 국립사범대) [경]1974~1985년 전북대 전임강사·조교수·부교수 1985년 성균관대 유학대 유교학과 부교수 1986~2008년 同유학동양학부 교수 1987년 예술의전당 운영위원 1989년 한국서예협회 창립준비위원장 1991년 성균관대 유학대학장 겸 유학대학원장 1991년 한국사상사학회 부회장 1991년 대한민국예술대전 심사위원장 1992년 한국동양철학회 부회장 1993년 강암서예학술재단 부이사장 1993년 한국서예100인전 초대출품 1994년 서울국악대전 운영부위원장 1995년 동양철학연구회 회장 1995~2000년 한국양명학회 회장 1997년 세계서예전북비엔날레 운영위원장 1997년 대한민국서예대전 심사위원장 1998~2003년 성균관대 박물관장 1998년 한국서예단체협의회 초대의장 1998~2000년 한국서예학회 회장 1998~2008년 남북코리아미술교류협의회 부이사장 1998~2005년 동아시아문화포럼 회장 1998~2005년 동아시아문화와사상 편집인 겸 주간 1998년 1999세계서예비엔날레 조직위원장 1999년 한국동양예술학회 초대회장 2000~2008년 통일문화학회 공동대표 2000~2004년 동아미술제 운영위원 2001년 동암예술제 심사위원장 2007년 한국서예비평학회 회장(현) 2008년 성균관대 명예교수(현) 2011~2013년 문화재청 문화재위원회 위원 [상]녹조근정훈장(2008) [종]유교

송하경(宋河鯨) SONG Ha Kyung

[생]1959·7·27 [출]서울 [주]경기 용인시 수지구 손곡로17 (주)모나미 비서실(031-270-5102) [학]1978년 양정고졸 1984년 연세대 응용통계학과졸 1986년 미국 로체스터대 경영대학원졸 [경]1986년 (주)모나미 이사 1989년 同상무이사 1990년 同전무이사 1991년 同부사장 1993년 同대표이사 사장(현) [상]석탑산업훈장 [종]기독교

송하성(宋河星) SONG Ha Seong

[생]1954·10·20 [본]여산(礪山) [출]전남 고흥 [주]서울 서대문구 경기대로9길24 경기대학교 본관410호(02-312-3303) [학]1973년 광주상고졸 1978년 성균관대 경제학과졸 1985년 서울대 행정대학원졸 1988년 경제학박사(프랑스 파리소르본느대) 1999년 미국 조지타운대 로스쿨졸(L.L.M) 2002년 한국방송통신대 법학과졸 2007년 고려대 국제대학원 최고경영자과정 수료 [경]1978년 행정

고시 합격(22회) 1980~1992년 경제기획원 근무 1992년 대전EXPO조직위원회 홍보부장 1994년 대통령 경제행정규제완화점검단 총괄과장 1994년 경제기획원 공보담당관 1995년 공정거래위원회 국제업무2과장·공동행위과장 1996년 駐미국대사관 경제협력관 1999년 공정거래위원회 총괄정책과장 2001년 同총무과장 2001년 同심판관리관 2002년 경기대 서비스경영전문대학원 교수(현) 2002년 전남도지사선거 출마(무소속) 2003~2007년 산업자원부 무역유통평가위원 2004~2009년 기획예산처 부담금운용심의위원 2005~2007년 공정거래위원회 경쟁정책자문위원 2005~2007년 자전거사랑전국연합 회장 2006년 한국공공정책학회 수석부회장 2006년 러시아 상트페테르부르크대 객원교수(현) 2006~2009년 외교통상부 통상교섭자문위원 2007~2011년 경기미래발전연구원 원장 2008~2009년 2012여수세계박람회조직위원회 자문위원 2011년 지식경제부 자문위원 2012~2015년 바른경제민주화연구회 회장 2013~2015년 경기대 서비스경영전문대학원장 2013년 대한민국 육·해·공군·해병대 예비역병장총연합회 초대회장(현) 2014년 수원지법 조정위원 2015년 한국공공정책학회 회장(현) 2016년 제일제강공업(주) 사외이사 [상]대통령표창(1991), 대전EXPO 유공 포상(1993), 근정포장(1994), 수원문학상 시조부문 신인상(2015) [저]'미국경쟁법 가이드'(1998) '부자유친'(2001) '장보고 시대를 열자'(2002) '현대생활예절과 국제매너'(2004) '내 아이도 꿈을 이룰 수 있다'(2008) '송가네공부법'(2010) '자기주도적 읽기방법'(2011) '수업몰입'(2011) '송가네영어공부법Ⅱ'(2012) [종]기독교

송하영(宋河永) SONG Ha Young

[생]1954·11·10 [출]대전 [주]대전 유성구 동서대로125 한밭대학교 총장실(042-821-1000) [학]1973년 대전고졸 1978년 서울대 공과대학 건축학과졸 1989년 충남대 대학원졸 1993년 공학박사(충남대) [경]1982년 동산토건(주) 본사·국내외현장 공사과장 1986년 대전개방대 건축공학과 전임강사 1986년 대한건축학회 정회원(현) 1988~1997년 대전공업대 건축공학과 조교수·부교수 1988년 同산업기술연구소 연구부장 1991년 한국콘크리트학회 정회원(현) 1992년 대전산업대 건축공학과 학과장 1992년 同대학원 주임교수 1992~1997년 同건축공학과 부교수 1995년 미국 일리노이대(어바나샴페인) 토목공학과 객원연구원 1999년 건축문화의 해 대전지역추진위원회 위원 1999~2001년 (사)도시건축연구원 원장 2000년 한밭대 연구산학협력처장 2001년 천주교 대전교구 건축위원회 위원(현) 2001년 한밭대 건설환경조경대학 건축공학과 교수(현) 2002년 조달청 설계 및 시공관리 기술고문 2002년 한밭대 기획협력처장 2002~2003년 한국건설관리학회 충청지회 지회장 2003년 同이사 2004~2006년 대전도시공사 사외이사 2004년 한국항공우주연구원 우주센터건설 전문분과위원 2004~2006년 대한건축학회 논문편집위원회 위원 2006~2008년 同대전충남지회장 겸 이사 2006~2007년 한밭대 공과대학장 2007~2009년 행정중심복합도시 건설추진위원회 자문위원 2009~2013년 대전 건설기술심의위원회 위원장 2010년 대전건축문화제 조직위원회 고문 2010~2014년 대전시 규제개혁위원회 공동위원장 2012년 서울대 총동창회 이사(현) 2012년 대한건축학회 참여이사(현) 2014년 대전충남지역총장협회의 회장 2014년 한국대학교육협의회 이사 2014년 한밭대 총장(현) 2015년 한국대학교육협의회 대학윤리위원회 위원(현) 2015~2016년 대전CBS 시청자위원장 [상]공군 작전사령관표창(1981), 건설부장관표창(1985), 한밭대총장표창(2006), 한국건설관리학회 특별공로상(2009), 한국건설순환자원학회 논문상(2009), 대한건축학회 학술상(2010)

송하중(宋河重) SONG Hah Zoong

[생]1952·12·29 [본]여산(礪山) [출]전남 고흥 [주]서울 동대문구 경희대로26 경희대학교 정경대학 행정학과(02-961-0473) [학]광주제일고졸 1975년 서울대 금속공학과졸 1977년 同행정대학원졸 1984년 미국 Harvard Univ. 대학원 정책학과졸 1991년 정책학박사(미국 Harvard Univ.) [경]1977~1981년 공군 정비장교(대위 예편) 1985년 미국 전국소비자법률연구소 Consultant 1991~1996년 한국행정연구원 정책연구부장 1996년 경희대 정경대학 행정학과 교수(현) 1998~2000년 행정개혁위원회 위원 2000~2002년 중앙공무원교육원 겸임교수 2000~2002년 공익사업선정위원회 위원 2001년 대통령자문 정책기획위원회 위원 2002~2003년 미국과학재단(NSF) 초청연구원 2003~2005년 경희대 행정대학원장 2003년 교육부 대학설립심사위원회 위원 2004년 국가과학기술위원회 종합조정실무위원회 위원 2004년 한국행정학회 부회장 2004년 행정자치부 인력운영자문단 위원장 2005~2006년 대통령자문 정책기획위원회 위원장 2007년 한국수력원자력 비상임이사 2009년 한국정책학회 회장 2012년 SK네트웍스 사외이사(현) 2012년 기초기술연구회 비상임이사(현) 2013년 한국공학한림원 정회원(현), 사용후핵연료공론화위원회 위원(현) 2014년 행정개혁시민연합 공동대표(현) 2015년 한국과학기술단체 총연합회 감사(현) 2016년 원자력정책포럼 회장(현) [상]홍조근정훈장 [저]'행정개혁의 신화와 논리'(共) '정부행정 중장기발전을 위한 기본구상' '과학기술활동 촉진을 위한 사회적 보상체계' '행정학의 주요 이론'(共)

송하진(宋河珍) SONG Ha Jin (翠石)

[생]1952·4·29 [본]여산(礪山) [출]전북 김제 [주]전북 전주시 완산구 효자로2 전라북도청 도지사실(063-280-2001) [학]1971년 전주고졸 1979년 고려대 법학과졸 1981년 서울대 행정대학원 행정학과졸 1994년 행정학박사(고려대) [경]1981~1990년 전북도 인사·기획·공보계장 1989~1995년 원광대 강사 1990년 전북도 통계담당관 1992년 同지역경제과장 1993년 同총무과장 1994~1996년 同기획관 1995~1997년 전주대 객원교수 1996년 전북도 경제통상국장 1997년 내무부 방재계획과장 1998년 행정자치부 자치정보화담당관 1999년 同민간협력과장 2000년 同교부세과장 2001년 전북도의회 사무처장 2002년 전북도 기획관리실장 2004~2005년 행정자치부 지방분권지원단장 2006·2010~2014년 전북 전주시장(열린우리당·대통합민주신당·통합민주당·민주당·민주통합당·민주당·새정치민주연합), 전북시장군수협의회 회장 2012년 민주통합당 지방자치단체장협의회 부회장 2013년 민주당 지방자치단체협의회 부회장 2014년 전북도지사(새정치민주연합·더불어민주당)(현) 2015년 전국시·도지사협의회 부회장(현) 2016년 '2017 무주세계태권도선수권대회' 조직위원회 공동위원장(현) 2016년 지역균형발전협의체 제4대 공동회장(현) [상]국무총리표창(1983), 내무부장관표창(1991), 녹조근정훈장(1999), 한국정책학회 학술상 저술부문(2010), 한국문학예술상 특별상(2013), 대한민국 CEO독서대상(2015) [저]'정책성공과 실패의 대위법' 시집 '모악에 머물다'(2006) '느티나무는 힘이 세'(2010)

송한주(宋翰周) Song Han Joo

[생]1952·8·10 [출]서울 [주]경기 성남시 분당구 돌마로48 (주)후성 임원실(031-627-4000) [학]한양대졸, 한국외국어대 무역대학원졸 [경]한국특수내화 근무, (주)울산화학 근무, 후성물산(주) 근무 2001년 퍼스텍(주) 화학·신소재사업부 사장 2006년 (주)후성 대표이사 부회장(현) [상]철탑산업훈장(2014) [종]불교

송한준(宋漢俊) SONG Han Jun

[생]1960·1·17 [본]회덕(懷德) [출]서울 [주]경기 수원시 팔달구 효원로1 경기도의회(031-8008-7000) [학]2007년 서강대 대학원 사회복지정책학과졸, 단국대 대학원 정치외교학박사과정 재학 중 [경]한국해양연구원 연안공학부 근무, 同노동조합 위원장, 전국과학기술노동조합 감사, 同부위원장, 공공연구노동조합 한국해양연구지부장 2007년 사랑나눔무료급식소 사무총장, 민주당 안산상록甲지역위원회 직능위원장, 안산녹색자치회망연대 운영위원, 안산시 다문화센터 운영위원 2009년 지역아동센터 사무총장(현) 2010년 경기도의회 의원(민주당·민주통합당·민주당·새정치민주연합) 2012년 同경제과학기술위원회 간사 2014년 경기도의회 의원(새정치민주연합·더불어민주당)(현) 2014년 同경제과학기술위원회 위원 2016년 同교육위원회 위원(현) 2016년 同예산결산특별위원회 위원장(현) 2016년 同노동자인권보호특별위원회 위원장(현) [상]전국시·도의회의장협의회 우수의정 대상(2016)

송 해(宋 海) SONG Hae

[생]1927·4·27 [출]황해 재령 [주]서울 영등포구 여의공원로13 KBS 전국노래자랑팀(02-781-3311) [학]해주음악전문학교졸 [경]1955년 창공악극단으로 데뷔, MC 겸 코미디언(현), 원로연예인상록회 회장, 음식체인점 '가로수를 누비며' 대표 1988년 KBS '전국노래자랑' MC(현) 2002년 'MBC 명예의 전당' 수상 2003년 전국연예예술인조합 주관 '올해의 스승'에 추대 2010년 남원시 홍보대사 2010년 한국방송공사 최초 명예사원 2012년 여수시 홍보대사 2012년 IBK기업은행 홍보대사 2014년 (주)제이디홀딩스 전속모델 2015년 2015괴산세계유기농산업엑스포조직위원회 공동조직위원장 2016년 대구 달성경찰서 '4대 사회악 근절' 홍보대사(현) [상]보관문화훈장, 대한민국 연예예술상 대상(2001), 한국방송프로듀서상 진행자부문(2003), 한국방송대상 심사위원 특별공로상(2003), KBS 바른언어상(2004), 여의도클럽 제6회 방송인상 방송공로부문상(2005), 백상예술대상 공로상(2008), 제2회 한민족문화예술대상 대중문화부문상(2009), 대한민국 희극인의날 자랑스러운스승님상(2009), 대한민국 연예예술상 남자TV진행상(2010), 방송통신위원회방송대상 특별상(2010), 환경재단 선정 '세상을 밝게 만든 사람들'(2010), 대한민국 광고대상 모델상(2012), '2013년을 빛낸 도전한국인 10인' 연예부문 대상(2014), 은관문화훈장(2014), 대한민국사회공헌대상 특별상(2015), 한국PD대상 출연자부문(2016) [작]'8도 노래자랑' '고전유머극장'

ㅅ

송해룡(宋海龍) SONG Hae Ryong

[생]1954·8·12 [출]충남 천안 [주]서울 종로구 성균관로25의2 성균관대학교 사회과학대학 신문방송학과(02-760-0401) [학]1979년 성균관대 물리학과졸 1985년 同대학원졸 1988년 신문방송학박사(독일 뮌스터대) [경]1988~1993년 성균관대 강사·원광대 신문방송학과 조교수 1993년 원광대 신문방송학과 교수 1996년 독일 쾰른스포츠대 객원교수 1997년 한국과학기술원(KAIST) 인문사회과학부 대우교수 2000년 성균관대 신문방송학과 교수(현) 2003년 同신문사 주간 2008~2010년 방송통신위원회 보편적시청권보장위원회 위원 2009~2011년 성균관대 학생처장 2009~2011년 同종합인력개발원장 2011~2012년 同언론정보대학원장 2011~2012년 한국방송학회 회장 2013년 (재)국악방송 비상임이사(현) 2015년 한국스포츠미디어학회 회장 2015년 성균관대 사회과학대학장(현) [상]한국언론학회 학술상(2005) [저]'커뮤니케이션정책론' '뉴미디어경영론' '스포츠커뮤니케이션론' '뉴미디어와문화' '매스텔레마틱론' '스포츠광고와 기업커뮤니케이션' '미디어스포츠와 스포츠커뮤니케이션' '디지털커뮤니케이션과 스포츠콘텐츠' '기업커뮤니케이션론' '디지털미디어, 서비스 그리고 콘텐츠' '디지털라디오방송론' '위험보도론' '스포츠, 미디어를 만나다' '스포츠저널리즘과 마케팅' '영상시대의 미디어스포츠' '디지털미디어 길라잡이' '휴대폰 전자파의 위험' [역]'미디어스포츠'(2004) [종]기독교

송해룡(宋海龍) Song Hae Ryong

[생]1957·4·8 [출]부산 [주]서울 구로구 구로동로148 고려대 구로병원 정형외과(02-2626-2483) [학]1981년 고려대 의대졸 1984년 同대학원졸 1990년 의학박사(고려대) [경]1981~1984년 공중보건의 1981년 성주군 가천면 국가시범의원 1982년 선산군 무을면 보건지소 근무 1983년 청도군 각북면 보건지소 근무 1984년 고려대 구로병원 인턴 1985~1989년 同구로병원 정형외과 레지던트 1989~1991년 고려대병원 임상강사 1991~2003년 경상대 의대 정형외과학교실 전임강사·조교수·부교수 1994년 미국 시카고 노스웨스턴대 소아기념병원 연구원 1995년 미국 매릴랜드대 커난병원 사지기형교정센터 연구원 1996~1998·2001~2002년 경상대병원 정형외과장 1999~2001년 경상대 의대 정형외과학교실 주임교수 2004년 고려대 의대 정형외과학교실 교수(현) 2006~2010년 同구로병원 정형외과장 2006년 同구로병원 희귀난치성질환센터장 2007년 한국희귀난치성질환연합회 자문이사(현) 2008년 고려대 구로병원 희귀질환연구소장(현) 2010년 대한민국의학한림원 정회원(현) 2010년 고려대 구로병원 임상기지시험센터 IRD위원장(현) 2012~2013년 대한골연장변형교정학회 학회장 2013~2015년 대한정형외과학회 법제위원회 위원 2016년 KU-MAGIC연구원 기술사업본부장(현) 2016년 식품의약품안전처 차세대의료기기100프로젝트맞춤형멘토링 전문가위원(현) [상]보건복지부장관 표창(2008), 고려대 의료원 학술상(2010), SBS 희망내일나눔대상 공로상(2011), 대한정형외과학회 학술장려상(2012) [저]'수술로 키를 늘일 수 있다구요?' 전자책 '키 수술과 합병증'(2012)

송해숙(宋海淑·女) Song, Hae-sook

[생]1961·11·20 [주]울산 남구 중앙로201 울산광역시의회(052-229-5031) [학]거창 대성여상졸, 울산대 산업경영대학원 연구과정 수료 [경]삼성전자(주) 울산비투비 대표이사, 새누리당 울산시당 여성위원장 2014년 울산시의회 의원(비례대표, 새누리당)(현) 2014년 同환경복지위원회 위원 2016년 同운영위원회 위원(현) 2016년 同환경복지위원회 부위원장(현) 2016년 同예산결산특별위원회 부위원장(현)

송해은(宋海夽) SONG Hai Eun

[생]1959·3·27 [본]여산(礪山) [출]충북 청주 [주]서울 서초구 서초대로74길4 법무법인 동인(02-2046-0640) [학]1977년 청주고졸 1982년 한양대 법학과졸 1999년 同행정대학원 사법행정학과졸 [경]1983년 사법시험 합격(25회) 1985년 사법연수원 수료(15기) 1986년 서울지검 남부지청 검사 1988년 광주지검 순천지청 검사 1990년 대전지검 검사 1992년 서울지검 동부지청 검사 1994년 대검 검찰연구관 직대 1995년 同검찰연구관 1997년 서울고검 검사 1999년 춘천지검 영월지청장 2000년 서울지검 부부장검사 2001년 인천지검 부천지청 부장검사 2002년 同특수부장 2003년 서울지검 남부지청 형사6부장 2004년 서울동부지검 형사1부장 2005년 광주지검 순천지청 차장검사 2006년 인천지검 제2차장검사 2007년 대검찰청 수사기획관 2008년 수원지검 성남지청장 2009년 부산지검 1차장검사 2009년 전주지검장 2010년 대검찰청 형사부장 2011년 서울서부지검장 직대 2011년 서울동부지검장 2012~2013년 사법연수원 부원장 2013년 법무법인 동인 구성원변호사(현) [상]근정포장(1991), 홍조근정훈장(2004) [종]천주교

송향근(宋享根) Song, Hyangkeun

[생]1956·10·10 [주]서울 서초구 반포대로201 세종학당재단(02-3276-0701) [학]1976년 경동고졸, 고려대 국어국문학과졸, 同대학원졸 1993년 국문학박사(고려대), 핀란드 헬싱키대 수학(알타이비교언어학전공) [경]1993년 부산외국어대 한국어문화학부 교수(현) 1999~2001년 핀란드 헬싱키대 동아시아학과 초빙교수 2005~2009년 이중언어학회 회장 2009~2012년 한국어교원자격심사위원회 위원장 2011~2012년 한국어세계화재단 이사장 2012~2015년 세종학당재단 비상임이사 2013~2015년 국제한국어교육학회 회장 2011년 국어심의회 위원(현) 2015년 세종학당재단 상임이사장(현) [상]문화체육관광부장관표창(2009), 대통령표창(2012) [저]'외국인의 한글 연구(共)'(1997) '한국어교육 연구의 이해(共)'(2012)

송 현 SONG Hyun (無向齋)

[생]1947·5·24 [본]은진(恩津) [출]부산 [주]서울 동대문구 장한로21길11의11 한글문화원 원장실 [학]1965년 부경고졸 1969년 동아대 국어국문학과졸 1973년 同대학원 수학 [경]1974~1976년 서라벌고 교사 1975년 월간 '시문학'으로 등단, 시인 겸 동화작가(현) 1976~1978년 공병우한글기계화연구소 부소장 1976년 한글기계화추진회 회장 1978~1982년 공병우타자기(주) 대표이사 사장 1979년 문장용타자기연구회 회장 1985~1988년 한국현실문제연구소 소장 1988~1989년 월간 '디자인' 편집주간 1989~1991년 월간 '굴렁쇠' 편집주간 1991년 한글표준글자꼴제정전문위원 1992년 남북한한글자판통일추진회 회장 1992년 한국어린이문학협의회 회장 1992년 민족문학작가회의 아동문학분과위원장 1994~1995년 KBS라디오 '행복이가득한곳에'·'송현인생칼럼'·'비지니스맨시대' 진행 1995~1997년 서울문화예술신학교 교수 1999년 한글문화연구회 이사 2002년 (주)건강미디어왕국 CEO 2002년 명상출판사 편집대표 2004년 한글문화원 원장(현) 2004~2005년 경기대 사회교육원 교수, 송현결혼학교 교장 2004~2005년 사법개혁국민연대 공동대표 2006년 한국라즈니쉬학회 회장(현) 2008~2010년 브레이크뉴스 주필 2011년 세종시 명칭재정자문위원회 위원장 2011년 한글학회 '한글새소식' 편집자문위원(현) 2011년 불교TV 송현 시인의 '지혜의발견' 특강 2012년 한국스토리텔링연구소 소장(현) 2013년 KBS 아침마당 목요특강 진행 2013년 팟캐스트 '송현방송' 진행(현), '송현의 행복대학교' 대표(현) 2016년 한국인문학대학 석좌교수(현) [상]동아문학상, 명예타자석학 칭호, 한글학회 한글빛낸 문화인물 선정 [저]시집 '참회록' 칼럼집 '당신에게 남은 찬스가 많지 않다' '행복의 발견' '여자는 알 수 없다' 소설집 '오빠의 방' '어머님 전상서' 동화집 '판돌이 특공대' '쥐돌이의 비밀잔치' '쥐돌이의 세상구경' 연구서 '시인 함석헌' '영적 스승 라즈니쉬' '한글기계화개론' '한글기계화운동' '한글자형학' '애들아, 나를 할머니라 부르지 말고 윤순이 할머니라 불러라!' 등 [종]불교

송현경(宋賢慶·女)

[생]1975·1·17 [주]경남 창원시 성산구 창이대로681 창원지방법원(055-266-2200) [학]1993년 동덕여고졸 1998년 고려대 법학과졸 [경]1997년 사법시험 합격(39회) 2000년 사법연수원 수료(29기) 2000년 서울지법 판사 2002년 서울가정법원 판사 2004년 제주지법 판사 2007년 부산지법 판사 2011년 사법연수원 교수 2013년 서울행정법원 판사 2015년 서울남부지법 판사 2016년 창원지법 부장판사(현)

송현섭(宋鉉燮) SONG Hyun Sup (友松)

[생]1936·10·12 [본]여산(礪山) [출]전북 정읍 [주]서울 영등포구 국회대로68길14 더불어민주당(02-788-2278) [학]1956년 전주고졸 1961년 성균관대 정치학과졸 1965년 고려대 경영대학원 수료 1973년 일본 게이오대 대학원 수료 2010년 명예 경영학박사(우석대) [경]1974년 대한하키협회 회장 1979년 한·일한국인위령탑봉안회 회장 1985년 제12대 국회의원(전국구, 민한당·신민당) 1985년 신민당 총재 사회문화담당 특보 1987년 평민당 원내부총무 1988년 同사무처장 1988년 제13대 국회의원(전국구, 평민당·신민당·민주당) 1991년 신민당 당무위원 1991년 민주당 당무위원 1991년 同총재 사회담당 특보 1994년 아·태재단후원회 상근부회장 1995년 전라일보 회장 1998년 제15대 국회의원(전국구 승계, 국민회의·새천년민주당) 2000년 새천년민주당 총재특보 2003년 (사)한국효도회 회장 2005~2007년 열린우리당 고문 2005년 同후원회장 2006~2007년 同재정위원장 2007년 대통합민주신당 재정위원장 2008년 통합민주당 재정위원장 2010년 在京전북도민회 회장(현) 2011년 대한민국헌정회 회장 직대 2012년 전북도 명예도지사(현) 2013~2015년 대한민국헌정회 부회장 2014~2015년 새정치민주연합 전국노인위원장 2015년 同고문 2015년 여산(礪山)송씨(宋氏)종친회 회장 2015년 서울시 시정고문(현) 2015년 서울시교육청 고문(현) 2015년 더불어민주당 전국실버위원회 위원장(현) 2016년 同제20대 총선 선거대책위원회 위원 2016년 同더불어경제선거대책위원회 공동부위원장 겸 전북도선거대책위원장 2016년 同상임고문(현) 2016년 同최고위원(현) [상]대통령표창(1998), 국민훈장 석류장(2005) [저]'오래오래 살아주세요' [종]기독교

송현승(宋炫昇) SONG Hyun Seung

[생]1955·2·1 [출]충북 제천 [주]충남 아산시 음봉면 연암율금로330 비아이이엠티(주)(041-539-6114) [학]1972년 제천고졸 1978년 고려대 정치외교학과졸 [경]1983년 연합통신 외신부 기자 1989년 同정치부 기자 1999년 연합뉴스 정치부 차장 2000년 同정치부 부장대우 2000년 同사회부장 직대 2003년 同정치부장 2004년 同지방국 부장급 2005년 同편집국 사회·지방·사진담당 부국장 2006년 관훈클럽 편집담당 운영위원 2006~2009년 연합뉴스 기획·총무담당 상무이사 2006~2009년 (주)연합인포맥스 비상임이사 2007~2009년 연합뉴스 동북아정보문화센터 비상임이사 2009년 (주)연합인포맥스 전무이사 2012년 同특임이사 2013~2015년 연합뉴스 대표이사 사장 2013~2015년 연합인포맥스 대표이사 회장 2013~2015년 연합M&B 사장 2013~2015년 연합뉴스 동북아센터 이사장 2013~2015년 연합뉴스TV(뉴스Y) 대표이사 사장 2014년 한국신문협회 이사 2016년 비아이이엠티(주) 사외이사(현), 충청포럼 이사(현)

송현종(宋鉉鍾) SONG Hyun Jong

[생]1958·11·12 [출]광주 [주]전남 여수시 대학로50 전남대학교 사범대학 특수교육학부(061-659-7571) [학]1981년 전남대 교육학과졸 1983년 同대학원졸 1992년 교육학박사(전남대) [경]1995~2006년 여수대 특수교육과 전임강사·조교수·부교수 2003년 同인문사회과학대학장 2006년 전남대 사범대학 특수교육학부 부교수·교수(현) 2015년 同여수캠퍼스 부총장(현) [저]'상담실습자를 위한 상담의 원리와 기술(共)'(2006, 학지사) '한국교육의 이해(共)'(2006, 교육과학사) '교육학의 이해(共)'(2012, 학지사) [역]'애들러 상담이론-기본 개념 및 시사점(共)'(2001, 학지사) '아들러 상담이론과 실제(共)'(2005, 학지사) '단기상담-학교상담자를 위한 해결 중심적 접근'(2006, 학지사) '이야기상담(共)'(2010, 학지사)

송현종(宋炫宗) SONG Hyun Jong

[생]1965·11·23 [출]전북 전주 [주]경기 이천시 부발읍 경충대로2091 SK하이닉스 임원실(031-630-4114) [학]1983년 서울 대성고졸 1987년 서울대 경제학과졸 1989년 同대학원 경제학과졸 1999년 미국 매사추세츠공과대학 경영대학원졸(MBA) [경]1989년 한국은행 근무 1999년 Booz Allen Hamilton 근무 2003년 SK텔레콤(주) 경영기획실 Convergence TFT장 2004년 同경영기획실 경영기획2팀장 2004년 同경영전략실 사업전략팀장 2005년 同IR실장(상무) 2007년 同CGO산하 성장전략그룹장(상무) 2008년 同전략조정실 전략그룹장(상무) 2010년 同경영기획그룹장(상무) 2010년 同전략기획실장(상무) 2011년 同미래경영실장(상무) 2012년 同경영지원단장 2012년 SK하이닉스 미래전략실장(전무), 同미래전략본부장(전무) 2016년 同마케팅부문장(부사장)(현)

송현호(宋賢鎬) SONG Hyun Ho

[생]1954·6·6 [본]은진(恩津) [출]전남 곡성 [주]경기 수원시 영통구 월드컵로206 아주대학교 국어국문학과(031-219-2811) [학]옥과고졸, 전남대 국어국문학과졸 1982년 서울대 대학원 국어국문학과졸 1989년 문학박사(서울대) [경]1982~1985년 한국방송통신대·경기대·아주대·서울대 강사 1985~1996년 아주대 국어국문학과 전임강사·조교수·부교수 1987~1992년 同국어국문학과장 1987~1988년 同문리대학장보 1988~1991년 同학생부처장 1988~1990년 同취업보도실장 1991~1992년 同교무부처장 1992~1993년 同총장 추대위원 1995년 중국 절강대 교환교수 1996년 아주대 국어국문학과 교수(현) 1999~2000년 同징계위원 2001~2003년 同인문학부장 2001~2003년 同인문대학장 겸 인문연구소장 2004~2006년 同학생처장 2008년 同인문과학연구소장 2010년 한국현대소설학회 회장 2011~2015년 교육부 한국학진흥사업위원회 위원장 2011년 아주대 학생처장 [상]아주학술상 [저]'문학사기술방법론' '한국현대소설론' '문학의 이해' '한국근대소설연구' '한국현대소설의 이해' '한국현대소설의 해설' '한국현대문학론' '한국현대문학의 비평적연구' '논문작성의 이론과 실제' [역]'원각천언' [종]불교

송형곤(宋炯坤) SONG Hyeong Gon

[생]1964·5·21 [출]전남 고흥 [주]전남 무안군 삼향읍 오룡길1 전라남도의회(061-833-5228) [학]1990년 조선대 공과대학 토목공학과졸 [경]민주당 전남고흥·보성지역위원회 사무국장, 同전남도당 과학정보통신위원장, 박상천 국회의원 보좌관, 민주평통 자문위원, 고흥청년회의소(JC) 회장, 한국스카우트 고흥지구연합회장, 고흥군체육회 이사, 그린고흥21협의회 사무국장, 마음놓고 학교가기추진위원회 사무국장 2010년 전남도의회 의원(민주당·민주통합당·민주당·새정치민주연합) 2010년 同2012여수세계박람회지원특별위원회 위원 2012년 同2013순천만국제정원박람회특별위원회 위원 2012년 同건설소방위원회 부위원장 2012년 同운영위원회 위원 2012년 同예산결산특별위원회 위원 2014년 새정치민주연합 전남도당 상무위원 2014년 同중앙당 대의원 2014년 전남도의회 의원(새정치민주연합·더불어민주당)(현) 2014년 同운영위원회 위원장 2014년 同건설소방위원회 위원 2015년 더불어민주당 전남도당 상무위원(현) 2016년 전남도의회 여성정책특별위원회 위원(현) 2016년 同FTA대책특별위원회 위원(현) 2016년 同보건복지환경위원회 위원(현) [상]전국시·도의회의장협의회 우수의정 대상(2016)

송형근(宋亨根) SONG Houng Geun

[생]1957·10·11 [본]야성(冶城) [출]경북 성주 [주]대구 중구 서성로20 매일신문 임원실(053-255-5001) [학]1977년 경북고졸 1982년 영남대 경제학과졸 1988년 同대학원졸 1996년 경제학박사(영남대) [경]1983년 매일신문 입사(업무공채 1기) 1995년 同경리부장 2002년 同총무부장 2005년 同문화사업본부장 2006년 同광고국장 2008년 同독자서비스국장 2008~2010년 同서울지사장 2008~2011년 대한무역투자진흥공사(KOTRA) 비상임이사 2009~2010년 한국신문협회 기조협의회 부회장, 학교법인 배영학숙 감사 2010년 NICE평가정보(주) 사외이사 겸 감사위원(현) 2011~2012년 한전산업개발 사외이사 2012년 매일신문 경영지원국장(이사) 2013~2016년 同상무이사 2016년 同전무이사 겸 경북본사 부사장(현) [종]가톨릭

송형근(宋亨根) SONG Hyung Kun

[생]1965·1·2 [출]경남 창원 [주]경남 창원시 의창구 중앙대로250번길5 낙동강유역환경청(055-211-1600) [학]1983년 마산고졸 1988년 연세대 토목공학과졸 1990년 서울대 대학원 환경계획학과졸 [경]1991년 기술고시 합격(27회) 2001년 환경부 자연보전국 자연정책과 사무관 2002년 同자연보전국 자연정책과 서기관 2004년 울산시 환경협력관 2005년 환경부 서기관 2007년 同정책홍보관리실 정책홍보담당관 2008년 同자연보전국 국토환경보전과장 2009년 同자연보전국 국토환경정책과장 2009년 同운영지원과장(부이사관) 2011년 대구지방환경청장 2012년 중앙공무원교육원 교육파견 2012년 환경부 환경보건정책관 2013년 수도권대기환경청장 2016년 낙동강유역환경청장(현)

송형종(宋炯鍾) Song Hyung Jong

[생]1965·12·7 [본]여산(礪山) [출]전남 고흥 [주]세종특별자치시 장군면 대학길300 한국영상대학교 연기과(044-850-9451) [학]1985년 전남 영주고졸 1992년 청주대 연극영화과졸 1998년 同대학원 연극영화학과졸 2004년 동국대 대학원 연극학 박사과정 수료(연출) [경]1999년 극단 '가변' 대표(현) 1999~2002년 국제극예술협회(ITI) 사무국장 1999~2005년 동아방송대학 연극영화과 교수 2000~2005년 혜화동1번지 3기 동인 연출 2002~2011년 국제극예술협회(ITI) 한국본부 이사 2003년 소극장 '가변무대' 대표 2004년 한국연극협회 이사 2004~2014년 한국연극교육학회 감사·이사 2004~2014년 백만원연극공동체 운영위원 2005~2010년 한·일연극 운영위원 2006~2013년 공주영상대학 연기과 교수 2006년 同연기과 학과장 2006~2010년 소극장 '인산아트홀' 대표 2007~2014년 한국교육연극학회 이사 2008~2011년 공주영상대학 홍보입시팀장 2009~2010년 한국문화예술교육진흥원 중앙위원 겸 대전충청지역위원장 2010년 서울연극협회 부회장 2013년 한국영상대 연기과 교수(현) 2013~2016년 同연기과 학과장 2013년 한국연극협회 이사(현) 2013년 예술공간서울 예술감독(현) 2016년 서울연극협회 회장(현) [상]국제청소년연극협회 한국본부 무대미술상(2002), 국제극예술협회(ITI) 특별공로상(2002), 서울국제공연예술제 앙상블상(2003), 올해의 예술상(2004), 영희연극상(2004), 국제청소년연극협회 한국본부 우수상(2005), 전국연극제 대통령상(2007), 전국연극제 금상(2010), 대한민국셰익스피어어워즈 대상(2014) [저]'배우 길들이기'(1995, 정주출판사) '배우훈련모델'(2001, 정주출판사) '연극의 세계'(2006, 정주출판사) '성공적인 축제연출(共)'(2007, 연극과인간) [작]연출 '뱀'(1991) '흥부전'(1993) '젊은 문화축제 99場'(1999) '가족뮤지컬-꼬마마녀 위니'(2000) '패밀리 리어'(2003) 'ON AIR 햄릿'(2003) '맨버거-그 속에 무엇이 들었나?'(2004) '오델로 니그레도'(2004) '엠빠르리베라'(2006) '직지'(2007) '십이야'(2009) '콜렉션'(2009) '신털이봉의 사랑'(2010) '언덕을 넘어서 가자'(2010) 뮤지컬 '오마이캡틴!'(2011) [종]불교

송혜영(宋惠英·女) SONG Hyeo Young

[생]1965·3·25 [출]전남 고흥 [주]광주 동구 준법로7의12 광주지방법원 부장판사실(062-239-1114) [학]1983년 전남여고졸 1990년 서울대 법학과졸 [경]1992년 사법시험 합격(34회) 1995년 사법연수원 수료 1995년 광주지법 판사 1997년 同목포지원 판사 1999년 同판사 2001년 同가정지원 판사 2003년 同담양군·곡성군·화순군법원 판사 2004년 광주고법 판사 2006년 광주지법 판사 2008년 광주고법 판사 2009년 광주지법 판사 2011년 同장흥지원장 2013년 同부장판사(현)

송혜정(宋惠政·女) SONG Hye Cheong

⊛1974·10·3 ⊕대전 ㈜서울 서초구 서초중앙로 157 서울고등법원(02-530-1114) ⊕1993년 춘천여고 졸 1997년 서울대 정치학과졸 ⊕1997년 사법시험 합격(39회) 2000년 사법연수원 수료(29기) 2000년 서울지법 판사 2002년 同동부지원 판사 2004년 춘천지법 판사 2007년 의정부지법 판사 2007년 미국 듀크대 파견 2010년 서울중앙지법 판사 2012년 사법연수원 교수 2014년 서울고법 판사 2015년 창원지법 마산지원 부장판사 2016년 서울고법 판사(현)

송혜진(宋惠眞·女) Song, Hye-jin

⊛1960·11·29 ㈜서울 마포구 월드컵북로54길12 국악방송 사장실(02-300-9900) ⊕1983년 서울대 국악과졸 1986년 한국학중앙연구원 한국학대학원 문학석사 1995년 문학박사(한국학중앙연구원 한국학대학원) ⊕1989~2001년 국립국악원 학예연구관 1989~1990년 영국 Durham대 객원연구원 2001~2003년 국악방송 편성제작팀장 2001~2016년 숙명여대 전통문화예술대학원 교수 2006~2016년 숙명가야금연주단 예술감독 2012~2014년 한국문화예술위원회 위원 2015~2016년 재단법인 미르 이사 2016년 국악방송 사장(현) ⊛동아일보 음악평론상(1986), KBS 국악대상 미디어출판상(2007), 관재국악상(2011), 제19회 난계학술대상(2015) ⊛'한국아악사연구'(2000) '한국악기'(2001) '우리국악 100년'(2001) '국악, 이렇게 들어보세요'(2002) '청소년을 위한 한국음악사'(2006)

송호근(宋鎬根) SONG Ho Keun

⊛1952·1·15 ㈜서울 인천 부평구 세월천로211 (주)YG-1 비서실(032-500-5307) ⊕1971년 서울고졸 1976년 서울대 공대졸, 서강대 경영대학원 최고경영자과정 수료 ⊕1977~1980년 태화기계(주) 입사·미국 HARDFORD지사 근무 1981년 (주)양지원공구 설립·대표이사 사장 1987년 이화열처리센타 공동대표이사, 중소기업협동조합중앙회 분과위원, 한국공작기계기술학회 부회장, 통상산업부 산업기술발전심의회 위원 1999~2012년 인천무역상사협의회 회장 2000년 (주)YG-1 대표이사(현) 2015년 한국무역협회 비상근부회장(현) ⊛산업포장(1991), 세계최우수청년기업가상(1996), 중소기업인상(1996), 은탑산업훈장(1997), 무역진흥대상(1998), 국세청장표창(2000), 5천만불 수출탑(2004), 대통령표창(2010), 제9회 EY 최우수기업가상 산업부문(2015) ⊛천주교

송호근(宋虎根) SONG Ho Keun

⊛1956·1·4 ⊕야성(冶城) ⊕경북 ㈜서울 관악구 관악로1 서울대학교 사회과학대학 사회학과(02-880-6411) ⊕서울고졸 1979년 서울대 사회학과졸 1981년 同대학원 사회학과졸 1989년 사회학박사(미국 하버드대) ⊕1981~1984년 육군사관학교 전임강사 1984~1986년 미국 Harvard-Yenching Institute 연구원 1987~1988년 Center for International Affairs. Harvard Univ. 연구원 1989~1994년 한림대 조교수·부교수 1994~1998년 서울대 사회학과 조교수·부교수 1997~1998년 미국 스탠퍼드대 후버연구소 방문교수 1998년 서울대 사회과학대학 사회학과 교수(현) 1999~2002년 同사회발전연구소장 2002~2004년 同사회학과장 2006~2008년 同대외협력본부장 2009~2011년 대통령직속 사회통합위원회 위원 2010년 지식경제부 지식경제R&D전략기획단 고문 2012년 (주)크라운제과 사외이사(현) 2014년 두산엔진(주) 사외이사 겸 감사위원(현) 2016년 바른과학기술사회실현을위한국민연합 공동대표(현) ⊛한림대 일송기념사업회 일송상(2013) ⊛'한국의 평등주의, 그 마음의 습관' '정치 없는 정치 시대'(1999) '세계화와 복지국가'(2001) '한국, 어떤 미래를 선택할 것인가'(2006) '인민의 탄생'(2011, 민음사) '이분법 사회를 넘어서'(2012, 다산북스) '그들은 소리내 울지않는다'(2013, 이와우)

송호림(宋虎林)

⊛1964 ㈜서울 서대문구 통일로97 경찰청 과학수사관리관실(02-3150-1745) ⊕목포고졸, 경찰대 행정학과졸(2기), 한양대 행정대학원 행정학과졸 ⊕1986년 경위 임용 2000년 서울 노원경찰서 방범과장 2002년 경찰청 과학수사계장 2008년 총경 승진 2009년 전북 부안경찰서장 2011년 경기 부천원미경찰서장 2013년 경기지방경찰청 홍보담당관 2013년 서울지방경찰청 홍보담당관 2014년 同지하철경찰대장 2014년 서울 금천경찰서장 2015년 경찰청 과학수사센터장 2016년 同과학수사관리관실 과학수사담당관(현) ⊛근정포장(2003)

송호산(宋皓山) SONG Ho San

⊛1952·9·5 ⊕은진(恩津) ⊕부산 기장 ㈜부산 부산진구 엄광로176 동의대학교 건축공학과(051-890-1623) ⊕1979년 부산대 건축공학과졸 1981년 同대학원 건축구조학과졸 1986년 건축구조학박사(영남대) 1993년 건축학박사(일본 와세다대) ⊕1980년 대한건축학회 정회원(현) 1981~1982년 경남전문대학 교수 1982년 동의대 건축공학과 교수(현) 1989~1991년 부산시 건축자문위원 1989~1991년 부산지방노동청 산업재해전문위원 1990~1991년 일본 와세다대 공학부 연구원 1994년 한국전력공사 자문위원 2002년 대한건축학회 부산경남지회 부회장 2003년 同논문심사위원 2007~2009년 동의대 기획처장 2009년 同인력개발처장 겸 학생서비스센터 소장 ⊕'구조 역학 건축구조이론'(1987) '건축구조 디자인의 세계 건축구조이론'(2001) '허용응력 및 극한강도 설계법에 의한 철근콘크리트 구조 건축구조이론 및 해설'(2001) '건축구조 디자인의 세계(개정)' '건축구조이론'(2003) ⊛천주교

송호섭(宋昊燮) SONG Ho Sueb

⊛1970·12·4 ㈜인천 중구 큰우물로21 가천대부속 길한방병원 원장실(070-7120-5012) ⊕1996년 경원대 한의학과졸 1998년 同한의과대학원 침구학과졸 2002년 침구학박사(경원대) ⊕1996년 경원대 서울한방병원 일반수련의 1999년 同서울한방병원 전문수련의 2000년 同한의학과 시간강사 2002~2004년 同인천한방병원 침구과 과장 2003~2012년 同한의학과 조교수·부교수 2004년 同서울한방병원 침구과장 2007~2008년 同서울한방병원 교육부장 2008년 同서울한방병원 진료부장 2012년 가천대 한의과대학 한의학과 교수(현) 2013~2016년 한국보건의료인국가시험원 비상임이사 2014년 가천대부속 길한방병원장(현) ⊛경원학술상(2007·2008), 대한한의학회 학술상 대상(2008), 대한한의학회 최우수논문상(2008) ⊛'약침학(共)'(2008, 엘스비아코리아) '침구학(上·中·下)(共)'(2008, 집문당)

송호준(宋湖晙) Ho-Joon Song

⊛1967·5·22 ⊕서울 ㈜서울 서초구 남부순환로2271 CJ건설(주) 인사팀(02-2017-1000) ⊕1986년 상문고졸 1991년 단국대 전자계산학과졸 1995년 미국 코네티컷주립대 대학원 컴퓨터과학과 수료 2010년 서울대 CFO13기 수료 ⊕1997~1999년 CJ시스템즈 근무 2000~2006년 CJ투자증권 IT본부 근무 2007~2009년 하이투자증권 컴플라이언스팀 근무 2009~2010년 에스크베리타스자산운용(주) 전략기획본부장(상무) 2011년 CJ(주) 인사팀 부장 2012년 CJ건설(주) 인사팀장(현) ⊛천주교

송호창(宋晧彰) Song Ho Chang

⊛1967·2·14 ⊕대구 ㈜서울 서초구 서초대로54길29의6 열린빌딩2층 법무법인 동서양재(02-3471-3705) ⊕1986년 부산동고졸 1990년 인하대 경제학과졸 2001년 미국 하버드대 변호사 상법연수과정 수료 ⊕사법시험 합격(41회), 사법연수원 수료(31기) 2002년 동서법률사무소 변호사 2003년 법무법인 덕수 변호사 2007년 민주사회를위한변호사모임 사무차장 2008년 법무법인 정평 변호사, 대한변호사협회 인권위원, 참여연대 경제개혁센터 부소장, 한국여성민우회 이사 2011년 박원순 서울시장후보 대변인 2012~2016년 제19대 국회의원(의왕·과천, 민주통합당·무소속·새정치민주연합·더불어민주당) 2012년 국회 정무위원회 위원 2012년 민주통합당 원내부대표 2012년 同대선후보경선준비기획단 기획위원 2012년 同경기도당 예비후보자자격심사위원회 위원장 2012년 무소속 안철수 대통령후보 선거대책위원회 공동선대본부장 2013년 국민과함께하는새정치추진위원회 소통위원장 2013년 국회 국가정보원개혁특별위원회 위원 2014년 민주당·새정치연합 신당추진단 정무기획분과 공동위원장 2014~2015년 새정치민주연합 경기도당 공동위원장 2014년 同전략기획위원장 2014~2016년 국회 미래창조과학방송통신위원회 위원 2014~2015년 국회 예산결산특별위원회 위원 2014년 새정치민주연합 조직강화특별위원회 위원 2014~2015년 국회 예산결산특별위원회 예산안조정소위원회 위원 2016년 법무법인 동서양재 변호사(현) ⊛'인생기출문제집'(2009, 북하우스) '같이 살자'(2012, 문학동네) ⊕'민주주의와 법의 지배'(2008, 후마니타스) '왜 사회에는 이견이 필요한가'(2009, 후마니타스)

송홍석(宋鴻奭) SONG Hong Suk

⊛1967·2·10 ㈜세종특별자치시 한누리대로422 중앙노동위원회 조정심판국(044-202-8208) ⊕1985년 대구 심인고졸 1989년 서울대 공법학과졸 1994년 同대학원 행정학과졸 ⊕2003년 노동부 기획예산담당관실 사무관 2004년 同혁신담당관실 서기관 2006년 同퇴직급여보장팀장 2007년 同국제협력국 국제협상팀장 2008년 同기획조정실 규제개혁법무담당관 2009년 해

외파견 OECD주재관 2012년 고용노동부 기획조정실 국제협력담당관 2013년 同기획조정실 행정관리담당관 2013년 同기획조정실 창조행정담당관 2014년 同기획조정실 창조행정담당관(부이사관) 2015년 同고용정책실 고용서비스정책과장 2016년 同중앙노동위원회 조정심판국장(고위공무원)(현)

송홍섭(宋洪燮) SONG Hong Sup

❸1958 · 2 · 3 ❹서울 ㈜서울 강남구 테헤란로521 파르나스호텔(주) 비서실(02-559-7030) ❺1976년 평택고졸 1980년 고려대 농업경제학과졸 1986년 同대학원졸 1994년 미국 일리노이대 경영대학원졸(MBA) ❻LG증권(주) 선물옵션 팀장, 同신사지점장, 同정보시스템본부장 2004년 LG투자증권(주) 운용사업부장(상무) 2006년 파르나스호텔(주) CFO(전무) 2011년 同경영지원본부장(전무) 2011년 同대표이사(CEO)(현) ❼재무부장관표창(1985)

송홍엽(宋洪燁) SONG Hong Yeop

❸1962 · 1 · 3 ❹전북 전주 ㈜서울 서대문구 연세로50 연세대학교 공과대학 전기전자공학부(02-2123-4861) ❺1980년 대신고졸 1984년 연세대 전자공학과졸 1986년 미국 서던캘리포니아대 대학원 전자공학과졸 1991년 전자공학박사(미국 서던캘리포니아대) ❻1986~1991년 미국 University of Southern California Dept. of EE-Systems Research Assistant 1992~1994년 미국 Communication Science Institute Research Associate 1994년 미국 Qualcomm Inc. Senior Engineer 1995년 연세대 전자공학과 전임강사 · 조교수 · 부교수 · 교수, 同전기전자공학과 교수, 同전기전자공학부 교수(현) 1996~2000년 대한전자공학회 전문위원 2000년 한국통신학회 전문위원 2001년 통신정보합동학술대회 부위원장 2002~2003년 캐나다 워털루대 방문교수 ❽'Tuscan Squares'(1996) 'Feedback Shift Register Sequences'(2002) 'Handbook of Combinatorial Designs'(2006) ❾'확률과 랜덤변수 및 랜덤과정'(2006) '선형대수학과 응용'(2008)

송화숙(宋花淑 · 女) SONG Hwa Sook (麗山)

❸1958 · 9 · 17 ❹전북 익산 ㈜경기도 의왕시 고산로87 서울소년원 원장실(031-455-6111) ❺1977년 전북 이리여고졸, 전북대 영어영문학과졸 2003년 중앙대 대학원 청소년학과졸 ❻1981년 중학교 영어교사 1986년 법무부 7급 공채 1986년 서울소년원 근무 1989년 안양소년원 근무 1992년 同보도주사 1995년 법무부 보호국 소년과 · 소년제1과 보도주사 1998년 同소년보호주사 1999년 서울소년분류심사원 소년보호주사 1999년 同분류심사과 소년보호사무관 2001년 안양소년원 분류보호과장 2001년 법무부 보호국 소년제2과 · 소년제1과 소년보호사무관 2004년 同소년제1과 소년보호서기관 2005년 광주소년분류심사원 원장 2007년 안산소년원 원장 2007년 안산대안교육센터 센터장 2010년 안양소년원 원장 2011년 서울남부보호관찰소 소장 2012년 안양소년원 원장 2015년 인천보호관찰소 소장 2015년 법무부 치료감호소 행정지원과장(부이사관) 2016년 서울소년원 원장(고위공무원)(현) ❼법무부장관표창(1990), 법무부 우수공무원표창(2003) ❿기독교

송화종(宋和鍾) SONG Hwa Jong

❸1961 · 10 · 15 ❹광주 ㈜서울 영등포구 국제금융로6길42 삼천리ES 경영지원본부(02-368-3368) ❺1980년 유신고졸 1986년 전남대 경영학과졸 ❻해태제과 근무, (주)삼천리 전략팀장, 同서부지역본부장(이사대우) 2006년 同중부지역본부장(이사), 同서부지역본부장(이사) 2008년 (주)휴세스 이사 2009년 同경영지원담당 상무 2013~2014년 (주)삼천리 발전사업본부 기획담당 전무 2014년 (주)휴세스 대표이사 전무 2015년 (주)삼천리 도시가스본부 인천지역본부장(전무) 2015년 (주)삼천리ES 경영지원본부장(전무)(현)

송환빈(宋環彬) Song, Hwan Been

❸1963 · 9 · 9 ❹은진(恩津) ❹경남 마산 ㈜경기 안산시 상록구 해안로787 한국해양과학기술원 해양법 · 제도연구실 제2부원장실(031-400-6501) ❺1982년 마산고졸 1987년 서울대 해양학과졸 1998년 同대학원 기술경영경제정책협동과정졸(경제학석사) 2005년 이학박사(고려대) ❻1990~1996년 한국해양연구원 정책개발실 행정원 1997년 한국해양수산개발원 해양산업연구실 책임연구원 1999~2008년 공공기술연구회 평가팀장 · 정책팀장 2008년 산업기술연구회 산연네트워크TF팀장 2008년 同정책개발실장 · 재정지원실장 2008년 국가핵융합연구소 연구정책실장 2009년 同기획조정실장 2010~2011년 同정책전략부장 2011년 한국해양연구원 연구전략실장(책

임연구원) 2012년 한국해양과학기술원 정책연구부장 2014년 同제2부원장(현) ❻공공기술연구회 이사장표창(2002), 부총리 겸 과학기술부장관표창(2006), 감사원장표창(2008)

송효석(宋孝錫) Song, Hyoseok

❸1959 · 5 · 21 ❹여산(礪山) ❹경기 평택 ㈜경북 포항시 남구 괴동로153 심팩메탈로이 비서실(054-271-8702) ❺1978년 서울고졸 1982년 연세대 공대 금속공학과졸 1984년 同대학원 금속학과졸 1997년 신소재공학박사(포항공대) ❻1984~2002년 포스코 기술연구소 책임연구원 2003~2011년 同스테인리스제강부장 2011~2013년 同타이녹스법인장(대표이사) 2013년 심팩메탈로이 대표이사 사장(현) ❼천주교

송효순(宋孝淳) SONG Hyo Soon

❸1958 · 9 · 17 ❹대구 ㈜서울 서초구 서운로26길5 (주)에코바이오홀딩스 비서실(02-3483-2900) ❺1985년 계명대 경영학과졸 2003년 계명대 대학원 이학과졸 2009년 환경학박사(계명대) 2011년 서울대 AFP과정수료 ❻1984~1989년 (주)협신 근무 1990~2003년 (주)토탈산업 대표이사 사장 2000년 토탈에코솔루션(주) 대표이사 사장 2001년 토탈이엔에스(주) 대표이사 사장 2004년 에코에너지(주) 대표이사(현) 2004년 대구에너지환경(주) 감사, 신재생에너지협회 바이오분과 위원장 2007년 (주)에코에너지홀딩스 대표이사 2016년 (주)에코바이오홀딩스 대표이사(현) ❼대구시도시개발공사 감사패, 제천시장 감사패, 통영시청 감사장, 대전시장 감사패, 산업자원부장관표창, 지식경제부 2013 대한민국 녹색기후상 우수상(2013)

송훈석(宋勳錫) SONG Hun Suk (雲峰)

❸1950 · 10 · 8 ❹여산(礪山) ❹강원 고성 ㈜서울 서초구 서초중앙로117 법무법인 신화(02-585-0071) ❺1967년 경동고졸 1972년 고려대 법과대학 행정학과졸 1975년 사법시험 합격(17회) 1977년 사법연수원(7기) 1977년 육군 법무관 1980년 서울지검 북부지청 검사 1985년 춘천지검 검사 1986년 서울지검 남부지청 검사 1988년 부산지검 검사 1990년 춘천지검 속초지청장 1991년 同부장검사 1993년 수원지검 성남지청 부장검사 1994년 서울지검 의정부지청 부장검사 1995~1997년 변호사 개업 1996년 제15대 국회의원(속초 · 고성 · 양양 · 인제, 신한국당 · 한나라당 · 국민회의 · 새천년민주당) 1996년 신한국당 원내부총무 1997년 한나라당 원내부총무 1999년 국민회의 원내부총무 2000년 새천년민주당 원내부총무 2000~2004년 제16대 국회의원(속초 · 고성 · 양양 · 인제, 새천년민주당) 2000년 새천년민주당 건설교통분과위원회 위원장 2001년 同원내수석부총무 2001년 운봉장학회 이사장(현) 2002~2004년 국회 환경노동위원회 위원장 2002년 반부패국회의원포럼 회원 2004년 제17대 국회의원선거 출마(속초 · 고성 · 양양, 새천년민주당) 2008년 제18대 국회의원(속초 · 고성 · 양양, 무소속 · 민주당 · 민주통합당) 2008년 한 · 키르키즈스탄의원친선협회 회장 2010~2012년 국회 사법제도개혁특별위원회 위원 2010~2012년 국회 농림수산식품위원회 위원 2012년 제19대 국회의원선거 출마(속초 · 고성 · 양양, 민주통합당) 2012년 법무법인 신화 변호사(현) 2016년 제20대 국회의원선거 출마(강원 속초시 · 고성군 · 양양군, 무소속) ❼한국효도회 효행상(2011) ❿기독교

송희경(宋喜卿 · 女) SONG HEEKGYOUNG

❸1964 · 7 · 24 ❹부산 ㈜서울 영등포구 의사당대로1 국회 의원회관1011호(02-784-2455) ❺1987년 이화여대 전자계산학과졸 2003년 아주대 정보통신대학원 전자상거래학과졸 2009년 한국과학기술원(KAIST) 테크노경영대학원 경영학과졸 ❻2007년 대우정보시스템 기술지원실장, 同기술연구소장(상무), 同서비스사업단장(상무) 2012년 KT G&E부문 소프트웨어개발센터장(상무) 2013년 평창동계올림픽지원단 단장 2013년 KT G&E부문 기업IT사업본부장(상무) 2014~2015년 한국클라우드산업협회 회장 2014년 KT 공공고객본부장(상무) 2015~2016년 同GiGA IoT사업단장(전무), 대우정보시스템 서비스사업본부장 겸 기술연구소장 겸임, 경기도 빅파이미래전략위원회 위원, 산업통상자원부 주관 여성R&D인력확충 홍보대사, 미래창조과학부 클라우드전문위원회 위원, 한국정보화진흥원(NIA) 오픈플랫폼운영위원회 위원 2014~2016년 한국클라우드서비스산업협회 회장 2016년 제20대 국회의원(비례대표, 새누리당)(현) 2016년 국회 여성가족위원회 위원(현) 2016년 국회 미래창조과학방송통신위원회 위원(현) 2016년 국회 미래일자리특별위원회 위원(현) 2016년 새누리당 전당대회선거관리위원회 위원(현) 2016년 제4차산업혁명연구포럼 공동대표(현) ❼대우정보인상, 대한민국S/W 공모대전 지식경제부장관표창, 한국여성정보인협회 공로상(2012), 한국클라우드산업 공로 미래창조과학부장관표창, 빛나는 이화인상(2016)

人

송희준(宋熙俊) SONG Hee Joon

[생]1952 [본]홍주(洪州) [출]전남 나주 [주]서울 서대문구 이화여대길52 이화여자대학교 사회과학부 행정학과(02-3277-2756) [학]1971년 광주제일고졸 1976년 서울대 국사학과졸 1978년 同행정대학원 행정학과졸 1988년 정책학박사(미국 펜실베이니아대) [경]1978~1981년 육군 제3사관학교 교수부 전임강사 1988~1997년 이화여대 행정학과 조교수·부교수 1993~1994년 한국정책학회 연구위원장 1994~1995년 정보통신부 초고속정보통신망사업단 전문위원 1995년 한국전산원 연구위원 1996년 미국 캘리포니아대 교환교수 1996~2000년 이화여대 기획처장 1997년 同사회과학부 행정학과 교수(현) 1998~2000년 同정보전산원장 2000~2002년 대통령자문 정부혁신추진실무위원 2001년 대통령자문 전자정부특별위원 2002년 한국정책분석평가학회 회장 2002~2004년 공기업·산하기관경영혁신점검평가단 단장 2003년 미국 Johns Hopkins Univ. 국제대학원(SAIS) 방문교수 2005년 한국정책학회 회장 2005년 정부산하기관경영평가단 단장 2006~2008년 이화여대 정보과학대학원장·정책과학대학원장·사회과학대학장 겸임 2010~2012년 전자정부지원사업심의회 위원장 2012~2013년 한국정보방송통신대연합 운영위원장 2014년 한국인터넷진흥원 비상임이사(현) 2014년 국무총리소속 정보통신전략위원회 민간위원(현) 2014~2016년 국무총리소속 정부3.0추진위원회 위원장(제1·2기) [상]한국정책학회 최우수논문상(1993), 홍조근정훈장(2002), 황조근정훈장(2013) [저]'세계화와 국가경쟁력(共)'(1994) '공공정책 결정요인 분석'(共) '행정개혁의 신화와 논리(共)'(1996) '통치이념은 어떻게 정책으로 반영되는가(共)'(2005) '국가통치이념과 사회정책(共)'(2005)

송희호(宋熙鎬) SONG Hee Ho

[생]1959·3·28 [본]은진(恩津) [출]전남 곡성 [주]광주 동구 동명로106의2, 2층 송희호법률사무소(062-231-2300) [학]1977년 옥과고졸 1986년 전남대 법학과졸 [경]1990년 사법시험 합격(32회) 1993년 사법연수원 수료(22기) 1993년 광주지법 판사 1995년 同장흥지원 판사 1997년 광주지법 판사 1999년 同나주시법원·광주지법 판사 2001~2002년 중국 중국사회과학원 법학연구소 연수 2003년 광주고법 판사 2006년 광주지법 판사 2008년 전주지법 정읍지원장 2010년 광주지법 부장판사 2014~2016년 광주지법·광주가정법원 목포지원장 2016년 변호사 개업(현) [종]불교

승기배(承基培) SEUNG Ki Bae

[생]1956·2·17 [출]경북 영주 [주]서울 서초구 반포대로222 서울성모병원 병원장실(02-2258-1078) [학]1975년 경복고졸 1981년 가톨릭대 의대졸, 同대학원졸 1993년 의학박사(가톨릭대) [경]1990~2002년 가톨릭대 의대 내과학교실 전임강사·조교수·부교수 1996년 미국 에모리대 연수, 일성신약(주) 사외이사 2002년 가톨릭대 의대 내과학교실 교수(현) 2002~2009년 同서울성모병원 순환기내과장 2003년 同의대 순환기학과장 2004~2006년 대한순환기학회 학술이사 2004년 Angioplasty Summit 심장혈관연구재단 Course Director(현) 2006~2008년 대한순환기학회 총무이사 2006~2008년 중재시술연구회 부회장 2006년 Asian Pacific Society of Interventional Cardiology 자문위원(현) 2006년 보건복지부 내과계의료전문평가위원회 위원(현) 2006~2012년 가톨릭대 서울성모병원 심혈관센터 소장 2007~2009년 대한의학회 학술위원, 미국심장학회(FACC) 정회원 2009~2010년 가톨릭대 서울성모병원 내과 과장 2010~2012년 대한심장학회 중재시술연구회장 2013년 가톨릭대 서울성모병원장(현) 2014년 서울특별시병원회 부회장(현) 2014~2016년 한국국제의료협회(KIMA) 부회장 2015년 가톨릭대 여의도성모병원장(현) [종]천주교

승만호(承萬鎬) SEUNG Man Ho

[생]1957·7·15 [출]서울 [주]서울 양천구 신정로167 (주)서부티엔디 임원실(02-2689-0035) [학]1976년 경복고졸 1980년 서울대 불어과졸 1985년 同대학원 경영학과졸 [경]1983년 오진개발(주) 상무이사 1984년 한국트럭터미날(주) 상무이사 1987년 용산관광버스터미날(주) 부사장 1988년 오진상사(주) 대표이사(현) 1991년 용산관광버스터미날(주) 대표이사 1998년 (주)MYH 대표이사(현) 1998년 오진관광(주) 대표이사 1999년 용산경제인협의회 회장 2003~2015년 용산상공회 회장 2005~2010년 (주)서부트럭터미날 대표이사 2010년 (주)서부티엔디 대표이사(현)

승명호(承明鎬) SEUNG Myung Ho

[생]1956·1·17 [출]서울 [주]서울 영등포구 여의나루로53의2 동화그룹(02-2122-0601) [학]1983년 고려대 무역학과졸 [경]1984년 동화기업(주) 입사 1984년 同이사 1987년 同전무이사 1989년 同부사장 1993~2003년 同대표이사 사장 1998년 (주)우디코 대표이사 사장 2000~2003년 대성목재공업(주) 대표이사 사장 2002년 한국합판보드협회 부회장 2002년 (주)동화씨마 대표이사 사장 2003년 동화홀딩스 대표이사 사장 2008년 경희중·고총동창회 회장, 한국합판보드협회 회장, 동화홀딩스 대표이사 부회장 2011년 同대표이사 회장, 동화그룹 회장(현) 2013년 뉴시스 이사(현) 2015년 한국일보 공동대표이사 회장(현) 2015년 코리아타임스 회장 겸임(현) [상]재무부장관표창(1994), 대통령표창(1995)

승수언(承秀彦) Kenny SEUNG

[생]1958·5·13 [출]서울 [주]서울 서초구 서초중앙로69 르네상스오피스텔1602호 인슐레이션코리아(02-535-1437) [학]1985년 캐나다 토론토대 기계공학과졸 1994년 연세대 경영대학원졸 2006년 경영학박사(경희대) [경]캐나다 토론토대 한인학생회장, 연세대 경영대학원 총원우회장, 미국 열역학엔지니어협회(ASHRAE) 회원, 미국 골프지도자협회(USFTF) 회원, 駐韓캐나다상공회의소 회원 1989년 이소라이트 한국지사장(CEO) 2006년 경희대 겸임교수(현) 2009년 인슐레이션코리아 대표(CEO)(현) 2016년 연세대 경영전문대학원 총동창회 부회장(현) [상]헤럴드경제 경제경영대상(2005), 제8회 연세대 MBA경영인상(2006), 연세대 총동창회 혁신경영대상(2006), 연세경영자상(2011) [저]'나의 꿈은 글로벌 CEO'(2004)

승융배(承隆培) Seung Eungbae

[생]1958·6·9 [출]충남 아산 [주]세종특별자치시 갈매로408 교육부 대학정책실 대학지원관(044-203-6760) [학]1976년 동국대사대부고졸 1983년 건국대 법학과졸 2000년 同대학원 행정학과졸 2003년 행정학박사(건국대) [경]1988년 행정고시 합격(32회), 교육인적자원부 서기관 2004년 국무총리국무조정실 교육문화심의관실 서기관 2005년 교육인적자원부 정책조정과장 2006년 同법무규제개혁팀장 2007년 同평생직업교육지원국 평생학습정책과장(서기관) 2007년 同평생직업교육지원국 평생학습정책과장(부이사관) 2008년 교육과학기술부 전문대학지원과장 2009년 목포대 사무국장 2010년 국방대 파견(일반직고위공무원) 2011년 경기도교육청 기획관리실장 2012년 충남도교육청 부교육감 2013년 同교육감 권한대행 2013년 전북대 사무국장 2014년 교육부 교육정보통계국장 2014년 同지방교육지원국장 2016년 同대학정책실 대학지원관(현) [상]홍조근정훈장(2014)

승은호(承銀鎬) SEUNG Eun Ho

[생]1942·2·22 [출]평북 정주 [주]서울 서초구 강남대로363 덕흥빌딩11층 코린도그룹 임원실(02-3474-9708) [학]1960년 서울고졸 1967년 연세대 행정학과졸 2002년 명예 경영학박사(세종대) 2005년 명예 경영학박사(연세대) [경]1968년 동화기업(주) 미국 L.A. 지사장 1982년 同사장 1987년 코린도그룹 회장(현) 1990~2012년 在인도네시아한인회 회장 2002·2007·2008년 세계한인회장대회 공동의장 2003년 동남아한상연합회 회장(현) 2008년 아시아한인회 총연합회장(현) 2008년 제7차 세계한상대회 대회장

승인배(承仁培) SEUNG In Bae

[생]1958·8·14 [출]서울 [주]서울 중구 세종대로135 조선일보 문화사업단(02-724-6311) [학]경복고졸, 서울대 철학과졸 [경]1985년 조선일보 입사, 同사회부·경제부·국제부·문화부 기자 1999년 同문화부 차장대우 2002년 同문화부 차장 2006년 同문화사업단장(부장) 2010년 同문화사업단장(부국장)(현)

승현창(承鉉蒼) SEUNG HYUN CHANG

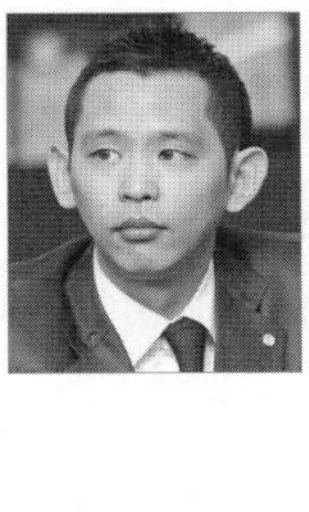

[생]1977·3·15 [출]서울 [주]인천 서구 가정로37번길50 핸즈코퍼레이션(주) 회장실(032-870-9670) [학]2000년 고려대 경제학과졸 [경]2004년 동화상협(주) 입사 2005년 同이사 2006년 同부사장 2009년 同사장 2012년 同대표이사 회장 2012년 핸즈코퍼레이션(주) 대표이사 회장(현) 2015년 한국무역협회 이사(현) 2015년 한국자동차튜닝협회 회장(현) [상]국무총리표창(2010), 대통령표창(2013)

승효상(承孝相) Seung, H-Sang

생1952 · 10 · 26 출부산 주서울 종로구 동숭4가길20 ((주)종합건축사사무소 이로재(02-763-2010) 학1971년 경남고졸 1975년 서울대 공과대학 건축학과졸 1979년 同대학원 건축학과졸 1981년 오스트리아 빈 공과대학 건축공학과 수학 경1974~1980년 공간연구소 설계실 근무 1981~1982년 Marchart Moebius und Partner, Vienna 디자이너 1982~1989년 공간연구소 대표이사 1998년 영국 런던대 객원교수 1989년 (주)종합건축사사무소 '이로재' 설립 · 대표이사(현) 2002년 미국건축가협회 명예회원(현) 2011년 제4회 광주디자인비엔날레 공동감독 2011년 서울시 건축정책위원회 위원장 2011년 同한국건축문화대상 심사위원장 2012년 베니스비엔날레 초청작가 2014~2015년 환경재단 이사 2014~2016년 서울시 서울총괄건축가 상대법원장표창(1990), 한국건축가협회상(1991), 현대미술관 올해의 작가상(2001), 문화관광부 문화예술상(2007), 파라다이스상 문화예술부문상(2007), 제5회 에이어워즈 인텔리전스부문(2010), 제1회 한국패션100년어워즈 패션플러스분야 건축부문(2011), 자랑스러운 서울대인(2012) 전'지혜의 도시 지혜의 건축'(1999, 서울포럼) '승효상 작품집'(2001, 건축과 환경) '빈자의 미학'(2002, 미건사) '건축, 사유의 기호'(2004, 돌베개) '건축이란 무엇인가'(2005, 열화당) '지문'(2009, 열화당) '파주출판도시 컬처스케이프'(2010, 기문당) 'SEUNG H SANG'(2010, C3) '오래된 것들은 다 아름답다'(2012, 컬처그라퍼) '모용공간 1 · 2(共)'(2012, 글씨미디어) '서울의 재발견(共)'(2015, 페이퍼스토리) '승효상 도큐먼트'(2015, 열화당) 작'수졸당' '수백당' '웰컴시티' '퇴촌주택' '모헌' '대전대 30주년 기념관' '파주 교보문고 센터' '지산 발트하우스' '구덕교회' '중국 베이징 장성 클럽하우스' '아부다비 문화지구 전시관' '말레이시아 쿠알라룸푸르 복합빌딩' '봉하마을 묘역 소석원' '중국 하이난시 보아오 주택단지'

시민석(柴珉錫) SI Min Suk

생1961 · 11 · 21 출충남 청양 주서울 종로구 청와대로1 대통령 고용노동비서관실(02-770-0011) 학1980년 서울북공고졸 1991년 국민대 행정학과졸 1993년 행정고시 합격(36회) 1994년 노동부 재해보상과 · 산재보상과 사무관 1996년 同법무담당관실 · 기획예산실 사무관 2001년 同국제협력관실 서기관 2002년 서울지방노동청 근로감독과장 2003년 노사정위원회 기획과장 2005년 의정부지방노동사무소장 2006년 서울지방노동청 의정부지청장 2006년 노동부 재정기획관실 재정기획팀장 2008년 同고용정책실 직업능력개발지원과장 2009년 同고용정책실 인적자원개발과장 2009년 同노사협력정책국 공무원노사관계과장 2010년 서울고용노동청 서울고용지원센터 소장(부이사관) 2011년 고용노동부 노사정책실 노사협력정책과장 2012년 同노동정책실 공공노사정책관 2013년 광주지방고용노동청장 2015년 고용노동부 대변인 2016년 同산재예방보상정책국장 2016년 대통령 고용노동비서관실 선임행정관(현) 상근정포장(2015)

시석중(柴錫重) SHI SUK JUNG

생1961 · 2 주서울 중구 을지로79 IBK기업은행 임원실(02-729-6230) 학1989년 건국대 법학과졸 2009년 고려대 대학원 노동법학과졸 경1989년 기업은행 입행 2001년 同노동조합 위원장 2005년 同반월기업금융지점 기업금융팀장 2007년 IBK기업은행 기업고객부 영업지원팀장 2008년 同가산동지점장 2010년 同강남기업금융센터장 2011년 同기업고객부장 2013년 同인천지역본부장 2014년 同마케팅본부장 겸 IB본부장 2015년 同마케팅본부장(부행장) 2015년 同마케팅그룹장(부행장)(현) 2015년 새누리당 핀테크특별위원회 위원 상중소기업청장표창(2007), 국무총리표창(2013)

시진곤(施進坤)

생1969 · 10 · 12 출경북 문경 주경북 칠곡군 약목면 칠곡대로1050 칠곡경찰서(054-970-0332) 학1988년 대구 영남고졸 1993년 경찰대 법학과졸(9기) 경2005년 경정 승진 2005년 울진경찰서 생활안전교통과장 2006년 포항남부경찰서 생활안전과장 2008년 경북지방경찰청 교통안전계장 2011년 同경비경호계장 2015년 총경 승진 2015년 경북지방경찰청 경비교통과장 2016년 경북 칠곡경찰서장(현)

신각수(申珏秀) SHIN Kak Soo

생1955 · 1 · 16 출충북 영동 주서울 중구 퇴계로100 스테이트타워남산8층 법무법인 세종(02-316-4020) 학1973년 서울고졸 1977년 서울대 법학과졸 1979년 同대학원 법학과졸 1991년 국제법학박사(서울대) 경1975년 외무고시 합격(9회) 1977년 외무부 입부 1986년 駐일본 1등서기관 1990년 외무부 차관보좌관 1993년 同아주국 동북아과장 1995년 同장관보좌관 1995년 駐유엔대표

부 참사관 1998년 駐스리랑카 공사 겸 참사관 2001년 외교통상부 동아시아스터디그룹담당 심의관 2002년 同조약국장 2004년 駐유엔대표부 차석대사 2006년 駐이스라엘 대사 2008년 외교통상부 제2차관 2009~2011년 同제1차관 2010년 글로벌녹색성장연구소(GGGI) 이사 2011~2013년 駐일본 대사 2013~2014년 새누리당 국제위원회 부위원장 2013년 국립외교원 국제법센터 소장(현) 2013~2015년 서울대 일본연구소 특임연구원 2014년 법무법인 세종 고문(현) 상황조근정훈장(2013), 니어학술상(2015) 종천주교

신갑식(辛甲植) SHIN Kap Sik

생1951 · 11 · 28 출전남 함평 주인천 계양구 아나지로157 풍산특수금속(주) 비서실(032-540-7114) 학목포고졸, 울산대 금속공학과졸 경삼미종합특수강 근무, (주)풍산 상무, 同온산공장 압연부장 2006년 同온산공장장(상무) 2007년 同온산공장장(전무대우) 2009년 풍산특수금속(주) 대표이사(현) 상인천상공회의소 제33회 상공대상 기술개발부문(2015)

신강균(申岡均) SHIN Kang Kyun

생1959 · 5 · 11 출전북 정읍 주서울 마포구 성암로267 MBC 보도본부 통일방송연구소(02-780-0011) 학1977년 경동고졸 1981년 건국대 법학과졸 1986년 고려대 대학원 법학과졸 경1986년 MBC 기자 1990년 同카메라출동 제작담당 2000년 同보도국 정치부 차장대우 2001년 同보도제작2580부 차장대우 2002년 同보도제작국 시사영상부 차장 2003년 同보도제작국 보도제작특임1차장 2003년 同'신강균의 뉴스서비스 사실은' 진행 2005년 同100분토론 담당 2005년 同보도제작국 시사매거진2580팀 데스크 · 아이엠뉴스 뉴미디어사업팀장 2007년 同뉴미디어사업팀 부장대우 2008년 同2580팀 부장대우 2009년 同보도국 보도제작1부 부장대우 2010년 同베이징특파원 2015년 同보도본부 통일방송연구소장(현) 상한국방송대상(1990), 한국기자상(1990)

신강현(申康鉉)

생1959 · 9 · 30 주울산 중구 종가로305 한국석유공사 비축사업본부(052-216-2114) 학숭문고졸, 서울시립대 도시행정학과졸, 서울대 행정대학원 행정학과졸 경2005년 한국석유공사 기획조정실 전략기획팀장 2008년 同기획조정실 기획관리팀장 2009년 同법무팀장 2009년 同석유사업처장 2013년 同비축사업본부장(상임이사)(현)

신강호(申江浩) SHIN KANG HO

생1958 · 7 · 21 본고령(高靈) 출대전 주경기 포천시 호국로1007 대진대학교 예술대학 연극영화학부(031-539-2080) 학1985년 중앙대 예술대 연극영화학과졸 1988년 同대학원 영화학과졸 1996년 문학박사(중앙대) 경1988~1989년 부산 경상전문대 · 대구전문대 · 부산 경성대 강사 1989~1998년 청주대 · 중앙대 강사 1992~1993년 경희대 신문방송학과 강사 1992~1996년 중앙대 예술대학 강사 1996~1997년 서울예술전문대 강사 1996~1998년 경기도공무원연수원 강사 1996~1998년 과천국립현대미술관 영화프로그래머 1996~1998년 중앙대 예술대학원 공연영상예술학과 강사 1997~1998년 동국대 대학원 · 호서대 연극영화학과 강사 1997~2000년 환기미술관 영화프로그래머 1998년 청룡영화상 심사위원 1998년 대진대 예술대학 연극영화학부 교수(현) 1999 · 2003년 학술진흥재단 신진교수연구과제 전공심사위원 1999~2001년 한국영화학회 기획이사 2000년 춘사(나운규)영화상 심사위원 2001년 서울 성북구 영화의 거리 · 전시영화 선정위원 2001년 제3회 서울국제청소년영화제 심사위원 2001년 부천청소년영상잔치 심사위원 2001~2003년 한국영화학회 연구이사 · 한국영화평론가협회 총무 2002년 한강좋은영화감상회 주관사선정 심사위원 2002년 영화진흥위원회 예술영화제작지원사업 심사위원 2002년 제12회 대한민국영상대상 심사위원 2002년 MBC영화상 심사위원 2002~2003년 영상물등급위원회 영화수입추천위원 2003년 문화관광부 국어순화위원회 연극영화용어사전 집필위원 2003년 고등학교영화교과목편찬위원회 위원 2003년 중등교사 임용시험 출제 · 채점위원 2003년 한국영화교육학회 학술이사 2004년 국립중앙박물관 영상패널제작 평가위원 2005~2006년 한국영화학회 부회장 2005년 중학교영화교과서집필위원회 위원장 2005년 서울문화재단 시민문화예술지원사업 심사위원 2005년 한국철도시설관리공단 홍보영상물심사위원 2006~2007년 교육인적자원부 BK21 수도권특성화지원사업 평가위원 2006~2010년 대한민국영화대상(MBC) 조직위원 2006~2010년 대진대 학생처장 2007~2008년 한국영화학회 회장 2007년 전국예술대학교교수연합 운영이사 2009~2010년 한국영화평론가협회 회장 2009~2010년 영상물등급위원회 영화등급분류위원 2009~2010년 한국문화예술교육진흥원 영화분야 중앙교육위원

2010년 한국연구재단 문화융복합분야 분과위원 2010~2013년 부산국제영화제조직위원회 자문위원 2011~2013년 영상물등급위원회 공연추천소위원회 위원 2012~2013년 한국영화교육학회 회장 2012~2016년 영화진흥위원회 예술영화인정소위원회 소위원장 2014~2016년 국제영화비평가연맹 한국본부 회장 2015년 한국영상자료원 비상임이사(현) [저]'한국영화감독사전'(2004) '명장면으로 영화읽기'(2005) '영화작가연구'(2006) '할리우드 명작30편'(2006) '유럽예술영화 30편'(2006) '영화사를 바꾼 명장면으로 영화읽기'(2012) '할리우드 영화'(2013) [역]'영화란 무엇인가'(1998)

신건권(辛建權) SHIN Gun Kwon

[생]1961·4·13 [본]영산(靈山) [출]충남 [주]충남 천안시 동남구 호서대길12 호서대학교 경영학부(041-560-8335) [학]1984년 서강대 회계학과졸 1990년 同대학원졸 1994년 경영학박사(서강대) [경]1997~2004년 경주대 회계학과 교수 2001~2002년 한국회계정보학회 상임이사 2002~2003년 기업경영연구소장 2002~2004년 한국경영컨설팅학회 상임이사 2004년 호서대 세무회계학과 교수, 同경영학부 세무회계학전공 교수(현) 2013~2014년 한국전산회계학회 회장 2015년 호서대 사회과학대학장(현) [저]'전산회계의 이해' '데이터베이스' '회계측정론' '경주왕릉 문화여행' '신라문화여행' [종]기독교

신건수(申健洙) SHIN Keon Soo (東庵·弘毅)

[생]1952·10·20 [본]평산(平山) [출]대구 [주]서울 종로구 종로5길58 석탄회관빌딩 법무법인 케이씨엘(02-721-4475) [학]1971년 경기고졸 1975년 서울대 문리과대학 철학과졸 1986년 미국 워싱턴대 법과대학원 연수 [경]1975년 사법시험 합격(17회) 1977년 사법연수원 수료(7기) 1977~1980년 육군 법무관 1980년 서울지검 검사 1983년 제주지검 검사 1985년 서울지검 검사 1988년 대검찰청 검찰연구관 1990년 마산지검 충무지청장 1991년 마산지검 특수부장 1991년 창원지검 특수부장 1992년 대전지검 형사1부장 1993년 대검찰청 공안2과장 1994년 同공안1과장 1995년 서울지검 남부지청 특수부장 1996년 서울지검 공안2부장 1998년 창원지검 진주지청장 1999년 부산지검 1차장검사 2000년 서울고검 공판부장 2003년 同형사부장 2004년 변호사 개업 2005년 법무법인 케이씨엘 고문변호사(현) 2006~2015년 기아자동차(주) 사외이사 2013~2015년 LIG손해보험 사외이사 2015년 KB손해보험 사외이사(현) [상]홍조근정훈장 [종]불교

신건일(辛建一) Gunil Shin

[생]1969·5·26 [본]영산(靈山) [출]충남 금산 [주]대전 유성구 가정북로90 화학물질안전원 사고대응총괄과(042-605-7000) [학]1988년 대전 동산고졸 1996년 한양대 화학공학과졸 2002년 同대학원 화학공학과졸 2014년 미국 피츠버그대 대학원 공공정책학과졸 [경]2001~2007년 특허청 화학생명공학 심사국 사무관 2007~2009년 환경부 국제협력관실 해외협력담당관실 사무관 2009년 同환경정책실 녹색환경정책관실 정책총괄과 사무관 2010년 同물환경정책국 물환경정책과 서기관 2011년 부산시 환경협력관 2012~2014년 유학(미국 피츠버그대) 2014년 환경부 온실가스종합정보센터 기획총괄팀장 2016년 同화학물질안전원 사고대응총괄과장(현)

신건택(辛建澤) SHIN KEON TAEK

[생]1967·11·5 [주]서울 중구 덕수궁길15 서울특별시의회(02-3783-1871) [학]한양대 경영대학원 경영학과졸 [경]LG유플러스 노동조합 위원장(현), 새누리당 서울시당 노동위원장(현) 2014년 서울시의회 의원(비례대표, 새누리당)(현) 2014년 同기획경제위원회 위원 2014~2015년 同예산결산특별위원회 위원 2015년 同청년발전특별위원회 부위원장(현) 2015년 同서울국제금융센터(SIFC)특혜의혹진상규명을위한행정사무조사특별위원회 부위원장 2015년 同윤리특별위원회 위원(현) 2016년 同기획경제위원회 부위원장(현)

신건호(申建浩) SHIN GEON HO

[생]1961·3·7 [본]고령(高靈) [출]전남 [주]전남 무안군 삼향읍 후광대로242 광주방송 서부본부(061-283-9123) [학]1979년 광주 석산고졸, 조선대 법학과졸, 同대학원 법학과졸 2005년 법학박사(조선대) [경]1987년 광주CBS 기자 1995~2011년 광주방송 보도국 기자·차장·부장대우 2002년 同노조위원장 2004년 전국언론노조 부위원장 2004~2005년 광주전남기자협회 회장 2009년 한국기자협회 부회장 2011년 광주방송 부장 2012년 同보도국장 2014년 同서부본부장(이사)(현) [상]한국기자협회 이달의 기자상(1996), 한국기자협회 올해의 기자상(1996), 한국민영방송협회 민영대상 우수상(2006) [저]'언론보도와 명예훼손'(2007, 고시뱅크) [작]'5.18특집 16년만의 만남'(2006) '멍에' '하의도 350년의 투쟁' 등

신격호(辛格浩) SHIN Kyuk Ho

[생]1922·10·4 [출]울산 [주]서울 중구 을지로30 롯데그룹 총괄회장실(02-750-7012) [학]1944년 일본 와세다대(早稻田大) 화학과졸 [경]在日롯데그룹 대표取締役 사장(산하업체 창립 : 1948년 (주)롯데 1959년 롯데상사 1961년 롯데부동산 1967년 롯데아도 1968년 롯데물산 1968년 (주)훼미리 1969년 롯데오리온스구단 1971년 롯데전자 1972년 롯데리아 1978년 롯데서비스 1985년 롯데데이타센터 1987년 롯데엔지니어링 1987년 롯데물류 1988년 롯데냉과), 롯데그룹 회장(산하업체 창립 : 1966년 롯데알미늄 1967년 롯데제과 1973년 호텔롯데 1973년 롯데전자 1974년 롯데상사 1974년 롯데칠성음료 1975년 롯데크리스탈호텔 1976년 호남석유화학 1978년 롯데삼강 1978년 롯데건설 1978년 롯데햄·롯데우유 1979년 롯데리아 1979년 롯데쇼핑 1980년 한국후지필름 1982년 대홍기획 1982년 (주)롯데자이언츠 1983년 롯데그룹 중앙연구소 1985년 롯데캐논 1987년 롯데월드 사업본부) 1998~2016년 호텔롯데 대표이사 회장 1998년 롯데쇼핑 대표이사 회장(현) 2009~2015년 在日롯데그룹(일본롯데홀딩스) 회장 2011년 롯데그룹 총괄회장(현) 2015년 일본롯데홀딩스 명예회장(현) [상]국민훈장 무궁화장(1978), 동탑산업훈장(1981), 금탑산업훈장(1995), 일본 와세다대 한국동창회 공로패, 20세기를 빛낸 기업인 [종]불교

신경렬(辛京烈) SIN Kung Ryul

[생]1959·8·27 [출]광주 [주]서울 양천구 목동서로161 SBS 정책실(02-2061-0006) [학]1977년 금호고졸 1985년 고려대 영어영문학과졸 [경]1986년 KBS 사회부 경찰·법조팀 기자 1991년 SBS 입사 1997년 同보도본부 기자(차장대우) 2000년 同정치CP(차장) 2001년 同국외연수 2001년 미국 조지워싱턴대 객원연구원 2002~2003년 SBS 보도본부 차장 2004년 同보도본부 부장 2005년 同국제부장 2005년 同워싱턴지국장(부장) 2008년 대한출판문화협회 감사 2009년 SBS 보도본부 경제부장 2010년 同보도본부 경제부장 2010년 同보도본부 미래부장(부국장급) 2012년 同보도본부 편집담당 부국장 겸임 2014년 SBS미디어홀딩스 브랜드커뮤니케이션담당 2015년 SBS 기획본부장(이사대우) 2015년 同기획본부장(이사) 2016년 同정책실장(이사)(현) [상]관훈언론상(1990), 한국기자상(1991), 방송기자클럽 취재보도상(1992) [저]'동경지검 특수부'(共)

신경림(申庚林) SHIN Kyung Rim

[생]1935·4·6 [본]아주(鵝洲) [출]충북 충주 [주]서울 중구 필동로1길30 동국대학교 문과대학 국어국문·문예창작학부(02-2260-3031) [학]1954년 충주고졸 1958년 동국대 영어영문학과졸 [경]1956년 詩 '갈대'로 문단데뷔 1982년 '창작과 비평' 편집고문 1988년 한국민족예술인총연합 상임의장 1988년 민족문학작가회의 부회장 1992년 同회장 1994년 同고문 1996년 국민통합추진회의 공동대표 1997년 동국대 국어국문·문예창작학부 석좌교수(현) 1997년 환경운동연합 공동대표 1998~1999년 민족문학작가회의 이사장 2001년 만해시인학교 교장 2003년 만해마을 대표 2004년 한국시인협회 고문 2004년 대한민국예술원 회원(문학·현) [상]만해문학상(1975), 한국문학작가상(1981), 이산문학상(1991), 단재문학상(1993), 공초문학상(1998), 대산문학상(1998), 현대불교문학상(2001), 4.19문화상(2001), 은관문화훈장, 만해상(2002), 스웨덴 시카다상(2007), 호암상 예술상(2009) [저]'우리시의 이해'(1989) '삶의 진실과 시적 진실' '시인을 찾아서'(1998) '신경림의 시인을 찾아서'(2000) '신경림의 시인을 찾아서2'(2002) '그가 그립다(共)'(2014, 생각의길) [작]시집 '농무'(1973, 창작가비평사) '목계장터' '새재'(1978, 창작과비평사) '달넘세'(1985) '남한강' '가난한 사랑노래'(1988, 실천문학사) '길'(1990) '쓰러진자의 꿈'(1993) '어머니와 할머니의 실루엣'(1998, 창작과비평사) '백범 김구'(2007, 창작과비평사) '낙타'(2008) '사진관집 이층'(2014, 창비) 에세이 '바람의 풍경'(2000) '못난 놈들은 서로 얼굴만 봐도 흥겹다'(2009) 동시집 '엄마는 아무것도 모르면서'(2012, 실천문학사) [종]불교

신경림(辛瓊林·女) SHIN Kyung Rim

[생]1954 [본]영월(寧越) [주]서울 서대문구 이화여대길52 이화여자대학교 간호대학 간호학부(02-3277-2114) [학]1976년 이화여대 간호학과졸 1989년 미국 컬럼비아대 대학원 간호교육과졸 1992년 교육학박사(미국 컬럼비아대) [경]1976년 이화여대부속병원 간호사 1977년 미국 Chicago Roosevelt LA-USC Medical Center 간호사 1980년 미국 West Plam Beach Medist-Health Clinic

Supervisor 1987년 미국 Luke's Hospital in New York City Team Leader 1992~2001년 이화여대 간호과학대학 강사·조교수·부교수 1996년 同교학부장 겸 간호학과장 2000년 서울시여성위원회 위원 2001년 국립보건원 조사연구사업자문위원 2001~2012·2016년 이화여대 간호대학 간호학부 교수(현) 2002~2005년 同대외협력처장 2006년 同간호과학대학장 겸 간호과학연구소장 2006~2008년 한국간호평가원 원장 2007~2008년 이화여대 건강과학대학장 2008~2012년 대한간호협회 회장 2008년 한국간호평가원 이사장 2008년 대한간호복지재단 대표이사 2010년 이화여대 건강과학대학장 2010년 의료기관평가인증원 이사 2011년 한국보건의료인국가시험원 이사장 2012~2016년 제19대 국회의원(비례대표, 새누리당) 2012~2016년 국회 보건복지위원회 위원 2012년 새누리당 지역화합특별위원회 위원 2015년 同아동학대근절특별위원회 위원 2015년 同메르스비상대책특별위원회 위원 2015년 국회 메르스대책특별위원회 위원 2015년 새누리당 조직강화특별위원회 위원 2015년 同국가간호간병제도특별위원회 간사 [상]보건복지부장관표창, 법률소비자연맹 선정 국회 헌정대상(2013·2015·2016), 제24회 International Nursing Research Congress International Nurse Researcher Hall of Fame(2013), 국회사무처 선정 '입법 및 정책개발 우수의원'(2015), 머니투데이 '대한민국 최우수 법률상'(2016) '국회도서관 이용 최우수 국회의원상'(2016) [종]원불교

신경민(辛京珉) SHIN Kyoung Min

[생]1953·8·19 [출]전북 전주 [주]서울 영등포구 의사당대로1 국회 의원회관326호(02-784-8950) [학]1971년 전주고졸 1975년 서울대 사회학과졸 2015년 고려대 대학원 언론학 석사과정 수료 [경]1981년 MBC 방송기자 입사 1982년 同외신부 기자 1985년 同사회부 기자 1991년 同북한부 기자 1993년 同정치부 기자 1995년 同통일외교팀 기자 1996년 同사회부 차장 1999년 同뉴스편집2부 앵커 2000년 同워싱턴특파원(부장대우) 2002년 同워싱턴특파원(부장) 2003년 同국제부장 2003년 同보도국 부국장 2005년 同보도국장 직대 2006년 同보도국 선임기자 2007~2008년 법조언론인클럽 부회장 2008년 MBC 뉴스데스크 앵커 2009년 同보도국 선임기자 2010~2011년 同논설위원 2010년 이화여대 언론정보학과 겸임교수 2012년 민주통합당 대변인 2012년 제19대 국회의원(서울 영등포구乙, 민주통합당·민주당·새정치민주연합·더불어민주당) 2013년 국회 미래창조과학방송통신위원회 위원 2013년 민주당 최고위원 2013년 국회 법제사법위원회 위원 2013년 민주당 국정원선거개입진상조사특별위원회 위원장 2014년 새정치민주연합 최고위원 2014년 국회 정보위원회 야당 간사 2014년 국회 외교통일위원회 위원 2014년 새정치민주연합 공정언론대책특별위원회 위원장 2015년 同서울시당 위원장 2015년 더불어민주당 서울시당 위원장 2016년 제20대 국회의원(서울 영등포구乙, 더불어민주당)(현) 2016년 국회 미래창조과학방송통신위원회 위원(현) 2016년 국회 정보위원회 위원(현) 2016년 더불어민주당 서울영등포구乙지역위원회 위원장(현) [상]백봉신사상 올해의 신사의원 베스트11(2013) [저]'신경민, 클로징을 말하다'(2009) '신경민의 개념사회'(2012, 메디치미디어) '국정원을 말한다'(2013, 비타베아타)

신경섭(申慶燮) SHIN Kyoung Sup

[생]1958·11·24 [본]평산(平山) [출]경북 예천 [주]서울 강남구 테헤란로152 강남파이낸스센터10층 삼정회계법인(02-2112-0870) [학]장충고졸 1986년 성균관대 경영학과졸 1998년 同대학원 경영학과졸 1999년 고려대 국제대학원 수료 2009년 서울대 최고경영자과정(AMP) 수료 2011년 同최고지도자인문학과정(AFP) 수료 [경]1985~2005년 안건회계법인 공인회계사·감사2본부 전무이사, 삼정회계법인 CIM Ⅱ본부장(전무이사), 삼정KPMG Advisory Inc. Corporate Finance 부대표, 同총괄부대표, 삼정투자자문(SIA) 대표이사, 삼정회계법인 Deal Advisory 대표(현) [종]기독교

신경섭(申慶燮) SHIN Gyeong-seop

[생]1964·4·20 [본]고령(高靈) [출]대구 [주]대구 중구 동덕로194 동화빌딩 대구광역시청 녹색환경국(053-803-2130) [학]1982년 심인고졸 1989년 연세대 행정학과졸 1992년 서울대 행정대학원 행정학과졸 2000년 미국 시라큐스대 대학원 행정학과졸 2006년 행정학박사(영남대) [경]1990년 행정고시 합격(34회) 1992년 대구시 공무원교육원 교관 1994년 同국제협력계장·통상진흥계장 2001년 同유니버시아드대회지원반장 2004년 同교통정책과장 2006년 同경제정책과장 2007년 同기업지원본부 경제정책팀장 2008년 同기업지원본부 경제자유구역추진기획단장(부이사관) 2008년 대구경북경제자유구역청 투자유치본부장 2011년 同행정개발본부장 2012년 세종연구소 교육파견 2013년 대구 수성구 부구청장 2015년 대구시 녹색환경국장(현) [상]녹조근정훈장(2004)

신경숙(申敬淑·女) SHIN Kyoung Sook

[생]1960·9·13 [주]서울 서대문구 연세로50 연세대학교 문과대학 영어영문학과(02-2123-2320) [학]1982년 연세대 영어영문학과졸 1987년 미국 Texas대 대학원 영어영문학과졸 1993년 문학박사(미국 Texas대) [경]1994년 연세대 영어영문학과 조교수 1998년 同문과대학 영어영문학과 부교수·교수(현), 同문과대학 영어영문학과 학과장 [저]'영미문학의 길잡이'(1998) '의학과 문학'(2004, 민음사) '페미니스트 비평과 여성문학'(2004) '페미니즘비평과 여성문학'(2005) '섹슈얼리티와 공간'(2005, 동녘)

신경숙(申京淑·女) SHIN Kyung Sook

[생]1963·1·12 [본]평산(平山) [출]전북 정읍 [학]1982년 영등포여고졸 1984년 서울예술전문대학 문예창작과졸 [경]1985년 중편 「겨울우화」로 문예중앙 신인상을 받으며 작품 활동 시작, 소설가(현) 2000년 민족문학작가회 이사 2007년 제40회 토현동학축제 홍보대사 2008년 동인문학상 심사위원 2011년 소설 '엄마를 부탁해(Please Look After Mom)'로 세계 최대 인터넷서점 아마존닷컴 선정 '문학·픽션 부문 올해의 책 베스트 10'에 선정 2011년 인권재단법인 공감이사 2012년 33개국 판권 계약된 '엄마를 부탁해'로 뉴욕타임즈 베스트셀러 선정 2012년 유니세프 한국위원회 친선대사 [상]오늘의 젊은 예술가상(1993), 한국일보 문학상(1993), 현대문학상(1995), 만해문학상(1996), 동인문학상(1997), 21세기문학상(2000), 이상문학상(2001), 오영수문학상(2006), 프랑스 비평가 및 문학기자 선정 리나페르쉬상(Prix de l'inapercu)(2009), 대한민국문화예술상(2011), 마크 오브 리스펙트(2011), 여성최초 맨 아시아 문학상(Man Asian Literary Prize)(2012), 호암상 예술상(2013) [저]작품집 '풍금이 있던 자리'(1993, 문학과지성사) '겨울우화'(1999, 문학동네) '감자 먹는 사람들'(1995, 창비) '딸기밭'(2000, 문학과지성사) '종소리'(2003, 문학동네) '모르는 여인들'(2011, 문학동네) 장편소설 '깊은 슬픔'(1994, 문학동네) '외딴방'(1995, 문학동네) '기차는 7시에 떠나네'(1999, 문학과지성사) '바이올렛'(2001,문학동네) '리진'(2007, 문학동네) '엄마를 부탁해'(2008, 창비) '어디선가 나를 찾는 전화벨이 울리고'(2010, 문학동네) 산문집 '아름다운 그늘'(1994, 문학동네) '자거라, 네 슬픔아'(2003, 현대문학) 서간집 '산이 있는 집 우물이 있는 집'(2007, 현대문학) 짧은 소설 'J이야기'(2002, 마음산책) '달에게 들려주고 싶은 이야기'(2013, 문학동네) [종]구세군

신경식(辛卿植) SHIN Kyung Shik (文山)

[생]1938·10·14 [본]영산(靈山) [출]충북 청원 [주]서울 영등포구 의사당대로1 국회內 대한민국헌정회(02-757-6612) [학]1957년 청주고졸 1963년 고려대 영어영문학과졸 1977년 미국 산타클라라대 수학 1978년 서울대 행정대학원 수료 1995년 고려대 언론대학원 수료 2009년 명예 문학박사(충북대) [경]1963~1973년 대한일보 기자·駐일본 특파원·駐베트남 특파원·정치부장 1970년 한국기자협회 국제교류위원장 1975년 테니스협회 이사 1978년 국회 의장 비서실장 1981년 우련통운 회장 1988년 제13대 국회의원(충북 청원, 민주정의당·민주자유당) 1988년 민정당 원내부총무 1988년 유네스코 한국위원회 위원 1990년 민자당 원내부총무 1991년 同대표최고위원 비서실장 1991년 신문윤리위원회 위원 1992년 제14대 국회의원(충북 청원, 민자당·신한국당) 1992년 민자당 중앙정치교육원장 1993년 同총재 비서실장 1993년 同정권인수위원 겸 대변인 1993년 민자당 평화통일위원회 위원장 1994년 국회 문화체육공보위원회 위원장 1995년 민자당 충북도지부장 1996년 제15대 국회의원(충북 청원, 신한국당·한나라당) 1996년 국회 국제경기특별위원회 위원장 1996~1997년 정무제1장관 1997년 신한국당 총재비서실장 1998년 한나라당 사무총장 1999년 同총재 특보단장 2000~2004년 제16대 국회의원(충북 청원, 한나라당) 2001년 한나라당 국가혁신위원회 문화예술분과 위원장 2002년 同대통령선거기획단장 2004년 同지도위원 2005년 同상임고문 2010년 국회 의정활동강화자문위원회 위원 2010년 육아방송 대표이사 회장(현) 2011~2015년 대한민국헌정회 부회장 2012~2015년 새누리당 상임고문 2012년 同제18대 대통령중앙선거대책위원회 충북도당 상임고문 2013년 한일친선협회 부회장(현) 2015년 대한민국헌정회 회장(현) [상]청조근정훈장 [저]'농촌이 살아야 나라가 산다' '7부 능선엔 적이 없다'(2009, 동아일보)

신경식(申勁植) SHIN Kyung Shik

[생]1964·3·22 [출]서울 [주]서울 서초구 서초중앙로209 해성빌딩 법무법인 화현(02-535-1766) [학]1982년 고려고졸 1986년 서울대 법과대학졸 [경]1984년 사법시험 합격(26회) 1988년 사법연수원 수료(17기) 1988년 서울지검 검사 1990년 춘천지검 강릉지청 검사 1992년 수원지검 검사 1994년 법무부 검찰1과 검사 1997년 서울지검 검사 2000년 광주지검 부부장검사 2000년 수원지검 여

주지청장 2001년 대검찰청 연구관 2002년 법무부 검찰4과장 2004년 서울남부지검 형사6부장 2005년 서울중앙지검 형사8부장 2006년 서울고검 검사 2007년 대검찰청 미래기획단장 2009년 수원지검 1차장검사 2009년 서울중앙지검 1차장검사 2011년 대전고검 차장검사 2011년 청주지검장 직대 2012년 청주지검장 2013년 광주지검장 2013~2015년 수원지검장 2015년 법무법인 화현 대표변호사(현) 2015년 법무부 정책위원회 위원(현) [상]황조근정훈장(2014)

신경철(申慶澈) SHIN Kyung Chul

[생]1956 · 12 · 10 [출]서울 [주]서울 금천구 디지털로130 남성프라자1214호 유진로봇(주) 비서실(02-2026-1400) [학]1976년 서울고졸 1980년 서울대 기계설계학과졸 1982년 同대학원졸 1988년 기계공학박사(미국 미시간대) [경]1982년 한국과학기술원 연구원 1988년 (주)삼성항공 정밀기계연구소 선임연구원(로봇개발팀장) 1990년 (주)유진로보틱스 부설연구소장 1993~2005년 同대표이사 사장 2001~2008년 한국로봇산업연구조합 이사장 2003~2005년 한국지능로봇산업협회 회장 2005년 (주)유진로봇 대표이사 사장(현) 2008년 한국로봇산업협회 수석부회장(현) 2010년 한국공학한림원 일반회원 2010~2015년 코스닥협회 이사 2014년 한국공학한림원 정회원(현) 2014년 (사)제어 · 로봇 · 시스템학회 부회장 2015년 코스닥협회 회장(현) 2016년 (사)제어 · 로봇 · 시스템학회 회장(현) 2016년 한국무역협회 비상근부회장(현) [상]산업자원부장관표창(2004), 대통령표창(2005), 지식경제부장관상(2011), 산업포장(2014) [종]기독교

신경하(辛慶夏) SHIN Kyung Ha

[생]1941 · 7 · 21 [출]인천 강화 [주]서울 영등포구 은행로58 삼도오피스텔208호 (사)겨레사랑(02-582-4131) [학]1962년 인천고졸 1966년 감리교신학대졸 1973년 同신교대학원졸 1994년 목회학박사(감리교신학대) [경]1966년 기독교대한감리회 군남제일교회 담임목사 1967년 대광교회 담임목사 1969년 의정부서부교회 담임목사 1973년 도봉교회 담임목사 1979년 우이교회 담임목사 1987년 도봉지구교회연합회 회장 1987년 기독교대한감리회 서울연회 도봉지방 감리사 1992년 同평신도국 전문위원 1994년 한국기독교봉사회 이사 1996년 아현교회 담임목사 1996년 대한기독교교육협회 회장 1996년 한국웨슬리선교회 회장 1997~2000년 기독교대한감리회 학원선교회장 1998~2000년 감리교신학대 총동문회장 1998년 (재)장미회 이사(현) 1999년 한국교회협의회 헌장위원장 2000~2003년 인도네시아선교회 회장 2000~2009년 감리교신학대 재단이사회 이사 2000~2004년 아랍선교회 부회장 2001년 한국기독교사회문제연구원 이사 2001~2006년 기독교방송(CBS) 이사 2001~2003년 한국가정생활위원회 회장 2003년 한국기독교교회협의회(KNCC) 부회장 2004~2008년 기독교대한감리회 감독회장 2004~2005년 한국기독교교회협의회(KNCC) 회장 2005~2008년 한국교회교단장협의회 회장 2005~2012년 태화복지재단 대표이사 2006년 세계감리교협의회 공동회장(현) 2006년 기독교TV 공동대표이사 2007년 기독교사회산업개발원 이사장(현) 2008년 선교사자녀장학재단 이사장(현) 2008년 아현감리교회 원로목사(현) 2009년 고난받는이들과함께하는모임 대표이사 2009년 한국기독교사회문제연구원 부이사장 · 이사장(현) 2012~2014년 (사)겨레사랑 이사장 2014년 同이사(현) [저]묵상집 '매일아침 1분'(2008, 은행나무) [종]기독교

신경환(申炅煥) SHIN Kyung Hwan

[생]1950 · 1 · 12 [본]평산(平山) [출]경남 마산 [주]경기 수원시 영통구 광교산로154의42 경기대학교 경상대학 국제통상학과(031-249-9475) [학]1980년 경남대 경영학과졸 1982년 고려대 경영대학원졸 1988년 경영학박사(독일 Univ. of Bielefeld) [경]경제정의실천시민연합 상임집행위원, 한국학술진흥재단 심사위원 1981~1983년 고려대 기업경영연구소 부장 1986~1989년 유럽한국학자협의회 이사 1988~1990년 영진투자자문(주) 연구위원 1990~1995년 경기대 경영학부 경영정보학전공 부교수 1994~2004년 한 · 독경상학회 이사 1995년 수원경실련 정책위원장 1996~2004년 한 · 독학회 상임이사 1996~2015년 경기대 경상대학 국제통상학과 교수 1998~2012년 한국은행 경기본부 자문교수 2000~2001년 미국 미시간주립대 교환교수 2001~2004년 질서경제학회 이사 2003~2005년 한 · 독사회과학학회 부회장 2005년 국제지역학회 부회장 2005년 경기대 사회총괄학부장 2006년 同경상대학장 2009년 수원지법 민사조정위원(현) 2010~2012년 한국경영학회 이사 2010~2011년 미스코리아 경기도 및 인천시 심사위원장 2012년 민주통합당 제18대 대통령선거중앙선거대책위원회 지식기반사회100년특별위원회 부위원장 2014년 제16대 경기도교육감직인수위원회 자문위원 2015년 경기대 경상대학 명예교수(현) [상]대통령표창(2015) [저]'우리 수원 이렇게 바꾸자'(1995) '세계화와 국제통상'(1997) '국제통상의 이해'(1999 · 2001)

신계륜(申溪輪) SHIN Geh Ryeun

[생]1954 · 8 · 13 [본]고령(高靈) [출]전남 함평 [학]1974년 광주고졸 1983년 고려대 행정학과졸 1996년 경희대 언론정보대학원 스피치토론전문과정 수료 1998년 고려대 언론대학원 최고위과정 수료 [경]1980년 고려대 총학생회장 1980년 계엄포고령 위반으로 투옥 1988년 전국노동운동단체협의회 상임집행위원 1989년 전국민족민주운동연합 상임집행위원 1991년 신민당 당무위원 1992년 제14대 국회의원(서울 성북구乙, 민주당 · 국민회의) 1995~1998년 국민회의 청년특별위원회 위원장 1996년 同서울성북乙지구당 위원장 1998년 고건 서울시장 직무인수위원회 위원장 1998~1999년 서울시 정무부시장 2000~2004년 제16대 국회의원(서울 성북乙, 새천년민주당 · 열린우리당) 2001년 새천년민주당 조직위원장 2001년 신씨네무비클럽 명예회장(현) 2002년 한국프로낚시연맹 총재 2002년 노무현 대통령당선자 비서실장 2003년 同인사특보 2003년 열린우리당 상임의장 특보단장 2004~2006년 제17대 국회의원(서울 성북乙, 열린우리당) 2008년 대통합민주신당 사무총장 2008년 통합민주당 사무총장 2008년 同총선기획단장 겸임 2008년 제18대 국회의원선거 출마(서울 성북乙, 무소속) 2008년 (사)신정치문화원 이사장(현) 2008년 민주당 당무위원 2009년 同서울성북乙지역위원회 위원장 2010~2013년 윤이상평화재단 이사장 2010년 민주당 비상대책위원회 위원 2012~2016년 제19대 국회의원(서울 성북乙, 민주통합당 · 민주당 · 새정치민주연합 · 더불어민주당) 2012~2014년 국회 환경노동위원회 위원장 2012년 민주통합당 문재인 대통령후보 특보단장 2013~2016년 (사)대한배드민턴협회 회장 2014년 민주당 사회적경제정책협의회 위원장 2014년 국회 기획재정위원회 위원 [상]황조근정훈장, 2013 도전한국인 정치발전부문 대상(2014) [저]'걸어서 평화만들기'(2010) '내 안의 전쟁과 평화'(2011, 나남) [작]'러시아 혁명' [종]기독교

신계용(申桂容 · 女) SHIN Gye Yong

[생]1963 · 8 · 18 [본]평산(平山) [출]경기 용인 [주]경기도 과천시 관문로69 과천시청 시장실(02-3677-2003) [학]1982년 안영여고졸 1987년 서울대 사회복지학과졸 1997년 同행정대학원 정책학과졸, 가톨릭대 대학원 사회복지학 박사과정 수료 [경]한나라당 중앙당 여성국장, 同원내총무 보좌, 국회 정책연구위원(2급 상당), 민주평통 자문위원 2006~2010년 경기도의회 의원(한나라당) 2008~2010년 同여성특별위원회 부위원장 2010~2011년 대통령 여성가족비서관실 행정관 2012년 한국영상자료원 비상임감사 2012년 새누리당 박근혜 대통령후보 대외협력특보, 同여성위원회 부위원장 2014년 경기 과천시장(새누리당)(현) [상]대한민국연예예술상 '연예예술발전공로상'(2016)

신계종(申桂鍾) SHIN Ke Jong

[생]1954 · 4 · 1 [본]고령(高靈) [출]충북 음성 [주]충북 충주시 대소원면 대학로50 한국교통대학교 건설교통대학 토목공학과(043-841-5412) [학]1971년 충주고졸 1976년 충북대 토목공학과졸 1983년 건국대 대학원졸 1999년 공학박사(강원대) [경]1980~1992년 충주공업전문대 교수 1993~1998년 충주산업대 교수 1998~2012년 충주대 토목공학부 교수 1999년 同산업과학기술연구소장 2000~2002년 同학생지원처장 2004~2005년 同건설응용화학공학부 학장 2004~2006년 대한토목학회 충북지회 부회장 2008년 충주대 교수회장 2010년 同경영인문대학원장 2012년 한국교통대 건설교통대학 토목공학과 교수(현) [상]충주공업전문대학장표창(1990), 한국측량학회 학술상(2002), 충주대총장표창(2002), 교육부총리표창(2005) [저]'측량학'(2001) '건설공학개론'(2001) '측량 및 지형공간정보기사'(2001) '지형정보처리학'(2003) [종]불교

신관호(申寬浩) SHINN Kwan Ho

[생]1947 · 7 · 1 [본]고령(高靈) [출]서울 [주]서울 서초구 서운로19 서초월드오피스텔1209호 신관호국제특허법률사무소(02-557-7009) [학]1971년 한양대 전자공학과졸 1976년 연세대 산업대학원졸 1983년 한양대 행정대학원졸 1991년 법학박사(한양대) 1998년 공학박사(청주대) 2003년 세종시라큐스 경영대학원졸(MBA) 2006년 미국 노스웨스턴대 로스쿨 Executive L.L.M졸 [경]1973~1976년 중앙특허법률사무소 전자부장 1977~1986년 LG전자(주) 특허부장 1979년 변리사시험 합격 1983~1986년 대한검도회 이사 1986년 변리사 개업(현) 1991년 대한상사중재원 중재인(현) 1992~1993년 중소기업중앙회 산업재산권상담위원 1993~1996년 한국라이센스협회 회장 1993년 한국국제산업재산권보호협회 이사 · 부회장 1994~1996년 대한변리사회 부회장 1994년 同특허심판제도위원 1995년 특허청 전자출원시스템개발자문협의회 회원 1996~1997년 대한변리사회 전자출원분과위원장 1997년 변리사시험동문회 부회장 1997년 충주산업대 산학협력위원 1998~2000년 대한변리사회 회장 1998년 외교통상부 지적재산권 전문위원 2000년 대한변리사회 고문(

현) 2002년 서울지법 조정위원(현) 2002년 산업자원부 전자상거래분쟁조정위원 2005년 한국라이센스협회 회장 2007년 외교통상부 한미FTA전문위원 2007년 한나라당 제17대 대통령중앙선거대책위원회 대통령후보 IP정책특별보좌역 2009~2011년 (사)한국국제지적재산보호협회 회장 [상]국무총리표창(1985), 특허청장표창(1998), 동탑산업훈장(2000)

신관홍(申寬弘) Sin Goan Hong

[생]1949·8·21 [본]평산(平山) [출]제주 [주]제주특별자치도 제주시 문연로5 제주특별자치도의회(064-741-2000) [학]제주 오현고 3년 중퇴, 방송통신고졸, 제주산업정보대학 토목과졸 2006년 탐라대 경영행정대학원 관광경영학과졸 [경]동성수중개발공사 대표, 제주문화원 이사, 제주용연라이온스클럽 회장, 대한전문건설협회 중앙대의원, 同제주도지회장, 국민생활체육 제주도태권도연합회장, (사)제주도수산해양개발협의회 부회장, 민주평통 자문위원(현), 국제라이온스협회 354-G지구 제5지역 제1지대위원장, 동초등학교 운영위원회 위원, 제주교도소 교정위원회 부회장(현) 2002~2006년 제주시의회 의원, 同도시관광위원회 위원장 2003년 동성문화장학재단 이사장(현) 2005년 제주특별자치도사회복지협의회 부회장 2006·2010년 제주특별자치도의회 의원(한나라당·새누리당) 2006~2008년 同문화관광위원회 위원장 2007~2012년 (사)제주문화관광연구소 이사장 2010~2012년 제주특별자치도의회 문화관광위원회 위원장 2014년 제주특별자치도의회 의원(새누리당)(현) 2014년 同환경도시위원회 위원 2014년 제주지방재정연구회 대표(현) 2016년 제주특별자치도의회 의장(현) 2016년 전국시·도의회의장협의회 부회장(현) [상]우수의정활동사례공모 대상(2010), 유권자시민행동 대한민국유권자대상(2015)

신광렬(申光烈) SHIN Kwang Ryeol

[생]1965·10·20 [출]경북 봉화 [주]서울 서초구 서초중앙로157 서울중앙지방법원 형사수석부장판사실(02-530-1114) [학]1984년 보성고졸 1988년 서울대 법과대학졸 [경]1987년 사법시험 합격(29회) 1990년 사법연수원 수료(19기) 1990년 육군 법무관 1993년 서울지법 의정부지원 판사 1995년 서울지법 판사 1997년 춘천지법 원주지원 판사 2001년 서울중앙지법 판사 2002년 서울고법 판사 2002년 법원행정처 법무담당관 겸임 2003년 同기획담당관 겸임 2004년 서울고법 의료전담재판부 판사 2005년 대전지법 부장판사 2006년 법원행정처 사법정책제1심의관 2007년 사법연수원 교수 2010년 서울중앙지법 영장전담부장판사, 同민사4부 부장판사 2012년 부산고법 민사6부 부장판사 2014년 인천지법 수석부장판사 2015년 서울고법 부장판사 2016년 서울중앙지법 형사수석부장판사(현)

신광선(申光善) SHIN Kwang Sun

[생]1954·9·2 [출]서울 [주]서울 관악구 관악로1 서울대학교 재료공학부(02-880-7089) [학]1977년 서울대 금속공학과졸 1984년 공학박사(미국 Northwestern대) [경]1983~1991년 미국 애리조나주립대 재료공학과 조교수·부교수 1991년 서울대 재료공학부 교수(현) 2006년 同마그네슘기술혁신센터장(현) 2013년 대한금속재료학회 회장 2013년 한국공학한림원 정회원(현) 2014~2016년 한국세라믹기술원 비상임이사

신광수(辛光樹) SHIN Kwang Soo

[생]1969·1·5 [주]대전 유성구 테크노2로37 웅진에너지 비서실(042-939-8171) [학]여의도고졸 1992년 연세대 경영학과졸 1997년 미국 펜실베이니아대 대학원 경영학과졸(MBA) [경]한솔그룹 경영기획실 근무 2000~2006년 보스턴컨설팅그룹 컨설턴트 2006년 웅진씽크빅 경영기획실장(상무보) 2007년 북센 대표이사 2010~2014년 웅진홀딩스 대표이사 2014년 웅진에너지 부사장 2014년 同대표이사 사장(현) [종]기독교

신광순(申光淳) SHIN Kwang Soon

[생]1963·2·21 [본]평산(平山) [출]서울 [주]경기 수원시 영통구 광교산로154의42 경기대학교 자연과학대학 식품생물공학과(031-249-9655) [학]1981년 경성고졸 1985년 고려대 식품공학과졸 1987년 同대학원졸 1993년 농학박사(고려대) [경]1993~1994년 고려대 생물공학연구소 연구원 1993~1994년 순천향대 유전공학과 강사 1994~1996년 일본 북리연구소 동양의학총합연구소 방문연구원 1996년 경기대 자연과학대학 식품생물공학과 전임강사·조교수·부교수·교수(현) 2004~2005년 미국 Georgia대 CCRC 교환교수 [저]'기초식품생물공학'(2009, 효일)

신광식(申光湜) SHIN Kwang Shik

[생]1954·2·2 [본]평산(平山) [출]충북 충주 [주]서울 서대문구 연세로50 연세대학교 경제대학원(02-2123-4174) [학]1979년 연세대 경제학과졸 1981년 同대학원 경제학과졸 1987년 경제학박사(미국 오하이오주립대) [경]1987년 미국 오하이오주립대 강사 1988~1991년 울산대 경제학과 전임강사·조교수 1991년 한국개발연구원(KDI) 연구위원 1991~1998년 한국산업조직학회 사무국장·이사 1996~1997년 세계화추진위원회 전문위원 1997~2009년 공정거래위원회 경쟁정책자문위원 1998~2006년 외교통상부 통상교섭자문위원 1999년 재정경제부 소비자정책실무위원회 위원 1999~2001년 한국개발연구원(KDI) 선임연구위원·법경제팀장 1999년 공정거래법 개정 민관합동위원회 위원 2001~2012년 김앤장법률사무소 상임고문 2002~2003년 연세대 동서문제연구원 연구교수 2003년 대통령직인수위원회 자문위원 2003년 연세대 경제대학원 겸임교수(현) 2004년 한국규제학회 이사(현) 2007~2009년 외교통상부 한-EU FTA전문가 자문위원 2008년 전국경제인연합회 경제정책위원회 자문위원 2009년 국가경영전략원 자문위원 2010~2012년 경희대 법학전문대학원 겸임교수 2012년 새누리당 제18대 대통령선거 국민행복캠프 경제민주화추진위원회 위원 2013~2015년 대우조선해양(주) 사외이사 [상]대통령표창(1996), 국민포장(2001) [저]'시장거래의 규제와 경쟁정책' '경쟁정책의 국제비교' '표시·광고 규제의 합리화방안' 'WTO시대의 신통상의제' [역]'反트러스트의 모순'

신광영(申光榮) SHIN Kwang Yeong

[생]1954·12·14 [본]평산(平山) [출]서울 [주]서울 동작구 흑석로84 중앙대학교 사회학과(02-820-5180) [학]1982년 서울대 사회학과졸 1984년 미국 Univ. of Minnesota 대학원 사회학과졸 1988년 사회학박사(미국 Univ. of Wisconsin-Madison) [경]1988년 서울대 강사 1989~1999년 한림대 사회학과 조교수·부교수·교수 1995년 덴마크 Aalborg대학 초빙교수 1995~1996년 UC-Berkely Survey Research Center 리서치 초빙연구원 1998년 한림대 사회과학연구소장 1998년 한국사회학회 이사 1999년 중앙대 사회학과 교수(현) 1999년 한국스칸디나비아학회 연구위원 2004년 빈부격차차별시정위원회 민간위원 2005~2006년 중앙대 제1캠퍼스 학생지원처장 2006~2007년 국가청렴위원회 위원 2006~2012년 한국스칸디나비아학회 회장 2007년 Globalization 편집위원(현) 2008년 국민권익위원회 위원 2010년 일본 동경대 사회과학연구소 초빙교수 2011~2013년 한국사회과학협의회 부회장 2012년 중앙대 인문사회계열 부총장 2012~2013년 일본SSM 국제자문위원 2014년 Social forces 편집위원(현) 2014년 Journal of contemporary Asia 편집위원(현) 2015년 Asian Journal of German and European studies 공동편집위원장(현) 2015년 일본 리츠메이칸(입명관)대 방문교수 [상]Journal of Contemporary Asia Runner-Up 우수논문상(2011) [저]'춘천리포트(共)'(1992) '계급과 노동운동의 사회학'(1994) '동아시아의 산업화와 민주화'(1999) '유교와 복지(共)'(2002) '경제위기와 한국인의 복지의식(共)'(2003) '세계화와 소득불평등(共)'(2007) '서비스 사회의 구조변동(共)'(2008) '일의 가격은 어떻게 결정되는가(共)'(2010) '한국 사회 불평등 연구'(2013) '스웨덴 사회민주주의: 노동, 복지와 정치'(2015) [역]'사적유물론과 사회이론'(1990) '한국노동계급형성'(2002) '현대사회학'(2003) '노동의 미래'(2004)

신광우(申光佑) SHIN Kwang Woo

[생]1957·1·5 [본]고령(高靈) [출]경기 의정부 [주]대구 동구 첨단로53 한국정보화진흥원 글로벌협력단(053-230-1292) [학]건국대 행정학과졸, 연세대 행정대학원졸, 경영학박사(충북대) [경]1998년 한국정보문화센터 지역정보화지원팀장 1998년 同교육기획팀장 1999년 同정보문화기획단 사업개발부장 2001년 同정보문화사업단 정보생활지원부장 2002년 同정보격차해소사업단장 2004년 한국정보문화진흥원 정보생활진흥단장 2005년 同정책기획단장 2006년 同경영혁신단장 2007년 同디지털접근지원단장 2008년 同경영혁신단장 2009년 한국정보화진흥원 정보격차해소사업단장 2010년 同정보사회통합지원단장 2011년 同정보문화사업단장 2012년 同연구위원 2014년 同글로벌협력단 연구위원(현) [상]대통령표창(2002), 국민포장(2009)

신구범(愼久範) SHIN Koo Bum

[생]1942·2·2 [출]제주 북제주 [주]제주특별자치도 제주시 명림로3 2층 제주생태도시연구소(064-721-2136) [학]1962년 제주 오현고졸 1965년 육군사관학교 4년 중퇴 1977년 미국 노스캐롤라이나대 수료 1992년 미국 조지타운대 수료, 한국방송통신대 법학과 3학년 재학 중 [경]1967년 행정고시 합격 1967년 3급 乙류 국가공무원공채 합격 1967년 제주도 기획관 1978년 농림수산부 양곡관

ㅅ

리과장 1983년 농업공무원교육원 교수부장 1984년 駐이탈리아 농무관 1989년 농업공무원교육원 원장 1989년 농림수산부 축산국장 1991년 미국 조지타운대 객원연구원 1992년 농림수산부 농업구조정책국장 1993년 同기획관리실장 1993~1995년 제29대 제주도지사(29대) 1995~1998년 제31대 제주도지사(무소속) 1998년 제주특별자치도지사선거 출마(무소속) 1999~2000년 축산업협동조합중앙회 회장 2000년 플러스생활복지연구소 이사장 2002년 제주특별자치도지사선거 출마(한나라당) 2004~2008년 (주)삼무 설립·대표이사, (사)제주생태도시연구소 이사장(현) 2014년 제주특별자치도지사선거 출마(새정치민주연합) 2015년 (주)제주국제컨벤션센터 정책고문(현) [상]내무부장관표창, 농수산부장관표창, 홍조근정훈장 [저]'삼다수하르방 길을 묻다'(2013, 제이앤앤) [종]감리교

신국환(辛國煥) SHIN Kook Hwan (船亨)

[생]1939·9·2 [본]영월(寧越) [출]경북 예천 [학]1957년 경북고졸 1963년 서울대 법대 법학과졸 1975년 국방대학원 수료 1993년 미국 하와이대 연수 2003년 명예 경제학박사(한국산업기술대) [경]행정고시 합격(4회) 1967년 상공부 사무관 1973~1979년 同농가공산품개발과장·수출진흥과장·총무과장 1979년 同대변인 1980년 同기계공업국장 1981년 同전자전기공업국장 1984년 同상역국장 1988년 同무역위원회 상임위원 1990년 同1차관보 1991년 同기획관리실장 1991년 同2차관보 1992~1993년 공업진흥청장 1994년 한국전력공사 고문 1994년 안동대 초빙교수 1996~2001년 자민련 문경·예천지구당 위원장 1996년 同전당대회 수석부의장 1996년 同총재 경제특보 2000~2001년 산업자원부 장관 2000년 하이닉스반도체 구조조정특별위원장 2001년 한국유통정보센터 상임고문 2002~2003년 산업자원부 장관 2003년 한국유통정보센터 고문 2004~2008년 제17대 국회의원(문경·예천, 무소속·국민중심당·민주당·통합민주당) 2005년 국민중심당 창당준비위원장 2006년 同공동대표최고위원 2008~2010년 민주당 상임고문, 박정희대통령기념사업회 상임이사 2011~2013년 한국전자통신연구원 초빙연구원 [상]대통령표창, 녹조근정훈장 [저]'도랑치고 가재잡는 경제일꾼' '선진산업국을 향한 한국경제의 선택과 도전'

신권수(申權秀) SHIN Kuan Soo

[생]1961·1·5 [주]서울 동작구 상도로369 숭실대학교 화학과(02-820-0436) [학]1983년 서울대 자연대학 화학과졸 1985년 同대학원 화학과졸 1990년 이학박사(미국 Texas대) [경]1987~2011년 미국화학회(ACS) 회원 1990~1991년 미국 Argonne National Laboratory 연구원 1991년 대한화학회(KCS) 종신회원(현) 1991년 한국연소학회 회원 1991년 대한환경공학회 회원 1991년 숭실대 화학과 조교수·부교수·교수(현) 1996~1998년 同화학과장 2001~2002년 대한화학회 물리화학분과회 간사 2002년 숭실대 교수협의회 총무 2004~2005년 대한화학회 홍보실무이사 2009~2010년 同학술실무이사 2010~2011년 숭실대 자연과학연구소장 2014~2016년 同자연과학대학장

신권식(辛權植) SHIN Kwon Sik

[생]1963·7·17 [출]부산 [주]서울 강남구 남부순환로2806 삼성물산(주) 패션부문(070-7130-9114) [학]1982년 서울오산고졸 1988년 한국외국어대 신문방송학과졸 [경]1999년 제일모직 입사, 同홍보팀 차장 2005년 同홍보팀장(부장급) 2009년 同전사홍보담당 상무 2012년 同홍보팀장(상무) 2013년 제일모직 패션부문 홍보팀 상무 2013년 삼성에버랜드 패션부문 홍보팀 상무 2014년 제일모직 패션부문 홍보팀 상무 2015년 삼성물산(주) 패션부문 홍보담당 상무(현) [상]삼성홍보부문대상(2002), PR마케팅상(2003), 외대언론인상 특별상(2011)

신귀섭(申貴燮) SHIN Gyi Sup

[생]1955·2·25 [출]광주 [주]충북 청주시 서원구 산남로62번길51 청주지방법원 법원장실(043-249-7114) [학]1983년 고려대 법대졸 [경]1983년 사법시험 합격(25회) 1985년 사법연수원 수료(15기) 1986년 서울형사지법 판사 1988년 서울민사지법 판사 1990년 광주지법 목포지원 판사 1992년 서울지법 북부지원 판사 1994년 서울민사지법 판사 1995년 서울지법 판사 1996년 同서부지원 판사 1997년 서울고법 판사 1997년 청주지법 영동지원장 2000년 서울지법 판사 2000년 광주지법 목포지원 부장판사 2002년 同목포지원장 2003년 대전지법 부장판사 2007년 同천안지원장 2008년 同수석부장판사 2008·2010년 충남도 선거관리위원장 2010년 대전고법 수석부장판사 2010년 대법원 대법관제청자문위원 2013년 대전고법 부장판사 2013년 국토교통부 중앙토지수용위원회 위원(현) 2016년 청주지법원장(현) [종]천주교

신규식(申奎湜) Kyu Shik, Shin

[생]1957·6·7 [본]평산(平山) [출]서울 [주]서울 강남구 테헤란로422 KT선릉타워 대표이사실(1577-7726) [학]1981년 서울대 식품공학과졸 [경]1985~1994년 IBM Korea 근무 1995~2002년 컴팩 Korea 근무 2002~2003년 HP Korea 이사 2003년 코오롱정보통신 부사장 2005년 하나로텔레콤(주) 법인영업본부장(상무) 2005년 同기업영업본부장(상무) 2006년 同기업영업본부장(전무) 2007년 同기업영업부문장(부사장) 2008년 同기업영업본부장(부사장) 2008년 SK브로드밴드(주) 기업영업본부장(부사장) 2009년 同기업영업단장(부사장) 2010년 (주)KT 기업고객부문 Public고객본부장(전무) 2011년 同Global & Enterprise부문 Public고객본부장(전무) 2012년 同Global & Enterprise부문 국내영업총괄 전무 2014년 同Global & Enterprise부문장(부사장) 2015년 同기업영업부문장(부사장) 2016년 KT SAT 대표이사(현)

신근만

[생]1961·6·4 [주]서울 강동구 성안로150 강동성심병원 원장실(02-2224-2200) [학]1986년 경희대 의대졸 1992년 의학박사(경희대) [경]1996~1997년 미국 뉴저지주립대 의대 연구원 1997년 영국 Walton Center 근무, 한림대 의과대학 마취통증의학교실 교수(현), 同강동성심병원 마취통증의학과장 2008년 同강동성심병원 진료부원장 2012~2014년 대한마취통증의학회 회장, 한림대 강동성심병원 통증클리닉 소장 2014년 대한신경조절학회 회장(현) 2015년 한림대 강동성심병원장(현)

신근호(申槿浩) SHIN Keun Ho

[생]1961·4·16 [출]서울 [주]세종특별자치시 도움5로20 국민권익위원회 상임위원실(044-200-7028) [학]1979년 여의도고졸 1989년 고려대 법학과졸 1992년 서울대 대학원 행정학과졸 [경]1988년 행정고등고시 합격(32회) 1997년 법제처 경제법제국 법제관 1998년 국외(캐나다) 파견 2000년 법제처 행정법제국 법제관 2002년 부패방지위원회 심결관리담당관 2002년 同법무감사담당관 2002년 同심사1관 2003년 同법무감사담당관(서기관) 2004년 同법무감사담당관(부이사관) 2005년 同국제협력과장 2005년 국가청렴위원회 국제협력과장 2006년 同국제협력팀장 2008년 국민권익위원회 심사기획과장 2009년 중앙공무원교육원 교육파견(고위공무원) 2010년 국민권익위원회 행정심판심의관 2013년 同권익개선정책국 민원분석심의관 2014년 同행정심판국장 2014년 同고충처리국 고충민원심의관 2014년 국무조정실 정부합동부패척결추진단 파견 2016년 국민권익위원회 행정심판국장 2016년 同상임위원(현)

신기남(辛基南) SHIN Ki Nam (磨石)

[생]1952·10·16 [본]영월(寧越) [출]전북 남원 [주]서울 강서구 강서로193 안태수내과빌딩5층 법무법인 한서 강서 분사무소(02-2607-8384) [학]1970년 경기고졸 1974년 서울대 법과대학 법학과졸 1976년 同대학원 법학과 수료 1994년 영국 런던대 수학 [경]1979~1982년 해군사관학교 교수 1982년 사법시험 합격(24회) 1985년 변호사 개업 1988~1996년 미혼모자보호단체 '사람 사는 정을 심는 모임' 회장 1988~1993년 서울지방변호사회 인권위원·총무이사 1990년 KBS-TV '여의도 법정' 사회 1993년 비행청소년보호단체 소년자원보호자협의회장 1994년 MBC-TV '생방송 신변호사' 진행 1996년 제15대 국회의원(서울 강서구甲, 국민회의·새천년민주당) 1996·1999년 국민회의 총재특보 1996년 同원내부총무 1998년 同대변인 1999년 한국안면기형환자후원회 이사장 2000~2004년 제16대 국회의원(서울 강서구甲, 새천년민주당·열린우리당) 2000년 새천년민주당 제3정책조정위원장 2000년 同전국대의원대회 부의장 2000년 국회 바른정치실천연구회장 2001~2005년 한국도서관협회 회장 2002년 새천년민주당 최고위원 2002년 同정치개혁실천위원장 2002년 노무현 대통령후보 정치개혁추진위원회 본부장 2003년 열린우리당 정치개혁위원장 2004년 同상임중앙위원 2004~2008년 제17대 국회의원(서울 강서구甲, 열린우리당·대통합민주신당·통합민주당) 2004년 열린우리당 의장 2005년 국회 정보위원장 2006년 서울세계도서관정보대회조직위원회 위원장 2007년 열린우리당 상임고문 2007년 대통합민주신당 정동영 대통령후보 중앙선거대책위원회 상임고문 2008~2011년 민주당 상임고문 2008~2014년 법무법인 한서 변호사 2009~2015년 도서관발전재단 이사장 2011년 민주통합당 상임고문 2012~2016년 제19대 국회의원(서울 강서구甲, 민주통합당·민주당·새정치민주연합·더불어민주당·민주당) 2013년 국회 국토교통위원회 위원 2013년 민주당 상임고문 2013년 국회 국가정보원댓글의혹사건등의진상규명을위한국정조사특별위원회 위원장 2014년 새정치민주연합 상임고문 2015~2016년 더불어민주당 상임고문 2016년 제20대 국회의원선거 출마(서울 강서구甲, 민주당) 2016년 법무법인 한서 명예 고문변호사(현)

[상]시민단체전국NGO연대 깨끗한정치인상, 최우수국회의원 연구단체상, 외솔상(2006) [저]수필집 '은빛날개 비행기는 슬피 우는 백조인가' 자서전 '신기한 남자는 진보한다'(2007) '난 항상 진보를 꿈꿔왔다'(2011) '신나고 기분 좋은 남자의 담금질'(2013) [종]기독교

신기섭(申淇燮) SHIN Ki Sop

[생]1951 · 12 · 3 [출]광주 [학]1971년 광주고졸 1978년 고려대 사회학과졸 1983년 멕시코 국립대 연수 [경]1977년 합동통신 기자 1981년 연합통신 기자 1987년 同멕시코특파원 1989년 同부에노스아이레스특파원 1991년 同국제경제부 차장 1992년 同파리특파원 1995년 同국제경제부 차장 1996년 同외신2부장 직대 1998년 연합뉴스 외신국 부장급 1999년 同워싱턴지사장 2000년 同부국장대우 워싱턴지사장 2002년 同영문뉴스국 부국장대우 2002년 同영문뉴스국 부국장 2003~2006년 同국제 · 업무담당 상무이사 2003~2006년 (주)연합인포맥스 감사 2006~2011년 YMI(Yonhap Media Int'l) 사장

신기성(申基成) SHIN Ki Sung

[생]1975 · 2 · 12 [주]인천 중구 샛골로41번길10 인천 신한은행 에스버드(032-773-4406) [학]1994년 송도고졸 1998년 고려대졸 [경]1997년 세계청소년농구선수권대회 출전 1997년 하계유니버시아드대회 출전 1998년 나래 블루버드 입단, TG엑서스 소속 2000년 프로농구 올스타전 남부선발 BEST5에 선정 2001년 상무 소속 2005~2010년 부산 KTF 매직윙스 소속(가드) 2007년 인천광역시컵 한중프로농구 올스타 2007년 24회 아시아남자농구선수권대회 국가대표 2009~2010년 부산 KT 소닉붐 소속 2010~2012년 인천 전자랜드 엘리펀츠 소속(가드) 2013년 고려대 농구부 코치 2013~2014년 MBC 스포츠플러스 해설위원 2014~2016년 부천 하나외환 코치 2016년 인천 신한은행 에스버드 감독(현) [상]프로농구 신인왕(1999), 프로농구 최우수선수(2005)

신기창(申基昌) SHIN Ki Chang

[생]1961 · 4 · 23 [출]광주 [주]세종특별자치시 한누리대로 422 고용노동부 노동정책실(044-202-7300) [학]1979년 광주 숭일고졸 1984년 전남대 경제학과졸 [경]1987년 행정고시 합격(31회) 1997년 노동부 공보담당관 2000년 서울동부노동사무소 근무 2001년 노동부 노동조합과장(서기관) 2002년 수원지방노동사무소장 2002년 강릉지방노동사무소장 2003년 서울북부지방노동사무소장 2004년 노동부 고용정책실 노동시장기구과장 2005년 同노사정책국 노사협력복지과장 2005년 同노사정책국 노사협력복지팀장 2006년 同노사정책국 노사관계조정팀장 2007년 중앙노동위원회 사무국 기획총괄과장 2007년 서울지방노동위원회 상임위원 2011년 고용노동부 기획조정실 정책기획관(고위공무원) 2012년 同고용정책실 고용평등정책관 2013년 同인력수급정책국장 2014년 同중앙노동위원회 상임위원 2016년 同노동정책실장(현)

신기천(申基天) SHIN Ki Chun

[생]1962·7·23 [출]대전 [주]서울 강남구 영동대로510 제일빌딩2층 에이티넘인베스트먼트 비서실(02-555-0781) [학]1981년 대전고졸 1985년 서울대 경영학과졸 1987년 同대학원 경영학과졸 [경]1986년 공인회계사 1987~1989년 삼일회계법인 감사본부 공인회계사 1989~1999년 한미창업투자(주) 이사 2000~2010년 同대표이사 사장 2005년 한국벤처캐피탈협회 이사·부회장(현), (주)도드람B&F 이사 2010년 에이티넘인베스트먼트 대표이사 사장(현)

신기현(申璣鉉) SHIN Kee Hyun

[생]1953 · 9 · 27 [본]평산(平山) [출]경북 문경 [주]서울 광진구 능동로120 건국대학교 기계공학부(02-450-3072) [학]1974년 서울고졸 1981년 서울대 기계설계학과졸 1983년 同대학원졸 1991년 공학박사(미국 Oklahoma State Univ.) [경]1981년 한국산업경제연구원 연구원 1983년 경기개방대 강사 1985~1989년 미국 오클라호마주립대 조교 1990~1992년 同Web Handling Research Center 연구교수 1992~1994년 서울대 정밀기계설계공동연구소 특별연구원 1992~2001년 건국대 공과대학 기계항공공학부 조교수 · 부교수 1995~2001년 同연속공정연구센터 상임연구원 2001년 同기계공학부 기계설계학전공 교수(현) 2004년 IEEE(Institute of Electrical and Electronics Engineers) '2005 IAS Conference Session' Chair 2005년 건국대 유연디스플레이연속공정연구소장(현) 2008년 한국인쇄전자협의회(KOPEA) 수석부회장(현) [상]IEEE IAS Certificate of Appreciation(2002), 한국정밀공학회 우수상(2003), 건국대 연구상 기술이전부문(2009) [저]'Tension Control'(2000) [종]기독교

신낙균(申樂均 · 女) Shin, Nakyun

[생]1941 · 2 · 1 [본]평산(平山) [출]경기 남양주 [주]서울 영등포구 도림로485의1 (사)프로보노코리아(02-784-0280) [학]1959년 무학여고졸 1963년 이화여대 문리대학 기독교학과졸(학사) 1969년 미국 YALE대 신학대학졸(석사) 1992년 미국 George Washington대 교육대학졸(석사) 1995년 고려대 언론대학원 최고위과정 수료 1996년 연세대 언론홍보대학원 최고위과정 수료 1999년 명예 문학박사(대구대) [경]1969~1973년 이화여대 강사 · 기숙사 사무과장 1973~1982년 한국여성유권자연맹 상임위원 · 사무총장 1974~1982년 금선어린이집 설립 · 원장 1980년 UN 세계여성대회 한국NGO 대표 1980~1982년 대한여학사협회 서울시 부회장 1982~1993년 김선유치원 설립 · 원장 1985~1991년 한국여성유권자연맹 부회장 1986~1987년 이화여대 교육대학원 강사 1988~1991년 국제대 강사 1991년 한국방송심의위원회 심의위원 1991~1995년 한국여성유권자연맹 회장 1992~1995년 크리스찬 아카데미 운영위원 1992~1994년 공명실천시민운동협의회 집행위원회 부위원장 1993~1995년 KBS 이사 1994~1995년 김대중 아태평화재단 자문위원 1994~1995년 제4차 UN 세계여성대회를 위한한국여성NGO위원회 공동대표 1995~1998년 새정치국민회의 부총재 1996~2000년 제15대 국회의원(전국구, 국민회의 · 새천년민주당) 1996~1998년 국회 여성특별위원회 위원장 1998~1999년 문화관광부 장관 1999~2001년 세계고성공룡축제 조직위원장 2000~2002년 새천년민주당 최고위원 2000~2002년 새정치여성연대 상임대표 2001~2003년 2002월드컵조직위원회 조직위원 겸 집행위원 2001년 세계야외공연축제 후원회장 2002~2003년 국민통합21 최고위원 2003~2007년 아름다운가게 이사 2004~2011년 미국 조지워싱턴대 International Council 위원 2004~2006년 새천년민주당 경기도지부 위원장 2005~2007년 同대표 직무대행 2007~2008년 민주당 최고위원 2008년 제18대 국회의원(비례대표, 통합민주당 · 민주당 · 민주통합당) 2008~2012년 국회 외교통상통일위원회 위원 2008~2010년 민주당 전당대회 부의장 2008~2010년 同윤리위원장 2008~2010년 국회 여성가족위원회 위원장 2009년 (사)프로보노코리아 이사장(현) 2013년 여성평화외교포럼 이사장(현) 2015년 새정치민주연합 국정자문회의 자문위원 [상]이화여대 '올해의 이화인' 선정(1995), 미국 조지워싱턴대 '자랑스런 동창상'(1997), 체육훈장 맹호장(2002), 청조근정훈장(2003) [저]'평등과 나눔, 그 삶의 아름다움에 대하여'(1999, 열음사) '행복한 질서'(2012, 부광) [종]기독교

신달석(申達錫) SHIN Dal Suk

[생]1939 · 11 · 25 [본]평산(平山) [출]경북 영덕 [주]경기 성남시 분당구 대왕판교로644번길49 다산타워9층 디엠씨(주) 회장실(02-587-5948) [학]1958년 경복고졸 1965년 고려대 행정학과졸 [경]1977년 동명통산(주) 대표이사 1990~1997년 현대자동차(주) 협동회 이사 1997년 대우자동차(주) 협신회 이사 1998~2005년 한국자동차공업협동조합 이사 2002년 현대 · 기아자동차협력회 부회장 2005년 한국자동차공업협동조합 이사장 2005~2012년 동명통산(주) 회장 2012년 디엠씨(주) 회장(현) [상]대통령표창(2001), 산업자원부장관표창(2003), 자동차부품산업진흥재단 대상(2004), 은탑산업훈장(2010)

신달자(愼達子 · 女) SHIN Dal Ja

[생]1943 · 12 · 25 [본]거창(居昌) [출]경남 거창 [주]서울 서초구 반포대로37길59 대한민국예술원(02-3479-7223) [학]1965년 숙명여대 국어국문학과졸 1982년 同대학원 국어국문학과졸 1993년 문학박사(숙명여대) [경]시인(현) 1964년 「월간여성」 신인여류문학상 당선 1969년 「현대문학」에 '발' '처음 목소리'로 문단 데뷔 1982년 덕성여대 · 숙명여대 국어국문학과 전임강사 1982년 한국시인협회 상임위원 1993년 피어선대 국어국문학과 교수 1997~2009년 명지전문대 문예창작과 교수 2004년 한국시인협회 부회장 · 이사 2008~2010년 한국문화예술위원회 위원 2009년 대통령직속 사회통합위원회 위원 2010년 전국체육대회 명예홍보대사 2012~2014년 한국시인협회 회장 2012~2014년 한국문학번역원 이사 2013년 국민행복연금위원회 위원(세대 대표) 2016년 서울국제도서전 홍보대사(현) 2016년 대한민국예술원 회원(문학분과 · 현) [상]대한민국 문학상(1989), 한국시인협회상, 춘행문화대상(1998), 시와시학상(2002), 현대불교문학상(2007), 영랑시문학상(2008), 공초문학상(2009), 김준성문학상(2011), 제19회 대산문학상 시부문(2011), 은관문화훈장(2012), 유심작품상(2014), 김삿갓문학상(2015), 정지용문학상(2016), 서울국제도서전 선정 '올해의 주목할 저자'(2016) [저]'나의 섬은 아름다웠다' '한잔의 갈색차가 되어' '아무도 말하지 않았던 이 비밀을' '백치애인' '그대에게 줄 말은 연습이 필요하다' '봉헌문자'(1973) '겨울축제'(1976) '다시 부는 바람'(1979) '고향의 물'(1982) '아가' '모순의 방' '시간과의 동행' '아 ! 어머니' '물위를 걷는 여자' '노을을 삼킨 여자' '성냥갑 속의 여자' '지상의 단 한사람을 위하여'(1984) '아론 나의 아론'(1987) '나는 마흔에 생의 걸음마를 배웠다'(2008, 민음사) '두 사람을 위한 하나의 사랑' '홀로이면서 홀로가 아니듯이' '여자로 산다는 것은' '아버지의 빛' '오래 말하는 사이'

'열애' 시선집 '이제야 너희를 만났다' '바람 멈추다'(2009) '너는 이 세 가지를 명심하라' '미안해 고마워 사랑해'(2010, 문학의문학) '눈송이와 부딪쳐도 그대 상처 입으리'(2011, 문학의문학) '종이'(2011, 민음사) '여자를 위한 인생 10강'(2011, 민음사) '물 위를 걷는 여자'(2011, 민음사) '종이'(2011, 민음사) '아버지의 빛'(2012, 문학세계사) '너를 위한 노래'(2012, 시인생각) '살 흐르다'(2014, 민음사) '오래 말하는 사이'(2014) '신달자 감성 포토 에세이'(2015, 문학사상)

신대섭(申大燮) SHIN Dae Seop

[생]1968 · 8 · 5 [출]충북 [주]세종특별자치시 도움5로19 우정사업본부 보험사업단 보험기획과(044-200-8610) [학]1987년 충북 청석고졸 1994년 서울대 지리학과졸 [경]2002년 정보통신부 정보화기획실 정보화지원과 서기관 2002년 同총무과 서기관 2004년 충주우체국장 2007년 정보통신부 우정사업본부 경영기획실 경영품질(6시그마)팀장 2008년 지식경제부 우정사업본부 경영기획실 경영품질팀장 2009년 同우정사업본부 경영기획실 투자기획팀장 2010년 同정보화담당관 2011년 同산업기술시장과장 2012년 同우정사업본부 보험위험관리팀장 2012년 同우정사업본부 보험자산운용팀장 2013년 미래창조과학부 우정사업본부 보험자산운용팀장 2013년 同우정사업본부 경영기획실 경영총괄담당관 2015년 同우정사업본부 보험사업단 보험기획과장(현)

신대철(申大澈) SHIN Dae Chul

[생]1943 · 4 · 1 [본]평산(平山) [출]충남 예산 [주]서울 종로구 평창25길4 로트랑시망401호 Win-Win Marketing Inc.(02-511-7211) [학]서울대 물리학과졸, 同최고경영자과정 수료 [경]코카콜라 한국및아시아 영업대표, 필립모리스 한국 사장, 유한크로락스 대표이사, (주)윈윈마케팅 대표이사(현), 서울대물리학부동창회 부회장, 자유선진당 총재 경제특보 2008년 제18대 국회의원선거 출마(서울 강남乙, 자유선진당) [종]기독교

신대철(申大澈) SHIN Dae Chul

[생]1952 · 3 · 2 [출]전북 [주]충남 아산시 배방읍 호서로79번길20 호서대학교 총장실(041-540-5006) [학]건국대 전기공학과졸, 同대학원졸, 공학박사(건국대) [경]1982년 호서대 전기공학과 교수(현), 同앙도서관장, 同사회교육원장 2007~2008년 同공과대학장 2010년 同전기공학과장 2013년 同학사부총장 2016년 同총장(현) [저]'전기관계법규'(1989) '현장실습지침서'(2005)

신도현(申道鉉) SHIN Do Hyeon (慈耕)

[생]1956 · 1 · 21 [본]평산(平山) [출]강원 홍천 [주]강원 춘천시 중앙로1 강원도의회(033-256-8035) [학]홍천농고졸, 여주대학 전산정보처리과졸 [경]홍천군 북방면 총무계장, 同민방위과 민방위계장, 同문화공보실 문화공보계장, 同기획실 감사법무담당, 同예산경영담당, 同예산담당, 同행정담당, 同화촌면장, 同재무과장 2007년 同자치행정과장, 同허가민원과장, 同주민생활지원실장 2011년 同기획감사실장 2014년 강원도의회 의원(새누리당)(현) 2014 · 2016년 同농림수산위원회 위원(현) 2015년 同결산검사대표위원, 화촌중학교총동창회 회장(현) 2016년 강원도의회 윤리특별위원회 위원장(현) [상]국무총리표창(2010), 홍조근정훈장(2014) [종]불교

신동걸(申東杰) Shin Dong Kul

[생]1967 · 3 · 31 [출]경북 경주 [주]서울 영등포구 은행로30 중소기업중앙회 신관11층 IBK자산운용 주식운용본부(02-727-8800) [학]서울대 해양학과졸, 同경영대학원졸(재무관리 전공) [경]한국투자신탁운용 주식운용본부 2팀 차장, 同주식운용본부 리서치팀 과장, 同주식운용본부 주식운용3팀 · 4팀 근무, 同주식운용본부 매매팀 근무 2007년 기은SG자산운용 주식운용본부장 2008년 同주식운용본부장(이사) 2009년 KTB자산운용(주) 주식운용본부 주식운용2팀 본부장 2010년 同주식운용본부 운용담당 2011년 同주식운용본부 운용총괄 2012년 IBK자산운용 주식운용본부장(현)

신동관(申東寬) SHIN Tong Kwan

[생]1929 · 5 · 28 [출]경남 남해 [학]1951년 육군보병학교졸 1955년 미국 육군보병학교졸 1963년 국민대 법학과졸 1966년 연세대 경영대학원 수료 1970년 한양대 대학원 정치과 수료 1982년 일본 교토대(京都大) 수학 [경]1961년 최고회의장 경호과장 1963년 예편(육군 대령) 1963년 대통령경호실 경호처장 1969년 同차장 1971년 제8대 국회의원(경남 남해, 민주공화당) 1971년 아마복싱연맹 회장 1972년 KOC상임위원 1972년 발명협회 회장 1972년 경영진단사협회 회장 1973년 제9대 국회의원(경남 남해 · 하동, 민주공화당) 1974년 대한체육회 부회장 1978년 아시아청년협회장 1979년 제10대 국회의원(경남 남해 · 하동, 민주공화당) 1979년 민주공화당 원내부총무 [상]2등보국훈장, 독일십자훈장, 에티오피아훈장, 베트남훈장 [저]'한국주택정책의 좌표' '의정백서' [역]'일본열도 개조론' [종]불교

신동권(申東權) SHIN DONG KWEON

[생]1963 · 2 · 10 [본]평산(平山) [출]경북 상주 [주]세종특별자치시 다솜3로95 공정거래위원회 상임위원실(044-200-4053) [학]1985년 경희대 법학과졸 2001년 독일 마인츠대 대학원 법학과졸 2003년 법학박사(독일 마인츠대) [경]1986년 행정고시 합격(30회) 2004년 공정거래위원회 기업결합과장 2004~2011년 대통령비서실 · 중앙공무원교육원 · OECD 대한민국정책센터 파견 2011년 공정거래위원회 서울지방공정거래사무소장 2012년 同카르텔조사국장 2014년 同대변인 2015년 同상임위원(현) 2015년 경제협력개발기구(OECD) 경쟁위원회 Bureau Member(현) [저]독점규제법(2011)

신동규(辛東奎) SHIN Dong Kyu

[생]1951 · 10 · 14 [본]영산(靈山) [출]경남 거제 [주]서울 종로구 새문안로5가길28 광화문플래티넘오피스텔805호(02-3703-1902) [학]1969년 경남고졸 1974년 서울대 경제학과졸 1981년 영국 웨일즈대 대학원 금융경제학과졸(석사) 2003년 경제학박사(경희대) [경]1973년 행정고시 합격(14회) 1974년 한국은행 근무 1985년 아세아개발은행(ADB) 근무 1990년 재무부 국제조세과장 1992년 同증권발행과장 1993년 同증권정책과장 1994년 同자본시장과장 1994년 재정경제원 금융정책과장 1996년 대통령비서실 파견(국가경쟁력강화기획단 국장) 1997년 駐미국대사관 재경참사관 2000년 재정경제부 공보관 2001년 同국제금융국장 2001년 금융정보분석원(FIU) 초대원장 2002년 아시아태평양지역 자금세탁방지기구(APG) 공동의장 2002년 재정경제부 기획관리실장 2003~2006년 한국수출입은행장 2007~2008년 경희대 경영대학원 겸임교수 2008~2011년 전국은행연합회 회장 2012~2013년 동아대 경영학과 석좌교수 2012~2013년 NH농협금융지주 회장 2013년 아주대 경영대학 경영학과 초빙교수(현) [상]근정포장(1984), 황조근정훈장(2002) [저]'미국의 번영과 경쟁력'(共) [종]기독교

신동근(申東根) SHIN Dong Kun

[생]1961 · 12 · 22 [출]경남 하동 [주]서울 영등포구 의사당대로1 국회 의원회관732호(02-784-6142) [학]1979년 전북기계공고졸 1990년 경희대 치대졸 2001년 서울대 대학원 치의학과졸 2004년 同대학원 치의학 박사과정 수료 [경]1985년 경희대 삼민투쟁위원회 위원장 1988년 한국청년연합 공동준비위원장 1990년 신동근치과의원 원장(현) 2000년 건강사회를위한치과의사회 회장 2000년 보건의료대표자회의 의장 2000년 민주화운동관련 국가유공자 인정 2001년 건강권실천을위한보건의료연합 대표집행위원장 2002년 8.8재보선 국회의원선거 출마(인천시 서구 · 강화군乙, 민주당) 2004년 제17대 국회의원선거 출마(인천시 서구 · 강화군乙, 열린우리당) 2005년 열린우리당 인천시당 중앙위원 2005년 신진보연대 공동대표 2007년 열린우리당 제17대 대통령선거 인천시서구 · 강화군乙선거대책위원장 2010~2011년 인천시 정무부시장 2011~2012년 인천의료관광재단 이사장 2012년 제19대 국회의원선거 출마(인천시 서구 · 강화군乙, 민주통합당) 2012년 민주통합당 정책위원회 부의장 2013~2014년 민주당 인천시당 위원장 2014년 새정치민주연합 인천시당 공동위원장 2014~2015년 同인천시당 대의원대회준비위원회 위원장 2015년 4.29재보선 국회의원선거 출마(인천시 서구 · 강화군乙, 새정치민주연합) 2016년 더불어민주당 인천시서구乙지역위원회 위원장(현) 2016년 제20대 국회의원(인천시 서구乙, 더불어민주당)(현) 2016년 더불어민주당 오직민생특별위원회 사교육대책TF 위원(현) 2016년 국회 교육문화체육관광위원회 위원(현) 2016년 한국아동인구환경의원연맹(CPE) 회원(현) 2016년 더불어민주당 정책위원회 부의장(현) [저]'불꽃은 늙지 않는다'(2011) '신동근의 뉴스타트'(2016, 블루프린트) [종]기독교

신동렬(申東烈) Shin Dong Ryul

[생]1959 [출]충북 진천 [주]제주특별자치도 서귀포시 서호중로19 국세공무원교육원 원장실(064-731-3211) [학]경동고졸, 연세대 경제학과졸 [경]행정고시 합격(34회) 2004년 안동세무서장 직대 2005년 중부지방국세청 세원관리국 개인납세2과장 2005년 국세청 전자세원팀장 2005년 同납세홍보과장 2007년 서울 삼성세무서장 2008년 국세청 국세종합상담센터장 2009년 同법무심사국 법무과장 2009년 同납세지원국 징세과장 2010년 중부지방국세청 감사관(부이사관) 2013년 미국 국세청 파견 2013년 서울지방국세청 세원분석국장(고위공무원) 2014년 同국제거래조사국장 2016년 국세공무원교육원 원장(현)

신동민(申東珉) SHIN Dong Min

[생]1952·6·24 [주]대전 대덕구 한남로70 한남대학교 문헌정보학과(042-629-7114) [학]1978년 중앙대 문학과졸 1982년 同대학원 도서관학과졸 1992년 문학박사(중앙대) [경]1979~1992년 한국원자력안전기술연구원 책임기술원 1992년 건국대 조교수 1994~2001년 한남대 문헌정보학과 조교수·부교수 2001년 同문헌정보학과 교수(현) 2003~2005년 한국비블리아학회 회장, 한남대 대학원 교학부장 2008년 同신문방송국 주간 2009~2011년 同문과대학장 2011년 同사회문화대학원장 2012년 同행정복지대학원장 2015년 同대학원장 2016년 同학사부총장(현)

신동민(申東玟) SHIN Dong Min

[생]1960·9·1 [출]충남 서천 [주]서울 서대문구 경기대로 15 엘림넷빌딩2층 다인맨파워 임원실(02-2151-0100) [학]인천기계공고졸, 인하대 건축공학과졸 [경]GS건설(주) 엘리시안클럽하우스·골프텔 소장·부장, 同LPL담당 부장 2006년 同건축사업본부 LPL담당 상무보, 同건축사업본부 건축해외1담당 상무 2012년 同건축사업부문장(전무) 2014~2015년 同싱가포르 NTF(Ng Teng Fong) 병원프로젝트담당 전무 2015년 (주)다인맨파워 대표이사 사장(현)

신동배(申東培) SHIN Dong Bae

[생]1954·9·19 [출]서울 [주]경기 성남시 분당구 백현로97 다운타운빌딩10층 신우병원(1577-5975) [학]1972년 경기고졸 1980년 연세대 의대졸 1992년 同대학원졸 1999년 의학박사(연세대) [경]1983년 연세대 세브란스병원 인턴 1984년 同정형외과 전공의 1987년 울산대학병원 정형외과 전공의 1990~1997년 同정형외과장 1994년 스위스 국립베른대학병원 연구원 1997년 차의과학대 부교수 1997년 同분당차병원 정형외과장 2000년 안양 메트로병원장 2002년 분당재생병원 관절센터소장 2002년 신우병원 원장(현) [종]불교

신동배(申東培) SHIN Dong Bae

[생]1958·2·6 [주]서울 서초구 헌릉로13 대한무역투자진흥공사 중견기업지원팀(1600-7119) [학]양정고졸, 한국외국어대 이태리어과졸 [경]1980년 국제상사 입사, 한주통산 뉴욕법인 대표, 同수출 및 내수사업본부장 1997~2008년 한국팬트랜드(주) 대표이사, 영지통상 사장 2010년 LS네트웍스 프로스펙스사업본부장(상무) 2011~2013년 리바이스코리아(주) 대표이사 2014년 아름다운가게 상임이사 2015~2016년 BLS코리아 대표이사 사장 2016년 대한무역투자진흥공사 중견기업지원팀 전문위원(현)

신동빈(辛東彬) Dong-Bin Shin

[생]1955·2·14 [출]일본 [주]서울 중구 을지로30 롯데그룹 회장실(02-750-7025) [학]1977년 일본 아오야마가쿠인대(青山大) 경제학부졸 1980년 미국 컬럼비아대 대학원 경영학과졸 [경]1981년 일본 노무라증권 입사 1990년 호남석유화학(주) 상무이사·부사장 1997~2011년 롯데그룹 부회장 1999~2015년 (주)코리아세븐 대표이사 2000~2006년 (주)롯데닷컴 대표이사 2001년 전국경제인연합회 부회장(현) 2004년 호남석유화학 공동대표이사 2004년 롯데그룹 정책본부장(부회장) 2006~2013년 롯데쇼핑 대표이사 2008년 아시아소사이어티 코리아센터 회장(현) 2009~2013년 한국방문의해위원회 위원장 2011년 롯데그룹 회장(현) 2012년 롯데케미칼 공동대표이사(현) 2014년 대한스키협회 회장(현) 2015년 일본 롯데홀딩스 대표이사(현) 2015년 (주)호텔롯데 대표이사(현) 2015년 롯데문화재단 이사장(현) [상]국민훈장 모란장(2005), 핀란드 국민훈장 '핀란드 백장미장'(2006), 프랑스 최고권위훈장 '레지옹 도뇌르'(2007), 한국의 경영자상(2011), 전문직여성한국연맹(BPW KOREA) BPW 골드 어워드상(2014), 영국 대영제국 지휘관훈장(CBE)(2014), 러시아 우호훈장(오르덴 드루즈비)(2015) [저]'유통을 알면 당신도 CEO(共)'(2001)

신동빈(申東斌) SHIN Dong Bin

[생]1955·9·8 [본]평산(平山) [출]경기 수원 [주]경기 성남시 분당구 안양판교로1201의62 한국식품연구원 산업지원연구본부 식품분석센터(031-780-9126) [학]1981년 중앙대졸 1985년 同대학원졸 1996년 공학박사(중앙대) [경]1985~1988년 농수산물유통공사 종합식품연구원 연구원 1988년 한국식품개발연구원 식품분석평가실 선임연구원·책임연구원 1997~1999년 단국대 대학원 식품영양학과 강사 2001~2004년 국제표준화기구(ISO) 전문위원 2002년 경희대 대학원 식품영양학과 강사 2004년 한국식품연구원 식품산업진흥본부 식품분석센터 책임연구원 2005년 식품영양학회 부회장 2005년 중앙대 대학원 식품공학과 강사 2008년 한국식품연구원 식품분석센터장 2008~2010년 同산업지원본부 식품분석센터장 2011년 同분석인증연구본부장 2013년 同산업지원연구본부장 2013년 同산업지원연구본부 식품분석센터 책임연구원(현) 2013~2014년 한국식품위생안정성학회 오염물질분과위원장 2013~2014년 국가기술표준원 농축산식품류 전문위원 [상]농림부장관표창(1992·1999), 과학기술부장관표창(2008), 대한민국기술대상 대통령표창(2012) [종]천주교

신동삼(申東三) SHIN Dong Sam

[생]1961·3·20 [주]부산 동구 충장대로325 남해해양경비안전본부 경비안전과(051-663-2000) [학]동주대학 호텔관광경영학과졸 [경]1986년 순경 임용, 부산해양경찰서 1503함 근무, 포항해양경찰서 수사과장, 해양경찰청 광역수사계장 2010년 同재정팀장 2011년 同예산팀장 2012년 同재정담당관 2014년 국민안전처 중부해양경비안전본부 기획운영과장 2013년 총경 승진 2015년 국민안전처 평택해양경비안전서장 2016년 同남해해양경비안전본부 경비안전과장(현)

신동소(辛東韶) SHIN Dong So (靑竹)

[생]1931·2·7 [본]영산(靈山) [출]부산 [주]서울 관악구 관악로1 서울대학교(02-880-5114) [학]1953년 원예고졸 1957년 서울대 농대 임학과졸 1960년 同대학원 임학과졸 1970년 농학박사(일본 큐슈대) [경]1961년 경상대 농대 교수 1973~1996년 서울대 농대 임산가공학과 교수 1979~1981년 한국펄프종이공학회 상임부회장 1983년 공업진흥청 전문위원 1984년 同공업표준심의위원 1986~1998년 한국펄프종이공학회장 1988년 에너지관리공단 기술자문위원 1991년 서울대 임업과학연구소장 1993년 한국과학기술단체총연합회 이사 1993년 서울시 폐기물처리전문연구위원 1994~2004년 한국포장학회장 1994년 한국과학기술한림원 정회원 1995년 同원로회원(현) 1996년 서울대 명예교수(현) 1999~2008년 在韓규슈대 총동창회장 2002~2009년 한국산림과학기술단체연합회 회장 2007년 서울대농업생명과학대동창회 감사 2012~2016년 (재)한국소호문화재단 이사장 [상]임학회상, 경남도 문화상, 서울대 상록농업생명과학연구대상, 국민훈장 석류장, 자랑스러운 서울시민상, 한국과학기술한림원상, 지식경제부장관표창(2011), 한국포장협회 공로상(2012), 자랑스러운 상록인대상(2012) [저]'임산가공'(1975) '임산화학'(1975) '중성지'(1989) '고지리사이클링'(1995) '제지과학'(1996, 광일문화사) '알아야 할 종이 중성지'(1998, 도서출판 금영) '임학개론'(2000, 한국방송통신대) '목질재료의 이론과 실재'(2002, 지식과경영) '포장기술편람'(2003, 한국포장학회) '목재보존학'(2003, 서울대) [종]기독교

신동승(申東昇) SHIN Dong Seung

[생]1960·12·18 [본]평산(平山) [출]서울 [주]서울 종로구 북촌로15 헌법재판소 수석부장연구관실(02-708-3631) [학]1979년 한영고졸 1983년 서울대 법대졸 1986년 同대학원 법학과졸 1994년 미국 하버드대 법학전문대학원 수학 [경]1983년 사법시험 합격(25회) 1985년 사법연수원 수료(15기) 1986년 軍법무관 1989년 청주지법 판사 1994년 수원지법 성남지원 판사 1995년 인천지법 김포군법원 판사 1997년 서울고법 판사 2001년 대전지법 부장판사 2003년 서울지법 고양지원 부장판사 2004년 의정부지법 고양지원 부장판사 2005년 서울행정법원 부장판사 2008년 헌법재판소 선임부장연구관 2008~2010년 同기획조정실장 겸임 2012년 同수석부장연구관(현) [종]기독교

신동식(申東植·女) SHIN Dong Sik

[생]1937·12·16 [본]평산(平山) [출]경북 문경 [주]서울 중구 세종대로124 한국여성언론인연합(02-732-4797) [학]1957년 대전여고졸 1962년 연세대 정치외교학과졸 1993년 영국 헐대 사회정책대학원 사회정책과정 수료 [경]1963년 서울신문 사회부 기자 1980~1983년 同사회부 차장·수도권부 차장·수도권부 부장급 기자 1981년 한국여기자클럽 회장 1983년 서울신문 수도권부 부국장급 기자 1985년 同생활과학부 부국장급 1988년 同편집위원 1989~1991년 스포츠서울 과학부장 1992년 同편집국 부국장 1994년 서울신문 논설위원 1996~1998년 同사장실 심의위원 1996년 연세여성언론인회장 1998~2003년 성공회대 신문방송학과 겸임교수 1998년 언론중재위원회 위원 1999년 한국여성언론인연합 대표(현) 2000년 노사정위원회 위원(공익대표) 2002~2003년 언론중재위원회 감사 2004년 중앙인사위원회 자문위원 2012·2014년 대한언론인회 여성위원회 위원장(현) [상]제1회 최은희여기자상(1984), 자랑스러운 연세여동문상(1995), 올해의 여성상(1997), 연세언론인상(2002) [역]'백악관의 맨 앞줄에서'(共) [종]성공회

ㅅ

신동식(申東湜) SHIN Dong Sik

[생]1952·12·1 [출]경남 하동 [주]서울 관악구 관악로1 서울대학교 산학협력단(02-880-5114) [학]1972년 진주고졸 1977년 서울대 공대 원자핵공학과졸 1983년 同행정대학원 행정학과졸 [경]1978년 행정고시 합격(22회) 1979년 상공부 종합계획과·중소기업정책과·무역정책과·전자정책과 근무(사무관) 1991년 同법무담당관, 통상산업부 LA무역관 파견, 상공부 산업환경과장 1995년 산업자원부 수입과장·화학생물산업과장·수송기계산업과장 1999년 同산업기술정책과장(부이사관) 2001년 同공보관·중앙공무원교육원 파견 2003년 경수로사업단 건설기술부장 2004년 산업자원부 지역산업균형발전기획관(이사관) 2005년 同무역유통심의관 2006년 同무역위원회 상임위원(관리관) 2006~2009년 (주)한국무역정보통신(KTNET) 대표이사 사장 2009~2011년 (주)송도글로벌대학캠퍼스 대표이사 사장 2011~2014년 울산테크노파크 원장 2011년 미국 세계인명사전 'Marquis Who's Who 2012년판'에 등재 2015년 서울대 산학협력단 산학협력중점교수(현) [상]상공부장관표창(1985), 대통령표창(1987), 동탑산업훈장(2007)

신동열(辛東烈) SHIN Dong Yeol

[생]1942·12·7 [출]부산 [주]경기 평택시 세교산단로61 성문전자(주) 회장실(031-650-2909) [학]1961년 동래고졸 1965년 성균관대 경제학과졸 1971년 연세대 경영대학원졸 [경]한국Waller(주) 전무이사, 용신유리공업(주) 대표이사, 한국청년회의소중앙회 회장 1998년 성문전자(주) 대표이사 부회장·대표이사 회장(현) 1998~2001년 성남산업단지공단 이사장 2002~2006년 駐韓파푸아뉴기니 명예총영사 2003년 한국산업기술진흥협회 감사 2003년 한국무역협회 부회장 [상]동탑산업훈장, 우수중소기업대상, 과학기술훈장 웅비장 [종]불교

신동열(申東列) Dong-Yul, Shin

[생]1957·4·28 [본]평산(平山) [출]경남 거창 [주]서울 마포구 백범로192 (주)에쓰오일 정유영업본부(02-3772-5016) [학]1975년 거창고졸 1983년 고려대 경영학과졸 [경]1982년 에쓰오일(주) 입사 1991~1998년 同경영기획실 근무 2007~2012년 同공장 생산지원부문담당 상무 2008~2012년 울산지방경찰청 경찰발전위원회 위원 2009~2012년 울주군 정책자문위원 2011~2012년 UBC 울산방송 시청자위원회 위원 2012년 고래문화재단 이사 2012년 울산과학기술대(UNIST) 겸임교수 2012년 에쓰오일(주) 생산지원본부장(부사장) 2012년 同국내영업본부장(부사장) 2014년 同정유영업본부장(부사장)(현)

신동우(申東宇) SHIN, Dongwoo

[생]1952·9·2 [본]평산(平山) [출]전북 군산 [주]경기 수원시 영통구 월드컵로206 아주대학교 공과대학 건축학과(031-219-2495) [학]1975년 서울대 건축공학과졸 1982년 미국 미시간대 대학원졸 1988년 공학박사(미국 미시간대) [경]1979년 한샘건축연구소 건축설계사 1983년 미국 미시간대 연구원 1988년 대한주택공사 주택연구소 선임연구원 1989~2000년 아주대 건축공학과 교수, 同총무처장 1996년 미국 콜로라도대 객원교수 1999~2001년 한국건설관리학회 회장 2000년 아주대 건축학부 교수, 同공과대학 건축학과 교수(현) 2003년 대한건축학회 이사 2004년 한국건설관리학회 고문 2008~2010년 대한건축학회 건축공학교육협의회장 겸 교육담당 부회장 2011년 한국공학한림원 건설환경공학분과 정회원(현) 2013~2014년 한국BIM학회 회장 [상]국회의장표창(1974), 대한건축학회 논문상(2000), 건설교통부장관표창(2007), 국가건축정책위원장표창(2012) [저]'건설공사 공기지연 분석방법의 사례연구'(2002) '한국의 프로젝트 매니지먼트(共)'(2003) [종]천주교

신동우(申東雨) SHIN Dong Woo

[생]1953·6·6 [출]서울 [학]1971년 경복고졸 1975년 서울대 문리과대학 언어학과졸 1978년 同행정대학원 수료 1986년 미국 펜실베이니아대 대학원졸(MBA) 2003년 서울대 환경대학원 도시환경고위정책과정 수료 [경]1977년 행정고시 합격(21회) 1979년 서울시 내무국 근무 1980~1981년 同기획관리실 예산·예산운영·경영분석계장 1982년 同감사관실 감사계장 1986년 대통령비서실 근무 1989년 서울시 투자관리담당관 1991년 서울 구로구 시민국장 1992년 서울시 공보1담당관 1993년 同시장비서관 1993년 同예산담당관 1994년 同공보관 1995년 駐중국북경 주재관 1998년 서울시 산업경제국장 1999년 서울 강남구 부구청장 2002년 서울시 행정관리국장 2002년 同환경관리실장 2003년 同상수도사업본부장 2004~2007년 서울 강동구청장(한나라당) 2008년 상명대 서울미래연구소장, 同저작권보호학과 초빙교수 2009~2015년 (사)세움터 대표이사 2012~2016년 제19대 국회의원(서울 강동구甲, 새누리당) 2013년 새누리당 경제민주화담당 원내부대표 2014년 同제3정책조정위원회 간사 2014~2015년 국회 지방자치발전특별위원회 위원 2014년 국회 정무위원회 위원 2014년 새누리당 재외국민위원회 중국지역 부위원장 2015년 同지방자치행정위원장 2015년 同정책위원회 민생119본부 부본부장 2015년 同핀테크특별위원회 위원 2016년 제20대 국회의원선거 출마(서울 강동구甲, 새누리당) [상]황조근정훈장(2002), 법률소비자연맹 선정 국회헌정대상(2013), 시민일보 의정·행정대상(2015) [저]'도시는 꿈이다'(2011, 마음하우스) [종]기독교

신동우(申東佑) SHIN Dong Woo

[생]1960·6·16 [출]경북 상주 [주]경북 상주시 청리면 마공공단로60 나노(054-533-5887) [학]1983년 한양대 무기재료공학과졸 1985년 한국과학기술원졸(석사) 1993년 공학박사(영국 케임브리지대) [경]1985년 독일 막스프랑크연구소 연구원 1987~1988년 국방과학연구소 연구원 1991년 일본 국립무기재질연구소 연구원 1995년 한양대 세라믹연구소 연구조교수 1995~2004년 경상대 공과대학 세라믹공학과 교수 1998년 일본 오사카대 방문연구원 2000년 (주)나노 대표이사(현) 2004~2016년 경상대 공과대학 나노신소재공학부 세라믹공학전공 교수 2013~2016년 국민생활체육회 비상임이사 [상]한국과학기술단체총연합회 우수논문상, 산업포장(2007), 철탑산업훈장(2015) [저]'세라믹스원료' '세라믹스파괴특성' '세라믹실험'

신동욱(申東旭) SHIN Dong Wook

[생]1956·3·31 [출]인천 [주]서울 동대문구 황물로62, 4층 동대문구사회복지협의회(02-2217-8837) [학]1979년 경희대 약학과졸 [경]동아제약(주) 개발본부 임상1팀장(이사) 2006년 同상무 2007년 同영업2본부장(상무) 2010~2011년 同영업2본부장(전무) 2011년 용마로지스(주) 부사장 2013~2015년 동아제약(주) 대표이사 사장 2015년 동대문구사회복지협의회 회장(현) 2015년 동아쏘시오홀딩스 자문 [종]천주교

신동욱(申東煜) SHIN Dong Wook

[생]1958·6·27 [출]경기 [주]서울 마포구 상암산로82 SBS프리즘타워16층 SBS콘텐츠허브 사장실(02-2001-6601) [학]1976년 수원 유신고졸 1983년 서울대 불어교육과졸 [경]1983~1984년 국제건설 근무 1984~1991년 MBC 근무 1991년 SBS 편집부 차장대우 1994년 同파리특파원 1997년 同국제부 차장 1999년 同보도본부 경제부장 2000년 同경제CP(부장급) 2001년 同보도본부 편집CP 2003년 同보도본부 국제CP 2003년 同해설위원(부장급) 2004년 同보도본부 경제전문기자(부장급) 2005년 同보도본부 편집1부장 2007년 同보도본부 사회1부장 2008년 同보도본부 부국장 2008년 SBS홀딩스(주) 홍보총괄(부국장급) 2009년 SBS 창사20주년기획단 사무국장 2009년 SBS미디어홀딩스(주) 브랜드전략팀장(부국장급) 겸임 2010년 同그룹홍보총괄 이사대우 2011년 同커뮤니케이션총괄 이사 2012년 同브랜드커뮤니케이션담당 이사 2013년 SBS미디어넷 스포츠경제본부장 2014년 SBS미디어크리에이트 대표이사 사장 2015년 SBS콘텐츠허브 대표이사 사장(현) [상]자랑스런 한양언론인상(2012)

신동욱(申東旭) SHIN Dong Uk

[생]1967·8·3 [본]평산(平山) [출]경북 [주]서울 양천구 목동서로161 SBS 보도본부 뉴스제작1부(02-2061-0006) [학]1988년 서울대 경영학과졸 [경]1992년 SBS 입사(공채 2기) 1993년 同사회부 경찰취재부 기자 1995년 同기동취재부 기자 1996년 同선거방송기획단·정치부 기자 2000년 同전국부·경제부 기자 2001년 同주말아침뉴스 앵커 2003년 同뉴스추적부 기자 2004년 同아침뉴스 앵커·경제부 기자 2005년 同정치부 기자 2005년 同편집1부 차장 2005~2011년 同8시뉴스 앵커 2011년 同보도국 국제부 워싱턴지국장(차장급) 2014년 同보도국 정치부 차장 2014년 同보도본부 정치부장 2015년 同보도본부 편집1부장 2016년 同보도본부 뉴스제작1부 선임기자(부장)(현) [상]학교폭력추방공로상(2003), 한국방송대상 앵커상(2008) [종]기독교

신동운(申東雲) SHIN Dong Wun

[생]1952·1·25 [출]서울 [주]서울 관악구 관악로1 서울대학교 법학과(02-880-7563) [학]1975년 서울대 법학과졸 1979년 同대학원 법학과졸 1984년 법학박사(독일 Freiburg대) [경]1984~1996년 서울대 법학과 전임강사·조교수·부교수 1993년 한국형법학회 감사·상임이사 1994년 서울대 공법학과장 1996년 同법학과 교수(현) 1998년 同법대 교무담당 부학장 1996~2000년 법원행정처 송무제도개선위원 1999~2004년 한국형사법학회 상임이사

2001~2004년 국가인권위원회 비상임위원 2003~2004년 사법개혁위원회 위원 2005~2007년 한국형사정책학회 회장 2006~2007년 한국형사법학회 회장 2012~2013년 대법원 국민사법참여위원회 위원장 2013년 경찰청 경찰수사제도개선위원회 위원장 [상]국민훈장 동백장 [저]'환경범죄의 현황과 대책' '사례입문 형법총론' '객관식 형사소송법' '형사소송법' '객관식 형사소송법' '판례백선 형법총론' '판례백선 형법 각론I'

신동원(申東源) SHIN DONG WON

[생]1959 [출]부산 [주]서울 강남구 테헤란로202 금융결제원 임원실(02-531-1022) [학]서강대 경제학과졸, 미국 드렉셀대 경영대학원(MBA)졸 [경]2007년 금융결제원 기획조정실장 2009년 同e사업기획실장 2011년 同상무이사 2014년 同전무이사(현)

신동의(申東義·女) Sin Dong Eui

[생]1968·8·7 [본]평산(平山) [출]충북 진천 [주]충북 청주시 흥덕구 1순환로536번길4 대한에이즈예방협회 충북지회(043-254-5448) [학]1986년 숙명여고졸 1990년 중앙대 음악대학 성악과졸 1993년 이탈리아 Perugia F. Morlacchi국립음악원졸 2007년 예술철학박사(중앙대) [경]1996~2000년 천안대 성악과 강사 1996~2008년 중앙대 성악과·예술대학원 강사 2007년 제17대 대통령선거 충북도 이회창캠프 부대표 2007년 (사)공동체의식개혁국민운동 충북협의회 공동대표 2008년 자유선진당 충북도당 여성위원장 2008년 자유선진당 제18대 국회의원 후보(비례대표) 2011~2014년 충북대 강사 2011~2013년 한국윤리교육학회 부회장 2011~2013년 이정휴먼포럼 회장 2011년 대한에이즈예방협회 충북지회장(현) 2012년 한국교원대 강사(현) 2012~2015년 서원대 강사 2014년 한국인구교육학회 이사 2015년 청주교육대 강사(현) 2016년 한국인구교육학회 부회장(현) [상]충북도지사 공로상(2008·2010), 시사투데이 대한민국사회공헌대상(2012) [저]'호모 오페라쿠스'(2008) '호모 오페라쿠스(개정판)'(2011) [작]독창회 10회, 조인트 리사이틀 6회, Opera 'Cavalleria Rusticana' 'Tosca' 'Le nozze di Figaro'(박과장의 결혼작전) 'Mese Mariano'(5월의 마리아) '직지'(초연) 'Signor Deluso'(복덕방 왕사장) '코리안 심포니 오케스트라와 협연'(바그너 "신들의 황혼"한국 초연) 외 400여회 국내외 연주 [종]기독교

신동익(辛東益) Shin Dong-ik

[생]1958·3·27 [출]서울 [주]서울 서초구 남부순환로2572 국립외교원 외교안보연구소(02-3497-7607) [학]1981년 연세대 정치외교학과졸 1983년 同대학원 정치학과졸 1985년 미국 펜실베이니아대 대학원 국제정치학과졸 [경]1981년 외무고시 합격(15회) 1981년 외무부 입부 1986년 駐시애틀 영사 1992년 駐말레이시아 1등서기관 1996년 영국 국제전략문제연구소(IISS) 파견 1999년 외교통상부 안보정책과장 2000년 駐제네바 참사관 2003년 외교통상부 정보상황실장 2004년 대통령비서실 파견 2005년 駐유엔 공사참사관 2008년 외교통상부 국제기구정책관 2009년 同국제기구국장 2010년 同본부대사 2011년 駐유엔 차석대사 2013년 외교부 다자외교조정관 2016년 국립외교원 외교안보연구소장(현) [상]홍조근정훈장(2013)

신동인(辛東仁) SHIN Dong In

[생]1946·3·5 [출]울산 [주]서울 동작구 보라매로5길51 롯데케미칼(주) 임원실(02-829-4114) [학]1964년 부산공고졸 1969년 한양대 기계공학과졸 [경]1968년 롯데제과(주) 입사 1975년 롯데건설(주) 기획실장 1992년 롯데그룹 기획조정실 전무이사 1998년 同부사장 1998년 롯데제과·롯데쇼핑 대표이사 부사장 2000년 호텔롯데 경영관리본부 부사장 2002년 同경영관리본부 사장 2002년 롯데제과 대표이사 사장 2002년 롯데쇼핑 대표이사 사장 2004~2005년 호텔롯데 정책본부 사장 2005~2015년 (주)롯데자이언츠 구단주 직대 2015년 롯데케미칼(주) 고문(현) [상]금탑산업훈장

신동인(申東寅) Shin Dong In (民雨)

[생]1957·10·24 [본]평산(平山) [출]강원 홍천 [주]강원 원주 북원로2325 원주세무서(033-740-9201) [학]춘천고졸, 건국대졸 [경]2007년 의정부세무서 납세자보호담당관실 근무 2009년 서울지방국세청 조사3국 4과 근무 2010년 同조사2국 3과 근무 2011년 성동세무서 재산세2과 근무 2012년 서울지방국세청 감사관실 근무 2013년 同조사3국 1과 근무 2013년 국세청 운영지원과 인사1계장 2014년 同감사관실 감사1계장 2016년 원주세무서장(현)

신동인(辛東寅) SHIN, Dong-In

[생]1968·12·25 [본]영산(靈山) [출]충북 음성 [주]세종특별자치시 도움6로11 환경부 운영지원과(044-201-6240) [학]1986년 서울 용산고졸 1994년 연세대 행정과졸 1999년 서울대 행정대학원 정책학과졸 [경]1999~2008년 환경부 자연정책과·해외협력과 사무관 2008년 同국토환경정책과 그린스타트팀장 2009~2011년 경기도 환경협력관 2011~2013년 세계자연보전연맹(IUCN) 환경협력관 2013년 국립생물자원관 전략기획과장 2014년 환경부 기후대기정책관실 대기관리과장 2016년 同근무(과장급), 2016년 통일교육원 파견(현) [종]불교

신동준(申東峻) SHIN Dong Joon (樂川)

[생]1932·2·11 [본]평산(平山) [출]경기 용인 [주]경기 고양시 일산동구 일산로142 유니테크빌823호 (주)한국웰테크(031-907-7011) [학]1950년 경기고졸 1951년 서울대 미술대 중퇴 1955년 국민대 법학과졸 [경]1953년 동아일보 기자 1961년 경향신문 논설위원 1961~1972년 한국통계연구소 이사장 1964년 동아일보 정치부장 1966년 민주공화당 선전부장 1967년 제7대 국회의원(전국, 민주공화당) 1973년 갤럽통계연구소 이사장 1973~1993년 동삼공업(주) 사장 1993년 (주)한국웰테크 회장(현) 1994년 로타리코리아 편집장 [저]'국회의원들' '인구이동' 시집 '구름밭의 사람들' '아무렇지도 않은듯이 살다보면…' [종]기독교

신동준(申東峻) SHIN Dong June

[생]1967·7·7 [본]평산(平山) [출]경남 진주 [주]대전 서구 청사로189 중소기업청 기획조정관실(042-481-4341) [학]1985년 경남 대아고졸 1992년 서울대 언어학과졸 [경]1992년 행정고시 합격 2001년 정보통신부 정보통신정책국 산업기술과 사무관 2002년 서기관 승진 2003년 KT 기획조정실 사업지원단 팀장 2006년 정보통신부 와이브로·DMB 해외확산반 팀장, 부산금정우체국장 2007년 정보통신부 우정사업본부 보험사업단 보험위험(리스크)관리팀장 2008년 지식경제부 우정사업본부 보험위험관리팀장 2008년 駐몽골 주재관 2010년 지식경제부 지역특화발전특구기획단 특구기획과장 2011년 同무역진흥과장 2012년 同산업피해조사팀장 2013년 산업통상자원부 활용촉진과장 2014년 同산업정책실 산업분석과장 2015년 同산업정책실 산업분석과장(부이사관) 2015년 중소기업청 생산혁신정책과장 2016년 同기획조정관실 기획재정담당관(현)

신동천(申東天) SHIN Dong Cheon

[생]1955·5·16 [출]경기 파주 [주]서울 서대문구 연세로50 연세대학교 상경대학 경제학부(02-2123-2486) [학]1979년 연세대 경제학과졸 1984년 同대학원졸 1990년 경제학박사(미국 미네소타대) [경]연세대 상경대학 경제학부 교수(현), 한국자원경제학회 감사, 한국국제경제학회 이사, 한국동북아경제학회 이사, 한국국제통상학회 이사 1997년 한국자원학회 이사 1999~2002년 산업자원부 무역위원회 비상임위원 2001~2004년 한국자원학회 부회장 2001년 한국국제경제학회 감사 2002~2006년 연세대 통일연구원장 2003년 북한경제전문가100인포럼 회원 2005년 한국환경경제학회 부회장 2007~2009년 同회장 2010~2012년 녹색성장위원회 위원 2014~2015년 한국무역보험학회 회장 2014년 인천국제공항공사 비상임이사 겸 감사위원(현) 2015년 녹색성장위원회 위원(현) [상]근정포장(2012) [저]'미시경제학' '국제무역의 연산균형분석' [종]기독교

신동천(申東千) SHIN Dong Chun

[생]1955·5·30 [본]평산(平山) [출]서울 [주]서울 서대문구 연세로50 연세대학교 의과대학 예방의학교실(02-2228-1869) [학]1980년 연세대 의대졸 1983년 同대학원 보건학과졸 1989년 보건학박사(연세대) [경]1980년 전주예수병원 인턴 1987~2001년 연세대 의대 예방의학교실 강사·조교수·부교수 1987년 同환경공해연구소 부소장 1991년 미국 미시간대 방문교수 1997년 연세대의료원 기획조정실 차장 1997~1999년 한국과학기술연구원 도핑콘트롤센터 객원책임연구원 1999년 연세대 환경공해연구소장 2001년 환경부 먹는물관리위원 2001년 연세대 의대 예방의학교실 교수(현) 2001년 한국환경독성학회 부회장 2003년 환경부 중앙환경보전자문위원 2003년 同유해화학물질대책위원 2004년 한국실내환경학회 부회장 2004년 서울시 환경영향평가심의위원 2007년 연세대 보건대학원 환경보건학과 주임교수 2007년 대한의사협회 정책이사, 同국제협력위원장(현) 2011년 연세대 보건대학원 환경보건전공 지도교수(현) 2011년 한국위험통제학회 회장(현) 2011년 아시아오세아니아의사회연맹(CMAAO) 이사장(현) 2012~2014년 연세대의료원 사무처장 2013년 연세대 의과대학 환경공해연구소장(현) 2013~2015년 세계의사회 이사 2013~2015년 한국친환경병원학회 초대회장 2015년 세계의사회(WMA : World Medical Association) 재정기획위

ㅅ

원회 위원장(현) 2016년 대한민국의학한림원 국제협력위원회 위원(현) [상]대통령표창(2004), 대한의사협회 화이자국제협력공로상(2013) [저]'보건과학연구방법론'(1996) '한국보건의료문제 : 진단과 처방-해로운 화학물질로부터 안전하게'(1999) '자동차환경개론-자동차배출가스의 인체위해성, 이동과 확산'(2000) '의학자 114인이 내다보는 의학의 미래上·中·下-환경을 건강하게'(2003) '산업위생-제11장 실내오염'(2004) '예방의학-제20장 환경과 건강'(2004) [종]기독교

신동철(申東哲)

[생]1959 [출]경기 파주 [주]경남 진주시 충의로19 한국토지주택공사 주거복지본부(055-922-3005) [학]경동고졸, 한국외국어대 행정학과졸, 미국 조지워싱턴대 대학원 경영학과졸 [경]2010년 한국토지주택공사(LH) 고객지원처 총무팀장 2011년 同제주지역본부장 2012년 同고객경영실장 2013년 同감사실장 2013년 同강원지역본부장 2014년 同비서실장 2015년 同주거복지본부장(상임이사)(현)

신동철(申東澈) SHIN DONG CHUL

[생]1961·1·9 [본]평산(平山) [출]서울 [주]서울 영등포구 여의대로70 신한금융투자(02-3772-2200) [학]서울고졸, 성균관대 무역학과졸 [경]1986년 신한금융투자 입사 2000년 同신림지점장 2003년 同관악지점장 2004년 同신설동지점장 2005년 同인사부장 2008년 同영업부 지점장(이사대우) 2009년 同서부영업본부장 2011년 同강서영업본부장 2011년 同강북영업본부장 2013년 同홀세일그룹본부장 2013년 同IPS본부장(상무) 2016년 同경영관리본부장(상무) 2016년 同전략기획본부장 겸 경영기획그룹장 직대(현)

신동학

[출]강원 홍천 [주]강원 동해시 해안로231 동해안권경제자유구역청(033-249-4503) [학]환일고졸, 중앙대 법학과졸 [경]1993년 행정고시 합격(37회), 산업자원부 기획예산담당관, 同홍보관리관실 공보과장, 駐인도네시아 상무관 2008년 지식경제부 전기소비자보호과장 2009년 同전기위원회 사무국 전력시장과장 2010년 同중견협력과장 2010년 同경제자유구역기획단 정책기획팀장(서기관) 2012년 부이사관 승진 2014년 산업통상자원부 기후변화산업환경과장(부이사관) 2016년 同해외투자과장(부이사관)(현) 2016년 강원도 동해안권경제자유구역청장(현)

신동헌(申東憲)

[생]1968·4·19 [출]충남 서산 [주]충남 홍성군 홍북면 충남대로21 환경녹지국(041-635-2700) [학]1986년 대전고졸 1991년 서울대 농학과졸 1994년 同환경대학원 환경계획학과졸 2014년 국방대 국방관리대학원 국방관리학과졸 [경]1998~2002년 서산시 활성동장 2009년 통일교육원 교육파견 2010년 충남도 수질관리과장 2012년 同환경관리과장 2013~2014년 국방대 교육파견 2015년 충남도 에너지산업과장 2015년 同물관리정책과장 2016년 同환경녹지국장(현) [상]한국물학술단체연합회 기술상(2016)

신동헌(申東憲) SHIN Dong Heon

[생]1968·5·13 [본]평산(平山) [출]대전 [주]대전 서구 둔산중로78번길45 대전고등법원 판사실(042-470-1114) [학]1987년 대전고졸 1992년 서울대 법대졸 1994년 同대학원졸 [경]1992년 사법시험 합격(34회) 1995년 사법연수원 수료(24기) 1998년 수원지법 판사 2000년 서울지법 판사 2002년 대전지법 논산지원 판사 2004년 同판사 2007년 대전고법 판사 2008년 대법원 재판연구관 2010년 대전지법 부장판사 2012년 대전고법 판사(현)

신동혁(申東赫) SHIN Dong Hyuk

[생]1954·1·28 [출]서울 [주]경기 안산시 상록구 한양대학로55 한양대학교 공학대학 재료공학과(031-400-5224) [학]1977년 서울대 금속공학과졸 1979년 한국과학기술원 금속공학과졸 1982년 공학박사(한국과학기술원) [경]1982~1991년 한양대 공대 조교수·부교수 1985~1986년 미국 Standford Univ. 방문교수 1993~1994년 미국 Univ. of California 방문교수 1991년 한양대 공대 금속재료공학과 교수 1999년 同공학대학 재료공학과 교수(현) 2008년 대한금속재료학회 편집부회장 2008년 ISIJ International 국제편집자문위원 2008년 한국과학기술한림원 정회원(현) 2009년 ENGE 2010 부위원장 2010~2012년 한양대 공학대학장 2011년 한국공학한림원 정회원(현) 2012년 대한금속재료학회 회장

신동혁(申東赫) SHIN Dong-Hyeok

[생]1961·2·15 [출]인천 [주]경기 안산시 상록구 해안로787 한국해양과학기술원 해양방위연구센터(031-400-6260) [학]1983년 인하대 해양지질학과졸 1985년 同대학원 해양지질학과졸 1998년 이학박사(인하대) [경]1988~2000년 한국해양연구원 해양지질연구부 연구원·선임연구원 1998년 인하대 해양학과 강사 2000년 한국해양연구원 해양환경방재연구부 책임연구원 2012년 한국해양과학기술원 해양방위연구센터 책임연구원(현)

신동현(申東鉉) SHIN Dong Hyun

[생]1961·10·20 [본]평산(平山) [출]전남 해남 [주]서울 서초구 법원로4길13 춘광빌딩 법무법인 우송(02-598-0123) [학]1979년 광주 대동고졸 1983년 고려대 법학과졸 [경]1987년 사법시험 합격(29회) 1990년 사법연수원 수료(19기) 1990년 서울지검 북부지청 검사 1992년 광주지검 목포지청 검사 1994년 광주지검 검사 1996년 법무부 인권과 검사 1998년 서울지검 검사 2000년 수원지검 검사 2002년 同부부장검사 2002년 광주지검 장흥지청장 2004년 同공안부장 2005년 부산지검 공안부장 2006년 서울남부지검 형사6부장 2007년 서울중앙지검 공안2부장 2008년 서울남부지검 형사1부장 2009년 대전지검 서산지청장 2009년 수원지검 성남지청 차장검사 2010년 변호사 개업 2012년 법무법인 우송 구성원변호사(현) 2014년 대한법률구조공단 비상임감사(현)

신동현(申東弦) Shin Dong Hyun

[생]1967·6·7 [본]평산(平山) [출]전북 남원 [주]서울 동작구 여의대방로16길61 기상청 기후변화감시과(02-2181-0900) [학]1985년 전주 신흥고졸 1991년 연세대 천문대기과학과졸 1993년 同대학원 천문대기과학과졸 [경]1993~2011년 기상청 수치예보과·국제협력과·기획재정담당관실 등 근무 2011년 同총괄예보관 2013년 同청장 비서관 2014년 同계측기술과장·기상기술과장 2015년 同국가태풍센터장 2016년 同기후변화감시과장(현)

신동현(申東炫) shin dong hyun

[생]1968·8·23 [본]평산(平山) [출]서울 [주]서울 구로구 오리로1163 대성빌딩4층 한국환경협회(02-2689-2681) [학]1988년 동국대사대부고졸 1996년 국제대 회계학과졸 [경]1996~2000년 (주)금경 자금부 대리 2001~2004년 (주)넷탑스 대표이사 2004년 (주)21세기정보통신 총괄이사 2006년 대한상공회의소 사무차장 2007~2008년 중소기업중앙회 경영자문 2009년 (사)한국환경협회 사무총장(현) 2009년 환경보전신문 편집인(현) 2010년 (사)백두대간보전회 서울지부장(현) 2011년 (사)한국사회환경협회 상임이사(현) 2014년 (사)강재신숙선생기념사업회 발기인·이사(현) 2016년 (사)한국자연환경해설사협회 상임이사(현) [저]'반딧불은 어디에' '인물로 본 근현대사'

신동호(申東鎬) SHIN Dong Ho

[생]1955·12·20 [본]평산(平山) [출]경기 평택 [주]경기 안성시 대덕면 서동대로4726 중앙대학교 음악학부(031-670-3303) [학]1982년 중앙대 음대졸 1985년 이태리 롯시니국립음악원졸 1985년 이태리 오지모아카데미아졸 [경]1990년 중앙대 음악학부 성악전공 조교수·부교수·교수(현), 쌍트 페테부르크오케스트라·무라니아 트랜실바니아 주립필하모니 오케스트라·상파울로 시립오케스트라·키예프 국립오케스트라·제노바 필하모니·나포리 심포니·롯시니 필하모니·KBS 교향악단·서울시향·코리안 심포니 등 국내외 오케스트라와 협연, 미국·이태리·독일·오스트리아·프랑스·호주·브라질·일본·홍콩·동남아 등 해외 초청 연주회, 뉴욕 카네기홀 연주 및 '베냐미노 질리' 탄생95주년·'쟈코모 푸치니' 서거60주년기념 이태리 초청 연주회, KBS·MBC·CBS 방송 출연 및 국내외 다수 연주회 출연, 오페라 '라 보엠' '루치아' '청교도' '리골렛도' '라 트라비아타' '토스카' '라 파보리타' '호프만의 이야기' '포스카리가의 비극' '사랑의 묘약' 등 다수 오페라 주역, 베토벤 'NO9 Symphony' 베르디 '레퀴엠' 헨델 '장엄미사' 바하 '마태수난' 모차르트 '레퀴엠' 바하 '마니피카트' 등 다수 오라토리오 독창자 2007~2009년 중앙대 음악대학장 2007년 남성성악가앙상블팀 '보헤미안 싱어즈' 활동 [상]「카를로 콧차」국제성악콩쿨 2등(이태리 노바라), 「쟈코모 푸치니」 국제성악콩쿨 1등(이태리 루카), 「베냐미노 질리」 국제성악콩쿨 1등(이태리 씨르미 오네), 「루티아노 파바롯티」 국제성악콩쿨 1등(미국 필라델피아) [작]음반 '위대한 사랑' [종]기독교

신동호(申東昊) SHIN Dong Ho

[생]1965·1·10 [출]대구 [주]서울 마포구 성암로267 문화방송 아나운서국(02-789-3470) [학]경희대 영어영문학과졸 [경]1992년 MBC 입사 2001년 同'아주특별한아침' 진행, 同'뉴스와이드' 앵커 2003년 同'와 e-멋진세상' 진행 2008년 同'생방송 오늘아침' 진행 2008년 환경부 기후변화대응 홍보대사 2010년 MBC 아나운서실 아나운서1부장 2013년 同아나운서국장(현) [상]한국아나운서연합회 아나운서대상(2001), MBC 연기대상 TV진행자부문 특별상(2006), 산업포장(2010)

신동화(申東禾) SHIN Dong Hwa

[생]1943·7·22 [출]전북 정읍 [주]서울 강남구 테헤란로64길14 신동화식품연구소(02-539-9361) [학]1965년 동국대 식품공학과졸 1967년 同대학원 식품공학과졸 1975년 영국 Leeds Univ. 식품공학과 수학 1981년 식품공학박사(동국대) 1985년 미국 Cornell Univ. 식품공학과 수학 [경]1970년 농어촌개발공사 연구개발부 입사 1972년 同식품연구소 연구원 1975~1979년 同식품연구소 농산식품과장 1979~1985년 同식품연구소 가공공학연구실장 1983·1984·1986년 성균관대 대학원 식품위생과 강사 1983년 중앙대 대학원 강사 1985년 농어촌개발공사 종합식품연구원 응용연구실장 1986년 건국대 축산대학 강사 1986년 농어촌개발공사 종합식품연구원 연구부장 1987~1988년 농수산물유통공사 종합식품연구부장 1988~2008년 전북대 응용생물공학부 식품공학전공 교수 1991년 한국식품개발연구원 연구평가위원 1993년 농촌생활연구원 겸직연구관 1994년 식품의약품안전청 위생심의위원 1996년 전북향토전통음식 심의위원 1997년 한국식품과학회 부회장 1998~2000년 전북대 응용생물공학부장·농업과학기술연구소장 1998년 한국미생물생명공학회 부회장 1999~2004년 한국식품위생안전성학회 부회장 2002년 한국식품과학회 회장 2003년 (사)전북음식문화연구회 회장 2003년 전북대 바이오식품소재개발 및 산업화연구센터 소장 2004~2006년 한국식품위생안전성학회 회장 2004년 대한민국한림원 정회원 2008년 전북대 식품공학전공 명예교수(현) 2008년 식품산업진흥심의회 위원장 2008년 신동화식품연구소 소장(현) 2009~2012년 식품의약품안전청 식품위생심의위원회 위원장 2009년 (사)한국장류기술연구회 회장(현) 2010년 (사)한국식품안전협회 회장(현) 2012년 농림수산식품부 식품산업진흥위원회 위원장 2013년 농림축산식품부 식품산업진흥위원회 위원장(현) 2014년 (재)식품안전상생협회 상임이사 2015년 同비상임이사(현) 2015년 대한민국한림원 종신회원(현) 2013년 국가식품클러스터 이사(현) [상]농수산부장관표창(1973), 한국식품과학회 학술진보상(1981), 농림수산부장관표창(1986), 한국식품과학회 학술상(2003), 한국식품과학회 우수논문상(2004), 근정포장(2005) [저]'식품 알고 지혜롭게 먹자' '자세히 쓴 식품위생학' '식품과학대사전' 등 14권

신동훈(申東勳) SHIN Dong Hoon

[생]1971·1·26 [출]경북 안동 [주]서울 서초구 서초대로219 대법원(02-3480-1100) [학]1989년 동국대사대부고졸 1993년 성균관대 법학과졸, 同대학원 법학과졸 [경]1995년 사법시험 합격(37회) 1998년 사법연수원 수료(27기) 1998년 軍법무관 2001년 서울지법 판사 2003년 서울가정법원 판사 2005년 춘천지법 판사 2008년 의정부지법 판사 2009~2011년 법원행정처 홍보심의관 겸임 2010년 서울고법 판사 2013년 창원지법 부장판사 2014~2015년 헌법재판소 파견 2015년 대법원 재판연구관(현)

신동휘(申東輝) SHIN Dong Hui

[생]1963·5·5 [출]경남 진해 [주]서울 중구 세종대로9길53 CJ대한통운 전략지원실(1588-1255) [학]진해고졸, 한양대 신문방송학과졸 [경]1987년 제일제당 입사 1987년 同홍보팀 근무 2006년 CJ제일제당 홍보실장(상무) 2010년 CJ(주) 홍보실장(부사장대우) 2011년 CJ제일제당(주) 미디어마케팅팀장(부사장대우) 2011년 同미디어커뮤니케이션담당 부사장대우 2012년 同전략지원팀 부사장 2013년 同홍보팀장(부사장) 2013년 CJ그룹 홍보실장 겸임, 한국PR협회 운영이사 2013년 CJ대한통운 전략지원실장(부사장)(현)

신득용(辛得容) SHIN Deug Yong

[생]1959·9·16 [본]영산(靈山) [출]부산 [주]충남 천안시 동남구 단대로119 단국대학교 의과대학 의예과(041-550-3878) [학]1983년 부산대졸 1986년 일본 도쿄대 대학원졸 1989년 이학박사(일본 도쿄대) [경]1989~1991년 미국 NIH(National Institutes of Health) 소아보건연구소 박사 후 연구원 1991~1995년 미국 국립암연구소(NCI·National Cancer Institute) 연구원 1995~2000년 한국생명공학연구원 선임연구원 2000년 단국대 의대 의예과 교수(현) 2000~2005년 국가지정연구실 연구책임자 2001년 서울대 암연구소 세포주기제어연구실 책임교수(현) 2001년 대한암학회 이사·학술위원(현) 2001년 한국노화학회 운영위원·기획위원장·회장(현) 2004년 고령사회정책포럼 운영위원 2008~2012년 국책노화·암제어연구사업 총괄연구책임자 2009년 단국대 WCU나노바이오의과학연구센터 소장 2009년 同WCU사업단장 2010년 同노화암연구센터장(현) [종]기독교

신만중(愼萬重) SHIN Man Joong

[생]1951·10·25 [출]전북 고창 [주]서울 영등포구 국제금융로6길42 (주)삼천리 임원실(02-368-3300) [학]1970년 용산고졸 1976년 서울대 공업교육과졸 [경]1976~1980년 공군 제2사관학교 교관 1980~1984년 미륭건설 과장 1985년 에너지관리공단 과장 1985년 한국지역난방공사 기술과장 1989년 同설계과장 1992년 同광역화전담반장 1993~1998년 同사업개발부장·기술운영부장·건설사업처장 1998~2000년 同수원지사장 2000년 同건설처장 2001년 同기술본부장 2006년 同사업본부장(상임이사), 한국지역난방기술(주) 대표이사 사장 2009~2010년 (주)휴세스 대표이사 사장, 삼천리(주) 집단에너지본부장(부사장) 2011년 同대표이사 사장 2014년 同고문 [상]상공자원부장관표창, 국무총리표창 [종]기독교

신말식(申末湜·女) Shin Mal Shick

[생]1955·9·20 [출]서울 [주]광주 북구 용봉로77 전남대학교 식품영양학과(062-530-1336) [학]1978년 서울대 식품영양학과졸 1980년 同대학원 식품영양학과졸 1987년 식품영양학박사(서울대) [경]1989~1998년 전남대 식품영양학과 조교수·부교수 1999~2013년 同식품영양학과 교수 1989~1990년 미국 MIT대 식품영양학과 Post-Doc. 2013년 전남대 식품영양과학부 교수(현) 2014년 한국식품조리과학회 회장 2015년 同감사(현) [상]한국식품과학회 학술진보상

신맹순(申孟淳) SHIN Maeng Soon

[생]1942·5·14 [본]평산(平山) [출]충남 서천 [주]인천 남동구 백범로267 2호 인천연구소(032-202-7979) [학]1962년 공주사범학교졸 1987년 한국방송통신대 행정학과졸, 고려대 교육대학원 지리교육과 제적(5학기) [경]1961~1972년 국민학교 교사 1972~1989년 한산중·동인천고·동인천중·신흥중·제물포고 교사 1984~1989년 인천카운슬러협회 사무국장 1989년 전국교직원노동조합 대외협력위원장 1989~1991년 同인천지부장 1989~1992년 국민연합 인천본부 공동대표 1990년 인천연구소 소장(현) 1991~1993년 계양산살리기 연구분과위원장 1994년 인천환경운동연합 지도위원 1995~1996년 부평미군기지되찾기시민모임 공동대표 1995년 인천녹색연합 지도위원 1995~1998·1998~2002년 인천시의회 의원(민주·국민회의·새천년민주당) 1995~1997년 同의장 1996~2000년 한국방송통신대인천지역총동문회 회장 2000~2002년 同명예회장 2002년 녹색평화당 인천남동甲지구당 위원장 2002년 同인천시장 후보 2002~2004년 인터넷신문 인천뉴스 독립군 기자 2004년 제17대 총선 출마(인천 남동구甲, 녹색사민당) 2006년 인천시 남동구청장선거 출마(민주당) 2008년 제18대 총선 출마(인천 남동구甲, 통합민주당) 2008~2010년 민주당 인천남동甲지역위원회 위원장 2010년 同인천시당 미래전략위원장 2011년 인천시민실천연대 상임대표(현) 2011년 통일민주협의회 공동대표(현) 2011년 6.15-10.4국민연대 공동대표(현) 2012년 제19대 총선 출마(인천 남동구乙, 무소속) [작]'인천시내 공업지역 분포의 문제점과 새방향'(1979, 금옥학술재단) '2000년을 향한 인천지역토지이용'(1986, 월간상의) '2000년을 향한 인천지역 관광설계'(1987, 월간상의) '대(大) 인천의 교통망 청사진'(1988, 기호신문 창간기념 특별기고) '서해안시대의 인천항'(1988, 인천항만종사자 교육) '2000년을 향한 인천교통망 설계'(1988, 월간인천) '인천도시철도 1호선의 문제점과 새방향'(1998, 인천시의회보 제7호) '다가오는 21세기 동북아시대와 대(大) 인천 설계' '인천의 교통혼잡비용과 지역 경쟁력'(1999, 인천광역시의회보 제8호) '불공정한 SOFA 협정, 국민행동으로 개정해야'(2000, 인천광역시의회보 제9호) '일본역사교과서, 왜곡실상과 대책'(2001, 인천광역시의회보 제10호) '21세기 동북아시대와 인천항'(2001, 인천시민대토론회) '지방정치와 환경정책'(2003, 녹색정치 아카데미) '북극해항로와 한반도 물류혁신방안'(2009, 민주당 정책제안) [종]천주교

신맹호(申孟浩) Shin Maeng-ho

[생]1960·6·15 [주]서울 종로구 사직로8길60 외교부 국제안보대사실(02-2100-8287) [학]1983년 서울대 외교학과졸 1985년 同대학원 외교학과 수료 [경]1985년 외무고시 합격(19회) 1985년 외무부 입부 1992년 미국 존스홉킨스대 연수 1994년 駐구주공동체 2등서기관 1996년 駐에티오피아 1등서기관 2002년 駐오스트리아 참사관 2005년 외교통상부 북핵외교기획단 팀장 2006년 同

ㅅ

북핵1과장 2006년 駐러시아 공사참사관 2008년 駐샌프란시스코 부총영사 2010년 외교통상부 부대변인 2011년 同국제법률국장 2013년 駐불가리아 대사 2016년 외교부 국제안보대사(현) [상]근정포장(2013)

신 명(申 洺·女) Shin Myoung (순서)

[생]1946·2·17 [본]아주(鵝洲) [출]대전 [주]서울 강남구 언주로199 우성캐릭터199 1817호 (사)일과여가문화연구원(02-784-9123) [학]1965년 대전여고졸 1976년 동국대 행정대학원 수료 2000년 연세대 행정대학원 고위정책자과정 수료 2003년 광운대 법학과 중퇴 2006년 법학사학위 취득(교육인적자원부) 2008년 중앙대 대학원 법학과졸(법학석사) 2012년 同대학원 사회복지학 박사과정 수료 2015년 법학박사(중앙대) [경]1967년 노동부 입부 1981년 서울중부노동사무소(서울지방노동청) 근로감독과장(여성최초) 1992년 노동부 최저임금심의위원회 사무국장 1994~1997년 同부녀소년과장·서울관악지방노동사무소장(서울관악지방청)(여성최초) 1997년 노동부 고용정책실 실업급여과장 1999년 同근로여성정책국 여성정책과장 2000년 同근로여성정책국장 2002년 同고용평등국장 2003~2007년 한국양성평등교육진흥원 이사 2003년 한국노동교육원 사무총장 2004년 同초빙교수 2004년 열린우리당 불교특별위원회 위원장 2004년 대한불교조계종 중앙신도회 지도위원 2005~2007년 불교여성개발원 감사 2005년 (사)일과여가문화연구원 이사장(현) 2005년 노동부 고용보험심사위원회 위원 2006년 한국장애인고용촉진공단 감사 2006년 열린우리당 여성리더쉽센터 소장 2006~2007년 불교인재개발원 이사 2007~2008년 제17대 국회의원(비례대표 승계, 열린우리당·대통합민주신당·통합민주당) 2008년 중앙대 사회개발대학원 객원교수 2008년 (사)날마다좋은날 이사 2009년 국회 사회서비스포럼 운영위원 2009년 대한불교조계종 중앙신도회 부회장(현) 2011년 중앙노동위원회 공익위원(현) 2011~2015년 (사)대한민국헌정회 정책위원 2011~2015년 同여성위원회 부위원장 2012~2014년 (사)지방자치제도개선모임 이사 2012년 (사)한국ILO협회 이사(현) 2013년 (사)한국여성의정 사무총장(현) 2015년 (사)대한민국헌정회 운영위원(현) 2016년 더불어민주당 중앙당 선거관리위원회 위원장 [상]홍조근정훈장, 대통령표창, 근정포장, 보건사회부장관표창 [저]'여성노동관련법실무(共)'(2006) [종]불교

신명균(申明均) SHIN Myung Kyoon

[생]1944·4·8 [출]서울 [주]서울 중구 세종대로9길20, 신한은행빌딩9층 신명균법률사무소(772-2888) [학]1962년 경기고졸 1966년 서울대 법학과졸 1969년 同사법대학원 수료 1979년 영국 런던왕립대 연수 [경]1967년 사법시험 수석합격(8회) 1969년 해군 법무관 1971년 부산지법 판사 1972년 서울형사지법 판사 1974년 서울민사지법 판사 1976년 춘천지법 원주지원 판사 1978년 서울형사지법 판사 1980년 서울고법 판사 1981년 대법원 재판연구관 1982년 부산지법 부장판사 1985년 인천지법 부장판사 1986년 서울민사지법 부장판사 1988년 서울지법 동부지원 부장판사 1990년 서울형사지법 부장판사 1991년 부산고법 부장판사 1992년 서울고법 부장판사 1997년 서울지법 북부지원장 1998년 창원지법원장 1999년 서울가정법원장 2000~2002년 사법연수원장 2000~2002년 중앙선거관리위원회 위원 2002년 변호사 개업 2005년 동아꿈나무재단 이사 2007년 정보통신윤리위원회 위원장 2007년 두산인프라코어 사외이사 2008~2009년 법무법인 충정 변호사 2009년 서울법원조정센터 상임조정위원 2013~2015년 서울서부지법 조정센터 상임조정위원장 2015년 변호사 개업(현) [저]'어음지급인의 조사의무'(1986) '수출대행자의 책임'(1988)

신명수(申明秀) Shin Myungsoo

[생]1957·4·5 [본]고령(高靈) [출]서울 [주]대전 유성구 유성대로1312번길32 한국해양과학기술원부설 선박해양플랜트연구소(042-866-3414) [학]1983년 인하대 조선공학과졸 1985년 同대학원 조선공학과졸 1989년 공학박사(일본 히로시마대) [경]1989년 일본 히로시마대 조교수 1989년 한국해양연구원 해양운송안전연구본부 책임연구원, 同해양운송연구부 책임연구원 2012년 한국해양과학기술원 해양운송연구부 책임연구원 2014년 同부설 선박해양플랜트연구소 책임연구원(현)

신명순(申命淳) SHIN Myung Soon

[생]1947·2·23 [본]평산(平山) [출]서울 [주]서울 서대문구 연세로50 연세대학교(1599-1885) [학]1965년 용산고졸 1970년 연세대 정치외교학과졸 1972년 서울대 대학원 정치학과졸 1982년 정치학박사(미국 노스웨스턴대) [경]1972년 육군사관학교 전임강사 1981~1982년 미국 Bradley대 정치학과 조교수 1982~1992년 연세대 정치외교학과 조교수·부교수 1988년 캐나다 알버타대 방문교수 1992~2012년 연세대 정치외교학과 교수 1992~1994년 한국캐나다학회 초대회장 1994년 Korea Observer Editor-in-Chief(현) 1996~1997년 미국 캘리포니아주립대 초빙교수 1997~2000년 연세대 동서문제연구원장 1998~2000년 정당연구회 회장 2000~2004년 연세대 행정대학원장 2003년 한국정치학회 회장 2005~2007년 연세대 사회과학대학장 2008~2009년 同교학부총장 2012년 同명예교수(현) [상]한국정치학회 학술상(1982), 연세대 학술상(1983) [저]'제3세계정치론'(1989, 법문사) '한국정치론'(1993) '한국의 정치'(共) '한국정치과정론'(共) '한국정당정치론(共)'(1996) '비교정치'(1999) [역]'캐나다정치론'(1990) '내각제와 대통령제(共)'(1995) '캐나다의 정치과정(共)'(1995) [종]천주교

신명진(申明振) Shin, myoung jin

[생]1954·12·2 [출]서울 [주]서울 구로구 디지털로285 에이스테크노트윈타워1차6층 전진켐텍(주) 대표이사실(02-2109-6930) [학]1973년 중동고졸 1978년 홍익대 공과대학졸 2006년 서울대 국제대학원 글로벌리더십과정(GLP) 수료 2013년 연세대 경제대학원졸 [경]1980년 전진무역 창업, 전진켐텍(주) 대표이사(현) 1987년 미국 알칸소주 명예대사 1989년 한국청년회의소 북서울JC 회장 1995년 세계청년회의소(JCI) 아시아태평양개발위원 2006년 대한태권도협회 이사(공인 5단) 2007년 (사)한국디지털단지 기업인연합회 회장 2007년 새누리당 중앙위원회 중앙위원 2008년 주한 마이크로네시아공화국 명예영사(현) 2008년 구로로타리클럽 초대회장 2008년 새누리당 정치대학원 총학생회장 2009년 한국특공무술협회 회장(공인 8단) 2009년 한국무역협회 이사 겸 전략운영위원 2009년 서울지방경찰청 경찰특공대 발전위원 2011년 대한상공회의소 서울구로구상공회 회장(현) 2012년 새누리당 박근혜 대통령후보 중앙선거대책위원회 자문위원 2013년 대한상공회의소 국제통상위원회 위원 2014년 서울대총동문회 이사 2014년 (사)국제로타리3640지구 재정위원장 2015년 민주평통 자문위원 2016년 한국수입업협회 회장(현) 2016년 한국무역협회 비상근부회장(현) [상]대한상공회의소 회장표창(2005), 국세청장표창(2010), 한국무역학회 무역진흥대상(2010), 대통령표창(2010), 서울시장표창(2012), 국제로타리클럽표창(2012), 자랑스러운 홍익인상(2013), 석탑산업훈장(2014), 민주평통의장표창(2014)

신명호(申明浩) SHIN Myoung Ho

[생]1944·7·14 [본]고령(高靈) [출]전남 고흥 [주]서울 중구 세종대로9길42 부영빌딩 (주)부영 임원실(02-3774-5500) [학]1962년 경기고졸 1966년 서울대 법대 행정학과졸 1983년 미국 조지워싱턴대 대학원 경제학과졸 [경]1968년 행정고시 합격(6회) 1969년 재무부 사무관 1975년 同외환관리과장 1980년 同국제금융과장 1981년 세계은행 이사자문관 1983년 駐프랑스 재무관 1986년 관세공무원교육원장 1988년 재무부 관세국장 1989년 同국제금융국장 1991년 민자당 재무전문위원 1993년 세무대학장 1994년 재정경제원 대외담당차관보 1994년 同제2차관보 1996~1998년 한국주택은행장 1998~2003년 아시아개발은행(ADB) 부총재 2003~2005년 법무법인 태평양 고문 2004년 USB증권 서울지점 고문 2005년 HSBC(홍콩상하이은행) 서울지점 회장 2009~2013년 同서울지점 상임고문 2013년 (주)부영 고문(현) [상]대통령표창(1972), 홍조근정훈장(1990) [종]기독교

신명호(辛明鎬) Shin Myeongho

[생]1962·5·29 [본]영산(靈山) [출]경남 거제 [주]서울 영등포구 의사당대로82 하나금융투자 IB부문(02-3771-7114) [학]부산대 경제학과졸 [경]삼성증권 기업금융팀장, 한국투자증권 FAS부문장, SK증권 기업금융본부장 2009년 HMC투자증권 기업금융본부장 2010년 동부증권 IB사업부 커버리지본부장 2013년 하나대투증권 자본시장총괄 상무 2016년 하나금융투자 IB부문장(전무)(현)

신명호(申明浩) SHIN Myung Ho

[생]1968·11·20 [출]경북 상주 [주]충북 청주시 서원구 산남로70번길51 청주지방검찰청(043-299-4000) [학]1987년 구미고졸 1995년 경북대 법학과졸 [경]1996년 사법시험 합격(38회) 1999년 사법연수원 수료(28기) 1999년 광주지검 검사 2001년 대구지검 상주지청 검사 2002년 창원지검 검사 2004년 서울중앙지검 검사 2006년 대구지검 김천지청 검사 2008년 대구지검 검사 2010년 서울북부지검 검사 2011년 同부부장검사 2012년 대구지검 공판부장 2014년 창원지검 형사2부장 2015년 인천지검 부부장검사 2016년 청주지검 부장검사(현)

신무철(申武澈) SHIN Mu Chol

[생]1958 · 8 · 10 [출]경기 [주]서울 강서구 하늘길260 (주)대한항공 통합커뮤니케이션실(02-2656-7065) [학]1978년 경기고졸 1985년 경희대 영어교육과졸 1996년 핀란드 헬싱키경제경영대학원(KEMBA)졸 [경]1985년 (주)대한항공 입사 1989년 同그룹통합홍보실 근무 2003년 同홍콩여객지점 근무 2008년 同통합커뮤니케이션실 커뮤니케이션전략팀장(상무보) 2010년 同커뮤니케이션전략담당(상무) 2010년 평창동계올림픽유치위원회 홍보협력처장(파견) 2013년 (주)대한항공 통합커뮤니케이션실장(전무)(현) 2014~2016년 2018평창동계올림픽조직위원회 홍보국장 2014~2016년 IOC 커뮤니케이션위원회 위원 [상]체육훈장 백마장(2011) [역]'성공으로 이끄는 협상테크닉 43'(1996, 동도원)

신무환(申武煥) SHIN Moo Hwan

[생]1960 · 3 · 31 [주]인천 연수구 송도과학로85 연세대학교 공과대학 글로벌융합공학부(032-749-5839) [학]1986년 연세대 금속공학과졸 1988년 미국 North Carolina주립대 대학원 재료공학과졸 1991년 공학박사(미국 North Carolina대) [경]1995년 명지대 공과대학 신소재공학과 교수, 同주임교수 1997년 한국재료학회 편집위원 1997년 대한금속학회 편집위원 1999년 국가과학기술발전 기획위원 2006년 명지대 자연캠퍼스 상담실장 2010년 한국광전자학회 초대회장 2010년 대통령직속 녹색성장위원회 위원, 연세대 공과대학 글로벌융합공학부 교수(현), 同글로벌융합기술원 부원장 2015년 同글로벌융합기술원장(현) [저]'LED 패키징 기술 입문'(2008, 북스힐) [역]'재료의 전자물성 입문'(1997, 희중당) '전자재료물성학'(2004, 사이텍미디어)

신문범(愼文範) SHIN Moon Bum

[생]1954 · 10 · 5 [출]경남 거창 [주]서울 송파구 올림픽로25 (주)LG스포츠 임원실(02-2005-5700) [학]1973년 신일고졸 1977년 아주대 기계공학과졸 [경]1978년 현대건설 해외플랜트사업부 과장 1986년 LG전자(주) 해외사업본부 과장 1998년 同해외영업담당 이사대우 1999년 同홈어플라이언스사업본부 공조기COMP 수출담당 상무보 · 상무 2001년 同두바이지사장 2004년 同DA 해외마케팅담당 상무 2005년 同LGEIL마케팅담당 부사장 2006년 同서남아시아마케팅담당 부사장 겸 인도법인장 2010년 同HA사업본부 해외마케팅담당 부사장 2012년 同HA사업본부장(부사장) 2013년 同중국법인장(사장) 2015년 (주)LG스포츠 대표이사 사장(현) [상]인도의 경제지 이코노믹타임스 선정 '올해 100대 인도기업인'(2009), 아시아 최고 고용자 브랜드 선정 '올해의 CEO 및 인재개발형 CEO'(2010) [종]불교

신문수(申文壽) SHIN MOON SOO

[생]1939 · 9 · 24 [본]고령(高靈) [출]충남 천안 [주]경기 성남시 분당구 구미로9번길16 체리빌오피스텔505호(031-714-0969) [학]1959년 서울 중앙고졸 [경]만화가(현) 1964년 잡지 로맨스에 '카이젤상사'로 데뷔 1972~1984년 소년한국일보 '칠칠이모험' '한양천리' '홍부놀부전' 연재 1972~1994년 소년중앙 · 어깨동무 · 새소년 · 보물섬 연재 1975~1992년 주부생활 · 가정조선 · 여원여성지 연재 1977년 한국창작만화가협회 회장 1982~1984년 소년동아일보 연재 1982~1987년 주간중앙 '신판 봉이 김선달' 연재 1985~1998년 소년조선일보 '날마다 웃는집' '서울 손오공' 연재 1986~1996년 주간만화 '옹녀전' '맹물주식회사' 연재 1987~1998년 주간경향 '신판 봉이 김선달' 연재 1990~1998년 뉴스피플 '오리대행진' 연재 2001년 강원일보 '어린이강원' 연재 2002년 한국교육신문 4컷시사만화 '만공선생' 연재 2002~2005년 한국만화가협회 회장 2003년 만화우표 '도깨비감투' 발행 2004년 신문수의 놀부한자 '교육부지정 상용한자1800' 발행 2005~2006년 고바우만화상 운영위원장 2005년 한국만화가협회 자문위원, 同회원(현) 2009년 경기콘텐츠기업협의회 고문 2009년 한국만화100주년기념우표 '로봇찌빠' 발행 2010년 애니메이션 '로봇찌빠' 방영 2014년 (사)한국만화가협회 고문(현) [상]'도깨비 감투'로 잡지「어깨동무」가 주는 최고인기작품상(1975), 대한민국만화문화대상 출판상(1995), 대한민국만화문화대상 공로상(2001), 자랑스러운 중앙인상(2008), 제8회 고바우만화상(2008), 제14회 SICAF어워드 만화대상(2010), 보관문화훈장(2014) [저]'만화로 보는 가정교회'(2014, 두란노서원) [작]'도깨비감투'(잡지 '어깨동무'가 주는 최고인기작품상 수상작)(2003) '로봇찌빠' '오대리행진곡' '옹녀전' '서울손오공' '신판 봉이 김선달' '고부전' '신문수의 놀부한자 교육부지정 상용한자1800'(2004) [종]침례교

신문식(申文植) Shin Moon Sik

[생]1955 · 3 · 28 [출]전남 고흥 [주]전남 무안군 삼향읍 후광대로274 도청프라자 403호 더불어민주당 전남도당(061-287-1219) [학]2006년 한양대 행정자치대학원 석사과정 중퇴 [경]새천년민주당 국회정책연구위원, 통합민주당 사무부총장 2008년 제18대 국회의원선거 출마(비례대표, 통합민주당) 2008년 민주당 조직부총장 2015~2016년 제19대 국회의원(비례대표 승계, 새정치민주연합 · 더불어민주당) 2015년 국회 농림축산식품해양수산위원회 위원 2015년 더불어민주당 조직본부 수석부본부장 2016년 同전남고흥군 · 보성군 · 장흥군 · 강진군지역위원회 위원장 2016년 제20회 국회의원선거 출마(전남 고흥군 · 보성군 · 장흥군 · 강진군, 더불어민주당) 2016년 더불어민주당 전남도당 상임고문(현)

신문식(申汶植) SHIN Moon Sik

[생]1960 · 6 · 7 [본]평산(平山) [출]경북 문경 [주]서울 서초구 강남대로349 우남빌딩3층 법무법인 로텍(02-537-3999) [학]1984년 연세대 법학과졸 2000년 국방대학원 안보정책과정 수료 [경]1987년 사법시험 합격(29회) 1990년 사법연수원 수료(19기) 1990년 수원지검 검사 1992년 대구지검 김천지청 검사 1994년 부산지검 동부지청 검사 1996년 서울지검 동부지청 검사 1998년 수원지검 검사 2001년 대전지검 검사 2002년 同부부장검사 2002년 대전고검 검사 2003년 대구지검 김천지청 부장검사 2004년 同형사5부장 2005년 수원지검 마약 · 조직범죄수사부장 2006년 부산지검 특수부장 2007년 의정부지검 형사2부장 2008년 서울북부지검 형사2부장 2009년 수원지검 형사1부장 2009~2011년 부산고검 검사 2009~2011년 서울시 사법보좌관(파견) 2011년 변호사 개업 2013년 법무법인 로텍 고문변호사(현)

신문주(辛文柱) SHIN Moon Joo

[생]1956 · 12 · 16 [본]영산(靈山) [출]충남 금산 [주]서울 서초구 강남대로8길40의13 대건빌딩5층 (사)한국공공정책평가협회(02-2274-0950) [학]1979년 성균관대 법률학과졸 1981년 서울대 행정대학원졸 1997년 영국 버밍엄대 공공정책대학원 공공경영학과 수료 [경]1980년 행정고시 합격(24회) 1981~1990년 총무처 복무과 · 고시과 · 인사기획과 사무관 1991년 행정자치부 중앙공무원교육원 교육총괄과장(서기관) 2001년 同행정관리국 행정능률과장 2003년 국가과학기술자문회의 국정과제2국장(부이사관) 2005년 중앙공무원교육원 파견(고위공무원) 2006~2007년 행정자치부 지방혁신인력개발원 혁신연구개발센터장(고위공무원) 2008년 (사)한국정책분석평가협회 회장 2013년 (사)한국공공정책평가협회 회장 · 상임고문(현) 2014년 한국공공기관연구원 원장(현) [상]대통령표창(1992), 과학기술포장(2005) [저]'공무원이 되는 길'(1993) '신공공부문 행정서비스마케팅'(2000) '정책기획연습'(2001) '신공직인사론'(2010)

신문철(申文徹)

[생]1957 · 7 [주]경북 김천시 혁신로269 한국전력기술(주) 경영관리본부(054-421-3139) [학]대전고졸, 충남대 행정학과졸 [경]1981년 한국전력공사(주) 입사 2004년 同영업처 고객지원팀장 2009년 同영업처 수요개발팀장(부처장) 2010년 同부산본부 울산지점장 2011년 同마케팅처장 2012년 同경기지역본부장 2014년 한국전력기술(주) 경영관리본부장(상임이사)(현)

신미남(辛美男 · 女) SHIN My Nam

[생]1961 · 12 · 6 [출]경기 [주]경기 성남시 분당구 판교로700 분당테크노파크 두산퓨얼셀코리아(031-781-0475) [학]1985년 한양대 재료공학과졸 1988년 同대학원 재료공학과졸 1993년 재료공학박사(미국 노스웨스턴대) [경]1993~1995년 미국 노스웨스턴대 R&D Center 연료전지개발 연구원 · Post-Doc. 1995년 삼성종합기술원 전문연구원 1996년 미국 미시간대 회로센터 MEMS센서기술개발팀장 1998년 McKinsey Company 캐나다 토론토 · 서울사무소 경영컨설턴트 2001~2014년 (주)퓨얼셀파워 대표이사 사장 2002년 건설교통부 예산자문위원 2003년 산업자원부 기간산업정책평가 및 산업발전 심의위원 2004년 중소기업특별위원회 위원 2005년 한국부품소재산업진흥원 이사 2005~2008년 국가과학기술위원회 민간위원 2011년 대구경북과학기술원 비상임이사 2014년 두산퓨얼셀코리아 대표(현) 2014년 산업통상자원부 가스기술기준위원회 위원(현) 2014년 국가과학기술자문회의 자문위원(현) [상]미국진공학회 우수논문상(1991), 미국재료학회 우수논문상(1993), 삼성종합기술원 우수성과상(1995), 삼성그룹 기술상(1998), McKinsey 에메랄드 리더 선정(1999), 국무총리표창(2006) [저]'세상을 바꾸는 여성엔지니어'(共)

ㅅ

신민수(申珉洙) SHIN Min Soo

[생]1965·10·3 [출]경북 의성 [주]울산 남구 법대로55 울산지방법원(052-216-8000) [학]1984년 대구 성광고졸 1988년 서울대 법학과졸 [경]1996년 사법시험 합격(38회) 1999년 사법연수원 수료(28기) 1999년 울산지검 검사 2001년 창원지검 거창지청 검사 2002년 대구지검 검사 2004년 서울남부지검 검사 2008년 인천지검 부천지청 검사 2009년 대구지법 판사 2013년 인천지법 판사 2015년 울산지법 부장판사(현)

신민철(申旻澈) SHIN Min Cheol

[생]1963·6·10 [본]평산(平山) [출]서울 [주]서울 종로구 북촌로112 감사원 제2사무차장실(02-2011-2080) [학]1982년 환일고졸 1986년 서울대 정치학과졸 1988년 同대학원 행정학과졸 1998년 미국 시카고대 대학원 정책학과졸 [경]1989년 행정고시 합격(33회) 1990년 총무처 수습사무관 1991년 교통부 관광국 사무관 1992~1993년 감사원 제2국 제5과·교육실 부감사관 1994년 영국 옥스퍼드대 단기연수(6개월) 1995년 감사원 제2국 제2과 부감사관 1996년 미국 시카고대 정책대학원 장기연수(2년) 1999~2000년 감사원 국제협력과 제2국 제6과 부감사관 2001~2003년 同제2국 제5과 수석감사관 2004~2006년 同재정금융감사국 제3과·제4과 수석감사관 2007년 삼일회계법인 파견(과장급) 2008년 감사교육원 회계교육과장 2009년 대통령 민정수석실 민정2비서관실 행정관(부이사관) 2010년 감사원 지방특정감사단장(고위감사공무원) 2011년 同비서실장 2011년 同금융·기금감사국장 2013년 제18대 대통령직인수위원회 정무분과 전문위원 2013년 금융연구원 파견 2014년 감사원 사회·복지감사국장 2015년 同제2사무차장(현) [상]근정포장(2006) [종]천주교

신민철

[생]1966·2·10 [주]경기 수원시 영통구 삼성로129 삼성전자(주)무선개발1실 담당임원(031-200-1114) [학]1984년 관악고졸 1989년 서울대 전자공학과졸 1991년 同대학원 전자공학과졸 [경]1991년 LG전자 근무 1998년 Philips 근무 2000년 모비시스텔레콤 근무 2003년 TTPCom Korea 근무 2007년 모토로라코리아 S/W개발부문 이사 2010년 삼성전자(주) 무선사업부 개발실 안드로이드개발그룹 담당임원 2012년 同무선사업부 개발실 S/W Management그룹장(상무) 2013년 同무선사업부 개발실 S/W Management그룹장(전무), 同무선개발1실 담당임원(연구위원)(현)

신민형(申敏亨) SHIN Min Hyung

[생]1955·9·29 [출]서울 [주]서울 용산구 청파로45길3 혜성빌딩3층 한국담배소비자협회(KSA)(02-795-8002) [학]1981년 한국외국어대 중국어학과졸 1986년 중앙대 신문방송대학원 수료 [경]1981~1988년 중앙일보 기자 1988~1991년 세계일보 기자 1992년 1992~1998년 문화일보 문화팀장 1999년 한국방송공사 시사포커스 대표작가 2002년 출판기획 북내비게이터 대표, 매일종교신문 편집인·발행인(현) 2012년 (사)한국담배소비자협회 이사 2014년 同회장(현)

신민호(申旻浩) SHIN Min Ho (德岩)

[생]1957·9·2 [본]고령(高靈) [출]대전 [주]경기 의왕시 철도박물관로176 한국철도기술연구원 수석연구원실(031-460-5390) [학]1978년 대전실업고등전문학교 토목과졸 1984년 단국대 토목공학과졸 1986년 중앙대 대학원 토목공학과졸 1992년 공학박사(중앙대) [경]1991~1992년 일본 교토대 객원연구원 1993~1996년 (주)금호건설 기술연구소 지반연구실장 1996년 한국철도기술연구원 입사 1998년 同시설전기연구본부장 1999~2003년 同궤도·토목연구본부장 2000~2007년 한국철도학회 사업이사 2000년 서울산업대 철도전문대학원 겸임교수 2000년 해양수산부 설계자문위원 2002~2003년 한국철도기술연구원 교통핵심기술연구단장 2003년 同기획조정실장 2004~2007년 건설교통부 중앙건설기술 심의위원 2004년 한국철도시설공단 설계자문위원 2005년 미국 뉴욕시립대 교환교수 2006~2007년 한국철도건설공학협회 총무이사 2007년 한국철도기술연구원 수석연구원(현) 2008~2010년 서울시 건설기술심의위원 2008년 한국철도시설공단 설계자문위원(현) 2009~2011년 서울시 투자신설위원 2010~2014년 서울과학기술대 철도전문대학원 겸임교수 2010년 국토해양부 중앙건설기술심의위원회 위원 2010~2012년 코레일 공항철도기술자문위원 2010년 한국철도학회 부회장 2014년 同회장 [상]건설교통부장관표창(2001), 한국철도기술연구원장표창(2004), 대통령표창(2015) [역]'토질공학 핸드북' [종]기독교

신박제(申博濟) SHIN Bark Jae

[생]1944·11·17 [본]평산(平山) [출]경남 창녕 [주]서울 중구 세종대로39 대한상공회의소빌딩 (주)엔엑스피반도체 회장실(02-6096-1778) [학]1972년 경희대 전자공학과졸 1974년 연세대 대학원 전자공학과졸 1997년 미국 워튼대 경영대학원 AMP(최고경영자과정) 수료 2001년 명예 이학박사(한국체육대) [경]1975년 (주)필립스전자 입사 1982년 同이사 1987년 同상무 1991년 同전무 1993~2006년 同대표이사 사장 1994~1996년 대한핸드볼협회 회장 1996년 미국 애틀란타올림픽 한국선수단장 1996~1997·1998~2002·2005~2006년 대한올림픽위원회(KOC) 부위원장 1998~2009년 대한하키협회 회장 1998년 아시아하키연맹 부회장 1998~2001년 아시아경기단체총연합회(GAASF) 회장 2000~2003년 LG Philips LCD Co. 이사회 부회장 2001~2010년 국제하키연맹(FIH) 집행위원 2002~2005년 대한체육회 부회장 2003년 서울상공회의소 부회장(현) 2004년 아테네올림픽 한국선수단장 2004년 전자정보통신산업진흥회 부회장(현) 2005~2009년 올림픽위원회 부위원장 2005·2006·2010·2012~2014년 한국외국기업협회(FORCA) 회장 2006~2007년 (주)필립스반도체 대표이사 회장 2006년 (주)엔엑스피반도체 대표이사 회장(현) 2011년 세계상공회의소연맹(WCF) 상임의원 2012년 同부회장(현) [상]서울시장 감사패(1996), 스포츠서울 체육상 특별상(1997), 부총리 겸 재정경제원장관표창(1997), 체육훈장 맹호장(1997), 문화관광부장관 감사패(1998), 대통령표창(1999), 서울시장 감사패(1999), 체육대상 공로상(2001), 철탑산업훈장(2003), 체육훈장 청룡장(2011) [저]'세계를 감동시킨 CEO리더십(共)'(2009) [종]기독교

신방웅(申芳雄) SHIN Bang Woong

[생]1942·4·6 [본]아주(鵝洲) [출]경북 영천 [주]충북 청주시 서원구 충대로1 충북대학교(043-261-2114) [학]대구상고졸 1964년 한양대 공과대학졸 1969년 同대학원 토목공학과졸 1979년 공학박사(인하대) 1996년 공학박사(일본 京都大) 2004년 명예 이학박사(우즈베키스탄 니자미타슈켄트국립사범대) 2005년 명예박사(일본 明治大) 2005년 명예 이학박사(러시아 크라스노야르스크 국립사범대) [경]1971~1985년 충북대 공과대학 토목공학과 전임강사·조교수·부교수 1980년 同건설기술연구소장 1980년 일본 大阪大 객원교수 1982년 충북대 공과대학장 1984년 미국 애리조나주립대 객원교수 1985~2007년 충북대 공과대학 토목공학과 교수 1989년 독일 칼스루에대 방문교수 1990년 중부매일신문 비상근논설위원 1992년 충북대 기획연구실장 1993년 대학교육심의회 위원 1996년 대한토목학회 부회장 1996년 한국수자원공사 설계자문위원 1998년 한국도로공사 설계자문위원 2000년 한국지반환경공학회 회장 2001~2006년 충북대 총장 2003년 KBS 청주방송총국 시청자위원장 2003년 대통령자문 국가균형발전위원회 위원 2003년 중국 연변과학기술대 명예교수(현) 2004년 대통령자문 정책기획위원회 위원 2005년 전국국공립대총장협의회 회장 2007년 충북대 명예교수(현) 2007~2012년 한양대 석좌교수 2008~2010년 한국시설안전공단 이사장 2010년 사회복지법인 백송 이사(현) 2011년 기술사업화글로벌포럼 상임고문(현) 2015년 호서대 일반대학원 초빙교수·강사(현) [상]청주시 문화상, 대한토목학회 학술상(1985), 대한토목학회 논문상, 충북도 문화상(1985), 국무총리표창, 충북건설인상 학술부문, 청조근정훈장(2007) [저]'토질역학' '토질조사 및 시험' '토질역학예제집' [종]천주교

신방환(申邦桓)

[생]1962·1·9 [출]전북 고창 [주]경기 수원시 장안구 경수대로1110의17 중부지방국세청 조사3국 조사관리과(031-888-4083) [학]1981년 영선고졸 1983년 세무대졸(1기), 한국방송통신대졸, 경희대 테크노경영대학원졸 [경]1983년 안동세무서 공무원 임용(특채8급) 1989년 중부지방국세청 부동산조사담당관실 근무 1990~1998년 남인천세무서 법인과·김포세무서 간세과 근무 1998년 북인천세무서 소득세과 근무 2000~2007년 중부지방국세청 감사관실·조사1국·총무과 근무 2007년 남인천세무서 소득세과장 2009년 국세공무원교육원 교수 2011년 국세청 전산정보관리관실 근무 2013년 同전산정보관리관실 근무(서기관) 2014년 전남 순천세무서장 2015년 중부지방국세청 조사3국 조사관리과장(현)

신배식(申培植) SHIN Bae Shik

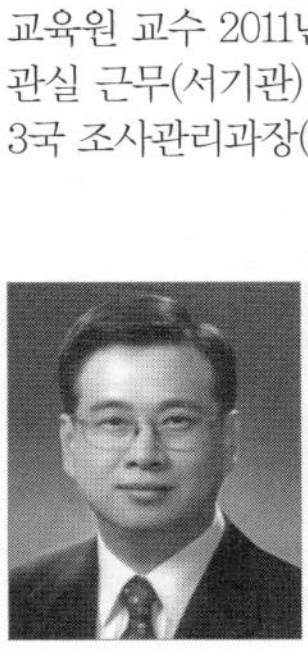

[생]1959·1·20 [출]울산 [주]서울 서초구 반포대로158 서울고등검찰청(02-530-3114) [학]1977년 양정고졸 1981년 서울대 법학과졸 1991년 미국 하버드대 법과대학원졸(LL.M.) [경]1981년 사법시험 합격(23회) 1983년 사법연수원 수료(13기) 1984년 軍법무관 1986년 서울지검 의정부지청 검사 1988년 전주지검 검사 1991년 부산지검 검사 1992년 법무부 특수법령과 검사

1993년 서울지검 검사 1995년 서울고검 검사 1996년 대구지검 경주지청 부장검사 1997년 서울지검 부부장검사 1998년 인천지검 부천지청 부장검사 1999년 同공판송무부장 1999년 형사정책연구원 파견 1999년 부산지검 총무부장 2000년 서울지검 서부지청 형사4부장 2001년 同서부지청 형사2부장 2002년 부산지검 형사1부장 2003년 대구고검 검사 2004년 서울고검 검사 2006년 부산고검 검사 2008년 서울고검 검사 2010년 광주고검 검사 2012년 서울고검 검사 2014년 대구고검 검사 2016년 서울고검 검사(현) [저]'독일 법률·사법통합 개관'(共) '미국 검찰-연원과 발전'(共) [종]기독교

신범식(申範植) SHIN Buhm-shik

[생]1948·9·19 [본]고령(高靈) [출]서울 [주]서울 서초구 효령로87 건축센터202호 한국건축학교육인증원 원장실(02-521-1930) [학]1971년 한양대 건축계획과졸 1975년 미국 오클라호마대 대학원 건축학과졸 1990년 공학박사(한양대) [경]1977~2014년 서울시립대 건축학부 교수 1994~1995년 同도서관장 2013년 한국건축학교육인증원 원장(현) [상]녹조근정훈장(2014)

신범철(申範澈) SHIN, Beomchul

[생]1970·10·7 [출]대전 [주]서울 동대문구 회기로37 한국국방연구원(KIDA) 안보전략연구센터 북한군사연구실(02-961-1662) [학]1993년 충남대 법대졸 1995년 同법과대학원졸 2003년 서울대 법과대학원 국제법학박사과정 수료 2007년 법학박사(미국 조지타운대) [경]1995년 한국국방연구원(KIDA) 연구원 1999년 同선임연구원 2008~2013년 同연구위원 2008년 同국방정책연구실장 2008~2009년 同국방현안팀장 2008~2010년 국회 통일외교통상위원회 자문위원 2009~2010년 국방부 장관정책보좌관 2010~2013년 한국국방연구원(KIDA) 북한군사연구실장 2011~2013년 대통령 국가위기관리실 정책자문위원 2013년 대한국제법학회 이사 2013년 외교부 정책기획관 2016년 한국국방연구원(KIDA) 안보전략연구센터 북한군사연구실 연구위원(현)

신병대(申炳大) SHIN Byeong Dae

[생]1968 [주]세종특별자치시 절재로180 인사혁신처 인사조직과(044-201-8016) [학]충주고졸, 충북대 행정학과졸 [경]1997년 행정고시 합격(41회) 2006년 행정자치부 전략기획팀 서기관 2007년 정부혁신지방분원위원회 파견 2007년 행정자치부 정보자원관리팀장 2008년 국무총리산하 행정정보공유추진위원회 추진단 제도평가팀장 2009년 충북도 성과관리담당관 2011년 同증평군 부군수 2012년 오송화장품뷰티박람회조직위원회 사무총장 2012년 충북도 균형건설국장 2013년 안전행정부 시험출제과장 2014년 同윤리복무관실 윤리담당관(과장급) 2014년 인사혁신처 윤리복무국 윤리정책과장 2015년 同윤리복무국 윤리과장(부이사관) 2016년 국방대 교육파견(부이사관)(현)

신병일(申炳一) SHIN Byung Il

[생]1959·2·16 [출]충북 청원 [주]서울 강남구 테헤란로152 강남파이낸스센터10층 삼정KPMG(02-2112-0830) [학]1976년 청주고졸 1980년 중앙대 경영학과졸 [경]미국 회계법인 PMM 공인회계사, 호주 시드니 KPMG 공인회계사, 산동회계법인 이사, 세림제지(주) 사외이사 2000년 삼정회계법인 전무 2001년 삼정KPMG 전무(공인회계사) 2012년 同위험관리총괄 부대표(현) 2015년 한국회계기준원 회계기준위원회 비상임위원(현)

신병준(辛僔僔) SHIN Byung Joon

[생]1954·12·6 [본]영산(靈山) [출]충북 음성 [주]서울 용산구 대사관로59 순천향대병원 정형외과(02-709-9250) [학]1973년 중앙고졸 1979년 서울대 의대졸 1982년 同대학원졸 1995년 의학박사(순천향대) [경]1985~1987년 국군 마산병원 정형외과장 1987년 서울대병원 척추외과학 전문의 1988년 순천향대 의대 정형외과학교실 교수(현) 1991년 미국 Philadelphia Thomas Jeffreson Univ. 교환교수 1996년 대한정형외과학회 편집위원 1999~2003년 대한척추외과학회 전산위원장 1999~2002년 KBS 의료자문위원 2000~2003년 대한정형외과학회 전산정보위원장 2002년 대한척추외과학회 총무 2004년 순천향대 서울병원 척추센터 소장(현), 同중앙의료원 기획조정실장 2010~2011년 同서울병원장 2010~2011년 대한척추외과학회 회장 2012~2013년 대한척추종양학회 회장 [저]'척추외과학'

신병철(申炳喆) SHIN BYUNG CHUL

[생]1971·9·25 [본]평산(平山) [출]부산 [주]서울 강남구 삼성로573 성원빌딩2층 (주)호박덩쿨 대표이사실(02-569-2357) [학]2003년 동의대 전자통신과졸 [경]1990~1993년 MBC 영상사업부 근무 1995~2001년 드라마 음악감독 활동(프리랜서) 2001~2003년 CITS 대표이사 2003~2005년 캐슬인더스카이 제작이사 2005~2006년 (주)플라이엔터테인먼트 대표이사 2006년 (주)스타맥스 대표이사 2009~2011년 (주)플라이엔터테인먼트 대표이사 2011년 (주)호박덩쿨 대표이사(현) [상]Mayor's Certificate of Appreciation(2004), Certificate of Recognition(2004), Plague of Appreciation(2006) [작]방송드라마 음악감독 'MBC 미니시리즈 〈애드버킷〉'(1998) 'SBS 주말드라마 〈파도〉'(1999) 'MBC 일일연속극 〈당신때문에〉'(2000) 'SBS 미니시리즈 〈착한남자〉'(2000) 'MBC 미니시리즈 〈사랑할수록〉'(2000) 'KBS 특집극 〈성난얼굴로 돌아오라〉(편곡)'(2000) '영화 〈물고기자리〉'(2000) 'SBS 아침드라마 〈이브의 화원〉'(2003) 'SBS 특별기획드라마 〈파리의 연인〉'(2003) 'SBS 미니시리즈 〈홍콩익스프레스〉'(2005) 외 다수, 드라마 제작지휘 'MBC 미니시리즈 〈남자의 향기〉'(2003) 'SBS 미니시리즈 〈태양의 남쪽〉'(2004) 'SBS 특별기획드라마 〈파리의 연인〉'(2004) 'SBS 미니시리즈 〈홍콩익스프레스〉'(2005) 드라마 제작 'SBS 금요드라마 〈내사랑 못난이〉'(2006) 'SBS 드라마스페셜 〈완벽한 이웃을 만나는 법〉'(2007) 'SBS 창사특집드라마 〈압록강은 흐른다〉'(2008) 'SBS 주말드라마 〈가문의 영광〉'(2008) 'SBS 아침일일드라마 〈순결한 당신〉'(2008) 'SBS 저녁일일드라마 〈아내의 유혹〉'(2008) 등 [종]기독교

신보라(申普羅·女) SHIN BORA

[생]1983·1·7 [출]광주 [주]서울 영등포구 의사당대로1 국회 의원회관740호(02-784-8731) [학]2001년 광주 동신여고졸 2006년 전북대 교육학과졸 2015년 연세대 행정대학원 공공정책전공 재학 중 [경]2007~2010년 대학생 시사교양지 바이트 편집장 2011년 청년이여는미래 대표 2012~2013년 특임장관실 정책자문위원 2013~2014년 대통령소속 국민대통합위원회 갈등관리포럼 이념·문화분야 위원 2014~2015년 청년이만드는세상 대변인 2014~2015년 새누리당 중앙차세대여성위원회 부위원장 2015년 경제사회발전노사정위원회 청년고용협의회 위원 2016년 제20대 국회의원(비례대표, 새누리당)(현) 2016년 국회 환경노동위원회 위원(현) 2016년 국회 여성가족위원회 위원(현) 2016년 국회 민생경제특별위원회 위원(현) 2016년 국회 대법관(김재형)임명동의에관한인사청문특별위원회 위원(현) [저]'젊은 날의 대한민국(共)'(2015, 시대정신)

신복룡(申福龍) Simon SHIN Bok-Ryong (鶴巢軒)

[생]1942·5·5 [본]평산(平山) [출]충북 괴산 [주]서울 광진구 능동로120 건국대학교 정치외교학과(02-450-3114) [학]1961년 괴산고졸 1965년 건국대 정치외교학과졸 1970년 同대학원 정치외교학과졸 1977년 정치학박사(건국대) [경]1979~1988년 건국대 조교수·부교수 1980년 한국정치학회 이사·감사 1985년 미국 조지타운대 객원교수 1987년 건국대 출판부장 1988~2007년 同정치외교학과 교수 1988년 同중앙도서관장 1990·2013년 대한민국학술원상 심사위원 1994년 건국대 정치대학장 1996~1998년 同언론홍보대학원장 1999년 한국정치외교사학회 회장 1999~2004년 헐버트박사기념사업회 회장 2000~2001년 건국대 대학원장 2007년 한국동양정치사상사학회 회장 2007~2012년 건국대 정치외교학과 석좌교수 2012년 同정치외교학과 명예교수(현) [상]한국정치학회 학술상(2001·2011), 대통령표창(2007), 건국대 Best Professor상(2005·2006·2007) [저]'동학당연구' '한국정치사' '동학사상과 한국민족주의' '전봉준평전' '대동단실기' '동학사상과 갑오농민혁명' '한말개화사상연구' '한국정치사상사' '한국의정치사상가' '한국분단사연구' '한말외국인기록' '한국사 새로보기' '이방인이 본 조선 다시 읽기' 'The Politics of Separation of the Korean Peninsula'(2009) '한국정치사상사 上·下' 등 [역]'현대정치사상' '외교론' '한국분단보고서(상·하)' '칼마르크스' '한말외국인기록(전23권)' 등 [종]천주교

신봉삼(辛奉三) Bongsam Shin

[생]1970·3·1 [본]창녕(昌寧) [출]서울 [주]세종특별자치시 다솜3로95 공정거래위원회 대변인실(044-200-4082) [학]부산남고졸 1993년 서울대 경제학과졸 2007년 미국 밴더빌트대 법과대학원졸(JD) [경]1991년 행정고시(재경직) 합격(제35회) 2001년 공정거래위원회 정책국 총괄정책과 서기관 2007년 同혁신성과팀장 2008년 同국제카르텔과장 2010년 대통령 민정수석비서관실 행정관 2011년 공정거래위원회 기업협력국 기업거래정책과장 2012년 同감사담당관 2014년 同경쟁정책국 기업집단과장 2015년 同대변인(국장급)(현) [상]홍조근정훈장(2014)

신봉섭(申鳳燮) Shin Bong-sup

[생]1960·3·2 [주]서울 종로구 사직로8길60 외교부 인사운영팀(02-2100-7146) [학]1985년 서울대 중어중문학과졸 [경]1995년 駐홍콩 영사 1997년 駐중국 2등서기관 2001년 駐중국 1등서기관 2007년 駐중국 공사참사관 2011년 駐중국 공사 2014년 駐선양 총영사(현)

신봉수(申奉洙)

[생]1970·1·15 [출]전북 완주 [주]전남 해남군 해남읍 중앙1로330 광주지방검찰청 해남지청(061-536-5251) [학]1988년 전주영생고졸 1998년 연세대 법학과졸 [경]1997년 사법시험 합격(39회) 2000년 사법연수원 수료(29기) 2000년 서울지검 북부지청 검사 2002년 대전지검 서산지청 검사 2003년 광주지검 검사 2005년 서울중앙지검 검사 2008년 의정부지검 고양지청 검사 2009년 형통추진단 파견 2011년 대구지검 검사 2012년 정부법무공단 파견 2013년 대구지검 부부장검사 2013년 서울중앙지검 부부장검사 2014년 대전지검 서산지청 부장검사 2015년 광주지검 특수부장 2016년 同해남지청장(현)

신봉일(申俸日) SHIN BONG IL

[생]1958·12 [출]전남 완도 [주]세종특별자치시 다솜3로95 조세심판원 행정실(044-200-1710) [학]광주 동신고졸, 조선대 회계학과졸, 경희대 대학원 법학과졸 [경]공무원 임용(7급 공채), 재무부 국고국·이재국·재무정책국 근무, 금융실명거래실시준비단 근무 2000년 국세청 동수원세무서 세원관리과장, 기획재정부 국세심판원 조사관실·행정실 근무, 同세제실 근무, 한국은행 파견 2010년 기획재정부 국유재산과장 2011년 조세심판원 심판조사관 2015년 同행정실장(서기관) 2016년 同행정실장(부이사관)(현)

신부남(申富南) Shin Boo-nam

[생]1958·2·25 [출]서울 [주]서울 종로구 사직로8길60 외교부 인사운영팀(02-2100-7138) [학]1976년 신일고졸 1980년 서울대 독문학과졸 1987년 미국 보스턴대 대학원 국제관계학과졸 [경]1982년 외무고시 합격(16회) 1982년 외무부 입부 1989년 駐제네바대표부 2등서기관 1994년 駐필리핀 1등서기관 1997년 駐베를린 영사 1999년 駐독일 참사관 2000년 외교통상부 국제경제국 경제협력과장 2002년 駐유엔대표부 참사관 2004년 유엔 지속발전위원회(CSD) 제13차회의 부의장 2004년 외교통상부 통상교섭본부 과학환경심의관 2005년 同국제경제국 환경과학협력관 2006년 환경부 국제협력관 2007년 경제협력개발기구(OECD) 환경정책위원회(EPOC) 부의장 2008년 駐유엔 차석대사 2011년 글로벌녹색성장연구소(GGGI : Global Green Growth Institute) 녹색성장대사 2012년 대통령직속 녹색성장위원회 녹색성장기획단 녹색성장대사 2013년 외교부 기후변화대사 2014년 駐쿠웨이트 대사 2016년 駐불가리아 대사(현) [상]홍조근정훈장(2013)

신삼호(申三浩) SHIN Sam Ho

[생]1960·10·9 [출]전남 여수 [주]서울 종로구 율곡로2길25 연합뉴스TV(02-398-3114) [학]1983년 서울대 외교학과졸 [경]1988~2001년 연합뉴스 입사·경제1부·사회부·문화부·산업부·정치부 기자·국제뉴스1부 차장대우 2001년 同경제국 산업부 차장 2005년 同산업부 부장대우 2005년 同증권부장 2008년 同산업부장 2008년 同국제뉴스1부 부장급 2009년 同국제뉴스3부장 2009년 同국제뉴스3부 기획위원(부장급) 2011년 同베이징지사장(부국장대우) 2014년 同국제뉴스3부 기획위원 2014~2015년 同콘텐츠평가실 콘텐츠평가위원(부국장급) 2015년 연합뉴스TV 상무이사(현)

신상구(申相久) SHIN Sang Goo (우촌)

[생]1949·12·24 [출]전북 군산 [주]경기 성남시 분당구 판교로335 차병원그룹 임원실(031-881-7384) [학]1974년 서울대 의대졸 1976년 同대학원 약리학과졸 1982년 약리학박사(서울대) [경]1981년 중앙대 의대 조교수 1983~2015년 서울대 의대 약리학교실 교수 1986년 미국 노스웨스턴의대 임상약리학부 Fellow 1987년 서울대병원 임상약리실장 1996~2005년 同임상시험센터장 1997년 同약물유전체연구사업단장 1998년 서울대 의대 연구부학장 2005년 同임상의학연구소장 2006년 대한임상약리학회 회장 2007~2014년 보건복지부 국가임상시험사업단장 2010~2013년 (주)CJ 사외이사 2015년 식품의약품안전처 첨단바이오의약품특별자문단 자문위원(현) 2015년 차병원그룹 총괄부회장(현) [상]국무총리표창(2013) [저]'임상약리학' '임상윤리학' '항생제의 길잡이' '개업의를 위한 약처방가이드' [역]'내과학(해리슨)' '소아과학'

신상렬(申尙烈) SHIN Sang Yeol

[생]1967·12·15 [출]경북 영덕 [주]인천 남구 소성로163번길17 인천지방법원(032-860-1113) [학]1986년 인천고졸 1990년 연세대 법학과졸 [경]1994년 사법시험 합격(36회) 1997년 사법연수원 수료(26기) 1997년 청주지법 판사 2001년 수원지법 판사 2004년 서울행정법원 판사 2006년 서울동부지법 판사 2008년 서울고법 판사 2010년 서울중앙지법 판사 2013년 창원지법 부장판사 2015년 인천지법 부장판사(현)

신상민(申相民) SHIN Sang Min

[생]1945·11·18 [본]평산(平山) [출]경북 문경 [주]서울 영등포구 여의대로128 LG트윈타워 LG상남언론재단(02-3773-0191) [학]1965년 계성고졸 1969년 연세대 경영학과졸 [경]1969년 합동통신 사회부 기자 1974년 신아일보 경제부 기자 1978년 동아일보 경제부 기자 1988년 한국경제신문 증권부장 1989년 同경제부장 1992년 同산업경제부장 1993년 同편집부 부국장 1995년 同편집국장 1996년 同논설위원 1997~2001년 同논설위원실장 1998년 금융발전심의위원회 위원 2001년 한국경제신문 이사대우 논설주간 2002년 同이사 논설주간 2003년 한국신문방송편집인협회 부회장 2004~2011년 한국경제신문 대표이사 사장 2006년 LG상남언론재단 이사·감사(현) 2008~2010년 국민경제자문회의 자문위원 2010~2011년 한국신문협회 부회장, 한국기원 이사(현) 2011~2016년 (주)에프앤자산평가 설립·회장 [상]철탑산업훈장 [종]천주교

신상범(愼相範) SHIN Sang Beum

[생]1935·9·14 [출]제주 [주]제주특별자치도 제주시 중앙로2 제주해변공연장2층 한국문화원연합회 제주지회(064-752-0302) [학]1954년 제주농고졸 1992년 제주대 경영대학원 수료 [경]1958년 제주송죽중 교사 1961년 경향신문 기자 1965~1980년 중앙일보 기자·차장 1965년 제주카메라클럽 창립 1972~1981년 同회장 1975~1990년 제주자연보호회 창립부회장 1975년 제주도 문화재위원 1981년 (주)한영상사 대표이사 1981년 사진작가협회 제주도지부장 1983년 MBC·KBS 방송자문위원 1986·1991년 신상범 사진전 1987~1993년 한국예술문화단체총연합회 중앙이사·제주도지회장 1988~1992년 한라문화제 집전위원장 1989~1993년 중앙일보 사회부장대우 1990년 자연보존협회 제주지부장(현) 1990년 제주도미술대전 운영위원장 1994년 제주환경연구센터 부이사장 1994년 제주문화원 부원장 1994년 탐라문화보존회 회장 1994년 제민일보 논설위원 2003년 제주방송 시청자위원장 2003년 제주타임스 논설위원 2003년 제주화산연구소 부이사장 2004~2011년 제주환경연구센터 이사장 2011년 同이사 2011년 同상임고문(현) 2011~2015년 제주문화원 원장 2014년 한국문화원연합회 제주지회장(현) [상]문화재보호협회 공로상, 예총예술문화대상, 고양부삼성사재단 탐라문화상(2013) [작]'제주오름 사진집'

신상식(申相式) SHIN Sang Sik (愚庵)

[생]1937·1·8 [본]평산(平山) [출]경남 밀양 [학]1957년 부산고졸 1963년 연세대 상대졸 1970년 同경영대학원졸 2002년 경제학박사(단국대) [경]1980년 조양상선 전무이사 1981년 제11대 국회의원(밀양·창녕, 민주정의당) 1985년 민주정의당(민정당) 경남도지부 위원장 1985년 同중앙집행위원 1985년 제12대 국회의원(밀양·창녕, 민정당) 1987년 국회 재무위원장 1988년 민정당 의식선진화추진본부장 1988년 제13대 국회의원(밀양, 민정당·민자당) 1989년 국회 예산결산특별위원회 위원장 1990년 민자당 당무위원 1992년 제14대 국회의원(밀양, 민자당·신한국당) 1992년 국회 정치관계법심의특별위원회 위원장 1995년 한국세무사회 회장 2006년 NH투자증권 사외이사 2007년 同감사위원 2013~2015년 대한민국헌정회 이사

신상열(辛尙烈)

[생]1973·6·16 [본]영월(寧越) [출]전남 영광 [주]경기 과천시 관문로47 미래창조과학부 소프트웨어진흥과(02-2110-1840) [학]1990년 광주 석산고졸 1998년 고려대 중어중문학과졸 2010년 미국 캘리포니아대 샌디에이고교 대학원 국제관계학과졸 [경]2001년 행정고시 합격(제45회) 2003~2007년 정보통신부 국제협력관실·정보화기획실·통신정책국 사무관 2008~2010년 국외 교육훈련 파견 2010년 방송통신위원회 기획조정실 사무관 2012년 同방송통신융합정책실 정책총괄과 서기관 2013년 미래창조과학부 기획조정실 기획재정담당관실 서기관 2013년 同우정사업본부 보험위험관리팀장 2014년 同우정사업본부 우편신사업과장 2015년 同우정사업본부 보험자산운용과장 2016년 미래창조과학부 소프트웨어진흥과장(현)

신상완(申相完) Shin, Sang Wan

[생]1952·3·3 [본]평산(平山) [출]전북 김제 [주]서울 구로구 구로동로148 고려대구로병원 치과센터(02-2626-1922) [학]1977년 서울대 치의학과졸 1981년 同보건대학원 보건학과졸(석사) 1989년 의학박사(고려대) 1991년 영국 킹스칼리지런던 대학원 치과보철학과졸(석사) [경]1980~1983년 광주육군병원 치과진료부 치과보철과장 1983년 고려대 의과대학 치과학교실 전임강사·조교수·부교수·교수(현) 1985~1992년 대한치과인공장기이식학회 이사 1986~1989년 고려대 안산병원 치과과장 1991~1998년 고려대 구로병원 보철과장 1993~2005년 대한악안면임프란트학회 이사 1995~1999년 대한치과보철학회 이사·총무이사 1996~2001년 ISO TC106 KNITQ 정회원 1997~2001년 대한심미치과학회 부회장 2000년 캐나다 토론토대 치과대학 임플란트연구소·치과보철과 객원교수 2000년 고려대 임상치의학대학원 고급치과보철학과 교수(현) 2001~2005년 대한치과보철학회 부회장 2002~2008년 국제치과보철학회(ICP) 이사 2004~2008년 고려대 임상치의학대학원장 2005년 아시아임플란트학회 총무이사 2005~2007년 아시아보철학회(AAP) 부회장 2006년 미국 워싱턴대 치과대학 임상치의학연구소 방문연구원 2007년 고려대 임상치의학연구소장(현) 2007~2009년 대한치과보철학회 및 아시아치과보철학회 회장 2007~2010년 아시아임플란트학회 부회장·공동회장 2008~2010년 대한악안면임프란트학회 자문위원 2008~2009년 국제치과보철학회(ICP) 부회장 2009~2010년 아시아임플란트학회 공동회장 2010년 캐나다 브리티시컬럼비아대 치과대학 보철과 및 노인치의학연구소 방문교수 2010~2011년 국제치과보철학회(ICP) 공동회장 2010~2014년 대한구강악안면임프란트학회 감사 2010~2011년 국제치과연구연맹(IADR) 임플란트연구분과 회장 2011~2012년 同한국지부 회장 2014년 신기술치과기기연구회 회장(현) [상]아시아임플란트학회학술대회 최우수포스터상(2016) [저]'임플란트의 선택·식립·보철과 유지(共)'(1997) '심미적 임플란트 수복(共)'(2002) '고정성 보철기공학실습(共)'(2003) [역]'임상국소의치학'(2004) '심미임플란트재건술'(2005) '이해하기 쉬운 국소의치'(2009) '최신임플란트치과학'(2009) [종]가톨릭

신상용(申尙容) Sin Sang Yong

[생]1960·3·27 [본]평산(平山) [출]경북 영주 [주]세종특별자치시 정부2청사로13 국민안전처 재난관리자원과(044-204-5760) [학]1978년 용산공고졸 1985년 인하대 토목공학과졸 [경]1987~1989년 구리시청 근무 1989~1995년 경기도청 근무 1995~2014년 내무부·행정자치부·소방방재청 근무 2014년 국민안전처 재난관리실 재난관리자원과장(현)

신상운

[생]1966 [출]서울 [주]서울 금천구 가산디지털2로30 (주)화승 대표이사실(02-320-0600) [학]1989년 연세대 독어독문학과졸 [경]1989~1996년 이랜드그룹 입사·근무 1996~2006년 영국 글로버롤(Gloverall)社 근무 2006~2009년 지스타 로(G-star raw) 본부장 2010~2011년 A6 본부장 2011~2013년 리바이스트라우스코리아 리바이스리테일본부장 2013~2015년 파슬코리아 파슬총괄본부장 2016년 (주)화승 대표이사(현)

신상진(申相珍) SIN Sang Jin

[생]1956·6·28 [본]평산(平山) [출]서울 [주]서울 영등포구 의사당대로1 국회 의원회관522호(02-784-1860) [학]1976년 용산고졸 1991년 서울대 의대졸 1997년 고려대 노동대학원 고위지도자과정 수료 [경]1982년 학생운동관련 구속 1992년 신상진의원 원장 1993년 인도주의실천의사협의회 조직국장 1995년 성남외국인노동자의 집 부이사장 1997년 성남시민모임 집행위원회 위원장 1999년 성남시시정개혁위원회 위원장 1999~2001년 성남시민모임 공동대표 2000년 대한의사협회 의권쟁취투쟁위원회 위원장 2001년 사랑의주치의운동본부 고문 2001년 한국의학원 이사 2001년 한국의료정책연구소 소장 2001~2003년 대한의사협회 회장 2001년 제2의건국범국민추진위원회 위원 2002년 한국의학학술지원재단 이사 2002년 성남시의사회 회장 2002년 대통령직속 의료제도발전특별위원회 위원, 외국인노동자중국동포병원건립추진위원회 공동대표, 건강사회실현시민연대 대표 2004년 한나라당 성남시중원구지구당 위원장 2005년 제17대 국회의원(성남시 중원구 보궐선거, 한나라당) 2006~2007년 한나라당 원내부대표 2006년 국회 민생정치연구회 공동대표 2007년 한나라당 이명박 대통령후보 선대위 보건의료위원장 2008년 제18대 국회의원(성남시 중원구, 한나라당·새누리당) 2009년 한나라당 정책조정위원장 2010년 同저출산대책특별위원장 2010~2012년 국회 보건복지위원회 간사 겸 법안심사소위원장 2010~2012년 국회 예산결산특별위원회 계수조정소위원 2011년 한나라당 직능특별위원회 3그룹위원장 2011년 대한장애인수영연맹 명예회장 2012년 새누리당 성남시중원구당원협의회 운영위원장(현) 2012년 제19대 국회의원선거 출마(성남시 중원구, 새누리당) 2012~2015년 을지대 의료경영학과 교수 2015년 제19대 국회의원(성남시 중원구 재·보궐선거, 새누리당) 2015년 새누리당 무상급식·무상보육TF 위원장 2015년 국회 메르스대책특별위원회 위원장 2015년 국회 국토교통위원회 위원 2015년 국회 예산결산특별위원회 위원 2016년 제20대 국회의원(성남시 중원구, 새누리당)(현) 2016년 국회 미래창조과학방송통신위원회 위원장(현) 2016년 한국아동인구환경의원연맹(CPE) 회원(현) [상]성남기독교협의회 인권상(1995), 글로벌 자랑스러운 인물대상 정치혁신부문(2016) [저]'아빠 의사 맞아?'(2011) [종]천주교

신상철(申相喆)

[생]1965·4·20 [주]서울 종로구 사직로8길60 정부서울청사 별관 415호 정부3.0추진위원회 지원단(02-2100-4180) [학]서울 성동고졸, 경희대 행정학과졸, 일본 도쿄도립대 대학원 정치학과졸 [경]1989년 행정고시 합격(33회) 1991년 서울 강서구 생활체육과장 1997년 서울시 교통관리실 대중교통2과 팀장 1998년 同기획예산실 조직제도담당관 2000년 同기획예산실 예산담당관 2003년 同건설기획국 건설행정과 팀장 2004년 同교통국 운수물류과장 2006년 同상수도사업본부 경영부장 2007년 同경쟁력강화추진본부 투자유치담당관 2009년 同맑은환경본부 환경행정담당관 2010년 同도시계획국 균형발전추진과장 2011년 同도시안전본부 도시안전과장 2013년 同도시교통본부 교통운영관 2015년 행정자치부 지방행정실 지역경제과장 2016년 同정부3.0추진위원회 지원단 파견(현)

신상현(申相賢) SHIN Shang Hyon

[생]1956·7·31 [주]전남 목포시 해양대학로91 목포해양대학교 해사대학 기관·해양경찰학부(061-240-7213) [학]1979년 한국해양대졸 1991년 미국 Washington대 대학원졸 1995년 공학박사(미국 Texas주립대) [경]1996년 목포해양대 기관시스템공학부 전임강사·조교수 2007년 同기관시스템공학부장 2004년 同기관시스템공학부 부교수·교수, 同해사대학 오션파워·해양안전학부 교수 2009~2011년 同승선생활관장 2015년 同대학원장 겸 해양산업대학원장(현) 2015년 同해사대학 기관·해양경찰학부 교수(현)

신상호(申相浩) SHIN SANGHO (松南)

[생]1947·7·14 [본]고령(高靈) [출]서울 [주]경기 양주시 장흥면 호국로311번길20의39(031-826-4549) [학]1973년 홍익대 미술대 도예과졸 1976년 同대학원 도예과졸 [경]1980~2007년 홍익대 미대 도예과 교수 1981~1995년 현대도예공모전 심사위원 1983년 KBS 생활도예공모전 심사위원 1984년 신라문화대상전 심사위원 1984년 홍익대 도예연구소장 1987년 대한민국공예대전 심사위원 1991년 '91현대미술초대작가' 선정위원 1993년 국립현대미술관 운영위원 1995년 대한민국미술협회 부이사장 1995년 영국 Royal College of Art in London 초빙교수 1998~2002년 홍익대 미술대학장 1999년 세계도자기엑스포조직위원회 조직위원 겸 세계현대도자전 큐레이터 2002~2004년 홍익대 산업미술대학원장 2003년 경기도 세계도자비엔날레 국제공모전 심사위원 2005년 일본 국제도자기전 '미노' 심사위원 2008년 홍익대 미대 도예과 명예교수(현) [상]문화공보부장관표창(1977), 공간대전 도예상(1979), 교통부장관표창(1980), 국무총리표창(1988), 홍조근정훈장(2002) [저]'진시황릉 병마용' '한국옹기와 일본자기의 제작기술 비교연구' '남아메리카 도자기 기술 제작 연구' '현대도예-미래를 향한 움직임' '전통도예 회고와 전망' '한국도예'

신상환(申相煥)

[생]1958·3·4 [출]충남 서천 [주]서울 종로구 사직로8길60 외교부 인사운영팀(02-2100-2114) [학]검정고시 합격 1986년 건국대졸 [경]1988년 행정고시 합격(31회) 법제처 사회문화법제국 법제관 2004년 同경제법제국 법제관 2005년 대통령비서실 파견(부이사관) 2007년 법제처 행정법제국 법제심의관 2008년 同경제법제국 법제심의관 2010년 同사회문화법제국 법제심의관 2011년 同법제지원단장(고위공무원) 2011년 同기획조정관 2012년 同사회문화법제국장 2013년 同경제법제국장 2014년 駐아르헨티나대사관 공사참사관(현)

신상훈(申尙勳) SANG HOON SHIN

[생]1973·1·17 [주]세종특별자치시 갈매로477 기획재정부 연구개발예산과(044-215-7370) [학]1991년 대전고졸 1996년 고려대 경영학과졸 2013년 정책학박사(영국 버밍엄대) [경]2005년 기획예산처 산업재정기획단 산업정보재정과 행정사무관 2006년 同재정운용실 기금운용계획과 행정사무관 2007년 同산업재정기획단 건설교통재정과 서기관 2008년 대통령 경제수석비서관실 지

식경제비서관실 행정관 2010년 기획재정부 기획조정실 경제교육홍보팀장 2010년 교육훈련 파견(영국 버밍엄대) 2013년 기획재정부 기획조정실 대외협력팀장 2014년 同공공정책국 경영혁신과장 2016년 同예산실 연구개발예산과장(현)

신석균(申錫均) SHIN Suk Kyun
[생]1929·6·9 [본]평산(平山) [출]황해 평산 [주]서울 서대문구 충정로11길28 한국신발명연구소(02-733-4446) [학]1953년 낙양공업고졸 1954년 동국대 농대 임학과 이수 1958년 한국외국어대 러시아어과졸 1974년 연세대 산업대학원 기계공학과졸 1985년 명예 이학박사(미국 유니언대) 1988년 서울대 대학원 최고경영자과정 수료 [경]1954·1972·1974년 한국외대총동문회 회장 1957년 월간 '가정교육' 편집인·발행인 1957년 도서출판 '지문연구사' 사장 1961년 한국신발명연구소 소장(현) 1962년 중앙가족계획연구소 소장 1966~1974년 한국발명협회 이사 1966년 한국바이오리듬연구소 소장(현) 1973년 한국발명학회 회장(현) 1974년 연세대공학대학원총동창회 회장·고문(현) 1982~1994년 국제발명수상가협회 명예회장 1982년 한국발명진흥회 부회장·고문(현) 1990년 기네스북 등재(세계최다발명 국제상 수상기록) 1992년 연세대 강사 1994년 국제발명수상가협회 고문 1998년 同명예회장(현) 1998년 한국외국어대총동문회 고문(현) 1999년 장영실과학문화대상 심사위원장 2001년 한·중과학자발명가대회 심사위원장(현) 2005년 (사)한국학교발명협회 고문(현) [상]산업포장, 3·1문화상, 금탑·동탑산업훈장, 88서울올림픽기장, 자랑스런 낙양공고인상, 미국 에디슨재단상, 장영실발명문화대상, 러시아 모스크바 국가유공훈장, 불가리아 소피아국제발명품전시회 그랑프리, 국제발명품전시회 그랑프리 대상, 세계천재회의 발명품전시회 발명천재상, 일본 발명최고상(2007), 자랑스런 연세대 공학대학원인상, 자랑스런 한국외대인상, 세계지적재산권기구 베스트인베터상(2008), 일본 세계천재회의 발명품전시회 최고천재상(2014) 外 국제대회 수상 180건 [저]'동아세계대백과사전'(발명분야) '발명의 지혜'

신석우(申晳寓) SHIN Seok Woo
[생]1960·4·19 [출]서울 [주]울산 중구 종가로305 한국석유공사 인재경영처(070-7725-3277) [학]1979년 동국대사대부고졸 1986년 성균관대 행정학과졸 [경]1987년 한국석유공사 입사 2001년 同석유정보처 전략정보팀장 2005년 同러시아사무소장 2009년 同캄차카사무소장 2009년 同러시아사무소장 2009년 同홍보실장 2011년 同비서실장 2013년 同카자흐스탄사무소장(현)

신선우(辛善宇) SHIN Sun Woo
[생]1956·2·10 [주]서울 강서구 공항대로355 한국여자농구연맹(02-752-7493) [학]용산고졸, 연세대 경영학과졸 [경]1978년 현대 농구단 창단멤버 1979년 ABC대회 국가대표 1982년 뉴델리아시안게임 국가대표 1986~1988년 현대산업개발 농구단 코치 1994년 현대 농구단 감독, 대전현대 다이냇 농구단 감독, 국가대표 감독 1997년 프로농구 대전현대 걸리버스 농구단 감독 1999년 프로농구 '98~99 챔피언결정전' 우승 2000년 프로농구 '99~2000 챔피언결정전' 우승 2002년 프로농구 전주 KCC이지스 농구단 감독 2004년 '2003~2004 챔피언결정전' 우승 2005~2008년 프로농구 창원 LG세이커스 농구단 감독 2007년 인천시컵 한중프로농구올스타전 감독 2009~2011년 프로농구 서울 SK나이츠 감독 2010~2011년 同총감독, 한국프로농구연맹(KBL) 기술위원장 2012년 한국여자농구연맹 사무총장(전무이사) 2015년 同총재(현) [상]뉴델리아시안게임 금메달(1982), 97~98 정규리그 감독상(1998), 98~99 정규리그 감독상(1999), 불우이웃돕기 유공자표창(1998)

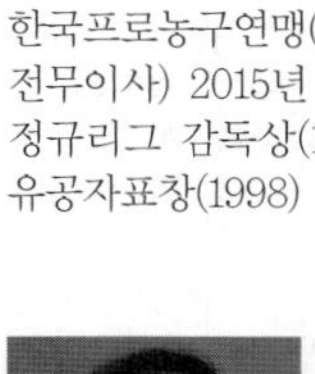

신선철(申璇澈) SHIN Sun Chul (靑龍)
[생]1932·12·7 [본]평산(平山) [출]경기 용인 [주]경기 수원시 장안구 경수대로973번길6 경기일보 임원실(031-250-3331) [학]1953년 수원고졸 1957년 국민대 경제학과졸 1993년 고려대 언론대학원 최고위언론과정 수료 [경]1973년 대륭기업 이사 1978년 한동건설 대표이사 1988년 대한건설협회 대의원 1989년 한동건설 회장(현) 1989년 경기일보 부사장 1990~1993년 同대표이사 1990년 북방권교류협의회 부총재 1990년 (재)국민대해공장학회 이사(현) 1993년 경기일보 회장 1996~1998년 同사장 2008년 同명예회장 2014년 同대표이사 회장(발행인·인쇄인·편집인 겸임)(현) 2016년 (사)경기언론인클럽 이사장(현) [상]자랑스러운 국민인상(2011) [종]불교

신선호(申善浩) SHIN Sun Ho
[생]1947·6·6 [출]전남 고흥 [주]서울 서초구 신반포로176 센트럴시티 비서실(02-6282-0200) [학]1966년 경기고졸, 서울대 응용수학과졸 [경]율산그룹 창업, 율산실업(주) 대표이사 1979년 센트럴시티 회장(현) 1998년 서울종합터미널(주) 대표이사 회장 [상]금탑산업훈장

신선희(辛仙姬·女) SHIN Sun Hee
[생]1945·12·15 [출]서울 [주]서울 강북구 솔매로49길60 서울사이버대학교 문화예술경영학과(02-944-5199) [학]1964년 경기여고졸 1968년 이화여대 영어영문학과졸 1971년 미국 하와이대 대학원 연극과졸 1977년 미국 뉴욕 폴라코프무대미술학교 무대디자인과졸 2003년 연극학박사(중앙대) [경]1970년 미국 하와이에 한국어학교 창설 1972~1973년 미국 호놀룰루 연합감리교회 유치원장 1973년 서울연극학교 강사 1983~1986년 예술의전당 설계자문위원 1983~1989년 서울예술전문대학 조교수 1987~1997년 한국무대미술가협회 창설·사무국장 1988~1990년 한국공연예술아카데미 창설 1992~1998년 한국무대미술아카데미 창설·교수 1992년 중앙대 연극과·동국대 연극영화과 강사 1993년 일본 동경 노기자끼 갤러리 '아시아 태평양 무대미술 초대전' 1998년 한국무대미술아카데미 대표 1998~2005년 서울예술단 이사장 겸 총감독 2006~2008년 국립중앙극장장 2009~2012년 서울예술대학 연극과 석좌초빙교수 2013~2014년 성남문화재단 대표이사 2015년 서울사이버대 문화예술경영학과 석좌교수(현) [상]동아연극상(1990), 대한민국무용제 무대미술상(1995), 세계극장건축·기술·무대예술협회 선정 '세계의 존경받는 무대예술가상'(2007), 체코 외무부 공로메달(2014) [작]무대디자인 '자전거'(1983) '문제적 인간 연산'(1996) 가무악 연출 '청산별곡'(2000·2003) '무천·산화가'(2005) '꼽추왕국' '또다른 고향'

신성기(辛成基) Shin Seung-ki
[생]1963·3·25 [주]서울 종로구 사직로8길60 외교부 인사운영팀(02-2100-7136) [학]1988년 부산대 정치외교학과졸 [경]1988년 외무부 입부 1991년 駐에콰도르 행정관 1997년 駐엘살바도르 3등서기관 1999년 駐아르헨티나 2등서기관 2004년 駐휴스턴 영사 2007년 駐베네수엘라 참사관 2011년 외교통상부 중남미협력과장 2013년 駐페루 공사참사관 2016년 駐온두라스 대사(현)

신성범(愼聖範) Shin sung bum
[생]1963·6·1 [본]거창(居昌) [출]경남 거창 [학]1982년 거창고졸 1989년 서울대 사회과학대학 인류학과졸 [경]1987~1989년 민족과세계연구소 사무국장 1990년 한국방송공사(KBS) 입사 1991~2002년 同사회부·정치부 기자 2003년 同출판담당 기자 겸 기자협회장 2004년 同보도본부 국제팀 모스크바지국장(특파원) 2007~2008년 同보도본부 9시뉴스 에디터 2008~2012년 제18대 국회의원(경남 산청·함양·거창, 한나라당·새누리당) 2008년 국회 농림수산식품위원회 위원 2009~2010년 한나라당 공보담당 원내부대표(원내대변인) 2012~2016년 제19대 국회의원(산청·함양·거창, 새누리당) 2012~2013년 새누리당 제1사무부총장 2012년 同지역화합특별위원회 위원 2013년 국회 농림축산식품해양수산위원회 위원 2013~2014년 새누리당 경남도당 위원장 2013년 同통합선거관리위원회 위원장 2014년 국회 지속가능발전특별위원회 위원 2014년 국회 교육문화체육관광위원회 여당 간사 2014~2015년 새누리당 정책위원회 제6정책조정위원장 2015년 同정책위원회 교육문화체육관광정책조정위원장 2015년 同교육개혁특별위원회 간사 [상]21세기뉴스미디어그룹 '대한민국을 빛낸 21세기 한국인상'(2015)

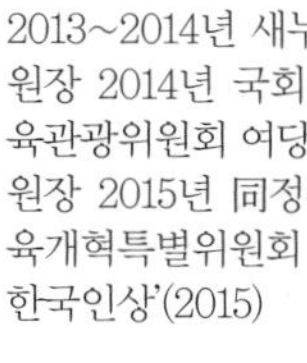

신성수(申聖秀) SHIN Sung Soo
[생]1952·9·25 [본]평산(平山) [출]부산 [주]부산 동구 자성로134 눌원빌딩 고려산업(주) 비서실(051-631-1500) [학]1971년 경기고졸 1979년 고려대 경영학과졸 [경]1979~1981년 고려상사(주) 뉴욕지사장 1985년 부산상공회의소 상임의원 1996년 고려산업(주) 대표이사 회장 1996년 대양개발(주) 회장(현) 1996년 우학문화재단 이사(현) 2005년 부산상공회의소 부회장 2005년 고려산업(주) 회장(현) 2007년 문화유산국민신탁 이사 2011년 국립중앙박물관회 부회장(현) 2012년 (재)눌원문화재단 이사장(현) [상]법무부장관표창, 동탑산업훈장

신성식(申成植) SHIN Sung Sik

ⓢ1965·11·29 ⓙ서울 광진구 아차산로404 서울동부지방검찰청 형사2부(02-2204-4313) ⓗ1984년 순천고졸 1991년 중앙대 법학과졸 ⓔ1995년 사법시험 합격(37회) 1998년 사법연수원 수료(27기) 1998년 변호사 개업 2001년 울산지검 검사 2003년 광주지검 순천지청 검사 2005년 서울중앙지검 검사 2008~2010년 수원지검 검사 2009년 공정거래위원회 파견 2010년 서울동부지검 부부장검사 2012년 창원지검 특수부장 2013년 서울북부지검 형사6부장 2014년 대검찰청 과학수사담당관 2015년 同과학수사과장 2016년 서울동부지검 형사2부장(현)

신성오(辛成梧) SHIN Sung Oh (澹齋)

ⓢ1942·7·29 ⓑ영월(寧越) ⓞ서울 ⓙ서울 중구 정동길3 (재)정수장학회(02-735-9992) ⓗ1960년 경기고졸 1964년 서울대 법학과졸 1971년 同대학원졸 ⓔ1968년 외무고시 합격(1회) 1971년 駐미국대사관 2등서기관 1975년 대통령의전비서실 파견 1976년 외무부 의전2과장 1977년 駐일본대사관 1등서기관 1981년 외무부 동남아과장 1983~1985년 미국 컬럼비아대 중동문제연구소 객원연구원 1985년 駐파키스탄 공사 1987년 외무부 의전관 1989년 同정보문화국장 1991년 同문화협력국장 1991년 駐방글라데시 대사 1994년 駐이란 대사 1996년 외교안보연구원 교수부장 1996년 同연구위원 1998년 외교통상부 기획관리실장 1999년 駐필리핀 대사 2001년 남북핵통제 공동위원장 2002년 외교안보연구원 원장 2003년 외교통상부 본부대사 2004년 영산대 초빙교수 2005년 정수장학회 이사(현) 2005년 (사)이순신리더쉽연구회 이사(현) 2008~2014년 동의대 초빙교수 ⓢ필리핀수교훈장, 황조근정훈장 ⓩ'9인의 명사 이순신을 말하다(共)'(2009)

신성용(申晟容) Shin, seongyong

ⓢ1959·2·7 ⓑ평산(平山) ⓞ부산 ⓙ서울 중구 세종대로124 한국방송광고진흥공사 미디어사업본부(02-731-7114) ⓗ1977년 브니엘고졸 1985년 부산대 불어불문학과졸 ⓔ1986년 한국방송광고공사 입사 2001년 同광고교육원 교육개발부장 2004년 同영업2국 영업1부장 2006년 同전략마케팅국 영업전략팀장 2009년 同신영업추진단장 2010년 同영업전략국 뉴미디어팀장 2010년 同광고전략국장 2012년 한국방송광고진흥공사 영업2본부 영업전략국장 2013년 同기획조정실장 2014년 同영업1본부장 2014년 同미디어사업본부장(상임이사)(현) ⓩ천주교

신성원(申成源) Shin Sung-won

ⓢ1960·12·5 ⓙ서울 서초구 남부순환로2572 국립외교원 외교안보연구소 경제통상연구부(02-3497-7600) ⓗ1983년 성균관대 영어영문학과졸 1990년 미국 육군성 Defense Language Institute 연수 ⓔ1985년 외무고시 합격(19회) 1985년 외무부 입부 1991년 駐러시아 2등서기관 1994년 駐불가리아 1등서기관 1999년 駐오스트리아 1등서기관 2002년 대통령비서실 파견 2004년 외교통상부 정보상황실장 2005년 同북미2과장 2007년 駐샌프란시스코 부총영사 2008년 駐러시아 공사참사관 겸 총영사 2011년 중앙공무원교육원 파견 2013년 국립외교원 외교안보연구소 경제통상연구부장(현) ⓢ국무총리표창(2001) ⓩ중국의 줄기와 미국의 전략(2012, 행복에너지)

신성인(辛聖仁) SHIN Sung In

ⓢ1953·12·24 ⓞ부산 ⓙ서울 중구 퇴계로173 남산스퀘어14층 (주)케이피알&어소시에이츠 비서실(02-3406-2205) ⓗ1977년 한국외국어대 일어과졸 ⓔ현대건설·비지니스코리아 근무 1996년 (주)케이피알&어소시에이츠 대표이사 사장(현) 2000년 한신대 광고홍보학과 겸임교수, 同미디어영상광고홍보학부 겸임교수(현) 2003년 (사)한국PR기업협회(KPRCA) 부회장 2004·2008·2016년 同회장(현) ⓢ국제비즈니스대상(IBA) 아시아지역 올해의 PR대행사부문대상(스티비상)(2010) ⓩ천주교

신성재(愼晟宰) SHIN Sung Jae

ⓢ1968·1·11 ⓞ서울 ⓙ충북 음성군 대소면 대금로379번길50 (주)삼우 임원실(043-883-0211) ⓗ1986년 대신고졸 1991년 미국 캘리포니아루터란대(California Lutheran Univ.) 경영학과졸 1995년 미국 페퍼딘(Pepperdine)대 대학원 경영학과졸(MBA) ⓔ1995년 현대정공 수출부 근무 1996년 同샌프란시스코지사 차장 1998년 현대하이스코(주) 수출팀 입사 2000년 同냉연수출팀

부장 2001년 同해외영업담당 이사대우 2002년 同기획관리담당 전무 2003년 同영업기획담당 부사장 2005~2014년 同대표이사 사장 2011~2013년 한국철강협회 강관협의회장 2012년 넥슨지티(주) 사외이사(현) 2014년 (주)삼우 부회장(현) ⓢ은탑산업훈장(2012)

신성철(申成澈) SHIN Sung Chul

ⓢ1952·7·19 ⓑ평산(平山) ⓞ대전 ⓙ대구 달성군 현풍면 테크노중앙대로333 대구경북과학기술원(DGIST) 총장실(053-785-1000) ⓗ1971년 경기고졸 1975년 서울대 응용물리학과졸 1977년 한국과학기술원(KAIST) 고체물리학과졸(석사) 1984년 재료물리학박사(미국 노스웨스턴대) ⓔ1977~1980년 한국표준과학연구원 선임연구원 1984~1989년 미국 Eastman Kodak연구소 수석연구원 1986~1994년 코닥 Pathe연구소·SKC·태일정밀·LG·삼성 기술자문 1989~2011년 한국과학기술원(KAIST) 물리학과 교수·석좌교수 1991~1996년 同학생부처장·국제협력실장·기획처장 1996년 同고등과학원설립추진단장 1998~2005년 同스핀정보물질연구단장 1999~2005년 엑스포과학공원 이사 2000년 한국과학기술한림원 정회원(현) 2001년 미국 세계인명사전 'Marquis Who's Who in the World'에 등재 2002~2008년 (사)대덕클럽 회장 2002년 한국물리학회 부회장 2002~2004년 한국자기학회 부회장 2004~2010년 한국과학기술한림원 국제협력부장 2004~2005년 한국과학기술원(KAIST) 부총장 2008년 미국물리학회(APS) 자성학분야 '펠로우(석학회원)' 선정 2008년 국제순수 및 응용물리학연맹(IUPAP) 커미션멤버(현) 2008년 (사)대덕클럽 명예회장(현) 2009~2010년 한국자기학회 회장 2009~2012년 국제자성학술대회(The International Conference on Magnetism) 의장 2011~2012년 한국물리학회 회장 2011년 대구경북과학기술원(DGIST) 초대총장·제2대 총장(현) 2012년 교육과학기술부 연구개발사업종합심의위원회 위원장 2012~2014년 한국연구재단 정책자문위원장 2013~2015년 국가과학기술자문회의 미래전략분과 의장 2014년 국방과학연구소 비상임이사(현) 2015년 대구창조경제협의회 위원(현) 2015년 KBS 대구방송총국 시청자위원장 2015년 국가과학기술자문회의 부의장(현) ⓢKAIST 공로상(1995), 한국물리학회 논문상(1998), 한국과학기술단체총연합회 우수논문상(1998), KAIST 학술상(1999), 과학기술부 이달의 과학기술자상(1999), 대전시 문화상, 한국자기학회 논문상, 한국자기학회 강일구상, 과학기술훈장 창조장(2007), 과학기술부 및 과학문화재단 선정 '닮고 싶고 되고 싶은 과학기술인 10인' 학술분야(2007), 대한민국학술원상 자연과학기초부문(2009), KAIST 올해의 동문상(2011), 대한민국 최고과학기술인상(2012), 대한민국경제리더대상 글로벌경영부문(2012), 대한민국경제리더대상 혁신경영부문(2015), 아시아자성연합회(AUMS)상(2016) ⓩ'나노기술이 미래를 바꾼다' '신성철 석좌교수의 선진국을 향한 과학터치'(2012) ⓔ'고체물리학' ⓩ기독교

신성철(申星澈) Shin, seong cheol

ⓢ1958·3·3 ⓞ경기 파주 ⓙ경기 성남시 분당구 안양판교로1207 한국석유관리원 임원실(031-789-0200) ⓗ1976년 충암고졸 1983년 아주대 화학공학과졸 2000년 가천대 대학원 화학공학과졸 2010년 서울과학기술대 에너지환경대학원 신에너지공학박사과정 수료 ⓔ2003년 한국석유관리원 검사처장 2004년 同공인지소장 2006년 同연구센터장 2008년 同기술정보처장 2009년 同수도권지사장 2011년 同호남지역본부장 2012년 同품질관리처장 2014년 同사업기획처장 2015년 同수도권북부본부장 2015년 同사업이사(현) ⓢ동력자원부장관표창(1987), 환경부장관표창(2002)

신성택(申性澤) SHIN Seong Taek

ⓢ1940·12·15 ⓞ경남 창녕 ⓙ서울 강남구 테헤란로518 섬유센터13층 법무법인 율촌(02-528-5241) ⓗ1958년 대구 계성고졸 1962년 서울대 사범대졸 1964년 同사법대학원 수료 ⓔ1963년 고등고시 합격(16회) 1964년 공군 법무관 1968년 부산지법 판사 1969년 同진주지원 판사 1971년 부산지법 판사 1974년 同통영지원장 1975년 부산지법 판사 1977년 대구고법 판사 1979년 대법원 재판연구관 1981년 대구지법 김천지원장 1981년 서울형사지법 부장판사 1983년 서울민사지법 부장판사 1985년 대구고법 부장판사 1987년 서울고법 부장판사 1992년 서울지법 남부지원장 1993년 제주지법원장 1993년 서울형사지법원장 1994~2000년 대법원 대법관 2000년 변호사 개업 2001년 법무법인 율촌 상임고문변호사(현) 2009~2011년 한국신문윤리위원회 위원장 겸 이사 2013~2016년 (사)온율 이사장 ⓢ청조근정훈장(2000) ⓩ기독교

人

신성호(申性浩) SHIN Sung Ho

[생]1956·3·21 [본]고령(高靈) [출]서울 [주]서울 종로구 성균관로25의2 성균관대학교 신문방송학과(02-760-0395) [학]1981년 성균관대 영어영문학과졸 2001년 한양대 언론정보대학원졸 2011년 고려대 대학원 언론학 박사과정 수료 [경]1981년 중앙일보 사회부·전국부·정치부 기자·사회부 차장·정보과학부 차장 1998년 同국제부 차장 1999년 同사회부 차장 2000년 同국제부장 2001년 同논설위원 2002년 同전국부장 2002년 同사건사회부장 2003년 同사회담당 부국장 2003년 同논설위원 2003~2005년 법관임용심사위원회 위원 2004년 대검찰청 감찰위원회 위원 2004~2010년 법무부 변호사징계위원회 위원 2006년 중앙일보 수석논설위원 2007년 법조언론인클럽 회장 2007년 고려대 언론학부 초빙교수 2008년 중앙일보 편집국 법조전문기자 2008년 同수석논설위원 2008~2011년 중앙일보정보사업단(주) 대표이사 2009년 국회 법제사법위원회 법조인력양성제도개선자문위원회 위원장 2010년 스폰서검사진상규명위원회 위원 2011~2014년 대한변호사협회 법학전문대학원(로스쿨) 평가위원회 위원 2012년 성균관대 신문방송학과 초빙교수 2014년 同신문방송학과 부교수(현) 2015년 대통령 홍보특별보좌관(현) [상]자랑스러운 성균언론인상(2008) [저]'한국을 뒤흔든 특종(共)'(1994, 공간) '6월항쟁을 기록하다(共)'(2007) [종]기독교

신성호(申性浩) SHIN Seong Ho

[생]1956·11·7 [출]충남 논산 [주]서울 영등포구 국제금융로6길11 삼덕빌딩 IBK투자증권 사장실(02-6915-5001) [학]1975년 충남고졸 1982년 고려대 통계학과졸 1987년 同대학원 통계학과졸 [경]1981~1983년 삼보증권 근무 1983~1984년 대우증권 명동·을지로지점 근무 1984~1991년 대우경제연구소 투자전략팀 연구위원 1991~1992년 대우투자자문 운용부 과장 1993~1997년 대우경제연구소 차장 1997년 대우증권 리서치센터 연구위원 1998년 同올림픽지점장 1999~2002년 同투자전략부장 2002~2005년 우리증권 리서치센터장(이사대우·상무대우) 2005년 동부증권 법인본부 및 자산운용본부장(상무) 2006년 同리서치센터장(상무) 2008년 한국증권업협회 상무 2009년 한국금융투자협회(KOFIA) 경영전략본부장(상무) 2009~2010년 우리투자증권(주) 상품전략본부장(전무) 2010~2013년 同리서치본부장(전무) 2013~2014년 우리선물 대표이사 사장 2014년 IBK투자증권 대표이사 사장(현) [상]매일경제 증권인상(2008), 고려대정경대학교우회 선정 '자랑스러운 정경인'(2015)

신성환(辛星煥) SHIN Seong Hwan

[생]1963·2·17 [출]서울 [주]서울 중구 명동11길19 한국금융연구원 원장실(02-3705-6251) [학]영등포고졸 1985년 서울대 경제학과졸 1988년 미국 매사추세츠대 경영대학원졸 1993년 경영학박사(미국 매사추세츠대) [경]1993~1995년 한국금융연구원 부연구위원 1995~2015년 홍익대 경영대학 교수 1998~1999년 International Finance Corporation Risk Specialist Risk & Capital Management 1999~2001년 World Bank Senior Finance Offic Capital Management 2001년 한국선물학회 이사 2006년 홍익대 교무부처장 겸 종합서비스센터 소장 2008년 한국투자증권 퇴직연금연구소 객원연구원 2013~2014년 한국연금학회 회장 2013~2015년 KB금융지주 사외이사 2014년 한국가스공사 비상임이사(감사위원장) 2015년 한국금융연구원 원장(현) 2015년 한국가스공사 비상임이사(현) 2016년 산업통상자원부 기업활력제고를위한특별법(기활법)관련 사업재편계획심의위원회 민간위원(현) [상]한국선물학회 최우수논문상(2004) [저]'우리나라 은행자산 유동화 방안에 관한 연구'(1995) '우리나라 은행의 리엔지니어링'(1996) '한, 중, 일 FTA 금융서비스 협상을 대비한 전략과 과제 : 금융서비스 경쟁력 추정과 주요 이슈를 중심으로(共)'(2003) [역]'금융공학 & amp ; 금융혁신'(1998)

신세균(申世均) SHIN Sae Gyun

[생]1956·1·26 [출]대구 [주]서울 영등포구 여의공원로111 태영빌딩8층 회계법인 EY한영 임원실(02-3787-6320) [학]1974년 경북고졸, 서울대 경제학과졸, 同경영대학원졸(석사) [경]행정고시 합격(31회) 1999년 국세공무원교육원 국세교육1과 서기관 2002년 안동세무서장 2003년 경산세무서장 2004년 대구지방국세청 납세지원국장 2005년 중부지방국세청 세원관리국 개인납세2과장 2005년 同조사1국 조사1과장 2006년 서울 성북세무서장 2006년 국세청 부동산납세관리국 부동산거래관리과장 2009년 대구지방국세청 조사1국장(부이사관) 2010년 중부지방국세청 납세자보호담당관 2010년 同세원분석국장(고위공무원) 2012년 서울지방국세청 국제거래조사국장 2012~2013년 대구지방국세청장 2016년 회계법인 EY한영 부회장(현)

신세길(申世吉) SHIN Ce Gill

[생]1939·1·3 [본]평산(平山) [출]서울 [주]경기 안산시 단원구 산단로163번길65의16 1블록36호 서울반도체(주) 임원실(1566-2771) [학]1957년 경기고졸 1961년 서울대 상대졸 [경]1962년 삼성그룹 입사 1974년 삼성물산 이사 1978년 同상무이사 1981년 同전무이사 1983년 同부사장 1989년 제일기획 대표이사 1991~1996년 삼성물산 사장 1992년 駐韓 에티오피아 명예영사 1995년 삼성물산 무역부문장 겸임 1997년 삼성그룹 유럽본사 대표사장 1998년 同구주지역 컨트리매니저 1999년 영화진흥위원회 위원장 2001~2002년 야후코리아 경영고문 2002~2012년 서울반도체(주) 회장 2013년 同고문(현) [상]동탑산업훈장(1984), 대통령표창(1993), 금탑산업훈장(1994)

신세돈(申世敦) SHIN Se Don

[생]1953·9·10 [본]평산(平山) [출]대구 [주]서울 용산구 청파로47길100 숙명여자대학교 경상대학 경제학부(02-710-9516) [학]1972년 경북고졸 1978년 미국 UCLA 경제학과졸 1980년 同대학원 경제학과졸 1984년 경제학박사(미국 UCLA) [경]1984년 한국은행 조사부 전문연구원 1987년 삼성경제연구소 금융보험실장 1989~1999년 숙명여대 경상대학 경제학과 조교수·부교수 1999년 同경상대학 경제학부 교수(현) 2010년 국가미래연구원 산업·무역·경영분야 발기인 2012년 예금보험공사 MOU심의위원회 위원 2012년 금융감독원 금융자문위원회 소비자분과위원장 2013년 同국민검사청구심의위원회 위원(현) [저]'국제수지론' '20억의 국난과 40억의 극복' [종]기독교

신세현(申世鉉) SHIN Se Hyun

[생]1964·3·25 [본]평산(平山) [출]대전 [주]서울 성북구 안암로145 고려대학교 기계공학부(02-3290-3377) [학]1982년 보문고졸 1987년 서울대 기계공학과졸 1989년 同대학원 기계공학과졸 1993년 기계공학박사(미국 Drexel Univ.) [경]1993~1994년 미국 Drexel대 기계공학과 Adjunct Professor 1994~1995년 미국 네바다주립대 기계공학과 Post-Doc. 1995~2007년 경북대 기계공학부 전임강사·조교수·부교수·교수 2002~2003년 경북대 BK21 기계사업단장 2003년 국가지정연구실(NRL) 생체유변연구실 연구책임자 2003~2007년 실험실벤처 (주)세원메디텍 대표이사 2005년 국제임상혈액유변학회 Council Member 2007년 고려대 기계공학부 교수(현) 2007년 대한기계학회 바이오공학부문 부회장 2015년 국제임상혈액유변학회 회장(현) 2016년 나노바이오유체생검연구 ERC 센터장(현) [상]미국 자동차공학회 우수논문상(2002·2003), 대한기계학회 남헌학술상(2005), 한국과학기술단체총연합회 과학기술우수논문상(2009), 한국유변학회 신진과학자상(2009), 이달의 과학기술자상(2015), 대통령표창(2016) [저]'공학과 의학을 위한 유체역학'(2005) [역]'열역학'(1999) [종]기독교

신세훈(申世薰) SHYN, Se Hun (我山)

[생]1941·1·18 [본]아주(鵝洲) [출]경북 의성 [주]서울 중구 서애로27 서울캐피탈빌딩302호 자유문학(02-745-0405) [학]1959년 안동고졸 1964년 중앙대 연극영화과졸 1981년 동국대 대학원 연극영화학과 수료 [경]1962년 조선일보 신춘문예 詩부 당선 1969~1971년 한국일보 기자 1977~1979년 국제PEN클럽 한국본부 사무국장 1987~2010년 한국자유문인협회 회장 1989년 한국현대시인협회 부회장 1990~1994년 국제PEN클럽 한국본부 부회장 1991년 계간 '자유문학' 편집인 겸 대표(현), 同도서출판 천산 발행인(현) 1992년 제58차 국제펜대회 한국 정대표 1995~2000년 한국문인협회 부이사장 1998년 한국예술문화단체총연합회 과천지부장 2001~2006년 한국문인협회 이사장 2005년 한국청소년문학가협회 회장(현) 2007년 민족문학인협회 남측 부회장(현) 2008~2010년 한국현대시인협회 이사장 2009년 한국민조시인협회 회장 2010년 한국자유문인협회 상임고문(현) 2010~2012년 한국현대시인협회 명예이사장 2011년 한국문인협회 고문(현) 2011년 '민조시학' 창간·발행인 겸 편집인(현) 2012년 한국현대시인협회 평의원 겸 고문(현) 2012년 한국민조시인협회 상임고문(현) 2012년 국제펜클럽 한국본부 고문(현) 2015년 청마문학회 회장(현) 2016년 중앙대문인회 회장(현) [상]시문학상, 한국PEN 공로상, 한국자유시인상 본상, 경기문학대상, 인헌무공훈장, 한국예술문화단체총연합회 예술문화대상 문학부문, 청마문학상(2013) [저]시집 '비에뜨남 엽서' '강과 바람과 산' '사랑 그것은 낙엽' '뿌리들의 하늘' '조선의 천평선' 시화집 '꼭두각시의 춤' 시극·장시집 '3·4·5·6조' 민족시집 '통일꽃 핀다' 시화집 '체온 이야기' 민조시집 '한국대표 명시선(編)' '金南祚시가 있는 명상노우트'(編) '통일꽃 핀다' '아흐, 동동 천부경 나라' 명수필선 '꽃도 귀양사는 곳(編)' 대화시집 '남이 다 하고난 전문' 풍자시집 '대장 부리바' 시·장시집 '思美人曲' 상고역사 '신판 한글 조문지' 등 28권 [역]'벽돌집의 레베카' '3월생' [종]천도교

신수용(申秀容) SHIN Soo Yong

[생]1957·9·20 [본]평산(平山) [출]충남 서천 [주]대전 중구 계룡로816번길32의4 충남일보(042-537-6051) [학]1981년 충남대 식품공학과졸 [경]1984년 대전일보 정경부 기자 1985년 同경제부 기자 1988년 同사회부 기자 1993년 同사회부 차장 1994년 同정치부 차장 1995년 同정치2부장 직대 1996년 同서울지사 정치·행정 취재팀장 1996년 同정치행정부장 대우 1999년 同정치행정부장 1999년 同편집부국장 대우 2001년 同서울지사 편집부국장 대우 2003년 同편집부국장 2006년 同편집국장 2008년 同상무이사 2008~2011년 同대표이사 사장 2008년 한국신문협회 이사 2009년 한국신문윤리위원회 감사 2010년 한국언론인연합회 부회장, 선거관리위원회 선거방송토론위원, 대한결핵협회 충청지회장, 신문읽기범국민운동본부 고문(현) 2011년 대전일보 상임고문, 대전언론문화원 이사(현), 뉴시스 대전충남본부 대표이사 사장, 한국언론피해자협의회 회장(현), 충청세상만들기포럼 공동대표(현), 충청데일리 회장 2015년 충남일보 대표이사 사장(편집인)(현) [상]한국기자대상 단체상(1988), 한국참언론인대상 지역언론부문(2007), 제1회 자랑스런 충남대인상(2010) [저]정치칼럼집 '멈추지 말고 돌아라'(2011, 지혜재단) '매력있는 언론 매력없는 기자'(2013, 지혜재단) [종]기독교

신 숙(愼 淑·女) SHIN Sook

[생]1954·3·20 [출]서울 [주]서울 노원구 화랑로815 삼육대학교 생명과학과(02-3399-1717) [학]1976년 이화여대 생물학과졸 1980년 同대학원졸 1984년 이학박사(이화여대) [경]1976~1978년 이화여대 조교 1979~1995년 한국동물학회 이사 1980~1982년 이화여대 생물학과·과학교육과 강사 1981~1993년 목포대 생물학과 교수 1984~1995년 한국동물분류학회 이사 1986~1987년 목포대 학생생활연구소 부장 1987~1988년 미국 탬플의과대 객원교수 1988~1989년 미국 뉴욕주립대 객원교수 1990~1991년 목포대 연안환경연구소장 1991~1993년 同대학원 주임교수 1993~1996년 삼육대 생물학과 교수 1996년 同생명과학과 교수(현) 1998~2001년 환경부 전국자연환경조사연구원 2002~2005년 삼육대 대학원 교학부장 2007년 한국동물분류학회 회장, 同감사 2008~2010년 삼육대 생명과학과장 2009년 한국통합생명학회 부회장 2009년 한국생물다양성협회 부회장 2014년 삼육대 과학기술대학장(현) 2016년 한국생물과학협회 회장(현) [상]교육인적자원부 공적표창(2005) [저]'일반생물학 실험' '약용동물학' '동물분류학' '인체생물학' '생명과학'

신숙원(申肅媛·女) SHIN Sook Won

[생]1942·7·10 [본]평산(平山) [출]대전 [주]세종특별자치시 갈매로388 정부세종청사 대통령소속 도서관정보정책위원회(044-203-2627) [학]1963년 이화여대 영어영문학과졸 1968년 미국 위스콘신대 대학원졸 1973년 미국 펜실베이니아주립대 대학원졸 1987년 영문학박사(연세대) [경]1968년 미국 보스턴대 사서 1968~1975년 미국 펜실베이니아주립대 도서관 사서과장 1975~1989년 서강대 도서관 부관장 1975~1986년 同영미어문학과 조교수·부교수 1986~2007년 同영미어문학과 교수 1999~2003년 同도서관장 2005년 한국아메리카학회 회장 2005~2007년 서강대 도서관장 2007년 同명예교수(현) 2008~2011년 건양대 교무부총장 2008~2014년 同영미영어문화학과 석좌교수 2009~2013년 서강대 법인이사 2011년 건양대 대외협력부총장 2013~2014년 同국제협력부총장 2014년 同김안과병원 이사(현) 2014년 한국선진화포럼 특별위원(현) 2016년 대통령소속 도서관정보정책위원회 위원장(현) [상]근정포장(2007) [저]'도서관과 자료의 활용법' '유진 오닐'(1988) '학술정보의 활용법'(1998) [종]가톨릭

신숙희(申叔憙·女) SHIN Sook Hee

[생]1969·3·4 [출]서울 [주]서울 서초구 서초중앙로157 서울고등법원(02-530-1114) [학]1987년 창문여고졸 1992년 서울대 법과대학 법학과졸 [경]1993년 사법시험 합격(35회) 1996년 사법연수원 수료(25기) 1996년 서울지법 판사 1998년 서울가정법원 판사 1999년 대전지법 판사 2003년 서울지법 동부지원 판사 2006년 서울중앙지법 판사 2007년 서울고법 판사 2008년 사법연수원 교수 2010년 서울중앙지법 판사 2011년 제주지법 부장판사 2012년 서울고법 판사(현)

신순범(愼順範) SHIN Soon Bum (晩光)

[생]1933·2·28 [본]거창(居昌) [출]전남 여수 [주]경기 과천시 별양로85, 404동 1103호(061-666-1988) [학]1956년 여수고졸 1961년 동국대 법정대 정치학과졸 1982년 단국대 행정대학원졸 1991년 연세대 경영대학원 수료 1995년 서강대 대학원 수료 [경]1962년 전국청년단체대표자협회 부회장 1973년 전국웅변협회 이사장 1979년 농어촌문제연구소장 1981년 안민당 부총재 1981년 제11대 국회의원(여수·광양·여천, 자유민족당) 1985년 남북국회회담 한국측대표 1985년 제12대 국회의원(여수·광양·여천, 신한민주당) 1985년 신한민주당(신민당) 원내수석부총무 1987년 민주당 정무위원 1988년 평화민주당(평민당) 당무위원 1988년 제13대 국회의원(여천, 평민당·신민당·민주당) 1990년 평민당 사무총장 1991년 만광장학회 이사장(현) 1991년 국회 경제·과학위원장 1991년 신민당 당무위원 1991년 민주당 당무위원 1991년 대통령선거유세위원회 위원장 1992년 제14대 국회의원(여천, 민주당·국민회의) 1993년 민주당 최고위원 1995년 同부총재 1995년 국민회의 지도위원 1997·1998·1999년 국전 입선(서예전람회) 2000년 경기대 경영대학원 연구교수 2002년 (사)민주화추진협의회 공동부이사장 2013~2015년 대한민국헌정회 이사 [상]전국남녀웅변대회 대통령상(1962), 코리아헤럴드 전국남녀영어웅변대회 전체특상(1979), 전국서예대전 3회 입선(1997·1998·1999), 백범기념관 자랑스런한국인대상 사회봉사부문(2008) [저]'의지는 고난보다 강하다' '소나무 동포 여러분 자갈시민 들으시오' '꿈-깡-꾀-끼-끈에 도전하라' '연설의 기법' [종]기독교

신순식(申舜湜) Shin soon sik (仁恒)

[생]1960·8·5 [본]평산(平山) [출]경북 구미 [주]경북 군위군 군위읍 군청로200 군위군청 부군수실(054-380-6005) [학]1979년 경북고졸 1991년 한국방송통신대 경제학과졸 1997년 경북대 대학원 행정학과졸 [경]2013년 경북도 독도정책과장 2014년 국방대 안보과정 교육파견 2015년 경북도 독도정책관 2016년 경북 군위군 부군수(현)

신순철(申淳鐵) SHIN Soon Chul (坤山)

[생]1951·1·13 [출]경북 안동 [주]전북 익산시 익산대로 460 원광학원(063-850-5001) [학]1969년 안동고졸 1976년 원광대 원불교학과졸 1980년 고려대 대학원 사학과졸 1987년 숭실대 대학원 사학박사과정 수료 [경]1990~2014년 원광대 사학과 교수 2011~2014년 同교학부총장 2013년 학교법인 원광학원 이사장(현) [상]옥조근정훈장(2014) [저]'동학농민혁명사' [종]원불교

신순호(申順浩) Shin, Soon Ho

[생]1952·10·27 [본]고령(高靈) [출]전남 완도 [주]전남 무안군 청계면 영산로1666 목포대학교 사회과학대학 지적학과(061-450-2252) [학]1971년 완도수산고졸 1975년 국민대 법학과졸 1981년 서울대 환경대학원 환경계획학과졸(도시계획학석사) 1992년 행정학박사(서울시립대) [경]1981년 지방행정연구소 수석연구원 1982년 청주대 사회과학대학 전임강사 1985년 목포대 사회과학대학 지적학과 전임강사·조교수·부교수·교수(현) 1993년 전남도 지방도시계획위원 1996년 행정자치부 정책자문위원 1996~1998년 대한국토도시계획학회 광주·전남지회장 1998년 同이사 2004년 한국도시행정학회 회장, 同고문(현) 2004~2014년 전남도 정책자문위원회 부위원장 2007~2008년 목포대 기획협력처장, 서남권경제발전연구원 원장 2007년 안전행정부 자체평가위원 2008~2009년 일본 리츠메이칸대 교환교수 2011년 한국지적학회 회장 2013년 대통령직속 지역발전위원회 정책기획·평가전문위원장(현) 2013~2015년 한국농어촌공사 비상임이사 2014·2016년 대통령직속 지역발전위원회 평가자문단장(현) 2014년 국토정책위원회 위원(현) [상]완도군민의 상(1994), 목포대총장표창(1998·2005), 전남도정발전공로표창(2000·2001·2002·2003), 대한지적공사 사장 지적발전표창(2002), 안전행정부장관표창(2014), 근정포장(2014), 지역희망박람회 대통령표창(2014) [저]'土地課稅時價 標準額決定方法에 關한 硏究'(1981) '경상남도 종합개발 계획'(1982) '어촌 종합개발사업 기본계획'(1996) '한국도서백서'(1996) '도서지역의 주민과 사회'(2001) '도청이전백서'(2002) '다도해 사람들-사회와 민속'(2003) '섬과 바다-어촌생활과 어민'(2005) '완도군지'(2010) '섬과 바다의 문화읽기'(2012)

신순희(申順姬·女) SHIN Soon Hee

[생]1961·1·1 [본]고령(高靈) [출]부산 [주]서울 동대문구 장한로17길13의2 DHSYS(02-2244-1880) [학]1979년 부산여고졸 1984년 부산대 가정대 의류학과졸 2004년 계명대 대학원 경영정보학과졸 [경]1994년 대전시스템공학연구소(SERI) 연구원 1995년 (주)세리콤 실장 1997~2000년 모든넷 사장 2000년 (주)모든넷 대표이사 2001년 대구시 여성정책위원회 위원 2001~2013년 대구시 달서구지역정보화촉진협의회 위원 2002년 중소기업 신지식인(현) 2002년 첨단벤처기업연합회 부회장 2004~2011년 계명대 겸임교수 2004~2013년 (사)대구경북여성과학기술인회 이사 2004년 한국과학기술평가원(KISTEP) 이사 2004년 국가기술혁신특별위원회 지역기술실무위원 2005년 사회단체보조

금지원심의위원회 위원(현) 2006년 대구시 달서구 규제개혁위원회 위원(현) 2006~2013년 대구시지체장애인협회 여성부회장 2007~2009년 한국여성벤처협회 대구·경북지회장 2008~2010년 (재)장애인기업종합지원센터 이사장 2008년 경북대 여대생커리어개발센터 취업지원단원 2009~2010년 중소기업청 규제영향평가자문위원 2011년 (사)한국여성벤처협회 부회장·이사 2013년 대구시 달서구 지역정보화추진위원회 위원(현) 2014년 (사)대구경북여성과학기술인회 부회장(현) 2015년 (사)벤처기업협회 대구경북지회 고문(현) 2016년 (주)DHSYS 고문(현) ❸대구시장표창(2002·2007), 중소기업청 선정 '신지식인'(2002), 대구지방경찰청장 감사장(2002), 대구시 목련상(2005), 산업자원부장관표창(2005), 조달청장표창(2008), 지식경제부장관표창(2009), 대통령표창(2009), 한국여성벤처협회 공로상(2009), 중소기업지위향상표창(2011) ❷한국컴퓨터그래픽대전 은상수상작 '고요'

신승국(辛承局) SYNN SEUNG KOOK

❸1962·11·3 ❸서울 ❸서울 강남구 테헤란로424 SK하이닉스 대외협력본부(02-3459-5433) ❹1981년 숭실고졸 1984년 연세대 법학과졸 1987년 同대학원 상법학과졸 1994년 미국 코넬대 법과대학원 법학과졸(LL. M.) 1997년 법학박사(미국 밴더빌트대) ❸1988~1993년 SK(舊 유공) 법제부 근무 1997~2000년 同국제법무담당 2000~2005년 SK텔레콤 법무팀장 2001~2005년 숙명여대 법과대학 겸임교수 2005~2006년 SK텔레콤 법무2실장 2006년 SK에너지 사업법무담당 상무 2008년 同법무실장(상무) 2010년 同에너지환경정책실장(상무) 2011년 同CR전략실장(상무) 2014년 SK하이닉스 대외협력본부장(상무) 2016년 同대외협력본부장(전무)(현) ❸기독교

신승남(愼承男) SHIN Seung Nam

❸1944·6·26 ❸거창(居昌) ❸전남 영암 ❸서울 강남구 테헤란로311 아남타워1008호 신승남법률사무소(02-2051-6565) ❹1962년 목포고졸 1966년 서울대 법대졸 1970년 同사법대학원졸 ❸1968년 사법시험 합격(9회) 1971~1983년 부산지검·서울지검·법무부 검찰국·서울지검·대전지검 검사 1983년 법무부 검찰2과장 1985년 부산지검 공안부장 1986년 수원지검 부장검사 겸 사법연수원 교수 1987년 서울지검 남부지청 부장검사 겸 사법연수원 교수 1988년 대검찰청 중앙수사부 2과장 1989년 법무부 법무심의관 1990년 서울지검 형사5부장 1991년 광주지검 순천지청장 1992년 同차장검사 1993년 서울지검 제3차장검사 1993년 서울고검 검사 1995년 광주고검 차장검사 1995년 법무부 법무실장 1997년 同기획관리실장 1997년 전주지검 검사장 1998년 법무부 검찰국장 1999년 대검찰청 차장검사 2001~2002년 검찰총장 2002년 변호사 개업(현) 2004년 신원CC 대표회장 ❸홍조·황조근정훈장 ❸천주교

신승영(辛承暎) Shin Seung Yeong

❸1955·3·31 ❸영월(寧越) ❸경북 영주 ❸경기 성남시 분당구 판교로289 에이텍티앤 임원실(031-698-8700) ❹1974년 영광고졸 1982년 영남대 공과대학 전자공학과졸 2001년 한국과학기술원(KAIST) 최고벤처경영자과정 수료 ❸1982년 금성사(現 LG전자) 입사 1989년 에이텍 대표 1993~2015년 (주)에이텍 대표이사 사장 2015년 에이텍티앤 대표이사(현) 2016년 신기술사업협의회 회장(현) ❸산업자원부장관표창(2000), 중소기업 최고경영자부문 기술경영인상(2006), 과학기술진흥유공 대통령표창(2010), 벤처창업대전 철탑산업훈장(2012), 신기술실용화 대통령표창(2015) ❸기독교

신승운(辛承云) SHIN Seung Woon

❸1951·3·11 ❸서울 종로구 삼일대로428 낙원빌딩411호 전통문화연구회(02-762-8401) ❹1984년 강남대 도서관학과졸 1987년 성균관대 대학원 도서관학과졸 1995년 문학박사(성균관대) ❸1978~1981년 민족문화추진회 국역연수원 상임연구원 1981~1984년 同국역연구부 전문위원 1984~1986년 同국역연구부장 1986~1994년 同편찬실장 1994~1995년 同국역연수원 부교수·교무처장 1995~1999년 성균관대 도서관학과 조교수 1999~2004년 同문헌정보학과 부교수 2002~2006년 한국서지학회 회장 2005~2016년 성균관대 문헌정보학과 교수 2007년 同사서교육원장 2007~2009년 문화재위원회 동산·민속문화재분과 위원 2009~2014년 성균관대 대동문화연구원장 2009년 문화재위원회 동산·근대문화재분과 위원 2011~2014년 성균관대 동아시아학술원장 2013년 한국고전번역학회 회장 2015년 유네스코 한국위원회 문화·정보커뮤니케이션분과위원회 위원장 2015년 문화재위원회 동산문화재분과 위원장(현) 2015년 경찰청 문화유산수사자문위원회 위원장(현), 전통문화연구회 부회장(현) ❸문화공보부장관표창(1978) ❷'국립중앙도서관 선본해제 제5집' '서지학개론'

신승주(申勝周) SHIN Seung Ju

❸1955·11·17 ❸평산(平山) ❸서울 ❸서울 강남구 논현로566 강남차병원 산부인과(02-3468-3132) ❹한양대 의대졸, 同대학원졸 1988년 의학박사(한양대) ❸포천중문의대 산부인과교실 교수 1987년 강남차병원 산부인과장 2001~2002년 대한산부인과학회 사무총장 겸 기획위원, 대한성의학회 상임이사(현), 모체태아의학회 이사(현) 2006년 분당차병원 진료부장 2009년 차의과학대 의학전문대학원 산부인과교실 교수(현), 강남차병원 진료의(현) ❸대한기독교감리회 사회봉사상 ❷'산과학4판'(2007, 군자출판사) '산과학5판'(2015, 군자출판사) ❸기독교

신승찬(女)

❸1994·12·6 ❸경기 수원시 영통구 매영로150 삼성전기배드민턴단(031-210-5114) ❹서울 성심여고졸, 건국대졸 ❸2013년 삼성전기 배드민턴단 입단(현) 2013년 스위스오픈 그랑프리골드 복식 2위 2013년 봄철종별배드민턴리그전 단체전 2위 2013년 여름철종별배드민턴선수권대회 복식 1위 2014년 광주유니버시아드대회 복식 1위·혼합복식 1위 2014년 여름철배드민턴선수권대회 단체전 1위 2015년 덴마크오픈 슈퍼시리즈 복식 1위 2015년 프랑스오픈 슈퍼시리즈 복식 1위 2015년 코리아오픈 그랑프리골드 복식 2위·혼합복식 3위 2015년 마카오오픈 그랑프리골드 복식 1위 2015년 미국오픈 그랑프리 복식 1위 2016년 싱가폴오픈 슈퍼시리즈 복식 3위 2016년 말련오픈 슈퍼시리즈 복식 2위 2016년 태국오픈 그랑프리골드 복식 3위 2016년 인도오픈 그랑프리골드 복식 1위 2016년 제31회 리우데자네이루올림픽 여자복식 동메달전

신승철(申承澈) Shin Seong Chul

❸1963·7·25 ❸서울 ❸경기 파주시 회동길20 (주)웅진씽크빅 비서실(031-956-7382) ❹양정고졸, 한양대 교육학과졸, 同대학원 교육학과졸 ❸웅진씽크빅 방판교육·사업부장, 同미래교육사업본부장 2006년 同교육문화사업본부장(상무보) 2007년 웅진코웨이 영업본부장(이사), 同CL사업본부장(상무) 2011년 同CL사업본부장(전무) 2014년 (주)웅진씽크빅 미래교육사업본부장 2015년 同부사장(현) 2016년 同대표이사 직대

신승한(辛承翰) Shin Seung Han

❸1966·12·7 ❸서울 ❸경기 과천시 관문로47 방송통신위원회 방송정책국 방송시장조사과(02-2110-1440) ❹1985년 대원고졸 1992년 고려대 국어국문학과졸 2005년 同언론대학원졸 ❸1992년 방송위원회 TV부 근무 1995년 同심의기획부 근무 1997년 同기획부 근무 2003년 同행정1부 차장 2003년 同공보실 차장 2005년 同시청자지원팀장 2007년 同공보실장 2008년 방송통신위원회 방송통신융합정책실 평가분석과 수용자평가담당 2008년 同광주전파관리소장 2010년 同대변인실 서기관 2011년 同디지털방송홍보과장 2013년 미래창조과학부 디지털방송전환추진단 디지털방송전환과장 2014년 同기획조정실 규제개혁법무담당관 2015년 同정보통신정책실 정보화기획과장 2015년 同정보통신정책실 정보활용지원팀장 2016년 방송통신위원회 방송기반국 편성평가정책과장 2016년 同방송정책국 방송시장조사과장(현)

신승호(辛承昊) SHIN Seung Ho

❸1956·9·16 ❸영월(寧越) ❸강원 원주 ❸강원 춘천시 강원대학길1 강원대학교 물리학과(033-250-8460) ❹1978년 서울대 물리교육학과졸 1981년 한국과학기술원(KAIST) 물리학과졸(석사) 1991년 물리학박사(한국과학기술원) ❸1982년 강원대 자연과학대학 물리학과 전임강사·조교수·부교수·교수(현) 1996~1997년 중국과학원 물리연구소 방문교수 1999~2000년 강원대 기초과학연구소장 2000~2002년 미국 Univ. of Connecticut 방문교수 2004~2006년 강원대 기획부처장 2007~2008년 同기획협력처장 2012~2015년 同총장 2014~2015년 대통령직속 통일준비위원회 통일교육자문단 자문위원 2014~2015년 교육부 지방대학 및 지역균형인재육성지원위원회 위원 2015년 거점국립대학교총장협의회 회장 ❸KAIST총동문회 자랑스런 동문(2015) ❷'Three-Dimensional Television, Video, and Display Technologies'(2002)

신승환(申承煥) Syng-Hwan Shin

[생]1958·9·16 [본]아주(鵝洲) [출]경북 봉화 [주]경기 부천시 원미구 지봉로43 가톨릭대학교 철학과(02-2164-4564) [학]1984년 가톨릭대 신학과졸 1990년 독일 아우크스부르크대 철학과졸 1995년 철학박사(독일 레겐스부르크대) [경]1996~1997년 한국외국어대 인문과학연구소 초빙연구원 1997~2006년 가톨릭대 철학과 조교수·부교수 2001년 우리말로학문하기모임 총무이사 2004년 한국하이데거학회 편집이사 2005년 천주교 서울대교구 생명위원회 위원(현) 2006년 가톨릭대 철학과 교수(현) 2007~2009년 同학생지원처장 2009~2010년 한국하이데거학회 회장 2012~2014년 한국가톨릭철학회 회장 2014년 한국철학연구회 회장(현) 2015년 가톨릭대 교수협의회장(현) [저]'포스트모더니즘의 성찰'(2003) '생명과학에 대한 철학적 성찰'(2003) '지금, 여기의 인문학'(2010) [역]'시간과 신화'(1989) '환경위기의 철학'(1997) '삶과 죽음'(1997)

신승희(申昇熙)

[생]1971·6·21 [출]강원 원주 [주]경기 의정부시 녹양로34번길23 의정부지방검찰청 형사5부(031-820-4312) [학]1990년 강원사대부고졸 1997년 강원대 법학과졸 [경]1998년 사법시험 합격(40회) 2001년 사법연수원 수료(30기) 2001년 춘천지검 검사 2003년 전주지검 군산지청 검사 2005년 의정부지검 검사 2007년 서울동부지검 검사 2011년 광주지검 검사 2012~2014년 금융정보분석원 파견 2014년 법무부 감찰담당관실 검사 2016년 의정부지검 형사5부장(현)

신안재(申安載)

[생]1963·10·9 [출]대구 [주]부산 연제구 법원로31 부산지방법원(051-590-1114) [학]1982년 대구 청구고졸 1986년 서울대 공법학과졸 1988년 同대학원 수료 [경]1997년 사법시험 합격(39회) 2000년 사법연수원 수료(29기) 2000년 대구지법 판사 2003년 同김천지원 판사 2005년 대구지법 판사 2009년 同서부지원 판사 2011년 대구고법 판사 2013년 대구지법 경주지원 판사 2013년 대구가정법원 경주지원 판사 겸임 2015년 부산지법 부장판사(현)

신양균(申洋均) SHIN Yang Kyun

[생]1956·2·27 [본]평산(平山) [출]부산 [주]전북 전주시 덕진구 백제대로567 전북대학교 법학전문대학원(063-270-2666) [학]1974년 배재고졸 1978년 연세대 행정학과졸 1980년 同대학원 법학과졸 1989년 법학박사(연세대) [경]1980년 육군사관학교 법학과 전임강사 1984~1995년 전북대 법학과 전임강사·조교수·부교수 1991년 同교무과장 1992년 서강대 교환교수 1995년 전북대 법학과 교수(현) 1996년 同법학연구소장 1998~1999년 독일 막스플랑크 국제형법 및 비교형법연구소 방문교수 2001~2003년 전북대 법과대학장 2008~2010년 한국비교형사법학회 부회장 2009~2010년 한국형사정책학회 부회장 2009년 전북대 법학전문대학원 교수(현) 2009년 同법과대학장 2009년 同법학전문대학원장 2009~2011년 교육과학기술부 법학교육위원회 위원 2010~2011년 법무부 변호사시험관리위원회 위원 2010년 국제앰네스티 한국지부 한국법률가위원회 부위원장(현) 2011년 한국형사법학회 회장 2012년 독일 트리어대 방문교수 2014년 전북대 대학원장(현) 2015년 同교학부총장 겸임(현) 2015년 전북도 인권위원회 위원장(현) [상]한국형사법학회 정암학술상(2006) [저]'신고형사정책' '형사소송법' '형사정책' '생활속의법' '판례교재 형법총론(共)'(2009) '형사소송법 제·개정자료집'(2009) '형사특별법론(共)'(2009) '신판 형사소송법'(2010) '판례교재 형사소송법(共)'(2011) [역]'형법총론의 이론구조'(2008) '독일행형법(共)'(2010) [종]기독교

신양식(申亮植) SHIN Yang Sik

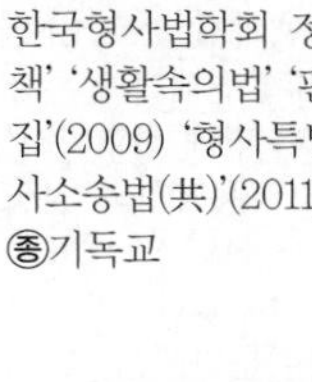

[생]1949·8·18 [본]고령(高靈) [출]전남 [주]경기 성남시 분당구 야탑로59 차의과학대학교 분당차병원 마취통증의학과(031-780-5000) [학]1976년 연세대 의대졸 1979년 同대학원 의학석사 1985년 의학박사(연세대) [경]1976~1981년 연세대 세브란스병원 수련의 1981~1984년 103야전병원 및 수도통합병원 군의관 1984~2014년 연세대 의대 마취학교실 조교수·부교수·의대 마취통증의학교실 교수 2005년 대한마취과학회 회장 2007년 대한의사협회 학술이사 2010·2012년 연세대 세브란스병원 마취통증의학과 과장 2011~2014년 同마취통증의학연구소장 2011~2014년 同세브란스병원 수술실장 2012~2014년 同의대 마취통증의학교실 주임교수 2014년 同명예교수(현) 2014년 차의과학대 분당차병원 마취통증의학과 임상교수(현) [상]옥조근정훈장(2014) [저]'정형외과 마취'(2009, 여문각) '나의 천직 의사 아닌 마취과의사'(2009, 여문각) [종]기독교

신 언(辛 彦) SHIN Un

[생]1951·2·15 [주]서울 강남구 언주로120 국가안보전략연구원 원장실(02-573-9465) [학]1974년 서울대 언어학과졸 1976년 同대학원 외교학과 수료 [경]1978~1985년 대통령 공보비서관실 행정관 1987~1990년 駐미국 1등서기관 1998~2001년 駐유엔대표부 공사 2003~2004년 駐미국 공사 2007년 駐파키스탄 대사 2010년 외교통상부 본부대사 2013·2016년 SK이노베이션(주) 사외이사(현) 2016년 국가안보전략연구원 원장(현) [상]보국포장(1997), 보국훈장 천수장(2005)

신언근(申彦根) SHIN Eon Keun

[생]1961·4·16 [본]고령(高靈) [출]전남 고흥 [주]서울 중구 덕수궁길15 서울특별시의회(02-3783-1891) [학]고려대 정책대학원 도시 및 지방행정학과졸 [경]2010년 서울시의회 의원(민주당·민주통합당·민주당·새정치민주연합) 2010년 同도시계획관리위원회 위원 2010·2012년 同예산결산특별위원회 위원 2011~2012년 同윤리특별위원회 위원 2011~2012년 同장애인특별위원회 위원 2012년 同지하철9호선등민간투자사업진상규명특별위원회 위원, 서울시 건축심의위원회 위원(현), 同건축분쟁조정위원회 위원, 同주거재생정책자문위원회 위원, 同주택정책심의위원회 위원, 同도시계획심의위원회 위원, 同도시·건축공동위원회 위원, 민주당 서울시당 경전철추진지원을위한특별위원회 위원, 2017UIA서울세계건축대회준비조직위원회 자문위원, 서울메트로 안전개선추진위원회 위원 2013~2014년 同민간단체지원사업점검특별위원회 위원장 2013~2014년 同학교폭력대책특별위원회 부위원장 2014년 서울시의회 의원(새정치민주연합·더불어민주당)(현) 2014~2016년 同교통위원회 위원 2014~2016년 同한옥지원특별위원회 위원 2015~2016년 同조례정비특별위원회 위원 2015~2016년 同예산결산특별위원회 위원장 2016년 同도시안전건설위원회 위원(현) [상]대통령표창(1999·2002), 통일부장관표창(2006), 국민훈장 석류장(2007), 매니페스토 약속대상 우수상(2010), 매니페스토 약속대상 최우수상(2011·2012), (사)한국여성유권자연맹 여성정책매니페스토상(2011), 대한민국문화연예대상 교육문화상(2012), 헤럴드경제 대한민국미래경영대상(2013), 전국지역신문협회 의정대상(2013), 수도권일보 시사뉴스 행정사무감사 우수의원상(2014), 코리아 파워 리더 연말대상(2015), 제10회 대한민국 나눔대상 특별대상(2015), 공정사회발전대상(2015), 대한민국 사회봉사대상 자랑스런한국인상(2015), 대한민국 위민의정대상 주민참여부문 우수상(2016) [종]기독교

신언용(申彦茸) SHIN Eon Yong

[생]1949·3·26 [본]평산(平山) [출]전남 영광 [주]서울 종로구 종로5길58 석탄회관빌딩8층 법무법인 케이씨엘(02-721-4242) [학]1969년 경기고졸 1974년 서울대 법학과졸 [경]1976년 사법시험 합격(18회) 1978년 사법연수원 수료(8기) 1978년 서울지검 검사 1980년 대전지검 서산지청 검사 1982년 부산지검 검사 1985년 인천지검 검사 1987년 대검찰청 검찰연구관 1990년 서울지검 남부지청 검사 1990년 전주지검 정주지청장 1991년 同부장검사 1993년 대검 전산관리담당관 1994년 광주지검 형사1부장 1995년 수원지검 형사1부장 1996년 서울지검 서부지청 형사2부장 1997년 同서부지청 형사1부장 1998년 同북부지청 형사1부장 1998년 대구지검 경주지청장 1999년 광주지검 차장검사 2000년 부산지검 제1차장검사 2001년 서울지검 의정부지청장 2002년 서울고검 송무부장 2002년 서울지검 동부지청장 2003년 서울고검 검사 2004년 부산고검 검사 2004년 법무법인 케이씨엘 고문변호사(현) [상]검찰총장표창, 국민포장, 홍조근정훈장 [종]기독교

신언주(申彦珠·女) Shin Eon Ju

[생]1962·11·10 [주]세종특별자치시 갈매로477 기획재정부 경영정보과(044-215-5650) [학]1981년 대전여고졸 1985년 성신여대 경영학과졸, 국방대학원졸 [경]1985~1989년 경제기획원 경제기획국 행정주사 1989~1994년 공정거래위원회 행정주사 1994~1998년 재정경제원 경제정책국 지역경제과·조사홍보과 행정사무관 1998년 재정경제부 경제정책국 인력개발과 교육·임금·유휴인력·근로자복지담당 사무관 1999년 同국민생활국 복지생활과 취약계층·환경담당 사무관, 국방대학원 파견 2002년 재정경제부 경제정책국 경제분석과 행정사무관 2003년 미디어윌 인사·기획실장(민간기업근무 휴직) 2006년 재정경제부 정책홍보관리실 홍보관리팀 서기관 2007년 대통령자문 정부혁신지방분권위원회 정책관리팀장 2008년 기획재정부 경쟁력전략과 서기관 2009년 同FTA국내대책본부 조사분석팀장 2011년 同무역협정국내대책본부 조사분석팀장 2012년 同무역협정국내대책본부 교육홍보팀장 2012년 국외 훈련 2014년 기획재정부 복권위원회사무처 발행관리과장 2016년 同공공정책국 경영정보과장(현) [상]부총리표창(1989), 대통령표창(1992)

신언항(申彦恒) SHIN On Han

[생]1946·8·4 [본]평산(平山) [출]황해 평산 [주]서울 중구 새문안로26 청양빌딩10층 중앙입양원 원장실(02-776-9680) [학]1964년 동인천고졸 1972년 성균관대 행정학과졸 1985년 연세대 보건대학원졸 1991년 영국 웨일즈대 대학원 경제학과졸 2007년 보건학박사(연세대) [경]1974년 행정고시 합격(16회) 1977년 보건사회부 기획관리실 근무 1979년 同의정과·지역의료과 근무 1982년 同기획예산담당관실 근무 1984년 국립보건원 교학과장 1985~1988년 서울올림픽조직위원회 의무지원과장 1991년 보건사회부 연금정책과장 1993년 同총무과장 1995년 駐미국대사관 보건복지참사관 1998년 보건복지부 기술협력관 1999년 同감사관 1999년 대통령 보건복지비서관 2001년 보건복지부 사회복지정책실장 2002~2003년 同차관 2003~2006년 건강보험심사평가원 원장 2003~2007년 연세대 보건대학원 객원교수 2007~2009년 건양대 보건복지대학원 병원관리학과 주임교수 2007~2009년 同보건복지대학원장 2007~2014년 보건산업최고경영자회의 공동회장 2009~2014년 한국실명예방재단(아이러브재단) 회장 2011년 법무법인 대세 상임고문 2013년 중앙입양원 원장(현) [상]보건사회부장관표창, 해리홀트상(2002), 황조근정훈장(2003) [종]기독교

신연석(申連錫) SHIN Yeun Suk

[생]1948·2·26 [본]평산(平山) [출]전남 완도 [학]1967년 광성고졸 1972년 고려대 행정학과졸 1989년 同행정대학원 수료 1993년 同언론대학원 수료 [경]1982년 연합통신 업무국 근무 1985년 同수원지사장 1988년 상공행정신문 대한종합뉴스 발행인 1988년 대한종합News 사장 1989년 경인매일 발행인 겸 편집인 1990년 同공동대표이사 1991년 同사장 1992년 同발행인 1997년 同회장 1998년 同대표이사 사장 2000~2004년 同대표이사 회장, 평화일보 상임고문, 한국신문 상임고문 [종]불교

신연수(申然琇·女) SHIN Yeonsu

[생]1965·1·12 [본]고령(高靈) [출]서울 [주]서울 종로구 청계천로1 동아일보 편집국(02-2020-0114) [학]1983년 신광여고졸 1989년 서울대 심리학과졸 [경]1990년 동아일보 문화부 기자 1999년 同편집국 기획팀 기자 2000년 同경제부 기자 2003년 同경제부 차장급 2005년 同경제부 차장 2007년 미국 오레곤대 연수 2008년 동아일보 편집국 정치부 차장 2008년 同편집국 인터넷뉴스팀장(부장급) 2009년 同편집국 산업부장 2011년 同편집국 부국장 2011년 채널A 보도본부 부본부장(부국장급) 2013년 동아일보 논설위원 2014년 관훈클럽 감사 2015년 동아일보 편집국 부국장 겸 청년드림센터장(현) [상]벤처기업대상 특별공로상(2010) [저]'한국 대기업의 리더들(共)'(2002, 김영사) '윤리 경영이 온다(共)'(2004, 동아일보)

신연철(申連澈) SHIN Yeon Cheol

[생]1957·8·15 [본]평산(平山) [출]전북 고창 [주]서울 영등포구 여의공원로101 (재)한국해양재단 사무총장실(02-741-5278) [학]2000년 한국방송통신대 경제학과졸 [경]1997년 해양수산부 해양정책실 해양개발과 근무 1999년 同안전관리관실 안전계획담당관실 근무 2000년 同해양정책국 연안계획과 근무 2002년 同기획관리실 행정관리담당관실 근무 2003년 同공보관실 근무 2005년 同해운물류본부 물류기획팀장 2007년 同해양정책국 연안계획과장 2007년 同해양정책본부 연안계획팀장 2008년 국토해양부 울산지방해양항만청장 2010년 同해양교통시설과장 2011년 同물류항만실 항만운영과장 2012년 同물류항만실 항만운영과장(부이사관) 2012년 同허베이스피리트피해지원단 지원총괄팀장 2013년 해양수산부 허베이스트리트피해지원단 부단장 2014년 同국립해양생물자원관 건립추진기획단장(고위공무원) 2015년 (재)한국해양재단 사무총장(현) [상]대통령표창(2004), 국무총리표창(2001) [저]'공유수면의 이해'(2001) [종]불교

신연희(申燕姬·女) Shin,Yeon Hee

[생]1948·1·8 [주]서울 강남구 학동로426 강남구청 구청장실(02-3423-5003) [학]1974년 고려대 법과대학 행정학과졸 1995년 서울시립대 대학원 도시행정학과졸 2004년 행정학박사(서울시립대) [경]1973년 서울시 종로구 사회복지과 주사보 1984년 인천시 부녀청소년과장 1989년 서울시 가정복지계장 1996년 同여성개발담당관 2001년 同회계과장 2002년 同강북구 부구청장 2004년 同행정국장 2006~2007년 同복지여성정책보좌관 겸 여성가족정책관, 대한노인회중앙회 사무총장 2010년 서울시 강남구청장(한나라당·새누리당) 2010~2011년 서울시구청장협의회 동남권 부회장 2014년 서울시 강남구청장(새누리당)(현) [상]의정행정대상 기초단체장부문(2010)

신열우(申悅雨) SHIN Yeol Woo

[생]1960·9·25 [출]경남 진주 [주]세종특별자치시 정부2청사로 13 국민안전처 운영지원과(044-205-1254) [학]진주고졸, 경희대졸, 부경대 대학원졸, 기계공학박사(부경대) [경]1990년 부산북부소방서 방호계장 1995년 부산사하소방서 방호계장 1996년 중앙119구조대 기술지원팀장 2002년 월드컵생화학테러대응팀 팀장 2003년 행정자치부 의무소방계장 2004년 경남도 소방본부 방호구조과장 2005년 밀양소방서장 2007년 함안소방서장 2008년 경북도 소방학교장 2010년 소방방재청 소방제도과 예방기획총괄, 국무총리실 안전환경정책관실 파견 2011년 소방방재청 소방제도과장(소방준감) 2012년 대통령 행정자치비서관실 행정관 2012년 경남도 소방본부장 2014년 소방방재청 방호조사과장 2014년 국민안전처 중앙소방본부 방호조사과장 2015년 同중앙소방본부 119구조구급국장(소방감) 2016년 국방대 교육훈련 파견(현) [상]내무부장관표창(1989), 부산시장표창(1995), 행정자치부장관표창(1999), 대통령표창(2002), 홍조근정훈장(2012)

신영국(申榮國) SHIN Yung Kook

[생]1943·10·15 [본]평산(平山) [출]경북 문경 [주]경북 문경시 호계면 대학길161 문경대학교 총장실(054-559-1114) [학]1963년 동양공고졸 1967년 명지대 경영학과졸 1973년 연세대 경영대학원졸 1992년 경영학박사(명지대) [경]1968년 무역사시험·통관업甲종시험 합격 1972년 한국무역연구센터 대표 1975년 연세대 대학원 강사 1975년 (주)정공사 대표이사 1976년 대한상공회의소 상담역 1976년 금속공작기계협회 회장 1978년 (주)남북 대표이사 1980년 한국무역사협회 회장 1988년 제13대 국회의원(점촌·문경, 통일민주당·민자당) 1988년 통일민주당 대외협력위원회 부위원장 1990년 민자당 점촌·문경지구당 위원장 1990년 同제2정책조정실 부실장 1998년 한나라당 문경·예천지구당 위원장 1998년 제15대 국회의원(문경·예천 보궐선거, 한나라당) 1998년 한나라당 정책위원회 산업자원위원장 2000~2004년 제16대 국회의원(문경·예천, 한나라당) 2001년 국회 미래전략특위 위원장 2002~2004년 국회 건설교통위원장 2009년 문경대 총장(현) [종]천주교

신영권(申榮權) SHIN Young Kwan

[생]1958·6·3 [본]평산(平山) [출]전북 군산 [주]경북 포항시 남구 동해안로6213번길20 포항스틸러스 비서실(054-282-2021) [학]군산고졸, 전북대 행정학과졸, 한국과학기술원(KAIST) 경영학과 MBA(석사) [경]1982년 (주)포스코 입사, 同마케팅총괄팀장, 同냉연판매실장 2007년 포스틸 상무대우 2008년 同상무 2009년 (주)포스코 냉연마케팅실장(상무) 2010년 (주)대우인터내셔널 경영기획총괄임원(전무) 2012년 同영업1부문장(부사장) 2014년 (주)포스코 P&S 대표이사 사장 2015년 포항스틸러스 대표이사 사장(현) [종]기독교

신영균(申榮均) SHIN Young Kyun (平洲)

[생]1928·11·6 [본]평산(平山) [출]황해 평산 [주]서울 중구 명동7길13 증권빌딩 (주)한주홀딩스코리아 임원실(02-777-0700) [학]1948년 한성고졸 1955년 서울대 치대졸 1993년 고려대 언론대학원 최고위정책과정 수료 1995년 동국대 문화예술대학원 수료 1996년 연세대 언론홍보대학원 최고위정책과정 수료 2011년 명예 문학박사(서강대) [경]1958년 해군 군의관 1958년 동남치과 원장 1968년 한국영화배우협회 회장 1973년 한주홀딩스코리아 설립 및 대표이사 1979년 한국영화인협회 이사장 1981~1984년 한국예술문화단체총연합회 회장 1981년 (재)신영예술문화재단 이사장 1983년 (사)문화예술인의료보험조합 이사장 1983년 독립기념관설립추진위원회 이사 1988년 서울올림픽조직위원회 위원 1991년 월드컵유치위원회 유치위원 1992년 서울대총동창회 부회장 1992년 한성고총동문회 회장 1992년 서울방송 이사 겸 SBS프로덕션 회장 1996년 제15대 국회의원(전국구, 신한국당·한나라당) 2000년 제16대 국회의원(전국구, 한나라당) 2000년 한·일의원연맹 상임고문 2001년 (사)한국영화인총연합회 명예회장(현) 2002년 제주국제자유도시방송(JIBS) 명예회장(현) 2008년 한나라당 상임고문 2009년 전국지역민영방송협회 회장단협의체 회장(현) 2009~2013년 국민원로회의 위원 2009년 한주홀딩스코리아 명예회장(현) 2011년 통일연구원 고문(현) 2012년 새누리당 상임고문(현) [상]대종상 남우주연상(1962·1963·1965), 아시아영화제 남우주연상(1962·1964), 부일영화상 남우주연상(1963·1967), 청룡영화상 인기스타상(1964·1965·1966·1967·1968·1969·1970), 청룡영화상 남우주연상(1966·1968·1973), 백상예술대상 영화부문 최우수연기상(1966·1969), 영화의날 공로상(1969), 백상예술대상 영화부문 애독자인기상(1972), 서울시문화상(1979), 국민훈장 동백장(1987), 제44

회 대종상영화제 공로상(2007), 제7회 대한민국영화대상 공로상(2008), 제47회 대종상영화제 특별상(2010), 제11회 대한민국 국회대상 공로상(2010), 한국영화평론가협회 공로영화인상(2010), 잡지의날 올해의인물상(2010), 대한민국대중문화예술상 은관문화훈장(2011), 미국 경제전문지 포브스 선정 '아시아의 기부 영웅'(2013) [저]'문화를 알면 미래가 보인다'(1999) [작]출연 '연산군' '마부' '빨간 마후라' '임꺽정' '미워도 다시 한번' 등 294편 [종]기독교

신영균

[생]1967 · 7 [출]서울 [주]서울 영등포구 의사당대로97 교보증권 국제금융본부(02-3771-9000) [학]영신포고졸, 단국대졸 [경]삼성증권 근무, 제일증권 근무, 교보증권 지점장, 同제2지역본부장, 同국제금융본부장(상무)(현)

신영기(辛榮基) SHIN Young Gi (佳山)

[생]1957 · 3 · 7 [본]영산(靈山) [출]경남 밀양 [주]부산 남구 문현금융로40 부산국제금융센터 한국남부발전(주)(070-7713-8026) [학]1975년 경남고졸 1980년 성균관대 행정학과졸 1984년 서울대 행정대학원졸 [경]1979년 행정고시 합격(23회) 1980년 수습행정사무관 1981~1993년 서울시 투자관리담당관실 · 공무원교육원 · 보건사회국 행정사무관 1993년 同서울정도600년사업담당관(서기관) 1994년 대통령비서실 의전행정관 1997년 국무총리행정조정실 제3행정조정관실 서기관 1998년 국무총리국무조정실 교육문화심의관실 서기관 2000년 同안전관리개선기획단 파견 2002년 同일반행정심의관실 행정자치과장(부이사관) 2004년 同복권위원회 복권정책심의관 2004년 국무총리 민정1비서관 · 민정2비서관 2005년 국무총리국무조정실 제주특별자치도추진기획단 기획총괄국장(이사관) 2006년 국방대학원 파견 2007년 국무총리국무조정실 용산민족역사공원건립추진단 기획조정부장 2008년 국무총리실 제주특별자치도위원회사무처 총괄기획관 2009년 同규제개혁실 규제개혁정책관 2010년 국무총리 총무비서관 2011~2014년 국민권익위원회 상임위원 2015년 한국남부발전(주) 감사자문위원회 위원(현) 2015년 이지웰페어(주) 사외이사(현), 법무법인 밝음 고문(현) [상]서울시장표창(1986), 대통령표창(1991), 대통령비서실장표창(1995), 녹조근정훈장(2002), 한국한센총연합회 감사패(2014), 홍조근정훈장(2014)

신영기(辛英基) SHIN YOUNG KI

[생]1962 · 5 · 10 [출]부산 [주]경기 성남시 분당구 대왕판교로660 유스페이스A동603호 KG케미칼(주) 임원실(02-2680-4109) [학]1980년 유신고졸 1988년 서울대 국제경제학과졸 [경]1988~2000년 삼성물산(주) 국제금융팀장 2000~2002년 외환코메르쯔투신 국제영업부장 2003~2010년 삼성카드(주) 재무기획팀장 · 영업기획팀장 2011~2012년 同자금담당 상무 2013년 KG케미칼(주) 대표이사 부사장 2015년 同대표이사 사장(현) [종]기독교

신영기(申英基) Shin Young Gy

[생]1963 · 4 · 6 [본]청산(靑山) [출]서울 [주]서울 광진구 능동로209 세종대학교 공과대학 기계항공우주공학부(02-3408-3284) [학]1981년 서울 양정고졸 1985년 서울대 기계공학과졸 1987년 同대학원 기계공학과졸 1996년 기계공학박사(미국 매사추세츠공대) [경]1986~1987년 기아자동차 중앙연구소 연구원 1987~1992년 현대자동차 담임연구원 1992년 미국 매사추세츠공대 Sloan Automotive Lab. 연구조교 1996년 同Sloan Automotive Lab. 박사후연구원 1998년 KIAST 열유동제어센터 박사후연구원 1999년 세종대 공과대학 기계공학과 부교수 · 교수, 同기계항공우주공학부 기계공학전공 교수(현) 2004~2006년 에너지관리공단 심의위원 2007~2009년 세종대 입학처장 2015년 同공과대학장(현)

신영목(申榮睦) Shin, Young Mok

[생]1958 · 12 · 16 [본]평산(平山) [출]인천 [주]인천 중구 신포로27번길80 중구청 도시관리국(032-760-7024) [학]1987년 인하대 토목공학과졸 [경]2012~2013년 인천시 지역개발과 경인직선화팀장 2013년 인천경제자유구역청 영종청라개발과 영종계획팀장 2014년 同개발계획총괄과 개발전략팀장 2016년 同송도기반과장 2016년 인천 중구청 도시관리국장(현)

신영무(辛永茂) SHIN Young Moo

[생]1944 · 3 · 22 [출]충남 당진 [주]서울 강남구 영동대로416 KT&G타워8층 법률사무소 신&박(02-6207-1145) [학]1963년 서울고졸 1967년 서울대 법대졸 1970년 同사법대학원졸 1976년 미국 예일대 법과대학원 법학과졸 1978년 법학박사(미국 예일대) [경]1968년 사법시험 합격(9회) 1970년 軍법무관(대위 예편) 1973년 대전지법 판사 1974년 同홍성지원 판사 1974년 충남대 법경대학 강사 1975년 변호사 개업 · 미국 쿠데르브라더스로펌 변호사 1980년 미국 New York주 변호사시험 합격, 미국 New York주 변호사회 및 미국연방변호사회 가입 1980~2010년 법무법인 세종 대표변호사 1981년 고려대 경영대학원 강사 1996년 공정거래위원회 비상임위원 1998년 현대자동차 · 한일은행 · LG화재해상보험 사외이사 1999년 일신방직 사외이사 1999년 한국중재인협회 부회장 1999~2000년 국무총리 정책자문위원 2004년 한미재계회의 위원(현) 2006년 KT&G 경영자문위원회 위원 2007년 환태평양변호사협회(IPBA) 한국위원회 회장 2008~2010년 사회복지공동모금회 이사 겸 인사위원장 2009년 대한변호사협회 연수원장 2009년 서울대 법학전문대학원 겸임교수 2009년 삼성꿈장학재단 이사(현) 2010~2013년 법무법인 세종 고문변호사 2011년 대한변호사협회 인권재단 이사 2011~2013년 同회장 2012년 (사)통일을생각하는사람들의모임 공동대표 2013~2014년 서울대법과대학동창회 회장 2013~2015년 서울국제중재센터(Seoul IDRC) 초대 이사장 2013~2014년 환태평양변호사회(IPBA) 회장 2014년 법률사무소 신&박 대표변호사(현) 2014년 바른사회운동연합 창립 · 상임대표(현) 2014~2016년 한국학중앙연구원 비상임감사 2016년 일신방직 사외이사(현) [상]2004 아시아지역딜상 주식발행 · 기업인수합병 · 구조조정부문(2005), 2010 자랑스러운 서울인상(2011), 국민훈장 무궁화장(2014) [저]'Securities Regulations in Korea Regulations of Takeover Bids, Regulations of Disclosure-and Insider Trading in Korea' '증권거래법' [종]기독교

신영석(申榮錫) SHIN Young Seuk (昔嘉)

[생]1937 · 9 · 15 [본]평산(平山) [출]충남 서천 [주]서울 은평구 응암로373 역촌빌딩3층 (사)평화문제연구소(02-358-0612) [학]1959년 중앙대 정치외교학과졸 1981년 동국대 행정대학원졸 1988년 명예 법학박사(미국 버나딘대) 1999년 명예 정치학박사(러시아 모스크바대) [경]1971~1975년 한국정책연구회 연구위원 1975~1995년 경찰종합학교 · 경찰대 외래교수 1976~1983년 통일원 상임연구위원 1981년 민주평통 상임위원 1983~2002년 (사)평화문제연구소장 1983년 월간 '통일한국' 발행인(현) 1994년 학술지 '통일문제연구' 발행인(현) 1994년 중국 연변대 명예교수(현) 1994~1998년 민주평통 사회복지분과위원장 · 이념제도분과위원장 · 인권특위 위원장 1995년 중국 길림성사회과학대 석좌연구원 2000년 통일문제연구협의회 공동의장 2002년 통일교육협의회 공동의장 2002~2013년 (사)평화문제연구소 부이사장 2009년 통일교육협의회 상임고문(현) 2013년 (사)평화문제연구소 이사장(현) [상]대통령표창(1984), 국민훈장 석류장(1985), 국민훈장 모란장(2005) [저]'북한 오늘과 내일' '변화된 세계 새로운 통일론' '기다리는 통일 준비하는 통일' '재외동포 청소년의 통일교육'(共) '통일한국을 위한 설계' '통일북한 핸드북'(共) [종]기독교

신영선(辛榮善) SHIN Young Son

[생]1961 · 10 · 7 [출]서울 [주]세종특별자치시 다솜3로95 공정거래위원회 사무처(044-200-4180) [학]우신고졸 1984년 서울대 경영학과졸 1994년 영국 리버풀대 대학원 경제학과졸 [경]1987년 행정고시 합격(31회) 1996년 공정거래위원회 독점국 기업결합과 서기관 1997년 同정책국 제도개선과 서기관 1999년 同기업집단과 서기관 1999년 同소비자기획과 서기관 2000년 同총괄정책과 서기관 2001년 국무조정실 파견 2002년 공정거래위원회 심판관리2담당관 2003년 同국제기구과장 2004년 駐OECD대표부 경쟁협력관 2007년 공정거래위원회 시장분석본부 시장분석팀장 2008년 同경쟁정책총괄과장 2009년 同시장구조개선정책관 2011년 同시장감시국장(고위공무원) 2012년 同경쟁정책국장 2013년 제18대 대통령직인수위원회 경제1분과 전문위원 2014년 공정거래위원회 사무처장(현)

신영성(申永成) Shin, Young Seong

[생]1959 · 3 · 4 [본]평산(平山) [출]서울 [주]서울 종로구 김상옥로17 대호흥산빌딩본관310호 (사)한국다문화연대(02-742-6901) [학]1977년 서울 세종고졸 1981년 경희대 서양화과졸 1987년 홍익대 대학원 서양화과졸 [경]화가(현) 1997~2006년 경희대 부설 현대미술연구소 연구원 1999~2006년 (사)한국민속연구소 연구위원 2004~2005년 (주)재외동포신문사 편집위원 2005년 경희대 국제교육원 겸임교수(현) 2008년 (사)한국다문화연대 이사장 2014년 同명예이사장(현) [저]'현대미술의 기초개념(共)'(1995, 재원출판사) [작]개인전 12회 및 150여 회 기획 및 초대전 [종]기독교

신영수(申英秀) SHIN Young Soo

[생]1943·10·15 [출]부산 [학]1963년 경기고졸 1969년 서울대 의대졸 1971년 同보건대학원졸 1977년 보건학박사(미국 예일대) [경]1976년 미국 예일대 사회정책연구소 보건정책담당 연구원 1978~1989년 서울대 의대 조교수·부교수 1979년 同부속병원 기획관리실장 1986년 同부속병원 기획조정실장 1989~2002·2003년 同의대 의료관리학교실 교수 1992~1999년 한국의료관리연구원 원장 1995년 세계보건기구 집행이사회 집행이사 1995년 국가과학기술 자문위원 1996년 의료개혁위원회 제2분과위원장 1998년 의료보험통합추진기획단 제3분과위원장 2002~2003년 건강보험심사평가원 원장 2009·2013년 세계보건기구(WHO) 서태평양지역(WPRO) 사무처장(현) 2010년 서울대 의과대학 의료관리학교실 명예교수(현) [상]국민훈장 모란장, 대한보건협회 보건대상(2010), 국민훈장 무궁화장(2015) [저]'지역사회 의학' '의료 좀 더 알아둡시다' '의학연구방법론'

신영수(申榮洙) SHIN Young Soo

[생]1951·12·24 [본]평산(平山) [출]충북 영동 [주]서울 영등포구 국회대로70길18 한양빌딩 새누리당(02-3786-3000) [학]1970년 경기고졸 1974년 서울대 법과대학 행정학과졸 1985년 건국대 행정대학원 부동산학과졸 2007년 경원대 대학원 법학 박사과정 수료 [경]1978년 현대건설(주) 기획실 근무 1988년 同개발사업부장 1990~1992년 명지대·신구전문대학 강사 1993년 문화일보 판매부국장 1995년 同사업국장 직대 1996년 同광고국 부국장 1997~1999년 同기획관리국장 1999~2001년 현대건설(주) 상무 2002년 성남시시민화합협의회 부회장 2002년 성남시웅변인협회 이사장, 성남시재개발범시민대책위원회 대표, 성남시발전연합 상임대표(현), 정을심는 복지회 이사장, 신사회공동선운동연합 사무총장 2007년 제17대 대통령직인수위원회 경제2분과 자문위원 2008~2012년 제18대 국회의원(성남 수정, 한나라당·새누리당) 2008년 국회 국토해양위원회 위원 2008년 한나라당 경기도당 상임부위원장 2008년 한·중친선협회 지도위원, 한나라당 예산결산특별위원회 위원, 한·우주베키스탄의원협회 이사, 한·루마니아의원협회 부회장 2009년 한나라당 대외협력위원장 2010년 국회 환경노동위원회 간사 2011~2012년 국회 국토해양위원회 위원 2012년 제19대 국회의원선거 출마(성남 수정, 새누리당) 2012~2014년 새누리당 성남수정당원협의회 위원장 2014년 경기 성남시장선거 출마(새누리당) 2014년 새누리당 창조미래로포럼 상임대표(현) 2014년 同경기도당 상임부위원장 2015년 (사)도시재생포럼 공동대표(현) 2016년 새누리당 경기도당 자문위원(현) [상]대한민국 건설문화대상 의정부문(2009), 의정행정대상 국회의원부문(2010) [저]'부동산공법 사례해설집(共)'(1988) '성남시 현실과 시민의식'(1990)

신영수(申永洙) SHIN Young Soo

[생]1956·8·3 [출]광주 [주]서울 서초구 마방로68 동원홈푸드 사장실(02-589-6200) [학]1975년 숭일고졸 1980년 조선대 외국어교육학과졸 [경](주)동원F&B 유통사업부장(상무) 2005년 同영업본부장 겸 유통사업부장(상무) 2007년 삼조쎌텍(주) 대표이사 사장 2012년 동원홈푸드 대표이사 사장 2014년 삼조쎌텍(주) 대표이사 사장 2014년 동원홈푸드 대표이사 사장(현)

신영숙(申英淑·女)

[생]1968 [주]세종특별자치시 절재로180 인사혁신처 공무원노사협력관실(044-201-8016) [학]고려대 영어영문학과졸 [경]행정고시 합격(37회), 행정안전부 연금복지과장, 안전행정부 성과급여기획과장, 인사혁신처 운영지원과장 2015년 同인사조직과장 2016년 同공무원노사협력관(국장급)(현)

신영식(辛榮埴)

[생]1961 [주]경남 창원시 의창구 창이대로500 경남도선거관리위원회 관리과(055-212-0700) [학]경상대 행정대학원졸 [경]1999년 부산시 사하구선거관리위원회 관리담당관(행정사무관) 2001년 경남 산청군선거관리위원회 사무과장 2005년 경남 진주시선거관리위원회 사무국장(서기관) 2008년 경남도선거관리위원회 지도과장 2011년 창원시 진해구선거관리위원회 사무국장 2013년 경남도선거관리위원회 홍보과장·관리과장(서기관) 2015년 同관리과장(부이사관)(현)

신영식(申英植) SHIN Young Sik

[생]1968·11·30 [출]서울 [주]서울 서초구 반포대로157 대검찰청 과학수사부 디지털수사과(02-3480-2480) [학]1987년 상문고졸 1992년 연세대 경영학과졸 [경]1997년 사법시험 합격(39회) 2000년 사법연수원 수료(29기) 2000년 서울지검 동부지청 검사 2002년 춘천지검 원주지청 검사 2003년 부산지검 검사 2005년 수원지검 성남지청 검사 2007년 법무부 범죄예방기획과 검사 2009년 서울중앙지검 검사 2013년 대전지검 부부장검사(증권범죄합수단 파견) 2014년 인천지검 부천지청 부부장검사(금융감독원 파견) 2015년 대구지검 상주지청장 2016년 대검찰청 디지털수사과장(현)

신영옥(申英玉·女) Youngok Shin

[생]1960·6·10 [출]서울 [학]선화예고졸 1986년 미국 줄리어드음대졸 1988년 同대학원졸 [경]성악가(현), KBS어린이합창단 단원, 리틀엔젤레스 단원 1991년 '리골레토'의 질다役으로 메트로폴리탄 오페라극장 데뷔·피가로의 결혼 등 공연 1994년 메트로폴리탄 오페라 리골레토 공연 1997년 신영옥장학회 설립 [상]동아음악콩쿠르 입상(1978), 쿠세비츠키콩쿠르 입상(1990), 메트로폴리탄오페라콩쿠르 우승(1990), 콜로렐레콩쿠르 입상, 로젠자카리아티스트콩쿠르 입상, 운경상(2000), 대한민국오페라대상 이인선상(2012) [저]'소프라노 신영옥의 꿈꾼후에(共)'(2009, 휘즈프레스) [작]오페라 'Bianca e Fernando'(1991) 벨 칸토 아리아집 'Vocalise'(1995) 성가곡집 'Ave Maria'(1996) 예술가곡집 'A Dream'(1997) 크로스오버음반 'My Romance'(1998) 찬송가집 'Sacred Songs'(2000) 캐롤앨범 'White Christmas'(2001) 'My Songs'(2003) 'Chansons d'Amour'(2004) 'Love Duets'(2006) 영화음악앨범 'Cinematique'(2008) 드라마OST '천추태후'(2009) 한국 가곡집 '내마음의 노래'(2009) 찬송가집 '사랑과 평화'(2010) '고난과 승리'(2012) '베스트 앨범 My Story'(2012) 'Mystique'(2015)

신영은(申榮殷) SHIN Young Un

[생]1950·5·16 [출]경기 안산 [주]인천 남동구 정각로29 인천광역시의회(032-440-6032) [학]1972년 선인고졸, 인천전문대 토목과졸, 호원대 부동산건설개발학과졸 1998년 인하대 경영대학원 수료 2000년 인천대 행정대학원 수료, 인하대 정책대학원 사회복지학과졸 [경]1987년 옹진토건중기 대표, 상명학원(인명여고) 이사(현), 인천녹색연합 자문위원, 한나라당 인천시남동甲지구당 부위원장 2000·2002·2006~2010년 인천시의회 의원(한나라당) 2002년 同건설위원장 2004~2006년 同부의장 2014년 인천시의회 의원(새누리당)(현) 2014년 同기획행정위원회 위원 2016년 同교육위원회 위원(현) [상]인천남부경찰서장표창, 문교부장관감사장, 경기도지사표창, 인천시장표창, 제2회 매니페스토약속대상 광역지방의원부문(2010) [종]천주교

신영의(辛永議) SHIN Young Eui

[생]1956·11·23 [본]영산(靈山) [출]부산 [주]서울 동작구 흑석로84 중앙대학교 기계공학부(02-820-5315) [학]1982년 중앙대 기계공학과졸 1985년 일본 니혼대 대학원 정밀기계공학과졸 1992년 용접공학박사(일본 오사카대) [경]1985~1987년 대우중공업 기술연구소 연구원 1992~1994년 삼성전자 반도체연구소 수석연구원 1994년 한국전기전자재료학회 정회원(현) 1994년 한국열처리학회 정회원(현) 1994년 중앙대 기계설계학과 조교수 1995년 대한기계학회 정회원(현) 1995년 일본용접학회 정회원(현) 1997년 중앙대 기계공학부 부교수·교수(현) 1998~2001년 특허청 변리사자문위원 1998~2001년 과학재단 마이크로접합연구위원회 위원장 2000년 한국마이크로전자및패키징학회 정회원(현) 2000년 한국산업기술평가원 심의위원(현) 2001년 한국기술표준원 심의위원(현) 2001년 SMT표면실장기술 자문위원(현) 2001년 한국마이크로조이닝연구조합 회장·이사장 2002~2003년 미국 Ohio State Univ. Visiting Professor 2003년 중앙대 기계공학부 학부장 2009~2012년 同공과대학 융합기술연구소장 2011년 한국산업기술협회 회장(현) [상]일본용접학회논문상(1993), 대한용접학회논문상(1999) [저]'용접 및 접합 편람' '솔더링기술 실무' '내열강 용접과 열처리' [역]'마이크로솔더링의 기초' [종]기독교

신영자(辛英子·女) SHIN Young Ja

[생]1942·10·16 [출]서울 [주]서울 중구 남대문로81 롯데빌딩24층 롯데장학재단(02-776-6723) [학]1960년 부산여고졸 1964년 이화여대 가정학과졸 [경](주)선학알미늄 이사, 롯데물산(주) 이사, 롯데백화점 상무, 롯데쇼핑 상품본부장(부사장) 1973~2016년 호텔롯데 등기이사 1988~2008년 롯데쇼핑 총괄부사장 1997년 롯데백화점 총괄부사장 1998~2016년 부산롯데호텔 등기이사

2007년 롯데면세점 부사장 2008년 同사장 2008~2012년 롯데쇼핑(주) 사장 2009년 롯데삼동복지재단 이사장(현) 2012년 롯데장학재단 이사장 겸 롯데복지재단 이사장(현)

신영재(申榮在) SHIN Young Jae (東隱)

생1965·6·21 본평산(平山) 출강원 홍천 주강원 춘천시 중앙로1 강원도의회(033-256-8035) 학홍천고졸, 고려사이버대졸, 강원대 행정대학원 행정학 석사과정 수료 경2006·2010~2014년 강원 홍천군의회 의원(한나라당·새누리당), 민주평통 자문위원 2009년 새마을문고중앙회 홍천군지부 회장, 대한적십자사 강원도지사 대의원, 대한궁도협회 강원도지부 이사, 홍천군노인복지관 운영위원장(현), 홍천군새마을회 이사(현) 2014년 강원도의회 의원(새누리당)(현) 2014년 同기획행정위원회 위원 2015년 同예산결산특별위원회 위원장 2016년 同새누리당 원내총무(현) 2016년 同강원도산업경제진흥원장 인사청문특별위원회 부위원장 2016년 同운영위원회 위원(현) 종천주교

신영조(辛英朝) SHIN Young Jo

생1943·9·26 출서울 주서울 성동구 왕십리로222 한양대학교(02-2220-1230) 학1970년 한양대 성악과졸 1975년 독일 뮌헨(Munchen)대 대학원 성악 및 오페라학과졸, 이탈리아 Roma St. Cecilia Konservatory 수학 경1975년 오페라 로미오와 줄리엣-로미오역 공연 1975~1988년 한양대 음대 성악과 전임강사·조교수·부교수 1976년 신영조 귀국 독창회(국립극장) 공연 1977년 국립오페라단 단원 1982년 신영조 독창회(국립극장) 공연 1987년 신영조 리사이틀(세종문화회관) 공연 1989~2009년 한양대 음대 성악과 교수 1990년 신영조 독창회(국립극장) 공연 1991년 오페라 메시아(호암아트홀) 공연 1995년 한강오페라단 10인가곡의 밤(예술의 전당 콘서트홀) 공연 1995년 솔리스트앙상블 정기공연(세종문화회관 대강당) 공연 1995년 광복50주년 및 국립오페라단 창단33주년 기념오페라 축제(국립극장 대극장) 공연 1996년 제11회 신춘가곡의 향연(세종문화회관 대강당) 공연 1996년 테너 신영조 독창회(세종문화회관 대강당) 공연 1996년 세계환경의날 기념 환경음악제(예술의전당 콘서트홀) 공연 1996년 가곡과 아리아의 밤(세종문화회관 대강당) 공연 1996년 김연준 가곡에 의한 자선음악의 밤(세종문화회관 대강당) 공연 1996년 MBC 가을맞이 가곡의 밤(세종문화회관 대강당) 1996년 제7회 한국가곡제(세종문화회관 대강당) 공연 1996년 글로리아합창단 정기공연(KBS홀) 공연 1997년 시각장애인 돕기 음악회(예술의전당 오페라극장) 공연 1997년 제8회 한국가곡제(세종문화회관 대강당) 공연 1997년 솔리스트앙상블 제14회 정기연주회(세종문화회관 대강당) 공연 1998년 경기도립팝스오케스트라 신춘가곡의 밤(예술의전당 콘서트홀) 공연 1998년 갈라콘서트(예술의전당 콘서트홀) 공연 1999년 제14회 신춘가곡의 향연(세종문화회관 대강당) 공연 2009년 한양대 명예교수(현) 상한국음악평론가협회 음악상, 한국음악상, Brazil Rio de Janeiro 국제음악콩쿨 입상

신영철(申暎澈) SHIN Young Chul

생1954·1·15 본평산(平山) 출충남 공주 주서울 중구 남대문로63 한진빌딩 법무법인 광장(02-6386-6610) 학1972년 대전고졸 1976년 서울대 법대졸 1987년 미국 조지타운대 법학전문대학원 비교법학과졸(LL.M.) 1976년 사법시험 합격(18회) 1978년 사법연수원 수료(8기) 1978년 공군 법무관 1981년 서울지법 남부지원 판사 1983년 서울민사지법 판사 1985년 대구지법 판사 1987년 미국 조지타운대 연수 1987년 청주지법 영동지원장 1988년 법원행정처 송무심의관 1989년 서울고법 판사 1991년 대법원 재판연구관 1992년 청주지법 부장판사 1995년 사법연수원 교수 1998년 서울지법 부장판사 2000년 대전고법 부장판사 겸 대전지법 수석부장판사 직대 2001~2005년 서울고법 부장판사 2001~2003년 대법원장 비서실장 겸임 2005년 서울중앙지법 형사수석부장판사 2006년 수원지법원장 2008~2009년 서울중앙지법원장 2008년 서울시선거관리위원회 위원장 겸임 2009~2015년 대법원 대법관 2015~2016년 단국대 법과대학 석좌교수 2016년 법무법인 광장 변호사(현) 상청조근정훈장(2015) 전'주석 민사소송법'(共) '주석 강제집행법'(共)

신영철(申永澈) SHIN YOUNG CHUL

생1955·2·28 본평산(平山) 출대구 주경기 용인시 처인구 명지로116 명지대학교 체육학부(031-330-6290) 학1974년 경신고졸 1983년 중앙대 신문방송학과졸 1989년 고려대 정책과학대학원 신문방송학과졸 2006년 서강대 경제대학원 Opinion Leaders Program 수료 2010년 스포츠경영학박사(국민대) 경1979년 체신부 근무 1982년 한국통신 근무 1992년 SK 입사 1996년 SK텔레콤(주) 인력개발원 EMD 교육파견 1997년 同홍보팀장 2000년 同홍보실 상무 2002~2005년 同홍보실장 2005~2012년 프로야구 SK와이번스 대표이사 사장 2005~2007

년 SK텔레콤(주) 스포츠단장·SK Knights 프로농구단장·SK T1프로게임단장 겸임 2005~2007년 한국펜싱협회 부회장 2010년 한국스포츠산업·경영학회 부회장(현) 2011년 명지대 체육학부 초빙교수(현) 2016년 월드투게더 상임이사(현) 상대통령표창(2002), 매일경제 광고대상(2002), 국무총리표창(2004·2011), 스포츠서울 올해의상 특별상(2007), 한국PR협회 올해의 PR인(2007), 대한민국 스포츠산업대상 최우수상(2007), 조아제약 프로야구대상 프런트상(2012), 교육과학기술부장관표창(2012) 전'틀을 깨는 야구 경영'(共)(2011)

신영철(申英澈) SHIN Young Chul

생1957·6·5 본고령(高靈) 출충북 주서울 종로구 세종대로209 경제사회발전노사정위원회(02-2100-1002) 학1974년 청주고졸 1981년 성균관대 행정학과졸 경1980년 행정고시 합격(24회) 1981년 총무처 행정사무관시보 1982~1993년 노동부 행정사무관 1993년 대전지방노동청 관리과장 1994년 노동부 고용보험과장 1995년 同총무과장 1999년 同안전정책과장 2001년 해외 훈련(미국 FMCS) 2002년 경기지방노동위원회 위원장 2004년 노동부 고용정책심의관 2005년 보건복지부 사회복지정책실 기초생활보장심의관 2005년 同저출산고령사회정책본부 인구아동정책관 2006년 노동부 고용정책본부 직업능력개발심의관 2007년 국방대 파견 2008~2010년 노동부 고용정책실장 2010~2013년 근로복지공단 이사장 2014~2016년 롯데하이마트 사외이사 2016년 대통령소속 경제사회발전노사정위원회 상임위원(현) 상대통령표창, 홍조근정포장 종기독교

신영철(申英哲) Shin Young Cheol

생1964·3·14 주경기 수원시 장안구 경수대로893 수원실내체육관 수원 한국전력 빅스톰(031-240-2706) 학경북사대부고졸, 경기대졸, 同대학원졸, 박사(경기대) 경1988~1996년 한국전력공사 배구단 소속 1996~1999년 삼성화재 배구단 플레잉 코치 1996~2002년 배구 국가대표팀 코치 1999~2004년 삼성화재 배구단 코치 2004~2007년 LIG손해보험 그레이터스 감독 2009~2010년 대한항공 점보스 코치 2010~2013년 同감독 2013년 수원 한국전력 빅스톰 감독(현) 2016년 프로배구 V리그 남자부 정규리그 우승

신영한(申榮翰) SIN Young Han

생1956·6·2 본평산(平山) 출울산 울주 주울산 남구 두왕로337 성곡빌딩2층 신울산일보 사장실 경동남일보 기자, 경남일보 기자, 울산일보 사회부장, 울산시 울주군체육회 이사 2006년 울산시의원 출마(무소속) 2006년 울산신문 정경부장 2007년 同편집부국장 2008년 同광고사업국장 2011년 신울산일보 대표이사 사장(현)

신영호(申榮鎬) SHIN Young Ho

생1953·8·19 출인천 강화 주서울 성북구 안암로145 고려대학교 법과대학(02-3290-1893) 학1972년 성남고졸 1977년 고려대 법학과졸 1979년 同대학원 법학과졸 1987년 법학박사(고려대) 경1981~1989년 동아대 법대 전임강사·조교수 1989~1997년 단국대 법대 조교수·부교수·교수 1997년 고려대 법과대학 부교수·교수(현) 2006~2007년 同법학연구원장, 한일법학회 부회장, 한국가족법학회 부회장, 북한법연구회 부회장(현), 대법원 사법등기제도개선위원회 위원(현) 2013~2015년 고려대 법과대학장·법무대학원장·법학전문대학원장 겸임 2013년 한일법학회 회장 2014년 한국가족법학회 회장·명예회장(현) 2014~2015년 법학전문대학원협의회 이사장 2014년 대법관후보추천위원회 위원 전'공동상속론'(1987) '북한법입문'(共)(1998) '북한법률문헌목록과 그 해제'(共)(1998) '조선전기상속법제-조선왕조실록의 기사를 중심으로'(2002) 역'법과 사회변동'(1986)

신영호(申暎浩) SHIN Young Ho

생1968·10·29 출인천 주세종특별자치시 다솜3로95 공정거래위원회 운영지원과(044-200-4179) 학1987년 동인천고졸 1992년 서울대 경제학과졸 경행정고시 합격(35회) 1992년 총무처 수습행정사무관 1993년 관세청 통관관리국 총괄징수과 사무관 1998년 공정거래위원회 경쟁국 단체과 사무관 2000~2003년 일본 히토쯔바시대 파견 2003년 공정거래위원회 공보관실 사무관 2005년 同독점국 기업결합과 서기관 2005년 同경쟁정책본부 경쟁정책팀 서기관 2006년 同기획홍보본부 정책홍보팀장 2007년 駐일본대사관 관세관 2010년 공정거래위원회 서비스업감시과장 2010년 대통령 경제수석비서관실 행정관 2012년 공정거래위원회 기업결합과장 2013년 同카르텔조사국 카르텔총괄과장 2014년 同카르텔조사국장(일반직고위공무원) 2016년 국방대 교육파견(고위공무원)(현)

신요안(辛堯安) SHIN Yoan

쌩1965 · 1 · 19 흥서울 주서울 동작구 상도로369 숭실대학교 IT대학 전자정보공학부(02-820-0632) 핵1987년 서울대 전자공학과졸 1989년 同대학원 전자공학과졸 1992년 전기 및 컴퓨터공학박사(미국 텍사스대 오스틴대학) 걍1992~1994년 미국 Micro-electronics & Computer Technology Corp. 연구원 1994~2015년 숭실대 IT대학 정보통신전자공학부 전임강사 · 조교수 · 부교수 · 교수 1996년 한국퍼지 및 지능시스템학회 편집이사 2000년 (주)우리별텔레콤 기술고문 2003년 정보통신부 UWB기술기준연구전담반 위원장 2005년 국무조정실 정보통신정책평가실무위원 2007년 대한전자공학회 이사 2007년 (주)엘트로닉스 기술고문 2009년 캐나다 브리티시콜럼비아대 방문교수 2010년 한국통신학회 이사 2015년 숭실대 IT대학 전자정보공학부 교수(현) 2015년 同연구 · 산학협력처장(현) 쌍문교부 국비유학생(1989), 제15회 통신정보합동학술대회 최우수논문상(2005), 한국통신학회 해동논문상(2008), 한국통신학회 모토로라학술상(2010), 숭실대 연학업적부문 숭실펠로우십교수(2011) 책'디지털 통신'(2011) 역'유전자 알고리즘'(1996) '유전자 알고리즘 입문'(1997) 종천주교

신요환(申耀煥) SHIN Yo Hwan

쌩1962 · 12 · 13 흥인천 주서울 영등포구 국제금융로8길16 신영증권(주) 사장실(02-2004-9000) 핵1981년 부평고졸 1985년 고려대 경영학과졸 2003년 미국 일리노이주립대 대학원 금융공학과졸 걍1988년 신영증권(주) 기획조사부 근무 2000년 同총무부장 2001년 同인사부장 2003년 同리서치센터 이사 2006년 同영업지원본부 상무 2008년 同파생상품본부장(상무) 2010년 同파생상품본부장(전무) 2011년 同리테일영업본부장 겸 멀티채널사업본부장 2012년 同리테일사업본부장 겸 멀티채널영업본부장(전무) 2014년 同개인고객사업본부장(부사장) 2015년 同경영총괄 부사장 2016년 同사장(현)

신용간(愼鏞侃) SIN Yong Gan

쌩1960 · 8 · 10 흥전남 영암 주서울 강남구 테헤란로317 동훈타워 법무법인 대륙아주(02-3016-5212) 핵1979년 광주고졸 1983년 서울대 법학과졸 걍1983년 사법시험 합격(25회) 1985년 사법연수원 수료(15기) 1986년 軍법무관 1989~1994년 부산지검 검사 · 광주지검 검사 1991년 전주지검 군산지청 검사 1994년 수원지검 검사 1996년 서울지검 검사 1998년 창원지검 부부장검사 1999년 同밀양지청장 2000년 서울지검 부부장검사 2001~2002년 대검찰청 컴퓨터수사과장 2002년 변호사 개업 2002년 바른길 합동법률사무소 변호사 2004년 사법연수원 외래교수 2007년 서울지방변호사회 제1부회장 2008년 법무법인(유) 대륙아주 변호사(현) 2010년 서울지방노동위원회 공익위원 2015년 대한변호사협회 부협회장(현)

신용길(愼鏞吉) SHIN Yong Kil

쌩1952 · 5 · 24 흥거창(居昌) 흥충남 천안 주서울 영등포구 국제금융로2길28 KB생명보험(주) 임원실(02-398-6801) 핵1971년 서울사대부고졸 1976년 서울대 독어독문학과졸 1990년 경영학박사(미국 조지아주립대) 걍1991년 한국증권연수원 · 동국대 · 단국대 강사 1992~1994년 교보생명보험 재무기획팀장 1994년 同채권운용팀장 1994년 同기획조정부장 1996년 同영업국장 1996년 同기획관리부장 1997년 同재무기획팀 및 기획관리팀담당 1999년 同특별계정팀담당 2000년 同자산운용본부장(상무) 2001년 同법인고객본부장 2002년 교보자동차보험(주) 대표이사 사장 2006년 교보생명보험(주) 보험사업 및 자산운용부문총괄 부사장 2008년 同B2B담당 사장 2013년 同대외협력담당 사장 2015년 KB생명보험(주) 대표이사 사장(현) 쌍석탑산업훈장 책'선물시장론'(1995, 박영사)

신용도(愼鏞道) SHIN Yong Do

쌩1955 · 1 · 28 흥거창(居昌) 흥경남 거창 주부산 연제구 법원로12 협성법조빌딩2층 법무법인 우리들(051-504-2300) 핵1974년 철도고졸 1983년 서울대 법학과졸 걍1985년 사법시험 합격(27회) 1988년 사법연수원 수료(17기) 1988년 인천지검 검사 1990년 대전지검 천안지청 검사 1991년 서울지검 동부지청 검사 1994년 부산지검 검사 1995년 변호사 개업 2005년 부산지방변호사회 부회장 2008년 법무법인 로원 대표변호사 2009~2010년 부산지방변호사회 회장 2012년 법무법인 우리들 변호사(현)

신용목

쌩1962 · 7 · 25 주서울 은평구 은평로195 은평구청 부구청장실(02-351-6000) 핵1985년 서울대 인류학과졸 1994년 미국 미시간대 대학원 정책학과졸 걍1988년 공직 입문 2004년 서울시 홍보기획관실 홍보담당관 2008년 同인재개발원 인재기획과장 2009년 同도시교통본부 교통정책담당관 2011년 同도시교통본부 교통기획관 2012년 同교육협력국장 2013년 서울 강동구 부구청장 2015년 서울시 도시교통본부장 2016년 서울 은평구 부구청장(현) 쌍녹조근정훈장(2011)

신용문(辛容文) SHIN Yong Mun

쌩1955 · 9 · 9 흥경남 창녕 주경기 시흥시 정왕동 공단2대로256번길4 시화공단3바104호 (주)원일특강 사장실(031-488-3911) 핵1981년 영남대 금속공학과졸 1986년 경남대 경영대학원졸 2009년 서울대 최고경영자과정 수료 2010년 연세대 최고경제인과정 수료 2011년 한국과학기술원(KAIST) 글로벌중견기업아카데미과정 수료 걍1982~1988년 한국중공업(주) 근무 1998년 (주)원일특강 대표이사 사장(현) 2007년 신라엔지니어링 대표이사 사장(현) 2008년 SMT(주) 대표이사 사장(현) 2008년 한국금형공업협동조합 이사(현) 2009년 한국공구공업협동조합 이사(현) 쌍상공의 날 대통령표창(2009), 성실납세자 인증(2011), 산업포장(2012) 종불교

신용백(辛容伯) SHIN Yong Back (大山)

쌩1942 · 4 · 18 본영산(靈山) 흥경남 창원 주경기 수원시 영통구 월드컵로206 아주대학교 공과대학 산업공학과(031-219-2335) 핵1959년 경남상고졸 1964년 연세대 화학공학과졸 1968년 한양대 대학원졸(공학석사) 1987년 산업공학박사(한양대) 걍1965년 한국표준협회 QC전문위원 1968년 (주)삼영화학공업 기획관리실장 1969~1971년 공병우타자기 공장장 · 상무이사 1969~1970년 대통령직속 경제과학심의회의 계획위원 1971~1976년 한국생산성본부 경영개발(IE책임)전문위원 1973년 제10회 과학기술처시행 기술사시험 합격 · 공장관리기술사 등록 1973~1996년 공업진흥청 KS심의위원 겸 QC전문위원 1976~1987년 아주대 전임강사 · 조교수 · 부교수(산업공학장) 1979~1981년 신용보증기금 · 국민은행 경영기술지도고문 1979~1991년 대한상공회의소 공장새마을운동추진본부 지도위원 1983~1989년 한국품질관리학회 부회장 1987~2007년 아주대 산업공학과 교수 1987~1989년 同학생처장 1989~1993년 同공장새마을연구소장 1993~1999년 한국생산성학회 부회장 1994~2002년 노동부 기술자격심의전문위원 1995~1999년 아주대 공학대학원장 1996~2004년 산업자원부 KS심의위원 겸 중소기업청 싱글PPM품질인증심사위원 1998~2001년 한국산업경영시스템학회 부회장 2000~2001년 한국생산성학회 회장 2001년 한국산업경영시스템학회 학술자문위원(현) 2002~2013년 한국제품안전협회 분쟁조정위원 2003년 한국기업경영학회 고문 · 학술자문위원(현) 2004~2006년 중소기업중앙회 중소기업제품PL자문위원 2004~2010년 한국기술사회 이사 겸 홍보위원 2005~2010년 한국아이디어경영대상컨퍼런스 심사위원장 2007년 아주대 공과대학 산업공학과 명예교수(현) 2010년 중소기업기술정보진흥원 중소기업기술개발평가위원(현) 2010년 경기신용보증재단 기술평가위원(현) 2014년 (재)경기테크노파크 기업지원사업전문가(현) 쌍한국생산성본부(KPC) 모범직원공로표창(1975), 새마을훈장 근면장(1984), 한국생산성학회 생산성학술상(2002), 아주대 근속30년 교수공로표창(2006), 부총리 겸 과학기술부장관표창(2007), 아주대 2006학년도강의우수교수 교육우수상(2007), 제1회 자랑스러운 KPC인상(2010), 아주대총장표창(2014) 책'원가와 원가관리' 'QC이론과 실제' '공장새마을운동이론과 실제' '실무기업진단' '90년대 공장새마을운동' '경영관리와 품질경영' '공장운영 관리포인트' '정보통신입문과 인터넷'(2000) '생산운영관리'(2004) '중소기업을 위한 효과적인 생산운영관리'(2008) '실무 생산시스템관리'(2010) '기업을 위한 실무 공장운영관리'(2013) '생산운영관리 이론과 실무 개정4판'(2016) 역'현장QC독본시리즈11권'(1976) '1분간품질관리'(1989) 종천주교

신용상(申龍相) SHYN Yong Sang

쌩1964 · 8 · 14 본평산(平山) 흥서울 주서울 중구 명동11길19 은행회관빌딩 한국금융연구원 중소서민금융 · 소비자보호연구실(02-3705-6329) 핵1987년 연세대 경제학과졸 1991년 한국외대 대학원 경제학과졸 2000년 경제학박사(미국 텍사스A&M대) 걍1991년 대외경제정책연구원 연구원 2000년 현대경제연구원 연구위원 2001년 한국산업기술평가원 선임연구원 2002년 한국금융연구원 연구위원 2003년 재정경제부 금융협력전문가포럼 전문위원 2005년 한국금융연구원 거시경제연구실장(연구위원) 2007년 대통령직인수위원회 자문위원 2009년 한국금융연구원 연구조정실장 2010년 同기획협력실

장 겸임 2011년 KB국민카드 사외이사 2011년 한국금융연구원 연구조정실장 2011~2013년 기획재정부 장관자문관(파견) 2013년 한국금융연구원 선임연구위원(현) 2013년 전국경제인연합회 한국경제연구 상임위원(현) 2014년 同경제동향센터장(현) 2015년 학교법인 샬롬학원 비상임이사(현) 2016년 국토교통부 주택도시기금 운영위원회 위원(현) [상]금융위원장표창(2010), 금융감독원장표창(2010) [저]'국내금융심화와 산업성장의 관련성에 대한 연구'(2005) '경기변동과 중소기업 자금조달간의 관계에 대한 연구'(2006) '한미 FTA, 미래를 위한 선택(共)'(2006) '한미FTA국민보고서(共)'(2006) '서브프라임 모기지 사태의 분석과 전망(共)'(2007) '통화정책의 유동성 파급효과분석 : 은행 가계대출경로를 중심으로'(2008) '통화정책의 유동성 조절능력 저하와 금융안정에 대한 정책적 합의'(2009) '스트레스트 제이론과 이를 활용한 국내 금융시스템 안정성 분석'(2011) [종]기독교

신용석(愼鏞碩) SHIN Yong Suk

[생]1958·10·21 [본]거창(居昌) [출]충남 부여 [주]서울 서초구 법원로1길5 우암빌딩3층 법무법인 동헌(02-595-3400) [학]1978년 검정고시 합격 1991년 동아대 법학과졸 2000년 同대학원 법학과졸(법학석사) [경]1988년 사법시험 합격(30회) 1991년 사법연수원 수료(20기) 1991년 민사지법 판사 1993년 서울지법 북부지원 판사 1995년 춘천지법 영월지원 판사 1998년 서울지법 동부지원 판사 1998년 일본 게이오대 연수 2000년 서울지법 판사 2002년 서울고법 판사 2003년 대법원 재판연구관 2005년 서울중앙지법 판사 2006년 청주지법 제천지원장 2008~2010년 수원지법 부장판사 2009년 언론중재위원회 경기중재부장 2010년 변호사 개업(현) 2011년 경기도행정심판위원회 위원 2014년 대한변호사협회 이사(현) 2014년 중앙행정심판위원회 위원(현) 2015년 법무법인 동헌 대표변호사(현) [저]'일본 형사재판의 실제'(2001)

신용선(辛庸善) Shin, Yong Sun

[생]1956·4·25 [출]강원 영월 [주]강원 원주시 혁신로2 도로교통공단 이사장실(033-749-5002) [학]1972년 원주고졸 1977년 동국대 경찰행정학과졸 [경]1982년 경위 임용(경찰간부후보 30기) 1986년 경감 승진 1992년 경정 승진 2001년 총경 승진 2001년 경찰청 경비교통과장 2003년 강원 횡성경찰서장 2003년 경찰청 경호과장 2005년 서울 종로경찰서장 2006년 서울지방경찰청 교통안전과장 2008년 강원지방경찰청 차장(경무관) 2009년 서울지방경찰청 101경비단장 겸 대통령실 경호처 경찰관리관 2009년 同경찰관리관 2010년 제주지방경찰청장(치안감) 2011년 경찰청 경비국장 2012년 강원지방경찰청장 2013년 부산지방경찰청장(치안정감) 2014년 도로교통공단 이사장(현) [상]대통령표창(2회), TV조선 '한국의 영향력 있는 CEO' 상생경영부문(2016)

신용섭(申容燮) SHIN Yong Sub

[생]1958·9·13 [출]서울 [주]경기 성남시 분당구 대왕판교로644번길49 (사)코드게이트보안포럼(031-627-7087) [학]1977년 장훈고졸 1981년 연세대 전자공학과졸 2000년 同산업대학원졸 2006년 전기전자공학박사(연세대) [경]1980년 기술고시 합격(16회) 1981~1984년 강릉전파감리국·체신부 전파관리국 통신사무관 1984년 미국 AT&T 파견 1986년 체신부 통신정책국 통신사무관 1991년 同전파연구소 검정과장 1991년 아·태전기통신협의체(ATP) 파견 1993~1998년 정보통신부 기술과장·연구개발과장·기술기준과장 1999년 同정보보호과장 2000년 同정보보호기획과장 2000년 同전파연구소장 2002년 충청체신청장 2003년 정보통신부 정보보호심의관 2004년 同전파방송관리국장 2004년 同전파방송정책국장 2005년 산업자원부 생활산업국장 2006년 정보통신부 전파방송정책국장 2006년 同전파방송기획단장 2007년 국방대 파견(이사관) 2008년 방송통신위원회 통신정책국장 2010년 同방송통신융합정책실장 2011~2012년 同상임위원(차관급) 2012~2015년 한국교육방송공사(EBS) 사장 2012~2015년 한국방송협회 부회장 2016년 (사)코드게이트보안포럼 이사장(현) [상]대통령표창, 근정포장, 신산업경영원 뉴미디어대상 올해의 정보통신인상(2013), 모바일혁신어워즈 미래창조과학부장관 감사패(2014)

신용수(辛龍水) SHIN Yong Soo

[생]1954·1·10 [출]경남 창녕 [주]경남 창원시 의창구 중앙대로181 (재)창원문화재단(055-268-7901) [학]1979년 동아대 법학과졸 [경]1978년 마산MBC 보도부 기자 1991년 同보도국 취재부 차장대우 1996년 同보도국 취재팀 차장 1998년 同방송제작국 보도팀 차장 1998년 同심의팀장 1999년 同홍보심의부장 2000년 同보도부장 2001년 同경영국 광고부장 2003~2008년 同기획심의실장 2014·2016년 (재)창원문화재단 대표이사(현)

신용수(申龍秀) Shin, Yong-Su

[생]1958·5·2 [본]고령(高靈) [출]충북 청원 [주]충북 청주시 상당구 상당로82 충북도청 감사관실(043-220-2910) [학]1978년 세광고졸 1983년 청주대 지역개발행정학과졸 1986년 同대학원 지역개발행정학과졸 [경]2010년 충청권광역경제발전위원회 조사평가과장 2012년 충북도 남부출장소장 2012년 同토지정보과장 2014년 同원예유통식품과장 2016년 同감사관(현)

신용우(辛容友) SHINN Yong Woo (금당)

[생]1951·2·25 [본]영산(靈山) [출]경남 창녕 [주]서울 서대문구 충정로7 (사)한국유스호스텔연맹(02-725-3031) [학]1982년 미국 테네시주립대 경영정보학과졸(BBA) 1996년 미국 시카고대 경영대학원졸(MBA) 2006년 경영학박사(한양대) [경]1969~1979년 제일제당 경리과 근무 1983~1984년 미국 Pan Metal Corporation 부사장 1985~1989년 미국 Tele Video System.Inc 감사실장 1989~1994년 미국 PMX Industries. Inc 부사장 1997~1999년 한국오라클(주) 컨설팅본부 상무 1999~2000년 삼정IT컨설팅(KPMG) 대표이사 사장 2000~2002년 삼일회계법인 컨설팅(PWC)본부 대표 2000~2012년 한양대 겸임교수 2002~2006년 (주)유비메트릭스코리아 대표이사 2006~2008년 리인터내셔날특허법률사무소 고문 2008년 (사)한국유스호스텔연맹 사무총장(현)

신용운(愼鏞雲) SHIN Yong Woon

[생]1955·4·20 [본]거창(居昌) [출]충북 진천 [주]인천 중구 인항로27 인하대학교병원 내과학교실(032-890-2548) [학]1980년 연세대 의과대학졸 1987년 同대학원 의학과졸 1992년 의학박사(연세대) [경]1984~1987년 연세대 의대부속병원 레지던트 1987년 부천제일병원 내과 과장 1988년 인하대 의과대학 내과학교실 교수 1988년 한국소화기학회 회원 1994년 미국 소화기학회 회원 1994~1995년 미국 UCLA 교환교수 1996~2001년 인하대병원 진료부장 2004~20010년 同건강증진센터 소장 2004년 同적정진료실장 겸 기획조정실장보 2004~2006년 同교육연구부장 2006~2008년 同기획조정실장 2010~2012년 同소화기내과장 2012~2015년 同내과장 2012년 인하대 의대 내과학교실 주임교수(현) 2013~2014년 대한소화기내시경학회 회장 2014년 인하대병원 건강증진센터 소장 2015년 同내과 부장 겸 건강증진센터장(현) [상]성남시민의날 표창(2002) [종]기독교

신용인(申龍仁) SHIN Yong In

[생]1952·1·15 [출]충남 서천 [주]서울 강남구 테헤란로 117 KB손해보험(1544-0114) [학]1970년 원주 대성고졸 1974년 연세대 경영학과졸 1987년 同경영대학원졸 1998년 서울대 경영대 최고경영자과정 수료 1999년 同공대 최고산업전략과정 수료 2002년 同행정대학원 국가정책과정 수료 2006년 경영학박사(성균관대) [경]1974년 한국외환은행 입행 1978년 한국공인회계사시험 수석합격 1979~1993년 세화회계법인 Partner(전무이사) 1987년 미국 공인회계사(AICPA)시험 합격 1988~1995년 KICPA회계감사연구위원회 부위원장 1990년 경제기획원 정부투자기관경영평가위원 1993~1996년 세동회계법인 Partner(전무이사·심리실장·운영위원) 1996~1999년 세동회계법인감사사업본부 총괄대표 및 운영위원 1998년 금융감독위원회 회계제도특별위원 1998~2001년 금융감독원 회계기준심의위원회 위원 1999~2008년 안진회계법인 감사경영1본부 대표 2002년 한국상장회사협의회 감사실무연구위원회 부위원장 2004~2008년 한국공인회계사회 회계연구위원장, 학교법인 이화학당 감사 2008년 안진회계법인 위험관리본부(RRG) 대표, 딜로이트안진회계법인 대표 2012~2014년 한국공인회계사회 상근연구교육부회장 2014년 딜로이트안진회계법인 고문 2015년 LIG손해보험 사외이사 겸 감사위원 2015년 KB손해보험 사외이사 겸 감사위원(현) [상]미국 공인회계사시험 우등상, 한국상장협의회 감사대상 [저]'회계감사' '리스회계' '우리나라 리스회계기준의 문제점' '외화 환산' '개업준비중인 회사의 회계처리' '분식결산과 회계감사대책'

신용주(申容周) SHIN Yong-Joo

[생]1968·10·12 [본]평산(平山) [출]광주 [주]대전 서구 청사로189 특허청 특허심판원(042-481-5007) [학]1996년 성균관대 정보공학과졸 [경]1998~1999년 특허청 심사4국 반도체과·통신과 심사관 2000~2005년 同정보기획국 정보관리과·정보개발과 사무관 2006년 同정보기획국 정보개발과 기술서기관 2007~2009년 同전기전자심사국 특허심사정책과·특허심사지원과 기술서기관 2010년 同정보기획국 정보기반과장 2011년 해외연수 2013년 특허청 특허심판원 심판관 2013년 同특허심사1국 전력기술심사과장 2015년 同특허심판원 심판관(현)

신용진(申容珍) SHIN Yong Jin

[생]1955·11·24 [본]고령(高靈) [출]광주 [주]광주 동구 필문대로309 조선대학교 자연과학대학 물리학과(062-230-6638) [학]1974년 광주제일고졸 1981년 고려대 물리학과졸 1986년 미국 뉴욕대 대학원 원자핵물리학과졸 1990년 의학물리학박사(미국 뉴욕대 폴리테크닉대학) [경]1990~1993년 고리기술연구소장 1994년 조선대 자연과학대학 물리학과 전임강사·조교수·부교수·교수(현) 1995년 아시아태평양경제협력체(APEC) 한국대표위원 1998~2000년 국제표준화심의회(ISO) 전문위원 1999년 한·중광기술공동연구센터 전문위원 2000~2002년 조선대 광특화연구센터 소장 2001년 한국물리학회 사업이사 2001년 한국레이저가공학회 기술이사(현) 2002년 한국광산업진흥회 운영위원(현) 2003~2004년 미국 캘리포니아주립대 Beckman레이저연구소 교환교수 2005~2007년 국가균형발전위원회 평가위원 2006~2009년 한국광기술원 이사 2007~2009년 광주테크노파크 전략산업기획단장 2007년 한국물리학회 이사·감사·부회장(현) 2008년 한국광학회 부회장·이사(현) 2010~2012년 조선대 자연과학대학장 2010년 미국 세계인명사전 'Marquis Who's Who'·미국인명연구소(ABI)·영국 케임브리지국제인명센터(IBC)에 등재 2011~2014년 (사)광주흥사단 상임대표 2012~2014년 한국물리학회 물리학과첨단기술 편집위원장 2014년 국제광융합기술컨퍼런스 조직위원장(현) [상]공업진흥청 우수기술지도위원상(1993), 산업자원부장관표창(2007), 광주시민대상 학술부문(2009), 계원물리학상(2012) [저]'대학물리학실험' '현대전기자기학' '방사선물리학' [역]'대학물리학' [종]천주교

신용태(愼鏞台) SHIN Yong Tae

[생]1963·2·10 [주]서울 동작구 상도로369 숭실대학교 IT대학 컴퓨터학부(02-820-0681) [학]1985년 한양대 산업공학과졸 1990년 미국 아이오와대 대학원 전산학과졸 1994년 정보통신학박사(미국 아이오와대) [경]1995~1997년 숭실대 정보과학대학 컴퓨터공학과 전임강사 1997~2002년 同정보과학대학 컴퓨터학부 조교수 2003년 同IT대학 컴퓨터학부 부교수·교수(현), 미국 아이오와대 객원교수, 미국 미시간주립대 객원교수 2004년 한국군사기술학회 이사 2005년 한국정보과학회 부회장 2007년 숭실대 진로취업센터장 2011년 한국인터넷윤리학회 수석부회장 2013~2015년 同회장 2015년 (사)개방형컴퓨터통신연구회(OSIA) 회장 [저]'C++ 로 구현한 자료구조 : 실습을 중심으로'(1998) '인터넷 활용'(2000) '컴퓨터 활용Ⅱ'(2001) '컴퓨터 네트워킹'(2001) '컴퓨터 네트워크'(2002) 'TCP/IP 프로토콜'(2003) '인터넷과 정보보안'(2004)

신용하(愼鏞廈) SHIN Yong Ha (禾陽)

[생]1937·12·14 [본]거창(居昌) [출]제주 제주시 [주]서울 관악구 관악로1 서울대학교 사회과학대학 사회학과(02-880-6417) [학]1961년 서울대 문리대학 사회학과졸 1964년 同대학원 경제학과졸 1970년 미국 하버드대 대학원 수료 1975년 사회학박사(서울대) [경]1965년 서울대 전임강사 1967년 미국 하버드대 옌칭연구소 객원교수 1972년 서울대 경제학과 조교수 1976년 同사회학과 부교수 1980년 한국사회사학회 회장 1981~2003년 서울대 사회학과 교수 1986년 독립기념관 부설 독립운동사연구소장 1994년 한국사회학회 회장 1994년 국사편찬위원회 위원 1996년 독도학회 회장 1998년 서울대 사회과학대학장 2000년 경제정의실천시민연합 공동대표 2001년 서울대 교수협의회장 2001년 백범학술원 초대원장 2002년 바른사회를위한시민회의 공동대표 2002년 국제자유도시포럼 공동대표 2003년 서울대 명예교수(현) 2003년 한양대 석좌교수 2005년 독립유공자서훈 공적심사위원장 2006~2010년 학교법인 한성학원(한성대) 이사장 2007~2011년 이화여대 이화학술원 석좌교수 2011년 울산대 석좌교수(현) 2012년 대한민국학술원 회원(사회학·현) 2013년 독도연구보전협회 회장(현) [상]월봉저작상, 3·1문화상, 서울시 문화상, 한국출판문화상 저작상, 국민훈장 동백장·모란장, 대한민국 학술원상, 운경상, 만해학술상, 4·19문화상, 독립기념관 학술상(2007), 독도평화대상 서도상(2015), 고창동학농민혁명기념사업회 녹두대상(2016) [저]'독립협회연구' '한국민족독립운동사연구' '박은식의 사회사상연구' '신채호의 사회사상연구' '한국근대민족주의의 형성과 전개' '한국근대사회 사상사연구' '한국근대사회사연구' '한국근대민족운동사연구' '한국현대사와 민족문제' '동학과갑오농민전쟁연구' '한국근대의 선구자와 민족운동' '한국 근대사회의 구조와 변동' '세계체제변동과 현대한국' '독도의 민족영토사연구' '독도, 보배로운 한국영토'(일문) '조선후기 실학파의 사회사상연구' '일제 식민지근대화론비판' '독도영유권자료의탐구' '한국근대사회변동사 강의' '초기개화사상과 갑신정변연구' '한국민족의 형성과 민족사회학' '백범김구의 사상과 독립운동' '한국과 일본의 독도영유권 논쟁' '한국항일독립운동사연구'(2006) '신간회의 민족운동'(2007) '한국근현대사회와 국제환경'(2008) '고조선 국가형성의 사회사'(2010) '한국 개화사상과 개화운동의 지성사'(2010) '독도영유의 진실이해'(2012) '사회학의 성립과 역사사회학'(2012)

신용한(愼鏞漢) SHIN YONG HAN

[생]1969·5·2 [본]거창(居昌) [출]충북 청원 [주]서울 강남구 학동로342 SK허브 (주)지엘인베스트먼트(02-3444-9750) [학]1987년 청주고졸 1995년 연세대 경영학과졸(경영학사) 1997년 同법학과졸(법학사) 1999년 同대학원 법학과졸 2003년 同법과대학원 공정거래위원회 최고위과정 1기 수료 2005년 同보건대학원 의료와경영최고위과정 15기 수료 2007년 고려대 정보통신대학원 ICP 최고위과정 22기 수료 2010년 연세대 법무대학원 경영정책법무 최고위과정 29기 수료 2015년 성균관대 국정전문대학원 박사과정 재학中 [경]2000~2002년 (주)모바일뮤턴트 대표이사 사장 2002~2005년 (주)아라넷 대표이사 사장 2002~2005년 우암홀딩스(주) 대표이사 사장 2003~2015년 유라클 사외이사 2004~2005년 인크루트 사외이사 2005년 에버케어 대표이사 사장 2005년 지엘인베스트먼트 대표이사 사장(현) 2005~2009년 맥스창업투자 대표이사 사장 2005년 (주)지엘인베스트먼트 대표이사 사장(현) 2007~2009년 스타맥스 이사 2008~2010년 월간 'GL(글로벌리더)' 발행인 2011년 청년창업멘토링협회 총회장(현) 2012~2015년 서라벌대 초빙교수 2013~2014년 대통령직속 청년위원회 일자리창출분과 위원장 2013~2014년 중앙대 문화예술경영대학(원) 강사 2014년 경복대 초빙교수(현) 2014~2015년 산림청 정책자문위원 2014년 기획재정부 경제혁신3개년계획국민점검반 위원 2014년 미래창조과학부 산하 한국과학기술지주(주) 사외이사(현) 2014~2015년 대통령직속 청년위원회 위원장(장관급) 2015년 국무총리실 '광복70주년 기념사업추진위원회' 위원(현) 2016년 서원대 석좌교수(현) 2016년 한국정책방송원(KTV) '공공일자리를 잡아라' 프로그램 진행(현) [상]자랑스런 연세 법무인상(2006), 우수중소기업인상(2007), 청소년 멘토링 자원봉사대상(2010), 대한민국최고국민대상 국가청년발전공로대상(2016) [저]'10년 후 길이 있다'(2004, 하나우리 간) '위기가 오기전에 플랜B 를 꺼내라'(2008, 위즈덤하우스) '동업하라'(2011, 21세기북스) '청춘1교시'(2014, 미디어윌) '대한민국 청년일자리 프로젝트'(2015, 가디언) 오디오북 '위기의 순간에 플랜B를 꺼내라'(2008, 북리슨)

신용현(申容賢·女) SHIN Yong Hyeon

[생]1961·3·9 [본]평산(平山) [출]서울 [주]서울 영등포구 의사당대로1 국회 의원회관845호(02-784-2620) [학]1983년 연세대 물리학과졸 1985년 同대학원 물리학과졸 1999년 물리학박사(충남대) [경]1984년 한국표준과학연구원 진공기술센터장 1999~2014년 同진공기술센터 책임연구원 2001~2005년 국가연구개발사업평가 및 사전조정심의위원 2001~2003년 대한여성과학기술인회 총무이사 2001~2004년 국가과학기술위원회 나노기술전문위원 2002년 차세대통신위성우주인증기술개발 자문위원 2002~2003년 한국진공학회 진공기술운영이사 2002~2003년 과학기술부 여성과학기술정책자문위원 2002~2005·2012~2013년 대전시 과학기술위원회 위원 2002~2008년 과학기술부 나노기술개발추진위원 2003~2008년 통신해양기상위성사업 추진위원 2005년 한국표준과학연구원 물리표준부장 2005년 기술영향평가위원회 위원 2005년 국가연구개발사업 기초원천전문위원 2006~2007년 한국표준과학연구원 전략기술연구부장 2008년 同전략기술연구본부장 2008~2010년 국가과학기술위원회 운영위원 2009~2012년 한국원자력통제기술원 비상근이사 2011년 교육과학기술부 우주환경기반신기술융합사업단장 2011~2013년 국가우주위원회 위원 2011~2014년 연구개발특구진흥재단 비상임이사 2012~2013년 대한여성과학기술인회 회장 2012년 국가교육과학기술 자문위원 2012~2015년 한국연구재단 이사 2013년 대한여성과학기술인회 명예회장(현) 2013~2015년 한국여성과학기술인지원센터 이사 2013년 국가과학기술심의회 위원 2013년 한국표준과학연구원 전문위원 2014년 규제개혁위원회 위원 2014년 한국과학기술단체총연합회 부회장 2014~2016년 한국표준과학연구원 원장 2016년 제20대 국회의원(비례대표, 국민의당)(현) 2016년 국민의당 여성담당 원내부대표(현) 2016년 국회 미래창조과학방송통신위원회 위원(현) 2016년 국회 여성가족위원회 간사(현) 2016년 국민의당 비상대책위원회 위원(현) [상]과학기술훈장 웅비장(2009), 한국진공학회 학술상(2010), 올해의 여성과학기술자상 공학부문(2010) [저]'진공공학'(1999) '진공측정 핸드북'(2010)

신용호(申容鎬)

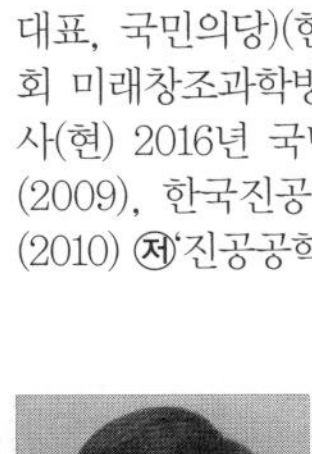

[생]1969·1·25 [출]경기 수원 [주]서울 서초구 서초중앙로157 서울고등법원(02-530-1114) [학]1987년 유신고졸 1994년 숭실대 법학과졸 [경]1997년 사법시험 합격(39회) 2000년 사법연수원 수료(29기) 2000년 인천지법 판사 2002년 서울지법 판사 2004년 창원지법 밀양지원 판사 2007년 서울중앙지법 판사 2009년 서울동부지법 판사 2011년 서울중앙지법 판사 2012년 대법원 재판연구관 2014년 서울남부지법 판사 2015년 대전지법 부장판사 2016년 서울고법 판사(현)

신우균(申佑均) SHIN Woo Kyun

[생]1947·9·5 [출]서울 [주]서울 성북구 안암로145 고려대학교 독어독문학과(02-3290-2090) [학]1965년 보성고졸 1969년 고려대 독어독문학과졸 1974년 同대학원 독어독문학과졸 1986년 문학박사(독일 Duesseldorf대) [경]1987~1995년 한국교원대 독어교육과 조교수·부교수 1991~1992년 제6차 교육과정제2외국어개발연구 총책임자 1991~1993년 한국교원대 대학원 교학과장 1993년 교육부 외국어고등학교1종도서개발연구 총책임자 1995~2000년 고려대 독어독문학과 부교수 1997~1999년 同국제어학원 제2외국어교육실장 1997~1999년 교육부 7차교육과정심의회 위원 1999~2001년 고려대 독어독문학과장 겸 서양어문학부장 2000~2013년 同독어독문학과 교수 2013년 同명예교수(현) [상]교육부 제6차교육과정개정유공 감사패(1992), 국무총리표창(2013)

신우성(申佑星) SHIN Woo Sung

[생]1957·9·12 [본]평산(平山) [출]대전 [주]서울 중구 세종대로39 대한상공회의소16층 (주)한국바스프 대표이사실(02-3707-3100) [학]1976년 대전고졸 1980년 서울대 공업화학과졸 [경]1982년 (주)SKC 근무 1984년 바스프코리아(주) Chemical 영업팀 근무 1990년 한화바스프우레탄(주) 영업팀장 1996년 바스프코리아(주) 영업팀장 1998년 한국바스프(주) 화학·무역사업부문 영업팀장 2000년 同화학·무역사업부문 화학사업부총괄 상무 2004년 독일 BASF SE 근무 2006년 한국바스프(주) 인사부문장(사장) 2011년 同대표이사(현) 2015년 (사)다국적기업최고경영자협회(KCMC) 회장(현) [상]산업포장(2012) [종]기독교

신우식(申禹植) SHIN Woo Sick (帽岩)

[생]1934·4·10 [본]고령(高靈) [출]경북 김천 [주]서울 중구 세종대로124 대한언론인회(02-732-4797) [학]1953년 김천고졸 1957년 서울대 문리대 영어영문학과졸 1973년 미국 컬럼비아대 신문대학원 수료 [경]1957년 서울신문 입사 1967년 同문화부장 1970년 同편집국 부국장 1976년 同駐일본특파원 1981년 同주간국장 1984년 同편집제작 이사 1985~1987년 방송심의위원 1988년 서울신문 전무이사 1989년 언론연구원 원장 1989년 언론중재위원 1990~1992년 서울신문 사장 1990~1993년 언론연구원 이사장 1994년 한국영상자료원 이사장 1996년 대한언론인회 부회장 2000~2002년 同회장 2002년 同명예회장 2007년 同고문(현) 2007년 서울신문사우회 회장 2013년 同고문(현) [종]기독교

신우정(申宇晸)

[생]1971·8·14 [출]서울 [주]울산 남구 법대로14번길37 울산지방법원(052-228-8000) [학]1990년 휘문고졸 1997년 서울대 법학과졸 [경]1997년 사법시험 합격(39회) 2000년 사법연수원 수료(29기) 2000년 육군 법무관 2003년 대구지법 판사 2006년 同포항지원 판사 2007년 수원지법 판사 2011년 서울중앙지법 판사 2013년 서울남부지법 판사, 대법원 재판연구관 2016년 울산지법 부장판사(현)

신우철(申宇徹) SHIN Woo Chul

[생]1953·6·1 [출]전남 완도 [주]전남 완도군 완도읍 청해진남로51 완도군청 군수실(061-550-5003) [학]1972년 완도수산고졸 2004년 한국방송통신대졸 2005년 여수수산대 대학원 수산과학과졸 2007년 이학박사(전남대) [경]1978년 국립수산진흥원 목포지원 수산기사보 1985년 同완도어촌지도소 수산기사 1991년 同진도어촌지도소장(어촌지도관) 2009년 전남도 수산기술사업소 지방기술서기관 2011년 전남도해양수산과학원 초대원장 2012년 전남 진도군 부군수(지방서기관) 2013년 민주당 전남도당 농수축산발전특별위원회 위원장 2013~2015년 완도수산고총동문회 회장 2014년 전남 완도군수(새정치민주연합·더불어민주당)(현) 2014~2016년 한국슬로시티시장·군수협의회 부회장 [상]국무총리표창(1987), 해양수산부장관표창(2000), 녹조근정훈장(2013), 유권자시민행동 대한민국유권자대상(2015), 대한민국 창조경제대상 소통행정부문대상(2016), 대한민국경제리더대상 가치경영부문대상(2016) [저]'완도 희망더하기'(2014)

신욱희(申旭熙) SHIN Wook Hee

[생]1961·8·6 [출]서울 [주]서울 관악구 관악로1 서울대학교 사회과학대학 정치외교학부(02-880-6350) [학]1980년 고려고졸 1984년 서울대 외교학과졸 1986년 미국 예일대 대학원 국제관계학과졸 1992년 정치학박사(미국 예일대) [경]1992~1994년 경남대 극동문제연구소 객원연구원 1992~1995년 서강대·한양대·한국외국어대·이화여대 강사 1995~1999년 서울대 외교학과 조교수·부교수 1996년 同국제문제연구소 연구부장 1999~2001년 국가전략(세종연구소) 편집자문위원 2001~2002년 일본 히토츠바시대학 법학연구과 객원교수 2002년 미국 메릴랜드대 역사학과 객원교수 2003년 서울대학교 국제문제연구소장 2003~2005년 同외교학과장 2003년 한국정치학회 이사(현) 2003년 한국정치외교사학회 이사(현) 2003년 한국국제정치학회 이사(현) 2004년 NSC 정책자문위원 2004년 국방부 정책자문위원 2004년 국방연구 편집위원 2005년 서울대 사회과학대학 외교학과 교수 2010년 同사회과학대학 정치외교학부 외교학전공 교수(현) [저]'Dynamics of Patron-Client State Relations'(1993) '21세기 민족통일에 대한 사회과학적 접근(共)'(2000) '국제화와 세계화 : 한국·중국·일본(共)'(2000) '전환기 미국정치의 변화와 지속성(共)'(2003) '동아시아 국제관계와 한국'(2003) '현대 국제관계이론과 한국'(2004) '박정희 시대 연구의 쟁점과 과제'(2005) '북한체제의 형성과 한반도 국제정치'(2006) [역]'제국의 신화'(1996) '국제관계론 강의 1·2'(1996) '21세기 평화학'(2002) '세계정치론'(2003)

신 운(申 雲) Shin Woon

[생]1965·2·26 [출]서울 [주]서울 중구 남대문로39 한국은행 인사경영국 인사팀(02-759-5572) [학]1983년 여의도고졸 1989년 서울대 경제학과졸 2002년 경제학박사(미국 텍사스A&M대) [경]1989년 한국은행 입행 2006년 同조사국 통화재정팀장 2009년 同조사국 물가분석팀장 2012년 同조사국장 2015년 국방대 교육파견 2016년 한국은행 국제국 북경사무소장(현)

신원기(辛源基) SHIN Won Ki

[생]1948·9·9 [본]영산(靈山) [출]경남 거제 [주]서울 강남구 봉은사로57길5 삼성동좋은사람좋은집2층 (사)CEO지식나눔(070-7118-1923) [학]1966년 경남고졸 1970년 서울대 기계학과졸 [경]1973년 삼성전자(주) 냉열기사업본부장(이사) 1986년 同비디오사업본부 이사 1989년 同가전부문 상무 1990년 삼성그룹 비서실 기술팀장(상무) 1991년 삼성전자(주) 기술기획담당 상무 1992년 중국 천진 삼성전자 대표상무 1993년 삼성전자(주) AV본부 TSEC 및 TTSEC 법인장(상무) 1994년 同중국총괄 전자담당 전무 1996년 삼성자동차(주) 제조본부장(전무) 2003~2009년 르노삼성자동차(주) 제조본부장(부사장) 2010~2011년 同MONOZUKURI담당 부사장 2010년 (사)CEO지식나눔 회원(현) 2012년 同이사(현) 2012~2014년 세운철강(주) 고문 [상]동탑산업훈장(2008) [종]불교

신원섭(申元燮) SHIN Won Shob

[생]1950·12·17 [주]대구 중구 공평로88 대구광역시의회(053-803-5065) [학]대구 협성고졸, 영남대 법과대학 법학부 수학, 계명대 무역대학원 최고경영자과정 수료, 경북대 산업대학원 최고경영자과정 수료 [경](주)도시환경 대표이사(현), 서부새마을금고 이사·감사·부이사장, 감삼초등학교 운영위원회 위원장, 한나라당 대구달서구甲지구당 중앙상무위원, 민주평통 자문위원, 한국자유총연맹 달서구청년회 부회장, 낙동강환경연구소 환경운동지도자, 대구경제정의실천연합 동네경제살리기시민운동본부 운영위원, 삼우제약 대구지점장, 달서구청 행정서비스헌장심의위원회 위원, 同지역보건의료심의위원회 위원, 同건축심의위원회 위원, 同어린이도서관건축심의위원회 위원 1995·1998·2002년 대구시 달서구의회 의원, 同도시건설위원회 간사, 同예산결산위원회 위원장 2006년 대구시 달서구의원선거 출마 2016년 대구시의회 의원(보궐선거 당선, 새누리당)(현) 2016년 同경제환경위원회 위원(현)

신원섭(申侒燮) SHIN Won Sop

[생]1959·9·15 [출]충북 진천 [주]대전 서구 청사로189 산림청 청장실(042-481-4101) [학]1978년 충북 운호고졸 1985년 충북대 임학과졸 1988년 캐나다 Univ. of New Brunswick 대학원 임학석사 1992년 임학박사(캐나다 토론토대) [경]1993~2013년 충북대 산림학과 전임강사·조교수·부교수·교수 1996~1997년 미국 아이다호대 방문교수 1998~1999년 핀란드 임업연구원 방문연구원 1998년 한국식물·인간·환경학회 부회장 1998~2000년 충북대 농대 산림과학부장 2001~2003년 同농대 부속연습림장 2003~2004년 캐나다 Univ. of British Columbia 방문교수 2011~2013년 한국산림휴양학회 회장 2012~2013년 한국임학회 편집위원장 2013년 산림청장(현) [상]한국임학회 저술상(1999), 한국산림휴양학회 학술상(2003), 한국산림휴양학회 저술상(2007), 한국임학회 학술상(2008), 한국정책학회 정책상(2016) [저]'숲과 종교(편저)'(1995, 수문출판사) '야외휴양관리'(1998, 따님출판사) '치유의 숲'(2005, 지성사) '숲으로 가는 건강 여행'(2007, 지성사) '숲속의 문화, 문화속의 숲'(열화당) '산림정책학'(共) '숲, 문화, 그리고 인간'(共) [종]천주교

신원수(申源秀) SHIN Won Soo

[생]1963·1·14 [출]서울 [주]서울 강남구 테헤란로103길17 (주)로엔엔터테인먼트 대표이사실(02-2280-7739) [학]1981년 휘문고졸 1985년 경희대 환경보호학과졸 [경]SK텔레콤(주) 뮤직사업팀장, 同컨텐츠사업본부장 2006년 (주)서울음반 비상근이사 2008년 (주)로엔엔터테인먼트 대표이사(현)

신원식(申元植) Andrew W.S. Shin

[생]1955·10·29 [출]전북 부안 [주]서울 강서구 공항대로340 한국가스공사 서울지역본부2층 한국천연가스차량협회(070-7729-3665) [학]동성고졸, 서울대 언어학과졸, 同대학원 행정학과졸 [경]1981년 상공자원부 사무관 1993~1994년 同통상지원과장(서기관) 1995년 삼성중공업(주) 조선영업 이사 2000년 (주)홍진HJC 미국·유럽현지법인 사장 2004년 효성기계공업(주) 경영지원실장 겸 영업총괄 전무 2006년 일진전기(주) 해외사업담당 전무 2008년 同해외그룹장(부사장) 2010년 同사업개발실장(부사장) 2011년 同환경사업부장(부사장) 2011년 同최고재무책임자(CFO·부사장) 2012년 同대외협력담당 부사장 2013년 同각자대표이사, 중한자동차 고문 2016년 한국천연가스차량협회 상근부회장(현) [상]대통령표창(주요정책추진유공), 미국 오하이오주 콜럼버스시 명예시민증, 중앙공무원교육원장표창 [종]기독교

신원철(申元徹) SHIN Weon Chul

[생]1964·2·3 [출]서울 [주]서울 중구 덕수궁길15 서울특별시의회(02-3783-1636) [학]1983년 영동고졸 1988년 인천대 사회과학대학 행정학과졸, 연세대 행정대학원 공공정책학과 석사과정 재학中 [경]1987년 전국대학생대표자협의회 부의장 1987년 인천대 총학생회장 2002년 한국청년협회 지방자치센터 부소장 2002년 서울시의원선거 출마(새천년민주당) 2006년 서울시의원선거 출마(열린우리당) 2010년 서울시의회 의원(민주당·민주통합당·민주당·새정치민주연합) 2010년 同도시관리위원장 2012년 同행정자치위원회 위원 2012년 同정책연구위원회 위원 2013년 同예산결산특별위원회 위원 2013년 同학교폭력대책특별위원회 위원 2013년 同2018평창동계올림픽지원및스포츠활성화를위한특별위원회 위원, 우상호 국회의원 보좌관(4급) 2014년 서울시의회 의원(새정치민주연합·더불어민주당)(현) 2014년 同새정치민주연합 원내대표 2014~2016년 同행정자치위원회 위원 2015~2016년 同더불어민주당 원내대표 2016년 同교통위원회 위원(현) 2016년 同지방분권TF 단장(현)

신원호(申垣浩) SHIN Won Ho

[생]1964·8·4 [출]전남 고흥 [주]경기 화성시 동탄면 동탄산단10길46 신화일렉트론(주) 비서실(031-646-5500) [학]1989년 동서울대학 전자공학과졸 1996년 수원대 화학공학과졸 2000년 아주대 산업정보대학원 정보전자공학과졸, 전경련 국제경영원 최고경영자과정 수료 2010년 숭실대 대학원 경영학박사과정 수료 [경]1988~1990년 일본 캐논반도체 근무 1990~1992년 LG전자 안양연구소 근무 1992~1994년 케이씨텍 근무 1998년 태화일렉트론(주) 대표이사 2002년 (주)티엔텍 대표이사 2006~2008년 경기벤처협회 회장 2010년 한국기업협력협회 회장 2010년 스마트론 대표이사 2013년 성남시체육회 부회장(현) 2014년 신화일렉트론(주) 대표이사(현) [상]벤처기업대상 대통령표창(2003), 대·중소기업협력대상 산업포장(2005), 경기우수중소벤처기업 도지사표창(2006), 한국생산성본부 CEO대상(2008), 제3회 창업경영자대상(2009)

신유동(申有東) SIN Yu Dong

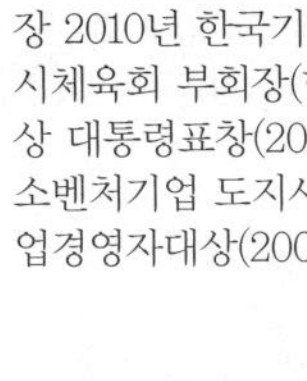

[생]1961·10·16 [출]서울 [주]서울 강남구 학동로343 (주)휴비스 마케팅지원본부(02-2189-4567) [학]1980년 휘문고졸 1987년 한양대 무역학과졸 [경]1987년 (주)삼양사 섬유본부 장섬유판매부 1992년 同대구지점 섬유판매팀 1996년 同뉴욕사무소 파견팀장 1997년 同섬유본부 장섬유SBU 장섬유판매담당, CNC Board(2·3기)팀장 2000년 (주)휴비스 수출팀·FY마케팅팀·전략팀장 2005년 同FY마케팅본부장 2008년 同FY사업본부장(상무) 2009년 同SF사업본부장(상무) 겸 사천휴비스 부동사장 2013년 同SF1사업본부장(전무) 2015년 同마케팅지원본부장(전무)(현)

신유철(申裕澈)

[생]1955·9·9 [주]경기 안양시 동안구 시민대로159번길25 126호 (주)경기공항리무진버스 임원실(031-382-9600) [학]1975년 서울 배문고졸 1980년 건국대 상경대학 경제학과졸 [경]1980~1990년 (주)대한항공 국제영업부 근무 1992~1995년 (주)삼경데이터통신 대표이사 1996년 (주)경기공항리무진버스 대표이사(현) 2008년 (사)경기도관광협회 회장(현) 2008년 경기관광공사 사외이사(현) 2009년 한국관광협회중앙회 이사(현) 2009~2015년 同여행공제회 부회장 [상]부총리 겸 재정경제부장관표창(2007), 석탑산업훈장(2013)

신유철(申裕澈) SHIN Yoo Chul

[생]1965·3·1 [출]경기 김포 [주]경기 수원시 영통구 월드컵로120 수원지방검찰청 검사장실(031-210-4301) [학]1983년 장훈고졸 1987년 서울대 법학과졸 1989년 同대학원 법학과졸 1998년 미국 버지니아대 법대졸(LL.M.) [경]1986년 사법시험 합격(28회) 1988년 외무고시 합격(22회) 1991년 사법연수원 수료(20기) 1991년 軍법무관 1994년 부산지검 검사 1996년 대전지검 천안지청 검사 1997년 인천지검 검사 1998년 미국 뉴욕주 변호사시험 합격 1999년 법무부 검찰국 검사 2000년 同검찰4과 검사 2003년 서울지검 남부지청 부부장검사 2003년 서울고검 검사 2003년 駐유엔대표부 법무협력관 파견 2006년 법무부 정책기획단 부장검사 2008년 同형사기획과장 2009년 同검찰과장 2010년 서울중앙지검 형사1부장 2011년 서울남부지검 차장검사 2012년 광주지검 순천지청장 2013년 서울고검 송무부장(검사장급) 2013년 서울중앙지검 제1차장검사(검사장급) 2015년 전주지검장 2015년 수원지검장(현)

신윤식(申允植) SHIN Yun Sik (鮮岩)

[생]1936·4·26 [본]고령(高靈) [출]전남 고흥 [주]서울 서초구 반포대로23길32 (사)정보환경연구원(02-2052-4300) [학]1955년 순천농고졸 1959년 서울대 문리대졸 1970년 同행정대학원졸 1990년 행정학박사(중앙대) 2000년 명예 경영학박사(세종대) [경]1964년 행정고시 합격 1979년 우정연구소장 1980년 전남체신청장 1982년 체신부 경리국장 1983년 同우정국장 1987년 同기획관리실장 1988~1990년 同차관 1991년 (주)데이콤 사장 1991년 정보산업연합회 부회장 1994년 (주)데이콤 고문 1994년 미국 하버드대 정보정책연구소 연구위원 1995년 순천대 객원교수 1997년 하나로통신 대표이사 사장 1999년 한국컴퓨터산업교육학회 회장 2002년 한국통신사업자연합회 이사 2002~2003년 하나로통신 대표이사 회장 2002~2003년 하나로드림(주) 대표이사 회장 겸임 2005~2011년 한국유비쿼터스농촌포럼(KUVF: Korea Ubiquitous Village Forum) 공동대표, (사)정보환경연구원 회장(현) [상]홍조·황조근정훈장, 다산경영인상, 통신경영대상, 금탑산업훈장 [저]'정보통신정책론' '정보사회론' [종]기독교

신윤하(辛潤夏) Shin Yun Ha

[생]1938·11·1 [출]인천 [주]서울 강남구 논현로36길20 동운빌딩6층 국제산공(주)(02-3461-6600) [학]1958년 동산고졸 1963년 성균관대 생명과학과졸 1988년 세종대 최고경영자과정 수료 2006년 성균관대 경영대학 최고경영자과정(W-AMP) 수료(2기) [경]1963년 국립보건원 근무 1964년 (주)극동기업공사 입사 1969년 동신기업(주) 미국지사 근무 1979년 국제산공(주) 설립·대표이사 회장(현) 1992년 동운장학회 설립 1996~2000년 인천동산중·고총동창회 회장 1996~2001년 대한설비건설협회 이사 1998년 건설교통부 민관합동 브라질·멕시코·베네수엘라 사절단 동참 1999~2001년 대한설비건설협회 플랜트분과 위원장 2000년 성균관대총동창회 부회장 2002년 역삼세무서 세정자문위원회 위원·회장(현) 2005년 대한설비건설협회 이사 2005~2012년 辛氏대종회 부회장 2006년 성균관대 경영인포럼 회장 2010년 성균관대총동창회 분과위원회협의회 의장(현) 2013~2016년 辛氏대종회 회장 2014년 성균관대장학재단 이사(현) 2016년 성균관대총동창회 회장(현) [상]대한건설협회 매출 2백억탑, 국무총리표창(1999), 산업포장(2006), 성균경영인상(2009), 국세청장표창(2010), 기획재정부장관표창(2012), 2013 자랑스러운 성균인상(2014) [종]불교

신 율(申 律) SHIN Yul

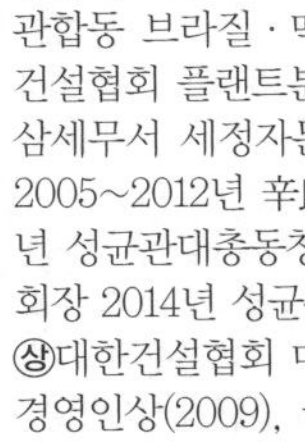

[생]1961·11·16 [출]서울 [주]서울 서대문구 거북골로34 명지대학교 사회과학대학 정치외교학과(02-300-0694) [학]1987년 고려대 정치외교학과졸 1991년 독일 프라이부르크알베르트루트비히대학 대학원 정치학과졸 1995년 정치학박사(독일 프라이부르크알베르트루트비히대학) [경]1994~1995년 독일 ABI 연구소 연구원·프라이부르크대 강사 1995~1996년 통일연구원 북한인권정보센

터 연구위원 1996년 명지대 사회과학대학 정치외교학과 조교수·부교수·교수(현) 2000~2001년 통일부 정책심의위원 2001~2002년 여성부 정책기획위원 2002년 대한매일 명예논설위원 2002~2003년 케이블 KTV '생방송 e-Korea' 진행 2003~2004년 KBS1 '생방송 심야토론' 진행 2003~2005년 통일부 정책자문위원 2004~2005년 EBS '월드리포트' 진행 2005~2008년 CBS '시사자키' MC 2005년 명지대 출판부장 2007년 제17대 대통령후보 초청 특별인터뷰 MC 2010년 미국 세계인명사전 Marquis Who's Who in the World에 등재 2012~2013년 TV조선 '신율의 대선열차' 진행 2012~2015년 뉴스Y '신율의 정정당당' 진행 2014년 한국국제정치학회 부회장 2014년 YTN 라디오 '신율의 출발 새아침' 진행(현) 2014년 YTN TV '신율의 시사탕탕' 진행(현) [상]자랑스러운 한일인상(2014) [저]'북한학 강좌'(1997) '현대정치 이론과 체제변동'(1997) '국제갈등의 이해-인접국간의 갈등관계-'(1997) '한국전쟁에서 남북정상회담까지'(2001) '뉴 밀레니엄의 성정치학'(2001) '시민운동 바로보기'(2001) '북한사회의 이해'(2002) '시민사회, 사회운동, 신사회운동- 시민운동의 이론적 이해'(2002)

신은경(申恩卿·女) SHIN Eun Kyong

[생]1958·12·23 [출]서울 [주]서울 서대문구 경기대로47 한국청소년활동진흥원 이사장실(02-330-2805) [학]1976년 서울 진명여고졸 1981년 성신여대 영어교육과졸 1988년 한국외국어대 동시통역대학원졸 1993년 영국 웨일즈대 언론대학원 저널리즘과졸 1995년 저널리즘박사(영국 웨일즈대) [경]1981년 KBS 아나운서(8기) 1982~1992년 同9시뉴스 앵커 1985~1987년 同라디오 '오늘도 명랑하게' DJ 1987~1992년 同'희망음악' DJ 1997~1998년 방송대학 방송정보학과 강사 1997년 SBS '신은경·김창완의 아름다운아침' 공동MC 1997년 CBS FM 신은경의 가정음악실 1998년 경북 고로면 명예면장 2001년 (주)듀오정보 대표이사 사장 2003~2004년 한세대 미디어영상학부 전임강사·조교수 2008년 자유선진당 대변인 2008년 제18대 국회의원선거 출마(서울中, 자유선진당) 2013~2016년 차의과대 의료홍보영상학과 교수 2013~2016년 同글로벌경영연구원장 2016년 한국청소년활동진흥원 이사장(현) [상]KBS 방송인공로상 2회, 이산가족찾기 대통령표창(1983), 보건사회부 이웃돕기방송공로상(1985), 방송위원회 방송대상(1991) [저]'9시뉴스를 기다리며'(1992) '그림이 있는 음악여행'(1992) '당신을 필요로 하는 사람이 곁에 있습니까'(1992) '사랑이 뭐길래 정치가 뭐길래'(1996) '신은경의 신나는 요리'(1998) [역]'그림이 있는 음악여행' [작]음반 '신은경의 음악편지(클래식모음집)'(1999) 광고'(주)무궁화세제 백의민족' [종]기독교

신은선(申銀善·女)

[생]1972·7·6 [출]강원 강릉 [주]대구 수성구 동대구로364 대구지방검찰청 여성아동범죄조사부(053-740-3300) [학]1991년 강릉여고졸 1995년 성균관대 법학과졸 1998년 同대학원졸 [경]1998년 사법시험 합격(40회) 2001년 사법연수원 수료(30기) 2001년 서울지검 의정부지청 검사 2003년 대구지검 포항지청 검사 2005년 청주지검 검사 2008년 수원지검 성남지청 검사 2010년 서울동부지검 검사 2010~2012년 여성가족부 파견 2015년 춘천지검 부부장검사 2016년 대구지검 여성아동범죄조사부장(부부장검사) (현)

신은철(申殷澈) SHIN Eun Chul

[생]1947·2·10 [출]충남 홍성 [주]서울 중구 청계천로 86 한화그룹 임원실(02-729-1114) [학]1965년 삼선고졸 1972년 한국외국어대 독어학과졸 [경]1972년 삼성생명 입사 1980년 同영업국장·영업관리부장·인사부장 1988~1990년 同투융자사업부장 1991~1993년 同인사담당임원 1994년 삼성그룹 일본본사 금융부문장 1995~1996년 同금융부문 전략기획실장 1997~1998년 同인력개발원 부원장 2001년 삼성생명보험 영업총괄 대표이사 사장 2003년 대한생명보험 대표이사 사장 2005~2012년 同대표이사 부회장 2012~2013년 한화생명보험 대표이사 부회장 2012~2014년 대한승마협회 회장 2012~2014년 아시아승마협회 회장 2013년 한화그룹 상임고문(현) [상]매경이코노미 선정 올해의 CEO(2012)

신은철(申殷澈) SHIN Eun Chul

[생]1962·1·18 [본]평산(平山) [출]대전 [주]서울 서초구 반포대로158 서울고등검찰청(02-530-3114) [학]1980년 대전고졸 1985년 서울대 법대졸 1988년 同대학원 법학과졸 [경]1985년 사법시험 합격(27회) 1988년 사법연수원 수료(17기) 1988년 육군 법무관 1991년 대구지검 검사 1993년 대전지검 천안지청 검사 1994년 법무부 보호국 검사 1996년 서울지검 검사 1999년 부산지검 검사 2000년 同부부장검사 2000년 대전고검 검사 2002년 광주지검 강력부장 2003년 인천지검 마약수사부장 2004년 사법연수원 교수 2006년 대검찰청 감찰1과장 2007년 광주지검 순천지청 차장검사 2008년 수원지검 안산지청 차장검사 2009년 청주지검 차장검사 2009~2011년 서울고검 검사 2011년 국토해양부 감사관 2013년 국토교통부 감사관 2016년 서울고검 검사(현)

신은향(申恩享·女)

[생]1972·11·27 [주]세종특별자치시 갈매로388 문화체육관광부 시각예술디자인과(044-203-2751) [학]경북대 대학원 행정학과졸 [경]1999년 행정고시 합격(43회) 2003년 문화관광부 문화사업국 콘텐츠진흥과 행정사무관 2004년 同청소년국 청소년수련과 행정사무관 2005년 同문화정책국 저작권과 행정사무관 2007년 同문화산업본부 저작권산업팀 서기관 2008년 문화체육관광부 문화콘텐츠산업실 저작권산업과 서기관 2009년 同문화예술국 공연전통예술과장 2011년 미래기획위원회 파견(서기관) 2011년 국제지적재산기구 파견, 문화체육관광부 전당기획과장 2014년 국립한글박물관 기획운영과장 2016년 문화체육관광부 시각예술디자인과장(현) [상]국무총리표창(2005)

신은호(申銀浩) Eun-ho Sin

[생]1954·9·25 [주]인천 남동구 정각로29 인천광역시의회(032-440-6061) [학]한국방송통신대 행정학과졸 [경]1998·2006·2010~2014년 인천시 부평구의회 의원(민주당·민주통합당·민주당·새정치민주연합), 민주평통 자문위원, 지역정의실천시민모임 이사, 민족화해협력범국민협의회 인천공동대표 2002년 새천년민주당 노무현 대통령후보 보좌관, 열린우리당 중앙당 대의원, 同인천시부평甲지역위원회 민원실장, (재)희망제작소 후원회원 2008~2010년 인천시 부평구의회 운영위원장 2010~2012년 同의장 2010년 인천시군·구의장협의회 회장 2014년 인천시의회 의원(새정치민주연합·더불어민주당)(현) 2014년 同운영위원회 위원 2014년 同건설교통위원회 위원 2014년 同윤리특별위원회 위원 2016년 同교육위원회 위원장(현) [상]전국시·도의회의장협의회 우수의정 대상(2016) [종]기독교

신은희(愼恩熹·女) Shin, Eun Hee (Cindy)

[생]1964·1·28 [출]대구 [주]서울 중구 서소문로50 센트럴플레이스 닐슨코리아(주) 임원실(02-2122-7101) [학]1985년 이화여대 영어영문학과졸 1992년 미국 유타주립대 대학원졸, 심리학박사(미국 유타주립대) [경]1992년 미국 Univ. of Nebraska at Lincoln 연구원 1993년 고려대·한성대 강사 1995년 닐슨코리아(주) 소비자조사본부장(상무) 2005년 同부사장 2007년 同대표이사 사장(현) 2008년 일본 닐슨 총괄대표이사 겸임(현) 2013~2015년 한국조사협회 회장

신을호(申乙浩) SHIN Eul Ho

[생]1960·6·7 [본]고령(高靈) [출]전남 고흥 [주]서울 종로구 율곡로2길25 연합뉴스 기획조정실(02-398-3634) [학]1979년 광주고졸 1988년 한국외국어대 행정학과졸 [경]1988년 연합통신 입사(7기) 1988년 同기획부 근무 1989년 同총무부 근무 1993년 YTN 파견 1995년 연합통신 인사부 근무 1999년 연합뉴스 인사교육부 차장대우 2001년 同인사교육부 차장 2005년 同경영기획실 인사부장 2008년 同관리국 총무부장 2010년 同경영기획실 기획부장 2011년 同기획조정실 기획부장 2011년 同기획조정실 기획부장(부국장대우) 2012년 同관리국장 2013년 同경영지원국장 2014년 同경영지원국장(부국장급) 2015년 同기획조정실장(현) 2016년 한국신문협회 기조협의회 이사(현) [상]한국신문협회상(2005) [종]불교

신응석(辛應碩) SIN Eung Seok

[생]1972·2·9 [출]서울 [주]서울 서초구 반포대로157 대검찰청 반부패부 수사지원과(02-3480-2580) [학]1990년 영등포고졸 1994년 고려대 법학과졸 [경]1996년 사법시험 합격(38회) 1999년 사법연수원 수료(28기) 1999년 서울지검 동부지청 검사 2001년 대전지검 서산지청 검사 2002년 대구지검 검사 2004년 인천지검 검사 2006년 수원지검 검사 2008년 대검찰청 연구관 2010년 서울중앙지검 검사 2011년 부산지검 부부장검사 2013년 광주지검 특수부장 2014년 창원지검 거창지청장 2015년 대검찰청 사이버수사과장 2016년 同수사지원과장(현)

ㅅ

신응수(申鷹秀) SHIN Eung Soo (誠齋)

생1942·4·4 **본**평산(平山) **출**충북 청원 **주**강원 강릉시 강변로534번안길53 우림목재(033-652-5787) **학**천안 병천중졸 **경**1962년 숭례문 중수공사 1975년 수원 장안문 및 포루·각루 복원공사 1985년 창경궁 문정전 및 화랑 복원공사 1988년 경복궁 보수·복원공사 1991년 중요무형문화재 제74호 대목장 기능보유자 지정(현) 1996년 창덕궁 보수·복원공사 1999~2004년 한국문화재기능인협회 회장 2001년 덕수궁 중화전 보수공사 2002년 창경궁 통명전 보수공사 2003~2005년 평산신씨 정모재 신축공사, 조계사 대웅전 보수공사 2003~2004년 남한산성 행궁(정전, 영령전 外 5동) 복원공사 2004~2005년 경복궁 집옥재 보수공사, 경남 의령 故이병철생가 보수공사 2004년 강릉 임영종각 신축공사, 경복궁 건청궁 복원공사 2005년 뉴욕 한마음선원 신축공사, 파주 고려통일대전 정전 신축공사 2006년 분당 대광사 대불보전 신축공사 2007년 경복궁 광화문 권역 공사 2008년 충남 부여 무량사 보수 공사 2010년 숭례문 복구공사 도편수 **상**대통령표창(1991), KBS지역대상 본상(1996), 만해예술상(1999), 부총리 겸 재정경제부장관표창(2002), 옥관문화훈장(2002), 파라다이스재단상 예술부문(2004) **저**'천년궁궐을 짓는다'(2002) '목수산문집'(2005) '경복궁 근정전'(2006) '신응수의 목조 건축 기법'(2012, 눌와) **작**'서울 숭례문 중수(도편수 조원재)' '경주 불국사 복원(도편수 이광규)' '수원화성(장안문·창룡문) 복원' '삼청동 총리공관 신축' '서울 필동 한국의 집 신축' '경주 안압지 복원' '부산 삼광사 대웅전 신축' '창경궁, 창덕궁 복원 및 보수공사' '한남동 승지원 신축' '청와대 대통령 관저 신축' '분당 대광사 미륵보전 신축' **종**불교

신응호(申應浩) Eung Ho Shin

생1957·5·20 **출**대전 **주**서울 강남구 테헤란로117 KB손해보험 임원실(1544-0114) **학**1975년 대전고졸 1983년 고려대 경제학과졸 2000년 미국 콜로라도대 덴버교 대학원 경영학과졸 **경**1983년 한국은행 입행 1999년 금융감독원 비은행감독국 팀장 2001년 同신용분석실 팀장 2003년 同은행검사2국 팀장 2008년 同신용서비스실장 2008년 同기업금융1실장 2010년 同기업금융개선국장 2011년 同부원장보 2013~2015년 한국금융연수원 부원장 2015년 KB손해보험 상임이사 겸 상근감사(현)

신응환(辛應煥) SHIN Eung Hwan

생1957·6·18 **출**경북 문경 **주**서울 중구 통일로120 NH농협은행 임원실(02-2080-5114) **학**1975년 휘문고졸 1979년 연세대 경영학과졸 **경**1981년 제일모직 입사 1991년 삼성그룹 비서실 근무 1999년 삼성 구조조정본부 재무팀 이사 2001년 同구조조정본부 재무팀 상무보 2002년 삼성SDI 상무이사 2002년 삼성 구조조정본부 재무팀 상무이사 2003년 삼성카드(주) 경영지원실장(상무) 2005년 同경영지원실장(전무) 2007년 同경영지원본부장(전무) 2009년 同마케팅본부장(부사장) 2010년 同신판사업본부장(부사장) 2011~2012년 유진그룹 대표이사 사장 2014년 NH농협은행 카드사업총괄 사장(현) **종**기독교

신의섭(申義燮)

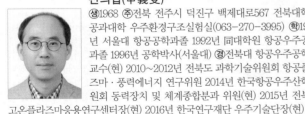

생1968 **주**전북 전주시 덕진구 백제대로567 전북대학교 공과대학 우주환경구조실험실(063-270-3995) **학**1990년 서울대 항공공학과졸 1992년 同대학원 항공우주공학과졸 1996년 공학박사(서울대) **경**전북대 항공우주공학과 교수(현) 2010~2012년 전북도 과학기술위원회 항공플라즈마·풍력에너지 연구위원 2014년 한국항공우주산학위원회 동력장치 및 체계종합분과 위원(현) 2015년 전북대 고온플라즈마응용연구센터장(현) 2016년 한국연구재단 우주기술단장(현)

신의순(申義淳) SHIN Eui Soon

생1950·6·9 **본**평산(平山) **출**서울 **주**서울 서대문구 연세로50 연세대학교 상경대학 경제학부(02-2123-2457) **학**1968년 부산고졸 1972년 연세대 경제학과졸 1980년 경제학박사(미국 워싱턴대) **경**1980~1981년 미국 캘리포니아공대(Caltech) 연구교수 1981~2015년 연세대 상경대학 경제학부 조교수·부교수·교수 1988년 미국 하와이대 객원교수 1988~1989년 미국 브라운대 교환교수 1993~1995년 한국자원경제학회 회장 1993~1998년 석유개발공사 비상임이사 1995~1996년 연세대 대학원 교학처장 1996~1998년 同상경대학 경제학과장 1997~2014년 미국 세계인명사전 'Marquis Who's Who in the World'에 등재 1999년 미국 하버드대 객원연구원 2002년 한나라당 이회창 대통령후보 환경정책특보 2002~2015년 연세대 동서문제연구원 지속가능사회센터장 2006~2009년 同학부대학장 2008~2013년 대통령직속 미래기획위원회 위원 2008~2014년 (사)한국그린캠퍼스협의회 회장 2008~2009년 한국경제연구학회 회장 2013~2014년 국무총리소속 녹색성장위원회 민간위원 2014년 (사)한국그린캠퍼스협의회 이사장(현) 2015년 연세대학교 명예교수(현) 2015년 에쓰오일(주) 사외이사(현) **상**연세대 학술상(1983), 매일경제신문 이코노미스트상(1994), 녹색성장정책유공 대통령표창(2013), 녹조근정훈장(2015) **저**'자원경제학'(1988) '한국의 에너지수요와 생산요소간 대체성분석'(1990) '환경정책과 공해방지비용의 분담'(1991) '한국경제와 에너지정책'(2001) 'Energy and Environment in the Korean Economy'(2004) '기후변화협약과 기후정책'(2005) '한국의 환경정책과 지속가능한 발전'(2005) **종**기독교

신의진(申宜眞·女) SHIN Yee-jin

생1964·4·10 **본**평산(平山) **출**부산 **주**서울 서대문구 연세로50의1 연세대학교 의과대학 정신과학교실(02-2019-3345) **학**1983년 부산 혜화여고졸 1989년 연세대 의대졸 1992년 同대학원졸(정신과학 전공) 1995년 의학박사(연세대) **경**1994~1996년 연세대 의대 정신과 연구강사 1996~1997년 미국 콜로라도대 소아정신과 방문교수 1998~2006년 연세대 의과대학 정신과학교실 전임강사·조교수 2004~2008년 해바라기아동센터(여성부지원아동성폭력피해자치료전담센터) 운영위원회 위원장 2005~2006년 한국간행물윤리위원회 심의위원 2006~2012·2016년 연세대 의과대학 정신과학교실 부교수(현) 2009년 미국 휴스턴베일러의대 방문교수 2010~2012년 한국마음두뇌교육협회 부회장 2012~2016년 제19대 국회의원(비례대표, 새누리당) 2012~2013년 새누리당 원내대변인(원내공보부대표) 2012~2013년 同아이가행복한학교만들기특별위원회 간사 2012년 국회의원연구단체 '국회미래여성가족포럼' 대표의원 2012~2013년 국회 운영위원회 위원 2012~2014년 국회 보건복지위원회 위원 2012년 국회 학교폭력대책특별위원회 위원 2012~2013년 새누리당 아동·여성성범죄근절특별위원회 간사 2012년 同인권위원회 위원 2013~2014년 同제5정책조정위원회 간사 2013년 同가족행복특별위원회 부위원장 2013년 同일본역사왜곡대책특별위원회 위원 2013~2014년 국회 여성가족위원회 위원 2014년 새누리당 국민건강특별위원회 건강보험발전분과 간사 2014년 同경제혁신특별위원회 규제개혁분과 위원 2014년 국회 세월호국조대책특별위원회 위원 2014년 국회 세월호침몰사고의진상규명을위한한국정조사특별위원회 위원 2014년 국회 미래창조과학방송통신위원회 위원 2014년 국회 예산결산특별위원회 위원 2014~2015년 국회 교육문화체육관광위원회 위원 2014~2015년 국회 군인권개선및병영문화혁신특별위원회 위원 2015년 새누리당 아동학대근절특별위원회 간사·위원 2015년 同메르스비상대책특별위원회 위원 2015년 국회 메르스대책특별위원회 위원 2015년 새누리당 대변인 2015년 국회 안전행정위원회 위원 **상**대통령표창(2009), 제7회 서울시 여성상 대상(2010) **저**'현명한 부모들은 아이를 느리게 키운다'(2001, 중앙M&B) '아이보다 더 아픈 엄마들'(2002, 중앙M&B) '현명한 부모들이 꼭 알아야 할 대화법'(2005, 랜덤하우스코리아) '현명한 부모들이 고른 신의진의 자녀교육 베스트 컬렉션'(2006, 랜덤하우스코리아) '현명한 부모는 자신의 행복을 먼저 선택한다'(2006, 갈리온) '서툴지 않는 엄마의 타이밍 학습법'(2007, 서울문화사) '신의진의 아이 심리백과(0~6세 부모들이 알아야 할 모든 것)'(2007, 갈리온) '신의진의 초등학생 심리백과'(2008, 갈리온) '나는 아이보다 나를 더 사랑한다(아이보다 더 아픈 엄마들을 위한 심리학)'(2009, 걷는나무) '현명한 부모는 아이를 느리게 키운다'(2010, 걷는나무) '현명한 부모가 꼭 알아야 할 대화법(아이에게 나보다 더 나은 인생을 선물하고 싶다면)'(2010, 걷는나무) '신의진의 아이심리백과(0~2세 부모가 꼭 알아야 할 아이 성장에 관한 모든 것, 0~2세 편)'(2011, 걷는나무) '신의진의 아이심리백과(3~4세 부모가 꼭 알아야 할 아이 성장에 관한 모든 것, 3~4세 편)'(2011, 걷는나무) '신의진의 아이심리백과(5~6세 편, 5~6세 부모가 꼭 알아야 할 아이 성장에 관한 모든 것)'(2011, 걷는나무) '신의진의 아이심리백과(1~3학년 부모가 꼭 알아야 할 아이 성장에 관한 모든 것, 초등 저학년 편)'(2011, 걷는나무) '신의진의 아이심리백과(초등 고학년 편, 4~6학년 부모가 꼭 알아야 할 아이 성장에 관한 모든 것)'(2011, 걷는나무) '아이의 인생은 초등학교에 달려 있다(행복한 아이로 키우기 위해 초등학생 부모들이 알아야 할 모든 것)'(2011, 걷는나무) '국제화 시대 신의진의 복지와 건강(복지의 패러다임을 바꾸자 자기 주도적 복지론)'(2012, 에세이퍼블리싱) '대한민국에서 일하는 엄마로 산다는 것'(2014, 걷는나무) **역**'어린이의 문제행동' '현명한 부모가 꼭 알아야 할 대화법' **종**기독교

신이현(申二賢) SHIN Lee Hyun

생1955·10·30 **출**대구 **주**부산 부산진구 동성로109 (주)제낙스 임원실(051-804-6500) **학**1978년 연세대 천문학과졸 1988년 경남대 대학원 정치외교학과졸 **경**1984년 (주)대우OA시스템 대표이사 1985년 (주)라이프플랜 대표이사 1992년 샤인금속(주) 상무이사 1995년 同대표이사 2000~2014년 (주)샤인 대표이사 2014년 (주)제낙스 대표이사(현) **상**통상산업부장관표창, 500만불 수출탑, 부산벤처기업인 대상(2002), 부산수출대상 우수상(2007), 대통령표창(2007) **종**기독교

신익균(申翼均) SHIN Eak Kyun

[생]1949·4·3 [출]경기 김포 [주]인천 남동구 남동대로 774번길21 가천대 길병원 심장내과(032-820-4601) [학]1968년 휘문고졸 1974년 고려대 의과대학졸 1984년 가톨릭대 대학원졸 1987년 의학박사(가톨릭대) [경]1980~1986년 청구성심병원 내과 과장 1987년 미국 마이애미대 심장내과 연구원 1988년 가천의과학대 길병원 내과 과장 1994년 同길병원 심장센터 소장 1998~2006년 同내과학교실 교수 1999년 중국 서안 제4군의과대학 심장내과 초빙교수 2000년 중국 천진의과대부속 제1중심병원 심장내과 초빙교수 2000년 대한순환기학회·대한심장학회 이사 2000년 국제심혈관중재술 시연회 및 심포지엄 조직위원장 2003년 가천의과학대 길병원장 2005년 同의무부총장 겸 의학전문대학원장 2006~2012년 同내과학교실 교수 2006~2008년 同교학부총장 2008년 대한민국의학한림원 정회원(현) 2012~2014년 가천대 의과대학 심장내과학교실 교수 2012~2013년 同의학전문대학원장 2013~2015년 대한심장학회 회장 2014년 가천대 의과대학 심장내과학교실 명예교수(현) 2015년 미국심장학회(AHA) fellow(현) [상]대한순환기학회 학술상(2000), 고의 의학상(2006), 중국 심장학회 공로상(2008), 내과학술상(2011)

신인기(申仁基) SHIN In Kee

[생]1948·3·10 [출]서울 [주]서울 강남구 역삼로162 에버리치F&B 회장실(02-525-1767) [학]경기공업전문고졸, 서울산업대졸, 한양대 환경과학대학원졸 [경]1993년 건설부 기술감리담당 1994년 同건설기술국 건설감리과장 1994년 건설교통부 건설기술심의관실 건설관리과장 1995년 同건설기준과장 1996년 同건설지원과장 1997년 원주지방국토관리청 건설관리실장 1998년 건설교통부 기술정책과장 2000년 同기술정책과장(부이사관) 2001년 국립지리원 측지과장 2001년 원주지방국토관리청장 2002년 건설교통부 부이사관(국외훈련 파견) 2003년 同한강홍수통제소장 2004~2006년 국토지리정보원장 2006~2010년 대한건축사협회 상근부회장 2010~2012년 (주)신성엔지니어링 총괄부회장 2013년 에버리치F&B 회장(현) 2013년 한국외식경제연구소 회장(현) [상]대통령비서실장표창(1980), 근정포장(1984), 홍조근정훈장(2006)

신인령(辛仁羚·女) SHIN In Ryung

[생]1943·3·1 [본]영월(寧越) [출]강원 [주]서울 서대문구 이화여대길 52 이화여자대학교 [학]1967년 이화여대 법학과졸 1974년 同대학원 법학과졸 1985년 법학박사(이화여대) [경]1971~1980년 (재)한국크리스챤아카데미 산업사회교육 간사 1974~1984년 이화여대 법학과·여성학과 강사 1985~2008년 同법학과 조교수·부교수·교수 1992~1994년 同학과장 1994~1995년 일본 히토쓰바시대 객원연구교수 1995~2008년 한국노동사회연구소 이사 1995~1996년 한국노사관계학회 부회장 1998~1999년 미국 워싱턴대 로스쿨 방문연구교수 1998~2001년 한국노동법학회 부회장 1999년 감사원 부정방지대책위원 2000~2012년 한국가정법률상담소 이사 2000~2002년 이화여대 법과대학장 2001~2002년 한국노동법학회 회장 2002~2006년 이화여대 총장 2003~2007년 환경운동연합 공동대표 2003~2005년 민주평통 여성부 의장 2004년 대법관 제청자문위원 2004~2006년 과학기술기획평가원 이사 2004~2007년 국가청렴위원회 자문위원 2004~2007년 대한적십자사 중앙위원 2005~2006년 사법제도개혁추진위원회 민간위원 2005~2007년 윤이상평화재단 이사 2005~2007년 한국과학재단 최고과학자위원 2005~2007년 대검찰청 자문위원 2005~2006년 한국학술진흥재단 이사 2006~2009년 삼성고른기회장학재단 이사장 2006~2011년 同이사 2007~2008년 교육인적자원부 법학교육위원회 위원장 2008년 이화여대 명예교수(현) 2009~2012년 함께 나누는세상 공동대표 2010년 남북평화재단 이사(현) 2012년 서울시 시정고문단 고문(현) 2012년 同원전하나줄이기시민위원회 공동위원장(현) 2015년 반헌법행위자열전 편찬위원회 공동대표(현) [상]자랑스러운 강원인상(2003), 홍조근정훈장(2004), 청조근정훈장(2008) [저]'여성, 노동, 법'(1985) '노동기본권 연구'(1985) '노동법과 노동운동'(1987) '법여성학(共)'(1989) '법과 현대사회(共)'(1992) '노동인권과 노동법'(1996) '법학인문(共)'(1998) '세계화와 여성노동권'(2002, 이화여대 출판부) '노동법판례교재 Ⅰ·Ⅱ'(2007, 세창출판사) '한국노동법변천과 법실천과정'(2008) '나의 인연 이야기(2016, 지식공작소) 외 다수 [종]기독교

신인석(辛仁錫) SHIN In Seok

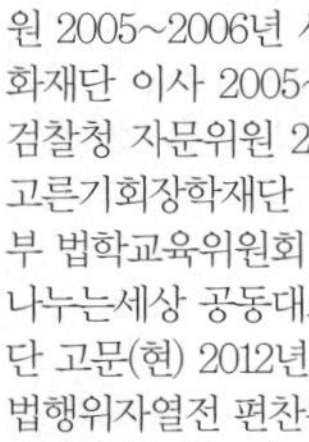

[생]1965·2·10 [주]서울 중구 남대문로39 한국은행 금융통화위원회(02-759-4114) [학]1987년 서울대 경제학과졸 1989년 同대학원 경제학과졸 1997년 경제학박사(미국 스탠퍼드대) [경]1990~1992년 한국장기신용은행 근무 1997~2006년 한국개발연구원 거시금융부 연구위원 2000년 자산운용협회 자문위원 2001년 한국경제패널 금융분과 위원 2001~2003년 재정경제부 금융발전심의회 증권분과 위원 2001~2004년 증권거래소 선물옵션시장발전위원회 위원 2002~2004년 외교통상부 통상교섭금융부문 민간자문그룹위원 2003년 금융감독위원회 신용정보제도개선 T/F 총괄간사 2003년 기획예산처 기금운용평가위원 2003년 한국개발연구원「한국개발연구」편집위원 2005~2006년 재정경제부 자본시장통합법제정작업반 자문위원 2006년 증권선물거래소 자본시장발전재단 설립자문위원 2006년 한국투자자교육재단 비상임이사 2006~2014년 중앙대 경영대학 경영학부 부교수·교수 2007년 동아일보 객원논설위원 2007년 하나금융연구소 자문위원 2008년 증권예탁원 자문교수 2009년 금융투자협회 집합투자위원회 위원 2010년 한국증권금융 자문위원 2010년 금융발전심의위원회 글로벌금융분과 위원 2011년 국민연금 대체투자위원 2011년 한국무역보험공사 위험관리위원 2012년 채권조정위원회 위원 2013년 제18대 대통령직인수위원회 경제1분과 전문위원 2013년 대통령자문 국민경제자문회의 공정경제분과 민간위원 2013년 금융위원회 금융발전심의회 자본시장분과 위원 2014~2016년 한국자본시장연구원 원장 2016년 한국은행 금융통화위원회 위원(현) [상]한국금융학회 우수논문상(2008) [저]'신용불량자 증가의 원인분석과 대응방향'(2003) '금융회사의 개인신용위험 평가능력 제고방안'(2003) '한국의 금융구조개혁'(2003) '가계대출 관련 주요쟁점에 대한 연구'(2003) '자본시장의 질적발전을 위한 증권관련 산업 규제의 개선방안'(2003) '인구구조 고령화의 경제적 영향과 대응과제'(2003) '베저트의 진의'(2005) '경제위기 이후 한국경제 구조변화의 분석과 정책방향'(2007)

신인섭(申仁燮) Shin In Sup

[생]1959·3·10 [본]평산(平山) [출]충남 서천 [주]세종특별자치시 도움3로125 복합커뮤니티센터3층 세종시시설관리공단(044-850-1200) [학]1978년 서울 명지고졸 1983년 경기대 행정학과졸 1988년 경희대 대학원 행정학과졸(석사) 2007년 서울대 행정대학원 수료 [경]1983~1986년 중앙학생군사학교 교관(학사장교 3기) 1986~1993년 보건복지부 근무 1993~1999년 행정쇄신위원회·국무총리행정조정실 근무 2000~2006년 국무조정실 사회문화조정관실 근무 2006년 同노동심의관실 서기관 2007년 同노동심의관실 고용정책과장 2008년 국무총리실 사회정책관실 노동환경정책팀장 2008년 同일반행정정책관실 법무행정과장 2009년 세종연구소 교육파견(서기관) 2010년 국무총리실 정무운영비서관실 정당협력행정관 2010년 同정무운영비서관실 정무운영행정관 2010년 同안전환경정책관실 정부합동안전점검단 과장 2011년 同외교안보정책관실 통일안보과장 2012년 세종특별자치시 경제산업국장(부이사관) 2015년 한국지방행정연구원 고위정책과정 교육파견(부이사관) 2016년 세종특별자치시 시민안전국장 2016년 세종시시설관리공단 초대 이사장(현) [상]홍조근정훈장(2013) [종]천주교

신인섭(申仁燮) SHIN IN SEOB

[생]1961·6·18 [본]평산(平山) [출]경북 울릉 [주]강원 고성군 토성면 봉포4길46 경동대학교 행정학과(033-639-0110) [학]1980년 대구 오성고졸 1987년 계명대 영어영문학과졸 1990년 행정학석사(영남대) 2006년 교육학석사(한국교원대) 2007년 행정학박사(경기대) [경]1981~1989년 대구시 교육청 근무 1990~1998년 교육부 근무 1999~2001년 인도네시아 Jakarta State Univ. Research Fellow 2002~2003년 교육인적자원부 근무 2004년 한국교원대 교육정책대학원 교육훈련 파견 2005년 사법제도개혁추진위원회 파견 2006~2011년 교육과학기술부 근무 2012년 부산대 학생과장 2012년 교육과학기술부 지역대학과장 2012년 同사립대학제도과장 2013년 교육부 사립대학제도과장 2013~2014년 同취업창업교육지원과장 2014년 경동대 행정학과 교수(현) 2014년 同대학총괄본부장 2016년 同교학부총장(현)

신인섭(申寅燮) SHIN In Sup

[생]1962·12·25 [주]서울 광진구 능동로120 건국대학교 사범대학 일어교육과(02-450-3847) [학]1985년 건국대 문학과졸 1989년 일본 홋카이도대 대학원 문학과졸 1995년 문학박사(일본 홋카이도대) [경]1985~1986년 건국대 사범대학 조교 1992~2004년 목포대 일어일문학과 시간강사·전임강사·조교수·부교수 2000년 同일어일문학과장 2004~2005년 건국대 사범대학 일어교육과 부교수 2005년 同교수(현) 2007년 아시아·디아스포라연구소 소장(현) 2013~2014년 한국일본어문학회 회장 2016년 건국대 교육대학원장(현) [상]목포대총장표창(2002) [저]'일본문학의 흐름2'(2000) '문학고전의 산책'(2004) '권장도서 해제집'(2005) '동아시아의 문화표상'(2007) '동문아 근대문화교류관계연구'(2008) '일본근현대문학의 명암'(2009) '아시아와 디아스포라'(2009) [역]'산소리'(1995) '동시대게임'(1997) '산소리(재판)'(2003) '권장도서 해제집'(2005) '[소설]론-<소설신수>와 근대'(2006)

신인수(申仁秀) SHIN In Soo

[생]1960·8·22 [주]서울 강남구 남부순환로2806 군인공제회 임원실(02-2190-2001) [학]고려대 토목공학과졸 [경]두산건설(주) SOC사업부장, 남광토건(주) 토목사업본부장(상무), (주)다산컨설턴트 베트남지사장, 대구동부순환도로(주) 대표이사 2015년 군인공제회 건설부문 부이사장(현)

신인율(申仁律) SIN In Yul

[생]1961·3·28 [주]경기 안산시 단원구 산단로83번길90 (주)휴비스워터 비서실(031-491-2175) [학]1978년 대동고졸 1986년 전남대 경영학과졸 1989년 고려대 대학원 경영학과졸 [경]1987년 (주)삼양사 SF국내영업 담당 1992년 同FY국내영업 담당 1995년 同Marketing기획·전략팀 근무 1997년 同포장재·설비 구매팀 근무 2000년 (주)휴비스 구매공통팀장 2005년 同FY기획팀장 2006년 同마케팅지원본부장 2009년 同마케팅지원본부장(상무) 2013년 同인력개발실장(상무) 2014년 (주)휴비스워터 대표이사(전무)(현) [상]산업포장(2014)

신인철(申仁喆)

[생]1975 [주]세종특별자치시 절재로180 인사혁신처 인사조직과(044-201-8016) [학]서울대 사회복지학과졸 [경]1998년 행정고시 합격(42회) 2007년 중앙인사위원회 재정기획관실 서기관 2013년 안전행정부 지방행정연수원 기획협력과장 2014년 인사혁신처 기획조정관실 법무감사담당관 2015년 同인사혁신국 개방교류과장 2015년 국제협력개발기구(OECD) 파견(현)

신일수(辛一秀) SHIN Il Soo

[생]1943·1·24 [본]영산(靈山) [출]부산 [주]서울 성동구 왕십리로222 한양대학교 연극영화학과(02-2220-2732) [학]1964년 중앙대 연극영화과졸 1968년 미국 Brigham Young Univ. 대학원 연극영화과졸 1974년 연극영화박사(미국 Brigham Young Univ.) [경]1976년 미국 위스콘신주립대 연극학과 조교수·대학극장 기술감독 1978~1983년 미국 남조지아대 연극학과 조교수·부교수·대학극장장 1983~2006년 한양대 연극영화학과 교수 1990년 국제무대미술가협회 부회장 1994년 국제극예술협회(ITI) 한국본부 부회장 1996년 한국연극학회 회장 2002~2004년 한양대 인문과학대학장 2005~2008년 서울시극단 단장 2005년 국제극예술협회(ITI) 한국본부 회장 2006년 同세계총회 아시아태평양지역국 회장(현) 2006~2014년 同세계본부 집행위원 2006~2008년 한양대 예술학부 연극영화학과 교수 2006~2008년 同예술학부장 2008년 同명예교수(현) 2008년 아르코시티문화재단 이사장 2008년 한국예술종합학교 연극원 무대미술과 겸임교수(현) 2010~2013년 (재)국립예술자료원 원장 겸 이사장 2015년 마포아트센터 꿈의극단 예술감독(현) [상]문화관광부장관표창(2007), 대통령표창(2008), 서울시문화상 연극부문(2009), 옥관문화훈장(2011)

신일식(申逸湜) SIN Il Sik

[생]1959·12·9 [주]강원 강릉시 죽헌길7 강릉원주대학교 해양식품공학과(033-640-2346) [학]1981년 부산수산대 식품공학과졸 1987년 同대학원 식품위생학과졸 1990년 공학박사(부산수산대) 1995년 약학박사(일본 오카야마대) [경]1988~1991년 동래여자전문대 전임강사 1991~1995년 일본 오카야마(岡山)대 약학부 객원연구원 1996~1997년 강릉대 농어업인 최고경영자과정 수산업반 주임교수 1996~2005년 同해양생명공학부 조교수·부교수 1997년 同해양생명공학부장 1999~2000년 일본 시즈오카대 식품영양과학부 방문교수 2005년 강릉대 해양생명공학부 교수 2005~2012년 제2차 BK21 건강지향형 청정해양바이오자원 산업화연구팀장 2007~2009년 해양수산부 수산물위생안전 전문가 2008년 서울지방식약청 HACCP추진실무위원회 자문위원 2009년 강릉원주대 생명과학대학 해양식품공학과 교수(현) 2011~2013년 同생명과학대학장 2014~2016년 同산학협력단장 [저]'수산식품위생학(共)'(2000)

신일희(申一熙) SYNN Ilhi

[생]1939·4·15 [본]평산(平山) [출]대구 [주]대구 달서구 달구벌대로1095 계명대학교 총장실(053-580-5000) [학]1958년 미국 켄트고졸 1962년 미국 트리니티대졸 1966년 미국 프린스턴대 대학원 독일문학과졸 1991년 명예 인문학박사(미국 트리니티대) 1996년 명예 법학박사(미국 롱아일랜드대) 1996년 명예 박사(러시아 국립상트페테르부르크대) 2000년 명예 교육학박사(대만 국립사범대) 2004년 명예 철학박사(일본 류큐대) 2008년 명예 박사(폴란드 국립쇼팽음악원) [경]1966~1971년 미국 뉴욕 퀸즈대 전임강사·조교수 1971년 서독 킬대 객원교수 1972년 연세대 부교수 1974~2004년 계명대 독어독문학과 교수 1978~1982년 同총장 1985년 국제독어독문학회(IVG) 집행이사 1988~2004년 계명대 총장 1990년 한국독어독문학회 회장 1992년 대구·경북지역대학교육협의회 회장 1993년 동산장학재단 이사장(현) 1995년 아시아기독교대학연맹 회장 1995~2006년 한·폴란드협회 회장 1996~2006년 학교법인 계성학원 이사장 1999~2005년 駐韓스웨덴 명예영사 2001~2005년 사랑의집짓기 대구·경북 이사장 2003년 대구하계유니버시아드 선수촌장 2005~2008년 학교법인 계명대 이사장 2005년 駐韓폴란드 명예영사 2005~2007년 2011세계육상선수권대회 유치위원회 집행위원 2005~2006년 (사)노블레스봉사회 회장 2006년 (사)아카데미아후마나 회장(현) 2006~2007년 (사)대구국제뮤지컬페스티발 이사장 2007년 미국 육군성 문화대사 2008년 계명대 총장(현) 2008년 대구·경북국제교류협의회 공동의장(현) 2008~2010년 아세아기독교대학연맹(ACUCA) 회장 2008년 한국기독교학교연맹 이사 2009년 駐韓이탈리아 명예영사 2009년 대구문화시민운동협의회 회장 2009년 2011대구세계육상선수권대회조직위원회 집행위원 2009~2010년 KBS 대구방송총국 시청자위원장 2011년 2011대구세계육상선수권대회 선수촌장 2012년 중국공자아카데미 총무이사(현) 2012년 駐韓폴란드 명예총영사(현) [상]폴란드 대십자훈장, 스웨덴 국왕공로훈장, 5·16민족상(2007), 미육군성 장관 및 참모총장 감사장(2009), 독일 대십자공로훈장(2011) [종]기독교

신자용(申子容)

[생]1972·11·6 [출]전남 장흥 [주]서울 서초구 반포대로158 서울중앙지방검찰청 형사4부(02-530-4312) [학]1991년 순천고졸 1995년 한양대 법학과졸 [경]1996년 사법시험 합격(38회) 1999년 사법연수원 수료(28기) 1999년 공군 법무관 2002년 서울지검 동부지청 검사 2004년 대전지검 천안지청 검사 2006년 광주지검 검사 2008년 법무부 형사기획과 검사 2010년 서울중앙지검 검사 2011년 대검찰청 연구관 2014년 청주지검 제천지청장 2015년 대검찰청 정책기획과장 2016년 서울중앙지검 형사4부장(현)

신장경(辛長卿) SHIN Jang Kyoung

[생]1954·11·1 [본]영산(靈山) [출]서울 [주]서울 강남구 영동대로129길24의5 신장경트랜스모드(02-540-4662) [학]서라벌예고졸, 중앙대 무용과 중퇴, 同예술대학원 수료 [경]신장경트랜스모드 대표이사(현) 2004년 경희대 의상학과 겸임교수 2005년 TRANSBLUE 런칭 2011년 서울패션아티스트협의회(SFAA) 회장 2012~2016년 한국패션디자이너연합회(CFDK) 부회장 [상]황금바늘상(1989) [종]기독교

신장식(申璋湜) SHIN Jang Sik

[생]1959·5·16 [주]서울 성북구 정릉길77 국민대학교 미술학부 회화과(02-910-4385) [학]1982년 서울대 서양화과졸 1984년 同대학원 서양화과졸 [경]1987년 서울올림픽조직위원회 제작단 미술총괄보 1988년 관동대 강사 1990년 서울대 강사 1991년 건국대 강사 1993년 수원대 조형예술학부 전임강사 1998년 국민대 미술학부 회화과 교수(현) 2004~2006년 同예술대학장 2006~2008년 同종합예술대학원장 [상]대한민국미술대전 대상, 제4·5회 와카야마 국제판화비엔날레 2등 [작]개인전 25회, 국제전 및 단체전 400여회

신장열(辛璋烈) Shin Jang Yeol

[생]1952·9·16 [출]울산 울주 [주]울산 남구 문수로382 울주군청 군수실(052-229-7001) [학]2004년 울산대 산업대학원 건축도시학과졸 [경]1979년 경남 양산군 개발과 근무 1980년 同내무국 회계과 근무 1992년 울산군 주택과장 1993년 울산시 중구 건축과장 1994년 同주택건설사업소 기술담당관 1995년 同도시계획국 주택과장 1997년 同도시국 건축행정과장 1998년 同종합개발본부 건축2과장 1999년 同도시국 도시미관과장 2002년 同남구 건설도시국장 2004년 同종합건설본부 시설부장 2005년 同도시국장 2006년 同종합건설본부장 2007~2008년 울주군 부군수 2008~2010년 울산시 울주군수(보궐선거 당선, 한나라당) 2010년 울산시 울주군수(한나라당·새누리당) 2010년 전국시장·군수·구청장협의회 부회장 2011년 울산시구청장·군수협의회 회장 2014년 울산시 울주군수(새누리당)(현) 2015년 울주세계산악영화제 조직위원장(현) [상]홍조근정훈장(2008)

신장철(申章澈) SHIN Jang-Churl

⊛1958 · 11 · 27 魯평산(平山) 출대구 달성 ㈜서울 동작구 상도로369 숭실대학교 조만식기념관510호(02-820-0532) 鄭1978년 대구상고졸 1986년 계명대 경제학과졸 1991년 일본 도쿄대 대학원 경제학과졸 1995년 경제학박사(일본 도쿄대) 徑1993~1994년 일본 도쿄대 경제학부 조교 1995~1996년 同사회정보연구소 객원연구원 1995~1997년 대우경제연구소 전략팀 연구위원 1997년 숭실대 인문대학 일어일본학과 교수(현) 2000~2006년 경제정의실천시민연합 재벌정책위원회 정책위원 2003~2004년 일본 메이지학원대학 초빙교수 및 초빙연구원 2004년 중국 난카이대 국제상학원 교환교수 2004년 한 · 일산업무역역의 한국측 상임이사 2005년 국정홍보처 다이나믹코리아홍보공연단 심사위원 2005년 국제고속철협력포럼 연구위원 2006년 (사)한일해저터널연구원 이사 覈'우리사회 이렇게 바꾸자(共)'(2000) '일본의 이해(共)'(2001) '인간과 사회(共)'(2001) '21세기 한일관계와 동북아시아의 새로운 비전(共)'(2006) 'TKR건설:북한을 열고 세계를 묶다(共)'(2013) 등 ⑨최신 일본경제론'(1999) 등

신장하(辛章夏) SHIN Jang Ha (碩峯)

⊛1949 · 11 · 18 魯영월(寧越) 출경북 경주 ㈜서울 동대문구 청계천로501 ㈜동명기술공단 부회장실(02-6211-7000) 鄭1969년 경주공고졸 1989년 경북산업대 토목공학과졸 1992년 영남대 환경대학원 도시계획공학과졸 徑1969년 경북 월성군 안강읍 지방토목기원보 1975년 경북도 농림국 농지과 근무 1980년 同농림국 농지관리과 근무 1989년 同임하댐건설지원사업소 근무 1998년 同청도군 도시과장, 同건설도시국 도시계획과 토지이용담당 사무관 2004년 同건설도시국 지역개발과장, 同건설도시재난국 도시계획과장, 同건설도시방재국 도시계획과장 2007년 同경제자유구역추진기획단 개발팀장 겸임(서기관) 2008년 의성군 부군수 2008~2013년 경북도개발공사 상임이사 2013년 ㈜동명기술공단 부회장(현) 徑경북도모범공무원표창(1979), 한해대책유공 농수산부장관표창(1984), 재해대책유공 대통령표창(1987), 수자원개발및보존유공 건설교통부장관표창(1997), 근정포장(2005), 홍조근정훈장(2009) 魯불교

신재국(辛在國) SHIN JAE KUK

⊛1955 · 3 · 3 魯영산(靈山) 출경기 안성 ㈜서울 서초구 강남대로273 송남빌딩 세무법인 리앤케이(02-598-1255) 鄭죽산상고졸, 한국방송통신대졸, 한양대 행정대학원졸 徑1974년 국세청 공무원 임용 2005년 국세청 조사1과 서기관 2006년 홍천세무서장 2007년 서울지방국세청 조사4국 3과장 2009년 서울 서초세무서장 2009년 국세청 전자세원과장 2010년 同조사2과장 2010년 광주지방국세청 조사1국장 2011년 同조사1국장(부이사관) 2012년 중부지방국세청 조사3국장(고위공무원), 세무법인 리앤케이 대표(현) 2015년 대신증권㈜ 사외이사 겸 감사위원(현) 徑국무총리표창(1993), 근정포장(1996), 홍조근정훈장(2012)

신재국(申載國) Jae-Gook Shin

⊛1962 · 11 · 25 ㈜부산 부산진구 복지로75 인제대학교 의과대학6층 약물유전체연구센터(051-890-6709) 鄭1986년 인제대 의대졸 1990년 서울대 대학원 의학석사 1992년 의학박사(서울대) 徑1986~1987년 인제대 서울백병원 인턴 1991~2005년 同의대 약리학교실 전임강사 · 조교수 · 부교수 1992~1995년 해군 해양의학적성훈련원 잠수의학과장(대위) 1996~2004년 인제대 부산백병원 임상약리센터 교수 겸 소장 1997~1999년 미국 조지타운대 Medical Center 객원연구원 2000년 식품의약품안전청 중앙약사심의위원회 신약분과위원회(가교 · 생동성) 위원 2001~2007년 인제대 부산백병원 임상시험심사위원회 간사 겸 위원장 2001~2005년 약물유전체학연구회 운영위원장 2002~2013년 식품의약품안전청 중앙약사심의위원 2002~2003년 한국독성학회 재무간사 2003년 인제대 약물유전체연구센터장(현) 2003~2008년 중국 호남성 중남대 객좌교수 2004~2015년 부산지검 의료자문위원(현) 2004~2015년 인제대 부산백병원 지역임상시험센터장 2004년 Personalized Medicine 편집위원 2005년 인제대 부산백병원 임상약리학과 교수(현) 2005년 同의대 약리교실 교수(현) 2005~2013년 同의대 연구부학장 2006~2007년 부산일보 과학칼럼니스트 2006년 식품의약품안전청 임상시험관리 산 · 학 · 관협의회 위원 2007년 Pharmacogenetics and Genomics 편집위원(현) 2007~2008년 한국유전학회 분과위원장 2007~2016년 교육과학기술부 맞춤치료를위한생체지표연구센터장 2007년 미국 세계인명사전 'Marquis Who's Who Science and Engineering' 등재 2008년 Asian Networks for Pharmacogenomics Research(ANPR) Coordinator(현) 2008년 국제참조표준센터(유전체 생명정보 SNP) 기술위원 2009년 British Journal of Clini-

cal Pharmacology 편집위원(현) 2009~2011년 보건복지가족부 보건의료기술정책심의위원회 전문위원(기초 · 치의학분야 · 생리 · 약리)분과 전문위원 2009년 同맞춤의학실현을위한미래계획TF 전문위원(현) 2009~2011년 同HT(Health Technology)포럼 신약 · 의료기기개발 · 임상시험분과위원장 2011년 Pharmacogenomics 편집위원(현) 2011~2013년 대한임상약리학회 국제이사 2011년 대한임상시험센터협의회 부회장(현) 2011년 부산시 항노화산업육성협의회 위원(현) 2012년 동남권임상시험협의체(KoNSERT) 운영위원장(현) 2012년 경상대병원 연구과제공모심사위원(현) 2013년 식품의약품안전처 중앙약사심의위원회 위원(현) 2013~2015년 Busan MICE Ambassador 위원 2013년 보건복지부 임상시험글로벌선도센터장(현) 2014년 Translational and Clinical Pharmacology 편집위원(현) 2014년 Pharmacology Research and Perspectives 편집위원(현) 2014년 The Indonesian Journal of Pharmacology and Therapeutics 편집위원(현) 2014~2015년 인제대 부산백병원 인당생명의학연구원 임상연구부장 2014년 대한임상약리학회 이사장(현) 2014년 한국임상시험산업본부 이사(현) 2014~2015년 경남일보 '경남시론' 칼럼니스트 2014년 부산지검 의료자문단 자문위원(현) 2014년 식품의약품안전처 의약품심사자문단 자문위원(현) 2015년 Clinical Pharmacology & Therapeutics 편집위원(현) 2015년 보건복지부 국가임상시험경쟁력강화위원회 위원(현) 2015년 (재)범부처신약개발사업단 투자심의위원(현) 2016년 Drug Metabolism and Personalized Therapy 편집위원(현) 2016년 Precision Medicine in Cardiology 편집위원(현) 2016년 국무조정실 신산업투자규제개혁위원회 바이오헬스분과 위원장(현) 2016년 식품의약품안전처 안전성평가기술개발기획 자문위원(현) 2016년 부산시 의료산업육성마스터플랜 자문위원(현) 魯미국 Merck Foundation 'International Fellowship Award in Clinical Pharmacology'(1997), 제12회 과학기술우수논문상(2002), 제10회 일맥문화대상 학술연구상(2007), 제7회 화이자의학상(2009), Member of the Month, American Society of Clinical Pharmacology and Therapeutics(2010), 교육과학기술부 국가연구개발 우수성과 100선에 선정(2010) 愛'임상약리학(共)'(1995) '일차 진료의를 위한 약처방 가이드(共)'(2000) '적정약물요법의 이해(共)'(2001) '의학자 114인이 내다보는 의학의 미래 상 · 중 · 하(共)'(2003) 'Harison's 내과학(共)'(2003) '일차 진료의를 위한 약처방가이드 내과계(共)'(2004) '임상약리학(共)'(2006) 'Pharmacogenomics : An Introduction and Clinical Perspective(共)'(2012) '인체 반응과 병태 생리'(2012) '맞춤의학(Personalized Medicine)'(2013) 'Fifty Years of Cytochrome P450 Research'(2014) ⑨'Harrison's 내과학(共)'(2003) 'Applied Pharmacokinetics and Pharmacodynamics-Principles of Therapeutic Drug Monitoring(임상약동학, 약력학-치료적 약물요법 모니터링의 원리)(共)'(2007) 'Thompson & Thompson Genetics In Medicine(의학유전학)(共)'(2008)

신재명(申宰明) Jae Myung Shin

⊛1965 · 6 · 29 魯평산(平山) ㈜서울 영등포구 여의대로70 신한금융투자 FICC본부(02-3772-1000) 鄭1984년 부산고졸 1988년 서울대 생물학과졸 2008년 미국 뉴욕대 Stern School 국제재무학과졸, 홍콩과학기술대(HKUST) Business School 국제재무학과졸 徑1990~1998년 삼성생명 채권운용팀 과장 1998~2003년 삼성투자신탁 채권운용팀장 2003~2005년 메리츠증권 채권운용부장 2005~2008년 국민은행 채권운용팀장 2008~2009년 프랭클린템플턴자산운용 이사 2009~2011년 RG자산운용 운용본부장(상무) 2012년 신한금융투자 FICC본부장(상무) 2015년 同FICC본부장(전무)(현) 魯제1회 뉴스핌 캐피탈마켓대상 The Best Perfomer 증권부문 금융감독원장표창(2013), 기획재정부 부총리표창(우수PB 공로상)(2014)

신재봉(申宰奉) Shin Jae Bong

⊛1959 출부산 ㈜부산 남구 문현금융로40 한국예탁결제원 임원실(051-159-1528) 鄭배정고졸 1982년 한양대 경영학과졸 1987년 同대학원 경영학과졸 徑1987년 한국예탁결제원 입사, 同재무회계부장 2005년 同파생업무부장 2007년 同예탁업무부장 2008년 同펀드업무부장 2008년 同경영지원부장 2011년 同IT서비스본부장 2013년 同전략기획본부장 2014년 同전무이사(현)

신재봉(申宰奉) Shin, Jai-Bong

⊛1978 출서울 ㈜충남 아산시 배방읍 배방로57의29 아산세무서(041-536-7201) 鄭1997년 서울외고졸 2006년 성균관대졸 徑2004년 행정고시 합격(48회) 2006년 홍천세무서 세원관리과장(초임) 2006년 재정경제부 세제실 근무 2007년 서울지방국세청 총무과 혁신계장 2009년 국세청 재산세국 종합부동산세과 근무 2010년 서울지방국세청 조사4국 조사3과 근무 2011년 국세청 조사국 첨단탈세방지센터 TF 근무 2013년 同조사국 조사2과 근무 2013년 同조사국 조사기획과 근무 2015년 아산세무서장(현) 徑기획재정부장관표창(2008)

신재상(申在相)
[생]1960·5·17 [출]충북 영동 [주]경북 김천시 혁신8로77 한국도로공사 건설본부(054-811-3000) [학]1979년 용산고졸 1986년 한양대 토목공학과졸 2011년 아주대 대학원 교통공학과졸 [경]1987년 한국도로공사 입사 2011년 同시설처장 2011년 同경북지역본부장 2014년 同건설처장 2014년 同도로교통본부장 2015년 同건설본부장(현) [상]국무총리표창(2003), 산업포장(2016)

신재용(申在容)
[생]1958 [출]전남 고흥 [주]전북 전주시 덕진구 벚꽃로33 북전주세무서(063-249-1201) [학]금호고졸, 숭실대졸 [경]1977년 공무원 임용(9급) 1977년 충주세무서 근무 1982년 여수세무서·남원세무서·정읍세무서·목포세무서·남광주세무서·광주지방국세청 부동산투기조사반 근무 2001년 삼성세무서·서울지방국세청 조사3국 근무 2007년 광주지방국세청 벌교지서장(행정사무관) 2011년 서울지방국세청 조사3국 조사심의팀장(서기관) 2015년 북전주세무서장(현)

신재원(申載元) SIN Jae Won
[생]1943·4·10 [출]충남 보령 [주]충남 예산군 삽교읍 도청대로600 충청남도의회(041-635-5314) [학]1965년 경희대 동양의과대학 한의학과졸 [경]신진한의원 원장(현), 대천청년회의소 회장, 보령시4-H후원회 부회장, 대천시·보령시한의사회 회장 1997·1998~2002년 충남도의회 의원(자민련·한나라당), 대천고총동창회 회장 2010년 충남도의원선거 출마(한나라당) 2014년 충남도의회 의원(새누리당)(현) 2014년 同건설해양소방위원회 위원 2014~2016년 同예산결산특별위원회 위원 2015년 同안전건설해양소방위원회 위원 2016년 同제1부의장(현) 2016년 同행정자치위원회 위원(현) [상]국무총리표창

신재인(申載仁) SHIN Jae In
[생]1942·10·25 [본]평산(平山) [출]광주 [주]서울 강남구 테헤란로327 빅토리아빌딩1304호 전임출연연구기관장협의회(02-527-3271) [학]1960년 광주제일고졸 1965년 서울대 공대 원자력공학과졸 1975년 미국 MIT 대학원 핵공학과졸 1977년 공학박사(미국 MIT) [경]1967~1972년 원자력청·원자력연구소 연구원 1973~1979년 미국 MIT 연구원 1973~1975년 미국 INDIKON社 計器技師長 1977년 한국원자력기술(주) 핵공학부장 1981년 미국 Nutech International社 기술이사 1983년 한국전력기술(주) 기술개발본부장 1983년 同부설연구소장 1991년 한국원자력연구소 원자력환경관리센터 소장 1993년 同소장 1996년 미국 하버드대 J.F. Kennedy대학원 객원교수 1997년 세종연구소 연구위원 1998년 한국원자력연구소 연구위원 1999년 한국현대사회와과학기술연구회 회장 2001~2003년 한국원자력학회 회장 2003년 한국핵융합협의회 회장 2003년 (사)전임출연연구기관장협의회 회장(현) 2005년 한국과학기술단체총연합회 부회장 2005년 과학기술부 미래국가유망기술위원회 공동위원장 2005년 한국기초과학지원연구원 부설 핵융합연구센터 초대소장 2005~2006년 KBS 시청자위원장 2007~2008년 한국기초과학지원연구원 부설 국가핵융합연구소장 2014년 한국핵융합·가속기기술진흥협회 회장(현) 2015년 한국핵융합·가속기연구조합 이사장(현) [상]과학기술처장관표창, 과학기술훈장 혁신장 [저]'빈 마음으로 보는 새로운 세상' '북한 핵프로그램의 전망과 한반도에서의 기술-경제협력' [종]기독교

신재철(辛在哲) SHIN Chae Chol
[생]1947·8·28 [출]서울 [주]경북 포항시 남구 동해안로 6261 (주)포스코 임원실(054-220-0114) [학]1966년 제물포고졸 1970년 서울대 전기공학과졸 1990년 同최고경영자과정 수료 1994년 미국 하버드대 경영자과정 수료 [경]1969년 동해전력개발(주) 입사 1973년 한국IBM(주) 영업부 입사 1984년 미국IBM 파견 1987년 한국IBM(주) 영업총괄 관리본부 전무이사 1990년 同경영관리본부 전무이사 1991년 同사업총괄 수석전무이사 1994년 미국IBM 아시아·태평양지역 총괄본부장 1996년 한국IBM(주) 대표이사 사장 1996년 기업문화협의회 부회장 2001년 한국리눅스협회 회장 2005년 로고스시스템 회장 2006~2009년 LG CNS 대표이사 사장 2006년 유비쿼터스IT코리아포럼 부회장 2006~2009년 한국정보산업연합회 부회장 2006~2009년 한국SW산업협회 부회장 2006~2009년 한국IT서비스산업협회 부회장 2006~2009년 한국CIO포럼 회장 2009~2010년 한국정보산업연합회 회장 2010년 지식경제R&D전략기획단 전략고문 2013년 산업통상자원R&D전략기획단 전략고문 2013년 (주)포스코 사외이사(현) 2015년 同이사회 의장 겸임 [상]대통령표창(2002), 뉴미디어대상 올해의 정보통신인상(2003), 은탑산업훈장(2007) [종]천주교

신재춘(辛在春) SHIN Jae Choon (慧眼)
[생]1966·12·25 [본]영월(寧越) [출]경기 용인 [주]서울 서대문구 서소문로21 한국IPTV방송협회(02-390-4500) [학]1985년 태성고졸 2015년 연세대 대학원 박사과정 재학中 [경]1993~2004년 한국방송통신전파진흥원 근무 2001~2014년 용인송담대 겸임교수 2004·2006~2010년 경기도의회 의원(한나라당) 2004년 同한나라당 대변인, 한나라당 경기도당 부대변인 2009~2010년 경기도의회 예산결산특별위원장 2009~2010년 한국아마추어무선연맹 부이사장 2010~2015년 명지대 정보통신공학과 객원교수 2015년 한국IPTV방송협회(KIBA) 사무총장(현)

신재현(申載鉉) Shin Chae-hyun
[생]1965·3·11 [출]부산 [주]서울 종로구 사직로8길60 외교부 인사운영팀(02-2100-7136) [학]1986년 서울대 신문학과졸 1992년 영국 케임브리지대 대학원 국제정치학과졸 [경]1987년 외무고시 합격(21회) 1994년 駐유엔 1등서기관 1997년 駐세네갈 1등서기관 2000년 외교통상부 서기관 2001년 同인사운영계장 2002년 駐미국 1등서기관 2005년 외교통상부 의전1담당관 2007년 同북미국 북미1과장 2008년 駐뉴욕총영사관 영사 2011년 駐홍콩총영사관 부총영사 2013년 외교부 인사기획관 2014년 외교부 한반도평화교섭본부 북핵외교기획단장 2015년 同북미국장 2016년 駐샌프란시스코 총영사(현) [상]근정포장(2006)

신재호(申宰浩) Shin, Jae-ho (笑山)
[생]1952·8·29 [출]대구 [주]서울 중구 필동로1길30 동국대학교 공과대학 전자전기공학부(02-2260-3336) [학]1971년 경북고졸 1979년 서울대 전자공학과졸 1982년 同대학원 전자공학과졸 1987년 공학박사(서울대) [경]1978~1980년 대영전자공업(주) 개발부 연구원 1980~1982년 대유공업전문대학 전자과 강사 1982~1983년 명지대·국민대·숭실대 전자공학과 강사 1983~1988년 명지대 공대 전자공학과 전임강사·조교수 1988년 동국대 공대 전자전기공학부 조교수·부교수·교수(현) 1992~1993년 일본 신석대 전기전자공학과 객원연구원 1999~2003년 동국대 교무처장 2004년 미국 Marguette Univ. 객원교수 2009년 동국대 중앙도서관장 2009년 한국정보통신설비학회 회장 2013~2015년 동국대 공과대학장 2015년 同경영부총장 2015~2016년 同남산학사 관장 2015년 同기획부총장(현) [종]불교

신재호(申在鎬) SHIN Chai Ho
[생]1962·7·10 [주]경기 과천시 코오롱로11 코오롱인더스트리(주) 임원실(02-3677-5256) [학]1981년 서라벌고졸 1985년 서울대 경영학과졸 1987년 同대학원 경영학과졸, 미국 펜실베이니아대 와튼스쿨졸(MBA) [경]코오롱패션 대표이사, FnC코오롱(주) 상무보, 코오롱그룹 경영전략본부 전략기획팀장(상무), (주)코오롱 상무, 同경영혁신TF장, 同CEM본부 부본부장(상무), 코오롱베니트(주) 혁신및인프라본부장(상무) 2012년 (주)코오롱 CMO(전무) 2015년 코오롱인더스트리(주) 경영진단실장(부사장)(현) [종]불교

신정근(辛正根) SHIN Jung Geun
[생]1965·9·18 [주]서울 종로구 성균관로25의2 성균관대학교 유학·동양학과(02-760-0227) [학]1988년 서울대 철학과졸 1990년 同대학원 철학과졸 1999년 철학박사(서울대) [경]1999~2000년 서울대 철학사상연구소 특별연구원 1999~2000년 同강사 2000~2012년 성균관대 유학·동양학부 전임강사·조교수·부교수·교수 2004~2006년 한국동양철학회 총무이사 2005년 철학연구회 편집위원 2012년 성균관대 유학대학 유학·동양학과 교수(현) 2014년 同유교문화연구소장(현) 2015년 同유학대학장 겸 유학대학원장(현) [저]'동양 철학의 유혹'(2002) '사람다움의 발견 : 仁 사상의 역사와 그 문화'(2005) '21세기의 동양철학(共)'(2005) '논어의 숲, 공자의 그늘'(2006) '사람다움이란 무엇인가'(2011) '신정근 교수의 동양고전이 뭐길래'(2012) [역]'백호통의 : 백호관에서 열린 동아시아 고전문헌의 포괄적 논의'(2005) '춘추-역사해석학'(2006)

신정섭(申正燮) SHIN Jung Seop
[생]1958·12·27 [본]평산(平山) [출]광주 [주]서울 동작구 성대로1길2 한국경제전략연구원 원장실(02-827-0717) [학]1979년 광주 대동고졸 1983년 한양대 국어국문학과졸 1998년 서울대 보건대학원 수료 [경]1989년 서울경제신문 입사 2000년 同생활산업부장 직대 2003년 同부동산부부장 직대 2004년 同문화레저부장 2004년 同경영기획실장 2004년 한국일보 전략기획실장 직대(부국장대

우) 2006년 同전략기획실장 2007년 同광고마케팅본부장(이사대우) 2007년 (주)일자리방송 사장 2008년 (주)엠튜브 대표이사 사장 2008~2015년 한국이동방송 대표이사 사장 2015년 (사)한국경제전략연구원 원장(현) [종]불교

신정수(申正秀) SHIN Jung Soo

[생]1954 · 7 · 27 [본]아주(鵝洲) [출]충북 청주 [주]서울 종로구 인사동5길29 태화빌딩1205호 풍석문화재단 이사장실(02-6959-9921) [학]1974년 경기고졸 1982년 서울대 기상학과졸 1994년 국방대학원졸 2000년 서울대 행정대학원 국가정책과정 수료 [경]1981년 행정고시 합격(25회) 1982~1989년 과학기술처 · 경제기획원 사무관 1989년 국무총리행정조정실 사무관 1992년 同서기관 1998년 국무총리국무조정실 서기관 1999~2002년 同경제총괄과장 · 기획총괄과장 2002년 同안전관리개선기획단 부단장 2003년 同외교안보심의관 2004년 중앙공무원교육원 파견 2005년 국무총리국무조정실 정책상황실장 2006년 同총괄심의관 2007년 제17대 대통령직인수위원회 기획조정분과위원회 전문위원 2008~2009년 국무총리실 정책분석평가실장 2009~2013년 한국에너지재단 사무총장 2009~2012년 2013대구세계에너지총회조직위원회 사무총장 2014년 한국주택에너지진단사협회 대표이사(현) 2014년 (주)천일 상임고문 2015년 (주)코리아써키트 사외이사(현) 2015년 (주)영풍 사외이사(현) 2015년 풍석문화재단 이사장(현) [상]근정포장(1992), 홍조근정훈장(2007) [종]천주교

신정승(辛正承) Shin Jung-seung

[생]1952 · 11 · 16 [출]강원 평창 [주]부산 사상구 주례로47 동서대학교 국제학부(051-320-2952) [학]1975년 서울대 외교학과졸 1994년 일본 게이오대 연수 [경]1975년 외무고시 합격(9회) 1975년 외무부 입부 1980년 駐미국 3등서기관 1981년 駐자이르 2등서기관 1985년 대통령비서실 행정관 1987년 駐미국 1등서기관 1990년 외무부 아주국 동북아2과장 1992년 외교안보연구원 연구관 1994년 駐일본 참사관 1997년 외교안보연구원 아시아 · 태평양연구부 연구관 1998년 외교통상부 아시아 · 태평양국 제1심의관 1998년 駐중국 공사 2001년 외교통상부 공보관 2002년 同아시아 · 태평양국장 2003년 同본부대사 2004년 駐뉴질랜드 대사 2006~2007년 고려대 정치외교학과 겸임교수(파견) 2007년 경기도 국제관계자문대사 2008~2009년 駐중국 대사 2010년 외교안보연구원 중국연구센터 초대 소장 2012~2015년 국립외교원 외교안보연구소 중국연구센터 소장 2015년 한국국방연구원 비상임이사(현) 2015년 동서대 석좌교수 겸 중국연구센터 소장(현) [상]녹조근정훈장(1992)

신정일(辛正一) SHIN Jung Il

[생]1954 · 12 · 4 [본]영산(靈山) [출]전북 진안 [경]1985년 황토현문화연구소 설립 · 소장 1992년 전라세시풍속보존회 설립 1993~1998년 '김개남 · 손화중'의 일대기 복원 · 덕진공원에 추모비 건립 2005년 (사)우리땅걷기 설립 · 이사장(현) 2009년 한국의길과문화 이사 2009년 전북 · 경북 · 강원도 옛길 자문위원(현) 2013년 한국등산트레킹지원센터 이사(현) 2013년 산림청 산림문화자산선정위원(현) 2014~2015년 同정책자문위원 [상]대통령표창(2010) [저]'동학의 산, 그 산들을 가다' '지워진 이름 정여립' '나를 찾아가는 하루 산행(1 · 2)' '울고 싶지, 그래 울고 싶다'(2000) '금강 401km' '섬진강 따라 걷기'(2001) '한국사 그 변혁을 꿈꾼 사람들' '한강역사문화탐사'(2002) '낙동강역사문화탐사' '다시 쓰는 택리지'(2006) '한국사의 천재들(共)'(2006) '대동여지도로 사라진 옛 고을을 가다1 · 2 · 3'(2006) '고조선은 대륙의 지배자였다(共)'(2006) '그곳에 자꾸만 가고 싶다'(2007) '풍류, 옛사람과 나누는 술 한잔'(2007) '한강따라 짚어가는 우리 역사'(2007) '삼남대로'(2008) '대한민국에서 살기좋은 곳 33'(2008) '똑바로 살아라'(2008) '다시걷는 우리강 영산강 · 낙동강'(2009) '느리게 걷는 사람'(2010) '신정일의 신택리지'(2010) '동해바닷가 길을 걷다'(2010) '길에서 행복해져라'(2011) '가치있게 나이드는 연습'(2011, 다음생각) '소울로드(共)'(2012, 청어람미디어) '눈물편지'(2012, 판테온하우스) '걷고 느끼고 사랑하라 : 모든 것은 지나가고 또 지나간다'(2013, 푸른영토) '걷고 느끼고 사랑하라 : 홀로 피는 꽃이 어디 있으랴'(2013, 푸른영토) '갑오동학농민혁명답사기 : 신정일의 우리땅 걷기'(2014, 푸른영토)

신정차(申正次) SHIN Jung Cha

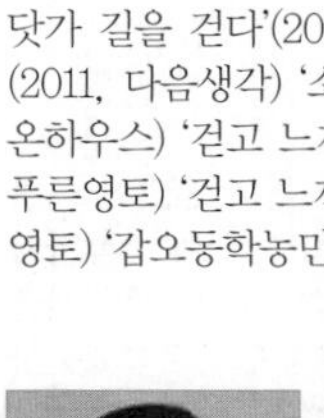

[생]1940 · 11 · 15 [본]고령(高靈) [출]서울 [주]서울 강남구 테헤란로223 (주)큰길 회장실(02-527-1661) [학]1959년 선린상고졸 1964년 고려대 상경대 경영학과졸 1985년 미국 일리노이대 경영대학원졸 [경]1970~1973년 해태제과 · 해태유업 상무이사 1978년 해태제과 부사장 1979년 同사장 1980년 아마복싱연맹 회장 1981~1993년 해태관광 사장 1985년 큰길식품 회장 1993년 (주)큰길(舊해태관광) 회장(현) [상]대통령표창 [종]불교

신정철(申定鐵) Sin Jung Chul

[생]1947 · 4 · 20 [주]부산 연제구 중앙대로1001 부산광역시의회(051-888-8237) [학]통영고졸, 원광대 국어국문학과졸, 동아대 교육대학원 교육행정학과졸 [경]해운대중교장, 해운대고 초빙교장, 부산시사립중학교교장협의회 회장, 한국중등교장협의회 부산회장, 교육과학강국부산연합 공동대표(현), 학교바로세우기전국연합회 부산지부 부회장, 부산희망포럼 수석부회장(현) 2014년 부산시의회 의원(새누리당)(현) 2014 · 2016년 同운영위원회 위원(현) 2014년 同교육위원회 위원 2014년 同예산결산특별위원회 위원 2014년 同원전특별위원회 위원 2016년 同교육위원회 부위원장(현)

신정택(申正澤) SIN Jeang Tek

[생]1948 · 6 · 24 [출]경남 창녕 [주]부산 부산진구 황령대로23 세운철강(주)(051-316-8037) [학]1966년 대륜고졸 1993년 부산대 국제사회지도자과정 수료 1995년 미국 하와이동서문화센터 경영전략연구과정 수료 2000년 서울대 최고경영자과정 수료 2002년 명예 경영학박사(부산외국어대) 2010년 명예 경영학박사(부산대) [경]연합물산(주) 입사 · 상무 1978년 세운철강(주) 설립 2003년 세운철강(주) 회장(현), 부산상공회의소 부회장 2004년 법무부 범죄예방부산지역협의회장 2005년 부산시체육회 부회장 2006~2012년 부산상공회의소 회장, 同명예회장(현) 2006년 駐부산 스리랑카 명예영사(현) 2007년 대통령자문 정부혁신지방분권위원회 위원 2008년 에어부산(주) 대표이사 2011년 (사)아시아기업경영학회 이사장(현) 2011 · 2013~2014년 대한럭비협회 회장 2013년 한국해양구조협회 초대총재(현) 2013년 부산창조재단 공동이사장(현) 2014년 대한럭비협회 명예회장(현) 2014~2016년 법무부 법사랑위원 부산지역연합회장 2015년 부산사회복지공동모금회 회장(현) 2016년 아시아주르카네스포츠협회 사무국 회장(현) 2016년 법무부 법사랑위원 전국연합회장(현) [상]산업포장(1997), 철탑산업훈장(2002), 대한민국사회책임경영대상 최고경영자부문 대상(2010), 우리문화상(2010), 부산문화대상 경영부문대상(2012), 대통령표창(2013), 대한경영학회 글로벌경영자대상(2013), 화쟁문화대상 실업부문(2013), 협성사회공헌상 경제진흥부문(2014), 국민훈장 모란장(2015) [종]천주교

신정호(申正浩) Shin Jeong-Ho

[생]1960 · 1 · 26 [본]평산(平山) [출]경북 경주 [주]서울 마포구 마포대로44 진도빌딩12층 명신특허법률사무소(02-714-9922) [학]1978년 경주고졸 1983년 영남대 행정학과졸 2007년 일본 나고야대 대학원 현대법학과졸 [경]1997~2007년 특허청 심사관 · 서울사무소 관리과장 2007년 同특허심판원 심판관 2010년 同서비스표심사과 서기관 2012년 同특허심판원 심판관(과장) 2013년 同서울사무소장 2013년 명신특허법률사무소 변리사(부소장)(현) 2013년 일본상표협회 회원(현) 2014~2016년 대한변리사회 국제이사 2015년 아시아변리사회 회원(현) 2015년 한국상표디자인협회 회원(현) 2016년 대한변리사회 지재권제도 국제협력위원회 위원장(현) [상]국무총리표창(1993), 근정포장(2013) [역]'일본의 디자인 심사기준'(2010 · 2011, 금강인쇄) [종]천주교

신정환(申政桓) Jeong-hwan Shin

[생]1961 · 11 · 10 [주]경기 용인시 처인구 모현면 외대로81 한국외국어대학교 스페인어통번역학과(031-330-4210) [학]1984년 한국외국어대 서반아어과졸 1986년 同대학원 서반아문학과졸 1996년 중남미문학박사(스페인 마드리드대) [경]1987~1990년 육군사관학교 전임강사 1999~2002년 한국외국어대 BK21 계약교수 2001~2003년 세계문학비교학회 총무이사 2002~2003년 한국외국어대 중남미연구소 전임연구원 2003년 同스페인어통번역학과 조교수 · 부교수 · 교수(현) 2006~2008년 同중남미연구소장 2008~2009년 同홍보실장 2011년 한국바로크학회 회장(현) 2012~2014년 한국외국어대 연구산학협력단장 2016년 한국비교문학회 회장(현) [저]'지중해, 문명의 바다를 가다'(2005, 한길사) '멕시코 · 쿠바 한인 이민사'(2005) '라틴아메리카의 새로운 지평'(2007) '문화로 세상읽기'(2009) [역]'돈키호테의 지혜' '말괄량이 아가씨' '현대 카리브의 삶과 문화'(2008) '히스패닉연구'(2009) [종]가톨릭

신정환

[주]경기 성남시 분당구 판교역로235 H스퀘어 N동6층 (주)카카오(070-7492-1300) [학]서울대 건축학과졸 [경]2003년 NHN 소프트웨어 엔지니어, 同재팬팀장, 同비즈니스플랫폼부장 2012년 다음카카오 카카오앨범TF팀 근무 2013년 同카카오스토리사업부장 2014년 同카카오스토리 총괄 2015년 (주)카카오 최고기술책임자(CTO)(현)

ㅅ

신정훈(辛正勳) SHIN Jeong Hun

[생]1964 · 12 · 6 [출]전남 나주 [주]서울 영등포구 국회대로68길14 더불어민주당(1577-7667) [학]1982년 광주인성고졸 1992년 고려대 신문방송학과졸 [경]1985년 서울 미국문화원 점거농성 · 투쟁 1988년 전국수세거부대책위원회 결성 · 총무 1990년 전국농민회총연맹 나주농민회 결성 · 조직부장 1994년 나주농민회 사무국장 1995년 同민원실장 1995 · 1998년 전남도의회 의원(무소속) 2002 · 2006~2010년 전남 나주시장(무소속) 2003년 자치분권전국연대 공동대표 2004년 同상임대표 2006~2008년 전국혁신도시협의회 회장 2014~2016년 제19대 국회의원(나주 · 화순 보궐선거, 새정치민주연합 · 더불어민주당) 2014년 국회 농림축산식품해양수산위원회 위원 2014~2015년 새정치민주연합 정치혁신실천위원회 위원 2014년 국회 국민안전혁신특별위원회 위원 2015년 국회 정치개혁특별위원회 공직선거법심사소위원회 위원 2015년 새정치민주연합 농 · 어업담당 원내부대표 2015년 同농어민위원회 위원장 2015년 국회 운영위원회 위원 2015~2016년 더불어민주당 농 · 어업담당 원내부대표 2015년 同농어민위원회 위원장 2016년 同총선정책공약단 농어민상생본부장 2016년 제20대 국회의원선거 출마(전남 나주시 · 화순군, 더불어민주당) 2016년 더불어민주당 호남특보(현) 2016년 同전남나주시 · 화순군지역위원회 위원장(현) 2016년 同전남도당 상임고문(현)

신제원(申濟元) SHIN Je Won (雲峰)

[생]1954 · 10 · 19 [본]평산(平山) [출]울산 [주]서울 동대문구 경희대로26 경희대학교 치의학전문대학원 구강해부조직학교실(02-961-0568) [학]1974년 경남고졸 1980년 경희대 치의학과졸 1982년 同대학원 치의학과졸 1988년 치의학박사(경희대) [경]1983~1986년 軍의관 1987~1989년 청구성심병원 치과 과장 1989년 경희대 치의학전문대학원 구강해부조직학교실 교수(현) 1992~1993년 미국 뉴욕주립대 치과대학 방문교수 2003~2005년 대한구강해부학회 회장 2004년 일본 오사카치과대 객원교수(현), 경희대 치과대학 치의학과장, 한국과학기술원(KIST) 의과학연구센터 객원책임연구원, 통계청 한국표준질병사인분류 전문위원 2008~2011년 대한치과의사협회 학술이사 2011~2013년 보건의료인평가원연합회 회장 2011년 한국보건의료인국가시험원 외국치과대학인정심의위원회 위원장(현) 2011년 한국치의학교육평가원 원장(현) [저]'치아형태학(3판)'(2010, 나래출판사) [역]'구강발생조직학 및 형태학'(1998, 나래출판사) '머리 · 목 해부학'(2008, 나래출판사) [종]기독교

신제윤(申齊潤) Shin Je-Yoon

[생]1958 · 3 · 25 [출]서울 [학]1976년 휘문고졸 1981년 서울대 경제학과졸 [경]행정고시 수석합격(24회) 1981년 총무처 행정사무관 1982년 재무부 행정관리담당관실 · 투자진흥과 · 금융정책과 · 은행과 · 국고과 근무 1991년 해외유학(미국 코넬대 대학원) 1993년 재무부 특수보험과 · 국제금융과 근무 1998년 재정경제원 금융협력담당관실 · 금융정책과 · 미국 보험감독청 근무 2002년 재정경제부 국제금융과장 2002년 同금융정책과장 2004년 전국경제인연합회 파견 2005년 재정경제부 국제금융심의관 2007년 대통령 국민경제비서관 2007년 재정경제부 국제금융국장 2008년 기획재정부 국제업무관리관 2011년 금융위원회 부위원장 2011~2013년 기획재정부 제1차관 2013~2015년 금융위원회 위원장(장관급) 2013~2015년 공적자금관리위원회 위원장 2014년 국제회계기준(IFRS)감독이사회 이사 2014년 자금세탁방지국제기구(FATF) 부의장 2015~2016년 同의장 [상]황조근정훈장(2011), 청조근정훈장(2015)

신종계(辛鍾桂) SHIN Jong Kye

[생]1955 · 1 · 16 [출]경남 거제 [주]서울 관악구 관악로1 서울대학교 공과대학 조선해양공학과(02-880-7129) [학]1977년 서울대 조선공학과졸 1979년 同대학원 조선공학과졸 1989년 조선공학박사(미국 매사추세츠공대) [경]1979~1984년 한국선박연구소(現 한국해양연구소 부설 선박해양플랜트연구소) 구조연구실 선임연구원 1980년 대동조선(現 STX조선해양) 기본설계실 파견연구원 1988~1989년 미국 매사추세츠공과대 Ice Mechanics Post-Doc. 1989~1990년 同Impact dynamics Post-Doc. 1990~1993년 한국기계연구원 구조시스템연구부 책임연구원 1991년 충남대 선박해양공학과 겸임교수 1993년 서울대 공과대학 조선해양공학과 조교수 · 부교수 · 교수(현) 1998년 덴마크 덴마크공과대 조선공학과 초빙교수 1999~2000년 미국 미시간대 조선공학과 연구원 겸 교환교수 2002년 미국해군연구청(Office of Naval Research) 국제연구자 2005~2007년 서울대 공과대학 조선해양공학과장 2008~2009년 미국 서던캘리포니아대 시스템및산업공학과 교환교수 2011~2013년 서울대 해양시스템공학연구소장 2014~2015년 대한조선학회 회장 2014년 삼성중공업(주) 사외이사 2015년 同감사위원(현) 2015년 미국조선학회(SNAME) 석학회원(현) [상]미국 조선학회 최우수논문상(2001 · 2014)

신종균(申宗均) SHIN Jong Kyun

[생]1956 · 1 · 16 [출]서울 [주]경기 수원시 영통구 삼성로129 삼성전자(주) 임원실(031-301-8935) [학]1974년 영등포고졸 1978년 인하공업전문대 전자공학과졸 1981년 광운대 전자공학과졸 [경]1994년 삼성전자(주) 무선전송그룹장 1998년 同수출개발그룹 수석연구원 2000년 同정보통신총괄 이사보 2001년 同정보통신총괄 상무보 2002년 同텔레커뮤니케이션총괄 상무 2004년 同무선터미널담당 상무이사 2004년 同무선사업부 무선개발2팀장(전무이사) 2006년 同무선개발실장(부사장) 2010년 同무선사업부장(사장) 2010~2011년 同무선사업부장 겸 네트워크사업부장(사장) 2011년 同디지털이미징사업부장 2011년 同IM담당 겸 무선사업부장(사장) 2012년 한국전파진흥협회 회장(현) 2012년 삼성전자(주) IM부문장(사장) 2012~2015년 同무선사업부장 2013년 同각자대표이사 사장(IM(IT&모바일)부문장)(현) 2014년 한국공학한림원 정회원(현) 2016년 삼성전자(주) 소프트웨어센터 · 글로벌기술센터 관장 겸임(현) [상]대한민국 경제리더 대상(2010), 한국품질경영인대상(2012), 금탑산업훈장(2013), 한국신뢰성학회 주관 제1회 한국신뢰성대상 제조업부문 대상(2013)

신종대(辛鍾大) SHIN Jong Dae

[생]1960 · 2 · 5 [본]영산(靈山) [출]서울 [주]서울 서초구 서초대로254 오퓨런스빌딩813호 법무법인 청림(02-6203-0228) [학]1978년 대일고졸 1982년 서울대 법학과졸 1985년 同대학원 법학과 수료 1993년 미국 펜실베이니아대 대학원 법학과졸 [경]1981년 사법시험 합격(23회) 1984년 사법연수원 수료(14기) 1986년 서울지검 검사 1988년 제주지검 검사 1990년 법무부 검찰3과 검사 1992년 서울지검 검사 1995년 인천지검 검사 1997년 대검찰청 검찰연구관 1998년 창원지검 통영지청 부장검사 1999년 서울지검 부부장검사 2000년 창원지검 공안부장 2001년 사법연수원 교수 2003년 대검찰청 감찰1과장 2004년 서울고검 검사 2005년 수원지검 성남지청 차장검사 2006년 대검찰청 공안기획관 2007년 서울중앙지검 제2차장검사 2008년 부산지검 제1차장검사 2009년 춘천지검장 2009년 대검찰청 공안부장 2011년 대구지검장 2011년 법무법인 청림 대표변호사(현) 2012~2014년 롯데칠성음료(주) 사외이사 2012~2014년 한국남부발전(주) 비상임이사

신종대(辛鍾大) Shin Jong-Dae

[생]1962 · 6 · 12 [주]서울 종로구 북촌로15길2 북한대학원대학교(02-3700-0728) [학]1990년 경남대 정치외교학과졸 1992년 同대학원 정치외교학과졸 2003년 정치외교학박사(서강대) [경]1991~2001년 경남대 극동문제연구소 연구조교 · 연구원 · 책임연구원 · 간사 · 사무국장 · 선임연구원 · 연구위원 1993년 서강정치학회 회원 1996 · 2003년 서강대 강사 2003~2005년 경남대 북한대학원 교수 2004년 연세대 강사 2004년 북한연구학회 이사 2005년 북한대학원대 교수(현) 2005~2009년 경남대 극동문제연구소 기획실장 2005년 과학기술부 남북과학기술교류협력위원회 자문위원 2008~2010년 미국 우드로우윌슨센터 연구학자 2015년 북한대학원대 부총장 겸 교학처장(현) [저]'한국근현대 지역운동사(共)'(1993, 여강출판사) '남북한관계론(共)'(2005, 한울) '한국사회의 주요쟁점과 국가관리(共)'(2005, 연세대 국가관리연구원) '박정희시대 한미관계(共)'(2009, 백산서당) [역]'동원에서 혁명으로'(1995) '제국의 신화'(1996)

신종명(申鐘明)

[생]1957 · 3 · 23 [주]서울 송파구 송파대로28길28 해양환경관리공단 해양방제본부(02-3498-8504) [학]한영고졸 1978년 목포해양전문대 기관학과졸 2014년 서울대 해양정책최고과정 수료 [경]1979년 부산지방해운항만청 해무국 선박과 선박기사보 1982년 울산 · 군산 · 마산 · 포항 · 부산지방해운항만청 선박주사 1994년 울산 · 마산 · 포항지방해운항만청 해무과장(선박사무관) 2003~2007년 마산지방해운항만청 해무과장(선박서기관) · 부산지방해양수산청 기술서기관 2008년 해양환경관리공단 지원사업처장 2012년 同해양환경개발교육원장 2013년 同부산지사장 2013년 同해양사업본부장 2016년 同해양방제본부장(현) [상]국무총리표창(2002), 대통령표창(2007)

신종백(辛宗伯) SHIN Jong Baek

생1949 · 8 · 20 **본**경기 안양 **주**서울 강남구 봉은사로
114길20 새마을금고중앙회(02-2145-9630) **학**한성
심대 행정학과졸 2011년 강원대 경영행정대학원 철학
과졸, 同대학원 박사과정 재학 중 **경**1986년 춘천시 청
소년선도위원 1994년 춘천시 중부새마을금고 이사장
1998 · 2002~2006년 강원 춘천시의회 의원, 새마을금
고연합회 강원도지부 회장, 전국새마을금고연합회 이사
2006년 강원 춘천시의원선거 출마 2010년 새마을금고중앙회 회장(현) 2010
년 새마을운동중앙회 부회장(현) 2016년 한국국제협력단(KOICA) 스마트 새
마을운동 자문위원(현) 2016년 강원도 명예도지사(현) **상**법무부장관표창
(1998), 새마을훈장(2004), 국민훈장 동백장(2012), 대한민국CEO리더십대
상 정도경영부문(2013) **종**기독교

신종범(辛宗範)

생1961 **본**경북 안동 **주**경북 김천시 평화길128 김천세
무서(054-420-3201) **학**동북고졸 1983년 세무대학졸
(1기) **경**1983년 국세공무원 임용(8급 특채) 1983년 남
대문세무서 법인세과 근무 1992년 서울지방국세청 조
사1국 근무 1999년 중부지방국세청 조사3국 조사3과
근무 2003년 同법무과 근무 2005년 수원세무서 조사
1과 조사1계장 2006년 중부지방국세청 법무과 근무
2009년 同조사3국 조사3과 사무관 2011년 국세공무원교육원 지원과 서
무계장 2013년 중부지방국세청 성실납세지원국 소비세계장 2014년 同법
인신고분석과 서기관 2015년 김천세무서장(현) **상**국무총리표창(2008 ·
2013)

신종식(申鐘湜) SHIN Jong Sik

생1958 · 10 · 27 **본**평산(平山) **출**서울 **주**서울 마포구
와우산로94 홍익대학교 회화과(02-320-1927) **학**1982
년 홍익대졸 1988년 프랑스 파리국립미술학교 회화과
졸 1989년 프랑스 파리제8대 대학원졸 **경**개인전(7회),
한국현대미술展(해외순회) 1995년 홍익대 회화과 조교
수 · 부교수 · 교수(현), 同회화과 학과장 2002~2003년
한국기초조형학회 전시분과기획위원 2005~2007년 서
울시교육청 심의위원 2006~2007년 우리은행 심사위원 2006년 세이브더칠
드런코리아 감수위원 2006년 NAAF협회 위원장 2006년 서울역사박물관 심
사위원 2006년 서울미술협회 위원장 2007년 K-art 국제문화교류협회 심
사위원 2010년 홍익대 미술디자인교육원장 2015년 同미술대학원장(현) **상**
지중해비엔날레 앙리마티스상, 르쥬국제현대회화제 최우수상(1988), 동아
미술제 동아미술상(1990), 중화민국문화부 북경 Art Expo금상(2005) **저**'드
로잉'(2001, 시공사) **종**가톨릭

신종열(辛宗烈)

생1972 · 2 · 25 **본**경남 창녕 **주**경기 부천시 원미구 상일로129 인천지방법
원 부천지원(032-320-1114) **학**1990년 창신고졸 1995년 서울대 경제학과
졸 **경**1994년 사법시험 합격(36회) 1997년 사법연수원 수료(26기) 1997년 軍
법무관 2000년 서울지법 서부지원 판사 2002년 同판사 2004년 대구지법
판사 2009년 서울고법 판사 2010년 대법원 재판연구관 2013년 부산지법 부
장판사 2015년 인천지법 부천지원 부장판사(현)

신종오(申宗旿) Shin Jongo

생1971 · 3 · 15 **본**서울 **주**서울 서초구 서초중앙로157
서울고등법원(02-530-1114) **학**1990년 상문고졸 1995
년 서울대 사법학과졸 **경**1995년 사법시험 합격(37회)
1998년 사법연수원 수료(27기) 1998년 軍법무관 2001년
서울지법 의정부지원 판사 2003년 서울지법 판사 2004
년 서울중앙지법 판사 2005년 울산지법 판사 2008년 서
울서부지법 판사 2010년 서울고법 판사 2011년 대법원
재판연구관 2013년 대전지법 부장판사 2014년 서울고법 판사(현)

신종우(辛鍾雨)

생1972 · 3 · 28 **본**경남 창녕 **주**경남 창녕군 창녕읍 군
청길1 창녕군청 부군수실(055-530-1010) **학**창신고졸,
부산대 행정학과졸 **경**1997년 지방고시 합격(3회) 2010
년 창원시 경제국장 2011년 同문화체육국장, 지방행정
연수원 연수, 창원시 해양개발사업소장 직대 2013년 同
해양수산국장 2014년 경남도 투자유치단장 2015년 同
국가산단추진단장 2015년 同해양수산국장 2016년 경남
창녕군 부군수(현)

신종원(辛鍾遠) SHIN Jong Won

생1952 · 4 · 17 **본**경북 상주 **주**경기 성남시 분당구 하
오개로323 한국학중앙연구원 한국학대학원 인문학부
(031-709-4258) **학**1971년 서울대사대부고졸 1975
년 고려대 문과대 사학과졸 1977년 同대학원졸 **경**
1979~1981년 고려대 사학과 강사 1980년 국사편찬위
원회 교육연구사 1981~1992년 강원대 역사교육과 전임
강사 · 조교수 · 부교수 1986~1993년 강원도 문화재전
문위원 1986년 일본 도쿄대 연구원 1992~2004년 강원대 역사교육과 교수
1992~1996년 同박물관장 1994년 강원도 문화재위원 2004년 한국정신문
화연구원 교수 2005년 한국학중앙연구원 한국학대학원 인문학부 교수(현)
2007~2010년 同동아시아역사문화연구소장 2011년 同한국학지식정보센터
소장 2016년 同부원장(현) **저**'신라초기불교사연구' '신라 최초의 고승돌' '삼
국유사 새로읽기 1 · 2'(2004 · 2011) '한국 대왕신앙의 역사와 현장'(2008)

신종원(辛宗元) Shin Jong-won

생1956 · 3 · 17 **주**서울 종로구 사직로8길60 외교부 인
사운영팀(02-2100-7138) **학**1979년 서울대 정치학과졸
1981년 同대학원 정치학과 수료 1989년 영국 런던대 대
학원졸 **경**1981년 외무고시 합격(15회) 1984년 외무부 입
부 1990년 駐제네바 2등서기관 1992년 駐쿠웨이트 2등서
기관 1996년 아시아태평양경제협력체(APEC) 사무국 파
견 1999년 同무역 · 투자담당팀장 1999년 아시아유럽정
상회의(ASEM)준비기획단 파견 2000년 외교통상부 다자통상협력과장 2000
년 駐OECD대표부 참사관 2003년 駐우크라이나 참사관 2006년 제주평화연
구원 파견 2007년 외교통상부 다자통상협력관 2007년 同다자통상국 심의관
2008년 駐영국 공사 2012년 駐세네갈 대사 2016년 외교부 본부 근무(현)

신종원(辛鍾元) SHIN Jong Won

생1961 · 5 · 14 **본**영산(靈山) **출**경남 거제 **주**서울 중랑구
송림길156 망우청소년수련관(02-492-7942) **학**1979년
경상고졸 1984년 연세대 정치외교학과졸 **경**1982~1983
년 연세대 총기독학생회(S.C.A) 회장 1996~2000년 소비
자보호단체협의회 실행위원장 1997~2002년 녹색가게운
동 사무국장 1997년 쓰레기문제해결을위한시민운동협의
회 실무위원 1997~2000년 통신위원회 전문위원 · 정보
통신부 정보통신서비스 평가위원 1997~1998년 서울 공선협 사무처장 1997
년 민간TV토론위원회 간사 1997년 서울YMCA 시민중계실장 1997년 同시민
사회운동부장 1998~2004년 서울시 녹색시민위원회 집행위원 1998~1999
년 정부규제개혁위원회 심의위원 1999~2000년 대통령직속 사법개혁추진
위원회 전문위원 1999~2000년 한아세안청소년교류조직위원회 사무국장
2000~2001년 의약분업정착을위한시민운동본부 운영위원장 2002~2003년
대통령자문 지속가능위원회(PCSD) 위원 2003~2004년 방송위원회 보도교
양심의위원회 위원 2005~2006년 대통령직속 사법개혁추진위원회 실무위원
2005년 대법원 국선변호위원회 위원 2005년 통신요금심의위원회 위원 2005
년 대법원 법무사시험위원회 위원 2006~2007년 한국소비자단체협의회 이
사 2007~2014년 한국투자자교육재단 이사 2008~2011년 서울지방변호사
회 법관평가위원회 위원 2008년 중앙선거관리위원회 정책자문위원회 위원(
현) 2008년 서울시 행정서비스시민평가단 위원(현) 2009~2011년 건국대 상
경대 소비자정보학과 겸임교수 2009~2011년 정보통신품질평가협의회 위
원 2009~2012년 서울시 한강공원시설물가격조정위원회 위원장 2009~2011
년 직접판매협회 자율규제위원회 위원 2010년 서울YMCA 시청자시민운동
본부장 2011~2014년 숙명여대 법과대학 겸임교수 2011~2014년 (사)한국자
원봉사문화 이사 2012년 한국의료분쟁조정중재원 조정위원(현) 2012년 서
울시 민생경제위원회 위원장(현) 2012년 대법원 양형위원회 자문위원(현)
2013~2014년 검찰개혁심의위원회 위원 2013~2015년 국민대통합위원회 갈
등포럼 위원 2013~2015년 서울YMCA 시민문화운동본부장 2015년 국민대통
합위원회 정책자문위원(현) 2015년 미래창조과학부 정책자문대표자회의 위
원(현) 2016년 서울YMCA 위탁사업운영본부장(현) 2016년 망우청소년수련관
관장 겸임(현) 2016년 방송통신위원회 자체평가위원(현) **상**대통령표창(1999)
저'경쟁적 통신시장에서의 규제 및 공정경쟁 정책방향(共)'(2004, 서울대경제
연구소) '한국에서 공정이란 무엇인가(共)'(2011, 사회통합위원회) **종**기독교

신종철(申宗澈) Jongchul Shin

생1974 · 8 · 16 **본**평산(平山) **출**서울 **주**경기 과천시 관
문로47 방송통신위원회 방송기반국 편성평가정책과
(02-2110-1280) **학**1992년 대성고졸 1997년 연세대 행
정학과졸 2000년 서울대 행정대학원 행정학과졸 2012
년 법학박사(미국 서던일리노이대) **경**1997년 행정고시
합격(41회) 2000~2004년 軍 복무(공군 중위 만기제대)
2004년 정보통신부 정보화기획실 사무관 2005년 同정
보통신협력국 사무관 2006년 同통신전파방송정책본부 사무관 2007년 同

통신전파방송정책본부 서기관 2008년 방송통신위원회 통신정책국 서기관 2009년 국외직무 훈련(미국 서던일리노이대 로스쿨) 2012년 국가경쟁력강화위원회 파견 2013년 미래창조과학부 전파정책국 전파기반과장 2015년 同통신정책국 통신서비스기반팀장 2015년 방송통신위원회 단말기유통조사단 단말기유통조사담당관 2016년 同방송기반국 편성평가정책과장(현) [상]국무총리표창(2007) [저]'통신법해설'(2013, 진한M&B) '전파법해설'(2013, 진한M&B) '단말기유통법해설 : 단말기유통법의 해석과 사례'(2016, 진한M&B)

신종호(申鐘鎬) Shin Jong Ho

[생]1956 [출]대전 [주]서울 종로구 대학로112 한국장애인문화예술원(02-760-9700) [학]1986년 미국 오하이오주 신시내티주립대졸 1988년 미국 뉴욕시티대 브루클린대 대학원졸 2008년 서울시립대 사회복지대학원졸 [경]1976~2015년 베데스다 현악 4중주단 비올라 담당 1989~1997년 서울심포니오케스트라 비올라 수석 1998~2002년 구리시교향악단 단장 겸 음악감독 2001~2003년 충남대 예술대학 겸임조교수 2003~2014년 아산사회복지재단 복지사업팀 아산교향악단 음악감독, (사)남북체육교류협회 장애인위원회 위원장 2015년 (재)한국장애인문화예술원 초대 이사장(현) [상]올해의 장애극복상(2004), 국제언론인클럽 글로벌 자랑스런 한국인대상 사회발전공헌부문(2015)

신종호(辛宗昊) Shin, Jong-ho

[생]1960 · 10 · 10 [본]영월(寧越) [출]경기 양평 [주]서울 광진구 능동로120 건국대학교 인프라시스템(토목)공학과(02-2049-6081) [학]1983년 고려대 토목공학과졸 1985년 한국과학기술원(KAIST) 건설환경공학과졸(석사) 2000년 박사(영국 런던대 임페리얼칼리지) [경]1981년 기술고시 합격(17회) 1985년 대우엔지니어링 기술연구소 선임연구원 1988년 서울시 지하철건설본부 계획설계과장 · 지리정보담당관 · 청계천복원사업담당관 2004년 건국대 공대 토목공학과 교수(현) 2009년 대통령 국토해양비서관 2009년 대통령직속 국가건축정책위원회 국가건축정책기획단장 겸임 2011년 대통령 지역발전비서관 2011년 대통령직속 지역발전위원회 기획단장 겸임 2012년 대통령 국정과제2비서관 2016년 (사)한국터널지하공간학회 회장(현) [상]대통령표창(2001), 영국 토목학회(ICE) John King Medal(2003), 한국지반공학회 특별논문상(2004), 건국대 공학학술상(2007), 영국 토목학회 Reed and Mallik Medal(2007), 서울시 토목상(2008), 한국터널공학회 학술상(2009), 홍조근정훈장(2011), 영국토목학회(ICE) Overseas Prize(2012) [저]'전산지반공학(共)'(2015) '지반역공학 I, II'(2015) [역]'토질역학'

신종호(申宗昊) SHIN Jong Ho (野草)

[생]1966 · 7 · 19 [본]평산(平山) [출]서울 [주]서울 관악구 관악로1 서울대학교 사범대학 교육학과(02-880-7640) [학]1990년 서울대 사범대학 교육학과졸 1994년 同대학원 교육학과졸 1999년 교육심리학박사(미국 미네소타대) [경]1999~2000년 미국 미네소타대 아동발달연구소 연구원 2000~2002년 세종대 인문대학 교육학과 교수 2002년 서울대 사범대학 교육학과 교수(현) 2012~2014년 同교육행정연수원장 2016년 同사범대학 교무부학장(현) [저]'학습장애아동의 이해와 교육(共)'(2003) '성공적인 대학생활: 학습 및 시험전략'(2004) '시험 불안 해결하는 법'(2004) '연구로 본 교육심리학'(2007) '영재아동 바로알기(共)'(2009) [역]'학습과학'(2008) '스턴버그가 들려주는 성공하는 학자가 되기 위한 암묵적 지혜'(2009) [종]기독교

신종훈(申宗勳)

[생]1964 [주]경기 시흥시 정왕신길로206 시흥소방서(031-310-0314) [학]강릉대 물리학과졸, 수원대 행정대학원 재학中 [경]1987년 경기 안양소방서 지방소방장(국비소비장학생) 2007년 경기도 소방재난본부 소방행정팀장 2008년 경기 광명소방서장 2010년 경기 포천소방서장 2011년 경기도소방학교 교육기획과장 2012년 경기 남양주소방서장 2015년 경기 시흥소방서장(현) [상]국무총리표창(2007), 행정안전부장관표창(2011)

신주선(辛周善) SHIN Joo Sun

[생]1956 · 10 · 5 [본]영월(寧越) [출]충북 청주 [주]서울 강남구 삼성로528 부방빌딩1층 KSF선박금융(주) 대표이사실(02-559-1900) [학]1975년 신일고졸 1984년 한국외국어대 중국어학과졸 [경]1984년 서울은행 입행 2003년 한국선박운용 상무이사 2006년 KSF선박금융(주) 상무이사 2007년 同대표이사(현)

신주현(辛注泫) Shin, Ju-Hyun

[생]1959 · 10 · 2 [출]충남 강경 [주]세종특별자치시 도움6로 57 정부세종청사경비대(044-861-9227) [학]1977년 강경상고졸 1986년 고려대 국어교육과졸 1988년 同행정학과졸 1995년 同대학원 행정학석사 [경]경찰간부 후보(39기) 2007년 충남지방경찰청 광역수사대장 2008년 천안경찰서 형사과장 2009년 충남지방경찰청 강력계장 2011년 총경 승진 2012년 충북지방경찰청 청문감사담당관 2013년 충남 보령경찰서장 2014년 충남지방경찰청 수사과장 2015년 同형사과장 2015년 충남 아산경찰서장 2016년 충남지방경찰청 세종청사경비대장(현)

신 준(申 晙) SIN Jun

[생]1959 · 7 · 2 [출]경기 동두천 [주]충남 천안시 서북구 백석공단1로111 노루비케미칼 비서실(041-620-6200) [학]1986년 연세대 경제학과졸 [경](주)디피아이 지원담당 이사 2006년 (주)노루페인트 지원담당 이사 2008년 同지원담당 상무 2012년 同전무 2016년 노루비케미칼 대표이사 부사장(현)

신준섭(辛浚燮) SHIN Jun Sup

[생]1970 · 8 · 17 [출]서울 [주]경기 평택시 세교산단로61 성문전자(주)(031-650-2909) [학]1989년 미국 테네플라이고졸 1993년 미국 뉴욕대 경영학과졸 2004년 일본 와세다대 경영대학원 MOT과정 수료 [경]1993년 성문전자(주) 입사 2003년 同관리이사 2004년 서울청년회의소 회장 2005년 한국청년회의소 국제실장 2006년 국제청년회의소(JCI) 미국캐나다담당 부회장 2006년 성문전자(주) 전무이사 2007년 국제청년회의소(JCI) 상임부회장 2009년 同세계회장 2010년 성문전자(주) 부사장(현) 2013년 대한야구협회 국제이사(현) 2014년 미국 뉴욕대 한국동문회 수석총무(현) [상]동탑산업훈장(1998), 과학기술훈장 웅비상(2004), 한국품질재단 신품질포럼 글로벌시스템대상(2012)

신준수(申俊秀) SHIN JOON SOO

[생]1955 · 8 · 10 [본]고령(高靈) [출]충북 청주 [주]서울 강동구 성내로36 한국골재협회(02-470-0150) [학]1973년 청주상고졸 1977년 충북대 토목공학과졸 2005년 중앙대 건설대학원 공사관리학과졸 [경]2002년 건설교통부 건설환경과 사무관 2003년 同건설환경과 시설서기관 2004년 한국건설기술연구원 파견 2005년 대전지방국토관리청 충주국도유지건설사무소장 2007년 영산강홍수통제소장 2008년 국토해양부 영산강홍수통제소장 2009년 익산지방국토관리청 광주국도관리사무소장 2011년 공공기관지방이전추진단 파견 2012년 국토해양부 낙동강홍수통제소장 2013년 국토교통부 낙동강홍수통제소장 2014년 한국골재협회 상임부회장(현) [상]근정포장(2002), 홍조근정훈장(2014) [종]기독교

신준식(申俊湜) Joon-shik Shin

[생]1952 · 3 · 22 [주]서울 강남구 언주로858 자생한방병원(02-3218-2206) [학]경희대 한의학과졸, 同대학원 한의학과졸, 한의학박사(경희대) [경]자생의료재단 및 자생한방병원 이사장(현) 1991~2012년 대한척추신경추나의학회 회장 1998년 경희대 한의과대학 외래교수(현) 2010년 대한한방병원협회 회장(현) 2011년 미국 미시간주립대 Osteopathic의과대학 명예교수(현) 2012년 대한척추신경추나의학회 명예회장(현), 중국 제1군의대학 명예교수, 세계중의골과연합회 부회장, 경희대 한의과학연구원 수석연구원, 同동서의학대학원 겸임교수, 미국 어바인의과대 국제동양의학연구소 연구이사, 포천중문의과대 외래교수, 경원대 한의학과 외래교수 [상]보건사회부장관표창(1993), 대통령 국민포장(2000), 국민훈장 동백장(2006), 한국카네기연구소 대한민국 최고리더십상(2007), 보건복지가족부장관표창(2007), 대한민국보건산업대상 한방부문 대상(2008), 문학세계 문학상 시 부문 대상(2013), 국민훈장 모란장(2015) [저]'허리병 때문에 아직도 고생하십니까'(1999) '허리가 생명이다'(2000) '자생력 건강법'(2011) '척추는 자생한다'(2011) '마흔 아프지 않게 살고 싶다'(2013) '비 맞지 않고 크는 나무는 없다'(2014) 시집 '맺고 풀고 하니 사랑이더라'(2015)

신준한(愼俊漢) SHIN Joon Han

[생]1962 · 2 · 14 [본]거창(居昌) [출]제주 제주시 [주]경기 수원시 영통구 월드컵로164 아주대학교병원 순환기내과(031-219-5712) [학]1980년 제주제일고졸 1986년 연세대 의대졸 1995년 同대학원졸 [경]1986~1994년 연세대 의대 인턴 · 해군 軍의관 · 연세대 의대 내과 전공의 1994년 아주대 의과대학 순환기내과학교실 교수(현) 2008년 아주대병원 진료의뢰센터 소장 2010년 同제2진료부원장 2012년 同순환기내과 주임교수 겸 과장(현) 2014년 同심혈관센터장(현) 2014년 한국심초음파학회 이사장, 同임원추천위원회 위원(현)

신준호(辛俊浩) SHIN Joon Ho

(생)1941·11·1 (본)영산(靈山) (출)울산 울주 (주)서울 영등포구 문래로60 (주)푸르밀 회장실(02-2639-3900) (학)1960년 경남고졸, 동국대졸 1966년 미국 뉴욕대 경영대학원 수료 (경)1967년 롯데제과 전무 1974년 롯데칠성음료 대표이사 1974년 롯데제과 대표이사 1977년 롯데건설 사장 1978년 롯데삼강 사장 1978년 롯데그룹(17개회사) 운영본부장·사장 1980년 롯데물산 사장 1981~1984년 롯데제과 사장 1981년 롯데햄·롯데우유 사장 1981년 롯데건설 사장 1982~1992년 同부회장 1982~1996년 프로야구 롯데자이언츠 구단주 1992~1996년 롯데그룹 부회장 1993~1997년 전국경제인연합회 부회장 1996~2007년 롯데햄·롯데우유 부회장 2007~2008년 롯데우유(주) 대표이사 회장 2009년 (주)푸르밀 대표이사 회장(현) 2012년 서울여자간호대학 이사장(현) (상)철탑산업훈장(1988)

신준환(辛俊煥) SHIN Joon Hwan

(생)1956·12·1 (출)경북 예천 (주)경북 영주시 풍기읍 동양대로145 동양대학교 정보대학원 산림비즈니스학과(054-630-1060) (학)1976년 경북고졸 1983년 서울대 산림자원학과졸 1985년 同대학원졸 1989년 농학박사(서울대) (경)1990년 임업연구원 연구사 1992년 同연구관 1999년 同산림생태과장 2004~2010년 국립산림과학원 산림환경부장·산림보전부장, 同산림생태과 연구관 2012~2014년 국립수목원장 2014년 동양대 정보대학원 산림비즈니스학과 교수(현) (저)'숲 속 깊은 내 친구야' '자연의 향기 속으로' '보전생물학' '한국의 산림과 임업' '산림과 임업기술'

신중목(愼重睦) SHIN Joong Mok

(생)1951·3·16 (본)거창(居昌) (출)경북 경주 (주)서울 중구 소공로4길3 (주)코트파 비서실(02-757-6161) (학)1969년 대동상고졸 1971년 서울대 잠사학과 중퇴 2001년 서경대 응용수학과졸 2004년 한양대 국제관광대학원졸 (경)1983~2001년 월간 '해외여행' 발행인 1987년 (주)한국관광홍보 대표이사 사장 1988~1990년 (사)관광산업연구원 원장 1989년 주간 '금주의한국' 편집인, 한양대총동문회 이사 1989~1995년 해외여행박람회 운영위원장 1992년 한국국제관광교류전 조직위원장 1993년 (주)코트파 대표이사 회장(현) 1995년 부산국제관광교류전 조직위원장 2000년 한국관광협회중앙회 국제회의산업위원장 2000년 同감사 2000~2003년 서울시관광협회 부회장 2001~2003년 한국컨벤션협의회 부회장 2001년 새천년민주당 직능위원회 벤처경제분과 관광·레저산업위원장 2004~2007년 한국관광펜션협회 회장 2006~2009년 한국관광협회중앙회 회장 2007~2012년 서경대 경영학부 겸임교수 2007년 MB연대 상임고문 2007년 한국관광장학재단 이사장 2008년 농업농촌정책혁신협의회 위원 2009년 아시아·태평양관광협회(PATA) 한국지부 회장 (상)한국관광협회 감사패(1991), 교통부장관표창(1993), 호주정부관광청 코알라상(1993), 국무총리표창(1998), 대통령표창(2000), 부산시장표창(2002), 문화관광연구학회 문화관광대상 특별상(2004) (저)'관광산업이 미래를 결정한다'(2006) '글로벌시대의 관광코리아'(2008) (종)기독교

신중범(愼重範) Shin Joong Beom

(생)1971·9·24 (본)거창(居昌) (출)서울 (주)세종특별자치시 갈매로477 기획재정부 인사과(044-215-2230) (학)1990년 경기고졸 1995년 연세대 경제학과졸 2005년 경제학박사(미국 미주리대 컬럼비아교) (경)1994년 행정고시 합격(38회) 1995~1998년 재정경제원 금융정책실 금융정책과·국민저축과 근무 1998~2003년 재정경제부 국제금융국 외환제도과 근무 2006~2007년 同경제정책국 경제분석과·종합정책과 근무 2007~2011년 국제통화기금(IMF) 재정국(FAD) Economist 2011~2013년 기획재정부 G20기획조정단 거시총괄과장·국제금융협력국 거시협력과장 2013~2014년 대통령 경제수석비서관실 행정관(파견) 2014년 기획재정부 국제금융정책국 외화자금과장 2016년 同인사과장(부이사관)(현)

신중식(申仲植) SHIN Jung Sik

(생)1940·12·27 (본)고령(高靈) (출)전남 고흥 (주)서울 종로구 새문안로5길37 한국유권자운동연합(02-738-7966) (학)1959년 경기고졸 1966년 서울대 정치외교학과졸 1978년 미국 메인주립대 대학원졸 1995년 고려대 언론대학원 최고언론인과정 수료 1997년 同컴퓨터과학기술대학원 최고위정보통신과정 수료 (경)1965년 중앙일보 기자 1967년 한국일보 기자 1978년 대한축구협회 이사·국제위원장 1978년 한국상역(주) 고문 1989년 시사저널 조사분석실장 겸 상무이사 1991년 同기획관리실장 1992년 한국유권자운동연합 공동대표(현) 1995년 시사저널 전무이사 1997년 同대표이사 발행인 겸 편집인 1999년 월드컵문화시민운동중앙협의회 사무총장 2000년 同부회장 2002~2003년 국정홍보처장 2003년 금호생명보험 사외이사 2004~2008년 제17대 국회의원(고흥·보성, 열린우리당·민주당·중도통합민주당·대통합민주신당·통합민주당) 2005년 민주당 부대표 2006년 同공직후보자자격심사특별위원회 위원장 2007년 대통합민주신당 정동영 대통령후보 중앙선거대책위원회 미디어인터넷본부장 2010~2012년 남도학숙 원장 2012년 제19대 국회의원선거 출마(고흥·보성, 무소속) 2012년 (주)부영 상임고문 2013~2015년 대한민국헌정회 이사 (상)황조근정훈장 (종)천주교

신중식(申重植) shin jung shik

(생)1954·5·6 (본)고령(高靈) (출)충북 청원 (주)서울 강남구 강남대로84길23 한라클래식오피스텔1808호 신중식세무회계사무소(02-501-0021) (학)청주상고졸 1976년 청주대 행정학과졸 (경)1992년 구미세무서 간세과장 1993년 서울 개포세무서 소득세1과장 1994년 국세청 부가세과 사무관 1995년 서울지방국세청 부동산조사담당관실 사무관 1999년 同재산세과 사무관 2004년 同조사1국 3과 서기관 2006년 국세심판원 제7조사관실 서기관 2006년 동청주세무서장 2008년 중부지방국세청 조사2국 3과장 2009년 서울지방국세청 조사4국 4국장 2010년 서울 양천세무서장 2010~2011년 서울 삼성세무서장 2012년 세무사 개업(현) (상)국무총리표창(1991), 녹조근정훈장(2003)

신중일(愼重一) SHIN Jung Il

(생)1959·2·18 (본)거창(居昌) (출)경남 거창 (주)강원도 원주시 흥업면 한라대길 28 배달학원(한라대학교)(033-760-1130) (학)김천상고(구 지례상고)졸, 신구대 세무회계학과졸 (경)(주)한성전기 근무, (주)진도 근무, (주)만도 근무, (주)한라 경리담당 상무보, 同경리담당 상무, (주)현대메디스 대표이사 2012년 (주)한라 전무, 배달학원 상임이사(현)

신중혁(愼重赫) SHIN Joong Hyuck

(생)1958·10·7 (출)서울 (주)서울 강남구 남부순환로2806 군인공제회관22층 엠플러스자산운용(주) 임원실(02-6007-4700) (학)1977년 대광고졸 1982년 성균관대 행정학과졸 1986년 미국 롱아일랜드대 경영대학원 MBA (경)1991년 서울증권 국제부 과장 1991년 同홍콩사무소 개설준비위원장 1992년 同홍콩사무소장 1995년 同국제영업팀장 1998년 同법인영업팀장 1999년 한일투자신탁운용(주) 경영·마케팅본부장 1999년 同채권운용본부장(이사) 2000년 同경영·마케팅본부장(상무) 2004년 세이(SEI)에셋코리아자산운용 부사장 2008~2009년 유진자산운용 주식·채권운용·컴플라이언스·마케팅담당 각자대표이사 사장 2014년 엠플러스자산운용(주) 대표이사(현)

신중호(辛重鎬) Synn, joong ho

(생)1961·5·4 (주)대전 유성구 과학로124 한국지질자원연구원 원장실(042-868-3000) (학)1983년 서울대 공과대학 자원공학과졸 1985년 同대학원 자원공학과졸 1990년 공학박사(서울대) (경)1985년 International Society for Rock Mechanics 정회원(현) 1991년 한국지질자원연구원 책임연구원(현) 1995~1996년 일본 야마구치대 연구원 2011~2012년 미국 로렌스버클리국립연구소(LBNL) 초빙연구원 2011~2013년 지식경제부 국가연구개발사업평가위원회 위원 2013년 산업통상자원부 국가연구개발사업평가위원회 위원(현) 2013~2015년 한국시설안전공단 정밀안전진단평가위원회 위원 2014년 해외자원개발진흥재단 이사(현) 2015년 한국지질자원연구원 부원장 2015년 한국암반공학회 회장(현) 2016년 한국자원공학회 부회장(현) 2016년 한국지질자원연구원 원장(현)

신지애(申智愛·女) SHIN Ji Yai

(생)1988·4·28 (출)전남 영광 (학)2007년 함평골프고졸 2014년 연세대 체육교육학과졸 (경)하이마트 소속 2004년 익성배 매경아마추어골프선수권대회 우승 2004년 경희대총장배 전국중고골프대회 우승 2004년 한미 전국학생골프선수권대회 우승 2005년 매경 빅야드배 전국중고등학생골프대회 우승 2005년 강민구배 한국여자아마추어골프선수권 우승 2005년 송암배 아마추어골프선수권대회 우승 2005년 한국주니어골프선수권 우승 2005년 KLPGA SK엔크린 인비테이셔널 우승 2005년 한국여자프로골프협회 회원(현) 2005년 코사이도 대만-일본프렌드십골프토너먼트 우승 2006년 태영배 한국여자오픈 우승 2007년 유럽여자골프투어(LET) ANZ레이디스마스터스 준우승 2007년 여자월드컵골프대회 국가대표 2007년 MBC투어 엠씨스퀘어컵 크라운CC여자오

픈 우승 2007년 힐스테이트 서경오픈골프대회 우승 2007년 MBC투어 비씨카드 클래식 우승 2007년 KB국민은행 Star Tour 3차대회 우승 2007년 KB국민은행 Star Tour 4차대회 우승 2007년 SK에너지 Invitational 여자골프대회 우승 2007년 삼성금융레이디스챔피언십 우승 2007년 인터불고마스터스 우승 2007년 ADT챔피언십 우승 2007년 차이나레이디스오픈 우승(국내골프 사상 첫 시즌 10승) 2008년 세계여자골프월드컵 준우승 2008년 유럽여자프로골프투어 MFS호주여자오픈 준우승 2008년 JLPGA투어 요코하마타이어 PRGR레이디스컵 우승 2008년 KLPGA투어 우리투자증권레이디스챔피언십 우승 2008년 태영배 한국여자오픈골프선수권대회 우승 2008년 KLPGA투어 비씨카드클래식 우승 2008년 LPGA투어 브리티시여자오픈 우승 2008년 신세계KLPGA선수권대회 우승 2008년 KLPGA투어 하이트컵챔피언십 우승 2008년 KB국민은행 스타투어 4차대회 우승 2008년 LPGA투어 미즈노 클래식 우승 2008년 LPGA투어 ADT챔피언십 우승 2009~2014년 미래에셋자산운용 소속(연 계약금 10억원 · 성적에 따른 인센티브 최대 5억원 등 5년간 총 75억원) 2009년 LPGA투어 HSBC 위민스 챔피언스대회 우승 2009년 LPGA투어 웨그먼스LPGA 우승 2009년 2009광주세계광엑스포 홍보대사 2009년 LPGA투어 P&G뷰티 NW아칸소챔피언십 우승 2009년 LPGA투어 삼성월드챔피언십 3위 2009년 JLPGA투어 마스터스 GC레이디스 우승 2009년 LPGA투어 로레나 오초아 인비테이셔널 공동3위 2010년 LPGA투어 HSBC 위민스챔피언스 공동3위 2010년 LPGA투어 KIA 클래식 공동3위 2010년 JLPGA투어 사이버 에이전트 레이디스 우승 2010년 재규어 홍보대사 2010년 LPGA투어 레그먼스 LPGA챔피언십 공동3위 2010년 LPGA투어 에비앙 마스터스 우승 2010년 LPGA투어 캐나다여자오픈 공동2위 2010년 메트라이프 · 한국경제 KLPGA챔피언십 우승 2010년 JLPGA 투어 후지쓰레이디스 2위 2010년 LPGA투어 미즈노클래식 우승 2011년 유럽여자프로골프투어 호주여자오픈 공동2위 2011년 LPGA투어 KIA 클래식 2위 2011년 LPGA투어 숍라이트 LPGA클래식 공동2위 2011년 대만여자프로골프(TLPGA)투어 스윙잉스커츠대회 공동 2위 2012년 LPGA투어 혼다 타일랜드 3위 2012년 LPGA투어 KIA 클래식 공동3위 2012년 JLPGA투어 사이버 에이전트 레이디스 공동3위 2012년 JLPGA투어 사반사 타바사 레이디스 공동3위 2012년 LPGA투어 캐나다여자오픈 공동3위 2012년 LPGA투어 킹스밀 챔피언십 우승 2012년 LPGA투어 브리티시여자오픈 우승 2012년 한국여자프로골프(KLPGA) 2013 시즌 개막전 스윙잉 스커츠 월드 레이디스 마스터스 공동3위 2013년 LPGA투어 호주여자오픈 우승 2013년 대한적십자사 홍보대사 2014년 JLPGA투어 니치레이 레이디스 우승 2014년 JLPGA투어 메이지컵 우승 2014년 JLPGA투어 니토리 레이디스 우승 2014년 JLPGA투어 먼싱웨어 레이디스 토카이 클래식 우승 2015년 JLPGA투어 사이버 에이전트 레이디스 우승 2015년 JLPGA투어 니치레이 레이디스 우승 2015년 JLPGA투어 먼싱웨어 레이디스 도카이 클래식 공동2위 2015년 JLPGA투어 투어챔피언십 리코컵 우승 2015년 한국여자프로골프(KLPGA) '명예의 전당' 헌액(최연소) 2016년 유럽여자프로골프투어(LET) RACV 레이디스 마스터스 우승 2016년 JLPGA투어 악사 레이디스 토너먼트 2위 2016년 JLPGA투어 야마하 레이디스오픈 2위 2016년 JLPGA투어 호켄 마도구치 레이디스 우승 2016년 JLPGA투어 니치레이 레이디스 우승(3년연속 우승) 2016년 JLPGA투어 미야기TV배 던롭여자오픈 2위 2016년 JLPGA투어 일본여자오픈 3위 [상]한국여자프로골프(KLPGA) 5관왕(신인왕 · 대상 · 최저타상 · 상금왕 · 다승왕)(2006), 한국여자프로골프(KLPGA) 4관왕(대상 · 최저타상 · 상금왕 · 다승왕)(2007), 한국여자프로골프(KLPGA) 5관왕(대상 · 최저타상 · 상금왕 · 다승왕 · KB스타투어 상금왕)(2008), 대한골프협회 최우수선수(MVP)(2008), 미국여자프로골프(LPGA) 3관왕(신인왕 · 상금왕 · 공동다승왕)(2009), 한국여자프로골프(KLPGA) 국외선수부문 대상(2009), 미국골프기자협회 최우수여자선수상(2009), 환경재단 세상을 밝게 만든 사람들상(2009), 대한골프협회 2009 최우수 프로선수(2010), 미국골프기자협회(GWAA) 2009올해의 여자선수상(2010), 대한민국인재상(2010), 연세대 공로상(2014)

신지철(申智澈) SHIN JI CHEOL

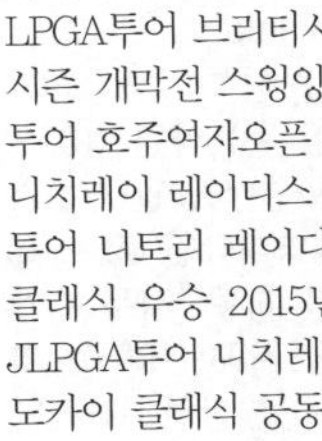

[생]1961 · 11 · 28 [주]서울 서대문구 연세로50의1 세브란스재활병원 원장실(02-2228-3713) [학]1986년 연세대 의대졸 1989년 同대학원 의학석사 2000년 의학박사(가톨릭대) [경]1993~1996년 연세대 의과대학 재활의학교실 연구강사 1996년 同의과대학 재활의학교실 전임강사 · 조교수 · 부교수 · 교수(현) 2000~2011년 세브란스병원 재활의학과장 겸 재활병원 진료부장 2003년 ISO/TC168 위원장 2004년 대한척수손상학회 총무, 同부회장(현) 2004~2009년 노동부 산업재해보상보험심의위원회 전문위원 2005~2008년 세계재활의학회 이사회 이사 2005~2011년 국무총리 행정심판위원회 보건위원 2006~2008년 대한재활의학회 이사 및 학회사편찬위원회 위원장 2008년 대한재활의학회 이사 및 고시위원장(현) 2009~2011년 국시원 의지보조기기사시험위원회 위원장 2009~2014년 한국의지보조기학회 및 ISPO(국제의지보조기학회) 한국지회 이사 · 부회장 2010년 연세대 의과대학 재활의학연구소장(현) 2011년 세브란스재활병원 원장(현) 2011~2014년 국민연금공단 자문의사 2012~2013년 식품의약품안전청 의료기기임상전문가 위원 2012~2014년 대한재활의학회 교육위원회 위원장 · 고시위원회 위원 2012~2014년 대한림프부종학회 이사 2012~2014년 대한재활의학회 장애평가위원회 위원 2012~2014년 국토교통부 제3기 재활시설운영심의위원회 심의위원 2014년 식품의약품안전평가원 의료기기허가 · 심사자문외부전문가 2015년 한국의지보조기학회 회장(현) 2015년 건강보험심사평가원 서울지원 지역심시평가위원회 비상근심사위원(현) 2015년 산업통상자원부 국가기술표준원 산업표준심의회의 보장구(ISO/TC168) 전문위원회 위원(현) 2015년 2016아시아의지보조기학술대회 조직위원(현) 2015년 한국보건의료인국가시험원 제11기 직종별시험위원회 위원(현) 2016년 식품의약품안전처 차세대의료기기100프로젝트 전문가위원(현) [상]대한재활의학회 학술상(2003 · 2004), 아름다운 대한국인상(2013), 세종대왕 나눔봉사대상(2013), 연세대 의과대학 총동창회 올해의 동창상(2015), 대한재활의학회 우수논문상(2015) [저]'재활의학 1~2쇄'(2007 · 2008) 'Essential 재활의학'(2013) '정형외과학'(2013) [종]기독교

신지호(申智浩)

[생]1961 · 9 [출]서울 [주]서울 중구 청계천로86 한화큐셀 임원실(02-729-1114) [학]1980년 고려고졸 1984년 한양대 도시공학과졸 1990년 미국 컬럼비아대 대학원 경제학과졸 1992년 同경영대학원 경영학과졸(MBA) [경]2002년 한화생명보험 상무보 2010년 한화케미칼 솔라사업단 상무보 2012년 한화큐셀 운영총괄 상무 2013년 同EA다운스트림사업부장 2016년 同전무(현)

신 진(申 塡) SHIN Jin

[생]1958 · 5 · 28 [출]충남 홍성 [주]경기 용인시 수지구 죽전로152 단국대학교 교양교육대학 교양학부(031-8005-3940) [학]1976년 대전고졸 1983년 서울대 무역학과졸 1990년 미국 플로리다주립대 경제학과졸 1991년 경제학박사(미국 플로리다주립대) [경]1983~1986년 한국산업은행 조사부 근무 1991~1993년 국은경제연구소 선임연구원 1993~1995년 에너지경제연구원 선임연구원 1995~1997년 (재)여의도연구소 경제연구실장 1997~1999년 한국미래경영연구소 부소장 1999년 기술이전촉진법기획단 위원 1999~2000년 기술신용보증기금 기술평가심의위원 2000년 중소기업특별위원회 중소기업기술지원시책 평가위원 2001년 한국산업기술대 교양학과 겸임교수 2001년 한국기술거래사회 초대회장 2002년 산업자원부 기술이전기반구축사전기획위원회 위원장 2003년 同기술혁신5개년계획수립기술이전 및 사업화부문 위원장 2003년 同기술이전계획수립정책연구위원장 2005~2007년 충남테크노파크 원장 2005년 한국테크노파크협의회 회장 2006년 한국기술거래소 이사 2009~2011년 송도테크노파크 원장 2011년 한국산업기술평가관리원 비상임이사, 단국대 교양교육대학 교양학부 교수(현) [상]산업자원부장관표창(2006), 대통령 단체표창(한국테크노파크협의회 회장) [저]'기술평가론' '기업평가론' '네크노파크 핸드북 : 테크노파크 핸드북' '테크노파크 가이드'

신진선(辛鎭善) SHIN, JIN SUN

[생]1956 · 6 · 15 [본]영월(寧越) [출]강원 강릉 [주]제주특별자치도 서귀포시 서호중앙로63 공무원연금공단 창조변화본부(064-802-2006) [학]1974년 강릉고졸 1978년 육군사관학교 독일어과졸(34기) 1989년 일본 사이타마대 대학원 정책학과졸 2007년 국방대 대학원졸 [경]1984~1997년 총무처 · 행정자치부 근무 1998~2000년 ASEM(아시아 · 유럽정상회의) 준비기획단 홍보과장 2001~2002년 행정자치부 정부기록보존소 행정과장 2002~2003년 국민고충처리위원회 민원기획과장 2003~2007년 행정자치부 복무과장 · 참여정책과장 · 혁신교육과장 2007년 국방대 교육파견 2008~2009년 민주화보상지원단장 2009~2010년 행정안전부 비상대비기획국장 2010~2012년 駐태국대사관 총영사 2012~2014년 충북도 행정부지사 2014~2015년 인사혁신처 소청심사위원회 상임위원 2015년 공무원연금공단 경영본부장(상임이사) 2016년 同창조변화본부장(상임이사)(현) [상]근정포장(2000), 홍조근정훈장(2015) [종]불교

신진수(申珍秀) Shin Jin Soo

[생]1964·10·11 [주]대전 유성구 과학로124 한국지질자원연구원 국토지질연구본부(042-868-3266) [학]1987년 서울대 지질과학과졸 1989년 同대학원 지질과학과졸 1997년 지질과학박사(서울대) [경]대한지질학회 지진분과장, 한국지진공학회 이사 2008년 한국지질자원연구원 지진연구센터장 2009년 同국토지질연구본부 지진재해연구실장 2011년 同국토지질연구본부 지진연구센터 지진재해연구팀장 2014년 同지진재해연구실장 2015년 同국토지질연구본부장(현)

신진수(申振秀) Shin Jin Soo
[생]1965 · 2 · 10 [출]충남 보령 [주]세종특별자치시 도움6로11 환경부 자원순환국(044-201-7330) [학]1993년 고려대 법학과졸 [경]환경부 수질보전국 수질정책과 사무관 2002년 同수질보전국 수질정책과 서기관 2003년 同폐기물자원국 자원재활용과 서기관 2004년 同자연보전국 자연정책과 서기관 2004년 국무조정실 파견 2007~2008년 환경부 상하수도국 물산업육성과장(서기관) 2008년 대통령 환경비서관실 행정관 2009년 환경부 본부 근무(서기관) 2012년 同자원순환국 폐자원관리과장 2013년 同자원순환국 자원순환정책과장 2015년 국립환경인력개발원 원장 2015년 환경부 자원순환국장(현)

신진용(申晉容) SHIN JinYong

[생]1961 · 2 · 2 [주]서울 서초구 양재동 강남대로202 모산빌딩4층 대표이사실(02-578-8131) [학]심인고졸, 경북대 화학과졸 [경]삼성석유화학(주) 영업팀 차장, 同영업1팀장 2005년 同해외영업담당 상무보, 同영업담당 상무 2010년 同영업담당 전무 2010~2014년 同기획담당 전무 2014~2015년 삼성종합화학 기획팀 전무 2015~2016년 한화종합화학 자문역 2016년 (주)정산애강 대표이사(현) [종]기독교

신찬수(申瓚秀) SHIN, Chan Soo (宇朝)

[생]1934 · 4 · 25 [본]고령(高靈) [출]충남 서천 [주]서울 강남구 도산대로145 인우빌딩9층 삼덕회계법인(02-549-7736) [학]1955년 군산상고졸 1961년 서울대 상대 상학과졸 1965년 세무학박사(고려대) 1998년 서울대 경영대 최고경영자과정 수료 2005년 서울시립대 세무전문대학원 수료 [경]1962년 공인회계사시험 합격(7회) 1969년 공인회계사 개업 1977~1998년 서울대 대학원 강사 1979~1998년 법무부 법무연수원 강사 1979~1981년 한국공인회계사회 부회장 1979~1997년 증권관리위원회 회계제도 자문위원 1979~1981년 제15 · 16 · 17 · 20회 공인회계사 제3차 시험위원 1980~1981년 국세청 세정자문위원 1982~1988년 세무사시험 시험위원 1982년 건설부 건설산업분과위원회 정책자문위원 1984~2004년 재정경제원 세제발전심의위원회 위원 · 기업과세분과위원회 위원장 1985년 농업협동조합중앙회 고문 1988~1993년 국세청 세정민관협의회 위원 1988~2002년 정부소유주식매각 가격산정자문위원회 위원 1989~2004년 보험개발원 감사 1989~1998년 보험감독원 보증보험기금관리위원 1991~2003년 학교법인 이화학당 감사 1992년 서울지법 민사조정위원 1995~2010년 한국상장회사협의회 자문위원 1996~2009년 한국원자력문화재단 감사 1996~1998년 중소기업진흥공단 감사 1997~1998년 사법연수원 강사 1997~1999년 한국국제조세학회 이사장 1997~1998년 증권관리위원회 회계기준심의위원 1997~2002년 삼화회계법인 대표공인회계사, 同회계법인회장 1997~2002년 학교법인 덕성학원 감사 1998~2005년 (주)벽산 사외이사 1999~2001년 국세청 법령해석자문단 법인납세분과위원회 위원 2000년 同개방형직위선발위원(현) 2001~2004년 한국공인회계사회 회장 2001~2003년 2002한일월드컵조직위원회 감사 2002~2007년 삼양사 사외이사 2003~2004년 국세청 세정혁신추진위원 2003~2004년 대한상공회의소 특별위원 2005~2008년 LG화재해상보험 사외이사 2005년 서울시립대 세무대학원 겸임교수 2005~2007년 학교법인 이화학당 이사 2008년 삼덕회계법인 공인회계사(현) 2009년 LIG문화재단 감사(현) 2009년 (재)양영회 이사 [상]상공부장관표창(1980), 산업포장(1981), 재정경제원장관표창(1995), 은탑산업훈장(2002), 한국회계학회 제1회 회계공로대상(2006) [저]'법인세의 실무' '법인세신고서작성 실무' '최신세법개론' '최신세무회계' '세무관리론' [종]기독교

신찬수(申燦秀) SHIN Chan Soo

[생]1962 · 4 · 5 [주]서울 종로구 대학로101 서울대병원 내과(02-2072-3734) [학]1981년 경복고졸 1987년 서울대 의대졸 1998년 의학박사(서울대) [경]1995~2008년 서울대 의대 내과학교실 전임강사 · 조교수 · 부교수 · 교수 2009년 同내분비내과 교수(현) 2010~2012년 서울대병원 강남센터 부원장 2012년 서울대 의대 교무부학장 겸 의학대학원 교무부원장 2014~2016년 서울대병원 의료혁신실장 2016년 同진료부원장 겸 정보화실장(현)

신찬인(辛燦寅) Shin Chan in
[생]1957 · 10 · 20 [본]영산(靈山) [출]충북 청주 [주]충북 청주시 상당구 상당로82 충청북도의회 사무처(043-220-5100) [학]1976년 충북고졸 1983년 청주대 법학과졸 [경]2008년 충북도 노인장애인복지과장 2009년 同첨단의료복합단지기획단 총괄기획과장 2010년 同비서실장 2011년 同청원군 부군수 2012년 同공보관 2013년 同정책기획관 2013년 同문화체육관광국장 2016년 충북도의회 사무처장(현)

신창동(申昌東) SHIN Chang Dong

[생]1963 · 3 · 9 [출]경남 [주]서울 강남구 테헤란로440 포스코에너지 부사장실(02-3457-2114) [학]1982년 부산 대동고졸 1986년 서울대 법대졸 1989년 同행정대학원졸 1996년 미국 조지아대 대학원졸 [경]행정고시 합격(30회) 1987~1992년 총무처 근무 1992~2000년 상공부 · 상공자원부 · 통상산업부 · 산업자원부 근무 2000~2002년 국무총리국무조정실 일반행정심의관실 · 연구지원심의관실 과장 2002년 駐이탈리아 상무관 2005년 산업자원부 자원개발과장 2006년 同자원개발총괄팀장 2006년 同가스산업팀장 2007년 SK텔레콤(주) 경영경제연구소 산업연구담당 상무 2010년 SK E&S 에너지사업추진본부장 2011~2013년 同전력사업개발본부장 2013년 포스코에너지 CR실 전무 2014년 同사업개발본부장(전무) 2016년 同부사장(현)

신창섭(申昶燮) SHIN Chang Seop (祥林)

[생]1956 · 12 · 26 [본]평산(平山) [출]경기 광주 [주]서울 영등포구 여의대방로359 KBS별관7층 KBS아트비전 임원실(02-6099-7799) [학]1975년 대신고졸 1979년 동국대 경영학과졸 1985년 연세대 행정대학원 일반행정학과졸 [경]1985년 KBS 기획조정실 근무 1987년 同인사부 근무 1992년 同조직관리국 법무관리부 근무 1996년 同강릉방송국 총무부장 1998년 同국제협력실 차장 2002년 同정책기획센터 경영전략부 주간 2004년 同정책기획센터 기획부주간 2004년 同경영본부 경기남부사업소장 2005년 (주)KBS아트비전 상임이사 2007년 KBS 인적자원센터 후생안전팀장 겸 사내근로복지기금 이사 2009년 同경영본부 총무국장 2009년 (주)KBS비지니스 비상임이사 겸임 2010년 KBS 청주방송총국장 2012년 同방송문화연구소 연구위원 2015년 KBS아트비전 이사(현) [종]가톨릭

신창수(申昌秀) SHIN Chang Soo

[생]1957 · 1 · 8 [출]서울 [주]서울 관악구 관악로1 서울대학교 에너지자원공학과(02-880-7224) [학]1979년 한양대 공대 자원공학과졸 1981년 同대학원 자원공학과졸 1988년 이학박사(미국 Univ. of Tulsa) [경]1985~1988년 미국 Amoco Production Company, Consultant 1988~1991년 서울대 · 한양대 강사 1991~1996년 한국지질자원연구원 석유해저자원부 선임연구원 1996년 서울대 지구환경시스템공학부 부교수 · 교수 1998~2000년 한국지구물리탐사학회 국제담당이사 1998~2001년 한국자원공학회 편집위원 2003~2005년 한국지구시스템공학회 이사 2008년 서울대 에너지자원공학과 교수(현) 2008년 한국물리탐사학회 편집위원장 2011년 한국공학한림원 재료자원공학분과 정회원(현) [상]한국과학기술단체총연합회 우수논문상(1996 · 1997), 한국과학재단 선정 대표적우수연구성과 50선(2005), 대한민국학술원상 자연과학응용부문(2015)

신창승(辛昌承) SHIN Chang Seung

[생]1949 · 7 · 26 [본]영월(寧越) [출]강원 강릉 [주]강원 강릉시 강릉대로98 (주)창영상운 대표이사실(033-644-7112) [학]강릉상고졸 2005년 관동대 경영학부 중퇴 [경]명주군청 근무, 한국해양소년단 강원연맹후원회 부회장, 경포초동창회 회장(현), (주)창영상운 대표이사(현) 1998~2002년 강원도의회 의원(새천년민주당 · 한나라당) 2006년 강원 강릉시의원선거 출마 2010년 강원도의원선거 출마(무소속) 2013년 강원도럭비협회 회장(현) [종]천주교

신창웅(申昌雄) Shin, Chang-Woong

[생]1962 · 5 · 2 [본]평산(平山) [출]인천 [주]경기 안산시 상록구 해안로787 한국해양과학기술원(031-400-6112) [학]1985년 인하대 해양학과졸 1987년 同대학원 해양학과졸 1999년 해양학박사(인하대) [경]1991~2002년 한국해양연구원 위촉연구원 · 연수연구원 2002년 同해양환경연구본부 선임연구원, 同기후연안재해연구부 책임연구원 2012년 한국해양과학기술원 해양순환기후연구부 책임연구원 2015년 同한 · 페루(중남미)해양과학기술공동연구센터 소장(현) [종]기독교

신창재(愼昌宰) SHIN Chang Jae

[생]1953 · 10 · 31 [본]거창(居昌) [출]서울 [주]서울 종로구 종로1 교보생명보험(주) 회장실(02-721-2010) [학]1972년 경기고졸 1978년 서울대 의대졸 1981년 同대학원졸 1989년 의학박사(서울대) [경]1987~1996년 서울대 의대 전임강사 · 조교수 · 부교수 1993년 대산문화재단 이사장(현) 1996년 교보생명보험(주) 부회장 1998년 同회장 1999년 同이사회 의장 2000년 同대표이사 회장(현) [상]

고객만족대상 최고경영자상, 한국CEO대상, 대통령표창, 2008 IMI 사회공헌부문 경영대상(2008), 한국의 경영자상(2010), 몽블랑 문화예술 후원자상(2010), 서울대 발전공로상(2014), 한국경영학회 통합학술대회 경영자대상(2014), 서울대총동창회 제18회 관악대상 협력부문(2016)

신창현(申昌賢) SHIN Chang Hyun

㈜1953 · 6 · 27 (본)평산(平山) (출)전북 익산 (주)서울 영등포구 의사당대로1 국회 의원회관723호(02-784-5285) (학)1970년 속초고졸 1977년 고려대 법과대학 행정학과졸 (경)1988~1995년 민주당 환경정책전문위원 1991~1995년 환경정책연구소 소장 1995~1998년 의왕시장(민주당 · 국민회의) 1999년 국립공원을지키는시민의모임 회장 1999~2001년 대통령 환경비서관 2001~2003년 환경부 중앙환경분쟁조정위원장 2003년 환경분쟁연구소 소장(현) 2006~2007년 대통령자문 지속가능발전위원회 위원, 同갈등조정특별위원회 간사위원 2008~2012년 국토해양부 갈등관리심의위원회 위원, 지식경제부 갈등관리심의위원회 위원 2011년 안전행정부 갈등관리심의위원회 위원장 2015년 새정치민주연합 환경상설특별위원회 위원장 2015년 더불어민주당 환경상설특별위원회 위원장(현) 2016년 同경기의왕시 · 과천시지역위원회 위원장(현) 2016년 제20대 국회의원(의왕시 · 과천시, 더불어민주당)(현) 2016년 더불어민주당 청년일자리TF 위원(현) 2016년 국회 환경노동위원회 위원(현) 2016년 국회 가습기살균제사고진상규명과피해구제 및 재발방지대책마련을위한국정조사특별위원회 위원(현) 2016년 국회 지방재정 · 분권특별위원회 위원(현) 2016년 더불어민주당 대표 비서실장(현) (상)올해의 환경인상(1995), 국민포장(2008) (저)'갈등영향분석 이렇게 한다'(2005, 예지) '갈등조정, 그 소통의 미학(共)'(2006) '공공갈등관리 매뉴얼-건설 · 환경분야(共)'(2009) '설악을 넘는 연어'(2011) (종)기독교

신창호(申昌虎) SHIN Chang Ho

㈜1956 · 11 · 1 (출)대구 (주)서울 서초구 남부순환로340길57 서울연구원 부원장실(02-2149-1290) (학)1976년 계성고졸 1982년 계명대 경제학과졸 1993년 일본 쓰쿠바대 대학원 사회공학연구과졸, 도시지역계획학박사(일본 쓰쿠바대) (경)1982~1987년 국토연구원 연구원 1993년 서울시정개발연구원 부연구위원 · 연구위원 · 선임연구위원 1997~2015년 서울시 중소기업육성기금심의위원회 위원 1998~2002년 중앙대 도시및지역계획학과 겸임교수 1999~2007년 서울벤처타운운영위원회 위원장 1999~2001년 서울시정개발연구원 도시경영연구부장 2002~2004년 서울시 여성기업창업보육센터 운영위원장 2002~2005년 한국중소기업학회 부회장 2003년 서울시정개발연구원 서울경제연구센터장 2003~2006년 국가균형발전위원회 수도권전문위원회 위원 2004~2007년 서울시지역혁신협의회 위원 겸 사무국장 2006~2014년 (재)서울시신용보증재단 비상임이사 2008~2011년 서울시정개발연구원 창의시정연구본부장 2008~2010년 국가균형발전위원회 지역경제전문위원회 위원 2010~2012년 국가과학기술위원회 지방과학기술진흥협의회 위원 2010~2011년 서울시정개발연구원 부설산학연지원센터 소장 2010~2011년 한국도시행정학회 부회장 2011년 서울시정개발연구원 산업경제연구실 선임연구위원 2012년 서울연구원 선임연구위원(현) 2012년 同서울공공투자관리센터 소장 2014년 同기획조정본부장 2014년 同부원장(현) 2014년 서울시 지속가능발전위원회 위원 (상)국무총리표창(2005) (저)'서울시 산업지원기반 구축 방안'(1997) '기업 · 대학 · 연구소간 하이테크 네트워크 구축 방안'(1999) '서울시 문화산업 육성방안-영상 · 게임산업을 중심으로'(2000) '서울산업의 경쟁력 강화를 위한 지역혁신체계 구축방안'(2002) '가락동 도매시장 비전 2010'(2004) '서울시 과학기술혁신 로드맵 수립'(2004) '서울시 산학연 협력사업 지원체계 구축방안'(2005) '서울의 산업입지 수요예측에 따른 준공업지역 관리방안 연구'(2006) '월드디자인플라자 건립 타당성 조사 및 운영방안 연구'(2007) '서울경제 활성화 기여를 위한 서울신용보증재단의 중장기 발전전략'(2007) '준공업지역의 산업경쟁력 강화 방안'(2007)

신창호(申昌浩) Shin, chang ho

㈜1966 · 1 · 13 (출)부산 (주)부산 영도구 태종로423 영도구청 부구청장실(051-419-4100) (학)부산대사범대학부속고졸, 부산대 대학원 행정학과졸, 미국 위스콘신대 메디슨교 대학원 국제행정학과졸 (경)1994년 총무처 행정사무관 1995년 부산 남구 문화공보실장 1998년 부산시 경제진흥국 투자진흥과 외자유치담당 2007년 同선진부산개발본부 관광단지개발팀 부장 2007년 同관광단지개발팀장(서기관) 2012년 同경제산업본부 관광단지추진단장 2012년 同경제산업본부 투자유치과장 2013년 同경제산업본부 경제정책과장(서기관) 2015년 同경제산업본부 경제정책과장(부이사관) 2016년 부산 영도구 부구청장(현)

신철수(申哲壽) Shin Cheol Soo

㈜1962 · 1 · 23 (본)평산(平山) (출)경북 영덕 (주)대전 동구 중앙로242 한국철도시설공단 시설계획처(042-607-3762) (학)1980년 영해고졸 1984년 한국철도대학 철도경영학과졸 1992년 한국방송통신대 전산학과졸 1998년 숭실대 정보과학대학원 정보산업학과졸 2007년 서울대 공기업고급경영자과정 수료 (경)1984~1992년 철도청 근무 1992~2003년 한국고속철도건설공단 근무 2004~2007년 한국철도시설공단 기획총괄부장 2008~2011년 同기획예산처장 2011~2013년 同경영지원처장 2014년 同홍보실장 2016년 同시설계획처장(현) (상)대통령표창(2004)

신철식(申喆湜) SHIN Chul-Seak (孤岩)

㈜1954 · 6 · 27 (본)평산(平山) (출)서울 (주)서울 강남구 테헤란로333 신도벤처타워15층 우호문화재단 이사장실(02-2008-0002) (학)1973년 경기고졸 1977년 서울대 경제학과졸 1980년 同행정대학원졸 1985년 미국 스탠퍼드대 경영대학원졸 2001년 국방대학원졸 (경)1978년 행정고시 합격(22회) 1979년 총무처 수습행정관 1980~1989년 경제기획원 경제기획국 · 물가정책국 근무 1989년 국무총리행정조정실 제2행정조정관실 근무 1992년 경제기획원 산업4과장 1994년 同기금관리과장 1994~1998년 재정경제원 투자기관관리과장 · 통상과학예산담당관 · 건설교통예산담당관 1998년 예산청 교육정보예산과장 1999년 기획예산처 예산관리국 관리총괄과장 2001년 同부이사관(국방대학원 파견) 2002년 기획예산처 예산실 사회예산심의관(부이사관) 2002년 同사회예산심의관(이사관) 2003년 同산업재정심의관 2004년 同기금정책국장 2005년 同정책홍보관리실장 2007~2008년 국무총리국무조정실 정책차장 2008년 우호문화재단 이사장(현) 2010년 STX 미래전략원장(부회장) 2010년 한국언론진흥재단 언론진흥기금 자산운용위원 2011~2013년 STX 미래연구원장(부회장) 2013년 同비상근고문 2016년 학교법인 광운학원 이사장(현) (상)대통령표창, 홍조근정훈장

신철영(申澈永) SHIN Chul Young

㈜1950 · 5 · 8 (본)평산(平山) (출)충남 당진 (주)강원 춘천시 중앙로1 강원도청 사회갈등조정위원회(033-249-2303) (학)1970년 천안고졸 1978년 서울대 공대 기계공학과졸 (경)1978~1988년 영등포 산업선교회 노동상담 · 교육간사 1990년 전국노동운동단체협의회 공동의장 1991년 민중당 노동위원장 1992년 한우리생활협동조합 부이사장 1994년 경제정의실천시민연합 조직국장 · 노사관계개혁위원회 사무처장 1996년 노사관계개혁위원회 전문위원 1997년 경제정의실천시민연합 사무총장 직대 1997년 同상임집행위원회 부위원장 1998년 同조직위원장 1998년 경제살리기범국민운동본부 사무처장 1999~2001년 부천시 시민옴부즈만 1999~2004년 노사정위원회 상무위원 1999년 부천경제정의실천시민연합 공동대표 2001~2003년 경제정의실천시민연합 사무총장 2001년 실업극복국민운동 상임공동운영위원장 2002~2004년 한국생협연합회 회장 2004년 중앙노동위원회 공익위원 2004년 6 · 5재보선 부천시장 출마(열린우리당) 2004년 부천시민포럼 대표 2004년 자치분권전국연대 공동대표 2005년 국민고충처리위원회 상임위원 겸 사무처장 2007~2008년 同위원장 2008~2016년 (사)아이쿱소비자생활협동조합 사업연합회 친환경유기식품클러스터 추진위원회 집행위원장 2010~2014년 서울시교육청 감사자문위원장 2011~2016년 (사)일촌공동체 회장 2011년 중앙노동위원회 공익위원(조정담당)(현) 2011~2013년 경기도 주민참여예산위원회 위원장 2012년 민주통합당 문재인대통령후보 선거대책위원회 국민의소리실장 2013년 강원도 사회갈등조정위원회 위원장(현) 2016년 청주경제정의실천시민연합 공동대표(현) 2016년 아이쿱소비자생활협동조합 사업연합회 고문(현) (저)'만화 근로기준법' '노동운동과 신사회운동의 연대'(共) '지역이 살아야 나라가 산다'

신철원(申哲沅) SHIN Chul Won

㈜1967 · 9 · 30 (출)대구 (주)대구 남구 효성로37 협성교육재단 이사장실(053-656-4161) (학)미국 세인트폴스고졸, 미국 보스턴대 정치외교학과졸, 同대학원 국제경영학과졸, 경북대 대학원 정치외교학과 박사과정 수료 (경)1994년 대외경제정책연구원 전문연구원 1999년 협성교육재단 총무이사 2000년 대구시지체장애인협회부설 장애인정보화교육센터 소장, 대구시장애인재활협회 이사, 한국국제기아대책기구 대구지부 이사(현) 2001년 대구시체육회 이사(현) 2003년 협성교육재단 이사장(현) 2013년 국제청소년스포츠축제(International Children's Games, ICG) 집행위원(현) (저)'대한민국 찾기'

신철호(申喆昊) SHIN Chul Ho

[생]1950 · 12 · 2 [출]서울 [주]서울 강남구 언주로640 (주)태승21임피리얼팰리스호텔 비서실(02-3440-8000) [학]1969년 배재고졸 1973년 동국대 무역학과졸 [경]1979~1980년 폼인테리어가구공업 대표 1980~1989년 일진실업 이사 · 부사장 1989~2005년 태승21호텔아미가 사장 2005~2009년 (주)태승21임피리얼팰리스호텔 대표이사 2009년 同회장(현)

신철호(申鐵虎) I.T.SHIN

[생]1974 · 12 · 31 [본]고령(高靈) [출]전남 승주 [주]서울 서초구 논현로161 3층 OGQ(주)(02-543-8805) [학]사레지오고졸, 연세대 정치외교학과 제적(3년1학기 수료), 고려대 정보경영공학전문대학원 1학기 수료, 한국과학기술원 기술경영전문대학원졸(석사) [경]2009년 (사)풀뿌리사회지기국제연대 이사(현) 2010년 닥프렌즈(주) 대표이사(현) 2011년 OGQ(주) 대표이사 겸임(현) [상]대한민국 인터넷대상(1999), 동아일보 아이디어대상(1999), 유네스코 한국위원회 정보트러스트어워드(2005) [역]'승려와 수수께끼'(2012) '마우스드라이버크로니클'(2013) [작]기고문 '차기대통령이 부럽다'(2002, 전자신문) '전자정부도 쿠데타 대상(?)'(2002, 전자신문) '고구마와 전자정부, 그리고 마케팅'(2002, 전자신문) '경기는 계속되어야 한다'(2002, 전자신문) '벌거벗은 전자정부'(2002, 전자신문) '국가재난관리 유비무환'(2002, 전자신문) '각설이패는 가'(2002, 전자신문) '인터넷이 세상을 바꾼다'(2004, 파이낸셜뉴스) '국민은 1류, 정당은 5류'(2004, 전자신문) 등

신춘호(辛春浩) SHIN Choon Ho (栗村)

[생]1932 · 3 · 27 [본]영산(靈山) [출]울산 울주 [주]서울 동작구 여의대방로112 (주)농심 회장실(02-820-7021) [학]1954년 동아고졸 1958년 동아대 법학과졸 1970년 연세대 경영대학원 수료 1978년 서울대 경영대학원 최고경영자과정 수료 1997년 명예 경영학박사(동아대) [경]1958~1961년 (주)롯데 부사장 1962년 (주)롯데(일본) 이사 1965년 롯데공업 사장 1978년 (주)농심 사장 1984~2007년 율촌재단 이사장 1992년 농심그룹 회장(현) 1994년 한국경영자총협회 부회장(현) [상]철탑산업훈장, 덴마크 교역유공훈장(2004) [저]'철학을 가진 쟁이는 행복하다' [종]불교

신치용(申致容) SHIN Chi Yong

[생]1955 · 8 · 26 [본]평산(平山) [출]경남 거제 [주]서울 용산구 이태원로222 제일기획(02-3780-2114) [학]1974년 성지공고졸 1978년 성균관대 행정학과졸 [경]1980~1995년 한국전력공사 코치 1991~1994년 남자배구 국가대표팀 코치 1995~2015년 대전 삼성화재 블루팡스 감독 1997~2004년 슈퍼리그 8연패 1999년 삼성화재해상보험 이사보 1999 · 2008 · 2010년 남자배구 국가대표팀 감독 2002~2007년 삼성화재해상보험 상무이사 2003년 대한배구협회 남자강화위원회 위원장 2005~2015년 V리그 우승 8회(준우승 3회) 2015년 프로배구 삼성 블루팡스 단장 겸 제일기획 운영담당(스포츠구단총괄) 부사장(현) [상]체육훈장 기린장 · 백마장, KT&G V투어 2004 지도자상(2004), 프로배구V리그 우승감독상(2010), 자랑스런 삼성인상 특별상(2014)

신태균(申泰均) SHIN Tae Kyun

[생]1959 · 1 · 10 [주]경기 용인시 처인구 포곡읍 에버랜드로562번길10의39 삼성인력개발원 임원실(031-320-1713) [학]마포고졸 1975년 연세대 법학과졸 1978년 미국 보스턴대 대학원 MBA졸 [경]삼성인력개발원 리더십팀장 2005년 同컨설팅팀장(상무) 2009년 同리더십팀장(전무) 2011년 同총괄 부원장(전무) 2011년 同총괄 부원장(부사장) 2015년 同부사장(현)

신태범(愼泰範) SHIN Tae Bum

[생]1928 · 1 · 15 [출]경남 거창 [주]서울 중구 남대문로63 한진빌딩본관16층 (주)KCTC 비서실(02-310-0718) [학]1950년 한국해양대 항해과졸 1967년 고려대 경영대학원졸 1978년 서울대 경영대학원졸 [경]1950년 대한해운공사 입사 1960년 同선원과장 1963년 고려해운 상무이사 1970년 同전무이사 1975년 同부사장 1980~1985년 고려종합운수 사장 1981~1984년 해상운송주선업협회 회장 1985~2000년 서울상공회의소 상임위원 1985년 신고려해운 회장 1988년 고려종합운수 회장 1988년 관세협회 회장 1999년 한국항만하역협회 회장 2002년 (주)KCTC 회장(현) [상]동탑산업훈장(1982), 교통부장관표창(1990)

신태식(申泰植) SHIN Taesik

[생]1957 · 2 · 1 [출]충남 [주]울산 중구 종가로340 근로복지공단 재활의료이사실(052-704-7733) [학]충북대 대학원 경영학과졸, 경영학박사(충북대) [경]1979년 공직 임용 1999년 근로복지공단 전입 2007년 同복지사업국장 2009년 同기획조정본부장 2010년 同대전지역본부장 2012년 同산재보험연구센터장 2014년 同경인지역본부장 2016년 同재활의료이사(현)

신태영(申泰暎) SHIN Thai Young

[생]1955 · 3 · 4 [본]평산(平山) [출]서울 [주]서울 서초구 서초대로49길15 대산빌딩5층 법무법인 춘추(02-3478-9333) [학]1973년 휘문고졸 1978년 단국대 법학과졸, 同대학원졸, 법학박사(단국대) 1984년 프랑스 국립사법관학교 수료 [경]1977년 사법시험 합격(19회) 1979년 사법연수원 수료(9기) 1979년 육군 법무관 1982년 서울지검 남부지청 검사 1986년 마산지검 충무지청 검사 1986년 同진주지청 검사 1986년 법무부 인권과 검사 1987년 同법무과 검사 1987년 同송무과 검사 1989년 서울지검 검사 1991년 전주지검 남원지청장 1992년 헌법재판소 헌법연구관 1994년 부산지검 조사부장 1995년 同형사3부장 1996년 同형사2부장 1997년 법무부 법무과장 1997년 서울지검 동부지청 형사2부장 1998년 서울지검 공안2부장 1999년 수원지검 성남지청 차장검사 2000년 대검찰청 범죄정보기획관 2001년 서울지검 제1차장검사 2002년 同의정부지청장 2002년 서울고검 송무부장 2004년 법무법인 춘추 대표변호사(현) 2005년 단국대 겸임교수 2007년 서울 동작구 법률고문 2007년 5개 발전회사 법률자문위원 2011년 경기 양주시 고문변호사 [저]'프랑스의 사법제도' '객관식 헌법' [종]천주교

신태용(申台容) SHIN Tae Yong

[생]1955 · 3 · 3 [본]평산(平山) [출]경남 밀양 [주]전북 완주군 삼례읍 삼례로443 우석대학교 약학과(063-290-1572) [학]1973년 부산 해동고졸 1978년 원광대 약학과졸 1980년 同대학원 약학과졸 1986년 약학박사(원광대) [경]1989~2000년 우석대 약학과 전임강사 · 조교수 · 부교수 1991년 同보건진료소장 1994~1996년 同자연과학연구소장 1995~1997년 전북도약사회 부회장 1996~1998년 우석대 의약품개발연구소장 1998~2000년 同약학대학장 2000~2003년 전북도대학도서관협의회 회장 2000~2008년 보건복지부 중앙약사심의위원 2000년 (재)한국마약퇴치운동본부 전북지부 이사(현) 2000년 우석대 약학과 교수(현) 2002~2005년 同학술정보처장 2004년 미국 세계인명사전 'Marquis Who's Who in the World 2005년판'에 등재 2005년 영국 국제傳記센터(The International Biographical Centre) '2005 세계100대 과학자'에 선정 2005년 미국 세계인명사전 'Marquis Who's Who in Medicine and Healthcare 2006년판'에 등재 2006년 미국 세계인명사전 'Marquis Who's Who in Science and Engineering 2007년판'에 등재 2008년 보건복지가족부 중앙약사심의위원 2009~2015년 우석대 약학대학장 2013년 보건복지부 중앙약사심의위원(현) [상]신협인대상(1985), 우석대 총장공로패(2006), 천주교 전주교구장공로패(2007), 전북대상(학술부분)(2009), 국무총리표창(2009), 35사단장 감사패(2011), 한국마약퇴치학술대상(2015) [저]'약학개론(共)'(1993 · 1994 · 1998 · 2002) '무기약품제조학(共)'(1995 · 1998) '무기약품제조학실험서(共)'(1996) '건강과 장수'(1998) '알레르기란 무엇인가?(共)'(1998) '무기의약품화학(共)'(1998) '마약과 약물남용(共)'(1999) '무기의약품화학실험서(共)'(2002) '약품분석학(共)'(2003) '약물오남용'(2004) '약사법규(共)'(2005) '약무관계법규(共)'(2006) '약학입문(共)'(2006) '독성학(共)'(2008) '대한약전해설서(共)'(2008) '약전연습(共)'(2008) '실험예방약학(共)'(2009) '예방약학(共)'(2009 · 2011) '약전실습서(共)'(2009) '한약과 알레르기 질환'(2010) '남아프리카 알로에 가이드(共)'(2011) '대한약전외한약(생약)규격집 해설'(2011) [종]천주교

신태용(申台龍)

[생]1970 · 10 · 11 [출]경북 영덕 [주]서울 종로구 경희궁길46 대한축구협회 국가대표팀(02-2002-0707) [학]대구공업고졸, 영남대졸 [경]1986년 U-16 청소년 국가대표 1988년 U-19 청소년 국가대표 1992년 바르셀로나올림픽 국가대표 1992~2004년 프로축구 성남 일화 천마 소속 1996년 아시안컵 국가대표 2005~2008년 퀸즐랜드 로오 코치 2008~2012년 프로축구 성남 일화 천마 감독 2010년 AFC 챔피언스리그 우승 2011년 FA컵 우승 2014~2015년 국가대표 축구팀 수석코치 2015년 AFC 아시안컵 코치(준우승) 2015년 '2016 리우데자네이루올림픽' 국가대표축구팀 감독 2015년 '2018 러시아월드컵' 국가대표축구팀 코치 겸임 2015년 동아시안컵 코치(우승) 2016년 아시아축구연맹(AFC) U-23(23세 이하) 챔피언십 준우승 2016년 국가대표축구팀 코치(현)

[상]전국고교선수권대회 최우수 선수(1987), 프로축구 신인상(1992), 프로축구 골든볼(1995), 프로축구 득점왕(1996), 디아도라 프로축구 대상(1996), 프로축구 MVP(2001), 영덕군 자랑스런 체육인상(2016) [종]불교

신태호(申泰鎬) SHIN Tae Ho

[생]1927·9·18 [출]대구 [주]서울 동대문구 약령중앙로7의4 대산빌딩2층 (사)한국침구사협회(02-968-2282) [학]1945년 함북 청진공고졸, 침구학박사(인도 국제침구대) [경]1976년 (사)대한침구사협회 한성시지부 회장 1979·1993~2009년 同회장 1992년 세계침구학회연합회 대한침구사협회 회장(현) 2000년 세계침구학회연합회 집행위원 2001년 同의진공작위원회 위원장 2004년 同부회장·회장 2009년 (사)한국침구사협회 회장(현) [상]대통령표창 [저]'許任 침구경험방' '침구를 위한 진단과 치료' '침구경혈학' '침구 치료적연구' '상용 침구수혈요결' [종]기독교

신 평(申 平) SHIN Pyung (南溪)

[생]1956·1·1 [본]평산(平山) [출]대구 [주]대구 북구 대학로80 경북대학교 법학전문대학원(053-950-7242) [학]1974년 경북고졸 1978년 서울대 법학과졸 1981년 同대학원졸 2002년 법학박사(영남대) [경]1981년 서울대 법과대학 조교 1981년 사법시험 합격(23회) 1983년 사법연수원 수료(13기) 1983년 인천지법 판사 1986년 서울가정법원 판사 1988년 대구지법 경주지원 판사 1989년 일본 최고재판소 외국재판관연수원·히토쓰바시대·게이오대 객원연구원 1991년 대구지법 판사 1994~2000년 변호사 개업 2000~2006년 대구가톨릭대 법학부 교수 2001년 同법학부장 2002~2003년 사법개혁국민연대 상임대표, 국가인권위원회 인권순회교육담당 강사, 사법시험 출제위원 2004~2005년 미국 클리블랜드주립대 교환교수 2004년 엠네스티법률가위원회 위원장 2006~2009년 경북대 법과대학 법학부 교수 2007년 엠네스티 고문(현) 2007~2008년 한국헌법학회 회장 2007년 중국 인민대 객좌교수(현) 2009년 경북대 법학전문대학원 교수(현) 2009년 국회입법조사처 조사분석지원단 교육과학분야위원 2010~2013년 한국교육법학회 회장 2012~2014년 경북대 법학연구원장 2012년 한일비교헌법연구회 한국처 회장(현) 2013년 대한민국학술원상 심사위원장 [상]포항MBC 문화대상(1998), 경북도교육감 감사표창(2002), 한국헌법학회 공로상(2008), 문학시대 시부문 신인상(2009), 일송정 문학상(2012), 철우언론법상(2013) [저]'일본 땅 일본 바람'(1991) '키큰 판사와 키작은 아이들'(1994) '농사짓는 변호사 경주에 살다'(1999) '시골의 향기'(2002) '사법개혁을 향하여'(2002) '한국의 공법학자들(共)'(2003) '명예훼손법'(2004) '언론법'(2006) '한국의 사법개혁'(2011) '한국의 언론법'(2011) '헌법재판법'(2011) '산방(山房)에서'(2012, 책만드는집) [종]가톨릭

신평식(申平植) SHIN Pyung Shik

[생]1955·8·5 [본]고령(高靈) [출]충남 서천 [주]전남 여수시 박람회길1 2012여수세계박람회재단 이사장실(061-659-2004) [학]1973년 이리 남성고졸 1979년 성균관대 경영학과졸 1995년 국방대학원졸 1997년 영국 웨일즈대 대학원졸 [경]1980년 행정고시 합격(24회) 1981~1984년 경기도·해운항만청 수습행정관 1984~1986년 부산지방해운항만청 총무과·부두과 행정사무관 1986~1992년 해운항만청 외항과·지도과·기획예산담당관실 행정사무관 1992년 同서기관 1993년 국방대학원 파견 1995년 해외 훈련 1997년 해양수산부 해양정책과장 1999년 대통령비서실 파견 2001년 해양수산부 국제협력관 2002년 국방대학원 파견 2003년 마산지방해양수산청장 2003년 해양수산부 공보관 2004년 同감사관 2005년 同해양정책국장 2006년 同해운물류국장 2007년 중앙해양안전심판원장 2007년 해양수산부 해양정책본부장 2008년 여수세계박람회준비기획단 기획조정실장 2008~2010년 국토해양부 물류항만실장 2010~2013년 한국해양과학기술진흥원 원장 2011~2013년 여수광양항만공사 항만위원장(비상임이사) 2012~2013년 한국해양과학기술원 이사 2013년 2012여수세계박람회재단 이사장(현) [상]대통령표창(1991), 홍조근정훈장(2005) [종]기독교

신평우(申平雨)

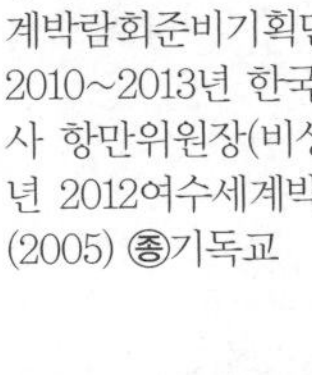

[생]1960·6·27 [출]전북 임실 [주]전북 임실군 임실읍 수정로30 임실군청 부군수실(063-640-2010) [학]1979년 전주상고졸 1993년 전주대 경영학과졸 2001년 전북대 행정대학원 행정학과졸 [경]1980년 공직 입문 2007년 전북도 과학산업과 과학진흥담당 사무관 2009년 同의회사무처 의사담당관 2013년 同홍보기획과 홍보기획담당 사무관 2013년 同민생일자리본부 민생경제과장(서기관) 2013년 同민생일자리본부 민생순환경제과장 2014년 同자치안전국 세정과장 2015년 同자치행정국 세정과장 2016년 전북 임실군 부군수(현)

신평호(申平淏) SHIN Pyoung Ho

[생]1961·8·26 [출]서울 [주]서울 영등포구 여의나루로76 (주)코스콤 임원실(02-767-7114) [학]1987년 국민대 경제학과졸, 미국 일리노이대 대학원졸 1993년 경제학박사(미국 일리노이대) [경]1993~1996년 고려종합경제연구소 경제조사실 팀장 1996년 증권거래소 입사 1998년 한국증권거래소 채권담당 팀장, 한국거래소 해외사업추진단 실장 2011년 同경영지원본부 근무 2014년 同국제사업단장 2015년 (주)코스콤 전무(현)

신필균(申弼均·女) SHIN Pil Kyun

[생]1947·4·18 [본]평산(平山) [출]경기 남양주 [주]서울 영등포구 국회대로68길11 삼보호정빌딩 국민동행 [학]1965년 금란여고졸 1970년 이화여대 기독교학과졸 1983년 스웨덴 스톡홀름대 대학원 사회학과졸 1987년 同대학원 사회학과 박사과정 수료 [경]1987년 스웨덴 국가사회보험청 연구원 1990~1995년 스웨덴 스톡홀름시의회 전문위원 1996~1999년 크리스찬아카데미 사회교육원장·지구를위한세계운동 한국본부장 1996~1999년 서울시 여성위원회 위원·서울시 여성발전기금 위원 1999년 대통령 민정2비서관 2000~2002년 대통령 시민사회비서관 2002년 한국장애인고용촉진공단 이사장 2003년 인도국제장애인기능올림픽 한국선수단장 2005년 한국아동청소년그룹홈협의회 회장 2005~2008년 대통령자문 정책기획위원회 위원 2005~2008년 법무부 감찰위원회 위원 2006~2008년 통일부 자문위원회 위원 2006~2008년 사회복지공동모금회 사무총장 2009~2011년 녹색교통운동 이사장 2011년 사회투자지원재단 이사장 2013년 국민동행 전국상임공동대표(현) [상]은탑산업훈장(2003) [저]'에코가족(共)'(1998) '스웨덴 사회복지의 유형과 발전상(共)'(1999) '복지국가 스웨덴-국민의 집으로 가는 길'(2011) '어떤복지국가인가?-한국형 복지국가의 모색(共)'(2013) [역]'벤드비치 할머니와 슈퍼뽀뽀'(2009) [종]기독교

신필수(申弼秀) SHIN Pil Su

[생]1957·5·7 [출]충북 청주 [주]충북 청주시 청원구 오창읍 각리1길7 (재)충청북도지식산업진흥원(043-210-0800) [학]1976년 청주고졸 1980년 육군사관학교 토목공학과졸 1998년 충북대 산업대학원 건설공학과졸 [경]2001년 충북도 공영개발사업소장 2003년 청주시 상수도관리사업소장 2003년 同도시건설국장 2005~2006년 同상당구상수도사업소장 2006년 충북도 건설종합본부 부장 2006년 同도로관리사업소장 2008년 同하천과장 2009년 충북 영동군 부군수 2010년 충북도 건설방재국 도로과장 2011년 국방대 교육파견(부이사관) 2012년 충주시 부시장 2013~2014년 충북도 균형건설국장 2015년 (재)충북도지식산업진흥원 원장(현)

신학림(申鶴林) SHIN Hak Lim

[생]1958·9·29 [출]경남 남해 [주]서울 영등포구 당산로47길19 (주)미디어오늘 사장실(02-2644-9944) [학]1977년 남해종고졸 1982년 한국외국어대 말레이·인도네시아어과졸 [경]1984년 한국일보 견습기자 1984~1993년 同중앙청·국회·외무부·과학기술처·보건사회부 출입기자 1993·1996년 同노조위원장 1994년 同노동부·환경부 출입기자 2000년 코리아타임스 인터넷사업부장 2000년 同기획실장 2002년 同특수사업팀장 2003년 同편집국장석 근무 2003~2007년 전국언론노동조합 위원장 2003년 한국신문서비스(주) 감사 2006년 코리아타임스 편집국 부국장급 2008년 언론개혁시민연대 집행위원장 2008년 미디어행동 집행위원장 겸임 2008년 신문발전위원회 위원 2011~2012년 새언론포럼 부회장 2013년 (주)미디어오늘 대표이사 사장(현)

신학용(辛鶴用) SHIN Hak Yong

[생]1952·1·21 [출]부산 [학]1970년 제물포고졸 1975년 서울대 정치학과졸 1981년 同대학원 정치학과 수료 [경]1978년 예편(해병대 중위) 1979~1980년 국회의원 비서관 1981~1984년 (주)대림산업 해외영업부 근무 1987년 법원행정고시 합격(9회) 1988~1993년 인천지법·대구지법·대법원 근무 1994년 법무사 개업 1994년 사회복지법인 인천광명학원(시각장애인학교) 감사 1997년 새정치국민회의 김대중대통령후보 법률특별보좌역 1998년 생활체육인천시필드하키연합회 회장 2004년 제17대 국회의원(인천 계양甲, 열린우리당·대통합민주신당·통합민주당) 2004~2014년 한국실업탁구연맹 회장 2008년 제18대 국회의원(인천 계양甲, 통합민주당·민주당·민주통합당) 2008~2009년 민주당 원내부대표 2009~2012년 대한법무

사협회 회장 2010년 민주당 대표 비서실장 2010년 인천시장직인수위원회 위원장 2010년 국회 금융정책연구회 회장 2012~2013년 민주통합당 인천시당 위원장 2012~2016년 제19대 국회의원(인천 계양甲, 민주통합당·민주당·새정치민주연합·더불어민주당·국민의당) 2012~2013년 국회 교육과학기술위원회 위원장 2012년 국회 지속가능경제연구회 회장 2013~2014년 국회 교육문화체육관광위원회 위원장 2014년 국회 정무위원회 위원 2014~2015년 국회 예산결산특별위원회 위원 [상]중부율곡대상 국가정치부문(2013), 금융소비자보호대상 국회의정활동부문(2015) [종]천주교

신한미(申韓美·女)

[생]1971·3·2 [출]경기 가평 [주]대전 서구 둔산중로69 대전가정법원(042-480-2000) [학]1989년 조종종합고졸 1993년 이화여대 법학과졸 [경]1997년 사법시험 합격(39회) 2000년 사법연수원 수료(29기) 2000년 전주지법 판사 2003년 서울지법 의정부지원 판사 2004년 의정부지법 판사 2005년 서울가정법원 판사 2010년 한국모유수유넷 홍보대사 2012년 서울중앙지법 판사 2015년 대전가정법원 부장판사(현)

신항균(辛恒均) SHIN Hang Kyun

[생]1957·2·5 [본]영월(寧越) [출]전북 부안 [주]서울 서초구 서초중앙로96 서울교육대학교 연구강의동712호(02-3475-2444) [학]1976년 전주고졸 1981년 성균관대 수학과졸 1983년 同대학원 수학과졸 1991년 이학박사(성균관대) [경]1984~1986년 공군사관학교 수학과 전임강사 1988~1997년 우석대 수학교육과 부교수 1997년 서울교대 수학교육과 조교수·부교수·교수(현) 2003~2004년 同발전기획단장 2004~2005년 미국 아리조나주립대 수학과 교환교수 2005~2007년 서울교대 교무처장 2011~2015년 同총장 2012~2014년 한국대학교육협의회 부회장 2013~2014년 전국교원양성대학교총장협의회 회장 2014년 대통령직속 통일준비위원회 통일교육자문단 자문위원(현) [저]'제7차 교육과정에 따른 초등학교 수학교과서' '제7차 교육과정에 따른 중학교 수학교과서' '고등학교 수학교과서'(2013) [역]'수학사'(共)

신항범(愼恒範) SHIN Hang Bum

[생]1960·9·29 [주]서울 영등포구 양평로21길10 롯데제과(주) 임원실(02-2670-6114) [학]장충고졸, 광운대 전자계산학과졸 [경]롯데제과(주) 감사담당 이사대우 2006년 롯데정보통신 SI사업부문 이사대우 2007년 同SI사업부문 이사 2009~2011년 同SM부문 이사 2011년 롯데제과(주) 건강사업부문장(상무) 2014년 同마케팅본부장(전무) 2015년 同S프로젝트담당(전무)(현)

신항식(申恒植) SHIN Hang Sik (雲峰)

[생]1948·4·25 [본]고령(高靈) [출]서울 [주]대전 유성구 대학로291 한국과학기술원 건설 및 환경공학과(042-350-3613) [학]1966년 중동고졸 1971년 서울대 토목공학과졸 1974년 同대학원 토목공학과졸 1978년 미국 펜실베이니아주립대 대학원 토목공학과졸 1982년 토목공학박사(미국 펜실베이니아주립대) [경]1982~1984년 Office of Toxic and Hazardous Waste Management PSU 연구원 1984~2013년 한국과학기술원 건설 및 환경공학과 조교수·부교수·교수 1986~1987년 태국 AIT 초빙교수 1989년 Biodegradation(Journal) 편집위원 1992년 IWA Specialist Group on Biofilm 편집위원 1992년 한국유기성폐기물자원화협의회 회장 1993~1995년 한국과학기술원 환경기술연구센터 소장 1994년 금강환경관리청 환경영향평가조사서 심사위원 1994~1997년 과학재단지정 맑은물연구센터 소장 1995년 대전시 수돗물의안전성 진단원 1996년 Water Research(Journal) 편집위원 1997년 노동부 기술자격제도 전문위원 1997년 국회 환경포럼 정책자문위원회 수질자문위원 1997년 일본 북해도대 Ebara Chair Professor 1998년 환경관리공단 환경기술평가위원회 및 설계자문위원회 위원 1998년 한국도로공사 자문위원 1998년 한국공학한림원 정회원(현) 1998~2001년 한국과학기술원 토목공학과장 2001년 한국지반환경공학회 참여회원(현) 2001~2010년 同부회장 2002년 국무총리실 수질개선기획단 심의위원 2002년 국토연구원 민간투자지원센터 자문위원 2002년 한국과학기술한림원 정회원(현) 2002년 대한환경공학회 회장 2004년 同고문(현) 2004~2006년 한국물학술단체연합회 회장 2005년 충남도청이전추진위원회 위원 2012년 한국환경한림원 정회원(현) 2013년 한국과학기술원 건설 및 환경공학과 명예교수(현) [상]한국폐기물학회 우수논문상(2002·2004), 대한환경공학회 우수논문상(2003), 국민훈장 목련장(2003), 창조과학대상(2012) [저]'Nitrogen and Phosphorus Treatment Technology'(2002) [종]기독교

신해룡(辛海龍) SHIN Hae Ryong

[생]1952·5·25 [주]서울 서초구 반포대로9 호서대학교 벤처대학원 벤처경영학과(02-2059-2332) [학]서강대 경제학과졸, 건국대 대학원 경제학과졸 1989년 경제학박사(건국대) 1999년 서울대 법대 전문분야법학연구과정 수료 [경]1979년 입법고시 합격(4회) 1981년 국회 경제과학위원회·예산결산특별위원회 입법조사관 1989년 同예산결산특별위원회 입법조사관 1994년 同법제예산실 예산정책1과장 1995년 同의정연수원 교수 1996년 同법제예산실 예산정책심의관 1999년 同법제예산실 예산정책심의관(이사관) 2000년 同예산정책국장(초대) 2003년 미국 워싱턴대 객원연구원 2003년 국회예산정책처 예산분석실장(초대관리관) 2006년 국회 예산결산특별위원회 수석전문위원 2008~2011년 국회예산정책처장 2011년 호서대 벤처전문대학원 벤처경영학과 교수, 同벤처대학원 벤처경영학과 교수(현) 2011년 대학구조개혁위원회 위원(현) 2014년 국가경영전략연구원(NSI) 건전재정포럼 운영위원(현) [상]국회의장표창(1986), 황조근정훈장(2006), 우남과학진흥상(2010) [저]'지방재정학'(1990) '효율과 공정의 경제학'(1991) '공공선택의 재정경제학'(1994) '지방재정학'(1995, 개정판) '민주주의의 경제학'(2000) '예산정책론'(2005) '지방예산결산심사론'(2007, 개정판) '예산개혁론'(2011, 세명서관) '예산정책론'(2012, 개정판)

신해철(申海澈) SHIN Hae Chul

[생]1951·1·2 [주]서울 강남구 삼성로96길23 (주)동부 임원실(02-3484-1529) [학]경남고졸, 서울대 경제학과졸 [경]1976년 삼성물산(주) 근무 1990년 삼성전관 이사 1997년 (주)에스원 상무, 동부하이텍 농업부문 부사장, 동부CNI(주) 부사장 2011년 同컨설팅부문 사장 2015년 (주)동부 컨설팅부문 사장(현) [종]천주교

신행철(申幸澈) Haeng-chull Shin

[생]1940·1·3 [출]제주 북제주 [주]제주특별자치도 제주시 제주대학로102 제주대학교 사회학과(064-754-2780) [학]한성고졸 1961년 서울대 사회학과졸 1978년 중앙대 대학원 사회정책학과졸(석사) 1987년 사회학박사(연세대) [경]1968년 제주여고 교사 1970년 홍익대사대부설여고 교사 1978~1991년 제주대 전임강사·조교수·부교수 1989년 同인문대학장 1991~2005년 同사회학과 교수 1994~1995년 同기획연구실장 1998년 미국 아이오와대 연구교수 2005년 제주대 사회학과 명예교수(현) 2006~2008년 제주특별자치도 감사위원회 초대위원장 [상]대한민국학술원 우수학술연구논문상, 한국학술진흥재단 최우수학술논문상(1985), 제주문화상(1989), 황조근정훈장(2005) [저]'제주농촌지역사회의 권력구조'(1989) '제주사회론'(1995) '제주사회와 제주인'(2004) [역]'계급사회학'(2001)

신향숙(申香淑·女) Hyang Sook Shin

[생]1969·4·21 [출]서울 [주]서울 광진구 광나루로562 (주)애플앤유(1688-2225) [학]건국대사대부고졸, 서울여대 경제학과졸, 한양대 이노베이션대학원 문화컨텐츠학과졸 [경](주)애플앤유 대표이사(현), 산톨티움 대표이사, (주)온세텔레콤 이사, (사)한국IT여성기업인협회 이사, (사)벤처기업협회 이사, (주)전자신문 자문위원(현), (사)한중여성교류협회 이사(현), 대한민국재향군인회 여성회 부회장, 새누리당 중앙위원회 사이버단 부단장 2012년 同제19대 국회의원 후보(비례대표), 한국여성벤처협회 부회장(현) 2015년 한국소프트웨어세계화연구원 이사장(현) 2016년 새누리당 제20대 국회의원 후보(비례대표 33번) [종]기독교

신헌기(辛憲基)

[생]1971·7·27 [출]경남 창녕 [주]경북 상주시 북천로17의9 대구지방법원 상주지원(054-530-5500) [학]1990년 창원고졸 1999년 경북대 법학과졸 [경]1998년 사법시험 합격(40회) 2001년 사법연수원 수료(30기) 2001년 대구지법 판사 2004년 同안동지원 판사 2006년 창원지법 판사 2010년 부산지법 판사 2011년 부산고법 판사 2013년 부산지법 판사 2016년 대구지법·대구가정법원 상주지원장(현)

신헌석(申軒錫) SHIN Heon Seok

[생]1969·10·7 [출]전남 목포 [주]서울 마포구 마포대로174 서울서부지방법원(02-3271-1114) [학]1987년 목포고졸 1992년 성균관대 법학과졸 [경]1993년 사법시험 합격(35회) 1996년 사법연수원 수료(25기), 부산지법 판사 2002년 인천지법 판사 2006년 서울서부지법 판사 2008년 서울고법 판사 2010년 서울중앙지법 판사 2011년 전주지법 부장판사 2012년 인천지법 부천지원 부장판사 2015년 서울서부지법 부장판사(현)

신헌철(申憲澈) SHIN Heon Cheol

[생]1945·8·23 [본]평산(平山) [출]부산 [주]서울 종로구 세종대로175 서울시립교향악단(1588-1210) [학]1964년 부산상고졸 1972년 부산대 경영학과졸 1991년 연세대 경영대학원졸 [경]1972년 대한석유공사 입사 1984년 同사장실 부장 1991년 SK가스 영업당담임원 이사·상무 1995년 SK텔레콤 수도권마케팅본부장·상무·전무 1998년 SK텔링크 대표이사 전무 2000년 同America President CEO 2000년 SK가스 대표이사 부사장 2004년 SK(주) 대표이사 사장 2007년 여수세계박람회유치위원회 부위원장 2007년 열매나눔재단 이사(현) 2007년 SK에너지(주) 대표이사 사장 2008년 同대표이사 부회장 2008~2009년 한·아랍소사이어티(KAS) 이사 2009~2012년 SK에너지(주) 부회장 2009~2012년 2013대구세계에너지총회 조직위원회 위원장 2009~2012년 SK사회적기업사업단 단장 2009~2013년 SK미소금융재단 이사장 2010~2016년 부산행복한학교재단 이사장 2011년 대구행복한학교재단 이사장(현) 2013년 마라톤감성경영연구소 소장(현) 2013년 신한회계법인 상임고문(현) 2014년 서울시립교향악단 이사장(현) 2015년 사회복지공동모금회 이사(현) 2015년 대한펜싱협회 회장(현) [상]보건복지부장관표창, 대통령표창(2005), 동탑산업훈장(2005) [종]기독교

신혁재(申爀在) Shin Hyeokjae

[생]1967·12·26 [출]서울 [주]경기 안산시 단원구 광덕서로75 수원지방법원 안산지원(031-481-1214) [학]1986년 영등포고졸 1991년 고려대 법학과졸 1996년 同대학원 법학과졸 [경]1995년 사법시험 합격(37회) 1998년 사법연수원 수료(27기) 1998년 울산지법 예비판사 2000년 同판사 2001년 광주지법 순천지원 판사 2004년 인천지법 부천지원 판사 2007년 서울중앙지법 판사 2009년 서울고법 판사 2011년 서울남부지법 판사 2013년 청주지법 부장판사 2015년 수원지법 안산지원 부장판사(현)

신현경(申鉉坰) SHIN Hyun Kjyoung

[생]1944·12·29 [출]전남 영암 [주]전남 나주시 동수농공단지길30의5 (재)전남생물산업진흥원(061-339-1301) [학]1969년 서울대 농화학과졸 1971년 同대학원 농화학과졸 1979년 공학박사(프랑스 몽펠리에제2대) 1985년 식품생명공학박사(미국 매사추세츠공과대) [경]1972~1988년 한국과학기술연구원(KIST) 연구원·책임연구원(실장) 1989~1991년 한국식품연구원 책임연구원(실장) 1991~2010년 한림대 자연과학대학 식품영양학과 교수 1997~1998년 同자연과학대학장 2001~2006년 同실버생물산업기술연구센터 소장 2004~2006년 同식의약품전임상기술혁신센터 소장 2006~2008년 보건복지부 건강기능성식품심의위원회 위원·위원장 2006~2010년 한림대 식의약품의효능평가 및 기능성소재개발센터 소장 2008년 (사)한국식품과학회 회장 2011~2013년 전남식품산업연구센터 소장 2012년 전남생물산업진흥재단 원장 2013년 (재)전남생물산업진흥원 원장(현), 한국지역특화법인협의회 회장

신현관(申鉉寬) SHIN Hyun Kwan

[생]1950·6·30 [본]평산(平山) [출]경기 가평 [주]서울 광진구 아차산로38길16 피닉스환경 대표이사실(02-457-0335) [학]1971년 서울 선린상고졸 1977년 명지대 경영학과졸 [경]1971~1981년 삼성 입사·제일모직 수출부 근무 1982년 (주)동신 관리과장 1985년 同구매과장 1986년 同구매부 차장 1989년 同구매부장 1996~1998년 同이사 1998년 同상무이사 2002년 同전무이사 2002~2004년 보고공영(주) 대표이사 2006년 (주)리드에스 대표이사 2006~2009년 이원건강의료기 대표이사 2010년 피닉스환경 대표이사(현) [종]기독교

신현관(申鉉寬) Shin Hyeon Kwan

[생]1958·12·30 [출]경남 양산 [주]서울 중구 새문안로16 농업협동조합중앙회 농경전략본부(02-2080-5067) [학]1976년 경남공고졸 1984년 건국대 축산학과졸 2000년 국방대학원 국방관리학과졸 [경]기술고시 합격(20회) 1992년 농림수산부 국립농산물검사소 검사관리과 사무관 1997년 농림부 농산과 서기관 2001년 국립종자관리소 재배시험과장(서기관) 2005년 同아산지소장 2005년 국립식물검역소 영남지소장 2005년 국무총리국무조정실 파견 2006년 농림부 과수화훼과장 2008년 농림수산식품부 소득지원과장(기술서기관) 2008년 국립식물검역원 영남지원장 2009년 농림수산식품부 친환경농업과장 2010년 同축산정책과장 2011년 국립식물검역원 국제검역협력과장(부이사관) 2011년 농림수산검역검사본부 식물검역부 수출지원과장 2012년 국립종자원 원장(고위공무원) 2015년 농업협동조합중앙회 농경지원본부장(상무) 2016년 同농경전력본부장(현) [상]대통령표창(1997), 농림수산식품부장관표창(2011)

신현구(申鉉九) SHIN Hyun Gu

[생]1959·12·15 [본]평산(平山) [출]광주 [주]광주 광산구 하남산단8번로177 (재)광주광역시 경제고용진흥원 원장실(062-960-2606) [학]1978년 광주 서석고졸 1985년 서울대 사회과학대학 무역학과졸 [경]1984~1989년 금성소프트웨어센터 입사·근무 1990~1991년 신성컴퓨터월드 대표 1993~1998년 한화갑 국회의원 보좌관 1994년 국회도서관 도서선정위원 1997년 새정치국민회의 김대중 대통령후보 정책위원 1998~2002년 (사)항공정책연구소 이사 1998~2001년 국회 정책연구위원 2002년 새천년민주당 한화갑 대표최고위원 특보 2002년 同노무현 대통령후보 중앙선거대책위원회 직능위원회 부위원장 2002년 (사)한국모터스포츠연맹 이사 2003년 (사)동북아전략연구원 이사장 2003년 (주)서남에너지 경영고문 2003~2005년 대불대 겸임교수 2003~2005년 중국 산동성 문등시 인민정부 경제고문 2003~2004년 희망정치포럼 공동대표 2007년 카이메타 사외이사 2008~2010년 민주당 중앙위원 2009~2016년 한국국어능력평가협회 호남본부장 2010~2011년 민주당 정책위원회 부의장 2010~2011년 (주)서남에너지 감사 2012~2014년 전남도립대 경찰경호과 겸임교수 2012~2014년 (사)동북아전략연구원 원장 2016년 (재)광주광역시 경제고용진흥원 원장(현) [상]대통령표창(2000) [저]'희망의 손은 따뜻하다' [종]기독교

신현국(申鉉國) SHIN Hyun Kook

[생]1952·2·14 [본]평산(平山) [출]경북 문경 [주]서울 강동구 상일로6길21 한국종합기술 부사장실(02-2049-5114) [학]1970년 대구고졸 1974년 영남대 식품공학과졸 1977년 한국과학기술원 생물공학과졸(석사) 1987년 환경공학박사(태국 아시아공과대) [경]1996~1998년 환경부 폐기물정책과장·음용수관리과장·폐기물정책과장 1998년 대구지방환경관리청장 1999년 경인지방환경관리청장 2000~2001년 환경부 공보관 2002년 문경시장선거 출마(한나라당) 2004년 제17대 국회의원 후보(비례대표, 한나라당) 2005년 안동대 초빙교수 2006·2010~2011년 문경시장(한나라당·무소속) 2010년 한나라정치대학원 총동문회 회장 2010~2011년 세계유교문화축전 공동조직위원장 2012년 제19대 국회의원선거 출마(문경·예천, 무소속) 2014년 경북 문경시장선거 출마(무소속) 2015년 한국종합기술 부사장(현) [상]대한민국을 빛낸 21세기 한국인상 공로상(2010), 대한민국 글로벌경영인 최고대상(2011) [저]'환경과학총론' '환경학개론' '시민을 위한 환경 이야기' '죽기로 해야 한다'(2013) [종]천주교

신현국(申鉉國)

[생]1956·1·20 [출]대구 [학]1974년 한성고졸 1981년 건국대 행정학과졸 2002년 아주대 공공정책대학원 행정학과졸 [경]2010년 한국농어촌공사 경북지역본부 예천지사장 2010년 同경영관리실장 2013년 同기획조정실장 2014년 同미래창조혁신실장 2014년 同미래성장본부장(상임이사) 2015년 同경영전략본부 이사 2015~년 同경영지원·해외사업본부 부사장(상임이사) 2016년 同경영지원·농지관리본부 부사장(상임이사) [상]국무총리표창(2002·2006), 대통령표창(2013)

신현균(申賢均) SHIN Hyoun Kyun (果如)

[생]1947·2·28 [출]서울 [주]서울 서초구 강남대로51길1 대현블루타워17층 (주)대현 회장실(02-546-3102) [학]1965년 서울대사대부고졸 1972년 한국외국어대 법학과졸 1995년 고려대 언론대학원졸 [경]1977년 대현상사 설립 1985년 청년회의소 회장 1993년 (주)대현 회장(현) 1998년 새남산로타리클럽 회장, 사회정화위원회 청년분과위원장 2000년 (주)대현 대표이사 회장 2009~2010년 국제무역인클럽 회장 [상]재무부장관표창, 통상산업부장관표창(1997), 산업포장(1998), 한국패션협회 코리아패션대상 대통령표창(2014)

신현기(申鉉琦) SHIN Hyun Ki

[생]1956·8·12 [본]평산(平山) [출]서울 [주]경기 용인시 수지구 죽전로152 단국대학교 사범대학 특수교육과(031-8005-3810) [학]1985년 단국대 특수교육과졸 1987년 同대학원 특수교육과졸 1995년 특수교육박사(단국대) [경]1985~1995년 단국대 특수교육연구소 연구조교 및 연구원 1995~2002년 한국자폐학회 학술위원장 1998년 단국대 사범대학 특수교육과 교수(현) 2003~2005년 同학생생활연구소장 2004~2006년 한국특수교육학회 상임이사 및 학회지 편집위원 2005년 단국대 교양학부장 2005~2007년 同교무처장 2006년 同교수학습개발센터 소장 2006년 同특수교육연구소장(현) 2007~2008년 同교육개발인증원장 2011~2013년 同죽전캠퍼스 사범대학장 2014~2016년 한국

특수교육학회 회장, 同이사(현) 2015년 파라다이스복지재단 이사(현) [상]한국자폐학회장표창(2000 · 2002), 한국특수교육학회 추계학술대회 학술상-저술부문(2013) [저]'정신지체인의 교육과 복지'(1994) '장애유아교육'(1994) '특수교육평가'(1995) '경도장애학생교육'(1996) '정신지체아동 교육의 이론과 실제'(1996) '학습장애아동교육의 이론과 실제'(1997) '아동발달'(1998) '행동장애와 심리치료'(1998) '자녀와 함께 성장하는 장애아동 부모교육론'(1999) '특수교육의 이해'(2000) '스승의 길'(2000) '자폐성 장애아동의 형제자매'(2001) '영유아발달과 교육'(2003) '교육과정의 수정과 조절을 통한 통합교육 교수적합화'(2004) '장애학생과 비장애학생을 위한 함께 지내는 기술지도(共)'(2004) '정신지체아 교수방법론'(2004) '어린이 청소년 어떻게 사랑할 것인가(共)'(2004) '교사를 위한 특수교육입문 : 통합교육(共)'(2005) '살아있는 특수교육 이야기 : 이론과 실제의 교류(共)'(2006) [역]'학습장애를 성공적으로 극복한 사람들의 이야기'(1999) '나는 문제를 해결할 수 있어요'(2002) '정신지체'(2002) '정신지체 개념화 : AAMR 2002년 정신지체 정의, 분류, 지원체계'(2003) '중도 · 중복장애아동을 위한 기능적 교육과정(共)'(2005) '사별을 경험한 정신지체인 도움주기'(2005) '성공적 현장적응을 위한 초임 특수교사용 지침서'(2005) '알기쉬운 특수교육 용어'(2006) '정신지체 : 역사적 관저, 현재의 동향, 그리고 미래의 방향'(2006) [종]기독교

신현대(申鉉大) SHIN Hyun Dae

[생]1947 · 6 · 25 [출]대구 [주]서울 강남구 압구정로30길 17 이소니프라자3층 신현대한의원(02-518-2466) [학]1966년 대구 대건고졸 1974년 경희대 한의학과졸 1977년 同한의과대학원졸 1982년 한의학박사(경희대) [경]1983~2008년 경희대 한의대 한의학과 한방재활의학교실 교수, 同한방병원 진료부장, 同교육부장 1991년 대한한방재활의학과학회 회장 1998년 대한한방비만학회 회장 1999~2003년 경희대 한방병원장 2000년 전국한의과대학부속한방병원협의회 회장 2000년 한방음악치료학회 회장 2003~2008년 대통령 한방주치의 2008년 신현대한의원 원장(현) 2013년 (주)신현대한방연구소 소장(현) [저]'동의물리요법과학' '경희대한의과대학' '동의재활의학과학' '한방물리요법과학' '뇌졸중의 재활요법' '비만환자의 설문지 답변을 통하여 본 한의학 양생의 의의' '한방재활의학과학' '단식요법의 실효' '자연치료학' '평생 살 안찌는 몸 만들기'(2009) [종]기독교

신현대(申鉉大)

[생]1959 · 1 · 15 [주]경남 사천시 사남면 공단1로78 한국항공우주산업(주) 생산본부(055-851-1000) [학]1978년 대구고졸 1982년 울산대 화학공학과졸 [경]1984년 현대정공 입사 1995년 현대우주항공 항공생산부 근무 2006년 한국항공우주산업(주) 창원조립생산담당 2007년 同P-3생산담당 2008년 同P-3생산담당 임원 2009년 同성능개량담당 2012년 同성능개량담당 기술위원 겸 상무 2012년 同생산본부장(상무)(현)

신현덕(申鉉德) SHIN Hyun Duk

[생]1953 · 5 · 19 [본]평산(平山) [출]대전 [주]대전 중구 목중로50 명성학원(042-224-3000) [학]대전 보문고졸, 경성대 무역학과졸, 고려대 노동대학원 노사관계학과졸 [경]대한항공 정비과장 1995년 명성학원 대표원장(현), 열린우리당 대전시당 부위원장 2006년 대전시의원선거 출마(열린우리당), 대전지검 보호관찰위원 2010년 민주당 대전시당 부위원장 2011년 고려대 노동문제연구소 연구원(현) 2013년 대전시민대학 교수 2014년 한국폴리텍대학 겸임교수(현) [종]불교

신현만(申鉉滿) Sin Hyun Man

[생]1962 · 7 · 14 [출]대전 [주]서울 강남구 테헤란로87길 35 C&H빌딩 커리어케어(02-2286-3804) [학]1981년 대전고졸 1988년 서울대 영어교육학과졸 2004년 한양대 언론대학원졸 [경]1988~2000년 한겨레신문 정치부 · 경제부 · 사회부 기자 1997~1998년 미국 미주리주립대 Journalism School 객원연구원 1998~1999년 한겨레신문 사장실 비서부장 겸 경영기획실 기획부장 2000~2002년 한겨레커뮤니케이션즈 대표이사 사장 2000~2002년 엔젤월드 대표이사 사장 2008~2010년 열린사이버대 초빙교수 2010~2011년 아시아경제신문 대표이사 사장 2012년 커리어케어 대표이사 회장(현) [저]'장수기업 장수상품(共)'(1995, 웅진출판사) '저축하지맙시다'(1996, 사회평론) '입사 후 3년'(2005, 위즈덤하우스) '20대가 끝나기 전에 꼭 해야할 21가지'(2007, 위즈덤하우스) '이건희의 인재공장'(2007, 새빛) '회사가 붙잡는 직원의 1% 비밀'(2009, 위즈덤하우스) '능력보다 호감부터 사라'(2011, 위즈덤하우스) '보스가 된다는 것'(2013, 21세기북스) '사장의 생각'(2015, 21세기북스)

신현무(辛鉉茂) SHIN HYUN MOO

[생]1955 · 4 · 10 [본]영산(靈山) [출]부산 [주]부산 연제구 중앙대로1001 부산광역시의회(051-888-8217) [학]1974년 경남공고졸 1986년 경성대 법학과졸 [경]1986년 부산MBC 보도국 근무 1998년 同보도국 차장대우 2001년 同보도국 차장 2003년 同문화사업부 부장대우 2004년 同문화사업부장 2007년 同광고사업국장 2011~2013년 同기획조정실 정책 · 심의팀장 겸 정책보좌역, 국제로타리 3661지구 총재특별대표, (재)다대장학회 수석부회장, 새누리당 부산시사하구甲당원협의회 부위원장, 부산시 도시계획위원회 위원(현), 同사회복지위원회 위원(현) 2014년 부산시의회 의원(새누리당)(현) 2014년 同복지환경위원회 부위원장 2014년 同운영위원회 위원 2015년 성산장기려선생기념사업회 이사(현) 2016년 부산시의회 윤리특별위원회 위원(현) 2016년 同교육위원회 위원(현) [상]전국시 · 도의회의장협의회 우수의정 대상(2016) [종]기독교

신현미(申賢美 · 女)

[생]1975 [주]세종특별자치시 절재로180 인사혁신처 정책개발담당관실(044-201-8130) [학]연세대 심리학과졸 [경]2008년 행정고시 합격(45회), 행정안전부 인사정책과 서기관 2014년 인사혁신처 처장 비서실장 2015년 同기획조정관실 정책개발담당관(현)

신현범(愼炫範)

[생]1971 · 12 · 6 [출]서울 [주]서울 도봉구 마들로749 서울북부지방법원(02-910-3114) [학]1990년 인창고졸 1995년 고려대 법학과졸 [경]1994년 사법시험 합격(36회) 1997년 사법연수원 수료(26기) 1997년 軍법무관 2000년 수원지법 판사 2002년 서울지법 판사 2004년 대구지법 판사 2006년 同상주지원 판사 2008년 서울중앙지법 판사 2009년 서울고법 판사 2010년 대법원 재판연구관 2012년 광주지법 부장판사 2014년 수원지법 성남지원 부장판사 2016년 서울북부지법 부장판사(현)

신현상(申鉉尙) Shin Hyun Sang

[생]1956 · 2 · 14 [출]강원 춘천 [주]강원 춘천시 서면 박사로 882 강원시청자미디어센터(033-240-2345) [학]1974년 춘천고졸 1981년 국민대 국어국문학과졸 [경]1983~1994년 춘천MBC PD 1994~1999년 한국스포츠TV 편성제작부장 1999~2001년 의료건강TV 이사 2001~2005년 GTB(주)강원민방 편성제작국장 2006년 (주)헤럴드미디어 방송사업본부장 2007년 동아TV 대표이사 2009년 (주)헤럴드미디어 기획조정실 기획위원 2013~2014년 (주)HMX동아TV 부사장 2014년 방송통신위원회 강원시청자미디어센터장 2015년 춘천시문화재단 비상임이사(현) 2015년 시청자미디어재단 강원시청자미디어센터장(현)

신현석(申鉉奭) SHIN Hyun Seok

[생]1953 · 5 · 16 [출]전북 전주 [주]충남 천안시 서북구 번영로208 백석종합운동장 유관순체육관 천안 현대캐피탈 스카이워커스(041-529-5000) [학]전주고졸, 한양대 경영학과졸 [경]현대자동차서비스 부장, 기아자동차(주) 이사대우, 同경기서부지역담당 이사대우 2002년 현대캐피탈(주) Auto Finance본부장 · Personal Loan본부장 · e-Biz본부장(이사대우) 2003년 현대카드(주) 전략영업본부장(이사) 2006년 현대캐피탈(주) · 현대카드(주) 오토영업본부장(전무) 2008~2013년 현대캐피탈(주) 오토사업본부장(부사장) 2015년 프로배구 천안 현대캐피탈 스카이워커스 단장(현)

신현석(申鉉錫) SHIN Hyun Suk

[생]1953 · 10 · 14 [주]제주특별자치도 서귀포시 중문관광로227의24 제주국제연수센터(JITC)(064-735-6585) [학]1979년 서울대 외교학과졸 [경]1979년 외무고시 합격(13회) 1979년 외무부 입부 1984년 駐사우디아라비아 2등서기관 1989년 駐일본 1등서기관 1996년 외무부 재외공관담당관 1997년 同경제협력1과장 1997년 同경제기구과장 1997년 駐캐나다 참사관 2000년 駐스리랑카 공사참사관 2003년 외교통상부 통상기획홍보팀장 2004년 同공보관 2005년 同홍보관리관 2005년 同대국민홍보담당 대사 2006년 駐캄보디아 대사 2009년 광주시 국제관계자문대사 2009년 인천시 국제관계자문대사 2010~2013년 駐요르단 대사 2015년 제주국제연수센터(JITC) 소장(현) [상]홍조근정훈장(2013)

신현석(辛賢錫)

[생]1962 [출]부산 [주]부산 영도구 해양로337 국립수산물품질관리원 원장실(051-400-5702) [학]부산사대부고졸, 부경대 어업학과졸 [경]1992년 기술고시 합격(27회), 해양수산부 양식어업과 근무, 同해양환경관리과 근무, 同자원관리과 사무관, 駐일본대사관 해양수산관, 농림수산식품부 수산인력개발원 교육지원과장 2009년 농림수산식품부 어업교섭과장 2011년 同원양정책과장 2013년 해양수산부 해양정책실 원양산업과장 2015년 국립수산물품질관리원 원장(고위공무원)(현)

신현성(申鉉成)

[생]1973·6·26 [출]충남 보령 [주]전북 군산시 법원로70 전주지방검찰청 군산지청(063-472-4200) [학]1992년 대천고졸 1996년 중앙대 법학과졸 [경]1997년 사법시험 합격(39회) 2000년 사법연수원 수료(29기) 2000년 공익법무관 2003년 광주지검 검사 2005년 同해남지청 검사 2006년 서울중앙지검 검사 2009년 창원지검 검사 2012년 광주지검 순천지청 검사 2013년 同순천지청 부부장검사 2013년 서울북부지검 부부장검사 2016년 전주지검 군산지청 부장검사(현)

신현성 Daniel Shin

[생]1985 [주]서울 강남구 테헤란로114길38 동일타워1층 (주)티켓몬스터(1544-6240) [학]2004년 미국 토머스제퍼슨과학고졸 2008년 미국 펜실베이니아대 와튼스쿨 경영학부 경제학과졸 [경]2007년 인바이트미디어 공동창업자·대표 2008년 맥킨지 컨설턴트 2010년 (주)티켓몬스터 창업·대표이사(현) 2011년 패스트트랙아시아 공동설립·고문(현)

신현송(申鉉松) Hyun Song Shin

[생]1959 [출]대구 [학]1978년 영국 Emanuel고졸 1985년 영국 옥스포드대 철학·정치학·경제학부졸 1988년 경제학박사(영국 옥스퍼드대) [경]1990~1994·1996~2000년 영국 옥스포드대 교수 2000~2005년 영국 런던정경대 교수 2000~2005년 영국 중앙은행 고문 2001~2003년 국제결제은행(BIS) 자문교수 2005년 국제통화기금(IMF) 상주학자(Resident Scholar) 2006~2014년 미국 프린스턴대 경제학과 교수 2006년 미국 뉴욕 연방준비은행 금융자문위원회 위원 2007년 同자문교수 2007~2008년 미국 필라델피아 연방준비은행 자문교수 2010년 대통령 국제경제보좌관 2014년 국제결제은행(BIS) 수석이코노미스트 겸 경제자문역(현) [상]매일경제 한미경제학회 경제학자상(2008), 국민훈장 모란장(2011)

신현수(申鉉秀) Hyunsoo Shin

[생]1954·11·24 [본]평산(平山) [출]경남 진해 [주]서울 중구 동호로330 CJ제일제당(02-6740-0620) [학]1978년 서울대 국제경제학과졸 1983년 미국 매사추세츠공대 경영대학원(sloan school)졸 [경]한국펩시콜라 대표이사 1999년 농심켈로그 대표이사 2002~2009년 켈로그 아시아본사 사장, CJ제일제당 글로벌사업추진실장, 同식품글로벌사업본부장(부사장대우) 2013년 同미국CJ Foods법인장(부사장대우) 2016년 同식품글로벌사업본부장(부사장대우)(현) [종]기독교

신현수(申鉉秀) SHIN HyunSoo

[생]1957·9·22 [주]울산 동구 방어진순환도로1000 현대중공업(052-202-2114) [학]서울고졸, 서울대 조선학과졸, 조선학박사(일본 도쿄대) [경]현대중공업 상무보, 同기술개발본부 상무, 同조선사업본부 상무, 同중앙기술원 연구위원, 同중앙기술원장(전무) 2015년 同부사장 2016년 同중앙기술원장(현)

신현수(申炫秀) SHIN Hyun Soo

[생]1958·10·21 [본]고령(高靈) [출]서울 [주]서울 종로구 사직로8길39 세양빌딩 김앤장법률사무소(02-3703-1532) [학]1977년 여의도고졸 1982년 서울대 법대졸 [경]1984년 사법시험 합격(26회) 1987년 사법연수원 수료(16기) 1987년 육군본부 법무장교 1990~1992년 부산지검 검사 1992~1993년 수원지검 여주지청 검사 1993~1995년 서울지검 검사 1995~1996년 미국 마약청 연수 1996~1998년 대검찰청 중앙수사부 연구관 1998~2001년 UN대표부 법무협력관 파견 2001년 부산고검 검사 2001~2002년 제주지검 부장검사 2002~2003년 대검찰청 정보통신과장 2003~2004년 同마약과장 2004~2005년 대통령 사정비서관 2005년 김앤장법률사무소 변호사(현) 2006~2009년 국세청 고문변호사 2008~2010년 대검찰청 검찰정책자문위원회 위원 2010년 국가경쟁력강화위원회 법제도선진화T/F 위원 2010년 제52회 사법시험 제3차 시험위원 2011년 법제처 법령해석심의위원회 위원(현) 2011~2012년 방송통신심의위원회 선거방송심의위원회 위원 2011~2015년 SK가스(주) 사외이사 [상]대통령표창, 법무부장관표창 [종]천주교

신현숙(申鉉淑·女) SHIN Hyon Sook (정향)

[생]1952·9·26 [본]평산(平山) [출]인천 [주]서울 종로구 홍지문2길20 상명대학교 사범대학 국어교육과(02-2287-5093) [학]1970년 원주여고졸 1972년 인천교육대 음악과졸 1976년 상명대 국어교육과졸 1978년 건국대 대학원 국문과졸 1984년 문학박사(건국대) [경]1980년 상명대 사범대 국어교육과 교수(현) 1987~1988·2008~2009년 미국 하와이대 방문교수 1993~1994년 캐나다 앨버타대 교환교수 1997~1999년 상명대 사범대학장 1999~2001년 담화인지언어학회 회장 2000~2004년 상명대 교육대학원장 2001~2003년 국제한국어교육학회 회장 2004~2006년 상명대 서울캠퍼스 부총장 2004~2005년 세계인지언어학대회 대회장 2005~2007년 국제한국언어문화학회 회장 2006~2007년 상명대 기획부총장 2009~2011년 한국어의미학회 회장 2009~2010년 한국연구재단 PM 2009~2011년 교과용도서검정심의회 심의위원장 2011~2013년 문화체육관광부 국어심의회 부위원장 겸 언어정책분과위원회 위원장 [저]'의미로 분류한 한국어 학습사전'(共) 'KOREAN LEXICON'(共) '의미분석의 방법과 실제' '한국어와 한국어 교육1·2(共)'(2012) [역]'언어학개론'(共) '언어개념'(共) [작]시집 '꿈 소리 바람 소리'(2010, 푸른사상)

신현숙(申鉉淑·女) Shin Hyun Sook

[생]1958·8·6 [본]평산(平山) [출]전남 장성 [주]전남 무안군 삼향읍 오룡길1 전라남도청 보건복지국(061-286-5702) [학]1976년 광주여고졸 1984년 서강전문대학 경영학과졸 1986년 광주대 경영학과졸 1988년 전남대 경영대학원 경영학과졸 [경]2003년 전남도 공보관실 홍보관리담당 2004년 同종합민원실 민원봉사담당 2005년 同자치행정국 자치행정과 민간협력담당 2007년 同감사관실 공직감찰담당 2008년 同감사관실 회계감사담당 2009년 同감사관실 감사담당 2010년 同행정지원국 세무회계과 경리담당 2011~2014년 同보건복지여성국 여성가족과장 2014년 同보건복지국장(현) 2016년 전남복지재단 대표이사 직무대행(현) [상]국무총리표창(1997), 대통령표창(2005), 녹조근정훈장(2012)

신현오(申鉉旿) Shin, Hyun Oh (石甫)

[생]1955·2·10 [본]평산(平山) [출]경북 칠곡 [주]인천 남구 인하로100 학교법인 정석인하학원(032-886-4283) [학]1975년 경복고졸 1981년 숭전대 사회사업학과졸 1992년 인하대 경영대학원 교통학과졸 [경]1982년 대한항공 입사 1991년 同일본 나가타지점 근무 1997년 同중국 베이징지점 근무 2002년 同중국지역본부 근무 2007년 同경영전략본부 전략기획팀장(상무) 2012~2014년 同제주지역본부장(전무) 2014년 학교법인 정석인하학원 상임이사(현)

신현우(申鉉宇)

[생]1964 [출]서울 [주]서울 중구 청계천로86 한화테크윈(주) 임원실(02-729-5502) [학]1987년 서울대 기계공학과졸 [경]1987년 (주)한화 입사 2010년 同화약부문 방산개발사업담당 상무 2012년 同화약부문 방산전략실장(상무) 2014년 同화약부문 경영전략실장(상무) 2014년 한화그룹 경영기획실 인력팀장(전무) 2015년 (주)한화 방산부문 부사장 2015년 한화테크윈(주) 총괄부사장 2015년 同PDS(엔진·군수·방산)부문 각자대표이사 부사장(현)

신현웅(辛鉉雄) SHIN Hyon Ung

[생]1943 [본]영산(靈山) [출]충북 괴산 [주]서울 종로구 새문안로92 광화문오피시아15층 웅진재단 이사장실(02-2076-4664) [학]1964년 서라벌고졸 1968년 서울대 문리과대졸 1972년 同행정대학원 수료 [경]1972년 행정고시 합격 1977~1983년 駐영국·駐사우디아라비아대사관 공보관 1983~1987년 문화공보부 해외·출판·기획과장·법무담당관 1985~1986년 한·미 영화 및 저작권협상 대표 1987년 문화공보부 홍보기획관·올림픽조직위원회 외신지원단장 1987년 同홍보조정관 1989년 同문화사업기획관 1990년 문화부 공보관 1990년 同문화정책국장 1991년 유엔가입계기 문화사절단장 1992년 남북교류협력분과위원회 회담대표

1993년 문화체육부 어문출판국장 1993년 대통령 문화체육비서관 1997년 문화체육부 차관보 1998~1999년 문화관광부 차관 1999~2001년 경희대 경영대학원 겸임교수 1999년 대통령자문 새천년준비위원회 상임위원장 1999~2001년 천년의문 이사장 1999년 한·러수교10주년기념사업 조직위원장 2002년 한나라당 문화정책특보 2004~2006년 연세대 초빙교수 2004년 서울대총동창회 부회장·이사(현) 2005년 웅진코웨이(주) 사외이사 2008년 재단법인 웅진 이사장(현) 2010~2013년 (사)세계결핵제로운동본부 이사 2011년 EBS 시청자위원회 위원장 2011년 (사)유엔인권정책센터 이사(현) 2011년 2018평창동계올림픽조직위원회 자문위원장(현) [상]근정포장, 체육훈장 맹호장 [종]기독교

신현윤(申鉉允) SHIN Hyun Yoon

[생]1955·7·9 [본]평산(平山) [출]서울 [주]서울 서대문구 연세로50 연세대학교 법학전문대학원(02-2123-3008) [학]1973년 배재고졸 1977년 연세대 법학과졸 1979년 同대학원 법학과졸 1984년 同대학원 법학 박사과정 수료 1989년 법학박사(Dr. iur)(독일 프라이부르크대) [경]1990~1998년 부산대 법과대학 전임강사·조교수·부교수 1990년 사법시험·행정고시·입법고시·공인회계사시험 위원 1998년 연세대 법과대학 부교수·교수(현), 同법학전문대학원 교수(현) 2001년 공정거래위원회 카르텔자문위원장·규제개혁심의위원장(현) 2001년 대법원 특수사법제도 연구위원(현) 2001년 통일부 정책자문위원(현) 2007년 한국거래소 분쟁조정위원장 2008년 법무부 상법개정위원장 2009년 한국경쟁법학회 회장·명예회장(현) 2010~2014년 연세대 법과대학장·법학전문대학원장·법무대학원장 겸임 2011~2013년 한국상사판례학회 회장 2012~2014년 법학전문대학원협의회 이사장 2013~2014년 대법원 사법정책자문위원회 위원 2013~2015년 헌법재판소 정책자문위원회 위원 2013년 한국공정거래조정원 비상임이사(현) 2014~2016년 연세대 교학부총장 2014년 공익법인 한국인터넷광고재단 이사장(현) 2015~2016년 한국상사법학회 회장 2015~2016년 대학연구윤리협의회 초대회장 2015년 법무부 정책위원회 위원(현) 2015년 독일 프라이부르그대 한국총동창회장(현) [상]근정포장(2006), 황조근정훈장(2014) [저]'동구권 경제법'(1997) '기업결합법론'(1999) '경제법'(2014) [종]기독교

신현은(申鉉垠) Shin, hyun-eun

[생]1963·2·17 [본]평산(平山) [출]충북 음성 [주]강원 속초시 청초호반로183 속초세관(033-820-2100) [학]1982년 충주고졸 1984년 세무대학 관세학과졸 1992년 중앙대 경제학과졸 2009년 同대학원 국제상학과졸 [경]1984~1998년 서울본부세관·김포세관·부산본부세관 등 근무 1998~2006년 서울본부세관·인천본부세관·관세청 등 근무 2007~2013년 관세청 통관국·운영지원과·연수원 교수부 등 근무 2014년 광주본부세관 세관운영과장(서기관) 2015년 속초세관장(현) [종]천주교

신현일(申玄一) SHIN Hyun Il

[생]1972·2·1 [출]경기 화성 [주]충북 제천시 칠성로53 청주지방법원 제천지원(043-640-2070) [학]1990년 수원 수성고졸 1995년 고려대 법학과졸 [경]1997년 사법시험 합격(39회) 2000년 사법연수원 수료(29기) 2000년 서울지법 판사 2002년 同남부지원 판사 2004년 춘천지법 원주지원 판사 2007년 인천지법 부천지원 판사 2009년 서울남부지법 판사 2012년 서울중앙지법 판사 2013년 대법원 재판연구관 2016년 청주지법 제천지원장(현)

신현재(愼賢宰) Hyun Jae Shin

[생]1961·1·1 [출]부산 [주]서울 중구 소월로2길12 CJ(주) 임원실(02-726-8092) [학]1980년 부산중앙고졸 1984년 부산대 경영학과졸 [경]1986~1991년 (주)제일합섬 근무 1992~1993년 同국제금융과장 1993~1996년 PT. SAEHAN CFO 1996~2000년 (주)새한 종합기획실 구조조정팀장·BPR팀장 2000~2002년 CJ홈쇼핑 이사 2002~2006년 CJ(주) 회장실 운영2팀장(상무) 2007~2010년 同사업총괄 부사장 2010~2011년 (주)CJ오쇼핑 경영지원실장 겸 글로벌사업본부장(부사장) 2011~2012년 CJ대한통운 PI추진단 부사장 2013년 同글로벌부문 대표 2013년 同대표이사 2014년 CJ(주) 경영총괄 부사장 2016년 同경영총괄 총괄부사장(현)

신현준(申鉉準) SHIN Hyun Joon

[생]1953·10·8 [본]평산(平山) [출]충북 [주]경기 화성시 마도면 마도로182번길64 한국건설기술연구원 화재안전연구센터(031-369-0501) [학]1979년 인하대 기계공학과졸 1984년 同대학원 기계공학과졸 1994년 기계공학박사(인하대) [경]한국기계연구소 연구원, 한국건설기술연구원 건설환경설비연구그룹 수석연구원 2000~2003년 同건축연구부장(연구위원) 2003년 同화재설비연구부장(연구위원), 同지하공간환경개선 및 방재기술연구단장 2009년 同건설품질정책본부 화재안전연구실장 2010년 同건설품질정책본부 화재안전연구위원 2010년 진천선수촌 건립자문위원(현) 2010~2011년 한국건설기술연구원 건설품질정책본부 화재안전연구실 선임연구위원 2010년 同초고층빌딩화재연구단장(현) 2011년 同화재안전연구센터 선임연구위원(현) 2013년 인천국제공항3단계 기술자문위원(현) 2014년 同해저터널화재연구단장(현) 2015년 경기도 건축위원회 위원(현) [상]다산기술상, 공조학회 기술상, 대통령표창 [저]'지열원 냉난방시스템' '대체에너지 이용기술' '하수처리장이용 지역열공급시스템' '건축물 및 지하공간 화재안전 연구' [종]불교

신현준(申鉉濬) SHIN Hyun Joon

[생]1966·1·28 [출]서울 [주]서울 종로구 효자로11 금융감독원연수원3층 정부합동부패척결추진단 경제·민생팀(02-3703-2036) [학]서울 용문고졸, 서울대 경영학과졸, 경제학박사(미국 미주리주립대) [경]1991년 행정고시 합격(35회), 재정경제원 예산정책과 사무관, 同부총리 겸 장관 비서관, 재정경제부 금융정책국 은행제도과·보험제도과 서기관, 대통령비서실 행정관, 세계은행 선임경제학자 2009년 금융위원회 글로벌금융과장 2010년 同자산운용과장 2011년 同보험과장 2012년 同기획재정담당관(부이사관) 2013년 駐OECD대표부 참사관 2014년 경제협력개발기구(OECD) 보험및사적연금위원회 부의장 2016년 국무조정실 정부합동부패척결추진단 경제·민생팀장(국장급)(현)

신현진(申鉉鎭) Sin Hyun Jin

[생]1959·2·15 [본]평산(平山) [출]충북 충주 [주]강원 원주시 북원로2236 원주지방국토관리청 하천국(033-749-8310) [학]1977년 충주실업고졸 1979년 충주공업전문학교 토목과졸 1996년 서울산업대 토목공학과졸 [경]1980년 부산지방국토관리청 근무 1983년 대전지방국토관리청 근무 1992년 국립지리원 근무 1995년 건설교통부 본부 근무 2006년 행정중심복합도시건설청 근무 2010년 국토교통부 본부 근무 2015년 원주지방국토관리청 하천국장(현) [상]건설부장관표창(1987), 국무총리표창(2000), 대통령표창(2012)

신현태(申鉉泰) SHIN Hyun Tae

[생]1946·9·22 [본]평산(平山) [출]경기 수원 [주]서울 서초구 바우뫼로12길70 더케이호텔 서울 대표이사실(02-571-8100) [학]1965년 양정고졸 1969년 건국대 경제학과졸 1970년 성균관대 경제개발대학원 수료 [경]1977년 공영물산(주) 대표이사 1978~2000년 수원YMCA 부이사장 1982년 수원시새마을지도자협의회 회장 1995년 경기도시멘트가공업협동조합 이사장 1995·1998~2000년 경기도의회 의원(한나라당) 1997년 수원인계새마을금고 이사장 2000년 수원YMCA 이사장 2000~2004년 제16대 국회의원(수원 권선, 한나라당) 2003~2004년 대한민국로봇협회(KORA) 명예회장 2003년 한나라당 대표특보 2004~2006년 경기관광공사 사장 2006~2013년 안익태기념재단 이사 2007년 WorldOKTA(세계해외한인무역협회) 국제통상전략연구소 이사장 2008년 한나라당 전국위원회 부의장 2009년 수원장로합창단 단장(현) 2010년 경기 수원시장 후보(무소속) 2011~2016년 경기도의정회 회장 2011년 수원시민회 회장(현) 2012~2015년 전국의정회 회장 2013년 WorldOKTA(세계해외한인무역협회) 국제통상전략연구소 고문(현) 2014년 同명예회원(현) 2014년 더케이호텔 상임감사 2016년 同대표이사(현) [상]국민훈장 석류장, 국무총리표창, 수원시 문화상, 스페인정부 십자기사시민훈장(2007) [저]'신현태의 수원이즘'(2010) [종]기독교

신현태(申鉉台) SHIN Heon Tae

[생]1959·8·3 [출]대전 [주]충남 서산시 해미면 한서1로46 한서대학교 신문방송학과(041-660-1144) [학]1977년 충남고졸 1984년 충남대 사회학과졸 [경]1984년 연합통신 입사 1984~1995년 同지방2부·경제1부 기자 1995년 同경제1부 차장대우 1997년 同경제2부 차장 1998년 연합뉴스 산업부 차장 1999년 同경영기획실 부간사 2000년 同경영기획실 간사 2000년 同산업부 부장대우 2002년 同산업부장 직대 2003년 同산업부장 2005년 同증권부장 2005년 同금융부장 2006년 同경영기획실장(부국장대우) 2008년 同경영기획실장(부국장급) 2009년 同논설위원실 논설위원 2009년 同대전·충남취재본부장(국장대우) 2012년 同논설위원 2013~2015년 同전무이사 2015년 한서대 신문방송학과 초빙교수(현) [저]'경제기사로 부자아빠 만들기'(共) '지금 산업현장에선 무슨 일이..'(共)

신현택(申鉉澤) SHIN Hyun Taek

(생)1952·3·20 (출)경남 창녕 (주)서울 서초구 사평대로 55 심산기념문화센터 서초문화재단(02-2155-6204) (학)1971년 경북고졸 1975년 서울대 사회교육학과졸 1983년 同행정대학원 행정학과졸 2002년 행정학박사(경기대) (경)1976년 행정고시 합격(18회) 1976년 정무장관실 행정사무관 1983년 서울올림픽대회조직위원회 파견 1989년 대통령비서실 인사행정과장 1993년 미국 조지타운대 연수 1994년 문화체육부 종무관 1995년 同공보관 1997년 同예술진흥국장 1998년 문화관광부 청소년국장 1999년 同관광국장 2000년 국립중앙도서관 지원연수부장 2001년 국립중앙도서관장 2003년 문화관광부 기획관리실장 2004년 여성부 차관 2005~2006년 여성가족부 차관 2007~2008년 예술의전당 사장 2008년 예일회계법인 고문(현) 2011년 동국대 문화예술대학원 석좌교수 2012~2014년 게임문화재단 이사장 2015년 서초문화재단 초대이사장(현) (상)체육훈장 백마장(1989), 홍조근정훈장(1992), 황조근정훈장(2006) (종)천주교

신현호(申鉉浩) SHIN Hyun Ho (해봉)

(생)1941·4·15 (본)평산(平山) (출)경남 하동 (주)부산 중구 해관로7 신한은행부산지점5층 신현호세무회계사무소(051-243-5533) (학)1960년 경남고졸 1966년 고려대 법학과졸 1969년 同대학원 세무행정학과졸, 부산대 언어대학원 국제지도자과정 수료 (경)1973년 서울지방국세청 조사국 조사1계장 1989년 부산지방국세청 간세국 부가가치과장 1989년 부산대·동아대·동의대·부경대·경남대 강사 1991년 동의대 중소기업대학원 강사 1991년 부산지방국세청 직세국 법인세과장 1995년 거창세무서장 1996년 창원세무서장 1998~1999년 중부산세무서장 1999년 신현호세무회계사무소 대표(현) 1999년 부산방송·한국세정신문 세무상담역 1999년 부산경제신문 편집위원·세무상담역 2008년 한국감정원 비상임이사 (상)근정포장(1980), 대통령표창(1990·1994·1999), 국세청장표창 (저)세무관리론' '영농법인 설립과 세무' '알기쉬운 부가가치세법' '신현호칼럼집' '한국경제난국에 대한 대처방안' (종)불교

신현호(申鉉昊) Shin Hyeon Ho

(생)1958·10·5 (출)경기 가평 (주)서울 서초구 서초대로 280 법률사무소 해울(02-592-9100) (학)1977년 서울고졸 1982년 고려대 법학과졸 1984년 同대학원 법학 석사과정 수료 1994년 同의사법학연구소 의료법고위자과정 수료 1997년 연세대 대학원 보건학과 수학 2000년 고려대 대학원 법학 박사과정 수료 2006년 법학박사(고려대) (경)1984년 사법시험 합격(26회) 1987년 사법연수원 수료(16기) 1990년 중위 예편(육군 법무장교) 1990년 변호사 개업, 법률사무소 해울 대표변호사(현) 1993년 가평군 고문변호사 1995년 (사)한국의료법학연구소 부소장 1996년 고려대 법무대학원 외래교수 1997년 단국대 정책경영대학원 특수법무학과 외래교수 1997년 경제정의실천시민연합 시민입법위원 1998년 보건복지부 전염병예방법개정위원회 위원 1998년 연세대 보건대학원 보건의료법률윤리학과 외래부교수 2000년 국방부 의무자문관 2000년 고려대 법과대학 법률상담소 상담위원 2000년 국무총리직속 보건의료발전특별위원회 전문위원 2000년 대한변호사협회 의약제도개선특별위원회 위원 2001년 보건복지부 중앙의료심사위원회 위원 2002년 국가인권위원회 조사관 2003년 경희대 경영대학원 의료경영학과 겸임교수 2003년 서울지방경찰청 법률지원상담관 2003년 KBS 방송자문변호사 2003년 한국소비자보호원 소송지원변호사 2004년 학교법인 삼량학원 이사 2004년 휘문고 학교운영위원회 위원 2004년 국립과학수사연구소 자문위원 2005년 대한변호사협회 변호사연수원 부원장 2005년 소방방재청 민방위혁신기획단 자문위원 2006년 교육부 중앙영재교육진흥위원회 위원 2007년 한국의료법학회 회장 2010년 대한상사중재원 중재인 2010년 국민건강보험공단 임원추천위원회 위원 2010년 국토해양부 재활시설운영심의위원회 위원 2012년 식품의약품안전청 중앙약사심의위원회 위원 2012년 건강보험심사평가원 미래전략위원회 위원 2012년 법무부 변호사시험출제위원회 위원 2015년 4·16세월호참사특별조사위원회 비상임위원 2015년 한국의약품안전관리원 의약품부작용피해구제전문위원회 위원 2015년 국민건강보험공단 자문위원회 위원 2015년 대한변호사협회 윤리위원회 위원 2015년 한국생애설계협회 이사 2015년 KBS방송자문변호사 2015년 법무부 인권강사 2015년 고려대학교 법학연구원 보건의료법정책연구센터 자문위원 2016년 국민건강보험공단 법률고문평가위원회 위원 2016년 한국환경산업기술원 구제급여심사위원회 위원 2016년 고려대 의과대학 외래교수 2016년 대한변호사협회 생명존중자연난안전특별위원회 위원장 2016년 同외국법자문사광고심사위원회 위원 2016년 同광고심사위원회 위원 (상)대통령표창(2004), 서울지방변호사회 공로상(2007), 한국희귀질환연맹 공로패(2009), 서울지방변호사회 공익봉사상(2011), 대한변호사협회 인권봉사상(2011), 보건복지부장관표창(2013) (저)소송실무대계(共)'(1994, 법률문화원) '의료사고·의료분쟁(共)'(1995, 한솔미디어) '의료부분의 정보이용활성화(共)'(1995, 한국보건사회연구원) '암환자관리 정보체계 구축에 관한 연구(共)'(1997, 한국보건사회연구원) '의료소송총론'(1997, 육법사) '아픈 것 서러운데(共)'(2000, 몸과 마음) '보건복지정책 과제와 전망(共)'(2004, 국립암센터) '의료소송총람1·2(이론과실제)'(2005, 의료법률정보센터) '삶과 죽음, 권리인가 의무인가?'(2006, 육법사) '2007년 분야별 중요판례분석(共)'(2007, 법률신문사) '소극적 안락사, 대안은 없는가?(共)'(2007, 한림대학교출판부) '센텐스(내 영혼의 한 문장)(共)'(2010, 플럼북스) '의료분쟁조정·소송총론(共)'(2011, 육법사)

신형기(辛炯基) SHIN Hyung Ki

(생)1955·8·5 (본)영산(靈山) (출)경남 마산 (주)서울 서대문구 연세로50 연세대학교 문과대학 국어국문학과(02-2123-2266) (학)1974년 휘문고졸 1978년 연세대 국어국문학과졸 1980년 同대학원 국어국문학과졸 1988년 문학박사(연세대) (경)1980~1984년 공군사관학교 교관 1987~1998년 경성대 전임강사·조교수·부교수 1998년 연세대 국어국문학과 부교수 1998년 한국문학연구회 총무이사 2000년 연세대 국어국문학과 교수(현) 2011년 同국어국문학과장 2012~2014년 同비교사회문화연구소장 (저)해방 3년의 비평문학'(1988) '해방직후의 문학운동론'(1988) '해방기 소설 연구'(1992) '북한소설의 연구'(1996) '변화와 운명'(1997) '북한문학사'(2000) '문학 속의 파시즘'(2001) '민족 이야기를 넘어서'(2003) '북한의 문학과 문예이론'(2003) '국사의 신화를 넘어서'(2004) '세계화와 남북한 사회구조 변화'(2004) '세계화와 남북한 사회구조 변화'(2005) '이야기된 역사'(2005) '분열의 기록'(2010, 문학과지성사)

신형두(申炯斗) SHIN Hyoung Doo

(생)1963·2·7 (출)경북 안동 (주)서울 마포구 백범로35 (주)에스엔피제네틱스(02-3273-1671) (학)1985년 서울대 수의학과졸 1989년 同대학원 수의생리학과졸 1992년 수의생리학박사(서울대) (경)1985~1987년 예편(중위·ROTC 23기) 1990~1996년 축협중앙회 연구실장 1996년 충남대 세포유전학과 시간강사 1996~1998년 미국 국립암연구소(NCI)·국립보건원(NIH) Post-Doc. 1998~2000년 同Staff Scientist 2000년 (주)에스엔피제네틱스 대표이사(현) 2001~2002년 한양대 인체유전학과 겸임교수 2001년 순천향대 인체유전학과 객원연구원 2003년 과학기술부 국가지정연구실 '유전다형성연구실(NRL)' 실장 2004년 대한생화학회 편집위원 2004~2006년 성신여대 강사 2008년 서강대 생명과학과 조교수 2012년 同생명과학과 부교수(현) (저)'Tracking Linkage Disequibrium in Admixed Populations with MALD Using Microsatellite Loci'(共)

신형식(申瀅植) SHIN Hyong Sik

(생)1939·2·12 (본)평산(平山) (출)충북 충주 (주)서울 서대문구 이화여대길52 이화여자대학교(02-3277-2114) (학)1957년 충주사범학교졸 1961년 서울대 사범대졸 1966년 同대학원졸 1981년 문학박사(단국대) (경)1968~1977년 한국외국어대 전임강사·조교수 1977~1981년 성신여대 사학과 조교수·부교수 1981~2004년 이화여대 사학과 교수 1990년 서울시사편찬위원회 위원 1992년 역사교육연구회 회장 1994년 국사편찬위원회 위원 1995년 경기도 문화재위원 1996년 이화여대 한국문화연구원장 1996년 한국사학회 부회장 1997~2012년 백산학회 회장 1997년 한국고대학회 회장 2004년 이화여대 명예교수(현) 2004년 상명대 초빙교수, 同석좌교수 2009~2014년 서울시 역사자문관 2009~2014년 서울시시사편찬위원회 위원장 (상)제39회 서울시문화상(1990), 옥조근정훈장(2004), 제24회 치암학술상(2007), 제29회 세종학술상(2010), 제4회 청관학술상(2012), 제18회 효령상 문화부문(2015) (저)삼국사기연구'(1981, 일조각) '한국고대사의 신연구'(1984, 일조각) '신라사'(1985, 이대출판부) '통일신라사연구'(1990, 삼지원) '백제사'(1992, 이대 출판부) '남북한의 역사관 비교'(1994, 솔출판사) '集安고구려유적의 조사연구'(1996, 국사편찬위) '한국사학사(共)'(1999, 삼영사) '한국의 고대사'(1999, 삼영사) '고구려사'(2003, 이대 출판부) '신라통사'(2004, 주류성) '백제의 대외관계'(2009, 주류성) '알기쉬운 한국사'(2009) '삼국사기의 종합적 연구'(2011, 경인출판사) '해외에 남아있는 한국고대사 유적'(2012, 주류성)

신형식(申馨植) SHIN Hyung Shik

(생)1955·9·17 (본)고령(高靈) (출)전북 순창 (주)전북 전주시 덕진구 백제대로567 전북대학교 화학공학부(063-270-2438) (학)1973년 전주고졸 1979년 서울대 화학공학과졸 1981년 미국 코넬대 대학원 화학공학과졸 1984년 화학공학박사(미국 코넬대) (경)1979년 호남석유(주) 입사 1984년 미국 코넬대 화학공학과 연구교수 1985~1988년 한국원자력연구소 선임연구원

1988~2008년 전북대 공대 환경·화학공학부 화학공학과 교수 1993~1994년 미국 MIT 연구교수 2002~2004년 한국과학재단 화학화공소재과학전문위원 2003~2004년 한국화학공학회 전북지부장 2003~2006년 과학기술부 국가원자력과학기술작성 총괄위원 2005년 미국 세계인명사전 'Marquis Who's Who in the World'에 등재 2005년 교육부 신·재생에너지융합기술인력양성누리사업단장 2006년 전주지법 조정위원(현) 2006년 민주평통 자문위원(현) 2008년 전북대 화학공학부 교수(현) 2012년 한국화학공학회 학술부회장(43대) 2013년 (사)문학과학통섭포럼 전북상임대표(현) 2013년 미래창조과학부 기초연구사업추진위원회 위원 2014년 한국공학한림원 일반회원(현) [상]한국화학공학회 논문상(1994), 과학기술포장(2015) [저]시집 '빈들의 노래'(1979) '추억의 노래'(1990) '정직한 캐럴 빵집'(1999) '무공해가 힘이다'(2009) [종]기독교

신형식(申炯湜)

[생]1970·1·3 [출]전북 부안 [주]울산 남구 법대로45 울산지방검찰청 형사3부(052-228-4306) [학]1989년 전주 한일고졸 1996년 서울대 사법학과졸 [경]1998년 사법시험 합격(40회) 2001년 사법연수원 수료(30기) 2001년 광주지검 검사 2003년 同목포지청 검사 2005년 同순천지청 검사 2007년 서울중앙지검 검사 2010년 수원지검 검사 2013년 청주지검 검사 2015년 서울중앙지검 부부장검사 2016년 울산지검 형사3부장(현)

신형욱(辛鎣旭) SHIN Hyung Uk

[생]1959·10·8 [출]전북 정읍 [주]서울 동대문구 이문로 107 한국외국어대학교 독일어교육과(02-2173-3098) [학]1978년 광주 인성고졸 1982년 한국외국어대 독일어과졸 1984년 同대학원 독어학과졸 1990년 언어학박사(독일 뮌스터대) [경]1993~1999년 EBS TV 독일어회화 진행 1993년 한국외국어대 독일어교육과 조교수·부교수 1996년 한국외국어교육학회 부회장 2001~2002년 미국 스탠퍼드대 Visiting Scholar 2002년 한국외국어대 독일어교육과 교수(현) 2003~2005년 한국독일어교육학회 부회장 2006~2008년 한국외국어대 입학처장 2008~2009년 독일 라이프치히대 방문교수 2010~2012년 한국외국어대 기획조정처장 2011~2013년 한국외국어교육학회 회장 2013년 同명예회장 2013~2015년 한국외국어대 사범대학장 2014~2015년 同독일어교육과 학과장 2015년 한국독일어교육학회 회장(현) [저]'Aufsatz II fuer die Fremdsprachenoberschule'(2003) '독일어 주제별 어휘사전'(2003) '입에서 톡 독일어'(2007) '기초독일어'(2011) '독일어 기초어휘'(2012) '독문법 강의록'(2012) [역]'페터 슈미터의 언어기호론'(2003)

신형철(申炯澈)

[생]1960·3·21 [출]전북 전주 [주]서울 영등포구 은행로 14 KDB산업은행 감사실(02-787-6003) [학]1977년 전주고졸 1984년 서울대 영어교육과졸 1987년 同행정대학원 행정학과졸 1993년 미국 오리건대 대학원 경제학과졸 [경]1982년 행정고시 합격(26회) 1984년 재무부 이재국 행정관, 同공보관실 행정관 1994년 同이재국 국채담당사무관, 재정경제원 예산실 서기관, 駐벨기에대사관 서기관, 駐EU대표부 재경관, 재정경제부 경제기획단 종합기획과장 2004년 同재정정보관리과장 2005년 同국유재산과장 2006년 同국고국 국고과장 2007년 同국고국 국고과장(부이사관), 대통령비서실 파견 2008년 국회 기획재정위원회 파견 2009년 기획재정부 회계결산심의관, 同국유재산심의관 2012~2013년 同국고국장 2014년 KDB산업은행 감사(현)

신형철(申炯澈)

[생]1971·5·15 [출]서울 [주]부산 연제구 법원로31 부산지방법원(051-590-1114) [학]1990년 중암고졸 1995년 고려대 법학과졸 [경]1998년 사법시험 합격(40회) 2001년 사법연수원 수료(30기) 2001년 軍법무관 2004년 전주지법 판사 2007년 同군산지원 판사 2009년 인천지법 판사 2013년 서울서부지법 판사 2016년 부산지법 부장판사(현)

신혜수(申蕙秀·女) SHIN, Heisoo

[생]1950·6·23 [본]고령(高靈) [출]경기 양평 [주]서울 서대문구 독립문로42 2층 유엔인권정책센터(02-6287-1210) [학]1968년 숙명여고졸 1972년 이화여대 영어영문학과졸 1976년 同대학원 사회학과졸 1991년 사회학박사(미국 뉴저지주립대) [경]1975년 한국유권자연맹 간사 1977년 한국교회여성연합회 간사 1983~2003년 한국여성의전화연합 회장·상임대표 1991년 계명대·성신여대·이화여대 강사 1992년 아태여성법개발포럼(APWLD) 여성폭력태스크포스 위원 1992~2007년 한국정신대문제대책협의회 국제협력위원장·상임대표·공동대표 1993~2000년 한일장신대 사회복지학과 교수 1995~2003 한국여성의전화 회장·상임대표 1996년 가정폭력방지법제정특별위원회 위원장 1997년 인터넷사이트 '여성에 대한 폭력' 개설 1999~2002년 한국여성단체연합 공동대표 2001~2007년 경희대 NGO대학원 객원교수 2001~2008년 유엔 여성차별철폐위원회 위원 2002~2005년 지속가능발전위원회 위원 2003~2004년 유엔 여성차별철폐위원회 부위원장 2004년 한국정신대문제대책협의회 전쟁과여성인권박물관 공동상임추진위원장 2005~2008년 국가인권위원회 비상임위원 2008년 이화여대 국제대학원 겸임교수 2008~2009년 2008경남세계여성인권대회 추진위원장 2009년 성매매추방범국민운동 상임대표 2010년 (사)유엔인권정책센터 상임대표(현) 2011년 유엔 경제적·사회적·문화적권리위원회 위원(현) 2012년 미국 Equality Now 이사(현) 2012~2014년 同부회장 2013년 아태여성법개발포럼(APWLD) 지역이사회 이사(현) 2013년 이화여대 국제대학원 초빙교수(현) 2014년 한국여성인권진흥원 일본군 '위안부' 피해자지원 및 기념사업단 단장(현) [상]여성인권상(1996), 여성동아대상(1996), 시민인권상, 국민포장(2009), 비추미여성대상 해리상(2010) [저]'비빔밥 설거지 며느리 시키고 눌은밥 설거지 딸 시킨다?(共)'(1996) [역]'韓國風俗産業の政治經濟學'(1997, 新幹社) [종]기독교

신혜숙(申惠淑·女) SIN Hea Sook

[생]1953·4·5 [본]평산(平山) [출]강원 춘천 [주]강원 춘천시 효자상길5번길13 춘천시문화재단(033-256-1360) [학]춘천여고졸, 강원대졸 1982년 同교육대학원 교육학과졸 1999년 이학박사(성균관대) [경]중등교 교사, 강원대 체육교육학과 강사 1991년 同체육과학연구소 전임연구원, 한국무용학회 이사, 강원도립예술단 운영위원 2002년 강원도생활체육협의회 댄스스포츠연합회장(현), (사)한국무용협회 강원도지회 감사, (사)한국예술문화단체총연합회 춘천지부 부지부장, 同강원도지회 감사 2002~2015년 강원대 무용학과 교수 2008~2009년 (사)한국무용협회 강원도지회장 2009년 춘천실버예술단 단장 2014~2015년 강원대 문화예술대학장 2015년 춘천시문화재단 이사장(현) 2015년 춘천시립예술단 단장 겸직(현) [상]중국 요령성 세계민속경연대회 표현상, 한국예총회장표창 무용부문 대상(1997), 문화관광부장관표창(1999), 한국무용과학회 올해의 학술연구상(2010) [저]'모던댄스와 모더니즘의 예술심리'(2000) '무용가최승희의 생애와 춤세계'(2000) '모던댄스테크닉'(2001)

신혜순(申惠順·女) SHIN Hea Soon

[생]1964·9·27 [주]서울 도봉구 삼양로144길33 덕성여자대학교 약학대학(02-901-8398) [학]1988년 덕성여대 약학과졸 1990년 同대학원 약학과졸 1993년 약학박사(덕성여대) [경]1988~1991년 덕성여대 약대 조교 1993~2000년 同약대 조교수 1996~1997년 미국 워싱턴대 객원연구원 2000년 덕성여대 약대 부교수, 同교수(현) 2001년 보건복지부 중앙약사심의위원(현) 2001년 특허청 변리사자격심의위원회 자문위원(현) 2003년 보건복지부 의료기술평가의원(현) 2005년 환경관리공단 기술평가심의위원 2008년 덕성여대 약학대학 및 특수대학원 교학부장 2011년 (사)대한약학회 약학회지 편집위원(현) 2013년 감염미생물 및 면역약학분과회 회장 겸 수석부회장 2015년 덕성여대 약학대학장(현) [상]의학학술대회 우수연제상(1999)

신혜영(申惠英·女)

[생]1977·11·3 [출]경남 창녕 [주]대구 수성구 동대구로 364 대구지방법원(053-757-6600) [학]1994년 청주외고졸 1999년 한양대 법학과졸 [경]1998년 사법시험 합격(40회) 2001년 사법연수원 수료(30기) 2001년 창원지법 판사 2003년 대전지법 판사 2006년 同논산지원 판사 2008년 대전지법 판사 2011년 대전지법 공주지원 판사 2013년 대전지법 판사 2014년 대전고법 판사 2016년 대구지법 부장판사(현)

신호상(申浩相) SHIN Ho Sang

[생]1958·5·9 [본]평산(平山) [출]경기 파주 [주]충남 공주시 공주대학로56 공주대학교 환경교육과(041-850-8811) [학]1983년 공주대 사범대학 화학교육과졸 1985년 한국과학기술원 대학원 화학과졸 1993년 이학박사(독일 쾰른대) [경]1994~1997년 (재)한국환경수도연구소 부소장 1995~1997년 대한지하수환경학회 이사 1995년 환경부 상하수도국 심의위원 1997~2000년 식품의약품안전청 자문위원, 공주대 환경교육과 교수(현) 1997·2007년 同약물남용연구소장(현) 1999년 국회 환경포럼 정책자문위원 겸 환경교육분과 위원장 2000년 기술표준원 표준물질인증기술위원 2000년 환경부 중앙환경분쟁조정위원 2003년 한국환경교육학회 부회장 2012년 공주대 입학관리본부장 [상]한국분석과학회 학술상, 공주대 우수교수(2003·2004), 한국환경위생학회 우수논문상 [저]'최신환경미생학' '환경과 생태' '생태와 환경지도서' [종]기독교

신호순
[생]1963·1 [주]서울 중구 남대문로39 한국은행 금융안정국(02-750-6831) [학]여의도고졸, 연세대 경제학과졸, 미국 일리노이대 대학원 경제학과졸 [경]1989년 한국은행 입행, 同정책기획국 팀장, 영국 영란은행 파견, 한국은행 거시건전성분석국 팀장, 국방대 파견, 한국은행 정책보좌관 2015년 同금융시장국장 2016년 同금융안정국장(현)

신호영(申晧瑛·女) SHIN, Ho Young
[생]1954·10·21 [출]서울 [주]서울 성동구 왕십리로222 한양대학교 경영대학 경영학부(02-2220-1074) [학]1973년 미국 홀턴암즈고졸 1977년 미국 바서대(Vassar College) 경제학과졸 1980년 미국 컬럼비아대 대학원 경영학과졸 1991년 회계학박사(동국대) [경]1980년 미국 모간은행 서울지점 심사부 근무 1983~1984년 한양대 경영대학 경영학과 전임강사 1985~1986년 同조교수 1987~1995년 同부교수 1996년 홍콩 과학기술대학 방문교수 1997년 한양대 경영대학 교수(현) 1999~2000년 재정경제부 세제발전심의위원회 위원·예산평가위원회 위원 2002년 (재)예올 내부회계감사(현) 2002~2006년 국세청 자체평가위원회 위원 2004~2008년 정보통신부 정보통신진흥기금운용심의회 위원 2006년 한국회계정보학회 부회장 2007~2008년 한양대 법대 교수 겸임 2008년 국가보훈처 보훈기금운용위원회 위원 2008년 서울시 감사자문위원회 위원 2008년 한국경영교육학회 부회장, 同국제경영분과위원장(현) 2009년 한국상업교육학회 부회장(현) 2010~2014년 한국국제경상학회 부회장 2010년 한국회계정보학회 부회장(현) 2010년 한국국제회계학회 부회장 2015년 글로벌경영학회 회장 2016년 한국장학재단 비상임이사(현) [상]이화를 빛낸상(1998, 이화고), 한국경영교육학회 우수논문상(2011), 한국회계학회 학위논문 최우수상(2013) [저]'중급회계'(1996) '원가관리회계'(1996) '최신중급회계'(1996) '고급회계'(1996) '관리원가회계'(1996) '고급회계(개정판)'(1996) '재무회계기초'(1996) '여성이여 성공하는 투자자가 되라'(1999) '고급회계'(2002) '고급재무회계'(2002) '고급회계'(2007) 'IFRS 고급회계 제1판'(2011) 'IFRS 회계원리 제1판'(2011) 'IFRS 고급회계 제2판'(2013) 'IFRS 회계원리 제2판'(2013)

신호영(申號永) Shin Ho Young
[생]1967·3·1 [본]평산(平山) [출]전북 부안 [주]서울 성북구 안암로145 고려대학교 법학전문대학원(02-3290-2886) [학]1984년 전주완산고졸 1988년 고려대 법학과졸 2002년 한국방송통신대 경영학과졸 2003년 미국 워싱턴주립대 대학원 조세법학과졸 2012년 법학박사(한양대) [경]1996~1998년 사법연수원 수료(27기) 1998~1999년 중앙공무원교육원 신임관리자과정 수료(행정고시 39회) 1999~2007년 국세청·서울지방국세청·부산지방국세청 사무관 2007~2009년 대법원 재판연구관 2009년 고려대 법학전문대학원 교수 2009~2012년 조세심판원 심판관·국세청 과세품질심의위원·국회 입법지원위원 2012~2014년 국세청 납세자보호관 2014년 고려대 법학전문대학원 교수(현) [종]기독교

신호종(申鎬宗) SHIN, HO-JONG
[생]1962·3·10 [본]평산(平山) [출]충북 중원 [주]서울 중구 필동로1길30 동국대학교 경찰사법대학원(02-2260-3103) [학]1982년 서울기계공고졸 1989년 국민대 법학과졸 1993년 同대학원 법학과졸 2008년 경찰학박사(동국대) [경]1992~2000년 서울지검 북부지청·서부지청 수사사무관 2000~2002년 同서부지청 검사 직무대리 2003~2004년 대통령비서실 사정비서관실 행정관 2006~2007년 검찰총장 비서관 2007~2009년 서울중앙지검 집행제1과장 2009~2010년 전주지검 사무국장(고위공무원) 2010~2011년 중앙공무원교육원 고위정책과정 교육파견(고위공무원) 2011년 수원지검 사무국장 2012년 서울서부지검 사무국장 2012년 대구고검 사무국장 2013년 동국대 경찰사법대학원 객원교수(현) [저]'현장수사와 적법절차'(2005, 넥서스) [작]'신호종의 현장수사교실(15회 연재)'(2001~2002, 수사연구사) '핵심인재를 위한 역량근육을 키우는 노하우'(2013, 공무원HRD) '역량평가제도에 관한 소고'(2013) [종]기독교

신호주(辛鎬柱) SHIN Ho Joo (雲山)
[생]1949·12·28 [본]영월(寧越) [출]경북 경주 [주]서울 영등포구 국제금융로8길10 한국증권금융(02-3770-8800) [학]1968년 경주고졸 1973년 서울대 상학과졸 1981년 미국 밴더빌트대 대학원졸 2000년 경제학박사(경희대) [경]1972년 행정고시 합격(12회) 1973년 재무부 입부·이재국 은행과장·총무과장·駐홍콩 재경관 1997년 재정경제원 국제경쟁력강화기획단 중소기업반장 1998~2000년 한국산업은행 감사 2000년 금융발전심의위원회 위원 2000년 한국증권업협회 부회장 2001년 코스닥증권시장 감사 2002~2005년 同사장 2005~2015년 삼일회계법인 PWC컨설팅 고문, 현대드림투게더스팩 대표이사 2013년 대우증권 사외이사 2015~2016년 세계경제연구원 상임자문위원 2016년 한국증권금융 사외이사(현) [상]대통령표창(1982), 산업포장(2004) [저]'증권시장의 이해' '금융기관의 내부통제와 감사제도'(2000) '마음코칭'(2010) [종]불교

신호철(申浩澈) SHIN Ho Cheol
[생]1957·3·27 [출]서울 [주]서울 종로구 새문안로29 강북삼성병원 원장실(02-2001-2821) [학]1982년 서울대 의대졸 1989년 同대학원 의학석사 1995년 의학박사(서울대) [경]1988~1989년 서울대병원 가정의학과 전임의 1989~1997년 가톨릭대 성모병원 가정의학과장 1996~1997년 미국 베일러의대 가정의학센터 연수 1997년 성균관대 의대 가정의학교실 부교수·교수(현) 1997년 강북삼성병원 가정의학과장 1999~2007년 성균관대 보건진료소장 2004년 대한스트레스학회 부회장 2007년 강북삼성병원 임상시험심의위원회 위원장 2008년 同외래지원실장 2008년 대한가정의학회 회원(현) 2008년 대한스트레스학회 이사장·회장 2010년 강북삼성병원 건강의학본부장 2012년 同병원장(현) 2013년 대한스트레스학회 고문(현) 2016년 대한병원협회 병원정보관리위원장(현)

신호철(申昊澈) SHIN Ho Cheol
[생]1965·3·5 [출]서울 [주]대구 수성구 동대구로364 대구지방검찰청 형사1부(053-740-4308) [학]1983년 한성고졸 1989년 연세대 상경대학 경영학과졸 [경]1988년 공인회계사시험 합격(23회) 1990년 안진회계법인 근무 1994년 사법시험 합격(36회) 1997년 사법연수원 수료(26기) 1997년 법무법인 세종 변호사 1998년 춘천지검 검사 2000년 전주지검 군산지청 검사 2002년 대전지검 검사 2005년 서울중앙지검 검사 2008년 광주지검 검사(예금보험공사 금융부실책임조사본부 파견) 2009년 同부부장검사(예금보험공사 금융부실책임조사본부 파견) 2010년 同순천지청 부장검사 2011년 광주지검 특수부장 2012년 부산지검 특수부장 2013년 인천지검 특수부장 2014년 법무부 인권구조과장 2015년 서울중앙지검 조사2부장 2016년 대구지검 형사1부장(현)

신 홍(申 弘) SHIN Hong (雲泉)
[생]1940·8·25 [본]고령(高靈) [출]서울 [주]서울 동대문구 서울시립대로163 서울시립대학교(02-2210-2114) [학]1958년 서울고졸 1962년 서울대 법학과졸 1966년 同대학원졸 1972년 네덜란드 국제사회과학연구원 노사관계과정 수료 1984년 법학박사(서울대) [경]1968년 우석대 법경대 전임강사 1971~1976년 고려대 법대 조교수·부교수 1977년 국제경제연구원 책임연구원 1978년 서울시립대 법정대 부교수 1980년 同학생처장 1981년 同법학과장 1982년 同학생생활연구소장 1982년 서울지방노동위원회 공익위원 1984~2005년 서울시립대 법학부 교수 1985~1996년 노동부 행정심판위원 1987년 서울시립대 법정대학장 1991년 한국노동법학회 회장 1991~1995년 서울시립대 총장 1992년 노동관계법연구위원회 위원장 1993년 한국노동법학회 고문 1995년 한국노사발전연구원 이사장 1996년 同원장 1996~2002년 중앙노동위원회 공익위원 1996년 국제노동법·사회보장학회 집행이사 겸 한국지부장 1997년 대통령자문 노사관계개혁위원회 위원 1998~2010년 중앙선거관리위원회 공직자윤리위원 1999년 대한상사중재원 중재인 2000년 노사정위원회 공익위원 겸 근로시간단축특위 위원장 2002~2003년 노사정위원회 위원장 2003~2006년 중앙노동위원회 위원장 2005년 서울시립대 명예교수(현) 2006~2010년 중앙노동위원회 공익위원 2009년 (사)한국노사평화연대회의 이사장 [상]신노사문화대상, 청조근정훈장(2005) [저]'북한의 법과 법이론' '근로기준법' '노동법' [종]불교

신홍균 SIN HONG GYUN
[생]1952·4·4 [출]충남 보령 [주]서울 강남구 도산대로 176 (주)대홍에이스건업 비서실(02-516-2772) [학]경동고졸 1979년 한양대 토목공학과졸 [경]대우건설 차장 1995년 운양건설 대표이사 1996년 (주)대홍에이스건업 대표이사 회장(현) 2003년 대한전문건설협회 이사 2006~2012년 同토공사업협의회장 2008년 전문건설공제조합 대의원 2010년 同자금운용위원 2013년 同운영위원장(현) 2015년 대한전문건설협회 회장(현) [상]한국고속철도건설공단 감사장(2003), 대한전문건설협회 공로패(2004), 건설교통부장관표창(2004), 금탑산업훈장(2012)

신홍기(愼洪基) SHIN Hong Ki

[생]1957·12·4 [출]부산 [주]서울 강남구 언주로726 두산빌딩8층 (주)두산(02-2007-6201) [학]1976년 해동고졸 1984년 고려대 경제학과졸 [경]1983년 동양맥주(주) 입사 1991~1995년 두산그룹 기획실 과장 1996년 同기획조정실 차장 1997년 두산상사(주) 동경지사 근무 2002년 (주)두산 관리본부 총무팀 부장 2003년 (주)노보스 상무이사 2004년 네오플럭스 관리본부 총괄담당 상무 2006년 두산산업개발(주) 상무 2006년 두산큐벡스(주) 상무 2009년 同대표이사 2010년 DFMS(주) 대표이사 2012년 (주)두산 FM BU장 2014년 同비상근자문위원(현)

신홍순(申弘淳) SHIN Hong Soon (설제)

[생]1941·2·23 [본]고령(高靈) [출]서울 [주]서울 강남구 테헤란로518 섬유센터빌딩2층 컬처마케팅그룹(02-528-4073) [학]1959년 경기고졸 1963년 연세대 정법대 정치외교학과졸 1995년 한국과학기술원(KAIST) 최고경영자경영정보과정 수료 [경]1965년 ROTC 1기(소위 예편) 1966년 (주)럭키(現 LG화학) 입사·수출부장 1974년 同함부르크지사장 1981년 반도상사(주) 이사 1989년 럭키금성상사 전무이사 1991~1999년 (주)LG상사 사장 1992~1999년 한국패션협회 부회장 1994년 LG그룹 해외우수기업(美 GE·Motolora·GM·EDS) 단기경영연수과정 수료 1999~2001년 LG상사 패션부문 상임고문 1999년 동일방직 사외이사(현) 1999~2004년 홍익대 산업미술대학원 겸임교수 2000~2008년 (주)컬처마케팅그룹 고문 2003년 (주)쎌트리온 상임이사 2003~2005년 중국 대련 대양그룹 경영고문 2004~2006년 정헌장학재단 이사 2004년 에스모드학원 장학재단 이사(현) 2004년 사학재단 만대학원 이사 2005~2011년 한국패션협회 고문 2005~2006년 예원예술대 문화영상창업대학원장 2006년 프랑스 파리소재 정헌메세나재단 이사(현) 2008년 (주)동일레나운 비상근이사 2008~2009년 예술의전당 사장 2009~2013년 남촌재단 비상근이사 2009년 컬처마케팅그룹(CMG) 고문(현) [상]석탑산업훈장(1994), 한국섬유대상(1995), 베스트드레서 백조상 문화경제인부문(1995), 서울시 패션경영인상(1997), 자랑스러운 연세경영인상(1997) [종]천주교

신홍현(辛泓炫) Shin Hong-Hyeon

[생]1965·11·25 [본]영산(靈山) [출]서울 [주]서울 강남구 개포로224 준빌딩6층 (주)대림화학 임원실(02-589-0400) [학]1984년 서울서라벌고졸 1988년 서울대 화학공학과졸 1990년 同대학원 공학과졸 2009년 한국과학기술원 경영대학 부품소재 및 하이테크 최고경영자과정 수료 2013년 중앙일보 최고경영자과정(J Forum) 수료(8기) 2013년 KOREA CEO SUMMIT(KCS) CICON 수료(3기) 2014년 서울대 경영대학원 최고경영자과정(AMP) 재학中 [경]1990~1996년 (주)고합 근무(병역특례 근무) 1997~2002년 캠스팩교역 대표 2002~2007년 (주)대림화학 이사 2006~2015년 (주)대동케미칼 대표이사 2007년 (주)대림화학 대표이사(현) 2008년 칠서지방산업단지 이사(현) 2013년 3D프린팅연구조합 이사장(현) [상]지식경제부장관표창(2009), 국립경상대 개척명예장(2010)

신화수(申和修) SHIN Hwa Soo

[생]1964·8·26 [출]충남 예산 [주]세종특별자치시 갈매로388 문화체육관광부 국민소통실 홍보정책과(044-203-3007) [학]1983년 서울 대일고졸 1990년 서강대 사회학과졸 [경]2001년 전자신문 편집국 산업전자부 수석기자 2002년 同편집국 IT사업부팀장 차장 2006년 同편집국 U미디어팀장 겸 부장대우 2007년 한국기자협회 부회장 2008년 전자신문 전자·경제담당 부국장 직대 겸 신성장산업부장 2009년 同편집국 취재담당 부국장 2010년 同전략기획실장(부국장) 2011년 同논설위원실장(부국장) 2012년 同편집국장 2013~2015년 同논설위원실장 2015년 문화체육관광부 국민소통실 홍보정책과 홍보협력관(현)

신환섭(申煥燮) SHIN Hwan Sup

[생]1958·2·18 [본]평산(平山) [출]광주 광산 [주]광주 서구 상무누리로30 김대중컨벤션센터 사장실(062-611-2004) [학]1977년 광주고졸 1984년 전남대 지역개발학과졸 [경]1984년 대한무역투자진흥공사(KOTRA) 입사 1988년 同도쿄무역관 근무 1991년 대한무역투자진흥공사(KOTRA) 광주·전남무역관 근무 1992년 상공부 통상정책과 파견 1999년 대한무역투자진흥공사(KOTRA) 시장조사처 일본팀장 2000년 同오사카무역관 부관장 2003년 同Invest KOREA 투자홍보팀장·서비스산업유치팀장 2004년 同홍콩무역관장 2007년 同전북무역관장 2008년 同주력산업유치팀장 2008년 同운영지원처장 겸 총무팀장 2009년 同일본지역본부장 겸 도쿄무역관장 2012년 同중소기업지원본부 수출창업지원실장 2013~2015년 同중소기업지원본부장(상임이사) 2015년 김대중컨벤션센터 사장(현) [상]대통령표창(2006)

신환철(申桓澈) SHIN Hwan Chul

[생]1952·4·3 [출]전북 정읍 [주]전북 전주시 덕진구 백제대로567 전북대학교 행정학과(063-270-2947) [학]전주고졸 1974년 전북대 정치외교학과졸 1977년 同대학원 정치학과졸 1979년 전남대 대학원 행정학과졸 1985년 미국 위스콘신대 메디슨교 대학원 행정학과졸 1995년 행정학박사(전남대) [경]1978년 전북대 법정대 조교 1980년 同행정학과 전임강사·조교수·부교수·교수(현) 1998~2000년 同사회과학대학장 겸 행정대학원장 2003~2005년 同지방자치연구소장 2004년 신행정수도건설추진위원단 민간위원 2005년 전북대 평생교육원장, (사)한국자치행정학회 고문(현) 2014년 전북도 교육감선거 출마

신황호(申晃浩) SHIN Hwang Ho (大同)

[생]1946·12·25 [본]고령(高靈) [출]전북 전주 [주]서울 강북구 솔매로49길60 서울사이버대학교 협동총장실(02-944-3800) [학]1965년 전주고졸 1970년 성균관대 무역학과졸 1972년 同대학원 경제학과졸 1976년 미국 뉴욕주립대 대학원 국제경제학과졸 1981년 경제학박사(성균관대) 1997년 명예 교육학박사(러시아 펜자국립대) [경]1976년 한국해외마케팅개발센터 연구실장 1976~1978년 성균관대·숙명여대 강사 1978년 계명대·경상대 조교수 1981~2012년 인하대·경상대 국제통상학부 교수 1989년 한국상업교육학회 회장 1992년 교육부 중앙교육심의위원 1995년 미국 예일대 경제성장연구소 객원교수(한국정부 국비파견) 1996년 한국국제상학회 부회장 1997년 한국무역학회 부회장 1998~2000년 제2건국중앙위원 1998년 러시아 St. Petersburg대 경영대 종신겸직교수 1998~1999년 인하대 경상대학장 2000~2001년 한국무역학회 회장 2001년 同명예회장(현) 2001~2011년 무역투자전문학자포럼 회장 2001~2004년 서울사이버대(학교법인 신일학원) 총장 2003~2005년 대통령자문 교육혁신위원회 직업교육분과 전문위원 2004~2006년 한국직업교육학회 회장 2007~2009년 한국무역교육인증원 초대원장 2007~2011년 직업교육진흥국민연대 상임대표 2010년 한국무역교육인증원 고문(현) 2011~2013년 한국직업교육단체총연합회 상임대표 2012년 인하대 국제통상학부 명예교수(현) 2012년 서울사이버대 석좌교수 2013년 同협동총장(현) 2013년 한국직업교육단체총연합회 고문(현) [상]대한민국 산업포장(2000), 인하대 우수교수상(2001), 한국상업교육학회 학술대상(2002), 황조근정훈장(2012) [저]'韓中日부품산업'(1998) '다국적기업의 이해'(1999) '무역학연습'(2001) '제3세계에서의 다국적기업의 행동양식'(2001) '다국적기업의 정체'(2006) '다국적기업의 정치경제학'(2007) '국제경제'(2007) 'Multinational Corporations and Foreign Direct Investment'(2007) '상업경제'(2008) '무역학원론'(2009) '국제상무'(2009) '다국적기업과 해외투자'(2009) [종]기독교

신효중(申孝重) SHIN Hoi Jung

[생]1959·8·22 [주]강원 춘천시 강원대학길1 강원대학교 농업생명과학대학 농업자원경제학과(033-250-8667) [학]1983년 고려대 농업경제학과졸 1985년 同대학원 농업경제학과졸 1991년 미국 위스콘신대 메디슨교 대학원 자원경제학과졸 1994년 환경경제학박사(미국 콜로라도주립대) [경]1995년 한국과학기술원 생명공학연구소 생물다양성사업담당 1997년 OECD 환경정책위원회 생물다양성경제전문가 1997년 강원대 농업생명과학대학 농업자원경제학과 교수(현) 1999년 국무총리실 수질개선기획단 자문위원 2001년 강원발전연구원 겸임연구위원 2003년 뉴질랜드 메쉬대 교환교수 2006~2008년 강원대 농촌개발연구소장 2011년 한국농촌관광학회 부회장 겸 편집위원장 2013년 강원대 창업지원단 창업교육센터장 2014년 강원농산어촌미래포럼 대표(현) 2015년 (사)한국농어촌관광학회 회장(현) [저]'한국경제-과거·현재 그리고 21세기 비전'(1997) [역]'지구생물다양성평가-정책입안자를 위한 개념적 정리'(1996) '강원환경의 이해-상황과 비전'(1998) '분단강원의 이해'(1999) '농업경제학'(1999) '강원관광의 이해'(2000) '통일과 지속가능한 농촌사회 구축'(2001)

신흥묵(申興默) SHIN Heung Mook

[생]1960·8·11 [주]경북 경산시 화랑로94 한약진흥재단 원장실(053-810-0202) [학]1985년 동국대 한의과대학 한의학과졸 1987년 同대학원졸 1992년 한의학박사(동국대) [경]1991~1992년 부용당한의원 원장 1991~2014년 동국대 한의과대학 한의학과 교수 1997~1998년 同한의학과장 1998~2001·2003년 보건복지부 한방치료기술개발책임자 2000~2001·2002~2003년 미국 Boston Biomedical Research Institute 초빙연구원 2001~2002년 미국 Harvard

ㅅ

School of Public Health 초빙연구원 2002년 한국과학재단 MRC현장평가위원 2003 · 2006~2007년 동국대 한의과대학장 2003년 同한의학연구소장 2003년 한국과학재단 MRC발표평가위원 2003~2004년 한방화장품개발사업 책임자 2003~2005년 보건복지부 한방치료연구개발사업 주관책임자 2004년 대한동의생리학회 이사 2007년 한국학술진흥재단 BK21사업평가위원 2008년 식품의약품안전청 중앙약사심의위원 2014~2015년 (재)한국한방산업진흥원 원장 2015년 (사)토종명품화 사업단 이사(현) 2016년 한약진흥재단 초대 원장(현) [상]한국평활근학회 우수논문상(2002) [저]'동의생리학'(1993)

신흥철(申興澈) SHIN Heung Chul

[생]1964 · 3 · 24 [출]서울 [주]서울 강남구 영동대로616, 10층 법무법인 로플렉스(02-511-5671) [학]1982년 대신고졸 1986년 서울대 사법학과졸 2000년 고려대 경영대학원 국제경영학과졸 2001년 미국 하버드대 대학원 국제금융법학과졸 [경]1986년 사법시험 합격(28회) 1989년 사법연수원 수료(18기) 1989~1992년 공군 법무관(대위) 1992년 서울민사지법 판사 1994년 서울형사지법 판사 1995년 서울지법 판사 1996년 제주지법 판사 겸 광주고법 제주부 판사 · 서귀포시 선거관리위원장 1997년 변호사 개업 1997년 삼성그룹 법률자문변호사 1998년 삼성전자 이사(전문임원) 2000년 同상무(전문임원) 2001~2002년 폴 헤이스팅스 법무법인 소속변호사 2002년 미국 뉴욕주 변호사자격 취득 2002년 삼성생명보험(주) 법무팀장 2003~2004년 서강대 법대 겸임교수 2004년 대한상사중재원 중재인(현) 2006년 삼성생명보험(주) 법무팀담당 임원(전무급) 2007년 同법무팀장(전무) 2007년 성균관대 법대 겸임교수 2009~2012년 법무법인 광장 파트너변호사 2009년 서울지방변호사회 보험분과 커뮤티니위원장(현) 2010 · 2012년 국회입법조사처 조사분석지원단 위원(현) 2011년 법무부 상법시행령개정을위한준법경영법제개선단 자문위원 2011년 대한중재인협회 이사(현) 2012~2016년 법무법인 화우 변호사 2012년 한국쓰리엠 고문변호사 2012년 한국외환은행 고문변호사 2013년 대보정보통신 고문변호사(현) 2014년 국민연금공단 대체투자위원회 위원(현) 2015년 KEB하나은행 고문변호사(현) 2016년 법무법인 로플렉스 대표변호사(현)

신희동(申喜東) Shin Heedong

[생]1969 · 6 · 7 [본]평산(平山) [출]대전 [주]세종특별자치시 한누리대로402 산업통상자원부 기획재정담당관실(044-203-5520) [학]1987년 충남고졸 1993년 서울대 경영학과졸 1996년 同행정대학원 정책학과 수료 [경]2007년 산업자원부 지역투자과장 2008년 지식경제부 광물자원팀장 2009년 同신재생에너지과장 2010~2011년 대통령실 행정관 2011~2014년 駐휴스턴총영사관 영사 2014년 산업통상자원부 원전산업관리과장 2014년 同지역산업과장 2016년 同기획조정실 기획재정담당관(부이사관)(현)

신희석(申熙錫) SHIN, Hee-Suk

[생]1945 · 7 · 15 [본]평산(平山) [출]대전 [주]서울 종로구 사직로8길34 경희궁의아침3단지1602호 아 · 태정책연구원(02-720-8785) [학]1964년 대전고졸 1968년 연세대 정치외교학과졸 1972년 일본 ICU대 행정대학원졸 1974년 일본 東京大 대학원졸 1978년 정치학박사(일본 東京大) [경]1976~1978년 일본 東京大 객원연구원 1978~1990년 외교안보연구원 조교수 · 부교수 1978~2007년 연세대 정치외교학과 · 대학원 정치학과 · 행정대학원 국제정치학 객원교수 1983년 일본 東京大 방문교수 1985년 미국 하버드대 미 · 일관계프로그램(US-Japan Program) 객원교수, 同국제문제연구소(CFIA · Center for international Affair) 객원교수 1990~1996년 외교안보연구원 교수 1991년 同아태연구부장 1996년 아태정책연구원(APPRI) 원장 겸 이사장(현) 1996~2004년 한양대 국제학대학원 겸임교수 2003~2008년 중앙대 국제경영대학원 자문교수 2011년 법무법인 율촌 고문(현) [상]내무부장관표창(1990) [저]'일본의 외교정책' '현대 일본정치와 자민당 정권' '자민당 정치론' '각국 외교정책론'(共) '현대일본의 정치와 외교' '美日관계와 한반도'(共) '일본 정책결정의 해부'(共) '동북아 국제정치경제와 한반도' 등 13권 [역]'현대일본정치와 자민당정권'

신희석(申熙碩)

[생]1962 · 5 · 1 [주]경남 진주시 강남로79 경상대병원 병원장실(055-750-8900) [학]1987년 서울대 의대졸 1990년 同대학원 의학석사 1996년 의학박사(서울대) [경]서울대병원 전공의 수료, 미국 워싱턴대 연수 1991~1993년 경찰병원 재활의학과장 1993년 경상대 의대 관절재활의학과학교실 교수(현) 2001~2003년 同부속도서관 의과대학분관장 2004~2005년 同임상의학연구소장 · 교육연구실장 2007~2009년 同신경과학연구센터장 2007~2009년 同진료처장 2008~2016년 경남도의사회 경상대병원특별분회 회장 2009년 경상대병원 기관생명윤리위원장(현) 2013~2015년 경상대 의과대학 교수회장 2014년 창원경상대병원 개원준비단 부단장 2016년 경상대병원 병원장(현)

신희섭(申喜燮) SHIN Hee Sup

[생]1950 · 7 · 29 [출]경기 [주]대전 유성구 유성대로1689번길70 기초과학연구원 인지및사회성연구단(042-861-7016) [학]1974년 서울대 의대졸 1977년 同대학원졸 1983년 유전학박사(미국 코넬대) [경]1978~1980년 미국 Sloan-Kettering Institute, Postdoctoral Fellow 1983~1985년 同Research Associate 1985~1991년 미국 MIT 생물학과 교수 1985~1991년 미국 Whitehead Institute 책임연구원 1991~2001년 포항공과대 생명과학부 교수 1994년 한국과학기술한림원 정회원(현) 1996~1998년 포항공과대 생물공학연구소장 1999~2004년 Asia-Pacific Regional Committee International Brain Research Organization 회원 1999년 미국 State Univ. of New York Health Science Center Visiting Professor 2001년 한국과학기술연구원(KIST) 신경과학센터 책임연구원 2001년 同학습 · 기억현상연구단센터장 2005년 同신경과학센터장 2006년 대한민국 제1호 '국가과학자' 선정(국내 뇌과학 분야 최고 권위자) 2008~2014년 한국과학기술원(KAIST) 초빙특훈교수 2009년 미국 국립학술원(NAS) 외국회원(Foreign Associate)(현) 2010년 대한민국학술원 회원(신경과학 · 현) 2011년 국가교육과학기술자문회의 과학기술분야 위원 2011년 한국과학기술연구원(KIST) 뇌과학연구소장 2012년 기초과학연구원 인지 및 사회성연구단장(현) 2013 · 2015년 대통령소속 국가지식재산위원회 민간위원(현) 2014년 기초과학연구원 원장 직대 2014~2015년 국가과학기술자문회의 자문위원 [상]미국 코넬대 대학원 최우수논문상, 한탄생명과학상, 금호학술상, 함춘의학상, 과학기술부 · 한국과학재단 선정 이달의 과학기술자상, 호암상, KIST 이달의 과학자상, KIST인 대상(2004), 대한민국 최고과학기술인상(2005), 과학기술부 · 과학문화재단 '닮고 싶고 되고 싶은 과학기술인 10인'에 선정(2005), 제1회 과학기술연합대학원대(UST) 스타교수상(2013) [저]'뇌를 알면 행복이 보인다'(2006) [종]불교

신희영(申熙泳) SHIN Hee Young

[생]1955 · 10 · 21 [주]서울 종로구 대학로101 서울대어린이병원 소아청소년과(02-2072-2917) [학]1974년 경기고졸 1980년 서울대 의대졸 1983년 同대학원졸 1988년 의학박사(서울대) [경]1980년 서울대병원 인턴 1981년 同소아과 전공의 1984년 춘천의료원 소아과장 1987년 서울대병원 소아과 혈액종양 전임의 1988년 서울시립영등포병원 소아과장 1990년 서울대병원 소아과 임상교수 1994년 서울대 의과대학 소아과학교실 조교수 · 부교수 · 교수(현) 1996년 프랑스 파리제6대학 교환교수 1999년 호스피스완화의료학회 간행이사 2000년 대한소아과학회 보수교육위원 2001년 대한수혈학회 이사회장 2001년 대한혈액학회 법제이사 2003년 대한조혈모세포이식학회 학술이사 · 부회장 2003년 대한소아혈액종양학회 총무이사 · 학술이사 · 부회장 2008년 서울대 의대 교무부학장 2010년 同연구처장 2010~2011년 同산학협력단장 2013~2015년 대한조혈모세포이식학회 이사장 2014년 서울대 통일의학센터 소장(현) 2014년 국립대학법인 서울대 이사(현) 2016년 서울대 연구부총장(현) [상]대한소아혈액종양학회 학술공로상(2011)

신희웅(申熙雄)

[생]1961 · 5 · 16 [출]충북 청원 [주]충북 청주시 청원구 향군로60 청주청원경찰서 서장실(043-251-1228) [학]1980년 청주고졸 1985년 경찰대 행정학과졸(1기) [경]1985년 경위 임용 1994년 경감 승진 2000년 충북지방경찰청 홍보담당관(경정), 교육 파견, 충북지방경찰청 경비교통과장 2011년 총경 승진 2011년 충북 보은경찰서장 2013년 충북지방경찰청 정보과장 2014년 대전 동부경찰서장 2015년 충북지방경찰청 수사과장 2016년 충북 청주청원경찰서장(현)

신희재(愼希縡) SHIN Hee Jae

[생]1967 · 1 · 9 [주]경기 안산시 상록구 해안로787 한국해양과학기술원 해양생명공학연구센터(031-400-6172) [학]1992년 부경대 미생물학과졸 1994년 同대학원 미생물학과졸 1997년 이학박사(일본 도쿄대) [경]1997~1999년 일본 Marine Biotechnology Institute Post-Doc. 1999~2000년 Center for Marine Biotechnology and Biomedicine Post-Doc. 2000~2003년 SK케미칼 신약연구실 선임연구원 2002년 과학기술부 국가기술지도위원 2003년 한국해양연구원 해양자원연구본부 선임연구원 2005년 과학기술연합대학원대학교 해양환경시스템과학과 부교수 2008년 한국해양연구원 해양자원연구본부 책임연구원 2009년 同해양바이오연구센터 책임연구원 2010년 同책임연구원 2010년 미국 국립암연구소 연수 2011년 한국해양연구원 해양천연물연구실 책임연구원 2012년 한국해양과학기술원 해외생물자원연구센터 책임연구원 2015년 同해양생명공학연구센터 책임연구원(현) [저]'해양미생물학'

(2001) '해양개발의 현재와 미래'(2005) '해양바이오'(2005) '해양환경공학'(2008) '해양미생물학'(2009) '바다, 신약의 보물창고'(2010)

신희종(申熙鍾) SHIN Hee Jong

[생]1952·1·14 [출]경기 화성 [주]경기 성남시 분당구 대왕판교로712번길16 한국파스퇴르연구소6층 삼진제약(주) 중앙연구소 소장실(031-8039-8800) [학]1976년 서울대 약대졸 1982년 同대학원 물리약학과졸 1998년 약학박사(서울대) [경]1979년 (주)종근당 종합연구소 입사 1985~1986년 미국 미네소타약대 연구원 1994~1995년 한국약제학회 편집위원 1994~1997년 同이사 1999년 (주)종근당 기술연구소장 2002년 同제제연구소장(이사) 2006~2008년 同기술본부장(수석상무) 2008년 삼진제약(주) 중앙연구소장(전무이사)(현) [상]한국약제학회 학술상(1998), 제제기술상(1999), 대한약학회 약학기술상(2005)

신희준(申熙準) Shin Hee Jun (寶山)

[생]1962·3·2 [본]고령(高靈) [출]대전 [주]서울 서초구 신반포로194 금호고속(주) 임원실(02-530-6014) [학]1981년 대전상고졸 1988년 충남대 경영학과졸 1992년 연세대 대학원 금호MBA 수료 2008년 중국 장춘 길림대 어학연수 2013년 전남대 경영전문대학원 최고경영자과정 수료 2015년 세계미래포럼 미래경영CEO과정 수료(11기) [경]1987년 금호고속(주) 입사 2006년 同영업부장 2008년 同인사부장 2011년 同직행지원담당 상무 2013년 同직행영업담당 상무 2014년 同고속지원담당 상무 2015년 同고속경영관리담당 상무 2016년 同고속지원담당 상무(현)

신희철(申喜澈)

[생]1966 [출]전북 정읍 [주]세종특별자치시 노을6로8의14 국세청 대변인실(044-204-2222) [학]전주 상산고졸, 서울대 경영학과졸 [경]1997년 행정고시 합격(41회) 2001년 서울 금천세무서 조사1과장 2001년 국세청 국제업무과 사무관 2001년 서울 구로세무서 조사과장 2002년 서울 양천세무서 징세과장 2003년 서울 구로세무서 세원관리1과장 2008년 국세청 재산세과 서기관 2009년 중부지방국세청 조사2국 조사2과 서기관 2011년 同법무과장 2013년 서울 서초세무서장 2014년 국세청 통계기획담당관 2015년 同법령해석과장 2016년 同대변인(현)

신희철(申熙哲) Shin, Hee Cheol

[생]1968·8·14 [본]고령(高靈) [출]충북 청주 [주]세종특별자치시 시청대로370 한국교통연구원 도로교통본부(044-211-3081) [학]1987년 운호고졸 1991년 서울대 토목공학과졸 1994년 同대학원 도시공학과졸 2001년 공학박사(미국 Univ. of California, Berkeley) [경]2002년 미국 캘리포니아대 버클리교 박사후 연구원 2003~2008년 한국교통연구원 책임연구원 2006년 대한교통학회지 편집위원 2007년 대한도로학회지 편집위원 2007년 청주시 도로설계자문위원 2007년 충북도 교통영향평가심의위원회 위원 2008년 PIARC World Technical Committee(D1) Member(현) 2008년 한국교통연구원 연구위원 2009년 同국가자전거교통연구센터장 2009년 경기도 녹색성장위원회 위원 2010년 한국교통연구원 자전거녹색교통센터장 2010년 행정안전부 정책자문위원회 위원 2011년 同지방자치발전포럼 위원 2011년 한국교통연구원 자전거녹색교통연구센터장 2012~2013년 同교통안전·자전거연구실장 2013년 同교통안전·자전거연구실 연구위원 2014년 同글로벌교통협력연구실 연구위원, 同도로교통본부 연구위원(현)

신희택(申熙澤) SHIN Hi-Taek

[생]1952·8·6 [본]고령(高靈) [출]부산 [주]서울 관악구 관악로1 서울대학교 법학전문대학원72동511호(02-880-9139) [학]1971년 경기고졸 1975년 서울대 법학과졸 1981년 同법학대학원졸 1983년 미국 예일대 대학원 법학과졸 1990년 법학박사(미국 예일대) [경]1977년 사법연수원 수료(7기) 1977년 육군 법무관 1979년 한·미연합사령부 법무관 1980~2007년 김앤장법률사무소 변호사 1990년 경제기획원 UR서비스협상 실무대책위원 1991년 대외경제정책연구원 자문위원 1993년 경제기획원 신경제5개년계획 대외통상실무위원 1995~2006년 사법연수원 외부강사 1996년 교육부 중앙교육심의회 위원 1999년 외교통상부 다자통상분야 자문위원 1999~2001년 대한변호사협회 섭외이사 1999년 조선일보 변호사기사사전열람제 위촉변호사 2006년 'ISD 검증 민관 TF' 민간측 위원장 2007~2009년 두산인프라코어(주) 사외이사 2007년 서울대 법학전문대학원 교수(현) 2008년 우리금융지주 사외이사 2008년 정보공개심의회의 심의위원(현) 2008년 전자거래분쟁조정위원회 조정위원(현) 2008년 서울대 상표관리위원장 2008년 同국제통상거래법센터장(현) 2008년 외교통상부 정책자문위원 2008~2010년 국민경제자문회의 자문위원 2009·2016년 세계은행 산하 국제투자분쟁해결센터(ICSID) 의장 중재인(현) 2009년 두산(주) 사외이사(현) 2009년 교육과학기술부 법학교육위원회 위원장 2010년 대한상사중재원 중재인(현) 2012년 법무부 국제법무자문위원회 위원장(현) 2013년 서울국제중재센터(Seoul IDRC) 운영위원장(현) 2013년 대구경북과학기술원 비상임이사(현) 2014년 법무부 외국법자문사법개정위원회 위원장 2014년 KDB산업은행 사외이사(현) 2015년 同금융자회사매각추진위원회 위원장(현) 2016년 서울국제중재센터(Seoul IDRC) 이사장(현) 2016년 산업통상자원부 무역위원회 위원장(현) [상]대통령표창(1975), 대법원장표창(1977) [저]'국제경제법(共)'(2012, 박영사) 'Commentaries on Selected Model Investment Treaties(共)'(2012, 영국 Oxford Univ. Press)

신희호(申熙昊) Shin Hee-Ho

[생]1958·4·15 [본]평산(平山) [출]서울 [주]서울 강남구 언주로 603 서진빌딩7층 (주)아모제푸드 비서실 [학]1981년 연세대 경영학과졸 1987년 미국 미시간대 대학원 경영학과졸(MBA) [경]1989~1999년 호텔아미가 대표이사 부사장 1996~2001년 덕우산업 대표이사 사장 2001년 (주)아모제 대표이사 2008~2010년 한국외식경영학회 회장 2008년 한국외식산업협회 부회장(현) 2012~2014년 한식재단 이사 2012년 (주)아모제푸드 대표이사 회장(현) [상]외식경영대상 기업부문대상(2007), 농림수산식품부장관표창(2010), 대통령표창(2013), 미시간대 자랑스런 동문상(2014) [종]불교

심갑보(沈甲輔) SHIM Kab Bo

[생]1936·3·13 [본]청송(靑松) [출]경남 밀양 [주]서울 강남구 테헤란로410 금강타워16층 삼익THK(주) 임원실(02-3454-0797) [학]1962년 영남대 정치학과졸 1964년 同대학원졸 1971년 고려대 경영대학원 수료 1977년 서울대 경영대학원 AMP과정 수료 1992년 同공대 최고산업전략과정 수료 1999년 전경련 국제경영원 정보전략최고경영자과정 수료 2000년 명예 정치학박사(영남대) [경]1968년 인력개발연구소 연구위원 1970~1978년 삼익공업 상무이사 1978년 同전무이사 1981~1998년 삼익물산 사장 1992~1998년 삼익공업 사장 1995~1997년 도산아카데미연구원 부원장 1996~1998년 노사관계개혁위원 1996~2006년 한국경영자총협회 감사 1997년 서울안암로타리클럽 회장 1997~2012년 중앙노동위원회 사용자위원 1997~2007년 한국국제노동재단 감사 1998~1999년 한국중견기업연합회 부회장 1998년 경제사회발전노사정위원회 상무위원회 위원(현) 1998~2004년 한국능률협회 경영자교육위원장 1999~2001년 삼익공업 대표이사 부회장 1999~2001년 영남대 겸임교수 1999~2001년 국무총리 정책평가위원 2000~2009년 최저임금위원회 사용자위원 2000~2015년 대한상공회의소 및 서울상공회의소 노사인력위원회 위원장 2001~2006년 삼익LMS 대표이사 부회장 2001~2013년 한국인간개발연구원 부회장 2004년 대한상사중재원 중재인(현) 2006년 한국경영자총협회 부회장(현) 2006~2012년 삼익THK(주) 대표이사 부회장 2007~2011년 노사발전재단 감사 2012년 삼익THK(주) 상임고문(현) 2012~2016년 (사)노사공포럼 공동대표 2014년 청송심씨대종회 회장(현) [상]국민훈장 동백장(1998), 21세기대상 영업부문관리대상(2006), 서울대 AMP대상(2007), 금탑산업훈장(2007), 대한민국 상품대상(2009) [저]'신기술개발 선택의 여지가 없다(共)'(1993) 'CEO의 현장경영'(2003) 'CEO의 멘토경영-늦었다고 생각할때가 가장 빠른때다'(2009) '행복한 CEO 심갑보의 내 인생의 스크랩(編)'(2009) '심갑보 내삶의 발자취(編)'(2013) '심갑보의 경영 및 대외활동 보도기록(1989-2015)(編)'(2015) [종]불교

심갑섭(沈甲燮) SHIM Kap Seop (史軒)

[생]1942·1·9 [본]청송(靑松) [출]경기 김포 [주]서울 종로구 동숭4길9 (사)한국방송인회(02-545-8899) [학]1960년 서울고졸 1968년 서울대 문리대 사회학과졸 [경]1970년 중앙방송국 입사 1973년 한국방송공사 TV교양부 PD 1982년 同편성국 TV편성부 차장 1985년 同올림픽방송본부 방송운용담당 겸임 1986년 同방송운용국 운행부장 1986년 同홍보실 출판부장 1990년 同TV편성국 편성제작부장 1991년 同편성실 TV편성주간 1993년 同편성실장 1994년 同KBS홀운영국장 1995년 同광주방송총국장 1997년 同대구방송총국장 1998년 同심의평가실 심의위원(현) 2005~2007년 대경대학 학장 2006~2007년 경북영상위원회 이사 2007~2010년 인천문화재단 대표이사 2010년 (사)한국방송인회 이사(현) [상]대통령표창

심갑영(沈甲英·女) SHIM Gab Young

[생]1959·4·7 [출]경남 마산 [주]부산 중구 충장대로20 부산세관 통관국(051-620-6100) [학]1977년 마산여고졸 1986년 성균관대 영어영문학과졸 1998년 同무역대학원졸 [경]1977~1986년 마산세관 근무 1986년 관세청 관세조사과·평가협력국 근무 1995년 同평가1과·평가환급과·서울세관 심사관실 근무 2005년 同조사감시국 마약조사과 근무 2006년 同의정부세관장 2007년 同정보협력국 교역협력과 사무관 2008년 미국 미시간주립대 교육파견 2012년 안양세관장 2012년 세계관세기구(WCO) 국제훈련 교관 2014년 관세청 자유무역협정협력담당관 2016년 부산세관 통관국장(현) [상]모범공무원표창(1994)

심경섭(沈京燮) SHIM KYUNG SEOB

[생]1954·9·22 [출]경남 진해 [주]서울 중구 청계천로86 한화빌딩8층 한화호텔&리조트(주) 임원실(02-729-1503) [학]1973년 배재고졸 1981년 고려대 농업경제학과졸 2006년 연세대 최고경영자과정 수료 2010년 서울대 국가정책과정 수료 [경]1980년 (주)한화 입사 2002년 同화약부문 기획인사 및 구매담당 상무 2004년 同화약부문 화약사업담당 상무 2009년 한화그룹 인재경영원장(전무) 2011년 同경영기획실 인력팀장(부사장) 2012년 (주)한화 화약부문 각자대표이사 부사장 2014년 同합병후통합(PMI)전담팀 기계·방산부문팀장 2015년 한화호텔&리조트(주) 대표이사 사장 2015년 同고문(현)

심경호(沈慶昊) Sim Kyungho

[생]1955·12·23 [본]청송(靑松) [출]충북 음성 [주]서울 성북구 안암로145 고려대학교 한문학과(02-3290-2166) [학]1979년 서울대 국어국문학과졸 1981년 同대학원 국어국문학과졸 1989년 문학박사(일본 교토대) [경]1981~1983년 서울대 인문대학 국어국문학과 조교 1983~1984년 일본 경도대학 문학부 연구원 1987~1988년 同문학부 연수 1989~1992년 한국정신문화연구원 어문연구실 조교수 1991~2003년 韓國漢詩學會 편집간사 1991~1992년 한국정신문화연구원 기획조정실장 1992~1995년 강원대 국어국문학과 조교수 1995~2000년 고려대 문과대학 한문학과 조교수·부교수 1997년 민족어문학회 편집위원(현) 2000년 고려대 문과대학 한문학과 교수(현) 2004년 한국어문교육연구회 상임이사 2009~2012년 유네스코 '코리아저널' 편집위원 2009~2013년 인천학연구원 편집위원장 2010~2011·2014~2015년 일본 메이지대 객원교수 2012년 지훈학술상 심사위원 2012년 국문학회 부회장 2013년 고려대 한자한문연구소장(현) 2013년 동아시아비교문화국제회의 편집위원장 2014~2015년 국문학회 회장 2014년 한국어문교육연구회 편집위원(현) 2014년 고전번역원 '민족문화' 편집위원장(현) 2015년 근역한문학회 윤리위원장(현) 2015년 교육부 평가위원 2016년 고려대 민족문화연구원 편집위원(현) [상]성산학술상(2002), 제1회 리쓰메이칸 시라카와시즈카기념 동양문자문화상 개인부문(2006), 한국과학재단 선정 제1회 인문사회과학분야 우수학자(2006~2011), 제3회 우호인문학 학술상(2010), 제1회 연민학술상(2011) [저]'조선시대 한문학과 시경론' '강화학파의 문학과 사상 1·2·3·4' '다산과 춘천' '조선시대 한문학과 시경론'(1999) '한국한시의 이해'(2000) '국문학연구와 문헌학'(2002) '김시습평전'(2003) '한시기행'(2005) '한시의 세계'(2006) '간찰, 선비의 마음을 읽다'(2006) '한학입문'(2007) '산문기행, 선인들 산길을 가다'(2007) '자기 책 몰래 고치는 사람'(2008) '내면기행'(2009) '나는 어떤 사람인가, 선인들의 자서전'(2010) '책, 그 무시무시한 주술'(2010) '한시의 서정과 시인의 마음'(2011) '여행과 동아시아 고전문학'(2011) '다산의 국토사랑과 경영론'(2011, 국토지리원) '오늘의 고전'(2012) '국왕의 선물'(2012) '참요'(2012) '한국한문기초학사'(2012) '한문산문미학(증보개정판)'(2013) '내가 좋아하는 한시(共)'(2013) '한시의 성좌'(2014, 돌베개) [역]'금오신화'(홍익출판사) '일본한문학사'(소명) '불교와 유교'(예문서원) '주역철학사'(예문서원) '역주 원중랑집(共)'(소명) '선생, 세상의 그물을 조심하시오'(태학사) '중국의 자전문학'(2002) '한자 백가지 이야기'(황소자리) '문자강화'(바다출판사) '증보역주 지천선생집'(2008, 선비) '서포만필'(2010, 문학동네) '삼봉집'(2013, 고전번역원) [종]천주교

심광숙(沈光淑) SIM Kwang Souk

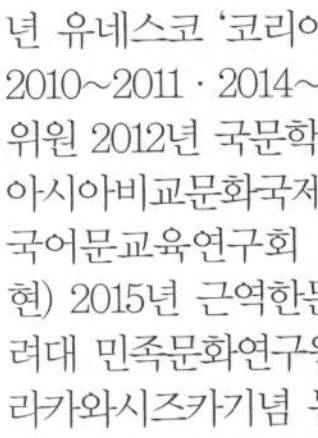

[생]1946·6·7 [본]청송(靑松) [출]전북 전주 [주]서울 성북구 안암로145 고려대학교 물리학과(02-3290-3090) [학]1964년 전주고졸 1969년 고려대 물리학과졸 1971년 同대학원졸 1978년 이학박사(프랑스 스트라스부르대) [경]1971~1974년 육군사관학교 교수부 물리학과 교관 1979~1982년 중앙대 물리학과 조교수 1982~2011년 고려대 물리학과 교수 1993년 캐나다 벤쿠버UBC대 교환교수 1997~1999년 고려대 과학도서관장 2000~2002년 한국기초과학지원연구원 서울센터장 2002~2004년 고려대 이과대학장 2005년 한국물리학회 부회장 2007~2008년 고려대 부총장 2009년 유럽연합 고에너지물리연구소(CERN) 방문연구원 2011년 고려대 물리학과 명예교수(현) [저]'일반물리학' '양자물리학' '현대물리학'

심광현(沈光鉉) SHIM Kwang Hyun

[생]1956·11·18 [출]서울 [주]서울 성북구 화랑로32길 146의37 한국예술종합학교 영상원(02-746-9555) [학]1975년 경기고졸 1982년 서울대 사범대학 독어교육과졸 1985년 同인문대학원 미학과졸 1994년 同대학원 미학박사과정 수료 [경]1985~1993년 서울미술관 기획실장 1992~2012년 계간 '문화과학' 편집인 1993~1995년 상산조형연구소 소장 1996년 한국예술종합학교 영상원 영상이론과 교수(현) 1999년 문화개혁시민연대 사무처장·정책위원장 1999년 다문화연구 국제학술지 '흔적' 편집위원 2001~2004년 한국예술종합학교 영상원장 2002년 문화연대 정책위원장 2003년 문화행정혁신위원회 위원 2003년 영상문화학회 회원 2007~2009년 한국예술종합학교 미래교육준비단장 2011~2014년 한국문화연구학회 회장 [상]서울문화예술평론상(1988) [저]'탈근대 문화정치와 문화연구'(1998) '문화사회를 위하여(編)'(1999) '스크린쿼터와 문화주권(編)'(1999) '문화사회와 문화정치'(2003) '흥~한민국'(2005) '프랙탈'(2005) '유비쿼터스시대의 지식생산과 문화정치'(2009) '미래교육의 열쇠, 창의적 문화교육'(2012) '맑스와 마음의 정치학'(2014)

심귀보(沈貴寶) Kwee-Bo Sim

[생]1956·9·20 [본]청송(靑松) [출]경남 진주 [주]서울 동작구 흑석로84 중앙대학교 전자전기공학부(02-820-5319) [학]1975년 부산기계공고졸 1978년 부산공전 전기과졸 1984년 중앙대 전자공학과졸 1986년 同대학원 전자공학과졸 1990년 공학박사(일본 東京大) [경]1974~1984년 (주)금성사 전자회로설계실 연구원 1986~1990년 일본 Univ. of Tokyo 연구조교 1991~1995년 중앙대 공대 제어계측공학과 조교수 1993~1995년 同제어계측공학과 학과장 1995년 중앙대 공대 전자전기공학부 부교수·교수(현) 1997~2004년 한국지능시스템학회(KFIS) 국문·영문논문지 편집위원장 2000~2004년 제어자동화시스템공학회(ICASE) 편집위원·평의원·회원관리이사·국제협력이사 2000~2001년 대한전기학회(KIEE) 편집위원·학술위원·학술이사 2001년 IR52 장영실상 및 신기술인정제도 심사위원(현) 2002년 중앙대 중소기업산학협력센터장(현) 2003~2004년 일본 계측자동제어학회(SICE) 이사 2003~2005년 제어자동화시스템공학회(ICASE) 지능시스템연구회장 2004년 국제지능시스템학술대회(SCIS & ISIS 2004) Genaral Chair 2004~2008년 중앙대 기술이전센터 소장 2005년 한국지능시스템학회(KFIS) 수석부회장 2005년 첨단월간 '자동화기술' 편집자문위원(현) 2005년 제어자동화시스템공학회(ICASE) Fellow(현) 2005년 국제자동제어학술회의(ICCAS 2005) 조직위원장 2006~2010년 일본 계측자동제어학회(SICE) 이사 겸 평의원 2006~2010년 국토해양부 철도건설심의위원 2006~2007년 한국지능시스템학회(KIIS) 회장 2007~2013년 한국산학연협회 서울지역협의회 회장 2009~2013년 同부회장 2009~2010년 중앙대 중앙도서관장 겸 박물관장 [상]한국지능시스템학회 학술상(2000·2009), 중앙대 학술상(2001·2007), 중소기업청장표창(2004·2009·2011), Fumio Harashima Mechatronics Award(2004), 제어로봇시스템학회 학술상(2005), 부산기계공업고등학교 자랑스런 기공인상(2006), 서울시장표창(2006) [저]'전기전자 회로해석(共)'(2000) '인공생명의 방법론'(2000) '제어시스템과 MATLAB(共)'(2001) '회로해석/설계와 MATLAB, 그리고 PSPICE(共)'(2003) '지능정보시스템(共)'(2003) '지식의 이중주(共)'(2009) [역]'회로이론(共)'(1999) '제어시스템 해석 및 설계(共)'(2003) '회로이론(共)'(2007) '자동제어(共)'(2011) [종]천주교

심규명(沈揆明) SIM Gyoo Meong

[생]1965·5·27 [본]청송(靑松) [출]울산 [주]울산 남구 문수로483 법무법인 정우(052-267-5111) [학]1983울산 학성고졸 1989년 고려대 법학과졸 2003년 울산대 지역개발대학원졸 [경]1993년 사법시험 합격(35회) 1996년 사법연수원 수료(25기) 1996년 변호사 개업 1997년 울산지방변호사회 이사 1998년 법무법인 정우 대표변호사(현), 열린우리당 인권특별위원회 위원장 2002년 옥서초 운영위원회 위원장 2006년 울산시장선거 출마(열린우리당) 2007~2008년 울산항만공사 감사 2007~2011년 녹색에너지촉진시민포럼 대표 2007년 한중문화협회 울산지회장 2011년 울산평화복지포럼 대표(현) 2012년 제19대 국회의원선거 출마(울산 남구甲, 민주통합당) 2012년 민주통합당 울산시당 위원장 2013~2014년 민주당 울산시당 위원장 2014~2015년 새정치민주연합 울산시당 공동위원장, 울산 남구 무상급식추진위원회 공동대표(현) 2016년 더불어민주당 정책위원회 부의장(현) 2016년 同울산남구甲지역위원회 위원장(현) 2016년 제20대 국회의원선거 출마(울산 남구甲, 더불어민주당) [저]'The 심규명'(2012)

심규석(沈揆錫) SHIM Kyu Seok

[생]1963 · 4 · 7 [출]대전 [주]서울 관악구 관악로1 서울대학교 공과대학 전기 · 정보공학부(02-880-7269) [학]1982년 경성고졸 1986년 서울대 전기공학과졸 1988년 미국 메릴랜드대 대학원졸 1993년 컴퓨터과학박사(미국 메릴랜드대) [경]1989년 서강대 강사 1992~1993년 Hewlett-Packard Laboratories Summer Intern 1993~1994년 Federal Reserve Board Research Staff 1994~1996년 IBM Almaden Research Center Research Staff 1996~2000년 Bell Laboratories MTS 1999~2002년 한국과학기술원(KAIST) 조교수 2002년 서울대 공과대학 전기 · 컴퓨터공학부 교수 2012년 同공과대학 전기 · 정보공학부 교수(현) 2013년 국제컴퓨터학회(ACM) 석학회원(Fellow)(현) [상]대우전자 소프트웨어 공모전 금상(1985), 상공부장관표창(1985), 문교부장관표창(1985), ACM Recognition of Service Award(1999), 서울대 Best Teacher Award(2003 · 2004)

심규선(沈揆先) SHIM Kyu Sun

[생]1956 · 12 · 11 [본]청송(靑松) [출]경기 안성 [주]서울 종로구 청계천로1 동아일보 콘텐츠기획본부(02-2020-0114) [학]1975년 중경고졸 1980년 서울대 국어교육학과졸 [경]1982년 잠실중 교사 1983~1996년 동아일보 기자 1995년 同노조위원장 겸 전국언론노조연맹 부위원장 1996년 同사회부 차장서리 1997년 同정치부 차장 1998년 일본 게이오대 방문연구원 1999년 동아일보 도쿄특파원 2001년 同동경지국장 2002년 同정치부장 2003년 同경영전략실 경영총괄팀장 2005년 同논설위원 2005년 同편집국 부국장 겸 인력개발팀장(부국장급) 2007년 同편집국 부국장 겸 수도권본부장 2008년 同편집국 부국장 겸 수도권본부장(국장급) 2008년 교육과학기술부 세계수준의연구중심대학육성사업(WCU) 총괄관리위원 2008년 동아일보 편집국장 2011년 한국신문방송편집인협회 운영위원장 2011년 동아일보 편집국장(이사대우) 2012년 同콘텐츠제작담당 이사대우 2012년 사회복지공동모금회 홍보위원(현) 2012년 한일포럼 멤버 2013년 동아일보 논설위원실장(이사대우) 2013~2015년 한국신문방송편집인협회 부회장 2013년 동아일보 콘텐츠기획본부장 겸 대기자(이사대우) 2013년 한 · 일축제한마당 실행위원(현) 2014년 언론5개단체 재난보도준칙 공동검토위원장 2014년 일제강제동원피해자지원재단 이사(현) 2014년 기획재정부 중장기전략위원회 민간위원(현) 2015년 고려대 글로벌일본연구원 초빙교수(현) 2016년 동아일보 콘텐츠기획본부장 겸 대기자(상무이사)(현) 2016년 일본군위안부피해자지원을위한재단설립준비위원회 위원 2016년 (재)화해 · 치유재단 이사(현) [상]관악언론인회 선정 서울대 언론인 대상(2016), 한국언론인연합회 칼럼논평부문 한국참언론인대상(2016)

심규언(沈圭彦) SHIM Gyu Eon

[생]1955 · 10 · 1 [본]삼척(三陟) [출]강원 동해 [주]강원 동해시 천곡로77 동해시청 시장실(033-530-2010) [학]1974년 춘천 제일고졸 1992년 한국방송통신대 법학과졸 2008년 관동대 행정대학원 행정학과졸 [경]1981년 7급 공무원시험 합격 1995~2008년 동해시 문화공보실장 · 환경보호과장 · 북삼동장 · 금강산관광지원사업소장 · 사회복지과장 · 세무과장 · 회계과장 · 기획감사담당관(사무관) 2006년 同자치행정과장 2007년 同행정지원과장 2008년 同행정지원국장(서기관) 2011~2014년 同부시장 2012~2014년 同시장 직대 2014년 강원 동해시장(새누리당)(현) 2016년 강원발전연구원 선임이사(현) [상]보건복지부장관표창(1999), 국무총리표창(2005), 대통령표창(2010), 홍조근정훈장(2014) [종]불교

심규철(沈揆喆) SHIM Kyu Chul

[생]1958 · 3 · 27 [본]청송(靑松) [출]충북 영동 [주]서울 강남구 강남대로382 메리츠타워16층 법무법인 에이펙스(02-2018-0963) [학]1976년 서울고졸 1980년 서울대 법대 법학과졸 [경]1986년 사법시험 합격(28회) 1989년 사법연수원 수료(18기) 1989년 변호사 개업 1992~1994년 민주사회를위한변호사모임 대외협력간사 1995년 21세기전략아카데미 회장 1998년 한나라당 보은 · 옥천 · 영동지구당 위원장 1998년 同인권위원회 부위원장 2000~2004년 제16대 국회의원(충북 보은 · 옥천 · 영동, 한나라당) 2000년 한나라당 청년위원장 2001~2002년 同원내부총무 2003년 同법률지원단장 2005년 법무법인 세화 변호사 2007년 한나라당 충북도당 위원장 2008년 제18대 국회의원선거 출마(충북 보은 · 옥천 · 영동, 한나라당) 2008년 한나라당 인재영입위원회 부위원장 2009년 同제2사무부총장 2009년 법무법인 에이펙스 구성원변호사(현) 2010년 국회 의정활동강화자문위원회 위원 2012년 제19대 국회의원선거 출마(충북보은 · 옥천 · 영동, 무소속) 2014년 새누리당 경기군포시당원협의회 운영위원장 2016년 同경기군포시甲당원협의회 운영위원장(현) 2016년 제20대 국회의원선거 출마(경기 군포시甲, 새누리당) [저]'세상은 꿈꾸는 자의 것이다(共)'(1996) [종]기독교

심규철(沈揆哲) Kew-Cheol Shim

[생]1967 · 9 · 8 [본]청송(靑松) [주]충남 공주시 공주대학로56 공주대학교 생물교육과(041-850-8287) [학]1992년 서울대 사범대학 생물교육과졸 1994년 同대학원 과학교육과졸 1998년 교육학박사(서울대) [경]1994~1995년 한국교육개발원 과학교육연구부 연구원 1997~2002년 서울교대 · 인천교대 · 부산교대 · 서강대 · 건국대 · 한국교원대 · 공주교대 강사 1999~2000년 서울대 교육종합연구원 특별연구원 2000~2002년 공주대 과학교육연구소 전임연구교수 2002년 同사범대학 생물교육과 조교수 2006~2011년 同사범대학 생물교육과 부교수 2007년 미국 세계인명사전 'Marquis Who's Who in Science and Engineering 10주년 기념판(2008~2009)'에 등재 2008년 영국 International Biographical Centre(IBC) '21세기 2000명의 탁월한 과학자'(2000 Outstanding Scientists 2008 · 2009)에 등재 2008년 미국 American Biographical Institute(ABI) '21세기 위대한 지성'(Great Minds of the 21st Century 2008) 등재 2008년 미국 세계인물사전 'Marquis Who's Who in the World'에 등재 2008년 영국 International Biographical Centre(IBC) '세계 100대 과학자'(Top 100 Scientists 2008)에 등재 2011년 공주대 사범대학 생물교육과 교수(현) [저]'원격교육과 평가'(2002, 도서출판 보성) 'ICT 활용 과학교육'(2005, 도서출판 보성) '과학교육론'(2006, 도서출판 보성) '카슨이 들려주는 생물농축 이야기'(2011, 자음과 모음) '高 생명과학I(共)'(2011, 비상교육) '高 생명과학II(共)'(2012, 비상교육) '생명과학 교재 연구 및 지도'(2013, 교육과학사)

심규호(沈揆昊) SHIM Kyu Ho

[생]1959 · 4 · 12 [본]청송(靑松) [출]경기 포천 [주]제주특별자치도 제주시 516로2870 제주국제대학교 중국어문학과(064-754-0390) [학]1985년 한국외국어대 중국어과졸 1988년 同대학원 중국문학과졸 1994년 중국문학박사(한국외국어대) [경]1999년 제주작가회의 회원(현) 1999년 한국계간수필문학회 회원, 한국수필문우회 회원(현) 2000년 중국문학이론학회 회원(현) 2002~2003년 (사)제주문화포럼 원장 2002~2004년 한국중어중문학회 운영위원 2004~2006년 중국인문학회 운영위원 2004~2007년 제주산업정보대학 관광중국어통역과 부교수 2005년 한국중국학연구회 편집위원 2006~2007년 제민일보 논설위원 · 독자위원회 위원 2006~2007년 제주산업정보대학 교수협의회 회장 2007년 제주산업정보대학 학장 2009~2011년 同총장 2012년 제주국제대 중국언어문화학과 교수 2012~2015년 한국중어중문학회 부회장 2013년 제주국제대 중국어문학과 교수(현) 2013~2015년 중국학연구회 부회장 [상]교육부장관표창(2016) [저]'연표와 사진으로 보는 중국사'(2002) '한자로 세상읽기'(2008) [역]'중국문예심리학사'(1998) '중국문화답사기'(2002) '선진제자 백가쟁명'(2009) '노자'(2010) '주역'(2011) '장자'(2011) '한무제'(2012) 등 50여 권

심규홍(沈揆弘) SIM Kyu Hong

[생]1966 · 11 · 3 [출]충남 논산 [주]서울 서초구 서초중앙로157 서울중앙지방법원(02-530-1114) [학]1985년 보성고졸 1989년 중앙대 법대졸 1992년 同대학원 법학과졸 [경]1991년 사법시험 합격(33회) 1994년 사법연수원 수료(23기) 1994년 軍법무관 1997년 인천지법 판사 1999년 서울지법 동부지원 판사 2001년 창원지법 판사 2004년 서울중앙지법 판사 2005년 서울고법 판사 2007년 대법원 재판연구관 2009년 대전지법 부장판사 2011년 사법연수원 교수 2014년 서울중앙지법 부장판사(현)

심기준(沈基俊) SHIM Ki Joon

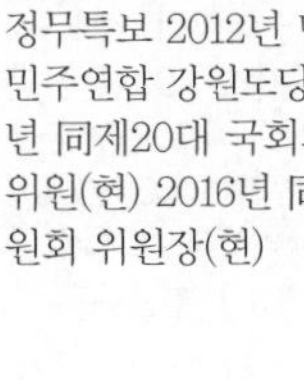

[생]1961 · 10 · 19 [본]청송(靑松) [출]강원 원주 [주]강원 춘천시 경춘로2354 대일빌딩5층 더불어민주당 강원도당(033-242-7300) [학]원주고졸, 상지대 자원학과졸 [경]민주연합청년동지회 조직부국장, 同조직국장, 민주당 강원도지부 조직국 부장, 새정치국민회의 조직국 부장, 同조직2국 부국장, 새천년민주당 조직관리국 부국장, 同윤리위원회 국장, 同노무현 대통령후보 중앙선거대책위원회 조직본부 국장, 同21C국정자문위원회 국장, 同직능국장, 同정책연구위원, (재)국가전략연구소 전문위원, 민주당 조직국장, 열린우리당 강원도당 제2사무처장 2008년 민주당 강원도당 사무처장 2011년 강원도지사 정무특보 2012년 민주통합당 강원도당 선거대책총괄본부장 2015년 새정치민주연합 강원도당 위원장 2015년 더불어민주당 강원도당 위원장(현) 2016년 同제20대 국회의원 후보(비례대표 14번) 2016년 同조직강화특별위원회 위원(현) 2016년 同최고위원(현) 2016년 同2018평창동계올림픽지원특별위원회 위원장(현)

심남식(沈南植)

[생]1959 · 10 · 7 [출]전남 구례 [주]전남 곡성군 곡성읍 군청로50 곡성군청(061-360-8204) [학]목포대 대학원 행정학과졸 [경]전남도 법무담당관실 송무담당 · 법무담당 2003년 同도청이전사업본부 보상담당 사무관 2007년 同기획관리실 사무관 2009년 同관광정책과 관광개발담당 사무관 2012년 同의회사무처 운영수석전문위원(서기관) 2014년 지방행정연수원 파견 2015년 전남도 관광문화체육국 관광과장 2015년 同의회사무처 정책담당관 2016년 전남 곡성군청 부군수(현)

심달훈(沈達勳) SHIM Dal Hoon

[생]1959 · 6 · 19 [본]청송(靑松) [출]충북 음성 [주]경기 수원시 장안구 경수대로1110의17 중부지방국세청(031-888-4201) [학]1978년 중앙대사대부고졸 1988년 고려대 경제학과졸 [경]1987년 행정고시 합격(31회) 1989년 영도세무서 총무과장 1990년 통영세무서 직세과장 1993년 국세심판원 근무 1996년 도봉세무서 법인세과장 1997년 중부지방국세청 재산조사과장 1998~2000년 국세청 소득세과 · 법무담당관실 · 행정관리담당관실 계장 2000년 駐중국 세무협력관 2003년 영동세무서장 2004년 중부지방국세청 징세과장 2005년 同총무과장 2005년 국세청 납세지원국 징세과장 2007년 同재정기획관 2008년 同기획재정담당관 2009년 同감찰담당관 2009년 同감찰담당관(부이사관) 2011년 서울지방국세청 국제거래조사국장(고위공무원) 2012년 중부지방국세청 조사3국장 2013년 국세청 법인납세국장 2014년 同징세법무국장 2015년 중부지방국세청장(현) [상]근정포장(2008), 한국납세자연합회 납세자권익상 세정부문(2015)

심 담(沈 淡) SHIM DAM

[생]1969 · 4 · 10 [출]충남 서산 [주]서울 서초구 서초중앙로157 서울중앙지방법원(02-530-1114) [학]1988년 보성고졸 1993년 서울대 사법학과졸 [경]1991년 사법시험 합격(33회) 1995년 사법연수원 수료(24기) 1998년 서울동부지법 판사 2000년 同서부지원 판사 2002년 부산지법 동부지원 판사 2002~2003년 교육훈련(미국 조지타운대) 2003년 대전지법 서산지원 판사 2006년 사법연수원 교수 2008년 서울고법 판사 2010년 창원지법 진주지원 부장판사 2011년 대법원 재판연구관 2013년 인천지법 부장판사 2015년 서울중앙지법 부장판사(현)

심대근(沈大根)

[생]1967 [주]경기 구리시 벌말로96 (주)일화 식품사업본부(031-550-0100) [학]1992년 고려대 경영학과졸 2014년 경희대 경영대학원 경영학과졸(MBA) [경]1998년 (주)일화 제약마케팅팀 근무 1998년 同경영혁신팀 근무 2007년 同인삼사업본부장 2008년 同식품사업본부장(상무이사) 2013년 同식품사업본부장(전무) 2015년 同식품사업본부장(부사장)(현)

심대평(沈大平) SIM Dae Pyung

[생]1941 · 4 · 7 [본]청송(靑松) [출]충남 공주 [주]서울 종로구 세종대로209 정부서울청사8층 대통령소속 지방자치발전위원회(02-2100-2214) [학]1959년 대전고졸 1966년 서울대 경제학과졸 1997년 명예 경영학박사(공주대) 1999년 명예 행정학박사(충남대) 2000년 명예 경제학박사(러시아 헤르젠사범대) [경]1966년 행정고시 합격 1967~1974년 국무총리 기획조정실 근무 1974~1978년 대통령비서실 근무 1978년 경기도 북부출장소장 1980년 의정부시장 1981년 대전시장 1985년 부산시 기획관리실장 1986년 대전시장 1986년 대통령 사정비서관 1988년 대통령 민정비서관 1988년 충남도지사 1990년 국무총리 행정조정실장 1992~1993년 대통령 행정수석비서관 1995 · 1998 · 2002~2006년 충남도지사(자유민주연합 · 국민중심당) 2002년 월드컵성공국민운동본부 명예총재 2006년 국민중심당 공동대표최고위원 2007~2008년 同대표최고위원 2007년 제17대 국회의원(대전西乙 재보선, 국민중심당 · 자유선진당) 2007년 10월 10일 국민중심당 대통령후보 선출(12월 6일 후보직 사퇴) 2008~2009년 자유선진당 대표최고위원 2008년 제18대 국회의원(공주 · 연기, 자유선진당 · 무소속 · 국민중심연합 · 자유선진당) 2008년 한 · 일의원연맹 고문 2010년 국민중심연합 대표최고위원 2011년 자유선진당 대표 2012년 제19대 국회의원선거 출마(세종특별자치시, 자유선진당) 2012년 건양대 교양학부 석좌교수(현) 2013년 대통령소속 지방자치발전위원회 초대 · 2대 위원장(현) 2013년 건양대 부설 세종미래연구원 초대원장(현) 2014년 민관군 병영문화혁신위원회 공동위원장 [상]녹조근정훈장(1976), 황조근정훈장(1992), 제17회 음악대상 예술행정상(2001), 제1회 한국을 빛낸 CEO(2005), 자랑스러운 충청인 특별대상 행정부문(2016) [저]수필집 '길은 항상 새롭게 열린다'(2004) 대담집 '심대평에게 묻다-대한민국 행복찾기'(2011) [종]천주교

심덕보(沈德輔)

[출]경북 포항 [주]경북 영천시 금호읍 최무선로1 영천경찰서(054-339-1334) [학]포항해양과학고졸, 동국대 사회과학대학원 행정학과졸, 행정학박사(영남대) [경]1981년 순경 임용 2009년 경북지방경찰청 정보과장(총경) 2010년 경북 청송경찰서장 2011년 경북 포항남부경찰서장 2013년 대구지방경찰청 경무과장 2014년 경북 포항북부경찰서장 2015년 경북지방경찰청 청문감사담당관 2016년 경북 영천경찰서장(현)

심덕섭(沈德燮) SHIM Deok Seob

[생]1963 · 2 · 12 [출]전북 고창 [주]서울 종로구 세종대로209 행정자치부 지방행정실(02-2100-3700) [학]1981년 고창고졸 1985년 서울대 영어교육과졸 1988년 同대학원 정책학과졸 1995년 개발행정학박사(영국 버밍험대) [경]1986년 행정고시 합격(30회) 1997년 행정자치부 행정관리국 조직정책과 서기관 2004년 同행정개혁본부 조직혁신국 조직기획과장 2007년 외교통상부 기획관리실 기획심의관 2008년 駐캐나다대사관 공사 2010년 국가기록원 기록정책부장 2010년 행정안전부 정보화전략실 정보화기획관 2011년 同조직실 조직정책관 2013년 안전행정부 전자정부국장 2013~2014년 전북도 행정부지사 2014년 행정자치부 창조정부조직실장 2016년 同지방행정실장(현)

심동섭(沈東燮) SHIM Dong Sup

[생]1959 · 8 · 4 [출]부산 [주]경기 여주시 북내면 아가페길140 소망교도소 소장실(031-887-5900) [학]1978년 부산혜광고졸 1982년 고려대 법대 법학과졸, 미국 코넬대 로스쿨 방문학자과정 이수, 서울대 법과대학 최고지도자과정 수료 [경]1982년 사법시험 합격(24회) 1984년 사법연수원 수료(14기) 1985년 軍법무관 1988년 서울지검 남부지청 검사 1990년 전주지검 정주지청 검사 1992년 대구지검 검사 1994년 춘천지검 검사 1996년 서울고검 검사 1997년 대구지검 영덕지청장 1998년 대검찰청 연구관 1999년 대구지검 형사4부장 2000년 인천지검 부천지청 부장검사 2002년 대전고검 부장검사 2002년 수원지검 형사3부장 2003년 법무연수원 연구위원 2006년 부산고검 검사 2006년 법무법인 소명 변호사 2008년 법무법인 솔로몬 변호사 2008년 법무법인 로고스 변호사, 중앙대 법대 겸임교수, 소망교도소 소장(현) [저]'세계화와 법의 교류'(2006) [역]'법조인의 소명' [종]기독교

심동섭(沈東燮) SHIM Dong Sup

[생]1959 · 8 · 28 [출]대전 [주]서울 강남구 영동대로741 은성빌딩별관 법무법인 웅빈(02-553-3000) [학]1978년 대전고졸 1982년 성균관대 법정대학 행정학과졸 1984년 서울대 행정대학원 행정학과졸 1997년 미국 Univ. of Wisconsin Madison 대학원 법학과졸(MLI) 1998년 미국 Univ. of Washington Seattle 대학원 법학과졸(LL.M.) 2008년 경제학박사(경희대) [경]1983년 행정고시 합격(26회) 1983~1994년 상공부 중소기업국 · 상역국 무역정책과 · 무역위원회 무역조사실 · 조사총괄과 · 무역위원회 무역조사실 불공정수출입조사과 · 대통령비서실 행정사무관 1994~2000년 대통령비서실 · 미국 위스콘신 메디슨대 · 미국 통상진흥연맹 서기관 2000년 산업자원부 기술표준원 평가정책과장 2001년 同전기위원회 전력시장과장 2003년 同지역산업진흥과장 2003년 同미주(舊美)협력과장 2004년 同무역위원회 조사총괄과장 2006년 同국제무역전략팀장 2007년 서울지방중소기업청장(고위공무원) 2008~2010년 경기지방중소기업청장(고위공무원) 2010년 법무법인 케이씨엘 상임고문 2011년 정부고위공무원 역량평가위원 겸 행정 · 외무 · 기술고시 면접심사위원(현) 2011년 서울대 기술경영경제정책대학원 객원교수 2011년 건국대 대학원 겸임교수 2013년 경기도지사 경제특별보좌관, 법무법인 웅빈 프로젝트단장(현), 세계건강행복포럼 회장(현) 2015년 (사)한국전자무역상거래진흥원 이사장(현) [상]장관급표창(1985), 대통령표창(1992) [저]'알기쉬운 동양의학'(2015)

심동섭(沈東燮) Sim Dong Sup

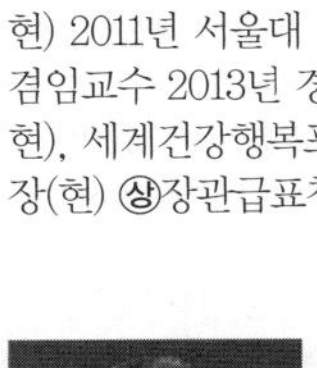

[생]1964 · 2 · 10 [본]삼척(三陟) [출]강원 동해 [주]세종특별자치시 갈매로388 문화체육관광부 체육정책관실(044-203-3101) [학]북평고졸, 고려대 법학과졸, 영국 에딘버러대 대학원 법학과졸 2009년 법학박사(동국대) [경]1988년 행정고시 합격(32회) 2001년 문화관광부 청소년국 청소년수련과장 2002년 국방대 파견 2003년 문화관광부 기획관리실 법무담당관 2003년 同문화정책국 도서관박물관과장 2004년 同문화정책국 저작권과장 2006년 同문화미디어국 방송광고과장 2006년 同문화미디어국 방송광고팀장 2007년 同문화산업국 문화산업정책팀장(서기관) 2007년 同문화산업국 문화산업정책팀장(부이사관)

2008년 문화체육관광부 체육국 체육정책과장 2008~2009년 국립현대미술관 기획운영단장(고위공무원) 2008~2009년 同관장 직대 2009년 국외(캐나다) 직무훈련 파견 2011년 문화체육관광부 사행산업통합감독위원회 사무처장 2011~2015년 駐일본 공사참사관 겸 한국문화원장 2015년 문화체육관광부 체육관광정책실 체육정책관 2016년 同체육정책실 체육정책관(현) [상]근정포장(2006)

심명필(沈名弼) SHIM Myung Pil

[생]1950·8·24 [본]청송(靑松) [출]경북 선산 [주]인천 남구 인하로100 인하대학교 공과대학 사회인프라공학과(032-860-7560) [학]1969년 경북고졸 1973년 서울대 공대 토목공학과졸 1976년 同대학원 토목공학과졸 1984년 토목공학박사(미국 콜로라도주립대) [경]1986~2015년 인하대 공대 사회기반시스템공학부 토목공학과 교수 1990~1992년 미국 미네소타대 객원교수 1996~2002년 한국수자원공사 설계자문위원 1997~2009년 인하대 수자원시스템연구소장 1999~2001년 행정자치부 재해영향평가위원 1999~2006년 환경정의시민연대 '생명의 물 살리기 운동본부' 본부장 1999년 대통령비서실 수해방지대책기획단 자문위원 1999~2009년 건설교통부 중앙하천관리위원 2001년 대통령자문 지속가능발전위원회 국토수자원분과위원 겸 물관리체제개선소위원장 2001년 인천시 지방하천관리위원 2001~2003년 행정자치부 정책자문위원·환경부 물관리정책위원 2002~2003년 국무총리 수방대책기획단 자문위원 2003~2005년 건설교통부 중앙도시계획위원 2003~2005년 인하대 공과대학장 2003~2009년 건설교통부 민간투자사업심의위원 2004~2006년 해양수산부 설계자문위원회 심의위원 2005~2008년 미국 콜로라도주립대 한국동문회장 2005년 인하대 공학대학원장 겸 산업과학기술연구소장 2006~2008년 한국물학술단체연합회 부회장 2006~2009년 행정중심복합도시건설위원회 추진위원 2006~2009년 한국물포럼 이사 2007년 과학기술부 국가연구개발사업 평가위원 2007년 한국공학한림원 정회원 2007~2009년 한국수자원학회 회장 2007~2009년 건설교통부 기업도시위원 2007~2009년 국무총리실 산업기술보호위원회 위원 2007~2008년 국토환경관리정책조정위원회 위원 2007년 과학기술부 신기술(NET)인증제도심사위원 2008년 국토해양부 민간투자사업심의위원 2008년 同기업도시위원 2008년 한국과학기술단체총연합회 이사 2008년 건설산업비전포럼 이사 2008~2009년 중앙재난조사평가협의회 위원 겸 국가기반체계분과 위원장 2008~2009년 국토해양부 장관정책자문위원 2008년 세계도시물포럼 조직위원회 부위원장 2009년 인하대 대학원장 2009~2012년 국토해양부 4대강살리기추진본부장(장관급) 2014년 대한토목학회 회장 2014~2015년 인하대 공과대학 사회인프라공학과 교수 2015년 同명예교수(현) [상]한국수자원학회 학술상(1996), 인하대 공대 교수상(1997), 과학기술단체총연합회 과학기술우수논문상(1999), 대통령표창(2002), 대한토목학회 학술상(2003), 한국수자원학회 공로상(2007), 홍조근정훈장(2007), 청조근정훈장(2012) [저]'환경정책론(共)'(1998) '물 위기의 시대- 우리나라 수자원정책(共)'(2000) '댐설계기준(共)'(2005) '인간과 물(共)'(2008) [역]'수리학'(2015) [종]기독교

심무경(沈戊慶) SHIM Moo Kyung

[생]1958·10·23 [본]청송(靑松) [출]경남 거창 [주]서울 영등포구 국회대로62길21 2층 한국순환자원유통지원센터(02-768-1608) [학]1976년 부산사대부고졸 1980년 부산수산대 환경공학과졸 1998년 강원대 대학원졸 2010년 환경공학박사(강원대) 2013년 영남대 행정대학원 최고위정책리더과정 수료 [경]2000년 환경부 대기보전국 교통공해과 서기관 2001년 同환경정책국 환경기술과 서기관 2005년 同환경정책실 민간협력과장 2007년 同수질보전국 산업폐수과장 2007년 同수질보전국 산업수질관리과장 2007년 同대기보전국 교통환경기획과장 2008년 同환경전략실 기후대기정책관실 교통환경과장 2009년 同환경정책실 기후대기정책관실 교통환경과장 2009년 同감사담당관(서기관) 2009년 同감사담당관(부이사관) 2011년 同운영지원과장 2011년 국립환경인력개발원장(고위공무원) 2012년 대구지방환경청장 2013~2014년 낙동강유역환경청장 2013년 한국순환자원유통지원센터 상임이사 겸 사업실장 2016년 同이사장(현) [상]근정포장(2008), 홍조근정훈장(2013), 부경대 자랑스러운부경인(2013), 환경부노조 닮고싶은간부공무원(2011)

심 민(沈 敏) SIM Min

[생]1947·12·24 [출]전북 임실 [주]전북 임실군 임실읍 수정로30 임실군청 군수실(063-640-2000) [학]전주농고졸 1995년 한국방송통신대 행정학과졸 [경]전북도 산업정책과장, 同경제행정과장, 同체육청소년과장, 임실군 부군수, 同군수 권한대행 2006년 전북 임실군수선거 출마(무소속), 전주생명과학고(舊 전주농고) 임실군동문회장(현), 임실YMCA 운영위원(현) 2014년 전북 임실군수(무소속)(현)

심민철(沈珉徹) SHIM MIN CHUL

[생]1971·1·23 [본]청송(靑松) [출]서울 [주]서울 송파구 양재대로1239 한국체육대학교 사무국(02-410-6508) [학]1989년 반포고졸 1996년 고려대 한국사학과졸 2012년 미국 펜실베이니아주립대 대학원 고등교육과졸 [경]2012년 교육과학기술부 직업교육지원과 서기관 2012년 同교과서기획팀장 2013년 교육부 대입제도과장 2013년 同재외동포교육담당관 2014년 同장관 비서실장 2014년 同지방교육자치과장 2015~2016년 同운영지원과장(부이사관) 2016년 한국체육대 사무국장(현) [종]기독교

심백강(沈伯綱) SHIM Baek Kang (中玄)

[생]1956·9·15 [출]경기 파주 [주]서울 서초구 반포대로23길13 5층 L 260호 민족문화연구원(070-4243-2535) [학]1980년 대만국립사범대졸 1984년 홍콩 화키유칼리지대학원졸 1998년 역사학박사(중국 연변대) [경]1982년 현대문학으로 문단 데뷔 1983~1992년 한국정신문화연구원 교수·연구직 전문위원 1991년 대만 문화대 객원연구원 1992년 충남대 문과대학 강사 1992년 중국 연변대 연구교수 1992년 동양문화연구소 이사장 1996년 정신개혁시민협의회 공동대표(현) 1998년 민족문화연구원 원장(현) 2001년 월간「한배달」편집인 2001년 한반도평화운동본부 공동대표 2002년 21평화포럼 공동대표 2004년 국사찾기협의회 부회장 2004년 대한상고사학회 부회장 2004~2008년 충남도역사문화연구원 이사 2004년 同백제사연구소장 2005년 同백제문화사대계편집위원장 2015년 바른역사회복국민운동본부 공동대표(현), 미래로가는바른역사협의회 공동대표(현) [상]정민문화상(1999) [저]'제3의 사상' '이야기로 배우는 동양사상-도가' '이야기로 배우는 동양사상-불교' '이율곡과 왕안석에게 배우는 경제개혁의 지혜' '에세이 동양사상 시리즈시리즈(유가편, 불가편, 도가편)' '조선왕조실록중의 단군사료' '단군고기록 4종' '조선왕조실록중의 백두산자료' '조선왕조실록중의 기자사료' '기자고기록선편' '사고전서 중의 단군사료' '사고전서 중의 동이사료'·'사고전서중의 동이사료 역주' '2000년만에 밝혀지는 한민족의 역사' '사고전서 사료로보는 한사군의 낙랑' '잃어버린 상고사 되찾은 고조선' '교과서에서 배우지 못한 우리역사' '미래로가는 바른 고대사(共)' [역]'퇴계전서(共)' '율곡전서(共)' '조선왕조실록(共)'

심병연(沈昞聯) SHIM Byung Yeon

[생]1954·4·16 [본]풍산(豊山) [출]전북 임실 [주]전북 전주시 덕진구 사평로32 동승빌딩503호 법률법인 청송(063-278-7300) [학]1973년 전주고졸 1977년 서울대 법학과졸 1979년 同대학원 법학과졸 [경]1978년 사법시험 합격(20회) 1980년 사법연수원 수료 1980년 부산지법 판사 1983년 마산지법 판사 1985년 수원지법 판사 1989년 서울민사지법 판사 1990년 부산고법 판사 1991년 서울고법 판사 1993년 대법원 재판연구관 1995년 창원지법 부장판사 1996~1999년 전주지법 부장판사·수석부장판사 1999년 변호사 개업(현) 2006~2013년 언론중재위원회 중재위원 2008~2013년 同감사 2009~2011년 전북지방변호사회 회장 2009~2010년 대한변호사협회 부회장 2013년 전북도 갈등조정협의회 위원 2013년 안전행정부 소청심사위원회 위원장 2014년 법무법인 청송 대표변호사(현) [상]국민훈장 석류장 [저]'무죄판결집-누명을 쓴 자들의 항변'(1998) '새로운 출발·소비자 파산을 아십니까'(1999) [종]기독교

심보균(沈輔均) SHIM Bo Kyun

[생]1961·1·2 [출]전북 김제 [주]서울 종로구 세종대로209 행정자치부 기획조정실(02-2100-3200) [학]전주고졸 1983년 서울대 영어교육학과졸 1994년 일본 사이타마대 대학원졸 [경]1987년 행정고시 합격(31회) 1999년 행정자치부 인사과 서기관 2003년 同민방위기획과장 2004년 同민방위안전정책담당관 2004년 대통령비서실 인사제도 행정관 2005년 행정자치부 지방조직발전팀장 2006년 同인사혁신팀장 2007년 전북도 기획관리실장(고위공무원) 2009년 진실·화해를위한과거사정리위원회 민족독립조사국장 2009년 행정안전부 기획조정실 정책기획관 2011년 同지역발전정책국장 2013년 안전행정부 지방행정정책관 2013~2014년 여성가족부 기획조정실장 2014~2015년 전북도 행정부지사 2015년 대통령소속 지방자치발전위원회 지방자치발전기획단장 2016년 행정자치부 기획조정실장(현)

심봉석(沈峰奭) SHIM Bong Suk

[생]1957·12·17 [본]청송(靑松) [출]부산 [주]서울 양천구 안양천로1071 이대목동병원 비뇨기과(02-2650-2863) [학]경남고졸, 연세대 의대졸, 同대학원졸, 의학박사(연세대) [경]1982~1983년 이화여대 부속병원 인턴 1983~1986년 同부속병원 비뇨기과 전공의 1986~1989년 육군 군의관(대위 예편) 1989~1990년 이화여대 부속병원 전임의 1990년 同의대 비뇨기과학교실 교수(현) 1997년 미

국 Univ. of California San Francisco 연구교수 1998~2001년 이화여대부속 동대문병원 기획실장 겸 응급실장 2004~2012년 대한비뇨기과학회 이사 2007~2008년 이화여대 동대문병원장 2007년 대한임상영양의학회 홍보이사 2007년 대한전립선학회 고문 2008년 대한요로생식기감염학회 부회장 2008년 아시아요로감염학회 실행위원 2010~2012년 대한요로생식기감염학회 회장 2010년 同이사 2010년 미국 인명정보기관(ABI) '21세기 위대한 지성'에 선정 2010년 미국 세계인명사전 마르퀴즈 후즈후에 등재 2010년 영국 CBI 인명사전에 등재 2013년 대한만성골반통학회 이사 · 비뇨기과특별위원장(현) [상]이대병원 베스트닥터상(2007) [저]'요로감염I'(2001) '요로감염II'(2006) '전립선비대증'(2007) '대한비뇨기과학'(2008) '배뇨장애와 요실금'(2009) '요로생식기감염'(2010, 유럽비뇨기과학회) '남자는 털고, 여자는 닦고'(2014, 가쎄) [역]'남성활력을 위한 호르몬 테스토스테론'(2009) [종]천주교

심상기(沈相基) SHIM Sang Ki

[생]1936 · 5 · 11 [출]충남 부여 [주]서울 용산구 새창로221의19 서울문화사 회장실(02-799-9260) [학]1955년 부여고졸 1961년 고려대 법대졸 [경]1961년 경향신문 기자 1965년 중앙일보 기자 1974년 同정치부장 1977년 同편집부국장 1980년 同이사대우 · 편집국장 1981년 평통 자문위원 1981년 중앙일보 이사 겸 편집국장 · 출판담당이사 1983년 신문편집인협회 부회장 1984~1988년 중앙일보 상무이사 1986년 한국신문협회 출판협의회장 1988년 서울문화사 대표이사 1990년 경향신문 사장 1992년 서울문화사 사장 · 회장(현) 1992년 일요신문 발행인 · 사장 1994년 西서울CATV 사장 1995~2002년 同회장 1999년 시사저널 사장 · 회장 2007~2008년 同대표이사 회장 겸 발행인 [상]대통령표창(2001), 화관문화훈장(2009), 중앙대 제25회 중앙언론문화상 신문 · 잡지부문(2013), 고려대 특별공로상(2015) [저]'뛰며 넘어지며'(2013) [종]기독교

심상락(沈相洛) SHIM Sang Rak

[생]1954 · 8 · 13 [출]강원 [주]서울 중구 삼일대로330 평화방송(02-2270-2114) [학]1972년 묵호고졸 1996년 한국방송통신대 경영학과졸 1999년 서강대 경영대학원졸 [경]1972~1973년 법무부 묵호출입국관리사무소 근무 1973~1975년 체신부 근무 1978~1988년 부산파이프 근무 1988년 한국알로이로드 근무 1988년 평화방송 기획관리국 경리부 부국장 2008년 同기획관리국 부국장 2009년 同기획관리국장 2013년 同기획마케팅이사 2016년 同상무이사(현) [종]천주교

심상목(沈相牧) SHIM Sang Mok

[생]1958 · 10 · 15 [주]강원 강릉시 범일로579번길24 가톨릭관동대학교 경영행정 · 사회복지대학원(033-649-7426) [학]1982년 관동대 무역학과졸 1985년 건국대 대학원졸 1990년 경제학박사(건국대) [경]1990~2014년 관동대 무역학과 조교수 · 부교수 · 교수 1996~1998년 同대학원 무역학과 주임교수 1997년 同경영행정대학원 최고경영자과정 주임교수 1998년 同경제학부장 2009년 同입학홍보처장 2011~2014년 同입학처장 2014년 가톨릭관동대 경영행정 · 사회복지대학원 무역학과 교수(현), 同경영학과 교수(현) 2015년 同경영행정 · 사회복지대학원장(현) 2015~2016년 同인문경영대학장 2016년 同경영대학장(현) [종]기독교

심상무(沈相武) Shim, Sang Mu

[생]1956 · 10 · 23 [출]서울 [주]부산 부산진구 엄광로176 동의대학교 법정대학 법학과(051-890-1367) [학]1974년 경동고졸 1979년 연세대 정법대학 법학과졸 1981년 同대학원 법학과졸 1989년 법학박사(연세대) [경]1985년 동의대 법정대학 법학과 교수(현) 1997~1999년 同법정대학 교학부장 1998~2001년 同법정대학 법학과장 2003년 한국기업법학회 이사(현) 2003년 산업재해장애인협의회 고문 2004년 한국상사판례학회 부회장(현) 2007~2009년 동의대 법정대학장 겸 행정대학원장 2007~2008년 한국법학교수회 이사 2010~2013년 동의대 교학부총장 · 동의교육역량강화선진화사업단장 2013~2014년 同총장

심상배(沈相培) SHIM Sang Bae

[생]1954 · 2 · 21 [출]충남 [주]서울 중구 청계천로100 시그니쳐타워 (주)아모레퍼시픽 임원실(02-709-5114) [학]온양고졸, 고려대 산업공학과졸, 同경영대학원 수료 [경](주)태평양 총무팀 부장, 同기획팀 이사대우, 同사업지원담당 상무 2004년 同생산물류혁신부문 부사장(CPO) 2005~2006년 (주)아모레퍼시픽 생산물류혁신부문 부사장(CPO) 2007년 同SCM부문 부사장(CPO), 同생산R&D부문 부사장 2013년 同대표이사 사장(현)

심상복(沈相福) SHIM Shang Bok

[생]1959 · 2 · 15 [본]삼척(三陟) [출]강원 강릉 [주]서울 서초구 서초대로74길4 삼성언론재단 임원실(02-597-4201) [학]1977년 강릉고졸 1985년 서울대 경영학과졸, 한양대 대학원 광고홍보학과졸 [경]1984년 중앙일보 입사 1997년 同국제경제팀 차장 1999년 同경제부 차장 2001년 同국제경제팀장 2002~2005년 同뉴욕특파원(부장대우) 2005년 同편집국 국제담당 리라이터(부장대우) 2007년 同편집국 경제부문 에디터 2008년 同편집국 경제부문 에디터(부국장대우) 2008년 중앙일보시사미디어(주) 포브스코리아 대표 2011년 중앙일보 논설위원 2011년 同경제연구소장 2013년 同중앙종합연구원장 직대 겸임 2014년 同경제연구소 근무(부국장급) 2014년 삼성언론재단 상임이사(현) [상]한국기자상 기획 · 보도부문(1999), 씨티은행 최우수언론인상(2000) [저]'문열리는 지방자치'(共) '지방자치문열기(共)'(1994) '경제는 착하지 않다'(2007)

심상신(沈相信) SHIM Sang Shin

[생]1958 · 1 · 11 [주]경기 용인시 수지구 죽전로152 단국대학교 사범대학 체육교육과(031-8005-3858) [학]1980년 단국대 사범대학 체육교육과졸 1984년 同대학원 체육과졸 1995년 체육학박사(세종대) [경]1986년 아시안게임학술대회조직위원회 연구원 1988년 단국대 사범대학 체육교육과 교수(현) 1989~2003년 한국여가레크리에이션협회 상임이사 1993~2003년 한국게이트볼협회 대학연맹 이사 1997~2003년 한국스키교육연구회 이사 2000~2003년 한국레크리에이션교육학회 부회장 2005년 단국대 평생교육원장 2008년 同학생지원처장 겸 사회봉사단장 2016년 同사범대학장(현) [저]'사회체육과 여가'(1997) '여가 및 레크리에이션론'(1998) '야외교육론'(1999) '알파인스키지도서'(1999)

심상정(沈相奵 · 女) SIM Sang Jung

[생]1959 · 2 · 20 [출]경기 파주 [주]서울 영등포구 의사당대로1 국회 의원회관516호(02-784-9530) [학]1977년 명지여고졸 1983년 서울대 역사교육과졸 [경]1980년 학원민주화운동 참여 · 서울대 최초 여학생회 결성 주도 1980년 남성전기노동조합 교육부장 1983년 노조결성 및 쟁의로 수배 1985년 구로동맹파업 조직 · 주모자로 지명수배 1985년 서울노동운동연합 결성 주도 · 중앙위원장 1987~1995년 전국노동조합협의회 쟁의국장 · 조직국장 1996~2001년 민주금속연맹 사무처장 · 금속산업연맹 사무차장 2000년 민주노동당 당대회 부의장 2000년 同대의원 겸 중앙위원 2001년 전국금속노조 사무처장 2004~2008년 제17대 국회의원(비례대표, 민주노동당) 2004년 민주노동당 원내수석부대표 2008년 同비상대책위원회 위원장 2008~2009년 진보신당 상임대표 2008년 제18대 국회의원선거 출마(고양시 덕양구甲, 진보신당) 2008~2015년 (사)마을학교 이사장 2010년 경기도지사선거 출마(진보신당) 2010년 (사)정치바로 이사장(현) 2011~2012년 통합진보당 공동대표 2012년 제19대 국회의원(고양시 덕양구甲, 통합진보당 · 무소속 · 진보정의당 · 정의당) 2012년 통합진보당 원내대표 2012년 진보정의당 노동자살리기특별위원회 위원장 2013년 同원내대표 2013~2015년 정의당 원내대표 2013년 국회 한 · 볼리비아의원친선협회 회장(현) 2013년 국회 정치개혁특별위원회 위원 2014년 국회 외교통일위원회 위원 2014년 국회 예산결산특별위원회 위원 2014~2015년 국회 남북관계및교류협력발전특별위원회 위원 2014년 국회 환경노동위원회 위원 2015년 국회 정치개혁특별위원회 공직선거법심사소위원회 위원 2015년 정의당 대표 2015년 同상임공동대표(현) 2016년 同제20대 총선 선거대책위원회 공동위원장 2016년 제20대 국회의원(고양시甲, 정의당)(현) 2016년 대한뇌전증학회 명예고문(현) 2016년 同홍보대사(현) 2016년 국회 정무위원회 위원(현) 2016년 국회 민생경제특별위원회 위원(현) [상]한국사회과학데이터센터 선정 국감의원 총평가 국회재정경제위원회 1위(2004), 여야의원이 뽑은 2004년 최고 국회의원(2004), 거짓말 안하는 정치인 BEST 5(2005), 입법정책개발 최우수의원(2006), 백봉신사상 의정활동분야 1위(2007), 대한민국입법대상(2013), 경제정의실천시민연합 국정감사 우수의원(2014), 선플운동본부 '국회의원 아름다운 말 선플상'(2014), 백봉신사상 올해의 신사의원 베스트10(2015), INAK 국회의정상(2016) [저]'하나의 대한민국, 두 개의 현실(共)'(2007, 시대의창) 자서전 '당당한 아름다움'(2008, 레디앙) '꿈꾸는 여대생에게 들려주는 여성리더들의 이야기(共)'(2009, 중앙books) '인생기출문제집(共)'(2009, 북하우스) '심상정, 이상 혹은 현실(共)'(2010, 행복한책읽기) '에르끼 아호의 핀란드교육개혁보고서(共)'(2010, 한울림) '내가 걸은 만큼만 내 인생이다(共)'(2011, 한겨레출판) '인생에서 조금 더 일찍 알았으면 좋았을 것들(共)'(2011, 글담) '그대 아직도 부자를 꿈꾸는가(編)'(2011, 양철북) '실패로부터 배운다는 것'(2013, 웅진지식하우스)

심상철(沈相哲) SHIM Sang Cheol

[생]1957·11·7 [출]전북 전주 [주]서울 서초구 서초중앙로157 서울고등법원(02-530-1186) [학]1976년 전주고졸 1980년 서울대 법학과졸 [경]1979년 사법시험 합격(21회) 1982년 사법연수원 수료(12기) 1982년 공군 법무관 1985년 서울민사지법 판사 1987년 서울지법 남부지원 판사 1990년 전주지법 남원지원 판사 1991년 광주고법 판사 1992년 서울고법 판사 1993년 법원행정처 사법정책연구심의관 1993년 同조사심의관 1995년 서울고법 판사 1997년 전주지법 부장판사 1999년 사법연수원 교수 2001년 서울지법 부장판사 2002년 수원지법 성남지원장 2004년 부산고법 부장판사 2005년 서울고법 부장판사 2011년 광주지법원장 2012년 서울동부지법원장 2013년 서울고법 부장판사 2015년 서울고법원장(현) 2015년 대법원 양형위원회 법관위원(현)

심상태(沈相泰) SHIM Sang Tai

[생]1940·7·29 [본]청송(靑松) [출]서울 [주]경기 화성시 봉담읍 주석로1112번길20의4 한국그리스도사상연구소(031-227-7857) [학]1961년 가톨릭대부설 성신고졸 1968년 가톨릭대 신학과졸 1969년 오스트리아 인스부르크대 신학과 수료 1972년 독일 뮌스터대 대학원 수료 1975년 신학박사(독일 튀빙겐대) [경]1976~1993년 가톨릭대 신학과 조교수·부교수·교수 1976년 同도서관장 1977년 同교의신학연구소장 1985년 同교무처장 1992년 한국그리스도사상연구소 소장(현) 1993~2005년 수원가톨릭대 신학과 교수 1995~2005년 서강대 신학대학원 초빙교수 1997년 Int'l Who's Who of Professionals 회원(현) 1999년 세계인명사전 'Mariquis Who's Who in the World' 회원(현) 1999년 미국 전기연구소 회원(현) 1999년 미국 American Biographical Institute Research Association 부회장 2000년 Barons Who's Who the Global 500 회원(현) 2005년 몬시뇰(명예 고위성직자) 임명(현) 2005년 수원가톨릭대 신학과 명예교수(현) [상]제2회 가톨릭학술상, 대한결핵협회 복십자대상 봉사부문(2014) [저]'익명의 그리스도인' '그리스도와 구원' '한국교회와 신학' '2000년대의 한국교회' '인간-신학적 인간학 입문' '제삼천년기와 한국교회의 새 복음화' '새천년을 맞는 신앙·제삼천연기의 한국교회와 신학' '새 세기의 한국교회와 신학'(2005) '내가 믿는 부활-삶의 신학 콜로키움(共)'(2012, 대화문화아카데미) 'Theological Studies dn Martyrdom(共)'(2013, 형제애) 'The Founding Ancestors df the Catholic Church in Korea(共)'(2014, 하상출판사) [역]'현재와 미래를 위한 신앙' '은총' '마리아' '종말신앙' '하느님' [종]천주교

심상택(沈湘澤) SIM SANG TAEK

[생]1968·3·6 [본]청송(靑松) [출]경북 청송 [주]대전 서구 청사로189 산림청 산림병해충방제과(042-481-4174) [학]1986년 다사고졸 1994년 계명대 무역학과졸 2007년 고려대 대학원 행정학과졸 2016년 공주대 대학원 행정학박사과정 재학中 [경]2004~2007년 산림청 기획홍보본부 혁신인사기획팀 행정주사 2007~2009년 同산림자원국 산림경영지원과 행정사무관 2009년 同산림이용국 산지관리과 행정사무관 2010~2011년 同운영지원과 행정사무관 2011~2012년 同국립자연휴양림관리소 행정지원과장 2012~2013년 同운영지원과 행정사무관 2013~2014년 同산림이용국 산림경영소득과 행정사무관·서기관 2014년 同산림이용국 산지관리과장 2016년 同산림병해충방제과장(현) [상]국무총리표창(2000), 대통령표창(2012)

심상필

[생]1965·5 [주]경기 수원시 영통구 삼성로129 삼성전자(주) 임원실(031-200-1114) [학]1988년 서울대 전자전기공학과졸 1990년 한국과학기술원(KAIST) 전기전자공학과졸(석사) 2003년 전기전자공학박사(한국과학기술원) [경]1988~1999년 삼성전자(주) 반도체연구소 TD팀 근무 2003~2007년 同메모리사업부 차세대연구팀 근무 2007년 同IMEC(Interuniversity Micro Electronics Center) 컨소시엄 파견 2009년 同반도체연구소 로직 TD팀 근무 2013년 同S. LSI사업부 프로세스통합(PI)팀 근무 2014년 同S. LSI제조센터 YE팀 근무 2015년 同S. LSI제조센터 미국삼성오스틴반도체(SAS)법인 상무 2015년 同S. LSI제조센터 전무(현) [상]자랑스런 삼성인상 기술상(2015)

심석희(女)

[생]1997·1·30 [출]강원 강릉 [학]2016년 세화여고졸 2016년 한국체육대 재학 중(1년) [경]2012년 국제빙상연맹(ISU) 쇼트트랙 월드컵1차대회 1000m 금메달·1500m 금메달·3000m 계주 금메달 2012년 국제빙상연맹(ISU) 쇼트트랙 월드컵4차대회 1000m 금메달 2012년 국제빙상연맹(ISU) 쇼트트랙 주니어세계선수권대회 500m 금메달·1000m 금메달·1500m 금메달 2012년 제1회 동계유스올림픽 쇼트트랙 1000m 금메달 2013년 국제빙상연맹(ISU) 쇼트트랙 월드컵1차대회 1000m 금메달·1500m 금메달·3000m 계주 금메달 2013년 국제빙상연맹(ISU) 쇼트트랙 월드컵2차대회 1000m 금메달·3000m 계주 금메달 2013년 국제빙상연맹(ISU) 쇼트트랙 월드컵3차대회 1000m 금메달·1500m 금메달·3000m 계주 금메달 2013년 국제빙상연맹(ISU) 쇼트트랙 월드컵5차대회 1500m 금메달 2013년 국제빙상연맹(ISU) 쇼트트랙 월드컵6차대회 1500m 금메달 2013년 국제빙상연맹(ISU) 쇼트트랙 세계선수권대회 여자 종합 3위·3000m 슈퍼파이널 금메달 2013년 KB금융 쇼트트랙스피드스케이팅챔피언십 여자종합 1위 2013년 제28회 전국남녀 종합쇼트트랙스피드스케이팅선수권대회 여자종합 1위·500m 1위·1000m 1위·3000m 1위 2014년 소치 동계올림픽 쇼트트랙 1000m 동메달·1500m 은메달·계주 3000m 금메달 2014년 국제빙상연맹(ISU) 쇼트트랙세계선수권대회 1000m·1500m·3000m 우승·슈퍼파이널 개인종합우승 2014년 국제빙상연맹(ISU) 쇼트트랙 월드컵1차대회 여자 1500m 금메달·여자 1000m 2차 레이스 금메달·여자 3000m 계주 금메달 2014년 국제빙상연맹(ISU) 쇼트트랙 월드컵2차대회 여자 1500m 동메달·여자 1000m 금메달·여자 3000m 계주 금메달 2014년 국제빙상연맹(ISU) 쇼트트랙 월드컵3차대회 여자 1000m 은메달·1500m 은메달·여자 3000m 계주 금메달 2015년 국제빙상연맹(ISU) 쇼트트랙 월드컵5차대회 1500m 2차레이스 금메달 2015년 국제빙상연맹(ISU) 쇼트트랙 월드컵6차대회 여자 1000m 종합 1위·여자 3000m 계주 은메달·여자 1000m 동메달 2015년 국제빙상연맹(ISU) 쇼트트랙 세계선수권대회 여자 3000m 파이널 은메달·여자 3000m 계주 금메달·여자 1500m 은메달 2015년 국제빙상경기연맹(ISU) 쇼트트랙 월드컵1차대회 3관왕(여자 1500m·여자 1000m·여자 3000m 계주 금메달) 2015년 국제빙상경기연맹(ISU) 쇼트트랙 월드컵2차대회 여자 1500m 은메달·여자 1000m 금메달·여자 3000m 계주 금메달 2015년 국제빙상경기연맹(ISU) 쇼트트랙 월드컵3차대회 여자 1500m 은메달·여자 3000m 계주 금메달 2015년 국제빙상경기연맹(ISU) 쇼트트랙 월드컵4차대회 여자 1500m 2차레이스 금메달·여자 3000m 계주 금메달 2016년 국제빙상경기연맹(ISU) 쇼트트랙 월드컵1차대회 여자 1500m·여자 3000m 계주 금메달 [상]대한민국여성체육대상 신인상(2013), MBN 여성스포츠대상 신세계 영플레이어상(2013), 한국이미지커뮤니케이션연구원 한국이미지 새싹상(2014), 대한빙상경기연맹 2014~2015시즌 쇼트트랙종목 최우수선수(2015)

심성걸(沈聖杰) SHIM Sung Kul

[생]1953·9·27 [출]인천 [주]서울 종로구 인사동7길32 (주)SK건설 임원실(02-3700-9423) [학]1972년 경복고졸 1976년 서울대 토목공학과졸 [경]1978년 대림산업(주) 입사 2002년 同필리핀Ilijan P/P현장소장(상무보) 2004년 同토목사업본부 상무 2006년 同기술연구소장(상무), (주)SK건설 산업플랜트1본부장·Dubai JBL-M Project팀 PD(상무) 2010년 同산업플랜트사업총괄 전무, 同발전플랜트부문장(전무) 2012년 同발전플랜트사업부문장(전무)(현)

심성도(沈成桃) Shim Seong-Do

[생]1966·8·22 [출]부산 [주]서울 강남구 논현로508 GS에너지 인사·총무부문(02-2005-0800) [학]1985년 낙동고졸 1991년 고려대 경영학과졸 [경]1990~1994년 금성사 입사·근무 1994~1996년 LG 회장실 대리 1996년 同회장실 과장 1996~2006년 GS EPS 과장 2006~2013년 同EPS 업무지원팀 부장 2013년 GS파워(주) 인사·대외협력부문 처장 2014년 同인사·대외협력부문장(상무) 2015년 GS에너지 경영지원부문장(상무) 2016년 同인사·총무부문장(상무)(현) [상]산업포장(2014)

심성태(沈成太) Sim, Sung-Tae

[생]1974·8·15 [본]청송(靑松) [출]경남 진주 [주]서울 종로구 세종대로1778, KT빌딩 12층 대통령직속 청년위원회 소통부(02-397-5008) [학]1993년 미국 퍼키오멘고졸 1997년 미국 밴더빌트대 경제학과졸(철학 복수전공) [경]1999~2000년 코리아헤럴드 기자 2000~2001년 코리아인터넷닷컴 국제팀장 2001~2002년 뉴스매니아 대표 2002~2005년 코리아헤럴드 기자 2005~2012년 미국 블룸버그통신 기자 2012년 지식경제부 외신대변인 2013~2016년 산업통상자원부 외신대변인 2016년 대통령직 청년위원회 소통부장(현)

심수화(沈壽和) SIM Shoo Hwa

[생]1957 · 6 · 20 [본]청송(靑松) [출]경남 의령 [주]서울 종로구 율곡로2길25 연합뉴스(02-398-3114) [학]1984년 경상대 축산학과졸 2011년 한국해양대 해사산업대학원 항만물류학과졸 [경]1983년 경남신문 입사 1988년 연합뉴스 입사 1995년 同지방부 차장대우 1998년 同차장 2000년 同부산경남취재본부 취재차장 2002년 同부산지사 부장대우 2004년 同경남지사 부장대우 2005년 同지방자치부 근무(부장대우급) 2006년 同전국부 근무(부장급) 2006년 同부산지사 근무(부장급) 2007년 同울산지사장 2007년 同울산취재본부장 2008년 同경남취재본부장 2009년 同부산취재본부장 2014년 同부산취재본부 기획위원(부국장급) 2015년 同마케팅담당 상무이사(현) [상]대통령표창(2002) [저]'3세대 공존의 미학- 가족'(2015, 효민디앤피) [종]불교

심 순(沈 淳)

[출]경북 안동 [주]대전 유성구 가정로201 한국연구재단 감사실(042-869-6007) [학]관동대 행정학과졸, 동국대 대학원 경찰행정학과졸 [경]1982년 춘천지검 영월지청 근무 2009년 법무부 검찰과 인사서기관 2011년 서울중앙지검 조사과장 2012년 서울고검 총무과장(부이사관) 2013년 서울중앙지검 사무국장(고위공무원) 2014년 서울고검 사무국장 2014~2016년 대검찰청 사무국장 2016년 한국연구재단 상임감사(현)

심순선(沈淳善) Shim Soonsun

[생]1961 · 10 · 29 [본]청송(靑松) [출]경기 포천 [주]경기도 수원시 영통구 매탄동 416 삼성전자 (주)CS환경센터 임원실(031-200-1734) [학]1980년 인천기계공고졸 1984년 인하대 전기공학과졸 2008년 성균관대 대학원 경영학과졸 2012년 서울대 AMP(최고경영자과정) 수료 [경]1984~1993년 삼성전자 R&D 1993~1998년 同사업기획 1998~2001년 同경영혁신 2002~2010년 同감사 및 감사팀장(상무) 2011~2012년 同품질혁신팀장(전무) 2013년 同글로벌CS센터장(전무)(현) [상]산업통상자원부 산업포장(2014)

심양보(沈良輔) SHIM Yang Bo

[생]1953 · 11 · 6 [출]서울 [주]서울 종로구 사직로107 한빛빌딩8층 (주)지트립 비서실(02-772-5408) [학]1972년 휘문고졸 1979년 인하대졸 1985년 연세대 경영대학원졸 [경]1988~1992년 한국산돌제약 대표이사 1992~1994년 화동약품 대표이사 1994년 (주)지트립 대표이사(현) 1994~2008년 자유투어 대표이사 1997년 아시아태평양여행협회 한국지부 감사 2001~2009년 한국일반여행업협회 부회장 2003~2006년 경향신문 편집경영자문위원 2003~2007년 한국컨벤션이벤트산업협회 이사 2006년 한국관광협회중앙회 이사 2007년 한국관광장학재단 감사 2008~2015년 오미트래블 대표이사 2010년 설악파크호텔 대표이사(현) [상]마카오정부 관광청 공로상(2005), 마카오정부 특별공로상(2007), 한국공항공사 감사패(2010), 양양국제공항 활성화유공항공운송사업자 감사패(2011)

심연수(沈蓮洙) Shim, Yeon-Soo

[생]1958 · 5 · 4 [본]청송(靑松) [출]전북 익산 [주]광주 광산구 어등대로417 호남대학교 경찰학과(062-940-5254) [학]1977년 서울 영동고졸 1982년 국민대 정치외교학과졸 1984년 서울대 대학원 국민윤리교육학과졸 1994년 교육학박사(서울대) 2000년 정치학박사(국민대) [경]1983~1984년 한국정신문화연구원 연구조원 1986년 호남대 경찰학과 교수(현) 1990년 International Society for the Systems Sciences 정회원(현) 1999년 한국체계과학회 편집위원 겸 상임이사 2002~2005년 광주시선거관리위원회 자문위원 2002년 서울신문 명예논설위원 2003년 호남대 인문사회과학연구소 부소장 2004년 광주평화방송 '함께하는 세상' 지역정가소식 칼럼니스트 2004년 전국대학통일문제연구소협의회 운영위원장 2004년 한국경찰발전연구학회 이사 2004~2006년 광주시선거관리위원회 정보공개심의위원 2004~2007년 광주시 북구선거방송토론위원회 토론위원 2004년 한국정치정보학회 이사 2005년 한국정치학회 연구위원 · 이사 2005~2006년 한국시민윤리학회 부회장 및 전라광주지회 회장 2005년 호남대 인문사회과학연구소장(현) 2006~2007년 한국국민윤리학회 상임이사 · 편집위원 · 감사 · 부회장 · 정치경제위원장 · 통일분과위원장 2007 · 2009년 호남대 홍보실장 2008 · 2009년 同신문방송사 주간 2010년 한국경찰연구학회 감사 2010년 한국정치학회 연구이사 2011~2012년 인도 Pontifical Institute of Philosophy and Religion(Jnana Deepa Vidyapeeth) 방문교수 2013 · 2014 · 2015년 미국 세계인명사전 'Marquis Who's Who in the World' 3년 연속 등재 2014년 미국 스프링거 사회과학분야저널 Systemic Practice and Action Research 심사위원(현) 2015년 미국 세계인명사전 'Marquis Who's Who In Science and Engineering 2016~2017년판'에 등재 [상]광주시선거관리위원장표창(1998), 학교법인 성인학원 20년 장기근속표창(2006), 호남대 우수교원상(2007), 중앙선거관리위원장표창(2008 · 2014), 교육부장관표창(2014) [저]'윤리학과 윤리교육'(1997) '복지국가와 정의'(1998) '남북한관계와 복잡계론'(2006) 'The Relations between Two Koreas & Complex Systems Theory'(2006) '시민성과 교육'(2008) '세계시민성'(2010) [역]'커뮤니케이션과 사회진화'(1987)

심연수(沈延洙 · 女) Shim Yeonsu

[생]1968 · 9 · 7 [출]서울 [주]서울 서초구 서초중앙로157 서울고등법원(02-530-1114) [학]1987년 진명여고졸 1991년 연세대 법학과졸 [경]1995년 사법시험 합격(37회) 1998년 사법연수원 수료(27기) 1998년 서울지법 북부지원 판사 2000년 서울지법 판사 2002년 창원지법 판사 2005년 인천지법 부천지원 판사 2007년 서울중앙지법 판사 2009년 서울서부지법 판사 2010년 서울고법 판사 2011년 대법원 재판연구관 2013년 창원지법 · 창원지법 마산지원 부장판사 2015년 서울고법 판사(현)

심영곤(沈永坤) Sim Yoeng Gon

[생]1958 · 5 · 21 [본]삼척(三陟) [출]강원 삼척 [주]강원 춘천시 중앙로1 강원도의회(033-256-8035) [학]삼척고졸, 관동대 행정학과졸, 삼척대 산업대학원 행정학과졸, 중소 · 벤처기업CEO경영혁신아카데미 수료, 삼척대 최고경영자과정 수료 [경]세진철물건재상사 대표, 봉황새마을금고 이사, 삼척시태권도협회 부회장, (사)한국소기업소상공인연합회 삼척지회 부회장(현) 2001~2002년 삼척죽서로타리클럽 회장, (재)봉황장학재단 부이사장 2006년 강원도의원선거 출마, 삼척고총동문회 회장 2014년 강원도의회 의원(새누리당)(현) 2014 · 2016년 同농림수산위원회 위원(현) [상]강원도지사표창

심영목(沈永穆) SHIM Young Mog

[생]1954 · 1 · 21 [출]서울 [주]서울 강남구 일원로81 삼성서울병원 흉부외과(02-3410-3482) [학]1979년 서울대 의대졸 1983년 同대학원졸 1994년 의학박사(서울대) [경]1976~1984년 서울대병원 인턴 · 레지던트 1984~1987년 육군 군의관(대위 예편) 1987~1994년 원자력병원 흉부외과장 1991~1992년 미국 엠디엔더슨 암센터 연수 1994년 삼성서울병원 흉부외과 전문의(현) 1997년 성균관대 의대 흉부외과학교실 교수(현) 1999~2000년 미국 노스캐롤라이나대 병원 연수 2000~2005년 삼성서울병원 폐 · 식도외과장 2002~2007년 同흉부외과장 2004년 대한민국한림원 정회원(의학 · 현) 2008년 삼성서울병원 암센터장 2013~2015년 同암병원장 [상]국민포장(2010), 삼성서울병원 올해의 교수상(2015)

심영섭(沈永燮) SHIM Young Seop

[생]1954 · 12 · 2 [본]청송(靑松) [출]전북 전주 [주]인천 남구 인하로100 인하대학교 초빙교수(032-860-7114) [학]1972년 전주고졸 1976년 고려대 경제학과졸 1983년 同대학원 경제학과졸 1992년 경제학박사(프랑스 Univ. of Grenoble) [경]1976년 한국외환은행 입행 1982년 예편(해군 대위) 1982년 산업연구원 근무 1994년 同연구위원 1998~2004년 외교통상부 통상교섭자문위원(경쟁정책부문) 1999~2009년 공정거래위원회 경쟁정책자문위원 2000년 산업자원부 무역정책자문위원 2001년 공정거래질서자율준수위원회 실무위원장 2002~2003년 미국 Washington Univ. Visiting Fellow 2003년 산업연구원 국제산업협력실장 2004~2005년 同부원장 2005~2016년 同국제산업협력실 선임연구위원 2006년 산업자원부 자체평가위원회 위원 2008 · 2010년 대통령직속 규제개혁위원회 위원 2011~2012년 同경제분과위원장 2012년 지식경제부 산업융합촉진 옴부즈만 2013년 한국공학한림원 정회원(현) 2012~2015년 산업통상자원부 산업융합촉진 옴부즈만 2013~2015년 同정책자문위원 2013년 산림청 규제개혁위원회 위원(현) 2016년 인하대학교 초빙교수(현) [상]국민훈장 동백장(2010) [저]'우리나라 수출시장의 권역별 경쟁력 분석(共)'(1995) '무역정책과 경쟁정책의 조화(共)'(1997) '글로벌 경제의 신수출전략(共)'(2000) '대외경제정책방향 및 FTA 추진전략(共)'(2003) '공정거래 자율준수프로그램의 제도적 발전 방안'(2005) '산업의 새로운 트렌드와 경쟁정책(共)'(2006) '경쟁법 역외적용의 세계적 확산과 그 함의'(2007) '경제활력 제고를 위한 진입규제 개혁 방안(共)'(2009) '2020년 무역발전 비전 및 전략(共)'(2012) [역]'개발도상국의 분권화 시책(共)'(1985) [종]가톨릭

심영섭(沈永燮) SHIM Young Sub

생1957·8·20 본삼척(三陟) 출강원 강릉 주강원 춘천시 중앙로1 강원도의회(033-256-8035) 학강릉제일고졸, 관동대 경제학과졸 경(주)자유건설 대표이사 1997년 강릉청년회의소 회장, 남산장학후원회 회장(현), 강릉시 내곡동 재향군인회장 2002·2006·2010~2014년 강원 강릉시의회 의원(한나라당·새누리당), 同내무복지위원회 간사 2006~2008년 同의장 2012년 同산업건설위원회 위원 2014년 강원도의회 의원(무소속)(현) 2014년 同운영위원회 위원 2014년 同사회문화위원회 위원 2016년 同농림수산위원회 위원(현)

심오택(沈五澤) SHIM Oh Taeg

생1957·8·22 출전남 보성 주세종특별자치시 다솜로261 국무총리 비서실(044-200-2300) 학1976년 광주 사레지오고졸 1981년 한국외국어대 무역학과졸 1983년 서울대 행정대학원졸 1999년 캐나다 토론토대 경영대학원졸(MBA), 행정학박사(연세대) 경1983년 행정고시 합격(27회) 1986~1990년 서울시 사무관 1991년 국무총리 행정조정실 제4행정조정관실 서기관 2001년 국무조정실 총무과장 2002년 同기획심의관실 기획총괄과장 2004년 同규제개혁1심의관 2005년 해외 연수(국장급) 2007년 국무조정실 정책상황실장 2007년 同정책홍보심의관 2007년 제17대 대통령직인수위원회 정무분과위원회 전문위원 2008년 국무총리실 국정운영실 총괄정책관 2009년 同정책분석평가실 평가정책관 2010년 국가브랜드위원회 사업지원단장 2011년 국무총리실 정책분석평가실장 2012년 同사회통합정책실장 2013년 국무조정실 국정운영실장 2015년 국무총리 비서실장(차관급)(현) 상대통령표창(1991), 홍조근정훈장(2005) 종천주교

심옥진(沈玉鎭) SHIM Og Jin (成桓)

생1941·12·11 본청송(靑松) 출서울 주경기 양주시 은현면 그루고개로384번길141 에코필(02-3461-5517) 학1961년 경기고졸 1965년 서울대 공대 토목공학과졸 1993년 同최고산업전략과정 수료 경1967~1973년 한국종합기술개발공사 근무 1973~1991년 현대건설(주) 해외토목사업본부 설계실장·상무이사 1991~1996년 同기술관리본부장·기술연구소장·부사장 1996년 현대환경연구원 부원장 겸임 1997~1999년 현대엔지니어링(주) 사장 1997년 대한상사중재원 중재인(현) 1999년 한·파키스탄 경제협력위원장 1999년 현대건설(주) 사장 2000년 同상담역 2000년 한국공학한림원 원로회원(현), (주)수성엔지니어링 부회장, 한국적산협회 회장 2003~2011년 한국플랜트정보기술협회 회장 2007~2008년 삼윤이엔씨 회장 2010~2012년 동부건설 사외이사 2011년 한국플랜트정보기술협회 고문(현) 2014년 에코필 고문(현) 상건설교통부장관표창(1996), 대한토목학회 기술상(1997), 산업포장(2005), 한국공학한림원 일진상(2008) 저'한국건설산업의 21세기 비전'(2002) 종천주교

심용구(沈龍九) Shim Yong Koo

생1958·12·14 주서울 영등포구 당산로141 현대하이라이프손해사정(주)(02-3289-6000) 학한국외국어대 경영학과졸 경2002년 현대해상화재보험(주) 인사부장 2007년 同인천지점장 2008년 同부산지역본부장 2009년 同부산지역본부장(상무) 2010년 同강남지역본부장 2012년 同강북지역본부장 2013년 同개인보험부문장 2015년 현대하이라이프손해사정(주) 대표이사 전무(현)

심우엽(沈愚燁) SHIM Woo Youp

생1951·1·22 본청송(靑松) 출전남 곡성 주춘천 석사동 공지로126 춘천교육대학교(033-260-6430) 학1970년 전주고졸 1974년 서울대 교육학과졸 1980년 同대학원 교육학과졸 1987년 철학박사(미국 텍사스주립대) 경1974년 중등교 교사 1979년 한국교육개발원 연구원보 1980~2016년 춘천교대 교육학과 교수 1996~1997년 미국 하버드대 교환교수 2005~2009년 춘천교대 총장 2016년 同명예교수(현) 저'교육심리학'(2001) '교육연구방법론'(2001) 종기독교

심우영(沈宇永) SHIM Woo Young

생1940·12·7 본청송(靑松) 출경북 안동 주서울 서초구 서초대로248 나주정씨월헌회관702호 한국경제사회발전연구원(02-3478-2525) 학1959년 경북고졸 1963년 서울대 법대졸 1985년 연세대 행정대학원졸 1999년 행정학박사(성균관대) 경1971년 행정고시 합격(10회) 1979년 총무처 총무과장 1988년 정부합동민원실 실장 1989년 총무처 후생국장 1990년 同행정관리국장 1991년 민자당 행정전문위원 1991년 총무처 기획관리실장 1993년 同차관 1993년 정부공직자윤리위원회 위원 1994년 경북도지사 1995년 민자당 국책자문위원 1995~1997년 대통령 행정수석비서관 1997~1998년 총무처 장관 1998년 세명대 객원교수 2000년 (재)상락장학회 이사장(현) 2001~2009년 (재)한국국학진흥원 원장 2002~2004년 성균관대 겸임교수 2002년 (사)한국경제사회발전연구원 이사장(현) 2003년 총우회 회장 2003~2009년 (주)한글과컴퓨터 사외이사 2007년 퇴계학진흥협의회 회장(현) 2007년 한나라당 국책자문위원, 성균관대국정관리대학원총동문회 회장 상근정포장, 황조근정훈장, 세종문화상 민족문화부문(2008)

심우용(沈禹容) SHIM Woo Yong

생1960·4·7 주서울 종로구 종로26 SK빌딩 SK이노베이션(주) 재무1실(02-2121-5114) 학부산동고졸, 부산대 경영학과졸, 同대학원 경영학석사과정 수료 경2011년 SK(주) 대외협력담당 2012년 同재무개선TF장 2013년 同재무팀 회계·세무담당 2014년 SK이노베이션(주) 세무실장 2015년 同회계실장 2015년 SK에너지(주) 비상근감사(현) 2016년 SK이노베이션(주) 재무1실장(전무)(현)

심우용(沈雨湧) SHIM Woo Yong

생1966·12·1 출충남 공주 주서울 양천구 신월로386 서울남부지방법원(02-2192-1114) 학1985년 대원고졸 1989년 서울대 법대졸 1991년 同대학원 수료 경1989년 사법시험 합격(31회) 1993년 사법연수원 수료(22기) 1993년 공군 법무관 1996년 서울지법 남부지원 판사 1998년 서울지법 판사 2000년 제주지법 판사 겸 광주고법 제주부 판사 2004년 서울고법 판사 2006년 대법원 재판연구관 2008년 대구지법 부장판사 2010년 의정부지법 고양지원 부장판사 2012년 서울중앙지법 부장판사 2015년 서울서부지법 부장판사 2016년 서울남부지법 수석부장판사(현)

심우정(沈雨廷) SIM Woo Jung

생1971·1·15 출충남 공주 주서울 서초구 반포대로158 서울중앙지방검찰청 형사1부(02-530-3114) 학1989년 휘문고졸 1995년 서울대 법학과졸 경1994년 사법시험 합격(36회) 1997년 사법연수원 수료(26기) 1997~2000년 군법무관 2000년 서울지검 검사 2002년 춘천지검 강릉지청 검사 2005년 대검찰청 검찰연구관 2007년 법무부 검찰국 검찰 검사 2009년 대전지검 부부장검사 2012년 대검찰청 범죄정보2담당관 2013년 법무부 검찰국 형사기획과장 2014년 同검찰국 검찰과장 2015년 서울중앙지검 형사1부장(현)

심우찬(沈愚撰) SHIM Woo Chan

생1956·2·4 출경기 주서울 용산구 한강대로71길4 (주)한진중공업 비서2팀(02-450-8255) 학1974년 선린상고졸 1985년 중앙대 회계학과졸 경(주)한진중공업 경영관리팀장, 同건설부문 자금팀장, 同자금팀장 상무보 2007년 同자금담당임원(상무), 同비서2팀 상무 2013년 同비서2팀 전무(현) 종기독교

심욱기(沈煜基) SHIM Wook Ki

생1972 출서울 주세종특별자치시 노을6로8의14 국세청 징세과(044-204-3001) 학한영고졸, 고려대졸, 영국 런던정경대(LSE) 대학원졸 경1997년 행정고시 합격(41회) 1998년 부산 금정세무서 총무과장 2000년 서울 성동세무서 납세지원과장 2001년 서울 서대문세무서 조사2과장, 서울지방국세청 법인세과 근무, 국세청 정책홍보담당관실 근무 2008년 同조사기획과 서기관 2010년 북전주세무서장 2011년 駐중국대사관 파견(서기관) 2014년 서울지방국세청 조사3국 조사1과장 2014년 同첨단탈세방지담당관 2016년 국세청 징세과장(현)

심운택(沈雲澤) SHIM Un Taek (丹峯)

생1926·8·9 본청송(靑松) 출충남 청양 주서울 서초구 효령로179 대한산업보건협회 회장실(02-586-2412) 학1945년 대전고졸 1949년 광주대 의과대졸 1966년 일본 국립공중위생원 대학원졸 1971년 의학박사(전남대) 경1956년 예편(중령) 1961~1968년 충남도 보건과장 1970~1972년 충남도립의료원 원장 1972~1977년 충남대 의대 부교수 1977~1991년 同교수 1978~1980년 同의과대학장 1989~1991년 同보건대학원장 1991년 同명예교수(현) 1991년 대한산업보건협회 충남지부장 2011~2014년 창성학원(대덕대) 이사장 2014년 대한산업보건협회 회장(현) 저'예방의학과 공중보건학'(1985) '보건학'(1986)

人

심원보(沈原輔) SIM Won Bo

[생]1957·12·20 [본]청송(靑松) [출]경북 경주 [주]서울 서초구 헌릉로12 현대제철 철강소재사업부(02-3464-6114) [학]경주고졸, 경북대 기계공학과졸 [경](주)동부제강 근무, (주)현대하이스코 중국 북경법인장(이사대우), 同중국 북경법인장(상무) 2013년 同차이나법인장(상무) 2015년 同차이나법인장(전무) 2015년 현대제철(주) 강관영업사업부장(전무) 2016년 同철강소재사업부장(전무)(현) [종]가톨릭

심원보(沈原輔) SIM Won Bo

[생]1961·3·20 [주]서울 강남구 영동대로714 하이트진로 임원실(02-3219-0114) [학]제천고졸, 계명대 경영학과졸 [경]1985년 하이트진로 입사 2006년 同상무보 2008년 同상무 2010년 同전무 2010년 하이스코트(주) 감사, 하이트진로 최고재무책임자(CFO)(전무) 2015년 同부사장(현)

심원섭(沈元燮) SHIM Won Sop

[생]1942·4·24 [본]청송(靑松) [출]충남 아산 [주]서울 강남구 테헤란로87길36 도심공항타워빌딩9층 한미글로벌(주)(02-3429-6300) [학]1965년 한양대 건축공학과졸 1994년 同산업대학원 건축공학과졸 [경]1967년 Associated American Engineering Inc. 근무 1970~1971년 근대건설 근무 1971년 극동건설 입사 1981~1987년 同이사 1984년 同미국지사 근무 1987~1993년 同상무이사 1989년 同해외사업담당 1993~1999년 同전무이사 2001년 한미파슨스 Home Plus PM 전무 2008년 同CM사업본부 전무 2009년 同부사장 2011년 한미글로벌(주) 부사장 2012년 同고문(현)

심원술(沈元述) SHIM Won Shul

[생]1955·6·1 [주]경기 안산시 상록구 한양대학로55 한양대학교 경상대학 경영학부(031-400-5618) [학]1979년 고려대 교육학과졸 1980년 미국 메릴랜드대 경영학과졸 1986년 미국 오리건대 대학원 경영학과졸 1991년 경영학박사(미국 오리건대) [경]1985~1986년 미국 오리건대 경영대학 연구조교 1986~1991년 同경영대학 강사 1995~1996년 한국생산성학회 상임이사 1995~2002년 한양대 경영학부 조교수·부교수 2002~2006년 한국미디어경영학회 회장 2003년 한양대 경상대학 경영학부 교수(현) 2004~2006년 한국인력개발학회 회장 2006~2007년 한국인사관리학회 회장 2014년 대한경영학회 회장 2014~2016년 한양대 기업경영대학원장 겸 경상대학장 [상]미국 오리건대학교 경영대학 우수강의상(1988·1989·1990), 미국 보이지주립대 경영대학 우수강의상(1992), 한양대 최우수 교수상(1998) [저]'노동인력의 세계화-인도네시아편'(1998) '경영학원론'(1999) '멕시코 한국기업의 노동문화 적응'(2000) '한국기업의 현지화 경영과 문화적응'(2005)

심원택(沈源澤) SHIM Won Taek

[생]1957·6·9 [출]서울 [주]서울 송파구 백제고분로9길10 (주)MBC아카데미 임원실(02-2240-3851) [학]1976년 대신고졸 1984년 한국외국어대 영어영문학과졸 [경]1984년 문화방송 입사 1989년 同사회부 기자·심의실 TV심의부 근무·보도국 스포츠제작부 기자 1990년 同사회부 기자 1991년 同TV편집2부 기자 1992년 同사회부 기자 1995년 同사회문화팀 기자 1995년 同문화과학팀 기자 1996년 同통일외교부 기자 1998년 同보도제작국 보도제작부 기자 1999년 同보도국 경제부 기자 2000년 同보도제작국 보도제작부 차장 2001년 同보도국 뉴스편집1부 차장 2002년 同보도국 보도기획부 차장 2002년 同방콕특파원(부장대우) 2005년 同경제부 부장대우 2006년 同보도국 스포츠취재팀장(부장대우) 2007년 同보도국 라디오뉴스팀장 2008년 同경제매거진팀 부장 2012년 同시사제작국 시사제작2부장 2013년 同시사제작국 부국장 2014년 同시사제작국장 2014년 (주)MBC아카데미 대표이사 사장(현)

심원환(沈杬煥) Shim, Wonh-Wan

[생]1959·6·28 [출]경북 청송 [주]경기 수원시 영통구 삼성로129 삼성전자(주)(031-200-1114) [학]대구고졸 1982년 경북대졸 2006년 同대학원 경영학과졸 [경]1984년 삼성전자(주) 입사 2001년 同구미사업장 총무그룹 부장 2003년 同구미사업장 인사그룹 부장 2007년 同구미지원센터담당 상무 2010년 同베트남복합단지장(상무) 2012년 同베트남복합단지장(전무) 2014~2015년 同구미사업장 공장장(전무) 2015년 구미상공회의소 부회장(현) 2015년 삼성전자(주) 부사장(현)

심유종

[생]1958·7·5 [주]전남 나주시 전력로55 한국전력공사 인재개발원(061-345-3114) [학]1977년 서울 대광고졸 1981년 단국대 전기공학과졸 [경]2001년 한국전력공사 경남지사 진주지점 배전운영부장 2003년 同배전처 지중배전팀장 2005년 同배전처 배전계획팀장 2006년 同배전운영실 배전운영팀장 2007년 同배전운영실 가공배전팀장 2008년 同경기사업본부 이천지점 전력공급팀장 2009년 同배전건설처 배전건설팀장 2012년 同배전개발처장 2012년 同남서울지역본부장 2014년 同관리본부장 2015년 同인재개발원장(현)

심윤조(沈允肇) SHIM Yoon-joe

[생]1954·7·26 [본]청송(靑松) [출]부산 [학]1973년 서울 중앙고졸 1977년 서울대 외교학과졸 1979년 同대학원 외교학과 수료 [경]1977년 외무고시 합격(11회) 1977년 외무부 입부 1983~1986년 駐시카고 영사 1991~1994년 駐일본 1등서기관 1994년 대통령비서실 파견 1995년 외무부 동북아1과장 1996년 同장관 보좌관 1997년 同외무인사기획담당관 1998년 駐미국 참사관 2001년 대통령비서실 파견 2002년 외교통상부 북미국장 2004년 駐포르투갈 대사 2006년 인천시 국제관계자문대사 2006년 외교통상부 차관보 2008~2011년 駐오스트리아 대사 2012~2016년 제19대 국회의원(서울 강남甲, 새누리당) 2012년 새누리당 여의도연구소 제1부소장 2012년 국회 외교통상통일위원회 위원 2012년 국회 남북관계특별위원회 위원 2013년 박근혜 대통령당선인 중국특사단원 2013년 국회 외교통일위원회 위원 2013~2015년 새누리당 여의도연구원 부원장 2014년 同비상대책위원 2014년 同재외국민위원장 2014~2016년 국회 외교통일위원회 여당 간사 2014~2015년 국회 남북관계 및 교류협력발전특별위원회 위원 2015년 새누리당 정책위원회 외교통일정책조정위원장 [상]멕시코정부훈장(2001), 포르투갈 공로훈장 대십자상(2006)

심윤종(沈允宗) SHIM, Yoon Chong (垈靑)

[생]1941·10·19 [본]청송(靑松) [출]황해 장연 [주]경기 과천시 별양상가로13 농어촌희망재단(02-509-2114) [학]1959년 한성고졸 1965년 성균관대 독어독문학과졸 1971년 독일 하이델베르크루퍼트찰스대 대학원 사회학과졸(석사) 1973년 사회학박사(독일 하이델베르크루퍼트찰스대) 2002년 명예 교육학박사(대만 국립정치대) [경]1961~1963년 군복무 1974년 독일 하이델베르크루퍼트찰스대 사회학과 강사 1975년 충남대 조교수 1976년 이화여대 사회학과 강사 1977~1984년 성균관대 사학과 조교수·부교수 1978년 서울대 사회학과 강사 1979년 독일 하이델베르크루퍼트찰스대 사회학과 초빙교수 1984~2007년 성균관대 사회학과 교수 1984년 同사회과학연구소장 1987년 同사회과학대학장 1987~1999년 대한상공회의소 한국경제연구센터 연구위원 1993년 미국 럿거스대 객원교수 1995~1997년 성균관대 교무처장 겸 야간교학처장 1996년 한국사회학회 산업노동분과회 회장 1998년 同회장 1999~2003년 서울시 제2건국추진위원회 위원장 1999~2003년 성균관대 총장 2000년 同동아시아학술원장 2000년 열린사이버대 이사장 2001~2003년 한국대학총장협의회 이사 2002~2003년 서울시립대 운영위원회 운영위원 2004~2007년 성균관대 명예총장 2007년 同명예교수(현) 2010년 국민희망포럼 이사장 2013~2016년 새마을운동중앙회 회장 2013년 국제새마을운동포럼 초대회장(현) 2015년 한국국제협력단 지구촌새마을운동 자문위원(현) 2015년 광복70년기념사업추진위원회 고문위원(현) 2016년 농어촌희망재단 이사장(현) [상]대통령표창(1997), 청조근정훈장(2007) [저]'사회과학의 철학(共)'(1980) '현대사회과학의 이해(共)'(1982) '산업사회학'(1984) '한국공공청책론(共)'(1984) '현대사회와 인간화의 사회학'(1985) '현대사회와 인간'(1986) '현대사회와 이데올로기 문제(共)'(1988) '사회변동에 있어서의 전통문화와 청년문화(共)'(1989) '한국사회의 변화와 갈등'(1990) '신기술과 노사관계(編)'(1995) '21세기 신노사관계(共)'(2000) '바라매 아니뮈는 나무'(2007) [역]'권리를 위한 투쟁'(1978) '발전이란 무엇인가?(共)'(1985) '지식사회학'(1987) '노동사회학(共)'(1987) [종]천주교

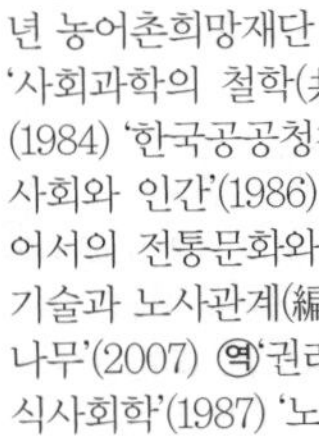

심은석(沈恩錫) SIM EUN SUG

[생]1952·8·16 [본]청송(靑松) [출]충남 공주 [주]경기 구리시 체육관로28 고덕빌딩403호 한국교육안전공제회(1600-5312) [학]1970년 삼선고졸 1972년 서울교대졸 1978년 건국대 정치외교학과졸 1981년 성균관대 행정대학원 수료 1990년 同대학원 교육학과졸 2011년 국민대 대학원 박사 [경]1972~1991년 서울 왕북초·성북초·동신초·창동초·우이초·창일초 교사 1991년 중앙교육평가원 전공과정실 교육연구사 1993년 교육부 교육방송기획관실 교육연구사 1993년 同교육방송편성심의관실 교육연구사 1994년 同정신교육장학관실 교육연구사 1994년 서울시교육연구원 교육연구사 1996년 서울 동원

초 교감 1998년 서울 강동교육청 장학사 1998년 서울시교육청 초등장학과 장학사 2000년 서울 휘경초 교장 2002년 서울시교육청 초등교육과 장학관 2005년 서울 강남교육청 학무국장 2006년 교육인적자원부 학교정책혁신추진단장 2007년 同교육과정정책관 2008년 교육과학기술부 영어교육강화추진단장 2008년 同학교정책국장 2009년 한·일역사공동연구위원회 파견(고위공무원) 2009년 서울시교육청 평생교육국장 2010~2013년 서울 중곡초교 교장 2011년 (사)한국초중고교장총연합회 회장 2013년 서울강서교육청 교육장 2013~2014년 교육부 교육정책실장 2015년 한국교육안전공제회 이사장(현) [상]교육부장관표창(1984·1989), 대통령표창(2006), 홍조근정훈장(2008) [저]'교육행정·경영(共)'(2013) [종]기독교

심응선(沈應善) SIM EUNGSUN

[생]1958·3·9 [주]서울 강남구 언주로721 서울본부세관(02-510-1970) [학]1977년 용산고졸 1990년 한국방송통신대 경영학과졸 [경]2011년 광주본부세관 납세과장 2012년 인천본부세관 외환조사관 2013년 인천공항세관 화물정보분석과장 2015년 서울본부세관 심사관(현)

심의영(沈宜英) Shim Eui Young

[생]1955·6·6 [본]청송(靑松) [출]강원 원주 [주]서울 영등포구 국회대로74길4 NICE평가정보(주) 사장실(02-2122-4000) [학]1981년 서울대 법대졸 1986년 同대학원 경영학과졸 [경]2002년 금융감독원 은행검사1국 검사전문역, 同비은행감독국 부국장 겸 총괄팀장 2005년 한국은행(2급실장) 파견 2006년 금융감독원 기획조정국 법무실장(1급) 2007년 同조사2국장 2007년 同은행검사1국장 2008~2009년 同감독서비스총괄국장 2009~2012년 KIS정보통신 사장, 일본 이바라끼대 객원연구원 2010년 강원도 투자유치위원회 위원 2012년 한국전자금융 대표이사 2013년 NICE평가정보(주) 대표이사 사장(현) [종]기독교

심의표(沈宜杓) SHIM Eui Pyo (山愚鈍)

[생]1948·1·12 [본]청송(靑松) [출]경남 고성 [주]서울 종로구 사직로10길8 세일빌딩4층 (주)다하미커뮤니케이션즈 회장실(02-593-4174) [학]1967년 부산고졸 1974년 한국외국어대 정치외교학과졸 1988년 연세대 행정대학원 언론홍보학과졸 [경]1974~1980년 KBS 입사·사회부·편집부·경제부 기자·해직 1983년 전국경제인연합회 차장 1985년 KBS 스포츠국 복직 1986년 同서울올림픽방송본부 근무 1989년 同사회부 차장 1992년 同TV제작1부 차장 1993년 同TV제작2부장 직대·경제부장 1996년 同사회부장 1998년 同취재 주간 1999년 同부산방송총국장 2000년 同보도본부 해설위원 2001년 同영업국장 2003년 同해설위원 2004년 同남북교류협력기획단장 2004년 同남북교류협력팀장 2005~2007년 KBS비즈니스 감사 2007년 육아방송 상임고문(현) 2007~2015년 (주)다하미커뮤니케이션 회장 2010~2014년 언론지능재단 특임강사 2010~2013년 세종대 교양학부 겸임교수, 공공기관운영위원회 위원, 남북의료협력재단 감사, 뉴스플러스컴 고문 2011~2012·2014년 국회방송 자문위원(현) 2011년 뉴스통신진흥회 이사(현) 2012~2013년 대한언론인회 이사 2013~2014년 재경고성향우회장 2014~2016년 한국방송기자클럽(kbjc) 부회장 2015년 한국메디컬티비 고문(현) [상]국민훈장 목련장(1997), 대통령표창(2003), 민주화운동유공(2006)

심익섭(沈翊燮) SHIM Ik Sup

[생]1952·3·18 [본]청송(靑松) [출]인천 [주]서울 중구 필동로1길30 동국대학교 행정학과(02-2260-3251) [학]1972년 제물포고졸 1979년 동국대 행정학과졸 1981년 同대학원졸(행정학석사) 1982년 독일 마르부르크대 사회과학부 수료 1984년 독일 슈파이어대 행정대학원졸(행정학석사) 1987년 행정학박사(독일 국립슈파이어대) [경]1988~1990년 인하대 행정학과 조교수 1990년 동국대 행정학과 부교수·교수(현) 1991년 독일 슈파이어행정대학원 객원연구교수 1992년 동국대 행정학과장 1994년 同신문사 편집인 겸 주간 1995년 同학생생활연구소장 1999~2002년 同교수회 총회장 1999년 한독사회과학회·한국민주시민교육학회 부회장 1999년 민주평통 자문위원 2000~2002년 전국사립대학교수협의회연합회(사교련) 상임회장 2000년 한·독국가혁신연구회(KDKSV) 한국측 위원장(현) 2001년 녹색연합 중앙위원 2002년 녹색평화당 창당추진위원 2003~2005년 한국민주시민교육학회 회장 2003년 한국정치학회 지방정치특별위원장 2003~2005년 정부혁신지방분권위원회 위원 2005년 동국대 기획처장 2005년 한국지방자치학회 부회장 2005~2015년 한국시민자원봉사회 세종로포럼 운영위원장 2005~2010년 한국아데나워학술교류회(KA-VKAS) 회장 2005~2009년 한·독사회과학회 회장 2005년 충무로영상문화사업단장 2007~2009년 충무로국제영화제조직위원회 자문위원 2008년 한국독일학회 회장(현) 2008~2015년 녹색연합 공동대표 2009~2012년 국회미래도시포럼 자문위원 2010년 국회 지방행정체제개편특별위원회 자문위원 2010년 의정부시 정부혁신위원회 행정분과위원장 2010년 한국지방행정연구원 자문위원(현) 2010년 한국행정연구원 연구자문위원(현) 2010년 대한지방자치학회 고문(현) 2011년 대통령소속 사회통합위원회 지역분과위원 2011년 대통령소속 지방행정체제개편추진위원회 민간위원 2012년 한국보훈정책학회 회장(현) 2012년 한국지방자치학회 고문(현) 2013년 한국주민자치중앙회 공동회장(현) 2014년 한국시민자원봉사회 중앙부회장(현) 2015년 한국교수불자연합회 회장(현) [상]자원봉사대상(2007), 대통령표창(2009), 홍조근정훈장(2013), Best Professor대상(2014) [저]'한국지방자치론' '통일의 저력' '유럽공동체(EC)' '마지막 남은 개혁@2001' '독일연방공화국' '독일연방정부론' '북한정부론' '독일지방정부론' '독일사회복지론' '한국민주시민교육론' '한국지방정부외교론' '독일연방공화국60년' '독일의 행정과 공공정책' '대한민국 역대 정부 주요정책과 국정운영' [역]'고르바초프' [종]불교

심 인(沈 仁) SHIM In (素谷)

[생]1946·10·17 [본]청송(靑松) [출]전남 영광 [주]서울 마포구 마포대로196 서강엔터프라이즈 대표이사실(02-393-2922) [학]1963년 조선대부속고졸 1970년 고려대 정경대학 경제학과졸 1995년 미국 버클리대 TMP과정 수료 1999년 서강대 언론대학원 PR학과졸 2012년 언론학박사(성균관대) [경]1970~1977년 농협중앙회 조사부 1977~1997년 전국경제인연합회 산업부·총무부 차장·홍보실장·종합기획부장·국제경영원 이사 1996년 총리실 대외홍보실 실무위원 1996년 국제산업영상전(프랑스) 국제심사위원 1997년 서강엔터프라이즈 대표이사(현) 1997년 홍보전문지 '밀레니엄' 발행인·편집인 1998년 홍보전문지 'KOREAPR.review' 발행인(현) 1999년 국정홍보처 민간컨설팅 선정 심사위원 1999년 도로교통안전관리공단 홍보전문위원 1999년 한국기독교장로회 안암교회 장로(현) 2001년 한국PR협회 회장 2002년 同사무총장(현) 2004년 사회복지공동모금회 홍보분과위원(현) 2004~2007년 한양대 광고홍보학부 겸임교수 2009~2015년 한국잡지협회 감사 [상]한국 PR공로상, 문화체육관광부장관표창(2008) [저]'국민경제의식동향조사' '우리나라 산업의 원재료 투입구조' [종]기독교

심인숙(沈仁淑·女) SHIM In Sook

[생]1964·1·6 [출]대전 [주]서울 동작구 흑석로84 중앙대학교 법학전문대학원(02-820-5762) [학]1982년 수원여고졸 1986년 서울대 사법학과졸 1997년 미국 하버드대 로스쿨졸(LLM) [경]1986년 사법시험 합격(28회) 1989년 사법연수원 수료(18기) 1989년 법무법인 세종 변호사 1997년 미국 버지니아대 로스쿨 방문연구원 1998년 금융감독원 제재심의위원 1999년 미국 뉴욕주 변호사 2000년 김앤장법률사무소 변호사 2002년 법무법인 지평 변호사 2002년 금융발전심의회 증권분과위원 2003년 공적자금관리위원회 매각심사소위원회 위원 2004년 헌법재판소 헌법연구관 2006~2008년 중앙대 법학과 부교수 2006년 국무총리 행정심판위원 2008년 한국증권선물거래소 사외이사 2008~2011년 공정거래위원회 약관심사자문위원 2008~2011년 한국거래소 사외이사 2009년 중앙대 법학전문대학원 교수(현) 2011~2015년 금융위원회 비상임위원 2014년 한국증권법학회 부회장(현) 2015년 공공기관운영위원회 위원(현) 2015년 법무부 정책위원회 위원(현) 2016년 금융위원회 금융발전심의회 자본시장분과 위원(현) 2016년 금융위원회 옴부즈만(현)

심일보(沈一輔) SHIM Il Bo

[생]1957·10·21 [본]청송(靑松) [출]충남 천안 [주]서울 마포구 마포대로15 현대빌딩507호 시사플러스(02-701-5700) [학]1977년 배문고졸 1983년 연세대 체육교육학과졸 [경]1983~1986년 은행계 편집국 기자 1987~1992년 주간금융 편집장 1993~2002년 금융저널 편집·발행인 대표이사 1996~2002년 내외금융신문 편집·발행인 대표이사 2009~2011년 월요신문 편집국장 겸 부사장 2011~2013년 토요경제 편집국장 겸 부사장 2013년 중앙뉴스 편집국장 2013년 시사코리아 편집국장 2013년 시사플러스 편집국장 겸 부사장(현) [상]포스트모던지 수필부문 신인작가상

심장섭(沈長燮) SIM Jang Seop (龜山)

[생]1943·8·27 [출]경북 구미 [주]서울 강남구 테헤란로92길14 동우리빌딩 11층 동우리무역(주) 비서실(02-565-7366) [학]1968년 부산대 조선공학과졸 [경]1970년 포항종합제철(주) 입사 1977년 同종합기획과장 1983년 同설비계획부장 1989년 同ENG본부 부본부장 1990년 同이사 1991년 同상무이사 1995~1998년 同전무이사 1998년 동우리무역(주) 대표이사(현) [상]대통령표창, 국무총리표창, 1백만불 수출탑 [종]원불교

심재강(沈載康)

[생]1957 · 11 · 10 [출]광주 [주]서울 은평구 통일로962 은평소방서 서장실(02-355-0119) [학]서울시립대 대학원 방재공학과졸, 한국개발연구원(KDI) 국제정책대학원 경제정책학과 수료 [경]1982년 소방공무원 임용 2004년 서울소방재난본부 소방행정과 경리팀장(소방령) 2006년 서울 마포소방서 소방행정과장 2008년 서울소방재난본부 재난대응과 구급관리팀장 2010년 서울 서대문소방서 대응관리과장 2012년 서울 은평소방서 예방과장 2014년 서울 성북소방서장(지방소방정) 2016년 서울 은평소방서장(현) [상]대통령표창(2014)

심재곤(沈在坤) SHIM Jae Kon

[생]1943 · 3 · 16 [본]삼척(三陟) [출]강원 강릉 [주]서울 서초구 강남대로381 두산베어스텔1510호 환경인포럼(02-582-2734) [학]1961년 중동고졸 1978년 경기대 행정학과졸 1982년 경희대 대학원 행정학과졸 2002년 행정학박사(경희대) [경]1986년 환경청 기획예산담당관 1990년 환경처 정책조정과장 1991년 중앙환경분쟁조정위원회 사무국장 1993년 환경처 폐기물정책과장 1995년 환경부 수질보전국장 1996년 중앙공무원교육원 고위정책과정 교육파견 1998년 환경부 공보관 1998년 同폐기물자원국장 1999년 同상하수도국장 2000년 同기획관리실장 2001~2003년 한국자원재생공사 사장 2001년 경희대 행정대학원 겸임교수 2004년 한국순환골재협회 회장 2004~2007년 중동고총동문회 회장 2004년 계명대 지구환경보전학과 초빙교수 2006~2007년 (사)선행칭찬운동본부 회장 2007년 공주대 산학협력단 관학협력본부장 2008~2010 · 2011~2013년 同사범대학 환경교육과 객원교수 2010~2015년 한양대 이노베이션대학원 겸임교수 2011년 (사)환경인포럼 회장(현), 한나라당 정책위원회 정책자문위원 2014년 학교법인 중동학원(중동중 · 고) 이사장(현) [상]근정포장(1992), 홍조근정훈장(1999), 황조근정훈장(2001) [역]'일본의 지방재정제도 해설'(1986) [종]불교

심재국(沈在國) SIM Jae Guk

[생]1956 · 11 · 20 [본]삼척(三陟) [출]강원 평창 [주]강원 평창군 평창읍 군청길77 평창군청 군수실(033-330-2201) [학]검정고시 합격, 관동대 무역학과졸, 同경영대학원 경영학과졸 [경]용평면번영회 부회장, 용평면체육회 회장, 국제라이온스협회 용평지구 회장, 평창군 신활력추진사업 추진위원, 강원도시군의원청년협의회 부회장, 법무부 보호관찰위원, 평창군통합방위협의회 위원, 한나라당 중앙위원 2002 · 2006~2010년 강원 평창군의회 의원 2004~2006년 同부의장 2006~2008년 同의장, 평창군번영회 회장 2014년 강원 평창군수(새누리당)(현) [저]'한국공적연금제도의 개혁'

심재권(沈載權) SIM Jae Kwon

[생]1946 · 8 · 15 [본]청송(青松) [출]전북 삼례 [주]서울 영등포구 의사당대로1 국회 의원회관406호(02-788-2485) [학]1971년 서울대 상대 무역학과 제적(3년) 1994년 국제정치학박사(호주 멜버른모나키대) [경]1971년 민주수호전국청년학생연맹 위원장 1971년 서울대생내란음모사건으로 구속 1980년 김대중내란음모사건으로 수배 1980년 민주회복민족통일국민연합 중앙상임위원겸 홍보국장 1982년 김대중내란음모사건으로 투옥 1983년 호주로 강제출국 1994년 성공회대 강사 1994년 녹색환경연구소 연구위원 1996년 국민회의 서울강동乙지구당 위원장 2000~2004년 제16대 국회의원(서울 강동구乙, 새천년민주당) 2000년 새천년민주당 시민사회특별위원회 위원장 2001년 同총재비서실장 2001년 同기획조정위원장 2003년 同지방자치위원장 2003년 同대표 비서실장 2004년 同서울시당 위원장 2004년 시민일보 사장 2005~2007년 민주당 서울시당 위원장 2005년 同서울강동乙지역위원회 위원장 2007년 대통합민주신당 서울시당 위원장 2007년 同국민경선위원회 부위원장 2008년 제18대 국회의원선거 출마(서울 강동구乙, 통합민주당) 2012년 제19대 국회의원(서울 강동구乙, 민주통합당 · 민주당 · 새정치민주연합 · 더불어민주당) 2012년 국회 외교통상통일위원회 간사 2013년 국회 외교통일위원회 간사 2015년 국회 예산결산특별위원회 위원 2016년 제20대 국회의원(서울 강동구乙, 더불어민주당)(현) 2016년 국회 외교통일위원회 위원장(현) 2016년 더불어민주당 서울강동구乙지역위원회 위원장(현) 2016년 同남북교류협력특별위원회 위원장(현) [상]경제정의실천시민연합 국정감사 우수의원(2014), 선플운동본부 '국회의원 아름다운 말 선플대상'(2014) [저]'한반도 평화를 위하여'

심재남(沈載南) SHIM Jae Nam

[생]1965 · 4 · 16 [출]전북 남원 [주]경기 수원시 영통구 월드컵로120 수원지방법원(031-210-1114) [학]1983년 전주상고졸 1989년 한국외국어대 법학과졸 [경]1995년 사법시험 합격(37회) 1998년 사법연수원 수료(27기) 1998년 인천지법 판사 2000년 서울지법 판사 2002년 창원지법 진주지원 판사 2003년 同하동군법원 판사 2005년 서울남부지법 판사 2008년 서울중앙지법 판사 2009년 서울고법 판사 2010년 대법원 재판연구관 2013년 전주지법 부장판사 2015년 수원지법 부장판사(현)

심재돈(沈在暾) SHIM Jae Don

[생]1952 · 6 · 23 [본]삼척(三陟) [출]강원 강릉 [주]서울 강남구 테헤란로317 동훈타워13층 법무법인(유) 대륙아주(02-563-2900) [학]1971년 경기고졸 1975년 서울대 법과대학 법학과졸 [경]1974년 사법시험 합격(16회) 1976년 사법연수원 수료(6기) 1977~1979년 軍법무관 1979년 서울가정법원 판사 1981년 서울형사지법 판사 1982년 서울민사지법 판사 1983년 춘천지법 속초지원장 1985년 서울지법 북부지원 판사 1986년 대구고법 판사 1987년 서울고법 판사 1988~1989년 법원행정처 기획조정심의관 겸임 1989년 同기획조정실 법무담당관 겸임 1990년 대법원 재판연구관 1991년 부산지법 부장판사 1993년 사법연수원 교수 1996~1997년 서울지법 부장판사 1996~1999년 언론중재위원회 위원 1997년 변호사 개업 1999~2001년 한빛은행 비상임이사 2000~2002년 대한변호사협회 조사위원회 위원 2004년 법무법인 대륙 파트너변호사 2009년 법무법인(유) 대륙아주 변호사(현) [저]'민법주해 채권편'(민법 제564조~제567조 집필) '부동산매매계약에 있어서 위약계약금 조항에 부가된 자동해제조항의 해석'(민사재판의 제문제 제9권) '실체관계에 부합하는 등기'(재판자료 43집) '알선수뢰죄에 있어서 "공무원이 그 지위를 이용하여"의 의미'(대법원 판례해설 14호) '행정심판법 제19조 소정의 형식을 갖추지 아니한 심판청구서의 적법여부'(대법원 판례해설 14호)

심재돈(沈載敦) SIM Jae Don

[생]1967 · 2 · 17 [출]경기 김포 [주]서울 종로구 사직로8길39 세양빌딩 김앤장법률사무소(02-3703-1556) [학]1985년 인천 선인고졸 1992년 서울대 공법학과졸 [경]1992년 사법시험 합격(34회) 1995년 사법연수원 수료(24기) 1995년 서울지검 서부지청 검사 1997년 창원지검 진주지청 검사 1998년 인천지검 검사 2000년 청주지검 검사 2003년 서울지검 검사 2004년 서울중앙지검 검사 2006년 대검찰청 연구관 2008년 수원지검 부부장검사 2009년 대전지검 공주지청장 2010년 대검찰청 첨단범죄수사과장 2011년 서울중앙지검 특수3부장 2012~2013년 同특수2부장 2013년 김앤장법률사무소 변호사(현)

심재동(沈載東) SIM Jae Dong

[생]1959 · 8 · 10 [출]경남 마산 [주]울산 중구 종가로400 한국산업안전보건공단(052-703-0507) [학]1978년 마산고졸 1985년 부산대 기계설계학과졸 [경]1985년 총무처 기술고시 합격(기계기좌) 1994년 부산지방노동청 산업안전과장 1995년 노동부 산업안전국 안전기획과 근무 1996년 공업서기관 승진 1999년 양산지방노동사무소장 2002년 부산지방노동청 관리과장 2003년 부산동래지방노동사무소장 2005년 포항지방노동사무소장 2006년 대구지방노동청 포항지청장 2006년 부산지방노동청 부산북부지청장 2008년 同창원지청장 2010년 대구지방노동청 대구북부지청장 2010~2012년 대구고용노동청 대구북부고용노동지청장 2012년 한국산업안전보건공단 부산지역본부장 2016년 同기획이사(현)

심재련(沈在錬) SHIM Jai Ryon

[생]1951 · 1 · 19 [출]강원 고성 [주]서울 송파구 올림픽로45길19 풍성빌딩401호 세무법인 가교 강동지점(02-488-9988) [학]서울 대신고졸 [경]세무공무원교육원 교관, 양천세무서 법인세과장, 반포세무서 법인세과장, 국세청 심사과 근무, 서울지방국세청 납세보호담당관, 원주세무서장, 국무총리 제4국무조정실 근무 2003년 부천세무서장 2005년 서울지방국세청 조사1국 2과장 2006년 서울서초세무서장 2007년 서울지방국세청 조사2국 3과장 2009년 서울 강동세무서장 2010년 세무법인 가교 강동지점 대표세무사(현) [상]총무처장관표창, 재정경제부장관표창

심재명(沈栽明·女) SHIM Jae Myung

생1963·4·4 출서울 주경기 파주시 회동길530의20 (주)명필름(031-930-6500) 학1987년 동덕여대 국어국문학과졸 경1986년 서울극장 기획실장 1988년 同외화홍보담당 1989년 극동스크린 기획실장 1992년 명기획 설립 1995년 (주)명필름 창립(이사) 2000~2005년 同대표이사 2001년 미국 버라이어티지에 '주목할 만한 10인의 제작자'로 선정 2001년 홍콩 파이스턴이코노믹리뷰지에 '아시아의 변화를 주도한 인물 20인'에 선정 2003년 부산국제영화제 선재·운파 심사위원 2004년 (주)세신버팔로·(주)강제규필름·(주)명필름 합병 2004년 (주)MK버팔로 대표이사 2004년 (주)명필름 대표이사(현) 2005년 문화관광부 영화진흥위원 상올해의 제작자상(2000), 비추미여성대상 달리상(2005), 자랑스러운 동덕인상(2010), 올해의 여성문화인상(2011), 제3회 올해의영화상 영화인상(2012), 대통령표창(2012) 전영화 프로듀싱과 홍보마케팅 입문'(共) '엄마 에필로그'(2013) 작'서울무지개' '미친사랑의 노래' '사의 찬미' '결혼이야기' '그대안의 블루' '그여자 그남자' '게임의 법칙' '총잡이' '코르셋' '접속' '해가 서쪽에서 뜬다면' '조용한 가족' '해피엔드' '공동경비구역 JSA' '와이키키브라더스' '버스 정류장' '욕망' '질투는 나의 힘' 'YMCA 야구단' '바람난 가족' '그때 그 사람들' '광식이 동생 광태' '안녕 형아' '아이스케키' '구미호 가족' '여교수의 은밀한 매력' '우리 생애 최고의 순간' '걸스카우트' '소년은 울지 않는다' '파주' '시라노;연애조작단' '마당을 나온 암탉' '두레소리' '건축학개론' '관능의 법칙'

심재문(沈載文)

생1962·8·12 출서울 주서울 중구 청파로463 한국경제신문 편집부(02-360-4198) 학성남고졸 1987년 중앙대 신문방송학과졸 경1988년 한국경제신문 편집부 기자 2001년 同편집부 차장대우 2000년 한국편집기자협회 부회장 2004년 한국경제신문 편집부 부장대우 2008년 同편집부장 2010년 同편집국 부국장 겸 편집부장 2014년 同편집국 부국장 겸 오피니언부장 2016년 同편집부 선임기자(부국장)(현) 상사진편집상(1999)

심재부(沈載阜)

생1959·6·24 본청송(靑松) 출경남 김해 주서울 종로구 김상옥로24 (주)온전한커뮤니케이션(070-7728-8567) 학1978년 중경고졸 1988년 고려대 신문방송학과졸 경1988~1995년 삼성전자(주) 홍보실 근무 1995~1998년 삼성영상사업단 홍보팀장 1999~2008년 삼성전자(주) 홍보실 부장 2008~2012년 삼성모바일디스플레이 커뮤니케이션팀장(상무) 2012~2014년 삼성디스플레이 커뮤니케이션팀장(상무) 2015년 (주)온전한커뮤니케이션 대표(현) 종기독교

심재오(沈載五) Jae-oh Shim

생1958·7·25 본청송(靑松) 출인천 강화 주서울 중구 을지로5길26 미래에셋자산운용(1577-1640) 학1977년 서울고졸 1985년 동국대 경제학과졸 2000년 핀란드 헬싱키경제경영대학원 경영학과졸(MBA) 경1985년 주택은행 입행 2002년 同반포지점장 2002년 KB국민은행 반포본동지점장 2003년 同제휴상품부장 2003년 同투신상품부장 2005년 同PB사업부장 2007년 同잠실롯데PB센터장 2010년 同압구정PB센터장 2010년 同WM본부장 2011년 同마케팅그룹 부행장 2012년 同고객만족그룹 부행장 2013~2014년 KB국민카드 대표이사 사장 2014~2016년 GS파워(주) 부사장 2015년 미래에셋자산운용 사외이사(현) 종기독교

심재완(沈載宛) SHIM, JAE WAN

생1963·3·11 주서울 중구 청계천로100 시그니처타워 (주)아모레퍼시픽 임원실(02-709-5114) 학건국대 법학과졸, 서강대 대학원 경영학과졸 경(주)아모레퍼시픽 홈쇼핑영업팀장, 同DS영업팀장, 同온라인사업부장, 同디지털Division장 2015년 同신성장BU장(전무)(현)

심재윤(沈載崙) SIM Jae Yoon

생1965·10·6 본청송(靑松) 출충북 괴산 주서울 서대문구 통일로81 임광빌딩 코리아타임스 경제부(02-724-2345) 학1984년 서울 동북고졸 1990년 건국대 영어영문학과졸 2007년 영국 케임브리지대 동아시아센터 펠로우 경1990년 (주)코리아타임스 정치부 기자 1994년 同경제부 기자 2001년 同정치부 기자 2002년 同경제부 기자 2003년 同정치사회부 차장대우 2004년 同정치부

차장(부장직대) 2005년 同스포츠부 차장 2008년 同논설위원(차장) 2010년 同문화체육부장 2011년 同정치부장 2013년 同미래성장부장 2013년 同뉴미디어부 부국장대우 2014년 同정치부장(부국장대우) 2015년 同경제부장(부국장대우)(현) 상한국일보 백상기자대상(2000·2001) 종천주교

심재인(沈載仁) SHIM Jae In

생1952·1·12 본청송(靑松) 출경기 수원 주경기 수원시 장안구 송원로55 경기신문(031-2688-114) 학한국방송통신대 행정학과졸, 아주대 경영대학원 경영학과졸 경1999년 경기도 자치행정과 근무 2000년 同건설본부 총무부장 2000년 同서울사무소장 2000년 同도지사 비서실장 2002년 同환경정책과장 2005년 同과천시 부시장 2006년 지방혁신인력개발원 파견 2007년 경기도 제2청 문화복지국장 2007년 同포천시 부시장 2009년 同파주시 부시장 2009~2010년 경기도 자치행정국장 2009~2012년 협성대 객원교수 2010년 경기 수원시장선거 출마(한나라당) 2010년 경기신문 사장, 同이사 2014년 同편집인·인쇄인 겸 사장(현) 2015년 경기관광공사 비상임이사(현) 상국무총리표창(1991), 근정포장(1998), 홍조근정훈장(2010) 종불교

심재찬(沈載澯) SIM Jae Chan

생1953·1·6 출서울 주대구 중구 대봉로260 대구문화재단(053-430-1200) 학1971년 서라벌고졸 경1977년 극단 고향 입단 1980년 극단 산하 입단 1984년 극단 민예극장 입단 1987년 극단 산울림 입단 1991년 극단 전망 창단, 연극연출가(현) 1997년 세계연극제 97서울·경기 집행위원 1997년 전국청소년연극제 실무위원장 1998~2000년 한국연극협회 부이사장 2002년 '2002 FIFA Worldcup Korea·Japan' 수원경기오픈문화행사(전야제) 총연출 2003~2006년 한국연극연출가협회 회장 2004~2005년 기초예술연대 공동상임집행위원장 2004~2008년 한·일연극교류협의회 회장 2004년 아시아개발은행(ADB) 연차총회개막식 문화행사 총연출 2005년 한국연극인복지재단 부이사장 2005~2007년 한국문화예술위원회 초대 사무처장 2008~2009년 서울연극제 집행위원장 2011년 (재)국립극단 사무국장 2012~2013년 한국예술인복지재단 상임이사 2015년 대구문화재단 대표이사(현) 2015년 대구치맥페스티벌 조직위원장(현) 2016년 한국광역문화재단연합회 초대회장(현) 상백상예술상 신인연출상, 영희연극상, 히서연극상, 한국연극협회 올해의 연극 베스트7 선정, 한국뮤지컬대상 외국베스트뮤지컬작품상, 국무총리표창 작연극연출 '표류하는 너를 위하여' '이런노래' '여시아문' '양파' '피아프' '침향' '오델로' '바아냐아저씨' '사랑이 온다' 뮤지컬 '틱틱붐!' '유린타운' 경기민요극 '배따라기'

심재천(沈在千) SHIM Jae Cheon

생1968·2·22 본청송(靑松) 출서울 주서울 서초구 서초대로254 오퓨런스15층 법무법인 정세(02-581-4040) 학1986년 신일고졸 1990년 고려대 법학과졸 1993년 同대학원 법학과졸 경1993년 사법시험 합격(35회) 1996년 사법연수원 수료(25기) 1996년 서울지검 동부지청 검사 1998년 대전지검 천안지청 검사 2000년 대전지검 검사 2002년 수원지검 검사 2004~2005년 일본 게이오대 법과대학원 방문연구원 2005년 서울북부지검 검사 2008년 전주지검 검사 2009년 전주지검 부부장검사 2009년 광주지검 목포지청 부장검사 2010년 광주지검 강력부장 2011년 서울서부지검 공판부장 2012년 부산지검 동부지청 형사1부장 2013년 대구지검 서부지청 부장검사 2014~2015년 의정부지검 고양지청 부장검사 2015년 법무법인 정세 변호사(현)

심재철(沈載喆) SHIM Jae-chul

생1956·4·1 출경북 예천 주서울 성북구 안암로145 고려대학교 미디어관2층 미디어학부(02-3290-2259) 학1981년 고려대 신문방송학과졸 1985년 미국 워싱턴대 대학원 커뮤니케이션과졸 1992년 언론학박사(미국 위스콘신대) 경1985~1988년 한국일보 미주편집국 사회부 기자 1990~1992년 미국 위스콘신대 저널리즘스쿨 강사·연구조교 1992~1993년 미국 노스다코타대 커뮤니케이션스쿨 조교수 1993~1995년 미국 미주리대 커뮤니케이션학과 조교수 1995~2010년 고려대 언론학부 조교수·부교수·교수 1995년 同신문방송학과장 1996년 한국언론학회 이사 1997년 한국홍보학회 이사 1999년 고려대 홍보처장 2001~2002년 간행물윤리위원회 심의위원 2001년 미국 미주리대 교환교수 2006년 고려대 언론연구소장 2007년 同교육매체실장 2008년 한국언론학회 언론과사회연구회장 2009~2010년 고려대 신문사 주간 2010년 同미디어학부 교수(현) 2012~2014·2015년 同언론대학원장 겸 미디어학부장(현) 2014~2015년 한국언론학회 회장 2014년 한국언론진흥재단 비상임이사(현) 2015년 네이버·다음카카오 뉴스제휴정책 '공개형 뉴스제휴 평가위원회' 준비위원회 위원장 상한국출판학회상 특별공로부문(2016) 저'경제뉴스와

入

경제현실' '경제보도의 이상과 현실' '경제뉴스와 경제 현실' '경제보도의 이상과 현실' '신문의 미디어비평' '열린사회를 향한 표현 자유의 역사'(2006) '시장자본주의와 경제저널리즘'(2006) (역)'한국농촌발전과 교육의 역할' (종)기독교

심재철(沈在喆) SIM Jae Chul

(생)1957 · 1 · 15 (주)경북 경주시 동대로87 동국대학교 경주병원 산부인과(054-770-2398) (학)1981년 서울대 의과대학 의학과졸 1985년 고려대 대학원 생화학과졸 1988년 생화학박사(고려대) (경)1981~1985년 국립의료원 인턴 · 레지던트 1985~1989년 동제산부인과 원장 1990~1991년 동국대 포항병원 과장 1991년 同경주병원 의과대학 산부인과학교실 교수(현) 1996년 대한산부인과학회 이사 1999년 미국 뉴욕의과대 교환교수 2001년 경상북도산부인과지회 회장 2002년 영호남산부인과학회 회장 2004~2007 · 2009~2011년 동국대 의과대학장 2012~2013년 同경주병원장 (저)'면역조직화학의 이해'

심재철(沈在哲) SHIM Jae Chul

(생)1958 · 1 · 18 (본)청송(靑松) (출)광주 (주)서울 영등포구 의사당대로1 국회 의원회관714호(02-784-4162) (학)1976년 광주제일고졸 1985년 서울대 영어교육학과졸 2002년 중앙대 사회개발대학원 사회복지학과졸 (경)1980년 「서울의 봄」 당시 서울대 총학생회장으로 학생운동 주도, 김대중 내란음모사건으로 징역 1985년 동대문여중 교사 1985~1995년 MBC 보도국 외신부 · 체육부 · 사회부 · 국제부 기자 1987년 同노동조합설립 주도 · 초대 단독전임자 1992년 同방송민주화 투쟁으로 구속 1996년 신한국당 부대변인 1996년 同안양시동안구甲지구당 위원장 1998년 한나라당 부대변인 2000년 제16대 국회의원(안양시 동안구, 한나라당) 2002년 한나라당 제3정책조정위원장 2004년 제17대 국회의원(안양시 동안구乙, 한나라당) 2004년 한나라당 전략기획위원장 2006~2007년 同홍보기획본부장 2008년 제18대 국회의원(안양시 동안구乙, 한나라당 · 새누리당) 2008년 국회 윤리특별위원장 2009~2010년 국회 예산결산특별위원장 2010년 한나라당 경기도당 위원장 2010~2011년 同정책위 의장 2012~2014년 새누리당 최고위원 2012년 제19대 국회의원(안양시 동안구乙, 새누리당) 2012년 국회 국토해양위원회 위원 2012년 국회 윤리특별위원회 위원 2012년 새누리당 제18대 대통령중앙선거대책위원회 부위원장 2013년 국회 국토교통위원회 위원 2014년 국회 세월호사고대책특별위원회 공동위원장 2014년 새누리당 국민건강특별위원회 위원장(현) 2014년 국회 기획재정위원회 위원 2016년 제20대 국회의원(안양시 동안구乙, 새누리당)(현) 2016년 국회 부의장(현) 2016년 국회 기획재정위원회 위원(현) (상)자랑스러운 한국장애인상(2009), 바른법률연맹 선정 '대한민국 종합헌정대상'(2016) (저)'우리는 내일로 간다'(1995, 문예당) '14대 국회의원입후보자 공약집'(1996, 문예당) '심재철의 국회 속기록'(1998, 천리안 go WATIZEN) '심재철의 온라인-15대 공약'(1999, 천리안 go WATIZEN) '하루'(2011, 문예당) (종)천주교

심재철(沈載哲) SIM Jae Cheol

(생)1969 · 3 · 6 (본)청송(靑松) (출)전북 완주 (주)부산 해운대구 재반로112번길19 부산지방검찰청 동부지청 형사1부(051-780-4308) (학)1988년 전주 동암고졸 1992년 서울대 공법학과졸 (경)1995년 사법시험 합격(37회) 1998년 사법연수원 수료(27기) 1998년 서울지검 남부지청 검사 2000년 춘천지검 원주지청 검사 2002년 수원지검 검사 2004년 전주지검 검사 2007년 법무부 특수법령과 검사 2010년 서울중앙지검 검사 2010년 대검찰청 연구관 2012년 수원지검 강력부장 2013년 대검찰청 피해자인권과장 2014년 同조직범죄과장 2015년 서울중앙지검 강력부장 2016년 부산지검 동부지청 형사1부장(현)

심재혁(沈載赫) SHIM Jay Hyuk

(생)1947 · 4 · 18 (본)청송(靑松) (출)서울 (주)서울 중구 동호로310 태광산업(02-3406-0205) (학)1965년 대광고졸 1972년 연세대 상학과졸 1990년 미국 컬럼비아대 경영대학원 최고경영자과정 수료 2002년 한양대 국제관광대학원 EEP과정 수료 2004년 단국대 산업경영대학원 문화예술 AMP과정 수료 (경)1972년 GS칼텍스 입사 1989년 同업무담당 이사 1994년 LG그룹 회장실 상무 1995년 전국경제인연합회 경제홍보협의회 대표간사 1995년 LG상남언론재단 감사 1996년 LG그룹 회장실 전무 1998년 LG텔레콤 부사장 1999~2006년 파르나스(그랜드인터컨티넨탈) 대표이사 사장 2003년 아시아태평양지역관광협회(PATA) 한국지부 이사 2003년 한국여가문화학회 부회장 2003년 서울시관광협회 이사 2007~2012년 레드캡투어 대표이사 사장 2012년 태광산업 대표이사 부회장(현) 2012~2015년 (주)티브로드홀딩스 공동대표이사 2015년 同대표이사 (상)국민포장, 2000 Best Inter-Continental Worldwide Award(Priory Club Members), 프랑스 보르도와인연합회 코망드리 와인 기사 작위(2007) (종)기독교

심정구(沈晶求) SHIM Chung Ku

(생)1931 · 10 · 14 (본)청송(靑松) (출)인천 (주)인천 중구 축항대로211번길37 (주)선광 임원실(032-880-6500) (학)1950년 인천고졸 1957년 서울대 상대졸 (경)1957년 (주)선광공사 사장 · 회장 1967년 동신보세창고 대표 1981년 민주정의당(민정당) 중앙위원회 산업노동분과위원회 수석부위원장 1981년 同경기지부 부위원장 1985년 새마을금고연합회 인천시지부 회장 1985년 제12대 국회의원(인천中 · 南, 민정당) 1986년 민정당 재정위원장 1988년 제13대 국회의원(인천南甲, 민정당 · 민자당) 1988년 민정당 중앙집행위원 1990년 민자당 선거대책특위위원장 1990년 보이스카우트 인천연맹장 1992년 제14대 국회의원(인천南甲, 민자당 · 신한국당) 1992년 민자당 인천시지부 위원장 1992년 한국관세사 회장 1993년 민자당 당무위원 1993년 한 · 노르웨이의원친선협회장 1994년 국회 재무위원장 1995년 同재정경제위원장 1995~2000년 선광공사(주) 고문 1996년 제15대 국회의원(인천南甲, 신한국당 · 한나라당) 1996년 국회 예산결산특별위원장 1996년 한 · 파나마의원친선협회장 1996~2000년 조세재정연구회장 2000년 (주)선광 고문 2009년 同명예회장(현) 2010년 인천시 시민원로회의 의장(현) (저)수상집 '열린 마음 열린 사회' (종)기독교

심정보(沈正輔) SIM Jeong Bo

(생)1950 · 1 · 3 (본)청송(靑松) (출)대전 (주)대전 유성구 동서대로125 한밭대학교 교양학부(042-821-1114) (학)1972년 충남대 사학과졸 1982년 단국대 대학원 사학과졸 1995년 역사고고학박사(동아대) (경)1974년 충남대 박물관 조교 978년 대전 동아공고 교사 1979년 대전공업전문대 조교수 1984년 대전개방대 조교수 1988년 대전공업대 조교수 · 부교수 1994~1999년 대전산업대 교수 2000년 한국상고사학회 회장 2001~2015년 한밭대 교양학부 교수 2002~2014년 한국성곽학회 감사 2003~2007년 문화재위원회 위원 2013~2015년 同매장문화재분과위원장 2015년 同사적분과위원(현) 2015년 한밭대 교양학부 명예교수(현) (상)황조근정훈장(2015) (저)'百濟史의 理解(共)'(1991) '韓國 邑城의 硏究'(1995 · 1999) '韓國考古學事典 上 · 下(共)'(2001) '백제산성의 이해'(2004 · 2009) '백제문화사대계 연구총서6(共)'(2007) '漢城百濟史5?생활과 문화-(共)'(2008) '韓國考古學專門事典(城郭 · 烽燧篇)(共)'(2011) '한국 매장문화재 조사연구방법론7(共)'(2012) '성곽조사방법론(共)'(2013)

심정보(沈定輔)

(생)1955 · 4 · 21 (출)서울 (주)부산 해운대구 센텀중앙로79 센텀사이언스파크18층 부산관광공사 사장실(051-780-2111) (학)서울 태성고졸, 한국외국어대 중국어학과졸, 한림국제대학원대 컨벤션이벤트경영학과졸 (경)2002년 한국관광공사 상하이지사장 2005년 同해외마케팅실 중국팀장 2006년 同홍보실장 2010년 同베이징지사장 2010년 同경쟁력본부장 2011~2014년 同마케팅본부장 2014~2015년 삼성물산 리조트사업부 자문역 2015년 부산관광공사 사장(현)

심정섭(沈定燮) SHIM Jeong Sup

(생)1950 · 8 · 24 (출)경기 (주)부산 영도구 태종로233 한진중공업(주) 임원실(051-410-3114) (학)경기고졸, 서울대 공업교육학과졸 (경)(주)한진중공업 해외사업담당 이사, 同필리핀 마닐라지점장(상무), 同해외사업팀장(상무) 2007~2009년 同필리핀 수빅조선소법인(HHIC-Phil) 법인장(전무) 2009년 한진도시가스(주) 대표이사 사장 2010~2011년 대륜E&S 대표이사 사장 2015년 한진중공업(주) 필리핀 수빅조선소법인장(부사장)(현) (상)철탑산업훈장(2006)

심정태(沈政太)

(생)1959 · 5 · 6 (주)경남 창원시 의창구 상남로290 경상남도의회(055-211-7362) (학)마산상고졸 2010년 한국국제대 세무학과졸 (경)동보유니텍 대표, 진해미래시민포럼 미래전략분과 위원장, 창원시요트협회 회장, 해병대진해전우회 부회장, 민주평통 자문위원, 진해시지체장애인협회 고문, 진해시학교운영위원장협의회 회장, 자은초 운영위원장, 진해경찰서 방범자문위원, 한국BBS연맹 경남도 이사 2006~2010년 경남 진해시의회 의원 2010년 경남 진해시의원선거 출마(한나라당) 2014년 경남도의회 의원(새누리당)(현) 2014년 同농해양수산위원회 위원 2016년 同운영위원회 위원(현) 2016년 同교육위원회 위원(현) (상)전국시 · 도의회의장협의회 우수의정 대상(2016) (종)가톨릭

심정현(沈正鉉) SIM Jung Hyun

⊛1957·11·9 ⊕청송(靑松) ⊜강원 속초 ⊙강원 삼척시 오십천로553 신패밀리타운-202호 강원도민일보 삼척본부(033-573-7020) ⊕1975년 속초고졸 1996년 한국방송통신대 행정학과졸 ⊘1990년 강원일보 출판국 속초주재 차장 1993년 강원도민일보 광고부 1997년 同영북본부 부국장 2002년 同국장대우 2003년 同판매국장 2005년 同삼척본부장 2006년 同이사대우 2007년 同삼척본부장(이사)(현), 시인(현), 영북문화토론회 회장 2011년 문화연구회 풀묶음 회장(현) ⊛한국신문협회장표창

심종극(沈鍾極) Edward Shim

⊛1962·5·14 ⊕청송(靑松) ⊜부산 ⊙서울 서초구 서초대로74길11 삼성생명보험(주) 전략영업본부(02-751-8790) ⊕1980년 부산고졸 1985년 연세대 경제학과졸 1997년 영국 옥스퍼드대 대학원 경영학과졸 ⊘1986년 삼성생명보험(주) 입사 1994년 同해외투자 과장 2000년 同재무기획팀 차장 2005년 同구조조정본부 경영진단팀 상무 2007년 同소매금융사업부장 2008년 同법인지원팀장(상무) 2011년 同금융일류화팀 전무 2011년 同법인영업본부 전무 2014년 同전략영업본부 전무 2014년 同전략영업본부장(부사장)(현)

심종배(沈鍾培) SHIM Jong Bae

⊛1963·9·1 ⊜강원 ⊙서울 영등포구 국회대로70길7 동아빌딩409호 (주)I2MS 대표이사실(02-761-9228) ⊕1981년 강릉고졸 1986년 광운대 전자계산학과졸 ⊘1990년 삼보컴퓨터 IT영업 대표 1993년 한국썬마이크로시스템즈 공공·국방담당 영업대표 1998년 BEA시스템즈코리아 공공·국방·통신·채널담당 영업이사 2003년 한국실리콘그래픽스(SGI) 영업총괄이사 2005년 同대표이사 사장 2006년 한국CA 파트너영업총괄 상무 2006~2008년 同파트너사업부 전무 2008년 (주)I2MS 대표이사 사장(현) ⊛기독교

심종섭(沈宗燮) Shim. Jong-Sup

⊛1958·1·3 ⊙서울 강남구 일원로81 삼성서울병원 정형외과(1599-3114) ⊕1983년 서울대 의과대학졸 1988년 同대학원 의학석사 1996년 의학박사(서울대) ⊘1983~1988년 서울대병원 인턴·레지던트 1991~1992년 同정형외과 전임의 1992~1993년 서울지방공사 강남병원 전문의 1993~1994년 미국 워싱턴대부속아동병원 전임의 1994년 미국 샌디에이고대부속아동병원 전임의 1994년 성균관대 의과대학 정형외과학교실 조교수·부교수·교수(현) 2009~2013년 삼성서울병원 교육수련부장 2013년 同정형외과장(현) 2015년 同환자행복추진실장

심종성(沈鐘成) Jongsung Sim

⊛1952·6·18 ⊕삼척(三陟) ⊜서울 ⊙경기 안산시 상록구 한양대학로55 한양대학교 공학대학 건설환경시스템공학전공(031-400-5143) ⊕1971년 서울고졸 1975년 한양대 토목공학과졸 1984년 미국 미시간주립대 대학원 토목공학과졸 1987년 토목공학박사(미국 미시간주립대) ⊘1987~1998년 한양대 토목환경공학과 조교수·부교수 1987년 미국 콘크리트학회(ACI) 정회원(현) 1992~1993년 同한국지부 사무국장 1994~1995·1996~1998년 한양대 공학대학 부학장 1996~2005년 건설교통부 중앙건설기술심의위원 1996~1999년 경기도 지방건설기술심의위원 1997년 국제교량구조협회(IABSE) 정회원(현) 1998년 미국 프리스트레스트 콘크리트학회(PCI) 정회원(현) 1998~2011년 한양대 공대 건설교통공학부 교수 1998~2004년 행정자치부 기술감사자문위원 1998~2004년 해양수산부 설계자문위원 1999~2001년 행정자치부 중앙재해본부 구조물재해분과위원 2000~2006년 콘크리트모델코드작성국제위원회(ICCMC) 한국대표위원 2001~2004년 과학기술정책연구원 국가과학기술표준분류 전문위원 2001~2004년 한국건설기술인협회 APEC엔지니어 심사위원 2001~2005년 한양대 공학기술연구소장 2001년 대한상사중재원 중재인(현) 2002~2003년 한국건설감리협회 수석감리사 겸 면접심사위원 2003년 대한중재인협회 부회장(현) 2004~2006년 한국건설순환자원학회 부회장 2005~2006년 한국콘크리트학회 부회장 2005~2006년 대한토목학회 콘크리트전문분과위원장 2005년 한국공학한림원 정회원(현) 2005~2007년 한양대 안산학술정보관장 2007년 국제FRP건설협회(IIFC) Executive Council Member(현) 2008~2009년 대한토목학회 국제업무담당 부회장 2008년 지식경제부 신기술심사위원장 2009~2010년 아시아콘크리트연맹(ACF) 회장 2009년 환경관리공단 자문위원(현) 2010년 국토해양부 중앙건설기술심의위원 2010년 지식경제부 산업표준심의회의 콘크리트전문위원회 위원 2010년 국제FRP건설협회(IIFC) Fellow Member(현) 2010년 미국 콘크리트학회(ACI) Fellow Member(현) 2011년 아시아콘크리트연맹(ACF) Executive Council Member(현) 2011~2012년 한국콘크리트학회(KCI) 회장 2011~2012년 한국건설지도자포럼 공동대표 2012년 국제교량구조협회(IABSE) Fellow Member(현) 2012년 유럽콘크리트협회(FIB) 한국그룹 대표(NMG of Korea)(현) 2012년 한국표준협회 KS인증위원회 인증위원(현) 2012년 한양대 공학대학 건설환경시스템공학전공 교수(현) 2013년 대한토목학회 회장 2013년 국토교통부 중앙건설기술심의위원(현) 2013년 산업통상자원부 산업표준심의회의 콘크리트전문위원회 위원(현) 2013년 同건설기술심의위원회 위원장(현) ⊛한국콘크리트학회 감사패(1994), 한국콘크리트학회 우수논문상(1996), JCI 감사패(1998·2004), 한국콘크리트학회 공적패(1999), 한국콘크리트학회 공로패(2000), 대한토목학회장표창(2002·2004), 대한토목학회 우수논문상(2004), 건설교통부장관표창(2004), 대한토목학회 학술상(2005), 대한토목학회 감사패(2005), 한가람회 학술상(2009), IBC TOP 100 Engineers(2009), IIFC 감사패(2009), 대한토목학회장 공로패(2010), IIFC Fellow(2010), 미국콘크리트학회 Fellow(2011), IABSE Fellow(2011) ⊗'철근콘크리트 구조설계'(1997) 'FRP로 보강된 철근콘크리트 구조물'(2006) '프리스트레스트 콘크리트 구조설계'(2008) '청파기행'(2012)

심종헌

⊛1961·7·26 ⊜강원 강릉 ⊙서울 강남구 봉은사로119 성옥빌딩7층 유넷시스템(주)(02-2088-3030) ⊕성균관대졸, 고려대 경영대학원졸 ⊘1988~1998년 삼성그룹 입사·회장비서실 근무·삼성물산 비서실 근무 1998~2000년 에스원 인터넷사업팀장 2000~2003년 시큐아이 마케팅담당 상무 2003년 유넷시스템(주) 대표이사(현) 2008년 지식정보보안산업협회(KISIA) 부회장 2009년 한국정보보호학회 자문위원 2009년 한국CSO협회 자문위원 2013년 지식정보보안산업협회(KISIA) 수석부회장 2014년 同회장 2015~2016년 한국정보보호산업협회(KISIA) 회장 ⊛중소기업청장표창(2007), 지식경제부장관표창(2009)

심종혁(沈鍾赫) SIM Jong Hyuk

⊛1955·10·17 ⊜서울 ⊙서울 마포구 백범로35 서강대학교 신학대학원(02-705-8538) ⊕1974년 동성고졸 1978년 서강대 수학과졸 1981년 同물리학과졸 1983년 同대학원 물리학과졸 1987년 미국 웨스턴신학교 대학원 사목학과졸 1988년 同대학원 신학과졸 1991년 신학박사(이탈리아 그레고리안대) ⊘1983년 서강대·강원대 강사 1987년 천주교 사제서품 1992~2002년 서강대 종교학과 조교수·부교수 1995년 필리핀 예수회 사목 1997년 서강대 수도자대학원장 1997년 同신학연구소장 1998년 同비교사상연구원장 2001년 同총무처장 2002년 同신학대학원 교수(현) 2003~2005년 同기획처장 2005~2007년 同대외협력처장 2006~2008년 同기획처장 2011년 同도서관장 2013~2015년 同교학부총장 2013~2015년 同전인교육원장 2015년 同대학원장(현) ⊗The Christological Vision of the Spiritual Exercises of St. Ignatius of Loyola and the Hermeneutical Principles of Sincerity(Ch'eng) in the Confucian Tradition'(1991) ⊗'은총과 신비'(1997) ⊛천주교

심준보(沈俊輔) Jounbo Shim

⊛1966·5·21 ⊜서울 ⊙서울 서초구 서초대로219 법원행정처 사법정책실(02-3480-1216) ⊕1985년 경기고졸 1989년 서울대 법과대학졸 1999년 미국 하버드대 Law School졸(LL. M.) ⊘1988년 사법시험 합격(30회) 1991년 사법연수원 수료(20기) 1991년 공군 법무관 1994년 서울민사지법 판사 1996년 서울지법 북부지원 판사 1998년 대전지법 서산지원 판사 2000년 대전고법 판사 2002년 서울고법 판사 2003년 대법원 재판연구관 2006년 전주지법 부장판사 2007년 대법원 비서실 부장판사 2009년 법원행정처 기획총괄심의관 2010년 서울중앙지법 부장판사 2011년 서울행정법원 부장판사 2013년 同수석부장판사 2014년 서울고법 춘천재판부 부장판사 2016년 서울고법 부장판사(현) 2016년 법원행정처 사법정책실장 겸임(현)

심준보(沈俊輔) SHIM Joon Bo

⊛1968·4·25 ⊜서울 ⊙대전 서구 둔산중로78번길45 대전지방법원(042-470-1114) ⊕1986년 숭실고졸 1990년 고려대 법학과졸 1993년 同대학원졸 ⊘1992년 사법시험 합격(34회) 1995년 사법연수원 수료(24기) 1998년 인천지법 판사 2000년 서울지법 판사 2002년 대구지법 영덕지원 판사 2005년 특허법원 판사 2006년 대전지법 천안지원 판사 직대 2007년 대전지법 판사 2008년 특허법원 판사 2010년 청주지법 영동지원장 2011년 대전지법 부장판사 2014년 대전지법·대전가정법원 천안지원 부장판사 2016년 대전지법 부장판사(현)

人

심준형(沈駿亨) SHIM Jun Hyung

[생]1960 · 11 · 29 [본]청송(靑松) [출]서울 [주]서울 종로구 사직로8길39 세양빌딩 김앤장법률사무소(02-3703-1456) [학]1979년 인창고졸 1985년 연세대 정치외교학과졸 [경]1985년 대우그룹 기획조정실 입사 1988년 同홍보팀 대리 1989년 同조사팀장 1992년 同홍보팀 과장 1995년 同기업문화팀 차장 1998년 同커뮤니케이션본부 부장 2000년 (주)디조콤 경영기획실장(상무) 2001년 (주)사람과이미지 대표이사 2001~2002년 한나라당 총재후보 특보, 同이회창 대통령후보 홍보특보 2005년 (주)유니쿱 대표이사 사장, (주)한국대학신문 대표이사 겸 발행인 2008~2010년 사회복지공동모금회 홍보위원 2009~2010년 민주평통 자문위원 2010년 김앤장법률사무소 고문(현) 2010~2011년 국제로타리 3650지구 홍보위원장 2011년 사회복지공동모금회 기획위원(현) [종]기독교

심진홍(沈鎭洪) Sim, Jinhong

[생]1973 · 9 · 4 [본]청송(靑松) [출]충남 홍성 [주]서울 종로구 세종대로209 국민안전처 재난안전통신망구축기획단(02-2100-0390) [학]1992년 홍성고졸 1997년 서울대 역사교육과졸 [경]2000년 정보통신부 우정사업본부 행정사무관 2004~2008년 同기획관리실 행정사무관 2008년 행정안전부 재난안전실 서기관 2014년 국민안전처 재난관리실 재난정보통신과장 2016년 同재난안전통신망사업단장(현)

심창구(沈昌求) SHIM Chang-Koo

[생]1948 · 7 · 21 [본]청송(靑松) [출]인천 [주]경기 용인시 처인구 포곡읍 두계로72 (주)대웅제약 생명과학연구소(031-270-8350) [학]1966년 제물포고졸 1971년 서울대 약학과졸 1976년 同대학원 약품분석학과졸 1982년 약학박사(일본 東京大) [경]1983~1993년 서울대 약대 조교수 · 부교수 1987년 同약대부속 실습약국장 1987년 보건사회부 중앙약사심의위원 1988년 미국 퍼듀대 객원교수 1988년 서울대 도서관약학분관장 1990년 김포신문 논설위원 1990년 대한약사회 약사공론 기획위원 1993~1995년 특허 및 실용신안등록출원 심사자문위원 1993년 의료보험연합회 진료비심사위원 1993~2003 · 2004~2013년 서울대 약대 제약학과 교수 1993년 同약학교육연수원장 1994년 한국약제학회 부회장 1999년 한국과학기술한림원 정회원(현) 2001년 한국약제학회 회장 2002년 대한약학회 부회장 · 이사 2003~2004년 식품의약품안전청장 2005~2008년 한국의약품법규학회 회장 2005년 미국약학회(AAPS) Fellow 2005~2011년 한국보건의료국가시험원 약사시험위원장 2006년 ISSX SAC 위원 2006년 AASP Director 2007~2010년 한국보건의료국가시험원 이사 2007~2013년 LG생명과학 사외이사 2008년 일본약물동태학회(JSSX) Fellow 2008년 약학정보화재단 이사 2013년 서울대 명예교수(현) 2013년 (주)대웅제약 연구개발분야 고문위원(현) 2015년 同사외이사 겸임(현) [상]과학기술처장관표창(1991), 한국약제학회 학술상(1993), 대한약학회 학술상(2000), 2000년을 빛낸 인물 선정(2000), 의약사평론가상(2001), 한국약제학회 공로상(2004), 남양알로에 학술상(2006), 황조근정훈장(2006), 대한약사금장(2006), 신약개발조합 공로상(2006), 동암 약의상(2008), 가송약학상(2008), 서울대 우수강의교수상(2008), 아시아약제학회상(2009), FAPA 이시다떼 학술상(2010) [저]'약제학실험'(1993) '약물체내속도론'(1994) '생물약제학'(1999) '약학용어집'(2009) [역]'약물치료시스템'(1984) '약물송달학'(1993) '복약지도 서브노트'(2006) [종]기독교

심창섭(沈昌燮) SHIM Chang Seop

[생]1953 · 10 · 10 [본]청송(靑松) [출]경북 청송 [주]서울 서초구 서초중앙로157 서울중앙지방법원 민사소액전담판사실(02-530-1114) [학]1972년 경북고졸 1977년 서울대 법학대학졸 [경]1977년 사법시험 합격(19회) 1979년 사법연수원 수료(9기) 1979년 軍법무관 1982년 대구지법 경주지원 판사 1984년 부산지법 판사 1986년 수원지법 판사 1989년 서울민사지법 판사 1990년 서울고법 판사 1991년 서울형사지법 판사 1992년 대법원 재판연구관 1994년 춘천지법 속초지원장 1996년 수원지법 성남지원 부장판사 1998년 서울지법 동부지원 부장판사 1998년 서울지법 부장판사 2000년 변호사 개업 2002년 좋은합동법률사무소 변호사 2002년 전자거래분쟁조정위원회 조정위원 2003년 사법연수원 외래교수 2006~2013년 법무법인 케이씨엘(KCL) 변호사, 同고문변호사 2007년 대한변호사협회 이사 2007~2013년 同법제위원, 서울지방변호사협회 외국법연수원장 2010년 신한금융투자(주) 사외이사, 대한상사중재원 중재위원 2013년 서울중앙지법 민사소액전담 판사(현) [종]불교

심철의(沈哲儀) SHIM Chul Eul

[생]1973 · 10 · 29 [주]광주 서구 내방로111 광주광역시의회(062-613-5113) [학]전남고졸, 고려대 정치외교학과졸 [경]호남운수 대표(현), (사)광주청소년교육포럼 부이사장(현) 2009년 고려대교우회 상임이사(현) 2014년 광주시의회 의원(새정치민주연합 · 더불어민주당)(현) 2014년 同행정자치위원회 위원 2014년 同운영위원회 위원장 2014년 전국시 · 도의회운영위원장협의회 부회장 2015년 새정치민주연합 전국청년위원회 부위원장 2015년 광주시의회 윤리특별위원회 위원 2015년 더불어민주당 전국청년위원회 부위원장(현) 2016년 광주시의회 윤리특별위원회 부위원장(현) 2016년 同교육위원회 위원(현) 2016년 同예산결산특별위원회 위원(현)

심충식(沈忠植) SHIM Choong Shik

[생]1957 · 1 · 13 [출]인천 [주]인천 중구 축항대로211번길37 (주)선광 비서실(032-880-6515) [학]1975년 성남고졸 1981년 한양대 무역학과졸 1984년 미국 A.G.S.I.M 국제경영학과졸 1986년 일본 와세다대 대학원졸 [경]1984년 선광공사 기획실장 1991년 同감사 1994년 同기획실장(이사) 1994년 同전무이사 1997년 인천상공회의소 상임의원(현) 2000년 (주)선광 대표이사 부사장 2005년 同대표이사 사장 2007~2010년 인천항만물류협회 회장 2009년 (주)선광 공동대표이사 사장 2009년 同부회장(현) [상]재정경제부장관표창(2000), 노동부장관표창(2001), 산업포장(2002) [종]유교

심치열(沈致烈 · 女) SHIM Chi Yeol

[생]1960 · 2 · 8 [주]서울 성북구 보문로34다길2 성신여자대학교 국어국문학과(02-920-7477) [학]1986년 성신여대 국어국문학과졸 1988년 同대학원 국어국문학과졸 1994년 국어국문학박사(성신여대) [경]1991~1994년 성신여대 강사 1993~1995년 수원대 국어국문학과 강사 1998년 성신여대 국어국문학과 조교수 · 부교수 · 교수(현) 1999~2001년 한국방송통신대 독학학위분과 위원 1999년 同독학사 출제 및 선제위원, 성신여대 인문과학대학장(현) [저]'옥루몽의 작품세계'(共) '신화의 세계'(共) '한국문학 새로읽기'(共)

심태규(沈泰圭) SHIM Tae Kyu

[생]1968 · 7 · 4 [출]서울 [주]서울 서초구 서초중앙로157 서울중앙지방법원(02-530-1114) [학]1987년 단국대사대부고졸 1992년 서울대 사법학과졸 [경]1993년 사법시험 합격(35회) 1996년 사법연수원 수료(25기) 1996년 軍법무관 1999년 서울지법 판사 2003년 대전지법 판사 2006년 인천지법 판사 2008년 서울고법 판사 2009년 대법원 재판연구관 2011~2012년 춘천지법 강릉지원 부장판사 2011년 同속초지원 부장판사 2012~2014년 의정부지법 민사부 부장판사 2014년 국회사무처 법제사법위원회 전문위원(이사관) 2016년 서울중앙지법 부장판사(현)

심학진(沈學鎭) SHIM Hak Jin

[생]1969 · 11 · 1 [출]충북 음성 [주]경남 진주시 진양호로301 창원지방검찰청 진주지청(055-760-4200) [학]1988년 동화고졸 1995년 고려대 법학과졸 [경]1997년 사법시험 합격(39회) 2000년 사법연수원 수료(29기) 2000년 서울지검 북부지청 검사 2002년 청주지검 충주지원 검사 2003년 광주지검 검사 2005년 서울동부지검 검사 2009년 창원지검 검사 2011년 수원지검 성남지청 검사 2013년 同성남지청 부부장검사 2013년 인천지검 부천지청 부부장검사 2014년 울산지검 부부장검사 2015년 창원지검 통영지청 형사2부장 2016년 同진주지청 부장검사(현)

심한보(沈韓輔) Han Bo Shim

[생]1961 · 12 · 26 [출]충북 청주 [주]서울 동대문구 천호대로429 대성타워 컬럼비아스포츠웨어코리아 사장실(02-540-0277) [학]세광고졸 1987년 충북대 회계학과졸 2003년 서울대 AMP과정 수료 [경]1988~1991년 한국네슬레 회계부 근무 1994~1999년 한국보오그워너 오토모티브 근무 · 재무부장 1999년 아디다스코리아 재무부장 2000년 同CFO 2004년 아모제 CFO 2005년 (유)테일러메이드코리아 지사장 2007년 테일러메이드-아디다스골프코리아 대표이사 사장 2013년 同글로벌 부사장(Vice President) 2015년 컬럼비아스포츠웨어코리아 대표이사 사장(현) [상]국무총리표창(2013)

심헌규(沈憲圭)

㉝1964·12·20 ㉜경기 평택시 중앙로67 평택경찰서 서장실(031-8053-0215) ㉞1987년 경찰대졸(3기) ㉟1987년 경위 임관 2003년 경기 평택경찰서 생활안전과장 2004년 同경무과장 2011년 경기지방경찰청 홍보담당관실 홍보계장 2013년 同경무과 치안지도관 2013년 충북지방경찰청 수사과장 2014년 충북 제천경찰서장(총경) 2015년 강원지방경찰청 수사1과장 2016년 경기 평택경찰서장(현)

심헌섭(沈憲燮) Shim, Heon-Seop

㉝1936·2·13 ㉜서울 관악구 관악로1 서울대학교 법과대학(02-880-7534) ㉞1960년 서울대 행정학과졸 1962년 同대학원졸 1963~1966년 독일 프라이부르그대 법학부 수학 1976년 법학박사(서울대) ㉟1967~1974년 숭실대 법정대 전임강사·조교수 1974년 경희대 법대 부교수 1976년 성균관대 법대 부교수 1981년 서울대 법대 부교수 1986~2002년 同법대 교수 2002년 同명예교수(현) 2010년 대한민국학술원 회원(법철학·현) ㉝열암학술상, 대한변호사협회 한국법률문화상(2016) ㉜'정의의 철학'(共) '현대사회과학 방법론'(共) '法哲學' '현대법철학과 법이론의 근본문제' ㉝'법과 정의의 철학'(共)

심현상(沈鉉常) SHIM Hyun Sang

㉝1954·3·20 ㉝풍산(豊山) ㉜경기 김포 ㉜전남 영암군 삼호읍 대불로93 현대삼호중공업(주) 임원실(061-460-2114) ㉞1972년 성남고졸 1977년 인하대 조선공학과졸 ㉟현대중공업(주) 특수선사업부 과장, 同조선사업부 조선설계실 부장 2003년 현대삼호중공업(주) 설계담당 이사대우 2004년 同설계담당 이사 2007년 同설계담당 상무 2011년 同전무(현)

심현석(沈鉉石) Shim Hyun-Suk

㉝1957·10·20 ㉜서울 ㉜경기 성남시 분당구 양현로322 중소기업진흥공단 경기동부지부(031-788-7300) ㉞1976년 용산고졸 1981년 한국외국어대 행정학과졸 1985년 서울대 대학원 행정학과졸 ㉟1985~1989년 중소기업진흥공단 입사·사업2부·경영연수부·총무부 근무 1990~1998년 同국제화사업부·미국사무소·국제화사업처 근무 1998~2009년 同경남지역본부·국제협력처·충북지역본부·글로벌사업처 근무 2009년 同글로벌사업처장 2010년 同대구지역본부장 2012년 同리스크관리처장 2013년 同남부권본부장(상임이사) 2014년 同금융본부장(상임이사) 2015년 同수도권본부장(상임이사) 2016년 同기업지원본부장(상임이사)(현) 2016년 同경기동부 부장(현)

심현영(沈鉉榮) SIM Hyun Young

㉝1946·7·5 ㉜충남 금산 ㉜대전 서구 둔산로100 대전광역시의회(042-270-5004) ㉞예지고졸, 감리교남부신학교졸 2009년 대덕대학 사회복지과졸, 충남대 행정대학원 지방자치학과졸, 한남대 법학과 재학중 ㉟재건국민운동 금산지부 개발부장, 금산인삼제품(주) 근무, 우진관광 대표 2002년 대전시의회 의원(자민련) 2006년 대전시의원선거 출마(국민중심당) 2010년 대전시의회 의원(자유선진당·선진통일당·새누리당) 2010년 同부의장 2012년 同복지환경위원회 위원 2012년 同예산결산특별위원회 위원 2012년 새누리당 제18대 대통령중앙선거대책위원회 대덕총괄본부장 2013년 同대전시당 부위원장 2014년 대전시의회 의원(새누리당)(현) 2014~2016년 同부의장 2014년 同산업건설위원회 위원 2014년 同윤리특별위원회 위원 2016년 同교육위원회 위원(현) ㉝대한민국 위민의정대상 우수상(2016) ㉝기독교

심현욱(沈炫昱) SHIM, Hyun Wook

㉝1973·9·10 ㉝청송(靑松) ㉜경남 진주 ㉜부산 연제구 법원로31 부산지방법원(051-590-1114) ㉞1992년 진주 명신고졸 1998년 서울대 정치학과졸 ㉟1997년 사법시험 합격(39회) 2000년 사법연수원 수료(29기) 2000년 육군 법무관 2003년 부산지법 판사 2006년 同동부지원 판사 2009년 창원지법 통영지원 판사 2011년 부산고법 판사 2013년 대법원 재판연구관 2015년 부산지법 부장판사(현)

심현택(沈鉉澤) SHIM Hyun Taek

㉝1963·4·19 ㉜서울 마포구 월드컵북로396 누리꿈스퀘어 연구개발타워13층 정보통신산업진흥원부설 소프트웨어공학센터(02-2132-1321) ㉞숭실고졸, 서울대 산업공학과졸, 同대학원졸, 공학박사(서울대) ㉟1993년 삼성SDS 입사, 同정보전략그룹 부장, 同컨텐츠마케팅팀장 2004년 同6시그마아카데미 상무보 2007년 同6시그마아카데미 상무 2010년 同경영혁신지원센터장(전무) 2012년 同Delivery혁신본부장(전무) 2013~2014년 오픈타이드코리아 전무 2015년 정보통신산업진흥원(NIPA) 소프트웨어공학센터 소장(현)

심형구(沈炯求) SIM Hyung Goo

㉝1953·10·24 ㉝청송(靑松) ㉜충남 논산 ㉜서울 강남구 테헤란로534 글라스타워19층 무궁화신탁 임원실(02-3456-0000) ㉞1972년 강경상고졸 2005년 연세대 경영대학원 수료 2006년 건국대 부동산대학원 최고경영자과정 수료 ㉟1978년 한국주택은행 입행 1996년 同논산지점장 1997년 同연신내지점장 1998년 同신탁부장 2001년 同영등포지점장 2002년 국민은행 강서지역본부장 2005년 KB부동산신탁 대표이사 사장 2008년 국민은행 마케팅그룹 부행장 2010년 同신탁·연금그룹 부행장 2010~2012년 한국자산신탁 대표이사 사장 2012~2015년 무궁화신탁 대표이사 사장 2014~2016년 한국금융투자협회 회원이사 2016년 무궁화신탁 고문(현) ㉝재정경제부장관표창(1998), 산업포장(2008) ㉝기독교

심형섭(沈亨燮) Shin Hyung Sub

㉝1967·3·1 ㉜강원 삼척 ㉜경기 부천시 원미구 상일로129 인천지방법원 부천지원(032-320-1114) ㉞1984년 부산사대부고졸 1988년 서울대 법대졸 ㉟1994년 사법시험 합격(36회) 1997년 사법연수원 수료(26기), 부산지법 판사 2000년 同동부지원 판사 2002년 부산지법 판사 2007년 부산고법 판사 2010년 창원지법 판사 2012년 부산지법 부장판사 2015년 인천지법 부천지원 부장판사(현)

심 호(沈湖)

㉝1964·5·1 ㉜서울 종로구 북촌로112 감사원 사회·복지감사국(02-2011-2410) ㉞한양대 토목공학과졸, 공학박사(서울대), 한양대 대학원 행정학과졸, 행정학박사(한양대) ㉟1986~1996년 문교부·감사원 기술국 4과·기술국 1과·4국 5과 사무관 1997~2003년 감사원 1국 4과·국책사업감사단 서기관 2003년 감사원 국제협력담당관 2004년 同감사교육원 행정과장 2004~2006년 캐나다 브리티시컬럼비아주 감사원 근무 2006년 同자치·행정감사국 제6과장 2006년 同전략감사본부 감사제4팀장 2009년 同국책과제감사단 제1과장 2009년 同자치행정감사국 제2과장 2010년 同건설환경감사국 제1과장 2011년 법무부 법무연수원 연구위원(파견)(고위감사공무원) 2012년 감사원 전략과제감사단장 2014년 同감사연구원장 2016년 同사회·복지감사국장(현) ㉝홍조근정훈장(2015)

심홍방(沈鴻芳) SHIM Hong Bang

㉝1950·3·30 ㉜서울 ㉜충북 충주시 안림로239의50 충주의료원(043-871-0114) ㉞1969년 경기고졸 1976년 서울대 의대졸 1985년 同대학원 의학석사 1997년 의학박사(서울대) ㉟1987~1999년 서울보훈병원 비뇨기과장 1999년 同교육연구부장 1999~2004년 同비뇨기과장 2004~2006년 同제2진료부장 2006~2008년 同비뇨기과 전문의 2008~2011년 同병원장 2011년 중앙보훈병원 병원장 2011년 대한병원협회 이사 2011~2014년 중앙보훈병원 비뇨기과 전문의 2016년 충주의료원 원장(현)

심화석(沈和石) Shim Hwa Seok

㉝1966·12·27 ㉜강원 태백 ㉜세종특별자치시 다솜3로95 조세심판원 원장실(044-200-1703) ㉞심인고졸 1990년 영남대 행정학과졸 ㉟1990년 행정고시 합격(33회) 2001년 국무조정실 실장실 서기관 2004년 同정책상황실 정책상황심의관실 서기관 2007년 同조사심의관실 조사총괄과장 2007년 同조사심의관실 총괄기획과장(부이사관) 2008년 국무총리실 공보실 공보행정관 2010년 同정책분석평가실 평가총괄과장 2010년 관세청 감사관(고위공무원) 2013년 국무조정실 사회복지정책관 2014년 同조세심판원 상임심판관 2016년 同조세심판원장(현) ㉝근정포장(2001)

人

심화진(沈和珍 · 女) SHIM Hwa Jin

[생]1956 · 12 · 24 [출]서울 [주]서울 성북구 보문로34다길2 성신여자대학교 총장실(02-920-7002) [학]1975년 성신여고졸 1979년 건국대 의상학과졸 1981년 성신여대 대학원 가정학과졸 1987년 성균관대 경영대학원 최고경영자과정 이수 1990년 이학박사(성신여대) 2009년 명예교육학박사(러시아 국립극동대) [경]1980년 성신여중 교사 1981년 성신여대 학생생활연구소 연구원 1988~1998년 同생활문화연구소 연구원 1996~2003년 同의류학과 교수 1999년 同사회교육원장 2003~2005년 학교법인 성신학원 총무이사 2005~2007년 同이사장 2007년 성신여대 제8 · 9 · 10대 총장(현) 2009~2011년 (재)세종문화회관 이사회 이사 2010~2013년 서울연구원 이사 2010~2014년 국립발레단 이사장 [상]한국발레협회 특별공로상(2009), 이탈리아 문화훈장(2010) [저]'우리옷 만들기'(2004) [종]기독교

심후섭(沈厚燮) SIM HOO SEOB

[생]1953 · 2 · 8 [본]청송(青松) [출]경북 청송 [주]대구 달서구 공원순환로201 대구문화예술회관內 대구문인협회(053-623-4484) [학]대구교육대졸, 경북대 교육대학원졸, 교육학박사(대구가톨릭대학교 대학원) [경]1982년 '소년'에 아동문학가 등단 · 아동문학가(현), 한국문인협회 회원, 대구아동문학회 부회장, 한국아동문학인협회 회원, 경북사대부설초 교사, 동산초 교사 1999년 대구시교육연수원 교육연구사 2000년 대구남부교육청 장학사 2002년 대구시교육청 기획예산과 장학사 2005년 同기획담당 장학관 2007년 대구학남초 교장 2009년 대구시교육청 교육과정정책과장 2010년 同창의인성교육과장 2011년 대구달성교육지원청 교육장 2013~2015년 대구송정초 교장 2015년 대구문인협회 수석부회장(현) [상]한국아동문학상, 금복문화상 문학부문(2010), 제32회 대구시문화상 교육부문(2012) [저]'의로운 소 누렁이' 등 아동도서 70여 권 집필 [작]동화집 '별은 어디에 있었나'(1980) 동화 '봄비' '하늘' '사탕수수 나라의 털보대통령' 외 60여 권

심훈종(沈勳鍾) SHIM Hoon Jong

[생]1937 · 10 · 17 [본]청송(青松) [출]경기 하남 [주]서울 종로구 종로3길34 삼송빌딩5층 법무법인 네이버스(02-756-4401) [학]1956년 중앙고졸 1960년 서울대 법대 법학과졸 [경]1958년 고등고시 사법과 합격(10회) 1959년 공군 법무관 1962년 부산지법 판사 1964년 서울형사지법 판사 1966년 서울민사지법 판사 1970년 서울고법 판사 1972년 대법원 재판연구관 1973년 춘천지법 부장판사 1974년 서울지법 성북지원 부장판사 1975년 서울형사지법 부장판사 1977년 변호사 개업 1987년 국제라이온스협회 309-K지구 총재 1997~1999년 대한변호사협회 부회장 2004년 서울중앙지법 국선전담변호사 2013~2015년 서울북부지법조정센터 상임조정위원장 2015년 법무법인 네이버스 변호사(현) [종]불교

싸 이 PSY

[생]1977 · 12 · 31 [주]서울 마포구 성지길35 덕양빌딩3층 YG엔터테인먼트(02-3142-1104) [학]세화고졸, 미국 버클리음악대 중퇴 [경]가수(현) 2001년 1집앨범 「PSY From The Psycho World!」로 데뷔 2007년 한국관광홍보대사 2010년 서울종합예술학교 초빙교수 2012년 Mnet 슈퍼스타K4 심사위원 2012년 F1 코리아 그랑프리 홍보대사 2013년 아시아나항공 홍보대사 2015년 경북문경 세계군인체육대회 홍보대사 [상]SBS가요대전 힙합부문상(2002), 서울가요 최고작사가상(2004), SBS가요대전 올해의 작곡가상(2004), Mnet KM 뮤직비디오페스티벌 공연비디오상(2005), Mnet KM 뮤직페스티벌 뮤직비디오 최우수 작품상(2006), SBS가요대전 본상(2006 · 2008), 육군참모총장표창(2009), 하이원서울가요대상 공연문화상(2010), 육군교육사령부 감사패(2010), MAMA 프로듀서상(2010), 멜론뮤직어워드 공연문화상(2010), 골든티켓어워즈 콘서트부문 티켓파워상(2011), 하이원서울가요대상 최고앨범상(2011), 한국음악저작권대상 싱어송라이터상 · 힙합부문 작사가상 · 작곡가상(2011), 제5회 스타일아이콘어워즈 본상(2012), 올해의 브랜드대상 특별상(2012), 옥관문화훈장(2012), MTV 유럽 뮤직 어워드 베스트 비디오상(2012), 제40회 아메리칸 뮤직 어워즈 뉴미디어상(2012), 환경재단 선정 '세상을 밝게만든 사람들'(2012), 자랑스런 한국인대상 대중예술부문상(2012), 제5회 도전한국인상 문화외교부문(2013), 트라이베카 필름 페스티벌 혁신상(2013), 홍진기 창조인상-사회부문(2013), 미국 빌보드뮤직어워드-톱스트리밍 송 비디오부문(2013), 골든디스크상 디지털음원부문 대상(2014), CICI Korea 한국이미지 디딤돌상(2016) [작]발매앨범 'PSY From The Psycho World!(1집)'(2001) '싸2 成人用발표(2집)'(2002) '3 마이→3 싸이(3집)'(2002) '싸집(4집)'(2006) '2006 올나잇스탠드'(2007) '쇼'(2007) '울려줘 다시한번'(2010) 'PSYFIVE(5집)'(2010) '아버지'(2012) 'KOREA'(2012) '강남스타일'(2012) '젠틀맨'(2013) '칠집싸이다(7집) 발표-'나팔바지' '대디(Daddy)' '(2015)